IDW Textausgabe

Wirtschafts-gesetze

HGB · AktG · GmbHG · GenG
KWG · ZAG · VAG · WpHG · WpÜG
KAGB · UmwG · UmwStG · InsO
WPO · EU-Verordnungen u.a.

Rechtsstand: 1. Januar 2020

36., aktualisierte Auflage

IDW

IDW VERLAG GMBH

Das Thema Nachhaltigkeit liegt uns am Herzen:

MIX Papier aus verantwortungsvollen Quellen FSC® C019821 www.fsc.org

Klimaneutral Druckprodukt ClimatePartner.com/12325-2002-1002

36. Auflage

Die IDW Verlag GmbH ist ein Unternehmen des Instituts der Wirtschaftsprüfer in Deutschland e.V. (IDW).

Satz: Merlin Digital GmbH, Essen
Druck und Verarbeitung: C.H. Beck, Nördlingen
Elektronische Fassung: doctronic GmbH & Co. KG, Bonn

KN 11890/0/0

ISBN 978-3-8021-2474-7

Bibliografische Information der Deutschen Bibliothek

Die Deutsche Bibliothek verzeichnet diese Publikation in der Deutschen Nationalbibliografie: detaillierte bibliografische Daten sind im Internet über http://www.d-nb.de abrufbar.

www.idw-verlag.de

Vorwort

Nach regelmäßigen Änderungen des Kapitalmarktrechts hat der Gesetzgeber zuletzt auch wieder in das Gesellschaftsrecht eingegriffen. Mit dem sogenannten ARUG II wurde eine EU-Richtlinie in deutsches Recht umgesetzt, die auf eine verbesserte Mitwirkung der Aktionäre börsennotierter Gesellschaften sowie auf eine Erleichterung der grenzüberschreitenden Information und Ausübung von Aktionärsrechten abzielt. Dazu enthalten die Richtlinie und das deutsche Umsetzungsgesetz Regelungen zu Mitspracherechten bei der Vergütung von Vorstand und Aufsichtsrat („say-on-pay“), zu Geschäften mit nahestehenden Unternehmen und Personen („related-party-transactions“), zur besseren Identifikation und Information von Aktionären („know-your-shareholder“) sowie zur Verbesserung der Transparenz bei institutionellen Anlegern, Vermögensverwaltern und Stimmrechtsberatern. Die Änderungen finden sich in erster Linie im Aktiengesetz und im Handelsgesetzbuch, spiegeln sich aber beispielsweise auch wider im SE-Ausführungsgesetz, im Publizitätsgesetz und im Versicherungsaufsichtsgesetz. An die aktienrechtlichen Neuregelungen angepasst werden mussten auch die korrespondierenden Vorschriften des Deutschen Corporate Governance Kodex.

Wesentliche Auswirkungen auf die in der Textsammlung enthaltenen Normen hat auch das Gesetz zur weiteren Ausführung der EU-Prospektverordnung und zur Änderung von Finanzmarktgesetzen. Dies gilt vor allem für das Wertpapierprospektgesetz, in dem bislang die Vorgaben der außer Kraft getretenen EU-Prospektrichtlinie umgesetzt worden waren und das sich nunmehr auf die von der neuen Prospektverordnung nicht unmittelbar geregelten Bereiche beschränkt.

Unter anderem durch Einführung weiterer Verdachtsmeldepflichten verschärft wurden die nationalen Vorschriften zur Verhinderung der Geldwäsche und der Terrorismusfinanzierung mit dem Gesetz zur Umsetzung der Änderungsrichtlinie zur Vierten EU-Geldwäscherichtlinie.

Des Weiteren wurde die Wirtschaftsprüferprüfungsverordnung geändert, um diese an die jetzt mögliche Modularisierung des Wirtschaftsprüfungsexamens anzupassen.

Käufer der Buchausgabe können – bis zum Erscheinen der Folgeauflage – mit dem eingedruckten Freischaltcode kostenlos auf die Inhalte der Online-Ausgabe zugreifen. Diese enthält auch Gesetze und Verordnungen, die in der vorliegenden Buchausgabe nicht abgedruckt sind, um deren Handlichkeit zu erhalten.

Düsseldorf, im Februar 2020 — Die Redaktion

Inhaltsverzeichnis

Alphabetische Gesetzesübersicht

1. Handelsgesetzbuch

(ohne Seehandel)

Vom 10. Mai 1897 (RGBl. S. 219)

(BGBl. III 4100-1)

zuletzt geändert durch Gesetz vom 12.12.2019 (BGBl. I S. 2637)

Gesetzesübersicht

Erstes Buch. Handelsstand

Erster Abschnitt. Kaufleute

§ 1 [Kaufmann, Handelsgewerbe]

(1) Kaufmann im Sinne dieses Gesetzbuchs ist, wer ein Handelsgewerbe betreibt.

(2) Handelsgewerbe ist jeder Gewerbebetrieb, es sei denn, daß das Unternehmen nach Art oder Umfang einen in kaufmännischer Weise eingerichteten Geschäftsbetrieb nicht erfordert.

§ 2 [Handelsgewerbe kraft Eintragung]

[1]Ein gewerbliches Unternehmen, dessen Gewerbebetrieb nicht schon nach § 1 Abs. 2 Handelsgewerbe ist, gilt als Handelsgewerbe im Sinne dieses Gesetzbuchs, wenn die Firma des Unternehmens in das Handelsregister eingetragen ist. [2]Der Unternehmer ist berechtigt, aber nicht verpflichtet, die Eintragung nach den für die Eintragung kaufmännischer Firmen geltenden Vorschriften herbeizuführen. [3]Ist die Eintragung erfolgt, so findet eine Löschung der Firma auch auf Antrag des Unternehmers statt, sofern nicht die Voraussetzung des § 1 Abs. 2 eingetreten ist.

§ 3 [Land- und Forstwirtschaft]

(1) Auf den Betrieb der Land- und Forstwirtschaft finden die Vorschriften des § 1 keine Anwendung.

(2) Für ein land- oder forstwirtschaftliches Unternehmen, das nach Art und Umfang einen in kaufmännischer Weise eingerichteten Geschäftsbetrieb erfordert, gilt § 2 mit der Maßgabe, daß nach Eintragung in das Handelsregister eine Löschung der Firma nur nach den allgemeinen Vorschriften stattfindet, welche für die Löschung kaufmännischer Firmen gelten.

(3) Ist mit dem Betrieb der Land- oder Forstwirtschaft ein Unternehmen verbunden, das nur ein Nebengewerbe des land- oder forstwirtschaftlichen Unternehmens darstellt, so finden auf das im Nebengewerbe betriebene Unternehmen die Vorschriften der Absätze 1 und 2 entsprechende Anwendung.

§ 4 *(aufgehoben)*

§ 5 [Rechtsschein durch Eintragung]

Ist eine Firma im Handelsregister eingetragen, so kann gegenüber demjenigen, welcher sich auf die Eintragung beruft, nicht geltend gemacht werden, daß das unter der Firma betriebene Gewerbe kein Handelsgewerbe sei.

§ 6 [Handelsgesellschaften; Formkaufleute]

(1) Die in betreff der Kaufleute gegebenen Vorschriften finden auch auf die Handelsgesellschaften Anwendung.

(2) Die Rechte und Pflichten eines Vereins, dem das Gesetz ohne Rücksicht auf den Gegenstand des Unternehmens die Eigenschaft eines Kaufmanns beilegt, bleiben unberührt, auch wenn die Voraussetzungen des § 1 Abs. 2 nicht vorliegen.

§ 7 [Kaufmannseigenschaft und öffentliches Recht]

Durch die Vorschriften des öffentlichen Rechtes, nach welchen die Befugnis zum Gewerbebetrieb ausgeschlossen oder von gewissen Voraussetzungen abhängig gemacht ist, wird die Anwendung der die Kaufleute betreffenden Vorschriften dieses Gesetzbuchs nicht berührt.

Zweiter Abschnitt. Handelsregister; Unternehmensregister

§ 8 Handelsregister

(1) Das Handelsregister wird von den Gerichten elektronisch geführt.

(2) Andere Datensammlungen dürfen nicht unter Verwendung oder Beifügung der Bezeichnung „Handelsregister" in den Verkehr gebracht werden.

§ 8a Eintragungen in das Handelsregister; Verordnungsermächtigung

(1) Eine Eintragung in das Handelsregister wird wirksam, sobald sie in den für die Handelsregistereintragungen bestimmten Datenspeicher aufgenommen ist und auf Dauer inhaltlich unverändert in lesbarer Form wiedergegeben werden kann.

(2) [1]Die Landesregierungen werden ermächtigt, durch Rechtsverordnung nähere Bestimmungen über die elektronische Führung des Handelsregisters, die elektronische Anmeldung, die elektronische Einreichung von Dokumenten sowie deren Aufbewahrung zu treffen, soweit nicht durch das Bundesministerium der Justiz und für Verbraucherschutz nach § 387 Abs. 2 des Gesetzes über das Verfahren in Familiensachen und in den Angelegenheiten der freiwilligen Gerichtsbarkeit entsprechende Vorschriften erlassen werden. [2]Dabei können sie auch Einzelheiten der Datenübermittlung regeln sowie die Form zu übermittelnder elektronischer Dokumente festlegen, um die Eignung für die Bearbeitung durch das Gericht sicherzustellen. [3]Die Landesregierungen können die Ermächtigung durch Rechtsverordnung auf die Landesjustizverwaltungen übertragen.

§ 8b Unternehmensregister

(1) Das Unternehmensregister wird vorbehaltlich einer Regelung nach § 9a Abs. 1 vom Bundesministerium der Justiz und für Verbraucherschutz elektronisch geführt.

(2) Über die Internetseite des Unternehmensregisters sind zugänglich:

1. Eintragungen im Handelsregister und deren Bekanntmachung und zum Handelsregister eingereichte Dokumente;
2. Eintragungen im Genossenschaftsregister und deren Bekanntmachung und zum Genossenschaftsregister eingereichte Dokumente;
3. Eintragungen im Partnerschaftsregister und deren Bekanntmachung und zum Partnerschaftsregister eingereichte Dokumente;
4. Unterlagen der Rechnungslegung nach den §§ 325 und 339 sowie Unterlagen nach § 341w, soweit sie bekannt gemacht wurden;
5. gesellschaftsrechtliche Bekanntmachungen im Bundesanzeiger;
6. im Aktionärsforum veröffentlichte Eintragungen nach § 127a des Aktiengesetzes;
7. Veröffentlichungen von Unternehmen nach dem Wertpapierhandelsgesetz oder dem Vermögensanlagengesetz im Bundesanzeiger, von Bietern, Gesellschaften, Vorständen und Aufsichtsräten nach dem Wertpapiererwerbs- und Übernahmegesetz im Bundesanzeiger sowie Veröffentlichungen nach der Börsenzulassungs-Verordnung im Bundesanzeiger;
8. Bekanntmachungen und Veröffentlichungen von Kapitalverwaltungsgesellschaften und extern verwalteten Investmentgesellschaften nach dem Kapitalanlagegesetzbuch, dem Investmentgesetz und dem Investmentsteuergesetz im Bundesanzeiger;
9. Veröffentlichungen und sonstige der Öffentlichkeit zur Verfügung gestellte Informationen nach den §§ 5, 26 Absatz 1 und 2, § 40 Absatz 1, den §§ 41, 46 Absatz 2, den §§ 50, 51 Absatz 2, § 114 Absatz 1 bis § 116 Absatz 2, den §§ 117, 118 Absatz 4

und § 127 des Wertpapierhandelsgesetzes, sofern die Veröffentlichung nicht bereits über Nummer 4 oder Nummer 7 in das Unternehmensregister eingestellt wird,

10. Mitteilungen über kapitalmarktrechtliche Veröffentlichungen an die Bundesanstalt für Finanzdienstleistungsaufsicht, sofern die Veröffentlichung selbst nicht bereits über Nummer 7 oder Nummer 9 in das Unternehmensregister eingestellt wird;

11. Bekanntmachungen der Insolvenzgerichte nach § 9 der Insolvenzordnung, ausgenommen Verfahren nach dem Zehnten Teil der Insolvenzordnung.

(3) [1]Zur Einstellung in das Unternehmensregister sind dem Unternehmensregister zu übermitteln:

1. die Daten nach Absatz 2 Nr. 4 bis 8 und die nach § 326 Absatz 2 von einer Kleinstkapitalgesellschaft hinterlegten Bilanzen durch den Betreiber des Bundesanzeigers;
2. die Daten nach Absatz 2 Nr. 9 und 10 durch den jeweils Veröffentlichungspflichtigen oder den von ihm mit der Veranlassung der Veröffentlichung beauftragten Dritten.

[2]Die Landesjustizverwaltungen übermitteln die Daten nach Absatz 2 Nr. 1 bis 3 und 11 zum Unternehmensregister, soweit die Übermittlung für die Eröffnung eines Zugangs zu den Originaldaten über die Internetseite des Unternehmensregisters erforderlich ist. [3]Die Bundesanstalt für Finanzdienstleistungsaufsicht überwacht die Übermittlung der Veröffentlichungen und der sonstigen der Öffentlichkeit zur Verfügung gestellten Informationen nach den §§ 5, 26 Absatz 1 und 2, § 40 Absatz 1, den §§ 41, 46 Absatz 2, den §§ 50, 51 Absatz 2, § 114 Absatz 1 bis § 116 Absatz 2, den §§ 117, 118 Absatz 4 und § 127 des Wertpapierhandelsgesetzes an das Unternehmensregister zur Speicherung und kann Anordnungen treffen, die zu ihrer Durchsetzung geeignet und erforderlich sind. [4]Die Bundesanstalt kann die gebotene Übermittlung der in Satz 3 genannten Veröffentlichungen, der Öffentlichkeit zur Verfügung gestellten Informationen und Mitteilung auf Kosten des Pflichtigen vornehmen, wenn die Übermittlungspflicht nicht, nicht richtig, nicht vollständig oder nicht in der vorgeschriebenen Weise erfüllt wird. [5]Für die Überwachungstätigkeit der Bundesanstalt gelten § 6 Absatz 3 Satz 1 und 3, Absatz 15 und 16, die §§ 13, 18 und 21 des Wertpapierhandelsgesetzes entsprechend.

(4) [1]Die Führung des Unternehmensregisters schließt die Erteilung von Ausdrucken sowie die Beglaubigung entsprechend § 9 Abs. 3 und 4 hinsichtlich der im Unternehmensregister gespeicherten Unterlagen der Rechnungslegung im Sinn des Absatzes 2 Nr. 4 ein. [2]Gleiches gilt für die elektronische Übermittlung von zum Handelsregister eingereichten Schriftstücken nach § 9 Abs. 2, soweit sich der Antrag auf Unterlagen der Rechnungslegung im Sinn des Absatzes 2 Nr. 4 bezieht; § 9 Abs. 3 gilt entsprechend.

§ 9 Einsichtnahme in das Handelsregister und das Unternehmensregister

(1) [1]Die Einsichtnahme in das Handelsregister sowie in die zum Handelsregister eingereichten Dokumente ist jedem zu Informationszwecken gestattet. [2]Die Landesjustizverwaltungen bestimmen das elektronische Informations- und Kommunikationssystem, über das die Daten aus den Handelsregistern abrufbar sind, und sind für die Abwicklung des elektronischen Abrufverfahrens zuständig. [3]Die Landesregierung kann die Zuständigkeit durch Rechtsverordnung abweichend regeln; sie kann diese Ermächtigung durch Rechtsverordnung auf die Landesjustizverwaltung übertragen. [4]Die Länder können ein länderübergreifendes, zentrales elektronisches Informations- und Kommunikationssystem bestimmen. [5]Sie können auch eine Übertragung der Abwicklungsaufgaben auf die zuständige Stelle eines anderen Landes sowie mit dem Betreiber des Unternehmensregisters eine Übertragung der Abwicklungsaufgaben auf das Unternehmensregister vereinbaren.

(2) Sind Dokumente nur in Papierform vorhanden, kann die elektronische Übermittlung nur für solche Schriftstücke verlangt werden, die weniger als zehn Jahre vor dem Zeitpunkt der Antragstellung zum Handelsregister eingereicht wurden.

(3) [1]Die Übereinstimmung der übermittelten Daten mit dem Inhalt des Handelsregisters und den zum Handelsregister eingereichten Dokumenten wird auf Antrag durch das Gericht beglaubigt. [2]Dafür ist eine qualifizierte elektronische Signatur zu verwenden.

(4) [1]Von den Eintragungen und den eingereichten Dokumenten kann ein Ausdruck verlangt werden. [2]Von den zum Handelsregister eingereichten Schriftstücken, die nur in Papierform vorliegen, kann eine Abschrift gefordert werden. [3]Die Abschrift ist von der Geschäftsstelle zu beglaubigen und der Ausdruck als amtlicher Ausdruck zu fertigen, wenn nicht auf die Beglaubigung verzichtet wird.

(5) Das Gericht hat auf Verlangen eine Bescheinigung darüber zu erteilen, dass bezüglich des Gegenstandes einer Eintragung weitere Eintragungen nicht vorhanden sind oder dass eine bestimmte Eintragung nicht erfolgt ist.

(6) [1]Für die Einsichtnahme in das Unternehmensregister gilt Absatz 1 Satz 1 entsprechend. [2]Anträge nach den Absätzen 2 bis 5 können auch über das Unternehmensregister an das Gericht vermittelt werden. [3]Die Einsichtnahme in die Bilanz einer Kleinstkapitalgesellschaft (§ 267a), die von dem Recht nach § 326 Absatz 2 Gebrauch gemacht hat, erfolgt nur auf Antrag durch Übermittlung einer Kopie.

§ 9a Übertragung der Führung des Unternehmensregisters; Verordnungsermächtigung

(1) [1]Das Bundesministerium der Justiz und für Verbraucherschutz wird ermächtigt, durch Rechtsverordnung mit Zustimmung des Bundesrates einer juristischen Person des Privatrechts die Aufgaben nach § 8b Abs. 1 zu übertragen. [2]Der Beliehene erlangt die Stellung einer Justizbehörde des Bundes. [3]Zur Erstellung von Beglaubigungen führt der Beliehene ein Dienstsiegel; nähere Einzelheiten hierzu können in der Rechtsverordnung nach Satz 1 geregelt werden. [4]Die Dauer der Beleihung ist zu befristen; sie soll fünf Jahre nicht unterschreiten; Kündi- gungsrechte aus wichtigem Grund sind vorzusehen. [5]Eine juristische Person des Privatrechts darf nur beliehen werden, wenn sie grundlegende Erfahrungen mit der Veröffentlichung von kapitalmarktrechtlichen Informationen und gerichtlichen Mitteilungen, insbesondere Handelsregisterdaten, hat und ihr eine ausreichende technische und finanzielle Ausstattung zur Verfügung steht, die die Gewähr für den langfristigen und sicheren Betrieb des Unternehmensregisters bietet.

(2) [1]Das Bundesministerium der Justiz und für Verbraucherschutz wird ermächtigt, durch Rechtsverordnung mit Zustimmung des Bundesrates Einzelheiten der Datenübermittlung zwischen den Behörden der Länder und dem Unternehmensregister einschließlich Vorgaben über Datenformate zu regeln. [2]Abweichungen von den Verfahrensregelungen durch Landesrecht sind ausgeschlossen.

(3) [1]Das Bundesministerium der Justiz und für Verbraucherschutz wird ermächtigt, durch Rechtsverordnung ohne Zustimmung des Bundesrates die technischen Einzelheiten zu Aufbau und Führung des Unternehmensregisters, Einzelheiten der Datenübermittlung einschließlich Vorgaben über Datenformate, die nicht unter Absatz 2 fallen, Löschungsfristen für die im Unternehmensregister gespeicherten Daten, Überwachungsrechte der Bundesanstalt für Finanzdienstleistungsaufsicht gegenüber dem Unternehmensregister hinsichtlich der Übermittlung, Einstellung, Verwaltung, Verarbeitung und des Abrufs kapitalmarktrechtlicher Daten einschließlich der Zusammenarbeit mit amtlich bestellten Speicherungssystemen anderer Mitgliedstaaten der Europäischen Union oder anderer Vertrags- staaten des Abkommens über den Europäischen Wirtschaftsraum im Rahmen des Aufbaus eines europaweiten Netzwerks zwischen den

Speicherungssystemen, die Zulässigkeit sowie Art und Umfang von Auskunftsdenstleistungen mit den im Unternehmensregister gespeicherten Daten, die über die mit der Führung des Unternehmensregisters verbundenen Aufgaben nach diesem Gesetz hinausgehen, zu regeln. [2]Soweit Regelun- gen getroffen werden, die kapitalmarktrechtliche Daten berühren, ist die Rechtsverordnung nach Satz 1 im Einvernehmen mit dem Bundesministerium der Finanzen zu erlassen. [3]Die Rechtsverordnung nach Satz 1 hat dem schutzwürdigen Interesse der Unternehmen am Ausschluss einer zweckändernden Verwendung der im Register gespeicherten Daten angemessen Rechnung zu tragen.

§ 9b Europäisches System der Registervernetzung; Verordnungsermächtigung

(1) [1]Die Eintragungen im Handelsregister und die zum Handelsregister eingereichten Dokumente sowie die Unterlagen der Rechnungslegung nach § 325 sind, soweit sie Kapitalgesellschaften betreffen oder Zweigniederlassungen von Kapitalgesellschaften, die dem Recht eines anderen Mitgliedstaates der Europäischen Union oder eines anderen Vertragsstaates des Abkommens über den Europäischen Wirtschaftsraum unterliegen, auch über das Europäische Justizportal zugänglich. [2]Hierzu übermitteln die Landesjustizverwaltungen die Daten des Handelsregisters und der Betreiber des Unternehmensregisters übermittelt die Daten der Rechnungslegungsunterlagen jeweils an die zentrale Europäische Plattform nach Artikel 4a Absatz 1 der Richtlinie 2009/101/EG des Europäischen Parlaments und des Rates vom 16. September 2009 zur Koordinierung der Schutzbestimmungen, die in den Mitgliedstaaten den Gesellschaften im Sinne des Artikels 54 Absatz 2 des Vertrags im Interesse der Gesellschafter sowie Dritter vorgeschrieben sind, um diese Bestimmungen gleichwertig zu gestalten (ABl. L 258 vom 1.10.2009, S. 11), die zuletzt durch die Richtlinie 2013/24/EU (ABl. L 158 vom 10.6.2013, S. 365) geändert worden ist, soweit die Übermittlung für die Eröffnung eines Zugangs zu den Originaldaten über den Suchdienst auf der Internetseite des Europäischen Justizportals erforderlich ist.

(2) [1]Das Registergericht, bei dem das Registerblatt einer Kapitalgesellschaft oder Zweigniederlassung einer Kapitalgesellschaft im Sinne des Absatzes 1 Satz 1 geführt wird, nimmt am Informationsaustausch zwischen den Registern über die zentrale Europäische Plattform teil. [2]Den Kapitalgesellschaften und Zweigniederlassungen von Kapitalgesellschaften im Sinne des Absatzes 1 Satz 1 ist zu diesem Zweck eine einheitliche europäische Kennung zuzuordnen. [3]Das Registergericht übermittelt nach Maßgabe der folgenden Absätze an die zentrale Europäische Plattform die Information über

1. die Eintragung der Eröffnung, Einstellung oder Aufhebung eines Insolvenzverfahrens über das Vermögen der Gesellschaft,
2. die Eintragung der Auflösung der Gesellschaft und die Eintragung über den Schluss der Liquidation oder Abwicklung oder über die Fortsetzung der Gesellschaft,
3. die Löschung der Gesellschaft sowie
4. das Wirksamwerden einer Verschmelzung nach § 122a des Umwandlungsgesetzes.

(3) [1]Die Landesjustizverwaltungen bestimmen das elektronische Informations- und Kommunikationssystem, über das die Daten aus dem Handelsregister zugänglich gemacht (Absatz 1) und im Rahmen des Informationsaustauschs zwischen den Registern übermittelt und empfangen werden (Absatz 2), und sie sind, vorbehaltlich der Zuständigkeit des Betreibers des Unternehmensregisters nach Absatz 1 Satz 2, für die Abwicklung des Datenverkehrs nach den Absätzen 1 und 2 zuständig. [2]§ 9 Absatz 1 Satz 3 bis 5 gilt entsprechend.

(4) Das Bundesministerium der Justiz und für Verbraucherschutz wird ermächtigt, durch Rechtsverordnung mit Zustimmung des Bundesrates die erforderlichen Bestimmungen zu treffen über

1. Struktur, Zuordnung und Verwendung der einheitlichen europäischen Kennung,
2. den Umfang der Mitteilungspflicht im Rahmen des Informationsaustauschs zwischen den Registern und die Liste der dabei zu übermittelnden Daten,
3. die Einzelheiten des elektronischen Datenverkehrs nach den Absätzen 1 und 2 einschließlich Vorgaben über Datenformate und Zahlungsmodalitäten sowie
4. den Zeitpunkt der erstmaligen Datenübermittlung.

§ 10 Bekanntmachung der Eintragungen

[1]Das Gericht macht die Eintragungen in das Handelsregister in dem von der Landesjustizverwaltung bestimmten elektronischen Informations- und Kommunikationssystem in der zeitlichen Folge ihrer Eintragung nach Tagen geordnet bekannt; § 9 Abs. 1 Satz 4 und 5 gilt entsprechend. [2]Soweit nicht ein Gesetz etwas anderes vorschreibt, werden die Eintragungen ihrem ganzen Inhalt nach veröffentlicht.

§ 10a Anwendung der Verordnung (EU) 2016/679

(1) [1]Das Auskunftsrecht nach Artikel 15 Absatz 1 und das Recht auf Erhalt einer Kopie nach Artikel 15 Absatz 3 der Verordnung (EU) 2016/679 des Europäischen Parlaments und des Rates vom 27. April 2016 zum Schutz natürlicher Personen bei der Verarbeitung personenbezogener Daten, zum freien Datenverkehr und zur Aufhebung der Richtlinie 95/46/EG (Datenschutz-Grundverordnung) (ABl. L 119 vom 4.5.2016, S. 1; L 314 vom 22.11.2016, S. 72) wird dadurch erfüllt, dass die betroffene Person Einsicht in das Handelsregister und in die zum Handelsregister eingereichten Dokumente sowie in das für die Bekanntmachungen der Eintragungen bestimmte elektronische Informations- und Kommunikationssystem nehmen kann. [2]Eine Information der betroffenen Person über konkrete Empfänger, gegenüber denen die im Register, in Bekanntmachungen der Eintragungen oder in zum Register einzureichenden Dokumenten enthaltenen personenbezogenen Daten offengelegt werden, erfolgt nicht.

(2) Hinsichtlich der im Handelsregister, in Bekanntmachungen der Eintragungen oder in zum Handelsregister einzureichenden Dokumenten enthaltenen personenbezogenen Daten kann das Recht auf Berichtigung nach Artikel 16 der Verordnung (EU) 2016/679 nur unter den Voraussetzungen ausgeübt werden, die in den §§ 393 bis 395 und §§ 397 bis 399 des Gesetzes über das Verfahren in Familiensachen und in den Angelegenheiten der Freiwilligen Gerichtsbarkeit sowie der Rechtsverordnung nach § 387 Absatz 2 des Gesetzes über das Verfahren in Familiensachen und in den Angelegenheiten der Freiwilligen Gerichtsbarkeit für eine Löschung oder Berichtigung vorgesehen sind.

(3) Das Widerspruchsrecht gemäß Artikel 21 der Verordnung (EU) 2016/679 findet in Bezug auf die im Handelsregister, in Bekanntmachungen der Eintragungen oder in zum Handelsregister einzureichenden Dokumenten enthaltenen personenbezogenen Daten keine Anwendung.

§ 11 Offenlegung in der Amtssprache eines Mitgliedstaats der Europäischen Union

(1) [1]Die zum Handelsregister einzureichenden Dokumente sowie der Inhalt einer Eintragung können zusätzlich in jeder Amtssprache eines Mitgliedstaats der Europäischen Union übermittelt werden. [2]Auf die Übersetzungen ist in geeigneter Weise hinzuweisen. [3]§ 9 ist entsprechend anwendbar.

(2) Im Fall der Abweichung der Originalfassung von einer eingereichten Übersetzung kann letztere einem Dritten nicht entgegengehalten werden; dieser kann sich jedoch auf

die eingereichte Übersetzung berufen, es sei denn, der Eingetragene weist nach, dass dem Dritten die Originalfassung bekannt war.

§ 12 Anmeldungen zur Eintragung und Einreichungen

(1) [1]Anmeldungen zur Eintragung in das Handelsregister sind elektronisch in öffentlich beglaubigter Form einzureichen. [2]Die gleiche Form ist für eine Vollmacht zur Anmeldung erforderlich. [3]Anstelle der Vollmacht kann die Bescheinigung eines Notars nach § 21 Absatz 3 der Bundesnotarordnung eingereicht werden. [4]Rechtsnachfolger eines Beteiligten haben die Rechtsnachfolge soweit tunlich durch öffentliche Urkunden nachzuweisen.

(2) [1]Dokumente sind elektronisch einzureichen. [2]Ist eine Urschrift oder eine einfache Abschrift einzureichen oder ist für das Dokument die Schriftform bestimmt, genügt die Übermittlung einer elektronischen Aufzeichnung; ist ein notariell beurkundetes Dokument oder eine öffentlich beglaubigte Abschrift einzureichen, so ist ein mit einem einfachen elektronischen Zeugnis (§ 39a des Beurkundungsgesetzes) versehenes Dokument zu übermitteln.

§ 13 Zweigniederlassungen von Unternehmen mit Sitz im Inland

(1) [1]Die Errichtung einer Zweigniederlassung ist von einem Einzelkaufmann oder einer juristischen Person beim Gericht der Hauptniederlassung, von einer Handelsgesellschaft beim Gericht des Sitzes der Gesellschaft, unter Angabe des Ortes und der inländischen Geschäftsanschrift der Zweigniederlassung und des Zusatzes, falls der Firma der Zweigniederlassung ein solcher beigefügt wird, zur Eintragung anzumelden. [2]In gleicher Weise sind spätere Änderungen der die Zweigniederlassung betreffenden einzutragenden Tatsachen anzumelden.

(2) Das zuständige Gericht trägt die Zweigniederlassung auf dem Registerblatt der Hauptniederlassung oder des Sitzes unter Angabe des Ortes sowie der inländischen Geschäftsanschrift der Zweigniederlassung und des Zusatzes, falls der Firma der Zweigniederlassung ein solcher beigefügt ist, ein, es sei denn, die Zweigniederlassung ist offensichtlich nicht errichtet worden.

(3) Die Absätze 1 und 2 gelten entsprechend für die Aufhebung der Zweigniederlassung.

§ 13a *(aufgehoben)*

§ 13b *(aufgehoben)*

§ 13c *(aufgehoben)*

§ 13d Sitz oder Hauptniederlassung im Ausland

(1) Befindet sich die Hauptniederlassung eines Einzelkaufmanns oder einer juristischen Person oder der Sitz einer Handelsgesellschaft im Ausland, so haben alle eine inländische Zweigniederlassung betreffenden Anmeldungen, Einreichungen und Eintragungen bei dem Gericht zu erfolgen, in dessen Bezirk die Zweigniederlassung besteht.

(2) Die Eintragung der Errichtung der Zweigniederlassung hat auch den Ort und die inländische Geschäftsanschrift der Zweigniederlassung zu enthalten; ist der Firma der Zweigniederlassung ein Zusatz beigefügt, so ist auch dieser einzutragen.

(3) Im übrigen gelten für die Anmeldungen, Einreichungen, Eintragungen, Bekanntmachungen und Änderungen einzutragender Tatsachen, die die Zweigniederlassung eines Einzelkaufmanns, einer Handelsgesellschaft oder einer juristischen Person mit Ausnahme von Aktiengesellschaften, Kommanditgesellschaften auf Aktien und Gesellschaften mit beschränkter Haftung betreffen, die Vorschriften für Hauptniederlassungen

oder Niederlassungen am Sitz der Gesellschaft sinngemäß, soweit nicht das ausländische Recht Abweichungen nötig macht.

§ 13e Zweigniederlassungen von Kapitalgesellschaften mit Sitz im Ausland

(1) Für Zweigniederlassungen von Aktiengesellschaften und Gesellschaften mit beschränkter Haftung mit Sitz im Ausland gelten ergänzend zu § 13d die folgenden Vorschriften.

(2) [1]Die Errichtung einer Zweigniederlassung einer Aktiengesellschaft ist durch den Vorstand, die Errichtung einer Zweigniederlassung einer Gesellschaft mit beschränkter Haftung ist durch die Geschäftsführer zur Eintragung in das Handelsregister anzumelden. [2]Bei der Anmeldung ist das Bestehen der Gesellschaft als solcher nachzuweisen. [3]Die Anmeldung hat auch eine inländische Geschäftsanschrift und den Gegenstand der Zweigniederlassung zu enthalten. [4]Daneben kann eine Person, die für Willenserklärungen und Zustellungen an die Gesellschaft empfangsberechtigt ist, mit einer inländischen Anschrift zur Eintragung in das Handelsregister angemeldet werden; Dritten gegenüber gilt die Empfangsberechtigung als fortbestehend, bis sie im Handelsregister gelöscht und die Löschung bekannt gemacht worden ist, es sei denn, dass die fehlende Empfangsberechtigung dem Dritten bekannt war. [5]In der Anmeldung sind ferner anzugeben

1. das Register, bei dem die Gesellschaft geführt wird, und die Nummer des Registereintrags, sofern das Recht des Staates, in dem die Gesellschaft ihren Sitz hat, eine Registereintragung vorsieht;
2. die Rechtsform der Gesellschaft;
3. die Personen, die befugt sind, als ständige Vertreter für die Tätigkeit der Zweigniederlassung die Gesellschaft gerichtlich und außergerichtlich zu vertreten, unter Angabe ihrer Befugnisse;
4. wenn die Gesellschaft nicht dem Recht eines Mitgliedstaates der Europäischen Union oder eines anderen Vertragsstaates des Abkommens über den Europäischen Wirtschaftsraum unterliegt, das Recht des Staates, dem die Gesellschaft unterliegt.

(3) [1]Die in Absatz 2 Satz 5 Nr. 3 genannten Personen haben jede Änderung dieser Personen oder der Vertretungsbefugnis einer dieser Personen zur Eintragung in das Handelsregister anzumelden. [2]Für die gesetzlichen Vertreter der Gesellschaft gelten in Bezug auf die Zweigniederlassung § 76 Abs. 3 Satz 2 und 3 des Aktiengesetzes sowie § 6 Abs. 2 Satz 2 und 3 des Gesetzes betreffend die Gesellschaften mit beschränkter Haftung entsprechend.

(3a) [1]An die in Absatz 2 Satz 5 Nr. 3 genannten Personen als Vertreter der Gesellschaft können unter der im Handelsregister eingetragenen inländischen Geschäftsanschrift der Zweigniederlassung Willenserklärungen abgegeben und Schriftstücke zugestellt werden. [2]Unabhängig hiervon können die Abgabe und die Zustellung auch unter der eingetragenen Anschrift der empfangsberechtigten Person nach Absatz 2 Satz 4 erfolgen.

(4) Die in Absatz 2 Satz 5 Nr. 3 genannten Personen oder, wenn solche nicht angemeldet sind, die gesetzlichen Vertreter der Gesellschaft haben die Eröffnung oder die Ablehnung der Eröffnung eines Insolvenzverfahrens oder ähnlichen Verfahrens über das Vermögen der Gesellschaft zur Eintragung in das Handelsregister anzumelden.

(5) [1]Errichtet eine Gesellschaft mehrere Zweigniederlassungen im Inland, so brauchen die Satzung oder der Gesellschaftsvertrag sowie deren Änderungen nach Wahl der Gesellschaft nur zum Handelsregister einer dieser Zweigniederlassungen eingereicht zu werden. [2]In diesem Fall haben die nach Absatz 2 Satz 1 Anmeldepflichtigen zur Eintragung in den Handelsregistern der übrigen Zweigniederlassungen anzumelden, wel-

ches Register die Gesellschaft gewählt hat und unter welcher Nummer die Zweigniederlassung eingetragen ist.

(6) Die Landesjustizverwaltungen stellen sicher, dass die Daten einer Kapitalgesellschaft mit Sitz im Ausland, die im Rahmen des Europäischen Systems der Registervernetzung (§ 9b) empfangen werden, an das Registergericht weitergeleitet werden, das für eine inländische Zweigniederlassung dieser Gesellschaft zuständig ist.

§ 13f Zweigniederlassungen von Aktiengesellschaften mit Sitz im Ausland

(1) Für Zweigniederlassungen von Aktiengesellschaften mit Sitz im Ausland gelten ergänzend die folgenden Vorschriften.

(2) [1]Der Anmeldung ist die Satzung in öffentlich beglaubigter Abschrift und, sofern die Satzung nicht in deutscher Sprache erstellt ist, eine beglaubigte Übersetzung in deutscher Sprache beizufügen. [2]Die Vorschriften des § 37 Abs. 2 und 3 des Aktiengesetzes finden Anwendung. [3]Soweit nicht das ausländische Recht eine Abweichung nötig macht, sind in die Anmeldung die in § 23 Abs. 3 und 4 des Aktiengesetzes vorgesehenen Bestimmungen und Bestimmungen der Satzung über die Zusammensetzung des Vorstandes aufzunehmen; erfolgt die Anmeldung in den ersten zwei Jahren nach der Eintragung der Gesellschaft in das Handelsregister ihres Sitzes, sind auch die Angaben über Festsetzungen nach den §§ 26 und 27 des Aktiengesetzes und der Ausgabebetrag der Aktien sowie Name und Wohnort der Gründer aufzunehmen. [4]Der Anmeldung ist die für den Sitz der Gesellschaft ergangene gerichtliche Bekanntmachung beizufügen.

(3) Die Eintragung der Errichtung der Zweigniederlassung hat auch die Angaben nach § 39 des Aktiengesetzes sowie die Angaben nach § 13e Abs. 2 Satz 3 bis 5 zu enthalten.

(4) [1]Änderungen der Satzung der ausländischen Gesellschaft sind durch den Vorstand zur Eintragung in das Handelsregister anzumelden. [2]Für die Anmeldung gelten die Vorschriften des § 181 Abs. 1 und 2 des Aktiengesetzes sinngemäß, soweit nicht das ausländische Recht Abweichungen nötig macht.

(5) Im übrigen gelten die Vorschriften der §§ 81, 263 Satz 1, § 266 Abs. 1 und 2, § 273 Abs. 1 Satz 1 des Aktiengesetzes sinngemäß, soweit nicht das ausländische Recht Abweichungen nötig macht.

(6) Für die Aufhebung einer Zweigniederlassung gelten die Vorschriften über ihre Errichtung sinngemäß.

(7) Die Vorschriften über Zweigniederlassungen von Aktiengesellschaften mit Sitz im Ausland gelten sinngemäß für Zweigniederlassungen von Kommanditgesellschaften auf Aktien mit Sitz im Ausland, soweit sich aus den Vorschriften der §§ 278 bis 290 des Aktiengesetzes oder aus dem Fehlen eines Vorstands nichts anderes ergibt.

§ 13g Zweigniederlassungen von Gesellschaften mit beschränkter Haftung mit Sitz im Ausland

(1) Für Zweigniederlassungen von Gesellschaften mit beschränkter Haftung mit Sitz im Ausland gelten ergänzend die folgenden Vorschriften.

(2) [1]Der Anmeldung ist der Gesellschaftsvertrag in öffentlich beglaubigter Abschrift und, sofern der Gesellschaftsvertrag nicht in deutscher Sprache erstellt ist, eine beglaubigte Übersetzung in deutscher Sprache beizufügen. [2]Die Vorschriften des § 8 Abs. 1 Nr. 2, Abs. 3 und 4 des Gesetzes betreffend die Gesellschaften mit beschränkter Haftung sind anzuwenden. [3]Wird die Errichtung der Zweigniederlassung in den ersten zwei Jahren nach der Eintragung der Gesellschaft in das Handelsregister ihres Sitzes angemeldet, so sind in die Anmeldung auch die nach § 5 Abs. 4 des Gesetzes betreffend die Gesellschaften mit beschränkter Haftung getroffenen Festsetzungen aufzunehmen, soweit nicht das ausländische Recht Abweichungen nötig macht.

(3) Die Eintragung der Errichtung der Zweigniederlassung hat auch die Angaben nach § 10 des Gesetzes betreffend die Gesellschaften mit beschränkter Haftung sowie die Angaben nach § 13e Abs. 2 Satz 3 bis 5 zu enthalten.

(4) [1]Änderungen des Gesellschaftsvertrages der ausländischen Gesellschaft sind durch die Geschäftsführer zur Eintragung in das Handelsregister anzumelden. [2]Für die Anmeldung gelten die Vorschriften des § 54 Abs. 1 und 2 des Gesetzes betreffend die Gesellschaften mit beschränkter Haftung sinngemäß, soweit nicht das ausländische Recht Abweichungen nötig macht.

(5) Im übrigen gelten die Vorschriften der §§ 39, 65 Abs. 1 Satz 1, § 67 Abs. 1 und 2, § 74 Abs. 1 Satz 1 des Gesetzes betreffend die Gesellschaften mit beschränkter Haftung sinngemäß, soweit nicht das ausländische Recht Abweichungen nötig macht.

(6) Für die Aufhebung einer Zweigniederlassung gelten die Vorschriften über ihre Errichtung sinngemäß.

§ 13h Verlegung des Sitzes einer Hauptniederlassung im Inland

(1) Wird die Hauptniederlassung eines Einzelkaufmanns oder einer juristischen Person oder der Sitz einer Handelsgesellschaft im Inland verlegt, so ist die Verlegung beim Gericht der bisherigen Hauptniederlassung oder des bisherigen Sitzes anzumelden.

(2) [1]Wird die Hauptniederlassung oder der Sitz aus dem Bezirk des Gerichts der bisherigen Hauptniederlassung oder des bisherigen Sitzes verlegt, so hat dieses unverzüglich von Amts wegen die Verlegung dem Gericht der neuen Hauptniederlassung oder des neuen Sitzes mitzuteilen. [2]Der Mitteilung sind die Eintragungen für die bisherige Hauptniederlassung oder den bisherigen Sitz sowie die bei dem bisher zuständigen Gericht aufbewahrten Urkunden beizufügen. [3]Das Gericht der neuen Hauptniederlassung oder des neuen Sitzes hat zu prüfen, ob die Hauptniederlassung oder der Sitz ordnungsgemäß verlegt und § 30 beachtet ist. [4]Ist dies der Fall, so hat es die Verlegung einzutragen und dabei die ihm mitgeteilten Eintragungen ohne weitere Nachprüfung in sein Handelsregister zu übernehmen. [5]Die Eintragung ist dem Gericht der bisherigen Hauptniederlassung oder des bisherigen Sitzes mitzuteilen. [6]Dieses hat die erforderlichen Eintragungen von Amts wegen vorzunehmen.

(3) [1]Wird die Hauptniederlassung oder der Sitz an einen anderen Ort innerhalb des Bezirks des Gerichts der bisherigen Hauptniederlassung oder des bisherigen Sitzes verlegt, so hat das Gericht zu prüfen, ob die Hauptniederlassung oder der Sitz ordnungsgemäß verlegt und § 30 beachtet ist. [2]Ist dies der Fall, so hat es die Verlegung einzutragen.

§ 14 [Ordnungsstrafen]

[1]Wer seiner Pflicht zur Anmeldung oder zur Einreichung von Dokumenten zum Handelsregister nicht nachkommt, ist hierzu von dem Registergericht durch Festsetzung von Zwangsgeld anzuhalten. [2]Das einzelne Zwangsgeld darf den Betrag von fünftausend Euro nicht übersteigen.

§ 15 [Publizitätswirkungen]

(1) Solange eine in das Handelsregister einzutragende Tatsache nicht eingetragen und bekanntgemacht ist, kann sie von demjenigen, in dessen Angelegenheiten sie einzutragen war, einem Dritten nicht entgegengesetzt werden, es sei denn, daß sie diesem bekannt war.

(2) [1]Ist die Tatsache eingetragen und bekanntgemacht worden, so muß ein Dritter sie gegen sich gelten lassen. [2]Dies gilt nicht bei Rechtshandlungen, die innerhalb von fünfzehn Tagen nach der Bekanntmachung vorgenommen werden, sofern der Dritte beweist, daß er die Tatsache weder kannte noch kennen mußte.

(3) Ist eine einzutragende Tatsache unrichtig bekanntgemacht, so kann sich ein Dritter demjenigen gegenüber, in dessen Angelegenheiten die Tatsache einzutragen war, auf die bekanntgemachte Tatsache berufen, es sei denn, daß er die Unrichtigkeit kannte.

(4) Für den Geschäftsverkehr mit einer in das Handelsregister eingetragenen Zweigniederlassung eines Unternehmens mit Sitz oder Hauptniederlassung im Ausland ist im Sinne dieser Vorschriften die Eintragung und Bekanntmachung durch das Gericht der Zweigniederlassung entscheidend.

§ 15a [Öffentliche Zustellung]

[1]Ist bei einer juristischen Person, die zur Anmeldung einer inländischen Geschäftsanschrift zum Handelsregister verpflichtet ist, der Zugang einer Willenserklärung nicht unter der eingetragenen Anschrift oder einer im Handelsregister eingetragenen Anschrift einer für Zustellungen empfangsberechtigten Person oder einer ohne Ermittlungen bekannten anderen inländischen Anschrift möglich, kann die Zustellung nach den für die öffentliche Zustellung geltenden Vorschriften der Zivilprozessordnung erfolgen. [2]Zuständig ist das Amtsgericht, in dessen Bezirk sich die eingetragene inländische Geschäftsanschrift der Gesellschaft befindet. [3]§ 132 des Bürgerlichen Gesetzbuchs bleibt unberührt.

§ 16 [Registergericht und Prozeßgericht]

(1) [1]Ist durch eine rechtskräftige oder vollstreckbare Entscheidung des Prozeßgerichts die Verpflichtung zur Mitwirkung bei einer Anmeldung zum Handelsregister oder ein Rechtsverhältnis, bezüglich dessen eine Eintragung zu erfolgen hat, gegen einen von mehreren bei der Vornahme der Anmeldung Beteiligten festgestellt, so genügt zur Eintragung die Anmeldung der übrigen Beteiligten. [2]Wird die Entscheidung, aufgrund deren die Eintragung erfolgt ist, aufgehoben, so ist dies auf Antrag eines der Beteiligten in das Handelsregister einzutragen.

(2) Ist durch eine rechtskräftige oder vollstreckbare Entscheidung des Prozeßgerichts die Vornahme einer Eintragung für unzulässig erklärt, so darf die Eintragung nicht gegen den Widerspruch desjenigen erfolgen, welcher die Entscheidung erwirkt hat.

Dritter Abschnitt. Handelsfirma

§ 17 [Begriff der Firma]

(1) Die Firma eines Kaufmanns ist der Name, unter dem er seine Geschäfte betreibt und die Unterschrift abgibt.

(2) Ein Kaufmann kann unter seiner Firma klagen und verklagt werden.

§ 18 [Firma; Verbot der Irreführung]

(1) Die Firma muß zur Kennzeichnung des Kaufmanns geeignet sein und Unterscheidungskraft besitzen.

(2) [1]Die Firma darf keine Angaben enthalten, die geeignet sind, über geschäftliche Verhältnisse, die für die angesprochenen Verkehrskreise wesentlich sind, irrezuführen. [2]Im Verfahren vor dem Registergericht wird die Eignung zur Irreführung nur berücksichtigt, wenn sie ersichtlich ist.

§ 19 [Mindestbestandteile der Firma]

(1) Die Firma muß, auch wenn sie nach den §§ 21, 22, 24 oder nach anderen gesetzlichen Vorschriften fortgeführt wird, enthalten:

1. bei Einzelkaufleuten die Bezeichnung „eingetragener Kaufmann", „eingetragene Kauffrau" oder eine allgemein verständliche Abkürzung dieser Bezeichnung, insbesondere „e. K.", „e. Kfm." oder „e. Kfr.";
2. bei einer offenen Handelsgesellschaft die Bezeichnung „offene Handelsgesellschaft" oder eine allgemein verständliche Abkürzung dieser Bezeichnung;
3. bei einer Kommanditgesellschaft die Bezeichnung „Kommanditgesellschaft" oder eine allgemein verständliche Abkürzung dieser Bezeichnung.

(2) Wenn in einer offenen Handelsgesellschaft oder Kommanditgesellschaft keine natürliche Person persönlich haftet, muß die Firma, auch wenn sie nach den §§ 21, 22, 24 oder nach anderen gesetzlichen Vorschriften fortgeführt wird, eine Bezeichnung enthalten, welche die Haftungsbeschränkung kennzeichnet.

§ 20 *(aufgehoben)*

§ 21 [Firmenfortführung bei Namensänderung]

Wird ohne eine Änderung der Person der in der Firma enthaltene Name des Geschäftsinhabers oder eines Gesellschafters geändert, so kann die bisherige Firma fortgeführt werden.

§ 22 [Firmenfortführung bei Erwerb des Geschäfts]

(1) Wer ein bestehendes Handelsgeschäft unter Lebenden oder von Todes wegen erwirbt, darf für das Geschäft die bisherige Firma, auch wenn sie den Namen des bisherigen Geschäftsinhabers enthält, mit oder ohne Beifügung eines das Nachfolgeverhältnis andeutenden Zusatzes fortführen, wenn der bisherige Geschäftsinhaber oder dessen Erben in die Fortführung der Firma ausdrücklich einwilligen.

(2) Wird ein Handelsgeschäft aufgrund eines Nießbrauchs, eines Pachtvertrags oder eines ähnlichen Verhältnisses übernommen, so finden diese Vorschriften entsprechende Anwendung.

§ 23 [Untrennbarkeit von Firma und Geschäft]

Die Firma kann nicht ohne das Handelsgeschäft, für welches sie geführt wird, veräußert werden.

§ 24 [Firmenfortführung bei Ein- und Austritt von Gesellschaftern]

(1) Wird jemand in ein bestehendes Handelsgeschäft als Gesellschafter aufgenommen oder tritt ein neuer Gesellschafter in eine Handelsgesellschaft ein oder scheidet aus einer solchen ein Gesellschafter aus, so kann ungeachtet dieser Veränderung die bisherige Firma fortgeführt werden, auch wenn sie den Namen des bisherigen Geschäftsinhabers oder Namen von Gesellschaftern enthält.

(2) Bei dem Ausscheiden eines Gesellschafters, dessen Name in der Firma enthalten ist, bedarf es zur Fortführung der Firma der ausdrücklichen Einwilligung des Gesellschafters oder seiner Erben.

§ 25 [Haftung bei Erwerb des Geschäfts]

(1) [1]Wer ein unter Lebenden erworbenes Handelsgeschäft unter der bisherigen Firma mit oder ohne Beifügung eines das Nachfolgeverhältnis andeutenden Zusatzes fortführt, haftet für alle im Betriebe des Geschäfts begründeten Verbindlichkeiten des früheren Inhabers. [2]Die in dem Betriebe begründeten Forderungen gelten den Schuldnern gegenüber als auf den Erwerber übergegangen, falls der bisherige Inhaber oder seine Erben in die Fortführung der Firma gewilligt haben.

(2) Eine abweichende Vereinbarung ist einem Dritten gegenüber nur wirksam, wenn sie in das Handelsregister eingetragen und bekanntgemacht oder von dem Erwerber oder dem Veräußerer dem Dritten mitgeteilt worden ist.

(3) Wird die Firma nicht fortgeführt, so haftet der Erwerber eines Handelsgeschäfts für die früheren Geschäftsverbindlichkeiten nur, wenn ein besonderer Verpflichtungsgrund vorliegt, insbesondere wenn die Übernahme der Verbindlichkeiten in handelsüblicher Weise von dem Erwerber bekanntgemacht worden ist.

§ 26 [Verjährung der Ansprüche gegen den Geschäftsveräußerer]

(1) [1]Ist der Erwerber des Handelsgeschäfts auf Grund der Fortführung der Firma oder auf Grund der in § 25 Abs. 3 bezeichneten Kundmachung für die früheren Geschäftsverbindlichkeiten haftbar, so haftet der frühere Geschäftsinhaber für diese Verbindlichkeiten nur, wenn sie vor Ablauf von fünf Jahren fällig und daraus Ansprüche gegen ihn in einer in § 197 Abs. 1 Nr. 3 bis 5 des Bürgerlichen Gesetzbuchs bezeichneten Art festgestellt sind oder eine gerichtliche oder behördliche Vollstreckungshandlung vorgenommen oder beantragt wird; bei öffentlich-rechtlichen Verbindlichkeiten genügt der Erlass eines Verwaltungsakts. [2]Die Frist beginnt im Falle des § 25 Abs. 1 mit dem Ende des Tages, an dem der neue Inhaber der Firma in das Handelsregister des Gerichts der Hauptniederlassung eingetragen wird, im Falle des § 25 Abs. 3 mit dem Ende des Tages, an dem die Übernahme kundgemacht wird. [3]Die für die Verjährung geltenden §§ 204, 206, 210, 211 und 212 Abs. 2 und 3 des Bürgerlichen Gesetzbuches sind entsprechend anzuwenden.

(2) Einer Feststellung in einer in § 197 Abs. 1 Nr. 3 bis 5 des Bürgerlichen Gesetzbuchs bezeichneten Art bedarf es nicht, soweit der frühere Geschäftsinhaber den Anspruch schriftlich anerkannt hat.

§ 27 [Haftung des Erben eines Geschäfts]

(1) Wird ein zu einem Nachlasse gehörendes Handelsgeschäft von dem Erben fortgeführt, so finden auf die Haftung des Erben für die früheren Geschäftsverbindlichkeiten die Vorschriften des § 25 entsprechende Anwendung.

(2) [1]Die unbeschränkte Haftung nach § 25 Abs. 1 tritt nicht ein, wenn die Fortführung des Geschäfts vor dem Ablaufe von drei Monaten nach dem Zeitpunkt, in welchem der Erbe von dem Anfalle der Erbschaft Kenntnis erlangt hat, eingestellt wird. [2]Auf den Lauf der Frist finden die für die Verjährung geltenden Vorschriften des § 210 des Bürgerlichen Gesetzbuchs entsprechende Anwendung. [3]Ist bei dem Ablaufe der drei Monate das Recht zur Ausschlagung der Erbschaft noch nicht verloren, so endigt die Frist nicht vor dem Ablaufe der Ausschlagungsfrist.

§ 28 [Haftung bei Eintritt in das Geschäft eines Einzelkaufmanns]

(1) [1]Tritt jemand als persönlich haftender Gesellschafter oder als Kommanditist in das Geschäft eines Einzelkaufmanns ein, so haftet die Gesellschaft, auch wenn sie die frühere Firma nicht fortführt, für alle im Betriebe des Geschäfts entstandenen Verbindlichkeiten des früheren Geschäftsinhabers. [2]Die in dem Betriebe begründeten Forderungen gelten den Schuldnern gegenüber als auf die Gesellschaft übergegangen.

(2) Eine abweichende Vereinbarung ist einem Dritten gegenüber nur wirksam, wenn sie in das Handelsregister eingetragen und bekanntgemacht oder von einem Gesellschafter dem Dritten mitgeteilt worden ist.

(3) [1]Wird der frühere Geschäftsinhaber Kommanditist und haftet die Gesellschaft für die im Betrieb seines Geschäfts entstandenen Verbindlichkeiten, so ist für die Begrenzung seiner Haftung § 26 entsprechend mit der Maßgabe anzuwenden, daß die in § 26 Abs. 1 bestimmte Frist mit dem Ende des Tages beginnt, an dem die Gesellschaft in

das Handelsregister eingetragen wird. [2]Dies gilt auch, wenn er in der Gesellschaft oder einem ihr als Gesellschafter angehörenden Unternehmen geschäftsführend tätig wird. [3]Seine Haftung als Kommanditist bleibt unberührt.

§ 29 [Anmeldepflicht]

Jeder Kaufmann ist verpflichtet, seine Firma, den Ort und die inländische Geschäftsanschrift seiner Handelsniederlassung bei dem Gericht, in dessen Bezirke sich die Niederlassung befindet, zur Eintragung in das Handelsregister anzumelden.

§ 30 [Ausschließlichkeit der Firma]

(1) Jede neue Firma muß sich von allen an demselben Ort oder in derselben Gemeinde bereits bestehenden und in das Handelsregister oder in das Genossenschaftsregister eingetragenen Firmen deutlich unterscheiden.

(2) Hat ein Kaufmann mit einem bereits eingetragenen Kaufmanne die gleichen Vornamen und den gleichen Familiennamen und will auch er sich dieser Namen als seiner Firma bedienen, so muß er der Firma einen Zusatz beifügen, durch den sie sich von der bereits eingetragenen Firma deutlich unterscheidet.

(3) Besteht an dem Orte oder in der Gemeinde, wo eine Zweigniederlassung errichtet wird, bereits eine gleiche eingetragene Firma, so muß der Firma für die Zweigniederlassung ein der Vorschrift des Absatzes 2 entsprechender Zusatz beigefügt werden.

(4) Durch die Landesregierungen kann bestimmt werden, daß benachbarte Orte oder Gemeinden als ein Ort oder als eine Gemeinde im Sinne dieser Vorschriften anzusehen sind.

§ 31 [Anmeldung von Veränderungen; Erlöschen der Firma]

(1) Eine Änderung der Firma oder ihrer Inhaber, die Verlegung der Niederlassung an einen anderen Ort sowie die Änderung der inländischen Geschäftsanschrift ist nach den Vorschriften des § 29 zur Eintragung in das Handelsregister anzumelden.

(2) [1]Das gleiche gilt, wenn die Firma erlischt. [2]Kann die Anmeldung des Erlöschens einer eingetragenen Firma durch die hierzu Verpflichteten nicht auf dem in § 14 bezeichneten Wege herbeigeführt werden, so hat das Gericht das Erlöschen von Amts wegen einzutragen.

§ 32 [Eintragung der Insolvenzeröffnung]

[1]Wird über das Vermögen eines Kaufmanns das Insolvenzverfahren eröffnet, so ist dies von Amts wegen in das Handelsregister einzutragen. [2]Das gleiche gilt für

1. die Aufhebung des Eröffnungsbeschlusses,
2. die Bestellung eines vorläufigen Insolvenzverwalters, wenn zusätzlich dem Schuldner ein allgemeines Verfügungsverbot auferlegt oder angeordnet wird, daß Verfügungen des Schuldners nur mit Zustimmung des vorläufigen Insolvenzverwalters wirksam sind, und die Aufhebung einer derartigen Sicherheitsmaßnahme,
3. die Anordnung der Eigenverwaltung durch den Schuldner und deren Aufhebung sowie die Anordnung der Zustimmungsbedürftigkeit bestimmter Rechtsgeschäfte des Schuldners,
4. die Einstellung und die Aufhebung des Verfahrens und
5. die Überwachung der Erfüllung eines Insolvenzplans und die Aufhebung der Überwachung.

(2) [1]Die Eintragungen werden nicht bekanntgemacht. [2]Die Vorschriften des § 15 sind nicht anzuwenden.

§ 33 [Anmeldung und Eintragung juristischer Personen]

(1) Eine juristische Person, deren Eintragung in das Handelsregister mit Rücksicht auf den Gegenstand oder auf die Art und den Umfang ihres Gewerbebetriebes zu erfolgen hat, ist von sämtlichen Mitgliedern des Vorstandes zur Eintragung anzumelden.

(2) [1]Der Anmeldung sind die Satzung der juristischen Person und die Urkunden über die Bestellung des Vorstandes in Urschrift oder in öffentlich beglaubigter Abschrift beizufügen; ferner ist anzugeben, welche Vertretungsmacht die Vorstandsmitglieder haben. [2]Bei der Eintragung sind die Firma und der Sitz der juristischen Person, der Gegenstand des Unternehmens, die Mitglieder des Vorstandes und ihre Vertretungsmacht anzugeben. [3]Besondere Bestimmungen der Satzung über die Zeitdauer des Unternehmens sind gleichfalls einzutragen.

(3) Die Errichtung einer Zweigniederlassung ist durch den Vorstand anzumelden.

(4) Für juristische Personen im Sinne von Absatz 1 gilt die Bestimmung des § 37a entsprechend.

§ 34 [Vereinbarungen bei juristischen Personen]

(1) Jede Änderung der nach § 33 Abs. 2 Satz 2 und 3 einzutragenden Tatsachen oder der Satzung, die Auflösung der juristischen Person, falls sie nicht die Folge der Eröffnung des Insolvenzverfahrens ist, sowie die Personen der Liquidatoren, ihre Vertretungsmacht, jeder Wechsel der Liquidatoren und jede Änderung ihrer Vertretungsmacht sind zur Eintragung in das Handelsregister anzumelden.

(2) Bei der Eintragung einer Änderung der Satzung genügt, soweit nicht die Änderung die in § 33 Abs. 2 Satz 2 und 3 bezeichneten Angaben betrifft, die Bezugnahme auf die bei dem Gericht eingereichten Urkunden über die Änderung.

(3) Die Anmeldung hat durch den Vorstand oder, sofern die Eintragung erst nach der Anmeldung der ersten Liquidatoren geschehen soll, durch die Liquidatoren zu erfolgen.

(4) Die Eintragung gerichtlich bestellter Vorstandsmitglieder oder Liquidatoren geschieht von Amts wegen.

(5) Im Falle des Insolvenzverfahrens finden die Vorschriften des § 32 Anwendung.

§ 35 *(aufgehoben)*

§ 36 *(aufgehoben)*

§ 37 [Unbefugter Gebrauch einer Firma]

(1) Wer eine nach den Vorschriften dieses Abschnitts ihm nicht zustehende Firma gebraucht, ist von dem Registergerichte zur Unterlassung des Gebrauchs der Firma durch Festsetzung von Ordnungsgeld anzuhalten.

(2) [1]Wer in seinen Rechten dadurch verletzt wird, daß ein anderer eine Firma unbefugt gebraucht, kann von diesem die Unterlassung des Gebrauchs der Firma verlangen. [2]Ein nach sonstigen Vorschriften begründeter Anspruch auf Schadensersatz bleibt unberührt.

§ 37a [Angabepflichten auf Geschäftsbriefen]

(1) Auf allen Geschäftsbriefen des Kaufmanns gleichviel welcher Form, die an einen bestimmten Empfänger gerichtet werden, müssen seine Firma, die Bezeichnung nach § 19 Abs. 1 Nr. 1, der Ort seiner Handelsniederlassung, das Registergericht und die Nummer, unter der die Firma in das Handelsregister eingetragen ist, angegeben werden.

(2) Der Angaben nach Absatz 1 bedarf es nicht bei Mitteilungen oder Berichten, die im Rahmen einer bestehenden Geschäftsverbindung ergehen und für die üblicherweise Vordrucke verwendet werden, in denen lediglich die im Einzelfall erforderlichen besonderen Angaben eingefügt zu werden brauchen.

(3) [1]Bestellscheine gelten als Geschäftsbriefe im Sinne des Absatzes 1. [2]Absatz 2 ist auf sie nicht anzuwenden.

(4) [1]Wer seiner Pflicht nach Absatz 1 nicht nachkommt, ist hierzu von dem Registergericht durch Festsetzung von Zwangsgeld anzuhalten. [2]§ 14 Satz 2 gilt entsprechend.

Vierter Abschnitt. Handelsbücher

§§ 38 bis 47b *(aufgehoben)*

Fünfter Abschnitt. Prokura und Handlungsvollmacht

§ 48 [Erteilung der Prokura]

(1) Die Prokura kann nur von dem Inhaber des Handelsgeschäfts oder seinem gesetzlichen Vertreter und nur mittels ausdrücklicher Erklärung erteilt werden.

(2) Die Erteilung kann an mehrere Personen gemeinschaftlich erfolgen (Gesamtprokura).

§ 49 [Umfang der Prokura]

(1) Die Prokura ermächtigt zu allen Arten von gerichtlichen und außergerichtlichen Geschäften und Rechtshandlungen, die der Betrieb eines Handelsgewerbes mit sich bringt.

(2) Zur Veräußerung und Belastung von Grundstücken ist der Prokurist nur ermächtigt, wenn ihm diese Befugnis besonders erteilt ist.

§ 50 [Beschränkung der Prokura]

(1) Eine Beschränkung des Umfanges der Prokura ist Dritten gegenüber unwirksam.

(2) Dies gilt insbesondere von der Beschränkung, daß die Prokura nur für gewisse Geschäfte oder gewisse Arten von Geschäften oder nur unter gewissen Umständen oder für eine gewisse Zeit oder an einzelnen Orten ausgeübt werden soll.

(3) [1]Eine Beschränkung der Prokura auf den Betrieb einer von mehreren Niederlassungen des Geschäftsinhabers ist Dritten gegenüber nur wirksam, wenn die Niederlassungen unter verschiedenen Firmen betrieben werden. [2]Eine Verschiedenheit der Firmen im Sinne dieser Vorschrift wird auch dadurch begründet, daß für eine Zweigniederlassung der Firma ein Zusatz beigefügt wird, der sie als Firma der Zweigniederlassung bezeichnet.

§ 51 [Zeichnung des Prokuristen]

Der Prokurist hat in der Weise zu zeichnen, daß er der Firma seinen Namen mit einem die Prokura andeutenden Zusatz beifügt.

§ 52 [Widerruf, Übertragung, Tod des Geschäftsinhabers]

(1) Die Prokura ist ohne Rücksicht auf das der Erteilung zugrunde liegende Rechtsverhältnis jederzeit widerruflich, unbeschadet des Anspruchs auf die vertragsmäßige Vergütung.

(2) Die Prokura ist nicht übertragbar.

(3) Die Prokura erlischt nicht durch den Tod des Inhabers des Handelsgeschäfts.

§ 53 [Anmeldung der Prokura]

(1) [1]Die Erteilung der Prokura ist von dem Inhaber des Handelsgeschäfts zur Eintragung in das Handelsregister anzumelden. [2]Ist die Prokura als Gesamtprokura erteilt, so muß auch dies zur Eintragung angemeldet werden.

(2) Das Erlöschen der Prokura ist in gleicher Weise wie die Erteilung zur Eintragung anzumelden.

§ 54 [Handlungsvollmacht]

(1) Ist jemand ohne Erteilung der Prokura zum Betrieb eines Handelsgewerbes oder zur Vornahme einer bestimmten zu einem Handelsgewerbe gehörigen Art von Geschäften oder zur Vornahme einzelner zu einem Handelsgewerbe gehöriger Geschäfte ermächtigt, so erstreckt sich die Vollmacht (Handlungsvollmacht) auf alle Geschäfte und Rechtshandlungen, die der Betrieb eines derartigen Handelsgewerbes oder die Vornahme derartiger Geschäfte gewöhnlich mit sich bringt.

(2) Zur Veräußerung oder Belastung von Grundstücken, zur Eingehung von Wechselverbindlichkeiten, zur Aufnahme von Darlehen und zur Prozeßführung ist der Handlungsbevollmächtigte nur ermächtigt, wenn ihm eine solche Befugnis besonders erteilt ist.

(3) Sonstige Beschränkungen der Handlungsvollmacht braucht ein Dritter nur dann gegen sich gelten zu lassen, wenn er sie kannte oder kennen mußte.

§ 55 [Handelsvertreter mit Abschlußvollmacht]

(1) Die Vorschriften des § 54 finden auch Anwendung auf Handlungsbevollmächtigte, die Handelsvertreter sind oder die als Handlungsgehilfen damit betraut sind, außerhalb des Betriebes des Prinzipals Geschäfte in dessen Namen abzuschließen.

(2) Die ihnen erteilte Vollmacht zum Abschluß von Geschäften bevollmächtigt sie nicht, abgeschlossene Verträge zu ändern, insbesondere Zahlungsfristen zu gewähren.

(3) Zur Annahme von Zahlungen sind sie nur berechtigt, wenn sie dazu bevollmächtigt sind.

(4) Sie gelten als ermächtigt, die Anzeige von Mängeln einer Ware, die Erklärung, daß eine Ware zur Verfügung gestellt werde, sowie ähnliche Erklärungen, durch die ein Dritter seine Rechte aus mangelhafter Leistung geltend macht oder sie vorbehält, entgegenzunehmen; sie können die dem Unternehmer (Prinzipal) zustehenden Rechte auf Sicherung des Beweises geltend machen.

§ 56 [Vollmacht von Ladenangestellten]

Wer in einem Laden oder in einem offenen Warenlager angestellt ist, gilt als ermächtigt zu Verkäufen und Empfangnahmen, die in einem derartigen Laden oder Warenlager gewöhnlich geschehen.

§ 57 [Zeichnung des Handlungsbevollmächtigten]

Der Handlungsbevollmächtigte hat sich bei der Zeichnung jedes eine Prokura andeutenden Zusatzes zu enthalten; er hat mit einem das Vollmachtsverhältnis ausdrückenden Zusatz zu zeichnen.

§ 58 [Übertragung der Handlungsvollmacht]

Der Handlungsbevollmächtigte kann ohne Zustimmung des Inhabers des Handelsgeschäfts seine Handlungsvollmacht auf einen anderen nicht übertragen.

Sechster Abschnitt. Handlungsgehilfen und Handlungslehrlinge

§ 59 [Begriff des Handlungsgehilfen; Vergütung und Pflichten]

[1]Wer in einem Handelsgewerbe zur Leistung kaufmännischer Dienste gegen Entgelt angestellt ist (Handlungsgehilfe), hat, soweit nicht besondere Vereinbarungen über die Art und den Umfang seiner Dienstleistungen oder über die ihm zukommende Vergütung getroffen sind, die dem Ortsgebrauch entsprechenden Dienste zu leisten sowie die dem Ortsgebrauch entsprechende Vergütung zu beanspruchen. [2]In Ermangelung eines Ortsgebrauchs gelten die den Umständen nach angemessenen Leistungen als vereinbart.

§ 60 [Gesetzliches Wettbewerbsverbot]

(1) Der Handlungsgehilfe darf ohne Einwilligung des Prinzipals weder ein Handelsgewerbe betreiben noch in dem Handelszweige des Prinzipals für eigene oder fremde Rechnung Geschäfte machen.

(2) Die Einwilligung zum Betrieb eines Handelsgewerbes gilt als erteilt, wenn dem Prinzipal bei der Anstellung des Gehilfen bekannt ist, daß er das Gewerbe betreibt, und der Prinzipal die Aufgabe des Betriebs nicht ausdrücklich vereinbart.

§ 61 [Verletzung des Wettbewerbsverbots]

(1) Verletzt der Handlungsgehilfe die ihm nach § 60 obliegende Verpflichtung, so kann der Prinzipal Schadensersatz fordern; er kann statt dessen verlangen, daß der Handlungsgehilfe die für eigene Rechnung gemachten Geschäfte als für Rechnung des Prinzipals eingegangen gelten lasse und die aus Geschäften für fremde Rechnung bezogene Vergütung herausgebe oder seinen Anspruch auf die Vergütung abtrete.

(2) Die Ansprüche verjähren in drei Monaten von dem Zeitpunkt an, in welchem der Prinzipal Kenntnis von dem Abschlusse des Geschäfts erlangt; sie verjähren ohne Rücksicht auf diese Kenntnis in fünf Jahren von dem Abschlusse des Geschäfts an.

§ 62 [Fürsorgepflicht des Prinzipals]

(1) Der Prinzipal ist verpflichtet, die Geschäftsräume und die für den Geschäftsbetrieb bestimmten Vorrichtungen und Gerätschaften so einzurichten und zu unterhalten, auch den Geschäftsbetrieb und die Arbeitszeit so zu regeln, daß der Handlungsgehilfe gegen eine Gefährdung seiner Gesundheit, soweit die Natur des Betriebs es gestattet, geschützt und die Aufrechterhaltung der guten Sitten und des Anstandes gesichert ist.

(2) Ist der Handlungsgehilfe in die häusliche Gemeinschaft aufgenommen, so hat der Prinzipal in Ansehung des Wohn- und Schlafraums, der Verpflegung sowie der Arbeits- und Erholungszeit diejenigen Einrichtungen und Anordnungen zu treffen, welche mit Rücksicht auf die Gesundheit, die Sittlichkeit und die Religion des Handlungsgehilfen erforderlich sind.

(3) Erfüllt der Prinzipal die ihm in Ansehung des Lebens und der Gesundheit des Handlungsgehilfen obliegenden Verpflichtungen nicht, so finden auf seine Verpflichtung zum Schadensersatze die für unerlaubte Handlungen geltenden Vorschriften der §§ 842 bis 846 des Bürgerlichen Gesetzbuchs entsprechende Anwendung.

(4) Die dem Prinzipal hiernach obliegenden Verpflichtungen können nicht im voraus durch Vertrag aufgehoben oder beschränkt werden.

§ 63 *(aufgehoben)*

§ 64 [Gehaltszahlung]

[1]Die Zahlung des dem Handlungsgehilfen zukommenden Gehalts hat am Schlusse jedes Monats zu erfolgen. [2]Eine Vereinbarung, nach der die Zahlung des Gehalts später erfolgen soll, ist nichtig.

§ 65 [Provision]

Ist bedungen, daß der Handlungsgehilfe für Geschäfte, die von ihm geschlossen oder vermittelt werden, Provision erhalten solle, so sind die für die Handelsvertreter geltenden Vorschriften des § 87 Abs. 1 und 3 sowie der §§ 87a bis 87 c anzuwenden.

§§ 66-72 *(aufgehoben)*

§ 73 *(aufgehoben)*

§ 74 [Vertragliches Wettbewerbsverbot]

(1) Eine Vereinbarung zwischen dem Prinzipal und dem Handlungsgehilfen, die den Gehilfen für die Zeit nach Beendigung des Dienstverhältnisses in seiner gewerblichen Tätigkeit beschränkt (Wettbewerbsverbot), bedarf der Schriftform und der Aushändigung einer vom Prinzipal unterzeichneten, die vereinbarten Bestimmungen enthaltenden Urkunde an den Gehilfen.

(2) Das Wettbewerbsverbot ist nur verbindlich, wenn sich der Prinzipal verpflichtet, für die Dauer des Verbots eine Entschädigung zu zahlen, die für jedes Jahr des Verbots mindestens die Hälfte der von dem Handlungsgehilfen zuletzt bezogenen vertragsmäßigen Leistungen erreicht.

§ 74a [Unverbindliche und nichtige Wettbewerbsverbote]

(1) [1]Das Wettbewerbsverbot ist insoweit unverbindlich, als es nicht zum Schutze eines berechtigten geschäftlichen Interesses des Prinzipals dient. [2]Es ist ferner unverbindlich, soweit es unter Berücksichtigung der gewährten Entschädigung nach Ort, Zeit oder Gegenstand eine unbillige Erschwerung des Fortkommens des Gehilfen enthält. [3]Das Verbot kann nicht auf einen Zeitraum von mehr als zwei Jahren von der Beendigung des Dienstverhältnisses an erstreckt werden.

(2) [1]Das Verbot ist nichtig, wenn der Gehilfe zur Zeit des Abschlusses minderjährig ist oder wenn sich der Prinzipal die Erfüllung auf Ehrenwort oder unter ähnlichen Versicherungen versprechen läßt. [2]Nichtig ist auch die Vereinbarung, durch die ein Dritter an Stelle des Gehilfen die Verpflichtung übernimmt, daß sich der Gehilfe nach der Beendigung des Dienstverhältnisses in seiner gewerblichen Tätigkeit beschränken werde.

(3) Unberührt bleiben die Vorschriften des § 138 des Bürgerlichen Gesetzbuchs über die Nichtigkeit von Rechtsgeschäften, die gegen die guten Sitten verstoßen.

§ 74b [Entschädigung]

(1) Die nach § 74 Abs. 2 dem Handlungsgehilfen zu gewährende Entschädigung ist am Schlusse jedes Monats zu zahlen.

(2) [1]Soweit die dem Gehilfen zustehenden vertragsmäßigen Leistungen in einer Provision oder in anderen wechselnden Bezügen bestehen, sind sie bei der Berechnung der Entschädigung nach dem Durchschnitt der letzten drei Jahre in Ansatz zu bringen. [2]Hat die für die Bezüge bei der Beendigung des Dienstverhältnisses maßgebende Vertragsbestimmung noch nicht drei Jahre bestanden, so erfolgt der Ansatz nach dem Durchschnitt des Zeitraums, für den die Bestimmung in Kraft war.

(3) Soweit Bezüge zum Ersatze besonderer Auslagen dienen sollen, die infolge der Dienstleistung entstehen, bleiben sie außer Ansatz.

§ 74c [Anrechnung anderweitigen Erwerbs]

(1) [1]Der Handlungsgehilfe muß sich auf die fällige Entschädigung anrechnen lassen, was er während des Zeitraums, für den die Entschädigung gezahlt wird, durch anderweitige Verwertung seiner Arbeitskraft erwirbt oder zu erwerben böswillig unterläßt, soweit die Entschädigung unter Hinzurechnung dieses Betrags den Betrag der zuletzt

von ihm bezogenen vertragsmäßigen Leistungen um mehr als ein Zehntel übersteigen würde. [2]Ist der Gehilfe durch das Wettbewerbsverbot gezwungen worden, seinen Wohnsitz zu verlegen, so tritt an die Stelle des Betrags von einem Zehntel der Betrag von einem Viertel. [3]Für die Dauer der Verbüßung einer Freiheitsstrafe kann der Gehilfe eine Entschädigung nicht verlangen.

(2) Der Gehilfe ist verpflichtet, dem Prinzipal auf Erfordern über die Höhe seines Erwerbes Auskunft zu erteilen.

§ 75 [Wettbewerbsverbot nach Kündigung]

(1) Löst der Gehilfe das Dienstverhältnis gemäß den Vorschriften der §§ 70 und 71[1)] wegen vertragswidrigen Verhaltens des Prinzipals auf, so wird das Wettbewerbsverbot unwirksam, wenn der Gehilfe vor Ablauf eines Monats nach der Kündigung schriftlich erklärt, daß er sich an die Vereinbarung nicht gebunden erachte.

(2) [1]In gleicher Weise wird das Wettbewerbsverbot unwirksam, wenn der Prinzipal das Dienstverhältnis kündigt, es sei denn, daß für die Kündigung ein erheblicher Anlaß in der Person des Gehilfen vorliegt oder daß sich der Prinzipal bei der Kündigung bereit erklärt, während der Dauer der Beschränkung dem Gehilfen die vollen zuletzt von ihm bezogenen vertragsmäßigen Leistungen zu gewähren. [2]Im letzteren Falle finden die Vorschriften des § 74b entsprechende Anwendung.

(3) Löst der Prinzipal das Dienstverhältnis gemäß den Vorschriften der §§ 70 und 72 wegen vertragswidrigen Verhaltens des Gehilfen auf, so hat der Gehilfe keinen Anspruch auf die Entschädigung.

§ 75a [Verzicht auf das Wettbewerbsverbot]

Der Prinzipal kann vor der Beendigung des Dienstverhältnisses durch schriftliche Erklärung auf das Wettbewerbsverbot mit der Wirkung verzichten, daß er mit dem Ablauf eines Jahres seit der Erklärung von der Verpflichtung zur Zahlung der Entschädigung frei wird.

§ 75b *(aufgehoben)*

§ 75c [Vertragsstrafe]

(1) [1]Hat der Handlungsgehilfe für den Fall, daß er die in der Vereinbarung übernommene Verpflichtung nicht erfüllt, eine Strafe versprochen, so kann der Prinzipal Ansprüche nur nach Maßgabe der Vorschriften des § 340 des Bürgerlichen Gesetzbuchs geltend machen. [2]Die Vorschriften des Bürgerlichen Gesetzbuchs über die Herabsetzung einer unverhältnismäßig hohen Vertragsstrafe bleiben unberührt.

(2) Ist die Verbindlichkeit der Vereinbarung nicht davon abhängig, daß sich der Prinzipal zur Zahlung einer Entschädigung an den Gehilfen verpflichtet, so kann der Prinzipal, wenn sich der Gehilfe einer Vertragsstrafe der in Absatz 1 bezeichneten Art unterworfen hat, nur die verwirkte Strafe verlangen; der Anspruch auf Erfüllung oder auf Ersatz eines weiteren Schadens ist ausgeschlossen.

§ 75d [Unabdingbarkeit]

[1]Auf eine Vereinbarung, durch die von den Vorschriften der §§ 74 bis 75c zum Nachteil des Handlungsgehilfen abgewichen wird; kann sich der Prinzipal nicht berufen. [2]Das gilt auch von Vereinbarungen, die bezwecken, die gesetzlichen Vorschriften über das Mindestmaß der Entschädigung durch Verrechnungen oder auf sonstige Weise zu umgehen.

---

1) §§ 70 und 71 aufgehoben; vgl. jetzt § 626 BGB.

§ 75e *(aufgehoben)*

§ 75f [Geheimes Wettbewerbsverbot]

[1]Im Falle einer Vereinbarung, durch die sich ein Prinzipal einem anderen Prinzipal gegenüber verpflichtet, einen Handlungsgehilfen, der bei diesem im Dienst ist oder gewesen ist, nicht oder nur unter bestimmten Voraussetzungen anzustellen, steht beiden Teilen der Rücktritt frei. [2]Aus der Vereinbarung findet weder Klage noch Einrede statt.

§ 75g [Handlungsgehilfen im Außendienst]

[1]§ 55 Abs. 4 gilt auch für einen Handlungsgehilfen, der damit betraut ist, außerhalb des Betriebs des Prinzipals für diesen Geschäfte zu vermitteln. [2]Eine Beschränkung dieser Rechte braucht ein Dritter gegen sich nur gelten zu lassen, wenn er sie kannte oder kennen mußte.

§ 75h [Vertragsabschluß ohne Vollmacht]

(1) Hat ein Handlungsgehilfe, der nur mit der Vermittlung von Geschäften außerhalb des Betriebes des Prinzipals betraut ist, ein Geschäft im Namen des Prinzipals abgeschlossen, und war dem Dritten der Mangel der Vertretungsmacht nicht bekannt, so gilt das Geschäft als von dem Prinzipal genehmigt, wenn dieser dem Dritten gegenüber nicht unverzüglich das Geschäft ablehnt, nachdem er von dem Handlungsgehilfen oder dem Dritten über Abschluß und wesentlichen Inhalt benachrichtigt worden ist.

(2) Das gleiche gilt, wenn ein Handlungsgehilfe, der mit dem Abschluß von Geschäften betraut ist, ein Geschäft im Namen des Prinzipals abgeschlossen hat, zu dessen Abschluß er nicht bevollmächtigt ist.

§§ 76-82 *(aufgehoben)*

§ 82a [Volontäre]

Auf Wettbewerbsverbote gegenüber Personen, die, ohne als Lehrlinge angenommen zu sein, zum Zwecke ihrer Ausbildung unentgeltlich mit kaufmännischen Diensten beschäftigt werden (Volontäre), finden die für Handlungsgehilfen geltenden Vorschriften insoweit Anwendung, als sie nicht auf das dem Gehilfen zustehende Entgelt Bezug nehmen.

§ 83 [Andere Arbeitnehmer]

Hinsichtlich der Personen, welche in dem Betrieb eines Handelsgewerbes andere als kaufmännische Dienste leisten, bewendet es bei den für das Arbeitsverhältnis dieser Personen geltenden Vorschriften.

Siebenter Abschnitt. Handelsvertreter

§ 84 [Begriff des Handelsvertreters]

(1) [1]Handelsvertreter ist, wer als selbständiger Gewerbetreibender ständig damit betraut ist, für einen anderen Unternehmer (Unternehmer) Geschäfte zu vermitteln oder in dessen Namen abzuschließen. [2]Selbständig ist, wer im wesentlichen frei seine Tätigkeit gestalten und seine Arbeitszeit bestimmen kann.

(2) Wer, ohne selbständig im Sinne des Absatzes 1 zu sein, ständig damit betraut ist, für einen Unternehmer Geschäfte zu vermitteln oder in dessen Namen abzuschließen, gilt als Angestellter.

(3) Der Unternehmer kann auch ein Handelsvertreter sein.

(4) Die Vorschriften dieses Abschnittes finden auch Anwendung, wenn das Unternehmen des Handelsvertreters nach Art oder Umfang einen in kaufmännischer Weise eingerichteten Geschäftsbetrieb nicht erfordert.

§ 85 [Beurkundung des Vertrages]

[1]Jeder Teil kann verlangen, daß der Inhalt des Vertrages sowie spätere Vereinbarungen zu dem Vertrag in eine vom anderen Teil unterzeichnete Urkunde aufgenommen werden. [2]Dieser Anspruch kann nicht ausgeschlossen werden.

§ 86 [Pflichten des Handelsvertreters]

(1) Der Handelsvertreter hat sich um die Vermittlung oder den Abschluß von Geschäften zu bemühen; er hat hierbei das Interesse des Unternehmers wahrzunehmen.

(2) Er hat dem Unternehmer die erforderlichen Nachrichten zu geben, namentlich ihm von jeder Geschäftsvermittlung und von jedem Geschäftsabschluß unverzüglich Mitteilung zu machen.

(3) Er hat seine Pflichten mit der Sorgfalt eines ordentlichen Kaufmanns wahrzunehmen.

(4) Von den Absätzen 1 und 2 abweichende Vereinbarungen sind unwirksam.

§ 86a [Pflichten des Unternehmers]

(1) Der Unternehmer hat dem Handelsvertreter die zur Ausübung seiner Tätigkeit erforderlichen Unterlagen, wie Muster, Zeichnungen, Preislisten, Werbedrucksachen, Geschäftsbedingungen, zur Verfügung zu stellen.

(2) [1]Der Unternehmer hat dem Handelsvertreter die erforderlichen Nachrichten zu geben. [2]Er hat ihm unverzüglich die Annahme oder Ablehnung eines vom Handelsvertreter vermittelten oder ohne Vertretungsmacht abgeschlossenen Geschäfts und die Nichtausführung eines von ihm vermittelten oder abgeschlossenen Geschäfts mitzuteilen. [3]Er hat ihn unverzüglich zu unterrichten, wenn er Geschäfte voraussichtlich nur in erheblich geringerem Umfange abschließen kann oder will, als der Handelsvertreter unter gewöhnlichen Umständen erwarten konnte.

(3) Von den Absätzen 1 und 2 abweichende Vereinbarungen sind unwirksam.

§ 86b [Delkredereprovision]

(1) [1]Verpflichtet sich ein Handelsvertreter, für die Erfüllung der Verbindlichkeit aus einem Geschäft einzustehen, so kann er eine besondere Vergütung (Delkredereprovision) beanspruchen; der Anspruch kann im voraus nicht ausgeschlossen werden. [2]Die Verpflichtung kann nur für ein bestimmtes Geschäft oder für solche Geschäfte mit bestimmten Dritten übernommen werden, die der Handelsvertreter vermittelt oder abschließt. [3]Die Übernahme bedarf der Schriftform.

(2) Der Anspruch auf die Delkredereprovision entsteht mit dem Abschluß des Geschäfts.

(3) [1]Absatz 1 gilt nicht, wenn der Unternehmer oder der Dritte seine Niederlassung oder beim Fehlen einer solchen seinen Wohnsitz im Ausland hat. [2]Er gilt ferner nicht für Geschäfte, zu deren Abschluß und Ausführung der Handelsvertreter unbeschränkt bevollmächtigt ist.

§ 87 [Voraussetzungen des Provisionsanspruchs]

(1) [1]Der Handelsvertreter hat Anspruch auf Provision für alle während des Vertragsverhältnisses abgeschlossenen Geschäfte, die auf seine Tätigkeit zurückzuführen sind oder mit Dritten abgeschlossen werden, die er als Kunden für Geschäfte der gleichen Art

geworben hat. [2]Ein Anspruch auf Provision besteht für ihn nicht, wenn und soweit die Provision nach Absatz 3 dem ausgeschiedenen Handelsvertreter zusteht.

(2) [1]Ist dem Handelsvertreter ein bestimmter Bezirk oder ein bestimmter Kundenkreis zugewiesen, so hat er Anspruch auf Provision auch für die Geschäfte, die ohne seine Mitwirkung mit Personen seines Bezirkes oder seines Kundenkreises während des Vertragsverhältnisses abgeschlossen sind. [2]Dies gilt nicht, wenn und soweit die Provision nach Absatz 3 dem ausgeschiedenen Handelsvertreter zusteht.

(3) [1]Für ein Geschäft, das erst nach Beendigung des Vertragsverhältnisses abgeschlossen ist, hat der Handelsvertreter Anspruch auf Provision nur, wenn

1. er das Geschäft vermittelt hat oder es eingeleitet und so vorbereitet hat, daß der Abschluß überwiegend auf seine Tätigkeit zurückzuführen ist, und das Geschäft innerhalb einer angemessenen Frist nach Beendigung des Vertragsverhältnisses abgeschlossen worden ist oder
2. vor Beendigung des Vertragsverhältnisses das Angebot des Dritten zum Abschluß eines Geschäfts, für das der Handelsvertreter nach Absatz 1 Satz 1 oder Absatz 2 Satz 1 Anspruch auf Provision hat, dem Handelsvertreter oder dem Unternehmer zugegangen ist.

[2]Der Anspruch auf Provision nach Satz 1 steht dem nachfolgenden Handelsvertreter anteilig zu, wenn wegen besonderer Umstände eine Teilung der Provision der Billigkeit entspricht.

(4) Neben dem Anspruch auf Provision für abgeschlossene Geschäfte hat der Handelsvertreter Anspruch auf Inkassoprovision für die von ihm auftragsgemäß eingezogenen Beträge.

§ 87a [Fälligkeit des Provisionsanspruchs]

(1) [1]Der Handelsvertreter hat Anspruch auf Provision, sobald und soweit der Unternehmer das Geschäft ausgeführt hat. [2]Eine abweichende Vereinbarung kann getroffen werden, jedoch hat der Handelsvertreter mit der Ausführung des Geschäfts durch den Unternehmer Anspruch auf einen angemessenen Vorschuß, der spätestens am letzten Tag des folgenden Monats fällig ist. [3]Unabhängig von einer Vereinbarung hat jedoch der Handelsvertreter Anspruch auf Provision, sobald und soweit der Dritte das Geschäft ausgeführt hat.

(2) Steht fest, daß der Dritte nicht leistet, so entfällt der Anspruch auf Provision; bereits empfangene Beträge sind zurückzugewähren.

(3) [1]Der Handelsvertreter hat auch dann einen Anspruch auf Provision, wenn feststeht, daß der Unternehmer das Geschäft ganz oder teilweise nicht oder nicht so ausführt, wie es abgeschlossen worden ist. [2]Der Anspruch entfällt im Falle der Nichtausführung, wenn und soweit diese auf Umständen beruht, die vom Unternehmer nicht zu vertreten sind.

(4) Der Anspruch auf Provision wird am letzten Tag des Monats fällig, in dem nach § 87c Abs. 1 über den Anspruch abzurechnen ist.

(5) Von Absatz 2 erster Halbsatz, Absätzen 3 und 4 abweichende, für den Handelsvertreter nachteilige Vereinbarungen sind unwirksam.

§ 87b [Provisionshöhe]

(1) Ist die Höhe der Provision nicht bestimmt, so ist der übliche Satz als vereinbart anzusehen.

(2) [1]Die Provision ist von dem Entgelt zu berechnen, das der Dritte oder der Unternehmer zu leisten hat. [2]Nachlässe bei Barzahlung sind nicht abzuziehen; dasselbe gilt für Nebenkosten, namentlich für Fracht, Verpackung, Zoll, Steuern, es sei denn, daß die

Nebenkosten dem Dritten besonders in Rechnung gestellt sind. [3]Die Umsatzsteuer, die lediglich aufgrund der steuerrechtlichen Vorschriften in der Rechnung gesondert ausgewiesen ist, gilt nicht als besonders in Rechnung gestellt.

(3) [1]Bei Gebrauchsüberlassungs- und Nutzungsverträgen von bestimmter Dauer ist die Provision vom Entgelt für die Vertragsdauer zu berechnen. [2]Bei unbestimmter Dauer ist die Provision vom Entgelt bis zu dem Zeitpunkt zu berechnen, zu dem erstmals von dem Dritten gekündigt werden kann; der Handelsvertreter hat Anspruch auf weitere entsprechend berechnete Provisionen, wenn der Vertrag fortbesteht.

§ 87c [Provisionsabrechnung]

(1) [1]Der Unternehmer hat über die Provision, auf die der Handelsvertreter Anspruch hat, monatlich abzurechnen; der Abrechnungszeitraum kann auf höchstens drei Monate erstreckt werden. [2]Die Abrechnung hat unverzüglich, spätestens bis zum Ende des nächsten Monats zu erfolgen.

(2) Der Handelsvertreter kann bei der Abrechnung einen Buchauszug über alle Geschäfte verlangen, für die ihm nach § 87 Provision gebührt.

(3) Der Handelsvertreter kann außerdem Mitteilung über alle Umstände verlangen, die für den Provisionsanspruch, seine Fälligkeit und seine Berechnung wesentlich sind.

(4) Wird der Buchauszug verweigert oder bestehen begründete Zweifel an der Richtigkeit oder Vollständigkeit der Abrechnung oder des Buchauszuges, so kann der Handelsvertreter verlangen, daß nach Wahl des Unternehmers entweder ihm oder einem von ihm zu bestimmenden Wirtschaftsprüfer oder vereidigten Buchsachverständigen Einsicht in die Geschäftsbücher oder die sonstigen Urkunden so weit gewährt wird, wie dies zur Feststellung der Richtigkeit oder Vollständigkeit der Abrechnung oder des Buchauszuges erforderlich ist.

(5) Diese Rechte des Handelsvertreters können nicht ausgeschlossen oder beschränkt werden.

§ 87d [Ersatz der Aufwendungen]

Der Handelsvertreter kann den Ersatz seiner im regelmäßigen Geschäftsbetrieb entstanden Aufwendungen nur verlangen, wenn dies handelsüblich ist.

§ 88 *(aufgehoben)*

§ 88a [Zurückbehaltungsrecht des Handelsvertreters]

(1) Der Handelsvertreter kann nicht im voraus auf gesetzliche Zurückbehaltungsrechte verzichten.

(2) Nach Beendigung des Vertragsverhältnisses hat der Handelsvertreter ein nach allgemeinen Vorschriften bestehendes Zurückbehaltungsrecht an ihm zur Verfügung gestellten Unterlagen (§ 86a Abs. 1) nur wegen seiner fälligen Ansprüche auf Provision und Ersatz von Aufwendungen.

§ 89 [Ordentliche Kündigung]

(1) [1]Ist das Vertragsverhältnis auf unbestimmte Zeit eingegangen, so kann es im ersten Jahr der Vertragsdauer mit einer Frist von einem Monat, im zweiten Jahr mit einer Frist von zwei Monaten und im dritten bis fünften Jahr mit einer Frist von drei Monaten gekündigt werden. [2]Nach einer Vertragsdauer von fünf Jahren kann das Vertragsverhältnis mit einer Frist von sechs Monaten gekündigt werden. [3]Die Kündigung ist nur für den Schluß eines Kalendermonats zulässig, sofern keine abweichende Vereinbarung getroffen ist.

(2) [1]Die Kündigungsfristen nach Absatz 1 Satz 1 und 2 können durch Vereinbarung verlängert werden; die Frist darf für den Unternehmer nicht kürzer sein als für den Handelsvertreter. [2]Bei Vereinbarung einer kürzeren Frist für den Unternehmer gilt die für den Handelsvertreter vereinbarte Frist.

(3) [1]Ein für eine bestimmte Zeit eingegangenes Vertragsverhältnis, das nach Ablauf der vereinbarten Laufzeit von beiden Teilen fortgesetzt wird, gilt als auf unbestimmte Zeit verlängert. [2]Für die Bestimmung der Kündigungsfristen nach Absatz 1 Satz 1 und 2 ist die Gesamtdauer des Vertragsverhältnisses maßgeblich.

§ 89a [Außerordentliche Kündigung]

(1) [1]Das Vertragsverhältnis kann von jedem Teil aus wichtigem Grunde ohne Einhaltung einer Kündigungsfrist gekündigt werden. [2]Dieses Recht kann nicht ausgeschlossen oder beschränkt werden.

(2) Wird die Kündigung durch ein Verhalten veranlaßt, das der andere Teil zu vertreten hat, so ist dieser zum Ersatz des durch die Aufhebung des Vertragsverhältnisses entstehenden Schadens verpflichtet.

§ 89b [Ausgleichsanspruch des Handelsvertreters]

(1) [1]Der Handelsvertreter kann von dem Unternehmer nach Beendigung des Vertragsverhältnisses einen angemessenen Ausgleich verlangen, wenn und soweit

1. der Unternehmer aus der Geschäftsverbindung mit neuen Kunden, die der Handelsvertreter geworben hat, auch nach Beendigung des Vertragsverhältnisses erhebliche Vorteile hat und
2. die Zahlung eines Ausgleichs unter Berücksichtigung aller Umstände, insbesondere der dem Handelsvertreter aus Geschäften mit diesen Kunden entgehenden Provisionen der Billigkeit entspricht.

[2]Der Werbung eines neuen Kunden steht es gleich, wenn der Handelsvertreter die Geschäftsverbindung mit einem Kunden so wesentlich erweitert hat, daß dies wirtschaftlich der Werbung eines neuen Kunden entspricht.

(2) Der Ausgleich beträgt höchstens eine nach dem Durchschnitt der letzten fünf Jahre der Tätigkeit des Handelsvertreters berechnete Jahresprovision oder sonstige Jahresvergütung; bei kürzerer Dauer des Vertragsverhältnisses ist der Durchschnitt während der Dauer der Tätigkeit maßgebend.

(3) Der Anspruch besteht nicht, wenn

1. der Handelsvertreter das Vertragsverhältnis gekündigt hat, es sei denn, daß ein Verhalten des Unternehmers hierzu begründeten Anlaß gegeben hat oder dem Handelsvertreter eine Fortsetzung seiner Tätigkeit wegen seines Alters oder wegen Krankheit nicht zugemutet werden kann, oder
2. der Unternehmer das Vertragsverhältnis gekündigt hat und für die Kündigung ein wichtiger Grund wegen schuldhaften Verhaltens des Handelsvertreters vorlag oder
3. auf Grund einer Vereinbarung zwischen dem Unternehmer und dem Handelsvertreter ein Dritter anstelle des Handelsvertreters in das Vertragsverhältnis eintritt; die Vereinbarung kann nicht vor Beendigung des Vertragsverhältnisses getroffen werden.

(4) [1]Der Anspruch kann im voraus nicht ausgeschlossen werden. [2]Er ist innerhalb eines Jahres nach Beendigung des Vertragsverhältnisses geltend zu machen.

(5) [1]Die Absätze 1, 3 und 4 gelten für Versicherungsvertreter mit der Maßgabe, daß an die Stelle der Geschäftsverbindung mit neuen Kunden, die der Handelsvertreter geworben hat, die Vermittlung neuer Versicherungsverträge durch den Versicherungsvertreter tritt und der Vermittlung eines Versicherungsvertrages es gleichsteht, wenn der Ver-

sicherungsvertreter einen bestehenden Versicherungsvertrag so wesentlich erweitert hat, daß dies wirtschaftlich der Vermittlung eines neuen Versicherungsvertrages entspricht. [2]Der Ausgleich des Versicherungsvertreters beträgt abweichend von Absatz 2 höchstens drei Jahresprovisionen oder Jahresvergütungen. [3]Die Vorschriften der Sätze 1 und 2 gelten sinngemäß für Bausparkassenvertreter.

§ 90 [Verschwiegenheitspflicht]

Der Handelsvertreter darf Geschäfts- und Betriebsgeheimnisse, die ihm anvertraut oder als solche durch seine Tätigkeit für den Unternehmer bekanntgeworden sind, auch nach Beendigung des Vertragsverhältnisses nicht verwerten oder anderen mitteilen, soweit dies nach den gesamten Umständen der Berufsauffassung eines ordentlichen Kaufmanns widersprechen würde.

§ 90a [Wettbewerbsabreden]

(1) [1]Eine Vereinbarung, die den Handelsvertreter nach Beendigung des Vertragsverhältnisses in seiner gewerblichen Tätigkeit beschränkt (Wettbewerbsabrede), bedarf der Schriftform und der Aushändigung einer vom Unternehmer unterzeichneten, die vereinbarten Bestimmungen enthaltenden Urkunde an den Handelsvertreter. [2]Die Abrede kann nur für längstens zwei Jahre von der Beendigung des Vertragsverhältnisses an getroffen werden; sie darf sich nur auf den dem Handelsvertreter zugewiesenen Bezirk oder Kundenkreis und nur auf die Gegenstände erstrecken, hinsichtlich deren sich der Handelsvertreter um die Vermittlung oder den Abschluß von Geschäften für den Unternehmer zu bemühen hat. [3]Der Unternehmer ist verpflichtet, dem Handelsvertreter für die Dauer der Wettbewerbsbeschränkung eine angemessene Entschädigung zu zahlen.

(2) Der Unternehmer kann bis zum Ende des Vertragsverhältnisses schriftlich auf die Wettbewerbsbeschränkung mit der Wirkung verzichten, daß er mit dem Ablauf von sechs Monaten seit der Erklärung von der Verpflichtung zur Zahlung der Entschädigung frei wird.

(3) Kündigt ein Teil das Vertragsverhältnis aus wichtigem Grund wegen schuldhaften Verhaltens des anderen Teils, kann er sich durch schriftliche Erklärung binnen einem Monat nach der Kündigung von der Wettbewerbsabrede lossagen.

(4) Abweichende für den Handelsvertreter nachteilige Vereinbarungen können nicht getroffen werden.

§ 91 [Vollmacht des Handelsvertreters]

(1) § 55 gilt auch für einen Handelsvertreter, der zum Abschluß von Geschäften von einem Unternehmer bevollmächtigt ist, der nicht Kaufmann ist.

(2) [1]Ein Handelsvertreter gilt, auch wenn ihm keine Vollmacht zum Abschluß von Geschäften erteilt ist, als ermächtigt, die Anzeige von Mängeln einer Ware, die Erklärung, daß eine Ware zur Verfügung gestellt werde, sowie ähnliche Erklärungen, durch die ein Dritter seine Rechte aus mangelhafter Leistung geltend macht oder sich vorbehält, entgegenzunehmen; er kann die dem Unternehmer zustehenden Rechte auf Sicherung des Beweises geltend machen. [2]Eine Beschränkung dieser Rechte braucht ein Dritter gegen sich nur gelten zu lassen, wenn er sie kannte oder kennen mußte.

§ 91a [Vertragsabschluß ohne Vollmacht]

(1) Hat ein Handelsvertreter, der nur mit der Vermittlung von Geschäften betraut ist, ein Geschäft im Namen des Unternehmers abgeschlossen, und war dem Dritten der Mangel an Vertretungsmacht nicht bekannt, so gilt das Geschäft als von dem Unternehmer genehmigt, wenn dieser nicht unverzüglich, nachdem er von dem Handelsvertreter oder dem Dritten über Abschluß und wesentlichen Inhalt benachrichtigt worden ist, dem Dritten gegenüber das Geschäft ablehnt.

(2) Das gleiche gilt, wenn ein Handelsvertreter, der mit dem Abschluß von Geschäften betraut ist, ein Geschäft im Namen des Unternehmers abgeschlossen hat, zu dessen Abschluß er nicht bevollmächtigt ist.

§ 92 [Versicherungsvertreter; Bausparkassenvertreter]

(1) Versicherungsvertreter ist, wer als Handelsvertreter damit betraut ist, Versicherungsverträge zu vermitteln oder abzuschließen.

(2) Für das Vertragsverhältnis zwischen dem Versicherungsvertreter und dem Versicherer gelten die Vorschriften für das Vertragsverhältnis zwischen dem Handelsvertreter und dem Unternehmer vorbehaltlich der Absätze 3 und 4.

(3) [1]In Abweichung von § 87 Abs. 1 Satz 1 hat ein Versicherungsvertreter Anspruch auf Provision nur für Geschäfte, die auf seine Tätigkeit zurückzuführen sind. [2]§ 87 Abs. 2 gilt nicht für Versicherungsvertreter.

(4) Der Versicherungsvertreter hat Anspruch auf Provision (§ 87a Abs. 1), sobald der Versicherungsnehmer die Prämie gezahlt hat, aus der sich die Provision nach dem Vertragsverhältnis berechnet.

(5) Die Vorschriften der Absätze 1 bis 4 gelten sinngemäß für Bausparkassenvertreter.

§ 92a [Mindestbedingungen bei „Einfirmen-Vertretern"]

(1) [1]Für das Vertragsverhältnis eines Handelsvertreters, der vertraglich nicht für weitere Unternehmer tätig werden darf oder dem dies nach Art und Umfang der von ihm verlangten Tätigkeit nicht möglich ist, kann das Bundesministerium der Justiz und für Verbraucherschutz im Einvernehmen mit dem Bundesministerium für Wirtschaft und Energie nach Anhörung von Verbänden der Handelsvertreter und der Unternehmer durch Rechtsverordnung, die nicht der Zustimmung des Bundesrates bedarf, die untere Grenze der vertraglichen Leistungen des Unternehmers festsetzen, um die notwendigen sozialen und wirtschaftlichen Bedürfnisse dieser Handelsvertreter oder einer bestimmten Gruppe von ihnen sicherzustellen. [2]Die festgesetzten Leistungen können vertraglich nicht ausgeschlossen oder beschränkt werden.

(2) [1]Absatz 1 gilt auch für das Vertragsverhältnis eines Versicherungsvertreters, der aufgrund eines Vertrages oder mehrerer Verträge damit betraut ist, Geschäfte für mehrere Versicherer zu vermitteln oder abzuschließen, die zu einem Versicherungskonzern oder zu einer zwischen ihnen bestehenden Organisationsgemeinschaft gehören, sofern die Beendigung des Vertragsverhältnisses mit einem dieser Versicherer im Zweifel auch die Beendigung des Vertragsverhältnisses mit den anderen Versicherern zur Folge haben würde. [2]In diesem Falle kann durch Rechtsverordnung, die nicht der Zustimmung des Bundesrates bedarf, außerdem bestimmt werden, ob die festgesetzten Leistungen von allen Versicherern als Gesamtschuldnern oder anteilig oder nur von einem der Versicherer geschuldet werden und wie der Ausgleich unter ihnen zu erfolgen hat.

§ 92b [Handelsvertreter im Nebenberuf]

(1) [1]Auf einen Handelsvertreter im Nebenberuf sind §§ 89 und 89b nicht anzuwenden. [2]Ist das Vertragsverhältnis auf unbestimmte Zeit eingegangen, so kann es mit einer Frist von einem Monat für den Schluß eines Kalendermonats gekündigt werden; wird eine andere Kündigungsfrist vereinbart, so muß sie für beide Teile gleich sein. [3]Der Anspruch auf einen angemessenen Vorschuß nach § 87a Abs. 1 Satz 2 kann ausgeschlossen werden.

(2) Auf Absatz 1 kann sich nur der Unternehmer berufen, der den Handelsvertreter ausdrücklich als Handelsvertreter im Nebenberuf mit der Vermittlung oder dem Abschluß von Geschäften betraut hat.

(3) Ob ein Handelsvertreter nur als Handelsvertreter im Nebenberuf tätig ist, bestimmt sich nach der Verkehrsauffassung.

(4) Die Vorschriften der Absätze 1 bis 3 gelten sinngemäß für Versicherungsvertreter und für Bausparkassenvertreter.

§ 92c [Auslandsvertreter; Schiffahrtsvertreter]

(1) Hat der Handelsvertreter seine Tätigkeit für den Unternehmer nach dem Vertrag nicht innerhalb des Gebietes der Europäischen Gemeinschaft oder der anderen Vertragsstaaten des Abkommens über den Europäischen Wirtschaftsraum auszuüben, so kann hinsichtlich aller Vorschriften dieses Abschnittes etwas anderes vereinbart werden.

(2) Das gleiche gilt, wenn der Handelsvertreter mit der Vermittlung oder dem Abschluß von Geschäften betraut wird, die die Befrachtung, Abfertigung oder Ausrüstung von Schiffen oder die Buchung von Passagen auf Schiffen zum Gegenstand haben.

Achter Abschnitt. Handelsmakler

§ 93 [Begriff des Handelsmaklers]

(1) Wer gewerbsmäßig für andere Personen, ohne von ihnen aufgrund eines Vertragsverhältnisses ständig damit betraut zu sein, die Vermittlung von Verträgen über Anschaffung oder Veräußerung von Waren oder Wertpapieren, über Versicherungen, Güterbeförderungen, Schiffsmiete oder sonstige Gegenstände des Handelsverkehrs übernimmt, hat die Rechte und Pflichten eines Handelsmaklers.

(2) Auf die Vermittlung anderer als der bezeichneten Geschäfte, insbesondere auf die Vermittlung von Geschäften über unbewegliche Sachen, finden, auch wenn die Vermittlung durch einen Handelsmakler erfolgt, die Vorschriften dieses Abschnitts keine Anwendung.

(3) Die Vorschriften dieses Abschnittes finden auch Anwendung, wenn das Unternehmen des Handelsmaklers nach Art oder Umfang einen in kaufmännischer Weise eingerichteten Geschäftsbetrieb nicht erfordert.

§ 94 [Schlußnote]

(1) Der Handelsmakler hat, sofern nicht die Parteien ihm dies erlassen oder der Ortsgebrauch mit Rücksicht auf die Gattung der Ware davon entbindet, unverzüglich nach dem Abschlusse des Geschäfts jeder Partei eine von ihm unterzeichnete Schlußnote zuzustellen, welche die Parteien, den Gegenstand und die Bedingungen des Geschäfts, insbesondere bei Verkäufen von Waren oder Wertpapieren deren Gattung und Menge sowie den Preis und die Zeit der Lieferung, enthält.

(2) Bei Geschäften, die nicht sofort erfüllt werden sollen, ist die Schlußnote den Parteien zu ihrer Unterschrift zuzustellen und jeder Partei die von der anderen unterschriebene Schlußnote zu übersenden.

(3) Verweigert eine Partei die Annahme oder Unterschrift der Schlußnote, so hat der Handelsmakler davon der anderen Partei unverzüglich Anzeige zu machen.

§ 95 [Vorbehalt der Aufgabe]

(1) Nimmt eine Partei eine Schlußnote an, in der sich der Handelsmakler die Bezeichnung der anderen Partei vorbehalten hat, so ist sie an das Geschäft mit der Partei, welche ihr nachträglich bezeichnet wird, gebunden, es sei denn, daß gegen diese begründete Einwendungen zu erheben sind.

(2) Die Bezeichnung der anderen Partei hat innerhalb der ortsüblichen Frist, in Ermangelung einer solchen innerhalb einer den Umständen nach angemessenen Frist zu erfolgen.

(3) [1]Unterbleibt die Bezeichnung oder sind gegen die bezeichnete Person oder Firma begründete Einwendungen zu erheben, so ist die Partei befugt, den Handelsmakler auf die Erfüllung des Geschäfts in Anspruch zu nehmen. [2]Der Anspruch ist ausgeschlossen, wenn sich die Partei auf die Aufforderung des Handelsmaklers nicht unverzüglich darüber erklärt, ob sie Erfüllung verlange.

§ 96 [Aufbewahrung von Proben]

[1]Der Handelsmakler hat, sofern nicht die Parteien ihm dies erlassen oder der Ortsgebrauch mit Rücksicht auf die Gattung der Ware davon entbindet, von jeder durch seine Vermittlung nach Probe verkauften Ware die Probe, falls sie ihm übergeben ist, so lange aufzubewahren, bis die Ware ohne Einwendung gegen ihre Beschaffenheit angenommen oder das Geschäft in anderer Weise erledigt wird. [2]Er hat die Probe durch ein Zeichen kenntlich zu machen.

§ 97 [Zahlungsempfang]

Der Handelsmakler gilt nicht als ermächtigt, eine Zahlung oder eine andere im Vertrag bedungene Leistung in Empfang zu nehmen.

§ 98 [Haftung]

Der Handelsmakler haftet jeder der beiden Parteien für den durch sein Verschulden entstehenden Schaden.

§ 99 [Maklerlohn]

Ist unter den Parteien nichts darüber vereinbart, wer den Maklerlohn bezahlen soll, so ist er in Ermangelung eines abweichenden Ortsgebrauchs von jeder Partei zur Hälfte zu entrichten.

§ 100 [Tagebuch]

(1) [1]Der Handelsmakler ist verpflichtet, ein Tagebuch zu führen und in dieses alle abgeschlossenen Geschäfte täglich einzutragen. [2]Die Eintragungen sind nach der Zeitfolge zu bewirken; sie haben die in § 94 Abs. 1 bezeichneten Angaben zu enthalten. [3]Das Eingetragene ist von dem Handelsmakler täglich zu unterzeichnen oder gemäß § 126a Abs. 1 des Bürgerlichen Gesetzbuchs elektronisch zu signieren.

(2) Die Vorschriften der §§ 239 und 257 über die Einrichtung und Aufbewahrung der Handelsbücher finden auf das Tagebuch des Handelsmaklers Anwendung.

§ 101 [Tagebuchauszüge]

Der Handelsmakler ist verpflichtet, den Parteien jederzeit auf Verlangen Auszüge aus dem Tagebuche zu geben, die von ihm unterzeichnet sind und alles enthalten, was von ihm in Ansehung des vermittelten Geschäfts eingetragen ist.

§ 102 [Vorlegung des Tagebuchs]

Im Laufe eines Rechtsstreits kann das Gericht auch ohne Antrag einer Partei die Vorlegung des Tagebuchs anordnen, um es mit der Schlußnote, den Auszügen oder anderen Beweismitteln zu vergleichen.

§ 103 [Ordnungswidrigkeit]

(1) Ordnungswidrig handelt, wer als Handelsmakler

1. vorsätzlich oder fahrlässig ein Tagebuch über die abgeschlossenen Geschäfte zu führen unterläßt oder das Tagebuch in einer Weise führt, die dem § 100 Abs. 1 widerspricht oder
2. ein solches Tagebuch vor Ablauf der gesetzlichen Aufbewahrungsfrist vernichtet.

(2) Die Ordnungswidrigkeit kann mit einer Geldbuße bis zu fünftausend Euro geahndet werden.

§ 104 [Krämermakler]

[1]Auf Personen, welche die Vermittlung von Warengeschäften im Kleinverkehre besorgen, finden die Vorschriften über Schlußnoten und Tagebücher keine Anwendung. [2]Auf Personen, welche die Vermittlung von Versicherungs- oder Bausparverträgen übernehmen, sind die Vorschriften über Tagebücher nicht anzuwenden.

Neunter Abschnitt. Bußgeldvorschriften

§ 104a [Bußgeldvorschriften]

(1) [1]Ordnungswidrig handelt, wer vorsätzlich oder leichtfertig entgegen § 8b Abs. 3 Satz 1 Nr. 2 dort genannte Daten nicht, nicht richtig oder nicht vollständig übermittelt. [2]Die Ordnungswidrigkeit kann mit einer Geldbuße bis zu zweihunderttausend Euro geahndet werden.

(2) Verwaltungsbehörde im Sinne des § 36 Abs. 1 Nr. 1 des Gesetzes über Ordnungswidrigkeiten ist die Bundesanstalt für Finanzdienstleistungsaufsicht.

Zweites Buch. Handelsgesellschaften und stille Gesellschaft

Erster Abschnitt. Offene Handelsgesellschaft

Erster Titel. Errichtung der Gesellschaft

§ 105 [Begriff der OHG]

(1) Eine Gesellschaft, deren Zweck auf den Betrieb eines Handelsgewerbes unter gemeinschaftlicher Firma gerichtet ist, ist eine offene Handelsgesellschaft, wenn bei keinem der Gesellschafter die Haftung gegenüber den Gesellschaftsgläubigern beschränkt ist.

(2) [1]Eine Gesellschaft, deren Gewerbebetrieb nicht schon nach § 1 Abs. 2 Handelsgewerbe ist oder die nur eigenes Vermögen verwaltet, ist offene Handelsgesellschaft, wenn die Firma des Unternehmens in das Handelsregister eingetragen ist. [2]§ 2 Satz 2 und 3 gilt entsprechend.

(3) Auf die offene Handelsgesellschaft finden, soweit nicht in diesem Abschnitt ein anderes vorgeschrieben ist, die Vorschriften des Bürgerlichen Gesetzbuchs über die Gesellschaft Anwendung.

§ 106 [Anmeldung]

(1) Die Gesellschaft ist bei dem Gericht, in dessen Bezirke sie ihren Sitz hat, zur Eintragung in das Handelsregister anzumelden.

(2) Die Anmeldung hat zu enthalten:

1. den Namen, Vornamen, Geburtsdatum und Wohnort jedes Gesellschafters;

2. die Firma der Gesellschaft, den Ort, an dem sie ihren Sitz hat, und die inländische Geschäftsanschrift;
3. *(aufgehoben)*
4. die Vertretungsmacht der Gesellschafter.

§ 107 [Anmeldung von Änderungen]

Wird die Firma einer Gesellschaft geändert, der Sitz der Gesellschaft an einen anderen Ort verlegt, die inländische Geschäftsanschrift geändert, tritt ein neuer Gesellschafter in die Gesellschaft ein oder ändert sich die Vertretungsmacht eines Gesellschafters, so ist dies ebenfalls zur Eintragung in das Handelsregister anzumelden.

§ 108 [Anmeldungsverpflichtete]

[1]Die Anmeldungen sind von sämtlichen Gesellschaftern zu bewirken. [2]Das gilt nicht, wenn sich nur die inländische Geschäftsanschrift ändert.

Zweiter Titel. Rechtsverhältnis der Gesellschafter untereinander

§ 109 [Gesellschaftsvertrag]

Das Rechtsverhältnis der Gesellschafter untereinander richtet sich zunächst nach dem Gesellschaftsvertrage; die Vorschriften der §§ 110 bis 122 finden nur insoweit Anwendung, als nicht durch den Gesellschaftsvertrag ein anderes bestimmt ist.

§ 110 [Aufwendungen und Verluste]

(1) Macht der Gesellschafter in den Gesellschaftsangelegenheiten Aufwendungen, die er den Umständen nach für erforderlich halten darf, oder erleidet er unmittelbar durch seine Geschäftsführung oder aus Gefahren, die mit ihr untrennbar verbunden sind, Verluste, so ist ihm die Gesellschaft zum Ersatze verpflichtet.

(2) Aufgewendetes Geld hat die Gesellschaft von der Zeit der Aufwendung an zu verzinsen.

§ 111 [Zinspflicht]

(1) Ein Gesellschafter, der seine Geldeinlage nicht zur rechten Zeit einzahlt oder eingenommenes Gesellschaftsgeld nicht zur rechten Zeit an die Gesellschaftskasse abliefert oder unbefugt Geld aus der Gesellschaftskasse für sich entnimmt, hat Zinsen von dem Tage an zu entrichten, an welchem die Zahlung oder die Ablieferung hätte geschehen sollen oder die Herausnahme des Geldes erfolgt ist.

(2) Die Geltendmachung eines weiteren Schadens ist nicht ausgeschlossen.

§ 112 [Gesetzliches Wettbewerbsverbot]

(1) Ein Gesellschafter darf ohne Einwilligung der anderen Gesellschafter weder in dem Handelszweige der Gesellschaft Geschäfte machen noch an einer anderen gleichartigen Handelsgesellschaft als persönlich haftender Gesellschafter teilnehmen.

(2) Die Einwilligung zur Teilnahme an einer anderen Gesellschaft gilt als erteilt, wenn den übrigen Gesellschaftern bei Eingehung der Gesellschaft bekannt ist, daß der Gesellschafter an einer anderen Gesellschaft als persönlich haftender Gesellschafter teilnimmt, und gleichwohl die Aufgabe dieser Beteiligung nicht ausdrücklich bedungen wird.

§ 113 [Verletzung des Wettbewerbsverbots]

(1) Verletzt ein Gesellschafter die ihm nach § 112 obliegende Verpflichtung, so kann die Gesellschaft Schadensersatz fordern; sie kann statt dessen von dem Gesellschafter verlangen, daß er die für eigene Rechnung gemachten Geschäfte als für Rechnung der

Gesellschaft eingegangen gelten lasse und die aus Geschäften für fremde Rechnung bezogene Vergütung herausgebe oder seinen Anspruch auf die Vergütung abtrete.

(2) Über die Geltendmachung dieser Ansprüche beschließen die übrigen Gesellschafter.

(3) Die Ansprüche verjähren in drei Monaten von dem Zeitpunkt an, in welchem die übrigen Gesellschafter von dem Abschluss des Geschäfts oder von der Teilnahme des Gesellschafters an der anderen Gesellschaft Kenntnis erlangen oder ohne grobe Fahrlässigkeit erlangen müssten; sie verjähren ohne Rücksicht auf diese Kenntnis oder grob fahrlässige Unkenntnis in fünf Jahren von ihrer Entstehung an.

(4) Das Recht der Gesellschafter, die Auflösung der Gesellschaft zu verlangen, wird durch diese Vorschriften nicht berührt.

§ 114 [Geschäftsführung]

(1) Zur Führung der Geschäfte der Gesellschaft sind alle Gesellschafter berechtigt und verpflichtet.

(2) Ist im Gesellschaftsvertrage die Geschäftsführung einem Gesellschafter oder mehreren Gesellschaftern übertragen, so sind die übrigen Gesellschafter von der Geschäftsführung ausgeschlossen.

§ 115 [Mehrere Geschäftsführer]

(1) Steht die Geschäftsführung allen oder mehreren Gesellschaftern zu, so ist jeder von ihnen allein zu handeln berechtigt; widerspricht jedoch ein anderer geschäftsführender Gesellschafter der Vornahme einer Handlung, so muß diese unterbleiben.

(2) Ist im Gesellschaftsvertrage bestimmt, daß die Gesellschafter, denen die Geschäftsführung zusteht, nur zusammen handeln können, so bedarf es für jedes Geschäft der Zustimmung aller geschäftsführenden Gesellschafter, es sei denn, daß Gefahr im Verzug ist.

§ 116 [Umfang der Geschäftsführungsbefugnis]

(1) Die Befugnis zur Geschäftsführung erstreckt sich auf alle Handlungen, die der gewöhnliche Betrieb des Handelsgewerbes der Gesellschaft mit sich bringt.

(2) Zur Vornahme von Handlungen, die darüber hinausgehen, ist ein Beschluß sämtlicher Gesellschafter erforderlich.

(3) [1]Zur Bestellung eines Prokuristen bedarf es der Zustimmung aller geschäftsführenden Gesellschafter, es sei denn, daß Gefahr im Verzug ist. [2]Der Widerruf der Prokura kann von jedem der zur Erteilung oder zur Mitwirkung bei der Erteilung befugten Gesellschafter erfolgen.

§ 117 [Entziehung der Geschäftsführungsbefugnis]

Die Befugnis zur Geschäftsführung kann einem Gesellschafter auf Antrag der übrigen Gesellschafter durch gerichtliche Entscheidung entzogen werden, wenn ein wichtiger Grund vorliegt; ein solcher Grund ist insbesondere grobe Pflichtverletzung oder Unfähigkeit zur ordnungsmäßigen Geschäftsführung.

§ 118 [Kontrollrechte]

(1) Ein Gesellschafter kann, auch wenn er von der Geschäftsführung ausgeschlossen ist, sich von den Angelegenheiten der Gesellschaft persönlich unterrichten, die Handelsbücher und die Papiere der Gesellschaft einsehen und sich aus ihnen eine Bilanz und einen Jahresabschluß anfertigen.

(2) Eine dieses Recht ausschließende oder beschränkende Vereinbarung steht der Geltendmachung des Rechtes nicht entgegen, wenn Grund zu der Annahme unredlicher Geschäftsführung besteht.

§ 119 [Gesellschafterbeschlüsse]

(1) Für die von den Gesellschaftern zu fassenden Beschlüsse bedarf es der Zustimmung aller zur Mitwirkung bei der Beschlußfassung berufenen Gesellschafter.

(2) Hat nach dem Gesellschaftsvertrage die Mehrheit der Stimmen zu entscheiden, so ist die Mehrheit im Zweifel nach der Zahl der Gesellschafter zu berechnen.

§ 120 [Gewinn- und Verlustermittlung]

(1) Am Schlusse jedes Geschäftsjahrs wird aufgrund der Bilanz der Gewinn oder der Verlust des Jahres ermittelt und für jeden Gesellschafter sein Anteil daran berechnet.

(2) Der einem Gesellschafter zukommende Gewinn wird dem Kapitalanteile des Gesellschafters zugeschrieben; der auf einen Gesellschafter entfallende Verlust sowie das während des Geschäftsjahrs auf den Kapitalanteil entnommene Geld wird davon abgeschrieben.

§ 121 [Gewinn- und Verlustverteilung]

(1) [1]Von dem Jahresgewinne gebührt jedem Gesellschafter zunächst ein Anteil in Höhe von vier vom Hundert seines Kapitalanteils. [2]Reicht der Jahresgewinn hierzu nicht aus, so bestimmen sich die Anteile nach einem entsprechend niedrigeren Satze.

(2) [1]Bei der Berechnung des nach Absatz 1 einem Gesellschafter zukommenden Gewinnanteils werden Leistungen, die der Gesellschafter im Laufe des Geschäftsjahrs als Einlage gemacht hat, nach dem Verhältnisse der seit der Leistung abgelaufenen Zeit berücksichtigt. [2]Hat der Gesellschafter im Laufe des Geschäftsjahrs Geld auf seinen Kapitalanteil entnommen, so werden die entnommenen Beträge nach dem Verhältnisse der bis zur Entnahme abgelaufenen Zeit berücksichtigt.

(3) Derjenige Teil des Jahresgewinns, welcher die nach den Absätzen 1 und 2 zu berechnenden Gewinnanteile übersteigt, sowie der Verlust eines Geschäftsjahrs wird unter die Gesellschafter nach Köpfen verteilt.

§ 122 [Entnahmen]

(1) Jeder Gesellschafter ist berechtigt, aus der Gesellschaftskasse Geld bis zum Betrage von vier vom Hundert seines für das letzte Geschäftsjahr festgestellten Kapitalanteils zu seinen Lasten zu erheben und, soweit es nicht zum offenbaren Schaden der Gesellschaft gereicht, auch die Auszahlung seines den bezeichneten Betrag übersteigenden Anteils am Gewinne des letzten Jahres zu verlangen.

(2) Im übrigen ist ein Gesellschafter nicht befugt, ohne Einwilligung der anderen Gesellschafter seinen Kapitalanteil zu vermindern.

Dritter Titel. Rechtsverhältnis der Gesellschafter zu Dritten

§ 123 [Wirksamkeit nach außen]

(1) Die Wirksamkeit der offenen Handelsgesellschaft tritt im Verhältnisse zu Dritten mit dem Zeitpunkt ein, in welchem die Gesellschaft in das Handelsregister eingetragen wird.

(2) Beginnt die Gesellschaft ihre Geschäfte schon vor der Eintragung, so tritt die Wirksamkeit mit dem Zeitpunkte des Geschäftsbeginns ein, soweit nicht aus § 2 oder § 105 Abs. 2 sich ein anderes ergibt.

(3) Eine Vereinbarung, daß die Gesellschaft erst mit einem späteren Zeitpunkt ihren Anfang nehmen soll, ist Dritten gegenüber unwirksam.

§ 124 [Rechtliche Selbständigkeit der OHG]

(1) Die offene Handelsgesellschaft kann unter ihrer Firma Rechte erwerben und Verbindlichkeiten eingehen, Eigentum und andere dingliche Rechte an Grundstücken erwerben, vor Gericht klagen und verklagt werden.

(2) Zur Zwangsvollstreckung in das Gesellschaftsvermögen ist ein gegen die Gesellschaft gerichteter vollstreckbarer Schuldtitel erforderlich.

§ 125 [Vertretungsbefugnis]

(1) Zur Vertretung der Gesellschaft ist jeder Gesellschafter ermächtigt, wenn er nicht durch den Gesellschaftsvertrag von der Vertretung ausgeschlossen ist.

(2) [1]Im Gesellschaftsvertrage kann bestimmt werden, daß alle oder mehrere Gesellschafter nur in Gemeinschaft zur Vertretung der Gesellschaft ermächtigt sein sollen (Gesamtvertretung). [2]Die zur Gesamtvertretung berechtigten Gesellschafter können einzelne von ihnen zur Vornahme bestimmter Geschäfte oder bestimmter Arten von Geschäften ermächtigen. [3]Ist der Gesellschaft gegenüber eine Willenserklärung abzugeben, so genügt die Abgabe gegenüber einem der zur Mitwirkung bei der Vertretung befugten Gesellschafter.

(3) [1]Im Gesellschaftsvertrage kann bestimmt werden, daß die Gesellschafter, wenn nicht mehrere zusammen handeln, nur in Gemeinschaft mit einem Prokuristen zur Vertretung der Gesellschaft ermächtigt sein sollen. [2]Die Vorschriften des Absatzes 2 Satz 2 und 3 finden in diesem Falle entsprechende Anwendung.

§ 125a [Angaben auf Geschäftsbriefen]

(1) [1]Auf allen Geschäftsbriefen der Gesellschaft gleichviel welcher Form, die an einen bestimmten Empfänger gerichtet werden, müssen die Rechtsform und der Sitz der Gesellschaft, das Registergericht und die Nummer, unter der die Gesellschaft in das Handelsregister eingetragen ist, angegeben werden. [2]Bei einer Gesellschaft, bei der kein Gesellschafter eine natürliche Person ist, sind auf den Geschäftsbriefen der Gesellschaft ferner die Firmen der Gesellschafter anzugeben sowie für die Gesellschafter die nach § 35a des Gesetzes betreffend die Gesellschaften mit beschränkter Haftung oder § 80 des Aktiengesetzes für Geschäftsbriefe vorgeschriebenen Angaben zu machen. [3]Die Angaben nach Satz 2 sind nicht erforderlich, wenn zu den Gesellschaftern der Gesellschaft eine offene Handelsgesellschaft oder Kommanditgesellschaft gehört, bei der ein persönlich haftender Gesellschafter eine natürliche Person ist.

(2) Für Vordrucke und Bestellscheine ist § 37a Abs. 2 und 3, für Zwangsgelder gegen die zur Vertretung der Gesellschaft ermächtigten Gesellschafter oder deren organschaftliche Vertreter und die Liquidatoren ist § 37a Abs. 4 des Gesetzes entsprechend anzuwenden.

§ 126 [Umfang der Vertretungsmacht]

(1) Die Vertretungsmacht der Gesellschafter erstreckt sich auf alle gerichtlichen und außergerichtlichen Geschäfte und Rechtshandlungen einschließlich der Veräußerung und Belastung von Grundstücken sowie der Erteilung und des Widerrufs einer Prokura.

(2) Eine Beschränkung des Umfanges der Vertretungsmacht ist Dritten gegenüber unwirksam; dies gilt insbesondere von der Beschränkung, daß sich die Vertretung nur auf gewisse Geschäfte oder Arten von Geschäften erstrecken oder daß sie nur unter gewissen Umständen oder für eine gewisse Zeit oder an einzelnen Orten stattfinden soll.

(3) In betreff der Beschränkung auf den Betrieb einer von mehreren Niederlassungen der Gesellschaft finden die Vorschriften des § 50 Abs. 3 entsprechende Anwendung.

§ 127 [Entziehung der Vertretungsmacht]

Die Vertretungsmacht kann einem Gesellschafter auf Antrag der übrigen Gesellschafter durch gerichtliche Entscheidung entzogen werden, wenn ein wichtiger Grund vorliegt; ein solcher Grund ist insbesondere grobe Pflichtverletzung oder Unfähigkeit zur ordnungsgemäßen Vertretung der Gesellschaft.

§ 128 [Persönliche Haftung der Gesellschafter]

[1]Die Gesellschafter haften für die Verbindlichkeiten der Gesellschaft den Gläubigern als Gesamtschuldner persönlich. [2]Eine entgegenstehende Vereinbarung ist Dritten gegenüber unwirksam.

§ 129 [Einwendungen des Gesellschafters]

(1) Wird ein Gesellschafter wegen einer Verbindlichkeit der Gesellschaft in Anspruch genommen, so kann er Einwendungen, die nicht in seiner Person begründet sind, nur insoweit geltend machen, als sie von der Gesellschaft erhoben werden können.

(2) Der Gesellschafter kann die Befriedigung des Gläubigers verweigern, solange der Gesellschaft das Recht zusteht, das ihrer Verbindlichkeit zugrunde liegende Rechtsgeschäft anzufechten.

(3) Die gleiche Befugnis hat der Gesellschafter, solange sich der Gläubiger durch Aufrechnung gegen eine fällige Forderung der Gesellschaft befriedigen kann.

(4) Aus einem gegen die Gesellschaft gerichteten vollstreckbaren Schuldtitel findet die Zwangsvollstreckung gegen die Gesellschafter nicht statt.

§ 129a *(aufgehoben)*

§ 130 [Haftung des eintretenden Gesellschafters]

(1) Wer in eine bestehende Gesellschaft eintritt, haftet gleich den anderen Gesellschaftern nach Maßgabe der §§ 128 und 129 für die vor seinem Eintritt begründeten Verbindlichkeiten der Gesellschaft, ohne Unterschied, ob die Firma eine Änderung erleidet oder nicht.

(2) Eine entgegenstehende Vereinbarung ist Dritten gegenüber unwirksam.

§ 130a [Zahlungsunfähigkeit oder Überschuldung der Gesellschaft]

(1) [1]Nachdem bei einer Gesellschaft, bei der kein Gesellschafter eine natürliche Person ist, die Zahlungsunfähigkeit eingetreten ist oder sich ihre Überschuldung ergeben hat, dürfen die organschaftlichen Vertreter der zur Vertretung der Gesellschaft ermächtigten Gesellschafter und die Liquidatoren für die Gesellschaft keine Zahlungen leisten. [2]Dies gilt nicht von Zahlungen, die auch nach diesem Zeitpunkt mit der Sorgfalt eines ordentlichen und gewissenhaften Geschäftsleiters vereinbar sind. [3]Entsprechendes gilt für Zahlungen an Gesellschafter, soweit diese zur Zahlungsunfähigkeit der Gesellschaft führen mussten, es sei denn, dies war auch bei Beachtung der in Satz 2 bezeichneten Sorgfalt nicht erkennbar. [4]Die Sätze 1 bis 3 gelten nicht, wenn zu den Gesellschaftern der offenen Handelsgesellschaft eine andere offene Handelsgesellschaft oder Kommanditgesellschaft gehört, bei der ein persönlich haftender Gesellschafter eine natürliche Person ist.

(2) [1]Wird entgegen § 15a Abs. 1 der Insolvenzordnung die Eröffnung des Insolvenzverfahrens nicht oder nicht rechtzeitig beantragt oder werden entgegen Absatz 1 Zahlungen geleistet, so sind die organschaftlichen Vertreter der zur Vertretung der Gesellschaft ermächtigten Gesellschafter und die Liquidatoren der Gesellschaft gegenüber zum

Ersatz des daraus entstehenden Schadens als Gesamtschuldner verpflichtet. [2]Ist dabei streitig, ob sie die Sorgfalt eines ordentlichen und gewissenhaften Geschäftsleiters angewandt haben, so trifft sie die Beweislast. [3]Die Ersatzpflicht kann durch Vereinbarung mit den Gesellschaftern weder eingeschränkt noch ausgeschlossen werden. [4]Soweit der Ersatz zur Befriedigung der Gläubiger der Gesellschaft erforderlich ist, wird die Ersatzpflicht weder durch einen Verzicht oder Vergleich der Gesellschaft noch dadurch aufgehoben, daß die Handlung auf einem Beschluß der Gesellschafter beruht. [5]Satz 4 gilt nicht, wenn der Ersatzpflichtige zahlungsunfähig ist und sich zur Abwendung des Insolvenzverfahrens mit seinen Gläubigern vergleicht oder wenn die Ersatzpflicht in einem Insolvenzplan geregelt wird. [6]Die Ansprüche aus diesen Vorschriften verjähren in fünf Jahren.

(3) Diese Vorschriften gelten sinngemäß, wenn die in den Absätzen 1 bis 2 genannten organschaftlichen Vertreter ihrerseits Gesellschaften sind, bei denen kein Gesellschafter eine natürliche Person ist, oder sich die Verbindung von Gesellschaften in dieser Art fortsetzt.

§ 130b *(aufgehoben)*

Vierter Titel. Auflösung der Gesellschaft und Ausscheiden von Gesellschaftern

§ 131 [Auflösungsgründe]

(1) Die offene Handelsgesellschaft wird aufgelöst:

1. durch den Ablauf der Zeit, für welche sie eingegangen ist;
2. durch Beschluß der Gesellschafter;
3. durch die Eröffnung des Insolvenzverfahrens über das Vermögen der Gesellschaft;
4. durch gerichtliche Entscheidung.

(2) [1]Eine offene Handelsgesellschaft, bei der kein persönlich haftender Gesellschafter eine natürliche Person ist, wird ferner aufgelöst:

1. mit der Rechtskraft des Beschlusses, durch den die Eröffnung des Insolvenzverfahrens mangels Masse abgelehnt worden ist;
2. durch die Löschung wegen Vermögenslosigkeit nach § 394 des Gesetzes über das Verfahren in Familiensachen und in den Angelegenheiten der freiwilligen Gerichtsbarkeit.

[2]Dies gilt nicht, wenn zu den persönlich haftenden Gesellschaftern eine andere offene Handelsgesellschaft oder Kommanditgesellschaft gehört, bei der ein persönlich haftender Gesellschafter eine natürliche Person ist.

(3) [1]Folgende Gründe führen mangels abweichender vertraglicher Bestimmung zum Ausscheiden eines Gesellschafters:

1. Tod des Gesellschafters,
2. Eröffnung des Insolvenzverfahrens über das Vermögen des Gesellschafters,
3. Kündigung des Gesellschafters,
4. Kündigung durch den Privatgläubiger des Gesellschafters,
5. Eintritt von weiteren im Gesellschaftsvertrag vorgesehenen Fällen,
6. Beschluß der Gesellschafter.

[2]Der Gesellschafter scheidet mit dem Eintritt des ihn betreffenden Ereignisses aus, im Falle der Kündigung aber nicht vor Ablauf der Kündigungsfrist.

§ 132 [Kündigungsfrist]

Die Kündigung eines Gesellschafters kann, wenn die Gesellschaft für unbestimmte Zeit eingegangen ist, nur für den Schluß eines Geschäftsjahrs erfolgen; sie muß mindestens sechs Monate vor diesem Zeitpunkt stattfinden.

§ 133 [Auflösungsklage]

(1) Auf Antrag eines Gesellschafters kann die Auflösung der Gesellschaft vor dem Ablaufe der für ihre Dauer bestimmten Zeit oder bei einer für unbestimmte Zeit eingegangenen Gesellschaft ohne Kündigung durch gerichtliche Entscheidung ausgesprochen werden, wenn ein wichtiger Grund vorliegt.

(2) Ein solcher Grund ist insbesondere vorhanden, wenn ein anderer Gesellschafter eine ihm nach dem Gesellschaftsvertrag obliegende wesentliche Verpflichtung vorsätzlich oder aus grober Fahrlässigkeit verletzt oder wenn die Erfüllung einer solchen Verpflichtung unmöglich wird.

(3) Eine Vereinbarung, durch welche das Recht des Gesellschafters, die Auflösung der Gesellschaft zu verlangen, ausgeschlossen oder diesen Vorschriften zuwider beschränkt wird, ist nichtig.

§ 134 [Gesellschaft für unbestimmte Zeit]

Eine Gesellschaft, die für die Lebenszeit eines Gesellschafters eingegangen ist oder nach dem Ablaufe der für ihre Dauer bestimmten Zeit stillschweigend fortgesetzt wird, steht im Sinne der Vorschriften der §§ 132 und 133 einer für unbestimmte Zeit eingegangenen Gesellschaft gleich.

§ 135 [Kündigung durch Gesellschaftergläubiger]

Hat ein Privatgläubiger eines Gesellschafters, nachdem innerhalb der letzten sechs Monate eine Zwangsvollstreckung in das bewegliche Vermögen des Gesellschafters ohne Erfolg versucht ist, aufgrund eines nicht bloß vorläufig vollstreckbaren Schuldtitels die Pfändung und Überweisung des Anspruchs auf dasjenige erwirkt, was dem Gesellschafter bei der Auseinandersetzung zukommt, so kann er die Gesellschaft ohne Rücksicht darauf, ob sie für bestimmte oder unbestimmte Zeit eingegangen ist, sechs Monate vor dem Ende des Geschäftsjahrs für diesen Zeitpunkt kündigen.

§ 136 *(aufgehoben)*

§ 137 *(aufgehoben)*

§ 138 *(aufgehoben)*

§ 139 [Fortsetzung mit Gesellschaftererben]

(1) Ist im Gesellschaftsvertrage bestimmt, daß im Falle des Todes eines Gesellschafters die Gesellschaft mit dessen Erben fortgesetzt werden soll, so kann jeder Erbe sein Verbleiben in der Gesellschaft davon abhängig machen, daß ihm unter Belassung des bisherigen Gewinnanteils die Stellung eines Kommanditisten eingeräumt und der auf ihn fallende Teil der Einlage des Erblassers als seine Kommanditeinlage anerkannt wird.

(2) Nehmen die übrigen Gesellschafter einen dahingehenden Antrag des Erben nicht an, so ist dieser befugt, ohne Einhaltung einer Kündigungsfrist sein Ausscheiden aus der Gesellschaft zu erklären.

(3) [1]Die bezeichneten Rechte können von dem Erben nur innerhalb einer Frist von drei Monaten nach dem Zeitpunkt, in welchem er von dem Anfalle der Erbschaft Kenntnis erlangt hat, geltend gemacht werden. [2]Auf den Lauf der Frist finden die für die Verjährung geltenden Vorschriften des § 210 des Bürgerlichen Gesetzbuchs entsprechende Anwendung. [3]Ist bei dem Ablaufe der drei Monate das Recht zur Ausschlagung der

Erbschaft noch nicht verloren, so endigt die Frist nicht vor dem Ablaufe der Ausschlagungsfrist.

(4) Scheidet innerhalb der Frist des Absatzes 3 der Erbe aus der Gesellschaft aus oder wird innerhalb der Frist die Gesellschaft aufgelöst oder dem Erben die Stellung eines Kommanditisten eingeräumt, so haftet er für die bis dahin entstandenen Gesellschaftsschulden nur nach Maßgabe der die Haftung des Erben für die Nachlaßverbindlichkeiten betreffenden Vorschriften des bürgerlichen Rechtes.

(5) Der Gesellschaftsvertrag kann die Anwendung der Vorschriften der Absätze 1 bis 4 nicht ausschließen; es kann jedoch für den Fall, daß der Erbe sein Verbleiben in der Gesellschaft von der Einräumung der Stellung eines Kommanditisten abhängig macht, sein Gewinnanteil anders als der des Erblassers bestimmt werden.

§ 140 [Ausschließungsklage]

(1) [1]Tritt in der Person eines Gesellschafters ein Umstand ein, der nach § 133 für die übrigen Gesellschafter das Recht begründet, die Auflösung der Gesellschaft zu verlangen, so kann vom Gericht anstatt der Auflösung die Ausschließung dieses Gesellschafters aus der Gesellschaft ausgesprochen werden, sofern die übrigen Gesellschafter dies beantragen. [2]Der Ausschließungsklage steht nicht entgegen, daß nach der Ausschließung nur ein Gesellschafter verbleibt.

(2) Für die Auseinandersetzung zwischen der Gesellschaft und dem ausgeschlossenen Gesellschafter ist die Vermögenslage der Gesellschaft in dem Zeitpunkte maßgebend, in welchem die Klage auf Ausschließung erhoben ist.

§ 141 *(aufgehoben)*

§ 142 *(aufgehoben)*

§ 143 [Eintragung von Auflösung und Ausscheiden]

(1) [1]Die Auflösung der Gesellschaft ist von sämtlichen Gesellschaftern zur Eintragung in das Handelsregister anzumelden. [2]Dies gilt nicht in den Fällen der Eröffnung oder der Ablehnung der Eröffnung des Insolvenzverfahrens über das Vermögen der Gesellschaft (§ 131 Abs. 1 Nr. 3 und Abs. 2 Nr. 1). [3]In diesen Fällen hat das Gericht die Auflösung und ihren Grund von Amts wegen einzutragen. [4]Im Falle der Löschung der Gesellschaft (§ 131 Abs. 2 Nr. 2) entfällt die Eintragung der Auflösung.

(2) Absatz 1 Satz 1 gilt entsprechend für das Ausscheiden eines Gesellschafters aus der Gesellschaft.

(3) Ist anzunehmen, daß der Tod eines Gesellschafters die Auflösung oder das Ausscheiden zur Folge gehabt hat, so kann, auch ohne daß die Erben bei der Anmeldung mitwirken, die Eintragung erfolgen, soweit einer solchen Mitwirkung besondere Hindernisse entgegenstehen.

§ 144 [Fortsetzung nach Gesellschaftskonkurs]

(1) Ist die Gesellschaft durch die Eröffnung des Insolvenzverfahrens über ihr Vermögen aufgelöst, das Verfahren aber auf Antrag des Schuldners eingestellt oder nach der Bestätigung eines Insolvenzplans, der den Fortbestand der Gesellschaft vorsieht, aufgehoben, so können die Gesellschafter die Fortsetzung der Gesellschaft beschließen.

(2) Die Fortsetzung ist von sämtlichen Gesellschaftern zur Eintragung in das Handelsregister anzumelden.

Fünfter Titel. Liquidation der Gesellschaft

§ 145 [Notwendigkeit der Liquidation]

(1) Nach der Auflösung der Gesellschaft findet die Liquidation statt, sofern nicht eine andere Art der Auseinandersetzung von den Gesellschaftern vereinbart oder über das Vermögen der Gesellschaft das Insolvenzverfahren eröffnet ist.

(2) Ist die Gesellschaft durch Kündigung des Gläubigers eines Gesellschafters oder durch die Eröffnung des Insolvenzverfahrens über das Vermögen eines Gesellschafters aufgelöst, so kann die Liquidation nur mit Zustimmung des Gläubigers oder des Insolvenzverwalters unterbleiben; ist im Insolvenzverfahren Eigenverwaltung angeordnet, so tritt an die Stelle der Zustimmung des Insolvenzverwalters die Zustimmung des Schuldners.

(3) Ist die Gesellschaft durch Löschung wegen Vermögenslosigkeit aufgelöst, so findet eine Liquidation nur statt, wenn sich nach der Löschung herausstellt, daß Vermögen vorhanden ist, aber der Verteilung unterliegt.

§ 146 [Liquidatoren]

(1) [1]Die Liquidation erfolgt, sofern sie nicht durch Beschluß der Gesellschafter oder durch den Gesellschaftsvertrag einzelnen Gesellschaftern oder anderen Personen übertragen ist, durch sämtliche Gesellschafter als Liquidatoren. [2]Mehrere Erben eines Gesellschafters haben einen gemeinsamen Vertreter zu bestellen.

(2) [1]Auf Antrag eines Beteiligten kann aus wichtigen Gründen die Ernennung von Liquidatoren durch das Gericht erfolgen, in dessen Bezirke die Gesellschaft ihren Sitz hat; das Gericht kann in einem solchen Falle Personen zu Liquidatoren ernennen, die nicht zu den Gesellschaftern gehören. [2]Als Beteiligter gilt außer den Gesellschaftern im Falle des § 135 auch der Gläubiger, durch den die Kündigung erfolgt ist. [3]Im Falle des § 145 Abs. 3 sind die Liquidatoren auf Antrag eines Beteiligten durch das Gericht zu ernennen.

(3) Ist über das Vermögen eines Gesellschafters das Insolvenzverfahren eröffnet und ist ein Insolvenzverwalter bestellt, so tritt dieser an die Stelle des Gesellschafters.

§ 147 [Abberufung von Liquidatoren]

Die Abberufung von Liquidatoren geschieht durch einstimmigen Beschluß der nach § 146 Abs. 2 und 3 Beteiligten; sie kann auf Antrag eines Beteiligten aus wichtigen Gründen auch durch das Gericht erfolgen.

§ 148 [Anmeldung der Liquidatoren]

(1) [1]Die Liquidatoren und ihre Vertretungsmacht sind von sämtlichen Gesellschaftern zur Eintragung in das Handelsregister anzumelden. [2]Das gleiche gilt von jeder Änderung in den Personen der Liquidatoren oder in ihrer Vertretungsmacht. [3]Im Falle des Todes eines Gesellschafters kann, wenn anzunehmen ist, daß die Anmeldung den Tatsachen entspricht, die Eintragung erfolgen, auch ohne daß die Erben bei der Anmeldung mitwirken, soweit einer solchen Mitwirkung besondere Hindernisse entgegenstehen.

(2) Die Eintragung gerichtlich bestellter Liquidatoren sowie die Eintragung der gerichtlichen Abberufung von Liquidatoren geschieht von Amts wegen.

§ 149 [Aufgaben der Liquidatoren]

[1]Die Liquidatoren haben die laufenden Geschäfte zu beendigen, die Forderungen einzuziehen, das übrige Vermögen in Geld umzusetzen und die Gläubiger zu befriedigen; zur Beendigung schwebender Geschäfte können sie auch neue Geschäfte eingehen. [2]Die Liquidatoren vertreten innerhalb ihres Geschäftskreises die Gesellschaft gerichtlich und außergerichtlich.

§ 150 [Mehrere Liquidatoren]

(1) Sind mehrere Liquidatoren vorhanden, so können sie die zur Liquidation gehörenden Handlungen nur in Gemeinschaft vornehmen, sofern nicht bestimmt ist, daß sie einzeln handeln können.

(2) [1]Durch die Vorschrift des Absatzes 1 wird nicht ausgeschlossen, daß die Liquidatoren einzelne von ihnen zur Vornahme bestimmter Geschäfte oder bestimmter Arten von Geschäften ermächtigen. [2]Ist der Gesellschaft gegenüber eine Willenserklärung abzugeben, so findet die Vorschrift des § 125 Abs. 2 Satz 3 entsprechende Anwendung.

§ 151 [Unbeschränkbarkeit]

Eine Beschränkung des Umfanges der Befugnisse der Liquidatoren ist Dritten gegenüber unwirksam.

§ 152 [Anordnungsbefugnis der Beteiligten]

Gegenüber den nach § 146 Abs. 2 und 3 Beteiligten haben die Liquidatoren, auch wenn sie vom Gerichte bestellt sind, den Anordnungen Folge zu leisten, welche die Beteiligten in betreff der Geschäftsführung einstimmig beschließen.

§ 153 [Unterschrift der Liquidatoren]

Die Liquidatoren haben ihre Unterschrift in der Weise abzugeben, daß sie der bisherigen, als Liquidationsfirma zu bezeichnenden Firma ihren Namen beifügen.

§ 154 [Bilanz]

Die Liquidatoren haben bei dem Beginne sowie bei der Beendigung der Liquidation eine Bilanz aufzustellen.

§ 155 [Verteilung des verbleibenden Vermögens]

(1) Das nach Berichtigung der Schulden verbleibende Vermögen der Gesellschaft ist von den Liquidatoren nach dem Verhältnisse der Kapitalanteile, wie sie sich aufgrund der Schlußbilanz ergeben, unter die Gesellschafter zu verteilen.

(2) [1]Das während der Liquidation entbehrliche Geld wird vorläufig verteilt. [2]Zur Deckung noch nicht fälliger oder streitiger Verbindlichkeiten sowie zur Sicherung der den Gesellschaftern bei der Schlußverteilung zukommenden Beträge ist das Erforderliche zurückzubehalten. [3]Die Vorschriften des § 122 Abs. 1 finden während der Liquidation keine Anwendung.

(3) Entsteht über die Verteilung des Gesellschaftsvermögens Streit unter den Gesellschaftern, so haben die Liquidatoren die Verteilung bis zur Entscheidung des Streites auszusetzen.

§ 156 [Rechtsverhältnisse der Gesellschafter]

Bis zur Beendigung der Liquidation kommen in bezug auf das Rechtsverhältnis der bisherigen Gesellschafter untereinander sowie der Gesellschaft zu Dritten die Vorschriften des zweiten und dritten Titels zur Anwendung, soweit sich nicht aus dem gegenwärtigen Titel oder aus dem Zwecke der Liquidation ein anderes ergibt.

§ 157 [Löschung der Firma; Geschäftsbücher]

(1) Nach der Beendigung der Liquidation ist das Erlöschen der Firma von den Liquidatoren zur Eintragung in das Handelsregister anzumelden.

(2) [1]Die Bücher und Papiere der aufgelösten Gesellschaft werden einem der Gesellschafter oder einem Dritten in Verwahrung gegeben. [2]Der Gesellschafter oder der Dritte wird in Ermangelung einer Verständigung durch das Gericht bestimmt, in dessen Bezirke die Gesellschaft ihren Sitz hat.

(3) Die Gesellschafter und deren Erben behalten das Recht auf Einsicht und Benutzung der Bücher und Papiere.

§ 158 [Andere Auseinandersetzungsart]

Vereinbaren die Gesellschafter statt der Liquidation eine andere Art der Auseinandersetzung, so finden, solange noch ungeteiltes Gesellschaftsvermögens vorhanden ist, im Verhältnisse zu Dritten die für die Liquidation geltenden Vorschriften entsprechende Anwendung.

Sechster Titel. Verjährung. Zeitliche Begrenzung der Haftung

§ 159 [Verjährungsfrist]

(1) Die Ansprüche gegen einen Gesellschafter aus Verbindlichkeiten der Gesellschaft verjähren in fünf Jahren nach der Auflösung der Gesellschaft, sofern nicht der Anspruch gegen die Gesellschaft einer kürzeren Verjährung unterliegt.

(2) Die Verjährung beginnt mit dem Ende des Tages, an welchem die Auflösung der Gesellschaft in das Handelsregister des für den Sitz der Gesellschaft zuständigen Gerichts eingetragen wird.

(3) Wird der Anspruch des Gläubigers gegen die Gesellschaft erst nach der Eintragung fällig, so beginnt die Verjährung mit dem Zeitpunkte der Fälligkeit.

(4) Der Neubeginn der Verjährung und ihre Hemmung nach § 204 des Bürgerlichen Gesetzbuchs gegenüber der aufgelösten Gesellschaft wirken auch gegenüber den Gesellschaftern, die der Gesellschaft zur Zeit der Auflösung angehört haben.

§ 160 [Nachhaftung des Gesellschafters]

(1) [1]Scheidet ein Gesellschafter aus der Gesellschaft aus, so haftet er für ihre bis dahin begründeten Verbindlichkeiten, wenn sie vor Ablauf von fünf Jahren nach dem Ausscheiden fällig und daraus Ansprüche gegen ihn in einer in § 197 Abs. 1 Nr. 3 bis 5 des Bürgerlichen Gesetzbuchs bezeichneten Art festgestellt sind oder eine gerichtliche oder behördliche Vollstreckungshandlung vorgenommen oder beantragt wird; bei öffentlich-rechtlichen Verbindlichkeiten genügt der Erlass eines Verwaltungsakts. [2]Die Frist beginnt mit dem Ende des Tages, an dem das Ausscheiden in das Handelsregister des für den Sitz der Gesellschaft zuständigen Gerichts eingetragen wird. [3]Die für die Verjährung geltenden §§ 204, 206, 210, 211 und 212 Abs. 2 und 3 des Bürgerlichen Gesetzbuches sind entsprechend anzuwenden.

(2) Einer Feststellung in einer in § 197 Abs. 1 Nr. 3 bis 5 des Bürgerlichen Gesetzbuchs bezeichneten Art bedarf es nicht, soweit der Gesellschafter den Anspruch schriftlich anerkannt hat.

(3) [1]Wird ein Gesellschafter Kommanditist, so sind für die Begrenzung seiner Haftung für die im Zeitpunkt der Eintragung der Änderung in das Handelsregister begründeten Verbindlichkeiten die Absätze 1 und 2 entsprechend anzuwenden. [2]Dies gilt auch, wenn er in der Gesellschaft oder einem ihr als Gesellschafter angehörenden Unternehmen geschäftsführend tätig wird. [3]Seine Haftung als Kommanditist bleibt unberührt.

Zweiter Abschnitt. Kommanditgesellschaft

§ 161 [Begriff der KG]

(1) Eine Gesellschaft, deren Zweck auf den Betrieb eines Handelsgewerbes unter gemeinschaftlicher Firma gerichtet ist, ist eine Kommanditgesellschaft, wenn bei einem oder bei einigen von den Gesellschaftern die Haftung gegenüber den Gesellschafts-

gläubigern auf den Betrag einer bestimmten Vermögenseinlage beschränkt ist (Kommanditisten), während bei dem anderen Teile der Gesellschafter eine Beschränkung der Haftung nicht stattfindet (persönlich haftende Gesellschafter).

(2) Soweit nicht in diesem Abschnitt ein anderes vorgeschrieben ist, finden auf die Kommanditgesellschaft die für die offene Handelsgesellschaft geltenden Vorschriften Anwendung.

§ 162 [Anmeldung]

(1) [1]Die Anmeldung der Gesellschaft hat außer den in § 106 Abs. 2 vorgesehenen Angaben die Bezeichnung der Kommanditisten und den Betrag der Einlage eines jeden von ihnen zu enthalten. [2]Ist eine Gesellschaft bürgerlichen Rechts Kommanditist, so sind auch deren Gesellschafter entsprechend § 106 Abs. 2 und spätere Änderungen in der Zusammensetzung der Gesellschafter zur Eintragung anzumelden.

(2) Bei der Bekanntmachung der Eintragung der Gesellschaft sind keine Angaben zu den Kommanditisten zu machen; die Vorschriften des § 15 sind insoweit nicht anzuwenden.

(3) Diese Vorschriften finden im Falle des Eintritts eines Kommanditisten in eine bestehende Handelsgesellschaft und im Falle des Ausscheidens eines Kommanditisten aus einer Kommanditgesellschaft entsprechende Anwendung.

§ 163 [Innenverhältnis]

Für das Verhältnis der Gesellschafter untereinander gelten in Ermangelung abweichender Bestimmungen des Gesellschaftsvertrags die besonderen Vorschriften der §§ 164 bis 169.

§ 164 [Geschäftsführung]

[1]Die Kommanditisten sind von der Führung der Geschäfte der Gesellschaft ausgeschlossen; sie können einer Handlung der persönlich haftenden Gesellschafter nicht widersprechen, es sei denn, daß die Handlung über den gewöhnlichen Betrieb des Handelsgewerbes der Gesellschaft hinausgeht. [2]Die Vorschriften des § 116 Abs. 3 bleiben unberührt.

§ 165 [Wettbewerbsverbot]

Die §§ 112 und 113 finden auf die Kommanditisten keine Anwendung.

§ 166 [Kontrollrechte]

(1) Der Kommanditist ist berechtigt, die abschriftliche Mitteilung des Jahresabschlusses zu verlangen und dessen Richtigkeit unter Einsicht der Bücher und Papiere zu prüfen.

(2) Die in § 118 dem von der Geschäftsführung ausgeschlossenen Gesellschafter eingeräumten weiteren Rechte stehen dem Kommanditisten nicht zu.

(3) Auf Antrag eines Kommanditisten kann das Gericht, wenn wichtige Gründe vorliegen, die Mitteilung einer Bilanz und eines Jahresabschlusses oder sonstiger Aufklärungen sowie die Vorlegung der Bücher und Papiere jederzeit anordnen.

§ 167 [Gewinn und Verlust]

(1) Die Vorschriften des § 120 über die Berechnung des Gewinns oder Verlustes gelten auch für den Kommanditisten.

(2) Jedoch wird der einem Kommanditisten zukommende Gewinn seinem Kapitalanteil nur so lange zugeschrieben, als dieser den Betrag der bedungenen Einlage nicht erreicht.

(3) An dem Verluste nimmt der Kommanditist nur bis zum Betrage seines Kapitalanteils und seiner noch rückständigen Einlage teil.

§ 168 [Gewinn- und Verlustverteilung]

(1) Die Anteile der Gesellschafter am Gewinne bestimmen sich, soweit der Gewinn den Betrag von vier vom Hundert der Kapitalanteile nicht übersteigt, nach den Vorschriften des § 121 Abs. 1 und 2.

(2) In Ansehung des Gewinns, welcher diesen Betrag übersteigt, sowie in Ansehung des Verlustes gilt, soweit nicht ein anderes vereinbart ist, ein den Umständen nach angemessenes Verhältnis der Anteile als bedungen.

§ 169 [Entnahmen]

(1) [1]§ 122 findet auf den Kommanditisten keine Anwendung. [2]Dieser hat nur Anspruch auf Auszahlung des ihm zukommenden Gewinns; er kann auch die Auszahlung des Gewinns nicht fordern, solange sein Kapitalanteil durch Verlust unter den auf die bedungene Einlage geleisteten Betrag herabgemindert ist oder durch die Auszahlung unter diesen Betrag herabgemindert werden würde.

(2) Der Kommanditist ist nicht verpflichtet, den bezogenen Gewinn wegen späterer Verluste zurückzuzahlen.

§ 170 [Vertretung]

Der Kommanditist ist zur Vertretung der Gesellschaft nicht ermächtigt.

§ 171 [Haftung des Kommanditisten]

(1) Der Kommanditist haftet den Gläubigern der Gesellschaft bis zur Höhe seiner Einlage unmittelbar; die Haftung ist ausgeschlossen, soweit die Einlage geleistet ist.

(2) Ist über das Vermögen der Gesellschaft das Insolvenzverfahren eröffnet, so wird während der Dauer des Verfahrens das den Gesellschaftsgläubigern nach Absatz 1 zustehende Recht durch den Insolvenzverwalter oder den Sachwalter ausgeübt.

§ 172 [Wirkung der Eintragung; Umfang]

(1) Im Verhältnis zu den Gläubigern der Gesellschaft wird nach der Eintragung in das Handelsregister die Einlage eines Kommanditisten durch den in der Eintragung angegebenen Betrag bestimmt.

(2) Auf eine nicht eingetragene Erhöhung der aus dem Handelsregister ersichtlichen Einlage können sich die Gläubiger nur berufen, wenn die Erhöhung in handelsüblicher Weise kundgemacht oder ihnen in anderer Weise von der Gesellschaft mitgeteilt worden ist.

(3) Eine Vereinbarung der Gesellschafter, durch die einem Kommanditisten die Einlage erlassen oder gestundet wird, ist den Gläubigern gegenüber unwirksam.

(4) [1]Soweit die Einlage eines Kommanditisten zurückbezahlt wird, gilt sie den Gläubigern gegenüber als nicht geleistet. [2]Das gleiche gilt, soweit ein Kommanditist Gewinnanteile entnimmt, während sein Kapitalanteil durch Verlust unter den Betrag der geleisteten Einlage herabgemindert ist, oder soweit durch die Entnahme der Kapitalanteil unter den bezeichneten Betrag herabgemindert wird. [3]Bei der Berechnung des Kapitalanteils nach Satz 2 sind Beträge im Sinn des § 268 Abs. 8 nicht zu berücksichtigen.

(5) Was ein Kommanditist aufgrund einer in gutem Glauben errichteten Bilanz in gutem Glauben als Gewinn bezieht, ist er in keinem Falle zurückzuzahlen verpflichtet.

(6) [1]Gegenüber den Gläubigern einer Gesellschaft, bei der kein persönlich haftender Gesellschafter eine natürliche Person ist, gilt die Einlage eines Kommanditisten als nicht geleistet, soweit sie in Anteilen an den persönlich haftenden Gesellschaftern bewirkt ist.

[2]Dies gilt nicht, wenn zu den persönlich haftenden Gesellschaftern eine offene Handelsgesellschaft oder Kommanditgesellschaft gehört, bei der ein persönlich haftender Gesellschafter eine natürliche Person ist.

§ 172a *(aufgehoben)*

§ 173 [Haftung des eintretenden Kommanditisten]

(1) Wer in eine bestehende Handelsgesellschaft als Kommanditist eintritt, haftet nach Maßgabe der §§ 171 und 172 für die vor seinem Eintritte begründeten Verbindlichkeiten der Gesellschaft, ohne Unterschied, ob die Firma eine Änderung erleidet oder nicht.

(2) Eine entgegenstehende Vereinbarung ist Dritten gegenüber unwirksam.

§ 174 [Herabsetzung der Einlage]

Eine Herabsetzung der Einlage eines Kommanditisten ist, solange sie nicht in das Handelsregister des Gerichts, in dessen Bezirke die Gesellschaft ihren Sitz hat, eingetragen ist, den Gläubigern gegenüber unwirksam; Gläubiger, deren Forderungen zur Zeit der Eintragung begründet waren, brauchen die Herabsetzung nicht gegen sich gelten zu lassen.

§ 175 [Anmeldung der Einlagenänderung]

[1]Die Erhöhung sowie die Herabsetzung einer Einlage ist durch die sämtlichen Gesellschafter zur Eintragung in das Handelsregister anzumelden. [2]§ 162 Abs. 2 gilt entsprechend. [3]Auf die Eintragung in das Handelsregister des Sitzes der Gesellschaft finden die Vorschriften des § 14 keine Anwendung.

§ 176 [Haftung vor Eintragung]

(1) [1]Hat die Gesellschaft ihre Geschäfte begonnen, bevor sie in das Handelsregister des Gerichts, in dessen Bezirke sie ihren Sitz hat, eingetragen ist, so haftet jeder Kommanditist, der dem Geschäftsbeginne zugestimmt hat, für die bis zur Eintragung begründeten Verbindlichkeiten der Gesellschaft gleich einem persönlich haftenden Gesellschafter, es sei denn, daß seine Beteiligung als Kommanditist dem Gläubiger bekannt war. [2]Diese Vorschrift kommt nicht zur Anwendung, soweit sich aus § 2 oder § 105 Abs. 2 ein anderes ergibt.

(2) Tritt ein Kommanditist in eine bestehende Handelsgesellschaft ein, so findet die Vorschrift des Absatzes 1 Satz 1 für die in der Zeit zwischen seinem Eintritt und dessen Eintragung in das Handelsregister begründeten Verbindlichkeiten der Gesellschaft entsprechende Anwendung.

§ 177 [Tod des Kommanditisten]

Beim Tod eines Kommanditisten wird die Gesellschaft mangels abweichender vertraglicher Bestimmung mit den Erben fortgesetzt.

§ 177a [Angaben auf Geschäftsbriefen; Zahlungsunfähigkeit oder Überschuldung der KG]

[1]Die §§ 125a und 130a gelten auch für die Gesellschaft, bei der ein Kommanditist eine natürliche Person ist, § 130a jedoch mit der Maßgabe, daß anstelle des Absatzes 1 Satz 4 der § 172 Abs. 6 Satz 2 anzuwenden ist. [2]Der in § 125a Abs. 1 Satz 2 für die Gesellschafter vorgeschriebenen Angaben bedarf es nur für die persönlich haftenden Gesellschafter der Gesellschaft.

§§ 178-229 *(aufgehoben)*

Dritter Abschnitt. Stille Gesellschaft

§ 230 [Begriff der stillen Gesellschaft]

(1) Wer sich als stiller Gesellschafter an dem Handelsgewerbe, das ein anderer betreibt, mit einer Vermögenseinlage beteiligt, hat die Einlage so zu leisten, daß sie in das Vermögen des Inhabers des Handelsgeschäfts übergeht.

(2) Der Inhaber wird aus den in dem Betriebe geschlossenen Geschäften allein berechtigt und verpflichtet.

§ 231 [Gewinn- und Verlustverteilung]

(1) Ist der Anteil des stillen Gesellschafters am Gewinn und Verluste nicht bestimmt, so gilt ein den Umständen nach angemessener Anteil als bedungen.

(2) Im Gesellschaftsvertrage kann bestimmt werden, daß der stille Gesellschafter nicht am Verluste beteiligt sein soll; seine Beteiligung am Gewinne kann nicht ausgeschlossen werden.

§ 232 [Gewinn- und Verlustrechnung]

(1) Am Schlusse jedes Geschäftsjahrs wird der Gewinn und Verlust berechnet und der auf den stillen Gesellschafter fallende Gewinn ihm ausbezahlt.

(2) [1]Der stille Gesellschafter nimmt an dem Verluste nur bis zum Betrage seiner eingezahlten oder rückständigen Einlage teil. [2]Er ist nicht verpflichtet, den bezogenen Gewinn wegen späterer Verluste zurückzuzahlen; jedoch wird, solange seine Einlage durch Verlust vermindert ist, der jährliche Gewinn zur Deckung des Verlustes verwendet.

(3) Der Gewinn, welcher von dem stillen Gesellschafter nicht erhoben wird, vermehrt dessen Einlage nicht, sofern nicht ein anderes vereinbart ist.

§ 233 [Kontrollrechte]

(1) Der stille Gesellschafter ist berechtigt, die abschriftliche Mitteilung des Jahresabschlusses zu verlangen und dessen Richtigkeit unter Einsicht der Bücher und Papiere zu prüfen.

(2) Die in § 716 des Bürgerlichen Gesetzbuchs dem von der Geschäftsführung ausgeschlossenen Gesellschafter eingeräumten weiteren Rechte stehen dem stillen Gesellschafter nicht zu.

(3) Auf Antrag des stillen Gesellschafters kann das Gericht, wenn wichtige Gründe vorliegen, die Mitteilung einer Bilanz und eines Jahresabschlusses oder sonstiger Aufklärungen sowie die Vorlegung der Bücher und Papiere jederzeit anordnen.

§ 234 [Auflösung der Gesellschaft]

(1) [1]Auf die Kündigung der Gesellschaft durch einen der Gesellschafter oder durch einen Gläubiger des stillen Gesellschafters finden die Vorschriften der §§ 132, 134 und 135 entsprechende Anwendung. [2]Die Vorschriften des § 723 des Bürgerlichen Gesetzbuchs über das Recht, die Gesellschaft aus wichtigen Gründen ohne Einhaltung einer Frist zu kündigen, bleiben unberührt.

(2) Durch den Tod des stillen Gesellschafters wird die Gesellschaft nicht aufgelöst.

§ 235 [Auseinandersetzung]

(1) Nach der Auflösung der Gesellschaft hat sich der Inhaber des Handelsgeschäfts mit dem stillen Gesellschafter auseinanderzusetzen und dessen Guthaben in Geld zu berichtigen.

(2) [1]Die zur Zeit der Auflösung schwebenden Geschäfte werden von dem Inhaber des Handelsgeschäfts abgewickelt. [2]Der stille Gesellschafter nimmt teil an dem Gewinn und Verluste, der sich aus diesen Geschäften ergibt.

(3) Er kann am Schlusse jedes Geschäftsjahrs Rechenschaft über die inzwischen beendigten Geschäfte, Auszahlung des ihm gebührenden Betrags und Auskunft über den Stand der noch schwebenden Geschäfte verlangen.

§ 236 [Insolvenz]

(1) Wird über das Vermögen des Inhabers des Handelsgeschäfts das Insolvenzverfahren eröffnet, so kann der stille Gesellschafter wegen der Einlage, soweit sie den Betrag des auf ihn fallenden Anteils am Verlust übersteigt, seine Forderung als Insolvenzgläubiger geltend machen.

(2) Ist die Einlage rückständig, so hat sie der stille Gesellschafter bis zu dem Betrage, welcher zur Deckung seines Anteils am Verlust erforderlich ist, zur Insolvenzmasse einzuzahlen.

§ 237 *(weggefallen)*

Drittes Buch. Handelsbücher

Erster Abschnitt. Vorschriften für alle Kaufleute

Erster Unterabschnitt. Buchführung. Inventar

§ 238 Buchführungspflicht

(1) [1]Jeder Kaufmann ist verpflichtet, Bücher zu führen und in diesen seine Handelsgeschäfte und die Lage seines Vermögens nach den Grundsätzen ordnungsmäßiger Buchführung ersichtlich zu machen. [2]Die Buchführung muß so beschaffen sein, daß sie einem sachverständigen Dritten innerhalb angemessener Zeit einen Überblick über die Geschäftsvorfälle und über die Lage des Unternehmens vermitteln kann. [3]Die Geschäftsvorfälle müssen sich in ihrer Entstehung und Abwicklung verfolgen lassen.

(2) Der Kaufmann ist verpflichtet, eine mit der Urschrift übereinstimmende Wiedergabe der abgesandten Handelsbriefe (Kopie, Abdruck, Abschrift oder sonstige Wiedergabe des Wortlauts auf einem Schrift-, Bild- oder anderen Datenträger) zurückzubehalten.

§ 239 Führung der Handelsbücher

(1) [1]Bei der Führung der Handelsbücher und bei den sonst erforderlichen Aufzeichnungen hat sich der Kaufmann einer lebenden Sprache zu bedienen. [2]Werden Abkürzungen, Ziffern, Buchstaben oder Symbole verwendet, muß im Einzelfall deren Bedeutung eindeutig festliegen.

(2) Die Eintragungen in Büchern und die sonst erforderlichen Aufzeichnungen müssen vollständig, richtig, zeitgerecht und geordnet vorgenommen werden.

(3) [1]Eine Eintragung oder eine Aufzeichnung darf nicht in einer Weise verändert werden, daß der ursprüngliche Inhalt nicht mehr feststellbar ist. [2]Auch solche Veränderungen dürfen nicht vorgenommen werden, deren Beschaffenheit es ungewiß läßt, ob sie ursprünglich oder erst später gemacht worden sind.

(4) [1]Die Handelsbücher und die sonst erforderlichen Aufzeichnungen können auch in der geordneten Ablage von Belegen bestehen oder auf Datenträgern geführt werden, soweit diese Formen der Buchführung einschließlich des dabei angewandten Verfahrens den Grundsätzen ordnungsmäßiger Buchführung entsprechen. [2]Bei der Führung der

Handelsbücher und der sonst erforderlichen Aufzeichnungen auf Datenträgern muß insbesondere sichergestellt sein, daß die Daten während der Dauer der Aufbewahrungsfrist verfügbar sind und jederzeit innerhalb angemessener Frist lesbar gemacht werden können. [3]Absätze 1 bis 3 gelten sinngemäß.

§ 240 Inventar

(1) Jeder Kaufmann hat zu Beginn seines Handelsgewerbes seine Grundstücke, seine Forderungen und Schulden, den Betrag seines baren Geldes sowie seine sonstigen Vermögensgegenstände genau zu verzeichnen und dabei den Wert der einzelnen Vermögensgegenstände und Schulden anzugeben.

(2) [1]Er hat demnächst für den Schluß eines jeden Geschäftsjahrs ein solches Inventar aufzustellen. [2]Die Dauer des Geschäftsjahrs darf zwölf Monate nicht überschreiten. [3]Die Aufstellung des Inventars ist innerhalb der einem ordnungsmäßigen Geschäftsgang entsprechenden Zeit zu bewirken.

(3) [1]Vermögensgegenstände des Sachanlagevermögens sowie Roh-, Hilfs- und Betriebsstoffe können, wenn sie regelmäßig ersetzt werden und ihr Gesamtwert für das Unternehmen von nachrangiger Bedeutung ist, mit einer gleichbleibenden Menge und einem gleichbleibenden Wert angesetzt werden, sofern ihr Bestand in seiner Größe, seinem Wert und seiner Zusammensetzung nur geringen Veränderungen unterliegt. [2]Jedoch ist in der Regel alle drei Jahre eine körperliche Bestandsaufnahme durchzuführen.

(4) Gleichartige Vermögensgegenstände des Vorratsvermögens sowie andere gleichartige oder annähernd gleichwertige bewegliche Vermögensgegenstände und Schulden können jeweils zu einer Gruppe zusammengefaßt und mit dem gewogenen Durchschnittswert angesetzt werden.

§ 241 Inventurvereinfachungsverfahren

(1) [1]Bei der Aufstellung des Inventars darf der Bestand der Vermögensgegenstände nach Art, Menge und Wert auch mit Hilfe anerkannter mathematisch-statistischer Methoden aufgrund von Stichproben ermittelt werden. [2]Das Verfahren muß den Grundsätzen ordnungsmäßiger Buchführung entsprechen. [3]Der Aussagewert des auf diese Weise aufgestellten Inventars muß dem Aussagewert eines aufgrund einer körperlichen Bestandsaufnahme aufgestellten Inventars gleichkommen.

(2) Bei der Aufstellung des Inventars für den Schluß eines Geschäftsjahrs bedarf es einer körperlichen Bestandsaufnahme der Vermögensgegenstände für diesen Zeitpunkt nicht, soweit durch Anwendung eines den Grundsätzen ordnungsmäßiger Buchführung entsprechenden anderen Verfahrens gesichert ist, daß der Bestand der Vermögensgegenstände nach Art, Menge und Wert auch ohne die körperliche Bestandsaufnahme für diesen Zeitpunkt festgestellt werden kann.

(3) In dem Inventar für den Schluß eines Geschäftsjahrs brauchen Vermögensgegenstände nicht verzeichnet zu werden, wenn

1. der Kaufmann ihren Bestand aufgrund einer körperlichen Bestandsaufnahme oder aufgrund eines nach Absatz 2 zulässigen anderen Verfahrens nach Art, Menge und Wert in einem besonderen Inventar verzeichnet hat, das für einen Tag innerhalb der letzten drei Monate vor oder der ersten beiden Monate nach dem Schluß des Geschäftsjahrs aufgestellt ist, und
2. aufgrund des besonderen Inventars durch Anwendung eines den Grundsätzen ordnungsmäßiger Buchführung entsprechenden Fortschreibungs- oder Rückrechnungsverfahrens gesichert ist, daß der am Schluß des Geschäftsjahrs vorhandene Bestand der Vermögensgegenstände für diesen Zeitpunkt ordnungsgemäß bewertet werden kann.

§ 241a Befreiung von der Pflicht zur Buchführung und Erstellung eines Inventars

[1]Einzelkaufleute, die an den Abschlussstichtagen von zwei aufeinander folgenden Geschäftsjahren nicht mehr als jeweils 600 000 Euro Umsatzerlöse und jeweils 60 000 Euro Jahresüberschuss aufweisen, brauchen die §§ 238 bis 241 nicht anzuwenden. [2]Im Fall der Neugründung treten die Rechtsfolgen schon ein, wenn die Werte des Satzes 1 am ersten Abschlussstichtag nach der Neugründung nicht überschritten werden.

Zweiter Unterabschnitt. Eröffnungsbilanz. Jahresabschluß

Erster Titel. Allgemeine Vorschriften

§ 242 Pflicht zur Aufstellung

(1) [1]Der Kaufmann hat zu Beginn seines Handelsgewerbes und für den Schluß eines jeden Geschäftsjahrs einen das Verhältnis seines Vermögens und seiner Schulden darstellenden Abschluß (Eröffnungsbilanz, Bilanz) aufzustellen. [2]Auf die Eröffnungsbilanz sind die für den Jahresabschluß geltenden Vorschriften entsprechend anzuwenden, soweit sie sich auf die Bilanz beziehen.

(2) Er hat für den Schluß eines jeden Geschäftsjahrs eine Gegenüberstellung der Aufwendungen und Erträge des Geschäftsjahrs (Gewinn- und Verlustrechnung) aufzustellen.

(3) Die Bilanz und die Gewinn- und Verlustrechnung bilden den Jahresabschluß.

(4) [1]Die Absätze 1 bis 3 sind auf Einzelkaufleute im Sinn des § 241a nicht anzuwenden. [2]Im Fall der Neugründung treten die Rechtsfolgen nach Satz 1 schon ein, wenn die Werte des § 241a Satz 1 am ersten Abschlussstichtag nach der Neugründung nicht überschritten werden.

§ 243 Aufstellungsgrundsatz

(1) Der Jahresabschluß ist nach den Grundsätzen ordnungsmäßiger Buchführung aufzustellen.

(2) Er muß klar und übersichtlich sein.

(3) Der Jahresabschluß ist innerhalb der einem ordnungsmäßigen Geschäftsgang entsprechenden Zeit aufzustellen.

§ 244 Sprache. Währungseinheit

Der Jahresabschluß ist in deutscher Sprache und in Euro aufzustellen.

§ 245 Unterzeichnung

[1]Der Jahresabschluß ist vom Kaufmann unter Angabe des Datums zu unterzeichnen. [2]Sind mehrere persönlich haftende Gesellschafter vorhanden, so haben sie alle zu unterzeichnen.

Zweiter Titel. Ansatzvorschriften

§ 246 Vollständigkeit. Verrechnungsverbot

(1) [1]Der Jahresabschluss hat sämtliche Vermögensgegenstände, Schulden, Rechnungsabgrenzungsposten sowie Aufwendungen und Erträge zu enthalten, soweit gesetzlich nichts anderes bestimmt ist. [2]Vermögensgegenstände sind in der Bilanz des Eigentümers aufzunehmen; ist ein Vermögensgegenstand nicht dem Eigentümer, sondern einem anderen wirtschaftlich zuzurechnen, hat dieser ihn in seiner Bilanz auszuweisen. [3]Schulden sind in die Bilanz des Schuldners aufzunehmen. [4]Der Unter-

schiedsbetrag, um den die für die Übernahme eines Unternehmens bewirkte Gegenleistung den Wert der einzelnen Vermögensgegenstände des Unternehmens abzüglich der Schulden im Zeitpunkt der Übernahme übersteigt (entgeltlich erworbener Geschäfts- oder Firmenwert), gilt als zeitlich begrenzt nutzbarer Vermögensgegenstand.

(2) [1]Posten der Aktivseite dürfen nicht mit Posten der Passivseite, Aufwendungen nicht mit Erträgen, Grundstücksrechte nicht mit Grundstückslasten verrechnet werden. [2]Vermögensgegenstände, die dem Zugriff aller übrigen Gläubiger entzogen sind und ausschließlich der Erfüllung von Schulden aus Altersversorgungsverpflichtungen oder vergleichbaren langfristig fälligen Verpflichtungen dienen, sind mit diesen Schulden zu verrechnen; entsprechend ist mit den zugehörigen Aufwendungen und Erträgen aus der Abzinsung und aus dem zu verrechnenden Vermögen zu verfahren. [3]Übersteigt der beizulegende Zeitwert der Vermögensgegenstände den Betrag der Schulden, ist der übersteigende Betrag unter einem gesonderten Posten zu aktivieren.

(3) [1]Die auf den vorhergehenden Jahresabschluss angewandten Ansatzmethoden sind beizubehalten. [2]§ 252 Abs. 2 ist entsprechend anzuwenden.

§ 247 Inhalt der Bilanz

(1) In der Bilanz sind das Anlage- und das Umlaufvermögen, das Eigenkapital, die Schulden sowie die Rechnungsabgrenzungsposten gesondert auszuweisen und hinreichend aufzugliedern.

(2) Beim Anlagevermögen sind nur die Gegenstände auszuweisen, die bestimmt sind, dauernd dem Geschäftsbetrieb zu dienen.

(3) *(aufgehoben)*

§ 248 Bilanzierungsverbote und -wahlrechte

(1) In die Bilanz dürfen nicht als Aktivposten aufgenommen werden:

1. Aufwendungen für die Gründung eines Unternehmens,
2. Aufwendungen für die Beschaffung des Eigenkapitals und
3. Aufwendungen für den Abschluss von Versicherungsverträgen.

(2) [1]Selbst geschaffene immaterielle Vermögensgegenstände des Anlagevermögens können als Aktivposten in die Bilanz aufgenommen werden. [2]Nicht aufgenommen werden dürfen selbst geschaffene Marken, Drucktitel, Verlagsrechte, Kundenlisten oder vergleichbare immaterielle Vermögensgegenstände des Anlagevermögens.

§ 249 Rückstellungen

(1) [1]Rückstellungen sind für ungewisse Verbindlichkeiten und für drohende Verluste aus schwebenden Geschäften zu bilden. [2]Ferner sind Rückstellungen zu bilden für

1. im Geschäftsjahr unterlassene Aufwendungen für Instandhaltung, die im folgenden Geschäftsjahr innerhalb von drei Monaten, oder für Abraumbeseitigung, die im folgenden Geschäftsjahr nachgeholt werden,
2. Gewährleistungen, die ohne rechtliche Verpflichtung erbracht werden.

(2) [1]Für andere als die in Absatz 1 bezeichneten Zwecke dürfen Rückstellungen nicht gebildet werden. [2]Rückstellungen dürfen nur aufgelöst werden, soweit der Grund hierfür entfallen ist.

§ 250 Rechnungsabgrenzungsposten

(1) Als Rechnungsabgrenzungsposten sind auf der Aktivseite Ausgaben vor dem Abschlußstichtag auszuweisen, soweit sie Aufwand für eine bestimmte Zeit nach diesem Tag darstellen.

(2) Auf der Passivseite sind als Rechnungsabgrenzungsposten Einnahmen vor dem Abschlußstichtag auszuweisen, soweit sie Ertrag für eine bestimmte Zeit nach diesem Tag darstellen.

(3) [1]Ist der Erfüllungsbetrag einer Verbindlichkeit höher als der Ausgabebetrag, so darf der Unterschiedsbetrag in den Rechnungsabgrenzungsposten auf der Aktivseite aufgenommen werden. [2]Der Unterschiedsbetrag ist durch planmäßige jährliche Abschreibungen zu tilgen, die auf die gesamte Laufzeit der Verbindlichkeit verteilt werden können.

§ 251 Haftungsverhältnisse

[1]Unter der Bilanz sind, sofern sie nicht auf der Passivseite auszuweisen sind, Verbindlichkeiten aus der Begebung und Übertragung von Wechseln, aus Bürgschaften, Wechsel- und Scheckbürgschaften und aus Gewährleistungsverträgen sowie Haftungsverhältnisse aus der Bestellung von Sicherheiten für fremde Verbindlichkeiten zu vermerken; sie dürfen in einem Betrag angegeben werden. [2]Haftungsverhältnisse sind auch anzugeben, wenn ihnen gleichwertige Rückgriffsforderungen gegenüberstehen.

Dritter Titel. Bewertungsvorschriften

§ 252 Allgemeine Bewertungsgrundsätze

(1) Bei der Bewertung der im Jahresabschluß ausgewiesenen Vermögensgegenstände und Schulden gilt insbesondere folgendes:

1. Die Wertansätze in der Eröffnungsbilanz des Geschäftsjahrs müssen mit denen der Schlußbilanz des vorhergehenden Geschäftsjahrs übereinstimmen.
2. Bei der Bewertung ist von der Fortführung der Unternehmenstätigkeit auszugehen, sofern dem nicht tatsächliche oder rechtliche Gegebenheiten entgegenstehen.
3. Die Vermögensgegenstände und Schulden sind zum Abschlußstichtag einzeln zu bewerten.
4. Es ist vorsichtig zu bewerten, namentlich sind alle vorhersehbaren Risiken und Verluste, die bis zum Abschlußstichtag entstanden sind, zu berücksichtigen, selbst wenn diese erst zwischen dem Abschlußstichtag und dem Tag der Aufstellung des Jahresabschlusses bekanntgeworden sind; Gewinne sind nur zu berücksichtigen, wenn sie am Abschlußstichtag realisiert sind.
5. Aufwendungen und Erträge des Geschäftsjahrs sind unabhängig von den Zeitpunkten der entsprechenden Zahlungen im Jahresabschluß zu berücksichtigen.
6. Die auf den vorhergehenden Jahresabschluss angewandten Bewertungsmethoden sind beizubehalten.

(2) Von den Grundsätzen des Absatzes 1 darf nur in begründeten Ausnahmefällen abgewichen werden.

§ 253 Zugangs- und Folgebewertung

(1) [1]Vermögensgegenstände sind höchstens mit den Anschaffungs- oder Herstellungskosten, vermindert um die Abschreibungen nach den Absätzen 3 bis 5, anzusetzen. [2]Verbindlichkeiten sind zu ihrem Erfüllungsbetrag und Rückstellungen in Höhe des nach vernünftiger kaufmännischer Beurteilung notwendigen Erfüllungsbetrages anzusetzen. [3]Soweit sich die Höhe von Altersversorgungsverpflichtungen ausschließlich nach dem beizulegenden Zeitwert von Wertpapieren im Sinn des § 266 Abs. 2 A. III. 5 bestimmt, sind Rückstellungen hierfür zum beizulegenden Zeitwert dieser Wertpapiere anzusetzen, soweit er einen garantierten Mindestbetrag übersteigt. [4]Nach § 246 Abs. 2 Satz 2 zu verrechnende Vermögensgegenstände sind mit ihrem beizulegenden Zeitwert zu be-

werten. [5]Kleinstkapitalgesellschaften (§ 267a) dürfen eine Bewertung zum beizulegenden Zeitwert nur vornehmen, wenn sie von keiner der in § 264 Absatz 1 Satz 5, § 266 Absatz 1 Satz 4, § 275 Absatz 5 und § 326 Absatz 2 vorgesehenen Erleichterungen Gebrauch machen. [6]Macht eine Kleinstkapitalgesellschaft von mindestens einer der in Satz 5 genannten Erleichterungen Gebrauch, erfolgt die Bewertung der Vermögensgegenstände nach Satz 1, auch soweit eine Verrechnung nach § 246 Absatz 2 Satz 2 vorgesehen ist.

(2) [1]Rückstellungen mit einer Restlaufzeit von mehr als einem Jahr sind abzuzinsen mit dem ihrer Restlaufzeit entsprechenden durchschnittlichen Marktzinssatz, der sich im Falle von Rückstellungen für Altersversorgungsverpflichtungen aus den vergangenen zehn Geschäftsjahren und im Falle sonstiger Rückstellungen aus den vergangenen sieben Geschäftsjahren ergibt. [2]Abweichend von Satz 1 dürfen Rückstellungen für Altersversorgungsverpflichtungen oder vergleichbare langfristig fällige Verpflichtungen pauschal mit dem durchschnittlichen Marktzinssatz abgezinst werden, der sich bei einer angenommenen Restlaufzeit von 15 Jahren ergibt. [3]Die Sätze 1 und 2 gelten entsprechend für auf Rentenverpflichtungen beruhende Verbindlichkeiten, für die eine Gegenleistung nicht mehr zu erwarten ist. [4]Der nach den Sätzen 1 und 2 anzuwendende Abzinsungszinssatz wird von der Deutschen Bundesbank nach Maßgabe einer Rechtsverordnung ermittelt und monatlich bekannt gegeben. [5]In der Rechtsverordnung nach Satz 4, die nicht der Zustimmung des Bundesrates bedarf, bestimmt das Bundesministerium der Justiz und für Verbraucherschutz im Benehmen mit der Deutschen Bundesbank das Nähere zur Ermittlung der Abzinsungszinssätze, insbesondere die Ermittlungsmethodik und deren Grundlagen, sowie die Form der Bekanntgabe.

(3) [1]Bei Vermögensgegenständen des Anlagevermögens, deren Nutzung zeitlich begrenzt ist, sind die Anschaffungs- oder die Herstellungskosten um planmäßige Abschreibungen zu vermindern. [2]Der Plan muss die Anschaffungs- oder Herstellungskosten auf die Geschäftsjahre verteilen, in denen der Vermögensgegenstand voraussichtlich genutzt werden kann. [3]Kann in Ausnahmefällen die voraussichtliche Nutzungsdauer eines selbst geschaffenen immateriellen Vermögensgegenstands des Anlagevermögens nicht verlässlich geschätzt werden, sind planmäßige Abschreibungen auf die Herstellungskosten über einen Zeitraum von zehn Jahren vorzunehmen. [4]Satz 3 findet auf einen entgeltlich erworbenen Geschäfts- oder Firmenwert entsprechende Anwendung. [5]Ohne Rücksicht darauf, ob ihre Nutzung zeitlich begrenzt ist, sind bei Vermögensgegenständen des Anlagevermögens bei voraussichtlich dauernder Wertminderung außerplanmäßige Abschreibungen vorzunehmen, um diese mit dem niedrigeren Wert anzusetzen, der ihnen am Abschlussstichtag beizulegen ist. [6]Bei Finanzanlagen können außerplanmäßige Abschreibungen auch bei voraussichtlich nicht dauernder Wertminderung vorgenommen werden.

(4) [1]Bei Vermögensgegenständen des Umlaufvermögens sind Abschreibungen vorzunehmen, um diese mit einem niedrigeren Wert anzusetzen, der sich aus einem Börsen- oder Marktpreis am Abschlussstichtag ergibt. [2]Ist ein Börsen- oder Marktpreis nicht festzustellen und übersteigen die Anschaffungs- oder Herstellungskosten den Wert, der den Vermögensgegenständen am Abschlussstichtag beizulegen ist, so ist auf diesen Wert abzuschreiben.

(5) [1]Ein niedrigerer Wertansatz nach Absatz 3 Satz 5 oder 6 und Absatz 4 darf nicht beibehalten werden, wenn die Gründe dafür nicht mehr bestehen. [2]Ein niedrigerer Wertansatz eines entgeltlich erworbenen Geschäfts- oder Firmenwertes ist beizubehalten.

(6) [1]Im Falle von Rückstellungen für Altersversorgungsverpflichtungen ist der Unterschiedsbetrag zwischen dem Ansatz der Rückstellungen nach Maßgabe des entsprechenden durchschnittlichen Marktzinssatzes aus den vergangenen zehn Geschäfts-

jahren und dem Ansatz der Rückstellungen nach Maßgabe des entsprechenden durchschnittlichen Marktzinssatzes aus den vergangenen sieben Geschäftsjahren in jedem Geschäftsjahr zu ermitteln. [2]Gewinne dürfen nur ausgeschüttet werden, wenn die nach der Ausschüttung verbleibenden frei verfügbaren Rücklagen zuzüglich eines Gewinnvortrags und abzüglich eines Verlustvortrags mindestens dem Unterschiedsbetrag nach Satz 1 entsprechen. [3]Der Unterschiedsbetrag nach Satz 1 ist in jedem Geschäftsjahr im Anhang oder unter der Bilanz darzustellen.

§ 254 Bildung von Bewertungseinheiten

[1]Werden Vermögensgegenstände, Schulden, schwebende Geschäfte oder mit hoher Wahrscheinlichkeit erwartete Transaktionen zum Ausgleich gegenläufiger Wertänderungen oder Zahlungsströme aus dem Eintritt vergleichbarer Risiken mit Finanzinstrumenten zusammengefasst (Bewertungseinheit), sind § 249 Abs. 1, § 252 Abs. 1 Nr. 3 und 4, § 253 Abs. 1 Satz 1 und § 256a in dem Umfang und für den Zeitraum nicht anzuwenden, in dem die gegenläufigen Wertänderungen oder Zahlungsströme sich ausgleichen. [2]Als Finanzinstrumente im Sinn des Satzes 1 gelten auch Termingeschäfte über den Erwerb oder die Veräußerung von Waren.

§ 255 Bewertungsmaßstäbe

(1) [1]Anschaffungskosten sind die Aufwendungen, die geleistet werden, um einen Vermögensgegenstand zu erwerben und ihn in einen betriebsbereiten Zustand zu versetzen, soweit sie dem Vermögensgegenstand einzeln zugeordnet werden können. [2]Zu den Anschaffungskosten gehören auch die Nebenkosten sowie die nachträglichen Anschaffungskosten. [3]Anschaffungspreisminderungen, die dem Vermögensgegenstand einzeln zugeordnet werden können, sind abzusetzen.

(2) [1]Herstellungskosten sind die Aufwendungen, die durch den Verbrauch von Gütern und die Inanspruchnahme von Diensten für die Herstellung eines Vermögensgegenstands, seine Erweiterung oder für eine über seinen ursprünglichen Zustand hinausgehende wesentliche Verbesserung entstehen. [2]Dazu gehören die Materialkosten, die Fertigungskosten und die Sonderkosten der Fertigung sowie angemessene Teile der Materialgemeinkosten, der Fertigungsgemeinkosten und des Werteverzehrs des Anlagevermögens, soweit dieser durch die Fertigung veranlasst ist. [3]Bei der Berechnung der Herstellungskosten dürfen angemessene Teile der Kosten der allgemeinen Verwaltung sowie angemessene Aufwendungen für soziale Einrichtungen des Betriebs, für freiwillige soziale Leistungen und für die betriebliche Altersversorgung einbezogen werden, soweit diese auf den Zeitraum der Herstellung entfallen. [4]Forschungs- und Vertriebskosten dürfen nicht einbezogen werden.

(2a) [1]Herstellungskosten eines selbst geschaffenen immateriellen Vermögensgegenstands des Anlagevermögens sind die bei dessen Entwicklung anfallenden Aufwendungen nach Absatz 2. [2]Entwicklung ist die Anwendung von Forschungsergebnissen oder von anderem Wissen für die Neuentwicklung von Gütern oder Verfahren oder die Weiterentwicklung von Gütern oder Verfahren mittels wesentlicher Änderungen. [3]Forschung ist die eigenständige und planmäßige Suche nach neuen wissenschaftlichen oder technischen Erkenntnissen oder Erfahrungen allgemeiner Art, über deren technische Verwertbarkeit und wirtschaftliche Erfolgsaussichten grundsätzlich keine Aussagen gemacht werden können. [4]Können Forschung und Entwicklung nicht verlässlich voneinander unterschieden werden, ist eine Aktivierung ausgeschlossen.

(3) [1]Zinsen für Fremdkapital gehören nicht zu den Herstellungskosten. [2]Zinsen für Fremdkapital, das zur Finanzierung der Herstellung eines Vermögensgegenstands verwendet wird, dürfen angesetzt werden, soweit sie auf den Zeitraum der Herstellung entfallen; in diesem Falle gelten sie als Herstellungskosten des Vermögensgegenstands.

(4) [1]Der beizulegende Zeitwert entspricht dem Marktpreis. [2]Soweit kein aktiver Markt besteht, anhand dessen sich der Marktpreis ermitteln lässt, ist der beizulegende Zeitwert mit Hilfe allgemein anerkannter Bewertungsmethoden zu bestimmen. [3]Lässt sich der beizulegende Zeitwert weder nach Satz 1 noch nach Satz 2 ermitteln, sind die Anschaffungs- oder Herstellungskosten gemäß § 253 Abs. 4 fortzuführen. [4]Der zuletzt nach Satz 1 oder 2 ermittelte beizulegende Zeitwert gilt als Anschaffungs- oder Herstellungskosten im Sinn des Satzes 3.

§ 256 Bewertungsvereinfachungsverfahren

[1]Soweit es den Grundsätzen ordnungsmäßiger Buchführung entspricht, kann für den Wertansatz gleichartiger Vermögensgegenstände des Vorratsvermögens unterstellt werden, daß die zuerst oder daß die zuletzt angeschafften oder hergestellten Vermögensgegenstände zuerst verbraucht oder veräußert worden sind. [2]§ 240 Abs. 3 und 4 ist auch auf den Jahresabschluß anwendbar.

§ 256a Währungsumrechnung

[1]Auf fremde Währung lautende Vermögensgegenstände und Verbindlichkeiten sind zum Devisenkassamittelkurs am Abschlussstichtag umzurechnen. [2]Bei einer Restlaufzeit von einem Jahr oder weniger sind § 253 Abs. 1 Satz 1 und § 252 Abs. 1 Nr. 4 Halbsatz 2 nicht anzuwenden.

Dritter Unterabschnitt. Aufbewahrung und Vorlage

§ 257 Aufbewahrung von Unterlagen. Aufbewahrungsfristen

(1) Jeder Kaufmann ist verpflichtet, die folgenden Unterlagen geordnet aufzubewahren:

1. Handelsbücher, Inventare, Eröffnungsbilanzen, Jahresabschlüsse, Einzelabschlüsse nach § 325 Abs. 2a, Lageberichte, Konzernabschlüsse, Konzernlageberichte sowie die zu ihrem Verständnis erforderlichen Arbeitsanweisungen und sonstigen Organisationsunterlagen,
2. die empfangenen Handelsbriefe,
3. Wiedergaben der abgesandten Handelsbriefe,
4. Belege für Buchungen in den von ihm nach § 238 Abs. 1 zu führenden Büchern (Buchungsbelege).

(2) Handelsbriefe sind nur Schriftstücke, die ein Handelsgeschäft betreffen.

(3) [1]Mit Ausnahme der Eröffnungsbilanzen und Abschlüsse können die in Absatz 1 aufgeführten Unterlagen auch als Wiedergabe auf einem Bildträger oder auf anderen Datenträgern aufbewahrt werden, wenn dies den Grundsätzen ordnungsmäßiger Buchführung entspricht und sichergestellt ist, daß die Wiedergabe oder die Daten

1. mit den empfangenen Handelsbriefen und den Buchungsbelegen bildlich und mit den anderen Unterlagen inhaltlich übereinstimmen, wenn sie lesbar gemacht werden,
2. während der Dauer der Aufbewahrungsfrist verfügbar sind und jederzeit innerhalb angemessener Frist lesbar gemacht werden können.

[2]Sind Unterlagen aufgrund des § 239 Abs. 4 Satz 1 auf Datenträgern hergestellt worden, können statt des Datenträgers die Daten auch ausgedruckt aufbewahrt werden; die ausgedruckten Unterlagen können auch nach Satz 1 aufbewahrt werden.

(4) Die in Absatz 1 Nr. 1 und 4 aufgeführten Unterlagen sind zehn Jahre, die sonstigen in Absatz 1 aufgeführten Unterlagen sechs Jahre aufzubewahren.

(5) Die Aufbewahrungsfrist beginnt mit dem Schluß des Kalenderjahrs, in dem die letzte Eintragung in das Handelsbuch gemacht, das Inventar aufgestellt, die Eröffnungsbilanz oder der Jahresabschluß festgestellt, der Einzelabschluss nach § 325 Abs. 2a oder der Konzernabschluß aufgestellt, der Handelsbrief empfangen oder abgesandt worden oder der Buchungsbeleg entstanden ist.

§ 258 Vorlegung im Rechtsstreit

(1) Im Laufe eines Rechtsstreits kann das Gericht auf Antrag oder von Amts wegen die Vorlegung der Handelsbücher einer Partei anordnen.

(2) Die Vorschriften der Zivilprozeßordnung über die Verpflichtung des Prozeßgegners zur Vorlegung von Urkunden bleiben unberührt.

§ 259 Auszug bei Vorlegung im Rechtsstreit

[1]Werden in einem Rechtsstreit Handelsbücher vorgelegt, so ist von ihrem Inhalt, soweit er den Streitpunkt betrifft, unter Zuziehung der Parteien Einsicht zu nehmen und geeignetenfalls ein Auszug zu fertigen. [2]Der übrige Inhalt der Bücher ist dem Gericht insoweit offenzulegen, als es zur Prüfung ihrer ordnungsmäßigen Führung notwendig ist.

§ 260 Vorlegung bei Auseinandersetzungen

Bei Vermögensauseinandersetzungen, insbesondere in Erbschafts-, Gütergemeinschafts- und Gesellschaftsteilungssachen, kann das Gericht die Vorlegung der Handelsbücher zur Kenntnisnahme von ihrem ganzen Inhalt anordnen.

§ 261 Vorlegung von Unterlagen auf Bild- oder Datenträgern

Wer aufzubewahrende Unterlagen nur in der Form einer Wiedergabe auf einem Bildträger oder auf anderen Datenträgern vorlegen kann, ist verpflichtet, auf seine Kosten diejenigen Hilfsmittel zur Verfügung zu stellen, die erforderlich sind, um die Unterlagen lesbar zu machen; soweit erforderlich, hat er die Unterlagen auf seine Kosten auszudrucken oder ohne Hilfsmittel lesbare Reproduktionen beizubringen.

Vierter Unterabschnitt. Landesrecht

§ 262 *(aufgehoben)*

§ 263 Vorbehalt landesrechtlicher Vorschriften

Unberührt bleiben bei Unternehmen ohne eigene Rechtspersönlichkeit einer Gemeinde, eines Gemeindeverbands oder eines Zweckverbands landesrechtliche Vorschriften, die von den Vorschriften dieses Abschnitts abweichen.

Zweiter Abschnitt. Ergänzende Vorschriften für Kapitalgesellschaften (Aktiengesellschaften, Kommanditgesellschaften auf Aktien und Gesellschaften mit beschränkter Haftung) sowie bestimmte Personenhandelsgesellschaften

Erster Unterabschnitt. Jahresabschluß der Kapitalgesellschaft und Lagebericht

Erster Titel. Allgemeine Vorschriften

§ 264 Pflicht zur Aufstellung; Befreiung

(1) [1]Die gesetzlichen Vertreter einer Kapitalgesellschaft haben den Jahresabschluß (§ 242) um einen Anhang zu erweitern, der mit der Bilanz und der Gewinn- und Verlustrechnung eine Einheit bildet, sowie einen Lagebericht aufzustellen. [2]Die gesetzlichen

Vertreter einer kapitalmarktorientierten Kapitalgesellschaft, die nicht zur Aufstellung eines Konzernabschlusses verpflichtet ist, haben den Jahresabschluss um eine Kapitalflussrechnung und einen Eigenkapitalspiegel zu erweitern, die mit der Bilanz, Gewinn- und Verlustrechnung und dem Anhang eine Einheit bilden; sie können den Jahresabschluss um eine Segmentberichterstattung erweitern. [3]Der Jahresabschluß und der Lagebericht sind von den gesetzlichen Vertretern in den ersten drei Monaten des Geschäftsjahrs für das vergangene Geschäftsjahr aufzustellen. [4]Kleine Kapitalgesellschaften (§ 267 Abs. 1) brauchen den Lagebericht nicht aufzustellen; sie dürfen den Jahresabschluß auch später aufstellen, wenn dies einem ordnungsmäßigen Geschäftsgang entspricht, jedoch innerhalb der ersten sechs Monate des Geschäftsjahres. [5]Kleinstkapitalgesellschaften (§ 267a) brauchen den Jahresabschluss nicht um einen Anhang zu erweitern, wenn sie

1. die in § 268 Absatz 7 genannten Angaben,
2. die in § 285 Nummer 9 Buchstabe c genannten Angaben und
3. im Falle einer Aktiengesellschaft die in § 160 Absatz 3 Satz 2 des Aktiengesetzes genannten Angaben

unter der Bilanz angeben.

(1a) [1]In dem Jahresabschluss sind die Firma, der Sitz, das Registergericht und die Nummer, unter der die Gesellschaft in das Handelsregister eingetragen ist, anzugeben. [2]Befindet sich die Gesellschaft in Liquidation oder Abwicklung, ist auch diese Tatsache anzugeben.

(2) [1]Der Jahresabschluß der Kapitalgesellschaft hat unter Beachtung der Grundsätze ordnungsmäßiger Buchführung ein den tatsächlichen Verhältnissen entsprechendes Bild der Vermögens-, Finanz- und Ertragslage der Kapitalgesellschaft zu vermitteln. [2]Führen besondere Umstände dazu, daß der Jahresabschluß ein den tatsächlichen Verhältnissen entsprechendes Bild im Sinne des Satzes 1 nicht vermittelt, so sind im Anhang zusätzliche Angaben zu machen. [3]Die gesetzlichen Vertreter einer Kapitalgesellschaft, die Inlandsemittent im Sinne des § 2 Absatz 14 des Wertpapierhandelsgesetzes und keine Kapitalgesellschaft im Sinne des § 327a ist, haben bei der Unterzeichnung schriftlich zu versichern, dass nach bestem Wissen der Jahresabschluss ein den tatsächlichen Verhältnissen entsprechendes Bild im Sinne des Satzes 1 vermittelt oder der Anhang Angaben nach Satz 2 enthält. [4]Macht eine Kleinstkapitalgesellschaft von der Erleichterung nach Absatz 1 Satz 5 Gebrauch, sind nach Satz 2 erforderliche zusätzliche Angaben unter der Bilanz zu machen. [5]Es wird vermutet, dass ein unter Berücksichtigung der Erleichterungen für Kleinstkapitalgesellschaften aufgestellter Jahresabschluss den Erfordernissen des Satzes 1 entspricht.

(3) [1]Eine Kapitalgesellschaft, die als Tochterunternehmen in den Konzernabschluss eines Mutterunternehmens mit Sitz in einem Mitgliedstaat der Europäischen Union oder einem anderen Vertragsstaat des Abkommens über den Europäischen Wirtschaftsraum einbezogen ist, braucht die Vorschriften dieses Unterabschnitts und des Dritten und Vierten Unterabschnitts dieses Abschnitts nicht anzuwenden, wenn alle folgenden Voraussetzungen erfüllt sind:

1. alle Gesellschafter des Tochterunternehmens haben der Befreiung für das jeweilige Geschäftsjahr zugestimmt;
2. das Mutterunternehmen hat sich bereit erklärt, für die von dem Tochterunternehmen bis zum Abschlussstichtag eingegangenen Verpflichtungen im folgenden Geschäftsjahr einzustehen;

3. der Konzernabschluss und der Konzernlagebericht des Mutterunternehmens sind nach den Rechtsvorschriften des Staates, in dem das Mutterunternehmen seinen Sitz hat, und im Einklang mit folgenden Richtlinien aufgestellt und geprüft worden:
   a) Richtlinie 2013/34/EU des Europäischen Parlaments und des Rates vom 26. Juni 2013 über den Jahresabschluss, den konsolidierten Abschluss und damit verbundene Berichte von Unternehmen bestimmter Rechtsformen und zur Änderung der Richtlinie 2006/43/EG des Europäischen Parlaments und des Rates und zur Aufhebung der Richtlinien 78/660/EWG und 83/349/EWG des Rates (ABl. L 182 vom 29.6.2013, S. 19), die zuletzt durch die Richtlinie 2014/102/EU (ABl. L 334 vom 21.11.2014, S. 86) geändert worden ist,84
   b) Richtlinie 2006/43/EG des Europäischen Parlaments und des Rates vom 17. Mai 2006 über Abschlussprüfungen von Jahresabschlüssen und konsolidierten Abschlüssen, zur Änderung der Richtlinien 78/660/EWG und 83/349/EWG des Rates und zur Aufhebung der Richtlinie 84/253/EWG des Rates (ABl. L 157 vom 9.6.2006, S. 87), die durch die Richtlinie 2013/34/EU (ABl. L 182 vom 29.6.2013, S. 19) geändert worden ist;
4. die Befreiung des Tochterunternehmens ist im Anhang des Konzernabschlusses des Mutterunternehmens angegeben und
5. für das Tochterunternehmen sind nach § 325 Absatz 1 bis 1b offengelegt worden:
   a) der Beschluss nach Nummer 1,
   b) die Erklärung nach Nummer 2,
   c) der Konzernabschluss,
   d) der Konzernlagebericht und
   e) der Bestätigungsvermerk zum Konzernabschluss und Konzernlagebericht des Mutterunternehmens nach Nummer 3.

[2]Hat bereits das Mutterunternehmen einzelne oder alle der in Satz 1 Nummer 5 bezeichneten Unterlagen offengelegt, braucht das Tochterunternehmen die betreffenden Unterlagen nicht erneut offenzulegen, wenn sie im Bundesanzeiger unter dem Tochterunternehmen auffindbar sind; § 326 Absatz 2 ist auf diese Offenlegung nicht anzuwenden. [3]Satz 2 gilt nur dann, wenn das Mutterunternehmen die betreffende Unterlage in deutscher oder in englischer Sprache offengelegt hat oder das Tochterunternehmen zusätzlich eine beglaubigte Übersetzung dieser Unterlage in deutscher Sprache nach § 325 Absatz 1 bis 1b offenlegt.

(4) Absatz 3 ist nicht anzuwenden, wenn eine Kapitalgesellschaft das Tochterunternehmen eines Mutterunternehmens ist, das einen Konzernabschluss nach den Vorschriften des Publizitätsgesetzes aufgestellt hat, und wenn in diesem Konzernabschluss von dem Wahlrecht des § 13 Absatz 3 Satz 1 des Publizitätsgesetzes Gebrauch gemacht worden ist; § 314 Absatz 3 bleibt unberührt.

§ 264a Anwendung auf bestimmte offene Handelsgesellschaften und Kommanditgesellschaften

(1) Die Vorschriften des Ersten bis Fünften Unterabschnitts des Zweiten Abschnitts sind auch anzuwenden auf offene Handelsgesellschaften und Kommanditgesellschaften, bei denen nicht wenigstens ein persönlich haftender Gesellschafter

1. eine natürliche Person oder
2. eine offene Handelsgesellschaft, Kommanditgesellschaft oder andere Personengesellschaft mit einer natürlichen Person als persönlich haftendem Gesellschafter

ist oder sich die Verbindung von Gesellschaften in dieser Art fortsetzt.

(2) In den Vorschriften dieses Abschnitts gelten als gesetzliche Vertreter einer offenen Handelsgesellschaft und Kommanditgesellschaft nach Absatz 1 die Mitglieder des vertretungsberechtigten Organs der vertretungsberechtigten Gesellschaften.

§ 264b Befreiung der offenen Handelsgesellschaften und Kommanditgesellschaften im Sinne des § 264a von der Anwendung der Vorschriften dieses Abschnitts

Eine Personenhandelsgesellschaft im Sinne des § 264a Absatz 1 ist von der Verpflichtung befreit, einen Jahresabschluss und einen Lagebericht nach den Vorschriften dieses Abschnitts aufzustellen, prüfen zu lassen und offenzulegen, wenn alle folgenden Voraussetzungen erfüllt sind:

1. die betreffende Gesellschaft ist einbezogen in den Konzernabschluss und in den Konzernlagebericht
   a) eines persönlich haftenden Gesellschafters der betreffenden Gesellschaft oder
   b) eines Mutterunternehmens mit Sitz in einem Mitgliedstaat der Europäischen Union oder einem anderen Vertragsstaat des Abkommens über den Europäischen Wirtschaftsraum, wenn in diesen Konzernabschluss eine größere Gesamtheit von Unternehmen einbezogen ist;
2. die in § 264 Absatz 3 Satz 1 Nummer 3 genannte Voraussetzung ist erfüllt;
3. die Befreiung der Personenhandelsgesellschaft ist im Anhang des Konzernabschlusses angegeben und
4. für die Personenhandelsgesellschaft sind der Konzernabschluss, der Konzernlagebericht und der Bestätigungsvermerk nach § 325 Absatz 1 bis 1b offengelegt worden; § 264 Absatz 3 Satz 2 und 3 ist entsprechend anzuwenden.

§ 264c Besondere Bestimmungen für offene Handelsgesellschaften und Kommanditgesellschaften im Sinne des § 264a

(1) [1]Ausleihungen, Forderungen und Verbindlichkeiten gegenüber Gesellschaftern sind in der Regel als solche jeweils gesondert auszuweisen oder im Anhang anzugeben. [2]Werden sie unter anderen Posten ausgewiesen, so muss diese Eigenschaft vermerkt werden.

(2) [1]§ 266 Abs. 3 Buchstabe A ist mit der Maßgabe anzuwenden, dass als Eigenkapital die folgenden Posten gesondert auszuweisen sind:

I. Kapitalanteile
II. Rücklagen
III. Gewinnvortrag/Verlustvortrag
IV. Jahresüberschuss/Jahresfehlbetrag.

[2]Anstelle des Postens „Gezeichnetes Kapital" sind die Kapitalanteile der persönlich haftenden Gesellschafter auszuweisen; sie dürfen auch zusammengefasst ausgewiesen werden. [3]Der auf den Kapitalanteil eines persönlich haftenden Gesellschafters für das Geschäftsjahr entfallende Verlust ist von dem Kapitalanteil abzuschreiben. [4]Soweit der Verlust den Kapitalanteil übersteigt, ist er auf der Aktivseite unter der Bezeichnung „Einzahlungsverpflichtungen persönlich haftender Gesellschafter" unter den Forderungen gesondert auszuweisen, soweit eine Zahlungsverpflichtung besteht. [5]Besteht keine Zahlungsverpflichtung, so ist der Betrag als „Nicht durch Vermögenseinlagen gedeckter Verlustanteil persönlich haftender Gesellschafter" zu bezeichnen und gemäß § 268 Abs. 3 auszuweisen. [6]Die Sätze 2 bis 5 sind auf die Einlagen von Kommanditisten entsprechend anzuwenden, wobei diese insgesamt gesondert gegenüber den Kapitalanteilen der persönlich haftenden Gesellschafter auszuweisen sind. [7]Eine Forderung darf jedoch nur ausgewiesen werden, soweit eine Einzahlungsverpflichtung besteht; dasselbe gilt,

wenn ein Kommanditist Gewinnanteile entnimmt, während sein Kapitalanteil durch Verlust unter den Betrag der geleisteten Einlage herabgemindert ist, oder soweit durch die Entnahme der Kapitalanteil unter den bezeichneten Betrag herabgemindert wird. [8]Als Rücklagen sind nur solche Beträge auszuweisen, die auf Grund einer gesellschaftsrechtlichen Vereinbarung gebildet worden sind. [9]Im Anhang ist der Betrag der im Handelsregister gemäß § 172 Abs. 1 eingetragenen Einlagen anzugeben, soweit diese nicht geleistet sind.

(3) [1]Das sonstige Vermögen der Gesellschafter (Privatvermögen) darf nicht in die Bilanz und die auf das Privatvermögen entfallenden Aufwendungen und Erträge dürfen nicht in die Gewinn- und Verlustrechnung aufgenommen werden. [2]In der Gewinn- und Verlustrechnung darf jedoch nach dem Posten „Jahresüberschuss/Jahresfehlbetrag" ein dem Steuersatz der Komplementärgesellschaft entsprechender Steueraufwand der Gesellschafter offen abgesetzt oder hinzugerechnet werden.

(4) [1]Anteile an Komplementärgesellschaften sind in der Bilanz auf der Aktivseite unter den Posten A.III.1 oder A.III.3 auszuweisen. [2]§ 272 Abs. 4 ist mit der Maßgabe anzuwenden, dass für diese Anteile in Höhe des aktivierten Betrags nach dem Posten „Eigenkapital" ein Sonderposten unter der Bezeichnung „Ausgleichsposten für aktivierte eigene Anteile" zu bilden ist.

(5) [1]Macht die Gesellschaft von einem Wahlrecht nach § 266 Absatz 1 Satz 3 oder Satz 4 Gebrauch, richtet sich die Gliederung der verkürzten Bilanz nach der Ausübung dieses Wahlrechts. [2]Die Ermittlung der Bilanzposten nach den vorstehenden Absätzen bleibt unberührt.

§ 264d Kapitalmarktorientierte Kapitalgesellschaft

Eine Kapitalgesellschaft ist kapitalmarktorientiert, wenn sie einen organisierten Markt im Sinn des § 2 Absatz 11 des Wertpapierhandelsgesetzes durch von ihr ausgegebene Wertpapiere im Sinn des § 2 Absatz 1 des Wertpapierhandelsgesetzes in Anspruch nimmt oder die Zulassung solcher Wertpapiere zum Handel an einem organisierten Markt beantragt hat.

§ 265 Allgemeine Grundsätze für die Gliederung

(1) [1]Die Form der Darstellung, insbesondere die Gliederung der aufeinanderfolgenden Bilanzen und Gewinn- und Verlustrechnungen, ist beizubehalten, soweit nicht in Ausnahmefällen wegen besonderer Umstände Abweichungen erforderlich sind. [2]Die Abweichungen sind im Anhang anzugeben und zu begründen.

(2) [1]In der Bilanz sowie in der Gewinn- und Verlustrechnung ist zu jedem Posten der entsprechende Betrag des vorhergehenden Geschäftsjahrs anzugeben. [2]Sind die Beträge nicht vergleichbar, so ist dies im Anhang anzugeben und zu erläutern. [3]Wird der Vorjahresbetrag angepaßt, so ist auch dies im Anhang anzugeben und zu erläutern.

(3) Fällt ein Vermögensgegenstand oder eine Schuld unter mehrere Posten der Bilanz, so ist die Mitzugehörigkeit zu anderen Posten bei dem Posten, unter dem der Ausweis erfolgt ist, zu vermerken oder im Anhang anzugeben, wenn dies zur Aufstellung eines klaren und übersichtlichen Jahresabschlusses erforderlich ist.

(4) [1]Sind mehrere Geschäftszweige vorhanden und bedingt dies die Gliederung des Jahresabschlusses nach verschiedenen Gliederungsvorschriften, so ist der Jahresabschluß nach der für einen Geschäftszweig vorgeschriebenen Gliederung aufzustellen und nach der für die anderen Geschäftszweige vorgeschriebenen Gliederung zu ergänzen. [2]Die Ergänzung ist im Anhang anzugeben und zu begründen.

(5) [1]Eine weitere Untergliederung der Posten ist zulässig; dabei ist jedoch die vorgeschriebene Gliederung zu beachten. [2]Neue Posten und Zwischensummen dürfen hinzugefügt werden, wenn ihr Inhalt nicht von einem vorgeschriebenen Posten gedeckt wird.

(6) Gliederung und Bezeichnung der mit arabischen Zahlen versehenen Posten der Bilanz und der Gewinn- und Verlustrechnung sind zu ändern, wenn dies wegen Besonderheiten der Kapitalgesellschaft zur Aufstellung eines klaren und übersichtlichen Jahresabschlusses erforderlich ist.

(7) Die mit arabischen Zahlen versehenen Posten der Bilanz und der Gewinn- und Verlustrechnung können, wenn nicht besondere Formblätter vorgeschrieben sind, zusammengefaßt ausgewiesen werden, wenn

1. sie einen Betrag enthalten, der für die Vermittlung eines den tatsächlichen Verhältnissen entsprechenden Bildes im Sinne des § 264 Abs. 2 nicht erheblich ist,

   oder

2. dadurch die Klarheit der Darstellung vergrößert wird; in diesem Falle müssen die zusammengefaßten Posten jedoch im Anhang gesondert ausgewiesen werden.

(8) Ein Posten der Bilanz oder der Gewinn- und Verlustrechnung, der keinen Betrag ausweist, braucht nicht aufgeführt zu werden, es sei denn, daß im vorhergehenden Geschäftsjahr unter diesem Posten ein Betrag ausgewiesen wurde.

Zweiter Titel. Bilanz

§ 266 Gliederung der Bilanz

(1) [1]Die Bilanz ist in Kontoform aufzustellen. [2]Dabei haben mittelgroße und große Kapitalgesellschaften (§ 267 Absatz 2 und 3) auf der Aktivseite die in Absatz 2 und auf der Passivseite die in Absatz 3 bezeichneten Posten gesondert und in der vorgeschriebenen Reihenfolge auszuweisen. [3]Kleine Kapitalgesellschaften (§ 267 Abs. 1) brauchen nur eine verkürzte Bilanz aufzustellen, in die nur die in den Absätzen 2 und 3 mit Buchstaben und römischen Zahlen bezeichneten Posten gesondert und in der vorgeschriebenen Reihenfolge aufgenommen werden. [4]Kleinstkapitalgesellschaften (§ 267a) brauchen nur eine verkürzte Bilanz aufzustellen, in die nur die in den Absätzen 2 und 3 mit Buchstaben bezeichneten Posten gesondert und in der vorgeschriebenen Reihenfolge aufgenommen werden.

(2) Aktivseite

A. Anlagevermögen:

I. Immaterielle Vermögensgegenstände:

1. Selbst geschaffene gewerbliche Schutzrechte und ähnliche Rechte und Werte;
2. entgeltlich erworbene Konzessionen, gewerbliche Schutzrechte und ähnliche Rechte und Werte sowie Lizenzen an solchen Rechten und Werten;
3. Geschäfts- oder Firmenwert;
4. geleistete Anzahlungen;

II. Sachanlagen:

1. Grundstücke, grundstücksgleiche Rechte und Bauten einschließlich der Bauten auf fremden Grundstücken;
2. technische Anlagen und Maschinen;
3. andere Anlagen, Betriebs- und Geschäftsausstattung;
4. geleistete Anzahlungen und Anlagen im Bau;

III. Finanzanlagen:
  1. Anteile an verbundenen Unternehmen;
  2. Ausleihungen an verbundene Unternehmen;
  3. Beteiligungen;
  4. Ausleihungen an Unternehmen, mit denen ein Beteiligungsverhältnis besteht;
  5. Wertpapiere des Anlagevermögens;
  6. sonstige Ausleihungen.

B. Umlaufvermögen:

I. Vorräte:
  1. Roh-, Hilfs- und Betriebsstoffe;
  2. unfertige Erzeugnisse, unfertige Leistungen;
  3. fertige Erzeugnisse und Waren;
  4. geleistete Anzahlungen;

II. Forderungen und sonstige Vermögensgegenstände:
  1. Forderungen aus Lieferungen und Leistungen;
  2. Forderungen gegen verbundene Unternehmen;
  3. Forderungen gegen Unternehmen, mit denen ein Beteiligungsverhältnis besteht;
  4. sonstige Vermögensgegenstände;

III. Wertpapiere:
  1. Anteile an verbundenen Unternehmen;
  2. sonstige Wertpapiere;

IV. Kassenbestand, Bundesbankguthaben, Guthaben bei Kreditinstituten und Schecks.

C. Rechnungsabgrenzungsposten.

D. Aktive latente Steuern.

E. Aktiver Unterschiedsbetrag aus der Vermögensverrechnung.

(3) Passivseite

A. Eigenkapital:

I. Gezeichnetes Kapital;

II. Kapitalrücklage;

III. Gewinnrücklagen:
  1. gesetzliche Rücklage;
  2. Rücklage für Anteile an einem herrschenden oder mehrheitlich beteiligten Unternehmen;
  3. satzungsmäßige Rücklagen;
  4. andere Gewinnrücklagen;

IV. Gewinnvortrag/Verlustvortrag;

V. Jahresüberschuß/Jahresfehlbetrag.

B. Rückstellungen:
  1. Rückstellungen für Pensionen und ähnliche Verpflichtungen;
  2. Steuerrückstellungen;
  3. sonstige Rückstellungen.

C. Verbindlichkeiten:
   1. Anleihen,
      davon konvertibel;
   2. Verbindlichkeiten gegenüber Kreditinstituten;
   3. erhaltene Anzahlungen auf Bestellungen;
   4. Verbindlichkeiten aus Lieferungen und Leistungen;
   5. Verbindlichkeiten aus der Annahme gezogener Wechsel und der Ausstellung eigener Wechsel;
   6. Verbindlichkeiten gegenüber verbundenen Unternehmen;
   7. Verbindlichkeiten gegenüber Unternehmen, mit denen ein Beteiligungsverhältnis besteht;
   8. sonstige Verbindlichkeiten,
      davon aus Steuern,
      davon im Rahmen der sozialen Sicherheit.

D. Rechnungsabgrenzungsposten.

E. Passive latente Steuern.

§ 267 Umschreibung der Größenklassen

(1) Kleine Kapitalgesellschaften sind solche, die mindestens zwei der drei nachstehenden Merkmale nicht überschreiten:

1. 6 000 000 Euro Bilanzsumme.
2. 12 000 000 Euro Umsatzerlöse in den zwölf Monaten vor dem Abschlußstichtag.
3. Im Jahresdurchschnitt fünfzig Arbeitnehmer.

(2) Mittelgroße Kapitalgesellschaften sind solche, die mindestens zwei der drei in Absatz 1 bezeichneten Merkmale überschreiten und jeweils mindestens zwei der drei nachstehenden Merkmale nicht überschreiten:

1. 20 000 000 Euro Bilanzsumme.
2. 40 000 000 Euro Umsatzerlöse in den zwölf Monaten vor dem Abschlußstichtag.
3. Im Jahresdurchschnitt zweihundertfünfzig Arbeitnehmer.

(3) [1]Große Kapitalgesellschaften sind solche, die mindestens zwei der drei in Absatz 2 bezeichneten Merkmale überschreiten. [2]Eine Kapitalgesellschaft im Sinn des § 264d gilt stets als große.

(4) [1]Die Rechtsfolgen der Merkmale nach den Absätzen 1 bis 3 Satz 1 treten nur ein, wenn sie an den Abschlußstichtagen von zwei aufeinanderfolgenden Geschäftsjahren über- oder unterschritten werden. [2]Im Falle der Umwandlung oder Neugründung treten die Rechtsfolgen schon ein, wenn die Voraussetzungen des Absatzes 1, 2 oder 3 am ersten Abschlußstichtag nach der Umwandlung oder Neugründung vorliegen. [3]Satz 2 findet im Falle des Formwechsels keine Anwendung, sofern der formwechselnde Rechtsträger eine Kapitalgesellschaft oder eine Personenhandelsgesellschaft im Sinne des § 264a Absatz 1 ist.

(4a) [1]Die Bilanzsumme setzt sich aus den Posten zusammen, die in den Buchstaben A bis E des § 266 Absatz 2 aufgeführt sind. [2]Ein auf der Aktivseite ausgewiesener Fehlbetrag (§ 268 Absatz 3) wird nicht in die Bilanzsumme einbezogen.

(5) Als durchschnittliche Zahl der Arbeitnehmer gilt der vierte Teil der Summe aus den Zahlen der jeweils am 31. März, 30. Juni, 30. September und 31. Dezember beschäftigten Arbeitnehmer einschließlich der im Ausland beschäftigten Arbeitnehmer, jedoch ohne die zu ihrer Berufsausbildung Beschäftigten.

(6) Informations- und Auskunftsrechte der Arbeitnehmervertretungen nach anderen Gesetzen bleiben unberührt.

§ 267a Kleinstkapitalgesellschaften

(1) [1]Kleinstkapitalgesellschaften sind kleine Kapitalgesellschaften, die mindestens zwei der drei nachstehenden Merkmale nicht überschreiten:

1. 350 000 Euro Bilanzsumme;
2. 700 000 Euro Umsatzerlöse in den zwölf Monaten vor dem Abschlussstichtag;
3. im Jahresdurchschnitt zehn Arbeitnehmer.

[2]§ 267 Absatz 4 bis 6 gilt entsprechend.

(2) Die in diesem Gesetz für kleine Kapitalgesellschaften (§ 267 Absatz 1) vorgesehenen besonderen Regelungen gelten für Kleinstkapitalgesellschaften entsprechend, soweit nichts anderes geregelt ist.

(3) Keine Kleinstkapitalgesellschaften sind:

1. Investmentgesellschaften im Sinne des § 1 Absatz 11 des Kapitalanlagegesetzbuchs,
2. Unternehmensbeteiligungsgesellschaften im Sinne des § 1a Absatz 1 des Gesetzes über Unternehmensbeteiligungsgesellschaften oder
3. Unternehmen, deren einziger Zweck darin besteht, Beteiligungen an anderen Unternehmen zu erwerben sowie die Verwaltung und Verwertung dieser Beteiligungen wahrzunehmen, ohne dass sie unmittelbar oder mittelbar in die Verwaltung dieser Unternehmen eingreifen, wobei die Ausübung der ihnen als Aktionär oder Gesellschafter zustehenden Rechte außer Betracht bleibt.

§ 268 Vorschriften zu einzelnen Posten der Bilanz. Bilanzvermerke

(1) [1]Die Bilanz darf auch unter Berücksichtigung der vollständigen oder teilweisen Verwendung des Jahresergebnisses aufgestellt werden. [2]Wird die Bilanz unter Berücksichtigung der teilweisen Verwendung des Jahresergebnisses aufgestellt, so tritt an die Stelle der Posten „Jahresüberschuß/Jahresfehlbetrag" und „Gewinnvortrag/Verlustvortrag" der Posten „Bilanzgewinn/Bilanzverlust"; ein vorhandener Gewinn- oder Verlustvortrag ist in den Posten „Bilanzgewinn/Bilanzverlust" einzubeziehen und in der Bilanz gesondert anzugeben. [3]Die Angabe kann auch im Anhang gemacht werden.

(2) *(aufgehoben)*

(3) Ist das Eigenkapital durch Verluste aufgebraucht und ergibt sich ein Überschuß der Passivposten über die Aktivposten, so ist dieser Betrag am Schluß der Bilanz auf der Aktivseite gesondert unter der Bezeichnung „Nicht durch Eigenkapital gedeckter Fehlbetrag" auszuweisen.

(4) [1]Der Betrag der Forderungen mit einer Restlaufzeit von mehr als einem Jahr ist bei jedem gesondert ausgewiesenen Posten zu vermerken. [2]Werden unter dem Posten „sonstige Vermögensgegenstände" Beträge für Vermögensgegenstände ausgewiesen, die erst nach dem Abschlußstichtag rechtlich entstehen, so müssen Beträge, die einen größeren Umfang haben, im Anhang erläutert werden.

(5) [1]Der Betrag der Verbindlichkeiten mit einer Restlaufzeit bis zu einem Jahr und der Betrag der Verbindlichkeiten mit einer Restlaufzeit von mehr als einem Jahr sind bei jedem gesondert ausgewiesenen Posten zu vermerken. [2]Erhaltene Anzahlungen auf Bestellungen sind, soweit Anzahlungen auf Vorräte nicht von dem Posten „Vorräte" offen abgesetzt werden, unter den Verbindlichkeiten gesondert auszuweisen. [3]Sind unter dem Posten „Verbindlichkeiten" Beträge für Verbindlichkeiten ausgewiesen, die erst nach dem Abschlußstichtag rechtlich entstehen, so müssen Beträge, die einen größeren Umfang haben, im Anhang erläutert werden.

(6) Ein nach § 250 Abs. 3 in den Rechnungsabgrenzungsposten auf der Aktivseite aufgenommener Unterschiedsbetrag ist in der Bilanz gesondert auszuweisen oder im Anhang anzugeben.

(7) Für die in § 251 bezeichneten Haftungsverhältnisse sind

1. die Angaben zu nicht auf der Passivseite auszuweisenden Verbindlichkeiten und Haftungsverhältnissen im Anhang zu machen,
2. dabei die Haftungsverhältnisse jeweils gesondert unter Angabe der gewährten Pfandrechte und sonstigen Sicherheiten anzugeben und
3. dabei Verpflichtungen betreffend die Altersversorgung und Verpflichtungen gegenüber verbundenen oder assoziierten Unternehmen jeweils gesondert zu vermerken.

(8) [1]Werden selbst geschaffene immaterielle Vermögensgegenstände des Anlagevermögens in der Bilanz ausgewiesen, so dürfen Gewinne nur ausgeschüttet werden, wenn die nach der Ausschüttung verbleibenden frei verfügbaren Rücklagen zuzüglich eines Gewinnvortrags und abzüglich eines Verlustvortrags mindestens den insgesamt angesetzten Beträgen abzüglich der hierfür gebildeten passiven latenten Steuern entsprechen. [2]Werden aktive latente Steuern in der Bilanz ausgewiesen, ist Satz 1 auf den Betrag anzuwenden, um den die aktiven latenten Steuern die passiven latenten Steuern übersteigen. [3]Bei Vermögensgegenständen im Sinn des § 246 Abs. 2 Satz 2 ist Satz 1 auf den Betrag abzüglich der hierfür gebildeten passiven latenten Steuern anzuwenden, der die Anschaffungskosten übersteigt.

§ 269 *(aufgehoben)*

§ 270 Bildung bestimmter Posten

(1) Einstellungen in die Kapitalrücklage und deren Auflösung sind bereits bei der Aufstellung der Bilanz vorzunehmen.

(2) Wird die Bilanz unter Berücksichtigung der vollständigen oder teilweisen Verwendung des Jahresergebnisses aufgestellt, so sind Entnahmen aus Gewinnrücklagen sowie Einstellungen in Gewinnrücklagen, die nach Gesetz, Gesellschaftsvertrag oder Satzung vorzunehmen sind oder aufgrund solcher Vorschriften beschlossen worden sind, bereits bei der Aufstellung der Bilanz zu berücksichtigen.

§ 271 Beteiligungen. Verbundene Unternehmen

(1) [1]Beteiligungen sind Anteile an anderen Unternehmen, die bestimmt sind, dem eigenen Geschäftsbetrieb durch Herstellung einer dauernden Verbindung zu jenen Unternehmen zu dienen. [2]Dabei ist es unerheblich, ob die Anteile in Wertpapieren verbrieft sind oder nicht. [3]Eine Beteiligung wird vermutet, wenn die Anteile an einem Unternehmen insgesamt den fünften Teil des Nennkapitals dieses Unternehmens oder, falls ein Nennkapital nicht vorhanden ist, den fünften Teil der Summe aller Kapitalanteile an diesem Unternehmen überschreiten. [4]Auf die Berechnung ist § 16 Abs. 2 und 4 des Aktiengesetzes entsprechend anzuwenden. [5]Die Mitgliedschaft in einer eingetragenen Genossenschaft gilt nicht als Beteiligung im Sinne dieses Buches.

(2) Verbundene Unternehmen im Sinne dieses Buches sind solche Unternehmen, die als Mutter- oder Tochterunternehmen (§ 290) in den Konzernabschluß eines Mutterunternehmens nach den Vorschriften über die Vollkonsolidierung einzubeziehen sind, das als oberstes Mutterunternehmen den am weitestgehenden Konzernabschluß nach dem Zweiten Unterabschnitt aufzustellen hat, auch wenn die Aufstellung unterbleibt, oder das einen befreienden Konzernabschluß nach den §§ 291 oder 292 aufstellt oder aufstellen könnte; Tochterunternehmen, die nach § 296 nicht einbezogen werden, sind ebenfalls verbundene Unternehmen.

§ 272 Eigenkapital

(1) [1]Gezeichnetes Kapital ist mit dem Nennbetrag anzusetzen. [2]Die nicht eingeforderten ausstehenden Einlagen auf das gezeichnete Kapital sind von dem Posten „Gezeichnetes Kapital" offen abzusetzen; der verbleibende Betrag ist als Posten „Eingefordertes Kapital" in der Hauptspalte der Passivseite auszuweisen; der eingeforderte, aber noch nicht eingezahlte Betrag ist unter den Forderungen gesondert auszuweisen und entsprechend zu bezeichnen.

(1a) [1]Der Nennbetrag oder, falls ein solcher nicht vorhanden ist, der rechnerische Wert von erworbenen eigenen Anteilen ist in der Vorspalte offen von dem Posten „Gezeichnetes Kapital" abzusetzen. [2]Der Unterschiedsbetrag zwischen dem Nennbetrag oder dem rechnerischen Wert und den Anschaffungskosten der eigenen Anteile ist mit den frei verfügbaren Rücklagen zu verrechnen. [3]Aufwendungen, die Anschaffungsnebenkosten sind, sind Aufwand des Geschäftsjahrs.

(1b) [1]Nach der Veräußerung der eigenen Anteile entfällt der Ausweis nach Absatz 1a Satz 1. [2]Ein den Nennbetrag oder den rechnerischen Wert übersteigender Differenzbetrag aus dem Veräußerungserlös ist bis zur Höhe des mit den frei verfügbaren Rücklagen verrechneten Betrages in die jeweiligen Rücklagen einzustellen. [3]Ein darüber hinausgehender Differenzbetrag ist in die Kapitalrücklage gemäß Absatz 2 Nr. 1 einzustellen. [4]Die Nebenkosten der Veräußerung sind Aufwand des Geschäftsjahrs.

(2) Als Kapitalrücklage sind auszuweisen

1. der Betrag, der bei der Ausgabe von Anteilen einschließlich von Bezugsanteilen über den Nennbetrag oder, falls ein Nennbetrag nicht vorhanden ist, über den rechnerischen Wert hinaus erzielt wird;
2. der Betrag, der bei der Ausgabe von Schuldverschreibungen für Wandlungsrechte und Optionsrechte zum Erwerb von Anteilen erzielt wird;
3. der Betrag von Zuzahlungen, die Gesellschafter gegen Gewährung eines Vorzugs für ihre Anteile leisten;
4. der Betrag von anderen Zuzahlungen, die Gesellschafter in das Eigenkapital leisten.

(3) [1]Als Gewinnrücklagen dürfen nur Beträge ausgewiesen werden, die im Geschäftsjahr oder in einem früheren Geschäftsjahr aus dem Ergebnis gebildet worden sind. [2]Dazu gehören aus dem Ergebnis zu bildende gesetzliche oder auf Gesellschaftsvertrag oder Satzung beruhende Rücklagen und andere Gewinnrücklagen.

(4) [1]Für Anteile an einem herrschenden oder mit Mehrheit beteiligten Unternehmen ist eine Rücklage zu bilden. [2]In die Rücklage ist ein Betrag einzustellen, der dem auf der Aktivseite der Bilanz für die Anteile an dem herrschenden oder mit Mehrheit beteiligten Unternehmen angesetzten Betrag entspricht. [3]Die Rücklage, die bereits bei der Aufstellung der Bilanz zu bilden ist, darf aus vorhandenen frei verfügbaren Rücklagen gebildet werden. [4]Die Rücklage ist aufzulösen, soweit die Anteile an dem herrschenden oder mit Mehrheit beteiligten Unternehmen veräußert, ausgegeben oder eingezogen werden oder auf der Aktivseite ein niedrigerer Betrag angesetzt wird.

(5) [1]Übersteigt der auf eine Beteiligung entfallende Teil des Jahresüberschusses in der Gewinn- und Verlustrechnung die Beträge, die als Dividende oder Gewinnanteil eingegangen sind oder auf deren Zahlung die Kapitalgesellschaft einen Anspruch hat, ist der Unterschiedsbetrag in eine Rücklage einzustellen, die nicht ausgeschüttet werden darf. [2]Die Rücklage ist aufzulösen, soweit die Kapitalgesellschaft die Beträge vereinnahmt oder einen Anspruch auf ihre Zahlung erwirbt.

§ 273 *(aufgehoben)*

§ 274 Latente Steuern

(1) [1]Bestehen zwischen den handelsrechtlichen Wertansätzen von Vermögensgegenständen, Schulden und Rechnungsabgrenzungsposten und ihren steuerlichen Wertansätzen Differenzen, die sich in späteren Geschäftsjahren voraussichtlich abbauen, so ist eine sich daraus insgesamt ergebende Steuerbelastung als passive latente Steuern (§ 266 Abs. 3 E.) in der Bilanz anzusetzen. [2]Eine sich daraus insgesamt ergebende Steuerentlastung kann als aktive latente Steuern (§ 266 Abs. 2 D.) in der Bilanz angesetzt werden. [3]Die sich ergebende Steuerbe- und die sich ergebende Steuerentlastung können auch unverrechnet angesetzt werden. [4]Steuerliche Verlustvorträge sind bei der Berechnung aktiver latenter Steuern in Höhe der innerhalb der nächsten fünf Jahre zu erwartenden Verlustverrechnung zu berücksichtigen.

(2) [1]Die Beträge der sich ergebenden Steuerbe- und -entlastung sind mit den unternehmensindividuellen Steuersätzen im Zeitpunkt des Abbaus der Differenzen zu bewerten und nicht abzuzinsen. [2]Die ausgewiesenen Posten sind aufzulösen, sobald die Steuerbe- oder -entlastung eintritt oder mit ihr nicht mehr zu rechnen ist. [3]Der Aufwand oder Ertrag aus der Veränderung bilanzierter latenter Steuern ist in der Gewinn- und Verlustrechnung gesondert unter dem Posten „Steuern vom Einkommen und vom Ertrag" auszuweisen.

§ 274a Größenabhängige Erleichterungen

Kleine Kapitalgesellschaften sind von der Anwendung der folgenden Vorschriften befreit:

1. § 268 Abs. 4 Satz 2 über die Pflicht zur Erläuterung bestimmter Forderungen im Anhang,
2. § 268 Abs. 5 Satz 3 über die Erläuterung bestimmter Verbindlichkeiten im Anhang,
3. § 268 Abs. 6 über den Rechnungsabgrenzungsposten nach § 250 Abs. 3,
4. § 274 über die Abgrenzung latenter Steuern.

Dritter Titel. Gewinn- und Verlustrechnung

§ 275 Gliederung

(1) [1]Die Gewinn- und Verlustrechnung ist in Staffelform nach dem Gesamtkostenverfahren oder dem Umsatzkostenverfahren aufzustellen. [2]Dabei sind die in Absatz 2 oder 3 bezeichneten Posten in der angegebenen Reihenfolge gesondert auszuweisen.

(2) Bei Anwendung des Gesamtkostenverfahrens sind auszuweisen:

1. Umsatzerlöse
2. Erhöhung oder Verminderung des Bestands an fertigen und unfertigen Erzeugnissen
3. andere aktivierte Eigenleistungen
4. sonstige betriebliche Erträge
5. Materialaufwand:
   a) Aufwendungen für Roh-, Hilfs- und Betriebsstoffe und für bezogene Waren
   b) Aufwendungen für bezogene Leistungen
6. Personalaufwand:
   a) Löhne und Gehälter

b) soziale Abgaben und Aufwendungen für Altersversorgung und für Unterstützung,
davon für Altersversorgung

7. Abschreibungen:
   a) auf immaterielle Vermögensgegenstände des Anlagevermögens und Sachanlagen
   b) auf Vermögensgegenstände des Umlaufvermögens, soweit diese die in der Kapitalgesellschaft üblichen Abschreibungen überschreiten
8. sonstige betriebliche Aufwendungen
9. Erträge aus Beteiligungen,
   davon aus verbundenen Unternehmen
10. Erträge aus anderen Wertpapieren und Ausleihungen des Finanzanlagevermögens,
    davon aus verbundenen Unternehmen
11. sonstige Zinsen und ähnliche Erträge,
    davon aus verbundenen Unternehmen
12. Abschreibungen auf Finanzanlagen und auf Wertpapiere des Umlaufvermögens
13. Zinsen und ähnliche Aufwendungen,
    davon an verbundene Unternehmen
14. Steuern vom Einkommen und vom Ertrag
15. Ergebnis nach Steuern
16. sonstige Steuern
17. Jahresüberschuss/Jahresfehlbetrag.

(3) Bei Anwendung des Umsatzkostenverfahrens sind auszuweisen:

1. Umsatzerlöse
2. Herstellungskosten der zur Erzielung der Umsatzerlöse erbrachten Leistungen
3. Bruttoergebnis vom Umsatz
4. Vertriebskosten
5. allgemeine Verwaltungskosten
6. sonstige betriebliche Erträge
7. sonstige betriebliche Aufwendungen
8. Erträge aus Beteiligungen,
   davon aus verbundenen Unternehmen
9. Erträge aus anderen Wertpapieren und Ausleihungen des Finanzanlagevermögens,
   davon aus verbundenen Unternehmen
10. sonstige Zinsen und ähnliche Erträge,
    davon aus verbundenen Unternehmen
11. Abschreibungen auf Finanzanlagen und auf Wertpapiere des Umlaufvermögens
12. Zinsen und ähnliche Aufwendungen,
    davon an verbundene Unternehmen
13. Steuern vom Einkommen und vom Ertrag
14. Ergebnis nach Steuern
15. sonstige Steuern
16. Jahresüberschuss/Jahresfehlbetrag.

(4) Veränderungen der Kapital- und Gewinnrücklagen dürfen in der Gewinn- und Verlustrechnung erst nach dem Posten „Jahresüberschuß/Jahresfehlbetrag" ausgewiesen werden.

(5) Kleinstkapitalgesellschaften (§ 267a) können anstelle der Staffelungen nach den Absätzen 2 und 3 die Gewinn- und Verlustrechnung wie folgt darstellen:

1. Umsatzerlöse,
2. sonstige Erträge,
3. Materialaufwand,
4. Personalaufwand,
5. Abschreibungen,
6. sonstige Aufwendungen,
7. Steuern,
8. Jahresüberschuss/Jahresfehlbetrag.

§ 276 Größenabhängige Erleichterungen

[1]Kleine und mittelgroße Kapitalgesellschaften (§ 267 Abs. 1, 2) dürfen die Posten § 275 Abs. 2 Nr. 1 bis 5 oder Abs. 3 Nr. 1 bis 3 und 6 zu einem Posten unter der Bezeichnung „Rohergebnis" zusammenfassen. [2]Die Erleichterungen nach Satz 1 gelten nicht für Kleinstkapitalgesellschaften (§ 267a), die von der Regelung des § 275 Absatz 5 Gebrauch machen.

§ 277 Vorschriften zu einzelnen Posten der Gewinn- und Verlustrechnung

(1) Als Umsatzerlöse sind die Erlöse aus dem Verkauf und der Vermietung oder Verpachtung von Produkten sowie aus der Erbringung von Dienstleistungen der Kapitalgesellschaft nach Abzug von Erlösschmälerungen und der Umsatzsteuer sowie sonstiger direkt mit dem Umsatz verbundener Steuern auszuweisen.

(2) Als Bestandsveränderungen sind sowohl Änderungen der Menge als auch solche des Wertes zu berücksichtigen; Abschreibungen jedoch nur, soweit diese die in der Kapitalgesellschaft sonst üblichen Abschreibungen nicht überschreiten.

(3) [1]Außerplanmäßige Abschreibungen nach § 253 Absatz 3 Satz 5 und 6 sind jeweils gesondert auszuweisen oder im Anhang anzugeben. [2]Erträge und Aufwendungen aus Verlustübernahme und auf Grund einer Gewinngemeinschaft, eines Gewinnabführungs- oder eines Teilgewinnabführungsvertrags erhaltene oder abgeführte Gewinne sind jeweils gesondert unter entsprechender Bezeichnung auszuweisen.

(4) *(aufgehoben)*

(5) [1]Erträge aus der Abzinsung sind in der Gewinn- und Verlustrechnung gesondert unter dem Posten „Sonstige Zinsen und ähnliche Erträge" und Aufwendungen gesondert unter dem Posten „Zinsen und ähnliche Aufwendungen" auszuweisen. [2]Erträge aus der Währungsumrechnung sind in der Gewinn- und Verlustrechnung gesondert unter dem Posten „Sonstige betriebliche Erträge" und Aufwendungen aus der Währungsumrechnung gesondert unter dem Posten „Sonstige betriebliche Aufwendungen" auszuweisen.

§ 278 *(aufgehoben)*

Vierter Titel. Bewertungsvorschriften

§§ 279 – 283 *(aufgehoben)*

Fünfter Titel. Anhang

§ 284 Erläuterung der Bilanz und der Gewinn- und Verlustrechnung

(1) [1]In den Anhang sind diejenigen Angaben aufzunehmen, die zu den einzelnen Posten der Bilanz oder der Gewinn- und Verlustrechnung vorgeschrieben sind; sie sind in der Reihenfolge der einzelnen Posten der Bilanz und der Gewinn- und Verlustrechnung darzustellen. [2]Im Anhang sind auch die Angaben zu machen, die in Ausübung eines Wahlrechts nicht in die Bilanz oder in die Gewinn- und Verlustrechnung aufgenommen wurden.

(2) Im Anhang müssen

1. die auf die Posten der Bilanz und der Gewinn- und Verlustrechnung angewandten Bilanzierungs- und Bewertungsmethoden angegeben werden;
2. Abweichungen von Bilanzierungs- und Bewertungsmethoden angegeben und begründet werden; deren Einfluß auf die Vermögens-, Finanz- und Ertragslage ist gesondert darzustellen;
3. bei Anwendung einer Bewertungsmethode nach § 240 Abs. 4, § 256 Satz 1 die Unterschiedsbeträge pauschal für die jeweilige Gruppe ausgewiesen werden, wenn die Bewertung im Vergleich zu einer Bewertung auf der Grundlage des letzten vor dem Abschlußstichtag bekannten Börsenkurses oder Marktpreises einen erheblichen Unterschied aufweist;
4. Angaben über die Einbeziehung von Zinsen für Fremdkapital in die Herstellungskosten gemacht werden.

(3) [1]Im Anhang ist die Entwicklung der einzelnen Posten des Anlagevermögens in einer gesonderten Aufgliederung darzustellen. [2]Dabei sind, ausgehend von den gesamten Anschaffungs- und Herstellungskosten, die Zugänge, Abgänge, Umbuchungen und Zuschreibungen des Geschäftsjahrs sowie die Abschreibungen gesondert aufzuführen. [3]Zu den Abschreibungen sind gesondert folgende Angaben zu machen:

1. die Abschreibungen in ihrer gesamten Höhe zu Beginn und Ende des Geschäftsjahrs,
2. die im Laufe des Geschäftsjahrs vorgenommenen Abschreibungen und
3. Änderungen in den Abschreibungen in ihrer gesamten Höhe im Zusammenhang mit Zu- und Abgängen sowie Umbuchungen im Laufe des Geschäftsjahrs.

[4]Sind in die Herstellungskosten Zinsen für Fremdkapital einbezogen worden, ist für jeden Posten des Anlagevermögens anzugeben, welcher Betrag an Zinsen im Geschäftsjahr aktiviert worden ist.

§ 285 [1)] Sonstige Pflichtangaben

Ferner sind im Anhang anzugeben:

1. zu den in der Bilanz ausgewiesenen Verbindlichkeiten
   a) der Gesamtbetrag der Verbindlichkeiten mit einer Restlaufzeit von mehr als fünf Jahren,
   b) der Gesamtbetrag der Verbindlichkeiten, die durch Pfandrechte oder ähnliche Rechte gesichert sind, unter Angabe von Art und Form der Sicherheiten;
2. die Aufgliederung der in Nummer 1 verlangten Angaben für jeden Posten der Verbindlichkeiten nach dem vorgeschriebenen Gliederungsschema;

1) § 285 Nr. 9 Buchstabe a Sätze 5 bis 8 aufgehoben durch Gesetz vom 12.12.2019 (BGBl. I S. 2637); s. dazu Artikel 83 EGHGB (abgedruckt unter Nr. 1a.).

3. Art und Zweck sowie Risiken, Vorteile und finanzielle Auswirkungen von nicht in der Bilanz enthaltenen Geschäften, soweit die Risiken und Vorteile wesentlich sind und die Offenlegung für die Beurteilung der Finanzlage des Unternehmens erforderlich ist;

3a. der Gesamtbetrag der sonstigen finanziellen Verpflichtungen, die nicht in der Bilanz enthalten sind und die nicht nach § 268 Absatz 7 oder Nummer 3 anzugeben sind, sofern diese Angabe für die Beurteilung der Finanzlage von Bedeutung ist; davon sind Verpflichtungen betreffend die Altersversorgung und Verpflichtungen gegenüber verbundenen oder assoziierten Unternehmen jeweils gesondert anzugeben;

4. die Aufgliederung der Umsatzerlöse nach Tätigkeitsbereichen sowie nach geografisch bestimmten Märkten, soweit sich unter Berücksichtigung der Organisation des Verkaufs, der Vermietung oder Verpachtung von Produkten und der Erbringung von Dienstleistungen der Kapitalgesellschaft die Tätigkeitsbereiche und geografisch bestimmten Märkte untereinander erheblich unterscheiden;

5. *(aufgehoben)*
6. *(aufgehoben)*
7. die durchschnittliche Zahl der während des Geschäftsjahrs beschäftigten Arbeitnehmer getrennt nach Gruppen;

8. bei Anwendung des Umsatzkostenverfahrens (§ 275 Abs. 3)
   a) der Materialaufwand des Geschäftsjahrs, gegliedert nach § 275 Abs. 2 Nr. 5,
   b) der Personalaufwand des Geschäftsjahrs, gegliedert nach § 275 Abs. 2 Nr. 6;

9. für die Mitglieder des Geschäftsführungsorgans, eines Aufsichtsrats, eines Beirats oder einer ähnlichen Einrichtung jeweils für jede Personengruppe
   a) die für die Tätigkeit im Geschäftsjahr gewährten Gesamtbezüge (Gehälter, Gewinnbeteiligungen, Bezugsrechte und sonstige aktienbasierte Vergütungen, Aufwandsentschädigungen, Versicherungsentgelte, Provisionen und Nebenleistungen jeder Art). [2]In die Gesamtbezüge sind auch Bezüge einzurechnen, die nicht ausgezahlt, sondern in Ansprüche anderer Art umgewandelt oder zur Erhöhung anderer Ansprüche verwendet werden. [3]Außer den Bezügen für das Geschäftsjahr sind die weiteren Bezüge anzugeben, die im Geschäftsjahr gewährt, bisher aber in keinem Jahresabschluss angegeben worden sind. [4]Bezugsrechte und sonstige aktienbasierte Vergütungen sind mit ihrer Anzahl und dem beizulegenden Zeitwert zum Zeitpunkt ihrer Gewährung anzugeben; spätere Wertveränderungen, die auf einer Änderung der Ausübungsbedingungen beruhen, sind zu berücksichtigen;
   b) die Gesamtbezüge (Abfindungen, Ruhegehälter, Hinterbliebenenbezüge und Leistungen verwandter Art) der früheren Mitglieder der bezeichneten Organe und ihrer Hinterbliebenen. [2]Buchstabe a Satz 2 und 3 ist entsprechend anzuwenden. [3]Ferner ist der Betrag der für diese Personengruppe gebildeten Rückstellungen für laufende Pensionen und Anwartschaften auf Pensionen und der Betrag der für diese Verpflichtungen nicht gebildeten Rückstellungen anzugeben;
   c) die gewährten Vorschüsse und Kredite unter Angabe der Zinssätze, der wesentlichen Bedingungen und der gegebenenfalls im Geschäftsjahr zurückgezahlten oder erlassenen Beträge sowie die zugunsten dieser Personen eingegangenen Haftungsverhältnisse;

10. alle Mitglieder des Geschäftsführungsorgans und eines Aufsichtsrats, auch wenn sie im Geschäftsjahr oder später ausgeschieden sind, mit dem Familiennamen und mindestens einem ausgeschriebenen Vornamen, einschließlich des ausgeübten Berufs und bei börsennotierten Gesellschaften auch der Mitgliedschaft in Aufsichtsräten und anderen Kontrollgremien im Sinne des § 125 Abs. 1 Satz 5 des Aktiengesetzes. [2]Der Vorsitzende eines Aufsichtsrats, seine Stellvertreter und ein etwaiger Vorsitzender des Geschäftsführungsorgans sind als solche zu bezeichnen;
11. Name und Sitz anderer Unternehmen, die Höhe des Anteils am Kapital, das Eigenkapital und das Ergebnis des letzten Geschäftsjahrs dieser Unternehmen, für das ein Jahresabschluss vorliegt, soweit es sich um Beteiligungen im Sinne des § 271 Absatz 1 handelt oder ein solcher Anteil von einer Person für Rechnung der Kapitalgesellschaft gehalten wird;

11a. Name, Sitz und Rechtsform der Unternehmen, deren unbeschränkt haftender Gesellschafter die Kapitalgesellschaft ist;

11b. von börsennotierten Kapitalgesellschaften sind alle Beteiligungen an großen Kapitalgesellschaften anzugeben, die 5 Prozent der Stimmrechte überschreiten;

12. Rückstellungen, die in der Bilanz unter dem Posten „sonstige Rückstellungen" nicht gesondert ausgewiesen werden, sind zu erläutern, wenn sie einen nicht unerheblichen Umfang haben;

13. jeweils eine Erläuterung des Zeitraums, über den ein entgeltlich erworbener Geschäfts- oder Firmenwert abgeschrieben wird;

14. Name und Sitz des Mutterunternehmens der Kapitalgesellschaft, das den Konzernabschluss für den größten Kreis von Unternehmen aufstellt, sowie der Ort, wo der von diesem Mutterunternehmen aufgestellte Konzernabschluss erhältlich ist;

14a. Name und Sitz des Mutterunternehmens der Kapitalgesellschaft, das den Konzernabschluss für den kleinsten Kreis von Unternehmen aufstellt, sowie der Ort, wo der von diesem Mutterunternehmen aufgestellte Konzernabschluss erhältlich ist;

15. soweit es sich um den Anhang des Jahresabschlusses einer Personenhandelsgesellschaft im Sinne des § 264a Abs. 1 handelt, Name und Sitz der Gesellschaften, die persönlich haftende Gesellschafter sind, sowie deren gezeichnetes Kapital,

15a. das Bestehen von Genussscheinen, Genussrechten, Wandelschuldverschreibungen, Optionsscheinen, Optionen, Besserungsscheinen oder vergleichbaren Wertpapieren oder Rechten, unter Angabe der Anzahl und der Rechte, die sie verbriefen;

16. dass die nach § 161 des Aktiengesetzes vorgeschriebene Erklärung abgegeben und wo sie öffentlich zugänglich gemacht worden ist;

17. das von dem Abschlussprüfer für das Geschäftsjahr berechnete Gesamthonorar, aufgeschlüsselt in das Honorar für

    a) die Abschlussprüfungsleistungen,

    b) andere Bestätigungsleistungen,

    c) Steuerberatungsleistungen,

    d) sonstige Leistungen,

    soweit die Angaben nicht in einem das Unternehmen einbeziehenden Konzernabschluss enthalten sind;

18. für zu den Finanzanlagen (§ 266 Abs. 2 A. III.) gehörende Finanzinstrumente, die über ihrem beizulegenden Zeitwert ausgewiesen werden, da eine außerplanmäßige Abschreibung nach § 253 Absatz 3 Satz 6 unterblieben ist,
    a) der Buchwert und der beizulegende Zeitwert der einzelnen Vermögensgegenstände oder angemessener Gruppierungen sowie
    b) die Gründe für das Unterlassen der Abschreibung einschließlich der Anhaltspunkte, die darauf hindeuten, dass die Wertminderung voraussichtlich nicht von Dauer ist;
19. für jede Kategorie nicht zum beizulegenden Zeitwert bilanzierter derivativer Finanzinstrumente
    a) deren Art und Umfang,
    b) deren beizulegender Zeitwert, soweit er sich nach § 255 Abs. 4 verlässlich ermitteln lässt, unter Angabe der angewandten Bewertungsmethode,
    c) deren Buchwert und der Bilanzposten, in welchem der Buchwert, soweit vorhanden, erfasst ist, sowie
    d) die Gründe dafür, warum der beizulegende Zeitwert nicht bestimmt werden kann;
20. für mit dem beizulegenden Zeitwert bewertete Finanzinstrumente
    a) die grundlegenden Annahmen, die der Bestimmung des beizulegenden Zeitwertes mit Hilfe allgemein anerkannter Bewertungsmethoden zugrunde gelegt wurden, sowie
    b) Umfang und Art jeder Kategorie derivativer Finanzinstrumente einschließlich der wesentlichen Bedingungen, welche die Höhe, den Zeitpunkt und die Sicherheit künftiger Zahlungsströme beeinflussen können;
21. zumindest die nicht zu marktüblichen Bedingungen zustande gekommenen Geschäfte, soweit sie wesentlich sind, mit nahe stehenden Unternehmen und Personen, einschließlich Angaben zur Art der Beziehung, zum Wert der Geschäfte sowie weiterer Angaben, die für die Beurteilung der Finanzlage notwendig sind; ausgenommen sind Geschäfte mit und zwischen mittel- oder unmittelbar in 100-prozentigem Anteilsbesitz stehenden in einen Konzernabschluss einbezogenen Unternehmen; Angaben über Geschäfte können nach Geschäftsarten zusammengefasst werden, sofern die getrennte Angabe für die Beurteilung der Auswirkungen auf die Finanzlage nicht notwendig ist;
22. im Fall der Aktivierung nach § 248 Abs. 2 der Gesamtbetrag der Forschungs- und Entwicklungskosten des Geschäftsjahrs sowie der davon auf die selbst geschaffenen immateriellen Vermögensgegenstände des Anlagevermögens entfallende Betrag;
23. bei Anwendung des § 254,
    a) mit welchem Betrag jeweils Vermögensgegenstände, Schulden, schwebende Geschäfte und mit hoher Wahrscheinlichkeit erwartete Transaktionen zur Absicherung welcher Risiken in welche Arten von Bewertungseinheiten einbezogen sind sowie die Höhe der mit Bewertungseinheiten abgesicherten Risiken,
    b) für die jeweils abgesicherten Risiken, warum, in welchem Umfang und für welchen Zeitraum sich die gegenläufigen Wertänderungen oder Zahlungsströme künftig voraussichtlich ausgleichen einschließlich der Methode der Ermittlung,

c) eine Erläuterung der mit hoher Wahrscheinlichkeit erwarteten Transaktionen, die in Bewertungseinheiten einbezogen wurden,

soweit die Angaben nicht im Lagebericht gemacht werden;

24. zu den Rückstellungen für Pensionen und ähnliche Verpflichtungen das angewandte versicherungsmathematische Berechnungsverfahren sowie die grundlegenden Annahmen der Berechnung, wie Zinssatz, erwartete Lohn- und Gehaltssteigerungen und zugrunde gelegte Sterbetafeln;
25. im Fall der Verrechnung von Vermögensgegenständen und Schulden nach § 246 Abs. 2 Satz 2 die Anschaffungskosten und der beizulegende Zeitwert der verrechneten Vermögensgegenstände, der Erfüllungsbetrag der verrechneten Schulden sowie die verrechneten Aufwendungen und Erträge; Nummer 20 Buchstabe a ist entsprechend anzuwenden;
26. zu Anteilen an Sondervermögen im Sinn des § 1 Absatz 10 des Kapitalanlagegesetzbuchs oder Anlageaktien an Investmentaktiengesellschaften mit veränderlichem Kapital im Sinn der §§ 108 bis 123 des Kapitalanlagegesetzbuchs oder vergleichbaren EU-Investmentvermögen oder vergleichbaren ausländischen Investmentvermögen von mehr als dem zehnten Teil, aufgegliedert nach Anlagezielen, deren Wert im Sinn der §§ 168, 278 des Kapitalanlagegesetzbuchs oder des § 36 des Investmentgesetzes in der bis zum 21. Juli 2013 geltenden Fassung oder vergleichbarer ausländischer Vorschriften über die Ermittlung des Marktwertes, die Differenz zum Buchwert und die für das Geschäftsjahr erfolgte Ausschüttung sowie Beschränkungen in der Möglichkeit der täglichen Rückgabe; darüber hinaus die Gründe dafür, dass eine Abschreibung gemäß § 253 Absatz 3 Satz 6 unterblieben ist, einschließlich der Anhaltspunkte, die darauf hindeuten, dass die Wertminderung voraussichtlich nicht von Dauer ist; Nummer 18 ist insoweit nicht anzuwenden;
27. für nach § 268 Abs. 7 im Anhang ausgewiesene Verbindlichkeiten und Haftungsverhältnisse die Gründe der Einschätzung des Risikos der Inanspruchnahme;
28. der Gesamtbetrag der Beträge im Sinn des § 268 Abs. 8, aufgegliedert in Beträge aus der Aktivierung selbst geschaffener immaterieller Vermögensgegenstände des Anlagevermögens, Beträge aus der Aktivierung latenter Steuern und aus der Aktivierung von Vermögensgegenständen zum beizulegenden Zeitwert;
29. auf welchen Differenzen oder steuerlichen Verlustvorträgen die latenten Steuern beruhen und mit welchen Steuersätzen die Bewertung erfolgt ist;
30. wenn latente Steuerschulden in der Bilanz angesetzt werden, die latenten Steuersalden am Ende des Geschäftsjahrs und die im Laufe des Geschäftsjahrs erfolgten Änderungen dieser Salden;
31. jeweils der Betrag und die Art der einzelnen Erträge und Aufwendungen von außergewöhnlicher Größenordnung oder außergewöhnlicher Bedeutung, soweit die Beträge nicht von untergeordneter Bedeutung sind;
32. eine Erläuterung der einzelnen Erträge und Aufwendungen hinsichtlich ihres Betrags und ihrer Art, die einem anderen Geschäftsjahr zuzurechnen sind, soweit die Beträge nicht von untergeordneter Bedeutung sind;
33. Vorgänge von besonderer Bedeutung, die nach dem Schluss des Geschäftsjahrs eingetreten und weder in der Gewinn- und Verlustrechnung noch in der Bilanz berücksichtigt sind, unter Angabe ihrer Art und ihrer finanziellen Auswirkungen;
34. der Vorschlag für die Verwendung des Ergebnisses oder der Beschluss über seine Verwendung.

§ 286[1] Unterlassen von Angaben

(1) Die Berichterstattung hat insoweit zu unterbleiben, als es für das Wohl der Bundesrepublik Deutschland oder eines ihrer Länder erforderlich ist.

(2) Die Aufgliederung der Umsatzerlöse nach § 285 Nr. 4 kann unterbleiben, soweit die Aufgliederung nach vernünftiger kaufmännischer Beurteilung geeignet ist, der Kapitalgesellschaft einen erheblichen Nachteil zuzufügen; die Anwendung der Ausnahmeregelung ist im Anhang anzugeben.

(3) [1]Die Angaben nach § 285 Nr. 11 und 11b können unterbleiben, soweit sie

1. für die Darstellung der Vermögens-, Finanz- und Ertragslage der Kapitalgesellschaft nach § 264 Abs. 2 von untergeordneter Bedeutung sind oder
2. nach vernünftiger kaufmännischer Beurteilung geeignet sind, der Kapitalgesellschaft oder dem anderen Unternehmen einen erheblichen Nachteil zuzufügen.

[2]Die Angabe des Eigenkapitals und des Jahresergebnisses kann unterbleiben, wenn das Unternehmen, über das zu berichten ist, seinen Jahresabschluß nicht offenzulegen hat und die berichtende Kapitalgesellschaft keinen beherrschenden Einfluss auf das betreffende Unternehmen ausüben kann. [3]Satz 1 Nr. 2 ist nicht anzuwenden, wenn die Kapitalgesellschaft oder eines ihrer Tochterunternehmen (§ 290 Abs. 1 und 2) am Abschlussstichtag kapitalmarktorientiert im Sinn des § 264d ist. [4]Im Übrigen ist die Anwendung der Ausnahmeregelung nach Satz 1 Nr. 2 im Anhang anzugeben.

(4) Bei Gesellschaften, die keine börsennotierten Aktiengesellschaften sind, können die in § 285 Nr. 9 Buchstabe a und b verlangten Angaben über die Gesamtbezüge der dort bezeichneten Personen unterbleiben, wenn sich anhand dieser Angaben die Bezüge eines Mitglieds dieser Organe feststellen lassen.

(5) *(aufgehoben)*

§ 287 *(aufgehoben)*

§ 288 Größenabhängige Erleichterungen

(1) Kleine Kapitalgesellschaften (§ 267 Absatz 1) brauchen nicht

1. die Angaben nach § 264c Absatz 2 Satz 9, § 265 Absatz 4 Satz 2, § 284 Absatz 2 Nummer 3, Absatz 3, § 285 Nummer 2, 3, 4, 8, 9 Buchstabe a und b, Nummer 10 bis 12, 14, 15, 15a, 17 bis 19, 21, 22, 24, 26 bis 30, 32 bis 34 zu machen;
2. eine Trennung nach Gruppen bei der Angabe nach § 285 Nummer 7 vorzunehmen;
3. bei der Angabe nach § 285 Nummer 14a den Ort anzugeben, wo der vom Mutterunternehmen aufgestellte Konzernabschluss erhältlich ist.

(2) [1]Mittelgroße Kapitalgesellschaften (§ 267 Absatz 2) brauchen die Angabe nach § 285 Nummer 4, 29 und 32 nicht zu machen. [2]Wenn sie die Angabe nach § 285 Nummer 17 nicht machen, sind sie verpflichtet, diese der Wirtschaftsprüferkammer auf deren schriftliche Anforderung zu übermitteln. [3]Sie brauchen die Angaben nach § 285 Nummer 21 nur zu machen, sofern die Geschäfte direkt oder indirekt mit einem Gesellschafter, Unternehmen, an denen die Gesellschaft selbst eine Beteiligung hält, oder Mitgliedern des Geschäftsführungs-, Aufsichts- oder Verwaltungsorgans abgeschlossen wurden.

---

1) § 286 Abs. 5 aufgehoben durch Gesetz vom 12.12.2019 (BGBl. I S. 2637); s. dazu Artikel 83 EGHGB (abgedruckt unter Nr. 1a.).

Sechster Titel. Lagebericht

§ 289 Inhalt des Lageberichts

(1) [1]Im Lagebericht sind der Geschäftsverlauf einschließlich des Geschäftsergebnisses und die Lage der Kapitalgesellschaft so darzustellen, dass ein den tatsächlichen Verhältnissen entsprechendes Bild vermittelt wird. [2]Er hat eine ausgewogene und umfassende, dem Umfang und der Komplexität der Geschäftstätigkeit entsprechende Analyse des Geschäftsverlaufs und der Lage der Gesellschaft zu enthalten. [3]In die Analyse sind die für die Geschäftstätigkeit bedeutsamsten finanziellen Leistungsindikatoren einzubeziehen und unter Bezugnahme auf die im Jahresabschluss ausgewiesenen Beträge und Angaben zu erläutern. [4]Ferner ist im Lagebericht die voraussichtliche Entwicklung mit ihren wesentlichen Chancen und Risiken zu beurteilen und zu erläutern; zugrunde liegende Annahmen sind anzugeben. [5]Die Mitglieder des vertretungsberechtigten Organs einer Kapitalgesellschaft im Sinne des § 264 Abs. 2 Satz 3[1)] haben zu versichern, dass nach bestem Wissen im Lagebericht der Geschäftsverlauf einschließlich des Geschäftsergebnisses und die Lage der Kapitalgesellschaft so dargestellt sind, dass ein den tatsächlichen Verhältnissen entsprechendes Bild vermittelt wird, und dass die wesentlichen Chancen und Risiken im Sinne des Satzes 4 beschrieben sind.

(2) [1]Im Lagebericht ist auch einzugehen auf:

1. a) die Risikomanagementziele und -methoden der Gesellschaft einschließlich ihrer Methoden zur Absicherung aller wichtigen Arten von Transaktionen, die im Rahmen der Bilanzierung von Sicherungsgeschäften erfasst werden, sowie

   b) die Preisänderungs-, Ausfall- und Liquiditätsrisiken sowie die Risiken aus Zahlungsstromschwankungen, denen die Gesellschaft ausgesetzt ist,

   jeweils in Bezug auf die Verwendung von Finanzinstrumenten durch die Gesellschaft und sofern dies für die Beurteilung der Lage oder der voraussichtlichen Entwicklung von Belang ist;
2. den Bereich Forschung und Entwicklung sowie
3. bestehende Zweigniederlassungen der Gesellschaft.

[2]Sind im Anhang Angaben nach § 160 Absatz 1 Nummer 2 des Aktiengesetzes zu machen, ist im Lagebericht darauf zu verweisen.

(3) Bei einer großen Kapitalgesellschaft (§ 267 Abs. 3) gilt Absatz 1 Satz 3 entsprechend für nichtfinanzielle Leistungsindikatoren, wie Informationen über Umwelt- und Arbeitnehmerbelange, soweit sie für das Verständnis des Geschäftsverlaufs oder der Lage von Bedeutung sind.

(4) Kapitalgesellschaften im Sinn des § 264d haben im Lagebericht die wesentlichen Merkmale des internen Kontroll- und des Risikomanagementsystems im Hinblick auf den Rechnungslegungsprozess zu beschreiben.

§ 289a[2)] Ergänzende Vorgaben für bestimmte Aktiengesellschaften und Kommanditgesellschaften auf Aktien

[1]Aktiengesellschaften und Kommanditgesellschaften auf Aktien, die einen organisierten Markt im Sinne des § 2 Absatz 7 des Wertpapiererwerbs- und Übernahmegesetzes durch von ihnen ausgegebene stimmberechtigte Aktien in Anspruch nehmen, haben im Lagebericht außerdem anzugeben:

---

1) Anm. der Redaktion: Gesetzgeber hat den Verweis noch nicht auf den Satz 5 bereinigt.

2) § 289a geändert und Abs. 2 aufgehoben durch Gesetz vom 12.12.2019 (BGBl. I S. 2637); s. dazu Artikel 83 EGHGB (abgedruckt unter Nr. 1a.).

1. die Zusammensetzung des gezeichneten Kapitals unter gesondertem Ausweis der mit jeder Gattung verbundenen Rechte und Pflichten und des Anteils am Gesellschaftskapital;
2. Beschränkungen, die Stimmrechte oder die Übertragung von Aktien betreffen, auch wenn sie sich aus Vereinbarungen zwischen Gesellschaftern ergeben können, soweit sie dem Vorstand der Gesellschaft bekannt sind;
3. direkte oder indirekte Beteiligungen am Kapital, die 10 Prozent der Stimmrechte überschreiten;
4. die Inhaber von Aktien mit Sonderrechten, die Kontrollbefugnisse verleihen, und eine Beschreibung dieser Sonderrechte;
5. die Art der Stimmrechtskontrolle, wenn Arbeitnehmer am Kapital beteiligt sind und ihre Kontrollrechte nicht unmittelbar ausüben;
6. die gesetzlichen Vorschriften und Bestimmungen der Satzung über die Ernennung und Abberufung der Mitglieder des Vorstands und über die Änderung der Satzung;
7. die Befugnisse des Vorstands insbesondere hinsichtlich der Möglichkeit, Aktien auszugeben oder zurückzukaufen;
8. wesentliche Vereinbarungen der Gesellschaft, die unter der Bedingung eines Kontrollwechsels infolge eines Übernahmeangebots stehen, und die hieraus folgenden Wirkungen;
9. Entschädigungsvereinbarungen der Gesellschaft, die für den Fall eines Übernahmeangebots mit den Mitgliedern des Vorstands oder mit Arbeitnehmern getroffen sind.

[2]Die Angaben nach Satz 1 Nummer 1, 3 und 9 können unterbleiben, soweit sie im Anhang zu machen sind. [3]Sind Angaben nach Satz 1 im Anhang zu machen, ist im Lagebericht darauf zu verweisen. [4]Die Angaben nach Satz 1 Nummer 8 können unterbleiben, soweit sie geeignet sind, der Gesellschaft einen erheblichen Nachteil zuzufügen; die Angabepflicht nach anderen gesetzlichen Vorschriften bleibt unberührt.

§ 289b Pflicht zur nichtfinanziellen Erklärung; Befreiungen

(1) [1]Eine Kapitalgesellschaft hat ihren Lagebericht um eine nichtfinanzielle Erklärung zu erweitern, wenn sie die folgenden Merkmale erfüllt:

1. die Kapitalgesellschaft erfüllt die Voraussetzungen des § 267 Absatz 3 Satz 1,
2. die Kapitalgesellschaft ist kapitalmarktorientiert im Sinne des § 264d und
3. die Kapitalgesellschaft hat im Jahresdurchschnitt mehr als 500 Arbeitnehmer beschäftigt.

[2]§ 267 Absatz 4 bis 5 ist entsprechend anzuwenden. [3]Wenn die nichtfinanzielle Erklärung einen besonderen Abschnitt des Lageberichts bildet, darf die Kapitalgesellschaft auf die an anderer Stelle im Lagebericht enthaltenen nichtfinanziellen Angaben verweisen.

(2) [1]Eine Kapitalgesellschaft im Sinne des Absatzes 1 ist unbeschadet anderer Befreiungsvorschriften von der Pflicht zur Erweiterung des Lageberichts um eine nichtfinanzielle Erklärung befreit, wenn

1. die Kapitalgesellschaft in den Konzernlagebericht eines Mutterunternehmens einbezogen ist und
2. der Konzernlagebericht nach Nummer 1 nach Maßgabe des nationalen Rechts eines Mitgliedstaats der Europäischen Union oder eines anderen Vertragsstaats des Abkommens über den Europäischen Wirtschaftsraum im Einklang mit der Richtlinie 2013/34/EU aufgestellt wird und eine nichtfinanzielle Konzernerklärung enthält.

[2]Satz 1 gilt entsprechend, wenn das Mutterunternehmen im Sinne von Satz 1 einen gesonderten nichtfinanziellen Konzernbericht nach § 315b Absatz 3 oder nach Maßgabe des nationalen Rechts eines Mitgliedstaats der Europäischen Union oder eines anderen Vertragsstaats des Abkommens über den Europäischen Wirtschaftsraum im Einklang mit der Richtlinie 2013/34/EU erstellt und öffentlich zugänglich macht. [3]Ist eine Kapitalgesellschaft nach Satz 1 oder 2 von der Pflicht zur Erstellung einer nichtfinanziellen Erklärung befreit, hat sie dies in ihrem Lagebericht mit einer Erläuterung anzugeben, welches Mutterunternehmen den Konzernlagebericht oder den gesonderten nichtfinanziellen Konzernbericht öffentlich zugänglich macht und wo der Bericht in deutscher oder englischer Sprache offengelegt oder veröffentlicht ist.

(3) [1]Eine Kapitalgesellschaft im Sinne des Absatzes 1 ist auch dann von der Pflicht zur Erweiterung des Lageberichts um eine nichtfinanzielle Erklärung befreit, wenn die Kapitalgesellschaft für dasselbe Geschäftsjahr einen gesonderten nichtfinanziellen Bericht außerhalb des Lageberichts erstellt und folgende Voraussetzungen erfüllt sind:

1. der gesonderte nichtfinanzielle Bericht erfüllt zumindest die inhaltlichen Vorgaben nach § 289c und
2. die Kapitalgesellschaft macht den gesonderten nichtfinanziellen Bericht öffentlich zugänglich durch
   a) Offenlegung zusammen mit dem Lagebericht nach § 325 oder
   b) Veröffentlichung auf der Internetseite der Kapitalgesellschaft spätestens vier Monate nach dem Abschlussstichtag und mindestens für zehn Jahre, sofern der Lagebericht auf diese Veröffentlichung unter Angabe der Internetseite Bezug nimmt.

[2]Absatz 1 Satz 3 und die §§ 289d und 289e sind auf den gesonderten nichtfinanziellen Bericht entsprechend anzuwenden.

(4) Ist die nichtfinanzielle Erklärung oder der gesonderte nichtfinanzielle Bericht inhaltlich überprüft worden, ist auch die Beurteilung des Prüfungsergebnisses in gleicher Weise wie die nichtfinanzielle Erklärung oder der gesonderte nichtfinanzielle Bericht öffentlich zugänglich zu machen.

§ 289c Inhalt der nichtfinanziellen Erklärung

(1) In der nichtfinanziellen Erklärung im Sinne des § 289b ist das Geschäftsmodell der Kapitalgesellschaft kurz zu beschreiben.

(2) Die nichtfinanzielle Erklärung bezieht sich darüber hinaus zumindest auf folgende Aspekte:

1. Umweltbelange, wobei sich die Angaben beispielsweise auf Treibhausgasemissionen, den Wasserverbrauch, die Luftverschmutzung, die Nutzung von erneuerbaren und nicht erneuerbaren Energien oder den Schutz der biologischen Vielfalt beziehen können,
2. Arbeitnehmerbelange, wobei sich die Angaben beispielsweise auf die Maßnahmen, die zur Gewährleistung der Geschlechtergleichstellung ergriffen wurden, die Arbeitsbedingungen, die Umsetzung der grundlegenden Übereinkommen der Internationalen Arbeitsorganisation, die Achtung der Rechte der Arbeitnehmerinnen und Arbeitnehmer, informiert und konsultiert zu werden, den sozialen Dialog, die Achtung der Rechte der Gewerkschaften, den Gesundheitsschutz oder die Sicherheit am Arbeitsplatz beziehen können,
3. Sozialbelange, wobei sich die Angaben beispielsweise auf den Dialog auf kommunaler oder regionaler Ebene oder auf die zur Sicherstellung des Schutzes und der Entwicklung lokaler Gemeinschaften ergriffenen Maßnahmen beziehen können,

4. die Achtung der Menschenrechte, wobei sich die Angaben beispielsweise auf die Vermeidung von Menschenrechtsverletzungen beziehen können, und
5. die Bekämpfung von Korruption und Bestechung, wobei sich die Angaben beispielsweise auf die bestehenden Instrumente zur Bekämpfung von Korruption und Bestechung beziehen können.

(3) Zu den in Absatz 2 genannten Aspekten sind in der nichtfinanziellen Erklärung jeweils diejenigen Angaben zu machen, die für das Verständnis des Geschäftsverlaufs, des Geschäftsergebnisses, der Lage der Kapitalgesellschaft sowie der Auswirkungen ihrer Tätigkeit auf die in Absatz 2 genannten Aspekte erforderlich sind, einschließlich

1. einer Beschreibung der von der Kapitalgesellschaft verfolgten Konzepte, einschließlich der von der Kapitalgesellschaft angewandten Due-Diligence-Prozesse,
2. der Ergebnisse der Konzepte nach Nummer 1,
3. der wesentlichen Risiken, die mit der eigenen Geschäftstätigkeit der Kapitalgesellschaft verknüpft sind und die sehr wahrscheinlich schwerwiegende negative Auswirkungen auf die in Absatz 2 genannten Aspekte haben oder haben werden, sowie die Handhabung dieser Risiken durch die Kapitalgesellschaft,
4. der wesentlichen Risiken, die mit den Geschäftsbeziehungen der Kapitalgesellschaft, ihren Produkten und Dienstleistungen verknüpft sind und die sehr wahrscheinlich schwerwiegende negative Auswirkungen auf die in Absatz 2 genannten Aspekte haben oder haben werden, soweit die Angaben von Bedeutung sind und die Berichterstattung über diese Risiken verhältnismäßig ist, sowie die Handhabung dieser Risiken durch die Kapitalgesellschaft,
5. der bedeutsamsten nichtfinanziellen Leistungsindikatoren, die für die Geschäftstätigkeit der Kapitalgesellschaft von Bedeutung sind,
6. soweit es für das Verständnis erforderlich ist, Hinweisen auf im Jahresabschluss ausgewiesene Beträge und zusätzliche Erläuterungen dazu.

(4) Wenn die Kapitalgesellschaft in Bezug auf einen oder mehrere der in Absatz 2 genannten Aspekte kein Konzept verfolgt, hat sie dies anstelle der auf den jeweiligen Aspekt bezogenen Angaben nach Absatz 3 Nummer 1 und 2 in der nichtfinanziellen Erklärung klar und begründet zu erläutern.

§ 289d Nutzung von Rahmenwerken

[1]Die Kapitalgesellschaft kann für die Erstellung der nichtfinanziellen Erklärung nationale, europäische oder internationale Rahmenwerke nutzen. [2]In der Erklärung ist anzugeben, ob die Kapitalgesellschaft für die Erstellung der nichtfinanziellen Erklärung ein Rahmenwerk genutzt hat und, wenn dies der Fall ist, welches Rahmenwerk genutzt wurde, sowie andernfalls, warum kein Rahmenwerk genutzt wurde.

§ 289e Weglassen nachteiliger Angaben

(1) Die Kapitalgesellschaft muss in die nichtfinanzielle Erklärung ausnahmsweise keine Angaben zu künftigen Entwicklungen oder Belangen, über die Verhandlungen geführt werden, aufnehmen, wenn

1. die Angaben nach vernünftiger kaufmännischer Beurteilung der Mitglieder des vertretungsberechtigten Organs der Kapitalgesellschaft geeignet sind, der Kapitalgesellschaft einen erheblichen Nachteil zuzufügen, und
2. das Weglassen der Angaben ein den tatsächlichen Verhältnissen entsprechendes und ausgewogenes Verständnis des Geschäftsverlaufs, des Geschäftsergebnisses, der Lage der Kapitalgesellschaft und der Auswirkungen ihrer Tätigkeit nicht verhindert.

(2) Macht eine Kapitalgesellschaft von Absatz 1 Gebrauch und entfallen die Gründe für die Nichtaufnahme der Angaben nach der Veröffentlichung der nichtfinanziellen Erklärung, sind die Angaben in die darauf folgende nichtfinanzielle Erklärung aufzunehmen.

§ 289f[1] Erklärung zur Unternehmensführung

(1) [1]Börsennotierte Aktiengesellschaften sowie Aktiengesellschaften, die ausschließlich andere Wertpapiere als Aktien zum Handel an einem organisierten Markt im Sinn des § 2 Absatz 11 des Wertpapierhandelsgesetzes ausgegeben haben und deren ausgegebene Aktien auf eigene Veranlassung über ein multilaterales Handelssystem im Sinn des § 2 Absatz 8 Satz 1 Nummer 8 des Wertpapierhandelsgesetzes gehandelt werden, haben eine Erklärung zur Unternehmensführung in ihren Lagebericht aufzunehmen, die dort einen gesonderten Abschnitt bildet. [2]Sie kann auch auf der Internetseite der Gesellschaft öffentlich zugänglich gemacht werden. [3]In diesem Fall ist in den Lagebericht eine Bezugnahme aufzunehmen, welche die Angabe der Internetseite enthält.

(2) In die Erklärung zur Unternehmensführung sind aufzunehmen

1. die Erklärung gemäß § 161 des Aktiengesetzes;

1a. eine Bezugnahme auf die Internetseite der Gesellschaft, auf der der Vergütungsbericht über das letzte Geschäftsjahr und der Vermerk des Abschlussprüfers gemäß § 162 des Aktiengesetzes, das geltende Vergütungssystem gemäß § 87a Absatz 1 und 2 Satz 1 des Aktiengesetzes und der letzte Vergütungsbeschluss gemäß § 113 Absatz 3 des Aktiengesetzes öffentlich zugänglich gemacht werden;

2. relevante Angaben zu Unternehmensführungspraktiken, die über die gesetzlichen Anforderungen hinaus angewandt werden, nebst Hinweis, wo sie öffentlich zugänglich sind;

3. eine Beschreibung der Arbeitsweise von Vorstand und Aufsichtsrat sowie der Zusammensetzung und Arbeitsweise von deren Ausschüssen; sind die Informationen auf der Internetseite der Gesellschaft öffentlich zugänglich, kann darauf verwiesen werden;

4. bei börsennotierten Aktiengesellschaften die Festlegungen nach § 76 Absatz 4 und § 111 Absatz 5 des Aktiengesetzes und die Angabe, ob die festgelegten Zielgrößen während des Bezugszeitraums erreicht worden sind, und wenn nicht, Angaben zu den Gründen.

5. die Angabe, ob die Gesellschaft bei der Besetzung des Aufsichtsrats mit Frauen und Männern jeweils Mindestanteile im Bezugszeitraum eingehalten hat, und wenn nicht, Angaben zu den Gründen, sofern es sich um folgende Gesellschaften handelt:
   a) börsennotierte Aktiengesellschaften, die auf Grund von § 96 Absatz 2 und 3 des Aktiengesetzes Mindestanteile einzuhalten haben oder
   b) börsennotierte Europäische Gesellschaften (SE), die auf Grund von § 17 Absatz 2 oder § 24 Absatz 3 des SE-Ausführungsgesetzes Mindestanteile einzuhalten haben;

6. bei Aktiengesellschaften im Sinne des Absatzes 1, die nach § 267 Absatz 3 Satz 1 und Absatz 4 bis 5 große Kapitalgesellschaften sind, eine Beschreibung des Diversitätskonzepts, das im Hinblick auf die Zusammensetzung des vertretungsberechtigten Organs und des Aufsichtsrats in Bezug auf Aspekte wie beispielsweise Alter, Geschlecht, Bildungs- oder Berufshintergrund verfolgt wird, sowie der Ziele

---

1) § 289f geändert durch Gesetz vom 12.12.2019 (BGBl. I S. 2637); s. dazu Artikel 83 EGHGB (abgedruckt unter Nr. 1a.).

dieses Diversitätskonzepts, der Art und Weise seiner Umsetzung und der im Geschäftsjahr erreichten Ergebnisse.

(3) Auf börsennotierte Kommanditgesellschaften auf Aktien sind die Absätze 1 und 2 entsprechend anzuwenden.

(4) [1]Andere Unternehmen, deren Vertretungsorgan und Aufsichtsrat nach § 36 oder § 52 des Gesetzes betreffend die Gesellschaften mit beschränkter Haftung oder nach § 76 Absatz 4 des Aktiengesetzes, auch in Verbindung mit § 188 Absatz 1 Satz 2 des Versicherungsaufsichtsgesetzes, oder nach § 111 Absatz 5 des Aktiengesetzes, auch in Verbindung mit § 189 Absatz 3 Satz 1 des Versicherungsaufsichtsgesetzes, verpflichtet sind, Zielgrößen für den Frauenanteil und Fristen für deren Erreichung festzulegen, haben in ihrem Lagebericht als gesonderten Abschnitt eine Erklärung zur Unternehmensführung mit den Festlegungen und Angaben nach Absatz 2 Nummer 4 aufzunehmen; Absatz 1 Satz 2 und 3 gilt entsprechend. [2]Gesellschaften, die nicht zur Offenlegung eines Lageberichts verpflichtet sind, haben eine Erklärung mit den Festlegungen und Angaben nach Absatz 2 Nummer 4 zu erstellen und gemäß Absatz 1 Satz 2 zu veröffentlichen. [3]Sie können diese Pflicht auch durch Offenlegung eines unter Berücksichtigung von Satz 1 erstellten Lageberichts erfüllen.

(5) Wenn eine Gesellschaft nach Absatz 2 Nummer 6, auch in Verbindung mit Absatz 3, kein Diversitätskonzept verfolgt, hat sie dies in der Erklärung zur Unternehmensführung zu erläutern.

Zweiter Unterabschnitt. Konzernabschluß und Konzernlagebericht
Erster Titel. Anwendungsbereich

§ 290 Pflicht zur Aufstellung

(1) [1]Die gesetzlichen Vertreter einer Kapitalgesellschaft (Mutterunternehmen) mit Sitz im Inland haben in den ersten fünf Monaten des Konzerngeschäftsjahrs für das vergangene Konzerngeschäftsjahr einen Konzernabschluss und einen Konzernlagebericht aufzustellen, wenn diese auf ein anderes Unternehmen (Tochterunternehmen) unmittel- oder mittelbar einen beherrschenden Einfluss ausüben kann. [2]Ist das Mutterunternehmen eine Kapitalgesellschaft im Sinn des § 325 Abs. 4 Satz 1, sind der Konzernabschluss sowie der Konzernlagebericht in den ersten vier Monaten des Konzerngeschäftsjahrs für das vergangene Konzerngeschäftsjahr aufzustellen.

(2) Beherrschender Einfluss eines Mutterunternehmens besteht stets, wenn

1. ihm bei einem anderen Unternehmen die Mehrheit der Stimmrechte der Gesellschafter zusteht;
2. ihm bei einem anderen Unternehmen das Recht zusteht, die Mehrheit der Mitglieder des die Finanz- und Geschäftspolitik bestimmenden Verwaltungs-, Leitungs- oder Aufsichtsorgans zu bestellen oder abzuberufen, und es gleichzeitig Gesellschafter ist;
3. ihm das Recht zusteht, die Finanz- und Geschäftspolitik auf Grund eines mit einem anderen Unternehmen geschlossenen Beherrschungsvertrages oder auf Grund einer Bestimmung in der Satzung des anderen Unternehmens zu bestimmen, oder
4. es bei wirtschaftlicher Betrachtung die Mehrheit der Risiken und Chancen eines Unternehmens trägt, das zur Erreichung eines eng begrenzten und genau definierten Ziels des Mutterunternehmens dient (Zweckgesellschaft). [2]Neben Unternehmen können Zweckgesellschaften auch sonstige juristische Personen des Privatrechts oder unselbständige Sondervermögen des Privatrechts sein, ausgenommen Spezial-Sondervermögen im Sinn des § 2 Absatz 3 des Investmentgesetzes oder vergleich-

bare ausländische Investmentvermögen oder als Sondervermögen aufgelegte offene inländische Spezial-AIF mit festen Anlagebedingungen im Sinn des § 284 des Kapitalanlagegesetzbuchs oder vergleichbare EU-Investmentvermögen oder ausländische Investmentvermögen, die den als Sondervermögen aufgelegten offenen inländischen Spezial-AIF mit festen Anlagebedingungen im Sinn des § 284 des Kapitalanlagegesetzbuchs vergleichbar sind.

(3) [1]Als Rechte, die einem Mutterunternehmen nach Absatz 2 zustehen, gelten auch die einem anderen Tochterunternehmen zustehenden Rechte und die den für Rechnung des Mutterunternehmens oder von Tochterunternehmen handelnden Personen zustehenden Rechte. [2]Den einem Mutterunternehmen an einem anderen Unternehmen zustehenden Rechten werden die Rechte hinzugerechnet, über die es selbst oder eines seiner Tochterunternehmen auf Grund einer Vereinbarung mit anderen Gesellschaftern dieses Unternehmens verfügen kann. [3]Abzuziehen sind Rechte, die

1. mit Anteilen verbunden sind, die von dem Mutterunternehmen oder von dessen Tochterunternehmen für Rechnung einer anderen Person gehalten werden, oder
2. mit Anteilen verbunden sind, die als Sicherheit gehalten werden, sofern diese Rechte nach Weisung des Sicherungsgebers oder, wenn ein Kreditinstitut die Anteile als Sicherheit für ein Darlehen hält, im Interesse des Sicherungsgebers ausgeübt werden.

(4) [1]Welcher Teil der Stimmrechte einem Unternehmen zusteht, bestimmt sich für die Berechnung der Mehrheit nach Absatz 2 Nr. 1 nach dem Verhältnis der Zahl der Stimmrechte, die es aus den ihm gehörenden Anteilen ausüben kann, zur Gesamtzahl aller Stimmrechte. [2]Von der Gesamtzahl aller Stimmrechte sind die Stimmrechte aus eigenen Anteilen abzuziehen, die dem Tochterunternehmen selbst, einem seiner Tochterunternehmen oder einer anderen Person für Rechnung dieser Unternehmen gehören.

(5) Ein Mutterunternehmen ist von der Pflicht, einen Konzernabschluss und einen Konzernlagebericht aufzustellen, befreit, wenn es nur Tochterunternehmen hat, die gemäß § 296 nicht in den Konzernabschluss einbezogen werden brauchen.

§ 291 [1)] Befreiende Wirkung von EU/EWR-Konzernabschlüssen

(1) [1]Ein Mutterunternehmen, das zugleich Tochterunternehmen eines Mutterunternehmens mit Sitz in einem Mitgliedstaat der Europäischen Union oder in einem anderen Vertragsstaat des Abkommens über den Europäischen Wirtschaftsraum ist, braucht einen Konzernabschluß und einen Konzernlagebericht nicht aufzustellen, wenn ein den Anforderungen des Absatzes 2 entsprechender Konzernabschluß und Konzernlagebericht seines Mutterunternehmens einschließlich des Bestätigungsvermerks oder des Vermerks über dessen Versagung nach den für den entfallenden Konzernabschluß und Konzernlagebericht maßgeblichen Vorschriften in deutscher oder englischer Sprache offengelegt wird. [2]Ein befreiender Konzernabschluß und ein befreiender Konzernlagebericht können von jedem Unternehmen unabhängig von seiner Rechtsform und Größe aufgestellt werden, wenn das Unternehmen als Kapitalgesellschaft mit Sitz in einem Mitgliedstaat der Europäischen Union oder in einem anderen Vertragsstaat des Abkommens über den Europäischen Wirtschaftsraum zur Aufstellung eines Konzernabschlusses unter Einbeziehung des zu befreienden Mutterunternehmens und seiner Tochterunternehmen verpflichtet wäre.

(2) [1]Der Konzernabschluß und Konzernlagebericht eines Mutterunternehmens mit Sitz in einem Mitgliedstaat der Europäischen Union oder in einem anderen Vertragsstaat

1) § 291 Abs. 1 geändert durch Gesetz vom 12.12.2019 (BGBl. I S. 2637); s. dazu Artikel 83 EGHGB (abgedruckt unter Nr. 1a.).

des Abkommens über den Europäischen Wirtschaftsraum haben befreiende Wirkung, wenn

1. das zu befreiende Mutterunternehmen und seine Tochterunternehmen in den befreienden Konzernabschluß unbeschadet des § 296 einbezogen worden sind,
2. der befreiende Konzernabschluss nach dem auf das Mutterunternehmen anwendbaren Recht im Einklang mit der Richtlinie 2013/34/EU oder im Einklang mit den in § 315e Absatz 1 bezeichneten internationalen Rechnungslegungsstandards aufgestellt und im Einklang mit der Richtlinie 2006/43/EG geprüft worden ist,
3. der befreiende Konzernlagebericht nach dem auf das Mutterunternehmen anwendbaren Recht im Einklang mit der Richtlinie 2013/34/EU aufgestellt und im Einklang mit der Richtlinie 2006/43/EG geprüft worden ist,
4. der Anhang des Jahresabschlusses des zu befreienden Unternehmens folgende Angaben enthält:
   a) Name und Sitz des Mutterunternehmens, das den befreienden Konzernabschluß und Konzernlagebericht aufstellt,
   b) einen Hinweis auf die Befreiung von der Verpflichtung, einen Konzernabschluß und einen Konzernlagebericht aufzustellen, und
   c) eine Erläuterung der im befreienden Konzernabschluß vom deutschen Recht abweichend angewandten Bilanzierungs-, Bewertungs- und Konsolidierungsmethoden.

[2]Satz 1 gilt für Kreditinstitute und Versicherungsunternehmen entsprechend; unbeschadet der übrigen Voraussetzungen in Satz 1 hat die Aufstellung des befreienden Konzernabschlusses und des befreienden Konzernlageberichts bei Kreditinstituten im Einklang mit der Richtlinie 86/635/EWG des Rates vom 8. Dezember 1986 über den Jahresabschluß und den konsolidierten Abschluß von Banken und anderen Finanzinstituten (ABl. EG Nr. L 372 S. 1) und bei Versicherungsunternehmen im Einklang mit der Richtlinie 91/674/EWG des Rates vom 19. Dezember 1991 über den Jahresabschluß und den konsolidierten Jahresabschluß von Versicherungsunternehmen (ABl. EG Nr. L 374 S. 7) in ihren jeweils geltenden Fassungen zu erfolgen.

(3) Die Befreiung nach Absatz 1 kann trotz Vorliegens der Voraussetzungen nach Absatz 2 von einem Mutterunternehmen nicht in Anspruch genommen werden, wenn

1. das zu befreiende Mutterunternehmen einen organisierten Markt im Sinn des § 2 Absatz 11 des Wertpapierhandelsgesetzes durch von ihm ausgegebene Wertpapiere im Sinn des § 2 Absatz 1 des Wertpapierhandelsgesetzes in Anspruch nimmt,
2. Gesellschafter, denen bei Aktiengesellschaften und Kommanditgesellschaften auf Aktien mindestens 10 vom Hundert und bei Gesellschaften mit beschränkter Haftung mindestens 20 vom Hundert der Anteile an dem zu befreienden Mutterunternehmen gehören, spätestens sechs Monate vor dem Ablauf des Konzerngeschäftsjahrs die Aufstellung eines Konzernabschlusses und eines Konzernlageberichts beantragt haben.

§ 292 [1)] Befreiende Wirkung von Konzernabschlüssen aus Drittstaaten

(1) Ein Mitunternehmen, das zugleich Tochterunternehmen eines Mutterunternehmens mit Sitz in einem Staat, der nicht Mitglied der Europäischen Union und auch nicht Vertragsstaat des Abkommens über den Europäischen Wirtschaftsraum ist, braucht einen Konzernabschluss und einen Konzernlagebericht nicht aufzustellen, wenn dieses andere Mutterunternehmen einen dem § 291 Absatz 2 Nummer 1 entsprechenden Konzern-

1) § 292 geändert durch Gesetz vom 12.12.2019 (BGBl. I S. 2637).

abschluss (befreiender Konzernabschluss) und Konzernlagebericht (befreiender Konzernlagebericht) aufstellt sowie außerdem alle folgenden Voraussetzungen erfüllt sind:

1. der befreiende Konzernabschluss wird wie folgt aufgestellt:
   a) nach Maßgabe des Rechts eines Mitgliedstaats der Europäischen Union oder eines anderen Vertragsstaats des Abkommens über den Europäischen Wirtschaftsraum im Einklang mit der Richtlinie 2013/34/EU,
   b) im Einklang mit den in § 315e Absatz 1 bezeichneten internationalen Rechnungslegungsstandards,
   c) derart, dass er einem nach den in Buchstabe a bezeichneten Vorgaben erstellten Konzernabschluss gleichwertig ist, oder
   d) derart, dass er internationalen Rechnungslegungsstandards entspricht, die gemäß der Verordnung (EG) Nr. 1569/2007 der Kommission vom 21. Dezember 2007 über die Einrichtung eines Mechanismus zur Festlegung der Gleichwertigkeit der von Drittstaatemittenten angewandten Rechnungslegungsgrundsätze gemäß den Richtlinien 2003/71/EG und 2004/109/EG des Europäischen Parlaments und des Rates (ABl. L 340 vom 22.12.2007, S. 66), die durch die Delegierte Verordnung (EU) Nr. 310/2012 (ABl. L 103 vom 13.4.2012, S. 11) geändert worden ist, in ihrer jeweils geltenden Fassung festgelegt wurden;
2. der befreiende Konzernlagebericht wird nach Maßgabe der in Nummer 1 Buchstabe a genannten Vorgaben aufgestellt oder ist einem nach diesen Vorgaben aufgestellten Konzernlagebericht gleichwertig;
3. der befreiende Konzernabschluss ist von einem oder mehreren Abschlussprüfern oder einer oder mehreren Prüfungsgesellschaften geprüft worden, die auf Grund der einzelstaatlichen Rechtsvorschriften, denen das Unternehmen unterliegt, das diesen Abschluss aufgestellt hat, zur Prüfung von Jahresabschlüssen zugelassen sind;
4. der befreiende Konzernabschluss, der befreiende Konzernlagebericht und der Bestätigungsvermerk sind nach den für den entfallenden Konzernabschluss und Konzernlagebericht maßgeblichen Vorschriften in deutscher oder englischer Sprache offengelegt worden.

(2) [1]Die befreiende Wirkung tritt nur ein, wenn im Anhang des Jahresabschlusses des zu befreienden Unternehmen die in § 291 Absatz 2 Satz 1 Nummer 4 genannten Angaben gemacht werden und zusätzlich angegeben wird, nach welchen der in Absatz 1 Nummer 1 genannten Vorgaben sowie gegebenenfalls nach dem Recht welchen Staates der befreiende Konzernabschluss und der befreiende Konzernlagebericht aufgestellt worden sind. [2]Im Übrigen ist § 291 Absatz 2 Satz 2 und Absatz 3 entsprechend anzuwenden.

(3) [1]Ist ein nach Absatz 1 zugelassener Konzernabschluß nicht von einem in Übereinstimmung mit den Vorschriften der Richtlinie 2006/43/EG zugelassenen Abschlußprüfer geprüft worden, so kommt ihm befreiende Wirkung nur zu, wenn der Abschlußprüfer eine den Anforderungen dieser Richtlinie gleichwertige Befähigung hat und der Konzernabschluß in einer den Anforderungen des Dritten Unterabschnitts entsprechenden Weise geprüft worden ist. [2]Nicht in Übereinstimmung mit den Vorschriften der Richtlinie 2006/43/EG zugelassene Abschlussprüfer von Unternehmen mit Sitz in einem Drittstaat im Sinn des § 3 Abs. 1 Satz 1 der Wirtschaftsprüferordnung, deren Wertpapiere im Sinn des § 2 Absatz 1 des Wertpapierhandelsgesetzes an einer inländischen Börse zum Handel am regulierten Markt zugelassen sind, haben nur dann eine den Anforderungen der Richtlinie gleichwertige Befähigung, wenn sie bei der Wirtschaftsprüferkammer gemäß § 134 Abs. 1 der Wirtschaftsprüferordnung eingetragen sind oder die Gleichwertigkeit gemäß § 134 Abs. 4 der Wirtschaftsprüferordnung anerkannt ist.

[3]Satz 2 ist nicht anzuwenden, soweit ausschließlich Schuldtitel im Sinne des § 2 Absatz 1 Nummer 3 des Wertpapierhandelsgesetzes

1. mit einer Mindeststückelung zu je 100 000 Euro oder einem entsprechenden Betrag anderer Währung an einer inländischen Börse zum Handel am regulierten Markt zugelassen sind oder
2. mit einer Mindeststückelung zu je 50 000 Euro oder einem entsprechenden Betrag anderer Währung an einer inländischen Börse zum Handel am regulierten Markt zugelassen sind und diese Schuldtitel vor dem 31. Dezember 2010 begeben worden sind.

[4]Im Falle des Satzes 2 ist mit dem Bestätigungsvermerk nach Absatz 1 Nummer 4 auch eine Bescheinigung der Wirtschaftsprüferkammer gemäß § 134 Absatz 2a der Wirtschaftsprüferordnung über die Eintragung des Abschlussprüfers oder eine Bestätigung der Wirtschaftsprüferkammer gemäß § 134 Absatz 4 Satz 8 der Wirtschaftsprüferordnung über die Befreiung von der Eintragungsverpflichtung offenzulegen.

§ 292a *(aufgehoben)*

§ 293 Größenabhängige Befreiungen

(1) [1]Ein Mutterunternehmen ist von der Pflicht, einen Konzernabschluß und einen Konzernlagebericht aufzustellen, befreit, wenn

1. am Abschlußstichtag seines Jahresabschlusses und am vorhergehenden Abschlußstichtag mindestens zwei der drei nachstehenden Merkmale zutreffen:
   a) die Bilanzsummen in den Bilanzen des Mutterunternehmens und der Tochterunternehmen, die in den Konzernabschluß einzubeziehen wären, übersteigen insgesamt nicht 24 000 000 Euro.
   b) Die Umsatzerlöse des Mutterunternehmens und der Tochterunternehmen, die in den Konzernabschluß einzubeziehen wären, übersteigen in den zwölf Monaten vor dem Abschlußstichtag insgesamt nicht 48 000 000 Euro.
   c) Das Mutterunternehmen und die Tochterunternehmen, die in den Konzernabschluß einzubeziehen wären, haben in den zwölf Monaten vor dem Abschlußstichtag im Jahresdurchschnitt nicht mehr als 250 Arbeitnehmer beschäftigt; oder
2. am Abschlußstichtag eines von ihm aufzustellenden Konzernabschlusses und am vorhergehenden Abschlußstichtag mindestens zwei der drei nachstehenden Merkmale zutreffen:
   a) Die Bilanzsumme übersteigt nicht 20 000 000 Euro.
   b) Die Umsatzerlöse in den zwölf Monaten vor dem Abschlußstichtag übersteigen nicht 40 000 000 Euro.
   c) Das Mutterunternehmen und die in den Konzernabschluß einbezogenen Tochterunternehmen haben in den zwölf Monaten vor dem Abschlußstichtag im Jahresdurchschnitt nicht mehr als 250 Arbeitnehmer beschäftigt.

[2]Auf die Ermittlung der durchschnittlichen Zahl der Arbeitnehmer ist § 267 Abs. 5 anzuwenden.

(2) Auf die Ermittlung der Bilanzsumme ist § 267 Absatz 4a entsprechend anzuwenden.

(3) *(aufgehoben)*

(4) [1]Außer in den Fällen des Absatzes 1 ist ein Mutterunternehmen von der Pflicht zur Aufstellung des Konzernabschlusses und des Konzernlageberichts befreit, wenn die Voraussetzungen des Absatzes 1 nur am Abschlußstichtag oder nur am vorhergehenden

Abschlußstichtag erfüllt sind und das Mutterunternehmen am vorhergehenden Abschlußstichtag von der Pflicht zur Aufstellung des Konzernabschlusses und des Konzernlageberichts befreit war. [2]§ 267 Abs. 4 Satz 2 und 3 ist entsprechend anzuwenden.

(5) Die Absätze 1 und 4 sind nicht anzuwenden, wenn das Mutterunternehmen oder ein in dessen Konzernabschluss einbezogenes Tochterunternehmen am Abschlussstichtag kapitalmarktorientiert im Sinn des § 264d ist oder es den Vorschriften des Ersten oder Zweiten Unterabschnitts des Vierten Abschnitts unterworfen ist.

Zweiter Titel. Konsolidierungskreis

§ 294 Einzubeziehende Unternehmen. Vorlage- und Auskunftspflichten

(1) In den Konzernabschluß sind das Mutterunternehmen und alle Tochterunternehmen ohne Rücksicht auf den Sitz und die Rechtsform der Tochterunternehmen einzubeziehen, sofern die Einbeziehung nicht nach § 296 unterbleibt.

(2) Hat sich die Zusammensetzung der in den Konzernabschluß einbezogenen Unternehmen im Laufe des Geschäftsjahrs wesentlich geändert, so sind in den Konzernabschluß Angaben aufzunehmen, die es ermöglichen, die aufeinanderfolgenden Konzernabschlüsse sinnvoll zu vergleichen.

(3) [1]Die Tochterunternehmen haben dem Mutterunternehmen ihre Jahresabschlüsse, Einzelabschlüsse nach § 325 Abs. 2a, Lageberichte, gesonderten nichtfinanziellen Berichte, Konzernabschlüsse, Konzernlageberichte, gesonderten nichtfinanziellen Konzernberichte und, wenn eine Abschlussprüfung stattgefunden hat, die Prüfungsberichte sowie, wenn ein Zwischenabschluß aufzustellen ist, einen auf den Stichtag des Konzernabschlusses aufgestellten Abschluß unverzüglich einzureichen. [2]Das Mutterunternehmen kann von jedem Tochterunternehmen alle Aufklärungen und Nachweise verlangen, welche die Aufstellung des Konzernabschlusses, des Konzernlageberichts und des gesonderten nichtfinanziellen Konzernberichts erfordert.

§ 295 *(aufgehoben)*

§ 296 Verzicht auf die Einbeziehung

(1) Ein Tochterunternehmen braucht in den Konzernabschluß nicht einbezogen zu werden, wenn

1. erhebliche und andauernde Beschränkungen die Ausübung der Rechte des Mutterunternehmens in bezug auf das Vermögen oder die Geschäftsführung dieses Unternehmens nachhaltig beeinträchtigen,
2. die für die Aufstellung des Konzernabschlusses erforderlichen Angaben nicht ohne unverhältnismäßig hohe Kosten oder unangemessene Verzögerungen zu erhalten sind, oder
3. die Anteile des Tochterunternehmens ausschließlich zum Zwecke ihrer Weiterveräußerung gehalten werden.

(2) [1]Ein Tochterunternehmen braucht in den Konzernabschluß nicht einbezogen zu werden, wenn es für die Verpflichtung, ein den tatsächlichen Verhältnissen entsprechendes Bild der Vermögens-, Finanz- und Ertragslage des Konzerns zu vermitteln, von untergeordneter Bedeutung ist. [2]Entsprechen mehrere Tochterunternehmen der Voraussetzung des Satzes 1, so sind diese Unternehmen in den Konzernabschluß einzubeziehen, wenn sie zusammen nicht von untergeordneter Bedeutung sind.

(3) Die Anwendung der Absätze 1 und 2 ist im Konzernanhang zu begründen.

Dritter Titel. Inhalt und Form des Konzernabschlusses

§ 297 Inhalt

(1) [1]Der Konzernabschluss besteht aus der Konzernbilanz, der Konzern-Gewinn- und Verlustrechnung, dem Konzernanhang, der Kapitalflussrechnung und dem Eigenkapitalspiegel. [2]Er kann um eine Segmentberichterstattung erweitert werden.

(1a) [1]Im Konzernabschluss sind die Firma, der Sitz, das Registergericht und die Nummer, unter der das Mutterunternehmen in das Handelsregister eingetragen ist, anzugeben. [2]Befindet sich das Mutterunternehmen in Liquidation oder Abwicklung, ist auch diese Tatsache anzugeben.

(2) [1]Der Konzernabschluß ist klar und übersichtlich aufzustellen. [2]Er hat unter Beachtung der Grundsätze ordnungsmäßiger Buchführung ein den tatsächlichen Verhältnissen entsprechendes Bild der Vermögens-, Finanz- und Ertragslage des Konzerns zu vermitteln. [3]Führen besondere Umstände dazu, daß der Konzernabschluß ein den tatsächlichen Verhältnissen entsprechendes Bild im Sinne des Satzes 2 nicht vermittelt, so sind im Konzernanhang zusätzliche Angaben zu machen. [4]Die gesetzlichen Vertreter eines Mutterunternehmens, das Inlandsemittent im Sinne des § 2 Absatz 14 des Wertpapierhandelsgesetzes und keine Kapitalgesellschaft im Sinne des § 327a ist, haben bei der Unterzeichnung schriftlich zu versichern, dass nach bestem Wissen der Konzernabschluss ein den tatsächlichen Verhältnissen entsprechendes Bild im Sinne des Satzes 2 vermittelt oder der Konzernanhang Angaben nach Satz 3 enthält.

(3) [1]Im Konzernabschluß ist die Vermögens-, Finanz- und Ertragslage der einbezogenen Unternehmen so darzustellen, als ob diese Unternehmen insgesamt ein einziges Unternehmen wären. [2]Die auf den vorhergehenden Konzernabschluß angewandten Konsolidierungsmethoden sind beizubehalten. [3]Abweichungen von Satz 2 sind in Ausnahmefällen zulässig. [4]Sie sind im Konzernanhang anzugeben und zu begründen. [5]Ihr Einfluß auf die Vermögens-, Finanz- und Ertragslage des Konzerns ist anzugeben.

§ 298 Anzuwendende Vorschriften. Erleichterungen

(1) Auf den Konzernabschluß sind, soweit seine Eigenart keine Abweichung bedingt oder in den folgenden Vorschriften nichts anderes bestimmt ist, die §§ 244 bis 256a, 264c, 265, 266, 268 Absatz 1 bis 7, die §§ 270, 271, 272 Absatz 1 bis 4, die §§ 274, 275 und 277 über den Jahresabschluß und die für die Rechtsform und den Geschäftszweig der in den Konzernabschluß einbezogenen Unternehmen mit Sitz im Geltungsbereich dieses Gesetzes geltenden Vorschriften, soweit sie für große Kapitalgesellschaften gelten, entsprechend anzuwenden.

(2) [1]Der Konzernanhang und der Anhang des Jahresabschlusses des Mutterunternehmens dürfen zusammengefaßt werden. [2]In diesem Falle müssen der Konzernabschluß und der Jahresabschluß des Mutterunternehmens gemeinsam offengelegt werden. [3]Aus dem zusammengefassten Anhang muss hervorgehen, welche Angaben sich auf den Konzern und welche Angaben sich nur auf das Mutterunternehmen beziehen.

§ 299 Stichtag für die Aufstellung

(1) Der Konzernabschluss ist auf den Stichtag des Jahresabschlusses des Mutterunternehmens aufzustellen.

(2) [1]Die Jahresabschlüsse der in den Konzernabschluß einbezogenen Unternehmen sollen auf den Stichtag des Konzernabschlusses aufgestellt werden. [2]Liegt der Abschlußstichtag eines Unternehmens um mehr als drei Monate vor dem Stichtag des Konzernabschlusses, so ist dieses Unternehmen aufgrund eines auf den Stichtag und den Zeitraum des Konzernabschlusses aufgestellten Zwischenabschlusses in den Konzernabschluß einzubeziehen.

(3) Wird bei abweichenden Abschlußstichtagen ein Unternehmen nicht auf der Grundlage eines auf den Stichtag und den Zeitraum des Konzernabschlusses aufgestellten Zwischenabschlusses in den Konzernabschluß einbezogen, so sind Vorgänge von besonderer Bedeutung für die Vermögens-, Finanz- und Ertragslage eines in den Konzernabschluß einbezogenen Unternehmens, die zwischen dem Abschlußstichtag dieses Unternehmens und dem Abschlußstichtag des Konzernabschlusses eingetreten sind, in der Konzernbilanz und der Konzern-Gewinn- und Verlustrechnung zu berücksichtigen oder im Konzernanhang anzugeben.

Vierter Titel. Vollkonsolidierung

§ 300 Konsolidierungsgrundsätze. Vollständigkeitsgebot

(1) [1]In dem Konzernabschluß ist der Jahresabschluß des Mutterunternehmens mit den Jahresabschlüssen der Tochterunternehmen zusammenzufassen. [2]An die Stelle der dem Mutterunternehmen gehörenden Anteile an den einbezogenen Tochterunternehmen treten die Vermögensgegenstände, Schulden, Rechnungsabgrenzungsposten und Sonderposten der Tochterunternehmen, soweit sie nach dem Recht des Mutterunternehmens bilanzierungsfähig sind und die Eigenart des Konzernabschlusses keine Abweichungen bedingt oder in den folgenden Vorschriften nichts anderes bestimmt ist.

(2) [1]Die Vermögensgegenstände, Schulden und Rechnungsabgrenzungsposten sowie die Erträge und Aufwendungen der in den Konzernabschluß einbezogenen Unternehmen sind unabhängig von ihrer Berücksichtigung in den Jahresabschlüssen dieser Unternehmen vollständig aufzunehmen, soweit nach dem Recht des Mutterunternehmens nicht ein Bilanzierungsverbot oder ein Bilanzierungswahlrecht besteht. [2]Nach dem Recht des Mutterunternehmens zulässige Bilanzierungswahlrechte dürfen im Konzernabschluß unabhängig von ihrer Ausübung in den Jahresabschlüssen der in den Konzernabschluß einbezogenen Unternehmen ausgeübt werden. [3]Ansätze, die auf der Anwendung von für Kreditinstitute oder Versicherungsunternehmen wegen der Besonderheiten des Geschäftszweigs geltenden Vorschriften beruhen, dürfen beibehalten werden; auf die Anwendung dieser Ausnahme ist im Konzernanhang hinzuweisen.

§ 301 Kapitalkonsolidierung

(1) [1]Der Wertansatz der dem Mutterunternehmen gehörenden Anteile an einem in den Konzernabschluß einbezogenen Tochterunternehmen wird mit dem auf diese Anteile entfallenden Betrag des Eigenkapitals des Tochterunternehmens verrechnet. [2]Das Eigenkapital ist mit dem Betrag anzusetzen, der dem Zeitwert der in den Konzernabschluss aufzunehmenden Vermögensgegenstände, Schulden, Rechnungsabgrenzungsposten und Sonderposten entspricht, der diesen an dem für die Verrechnung nach Absatz 2 maßgeblichen Zeitpunkt beizulegen ist. [3]Rückstellungen sind nach § 253 Abs. 1 Satz 2 und 3, Abs. 2 und latente Steuern nach § 274 Abs. 2 zu bewerten.

(2) [1]Die Verrechnung nach Absatz 1 ist auf Grundlage der Wertansätze zu dem Zeitpunkt durchzuführen, zu dem das Unternehmen Tochterunternehmen geworden ist. [2]Können die Wertansätze zu diesem Zeitpunkt nicht endgültig ermittelt werden, sind sie innerhalb der darauf folgenden zwölf Monate anzupassen. [3]Stellt ein Mutterunternehmen erstmalig einen Konzernabschluss auf, sind die Wertansätze zum Zeitpunkt der Einbeziehung des Tochterunternehmens in den Konzernabschluss zugrunde zu legen, soweit das Tochterunternehmen nicht in dem Jahr Tochterunternehmen geworden ist, für das der Konzernabschluss aufgestellt wird. [4]Das Gleiche gilt für die erstmalige Einbeziehung eines Tochterunternehmens, auf die bisher gemäß § 296 verzichtet wurde. [5]In Ausnahmefällen dürfen die Wertansätze nach Satz 1 auch in den Fällen der Sätze 3 und 4 zugrunde gelegt werden; dies ist im Konzernanhang anzugeben und zu begründen.

(3) [1]Ein nach der Verrechnung verbleibender Unterschiedsbetrag ist in der Konzernbilanz, wenn er auf der Aktivseite entsteht, als Geschäfts- oder Firmenwert und, wenn er auf der Passivseite entsteht, unter dem Posten „Unterschiedsbetrag aus der Kapitalkonsolidierung“ nach dem Eigenkapital auszuweisen. [2]Der Posten und wesentliche Änderungen gegenüber dem Vorjahr sind im Konzernanhang zu erläutern.

(4) Anteile an dem Mutterunternehmen, die einem in den Konzernabschluss einbezogenen Tochterunternehmen gehören, sind in der Konzernbilanz als eigene Anteile des Mutterunternehmens mit ihrem Nennwert oder, falls ein solcher nicht vorhanden ist, mit ihrem rechnerischen Wert, in der Vorspalte offen von dem Posten „Gezeichnetes Kapital“ abzusetzen.

§ 302 *(aufgehoben)*

§ 303 Schuldenkonsolidierung

(1) Ausleihungen und andere Forderungen, Rückstellungen und Verbindlichkeiten zwischen den in den Konzernabschluß einbezogenen Unternehmen sowie entsprechende Rechnungsabgrenzungsposten sind wegzulassen.

(2) Absatz 1 braucht nicht angewendet zu werden, wenn die wegzulassenden Beträge für die Vermittlung eines den tatsächlichen Verhältnissen entsprechenden Bildes der Vermögens-, Finanz- und Ertragslage des Konzerns nur von untergeordneter Bedeutung sind.

§ 304 Behandlung der Zwischenergebnisse

(1) In den Konzernabschluß zu übernehmende Vermögensgegenstände, die ganz oder teilweise auf Lieferungen oder Leistungen zwischen in den Konzernabschluß einbezogenen Unternehmen beruhen, sind in der Konzernbilanz mit einem Betrag anzusetzen, zu dem sie in der auf den Stichtag des Konzernabschlusses aufgestellten Jahresbilanz dieses Unternehmens angesetzt werden könnten, wenn die in den Konzernabschluß einbezogenen Unternehmen auch rechtlich ein einziges Unternehmen bilden würden.

(2) Absatz 1 braucht nicht angewendet zu werden, wenn die Behandlung der Zwischenergebnisse nach Absatz 1 für die Vermittlung eines den tatsächlichen Verhältnissen entsprechenden Bildes der Vermögens-, Finanz- und Ertragslage des Konzerns nur von untergeordneter Bedeutung ist.

§ 305 Aufwands- und Ertragskonsolidierung

(1) In der Konzern-Gewinn- und Verlustrechnung sind

1. bei den Umsatzerlösen die Erlöse aus Lieferungen und Leistungen zwischen den in den Konzernabschluß einbezogenen Unternehmen mit den auf sie entfallenden Aufwendungen zu verrechnen, soweit sie nicht als Erhöhung des Bestands an fertigen und unfertigen Erzeugnissen oder als andere aktivierte Eigenleistungen auszuweisen sind,
2. andere Erträge aus Lieferungen und Leistungen zwischen den in den Konzernabschluß einbezogenen Unternehmen mit den auf sie entfallenden Aufwendungen zu verrechnen, soweit sie nicht als andere aktivierte Eigenleistungen auszuweisen sind.

(2) Aufwendungen und Erträge brauchen nach Absatz 1 nicht weggelassen zu werden, wenn die wegzulassenden Beträge für die Vermittlung eines den tatsächlichen Verhältnissen entsprechenden Bildes der Vermögens-, Finanz- und Ertragslage des Konzerns nur von untergeordneter Bedeutung sind.

§ 306 Latente Steuern

[1]Führen Maßnahmen, die nach den Vorschriften dieses Titels durchgeführt worden sind, zu Differenzen zwischen den handelsrechtlichen Wertansätzen der Vermögensgegenstände, Schulden oder Rechnungsabgrenzungsposten und deren steuerlichen Wertansätzen und bauen sich diese Differenzen in späteren Geschäftsjahren voraussichtlich wieder ab, so ist eine sich insgesamt ergebende Steuerbelastung als passive latente Steuern und eine sich insgesamt ergebende Steuerentlastung als aktive latente Steuern in der Konzernbilanz anzusetzen. [2]Die sich ergebende Steuerbe- und die sich ergebende Steuerentlastung können auch unverrechnet angesetzt werden. [3]Differenzen aus dem erstmaligen Ansatz eines nach § 301 Abs. 3 verbleibenden Unterschiedsbetrages bleiben unberücksichtigt. [4]Das Gleiche gilt für Differenzen, die sich zwischen dem steuerlichen Wertansatz einer Beteiligung an einem Tochterunternehmen, assoziierten Unternehmen oder einem Gemeinschaftsunternehmen im Sinn des § 310 Abs. 1 und dem handelsrechtlichen Wertansatz des im Konzernabschluss angesetzten Nettovermögens ergeben. [5]§ 274 Abs. 2 ist entsprechend anzuwenden. [6]Die Posten dürfen mit den Posten nach § 274 zusammengefasst werden.

§ 307 Anteile anderer Gesellschafter

(1) In der Konzernbilanz ist für nicht dem Mutterunternehmen gehörende Anteile an in den Konzernabschluß einbezogenen Tochterunternehmen ein Ausgleichsposten für die Anteile der anderen Gesellschafter in Höhe ihres Anteils am Eigenkapital unter dem Posten „nicht beherrschende Anteile" innerhalb des Eigenkapitals gesondert auszuweisen.

(2) In der Konzern-Gewinn- und Verlustrechnung ist der im Jahresergebnis enthaltene, anderen Gesellschaftern zustehende Gewinn und der auf sie entfallende Verlust nach dem Posten „Jahresüberschuß/Jahresfehlbetrag" unter dem Posten „nicht beherrschende Anteile" gesondert auszuweisen.

Fünfter Titel. Bewertungsvorschriften

§ 308 Einheitliche Bewertung

(1) [1]Die in den Konzernabschluß nach § 300 Abs. 2 übernommenen Vermögensgegenstände und Schulden der in den Konzernabschluß einbezogenen Unternehmen sind nach den auf den Jahresabschluß des Mutterunternehmens anwendbaren Bewertungsmethoden einheitlich zu bewerten. [2]Nach dem Recht des Mutterunternehmens zulässige Bewertungswahlrechte können im Konzernabschluß unabhängig von ihrer Ausübung in den Jahresabschlüssen der in den Konzernabschluß einbezogenen Unternehmen ausgeübt werden. [3]Abweichungen von den auf den Jahresabschluß des Mutterunternehmens angewandten Bewertungsmethoden sind im Konzernanhang anzugeben und zu begründen.

(2) [1]Sind in den Konzernabschluß aufzunehmende Vermögensgegenstände oder Schulden des Mutterunternehmens oder der Tochterunternehmen in den Jahresabschlüssen dieser Unternehmen nach Methoden bewertet worden, die sich von denen unterscheiden, die auf den Konzernabschluß anzuwenden sind oder die von den gesetzlichen Vertretern des Mutterunternehmens in Ausübung von Bewertungswahlrechten auf den Konzernabschluß angewendet werden, so sind die abweichend bewerteten Vermögensgegenstände oder Schulden nach den auf den Konzernabschluß angewandten Bewertungsmethoden neu zu bewerten und mit den neuen Wertansätzen in den Konzernabschluß zu übernehmen. [2]Wertansätze, die auf der Anwendung von für Kreditinstitute oder Versicherungsunternehmen wegen der Besonderheiten des Geschäftszweigs geltenden Vorschriften beruhen, dürfen beibehalten werden; auf die Anwendung dieser Ausnahme ist im Konzern-

anhang hinzuweisen. [3]Eine einheitliche Bewertung nach Satz 1 braucht nicht vorgenommen zu werden, wenn ihre Auswirkungen für die Vermittlung eines den tatsächlichen Verhältnissen entsprechenden Bildes der Vermögens-, Finanz- und Ertragslage des Konzerns nur von untergeordneter Bedeutung sind. [4]Darüber hinaus sind Abweichungen in Ausnahmefällen zulässig; sie sind im Konzernanhang anzugeben und zu begründen.

(3) *(aufgehoben)*

§ 308a Umrechnung von auf fremde Währung lautenden Abschlüssen

[1]Die Aktiv- und Passivposten einer auf fremde Währung lautenden Bilanz sind, mit Ausnahme des Eigenkapitals, das zum historischen Kurs in Euro umzurechnen ist, zum Devisenkassamittelkurs am Abschlussstichtag in Euro umzurechnen. [2]Die Posten der Gewinn- und Verlustrechnung sind zum Durchschnittskurs in Euro umzurechnen. [3]Eine sich ergebende Umrechnungsdifferenz ist innerhalb des Konzerneigenkapitals nach den Rücklagen unter dem Posten „Eigenkapitaldifferenz aus Währungsumrechnung" auszuweisen. [4]Bei teilweisem oder vollständigem Ausscheiden des Tochterunternehmens ist der Posten in entsprechender Höhe erfolgswirksam aufzulösen.

§ 309 Behandlung des Unterschiedsbetrags

(1) Die Abschreibung eines nach § 301 Abs. 3 auszuweisenden Geschäfts- oder Firmenwertes bestimmt sich nach den Vorschriften des Ersten Abschnitts.

(2) Ein nach § 301 Absatz 3 auf der Passivseite auszuweisender Unterschiedsbetrag kann ergebniswirksam aufgelöst werden, soweit ein solches Vorgehen den Grundsätzen der §§ 297 und 298 in Verbindung mit den Vorschriften des Ersten Abschnitts entspricht.

Sechster Titel. Anteilmäßige Konsolidierung

§ 310 Anteilmäßige Konsolidierung

(1) Führt ein in einen Konzernabschluß einbezogenes Mutter- oder Tochterunternehmen ein anderes Unternehmen gemeinsam mit einem oder mehreren nicht in den Konzernabschluß einbezogenen Unternehmen, so darf das andere Unternehmen in den Konzernabschluß entsprechend den Anteilen am Kapital einbezogen werden, die dem Mutterunternehmen gehören.

(2) Auf die anteilmäßige Konsolidierung sind die §§ 297 bis 301, §§ 303 bis 306, 308, 308a, 309 entsprechend anzuwenden.

Siebenter Titel. Assoziierte Unternehmen

§ 311 Definition. Befreiung

(1) [1]Wird von einem in den Konzernabschluß einbezogenen Unternehmen ein maßgeblicher Einfluß auf die Geschäfts- und Finanzpolitik eines nicht einbezogenen Unternehmens, an dem das Unternehmen nach § 271 Abs. 1 beteiligt ist, ausgeübt (assoziiertes Unternehmen), so ist diese Beteiligung in der Konzernbilanz unter einem besonderen Posten mit entsprechender Bezeichnung auszuweisen. [2]Ein maßgeblicher Einfluß wird vermutet, wenn ein Unternehmen bei einem anderen Unternehmen mindestens den fünften Teil der Stimmrechte der Gesellschafter innehat.

(2) Auf eine Beteiligung an einem assoziierten Unternehmen brauchen Absatz 1 und § 312 nicht angewendet zu werden, wenn die Beteiligung für die Vermittlung eines den tatsächlichen Verhältnissen entsprechenden Bildes der Vermögens-, Finanz- und Ertragslage des Konzerns von untergeordneter Bedeutung ist.

§ 312 Wertansatz der Beteiligung und Behandlung des Unterschiedsbetrags

(1) [1]Eine Beteiligung an einem assoziierten Unternehmen ist in der Konzernbilanz mit dem Buchwert anzusetzen. [2]Der Unterschiedsbetrag zwischen dem Buchwert und dem anteiligen Eigenkapital des assoziierten Unternehmens sowie ein darin enthaltener Geschäfts- oder Firmenwert oder passiver Unterschiedsbetrag sind im Konzernanhang anzugeben.

(2) [1]Der Unterschiedsbetrag nach Absatz 1 Satz 2 ist den Wertansätzen der Vermögensgegenstände, Schulden, Rechnungsabgrenzungsposten und Sonderposten des assoziierten Unternehmens insoweit zuzuordnen, als deren beizulegender Zeitwert höher oder niedriger ist als ihr Buchwert. [2]Der nach Satz 1 zugeordnete Unterschiedsbetrag ist entsprechend der Behandlung der Wertansätze dieser Vermögensgegenstände, Schulden, Rechnungsabgrenzungsposten und Sonderposten im Jahresabschluss des assoziierten Unternehmens im Konzernabschluss fortzuführen, abzuschreiben oder aufzulösen. [3]Auf einen nach Zuordnung nach Satz 1 verbleibenden Geschäfts- oder Firmenwert oder passiven Unterschiedsbetrag ist § 309 entsprechend anzuwenden. [4]§ 301 Abs. 1 Satz 3 ist entsprechend anzuwenden.

(3) [1]Der Wertansatz der Beteiligung und der Unterschiedsbetrag sind auf der Grundlage der Wertansätze zu dem Zeitpunkt zu ermitteln, zu dem das Unternehmen assoziiertes Unternehmen geworden ist. [2]Können die Wertansätze zu diesem Zeitpunkt nicht endgültig ermittelt werden, sind sie innerhalb der darauf folgenden zwölf Monate anzupassen. [3]§ 301 Absatz 2 Satz 3 bis 5 gilt entsprechend.

(4) [1]Der nach Absatz 1 ermittelte Wertansatz einer Beteiligung ist in den Folgejahren um den Betrag der Eigenkapitalveränderungen, die den dem Mutterunternehmen gehörenden Anteilen am Kapital des assoziierten Unternehmens entsprechen, zu erhöhen oder zu vermindern; auf die Beteiligung entfallende Gewinnausschüttungen sind abzusetzen. [2]In der Konzern-Gewinn- und Verlustrechnung ist das auf assoziierte Beteiligungen entfallende Ergebnis unter einem gesonderten Posten auszuweisen.

(5) [1]Wendet das assoziierte Unternehmen in seinem Jahresabschluß vom Konzernabschluß abweichende Bewertungsmethoden an, so können abweichend bewertete Vermögensgegenstände oder Schulden für die Zwecke der Absätze 1 bis 4 nach den auf den Konzernabschluß angewandten Bewertungsmethoden bewertet werden. [2]Wird die Bewertung nicht angepaßt, so ist dies im Konzernanhang anzugeben. [3]Die §§ 304 und 306 sind entsprechend anzuwenden, soweit die für die Beurteilung maßgeblichen Sachverhalte bekannt oder zugänglich sind.

(6) [1]Es ist jeweils der letzte Jahresabschluß des assoziierten Unternehmens zugrunde zu legen. [2]Stellt das assoziierte Unternehmen einen Konzernabschluß auf, so ist von diesem und nicht vom Jahresabschluß des assoziierten Unternehmens auszugehen.

Achter Titel. Konzernanhang

§ 313 Erläuterung der Konzernbilanz und der Konzern-Gewinn- und Verlustrechnung. Angaben zum Beteiligungsbesitz

(1) [1]In den Konzernanhang sind diejenigen Angaben aufzunehmen, die zu einzelnen Posten der Konzernbilanz oder der Konzern-Gewinn- und Verlustrechnung vorgeschrieben sind; diese Angaben sind in der Reihenfolge der einzelnen Posten der Konzernbilanz und der Konzern-Gewinn- und Verlustrechnung darzustellen. [2]Im Konzernanhang sind auch die Angaben zu machen, die in Ausübung eines Wahlrechts nicht in die Konzernbilanz oder in die Konzern-Gewinn- und Verlustrechnung aufgenommen wurden. [3]Im Konzernanhang müssen

1. die auf die Posten der Konzernbilanz und der Konzern-Gewinn- und Verlustrechnung angewandten Bilanzierungs- und Bewertungsmethoden angegeben werden;
2. Abweichungen von Bilanzierungs-, Bewertungs- und Konsolidierungsmethoden angegeben und begründet werden; deren Einfluß auf die Vermögens-, Finanz- und Ertragslage des Konzerns ist gesondert darzustellen.

(2) Im Konzernanhang sind außerdem anzugeben:

1. Name und Sitz der in den Konzernabschluß einbezogenen Unternehmen, der Anteil am Kapital der Tochterunternehmen, der dem Mutterunternehmen und den in den Konzernabschluß einbezogenen Tochterunternehmen gehört oder von einer für Rechnung dieser Unternehmen handelnden Person gehalten wird, sowie der zur Einbeziehung in den Konzernabschluß verpflichtende Sachverhalt, sofern die Einbeziehung nicht auf einer der Kapitalbeteiligung entsprechenden Mehrheit der Stimmrechte beruht. [2]Diese Angaben sind auch für Tochterunternehmen zu machen, die nach den § 296 nicht einbezogen worden sind;
2. Name und Sitz der assoziierten Unternehmen, der Anteil am Kapital der assoziierten Unternehmen, der dem Mutterunternehmen und den in den Konzernabschluß einbezogenen Tochterunternehmen gehört oder von einer für Rechnung dieser Unternehmen handelnden Person gehalten wird. [2]Die Anwendung des § 311 Abs. 2 ist jeweils anzugeben und zu begründen;
3. Name und Sitz der Unternehmen, die nach § 310 nur anteilmäßig in den Konzernabschluß einbezogen worden sind, der Tatbestand, aus dem sich die Anwendung dieser Vorschrift ergibt, sowie der Anteil am Kapital dieser Unternehmen, der dem Mutterunternehmen und den in den Konzernabschluß einbezogenen Tochterunternehmen gehört oder von einer für Rechnung dieser Unternehmen handelnden Person gehalten wird;
4. Name und Sitz anderer Unternehmen, die Höhe des Anteils am Kapital, das Eigenkapital und das Ergebnis des letzten Geschäftsjahrs dieser Unternehmen, für das ein Jahresabschluss vorliegt, soweit es sich um Beteiligungen im Sinne des § 271 Absatz 1 handelt oder ein solcher Anteil von einer Person für Rechnung des Mutterunternehmens oder eines anderen in den Konzernabschluss einbezogenen Unternehmens gehalten wird;
5. alle nicht nach den Nummern 1 bis 4 aufzuführenden Beteiligungen an großen Kapitalgesellschaften, die 5 Prozent der Stimmrechte überschreiten, wenn sie von einem börsennotierten Mutterunternehmen, börsennotierten Tochterunternehmen oder von einer für Rechnung eines dieser Unternehmen handelnden Person gehalten werden;
6. Name, Sitz und Rechtsform der Unternehmen, deren unbeschränkt haftender Gesellschafter das Mutterunternehmen oder ein anderes in den Konzernabschluss einbezogenes Unternehmen ist;
7. Name und Sitz des Unternehmens, das den Konzernabschluss für den größten Kreis von Unternehmen aufstellt, dem das Mutterunternehmen als Tochterunternehmen angehört, und im Falle der Offenlegung des von diesem anderen Mutterunternehmen aufgestellten Konzernabschlusses der Ort, wo dieser erhältlich ist;
8. Name und Sitz des Unternehmens, das den Konzernabschluss für den kleinsten Kreis von Unternehmen aufstellt, dem das Mutterunternehmen als Tochterunternehmen angehört, und im Falle der Offenlegung des von diesem anderen Mutterunternehmen aufgestellten Konzernabschlusses der Ort, wo dieser erhältlich ist.

(3) [1]Die in Absatz 2 verlangten Angaben brauchen insoweit nicht gemacht zu werden, als nach vernünftiger kaufmännischer Beurteilung damit gerechnet werden muß, daß

durch die Angaben dem Mutterunternehmen, einem Tochterunternehmen oder einem anderen in Absatz 2 bezeichneten Unternehmen erhebliche Nachteile entstehen können. [2]Die Anwendung der Ausnahmeregelung ist im Konzernanhang anzugeben. [3]Satz 1 gilt nicht, wenn ein Mutterunternehmen oder eines seiner Tochterunternehmen kapitalmarktorientiert im Sinn des § 264d ist. [4]Die Angaben nach Absatz 2 Nummer 4 und 5 brauchen nicht gemacht zu werden, wenn sie für die Vermittlung eines den tatsächlichen Verhältnissen entsprechenden Bilds der Vermögens-, Finanz- und Ertragslage des Konzerns von untergeordneter Bedeutung sind. [5]Die Pflicht zur Angabe von Eigenkapital und Ergebnis nach Absatz 2 Nummer 4 braucht auch dann nicht erfüllt zu werden, wenn das in Anteilsbesitz stehende Unternehmen seinen Jahresabschluss nicht offenlegt.

(4) § 284 Absatz 2 Nummer 4 und Absatz 3 ist entsprechend anzuwenden.

§ 314[1] Sonstige Pflichtangaben

(1) Im Konzernanhang sind ferner anzugeben:

1. der Gesamtbetrag der in der Konzernbilanz ausgewiesenen Verbindlichkeiten mit einer Restlaufzeit von mehr als fünf Jahren sowie der Gesamtbetrag der in der Konzernbilanz ausgewiesenen Verbindlichkeiten, die von in den Konzernabschluß einbezogenen Unternehmen durch Pfandrechte oder ähnliche Rechte gesichert sind, unter Angabe von Art und Form der Sicherheiten;
2. Art und Zweck sowie Risiken, Vorteile und finanzielle Auswirkungen von nicht in der Konzernbilanz enthaltenen Geschäften des Mutterunternehmens und der in den Konzernabschluss einbezogenen Tochterunternehmen, soweit die Risiken und Vorteile wesentlich sind und die Offenlegung für die Beurteilung der Finanzlage des Konzerns erforderlich ist;

2a. der Gesamtbetrag der sonstigen finanziellen Verpflichtungen, die nicht in der Konzernbilanz enthalten sind und die nicht nach § 298 Absatz 1 in Verbindung mit § 268 Absatz 7 oder nach Nummer 2 anzugeben sind, sofern diese Angabe für die Beurteilung der Finanzlage des Konzerns von Bedeutung ist; davon sind Verpflichtungen betreffend die Altersversorgung sowie Verpflichtungen gegenüber Tochterunternehmen, die nicht in den Konzernabschluss einbezogen werden, oder gegenüber assoziierten Unternehmen jeweils gesondert anzugeben;

3. die Aufgliederung der Umsatzerlöse des Konzerns nach Tätigkeitsbereichen sowie nach geografisch bestimmten Märkten, soweit sich unter Berücksichtigung der Organisation des Verkaufs, der Vermietung oder Verpachtung von Produkten und der Erbringung von Dienstleistungen des Konzerns die Tätigkeitsbereiche und geografisch bestimmten Märkte untereinander erheblich unterscheiden;
4. die durchschnittliche Zahl der Arbeitnehmer der in den Konzernabschluss einbezogenen Unternehmen während des Geschäftsjahrs, getrennt nach Gruppen und gesondert für die nach § 310 nur anteilmäßig konsolidierten Unternehmen, sowie, falls er nicht gesondert in der Konzern-Gewinn- und Verlustrechnung ausgewiesen ist, der in dem Geschäftsjahr entstandene gesamte Personalaufwand, aufgeschlüsselt nach Löhnen und Gehältern, Kosten der sozialen Sicherheit und Kosten der Altersversorgung;
5. *(aufgehoben)*
6. für die Mitglieder des Geschäftsführungsorgans, eines Aufsichtsrats, eines Beirats oder einer ähnlichen Einrichtung des Mutterunternehmens, jeweils für jede Personengruppe:

---

1) § 314 Abs. 1 Nr. 6 Buchstabe a Sätze 5 bis 8 aufgehoben durch Gesetz vom 12.12.2019 (BGBl. I S. 2637); s. dazu Artikel 83 EGHGB (abgedruckt unter Nr. 1a.).

a) die für die Wahrnehmung ihrer Aufgaben im Mutterunternehmen und den Tochterunternehmen im Geschäftsjahr gewährten Gesamtbezüge (Gehälter, Gewinnbeteiligungen, Bezugsrechte und sonstige aktienbasierte Vergütungen, Aufwandsentschädigungen, Versicherungsentgelte, Provisionen und Nebenleistungen jeder Art). [2]In die Gesamtbezüge sind auch Bezüge einzurechnen, die nicht ausgezahlt, sondern in Ansprüche anderer Art umgewandelt oder zur Erhöhung anderer Ansprüche verwendet werden. [3]Außer den Bezügen für das Geschäftsjahr sind die weiteren Bezüge anzugeben, die im Geschäftsjahr gewährt, bisher aber in keinem Konzernabschluss angegeben worden sind. [4]Bezugsrechte und sonstige aktienbasierte Vergütungen sind mit ihrer Anzahl und dem beizulegenden Zeitwert zum Zeitpunkt ihrer Gewährung anzugeben; spätere Wertveränderungen, die auf einer Änderung der Ausübungsbedingungen beruhen, sind zu berücksichtigen;

b) die für die Wahrnehmung ihrer Aufgaben im Mutterunternehmen und den Tochterunternehmen gewährten Gesamtbezüge (Abfindungen, Ruhegehälter, Hinterbliebenenbezüge und Leistungen verwandter Art) der früheren Mitglieder der bezeichneten Organe und ihrer Hinterbliebenen; Buchstabe a Satz 2 und 3 ist entsprechend anzuwenden. [2]Ferner ist der Betrag der für diese Personengruppe gebildeten Rückstellungen für laufende Pensionen und Anwartschaften auf Pensionen und der Betrag der für diese Verpflichtungen nicht gebildeten Rückstellungen anzugeben;

c) die vom Mutterunternehmen und den Tochterunternehmen gewährten Vorschüsse und Kredite unter Angabe der gegebenenfalls im Geschäftsjahr zurückgezahlten oder erlassenen Beträge sowie die zugunsten dieser Personen eingegangenen Haftungsverhältnisse;

7. der Bestand an Anteilen an dem Mutterunternehmen, die das Mutterunternehmen oder ein Tochterunternehmen oder ein anderer für Rechnung eines in den Konzernabschluß einbezogenen Unternehmens erworben oder als Pfand genommen hat; dabei sind die Zahl und der Nennbetrag oder rechnerische Wert dieser Anteile sowie deren Anteil am Kapital anzugeben;

7a. die Zahl der Aktien jeder Gattung der während des Geschäftsjahrs im Rahmen des genehmigten Kapitals gezeichneten Aktien des Mutterunternehmens, wobei zu Nennbetragsaktien der Nennbetrag und zu Stückaktien der rechnerische Wert für jede von ihnen anzugeben ist;

7b. das Bestehen von Genussscheinen, Wandelschuldverschreibungen, Optionsscheinen, Optionen oder vergleichbaren Wertpapieren oder Rechten, aus denen das Mutterunternehmen verpflichtet ist, unter Angabe der Anzahl und der Rechte, die sie verbriefen;

8. für jedes in den Konzernabschluss einbezogene börsennotierte Unternehmen, dass die nach § 161 des Aktiengesetzes vorgeschriebene Erklärung abgegeben und wo sie öffentlich zugänglich gemacht worden ist;

9. das von dem Abschlussprüfer des Konzernabschlusses für das Geschäftsjahr berechnete Gesamthonorar, aufgeschlüsselt in das Honorar für

a) die Abschlussprüfungsleistungen,

b) andere Bestätigungsleistungen,

c) Steuerberatungsleistungen,

d) sonstige Leistungen;

10. für zu den Finanzanlagen (§ 266 Abs. 2 A. III.) gehörende Finanzinstrumente, die in der Konzernbilanz über ihrem beizulegenden Zeitwert ausgewiesen werden, da eine außerplanmäßige Abschreibung gemäß § 253 Absatz 3 Satz 6 unterblieben ist,
    a) der Buchwert und der beizulegende Zeitwert der einzelnen Vermögensgegenstände oder angemessener Gruppierungen sowie
    b) die Gründe für das Unterlassen der Abschreibung einschließlich der Anhaltspunkte, die darauf hindeuten, dass die Wertminderung voraussichtlich nicht von Dauer ist;
11. für jede Kategorie nicht zum beizulegenden Zeitwert bilanzierter derivativer Finanzinstrumente
    a) deren Art und Umfang,
    b) deren beizulegender Zeitwert, soweit er sich nach § 255 Abs. 4 verlässlich ermitteln lässt, unter Angabe der angewandten Bewertungsmethode,
    c) deren Buchwert und der Bilanzposten, in welchem der Buchwert, soweit vorhanden, erfasst ist, sowie
    d) die Gründe dafür, warum der beizulegende Zeitwert nicht bestimmt werden kann;
12. für mit dem beizulegenden Zeitwert bewertete Finanzinstrumente
    a) die grundlegenden Annahmen, die der Bestimmung des beizulegenden Zeitwertes mit Hilfe allgemein anerkannter Bewertungsmethoden zugrunde gelegt wurden, sowie
    b) Umfang und Art jeder Kategorie derivativer Finanzinstrumente einschließlich der wesentlichen Bedingungen, welche die Höhe, den Zeitpunkt und die Sicherheit künftiger Zahlungsströme beeinflussen können;
13. zumindest die nicht zu marktüblichen Bedingungen zustande gekommenen Geschäfte des Mutterunternehmens und seiner Tochterunternehmen, soweit sie wesentlich sind, mit nahe stehenden Unternehmen und Personen, einschließlich Angaben zur Art der Beziehung, zum Wert der Geschäfte sowie weiterer Angaben, die für die Beurteilung der Finanzlage des Konzerns notwendig sind; ausgenommen sind Geschäfte zwischen in einen Konzernabschluss einbezogenen nahestehenden Unternehmen, wenn diese Geschäfte bei der Konsolidierung weggelassen werden; Angaben über Geschäfte können nach Geschäftsarten zusammengefasst werden, sofern die getrennte Angabe für die Beurteilung der Auswirkungen auf die Finanzlage des Konzerns nicht notwendig ist;
14. im Fall der Aktivierung nach § 248 Abs. 2 der Gesamtbetrag der Forschungs- und Entwicklungskosten des Geschäftsjahres der in den Konzernabschluss einbezogenen Unternehmen sowie der davon auf die selbst geschaffenen immateriellen Vermögensgegenstände des Anlagevermögens entfallende Betrag;
15. bei Anwendung des § 254 im Konzernabschluss,
    a) mit welchem Betrag jeweils Vermögensgegenstände, Schulden, schwebende Geschäfte und mit hoher Wahrscheinlichkeit erwartete Transaktionen zur Absicherung welcher Risiken in welche Arten von Bewertungseinheiten einbezogen sind sowie die Höhe der mit Bewertungseinheiten abgesicherten Risiken;
    b) für die jeweils abgesicherten Risiken, warum, in welchem Umfang und für welchen Zeitraum sich die gegenläufigen Wertänderungen oder Zahlungsströme künftig voraussichtlich ausgleichen einschließlich der Methode der Ermittlung;

c) eine Erläuterung der mit hoher Wahrscheinlichkeit erwarteten Transaktionen, die in Bewertungseinheiten einbezogen wurden,

soweit die Angaben nicht im Konzernlagebericht gemacht werden;

16. zu den in der Konzernbilanz ausgewiesenen Rückstellungen für Pensionen und ähnliche Verpflichtungen das angewandte versicherungsmathematische Berechnungsverfahren sowie die grundlegenden Annahmen der Berechnung, wie Zinssatz, erwartete Lohn- und Gehaltssteigerungen und zugrunde gelegte Sterbetafeln;
17. im Fall der Verrechnung von in der Konzernbilanz ausgewiesenen Vermögensgegenständen und Schulden nach § 246 Abs. 2 Satz 2 die Anschaffungskosten und der beizulegende Zeitwert der verrechneten Vermögensgegenstände, der Erfüllungsbetrag der verrechneten Schulden sowie die verrechneten Aufwendungen und Erträge; Nummer 12 Buchstabe a ist entsprechend anzuwenden;
18. zu den in der Konzernbilanz ausgewiesenen Anteilen an Sondervermögen im Sinn des § 1 Absatz 10 des Kapitalanlagegesetzbuchs oder Anlageaktien an Investmentaktiengesellschaften mit veränderlichem Kapital im Sinn der §§ 108 bis 123 des Kapitalanlagegesetzbuchs oder vergleichbaren EU-Investmentvermögen oder vergleichbaren ausländischen Investmentvermögen von mehr als dem zehnten Teil, aufgegliedert nach Anlagezielen, deren Wert im Sinn der §§ 168, 278 des Kapitalanlagegesetzbuchs oder des § 36 des Investmentgesetzes in der bis zum 21. Juli 2013 geltenden Fassung oder vergleichbarer ausländischer Vorschriften über die Ermittlung des Marktwertes, die Differenz zum Buchwert und die für das Geschäftsjahr erfolgte Ausschüttung sowie Beschränkungen in der Möglichkeit der täglichen Rückgabe; darüber hinaus die Gründe dafür, dass eine Abschreibung gemäß § 253 Absatz 3 Satz 6 unterblieben ist, einschließlich der Anhaltspunkte, die darauf hindeuten, dass die Wertminderung voraussichtlich nicht von Dauer ist; Nummer 10 ist insoweit nicht anzuwenden;
19. für nach § 268 Abs. 7 im Konzernanhang ausgewiesene Verbindlichkeiten und Haftungsverhältnisse die Gründe der Einschätzung des Risikos der Inanspruchnahme;
20. jeweils eine Erläuterung des Zeitraums, über den ein entgeltlich erworbener Geschäfts- oder Firmenwert abgeschrieben wird;
21. auf welchen Differenzen oder steuerlichen Verlustvorträgen die latenten Steuern beruhen und mit welchen Steuersätzen die Bewertung erfolgt ist;
22. wenn latente Steuerschulden in der Konzernbilanz angesetzt werden, die latenten Steuersalden am Ende des Geschäftsjahrs und die im Laufe des Geschäftsjahrs erfolgten Änderungen dieser Salden;
23. jeweils den Betrag und die Art der einzelnen Erträge und Aufwendungen von außergewöhnlicher Größenordnung oder außergewöhnlicher Bedeutung, soweit die Beträge nicht von untergeordneter Bedeutung sind;
24. eine Erläuterung der einzelnen Erträge und Aufwendungen hinsichtlich ihres Betrages und ihrer Art, die einem anderen Konzerngeschäftsjahr zuzurechnen sind, soweit die Beträge für die Beurteilung der Vermögens-, Finanz- und Ertragslage des Konzerns nicht von untergeordneter Bedeutung sind;
25. Vorgänge von besonderer Bedeutung, die nach dem Schluss des Konzerngeschäftsjahrs eingetreten und weder in der Konzern-Gewinn- und Verlustrechnung noch in der Konzernbilanz berücksichtigt sind, unter Angabe ihrer Art und ihrer finanziellen Auswirkungen;

26. der Vorschlag für die Verwendung des Ergebnisses des Mutterunternehmens oder gegebenenfalls der Beschluss über die Verwendung des Ergebnisses des Mutterunternehmens.

(2) Mutterunternehmen, die den Konzernabschluss um eine Segmentberichterstattung erweitern (§ 297 Abs. 1 Satz 2), sind von der Angabepflicht gemäß Absatz 1 Nr. 3 befreit.

(3) Für die Angabepflicht gemäß Absatz 1 Nummer 6 Buchstabe a und b gilt § 286 Absatz 4 entsprechend.

Neunter Titel. Konzernlagebericht

§ 315 Inhalt des Konzernlageberichts

(1) [1]Im Konzernlagebericht sind der Geschäftsverlauf einschließlich des Geschäftsergebnisses und die Lage des Konzerns so darzustellen, dass ein den tatsächlichen Verhältnissen entsprechendes Bild vermittelt wird. [2]Er hat eine ausgewogene und umfassende, dem Umfang und der Komplexität der Geschäftstätigkeit entsprechende Analyse des Geschäftsverlaufs und der Lage des Konzerns zu enthalten. [3]In die Analyse sind die für die Geschäftstätigkeit bedeutsamsten finanziellen Leistungsindikatoren einzubeziehen und unter Bezugnahme auf die im Konzernabschluss ausgewiesenen Beträge und Angaben zu erläutern. [4]Ferner ist im Konzernlagebericht die voraussichtliche Entwicklung mit ihren wesentlichen Chancen und Risiken zu beurteilen und zu erläutern; zugrunde liegende Annahmen sind anzugeben. [5]Die Mitglieder des vertretungsberechtigten Organs eines Mutterunternehmens im Sinne des § 297 Abs. 2 Satz 4 haben zu versichern, dass nach bestem Wissen im Konzernlagebericht der Geschäftsverlauf einschließlich des Geschäftsergebnisses und die Lage des Konzerns so dargestellt sind, dass ein den tatsächlichen Verhältnissen entsprechendes Bild vermittelt wird, und dass die wesentlichen Chancen und Risiken im Sinne des Satzes 4 beschrieben sind.

(2) [1]Im Konzernlagebericht ist auch einzugehen auf:

1. a) die Risikomanagementziele und -methoden des Konzerns einschließlich seiner Methoden zur Absicherung aller wichtigen Arten von Transaktionen, die im Rahmen der Bilanzierung von Sicherungsgeschäften erfasst werden, sowie
   b) die Preisänderungs-, Ausfall- und Liquiditätsrisiken sowie die Risiken aus Zahlungsstromschwankungen, denen der Konzern ausgesetzt ist,

   jeweils in Bezug auf die Verwendung von Finanzinstrumenten durch den Konzern und sofern dies für die Beurteilung der Lage oder der voraussichtlichen Entwicklung von Belang ist;
2. den Bereich Forschung und Entwicklung des Konzerns und
3. für das Verständnis der Lage des Konzerns wesentliche Zweigniederlassungen der insgesamt in den Konzernabschluss einbezogenen Unternehmen.

[2]Ist das Mutterunternehmen eine Aktiengesellschaft, hat es im Konzernlagebericht auf die nach § 160 Absatz 1 Nummer 2 des Aktiengesetzes im Anhang zu machenden Angaben zu verweisen.

(3) Absatz 1 Satz 3 gilt entsprechend für nichtfinanzielle Leistungsindikatoren, wie Informationen über Umwelt- und Arbeitnehmerbelange, soweit sie für das Verständnis des Geschäftsverlaufs oder der Lage des Konzerns von Bedeutung sind.

(4) Ist das Mutterunternehmen oder ein in den Konzernabschluss einbezogenes Tochterunternehmen kapitalmarktorientiert im Sinne des § 264d, ist im Konzernlagebericht auch auf die wesentlichen Merkmale des internen Kontroll- und Risikomanagementsystems im Hinblick auf den Konzernrechnungslegungsprozess einzugehen.

(5) § 298 Absatz 2 über die Zusammenfassung von Konzernanhang und Anhang ist entsprechend anzuwenden.

§ 315a[1)] Ergänzende Vorschriften für bestimmte Aktiengesellschaften und Kommanditgesellschaften auf Aktien

[1]Mutterunternehmen (§ 290), die einen organisierten Markt im Sinne des § 2 Absatz 7 des Wertpapiererwerbs- und Übernahmegesetzes durch von ihnen ausgegebene stimmberechtigte Aktien in Anspruch nehmen, haben im Konzernlagebericht außerdem anzugeben:

1. die Zusammensetzung des gezeichneten Kapitals unter gesondertem Ausweis der mit jeder Gattung verbundenen Rechte und Pflichten und des Anteils am Gesellschaftskapital;
2. Beschränkungen, die Stimmrechte oder die Übertragung von Aktien betreffen, auch wenn sie sich aus Vereinbarungen zwischen Gesellschaftern ergeben können, soweit die Beschränkungen dem Vorstand der Gesellschaft bekannt sind;
3. direkte oder indirekte Beteiligungen am Kapital, die 10 Prozent der Stimmrechte überschreiten;
4. die Inhaber von Aktien mit Sonderrechten, die Kontrollbefugnisse verleihen, und eine Beschreibung dieser Sonderrechte;
5. die Art der Stimmrechtskontrolle, wenn Arbeitnehmer am Kapital beteiligt sind und ihre Kontrollrechte nicht unmittelbar ausüben;
6. die gesetzlichen Vorschriften und Bestimmungen der Satzung über die Ernennung und Abberufung der Mitglieder des Vorstands und über die Änderung der Satzung;
7. die Befugnisse des Vorstands insbesondere hinsichtlich der Möglichkeit, Aktien auszugeben oder zurückzukaufen;
8. wesentliche Vereinbarungen des Mutterunternehmens, die unter der Bedingung eines Kontrollwechsels infolge eines Übernahmeangebots stehen, und die hieraus folgenden Wirkungen;
9. Entschädigungsvereinbarungen des Mutterunternehmens, die für den Fall eines Übernahmeangebots mit den Mitgliedern des Vorstands oder mit Arbeitnehmern getroffen sind.

[2]Die Angaben nach Satz 1 Nummer 1, 3 und 9 können unterbleiben, soweit sie im Konzernanhang zu machen sind. [3]Sind Angaben nach Satz 1 im Konzernanhang zu machen, ist im Konzernlagebericht darauf zu verweisen. [4]Die Angaben nach Satz 1 Nummer 8 können unterbleiben, soweit sie geeignet sind, dem Mutterunternehmen einen erheblichen Nachteil zuzufügen; die Angabepflicht nach anderen gesetzlichen Vorschriften bleibt unberührt.

§ 315b Pflicht zur nichtfinanziellen Konzernerklärung; Befreiungen

(1) [1]Eine Kapitalgesellschaft, die Mutterunternehmen (§ 290) ist, hat ihren Konzernlagebericht um eine nichtfinanzielle Konzernerklärung zu erweitern, wenn die folgenden Merkmale erfüllt sind:

1. die Kapitalgesellschaft ist kapitalmarktorientiert im Sinne des § 264d,
2. für die in den Konzernabschluss einzubeziehenden Unternehmen gilt:

---

1) § 315a geändert und Abs. 2 aufgehoben durch Gesetz vom 12.12.2019 (BGBl. I S. 2637); s. dazu Artikel 83 EGHGB (abgedruckt unter Nr. 1a.).

a) sie erfüllen die in § 293 Absatz 1 Satz 1 Nummer 1 oder 2 geregelten Voraussetzungen für eine größenabhängige Befreiung nicht und

b) bei ihnen sind insgesamt im Jahresdurchschnitt mehr als 500 Arbeitnehmer beschäftigt.

[2]§ 267 Absatz 4 bis 5 sowie § 298 Absatz 2 sind entsprechend anzuwenden. [3]Wenn die nichtfinanzielle Konzernerklärung einen besonderen Abschnitt des Konzernlageberichts bildet, darf die Kapitalgesellschaft auf die an anderer Stelle im Konzernlagebericht enthaltenen nichtfinanziellen Angaben verweisen.

(2) [1]Ein Mutterunternehmen im Sinne des Absatzes 1 ist unbeschadet anderer Befreiungsvorschriften von der Pflicht zur Erweiterung des Konzernlageberichts um eine nichtfinanzielle Konzernerklärung befreit, wenn

1. das Mutterunternehmen zugleich ein Tochterunternehmen ist, das in den Konzernlagebericht eines anderen Mutterunternehmens einbezogen ist, und

2. der Konzernlagebericht nach Nummer 1 nach Maßgabe des nationalen Rechts eines Mitgliedstaats der Europäischen Union oder eines anderen Vertragsstaats des Abkommens über den Europäischen Wirtschaftsraum im Einklang mit der Richtlinie 2013/34/EU aufgestellt wird und eine nichtfinanzielle Konzernerklärung enthält.

[2]Satz 1 gilt entsprechend, wenn das andere Mutterunternehmen im Sinne des Satzes 1 einen gesonderten nichtfinanziellen Konzernbericht nach Absatz 3 oder nach Maßgabe des nationalen Rechts eines Mitgliedstaats der Europäischen Union oder eines anderen Vertragsstaats des Abkommens über den Europäischen Wirtschaftsraum im Einklang mit der Richtlinie 2013/34/EU erstellt und öffentlich zugänglich macht. [3]Ist ein Mutterunternehmen nach Satz 1 oder 2 von der Pflicht zur Erstellung einer nichtfinanziellen Konzernerklärung befreit, hat es dies in seinem Konzernlagebericht mit der Erläuterung anzugeben, welches andere Mutterunternehmen den Konzernlagebericht oder den gesonderten nichtfinanziellen Konzernbericht öffentlich zugänglich macht und wo der Bericht in deutscher oder englischer Sprache offengelegt oder veröffentlicht ist.

(3) [1]Ein Mutterunternehmen im Sinne des Absatzes 1 ist auch dann von der Pflicht zur Erweiterung des Konzernlageberichts um eine nichtfinanzielle Konzernerklärung befreit, wenn das Mutterunternehmen für dasselbe Geschäftsjahr einen gesonderten nichtfinanziellen Konzernbericht außerhalb des Konzernlageberichts erstellt und folgende Voraussetzungen erfüllt:

1. der gesonderte nichtfinanzielle Konzernbericht erfüllt zumindest die inhaltlichen Vorgaben nach § 315c in Verbindung mit § 289c und

2. das Mutterunternehmen macht den gesonderten nichtfinanziellen Konzernbericht öffentlich zugänglich durch

   a) Offenlegung zusammen mit dem Konzernlagebericht nach § 325 oder

   b) Veröffentlichung auf der Internetseite des Mutterunternehmens spätestens vier Monate nach dem Abschlussstichtag und mindestens für zehn Jahre, sofern der Konzernlagebericht auf diese Veröffentlichung unter Angabe der Internetseite Bezug nimmt.

[2]Absatz 1 Satz 3, die §§ 289d und 289e sowie § 298 Absatz 2 sind auf den gesonderten nichtfinanziellen Konzernbericht entsprechend anzuwenden.

(4) Ist die nichtfinanzielle Konzernerklärung oder der gesonderte nichtfinanzielle Konzernbericht inhaltlich überprüft worden, ist auch die Beurteilung des Prüfungsergebnisses in gleicher Weise wie die nichtfinanzielle Konzernerklärung oder der gesonderte nichtfinanzielle Konzernbericht öffentlich zugänglich zu machen.

§ 315c Inhalt der nichtfinanziellen Konzernerklärung

(1) Auf den Inhalt der nichtfinanziellen Konzernerklärung ist § 289c entsprechend anzuwenden.

(2) § 289c Absatz 3 gilt mit der Maßgabe, dass diejenigen Angaben zu machen sind, die für das Verständnis des Geschäftsverlaufs, des Geschäftsergebnisses, der Lage des Konzerns sowie der Auswirkungen seiner Tätigkeit auf die in § 289c Absatz 2 genannten Aspekte erforderlich sind.

(3) Die §§ 289d und 289e sind entsprechend anzuwenden.

§ 315d Konzernerklärung zur Unternehmensführung

[1]Ein Mutterunternehmen, das eine Gesellschaft im Sinne des § 289f Absatz 1 oder Absatz 3 ist, hat für den Konzern eine Erklärung zur Unternehmensführung zu erstellen und als gesonderten Abschnitt in den Konzernlagebericht aufzunehmen. [2]§ 289f ist entsprechend anzuwenden.

Zehnter Titel. Konzernabschluss nach internationalen Rechnungslegungsstandards

§ 315e

(1) Ist ein Mutterunternehmen, das nach den Vorschriften des Ersten Titels einen Konzernabschluss aufzustellen hat, nach Artikel 4 der Verordnung (EG) Nr. 1606/2002 des Europäischen Parlaments und des Rates vom 19. Juli 2002 in der jeweils geltenden Fassung verpflichtet, die nach den Artikeln 2, 3 und 6 der genannten Verordnung übernommenen internationalen Rechnungslegungsstandards anzuwenden, so sind von den Vorschriften des Zweiten bis Achten Titels nur § 294 Abs. 3, § 297 Absatz 1a, 2 Satz 4, § 298 Abs. 1, dieser jedoch nur in Verbindung mit den §§ 244 und 245, ferner § 313 Abs. 2 und 3, § 314 Abs. 1 Nr. 4, 6, 8 und 9, Absatz 3 sowie die Bestimmungen des Neunten Titels und die Vorschriften außerhalb dieses Unterabschnitts, die den Konzernabschluss oder den Konzernlagebericht betreffen entsprechend, anzuwenden.

(2) Mutterunternehmen, die nicht unter Absatz 1 fallen, haben ihren Konzernabschluss nach den dort genannten internationalen Rechnungslegungsstandards und Vorschriften aufzustellen, wenn für sie bis zum jeweiligen Bilanzstichtag die Zulassung eines Wertpapiers im Sinne des § 2 Absatz 1 des Wertpapierhandelsgesetzes zum Handel an einem organisierten Markt im Sinne des § 2 Absatz 11 des Wertpapierhandelsgesetzes im Inland beantragt worden ist.

(3) [1]Mutterunternehmen, die nicht unter Absatz 1 oder 2 fallen, dürfen ihren Konzernabschluss nach den in Absatz 1 genannten internationalen Rechnungslegungsstandards und Vorschriften aufstellen. [2]Ein Unternehmen, das von diesem Wahlrecht Gebrauch macht, hat die in Absatz 1 genannten Standards und Vorschriften vollständig zu befolgen.

Dritter Unterabschnitt. Prüfung

§ 316 Pflicht zur Prüfung

(1) [1]Der Jahresabschluß und der Lagebericht von Kapitalgesellschaften, die nicht kleine im Sinne des § 267 Abs. 1 sind, sind durch einen Abschlußprüfer zu prüfen. [2]Hat keine Prüfung stattgefunden, so kann der Jahresabschluß nicht festgestellt werden.

(2) [1]Der Konzernabschluß und der Konzernlagebericht von Kapitalgesellschaften sind durch einen Abschlußprüfer zu prüfen. [2]Hat keine Prüfung stattgefunden, so kann der Konzernabschluss nicht gebilligt werden.

(3) [1]Werden der Jahresabschluß, der Konzernabschluß, der Lagebericht oder der Konzernlagebericht nach Vorlage des Prüfungsberichts geändert, so hat der Abschlußprüfer diese Unterlagen erneut zu prüfen, soweit es die Änderung erfordert. [2]Über das Ergebnis der Prüfung ist zu berichten; der Bestätigungsvermerk ist entsprechend zu ergänzen.

§ 317 Gegenstand und Umfang der Prüfung

(1) [1]In die Prüfung des Jahresabschlusses ist die Buchführung einzubeziehen. [2]Die Prüfung des Jahresabschlusses und des Konzernabschlusses hat sich darauf zu erstrecken, ob die gesetzlichen Vorschriften und sie ergänzende Bestimmungen des Gesellschaftsvertrags oder der Satzung beachtet worden sind. [3]Die Prüfung ist so anzulegen, daß Unrichtigkeiten und Verstöße gegen die in Satz 2 aufgeführten Bestimmungen, die sich auf die Darstellung des sich nach § 264 Abs. 2 ergebenden Bildes der Vermögens-, Finanz- und Ertragslage des Unternehmens wesentlich auswirken, bei gewissenhafter Berufsausübung erkannt werden.

(2) [1]Der Lagebericht und der Konzernlagebericht sind darauf zu prüfen, ob der Lagebericht mit dem Jahresabschluß, gegebenenfalls auch mit dem Einzelabschluss nach § 325 Abs. 2a, und der Konzernlagebericht mit dem Konzernabschluß sowie mit den bei der Prüfung gewonnenen Erkenntnissen des Abschlußprüfers in Einklang stehen und ob der Lagebericht insgesamt ein zutreffendes Bild von der Lage des Unternehmens und der Konzernlagebericht insgesamt ein zutreffendes Bild von der Lage des Konzerns vermittelt. [2]Dabei ist auch zu prüfen, ob die Chancen und Risiken der künftigen Entwicklung zutreffend dargestellt sind. [3]Die Prüfung des Lageberichts und des Konzernlageberichts hat sich auch darauf zu erstrecken, ob die gesetzlichen Vorschriften zur Aufstellung des Lage- oder Konzernlageberichts beachtet worden sind. [4]Im Hinblick auf die Vorgaben nach den §§ 289b bis 289e und den §§ 315b und 315c ist nur zu prüfen, ob die nichtfinanzielle Erklärung oder der gesonderte nichtfinanzielle Bericht, die nichtfinanzielle Konzernerklärung oder der gesonderte nichtfinanzielle Konzernbericht vorgelegt wurde. [5]Im Fall des § 289b Absatz 3 Satz 1 Nummer 2 Buchstabe b ist vier Monate nach dem Abschlussstichtag eine ergänzende Prüfung durch denselben Abschlussprüfer durchzuführen, ob der gesonderte nichtfinanzielle Bericht oder der gesonderte nichtfinanzielle Konzernbericht vorgelegt wurde; § 316 Absatz 3 Satz 2 gilt entsprechend mit der Maßgabe, dass der Bestätigungsvermerk nur dann zu ergänzen ist, wenn der gesonderte nichtfinanzielle Bericht oder der gesonderte nichtfinanzielle Konzernbericht nicht innerhalb von vier Monaten nach dem Abschlussstichtag vorgelegt worden ist. [6]Die Prüfung der Angaben nach § 289f Absatz 2 und 5 sowie § 315d ist darauf zu beschränken, ob die Angaben gemacht wurden.

(3) [1]Der Abschlußprüfer des Konzernabschlusses hat auch die im Konzernabschluß zusammengefaßten Jahresabschlüsse, insbesondere die konsolidierungsbedingten Anpassungen, in entsprechender Anwendung des Absatzes 1 zu prüfen. [2]Sind diese Jahresabschlüsse von einem anderen Abschlussprüfer geprüft worden, hat der Konzernabschlussprüfer dessen Arbeit zu überprüfen und dies zu dokumentieren.

(3a) Auf die Abschlussprüfung bei Unternehmen, die kapitalmarktorientiert im Sinne des § 264d sind, sind die Vorschriften dieses Unterabschnitts nur insoweit anzuwenden, als nicht die Verordnung (EU) Nr. 537/2014 des Europäischen Parlaments und des Rates vom 16. April 2014 über spezifische Anforderungen an die Abschlussprüfung bei Unternehmen von öffentlichem Interesse und zur Aufhebung des Beschlusses 2005/909/EG der Kommission (ABl. L 158 vom 27.5.2014, S. 77, L 170 vom 11.6.2014, S. 66) anzuwenden ist.

(4) Bei einer börsennotierten Aktiengesellschaft ist außerdem im Rahmen der Prüfung zu beurteilen, ob der Vorstand die ihm nach § 91 Abs. 2 des Aktiengesetzes obliegenden

Maßnahmen in einer geeigneten Form getroffen hat und ob das danach einzurichtende Überwachungssystem seine Aufgaben erfüllen kann.

(4a) Soweit nichts anderes bestimmt ist, hat die Prüfung sich nicht darauf zu erstrecken, ob der Fortbestand des geprüften Unternehmens oder die Wirksamkeit und Wirtschaftlichkeit der Geschäftsführung zugesichert werden kann.

(5) Bei der Durchführung einer Prüfung hat der Abschlussprüfer die internationalen Prüfungsstandards anzuwenden, die von der Europäischen Kommission in dem Verfahren nach Artikel 26 Absatz 3 der Richtlinie 2006/43/EG des Europäischen Parlaments und des Rates vom 17. Mai 2006 über Abschlussprüfungen von Jahresabschlüssen und konsolidierten Abschlüssen, zur Änderung der Richtlinien 78/660/ EWG und 83/349/ EWG des Rates und zur Aufhebung der Richtlinie 84/253/EWG des Rates (ABl. EU Nr. L 157 S. 87), die zuletzt durch die Richtlinie 2014/56/EU (ABl. L 158 vom 27.5.2014, S. 196) geändert worden ist, angenommen worden sind.

(6) Das Bundesministerium der Justiz und für Verbraucherschutz wird ermächtigt, im Einvernehmen mit dem Bundesministerium für Wirtschaft und Energie durch Rechtsverordnung, die nicht der Zustimmung des Bundesrates bedarf, zusätzlich zu den bei der Durchführung der Abschlussprüfung nach Absatz 5 anzuwendenden internationalen Prüfungsstandards weitere Abschlussprüfungsanforderungen vorzuschreiben, wenn dies durch den Umfang der Abschlussprüfung bedingt ist und den in den Absätzen 1 bis 4 genannten Prüfungszielen dient.

§ 318 Bestellung und Abberufung des Abschlußprüfers

(1) [1]Der Abschlußprüfer des Jahresabschlusses wird von den Gesellschaftern gewählt; den Abschlußprüfer des Konzernabschlusses wählen die Gesellschafter des Mutterunternehmens. [2]Bei Gesellschaften mit beschränkter Haftung und bei offenen Handelsgesellschaften und Kommanditgesellschaften im Sinne des § 264a Abs. 1 kann der Gesellschaftsvertrag etwas anderes bestimmen. [3]Der Abschlußprüfer soll jeweils vor Ablauf des Geschäftsjahrs gewählt werden, auf das sich seine Prüfungstätigkeit erstreckt. [4]Die gesetzlichen Vertreter, bei Zuständigkeit des Aufsichtsrats dieser, haben unverzüglich nach der Wahl den Prüfungsauftrag zu erteilen. [5]Der Prüfungsauftrag kann nur widerrufen werden, wenn nach Absatz 3 ein anderer Prüfer bestellt worden ist.

(1a) [1]Die Höchstlaufzeit des Prüfungsmandats nach Artikel 17 Absatz 1 Unterabsatz 2 der Verordnung (EU) Nr. 537/2014 verlängert sich auf 20 Jahre, wenn der Wahl für das elfte Geschäftsjahr in Folge, auf das sich die Prüfungstätigkeit des Abschlussprüfers erstreckt, ein im Einklang mit Artikel 16 Absatz 2 bis 5 der Verordnung (EU) Nr. 537/2014 durchgeführtes Auswahl- und Vorschlagsverfahren vorausgeht. [2]Werden ab dem in Satz 1 genannten elften Geschäftsjahr mehrere Wirtschaftsprüfer oder Wirtschaftsprüfungsgesellschaften gemeinsam zum Abschlussprüfer bestellt, verlängert sich die Höchstlaufzeit des Prüfungsmandats gemäß Artikel 17 Absatz 1 Unterabsatz 2 der Verordnung (EU) Nr. 537/2014 auf 24 Jahre.

(1b) Eine Vereinbarung, die die Wahlmöglichkeiten nach Absatz 1 auf bestimmte Kategorien oder Listen von Prüfern oder Prüfungsgesellschaften beschränkt, ist nichtig.

(2) [1]Als Abschlußprüfer des Konzernabschlusses gilt, wenn kein anderer Prüfer bestellt wird, der Prüfer als bestellt, der für die Prüfung des in den Konzernabschluß einbezogenen Jahresabschlusses des Mutterunternehmens bestellt worden ist. [2]Erfolgt die Einbeziehung aufgrund eines Zwischenabschlusses, so gilt, wenn kein anderer Prüfer bestellt wird, der Prüfer als bestellt, der für die Prüfung des letzten vor dem Konzernabschlußstichtag aufgestellten Jahresabschlusses des Mutterunternehmens bestellt worden ist.

(3) [1]Auf Antrag der gesetzlichen Vertreter, des Aufsichtsrats oder von Gesellschaftern, deren Anteile bei Antragstellung zusammen den zwanzigsten Teil der Stimmrechte oder des Grundkapitals oder einen Börsenwert von 500 000 Euro erreichen, hat das Gericht nach Anhörung der Beteiligten und des gewählten Prüfers einen anderen Abschlussprüfer zu bestellen, wenn

1. dies aus einem in der Person des gewählten Prüfers liegenden Grund geboten erscheint, insbesondere, wenn ein Ausschlussgrund nach § 319 Absatz 2 bis 5 oder nach den §§ 319a und 319b besteht oder ein Verstoß gegen Artikel 5 Absatz 4 Unterabsatz 1 oder Absatz 5 Unterabsatz 2 Satz 2 der Verordnung (EU) Nr. 537/2014 vorliegt, oder
2. die Vorschriften zur Bestellung des Prüfers nach Artikel 16 der Verordnung (EU) Nr. 537/2014 oder die Vorschriften zur Laufzeit des Prüfungsmandats nach Artikel 17 der Verordnung (EU) Nr. 527/2014 nicht eingehalten worden sind.

[2]Der Antrag ist binnen zwei Wochen nach dem Tag der Wahl des Abschlussprüfers zu stellen; Aktionäre können den Antrag nur stellen, wenn sie gegen die Wahl des Abschlussprüfers bei der Beschlussfassung Widerspruch erklärt haben. [3]Wird ein Befangenheitsgrund erst nach der Wahl bekannt oder tritt ein Befangenheitsgrund erst nach der Wahl ein, ist der Antrag binnen zwei Wochen nach dem Tag zu stellen, an dem der Antragsberechtigte Kenntnis von den befangenheitsbegründenden Umständen erlangt hat oder ohne grobe Fahrlässigkeit hätte erlangen müssen. [4]Stellen Aktionäre den Antrag, so haben sie glaubhaft zu machen, dass sie seit mindestens drei Monaten vor dem Tag der Wahl des Abschlussprüfers Inhaber der Aktien sind. [5]Zur Glaubhaftmachung genügt eine eidesstattliche Versicherung vor einem Notar. [6]Unterliegt die Gesellschaft einer staatlichen Aufsicht, so kann auch die Aufsichtsbehörde den Antrag stellen. [7]Der Antrag kann nach Erteilung des Bestätigungsvermerks, im Fall einer Nachtragsprüfung nach § 316 Abs. 3 nach Ergänzung des Bestätigungsvermerks nicht mehr gestellt werden. [8]Gegen die Entscheidung ist die Beschwerde zulässig.

(4) [1]Ist der Abschlußprüfer bis zum Ablauf des Geschäftsjahrs nicht gewählt worden, so hat das Gericht auf Antrag der gesetzlichen Vertreter, des Aufsichtsrats oder eines Gesellschafters den Abschlußprüfer zu bestellen. [2]Gleiches gilt, wenn ein gewählter Abschlußprüfer die Annahme des Prüfungsauftrags abgelehnt hat, weggefallen ist oder am rechtzeitigen Abschluß der Prüfung verhindert ist und ein anderer Abschlußprüfer nicht gewählt worden ist. [3]Die gesetzlichen Vertreter sind verpflichtet, den Antrag zu stellen. [4]Gegen die Entscheidung des Gerichts findet die Beschwerde statt; die Bestellung des Abschlußprüfers ist unanfechtbar.

(5) [1]Der vom Gericht bestellte Abschlußprüfer hat Anspruch auf Ersatz angemessener barer Auslagen und auf Vergütung für seine Tätigkeit. [2]Die Auslagen und die Vergütung setzt das Gericht fest. [3]Gegen die Entscheidung findet die Beschwerde statt; die Rechtsbeschwerde ist ausgeschlossen. [4]Aus der rechtskräftigen Entscheidung findet die Zwangsvollstreckung nach der Zivilprozeßordnung statt.

(6) [1]Ein von dem Abschlußprüfer angenommener Prüfungsauftrag kann von dem Abschlußprüfer nur aus wichtigem Grund gekündigt werden. [2]Als wichtiger Grund ist es nicht anzusehen, wenn Meinungsverschiedenheiten über den Inhalt des Bestätigungsvermerks, seine Einschränkung oder Versagung bestehen. [3]Die Kündigung ist schriftlich zu begründen. [4]Der Abschlußprüfer hat über das Ergebnis seiner bisherigen Prüfung zu berichten; § 321 ist entsprechend anzuwenden.

(7) [1]Kündigt der Abschlußprüfer den Prüfungsauftrag nach Absatz 6, so haben die gesetzlichen Vertreter die Kündigung dem Aufsichtsrat, der nächsten Hauptversammlung oder bei Gesellschaften mit beschränkter Haftung den Gesellschaftern mitzuteilen. [2]Den Bericht des bisherigen Abschlußprüfers haben die gesetzlichen Vertreter unver-

züglich dem Aufsichtsrat vorzulegen. [3]Jedes Aufsichtsratsmitglied hat das Recht, von dem Bericht Kenntnis zu nehmen. [4]Der Bericht ist auch jedem Aufsichtsratsmitglied oder, soweit der Aufsichtsrat dies beschlossen hat, den Mitgliedern eines Ausschusses auszuhändigen. [5]Ist der Prüfungsauftrag vom Aufsichtsrat erteilt worden, obliegen die Pflichten der gesetzlichen Vertreter dem Aufsichtsrat einschließlich der Unterrichtung der gesetzlichen Vertreter.

(8) Die Wirtschaftsprüferkammer ist unverzüglich und schriftlich begründet durch den Abschlussprüfer und die gesetzlichen Vertreter der geprüften Gesellschaft von der Kündigung oder dem Widerruf des Prüfungsauftrages zu unterrichten.

§ 319 Auswahl der Abschlussprüfer und Ausschlussgründe

(1) [1]Abschlussprüfer können Wirtschaftsprüfer und Wirtschaftsprüfungsgesellschaften sein. [2]Abschlussprüfer von Jahresabschlüssen und Lageberichten mittelgroßer Gesellschaften mit beschränkter Haftung (§ 267 Abs. 2) oder von mittelgroßen Personenhandelsgesellschaften im Sinne des § 264a Abs. 1 können auch vereidigte Buchprüfer und Buchprüfungsgesellschaften sein. [3]Die Abschlussprüfer nach den Sätzen 1 und 2 müssen über einen Auszug aus dem Berufsregister verfügen, aus dem sich ergibt, dass die Eintragung nach § 38 Nummer 1 Buchstabe h oder Nummer 2 Buchstabe f der Wirtschaftsprüferordnung vorgenommen worden ist; Abschlussprüfer, die erstmalig eine gesetzlich vorgeschriebene Abschlussprüfung nach § 316 des Handelsgesetzbuchs durchführen, müssen spätestens sechs Wochen nach Annahme eines Prüfungsauftrages über den Auszug aus dem Berufsregister verfügen. [4]Die Abschlussprüfer sind während einer laufenden Abschlussprüfung verpflichtet, eine Löschung der Eintragung unverzüglich gegenüber der Gesellschaft anzuzeigen.

(2) Ein Wirtschaftsprüfer oder vereidigter Buchprüfer ist als Abschlussprüfer ausgeschlossen, wenn während des Geschäftsjahres, für dessen Schluss der zu prüfende Jahresabschluss aufgestellt wird, oder während der Abschlussprüfung Gründe, insbesondere Beziehungen geschäftlicher, finanzieller oder persönlicher Art, vorliegen, nach denen die Besorgnis der Befangenheit besteht.

(3) [1]Ein Wirtschaftsprüfer oder vereidigter Buchprüfer ist insbesondere von der Abschlussprüfung ausgeschlossen, wenn er oder eine Person, mit der er seinen Beruf gemeinsam ausübt,

1. Anteile oder andere nicht nur unwesentliche finanzielle Interessen an der zu prüfenden Kapitalgesellschaft oder eine Beteiligung an einem Unternehmen besitzt, das mit der zu prüfenden Kapitalgesellschaft verbunden ist oder von dieser mehr als zwanzig vom Hundert der Anteile besitzt;
2. gesetzlicher Vertreter, Mitglied des Aufsichtsrats oder Arbeitnehmer der zu prüfenden Kapitalgesellschaft oder eines Unternehmens ist, das mit der zu prüfenden Kapitalgesellschaft verbunden ist oder von dieser mehr als zwanzig vom Hundert der Anteile besitzt;
3. über die Prüfungstätigkeit hinaus bei der zu prüfenden oder für die zu prüfende Kapitalgesellschaft in dem zu prüfenden Geschäftsjahr oder bis zur Erteilung des Bestätigungsvermerks
   a) bei der Führung der Bücher oder der Aufstellung des zu prüfenden Jahresabschlusses mitgewirkt hat,
   b) bei der Durchführung der internen Revision in verantwortlicher Position mitgewirkt hat,
   c) Unternehmensleitungs- oder Finanzdienstleistungen erbracht hat oder

d) eigenständige versicherungsmathematische oder Bewertungsleistungen erbracht hat, die sich auf den zu prüfenden Jahresabschluss nicht nur unwesentlich auswirken,

sofern diese Tätigkeiten nicht von untergeordneter Bedeutung sind; dies gilt auch, wenn eine dieser Tätigkeiten von einem Unternehmen für die zu prüfende Kapitalgesellschaft ausgeübt wird, bei dem der Wirtschaftsprüfer oder vereidigte Buchprüfer gesetzlicher Vertreter, Arbeitnehmer, Mitglied des Aufsichtsrats oder Gesellschafter, der mehr als zwanzig vom Hundert der den Gesellschaftern zustehenden Stimmrechte besitzt, ist;

4. bei der Prüfung eine Person beschäftigt, die nach den Nummern 1 bis 3 nicht Abschlussprüfer sein darf;
5. in den letzten fünf Jahren jeweils mehr als dreißig vom Hundert der Gesamteinnahmen aus seiner beruflichen Tätigkeit von der zu prüfenden Kapitalgesellschaft und von Unternehmen, an denen die zu prüfende Kapitalgesellschaft mehr als zwanzig vom Hundert der Anteile besitzt, bezogen hat und dies auch im laufenden Geschäftsjahr zu erwarten ist; zur Vermeidung von Härtefällen kann die Wirtschaftsprüferkammer befristete Ausnahmegenehmigungen erteilen.

[2]Dies gilt auch, wenn der Ehegatte oder der Lebenspartner einen Ausschlussgrund nach Satz 1 Nr. 1, 2 oder 3 erfüllt.

(4) [1]Wirtschaftsprüfungsgesellschaften und Buchprüfungsgesellschaften sind von der Abschlussprüfung ausgeschlossen, wenn sie selbst, einer ihrer gesetzlichen Vertreter, ein Gesellschafter, der mehr als zwanzig vom Hundert der den Gesellschaftern zustehenden Stimmrechte besitzt, ein verbundenes Unternehmen, ein bei der Prüfung in verantwortlicher Position beschäftigter Gesellschafter oder eine andere von ihr beschäftigte Person, die das Ergebnis der Prüfung beeinflussen kann, nach Absatz 2 oder Absatz 3 ausgeschlossen sind. [2]Satz 1 gilt auch, wenn ein Mitglied des Aufsichtsrats nach Absatz 3 Satz 1 Nr. 2 ausgeschlossen ist oder wenn mehrere Gesellschafter, die zusammen mehr als zwanzig vom Hundert der den Gesellschaftern zustehenden Stimmrechte besitzen, jeweils einzeln oder zusammen nach Absatz 2 oder 3 ausgeschlossen sind.

(5) Absatz 1 Satz 3 sowie die Absätze 2 bis 4 sind auf den Abschlussprüfer des Konzernabschlusses entsprechend anzuwenden.

§ 319a Besondere Ausschlussgründe bei Unternehmen von öffentlichem Interesse

(1) [1]Ein Wirtschaftsprüfer ist über die in § 319 Abs. 2 und 3 genannten Gründe hinaus auch dann von der Abschlussprüfung eines Unternehmens, das kapitalmarktorientiert im Sinn des § 264d, das CRR-Kreditinstitut im Sinne des § 1 Absatz 3d Satz 1 des Kreditwesengesetzes, mit Ausnahme der in § 2 Absatz 1 Nummer 1 und 2 des Kreditwesengesetzes genannten Institute, oder das Versicherungsunternehmen im Sinne des Artikels 2 Absatz 1 der Richtlinie 91/674/EWG ist, ausgeschlossen, wenn er

1. *(aufgehoben)*
2. in dem Geschäftsjahr, für dessen Schluss der zu prüfende Jahresabschluss aufzustellen ist, über die Prüfungstätigkeit hinaus Steuerberatungsleistungen im Sinne des Artikels 5 Absatz 1 Unterabsatz 2 Buchstabe a Ziffer i und iv bis vii der Verordnung (EU) Nr. 537/2014 erbracht hat, die sich einzeln oder zusammen auf den zu prüfenden Jahresabschluss unmittelbar und nicht nur unwesentlich auswirken; eine nicht nur unwesentliche Auswirkung liegt insbesondere dann vor, wenn die Erbringung der Steuerberatungsleistungen im zu prüfenden Geschäftsjahr den für steuerliche Zwecke zu ermittelnden Gewinn im Inland erheblich gekürzt hat oder ein erheblicher Teil des Gewinns ins Ausland verlagert worden ist, ohne dass eine über die steuerli-

che Vorteilserlangung hinausgehende wirtschaftliche Notwendigkeit für das Unternehmen besteht, oder

3. in dem zu prüfenden Geschäftsjahr oder bis zur Erteilung des Bestätigungsvermerks über die Prüfungstätigkeit hinaus bei der zu prüfenden oder für die zu prüfende Kapitalgesellschaft Bewertungsleistungen im Sinne des Artikels 5 Absatz 1 Unterabsatz 2 Buchstabe f der Verordnung (EU) Nr. 537/2014 erbracht hat, die sich einzeln oder zusammen auf den zu prüfenden Jahresabschluss unmittelbar und nicht nur unwesentlich auswirken.

4. *(aufgehoben)*

[2]§ 319 Abs. 3 Satz 1 Nr. 3 letzter Teilsatz, Satz 2 und Abs.4 gilt für die in Satz 1 genannten Ausschlussgründe entsprechend. [3]Satz 1 Nummer 2 und 3 gilt auch, wenn Personen, mit denen der Wirtschaftsprüfer seinen Beruf gemeinsam ausübt, die dort genannten Ausschlussgründe erfüllen; erbringt der Wirtschaftsprüfer Steuerberatungsleistungen im Sinne des Artikels 5 Absatz 1 Unterabsatz 2 Buchstabe a Ziffer i und iv bis vii der Verordnung (EU) Nr. 537/2014 oder Bewertungsleistungen im Sinne des Artikels 5 Absatz 1 Unterabsatz 2 Buchstabe f der Verordnung (EU) Nr. 537/2014, so hat er deren Auswirkungen auf den zu prüfenden Jahresabschluss im Prüfungsbericht darzustellen und zu erläutern. [4]Verantwortlicher Prüfungspartner ist, wer den Bestätigungsvermerk nach § 322 unterzeichnet oder als Wirtschaftsprüfer von einer Wirtschaftsprüfungsgesellschaft als für die Durchführung einer Abschlussprüfung vorrangig verantwortlich bestimmt worden ist.

(1a) Auf Antrag des Abschlussprüfers kann die Abschlussprüferaufsichtsstelle beim Bundesamt für Wirtschaft und Ausfuhrkontrolle diesen von den Anforderungen des Artikels 4 Absatz 2 Unterabsatz 1 der Verordnung (EU) Nr. 537/2014 ausnahmsweise für höchstens ein Geschäftsjahr ausnehmen, allerdings nur bis zu 140 Prozent des Durchschnitts der in Artikel 4 Absatz 2 Unterabsatz 1 der Verordnung (EU) Nr. 537/2014 genannten Honorare.

(2) [1]Absatz 1 ist auf den Abschlussprüfer des Konzernabschlusses entsprechend anzuwenden. [2]Als verantwortlicher Prüfungspartner gilt auf Konzernebene auch, wer als Wirtschaftsprüfer auf der Ebene bedeutender Tochterunternehmen als für die Durchführung von deren Abschlussprüfung vorrangig verantwortlich bestimmt worden ist.

(3) [1]Der Prüfungsausschuss des Unternehmens muss der Erbringung von Steuerberatungsleistungen im Sinne des Artikels 5 Absatz 1 Unterabsatz 2 Buchstabe a Ziffer i und iv bis vii der Verordnung (EU) Nr. 537/2014 durch den Abschlussprüfer vorher zustimmen. [2]Falls das Unternehmen keinen Prüfungsausschuss eingerichtet hat, muss die Zustimmung durch seinen Aufsichts- oder Verwaltungsrat erfolgen.

§ 319b Netzwerk

(1) [1]Ein Abschlussprüfer ist von der Abschlussprüfung ausgeschlossen, wenn ein Mitglied seines Netzwerks einen Ausschlussgrund nach § 319 Abs. 2, 3 Satz 1 Nr. 1, 2 oder Nr. 4, Abs. 3 Satz 2 oder Abs. 4 erfüllt, es sei denn, dass das Netzwerkmitglied auf das Ergebnis der Abschlussprüfung keinen Einfluss nehmen kann. [2]Er ist ausgeschlossen, wenn ein Mitglied seines Netzwerks einen Ausschlussgrund nach § 319 Abs. 3 Satz 1 Nr. 3 oder § 319a Abs. 1 Satz 1 Nr. 2 oder 3 erfüllt. [3]Ein Netzwerk liegt vor, wenn Personen bei ihrer Berufsausübung zur Verfolgung gemeinsamer wirtschaftlicher Interessen für eine gewisse Dauer zusammenwirken.

(2) Absatz 1 ist auf den Abschlussprüfer des Konzernabschlusses entsprechend anzuwenden.

§ 320 Vorlagepflicht. Auskunftsrecht

(1) [1]Die gesetzlichen Vertreter der Kapitalgesellschaft haben dem Abschlußprüfer den Jahresabschluß, den Lagebericht und den gesonderten nichtfinanziellen Bericht unverzüglich nach der Aufstellung vorzulegen. [2]Sie haben ihm zu gestatten, die Bücher und Schriften der Kapitalgesellschaft sowie die Vermögensgegenstände und Schulden, namentlich die Kasse und die Bestände an Wertpapieren und Waren, zu prüfen.

(2) [1]Der Abschlußprüfer kann von den gesetzlichen Vertretern alle Aufklärungen und Nachweise verlangen, die für eine sorgfältige Prüfung notwendig sind. [2]Soweit es die Vorbereitung der Abschlußprüfung erfordert, hat der Abschlußprüfer die Rechte nach Absatz 1 Satz 2 und nach Satz 1 auch schon vor Aufstellung des Jahresabschlusses. [3]Soweit es für eine sorgfältige Prüfung notwendig ist, hat der Abschlußprüfer die Rechte nach den Sätzen 1 und 2 auch gegenüber Mutter- und Tochterunternehmen.

(3) [1]Die gesetzlichen Vertreter einer Kapitalgesellschaft, die einen Konzernabschluß aufzustellen hat, haben dem Abschlußprüfer des Konzernabschlusses den Konzernabschluß, den Konzernlagebericht, den gesonderten nichtfinanziellen Konzernbericht, die Jahresabschlüsse, Lageberichte, die gesonderten nichtfinanziellen Berichte und, wenn eine Prüfung stattgefunden hat, die Prüfungsberichte des Mutterunternehmens und der Tochterunternehmen vorzulegen. [2]Der Abschlußprüfer hat die Rechte nach Absatz 1 Satz 2 und nach Absatz 2 bei dem Mutterunternehmen und den Tochterunternehmen, die Rechte nach Absatz 2 auch gegenüber den Abschlußprüfern des Mutterunternehmens und der Tochterunternehmen.

(4) Der bisherige Abschlussprüfer hat dem neuen Abschlussprüfer auf schriftliche Anfrage über das Ergebnis der bisherigen Prüfung zu berichten; § 321 ist entsprechend anzuwenden.

(5) [1]Ist die Kapitalgesellschaft als Tochterunternehmen in den Konzernabschluss eines Mutterunternehmens einbezogen, das seinen Sitz nicht in einem Mitgliedstaat der Europäischen Union oder einem anderen Vertragsstaat des Abkommens über den Europäischen Wirtschaftsraum hat, kann der Prüfer nach Absatz 2 zur Verfügung gestellte Unterlagen an den Abschlussprüfer des Konzernabschlusses weitergeben, soweit diese für die Prüfung des Konzernabschlusses des Mutterunternehmens erforderlich sind. [2]Für die Übermittlung personenbezogener Daten gelten § 4b Absatz 2 bis 6 und § 4c des Bundesdatenschutzgesetzes entsprechend. [2]Die Übermittlung personenbezogener Daten muss im Einklang mit den Vorgaben der Verordnung (EU) 2016/679 und den allgemeinen datenschutzrechtlichen Vorschriften stehen.

§ 321 Prüfungsbericht

(1) [1]Der Abschlußprüfer hat über Art und Umfang sowie über das Ergebnis der Prüfung zu berichten; auf den Bericht sind die Sätze 2 und 3 sowie die Absätze 2 bis 4a anzuwenden. [2]Der Bericht ist schriftlich und mit der gebotenen Klarheit abzufassen; in ihm ist vorweg zu der Beurteilung der Lage des Unternehmens oder Konzerns durch die gesetzlichen Vertreter Stellung zu nehmen, wobei insbesondere auf die Beurteilung des Fortbestandes und der künftigen Entwicklung des Unternehmens unter Berücksichtigung des Lageberichts und bei der Prüfung des Konzernabschlusses von Mutterunternehmen auch des Konzerns unter Berücksichtigung des Konzernlageberichts einzugehen ist, soweit die geprüften Unterlagen und der Lagebericht oder der Konzernlagebericht eine solche Beurteilung erlauben. [3]Außerdem hat der Abschlussprüfer über bei Durchführung der Prüfung festgestellte Unrichtigkeiten oder Verstöße gegen gesetzliche Vorschriften sowie Tatsachen zu berichten, die den Bestand des geprüften Unternehmens oder des Konzerns gefährden oder seine Entwicklung wesentlich beeinträchtigen können oder die schwerwiegende Verstöße der gesetzlichen Vertreter oder von Arbeitnehmern gegen Gesetz, Gesellschaftsvertrag oder die Satzung erkennen lassen.

(2) [1]Im Hauptteil des Prüfungsberichts ist festzustellen, ob die Buchführung und die weiteren geprüften Unterlagen, der Jahresabschluss, der Lagebericht, der Konzernabschluss und der Konzernlagebericht den gesetzlichen Vorschriften und den ergänzenden Bestimmungen des Gesellschaftsvertrags oder der Satzung entsprechen. [2]In diesem Rahmen ist auch über Beanstandungen zu berichten, die nicht zur Einschränkung oder Versagung des Bestätigungsvermerks geführt haben, soweit dies für die Überwachung der Geschäftsführung und des geprüften Unternehmens von Bedeutung ist. [3]Es ist auch darauf einzugehen, ob der Abschluss insgesamt unter Beachtung der Grundsätze ordnungsmäßiger Buchführung oder sonstiger maßgeblicher Rechnungslegungsgrundsätze ein den tatsächlichen Verhältnissen entsprechendes Bild der Vermögens-, Finanz- und Ertragslage der Kapitalgesellschaft oder des Konzerns vermittelt. [4]Dazu ist auch auf wesentliche Bewertungsgrundlagen sowie darauf einzugehen, welchen Einfluss Änderungen in den Bewertungsgrundlagen einschließlich der Ausübung von Bilanzierungs- und Bewertungswahlrechten und der Ausnutzung von Ermessensspielräumen sowie sachverhaltsgestaltende Maßnahmen insgesamt auf die Darstellung der Vermögens-, Finanz- und Ertragslage haben. [5]Hierzu sind die Posten des Jahres- und des Konzernabschlusses aufzugliedern und ausreichend zu erläutern, soweit diese Angaben nicht im Anhang enthalten sind. [6]Es ist darzustellen, ob die gesetzlichen Vertreter die verlangten Aufklärungen und Nachweise erbracht haben.

(3) [1]In einem besonderen Abschnitt des Prüfungsberichts sind Gegenstand, Art und Umfang der Prüfung zu erläutern. [2]Dabei ist auch auf die angewandten Rechnungslegungs- und Prüfungsgrundsätze einzugehen.

(4) [1]Ist im Rahmen der Prüfung eine Beurteilung nach § 317 Abs. 4 abgegeben worden, so ist deren Ergebnis in einem besonderen Teil des Prüfungsberichts darzustellen. [2]Es ist darauf einzugehen, ob Maßnahmen erforderlich sind, um das interne Überwachungssystem zu verbessern.

(4a) Der Abschlussprüfer hat im Prüfungsbericht seine Unabhängigkeit zu bestätigen.

(5) [1]Der Abschlußprüfer hat den Bericht unter Angabe des Datums zu unterzeichnen und den gesetzlichen Vertretern vorzulegen; § 322 Absatz 7 Satz 3 und 4 gilt entsprechend. [2]Hat der Aufsichtsrat den Auftrag erteilt, so ist der Bericht ihm und gleichzeitig einem eingerichteten Prüfungsausschuss vorzulegen. [3]Im Fall des Satzes 2 ist der Bericht unverzüglich nach Vorlage dem Geschäftsführungsorgan mit Gelegenheit zur Stellungnahme zuzuleiten.

§ 321a Offenlegung des Prüfungsberichts in besonderen Fällen

(1) [1]Wird über das Vermögen der Gesellschaft ein Insolvenzverfahren eröffnet oder wird der Antrag auf Eröffnung des Insolvenzverfahrens mangels Masse abgewiesen, so hat ein Gläubiger oder Gesellschafter die Wahl, selbst oder durch einen von ihm zu bestimmenden Wirtschaftsprüfer oder im Falle des § 319 Abs. 1 Satz 2 durch einen vereidigten Buchprüfer Einsicht in die Prüfungsberichte des Abschlussprüfers über die aufgrund gesetzlicher Vorschriften durchzuführende Prüfung des Jahresabschlusses der letzten drei Geschäftsjahre zu nehmen, soweit sich diese auf die nach § 321 geforderte Berichterstattung beziehen. [2]Der Anspruch richtet sich gegen denjenigen, der die Prüfungsberichte in seinem Besitz hat.

(2) [1]Bei einer Aktiengesellschaft oder einer Kommanditgesellschaft auf Aktien stehen den Gesellschaftern die Rechte nach Absatz 1 Satz 1 nur zu, wenn ihre Anteile bei Geltendmachung des Anspruchs zusammen den einhundertsten Teil des Grundkapitals oder einen Börsenwert von 100 000 Euro erreichen. [2]Dem Abschlussprüfer ist die Erläuterung des Prüfungsberichts gegenüber den in Absatz 1 Satz 1 aufgeführten Personen gestattet.

(3) [1]Der Insolvenzverwalter oder ein gesetzlicher Vertreter des Schuldners kann einer Offenlegung von Geheimnissen, namentlich Betriebs- oder Geschäftsgeheimnissen, widersprechen, wenn die Offenlegung geeignet ist, der Gesellschaft einen erheblichen Nachteil zuzufügen. [2]§ 323 Abs. 1 und 3 bleibt im Übrigen unberührt. [3]Unbeschadet des Satzes 1 sind die Berechtigten nach Absatz 1 Satz 1 zur Verschwiegenheit über den Inhalt der von ihnen eingesehenen Unterlagen nach Absatz 1 Satz 1 verpflichtet.

(4) Die Absätze 1 bis 3 gelten entsprechend, wenn der Schuldner zur Aufstellung eines Konzernabschlusses und Konzernlageberichts verpflichtet ist.

§ 322 Bestätigungsvermerk

(1) [1]Der Abschlussprüfer hat das Ergebnis der Prüfung schriftlich in einem Bestätigungsvermerk zum Jahresabschluss oder zum Konzernabschluss zusammenzufassen. [2]Der Bestätigungsvermerk hat Gegenstand, Art und Umfang der Prüfung zu beschreiben und dabei die angewandten Rechnungslegungs- und Prüfungsgrundsätze anzugeben; er hat ferner eine Beurteilung des Prüfungsergebnisses zu enthalten. [3]In einem einleitenden Abschnitt haben zumindest die Beschreibung des Gegenstands der Prüfung und die Angabe zu den angewandten Rechnungslegungsgrundsätzen zu erfolgen.

(1a) Bei der Erstellung des Bestätigungsvermerks hat der Abschlussprüfer die internationalen Prüfungsstandards anzuwenden, die von der Europäischen Kommission in dem Verfahren nach Artikel 26 Absatz 3 der Richtlinie 2006/43/EG angenommen worden sind.

(2) [1]Die Beurteilung des Prüfungsergebnisses muss zweifelsfrei ergeben, ob

1. ein uneingeschränkter Bestätigungsvermerk erteilt,
2. ein eingeschränkter Bestätigungsvermerk erteilt,
3. der Bestätigungsvermerk aufgrund von Einwendungen versagt oder
4. der Bestätigungsvermerk deshalb versagt wird, weil der Abschlussprüfer nicht in der Lage ist, ein Prüfungsurteil abzugeben.

[2]Die Beurteilung des Prüfungsergebnisses soll allgemeinverständlich und problemorientiert unter Berücksichtigung des Umstandes erfolgen, dass die gesetzlichen Vertreter den Abschluss zu verantworten haben. [3]Auf Risiken, die den Fortbestand des Unternehmens oder eines Konzernunternehmens gefährden, ist gesondert einzugehen. [4]Auf Risiken, die den Fortbestand eines Tochterunternehmens gefährden, braucht im Bestätigungsvermerk zum Konzernabschluss des Mutterunternehmens nicht eingegangen zu werden, wenn das Tochterunternehmen für die Vermittlung eines den tatsächlichen Verhältnissen entsprechenden Bildes der Vermögens-, Finanz- und Ertragslage des Konzerns nur von untergeordneter Bedeutung ist.

(3) [1]In einem uneingeschränkten Bestätigungsvermerk (Absatz 2 Satz 1 Nr. 1) hat der Abschlussprüfer zu erklären, dass die von ihm nach § 317 durchgeführte Prüfung zu keinen Einwendungen geführt hat und dass der von den gesetzlichen Vertretern der Gesellschaft aufgestellte Jahres- oder Konzernabschluss aufgrund der bei der Prüfung gewonnenen Erkenntnisse des Abschlussprüfers nach seiner Beurteilung den gesetzlichen Vorschriften entspricht und unter Beachtung der Grundsätze ordnungsmäßiger Buchführung oder sonstiger maßgeblicher Rechnungslegungsgrundsätze ein den tatsächlichen Verhältnissen entsprechendes Bild der Vermögens-, Finanz- und Ertragslage des Unternehmens oder des Konzerns vermittelt. [2]Der Abschlussprüfer kann zusätzlich einen Hinweis auf Umstände aufnehmen, auf die er in besonderer Weise aufmerksam macht, ohne den Bestätigungsvermerk einzuschränken.

(4) [1]Sind Einwendungen zu erheben, so hat der Abschlussprüfer seine Erklärung nach Absatz 3 Satz 1 einzuschränken (Absatz 2 Satz 1 Nr. 2) oder zu versagen (Absatz 2 Satz 1

Nr. 3). [2]Die Versagung ist in den Vermerk, der nicht mehr als Bestätigungsvermerk zu bezeichnen ist, aufzunehmen. [3]Die Einschränkung oder Versagung ist zu begründen; Absatz 3 Satz 2 findet Anwendung. [4]Ein eingeschränkter Bestätigungsvermerk darf nur erteilt werden, wenn der geprüfte Abschluss unter Beachtung der vom Abschlussprüfer vorgenommenen, in ihrer Tragweite erkennbaren Einschränkung ein den tatsächlichen Verhältnissen im Wesentlichen entsprechendes Bild der Vermögens-, Finanz- und Ertragslage vermittelt.

(5) [1]Der Bestätigungsvermerk ist auch dann zu versagen, wenn der Abschlussprüfer nach Ausschöpfung aller angemessenen Möglichkeiten zur Klärung des Sachverhalts nicht in der Lage ist, ein Prüfungsurteil abzugeben (Absatz 2 Satz 1 Nr. 4). [2]Absatz 4 Satz 2 und 3 gilt entsprechend.

(6) [1]Die Beurteilung des Prüfungsergebnisses hat sich auch darauf zu erstrecken, ob der Lagebericht oder der Konzernlagebericht nach dem Urteil des Abschlussprüfers mit dem Jahresabschluss und gegebenenfalls mit dem Einzelabschluss nach § 325 Abs. 2a oder mit dem Konzernabschluss in Einklang steht, die gesetzlichen Vorschriften zur Aufstellung des Lage- oder Konzernlageberichts beachtet worden sind und der Lage- oder Konzernlagebericht insgesamt ein zutreffendes Bild von der Lage des Unternehmens oder des Konzerns vermittelt. [2]Dabei ist auch darauf einzugehen, ob die Chancen und Risiken der zukünftigen Entwicklung zutreffend dargestellt sind.

(6a) [1]Wurden mehrere Prüfer oder Prüfungsgesellschaften gemeinsam zum Abschlussprüfer bestellt, soll die Beurteilung des Prüfungsergebnisses einheitlich erfolgen. [2]Ist eine einheitliche Beurteilung ausnahmsweise nicht möglich, sind die Gründe hierfür darzulegen; die Beurteilung ist jeweils in einem gesonderten Absatz vorzunehmen. [3]Die Sätze 1 und 2 gelten im Fall der gemeinsamen Bestellung von

1. Wirtschaftsprüfern oder Wirtschaftsprüfungsgesellschaften,
2. vereidigten Buchprüfern oder Buchprüfungsgesellschaften sowie
3. Prüfern oder Prüfungsgesellschaften nach den Nummern 1 und 2.

(7) [1]Der Abschlussprüfer hat den Bestätigungsvermerk oder den Vermerk über seine Versagung unter Angabe des Ortes der Niederlassung des Abschlussprüfers und des Tages der Unterzeichnung zu unterzeichnen; im Fall des Absatzes 6a hat die Unterzeichnung durch alle bestellten Personen zu erfolgen. [2]Der Bestätigungsvermerk oder der Vermerk über seine Versagung ist auch in den Prüfungsbericht aufzunehmen. [3]Ist der Abschlussprüfer eine Wirtschaftsprüfungsgesellschaft, so hat die Unterzeichnung zumindest durch den Wirtschaftsprüfer zu erfolgen, welcher die Abschlussprüfung für die Prüfungsgesellschaft durchgeführt hat. [4]Satz 3 ist auf Buchprüfungsgesellschaften entsprechend anzuwenden.

§ 323 Verantwortlichkeit des Abschlußprüfers

(1) [1]Der Abschlußprüfer, seine Gehilfen und die bei der Prüfung mitwirkenden gesetzlichen Vertreter einer Prüfungsgesellschaft sind zur gewissenhaften und unparteiischen Prüfung und zur Verschwiegenheit verpflichtet; § 57b der Wirtschaftsprüferordnung bleibt unberührt. [2]Sie dürfen nicht unbefugt Geschäfts- und Betriebsgeheimnisse verwerten, die sie bei ihrer Tätigkeit erfahren haben. [3]Wer vorsätzlich oder fahrlässig seine Pflichten verletzt, ist der Kapitalgesellschaft und, wenn ein verbundenes Unternehmen geschädigt worden ist, auch diesem zum Ersatz des daraus entstehenden Schadens verpflichtet. [4]Mehrere Personen haften als Gesamtschuldner.

(2) [1]Die Ersatzpflicht von Personen, die fahrlässig gehandelt haben, beschränkt sich auf eine Million Euro für eine Prüfung. [2]Bei Prüfung einer Aktiengesellschaft, deren Aktien zum Handel im regulierten Markt zugelassen sind, beschränkt sich die Ersatzpflicht von Personen, die fahrlässig gehandelt haben, abweichend von Satz 1 auf vier

Millionen Euro für eine Prüfung. [3]Dies gilt auch, wenn an der Prüfung mehrere Personen beteiligt gewesen oder mehrere zum Ersatz verpflichtende Handlungen begangen worden sind, und ohne Rücksicht darauf, ob andere Beteiligte vorsätzlich gehandelt haben.

(3) Die Verpflichtung zur Verschwiegenheit besteht, wenn eine Prüfungsgesellschaft Abschlußprüfer ist, auch gegenüber dem Aufsichtsrat und den Mitgliedern des Aufsichtsrats der Prüfungsgesellschaft.

(4) Die Ersatzpflicht nach diesen Vorschriften kann durch Vertrag weder ausgeschlossen noch beschränkt werden.

(5) *(weggefallen)*

§ 324 [1)2)] Prüfungsausschuss

(1) [1]Unternehmen, die kapitalmarktorientiert im Sinne des § 264d sind, die keinen Aufsichts- oder Verwaltungsrat haben, der die Voraussetzungen des § 100 Abs. 5 des Aktiengesetzes erfüllen muss, sind verpflichtet, einen Prüfungsausschuss im Sinn des Absatzes 2 einzurichten, der sich insbesondere mit den in § 107 Abs. 3 Satz 2 und 3 des Aktiengesetzes beschriebenen Aufgaben befasst. [2]Dies gilt nicht für

1. Kapitalgesellschaften im Sinn des Satzes 1, deren ausschließlicher Zweck in der Ausgabe von Wertpapieren im Sinn des § 2 Absatz 1 des Wertpapierhandelsgesetzes besteht, die durch Vermögensgegenstände besichert sind; im Anhang ist darzulegen, weshalb ein Prüfungsausschuss nicht eingerichtet wird;
2. Kreditinstitute im Sinn des § 340 Abs. 1, die einen organisierten Markt im Sinn des § 2 Absatz 11 des Wertpapierhandelsgesetzes nur durch die Ausgabe von Schuldtiteln im Sinn des § 2 Absatz 1 Nummer 3 Buchstabe a des Wertpapierhandelsgesetzes in Anspruch nehmen, soweit deren Nominalwert 100 Millionen Euro nicht übersteigt und keine Verpflichtung zur Veröffentlichung eines Prospekts nach der Verordnung (EU) 2017/1129 des Europäischen Parlaments und des Rates vom 14. Juni 2017 über den Prospekt, der beim öffentlichen Angebot von Wertpapieren oder bei deren Zulassung zum Handel an einem geregelten Markt zu veröffentlichen ist und zur Aufhebung der Richtlinie 2003/71/EG (ABl. L 168 vom 30.6.2017, S. 12) besteht;
3. Investmentvermögen im Sinne des § 1 Absatz 1 des Kapitalanlagegesetzbuchs.

(2) [1]Die Mitglieder des Prüfungsausschusses sind von den Gesellschaftern zu wählen. [2]Die Mitglieder müssen in ihrer Gesamtheit mit dem Sektor, in dem das Unternehmen tätig ist, vertraut sein; die Mehrheit der Mitglieder, darunter der Vorsitzende, muss unabhängig sein und mindestens ein Mitglied muss über Sachverstand auf den Gebieten Rechnungslegung oder Abschlussprüfung verfügen. [3]Der Vorsitzende des Prüfungsausschusses darf nicht mit der Geschäftsführung betraut sein. [4]§ 107 Absatz 3 Satz 8, § 124 Abs. 3 Satz 2 und § 171 Abs. 1 Satz 2 und 3 des Aktiengesetzes sind entsprechend anzuwenden.

(3) [1]Die Abschlussprüferaufsichtsstelle beim Bundesamt für Wirtschaft und Ausfuhrkontrolle kann zur Erfüllung ihrer Aufgaben gemäß Artikel 27 Absatz 1 Buchstabe c der Verordnung (EU) Nr. 537/2014 von einem Unternehmen, das kapitalmarktorientiert im Sinne des § 264d, das CRR-Kreditinstitut im Sinne des § 1 Absatz 3d Satz 1 des Kreditwesengesetzes, mit Ausnahme der in § 2 Absatz 1 Nummer 1 und 2 des Kreditwesengesetzes genannten Institute, oder das Versicherungsunternehmen im Sinne des Artikels 2 Absatz 1 der Richtlinie 91/674/EWG ist, eine Darstellung und Erläuterung des Ergebnisses sowie der Durchführung der Tätigkeit seines Prüfungsausschusses verlangen. [2]Die

1) § 324 Abs. 1 geändert durch Gesetz vom 8.7.2019 (BGBl. I S. 1002).
2) § 324 Abs. 2 geändert durch Gesetz vom 12.12.2019 (BGBl. I S. 2637).

Abschlussprüferaufsichtsstelle soll zunächst auf Informationen aus öffentlich zugänglichen Quellen zurückgreifen. [3]Satz 1 findet keine Anwendung, wenn das Unternehmen eine Genossenschaft, eine Sparkasse oder ein sonstiges landesrechtliches öffentlich-rechtliches Kreditinstitut ist.

§ 324a Anwendung auf den Einzelabschluss nach § 325 Abs. 2a

(1) [1]Die Bestimmungen dieses Unterabschnitts, die sich auf den Jahresabschluss beziehen, sind auf einen Einzelabschluss nach § 325 Abs. 2a entsprechend anzuwenden. [2]An Stelle des § 316 Abs. 1 Satz 2 gilt § 316 Abs. 2 Satz 2 entsprechend.

(2) [1]Als Abschlussprüfer des Einzelabschlusses nach § 325 Abs. 2a gilt der für die Prüfung des Jahresabschlusses bestellte Prüfer als bestellt. [2]Der Prüfungsbericht zum Einzelabschluss nach § 325 Abs. 2a kann mit dem Prüfungsbericht zum Jahresabschluss zusammengefasst werden.

Vierter Unterabschnitt. Offenlegung. Prüfung durch den Betreiber des Bundesanzeigers

§ 325 [1)] Offenlegung

(1) [1]Die Mitglieder des vertretungsberechtigten Organs von Kapitalgesellschaften haben für die Gesellschaft folgende Unterlagen in deutscher Sprache offenzulegen:

1. den festgestellten oder gebilligten Jahresabschluss, den Lagebericht und den Bestätigungsvermerk oder den Vermerk über dessen Versagung sowie
2. den Bericht des Aufsichtsrats und die nach § 161 des Aktiengesetzes vorgeschriebene Erklärung.

[2]Die Unterlagen sind elektronisch beim Betreiber des Bundesanzeigers in einer Form einzureichen, die ihre Bekanntmachung ermöglicht.

(1a) [1]Die Unterlagen nach Absatz 1 Satz 1 sind spätestens ein Jahr nach dem Abschlussstichtag des Geschäftsjahrs einzureichen, auf das sie sich beziehen. [2]Liegen die Unterlagen nach Absatz 1 Satz 1 Nummer 2 nicht innerhalb der Frist vor, sind sie unverzüglich nach ihrem Vorliegen nach Absatz 1 offenzulegen.

(1b) [1]Wird der Jahresabschluss oder der Lagebericht geändert, so ist auch die Änderung nach Absatz 1 Satz 1 offenzulegen. [2]Ist im Jahresabschluss nur der Vorschlag für die Ergebnisverwendung enthalten, ist der Beschluss über die Ergebnisverwendung nach seinem Vorliegen nach Absatz 1 Satz 1 offenzulegen.

(2) Die Mitglieder des vertretungsberechtigten Organs der Kapitalgesellschaft haben für diese die in Absatz 1 bezeichneten Unterlagen jeweils unverzüglich nach der Einreichung im Bundesanzeiger bekannt machen zu lassen.

(2a) [1]Bei der Offenlegung nach Absatz 2 kann an die Stelle des Jahresabschlusses ein Einzelabschluss treten, der nach den in § 315e Absatz 1 bezeichneten internationalen Rechnungslegungsstandards aufgestellt worden ist. [2]Ein Unternehmen, das von diesem Wahlrecht Gebrauch macht, hat die dort genannten Standards vollständig zu befolgen. [3]Auf einen solchen Abschluss sind § 243 Abs. 2, die §§ 244, 245, 257, 264 Absatz 1a, 2 Satz 3, § 285 Nr. 7, 8 Buchstabe b, Nr. 9 bis 11a, 14 bis 17, § 286 Absatz 1 und 3 anzuwenden. [4]Die Verpflichtung, einen Lagebericht offenzulegen, bleibt unberührt; der Lagebericht nach § 289 muss in dem erforderlichen Umfang auch auf den Einzelabschluss nach Satz 1 Bezug nehmen. [5]Die übrigen Vorschriften des Zweiten Unterabschnitts des Ersten Abschnitts und des Ersten Unterabschnitts des Zweiten Abschnitts

1) § 325 geändert durch Gesetz vom 12.12.2019 (BGBl. I S. 2637).

gelten insoweit nicht. [6]Kann wegen der Anwendung des § 286 Abs. 1 auf den Anhang die in Satz 2 genannte Voraussetzung nicht eingehalten werden, entfällt das Wahlrecht nach Satz 1.

(2b) Die befreiende Wirkung der Offenlegung des Einzelabschlusses nach Absatz 2a tritt ein, wenn

1. statt des vom Abschlussprüfer zum Jahresabschluss erteilten Bestätigungsvermerks oder des Vermerks über dessen Versagung der entsprechende Vermerk zum Abschluss nach Absatz 2a in die Offenlegung nach Absatz 2 einbezogen wird,
2. der Vorschlag für die Verwendung des Ergebnisses und gegebenenfalls der Beschluss über seine Verwendung unter Angabe des Jahresüberschusses oder Jahresfehlbetrags in die Offenlegung nach Absatz 2 einbezogen werden und
3. der Jahresabschluss mit dem Bestätigungsvermerk oder dem Vermerk über dessen Versagung nach Absatz 1 und 1a Satz 1 offen gelegt wird.

(3) Die Absätze 1 bis 2 und 4 Satz 1 gelten entsprechend für die Mitglieder des vertretungsberechtigten Organs einer Kapitalgesellschaft, die einen Konzernabschluss und einen Konzernlagebericht aufzustellen haben.

(3a) Wird der Konzernabschluss zusammen mit dem Jahresabschluss des Mutterunternehmens oder mit einem von diesem aufgestellten Einzelabschluss nach Absatz 2a bekannt gemacht, können die Vermerke des Abschlussprüfers nach § 322 zu beiden Abschlüssen zusammengefasst werden; in diesem Fall können auch die jeweiligen Prüfungsberichte zusammengefasst werden.

(4) [1]Bei einer Kapitalgesellschaft im Sinn des § 264d, die keine Kapitalgesellschaft im Sinn des § 327a ist, beträgt die Frist nach Absatz 1a Satz 1 längstens vier Monate. [2]Für die Wahrung der Fristen nach Satz 1 und Absatz 1a Satz 1 ist der Zeitpunkt der Einreichung der Unterlagen maßgebend.

(5) Auf Gesetz, Gesellschaftsvertrag oder Satzung beruhende Pflichten der Gesellschaft, den Jahresabschluss, den Einzelabschluss nach Absatz 2a, den Lagebericht, den Konzernabschluss oder den Konzernlagebericht in anderer Weise bekannt zu machen, einzureichen oder Personen zugänglich zu machen, bleiben unberührt.

(6) Die §§ 11 und 12 Abs. 2 gelten für die beim Betreiber des Bundesanzeigers einzureichenden Unterlagen entsprechend; § 325a Absatz 1 Satz 5 und § 340l Absatz 2 Satz 6 bleiben unberührt.

§ 325a [1)] Zweigniederlassungen von Kapitalgesellschaften mit Sitz im Ausland

(1) [1]Bei inländischen Zweigniederlassungen von Kapitalgesellschaften mit Sitz in einem anderen Mitgliedstaat der Europäischen Union oder Vertragsstaat des Abkommens über den Europäischen Wirtschaftsraum haben die in § 13e Abs. 2 Satz 4 Nr. 3 genannten Personen oder wenn solche nicht angemeldet sind, die gesetzlichen Vertreter der Gesellschaft für diese die Unterlagen der Rechnungslegung der Hauptniederlassung, die nach dem für die Hauptniederlassung maßgeblichen Recht erstellt, geprüft und offengelegt oder hinterlegt worden sind, nach den §§ 325, 328, 329 Abs. 1 und 4 offenzulegen. [2]Bestehen mehrere inländische Zweigniederlassungen derselben Gesellschaft, brauchen die Unterlagen der Rechnungslegung der Hauptniederlassung nur von den nach Satz 1 verpflichteten Personen einer dieser Zweigniederlassungen offengelegt zu werden. [3]In diesem Fall beschränkt sich die Offenlegungspflicht der übrigen Zweig-

1) § 325a Abs. 1 Sätze 2 und 3 eingefügt durch Gesetz vom 12.12.2019 (BGBl. I S. 2637); s. dazu Artikel 83 EGHGB (abgedruckt unter Nr. 1a.).

niederlassungen auf die Angabe des Namens der Zweigniederlassung, des Registers sowie der Registernummer der Zweigniederlassung, für die die Offenlegung gemäß Satz 2 bewirkt worden ist. 4Die Unterlagen sind in deutscher Sprache einzureichen. 5Soweit dies nicht die Amtssprache am Sitz der Hauptniederlassung ist, können die Unterlagen der Hauptniederlassung auch

1. in englischer Sprache oder
2. in einer von dem Handelsregister der Hauptniederlassung beglaubigten Abschrift oder,
3. wenn eine dem Register vergleichbare Einrichtung nicht vorhanden oder diese nicht zur Beglaubigung befugt ist, in einer von einem Wirtschaftsprüfer bescheinigten Abschrift, verbunden mit der Erklärung, dass entweder eine dem Register vergleichbare Einrichtung nicht vorhanden oder diese nicht zur Beglaubigung befugt ist,

eingereicht werden; von der Beglaubigung des Registers ist eine beglaubigte Übersetzung in deutscher Sprache einzureichen.

(2) Diese Vorschrift gilt nicht für Zweigniederlassungen, die von Kreditinstituten im Sinne des § 340 oder von Versicherungsunternehmen im Sinne des § 341 errichtet werden.

(3) 1Bei der Anwendung von Absatz 1 ist für die Einstufung einer Kapitalgesellschaft als Kleinstkapitalgesellschaft (§ 267a) und für die Geltung von Erleichterungen bei der Rechnungslegung das Recht des anderen Mitgliedstaates der Europäischen Union oder das Recht des Vertragsstaates des Abkommens über den Europäischen Wirtschaftsraum maßgeblich. 2Darf eine Kleinstkapitalgesellschaft nach dem für sie maßgeblichen Recht die Offenlegungspflicht durch die Hinterlegung der Bilanz erfüllen, darf sie die Offenlegung nach Absatz 1 ebenfalls durch Hinterlegung bewirken. 3§ 326 Absatz 2 gilt entsprechend.

§ 326 Größenabhängige Erleichterungen für kleine Kapitalgesellschaften und Kleinstkapitalgesellschaften bei der Offenlegung

(1) 1Auf kleine Kapitalgesellschaften (§ 267 Abs. 1) ist § 325 Abs. 1 mit der Maßgabe anzuwenden, daß die gesetzlichen Vertreter nur die Bilanz und den Anhang einzureichen haben. 2Der Anhang braucht die die Gewinn- und Verlustrechnung betreffenden Angaben nicht zu enthalten.

(2) 1Die gesetzlichen Vertreter von Kleinstkapitalgesellschaften (§ 267a) können ihre sich aus § 325 Absatz 1 bis 2 ergebenden Pflichten auch dadurch erfüllen, dass sie die Bilanz in elektronischer Form zur dauerhaften Hinterlegung beim Betreiber des Bundesanzeigers einreichen und einen Hinterlegungsauftrag erteilen. 2§ 325 Absatz 1 Satz 2, Absatz 1a und 1b ist entsprechend anzuwenden. 3Kleinstkapitalgesellschaften dürfen von dem in Satz 1 geregelten Recht nur Gebrauch machen, wenn sie gegenüber dem Betreiber des Bundesanzeigers mitteilen, dass sie zwei der drei in § 267a Absatz 1 genannten Merkmale für die nach § 267 Absatz 4 maßgeblichen Abschlussstichtage nicht überschreiten.

§ 327 Größenabhängige Erleichterungen für mittelgroße Kapitalgesellschaften bei der Offenlegung

1Auf mittelgroße Kapitalgesellschaften (§ 267 Abs. 2) ist § 325 Abs. 1 mit der Maßgabe anzuwenden, daß die gesetzlichen Vertreter

1. die Bilanz nur in der für kleine Kapitalgesellschaften nach § 266 Abs. 1 Satz 3 vorgeschriebenen Form beim Betreiber des Bundesanzeigers einreichen müssen. 2In der Bilanz oder im Anhang sind jedoch die folgenden Posten des § 266 Abs. 2 und 3 zusätzlich gesondert anzugeben:

Auf der Aktivseite

A I 1 Selbst geschaffene gewerbliche Schutzrechte und ähnliche Rechte und Werte;

A I 2 Geschäfts- oder Firmenwert;

A II 1 Grundstücke, grundstücksgleiche Rechte und Bauten einschließlich der Bauten auf fremden Grundstücken;

A II 2 technische Anlagen und Maschinen;

A II 3 andere Anlagen, Betriebs- und Geschäftsausstattung;

A II 4 geleistete Anzahlungen und Anlagen im Bau;

A III 1 Anteile an verbundenen Unternehmen;

A III 2 Ausleihungen an verbundene Unternehmen;

A III 3 Beteiligungen;

A III 4 Ausleihungen an Unternehmen, mit denen ein Beteiligungsverhältnis besteht;

B II 2 Forderungen gegen verbundene Unternehmen;

B II 3 Forderungen gegen Unternehmen, mit denen ein Beteiligungsverhältnis besteht;

B III 1 Anteile an verbundenen Unternehmen.

Auf der Passivseite

C 1 Anleihen,
davon konvertibel;

C 2 Verbindlichkeiten gegenüber Kreditinstituten;

C 6 Verbindlichkeiten gegenüber verbundenen Unternehmen;

C 7 Verbindlichkeiten gegenüber Unternehmen, mit denen ein Beteiligungsverhältnis besteht;

2. den Anhang ohne die Angaben nach § 285 Nr. 2 und 8 Buchstabe a, Nr. 12 beim Betreiber des Bundesanzeigers einreichen dürfen.

§ 327a Erleichterung für bestimmte kapitalmarktorientierte Kapitalgesellschaften

§ 325 Abs. 4 Satz 1 ist auf eine Kapitalgesellschaft nicht anzuwenden, wenn sie ausschließlich zum Handel an einem organisierten Markt zugelassene Schuldtitel im Sinn des § 2 Absatz 1 Nummer 3 des Wertpapierhandelsgesetzes mit einer Mindeststückelung von 100 000 Euro oder dem am Ausgabetag entsprechenden Gegenwert einer anderen Währung begibt.

§ 328 Form und Inhalt der Unterlagen bei der Offenlegung, Veröffentlichung und Vervielfältigung

(1) [1]Bei der Offenlegung des Jahresabschlusses, des Einzelabschlusses nach § 325 Absatz 2a, des Konzernabschlusses oder des Lage- oder Konzernlageberichts sind diese Abschlüsse und Lageberichte so wiederzugeben, dass sie den für ihre Aufstellung maßgeblichen Vorschriften entsprechen, soweit nicht Erleichterungen nach den §§ 326 und 327 in Anspruch genommen werden oder eine Rechtsverordnung des Bundesministeriums der Justiz und für Verbraucherschutz nach Absatz 4 hiervon Abweichungen ermöglicht. [2]Sie haben in diesem Rahmen vollständig und richtig zu sein. [3]Die Sätze 1 und 2 gelten auch für die teilweise Offenlegung sowie für die Veröffentlichung oder Vervielfältigung in anderer Form auf Grund des Gesellschaftsvertrages oder der Satzung.

(1a) [1]Das Datum der Feststellung oder der Billigung der in Absatz 1 Satz 1 bezeichneten Abschlüsse ist anzugeben. [2]Wurde der Abschluss auf Grund gesetzlicher Vorschriften durch einen Abschlussprüfer geprüft, so ist jeweils der vollständige Wortlaut des Bestätigungsvermerks oder des Vermerks über dessen Versagung wiederzugeben; wird der Jahresabschluss wegen der Inanspruchnahme von Erleichterungen nur teilweise offengelegt und bezieht sich der Bestätigungsvermerk auf den vollständigen Jahresabschluss, ist hierauf hinzuweisen. [3]Bei der Offenlegung von Jahresabschluss, Einzelabschluss nach § 325 Absatz 2a oder Konzernabschluss ist gegebenenfalls darauf hinzuweisen, dass die Offenlegung nicht gleichzeitig mit allen anderen nach § 325 offenzulegenden Unterlagen erfolgt.

(2) [1]Werden Abschlüsse in Veröffentlichungen und Vervielfältigungen, die nicht durch Gesetz, Gesellschaftsvertrag oder Satzung vorgeschrieben sind, nicht in der nach Absatz 1 vorgeschriebenen Form wiedergegeben, so ist jeweils in einer Überschrift darauf hinzuweisen, daß es sich nicht um eine der gesetzlichen Form entsprechende Veröffentlichung handelt. [2]Ein Bestätigungsvermerk darf nicht beigefügt werden. [3]Ist jedoch aufgrund gesetzlicher Vorschriften eine Prüfung durch einen Abschlußprüfer erfolgt, so ist anzugeben, zu welcher der in § 322 Abs. 2 Satz 1 genannten zusammenfassenden Beurteilungen des Prüfungsergebnisses der Abschlussprüfer in Bezug auf den in gesetzlicher Form erstellten Abschluss gelangt ist und ob der Bestätigungsvermerk einen Hinweis nach § 322 Abs. 3 Satz 2 enthält. [4]Ferner ist anzugeben, ob die Unterlagen bei dem Betreiber des Bundesanzeigers eingereicht worden sind.

(3) [1]Absatz 1 ist auf den Lagebericht, den Konzernlagebericht, den Vorschlag für die Verwendung des Ergebnisses und den Beschluß über seine Verwendung entsprechend anzuwenden. [2]Werden die in Satz 1 bezeichneten Unterlagen nicht gleichzeitig mit dem Jahresabschluß oder dem Konzernabschluß offengelegt, so ist bei ihrer nachträglichen Offenlegung jeweils anzugeben, auf welchen Abschluß sie sich beziehen und wo dieser offengelegt worden ist; dies gilt auch für die nachträgliche Offenlegung des Bestätigungsvermerks oder des Vermerks über seine Versagung.

(4) Die Rechtsverordnung nach § 330 Abs. 1 Satz 1, 4 und 5 kann dem Betreiber des Bundesanzeigers Abweichungen von der Kontoform nach § 266 Abs. 1 Satz 1 gestatten.

(5) Für die Hinterlegung der Bilanz einer Kleinstkapitalgesellschaft (§ 326 Absatz 2) gilt Absatz 1 entsprechend.

§ 329[1)] Prüfungs- und Unterrichtungspflicht des Betreibers des Bundesanzeigers

(1) [1]Der Betreiber des Bundesanzeigers prüft, ob die einzureichenden Unterlagen fristgemäß und vollzählig eingereicht worden sind. [2]Der Betreiber des Unternehmensregisters stellt dem Betreiber des Bundesanzeigers die nach § 8b Abs. 3 Satz 2 von den Landesjustizverwaltungen übermittelten Daten zur Verfügung, soweit dies für die Erfüllung der Aufgaben nach Satz 1 erforderlich ist. [3]Die Daten dürfen vom Betreiber des Bundesanzeigers nur für die in Satz 1 genannten Zwecke verwendet werden.

(2) [1]Gibt die Prüfung Anlass zu der Annahme, dass von der Größe der Kapitalgesellschaft abhängige Erleichterungen oder die Erleichterung nach § 327a nicht hätten in Anspruch genommen werden dürfen, kann der Betreiber des Bundesanzeigers von der Kapitalgesellschaft innerhalb einer angemessenen Frist die Mitteilung der Umsatzerlöse (§ 277 Abs. 1) und der durchschnittlichen Zahl der Arbeitnehmer (§ 267 Abs. 5) oder Angaben zur Eigenschaft als Kapitalgesellschaft im Sinn des § 327a verlangen. [2]Unterlässt die Kapitalgesellschaft die fristgemäße Mitteilung, gelten die Erleichterungen als zu Unrecht in Anspruch genommen.

1) § 329 Abs. 3 geändert durch Gesetz vom 12.12.2019 (BGBl. I S. 2637).

(3) In den Fällen des § 325a Absatz 1 Satz 5 und des § 340l Absatz 2 Satz 6 kann im Einzelfall die Vorlage einer Übersetzung in die deutsche Sprache verlangt werden.

(4) Ergibt die Prüfung nach Absatz 1 Satz 1, dass die offen zu legenden Unterlagen nicht oder unvollständig eingereicht wurden, wird die jeweils für die Durchführung von Ordnungsgeldverfahren nach den §§ 335, 340o und 341o zuständige Verwaltungsbehörde unterrichtet.

Fünfter Unterabschnitt. Verordnungsermächtigung für Formblätter und andere Vorschriften

§ 330

(1) [1]Das Bundesministerium der Justiz und für Verbraucherschutz wird ermächtigt, im Einvernehmen mit dem Bundesministerium der Finanzen und dem Bundesministerium für Wirtschaft und Energie durch Rechtsverordnung, die nicht der Zustimmung des Bundesrates bedarf, für Kapitalgesellschaften Formblätter vorzuschreiben oder andere Vorschriften für die Gliederung des Jahresabschlusses oder des Konzernabschlusses oder den Inhalt des Anhangs, des Konzernanhangs, des Lageberichts oder des Konzernlageberichts zu erlassen, wenn der Geschäftszweig eine von den §§ 266, 275 abweichende Gliederung des Jahresabschlusses oder des Konzernabschlusses oder von den Vorschriften des Ersten Abschnitts und des Ersten und Zweiten Unterabschnitts des Zweiten Abschnitts abweichende Regelungen erfordert. [2]Die sich aus den abweichenden Vorschriften ergebenden Anforderungen an die in Satz 1 bezeichneten Unterlagen sollen den Anforderungen gleichwertig sein, die sich für große Kapitalgesellschaften (§ 267 Abs. 3) aus den Vorschriften des Ersten Abschnitts und des Ersten und Zweiten Unterabschnitts des Zweiten Abschnitts sowie den für den Geschäftszweig geltenden Vorschriften ergeben. [3]Über das geltende Recht hinausgehende Anforderungen dürfen nur gestellt werden, soweit sie auf Rechtsakten des Rates der Europäischen Union beruhen. [4]Die Rechtsverordnung nach Satz 1 kann auch Abweichungen von der Kontoform nach § 266 Abs. 1 Satz 1 gestatten. [5]Satz 4 gilt auch in den Fällen, in denen ein Geschäftszweig eine von den §§ 266 und 275 abweichende Gliederung nicht erfordert.

(2) [1]Absatz 1 ist auf Kreditinstitute im Sinne des § 1 Abs. 1 des Gesetzes über das Kreditwesen, soweit sie nach dessen § 2 Abs. 1, 4 oder 5 von der Anwendung nicht ausgenommen sind, und auf Finanzdienstleistungsinstitute im Sinne des § 1 Abs. 1a des Gesetzes über das Kreditwesen, soweit sie nach dessen § 2 Abs. 6 oder 10 von der Anwendung nicht ausgenommen sind, sowie auf Institute im Sinne des § 1 Absatz 3 des Zahlungsdiensteaufsichtsgesetzes, nach Maßgabe der Sätze 3 und 4 ungeachtet ihrer Rechtsform anzuwenden. [2]Satz 1 ist auch auf Zweigstellen von Unternehmen mit Sitz in einem Staat anzuwenden, der nicht Mitglied der Europäischen Gemeinschaft und auch nicht Vertragsstaat des Abkommens über den Europäischen Wirtschaftsraum ist, sofern die Zweigstelle nach § 53 Abs. 1 des Gesetzes über das Kreditwesen als Kreditinstitut oder als Finanzinstitut gilt. [3]Die Rechtsverordnung bedarf nicht der Zustimmung des Bundesrates; sie ist im Einvernehmen mit dem Bundesministerium der Finanzen und im Benehmen mit der Deutschen Bundesbank zu erlassen. [4]In die Rechtsverordnung nach Satz 1 können auch nähere Bestimmungen über die Aufstellung des Jahresabschlusses und des Konzernabschlusses im Rahmen der vorgeschriebenen Formblätter für die Gliederung des Jahresabschlusses und des Konzernabschlusses sowie des Zwischenabschlusses gemäß § 340a Abs. 3 und des Konzernzwischenabschlusses gemäß § 340i Abs. 4 aufgenommen werden, soweit dies zur Erfüllung der Aufgaben der Bundesanstalt für Finanzdienstleistungsaufsicht oder der Deutschen Bundesbank erforderlich ist, insbesondere um einheitliche Unterlagen zur Beurteilung der von den Kreditinstituten und

Finanzdienstleistungsinstituten durchgeführten Bankgeschäfte und erbrachten Finanzdienstleistungen zu erhalten.

(3) [1]Absatz 1 ist auf Versicherungsunternehmen nach Maßgabe der Sätze 3 und 4 ungeachtet ihrer Rechtsform anzuwenden. [2]Satz 1 ist auch auf Niederlassungen im Geltungsbereich dieses Gesetzes von Versicherungsunternehmen mit Sitz in einem anderen Staat anzuwenden, wenn sie zum Betrieb des Direktversicherungsgeschäfts der Erlaubnis durch die deutsche Versicherungsaufsichtsbehörde bedürfen. [3]Die Rechtsverordnung bedarf der Zustimmung des Bundesrates und ist im Einvernehmen mit dem Bundesministerium der Finanzen zu erlassen. [4]In der Rechtsverordnung nach Satz 1 können auch nähere Bestimmungen über die Aufstellung des Jahresabschlusses und des Konzernabschlusses im Rahmen der vorgeschriebenen Formblätter für die Gliederung des Jahresabschlusses und des Konzernabschlusses sowie Vorschriften über den Ansatz und die Bewertung von versicherungstechnischen Rückstellungen, insbesondere die Näherungsverfahren, aufgenommen werden. [5]Die Zustimmung des Bundesrates ist nicht erforderlich, soweit die Verordnung ausschließlich dem Zweck dient, Abweichungen nach Absatz 1 Satz 4 und 5 zu gestatten.

(4) [1]In der Rechtsverordnung nach Absatz 1 in Verbindung mit Absatz 3 kann bestimmt werden, daß Versicherungsunternehmen, auf die die Richtlinie 91/674/EWG nach deren Artikel 2 in Verbindung mit den Artikeln 4, 7 und 9 Nummer 1 und 2 sowie Artikel 10 Nummer 1 der Richtlinie 2009/138/EG des Europäischen Parlaments und des Rates vom 25. November 2009 betreffend die Aufnahme und Ausübung der Versicherungs- und der Rückversicherungstätigkeit (Solvabilität II) (ABl. L 335 vom 17.12.2009, S. 1) nicht anzuwenden ist, von den Regelungen des Zweiten Unterabschnitts des Vierten Abschnitts ganz oder teilweise befreit werden, soweit dies erforderlich ist, um eine im Verhältnis zur Größe der Versicherungsunternehmen unangemessene Belastung zu vermeiden; Absatz 1 Satz 2 ist insoweit nicht anzuwenden. [2]In der Rechtsverordnung dürfen diesen Versicherungsunternehmen auch für die Gliederung des Jahresabschlusses und des Konzernabschlusses, für die Erstellung von Anhang und Lagebericht und Konzernanhang und Konzernlagebericht sowie für die Offenlegung ihrer Größe angemessene Vereinfachungen gewährt werden.

(5) Die Absätze 3 und 4 sind auf Pensionsfonds (§ 236 Absatz 1 des Versicherungsaufsichtsgesetzes) entsprechend anzuwenden.

Sechster Unterabschnitt. Straf- und Bußgeldvorschriften. Ordnungsgelder

Erster Titel. Straf- und Bußgeldvorschriften

§ 331 Unrichtige Darstellung

Mit Freiheitsstrafe bis zu drei Jahren oder mit Geldstrafe wird bestraft, wer

1. als Mitglied des vertretungsberechtigten Organs oder des Aufsichtsrats einer Kapitalgesellschaft die Verhältnisse der Kapitalgesellschaft in der Eröffnungsbilanz, im Jahresabschluß, im Lagebericht einschließlich der nichtfinanziellen Erklärung, im gesonderten nichtfinanziellen Bericht oder im Zwischenabschluß nach § 340a Abs. 3 unrichtig wiedergibt oder verschleiert,

1a. als Mitglied des vertretungsberechtigten Organs einer Kapitalgesellschaft zum Zwecke der Befreiung nach § 325 Abs. 2a Satz 1, Abs. 2b einen Einzelabschluss nach den in § 315e Absatz 1 genannten internationalen Rechnungslegungsstandards, in dem die Verhältnisse der Kapitalgesellschaft unrichtig wiedergegeben oder verschleiert worden sind, vorsätzlich oder leichtfertig offen legt,

2. als Mitglied des vertretungsberechtigten Organs oder des Aufsichtsrats einer Kapitalgesellschaft die Verhältnisse des Konzerns im Konzernabschluß, im Konzernlagebericht einschließlich der nichtfinanziellen Konzernerklärung, im gesonderten nichtfinanziellen Konzernbericht oder im Konzernzwischenabschluß nach § 340i Abs. 4 unrichtig wiedergibt oder verschleiert,

3. als Mitglied des vertretungsberechtigten Organs einer Kapitalgesellschaft zum Zwecke der Befreiung nach den § 291 Abs. 1 und 2 oder nach § 292 einen Konzernabschluß oder Konzernlagebericht, in dem die Verhältnisse des Konzerns unrichtig wiedergegeben oder verschleiert worden sind, vorsätzlich oder leichtfertig offenlegt,

3a. entgegen § 264 Abs. 2 Satz 3, § 289 Abs. 1 Satz 5, § 297 Abs. 2 Satz 4 oder § 315 Absatz 1 Satz 5 eine Versicherung nicht richtig abgibt,

4. als Mitglied des vertretungsberechtigten Organs einer Kapitalgesellschaft oder als Mitglied des vertretungsberechtigten Organs oder als vertretungsberechtigter Gesellschafter eines ihrer Tochterunternehmen (§ 290 Abs. 1, 2) in Aufklärungen oder Nachweisen, die nach § 320 einem Abschlußprüfer der Kapitalgesellschaft, eines verbundenen Unternehmens oder des Konzerns zu geben sind, unrichtige Angaben macht oder die Verhältnisse der Kapitalgesellschaft, eines Tochterunternehmens oder des Konzerns unrichtig wiedergibt oder verschleiert.

§ 332 Verletzung der Berichtspflicht

(1) Mit Freiheitsstrafe bis zu drei Jahren oder mit Geldstrafe wird bestraft, wer als Abschlußprüfer oder Gehilfe eines Abschlußprüfers über das Ergebnis der Prüfung eines Jahresabschlusses, eines Einzelabschlusses nach § 325 Abs. 2a, eines Lageberichts, eines Konzernabschlusses, eines Konzernlageberichts einer Kapitalgesellschaft oder eines Zwischenabschlusses nach § 340a Abs. 3 oder eines Konzernzwischenabschlusses gemäß § 340i Abs. 4 unrichtig berichtet, im Prüfungsbericht (§ 321) erhebliche Umstände verschweigt oder einen inhaltlich unrichtigen Bestätigungsvermerk (§ 322) erteilt.

(2) Handelt der Täter gegen Entgelt oder in der Absicht, sich oder einen anderen zu bereichern oder einen anderen zu schädigen, so ist die Strafe Freiheitsstrafe bis zu fünf Jahren oder Geldstrafe.

§ 333 Verletzung der Geheimhaltungspflicht

(1) Mit Freiheitsstrafe bis zu einem Jahr oder mit Geldstrafe wird bestraft, wer ein Geheimnis der Kapitalgesellschaft, eines Tochterunternehmens (§ 290 Abs. 1, 2), eines gemeinsam geführten Unternehmens (§ 310) oder eines assoziierten Unternehmens (§ 311), namentlich ein Betriebs- oder Geschäftsgeheimnis, das ihm in seiner Eigenschaft als Abschlußprüfer oder Gehilfe eines Abschlußprüfers bei Prüfung des Jahresabschlusses, eines Einzelabschlusses nach § 325 Abs. 2a oder des Konzernabschlusses bekannt geworden ist, oder wer ein Geschäfts- oder Betriebsgeheimnis oder eine Erkenntnis über das Unternehmen, das ihm als Beschäftigter bei einer Prüfstelle im Sinne von § 342b Abs. 1 bei der Prüftätigkeit bekannt geworden ist, unbefugt offenbart.

(2) [1]Handelt der Täter gegen Entgelt oder in der Absicht, sich oder einen anderen zu bereichern oder einen anderen zu schädigen, so ist die Strafe Freiheitsstrafe bis zu zwei Jahren oder Geldstrafe. [2]Ebenso wird bestraft, wer ein Geheimnis der in Absatz 1 bezeichneten Art, namentlich ein Betriebs- oder Geschäftsgeheimnis, das ihm unter den Voraussetzungen des Absatzes 1 bekannt geworden ist, unbefugt verwertet.

(3) Die Tat wird nur auf Antrag der Kapitalgesellschaft verfolgt.

§ 333a Verletzung der Pflichten bei Abschlussprüfungen

Mit Freiheitsstrafe bis zu einem Jahr oder mit Geldstrafe wird bestraft, wer als Mitglied eines nach § 324 Absatz 1 Satz 1 eingerichteten Prüfungsausschusses

1. eine in § 334 Absatz 2a bezeichnete Handlung begeht und dafür einen Vermögensvorteil erhält oder sich versprechen lässt oder
2. eine in § 334 Absatz 2a bezeichnete Handlung beharrlich wiederholt.

§ 334 Bußgeldvorschriften

(1) Ordnungswidrig handelt, wer als Mitglied des vertretungsberechtigten Organs oder des Aufsichtsrats einer Kapitalgesellschaft

1. bei der Aufstellung oder Feststellung des Jahresabschlusses einer Vorschrift
   a) des § 243 Abs. 1 oder 2, der §§ 244, 245, 246, 247, 248, 249 Abs. 1 Satz 1 oder Abs. 2, des § 250 Abs. 1 oder 2, des § 251 oder des § 264 Absatz 1a oder Absatz 2 über Form oder Inhalt,
   b) des § 253 Absatz 1 Satz 1, 2, 3, 4, 5 oder Satz 6, Abs. 2 Satz 1, auch in Verbindung mit Satz 2, Absatz 3 Satz 1, 2, 3, 4 oder Satz 5, Abs. 4 oder 5, des § 254 oder des § 256a über die Bewertung,
   c) des § 265 Abs. 2, 3, 4 oder 6, der §§ 266, 268 Absatz 3, 4, 5, 6 oder Absatz 7, der §§ 272, 274, 275 oder des § 277 über die Gliederung oder
   d) des § 284 oder des § 285 über die in der Bilanz, unter der Bilanz oder im Anhang zu machenden Angaben,
2. bei der Aufstellung des Konzernabschlusses einer Vorschrift
   a) des § 294 Abs. 1 über den Konsolidierungskreis,
   b) des § 297 Absatz 1a, 2 oder 3 oder des § 298 Abs. 1 in Verbindung mit den §§ 244, 245, 246, 247, 248, 249 Abs. 1 Satz 1 oder Abs. 2, dem § 250 Abs. 1 oder dem § 251 über Inhalt oder Form,
   c) des § 300 über die Konsolidierungsgrundsätze oder das Vollständigkeitsgebot,
   d) des § 308 Abs. 1 Satz 1 in Verbindung mit den in Nummer 1 Buchstabe b bezeichneten Vorschriften, des § 308 Abs. 2 oder des § 308a über die Bewertung,
   e) des § 311 Abs. 1 Satz 1 in Verbindung mit § 312 über die Behandlung assoziierter Unternehmen oder
   f) des § 308 Abs. 1 Satz 3, des § 313 oder des § 314 über die im Konzernanhang zu machenden Angaben,
3. bei der Aufstellung des Lageberichts oder der Erstellung eines gesonderten nichtfinanziellen Berichts einer Vorschrift der §§ 289 bis 289b Absatz 1, §§ 289c, 289d, 289e Absatz 2, auch in Verbindung mit § 289b Absatz 2 oder 3, oder des § 289f über den Inhalt des Lageberichts oder des gesonderten nichtfinanziellen Berichts,
4. bei der Aufstellung des Konzernlageberichts oder der Erstellung eines gesonderten nichtfinanziellen Konzernberichts einer Vorschrift der §§ 315 bis 315b Absatz 1, des § 315c, auch in Verbindung mit § 315b Absatz 2 oder 3, oder des § 315d über den Inhalt des Konzernlageberichts oder des gesonderten nichtfinanziellen Konzernberichts,
5. bei der Offenlegung, Hinterlegung, Veröffentlichung oder Vervielfältigung einer Vorschrift des § 328 über Form oder Inhalt oder
6. einer aufgrund des § 330 Absatz 1 Satz 1 erlassenen Rechtsverordnung, soweit sie für einen bestimmten Tatbestand auf diese Bußgeldvorschrift verweist,

zuwiderhandelt.

(2) Ordnungswidrig handelt, wer zu einem Jahresabschluss, zu einem Einzelabschluss nach § 325 Abs. 2a oder zu einem Konzernabschluss, der aufgrund gesetzlicher Vorschriften zu prüfen ist, einen Vermerk nach § 322 Abs. 1 erteilt, obwohl nach § 319 Abs. 2, 3, 5, § 319a Abs. 1 Satz 1, Abs. 2, § 319b Abs. 1 Satz 1 oder 2 er oder nach § 319 Abs. 4, auch in Verbindung mit § 319a Abs. 1 Satz 2, oder § 319b Abs. 1 die Wirtschaftsprüfungsgesellschaft oder die Buchprüfungsgesellschaft, für die er tätig wird, nicht Abschlussprüfer sein darf.

(2a) Ordnungswidrig handelt, wer als Mitglied eines nach § 324 Absatz 1 Satz 1 eingerichteten Prüfungsausschusses

1. die Unabhängigkeit des Abschlussprüfers oder der Prüfungsgesellschaft nicht nach Maßgabe des Artikels 4 Absatz 3 Unterabsatz 2, des Artikels 5 Absatz 4 Unterabsatz 1 Satz 1 oder des Artikels 6 Absatz 2 der Verordnung (EU) Nr. 537/2014 des Europäischen Parlaments und des Rates vom 16. April 2014 über spezifische Anforderungen an die Abschlussprüfung bei Unternehmen von öffentlichem Interesse und zur Aufhebung des Beschlusses 2005/909/EG der Kommission (ABl. L 158 vom 27.5.2014, S. 77, L 170 vom 11.6.2014, S. 66) überwacht,
2. eine Empfehlung für die Bestellung eines Abschlussprüfers oder einer Prüfungsgesellschaft vorlegt, die den Anforderungen nach Artikel 16 Absatz 2 Unterabsatz 2 oder 3 der Verordnung (EU) Nr. 537/2014 nicht entspricht oder der ein Auswahlverfahren nach Artikel 16 Absatz 3 Unterabsatz 1 der Verordnung (EU) Nr. 537/2014 nicht vorangegangen ist, oder
3. den Gesellschaftern einen Vorschlag für die Bestellung eines Abschlussprüfers oder einer Prüfungsgesellschaft vorlegt, der den Anforderungen nach Artikel 16 Absatz 5 Unterabsatz 1 der Verordnung (EU) Nr. 537/2014 nicht entspricht.

(3) [1]Die Ordnungswidrigkeit kann mit einer Geldbuße bis zu fünfzigtausend Euro geahndet werden. [2]Ist die Kapitalgesellschaft kapitalmarktorientiert im Sinne des § 264d, beträgt die Geldbuße in den Fällen des Absatzes 1 höchstens den höheren der folgenden Beträge:

1. zwei Millionen Euro oder
2. das Zweifache des aus der Ordnungswidrigkeit gezogenen wirtschaftlichen Vorteils, wobei der wirtschaftliche Vorteil erzielte Gewinne und vermiedene Verluste umfasst und geschätzt werden kann.

(3a) Wird gegen eine kapitalmarktorientierte Kapitalgesellschaft im Sinne des § 264d in den Fällen des Absatzes 1 eine Geldbuße nach § 30 des Gesetzes über Ordnungswidrigkeiten verhängt, beträgt diese Geldbuße höchstens den höchsten der folgenden Beträge:

1. zehn Millionen Euro,
2. 5 Prozent des jährlichen Gesamtumsatzes, den die Kapitalgesellschaft in dem der Behördenentscheidung vorausgegangenen Geschäftsjahr erzielt hat oder
3. das Zweifache des aus der Ordnungswidrigkeit gezogenen wirtschaftlichen Vorteils, wobei der wirtschaftliche Vorteil erzielte Gewinne und vermiedene Verluste umfasst und geschätzt werden kann.

(3b) [1]Gesamtumsatz im Sinne des Absatzes 3a Nummer 2 ist der Betrag der Umsatzerlöse nach § 277 Absatz 1 oder der Betrag der Nettoumsatzerlöse nach Maßgabe des auf das Unternehmen anwendbaren nationalen Rechts im Einklang mit Artikel 2 Nummer 5 der Richtlinie 2013/34/EU. [2]Handelt es sich bei der Kapitalgesellschaft um ein Mutterunternehmen oder um ein Tochterunternehmen im Sinne des § 290, ist anstelle des Gesamtumsatzes der Kapitalgesellschaft der Gesamtumsatz im Konzernabschluss des Mutterunternehmens maßgeblich, der für den größten Kreis von Unternehmen aufgestellt wird. [3]Wird der Konzernabschluss für den größten Kreis von Unternehmen nicht nach den in Satz 1 genannten Vorschriften aufgestellt, ist der Gesamtumsatz nach Maßgabe der den Umsatzerlösen vergleichbaren Posten des Konzernabschlusses zu ermitteln. [4]Ist ein Jahres- oder Konzernabschluss für das maßgebliche Geschäftsjahr nicht verfügbar, ist der Jahres- oder Konzernabschluss für das unmittelbar vorausgehende Geschäftsjahr maßgeblich; ist auch dieser nicht verfügbar, kann der Gesamtumsatz geschätzt werden.

(4) Verwaltungsbehörde im Sinn des § 36 Abs. 1 Nr. 1 des Gesetzes über Ordnungswidrigkeiten ist in den Fällen der Absätze 1 und 2a das Bundesamt für Justiz, in den Fällen des Absatzes 2 die Abschlussprüferaufsichtsstelle beim Bundesamt für Wirtschaft und Ausfuhrkontrolle.

(5) Die Absätze 1 bis 4 sind auf Kreditinstitute im Sinn des § 340 und auf Versicherungsunternehmen im Sinn des § 341 Abs. 1 nicht anzuwenden.

Zweiter Titel. Ordnungsgelder

§ 335[1)] Festsetzung von Ordnungsgeld; Verordnungsermächtigungen

(1) [1]Gegen die Mitglieder des vertretungsberechtigten Organs einer Kapitalgesellschaft, die

1. § 325 über die Pflicht zur Offenlegung des Jahresabschlusses, des Lageberichts, des Konzernabschlusses, des Konzernlageberichts und anderer Unterlagen der Rechnungslegung oder
2. § 325a über die Pflicht zur Offenlegung der Rechnungslegungsunterlagen der Hauptniederlassung

nicht befolgen, ist wegen des pflichtwidrigen Unterlassens der rechtzeitigen Offenlegung vom Bundesamt für Justiz (Bundesamt) ein Ordnungsgeldverfahren nach den Absätzen 2 bis 6 durchzuführen; im Fall der Nummer 2 treten die in § 13e Absatz 2 Satz 5 Nummer 3 genannten Personen, sobald sie angemeldet sind, an die Stelle der Mitglieder des vertretungsberechtigten Organs der Kapitalgesellschaft. [2]Das Ordnungsgeldverfahren kann auch gegen die Kapitalgesellschaft durchgeführt werden, für die die Mitglieder des vertretungsberechtigten Organs die in Satz 1 Nr. 1 und 2 genannten Pflichten zu erfüllen haben. [3]Dem Verfahren steht nicht entgegen, dass eine der Offenlegung vorausgehende Pflicht, insbesondere die Aufstellung des Jahres- oder Konzernabschlusses oder die unverzügliche Erteilung des Prüfauftrags, noch nicht erfüllt ist. [4]Das Ordnungsgeld beträgt mindestens zweitausendfünfhundert und höchstens fünfundzwanzigtausend Euro. [5]Eingenommene Ordnungsgelder fließen dem Bundesamt zu.

(1a) [1]Ist die Kapitalgesellschaft kapitalmarktorientiert im Sinne des § 264d, beträgt das Ordnungsgeld höchstens den höheren der folgenden Beträge:

1. zehn Millionen Euro,
2. 5 Prozent des jährlichen Gesamtumsatzes, den die Kapitalgesellschaft im der Behördenentscheidung vorausgegangenen Geschäftsjahr erzielt hat, oder
3. das Zweifache des aus der unterlassenen Offenlegung gezogenen wirtschaftlichen Vorteils; der wirtschaftliche Vorteil umfasst erzielte Gewinne und vermiedene Verluste und kann geschätzt werden.

---

1) § 335 Abs. 7 geändert durch Gesetz vom 21.6.2019 (BGBl. I S. 846).

[2]Wird das Ordnungsgeld einem Mitglied des gesetzlichen Vertretungsorgans der Kapitalgesellschaft angedroht, beträgt das Ordnungsgeld abweichend von Satz 1 höchstens den höheren der folgenden Beträge:

1. zwei Millionen Euro oder
2. das Zweifache des aus der unterlassenen Offenlegung gezogenen Vorteils; der wirtschaftliche Vorteil umfasst erzielte Gewinne und vermiedene Verluste und kann geschätzt werden.

(1b) [1]Gesamtumsatz im Sinne des Absatzes 1a Satz 1 Nummer 2 ist

1. im Falle von Kreditinstituten, Zahlungsinstituten und Finanzdienstleistungsinstituten im Sinne des § 340 der sich aus dem auf das Institut anwendbaren nationalen Recht im Einklang mit Artikel 27 Nummer 1, 3, 4, 6 und 7 oder Artikel 28 Nummer B1, B2, B3, B4 und B7 der Richtlinie 86/635/EWG des Rates vom 8. Dezember 1986 über den Jahresabschluss und den konsolidierten Abschluss von Banken und anderen Finanzinstituten (ABl. L 372 vom 31.12.1986, S. 1) ergebende Gesamtbetrag, abzüglich der Umsatzsteuer und sonstiger direkt auf diese Erträge erhobener Steuern,
2. im Falle von Versicherungsunternehmen der sich aus dem auf das Versicherungsunternehmen anwendbaren nationalen Recht im Einklang mit Artikel 63 der Richtlinie 91/674/EWG des Rates vom 19. Dezember 1991 über den Jahresabschluss und den konsolidierten Abschluss von Versicherungsunternehmen (ABl. L 374 vom 31.12.1991, S. 7) ergebende Gesamtbetrag, abzüglich der Umsatzsteuer und sonstiger direkt auf diese Erträge erhobener Steuern,
3. im Übrigen der Betrag der Umsatzerlöse nach § 277 Absatz 1 oder der Nettoumsatzerlöse nach Maßgabe des auf das Unternehmen anwendbaren nationalen Rechts im Einklang mit Artikel 2 Nummer 5 der Richtlinie 2013/34/EU.

[2]Handelt es sich bei der Kapitalgesellschaft um ein Mutterunternehmen oder um ein Tochterunternehmen im Sinne von § 290, ist anstelle des Gesamtumsatzes der Kapitalgesellschaft der Gesamtumsatz im Konzernabschluss des Mutterunternehmens maßgeblich, der für den größten Kreis von Unternehmen aufgestellt wird. [3]Wird der Konzernabschluss für den größten Kreis von Unternehmen nicht nach den in Satz 1 genannten Vorschriften aufgestellt, ist der Gesamtumsatz nach Maßgabe der den in Satz 1 Nummer 1 bis 3 vergleichbaren Posten des Konzernabschlusses zu ermitteln. [4]Ist ein Jahresabschluss oder Konzernabschluss für das maßgebliche Geschäftsjahr nicht verfügbar, ist der Jahres- oder Konzernabschluss für das unmittelbar vorausgehende Geschäftsjahr maßgeblich; ist auch dieser nicht verfügbar, kann der Gesamtumsatz geschätzt werden.

(1c) Soweit dem Bundesamt Ermessen bei der Höhe eines Ordnungsgeldes zusteht, hat es auch frühere Verstöße der betroffenen Person zu berücksichtigen.

(1d) [1]Das Bundesamt unterrichtet die Bundesanstalt für Finanzdienstleistungsaufsicht unverzüglich über jedes Ordnungsgeld, das gemäß Absatz 1 gegen eine Kapitalgesellschaft im Sinne des § 264d oder gegen ein Mitglied ihrer Vertretungsorgane festgesetzt wird. [2]Wird gegen eine solche Ordnungsgeldfestsetzung Beschwerde eingelegt, unterrichtet das Bundesamt die Bundesanstalt für Finanzdienstleistungsaufsicht über diesen Umstand sowie über den Ausgang des Beschwerdeverfahrens.

(2) [1]Auf das Verfahren sind die §§ 15 bis 19, § 40 Abs. 1, § 388 Abs. 1, § 389 Abs. 3, § 390 Abs. 2 bis 6 des Gesetzes über das Verfahren in Familiensachen und in den Angelegenheiten der freiwilligen Gerichtsbarkeit sowie im Übrigen § 11 Nr. 1 und 2, § 12 Abs. 1 Nr. 1 bis 3, Abs. 2 und 3, §§ 14, 15, 20 Abs. 1 und 3, § 21 Abs. 1, §§ 23 und 26 des Verwaltungsverfahrensgesetzes nach Maßgabe der nachfolgenden Absätze entsprechend

anzuwenden. [2]Das Ordnungsgeldverfahren ist ein Justizverwaltungsverfahren. [3]Zur Vertretung der Beteiligten sind auch Wirtschaftsprüfer und vereidigte Buchprüfer, Steuerberater, Steuerbevollmächtigte, Personen und Vereinigungen im Sinn des § 3 Nr. 4 des Steuerberatungsgesetzes sowie Gesellschaften im Sinn des § 3 Nr. 2 und 3 des Steuerberatungsgesetzes, die durch Personen im Sinn des § 3 Nr. 1 des Steuerberatungsgesetzes handeln, befugt.

(2a) [1]Die Akten einschließlich der Verfahrensakten in der Zwangsvollstreckung werden elektronisch geführt. [2]Auf die elektronische Aktenführung und die elektronische Kommunikation ist § 110c des Gesetzes über Ordnungswidrigkeiten entsprechend anzuwenden, jedoch dessen Satz 1

1. nicht in Verbindung mit dessen Satz 2 und § 32b der Strafprozessordnung auf
   a) die Androhung eines Ordnungsgeldes nach Absatz 3 Satz 1,
   b) die Kostenentscheidung nach Absatz 3 Satz 2 und
   c) den Erlass von Zwischenverfügungen;
2. nicht in Verbindung mit den §§ 32d und 32e Absatz 3 Satz 1 und 2 der Strafprozessordnung auf das Verfahren insgesamt sowie
3. einschließlich dessen Sätze 2 und 3 nicht auf die Beitreibung nach dem Justizbeitreibungsgesetz.

[3]Satz 2 gilt entsprechend auch für Verfügungen im Sinne der Absätze 3 und 4, die automatisiert erlassen werden können.

(3) [1]Den in Absatz 1 Satz 1 und 2 bezeichneten Beteiligten ist unter Androhung eines Ordnungsgeldes in bestimmter Höhe aufzugeben, innerhalb einer Frist von sechs Wochen vom Zugang der Androhung an ihrer gesetzlichen Verpflichtung nachzukommen oder die Unterlassung mittels Einspruchs gegen die Verfügung zu rechtfertigen. [2]Mit der Androhung des Ordnungsgeldes sind den Beteiligten zugleich die Kosten des Verfahrens aufzuerlegen. [3]Der Einspruch kann auf Einwendungen gegen die Entscheidung über die Kosten beschränkt werden. [4]Der Einspruch gegen die Androhung des Ordnungsgeldes und gegen die Entscheidung über die Kosten hat keine aufschiebende Wirkung. [5]Führt der Einspruch zu einer Einstellung des Verfahrens, ist zugleich auch die Kostenentscheidung nach Satz 2 aufzuheben.

(4) [1]Wenn die Beteiligten nicht spätestens sechs Wochen nach dem Zugang der Androhung der gesetzlichen Pflicht entsprochen oder die Unterlassung mittels Einspruchs gerechtfertigt haben, ist das Ordnungsgeld festzusetzen und zugleich die frühere Verfügung unter Androhung eines erneuten Ordnungsgeldes zu wiederholen. [2]Haben die Beteiligten die gesetzliche Pflicht erst nach Ablauf der Sechswochenfrist erfüllt, hat das Bundesamt das Ordnungsgeld wie folgt herabzusetzen:

1. auf einen Betrag von 500 Euro, wenn die Beteiligten von dem Recht einer Kleinstkapitalgesellschaft nach § 326 Absatz 2 Gebrauch gemacht haben;
2. auf einen Betrag von 1 000 Euro, wenn es sich um eine kleine Kapitalgesellschaft im Sinne des § 267 Absatz 1 handelt;
3. auf einen Betrag von 2 500 Euro, wenn ein höheres Ordnungsgeld angedroht worden ist und die Voraussetzungen der Nummern 1 und 2 nicht vorliegen, oder
4. jeweils auf einen geringeren Betrag, wenn die Beteiligten die Sechswochenfrist nur geringfügig überschritten haben.

[3]Bei der Herabsetzung sind nur Umstände zu berücksichtigen, die vor der Entscheidung des Bundesamtes eingetreten sind.

(5) [1]Waren die Beteiligten unverschuldet gehindert, in der Sechswochenfrist nach Absatz 4 Einspruch einzulegen oder ihrer gesetzlichen Verpflichtung nachzukommen,

hat ihnen das Bundesamt auf Antrag Wiedereinsetzung in den vorigen Stand zu gewähren. [2]Das Verschulden eines Vertreters ist der vertretenen Person zuzurechnen. [3]Ein Fehlen des Verschuldens wird vermutet, wenn eine Rechtsbehelfsbelehrung unterblieben ist oder fehlerhaft ist. [4]Der Antrag auf Wiedereinsetzung ist binnen zwei Wochen nach Wegfall des Hindernisses schriftlich beim Bundesamt zu stellen. [5]Die Tatsachen zur Begründung des Antrags sind bei der Antragstellung oder im Verfahren über den Antrag glaubhaft zu machen. [6]Die versäumte Handlung ist spätestens sechs Wochen nach Wegfall des Hindernisses nachzuholen. [7]Ist innerhalb eines Jahres seit dem Ablauf der Sechswochenfrist nach Absatz 4 weder Wiedereinsetzung beantragt noch die versäumte Handlung nachgeholt worden, kann Wiedereinsetzung nicht mehr gewährt werden. [8]Die Wiedereinsetzung ist nicht anfechtbar. [9]Haben die Beteiligten Wiedereinsetzung nicht beantragt oder ist die Ablehnung des Wiedereinsetzungsantrags bestandskräftig geworden, können sich die Beteiligten mit der Beschwerde nicht mehr darauf berufen, dass sie unverschuldet gehindert waren, in der Sechswochenfrist Einspruch einzulegen oder ihrer gesetzlichen Verpflichtung nachzukommen.

(5a) *(aufgehoben)*

(6) [1]Liegen dem Bundesamt in einem Verfahren nach den Absätzen 1 bis 5 keine Anhaltspunkte über die Einstufung einer Gesellschaft im Sinne des § 267 Absatz 1 bis 3 oder des § 267a vor, kann es den in Absatz 1 Satz 1 und 2 bezeichneten Beteiligten aufgeben, die Bilanzsumme nach Abzug eines auf der Aktivseite ausgewiesenen Fehlbetrags (§ 268 Absatz 3), die Umsatzerlöse (§ 277 Absatz 1) und die durchschnittliche Zahl der Arbeitnehmer (§ 267 Absatz 5) für das betreffende Geschäftsjahr und für diejenigen Geschäftsjahre, die für die Einstufung erforderlich sind, anzugeben. [2]Unterbleiben die Angaben nach Satz 1, so wird für das weitere Verfahren vermutet, dass die Erleichterungen der §§ 326 und 327 nicht in Anspruch genommen werden können. [3]Die Sätze 1 und 2 gelten für den Konzernabschluss und den Konzernlagebericht entsprechend mit der Maßgabe, dass an die Stelle der §§ 267, 326 und 327 der § 293 tritt.

(7) [1]Das Bundesministerium der Justiz und für Verbraucherschutz kann zur näheren Ausgestaltung der elektronischen Aktenführung und elektronischen Kommunikation nach Absatz 2a in der ab dem 1. Januar 2018 geltenden Fassung durch Rechtsverordnung, die nicht der Zustimmung des Bundesrates bedarf,

1. die Weiterführung von Akten in Papierform gestatten, die bereits vor Einführung der elektronischen Aktenführung in Papierform angelegt wurden,
2. die organisatorischen und dem Stand der Technik entsprechenden technischen Rahmenbedingungen für die elektronische Aktenführung einschließlich der einzuhaltenden Anforderungen des Datenschutzes, der Datensicherheit und der Barrierefreiheit festlegen,
3. die Standards für die Übermittlung elektronischer Akten zwischen dem Bundesamt und einer anderen Behörde oder einem Gericht näher bestimmen,
4. die Standards für die Einsicht in elektronische Akten vorgeben,
5. elektronische Formulare einführen und
   a) bestimmen, dass die in den Formularen enthaltenen Angaben ganz oder teilweise in strukturierter maschinenlesbarer Form zu übermitteln sind,
   b) eine Kommunikationsplattform vorgeben, auf der die Formulare im Internet zur Nutzung bereitzustellen sind, und
   c) bestimmen, dass eine Identifikation des Formularverwenders abweichend von Absatz 2a in Verbindung mit § 110c des Gesetzes über Ordnungswidrigkeiten und § 32a Absatz 3 der Strafprozessordnung durch Nutzung des elektronischen

Identitätsnachweises nach § 18 des Personalausweisgesetzes, § 12 des eID-Karte-Gesetzes oder § 78 Absatz 5 des Aufenthaltsgesetzes erfolgen kann,

6. Formanforderungen und weitere Einzelheiten für den automatisierten Erlass von Entscheidungen festlegen,
7. die Einreichung elektronischer Dokumente, abweichend von Absatz 2a in Verbindung mit § 110c des Gesetzes über Ordnungswidrigkeiten und § 32a der Strafprozessordnung, erst zum 1. Januar des Jahres 2019 oder 2020 zulassen und
8. die Weiterführung der Akten in der bisherigen elektronischen Form bis zu einem bestimmten Zeitpunkt vor dem 1. Januar 2026 gestatten.

[2]Das Bundesministerium der Justiz und für Verbraucherschutz kann die Ermächtigungen des Satzes 1 durch Rechtsverordnung ohne Zustimmung des Bundesrates auf das Bundesamt für Justiz übertragen.

§ 335a Beschwerde gegen die Festsetzung von Ordnungsgeld; Rechtsbeschwerde; Verordnungsermächtigung

(1) Gegen die Entscheidung, durch die das Ordnungsgeld festgesetzt oder der Einspruch oder der Antrag auf Wiedereinsetzung in den vorigen Stand verworfen wird, sowie gegen die Entscheidung nach § 335 Absatz 3 Satz 5 findet die Beschwerde nach den Vorschriften des Gesetzes über das Verfahren in Familiensachen und in den Angelegenheiten der freiwilligen Gerichtsbarkeit statt, soweit sich aus den nachstehenden Absätzen nichts anderes ergibt.

(2) [1]Die Beschwerde ist binnen einer Frist von zwei Wochen einzulegen; über sie entscheidet das für den Sitz des Bundesamtes zuständige Landgericht. [2]Zur Vermeidung von erheblichen Verfahrensrückständen oder zum Ausgleich einer übermäßigen Geschäftsbelastung wird die Landesregierung des Landes, in dem das Bundesamt seinen Sitz unterhält, ermächtigt, durch Rechtsverordnung die Entscheidung über die Rechtsmittel nach Satz 1 einem anderen Landgericht oder weiteren Landgerichten zu übertragen. [3]Die Landesregierung kann diese Ermächtigung auf die Landesjustizverwaltung übertragen. [4]Ist bei dem Landgericht eine Kammer für Handelssachen gebildet, so tritt diese Kammer an die Stelle der Zivilkammer. [5]Entscheidet über die Beschwerde die Zivilkammer, so sind die §§ 348 und 348a der Zivilprozessordnung entsprechend anzuwenden; über eine bei der Kammer für Handelssachen anhängige Beschwerde entscheidet der Vorsitzende. [6]Das Landgericht kann nach billigem Ermessen bestimmen, dass den Beteiligten die außergerichtlichen Kosten, die zur zweckentsprechenden Rechtsverfolgung notwendig waren, ganz oder teilweise aus der Staatskasse zu erstatten sind. [7]Satz 6 gilt entsprechend, wenn das Bundesamt der Beschwerde abhilft. [8]§ 91 Absatz 1 Satz 2 und die §§ 103 bis 107 der Zivilprozessordnung gelten entsprechend. [9]§ 335 Absatz 2 Satz 3 ist anzuwenden.

(3) [1]Gegen die Beschwerdeentscheidung ist die Rechtsbeschwerde statthaft, wenn das Landgericht sie zugelassen hat. [2]Für die Rechtsbeschwerde gelten die Vorschriften des Gesetzes über das Verfahren in Familiensachen und in den Angelegenheiten der freiwilligen Gerichtsbarkeit entsprechend, soweit sich aus diesem Absatz nichts anderes ergibt. [3]Über die Rechtsbeschwerde entscheidet das für den Sitz des Landgerichts zuständige Oberlandesgericht. [4]Die Rechtsbeschwerde steht auch dem Bundesamt zu. [5]Vor dem Oberlandesgericht müssen sich die Beteiligten durch einen Rechtsanwalt vertreten lassen; dies gilt nicht für das Bundesamt. [6]Absatz 2 Satz 6 und 8 gilt entsprechend.

(4) Auf die elektronische Aktenführung des Gerichts und die Kommunikation mit dem Gericht nach den Absätzen 1 bis 3 sind die folgenden Vorschriften entsprechend anzuwenden:

1. § 110a Absatz 1 Satz 1 und § 110c des Gesetzes über Ordnungswidrigkeiten sowie

2. § 110a Absatz 1 Satz 2 und 3, Absatz 2 Satz 1 und § 134 Satz 1 des Gesetzes über Ordnungswidrigkeiten mit der Maßgabe, dass die Landesregierung des Landes, in dem das Bundesamt seinen Sitz hat, die Rechtsverordnung erlässt und die Ermächtigungen durch Rechtsverordnung auf die Landesjustizverwaltung übertragen kann.

Dritter Titel. Gemeinsame Vorschriften für Straf-, Bußgeld- und Ordnungsgeldverfahren

§ 335b Anwendung der Straf- und Bußgeld- sowie der Ordnungsgeld vorschriften auf bestimmte offene Handelsgesellschaften und Kommanditgesellschaften

[1]Die Strafvorschriften der §§ 331 bis 333a, die Bußgeldvorschrift des § 334 sowie die Ordnungsgeldvorschrift des § 335 gelten auch für offene Handelsgesellschaften und Kommanditgesellschaften im Sinn des § 264a Abs. 1. [2]Das Verfahren nach § 335 ist in diesem Fall gegen die persönlich haftenden Gesellschafter oder gegen die Mitglieder der vertretungsberechtigten Organe der persönlich haftenden Gesellschafter zu richten. [3]Es kann auch gegen die offene Handelsgesellschaft oder gegen die Kommanditgesellschaft gerichtet werden. [4]§ 335a ist entsprechend anzuwenden.

§ 335c Mitteilungen an die Abschlussprüferaufsichtsstelle

(1) Das Bundesamt für Justiz übermittelt der Abschlussprüferaufsichtsstelle beim Bundesamt für Wirtschaft und Ausfuhrkontrolle alle Bußgeldentscheidungen nach § 334 Absatz 2a.

(2) [1]In Strafverfahren, die eine Straftat nach § 333a zum Gegenstand haben, übermittelt die Staatsanwaltschaft im Falle der Erhebung der öffentlichen Klage der Abschlussprüferaufsichtsstelle die das Verfahren abschließende Entscheidung. [2]Ist gegen die Entscheidung ein Rechtsmittel eingelegt worden, ist die Entscheidung unter Hinweis auf das eingelegte Rechtsmittel zu übermitteln.

Dritter Abschnitt. Ergänzende Vorschriften für eingetragene Genossenschaften

§ 336 Pflicht zur Aufstellung von Jahresabschluß und Lagebericht

(1) [1]Der Vorstand einer Genossenschaft hat den Jahresabschluß (§ 242) um einen Anhang zu erweitern, der mit der Bilanz und der Gewinn- und Verlustrechnung eine Einheit bildet, sowie einen Lagebericht aufzustellen. [2]Der Jahresabschluß und der Lagebericht sind in den ersten fünf Monaten des Geschäftsjahrs für das vergangene Geschäftsjahr aufzustellen.

(2) [1]Auf den Jahresabschluss und den Lagebericht sind, soweit in diesem Abschnitt nichts anderes bestimmt ist, die folgenden Vorschriften entsprechend anzuwenden:

1. § 264 Absatz 1 Satz 4 erster Halbsatz und Absatz 1a, 2,
2. die §§ 265 bis 289e, mit Ausnahme von § 277 Absatz 3 Satz 1 und § 285 Nummer 17,
3. § 289f Absatz 4 nach Maßgabe des § 9 Absatz 3 und 4 des Genossenschaftsgesetzes.

[2]Sonstige Vorschriften, die durch den Geschäftszweig bedingt sind, bleiben unberührt. [3]Genossenschaften, die die Merkmale für Kleinstkapitalgesellschaften nach § 267a Absatz 1 erfüllen (Kleinstgenossenschaften), dürfen auch die Erleichterungen für Kleinstkapitalgesellschaften nach näherer Maßgabe des § 337 Absatz 4 und § 338 Absatz 4 anwenden.

(3) § 330 Abs. 1 über den Erlaß von Rechtsverordnungen ist entsprechend anzuwenden.

§ 337 Vorschriften zur Bilanz

(1) [1]An Stelle des gezeichneten Kapitals ist der Betrag der Geschäftsguthaben der Mitglieder auszuweisen. [2]Dabei ist der Betrag der Geschäftsguthaben der mit Ablauf des Geschäftsjahrs ausgeschiedenen Mitglieder gesondert anzugeben. [3]Werden rückständige fällige Einzahlungen auf Geschäftsanteile in der Bilanz als Geschäftsguthaben ausgewiesen, so ist der entsprechende Betrag auf der Aktivseite unter der Bezeichnung „Rückständige fällige Einzahlungen auf Geschäftsanteile" einzustellen. [4]Werden rückständige fällige Einzahlungen nicht als Geschäftsguthaben ausgewiesen, so ist der Betrag bei dem Posten „Geschäftsguthaben" zu vermerken. [5]In beiden Fällen ist der Betrag mit dem Nennwert anzusetzen. [6]Ein in der Satzung bestimmtes Mindestkapital ist gesondert anzugeben.

(2) An Stelle der Gewinnrücklagen sind die Ergebnisrücklagen auszuweisen und wie folgt aufzugliedern:

1. Gesetzliche Rücklage;
2. andere Ergebnisrücklagen; die Ergebnisrücklage nach § 73 Abs. 3 des Genossenschaftsgesetzes und die Beträge, die aus dieser Ergebnisrücklage an ausgeschiedene Mitglieder auszuzahlen sind, müssen vermerkt werden.

(3) Bei den Ergebnisrücklagen sind in der Bilanz oder im Anhang gesondert aufzuführen:

1. Die Beträge, welche die Generalversammlung aus dem Bilanzgewinn des Vorjahrs eingestellt hat;
2. die Beträge, die aus dem Jahresüberschuß des Geschäftsjahrs eingestellt werden;
3. die Beträge, die für das Geschäftsjahr entnommen werden.

(4) Kleinstgenossenschaften, die von der Erleichterung für Kleinstkapitalgesellschaften nach § 266 Absatz 1 Satz 4 Gebrauch machen, haben den Betrag der Geschäftsguthaben der Mitglieder sowie die gesetzliche Rücklage in der Bilanz im Passivposten A Eigenkapital wie folgt auszuweisen:

Davon:
Geschäftsguthaben der Mitglieder
gesetzliche Rücklage.

§ 338 Vorschriften zum Anhang

(1) [1]Im Anhang sind auch Angaben zu machen über die Zahl der im Laufe des Geschäftsjahrs eingetretenen oder ausgeschiedenen sowie die Zahl der am Schluß des Geschäftsjahrs der Genossenschaft angehörenden Mitglieder. [2]Ferner sind der Gesamtbetrag, um welchen in diesem Jahr die Geschäftsguthaben sowie die Haftsummen der Mitglieder sich vermehrt oder vermindert haben, und der Betrag der Haftsummen anzugeben, für welche am Jahresschluß alle Genossen zusammen aufzukommen haben.

(2) Im Anhang sind ferner anzugeben:

1. Name und Anschrift des zuständigen Prüfungsverbandes, dem die Genossenschaft angehört;
2. alle Mitglieder des Vorstands und des Aufsichtsrats, auch wenn sie im Geschäftsjahr oder später ausgeschieden sind, mit dem Familiennamen und mindestens einem ausgeschriebenen Vornamen; ein etwaiger Vorsitzender des Aufsichtsrats ist als solcher zu bezeichnen.

(3) [1]An Stelle der in § 285 Nr. 9 vorgeschriebenen Angaben über die an Mitglieder von Organen geleisteten Bezüge, Vorschüsse und Kredite sind lediglich die Forderungen anzugeben, die der Genossenschaft gegen Mitglieder des Vorstands oder Aufsichtsrats

zustehen. [2]Die Beträge dieser Forderungen können für jedes Organ in einer Summe zusammengefaßt werden.

(4) Kleinstgenossenschaften brauchen den Jahresabschluss nicht um einen Anhang zu erweitern, wenn sie unter der Bilanz angeben:

1. die in den §§ 251 und 268 Absatz 7 genannten Angaben und
2. die in den Absätzen 1, 2 Nummer 1 und Absatz 3 genannten Angaben.

§ 339 Offenlegung

(1) [1]Der Vorstand hat unverzüglich nach der Generalversammlung über den Jahresabschluß, jedoch spätestens vor Ablauf des zwölften Monats des dem Abschlussstichtag nachfolgenden Geschäftsjahrs, den festgestellten Jahresabschluß, den Lagebericht und den Bericht des Aufsichtsrats beim Betreiber des Bundesanzeigers elektronisch einzureichen. [2]Ist die Erteilung eines Bestätigungsvermerks nach § 58 Abs. 2 des Genossenschaftsgesetzes oder nach Artikel 10 Absatz 1 der Verordnung (EU) Nr. 537/2014 vorgeschrieben, so ist dieser mit dem Jahresabschluß einzureichen; hat der Prüfungsverband die Bestätigung des Jahresabschlusses versagt, so muß dies auf dem eingereichten Jahresabschluß vermerkt und der Vermerk vom Prüfungsverband unterschrieben sein. [3]Ist die Prüfung des Jahresabschlusses im Zeitpunkt der Einreichung der Unterlagen nach Satz 1 nicht abgeschlossen, so ist der Bestätigungsvermerk oder der Vermerk über seine Versagung unverzüglich nach Abschluß der Prüfung einzureichen. [4]Wird der Jahresabschluß oder der Lagebericht nach der Einreichung geändert, so ist auch die geänderte Fassung einzureichen.

(2) [1]§ 325 Absatz 1 Satz 2, Absatz 2, 2a und 6 sowie die §§ 326 bis 329 sind entsprechend anzuwenden. [2]Hat eine Kleinstgenossenschaft von der Erleichterung für Kleinstkapitalgesellschaften nach § 326 Absatz 2 Gebrauch gemacht, gilt § 9 Absatz 6 Satz 3 entsprechend.

(3) [1]Die §§ 335 und 335a finden mit den Maßgaben entsprechende Anwendung, dass sich das Ordnungsgeldverfahren gegen die Mitglieder des Vorstands der Genossenschaft richtet und nur auf Antrag des Prüfungsverbandes, dem die Genossenschaft angehört, oder eines Mitglieds, Gläubigers oder Arbeitnehmers der Genossenschaft durchzuführen ist. [2]Das Ordnungsgeldverfahren kann auch gegen die Genossenschaft durchgeführt werden, für die die Mitglieder des Vorstands die in Absatz 1 genannten Pflichten zu erfüllen haben.

Vierter Abschnitt. Ergänzende Vorschriften für Unternehmen bestimmter Geschäftszweige

Erster Unterabschnitt. Ergänzende Vorschriften für Kreditinstitute und Finanzdienstleistungsinstitute

Erster Titel. Anwendungsbereich

§ 340 [Anwendung]

(1) [1]Dieser Unterabschnitt ist auf Kreditinstitute im Sinne des § 1 Abs. 1 des Gesetzes über das Kreditwesen anzuwenden, soweit sie nach dessen § 2 Abs. 1, 4 oder 5 von der Anwendung nicht ausgenommen sind, sowie auf CRR-Kreditinstitute im Sinne des § 1 Absatz 3d Satz 1 des Kreditwesengesetzes, soweit sie nicht nach § 2 Absatz 1 Nummer 1 und 2 des Kreditwesengesetzes von der Anwendung ausgenommen sind, und auf Zweigniederlassungen von Unternehmen mit Sitz in einem Staat, der nicht Mitglied der Europäischen Gemeinschaft und auch nicht Vertragsstaat des Abkommens über den Europäischen Wirtschaftsraum ist, sofern die Zweigniederlassung nach § 53 Abs. 1 des

Gesetzes über das Kreditwesen als Kreditinstitut gilt. [2]§ 340l Abs. 2 und 3 ist außerdem auf Zweigniederlassungen im Sinne von § 53b Abs. 1 Satz 1 und Abs. 7 des Gesetzes über das Kreditwesen, auch in Verbindung mit einer Rechtsverordnung nach § 53c Nr. 1 dieses Gesetzes, anzuwenden, sofern diese Zweigniederlassungen Bankgeschäfte im Sinne des § 1 Abs. 1 Satz 2 Nr. 1 bis 5 und 7 bis 12 dieses Gesetzes betreiben. [3]Zusätzliche Anforderungen auf Grund von Vorschriften, die wegen der Rechtsform oder für Zweigniederlassungen bestehen, bleiben unberührt.

(2) Dieser Unterabschnitt ist auf Unternehmen der in § 2 Abs. 1 Nr. 4 und 5 des Gesetzes über das Kreditwesen bezeichneten Art insoweit ergänzend anzuwenden, als sie Bankgeschäfte betreiben, die nicht zu den ihnen eigentümlichen Geschäften gehören.

(3) Dieser Unterabschnitt ist auf Wohnungsunternehmen mit Spareinrichtung nicht anzuwenden.

(4) [1]Dieser Unterabschnitt ist auch auf Finanzdienstleistungsinstitute im Sinne des § 1 Abs. 1a des Gesetzes über das Kreditwesen anzuwenden, soweit sie nicht nach dessen § 2 Abs. 6 oder 10 von der Anwendung ausgenommen sind, sowie auf Zweigniederlassungen von Unternehmen mit Sitz in einem anderen Staat, der nicht Mitglied der Europäischen Gemeinschaft und auch nicht Vertragsstaat des Abkommens über den Europäischen Wirtschaftsraum ist, sofern die Zweigniederlassung nach § 53 Abs. 1 des Gesetzes über das Kreditwesen als Finanzdienstleistungsinstitut gilt. [2]§ 340c Abs. 1 ist nicht anzuwenden auf Finanzdienstleistungsinstitute und Kreditinstitute, soweit letztere Skontroführer im Sinne des § 27 Abs. 1 Satz 1 des Börsengesetzes und nicht CRR-Kreditinstitute im Sinne des § 1 Abs. 3d Satz 1 des Gesetzes über das Kreditwesen sind. [3]Zusätzliche Anforderungen aufgrund von Vorschriften, die wegen der Rechtsform oder für Zweigniederlassungen bestehen, bleiben unberührt.

(5) [1]Dieser Unterabschnitt ist auch auf Institute im Sinne des § 1 Absatz 3 des Zahlungsdiensteaufsichtsgesetzes anzuwenden. [2]Zusätzliche Anforderungen auf Grund von Vorschriften, die wegen der Rechtsform oder für Zweigniederlassungen bestehen, bleiben unberührt.

Zweiter Titel. Jahresabschluß, Lagebericht, Zwischenabschluß

§ 340a Anzuwendende Vorschriften

(1) [1]Kreditinstitute, auch wenn sie nicht in der Rechtsform einer Kapitalgesellschaft betrieben werden, haben auf ihren Jahresabschluß die für große Kapitalgesellschaften geltenden Vorschriften des Ersten Unterabschnitts des Zweiten Abschnitts anzuwenden, soweit in den Vorschriften dieses Unterabschnitts nichts anderes bestimmt ist. [2]Kreditinstitute haben außerdem einen Lagebericht nach den für große Kapitalgesellschaften geltenden Bestimmungen aufzustellen.

(1a) [1]Ein Kreditinstitut hat seinen Lagebericht um eine nichtfinanzielle Erklärung zu erweitern, wenn es in entsprechender Anwendung des § 267 Absatz 3 Satz 1 und Absatz 4 bis 5 als groß gilt und im Jahresdurchschnitt mehr als 500 Arbeitnehmer beschäftigt. [2]Wenn die nichtfinanzielle Erklärung einen besonderen Abschnitt des Lageberichts bildet, darf das Kreditinstitut auf die an anderer Stelle im Lagebericht enthaltenen nichtfinanziellen Angaben verweisen. [3]§ 289b Absatz 2 bis 4 und die §§ 289c bis 289e sind entsprechend anzuwenden.

(1b) Ein Kreditinstitut, das nach Absatz 1 in Verbindung mit § 289f Absatz 1 eine Erklärung zur Unternehmensführung zu erstellen hat, hat darin Angaben nach § 289f Absatz 2 Nummer 6 aufzunehmen, wenn es in entsprechender Anwendung des § 267 Absatz 3 Satz 1 und Absatz 4 bis 5 als groß gilt.

(2) [1]§ 265 Abs. 6 und 7, §§ 267, 268 Abs. 4 Satz 1, Abs. 5 Satz 1 und 2, §§ 276, 277 Abs. 1, 2, 3 Satz 1, § 284 Absatz 2 Nummer 3, § 285 Nr. 8 und 12, § 288 sind nicht anzuwenden. [2]An Stelle von § 247 Abs. 1, §§ 251, 266, 268 Absatz 7, §§ 275, 284 Absatz 3, § 285 Nummer 1, 2, 4, 9 Buchstabe c und Nummer 27 sind die durch Rechtsverordnung erlassenen Formblätter und anderen Vorschriften anzuwenden. [3]§ 246 Abs. 2 ist nicht anzuwenden, soweit abweichende Vorschriften bestehen. [4]§ 264 Abs. 3 und § 264b sind mit der Maßgabe anzuwenden, daß das Kreditinstitut unter den genannten Voraussetzungen die Vorschriften des Vierten Unterabschnitts des Zweiten Abschnitts nicht anzuwenden braucht. [5]§ 285 Nummer 31 ist nicht anzuwenden; unter den Posten „außerordentliche Erträge“ und „außerordentliche Aufwendungen“ sind Erträge und Aufwendungen auszuweisen, die außerhalb der gewöhnlichen Geschäftstätigkeit anfallen. [6]Im Anhang sind diese Posten hinsichtlich ihres Betrags und ihrer Art zu erläutern, soweit die ausgewiesenen Beträge für die Beurteilung der Ertragslage nicht von untergeordneter Bedeutung sind.

(3) [1]Sofern Kreditinstitute einer prüferischen Durchsicht zu unterziehende Zwischenabschlüsse zur Ermittlung von Zwischenergebnissen im Sinne des Artikels 26 Absatz 2 der Verordnung (EU) Nr. 575/2013 des Europäischen Parlaments und des Rates vom 26. Juni 2013 über Aufsichtsanforderungen an Kreditinstitute und Wertpapierfirmen und zur Änderung der Verordnung (EU) Nr. 646/2012 (ABl. L 176 vom 27.6.2013, S. 1) aufstellen, sind auf diese die für den Jahresabschluss geltenden Rechnungslegungsgrundsätze anzuwenden. [2]Die Vorschriften über die Bestellung des Abschlussprüfers sind auf die prüferische Durchsicht entsprechend anzuwenden. [3]Die prüferische Durchsicht ist so anzulegen, dass bei gewissenhafter Berufsausübung ausgeschlossen werden kann, dass der Zwischenabschluss in wesentlichen Belangen den anzuwendenden Rechnungslegungsgrundsätzen widerspricht. [4]Der Abschlussprüfer hat das Ergebnis der prüferischen Durchsicht in einer Bescheinigung zusammenzufassen. [5]§ 320 und § 323 gelten entsprechend.

(4) Zusätzlich haben Kreditinstitute im Anhang zum Jahresabschluß anzugeben:

1. alle Mandate in gesetzlich zu bildenden Aufsichtsgremien von großen Kapitalgesellschaften (§ 267 Abs. 3), die von gesetzlichen Vertretern oder anderen Mitarbeitern wahrgenommen werden;
2. alle Beteiligungen an großen Kapitalgesellschaften, die fünf vom Hundert der Stimmrechte überschreiten.

§ 340b Pensionsgeschäfte

(1) Pensionsgeschäfte sind Verträge, durch die ein Kreditinstitut oder der Kunde eines Kreditinstituts (Pensionsgeber) ihm gehörende Vermögensgegenstände einem anderen Kreditinstitut oder einem seiner Kunden (Pensionsnehmer) gegen Zahlung eines Betrages überträgt und in denen gleichzeitig vereinbart wird, daß die Vermögensgegenstände später gegen Entrichtung des empfangenen oder eines im voraus vereinbarten anderen Betrags an den Pensionsgeber zurückübertragen werden müssen oder können.

(2) Übernimmt der Pensionsnehmer die Verpflichtung, die Vermögensgegenstände zu einem bestimmten oder vom Pensionsgeber zu bestimmenden Zeitpunkt zurückzuübertragen, so handelt es sich um ein echtes Pensionsgeschäft.

(3) Ist der Pensionsnehmer lediglich berechtigt, die Vermögensgegenstände zu einem vorher bestimmten oder von ihm noch zu bestimmenden Zeitpunkt zurückzuübertragen, so handelt es sich um ein unechtes Pensionsgeschäft.

(4) [1]Im Falle von echten Pensionsgeschäften sind die übertragenen Vermögensgegenstände in der Bilanz des Pensionsgebers weiterhin auszuweisen. [2]Der Pensionsgeber hat in Höhe des für die Übertragung erhaltenen Betrags eine Verbindlichkeit gegenüber dem

Pensionsnehmer auszuweisen. [3]Ist für die Rückübertragung ein höherer oder ein niedrigerer Betrag vereinbart, so ist der Unterschiedsbetrag über die Laufzeit des Pensionsgeschäfts zu verteilen. [4]Außerdem hat der Pensionsgeber den Buchwert der in Pension gegebenen Vermögensgegenstände im Anhang anzugeben. [5]Der Pensionsnehmer darf die ihm in Pension gegebenen Vermögensgegenstände nicht in seiner Bilanz ausweisen; er hat in Höhe des für die Übertragung gezahlten Betrags eine Forderung an den Pensionsgeber in seiner Bilanz auszuweisen. [6]Ist für die Rückübertragung ein höherer oder ein niedrigerer Betrag vereinbart, so ist der Unterschiedsbetrag über die Laufzeit des Pensionsgeschäfts zu verteilen.

(5) [1]Im Falle von unechten Pensionsgeschäften sind die Vermögensgegenstände nicht in der Bilanz des Pensionsgebers, sondern in der Bilanz des Pensionsnehmers auszuweisen. [2]Der Pensionsgeber hat unter der Bilanz den für den Fall der Rückübertragung vereinbarten Betrag anzugeben.

(6) Devisentermingeschäfte, Finanztermingeschäfte und ähnliche Geschäfte sowie die Ausgabe eigener Schuldverschreibungen auf abgekürzte Zeit gelten nicht als Pensionsgeschäfte im Sinne dieser Vorschrift.

§ 340c Vorschriften zur Gewinn- und Verlustrechnung und zum Anhang

(1) [1]Als Ertrag oder Aufwand des Handelsbestands ist der Unterschiedsbetrag aller Erträge und Aufwendungen aus Geschäften mit Finanzinstrumenten des Handelsbestands und dem Handel mit Edelmetallen sowie der zugehörigen Erträge aus Zuschreibungen und Aufwendungen aus Abschreibungen auszuweisen. [2]In die Verrechnung sind außerdem die Aufwendungen für die Bildung von Rückstellungen für drohende Verluste aus den in Satz 1 bezeichneten Geschäften und die Erträge aus der Auflösung dieser Rückstellungen einzubeziehen.

(2) [1]Die Aufwendungen aus Abschreibungen auf Beteiligungen, Anteile an verbundenen Unternehmen und wie Anlagevermögen behandelte Wertpapiere dürfen mit den Erträgen aus Zuschreibungen zu solchen Vermögensgegenständen verrechnet und in einem Aufwand- oder Ertragsposten ausgewiesen werden. [2]In die Verrechnung nach Satz 1 dürfen auch die Aufwendungen und Erträge aus Geschäften mit solchen Vermögensgegenständen einbezogen werden.

(3) Kreditinstitute, die dem haftenden Eigenkapital nicht realisierte Reserven nach § 10 Abs. 2b Satz 1 Nr. 6 oder 7 des Gesetzes über das Kreditwesen in der bis zum 31. Dezember 2013 geltenden Fassung zurechnen, haben den Betrag, mit dem diese Reserven dem haftenden Eigenkapital zugerechnet werden, im Anhang zur Bilanz und zur Gewinn- und Verlustrechnung anzugeben.

§ 340d Fristengliederung

Die Forderungen und Verbindlichkeiten sind im Anhang nach der Fristigkeit zu gliedern. Für die Gliederung nach der Fristigkeit ist die Restlaufzeit am Bilanzstichtag maßgebend.

Dritter Titel. Bewertungsvorschriften

§ 340e Bewertung von Vermögensgegenständen

(1) [1]Kreditinstitute haben Beteiligungen einschließlich der Anteile an verbundenen Unternehmen, Konzessionen, gewerbliche Schutzrechte und ähnliche Rechte und Werte sowie Lizenzen an solchen Rechten und Werten, Grundstücke, grundstücksgleiche Rechte und Bauten einschließlich der Bauten auf fremden Grundstücken, technische Anlagen und Maschinen, andere Anlagen, Betriebs- und Geschäftsausstattung sowie Anlagen im Bau nach den für das Anlagevermögen geltenden Vorschriften zu bewerten,

es sei denn, daß sie nicht dazu bestimmt sind, dauernd dem Geschäftsbetrieb zu dienen; in diesem Falle sind sie nach Satz 2 zu bewerten. [2]Andere Vermögensgegenstände, insbesondere Forderungen und Wertpapiere, sind nach den für das Umlaufvermögen geltenden Vorschriften zu bewerten, es sei denn, daß sie dazu bestimmt werden, dauernd dem Geschäftsbetrieb zu dienen; in diesem Falle sind sie nach Satz 1 zu bewerten. [3]§ 253 Absatz 3 Satz 6 ist nur auf Beteiligungen und Anteile an verbundenen Unternehmen im Sinn des Satzes 1 sowie Wertpapiere und Forderungen im Sinn des Satzes 2, die dauernd dem Geschäftsbetrieb zu dienen bestimmt sind, anzuwenden.

(2) [1]Abweichend von § 253 Abs. 1 Satz 1 dürfen Hypothekendarlehen und andere Forderungen mit ihrem Nennbetrag angesetzt werden, soweit der Unterschiedsbetrag zwischen dem Nennbetrag und dem Auszahlungsbetrag oder den Anschaffungskosten Zinscharakter hat. [2]Ist der Nennbetrag höher als der Auszahlungsbetrag oder die Anschaffungskosten, so ist der Unterschiedsbetrag in den Rechnungsabgrenzungsposten auf der Passivseite aufzunehmen; er ist planmäßig aufzulösen und in seiner jeweiligen Höhe in der Bilanz oder im Anhang gesondert anzugeben. [3]Ist der Nennbetrag niedriger als der Auszahlungsbetrag oder die Anschaffungskosten, so darf der Unterschiedsbetrag in den Rechnungsabgrenzungsposten auf der Aktivseite aufgenommen werden; er ist planmäßig aufzulösen und in seiner jeweiligen Höhe in der Bilanz oder im Anhang gesondert anzugeben.

(3) [1]Finanzinstrumente des Handelsbestands sind zum beizulegenden Zeitwert abzüglich eines Risikoabschlags zu bewerten. [2]Eine Umgliederung in den Handelsbestand ist ausgeschlossen. [3]Das Gleiche gilt für eine Umgliederung aus dem Handelsbestand, es sei denn, außergewöhnliche Umstände, insbesondere schwerwiegende Beeinträchtigungen der Handelbarkeit der Finanzinstrumente, führen zu einer Aufgabe der Handelsabsicht durch das Kreditinstitut. [4]Finanzinstrumente des Handelsbestands können nachträglich in eine Bewertungseinheit einbezogen werden; sie sind bei Beendigung der Bewertungseinheit wieder in den Handelsbestand umzugliedern.

(4) [1]In der Bilanz ist dem Sonderposten „Fonds für allgemeine Bankrisiken" nach § 340g in jedem Geschäftsjahr ein Betrag, der mindestens 10 vom Hundert der Nettoerträge des Handelsbestands entspricht, zuzuführen und dort gesondert auszuweisen. [2]Dieser Posten darf nur aufgelöst werden

1. zum Ausgleich von Nettoaufwendungen des Handelsbestands sowie
2. zum Ausgleich eines Jahresfehlbetrags, soweit er nicht durch einen Gewinnvortrag aus dem Vorjahr gedeckt ist,
3. zum Ausgleich eines Verlustvortrags aus dem Vorjahr, soweit er nicht durch einen Jahresüberschuss gedeckt ist, oder
4. soweit er 50 vom Hundert des Durchschnitts der letzten fünf jährlichen Nettoerträge des Handelsbestands übersteigt.

[3]Auflösungen, die nach Satz 2 erfolgen, sind im Anhang anzugeben und zu erläutern.

§ 340f Vorsorge für allgemeine Bankrisiken

(1) [1]Kreditinstitute dürfen Forderungen an Kreditinstitute und Kunden, Schuldverschreibungen und andere festverzinsliche Wertpapiere sowie Aktien und andere nicht festverzinsliche Wertpapiere, die weder wie Anlagevermögen behandelt werden noch Teil des Handelsbestands sind, mit einem niedrigeren als dem nach § 253 Abs. 1 Satz 1, Abs. 4 vorgeschriebenen oder zugelassenen Wert ansetzen, soweit dies nach vernünftiger kaufmännischer Beurteilung zur Sicherung gegen die besonderen Risiken des Geschäftszweigs der Kreditinstitute notwendig ist. [2]Der Betrag der auf diese Weise gebildeten Vorsorgereserven darf vier vom Hundert des Gesamtbetrags der in Satz 1 bezeichneten Vermögensgegenstände, der sich bei deren Bewertung nach § 253 Abs. 1

Satz 1, Abs. 4 ergibt, nicht übersteigen. [3]Ein niedrigerer Wertansatz darf beibehalten werden.

(2) *(aufgehoben)*

(3) Aufwendungen und Erträge aus der Anwendung von Absatz 1 und aus Geschäften mit in Absatz 1 bezeichneten Wertpapieren und Aufwendungen aus Abschreibungen sowie Erträge aus Zuschreibungen zu diesen Wertpapieren dürfen mit den Aufwendungen und Abschreibungen auf Forderungen, Zuführungen zu Rückstellungen für Eventualverbindlichkeiten und für Kreditrisiken sowie mit den Erträgen aus Zuschreibungen zu Forderungen oder aus deren Eingang nach teilweiser oder vollständiger Abschreibung und aus Auflösungen von Rückstellungen für Eventualverbindlichkeiten und für Kreditrisiken verrechnet und in der Gewinn- und Verlustrechnung in einem Aufwand- oder Ertragsposten ausgewiesen werden.

(4) Angaben über die Bildung und Auflösung von Vorsorgereserven nach Absatz 1 sowie über vorgenommene Verrechnungen nach Absatz 3 brauchen im Jahresabschluß, Lagebericht, Konzernabschluß und Konzernlagebericht nicht gemacht zu werden.

§ 340g Sonderposten für allgemeine Bankrisiken

(1) Kreditinstitute dürfen auf der Passivseite ihrer Bilanz zur Sicherung gegen allgemeine Bankrisiken einen Sonderposten „Fonds für allgemeine Bankrisiken" bilden, soweit dies nach vernünftiger kaufmännischer Beurteilung wegen der besonderen Risiken des Geschäftszweigs der Kreditinstitute notwendig ist.

(2) Die Zuführungen zum Sonderposten oder die Erträge aus der Auflösung des Sonderpostens sind in der Gewinn- und Verlustrechnung gesondert auszuweisen.

Vierter Titel. Währungsumrechnung

§ 340h Währungsumrechnung

§ 256a gilt mit der Maßgabe, dass Erträge, die sich aus der Währungsumrechnung ergeben, in der Gewinn- und Verlustrechnung zu berücksichtigen sind, soweit die Vermögensgegenstände, Schulden oder Termingeschäfte durch Vermögensgegenstände, Schulden oder andere Termingeschäfte in derselben Währung besonders gedeckt sind.

Fünfter Titel. Konzernabschluß, Konzernlagebericht, Konzernzwischenabschluß

§ 340i[1)] Pflicht zur Aufstellung

(1) [1]Kreditinstitute, auch wenn sie nicht in der Rechtsform einer Kapitalgesellschaft betrieben werden, haben unabhängig von ihrer Größe einen Konzernabschluß und einen Konzernlagebericht nach den Vorschriften des Zweiten Unterabschnitts des Zweiten Abschnitts über den Konzernabschluß und Konzernlagebericht aufzustellen, soweit in den Vorschriften dieses Unterabschnitts nichts anderes bestimmt ist. [2]Zusätzliche Anforderungen auf Grund von Vorschriften, die wegen der Rechtsform bestehen, bleiben unberührt.

(2) [1]Auf den Konzernabschluß sind, soweit seine Eigenart keine Abweichung bedingt, die §§ 340a bis 340 g über den Jahresabschluß und die für die Rechtsform und den Geschäftszweig der in den Konzernabschluß einbezogenen Unternehmen mit Sitz im Geltungsbereich dieses Gesetzes geltenden Vorschriften entsprechend anzuwenden, soweit

---

1) § 340i Abs. 6 neu gefasst durch Gesetz vom 12.12.2019 (BGBl. I S. 2637); s. dazu Artikel 83 EGHGB (abgedruckt unter Nr. 1a.).

sie für große Kapitalgesellschaften gelten. [2]Die §§ 293, 298 Absatz 1, § 314 Abs. 1 Nr. 1, 3, 6 Buchstabe c und Nummer 23 sind nicht anzuwenden. [3]In den Fällen des § 315e Abs. 1 finden von den in Absatz 1 genannten Vorschriften nur die §§ 290 bis 292, 315e Anwendung; die Sätze 1 und 2 dieses Absatzes sowie § 340j sind nicht anzuwenden. [4]Soweit § 315e Absatz 1 auf § 314 Absatz 1 Nummer 6 Buchstabe c verweist, tritt an dessen Stelle § 34 Absatz 2 Nummer 2 in Verbindung mit § 37 der Kreditinstituts-Rechnungslegungsverordnung in der Fassung der Bekanntmachung vom 11. Dezember 1998 (BGBl. I S. 3658), die zuletzt durch Artikel 8 Absatz 13 des Gesetzes vom 17. Juli 2015 (BGBl. I S. 1245) geändert worden ist, in der jeweils geltenden Fassung. [5]Im Übrigen findet die Kreditinstituts-Rechnungslegungsverordnung in den Fällen des § 315e Absatz 1 keine Anwendung.

(3) Als Kreditinstitute im Sinne dieses Titels gelten auch Mutterunternehmen, deren einziger Zweck darin besteht, Beteiligungen an Tochterunternehmen zu erwerben sowie die Verwaltung und Verwertung dieser Beteiligungen wahrzunehmen, sofern diese Tochterunternehmen ausschließlich oder überwiegend Kreditinstitute sind.

(4) [1]Sofern Kreditinstitute einer prüferischen Durchsicht zu unterziehende Konzernzwischenabschlüsse zur Ermittlung von Konzernzwischenergebnissen im Sinne des Artikels 26 Absatz 2 in Verbindung mit Artikel 11 der Verordnung (EU) Nr. 575/2013 aufstellen, sind auf diese die für den Konzernabschluss geltenden Rechnungslegungsgrundsätze anzuwenden. [2]Die Vorschriften über die Bestellung des Abschlussprüfers sind auf die prüferische Durchsicht entsprechend anzuwenden. [3]Die prüferische Durchsicht ist so anzulegen, dass bei gewissenhafter Berufsausübung ausgeschlossen werden kann, dass der Zwischenabschluss in wesentlichen Belangen den anzuwendenden Rechnungslegungsgrundsätzen widerspricht. [4]Der Abschlussprüfer hat das Ergebnis der prüferischen Durchsicht in einer Bescheinigung zusammenzufassen. § 320 und § 323 gelten entsprechend.

(5) [1]Ein Kreditinstitut, das ein Mutterunternehmen (§ 290) ist, hat den Konzernlagebericht um eine nichtfinanzielle Konzernerklärung zu erweitern, wenn auf die in den Konzernabschluss einzubeziehenden Unternehmen die folgenden Merkmale zutreffen:

1. sie erfüllen die in § 293 Absatz 1 Satz 1 Nummer 1 oder 2 geregelten Voraussetzungen für eine größenabhängige Befreiung nicht und
2. bei ihnen sind insgesamt im Jahresdurchschnitt mehr als 500 Arbeitnehmer beschäftigt.

[2]§ 267 Absatz 4 bis 5, § 298 Absatz 2, § 315b Absatz 2 bis 4 und § 315c sind entsprechend anzuwenden. [3]Wenn die nichtfinanzielle Konzernerklärung einen besonderen Abschnitt des Konzernlageberichts bildet, darf das Kreditinstitut auf die an anderer Stelle im Konzernlagebericht enthaltenen nichtfinanziellen Angaben verweisen.

(6) Ein Kreditinstitut, das nach Absatz 1 in Verbindung mit § 315d eine Konzernerklärung zur Unternehmensführung zu erstellen hat, hat darin Angaben nach § 315d in Verbindung mit § 289f Absatz 2 Nummer 6 aufzunehmen, wenn die in den Konzernabschluss einzubeziehenden Unternehmen die in § 293 Absatz 1 Satz 1 Nummer 1 oder 2 geregelten Voraussetzungen für eine Befreiung nicht erfüllen.

§ 340j Einzubeziehende Unternehmen

Bezieht ein Kreditinstitut ein Tochterunternehmen, das Kreditinstitut ist, nach § 296 Abs. 1 Nr. 3 in seinen Konzernabschluß nicht ein und ist der vorübergehende Besitz von Aktien oder Anteilen dieses Unternehmens auf eine finanzielle Stützungsaktion zur Sanierung oder Rettung des genannten Unternehmens zurückzuführen, so hat es den Jahresabschluß dieses Unternehmens seinem Konzernabschluß beizufügen und im Konzernanhang zusätzliche Angaben über die Art und die Bedingungen der finanziellen Stützungsaktion zu machen.

Sechster Titel. Prüfung

§ 340k [Prüfung]

(1) [1]Kreditinstitute haben unabhängig von ihrer Größe ihren Jahresabschluß und Lagebericht sowie ihren Konzernabschluß und Konzernlagebericht unbeschadet der Vorschriften der §§ 28 und 29 des Gesetzes über das Kreditwesen nach den Vorschriften des Dritten Unterabschnitts des Zweiten Abschnitts über die Prüfung prüfen zu lassen; § 318 Absatz 1a und § 319 Absatz 1 Satz 2 sind nicht anzuwenden. [2]Die Prüfung ist spätestens vor Ablauf des fünften Monats des dem Abschlußstichtag nachfolgenden Geschäftsjahrs vorzunehmen. [3]Der Jahresabschluß ist nach der Prüfung unverzüglich festzustellen. [4]Auf CRR-Kreditinstitute im Sinne des § 1 Absatz 3d Satz 1 des Kreditwesengesetzes, mit Ausnahme der in § 2 Absatz 1 Nummer 1 und 2 des Kreditwesengesetzes genannten Institute, sind die Vorschriften des Dritten Unterabschnitts des Zweiten Abschnitts nur insoweit anzuwenden, als nicht die Verordnung (EU) Nr. 537/2014 anzuwenden ist.

(2) [1]Ist das Kreditinstitut eine Genossenschaft oder ein rechtsfähiger wirtschaftlicher Verein, so ist die Prüfung abweichend von § 319 Abs. 1 Satz 1 von dem Prüfungsverband durchzuführen, dem das Kreditinstitut als Mitglied angehört, sofern mehr als die Hälfte der geschäftsführenden Mitglieder des Vorstands dieses Prüfungsverbands Wirtschaftsprüfer sind. [2]Hat der Prüfungsverband nur zwei Vorstandsmitglieder, so muß einer von ihnen Wirtschaftsprüfer sein. [3]§ 319 Abs. 2 und 3 sowie § 319a Abs. 1 sind auf die gesetzlichen Vertreter des Prüfungsverbandes und auf alle vom Prüfungsverband beschäftigten Personen, die das Ergebnis der Prüfung beeinflussen können, entsprechend anzuwenden; § 319 Abs. 3 Satz 1 Nr. 2 ist auf Mitglieder des Aufsichtsorgans des Prüfungsverbandes nicht anzuwenden, sofern sichergestellt ist, dass der Abschlussprüfer die Prüfung unabhängig von den Weisungen durch das Aufsichtsorgan durchführen kann. [4]§ 319 Absatz 1 Satz 3 und 4 gilt entsprechend mit der Maßgabe, dass der Prüfungsverband über einen Auszug hinsichtlich seiner Eintragung nach § 40a der Wirtschaftsprüferordnung verfügen muss, bei erstmaliger Durchführung einer Prüfung nach Absatz 1 Satz 1 spätestens sechs Wochen nach deren Beginn. [5]Ist das Mutterunternehmen eine Genossenschaft, so ist der Prüfungsverband, dem die Genossenschaft angehört, unter den Voraussetzungen der Sätze 1 bis 4 auch Abschlußprüfer des Konzernabschlusses und des Konzernlageberichts.

(2a) [1]Bei der Prüfung des Jahresabschlusses der in Absatz 2 bezeichneten Kreditinstitute durch einen Prüfungsverband darf der gesetzlich vorgeschriebene Bestätigungsvermerk nur von Wirtschaftsprüfern unterzeichnet werden. [2]Die im Prüfungsverband tätigen Wirtschaftsprüfer haben ihre Prüfungstätigkeit unabhängig, gewissenhaft, verschwiegen und eigenverantwortlich auszuüben. [3]Sie haben sich insbesondere bei der Erstattung von Prüfungsberichten unparteiisch zu verhalten. [4]Weisungen dürfen ihnen hinsichtlich ihrer Prüfungstätigkeit von Personen, die nicht Wirtschaftsprüfer sind, nicht erteilt werden. [5]Die Zahl der im Verband tätigen Wirtschaftsprüfer muss so bemessen sein, dass die den Bestätigungsvermerk unterschreibenden Wirtschaftsprüfer die Prüfung verantwortlich durchführen können.

(3) [1]Ist das Kreditinstitut eine Sparkasse, so dürfen die nach Absatz 1 vorgeschriebenen Prüfungen abweichend von § 319 Abs. 1 Satz 1 von der Prüfungsstelle eines Sparkassen- und Giroverbands durchgeführt werden. [2]Die Prüfung darf von der Prüfungsstelle jedoch nur durchgeführt werden, wenn der Leiter der Prüfungsstelle die Voraussetzungen des § 319 Abs. 1 Satz 1 und 2 erfüllt; § 319 Abs. 2, 3 und 5, § 319a Absatz 1 und 2 sowie Artikel 5 Absatz 1, 4 Unterabsatz 1 und Absatz 5 der Verordnung (EU)

Nr. 537/2014 sind auf alle vom Sparkassen- und Giroverband beschäftigten Personen, die das Ergebnis der Prüfung beeinflussen können, entsprechend anzuwenden. [3]Auf die Prüfungsstellen findet Artikel 5 der Verordnung (EU) Nr. 537/2014 keine Anwendung. [4]Außerdem muß sichergestellt sein, daß der Abschlußprüfer die Prüfung unabhängig von den Weisungen der Organe des Sparkassen- und Giroverbands durchführen kann. [5]Soweit das Landesrecht nichts anderes vorsieht, findet § 319 Absatz 1 Satz 3 und 4 mit der Maßgabe Anwendung, dass die Prüfungsstelle über einen Auszug hinsichtlich ihrer Eintragung nach § 40a der Wirtschaftsprüferordnung verfügen muss, bei erstmaliger Durchführung einer Prüfung nach Absatz 1 Satz 1 spätestens sechs Wochen nach deren Beginn.

(4) [1]Ist das Kreditinstitut eine Sparkasse, finden Artikel 4 Absatz 3 Unterabsatz 2 sowie die Artikel 16, 17 und 19 der Verordnung (EU) Nr. 537/2014 keine Anwendung. [2]Artikel 4 Absatz 3 Unterabsatz 1 sowie Artikel 10 Absatz 2 Buchstabe g der Verordnung (EU) Nr. 537/2014 finden auf alle vom Sparkassen- und Giroverband beschäftigten Personen, die das Ergebnis der Prüfung beeinflussen können, entsprechende Anwendung. [3]Auf die Prüfungsstellen finden Artikel 4 Absatz 2 und 3 Unterabsatz 1 sowie Artikel 10 Absatz 2 Buchstabe g der Verordnung (EU) Nr. 537/2014 keine Anwendung.

(5) [1]CRR-Kreditinstitute im Sinne des § 1 Absatz 3d Satz 1 des Kreditwesengesetzes, mit Ausnahme der in § 2 Absatz 1 Nummer 1 und 2 des Kreditwesengesetzes genannten Institute, haben, auch wenn sie nicht kapitalmarktorientiert im Sinne des § 264d sind, § 324 Absatz 1 und 2 anzuwenden, wenn sie keinen Aufsichts- oder Verwaltungsrat haben, der die Voraussetzungen des § 100 Absatz 5 des Aktiengesetzes erfüllen muss. [2]Dies gilt für Sparkassen im Sinn des Absatzes 3 sowie sonstige landesrechtliche öffentlich-rechtliche Kreditinstitute nur, soweit das Landesrecht nichts anderes vorsieht.

Siebenter Titel. Offenlegung

§ 340l [Offenlegung]

(1) [1]Kreditinstitute haben den Jahresabschluß und den Lagebericht sowie den Konzernabschluß und den Konzernlagebericht und die anderen in § 325 bezeichneten Unterlagen nach § 325 Abs. 2 bis 5, §§ 328, 329 Abs. 1 und 4 offenzulegen. [2]Kreditinstitute, die nicht Zweigniederlassungen sind, haben die in Satz 1 bezeichneten Unterlagen außerdem in jedem anderen Mitgliedstaat der Europäischen Gemeinschaft und in jedem anderen Vertragsstaat des Abkommens über den Europäischen Wirtschaftsraum offenzulegen, in dem sie eine Zweigniederlassung errichtet haben. [3]Die Offenlegung nach Satz 2 richtet sich nach dem Recht des jeweiligen Mitgliedstaats oder Vertragsstaats.

(2) [1]Zweigniederlassungen im Geltungsbereich dieses Gesetzes von Unternehmen mit Sitz in einem anderen Staat haben die in Absatz 1 Satz 1 bezeichneten Unterlagen ihrer Hauptniederlassung, die nach deren Recht aufgestellt und geprüft worden sind, nach § 325 Abs. 2 bis 5, §§ 328, 329 Abs. 1, 3 und 4 offenzulegen. [2]Unternehmen mit Sitz in einem Drittstaat im Sinn des § 3 Abs. 1 Satz 1 der Wirtschaftsprüferordnung, deren Wertpapiere im Sinn des § 2 Absatz 1 des Wertpapierhandelsgesetzes an einer inländischen Börse zum Handel am regulierten Markt zugelassen sind, haben zudem eine Bescheinigung der Wirtschaftsprüferkammer gemäß § 134 Abs. 2a der Wirtschaftsprüferordnung über die Eintragung des Abschlussprüfers oder eine Bestätigung der Wirtschaftsprüferkammer gemäß § 134 Abs. 4 Satz 8 der Wirtschaftsprüferordnung über die Befreiung von der Eintragungsverpflichtung offenzulegen. [3]Satz 2 ist nicht anzuwenden, soweit ausschließlich Schuldtitel im Sinne des § 2 Absatz 1 Nummer 3 des Wertpapierhandelsgesetzes

1. mit einer Mindeststückelung zu je 100 000 Euro oder einem entsprecheden Betrag anderer Währung an einer inländischen Behörde zum Handel am regulierten Markt zugelassen sind oder
2. mit einer Mindeststückelung zu je 50 000 Euro oder einem entsprechenden Betrag anderer Währung an einer inländischen Börse zum Handel am regulierten Markt zu gelassen sind und diese Schuldtitel vor dem 31. Dezember 2010 begeben worden sind.

[4]Zweigniederlassungen im Geltungsbereich dieses Gesetzes von Unternehmen mit Sitz in einem Staat, der nicht Mitglied der Europäischen Gemeinschaft und auch nicht Vertragsstaat des Abkommens über den Europäischen Wirtschaftsraum ist, brauchen auf ihre eigene Geschäftstätigkeit bezogene gesonderte Rechnungslegungsunterlagen nach Absatz 1 Satz 1 nicht offenzulegen, sofern die nach den Sätzen 1 und 2 offenzulegenden Unterlagen nach einem an die Richtlinie 86/635/EWG angepaßten Recht aufgestellt und geprüft worden oder den nach einem dieser Rechte aufgestellten Unterlagen gleichwertig sind. [5]Die Unterlagen sind in deutscher Sprache einzureichen. [6]Soweit dies nicht die Amtssprache am Sitz der Hauptniederlassung ist, können die Unterlagen der Hauptniederlassung auch

1. in englischer Sprache oder
2. in einer von dem Register der Hauptniederlassung beglaubigten Abschrift oder,
3. wenn eine dem Register vergleichbare Einrichtung nicht vorhanden oder diese nicht zur Beglaubigung befugt ist, in einer von einem Wirtschaftsprüfer bescheinigten Abschrift, verbunden mit der Erklärung, dass entweder eine dem Register vergleichbare Einrichtung nicht vorhanden oder diese nicht zur Beglaubigung befugt ist, eingereicht werden; von der Beglaubigung des Registers ist eine beglaubigte Übersetzung in deutscher Sprache einzureichen.

(3) § 339 ist auf Kreditinstitute, die Genossenschaften sind, nicht anzuwenden.

(4) Macht ein Kreditinstitut von dem Wahlrecht nach § 325 Absatz 2a Satz 1 Gebrauch, sind § 325 Absatz 2a Satz 3 und 5 mit folgenden Maßgaben anzuwenden:

1. Die in § 325 Abs. 2a Satz 3 genannten Vorschriften des Ersten Unterabschnitts des Zweiten Abschnitts des Dritten Buchs sind auch auf Kreditinstitute anzuwenden, die nicht in der Rechtsform einer Kapitalgesellschaft betrieben werden.
2. § 285 Nummer 8 Buchstabe b findet keine Anwendung; der Personalaufwand des Geschäftsjahrs ist jedoch im Anhang zum Einzelabschluss nach § 325 Absatz 2a gemäß der Gliederung nach Formblatt 3 im Posten Allgemeine Verwaltungsaufwendungen Unterposten Buchstabe a Personalaufwand der Kreditinstituts-Rechnungslegungsverordnung in der Fassung der Bekanntmachung vom 11. Dezember 1998 (BGBl. I S. 3658) in der jeweils geltenden Fassung anzugeben, sofern diese Angaben nicht gesondert in der Gewinn- und Verlustrechnung erscheinen.
3. An Stelle des § 285 Nr. 9 Buchstabe c gilt § 34 Abs. 2 Nr. 2 der Kreditinstituts-Rechnungslegungsverordnung in der Fassung der Bekanntmachung vom 11. Dezember 1998 (BGBl. I S. 3658) in der jeweils geltenden Fassung.
4. Für den Anhang gilt zusätzlich die Vorschrift des § 340a Abs. 4.
5. Im Übrigen finden die Bestimmungen des Zweiten bis Vierten Titels dieses Unterabschnitts sowie der Kreditinstituts-Rechnungslegungsverordnung keine Anwendung.

Achter Titel. Straf- und Bußgeldvorschriften, Ordnungsgelder

§ 340m Strafvorschriften

(1) [1]Die Strafvorschriften der §§ 331 bis 333 sind auch auf nicht in der Rechtsform einer Kapitalgesellschaft betriebene Kreditinstitute, auf Finanzdienstleistungsinstitute im Sinne des § 340 Absatz 4 sowie auf Institute im Sinne des § 340 Absatz 5 anzuwenden. [2]§ 331 ist darüber hinaus auch anzuwenden auf die Verletzung von Pflichten durch

1. den Geschäftsleiter (§ 1 Absatz 2 Satz 1 des Kreditwesengesetzes) eines nicht in der Rechtsform der Kapitalgesellschaft betriebenen Kreditinstituts oder Finanzdienstleistungsinstituts im Sinne des § 340 Absatz 4 Satz 1,
2. den Geschäftsleiter (§ 1 Absatz 8 Satz 1 und 2 des Zahlungsdiensteaufsichtsgesetzes) eines nicht in der Rechtsform der Kapitalgesellschaft betriebenen Instituts im Sinne des § 340 Absatz 5,
3. den Inhaber eines in der Rechtsform des Einzelkaufmanns betriebenen Kreditinstituts oder Finanzdienstleistungsinstituts im Sinne des § 340 Absatz 4 Satz 1 und
4. den Geschäftsleiter im Sinne des § 53 Absatz 2 Nummer 1 des Kreditwesengesetzes.

(2) Mit Freiheitsstrafe bis zu einem Jahr oder mit Geldstrafe wird bestraft, wer als Mitglied eines nach § 340k Absatz 5 Satz 1 in Verbindung mit § 324 Absatz 1 Satz 1 eingerichteten Prüfungsausschusses eines dort genannten CRR-Kreditinstituts

1. eine in § 340n Absatz 2a bezeichnete Handlung begeht und dafür einen Vermögensvorteil erhält oder sich versprechen lässt oder
2. eine in § 340n Absatz 2a bezeichnete Handlung beharrlich wiederholt.

(3) § 335c Absatz 2 gilt in den Fällen des Absatzes 2 entsprechend.

§ 340n Bußgeldvorschriften

(1) Ordnungswidrig handelt, wer als Geschäftsleiter im Sinne des § 1 Abs. 2 Satz 1 oder des § 53 Abs. 2 Nr. 1 des Kreditwesengesetzes oder als Inhaber eines in der Rechtsform des Einzelkaufmanns betriebenen Kreditinstituts oder Finanzdienstleistungsinstituts im Sinne des § 340 Abs. 4 Satz 1 oder als Geschäftsleiter im Sinne des § 1 Absatz 8 Satz 1 und 2 des Zahlungsdiensteaufsichtsgesetzes eines Instituts im Sinne des § 340 Absatz 5 oder als Mitglied des Aufsichtsrats eines der vorgenannten Unternehmen

1. bei der Aufstellung oder Feststellung des Jahresabschlusses oder bei der Aufstellung des Zwischenabschlusses gemäß § 340a Abs. 3 einer Vorschrift
   a) des § 243 Abs. 1 oder 2, der §§ 244, 245, 246 Abs. 1 oder 2, dieser in Verbindung mit § 340a Abs. 2 Satz 3, des § 246 Abs. 3 Satz 1, des § 247 Abs. 2 oder 3, der §§ 248, 249 Abs. 1 Satz 1 oder Abs. 2, des § 250 Abs. 1 oder Abs. 2, des § 264 Absatz 1a oder Absatz 2, des § 340b Abs. 4 oder 5 oder des § 340c Abs. 1 über Form oder Inhalt,
   b) des § 253 Abs. 1 Satz 1, 2, 3 oder 4, Abs. 2 Satz 1, auch in Verbindung mit Satz 2, Absatz 3 Satz 1, 2, 3, 4 oder Satz 5, Abs. 4 oder 5, der §§ 254, 256a, 340e Abs. 1 Satz 1 oder 2, Abs. 3 Satz 1, 2, 3 oder 4 Halbsatz 2, Abs. 4 Satz 1 oder 2, des § 340f Abs. 1 Satz 2 oder des § 340g Abs. 2 über die Bewertung,
   c) des § 265 Abs. 2, 3 oder 4, des § 268 Abs. 3 oder 6, der §§ 272, 274 oder des § 277 Abs. 3 Satz 2 über die Gliederung,
   d) des § 284 Absatz 1, 2 Nummer 1, 2 oder Nummer 4, Absatz 3 oder des § 285 Nummer 3, 3a, 7, 9 Buchstabe a oder Buchstabe b, Nummer 10 bis 11b, 13 bis

15a, 16 bis 26, 28 bis 33 oder Nummer 34 über die im Anhang zu machenden Angaben,

2. bei der Aufstellung des Konzernabschlusses oder des Konzernzwischenabschlusses gemäß § 340i Abs. 4 einer Vorschrift
   a) des § 294 Abs. 1 über den Konsolidierungskreis,
   b) des § 297 Absatz 1a, 2 oder Absatz 3 oder des § 340i Abs. 2 Satz 1 in Verbindung mit einer der in Nummer 1 Buchstabe a bezeichneten Vorschriften über Form oder Inhalt,
   c) des § 300 über die Konsolidierungsgrundsätze oder das Vollständigkeitsgebot,
   d) des § 308 Abs. 1 Satz 1 in Verbindung mit den in Nummer 1 Buchstabe b bezeichneten Vorschriften, des § 308 Abs. 2 oder des § 308a über die Bewertung,
   e) des § 311 Abs. 1 Satz 1 in Verbindung mit § 312 über die Behandlung assoziierter Unternehmen oder
   f) des § 308 Abs. 1 Satz 3, des § 313 oder des § 314 über die im Konzernanhang zu machenden Angaben,
3. bei der Aufstellung des Lageberichts oder der Erstellung eines gesonderten nichtfinanziellen Berichts einer Vorschrift der §§ 289, 289a, 340a Absatz 1a, auch in Verbindung mit § 289b Absatz 2 oder 3 oder mit den §§ 289c, 289d oder § 289e Absatz 2, oder des § 340a Absatz 1b in Verbindung mit § 289f über den Inhalt des Lageberichts oder des gesonderten nichtfinanziellen Berichts,
4. bei der Aufstellung des Konzernlageberichts oder der Erstellung eines gesonderten nichtfinanziellen Konzernberichts einer Vorschrift der §§ 315, 315a, 340i Absatz 5, auch in Verbindung mit § 315b Absatz 2 oder 3 oder § 315c, oder des § 340i Absatz 6 in Verbindung mit § 315d über den Inhalt des Konzernlageberichts oder des gesonderten nichtfinanziellen Konzernberichts,
5. bei der Offenlegung, Veröffentlichung oder Vervielfältigung einer Vorschrift des § 328 über Form oder Inhalt oder
6. einer auf Grund des § 330 Abs. 2 in Verbindung mit Abs. 1 Satz 1 erlassenen Rechtsverordnung, soweit sie für einen bestimmten Tatbestand auf diese Bußgeldvorschrift verweist,

zuwiderhandelt.

(2) Ordnungswidrig handelt, wer zu einem Jahresabschluss, zu einem Einzelabschluss nach § 325 Abs. 2a oder zu einem Konzernabschluss, der aufgrund gesetzlicher Vorschriften zu prüfen ist, einen Vermerk nach § 322 Abs. 1 erteilt, obwohl nach § 319 Abs. 2, 3, 5, § 319a Abs. 1 Satz 1, Abs. 2, § 319b Abs. 1 er, nach § 319 Abs. 4, auch in Verbindung mit § 319a Abs. 1 Satz 2, oder § 319b Abs. 1 die Wirtschaftsprüfungsgesellschaft oder nach § 340k Abs. 2 oder Abs. 3 der Prüfungsverband oder die Prüfungsstelle, für die oder für den er tätig wird, nicht Abschlussprüfer sein darf.

(2a) Ordnungswidrig handelt, wer

1. als Mitglied eines nach § 340k Absatz 5 Satz 1 in Verbindung mit § 324 Absatz 1 Satz 1 eingerichteten Prüfungsausschusses eines CRR-Kreditinstituts im Sinne des § 1 Absatz 3d Satz 1 des Kreditwesengesetzes, mit Ausnahme der in § 2 Absatz 1 Nummer 1 und 2 des Kreditwesengesetzes genannten Institute, das keine Sparkasse ist,
   a) die Unabhängigkeit des Abschlussprüfers oder der Prüfungsgesellschaft nicht nach Maßgabe des Artikels 4 Absatz 3 Unterabsatz 2, des Artikels 5 Absatz 4 Unterabsatz 1 Satz 1 oder des Artikels 6 Absatz 2 der Verordnung (EU) Nr. 537/2014 des Europäischen Parlaments und des Rates vom 16. April 2014 über spe-

zifische Anforderungen an die Abschlussprüfung bei Unternehmen von öffentlichem Interesse und zur Aufhebung des Beschlusses 2005/909/EG der Kommission (ABl. L 158 vom 27.5.2014, S. 77, L 170 vom 11.6.2014, S. 66) überwacht,

b) eine Empfehlung für die Bestellung eines Abschlussprüfers oder einer Prüfungsgesellschaft vorlegt, die den Anforderungen nach Artikel 16 Absatz 2 Unterabsatz 2 oder 3 der Verordnung (EU) Nr. 537/2014 nicht entspricht oder der ein Auswahlverfahren nach Artikel 16 Absatz 3 Unterabsatz 1 der Verordnung (EU) Nr. 537/2014 nicht vorangegangen ist, oder

c) den Gesellschaftern oder der sonst für die Bestellung des Abschlussprüfers zuständigen Stelle einen Vorschlag für die Bestellung eines Abschlussprüfers oder einer Prüfungsgesellschaft vorlegt, der den Anforderungen nach Artikel 16 Absatz 5 Unterabsatz 1 der Verordnung (EU) Nr. 537/2014 nicht entspricht, oder

2. als Mitglied eines nach § 340k Absatz 5 in Verbindung mit § 324 Absatz 1 Satz 1 eingerichteten Prüfungsausschusses eines CRR-Kreditinstituts im Sinne des § 1 Absatz 3d Satz 1 des Kreditwesengesetzes, mit Ausnahme der in § 2 Absatz 1 Nummer 1 und 2 des Kreditwesengesetzes genannten Institute, das eine Sparkasse ist, die Unabhängigkeit der in § 340k Absatz 3 Satz 2 zweiter Halbsatz genannten Personen nicht nach Maßgabe des Artikels 5 Absatz 4 Unterabsatz 1 Satz 1 der Verordnung (EU) Nr. 537/2014 in Verbindung mit § 340k Absatz 3 Satz 2 oder nach Maßgabe des Artikels 6 Absatz 2 der Verordnung (EU) Nr. 537/2014 überwacht.

(3) [1]Die Ordnungswidrigkeit kann mit einer Geldbuße bis zu fünfzigtausend Euro geahndet werden. [2]Ist das Kreditinstitut kapitalmarktorientiert im Sinne des § 264d, beträgt die Geldbuße in den Fällen des Absatzes 1 höchstens den höheren der folgenden Beträge:

1. zwei Millionen Euro oder
2. das Zweifache des aus der Ordnungswidrigkeit gezogenen wirtschaftlichen Vorteils, wobei der wirtschaftliche Vorteil erzielte Gewinne und vermiedene Verluste umfasst und geschätzt werden kann.

(3a) Wird gegen ein Kreditinstitut, das kapitalmarktorientiert im Sinne des § 264d ist, in den Fällen des Absatzes 1 eine Geldbuße nach § 30 des Gesetzes über Ordnungswidrigkeiten verhängt, beträgt diese Geldbuße höchstens den höchsten der folgenden Beträge:

1. zehn Millionen Euro,
2. 5 Prozent des jährlichen Gesamtumsatzes, den das Kreditinstitut im der Behördenentscheidung vorausgegangenen Geschäftsjahr erzielt hat oder
3. das Zweifache des aus der Ordnungswidrigkeit gezogenen wirtschaftlichen Vorteils, wobei der wirtschaftliche Vorteil erzielte Gewinne und vermiedene Verluste umfasst und geschätzt werden kann.

(3b) [1]Als Gesamtumsatz ist anstelle des Betrags der Umsatzerlöse der sich aus dem auf das Kreditinstitut anwendbaren nationalen Recht im Einklang mit Artikel 27 Nummer 1, 3, 4, 6 und 7 oder Artikel 28 Buchstabe B Nummer 1, 2, 3, 4 und 7 der Richtlinie 86/635/EWG des Rates vom 8. Dezember 1986 über den Jahresabschluss und den konsolidierten Abschluss von Banken und anderen Finanzinstituten (ABl. L 372 vom 31.12.1986, S. 1; L 316 vom 23.11.1988, S. 51), die zuletzt durch die Richtlinie 2006/46/EG (ABl. L 224 vom 16.8.2006, S. 1) geändert worden ist, ergebende Gesamtbetrag, abzüglich der Umsatzsteuer und sonstiger direkt auf diese Erträge erhobener Steuern, maßgeblich. [2]Handelt es sich bei dem Kreditinstitut um ein Mutterunternehmen oder um ein Tochterunternehmen im Sinne des § 290, ist anstelle des Gesamtumsatzes des Kreditinstituts der jeweilige Gesamtbetrag im Konzernabschluss des Mutterunternehmens maßgeblich, der für den größten Kreis von Unternehmen aufgestellt wird. [3]Wird der Konzernabschluss für den größten Kreis von Unternehmen nicht nach den in Satz 1 genannten Vorschriften aufgestellt, ist der Gesamtumsatz nach Maßgabe der Posten des Konzernabschlusses zu ermitteln, die mit den von Satz 1 erfassten Posten vergleichbar sind. [4]Ist ein Jahres- oder Konzernabschluss für das maßgebliche Geschäftsjahr nicht verfügbar, ist der Jahres- oder Konzernabschluss für das unmittelbar vorausgehende Geschäftsjahr maßgeblich; ist auch dieser nicht verfügbar, kann der Gesamtumsatz geschätzt werden.

(4) Verwaltungsbehörde im Sinn des § 36 Abs. 1 Nr. 1 des Gesetzes über Ordnungswidrigkeiten ist in den Fällen der Absätze 1 und 2a die Bundesanstalt für Finanzdienstleistungsaufsicht, in den Fällen des Absatzes 2 die Abschlussprüferaufsichtsstelle beim Bundesamt für Wirtschaft und Ausfuhrkontrolle.

(5) Die Bundesanstalt für Finanzdienstleistungsaufsicht übermittelt der Abschlussprüferaufsichtsstelle beim Bundesamt für Wirtschaft und Ausfuhrkontrolle alle Bußgeldentscheidungen nach Absatz 2a.

§ 340o Festsetzung von Ordnungsgeld

[1]Personen, die

1. als Geschäftsleiter im Sinne des § 1 Absatz 2 Satz 1 des Kreditwesengesetzes eines Kreditinstituts oder Finanzdienstleistungsinstituts im Sinne des § 340 Absatz 4 Satz 1 oder als Geschäftsleiter im Sinne des § 1 Absatz 8 Satz 1 und 2 des Zahlungsdiensteaufsichtsgesetzes eines Instituts im Sinne des § 340 Absatz 5 oder als Inhaber eines in der Rechtsform des Einzelkaufmanns betriebenen Kreditinstituts oder Finanzdienstleistungsinstituts im Sinne des § 340 Absatz 4 Satz 1, den § 340l Absatz 1 Satz 1 in Verbindung mit § 325 Absatz 2 bis 5, die §§ 328, 329 Absatz 1 über die Pflicht zur Offenlegung des Jahresabschlusses, des Lageberichts, des Konzernabschlusses, des Konzernlageberichts und anderer Unterlagen der Rechnungslegung oder
2. als Geschäftsleiter von Zweigniederlassungen im Sinn des § 53 Abs. 1 des Kreditwesengesetzes § 340l Abs. 1 oder Abs. 2 über die Offenlegung der Rechnungslegungsunterlagen

nicht befolgen, sind hierzu vom Bundesamt für Justiz durch Festsetzung von Ordnungsgeld anzuhalten. [2]Die §§ 335 bis 335b sind entsprechend anzuwenden.

Zweiter Unterabschnitt. Ergänzende Vorschriften für Versicherungsunternehmen und Pensionsfonds

Erster Titel. Anwendungsbereich

§ 341

(1) [1]Dieser Unterabschnitt ist, soweit nichts anderes bestimmt ist, auf Unternehmen, die den Betrieb von Versicherungsgeschäften zum Gegenstand haben und nicht Träger der Sozialversicherung sind (Versicherungsunternehmen), anzuwenden. [2]Dies gilt nicht für solche Versicherungsunternehmen, die auf Grund von Gesetz, Tarifvertrag oder Satzung ausschließlich für ihre Mitglieder oder die durch Gesetz oder Satzung begünstigten Personen Leistungen erbringen oder als nicht rechtsfähige Einrichtungen ihre Aufwendungen im Umlageverfahren decken, es sei denn, sie sind Aktiengesellschaften, Versicherungsvereine auf Gegenseitigkeit oder rechtsfähige kommunale Schadenversicherungsunternehmen.

(2) [1]Versicherungsunternehmen im Sinne des Absatzes 1 sind auch Niederlassungen im Geltungsbereich dieses Gesetzes von Versicherungsunternehmen mit Sitz in einem anderen Staat, wenn sie zum Betrieb des Direktversicherungsgeschäfts der Erlaubnis durch die deutsche Versicherungsaufsichtsbehörde bedürfen. [2]Niederlassungen von

Versicherungsunternehmen mit Sitz in einem Mitgliedstaat der Europäischen Union oder einem anderen Vertragsstaat des Abkommens über den Europäischen Wirtschaftsraum, die keiner Erlaubnis zum Betrieb des Direktversicherungsgeschäfts durch die deutsche Versicherungsaufsichtsbehörde bedürfen, haben die ergänzenden Vorschriften über den Ansatz und die Bewertung von Vermögensgegenständen und Schulden des Ersten bis Vierten Titels dieses Unterabschnitts und der Versicherungsunternehmens-Rechnungslegungsverordnung in ihrer jeweils geltenden Fassung anzuwenden.

(3) Zusätzliche Anforderungen auf Grund von Vorschriften, die wegen der Rechtsform oder für Niederlassungen bestehen, bleiben unberührt.

(4) [1]Die Vorschriften des Ersten bis Siebenten Titels dieses Unterabschnitts sind mit Ausnahme von Absatz 1 Satz 2 auf Pensionsfonds (§ 236 Absatz 1 des Versicherungsaufsichtsgesetzes) entsprechend anzuwenden. [2]§ 341d ist mit der Maßgabe anzuwenden, daß Kapitalanlagen für Rechnung und Risiko von Arbeitnehmern und Arbeitgebern mit dem Zeitwert unter Berücksichtigung des Grundsatzes der Vorsicht zu bewerten sind; §§ 341b, 341c sind insoweit nicht anzuwenden.

Zweiter Titel. Jahresabschluß, Lagebericht

§ 341a Anzuwendende Vorschriften

(1) [1]Versicherungsunternehmen haben einen Jahresabschluß und einen Lagebericht nach den für große Kapitalgesellschaften geltenden Vorschriften des Ersten Unterabschnitts des Zweiten Abschnitts in den ersten vier Monaten des Geschäftsjahres für das vergangene Geschäftsjahr aufzustellen und dem Abschlußprüfer zur Durchführung der Prüfung vorzulegen; die Frist des § 264 Abs. 1 Satz 3 gilt nicht. [2]Ist das Versicherungsunternehmen eine Kapitalgesellschaft im Sinn des § 325 Abs. 4 Satz 1 und nicht zugleich im Sinn des § 327a, beträgt die Frist nach Satz 1 vier Monate.

(1a) [1]Ein Versicherungsunternehmen hat seinen Lagebericht um eine nichtfinanzielle Erklärung zu erweitern, wenn es in entsprechender Anwendung des § 267 Absatz 3 Satz 1 und Absatz 4 bis 5 als groß gilt und im Jahresdurchschnitt mehr als 500 Arbeitnehmer beschäftigt. [2]Wenn die nichtfinanzielle Erklärung einen besonderen Abschnitt des Lageberichts bildet, darf das Versicherungsunternehmen auf die an anderer Stelle im Lagebericht enthaltenen nichtfinanziellen Angaben verweisen. [3]§ 289b Absatz 2 bis 4 und die §§ 289c bis 289e sind entsprechend anzuwenden.

(1b) Ein Versicherungsunternehmen, das nach Absatz 1 in Verbindung mit § 289f Absatz 1 eine Erklärung zur Unternehmensführung zu erstellen hat, hat darin Angaben nach § 289f Absatz 2 Nummer 6 aufzunehmen, wenn es in entsprechender Anwendung des § 267 Absatz 3 Satz 1 und Absatz 4 bis 5 als groß gilt.

(2) [1]§ 265 Abs. 6, §§ 267, 268 Abs. 4 Satz 1, Abs. 5 Satz 1 und 2, §§ 276, 277 Abs. 1 und 2, § 285 Nr. 8 Buchstabe a und § 288 sind nicht anzuwenden. [2]Anstelle von § 247 Abs. 1, §§ 251, 265 Abs. 7, §§ 266, 268 Absatz 7, §§ 275, 284 Absatz 3, § 285 Nummer 4 und 8 Buchstabe b sowie § 286 Abs. 2 sind die durch Rechtsverordnung erlassenen Formblätter und anderen Vorschriften anzuwenden. [3]§ 246 Abs. 2 ist nicht anzuwenden, soweit abweichende Vorschriften bestehen. [4]§ 264 Abs. 3 und § 264b sind mit der Maßgabe anzuwenden, daß das Versicherungsunternehmen unter den genannten Voraussetzungen die Vorschriften des Vierten Unterabschnitts des Zweiten Abschnitts nicht anzuwenden braucht. [5]§ 285 Nr. 3a gilt mit der Maßgabe, daß die Angaben für solche finanzielle Verpflichtungen nicht zu machen sind, die im Rahmen des Versicherungsgeschäfts entstehen. [6]§ 285 Nummer 31 ist nicht anzuwenden; unter den Posten „außerordentliche Erträge“ und „außerordentliche Aufwendungen“ sind Erträge und Aufwendungen auszuweisen, die außerhalb der gewöhnlichen Geschäftstätigkeit anfallen.

[7]Im Anhang sind diese Posten hinsichtlich ihres Betrags und ihrer Art zu erläutern, soweit die ausgewiesenen Beträge für die Beurteilung der Ertragslage nicht von untergeordneter Bedeutung sind.

(3) Auf Krankenversicherungsunternehmen, die das Krankenversicherungsgeschäft ausschließlich oder überwiegend nach Art der Lebensversicherung betreiben, sind die für die Rechnungslegung der Lebensversicherungsunternehmen geltenden Vorschriften entsprechend anzuwenden.

(4) Auf Versicherungsunternehmen, die nicht Aktiengesellschaften, Kommanditgesellschaften auf Aktien oder kleinere Vereine sind, sind § 152 Abs. 2 und 3 sowie die §§ 170 bis 176 des Aktiengesetzes entsprechend anzuwenden.

(5) [1]Bei Versicherungsunternehmen, die ausschließlich die Rückversicherung betreiben oder deren Beiträge aus in Rückdeckung übernommenen Versicherungen die übrigen Beiträge übersteigen, verlängert sich die in Absatz 1 Satz 1 erster Halbsatz genannte Frist von vier Monaten auf zehn Monate, sofern das Geschäftsjahr mit dem Kalenderjahr übereinstimmt; die Hauptversammlung oder die Versammlung der obersten Vertretung, die den Jahresabschluß entgegennimmt oder festzustellen hat, muß abweichend von § 175 Abs. 1 Satz 2 des Aktiengesetzes spätestens 14 Monate nach dem Ende des vergangenen Geschäftsjahres stattfinden. [2]Die Frist von vier Monaten nach Absatz 1 Satz 2 verlängert sich in den Fällen des Satzes 1 nicht.

Dritter Titel. Bewertungsvorschriften

§ 341b Bewertung von Vermögensgegenständen

(1) [1]Versicherungsunternehmen haben immaterielle Vermögensgegenstände, soweit sie entgeltlich erworben wurden, Grundstücke, grundstücksgleiche Rechte und Bauten einschließlich der Bauten auf fremden Grundstücken, technische Anlagen und Maschinen, andere Anlagen, Betriebs- und Geschäftsausstattung, Anlagen im Bau und Vorräte nach den für das Anlagevermögen geltenden Vorschriften zu bewerten. [2]Satz 1 ist vorbehaltlich Absatz 2 und § 341c auch auf Kapitalanlagen anzuwenden, soweit es sich hierbei um Beteiligungen, Anteile an verbundenen Unternehmen, Ausleihungen an verbundene Unternehmen oder an Unternehmen, mit denen ein Beteiligungsverhältnis besteht, Namensschuldverschreibungen, Hypothekendarlehen und andere Forderungen und Rechte, sonstige Ausleihungen und Depotforderungen aus dem in Rückdeckung übernommenen Versicherungsgeschäft handelt. [3]§ 253 Absatz 3 Satz 6 ist nur auf die in Satz 2 bezeichneten Vermögensgegenstände anzuwenden.

(2) Auf Kapitalanlagen, soweit es sich hierbei um Aktien einschließlich der eigenen Anteile, Anteile oder Aktien an Investmentvermögen sowie sonstige festverzinsliche und nicht festverzinsliche Wertpapiere handelt, sind die für das Umlaufvermögen geltenden § 253 Abs. 1 Satz 1, Abs. 4 und 5, § 256 anzuwenden, es sei denn, dass sie dazu bestimmt werden, dauernd dem Geschäftsbetrieb zu dienen; in diesem Fall sind sie nach den für das Anlagevermögen geltenden Vorschriften zu bewerten.

(3) § 256 Satz 2 in Verbindung mit § 240 Abs. 3 über die Bewertung zum Festwert ist auf Grundstücke, Bauten und im Bau befindliche Anlagen nicht anzuwenden.

(4) Verträge, die von Pensionsfonds bei Lebensversicherungsunternehmen zur Deckung von Verpflichtungen gegenüber Versorgungsberechtigten eingegangen werden, sind mit dem Zeitwert unter Berücksichtigung des Grundsatzes der Vorsicht zu bewerten; die Absätze 1 bis 3 sind insoweit nicht anzuwenden.

§ 341c Namensschuldverschreibungen, Hypothekendarlehen und andere Forderungen

(1) Abweichend von § 253 Abs. 1 Satz 1 dürfen Namensschuldverschreibungen mit ihrem Nennbetrag angesetzt werden.

(2) [1]Ist der Nennbetrag höher als die Anschaffungskosten, so ist der Unterschiedsbetrag in den Rechnungsabgrenzungsposten auf der Passivseite aufzunehmen, planmäßig aufzulösen und in seiner jeweiligen Höhe in der Bilanz oder im Anhang gesondert anzugeben. [2]Ist der Nennbetrag niedriger als die Anschaffungskosten, darf der Unterschiedsbetrag in den Rechnungsabgrenzungsposten auf der Aktivseite aufgenommen werden; er ist planmäßig aufzulösen und in seiner jeweiligen Höhe in der Bilanz oder im Anhang gesondert anzugeben.

(3) Bei Hypothekendarlehen und anderen Forderungen dürfen die Anschaffungskosten zuzüglich oder abzüglich der kumulierten Amortisation einer Differenz zwischen den Anschaffungskosten und dem Rückzahlungsbetrag unter Anwendung der Effektivzinsmethode angesetzt werden.

§ 341d Anlagestock der fondsgebundenen Lebensversicherung

Kapitalanlagen für Rechnung und Risiko von Inhabern von Lebensversicherungsverträgen, bei denen das Anlagerisiko vom Versicherungsnehmer getragen wird, sind mit dem Zeitwert unter Berücksichtigung des Grundsatzes der Vorsicht zu bewerten; die §§ 341 b, 341 c sind nicht anzuwenden.

Vierter Titel. Versicherungstechnische Rückstellungen

§ 341e Allgemeine Bilanzierungsgrundsätze

(1) [1]Versicherungsunternehmen haben versicherungstechnische Rückstellungen auch insoweit zu bilden, wie dies nach vernünftiger kaufmännischer Beurteilung notwendig ist, um die dauernde Erfüllbarkeit der Verpflichtungen aus den Versicherungsverträgen sicherzustellen. [2]Dabei sind mit Ausnahme der Vorschriften der §§ 74 bis 87 des Versicherungsaufsichtsgesetzes die im Interesse der Versicherten erlassenen aufsichtsrechtlichen Vorschriften über die bei der Berechnung der Rückstellungen zu verwendenden Rechnungsgrundlagen einschließlich des dafür anzusetzenden Rechnungszinsfußes und über die Zuweisung bestimmter Kapitalerträge zu den Rückstellungen zu berücksichtigen. [3]Die Rückstellungen sind nach den Wertverhältnissen am Abschlussstichtag zu bewerten und nicht nach § 253 Abs. 2 abzuzinsen.

(2) Versicherungstechnische Rückstellungen sind außer in den Fällen der §§ 341f bis 341 h insbesondere zu bilden

1. für den Teil der Beiträge, der Ertrag für eine bestimmte Zeit nach dem Abschlußstichtag darstellt (Beitragsüberträge);
2. für erfolgsabhängige und erfolgsunabhängige Beitragsrückerstattungen, soweit die ausschließliche Verwendung der Rückstellung zu diesem Zweck durch Gesetz, Satzung, geschäftsplanmäßige Erklärung oder vertragliche Vereinbarung gesichert ist (Rückstellung für Beitragsrückerstattung);
3. für Verluste, mit denen nach dem Abschlußstichtag aus bis zum Ende des Geschäftsjahres geschlossenen Verträgen zu rechnen ist (Rückstellung für drohende Verluste aus dem Versicherungsgeschäft).

(3) Soweit eine Bewertung nach § 252 Abs. 1 Nr. 3 oder § 240 Abs. 4 nicht möglich ist oder der damit verbundene Aufwand unverhältnismäßig wäre, können die Rückstel-

lungen auf Grund von Näherungsverfahren geschätzt werden, wenn anzunehmen ist, daß diese zu annähernd gleichen Ergebnissen wie Einzelberechnungen führen.

§ 341f Deckungsrückstellung

(1) [1]Deckungsrückstellungen sind für die Verpflichtungen aus dem Lebensversicherungs- und dem nach Art der Lebensversicherung betriebenen Versicherungsgeschäft in Höhe ihres versicherungsmathematisch errechneten Wertes einschließlich bereits zugeteilter Überschußanteile mit Ausnahme der verzinslich angesammelten Überschußanteile und nach Abzug des versicherungsmathematisch ermittelten Barwerts der künftigen Beiträge zu bilden (prospektive Methode). [2]Ist eine Ermittlung des Wertes der künftigen Verpflichtungen und der künftigen Beiträge nicht möglich, hat die Berechnung auf Grund der aufgezinsten Einnahmen und Ausgaben der vorangegangenen Geschäftsjahre zu erfolgen (retrospektive Methode).

(2) Bei der Bildung der Deckungsrückstellung sind auch gegenüber den Versicherten eingegangene Zinssatzverpflichtungen zu berücksichtigen, sofern die derzeitigen oder zu erwartenden Erträge der Vermögenswerte des Unternehmens für die Deckung dieser Verpflichtung nicht ausreichen.

(3) [1]In der Krankenversicherung, die nach Art der Lebensversicherung betrieben wird, ist als Deckungsrückstellung eine Alterungsrückstellung zu bilden; hierunter fallen auch der Rückstellung bereits zugeführte Beträge aus der Rückstellung für Beitragsrückerstattung sowie Zuschreibungen, die dem Aufbau einer Anwartschaft auf Beitragsermäßigung im Alter dienen. [2]Bei der Berechnung sind die für die Berechnung der Prämien geltenden aufsichtsrechtlichen Bestimmungen zu berücksichtigen.

§ 341g Rückstellung für noch nicht abgewickelte Versicherungsfälle

(1) [1]Rückstellungen für noch nicht abgewickelte Versicherungsfälle sind für die Verpflichtungen aus den bis zum Ende des Geschäftsjahres eingetretenen, aber noch nicht abgewickelten Versicherungsfällen zu bilden. [2]Hierbei sind die gesamten Schadenregulierungsaufwendungen zu berücksichtigen.

(2) [1]Für bis zum Abschlußstichtag eingetretene, aber bis zur inventurmäßigen Erfassung noch nicht gemeldete Versicherungsfälle ist die Rückstellung pauschal zu bewerten. [2]Dabei sind die bisherigen Erfahrungen in bezug auf die Anzahl der nach dem Abschlußstichtag gemeldeten Versicherungsfälle und die Höhe der damit verbundenen Aufwendungen zu berücksichtigen.

(3) [1]Bei Krankenversicherungsunternehmen ist die Rückstellung anhand eines statistischen Näherungsverfahrens zu ermitteln. [2]Dabei ist von den in den ersten Monaten des nach dem Abschlußstichtag folgenden Geschäftsjahres erfolgten Zahlungen für die bis zum Abschlußstichtag eingetretenen Versicherungsfälle auszugehen.

(4) Bei Mitversicherungen muß die Rückstellung der Höhe nach anteilig zumindest derjenigen entsprechen, die der führende Versicherer nach den Vorschriften oder der Übung in dem Land bilden muß, von dem aus er tätig wird.

(5) Sind die Versicherungsleistungen auf Grund rechtskräftigen Urteils, Vergleichs oder Anerkenntnisses in Form einer Rente zu erbringen, so müssen die Rückstellungsbeträge nach anerkannten versicherungsmathematischen Methoden berechnet werden.

§ 341h Schwankungsrückstellung und ähnliche Rückstellungen

(1) Schwankungsrückstellungen sind zum Ausgleich der Schwankungen im Schadenverlauf künftiger Jahre zu bilden, wenn insbesondere

1. nach den Erfahrungen in dem betreffenden Versicherungszweig mit erheblichen Schwankungen der jährlichen Aufwendungen für Versicherungsfälle zu rechnen ist,

2. die Schwankungen nicht jeweils durch Beiträge ausgeglichen werden und
3. die Schwankungen nicht durch Rückversicherungen gedeckt sind.

(2) Für Risiken gleicher Art, bei denen der Ausgleich von Leistung und Gegenleistung wegen des hohen Schadenrisikos im Einzelfall nach versicherungsmathematischen Grundsätzen nicht im Geschäftsjahr, sondern nur in einen am Abschlußstichtag nicht bestimmbaren Zeitraum gefunden werden kann, ist eine Rückstellung zu bilden und in der Bilanz als „ähnliche Rückstellung" unter den Schwankungsrückstellungen auszuweisen.

Fünfter Titel. Konzernabschluß, Konzernlagebericht

§ 341i Aufstellung, Fristen

(1) [1]Versicherungsunternehmen, auch wenn sie nicht in der Rechtsform einer Kapitalgesellschaft betrieben werden, haben unabhängig von ihrer Größe einen Konzernabschluß und einen Konzernlagebericht aufzustellen. [2]Zusätzliche Anforderungen auf Grund von Vorschriften, die wegen der Rechtsform bestehen, bleiben unberührt.

(2) Als Versicherungsunternehmen im Sinne dieses Titels gelten auch Mutterunternehmen, deren einziger oder hauptsächlicher Zweck darin besteht, Beteiligungen an Tochterunternehmen zu erwerben, diese Beteiligungen zu verwalten und rentabel zu machen, sofern diese Tochterunternehmen ausschließlich oder überwiegend Versicherungsunternehmen sind.

(3) [1]Die gesetzlichen Vertreter eines Mutterunternehmens haben den Konzernabschluß und den Konzernlagebericht abweichend von § 290 Abs. 1 innerhalb von zwei Monaten nach Ablauf der Aufstellungsfrist für den zuletzt aufzustellenden und in den Konzernabschluß einzubeziehenden Abschluß, spätestens jedoch innerhalb von zwölf Monaten nach dem Stichtag des Konzernabschlusses, für das vergangene Konzerngeschäftsjahr aufzustellen und dem Abschlußprüfer des Konzernabschlusses vorzulegen; ist das Mutterunternehmen eine Kapitalgesellschaft im Sinn des § 325 Abs. 4 Satz 1 und nicht zugleich im Sinn des § 327a, tritt an die Stelle der Frist von längstens zwölf eine Frist von längstens vier Monaten. [2]§ 299 Abs. 2 Satz 2 ist mit der Maßgabe anzuwenden, daß der Stichtag des Jahresabschlusses eines Unternehmens nicht länger als sechs Monate vor dem Stichtag des Konzernabschlusses liegen darf.

(4) Der Konzernabschluß und der Konzernlagebericht sind abweichend von § 175 Abs. 1 Satz 1 des Aktiengesetzes spätestens der nächsten nach Ablauf der Aufstellungsfrist für den Konzernabschluß und Konzernlagebericht einzuberufenden Hauptversammlung, die einen Jahresabschluß des Mutterunternehmens entgegennimmt oder festzustellen hat, vorzulegen.

§ 341j [1)] Anzuwendende Vorschriften

(1) [1]Auf den Konzernabschluß und den Konzernlagebericht sind die Vorschriften des Zweiten Unterabschnitts des Zweiten Abschnitts über den Konzernabschluß und den Konzernlagebericht und, soweit die Eigenart des Konzernabschlusses keine Abweichungen bedingt, die §§ 341a bis 341 h über den Jahresabschluß sowie die für die Rechtsform und den Geschäftszweig der in den Konzernabschluß einbezogenen Unternehmen mit Sitz im Geltungsbereich dieses Gesetzes geltenden Vorschriften entsprechend anzuwenden, soweit sie für große Kapitalgesellschaften gelten. [2]Die §§ 293, 298 Absatz 1 sowie § 314 Absatz 1 Nummer 3 und 23 sind nicht anzuwenden. [3]§ 314

1) § 341j Abs. 5 neu gefasst durch Gesetz vom 12.12.2019 (BGBl. I S. 2637); s. dazu Artikel 83 EGHGB (abgedruckt unter Nr. 1a.).

Abs. 1 Nr. 2a gilt mit der Maßgabe, daß die Angaben für solche finanzielle Verpflichtungen nicht zu machen sind, die im Rahmen des Versicherungsgeschäfts entstehen. [4]In den Fällen des § 315e Abs. 1 finden abweichend von Satz 1 nur die §§ 290 bis 292, 315e Anwendung; die Sätze 2 und 3 dieses Absatzes und Absatz 2, § 341i Abs. 3 Satz 2 sowie die Bestimmungen der Versicherungsunternehmens-Rechnungslegungsverordnung vom 8. November 1994 (BGBl. I S. 3378) und der Pensionsfonds-Rechnungslegungsverordnung vom 25. Februar 2003 (BGBl. I S. 246) in ihren jeweils geltenden Fassungen sind nicht anzuwenden.

(2) § 304 Abs. 1 braucht nicht angewendet zu werden, wenn die Lieferungen oder Leistungen zu üblichen Marktbedingungen vorgenommen worden sind und Rechtsansprüche der Versicherungsnehmer begründet haben.

(3) Auf Versicherungsunternehmen, die nicht Aktiengesellschaften, Kommanditgesellschaften auf Aktien oder kleinere Vereine sind, ist § 170 Abs. 1 und 3 des Aktiengesetzes entsprechend anzuwenden.

(4) [1]Ein Versicherungsunternehmen, das ein Mutterunternehmen (§ 290) ist, hat den Konzernlagebericht um eine nichtfinanzielle Konzernerklärung zu erweitern, wenn auf die in den Konzernabschluss einzubeziehenden Unternehmen die folgenden Merkmale zutreffen:

1. sie erfüllen die in § 293 Absatz 1 Satz 1 Nummer 1 oder 2 geregelten Voraussetzungen für eine größenabhängige Befreiung nicht und
2. bei ihnen sind insgesamt im Jahresdurchschnitt mehr als 500 Arbeitnehmer beschäftigt.

[2]§ 267 Absatz 4 bis 5, § 298 Absatz 2, § 315b Absatz 2 bis 4 und § 315c sind entsprechend anzuwenden. [3]Wenn die nichtfinanzielle Erklärung einen besonderen Abschnitt des Konzernlageberichts bildet, darf das Versicherungsunternehmen auf die an anderer Stelle im Konzernlagebericht enthaltenen nichtfinanziellen Angaben verweisen.

(5) Ein Versicherungsunternehmen, das nach Absatz 1 in Verbindung mit § 315d eine Konzernerklärung zur Unternehmensführung zu erstellen hat, hat darin Angaben nach § 315d in Verbindung mit § 289f Absatz 2 Nummer 6 aufzunehmen, wenn die in den Konzernabschluss einzubeziehenden Unternehmen die in § 293 Absatz 1 Satz 1 Nummer 1 oder 2 geregelten Voraussetzungen für eine Befreiung nicht erfüllen.

Sechster Titel. Prüfung

§ 341k

(1) [1]Versicherungsunternehmen haben unabhängig von ihrer Größe ihren Jahresabschluß und Lagebericht sowie ihren Konzernabschluß und Konzernlagebericht nach den Vorschriften des Dritten Unterabschnitts des Zweiten Abschnitts prüfen zu lassen. [2]§ 318 Absatz 1a und § 319 Absatz 1 Satz 2 sind nicht anzuwenden. [3]Hat keine Prüfung stattgefunden, so kann der Jahresabschluß nicht festgestellt werden. [4]Auf Versicherungsunternehmen im Sinne des Artikels 2 Absatz 1 der Richtlinie 91/674/EWG sind die Vorschriften des Dritten Unterabschnitts des Zweiten Abschnitts nur insoweit anzuwenden, als nicht die Verordnung (EU) Nr. 537/2014 anzuwenden ist.

(2) [1]§ 318 Abs. 1 Satz 1 ist mit der Maßgabe anzuwenden, daß der Abschlußprüfer des Jahresabschlusses und des Konzernabschlusses vom Aufsichtsrat bestimmt wird. [2]§ 318 Abs. 1 Satz 3 und 4 gilt entsprechend.

(3) In den Fällen des § 321 Abs. 1 Satz 3 hat der Abschlußprüfer die Aufsichtsbehörde unverzüglich zu unterrichten.

(4) [1]Versicherungsunternehmen im Sinne des Artikels 2 Absatz 1 der Richtlinie 91/674/EWG haben, auch wenn sie nicht kapitalmarktorientiert im Sinne des § 264d sind, § 324 Absatz 1 und 2 anzuwenden, wenn sie keinen Aufsichts- oder Verwaltungsrat haben, der die Voraussetzungen des § 100 Absatz 5 des Aktiengesetzes erfüllen muss. [2]Dies gilt für landesrechtliche öffentlich-rechtliche Versicherungsunternehmen nur, soweit das Landesrecht nichts anderes vorsieht.

Siebenter Titel. Offenlegung

§ 341l

(1) [1]Versicherungsunternehmen haben den Jahresabschluß und den Lagebericht sowie den Konzernabschluß und den Konzernlagebericht und die anderen in § 325 bezeichneten Unterlagen nach § 325 Abs. 2 bis 5, §§ 328, 329 Abs. 1 und 4 offenzulegen. [2]Von den in § 341a Abs. 5 genannten Versicherungsunternehmen ist § 325 Abs. 1 mit der Maßgabe anzuwenden, dass die Frist für die Einreichung der Unterlagen beim Betreiber des Bundesanzeigers 15 Monate, im Fall des § 325 Abs. 4 Satz 1 vier Monate beträgt; § 327a ist anzuwenden.

(2) Die gesetzlichen Vertreter eines Mutterunternehmens haben abweichend von § 325 Abs. 3 unverzüglich nach der Hauptversammlung oder der dieser entsprechenden Versammlung der obersten Vertretung, welcher der Konzernabschluß und der Konzernlagebericht vorzulegen sind, jedoch spätestens vor Ablauf des dieser Versammlung folgenden Monats den Konzernabschluß mit dem Bestätigungsvermerk oder dem Vermerk über dessen Versagung und den Konzernlagebericht mit Ausnahme der Aufstellung des Anteilsbesitzes beim Betreiber des Bundesanzeigers elektronisch einzureichen.

(3) Soweit Absatz 1 Satz 1 auf § 325 Abs. 2a Satz 3 und 5 verweist, gelten die folgenden Maßgaben und ergänzenden Bestimmungen:

1. Die in § 325 Abs. 2a Satz 3 genannten Vorschriften des Ersten Unterabschnitts des Zweiten Abschnitts des Dritten Buchs sind auch auf Versicherungsunternehmen anzuwenden, die nicht in der Rechtsform einer Kapitalgesellschaft betrieben werden.
2. An Stelle des § 285 Nr. 8 Buchstabe b gilt die Vorschrift des § 51 Abs. 5 in Verbindung mit Muster 2 der Versicherungsunternehmens-Rechnungslegungsverordnung vom 8. November 1994 (BGBl. I S. 3378) in der jeweils geltenden Fassung.
3. § 341a Abs. 4 ist anzuwenden, soweit er auf die Bestimmungen der §§ 170, 171 und 175 des Aktiengesetzes über den Einzelabschluss nach § 325 Abs. 2a dieses Gesetzes verweist.
4. Im Übrigen finden die Bestimmungen des Zweiten bis Vierten Titels dieses Unterabschnitts sowie der Versicherungsunternehmens-Rechnungslegungsverordnung keine Anwendung.

Achter Titel. Straf- und Bußgeldvorschriften, Ordnungsgelder

§ 341m Strafvorschriften

(1) [1]Die Strafvorschriften der §§ 331 bis 333 sind auch auf nicht in der Rechtsform einer Kapitalgesellschaft betriebene Versicherungsunternehmen und Pensionsfonds anzuwenden. [2]§ 331 ist darüber hinaus auch anzuwenden auf die Verletzung von Pflichten durch den Hauptbevollmächtigten (§ 68 Absatz 2 des Versicherungsaufsichtsgesetzes).

(2) Mit Freiheitsstrafe bis zu einem Jahr oder mit Geldstrafe wird bestraft, wer als Mitglied eines nach § 341k Absatz 4 Satz 1 in Verbindung mit § 324 Absatz 1 Satz 1 eingerichteten Prüfungsausschusses

1. eine in § 341n Absatz 2a bezeichnete Handlung begeht und dafür einen Vermögensvorteil erhält oder sich versprechen lässt oder
2. eine in § 341n Absatz 2a bezeichnete Handlung beharrlich wiederholt.

(3) § 335c Absatz 2 gilt in den Fällen des Absatzes 2 entsprechend.

§ 341n Bußgeldvorschriften

(1) Ordnungswidrig handelt, wer als Mitglied des vertretungsberechtigten Organs oder des Aufsichtsrats eines Versicherungsunternehmens oder eines Pensionsfonds der als Hauptbevollmächtigter (§ 68 Absatz 2 des Versicherungsaufsichtsgesetzes)

1. bei der Aufstellung oder Feststellung des Jahresabschlusses einer Vorschrift
   a) des § 243 Abs. 1 oder 2, der §§ 244, 245, 246 Abs. 1 oder 2, dieser in Verbindung mit § 341a Abs. 2 Satz 3, des § 246 Abs. 3 Satz 1, des § 247 Abs. 3, der §§ 248, 249 Abs. 1, Satz 1 oder Abs. 2, des § 250 Abs. 1 oder Abs. 2, des § 264 Absatz 1a oder Absatz 2, des § 341e Abs. 1 oder 2 oder der §§ 341 f, 341 g oder 341 h über Form oder Inhalt,
   b) des § 253 Abs. 1 Satz 1, 2, 3 oder Satz 4, Abs. 2 Satz 1, auch in Verbindung mit Satz 2, Absatz 3 Satz 1, 2, 3, 4 oder Satz 5, Abs. 4, 5, der §§ 254, 256a, 341b Abs. 1 Satz 1 oder des § 341d über die Bewertung,
   c) des § 265 Abs. 2, 3 oder 4, des § 268 Abs. 3 oder 6, der §§ 272, 274 oder des § 277 Abs. 3 Satz 2 über die Gliederung,
   d) der §§ 284, 285 Nr. 1, 2 oder Nr. 3, auch in Verbindung mit § 341a Abs. 2 Satz 5, oder des § 285 Nummer 3a, 7, 9 bis 14a, 15a, 16 bis 33 oder Nummer 34 über die im Anhang zu machenden Angaben,
2. bei der Aufstellung des Konzernabschlusses einer Vorschrift
   a) des § 294 Abs. 1 über den Konsolidierungskreis,
   b) des § 297 Absatz 1a, 2 oder Absatz 3 oder des § 341j Abs. 1 Satz 1 in Verbindung mit der in Nummer 1 Buchstabe a bezeichneten Vorschriften über Form oder Inhalt,
   c) des § 300 über die Konsolidierungsgrundsätze oder das Vollständigkeitsgebot,
   d) des § 308 Abs. 1 Satz 1 in Verbindung mit den in Nummer 1 Buchstabe b bezeichneten Vorschriften, des § 308 Abs. 2 oder des § 308a über die Bewertung,
   e) des § 311 Abs. 1 Satz 1 in Verbindung mit § 312 über die Behandlung assoziierter Unternehmen oder
   f) des § 308 Abs. 1 Satz 3, des § 313 oder des § 314 in Verbindung mit § 341j Abs. 1 Satz 2 oder 3 über die im Konzernanhang zu machenden Angaben,
3. bei der Aufstellung des Lageberichts oder der Erstellung eines gesonderten nichtfinanziellen Berichts einer Vorschrift der §§ 289, 289a, 341a Absatz 1a, auch in Verbindung mit § 289b Absatz 2 oder 3 oder mit den §§ 289c, 289d oder § 289e Absatz 2, oder des § 341a Absatz 1b in Verbindung mit § 289f über den Inhalt des Lageberichts oder des gesonderten nichtfinanziellen Berichts,
4. bei der Aufstellung des Konzernlageberichts oder der Erstellung eines gesonderten nichtfinanziellen Konzernberichts einer Vorschrift der §§ 315, 315a, 341j Absatz 4, auch in Verbindung mit § 315b Absatz 2 oder 3 oder § 315c, oder des § 341j Absatz 5 in Verbindung mit § 315d über den Inhalt des Konzernlageberichts oder des gesonderten nichtfinanziellen Konzernberichts,
5. bei der Offenlegung, Veröffentlichung oder Vervielfältigung einer Vorschrift des § 328 über Form oder Inhalt oder

6. einer auf Grund des § 330 Abs. 3 und 4 in Verbindung mit Abs. 1 Satz 1 erlassenen Rechtsverordnung, soweit sie für einen bestimmten Tatbestand auf diese Bußgeldvorschrift verweist,

zuwiderhandelt.

(2) Ordnungswidrig handelt, wer zu einem Jahresabschluss, zu einem Einzelabschluss nach § 325 Abs. 2a oder zu einem Konzernabschluss, der aufgrund gesetzlicher Vorschriften zu prüfen ist, einen Vermerk nach § 322 Abs. 1 erteilt, obwohl nach § 319 Abs. 2, 3, 5, § 319a Abs. 1 Satz 1, Abs. 2, § 319b Abs. 1 er oder nach § 319 Abs. 4, auch in Verbindung mit § 319a Abs. 1 Satz 2, oder § 319b Abs. 1 die Wirtschaftsprüfungsgesellschaft, für die er tätig wird, nicht Abschlussprüfer sein darf.

(2a) Ordnungswidrig handelt, wer als Mitglied eines nach § 341k Absatz 4 Satz 1 in Verbindung mit § 324 Absatz 1 Satz 1 eingerichteten Prüfungsausschusses

1. die Unabhängigkeit des Abschlussprüfers oder der Prüfungsgesellschaft nicht nach Maßgabe des Artikels 4 Absatz 3 Unterabsatz 2, des Artikels 5 Absatz 4 Unterabsatz 1 Satz 1 oder des Artikels 6 Absatz 2 der Verordnung (EU) Nr. 537/2014 des Europäischen Parlaments und des Rates vom 16. April 2014 über spezifische Anforderungen an die Abschlussprüfung bei Unternehmen von öffentlichem Interesse und zur Aufhebung des Beschlusses 2005/909/EG der Kommission (ABl. L 158 vom 27.5.2014, S. 77, L 170 vom 11.6.2014, S. 66) überwacht oder
2. eine Empfehlung für die Bestellung eines Abschlussprüfers oder einer Prüfungsgesellschaft vorlegt, die nicht auf einem Verlangen der Aufsichtsbehörde nach § 36 Absatz 1 Satz 2 des Versicherungsaufsichtsgesetzes beruht und
   a) die den Anforderungen nach Artikel 16 Absatz 2 Unterabsatz 2 oder 3 der Verordnung (EU) Nr. 537/2014 nicht entspricht oder
   b) der ein Auswahlverfahren nach Artikel 16 Absatz 3 Unterabsatz 1 der Verordnung (EU) Nr. 537/2014 nicht vorangegangen ist.

(3) [1]Die Ordnungswidrigkeit kann mit einer Geldbuße bis zu fünfzigtausend Euro geahndet werden. [2]Ist das Versicherungsunternehmen kapitalmarktorientiert im Sinne des § 264d, beträgt die Geldbuße in den Fällen des Absatzes 1 höchstens den höheren der folgenden Beträge:

1. zwei Millionen Euro oder
2. das Zweifache des aus der Ordnungswidrigkeit gezogenen wirtschaftlichen Vorteils, wobei der wirtschaftliche Vorteil erzielte Gewinne und vermiedene Verluste umfasst und geschätzt werden kann.

(3a) Wird gegen ein Versicherungsunternehmen, das kapitalmarktorientiert im Sinne des § 264d ist, in den Fällen des Absatzes 1 eine Geldbuße nach § 30 des Gesetzes über Ordnungswidrigkeiten verhängt, beträgt diese Geldbuße höchstens den höchsten der folgenden Beträge:

1. zehn Millionen Euro,
2. 5 Prozent des jährlichen Gesamtumsatzes, den das Versicherungsunternehmen im der Behördenentscheidung vorausgegangenen Geschäftsjahr erzielt hat oder
3. das Zweifache des aus der Ordnungswidrigkeit gezogenen wirtschaftlichen Vorteils, wobei der wirtschaftliche Vorteil erzielte Gewinne und vermiedene Verluste umfasst und geschätzt werden kann.

(3b) [1]Als Gesamtumsatz ist anstelle des Betrags der Umsatzerlöse der sich aus dem auf das Versicherungsunternehmen anwendbaren nationalen Recht im Einklang mit Artikel 63 der Richtlinie 91/674/EWG des Rates vom 19. Dezember 1991 über den Jahresabschluss und den konsolidierten Abschluss von Versicherungsunternehmen (ABl. L

374 vom 31.12.1991, S. 7), die zuletzt durch die Richtlinie 2006/46/EG (ABl. L 224 vom 16.8.2006, S. 1) geändert worden ist, ergebende Gesamtbetrag, abzüglich der Umsatzsteuer und sonstiger direkt auf diese Erträge erhobener Steuern, maßgeblich. [2]Handelt es sich bei dem Versicherungsunternehmen um ein Mutterunternehmen oder um ein Tochterunternehmen im Sinne des § 290, ist anstelle des Gesamtumsatzes des Versicherungsunternehmens der jeweilige Gesamtbetrag im Konzernabschluss des Mutterunternehmens maßgeblich, der für den größten Kreis von Unternehmen aufgestellt wird. [3]Wird der Konzernabschluss für den größten Kreis von Unternehmen nicht nach der in Satz 1 genannten Vorschrift aufgestellt, ist der Gesamtumsatz nach Maßgabe der Posten des Konzernabschlusses zu ermitteln, die mit den von Satz 1 erfassten Posten vergleichbar sind. [4]Ist ein Jahres- oder Konzernabschluss für das maßgebliche Geschäftsjahr nicht verfügbar, ist der Jahres- oder Konzernabschluss für das unmittelbar vorausgehende Geschäftsjahr maßgeblich; ist auch dieser nicht verfügbar, kann der Gesamtumsatz geschätzt werden.

(4) [1]Verwaltungsbehörde im Sinne des § 36 Abs. 1 Nr. 1 des Gesetzes über Ordnungswidrigkeiten ist in den Fällen der Absätze 1 und 2a die Bundesanstalt für Finanzdienstleistungsaufsicht für die ihrer Aufsicht unterliegenden Versicherungsunternehmen und Pensionsfonds. [2]Unterliegt ein Versicherungsunternehmen der Aufsicht einer Landesbehörde, so ist diese in den Fällen der Absätze 1 und 2a zuständig. [3]In den Fällen des Absatzes 2 ist die Abschlussprüferaufsichtsstelle beim Bundesamt für Wirtschaft und Ausfuhrkontrolle zuständig.

(5) Die nach Absatz 4 Satz 1 oder 2 zuständige Verwaltungsbehörde übermittelt der Abschlussprüferaufsichtsstelle beim Bundesamt für Wirtschaft und Ausfuhrkontrolle alle Bußgeldentscheidungen nach Absatz 2a.

§ 341o Festsetzung von Ordnungsgeld

[1]Personen, die

1. als Mitglieder des vertretungsberechtigten Organs eines Versicherungsunternehmens oder eines Pensionsfonds § 341l in Verbindung mit § 325 über die Pflicht zur Offenlegung des Jahresabschlusses, des Lageberichts, des Konzernabschlusses, des Konzernlageberichts und anderer Unterlagen der Rechnungslegung oder
2. als Hauptbevollmächtigter (§ 68 Absatz 2 des Versicherungsaufsichtsgesetzes) § 341l Abs. 1 über die Offenlegung der Rechnungslegungsunterlagen

nicht befolgen, sind hierzu vom Bundesamt für Justiz durch Festsetzung von Ordnungsgeld anzuhalten. [2]Die §§ 335 bis 335b sind entsprechend anzuwenden.

§ 341p Anwendung der Straf- und Bußgeld- sowie der Ordnungsgeldvorschriften auf Pensionsfonds

Die Strafvorschriften des § 341m Absatz 1, die Bußgeldvorschrift des § 341n Absatz 1 und 2 sowie die Ordnungsgeldvorschrift des § 341o gelten auch für Pensionsfonds im Sinn des § 341 Abs. 4 Satz 1.

Dritter Unterabschnitt. Ergänzende Vorschriften für bestimmte Unternehmen des Rohstoffsektors

Erster Titel. Anwendungsbereich; Begriffsbestimmungen

§ 341q Anwendungsbereich

[1]Dieser Unterabschnitt gilt für Kapitalgesellschaften mit Sitz im Inland, die in der mineralgewinnenden Industrie tätig sind oder Holzeinschlag in Primärwäldern betreiben, wenn auf sie nach den Vorschriften des Dritten Buchs die für große Kapitalgesellschaften

geltenden Vorschriften des Zweiten Abschnitts anzuwenden sind. [2]Satz 1 gilt entsprechend für Personenhandelsgesellschaften im Sinne des § 264a Absatz 1.

§ 341r Begriffsbestimmungen

Im Sinne dieses Unterabschnitts sind

1. Tätigkeiten in der mineralgewinnenden Industrie: Tätigkeiten auf dem Gebiet der Exploration, Prospektion, Entdeckung, Weiterentwicklung und Gewinnung von Mineralien, Erdöl-, Erdgasvorkommen oder anderen Stoffen in den Wirtschaftszweigen, die in Anhang I Abschnitt B Abteilung 05 bis 08 der Verordnung (EG) Nr. 1893/2006 des Europäischen Parlaments und des Rates vom 20. Dezember 2006 zur Aufstellung der statistischen Systematik der Wirtschaftszweige NACE Revision 2 und zur Änderung der Verordnung (EWG) Nr. 3037/90 des Rates sowie einiger Verordnungen der EG über bestimmte Bereiche der Statistik (ABl. L 393 vom 30.12.2006, S. 1) aufgeführt sind;
2. Kapitalgesellschaften, die Holzeinschlag in Primärwäldern betreiben: Kapitalgesellschaften, die auf den in Anhang I Abschnitt A Abteilung 02 Gruppe 02.2 der Verordnung (EG) Nr. 1893/2006 aufgeführten Gebieten in natürlich regenerierten Wäldern mit einheimischen Arten, in denen es keine deutlich sichtbaren Anzeichen für menschliche Eingriffe gibt und die ökologischen Prozesse nicht wesentlich gestört sind, tätig sind;
3. Zahlungen: als Geldleistung oder Sachleistung entrichtete Beträge im Zusammenhang mit Tätigkeiten in der mineralgewinnenden Industrie oder dem Betrieb des Holzeinschlags in Primärwäldern, wenn sie auf einem der nachfolgend bezeichneten Gründe beruhen:
   a) Produktionszahlungsansprüche,
   b) Steuern, die auf die Erträge, die Produktion oder die Gewinne von Kapitalgesellschaften erhoben werden; ausgenommen sind Verbrauchsteuern, Umsatzsteuern, Mehrwertsteuern sowie Lohnsteuern der in Kapitalgesellschaften beschäftigten Arbeitnehmer und vergleichbare Steuern,
   c) Nutzungsentgelte,
   d) Dividenden und andere Gewinnausschüttungen aus Gesellschaftsanteilen,
   e) Unterzeichnungs-, Entdeckungs- und Produktionsboni,
   f) Lizenz-, Miet- und Zugangsgebühren sowie sonstige Gegenleistungen für Lizenzen oder Konzessionen sowie
   g) Zahlungen für die Verbesserung der Infrastruktur;
4. staatliche Stellen: nationale, regionale oder lokale Behörden eines Mitgliedstaats der Europäischen Union, eines anderen Vertragsstaats des Abkommens über den Europäischen Wirtschaftsraum oder eines Drittstaats einschließlich der von einer Behörde kontrollierten Abteilungen oder Agenturen sowie Unternehmen, auf die eine dieser Behörden im Sinne von § 290 beherrschenden Einfluss ausüben kann;
5. Projekte: die Zusammenfassung operativer Tätigkeiten, die die Grundlage für Zahlungsverpflichtungen gegenüber einer staatlichen Stelle bilden und sich richten nach
   a) einem Vertrag, einer Lizenz, einem Mietvertrag, einer Konzession oder einer ähnlichen rechtlichen Vereinbarung oder
   b) einer Gesamtheit von operativ und geografisch verbundenen Verträgen, Lizenzen, Mietverträgen oder Konzessionen oder damit verbundenen Vereinbarungen mit einer staatlichen Stelle, die im Wesentlichen ähnliche Bedingungen vorsehen;

6. Zahlungsberichte: Berichte über Zahlungen von Kapitalgesellschaften an staatliche Stellen im Zusammenhang mit ihrer Tätigkeit in der mineralgewinnenden Industrie oder mit dem Betrieb des Holzeinschlags in Primärwäldern;
7. Konzernzahlungsberichte: Zahlungsberichte von Mutterunternehmen über Zahlungen aller einbezogenen Unternehmen an staatliche Stellen auf konsolidierter Ebene, die im Zusammenhang mit ihrer Tätigkeit in der mineralgewinnenden Industrie oder mit dem Betrieb des Holzeinschlags in Primärwäldern stehen;
8. Berichtszeitraum: das Geschäftsjahr der Kapitalgesellschaft oder des Mutterunternehmens, das den Zahlungsbericht oder Konzernzahlungsbericht zu erstellen hat.

Zweiter Titel. Zahlungsbericht, Konzernzahlungsbericht und Offenlegung

§ 341s[1] Pflicht zur Erstellung des Zahlungsberichts; Befreiungen

(1) Kapitalgesellschaften im Sinne des § 341q haben jährlich einen Zahlungsbericht zu erstellen.

(2) [1]Ist die Kapitalgesellschaft in den von ihr oder einem anderen Unternehmen mit Sitz in einem Mitgliedstaat der Europäischen Union oder einem anderen Vertragsstaat des Abkommens über den Europäischen Wirtschaftsraum erstellten Konzernzahlungsbericht einbezogen, braucht sie keinen Zahlungsbericht zu erstellen. [2]In diesem Fall hat die Kapitalgesellschaft im Anhang des Jahresabschlusses anzugeben, bei welchem Unternehmen sie in den Konzernzahlungsbericht einbezogen ist und wo dieser erhältlich ist.

(3) [1]Hat die Kapitalgesellschaft einen Bericht im Einklang mit den Rechtsvorschriften eines Drittstaats, dessen Berichtspflichten die Europäische Kommission im Verfahren nach Artikel 47 der Richtlinie 2013/34/EU als gleichwertig bewertet hat, erstellt und diesen Bericht nach § 341w offengelegt, braucht sie den Zahlungsbericht nicht zu erstellen. [2]Auf die Offenlegung dieses Berichts ist § 325a Absatz 1 Satz 5 entsprechend anzuwenden.

§ 341t Inhalt des Zahlungsberichts

(1) [1]In dem Zahlungsbericht hat die Kapitalgesellschaft anzugeben, welche Zahlungen sie im Berichtszeitraum an staatliche Stellen im Zusammenhang mit ihrer Geschäftstätigkeit in der mineralgewinnenden Industrie oder mit dem Betrieb des Holzeinschlags in Primärwäldern geleistet hat. [2]Andere Zahlungen dürfen in den Zahlungsbericht nicht einbezogen werden. [3]Hat eine zur Erstellung eines Zahlungsberichts verpflichtete Kapitalgesellschaft in einem Berichtszeitraum an keine staatliche Stelle berichtspflichtige Zahlungen geleistet, hat sie im Zahlungsbericht für den betreffenden Berichtszeitraum nur anzugeben, dass eine Geschäftstätigkeit in der mineralgewinnenden Industrie ausgeübt oder Holzeinschlag in Primärwäldern betrieben wurde, ohne dass Zahlungen geleistet wurden.

(2) Die Kapitalgesellschaft hat nur über staatliche Stellen zu berichten, an die sie Zahlungen unmittelbar erbracht hat; das gilt auch dann, wenn eine staatliche Stelle die Zahlung für mehrere verschiedene staatliche Stellen einzieht.

(3) Ist eine staatliche Stelle stimmberechtigter Gesellschafter oder Aktionär der Kapitalgesellschaft, so müssen gezahlte Dividenden oder Gewinnanteile nur berücksichtigt werden, wenn sie

---

1) § 341s Abs. 3 geändert durch Gesetz vom 12.12.2019 (BGBl. I S. 2637).

1. nicht unter denselben Bedingungen wie an andere Gesellschafter oder Aktionäre mit vergleichbaren Anteilen oder Aktien gleicher Gattung gezahlt wurden oder
2. anstelle von Produktionsrechten oder Nutzungsentgelten gezahlt wurden.

(4) [1]Die Kapitalgesellschaft braucht Zahlungen unabhängig davon, ob sie als eine Einmalzahlung oder als eine Reihe verbundener Zahlungen geleistet werden, nicht in dem Zahlungsbericht zu berücksichtigen, wenn sie im Berichtszeitraum 100 000 Euro unterschreiten. [2]Im Falle einer bestehenden Vereinbarung über regelmäßige Zahlungen ist der Gesamtbetrag der verbundenen regelmäßigen Zahlungen oder Raten im Berichtszeitraum zu betrachten. [3]Eine staatliche Stelle, an die im Berichtszeitraum insgesamt weniger als 100 000 Euro gezahlt worden sind, braucht im Zahlungsbericht nicht berücksichtigt zu werden.

(5) [1]Werden Zahlungen als Sachleistungen getätigt, werden sie ihrem Wert und gegebenenfalls ihrem Umfang nach berücksichtigt. [2]Im Zahlungsbericht ist gegebenenfalls zu erläutern, wie der Wert festgelegt worden ist.

(6) [1]Bei der Angabe von Zahlungen wird auf den Inhalt der betreffenden Zahlung oder Tätigkeit und nicht auf deren Form Bezug genommen. [2]Zahlungen und Tätigkeiten dürfen nicht künstlich mit dem Ziel aufgeteilt oder zusammengefasst werden, die Anwendung dieses Unterabschnitts zu umgehen.

§ 341u Gliederung des Zahlungsberichts

(1) [1]Der Zahlungsbericht ist nach Staaten zu gliedern. [2]Für jeden Staat hat die Kapitalgesellschaft diejenigen staatlichen Stellen zu bezeichnen, an die sie innerhalb des Berichtszeitraums Zahlungen geleistet hat. [3]Die Bezeichnung der staatlichen Stelle muss eine eindeutige Zuordnung ermöglichen. [4]Dazu genügt es in der Regel, die amtliche Bezeichnung der staatlichen Stelle zu verwenden und zusätzlich anzugeben, an welchem Ort und in welcher Region des Staates die Stelle ansässig ist. [5]Die Kapitalgesellschaft braucht die Zahlungen nicht danach aufzugliedern, auf welche Rohstoffe sie sich beziehen.

(2) Zu jeder staatlichen Stelle hat die Kapitalgesellschaft folgende Angaben zu machen:

1. den Gesamtbetrag aller an diese staatliche Stelle geleisteten Zahlungen und
2. die Gesamtbeträge getrennt nach den in § 341r Nummer 3 Buchstabe a bis g benannten Zahlungsgründen; zur Bezeichnung der Zahlungsgründe genügt die Angabe des nach § 341r Nummer 3 maßgeblichen Buchstabens.

(3) Wenn Zahlungen an eine staatliche Stelle für mehr als ein Projekt geleistet wurden, sind für jedes Projekt ergänzend folgende Angaben zu machen:

1. eine eindeutige Bezeichnung des Projekts,
2. den Gesamtbetrag aller in Bezug auf das Projekt an diese staatliche Stelle geleisteten Zahlungen und
3. die Gesamtbeträge getrennt nach den in § 341r Nummer 3 Buchstabe a bis g benannten Zahlungsgründen, die an diese staatliche Stelle in Bezug auf das Projekt geleistet wurden; zur Bezeichnung der Zahlungsgründe genügt die Angabe des nach § 341r Nummer 3 maßgeblichen Buchstabens.

(4) Angaben nach Absatz 3 sind nicht erforderlich für Zahlungen zur Erfüllung von Verpflichtungen, die der Kapitalgesellschaft ohne Zuordnung zu einem bestimmten Projekt auferlegt werden.

§ 341v Konzernzahlungsbericht; Befreiung

(1) [1]Kapitalgesellschaften im Sinne des § 341q, die Mutterunternehmen (§ 290) sind, haben jährlich einen Konzernzahlungsbericht zu erstellen. [2]Mutterunternehmen sind auch dann in der mineralgewinnenden Industrie tätig oder betreiben Holzeinschlag in Primärwäldern, wenn diese Voraussetzungen nur auf eines ihrer Tochterunternehmen zutreffen.

(2) Ein Mutterunternehmen ist nicht zur Erstellung eines Konzernzahlungsberichts verpflichtet, wenn es zugleich ein Tochterunternehmen eines anderen Mutterunternehmens mit Sitz in einem Mitgliedstaat der Europäischen Union oder in einem anderen Vertragsstaat des Abkommens über den Europäischen Wirtschaftsraum ist.

(3) In den Konzernzahlungsbericht sind das Mutterunternehmen und alle Tochterunternehmen unabhängig von deren Sitz einzubeziehen; die auf den Konzernabschluss angewandten Vorschriften sind entsprechend anzuwenden, soweit in den nachstehenden Absätzen nichts anderes bestimmt ist.

(4) [1]Unternehmen, die nicht in der mineralgewinnenden Industrie tätig sind und keinen Holzeinschlag in Primärwäldern betreiben, sind nicht nach Absatz 3 einzubeziehen. [2]Ein Unternehmen braucht nicht in den Konzernzahlungsbericht einbezogen zu werden, wenn es

1. nach § 296 Absatz 1 Nummer 1 oder 3 nicht in den Konzernabschluss einbezogen wurde,
2. nach § 296 Absatz 1 Nummer 2 nicht in den Konzernabschluss einbezogen wurde und die für die Erstellung des Konzernzahlungsberichts erforderlichen Angaben ebenfalls nur mit unverhältnismäßig hohen Kosten oder ungebührlichen Verzögerungen zu erhalten sind.

(5) [1]Auf den Konzernzahlungsbericht sind die §§ 341s bis 341u entsprechend anzuwenden. [2]Im Konzernzahlungsbericht sind konsolidierte Angaben über alle Zahlungen an staatliche Stellen zu machen, die von den einbezogenen Unternehmen im Zusammenhang mit ihrer Tätigkeit in der mineralgewinnenden Industrie oder mit dem Holzeinschlag in Primärwäldern geleistet worden sind. [3]Das Mutterunternehmen braucht die Zahlungen nicht danach aufzugliedern, auf welche Rohstoffe sie sich beziehen.

§ 341w Offenlegung

(1) [1]Die gesetzlichen Vertreter von Kapitalgesellschaften haben für diese den Zahlungsbericht spätestens ein Jahr nach dem Abschlussstichtag elektronisch in deutscher Sprache beim Betreiber des Bundesanzeigers einzureichen und unverzüglich nach Einreichung im Bundesanzeiger bekannt machen zu lassen. [2]Im Falle einer Kapitalgesellschaft im Sinne des § 264d beträgt die Frist abweichend von Satz 1 sechs Monate nach dem Abschlussstichtag; § 327a gilt entsprechend.

(2) Absatz 1 gilt entsprechend für die gesetzlichen Vertreter von Mutterunternehmen, die einen Konzernzahlungsbericht zu erstellen haben.

(3) § 325 Absatz 1 Satz 2 und Absatz 6 sowie die §§ 328 und 329 Absatz 1, 3 und 4 gelten entsprechend.

Dritter Titel. Bußgeldvorschriften, Ordnungsgelder

§ 341x Bußgeldvorschriften

(1) Ordnungswidrig handelt, wer als Mitglied des vertretungsberechtigten Organs oder des Aufsichtsrats einer Kapitalgesellschaft

1. bei der Erstellung eines Zahlungsberichts einer Vorschrift des § 341t Absatz 1, 2, 3, 5 oder Absatz 6 oder des § 341u Absatz 1, 2 oder Absatz 3 über den Inhalt oder die Gliederung des Zahlungsberichts zuwiderhandelt oder
2. bei der Erstellung eines Konzernzahlungsberichts einer Vorschrift des § 341v Absatz 4 Satz 1 in Verbindung mit § 341t Absatz 1, 2, 3, 5 oder Absatz 6 oder mit § 341u Absatz 1, 2 oder Absatz 3 über den Inhalt oder die Gliederung des Konzernzahlungsberichts zuwiderhandelt.

(2) Die Ordnungswidrigkeit kann mit einer Geldbuße bis fünfzigtausend Euro geahndet werden.

(3) Verwaltungsbehörde im Sinne des § 36 Absatz 1 Nummer 1 des Gesetzes über Ordnungswidrigkeiten ist in den Fällen des Absatzes 1 das Bundesamt für Justiz.

(4) Die Bestimmungen der Absätze 1 bis 3 gelten auch für die Mitglieder der gesetzlichen Vertretungsorgane von Personenhandelsgesellschaften im Sinne des § 341q Satz 2.

§ 341y Ordnungsgeldvorschriften

(1) [1]Gegen die Mitglieder des vertretungsberechtigten Organs einer Kapitalgesellschaft im Sinne des § 341q oder eines Mutterunternehmens im Sinne des § 341v, die § 341w hinsichtlich der Pflicht zur Offenlegung des Zahlungsberichts oder Konzernzahlungsberichts nicht befolgen, hat das Bundesamt für Justiz in entsprechender Anwendung der §§ 335 bis 335b ein Ordnungsgeldverfahren durchzuführen. [2]Das Verfahren kann auch gegen die Kapitalgesellschaft gerichtet werden.

(2) [1]Das Bundesamt für Justiz kann eine Kapitalgesellschaft zur Erklärung auffordern, ob sie im Sinne des § 341q in der mineralgewinnenden Industrie tätig ist oder Holzeinschlag in Primärwäldern betreibt, und eine angemessene Frist setzen. [2]Die Aufforderung ist zu begründen. [3]Gibt die Kapitalgesellschaft innerhalb der Frist keine Erklärung ab, wird für die Einleitung des Verfahrens nach Absatz 1 vermutet, dass die Gesellschaft in den Anwendungsbereich des § 341q fällt. [4]Die Sätze 1 bis 3 sind entsprechend anzuwenden, wenn das Bundesamt für Justiz Anlass für die Annahme hat, dass eine Kapitalgesellschaft ein Mutterunternehmen im Sinne des § 341v Absatz 1 ist.

(3) Die vorstehenden Absätze gelten entsprechend für Personenhandelsgesellschaften im Sinne des § 341q Satz 2.

Fünfter Abschnitt. Privates Rechnungslegungsgremium; Rechnungslegungsbeirat

§ 342 Privates Rechnungslegungsgremium

(1) [1]Das Bundesministerium der Justiz und für Verbraucherschutz kann eine privatrechtlich organisierte Einrichtung durch Vertrag anerkennen und ihr folgende Aufgaben übertragen:

1. Entwicklung von Empfehlungen zur Anwendung der Grundsätze über die Konzernrechnungslegung,
2. Beratung des Bundesministeriums der Justiz und für Verbraucherschutz bei Gesetzgebungsvorhaben zu Rechnungslegungsvorschriften,
3. Vertretung der Bundesrepublik Deutschland in internationalen Standardisierungsgremien und
4. Erarbeitung von Interpretationen der internationalen Rechnungslegungsstandards im Sinn des § 315e Absatz 1.

[2]Es darf jedoch nur eine solche Einrichtung anerkannt werden, die aufgrund ihrer Satzung gewährleistet, daß die Empfehlungen und Interpretationen unabhängig und ausschließlich von Rechnungslegern in einem Verfahren entwickelt und beschlossen werden, das die fachlich interessierte Öffentlichkeit einbezieht. [3]Soweit Unternehmen oder Organisationen von Rechnungslegern Mitglied einer solchen Einrichtung sind, dürfen die Mitgliedschaftsrechte nur von Rechnungslegern ausgeübt werden.

(2) Die Beachtung der die Konzernrechnungslegung betreffenden Grundsätze ordnungsmäßiger Buchführung wird vermutet, soweit vom Bundesministerium der Justiz und für Verbraucherschutz bekanntgemachte Empfehlungen einer nach Absatz 1 Satz 1 anerkannten Einrichtung beachtet worden sind.

§ 342a Rechnungslegungsbeirat

(1) Beim Bundesministerium der Justiz und für Verbraucherschutz wird vorbehaltlich Absatz 9 ein Rechnungslegungsbeirat mit den Aufgaben nach § 342 Abs. 1 Satz 1 gebildet.

(2) Der Rechnungslegungsbeirat setzt sich zusammen aus

1. einem Vertreter des Bundesministeriums der Justiz und für Verbraucherschutz als Vorsitzendem sowie je einem Vertreter des Bundesministeriums der Finanzen und des Bundesministeriums für Wirtschaft und Energie,
2. vier Vertretern von Unternehmen,
3. vier Vertretern der wirtschaftsprüfenden Berufe,
4. zwei Vertretern der Hochschulen.

(3) [1]Die Mitglieder des Rechnungslegungsbeirats werden durch das Bundesministerium der Justiz und für Verbraucherschutz berufen. [2]Als Mitglieder sollen nur Rechnungsleger berufen werden.

(4) [1]Die Mitglieder des Rechnungslegungsbeirats sind unabhängig und nicht weisungsgebunden. [2]Ihre Tätigkeit im Beirat ist ehrenamtlich.

(5) Das Bundesministerium der Justiz und für Verbraucherschutz kann eine Geschäftsordnung für den Beirat erlassen.

(6) Der Beirat kann für bestimmte Sachgebiete Fachausschüsse und Arbeitskreise einsetzen.

(7) [1]Der Beirat, seine Fachausschüsse und Arbeitskreise sind beschlußfähig, wenn mindestens zwei Drittel der Mitglieder anwesend sind. [2]Bei Abstimmungen entscheidet die Stimmenmehrheit, bei Stimmengleichheit die Stimme des Vorsitzenden.

(8) Für die Empfehlungen des Rechnungslegungsbeirats gilt § 342 Abs. 2 entsprechend.

(9) Die Bildung eines Rechnungslegungsbeirats nach Absatz 1 unterbleibt, soweit das Bundesministerium der Justiz und für Verbraucherschutz eine Einrichtung nach § 342 Abs. 1 anerkennt.

Sechster Abschnitt. Prüfstelle für Rechnungslegung

§ 342b Prüfstelle für Rechnungslegung

(1) [1]Das Bundesministerium der Justiz und für Verbraucherschutz kann im Einvernehmen mit dem Bundesministerium der Finanzen eine privatrechtlich organisierte Einrichtung zur Prüfung von Verstößen gegen Rechnungslegungsvorschriften durch Vertrag anerkennen (Prüfstelle) und ihr die in den folgenden Absätzen festgelegten Aufgaben übertragen. [2]Es darf nur eine solche Einrichtung anerkannt werden, die auf Grund ihrer

Satzung, ihrer personellen Zusammensetzung und der von ihr vorgelegten Verfahrensordnung gewährleistet, dass die Prüfung unabhängig, sachverständig, vertraulich und unter Einhaltung eines festgelegten Verfahrensablaufs erfolgt. [3]Änderungen der Satzung und der Verfahrensordnung sind vom Bundesministerium der Justiz und für Verbraucherschutz im Einvernehmen mit dem Bundesministerium der Finanzen zu genehmigen. [4]Die Prüfstelle kann sich bei der Durchführung ihrer Aufgaben anderer Personen bedienen. [5]Das Bundesministerium der Justiz und für Verbraucherschutz macht die Anerkennung einer Prüfstelle sowie eine Beendigung der Anerkennung im amtlichen Teil des Bundesanzeigers bekannt.

(2) [1]Die Prüfstelle prüft, ob der zuletzt festgestellte Jahresabschluss und der zugehörige Lagebericht oder der zuletzt gebilligte Konzernabschluss und der zugehörige Konzernlagebericht, der zuletzt veröffentlichte verkürzte Abschluss und der zugehörige Zwischenlagebericht sowie zuletzt veröffentlichte Zahlungsberichte oder Konzernzahlungsberichte, jeweils einschließlich der zugrunde liegenden Buchführung, eines Unternehmens im Sinne des Satzes 2 den gesetzlichen Vorschriften einschließlich der Grundsätze ordnungsmäßiger Buchführung oder den sonstigen durch Gesetz zugelassenen Rechnungslegungsstandards entspricht. [2]Geprüft werden die Abschlüsse und Berichte von Unternehmen, die als Emittenten von zugelassenen Wertpapieren im Sinne des § 2 Absatz 1 des Wertpapierhandelsgesetzes die Bundesrepublik Deutschland als Herkunftsstaat haben; unberücksichtigt bleiben hierbei Anteile und Aktien an offenen Investmentvermögen im Sinne des § 1 Absatz 4 des Kapitalanlagegesetzbuchs. [3]Die Prüfstelle prüft,

1. soweit konkrete Anhaltspunkte für einen Verstoß gegen Rechnungslegungsvorschriften vorliegen,
2. auf Verlangen der Bundesanstalt für Finanzdienstleistungsaufsicht oder
3. ohne besonderen Anlass (stichprobenartige Prüfung).

[4]Im Fall des Satzes 3 Nr. 1 unterbleibt die Prüfung, wenn offensichtlich kein öffentliches Interesse an der Prüfung besteht; Satz 3 Nr. 3 ist auf die Prüfung des verkürzten Abschlusses und des zugehörigen Zwischenlageberichts sowie des Zahlungsberichts und des Konzernzahlungsberichts nicht anzuwenden. [5]Die stichprobenartige Prüfung erfolgt nach den von der Prüfstelle im Einvernehmen mit dem Bundesministerium der Justiz und für Verbraucherschutz und dem Bundesministerium der Finanzen festgelegten Grundsätzen. [6]Das Bundesministerium der Finanzen kann die Ermächtigung zur Erteilung seines Einvernehmens auf die Bundesanstalt für Finanzdienstleistungsaufsicht übertragen. [7]Die Prüfung kann trotz Wegfalls der Zulassung der Wertpapiere zum Handel im organisierten Markt fortgesetzt werden, insbesondere dann, wenn Gegenstand der Prüfung ein Fehler ist, an dessen Bekanntmachung ein öffentliches Interesse besteht.

(2a) [1]Prüfungsgegenstand nach Absatz 2 können auch die Abschlüsse und Berichte sein, die das Geschäftsjahr zum Gegenstand haben, das dem Geschäftsjahr vorausgeht, auf das Absatz 2 Satz 1 Bezug nimmt. [2]Eine stichprobenartige Prüfung ist hierbei nicht zulässig.

(3) [1]Eine Prüfung des Jahresabschlusses und des zugehörigen Lageberichts durch die Prüfstelle findet nicht statt, solange eine Klage auf Nichtigkeit gemäß § 256 Abs. 7 des Aktiengesetzes anhängig ist. [2]Wenn nach § 142 Abs. 1 oder Abs. 2 oder § 258 Abs. 1 des Aktiengesetzes ein Sonderprüfer bestellt worden ist, findet eine Prüfung ebenfalls nicht statt, soweit der Gegenstand der Sonderprüfung, der Prüfungsbericht oder eine gerichtliche Entscheidung über die abschließenden Feststellungen der Sonderprüfer nach § 260 des Aktiengesetzes reichen.

(4) [1]Wenn das Unternehmen bei einer Prüfung durch die Prüfstelle mitwirkt, sind die gesetzlichen Vertreter des Unternehmens und die sonstigen Personen, derer sich die ge-

setzlichen Vertreter bei der Mitwirkung bedienen, verpflichtet, richtige und vollständige Auskünfte zu erteilen und richtige und vollständige Unterlagen vorzulegen. [2]Die Auskunft und die Vorlage von Unterlagen kann verweigert werden, soweit diese den Verpflichteten oder einen seiner in § 52 Abs. 1 der Strafprozessordnung bezeichneten Angehörigen der Gefahr strafgerichtlicher Verfolgung oder eines Verfahrens nach dem Gesetz über Ordnungswidrigkeiten aussetzen würde. [3]Der Verpflichtete ist über sein Recht zur Verweigerung zu belehren.

(5) [1]Die Prüfstelle teilt dem Unternehmen das Ergebnis der Prüfung mit. [2]Ergibt die Prüfung, dass die Rechnungslegung fehlerhaft ist, so hat sie ihre Entscheidung zu begründen und dem Unternehmen unter Bestimmung einer angemessenen Frist Gelegenheit zur Äußerung zu geben, ob es mit dem Ergebnis der Prüfstelle einverstanden ist

(6) [1]Die Prüfstelle berichtet der Bundesanstalt für Finanzdienstleistungsaufsicht über:
1. die Absicht, eine Prüfung einzuleiten,
2. die Weigerung des betroffenen Unternehmens, an einer Prüfung mitzuwirken,
3. das Ergebnis der Prüfung und gegebenenfalls darüber, ob sich das Unternehmen mit dem Prüfungsergebnis einverstanden erklärt hat.

[2]Ein Rechtsbehelf dagegen ist nicht statthaft.

(7) Die Prüfstelle und ihre Beschäftigten sind zur gewissenhaften und unparteiischen Prüfung verpflichtet; sie haften für durch die Prüfungstätigkeit verursachte Schäden nur bei Vorsatz.

(8) [1]Die Prüfstelle zeigt Tatsachen, die den Verdacht einer Straftat im Zusammenhang mit der Rechnungslegung eines Unternehmens begründen, der für die Verfolgung zuständigen Behörde an. [2]Tatsachen, die auf das Vorliegen einer Berufspflichtverletzung durch den Abschlussprüfer schließen lassen, übermittelt sie der Abschlussprüferaufsichtsstelle beim Bundesamt für Wirtschaft und Ausfuhrkontrolle.

(9) Die Prüfstelle stellt der Europäischen Wertpapier- und Marktaufsichtsbehörde gemäß Artikel 35 der Verordnung (EU) Nr. 1095/2010 des Europäischen Parlaments und des Rates vom 24. November 2010 zur Errichtung einer Europäischen Aufsichtsbehörde (Europäische Wertpapier- und Marktaufsichtsbehörde), zur Änderung des Beschlusses Nr. 716/2009/EG und zur Aufhebung des Beschlusses 2009/77/EG der Kommission (ABl. L 331 vom 15.12.2010, S. 84; L 115 vom 27.4.2012, S. 35), die zuletzt durch die Richtlinie 2014/51/EU (ABl. L 153 vom 22.5.2014, S. 1) geändert worden ist, auf Verlangen unverzüglich alle für die Erfüllung ihrer Aufgaben erforderlichen Informationen zur Verfügung.

§ 342c Verschwiegenheitspflicht

(1) [1]Die bei der Prüfstelle Beschäftigten sind verpflichtet, über die Geschäfts- und Betriebsgeheimnisse des Unternehmens und die bei ihrer Prüftätigkeit bekannt gewordenen Erkenntnisse über das Unternehmen Verschwiegenheit zu bewahren. [2]Dies gilt nicht im Fall von gesetzlich begründeten Mitteilungspflichten. [3]Die bei der Prüfstelle Beschäftigten dürfen nicht unbefugt Geschäfts- und Betriebsgeheimnisse verwerten, die sie bei ihrer Tätigkeit erfahren haben. [4]Wer vorsätzlich oder fahrlässig diese Pflichten verletzt, ist dem geprüften Unternehmen und, wenn ein verbundenes Unternehmen geschädigt worden ist, auch diesem zum Ersatz des daraus entstehenden Schadens verpflichtet. [5]Mehrere Personen haften als Gesamtschuldner.

(2) [1]Die Ersatzpflicht von Personen, die fahrlässig gehandelt haben, beschränkt sich für eine Prüfung und die damit im Zusammenhang stehenden Pflichtverletzungen auf den in § 323 Abs. 2 Satz 2 genannten Betrag. [2]Dies gilt auch, wenn an der Prüfung mehrere Personen beteiligt gewesen oder mehrere zum Ersatz verpflichtende Hand-

lungen begangen worden sind, und ohne Rücksicht darauf, ob andere Beteiligte vorsätzlich gehandelt haben. [3]Sind im Fall des Satzes 1 durch eine zum Schadensersatz verpflichtende Handlung mehrere Unternehmen geschädigt worden, beschränkt sich die Ersatzpflicht insgesamt auf das Zweifache der Höchstgrenze des Satzes 1. [4]Übersteigen in diesem Fall mehrere nach Absatz 1 Satz 4 zu leistende Entschädigungen das Zweifache der Höchstgrenze des Satzes 1, so verringern sich die einzelnen Entschädigungen in dem Verhältnis, in dem ihr Gesamtbetrag zum Zweifachen der Höchstgrenze des Satzes 1 steht.

(3) [1]Die §§ 93 und 97 der Abgabenordnung gelten nicht für die in Absatz 1 Satz 1 bezeichneten Personen, soweit sie zur Durchführung des § 342b tätig werden. [2]Sie finden Anwendung, soweit die Finanzbehörden die Kenntnisse für die Durchführung eines Verfahrens wegen einer Steuerstraftat sowie eines damit zusammenhängenden Besteuerungsverfahrens benötigen, an deren Verfolgung ein zwingendes öffentliches Interesse besteht, und nicht Tatsachen betroffen sind, die von einer ausländischen Stelle mitgeteilt worden sind, die mit der Prüfung von Rechnungslegungsverstößen betraut ist.

§ 342d Finanzierung der Prüfstelle

[1]Die Prüfstelle hat über die zur Finanzierung der Erfüllung ihrer Aufgaben erforderlichen Mittel einen Wirtschaftsplan für das Folgejahr im Einvernehmen mit der Bundesanstalt für Finanzdienstleistungsaufsicht aufzustellen. [2]Der Wirtschaftsplan ist dem Bundesministerium der Justiz und für Verbraucherschutz und dem Bundesministerium der Finanzen zur Genehmigung vorzulegen. [3]Die Bundesanstalt für Finanzdienstleistungsaufsicht schießt der Prüfstelle die dieser nach dem Wirtschaftsplan voraussichtlich entstehenden Kosten aus der gemäß § 17d Absatz 1 Satz 4 des Finanzdienstleistungsaufsichtsgesetzes eingezogenen Umlagevorauszahlung vor, wobei etwaige Fehlbeträge und nicht eingegangene Beträge nach dem Verhältnis von Wirtschaftsplan zu dem betreffenden Teil des Haushaltsplanes der Bundesanstalt für Finanzdienstleistungsaufsicht anteilig zu berücksichtigen sind. [4]Nach Ende des Haushaltsjahres hat die Prüfstelle ihren Jahresabschluss aufzustellen. [5]Die Entlastung erteilt das zuständige Organ der Prüfstelle mit Zustimmung des Bundesministeriums der Justiz und für Verbraucherschutz und des Bundesministeriums der Finanzen.

§ 342e Bußgeldvorschriften

(1) Ordnungswidrig handelt, wer vorsätzlich oder fahrlässig entgegen § 342b Abs. 4 Satz 1 der Prüfstelle eine Auskunft nicht richtig oder nicht vollständig erteilt oder eine Unterlage nicht richtig oder nicht vollständig vorlegt.

(2) Die Ordnungswidrigkeit kann mit einer Geldbuße bis zu fünfzigtausend Euro geahndet werden.

(3) Verwaltungsbehörde im Sinne des § 36 Abs. 1 Nr. 1 des Gesetzes über Ordnungswidrigkeiten ist bei Ordnungswidrigkeiten nach Absatz 1 die Bundesanstalt für Finanzdienstleistungsaufsicht.

Viertes Buch. Handelsgeschäfte

Erster Abschnitt. Allgemeine Vorschriften

§ 343 [Begriff des Handelsgeschäfts]

Handelsgeschäfte sind alle Geschäfte eines Kaufmanns, die zum Betriebe seines Handelsgewerbes gehören.

§ 344 [Vermutung für Handelsgeschäfte]

(1) Die von einem Kaufmann vorgenommenen Rechtsgeschäfte gelten im Zweifel als zum Betriebe seines Handelsgewerbes gehörig.

(2) Die von einem Kaufmanne gezeichneten Schuldscheine gelten als im Betriebe seines Handelsgewerbes gezeichnet, sofern nicht aus der Urkunde sich das Gegenteil ergibt.

§ 345 [Einseitige Handelsgeschäfte]

Auf ein Rechtsgeschäft, das für einen der beiden Teile ein Handelsgeschäft ist, kommen die Vorschriften über Handelsgeschäfte für beide Teile gleichmäßig zur Anwendung, soweit nicht aus diesen Vorschriften sich ein anderes ergibt.

§ 346 [Handelsbräuche]

Unter Kaufleuten ist in Ansehung der Bedeutung und Wirkung von Handlungen und Unterlassungen auf die im Handelsverkehre geltenden Gewohnheiten und Gebräuche Rücksicht zu nehmen.

§ 347 [Kaufmännische Sorgfaltspflicht]

(1) Wer aus einem Geschäfte, das auf seiner Seite ein Handelsgeschäft ist, einem anderen zur Sorgfalt verpflichtet ist, hat für die Sorgfalt eines ordentlichen Kaufmanns einzustehen.

(2) Unberührt bleiben die Vorschriften des Bürgerlichen Gesetzbuchs, nach welchen der Schuldner in bestimmten Fällen nur grobe Fahrlässigkeit zu vertreten oder nur für diejenige Sorgfalt einzustehen hat, welche er in eigenen Angelegenheiten anzuwenden pflegt.

§ 348 [Vertragsstrafe]

Eine Vertragsstrafe, die von einem Kaufmann im Betriebe seines Handelsgewerbes versprochen ist, kann nicht aufgrund der Vorschriften des § 343 des Bürgerlichen Gesetzbuchs herabgesetzt werden.

§ 349 [Bürgschaft]

[1]Dem Bürgen steht, wenn die Bürgschaft für ihn ein Handelsgeschäft ist, die Einrede der Vorausklage nicht zu. [2]Das gleiche gilt unter der bezeichneten Voraussetzung für denjenigen, welcher aus einem Kreditauftrag als Bürge haftet.

§ 350 [Formfreiheit]

Auf eine Bürgschaft, ein Schuldversprechen oder ein Schuldanerkenntnis finden, sofern die Bürgschaft auf der Seite des Bürgen, das Versprechen oder das Anerkenntnis auf der Seite des Schuldners ein Handelsgeschäft ist, die Formvorschriften des § 766 Satz 1 und 2, des § 780 und des § 781 Satz 1 und 2 des Bürgerlichen Gesetzbuchs keine Anwendung.

§ 351 *(aufgehoben)*

§ 352 [Zinsen]

(1) [1]Die Höhe der gesetzlichen Zinsen, mit Ausnahme der Verzugszinsen, ist bei beiderseitigen Handelsgeschäften fünf vom Hundert für das Jahr. [2]Das gleiche gilt, wenn für eine Schuld aus einem solchen Handelsgeschäfte Zinsen ohne Bestimmung des Zinsfußes versprochen sind.

(2) Ist in diesem Gesetzbuche die Verpflichtung zur Zahlung von Zinsen ohne Bestimmung der Höhe ausgesprochen, so sind darunter Zinsen zu fünf vom Hundert für das Jahr zu verstehen.

§ 353 [Fälligkeitszinsen]

[1]Kaufleute untereinander sind berechtigt, für ihre Forderungen aus beiderseitigen Handelsgeschäften vom Tage der Fälligkeit an Zinsen zu fordern. [2]Zinsen von Zinsen können aufgrund dieser Vorschrift nicht gefordert werden.

§ 354 [Vergütungsanspruch des Kaufmanns]

(1) Wer in Ausübung seines Handelsgewerbes einem anderen Geschäfte besorgt oder Dienste leistet, kann dafür auch ohne Verabredung Provision und, wenn es sich um Aufbewahrung handelt, Lagergeld nach den an dem Orte üblichen Sätzen fordern.

(2) Für Darlehen, Vorschüsse, Auslagen und andere Verwendungen kann er vom Tage der Leistung an Zinsen berechnen.

§ 354a Abtretung von Geldforderungen

(1) [1]Ist die Abtretung einer Geldforderung durch Vereinbarung mit dem Schuldner gemäß § 399 des Bürgerlichen Gesetzbuchs ausgeschlossen und ist das Rechtsgeschäft, das diese Forderung begründet hat, für beide Teile ein Handelsgeschäft, oder ist der Schuldner eine juristische Person des öffentlichen Rechts oder ein öffentlich-rechtliches Sondervermögen, so ist die Abtretung gleichwohl wirksam. [2]Der Schuldner kann jedoch mit befreiender Wirkung an den bisherigen Gläubiger leisten. [3]Abweichende Vereinbarungen sind unwirksam.

(2) Absatz 1 ist nicht auf eine Forderung aus einem Darlehensvertrag anzuwenden, deren Gläubiger ein Kreditinstitut im Sinne des Kreditwesengesetzes ist.

§ 355 [Kontokorrent]

(1) Steht jemand mit einem Kaufmanne derart in Geschäftsverbindung, daß die aus der Verbindung entspringenden beiderseitigen Ansprüche und Leistungen nebst Zinsen in Rechnung gestellt und in regelmäßigen Zeitabschnitten durch Verrechnung und Feststellung des für den einen oder anderen Teil sich ergebenden Überschusses ausgeglichen werden (laufende Rechnung, Kontokorrent), so kann derjenige, welchem bei dem Rechnungsabschluß ein Überschuß gebührt, von dem Tage des Abschlusses an Zinsen von dem Überschusse verlangen, auch soweit in der Rechnung Zinsen enthalten sind.

(2) Der Rechnungsabschluß geschieht jährlich einmal, sofern nicht ein anderes bestimmt ist.

(3) Die laufende Rechnung kann im Zweifel auch während der Dauer einer Rechnungsperiode jederzeit mit der Wirkung gekündigt werden, daß derjenige, welchem nach der Rechnung ein Überschuß gebührt, dessen Zahlung beanspruchen kann.

§ 356 [Sicherheiten beim Kontokorrent]

(1) Wird eine Forderung, die durch Pfand, Bürgschaft oder in anderer Weise gesichert ist, in die laufende Rechnung aufgenommen, so wird der Gläubiger durch die Anerkennung des Rechnungsabschlusses nicht gehindert, aus der Sicherheit insoweit Befriedigung zu suchen, als sein Guthaben aus der laufenden Rechnung und die Forderung sich decken.

(2) Haftet ein Dritter für eine in die laufende Rechnung aufgenommene Forderung als Gesamtschuldner, so findet auf die Geltendmachung der Forderung gegen ihn die Vorschrift des Absatzes 1 entsprechende Anwendung.

§ 357 [Pfändung des Saldoguthabens]

[1]Hat der Gläubiger eines Beteiligten die Pfändung und Überweisung des Anspruchs auf dasjenige erwirkt, was seinem Schuldner als Überschuß aus der laufenden Rechnung zukommt, so können dem Gläubiger gegenüber Schuldposten, die nach der Pfändung

durch neue Geschäfte entstehen, nicht in Rechnung gestellt werden. [2]Geschäfte, die aufgrund eines schon vor der Pfändung bestehenden Rechtes oder einer schon vor diesem Zeitpunkte bestehenden Verpflichtung des Drittschuldners vorgenommen werden, gelten nicht als neue Geschäfte im Sinne dieser Vorschrift.

§ 358 [Leistungszeit]

Bei Handelsgeschäften kann die Leistung nur während der gewöhnlichen Geschäftszeit bewirkt und gefordert werden.

§ 359 [Zeitpunkt der Leistung]

(1) Ist als Zeit der Leistung das Frühjahr oder der Herbst oder ein in ähnlicher Weise bestimmter Zeitpunkt vereinbart, so entscheidet im Zweifel der Handelsgebrauch des Ortes der Leistung.

(2) Ist eine Frist von acht Tagen vereinbart, so sind hierunter im Zweifel volle acht Tage zu verstehen.

§ 360 [Gattungsschuld]

Wird eine nur der Gattung nach bestimmte Ware geschuldet, so ist Handelsgut mittlerer Art und Güte zu leisten.

§ 361 [Rechnungseinheiten]

Maß, Gewicht, Währung, Zeitrechnung und Entfernungen, die an dem Orte gelten, wo der Vertrag erfüllt werden soll, sind im Zweifel als die vertragsmäßigen zu betrachten.

§ 362 [Schweigen als Annahme]

(1) [1]Geht einem Kaufmanne, dessen Gewerbebetrieb die Besorgung von Geschäften für andere mit sich bringt, ein Antrag über die Besorgung solcher Geschäfte von jemand zu, mit dem er in Geschäftsverbindung steht, so ist er verpflichtet, unverzüglich zu antworten; sein Schweigen gilt als Annahme des Antrags. [2]Das gleiche gilt, wenn einem Kaufmann ein Antrag über die Besorgung von Geschäften von jemand zugeht, dem gegenüber er sich zur Besorgung solcher Geschäfte erboten hat.

(2) Auch wenn der Kaufmann den Antrag ablehnt, hat er die mitgesendeten Waren auf Kosten des Antragstellers, soweit er für diese Kosten gedeckt ist und soweit es ohne Nachteil für ihn geschehen kann, einstweilen vor Schaden zu bewahren.

§ 363 [Orderpapiere]

(1) [1]Anweisungen, die auf einen Kaufmann über die Leistung von Geld, Wertpapieren oder anderen vertretbaren Sachen ausgestellt sind, ohne daß darin die Leistung von einer Gegenleistung abhängig gemacht ist, können durch Indossament übertragen werden, wenn sie an Order lauten. [2]Dasselbe gilt von Verpflichtungsscheinen, die von einem Kaufmann über Gegenstände der bezeichneten Art an Order ausgestellt sind, ohne daß darin die Leistung von einer Gegenleistung abhängig gemacht ist.

(2) Ferner können Konnossemente der Verfrachter, Ladescheine der Frachtführer, Lagerscheine sowie Transportversicherungspolicen durch Indossament übertragen werden, wenn sie an Order lauten.

§ 364 [Indossament]

(1) Durch das Indossament gehen alle Rechte aus dem indossierten Papier auf den Indossatar über.

(2) Dem legitimierten Besitzer der Urkunde kann der Schuldner nur solche Einwendungen entgegensetzen, welche die Gültigkeit seiner Erklärung in der Urkunde be-

treffen oder sich aus dem Inhalte der Urkunde ergeben oder ihm unmittelbar gegen den Besitzer zustehen.

(3) Der Schuldner ist nur gegen Aushändigung der quittierten Urkunde zur Leistung verpflichtet.

§ 365 [Form des Indossaments; Kraftloserklärung]

(1) In betreff der Form des Indossaments, in betreff der Legitimation des Besitzers und der Prüfung der Legitimation sowie in betreff der Verpflichtung des Besitzers zur Herausgabe, finden die Vorschriften der Artikel 11 bis 13, 36, 74 der Wechselordnung[1)] entsprechende Anwendung.

(2) [1]Ist die Urkunde vernichtet oder abhanden gekommen, so unterliegt sie der Kraftloserklärung im Wege des Aufgebotsverfahrens. [2]Ist das Aufgebotsverfahren eingeleitet, so kann der Berechtigte, wenn er bis zur Kraftloserklärung Sicherheit bestellt, Leistung nach Maßgabe der Urkunde von dem Schuldner verlangen.

§ 366 [Gutglaubensschutz]

(1) Veräußert oder verpfändet ein Kaufmann im Betriebe seines Handelsgewerbes eine ihm nicht gehörige bewegliche Sache, so finden die Vorschriften des Bürgerlichen Gesetzbuchs zugunsten derjenigen, welche Rechte von einem Nichtberechtigten herleiten, auch dann Anwendung, wenn der gute Glaube des Erwerbers die Befugnis des Veräußerers oder Verpfänders, über die Sache für den Eigentümer zu verfügen, betrifft.

(2) Ist die Sache mit dem Rechte eines Dritten belastet, so finden die Vorschriften des Bürgerlichen Gesetzbuchs zugunsten derjenigen, welche Rechte von einem Nichtberechtigten herleiten, auch dann Anwendung, wenn der gute Glaube die Befugnis des Veräußerers oder Verpfänders, ohne Vorbehalt des Rechtes über die Sache zu verfügen, betrifft.

(3) Das gesetzliche Pfandrecht des Kommissionärs, des Frachtführers oder Verfrachters, des Spediteurs und des Lagerhalters steht hinsichtlich des Schutzes des guten Glaubens einem gemäß Absatz 1 durch Vertrag erworbenen Pfandrecht gleich. Satz 1 gilt jedoch nicht für das gesetzliche Pfandrecht an Gut, das nicht Gegenstand des Vertrages ist, aus dem die durch das Pfandrecht zu sichernde Forderung herrührt.

§ 367 [Guter Glaube bei Inhaberpapieren]

(1) [1]Wird ein Inhaberpapier, das dem Eigentümer gestohlen worden, verlorengegangen oder sonst abhanden gekommen ist, an einen Kaufmann, der Bankier- oder Geldwechslergeschäfte betreibt, veräußert oder verpfändet, so gilt dessen guter Glaube als ausgeschlossen, wenn zur Zeit der Veräußerung oder Verpfändung der Verlust des Papiers im Bundesanzeiger bekanntgemacht und seit dem Ablauf des Jahres, in dem die Veröffentlichung erfolgt ist, nicht mehr als ein Jahr verstrichen war. [2]Für Veröffentlichungen vor dem 1. Januar 2007 tritt an die Stelle des Bundesanzeigers der Bundesanzeiger in Papierform. [3]Inhaberpapieren stehen an Order lautende Anleiheschuldverschreibungen sowie Namensaktien und Zwischenscheine gleich, falls sie mit einem Blankoindossament versehen sind.

(2) Der gute Glaube des Erwerbers wird durch die Veröffentlichung nach Absatz 1 nicht ausgeschlossen, wenn der Erwerber die Veröffentlichung infolge besonderer Umstände nicht kannte und seine Unkenntnis nicht auf grober Fahrlässigkeit beruht.

(3) Auf Zins-, Renten- und Gewinnanteilscheine, die nicht später als in dem nächsten auf die Veräußerung oder Verpfändung folgenden Einlösungstermin fällig werden, auf

1) Jetzt Art. 13, 14 Abs. 2, 16 und 40 Abs. 3 S. 2 des Wechselgesetzes.

unverzinsliche Inhaberpapiere, die auf Sicht zahlbar sind, und auf Banknoten sind diese Vorschriften nicht anzuwenden.

§ 368 [Pfandverkauf]

(1) Bei dem Verkauf eines Pfandes tritt, wenn die Verpfändung auf der Seite des Pfandgläubigers und des Verpfänders ein Handelsgeschäft ist, an die Stelle der in § 1234 des Bürgerlichen Gesetzbuchs bestimmten Frist von einem Monat eine solche von einer Woche.

(2) Diese Vorschrift ist auf das gesetzliche Pfandrecht des Kommissionärs, des Frachtführers oder Verfrachters, des Spediteurs und des Lagerhalters entsprechend anzuwenden, auf das Pfandrecht des Frachtführers, Verfrachters und Spediteurs auch dann, wenn nur auf ihrer Seite der Vertrag ein Handelsgeschäft ist.

§ 369 [Zurückbehaltungsrecht]

(1) [1]Ein Kaufmann hat wegen der fälligen Forderungen, welche ihm gegen einen anderen Kaufmann aus den zwischen ihnen geschlossenen beiderseitigen Handelsgeschäften zustehen, ein Zurückbehaltungsrecht an den beweglichen Sachen und Wertpapieren des Schuldners, welche mit dessen Willen aufgrund von Handelsgeschäften in seinen Besitz gelangt sind, sofern er sie noch im Besitze hat, insbesondere mittels Konnossements, Ladescheins oder Lagerscheins darüber verfügen kann. [2]Das Zurückbehaltungsrecht ist auch dann begründet, wenn das Eigentum an dem Gegenstande von dem Schuldner auf den Gläubiger übergegangen oder von einem Dritten für den Schuldner auf den Gläubiger übertragen, aber auf den Schuldner zurückzuübertragen ist.

(2) Einem Dritten gegenüber besteht das Zurückbehaltungsrecht insoweit, als dem Dritten die Einwendungen gegen den Anspruch des Schuldners auf Herausgabe des Gegenstands entgegengesetzt werden können.

(3) Das Zurückbehaltungsrecht ist ausgeschlossen, wenn die Zurückbehaltung des Gegenstands der von dem Schuldner vor oder bei der Übergabe erteilten Anweisung oder der von dem Gläubiger übernommenen Verpflichtung, in einer bestimmten Weise mit dem Gegenstande zu verfahren, widerstreitet.

(4) [1]Der Schuldner kann die Ausübung des Zurückbehaltungsrechts durch Sicherheitsleistung abwenden. [2]Die Sicherheitsleistung durch Bürgen ist ausgeschlossen.

§ 370 *(aufgehoben)*

§ 371 [Befriedigungsrecht]

(1) [1]Der Gläubiger ist kraft des Zurückbehaltungsrechts befugt, sich aus dem zurückbehaltenen Gegenstande für seine Forderung zu befriedigen. [2]Steht einem Dritten ein Recht an dem Gegenstande zu, gegen welches das Zurückbehaltungsrecht nach § 369 Abs. 2 geltend gemacht werden kann, so hat der Gläubiger in Ansehung der Befriedigung aus dem Gegenstande den Vorrang.

(2) [1]Die Befriedigung erfolgt nach den für das Pfandrecht geltenden Vorschriften des Bürgerlichen Gesetzbuchs. [2]An die Stelle der in § 1234 des Bürgerlichen Gesetzbuchs bestimmten Frist von einem Monate tritt eine solche von einer Woche.

(3) [1]Sofern die Befriedigung nicht im Wege der Zwangsvollstreckung stattfindet, ist sie erst zulässig, nachdem der Gläubiger einen vollstreckbaren Titel für sein Recht auf Befriedigung gegen den Eigentümer oder, wenn der Gegenstand ihm selbst gehört, gegen den Schuldner erlangt hat; in dem letzteren Falle finden die dem Eigentümer betreffenden Vorschriften des Bürgerlichen Gesetzbuchs über die Befriedigung auf den Schuldner entsprechende Anwendung. [2]In Ermangelung des vollstreckbaren Titels ist der Verkauf des Gegenstandes nicht rechtmäßig.

(4) Die Klage auf Gestattung der Befriedigung kann bei dem Gericht, in dessen Bezirke der Gläubiger seinen allgemeinen Gerichtsstand oder den Gerichtsstand der Niederlassung hat, erhoben werden.

§ 372 [Vermutung der Fortdauer des Schuldnereigentums]

(1) In Ansehung der Befriedigung aus dem zurückbehaltenen Gegenstande gilt zugunsten des Gläubigers der Schuldner, sofern er bei dem Besitzerwerbe des Gläubigers der Eigentümer des Gegenstandes war, auch weiter als Eigentümer, sofern nicht der Gläubiger weiß, daß der Schuldner nicht mehr Eigentümer ist.

(2) Erwirbt ein Dritter nach dem Besitzerwerbe des Gläubigers von dem Schuldner das Eigentum, so muß er ein rechtskräftiges Urteil, das in einem zwischen dem Gläubiger und dem Schuldner wegen Gestattung der Befriedigung geführten Rechtsstreit ergangen ist, gegen sich gelten lassen, sofern nicht der Gläubiger bei dem Eintritte der Rechtshängigkeit gewußt hat, daß der Schuldner nicht mehr Eigentümer war.

Zweiter Abschnitt. Handelskauf

§ 373 [Annahmeverzug des Käufers]

(1) Ist der Käufer mit der Annahme der Ware im Verzuge, so kann der Verkäufer die Ware auf Gefahr und Kosten des Käufers in einem öffentlichen Lagerhaus oder sonst in sicherer Weise hinterlegen.

(2) [1]Er ist ferner befugt, nach vorgängiger Androhung die Ware öffentlich versteigern zu lassen; er kann, wenn die Ware einen Börsen- oder Marktpreis hat, nach vorgängiger Androhung den Verkauf auch aus freier Hand durch einen zu solchen Verkäufen öffentlich ermächtigten Handelsmakler oder durch eine zur öffentlichen Versteigerung befugte Person zum laufenden Preise bewirken. [2]Ist die Ware dem Verderb ausgesetzt und Gefahr im Verzuge, so bedarf es der vorgängigen Androhung nicht; dasselbe gilt, wenn die Androhung aus anderen Gründen untunlich ist.

(3) Der Selbsthilfeverkauf erfolgt für Rechnung des säumigen Käufers.

(4) Der Verkäufer und der Käufer können bei der öffentlichen Versteigerung mitbieten.

(5) [1]Im Falle der öffentlichen Versteigerung hat der Verkäufer den Käufer von der Zeit und dem Orte der Versteigerung vorher zu benachrichtigen; von dem vollzogenen Verkaufe hat er bei jeder Art des Verkaufs dem Käufer unverzüglich Nachricht zu geben. [2]Im Falle der Unterlassung ist er zum Schadensersatze verpflichtet. [3]Die Benachrichtigungen dürfen unterbleiben, wenn sie untunlich sind.

§ 374 [Annahmeverzug nach BGB]

Durch die Vorschriften des § 373 werden die Befugnisse nicht berührt, welche dem Verkäufer nach dem Bürgerlichen Gesetzbuche zustehen, wenn der Käufer im Verzuge der Annahme ist.

§ 375 [Bestimmungskauf]

(1) Ist bei dem Kaufe einer beweglichen Sache dem Käufer die nähere Bestimmung über Form, Maß oder ähnliche Verhältnisse vorbehalten, so ist der Käufer verpflichtet, die vorbehaltene Bestimmung zu treffen.

(2) [1]Ist der Käufer mit der Erfüllung dieser Verpflichtung in Verzug, so kann der Verkäufer die Bestimmung statt des Käufers vornehmen oder gemäß §§ 280, 281 des Bürgerlichen Gesetzbuchs Schadensersatz statt der Leistung verlangen oder gemäß § 323 des Bürgerlichen Gesetzbuchs vom Vertrag zurücktreten. [2]Im ersteren Falle hat der Verkäufer die von ihm getroffene Bestimmung dem Käufer mitzuteilen und ihm zugleich

eine angemessene Frist zur Vornahme einer anderweitigen Bestimmung zu setzen. [3]Wird eine solche innerhalb der Frist von dem Käufer nicht vorgenommen, so ist die von dem Verkäufer getroffene Bestimmung maßgebend.

§ 376 [Fixgeschäft]

(1) [1]Ist bedungen, daß die Leistung des einen Teiles genau zu einer festbestimmten Zeit oder innerhalb einer festbestimmten Frist bewirkt werden soll, so kann der andere Teil, wenn die Leistung nicht zu der bestimmten Zeit oder nicht innerhalb der bestimmten Frist erfolgt, von dem Vertrage zurücktreten oder, falls der Schuldner im Verzug ist, statt der Erfüllung Schadensersatz wegen Nichterfüllung verlangen. [2]Erfüllung kann er nur beanspruchen, wenn er sofort nach dem Ablaufe der Zeit oder der Frist dem Gegner anzeigt, daß er auf Erfüllung bestehe.

(2) Wird Schadensersatz wegen Nichterfüllung verlangt und hat die Ware einen Börsen- oder Marktpreis, so kann der Unterschied des Kaufpreises und des Börsen- oder Marktpreises zur Zeit und am Orte der geschuldeten Leistung gefordert werden.

(3) [1]Das Ergebnis eines anderweitig vorgenommenen Verkaufs oder Kaufes kann, falls die Ware einen Börsen- oder Marktpreis hat, dem Ersatzanspruche nur zugrunde gelegt werden, wenn der Verkauf oder Kauf sofort nach dem Ablaufe der bedungenen Leistungszeit oder Leistungsfrist bewirkt ist. [2]Der Verkauf oder Kauf muß, wenn er nicht in öffentlicher Versteigerung geschieht, durch einen zu solchen Verkäufen oder Käufen öffentlich ermächtigten Handelsmakler oder eine zur öffentlichen Versteigerung befugte Person zum laufenden Preise erfolgen.

(4) [1]Auf den Verkauf mittels öffentlicher Versteigerung findet die Vorschrift des § 373 Abs. 4 Anwendung. [2]Von dem Verkauf oder Kaufe hat der Gläubiger den Schuldner unverzüglich zu benachrichtigen; im Falle der Unterlassung ist er zum Schadensersatze verpflichtet.

§ 377 [Mängelrüge]

(1) Ist der Kauf für beide Teile ein Handelsgeschäft, so hat der Käufer die Ware unverzüglich nach der Ablieferung durch den Verkäufer, soweit dies nach ordnungsmäßigem Geschäftsgange tunlich ist, zu untersuchen und, wenn sich ein Mangel zeigt, dem Verkäufer unverzüglich Anzeige zu machen.

(2) Unterläßt der Käufer die Anzeige, so gilt die Ware als genehmigt, es sei denn, daß es sich um einen Mangel handelt, der bei der Untersuchung nicht erkennbar war.

(3) Zeigt sich später ein solcher Mangel, so muß die Anzeige unverzüglich nach der Entdeckung gemacht werden; anderenfalls gilt die Ware auch in Ansehung dieses Mangels als genehmigt.

(4) Zur Erhaltung der Rechte des Käufers genügt die rechtzeitige Absendung der Anzeige.

(5) Hat der Verkäufer den Mangel arglistig verschwiegen, so kann er sich auf diese Vorschriften nicht berufen.

§ 378 *(aufgehoben)*

§ 379 [Distanzkauf]

(1) Ist der Kauf für beide Teile ein Handelsgeschäft, so ist der Käufer, wenn er die ihm von einem anderen Orte übersendete Ware beanstandet, verpflichtet, für ihre einstweilige Aufbewahrung zu sorgen.

(2) Er kann die Ware, wenn sie dem Verderb ausgesetzt und Gefahr im Verzug ist, unter Beobachtung der Vorschriften des § 373 verkaufen lassen.

§ 380 [Taragewicht; Refaktie]

(1) Ist der Kaufpreis nach dem Gewichte der Ware zu berechnen, so kommt das Gewicht der Verpackung (Taragewicht) in Abzug, wenn nicht aus dem Vertrag oder dem Handelsgebrauche des Ortes, an welchem der Verkäufer zu erfüllen hat, sich ein anderes ergibt.

(2) Ob und in welcher Höhe das Taragewicht nach einem bestimmten Ansatz oder Verhältnisse statt nach genauer Ausmittelung abzuziehen ist, sowie, ob und wieviel als Gutgewicht zugunsten des Käufers zu berechnen ist oder als Vergütung für schadhafte oder unbrauchbare Teile (Refaktie) gefordert werden kann, bestimmt sich nach dem Vertrag oder dem Handelsgebrauche des Ortes, an welchem der Verkäufer zu erfüllen hat.

§ 381 [Wertpapierkauf]

(1) Die in diesem Abschnitte für den Kauf von Waren getroffenen Vorschriften gelten auch für den Kauf von Wertpapieren.

(2) Sie finden auch auf einen Vertrag Anwendung, der die Lieferung herzustellender oder zu erzeugender beweglicher Sachen zum Gegenstand hat.

§ 382 *(aufgehoben)*

Dritter Abschnitt. Kommissionsgeschäft

§ 383 [Begriff des Kommissionärs]

(1) Kommissionär ist, wer es gewerbsmäßig übernimmt, Waren oder Wertpapiere für Rechnung eines anderen (des Kommittenten) in eigenem Namen zu kaufen oder zu verkaufen.

(2) [1]Die Vorschriften dieses Abschnittes finden auch Anwendung, wenn das Unternehmen des Kommissionärs nach Art oder Umfang einen in kaufmännischer Weise eingerichteten Geschäftsbetrieb nicht erfordert und die Firma des Unternehmens nicht nach § 2 in das Handelsregister eingetragen ist. [2]In diesem Fall finden in Ansehung des Kommissionsgeschäfts auch die Vorschriften des Ersten Abschnittes des Vierten Buches mit Ausnahme der §§ 348 bis 350 Anwendung.

§ 384 [Pflichten des Kommissionärs]

(1) Der Kommissionär ist verpflichtet, das übernommene Geschäft mit der Sorgfalt eines ordentlichen Kaufmanns auszuführen; er hat hierbei das Interesse des Kommittenten wahrzunehmen und dessen Weisungen zu befolgen.

(2) Er hat den Kommittenten die erforderlichen Nachrichten zu geben, insbesondere von der Ausführung der Kommission unverzüglich Anzeige zu machen; er ist verpflichtet, dem Kommittenten über das Geschäft Rechenschaft abzulegen und ihm dasjenige herauszugeben, was er aus der Geschäftsbesorgung erlangt hat.

(3) Der Kommissionär haftet dem Kommittenten für die Erfüllung des Geschäfts, wenn er ihm nicht zugleich mit der Anzeige von der Ausführung der Kommission den Dritten namhaft macht, mit dem er das Geschäft abgeschlossen hat.

§ 385 [Verstoß gegen Weisungen des Kommittenten]

(1) Handelt der Kommissionär nicht gemäß den Weisungen des Kommittenten, so ist er diesem zum Ersatze des Schadens verpflichtet; der Kommittent braucht das Geschäft nicht für seine Rechnung gelten zu lassen.

(2) Die Vorschriften des § 665 des Bürgerlichen Gesetzbuchs bleiben unberührt.

§ 386 [Preisbegrenzung]

(1) Hat der Kommissionär unter dem ihm gesetzten Preise verkauft oder hat er den ihm für den Einkauf gesetzten Preis überschritten, so muß der Kommittent, falls er das Geschäft als nicht für seine Rechnung abgeschlossen zurückweisen will, dies unverzüglich auf die Anzeige von der Ausführung des Geschäfts erklären; anderenfalls gilt die Abweichung von der Preisbestimmung als genehmigt.

(2) [1]Erbietet sich der Kommissionär zugleich mit der Anzeige von der Ausführung des Geschäfts zur Deckung des Preisunterschieds, so ist der Kommittent zur Zurückweisung nicht berechtigt. [2]Der Anspruch des Kommittenten auf den Ersatz eines den Preisunterschied übersteigenden Schadens bleibt unberührt.

§ 387 [Vorteilhafter Abschluß]

(1) Schließt der Kommissionär zu vorteilhafteren Bedingungen ab, als sie ihm von dem Kommittenten gesetzt worden sind, so kommt dies dem Kommittenten zustatten.

(2) Dies gilt insbesondere, wenn der Preis, für welchen der Kommissionär verkauft, den von dem Kommittenten bestimmten niedrigeren Preis übersteigt oder wenn der Preis, für welchen er einkauft, den von dem Kommittenten bestimmten höchsten Preis nicht erreicht.

§ 388 [Mangelhaftes Kommissionsgut; Notverkauf]

(1) Befindet sich das Gut, welches dem Kommissionär zugesendet ist, bei der Ablieferung in einem beschädigten oder mangelhaften Zustande, der äußerlich erkennbar ist, so hat der Kommissionär die Rechte gegen den Frachtführer oder Schiffer zu wahren, für den Beweis des Zustandes zu sorgen und dem Kommittenten unverzüglich Nachricht zu geben; im Falle der Unterlassung ist er zum Schadensersatze verpflichtet.

(2) Ist das Gut dem Verderb ausgesetzt oder treten später Veränderungen an dem Gute ein, die dessen Entwertung befürchten lassen, und ist keine Zeit vorhanden, die Verfügung des Kommittenten einzuholen, oder ist der Kommittent in der Erteilung der Verfügung säumig, so kann der Kommissionär den Verkauf des Gutes nach Maßgabe der Vorschriften des § 373 bewirken.

§ 389 [Säumnis des Kommittenten]

Unterläßt der Kommittent über das Gut zu verfügen, obwohl er dazu nach Lage der Sache verpflichtet ist, so hat der Kommissionär die nach § 373 dem Verkäufer zustehenden Rechte.

§ 390 [Haftung für Verlust und Beschädigung]

(1) Der Kommissionär ist für den Verlust und die Beschädigung des in seiner Verwahrung befindlichen Gutes verantwortlich, es sei denn, daß der Verlust oder die Beschädigung auf Umständen beruht, die durch die Sorgfalt eines ordentlichen Kaufmanns nicht abgewendet werden konnten.

(2) Der Kommissionär ist wegen der Unterlassung der Versicherung des Gutes nur verantwortlich, wenn er von dem Kommittenten angewiesen war, die Versicherung zu bewirken.

§ 391 [Mängelrüge bei Einkaufskommission]

[1]Ist eine Einkaufskommission erteilt, die für beide Teile ein Handelsgeschäft ist, so finden in bezug auf die Verpflichtung des Kommittenten, das Gut zu untersuchen und dem Kommissionär von den entdeckten Mängeln Anzeige zu machen, sowie in bezug auf die Sorge für die Aufbewahrung des beanstandeten Gutes und auf den Verkauf bei drohendem Verderbe die für den Käufer geltenden Vorschriften der §§ 377 bis 379 entsprechende Anwendung. [2]Der Anspruch des Kommittenten auf Abtretung der Rechte,

die dem Kommissionär gegen den Dritten zustehen, von welchem er das Gut für Rechnung des Kommittenten gekauft hat, wird durch eine verspätete Anzeige des Mangels nicht berührt.

§ 392 [Forderungen aus dem Kommissionsgeschäft]

(1) Forderungen aus einem Geschäfte, das der Kommissionär abgeschlossen hat, kann der Kommittent dem Schuldner gegenüber erst nach der Abtretung geltend machen.

(2) Jedoch gelten solche Forderungen, auch wenn sie nicht abgetreten sind, im Verhältnisse zwischen dem Kommittenten und dem Kommissionär oder dessen Gläubigern als Forderungen des Kommittenten.

§ 393 [Vorschuß; Kredit]

(1) Wird von dem Kommissionär ohne Zustimmung des Kommittenten einem Dritten ein Vorschuß geleistet oder Kredit gewährt, so handelt der Kommissionär auf eigene Gefahr.

(2) Insoweit jedoch der Handelsgebrauch am Orte des Geschäfts die Stundung des Kaufpreises mit sich bringt, ist in Ermangelung einer anderen Bestimmung des Kommittenten auch der Kommissionär dazu berechtigt.

(3) [1]Verkauft der Kommissionär unbefugt auf Kredit, so ist er verpflichtet, dem Kommittenten sofort als Schuldner des Kaufpreises die Zahlung zu leisten. [2]Wäre beim Verkaufe gegen bar der Preis geringer gewesen, so hat der Kommissionär nur den geringeren Preis und, wenn dieser niedriger ist als der ihm gesetzte Preis, auch den Unterschied nach § 386 zu vergüten.

§ 394 [Delkrederehaftung]

(1) Der Kommissionär hat für die Erfüllung der Verbindlichkeit des Dritten, mit dem er das Geschäft für Rechnung des Kommittenten abschließt, einzustehen, wenn dies von ihm übernommen oder am Orte seiner Niederlassung Handelsgebrauch ist.

(2) [1]Der Kommissionär, der für den Dritten einzustehen hat, ist dem Kommittenten für die Erfüllung im Zeitpunkte des Verfalls unmittelbar insoweit verhaftet, als die Erfüllung aus dem Vertragsverhältnisse gefordert werden kann. [2]Er kann eine besondere Vergütung (Delkredereprovision) beanspruchen.

§ 395 [Wechselankauf]

Ein Kommissionär, der den Ankauf eines Wechsels übernimmt, ist verpflichtet, den Wechsel, wenn er ihn indossiert, in üblicher Weise und ohne Vorbehalt zu indossieren.

§ 396 [Provision; Aufwendungsersatz]

(1) [1]Der Kommissionär kann die Provision fordern, wenn das Geschäft zur Ausführung gekommen ist. [2]Ist das Geschäft nicht zur Ausführung gekommen, so hat er gleichwohl den Anspruch auf die Auslieferungsprovision, sofern eine solche ortsgebräuchlich ist; auch kann er die Provision verlangen, wenn die Ausführung des von ihm abgeschlossenen Geschäfts nur aus einem in der Person des Kommittenten liegenden Grunde unterblieben ist.

(2) Zu dem von dem Kommittenten für Aufwendungen des Kommissionärs nach den §§ 670 und 675 des Bürgerlichen Gesetzbuchs zu leistenden Ersatze gehört auch die Vergütung für die Benutzung der Lagerräume und der Beförderungsmittel des Kommissionärs.

§ 397 Pfandrecht des Kommissionärs

[1]Der Kommissionär hat wegen der auf das Gut verwendeten Kosten, der Provision, der auf das Gut gegebenen Vorschüsse und Darlehen sowie der mit Rücksicht auf das Gut

gezeichneten Wechsel oder in anderer Weise eingegangenen Verbindlichkeiten ein Pfandrecht an dem Kommissionsgut des Kommittenten oder eines Dritten, der dem Kauf oder Verkauf des Gutes zugestimmt hat. [2]An dem Gut des Kommittenten hat der Kommissionär auch ein Pfandrecht wegen aller Forderungen aus laufender Rechnung in Kommissionsgeschäften. [3]Das Pfandrecht nach den Sätzen 1 und 2 besteht jedoch nur an Kommissionsgut, das der Kommissionär im Besitz hat oder über das er mittels Konnossements, Ladescheins oder Lagerscheins verfügen kann.

§ 398 [Befriedigung aus dem Kommissionsgut]

Der Kommissionär kann sich, auch wenn er Eigentümer des Kommissionsguts ist, für die in § 397 bezeichneten Ansprüche nach Maßgabe der für das Pfandrecht geltenden Vorschriften aus dem Gute befriedigen.

§ 399 [Befriedigung aus den Forderungen]

Aus den Forderungen, welche durch das für Rechnung des Kommittenten geschlossene Geschäft begründet sind, kann sich der Kommissionär für die in § 397 bezeichneten Ansprüche vor dem Kommittenten und dessen Gläubigern befriedigen.

§ 400 [Selbsteintritt des Kommissionärs]

(1) Die Kommission zum Einkauf oder zum Verkaufe von Waren, die einen Börsen- oder Marktpreis haben, sowie von Wertpapieren, bei denen ein Börsen- oder Marktpreis amtlich festgestellt wird, kann, wenn der Kommittent nicht ein anderes bestimmt hat, von dem Kommissionär dadurch ausgeführt werden, daß er das Gut, welches er einkaufen soll, selbst als Verkäufer liefert oder das Gut, welches er verkaufen soll, selbst als Käufer übernimmt.

(2) [1]Im Falle einer solchen Ausführung der Kommission beschränkt sich die Pflicht des Kommissionärs, Rechenschaft über die Abschließung des Kaufes oder Verkaufs abzulegen, auf den Nachweis, daß bei dem berechneten Preise der zur Zeit der Ausführung der Kommission bestehende Börsen- oder Marktpreis eingehalten ist. [2]Als Zeit der Ausführung gilt der Zeitpunkt, in welchem der Kommissionär die Anzeige von der Ausführung zur Absendung an den Kommittenten abgegeben hat.

(3) Ist bei einer Kommission, die während der Börsen- oder Marktzeit auszuführen war, die Ausführungsanzeige erst nach dem Schlusse der Börse oder des Marktes zur Absendung abgegeben, so darf der berechnete Preis für den Kommittenten nicht ungünstiger sein als der Preis, der am Schlusse der Börse oder des Marktes bestand.

(4) Bei einer Kommission, die zu einem bestimmten Kurse (erster Kurs, Mittelkurs, letzter Kurs) ausgeführt werden soll, ist der Kommissionär ohne Rücksicht auf den Zeitpunkt der Absendung der Ausführungsanzeige berechtigt und verpflichtet, diesen Kurs dem Kommittenten in Rechnung zu stellen.

(5) Bei Wertpapieren und Waren, für welche der Börsen- oder Marktpreis amtlich festgestellt wird, kann der Kommissionär im Falle der Ausführung der Kommission durch Selbsteintritt dem Kommittenten keinen ungünstigeren Preis als den amtlich festgestellten in Rechnung stellen.

§ 401 [Recht auf günstigen Preis]

(1) Auch im Falle der Ausführung der Kommission durch Selbsteintritt hat der Kommissionär, wenn er bei Anwendung pflichtmäßiger Sorgfalt die Kommission zu einem günstigeren als dem nach § 400 sich ergebenden Preise ausführen konnte, dem Kommittenten den günstigeren Preis zu berechnen.

(2) Hat der Kommissionär vor der Absendung der Ausführungsanzeige aus Anlaß der erteilten Kommission an der Börse oder am Markte ein Geschäft mit einem Dritten ab-

geschlossen, so darf er dem Kommittenten keinen ungünstigeren als den hierbei vereinbarten Preis berechnen.

§ 402 [Unabdingbarkeit]

Die Vorschriften des § 400 Abs. 2 bis 5 und des § 401 können nicht durch Vertrag zum Nachteile des Kommittenten abgeändert werden.

§ 403 [Provision bei Selbsteintritt]

Der Kommissionär, der das Gut selbst als Verkäufer liefert oder als Käufer übernimmt, ist zu der gewöhnlichen Provision berechtigt und kann die bei Kommissionsgeschäften sonst regelmäßig vorkommenden Kosten berechnen.

§ 404 [Pfandrecht]

Die Vorschriften der §§ 397 und 398 finden auch im Falle der Ausführung der Kommission durch Selbsteintritt Anwendung.

§ 405 [Erklärung des Selbsteintritts]

(1) Zeigt der Kommissionär die Ausführung der Kommission an, ohne ausdrücklich zu bemerken, daß er selbst eintreten wolle, so gilt dies als Erklärung, daß die Ausführung durch Abschluß des Geschäfts mit einem Dritten für Rechnung des Kommittenten erfolgt sei.

(2) Eine Vereinbarung zwischen dem Kommittenten und dem Kommissionär, daß die Erklärung darüber, ob die Kommission durch Selbsteintritt oder durch Abschluß mit einem Dritten ausgeführt sei, später als am Tage der Ausführungsanzeige abgegeben werden dürfe, ist nichtig.

(3) Widerruft der Kommittent die Kommission und geht der Widerruf dem Kommissionär zu, bevor die Ausführungsanzeige zur Absendung abgegeben ist, so steht dem Kommissionär das Recht des Selbsteintritts nicht mehr zu.

§ 406 [Erweiterte Anwendung der Kommissionsvorschriften]

(1) [1]Die Vorschriften dieses Abschnitts kommen auch zur Anwendung, wenn ein Kommissionär im Betriebe seines Handelsgewerbes ein Geschäft anderer als der in § 383 bezeichneten Art für Rechnung eines anderen in eigenem Namen zu schließen übernimmt. [2]Das gleiche gilt, wenn ein Kaufmann, der nicht Kommissionär ist, im Betriebe seines Handelsgewerbes ein Geschäft in der bezeichneten Weise zu schließen übernimmt.

(2) Als Einkaufs- und Verkaufskommission im Sinne dieses Abschnitts gilt auch eine Kommission, welche die Lieferung einer nicht vertretbaren beweglichen Sache, die aus einem von dem Unternehmer zu beschaffenden Stoffe herzustellen ist, zum Gegenstand hat.

Vierter Abschnitt. Frachtgeschäft

Erster Unterabschnitt. Allgemeine Vorschriften

§ 407 Frachtvertrag

(1) Durch den Frachtvertrag wird der Frachtführer verpflichtet, das Gut zum Bestimmungsort zu befördern und dort an den Empfänger abzuliefern.

(2) Der Absender wird verpflichtet, die vereinbarte Fracht zu zahlen.

(3) [1]Die Vorschriften dieses Unterabschnitts gelten, wenn

1. das Gut zu Lande, auf Binnengewässern oder mit Luftfahrzeugen befördert werden soll und
2. die Beförderung zum Betrieb eines gewerblichen Unternehmens gehört.

[2]Erfordert das Unternehmen nach Art oder Umfang einen in kaufmännischer Weise eingerichteten Geschäftsbetrieb nicht und ist die Firma des Unternehmens auch nicht nach § 2 in das Handelsregister eingetragen, so sind in Ansehung des Frachtgeschäfts auch insoweit die Vorschriften des Ersten Abschnitts des Vierten Buches ergänzend anzuwenden; dies gilt jedoch nicht für die §§ 348 bis 350.

§ 408 Frachtbrief. Verordnungsermächtigung

(1) [1]Der Frachtführer kann die Ausstellung eines Frachtbriefs mit folgenden Angaben verlangen:

1. Art und Tag der Ausstellung;
2. Name und Anschrift des Absenders;
3. Name und Anschrift des Frachtführers;
4. Stelle und Tag der Übernahme des Gutes sowie die für die Ablieferung vorgesehene Stelle;
5. Name und Anschrift des Empfängers und eine etwaige Meldeadresse;
6. die übliche Bezeichnung der Art des Gutes und die Art der Verpackung; bei gefährlichen Gütern ihre nach den Gefahrgutvorschriften vorgesehene, sonst ihre allgemein anerkannte Bezeichnung;
7. Anzahl, Zeichen und Nummern der Frachtstücke;
8. das Rohgewicht oder die anders angegebene Menge des Gutes;
9. die bei Ablieferung geschuldete Fracht und die bis zur Ablieferung anfallenden Kosten sowie einen Vermerk über die Frachtzahlung;
10. den Betrag einer bei der Ablieferung des Gutes einzuziehenden Nachnahme;
11. Weisungen für die Zoll- und sonstige amtliche Behandlung des Gutes;
12. eine Vereinbarung über die Beförderung in offenem, nicht mit Planen gedecktem Fahrzeug oder auf Deck.

[2]In den Frachtbrief können weitere Angaben eingetragen werden, die die Parteien für zweckmäßig halten.

(2) [1]Der Frachtbrief wird in drei Originalausfertigungen ausgestellt, die vom Absender unterzeichnet werden. [2]Der Absender kann verlangen, daß auch der Frachtführer den Frachtbrief unterzeichnet. [3]Nachbildungen der eigenhändigen Unterschriften durch Druck oder Stempel genügen. [4]Eine Ausfertigung ist für den Absender bestimmt, eine begleitet das Gut, eine behält der Frachtführer.

(3) [1]Dem Frachtbrief gleichgestellt ist eine elektronische Aufzeichnung, die dieselben Funktionen erfüllt wie der Frachtbrief, sofern sichergestellt ist, dass die Authentizität und die Integrität der Aufzeichnung gewahrt bleiben (elektronischer Frachtbrief). [2]Das Bundesministerium der Justiz und für Verbraucherschutz wird ermächtigt, im Einvernehmen mit dem Bundesministerium des Innern durch Rechtsverordnung, die nicht der Zustimmung des Bundesrates bedarf, die Einzelheiten der Ausstellung, des Mitführens und der Vorlage eines elektronischen Frachtbriefs sowie des Verfahrens einer nachträglichen Eintragung in einen elektronischen Frachtbrief zu regeln.

§ 409 Beweiskraft des Frachtbriefs

(1) Der von beiden Parteien unterzeichnete Frachtbrief dient bis zum Beweis des Gegenteils als Nachweis für Abschluß und Inhalt des Frachtvertrages sowie für die Übernahme des Gutes durch den Frachtführer.

(2) [1]Der von beiden Parteien unterzeichnete Frachtbrief begründet ferner die Vermutung, daß das Gut und seine Verpackung bei der Übernahme durch den Frachtführer in äußerlich gutem Zustand waren und daß die Anzahl der Frachtstücke und ihre Zeichen und Nummern mit den Angaben im Frachtbrief übereinstimmen. [2]Der Frachtbrief begründet diese Vermutung jedoch nicht, wenn der Frachtführer einen begründeten Vorbehalt in den Frachtbrief eingetragen hat; der Vorbehalt kann auch damit begründet werden, daß dem Frachtführer keine angemessenen Mittel zur Verfügung standen, die Richtigkeit der Angaben zu überprüfen.

(3) [1]Ist das Rohgewicht oder die anders angegebene Menge des Gutes oder der Inhalt der Frachtstücke vom Frachtführer überprüft und das Ergebnis der Überprüfung in den von beiden Parteien unterzeichneten Frachtbrief eingetragen worden, so begründet dieser auch die Vermutung, daß Gewicht, Menge oder Inhalt mit den Angaben im Frachtbrief übereinstimmt. [2]Der Frachtführer ist verpflichtet, Gewicht, Menge oder Inhalt zu überprüfen, wenn der Absender dies verlangt und dem Frachtführer angemessene Mittel zur Überprüfung zur Verfügung stehen; der Frachtführer hat Anspruch auf Ersatz seiner Aufwendungen für die Überprüfung.

§ 410 Gefährliches Gut

(1) Soll gefährliches Gut befördert werden, so hat der Absender dem Frachtführer rechtzeitig in Textform die genaue Art der Gefahr und, soweit erforderlich, zu ergreifende Vorsichtsmaßnahmen mitzuteilen.

(2) Der Frachtführer kann, sofern ihm nicht bei Übernahme des Gutes die Art der Gefahr bekannt war oder jedenfalls mitgeteilt worden ist,

1. gefährliches Gut ausladen, einlagern, zurückbefördern oder, soweit erforderlich, vernichten oder unschädlich machen, ohne dem Absender deshalb ersatzpflichtig zu werden, und
2. vom Absender wegen dieser Maßnahmen Ersatz der erforderlichen Aufwendungen verlangen.

§ 411 Verpackung. Kennzeichnung

[1]Der Absender hat das Gut, soweit dessen Natur unter Berücksichtigung der vereinbarten Beförderung eine Verpackung erfordert, so zu verpacken, daß es vor Verlust und Beschädigung geschützt ist und daß auch dem Frachtführer keine Schäden entstehen. [2]Soll das Gut in einem Container, auf einer Palette oder in oder auf einem sonstigen Lademittel, das zur Zusammenfassung von Frachtstücken verwendet wird, zur Beförderung übergeben werden, hat der Absender das Gut auch in oder auf dem Lademittel beförderungssicher zu stauen und zu sichern. [3]Der Absender hat das Gut ferner, soweit dessen vertragsgemäße Behandlung dies erfordert, zu kennzeichnen.

§ 412 Verladen und Entladen. Verordnungsermächtigung

(1) [1]Soweit sich aus den Umständen oder der Verkehrssitte nicht etwas anderes ergibt, hat der Absender das Gut beförderungssicher zu laden, zu stauen und zu befestigen (verladen) sowie zu entladen. [2]Der Frachtführer hat für die betriebssichere Verladung zu sorgen.

(2) Für die Lade- und Entladezeit, die sich mangels abweichender Vereinbarung nach einer den Umständen des Falles angemessenen Frist bemißt, kann keine besondere Vergütung verlangt werden.

(3) Wartet der Frachtführer aufgrund vertraglicher Vereinbarung oder aus Gründen, die nicht seinem Risikobereich zuzurechnen sind, über die Lade- oder Entladezeit hinaus, so hat er Anspruch auf eine angemessene Vergütung (Standgeld).

(4) Das Bundesministerium der Justiz und für Verbraucherschutz wird ermächtigt, im Einvernehmen mit dem Bundesministerium für Verkehr und digitale Infrastruktur durch Rechtsverordnung, die nicht der Zustimmung des Bundesrates bedarf, für die Binnenschiffahrt unter Berücksichtigung der Art der zur Beförderung bestimmten Fahrzeuge, der Art und Menge der umzuschlagenden Güter, der beim Güterumschlag zur Verfügung stehenden technischen Mittel und der Erfordernisse eines beschleunigten Verkehrsablaufs die Voraussetzungen für den Beginn der Lade- und Entladezeit, deren Dauer sowie die Höhe des Standgeldes zu bestimmen.

§ 413 Begleitpapiere

(1) Der Absender hat dem Frachtführer alle Urkunden zur Verfügung zu stellen und Auskünfte zu erteilen, die für eine amtliche Behandlung, insbesondere eine Zollabfertigung, vor der Ablieferung des Gutes erforderlich sind.

(2) [1]Der Frachtführer ist für den Schaden verantwortlich, der durch Verlust oder Beschädigung der ihm übergebenen Urkunden oder durch deren unrichtige Verwendung verursacht worden ist, es sei denn, daß der Verlust, die Beschädigung oder die unrichtige Verwendung auf Umständen beruht, die der Frachtführer nicht vermeiden und deren Folgen er nicht abwenden konnte. [2]Seine Haftung ist jedoch auf den Betrag begrenzt, der bei Verlust des Gutes zu zahlen wäre.

§ 414 Verschuldensunabhängige Haftung des Absenders in besonderen Fällen

(1) [1]Der Absender hat, auch wenn ihn kein Verschulden trifft, dem Frachtführer Schäden und Aufwendungen zu ersetzen, die verursacht werden durch

1. ungenügende Verpackung oder Kennzeichnung,
2. Unrichtigkeit oder Unvollständigkeit der in den Frachtbrief aufgenommenen Angaben,
3. Unterlassen der Mitteilung über die Gefährlichkeit des Gutes oder
4. Fehlen, Unvollständigkeit oder Unrichtigkeit der in § 413 Abs. 1 genannten Urkunden oder Auskünfte.

(2) Hat bei der Verursachung der Schäden oder Aufwendungen ein Verhalten des Frachtführers mitgewirkt, so hängen die Verpflichtung zum Ersatz sowie der Umfang des zu leistenden Ersatzes davon ab, inwieweit dieses Verhalten zu den Schäden und Aufwendungen beigetragen hat.

(3) Ist der Absender ein Verbraucher, so hat er dem Frachtführer Schäden und Aufwendungen nach den Absätzen 1 und 2 nur zu ersetzen, soweit ihn ein Verschulden trifft.

§ 415 Kündigung durch den Absender

(1) Der Absender kann den Frachtvertrag jederzeit kündigen.

(2) [1]Kündigt der Absender, so kann der Frachtführer entweder

1. die vereinbarte Fracht, das etwaige Standgeld sowie zu ersetzende Aufwendungen unter Anrechnung dessen, was er infolge der Aufhebung des Vertrages an Aufwendungen erspart oder anderweitig erwirbt oder zu erwerben böswillig unterläßt, oder
2. ein Drittel der vereinbarten Fracht (Fautfracht)

verlangen. [2]Beruht die Kündigung auf Gründen, die dem Risikobereich des Frachtführer zuzurechnen sind, so entfällt der Anspruch auf Fautfracht nach Satz 1 Nr. 2; in diesem Fall entfällt auch der Anspruch nach Satz 1 Nr. 1, soweit die Beförderung für den Absender nicht von Interesse ist.

(3) [1]Wurde vor der Kündigung bereits Gut verladen, so kann der Frachtführer auf Kosten des Absenders Maßnahmen entsprechend § 419 Abs. 3 Satz 2 bis 4 ergreifen oder vom Absender verlangen, daß dieser das Gut unverzüglich entlädt. [2]Der Frachtführer braucht das Entladen des Gutes nur zu dulden, soweit dies ohne Nachteile für seinen Betrieb und ohne Schäden für die Absender oder Empfänger anderer Sendungen möglich ist. [3]Beruht die Kündigung auf Gründen, die dem Risikobereich des Frachtführers zuzurechnen sind, so ist abweichend von den Sätzen 1 und 2 der Frachtführer verpflichtet, das Gut, das bereits verladen wurde, unverzüglich auf eigene Kosten zu entladen.

§ 416 Anspruch auf Teilbeförderung

[1]Wird das Gut nur teilweise verladen, so kann der Absender jederzeit verlangen, dass der Frachtführer mit der Beförderung des bereits verladenen Teils des Gutes beginnt. [2]In diesem Fall gebührt dem Frachtführer die volle Fracht, das etwaige Standgeld sowie Ersatz der Aufwendungen, die ihm durch das Fehlen eines Teils des Gutes entstehen; von der vollen Fracht kommt jedoch die Fracht für dasjenige Gut in Abzug, welches der Frachtführer mit demselben Beförderungsmittel anstelle des nicht verladenen Gutes befördert. [3]Der Frachtführer ist außerdem berechtigt, soweit ihm durch das Fehlen eines Teils des Gutes die Sicherheit für die volle Fracht entgeht, die Bestellung einer anderweitigen Sicherheit zu fordern. [4]Beruht die Unvollständigkeit der Verladung auf Gründen, die dem Risikobereich des Frachtführers zuzurechnen sind, so steht diesem der Anspruch nach den Sätzen 2 und 3 nur insoweit zu, als tatsächlich Gut befördert wird.

§ 417 Rechte des Frachtführers bei Nichteinhaltung der Ladezeit

(1) Verlädt der Absender das Gut nicht innerhalb der Ladezeit oder stellt er, wenn ihm das Verladen nicht obliegt, das Gut nicht innerhalb der Ladezeit zur Verfügung, so kann ihm der Frachtführer eine angemessene Frist setzen, innerhalb derer das Gut verladen oder zur Verfügung gestellt werden soll.

(2) Wird bis zum Ablauf der nach Absatz 1 gesetzten Frist kein Gut verladen oder zur Verfügung gestellt oder ist offensichtlich, dass innerhalb dieser Frist kein Gut verladen oder zur Verfügung gestellt wird, so kann der Frachtführer den Vertrag kündigen und die Ansprüche nach § 415 Abs. 2 geltend machen.

(3) Wird das Gut bis zum Ablauf der nach Absatz 1 gesetzten Frist nur teilweise verladen oder zur Verfügung gestellt, so kann der Frachtführer mit der Beförderung des bereits verladenen Teils des Gutes beginnen und die Ansprüche nach § 416 Satz 2 und 3 geltend machen.

(4) [1]Der Frachtführer kann die Rechte nach Absatz 2 oder 3 auch ohne Fristsetzung ausüben, wenn der Absender sich ernsthaft und endgültig weigert, das Gut zu verladen oder zur Verfügung zu stellen. [2]Er kann ferner den Vertrag nach Absatz 2 auch ohne Fristsetzung kündigen, wenn besondere Umstände vorliegen, die ihm unter Abwägung der beiderseitigen Interessen die Fortsetzung des Vertragsverhältnisses unzumutbar machen.

(5) Dem Frachtführer stehen die Rechte nicht zu, wenn die Nichteinhaltung der Ladezeit auf Gründen beruht, die seinem Risikobereich zuzurechnen sind.

§ 418 Nachträgliche Weisungen

(1) [1]Der Absender ist berechtigt, über das Gut zu verfügen. [2]Er kann insbesondere verlangen, daß der Frachtführer das Gut nicht weiterbefördert oder es an einem anderen

Bestimmungsort, an einer anderen Ablieferungsstelle oder an einen anderen Empfänger abliefert. [3]Der Frachtführer ist nur insoweit zur Befolgung solcher Weisungen verpflichtet, als deren Ausführung weder Nachteile für den Betrieb seines Unternehmens noch Schäden für die Absender oder Empfänger anderer Sendungen mit sich zu bringen droht. [4]Er kann vom Absender Ersatz seiner durch die Ausführung der Weisung entstehenden Aufwendungen sowie eine angemessene Vergütung verlangen; der Frachtführer kann die Befolgung der Weisung von einem Vorschuß abhängig machen.

(2) [1]Das Verfügungsrecht des Absenders erlischt nach Ankunft des Gutes an der Ablieferungsstelle. [2]Von diesem Zeitpunkt an steht das Verfügungsrecht nach Absatz 1 dem Empfänger zu. [3]Macht der Empfänger von diesem Recht Gebrauch, so hat er dem Frachtführer die entstehenden Mehraufwendungen zu ersetzen sowie eine angemessene Vergütung zu zahlen; der Frachtführer kann die Befolgung der Weisung von einem Vorschuß abhängig machen.

(3) Hat der Empfänger in Ausübung seines Verfügungsrechts die Ablieferung des Gutes an einen Dritten angeordnet, so ist dieser nicht berechtigt, seinerseits einen anderen Empfänger zu bestimmen.

(4) Ist ein Frachtbrief ausgestellt und von beiden Parteien unterzeichnet worden, so kann der Absender sein Verfügungsrechts nur gegen Vorlage der Absenderausfertigung des Frachtbriefs ausüben, sofern dies im Frachtbrief vorgeschrieben ist.

(5) Beabsichtigt der Frachtführer, eine ihm erteilte Weisung nicht zu befolgen, so hat er denjenigen, der die Weisung gegeben hat, unverzüglich zu benachrichtigen.

(6) [1]Ist die Ausübung des Verfügungsrechts von der Vorlage des Frachtbriefs abhängig gemacht worden und führt der Frachtführer eine Weisung aus, ohne sich die Absenderausfertigung des Frachtbriefs vorlegen zu lassen, so haftet er dem Berechtigten für den daraus entstehenden Schaden. [2]Die Haftung ist auf den Betrag begrenzt, der bei Verlust des Gutes zu zahlen wäre.

§ 419 Beförderungs- und Ablieferungshindernisse

(1) [1]Wird nach Übernahme des Gutes erkennbar, dass die Beförderung oder Ablieferung nicht vertragsgemäß durchgeführt werden kann, so hat der Frachtführer Weisungen des nach § 418 oder § 446 Verfügungsberechtigten einzuholen. [2]Ist der Empfänger verfügungsberechtigt und ist er nicht zu ermitteln oder verweigert er die Annahme des Gutes, so ist, wenn ein Ladeschein nicht ausgestellt ist, Verfügungsberechtigter nach Satz 1 der Absender; ist die Ausübung des Verfügungsrechts von der Vorlage eines Frachtbriefs abhängig gemacht worden, so bedarf es in diesem Fall der Vorlage des Frachtbriefs nicht. [3]Der Frachtführer ist, wenn ihm Weisungen erteilt worden sind und das Hindernis nicht seinem Risikobereich zuzurechnen ist, berechtigt, Ansprüche nach § 418 Abs. 1 Satz 4 geltend zu machen.

(2) Tritt das Beförderungs- oder Ablieferungshindernis ein, nachdem der Empfänger auf Grund seiner Verfügungsbefugnis nach § 418 die Weisung erteilt hat, das Gut an einen Dritten abzuliefern, so nimmt bei der Anwendung des Absatzes 1 der Empfänger die Stelle des Absenders und der Dritte die des Empfängers ein.

(3) [1]Kann der Frachtführer Weisungen, die er nach § 418 Abs. 1 Satz 3 befolgen müßte, innerhalb angemessener Zeit nicht erlangen, so hat er die Maßnahmen zu ergreifen, die im Interesse des Verfügungsberechtigten die besten zu sein scheinen. [2]Er kann etwa das Gut entladen und verwahren, für Rechnung des nach § 418 oder § 446 Verfügungsberechtigten einem Dritten zur Verwahrung anvertrauen oder zurückbefördern; vertraut der Frachtführer das Gut einem Dritten an, so haftet er nur für die sorgfältige Auswahl des Dritten. [3]Der Frachtführer kann das Gut auch gemäß § 373 Abs. 2 bis 4 verkaufen lassen, wenn es sich um verderbliche Ware handelt oder der Zustand des

Gutes eine solche Maßnahme rechtfertigt oder wenn die andernfalls entstehenden Kosten in keinem angemessenen Verhältnis zum Wert des Gutes stehen. [4]Unverwertbares Gut darf der Frachtführer vernichten. [5]Nach dem Entladen des Gutes gilt die Beförderung als beendet.

(4) Der Frachtführer hat wegen der nach Absatz 3 ergriffenen Maßnahmen Anspruch auf Ersatz der erforderlichen Aufwendungen und auf angemessene Vergütung, es sei denn, daß das Hindernis seinem Risikobereich zuzurechnen ist.

§ 420 Zahlung. Frachtberechnung

(1) [1]Die Fracht ist bei Ablieferung des Gutes zu zahlen. [2]Der Frachtführer hat über die Fracht hinaus einen Anspruch auf Ersatz von Aufwendungen, soweit diese für das Gut gemacht wurden und er sie den Umständen nach für erforderlich halten durfte.

(2) [1]Der Anspruch auf die Fracht entfällt, soweit die Beförderung unmöglich ist. [2]Wird die Beförderung infolge eines Beförderungs- oder Ablieferungshindernisses vorzeitig beendet, so gebührt dem Frachtführer die anteilige Fracht für den zurückgelegten Teil der Beförderung, wenn diese für den Absender von Interesse ist.

(3) [1]Abweichend von Absatz 2 behält der Frachtführer den Anspruch auf die Fracht, wenn die Beförderung aus Gründen unmöglich ist, die dem Risikobereich des Absenders zuzurechnen sind oder die zu einer Zeit eintreten, zu welcher der Absender im Verzug der Annahme ist. [2]Der Frachtführer muss sich jedoch das, was er an Aufwendungen erspart oder anderweitig erwirbt oder zu erwerben böswillig unterlässt, anrechnen lassen.

(4) Tritt nach Beginn der Beförderung und vor Ankunft an der Ablieferungsstelle eine Verzögerung ein und beruht die Verzögerung auf Gründen, die dem Risikobereich des Absenders zuzurechnen sind, so gebührt dem Frachtführer neben der Fracht eine angemessene Vergütung.

(5) Ist die Fracht nach Zahl, Gewicht oder anders angegebener Menge des Gutes vereinbart, so wird für die Berechnung der Fracht vermutet, daß Angaben hierzu im Frachtbrief oder Ladeschein zutreffen; dies gilt auch dann, wenn zu diesen Angaben ein Vorbehalt eingetragen ist, der damit begründet ist, daß keine angemessenen Mittel zur Verfügung standen, die Richtigkeit der Angaben zu überprüfen.

§ 421 Rechte des Empfängers. Zahlungspflicht

(1) [1]Nach Ankunft des Gutes an der Ablieferungsstelle ist der Empfänger berechtigt, vom Frachtführer zu verlangen, ihm das Gut gegen Erfüllung der Verpflichtungen aus dem Frachtvertrag abzuliefern. [2]Ist das Gut beschädigt oder verspätet abgeliefert worden oder verlorengegangen, so kann der Empfänger die Ansprüche aus dem Frachtvertrag im eigenen Namen gegen den Frachtführer geltend machen; der Absender bleibt zur Geltendmachung dieser Ansprüche befugt. [3]Dabei macht es keinen Unterschied, ob Empfänger oder Absender im eigenen oder fremden Interesse handeln.

(2) [1]Der Empfänger, der sein Recht nach Absatz 1 Satz 1 geltend macht, hat die noch geschuldete Fracht bis zu dem Betrag zu zahlen, der aus dem Frachtbrief hervorgeht. [2]Ist ein Frachtbrief nicht ausgestellt oder dem Empfänger nicht vorgelegt worden oder ergibt sich aus dem Frachtbrief nicht die Höhe der zu zahlenden Fracht, so hat der Empfänger die mit dem Absender vereinbarte Fracht zu zahlen, soweit diese nicht unangemessen ist.

(3) Der Empfänger, der sein Recht nach Absatz 1 Satz 1 geltend macht, hat ferner ein Standgeld oder eine Vergütung nach § 420 Absatz 4 zu zahlen, ein Standgeld wegen Überschreitung der Ladezeit und eine Vergütung nach § 420 Absatz 4 jedoch nur, wenn ihm der geschuldete Betrag bei Ablieferung des Gutes mitgeteilt worden ist.

(4) Der Absender bleibt zur Zahlung der nach dem Vertrag geschuldeten Beträge verpflichtet.

§ 422 Nachnahme

(1) Haben die Parteien vereinbart, daß das Gut nur gegen Einziehung einer Nachnahme an den Empfänger abgeliefert werden darf, so ist anzunehmen, daß der Betrag in bar oder in Form eines gleichwertigen Zahlungsmittels einzuziehen ist.

(2) Das auf Grund der Einziehung Erlangte gilt im Verhältnis zu den Gläubigern des Frachtführers als auf den Absender übertragen.

(3) Wird das Gut dem Empfänger ohne Einziehung der Nachnahme abgeliefert, so haftet der Frachtführer, auch wenn ihn kein Verschulden trifft, dem Absenden für den daraus entstehenden Schaden, jedoch nur bis zur Höhe des Betrages der Nachnahme.

§ 423 Lieferfrist

Der Frachtführer ist verpflichtet, das Gut innerhalb der vereinbarten Frist oder mangels Vereinbarung innerhalb der Frist abzuliefern, die einem sorgfältigen Frachtführer unter Berücksichtigung der Umstände vernünftigerweise zuzubilligen ist (Lieferfrist).

§ 424 Verlustvermutung

(1) Der Anspruchsberechtigte kann das Gut als verloren betrachten, wenn es weder innerhalb der Lieferfrist noch innerhalb eines weiteren Zeitraums abgeliefert wird, der der Lieferfrist entspricht, mindestens aber zwanzig Tage, bei einer grenzüberschreitenden Beförderung dreißig Tage beträgt.

(2) Erhält der Anspruchsberechtigte eine Entschädigung für den Verlust des Gutes, so kann er bei deren Empfang verlangen, daß er unverzüglich benachrichtigt wird, wenn das Gut wiederaufgefunden wird.

(3) [1]Der Anspruchsberechtigte kann innerhalb eines Monats nach Empfang der Benachrichtigung von dem Wiederauffinden des Gutes verlangen, daß ihm das Gut Zug um Zug gegen Erstattung der Entschädigung, gegebenenfalls abzüglich der in der Entschädigung enthaltenen Kosten, abgeliefert wird. [2]Eine etwaige Pflicht zur Zahlung der Fracht sowie Ansprüche auf Schadenersatz bleiben unberührt.

(4) Wird das Gut nach Zahlung einer Entschädigung wiederaufgefunden und hat der Anspruchsberechtigte eine Benachrichtigung nicht verlangt oder macht er nach Benachrichtigung seinen Anspruch auf Ablieferung nicht geltend, so kann der Frachtführer über das Gut frei verfügen.

§ 425 Haftung für Güter- und Verspätungsschäden. Schadensteilung

(1) Der Frachtführer haftet für den Schaden, der durch Verlust oder Beschädigung des Gutes in der Zeit vor der Übernahme zur Beförderung bis zur Ablieferung oder durch Überschreitung der Lieferfrist entsteht.

(2) Hat bei der Entstehung des Schadens ein Verhalten des Absenders oder des Empfängers oder ein besonderer Mangel des Gutes mitgewirkt, so hängen die Verpflichtung zum Ersatz sowie der Umfang des zu leistenden Ersatzes davon ab, inwieweit diese Umstände zu dem Schaden beigetragen haben.

§ 426 Haftungsausschluß

Der Frachtführer ist von der Haftung befreit, soweit der Verlust, die Beschädigung oder die Überschreitung der Lieferfrist auf Umständen beruht, die der Frachtführer auch bei größter Sorgfalt nicht vermeiden und deren Folgen er nicht abwenden konnte.

§ 427 Besondere Haftungsausschlußgründe

(1) Der Frachtführer ist von seiner Haftung befreit, soweit der Verlust, die Beschädigung oder die Überschreitung der Lieferfrist auf eine der folgenden Gefahren zurückzuführen ist:

1. vereinbarte oder der Übung entsprechende Verwendung von offenen, nicht mit Planen gedeckten Fahrzeugen oder Verladung auf Deck;
2. ungenügende Verpackung durch den Absender;
3. Behandeln, Verladen oder Entladen des Gutes durch den Absender oder den Empfänger;
4. natürliche Beschaffenheit des Gutes, die besonders leicht zu Schäden, insbesondere durch Bruch, Rost, inneren Verderb, Austrocknen, Auslaufen, normalen Schwund, führt;
5. ungenügende Kennzeichnung der Frachtstücke durch den Absender;
6. Beförderung lebender Tiere.

(2) [1]Ist ein Schaden aufgetreten, der nach den Umständen des Falles aus einer der in Absatz 1 bezeichneten Gefahren entstehen konnte, so wird vermutet, daß der Schaden aus dieser Gefahr entstanden ist. [2]Diese Vermutung gilt im Falle des Absatzes 1 Nr. 1 nicht bei außergewöhnlich großem Verlust.

(3) Der Frachtführer kann sich auf Absatz 1 Nr. 1 nur berufen, soweit der Verlust, die Beschädigung oder die Überschreitung der Lieferfrist nicht darauf zurückzuführen ist, daß der Frachtführer besondere Weisungen des Absenders im Hinblick auf die Beförderung des Gutes nicht beachtet hat.

(4) Ist der Frachtführer nach dem Frachtvertrag verpflichtet, das Gut gegen die Einwirkung von Hitze, Kälte, Temperaturschwankungen, Luftfeuchtigkeit, Erschütterungen oder ähnlichen Einflüssen besonders zu schützen, so kann er sich auf Absatz 1 Nr. 4 nur berufen, wenn er alle ihm nach den Umständen obliegenden Maßnahmen, insbesondere hinsichtlich der Auswahl, Instandhaltung und Verwendung besonderer Einrichtungen, getroffen und besondere Weisungen beachtet hat.

(5) Der Frachtführer kann sich auf Absatz 1 Nr. 6 nur berufen, wenn er alle ihm nach den Umständen obliegenden Maßnahmen getroffen und besondere Weisungen beachtet hat.

§ 428 Haftung für andere

[1]Der Frachtführer hat Handlungen und Unterlassungen seiner Leute in gleichem Umfange zu vertreten wie eigene Handlungen und Unterlassungen, wenn die Leute in Ausübung ihrer Verrichtungen handeln. [2]Gleiches gilt für Handlungen und Unterlassungen anderer Personen, deren er sich bei Ausführung der Beförderung bedient.

§ 429 Wertersatz

(1) Hat der Frachtführer für gänzlichen oder teilweisen Verlust des Gutes Schadenersatz zu leisten, so ist der Wert am Ort und zur Zeit der Übernahme zur Beförderung zu ersetzen.

(2) [1]Bei Beschädigung des Gutes ist der Unterschied zwischen dem Wert des unbeschädigten Gutes am Ort und zur Zeit der Übernahme zur Beförderung und dem Wert zu ersetzen, den das beschädigte Gut am Ort und zur Zeit der Übernahme gehabt hätte. [2]Es wird vermutet, daß die zur Schadensminderung und Schadensbehebung aufzuwendenden Kosten dem nach Satz 1 zu ermittelnden Unterschiedsbetrag entsprechen.

(3) [1]Der Wert des Gutes bestimmt sich nach dem Marktpreis, sonst nach dem gemeinen Wert von Gütern gleicher Art und Beschaffenheit. [2]Ist das Gut unmittelbar vor Übernahme zur Beförderung verkauft worden, so wird vermutet, daß der in der Rechnung des Verkäufers ausgewiesene Kaufpreis abzüglich darin enthaltener Beförderungskosten der Marktpreis ist.

§ 430 Schadensfeststellungskosten

Bei Verlust oder Beschädigung des Gutes hat der Frachtführer über den nach § 429 zu leistenden Ersatz hinaus die Kosten der Feststellung des Schadens zu tragen.

§ 431 Haftungshöchstbetrag

(1) Die nach den §§ 429 und 430 zu leistende Entschädigung wegen Verlust oder Beschädigung ist auf einen Betrag von 8,33 Rechnungseinheiten für jedes Kilogramm des Rohgewichts des Gutes begrenzt.

(2) Besteht das Gut aus mehreren Frachtstücken (Sendung) und sind nur einzelne Frachtstücke verloren oder beschädigt worden, so ist der Berechnung nach Absatz 1

1. die gesamte Sendung zu Grunde zu legen, wenn die gesamte Sendung entwertet ist, oder
2. der entwertete Teil der Sendung zu Grunde zu legen, wenn nur ein Teil der Sendung entwertet ist.

(3) Die Haftung des Frachtführers wegen Überschreitung der Lieferfrist ist auf den dreifachen Betrag der Fracht begrenzt.

(4) [1]Die in den Absätzen 1 und 2 genannte Rechnungseinheit ist das Sonderziehungsrecht des Internationalen Währungsfonds. [2]Der Betrag wird in Euro entsprechend dem Wert des Euro gegenüber dem Sonderziehungsrecht am Tag der Übernahme des Gutes zur Beförderung oder an dem von den Parteien vereinbarten Tag umgerechnet. [3]Der Wert des Euro gegenüber dem Sonderziehungsrecht wird nach der Berechnungsmethode ermittelt, die der internationale Währungsfonds an dem betreffenden Tag für seine Operationen und Transaktionen anwendet.

§ 432 Ersatz sonstiger Kosten

[1]Haftet der Frachtführer wegen Verlust oder Beschädigung, so hat er über den nach den §§ 429 bis 431 zu leistenden Ersatz hinaus die Fracht, öffentliche Abgaben und sonstige Kosten aus Anlaß der Beförderung des Gutes zu erstatten, im Fall der Beschädigung jedoch nur in dem nach § 429 Abs. 2 zu ermittelnden Wertverhältnis. [2]Weiteren Schaden hat er nicht zu ersetzen.

§ 433 Haftungshöchstbetrag bei sonstigen Vermögensschäden

Haftet der Frachtführer wegen der Verletzung einer mit der Ausführung der Beförderung des Gutes zusammenhängenden vertraglichen Pflicht für Schäden, die nicht durch Verlust oder Beschädigung des Gutes oder durch Überschreitung der Lieferfrist entstehen, und handelt es sich um andere Schäden als Sach- oder Personenschäden, so ist auch in diesem Falle die Haftung begrenzt, und zwar auf das Dreifache des Betrages, der bei Verlust des Gutes zu zahlen wäre.

§ 434 Außervertragliche Ansprüche

(1) Die in diesem Unterabschnitt und im Frachtvertrag vorgesehenen Haftungsbefreiungen und Haftungsbegrenzungen gelten auch für einen außervertraglichen Anspruch des Absenders oder des Empfängers gegen den Frachtführer wegen Verlust oder Beschädigung des Gutes oder wegen Überschreitung der Lieferfrist.

(2) [1]Der Frachtführer kann auch gegenüber außervertraglichen Ansprüchen Dritter wegen Verlust oder Beschädigung des Gutes die Einwendungen nach Absatz 1 geltend machen. [2]Die Einwendungen können jedoch nicht geltend gemacht werden, wenn

1. sie auf eine Vereinbarung gestützt werden, die von den in § 449 Absatz 1 Satz 1 genannten Vorschriften zu Lasten des Absenders abweicht,

2. der Dritte der Beförderung nicht zugestimmt hat und der Frachtführer die fehlende Befugnis des Absenders, das Gut zu versenden, kannte oder infolge grober Fahrlässigkeit nicht kannte oder
3. das Gut vor Übernahme zur Beförderung dem Dritten oder einer Person, die von diesem ihr Recht zum Besitz ableitet, abhanden gekommen ist.

[3]Satz 2 Nummer 1 gilt jedoch nicht für eine nach § 449 zulässige Vereinbarung über die Begrenzung der vom Frachtführer zu leistenden Entschädigung wegen Verlust oder Beschädigung des Gutes auf einen niedrigeren als den gesetzlich vorgesehenen Betrag, wenn dieser den Betrag von 2 Rechnungseinheiten nicht unterschreitet.

§ 435 Wegfall der Haftungsbefreiungen und -begrenzungen

Die in diesem Unterabschnitt und im Frachtvertrag vorgesehenen Haftungsbefreiungen und Haftungsbegrenzungen gelten nicht, wenn der Schaden auf eine Handlung oder Unterlassung zurückzuführen ist, die der Frachtführer oder eine in § 428 genannte Person vorsätzlich oder leichtfertig und in dem Bewußtsein, daß ein Schaden mit Wahrscheinlichkeit eintreten werde, begangen hat.

§ 436 Haftung der Leute

[1]Werden Ansprüche aus außervertraglicher Haftung wegen Verlust oder Beschädigung des Gutes oder wegen Überschreitung der Lieferfrist gegen einen der Leute des Frachtführers erhoben, so kann sich auch jener auf die in diesem Unterabschnitt und im Frachtvertrag vorgesehenen Haftungsbefreiungen und -begrenzungen berufen. [2]Dies gilt nicht, wenn er vorsätzlich oder leichtfertig und in dem Bewußtsein, daß ein Schaden mit Wahrscheinlichkeit eintreten werde, gehandelt hat.

§ 437 Ausführender Frachtführer

(1) [1]Wird die Beförderung ganz oder teilweise durch einen Dritten ausgeführt (ausführender Frachtführer), so haftet dieser für den Schaden, der durch Verlust oder Beschädigung des Gutes oder durch Überschreitung der Lieferfrist während der durch ihn ausgeführten Beförderung entsteht, so, als wäre er der Frachtführer. [2]Vertragliche Vereinbarungen mit dem Absender oder Empfänger, durch die der Frachtführer seine Haftung erweitert, wirken gegen den ausführenden Frachtführer nur, soweit er ihnen schriftlich zugestimmt hat.

(2) Der ausführende Frachtführer kann alle Einwendungen und Einreden geltend machen, die dem Frachtführer aus dem Frachtvertrag zustehen.

(3) Frachtführer und ausführender Frachtführer haften als Gesamtschuldner.

(4) Werden die Leute des ausführenden Frachtführers in Anspruch genommen, so gilt für diese § 436 entsprechend.

§ 438 Schadensanzeige

(1) [1]Ist ein Verlust oder eine Beschädigung des Gutes äußerlich erkennbar und zeigt der Empfänger oder der Absender dem Frachtführer Verlust oder Beschädigung nicht spätestens bei Ablieferung des Gutes an, so wird vermutet, daß das Gut vollständig und unbeschädigt abgeliefert worden ist. [2]Die Anzeige muß den Verlust oder die Beschädigung hinreichend deutlich kennzeichnen.

(2) Die Vermutung nach Absatz 1 gilt auch, wenn der Verlust oder die Beschädigung äußerlich nicht erkennbar war und nicht innerhalb von sieben Tagen nach Ablieferung angezeigt worden ist.

(3) Ansprüche wegen Überschreitung der Lieferfrist erlöschen, wenn der Empfänger dem Frachtführer die Überschreitung der Lieferfrist nicht innerhalb von einundzwanzig Tagen nach Ablieferung anzeigt.

(4) [1]Eine Schadensanzeige nach Ablieferung ist in Textform zu erstatten. [2]Zur Wahrung der Frist genügt die rechtzeitige Absendung.

(5) Werden Verlust, Beschädigung oder Überschreitung der Lieferfrist bei Ablieferung angezeigt, so genügt die Anzeige gegenüber demjenigen, der das Gut abliefert.

§ 439 Verjährung

(1) [1]Ansprüche aus einer Beförderung, die den Vorschriften dieses Unterabschnitts unterliegt, verjähren in einem Jahr. [2]Bei Vorsatz oder bei einem dem Vorsatz nach § 435 gleichstehenden Verschulden beträgt die Verjährungsfrist drei Jahre.

(2) [1]Die Verjährung beginnt mit Ablauf des Tages, an dem das Gut abgeliefert wurde. [2]Ist das Gut nicht abgeliefert worden, beginnt die Verjährung mit dem Ablauf des Tages, an dem das Gut hätte abgeliefert werden müssen. [3]Abweichend von den Sätzen 1 und 2 beginnt die Verjährung von Rückgriffsansprüchen mit dem Tag des Eintritts der Rechtskraft des Urteils gegen den Rückgriffsgläubiger oder, wenn kein rechtskräftiges Urteil vorliegt, mit dem Tag, an dem der Rückgriffsgläubiger den Anspruch befriedigt hat, es sei denn, der Rückgriffsschuldner wurde nicht innerhalb von drei Monaten, nachdem der Rückgriffsgläubiger Kenntnis von dem Schaden und der Person des Rückgriffsschuldners erlangt hat, über diesen Schaden unterrichtet.

(3) [1]Die Verjährung eines Anspruchs gegen den Frachtführer wird auch durch eine Erklärung des Absenders oder Empfängers, mit der dieser Ersatzansprüche erhebt, bis zu dem Zeitpunkt gehemmt, in dem der Frachtführer die Erfüllung des Anspruchs ablehnt. [2]Die Erhebung der Ansprüche sowie die Ablehnung bedürfen der Textform. [3]Eine weitere Erklärung, die denselben Ersatzanspruch zum Gegenstand hat, hemmt die Verjährung nicht erneut.

(4) Die Verjährung von Schadensersatzansprüchen wegen Verlust oder Beschädigung des Gutes oder wegen Überschreitung der Lieferfrist kann nur durch Vereinbarung, die im einzelnen ausgehandelt ist, auch wenn sie für eine Mehrzahl von gleichartigen Verträgen zwischen denselben Vertragsparteien getroffen ist, erleichtert oder erschwert werden.

§ 440 Pfandrecht des Frachtführers

(1) [1]Der Frachtführer hat für alle Forderungen aus dem Frachtvertrag ein Pfandrecht an dem ihm zur Beförderung übergebenen Gut des Absenders oder eines Dritten, der der Beförderung des Gutes zugestimmt hat. [2]An dem Gut des Absenders hat der Frachtführer auch ein Pfandrecht für alle unbestrittenen Forderungen aus anderen mit dem Absender abgeschlossenen Fracht-, Seefracht-, Speditions- und Lagerverträgen. [3]Das Pfandrecht nach den Sätzen 1 und 2 erstreckt sich auf die Begleitpapiere.

(2) Das Pfandrecht besteht, solange der Frachtführer das Gut in seinem Besitz hat, insbesondere solange er mittels Konnossements, Ladescheins oder Lagerscheins darüber verfügen kann.

(3) Das Pfandrecht besteht auch nach der Ablieferung fort, wenn der Frachtführer es innerhalb von drei Tagen nach der Ablieferung gerichtlich geltend macht und das Gut noch im Besitz des Empfängers ist.

(4) [1]Die in § 1234 Abs. 1 des Bürgerlichen Gesetzbuchs bezeichnete Androhung des Pfandverkaufs sowie die in den §§ 1237 und 1241 des Bürgerlichen Gesetzbuchs vorgesehenen Benachrichtigungen sind an den nach § 418 oder § 446 verfügungsberechtigten Empfänger zu richten. [2]Ist dieser nicht zu ermitteln oder verweigert er die Annahme des Gutes, so haben die Androhung und die Benachrichtigung gegenüber dem Absender zu erfolgen.

§ 441 Nachfolgender Frachtführer

(1) [1]Hat im Falle der Beförderung durch mehrere Frachtführer der letzte bei der Ablieferung die Forderungen der vorhergehenden Frachtführer einzuziehen, so hat er die Rechte der vorhergehenden Frachtführer, insbesondere auch das Pfandrecht, auszuüben. [2]Das Pfandrecht jedes vorhergehenden Frachtführers bleibt so lange bestehen wie das Pfandrecht des letzten Frachtführers.

(2) Wird ein vorhergehender Frachtführer von einem nachgehenden befriedigt, so gehen Forderung und Pfandrecht des ersteren auf den letzteren über.

(3) Die Absätze 1 und 2 gelten auch für die Forderungen und Rechte eines Spediteurs, der an der Beförderung mitgewirkt hat.

§ 442 Rang mehrerer Pfandrechte

(1) Bestehen an demselben Gut mehrere nach den §§ 397, 440, 464, 475b und 495 begründete Pfandrechte, so geht unter denjenigen Pfandrechten, die durch die Versendung oder durch die Beförderung des Gutes entstanden sind, das später entstandene dem früher entstandenen vor.

(2) Diese Pfandrechte haben Vorrang vor dem nicht aus der Versendung entstandenen Pfandrecht des Kommissionärs und des Lagerhalters sowie vor dem Pfandrecht des Spediteurs, des Frachtführers und des Verfrachters für Vorschüsse.

§ 443 Ladeschein. Verordnungsermächtigung

(1) [1]Über die Verpflichtung zur Ablieferung des Gutes kann von dem Frachtführer ein Ladeschein ausgestellt werden, der die in § 408 Abs. 1 genannten Angaben enthalten soll. [2]Der Ladeschein ist vom Frachtführer zu unterzeichnen; eine Nachbildung der eigenhändigen Unterschrift durch Druck oder durch Stempel genügt.

(2) [1]Ist der Ladeschein an Order gestellt, so soll er den Namen desjenigen enthalten, an dessen Order das Gut abgeliefert werden soll. [2]Wird der Name nicht angegeben, so ist der Ladeschein als an Order des Absenders gestellt anzusehen.

(3) [1]Dem Ladeschein gleichgestellt ist eine elektronische Aufzeichnung, die dieselben Funktionen erfüllt wie der Ladeschein, sofern sichergestellt ist, dass die Authentizität und die Integrität der Aufzeichnung gewahrt bleiben (elektronischer Ladeschein). [2]Das Bundesministerium der Justiz und für Verbraucherschutz wird ermächtigt, im Einvernehmen mit dem Bundesministerium des Innern durch Rechtsverordnung, die nicht der Zustimmung des Bundesrates bedarf, die Einzelheiten der Ausstellung, Vorlage, Rückgabe und Übertragung eines elektronischen Ladescheins sowie die Einzelheiten des Verfahrens einer nachträglichen Eintragung in einen elektronischen Ladeschein zu regeln.

(4) *(aufgehoben)*

§ 444 Wirkung des Ladescheins. Legitimation

(1) Der Ladeschein begründet die Vermutung, dass der Frachtführer das Gut so übernommen hat, wie es im Ladeschein beschrieben ist; § 409 Absatz 2 und 3 Satz 1 gilt entsprechend.

(2) [1]Gegenüber einem im Ladeschein benannten Empfänger, an den der Ladeschein begeben wurde, kann der Frachtführer die Vermutung nach Absatz 1 nicht widerlegen, es sei denn, dem Empfänger war im Zeitpunkt der Begebung des Ladescheins bekannt oder infolge grober Fahrlässigkeit unbekannt, dass die Angaben im Ladeschein unrichtig sind. [2]Gleiches gilt gegenüber einem Dritten, dem der Ladeschein übertragen wurde. [3]Die Sätze 1 und 2 gelten nicht, wenn der aus dem Ladeschein Berechtigte den ausführenden Frachtführer nach § 437 in Anspruch nimmt und der Ladeschein weder vom aus-

führenden Frachtführer noch von einem für ihn zur Zeichnung von Ladescheinen Befugten ausgestellt wurde.

(3) [1]Die im Ladeschein verbrieften frachtvertraglichen Ansprüche können nur von dem aus dem Ladeschein Berechtigten geltend gemacht werden. [2]Zugunsten des legitimierten Besitzers des Ladescheins wird vermutet, dass er der aus dem Ladeschein Berechtigte ist. [3]Legitimierter Besitzer des Ladescheins ist, wer einen Ladeschein besitzt, der

1. auf den Inhaber lautet,
2. an Order lautet und den Besitzer als Empfänger benennt oder durch eine ununterbrochene Reihe von Indossamenten ausweist oder
3. auf den Namen des Besitzers lautet.

§ 445 Ablieferung gegen Rückgabe des Ladescheins

(1) [1]Nach Ankunft des Gutes an der Ablieferungsstelle ist der legitimierte Besitzer des Ladescheins berechtigt, vom Frachtführer die Ablieferung des Gutes zu verlangen. [2]Macht er von diesem Recht Gebrauch, ist er entsprechend § 421 Absatz 2 und 3 zur Zahlung der Fracht und einer sonstigen Vergütung verpflichtet.

(2) [1]Der Frachtführer ist zur Ablieferung des Gutes nur gegen Rückgabe des Ladescheins, auf dem die Ablieferung bescheinigt ist, und gegen Leistung der noch ausstehenden, nach § 421 Absatz 2 und 3 geschuldeten Zahlungen verpflichtet. [2]Er darf das Gut jedoch nicht dem legitimierten Besitzer des Ladescheins abliefern, wenn ihm bekannt oder infolge grober Fahrlässigkeit unbekannt ist, dass der legitimierte Besitzer des Ladescheins nicht der aus dem Ladeschein Berechtigte ist.

(3) [1]Liefert der Frachtführer das Gut einem anderen als dem legitimierten Besitzer des Ladescheins oder, im Falle des Absatzes 2 Satz 2, einem anderen als dem aus dem Ladeschein Berechtigten ab, haftet er für den Schaden, der dem aus dem Ladeschein Berechtigten daraus entsteht. [2]Die Haftung ist auf den Betrag begrenzt, der bei Verlust des Gutes zu zahlen wäre.

§ 446 Befolgung von Weisungen

(1) [1]Das Verfügungsrecht nach den §§ 418 und 419 steht, wenn ein Ladeschein ausgestellt worden ist, ausschließlich dem legitimierten Besitzer des Ladescheins zu. [2]Der Frachtführer darf Weisungen nur gegen Vorlage des Ladescheins ausführen. [3]Weisungen des legitimierten Besitzers des Ladescheins darf er jedoch nicht ausführen, wenn ihm bekannt oder infolge grober Fahrlässigkeit unbekannt ist, dass der legitimierte Besitzer des Ladescheins nicht der aus dem Ladeschein Berechtigte ist.

(2) [1]Befolgt der Frachtführer Weisungen, ohne sich den Ladeschein vorlegen zu lassen, haftet er dem aus dem Ladeschein Berechtigten für den Schaden, der diesem daraus entsteht. [2]Die Haftung ist auf den Betrag begrenzt, der bei Verlust des Gutes zu zahlen wäre.

§ 447 Einwendungen

(1) [1]Dem aus dem Ladeschein Berechtigten kann der Frachtführer nur solche Einwendungen entgegensetzen, die die Gültigkeit der Erklärungen im Ladeschein betreffen oder sich aus dem Inhalt des Ladescheins ergeben oder dem Frachtführer unmittelbar gegenüber dem aus dem Ladeschein Berechtigten zustehen. [2]Eine Vereinbarung, auf die im Ladeschein lediglich verwiesen wird, ist nicht Inhalt des Ladescheins.

(2) Wird ein ausführender Frachtführer nach § 437 von dem aus dem Ladeschein Berechtigten in Anspruch genommen, kann auch der ausführende Frachtführer die Einwendungen nach Absatz 1 geltend machen.

§ 448 Traditionswirkung des Ladescheins

[1]Die Begebung des Ladescheins an den darin benannten Empfänger hat, sofern der Frachtführer das Gut im Besitz hat, für den Erwerb von Rechten an dem Gut dieselben Wirkungen wie die Übergabe des Gutes. [2]Gleiches gilt für die Übertragung des Ladescheins an Dritte.

§ 449 Abweichende Vereinbarungen über die Haftung

(1) [1]Soweit der Frachtvertrag nicht die Beförderung von Briefen oder briefähnlichen Sendungen zum Gegenstand hat, kann von den Haftungsvorschriften in § 413 Absatz 2, den §§ 414, 418 Absatz 6, § 422 Absatz 3, den §§ 425 bis 438, 445 Absatz 3 und § 446 Absatz 2 nur durch Vereinbarung abgewichen werden, die im Einzelnen ausgehandelt wird, auch wenn sie für eine Mehrzahl von gleichartigen Verträgen zwischen denselben Vertragsparteien getroffen wird. [2]Der Frachtführer kann sich jedoch auf eine Bestimmung im Ladeschein, die von den in Satz 1 genannten Vorschriften zu Lasten des aus dem Ladeschein Berechtigten abweicht, nicht gegenüber einem im Ladeschein benannten Empfänger, an den der Ladeschein begeben wurde, sowie gegenüber einem Dritten, dem der Ladeschein übertragen wurde, berufen.

(2) [1]Abweichend von Absatz 1 kann die vom Frachtführer zu leistende Entschädigung wegen Verlust oder Beschädigung des Gutes auch durch vorformulierte Vertragsbedingungen auf einen anderen als den in § 431 Absatz 1 und 2 vorgesehenen Betrag begrenzt werden, wenn dieser Betrag

1. zwischen 2 und 40 Rechnungseinheiten liegt und der Verwender der vorformulierten Vertragsbedingungen seinen Vertragspartner in geeigneter Weise darauf hinweist, dass diese einen anderen als den gesetzlich vorgesehenen Betrag vorsehen, oder
2. für den Verwender der vorformulierten Vertragsbedingungen ungünstiger ist als der in § 431 Absatz 1 und 2 vorgesehene Betrag.

[2]Ferner kann abweichend von Absatz 1 durch vorformulierte Vertragsbedingungen die vom Absender nach § 414 zu leistende Entschädigung der Höhe nach beschränkt werden.

(3) Ist der Absender ein Verbraucher, so kann in keinem Fall zu seinem Nachteil von den in Absatz 1 Satz 1 genannten Vorschriften abgewichen werden, es sei denn, der Frachtvertrag hat die Beförderung von Briefen oder briefähnlichen Sendungen zum Gegenstand.

(4) Unterliegt der Frachtvertrag ausländischem Recht, so sind die Absätze 1 bis 3 gleichwohl anzuwenden, wenn nach dem Vertrag sowohl der Ort der Übernahme als auch der Ort der Ablieferung des Gutes im Inland liegen.

§ 450 [1)] Anwendung von Seefrachtrecht

Hat der Frachtvertrag die Beförderung des Gutes ohne Umladung sowohl auf Binnen- als auch auf Seegewässern zum Gegenstand, so ist auf den Vertrag Seefrachtrecht anzuwenden, wenn

[1. ein Konnossement ausgestellt ist oder

2.] die auf Seegewässern zurückzulegende Strecke die größere ist.

---

1) Der in § 450 in Klammern gesetzte Textteil wird gestrichen durch Gesetz vom 20.4.2013 (BGBl. I S. 831); die Änderung tritt an dem Tag in Kraft, wenn das Internationale Abkommen vom 25.8.1924 zur Vereinheitlichung von Regeln über Konnossemente außer Kraft tritt.

Zweiter Unterabschnitt. Beförderung von Umzugsgut

§ 451 Umzugsvertrag

Hat der Frachtvertrag die Beförderung von Umzugsgut zum Gegenstand, so sind auf den Vertrag die Vorschriften des Ersten Unterabschnitts anzuwenden, soweit die folgenden besonderen Vorschriften oder anzuwendende internationale Übereinkommen nichts anderes bestimmen.

§ 451a Pflichten des Frachtführers

(1) Die Pflichten des Frachtführers umfassen auch das Ab- und Aufbauen der Möbel sowie das Ver- und Entladen des Umzugsgutes.

(2) Ist der Absender ein Verbraucher, so zählt zu den Pflichten des Frachtführers ferner die Ausführung sonstiger auf den Umzug bezogener Leistungen wie die Verpackung und Kennzeichnung des Umzugsgutes.

§ 451b Frachtbrief. Gefährliches Gut. Begleitpapiere. Mitteilungs- und Auskunftspflichten

(1) Abweichend von § 408 ist der Absender nicht verpflichtet, einen Frachtbrief auszustellen.

(2) [1]Zählt zu dem Umzugsgut gefährliches Gut und ist der Absender ein Verbraucher, so ist er abweichend von § 410 lediglich verpflichtet, den Frachtführer über die von dem Gut ausgehende Gefahr allgemein zu unterrichten; die Unterrichtung bedarf keiner Form. [2]Der Frachtführer hat den Absender über dessen Pflicht nach Satz 1 zu unterrichten.

(3) [1]Der Frachtführer hat den Absender, wenn dieser ein Verbraucher ist, über die zu beachtenden Zoll- und sonstigen Verwaltungsvorschriften zu unterrichten. [2]Er ist jedoch nicht verpflichtet zu prüfen, ob vom Absender zur Verfügung gestellte Urkunden und erteilte Auskünfte richtig und vollständig sind.

§ 451c *(aufgehoben)*

§ 451d Besondere Haftungsausschlußgründe

(1) Abweichend von § 427 ist der Frachtführer von seiner Haftung befreit, soweit der Verlust oder die Beschädigung auf eine der folgenden Gefahren zurückzuführen ist:

1. Beförderung von Edelmetallen, Juwelen, Edelsteinen, Geld, Briefmarken, Münzen, Wertpapieren oder Urkunden;
2. ungenügende Verpackung oder Kennzeichnung durch den Absender;
3. Behandeln, Verladen oder Entladen des Gutes durch den Absender;
4. Beförderung von nicht vom Frachtführer verpacktem Gut in Behältern;
5. Verladen oder Entladen von Gut, dessen Größe oder Gewicht den Raumverhältnissen an der Ladestelle oder Entladestelle nicht entspricht, sofern der Frachtführer den Absender auf die Gefahr einer Beschädigung vorher hingewiesen und der Absender auf der Durchführung der Leistung bestanden hat;
6. Beförderung lebender Tiere oder von Pflanzen;
7. natürliche oder mangelhafte Beschaffenheit des Gutes, der zufolge es besonders leicht Schäden, insbesondere durch Bruch, Funktionsstörungen, Rost, inneren Verderb oder Auslaufen, erleidet.

(2) Ist ein Schaden eingetreten, der nach den Umständen des Falles aus einer der in Absatz 1 bezeichneten Gefahren entstehen konnte, so wird vermutet, daß der Schaden aus dieser Gefahr entstanden ist.

(3) Der Frachtführer kann sich auf Absatz 1 nur berufen, wenn er alle ihm nach den Umständen obliegenden Maßnahmen getroffen und besondere Weisungen beachtet hat.

§ 451e Haftungshöchstbetrag

Abweichend von § 431 Abs. 1 und 2 ist die Haftung des Frachtführers wegen Verlust oder Beschädigung auf einen Betrag von 620 Euro je Kubikmeter Laderaum, der zur Erfüllung des Vertrages benötigt wird, beschränkt.

§ 451f Schadensanzeige

Abweichend von § 438 Abs. 1 und 2 erlöschen Ansprüche wegen Verlust oder Beschädigung des Gutes,

1. wenn der Verlust oder die Beschädigung des Gutes äußerlich erkennbar war und dem Frachtführer nicht spätestens am Tag nach der Ablieferung angezeigt worden ist,
2. wenn der Verlust oder die Beschädigung äußerlich nicht erkennbar war und dem Frachtführer nicht innerhalb von vierzehn Tagen nach Ablieferung angezeigt worden ist.

§ 451g Wegfall der Haftungsbefreiungen und -begrenzungen

[1]Ist der Absender ein Verbraucher, so kann sich der Frachtführer oder eine in § 428 genannte Person

1. auf die in den §§ 451d und 451e sowie in dem Ersten Unterabschnitt vorgesehenen Haftungsbefreiungen und Haftungsbegrenzungen nicht berufen, soweit der Frachtführer es unterläßt, den Absender bei Abschluß des Vertrages über die Haftungsbestimmungen zu unterrichten und auf die Möglichkeiten hinzuweisen, eine weitergehende Haftung zu vereinbaren oder das Gut zu versichern,
2. auf § 451f in Verbindung mit § 438 nicht berufen, soweit der Frachtführer es unterläßt, den Empfänger spätestens bei der Ablieferung des Gutes über die Form und Frist der Schadensanzeige sowie die Rechtsfolgen bei Unterlassen der Schadensanzeige zu unterrichten.

[2]Die Unterrichtung nach Satz 1 Nr. 1 muß in drucktechnisch deutlicher Gestaltung besonders hervorgehoben sein.

§ 451h Abweichende Vereinbarungen

(1) Ist der Absender ein Verbraucher, so kann von den die Haftung des Frachtführers und des Absenders regelnden Vorschriften dieses Unterabschnitts sowie den danach auf den Umzugsvertrag anzuwendenden Vorschriften des Ersten Unterabschnitts nicht zum Nachteil des Absenders abgewichen werden.

(2) [1]In allen anderen als den in Absatz 1 genannten Fällen kann von den darin genannten Vorschriften nur durch Vereinbarung abgewichen werden, die im einzelnen ausgehandelt ist, auch wenn sie für eine Mehrzahl von gleichartigen Verträgen zwischen denselben Vertragsparteien getroffen ist. [2]Die vom Frachtführer zu leistende Entschädigung wegen Verlust oder Beschädigung des Gutes kann jedoch auch durch vorformulierte Vertragsbedingungen auf einen anderen als den in § 451e vorgesehenen Betrag begrenzt werden, wenn der Verwender der vorformulierten Vertragsbedingungen seinen Vertragspartner in geeigneter Weise darauf hinweist, dass diese einen anderen als den gesetzlich vorgesehenen Betrag vorsehen. [3]Ferner kann durch vorformulierte Vertragsbedingungen die vom Absender nach § 414 zu leistende Entschädigung der Höhe nach beschränkt werden.

(3) Unterliegt der Umzugsvertrag ausländischem Recht, so sind die Absätze 1 und 2 gleichwohl anzuwenden, wenn nach dem Vertrag der Ort der Übernahme und der Ort der Ablieferung des Gutes im Inland liegen.

Dritter Unterabschnitt. Beförderung mit verschiedenartigen Beförderungsmitteln

§ 452 Frachtvertrag über eine Beförderung mit verschiedenartigen Beförderungsmitteln

[1]Wird die Beförderung des Gutes aufgrund eines einheitlichen Frachtvertrags mit verschiedenartigen Beförderungsmitteln durchgeführt und wären, wenn über jeden Teil der Beförderung mit jeweils einem Beförderungsmittel (Teilstrecke) zwischen den Vertragsparteien ein gesonderter Vertrag abgeschlossen worden wäre, mindestens zwei dieser Verträge verschiedenen Rechtsvorschriften unterworfen, so sind auf den Vertrag die Vorschriften des Ersten Unterabschnitts anzuwenden, soweit die folgenden besonderen Vorschriften oder anzuwendende internationale Übereinkommen nichts anderes bestimmen. [2]Dies gilt auch dann, wenn ein Teil der Beförderung über See durchgeführt wird.

§ 452a Bekannter Schadensort

[1]Steht fest, daß der Verlust, die Beschädigung oder das Ereignis, das zu einer Überschreitung der Lieferfrist geführt hat, auf einer bestimmten Teilstrecke eingetreten ist, so bestimmt sich die Haftung der Frachtführers abweichend von den Vorschriften des Ersten Unterabschnitts nach den Rechtsvorschriften, die auf einen Vertrag über eine Beförderung auf dieser Teilstrecke anzuwenden wären. [2]Der Beweis dafür, daß der Verlust, die Beschädigung oder das zu einer Überschreitung der Lieferfrist führende Ereignis auf einer bestimmten Teilstrecke eingetreten ist, obliegt demjenigen, der dies behauptet.

§ 452b Schadensanzeige. Verjährung

(1) [1]§ 438 ist unabhängig davon anzuwenden, ob der Schadensort unbekannt ist, bekannt ist oder später bekannt wird. [2]Die für die Schadensanzeige vorgeschriebene Form und Frist ist auch gewahrt, wenn die Vorschriften eingehalten werden, die auf einen Vertrag über eine Beförderung auf der letzten Teilstrecke anzuwenden wären.

(2) [1]Für den Beginn der Verjährung des Anspruchs wegen Verlust, Beschädigung oder Überschreitung der Lieferfrist ist, wenn auf den Ablieferungszeitpunkt abzustellen ist, der Zeitpunkt der Ablieferung an den Empfänger maßgebend. [2]Der Anspruch verjährt auch bei bekanntem Schadensort frühestens nach Maßgabe des § 439.

§ 452c Umzugsvertrag über eine Beförderung mit verschiedenartigen Beförderungsmitteln

[1]Hat der Frachtvertrag die Beförderung von Umzugsgut mit verschiedenartigen Beförderungsmitteln zum Gegenstand, so sind auf den Vertrag die Vorschriften des Zweiten Unterabschnitts anzuwenden. [2]§ 452a ist nur anzuwenden, soweit für die Teilstrecke, auf der der Schaden eingetreten ist, Bestimmungen eines für die Bundesrepublik Deutschland verbindlichen internationalen Übereinkommens gelten.

§ 452d Abweichende Vereinbarungen

(1) [1]Von der Regelung des § 452b Abs. 2 Satz 1 kann nur durch Vereinbarung abgewichen werden, die im einzelnen ausgehandelt ist, auch wenn diese für eine Mehrzahl von gleichartigen Verträgen zwischen denselben Vertragsparteien getroffen ist. [2]Von den übrigen Regelungen dieses Unterabschnitts kann nur insoweit durch vertragliche Vereinbarung abgewichen werden, als die darin in Bezug genommenen Vorschriften abweichende Vereinbarungen zulassen.

(2) Abweichend von Absatz 1 kann jedoch auch durch vorformulierte Vertragsbedingungen vereinbart werden, daß sich die Haftung bei bekanntem Schadensort (§ 452a)

1. unabhängig davon, auf welcher Teilstrecke der Schaden eintreten wird, oder
2. für den Fall des Schadenseintritts auf einer in der Vereinbarung genannten Teilstrecke

nach den Vorschriften des Ersten Unterabschnitts bestimmt.

(3) Vereinbarungen, die die Anwendung der für eine Teilstrecke zwingend geltenden Bestimmungen eines für die Bundesrepublik Deutschland verbindlichen internationalen Übereinkommens ausschließen, sind unwirksam.

Fünfter Abschnitt. Speditionsgeschäft

§ 453 Speditionsvertrag

(1) Durch den Speditionsvertrag wird der Spediteur verpflichtet, die Versendung des Gutes zu besorgen.

(2) Der Versender wird verpflichtet, die vereinbarte Vergütung zu zahlen.

(3) [1]Die Vorschriften dieses Abschnitts gelten nur, wenn die Besorgung der Versendung zum Betrieb eines gewerblichen Unternehmens gehört. [2]Erfordert das Unternehmen nach Art oder Umfang einen in kaufmännischer Weise eingerichteten Geschäftsbetrieb nicht und ist die Firma des Unternehmens auch nicht nach § 2 in das Handelsregister eingetragen, so sind in Ansehung des Speditionsgeschäfts auch insoweit die Vorschriften des Ersten Abschnitts des Vierten Buches ergänzend anzuwenden; dies gilt jedoch nicht für die §§ 348 bis 350.

§ 454 Besorgung der Versendung

(1) Die Pflicht, die Versendung zu besorgen, umfaßt die Organisation der Beförderung, insbesondere

1. die Bestimmung des Beförderungsmittels und des Beförderungsweges,
2. die Auswahl ausführender Unternehmer, den Abschluß der für die Versendung erforderlichen Fracht-, Lager- und Speditionsverträge sowie die Erteilung von Informationen und Weisungen an die ausführenden Unternehmer und
3. die Sicherung von Schadenersatzansprüchen des Versenders.

(2) [1]Zu den Pflichten des Spediteurs zählt ferner die Ausführung sonstiger vereinbarter auf die Beförderung bezogener Leistungen wie die Versicherung und Verpackung des Gutes, seine Kennzeichnung und die Zollbehandlung. [2]Der Spediteur schuldet jedoch nur den Abschluß der zur Erbringung dieser Leistungen erforderlichen Verträge, wenn sich dies aus der Vereinbarung ergibt.

(3) Der Spediteur schließt die erforderlichen Verträge im eigenen Namen oder, sofern er hierzu bevollmächtigt ist, im Namen des Versenders ab.

(4) Der Spediteur hat bei Erfüllung seiner Pflichten das Interesse des Versenders wahrzunehmen und dessen Weisungen zu befolgen.

§ 455 Behandlung des Gutes. Begleitpapiere. Mitteilungs- und Auskunftspflichten

(1) [1]Der Versender ist verpflichtet, das Gut, soweit erforderlich, zu verpacken und zu kennzeichnen und Urkunden zur Verfügung zu stellen sowie alle Auskünfte zu erteilen, deren der Spediteur zur Erfüllung seiner Pflichten bedarf. [2]Soll gefährliches Gut versendet werden, so hat der Versender dem Spediteur rechtzeitig in Textform die genaue Art der Gefahr und, soweit erforderlich, zu ergreifende Vorsichtsmaßnahmen mitzuteilen.

(2) [1]Der Versender hat, auch wenn ihn kein Verschulden trifft, dem Spediteur Schäden und Aufwendungen zu ersetzen, die verursacht werden durch

1. ungenügende Verpackung der Kennzeichnung,
2. Unterlassen der Mitteilung über die Gefährlichkeit des Gutes oder
3. Fehlen, Unvollständigkeit oder Unrichtigkeit der Urkunden oder Auskünfte, die für eine amtliche Behandlung des Gutes erforderlich sind.

[2]§ 414 Absatz 2 ist entsprechend anzuwenden.

(3) Ist der Versender ein Verbraucher, so hat er dem Spediteur Schäden und Aufwendungen nach Absatz 2 nur zu ersetzen, soweit ihn ein Verschulden trifft.

§ 456 Fälligkeit der Vergütung

Die Vergütung ist zu zahlen, wenn das Gut dem Frachtführer oder Verfrachter übergeben worden ist.

§ 457 Forderungen des Versenders

[1]Der Versender kann Forderungen aus einem Vertrag, den der Spediteur für Rechnung des Versenders im eigenen Namen abgeschlossen hat, erst nach der Abtretung geltend machen. [2]Solche Forderungen sowie das in Erfüllung solcher Forderungen Erlangte gelten jedoch im Verhältnis zu den Gläubigern des Spediteurs als auf den Versender übertragen.

§ 458 Selbsteintritt

[1]Der Spediteur ist befugt, die Beförderung des Gutes durch Selbsteintritt auszuführen. [2]Macht er von dieser Befugnis Gebrauch, so hat er hinsichtlich der Beförderung die Rechte und Pflichten eines Frachtführers oder Verfrachters. [3]In diesem Fall kann er neben der Vergütung für seine Tätigkeit als Spediteur die gewöhnliche Fracht verlangen.

§ 459 Spedition zu festen Kosten

[1]Soweit als Vergütung ein bestimmter Betrag vereinbart ist, der Kosten für die Beförderung einschließt, hat der Spediteur hinsichtlich der Beförderung die Rechte und Pflichten eines Frachtführers oder Verfrachters. [2]In diesem Fall hat er Anspruch auf Ersatz seiner Aufwendungen nur, soweit dies üblich ist.

§ 460 Sammelladung

(1) Der Spediteur ist befugt, die Versendung des Gutes zusammen mit Gut eines anderen Versenders aufgrund eines für seine Rechnung über eine Sammelladung geschlossenen Frachtvertrages zu bewirken.

(2) [1]Macht der Spediteur von dieser Befugnis Gebrauch, so hat er hinsichtlich der Beförderung in Sammelladung die Rechte und Pflichten eines Frachtführers oder Verfrachters. [2]In diesem Fall kann der Spediteur eine den Umständen nach angemessene Vergütung verlangen, höchstens aber die für die Beförderung des einzelnen Gutes gewöhnliche Fracht.

§ 461 Haftung des Spediteurs

(1) [1]Der Spediteur haftet für den Schaden, der durch Verlust oder Beschädigung des in seiner Obhut befindlichen Gutes entsteht. [2]Die §§ 426, 427, 429, 430, 431 Abs. 1, 2 und 4, die §§ 432, 434 bis 436 sind entsprechend anzuwenden.

(2) [1]Für Schaden, der nicht durch Verlust oder Beschädigung des in der Obhut des Spediteurs befindlichen Gutes entstanden ist, haftet der Spediteur, wenn er eine ihm nach § 454 obliegende Pflicht verletzt. [2]Von dieser Haftung ist er befreit, wenn der Schaden durch die Sorgfalt eines ordentlichen Kaufmanns nicht abgewendet werden konnte.

(3) Hat bei der Entstehung des Schadens ein Verhalten des Versenders oder ein besonderer Mangel des Gutes mitgewirkt, so hängen die Verpflichtung zum Ersatz sowie der Umfang des zu leistenden Ersatzes davon ab, inwieweit diese Umstände zu dem Schaden beigetragen haben.

§ 462 Haftung für andere

[1]Der Spediteur hat Handlungen und Unterlassungen seiner Leute in gleichem Umfang zu vertreten wie eigene Handlungen und Unterlassungen, wenn die Leute in Ausübung ihrer Verrichtungen handeln. [2]Gleiches gilt für Handlungen und Unterlassungen anderer Personen, deren er sich bei Erfüllung seiner Pflicht, die Versendung zu besorgen, bedient.

§ 463 Verjährung

Auf die Verjährung der Ansprüche aus einer Leistung, die den Vorschriften dieses Abschnitts unterliegt, ist § 439 entsprechend anzuwenden.

§ 464 Pfandrecht des Spediteurs

[1]Der Spediteur hat für alle Forderungen aus dem Speditionsvertrag ein Pfandrecht an dem ihm zur Versendung übergebenen Gut des Versenders oder eines Dritten, der der Versendung des Gutes zugestimmt hat. [2]An dem Gut des Versenders hat der Spediteur auch ein Pfandrecht für alle unbestrittenen Forderungen aus anderen mit dem Versender abgeschlossenen Speditions-, Fracht-, Seefracht- und Lagerverträgen. [3]§ 440 Absatz 1 Satz 3 und Absatz 2 bis 4 ist entsprechend anzuwenden.

§ 465 Nachfolgender Spediteur

(1) Wirkt an einer Beförderung neben dem Frachtführer auch ein Spediteur mit und hat dieser die Ablieferung zu bewirken, so ist auf den Spediteur § 441 Absatz 1 entsprechend anzuwenden.

(2) Wird ein vorhergehender Frachtführer oder Spediteur von einem nachfolgenden Spediteur befriedigt, so gehen Forderung und Pfandrecht des ersteren auf den letzteren über.

§ 466 Abweichende Vereinbarungen über die Haftung

(1) Soweit der Speditionsvertrag nicht die Versendung von Briefen oder briefähnlichen Sendungen zum Gegenstand hat, kann von den Haftungsvorschriften in § 455 Absatz 2 und 3, § 461 Absatz 1 sowie in den §§ 462 und 463 nur durch Vereinbarung abgewichen werden, die im Einzelnen ausgehandelt wird, auch wenn sie für eine Mehrzahl von gleichartigen Verträgen zwischen denselben Vertragsparteien getroffen wird.

(2) [1]Abweichend von Absatz 1 kann die vom Spediteur zu leistende Entschädigung wegen Verlust oder Beschädigung des Gutes auch durch vorformulierte Vertragsbedingungen auf einen anderen als den in § 431 Absatz 1 und 2 vorgesehenen Betrag begrenzt werden, wenn dieser Betrag

1. zwischen 2 und 40 Rechnungseinheiten liegt und der Verwender der vorformulierten Vertragsbedingungen seinen Vertragspartner in geeigneter Weise darauf hinweist, dass diese einen anderen als den gesetzlich vorgesehenen Betrag vorsehen, oder
2. für den Verwender der vorformulierten Vertragsbedingungen ungünstiger ist als der in § 431 Absatz 1 und 2 vorgesehene Betrag.

[2]Ferner kann durch vorformulierte Vertragsbedingungen die vom Versender nach § 455 Absatz 2 oder 3 zu leistende Entschädigung der Höhe nach beschränkt werden.

(3) Von § 458 Satz 2, § 459 Satz 1 und § 460 Absatz 2 Satz 1 kann nur insoweit durch vertragliche Vereinbarung abgewichen werden, als die darin in Bezug genommenen Vorschriften abweichende Vereinbarungen zulassen.

(4) Ist der Versender ein Verbraucher, so kann in keinem Fall zu seinem Nachteil von den in Absatz 1 genannten Vorschriften abgewichen werden, es sei denn, der Speditionsvertrag hat die Beförderung von Briefen oder briefähnlichen Sendungen zum Gegenstand.

(5) Unterliegt der Speditionsvertrag ausländischem Recht, so sind die Absätze 1 bis 4 gleichwohl anzuwenden, wenn nach dem Vertrag sowohl der Ort der Übernahme als auch der Ort der Ablieferung des Gutes im Inland liegen.

Sechster Abschnitt. Lagergeschäft

§ 467 Lagervertrag

(1) Durch den Lagervertrag wird der Lagerhalter verpflichtet, das Gut zu lagern und aufzubewahren.

(2) Der Einlagerer wird verpflichtet, die vereinbarte Vergütung zu zahlen.

(3) [1]Die Vorschriften dieses Abschnitts gelten nur, wenn die Lagerung und Aufbewahrung zum Betrieb eines gewerblichen Unternehmens gehören. [2]Erfordert das Unternehmen nach Art oder Umfang einen in kaufmännischer Weise eingerichteten Geschäftsbetrieb nicht und ist die Firma des Unternehmens auch nicht nach § 2 in das Handelsregister eingetragen, so sind in Ansehung des Lagergeschäfts auch insoweit die Vorschriften des Ersten Abschnitts des Vierten Buches ergänzend anzuwenden; dies gilt jedoch nicht für die §§ 348 bis 350.

§ 468 Behandlung des Gutes. Begleitpapiere. Mitteilungs- und Auskunftspflichten

(1) [1]Der Einlagerer ist verpflichtet, dem Lagerhalter, wenn gefährliches Gut eingelagert werden soll, rechtzeitig in Textform die genaue Art der Gefahr und, soweit erforderlich, zu ergreifende Vorsichtsmaßnahmen mitzuteilen. [2]Er hat ferner das Gut, soweit erforderlich, zu verpacken und zu kennzeichnen und Urkunden zur Verfügung zu stellen sowie alle Auskünfte zu erteilen, die der Lagerhalter zur Erfüllung seiner Pflichten benötigt.

(2) [1]Ist der Einlagerer ein Verbraucher, so ist abweichend von Absatz 1

1. der Lagerhalter verpflichtet, das Gut, soweit erforderlich, zu verpacken und zu kennzeichnen,
2. der Einlagerer lediglich verpflichtet, den Lagerhalter über die von dem Gut ausgehende Gefahr allgemein zu unterrichten; die Unterrichtung bedarf keiner Form.

[2]Der Lagerhalter hat in diesem Falle den Einlagerer über dessen Pflicht nach Satz 1 Nr. 2 sowie über die von ihm zu beachtenden Verwaltungsvorschriften über eine amtliche Behandlung des Gutes zu unterrichten.

(3) [1]Der Einlagerer hat, auch wenn ihn kein Verschulden trifft, dem Lagerhalter Schäden und Aufwendungen zu ersetzen, die verursacht werden durch

1. ungenügende Verpackung oder Kennzeichnung,
2. Unterlassen der Mitteilung über die Gefährlichkeit des Gutes oder
3. Fehlen, Unvollständigkeit oder Unrichtigkeit der in § 413 Abs. 1 genannten Urkunden oder Auskünfte.

[2]§ 414 Absatz 2 ist entsprechend anzuwenden.

(4) Ist der Einlagerer ein Verbraucher, so hat er dem Lagerhalter Schäden und Aufwendungen nach Absatz 3 nur zu ersetzen, soweit ihn ein Verschulden trifft.

§ 469 Sammellagerung

(1) Der Lagerhalter ist nur berechtigt, vertretbare Sachen mit anderen Sachen gleicher Art und Güte zu vermischen, wenn die beteiligten Einlagerer ausdrücklich einverstanden sind.

(2) Ist der Lagerhalter berechtigt, Gut zu vermischen, so steht vom Zeitpunkt der Einlagerung ab den Eigentümern der eingelagerten Sachen Miteigentum nach Bruchteilen zu.

(3) Der Lagerhalter kann jedem Einlagerer den ihm gebührenden Anteil ausliefern, ohne daß er hierzu der Genehmigung der übrigen Beteiligten bedarf.

§ 470 Empfang des Gutes

Befindet sich Gut, das dem Lagerhalter zugesandt ist, beim Empfang in einem beschädigten oder mangelhaften Zustand, der äußerlich erkennbar ist, so hat der Lagerhalter Schadenersatzansprüche des Einlagerers zu sichern und dem Einlagerer unverzüglich Nachricht zu geben.

§ 471 Erhaltung des Gutes

(1) [1]Der Lagerhalter hat dem Einlagerer die Besichtigung des Gutes, die Entnahme von Proben und die zur Erhaltung des Gutes notwendigen Handlungen während der Geschäftsstunden zu gestatten. [2]Er ist jedoch berechtigt und im Falle der Sammellagerung auch verpflichtet, die zur Enthaltung des Gutes erforderlichen Arbeiten selbst vorzunehmen.

(2) [1]Sind nach dem Empfang Veränderungen an dem Gut entstanden oder zu befürchten, die den Verlust oder die Beschädigung des Gutes oder Schäden des Lagerhalters erwarten lassen, so hat der Lagerhalter dies dem Einlagerer oder, wenn ein Lagerschein ausgestellt ist, dem letzten ihm bekannt gewordenen legitimierten Besitzer des Scheins unverzüglich anzuzeigen und dessen Weisungen einzuholen. [2]Kann der Lagerhalter innerhalb angemessener Zeit Weisungen nicht erlangen, so hat er die angemessen erscheinenden Maßnahmen zu ergreifen. [3]Er kann insbesondere das Gut gemäß § 373 verkaufen lassen; macht er von dieser Befugnis Gebrauch, so hat der Lagerhalter, wenn ein Lagerschein ausgestellt ist, die in § 373 Abs. 3 vorgesehene Androhung des Verkaufs sowie die in Absatz 5 derselben Vorschriften vorgesehenen Benachrichtigungen an den letzten ihm bekannt gewordenen legitimierten Besitzer des Lagerscheins zu richten.

§ 472 Versicherung. Einlagerung bei einem Dritten

(1) [1]Der Lagerhalter ist verpflichtet, das Gut auf Verlangen des Einlagerers zu versichern. [2]Ist der Einlagerer ein Verbraucher, so hat ihn der Lagerhalter auf die Möglichkeit hinzuweisen, das Gut zu versichern.

(2) Der Lagerhalter ist nur berechtigt, das Gut bei einem Dritten einzulagern, wenn der Einlagerer ihm dies ausdrücklich gestattet hat.

§ 473 Dauer der Lagerung

(1) [1]Der Einlagerer kann das Gut jederzeit herausverlangen. [2]Ist der Lagervertrag auf unbestimmte Zeit geschlossen, so kann er den Vertrag jedoch nur unter Einhaltung einer Kündigungsfrist von einem Monat kündigen, es sei denn, es liegt ein wichtiger Grund vor, der zur Kündigung des Vertrags ohne Einhaltung der Kündigungsfrist berechtigt.

(2) [1]Der Lagerhalter kann die Rücknahme des Gutes nach Ablauf der vereinbarten Lagerzeit oder bei Einlagerung auf unbestimmte Zeit nach Kündigung des Vertrags unter Einhaltung einer Kündigungsfrist von einem Monat verlangen. [2]Liegt ein wichtiger Grund vor, so kann der Lagerhalter auch vor Ablauf der Lagerzeit und ohne Einhaltung einer Kündigungsfrist die Rücknahme des Gutes verlangen.

(3) Ist ein Lagerschein ausgestellt, so sind die Kündigung und das Rücknahmeverlangen an den letzten dem Lagerhalter bekannt gewordenen legitimierten Besitzer des Lagerscheins zu richten.

§ 474 Aufwendungsersatz

Der Lagerhalter hat Anspruch auf Ersatz seiner für das Gut gemachten Aufwendungen, soweit er sie den Umständen nach für erforderlich halten durfte.

§ 475 Haftung für Verlust oder Beschädigung

[1]Der Lagerhalter haftet für den Schaden, der durch Verlust oder Beschädigung des Gutes in der Zeit von der Übernahme zur Lagerung bis zur Auslieferung entsteht, es sei denn, daß der Schaden durch die Sorgfalt eines ordentlichen Kaufmanns nicht abgewendet werden konnte. [2]Dies gilt auch dann, wenn der Lagerhalter gemäß § 472 Abs. 2 das Gut bei einem Dritten einlagert.

§ 475a Verjährung

[1]Auf die Verjährung von Ansprüchen aus einer Lagerung, die den Vorschriften dieses Abschnitts unterliegt, findet § 439 entsprechende Anwendung. [2]Im Falle des gänzlichen Verlusts beginnt die Verjährung mit Ablauf des Tages, an dem der Lagerhalter dem Einlagerer oder, wenn ein Lagerschein ausgestellt ist, dem letzten ihm bekannt gewordenen legitimierten Besitzer des Lagerscheins den Verlust anzeigt.

§ 475b Pfandrecht des Lagerhalters

(1) [1]Der Lagerhalter hat für alle Forderungen aus dem Lagervertrag ein Pfandrecht an dem ihm zur Lagerung übergebenen Gut des Einlagerers oder eines Dritten, der der Lagerung zugestimmt hat. [2]An dem Gut des Einlagerers hat der Lagerhalter auch ein Pfandrecht für alle unbestrittenen Forderungen aus anderen mit dem Einlagerer abgeschlossenen Lager-, Fracht-, Seefracht- und Speditionsverträgen. [3]Das Pfandrecht erstreckt sich auch auf die Forderung aus einer Versicherung sowie auf die Begleitpapiere.

(2) Ist ein Orderlagerschein durch Indossament übertragen worden, so besteht das Pfandrecht dem legitimierten Besitzer des Lagerscheins gegenüber nur wegen der Vergütungen und Aufwendungen, die aus dem Lagerschein ersichtlich sind oder ihm bei Erwerb des Lagerscheins bekannt oder infolge grober Fahrlässigkeit unbekannt waren.

(3) Das Pfandrecht besteht, solange der Lagerhalter das Gut in seinem Besitz hat, insbesondere solange er mittels Konnossements, Ladescheins oder Lagerscheins darüber fügen kann.

§ 475c Lagerschein. Verordnungsermächtigung

(1) Über die Verpflichtung zur Auslieferung des Gutes kann von dem Lagerhalter, nachdem er das Gut erhalten hat, ein Lagerschein ausgestellt werden, der die folgenden Angaben enthalten soll:

1. Ort und Tag der Ausstellung des Lagerscheins;
2. Name und Anschrift des Einlagerers;
3. Name und Anschrift des Lagerhalters;
4. Ort und Tag der Einlagerung;
5. die übliche Bezeichnung der Art des Gutes und die Art der Verpackung, bei gefährlichen Gütern ihre nach den Gefahrgutvorschriften vorgesehene, sonst ihre allgemein anerkannte Bezeichnung;
6. Anzahl, Zeichen und Nummern der Packstücke;
7. Rohgewicht oder die anders angegebene Menge des Gutes;

8. im Falle der Sammellagerung einen Vermerk hierüber.

(2) In den Lagerschein können weitere Angaben eingetragen werden, die der Lagerhalter für zweckmäßig hält.

(3) [1]Der Lagerschein ist vom Lagerhalter zu unterzeichnen. [2]Eine Nachbildung der eigenhändigen Unterschrift durch Druck oder Stempel genügt.

(4) [1]Dem Lagerschein gleichgestellt ist eine elektronische Aufzeichnung, die dieselben Funktionen erfüllt wie der Lagerschein, sofern sichergestellt ist, dass die Authentizität und die Integrität der Aufzeichnung gewahrt bleiben (elektronischer Lagerschein). [2]Das Bundesministerium der Justiz und für Verbraucherschutz wird ermächtigt, im Einvernehmen mit dem Bundesministerium des Innern durch Rechtsverordnung, die nicht der Zustimmung des Bundesrates bedarf, die Einzelheiten der Ausstellung, Vorlage, Rückgabe und Übertragung eines elektronischen Lagerscheins sowie die Einzelheiten des Verfahrens über nachträgliche Eintragungen in einen elektronischen Lagerschein zu regeln.

§ 475d Wirkung des Lagerscheins. Legitimation

(1) [1]Der Lagerschein begründet die Vermutung, dass das Gut und seine Verpackung in Bezug auf den äußerlich erkennbaren Zustand sowie auf Anzahl, Zeichen und Nummern der Packstücke wie im Lagerschein beschrieben übernommen worden sind. [2]Ist das Rohgewicht oder die anders angegebene Menge des Gutes oder der Inhalt vom Lagerhalter überprüft und das Ergebnis der Überprüfung in den Lagerschein eingetragen worden, so begründet dieser auch die Vermutung, dass Gewicht, Menge oder Inhalt mit den Angaben im Lagerschein übereinstimmt.

(2) [1]Wird der Lagerschein an eine Person begeben, die darin als zum Empfang des Gutes berechtigt benannt ist, kann der Lagerhalter ihr gegenüber die Vermutung nach Absatz 1 nicht widerlegen, es sei denn, der Person war im Zeitpunkt der Begebung des Lagerscheins bekannt oder infolge grober Fahrlässigkeit unbekannt, dass die Angaben im Lagerschein unrichtig sind. [2]Gleiches gilt gegenüber einem Dritten, dem der Lagerschein übertragen wird.

(3) [1]Die im Lagerschein verbrieften lagervertraglichen Ansprüche können nur von dem aus dem Lagerschein Berechtigten geltend gemacht werden. [2]Zugunsten des legitimierten Besitzers des Lagerscheins wird vermutet, dass er der aus dem Lagerschein Berechtigte ist. [3]Legitimierter Besitzer des Lagerscheins ist, wer einen Lagerschein besitzt, der

1. auf den Inhaber lautet,
2. an Order lautet und den Besitzer als denjenigen, der zum Empfang des Gutes berechtigt ist, benennt oder durch eine ununterbrochene Reihe von Indossamenten ausweist oder
3. auf den Namen des Besitzers lautet.

§ 475e Auslieferung gegen Rückgabe des Lagerscheins

(1) Der legitimierte Besitzer des Lagerscheins ist berechtigt, vom Lagerhalter die Auslieferung des Gutes zu verlangen.

(2) [1]Ist ein Lagerschein ausgestellt, so ist der Lagerhalter zur Auslieferung des Gutes nur gegen Rückgabe des Lagerscheins, auf dem die Auslieferung bescheinigt ist, verpflichtet. [2]Der Lagerhalter ist nicht verpflichtet, die Echtheit der Indossamente zu prüfen. [3]Er darf das Gut jedoch nicht dem legitimierten Besitzer des Lagerscheins ausliefern, wenn ihm bekannt oder infolge grober Fahrlässigkeit unbekannt ist, dass der legitimierte Besitzer des Lagerscheins nicht der aus dem Lagerschein Berechtigte ist.

(3) [1]Die Auslieferung eines Teils des Gutes erfolgt gegen Abschreibung auf dem Lagerschein. [2]Der Abschreibungsvermerk ist vom Lagerhalter zu unterschreiben.

(4) Der Lagerhalter haftet dem aus dem Lagerschein Berechtigten für den Schaden, der daraus entsteht, daß er das Gut ausgeliefert hat, ohne sich den Lagerschein zurückgeben zu lassen oder ohne einen Abschreibungsvermerk einzutragen.

§ 475f Einwendungen

[1]Dem aus dem Lagerschein Berechtigten kann der Lagerhalter nur solche Einwendungen entgegensetzen, die die Gültigkeit der Erklärungen im Lagerschein betreffen oder sich aus dem Inhalt des Lagerscheins ergeben oder dem Lagerhalter unmittelbar gegenüber dem aus dem Lagerschein Berechtigten zustehen. [2]Eine Vereinbarung, auf die im Lagerschein lediglich verwiesen wird, ist nicht Inhalt des Lagerscheins.

§ 475g Traditionswirkung des Lagerscheins

[1]Die Begebung des Lagerscheins an denjenigen, der darin als der zum Empfang des Gutes Berechtigte benannt ist, hat, sofern der Lagerhalter das Gut im Besitz hat, für den Erwerb von Rechten an dem Gut dieselben Wirkungen wie die Übergabe des Gutes. [2]Gleiches gilt für die Übertragung des Lagerscheins an Dritte.

§ 475h Abweichende Vereinbarungen

Ist der Einlagerer ein Verbraucher, so kann nicht zu dessen Nachteil von den §§ 475a und 475e Absatz 4 abgewichen werden.

1a. Einführungsgesetz zum Handelsgesetzbuch

Vom 10. Mai 1897 (RGBl. S. 437)
BGBl. III 4101-1
(Auszug)
zuletzt geändert durch Gesetz vom 12.12.2019 (BGBl. I S. 2637)

Zweiter Abschnitt
Übergangsvorschriften zum Bilanzrichtlinien-Gesetz

Artikel 23

(1) [1]Die vom Inkrafttreten der Artikel 1 bis 10 des Bilanzrichtlinien-Gesetzes vom 19.12.1985 (BGBl. I S. 2355) an geltende Fassung der Vorschriften über den Jahresabschluß und den Lagebericht sowie über die Pflicht zur Offenlegung dieser und der dazu gehörenden Unterlagen ist erstmals auf das nach dem 31. Dezember 1986 beginnende Geschäftsjahr anzuwenden. [2]Die neuen Vorschriften können auf ein früheres Geschäftsjahr angewendet werden, jedoch nur insgesamt.

(2) [1]Die vom Inkrafttreten der Artikel 1 bis 10 des Bilanzrichtlinien-Gesetzes an geltende Fassung der Vorschriften über den Konzernabschluß und den Konzernlagebericht sowie über die Pflicht zur Offenlegung dieser und der dazu gehörenden Unterlagen ist erstmals auf das nach dem 31. Dezember 1989 beginnende Geschäftsjahr anzuwenden. [2]Die neuen Vorschriften können auf ein früheres Geschäftsjahr angewendet werden, jedoch nur insgesamt. [3]Mutterunternehmen, die bereits bei Inkrafttreten des Bilanzrichtlinien-Gesetzes zur Konzernrechnungslegung verpflichtet sind, brauchen bei früherer Anwendung der neuen Vorschriften Tochterunternehmen mit Sitz im Ausland nicht einzubeziehen und einheitliche Bewertungsmethoden im Sinne des § 308 sowie die §§ 311, 312 des Handelsgesetzbuchs über assoziierte Unternehmen nicht anzuwenden.

(3) [1]Die vom Inkrafttreten der Artikel 1 bis 10 des Bilanzrichtlinien-Gesetzes an geltende Fassung der Vorschriften über die Pflicht zur Prüfung des Jahresabschlusses und des Lageberichts ist auf Unternehmen, die bei Inkrafttreten des Bilanzrichtlinien-Gesetzes ihren Jahresabschluß nicht aufgrund bundesgesetzlicher Vorschriften prüfen lassen müssen, erstmals für das nach dem 31. Dezember 1986 beginnende Geschäftsjahr anzuwenden. [2]Die vom Inkrafttreten der Artikel 1 bis 10 des Bilanzrichtlinien-Gesetzes an geltende Fassung der Vorschriften über die Pflicht zur Prüfung des Konzernabschlusses und des Konzernlageberichts ist auf Unternehmen, die bei Inkrafttreten des Bilanzrichtlinien-Gesetzes nicht zur Konzernrechnungslegung verpflichtet sind, erstmals für das nach dem 31. Dezember 1989 beginnende Geschäftsjahr anzuwenden. [3]Der Bestätigungsvermerk nach § 322 Abs. 1 des Handelsgesetzbuchs ist erstmals auf Jahresabschlüsse, Konzernabschlüsse und Teilkonzernabschlüsse sowie auf Lageberichte, Konzernlageberichte und Teilkonzernlageberichte anzuwenden, die nach den am 1. Januar 1986 in Kraft tretenden Vorschriften aufgestellt worden sind.

(4) § 319 Abs. 2 Nr. 8 des Handelsgesetzbuchs ist erstmals auf das sechste nach dem Inkrafttreten des Bilanzrichtlinien-Gesetzes beginnende Geschäftsjahr anzuwenden.

(5) [1]Sind die neuen Vorschriften nach den Absätzen 1 bis 3 auf ein früheres Geschäftsjahr nicht anzuwenden und werden sie nicht freiwillig angewendet, so ist für das Geschäftsjahr die am 31. Dezember 1985 geltende Fassung der geänderten oder aufgehobenen Vorschriften anzuwenden. [2]Satz 1 ist auf Gesellschaften mit beschränkter Haftung hinsichtlich der Anwendung des Gesetzes über die Rechnungslegung von bestimmten Unternehmen und Konzernen entsprechend anzuwenden.

Artikel 24

(1) [1]Waren Vermögensgegenstände des Anlagevermögens im Jahresabschluß für das am 31. Dezember 1986 endende oder laufende Geschäftsjahr mit einem niedrigeren Wert angesetzt, als er nach § 240 Abs. 3 und 4, §§ 252, 253 Abs. 1, 2 und 4, §§ 254, 255, 279 und 280 Abs. 1 und 2 des Handelsgesetzbuchs zulässig ist, so darf der niedrigere Wertansatz beibehalten werden. [2]§ 253 Abs. 2 des Handelsgesetzbuchs ist in diesem Falle mit der Maßgabe anzuwenden, daß der niedrigere Wertansatz um planmäßige Abschreibungen entsprechend der voraussichtlichen Restnutzungsdauer zu vermindern ist.

(2) Waren Vermögensgegenstände des Umlaufvermögens im Jahresabschluß für das am 31. Dezember 1986 endende oder laufende Geschäftsjahr mit einem niedrigeren Wert angesetzt als er nach §§ 252, 253 Abs. 1, 3 und 4, §§ 254, 255 Abs. 1 und 2, §§ 256, 279 Abs. 1 Satz 1, Abs. 2, § 280 Abs. 1 und 2 des Handelsgesetzbuchs zulässig ist, so darf der niedrigere Wertansatz insoweit beibehalten werden, als

1. er aus den Gründen des § 253 Abs. 3, §§ 254, 279 Abs. 2, § 280 Abs. 2 des Handelsgesetzbuchs angesetzt worden ist oder
2. es sich um einen niedrigeren Wertansatz im Sinne des § 253 Abs. 4 des Handelsgesetzbuchs handelt.

(3) [1]Sind bei der erstmaligen Anwendung des § 268 Abs. 2 des Handelsgesetzbuchs über die Darstellung der Entwicklung des Anlagevermögens die Anschaffungs- oder Herstellungskosten eines Vermögensgegenstands des Anlagevermögens nicht ohne unverhältnismäßige Kosten oder Verzögerungen feststellbar, so dürfen die Buchwerte dieser Vermögensgegenstände aus dem Jahresabschluß des vorhergehenden Geschäftsjahrs als ursprüngliche Anschaffungs- oder Herstellungskosten übernommen und fortgeführt werden. [2]Satz 1 darf entsprechend auf die Darstellung des Postens „Aufwendungen für die Ingangsetzung und Erweiterung des Geschäftsbetriebs“ angewendet werden. [3]Kapitalgesellschaften müssen die Anwendung der Sätze 1 und 2 im Anhang angeben.

Artikel 25

(1) [1]Auf die Prüfung des Jahresabschlusses

1. von Aktiengesellschaften, Gesellschaften mit beschränkter Haftung und Gesellschaften, bei denen kein persönlich haftender Gesellschafter eine natürliche Person ist, wenn die Mehrheit der Anteile und die Mehrheit der Stimmrechte an diesen Gesellschaften Genossenschaften oder zur Prüfung von Genossenschaften zugelassenen Prüfungsverbänden zusteht, oder
2. von Unternehmen, die am 31. Dezember 1989 als gemeinnützige Wohnungsunternehmen oder als Organe der staatlichen Wohnungspolitik anerkannt waren und die nicht eingetragene Genossenschaften sind,

ist § 319 Abs. 1 des Handelsgesetzbuchs mit der Maßgabe anzuwenden, daß diese Gesellschaften oder Unternehmen sich auch von dem Prüfungsverband prüfen lassen dürfen, dem sie als Mitglied angehören, sofern mehr als die Hälfte der geschäftsführenden Mitglieder des Vorstands dieses Prüfungsverbands Wirtschaftsprüfer sind und dem Prüfungsverband vor dem 29. Mai 2009 das Prüfungsrecht verliehen worden ist. [2]Hat der Prüfungsverband nur zwei Vorstandsmitglieder, so muß einer von ihnen Wirtschaftsprüfer sein. [3]§ 319 Absatz 1 Satz 3 des Handelsgesetzbuchs gilt mit der Maßgabe, dass der Prüfungsverband über einen Auszug hinsichtlich seiner Eintragung nach § 40a der Wirtschaftsprüferordnung verfügen muss. [4]§ 319 Abs. 2 und 3 sowie § 319a Abs. 1 des Handelsgesetzbuchs sind auf die gesetzlichen Vertreter des Prüfungsverbandes und auf alle vom Prüfungsverband beschäftigten Personen, die das Ergebnis der Prüfung beeinflussen können, entsprechend anzuwenden; § 319 Abs. 3 Satz 1 Nr. 2 ist auf Mitglieder des Aufsichtsorgans des Prüfungsverbandes nicht anzuwenden, wenn sichergestellt ist, dass der Abschlussprüfer die Prüfung unabhängig von den Weisungen durch das Aufsichtsorgan durchführen kann.

(2) [1]Bei der Prüfung des Jahresabschlusses der in Absatz 1 bezeichneten Gesellschaften oder Unternehmen durch einen Prüfungsverband darf der gesetzlich vorgeschriebene Bestätigungsvermerk nur von Wirtschaftsprüfern unterzeichnet werden. [2]Die im Prüfungsverband tätigen Wirtschaftsprüfer haben ihre Prüfungstätigkeit unabhängig, gewissenhaft, verschwiegen und eigenverantwortlich auszuüben. [3]Sie haben sich insbesondere bei der Erstattung von Prüfungsberichten unparteiisch zu verhalten. [4]Weisungen dürfen ihnen hinsichtlich ihrer Prüfungstätigkeit von Personen, die nicht Wirtschaftsprüfer sind, nicht erteilt werden. [5]Die Zahl der im Verband tätigen Wirtschaftsprüfer muß so bemessen sein, daß die den Bestätigungsvermerk unterschreibenden Wirtschaftsprüfer die Prüfung verantwortlich durchführen können.

(3) Ist ein am 31. Dezember 1989 als gemeinnütziges Wohnungsunternehmen oder als Organ der staatlichen Wohnungspolitik anerkanntes Unternehmen als Aktiengesellschaft, Kommanditgesellschaft auf Aktien oder als Gesellschaft mit beschränkter Haftung zur Aufstellung eines Konzernabschlusses und eines Konzernlageberichts nach dem Zweiten Unterabschnitt des Zweiten Abschnitts des Dritten Buchs des Handelsgesetzbuchs verpflichtet, so ist der Prüfungsverband, dem das Unternehmen angehört, auch Abschlußprüfer des Konzernabschlusses.

Artikel 26

(1) [1]Abschlußprüfer nach § 319 Abs. 1 Satz 1 des Handelsgesetzbuchs kann auch eine nach § 131f Abs. 2 der Wirtschaftsprüferordnung bestellte Person sein. [2]Abschlußprüfer nach § 319 Abs. 1 Satz 2 des Handelsgesetzbuchs kann auch eine nach § 131b Abs. 2 der Wirtschaftsprüferordnung bestellte Person sein. [3]Für die Durchführung der Prüfung von Jahresabschlüssen und Lageberichten haben diese Personen die Rechte und Pflichten von Abschlußprüfern.

(2) Für die Anwendung des § 319 Abs. 2 und 3 des Handelsgesetzbuchs in der Fassung des Bilanzrichtlinien-Gesetzes bleibt eine Mitgliedschaft im Aufsichtsrat des zu prüfenden Unternehmens außer Betracht, wenn sie spätestens mit der Beendigung der ersten Versammlung der Aktionäre oder Gesellschafter der zu prüfenden Gesellschaft, die nach Inkrafttreten des Bilanzrichtlinien-Gesetzes stattfindet, endet.

Artikel 27

(1) [1]Hat ein Mutterunternehmen ein Tochterunternehmen schon vor der erstmaligen Anwendung des § 301 des Handelsgesetzbuchs in seinen Konzernabschluß aufgrund gesetzlicher Verpflichtung oder freiwillig nach einer den Grundsätzen ordnungsmäßiger Buchführung entsprechenden Methode einbezogen, so braucht es diese Vorschrift auf dieses Tochterunternehmen nicht anzuwenden. [2]Auf einen noch vorhandenen Unterschiedsbetrag aus der früheren Kapitalkonsolidierung ist § 309 des Handelsgesetzbuchs anzuwenden, soweit das Mutterunternehmen den Unterschiedsbetrag nicht in entsprechender Anwendung des § 301 Abs. 1 Satz 3 des Handelsgesetzbuchs den in den Konzernabschluß übernommenen Vermögensgegenständen und Schulden des Tochterunternehmens zuschreibt oder mit diesen verrechnet.

(2) Ist ein Mutterunternehmen verpflichtet, § 301 des Handelsgesetzbuchs auf ein schon bisher in seinen Konzernabschluß einbezogenes Tochterunternehmen anzuwenden oder wendet es diese Vorschrift freiwillig an, so kann als Zeitpunkt für die Verrechnung auch der Zeitpunkt der erstmaligen Anwendung dieser Vorschrift gewählt werden.

(3) Die Absätze 1 und 2 sind entsprechend auf die Behandlung von Beteiligungen an assoziierten Unternehmen nach §§ 311, 312 des Handelsgesetzbuchs anzuwenden.

(4) Ergibt sich bei der erstmaligen Anwendung der §§ 303, 304, 306 oder 308 des Handelsgesetzbuchs eine Erhöhung oder Verminderung des Ergebnisses, so kann der Unterschiedsbetrag in die Gewinnrücklagen eingestellt oder mit diesen offen verrechnet werden; dieser Betrag ist nicht Bestandteil des Jahresergebnisses.

Artikel 28

(1) [1]Für eine laufende Pension oder eine Anwartschaft auf eine Pension auf Grund einer unmittelbaren Zusage braucht eine Rückstellung nach § 249 Abs. 1 Satz 1 des Handelsgesetzbuchs nicht gebildet zu werden, wenn der Pensionsberechtigte seinen Rechtsanspruch vor dem 1. Januar 1987 erworben hat oder sich ein vor diesem Zeitpunkt erworbener Rechtsanspruch nach dem 31. Dezember 1986 erhöht. [2]Für eine mittelbare Verpflichtung aus einer Zusage für eine laufende Pension oder eine Anwartschaft auf eine Pension sowie für eine ähnliche unmittelbare oder mittelbare Verpflichtung braucht eine Rückstellung in keinem Fall gebildet zu werden.

(2) Bei Anwendung des Absatzes 1 müssen Kapitalgesellschaften die in der Bilanz nicht ausgewiesenen Rückstellungen für laufende Pensionen, Anwartschaften auf Pensionen und ähnliche Verpflichtungen jeweils im Anhang und im Konzernanhang in einem Betrag angeben.

Dritter Abschnitt
Übergangsvorschrift zum Gesetz zur Durchführung der EG-Richtlinie zur Koordinierung des Rechts der Handelsvertreter vom 23. Oktober 1989 (BGBl. I S. 1910)

Artikel 29

Auf Handelsvertretervertragsverhältnisse, die vor dem 1. Januar 1990 begründet sind und an diesem Tag noch bestehen, sind die §§ 86, 86 a, 87, 87 a, 89, 89 b, 90 a und 92 c des Handelsgesetzbuchs in der am 31. Dezember 1989 geltenden Fassung bis zum Ablauf des Jahres 1993 weiterhin anzuwenden.

Artikel 29a

§ 90a Abs. 2 und 3 des Handelsgesetzbuchs in der ab dem 1. Juli 1998 geltenden Fassung ist auch auf Ansprüche aus vor dem 1. Juli 1998 begründeten Handelsvertretervertragsverhältnissen anzuwenden, über die noch nicht rechtskräftig entschieden worden ist.

Vierter Abschnitt
Übergangsvorschriften zum Bankbilanzrichtlinie-Gesetz

Artikel 30

(1) Die vom Inkrafttreten der Artikel 1 bis 10 des Bankbilanzrichtlinie-Gesetzes vom 30. November 1990 (BGBl. I S. 2570) an geltende Fassung der Vorschriften über den Jahresabschluß, den Lagebericht und deren Prüfung sowie über die Pflicht zur Offenlegung dieser und der dazu gehörenden Unterlagen ist erstmals auf das nach dem 31. Dezember 1992 beginnende Geschäftsjahr anzuwenden.

(2) [1]Die vom Inkrafttreten der Artikel 1 bis 10 des Bankbilanzrichtlinie-Gesetzes an geltende Fassung der Vorschriften über den Konzernabschluß, den Konzernlagebericht

und deren Prüfung sowie über die Pflicht zur Offenlegung dieser und der dazu gehörenden Unterlagen ist erstmals auf das nach dem 31. Dezember 1992 beginnende Geschäftsjahr anzuwenden; dies gilt für Kreditinstitute auch für die erstmalige Anwendung der in Artikel 23 Abs. 2 Satz 1 bezeichneten Vorschriften. [2]Die neuen Vorschriften einschließlich derjenigen über den Jahresabschluß können auf den Konzernabschluß eines früheren Geschäftsjahrs angewendet werden, jedoch nur insgesamt; Artikel 23 Abs. 2 Satz 3 ist entsprechend anzuwenden.

(3) Auf Geschäftsjahre, die vor dem 1. Januar 1993 beginnen, sind die Vorschriften über den Jahresabschluß, den Lagebericht und deren Prüfung sowie über die Pflicht zur Offenlegung dieser und der dazu gehörenden Unterlagen in der am 1. Januar 1986 geltenden Fassung und die Vorschriften der Verordnung über Formblätter für die Gliederung des Jahresabschlusses von Kreditinstituten in der Fassung der Bekanntmachung vom 14. September 1987 (BGBl. I S. 2169) anzuwenden.

(4) [1]Auf Geschäftsjahre, die vor dem 1. Januar 1993 beginnen, sind die Vorschriften über den Konzernabschluß, den Konzernlagebericht und deren Prüfung sowie über die Pflicht zur Offenlegung dieser und der dazu gehörenden Unterlagen in der am 31. Dezember 1985 geltenden Fassung anzuwenden, sofern die neuen Vorschriften nicht freiwillig angewendet werden. [2]Werden nach Artikel 23 Abs. 2 die Vorschriften in der am 1. Januar 1986 geltenden Fassung freiwillig angewendet, so gilt Satz 1 mit der Maßgabe, daß diese Vorschriften anzuwenden sind. [3]Sind auf den Konzernabschluß Vorschriften über den Jahresabschluß anzuwenden, ist Absatz 3 entsprechend anzuwenden.

Artikel 31

(1) [1]Waren wie Anlagevermögen behandelte Vermögensgegenstände im Jahresabschluß für das am 31. Dezember 1992 endende oder laufende Geschäftsjahr mit einem niedrigeren Wert angesetzt, als er nach § 240 Abs. 3 und 4, §§ 252, 253 Abs. 1 und 2, §§ 254, 255, 279, 280 Abs. 1 und 2 sowie § 340e des Handelsgesetzbuchs zulässig ist, so darf der niedrigere Wertansatz beibehalten werden. [2]§ 253 Abs. 2 des Handelsgesetzbuchs ist in diesem Falle mit der Maßgabe anzuwenden, daß der niedrigere Wertansatz um planmäßige Abschreibungen entsprechend der voraussichtlichen Restnutzungsdauer zu vermindern ist.

(2) [1]Waren nicht wie Anlagevermögen behandelte Vermögensgegenstände im Jahresabschluß für das am 31. Dezember 1992 endende oder laufende Geschäftsjahr mit einem niedrigeren Wert angesetzt, als er nach §§ 252, 253 Abs. 1 und 3, §§ 254, 255 Abs. 1 und 2, §§ 256, 279 Abs. 1 Satz 1, Abs. 2, § 280 Abs. 1 und 2 sowie § 340f Abs. 1 Satz 1 des Handelsgesetzbuchs zulässig ist, so darf der niedrigere Wertansatz insoweit beibehalten werden, als

1. er aus den Gründen des § 253 Abs. 3, §§ 254, 279 Abs. 2, § 280 Abs. 2 des Handelsgesetzbuchs angesetzt worden ist oder
2. es sich um einen niedrigeren Wertansatz im Sinne des § 340f Abs. 1 Satz 1 des Handelsgesetzbuchs handelt.

[2]Nach § 26a Abs. 1 des Gesetzes über das Kreditwesen gebildete Vorsorgen können fortgeführt werden.

(3) [1]Sind bei der erstmaligen Anwendung des § 340a in Verbindung mit § 268 Abs. 2 des Handelsgesetzbuchs über die Darstellung der Entwicklung der wie Anlagevermögen behandelten Vermögensgegenstände die Anschaffungs- oder Herstellungskosten eines Vermögensgegenstands nicht ohne unverhältnismäßige Kosten oder Verzögerungen feststellbar, so dürfen die Buchwerte dieser Vermögensgegenstände aus dem Jahresabschluß des vorhergehenden Geschäftsjahrs als ursprüngliche Anschaffungs- oder Herstellungskosten übernommen und fortgeführt werden. [2]Satz 1 darf entsprechend auf

die Darstellung des Postens „Aufwendungen für die Ingangsetzung und Erweiterung des Geschäftsbetriebs“ angewendet werden. [3]Die Anwendung der Sätze 1 und 2 ist im Anhang anzugeben.

Fünfter Abschnitt
Übergangsvorschriften zum Versicherungsbilanzrichtlinie-Gesetz

Artikel 32

(1) [1]Die vom Inkrafttreten der Artikel 1 bis 5 des Versicherungsbilanzrichtlinie-Gesetzes vom 24. Juni 1994 an geltende Fassung der Vorschriften über den Jahresabschluß, den Lagebericht, den Konzernabschluß, den Konzernlagebericht und deren Prüfung sowie über die Pflicht zur Offenlegung dieser und der dazugehörenden Unterlagen ist erstmals auf das nach dem 31. Dezember 1994 beginnende Geschäftsjahr anzuwenden. [2]In der nach Artikel 1 des Versicherungsbilanzrichtlinie-Gesetzes (§ 330 Abs. 1 in Verbindung mit Abs. 3 und 4 des Handelsgesetzbuchs) zu erlassenden Verordnung kann bestimmt werden, daß der Zeitwert der Grundstücke und Bauten im Anhang erstmals für das nach dem 31. Dezember 1998 beginnende Geschäftsjahr und der Zeitwert für die in § 341b Abs. 1 Satz 2, Abs. 2 des Handelsgesetzbuchs genannten Vermögensgegenstände erstmals für das nach dem 31. Dezember 1996 beginnende Geschäftsjahr anzugeben ist.

(2) Auf Geschäftsjahre, die vor dem 1. Januar 1995 beginnen, sind die Vorschriften über den Jahresabschluß, den Lagebericht, den Konzernabschluß, den Konzernlagebericht und deren Prüfung sowie über die Pflicht zur Offenlegung dieser und der dazugehörenden Unterlagen in der am 1. Januar 1986 geltenden Fassung und die Vorschriften der Verordnung über die Rechnungslegung von Versicherungsunternehmen vom 11. Juli 1973 (BGBl. I S. 1209), zuletzt geändert durch Verordnung vom 23. Dezember 1986 (BGBl. 1987 I S. 2), anzuwenden.

(3) Niederlassungen im Geltungsbereich dieses Gesetzes von Versicherungsunternehmen mit Sitz in einem anderen Mitgliedstaat der Europäischen Gemeinschaft brauchen die Vorschriften über den Jahresabschluß, den Lagebericht und deren Prüfung sowie über die Pflicht zur Offenlegung dieser und der dazugehörenden Unterlagen in der bis zum Inkrafttreten der Artikel 1 bis 5 des Versicherungsbilanzrichtlinie-Gesetzes vom 24. Juni 1994 geltenden Fassung bereits auf Geschäftsjahre, die nach dem 31. Dezember 1993 enden, nicht mehr anzuwenden, wenn sie die Vorschriften über die Pflicht zur Offenlegung des Jahresabschlusses, des Lageberichts, des Konzernabschlusses, des Konzernlageberichts sowie der dazu gehörenden Unterlagen in der vom Inkrafttreten der Artikel 1 bis 5 des Versicherungsbilanzrichtlinie-Gesetzes vom 24. Juni 1994 an geltenden Fassung anwenden.

(4) [1]§ 341b Abs. 2 des Handelsgesetzbuchs in der vom 4. April 2002 an geltenden Fassung ist erstmals auf den Jahres- und Konzernabschluss für das am 30. September 2001 oder später endende Geschäftsjahr anzuwenden. [2]§ 341b Abs. 2 des Handelsgesetzbuchs in der am 3. April 2002 geltenden Fassung ist letztmals auf den Jahres- und Konzernabschluss für das vor dem 30. September 2001 endende Geschäftsjahr anzuwenden.

Artikel 33

(1) [1]Waren wie Anlagevermögen behandelte Vermögensgegenstände im Abschluß für das am 31. Dezember 1994 endende oder laufende Geschäftsjahr mit einem niedrigeren Wert angesetzt, als er nach § 240 Abs. 3 und 4, §§ 252, 253 Abs. 1 und 2, §§ 254, 255, 279, 280 Abs. 1 und 2 sowie §§ 341b bis 341 d des Handelsgesetzbuchs zulässig ist, so darf der niedrigere Wertansatz beibehalten werden. [2]§ 253 Abs. 2 des Handelsgesetz-

buchs ist in diesem Fall mit der Maßgabe anzuwenden, daß der niedrigere Wertansatz um planmäßige Abschreibungen entsprechend der voraussichtlichen Restnutzungsdauer zu vermindern ist.

(2) Waren nicht wie Anlagevermögen behandelte Vermögensgegenstände im Jahresabschluß für das am 31. Dezember 1994 endende oder laufende Geschäftsjahr mit einem niedrigeren Wert angesetzt, als er nach §§ 252, 253 Abs. 1, 3 und 4, §§ 254, 255 Abs. 1 und 2, §§ 256, 279 Abs. 1 Satz 1, Abs. 2, § 280 Abs. 1 und 2 zulässig sowie §§ 341b bis 341d des Handelsgesetzbuchs zulässig ist, so darf der niedrigere Wertansatz insoweit beibehalten werden, als er aus den Gründen des § 253 Abs. 3, §§ 254, 279 Abs. 2, § 280 Abs. 2 des Handelsgesetzbuchs angesetzt worden ist.

Sechster Abschnitt
Übergangsvorschriften zum Gesetz zur Durchführung der Elften gesellschaftsrechtlichen Richtlinie vom 22. Juli 1993

Artikel 34

(1) [1]Bei inländischen Zweigniederlassungen von Aktiengesellschaften, Kommanditgesellschaften auf Aktien und Gesellschaften mit beschränkter Haftung mit Sitz im Ausland, die vor dem 1. November 1993 in das Handelsregister eingetragen worden sind, haben die gesetzlichen Vertreter der Gesellschaft die in § 13e Abs. 2 Satz 4 des Handelsgesetzbuchs vorgeschriebenen Angaben bis zum 1. Mai 1994 zur Eintragung in das Handelsregister anzumelden. [2]Die gesetzlichen Vertreter haben innerhalb dieses Zeitraums auch die Anschrift und den Gegenstand der Zweigniederlassung anzumelden, sofern nicht bereits die Anmeldung der Errichtung der Zweigniederlassung diese Angaben enthalten hat.

(2) Hat eine Aktiengesellschaft, Kommanditgesellschaft auf Aktien oder Gesellschaft mit beschränkter Haftung mit Sitz im Ausland am 1. November 1993 mehrere inländische Zweigniederlassungen oder errichtet sie neben einer oder mehreren bereits bestehenden inländischen Zweigniederlassungen weitere inländische Zweigniederlassungen, so ist § 13e Abs. 5 des Handelsgesetzbuchs sinngemäß anzuwenden.

(3) Die §§ 289, 325 a und § 335 des Handelsgesetzbuchs in der ab 1. November 1993 geltenden Fassung sind erstmals auf das nach dem 31. Dezember 1992 beginnende Geschäftsjahr anzuwenden.

Siebenter Abschnitt
Übergangsvorschriften zum Nachhaftungsbegrenzungsgesetz

Artikel 35

[1]§ 160 des Handelsgesetzbuches in der ab dem 26. März 1994 geltenden Fassung ist auf vor diesem Datum entstandene Verbindlichkeiten anzuwenden, wenn

1. das Ausscheiden des Gesellschafters oder sein Wechsel in die Rechtsstellung eines Kommanditisten nach dem 26. März 1994 in das Handelsregister eingetragen wird und
2. die Verbindlichkeiten nicht später als vier Jahre nach der Eintragung fällig werden.

[2]Auf später fällig werdende Verbindlichkeiten im Sinne des Satzes 1 ist das bisher geltende Recht mit der Maßgabe anwendbar, daß die Verjährungsfrist ein Jahr beträgt.

Artikel 36

(1) [1]Abweichend von Artikel 35 gilt § 160 Abs. 3 Satz 2 des Handelsgesetzbuches auch für Verbindlichkeiten im Sinne des Artikels 35 Satz 2, wenn diese aus fortbestehenden Arbeitsverhältnissen entstanden sind. [2]Dies gilt auch dann, wenn der Wechsel in der Rechtstellung des Gesellschafters bereits vor dem 26. März 1994 stattgefunden hat, mit der Maßgabe, daß dieser Wechsel mit dem 26. März 1994 als in das Handelsregister eingetragen gilt.

(2) [1]Die Enthaftung nach Absatz 1 gilt nicht für Ansprüche auf Arbeitsentgelt, für die der Arbeitnehmer bei Zahlungsunfähigkeit der Gesellschaft keinen Anspruch auf Insolvenzgeld hat. [2]Insoweit bleibt es bei dem bisher anwendbaren Recht.

Artikel 37

(1) [1]Die §§ 26 und 28 Abs. 3 des Handelsgesetzbuches in der ab dem 26. März 1994 geltenden Fassung sind auf vor diesem Datum entstandene Verbindlichkeiten anzuwenden, wenn

1. nach dem 26. März 1994 der neue Inhaber oder die Gesellschaft eingetragen wird oder die Kundmachung der Übernahme stattfindet und
2. die Verbindlichkeiten nicht später als vier Jahre nach der Eintragung oder der Kundmachung fällig werden.

[2]Auf später fällig werdende Verbindlichkeiten im Sinne des Satzes 1 ist das bisher geltende Recht mit der Maßgabe anwendbar, daß die Verjährungsfrist ein Jahr beträgt.

(2) [1]Abweichend von Absatz 1 gilt § 28 Abs. 3 des Handelsgesetzbuches auch für Verbindlichkeiten im Sinne des Absatzes 1 Satz 2, wenn diese aus fortbestehenden Arbeitsverhältnissen entstanden sind. [2]Dies gilt auch dann, wenn die Gesellschaft bereits vor dem 26. März 1994 ins Handelsregister eingetragen wurde, mit der Maßgabe, daß der 26. März 1994 als Tag der Eintragung gilt.

(3) [1]Die Enthaftung nach Absatz 2 gilt nicht für Ansprüche auf Arbeitsentgelt, für die der Arbeitnehmer bei Zahlungsunfähigkeit der Gesellschaft keinen Anspruch auf Insolvenzgeld hat. [2]Insoweit bleibt es bei dem bisher anwendbaren Recht.

Achter Abschnitt
Übergangsvorschrift zum Handelsrechtsreformgesetz

Artikel 38

Hat die Änderung der Firma eines Einzelkaufmanns oder einer Personenhandelsgesellschaft ausschließlich die Aufnahme der nach § 19 Abs. 1 des Handelsgesetzbuchs in der ab dem 1. Juli 1998 geltenden Fassung vorgeschriebenen Bezeichnung zum Gegenstand, bedarf diese Änderung nicht der Anmeldung zur Eintragung in das Handelsregister.

Neunter Abschnitt
Übergangsvorschriften zur Einführung des Euro

Artikel 42

[1]Die §§ 244, 284 Abs. 2 Nr. 2, § 292a Abs. 1 Satz 1, § 313 Abs. 1 Nr. 2 und § 340h Abs. 1 Satz 1 und 2 des Handelsgesetzbuchs in der ab 1. Januar 1999 geltenden Fassung sind erstmals auf das nach dem 31. Dezember 1998 endende Geschäftsjahr anzuwenden. [2]Der Jahres- und Konzernabschluß darf auch in Deutscher Mark aufgestellt werden,

letztmals für das im Jahre 2001 endende Geschäftsjahr. [3]Sofern der Jahresabschluß und der Konzernabschluß nach Satz 2 in Deutscher Mark aufgestellt werden, sind auch die nach § 284 Abs. 2 Nr. 2, § 292a Abs. 1 Satz 1, § 313 Abs. 1 Nr. 2 sowie § 340h Abs. 1 Satz 1 und 2 vorgeschriebenen Angaben weiterhin in Deutscher Mark zu machen. [4]§ 328 Abs. 4 des Handelsgesetzbuchs ist letztmals auf das spätestens am 31. Dezember 1998 endende Geschäftsjahr anzuwenden.

(2) [1]Werden der Jahresabschluß und der Konzernabschluß in Euro aufgestellt, ist § 265 Abs. 2 des Handelsgesetzbuchs mit der Maßgabe anzuwenden, daß zu jedem Posten der entsprechende Betrag des vorhergehenden Geschäftsjahres in Euro anzugeben ist. [2]Die Umrechnung hat insoweit auch für ein Geschäftsjahr, das vor dem 1. Januar 1999 endet, zu dem vom Rat der Europäischen Union gemäß Artikel 109l Abs. 4 Satz 1 des EG-Vertrages unwiderruflich festgelegten Umrechnungskurs zu erfolgen. [3]Satz 2 gilt entsprechend für die Darstellung der Entwicklung der einzelnen Posten des Anlagevermögens und des Postens „Aufwendungen für die Ingangsetzung und Erweiterung des Geschäftsbetriebs“ in der Bilanz oder im Anhang nach § 268 Abs. 2 des Handelsgesetzbuchs.

(3) [1]Stellen Unternehmen vor Umstellung ihres gezeichneten Kapitals auf Euro den Jahres- und Konzernabschluß in Euro auf, darf das gezeichnete Kapital in der Vorspalte der Bilanz weiterhin in Deutscher Mark ausgewiesen werden, sofern der sich in Euro ergebende Betrag in der Hauptspalte ausgewiesen wird. [2]Stellen Unternehmen den Jahres- und Konzernabschluß nach Umstellung ihres gezeichneten Kapitals auf Euro in Deutscher Mark auf, darf das gezeichnete Kapital in der Vorspalte in Euro ausgewiesen werden, sofern der sich in Deutscher Mark ergebende Betrag in der Hauptspalte ausgewiesen wird. [3]Statt des Ausweises in der Vorspalte darf das gezeichnete Kapital auch im Anhang angegeben werden.

Artikel 43

(1) [1]Ausleihungen, Forderungen und Verbindlichkeiten, die auf Währungseinheiten der an der Wirtschafts- und Währungsunion teilnehmenden anderen Mitgliedstaaten oder auf die ECU im Sinne des Artikels 2 der Verordnung (EG) Nr. 1103/97 des Rates vom 17. Juni 1997 (ABl. EG Nr. L 162 S. 1) lauten, sind zum nächsten, auf den 31. Dezember 1998 folgenden Stichtag im Jahresabschluß und im Konzernabschluß mit dem vom Rat der Europäischen Union gemäß Artikel 109l Abs. 4 Satz 1 des EG-Vertrages unwiderruflich festgelegten Umrechnungskurs umzurechnen und anzusetzen. [2]Erträge, die sich aus der Umrechnung und dem entsprechenden Bilanzansatz ergeben, dürfen auf der Passivseite in einen gesonderten Posten unter der Bezeichnung „Sonderposten aus der Währungsumstellung auf den Euro“ nach dem Eigenkapital eingestellt werden. [3]Der Posten ist insoweit aufzulösen, als die Ausleihungen, Forderungen und Verbindlichkeiten, für die er gebildet worden ist, aus dem Vermögen des Unternehmens ausscheiden, spätestens jedoch am Schluß des fünften nach dem 31. Dezember 1998 endenden Geschäftsjahres.

(2) [1]In den Sonderposten gemäß Absatz 1 Satz 2 dürfen auch Erträge eingestellt werden, die sich aus der Aktivierung von Vermögensgegenständen aufgrund der unwiderruflichen Festlegung der Wechselkurse ergeben. [2]Absatz 1 Satz 3 gilt entsprechend.

Artikel 44

(1) [1]Die Aufwendungen für die Währungsumstellung auf den Euro dürfen als Bilanzierungshilfe aktiviert werden, soweit es sich um selbstgeschaffene immaterielle Vermögensgegenstände des Anlagevermögens handelt. [2]Der Posten ist in der Bilanz unter der Bezeichnung „Aufwendungen für die Währungsumstellung auf den Euro“ vor dem Anlagevermögen auszuweisen. [3]Die als Bilanzierungshilfe ausgewiesenen Beträge sind

in jedem folgenden Geschäftsjahr zu mindestens einem Viertel durch Abschreibung zu tilgen. [4]Im Jahresabschluß von Kapitalgesellschaften ist der Posten im Anhang zu erläutern. [5]Werden solche Aufwendungen in der Bilanz von Kapitalgesellschaften ausgewiesen, so dürfen Gewinne nur ausgeschüttet werden, wenn die nach der Ausschüttung verbleibenden jederzeit auflösbaren Gewinnrücklagen zuzüglich eines Gewinnvortrags und abzüglich eines Verlustvortrags dem angesetzten Betrag mindestens entsprechen.

(2) Absatz 1 ist erstmals auf das nach dem 31. Dezember 1997 endende Geschäftsjahr anzuwenden.

Artikel 45

(1) [1]Anmeldungen zur Eintragung in das Handelsregister, die nur die Ersetzung von auf Deutsche Mark lautenden Beträgen durch den zu dem vom Rat der Europäischen Union gemäß Artikel 109l Abs. 4 Satz 1 des EG-Vertrages unwiderruflich festgelegten Umrechnungskurs ermittelten Betrag in Euro zum Gegenstand haben, bedürfen nicht der in § 12 des Handelsgesetzbuchs vorgeschriebenen Form. [2]Entsprechende Eintragungen werden abweichend von § 10 des Handelsgesetzbuchs nicht bekannt gemacht.

(2) Für die Anmeldung der Erhöhung des Grund- oder Stammkapitals aus Gesellschaftsmitteln oder der Herabsetzung des Kapitals auf den nächsthöheren oder nächstniedrigeren Betrag, mit dem die Nennbeträge der Aktien auf volle Euro oder die Nennbeträge der Geschäftsanteile auf einen durch zehn teilbaren Betrag in Euro gestellt werden können, zum Handelsregister ist die Hälfte des sich aus § 105 Absatz 1 Nummer 3 oder 4 des Gerichts- und Notarkostengesetzes ergebenden Wertes als Geschäftswert zugrunde zu legen.

Zehnter Abschnitt
Übergangsvorschriften zum Gesetz zur Kontrolle und Transparenz im Unternehmensbereich

Artikel 46

(1) [1]Die §§ 285, 289, 297, 315, 317, 321, 322, 340a und 341k des Handelsgesetzbuchs in der Fassung des Gesetzes zur Kontrolle und Transparenz im Unternehmensbereich sind spätestens auf das nach dem 31. Dezember 1998 beginnende Geschäftsjahr anzuwenden. [2]§ 323 des Handelsgesetzbuchs in der Fassung des in Satz 1 genannten Gesetzes ist erstmals auf die Prüfung des Abschlusses für das nach dem 31. Dezember 1998 beginnende Geschäftsjahr anzuwenden.

(2) § 319 des Handelsgesetzbuchs in der Fassung des in Absatz 1 Satz 1 genannten Gesetzes ist erstmals auf das nach dem 31. Dezember 2001 beginnende Geschäftsjahr anzuwenden.

(3) Sind die neuen Vorschriften nach den Absätzen 1 und 2 auf ein früheres Geschäftsjahr nicht anzuwenden und werden die neuen Vorschriften nach Absatz 1 Satz 1 nicht freiwillig angewendet, so ist für das Geschäftsjahr die am 30. April 1998 geltende Fassung der geänderten Vorschriften anzuwenden.

Elfter Abschnitt
Übergangsvorschriften zum Gesetz zur Verlängerung der steuerlichen und handelsrechtlichen Aufbewahrungsfristen

Artikel 47

§ 257 Abs. 4 des Handelsgesetzbuchs in der Fassung des Artikels 4 des Gesetzes vom 19. Dezember 1998 (BGBl. I S. 3816) gilt erstmals für Unterlagen, deren Aufbewahrungsfrist nach § 257 Abs. 4 des Handelsgesetzbuchs in der bis zum 23. Dezember 1998 geltenden Fassung noch nicht abgelaufen ist.

Zwölfter Abschnitt
Übergangsvorschriften zum Kapitalgesellschaften- und Co-Richtlinie-Gesetz

Artikel 48

(1) [1]Die Bestimmungen des Zweiten Abschnitts des Dritten Buchs des Handelsgesetzbuchs in der vom 9. März 2000 an geltenden Fassung sind von offenen Handelsgesellschaften und Kommanditgesellschaften im Sinne des § 264a des Handelsgesetzbuchs erstmals auf Jahresabschlüsse und Lageberichte sowie auf Konzernabschlüsse und Konzernlageberichte für das nach dem 31. Dezember 1999 beginnende Geschäftsjahr anzuwenden; sie können auf ein früheres Geschäftsjahr angewendet werden, jedoch nur insgesamt. [2]§ 264 Abs. 4, §§ 267, 292a Abs. 1, § 313 Abs. 2 Nr. 4 Satz 2, § 314 Abs. 1 Nr. 6 Buchstabe a Satz 1, § 325 Abs. 1 Satz 1, Abs. 3 Satz 1, § 326 Satz 1, §§ 335a, 335b, 339 Abs. 1 Satz 1, Abs. 2, §§ 340o und 341o des Handelsgesetzbuchs in der vom 9. März 2000 an geltenden Fassung sind vorbehaltlich des Satzes 1 erstmals auf Jahres- und Konzernabschlüsse für das nach dem 31. Dezember 1998 beginnende Geschäftsjahr anzuwenden. [3]§ 335 des Handelsgesetzbuchs in der bis zum 8. März 2000 geltenden Fassung ist letztmals zur Durchsetzung der in Satz 1 dieser Vorschrift bezeichneten Pflichten anzuwenden, soweit sie ein Geschäftsjahr betreffen, das vor dem 1. Januar 1999 begonnen hat.

(2) [1]Waren Vermögensgegenstände des Anlagevermögens im Jahresabschluss für das am 31. Dezember 1999 endende oder laufende Geschäftsjahr mit einem niedrigeren Wert angesetzt, als er nach § 240 Abs. 3 und 4, §§ 252, 253 Abs. 1, 2 und 4, §§ 254, 255, 279 und 280 Abs. 1 und 2 des Handelsgesetzbuchs zulässig ist, so darf der niedrigere Wertansatz beibehalten werden. [2]§ 253 Abs. 2 des Handelsgesetzbuchs ist in diesen Fällen mit der Maßgabe anzuwenden, dass der niedrigere Wertansatz um planmäßige Abschreibungen entsprechend der voraussichtlichen Restnutzungsdauer zu vermindern ist.

(3) Waren Vermögensgegenstände des Umlaufvermögens im Jahresabschluss für das am 31. Dezember 1999 endende oder laufende Geschäftsjahr mit einem niedrigeren Wert angesetzt, als es nach §§ 252, 253 Abs. 1, 3 und 4, §§ 254, 255 Abs. 1 und 2, §§ 256, 279 Abs. 1 Satz 1, Abs. 2, § 280 Abs. 1 und 2 des Handelsgesetzbuchs zulässig ist, so darf der niedrigere Wertansatz insoweit beibehalten werden, als er aus den Gründen des § 253 Abs. 3, §§ 254, 279 Abs. 2, § 280 Abs. 2 des Handelsgesetzbuchs angesetzt worden ist.

(4) [1]Ändern sich bei der erstmaligen Anwendung der durch die Artikel 1 und 5 des Kapitalgesellschaften- und Co-Richtlinie-Gesetzes geänderten Vorschriften auf eine Personenhandelsgesellschaft im Sinne des § 264a des Handelsgesetzbuchs die bisherige Form der Darstellung oder die bisher angewandten Bewertungsmethoden, so sind § 252 Abs. 1 Nr. 6, § 265 Abs. 1, § 284 Abs. 2 Nr. 3 des Handelsgesetzbuchs bei der erstmaligen Aufstellung eines Jahresabschlusses nach den geänderten Vorschriften nicht an-

zuwenden. [2]Außerdem brauchen die Vorjahreszahlen bei der erstmaligen Anwendung nicht angegeben zu werden.

(5) [1]Sind bei der erstmaligen Anwendung des § 268 Abs. 2 des Handelsgesetzbuchs über die Darstellung der Entwicklung des Anlagevermögens die Anschaffungs- oder Herstellungskosten eines Vermögensgegenstandes des Anlagevermögens nicht ohne unverhältnismäßige Kosten oder Verzögerungen feststellbar, so dürfen die Buchwerte dieser Vermögensgegenstände aus dem Jahresabschluss des vorhergehenden Geschäftsjahrs als ursprüngliche Anschaffungs- oder Herstellungskosten übernommen und fortgeführt werden. [2]Satz 1 darf entsprechend auf die Darstellung des Postens „Aufwendungen für die Ingangsetzung und Erweiterung des Geschäftsbetriebs" angewendet werden. [3]Die Anwendung der Sätze 1 und 2 ist im Anhang anzugeben. [4]Die Sätze 1 und 2 sind nicht anzuwenden, soweit aus Gründen des Steuerrechts die Anschaffungs- oder Herstellungskosten ermittelt werden müssen.

(6) Personenhandelsgesellschaften im Sinne des § 264a des Handelsgesetzbuchs haben bei der Anwendung des Artikels 28 Abs. 1 die in Artikel 28 Abs. 2 vorgeschriebenen Angaben erstmals für das nach dem 31. Dezember 1999 beginnende Geschäftsjahr zu machen.

Dreizehnter Abschnitt
Übergangsvorschrift zur Anpassung der Abgrenzungsmerkmale für größenabhängige Befreiungen bei der Aufstellung des Konzernabschlusses nach den §§ 290 bis 293 des Handelsgesetzbuchs

Artikel 49

§ 293 Abs. 1 des Handelsgesetzbuchs ist für Geschäftsjahre, die nach dem 31. Dezember 1998 beginnen und die spätestens am 31. Dezember 1999 enden, mit folgenden Maßgaben anzuwenden:

1. In Nummer 1 treten
   a) in Buchstabe a an die Stelle des Geldbetrages „32 270 000 Deutsche Mark" der Geldbetrag von „80 670 000 Deutsche Mark",
   b) in Buchstabe b an die Stelle des Geldbetrages „64 540 000 Deutsche Mark" der Geldbetrag von „161 330 000 Deutsche Mark" und
   c) in Buchstabe c an die Stelle der Arbeitnehmerzahl „250" die Arbeitnehmerzahl von „500".
2. In Nummer 2 treten
   a) in Buchstabe a an die Stelle des Geldbetrages „26 890 000 Deutsche Mark" der Geldbetrag von „67 230 000 Deutsche Mark",
   b) in Buchstabe b an die Stelle des Geldbetrages „53 780 000 Deutsche Mark" der Geldbetrag von „134 460 000 Deutsche Mark" und
   c) in Buchstabe c an die Stelle der Arbeitnehmerzahl „250" die Arbeitnehmerzahl „500".

Vierzehnter Abschnitt
Übergangsvorschrift zum Gesetz zur Änderung von Vorschriften über die Tätigkeit der Wirtschaftsprüfer

Artikel 50

[1]§ 319 Abs. 2 Satz 2 Nr. 2 und Abs. 3 Nr. 7 des Handelsgesetzbuchs in der am 1. Januar 2001 geltenden Fassung sind für die Prüfung einer Aktiengesellschaft, die Aktien mit amtlicher Notierung ausgegeben hat, erstmals auf die Prüfung des Abschlusses für das nach dem 31. Dezember 2002 beginnende Geschäftsjahr anzuwenden.

Fünfzehnter Abschnitt
Übergangsvorschriften zum Euro-Bilanzgesetz

Artikel 51

(1) [1]§ 323 Abs. 2 und § 340k Abs. 4 des Handelsgesetzbuchs in der vom 1. Januar 2002 an geltenden Fassung sind erstmals auf die Prüfung des Abschlusses für ein nach dem 31. Dezember 2001 endendes Geschäftsjahr anzuwenden. [2]§ 323 Abs. 2 und § 340k Abs. 4 des Handelsgesetzbuchs in der bis zum 31. Dezember 2001 geltenden Fassung sind letztmals auf die Prüfung des Abschlusses für ein spätestens am 31. Dezember 2001 endendes Geschäftsjahr anzuwenden.

(2) [1]§ 325a Abs. 1 Satz 3 bis 5, § 340l Abs. 2 Satz 3 und 4, Abs. 4 des Handelsgesetzbuchs in der am 15. Dezember 2001 geltenden Fassung sind erstmals auf die Offenlegung des Jahres- und Konzernabschlusses, des Lageberichts und Konzernlageberichts sowie der dazugehörenden Unterlagen für das am 31. Dezember 2000 oder später endende Geschäftsjahr anzuwenden. [2]§ 325a Abs. 1 Satz 3 und 4, § 340l Abs. 2 Satz 3 und 4, Abs. 4 des Handelsgesetzbuchs in der am 14. Dezember 2001 geltenden Fassung sind letztmals auf die Offenlegung des Jahres- und Konzernabschlusses, des Lageberichts und Konzernlageberichts sowie der dazugehörenden Unterlagen für das am 31. Dezember 2000 endende Geschäftsjahr anzuwenden. [3]Sofern die Offenlegung des Jahres- und Konzernabschlusses, des Lageberichts und Konzernlageberichts sowie der dazugehörenden Unterlagen eines Geschäftsjahres, das vor dem 31. Dezember 2000 endet, bisher nicht erfolgt ist und das Unternehmen diesen Umstand nicht zu vertreten hat, können auf die Offenlegung die Vorschriften das Satzes 1 angewendet werden.

Sechszehnter Abschnitt
Übergangsvorschrift zum Gesetz über elektronische Register und Justizkosten für Telekommunikation

Artikel 52

[1]Bei nach § 33 des Handelsgesetzbuchs eingetragenen juristischen Personen, Offenen Handelsgesellschaften und Kommanditgesellschaften muss die Anmeldung und Eintragung einer dem gesetzlichen Regelfall entsprechenden Vertretungsmacht der persönlich haftenden Gesellschafter, des Vorstandes und der Liquidatoren erst erfolgen, wenn eine vom gesetzlichen Regelfall abweichende Bestimmung des Gesellschaftsvertrages oder der Satzung über die Vertretungsmacht angemeldet und eingetragen wird oder wenn erstmals die Liquidatoren zur Eintragung angemeldet und eingetragen werden. [2]Das Registergericht kann die Eintragung einer dem gesetzlichen Regelfall entsprechenden Vertretungsmacht auch von Amts wegen vornehmen.

Siebzehnter Abschnitt
Übergangsvorschriften zum Altfahrzeug-Gesetz

Artikel 53

(1) Für Verpflichtungen zur Rücknahme und Verwertung von Altfahrzeugen nach den §§ 3 bis 5 der Altfahrzeug-Verordnung in der Fassung der Bekanntmachung vom 21. Juni 2002 (BGBl. I S. 2214) sind Rückstellungen hinsichtlich der bis zum jeweiligen Abschlussstichtag in Verkehr gebrachten Fahrzeuge erstmals im Jahresabschluss für das nach dem 26. April 2002 endende Geschäftsjahr zu bilden.

(2) [1]Soweit sich die in Absatz 1 genannten Verpflichtungen auf Fahrzeuge beziehen, die vor dem 1. Juli 2002 in Verkehr gebracht wurden, darf als Bilanzierungshilfe jeweils der Unterschiedsbetrag zwischen den hierfür nach Absatz 1 anzusetzenden Rückstellungen und dem Rückstellungsbetrag aktiviert werden, der sich bei Ansammlung dieser Rückstellungen in gleichmäßig bemessenen Jahresraten ergäbe. [2]Dabei ist ein Ansammlungszeitraum zugrunde zu legen, der mit dem in Absatz 1 bezeichneten Geschäftsjahr beginnt und mit dem letzten vor dem 1. Januar 2007 endenden Geschäftsjahr endet. [3]Der Posten ist in der Bilanz unter der Bezeichnung „Ausgleichsbetrag nach dem Altfahrzeug-Gesetz" vor dem Anlagevermögen auszuweisen. [4]Artikel 44 Abs. 1 Satz 4 und 5 gilt entsprechend.

Achtzehnter Abschnitt
Übergangsvorschriften zum Transparenz- und Publizitätsgesetz

Artikel 54

(1) [1]Die vom Inkrafttreten des Artikels 2 des Transparenz- und Publizitätsgesetzes an geltende Fassung des § 285 Nr. 9, § 286 Abs. 3, § 291 Abs. 3, § 297 Abs. 1 Satz 2, § 298 Abs. 1, § 299 Abs. 1, § 301 Abs. 1, der §§ 304, 308, 313 Abs. 3, des § 314 Abs. 1 Nr. 6 sowie des § 341j Abs. 2 des Handelsgesetzbuchs ist erstmals auf das nach dem 31. Dezember 2002 beginnende Geschäftsjahr anzuwenden. [2]Die Vorschriften können auf ein früheres Geschäftsjahr angewendet werden. [3]Die vom Inkrafttreten des Artikels 2 des Transparenz- und Publizitätsgesetzes an geltende Fassung des § 285 Nr. 16, § 314 Abs. 1 Nr. 8, Abs. 2, § 316 Abs. 2 Satz 2, § 317 Abs. 4, § 321 Abs. 1 Satz 3, Abs. 2, § 325 Abs. 1 Satz 1, Abs. 3 Satz 1 und 2 sowie des § 341 Abs. 4 Satz 2 des Handelsgesetzbuchs ist erstmals auf das nach dem 31. Dezember 2001 beginnende Geschäftsjahr anzuwenden.

(2) Ergibt sich bei der erstmaligen Anwendung der in Absatz 1 genannten Bestimmungen eine Erhöhung oder Verminderung des Ergebnisses, so ist der Unterschiedsbetrag in die Gewinnrücklagen einzustellen oder offen mit diesen zu verrechnen; dieser Betrag ist nicht Bestandteil des Jahresergebnisses.

Neunzehnter Abschnitt
Übergangsvorschrift zum Wirtschaftsprüfungsexamens-Reformgesetz

Artikel 55

(1) Die regelmäßige Verjährungsfrist nach § 195 des Bürgerlichen Gesetzbuchs findet auf die am 1. Januar 2004 bestehenden und noch nicht verjährten Ansprüche nach § 323 des Handelsgesetzbuchs Anwendung.

(2) [1]Die regelmäßige Verjährungsfrist nach § 195 des Bürgerlichen Gesetzbuchs wird vom 1. Januar 2004 an berechnet. [2]Läuft jedoch die Verjährungsfrist nach dem bis zum 31. Dezember 2003 geltenden § 323 Abs. 5 des Handelsgesetzbuchs früher als die Verjährungsfrist nach § 195 des Bürgerlichen Gesetzbuchs ab, so ist die Verjährung mit Ablauf der in § 323 Abs. 5 des Handelsgesetzbuchs in der bis zum 31. Dezember 2003 geltenden Fassung bestimmten Verjährungsfrist vollendet.

Zwanzigster Abschnitt
Übergangsvorschriften zum Bilanzkontrollgesetz

Artikel 56

(1) [1]Die Bestimmungen des Sechsten Abschnitts des Dritten Buchs des Handelsgesetzbuchs in der Fassung des Bilanzkontrollgesetzes vom 15. Dezember 2004 finden erstmals auf Abschlüsse des Geschäftsjahres Anwendung, das am 31. Dezember 2004 oder später endet. [2]Prüfungen durch eine anerkannte Prüfstelle im Sinne von § 342b Abs. 1 des Handelsgesetzbuchs finden frühestens ab dem 1. Juli 2005 statt.

(2) In dem ersten nach Anerkennung einer Prüfstelle gemäß § 342d des Handelsgesetzbuchs aufzustellenden Wirtschaftsplan sind auch die Kosten zu berücksichtigen, die zur Errichtung der Prüfstelle erforderlich waren, auch wenn sie bereits vor Anerkennung der Prüfstelle entstanden sind.

Einundzwanzigster Abschnitt
Übergangsvorschriften zur Verordnung (EG) Nr. 1606/2002 sowie zum Bilanzrechtsreformgesetz

Artikel 57

[1]Auf Gesellschaften, von denen

1. lediglich Schuldtitel zum Handel in einem geregelten Markt eines Mitgliedstaats der Europäischen Union oder eines anderen Vertragsstaats des Abkommens über den Europäischen Wirtschaftsraum im Sinne des Artikels 1 Nr. 13 der Richtlinie 93/22/EWG des Rates vom 10. Mai 1993 über Wertpapierdienstleistungen (ABl. EG Nr. L 141 S. 27), die zuletzt durch Richtlinie 2002/87/EG des Europäischen Parlaments und des Rates vom 16. Dezember 2002 (ABl. EG 2003 Nr. L 35 S. 1) geändert worden ist, zugelassen sind, oder
2. Wertpapiere zum öffentlichen Handel in einem Drittstaat zugelassen sind und die zu diesem Zweck seit dem Geschäftsjahr, das vor dem 11. September 2002 begann, international anerkannte Rechnungslegungsstandards anwenden,

findet Artikel 4 der Verordnung (EG) Nr. 1606/2002 des Europäischen Parlaments und des Rates vom 19. Juli 2002 betreffend die Anwendung internationaler Rechnungslegungsstandards (ABl. EG Nr. L 243 S. 1) in der jeweils geltenden Fassung erst von dem Geschäftsjahr an Anwendung, das nach dem 31. Dezember 2006 beginnt. [2]Drittstaat im Sinne des Satzes 1 Nr. 2 ist ein Staat, der weder Mitgliedstaat der Europäischen Union noch Vertragsstaat des Abkommens über den Europäischen Wirtschaftsraum ist.

Artikel 58

(1) § 267 Abs. 1 und 2, § 293 Abs. 1 des Handelsgesetzbuchs in der Fassung des Bilanzrechtsreformgesetzes vom 4. Dezember 2004 (BGBl. 2004 I S. 3166) sind erstmals auf Jahres- und Konzernabschlüsse für das nach dem 31. Dezember 2003 beginnende Geschäftsjahr anzuwenden.

(2) [1]§ 285 Satz 1 Nr. 18, 19, Satz 2 bis 6, §§ 286 bis 288, § 289 Abs. 2 Nr. 2, § 314 Abs. 1 Nr. 10, 11, § 315 Abs. 2 Nr. 2, §§ 327, 336, 338, 340a Abs. 2, § 341a Abs. 2 des Handelsgesetzbuchs in der Fassung des Bilanzrechtsreformgesetzes sind erstmals auf Jahres- und Konzernabschlüsse für das nach dem 31. Dezember 2003 beginnende Geschäftsjahr anzuwenden. [2]Im Lagebericht und im Konzernlagebericht ist für Geschäftsjahre, die nach dem 31. Dezember 2003 beginnen und die spätestens am 31. Dezember 2004 enden, auch auf die voraussichtliche Entwicklung der Kapitalgesellschaft und des Konzerns einzugehen.

(3) [1]Die §§ 257, 285 Satz 1 Nr. 17, § 289 Abs. 1, 3, § 291 Abs. 3, § 294 Abs. 3 Satz 1, § 297 Abs. 1, § 298 Abs. 3, § 313 Abs. 2 Nr. 1, § 314 Abs. 1 Nr. 9, § 315 Abs. 1, § 315a Abs. 1 und 3, § 317 Abs. 2, §§ 321, 321a, 322, 324a, 325, 328, 339, 340a Abs. 1, §§ 340i, 340j, 340l Abs. 5, § 341j Abs. 1, § 341l Abs. 4 des Handelsgesetzbuchs in der Fassung des Bilanzrechtsreformgesetzes finden erstmals auf das nach dem 31. Dezember 2004 beginnende Geschäftsjahr Anwendung. [2]§ 315a Abs. 2 des Handelsgesetzbuchs in der Fassung des Bilanzrechtsreformgesetzes findet erstmals auf das nach dem 31. Dezember 2006 beginnende Geschäftsjahr Anwendung. [3]§ 318 Abs. 3 des Handelsgesetzbuchs in der Fassung des Bilanzrechtsreformgesetzes ist erstmals anzuwenden auf Ersetzungsverfahren, die nach dem 31. Dezember 2004 beantragt werden. [4]Die bis zum 9. Dezember 2004 geltenden Fassungen der §§ 257, 289 Abs. 1, § 291 Abs. 3, §§ 292a, 294 Abs. 3 Satz 1, §§ 295, 297 Abs. 1, § 298 Abs. 3, § 313 Abs. 2 Nr. 1, § 315 Abs. 1, § 317 Abs. 2, §§ 321, 322, 325, 328, 339, 340a Abs. 1, §§ 340i, 340j, 341j Abs. 1 des Handelsgesetzbuchs sind letztmals auf das vor dem 1. Januar 2005 beginnende Geschäftsjahr anzuwenden. [5]§ 292a des Handelsgesetzbuchs gilt entsprechend für nach dem 31. Dezember 2002 und vor dem 1. Januar 2005 beginnende Geschäftsjahre auch für Mutterunternehmen, die keinen organisierten Markt im Sinne des § 2 Abs. 5 des Wertpapierhandelsgesetzes in Anspruch nehmen.

(4) [1]Die §§ 319 und 319a des Handelsgesetzbuchs in der Fassung des Bilanzrechtsreformgesetzes finden vorbehaltlich der Sätze 3, 4 und 6 erstmals auf alle gesetzlich vorgeschriebenen Abschlussprüfungen für das nach dem 31. Dezember 2004 beginnende Geschäftsjahr Anwendung. [2]Die bis zum 9. Dezember 2004 geltende Fassung des § 319 des Handelsgesetzbuchs ist letztmals auf alle gesetzlich vorgeschriebenen Abschlussprüfungen für das vor dem 1. Januar 2005 beginnende Geschäftsjahr anzuwenden. [3]§ 319 Abs. 1 Satz 3 des Handelsgesetzbuchs in der Fassung des Bilanzrechtsreformgesetzes ist auf alle gesetzlich vorgeschriebenen Abschlussprüfungen mit Ausnahme der Prüfung einer Aktiengesellschaft, die Aktien mit amtlicher Notierung ausgegeben hat, erstmals für das nach dem 31. Dezember 2005 beginnende Geschäftsjahr anzuwenden. [4]§ 319a Abs. 1 Satz 1 Nr. 1, 4 und Satz 4 des Handelsgesetzbuchs in der Fassung des Bilanzrechtsreformgesetzes ist erstmals auf Abschlussprüfungen für das nach dem 31. Dezember 2006 beginnende Geschäftsjahr anzuwenden. [5]Auf Abschlussprüfungen für vor dem 1. Januar 2007 beginnende Geschäftsjahre findet § 319 Abs. 3 Nr. 6 des Handelsgesetzbuchs in der bis zum 9. Dezember 2004 geltenden Fassung Anwendung. [6]§ 319 Abs. 3 Satz 1 Nr. 3 und § 319a Abs. 1 Satz 1 Nr. 2 des Handelsgesetzbuchs in der Fassung des Bilanzrechtsreformgesetzes sind auf Abschlussprüfungen für vor dem 1. Januar 2006 beginnende Geschäftsjahre nicht anzuwenden, wenn der Auftrag zur Erbringung der dort genannten Leistungen vor dem 29. Oktober 2004 erteilt worden ist und die Tätigkeit nach der bis zum 9. Dezember 2004 geltenden Fassung des Handelsgesetzbuchs zulässig war.

(5) [1]Erfüllt ein Mutterunternehmen (§ 290 des Handelsgesetzbuchs) die Voraussetzungen des Artikels 57 Satz 1 Nr. 1 dieses Gesetzes, so ist die bis zum 9. Dezember 2004 geltende Fassung des § 297 Abs. 1 des Handelsgesetzbuchs abweichend von Absatz 3 Satz 4 letztmals auf das vor dem 1. Januar 2007 beginnende Geschäftsjahr anzuwenden; dies gilt nicht, wenn ein Konzernabschluss nach § 315a Abs. 3 des Handels-

gesetzbuchs aufgestellt wird. [2]In den Fällen des Artikels 57 Satz 1 dürfen die in dieser Vorschrift bezeichneten Rechnungslegungsstandards nach Maßgabe des § 292a des Handelsgesetzbuchs in der bis zum 9. Dezember 2004 geltenden Fassung noch auf Geschäftsjahre angewendet werden, die vor dem 1. Januar 2007 beginnen.

(6) Soweit § 292a des Handelsgesetzbuchs in der bis zum 9. Dezember 2004 geltenden Fassung nach Absatz 3 Satz 4 oder 5 oder nach Absatz 5 Satz 2 weiterhin Anwendung findet, ist auch § 331 Nr. 3 des Handelsgesetzbuchs in der bis zum 9. Dezember 2004 geltenden Fassung weiter anzuwenden.

Zweiundzwanzigster Abschnitt Übergangsvorschriften zum Vorstandsvergütungs-Offenlegungsgesetz

Artikel 59

§ 285 Satz 1 Nr. 9 Buchstabe a, § 286 Abs. 4, 5, § 289 Abs. 2 Nr. 5, § 314 Abs. 1 Nr. 6 Buchstabe a, Abs. 2 Satz 2, § 315 Abs. 2 Nr. 4, § 334 Abs. 3, § 340n Abs. 3 und § 341n Abs. 3 des Handelsgesetzbuchs in der Fassung des Gesetzes vom 3. August 2005 (BGBl. I S. 2267) sowie § 315a Abs. 1 und § 325 Abs. 2a des Handelsgesetzbuchs in der Fassung des Artikels 145 des Gesetzes vom 19. April 2006 (BGBl. I S. 866) sind erstmals auf Jahres- und Konzernabschlüsse für das nach dem 31. Dezember 2005 beginnende Geschäftsjahr anzuwenden.

Dreiundzwanzigster Abschnitt Übergangsvorschriften zum Übernahmerichtlinie-Umsetzungsgesetz

Artikel 60

§ 289 Abs. 4, § 315 Abs. 4, § 334 Abs. 1 Nr. 3 und 4, § 340n Abs. 1 Nr. 3 und 4 sowie § 341n Abs. 1 Nr. 3 und 4 in der Fassung des Übernahmerichtlinie-Umsetzungsgesetzes sind erstmals auf Jahres- und Konzernabschlüsse für das nach dem 31. Dezember 2005 beginnende Geschäftsjahr anzuwenden.

Vierundzwanzigster Abschnitt Übergangsvorschriften zum Gesetz über elektronische Handelsregister und Genossenschaftsregister sowie das Unternehmensregister

Artikel 61

(1) *(aufgehoben)*

(2) *(aufgehoben)*

(3) *(aufgehoben)*

(4) *(aufgehoben)*

(5) [1]§ 264 Abs. 3, § 264b Nr. 3, § 287 Satz 3, § 290 Abs. 1, § 313 Abs. 4 Satz 3, die §§ 325, 325a, 327a und 328 Abs. 2, die §§ 329, 334, 335, 335b, 339, 340l, 340n, 340o, 341i Abs. 3 Satz 1, die §§ 341a, 341l, 341n, 341o und 341p des Handelsgesetzbuchs in der Fassung des Gesetzes über elektronische Handelsregister und Genossenschafts-

register sowie das Unternehmensregister sind erstmals auf Jahres- und Konzernabschlüsse sowie Lageberichte und Konzernlageberichte für das nach dem 31. Dezember 2005 beginnende Geschäftsjahr anzuwenden. [2]§ 264 Abs. 3, § 264b Nr. 3 und 4, § 287 Satz 3, § 290 Abs. 1, § 313 Abs. 4 Satz 3, die §§ 325, 325a, 327 und 328 Abs. 2, die §§ 329, 334, 335, 335a, 335b, 339, 340l, 340n, 340o, 341a, 341i Abs. 3 Satz 1, die §§ 341l, 341n, 341o und § 341p des Handelsgesetzbuchs in der bis zum Inkrafttreten des Gesetzes über elektronische Handelsregister und Genossenschaftsregister sowie das Unternehmensregister am 1. Januar 2007 geltenden Fassung sind letztmals auf Jahres- und Konzernabschlüsse für das vor dem 1. Januar 2006 beginnende Geschäftsjahr anzuwenden. [3]Jahres- und Konzernabschlussunterlagen nach Satz 2, die ab dem 1. Januar 2007 beim Betreiber des Bundesanzeigers eingereicht werden, leitet dieser an das bis dahin zuständige Amtsgericht weiter, das nach den bis zum 31. Dezember 2006 geltenden Bestimmungen verfährt. [4]In den Fällen des Satzes 3 werden die Jahres- und Konzernabschlussunterlagen sowie Lageberichte und Konzernlageberichte nach § 325 Abs. 2 oder Abs. 3 sowie die Hinweisbekanntmachung nach § 325 Abs. 1 Satz 2 des Handelsgesetzbuchs, jeweils in der bis zum Inkrafttreten des Gesetzes über elektronische Handelsregister und Genossenschaftsregister sowie das Unternehmensregister am 1. Januar 2007 geltenden Fassung, im Bundesanzeiger bekannt gemacht.

(6) *(aufgehoben)*

(7) *(aufgehoben)*

(8) § 8a Abs. 2 und § 9a des Handelsgesetzbuchs in der bis zum 16. November 2006 geltenden Fassung sind bis zum 1. Januar 2007 weiter anzuwenden.

Fünfundzwanzigster Abschnitt
Übergangsvorschriften zum Transparenzrichtlinien-Umsetzungsgesetz

Artikel 62

§ 264 Abs. 2 Satz 3, § 289 Abs. 1 Satz 5, § 297 Abs. 2 Satz 4, § 315 Abs. 1 Satz 6, § 315a Abs. 1, § 325 Abs. 2a Satz 3, § 331 Nr. 3 und 3a, § 340a Abs. 3, § 340i Abs. 4 sowie § 342b Abs. 2 Satz 1 des Handelsgesetzbuchs in der Fassung des Transparenzrichtlinie-Umsetzungsgesetzes sind erstmals auf Jahres- und Konzernabschlüsse sowie Lageberichte und Konzernlageberichte und Halbjahresfinanzberichte sowie Zwischenabschlüsse und Konzernzwischenabschlüsse für das nach dem 31. Dezember 2006 beginnende Geschäftsjahr anzuwenden.

Sechsundzwanzigster Abschnitt
Übergangsvorschrift zum Gesetz zur Reform des Versicherungsvertragsrechts

Artikel 63

Der Zehnte Abschnitt des Fünften Buchs und § 905 des Handelsgesetzbuchs sind auf Versicherungsverhältnisse, die bis zum Inkrafttreten des Versicherungsvertragsgesetzes vom 23. November 2007 (BGBl. I S. 2631) am 1. Januar 2008 entstanden sind, bis zum 31. Dezember 2008 anzuwenden.

Siebenundzwanzigster Abschnitt Übergangsvorschrift zum Risikobegrenzungsgesetz

Artikel 64

§ 354a des Handelsgesetzbuchs ist in seiner seit dem 19. August 2008 geltenden Fassung nur auf Vereinbarungen anzuwenden, die nach 18. August 2008 geschlossen werden.

Achtundzwanzigster Abschnitt Übergangsvorschriften zum Gesetz zur Modernisierung des GmbH-Rechts und zur Bekämpfung von Missbräuchen

Artikel 65

[1]Die Pflicht, die inländische Geschäftsanschrift bei dem Gericht nach den §§ 13, 13d, 13e, 29 und 106 des Handelsgesetzbuchs in der ab dem Inkrafttreten des Gesetzes vom 23. Oktober 2008 (BGBl. I S. 2026) am 1. November 2008 geltenden Fassung zur Eintragung in das Handelsregister anzumelden, gilt auch für diejenigen, die zu diesem Zeitpunkt bereits in das Handelsregister eingetragen sind, es sei denn, die inländische Geschäftsanschrift ist dem Gericht bereits nach § 24 Abs. 2 oder Abs. 3 der Handelsregisterverordnung mitgeteilt worden und hat sich anschließend nicht geändert. [2]In diesen Fällen ist die inländische Geschäftsanschrift mit der ersten das eingetragene Unternehmen betreffenden Anmeldung zum Handelsregister ab dem 1. November 2008, spätestens aber bis zum 31. Oktober 2009 anzumelden. [3]Wenn bis zum 31. Oktober 2009 keine inländische Geschäftsanschrift zur Eintragung in das Handelsregister angemeldet worden ist, trägt das Gericht von Amts wegen und ohne Überprüfung kostenfrei die ihm nach § 24 Abs. 2, bei Zweigniederlassungen die nach § 24 Abs. 3 der Handelsregisterverordnung bekannte inländische Anschrift als Geschäftsanschrift in das Handelsregister ein; in diesem Fall gilt bei Zweigniederlassungen nach § 13e Abs. 1 des Handelsgesetzbuchs die mitgeteilte Anschrift zudem unabhängig von dem Zeitpunkt ihrer tatsächlichen Eintragung ab dem 31. Oktober 2009 als eingetragene inländische Geschäftsanschrift, wenn sie im elektronischen Informations- und Kommunikationssystem nach § 9 Abs. 1 des Handelsgesetzbuchs abrufbar ist. [4]Ist dem Gericht keine Mitteilung im Sinne des § 24 Abs. 2 oder Abs. 3 der Handelsregisterverordnung gemacht worden, ist ihm aber in sonstiger Weise eine inländische Geschäftsanschrift bekannt geworden, so gilt Satz 3 mit der Maßgabe, dass diese Anschrift einzutragen ist, wenn sie im elektronischen Informations- und Kommunikationssystem nach § 9 Abs. 1 des Handelsgesetzbuchs abrufbar ist. [5]Dasselbe gilt, wenn eine in sonstiger Weise bekannt gewordene inländische Anschrift von einer früher nach § 24 Abs. 2 oder Abs. 3 der Handelsregisterverordnung mitgeteilten Anschrift abweicht. [6]Eintragungen nach den Sätzen 3 bis 5 werden abweichend von § 10 des Handelsgesetzbuchs nicht bekannt gemacht.

Neunundzwanzigster Abschnitt Übergangsvorschriften zum Bilanzrechtsmodernisierungsgesetz

Artikel 66

(1) Die §§ 241a, 242 Abs. 4, § 267 Abs. 1 und 2 sowie § 293 Abs. 1 des Handelsgesetzbuchs in der Fassung des Bilanzrechtsmodernisierungsgesetzes vom 25. Mai 2009 (BGBl. I S. 1102) sind erstmals auf Jahres- und Konzernabschlüsse für das nach dem 31. Dezember 2007 beginnende Geschäftsjahr anzuwenden.

(2) [1]§ 285 Nr. 3, 3a, 16, 17 und 21, § 288 soweit auf § 285 Nr. 3, 3a, 17 und 21 Bezug genommen wird, § 289 Abs. 4 und 5, die §§ 289a, 292 Abs. 2, § 314 Abs. 1 Nr. 2, 2a, 8, 9 und 13, § 315 Abs. 2 und 4, § 317 Abs. 2 Satz 2, Abs. 3 Satz 2, Abs. 5 und 6, § 318 Abs. 3 und 8, § 319a Abs. 1 Satz 1 Nr. 4, Satz 4 und 5, Abs. 2 Satz 2, die §§ 319b, 320 Abs. 4, § 321 Abs. 4a, § 340k Abs. 2a, § 340l Abs. 2 Satz 2 bis 4, § 341a Abs. 2 Satz 5 und § 341j Abs. 1 Satz 3 des Handelsgesetzbuchs in der Fassung des Bilanzrechtsmodernisierungsgesetzes vom 25. Mai 2009 (BGBl. I S. 1102) sind erstmals auf Jahres- und Konzernabschlüsse für das nach dem 31. Dezember 2008 beginnende Geschäftsjahr anzuwenden. [2]§ 285 Satz 1 Nr. 3, 16 und 17, § 288 soweit auf § 285 Nr. 3 und 17 Bezug genommen wird, § 289 Abs. 4, § 292 Abs. 2, § 314 Abs. 1 Nr. 2, 8 und 9, § 315 Abs. 4, § 317 Abs. 3 Satz 2 und 3, § 318 Abs. 3, § 319a Abs. 1 Satz 1 Nr. 4, Satz 4, § 341a Abs. 2 Satz 5 sowie § 341j Abs. 1 Satz 3 des Handelsgesetzbuchs in der bis zum 28. Mai 2009 geltenden Fassung sind letztmals auf Jahres- und Konzernabschlüsse für vor dem 1. Januar 2009 beginnende Geschäftsjahre anzuwenden.

(3) [1]§ 172 Abs. 4 Satz 3, die §§ 246, 248 bis 250, § 252 Abs. 1 Nr. 6, die §§ 253 bis 255 Abs. 2a und 4, § 256 Satz 1, die §§ 256a, 264 Abs. 1 Satz 2, die §§ 264d, 266, 267 Abs. 3 Satz 2, § 268 Abs. 2 und 8, § 272 Abs. 1, 1a, 1b und 4, die §§ 274, 274a Nr. 5, § 277 Abs. 3 Satz 1, Abs. 4 Satz 3, Abs. 5, § 285 Nr. 13, 18 bis 20, 22 bis 29, § 286 Abs. 3 Satz 3, § 288 soweit auf § 285 Nr. 19, 22 und 29 Bezug genommen wird, die §§ 290, 291 Abs. 3, § 293 Abs. 4 Satz 2, Abs. 5, § 297 Abs. 3 Satz 2, § 298 Abs. 1, § 300 Abs. 1 Satz 2, § 301 Abs. 3 Satz 1, Abs. 4, die §§ 306, 308a, 310 Abs. 2, § 313 Abs. 3 Satz 3, § 314 Abs. 1 Nr. 10 bis 12, 14 bis 21, § 315a Abs. 1, § 319a Abs. 1 Halbsatz 1, § 325 Abs. 4, § 325a Abs. 1 Satz 1, § 327 Nr. 1 Satz 2, die §§ 334, 336 Abs. 2, die §§ 340a, 340c, 340e, 340f, 340h, 340n, 341a Abs. 1 Satz 1, Abs. 2 Satz 1 und 2, die §§ 341b, 341e, 341l und 341n des Handelsgesetzbuchs in der Fassung des Bilanzrechtsmodernisierungsgesetzes vom 25. Mai 2009 (BGBl. I S. 1102) sind erstmals auf Jahres- und Konzernabschlüsse für das nach dem 31. Dezember 2009 beginnende Geschäftsjahr anzuwenden. [2]§ 253 des Handelsgesetzbuchs in der Fassung des Bilanzrechtsmodernisierungsgesetzes findet erstmals auf Geschäfts- oder Firmenwerte im Sinn des § 246 Abs. 1 Satz 4 des Handelsgesetzbuchs in der Fassung des Bilanzrechtsmodernisierungsgesetzes Anwendung, die aus Erwerbsvorgängen herrühren, die in Geschäftsjahren erfolgt sind, die nach dem 31. Dezember 2009 begonnen haben. [3]§ 255 Abs. 2 des Handelsgesetzbuchs in der Fassung des Bilanzrechtsmodernisierungsgesetzes findet erstmals auf Herstellungsvorgänge Anwendung, die in dem in Satz 1 bezeichneten Geschäftsjahr begonnen wurden. [4]§ 294 Abs. 2, § 301 Abs. 1 Satz 2 und 3, Abs. 2, § 309 Abs. 1 und § 312 in der Fassung des Bilanzrechtsmodernisierungsgesetzes finden erstmals auf Erwerbsvorgänge Anwendung, die in Geschäftsjahren erfolgt sind, die nach dem 31. Dezember 2009 begonnen haben. [5]Für nach § 290 Abs. 1 und 2 des Handelsgesetzbuchs in der Fassung des Bilanzrechtsmodernisierungsgesetzes erstmals zu konsolidierende Tochterunternehmen oder bei erstmaliger Aufstellung eines Konzernabschlusses für nach dem 31. Dezember 2009 beginnende Geschäftsjahre finden § 301 Abs. 1 Satz 2 und 3, Abs. 2 und § 309 Abs. 1 des Handelsgesetzbuchs in der Fassung des Bilanzrechtsmodernisierungsgesetzes auf Konzernabschlüsse für nach dem 31. Dezember 2009 beginnende Geschäftsjahre Anwendung. [6]Die neuen Vorschriften können bereits auf nach dem 31. Dezember 2008 beginnende Geschäftsjahre angewandt werden, dies jedoch nur insgesamt; dies ist im Anhang und Konzernanhang anzugeben.

(4) Die §§ 324, 340k Abs. 5 sowie § 341k Abs. 4 des Handelsgesetzbuchs in der Fassung des Bilanzrechtsmodernisierungsgesetzes vom 25. Mai 2009 (BGBl. I S. 1102) sind erstmals ab dem 1. Januar 2010 anzuwenden; § 12 Abs. 4 des Einführungsgesetzes zum Aktiengesetz ist entsprechend anzuwenden.

(5) § 246 Abs. 1 und 2, § 247 Abs. 3, die §§ 248 bis 250, § 252 Abs. 1 Nr. 6, die §§ 253, 254, 255 Abs. 2 und 4, § 256 Satz 1, § 264c Abs. 4 Satz 3, § 265 Abs. 3 Satz 2, die §§ 266, 267 Abs. 3 Satz 2, § 268 Abs. 2, die §§ 269, 270 Abs. 1 Satz 2, § 272 Abs. 1 und 4, die §§ 273, 274, 274a Nr. 5, § 275 Abs. 2 Nr. 7 Buchstabe a, § 277 Abs. 3 Satz 1, Abs. 4 Satz 3, die §§ 279 bis 283, 285 Satz 1 Nr. 2, 5, 13, 18 und 19, Sätze 2 bis 6, § 286 Abs. 3 Satz 3, die §§ 287, 288 soweit auf § 285 Satz 1 Nr. 2, 5 und 18 Bezug genommen wird, die §§ 290, 291 Abs. 3 Nr. 1 und 2 Satz 2, § 293 Abs. 4 Satz 2, Abs. 5, § 294 Abs. 2 Satz 2, § 297 Abs. 3 Satz 2, § 298 Abs. 1, § 300 Abs. 1 Satz 2, § 301 Abs. 1 Satz 2 bis 4, Abs. 2, 3 Satz 1 und 3, Abs. 4, die §§ 302, 306, 307 Abs. 1 Satz 2, § 309 Abs. 1, § 310 Abs. 2, § 312 Abs. 1 bis 3, § 313 Abs. 3 Satz 3, Abs. 4, § 314 Abs. 1 Nr. 10 und 11, § 315a Abs. 1, § 319a Abs. 1 Satz 1 Halbsatz 1, § 325 Abs. 4, § 325a Abs. 1 Satz 1, § 327 Nr. 1 Satz 2, die §§ 334, 336 Abs. 2, § 340a Abs. 2 Satz 1, die §§ 340c, 340e, 340f, 340h, 340n, 341a Abs. 1 und 2 Satz 1 und 2, § 341b Abs. 1 und 2, § 341e Abs. 1, § 341l Abs. 1 und 3 und § 341n des Handelsgesetzbuchs in der bis zum 28. Mai 2009 geltenden Fassung sind letztmals auf Jahres- und Konzernabschlüsse für das vor dem 1. Januar 2010 beginnende Geschäftsjahr anzuwenden.

(6) § 248 Abs. 2 und § 255 Abs. 2a des Handelsgesetzbuchs in der Fassung des Bilanzrechtsmodernisierungsgesetzes vom 25. Mai 2009 (BGBl. I S. 1102) finden nur auf die selbst geschaffenen immateriellen Vermögensgegenstände des Anlagevermögens Anwendung, mit deren Entwicklung in Geschäftsjahren begonnen wird, die nach dem 31. Dezember 2009 beginnen.

Artikel 67

(1) [1]Soweit auf Grund der geänderten Bewertung der laufenden Pensionen oder Anwartschaften auf Pensionen eine Zuführung zu den Rückstellungen erforderlich ist, ist dieser Betrag bis spätestens zum 31. Dezember 2024 in jedem Geschäftsjahr zu mindestens einem Fünfzehntel anzusammeln. [2]Ist auf Grund der geänderten Bewertung von Verpflichtungen, die die Bildung einer Rückstellung erfordern, eine Auflösung der Rückstellungen erforderlich, dürfen diese beibehalten werden, soweit der aufzulösende Betrag bis spätestens zum 31. Dezember 2024 wieder zugeführt werden müsste. [3]Wird von dem Wahlrecht nach Satz 2 kein Gebrauch gemacht, sind die aus der Auflösung resultierenden Beträge unmittelbar in die Gewinnrücklagen einzustellen. [4]Wird von dem Wahlrecht nach Satz 2 Gebrauch gemacht, ist der Betrag der Überdeckung jeweils im Anhang und im Konzernanhang anzugeben.

(2) Bei Anwendung des Absatzes 1 müssen Kapitalgesellschaften, Kreditinstitute und Finanzdienstleistungsinstitute im Sinn des § 340 des Handelsgesetzbuchs, Versicherungsunternehmen und Pensionsfonds im Sinn des § 341 des Handelsgesetzbuchs, eingetragene Genossenschaften und Personenhandelsgesellschaften im Sinn des § 264a des Handelsgesetzbuchs die in der Bilanz nicht ausgewiesenen Rückstellungen für laufende Pensionen, Anwartschaften auf Pensionen und ähnliche Verpflichtungen jeweils im Anhang und im Konzernanhang angeben.

(3) [1]Waren im Jahresabschluss für das letzte vor dem 1. Januar 2010 beginnende Geschäftsjahr Rückstellungen nach § 249 Abs. 1 Satz 3, Abs. 2 des Handelsgesetzbuchs, Sonderposten mit Rücklageanteil nach § 247 Abs. 3, § 273 des Handelsgesetzbuchs oder Rechnungsabgrenzungsposten nach § 250 Abs. 1 Satz 2 des Handelsgesetzbuchs in der bis zum 28. Mai 2009 geltenden Fassung enthalten, können diese Posten unter Anwendung der für sie geltenden Vorschriften in der bis zum 28. Mai 2009 geltenden Fassung, Rückstellungen nach § 249 Abs. 1 Satz 3, Abs. 2 des Handelsgesetzbuchs auch teilweise, beibehalten werden. [2]Wird von dem Wahlrecht nach Satz 1 kein Gebrauch gemacht, ist der Betrag unmittelbar in die Gewinnrücklagen einzustellen; dies gilt nicht für Beträge, die der Rückstellung nach § 249 Abs. 1 Satz 3, Abs. 2 des Handelsgesetz-

buchs in der bis zum 28. Mai 2009 geltenden Fassung im letzten vor dem 1. Januar 2010 beginnenden Geschäftsjahr zugeführt wurden.

(4) [1]Niedrigere Wertansätze von Vermögensgegenständen, die auf Abschreibungen nach § 253 Abs. 3 Satz 3, § 253 Abs. 4 des Handelsgesetzbuchs oder nach den §§ 254, 279 Abs. 2 des Handelsgesetzbuchs in der bis zum 28. Mai 2009 geltenden Fassung beruhen, die in Geschäftsjahren vorgenommen wurden, die vor dem 1. Januar 2010 begonnen haben, können unter Anwendung der für sie geltenden Vorschriften in der bis zum 28. Mai 2009 geltenden Fassung fortgeführt werden. [2]Wird von dem Wahlrecht nach Satz 1 kein Gebrauch gemacht, sind die aus der Zuschreibung resultierenden Beträge unmittelbar in die Gewinnrücklagen einzustellen; dies gilt nicht für Abschreibungen, die im letzten vor dem 1. Januar 2010 beginnenden Geschäftsjahr vorgenommen worden sind.

(5) [1]Ist im Jahresabschluss für ein vor dem 1. Januar 2010 beginnendes Geschäftsjahr eine Bilanzierungshilfe für Aufwendungen für die Ingangsetzung und Erweiterung des Geschäftsbetriebs nach § 269 des Handelsgesetzbuchs in der bis zum 28. Mai 2009 geltenden Fassung gebildet worden, so darf diese unter Anwendung der für sie geltenden Vorschriften in der bis zum 28. Mai 2009 geltenden Fassung fortgeführt werden. [2]Ist im Konzernabschluss für ein vor dem 1. Januar 2010 beginnendes Geschäftsjahr eine Kapitalkonsolidierung gemäß § 302 des Handelsgesetzbuchs in der bis zum 28. Mai 2009 geltenden Fassung vorgenommen worden, so darf diese unter Anwendung der für sie geltenden Vorschriften in der bis zum 28. Mai 2009 geltenden Fassung beibehalten werden.

(6) [1]Aufwendungen oder Erträge aus der erstmaligen Anwendung der §§ 274, 306 des Handelsgesetzbuchs in der Fassung des Bilanzrechtsmodernisierungsgesetzes vom 25. Mai 2009 (BGBl. I S. 1102) sind unmittelbar mit den Gewinnrücklagen zu verrechnen. [2]Werden Beträge nach Absatz 1 Satz 3, nach Absatz 3 Satz 2 oder nach Absatz 4 Satz 2 unmittelbar mit den Gewinnrücklagen verrechnet, sind daraus nach den §§ 274, 306 des Handelsgesetzbuchs in der Fassung des Bilanzrechtsmodernisierungsgesetzes entstehende Aufwendungen und Erträge ebenfalls unmittelbar mit den Gewinnrücklagen zu verrechnen.

(7) *(aufgehoben)*

(8) [1]Ändern sich bei der erstmaligen Anwendung der durch die Artikel 1 bis 11 des Bilanzrechtsmodernisierungsgesetzes vom 25. Mai 2009 (BGBl. I S. 1102) geänderten Vorschriften die bisherige Form der Darstellung oder die bisher angewandten Bewertungsmethoden, so sind § 252 Abs. 1 Nr. 6, § 265 Abs. 1, § 284 Abs. 2 Nr. 3 und § 313 Abs. 1 Nr. 3 des Handelsgesetzbuchs bei der erstmaligen Aufstellung eines Jahres- oder Konzernabschlusses nach den geänderten Vorschriften nicht anzuwenden. [2]Außerdem brauchen die Vorjahreszahlen bei erstmaliger Anwendung nicht angepasst zu werden; hierauf ist im Anhang und Konzernanhang hinzuweisen.

Dreißigster Abschnitt
Übergangsvorschriften zum Gesetz zur Angemessenheit der Vorstandsvergütung

Artikel 68

[1]§ 285 Nummer 9, § 286 Absatz 5 Satz 1, § 289 Absatz 2 Nummer 5, § 314 Absatz 1 Nummer 6, Absatz 2 und § 315 Absatz 2 Nummer 4 des Handelsgesetzbuchs in der Fassung des Gesetzes zur Angemessenheit der Vorstandsvergütung vom 31. Juli 2009 (BGBl. I S. 2509) sind erstmals auf Jahres- und Konzernabschlüsse für das nach dem

31. Dezember 2009 beginnende Geschäftsjahr anzuwenden. [2]Die bis zum 4. August 2009 geltenden Fassungen der § 285 Nummer 9, § 286 Absatz 5 Satz 1, § 289 Absatz 2 Nummer 5, § 314 Absatz 1 Nummer 6, Absatz 2 und § 315 Absatz 2 Nummer 4 des Handelsgesetzbuchs sind letztmals auf Jahres- und Konzernabschlüsse für das vor dem 1. Januar 2010 beginnende Geschäftsjahr anzuwenden.

Einunddreißigster Abschnitt Übergangsvorschrift zum Gesetz zur Umsetzung der geänderten Bankenrichtlinie und der geänderten Kapitaladäquanzrichtlinie

Artikel 69

(1) § 341c des Handelsgesetzbuchs in der Fassung des Gesetzes zur Umsetzung der geänderten Bankenrichtlinie und der geänderten Kapitaladäquanzrichtlinie ist erstmals auf Jahres- und Konzernabschlüsse für nach dem 31. Dezember 2010 beginnende Geschäftsjahre anzuwenden.

(2) § 341c des Handelsgesetzbuchs in der bis zum 24. November 2010 geltenden Fassung ist letztmals auf Jahres- und Konzernabschlüsse für vor dem 1. Januar 2011 beginnende Geschäftsjahre anzuwenden.

Zweiunddreißigster Abschnitt Übergangsvorschrift zum Kleinstkapitalgesellschaften-Bilanzrechtsänderungsgesetz

Artikel 70

(1) [1]Die Erleichterungen für Kleinstkapitalgesellschaften bei der Rechnungslegung nach § 264 Absatz 1, § 266 Absatz 1, den §§ 267a, 275 Absatz 5, § 325a Absatz 2, § 326 Absatz 2 und die Änderungen der §§ 8b, 9, 253, 264 Absatz 2, der §§ 264c, 276, 328, 334 und 335 des Handelsgesetzbuchs in der Fassung des Kleinstkapitalgesellschaften-Bilanzrechtsänderungsgesetzes vom 20. Dezember 2012 (BGBl. I S. 2751) gelten erstmals für Jahres- und Konzernabschlüsse, die sich auf einen nach dem 30. Dezember 2012 liegenden Abschlussstichtag beziehen. [2]Für Jahres- und Konzernabschlüsse, die sich auf einen vor dem 31. Dezember 2012 liegenden Abschlussstichtag beziehen, bleiben die in Satz 1 genannten Vorschriften des Handelsgesetzbuchs in der bis zum 27. Dezember 2012 geltenden Fassung weiterhin anwendbar.

(2) [1]§ 264 Absatz 3 und § 290 des Handelsgesetzbuchs in der Fassung des Kleinstkapitalgesellschaften-Bilanzrechtsänderungsgesetzes sind erstmals auf Jahres- und Konzernabschlüsse für Geschäftsjahre anzuwenden, die nach dem 31. Dezember 2012 beginnen. [2]Für Jahres- und Konzernabschlüsse für Geschäftsjahre, die vor dem 1. Januar 2013 beginnen, bleiben die Vorschriften des Handelsgesetzbuchs in der bis zum 27. Dezember 2012 geltenden Fassung weiterhin anwendbar.

(3) [1]Für die §§ 264, 335, 335a Absatz 1, 2 und 4, die §§ 340o und 341o des Handelsgesetzbuchs in der Fassung des Gesetzes zur Änderung des Handelsgesetzbuchs vom 4. Oktober 2013 (BGBl. I S. 3746) gilt Absatz 1 entsprechend. [2]§ 335a Absatz 3 des Handelsgesetzbuchs in der Fassung des Gesetzes zur Änderung des Handelsgesetzbuchs vom 4. Oktober 2013 (BGBl. I S. 3746) ist erstmals auf Ordnungsgeldverfahren anzuwenden, die nach dem 31. Dezember 2013 eingeleitet werden.

Vierunddreißigster Abschnitt[1)]
Übergangsvorschriften zum AIFM-Umsetzungsgesetz

Artikel 72

(1) Die in § 8b Absatz 2 Nummer 8, § 285 Nummer 26, § 290 Absatz 2 Nummer 4 Satz 2 und § 314 Absatz 1 Nummer 18 des Handelsgesetzbuchs jeweils in Bezug genommenen Bestimmungen des Investmentgesetzes sind die bis zum 21. Juli 2013 geltenden Fassungen dieser Bestimmungen.

(2) [1]§ 285 Nummer 26, § 290 Absatz 2 Nummer 4 Satz 2, § 314 Absatz 1 Nummer 18 und § 341b Absatz 2 des Handelsgesetzbuchs in der Fassung des AIFM-Umsetzungsgesetzes sind erstmals auf Jahres- und Konzernabschlüsse für nach dem 21. Juli 2013 beginnende Geschäftsjahre anzuwenden. [2]Für Jahres- und Konzernabschlüsse für Geschäftsjahre, die vor dem 22. Juli 2013 beginnen, bleiben die Vorschriften des Handelsgesetzbuchs in der bis zum 21. Juli 2013 geltenden Fassung weiterhin anwendbar.

Fünfunddreißigster Abschnitt
Übergangsvorschrift zum Gesetz für die gleichberechtigte Teilhabe von Frauen und Männern an Führungspositionen in der Privatwirtschaft und im öffentlichen Dienst

Artikel 73[2)]

[1]§ 289a Absatz 2 Nummer 4, auch in Verbindung mit Absatz 3, und § 289a Absatz 4, auch in Verbindung mit § 336 Absatz 2 Satz 1, des Handelsgesetzbuchs in der Fassung des Gesetzes für die gleichberechtigte Teilhabe von Frauen und Männern an Führungspositionen in der Privatwirtschaft und im öffentlichen Dienst vom 24. April 2015 (BGBl. I S. 642) sind erstmals anzuwenden auf Lageberichte, die sich auf Geschäftsjahre mit einem nach dem 30. September 2015 liegenden Abschlussstichtag beziehen. [2]§ 289a Absatz 2 Nummer 5, auch in Verbindung mit Absatz 3, des Handelsgesetzbuchs in der Fassung des Gesetzes für die gleichberechtigte Teilhabe von Frauen und Männern an Führungspositionen in der Privatwirtschaft und im öffentlichen Dienst vom 24. April 2015 (BGBl. I S. 642) ist erstmals anzuwenden auf Lageberichte, die sich auf Geschäftsjahre mit einem nach dem 31. Dezember 2015 liegenden Abschlussstichtag beziehen.

Sechsunddreißigster Abschnitt
Übergangsvorschriften zum Kleinanlegerschutzgesetz

Artikel 74

§ 335 Absatz 1 Satz 4 des Handelsgesetzbuchs in der Fassung des Kleinanlegerschutzgesetzes vom 3. Juli 2015 (BGBl. I S. 1114) ist erstmals auf Jahres- und Konzernabschlüsse für Geschäftsjahre anzuwenden, die nach dem 31. Dezember 2014 beginnen.

---

1) Der dreiunddreißigste Abschnitt (Art. 71 Übergangsvorschrift zum Gesetz zur Reform des Seehandels) ist hier nicht abgedruckt.

2) Artikel 73 geändert durch Gesetz vom 12.12.2019 (BGBl. I S. 2637).

Siebenunddreißigster Abschnitt
Übergangsvorschriften zum Bilanzrichtlinie-Umsetzungsgesetz

Artikel 75

(1) [1]Die §§ 255, 264, 264b, 265, 267a Absatz 3, die §§ 268, 271, 272, 274a, 275, 276, 277 Absatz 3, die §§ 284, 285, 286, 288, 289, 291, 292, 294, 296 bis 298, 301, 307, 309, 310, 312 bis 315a, 317, 322, 325, 326, 328, 331, 334, 336 bis 340a, 340e, 340i, 340n, 341a, 341b, 341j sowie 341n des Handelsgesetzbuchs in der Fassung des Bilanzrichtlinie-Umsetzungsgesetzes vom 17. Juli 2015 (BGBl. I S. 1245) sind erstmals auf Jahres- und Konzernabschlüsse sowie Lage- und Konzernlageberichte für das nach dem 31. Dezember 2015 beginnende Geschäftsjahr anzuwenden. [2]Die in Satz 1 bezeichneten Vorschriften sowie § 277 Absatz 4 und § 278 des Handelsgesetzbuchs in der bis zum 22. Juli 2015 geltenden Fassung sind letztmals anzuwenden auf Jahres- und Konzernabschlüsse sowie Lage- und Konzernlageberichte für ein vor dem 1. Januar 2016 beginnendes Geschäftsjahr.

(2) [1]Die §§ 267, 267a Absatz 1, § 277 Absatz 1 sowie § 293 des Handelsgesetzbuchs in der Fassung des Bilanzrichtlinie-Umsetzungsgesetzes vom 17. Juli 2015 (BGBl. I S. 1245) dürfen erstmals auf Jahres- und Konzernabschlüsse, Lageberichte und Konzernlageberichte für das nach dem 31. Dezember 2013 beginnende Geschäftsjahr angewendet werden, jedoch nur insgesamt. [2]Wird von der vorgezogenen Anwendung der §§ 267, 267a Absatz 1, von § 277 Absatz 1 oder § 293 in der Fassung des Bilanzrichtlinie-Umsetzungsgesetzes kein Gebrauch gemacht, sind die in Satz 1 genannten Vorschriften erstmals auf Jahres- und Konzernabschlüsse, Lage- und Konzernlageberichte für das nach dem 31. Dezember 2015 beginnende Geschäftsjahr anzuwenden; in diesem Fall sind die §§ 267, 267a Absatz 1, § 277 Absatz 1 und § 293 des Handelsgesetzbuchs in der bis zum 22. Juli 2015 geltenden Fassung letztmals auf das vor dem 1. Januar 2016 beginnende Geschäftsjahr anzuwenden. [3]Bei der erstmaligen Anwendung der in Satz 1 bezeichneten Vorschriften ist im Anhang oder Konzernanhang auf die fehlende Vergleichbarkeit der Umsatzerlöse hinzuweisen und unter nachrichtlicher Darstellung des Betrags der Umsatzerlöse des Vorjahres, der sich aus der Anwendung von § 277 Absatz 1 in der Fassung des Bilanzrichtlinie-Umsetzungsgesetzes ergeben haben würde, zu erläutern.

(3) § 8b und die Vorschriften des Dritten Unterabschnitts des Vierten Abschnitts des Dritten Buchs des Handelsgesetzbuchs in der Fassung des Bilanzrichtlinie-Umsetzungsgesetzes sind erstmals auf Zahlungsberichte und Konzernzahlungsberichte für ein nach dem 23. Juli 2015 beginnendes Geschäftsjahr anzuwenden.

(4) [1]§ 253 Absatz 3 Satz 3 des Handelsgesetzbuchs in der Fassung des Bilanzrichtlinie-Umsetzungsgesetzes findet erstmals auf immaterielle Vermögensgegenstände des Anlagevermögens Anwendung, die nach dem 31. Dezember 2015 aktiviert werden. [2]§ 253 Absatz 3 Satz 4 des Handelsgesetzbuchs in der Fassung des Bilanzrichtlinie-Umsetzungsgesetzes findet erstmals auf Geschäfts- oder Firmenwerte Anwendung, die aus Erwerbsvorgängen herrühren, die in Geschäftsjahren erfolgt sind, die nach dem 31. Dezember 2015 begonnen haben.

(5) Aufwendungen aus der Anwendung des Artikels 67 Absatz 1 und 2 sind in der Gewinn- und Verlustrechnung innerhalb der sonstigen betrieblichen Aufwendungen als „Aufwendungen nach Artikel 67 Absatz 1 und 2 EGHGB“ und Erträge hieraus innerhalb der sonstigen betrieblichen Erträge als „Erträge nach Artikel 67 Absatz 1 und 2 EGHGB“ gesondert anzugeben.

(6) [1]§ 253 Absatz 2 und 6 des Handelsgesetzbuchs in der Fassung des Gesetzes zur Umsetzung der Wohnimmobilienkreditrichtlinie und zur Änderung handelsrechtlicher

Vorschriften vom 11. März 2016 (BGBl. I S. 396) ist erstmals auf Jahresabschlüsse für das nach dem 31. Dezember 2015 endende Geschäftsjahr anzuwenden. [2]Für Geschäftsjahre, die vor dem 1. Januar 2016 enden, ist § 253 Absatz 2 des Handelsgesetzbuchs in der bis zum 16. März 2016 geltenden Fassung weiter anzuwenden. [3]Auf den Konzernabschluss sind die Sätze 1 und 2 hinsichtlich des § 253 Absatz 2 des Handelsgesetzbuchs entsprechend anzuwenden.

(7) [1]Unternehmen dürfen für einen Jahresabschluss, der sich auf ein Geschäftsjahr bezieht, das nach dem 31. Dezember 2014 beginnt und vor dem 1. Januar 2016 endet, auch die ab dem 17. März 2016 geltende Fassung des § 253 Absatz 2 des Handelsgesetzbuchs anwenden. [2]In diesem Fall gilt § 253 Absatz 6 entsprechend. [3]Auf den Konzernabschluss ist Satz 1 entsprechend anzuwenden. [4]Mittelgroße und große Kapitalgesellschaften haben zur Erläuterung der Ausübung der Anwendung des Wahlrechts Angaben im Anhang zu machen.

Achtunddreißigster Abschnitt
Übergangsvorschrift zum Bürokratieentlastungsgesetz

Artikel 76

[1]§ 241a Satz 1 des Handelsgesetzbuchs in der Fassung des Bürokratieentlastungsgesetzes vom 28. Juli 2015 (BGBl. I S. 1400) ist erstmals auf das nach dem 31. Dezember 2015 beginnende Geschäftsjahr anzuwenden. [2]§ 241a Satz 1 des Handelsgesetzbuchs in der bis zum 31. Dezember 2015 geltenden Fassung ist letztmals auf das vor dem 1. Januar 2016 beginnende Geschäftsjahr anzuwenden.

Neununddreißigster Abschnitt
Übergangsvorschriften zum Transparenzrichtlinie-Umsetzungsgesetz

Artikel 77

§ 342b des Handelsgesetzbuchs in der vom 26. November 2015 geltenden Fassung findet ab dem 1. Januar 2016 Anwendung.

Vierzigster Abschnitt
Übergangsvorschrift zum Abschlussprüferaufsichtsreformgesetz

Artikel 78

Für die Anwendung des § 319 Absatz 1 Satz 3 des Handelsgesetzbuchs in der ab dem 17. Juni 2016 geltenden Fassung gilt eine für den Abschlussprüfer geltende Teilnahmebescheinigung oder Ausnahmegenehmigung nach dem bis zum 16. Juni 2016 geltenden § 57a Absatz 1 der Wirtschaftsprüferordnung als Nachweis der Eintragung gemäß § 319 Absatz 1 Satz 3 des Handelsgesetzbuchs in der ab dem 17. Juni 2016 geltenden Fassung, solange der Registerauszug über die Eintragung nach § 40 Absatz 3 oder § 40a Absatz 1 Satz 3 der Wirtschaftsprüferordnung noch nicht erteilt worden ist.

Einundvierzigster Abschnitt
Übergangsvorschrift zum Abschlussprüfungsreformgesetz

Artikel 79

(1) [1]§ 319a Absatz 1, 2 und 3 sowie die §§ 321 und 322 des Handelsgesetzbuchs jeweils in der Fassung des Abschlussprüfungsreformgesetzes vom 10. Mai 2016 (BGBl. I S. 1142) sind erstmals auf Jahres- und Konzernabschlüsse für das nach dem 16. Juni 2016 beginnende Geschäftsjahr anzuwenden. [2]§ 319a Absatz 1 und 2 sowie die §§ 321 und 322 des Handelsgesetzbuchs in der bis zum 16. Juni 2016 geltenden Fassung sind letztmals auf Jahres- und Konzernabschlüsse für vor dem 17. Juni 2016 beginnende Geschäftsjahre anzuwenden.

(2) § 324 Absatz 2 Satz 2 des Handelsgesetzbuchs in der Fassung des Abschlussprüfungsreformgesetzes vom 10. Mai 2016 (BGBl. I S. 1142) muss so lange nicht angewandt werden, wie alle Mitglieder des Prüfungsausschusses vor dem 17. Juni 2016 bestellt worden sind.

(3) [1]Prüfungsmandate können entsprechend § 318 Absatz 1a Satz 1 des Handelsgesetzbuchs auch verlängert werden, wenn die Wahl des Abschlussprüfers für das zwölfte oder dreizehnte Geschäftsjahr erfolgt, auf das sich die Prüfungstätigkeit des Abschlussprüfers erstreckt, und die Wahl des Abschlussprüfers für das nächste nach dem 16. Juni 2016 beginnende Geschäftsjahr erfolgt. [2]Prüfungsmandate entsprechend § 318 Absatz 1a Satz 2 des Handelsgesetzbuchs können auch verlängert werden, wenn mehrere Wirtschaftsprüfer oder Wirtschaftsprüfungsgesellschaften gemeinsam im zwölften oder dreizehnten Geschäftsjahr, auf das sich die Prüfungstätigkeit des Abschlussprüfers erstreckt, zum Abschlussprüfer bestellt werden und die gemeinsame Bestellung für das nächste nach dem 16. Juni 2016 beginnende Geschäftsjahr erfolgt.

Zweiundvierzigster Abschnitt
Übergangsvorschriften zum CSR-Richtlinie-Umsetzungsgesetz

Artikel 80

[1]Die §§ 264, 285, 289 bis 289f, 291, 292, 294, 314 bis 315e, 317, 320, 325, 331, 334, 335, 336, 340a, 340i, 340n, 341a, 341j, 341n und 342 des Handelsgesetzbuchs in der Fassung des CSR-Richtlinie-Umsetzungsgesetzes vom 11. April 2017 (BGBl. I S. 802) sind erstmals auf Jahres- und Konzernabschlüsse, Lage- und Konzernlageberichte für das nach dem 31. Dezember 2016 beginnende Geschäftsjahr anzuwenden. [2]Die in Satz 1 bezeichneten Vorschriften in der bis zum 18. April 2017 geltenden Fassung sind letztmals anzuwenden auf Lage- und Konzernlageberichte für das vor dem 1. Januar 2017 beginnende Geschäftsjahr.

Artikel 81

§ 289b Absatz 4 und § 315b Absatz 4 des Handelsgesetzbuchs in der ab dem 1. Januar 2019 geltenden Fassung sind erstmals auf Jahres- und Konzernabschlüsse, Lage- und Konzernlageberichte für das nach dem 31. Dezember 2018 beginnende Geschäftsjahr anzuwenden.

Dreiundvierzigster Abschnitt
Übergangsvorschriften zum Gesetz zum Bürokratieabbau und zur Förderung der Transparenz bei Genossenschaften

Artikel 82

[1]§ 339 Absatz 3 des Handelsgesetzbuchs in der Fassung des Gesetzes zum Bürokratieabbau und zur Förderung der Transparenz bei Genossenschaften vom 17. Juli 2017 (BGBl. I S. 2434) ist erstmals anzuwenden auf Jahresabschlüsse für nach dem 31. Dezember 2016 beginnende Geschäftsjahre. [2]Ein Prüfungsverband kann einen Antrag im Sinne des § 339 Absatz 3 Satz 1 auch im Hinblick auf vor dem 31. Dezember 2016 begonnene Geschäftsjahre stellen.

Vierundvierzigster Abschnitt[1)]
Übergangsvorschrift zum Gesetz zur Umsetzung der zweiten Aktionärsrechterichtlinie

Artikel 83

(1) [1]Die §§ 285, 286, 289a, 289f, 291, 314, 315a, 324, 325, 325a, 329 und 341s des Handelsgesetzbuchs in der ab dem 1. Januar 2020 geltenden Fassung sind erstmals auf Jahres- und Konzernabschlüsse sowie Lage- und Konzernlageberichte für das nach dem 31. Dezember 2020 beginnende Geschäftsjahr anzuwenden. [2]Die in Satz 1 bezeichneten Vorschriften in der bis einschließlich 31. Dezember 2019 geltenden Fassung sind letztmals anzuwenden auf Jahres- und Konzernabschlüsse sowie Lage- und Konzernlageberichte für das vor dem 1. Januar 2021 beginnende Geschäftsjahr. [3]Wurde für das in Satz 2 bezeichnete Geschäftsjahr oder für ein diesem vorausgehendes Geschäftsjahr bereits ein Vergütungsbericht nach § 162 des Aktiengesetzes erstellt, so sind für dieses Geschäftsjahr nicht die in Satz 2 bezeichneten Vorschriften, sondern die in Satz 1 bezeichneten Vorschriften anzuwenden.

(2) [1]§ 340i Absatz 6 und § 341j Absatz 5 des Handelsgesetzbuchs in der ab dem 1. Januar 2020 geltenden Fassung sind erstmals auf Konzernerklärungen zur Unternehmensführung für das nach dem 31. Dezember 2018 beginnende Geschäftsjahr anzuwenden. [2]Die in Satz 1 bezeichneten Vorschriften können bereits auf Konzernerklärungen zur Unternehmensführung für die nach dem 31. Dezember 2016 beginnenden Geschäftsjahre angewendet werden.

---

1) Vierundvierzigster Abschnitt geändert durch Gesetz vom 12.12.2019 (BGBl. I S. 2637).

1b. Verordnung über die Gliederung des Jahresabschlusses von Verkehrsunternehmen

Vom 27. Februar 1968
(BGBl. I S. 193)

zuletzt geändert durch Verordnung vom 17.7.2015 (BGBl. I S. 1245)

§ 1 [Anwendung von Vorschriften des Dritten Buchs des HGB; Besonderheiten]

Für Aktiengesellschaften, Kommanditgesellschaften auf Aktien und Gesellschaften mit beschränkter Haftung, die

1. Eisenbahnen des öffentlichen Verkehrs betreiben,
2. die Beförderung von Personen mit Straßenbahnen, Oberleitungsomnibussen (Obussen) oder Kraftfahrzeugen im Linienverkehr nach dem Personenbeförderungsgesetz in der im Bundesgesetzblatt Teil III, Gliederungsnummer 9240-1, veröffentlichten bereinigten Fassung, zuletzt geändert durch Artikel 2 Nr. 13 des Gesetzes vom 8. Dezember 1986 (BGBl. I S. 2191) betreiben oder
3. die Beförderung von Gütern für andere mit Kraftfahrzeugen betreiben,

gelten die Vorschriften des Dritten Buchs des Handelsgesetzbuchs über die Gliederung des Jahresabschlusses, soweit nicht in § 2 etwas anderes bestimmt ist.

§ 2 [Gliederung der Bilanz; größenabhängige Erleichterungen]

(1) [1]Gesellschaften nach § 1 Nr. 1 und 2 haben in der Bilanz

1. dem Posten § 266 Abs. 2 Aktivseite A. II. Nr. 1 des Handelsgesetzbuchs folgenden Vermerk anzufügen:

   „davon:

   a) Geschäfts-, Betriebs- und andere Bauten

   b) Bahnkörper und Bauten des Schienenweges“;
2. an die Stelle des Postens § 266 Abs. 2 Aktivseite A. II. Nr. 2 des Handelsgesetzbuchs die folgenden Posten Nummern 2 bis 4 auszuweisen:

   „2. Gleisanlagen, Streckenausrüstung und Sicherungsanlagen;

   3. Fahrzeuge für Personen- und Güterverkehr;

   4. Maschinen und maschinelle Anlagen, die nicht zu Nummer 2 oder 3 gehören;“

[2]Die Posten § 266 Abs. 2 Aktivseite A. II. Nr. 3 und 4 des Handelsgesetzbuchs werden Posten Nummern 5 und 6.

(2) § 327 Nr. 1 des Handelsgesetzbuchs ist von Gesellschaften nach § 1 Nr. 1 und 2 mit der Maßgabe anzuwenden, daß bei dem zusätzlich anzugebenden Posten Aktivseite A. II. Nr. 1 der in Absatz 1 Satz 1 Nr. 1 genannte Vermerk anzufügen ist, an die Stelle des zusätzlich anzugebenden Postens Aktivseite A. II. Nr. 2 die in Absatz 1 Satz 1 Nr. 2 genannten Posten Aktivseite A. II. Nr. 2 bis 4 treten und die Änderung in Absatz 1 Satz 2 berücksichtigt wird.

§ 2a [Ordnungswidrigkeiten]

Ordnungswidrig im Sinne des § 334 Abs. 1 Nr. 6 des Handelsgesetzbuchs handelt, wer als Mitglied des vertretungsberechtigten Organs oder des Aufsichtsrats einer Gesellschaft nach § 1 Nr. 1 oder 2

1. entgegen § 2 Abs. 1 Nr. 1 den dort vorgeschriebenen Vermerk nicht anfügt oder
2. entgegen § 2 Abs. 1 Satz 1 Nr. 2 die Posten 2 bis 4 nicht ausweist.

§ 3

[1]Das Wahlrecht, auf den Bilanzausweis nach § 2 Absatz 1 Satz 1 gemäß § 2 Absatz 1 Satz 3 in der bis zum 22. Juli 2015 geltenden Fassung zu Gunsten eines Ausweises im Anhang zu verzichten, darf erstmals im Jahresabschluss für ein nach dem 31. Dezember 2015 beginnendes Geschäftsjahr nicht mehr ausgeübt werden. [2]Auf Jahresabschlüsse für vor dem 1. Januar 2016 beginnende Geschäftsjahre bleibt § 2 Absatz 1 Satz 3 in der bis zum 22. Juli 2015 geltenden Fassung anwendbar.

§ 4 [Geltung in Berlin]

Diese Verordnung gilt nach § 14 des Dritten Überleitungsgesetzes in Verbindung mit Artikel 12 des Bilanzrichtlinien-Gesetzes auch im Land Berlin.

§ 5 [Inkrafttreten] [1)]

Diese Verordnung tritt am Tage nach ihrer Verkündung in Kraft.

1) § 5 betrifft das Inkrafttreten der Verordnung in der ursprünglichen Fassung.

1c. Verordnung über Formblätter für die Gliederung des Jahresabschlusses von Wohnungsunternehmen

Vom 22. September 1970
(BGBl. I S. 1334)

zuletzt geändert durch Verordnung vom 17.7.2015 (BGBl. I S. 1245)

§ 1 [Abweichungen von Vorschriften des HGB; Wohnungsunternehmen]

(1) [1]Wohnungsunternehmen, die Aktiengesellschaften, Kommanditgesellschaften auf Aktien, Gesellschaften mit beschränkter Haftung oder eingetragene Genossenschaften sind, haben die Bilanz abweichend von § 266 Abs. 2, 3, § 336 Abs. 2 Satz 1 des Handelsgesetzbuchs nach dem anliegenden Formblatt (Muster) aufzustellen. [2]Sie haben abweichend von § 275 Abs. 2, 3 des Handelsgesetzbuchs bei der Aufstellung der Gewinn- und Verlustrechnung nach dem Gesamtkostenverfahren oder dem Umsatzkostenverfahren den Posten 1 wie folgt aufzugliedern:

„1. Umsatzerlöse
  a) aus der Hausbewirtschaftung
  b) aus Verkauf von Grundstücken
  c) aus Betreuungstätigkeit
  d) aus anderen Lieferungen und Leistungen";

ferner haben sie bei der Aufstellung der Gewinn- und Verlustrechnung nach dem Gesamtkostenverfahren die Posten 2 und 5 durch folgende Posten 2 und 5 zu ersetzen:

„2. Erhöhung oder Verminderung des Bestands an zum Verkauf bestimmten Grundstücken mit fertigen oder unfertigen Bauten sowie unfertigen Leistungen"

„5. Aufwendungen für bezogene Lieferungen und Leistungen
  a) Aufwendungen für Hausbewirtschaftung
  b) Aufwendungen für Verkaufsgrundstücke
  c) Aufwendungen für andere Lieferungen und Leistungen".

(2) Auf kleine Wohnungsunternehmen (§ 267 Abs. 1 des Handelsgesetzbuchs) ist § 266 Abs. 1 Satz 3 des Handelsgesetzbuchs entsprechend anzuwenden.

(3) Eine Aktiengesellschaft, Kommanditgesellschaft auf Aktien, Gesellschaft mit beschränkter Haftung oder eingetragene Genossenschaft ist ein Wohnungsunternehmen im Sinne dieser Vorschriften, wenn sie nach dem in ihrer Satzung (Statut) festgesetzten Gegenstand des Unternehmens sich mit dem Bau von Wohnungen im eigenen Namen befaßt, Wohnungsbauten betreut oder Eigenheime, Kleinsiedlungen und Eigentumswohnungen im Sinne des Ersten Teils des Wohnungseigentumsgesetzes in der im Bundesgesetzblatt Teil III, Gliederungsnummer 403-1, veröffentlichten bereinigten Fassung errichtet und veräußert.

§ 2 [Besondere Vorschriften für den Jahresabschluß]

(1) § 265 Abs. 7 Nr. 1 des Handelsgesetzbuchs darf angewendet werden.

(2) [1]Unfertige Bauleistungen auf fremdem Grund und Boden sind in der Bilanz auf der Aktivseite unter dem Posten „B.I.5. unfertige Leistungen" auszuweisen. [2]Unter diesem Posten sind auch noch nicht abgerechnete Betriebskosten auszuweisen; der Betrag dieser Kosten ist gesondert auszuweisen oder im Anhang anzugeben, wenn sie einen nicht unerheblichen Umfang haben. [3]Wohnungsunternehmen, die kleine Kapitalgesellschaften

im Sinne des § 267 Absatz 1 des Handelsgesetzbuchs sind, haben diese Kosten gesondert in der Bilanz auszuweisen, wenn sie von dem Wahlrecht nach § 1 Absatz 2 keinen Gebrauch machen. [4]Forderungen aus fertigen Bauleistungen auf fremdem Grund und Boden sind in der Bilanz auf der Aktivseite unter dem Posten „B.II.4. Forderungen aus anderen Lieferungen und Leistungen" auszuweisen.

(3) [1]Wohnungsunternehmen mit Spareinrichtung haben in der Bilanz auf der Passivseite unter „C. Verbindlichkeiten" nach dem Posten 3 die Posten „4. Spareinlagen" und „5. Verbindlichkeiten aus Sparbriefen" gesondert auszuweisen. [2]Die nachfolgenden Posten 4 bis 9 werden Posten 6 bis 11.

(4) [1]In der Gewinn- und Verlustrechnung können in der Nummer 1 die Umsatzerlöse zusammengefaßt ausgewiesen werden; in diesem Falle müssen, soweit nicht § 276 des Handelsgesetzbuchs angewendet wird, die Unterposten Nummer 1 Buchstabe a bis d im Anhang gesondert ausgewiesen werden. [2]Wohnungsunternehmen, die kleine Kapitalgesellschaften im Sinne des § 267 Absatz 1 des Handelsgesetzbuchs sind, brauchen Satz 1 zweiter Halbsatz nicht anzuwenden.

§ 2a [Größenabhängige Erleichterungen]

[1]Abweichend von § 327 Nr. 1 des Handelsgesetzbuchs ist § 325 Abs. 1 des Handelsgesetzbuchs auf mittelgroße Wohnungsunternehmen mit der Maßgabe anzuwenden, daß die gesetzlichen Vertreter die Bilanz nur in der für kleine Wohnungsunternehmen nach § 1 Abs. 2 vorgeschriebenen Form elektronisch beim Betreiber des Bundesanzeigers einreichen müssen. [2]In der Bilanz oder im Anhang sind jedoch die folgenden Posten des Formblatts zusätzlich gesondert anzugeben:

Auf der Aktivseite

A.II.	1.	Grundstücke und grundstücksgleiche Rechte mit Wohnbauten
A.II.	2.	Grundstücke und grundstücksgleiche Rechte mit Geschäfts- und anderen Bauten
A.II.	3.	Grundstücke und grundstücksgleiche Rechte ohne Bauten
A.II.	4.	Grundstücke mit Erbbaurechten Dritter
A.II.	5.	Bauten auf fremden Grundstücken
A.II.	6.	technische Anlagen und Maschinen
A.II.	7.	andere Anlagen, Betriebs- und Geschäftsausstattung
A.II.	8.	Anlagen im Bau
A.II.	9.	Bauvorbereitungskosten
A.II.	10.	geleistete Anzahlungen
A.III.	1.	Anteile an verbundenen Unternehmen
A.III.	2.	Ausleihungen an verbundene Unternehmen
A.III.	3.	Beteiligungen
A.III.	4.	Ausleihungen an Unternehmen, mit denen ein Beteiligungsverhältnis besteht
B.II.	5.	Forderungen gegen verbundene Unternehmen
B.II.	6.	Forderungen gegen Unternehmen, mit denen ein Beteiligungsverhältnis besteht
B.III.		Anteile an verbundenen Unternehmen

Auf der Passivseite

C.	1.	Anleihen, davon konvertibel

C. 2. Verbindlichkeiten gegenüber Kreditinstituten
C. 7. Verbindlichkeiten gegenüber verbundenen Unternehmen
C. 8. Verbindlichkeiten gegenüber Unternehmen, mit denen ein Beteiligungsverhältnis besteht.

§ 2b [Ordnungswidrigkeiten]

Ordnungswidrig im Sinne des § 334 Abs. 1 Nr. 6 des Handelsgesetzbuchs handelt, wer als Mitglied des vertretungsberechtigten Organs oder des Aufsichtsrats eines Wohnungsunternehmens, das Aktiengesellschaft, Kommanditgesellschaft auf Aktien oder Gesellschaft mit beschränkter Haftung ist, von den Vorschriften des § 1 Abs. 1 oder des § 2 Abs. 2, 3 oder 4, jeweils in Verbindung mit dem anliegenden Formblatt, über Gliederung, Form oder Inhalt des Jahresabschlusses oder im Anhang zu machende Angaben zuwiderhandelt.

§ 3

[1]§ 2 in der Fassung des Bilanzrichtlinie-Umsetzungsgesetzes vom 17. Juli 2015 (BGBl. I S. 1245) ist erstmals auf Jahresabschlüsse für ein Geschäftsjahr anzuwenden, das nach dem 31. Dezember 2015 beginnt. [2]Auf Jahresabschlüsse für Geschäftsjahre, die vor dem 1. Januar 2016 beginnen, bleibt § 2 in der bis zum 22. Juli 2015 geltenden Fassung anwendbar.

§ 4 [Aufhebung von Vorschriften]

Artikel 1 der Verordnung über die Bilanzierung von gemeinnützigen Baugenossenschaften und Bausparkassen, die in der Rechtsform einer eingetragenen Genossenschaft betrieben werden, vom 7. September 1933 (Reichsgesetzbl. I S. 622) wird aufgehoben.

§ 5 *(aufgehoben)*

§ 6 [Inkrafttreten]

Diese Verordnung tritt am Tage nach ihrer Verkündung[1)] in Kraft.

1) Die Vorschrift bezieht sich auf die Verkündung der Verordnung in der ursprünglichen Fassung.

Formblatt
(Muster)
Bilanz

Aktivseite

A. Anlagevermögen

I. Immaterielle Vermögensgegenstände
1. Selbst geschaffene gewerbliche Schutzrechte und ähnliche Rechte und Werte
2. entgeltlich erworbene Konzessionen, gewerbliche Schutzrechte und ähnliche Rechte und Werte sowie Lizenzen an solchen Rechten und Werten
3. Geschäfts- oder Firmenwert
4. geleistete Anzahlungen

II. Sachanlagen
1. Grundstücke und grundstücksgleiche Rechte mit Wohnbauten
2. Grundstücke und grundstücksgleiche Rechte mit Geschäfts- und anderen Bauten
3. Grundstücke und grundstücksgleiche Rechte ohne Bauten
4. Grundstücke mit Erbbaurechten Dritter
5. Bauten auf fremden Grundstücken
6. technische Anlagen und Maschinen
7. andere Anlagen, Betriebs- und Geschäftsausstattung
8. Anlagen im Bau
9. Bauvorbereitungskosten
10. geleistete Anzahlungen

III. Finanzanlagen
1. Anteile an verbundenen Unternehmen
2. Ausleihungen an verbundene Unternehmen
3. Beteiligungen
4. Ausleihungen an Unternehmen, mit denen ein Beteiligungsverhältnis besteht
5. Wertpapiere des Anlagevermögens
6. sonstige Ausleihungen

B. Umlaufvermögen

I. Zum Verkauf bestimmte Grundstücke und andere Vorräte
1. Grundstücke und grundstücksgleiche Rechte ohne Bauten
2. Bauvorbereitungskosten
3. Grundstücke und grundstücksgleiche Rechte mit unfertigen Bauten
4. Grundstücke und grundstücksgleiche Rechte mit fertigen Bauten
5. unfertige Leistungen
6. andere Vorräte
7. geleistete Anzahlungen

II. Forderungen und sonstige Vermögensgegenstände
1. Forderungen aus Vermietung
2. Forderungen aus Grundstücksverkäufen
3. Forderungen aus Betreuungstätigkeit
4. Forderungen aus anderen Lieferungen und Leistungen
5. Forderungen gegen verbundene Unternehmen
6. Forderungen gegen Unternehmen, mit denen ein Beteiligungsverhältnis besteht
7. sonstige Vermögensgegenstände

Passivseite

A. Eigenkapital

I. Gezeichnetes Kapital

II. Kapitalrücklage

III. Gewinnrücklagen
1. gesetzliche Rücklage
2. Rücklage für Anteile an einem herrschenden oder mehrheitlich beteiligten Unternehmen
3. satzungsmäßige Rücklage
4. Bauerneuerungsrücklage
5. andere Gewinnrücklagen

IV. Gewinnvortrag/Verlustvortrag

V. Jahresüberschuß/Jahresfehlbetrag

B. Rückstellungen
1. Rückstellungen für Pensionen und ähnliche Verpflichtungen
2. Steuerrückstellungen
3. Rückstellung für Bauinstandhaltung
4. sonstige Rückstellungen

C. Verbindlichkeiten
1. Anleihen davon konvertibel
2. Verbindlichkeiten gegenüber Kreditinstituten
3. Verbindlichkeiten gegenüber anderen Kreditgebern
4. erhaltene Anzahlungen
5. Verbindlichkeiten aus Lieferungen und Leistungen
6. Verbindlichkeiten aus der Annahme gezogener Wechsel und der Ausstellung eigener Wechsel
7. Verbindlichkeiten gegenüber verbundenen Unternehmen
8. Verbindlichkeiten gegenüber Unternehmen, mit denen ein Beteiligungsverhältnis besteht
9. sonstige Verbindlichkeiten davon aus Steuern davon im Rahmen der sozialen Sicherheit

D. Rechnungsabgrenzungsposten

E. Passive latente Steuern

III. Wertpapiere
   1. Anteile an verbundenen Unternehmen
   2. eigene Anteile
   3. sonstige Wertpapiere

IV. Flüssige Mittel und Bausparguthaben
   1. Schecks, Kassenbestand, Bundesbank- und Postgiroguthaben, Guthaben bei Kreditinstituten
   2. Bausparguthaben

C. Rechnungsabgrenzungsposten

D. Aktive latente Steuern

E. Aktiver Unterschiedsbetrag aus der Vermögensverrechnung

1d. Verordnung über die Rechnungslegung der Kreditinstitute und Finanzdienstleistungsinstitute (Kreditinstituts – Rechnungslegungsverordnung – RechKredV)

in der Fassung der Bekanntmachung vom 11.12.1998 (BGBl. I S. 3658)

zuletzt geändert durch Gesetz vom 17.7.2015 (BGBl. I S. 1245)

Inhaltsübersicht

Abschnitt 1 Anwendungsbereich

§ 1 Anwendungsbereich

[1]Diese Verordnung ist auf Institute (Kreditinstitute und Finanzdienstleistungsinstitute) sowie Zweigstellen anzuwenden, für die nach § 340 Abs. 1 Satz 1 und Abs. 4 Satz 1 des Handelsgesetzbuchs der Erste Unterabschnitt des Vierten Abschnitts des Dritten Buchs des Handelsgesetzbuchs anzuwenden ist. [2]Diese Verordnung ist auf Wohnungsunternehmen mit Spareinrichtung nicht anzuwenden.

Abschnitt 2 Bilanz und Gewinn- und Verlustrechnung

§ 2 Formblätter

(1) [1]Institute haben an Stelle des § 266 des Handelsgesetzbuchs über die Gliederung der Bilanz das anliegende Formblatt 1 und an Stelle des § 275 des Handelsgesetzbuchs über die Gliederung der Gewinn- und Verlustrechnung das anliegende Formblatt 2 (Kontoform) oder 3 (Staffelform) anzuwenden, soweit für bestimmte Arten von Instituten nachfolgend sowie in den Fußnoten zu den Formblättern nichts anderes vorgeschrieben ist. [2]Kreditinstitute mit Bausparabteilung haben die für Bausparkassen vorgesehenen besonderen Posten in ihre Bilanz und in ihre Gewinn- und Verlustrechnung zu übernehmen.

(2) [1]Die mit kleinen Buchstaben versehenen Posten der Bilanz und der Gewinn- und Verlustrechnung können zusammengefaßt ausgewiesen werden, wenn

1. sie einen Betrag enthalten, der für die Vermittlung eines den tatsächlichen Verhältnissen entsprechenden Bildes im Sinne des § 264 Abs. 2 des Handelsgesetzbuchs nicht erheblich ist, oder
2. dadurch die Klarheit der Darstellung vergrößert wird; in diesem Falle müssen die zusammengefaßten Posten jedoch im Anhang gesondert ausgewiesen werden.

[2]Satz 1 ist auf die der Deutschen Bundesbank und der Bundesanstalt für Finanzdienstleistungsaufsicht einzureichenden Bilanzen und Gewinn- und Verlustrechnungen nicht anzuwenden.

§ 3 Unterposten

[1]Als Unterposten sind im Formblatt jeweils gesondert auszuweisen:

1. die verbrieften und unverbrieften Forderungen an verbundene Unternehmen zu den Posten „Forderungen an Kreditinstitute“ (Aktivposten Nr. 3), „Forderungen an Kunden“ (Aktivposten Nr. 4) und „Schuldverschreibungen und andere festverzinsliche Wertpapiere“ (Aktivposten Nr. 5);
2. die verbrieften und unverbrieften Forderungen an Unternehmen, mit denen ein Beteiligungsverhältnis besteht, zu den Posten „Forderungen an Kreditinstitute“ (Aktivposten Nr. 3), „Forderungen an Kunden“ (Aktivposten Nr. 4) und „Schuldverschreibungen und andere festverzinsliche Wertpapiere“ (Aktivposten Nr. 5);
3. die verbrieften und unverbrieften Verbindlichkeiten gegenüber verbundenen Unternehmen zu den Posten „Verbindlichkeiten gegenüber Kreditinstituten“ (Passivposten Nr. 1), „Verbindlichkeiten gegenüber Kunden“ (Passivposten Nr. 2), „Verbriefte Verbindlichkeiten“ (Passivposten Nr. 3) und „Nachrangige Verbindlichkeiten“ (Passivposten Nr. 9);
4. die verbrieften und unverbrieften Verbindlichkeiten gegenüber Unternehmen, mit denen ein Beteiligungsverhältnis besteht, zu den Posten „Verbindlichkeiten gegenüber Kreditinstituten“ (Passivposten Nr. 1), „Verbindlichkeiten gegenüber Kunden“

(Passivposten Nr. 2), „Verbriefte Verbindlichkeiten“ (Passivposten Nr. 3) und „Nachrangige Verbindlichkeiten“ (Passivposten Nr. 9).

[2]Die Angaben nach Satz 1 können statt in der Bilanz im Anhang in der Reihenfolge der betroffenen Posten gemacht werden.

§ 4 Nachrangige Vermögensgegenstände und Schulden

(1) Vermögensgegenstände und Schulden sind als nachrangig auszuweisen, wenn sie als Forderungen oder Verbindlichkeiten im Fall der Liquidation oder der Insolvenz erst nach den Forderungen der anderen Gläubiger erfüllt werden dürfen.

(2) [1]Nachrangige Vermögensgegenstände sind auf der Aktivseite bei dem jeweiligen Posten oder Unterposten gesondert auszuweisen. [2]Die Angaben können statt in der Bilanz im Anhang in der Reihenfolge der betroffenen Posten gemacht werden.

§ 5 Gemeinschaftsgeschäfte

[1]Wird ein Kredit von mehreren Kreditinstituten gemeinschaftlich gewährt (Gemeinschaftskredit), so hat jedes beteiligte oder unterbeteiligte Kreditinstitut nur seinen eigenen Anteil an dem Kredit in die Bilanz aufzunehmen, soweit es die Mittel für den Gemeinschaftskredit zur Verfügung gestellt hat. [2]Übernimmt ein Kreditinstitut über seinen eigenen Anteil hinaus die Haftung für einen höheren Betrag, so ist der Unterschiedsbetrag als Eventualverbindlichkeit auf der Passivseite der Bilanz unter dem Strich zu vermerken. [3]Wird von einem Kreditinstitut lediglich die Haftung für den Ausfall eines Teils der Forderung aus dem Gemeinschaftskredit übernommen, so hat das kreditgebende Kreditinstitut den vollen Kreditbetrag auszuweisen, das haftende Kreditinstitut seinen Haftungsbetrag in der Bilanz im Unterposten „Verbindlichkeiten aus Bürgschaften und Gewährleistungsverträgen“ (Passivposten unter dem Strich Nr. 1 Buchstabe b) zu vermerken. [4]Satz 1 und 2 ist entsprechend anzuwenden, wenn Kreditinstitute Wertpapiere oder Beteiligungen gemeinschaftlich erwerben.

§ 6 Treuhandgeschäfte

(1) [1]Vermögensgegenstände und Schulden, die ein Institut im eigenen Namen, aber für fremde Rechnung hält, sind in seine Bilanz aufzunehmen. [2]Die Gesamtbeträge sind in der Bilanz unter den Posten“ Treuhandvermögen“ (Aktivposten Nr. 9) und „Treuhandverbindlichkeiten“ (Passivposten Nr. 4) auszuweisen und im Anhang nach den Aktiv- und Passivposten des Formblatts aufzugliedern. [3]Als Gläubiger gilt bei hereingenommenen Treuhandgeldern die Stelle, der das bilanzierende Kreditinstitut die Gelder unmittelbar schuldet. [4]Als Schuldner gilt bei Treuhandkrediten die Stelle, an die das bilanzierende Kreditinstitut die Gelder unmittelbar ausreicht.

(2) Kredite sind unter den Voraussetzungen des Absatzes 1 in der Bilanz im Vermerk „darunter: Treuhandkredite“ bei Aktivposten Nr. 9 und bei Passivposten Nr. 4 auszuweisen.

(3) Vermögensgegenstände und Schulden, die ein Institut im fremden Namen für fremde Rechnung hält, dürfen in seine Bilanz nicht aufgenommen werden.

(4) Kapitalverwaltungsgesellschaften haben die Summe der Inventarwerte und die Zahl der verwalteten Investmentvermögen in der Bilanz auf der Passivseite unter dem Strich in einem Posten mit der Bezeichnung „Für Anteilinhaber verwaltete Investmentvermögen“ auszuweisen.

§ 7 Wertpapiere

(1) [1]Als Wertpapiere sind Aktien, Zwischenscheine, Anteile oder Aktien an Investmentvermögen, Optionsscheine, Zins- und Gewinnanteilscheine, börsenfähige Inhaber- und Ordergenußscheine, börsenfähige Inhaberschuldverschreibungen auszuweisen, auch wenn sie vinkuliert sind, unabhängig davon, ob sie in Wertpapierurkunden verbrieft oder als Wertrechte ausgestaltet sind, börsenfähige Orderschuldverschreibungen, soweit sie Teile einer Gesamtemission sind, ferner andere festverzinsliche Inhaberpapiere, soweit sie börsenfähig sind, und andere nicht festverzinsliche Wertpapiere, soweit sie börsennotiert sind. [2]Hierzu rechnen auch ausländische Geldmarktpapiere, die zwar auf den Namen lauten, aber wie Inhaberpapiere gehandelt werden.

(2) Als börsenfähig gelten Wertpapiere, die die Voraussetzungen einer Börsenzulassung erfüllen; bei Schuldverschreibungen genügt es, daß alle Stücke einer Emission hinsichtlich Verzinsung, Laufzeitbeginn und Fälligkeit einheitlich ausgestattet sind.

(3) Als börsennotiert gelten Wertpapiere, die an einer deutschen Börse zum Handel im regulierten Markt zugelassen sind, außerdem Wertpapiere, die an ausländischen Börsen zugelassen sind oder gehandelt werden.

§ 8 Restlaufzeit

(1) Für die Gliederung nach Restlaufzeiten sind bei ungekündigten Kündigungsgeldern die Kündigungsfristen maßgebend. [2]Sofern neben der Kündigungsfrist noch eine Kündigungssperrfrist vereinbart wird, ist diese ebenfalls zu berücksichtigen. [3]Bei Forderungen sind vorzeitige Kündigungsmöglichkeiten nicht zu berücksichtigen.

(2) Bei Forderungen oder Verbindlichkeiten mit Rückzahlungen in regelmäßigen Raten gilt als Restlaufzeit der Zeitraum zwischen dem Bilanzstichtag und dem Fälligkeitstag jedes Teilbetrags.

(3) Als täglich fällig sind nur solche Forderungen und Verbindlichkeiten auszuweisen, über die jederzeit ohne vorherige Kündigung verfügt werden kann oder für die eine Laufzeit oder Kündigungsfrist von 24 Stunden oder von einem Geschäftstag vereinbart worden ist; hierzu rechnen auch die sogenannten Tagesgelder und Gelder mit täglicher Kündigung einschließlich der über geschäftsfreie Tage angelegten Gelder mit Fälligkeit oder Kündigungsmöglichkeit am nächsten Geschäftstag.

§ 9 Fristengliederung

(1) [1]Im Anhang sind gesondert die Beträge der folgenden Posten oder Unterposten des Formblattes 1 (Bilanz) nach Restlaufzeiten aufzugliedern:

1. andere Forderungen an Kreditinstitute mit Ausnahme der darin enthaltenen Bausparguthaben aus abgeschlossenen Bausparverträgen (Aktivposten Nr. 3 Buchstabe b),
2. Forderungen an Kunden (Aktivposten Nr. 4),
3. Verbindlichkeiten gegenüber Kreditinstituten mit vereinbarter Laufzeit oder Kündigungsfrist (Passivposten Nr. 1 Buchstabe b),
4. Spareinlagen mit vereinbarter Kündigungsfrist von mehr als drei Monaten (Passivposten Nr. 2 Buchstabe a Doppelbuchstabe ab),
5. andere Verbindlichkeiten gegenüber Kunden mit vereinbarter Laufzeit oder Kündigungsfrist (Passivposten Nr. 2 Buchstabe a Doppelbuchstabe bb),
6. andere verbriefte Verbindlichkeiten (Passivposten Nr. 3 Buchstabe b).

[2]Auf Pfandbriefbanken und Bausparkassen ist Satz 1 entsprechend anzuwenden; Bausparkassen brauchen die Bauspareinlagen nicht nach Restlaufzeiten aufzugliedern.

(2) Für die Aufgliederung nach Absatz 1 sind folgende Restlaufzeiten maßgebend:

1. bis drei Monate,
2. mehr als drei Monate bis ein Jahr,
3. mehr als ein Jahr bis fünf Jahre,
4. mehr als fünf Jahre.

(3) Im Anhang sind ferner zu folgenden Posten der Bilanz anzugeben:

1. die im Posten „Forderungen an Kunden“ (Aktivposten Nr. 4) enthaltenen Forderungen mit unbestimmter Laufzeit;
2. die im Posten „Schuldverschreibungen und andere festverzinsliche Wertpapiere“ (Aktivposten Nr. 5) und im Unterposten“ begebene Schuldverschreibungen“ (Passivposten Nr. 3 Buchstabe a) enthaltenen Beträge, die in dem Jahr, das auf den Bilanzstichtag folgt, fällig werden.

§ 10 Verrechnung

(1) Täglich fällige, keinerlei Bindungen unterliegende Verbindlichkeiten gegenüber einem Kontoinhaber müssen mit gegen denselben Kontoinhaber bestehenden täglich fälligen Forderungen und Forderungen, die auf einem Kreditsonderkonto belastet und gleichzeitig auf einem laufenden Konto erkannt sind, verrechnet werden, sofern für die Zins- und Provisionsberechnung vereinbart ist, daß der Kontoinhaber wie bei Verbuchung über ein einziges Konto gestellt wird.

(2) [1]Eine Verrechnung von Forderungen und Verbindlichkeiten in verschiedenen Währungen ist nicht zulässig. 2Nicht verrechnet werden darf mit Sperrguthaben und Spareinlagen.

§ 11 Anteilige Zinsen

[1]Anteilige Zinsen und ähnliche das Geschäftsjahr betreffende Beträge, die erst nach dem Bilanzstichtag fällig werden, aber bereits am Bilanzstichtag bei Kreditinstituten den Charakter von bankgeschäftlichen und bei Finanzdienstleistungsinstituten den Charakter von für diese Institute typischen Forderungen oder Verbindlichkeiten haben, sind denjenigen Posten der Aktiv- oder Passivseite der Bilanz zuzuordnen, dem sie zugehören. [2]§ 268 Abs. 4 Satz 2, Abs. 5 Satz 3 des Handelsgesetzbuchs bleibt unberührt. [3]Die in Satz 1 genannten Beträge brauchen nicht nach Restlaufzeiten aufgegliedert zu werden.

Abschnitt 3 Vorschriften zu einzelnen Posten der Bilanz (Formblatt 1)

Unterabschnitt 1 Posten der Aktivseite

§ 12 Barreserve (Nr. 1)

(1) [1]Als Kassenbestand sind gesetzliche Zahlungsmittel einschließlich der ausländischen Noten und Münzen sowie Postwertzeichen und Gerichtsgebührenmarken auszuweisen. [2]Zu einem höheren Betrag als dem Nennwert erworbene Gedenkmünzen sowie Goldmünzen, auch wenn es sich um gesetzliche Zahlungsmittel handelt, und Barrengold sind im Posten „Sonstige Vermögensgegenstände“ (Aktivposten Nr. 15) zu erfassen.

(2) [1]Als Guthaben dürfen nur täglich fällige Guthaben einschließlich der täglich fälligen Fremdwährungsguthaben bei Zentralnotenbanken und Postgiroämtern der Niederlassungsländer des Instituts ausgewiesen werden. [2]Andere Guthaben wie Übernachtguthaben im Rahmen der Einlagefazilität der Deutschen Bundesbank sowie Forderungen an die Deutsche Bundesbank aus Devisenswapgeschäften, Wertpapierpensions-

geschäften und Termineinlagen sind im Posten „Forderungen an Kreditinstitute" (Aktivposten Nr. 3) auszuweisen. [3]Bei Zentralnotenbanken in Anspruch genommene Kredite wie Übernachtkredite im Rahmen der Spitzenrefinanzierungsfazilität der Deutschen Bundesbank oder andere täglich fällige Darlehen sind nicht von den Guthaben abzusetzen, sondern im Posten „Verbindlichkeiten gegenüber Kreditinstituten" (Passivposten Nr. 1) als täglich fällige Verbindlichkeiten auszuweisen.

§ 13 Schuldtitel öffentlicher Stellen und Wechsel, die zur Refinanzierung bei Zentralnotenbanken zugelassen sind (Nr. 2)

(1) [1]Im Posten Nr. 2 sind Schatzwechsel und unverzinsliche Schatzanweisungen sowie ähnliche Schuldtitel öffentlicher Stellen und Wechsel auszuweisen, die unter Diskontabzug hereingenommen wurden und zur Refinanzierung bei den Zentralnotenbanken der Niederlassungsländer zugelassen sind. [2]Schuldtitel öffentlicher Stellen, die die bezeichneten Voraussetzungen nicht erfüllen, sind im Unterposten „Geldmarktpapiere von öffentlichen Emittenten" (Aktivposten Nr. 5 Buchstabe a Doppelbuchstabe aa), gegebenenfalls im Unterposten „Anleihen und Schuldverschreibungen von öffentlichen Emittenten" (Aktivposten Nr. 5 Buchstabe b Doppelbuchstabe ba), auszuweisen, sofern sie börsenfähig sind, andernfalls im Posten „Forderungen an Kunden" (Aktivposten Nr. 4). [3]Öffentliche Stellen im Sinne dieser Vorschrift sind öffentliche Haushalte einschließlich ihrer Sondervermögen.

(2) Im Vermerk zum Unterposten Buchstabe a „bei der Deutschen Bundesbank refinanzierbar" sind alle im Bestand befindlichen Schatzwechsel und unverzinslichen Schatzanweisungen und ähnliche Schuldtitel öffentlicher Stellen auszuweisen, die bei der Deutschen Bundesbank refinanzierungsfähig sind.

(3) [1]Der Bestand an eigenen Akzepten ist nicht auszuweisen. [2]Den Kunden nicht abgerechnete Wechsel, Solawechsel und eigene Ziehungen, die beim bilanzierenden Institut hinterlegt sind (Depot- oder Kautionswechsel), sind nicht als Wechsel zu bilanzieren.

§ 14 Forderungen an Kreditinstitute (Nr. 3)

[1]Im Posten „Forderungen an Kreditinstitute" sind alle Arten von Forderungen aus Bankgeschäften sowie alle Forderungen von Finanzdienstleistungsinstituten an in- und ausländische Kreditinstitute einschließlich der von Kreditinstituten eingereichten Wechsel auszuweisen, soweit es sich nicht um börsenfähige Schuldverschreibungen im Sinne des Postens „Schuldverschreibungen und andere festverzinsliche Wertpapiere" (Aktivposten Nr. 5) handelt. [2]Von den à forfait eingereichten Wechseln sind diejenigen hier auszuweisen, die von Kreditinstituten akzeptiert sind, soweit sie nicht unter Aktivposten Nr. 2 Buchstabe b auszuweisen sind. [3]Zu den Forderungen an Kreditinstitute gehören auch Namensschuldverschreibungen sowie nicht börsenfähige Inhaberschuldverschreibungen, Orderschuldverschreibungen, die nicht Teile einer Gesamtemission sind, sowie nicht börsenfähige Orderschuldverschreibungen, die Teile einer Gesamtemission sind, Namensgeldmarktpapiere und nicht börsenfähige Inhabergeldmarktpapiere, Namensgenußscheine, nicht börsenfähige Inhabergenußscheine und andere nicht in Wertpapieren verbriefte rückzahlbare Genußrechte. [4]§ 7 bleibt unberührt. [5]Ferner gehören hierzu Bausparguthaben aus abgeschlossenen Bausparverträgen und Soll-Salden aus Effektengeschäften und Verrechnungskonten.

§ 15 Forderungen an Kunden (Nr. 4)

(1) [1]Im Posten „Forderungen an Kunden" sind alle Arten von Vermögensgegenständen einschließlich der von Kunden eingereichten Wechsel auszuweisen, die Forderungen an in- und ausländische Nichtbanken (Kunden) darstellen, soweit es sich nicht um börsenfähige Schuldverschreibungen im Sinne des Postens „Schuldverschreibungen

und andere festverzinsliche Wertpapiere“ (Aktivposten Nr. 5) handelt. [2]§ 7 bleibt unberührt. [3]Von den à forfait eingereichten Wechseln sind diejenigen hier auszuweisen, die von Nichtbanken akzeptiert sind, soweit sie nicht unter Aktivposten Nr. 2 Buchstabe b auszuweisen sind. [4]Zu den Forderungen an Kunden gehören auch Forderungen aus dem eigenen Warengeschäft und die in § 14 Satz 3 bezeichneten Papiere. [5]Es darf nur die Summe der in Anspruch genommenen Kredite, nicht die Summe der Kreditzusagen, eingesetzt werden.

(2) [1]Als durch Grundpfandrechte gesichert sind nur Forderungen zu vermerken, für die dem bilanzierenden Institut Grundpfandrechte bestellt, verpfändet oder abgetreten worden sind und die den Erfordernissen des § 14 Abs. 1 und des § 16 Abs. 1 und 2 des Pfandbriefgesetzes entsprechen, jedoch unabhängig davon, ob sie zur Deckung ausgegebener Schuldverschreibungen dienen oder nicht. [2]Bausparkassen haben hier nur solche Baudarlehen zu vermerken, für die dem bilanzierenden Institut Grundpfandrechte bestellt, verpfändet oder abgetreten worden sind, die den Erfordernissen des § 7 Abs. 1 des Gesetzes über Bausparkassen entsprechen. [3]Durch Grundpfandrechte gesicherte Forderungen, die in Höhe des die zulässige Beleihungsgrenze übersteigenden Betrages durch eine Bürgschaft oder Gewährleistung der öffentlichen Hand gesichert sind (I b-Hypothekendarlehen), sind ebenfalls hier zu vermerken.

(3) [1]Als Kommunalkredite sind alle Forderungen zu vermerken, die an inländische Körperschaften und Anstalten des öffentlichen Rechts gewährt wurden oder für die eine solche Körperschaft oder Anstalt die volle Gewährleistung übernommen hat, unabhängig davon, ob sie zur Deckung ausgegebener Schuldverschreibungen dienen oder nicht. [2]Hier sind auch Kredite gemäß § 20 Abs. 1 Nr. 1 Buchstabe b bis e des Pfandbriefgesetzes auszuweisen.

(4) Schiffshypotheken dürfen unter der Bezeichnung „durch Schiffshypotheken gesichert“ gesondert vermerkt werden, wenn sie den Erfordernissen des § 22 Abs. 1, 2 Satz 1 und Abs. 5 Satz 3, des § 23 Abs. 1 und 4 sowie des § 24 Abs. 2 in Verbindung mit Abs. 3 des Pfandbriefgesetzes entsprechen.

(5) *(aufgehoben)*

§ 16 Schuldverschreibungen und andere festverzinsliche Wertpapiere (Nr. 5)

(1) [1]Als Schuldverschreibungen und andere festverzinsliche Wertpapiere sind die folgenden Rechte, wenn sie börsenfähig sind und nicht zu dem Unterposten „Schatzwechsel und unverzinsliche Schatzanweisungen sowie ähnliche Schuldtitel öffentlicher Stellen“ (Aktivposten Nr. 2 Buchstabe a) gehören, auszuweisen: festverzinsliche Inhaberschuldverschreibungen, Orderschuldverschreibungen, die Teile einer Gesamtemission sind, Schatzwechsel, Schatzanweisungen und andere verbriefte Rechte (wie zum Beispiel commercial papers, euro notes, certificates of deposit, bons de caisse), Kassenobligationen sowie Schuldbuchforderungen. [2]Vor Fälligkeit hereingenommene Zinsscheine sind ebenfalls hier aufzunehmen.

(2) Als festverzinslich gelten auch Wertpapiere, die mit einem veränderlichen Zinssatz ausgestattet sind, sofern dieser an eine bestimmte Größe, zum Beispiel an einen Interbankzinssatz oder an einen Euro-Geldmarktsatz gebunden ist, sowie Null-Kupon-Anleihen, ferner Schuldverschreibungen, die einen anteiligen Anspruch auf Erlöse aus einem gepoolten Forderungsvermögen verbriefen.

(2a) Als Geldmarktpapiere gelten alle Schuldverschreibungen und anderen festverzinslichen Wertpapiere unabhängig von ihrer Bezeichnung, sofern ihre ursprüngliche Laufzeit ein Jahr nicht überschreitet.

(3) [1]Als „beleihbar bei der Deutschen Bundesbank“ sind nur solche Wertpapiere zu vermerken, die bei der Deutschen Bundesbank refinanzierungsfähig sind. [2]Sie sind mit dem Bilanzwert zu vermerken.

(4) Im Unterposten Buchstabe c sind zurückgekaufte börsenfähige Schuldverschreibungen eigener Emissionen auszuweisen; der Bestand an nicht börsenfähigen eigenen Schuldverschreibungen ist vom Passivposten 3 Buchstabe a abzusetzen.

(5) Bezüglich der Absätze 1 bis 2a und 4 bleibt § 7 unberührt.

§ 17 Aktien und andere nicht festverzinsliche Wertpapiere (Nr. 6)

[1]Im Posten „Aktien und andere nicht festverzinsliche Wertpapiere“ sind Aktien auszuweisen, soweit sie nicht im Posten „Beteiligungen“ (Aktivposten Nr. 7) oder im Posten „Anteile an verbundenen Unternehmen“ (Aktivposten Nr. 8) auszuweisen sind, ferner Zwischenscheine, Anteile oder Aktien an Investmentvermögen, Optionsscheine, Gewinnanteilscheine, als Inhaber- oder Orderpapiere ausgestaltete börsenfähige Genußscheine sowie andere nicht festverzinsliche Wertpapiere, soweit sie börsennotiert sind. [2]Vor Fälligkeit hereingenommene Gewinnanteilscheine sind ebenfalls hier aufzunehmen.

§ 18 Beteiligungen (Nr. 7)

[1]Institute in der Rechtsform der eingetragenen Genossenschaft und genossenschaftliche Zentralbanken haben Geschäftsguthaben bei Genossenschaften unter dem Posten „Beteiligungen“ (Aktivposten Nr. 7) auszuweisen. [2]In diesem Fall ist die Postenbezeichnung entsprechend anzupassen.

§ 19 Ausgleichsforderungen gegen die öffentliche Hand einschließlich Schuldverschreibungen aus deren Umtausch (Nr. 10)

[1]Im Posten Nr. 10 sind Ausgleichsforderungen aus der Währungsreform von 1948 sowie Ausgleichsforderungen gegenüber dem Ausgleichsfonds Währungsumstellung auszuweisen. [2]Hierzu zählen auch Schuldverschreibungen des Ausgleichsfonds Währungsumstellung, die aus der Umwandlung gegen ihn gerichteter Ausgleichsforderungen entstanden sind, unabhängig davon, ob das bilanzierende Institut die Schuldverschreibungen aus dem Umtausch eigener Ausgleichsforderungen oder als Erwerber von einem anderen Institut oder einem Außenhandelsbetrieb erlangt hat.

§ 20 Sonstige Vermögensgegenstände (Nr. 14)

[1]Im Posten „Sonstige Vermögensgegenstände“ sind Forderungen und sonstige Vermögensgegenstände auszuweisen, die einem anderen Posten nicht zugeordnet werden können. [2]Hierzu gehören auch Schecks, fällige Schuldverschreibungen, Zins- und Gewinnanteilscheine, Inkassowechsel und sonstige Inkassopapiere, soweit sie innerhalb von 30 Tagen ab Einreichung zur Vorlage bestimmt und dem Einreicher bereits gutgeschrieben worden sind. [3]Diese gilt auch dann, wenn sie unter dem Vorbehalt des Eingangs gutgeschrieben worden sind. [4]Hierzu zählen ferner nicht in Wertpapieren verbriefte Genußrechte, die nicht rückzahlbar sind. [5]Zur Verhütung von Verlusten im Kreditgeschäft erworbene Grundstücke und Gebäude dürfen, soweit sie nicht im Posten Nr. 12 „Sachanlagen“ ausgewiesen sind, im Posten Nr. 14 „Sonstige Vermögensgegenstände“ nur ausgewiesen werden, wenn sie sich nicht länger als fünf Jahre im Bestand des bilanzierenden Instituts befinden.

Unterabschnitt 2 Posten der Passivseite

§ 21 Verbindlichkeiten gegenüber Kreditinstituten (Nr. 1), Verbindlichkeiten gegenüber Kunden (Nr. 2)

(1) [1]Als Verbindlichkeiten gegenüber Kreditinstituten sind alle Arten von Verbindlichkeiten aus Bankgeschäften sowie alle Verbindlichkeiten von Finanzdienstleistungsinstituten gegenüber in- und ausländischen Kreditinstituten auszuweisen, sofern es sich nicht um verbriefte Verbindlichkeiten (Passivposten Nr. 3) handelt. [2]Hierher gehören auch Verbindlichkeiten aus Namensschuldverschreibungen, Orderschuldverschreibungen, die nicht Teile einer Gesamtemission sind, Namensgeldmarktpapieren, Haben-Salden aus Effektengeschäften und aus Verrechnungskonten sowie Verbindlichkeiten aus verkauften Wechseln einschließlich eigener Ziehungen, die den Kreditnehmern nicht abgerechnet worden sind.

(2) [1]Als Verbindlichkeiten gegenüber Kunden sind alle Arten von Verbindlichkeiten gegenüber in- und ausländischen Nichtbanken (Kunden) auszuweisen, sofern es sich nicht um verbriefte Verbindlichkeiten (Passivposten Nr. 3) handelt. [2]Hierzu gehören auch Verbindlichkeiten aus Namensschuldverschreibungen, Orderschuldverschreibungen, die nicht Teile einer Gesamtemission sind, Namensgeldmarktpapieren, Sperrguthaben und Abrechnungsguthaben der Anschlußfirmen im Teilzahlungsfinanzierungsgeschäft, soweit der Ausweis nicht unter dem Posten „Verbindlichkeiten gegenüber Kreditinstituten“ (Passivposten Nr. 1) vorzunehmen ist, sowie „Anweisungen im Umlauf“.

(3) [1]Verbindlichkeiten, die einem Institut dadurch entstehen, daß ihm von einem anderen Institut Beträge zugunsten eines namentlich genannten Kunden mit der Maßgabe überwiesen werden, sie diesem erst auszuzahlen, nachdem er bestimmte Auflagen erfüllt hat (sogenannte Treuhandzahlungen), sind unter „Verbindlichkeiten gegenüber Kunden“ (Passivposten Nr. 2) auszuweisen, auch wenn die Verfügungsbeschränkung noch besteht. [2]Eine Ausnahme besteht nur dann, wenn nach dem Vertrag mit dem die Treuhandzahlung überweisenden Kreditinstitut nicht der Kunde, sondern das empfangende Institut der Schuldner ist.

(4) [1]Als Spareinlagen sind nur unbefristete Gelder auszuweisen, die folgende vier Voraussetzungen erfüllen:

1. sie sind durch Ausfertigung einer Urkunde, insbesondere eines Sparbuchs, als Spareinlagen gekennzeichnet;
2. sie sind nicht für den Zahlungsverkehr bestimmt;
3. sie werden nicht von Kapitalgesellschaften, Genossenschaften, wirtschaftlichen Vereinen, Personenhandelsgesellschaften oder von Unternehmen mit Sitz im Ausland mit vergleichbarer Rechtsform angenommen, es sei denn, diese Unternehmen dienen gemeinnützigen, mildtätigen oder kirchlichen Zwecken oder es handelt sich bei den von diesen Unternehmen angenommenen Geldern um Sicherheiten gemäß § 551 des Bürgerlichen Gesetzbuchs oder § 14 Abs. 4 des Heimgesetzes;
4. sie weisen eine Kündigungsfrist von mindestens drei Monaten auf.

[2]Sparbedingungen, die dem Kunden das Recht einräumen, über seine Einlagen mit einer Kündigungsfrist von drei Monaten bis zu einem bestimmten Betrag, der jedoch pro Sparkonto und Kalendermonat 2000 Euro nicht überschreiten darf, ohne Kündigung zu verfügen, schließen deren Einordnung als Spareinlagen im Sinne dieser Vorschrift nicht aus. [3]Geldbeträge, die auf Grund von Vermögensbildungsgesetzen geleistet werden, gelten als Spareinlagen. [4]Bauspareinlagen gelten nicht als Spareinlagen.

§ 22 Verbriefte Verbindlichkeiten (Nr. 3)

(1) Als verbriefte Verbindlichkeiten sind Schuldverschreibungen und diejenigen Verbindlichkeiten auszuweisen, für die nicht auf den Namen lautende übertragbare Urkunden ausgestellt sind.

(2) [1]Als begebene Schuldverschreibungen sind auf den Inhaber lautende Schuldverschreibungen sowie Orderschuldverschreibungen, die Teile einer Gesamtemission sind, unabhängig von ihrer Börsenfähigkeit auszuweisen. [2]Zurückgekaufte, nicht börsenfähige eigene Schuldverschreibungen sind abzusetzen. [3]Null-Kupon-Anleihen sind einschließlich der anteiligen Zinsen auszuweisen.

(3) Als Geldmarktpapiere sind nur Inhaberpapiere oder Orderpapiere, die Teile einer Gesamtemission sind, unabhängig von ihrer Börsenfähigkeit zu vermerken.

(4) [1]Als eigene Akzepte sind nur Akzepte zu vermerken, die vom Institut zu seiner eigenen Refinanzierung ausgestellt worden sind und bei denen es erster Zahlungspflichtiger („Bezogener") ist. [2]Der eigene Bestand sowie verpfändete eigene Akzepte und eigene Solawechsel gelten nicht als im Umlauf befindlich.

(5) [1]Bei Instituten, die einen unabhängigen Treuhänder haben, gehören Stücke, die vom Treuhänder ausgefertigt sind, auch dann zu den begebenen Schuldverschreibungen, wenn sie dem Erwerber noch nicht geliefert worden sind. [2]Dem Treuhänder zurückgegebene Stücke dürfen nicht mehr ausgewiesen werden.

§ 23 Rechnungsabgrenzungsposten (Nr. 6)

[1]Dem Kreditnehmer aus Teilzahlungsfinanzierungsgeschäften berechnete Zinsen, Provisionen und Gebühren, die künftigen Rechnungsperioden zuzurechnen sind, sind in diesem Posten auszuweisen, soweit sie nicht mit dem entsprechenden Aktivposten verrechnet werden. [2]Bei Teilzahlungsfinanzierungsgeschäften ist auch die anfallende Zinsmarge aus der Weitergabe von Wechselabschnitten, soweit sie künftigen Rechnungsperioden zuzurechnen ist, hier auszuweisen; letzteres gilt entsprechend auch für andere Wechselrefinanzierungen.

§ 24 Rückstellungen (Nr. 7)

Wird im Unterposten Buchstabe c „andere Rückstellungen" eine Rückstellung für einen drohenden Verlust aus einer unter dem Strich vermerkten Eventualverbindlichkeit oder einem Kreditrisiko gebildet, so ist der Posten unter dem Strich in Höhe des zurückgestellten Betrags zu kürzen.

§ 25 Eigenkapital (Nr. 12)

(1) [1]Im Unterposten Buchstabe a „Gezeichnetes Kapital" sind, ungeachtet ihrer genauen Bezeichnung im Einzelfall, alle Beträge auszuweisen, die entsprechend der Rechtsform des Instituts als von den Gesellschaftern oder anderen Eigentümern gezeichnete Eigenkapitalbeträge gelten; auch Einlagen stiller Gesellschafter, Dotationskapital sowie Geschäftsguthaben sind in diesen Posten einzubeziehen. [2]Die genaue Bezeichnung im Einzelfall kann zusätzlich zu der Postenbezeichnung „Gezeichnetes Kapital" in das Bilanzformblatt eingetragen werden.

(2) [1]Im Unterposten Buchstabe c „Gewinnrücklagen" sind auch die Sicherheitsrücklage der Sparkassen sowie die Ergebnisrücklagen der Kreditgenossenschaften auszuweisen. [2]Die genaue Bezeichnung im Einzelfall kann zusätzlich zu der Postenbezeichnung „Gewinnrücklagen" in das Bilanzformblatt eingetragen werden.

§ 26 Eventualverbindlichkeiten (Nr. 1 unter dem Strich)

(1) [1]Im Unterposten Buchstabe a „Eventualverbindlichkeiten aus weitergegebenen abgerechneten Wechseln" sind nur Indossamentsverbindlichkeiten und andere wechsel-

rechtliche Eventualverbindlichkeiten aus abgerechneten und weiterverkauften Wechseln (einschließlich eigenen Ziehungen) bis zu ihrem Verfalltag zu vermerken. [2]Verbindlichkeiten aus umlaufenden eigenen Akzepten, Eventualverbindlichkeiten aus Schatzwechseln sind nicht einzubeziehen.

(2) [1]Im Unterposten Buchstabe b „Verbindlichkeiten aus Bürgschaften und Gewährleistungsverträgen“ sind auch Ausbietungs- und andere Garantieverpflichtungen, verpflichtende Patronatserklärungen, unwiderrufliche Kreditbriefe einschließlich der dazugehörigen Nebenkosten zu vermerken, ferner Akkreditiveröffnungen und -bestätigungen. [2]Die Verbindlichkeiten sind in voller Höhe zu vermerken, soweit für sie keine zweckgebundenen Deckungsguthaben unter dem Posten „Verbindlichkeiten gegenüber Kreditinstituten“ (Passivposten Nr. 1) oder dem Posten „andere Verbindlichkeiten gegenüber Kunden“ (Passivposten Nr. 2 Buchstabe b) ausgewiesen sind.

(3) [1]Im Unterposten Buchstabe c „Haftung aus der Bestellung von Sicherheiten für fremde Verbindlichkeiten“ sind die Beträge mit dem Buchwert der bestellten Sicherheiten zu vermerken. [2]Hierzu gehören Sicherungsabtretungen, Sicherungsübereignungen und Kautionen für fremde Verbindlichkeiten sowie Haftungen aus der Bestellung von Pfandrechten an beweglichen Sachen und Rechten wie auch aus Grundpfandrechten für fremde Verbindlichkeiten. [3]Besteht außerdem eine Verbindlichkeit aus einer Bürgschaft oder aus einem Gewährleistungsvertrag, so ist nur diese zu vermerken, und zwar im Unterposten Buchstabe b „Verbindlichkeiten aus Bürgschaften und Gewährleistungsverträgen“.

§ 27 Andere Verpflichtungen (Nr. 2 unter dem Strich)

(1) [1]Im Unterposten Buchstabe b „Plazierungs- und Übernahmeverpflichtungen“ sind Verbindlichkeiten aus der Übernahme eine Garantie für die Plazierung oder Übernahme einer Garantie für die Plazierung oder Übernahme von Finanzinstrumenten gegenüber Emittenten zu vermerken, die während eines vereinbarten Zeitraums Finanzinstrumente revolvierend am Geldmarkt begeben. [2]Es sind nur Garantien zu erfassen, durch die ein Kreditinstitut sich verpflichtet, Finanzinstrumente zu übernehmen oder einen entsprechenden Kredit zu gewähren, wenn die Finanzinstrumente am Markt nicht plaziert werden können. [3]Die Verbindlichkeiten sind gekürzt um die in Anspruch genommenen Beträge zu vermerken. [4]Über die Inanspruchnahme ist im Anhang zu berichten. [5]Wird eine Garantie von mehreren Kreditinstituten gemeinschaftlich gewährt, so hat jedes beteiligte Kreditinstitut nur seinen eigenen Anteil an dem Kredit zu vermerken.

(2) [1]Im Unterposten Buchstabe c „Unwiderrufliche Kreditzusagen“ sind alle unwiderruflichen Verpflichtungen, die Anlaß zu einem Kreditrisiko geben können, zu vermerken. [2]Der Abschluß eines Bausparvertrages gilt nicht als unwiderrufliche Kreditzusage.

Abschnitt 4 Vorschriften zu einzelnen Posten der Gewinn- und Verlustrechnung (Formblätter 2 und 3)

§ 28 Zinserträge (Formblatt 2 Spalte Erträge Nr. 1, Formblatt 3 Nr. 1)

[1]Im Posten „Zinserträge“ sind Zinserträge und ähnliche Erträge aus dem Bankgeschäft einschließlich des Factoring-Geschäfts sowie alle Zinserträge und ähnliche Erträge der Finanzdienstleistungsinstitute auszuweisen, insbesondere alle Erträge aus den in den Posten der Bilanz „Barreserve“ (Aktivposten Nr. 1), „Schuldtitel öffentlicher Stellen und Wechsel, die zur Refinanzierung bei Zentralnotenbanken zugelassen sind“ (Aktivposten Nr. 2), „Forderungen an Kreditinstitute“ (Aktivposten Nr. 3), „Forderungen an Kunden“

(Aktivposten Nr. 4) und „Schuldverschreibungen und andere festverzinsliche Wertpapiere“ (Aktivposten Nr. 5) bilanzierten Vermögensgegenständen ohne Rücksicht darauf, in welcher Form sie berechnet werden. [2]Hierzu gehören auch Diskontabzüge, Ausschüttungen auf Genußrechte und Gewinnschuldverschreibungen im Bestand, Erträge mit Zinscharakter, die im Zusammenhang mit der zeitlichen Verteilung des Unterschiedsbetrages bei unter dem Rückzahlungsbetrag erworbenen Vermögensgegenständen entstehen, Zuschreibungen aufgelaufener Zinsen zu Null-Kupon-Anleihen im Bestand, die sich aus gedeckten Termingeschäften ergebenden, auf die tatsächliche Laufzeit des jeweiligen Geschäfts verteilten Erträge mit Zinscharakter sowie Gebühren und Provisionen mit Zinscharakter, die nach dem Zeitablauf oder nach der Höhe der Forderung berechnet werden.

§ 29 Zinsaufwendungen (Formblatt 2 Spalte Aufwendungen Nr. 1, Formblatt 3 Nr. 2)

[1]Im Posten „Zinsaufwendungen“ sind Zinsaufwendungen und ähnliche Aufwendungen aus dem Bankgeschäft einschließlich des Factoring-Geschäfts sowie alle Zinsaufwendungen und ähnliche Aufwendungen der Finanzdienstleistungsinstitute auszuweisen, insbesondere alle Aufwendungen für die in den Posten der Bilanz „Verbindlichkeiten gegenüber Kreditinstituten“ (Passivposten Nr. 1), „Verbindlichkeiten gegenüber Kunden“ (Passivposten Nr. 2), „Verbriefte Verbindlichkeiten“ (Passivposten Nr. 3) und „Nachrangige Verbindlichkeiten“ (Passivposten Nr. 9) bilanzierten Verbindlichkeiten ohne Rücksicht darauf, in welcher Form sie berechnet werden. [2]Hierzu gehören auch Diskontabzüge, Ausschüttungen auf begebene Genußrechte und Gewinnschuldverschreibungen, Aufwendungen mit Zinscharakter, die im Zusammenhang mit der zeitlichen Verteilung des Unterschiedsbetrages bei unter dem Erfüllungsbetrag eingegangenen Verbindlichkeiten entstehen, Zuschreibungen aufgelaufener Zinsen zu begebenen Null-Kupon-Anleihen, die sich aus gedeckten Termingeschäften ergebenden, auf die tatsächliche Laufzeit des jeweiligen Geschäfts verteilten Aufwendungen mit Zinscharakter sowie Gebühren und Provisionen mit Zinscharakter, die nach dem Zeitablauf oder nach der Höhe der Verbindlichkeiten berechnet werden.

§ 30 Provisionserträge (Formblatt 2 Spalte Erträge Nr. 4, Formblatt 3 Nr. 5), Provisionsaufwendungen (Formblatt 2 Spalte Aufwendungen Nr. 2, Formblatt 3 Nr. 6)

(1) [1]Im Posten „Provisionserträge“ sind Provisionen und ähnliche Erträge aus Dienstleistungsgeschäften wie dem Zahlungsverkehr, Außenhandelsgeschäft, Wertpapierkommissions- und Depotgeschäft, Erträge für Treuhandkredite und Verwaltungskredite, Provisionen im Zusammenhang mit Finanzdienstleistungen und mit der Veräußerung von Devisen, Sorten und Edelmetallen und aus der Vermittlertätigkeit bei Kredit-, Spar-, Bauspar- und Versicherungsverträgen auszuweisen. [2]Zu den Erträgen gehören auch Bonifikationen aus der Plazierung von Wertpapieren, Bürgschaftsprovisionen und Kontoführungsgebühren.

(2) Im Posten „Provisionsaufwendungen“ sind Provisionen und ähnliche Aufwendungen aus den in Absatz 1 bezeichneten Dienstleistungsgeschäften auszuweisen.

§ 31 Allgemeine Verwaltungsaufwendungen (Formblatt 2 Spalte Aufwendungen Nr. 4, Formblatt 3 Nr. 10)

(1) [1]Im Unterposten Buchstabe a Doppelbuchstabe ab „Soziale Abgaben und Aufwendungen für Altersversorgung und für Unterstützung“ sind gesetzliche Pflichtabgaben, Beihilfen und Unterstützungen, die das Institut zu erbringen hat, sowie Aufwendungen für die Altersversorgung, darunter auch die Zuführungen zu den Pensionsrückstellungen, auszuweisen. [2]Der sonstige Personalaufwand (z. B. freiwillige soziale

Leistungen) ist dem Unterposten des Personalaufwands zuzurechnen, zu dem er seiner Art nach gehört.

(2) Im Unterposten Buchstabe b „andere Verwaltungsaufwendungen" sind die gesamten Aufwendungen sachlicher Art, wie Raumkosten, Bürobetriebskosten, Kraftfahrzeugbetriebskosten, Porto, Verbandsbeiträge einschließlich der Beiträge zur Sicherungseinrichtung eines Verbandes, Werbungskosten, Repräsentation, Aufsichtsratsvergütungen, Versicherungsprämien, Rechts-, Prüfungs- und Beratungskosten und dergleichen auszuweisen; Prämien für Kreditversicherungen sind nicht hier, sondern im Posten „Abschreibungen und Wertberichtigungen auf Forderungen und bestimmte Wertpapiere sowie Zuführungen zu Rückstellungen im Kreditgeschäft" (Formblatt 2 Spalte Aufwendungen Nr. 7, Formblatt 3 Nr. 13) zu erfassen.

§ 32 Abschreibungen und Wertberichtigungen auf Forderungen und bestimmte Wertpapiere sowie Zuführungen zu Rückstellungen im Kreditgeschäft (Formblatt 2 Spalte Aufwendungen Nr. 7, Formblatt 3 Nr. 13), Erträge aus Zuschreibungen zu Forderungen und bestimmten Wertpapieren sowie aus der Auflösung von Rückstellungen im Kreditgeschäft (Formblatt 2 Spalte Erträge Nr. 6, Formblatt 3 Nr. 14)

[1]In diese Posten sind die in § 340f Abs. 3 des Handelsgesetzbuchs bezeichneten Aufwendungen und Erträge aufzunehmen. [2]Die Posten dürfen verrechnet und in einem Aufwand- oder Ertragsposten ausgewiesen werden. [3]Eine teilweise Verrechnung ist nicht zulässig.

§ 33 Abschreibungen und Wertberichtigungen auf Beteiligungen, Anteile an verbundenen Unternehmen und wie Anlagevermögen behandelte Wertpapiere (Formblatt 2 Spalte Aufwendungen Nr. 8, Formblatt 3 Nr. 15), Erträge aus Zuschreibungen zu Beteiligungen, Anteilen an verbundenen Unternehmen und wie Anlagevermögen behandelten Wertpapieren (Formblatt 2 Spalte Erträge Nr. 7, Formblatt 3 Nr. 16)

[1]In diese Posten sind die in §340c Abs. 2 des Handelsgesetzbuchs bezeichneten Aufwendungen und Erträge aufzunehmen. [2]Die Posten dürfen verrechnet und in einem Aufwand- oder Ertragsposten ausgewiesen werden. [3]Eine teilweise Verrechnung ist nicht zulässig.

Abschnitt 5 Anhang

§ 34 Zusätzliche Erläuterungen

(1) [1]In den Anhang sind neben den nach § 340a in Verbindung mit § 284 Absatz 1, 2 Nummer 1, 2 und 4, § 285 Nummer 3, 3a, 7, 9 Buchstabe a und b, Nummer 10 bis 11b, 13 bis 26 und 28 bis 30, 32 bis 34, § 340b Abs. 4, § 340e Abs. 2 des Handelsgesetzbuchs und den in dieser Verordnung zu den einzelnen Posten der Bilanz oder der Gewinn- und Verlustrechnung vorgeschriebenen Angaben die in diesem Abschnitt vorgeschriebenen Angaben aufzunehmen. [2]§ 285 Nr. 3a des Handelsgesetzbuchs braucht nicht angewendet zu werden, soweit diese Angaben in der Bilanz unter dem Strich gemacht werden.

(2) [1]An Stelle der in § 285 Nr. 4, 9 Buchstabe c, Nr. 27 des Handelsgesetzbuchs vorgeschriebenen Angaben sind die folgenden Angaben zu machen:

1. Der Gesamtbetrag der folgenden Posten der Gewinn- und Verlustrechnung ist nach geographischen Märkten aufzugliedern, soweit diese Märkte sich vom Standpunkt der Organisation des Instituts wesentlich voneinander unterscheiden:
   a) Zinserträge (Formblatt 2 Spalte Erträge Nr. 1, Formblatt 3 Nr. 1),
   b) laufende Erträge aus Aktien und anderen nicht festverzinslichen Wertpapieren, Beteiligungen, Anteilen an verbundenen Unternehmen (Formblatt 2 Spalte Erträge Nr. 2, Formblatt 3 Nr. 3),
   c) Provisionserträge (Formblatt 2 Spalte Erträge Nr. 4, Formblatt 3 Nr. 5),
   d) Nettoertrag des Handelsbestands (Formblatt 2 Spalte Erträge Nr. 5, Formblatt 3 Nr. 7),
   e) sonstige betriebliche Erträge (Formblatt 2 Spalte Erträge Nr. 8, Formblatt 3 Nr. 8).

   [2]Die Aufgliederung kann unterbleiben, soweit sie nicht vernünftiger kaufmännischer Beurteilung geeignet ist, dem Institut oder einem Unternehmen, von dem das Institut mindestens den fünften Teil der Anteile besitzt, einen erheblichen Nachteil zuzufügen.
2. Der Gesamtbetrag der den Mitgliedern des Geschäftsführungsorgans, eines Aufsichtsrats, eines Beirats oder einer ähnlichen Einrichtung gewährten Vorschüsse und Kredite sowie der zugunsten dieser Personen eingegangenen Haftungsverhältnisse ist jeweils für jede Personengruppe anzugeben.
3. Institute in der Rechtsform der eingetragenen Genossenschaft haben die im Passivposten Nr. 12 Unterposten Buchstabe a ausgewiesenen Geschäftsguthaben wie folgt aufzugliedern:
   a) Geschäftsguthaben der verbleibenden Mitglieder,
   b) Geschäftsguthaben der ausscheidenden Mitglieder,
   c) Geschäftsguthaben aus gekündigten Geschäftsanteilen.
4. Die Gründe der Einschätzung des Risikos der Inanspruchnahme für gemäß der §§ 26 und 27 unter der Bilanz ausgewiesene Eventualverbindlichkeiten und andere Verpflichtungen.

(3) [1]Die in § 284 Absatz 3 des Handelsgesetzbuchs verlangten Angaben sind für Vermögensgegenstände im Sinne des § 340e Abs. 1 des Handelsgesetzbuchs zu machen. [2]Die Zuschreibungen, Abschreibungen und Wertberichtigungen auf Beteiligungen, Anteile an verbundenen Unternehmen sowie auf andere Wertpapiere, die wie Anlagevermögen behandelt werden, können mit anderen Posten zusammengefaßt werden.

§ 35 Zusätzliche Pflichtangaben

(1) Zu den Posten der Bilanz und der Gewinn- und Verlustrechnung sind im Anhang anzugeben:

1. eine Aufgliederung der in den Bilanzposten „Schuldverschreibungen und andere festverzinsliche Wertpapiere“ (Aktivposten Nr. 5), „Aktien und andere nicht festverzinsliche Wertpapiere“ (Aktivposten Nr. 6), „Beteiligungen“ (Aktivposten Nr. 7), „Anteile an verbundenen Unternehmen“ (Aktivposten Nr. 8) enthaltenen börsenfähigen Wertpapiere nach börsennotierten und nicht börsennotierten Wertpapieren;

1a. eine Aufgliederung des Bilanzpostens „Handelsbestand“ (Aktivposten Nr. 6a) in derivative Finanzinstrumente, Forderungen, Schuldverschreibungen und andere festverzinsliche Wertpapiere, Aktien und andere nicht festverzinsliche Wertpapiere sowie sonstige Vermögensgegenstände und eine Aufgliederung des Bilanzpostens

„Handelsbestand" (Passivposten Nr. 3a) in derivative Finanzinstrumente und Verbindlichkeiten;

2. Der Betrag der nicht mit dem Niederstwert bewerteten börsenfähigen Wertpapiere jeweils zu folgenden Posten der Bilanz: „Schuldverschreibungen und andere festverzinsliche Wertpapiere" (Aktivposten Nr. 5) sowie „Aktien und andere nicht festverzinsliche Wertpapiere" (Aktivposten Nr. 6); es ist anzugeben, in welcher Weise die so bewerteten Wertpapiere von den mit dem Niederstwert bewerteten börsenfähigen Wertpapieren abgegrenzt worden sind;
3. der auf das Leasing-Geschäft entfallende Betrag zu jedem davon betroffenen Posten der Bilanz, ferner die im Posten „Abschreibungen und Wertberichtigungen auf immaterielle Anlagewerte und Sachanlagen" (Formblatt 2 Spalte Aufwendungen Nr. 5, Formblatt 3 Nr. 11) enthaltenen Abschreibungen und Wertberichtigungen auf Leasinggegenstände sowie die im Posten „Sonstige betriebliche Erträge" (Formblatt 2 Spalte Erträge Nr. 8, Formblatt 3 Nr. 8) enthaltenen Erträge aus Leasinggeschäften;
4. die in den folgenden Posten enthaltenen wichtigsten Einzelbeträge, sofern sie für die Beurteilung des Jahresabschlusses nicht unwesentlich sind: „Sonstige Vermögensgegenstände" (Formblatt 1 Aktivposten Nr. 14), „Sonstige Verbindlichkeiten" (Formblatt 1 Passivposten Nr. 5), „Sonstige betriebliche Aufwendungen" (Formblatt 2 Spalte Aufwendungen Nr. 6, Formblatt 3 Nr. 12), „Sonstige betriebliche Erträge" (Formblatt 2 Spalte Erträge Nr. 8, Formblatt 3 Nr. 8), „Außerordentliche Aufwendungen" (Formblatt 2 Spalte Aufwendungen Nr. 11, Formblatt 3 Nr. 21) und „Außerordentliche Erträge" (Formblatt 2 Spalte Erträge Nr. 10, Formblatt 3 Nr. 20). Die Beträge und ihre Art sind zu erläutern;
5. die Dritten erbrachten Dienstleistungen für Verwaltung und Vermittlung, sofern ihr Umfang in bezug auf die Gesamttätigkeit des Instituts von wesentlicher Bedeutung ist;
6. der Gesamtbetrag der Vermögensgegenstände und der Gesamtbetrag der Schulden, die auf Fremdwährung lauten, jeweils in Euro;

6a. bei Finanzinstrumenten des Handelsbestands die Methode der Ermittlung des Risikoabschlags nebst den wesentlichen Annahmen, insbesondere die Haltedauer, der Beobachtungszeitraum und das Konfidenzniveau sowie der absolute Betrag des Risikoabschlags;

6b. in den Fällen der Umgliederung deren Gründe, der Betrag der umgegliederten Finanzinstrumente des Handelsbestands und die Auswirkungen der Umgliederung auf den Jahresüberschuss/Jahresfehlbetrag sowie für den Fall der Umgliederung wegen Aufgabe der Handelsabsicht die außergewöhnlichen Umstände, die dies rechtfertigen;

6c. ob innerhalb des Geschäftsjahres die institutsinternen festgelegten Kriterien für die Einbeziehung von Finanzinstrumenten in den Handelsbestand geändert worden sind und welche Auswirkungen sich daraus auf den Jahresüberschuss/Jahresfehlbetrag ergeben;

7. von Pfandbriefbanken eine Deckungsrechnung getrennt nach Hypotheken-, Schiffshypotheken- und Kommunalkreditgeschäft nach Maßgabe des § 28 des Pfandbriefgesetzes, ferner zu den Posten der Aktivseite der Bilanz die zur Deckung begebener Schuldverschreibungen bestimmten Aktiva;
8. von Bausparkassen
   a) zu den Posten der Bilanz „Forderungen an Kreditinstitute" (Aktivposten Nr. 3) und „Forderungen an Kunden" (Aktivposten Nr. 4) rückständige Zins- und Til-

gungsbeträge für Baudarlehen in einem Betrag sowie noch nicht ausgezahlte bereitgestellte Baudarlehen

aa) aus Zuteilung,

bb) zur Vor- und Zwischenfinanzierung und

cc) sonstige;

b) zu den Posten der Bilanz „Verbindlichkeiten gegenüber Kreditinstituten" (Passivposten Nr. 1) und „Verbindlichkeiten gegenüber Kunden" (Passivposten Nr. 2) die Bewegung des Bestandes an nicht zugeteilten und zugeteilten Bausparverträgen und vertraglichen Bausparsummen;

c) zu den Posten der Bilanz „Verbindlichkeiten gegenüber Kreditinstituten" (Passivposten Nr. 1), „Verbindlichkeiten gegenüber Kunden" (Passivposten Nr. 2) und „Verbriefte Verbindlichkeiten" (Passivposten Nr. 3) die aufgenommenen Fremdgelder nach § 4 Abs. 1 Nr. 5 des Gesetzes über Bausparkassen und deren Verwendung;

d) zu den Posten der Bilanz „Forderungen an Kreditinstitute" (Aktivposten Nr. 3), „Forderungen an Kunden" (Aktivposten Nr. 4), „Verbindlichkeiten gegenüber Kreditinstituten" (Passivposten Nr. 1) und „Verbindlichkeiten gegenüber Kunden" (Passivposten Nr. 2) die Bewegung der Zuteilungsmasse.

Die Angaben zu den Buchstaben b und d können auch in einen statistischen Anhang zum Lagebericht aufgenommen werden, sofern der Lagebericht und der statistische Anhang im Geschäftsbericht der einzelnen Bausparkasse abgedruckt werden;

9. von Sparkassen

a) zu dem Posten der Bilanz „Forderungen an Kreditinstitute" (Aktivposten Nr. 3) die im Gesamtbetrag enthaltenen Forderungen an die eigene Girozentrale,

b) zu dem Posten der Bilanz „Verbindlichkeiten gegenüber Kreditinstituten" (Passivposten Nr. 1) die im Gesamtbetrag enthaltenen Verbindlichkeiten gegenüber der eigenen Girozentrale;

10. von Girozentralen

a) zu dem Posten „Forderungen an Kreditinstitute" (Aktivposten Nr. 3) die im Gesamtbetrag enthaltenen Forderungen an angeschlossene Sparkassen,

b) zu dem Posten der Bilanz „Verbindlichkeiten gegenüber Kreditinstituten" (Passivposten Nr. 1) die im Gesamtbetrag enthaltenen Verbindlichkeiten gegenüber angeschlossenen Sparkassen;

11. von Kreditgenossenschaften

a) zu dem Posten der Bilanz „Forderungen an Kreditinstitute" (Aktivposten Nr. 3) die im Gesamtbetrag enthaltenen Forderungen an die zuständige genossenschaftliche Zentralbank,

b) zu dem Posten der Bilanz „Verbindlichkeiten gegenüber Kreditinstituten" (Passivposten Nr. 1) die im Gesamtbetrag enthaltenen Verbindlichkeiten gegenüber der zuständigen genossenschaftlichen Zentralbank;

12. von genossenschaftlichen Zentralbanken

a) zu dem Posten der Bilanz „Forderungen an Kreditinstitute" (Aktivposten Nr. 3) die im Gesamtbetrag enthaltenen

aa) Forderungen an die Deutsche Genossenschaftsbank,

bb) Forderungen an angeschlossene Kreditgenossenschaften,

b) zu dem Posten der Bilanz „Verbindlichkeiten gegenüber Kreditinstituten“ (Passivposten Nr. 1) die im Gesamtbetrag enthaltenen

aa) Verbindlichkeiten gegenüber der Deutschen Genossenschaftsbank,

bb) Verbindlichkeiten gegenüber angeschlossenen Kreditgenossenschaften;

13. von der Deutschen Genossenschaftsbank

a) zu dem Posten der Bilanz „Forderungen an Kreditinstitute“ (Aktivposten Nr. 3) die im Gesamtbetrag enthaltenen Forderungen an angeschlossene Kreditinstitute sowie die darin enthaltenen Forderungen an regionale genossenschaftliche Zentralbanken,

b) zu dem Posten der Bilanz „Verbindlichkeiten gegenüber Kreditinstituten“ (Passivposten Nr. 1) die im Gesamtbetrag enthaltenen Verbindlichkeiten gegenüber angeschlossenen Kreditinstituten sowie die darin enthaltenen Verbindlichkeiten gegenüber regionalen genossenschaftlichen Zentralbanken.

(2) Zu dem Posten der Bilanz „Sachanlagen“ (Aktivposten Nr. 12) sind im Anhang mit ihrem Gesamtbetrag anzugeben:

1. die vom Institut im Rahmen seiner eigenen Tätigkeit genutzten Grundstücke und Bauten,
2. die Betriebs- und Geschäftsausstattung.

(3) Zu dem Posten der Bilanz „Nachrangige Verbindlichkeiten“ (Passivposten Nr. 9) sind im Anhang anzugeben:

1. der Betrag der für nachrangige Verbindlichkeiten angefallenen Aufwendungen,
2. zu jeder zehn vom Hundert des Gesamtbetrags der nachrangigen Verbindlichkeiten übersteigenden Mittelaufnahme:
   a) der Betrag, die Währung, auf die sie lautet, ihr Zinssatz und ihre Fälligkeit sowie, ob eine vorzeitige Rückzahlungsverpflichtung entstehen kann,
   b) die Bedingungen ihrer Nachrangigkeit und ihrer etwaigen Umwandlung in Kapital oder in eine andere Schuldform,
3. zu anderen Mittelaufnahmen die wesentlichen Bedingungen.

(4) Zu dem Posten der Bilanz „Eventualverbindlichkeiten“ (Passivposten Nr. 1 unter dem Strich) sind im Anhang Art und Betrag jeder Eventualverbindlichkeit anzugeben, die in bezug auf die Gesamttätigkeit des Instituts von wesentlicher Bedeutung ist.

(5) Zu jedem Posten der in der Bilanz ausgewiesenen Verbindlichkeiten und der unter dem Strich vermerkten Eventualverbindlichkeiten ist im Anhang jeweils der Gesamtbetrag der als Sicherheit übertragenen Vermögensgegenstände anzugeben.

(6) Zu dem Posten der Bilanz „Andere Verpflichtungen“ (Passivposten Nr. 2 unter dem Strich) sind im Anhang Art und Höhe jeder der in den Unterposten Buchstabe a bis c bezeichneten Verbindlichkeiten anzugeben, die in bezug auf die Gesamttätigkeit des Instituts von wesentlicher Bedeutung sind.

§ 36 Termingeschäfte

[1]In den Anhang ist eine Aufstellung über die Arten von am Bilanzstichtag noch nicht abgewickelten fremdwährungs-, zinsabhängigen und sonstigen Termingeschäften, die lediglich ein Erfüllungsrisiko sowie Währungs-, Zins- und oder sonstige Marktpreisänderungsrisiken aus offenen und im Falle eines Adressenausfalls auch aus geschlossenen Positionen beinhalten, aufzunehmen. [2]Hierzu gehören:

1. Termingeschäfte in fremden Währungen, insbesondere Devisentermingeschäfte, Devisenterminkontrakte, Währungsswaps, Zins-/Währungsswaps, Stillhalterver-

pflichtungen aus Devisenoptionsgeschäften, Devisenoptionsrechte, Termingeschäfte in Gold und anderen Edelmetallen, Edelmetallterminkontrakte, Stillhalterverpflichtungen aus Goldoptionen, Goldoptionsrechte;

2. zinsbezogene Termingeschäfte, insbesondere Termingeschäfte mit festverzinslichen Wertpapieren, Zinsterminkontrakte, Forward Rate Agreements, Stillhalterverpflichtungen aus Zinsoptionen, Zinsoptionsrechte, Zinsswaps, Abnahmeverpflichtungen aus Forward Forward Deposits; Lieferverpflichtungen aus solchen Geschäften sind in dem Unterposten der Bilanz „Unwiderrufliche Kreditzusagen" (Passivposten Nr. 2 unter dem Strich Buchstabe c) zu vermerken;
3. Termingeschäfte mit sonstigen Preisrisiken, insbesondere aktienkursbezogene Termingeschäfte, Stillhalterverpflichtungen aus Aktienoptionen, Aktienoptionsrechte, Indexterminkontakte, Stillhalterverpflichtungen aus Indexoptionen, Indexoptionsrechte.

[3]Für jeden der drei Gliederungsposten der Termingeschäfte ist anzugeben, ob ein wesentlicher Teil davon zur Deckung von Zins-, Wechselkurs- oder Marktpreisschwankungen abgeschlossen wurde und ob ein wesentlicher Teil davon auf Handelsgeschäfte entfällt.

Abschnitt 6 Konzernrechnungslegung

§ 37 Konzernrechnungslegung

Auf den Konzernabschluß sind, soweit seine Eigenart keine Abweichung bedingt, die §§ 1 bis 36 entsprechend anzuwenden.

Abschnitt 7 Ordnungswidrigkeiten

§ 38 Ordnungswidrigkeiten

(1) Ordnungswidrig im Sinne des § 340n Abs. 1 Nr. 6 des Handelsgesetzbuchs handelt, wer als Geschäftsleiter im Sinne des § 1 Abs. 2 Satz 1 oder des § 53 Abs. 2 Nr. 1 des Gesetzes über das Kreditwesen oder als Inhaber eines in der Rechtsform des Einzelkaufmanns betriebenen Instituts oder als Mitglied des Aufsichtsrat bei der Aufstellung oder Feststellung des Jahresabschlusses

1. entgegen § 2 Abs. 1 Satz 1 nicht das vorgeschriebene Formblatt anwendet,
2. entgegen §§ 3 bis 5, 6 Abs. 1 Satz 1 oder 2, Abs. 2 oder 4 die dort genannten Posten nicht, nicht in der vorgeschriebenen Weise oder nicht mit dem vorgeschriebenen Inhalt ausweist,
3. entgegen § 6 Abs. 3 dort genannte Vermögensgegenstände oder Schulden in seine Bilanz aufnimmt,
4. einer Vorschrift des § 9 über die Fristengliederung zuwiderhandelt,
5. entgegen § 10 Abs. 1 dort genannte Verbindlichkeiten nicht verrechnet,
6. entgegen § 10 Abs. 2 Forderungen oder Verbindlichkeiten verrechnet,
7. einer Vorschrift der §§ 12 bis 33 über die in einzelne Posten der Bilanz oder der Gewinn- und Verlustrechnung aufzunehmenden Angaben zuwiderhandelt,
8. einer Vorschrift der §§ 34 oder 35 über zusätzliche Erläuterungen oder Pflichtangaben zuwiderhandelt oder
9. einer Vorschrift des § 36 über Termingeschäfte zuwiderhandelt.

(2) Die Bestimmungen des Absatzes 1 gelten auch für den Konzernabschluß im Sinne des § 37.

Abschnitt 8 Schlußvorschriften

§ 39 Übergangsvorschriften

(1) Vor dem 1. Juli 1993 begründete Spareinlagen nach § 21 des Gesetzes über das Kreditwesen in der Fassung der Bekanntmachung vom 11. Juli 1985 (BGBl. I S. 1472) und dafür gutgeschriebene oder danach gutzuschreibende Zinsen gelten weiterhin als Spareinlagen, wenn für sie die Voraussetzungen des § 21 Abs. 4 Satz 1 Nr. 1 und 2, Satz 2 dieser Verordnung zutreffen und sie die Vorschriften des § 22 Abs. 1 Satz 1 und Abs. 2 des Gesetzes über das Kreditwesen in der Fassung der Bekanntmachung vom 11. Juli 1985 (BGBl. I S. 1472) erfüllt haben.

(2) [1]Die Vorschriften dieser Verordnung in der Fassung der Zweiten Verordnung zur Änderung der Verordnung über die Rechnungslegung der Kreditinstitute sind erstmals auf den Jahresabschluß und den Lagebericht sowie den Konzernabschluß und den Konzernlagebericht für das nach dem 31. Dezember 1997 beginnende Geschäftsjahr anzuwenden. [2]§ 4 Abs. 1 Satz 1, § 12 Abs. 2, § 13 Abs. 2 und 3, § 16 Abs. 1 Satz 1, Abs. 3 Satz 1 und § 26 Abs. 1 Satz 2 in der Fassung der Zweiten Verordnung zur Änderung der Verordnung über die Rechnungslegung der Kreditinstitute sind erstmals auf den Jahresabschluß und den Lagebericht sowie den Konzernabschluß und den Konzernlagebericht für das nach dem 31. Dezember 1998 endende Geschäftsjahr anzuwenden.

(3) [1]§§ 20, 29 Satz 2, § 34 Absatz 2 Satz 1 Nummer 1 Buchstabe d, Nummer 4, § 35 Absatz 1 Nummer 1a, 6a bis 6c und 7 in der Fassung des Bilanzrechtsmodernisierungsgesetzes vom 25. Mai 2009 (BGBl. I S. 1102) sowie die Formblätter 1 bis 3 mit den Änderungen, die durch das Bilanzrechtsmodernisierungsgesetz sowie durch Artikel 3 Nummer 2 bis 4 der Verordnung zur Änderung von Rechnungslegungsverordnungen vom 9. Juni 2011 (BGBl. I S. 1041) erfolgt sind, sind erstmals auf Jahres- und Konzernabschlüsse für das nach dem 31. Dezember 2009 beginnende Geschäftsjahr anzuwenden. [2]Die Formblätter 1 bis 3 in der bis zum 28. Mai 2009 geltenden Fassung sind letztmals auf Jahres- und Konzernabschlüsse für das vor dem 1. Januar 2010 beginnende Geschäftsjahr anzuwenden. [3]Soweit im Übrigen in dieser Verordnung auf Bestimmungen des Handelsgesetzbuchs in der Fassung des Bilanzrechtsmodernisierungsgesetzes verwiesen wird, gelten die in den Artikeln 66 und 67 des Einführungsgesetzes zum Handelsgesetzbuch enthaltenen Übergangsregelungen entsprechend. [4]Artikel 66 Abs. 3 Satz 6 des Einführungsgesetzes zum Handelsgesetzbuch gilt entsprechend.[5]Die von Finanzdienstleistungsinstituten geforderten Angaben nach der Fußnote 14 des Bilanzformblatts und den jeweiligen Fußnoten 8 und 9 der Formblätter für die Gewinn- und Verlustrechnung sind erstmals auf Jahresabschlüsse für Geschäftsjahre anzuwenden, die nach dem 31. Dezember 2010 beginnen.

(4) Auf die Formblätter 2 und 3 in der Fassung der Verordnung zur Änderung der Versicherungsunternehmens-Rechnungslegungsverordnung sowie zur Änderung weiterer Rechnungslegungsverordnungen vom 18. Dezember 2009 (BGBl. I S. 3934) ist Absatz 10 Satz 1, 2 und 4 entsprechend anzuwenden.

(5) Die §§ 6, 7 und 17 in der Fassung des AIFM-Umsetzungsgesetzes vom 4. Juli 2013 (BGBl. I S. 1981) sind erstmals auf Jahres- und Konzernabschlüsse für nach dem 21. Juli 2013 beginnende Geschäftsjahre anzuwenden.

(6) § 34 Absatz 1 und 3 in der Fassung des Bilanzrichtlinie-Umsetzungsgesetzes vom 17. Juli 2015 (BGBl. I S. 1245) ist erstmals auf Jahres- und Konzernabschlüsse für Geschäftsjahre anzuwenden, die nach dem 31. Dezember 2015 beginnen.

§ 40 Inkrafttreten, Aufhebung von Rechtsvorschriften [1)]

[1]Diese Verordnung tritt am Tage nach der Verkündigung in Kraft. [2]Gleichzeitig tritt die Verordnung über Formblätter für die Gliederung des Jahresabschlusses von Kreditinstituten in der Fassung der Bekanntmachung vom 14. September 1987 (BGBl. I S. 2169) außer Kraft.

1) § 40 betrifft das Inkrafttreten der Verordnung in der ursprünglichen Fassung.

Formblatt 1

Jahresbilanz zum ....

der ....

Aktivseite

	Euro	Euro	Euro
1. Barreserve			
a) Kassenbestand		......	
b) Guthaben bei Zentralnotenbanken darunter: bei der Deutschen Bundesbank .... Euro		......	
c) Guthaben bei Postgiroämtern		......	......
2. Schuldtitel öffentlicher Stellen und Wechsel, die zur Refinanzierung bei Zentralnotenbanken zugelassen sind			
a) Schatzwechsel und unverzinsliche Schatzanweisungen sowie ähnliche Schuldtitel öffentlicher Stellen darunter: bei der Deutschen Bundesbank refinanzierbar .... Euro		......	
b) Wechsel		......	......
3. Forderungen an Kreditinstitute[1]			
a) täglich fällig		......	
b) andere Forderungen		......	......
4. Forderungen an Kunden[2] darunter: durch Grundpfandrechte gesichert .... Euro Kommunalkredite .... Euro			
5. Schuldverschreibungen und andere festverzinsliche Wertpapiere			
a) Geldmarktpapiere			
aa) von öffentlichen Emittenten darunter: beleihbar bei der Deutschen Bundesbank .... Euro	......		
ab) von anderen Emittenten darunter: beleihbar bei der Deutschen Bundesbank .... Euro	......	......	
b) Anleihen und Schuldverschreibungen			
ba) von öffentlichen Emittenten darunter: beleihbar bei der Deutschen Bundesbank .... Euro	......		
bb) von anderen Emittenten darunter: beleihbar bei der Deutschen Bundesbank .... Euro	......	......	
c) eigene Schuldverschreibungen Nennbetrag .... Euro		......	......

Passivseite

	Euro	Euro	Euro
1. Verbindlichkeiten gegenüber Kreditinstituten[6]			
a) täglich fällig		......	
b) mit vereinbarter Laufzeit oder Kündigungsfrist		......	......
2. Verbindlichkeiten gegenüber Kunden[7]			
a) Spareinlagen			
aa) mit vereinbarter Kündigungsfrist von drei Monaten	......		
ab) mit vereinbarter Kündigungsfrist von mehr als drei Monaten	......	......	
b) andere Verbindlichkeiten			
ba) täglich fällig	......		
bb) mit vereinbarter Laufzeit oder Kündigungsfrist[8]	......	......	......
3. Verbriefte Verbindlichkeiten[9]			
a) begebene Schuldverschreibungen		......	
b) andere verbriefte Verbindlichkeiten darunter: Geldmarktpapiere .... Euro eigene Akzepte und Solawechsel im Umlauf .... Euro		......	......
3a. Handelsbestand			......
4. Treuhandverbindlichkeiten darunter: Treuhandkredite .... Euro		......	
5. Sonstige Verbindlichkeiten			......
6. Rechnungsabgrenzungsposten[10]		......	
6a. Passive latente Steuern			
7. Rückstellungen			
a) Rückstellungen für Pensionen und ähnliche Verpflichtungen		......	
b) Steuerrückstellungen		......	
c) andere Rückstellungen[11]		......	......
8. [gestrichen]			
9. Nachrangige Verbindlichkeiten			......
10. Genußrechtskapital darunter: vor Ablauf von zwei Jahren fällig .... Euro			......
11. Fonds für allgemeine Bankrisiken			......

noch Aktivseite

	Euro	Euro	Euro
6. Aktien und andere nicht festverzinsliche Wertpapiere[3]			......
6a Handelsbestand			......
7. Beteiligungen[4]			......
darunter: an Kreditinstituten .... Euro			
darunter: an Finanzdienstleistungsinstituten .... Euro			
8. Anteile an verbundenen Unternehmen			......
darunter: an Kreditinstituten .... Euro			
darunter: an Finanzdienstleistungsinstituten .... Euro			
9. Treuhandvermögen			......
darunter: Treuhandkredite .... Euro			
10. Ausgleichsforderungen gegen die öffentliche Hand einschließlich Schuldverschreibungen aus deren Umtausch[14]			......
11. Immaterielle Anlagewerte:			
a) Selbst geschaffene gewerbliche Schutzrechte und ähnliche Rechte und Werte			......
b) entgeltlich erworbene Konzessionen, gewerbliche Schutzrechte und ähnliche Rechte und Werte sowie Lizenzen an solchen Rechten und Werten			......
c) Geschäfts- oder Firmenwert			......
d) geleistete Anzahlungen			......
12. Sachanlagen			......
13. Eingefordertes, noch nicht eingezahltes Kapital			......
14. Sonstige Vermögensgegenstände			......
15. Rechnungsabgrenzungsposten[5]			......
16. Aktive latente Steuern			......
17. Aktiver Unterschiedsbetrag aus der Vermögensverrechnung			......
18. Nicht durch Eigenkapital gedeckter Fehlbetrag			......
Summe der Aktiva			......

noch Passivseite

	Euro	Euro	Euro
12. Eigenkapital			
a) Eingefordertes Kapital			
Gezeichnetes Kapital[12]	......		
abzüglich nicht eingeforderter ausstehender Einlagen	......	......	
b) Kapitalrücklage		......	
c) Gewinnrücklagen[13]			
ca) gesetzliche Rücklage	......		
cb) Rücklage für Anteile an einem herrschenden oder mehrheitlich beteiligten Unternehmen	......		
cc) satzungsmäßige Rücklagen	......		
cd) andere Gewinnrücklagen	......	......	
d) Bilanzgewinn/Bilanzverlust		......	......
Summe der Passiva			......

1. Eventualverbindlichkeiten
   a) Eventualverbindlichkeiten aus weitergegebenen abgerechneten Wechseln
   b) Verbindlichkeiten aus Bürgschaften und Gewährleistungsverträgen
   c) Haftung aus der Bestellung von Sicherheiten für fremde Verbindlichkeiten
2. Andere Verpflichtungen
   a) Rücknahmeverpflichtungen aus unechten Pensionsgeschäften
   b) Plazierungs- und Übernahmeverpflichtungen
   c) Unwiderrufliche Kreditzusagen

[1] Folgende Arten von Instituten haben den Posten 3 Forderungen an Kreditinstitute in der Bilanz wie folgt zu untergliedern:

Pfandbriefbanken: „a) Hypothekendarlehen ...... Euro
b) Kommunalkredite ...... Euro
c) andere Forderungen ...... Euro ...... Euro
darunter:
täglich fällig .... Euro
gegen Beleihung von Wertpapieren .... Euro",

Bausparkassen: „a) Bauspardarlehen ...... Euro
b) Vor- und Zwischenfinanzierungskredite ...... Euro
c) sonstige Baudarlehen ...... Euro
d) andere Forderungen ...... Euro ...... Euro
darunter:
täglich fällig .... Euro".

[2] Folgende Arten von Instituten haben den Posten 4 Forderungen an Kunden in der Bilanz wie folgt zu untergliedern:

Pfandbriefbanken: „a) Hypothekendarlehen ...... Euro
b) Kommunalkredite ...... Euro
c) andere Forderungen ...... Euro ...... Euro
darunter:
gegen Beleihung von Wertpapieren .... Euro",

Bausparkassen: „a) Baudarlehen
aa) aus Zuteilungen (Bauspardarlehen) ...... Euro
ab) zur Vor- und Zwischenfinanzierung ...... Euro
ac) sonstige ...... Euro ...... Euro
darunter:
durch Grundpfandrechte gesichert .... Euro
b) andere Forderungen". ...... Euro ...... Euro".

Kreditgenossenschaften, die das Warengeschäft betreiben, haben in den Posten 4 Forderungen an Kunden in der Bilanz zusätzlich folgenden Darunterposten einzufügen:

„Warenforderungen .... Euro".

Finanzdienstleistungsinstitute sowie Kreditinstitute, sofern letztere Skontroführer im Sinne des § 27 Abs. 1 des Börsengesetzes und nicht Einlagenkreditinstitute im Sinne des § 1 Abs. 3d Satz 1 des Gesetzes über das Kreditwesen sind, haben den Posten 4 Forderungen an Kunden in der Bilanz wie folgt zu untergliedern:

„darunter:
gegenüber Finanzdienstleistungsinstituten ...... Euro".

[3] Kreditgenossenschaften, die das Warengeschäft betreiben, haben nach dem Posten 6 Aktien und andere nicht festverzinsliche Wertpapiere in der Bilanz folgenden Posten einzufügen:

„6aa. Warenbestand ...... Euro".

[4] Institute in genossenschaftlicher Rechtsform und genossenschaftliche Zentralbanken haben den Posten 7 Beteiligungen in der Bilanz wie folgt zu untergliedern:

„a) Beteiligungen ...... Euro
darunter:
an Kreditinstituten .... Euro
an Finanzdienstleistungsinstituten .... Euro.
b) Geschäftsguthaben bei Genossenschaften ...... Euro ...... Euro
darunter:
bei Kreditgenossenschaften .... Euro
bei Finanzdienstleistungsinstituten .... Euro".

[5] Pfandbriefbanken haben den Posten 15 Rechnungsabgrenzungsposten in der Bilanz wie folgt zu untergliedern:

„a) aus dem Emissions- und Darlehensgeschäft ...... Euro
b) andere ...... Euro ...... Euro".

[6] Folgende Arten von Instituten haben den Posten 1 Verbindlichkeiten gegenüber Kreditinstituten in der Bilanz wie folgt zu untergliedern:

Pfandbriefbanken: „a) begebene Hypotheken-Namenspfandbriefe ...... Euro".

b) begebene öffentliche Namenspfandbriefe ...... Euro
c) andere Verbindlichkeiten ...... Euro ...... Euro
darunter:
täglich fällig .... Euro
zur Sicherstellung aufgenommener Darlehen an den Darlehensgeber ausgehändigte Hypotheken-Namenspfandbriefe .... Euro
und öffentlicheNamenspfandbriefe .... Euro,

Bausparkassen: „a) Bauspareinlagen ...... Euro
darunter:
auf gekündigte Verträge .... Euro
auf zugeteilte Verträge .... Euro
b) andere Verbindlichkeiten ...... Euro ...... Euro
darunter:
täglich fällig .... Euro".

7) Pfandbriefbanken haben den Posten 2 Verbindlichkeiten gegenüber Kunden in der Bilanz wie folgt zu untergliedern:

„a) begebene Hypotheken-Namenspfandbriefe ...... Euro
b) begebene öffentliche Namenspfandbriefe ...... Euro
c) Spareinlagen
ca) mit vereinbarter Kündigungsfrist von drei Monaten ...... Euro
cb) mit vereinbarter Kündigungsfrist von mehr als drei Monaten ...... Euro ...... Euro
d) andere Verbindlichkeiten ...... Euro ...... Euro
darunter
täglich fällig .... Euro
zur Sicherstellung aufgenommener Darlehen an den Darlehensgeber ausgehändigte Hypotheken-Namenspfandbriefe täglich fällig .... Euro
und öffentliche Namenspfandbriefe .... Euro".

Bausparkassen haben statt des Unterpostens a Spareinlagen in der Bilanz folgenden Unterposten auszuweisen:

„a) Einlagen aus dem Bauspargeschäft und Spareinlagen
aa) Bauspareinlagen ...... Euro
darunter:
auf gekündigte Verträge .... Euro
auf zugeteilte Verträge .... Euro
ab) Abschlußeinlagen ...... Euro
ac) Spareinlagen mit vereinbarter Kündigungsfrist von drei Monaten ...... Euro
ad) Spareinlagen mit vereinbarter Kündigungsfrist von mehr als drei Monaten ...... Euro ...... Euro".

Finanzdienstleistungsinstitute sowie Kreditinstitute, sofern letztere Skontroführer im Sinne des § 27 Abs. 1 des Börsengesetzes und nicht Einlagenkreditinstitute im Sinne des § 1 Abs. 3d Satz 1 des Gesetzes über das Kreditwesen sind, haben den Posten 2 Verbindlichkeiten gegenüber Kunden in der Bilanz wie folgt zu untergliedern:

„darunter:
gegenüber Finanzdienstleistungsinstituten ...... Euro".

8) Kreditgenossenschaften, die das Warengeschäft betreiben, haben nach dem Posten 2 Verbindlichkeiten gegenüber Kunden in der Bilanz folgenden Posten einzufügen:

„2a. Verpflichtungen aus Warengeschäften und aufgenommenen Warenkrediten ..... Euro".

9) Pfandbriefbanken haben den Posten 3 Verbriefte Verbindlichkeiten in der Bilanz wie folgt zu untergliedern:

„a) begebene Schuldverschreibungen
aa) Hypothekenpfandbriefe
ab) öffentliche Pfandbriefe
ac) sonstige Schuldverschreibungen

b) andere verbriefte Verbindlichkeiten ...... Euro ...... Euro
darunter:
Geldmarktpapiere .... Euro

Kreditgenossenschaften, die das Warengeschäft betreiben, haben im Posten 3 Verbriefte Verbindlichkeiten zu dem Darunterposten 3b. Eigene Akzepte und Solawechsel im Umlauf folgenden zusätzlichen Darunterposten einzufügen:

„aus dem Warengeschäft .... Euro".

[10] Pfandbriefbanken haben den Posten 6 Rechnungsabgrenzungsposten in der Bilanz wie folgt zu untergliedern:

„a) aus dem Emissions- und Darlehensgeschäft ...... Euro
b) andere ...... Euro ...... Euro".

[11] Bausparkassen haben nach dem Posten 7 Rückstellungen in der Bilanz folgenden Posten einzufügen:

„7a. Fonds zur bauspartechnischen Absicherung ...... Euro".

[12] Genossenschaften haben in der Bilanz beim Unterposten a gezeichnetes Kapital sowohl die Geschäftsguthaben der Genossen als auch die Einlagen stiller Gesellschafter auszuweisen.

[13] Genossenschaften haben in der Bilanz an Stelle der Gewinnrücklagen die Ergebnisrücklagen auszuweisen und wie folgt aufzugliedern:

„ca) gesetzliche Rücklage ...... Euro
cb) andere Ergebnisrücklagen ...... Euro ...... Euro".

Die Ergebnisrücklage nach § 73 Abs. 3 des Gesetzes betreffend die Erwerbs- und Wirtschaftsgenossenschaften und die Beträge, die aus dieser Ergebnisrücklage an ausgeschiedene Genossen auszuzahlen sind, müssen vermerkt werden.

[14] Finanzdienstleistungsinstitute im Sinn des § 1 Absatz 1a Nummer 10 des Kreditwesengesetzes haben Gegenstände, die seitens des Instituts verleast werden und die dem Leasinggeber zuzurechnen sind, in dem gesonderten Aktivposten „10a. Leasingvermögen" vor dem Posten „11. Immaterielle Anlagewerte" auszuweisen."

Formblatt 2 (Kontoform)

Gewinn- und Verlustrechnung

der ....

für die Zeit vom .... bis ....

Aufwendungen

	Euro	Euro	Euro
1. Zinsaufwendungen[1, 9]			......
2. Provisionsaufwendungen[4]			......
3. Nettoaufwand des Handelsbestands[6,7]			......
4. Allgemeine Verwaltungsaufwendungen			
a) Personalaufwand			
aa) Löhne und Gehälter	......		
ab) Soziale Abgaben und Aufwendungen für Altersversorgung und für Unterstützung darunter: für Altersversorgung .... Euro	......	......	
b) andere Verwaltungsaufwendungen		......	......
5. Abschreibungen und Wertberichtigungen auf immaterielle Anlagewerte und Sachanlagen[8]			......
6. Sonstige betriebliche Aufwendungen			......
7. Abschreibungen und Wertberichtigungen auf Forderungen und bestimmte Wertpapiere sowie Zuführungen zu Rückstellungen im Kreditgeschäft			......
8. Abschreibungen und Wertberichtigungen auf Beteiligungen, Anteile an verbundenen Unternehmen und wie Anlagevermögen behandelte Wertpapiere			......
9. Aufwendungen aus Verlustübernahme			......
10. [gestrichen]			
11. Außerordentliche Aufwendungen			......
12. Steuern vom Einkommen und vom Ertrag			......
13. Sonstige Steuern, soweit nicht unter Posten 6 ausgewiesen			......
14. Auf Grund einer Gewinngemeinschaft, eines Gewinnabführungs- oder eines Teilgewinnabführungsvertrags abgeführte Gewinne			......
15. Jahresüberschuß			......
Summe der Aufwendungen			......

Erträge

	Euro	Euro
1. Zinserträge aus[2, 9]		
a) Kredit- und Geldmarktgeschäften	......	
b) festverzinslichen Wertpapieren und Schuldbuchforderungen	......	......
2. Laufende Erträge aus		
a) Aktien und anderen nicht fest verzinslichen Wertpapieren	......	
b) Beteiligungen[3]	......	
c) Anteilen an verbundenen Unternehmen	......	......
3. Erträge aus Gewinngemeinschaften, Gewinnabführungs- oder Teilgewinnabführungsverträgen		......
4. Provisionserträge[5]		......
5. Nettoertrag des Handelsbestands[6,7]		......
6. Erträge aus Zuschreibungen zu Forderungen und bestimmten Wertpapieren sowie aus der Auflösung von Rückstellungen im Kreditgeschäft		......
7. Erträge aus Zuschreibungen zu Beteiligungen, Anteilen an verbundenen Unternehmen und wie Anlagevermögen behandelten Wertpapieren		......
8. Sonstige betriebliche Erträge		......
9. [gestrichen]		
10. Außerordentliche Erträge		
11. Erträge aus Verlustübernahme		......
12. Jahresfehlbetrag		......
Summe der Erträge		......

noch Gewinn- und Verlustrechnung (Kontoform)

	Euro	Euro
1. Jahresüberschuß/Jahresfehlbetrag		....
2. Gewinnvortrag/Verlustvortrag aus dem Vorjahr		....
		....
3. Entnahmen aus der Kapitalrücklage		....
4. Entnahmen aus Gewinnrücklagen		
a) aus der gesetzlichen Rücklage		....
b) aus der Rücklage für Anteile an einem herrschenden oder mehrheitlich beteiligten Unternehmen		....
c) aus satzungsmäßigen Rücklagen		....
d) aus anderen Gewinnrücklagen	....	....
5. Entnahmen aus Genußrechtskapital		....
		....
		....
6. Einstellungen in Gewinnrücklagen		
a) in die gesetzliche Rücklage	....	
b) in die Rücklage für Anteile an einem herrschenden oder mehrheitlich beteiligten Unternehmen	....	
c) in satzungsmäßige Rücklagen	....	
d) in andere Gewinnrücklagen	....	....
		....
7. Wiederauffüllung des Genußrechtskapitals		....
8. Bilanzgewinn Bilanzverlust		....

[1] Bausparkassen haben den Posten 1 Zinsaufwendungen in der Gewinn- und Verlustrechnung wie folgt zu untergliedern:

„ a) für Bauspareinlagen ...... Euro
b) andere Zinsaufwendungen ...... Euro ...... Euro“.

[2] Bausparkassen haben im Ertragsposten 1 den Unterposten a Zinserträge aus Kredit- und Geldmarktgeschäften in der Gewinn- und Verlustrechnung wie folgt zu untergliedern:

„ aa) Bauspardarlehen ...... Euro
ab) Vor- und Zwischenfinanzierungskrediten ...... Euro
ac) sonstigen Baudarlehen ...... Euro
ad) sonstigen Kredit- und Geldmarktgeschäften ...... Euro ...... Euro“.

[3] Institute in genossenschafter Rechtsform und genossenschaftliche Zentralbanken haben im Ertragsposten 2 den Unterposten b Laufende Erträge aus Beteiligungen in der Gewinn- und Verlustrechnung um die Worte „und aus Geschäftsguthaben bei Genossenschaften“ zu ergänzen.

[4] Bausparkassen haben den Posten 2 Provisionsaufwendungen in der Gewinn- und Verlustrechnung wie folgt zu untergliedern:

„ a) Provisionen für Vertragsabschluß und -vermittlung ...... Euro
b) andere Provisionsaufwendungen ...... Euro ...... Euro“.

Institute, die Skontroführer im Sinne des § 27 Abs. 1 des Börsengesetzes und nicht CRR-Kreditinstitute im Sinne des § 1 Abs. 3d Satz 1 des Gesetzes über das Kreditwesen sind, haben den Aufwandposten 2 Provisionsaufwendungen-wie folgt zu untergliedern:

„ davon:
a) Courtageaufwendungen ...... Euro
b) Courtage für Poolausgleich ...... Euro“.

[5] Bausparkassen haben den Posten 4 Provisionserträge in der Gewinn- und Verlustrechnung wie folgt zu untergliedern:

„ a) aus Vertragsabschluß und -vermittlung ...... Euro
b) aus der Darlehensregelung nach der Zuteilung ...... Euro
c) aus Bereitstellung und Bearbeitung von Vor- und Zwischenfinanzierungskrediten Euro ...... Euro
d) andere Provisionserträge ...... Euro ...... Euro“.

Institute, die Skontroführer im Sinne des § 27 Abs. 1 des Börsengesetzes und nicht CRR-Kreditinstitute im Sinne des § 1 Abs. 3d Satz 1 des Gesetzes über das Kreditwesen sind, haben den Ertragsposten 4 Provisionserträge wie folgt zu untergliedern:

„ davon:
a) Courtageerträge ...... Euro
b) Courtage aus Poolausgleich ...... Euro“.

6 Kreditgenossenschaften, die das Warengeschäft betreiben, haben nach dem Aufwandposten 3 Nettoaufwand des Handelsbestands oder nach dem Ertragsposten 5 Nettoertrag des Handelsbestands in der Gewinn- und Verlustrechnung folgenden Posten einzufügen:

„3a. 5a. Rohergebnis aus Warenverkehr und Nebenbetrieben ...... Euro“.

7 Finanzdienstleistungsinstitute, sofern sie nicht Skontroführer im Sinne des § 27 Abs. 1 des Börsengesetzes sind, haben anstatt des Aufwandpostens 3 Nettoaufwand des Handelsbestands in der Gewinn- und Verlustrechnung folgenden Posten aufzuführen:

„3. Aufwand des Handelsbestands ...... Euro“

und anstatt des Ertragspostens 5 Nettoertrag des Handelsbestands folgenden Posten aufzuführen:

„5. Ertrag des Handelsbestands ...... Euro“.

Institute, die Skontroführer im Sinne des § 27 Abs. 1 des Börsengesetzes und nicht CRR-Kreditinstitute im Sinne des § 1 Abs. 3d Satz 1 des Gesetzes über das Kreditwesen sind, haben anstatt des Aufwandpostens 3 Nettoaufwand des Handelsbestands in der Gewinn- und Verlustrechnung folgende Posten aufzuführen:

„3. Aufwand des Handelsbestands ...... Euro
davon:
a) Wertpapiere ...... Euro
b) Futures ...... Euro
c) Optionen ...... Euro
d) Kursdifferenzen aus Aufgabegeschäften ...... Euro“

und anstatt des Ertragspostens 5 Nettoertrag des Handelsbestands folgende Posten aufzuführen:

„5. Ertrag des Handelsbestands ...... Euro
davon:
a) Wertpapiere ...... Euro
b) Futures ...... Euro
c) Optionen ...... Euro
d) Kursdifferenzen aus Aufgabeschäften ...... Euro“.

8 Finanzdienstleistungsinstitute im Sinn des § 1 Absatz 1a Nummer 10 des Kreditwesengesetzes haben den Aufwandsposten Nummer 5 wie folgt zu untergliedern:

„5. Abschreibungen und Wertberichtigungen
a) auf Leasingvermögen ...... Euro
b) auf immaterielle Anlagewerte und Sachanlagen ...... Euro ...... Euro.“

9 Finanzdienstleistungsinstitute im Sinn des § 1 Absatz 1a Nummer 10 des Kreditwesengesetzes haben vor dem Ertragsposten „1. Zinserträge“ den Posten „01. Leasingerträge“ und vor dem Aufwandsposten „1. Zinsaufwendungen“ den Posten „01. Leasingaufwendungen“ auszuweisen.

Formblatt 3 (Staffelform)

Gewinn- und Verlustrechnung

der ....

für die Zeit vom .... bis ....

	Euro	Euro	Euro
1. Zinserträge aus[1,9]			
a) Kredit- und Geldmarktgeschäften	....		
b) festverzinslichen Wertpapieren und Schuldbuchforderungen	....	....	
2. Zinsaufwendungen[2,9]		....	....
3. Laufende Erträge aus			
a) Aktien und anderen nicht festverzinslichen Wertpapieren		....	
b) Beteiligungen[3]		....	
c) Anteilen an verbundenen Unternehmen		....	....
4. Erträge aus Gewinngemeinschaften, Gewinnabführungs- oder Teilgewinnabführungsverträgen			....
5. Provisionserträge[4]		....	
6. Provisionsaufwendungen[5]		....	....
7. Nettoertrag oder Nettoaufwand des Handelsbestands[6,7]			....
8. Sonstige betriebliche Erträge			....
9. [gestrichen]			....
10. Allgemeine Verwaltungsaufwendungen			
a) Personalaufwand			
aa) Löhne und Gehälter	....		
ab) Soziale Abgaben und Aufwendungen für Altersversorgung und für Unterstützung darunter: für Altersversorgung .... Euro	....	....	
b) andere Verwaltungsaufwendungen		....	....
11. Abschreibungen und Wertberichtigungen auf immaterielle Anlagewerte und Sachanlagen[8]			....
12. Sonstige betriebliche Aufwendungen			....
13. Abschreibungen und Wertberichtigungen auf Forderungen und bestimmte Wertpapiere sowie Zuführungen zu Rückstellungen im Kreditgeschäft		....	
14. Erträge aus Zuschreibungen zu Forderungen und bestimmten Wertpapieren sowie aus der Auflösung von Rückstellungen im Kreditgeschäft		....	....
15. Abschreibungen und Wertberichtigungen auf Beteiligungen, Anteile an verbundenen Unternehmen und wie Anlagevermögen behandelte Wertpapiere		....	
16. Erträge aus Zuschreibungen zu Beteiligungen, Anteilen an verbundenen Unternehmen und wie Anlagevermögen behandelten Wertpapieren		....	....
17. Aufwendungen aus Verlustübernahme			....
18. [gestrichen]			
19. Ergebnis der normalen Geschäftstätigkeit			....
20. Außerordentliche Erträge		....	
21. Außerordentliche Aufwendungen		....	
22. Außerordentliches Ergebnis		....	....
23. Steuern vom Einkommen und vom Ertrag		....	
24. Sonstige Steuern, soweit nicht unter Posten 12 ausgewiesen		....	....
25. Erträge aus Verlustübernahme			....
26. Auf Grund einer Gewinngemeinschaft, eines Gewinnabführungs- oder eines Teilgewinnabführungsvertrags abgeführte Gewinne			....
27. Jahresüberschuß/Jahresfehlbetrag			....

noch Gewinn- und Verlustrechnung (Staffelform)

	Euro	Euro	Euro
28. Gewinnvortrag/Verlustvortrag aus dem Vorjahr			....
			....
29. Entnahmen aus der Kapitalrücklage			....
			....
30. Entnahmen aus Gewinnrücklagen			
a) aus der gesetzlichen Rücklage		....	
b) aus der Rücklage für Anteile an einem herrschenden oder mehrheitlichen beteiligten Unternehmen		....	
c) aus satzungsmäßigen Rücklagen		....	
d) aus anderen Gewinnrücklagen		....	....
			....
31. Entnahmen aus Genußrechtskapital			....
			....
32. Einstellungen in Gewinnrücklagen			
a) in die gesetzliche Rücklage		....	
b) in die Rücklage für Anteile an einem herrschenden oder mehrheitlichen beteiligten Unternehmen		....	
c) in satzungsmäßige Rücklagen		....	
d) in andere Gewinnrücklagen		....	....
			....
33. Wiederauffüllung des Genußrechtskapitals			....
34. Bilanzgewinn/Bilanzverlust			....

[1] Bausparkassen haben im Ertragsposten 1 den Unterposten a Zinserträge aus Kredit- und Geldmarktgeschäften in der Gewinn- und Verlustrechnung wie folgt zu untergliedern:

„aa) Bauspardarlehen ...... Euro
ab) Vor- und Zwischenfinanzierungskrediten ...... Euro
ac) sonstigen Baudarlehen ...... Euro
ad) sonstigen Kredit- und Geldmarktgeschäften ...... Euro ...... Euro“.

[2] Bausparkassen haben den Posten 2 Zinsaufwendungen in der Gewinn- und Verlustrechnung wie folgt zu untergliedern:

„a) für Bauspareinlagen ...... Euro
b) andere Zinsaufwendungen ...... Euro ...... Euro“.

[3] Institute in genossenschaftlicher Rechtsform und genossenschaftliche Zentralbanken haben im Ertragsposten 3 den Unterposten b Laufende Erträge aus Beteiligungen in der Gewinn- und Verlustrechnung um die Worte „und aus Geschäftsguthaben bei Genossenschaften“ zu ergänzen.

[4] Bausparkassen haben den Posten 5 Provisionserträge in der Gewinn- und Verlustrechnung wie folgt zu untergliedern:

„a) aus Vertragsabschluß und -vermittlung ...... Euro
b) aus der Darlehensregelung nach der Zuteilung ...... Euro
c) aus Bereitstellung und Bearbeitung von Vor- und Zwischenfinanzierungskrediten ...... Euro
d) andere Provisionserträge ...... Euro ...... Euro“.

Institute, die Skontroführer im Sinne des § 27 Abs. 1 des Börsengesetzes und nicht CRR-Kreditinstitute im Sinne des § 1 Abs. 3d Satz 1 des Gesetzes über das Kreditwesen sind, haben den Ertragsposten 5 Provisionserträge wie folgt zu untergliedern:

„davon:
a) Courtageerträge ...... Euro
b) Courtage aus Poolausgleich ...... Euro“.

[5] Bausparkassen haben den Posten 6 Provisionsaufwendungen in der Gewinn- und Verlustrechnung wie folgt zu untergliedern:

„a) Provisionen für Vertragsabschluß und -vermittlung ...... Euro
b) andere Provisionsaufwendungen ...... Euro ...... Euro“.

Institute, die Skontroführer im Sinne des § 27 Abs. 1 des Börsengesetzes und nicht CRR-Kreditinstitute im Sinne des § 1 Abs. 3d Satz 1 des Gesetzes über das Kreditwesen sind, haben den Aufwandposten 6 Provisionsaufwendungen wie folgt zu untergliedern:

„davon:
a) Courtageaufwendungen ...... Euro
b) Courtage aus Poolausgleich ...... Euro“.

6 Kreditgenossenschaften, die das Warengeschäft betreiben, haben nach dem Aufwand- oder Ertragsposten 7 Nettoertrag oder Nettoaufwand des Handelsbestands in der Gewinn- und Verlustrechnung folgenden Posten einzufügen:

„7a. Rohergebnis aus Warenverkehr und Nebenbetrieben ...... Euro".

7 Finanzdienstleistungsinstitute, sofern sie nicht Skontroführer im Sinne des § 27 Abs. 1 des Börsengesetzes sind, haben anstatt des Aufwand- oder Ertragspostens 7 Nettoertrag oder Nettoaufwand des Handelsbestands in der Gewinn- und Verlustrechnung folgenden Posten aufzuführen:

„7a. Ertrag des Handelsbestands ...... Euro
7b. Aufwand des Handelsbestands ...... Euro".

Institute, die Skontroführer im Sinne des § 27 Abs. 1 des Börsengesetzes und nicht CRR-Kreditinstitute im Sinne des § 1 Abs. 3d Satz 1 des Gesetzes über das Kreditwesen sind, haben anstatt des Aufwand- oder Ertragspostens 7 Nettoertrag oder Nettoaufwand des Handelsbestands in der Gewinn- und Verlustrechnung folgende Posten aufzuführen:

„7a. Ertrag des Handelsbestands ...... Euro
davon:
aa) Wertpapiere ...... Euro
ab) Futures ...... Euro
ac) Optionen ...... Euro
ad) Kursdifferenzen aus Aufgabegeschäften ...... Euro

7b. Aufwand des Handelsbestands ...... Euro
davon:
ba) Wertpapiere ...... Euro
bb) Futures ...... Euro
bc) Optionen ...... Euro
bd) Kursdifferenzen aus Aufgabeschäften ...... Euro".

8 Finanzdienstleistungsinstitute im Sinn des § 1 Absatz 1a Nummer 10 des Kreditwesengesetzes haben den Aufwandsposten Nummer 11 wie folgt zu untergliedern:

„11. Abschreibungen und Wertberichtigungen
a) auf Leasingvermögen ...... Euro
b) auf immaterielle Anlagewerte und Sachanlagen ...... Euro ...... Euro."

9 Finanzdienstleistungsinstitute im Sinn des § 1 Absatz 1a Nummer 10 des Kreditwesengesetzes haben vor dem Ertragsposten „1. Zinserträge" den Posten „01. Leasingerträge" und „02. Leasingaufwendungen" auszuweisen."

1e. Verordnung über die Rechnungslegung der Zahlungsinstitute und E-Geld-Institute (Zahlungsinstituts-Rechnungslegungsverordnung – RechZahlV)

Vom 2.11.2009
(BGBl. I S. 3680)

zuletzt geändert durch Gesetz vom 17.12.2018 (BGBl. I S. 2619)

Inhaltsübersicht

Abschnitt 1
Anwendungsbereich

Abschnitt 2
Bilanz und Gewinn- und Verlustrechnung

Abschnitt 3
Vorschriften zu einzelnen Posten der Bilanz – Formblatt 1

Unterabschnitt 1
Posten der Aktivseite

Unterabschnitt 2
Posten der Passivseite

Abschnitt 1 Anwendungsbereich

§ 1 Anwendungsbereich

Diese Verordnung ist auf Institute im Sinne des § 1 Absatz 3 des Zahlungsdiensteaufsichtsgesetzes anzuwenden.

Abschnitt 2 Bilanz und Gewinn- und Verlustrechnung

§ 2 Formblätter

Institute im Sinn des § 1 Absatz 3 des Zahlungsdiensteaufsichtsgesetzes haben abweichend von § 266 des Handelsgesetzbuchs über die Gliederung der Bilanz das Formblatt 1 (Anlage 1) und abweichend von § 275 des Handelsgesetzbuchs über die Gliederung der Gewinn- und Verlustrechnung das Formblatt 2 (Staffelform – Anlage 2) zu verwenden.

§ 3 Getrennte Rechnungslegung und Unterposten

(1) [1]Für Zahlungsdienste nach § 1 Absatz 1 Satz 2 des Zahlungsdiensteaufsichtsgesetzes und für die Ausgabe von E-Geld nach § 1 Absatz 2 Satz 2 des Zahlungsdiensteaufsichtsgesetzes sowie für sonstige Geschäfte sind die Angaben in der Rechnungslegung jeweils getrennt auszuweisen. [2]Die Positionen der Bilanz und der Gewinn- und Verlustrechnung sind nach Maßgabe der Formblätter entsprechend ihrer Herkunft aus Zahlungsdiensten und aus der Ausgabe von E-Geld oder aus sonstigen Tätigkeiten zu unterteilen.

(2) [1]Als Unterposten sind im Formblatt 1 jeweils gesondert auszuweisen:

1. die verbrieften und unverbrieften Forderungen an verbundene Unternehmen zu den Posten „Forderungen an Kreditinstitute" (Aktivposten 2), „Forderungen an Kunden" (Aktivposten 3), „Forderungen an Institute im Sinne des § 1 Absatz 3 des Zahlungsdiensteaufsichtsgesetzes" (Aktivposten 4) und „Schuldverschreibungen und andere festverzinsliche Wertpapiere" (Aktivposten 5);
2. die verbrieften und unverbrieften Forderungen an Unternehmen, mit denen ein Beteiligungsverhältnis besteht, zu den Posten „Forderungen an Kreditinstitute" (Aktivposten 2), „Forderungen an Kunden" (Aktivposten 3), „Forderungen an Institute im Sinne des § 1 Absatz 3 des Zahlungsdiensteaufsichtsgesetzes" (Aktivposten 4) und „Schuldverschreibungen und andere festverzinsliche Wertpapiere" (Aktivposten 5);
3. die verbrieften und unverbrieften Verbindlichkeiten gegenüber verbundenen Unternehmen zu den Posten „Verbindlichkeiten gegenüber Kreditinstituten" (Passivposten 1), „Verbindlichkeiten gegenüber Kunden" (Passivposten 2), „Verbindlichkeiten gegenüber Instituten im Sinne des § 1 Absatz 3 des Zahlungsdiensteaufsichtsgesetzes" (Passivposten 3) und „Nachrangige Verbindlichkeiten" (Passivposten 8);
4. die verbrieften und unverbrieften Verbindlichkeiten gegenüber Unternehmen, mit denen ein Beteiligungsverhältnis besteht, zu den Posten „Verbindlichkeiten gegenüber Kreditinstituten" (Passivposten 1), „Verbindlichkeiten gegenüber Kunden" (Passivposten 2), „Verbindlichkeiten gegenüber Instituten im Sinne des § 1 Absatz 3 des Zahlungsdiensteaufsichtsgesetzes" (Passivposten 3) und „Nachrangige Verbindlichkeiten" (Passivposten 8).

[2]Die Angaben nach Satz 1 können statt in der Bilanz im Anhang in der Reihenfolge der betroffenen Posten gemacht werden.

§ 4 Nachrangige Vermögensgegenstände und Schulden

(1) Vermögensgegenstände und Schulden sind als nachrangig auszuweisen, wenn sie als Forderungen oder Verbindlichkeiten im Fall der Liquidation oder der Insolvenz erst nach den Forderungen der anderen Gläubiger erfüllt werden dürfen.

(2) [1]Nachrangige Vermögensgegenstände sind auf der Aktivseite bei dem jeweiligen Posten oder Unterposten gesondert auszuweisen. [2]Die Angaben können statt in der Bilanz im Anhang in der Reihenfolge der betroffenen Posten gemacht werden.

§ 5 Wertpapiere

(1) Als Wertpapiere sind auszuweisen:

1. Aktien, Zwischenscheine, Anteile oder Aktien an Investmentvermögen, Optionsscheine, Zins- und Gewinnanteilscheine, börsenfähige Inhaber- und Ordergenussscheine, börsenfähige Inhaberschuldverschreibungen, auch wenn sie vinkuliert sind, unabhängig davon, ob sie in Wertpapierurkunden verbrieft oder als Wertrechte ausgestaltet sind,
2. börsenfähige Orderschuldverschreibungen, soweit sie Teile einer Gesamtemission sind,
3. andere festverzinsliche Inhaberpapiere, soweit sie börsenfähig sind, und
4. andere nicht festverzinsliche Wertpapiere, soweit sie börsennotiert sind, insbesondere ausländische Geldmarktpapiere, die zwar auf den Namen lauten, aber wie Inhaberpapiere gehandelt werden.

(2) Als börsenfähig gelten Wertpapiere, die die Voraussetzungen einer Börsenzulassung erfüllen; bei Schuldverschreibungen genügt es, dass alle Stücke einer Emission hinsichtlich Verzinsung, Laufzeitbeginn und Fälligkeit einheitlich ausgestattet sind.

(3) Als börsennotiert gelten Wertpapiere, die an einer deutschen Börse zum Handel im regulierten Markt zugelassen sind, außerdem Wertpapiere, die an ausländischen Börsen zugelassen sind oder gehandelt werden.

§ 6 Restlaufzeit

[1]Für die Gliederung nach Restlaufzeiten sind bei ungekündigten Kündigungsgeldern die Kündigungsfristen und gegebenenfalls die Kündigungssperrfristen maßgebend. [2]Bei Forderungen sind vorzeitige Kündigungsmöglichkeiten nicht zu berücksichtigen.

§ 7 Fristengliederung

Im Anhang sind die Beträge der „Forderungen an Kunden“ (Aktivposten 3) und der „Verbindlichkeiten gegenüber Kunden“ (Passivposten 2) gesondert nach folgenden Restlaufzeiten aufzugliedern:

1. bis drei Monate,
2. mehr als drei Monate bis sechs Monate,
3. mehr als sechs Monate bis zwölf Monate,
4. mehr als zwölf Monate.

§ 8 Anteilige Zinsen

[1]Anteilige Zinsen und ähnliche das Geschäftsjahr betreffende Beträge, die erst nach dem Bilanzstichtag fällig werden, aber bereits am Bilanzstichtag für Institute im Sinn des § 1 Absatz 3 des Zahlungsdiensteaufsichtsgesetzes typische Forderungen oder Verbindlichkeiten sind, sind demjenigen Posten der Aktiv- oder Passivseite der Bilanz zuzuordnen, dem sie zugehören. [2]§ 268 Absatz 4 Satz 2, Absatz 5 Satz 3 des Handelsgesetzbuchs bleibt unberührt. [3]Die in Satz 1 genannten Beträge brauchen nicht nach Restlaufzeiten aufgegliedert zu werden.

Abschnitt 3 Vorschriften zu einzelnen Posten der Bilanz – Formblatt 1

Unterabschnitt 1 Posten der Aktivseite

§ 9 Barreserve – Posten 1

[1]Als Barreserve sind gesetzliche Zahlungsmittel einschließlich der ausländischen Noten und Münzen sowie Postwertzeichen und Gerichtsgebührenmarken auszuweisen. [2]Zu einem höheren Betrag als dem Nennwert erworbene Gedenkmünzen sowie Goldmünzen, auch wenn es sich um gesetzliche Zahlungsmittel handelt, und Barrengold sind abweichend von Satz 1 im Posten „Sonstige Vermögensgegenstände" (Posten 12) zu erfassen. [3]Als Guthaben bei Zentralnotenbanken dürfen nur täglich fällige Guthaben einschließlich der täglich fälligen Fremdwährungsguthaben bei Zentralnotenbanken der Niederlassungsländer des Instituts ausgewiesen werden.

§ 10 Forderungen an Kreditinstitute – Posten 2

[1]Als Forderungen an Kreditinstitute sind alle Arten von Forderungen an in- und ausländische Kreditinstitute auszuweisen. [2]Zu den Forderungen an Kreditinstitute gehören auch:

1. Namensschuldverschreibungen sowie nicht börsenfähige Inhaberschuldverschreibungen, Orderschuldverschreibungen, die nicht Teile einer Gesamtemission sind,
2. nicht börsenfähige Orderschuldverschreibungen, die Teile einer Gesamtemission sind,
3. Namensgeldmarktpapiere und nicht börsenfähige Inhabergeldmarktpapiere,
4. Namensgenussscheine, nicht börsenfähige Inhabergenussscheine und andere nicht in Wertpapieren verbriefte rückzahlbare Genussrechte.

[3]§ 5 bleibt unberührt. [4]Forderungen an Kreditinstitute aus Zahlungsdiensten und aus der Ausgabe von E-Geld, die der Anforderung des § 17 Absatz 1 Satz 2 Nummer 1 des Zahlungsdiensteaufsichtsgesetzes genügen und auf Treuhandkonten unterhalten werden, sind gesondert auszuweisen.

§ 11 Forderungen an Kunden – Posten 3

[1]Als Forderungen an Kunden sind alle Arten von Vermögensgegenständen auszuweisen, die Forderungen an in- und ausländische Nichtbanken darstellen, soweit es sich nicht um börsenfähige Schuldverschreibungen im Sinn des Postens 5 „Schuldverschreibungen und andere festverzinsliche Wertpapiere" handelt. [2]§ 5 bleibt unberührt. [3]Als Forderungen an Kunden aus Zahlungsdiensten und aus der Ausgabe von E-Geld aus Krediten sind die gemäß § 3 Absatz 4 des Zahlungsdiensteaufsichtsgesetzes gewährten Kredite auszuweisen.

§ 12 Schuldverschreibungen und andere festverzinsliche Wertpapiere – Posten 5

(1) [1]Als Schuldverschreibungen und andere festverzinsliche Wertpapiere sind die folgenden Rechte auszuweisen:

1. festverzinsliche Inhaberschuldverschreibungen,
2. Orderschuldverschreibungen, die Teile einer Gesamtemission sind,
3. Schatzwechsel,
4. Schatzanweisungen und andere verbriefte Rechte, wie zum Beispiel commercial papers, euro-notes, certificates of deposit, bons de caisse,

5. Kassenobligationen sowie Schuldbuchforderungen und
6. vor Fälligkeit hereingenommene Zinsscheine.

[2]Als Geldmarktpapiere gelten alle Schuldverschreibungen und andere festverzinsliche Wertpapiere unabhängig von ihrer Bezeichnung, sofern ihre ursprüngliche Laufzeit ein Jahr nicht überschreitet.

(2) Als festverzinslich gelten auch:

1. Wertpapiere, die mit einem veränderlichen Zinssatz ausgestattet sind, sofern dieser an eine bestimmte Größe, zum Beispiel an einen Interbankzinssatz oder an einen Euro-Geldmarktsatz, gebunden ist,
2. Null-Kupon-Anleihen und
3. Schuldverschreibungen, die einen anteiligen Anspruch auf Erlöse aus einem gepoolten Forderungsvermögen verbriefen.

§ 13 Aktien und andere nicht festverzinsliche Wertpapiere – Posten 6

Als Aktien und andere nicht festverzinsliche Wertpapiere sind auszuweisen:

1. Aktien, soweit sie nicht im Posten 7 „Beteiligungen" oder im Posten 8 „Anteile an verbundenen Unternehmen" auszuweisen sind,
2. Zwischenscheine, Anteile oder Aktien an Investmentvermögen, Optionsscheine, Gewinnanteilscheine, als Inhaber- oder Orderpapiere ausgestaltete börsenfähige Genussscheine sowie andere nicht festverzinsliche Wertpapiere, soweit sie börsennotiert sind, und
3. vor Fälligkeit hereingenommene Gewinnanteilscheine.

§ 14 Beteiligungen – Posten 7

[1]Institute im Sinn des § 1 Absatz 3 des Zahlungsdiensteaufsichtsgesetzes in der Rechtsform der eingetragenen Genossenschaft haben Geschäftsguthaben bei Genossenschaften unter dem Posten 7 „Beteiligungen" auszuweisen. [2]In diesem Fall ist die Postenbezeichnung entsprechend anzupassen.

§ 15 Sonstige Vermögensgegenstände – Posten 12

[1]Als Sonstige Vermögensgegenstände (Posten 12) sind Forderungen und sonstige Vermögensgegenstände auszuweisen, die einem anderen Posten nicht zugeordnet werden können. [2]Dies gilt auch dann, wenn sie unter dem Vorbehalt des Eingangs gutgeschrieben worden sind. [3]Hierzu zählen ferner nicht in Wertpapieren verbriefte Genussrechte, die nicht rückzahlbar sind.

Unterabschnitt 2 Posten der Passivseite

§ 16 Verbindlichkeiten gegenüber Kreditinstituten – Posten 1

Als Verbindlichkeiten gegenüber Kreditinstituten sind alle Arten von Verbindlichkeiten gegenüber in- und ausländischen Kreditinstituten auszuweisen.

§ 17 Verbindlichkeiten gegenüber Kunden – Posten 2

[1]Als Verbindlichkeiten gegenüber Kunden sind alle Arten von Verbindlichkeiten gegenüber in- und ausländischen Nichtbanken auszuweisen. [2]Verbindlichkeiten zur Ausführung von Zahlungsvorgängen sind gesondert auszuweisen, hierbei gesondert die Verbindlichkeiten auf Zahlungskonten.

§ 18 Rückstellungen – Posten 6

Wird im Posten 6 c „andere Rückstellungen" eine Rückstellung für einen drohenden Verlust aus einer unter dem Strich vermerkten Eventualverbindlichkeit oder einem Kreditrisiko gebildet, so ist der Posten unter dem Strich um den zurückgestellten Betrag zu kürzen.

§ 19 Eigenkapital – Posten 11

[1]Als gezeichnetes Kapital sind, ungeachtet ihrer genauen Bezeichnung im Einzelfall, alle Beträge auszuweisen, die entsprechend der Rechtsform des Instituts im Sinn des § 1 Absatz 3 des Zahlungsdiensteaufsichtsgesetzes als von den Gesellschaftern oder anderen Eigentümern gezeichnete Eigenkapitalbeträge gelten; auch Einlagen stiller Gesellschafter sowie Geschäftsguthaben sind in diesen Posten einzubeziehen. [2]Die genaue Bezeichnung im Einzelfall kann zusätzlich zu der Postenbezeichnung „gezeichnetes Kapital" in das Bilanzformblatt eingetragen werden.

§ 20 Unwiderrufliche Kreditzusagen – Posten 1 unter dem Strich

Als Unwiderrufliche Kreditzusagen sind alle unwiderruflichen Verpflichtungen, die Anlass zu einem Kreditrisiko geben können, zu vermerken.

Abschnitt 4 Vorschriften zu einzelnen Posten der Gewinn- und Verlustrechnung – Formblatt 2

§ 21 Zinserträge – Posten 1

Als Zinserträge sind Zinserträge und ähnliche Erträge auszuweisen, insbesondere:

1. alle Erträge aus Vermögensgegenständen, die im Formblatt 1 Aktivposten 1 bis 5 bilanziert wurden, ohne Rücksicht darauf, in welcher Form sie berechnet werden,
2. Diskontabzüge, Ausschüttungen auf Genussrechte und Gewinnschuldverschreibungen im Bestand, Erträge mit Zinscharakter, die im Zusammenhang mit der zeitlichen Verteilung des Unterschiedsbetrags bei unter dem Rückzahlungsbetrag erworbenen Vermögensgegenständen entstehen,
3. Zuschreibungen aufgelaufener Zinsen zu Null-Kupon-Anleihen im Bestand,
4. die sich aus gedeckten Termingeschäften ergebenden, auf die tatsächliche Laufzeit des jeweiligen Geschäfts verteilten Erträge mit Zinscharakter sowie
5. Gebühren und Provisionen mit Zinscharakter, die nach dem Zeitablauf oder nach der Höhe der Forderungen berechnet werden.

§ 22 Zinsaufwendungen – Posten 2

Als Zinsaufwendungen sind Zinsaufwendungen und ähnliche Aufwendungen auszuweisen, insbesondere:

1. alle Aufwendungen für die im Formblatt 1 Passivposten 1 bis 3 bilanzierten Verbindlichkeiten ohne Rücksicht darauf, in welcher Form sie berechnet werden,
2. Diskontabzüge, Ausschüttungen auf begebene Genussrechte und Gewinnschuldverschreibungen,
3. Aufwendungen mit Zinscharakter, die im Zusammenhang mit der zeitlichen Verteilung des Unterschiedsbetrags bei unter dem Rückzahlungsbetrag eingegangenen Verbindlichkeiten entstehen,
4. Zuschreibungen aufgelaufener Zinsen zu begebenen Null-Kupon-Anleihen,
5. die sich aus gedeckten Termingeschäften ergebenden, auf die tatsächliche Laufzeit des jeweiligen Geschäfts verteilten Aufwendungen mit Zinscharakter sowie

6. Gebühren und Provisionen mit Zinscharakter, die nach dem Zeitablauf oder nach der Höhe der Verbindlichkeiten berechnet werden.

§ 23 Provisionserträge – Posten 5

[1]Als Provisionserträge sind Provisionen und ähnliche Erträge aus Dienstleistungsgeschäften auszuweisen. [2]Zu den Erträgen gehören auch Kontoführungsgebühren.

§ 24 Provisionsaufwendungen – Posten 6

Als Provisionsaufwendungen sind Provisionen und ähnliche Aufwendungen aus Dienstleistungsgeschäften auszuweisen.

§ 25 Allgemeine Verwaltungsaufwendungen – Posten 8

(1) [1]In Posten 8 a) aa) bbb) sowie Posten 8 b) aa) bbb), jeweils „Soziale Abgaben und Aufwendungen für Altersversorgung und für Unterstützung", sind auszuweisen:

1. gesetzliche Pflichtabgaben,
2. Beihilfen und Unterstützungen, die das Institut im Sinn des § 1 Absatz 3 des Zahlungsdiensteaufsichtsgesetzes zu erbringen hat, sowie
3. Aufwendungen für die Altersversorgung, darunter auch die Zuführungen zu den Pensionsrückstellungen.

[2]Der sonstige Personalaufwand (zum Beispiel freiwillige soziale Leistungen) ist dem Unterposten des Personalaufwands zuzurechnen, zu dem er seiner Art nach gehört.

(2) In Posten 8 a) bb) sowie Posten 8 b) bb), jeweils „andere Verwaltungsaufwendungen", sind die gesamten Aufwendungen sachlicher Art auszuweisen, insbesondere:

1. Raumkosten,
2. Bürobetriebskosten,
3. Kraftfahrzeugbetriebskosten,
4. Porto,
5. Verbandsbeiträge,
6. Werbungskosten,
7. Repräsentation,
8. Aufsichtsratsvergütungen,
9. Versicherungsprämien,
10. Rechts-, Prüfungs- und Beratungskosten,
11. Kosten des Geldverkehrs und
12. Kosten für Geldtransporte und dergleichen.

(3) Prämien für Kreditversicherungen sind im Posten 11 „Abschreibungen und Wertberichtigungen auf Forderungen und bestimmte Wertpapiere sowie Zuführungen zu Rückstellungen im Kreditgeschäft" zu erfassen.

§ 26 Abschreibungen und Wertberichtigungen auf Forderungen und bestimmte Wertpapiere sowie Zuführungen zu Rückstellungen im Kreditgeschäft – Posten 11, Erträge aus Zuschreibungen zu Forderungen und bestimmten Wertpapieren sowie aus der Auflösung von Rückstellungen im Kreditgeschäft – Posten 12

[1]In diese Posten sind die in § 340f Absatz 3 des Handelsgesetzbuchs bezeichneten Aufwendungen und Erträge aufzunehmen. [2]Die Posten dürfen verrechnet und in einem Aufwand- oder Ertragsposten ausgewiesen werden. [3]Eine teilweise Verrechnung ist nicht zulässig.

§ 27 Abschreibungen und Wertberichtigungen auf Beteiligungen, Anteilen an verbundenen Unternehmen und wie Anlagevermögen behandelte Wertpapiere – Posten 13, Erträge aus Zuschreibungen zu Beteiligungen, Anteilen an verbundenen Unternehmen und wie Anlagevermögen behandelten Wertpapieren – Posten 14

[1]In diese Posten sind die in § 340c Absatz 2 des Handelsgesetzbuchs bezeichneten Aufwendungen und Erträge aufzunehmen. [2]Die Posten dürfen verrechnet und in einem Aufwands- oder Ertragsposten ausgewiesen werden. [3]Eine teilweise Verrechnung ist nicht zulässig.

Abschnitt 5 Anhang

§ 28 Zusätzliche Erläuterungen

(1) [1]In den Anhang sind neben den nach § 340a in Verbindung mit § 284 Absatz 1, 2 Nummer 1, 2 und 4, § 285 Nummer 3, 3a, 7, 9 Buchstabe a und b, Nummer 10 bis 11b, 13 bis 26, 28 bis 30 und 32 bis 34, § 340b Absatz 4 Satz 4, § 340e Absatz 2 des Handelsgesetzbuchs und den in dieser Verordnung zu den einzelnen Posten der Bilanz oder der Gewinn- und Verlustrechnung vorgeschriebenen Angaben die in diesem Abschnitt vorgeschriebenen Angaben aufzunehmen. [2]§ 285 Nummer 3a des Handelsgesetzbuchs braucht nicht angewendet zu werden, soweit diese Angaben in der Bilanz unter dem Strich gemacht werden.

(2) [1]Anstelle der in § 285 Nummer 4, 9 Buchstabe c des Handelsgesetzbuchs vorgeschriebenen Angaben sind die folgenden Angaben zu machen:

1. Gesamtbetrag der folgenden Posten der Gewinn- und Verlustrechnung, aufgegliedert nach geographischen Märkten, soweit diese Märkte sich vom Standpunkt der Organisation des Instituts im Sinn des § 1 Absatz 3 des Zahlungsdiensteaufsichtsgesetzes wesentlich voneinander unterscheiden:
   a) Zinserträge nach Formblatt 2 Posten 1,
   b) laufende Erträge aus Aktien und anderen nicht festverzinslichen Wertpapieren, Beteiligungen, Anteilen an verbundenen Unternehmen nach Formblatt 2 Posten 3,
   c) Provisionserträge nach Formblatt 2 Posten 5 und
   d) sonstige betriebliche Erträge nach Formblatt 2 Posten 7.
2. Der Gesamtbetrag der Vorschüsse und Kredite, die den Mitgliedern des Geschäftsführungsorgans, eines Aufsichtsrats, eines Beirats oder einer ähnlichen Einrichtung gewährt wurden, sowie der Haftungsverhältnisse, die zugunsten dieser Personen eingegangen wurden, ist für jede Personengruppe gesondert anzugeben.

[2]Die Aufgliederung nach Satz 1 Nummer 1 kann unterbleiben, soweit sie nach vernünftiger kaufmännischer Beurteilung geeignet ist, dem Institut im Sinn des § 1 Absatz 3 des Zahlungsdiensteaufsichtsgesetzes oder einem Unternehmen, von dem das Institut im Sinn des § 1 Absatz 2a des Zahlungsdienstaufsichtsgesetzes mindestens den fünften Teil der Anteile besitzt, einen erheblichen Nachteil zuzufügen.

(3) [1]Die in § 284 Absatz 3 des Handelsgesetzbuchs verlangten Angaben sind für Vermögensgegenstände im Sinn des § 340e Absatz 1 des Handelsgesetzbuchs zu machen. [2]Die Zuschreibungen, Abschreibungen und Wertberichtigungen auf Beteiligungen, Anteile an verbundenen Unternehmen sowie auf andere Wertpapiere, die wie Anlagevermögen behandelt werden, können mit anderen Posten zusammengefasst werden.

(4) § 3 Absatz 2 Satz 2 bleibt unberührt.

§ 29 Zusätzliche Pflichtangaben

(1) Zu den Posten der Bilanz und der Gewinn- und Verlustrechnung sind im Anhang anzugeben:

1. eine Aufgliederung der börsenfähigen Wertpapiere nach börsennotierten und nicht börsennotierten Wertpapieren, die in den folgenden Posten des Formblattes 1 enthalten sind:
   a) „Schuldverschreibungen und andere festverzinsliche Wertpapiere" Aktivposten 5,
   b) „Aktien und andere nicht festverzinsliche Wertpapiere" Aktivposten 6,
   c) „Beteiligungen" Aktivposten 7,
   d) „Anteile an verbundenen Unternehmen" Aktivposten 8;
2. der Betrag der nicht mit dem Niederstwert bewerteten börsenfähigen Wertpapiere jeweils zu folgenden Posten der Bilanz, wobei anzugeben ist, in welcher Weise die so bewerteten Wertpapiere von den mit dem Niederstwert bewerteten börsenfähigen Wertpapieren abgegrenzt worden sind:
   a) „Schuldverschreibungen und andere festverzinsliche Wertpapiere" Aktivposten 5 sowie
   b) „Aktien und andere nicht festverzinsliche Wertpapiere" Aktivposten 6;
3. die in den folgenden Posten enthaltenen wichtigsten Einzelbeträge, sofern sie für die Beurteilung des Jahresabschlusses nicht unwesentlich sind, wobei die Beträge und ihre Art zu erläutern sind:
   a) „Sonstige Vermögensgegenstände" Aktivposten 12,
   b) „Sonstige Verbindlichkeiten" Passivposten 4,
   c) „Sonstige betriebliche Aufwendungen" Formblatt 2 Posten 10,
   d) „Sonstige betriebliche Erträge" Formblatt 2 Posten 7,
   e) „Außerordentliche Aufwendungen" Formblatt 2 Posten 18 und
   f) „Außerordentliche Erträge" Formblatt 2 Posten 17;
4. die Dritten erbrachten Dienstleistungen für Verwaltung und Vermittlung, sofern ihr Umfang in Bezug auf die Gesamttätigkeit des Instituts im Sinn des § 1 Absatz 3 des Zahlungsdiensteaufsichtsgesetzes von wesentlicher Bedeutung ist;
5. der Gesamtbetrag der Vermögensgegenstände und der Gesamtbetrag der Schulden, die auf Fremdwährung lauten, jeweils in Euro.

(2) Zu dem Posten der Bilanz „Sachanlagen" Aktivposten 10 sind im Anhang mit ihrem Gesamtbetrag anzugeben:

1. die vom Institut im Sinn des § 1 Absatz 3 des Zahlungsdiensteaufsichtsgesetzes im Rahmen seiner eigenen Tätigkeit genutzten Grundstücke und Bauten,
2. die Betriebs- und Geschäftsausstattung.

(3) Zu dem Posten der Bilanz „Nachrangige Verbindlichkeiten" Passivposten 8 sind im Anhang anzugeben:

1. der Betrag der für nachrangige Verbindlichkeiten angefallenen Aufwendungen,
2. zu jeder 10 Prozent des Gesamtbetrags der nachrangigen Verbindlichkeiten übersteigenden Mittelaufnahme:
   a) der Betrag, die Währung, auf die sie lautet, ihr Zinssatz und ihre Fälligkeit sowie, ob eine vorzeitige Rückzahlungsverpflichtung entstehen kann,

b) die Bedingungen ihrer Nachrangigkeit und ihrer etwaigen Umwandlung in Kapital oder in eine andere Schuldform,

3. die wesentlichen Bedingungen zu anderen Mittelaufnahmen.

(4) Im Anhang ist zusätzlich die Anzahl der ausgeführten Zahlungsvorgänge (Stückzahl) als auch das Zahlungsvolumen (Betrag in Euro) anzugeben.

§ 30 Termingeschäfte

[1]In den Anhang ist eine Aufstellung über die Arten von am Bilanzstichtag noch nicht abgewickelten fremdwährungs-, zinsabhängigen und sonstigen Termingeschäften, die lediglich ein Erfüllungsrisiko sowie Währungs-, Zins- und/oder sonstige Marktpreisänderungsrisiken aus offenen und im Fall eines Adressenausfalls auch aus geschlossenen Positionen enthalten, aufzunehmen. [2]Hierzu gehören:

1. Termingeschäfte in fremden Währungen, insbesondere Devisentermingeschäfte, Devisenterminkontrakte, Währungsswaps, Zins-/Währungsswaps, Stillhalterverpflichtungen aus Devisenoptionsgeschäften, Devisenoptionsrechte, Termingeschäfte in Gold und anderen Edelmetallen, Edelmetallterminkontrakte, Stillhalterverpflichtungen aus Goldoptionen, Goldoptionsrechte;
2. zinsbezogene Termingeschäfte, insbesondere Termingeschäfte mit festverzinslichen Wertpapieren, Zinsterminkontrakte, Forward Rate Agreements, Stillhalterverpflichtungen aus Zinsoptionen, Zinsoptionsrechte, Zinsswaps, Abnahmeverpflichtungen aus Forward Forward Deposits; Lieferverpflichtungen aus solchen Geschäften sind in dem Unterposten der Bilanz „Unwiderrufliche Kreditzusagen" (Passivposten 1 unter dem Strich) zu vermerken;
3. Termingeschäfte mit sonstigen Preisrisiken, insbesondere aktienkursbezogene Termingeschäfte, Stillhalterverpflichtungen aus Aktienoptionen, Aktienoptionsrechte, Indexterminkontrakte, Stillhalterverpflichtungen aus Indexoptionen, Indexoptionsrechte.

[3]Für jeden der drei Gliederungsposten der Termingeschäfte ist anzugeben, ob ein wesentlicher Teil davon zur Deckung von Zins-, Wechselkurs- oder Marktpreisschwankungen abgeschlossen wurde und ob ein wesentlicher Teil davon auf Handelsgeschäfte entfällt.

Abschnitt 6 Konzernrechnungslegung

§ 31 Konzernrechnungslegung

Auf den Konzernabschluss sind, soweit seine Eigenart keine Abweichung bedingt, die §§ 1 bis 30 entsprechend anzuwenden.

Abschnitt 7 Ordnungswidrigkeiten

§ 32 Ordnungswidrigkeiten

(1) Ordnungswidrig im Sinn des § 340n Absatz 1 Nummer 6 des Handelsgesetzbuchs handelt, wer als Geschäftsleiter im Sinn des § 1 Absatz 8 des Zahlungsdiensteaufsichtsgesetzes oder als Mitglied des Aufsichtsrats bei der Aufstellung oder Feststellung des Jahresabschlusses

1. entgegen § 2 in Verbindung mit §§ 9, 10 Satz 1, 2 oder Satz 4, §§ 11 bis 18, 19 Satz 1, §§ 20 bis 25, 26 Satz 1 oder Satz 3 oder § 27 Satz 1 oder Satz 3 ein dort genanntes Formblatt nicht, nicht richtig, nicht vollständig oder nicht in der vorgeschriebenen Weise verwendet,

2. entgegen § 4 Absatz 1 oder Absatz 2 Satz 1 nachrangige Vermögensgegenstände nicht, nicht richtig, nicht vollständig oder nicht in der vorgeschriebenen Weise ausweist,
3. entgegen § 7 einen dort genannten Betrag nicht, nicht richtig, nicht vollständig oder nicht in der vorgeschriebenen Weise aufgliedert oder
4. entgegen § 28 Absatz 1 Satz 1 in Verbindung mit § 28 Absatz 2 Satz 1 oder Absatz 3 Satz 1, § 29 oder § 30 eine dort genannte Angabe nicht, nicht richtig, nicht vollständig oder nicht in der vorgeschriebenen Weise in den Anhang aufnimmt.

(2) Die Bestimmungen des Absatzes 1 gelten auch für den Konzernabschluss im Sinn des § 31.

Abschnitt 8 Schlussvorschriften

§ 33 Erstmalige Anwendung

(1) Diese Verordnung ist erstmals auf den Jahresabschluss und den Lagebericht sowie den Konzernabschluss und den Konzernlagebericht für das nach dem 31. Oktober 2008 beginnende Geschäftsjahr anzuwenden.

(2) Auf den Jahresabschluss und den Lagebericht sowie den Konzernabschluss und den Konzernlagebericht für ein vor dem 31. Dezember 2010 endendes Geschäftsjahr ist diese Verordnung nach Maßgabe der Absätze 3 und 4 anzuwenden, soweit das Unternehmen von dem Wahlrecht nach Artikel 66 Absatz 3 Satz 6 des Einführungsgesetzes zum Handelsgesetzbuch keinen Gebrauch gemacht hat.

(3) Für das Formblatt 1 gelten folgende Veränderungen:

1. die folgenden Posten entfallen:
   a) im Aktivposten 9 „Immaterielle Anlagewerte“
      aa) der Unterposten a) aa) bis dd),
      bb) der Unterposten b) aa) bis dd),
   b) Aktivposten 15 „Aktiver Unterschiedsbetrag aus der Vermögensverrechnung“;

1a. die Bezeichnung des Passivpostens 11 a) lautet wie folgt: „gezeichnetes Kapital“;

2. die Bezeichnung des Passivpostens 11 c) bb) „Rücklage für Anteile an einem herrschenden oder mehrheitlich beteiligten Unternehmen“ wird durch die Bezeichnung „Rücklage für eigene Anteile“ ersetzt;
3. nach Passivposten 6 „Rückstellungen“ ist der Passivposten 6a „Sonderposten mit Rücklageanteil“ einzufügen.

(4) Für das Formblatt 2 gelten folgende Veränderungen:

1. folgende Posten sind einzufügen:
   a) nach dem Posten 7 „Sonstige betriebliche Erträge“ der Posten 7a „Erträge aus der Auflösung von Sonderposten mit Rücklageanteil“ und
   b) nach dem Posten 15 „Aufwendungen aus Verlustübernahme“ der Posten 15a „Einstellungen in Sonderposten mit Rücklageanteil“;
2. die Bezeichnung des Postens 27b „aus der Rücklage für Anteile an einem herrschenden oder mehrheitlich beteiligten Unternehmen“ wird durch die Bezeichnung „aus der Rücklage für eigene Anteile“ ersetzt;
3. die Bezeichnung des Postens 29b „in die Rücklage für Anteile an einem herrschenden oder mehrheitlich beteiligten Unternehmen“ wird durch die Bezeichnung „in die Rücklage für eigene Anteile“ ersetzt.

(5) Diese Verordnung in der Fassung des Artikels 9 des Gesetzes zur Umsetzung der Zweiten E-Geld-Richtlinie vom 1. März 2011 (BGBl. I S. 288) ist erstmals auf den Jahresabschluss und den Lagebericht sowie den Konzernabschluss und den Konzernlagebericht eines E-Geld-Instituts für das nach dem 30. April 2011 beginnende Geschäftsjahr anzuwenden.

(6) [1]Das Formblatt 1 in der Fassung des Artikels 2 der Verordnung zur Änderung von Rechnungslegungsverordnungen vom 9. Juni 2011 (BGBl. I S. 1041) ist erstmals auf Jahresabschlüsse für Geschäftsjahre anzuwenden, die nach dem 31. Dezember 2009, im Fall des Artikels 66 Absatz 3 Satz 6 des Einführungsgesetzes zum Handelsgesetzbuch nach dem 31. Dezember 2008 beginnen. [2]Absatz 2 bleibt unberührt.

(7) Die §§ 5 und 13 in der Fassung des AIFM-Umsetzungsgesetzes vom 4. Juli 2013 (BGBl. I S. 1981) sind erstmals auf Jahres- und Konzernabschlüsse für nach dem 21. Juli 2013 beginnende Geschäftsjahre anzuwenden.

(8) § 28 Absatz 1 und 3 in der Fassung des Bilanzrichtlinie-Umsetzungsgesetzes vom 17. Juli 2015 (BGBl. I S. 1245) ist erstmals auf Jahres- und Konzernabschlüsse für nach dem 31. Dezember 2015 beginnende Geschäftsjahre anzuwenden.

(9) Diese Verordnung in der Fassung des Artikels 1 der Verordnung zur Änderung der Zahlungsinstituts-Rechnungslegungsverordnung vom 17. Dezember 2018 (BGBl. I S. 2619) ist erstmals auf den Jahresabschluss und Konzernabschluss für das nach dem 31. Dezember 2017 beginnende Geschäftsjahr anzuwenden.

§ 34 Inkrafttreten

Diese Verordnung tritt mit Wirkung vom 31. Oktober 2009 in Kraft.

Anlage 1 (zu § 2)

Formblatt 1

Jahresbilanz zum ....

der ....

Aktivseite

	Euro	Euro	Euro
1. Barreserve			......
a) aus Zahlungsdiensten und der Ausgabe von E-Geld		......	
darunter: Guthaben bei Zentralnotenbanken	......		
b) aus sonstigen Tätigkeiten		......	
darunter: Guthaben bei Zentralnotenbanken	......		
2. Forderungen an Kreditinstitute			......
a) aus Zahlungsdiensten und der Ausgabe von E-Geld davon: auf Treuhandkonten ...... Euro			
b) aus sonstigen Tätigkeiten		......	
aa) täglich fällig	......		
bb) andere Forderungen	......		
3. Forderungen an Kunden			......
a) aus Zahlungsdiensten und der Ausgabe von E-Geld davon:		......	
aa) aus Provisionen ...... Euro			
bb) aus Krediten ...... Euro			
b) aus sonstigen Tätigkeiten		......	
4. Forderungen an Institute im Sinne des § 1 Absatz 3 des Zahlungsdiensteaufsichtsgesetzes			......
a) aus Zahlungsdiensten und der Ausgabe von E-Geld		......	
b) aus sonstigen Tätigkeiten		......	
5. Schuldverschreibungen und andere festverzinsliche Wertpapiere			......
a) Geldmarktpapiere		......	
aa) aus Zahlungsdiensten und der Ausgabe von E-Geld	......		
bb) aus sonstigen Tätigkeiten	......		
b) Anleihen und Schuldverschreibungen		......	
aa) aus Zahlungsdiensten und der Ausgabe von E-Geld	......		
bb) aus sonstigen Tätigkeiten	......		
6. Aktien und andere nicht festverzinsliche Wertpapiere			......
a) aus Zahlungsdiensten und der Ausgabe von E-Geld		......	
b) aus sonstigen Tätigkeiten		......	

Passivseite

	Euro	Euro	Euro
1. Verbindlichkeiten gegenüber Kreditinstituten			......
a) aus Zahlungsdiensten und der Ausgabe von E-Geld		......	
aa) täglich fällig	......		
bb) mit vereinbarter Laufzeit oder Kündigungsfrist	......		
b) aus sonstigen Tätigkeiten		......	
aa) täglich fällig	......		
bb) mit vereinbarter Laufzeit oder Kündigungsfrist	......		
2. Verbindlichkeiten gegenüber Kunden			......
a) aus Zahlungsdiensten und aus der Ausgabe von E-Geld		......	
davon: zur Ausführung von Zahlungsvorgängen	......		
darunter: auf Zahlungskonten ...... Euro			
davon: aus der Ausgabe von E-Geld	......		
b) aus sonstigen Tätigkeiten		......	
3. Verbindlichkeiten gegenüber Instituten im Sinne des § 1 Absatz 3 des Zahlungsdiensteaufsichtsgesetzes			......
a) aus Zahlungsdiensten und aus der Ausgabe von E-Geld		......	
b) aus sonstigen Tätigkeiten		......	
4. Sonstige Verbindlichkeiten			......
a) aus Zahlungsdiensten und der Ausgabe von E-Geld		......	
b) aus sonstigen Tätigkeiten		......	
5. Rechnungsabgrenzungsposten			......
a) aus Zahlungsdiensten und der Ausgabe von E-Geld		......	
b) aus sonstigen Tätigkeiten		......	
6. Rückstellungen			......
a) Rückstellungen für Pensionen und ähnliche Verpflichtungen		......	
aa) aus Zahlungsdiensten und der Ausgabe von E-Geld	......		
bb) aus sonstigen Tätigkeiten	......		
b) Steuerrückstellungen		......	
aa) aus Zahlungsdiensten und der Ausgabe von E-Geld	......		
bb) aus sonstigen Tätigkeiten	......		

Aktivseite

	Euro	Euro	Euro
7. Beteiligungen			......
a) aus Zahlungsdiensten und der Ausgabe von E-Geld		......	
darunter:			
aa) an Kreditinstituten	......		
bb) an Finanzdienstleistungsinstituten	......		
cc) an Institute im Sinne des § 1 Absatz 3 des Zahlungsdiensteaufsichtsgesetzes	......		
b) aus sonstigen Tätigkeiten		......	
darunter:			
aa) an Kreditinstituten	......		
bb) an Finanzdienstleistungsinstituten	......		
cc) an Institute im Sinne des § 1 Absatz 3 des Zahlungsdiensteaufsichtsgesetzes	......		
8. Anteile an verbundenen Unternehmen			......
a) aus Zahlungsdiensten und der Ausgabe von E-Geld		......	
darunter:			
aa) an Kreditinstituten	......		
bb) an Finanzdienstleistungsinstituten	......		
cc) an Instituten im Sinne des § 1 Absatz 3 des Zahlungsdiensteaufsichtsgesetzes	......		
b) aus sonstigen Tätigkeiten		......	
darunter:			
aa) an Kreditinstituten	......		
bb) an Finanzdienstleistungsinstituten	......		
cc) an Instituten im Sinne des § 1 Absatz 3 des Zahlungsdiensteaufsichtsgesetzes	......		
9. Immaterielle Anlagewerte			......
a) aus Zahlungsdiensten und der Ausgabe von E-Geld		......	
aa) selbst geschaffene gewerbliche Schutzrechte und ähnliche Rechte und Werte	......		
bb) entgeltlich erworbene Konzessionen, gewerbliche Schutzrechte und ähnliche Rechte und Werte sowie Lizenzen an solchen Rechten und Werten	......		
cc) Geschäfts- oder Firmenwert	......		
dd) geleistete Anzahlungen	......		
b) aus sonstigen Tätigkeiten		......	
aa) selbst geschaffene gewerbliche Schutzrechte und ähnliche Rechte und Werte	......		

Passivseite

	Euro	Euro	Euro
c) andere Rückstellungen		......	
aa) aus Zahlungsdiensten und der Ausgabe von E-Geld	......		
bb) aus sonstigen Tätigkeiten	......		
7. Passive latente Steuern			......
8. Nachrangige Verbindlichkeiten			......
a) aus Zahlungsdiensten und der Ausgabe von E-Geld		......	
b) aus sonstigen Tätigkeiten		......	
9. Genussrechtskapital			......
darunter: vor Ablauf von zwei Jahren fällig	......		
10. Fonds für allgemeine Bankrisiken			......
11. Eigenkapital			......
a) Eingefordertes Kapital			
Gezeichnetes Kapital		......	
abzüglich nicht eingeforderter ausstehenden Einlagen	......	......	
b) Kapitalrücklage		......	
c) Gewinnrücklagen		......	
aa) gesetzliche Rücklage	......		
bb) Rücklage für Anteile an einem herrschenden oder mehrheitlich beteiligten Unternehmen	......		
cc) satzungsmäßige Rücklagen	......		
dd) andere Gewinnrücklagen	......		
d) Bilanzgewinn/Bilanzverlust		......	

Aktivseite

	Euro	Euro	Euro
bb) entgeltlich erworbene Konzessionen, gewerbliche Schutzrechte und ähnliche Rechte und Werte sowie Lizenzen an solchen Rechten und Werten	……		
cc) Geschäfts- oder Firmenwert	……		
dd) geleistete Anzahlungen	……		
10. Sachanlagen			……
a) aus Zahlungsdiensten und der Ausgabe von E-Geld		……	
b) aus sonstigen Tätigkeiten		……	
11. Eingefordertes, noch nicht eingezahltes Kapital			……
12. Sonstige Vermögensgegenstände			……
a) aus Zahlungsdiensten und der Ausgabe von E-Geld		……	
b) aus sonstigen Tätigkeiten		……	
13. Rechnungsabgrenzungsposten			……
a) aus Zahlungsdiensten und der Ausgabe von E-Geld		……	
b) aus sonstigen Tätigkeiten		……	
14. Aktive latente Steuern			……
15. Aktiver Unterschiedsbetrag aus der Vermögensverrechnung			……
16. Nicht durch Eigenkapital gedeckter Fehlbetrag			……
Summe der Aktiva			……

Passivseite

	Euro	Euro	Euro
Summe der Passiva			……
1. Unwiderrufliche Kreditzusagen			……
a) aus Zahlungsdiensten und der Ausgabe von E-Geld		……	
b) aus sonstigen Tätigkeiten		……	
2. Eventualverbindlichkeiten			……
a) aus Zahlungsdiensten und der Ausgabe von E-Geld		……	
b) aus sonstigen Tätigkeiten		……	

Anlage 2 (zu § 2)

Formblatt 2

Gewinn- und Verlustrechnung

der ....

für die Zeit vom .... bis ....

	Euro	Euro	Euro
1. Zinserträge			......
a) aus Zahlungsdiensten und aus der Ausgabe von E-Geld		......	
aa) Kredit- und Geldmarktgeschäften	......		
bb) festverzinslichen Wertpapieren und Schuldbuchforderungen	......		
b) aus sonstigen Tätigkeiten		......	
aa) Kredit- und Geldmarktgeschäften	......		
bb) festverzinslichen Wertpapieren und Schuldbuchforderungen	......		
2. Zinsaufwendungen			......
a) aus Zahlungsdiensten und aus der Ausgabe von E-Geld		......	
b) aus sonstigen Tätigkeiten		......	
3. Laufende Erträge aus			......
a) aus Zahlungsdiensten und aus der Ausgabe von E-Geld		......	
aa) Aktien und anderen nicht festverzinslichen Wertpapieren	......		
bb) Beteiligungen	......		
cc) Anteilen an verbundenen Unternehmen	......		
b) aus sonstigen Tätigkeiten		......	
aa) Aktien und anderen nicht festverzinslichen Wertpapieren	......		
bb) Beteiligungen	......		
cc) Anteilen an verbundenen Unternehmen	......		
4. Erträge aus Gewinngemeinschaften, Gewinnabführungs- oder Teilgewinnabführungsverträgen			......
a) aus Zahlungsdiensten und aus der Ausgabe von E-Geld		......	
b) aus sonstigen Tätigkeiten		......	
5. Provisionserträge			......
a) aus Zahlungsdiensten und aus der Ausgabe von E-Geld		......	
b) aus sonstigen Tätigkeiten		......	
6. Provisionsaufwendungen			......
a) aus Zahlungsdiensten und aus der Ausgabe von E-Geld		......	
b) aus sonstigen Tätigkeiten		......	
7. Sonstige betriebliche Erträge			......
a) aus Zahlungsdiensten und aus der Ausgabe von E-Geld		......	
b) aus sonstigen Tätigkeiten		......	
8. Allgemeine Verwaltungsaufwendungen			......
a) aus Zahlungsdiensten und aus der Ausgabe von E-Geld		......	
aa) Personalaufwand	......		
aaa) Löhne und Gehälter ...... Euro			
bbb) Soziale Abgaben und Aufwendungen für Altersversorgung und für Unterstützung ...... Euro			
darunter: für Altersversorgung ...... Euro			
bb) andere Verwaltungsaufwendungen	......		
b) aus sonstigen Tätigkeiten		......	
aa) Personalaufwand	......		
aaa) Löhne und Gehälter ...... Euro			
bbb) Soziale Abgaben und Aufwendungen für Altersversorgung und für Unterstützung ...... Euro			
darunter: für Altersversorgung ...... Euro			
bb) andere Verwaltungsaufwendungen	......		

	Euro	Euro	Euro
9. Abschreibungen und Wertberichtigungen auf immaterielle Anlagewerte und Sachanlagen			......
a) aus Zahlungsdiensten und aus der Ausgabe von E-Geld		......	
b) aus sonstigen Tätigkeiten		......	
10. Sonstige betriebliche Aufwendungen			......
a) aus Zahlungsdiensten und aus der Ausgabe von E-Geld		......	
b) aus sonstigen Tätigkeiten		......	
11. Abschreibungen und Wertberichtigungen auf Forderungen und bestimmte Wertpapiere sowie Zuführungen zu Rückstellungen im Kreditgeschäft			......
a) aus Zahlungsdiensten und aus der Ausgabe von E-Geld		......	
b) aus sonstigen Tätigkeiten		......	
12. Erträge aus Zuschreibungen zu Forderungen und bestimmten Wertpapieren sowie aus der Auflösung von Rückstellungen im Kreditgeschäft			......
a) aus Zahlungsdiensten und aus der Ausgabe von E-Geld		......	
b) aus sonstigen Tätigkeiten		......	
13. Abschreibungen und Wertberichtigungen auf Beteiligungen, Anteilen an verbundenen Unternehmen und wie Anlagevermögen behandelte Wertpapiere			......
a) aus Zahlungsdiensten und aus der Ausgabe von E-Geld		......	
b) aus sonstigen Tätigkeiten		......	
14. Erträge aus Zuschreibungen zu Beteiligungen, Anteilen an verbundenen Unternehmen und wie Anlagevermögen behandelten Wertpapieren			......
a) aus Zahlungsdiensten und aus der Ausgabe von E-Geld		......	
b) aus sonstigen Tätigkeiten		......	
15. Aufwendungen aus Verlustübernahme			......
a) aus Zahlungsdiensten und aus der Ausgabe von E-Geld		......	
b) aus sonstigen Tätigkeiten		......	
16. Ergebnis der normalen Geschäftstätigkeit			......
a) aus Zahlungsdiensten und aus der Ausgabe von E-Geld		......	
b) aus sonstigen Tätigkeiten		......	
17. Außerordentliche Erträge			......
a) aus Zahlungsdiensten und aus der Ausgabe von E-Geld		......	
b) aus sonstigen Tätigkeiten		......	
18. Außerordentliche Aufwendungen			......
a) aus Zahlungsdiensten und aus der Ausgabe von E-Geld		......	
b) aus sonstigen Tätigkeiten		......	
19. Außerordentliches Ergebnis			......
a) aus Zahlungsdiensten und aus der Ausgabe von E-Geld		......	
b) aus sonstigen Tätigkeiten		......	
20. Steuern vom Einkommen und vom Ertrag			......
a) aus Zahlungsdiensten und aus der Ausgabe von E-Geld		......	
b) aus sonstigen Tätigkeiten		......	
21. Sonstige Steuern, soweit nicht unter Posten 10 ausgewiesen			......
a) aus Zahlungsdiensten und aus der Ausgabe von E-Geld		......	
b) aus sonstigen Tätigkeiten		......	
22. Erträge aus Verlustübernahme			......
a) aus Zahlungsdiensten und aus der Ausgabe von E-Geld		......	
b) aus sonstigen Tätigkeiten		......	
23. Auf Grund einer Gewinngemeinschaft, eines Gewinnabführungs- oder eines Teilgewinnabführungsvertrags abgeführte Gewinne			......
a) aus Zahlungsdiensten und aus der Ausgabe von E-Geld		......	
b) aus sonstigen Tätigkeiten		......	
24. Jahresüberschuss/Jahresfehlbetrag			......
a) aus Zahlungsdiensten und aus der Ausgabe von E-Geld		......	
b) aus sonstigen Tätigkeiten		......	

	Euro	Euro	Euro
25. Gewinnvortrag/Verlustvortrag aus dem Vorjahr			......
a) aus Zahlungsdiensten und aus der Ausgabe von E-Geld		......	
b) aus sonstigen Tätigkeiten		......	
26. Entnahmen aus der Kapitalrücklage			......
27. Entnahmen aus Gewinnrücklagen			......
a) aus der gesetzlichen Rücklage		......	
b) aus der Rücklage für Anteile an einem herrschenden oder mehrheitlich beteiligten Unternehmen		......	
c) aus satzungsmäßigen Rücklagen		......	
d) aus anderen Gewinnrücklagen		......	
28. Entnahmen aus Genussrechtskapital			......
29. Einstellungen in Gewinnrücklagen			......
a) in die gesetzliche Rücklage		......	
b) in die Rücklage für Anteile an einem herrschenden oder mehrheitlich beteiligten Unternehmen		......	
c) in satzungsmäßige Rücklagen		......	
d) in andere Gewinnrücklagen		......	
30. Wiederauffüllung des Genussrechtskapitals			......
31. Bilanzgewinn/Bilanzverlust			......

1f. Verordnung über die Rechnungslegung von Versicherungsunternehmen (Versicherungsunternehmens-Rechnungslegungsverordnung – RechVersV)

Vom 8. November 1994
(BGBl. I S. 3378)

zuletzt geändert durch Gesetz vom 19.12.2018 (BGBl. I S. 2672)

Inhaltsübersicht

Abschnitt 1

Anwendungsbereich

Abschnitt 2

Bilanz und Gewinn- und Verlustrechnung

Abschnitt 3

Vorschriften zu einzelnen Posten der Bilanz

Unterabschnitt 1

Posten der Aktivseite

Abschnitt 1 Anwendungsbereich

§ 1 Anwendungsbereich

Diese Verordnung ist auf Versicherungsunternehmen und Niederlassungen anzuwenden, für die nach § 341 Abs. 1 und 2 des Handelsgesetzbuchs der Zweite Unterabschnitt des Vierten Abschnitts des Dritten Buchs des Handelsgesetzbuchs anzuwenden ist.

Abschnitt 2 Bilanz und Gewinn- und Verlustrechnung

§ 2 Formblätter

(1) [1]Versicherungsunternehmen haben an Stelle des § 266 des Handelsgesetzbuchs über die Gliederung der Bilanz das anliegende Formblatt 1 und an Stelle des § 275 des Handelsgesetzbuchs über die Gliederung der Gewinn- und Verlustrechnung,

1. soweit es sich um Schaden- und Unfallversicherungsunternehmen und Rückversicherungsunternehmen handelt, das anliegende Formblatt 2,
2. soweit es sich um Lebensversicherungsunternehmen, Pensions- und Sterbekassen und Krankenversicherungsunternehmen handelt, das anliegende Formblatt 3,

3. soweit es sich um Lebensversicherungsunternehmen handelt, die auch das selbst abgeschlossene Unfallversicherungsgeschäft betreiben, an Stelle von Formblatt 3 das anliegende Formblatt 4,
4. soweit es sich um Schaden- und Unfallversicherungsunternehmen handelt, die auch das selbst abgeschlossene Krankenversicherungsgeschäft nach Art der Lebensversicherung betreiben, an Stelle von Formblatt 2 das anliegende Formblatt 4, wenn dieses Geschäft einen größeren Umfang hat,

anzuwenden, soweit für bestimmte Arten und Rechtsformen von Versicherungsunternehmen oder wegen ihrer Größe nachfolgend oder in den Fußnoten zu den Formblättern nichts anderes vorgeschrieben ist. [2]Als Rückversicherungsunternehmen gelten nur solche Unternehmen, die ausschließlich die Rückversicherung betreiben.

§ 3 Zusammenfassung von Posten

In der

1. Bilanz (Formblatt 1) können bei den Posten
   a) Kapitalanlagen in verbundenen Unternehmen und Beteiligungen (Aktivposten C Nr. II),
   b) Sonstige Kapitalanlagen (Aktivposten C Nr. III),
   c) Forderungen aus dem selbst abgeschlossenen Versicherungsgeschäft (Aktivposten E Nr. I),
   d) Andere Rückstellungen (Passivposten G),
   e) Verbindlichkeiten aus dem selbst abgeschlossenen Versicherungsgeschäft (Passivposten I Nr. I)

   die mit einer arabischen oder römischen Zahl oder mit einem kleinen Buchstaben versehenen Unterposten, und in der
2. Gewinn- und Verlustrechnung können bei den Posten
   a) Veränderung der übrigen versicherungstechnischen Netto-Rückstellungen (Formblätter 2 und 4, jeweils Posten Nr. I 5),
   b) Aufwendungen für den Versicherungsbetrieb für eigene Rechnung (Formblatt 2 Posten Nr. I 7, Formblatt 3 Posten Nr. I 9, Formblatt 4 Posten Nr. I 7 und Nr. II 9),
   c) Erträge aus Kapitalanlagen (Formblatt 2 Posten Nr. II 1, Formblatt 3 Posten Nr. I 3, Formblatt 4 Posten Nr. II 3 und Nr. III 2),
   d) Aufwendungen für Kapitalanlagen (Formblatt 2 Posten Nr. II 2, Formblatt 3 Posten Nr. I 10, Formblatt 4 Posten Nr. II 10 und Nr. III 3)

   die mit kleinen Buchstaben versehenen Unterposten zusammengefaßt werden, wenn
   aa) ihr Betrag für die Vermittlung eines den tatsächlichen Verhältnissen entsprechenden Bildes im Sinne des § 264 Abs. 2 des Handelsgesetzbuchs nicht erheblich ist oder
   bb) dadurch die Darstellung klarer wird; in diesem Fall müssen die zusammengefaßten Posten jedoch im Anhang gesondert ausgewiesen werden.

§ 4 Davon-Vermerke

In der Bilanz (Formblatt 1) sind jeweils gesondert anzugeben:

1. die Forderungen an verbundene Unternehmen und die Forderungen an Unternehmen, mit denen ein Beteiligungsverhältnis besteht, jeweils zu den Posten „Forderungen aus dem selbst abgeschlossenen Versicherungsgeschäft“ (Aktivposten E Nr. I), „Abrechnungsforderungen aus dem Rückversicherungsgeschäft“ (Aktivposten E Nr. II) und „Sonstige Forderungen“ (Aktivposten E Nr. III);

2. die Verbindlichkeiten gegenüber verbundenen Unternehmen und die Verbindlichkeiten gegenüber Unternehmen, mit denen ein Beteiligungsverhältnis besteht, jeweils zu den Posten „Verbindlichkeiten aus dem selbst abgeschlossenen Versicherungsgeschäft" (Passivposten I Nr. I), „Abrechnungsverbindlichkeiten aus dem Rückversicherungsgeschäft" (Passivposten I Nr. II), „Anleihen" (Passivposten I Nr. III), „Verbindlichkeiten gegenüber Kreditinstituten" (Passivposten I Nr. IV) und „Sonstige Verbindlichkeiten" (Passivposten I Nr. V).

§ 5 Zusätze

(1) Wird in den Formblättern für die Bilanz und die Gewinn- und Verlustrechnung und in den folgenden Vorschriften der Zusatz „Brutto" verwendet, sind die Posten, Unterposten und Angaben einschließlich der Beträge anzugeben, die auf das in Rückdeckung gegebene Versicherungsgeschäft entfallen.

(2) Wird in den Formblättern für die Gewinn- und Verlustrechnung und in den folgenden Vorschriften der Zusatz „für eigene Rechnung" oder „Netto" verwendet, sind die Posten, Unterposten und Angaben ohne die Beträge anzugeben, die auf das in Rückdeckung gegebene Versicherungsgeschäft entfallen.

(3) [1]Wird das Versicherungsgeschäft nicht in Rückdeckung gegeben, entfallen die in den Formblättern enthaltenen Zusätze „Brutto" und „Netto" und „für eigene Rechnung" sowie zusätzlich in der Bilanz bei den Passivposten E und F die mit einer arabischen Zahl versehenen Unterposten. [2]Außerdem entfallen in den versicherungstechnischen Rechnungen der Formblätter 2, 3 und 4 für die Gewinn- und Verlustrechnung die mit einem oder mehreren kleinen Buchstaben versehenen Unterposten, soweit sie das in Rückdeckung gegebene Versicherungsgeschäft betreffen.

Abschnitt 3 Vorschriften zu einzelnen Posten der Bilanz

Unterabschnitt 1 Posten der Aktivseite

§ 6 Immaterielle Vermögensgegenstände

(1) Im Posten „Immaterielle Vermögensgegenstände" sind jeweils gesondert auszuweisen:

1. Selbst geschaffene gewerbliche Schutzrechte und ähnliche Rechte und Werte;
2. entgeltlich erworbene Konzessionen, gewerbliche Schutzrechte und ähnliche Rechte und Werte sowie Lizenzen an solchen Rechten und Werten;
3. Geschäfts- oder Firmenwert;
4. geleistete Anzahlungen.

(2) [1]In der Bilanz oder im Anhang ist die Entwicklung der einzelnen Posten der immateriellen Vermögensgegenstände darzustellen. [2]Dabei sind, ausgehend von den Bilanzwerten am Ende des vorhergehenden Geschäftsjahres, die Zugänge, Abgänge, Umbuchungen, die Zuschreibungen und Abschreibungen im Geschäftsjahr sowie die Bilanzwerte am Ende des Geschäftsjahrs jeweils gesondert aufzuführen.

§ 7 Aktien, Anteile oder Aktien an Investmentvermögen und andere nicht festverzinsliche Wertpapiere

[1]Im Posten „Aktien, Anteile oder Aktien an Investmentvermögen und andere nicht festverzinsliche Wertpapiere" sind Aktien auszuweisen, soweit sie nicht im Posten „Anteile an verbundenen Unternehmen" oder im Posten „Beteiligungen" auszuweisen sind, ferner insbesondere Zwischenscheine, Investmentanteile, Optionsscheine, Gewinnanteilscheine, als Inhaber- oder Orderpapiere ausgestaltete börsenfähige Genußscheine

sowie andere nicht festverzinsliche Wertpapiere, soweit sie börsennotiert sind. [2]Vor Fälligkeit hereingenommene Gewinnanteilscheine sind ebenfalls hier aufzunehmen.

§ 8 Inhaberschuldverschreibungen und andere festverzinsliche Wertpapiere

(1) [1]Als Inhaberschuldverschreibungen und andere festverzinsliche Wertpapiere sind insbesondere die folgenden Rechte auszuweisen, wenn sie börsenfähig sind und nicht im Posten „Ausleihungen an verbundene Unternehmen", im Posten „Ausleihungen an Unternehmen, mit denen ein Beteiligungsverhältnis besteht" oder im Posten „Sonstige Ausleihungen" auszuweisen sind: Festverzinsliche Inhaberschuldverschreibungen und andere festverzinsliche Wertpapiere, unabhängig davon, ob sie in Wertpapierurkunden verbrieft oder als Wertrechte ausgestaltet sind, Orderschuldverschreibungen, die Teile einer Gesamtemission sind, Schatzwechsel, Schatzanweisungen und andere Geldmarktpapiere (commercial papers, euronotes, certificates of deposit, bons de caisse und ähnliche verbriefte Rechte) sowie Kassenobligationen. [2]Vor Fälligkeit hereingenommene Zinsscheine sind ebenfalls hier aufzunehmen.

(2) Als festverzinslich gelten auch Wertpapiere, die mit einem veränderlichen Zinssatz ausgestattet sind, sofern dieser an eine bestimmte Größe, zum Beispiel an einen Interbankzinssatz oder an einen Euro-Geldmarktsatz gebunden ist, sowie Null-Kupon-Anleihen, ferner Schuldverschreibungen, die einen anteiligen Anspruch auf Erlöse aus einem gepoolten Forderungsvermögen verbriefen.

§ 9 Hypotheken-, Grundschuld- und Rentenschuldforderungen

[1]Im Posten „Hypotheken-, Grundschuld- und Rentenschuldforderungen" sind Forderungen auszuweisen, für die dem bilanzierenden Versicherungsunternehmen Pfandrechte an Grundstücken oder Schiffen bestellt worden sind und bei denen die Befriedigung insbesondere durch Verwertung des belasteten Objekts erfolgen soll. [2]Zu den vorgenannten Forderungen gehören auch diejenigen, die durch einen Versicherungsvertrag zusätzlich gesichert sind.

§ 10 Sonstige Ausleihungen

(1) Im Posten „Sonstige Ausleihungen" sind ohne Rücksicht auf ihre Laufzeit folgende Ausleihungen auszuweisen, soweit sie nicht im Posten „Ausleihungen an verbundene Unternehmen" oder im Posten „Ausleihungen an Unternehmen, mit denen ein Beteiligungsverhältnis besteht" auszuweisen sind:

1. Namensschuldverschreibungen, zu denen insbesondere die Namenspfandrechte, Namenskommunalobligationen, Namens-Landesbodenbriefe sowie die Anleihen des Bundes einschließlich der ehemaligen Bundesbahn und der ehemaligen Bundespost, der Länder und der Gemeinden, die auf den Namen des bilanzierenden Versicherungsunternehmens im Schuldbuch eingetragen sind, gehören;
2. Schuldscheinforderungen und Darlehen;
3. Darlehen und Vorauszahlungen auf Versicherungsscheine;
4. übrige Ausleihungen, zu denen insbesondere gehören:
   a) Tilgungsstreckungsdarlehen;
   b) Darlehen und Gehaltsvorschüsse an Mitarbeiter (Arbeitnehmer und selbständige Versicherungsvermittler) in Höhe von mehr als sechs Monatsbezügen; geringere Ausleihungen sind unter dem Posten „Sonstige Forderungen" auszuweisen.

(2) [1]Der Betrag der in Absatz 1 Nr. 3 bezeichneten Darlehen und Vorauszahlungen ist im Anhang anzugeben, wenn er sich nicht aus der Bilanz ergibt. [2]Die übrigen Ausleihungen sind aufzugliedern, wenn sie einen größeren Umfang haben.

§ 11 Einlagen bei Kreditinstituten

[1]Im Posten „Einlagen bei Kreditinstituten" sind die Guthaben und Sparguthaben bei Kreditinstituten auszuweisen, über die erst nach Ablauf einer Kündigungsfrist verfügt werden kann. [2]Auch die zugunsten ausländischer Regierungen als Kaution hinterlegten Geldbestände sind in diesem Posten auszuweisen. [3]Einlagen bei Kreditinstituten, über die trotz Verzinsung jederzeit verfügt werden kann, sind unter dem Posten „Laufende Guthaben bei Kreditinstituten, Schecks und Kassenbestand" auszuweisen; dazu gehören auch die laufenden Postbankguthaben.

§ 12 Andere Kapitalanlagen

[1]Im Posten „Andere Kapitalanlagen" sind auch die Ausgleichsforderungen aus der Währungsreform von 1948 auszuweisen. [2]Die „Anderen Kapitalanlagen" sind im Anhang zu erläutern, wenn sie einen größeren Umfang haben.

§ 13 Depotforderungen aus dem in Rückdeckung übernommenen Versicherungsgeschäft

(1) Im Posten „Depotforderungen aus dem in Rückdeckung übernommenen Versicherungsgeschäft" sind von Unternehmen, die die Rückversicherung betreiben, die Forderungen an Vorversicherer in Höhe der von diesen einbehaltenen Sicherheiten oder der bei diesen oder Dritten gestellten Sicherheiten auszuweisen.

(2) Die Depotforderungen dürfen weder mit anderen Forderungen an den Vorversicherer zusammengefaßt noch mit Verbindlichkeiten gegenüber dem Vorversicherer aufgerechnet werden.

(3) [1]Verbleiben die bei einem Vorversicherer oder Dritten hinterlegten Wertpapiere im Eigentum des rückversichernden Unternehmens, sind sie bei diesem als Wertpapiere unter den jeweiligen Kapitalanlageposten auszuweisen. [2]Absatz 1 ist insoweit nicht anzuwenden.

§ 14 Kapitalanlagen für Rechnung und Risiko von Inhabern von Lebensversicherungspolicen

(1) Auszuweisen sind in der Lebensversicherung die Kapitalanlagen, nach deren Wert sich der Wert oder die Überschüsse bei fondsgebundenen Verträgen bestimmen, und Kapitalanlagen zur Deckung von Verbindlichkeiten aus Verträgen, bei denen die Leistung indexgebunden ist, ferner solche Kapitalanlagen, die für die Mitglieder eines Tontinenunternehmens gehalten werden und zur Verteilung an diese bestimmt sind.

(2) Im Anhang sind die Zusammensetzung des Anlagestocks und die Zahl der Anteileinheiten zum Abschlußstichtag anzugeben.

§ 15 Forderungen aus dem selbst abgeschlossenen Versicherungsgeschäft

(1) Im Unterposten „noch nicht fällige Ansprüche" sind von den Lebensversicherungsunternehmen und von den Pensions- und Sterbekassen, die die Deckungsrückstellung zillmern, die noch nicht fälligen Ansprüche der Versicherungsunternehmen auf Beiträge der Versicherungsnehmer sowie der Mitglieds- und Trägerunternehmen auszuweisen, soweit diese geleistete, rechnungsmäßig gedeckte Abschlußaufwendungen betreffen.

(2) Bei Verträgen, auf die das bis zum Inkrafttreten des Dritten Durchführungsgesetzes/EWG zum Versicherungsaufsichtsgesetz vom 21. Juli 1994 (BGBl. I S. 1630) geltende Recht weiterhin anzuwenden ist, ist, wenn Garantiewerte vorgesehen sind, der Unterschiedsbetrag zwischen der geschäftsplanmäßigen Deckungsrückstellung und der uneingeschränkt gezillmerten Deckungsrückstellung hier auszuweisen.

§ 16 Abrechnungsforderungen aus dem Rückversicherungsgeschäft

[1]Im Posten „Abrechnungsforderungen aus dem Rückversicherungsgeschäft" sind die sich aus den laufenden Abrechnungen mit den Vor- und Rückversicherern und den Rückversicherungsmaklern ergebenden Forderungssalden aus dem in Rückdeckung übernommenen und in Rückdeckung gegebenen Versicherungsgeschäft auszuweisen. [2]Bei zum Abschlußstichtag gekündigten Rückversicherungsverträgen umfassen die Abrechnungssalden auch die auf diese entfallenden versicherungstechnischen Rückstellungen, sofern sie zum Abschlußstichtag abgelöst werden; erfolgt die Ablösung der versicherungstechnischen Rückstellungen erst zu einem späteren Abschlußstichtag oder Zeitpunkt, sind sie bis dahin unter den entsprechenden Unterposten der versicherungstechnischen Rückstellungen auszuweisen.

§ 17 Sonstige Forderungen

[1]Im Posten „Sonstige Forderungen" sind Forderungen auszuweisen, die einem anderen Posten nicht zugeordnet werden können. [2]Hierzu gehören auch die Forderungen aus der Versicherungsvermittlung für andere Versicherungsunternehmen, aus dem Führungsfremdgeschäft und aus sonstigen Dienstleistungsverträgen, geleistete Kautionen, der einem Versicherungsverein auf Gegenseitigkeit als Gründungsstock zur Verfügung gestellte Betrag und Forderungen an Mitglieds- und Trägerunternehmen, die nicht aus dem Versicherungsgeschäft herrühren.

§ 18 Sachanlagen und Vorräte

(1) Als Sachanlagen sind technische Anlagen und Maschinen, andere Anlagen, Betriebs- und Geschäftsausstattung sowie hierauf geleistete Anzahlungen und Anlagen im Bau auszuweisen.

(2) Als Vorräte sind insbesondere die Vorräte an Betriebsstoffen und Büromaterial sowie hierauf geleistete Anzahlungen auszuweisen.

§ 19 Andere Vermögensgegenstände

Der Posten „Andere Vermögensgegenstände" ist im Anhang zu erläutern, wenn er einen größeren Umfang hat.

§ 20 Abgegrenzte Zinsen und Mieten

Als „Abgegrenzte Zinsen und Mieten" sind die Zins- und Mieterträge auszuweisen, die auf die Zeit bis zum Abschlußstichtag entfallen, aber noch nicht fällig sind.

§ 21 Ausgleichsbetrag

Niederlassungen haben als letzten Posten der Aktivseite den Posten „Ausgleichsbetrag" einzufügen, wenn sich ein Überhang der Passivposten über die übrigen Aktivposten ergibt.

Unterabschnitt 2 Posten der Passivseite

§ 22 Nachrangige Verbindlichkeiten

Im Posten „Nachrangige Verbindlichkeiten" sind Verbindlichkeiten auszuweisen, die im Falle der Liquidation oder der Insolvenz erst nach den Forderungen der anderen Gläubiger erfüllt werden dürfen.

§ 23 Anteile für das in Rückdeckung gegebene Versicherungsgeschäft an den Bruttobeträgen der versicherungstechnischen Rückstellungen

[1]Die Anteile für das in Rückdeckung gegebene Versicherungsgeschäft an den versicherungstechnischen Rückstellungen umfassen die Beträge, um die sich die Brutto-

beträge der versicherungstechnischen Rückstellungen auf Grund der vertraglichen Abmachungen mit den Rückversicherern mindern. [2]Die entsprechenden Anteile an dem Bruttobetrag der Beitragsüberträge sind gemäß § 24 zu berechnen; im Falle der Kündigung des Rückversicherungsvertrags gilt Satz 1.

§ 24 Beitragsüberträge

[1]Der Bruttobetrag der Beitragsüberträge gemäß § 341e Abs. 2 Nr. 1 des Handelsgesetzbuchs umfaßt den Teil der gebuchten Bruttobeiträge, der als Ertrag für eine bestimmte Zeit nach dem Abschlußstichtag dem folgenden Geschäftsjahr oder den folgenden Geschäftsjahren zuzurechnen ist, soweit er nicht in einer anderen versicherungstechnischen Rückstellung auszuweisen ist. [2]Fehlt es in bestimmten Versicherungszweigen und -arten für die Berechnung des Bruttobetrags der Beitragsüberträge an einer zeitlichen Proportionalität zwischen Risikoverlauf und Beitrag, ist der Bruttobetrag der Beitragsüberträge nach Verfahren zu ermitteln, die der im Zeitablauf unterschiedlichen Entwicklung des Risikos Rechnung tragen.

§ 25 Deckungsrückstellung

(1) [1]Bei der Berechnung der Deckungsrückstellung sind für die Berücksichtigung der Risiken aus dem Versicherungsvertrag angemessene Sicherheitszuschläge anzusetzen. [2]Einmalige Abschlußkosten dürfen nach einem angemessenen versicherungsmathematischen Verfahren, insbesondere dem Zillmerungsverfahren, berücksichtigt werden.

(2) Liegt die nach § 341f des Handelsgesetzbuchs berechnete Deckungsrückstellung eines Versicherungsvertrags unter dem jeweils vertraglich oder gesetzlich garantierten Rückkaufswert, so ist sie in dessen Höhe anzusetzen; dies gilt sinngemäß für eine beitragsfreie Versicherungsleistung.

(3) Der Posten „Deckungsrückstellung" umfaßt insbesondere auch die Verwaltungskostenrückstellung für beitragsfreie Jahre und Versicherungen.

(4) Für die Berechnung der Rückstellung im Lebensversicherungsgeschäft und dem nach Art der Lebensversicherung betriebenen Schaden- und Unfallversicherungsgeschäft gelten im Übrigen

1. § 219 Absatz 3 Nummer 1 des Versicherungsaufsichtsgesetzes,
2. § 219 Absatz 3 Nummer 1 Buchstabe b in Verbindung mit § 233 Absatz 3 Satz 2 und § 234 Absatz 2 Satz 1 des Versicherungsaufsichtsgesetzes,
3. § 336, auch in Verbindung mit § 234 Absatz 6 Satz 1 und § 233 Absatz 5 Satz 2 des Versicherungsaufsichtsgesetzes, sowie
4. die auf Grund von § 88 Absatz 3, § 217 Satz 1 Nummer 7 bis 10 und § 235 Absatz 1 Nummer 4 bis 7 des Versicherungsaufsichtsgesetzes erlassenen Vorschriften.

(5) [1]Bei der Berechnung der von den Krankenversicherungsunternehmen zu bildenden Alterungsrückstellung finden die auf Grund des § 160 Nummer 1 des Versicherungsaufsichtsgesetzes erlassenen Vorschriften Anwendung. [2]Ergibt sich durch Aufrechnung negativer Alterungsrückstellungen gegen positive Alterungsrückstellungen für die Alterungsrückstellung aller vom Krankenversicherungsunternehmen selbst abgeschlossenen Versicherungen eine negative Alterungsrückstellung, so ist diese in der Bilanz mit Null einzustellen.

(6) [1]Bei den Schaden- und Unfallversicherungsunternehmen und Rückversicherungsunternehmen umfaßt der Posten „Deckungsrückstellung" auch die aus angesammelten und verzinsten Sparanteilen der Beiträge gebildete Beitragsdeckungsrückstellung für das nach Art der Lebensversicherung betriebene Schaden- und Unfall-Versicherungsgeschäft. [2]Die von diesen Unternehmen für Renten- Versicherungsfälle ge-

bildete Renten-Deckungsrückstellung ist im Posten „Rückstellung für noch nicht abgewickelte Versicherungsfälle" auszuweisen.

§ 26 Rückstellung für noch nicht abgewickelte Versicherungsfälle

(1) [1]Für die Höhe der Rückstellung für noch nicht abgewickelte Versicherungsfälle gemäß § 341g Abs. 1 Satz 1 des Handelsgesetzbuchs sind in der Lebensversicherung die gegenüber dem Begünstigten bestehenden Verpflichtungen maßgebend; dazu gehören auch die Rückstellungen für noch nicht abgewickelte Rückkäufe, Rückgewährbeträge und Austrittsvergütungen. [2]In der Krankenversicherung umfaßt diese Rückstellung die bis zum Abschlußstichtag eingetretenen Versicherungsfälle nur insoweit, als die Inanspruchnahme des Arztes, der Apotheke, des Krankenhauses oder von ähnlichem vor dem Abschlußstichtag liegt oder Tagegeld für Tage vor dem Abschlußstichtag gewährt wird. [3]Der nach § 341g Abs. 3 Satz 2 des Handelsgesetzbuchs ermittelte Ausgangsbetrag ist um einen geschätzten Betrag zu erhöhen, dem das sich zumindest aus den letzten drei Geschäftsjahren ergebende durchschnittliche Verhältnis der Zahlungen für Versicherungsfälle in den ersten Monaten zu den gesamten Aufwendungen für Versicherungsfälle – jeweils für das vorausgegangene Geschäftsjahr – zugrunde zu legen ist. [4]Zusätzlich sind hierbei die Auswirkungen außergewöhnlicher Umstände gesondert abzuschätzen.

(2) [1]Forderungen aus Regressen, Provenues und Teilungsabkommen sind von der Rückstellung für noch nicht abgewickelte Versicherungsfälle abzusetzen. [2]In der Rechtsschutzversicherung gehören zu den Forderungen nach Satz 1 auch bestehende Forderungen an den Prozeßgegner auf Erstattung der Kosten. [3]Erreichen die abgesetzten Forderungen einen größeren Umfang, so sind sie im Anhang anzugeben.

§ 27 Näherungs- und Vereinfachungsverfahren

(1) [1]Reichen die das Geschäftsjahr betreffenden Informationen über die fälligen Beiträge oder die eingetretenen Versicherungsfälle auf Grund der Besonderheiten des Versicherungsgeschäfts zum Zeitpunkt der Bilanzaufstellung zu einer ordnungsgemäßen Schätzung nicht aus, so ist eine der in den Absätzen 2 und 3 beschriebenen Methoden anzuwenden. [2]Der Betrag der so gebildeten versicherungstechnischen Rückstellungen ist erforderlichenfalls soweit aufzustocken, daß er zur Erfüllung derzeitiger und künftiger Verpflichtungen ausreicht.

(2) [1]In Versicherungszweigen oder Versicherungsarten, in denen nach Zeichnungsjahren abgerechnet wird, ist die versicherungstechnische Rückstellung aus dem Überschuß der gebuchten Beiträge über die Zahlungen für Versicherungsfälle und die Aufwendungen für den Versicherungsbetrieb für im Zeichnungsjahr beginnende Verträge zu bilden. [2]Diese Rückstellung kann auch auf der Grundlage eines bestimmten Prozentsatzes der gebuchten Beiträge ermittelt werden, wenn nach der Eigenart des versicherten Risikos ein solches Verfahren zweckmäßig ist. [3]Sobald ausreichende Informationen vorliegen, jedoch spätestens am Ende des dritten auf das Zeichnungsjahr folgenden Jahres, ist die so gebildete Rückstellung durch eine nach den allgemeinen Grundsätzen ermittelte Rückstellung für noch nicht abgewickelte Versicherungsfälle zu ersetzen. [4]Zeichnungsjahr ist das Geschäftsjahr, in dem die Versicherungsverträge in dem betreffenden Versicherungszweig oder der betreffenden Versicherungsart begonnen haben.

(3) In der versicherungstechnischen Rechnung können die Zahlen des Jahres eingesetzt werden, das dem Geschäftsjahr ganz oder teilweise, jedoch um nicht mehr als zwölf Monate, vorausgeht.

(4) [1]Die Anwendung eines Verfahrens nach Absatz 2 oder 3 ist im Anhang anzugeben und zu begründen; bei Änderung des angewandten Verfahrens ist ihr Einfluß auf die Vermögens-, Finanz- und Ertragslage im Anhang darzulegen. [2]Bei der Anwendung eines

Verfahrens nach Absatz 2 ist im Anhang der Zeitraum bis zur Bildung einer nach den allgemeinen Grundsätzen ermittelten Rückstellung für noch nicht abgewickelte Versicherungsfälle anzugeben. [3]Bei der Anwendung des Verfahrens nach Absatz 3 ist im Anhang anzugeben, um welchen Zeitraum das Jahr, dessen Zahlen ausgewiesen werden, dem Geschäftsjahr vorausgeht und welchen Umfang die betreffenden Geschäfte haben.

§ 28 Rückstellung für erfolgsabhängige und erfolgsunabhängige Beitragsrückerstattung

(1) [1]Im Posten „Rückstellung für erfolgsabhängige und erfolgsunabhängige Beitragsrückerstattung" sind die Rückstellungen für Beitragsrückerstattungen nach § 341e Abs. 2 Nr. 2 des Handelsgesetzbuchs auszuweisen. [2]Hierzu gehören auch die Beträge, die zur Verrechnung mit künftigen Beiträgen bestimmt sind, soweit sie nicht im Wege der Direktgutschrift gewährt werden.

(2) Die erfolgsabhängige Beitragsrückerstattung umfaßt die Beträge, die vom Gesamtergebnis, vom versicherungstechnischen Gewinn des gesamten Versicherungsgeschäfts, vom Ergebnis eines Versicherungszweiges oder einer Versicherungsart abhängig sind.

(3) Die erfolgsunabhängige Beitragsrückerstattung umfaßt die Beträge, die vom Schadenverlauf oder vom Gewinn eines oder mehrerer Versicherungsverträge abhängig oder die vertraglich vereinbart oder gesetzlich geregelt sind.

(4) Verzinslich angesammelte Überschußanteile sowie fällige, aber noch nicht ausgeschüttete Überschußanteile sind unter dem Posten „Verbindlichkeiten aus dem selbst abgeschlossenen Versicherungsgeschäft gegenüber Versicherungsnehmern" auszuweisen.

(5) Pensions- und Sterbekassen haben zu den Abschlußstichtagen, zu denen eine versicherungsmathematische Berechnung der Deckungsrückstellung nicht erfolgt, die Zuführungen zur Deckungsrückstellung aus der Rückstellung für erfolgsabhängige Beitragsrückerstattung unter dem Posten „Deckungsrückstellung" gesondert als „Zuführung aus der Rückstellung für Beitragsrückerstattung" auszuweisen.

(6) [1]In der Lebensversicherung wird für Schlussüberschussanteile, Schlusszahlungen, Gewinnrenten und für die Mindestbeteiligung an Bewertungsreserven innerhalb der Rückstellung für Beitragsrückerstattung eine Teilrückstellung (Schlussüberschussanteilfonds) nach Maßgabe der jeweils geltenden Deklaration gebildet. [2]Die Rückstellung darf nur für Zwecke des Satzes 1 verwendet werden. [3]§ 139 des Versicherungsaufsichtsgesetzes bleibt unberührt.

(7) Der Schlussüberschussanteilfonds von Versicherungen außerhalb der Rentenbezugsphase ist nach Maßgabe der Absätze 7a bis 7d so zu berechnen, dass sich zum Abschlussstichtag die abgezinsten anteiligen Endwerte der Schlussüberschussanteile, Schlusszahlungen und der Mindestbeteiligung an Bewertungsreserven nach Maßgabe der jeweils geltenden Deklaration zum regulären Fälligkeitszeitpunkt (Ablauf der Versicherung oder Rentenbeginn bei aufgeschobenen Rentenversicherungen) ergeben.

(7a) Der anteilige Endwert für Schlussüberschussanteile wird bei kapitalbildenden Versicherungen nach Maßgabe des zeitlichen Verlaufs der Entstehung der Erträge aus Kapitalanlagen nach den anerkannten Regeln der Versicherungsmathematik ermittelt.

(7b) Bei Risikoversicherungen ergibt sich der anteilige Endwert für Schlussüberschussanteile und Schlusszahlungen, indem der sich aus der Deklaration ergebende Endwert mit dem Verhältnis der abgelaufenen zu der gesamten Versicherungsdauer multipliziert wird.

(7c) Für die Mindestbeteiligung an den Bewertungsreserven ist der anteilige Endwert der nach den anerkannten Regeln der Versicherungsmathematik ermittelte Anteil des

Betrages, der bei Beendigung der Verträge mindestens an Versicherungsnehmer auszuzahlen wäre.

(7d) [1]Für die Abzinsung der anteiligen Endwerte ist ein Zinssatz zu wählen, der nicht höher ist als das über einen Referenzzeitraum von zehn Kalenderjahren errechnete arithmetische Mittel der Umlaufrenditen der Anleihen der öffentlichen Hand gemäß der von der Deutschen Bundesbank in ihren Monatsberichten veröffentlichten Kapitalmarktstatistik. [2]Vorzeitige Vertragsbeendigungen dürfen durch angemessene Zu- oder Abschläge berücksichtigt werden. [3]In der Rentenbezugsphase ist der Fonds für Gewinnrenten und Schlussüberschussanteile mindestens in Höhe der Differenz aus dem mit auf der Basis eines besten Schätzwerts abgeleiteten Rechnungsgrundlagen berechneten Barwerts der künftigen Renten einschließlich nicht garantierter Rentengewinnanteile gemäß der jeweils geltenden Deklaration und der Deckungsrückstellung zu berechnen.

(7e) Von den Absätzen 7 bis 7d abweichende Verfahren sind zulässig,

1. wenn sie zu annähernd gleichen Ergebnissen führen oder
2. um dem genehmigten Geschäftsplan für Verträge nach aufsichtsbehördlichen genehmigten Tarifen oder den Besonderheiten des Tarifs oder der Deklaration zu entsprechen.

(7f) Durch Rückkauf vorzeitig fällige Schlussüberschussanteile müssen durch den Schlussüberschussanteilfonds des jeweiligen Teilbestands gedeckt sein.

(8) Von den Lebensversicherungsunternehmen sowie den Pensions- und Sterbekassen sind für das selbst abgeschlossene Versicherungsgeschäft im Anhang in tabellarischer Form anzugeben:

1. die Entwicklung (Anfangsbestand, Zuführungen, Entnahmen, Endbestand) der Rückstellung für Beitragsrückerstattung;
2. die Teile der Rückstellung für Beitragsrückerstattung, die entfallen
   a) auf bereits festgelegte, aber noch nicht zugeteilte laufende Überschussanteile;
   b) auf bereits festgelegte, aber noch nicht zugeteilte Schlussüberschussanteile und Schlusszahlungen;
   c) auf bereits festgelegte, aber noch nicht zugeteilte Beträge für die Mindestbeteiligung an Bewertungsreserven;
   d) auf bereits festgelegte, aber noch nicht zugeteilte Beträge zur Beteiligung an Bewertungsreserven, jedoch ohne Beträge nach Buchstabe c;
   e) auf den Teil des Schlussüberschussanteilfonds, der für die Finanzierung von Gewinnrenten zurückgestellt wird, jedoch ohne Beträge nach Buchstabe a;
   f) auf den Teil des Schlussüberschussanteilfonds, der für die Finanzierung von Schlussüberschussanteilen und Schlusszahlungen zurückgestellt wird, jedoch ohne Beträge nach den Buchstaben b und e;
   g) auf den Teil des Schlussüberschussanteilfonds, der für die Finanzierung der Mindestbeteiligung an Bewertungsreserven zurückgestellt wird, jedoch ohne Beträge nach Buchstabe c;
   h) auf den ungebundenen Teil (Rückstellung für Beitragsrückerstattung ohne die Buchstaben a bis g);
3. für die einzelnen Abrechnungsverbände beziehungsweise Bestandsgruppen die festgesetzten Überschussanteile und gegebenenfalls der verwendete Ansammlungszinssatz unter Angabe des Zuteilungsjahres;
4. die Verfahren zur Berechnung des Schlussüberschussanteilfonds sowie die gewählten Rechnungsgrundlagen.

(9) Für die nach Art der Lebensversicherung betriebene Schaden- und Unfallversicherung gelten die Absätze 6 bis 8 entsprechend.

§ 29 Schwankungsrückstellung

[1]Auf die Bildung von Schwankungsrückstellungen nach § 341h Abs. 1 des Handelsgesetzbuchs sind die in der Anlage enthaltenen Vorschriften anzuwenden. [2]Die für das Versicherungsunternehmen zuständige Aufsichtsbehörde kann im Einzelfall Abweichungen zulassen, wenn die tatsächlichen Verhältnisse eine Änderung der Berechnungsgrundlagen erfordern oder die Regelung den Ausgleich der Schwankungen im jährlichen Schadenbedarf nicht oder nicht ausreichend gewährleistet.

§ 30 Der Schwankungsrückstellung ähnliche Rückstellungen

(1) [1]Für die selbst abgeschlossenen und in Rückdeckung übernommenen Produkthaftpflicht-Versicherungen von Pharmarisiken nach dem Arzneimittelgesetz ist jeweils eine Pharmarückstellung als eine der Schwankungsrückstellung ähnliche Rückstellung nach § 341h Abs. 2 des Handelsgesetzbuchs nach folgender Maßgabe zu bilden:

1. Der Höchstbetrag der Pharmarückstellung beträgt jeweils das Fünfzehnfache der verdienten Beiträge des Geschäftsjahres für eigene Rechnung.
2. Der Pharmarückstellung sind, bis die Höhe nach Nummer 1 erreicht oder nach einer Auflösung wieder erreicht ist, jährlich 75 vom Hundert des Saldos aus verdienten Beiträgen und Aufwendungen für erfolgsabhängige Beitragsrückerstattung zuzuführen, vermindert um die Aufwendungen für Versicherungsfälle und die Aufwendungen für die erfolgsunabhängige Beitragsrückerstattung, jeweils für eigene Rechnung.
3. Ergeben die Berechnungen nach Nummer 2 einen negativen Betrag, ist die Pharmarückstellung insoweit aufzulösen.

(2) [1]Für die selbst abgeschlossenen und in Rückdeckung übernommenen Sach- und Haftpflicht-Versicherungen von Anlagen zur Erzeugung oder zur Spaltung von Kernbrennstoffen oder zur Aufarbeitung bestrahlter Kernbrennstoffe gegen Kernenergieschäden ist jeweils eine Atomanlagenrückstellung als eine der Schwankungsrückstellung ähnliche Rückstellung gemäß § 341h Abs. 2 des Handelsgesetzbuchs nach folgender Maßgabe zu bilden:

1. Der Höchstbetrag der Atomanlagenrückstellung beträgt entweder 100 vom Hundert der Sach- und Haftpflichtversicherungssumme für Kernenergieschäden, die das Versicherungsunternehmen für die von ihm summenmäßig am höchsten versicherte Anlage der in Satz 1 bezeichneten Art auf eigene Rechnung übernommen hat, oder 25 vom Hundert des Gesamtbetrages der Versicherungssumme für Kernenergieschäden, die das Versicherungsunternehmen zur Versicherung solcher Anlagen auf eigene Rechnung übernommen hat. [2]Maßgebend ist der niedrigere der beiden Beträge.
2. Der Atomanlagenrückstellung sind, bis die Höhe nach Nummer 1 erreicht oder nach einer Entnahme wieder erreicht ist, jährlich 20 vom Hundert des Betrages nach Nummer 1 zuzuführen, jedoch nicht mehr als 75 vom Hundert der verdienten Beiträge, vermindert um die Aufwendungen für Versicherungsfälle, jeweils für eigene Rechnung.
3. Sofern die Aufwendungen für Versicherungsfälle 75 vom Hundert der verdienten Beiträge, jeweils für eigene Rechnung, übersteigen, ist die Atomanlagenrückstellung insoweit aufzulösen.

(2a) Für die selbst abgeschlossene und in Rückdeckung übernommene Versicherung von Terrorrisiken mit hohem Schadenrisiko ist jeweils eine Terrorrisikenrückstellung als eine der Schwankungsrückstellung ähnliche Rückstellung nach § 341h Abs. 2 des Handelsgesetzbuchs nach folgender Maßgabe zu bilden:

1. Der Höchstbetrag der Terrorrisikenrückstellung entspricht für das in Rückdeckung übernommene Geschäft der jeweiligen Haftungshöchstsumme der für eigene Rechnung übernommenen Risiken. [2]Im selbst abgeschlossenen Geschäft beträgt der Höchstbetrag das Fünfzehnfache der verdienten Beiträge des Geschäftsjahres für eigene Rechnung.

2. Der Terrorrisikenrückstellung sind, bis die Höhe nach Nummer 1 erreicht oder nach einer Auflösung wieder erreicht ist, jährlich 90 vom Hundert des Saldos aus verdienten Beiträgen und Aufwendungen für erfolgsabhängige Beitragsrückerstattung zuzuführen, vermindert um die Aufwendungen für Versicherungsfälle und die Aufwendungen für erfolgsunabhängige Beitragsrückerstattung, jeweils für eigene Rechnung. [2]Weist das Versicherungsunternehmen im Einzelfall niedrigere oder höhere sonstige Aufwendungen für das Versicherungsgeschäft als die nach Satz 1 angenommenen 10 vom Hundert nach, erhöht oder verringert sich der Betrag von 90 vom Hundert entsprechend.

3. Ergeben die Berechnungen nach Nummer 2 einen negativen Betrag, ist die Terrorrisikenrückstellung insoweit aufzulösen.

(3) [1]Ähnliche Rückstellungen sind unzulässig, wenn eine Schwankungsrückstellung gebildet ist. [2]Sie sind in die Schwankungsrückstellung zu überführen, sobald in einem Geschäftsjahr die Voraussetzungen nach § 341h Abs. 2 des Handelsgesetzbuchs nicht mehr vorliegen.

§ 31 Sonstige versicherungstechnische Rückstellungen

(1) Zu dem Posten „Sonstige versicherungstechnische Rückstellungen" gehören insbesondere:

1. die Stornorückstellungen zu den Forderungen aus dem selbst abgeschlossenen Versicherungsgeschäft und zu vom bilanzierenden Versicherungsunternehmen bereits kassierten Beiträgen in Höhe der voraussichtlich zurückzugewährenden Beiträge wegen Fortfalls oder Verminderung des technischen Risikos gemäß § 80 des Versicherungsvertragsgesetzes;

2. die Rückstellung für drohende Verluste für die einzelnen Versicherungszweige oder Versicherungsarten des selbst abgeschlossenen und des in Rückdeckung übernommenen Versicherungsgeschäfts; erreicht sie einen größeren Umfang, so ist sie in der Bilanz oder im Anhang getrennt auszuweisen.

(2) Schaden- und Unfallversicherungsunternehmen sowie Rückversicherungsunternehmen haben unter diesem Posten auch auszuweisen:

1. die Rückstellung auf Grund der Verpflichtungen aus der Mitgliedschaft zur Solidarhilfe e.V. und Verkehrsopferhilfe e.V.;

2. die Rückstellung für unverbrauchte Beiträge aus ruhenden Kraftfahrt- und Fahrzeugrechtsschutzversicherungen;

3. die Rückstellung für die erfolgsunabhängige Beitragsrückerstattung, soweit sie vorsorglich bei einem mehrjährigen Beobachtungszeitraum vor Ablauf dieses Zeitraums gebildet wird.

§ 32 Versicherungstechnische Rückstellungen im Bereich der Lebensversicherung, wenn das Anlagerisiko von den Versicherungsnehmern getragen wird

(1) Unter diesem Posten sind die versicherungstechnischen Rückstellungen für Verpflichtungen des Versicherungsunternehmens aus Lebensversicherungsverträgen auszuweisen, deren Wert oder Ertrag sich nach Kapitalanlagen bestimmt, für die der Versicherungsnehmer das Risiko trägt oder bei denen die Leistung indexgebunden ist.

(2) Etwaige weitere versicherungstechnische Rückstellungen, die im Hinblick auf Sterblichkeit, Aufwendungen für den Versicherungsbetrieb oder andere Risiken (wie im Falle von zugesicherten Mindestleistungen oder Rückkaufswerten) gebildet werden, sind unter dem Passivposten „Deckungsrückstellung" auszuweisen.

(3) Versicherungstechnische Rückstellungen für Verpflichtungen eines Tontinenbetreibers gegenüber den Mitgliedern einer Tontine sind ebenfalls hier auszuweisen.

§ 33 Depotverbindlichkeiten aus dem in Rückdeckung gegebenen Versicherungsgeschäft

(1) Im Posten „Depotverbindlichkeiten aus dem in Rückdeckung gegebenen Versicherungsgeschäft" sind die Verbindlichkeiten gegenüber Rückversicherern in Höhe der Beträge auszuweisen, die vom bilanzierenden Versicherungsunternehmen als Sicherheit einbehalten oder ihm vom Rückversicherer zu diesem Zweck belassen worden sind.

(2) Die Depotverbindlichkeiten dürfen weder mit anderen Verbindlichkeiten gegenüber dem Rückversicherer zusammengefaßt noch mit Forderungen an den Rückversicherer verrechnet werden.

§ 34 Abrechnungsverbindlichkeiten aus dem Rückversicherungsgeschäft

[1]Im Posten „Abrechnungsverbindlichkeiten aus dem Rückversicherungsgeschäft" sind die sich aus den laufenden Abrechnungen mit den Vor- und Rückversicherern und den Rückversicherungsmaklern ergebenden Schuldsalden aus dem in Rückdeckung übernommenen und in Rückdeckung gegebenen Versicherungsgeschäft auszuweisen. [2]Im übrigen gilt § 16 Satz 2.

§ 35 Ausgleichsbetrag

[1]Niederlassungen haben als letzten Posten der Passivseite den Posten „Ausgleichsbetrag" einzufügen, wenn sich ein Überhang der Aktivposten über die übrigen Passivposten ergibt. [2]Beträge, die als Eigenkapital gewidmet sind und keine feste Kaution darstellen, sind nicht hier, sondern unter dem Passivposten „Kapitalrücklage" auszuweisen.

Abschnitt 4 Vorschriften zu einzelnen Posten der Gewinn- und Verlustrechnung

§ 36 Gebuchte Bruttobeiträge

(1) Im Unterposten „Gebuchte Bruttobeiträge" sind, soweit es sich um das selbst abgeschlossene Versicherungsgeschäft handelt, insbesondere folgende Beiträge auszuweisen:

1. die im Geschäftsjahr fällig gewordenen Beiträge und Beitragsraten (einschließlich der Ratenzuschläge), auch wenn sie sich ganz oder teilweise auf ein späteres Geschäftsjahr beziehen, zuzüglich der tarifmäßigen Nebengebühren der Versicherungsnehmer, auch wenn sie ganz oder teilweise dem Versicherungsvermittler belassen werden;
2. die Beiträge, die erst nach dem Abschlußstichtag berechnet werden können;

3. in der Lebensversicherung die Einmalbeiträge;
4. die von Versicherungsvereinen auf Gegenseitigkeit im Geschäftsjahr erhobenen Nachschüsse;
5. die im Geschäftsjahr fällig gewordenen Nachverrechnungsbeiträge in den Versicherungszweigen, die nach Zeichnungsjahren abgerechnet werden;
6. die Beiträge aus solchen Versicherungen, die in einen Versicherungspool eingebracht werden;
7. die Beiträge, die im Falle der offenen Mitversicherung von der führenden Gesellschaft als eigene Anteile gezeichnet worden sind;
8. die Beiträge aus dem Beteiligungsgeschäft, die im Falle der offenen Mitversicherung der Mitversicherer von der führenden Gesellschaft erhalten hat;
9. Eingänge aus in vorausgegangenen Geschäftsjahren abgeschriebenen oder stornierten Beitragsforderungen sowie Erträge aus der Auflösung und Verminderung der Pauschalwertberichtigung zu den Beitragsforderungen an die Versicherungsnehmer.

(2) [1]Von den Beiträgen gemäß Absatz 1 sind abzusetzen:

1. die Versicherungsteuer, auch wenn sie nicht gesondert vom Versicherungsnehmer erhoben wird;
2. die Abschreibungen von uneinbringlich gewordenen Beitragsforderungen an die Versicherungsnehmer sowie die Aufwendungen aus der Bildung und Erhöhung der Pauschalwertberichtigung zu den Beitragsforderungen an die Versicherungsnehmer.

[2]Die Beiträge gemäß Absatz 1 dürfen nicht um Beitragsrückerstattungen und Provisionen an die Versicherungsvermittler gekürzt werden.

(3) [1]Im Unterposten „Gebuchte Bruttobeiträge" sind, soweit es sich um das in Rückdeckung übernommene Versicherungsgeschäft handelt, folgende Beiträge auszuweisen:

1. die von den Vorversicherern für das Geschäftsjahr gutgeschriebenen Beiträge und Nebenleistungen der Versicherungsnehmer;
2. die von einem Versicherungspool übernommenen Beiträge;
3. die bei Abschluß oder Erhöhung des in Rückdeckung übernommenen Versicherungsgeschäfts vom Vorversicherer erhaltenen Portefeuille-Eintrittsbeiträge.

[2]Von den Beiträgen gemäß Satz 1 sind die bei Aufgabe oder Verminderung des in Rückdeckung übernommenen Versicherungsgeschäfts an den Vorversicherer abgeführten Portefeuille-Austrittsbeiträge abzusetzen.

§ 37 Abgegebene Rückversicherungsbeiträge

[1]Im Unterposten „Abgegebene Rückversicherungsbeiträge" sind folgende Beträge auszuweisen:

1. die den Rückversicherern gutgeschriebenen Beiträge und Nebenleistungen der Versicherungsnehmer;
2. die an einen Versicherungspool abgegebenen Beiträge;
3. die bei Abschluß oder Erhöhung des in Rückdeckung gegebenen Versicherungsgeschäfts an den Rückversicherer abgeführten Portefeuille-Eintrittsbeiträge.

[2]Von den Beträgen gemäß Satz 1 sind die bei Aufgabe oder Verminderung des in Rückdeckung gegebenen Versicherungsgeschäfts vom Rückversicherer erhaltenen Portefeuille-Austrittsbeiträge abzusetzen.

§ 38 Technischer Zinsertrag für eigene Rechnung

(1) [1]Im Posten „Technischer Zinsertrag für eigene Rechnung“ sind von den Schaden- und Unfallversicherungsunternehmen sowie Rückversicherungsunternehmen folgende Zinserträge auszuweisen:

1. die Erträge aus den Kapitalanlagen (abzüglich der entsprechenden unmittelbaren Aufwendungen) des für die Brutto-Beitragsrückstellung für die selbst abgeschlossenen Schaden- und Unfallversicherungen nach Art der Lebensversicherung gebildeten Deckungsstocks;
2. die Zinszuführungen zur Brutto-Rentendeckungsrückstellung in den selbst abgeschlossenen Unfall- und Haftpflichtversicherungen;
3. die Depotzinserträge aus den bei den Vorversicherern in Höhe der Brutto-Deckungsrückstellungen gestellten Sicherheiten für die in Rückdeckung übernommenen Lebens-, Kranken- sowie Schaden- und Unfallversicherungen nach Art der Lebensversicherung.

[2]Von den Beträgen gemäß Satz 1 sind die an die Rückversicherer gezahlten Depotzinsen abzusetzen, soweit sie die einbehaltenen Sicherheiten für die Anteile der Rückversicherer an den in Satz 1 genannten versicherungstechnischen Brutto-Rückstellungen betreffen.

(2) Im Anhang ist der Grund der Übertragung und die Berechnungsgrundlage zu erläutern.

§ 39 Nicht realisierte Gewinne aus Kapitalanlagen, nicht realisierte Verluste aus Kapitalanlagen

Lebensversicherungsunternehmen haben die nicht realisierten Gewinne oder Verluste aus den Kapitalanlagen für Rechnung und Risiko von Inhabern von Lebensversicherungspolicen im Posten „Nicht realisierte Gewinne aus Kapitalanlagen“ oder im Posten „Nicht realisierte Verluste aus Kapitalanlagen“ auszuweisen.

§ 40 Sonstige versicherungstechnische Erträge für eigene Rechnung

[1]Im Posten „Sonstige versicherungstechnische Erträge für eigene Rechnung“ sind die versicherungstechnischen Erträge auszuweisen, die einem anderen Posten nicht zugeordnet werden können. [2]Hierzu gehören insbesondere:

1. bei allen Versicherungsunternehmen die von den Versicherungsnehmern
   a) zu leistenden Mahngebühren und Verzugszinsen;
   b) nicht abgehobenen, verjährten Beitragsrückerstattungen;
2. bei den Lebensversicherungsunternehmen zusätzlich die Erträge aus der Erhöhung der aktivierten, noch nicht fälligen Ansprüche an die Versicherungsnehmer;
3. bei den Pensions- und Sterbekassen zusätzlich neben den unter Nummer 2 genannten Erträgen die Erträge aus den Zuwendungen von Mitglieds- oder Trägerunternehmen zur vollständigen oder teilweisen Deckung der Aufwendungen für den Versicherungsbetrieb.

[3]Von den vorstehenden Erträgen sind die Anteile der Rückversicherer abzusetzen.

§ 41 Aufwendungen für Versicherungsfälle für eigene Rechnung

(1) [1]Die Aufwendungen für Versicherungsfälle für eigene Rechnung umfassen die im Geschäftsjahr für Versicherungsfälle geleisteten Bruttozahlungen sowie die Veränderung der Brutto-Rückstellung für noch nicht abgewickelte Versicherungsfälle. [2]Von den Bruttoaufwendungen gemäß Satz 1 sind die Anteile der Rückversicherer abzusetzen.

(2) [1]Als Bruttobetrag der Zahlungen für Versicherungsfälle sind die gesamten im Geschäftsjahr erfolgten Zahlungen für Versicherungsfälle des Geschäftsjahres und der Vorjahre abzüglich der im Geschäftsjahr erhaltenen Zahlungen auf Grund von Regressen, Provenues und Teilungsabkommen sowie der Zahlungen im Sinne des § 26 Abs. 2 Satz 2 auszuweisen. [2]Hierbei sind die Schadenreserve-Austrittsbeträge auf Grund von Vertragskündigungen zum Ende des Geschäftsjahres zu berücksichtigen. [3]Der Bruttobetrag der Zahlungen für Versicherungsfälle umfaßt auch Rentenzahlungen, gezahlte Rückkäufe und Rückgewährbeträge sowie die dem Funktionsbereich „Regulierung von Versicherungsfällen, Rückkäufen und Rückgewährbeträgen“ zugeordneten Personal- und Sachaufwendungen, bestehend aus den externen und internen Regulierungsaufwendungen. [4]Zu den externen Regulierungsaufwendungen gehören insbesondere die Anwalts-, Gerichts- und Prozeßkosten, Honorare für betriebsfremde Schadenregulierer sowie die Zusatzprovisionen für Schadenregulierung an die Versicherungsvermittler. [5]Als Regulierungsaufwendungen sind auch die Aufwendungen zur Abwehr unbegründeter Ansprüche in der Haftpflichtversicherung sowie die entschädigungsgleichen Aufwendungen in der Rechtsschutzversicherung, die durch die Betreuung der Versicherungsnehmer und der Anwälte sowie die Prüfung der Erfolgsaussichten entstehen, zu berücksichtigen.

(3) Die Veränderung des Bruttobetrags der Rückstellung für noch nicht abgewickelte Versicherungsfälle ergibt sich aus der Differenz zwischen dem entsprechenden Wert am Ende des Geschäftsjahres und demjenigen am Anfang des Geschäftsjahres.

(4) Bei dem Ausweis des Anteils der Rückversicherer an dem Bruttobetrag der Zahlungen für Versicherungsfälle und an der Veränderung des Bruttobetrags der Rückstellung für noch nicht abgewickelte Versicherungsfälle sind die Absätze 2 und 3 entsprechend anzuwenden.

(5) Ist das Ergebnis aus der Abwicklung der aus dem vorhergehenden Geschäftsjahr übernommenen Rückstellung für noch nicht abgewickelte Versicherungsfälle erheblich, so ist dieses nach Art und Höhe im Anhang zu erläutern.

§ 42 Aufwendungen für erfolgsabhängige und erfolgsunabhängige Beitragsrückerstattungen für eigene Rechnung

(1) Die Aufwendungen für die erfolgsabhängige Beitragsrückerstattung in der Lebens- und Krankenversicherung umfassen die Zuführungen zur Rückstellung für erfolgsabhängige Beitragsrückerstattung.

(2) [1]Die Aufwendungen für die erfolgsabhängige Beitragsrückerstattung in der Schaden- und Unfallversicherung und die Aufwendungen für die erfolgsunabhängige Beitragsrückerstattung in der Schaden- und Unfallversicherung sowie der Rückversicherung und in der Krankenversicherung umfassen:

1. die Zuführung zur Rückstellung für Beitragsrückerstattung;
2. die Verluste aus der Abwicklung der aus dem vorhergehenden Geschäftsjahr übernommenen Rückstellungen; entsprechende Gewinne vermindern die Aufwendungen.

[2]Von den in Absatz 1 und in Satz 1 bezeichneten Aufwendungen sind die Anteile der Rückversicherer abzusetzen.

(3) Erreichen die erfolgsabhängigen und die erfolgsunabhängigen Beitragsrückerstattungen an die Versicherungsnehmer einen größeren Umfang, so sind sie im Anhang getrennt anzugeben.

§ 43 Aufwendungen für den Versicherungsbetrieb für eigene Rechnung

(1) [1]Die gesamten Personal- und Sachaufwendungen des Unternehmens zuzüglich der kalkulatorischen Mietaufwendungen für die eigengenutzten Grundstücke und Bauten sind folgenden Funktionsbereichen zuzuordnen:

1. Regulierung von Versicherungsfällen, Rückkäufen und Rückgewährbeträgen;
2. Abschluß von Versicherungsverträgen;
3. Verwaltung von Versicherungsverträgen;
4. Verwaltung von Kapitalanlagen.

[2]Aufwendungen, die diesen Funktionsbereichen nicht zugeordnet werden können, sind unter dem Posten „Sonstige Aufwendungen“ auszuweisen. [3]Die den Funktionsbereichen 1 bis 3 zugerechneten Aufwendungen sind von den Schaden- und Unfallversicherungsunternehmen zusätzlich im Hinblick auf § 51 Abs. 4 Nr. 1 Satz 3 auf das selbst abgeschlossene Versicherungsgeschäft, untergliedert nach den dort genannten Versicherungszweiggruppen, Versicherungszweigen und Versicherungsarten, und auf das in Rückdeckung übernommene Versicherungsgeschäft aufzuteilen. [4]Die Zuordnung der Aufwendungen auf die Funktionsbereiche und Versicherungszweige ist, soweit sie nicht direkt zurechenbar sind, grundsätzlich nach der Inanspruchnahme des Betriebsbereiches für den Funktionsbereich oder Versicherungszweig vorzunehmen.

(2) [1]Als Abschlußaufwendungen sind die durch den Abschluß eines Versicherungsvertrages anfallenden Aufwendungen auszuweisen, auch soweit sie bei den Lebensversicherungsunternehmen und Pensions- und Sterbekassen rechnungsmäßig gedeckt sind. [2]Die Abschlußaufwendungen umfassen sowohl

1. die unmittelbar zurechenbaren Aufwendungen, wie insbesondere
   a) die Abschlußprovisionen und Zusatzprovisionen für die Policenausfertigung sowie die Arbeits- und Überweisungsprovisionen für das Beteiligungsgeschäft,
   b) die Courtagen an die Versicherungsmakler,
   c) die Aufwendungen für die Anlegung der Versicherungsakte, für die Aufnahme des Versicherungsvertrags in den Versicherungsbestand und für die ärztlichen Untersuchungen im Zusammenhang mit dem Abschluß von Versicherungsverträgen, als auch
2. die mittelbar zurechenbaren Aufwendungen, wie insbesondere
   a) die allgemeinen Werbeaufwendungen,
   b) die Sachaufwendungen, die im Zusammenhang mit der Antragsbearbeitung und Policierung anfallen.

(3) Die Verwaltungsaufwendungen umfassen insbesondere die Aufwendungen für:

1. den Beitragseinzug einschließlich der entsprechenden Provisionen;
2. die Bestandsverwaltung einschließlich der entsprechenden Provisionen;
3. die Schadenverhütung und -bekämpfung;
4. die Gesundheitsfürsorge zugunsten der Versicherungsnehmer;
5. die Bearbeitung der
   a) Beitragsrückerstattung;
   b) passiven Rückversicherung und Retrozession.

(4) [1]Von den Bruttoaufwendungen für den Versicherungsbetrieb sind die erhaltenen Provisionen und Gewinnbeteiligungen aus dem in Rückdeckung gegebenen Versicherungsgeschäft abzuziehen und gesondert auszuweisen. [2]Hierzu gehören auch die vom Rückversicherer geleistete anteilige Erstattung der dem Vorversicherer entstan-

denen originalen Aufwendungen für den Versicherungsbetrieb sowie die erhaltenen Aufbauprovisionen und anderen Aufbauzuschüsse.

(5) [1]Schaden- und Unfallversicherungsunternehmen haben die Abschlußaufwendungen und Verwaltungsaufwendungen zusammengefaßt unter dem Posten „Bruttoaufwendungen für den Versicherungsbetrieb" auszuweisen. [2]Im Anhang sind diese Posten jedoch gesondert anzugeben.

§ 44 Sonstige versicherungstechnische Aufwendungen für eigene Rechnung

[1]Im Posten „Sonstige versicherungstechnische Aufwendungen für eigene Rechnung" sind die versicherungstechnischen Aufwendungen auszuweisen, die einem anderen Posten nicht zugeordnet werden können. [2]Hierzu gehören insbesondere:

1. bei den Schaden- und Unfall- sowie Rückversicherungsunternehmen die Feuerschutzsteuer, auch insoweit, als sie an die Vorversicherer erstattet wird;
2. bei den Lebensversicherungsunternehmen sowie den Pensions- und Sterbekassen
   a) die Zinsen auf angesammelte Überschußanteile;
   b) die Direktgutschrift von Überschußanteilen, soweit diese nicht der Deckungsrückstellung zugeführt werden;
   c) die Aufwendungen aus der Verminderung der aktivierten, noch nicht fälligen Ansprüche an die Versicherungsnehmer;
   d) die an die Rückversicherer gezahlten Depotzinsen auf die einbehaltenen Sicherheiten.

[3]Von den vorstehenden Aufwendungen sind die Anteile der Rückversicherer abzusetzen.

§ 45 Erträge aus Kapitalanlagen

(1) [1]Betreibt ein Lebensversicherungsunternehmen auch das selbst abgeschlossene Unfallversicherungsgeschäft, sind die Erträge aus Kapitalanlagen, soweit sie unmittelbar mit dem Lebensversicherungsgeschäft zusammenhängen, in der versicherungstechnischen Rechnung für das Lebensversicherungsgeschäft auszuweisen. [2]Betreibt ein Schaden- und Unfallversicherungsunternehmen auch das selbst abgeschlossene Krankenversicherungsgeschäft nach Art der Lebensversicherung, sind die Erträge aus Kapitalanlagen, soweit sie unmittelbar mit dem bezeichneten Krankenversicherungsgeschäft zusammenhängen, in der versicherungstechnischen Rechnung für das Krankenversicherungsgeschäft auszuweisen.

(2) Als „Erträge aus Grundstücken, grundstücksgleichen Rechten und Bauten einschließlich der Bauten auf fremden Grundstücken" sind auch die kalkulatorischen Mieten für die eigengenutzten Grundstücke und Bauten auszuweisen.

§ 46 Aufwendungen für Kapitalanlagen

(1) Für den Ausweis der Aufwendungen für Kapitalanlagen ist § 45 Abs. 1 entsprechend anzuwenden.

(2) Als Aufwendungen für die Verwaltung der Kapitalanlagen sind die dem Funktionsbereich „Verwaltung von Kapitalanlagen" zugeordneten Personal- und Sachaufwendungen auszuweisen.

(3) Die Zinsaufwendungen und sonstigen Aufwendungen für die Kapitalanlagen umfassen insbesondere:

1. die Aufwendungen für die Grundstücke, grundstücksgleichen Rechte und Bauten einschließlich der Bauten auf fremden Grundstücken, wie Betriebskosten, Instandhaltungskosten, Mietausfallrisiken, Abgaben und Versicherungsbeiträge;

2. Depotgebühren;
3. Vergütungen an den Treuhänder für den Deckungsstock;
4. Verluste aus Beteiligungen an Personengesellschaften;
5. Schuldzinsen für Hypotheken auf den eigenen Grundbesitz.

§ 47 Sonstige Erträge

[1]Im Posten „Sonstige Erträge" sind die nichtversicherungstechnischen Erträge auszuweisen, die einem anderen Posten nicht zugeordnet werden können. [2]Hierzu gehören insbesondere:

1. die Erträge aus erbrachten Dienstleistungen;
2. *(aufgehoben)*
3. sonstige Zinsen und ähnliche Erträge, soweit sie nicht aus Kapitalanlagen herrühren;
4. die Erträge auf Grund von Eingängen aus abgeschriebenen Forderungen sowie Erträge aus der Auflösung und Verminderung der Pauschalwertberichtigungen zu den Forderungen, soweit diese Erträge nicht aus den
   a) zu den Kapitalanlagen gehörenden Forderungen herrühren, die im Posten „Erträge aus Zuschreibungen" zu erfassen sind;
   b) Beitragsforderungen an die Versicherungsnehmer herrühren, die im Posten „Gebuchte Bruttobeiträge" zu erfassen sind.

§ 48 Sonstige Aufwendungen

[1]Im Posten „Sonstige Aufwendungen" sind die nichtversicherungstechnischen Aufwendungen auszuweisen, die einem anderen Posten nicht zugeordnet werden können. [2]Hierzu gehören insbesondere:

1. Personal- und Sachaufwendungen, die den in § 43 Abs. 1 Nr. 1 bis 4 genannten Funktionsbereichen nicht zugeordnet werden können;
2. *(aufgehoben)*
3. die Zinsaufwendungen einschließlich der Zinszuführungen zur Pensionsrückstellung. [2]Nicht hier auszuweisen sind die an die Rückversicherer gezahlten Depotzinsen für die einbehaltenen Sicherheiten, die von den Schaden- und Unfallversicherungsunternehmen sowie Rückversicherungsunternehmen bei dem Posten „Technischer Zinsertrag für eigene Rechnung" zu berücksichtigen und von den Lebensversicherungsunternehmen im Posten „Sonstige versicherungstechnische Aufwendungen für eigene Rechnung" zu erfassen sind;
4. die Abschreibungen auf Forderungen sowie die Aufwendungen aus der Bildung und Erhöhung der Pauschalwertberichtigungen zu den Forderungen, soweit diese Aufwendungen nicht
   a) die zu den Kapitalanlagen gehörenden Forderungen betreffen, die im Posten „Abschreibungen auf Kapitalanlagen" zu erfassen sind;
   b) die Beitragsforderungen an die Versicherungsnehmer betreffen, die im Posten „Gebuchte Bruttobeiträge" als Abzugsposten zu behandeln sind;
5. die von der ausländischen Generaldirektion der inländischen Niederlassung in Rechnung gestellten Zentralverwaltungsaufwendungen.

§ 49 Sonstige Steuern

Im Posten „Sonstige Steuern" sind Steuern auszuweisen, soweit es sich nicht um Steuern vom Einkommen und vom Ertrag oder um die Feuerschutzsteuer handelt.

§ 50 Ausgleichsposten

[1]Pensions- und Sterbekassen haben zu den Abschlußstichtagen, zu denen die versicherungsmathematische Berechnung der Deckungsrückstellung nicht erfolgt, im Falle der Ergänzung der nichtversicherungstechnischen Rechnung gemäß Fußnote 4 des Formblatts 3 an Stelle des Postens „Bilanzgewinn Bilanzverlust“ den rechnerischen Überschuß der Erträge über die Aufwendungen oder der Aufwendungen über die Erträge unter der Bezeichnung „Ausgleichsposten“ auszuweisen. [2]Im nachfolgenden Geschäftsjahr ist dieser Unterschiedsbetrag unter dem „Ausgleichsposten aus dem Vorjahr“ auszuweisen.

Abschnitt 5 Anhang

§ 51 Zusätzliche Erläuterungen

(1) [1]In den Anhang sind neben den nach § 341a in Verbindung mit § 284 und § 285 Nummer 1 bis 3a, 7, 9 bis 14a, 15a bis 30, 32 bis 34 des Handelsgesetzbuchs die in dieser Verordnung zu den einzelnen Posten der Bilanz oder der Gewinn- und Verlustrechnung vorgeschriebenen Angaben aufzunehmen. [2]Außerdem sind die in diesem Abschnitt vorgeschriebenen Angaben zu machen.

(2) An Stelle der in § 284 Absatz 3 des Handelsgesetzbuchs vorgeschriebenen Angaben ist die Entwicklung der Aktivposten B und C I bis III nach dem anliegenden Muster 1 darzustellen, sofern keine entsprechende Darstellung in der Bilanz erfolgt.

(3) [1]An Stelle der in § 268 Abs. 7 des Handelsgesetzbuchs vorgeschriebenen Angaben sind die in § 251 des Handelsgesetzbuchs bezeichneten Haftungsverhältnisse jeweils gesondert unter Angabe der gewährten Pfandrechte und sonstigen Sicherheiten anzugeben. [2]Bestehen solche Verpflichtungen gegenüber verbundenen Unternehmen, so sind sie gesondert anzugeben. [3]Der Bilanzwert der verpfändeten, zur Sicherung übertragenen oder hinterlegten Vermögensgegenstände, für die im Insolvenzverfahren Aus- oder Absonderungsrechte geltend gemacht werden können, mit Ausnahme der Bestände des Sicherungsvermögens nach § 125 des Versicherungsaufsichtsgesetzes, ist in einer Summe anzugeben und dem Betrag des vorangegangenen Geschäftsjahres gegenüberzustellen.

(4) [1]An Stelle der in § 285 Nr. 4 des Handelsgesetzbuchs vorgeschriebenen Angaben sind die folgenden Angaben unter Gegenüberstellung mit den entsprechenden Angaben des vorangegangenen Geschäftsjahres zu machen:

1. Schaden- und Unfallversicherungsunternehmen haben für das gesamte selbst abgeschlossene, das gesamte in Rückdeckung übernommene und das gesamte Versicherungsgeschäft jeweils folgende Angaben zu machen:
   a) die gebuchten Bruttobeiträge;
   b) die verdienten Bruttobeiträge;
   c) die verdienten Nettobeiträge;
   d) die Bruttoaufwendungen für Versicherungsfälle;
   e) die Bruttoaufwendungen für den Versicherungsbetrieb;
   f) den Rückversicherungssaldo; hierunter ist der Saldo aus den verdienten Beiträgen des Rückversicherers und den Anteilen des Rückversicherers an den unter den vorstehenden Buchstaben d und e genannten versicherungstechnischen Aufwendungen zu verstehen;
   g) das versicherungstechnische Ergebnis für eigene Rechnung;
   h) die versicherungstechnischen Bruttorückstellungen insgesamt;

davon:

aa) Bruttorückstellung für noch nicht abgewickelte Versicherungsfälle;

bb) Schwankungsrückstellung und ähnliche Rückstellungen;

i) die Anzahl der mindestens einjährigen Versicherungsverträge (nur für das selbst abgeschlossene Versicherungsgeschäft).

[2]Sofern die gebuchten Bruttobeiträge für das in Rückdeckung übernommene Versicherungsgeschäft weniger als 10 vom Hundert der gebuchten Bruttobeiträge für das gesamte Versicherungsgeschäft ausmachen, kann die Trennung der Angaben zwischen dem selbst abgeschlossenen und dem in Rückdeckung übernommenen Versicherungsgeschäft entfallen. [3]Die Angaben gemäß Satz 1 sind für das selbst abgeschlossene Versicherungsgeschäft in folgende Versicherungszweiggruppen, Versicherungszweige und -arten zu untergliedern:

a) Unfall- und Krankenversicherung insgesamt;

davon:

aa) Unfallversicherung;

bb) Krankenversicherung;

b) Haftpflichtversicherung;

c) Kraftfahrzeug-Haftpflichtversicherung;

d) sonstige Kraftfahrtversicherungen;

e) Feuer- und Sachversicherung;

davon:

aa) Feuerversicherung;

bb) Verbunde Hausratversicherung;

cc) Verbundene Gebäudeversicherung;

dd) sonstige Sachversicherung;

f) Transport- und Luftfahrt-Versicherung;

g) Kredit- und Kautions-Versicherung;

h) Rechtsschutzversicherung;

i) Beistandsleistungsversicherung;

j) sonstige Versicherungen.

[4]Die Untergliederung nach Versicherungszweiggruppen, Versicherungszweigen oder Versicherungsarten des selbst abgeschlossenen Versicherungsgeschäfts kann entfallen, sofern die gebuchten Bruttobeiträge in den einzelnen Versicherungszweiggruppen, Versicherungszweigen oder Versicherungsarten jeweils 10 Millionen Euro nicht übersteigen; auf jeden Fall sind aber die Angaben für die drei wichtigsten Versicherungszweiggruppen, Versicherungszweige oder Versicherungsarten zu machen. [5]Die Angabe des Rückversicherungssaldos gemäß Satz 1 Buchstabe f braucht für die Feuer- und Sachversicherung nur insgesamt gemacht zu werden.

2. Lebensversicherungsunternehmen haben anzugeben:

a) die gebuchten Bruttobeiträge getrennt nach selbst abgeschlossenem Versicherungsgeschäft und in Rückdeckung übernommenem Versicherungsgeschäft. [2]Die Trennung der Angaben kann entfallen, sofern die gebuchten Bruttobeiträge für das in Rückdeckung übernommene Versicherungsgeschäft weniger als 10 vom Hundert der gebuchten Bruttobeiträge für das gesamte Versicherungsgeschäft ausmachen. [3]Die gebuchten Bruttobeiträge des selbst abgeschlossenen Versicherungsgeschäfts sind untergliedert nach folgenden Gruppen anzugeben:

aa) gebuchte Bruttobeiträge aus:

aaa) Einzelversicherungen;

bbb) Kollektivversicherungen;

bb) gebuchte Bruttobeiträge, untergliedert nach:

aaa) laufenden Beiträgen;

bbb) Einmalbeiträgen;

cc) gebuchte Bruttobeiträge, untergliedert nach Beiträgen im Rahmen von Verträgen

aaa) ohne Gewinnbeteiligung;

bbb) mit Gewinnbeteiligung;

ccc) bei denen das Kapitalanlagerisiko von den Versicherungsnehmern getragen wird.

[4]Die Untergliederungen der gebuchten Bruttobeiträge gemäß den vorstehenden Doppelbuchstaben aa bis cc können entfallen, sofern die gebuchten Bruttobeiträge in den einzelnen Untergruppen jeweils 10 vom Hundert der gebuchten Bruttobeiträge für das gesamte selbst abgeschlossene Versicherungsgeschäft nicht übersteigen;

b) den Rückversicherungssaldo gemäß Nummer 1 Satz 1 Buchstabe f zuzüglich der Veränderung des Anteils der Rückversicherer an der Brutto-Deckungsrückstellung;

c) die Direktgutschrift der im Geschäftsjahr erwirtschafteten Überschüsse.

3. Pensions- und Sterbekassen haben anzugeben:

a) die gebuchten Bruttobeiträge, untergliedert nach folgenden Gruppen:

aa) gebuchte Bruttobeiträge aus:

aaa) Einzelversicherungen;

bbb) Kollektivversicherungen;

bb) gebuchte Bruttobeiträge, untergliedert nach:

aaa) laufenden Beiträgen;

bbb) Einmalbeiträgen;

cc) gebuchte Bruttobeiträge aus:

aaa) Pensionsversicherungen;

bbb) Sterbegeldversicherungen;

ccc) Zusatzversicherungen;

Nummer 2 Buchstabe a Satz 4 gilt entsprechend;

b) den Rückversicherungssaldo gemäß Nummer 2 Buchstabe b;

c) soweit es sich um Pensionskassen handelt, bei denen eine Feststellung nach § 156a des Versicherungsaufsichtsgesetzes in der bis zum 31. Dezember 2015 geltenden Fassung von der Aufsichtsbehörde getroffen wurde, zusätzlich: gebuchte Bruttobeiträge, untergliedert nach Beiträgen im Rahmen von Verträgen

aa) ohne Gewinnbeteiligung;

bb) mit Gewinnbeteiligung.

4. Krankenversicherungsunternehmen haben anzugeben:

a) die gebuchten Bruttobeiträge des selbst abgeschlossenen Versicherungsgeschäfts sowie die Beiträge aus der Rückstellung für erfolgsabhängige Beitragsrückerstattung, jeweils untergliedert nach folgenden Gruppen:
   aa) gebuchte Bruttobeiträge aus:
      aaa) Einzelversicherungen;
      bbb) Gruppenversicherungen;
   bb) gebuchte Bruttobeiträge, untergliedert nach:
      aaa) laufenden Beiträgen;
      bbb) Einmalbeiträgen;
   cc) gebuchte Bruttobeiträge aus:
      aaa) Krankheitskostenvollversicherungen;
      bbb) Krankentagegeldversicherungen;
      ccc) selbstständigen Krankenhaustagegeldversicherungen;
      ddd) sonstigen selbstständigen Teilversicherungen;
      eee) Pflegepflichtversicherungen;
      fff) Beihilfeablöseversicherungen;
      ggg) Restschuld-/Lohnfortzahlungsversicherungen;
      hhh) Auslandsreisekrankenversicherungen;
   dd) der in Doppelbuchstaben aa bis cc enthaltene Beitragszuschlag nach § 149 des Versicherungsaufsichtsgesetzes;

b) den Rückversicherungssaldo gemäß Nummer 2 Buchstabe b;

c) die Zahl der versicherten natürlichen Personen insgesamt sowie aufgeteilt auf:
   aa) Krankheitskostenvollversicherungen;
   bb) Krankentagegeldversicherungen;
   cc) selbstständige Krankenhaustagegeldversicherungen;
   dd) sonstige selbstständige Teilversicherungen;
   ee) Pflegepflichtversicherungen;
   ff) Beihilfeablöseversicherungen;

d) die Zerlegung der Rückstellung für Beitragsrückerstattung und den Betrag nach § 150 des Versicherungsaufsichtsgesetzes nach dem anliegenden Muster 6.

[2]Nicht vorhandene Versicherungsarten in Satz 1 Buchstabe a und c müssen nicht aufgeführt werden. [3]Mehrfachzählungen bezüglich der Versicherungsarten in Satz 1 Buchstabe c sind möglich. [4]Bei der Gesamtzahl der versicherten natürlichen Personen ist jede Person, die in mindestens einer der Versicherungsarten in Satz 1 Buchstabe c Doppelbuchstaben aa bis ee erfasst wird, nur einmal zu zählen.

5. Die Erstversicherungsunternehmen haben die gebuchten Bruttobeiträge des selbst abgeschlossenen Versicherungsgeschäfts nach der Herkunft wie folgt zu untergliedern:
   a) aus dem Inland;
   b) aus den übrigen Mitgliedstaaten der Europäischen Gemeinschaft sowie anderen Vertragsstaaten des Abkommens über den Europäischen Wirtschaftsraum;
   c) aus Drittländern.

[2]Die Angaben können entfallen, sofern die gebuchten Bruttobeiträge in den einzelnen Herkunftsgebieten jeweils weniger als 5 vom Hundert der gebuchten Bruttobeiträge für das gesamte selbst abgeschlossene Versicherungsgeschäft ausmachen.

6. Rückversicherungsunternehmen haben die gebuchten Bruttobeiträge untergliedert nach dem Schaden- und Unfallversicherungsgeschäft und dem Lebensversicherungsgeschäft anzugeben.

(5) An Stelle der Angaben nach § 285 Nr. 8 Buchstabe b des Handelsgesetzbuchs sind Angaben über die Provisionen und sonstigen Bezüge der Versicherungsvertreter für das selbst abgeschlossene Versicherungsgeschäft sowie Personalaufwendungen nach dem anliegenden Muster 2 zu machen.

(6) *(aufgehoben)*

§ 52 Zusätzliche Pflichtangaben

Zu den Posten der Bilanz und der Gewinn- und Verlustrechnung sind im Anhang zusätzlich anzugeben:

1. von allen Versicherungsunternehmen:
   a) zu dem Bilanzposten „Grundstücke, grundstücksgleiche Rechte und Bauten einschließlich der Bauten auf fremden Grundstücken" der Bilanzwert der vom Versicherungsunternehmen im Rahmen seiner Tätigkeit genutzten eigenen Grundstücke und Bauten;
   b) zu dem Bilanzposten „Genußrechtskapital", in welcher Höhe dieses vor Ablauf von zwei Jahren fällig wird;
   c) in Ergänzung der Angaben nach § 284 Absatz 2 Nummer 1 und 2 des Handelsgesetzbuchs die Methoden der Ermittlung der einzelnen versicherungstechnischen Rückstellungen mit Ausnahme der Rückstellung für Beitragsrückerstattung sowohl hinsichtlich der Bruttobeträge als auch der auf das in Rückdeckung gegebene Versicherungsgeschäft entfallenden Beträge, jeweils gesondert für das selbst abgeschlossene und das in Rückdeckung übernommene Versicherungsgeschäft; wesentliche Änderungen der Methoden gegenüber dem vorausgegangenen Geschäftsjahr sind zu erläutern;
2. von Lebensversicherungsunternehmen sowie von Pensions- und Sterbekassen zusätzlich:
   a) die zur Berechnung der versicherungstechnischen Rückstellungen, einschließlich der darin enthaltenen Überschußanteile, verwendeten versicherungsmathematischen Methoden und Berechnungsgrundlagen;
   b) die im Unterposten der Bilanz „Verbindlichkeiten aus dem selbst abgeschlossenen Versicherungsgeschäft gegenüber Versicherungsnehmern" enthaltenen verzinslich angesammelten Überschußanteile.

§ 53 Versicherungsunternehmen, die im selbst abgeschlossenen Versicherungsgeschäft mehrere Geschäftszweige betreiben

[1]Lebensversicherungsunternehmen, die auch das selbst abgeschlossene Unfallversicherungsgeschäft betreiben, haben die für den Anhang vorgeschriebenen Angaben gesondert auch für das selbst abgeschlossene Unfallversicherungsgeschäft zu machen. [2]Schaden- und Unfallversicherungsunternehmen, die auch das selbst abgeschlossene Krankenversicherungsgeschäft nach Art der Lebensversicherung betreiben, haben die für den Anhang vorgeschriebenen Angaben gesondert auch für das Krankenversicherungsgeschäft zu machen.

§ 54 Zeitwert der Kapitalanlagen

[1]Für zum Anschaffungswert oder zum Nennwert ausgewiesene Kapitalanlagen ist im Anhang jeweils der Zeitwert anzugeben. [2]Die Ermittlung des Zeitwerts erfolgt

1. für Grundstücke, grundstücksgleiche Rechte und Bauten einschließlich der Bauten auf fremden Grundstücken nach § 55 sowie
2. für die übrigen Kapitalanlagen gemäß § 56.

[3]Zudem sind die Gesamtsumme der Anschaffungskosten der in die Überschussbeteiligung einzubeziehenden Kapitalanlagen, die Gesamtsumme des beizulegenden Zeitwerts selbiger Kapitalanlagen und der sich daraus ergebende Saldo anzugeben.

§ 55 Zeitwert der Grundstücke, grundstücksgleichen Rechte und Bauten einschließlich der Bauten auf fremden Grundstücken

(1) Bei Grundstücken, grundstücksgleichen Rechten und Bauten einschließlich der Bauten auf fremden Grundstücken ist der Zeitwert der zum Zeitpunkt der Bewertung geltende und gegebenenfalls nach den Absätzen 4 und 5 verminderte Marktwert.

(2) Unter Marktwert ist der Preis zu verstehen, der zum Zeitpunkt der Bewertung aufgrund eines privatrechtlichen Vertrages über Grundstücke oder Gebäude zwischen einem verkaufswilligen Verkäufer und einem ihm nicht durch persönliche Beziehungen verbundenen Käufer unter den Voraussetzungen zu erzielen ist, daß das Grundstück oder Gebäude offen am Markt angeboten wurde, daß die Marktverhältnisse einer ordnungsgemäßen Veräußerung nicht im Wege stehen und daß eine der Bedeutung des Objektes angemessene Verhandlungszeit zur Verfügung steht.

(3) [1]Der Marktwert ist im Wege einer Schätzung festzustellen, die mindestens alle fünf Jahre für jedes einzelne Grundstück oder Gebäude nach einer allgemein anerkannten Methode vorzunehmen ist. [2]Hierbei sind die planmäßigen Abschreibungen nach § 253 Abs. 3 Satz 1 des Handelsgesetzbuchs unberücksichtigt zu lassen.

(4) [1]Hat sich seit der letzten Schätzung gemäß Absatz 3 der Marktwert eines Grundstücks oder Gebäudes vermindert, so ist eine entsprechende Wertberichtigung vorzunehmen. [2]Der berichtigte Marktwert ist bis zur nächsten, nach den Absätzen 2 und 3 vorzunehmenden Marktwertfeststellung beizubehalten.

(5) Sind zum Zeitpunkt der Bilanzaufstellung Grundstücke oder Gebäude verkauft worden oder sollen sie in nächster Zeit verkauft werden, so ist der nach den Absätzen 2 und 4 festgesetzte Marktwert um die angefallenen oder geschätzten Realisierungsaufwendungen zu vermindern.

(6) Ist die Bestimmung des Marktwertes eines Grundstücks oder Gebäudes nicht möglich, so ist von den Anschaffungs- oder Herstellungskosten auszugehen.

(7) Zusätzlich sind die Bewertungsmethode und die entsprechende Zuordnung der Grundstücke und Bauten nach dem Jahr, in dem ihre Bewertung erfolgte, anzugeben.

§ 56 Zeitwert der übrigen Kapitalanlagen

(1) Bei den übrigen Kapitalanlagen ist der Zeitwert vorbehaltlich Absatz 5 der Freiverkehrswert.

(2) Bei an einer zugelassenen Börse notierten Kapitalanlagen handelt es sich bei dem Freiverkehrswert um den Börsenkurswert am Abschlußstichtag oder, wenn der Abschlußstichtag kein Börsentag ist, um den Börsenkurswert am letzten diesem Zeitpunkt vorausgehenden Börsentag.

(3) Bei nicht unter Absatz 2 fallenden anderen Kapitalanlagen gilt, sofern für diese ein Markt vorhanden ist, als Freiverkehrswert der Durchschnittswert, zu dem sie zum Ab-

schlußstichtag oder, wenn der Abschlußstichtag kein Markttag ist, am letzten diesem Zeitpunkt vorausgehenden Markttag gehandelt wurden.

(4) Sind zum Zeitpunkt der Bilanzaufstellung Kapitalanlagen, die in Absatz 2 oder 3 genannt werden, veräußert worden oder besteht die Absicht, sie in nächster Zeit zu veräußern, so ist der Freiverkehrswert um die angefallenen oder geschätzten Realisierungsaufwendungen zu vermindern.

(5) Kapitalanlagen sind höchstens mit ihrem voraussichtlich realisierbaren Wert unter Berücksichtigung des Grundsatzes der Vorsicht zu bewerten.

(6) Zusätzlich sind die jeweils angewandte Bewertungsmethode sowie der Grund für ihre Anwendung anzugeben.

Abschnitt 6 Lagebericht

§ 57 Lagebericht

(1) In den Lagebericht sind zusätzlich zu den in § 289 des Handelsgesetzbuchs vorgeschriebenen Angaben die in diesem Abschnitt vorgeschriebenen Angaben aufzunehmen.

(2) Von allen Versicherungsunternehmen sind folgende Angaben zu machen:

1. Angabe der betriebenen Versicherungszweige und -arten im selbst abgeschlossenen und im in Rückdeckung übernommenen Versicherungsgeschäft;
2. Bericht über den Geschäftsverlauf in den einzelnen Versicherungszweiggruppen, Versicherungszweigen und -arten des selbst abgeschlossenen Versicherungsgeschäfts; ferner ist zu berichten über den Geschäftsverlauf in den einzelnen betriebenen Versicherungszweigen des in Rückdeckung übernommenen Versicherungsgeschäfts.

(3) Von den Versicherungsvereinen auf Gegenseitigkeit ist zusätzlich zu erläutern, in welcher Weise ein erhobener Nachschuß ermittelt wurde.

(4) Von den Lebensversicherungsunternehmen sowie den Pensions- und Sterbekassen sind zusätzlich die Versicherungsbestände im selbst abgeschlossenen Versicherungsgeschäft nach den anliegenden Mustern 3 bis 5 aufzugliedern, und zwar von

1. Lebensversicherungsunternehmen nach dem Muster 3,
2. Pensionskassen nach dem Muster 4 und, sofern sie Sterbegeldversicherungen, weitere Kapitalversicherungen oder Zusatzversicherungen haben, auch nach Muster 5,
3. Sterbekassen nach dem Muster 5.

(5) [1]Lebensversicherungsunternehmen, die auch das selbst abgeschlossene Unfallversicherungsgeschäft betreiben, haben die für den Lagebericht vorgeschriebenen Angaben gesondert auch für das selbst abgeschlossene Unfallversicherungsgeschäft zu machen. [2]Schaden- und Unfallversicherungsunternehmen, die auch das selbst abgeschlossene Krankenversicherungsgeschäft nach Art der Lebensversicherung betreiben, haben die für den Lagebericht vorgeschriebenen Angaben gesondert auch für das Krankenversicherungsgeschäft zu machen.

Abschnitt 7 Konzernrechnungslegung

§ 58 Konzernbilanz und Konzern-Gewinn- und Verlustrechnung

(1) [1]Für die Aufstellung der Konzernbilanz ist das Formblatt 1 und für die Aufstellung der Konzern-Gewinn- und Verlustrechnung das Formblatt 4 anzuwenden. [2]Dies gilt

nicht, soweit in den Fußnoten zu den Formblättern etwas anderes vorgeschrieben ist oder die Besonderheiten des Konzerns Abweichungen vom Formblatt 4 bedingen. [3]Ferner gelten die Fußnoten 2 und 3 Buchstabe a und b zum Formblatt 2 sowie die Fußnoten 2, 3 und 4 Buchstabe a zum Formblatt 3 entsprechend.

(2) Sofern in den Konzernabschluß ein Krankenversicherungsunternehmen einbezogen ist, sind im Formblatt 4 für die Konzern-Gewinn- und Verlustrechnung die Überschrift zu Teil II und die Posten Nr. II 13 und III 1 Buchstabe b wie folgt zu bezeichnen:

1. Überschrift zu Teil II:

   „Versicherungstechnische Rechnung für das Lebens- und Krankenversicherungsgeschäft";

2. Posten Nr. II 13:

   „Versicherungstechnisches Ergebnis für eigene Rechnung im Lebens- und Krankenversicherungsgeschäft";

3. Posten Nr. III 1 Buchstabe b:

   „im Lebens- und Krankenversicherungsgeschäft".

(3) In der Konzern-Gewinn- und Verlustrechnung dürfen die gesamten Erträge aus den Kapitalanlagen sowie die Aufwendungen für Kapitalanlagen in der nichtversicherungstechnischen Rechnung ausgewiesen werden. [2]Der Saldo aus den Erträgen aus den Kapitalanlagen und den Aufwendungen für Kapitalanlagen ist, soweit er aus den in den Konzernabschluß einbezogenen Lebens- und Krankenversicherungsunternehmen herrührt, in diesen Fällen der versicherungstechnischen Rechnung für das Lebens- und Krankenversicherungsgeschäft zuzuordnen. [3]Für das Formblatt 4 ergeben sich damit folgende Änderungen:

1. An die Stelle des Postens Nr. II 3 „Erträge aus Kapitalanlagen" tritt in der versicherungstechnischen Rechnung für das Lebens- und Krankenversicherungsgeschäft der Posten Nr. II 3 „Zugeordneter Zins aus der nichtversicherungstechnischen Rechnung".
2. Der Posten Nr. II 10 „Aufwendungen für Kapitalanlagen" in der versicherungstechnischen Rechnung für das Lebens- und Krankenversicherungsgeschäft entfällt. [2]Die bisherigen Posten-Nummern II 11 bis II 13 werden Posten-Nummern II 10 bis II 12.

(4) Auf die Konzernbilanz und die Konzern-Gewinn- und Verlustrechnung sind im übrigen, soweit diese wegen ihrer Eigenart keine Abweichungen bedingen,

1. § 3 sowie
2. die §§ 4 bis 20, 22 bis 34, 36 bis 50

entsprechend anzuwenden.

§ 59 Konzernanhang

(1) In den Konzernanhang sind neben den nach § 341j Abs. 1 in Verbindung mit den § 313 und § 314 Abs. 1 Nr. 1, 2 und 2a sowie 4 bis 26 des Handelsgesetzbuchs vorgeschriebenen Angaben die in den Absätzen 2 bis 4 vorgeschriebenen Angaben aufzunehmen.

(2) Es sind die Angaben nach Muster 1 zu machen, jedoch nur für die Posten „Immaterielle Vermögensgegenstände" und „Grundstücke, grundstücksgleiche Rechte und Bauten einschließlich der Bauten auf fremden Grundstücken" und die Unterposten des Postens „Kapitalanlagen in verbundenen Unternehmen und Beteiligungen", sofern diese Angaben nicht in der Konzernbilanz erfolgen.

(3) [1]Die gebuchten Bruttobeiträge sind anzugeben, untergliedert nach:

1. selbst abgeschlossenem Versicherungsgeschäft;
2. in Rückdeckung übernommenem Versicherungsgeschäft.

²Die gebuchten Bruttobeiträge für das selbst abgeschlossene Versicherungsgeschäft sind zusätzlich zu untergliedern nach der Art des Versicherungsgeschäfts, und zwar
1. Lebensversicherungsgeschäft;
2. Krankenversicherungsgeschäft;
3. Schaden- und Unfallversicherungsgeschäft,

sowie nach der Herkunft in die Gruppen:
a) Inland;
b) übrige Mitgliedstaaten der Europäischen Gemeinschaft sowie andere Vertragsstaaten des Abkommens über den Europäischen Wirtschaftsraum;
c) Drittländer.

(4) Zu dem Konzernbilanzposten „Grundstücke, grundstücksgleiche Rechte und Bauten einschließlich der Bauten auf fremden Grundstücken" ist im Konzernanhang der Bilanzwert der von Versicherungsunternehmen im Rahmen ihrer Tätigkeit genutzten eigenen Grundstücke und Bauten anzugeben.

§ 60 Konzernlagebericht

In den Konzernlagebericht sind zusätzlich zu den in § 315 Abs. 1 und 2 des Handelsgesetzbuchs vorgeschriebenen Angaben die folgenden Angaben aufzunehmen:
1. Angabe der betriebenen Versicherungszweige des selbst abgeschlossenen und des in Rückdeckung übernommenen Versicherungsgeschäfts;
2. Bericht über den Geschäftsverlauf im selbst abgeschlossenen Lebens-, Kranken- und Schaden- und Unfallversicherungsgeschäft sowie in dem in Rückdeckung übernommenen Versicherungsgeschäft.

Abschnitt 8 Befreiungen und Vereinfachungen für bestimmte Versicherungsunternehmen

§ 61 Befreiungen

¹§ 341k in Verbindung mit den Vorschriften des Dritten Unterabschnitts des Zweiten Abschnitts des Dritten Buchs des Handelsgesetzbuchs über die Prüfung sowie die §§ 341i und 341 j in Verbindung mit den Vorschriften des Zweiten Unterabschnitts des Zweiten Abschnitts des Dritten Buchs des Handelsgesetzbuchs über den Konzernabschluß sind auf die folgenden Versicherungsunternehmen nicht anzuwenden:
1. Versicherungsvereine auf Gegenseitigkeit, die weder die Haftpflichtversicherung noch die Kredit- und Kautionsversicherung betreiben und deren Satzung vorsieht, daß Nachschüsse vorbehalten sind oder Versicherungsansprüche gekürzt werden dürfen, wenn,
   a) soweit es sich um Schaden-, Unfall- und Krankenversicherungsvereine handelt, die Bruttobeiträge aus dem Versicherungsgeschäft in den zwölf Monaten vor dem Abschlußstichtag mindestens zur Hälfte auf das Mitglieder-Versicherungsgeschäft entfallen und 1 Million Euro nicht überschreiten;
   b) soweit es sich um Lebensversicherungsvereine handelt, die gebuchten Bruttobeiträge in drei aufeinanderfolgenden Geschäftsjahren jeweils nicht den Betrag von 500 000 Euro überschreiten; wird dieser Betrag in drei aufeinanderfolgenden

Jahren überschritten, so werden die oben genannten Vorschriften des Handelsgesetzbuchs vom vierten Jahr an angewandt;

2. Versicherungsunternehmen, die ausschließlich touristische Beistandsleistungen erbringen, wenn deren Tätigkeit örtlich beschränkt ist und ausschließlich aus Naturalleistungen besteht und die jährlichen Bruttobeiträge nicht den Betrag von 200 000 Euro überschreiten;
3. Schaden- und Unfall- sowie Krankenversicherungsvereine, die mit einem anderen Versicherungsverein vereinbart haben, daß dieser alle Versicherungsverträge rückversichert oder die Erfüllung der Verbindlichkeiten aus den Versicherungsverträgen übernimmt;
4. Pensions- und Sterbekassen, deren Bruttobeiträge im vorausgegangenen Geschäftsjahr 7,5 Millionen Euro oder deren Bilanzsumme am Abschlußstichtag des vorausgegangenen Geschäftsjahres 125 Millionen Euro nicht überstiegen haben.

[2]Auf die in Satz 1 Nummer 1 bis 4 genannten Unternehmen ist darüber hinaus § 341l in Verbindung mit den Vorschriften des Vierten Unterabschnitts des Zweiten Abschnitts des Dritten Buchs des Handelsgesetzbuchs über die Offenlegung nicht anzuwenden, es sei denn, es handelt sich bei diesen Unternehmen um Pensionskassen.

§ 62 Vereinfachungen

(1) [1]Die in § 61 Abs. 1 bezeichneten Versicherungsunternehmen dürfen abweichend von § 2

1. im Formblatt 1 die mit arabischen Zahlen bezeichneten Posten zusammenfassen, soweit sie sich nicht auf das in Rückdeckung gegebene Versicherungsgeschäft beziehen; Beträge, die für die Vermittlung eines den tatsächlichen Verhältnissen entsprechenden Bildes im Sinne des § 264 Abs. 2 des Handelsgesetzbuchs von wesentlicher Bedeutung sind, sind jedoch in der Bilanz oder im Anhang gesondert anzugeben;
2. in den Formblättern 2 bis 4 die mit Buchstaben bezeichneten Aufwands- und Ertragsposten jeweils zusammenfassen, soweit sie sich nicht auf das in Rückdeckung gegebene Versicherungsgeschäft beziehen; Beträge, die für die Vermittlung eines den tatsächlichen Verhältnissen entsprechenden Bildes im Sinne des § 264 Abs. 2 des Handelsgesetzbuchs von wesentlicher Bedeutung sind, sind jedoch in der Gewinn- und Verlustrechnung oder im Anhang gesondert anzugeben.

[2]Sie brauchen

1. § 43 Abs. 1 nur mit der Maßgabe anzuwenden, daß die Funktionsbereiche der Nummern 1 bis 3 in den Funktionsbereich „Verwaltung von Versicherungsverträgen" einbezogen werden;
2. auf den Lagebericht außer § 289 des Handelsgesetzbuchs nur § 57 Abs. 2 anzuwenden;
3. die §§ 52 bis 56 nicht anzuwenden.

(2) [1]Pensions- und Sterbekassen in der Rechtsform eines Versicherungsvereins auf Gegenseitigkeit mit Ausnahme der Pensionskassen, bei denen eine Feststellung nach § 156a des Versicherungsaufsichtsgesetzes in der bis zum 31. Dezember 2015 geltenden Fassung von der Aufsichtsbehörde getroffen wurde, dürfen abweichend von § 341f des Handelsgesetzbuchs und § 25 dieser Verordnung mit Zustimmung der Versicherungsaufsichtsbehörde von der versicherungsmathematischen Berechnung der Deckungsrückstellung zu jedem Abschlußstichtag befreit werden. [2]In diesen Fällen ist die Berechnung jedoch in regelmäßigen Abständen vorzunehmen, die fünf Jahre nicht überschreiten dürfen.

Abschnitt 9 Ordnungswidrigkeiten

§ 63 Ordnungswidrigkeiten

Ordnungswidrig im Sinne des § 341n Abs. 1 Nr. 6 des Handelsgesetzbuchs handelt, wer als Mitglied des vertretungsberechtigten Organs oder des Aufsichtsrats eines Versicherungsunternehmens oder als Hauptbevollmächtigter einer Niederlassung im Geltungsbereich dieser Verordnung von Versicherungsunternehmen mit Sitz außerhalb des Geltungsbereichs dieser Verordnung

1. bei der Aufstellung oder Feststellung des Jahresabschlusses
   a) entgegen § 2 Satz 1 nicht das vorgeschriebene Formblatt anwendet,
   b) entgegen § 4, § 5 Abs. 1 oder 2, § 54 in Verbindung mit § 55 Abs. 1 bis 6 oder § 56 Abs. 1 bis 5, § 55 Abs. 7 oder § 56 Abs. 6 eine Angabe nicht, nicht richtig oder nicht in der vorgeschriebenen Weise macht,
   c) einer Vorschrift der §§ 6 bis 50 über die in einzelne Posten der Bilanz oder der Gewinn- und Verlustrechung aufzunehmenden Angaben zuwiderhandelt,
   d) einer Vorschrift der §§ 51 bis 53 über zusätzliche Erläuterungen, zusätzliche Pflichtangaben oder Angaben im Anhang zuwiderhandelt,
2. bei der Aufstellung des Lageberichts einer Vorschrift des § 57 über zusätzliche Angaben zuwiderhandelt,
3. bei der Aufstellung des Konzernabschlusses
   a) entgegen § 58 Abs. 1 Satz 1 nicht das vorgeschriebene Formblatt anwendet,
   b) einer Vorschrift des § 58 Abs. 4 Nr. 2 über die in einzelne Posten der Konzernbilanz oder der Konzern-Gewinn- und Verlustrechnung aufzunehmenden Angaben zuwiderhandelt oder
   c) entgegen § 59 Abs. 2 bis 4 eine Angabe nicht oder nicht richtig macht oder
4. entgegen § 60 eine Angabe nicht in den Konzernlagebericht aufnimmt.

Abschnitt 10 Schlußvorschriften

§ 64 Übergangsvorschriften

(1) [1]§ 61 Abs. 1 Nr. 4 sowie Abschnitt I Nr. 1 und Abschnitt II Nr. 3 Abs. 1 Satz 2 der Anlage zu § 29 in der vom 1. Januar 2002 an geltenden Fassung sind erstmals auf den Jahresabschluss sowie den Konzernabschluss für das nach dem 31. Dezember 2001 beginnende Geschäftsjahr anzuwenden. [2]Die unter Berücksichtigung des bis zum 31. Dezember 2001 geltenden Schwellenwertes im Sinne des Abschnitts II Nr. 3 Abs. 1 Satz 2 der Anlage zu § 29 ermittelten Quoten dürfen fortgeschrieben werden.

(2) [1]§ 6 Absatz 1, die §§ 47, 48 und 55 Absatz 3 und die Formblätter 2 bis 4 sowie das Muster 1 in der Fassung des Bilanzrechtsmodernisierungsgesetzes vom 25. Mai 2009 (BGBl. I S. 1102) sowie das Formblatt 1 mit den Änderungen, die durch das Bilanzrechtsmodernisierungsgesetz und Artikel 4 Nummer 2 der Verordnung zur Änderung von Rechnungslegungsverordnungen vom 9. Juni 2011 (BGBl. I S. 1041) erfolgt sind, sind erstmals auf Jahresabschlüsse für Geschäftsjahre anzuwenden, die nach dem 31. Dezember 2009, im Fall des Artikels 66 Absatz 3 Satz 6 des Einführungsgesetzes zum Handelsgesetzbuch nach dem 31. Dezember 2008 beginnen. [2]Die Formblätter 1 bis 4 sowie das Muster 1 in der bis zum 28. Mai 2009 geltenden Fassung sind letztmals auf Jahres- und Konzernabschlüsse für das vor dem 1. Januar 2010 beginnende Geschäftsjahr anzuwenden. [3]Soweit im Übrigen in dieser Verordnung auf Bestimmungen des Handelsgesetzbuchs in der Fassung des Bilanzrechtsmodernisierungsgesetzes verwiesen

wird, gelten die in den Artikeln 66 und 67 des Einführungsgesetzes zum Handelsgesetzbuch enthaltenen Übergangsregelungen entsprechend. [4]Artikel 66 Abs. 3 Satz 6 des Einführungsgesetzes zum Handelsgesetzbuch gilt entsprechend.

(3) [1]§ 28 Absatz 6 bis 8 ist erstmals auf Jahresund Konzernabschlüsse für Geschäftsjahre anzuwenden, die nach dem 23. Dezember 2009 enden. [2]Auf die Formblätter 1 bis 4 in der Fassung der Verordnung zur Änderung der Versicherungsunternehmens-Rechnungslegungsverordnung sowie zur Änderung weiterer Rechnungslegungsverordnungen vom 18. Dezember 2009 (BGBl. I S. 3934) ist Absatz 11 Satz 1, 2 und 4 entsprechend anzuwenden.

(4) § 51 Absatz 4 Nummer 2 Buchstabe c in der Fassung des Artikels 7 Absatz 2 des Kleinstkapitalgesellschaften-Bilanzrechtsänderungsgesetzes vom 20. Dezember 2012 (BGBl. I S. 2751) ist erstmals auf Jahresabschlüsse für Geschäftsjahre anzuwenden, die nach dem 31. Dezember 2012 beginnen.

(5) § 7, Formblatt 1 sowie das Muster 1 in der Fassung des AIFM-Umsetzungsgesetzes vom 4. Juli 2013 (BGBl. I S. 1981) sind erstmals auf Jahres- und Konzernabschlüsse für nach dem 21. Juli 2013 beginnende Geschäftsjahre anzuwenden.

(6) *(aufgehoben)*

(7) Die §§ 51, 52 und § 59 Absatz 1 in der Fassung des Bilanzrichtlinie-Umsetzungsgesetzes vom 17. Juli 2015 (BGBl. I S. 1245) sind erstmals auf Jahres- und Konzernabschlüsse für Geschäftsjahre anzuwenden, die nach dem 31. Dezember 2015 beginnen.

(8) § 61 in der Fassung des Gesetzes zur Umsetzung der Richtlinie (EU) 2016/2341 des Europäischen Parlaments und des Rates vom 14. Dezember 2016 über die Tätigkeiten und die Beaufsichtigung von Einrichtungen der betrieblichen Altersversorgung (EbAV) (Neufassung) vom 19. Dezember 2018 (BGBl. I S. 2672) ist erstmals auf den Jahresabschluss sowie den Konzernabschluss für das nach dem 31. Dezember 2018 beginnende Geschäftsjahr anzuwenden.

§ 65 Inkrafttreten, Außerkrafttreten

Diese Verordnung tritt am Tage nach der Verkündung in Kraft. Gleichzeitig treten

1. die Verordnung über die Rechnungslegung von Versicherungsunternehmen vom 11. Juli 1973 (BGBl. I S. 1209), zuletzt geändert durch Verordnung vom 23. Dezember 1986 (BGBl. 1987 I S. 2), sowie
2. der Zweite und Fünfte Abschnitt der Verordnung über die Rechnungslegung bestimmter kleinerer Versicherungsvereine auf Gegenseitigkeit im Sinne des § 53 des Versicherungsgesetzes vom 27. Januar 1988 (BGBl. I S. 104) außer Kraft.

Vorschriften zur Bildung von Schwankungsrückstellungen

Abschnitt I Bildung, Höhe, Zuführungen, Entnahmen, Auflösung

1. In jedem Versicherungszweig des selbst abgeschlossenen und des in Rückdeckung übernommenen Schaden- und Unfall-Versicherungsgeschäfts (ohne das in Rückdeckung übernommene Lebens- und Kranken-Versicherungsgeschäft) ist eine Rückstellung zum Ausgleich der Schwankungen im Schadenverlauf künftiger Jahre (Schwankungsrückstellung) nach den Bestimmungen dieser Anlage zu bilden, wenn die verdienten Beiträge im Durchschnitt der letzten drei Geschäftsjahre einschließlich des Bilanzjahres 125 000 Euro übersteigen, die Standardabweichung der Schadenquoten des Beobachtungszeitraums von der durchschnittlichen Schadenquote mindestens 5 vom Hundert beträgt und die Summe aus Schaden- und Kostenquote mindestens einmal im Beobachtungszeitraum 100 vom Hundert der verdienten Beiträge eines Geschäftsjahres überschritten hat.

2. (1) Der Sollbetrag der Schwankungsrückstellung beträgt das Viereinhalbfache, in der Hagel-, Kredit- und Kautions- sowie Vertrauensschadensversicherung das Sechsfache der Standardabweichung der Schadenquoten des Beobachtungszeitraumes von der durchschnittlichen Schadenquote multipliziert mit den verdienten Beiträgen des Bilanzjahres.

   (2) [1]Unterschreitet die durchschnittliche Schadenquote die Grenzschadenquote, ist die dreifache Differenz zwischen Grenzschadenquote und durchschnittlicher Schadenquote multipliziert mit den verdienten Beiträgen des Bilanzjahres von dem nach Absatz 1 ermittelten Betrag abzuziehen. [2]Satz 1 gilt nicht in der Hagelversicherung.

3. Der Schwankungsrückstellung sind in jedem Bilanzjahr unabhängig vom Eintritt eines Über- oder Unterschadens zunächst 3,5 vom Hundert ihres jeweiligen Sollbetrages zuzuführen, bis dieser erreicht oder wieder erreicht ist.

4. Ist in einem Bilanzjahr ein Unterschaden eingetreten, so ist der nach Abschnitt II Nr. 7 Satz 2 zu berechnende Betrag zusätzlich der Schwankungsrückstellung zuzuführen, bis ihr Sollbetrag erreicht oder wieder erreicht ist.

5. [1]Ist in einem Bilanzjahr ein Überschaden eingetreten, so ist der nach Abschnitt II Nr. 8 Satz 2 zu berechnende Betrag der Schwankungsrückstellung zu entnehmen. [2]Unterschreitet die durchschnittliche Schadenquote die Grenzschadenquote, vermindert sich der zu entnehmende Betrag um 60 vom Hundert der mit den verdienten Beiträgen des Bilanzjahres multiplizierten Differenz aus Grenzschadenquote und durchschnittlicher Schadenquote.

6. Übersteigt die Schwankungsrückstellung nach der Entnahme eines Überschadens gemäß Nummer 5 den Sollbetrag, so ist sie um den den Sollbetrag übersteigenden Betrag aufzulösen.

7. (1) [1]Sind die Voraussetzungen für die Bildung einer Schwankungsrückstellung gemäß Nummer 1 nicht mehr erfüllt, so ist die Schwankungsrückstellung aufzulösen. [2]Die Auflösung kann auf das Bilanzjahr und die folgenden vier Geschäftsjahre gleichmäßig verteilt werden.

   (2) [1]Die Auflösung gemäß Absatz 1 hat zu unterbleiben, wenn das Versicherungsunternehmen unter Einbeziehung des Jahresabschlusses des Bilanzjahres in den Beobachtungszeitraum verpflichtet ist, im folgenden Geschäftsjahr wieder eine Schwankungsrückstellung gemäß Nummer 1 zu bilden. [2]Die Schwankungsrückstellung ist dann in der Höhe fortzuführen, in der sie unter Berücksichtigung des Jahresabschlusses des Bilanzjahres im folgenden Geschäftsjahr gemäß den Nummern 2 bis

6 zu stellen wäre. [3]Als verdiente Beiträge, Schaden- und Kostenquote des folgenden Geschäftsjahres sind die entsprechenden Werte des Bilanzjahres zu verwenden.

Abschnitt II Begriffsbestimmungen

1. (1) Ein Versicherungszweig nach den Bestimmungen dieser Anlage liegt vor, wenn nach § 4 Abs. 1 Satz 1 Nr. 1, § 5 Abs. 1, § 6 Satz 1 Nr. 3 der Versicherungsberichterstattungs-Verordnung in der jeweils geltenden Fassung zwingend eine gesonderte versicherungstechnische Gewinn- und Verlustrechnung aufzustellen und der Bundesanstalt für Finanzdienstleistungsaufsicht einzureichen ist.

(2) In jedem Fall gelten als Versicherungszweig im Sinne der Bestimmungen dieser Anlage unbeschadet einer weitergehenden Untergliederung

1. die Feuer-Industrie-Versicherung einschließlich der Feuer-Betriebsunterbrechungs- Versicherung,
2. die Landwirtschaftliche Feuerversicherung,
3. die Kautionsversicherung,
4. die Delkredereversicherung,
5. die Vertrauensschadenversicherung,

die Kautions- und Delkredereversicherung jedoch nur, soweit der Versicherungsnehmer eine gewerbliche, bergbauliche oder freiberufliche Tätigkeit ausübt (Versicherungszweig 20 der Anlage 1 Abschnitt C der Versicherungsberichterstattungs-Verordnung).

(3) [1]Werden für weitere Versicherungszweige, -arten und -unterarten im Sinne der Versicherungsberichterstattungs-Verordnung für Zwecke der Schwankungsrückstellung freiwillig gesonderte versicherungstechnische Gewinn- und Verlustrechnungen aufgestellt, so gelten auch diese als Versicherungszweige im Sinne der Bestimmungen dieser Anlage. [2]Hierbei ist Abschnitt III Nr. 2 zu beachten.

(4) Als Versicherungszweig im Sinne der Bestimmungen dieser Anlage gelten nicht

1. die selbst abgeschlossene und die in Rückdeckung übernommene
   a) Feuerversicherung insgesamt,
   b) Kredit- und Kautionsversicherung insgesamt,
   c) sonstige Schadenversicherung einschließlich der mit dieser in einer gesonderten versicherungstechnischen Gewinn- und Verlustrechnung miterfaßten Versicherungszweige gemäß § 4 Abs. 2 Satz 2 Versicherungsberichterstattungs-Verordnung,
   d) Sonstige Sachversicherung,
2. die selbst abgeschlossene Kraftfahrtversicherung,
3. die selbst abgeschlossenen Versicherungen insgesamt,
4. die in Rückdeckung übernommenen Versicherungen insgesamt.

2. [1]Die Standardabweichung der Schadenquoten des Beobachtungszeitraumes im Sinne der Bestimmungen dieser Anlage ist die Quadratwurzel aus dem Summenwert der quadrierten Abweichungen im Beobachtungszeitraum, der durch die um 1 verminderte Zahl der Geschäftsjahre des Beobachtungszeitraumes dividiert wurde. [2]Abweichung ist die Differenz zwischen der Schadenquote eines Geschäftsjahres des Beobachtungszeitraumes und der durchschnittlichen Schadenquote des Beobachtungszeitraumes.

3. (1) [1]Beobachtungszeitraum im Sinne der Bestimmungen dieser Anlage sind jeweils die fünfzehn, in der Hagel-, der Kredit- und Kautions- sowie der Vertrauens-

schadenversicherung die dreißig dem Bilanzjahr vorausgehenden Geschäftsjahre. [2]Hierbei bleiben Geschäftsjahre mit verdienten Beiträgen von 125 000 Euro und weniger außer Betracht. [3]Für diese Geschäftsjahre ist nach Abschnitt III Nr. 1 Abs. 1 Satz 1 und 2 zu verfahren. [4]In der Kredit- und Kautions- sowie der Vertrauensschadenversicherung bleiben darüber hinaus Geschäftsjahre, die vor dem 1. Januar 1966 begonnen haben, für den Beobachtungszeitraum unberücksichtigt. [5]Im Falle des Abschnittes I Nr. 7 Abs. 2 zählt das Bilanzjahr zum fünfzehn- oder dreißigjährigen Beobachtungszeitraum.

(2) Betreibt ein Versicherungsunternehmen einen Versicherungszweig noch nicht während des gesamten Beobachtungszeitraumes im Sinne des Absatzes 1, mindestens aber zehn Geschäftsjahre vor dem Bilanzjahr, so gelten jeweils sämtliche Geschäftsjahre als Beobachtungszeitraum.

4. (1) Die Schadenquote eines Geschäfts- oder Bilanzjahres im Sinne der Bestimmungen dieser Anlage ist das Verhältnis der Aufwendungen für Versicherungsfälle einschließlich der Schadenregulierungsaufwendungen, der Aufwendungen für die erfolgsabhängige, soweit gesetzlich vorgeschrieben, und die erfolgsunabhängige Beitragsrückerstattung, der Aufwendungen für Rückkäufe und Rückgewährbeträge und der Veränderungen der Beitragsdeckungsrückstellung, abzüglich des technischen Zinsertrages, jeweils für eigene Rechnung, zu den verdienten Beiträgen des Geschäfts- oder Bilanzjahres.

(2) Die durchschnittliche Schadenquote ist das arithmetische Mittel der Schadenquoten des Beobachtungszeitraumes.

5. Die Grenzschadenquote im Sinne der Bestimmungen dieser Anlage ergibt sich für das selbst abgeschlossene Geschäft aus der Differenz zwischen 95 vom Hundert, für das selbst abgeschlossene Rechtsschutzgeschäft 98 vom Hundert und für das in Rückdeckung übernommene Geschäft 99 vom Hundert und der mittleren Kostenquote.

6. (1) Kostenquote im Sinne der Bestimmungen dieser Anlage ist das Verhältnis der Aufwendungen für den Versicherungsbetrieb zuzüglich der Feuerschutzsteuer sowie sonstige, ihrem Verwendungszweck nach vergleichbare Aufwendungen für Schadenverhütung und -bekämpfung zu den verdienten Beiträgen, jeweils ohne Abzug des Anteils der Rückversicherer.

(2) Die mittlere Kostenquote ist das arithmetische Mittel der Kostenquoten des Bilanzjahres und der zwei vorausgehenden Geschäftsjahre.

7. [1]Ein Unterschaden liegt vor, wenn die Schadenquote des Bilanzjahres die durchschnittliche Schadenquote unterschreitet. [2]Der Betrag des Unterschadens ergibt sich aus der Differenz dieser beiden Quoten multipliziert mit den verdienten Beiträgen des Bilanzjahres.

8. [1]Ein Überschaden liegt vor, wenn die Schadenquote des Bilanzjahres die durchschnittliche Schadenquote übersteigt. [2]Der Betrag des Überschadens ergibt sich aus der Differenz dieser beiden Quoten multipliziert mit den verdienten Beiträgen des Bilanzjahres.

9. (1) Verdiente Beiträge eines Geschäfts- oder Bilanzjahres im Sinne der Bestimmungen dieser Anlage sind die jeweiligen gebuchten Beiträge (einschließlich der Nebenleistungen der Versicherungsnehmer sowie im in Rückdeckung übernommenen Versicherungsgeschäft unter Einschluß der Portefeuille-Ein- und -Austrittsbeiträge) unter Berücksichtigung der Veränderung der Beitragsüberträge, jeweils für eigene Rechnung.

(2) Bei Versicherungsvereinen auf Gegenseitigkeit, bei denen die Erhebung von Nachschüssen geschäftsplanmäßig nicht ausgeschlossen ist, gelten als verdiente Beiträge des Bilanzjahres die im Bilanzjahr im voraus erhobenen Beiträge zuzüglich 10 vom Hundert der Summe der in den zehn dem Bilanzjahr vorausgehenden Geschäftsjahren sich ergebenden Nachschußquoten multipliziert mit den im voraus erhobenen Beiträgen des Bilanzjahres.

(3) Die Nachschußquote eines Geschäftsjahres ist das Verhältnis des im Geschäftsjahr erhobenen Nachschusses zu den im voraus erhobenen Beiträgen des Geschäftsjahres.

Abschnitt III Neuaufnahme und Untergliederung von Versicherungszweigen

1. (1) [1]Sind in einem Versicherungszweig im Sinne der Bestimmungen dieser Anlage, für den nach den Vorschriften der Versicherungsberichterstattungs-Verordnung oder des Abschnitts II Nr. 1 Abs. 2 erstmals eine gesonderte versicherungstechnische Gewinn- und Verlustrechnung aufzustellen ist, die für einen mindestens zehnjährigen Beobachtungszeitraum erforderlichen Schadenquoten aus den eigenen Geschäftsunterlagen ganz oder teilweise nicht zu ermitteln, so sind für die fehlenden Geschäftsjahre die Schadenquoten aus den in den Geschäftsberichten der Bundesanstalt für Finanzdienstleistungsaufsicht (BaFin) beziehungsweise des früheren Bundesaufsichtsamtes für das Versicherungswesen veröffentlichten Tabellen zu verwenden. [2]Liegen derartige Quoten nicht vor, so sind mit Zustimmung der BaFin geeignete andere statistische Quellen heranzuziehen. [3]Sobald ein mindestens zehnjähriger eigener Beobachtungszeitraum vorliegt, ist nach Abschnitt II Nr. 4 zu verfahren.

   (2) [1]Sind bei Anwendung des Absatzes 1 die zur Berechnung der mittleren Kostenquote erforderlichen Kostenquoten früherer Geschäftsjahre aus den eigenen Geschäftsunterlagen nicht zu ermitteln, so gilt als mittlere Kostenquote die Kostenquote des jeweiligen Bilanzjahres. [2]Sobald mindestens drei Geschäftsjahre einschließlich des Bilanzjahres vorliegen, ist nach Abschnitt II Nr. 6 Abs. 2 zu verfahren.

2. (1) [1]Für Versicherungszweige, -arten und -unterarten gemäß Abschnitt II Nr. 1 Abs. 3 darf eine gesonderte Schwankungsrückstellung nur gebildet werden, wenn die nach den Bestimmungen dieser Anlage zur Bildung der Schwankungsrückstellung erforderlichen Berechnungen für einen mindestens zehnjährigen Beobachtungszeitraum aus den vorhandenen Geschäftsunterlagen vorgenommen werden können. [2]Die Schwankungsrückstellung des Versicherungszweiges, zu dem die Versicherungsart und -unterart gemäß Satz 1 gehört, ist im Verhältnis der Sollbeträge der herausgenommenen Versicherungsart und -unterart zu denen des restlichen Versicherungszweiges aufzuteilen.

   (2) Bei Anwendung des Absatzes 1 ist die Untergliederung der Versicherungszweige für Zwecke der Schwankungsrückstellung beizubehalten. Eine weitere Untergliederung der neuen Versicherungszweige ist zulässig.

Abschnitt IV Übergangsregelungen

Abschnitt III Nr. 1 Abs. 1 und 2 gilt abweichend von Nr. 2 Abs. 1 auch für einen Versicherungszweig im Sinn der Versicherungsberichterstattungs-Verordnung vom 29. März 2006 (BGBl. I S. 622), für den freiwillig gesonderte versicherungstechnische Gewinn- und Verlustrechnungen für Zwecke der Schwankungsrückstellung nach Abschnitt II Nr. 1 Abs. 3 Satz 1 aufgestellt werden.

Formblatt 1

Name: ……………………………………

Sitz: ……………………………………

Jahresbilanz zum ……………………………

Aktivseite

	Euro	Euro	Euro	Euro
A. *[aufgehoben]*				
B. Immaterielle Vermögensgegenstände				
I. Selbst geschaffene gewerbliche Schutzrechte und ähnliche Rechte und Werte		......		
II. entgeltlich erworbene Konzessionen, gewerbliche Schutzrechte und ähnliche Rechte und Werte sowie Lizenzen an solchen Rechten und Werten		......		
III. Geschäfts- oder Firmenwert		......		
IV. geleistete Anzahlungen		......		
C. Kapitalanlagen				
I. Grundstücke, grundstücksgleiche Rechte und Bauten einschließlich der Bauten auf fremden Grundstücken			......	
II. Kapitalanlagen in verbundenen Unternehmen und Beteiligungen				
1. Anteile an verbundenen Unternehmen		......		
2. Ausleihungen an verbundene Unternehmen		......		
3. Beteiligungen		......		
4. Ausleihungen an Unternehmen, mit denen ein Beteiligungsverhältnis besteht		......	......	
III. Sonstige Kapitalanlagen				
1. Aktien, Anteile oder Aktien an Investmentvermögen und andere nicht festverzinsliche Wertpapiere		......		
2. Inhaberschuldverschreibungen und andere festverzinsliche Wertpapiere		......		
3. Hypotheken-, Grundschuld- und Rentenschuldforderungen		......		
4. Sonstige Ausleihungen				
a) Namensschuldverschreibungen	......			
b) Schuldscheinforderungen und Darlehen	......			
c) Darlehen und Vorauszahlungen auf Versicherungsscheine	......			
d) übrige Ausleihungen	......	......		
5. Einlagen bei Kreditinstituten		......		
6. Andere Kapitalanlagen		......	......	

Passivseite

	Euro	Euro	Euro
A. Eigenkapital			
I. Eingefordertes Kapital			
Gezeichnetes Kapital[3]		......	
abzüglich nicht eingeforderter ausstehender Einlagen		......	......
II. Kapitalrücklage		......	
III. Gewinnrücklagen			
1. gesetzliche Rücklage[4]	......		
2. Rücklage für Anteile an einem herrschenden oder mehrheitlich beteiligten Unternehmen	......		
3. satzungsmäßige Rücklagen	......		
4. andere Gewinnrücklagen	......		
IV. Gewinnvortrag/Verlustvortrag[5] [6a]			
V. Jahresüberschuß/Jahresfehlbetrag[5] [6a]		......	......
B. Genußrechtskapital			......
C. Nachrangige Verbindlichkeiten			......
D. [gestrichen]			
E. Versicherungstechnische Rückstellungen			
I. Beitragsüberträge			
1. Bruttobetrag	......		
2. davon ab: Anteil für das in Rückdeckung gegebene Versicherungsgeschäft	......	......	
II. Deckungsrückstellung			
1. Bruttobetrag[6b]	......		
2. davon ab: Anteil für das in Rückdeckung gegebene Versicherungsgeschäft	......	......	
III. Rückstellung für noch nicht abgewickelte Versicherungsfälle			
1. Bruttobetrag	......		
2. davon ab: Anteil für das in Rückdeckung gegebene Versicherungsgeschäft	......	......	
IV. Rückstellung für erfolgsabhängige und erfolgsunabhängige Beitragsrückerstattung[7]			
1. Bruttobetrag	......		
2. davon ab: Anteil für das in Rückdeckung gegebene Versicherungsgeschäft	......	......	
V. Schwankungsrückstellung und ähnliche Rückstellungen[8]			

noch Aktivseite

	Euro	Euro	Euro
IV. Depotforderungen aus dem in Rückdeckung übernommenen Versicherungsgeschäft		......	......
D. Kapitalanlagen für Rechnung und Risiko von Inhabern von Lebensversicherungspolicen			......
E. Forderungen			
I. Forderungen aus dem selbst abgeschlossenen Versicherungsgeschäft an:			
1. Versicherungsnehmer[2]	......		
2. Versicherungsvermittler	......		
3. Mitglieds- und Trägerunternehmen	......	......	
II. Abrechnungsforderungen aus dem Rückversicherungsgeschäft		......	
III. Eingefordertes, noch nicht eingezahltes Kapital[1]		......	
IV. Sonstige Forderungen		......	......
F. Sonstige Vermögensgegenstände			
I. Sachanlagen und Vorräte		......	
II. Laufende Guthaben bei Kreditinstituten, Schecks und Kassenbestand		......	
III. Andere Vermögensgegenstände		......	......
G. Rechnungsabgrenzungsposten			
I. Abgegrenzte Zinsen und Mieten		......	
II. Sonstige Rechnungsabgrenzungsposten		......	......
H. Aktive latente Steuern		......	
I. Aktiver Unterschiedsbetrag aus der Vermögensverrechnung		......	
K. Nicht durch Eigenkapital gedeckter Fehlbetrag		......	......
Summe der Aktiva			......

noch Passivseite

	Euro	Euro	Euro
VI. Sonstige versicherungstechnische Rückstellungen			
1. Bruttobetrag	......		
2. davon ab: Anteil für das in Rückdeckung gegebene Versicherungsgeschäft	......	......	......
F. Versicherungstechnische Rückstellungen im Bereich der Lebensversicherung, soweit das Anlagerisiko von den Versicherungsnehmern getragen wird			
I. Deckungsrückstellung			
1. Bruttobetrag	......		
2. davon ab: Anteil für das in Rückdeckung gegebene Versicherungsgeschäft	......	......	
II. Übrige versicherungstechnische Rückstellungen			
1. Bruttobetrag	......		
2. davon ab: Anteil für das in Rückdeckung gegebene Versicherungsgeschäft	......	......	......
G. Andere Rückstellungen			
I. Rückstellungen für Pensionen und ähnliche Verpflichtungen		......	
II. Steuerrückstellungen		......	
III. Sonstige Rückstellungen		......	
H. Depotverbindlichkeiten aus dem in Rückdeckung gegebenen Versicherungsgeschäft			......
I. Andere Verbindlichkeiten			
I. Verbindlichkeiten aus dem selbst abgeschlossenen Versicherungsgeschäft gegenüber			
1. Versicherungsnehmern	......		
2. Versicherungsvermittlern	......		
3. Mitglieds- und Trägerunternehmen	......	......	
II. Abrechnungsverbindlichkeiten aus dem Rückversicherungsgeschäft		......	
III. Anleihen davon: konvertibel .... Euro		......	
IV. Verbindlichkeiten gegenüber Kreditinstituten		......	
V. Sonstige Verbindlichkeiten davon: aus Steuern: .... Euro im Rahmen der sozialen Sicherheit:		......	......
K. Rechnungsabgrenzungsposten			......
L. Passive latente Steuern			......
Summe der Passiva			......

Fußnoten zu Formblatt 1:

1) An die Stelle des Aktivpostens E III „Eingefordertes, noch nicht eingezahltes Kapital" tritt bei Versicherungsvereinen auf Gegenseitigkeit in der Bilanz der Aktivposten E III „Wechsel der Zeichner des Gründungsstocks" und bei anderen Versicherungsunternehmen, die kein gezeichnetes Kapital haben, der den ausstehenden Einlagen auf das gezeichnete Kapital entsprechende Posten.

2) Lebensversicherungsunternehmen sowie Pensions- und Sterbekassen, bei denen Forderungen gemäß § 15 auftreten, haben den Aktivposten E I 1 „Forderungen aus dem selbst abgeschlossenen Versicherungsgeschäft an Versicherungsnehmer" in der Bilanz wie folgt zu untergliedern:
„a) fällige Ansprüche ......
b) noch nicht fällige Ansprüche ....".

3) An die Stelle des Passivpostens A I „Gezeichnetes Kapital" tritt bei Versicherungsvereinen auf Gegenseitigkeit in der Bilanz der Passivposten A I „Gründungsstock", bei Versicherungsunternehmen, die keine Kapitalgesellschaften oder Versicherungsvereine auf Gegenseitigkeit sind, der dem gezeichneten Kapital entsprechende Posten, bei Niederlassungen der Passivposten A I „Feste Kaution".

4) An die Stelle des Passivpostens A III 1 „gesetzliche Rücklage" tritt bei öffentlich-rechtlichen Versicherungsunternehmen in der Bilanz der Passivposten A III 1 „Sicherheitsrücklage" und bei Versicherungsvereinen auf Gegenseitigkeit der Passivposten A III 1 „Verlustrücklage gemäß § 193 VAG".

5) Wird die Bilanz unter Berücksichtigung der teilweisen Verwendung des Jahresergebnisses aufgestellt, so tritt in der Bilanz an die Stelle der Passivposten A IV „Gewinnvortrag/Verlustvortrag" und A V „Jahresüberschuß/Jahresfehlbetrag" der Passivposten A IV „Bilanzgewinn/Bilanzverlust", ein vorhandener Gewinn- oder Verlustvortrag ist in diesen Passivposten einzubeziehen und in der Bilanz oder im Anhang gesondert anzugeben.

6) Pensions- und Sterbekassen haben zu den Abschlußstichtagen, zu denen eine versicherungsmathematische Berechnung der Deckungsrückstellung nicht erfolgt, in der Bilanz
a)an Stelle der Passivposten A IV „Gewinnvortrag/Verlustvortrag" und A V „Jahresüberschuß/Jahresfehlbetrag" den Passivposten A IV „Gesamt-Ausgleichsposten" auszuweisen und wie folgt zu untergliedern:
„1. Ausgleichsposten ......
2. Bilanzgewinn/Bilanzverlust zum ....".

b) An Stelle des Passivpostens E II 1 „Bruttobetrag" auszuweisen die Posten
„1a)Bruttobetrag laut versicherungsmathematischer Berechnung zum ....
b)zuzüglich Zuführung aus der Rückstellung für Beitragsrückerstattung ....".

7) Krankenversicherungsunternehmen haben den Passivposten E IV „Rückstellung für erfolgsabhängige und erfolgsunabhängige Beitragsrückerstattung" in der Bilanz wie folgt zu untergliedern:
„1. erfolgsabhängige
a) Bruttobetrag ......
b) davon ab:
Anteil für das in Rückdeckung gegebene Versicherungsgeschäft ....
2.erfolgsunabhängige
a) Bruttobetrag ......
b) davon ab:
Anteil für das in Rückdeckung gegebene Versicherungsgeschäft ....".

8) Der Passivposten E V gilt nur für Schaden- und Unfallversicherungsunternehmen sowie Rückversicherungsunternehmen.

Formblatt 2

Name: ....
Sitz: ....
Gewinn- und Verlustrechnung
für die Zeit vom ....bis ....

Posten	Euro	Euro	Euro
I. Versicherungstechnische Rechnung			
1. Verdiente Beiträge für eigene Rechnung			
a) Gebuchte Bruttobeiträge	....		
b) Abgegebene Rückversicherungsbeiträge	....	....	
c) Veränderung der Bruttobeitragsüberträge	....		
d) Veränderung des Anteils der Rückversicherer an den Bruttobeitragsüberträgen	....	....	....
2. Technischer Zinsertrag für eigene Rechnung			....
3. Sonstige versicherungstechnische Erträge für eigene Rechnung			....
4. Aufwendungen für Versicherungsfälle für eigene Rechnung			
a) Zahlungen für Versicherungsfälle			
aa) Bruttobetrag	....		
bb) Anteil der Rückversicherer	....	....	
b) Veränderung der Rückstellung für noch nicht abgewickelte Versicherungsfälle			
aa) Bruttobetrag	....		
bb) Anteil der Rückversicherer	....	....	....
5. Veränderung der übrigen versicherungstechnischen Netto-Rückstellungen[1]			
a) Netto-Deckungsrückstellung	....		
b) Sonstige versicherungstechnische Netto-Rückstellungen	....	....	....
6. Aufwendungen für erfolgsabhängige und erfolgsunabhängige Beitragsrückerstattungen für eigene Rechnung			....
7. Aufwendungen für den Versicherungsbetrieb für eigene Rechnung			
a) Bruttoaufwendungen für den Versicherungsbetrieb		....	
b) davon ab: erhaltene Provisionen und Gewinnbeteiligungen aus dem in Rückdeckung gegebenen Versicherungsgeschäft		....	....
8. Sonstige versicherungstechnische Aufwendungen für eigene Rechnung			....
9. Zwischensumme			....
10. Veränderung der Schwankungsrückstellung und ähnlicher Rückstellungen			....
11. Versicherungstechnisches Ergebnis für eigene Rechnung			....
II. Nichtversicherungstechnische Rechnung			
1. Erträge aus Kapitalanlagen			
a) Erträge aus Beteiligungen			....
davon: aus verbundenen Unternehmen .... Euro			
b) Erträge aus anderen Kapitalanlagen			
davon: aus verbundenen Unternehmen .... Euro			
aa) Erträge aus Grundstücken, grundstücksgleichen Rechten und Bauten einschließlich der Bauten auf fremden Grundstücken	....		
bb) Erträge aus anderen Kapitalanlagen	....	....	

noch Posten

	Euro	Euro	Euro	Euro
c) Erträge aus Zuschreibungen		....		
d) Gewinne aus dem Abgang von Kapitalanlagen		....		
e) Erträge aus Gewinngemeinschaften, Gewinnabführungs- und Teilgewinnabführungsverträgen		....	....	
2. Aufwendungen für Kapitalanlagen				
a) Aufwendungen für die Verwaltung von Kapitalanlagen, Zinsaufwendungen und sonstige Aufwendungen für die Kapitalanlagen		....		
b) Abschreibungen auf Kapitalanlagen		....		
c) Verluste aus dem Abgang von Kapitalanlagen		....		
d) Aufwendungen aus Verlustübernahme		....	....	
3. Technischer Zinsertrag				
4. Sonstige Erträge				
5. Sonstige Aufwendungen[2)]				
6. Ergebnis der normalen Geschäftstätigkeit				
7. Außerordentliche Erträge				
8. Außerordentliche Aufwendungen				
9. Außerordentliches Ergebnis				
10. Steuern vom Einkommen und vom Ertrag				
11. Sonstige Steuern				
12. Erträge aus Verlustübernahme				
13. Auf Grund einer Gewinngemeinschaft, eines Gewinnabführungs- oder eines Teilgewinnabführungsvertrages abgeführte Gewinne				
14. Jahresüberschuß/Jahresfehlbetrag[3)]	....			

Fußnoten zu Formblatt 2:

1) Sofern ein Passivposten „Deckungsrückstellung“ in der Bilanz nicht vorhanden ist, entfallen beim Posten 15 in der versicherungstechnischen Rechnung die beiden Unterposten a und b, und der Posten erhält folgende Bezeichnung:
„5. Veränderung der sonstigen versicherungstechnischen Netto-Rückstellungen ....“.

2) International tätige Rückversicherungsunternehmen dürfen Sonderzuführungen zur Rückstellung für noch nicht abgewickelte Versicherungsfälle statt in der versicherungstechnischen Rechnung unter dem Posten 14 b „Veränderung der Rückstellung für noch nicht abgewickelte Versicherungsfalle“ in der nichtversicherungstechnischen Rechnung unter dem Posten II 5 „Sonstige Aufwendungen“ ausweisen; in diesem Fall haben die international tätigen Rückversicherungsunternehmen den Posten II 5 wie folgt zu untergliedern:
„ a) Sonderzuführungen an die Rückstellung für noch nicht abgewickelte Versicherungsfälle ....
b) übrige Aufwendungen ....“.

3) Bei Berücksichtigung der Veränderungen von Kapital- und Gewinnrücklagen sowie des Genußrechtskapitals in der nichtversicherungstechnischen Rechnung ist diese in Fortführung der Numerierung um folgende Posten zu ergänzen:
„ 15. Gewinnvortrag/Verlustvortrag aus dem Vorjahr ....

16. Entnahmen aus der Kapitalrücklage ....

noch Posten

	Euro	Euro	Euro	Euro
17. Entnahmen aus Gewinnrücklagen				
a) aus der gesetzlichen Rücklage[a]		....		
b) aus der Rücklage für Anteile an einem herrschenden oder mehrheitlich beteiligten Unternehmen		....		
c) aus satzungsmäßigen Rücklagen		....		
d) aus anderen Gewinnrücklagen		....	....	
			....	
18. Entnahmen aus Genußrechtskapital			....	
			....	
19. Einstellungen in Gewinnrücklagen				
a) in die gesetzliche Rücklage[b]		....		
b) in die Rücklage für Anteile an einem herrschenden oder mehrheitlich beteiligten Unternehmen		....		
c) in satzungsmäßige Rücklagen		....		
d) in andere Gewinnrücklagen		....	....	
			....	
20. Wiederauffüllung des Genußrechtskapitals			....	
21. Bilanzgewinn/Bilanzverlust			..............".	

a) An die Stelle des Postens II 17 a „aus der gesetzlichen Rücklage" in der nichtversicherungstechnischen Rechnung tritt bei öffentlich-rechtlichen Versicherungsunternehmen der Posten II 17 a „aus der Sicherheitsrücklage" und bei Versicherungsvereinen auf Gegenseitigkeit der Posten II 17 a „aus der Verlustrücklage gemäß § 193 VAG".

b) An die Stelle des Postens II 19 a „in die gesetzliche Rücklage" in der nichtversicherungstechnischen Rechnung tritt bei öffentlich-rechtlichen Versicherungsunternehmen der Posten II 19 a „in die Sicherheitsrücklage" und bei Versicherungsvereinen auf Gegenseitigkeit der Posten II 19 a „in die Verlustrücklage gemäß § 193 VAG".

Die Angaben ab Posten II 15 können statt in der nichtversicherungstechnischen Rechnung auch im Anhang gemacht werden.

Formblatt 3

Name: ....
Sitz: ....
Gewinn- und Verlustrechnung
für die Zeit vom .... bis ....

Posten	Euro	Euro	Euro
I. Versicherungstechnische Rechnung			
1. Verdiente Beiträge für eigene Rechnung			
a) Gebuchte Bruttobeiträge	....		
b) Abgegebene Rückversicherungsbeiträge	....	....	
c) Veränderung der Bruttobeitragsüberträge	....		
d) Veränderung des Anteils der Rückversicherer an den Bruttobeitragsüberträgen	....	....	....
2. Beiträge aus der Brutto-Rückstellung für Beitragsrückerstattung			....
3. Erträge aus Kapitalanlagen			
a) Erträge aus Beteiligungen davon: aus verbundenen Unternehmen .... Euro		....	
b) Erträge aus anderen Kapitalanlagen davon: aus verbundenen Unternehmen .... Euro			
aa) Erträge aus Grundstücken, grundstücksgleichen Rechten und Bauten einschließlich der Bauten auf fremden Grundstücken	....		
bb) Erträge aus anderen Kapitalanlagen	....	....	
c) Erträge aus Zuschreibungen		....	
d) Gewinne aus dem Abgang von Kapitalanlagen		....	
e) Erträge aus Gewinngemeinschaften, Gewinnabführungs- und Teilgewinnabführungsverträgen	....	....	
4. Nicht realisierte Gewinne aus Kapitalanlagen			....
5. Sonstige versicherungstechnische Erträge für eigene Rechnung			....
6. Aufwendungen für Versicherungsfälle für eigene Rechnung			
a) Zahlungen für Versicherungsfälle			
aa) Bruttobetrag	....		
bb) Anteil der Rückversicherer	....	....	
b) Veränderung der Rückstellung für noch nicht abgewickelte Versicherungsfälle			
aa) Bruttobetrag	....		
bb) Anteil der Rückversicherer	....	....	....
7. Veränderung der übrigen versicherungstechnischen Netto-Rückstellungen			
a) Deckungsrückstellung			
aa) Bruttobetrag	....		
bb) Anteil der Rückversicherer	....	....	
b) Sonstige versicherungstechnische Netto-Rückstellungen		....	....
8. Aufwendungen für erfolgsabhängige und erfolgsunabhängige Beitragsrückerstattungen für eigene Rechnung[1]			....
9. Aufwendungen für den Versicherungsbetrieb für eigene Rechnung			
a) Abschlußaufwendungen	....		
b) Verwaltungsaufwendungen	....	....	
c) davon ab: Erhaltene Provisionen und Gewinnbeteiligungen aus dem in Rückdeckung gegebenen Versicherungsgeschäft		....	....

noch Posten

	Euro	Euro	Euro
10. Aufwendungen für Kapitalanlagen			
a) Aufwendungen für die Verwaltung von Kapitalanlagen, Zinsaufwendungen und sonstige Aufwendungen für die Kapitalanlagen		....	
b) Abschreibungen auf Kapitalanlagen		....	
c) Verluste aus dem Abgang von Kapitalanlagen		....	
d) Aufwendungen aus Verlustübernahme		....	....
11. Nicht realisierte Verluste aus Kapitalanlagen			....
12. Sonstige versicherungstechnische Aufwendungen für eigene Rechnung			....
13. Versicherungstechnisches Ergebnis für eigene Rechnung			....
II. Nichtversicherungstechnische Rechnung			
1. Sonstige Erträge		....	
2. Sonstige Aufwendungen		....	....
3. Ergebnis der normalen Geschäftstätigkeit			....
4. Außerordentliche Erträge		....	
5. Außerordentliche Aufwendungen		....	
6. Außerordentliches Ergebnis			....
7. Steuern vom Einkommen und vom Ertrag		....	
8. Sonstige Steuern[2]		....	....
9. Erträge aus Verlustübernahme		....	
10. Auf Grund einer Gewinngemeinschaft, eines Gewinnabführungs- oder eines Teilgewinnabführungsvertrages abgeführte Gewinne		....	....
11. Jahresüberschuß/Jahresfehlbetrag[3)4)]			....

Fußnoten zu Formblatt 3:

1) Krankenversicherungsunternehmen haben den Posten I 8 „Aufwendungen für erfolgsabhängige und erfolgsunabhängige Beitragsrückerstattungen für eigene Rechnung" in der versicherungstechnischen Rechnung wie folgt zu untergliedern:

„a) erfolgsabhängige		..............".
b) erfolgsunabhängige	....	..............".

2) Pensions- und Sterbekassen haben nach dem Posten II 8 „Sonstige Steuern" in der nichtversicherungstechnischen Rechnung folgenden Posten einzufügen:

„8a. Ausgleichsposten aus dem Vorjahr	..............".

3) Bei Pensions- und Sterbekassen tritt zu den Abschlußstichtagen, zu denen eine versicherungsmathematische Berechnung der Deckungsrückstellung nicht erfolgt, in der nichtversicherungstechnischen Rechnung an die Stelle des Postens II. 11 „Jahresüberschuß/Jahresfehlbetrag" der Posten II 11 „Überschuß/Fehlbetrag".

4) Bei Berücksichtigung der Veränderungen von Kapital- und Gewinnrücklagen sowie des Genußrechtskapitals in der nichtversicherungstechnischen Rechnung ist diese in Fortführung der Numerierung um folgende Posten zu ergänzen:

„12. Gewinnvortrag/Verlustvortrag aus dem Vorjahr[a)]		....
		....
13. Entnahmen aus der Kapitalrücklage		....
		....
14. Entnahmen aus Gewinnrücklagen		
a) aus der gesetzlichen Rücklage[b)]	....	
b) aus der Rücklage für Anteile an einem herrschenden oder mehrheitlich beteiligten Unternehmen	....	
c) aus satzungsmäßigen Rücklagen	....	
d) aus anderen Gewinnrücklagen	....	....
		....

15.	Entnahmen aus Genußrechtskapital		....
			....
16.	Einstellungen in Gewinnrücklagen		
	a) in die gesetzliche Rücklage[c]	....	
	b) in die Rücklage für Anteile an einem herrschenden oder mehrheitlich beteiligten Unternehmen	....	
	c) in satzungsmäßige Rücklagen	....	
	d) in andere Gewinnrücklagen	....	....
17.	Wiederauffüllung des Genußrechtskapitals		....
18.	Bilanzgewinn/Bilanzverluste[a]		....

a) Bei Pensions- und Sterbekassen treten zu den Abschlußstichtagen, zu denen eine versicherungsmathematische Berechnung der Deckungsrückstellung nicht erfolgt, in der nichtversicherungstechnischen Rechnung an die Stelle
1. des Postens II 12 „Gewinnvortrag/Verlustvortrag aus dem Vorjahr“ der Posten II 12 „Bilanzgewinn/Bilanzverlust zum ....“.
2. des Postens II 18 „Bilanzgewinn/Bilanzverlust“ der Posten II 18 „Ausgleichsposten“.

b) An die Stelle des Postens II 14 a „aus der gesetzlichen Rücklage“ in der nichtversicherungstechnischen Rechnung tritt bei öffentlich-rechtlichen Versicherungsunternehmen der Posten II 14 a „aus der Sicherheitsrücklage“ und bei den Versicherungsvereinen auf Gegenseitigkeit der Posten II 14 a „aus der Verlustrücklage gemäß § 193 VAG“.

c) An die Stelle des Postens II 16 a „in die gesetzliche Rücklage“ in der nichtversicherungstechnischen Rechnung tritt bei öffentlich-rechtlichen Versicherungsunternehmen der Posten II 16 a „in die Sicherheitsrücklage“ und bei den Versicherungsvereinen auf Gegenseitigkeit der Posten II 16 a „in die Verlustrücklage gemäß § 193 VAG“.

Die Angaben ab Posten II 12 können statt in der nichtversicherungstechnischen Rechnung auch im Anhang gemacht werden.

Formblatt 4

Name: ....
Sitz: ....
Gewinn- und Verlustrechnung
für die Zeit vom ....bis ....

Posten	Euro	Euro	Euro
I. Versicherungstechnische Rechnung für das selbst abgeschlossene Unfallversicherungsgeschäft[1)]			
1. Verdiente Beiträge für eigene Rechnung			
a) Gebuchte Bruttobeiträge	....		
b) Abgegebene Rückversicherungsbeiträge	....	....	
c) Veränderung der Bruttobeitragsüberträge	....		
d) Veränderung des Anteils der Rückversicherer an den Bruttobeitragsüberträgen	....	....	....
2. Technischer Zinsertrag für eigene Rechnung			....
3. Sonstige versicherungstechnische Erträge für eigene Rechnung			....
4. Aufwendungen für Versicherungsfälle für eigene Rechnung			
a) Zahlungen für Versicherungsfälle			
aa) Bruttobetrag	....		
bb) Anteil der Rückversicherer	....	....	
b) Veränderung der Rückstellung für noch nicht abgewickelte Versicherungsfälle			
aa) Bruttobetrag	....		
bb) Anteil der Rückversicherer	....	....	....
5. Veränderung der übrigen versicherungstechnischen Netto-Rückstellungen[2)]			
a) Netto-Deckungsrückstellung		....	
b) Sonstige versicherungstechnische Netto-Rückstellungen		....	....
6. Aufwendungen für erfolgsabhängige und erfolgsunabhängige Beitragsrückerstattungen für eigene Rechnung			....
7. Aufwendungen für den Versicherungsbetrieb für eigene Rechnung			
a) Bruttoaufwendungen für den Versicherungsbetrieb		....	
b) davon ab: Erhaltene Provisionen und Gewinnbeteiligungen aus dem in Rückdeckung gegebenen Versicherungsgeschäft		....	....
8. Sonstige versicherungstechnische Aufwendungen für eigene Rechnung			....
9. Zwischensumme			....
10. Veränderung der Schwankungsrückstellung und ähnlicher Rückstellungen			....
11. Versicherungstecbnisches Ergebnis für eigene Rechnung im selbst abgeschlossenen Unfallversicherungsgeschäft[3)]			....
II. Versicherungstechnische Rechnung für das Lebensversicherungsgeschäft[4)]			
1. Verdiente Beiträge für eigene Rechnung			
a) Gebuchte Bruttobeiträge	....		
b) Abgegebene Rückversicherungsbeiträge	....	....	
c) Veränderung der Nettobeitragsüberträge		....	....
2. Beiträge aus der Brutto-Rückstellung für Beitragsrückerstattung			....
3. Erträge aus Kapitalanlagen			
a) Erträge aus Beteiligungen davon: aus verbundenen Unternehmen .... Euro		....	
b) Erträge aus anderen Kapitalanlagen davon: aus verbundenen Unternehmen .... Euro			

noch Posten

	Euro	Euro	Euro
aa) Erträge aus Grundstücken, grundstücksgleichen Rechten und Bauten einschließlich der Bauten auffremden Grundstücken	....		
bb) Erträge aus anderen Kapitalanlagen	....	....	
c) Erträge aus Zuschreibungen		....	
d) Gewinne aus dem Abgang von Kapitalanlagen		....	
e) Erträge aus Gewinngemeinschaften, Gewinnabführungs- und Teilgewinnabführungsverträgen		....	....
4. Nicht realisierte Gewinne aus Kapitalanlagen			....
5. Sonstige versicherungstechnische Erträge für eigene Rechnung			....
6. Aufwendungen für Versicherungsfälle für eigene Rechnung			
a) Zahlungen für Versicherungsfälle			
aa) Bruttobetrag	....		
bb) Anteil der Rückversicherer	....	....	
b) Veränderung der Rückstellung für noch nicht abgewickelte Versicherungsfälle			
aa) Bruttobetrag			
bb) Anteil der Rückversicherer	....	....	....
7. Veränderung der Übrigen versicherungstechnischen Netto-Rückstellungen			
a) Deckungsrückstellung			
aa) Bruttobetrag	....		
bb) Anteil der Rückversicherer	....	....	
b) Sonstige versicherungstechnische Netto-Rückstellungen		....	....
8. Aufwendungen für erfolgsabhängige und erfolgsunabhängige Beitragsrückerstattungen für eigene Rechnung			....
9. Aufwendungen für den Versicherungsbetrieb für eigene Rechnung			
a) Abschlußaufwendungen	....		
b) Verwaltungsaufwendungen	....	....	
c) davon ab: Erhaltene Provisionen und Gewinnbeteiligungen aus dem in Rückdeckung gegebenen Versicherungsgeschäft		....	....
10. Aufwendungen für Kapitalanlagen			
a) Aufwendungen für die Verwaltung von Kapitalanlagen, Zinsaufwendungen und sonstige Aufwendungen für die Kapitalanlagen		....	
b) Abschreibungen auf Kapitalanlagen		....	
c) Verluste aus dem Abgang von Kapitalanlagen		....	
d) Aufwendungen aus Verlustübernahme		....	....
11. Nicht realisierte Verluste aus Kapitalanlagen			....
12. Sonstige versicherungstechnische Aufwendungen für eigene Rechnung			....
13. Versicherungstechnisches Ergebnis für eigene Rechnung im Lebensversicherungsgeschäft[5]			....

noch Posten

	Euro	Euro	Euro	Euro
III. Nichtversicherungstechnische Rechnung				
1. Versicherungstechnisches Ergebnis für eigene Rechnung				
a) im selbst abgeschlossenen Unfallversicherungsgeschäft[3]			....	
b) im Lebensversicherungsgeschäft[5]			....	....
2. Erträge aus Kapitalanlagen, soweit nicht unter II 3 aufgeführt[6]				
a) Erträge aus Beteiligungen .... davon: aus verbundenen Unternehmen .... Euro				
b) Erträge aus anderen Kapitalanlagen davon: aus verbundenen Unternehmen .... Euro				
aa) Erträge aus Grundstücken, grundstücksgleichen Rechten und Bauten einschließlich der Bauten auf fremden Grundstücken	....			
bb) Erträge aus anderen Kapitalanlagen	....	....		
c) Erträge aus Zuschreibungen		....		
d) Gewinne aus dem Abgang von Kapitalanlagen		....		
e) Erträge aus Gewinngemeinschaften, Gewinnabführungs- und Teilgewinnabführungsverträgen		....	....	
3. Aufwendungen für Kapitalanlagen, soweit nicht unter II 10 aufgeführt[7]				
a) Aufwendungen für die Verwaltung von Kapitalanlagen, Zinsaufwendungen und sonstige Aufwendungen für die Kapitalanlagen		....		
b) Abschreibungen auf Kapitalanlagen		....		
c) Verluste aus dem Abgang von Kapitalanlagen		....		
d) Aufwendungen aus Verlustübernahme	....	....		
			....	
4. Technischer Zinsertrag[8]			....	....
5. Sonstige Erträg			....	
6. Sonstige Aufwendungen			....	....
7. Ergebnis der normalen Geschäftstätigkeit				....
8. Außerordentliche Erträge			....	
9. Außerordentliche Aufwendungen			....	
10. Außerordentliches Ergebnis				....
11. Steuern vom Einkommen und vom Ertrag			....	
12. Sonstige Steuern			....	....
13. Erträge aus Verlustübernahme			....	
14. Aufgrund einer Gewinngemeinschaft, eines Gewinnabführungs- oder eines Teilgewinnabführungsvertrages abgeführte Gewinne			....	....
15. Jahresüberschuß/Jahresfehlbetrag[9]				....

Fußnoten zu Formblatt 4:

1) Im Falle des Konzernabschlusses nach § 58 und von Schaden- und Unfallversicherungsunternehmen, die auch das selbst abgeschlossene Krankenversicherungsgeschäft nach Art der Lebensversicherung betreiben, ist folgende Überschrift zu verwenden: „Versicherungstechnische Rechnung für das Schaden- und Unfallversicherungsgeschäft".

2) Sofern ein Passivposten „Deckungsrückstellung" in der Bilanz nicht vorhanden ist, entfallen beim Posten 15 % der versicherungstechnischen Rechnung die beiden Unterposten a und b, und der Posten erhält folgende Bezeichnung:
„5. Veränderung der sonstigen versicherungstechnischen Netto-Rückstellungen ...."

3) Im Falle des Konzernabschlusses nach § 58 und von Schaden- und Unfallversicherungsunternehmen, die auch das selbst abgeschlossene Krankenversicherungsgeschäft nach Art der Lebensversicherung betreiben, sind die Wörter „im selbst abgeschlossenen Unfallversicherungsgeschäft" durch die Wörter „im Schaden- und Unfallversicherungsgeschäft" zu ersetzen.

4) Von Schaden- und Unfallversicherungsunternehmen, die auch das selbst abgeschlossene Krankenversicherungsgeschäft nach Art der Lebensversicherung betreiben, ist das Wort „Lebensversicherungsgeschäft" durch die Wörter „selbst abgeschlossene Krankenversicherungsgeschäft nach Art der Lebensversicherung" zu ersetzen.

5) Von Schaden- und Unfallversicherungsunternehmen, die auch das selbst abgeschlossene Krankenversicherungsgeschäft nach Art der Lebensversicherung betreiben, ist das Wort „Lebensversicherungsgeschäft" durch die Wörter „selbst abgeschlossenen Krankenversicherungsgeschäft nach Art der Lebensversicherung" zu ersetzen.

6) Sofern im Konzernabschluß nach § 58 die gesamten Erträge aus Kapitalanlagen und die gesamten Aufwendungen für Kapitalanlagen in der nichtversicherungstechnischen Rechnung ausgewiesen werden, erhält der Posten die Bezeichnung „Erträge aus Kapitalanlagen".

7) Sofern im Konzernabschluß nach § 58 die gesamten Erträge aus Kapitalanlagen und die gesamten Aufwendungen für Kapitalanlagen in der nichtversicherungstechnischen Rechnung ausgewiesen werden, erhält der Posten die Bezeichnung „Aufwendungen für Kapitalanlagen".

8) Sofern im Konzernabschluß nach § 58 die gesamten Erträge aus Kapitalanlagen und die gesamten Aufwendungen für Kapitalanlagen in der nichtversicherungstechnischen Rechnung ausgewiesen werden, treten an die Stelle des Postens III 4 „Technischer Zinsertrag" folgende Posten.
„4. Der versicherungstechnischen Rechnung für das Schaden- und Unfallversicherungsgeschäft zugeordneter Zins ....
4a. Der versicherungstechnischen Rechnung für das Lebens- und Krankenversicherungsgeschäft zugeordneter Zins ....".

9) Bei Berücksichtigung der Veränderungen von Kapital- und Gewinnrücklagen sowie des Genußrechtskapitals in der nichtversicherungstechnischen Rechnung ist diese in Fortführung der Numerierung um folgende Posten zu ergänzen:

„16. Gewinnvortrag/Verlustvortrag aus dem Vorjahr ....

17. Entnahmen aus der Kapitalrücklage ....

18. Entnahmen aus Gewinnrücklagen
a) aus der gesetzlichen Rücklage ....
b) aus der Rücklage für Anteile an einem herrschenden oder mehrheitlich beteiligten Unternehmen ....
c) aus satzungsmäßigen Rücklagen ....
d) aus anderen Gewinnrücklagen ....

19. Entnahmen aus Genußrechtskapital ....

20. Einstellungen in Gewinnrücklagen
a) in die gesetzliche Rücklage ....
b) in die Rücklage für Anteile an einem herrschenden oder mehrheitlich beteiligten Unternehmen ....
c) in satzungsmäßige Rücklagen ....
d) in andere Gewinnrücklagen ....

21. Wiederauffüllung des Genußrechtskapitals ....

22. Bilanzgewinn/Bilanzverlust ....

Die Angaben ab Posten III 16 können statt in der nichtversicherungstechnischen Rechnung auch im Anhang gemacht werden.

Muster 1

Entwicklung der Aktivposten B, CI bis III im Geschäftsjahr ....

Aktivposten	Bilanzwerte Vorjahr Tsd. Euro	Zugänge Tsd. Euro	Umbuchungen Tsd. Euro	Abgänge Tsd. Euro	Zuschreibungen Tsd. Euro	Abschreibungen Tsd.Euro	Bilanzwerte Geschäftsjahr Tsd.Euro
B. Immaterielle Vermögensgegenstände							
1. Selbst geschaffene gewerbliche Schutzrechte und ähnliche Rechte und Werte							
2. entgeltlich erworbene Konzessionen, gewerbliche Schutzrechte und ähnliche Rechte und Werte sowie Lizenzen an solchen Rechten und Werten							
3. Geschäfts- oder Firmenwert							
4. geleistete Anzahlungen							
5 Summe B.							
C I. Grundstücke, grundstücksgleiche Rechte und Bauten einschließlich der Bauten auf fremden Grundstücken							
C II. Kapitalanlagen in verbundenen Unternehmen und Beteiligungen							
1. Anteile an verbundenen Unternehmen							
2. Ausleihungen an verbundene Unternehmen							
3. Beteiligungen							
4. Ausleihungen an Unternehmen, mit denen ein Beteiligungsverhältnis besteht							
5. Summe C II.							
C III. Sonstige Kapitalanlagen							
1. Aktien, Anteile oder Aktien an Investmentvermögen und andere nicht festverzinsliche Wertpapiere							
2. Inhaberschuldverschreibungen und andere festverzinsliche Wertpapiere							
3. Hypotheken-, Grundschuld- und Rentenschuldforderungen							
4. Sonstige Ausleihungen							
a) Namensschuldverschreibungen							
b) Schuldscheinforderungen und Darlehen							
c) Darlehen und Vorauszahlungen auf Versicherungsscheine							
d) übrige Ausleihungen							
5. Einlagen bei Kreditinstituten							
6. Andere Kapitalanlagen							
7. Summe C III.							
Insgesamt							

Provisionen und sonstige Bezüge der Versicherungsvertreter, Personal-Aufwendungen	Vorjahr	Geschäftsjahr
	Tsd Euro	Tsd Euro
1. Provisionen jeglicher Art der Versicherungsvertreter im Sinne des § 92 HGB für das selbst abgeschlossene Versicherungsgeschäft		
2. Sonstige Bezüge der Versicherungsvertreter im Sinne des § 92 HGB		
3. Löhne und Gehälter		
4. Soziale Abgaben und Aufwendungen für Unterstützung		
5. Aufwendungen für Altersversorgung		
6. Aufwendungen insgesamt		

Muster 3

A. Bewegung des Bestandes an selbst abgeschlossenen Lebensversicherungen[1] im Geschäftsjahr ....

	Gesamtes selbst abgeschlossenenes Versicherungsgeschäft				Einzelversicherungen								Kollektivversicherungen[11]	
	(nur Hauptversicherungen)	(Haupt- und Zusatzversicherungen)		(nur Hauptversicherungen)	Kapitalversicherungen (einschl. Vermögensbildungsversicherungen) ohne Risikovers. und sonstige Lebensversicherungen		Risikoversicherungen[9]		Rentenversicherungen (einschl. Berufsunfähigkeits- u. Pflegerentenversicherungen) ohne sonstige Lebensversicherungen		Sonstige Lebensversicherungen[10]			
	Anzahl der Versicherungen	Lfd. Beitrag für ein Jahr[12] in Tsd Euro	Einmalbeitrag[12] in Tsd Euro	Versicherungssumme bzw. 12fache Jahresrente[13] in Tsd Euro	Anzahl der Versicherungen	Lfd. Beitrag für ein Jahr[12] in Tsd Euro	Anzahl der Versicherungen	Lfd. Beitrag für ein Jahr[12] in Tsd Euro	Anzahl der Versicherungen	Lfd. Beitrag für ein Jahr[12] in Tsd Euro	Anzahl der Versicherungen	Lfd. Beitrag für ein Jahr[12] in Tsd Euro	Anzahl der Versicherungen[14]	Lfd. Beitrag für ein Jahr[12] in Tsd Euro
I. Bestand am Anfang des Geschäftsjahres[2]	....	....		....	....	....	....	....	....	....	....	....	....	....
II. Zugang während des Geschäftsjahres														
1. Neuzugang[3]														
a) eingelöste Versicherungsscheine	....	....	....	....	....	....	....	....	....	....	....	....	....	....
b) Erhöhungen der Versicherungssummen (ohne Pos. 2)	....	....	....	....	....	....	....	....	....	....	....	....	....	....
2. Erhöhung der Versicherungssummen durch Überschußanteile[4]				....										
3. Übriger Zugang[5]	....	....	....	....	....	....	....	....	....	....	....	....	....	....
4. Gesamter Zugang	....	....	....	....	....	....	....	....	....	....	....	....	....	....
III. Abgang während des Geschäftsjahres[6]														
1. Tod, Berufsunfähigkeit, etc[7]	....	....		....	....	....	....	....	....	....	....	....	....	....
2. Ablauf der Versicherung/Beitragszahlung	....	....		....	....	....	....	....	....	....	....	....	....	....
3. Rücklauf u. Umwandlung in beitragsfreie Versicherungen	....	....		....	....	....	....	....	....	....	....	....	....	....
4. Sonstiger vorzeitiger Abgang[8]	....	....		....	....	....	....	....	....	....	....	....	....	....
5. Übriger Abgang	....	....		....	....	....	....	....	....	....	....	....	....	....
6. Gesamter Abgang	....	....		....	....	....	....	....	....	....	....	....	....	....
IV. Bestand am Ende des Geschäftsjahres	....	....		....	....	....	....	....	....	....	....	....	....	....

B. Struktur des Bestandes an selbst abgeschlossenen Lebensversicherungungen (ohne Zusatzversicherungen)

	Gesamtes selbst abgeschlossenens Versicherungsgeschäft		Einzelversicherungen								Kollektivversicherungen[11]	
			Kapitalversicherungen (einschl. Vermögensbildungsversicherungen) ohne Risikovers. und (nur Hauptversicherungen)		Risikoversicherungen[9]		Rentenversicherungen (einschl. Berufsunfähigkeits- u. Pflegerentenversicherungen) ohne sonstige Lebensversicherungen		Sonstige Lebensversicherungen[10]			
	Anzahl der Versicherungen	Versicherungssumme bzw. 12fache Jahresrente[13] in TDM[1]	Anzahl der Versicherungen	Versicherungssumme[13] in Tsd Euro	Anzahl der Versicherungen	Versicherungssumme[13] in Tsd Euro	Anzahl der Versicherungen	12fache Jahresrente[13] in Tsd Euro	Anzahl der Versicherungen	in Tsd Euro	Anzahl der Versicherungen[14]	Versicherungssumme bzw. 12fache Jahresrente[13] in Tsd Euro
1. Bestand am Anfang des Geschäftsjahres davon beitragsfrei	…… (……)	…… (……)	…… (……)	…… (……)	…… (……)	…… (……)	…… (……)	…… (……)	…… (……)	…… (……)	…… (……)	…… (……)
2. Bestand am Ende des Geschäftsjahres davon beitragsfrei	…… (……)	…… (……)	…… (……)	…… (……)	…… (……)	…… (……)	…… (……)	…… (……)	…… (……)	…… (……)	…… (……)	…… (……)

C. Struktur des Bestandes an selbst abgeschlossenen Zusatzversicherungen

	Zusatzversicherungen insgesamt		Unfall-Zusatzversicherungen		Berufsunfähigkeits- oder Invaliditäts-Zusatzversicherungen		Risiko- und Zeitrenten-Zusatzversicherungen		Sonstige Zusatzversicherungen[15]	
	Anzahl der Versicherungen	Versicherungssumme bzw. 12fache Jahresrente in TDM[1]	Anzahl der Versicherungen	Versicherungssumme in Tsd Euro	Anzahl der Versicherungen	12fache Jahresrente[16] in Tsd Euro	Anzahl der Versicherungen	Versicherungssumme bzw. 12fache Jahresrente in Tsd Euro	Anzahl der Versicherungen	Versicherungssumme bzw. 12fache Jahresrente in Tsd Euro
1. Bestand am Anfang des Geschäftsjahres	…….	…….	…….	…….	…….	…….	…….	…….	…….	…….
1. Bestand am Ende des Geschäftsjahres	…….	…….	…….	…….	…….	…….	…….	…….	…….	…….

D. Bestand an in Rückdeckung übernommenen Lebensversicherungen

1. Versicherungssumme am Anfang des Geschäftsjahres: ……. Tsd Euro
2. Versicherungssumme am Ende des Geschäftsjahres: ……. Tsd Euro

Anmerkungen zu Muster 3:

1) Bei Konsortialverträgen sind von jedem der beteiligten Unternehmen die Anzahl der Versicherungsverhältnisse, der Beitrag und die Versicherungssumme jeweils anteilig anzugeben.

2) Sofern der Bestand Versicherungen enthält, die Kurs- oder Wertänderungen unterworfen sind (z. B. bei Fremdwährungsversicherungen, fondsgebundenen Lebensversicherungen), ist dieser Bestand am Anfang des Geschäftsjahres mit dem Kurswert, sowohl am Ende des vorausgegangenen Geschäftsjahres als auch am Ende des Geschäftsjahres aufzuführen. Die Zu- und Abgänge sind mit dem Kurswert zum Ende des Geschäftsjahres aufzuführen.

3) Es ist das eingelöste Neugeschäft (= ausgefertigtes Neugeschäft ./. Nichteinlösungen) zu melden. Bei Summenerhöhungen „aufgrund von Anpassungsklauseln“ sind nur die Beträge für jene Erhöhung zu melden, die vom Kunden angenommen worden sind.

4) Hierunter sind auch die Erhöhungen der Versicherungssummen durch die Direktgutschrift zu erfassen, nicht jedoch die Erhöhung der Versicherungssummen durch Schlußüberschußbeteiligung (Todesfall-Zusatzleistung).

5) Z.B. Übertragung infolge Änderung der Versicherungsart oder Veränderung der Versicherungssumme/des Beitrags im Rahmen einer technischen Vertragsänderung. Der in der Zeile II 4 „Gesamter Zugang“, Spalte „Einmalbeitrag“ auszuweisende Betrag soll exakt die in der Gewinn- und Verlustrechnung gebuchten Einmalbeiträge ausmachen.

6) Wiederinkraftsetzungen von durch Rückkauf, Beitragsfreistellung und sonstigen vorzeitigen Abgang stornierten Versicherungen sind bei den jeweiligen Positionen des Abgangs zu erfassen. Die dort aufgeführten Beträge sind dementsprechend durch Saldierung mit den Wiederinkraftsetzungen zu berichtigen. Hierbei ist es unerheblich, ob der Abgang im Jahr der Wiederinkraftsetzung oder im vorausgegangenen Jahr erfolgte.

7) Sofern Tarife geführt werden, bei denen durch Heirat, Pflegebedürftigkeit oder andere Ursachen bereits vor Ablauf der Versicherung/der Beitragszahlung das versicherte Kapital fällig wird oder der Beitrag ganz oder teilweise entfällt, sind die entsprechenden Abgänge hier zu erfassen.

8) Hierunter fallen auch Herabsetzungen der Versicherungssumme/des Beitrags, sofern diese weder mit einem Teil-Rückkauf oder einer teilweisen Umwandlung in eine beitragsfreie Versicherungssumme verbunden noch im Rahmen einer technischen Vertragsänderung vorgenommen worden sind.

9) Hier sind die temporären Todesfallversicherungen (einschließlich der Restschuldversicherung) auszuweisen. Hierzu gehören nicht die lebenslänglichen Todesfallversicherungen einschließlich der Sterbegeldversicherungen.

10) Hier ist der Bestand an Versicherungen, bei denen das Anlagerisiko von den Versicherungsnehmern getragen wird, sowie an Versicherungen im Rahmen von Tontinengeschäften, Kapitalisierungsgeschäften sowie Geschäften der Verwaltung von Versorgungseinrichtungen zu erfassen.

11) Die Definition und die Abgrenzung der Kollektivversicherungen sollen mit denjenigen für die Angaben bei den Beiträgen in den Erläuterungen zur Gewinn- und Verlustrechnung übereinstimmen.

12) In den Beitragseinnahmespalten unter A sind die Beiträge aus Haupt- und Zusatzversicherungen jeweils zusammengenommen anzugeben. Dabei ist beim zu meldenden Jahresbeitrag auf den statistischen (Zahl-)Beitrag, d.h. die Summe aller Raten für ein Jahr einschließlich Ratenzuschläge und abzüglich etwaiger Rabatte, abzustellen.

Laufende Beiträge in variabler Höhe, wiederkehrende Beiträge einjähriger Risikoversicherungen u.ä. sind unter „Laufender Beitrag“ zu subsumieren.

13) Bei der Versicherungssumme ist nur die Hauptleistung einzustellen. Neben- oder Zusatzleistungen sind hier nicht zu berücksichtigen. Bei Versicherungen, bei denen it. Tarif die Erlebensfalleistung höher ist als die Todesfalleistung, ist die Erlebensfalleistung anzugeben. Das gilt auch für Versicherungen mit mehrfachen Erlebensfallzahlungen, soweit die Summe der zukünftigen Erlebensfalleistungen höher als die Todesfallsumme ist.

Bei Versicherungen mit fallender Versicherungssumme (z. B. Risikoversicherungen) ist die Restversicherungssumme am Anfang des Geschäftsjahres und am Ende des Geschäftsjahres anzugeben. Die im Geschäftsjahr eingetretene Minderung der Versicherungssumme ist unter „Ablauf der Versicherung/Beitragszahlung“ auszuweisen.

14) Bei Kollektivversicherungen: Anzahl der Versicherungsverhältnisse

15) Zum Beispiel Arbeitsunfähigkeits-Zusatzversicherungen, Pflege-Zusatzversicherungen u.ä.

16) Die Beitragsbefreiung der Hauptversicherung bei Berufsunfähigkeit (Invalidität) ist hier als Rente in Höhe des 12fachen Jahresbeitrages zu berücksichtigen.

Muster 4

Bewegung des Bestandes an Pensionsversicherungen (ohne sonstige Versicherungen) im Geschäftsjahr ....

	Anwärter		Invaliden- und Altersrente			Hinterbliebenenrenten					
	Männer	Frauen	Männer	Frauen	Summe der Jahres-renten[2]	Witwen	Witwer	Waisen	Summe der Jahresrenten[2]		
									Witwen	Witwer	Waisen
	Anzahl	Anzahl	Anzahl	Anzahl	Tsd Euro	Anzahl	Anzahl	Anzahl	Tsd Euro	Tsd Euro	Tsd Euro
I. Bestand am Anfang des Geschäftsjahres											
II. Zugang während des Geschäftsjahres											
1. Neuzugang an Anwärtern, Zugang an Rentnern											
2. sonstiger Zugang[1]											
3. gesamter Zugang											
III. Abgang während des Geschäftsjahres											
1. Tod											
2. Beginn der Altersrente			—	—	—	—	—	—	—	—	—
3. Berufs- oder Erwerbsunfähigkeit (Invalidität)			—	—	—	—	—	—	—	—	—
4. Reaktivierung, Wiederheirat, Ablauf	—	—									
5. Ausscheiden unter Zahlung von Rückkaufswerten, Rückgewährbeträgen und Austrittsvergütungen											
6. Ausscheiden ohne Zahlung von Rückkaufswerten, Rückgewährbeträgen und Austrittsvergütungen			—	—	—	—	—	—	—	—	—
7. sonstiger Abgang											
8. gesamter Abgang											
IV. Bestand am Ende des Geschäftsjahres davon											
1. beitragsfreie Anwartschaften											
2. in Rückdeckung gegeben											

1) Z.B. Reaktivierung, Wiederinkraftsetzung sowie Erhöhung der Rente.

2) Einzusetzen ist hier der Betrag, der sich als zukünftige Dauerverpflichtung (entsprechend der Deckungsrückstellung) ergibt.

Muster 5

Bewegung des Bestandes an Sterbegeldversicherungen, weiteren Kapitalversicherungen und Zusatzversicherungen im Geschäftsjahr ....

A. Bewegung des Bestandes an Sterbegeldversicherungen und weiteren Kapitalversicherungen (ohne Zusatzversicherungen)

	Sterbegeld-versicherungen		Weitere Kapital-versicherungen[1]	
	Anzahl der Versiche-rungen	Versiche-rungssumme Euro	Anzahl der Versiche-rungen	Versiche-rungssumme Euro[2]
I. Bestand am Anfang des Geschäftsjahres				
II. Zugang während des Geschäftsjahres:				
1. abgeschlossene Versicherungen..................				
2. sonstiger Zugang................................				
3. gesamter Zugang				
III. Abgang während des Geschäftsjahres:				
1. Tod				
2. Ablauf..				
3. Storno				
4. sonstiger Abgang				
5. gesamter Abgang				
IV. Bestand am Ende des Geschäftsjahres...................				
Davon:				
1. beitragsfreie Versicherungen........................				
2. in Rückdeckung gegeben...........................				

B. Bestand an Zusatzversicherungen

	Unfall-Zusatzversicherungen		Sonstige Zusatzversicherungen	
	Anzahl der Versicherungen	Versicherungs-summe Tsd Euro	Anzahl der Versicherungen	Versicherungs-summe Tsd Euro
Bestand				
1. am Anfang des Geschäftsjahres				
2. am Ende des Geschäftsjahres				
davon in Rückdeckung gegeben				

1) Gilt nur für Pensionskassen.

2) Können verschiedene Ereignisse die Zahlung von Versicherungssummen in unterschiedlicher Höhe auslösen, so ist die höchste Versicherungssumme anzugeben.

Muster 6

Zerlegung der Rückstellung für Beitragsrückerstattung und Betrag nach § 150 des Versicherungsaufsichtsgesetzes

	Rückstellung für erfolgsabhängige Beitragsrückerstattung	Rückstellung für erfolgsunabhängige Beitragsrückerstattung		
		Poolrelevante Rückstellung für Beitragsrückerstattung aus der Pflegepflichtversicherung	Betrag nach § 150 Absatz 4 des Versicherungsaufsichtsgesetzes	Sonstiges
1. Bilanzwerte Vorjahr				
2. Entnahme zur Verrechnung				
3. Entnahme zur Barausschüttung				
4. Zuführung				
5. Bilanzwerte Geschäftsjahr				
6. Gesamter Betrag des Geschäftsjahres nach § 150 des Versicherungsaufsichtsgesetzes				

1g. Verordnung über die Rechnungs- und Buchführungspflichten von Krankenhäusern (Krankenhaus-Buchführungsverordnung – KHBV)

in der Fassung der Bekanntmachung vom 24.3.1987 (BGBl. I S. 1045)

zuletzt geändert durch Gesetz vom 21.12.2016 (BGBl. I S. 3076)

§ 1 Anwendungsbereich

(1) [1]Die Rechnungs- und Buchführungspflichten von Krankenhäusern regeln sich nach den Vorschriften dieser Verordnung und deren Anlagen, unabhängig davon, ob das Krankenhaus Kaufmann im Sinne des Handelsgesetzbuches ist, und unabhängig von der Rechtsform des Krankenhauses. [2]Soweit die Absätze 3 und 4 nichts anderes bestimmen, bleiben die Rechnungs- und Buchführungspflichten nach dem Handels- und Steuerrecht sowie nach anderen Vorschriften unberührt.

(2) Diese Verordnung gilt nicht für

1. die Krankenhäuser, auf die das Krankenhausfinanzierungsgesetz nach seinem § 3 Satz 1 Nr. 1 bis 4 keine Anwendung findet,
2. die Krankenhäuser, die nach § 5 Abs. 1 Nr. 2, 4 oder 7 des Krankenhausfinanzierungsgesetzes nicht gefördert werden, es sei denn, daß diese Krankenhäuser auf Grund Landesrechts nach § 5 Abs. 2 des Krankenhausfinanzierungsgesetzes gefördert werden, oder
3. die Bundeswehrkrankenhäuser und die Krankenhäuser des Trägers der gesetzlichen Unfallversicherung.

(3) [1]Krankenhäuser, die Kapitalgesellschaften im Sinne des Zweiten Abschnitts des Dritten Buchs des Handelsgesetzbuchs sind, brauchen auch für Zwecke des Handelsrechts bei der Aufstellung, Feststellung und Offenlegung ihres Jahresabschlusses nach dem Handelsgesetzbuch die Gliederungsvorschriften der §§ 266 und 275 des Handelsgesetzbuchs nicht anzuwenden. [2]Nehmen die Krankenhäuser nach Satz 1 das Wahlrecht nach Satz 1 in Anspruch, so haben sie bei der Aufstellung, Feststellung und Offenlegung die Bilanz nach Anlage 1, die Gewinn- und Verlustrechnung nach Anlage 2 und den Anlagennachweis nach Anlage 3 zu gliedern. [3]Nehmen die Krankenhäuser nach Satz 1 das Wahlrecht nach Satz 1 nicht in Anspruch, haben sie außerhalb des handelsrechtlichen Jahresabschlusses zusätzlich gesonderte Dokumente bestehend aus den in Satz 2 näher bezeichneten Unterlagen zu erstellen. [4]Die im Anlagennachweis vorgeschriebenen Angaben sind auch für den Posten „Immaterielle Vermögensgegenstände“ und jeweils für die Posten des Finanzanlagevermögens zu machen.

(4) Bei Inanspruchnahme des Wahlrechts nach Absatz 3 Satz 1 für Zwecke des Handelsrechts gelten die Erleichterungen für kleine und mittelgroße Kapitalgesellschaften nach § 266 Abs. 1 Satz 3 und § 276 des Handelsgesetzbuchs bei der Aufstellung und Feststellung nicht; bei der Offenlegung nach den §§ 325 bis 328 des Handelsgesetzbuchs dürfen § 266 Abs. 1 Satz 3 und § 276 des Handelsgesetzbuchs mit der Maßgabe angewendet werden, daß in der Bilanz nach Anlage 1 und im Anlagennachweis nach Anlage 3 nur die mit Buchstaben und römischen Zahlen bezeichneten Posten ausgewiesen werden müssen und daß in der Gewinn- und Verlustrechnung nach Anlage 2 die Posten 1 bis 8 und 10 zu dem Posten „Rohergebnis“ zusammengefaßt werden dürfen.

§ 2 Geschäftsjahr

Das Geschäftsjahr ist das Kalenderjahr.

§ 3 Buchführung, Inventar

[1]Das Krankenhaus führt seine Bücher nach den Regeln der kaufmännischen doppelten Buchführung; im übrigen gelten die §§ 238 und 239 des Handelsgesetzbuchs. [2]Die Konten sind nach dem Kontenrahmen der Anlage 4 [1)] einzurichten, es sei denn, daß durch ein ordnungsmäßiges Überleitungsverfahren die Umschlüsselung auf den Kontenrahmen sichergestellt wird. [3]Für das Inventar gelten die §§ 240 und 241 des Handelsgesetzbuchs.

§ 4 Jahresabschluß

(1) [1]Der Jahresabschluß des Krankenhauses besteht aus der Bilanz, der Gewinn- und Verlustrechnung und dem Anhang einschließlich des Anlagennachweises. [2]Die Bilanz ist nach der Anlage 1, die Gewinn- und Verlustrechnung nach der Anlage 2, der Anlagennachweis nach der Anlage 3 zu gliedern; im übrigen richten sich Inhalt und Umfang des Jahresabschlusses nach Absatz 3.

(2) Der Jahresabschluß soll innerhalb von vier Monaten nach Ablauf des Geschäftsjahres aufgestellt werden.

(3) Für die Aufstellung und den Inhalt des Jahresabschlusses gelten die §§ 242 bis 256a sowie § 264 Absatz 1a und 2, § 265 Abs. 2, 5 und 8, § 268 Abs. 1 und 3, § 270 Abs. 2, § 271, §§ 272, 274, 275 Absatz 4, § 277 Absatz 1 bis 3 Satz 1 und § 284 Absatz 2 Nummer 1 und 2 des Handelsgesetzbuchs sowie Artikel 28, 42 bis 44 des Einführungsgesetzes zum Handelsgesetzbuch, soweit diese Verordnung nichts anderes bestimmt.

§ 5 Einzelvorschriften zum Jahresabschluß

(1) [1]Vermögensgegenstände des Anlagevermögens, deren Nutzung zeitlich begrenzt ist, sind zu den Anschaffungs- oder Herstellungskosten, vermindert um Abschreibungen, anzusetzen. [2]Kann ein Krankenhaus, das erstmals nach den Grundsätzen dieser Verordnung eine Bewertung des Anlagevermögens vornimmt, zum Stichtag der Eröffnungsbilanz die tatsächlichen Anschaffungs- oder Herstellungskosten nicht ohne unvertretbaren Aufwand ermitteln, so sind den Preisverhältnissen des vermutlichen Anschaffungs- oder Herstellungszeitpunkts entsprechende Erfahrungswerte als Anschaffungs- oder Herstellungskosten anzusetzen. [3]Vermögensgegenstände des Anlagevermögens, die am 1. Januar 1972 bis auf einen Erinnerungsposten abgeschrieben waren, können mit diesem Restbuchwert angesetzt werden.

(2) Nicht auf dem Krankenhausfinanzierungsgesetz beruhende Zuweisungen und Zuschüsse der öffentlichen Hand für Investitionen in aktivierte Vermögensgegenstände des Anlagevermögens sind in der Bilanz auf der Passivseite als „Sonderposten aus Zuweisungen und Zuschüssen der öffentlichen Hand“, vermindert um den Betrag der bis zum jeweiligen Bilanzstichtag angefallenen Abschreibungen auf die mit diesen Mitteln finanzierten Vermögensgegenstände des Anlagevermögens, auszuweisen.

(3) Fördermittel nach dem Krankenhausfinanzierungsgesetz für Investitionen in aktivierte Vermögensgegenstände des Anlagevermögens sind in der Bilanz auf der Passivseite als „Sonderposten aus Fördermitteln nach KHG“, vermindert um den Betrag der bis zum jeweiligen Bilanzstichtag angefallenen Abschreibungen auf die mit diesen Mitteln finanzierten Vermögensgegenstände des Anlagevermögens, auszuweisen.

(4) [1]Sind Fördermittel für Lasten aus Darlehen, die vor Aufnahme des Krankenhauses in den Krankenhausplan für förderungsfähige Investitionskosten des Krankenhauses aufgenommen worden sind, bewilligt worden, ist in Höhe des Teils der jährlichen Abschreibungen auf die mit diesen Mitteln finanzierten Vermögensgegenstände des An-

1) Die Anlage 4 zur KHBV „Kontenrahmen für die Buchführung“ ist hier nicht abgedruckt.

lagevermögens, der nicht durch den Tilgungsanteil der Fördermittel gedeckt ist, in der Bilanz auf der Aktivseite ein „Ausgleichsposten aus Darlehensförderung" zu bilden. [2]Ist der Tilgungsanteil der Fördermittel aus der Darlehensförderung höher als die jährlichen Abschreibungen auf die mit diesen Mitteln finanzierten Vermögensgegenstände des Anlagevermögens, ist in der Bilanz in Höhe des überschießenden Betrages auf der Passivseite ein „Ausgleichsposten aus Darlehensförderung" zu bilden. [3]Für die in § 2 Nr. 1a des Krankenhausfinanzierungsgesetzes genannten Ausbildungsstätten gelten Satz 1 und 2 entsprechend.

(5) In Höhe der Abschreibungen auf die aus Eigenmitteln des Krankenhausträgers vor Beginn der Förderung beschafften Vermögensgegenstände des Anlagevermögens, für die ein Ausgleich für die Abnutzung in der Zeit ab Beginn der Förderung verlangt werden kann, ist in der Bilanz auf der Aktivseite ein „Ausgleichsposten für Eigenmittelförderung" zu bilden.

(6) [1]Unter dem Eigenkapital sind bei Krankenhäusern in einer anderen Rechtsform als der Kapitalgesellschaft oder ohne eigene Rechtspersönlichkeit als „festgesetztes Kapital" die Beträge auszuweisen, die vom Krankenhausträger auf Dauer zur Verfügung gestellt werden. [2]Als „Kapitalrücklagen" sind sonstige Einlagen des Krankenhausträgers auszuweisen. [3]Für Gewinnrücklagen gilt § 272 Abs. 3 des Handelsgesetzbuchs entsprechend.

§ 6 Aufbewahrung und Vorlegung von Unterlagen

Für die Aufbewahrung von Unterlagen, die Aufbewahrungsfristen und die Vorlegung von Unterlagen gelten die §§ 257 und 261 des Handelsgesetzbuchs.

§ 7 *(weggefallen)*

§ 8 Kosten- und Leistungsrechnung

[1]Das Krankenhaus hat eine Kosten- und Leistungsrechnung zu führen, die eine betriebsinterne Steuerung sowie eine Beurteilung der Wirtschaftlichkeit und Leistungsfähigkeit erlaubt; sie muß die Ermittlung der pflegesatzfähigen Kosten sowie bis zum Jahr 2016 die Erstellung der Leistungs- und Kalkulationsaufstellung nach den Vorschriften der Bundespflegesatzverordnung in der am 31. Dezember 2012 geltenden Fassung ermöglichen. [2]Dazu gehören folgende Mindestanforderungen:

1. [1]Das Krankenhaus hat die auf Grund seiner Aufgaben und Struktur erforderlichen Kostenstellen zu bilden. [2]Es sollen, sofern hierfür Kosten und Leistungen anfallen, mindestens die Kostenstellen gebildet werden, die sich aus dem Kostenstellenrahmen der Anlage 5[1)] ergeben. [3]Bei abweichender Gliederung dieser Kostenstellen soll durch ein ordnungsmäßiges Überleitungsverfahren die Umschlüsselung auf den Kostenstellenrahmen sichergestellt werden.
2. Die Kosten sind aus der Buchführung nachprüfbar herzuleiten.
3. Die Kosten und Leistungen sind verursachungsgerecht nach Kostenstellen zu erfassen; sie sind darüber hinaus den anfordernden Kostenstellen zuzuordnen, soweit dies für die in Satz 1 genannten Zwecke erforderlich ist.

§ 9 Befreiungsvorschrift

[1]Ein Krankenhaus mit bis zu 100 Betten oder mit nur einer bettenführenden Abteilung kann von den Pflichten nach § 8 befreit werden, soweit die mit diesen Pflichten verbundenen Kosten in keinem angemessenen Verhältnis zu dem erreichbaren Nutzen stehen und die in § 8 Satz 1 genannten Zwecke auf andere Weise erreicht werden können.

1) Hier nicht abgedruckt.

[2]Über die Befreiung entscheidet auf Antrag des Krankenhauses die zuständige Landesbehörde; dabei sind einvernehmliche Regelungen mit den in § 18 Absatz 1 Satz 2 des Krankenhausfinanzierungsgesetzes genannten Beteiligten anzustreben.

§ 10 Ordnungswidrigkeiten

Ordnungswidrig im Sinne des § 334 Abs. 1 Nr. 6 des Handelsgesetzbuchs handelt, wer als Mitglied des vertretungsberechtigten Organs oder des Aufsichtsrats eines Krankenhauses, das Kapitalgesellschaft ist, bei der Aufstellung oder Feststellung eines Jahresabschlusses

1. entgegen § 1 Abs. 3 Satz 2
   a) die Bilanz nicht nach Anlage 1,
   b) die Gewinn- und Verlustrechnung nicht nach Anlage 2 oder
   c) den Anlagennachweis nicht nach Anlage 3

   gliedert oder
2. entgegen § 1 Abs. 3 Satz 4 die dort bezeichneten zusätzlichen Angaben im Anlagennachweis nicht, nicht in der vorgeschriebenen Form oder nicht mit dem vorgeschriebenen Inhalt macht.

§ 11 Übergangsvorschrift

(1) [1]§ 279 des Handelsgesetzbuchs ist letztmals auf einen Jahresabschluss anzuwenden, der für ein Geschäftsjahr aufzustellen ist, das vor dem 1. Januar 2010 beginnt. [2]Die Anlagen 1 und 4 mit den Änderungen, die durch das Bilanzrechtsmodernisierungsgesetz vom 25. Mai 2009 (BGBl. I S. 1102) und durch Artikel 1 Nummer 3 und 4 der Verordnung zur Änderung von Rechnungslegungsverordnungen vom 9. Juni 2011 (BGBl. I S. 1041) erfolgt sind, sind erstmals auf Jahresabschlüsse für Geschäftsjahre anzuwenden, die nach dem 31. Dezember 2009, im Fall des Artikels 66 Absatz 3 Satz 6 des Einführungsgesetzes zum Handelsgesetzbuch nach dem 31. Dezember 2008 beginnen. [3]Die Anlagen 1 und 4 in der bis zum 28. Mai 2009 geltenden Fassung sind letztmals auf einen Jahresabschluss anzuwenden, der für ein Geschäftsjahr aufzustellen ist, das vor dem 1. Januar 2010 beginnt. [4]Soweit im Übrigen in dieser Verordnung auf Bestimmungen des Handelsgesetzbuchs in der Fassung des Bilanzrechtsmodernisierungsgesetzes vom 25. Mai 2009 (BGBl. I S. 1102) verwiesen wird, gelten die in den Artikeln 66 und 67 des Einführungsgesetzes zum Handelsgesetzbuch enthaltenen Übergangsregelungen entsprechend. [5]Artikel 66 Abs. 3 Satz 6 des Einführungsgesetzes zum Handelsgesetzbuch gilt entsprechend.

(2) § 1 Absatz 3, § 10 Nummer 2, die Gliederung der Gewinn- und Verlustrechnung (Anlage 2) sowie die Kontenrahmen für die Buchführung in der Fassung des Bilanzrichtlinie-Umsetzungsgesetzes vom 17. Juli 2015 (BGBl. I S. 1245) sind erstmals auf den Jahresabschluss für das nach dem 31. Dezember 2015 beginnende Geschäftsjahr und die gegebenenfalls hierauf bezogenen Dokumente nach § 1 Absatz 3 Satz 3 anzuwenden.

(3) § 4 Absatz 3 sowie die Anlagen 2 und 4[1)] in der Fassung der Zweiten Verordnung zur Änderung von Rechnungslegungsverordnungen vom 21. Dezember 2016 (BGBl. I S. 3076) sind erstmals auf den Jahresabschluss für das nach dem 31. Dezember 2015 beginnende Geschäftsjahr und die gegebenenfalls hierauf bezogenen Dokumente nach § 1 Absatz 3 Satz 3 anzuwenden.

§ 12 *(aufgehoben)*

1) Hier nicht abgedruckt.

Anlage 1

Gliederung der Bilanz[1]

Aktivseite

A. Anlagevermögen:
  I. Immaterielle Vermögensgegenstände
    1. Selbst geschaffene gewerbliche Schutzrechte und ähnliche Rechte und Werte (KUGr. 0901) ....
    2. entgeltlich erworbene Konzessionen, gewerbliche Schutzrechte und ähnliche Rechte und Werte sowie Lizenzen an solchen Rechten und Werten (KUGr. 0902) ....
    3. Geschäfts- oder Firmenwert (KUGr. 0903) ....
    4. geleistete Anzahlungen (KUGr. 091) ....
  II. Sachanlagen:
    1. Grundstücke und grundstücksgleiche Rechte mit Betriebsbauten einschließlich der Betriebs bauten auf fremden Grundstücken (KGr. 01; KUGr. 050, 053) ....
    2. Grundstücke und grundstücksgleiche Rechte mit Wohnbauten einschließlich der Wohnbauten auf fremden Grundstücken (KGr. 03; KUGr. 052; KUGr. 053, soweit nicht unter 1.) ....
    3. Grundstücke und grundstücksgleiche Rechte ohne Bauten (KGr. 04) ....
    4. technische Anlagen (KGr. 06) ....
    5. Einrichtungen und Ausstattungen (KGr. 07) ....
    6. geleistete Anzahlungen und Anlagen im Bau (KGr. 08) ....
  III. Finanzanlagen:
    1. Anteile an verbundenen Unternehmen (KUGr. 092)[2] ....
    2. Ausleihungen an verbundene Unternehmen (KUGr. 093)[2] ....
    3. Beteiligungen (KUGr. 094) ....
    4. Ausleihungen an Unternehmen, mit denen ein Beteiligungsverhältnis besteht (KUGr. 095)[2] ....
    5. Wertpapiere des Anlagevermögens (KUGr. 096) ....
    6. sonstige Finanzanlagen (KUGr. 097), davon bei Gesellschaften bzw. dem Krankenhausträger ....

B. Umlaufvermögen:
  I. Vorräte:
    1. Roh-, Hilfs- und Betriebsstoffe (KUGr. 100-105) ....
    2. unfertige Erzeugnisse, unfertige Leistungen (KUGr. 106) ....
    3. fertige Erzeugnisse und Waren (KUGr. 107) ....
    4. geleistete Anzahlungen (KGr. 11) ....
  II. Forderungen und sonstige Vermögensgegenstände:
    1. Forderungen aus Lieferungen und Leistungen (KGr. 12), davon mit einer Restlaufzeit von mehr als einem Jahr ....
    2. Forderungen an Gesellschafterbzw. den Krankenhausträger (KUGr. 160), davon mit einer Restlaufzeit von mehr als einem Jahr ....
    3. Forderungen nach dem Krankenhausfinanzierungsrecht (KGr. 15), davon nach der BPflV (KUGr. 151) .... davon mit einer Restlaufzeit von mehr als einem Jahr ....
    4. Forderungen gegen verbundene Unternehmen (KUGr. 161)[2] davon mit einer Restlaufzeit von mehr als einem Jahr ....

5. Forderungen gegen Unternehmen, mit denen ein Beteiligungsverhältnis besteht (KUGr. 162)[2], davon mit einer Restlaufzeit von mehr als einem Jahr ....
6. Eingefordertes, noch nicht eingezahltes Kapital (KUGr. 164)**)
7. sonstige Vennögensgegenstände (KUGr. 163), davon mit einer Restlaufzeit von mehr als einem Jahr ....

III. Wertpapiere des Umlaufvermögens (KGr. 14), davon Anteile an verbundenen Unternehmen (KUGr. 140)[2] ....

IV. Schecks, Kassenbestand, Bundesbank- und Postgiroguthaben, Guthaben bei Kreditinstituten (KGr. 13) ....

C. Ausgleichsposten nach dem KHG:
1. Ausgleichsposten aus Darlehensförderung (KUGr. 180) ....
2. Ausgleichsposten für Eigenmittelförderung (KUGr. 181) ....

D. Rechnungsabgrenzungsposten:
1. Disagio (KUGr. 170) ....
2. andere Abgrenzungsposten (KUGr. 171) ....

E. Aktive latente Steuern (KGr. 19)**) ....

F. Aktiver Unterschiedsbetrag aus der Vermögensverrechnung ....

G. Nicht durch Eigenkapital gedeckter Fehlbetrag ....

....

Passivseite

A. Eigenkapital
1. Eingefordertes Kapital (KUGr. 2003)
Gezeichnetes Kapital (KUGr. 2001) ....
abzüglich nicht eingeforderter ausstehender Einlagen (KUGr. 2002) ....
2. Kapitalrücklagen (KUGr. 201) ....
3. Gewinnrücklagen (KUGr. 202) ....
4. Gewinnvortrag/Verlustvortrag (KUGr. 203) ....
5. Jahresüberschuß/Jahresfehlbetrag (KUGr. 204) ....

B. Sonderposten aus Zuwendungen zur Finanzierung des Sachanlagevennögens:
1. Sonderposten aus Fördermitteln nach dem KHG (KGr. 22) ....
2. Sonderposten aus Zuweisungen und Zuschüssen der öffentlichen Hand (KGr. 23) ....
3. Sonderposten aus Zuwendungen Dritter (KGr. 21) ....

C. Rückstellungen
1. Rückstellungen für Pensionen und ähnliche Verpflichtungen (KGr. 27) ....
2. Steuerrückstellungen (KUGr. 280) ....
3. sonstige Rückstellungen (KUGr. 281) ....

D. Verbindlichkeiten:
1. Verbindlichkeiten gegenüber Kreditinstituten (KGr. 34), ...
davon gefördert nach dem KHG, ...
davon mit einer Restlaufzeit bis zu einem Jahr ....
2. erhaltene Anzahlungen (KGr. 36), ...
davon mit einer Restlaufzeit bis zu einem Jahr ....

3. Verbindlichkeiten aus Lieferungen und Leistungen (KGr. 32), davon mit einer Restlaufzeit bis zu einem Jahr	....	
4. Verbindlichkeiten aus der Annahme gezogener Wechsel und der Ausstellung eigener Wechsel (KGr. 33), davon mit einer Restlaufzeit bis zu einem Jahr	....	
5. Verbindlichkeiten gegenüber Gesellschaftern bzw. dem Krankenhausträger (KUGr. 370), davon mit einer Restlaufzeit bis zu einem Jahr	....	
6. Verbindlichkeiten nach dem Krankenhausfinanzierungsrecht (KGr. 35), davon nach der BPflV (KUGr. 351), ... davon mit einer Restlaufzeit bis zu einem Jahr	....	
7. Verbindlichkeiten aus sonstigen Zuwendungen zur Finanzierung des Anlagevermögens (KUGr. 371), davon mit einer Restlaufzeit bis zu einem Jahr	....	
8. Verbindlichkeiten gegenüber verbundenen Unternehmen (KUGr. 372)[2], davon mit einer Restlaufzeit bis zu einem Jahr	....	
9. Verbindlichkeiten gegenüber Unternehmen, mit denen ein Beteiligungsverhältnis besteht (KUGr. 373)[2], davon mit einer Restlaufzeit bis zu einem Jahr	....	
10. sonstige Verbindlichkeiten (KUGr. 374), davon mit einer Restlaufzeit bis zu einem Jahr	....	....
E. Ausgleichsposten aus Darlehensförderung (KGr. 24)		....
F. Rechnungsabgrenzungsposten (KGr. 38)		....
G. Passive latente Steuern (KGr. 39)**		....
		....

Haftungsverhältnisse: ....

Fußnoten zu Anlage 1:

1) Die Klammerhinweise auf den Kontenrahmen entfallen in der Bilanz.

2) Ausweis dieser Posten nur bei Kapitalgesellschaften.

Anlage 2

Gliederung der Gewinn- und Verlustrechnung[1)]

1. Erlöse aus Krankenhausleistungen (KGr. 40) ....
2. Erlöse aus Wahlleistungen (KGr. 41) ....
3. Erlöse aus ambulanten Leistungen des Krankenhauses (KGr. 42) ....
4. Nutzungsentgelte der Ärzte (KGr. 43) ....

4a. Umsatzerlöse nach § 277 Absatz 1 des Handelsgesetzbuchs (KGr. 44, 45, 57, 58; KUGr. 591), soweit nicht in den Nummern 1 bis 4 enthalten ....
davon aus Ausgleichsbeträgen für frühere Geschäftsjahre (KGr. 58) ....

5. Erhöhung oder Verminderung des Bestandes an fertigen und unfertigen Erzeugnissen/unfertigen Leistungen (KUGr. 550 u. 551) ....
6. andere aktivierte Eigenleistungen (KUGr. 552) ....
7. Zuweisungen und Zuschüsse der öffentlichen Hand, soweit nicht unter Nr.11 (KUGr. 472) ....
8. Sonstige betriebliche Erträge (KUGr. 473, 520; KGr. 54; KUGr. 592), ...
9. Personalaufwand
   a) Löhne und Gehälter (KGr. 60, 64)
   b) soziale Abgaben und Aufwendungen für Altersversorgung und für Unterstützung (KGr. 61 - 63), ...
   davon für Altersversorgung (KGr. 62) ....
10. Materialaufwand
    a) Aufwendungen für Roh-, Hilfs- und Betriebsstoffe (KUGr. 650; KGr. 66 ohne Kto. 6601, 6609, 6616 und 6618; KGr. 67; KUGr. 680; KGr. 71) ....
    b) Aufwendungen für bezogene Leistungen (KUGr. 651 Kto. 6601, 6609, 6616 und 6618; KUGr. 681) ....

Zwischenergebnis ....

11. Erträge aus Zuwendungen zur Finanzierung von Investitionen (KGr. 46; KUGr. 470, 471), ...
    davon Fördermitte1 nach dem KHG (KGr. 46) ....
12. Erträge aus der Einstellung von Ausgleichsposten aus Darlehensförderung und für Eigenmittelförderung (KGr. 48) ....
13. Erträge aus der Auflösung von Sonderposten/Verbindlichkeiten nach dem KHG und auf Grund sonstiger Zuwendungen zur Finanzierung des Anlagevermögens (KUGr. 490 - 491) ....
14. Erträge aus der Auflösung des Ausgleichspostens für Darlehensförderung (KUGr. 492) ....
15. Aufwendungen aus der Zuführung zu Sonderposten/Verbindlichkeiten nach dem KHG und auf Grund sonstiger Zuwendungen zur Finanzierung des Anlagevermögens (KUGr. 752, 754, 755) ....
16. Aufwendungen aus der Zuführung zu Ausgleichsposten aus Darlehensförderung (KUGr. 753) ....
17. Aufwendungen für die nach dem KHG geförderte Nutzung von Anlagegegenständen (KGr. 77) ....
18. Aufwendungen für nach dem KHG geförderte, nicht aktivierungsfähige Maßnahmen (KUGr. 721) ....

19. Aufwendungen aus der Auflösung der Ausgleichsposten aus Darlehensförderung und für Eigenmittelförderung (KUGr. 750, 751)		....	
20. Abschreibungen			
a) auf immaterielle Vermögensgegenstände des Anlagevermögens und Sachanlagen (KUGr. 760, 761)		....	
b) auf Vermögensgegenstände des Umlaufvermögens, soweit diese die im Krankenhaus üblichen Abschreibungen überschreiten (KUGr. 765)		....	
21. sonstige betriebliche Aufwendungen (KGr. 69, 70; KUGr. 720, 731, 732, 763, 764, 781, 782, 790, 791, 793, 794), davon aus Ausgleichsbeträgen für frühere Geschäftsjahre (KUGr. 790)	....	....	....
Zwischenergebnis			....
22. Erträge aus Beteiligungen (KUGr. 500, 521), davon aus verbundenen Unternehmen (Kto. 5000)[2]	....	....	
23. Erträge aus anderen Wertpapieren und aus Ausleihungen des Finanzanlagevermögens (KUGr. 501, 521), davon aus verbundenen Unternehmen (Kto. 5010, 5210)[2]	....	....	
24. sonstige Zinsen und ähnliche Erträge (KGr. 51), davon aus verbundenen Unternehmen (Kto. 51O)[2]	....	....	
25. Abschreibungen auf Finanzanlagen und auf Wertpapiere des Umlaufvermögens (KUGr. 762)		....	
26. Zinsen und ähnliche Aufwendungen (KGr. 74), davon für Betriebsmittelkredite (KUGr. 740), davon an verbundene Unternehmen (KUGr. 741)[2]	.... /	....	....
27. Steuern (KUGr. 730) davon vom Einkommen und vom Ertrag	....		....
28. Jahresüberschuss/Jahresfehlbetrag			....

Fußnoten zu Anlage 2:

1) Die Klammerhinweise auf den Kontenrahmen entfallen in der Gewinn- und Verlustrechnung.

2) Ausweis dieser Posten nur bei Kapitalgesellschaften.

Anlage 3

Anlagennachweis

Bilanzposten: B.II. Sachanlagen	Enwicklung der Anschaffungswerte					Entwicklung der Abschreibungen						Rest-buch-werte (Stand 31.12.)
	Anfangs-stand	Zugang	Um-buchun-gen	Abgang	Endstand	Anfangs-stand	Abschrei-bungen des Ge-schäfts-jahres	Um-buchun-gen	Zuschrei-bungen des Ge-schäfts-jahres	Ent-nahme für Abgänge	Endstand	
	Euro	Euro	Euro	Euro	Euro	Euro	Euro	Euro	Euro	Euro	Euro	Euro
1	2	3	4	5	6	7	8	9	10	11	12	13
1. Grundstücke und grundstücksgleiche Rechte mit Betriebsbauten einschließlich der Betriebsbauten auf fremden Grundstücken												
2. Grundstücke und grundstücksgleiche Rechte mit Wohnbauten einschließlich der Wohnbauten auf fremden Grundstücken												
3. Grundstücke und grundstücksgleiche Rechte ohne Bauten												
4. technische Anlagen												
5. Einrichtungen und Ausstattungen												
6. geleistete Anzahlungen und Anlagen im Bau												

1h. Verordnung über die Rechnungs- und Buchführungspflichten der Pflegeeinrichtungen (Pflege-Buchführungsverordnung – PBV)

Vom 22.11.1995 (BGBl. I S. 1528)

zuletzt geändert durch Gesetz vom 21.12.2016 (BGBl. I S. 3076)

Inhaltsübersicht

§ 1 Anwendungsbereich

(1) [1]Die Rechnungs- und Buchführungspflichten der Pflegeeinrichtungen richten sich nach dieser Verordnung, unabhängig davon, ob die Pflegeeinrichtung Kaufmann im Sinne des Handelsgesetzbuches ist, und unabhängig von der Rechtsform der Pflegeeinrichtung. [2]Rechnungs-, Buchführungs- und Aufzeichnungspflichten nach anderen Vorschriften bleiben unberührt.

(2) [1]Pflegeeinrichtungen im Sinne dieser Verordnung sind

1. ambulante Pflegeeinrichtungen (Pflegedienste),
2. teilstationäre und vollstationäre Pflegeeinrichtungen (Pflegeheime),

mit denen ein Versorgungsvertrag nach dem Elften Buch Sozialgesetzbuch besteht (zugelassene Pflegeeinrichtungen). [2]Erbringt eine zugelassene Pflegeeinrichtung neben Leistungen nach dem elften Buch Sozialgesetzbuch andere Sozialleistungen im Sinne des Ersten Buches Sozialgesetzbuch (gemischte Einrichtung), so sind ihre Rechnungs-

1) Anlagen 4–6 hier nicht abgedruckt.
2) Anlagen 4–6 hier nicht abgedruckt.
3) Anlagen 4–6 hier nicht abgedruckt.

und Buchführungspflichten nach dieser Verordnung auf die Leistungen beschränkt, für die sie nach dem Elften Buch Sozialgesetzbuch als Pflegeeinrichtung zugelassen ist.

§ 2 Geschäftsjahr

Das Geschäftsjahr ist das Kalenderjahr.

§ 3 Buchführung, Inventar

(1) [1]Die Pflegeeinrichtungen führen ihre Bücher nach den Regeln der kaufmännischen doppelten Buchführung. [2]Für Buchführung und Inventar gelten die §§ 238 bis 241 des Handelsgesetzbuchs.

(2) [1]Die Konten sind nach dem Kontenrahmen der Anlage 4 [1)] einzurichten. [2]Bei Verwendung eines hiervon abweichenden Kontenplanes hat die Pflegeeinrichtung durch ein ordnungsmäßiges Überleitungsverfahren die Umschlüsselung auf den Kontenrahmen nach Satz 1 zu gewährleisten.

§ 4 Jahresabschluß

(1) [1]Der Jahresabschluß der Pflegeeinrichtung besteht aus:

1. der Bilanz, gegliedert nach Anlage 1,
2. der Gewinn- und Verlustrechnung, gegliedert nach Anlage 2, sowie
3. dem Anhang einschließlich des nach den Anlagen 3a und 3b gegliederten Anlagen- und Fördernachweises.

[2]Der Jahresabschluß ist innerhalb von sechs Monaten nach Ablauf des Geschäftsjahres aufzustellen. [3]Für die Aufstellung und den Inhalt des Jahresabschlusses gelten § 242, § 243 Abs. 1 und 2, die §§ 244 bis 256a, 264 Absatz 1a und 2, § 265 Abs. 2, 5 und 8, § 268 Abs. 3, §§ 272, 274, 275 Absatz 4, § 277 Absatz 1 und 3 Satz 1, § 284 Absatz 2 Nummer 1 und 2 des Handelsgesetzbuchs sowie Artikel 28, 42 bis 44 des Einführungsgesetzes zum Handelsgesetzbuch.

(2) [1]Soweit ein Träger mehrere Pflegeeinrichtungen betreibt, die keine Vollkaufleute im Sinne des Handelsgesetzbuchs sind, kann er diese in einem Jahresabschluß zusammenfassen. [2]Dabei ist der Anlagen- und Fördernachweis nach den Anlagen 3a und 3b für jede Pflegeeinrichtung gesondert zu erstellen. [3]§ 7 bleibt unberührt.

(3) [1]Bei gemischten Einrichtungen im Sinne des § 1 Abs. 2 Satz 2 kann der Träger

1. einen auf die Leistungen nach dem Elften Buch Sozialgesetzbuch begrenzten Jahresabschluß (Teil-Jahresabschluß) erstellen oder
2. unter Verwendung der Anlagen 3a und 3b die Erträge und Aufwendungen seiner Pflegeeinrichtungen in einer nach Anlage 2 gegliederten Teil-Gewinn- und Verlustrechnung so zusammenfassen, daß sie von den anderen Leistungsbereichen der Einrichtung getrennt sind. [2]Ist eine Abgrenzung nicht möglich, haben die erforderlichen Zuordnungen zu den verschiedenen Leistungsbereichen auf der Grundlage von vorsichtigen und wirklichkeitsnahen Schätzungen zu erfolgen. [3]§ 7 bleibt unberührt.

§ 5 Einzelvorschriften zur Bilanz

(1) [1]Vermögensgegenstände des Anlagevermögens, deren Nutzung zeitlich begrenzt ist, sind in der Bilanz höchstens zu den Anschaffungs- oder Herstellungskosten, vermindert um Abschreibungen, anzusetzen. [2]Kann eine zugelassene Pflegeeinrichtung, die erstmals nach den Grundsätzen dieser Verordnung eine Bewertung des Anlagevermögens vornimmt, zum Stichtag der Eröffnungsbilanz die tatsächlichen Anschaffungs- oder Herstellungskosten nicht ohne unvertretbaren Aufwand ermitteln, so sind den

1) Hier nicht abgedruckt.

Preisverhältnissen des vermutlichen Anschaffungs- oder Herstellungszeitpunkts entsprechende Erfahrungswerte als Anschaffungs- oder Herstellungskosten anzusetzen. [3]Vermögensgegenstände des Anlagevermögens, die am 1. Januar 1997, bei Pflegediensten am 1. Januar 1998 bis auf einen Erinnerungsposten abgeschrieben sind, können mit diesem Restbuchwert angesetzt werden.

(2) [1]Vermögensgegenstände des Anlagevermögens, die mit öffentlichen Fördermitteln oder sonstigen Zuwendungen Dritter angeschafft oder hergestellt worden sind, sind auf der Aktivseite der Bilanz mit dem Bruttowert anzusetzen. [2]Auf der Passivseite der Bilanz sind die bereits zweckentsprechend verwendeten Fördermittel oder Zuwendungen als Sonderposten gesondert auszuweisen, vermindert um den Betrag der bis zum jeweiligen Bilanzstichtag angefallenen Abschreibungen auf die mit diesen Mitteln finanzierten Vermögensgegenstände des Anlagevermögens.

(3) [1]Bei Pflegeeinrichtungen ohne eigene Rechtspersönlichkeit oder in einer anderen Rechtsform als der Kapitalgesellschaft sind in der Bilanz unter dem Eigenkapital als „gewährtes Kapital" die Beträge auszuweisen, die der Einrichtung für die Erfüllung ihres Versorgungsauftrags nach dem Elften Buch Sozialgesetzbuch vom Rechtsträger auf Dauer zur Verfügung gestellt werden. [2]Sonstige Einlagen des Rechtsträgers sind als Kapitalrücklagen auszuweisen. [3]Für Gewinnrücklagen gilt § 272 Abs. 3 des Handelsgesetzbuchs entsprechend.

(4) [1]Sind der Pflegeeinrichtung vor Aufnahme in den Landespflegeplan für Lasten aus Darlehen Fördermittel bewilligt worden, so ist in Höhe des Teils der jährlichen Abschreibungen auf die mit diesen Mitteln finanzierten Vermögensgegenstände des Anlagevermögens, der nicht durch den Tilgungsanteil der Fördermittel gedeckt ist, in der Bilanz auf der Aktivseite ein „Ausgleichsposten aus Darlehensförderung" zu bilden. [2]Ist der Tilgungsanteil der Fördermittel aus der Darlehensförderung höher als die jährlichen Abschreibungen auf die mit diesen Mitteln finanzierten Vermögensgegenstände des Anlagevermögens, so ist in der Bilanz in Höhe des überschießenden Betrages auf der Passivseite ein „Ausgleichsposten aus Darlehensförderung" zu bilden.

(5) In Höhe der Abschreibungen auf die aus Eigenmitteln des Trägers der Pflegeeinrichtung vor Beginn der Förderung beschafften Vermögensgegenstände des Anlagevermögens, für die ein Ausgleich für die Abnutzung in der Zeit ab Beginn der Förderung verlangt werden kann, ist in der Bilanz auf der Aktivseite ein „Ausgleichsposten für Eigenmittelförderung" zu bilden.

§ 6 Aufbewahrung und Vorlegung von Unterlagen

Für die Aufbewahrung von Unterlagen, die Aufbewahrungsfristen und die Vorlegung von Unterlagen gelten die §§ 257 und 261 des Handelsgesetzbuchs.

§ 7 Kosten- und Leistungsrechnung

[1]Die zugelassenen Pflegeeinrichtungen haben eine Kosten- und Leistungsrechnung zu führen, die eine betriebsinterne Steuerung sowie eine Beurteilung der Wirtschaftlichkeit und Leistungsfähigkeit ermöglicht. [2]Die Kosten- und Leistungsrechnung muß die Ermittlung und Abgrenzung der Kosten der jeweiligen Betriebszweige sowie die Erstellung der Leistungsnachweise nach den Vorschriften des Achten Kapitels des Elften Buches Sozialgesetzbuch ermöglichen. [3]Dazu gehören folgende Mindestanforderungen:

1. Die Pflegeeinrichtungen haben die auf Grund ihrer Aufgaben und Strukturen erforderlichen Kostenstellen zu bilden; dabei kann der Kostenstellenrahmen nach dem Muster der Anlage 5[1)] angewendet werden.
2. Die Kosten sind aus der Buchführung nachprüfbar herzuleiten.
3. Die Kosten und Leistungen sind verursachungsgerecht nach Kostenstellen zu erfassen; sie sind darüber hinaus den anfordernden Kostenstellen zuzuordnen, soweit dies für die in Satz 1 genannten Zwecke erforderlich ist.
4. Die Kosten und Leistungen sind verursachungsgerecht den Kostenträgern zuzuordnen; dabei kann die Kostenträgerübersicht nach dem Muster der Anlage 6[2)]) angewendet werden.
5. Bei Einrichtungen nach § 4 Abs. 2 oder 3 muß eine verursachungsgerechte Abgrenzung der Kosten und Erträge mit anteiliger Zuordnung auf die verschiedenen Einrichtungen erfolgen; § 4 Abs. 3 Nr. 2 Satz 2 gilt entsprechend.

§ 8 Wahlrecht für Kapitalgesellschaften

(1) [1]Pflegeeinrichtungen, die Kapitalgesellschaften im Sinne des Zweiten Abschnitts des Dritten Buches des Handelsgesetzbuchs sind, brauchen auch für Zwecke des Handelsrechts bei der Aufstellung, Feststellung und Offenlegung ihres Jahresabschlusses nach dem Handelsgesetzbuch die Gliederungsvorschriften der §§ 266 und 275 des Handelsgesetzbuchs nicht anzuwenden. [2]Nehmen die Pflegeeinrichtungen nach Satz 1 das Wahlrecht nach Satz 1 in Anspruch, so haben sie bei der Aufstellung, Feststellung und Offenlegung die Bilanz nach Anlage 1, die Gewinn- und Verlustrechnung nach Anlage 2 und den Anlagennachweis nach Anlage 3a zu gliedern. [3]Nehmen die Pflegeeinrichtungen nach Satz 1 das Wahlrecht nach Satz 1 nicht in Anspruch, haben sie außerhalb des handelsrechtlichen Jahresabschlusses zusätzlich gesonderte Dokumente bestehend aus den in Satz 2 näher bezeichneten Unterlagen zu erstellen. [4]Die im Anlagennachweis vorgeschriebenen Angaben sind auch für den Posten „Immaterielle Vermögensgegenstände" und jeweils für die Posten des Finanzanlagevermögens zu machen.

(2) Bei Inanspruchnahme des Wahlrechts nach Absatz 1 Satz 1 für Zwecke des Handelsrechts gelten die Erleichterungen für kleine und mittelgroße Kapitalgesellschaften nach § 266 Abs. 1 Satz 3 und § 276 des Handelsgesetzbuchs bei der Aufstellung und Feststellung nicht; bei der Offenlegung nach den §§ 325 bis 328 des Handelsgesetzbuchs dürfen § 266 Abs. 1 Satz 3 und § 276 des Handelsgesetzbuchs mit der Maßgabe angewendet werden, daß in der Bilanz nach Anlage 1 und im Anlagennachweis nach Anlage 3a nur die mit Buchstaben und römischen Zahlen bezeichneten Posten ausgewiesen werden müssen und daß in der Gewinn- und Verlustrechnung nach Anlage 2 die Posten 1 bis 8 und 10 zu dem Posten „Rohergebnis" zusammengefaßt werden dürfen.

§ 9 Befreiungen

(1) [1]Von den Vorschriften dieser Verordnung sind befreit:
1. Pflegedienste mit bis zu sechs Vollzeitkräften; Teilzeitkräfte sind auf Vollzeitkräfte umzurechnen,
2. teilstationäre Pflegeeinrichtungen und Einrichtungen der Kurzzeitpflege mit bis zu acht Pflegeplätzen,
3. vollstationäre Pflegeeinrichtungen mit bis zu zwanzig Pflegeplätzen.

[2]Für die Ermittlung der Vollzeitkräfte und der Pflegeplätze sind die Durchschnittswerte im abgelaufenen Geschäftsjahr maßgebend. [3]Satz 1 gilt nicht für Pflegeeinrichtungen,

1) Hier nicht abgedruckt.
2) Hier nicht abgedruckt.

deren Umsätze aus der Erfüllung ihres Versorgungsauftrages nach dem Elften Buch des Sozialgesetzbuchs (ohne Investitionsaufwendungen) bei Pflegeheimen 500 000 Euro, bei Pflegediensten 250 000 Euro im abgelaufenen Geschäftsjahr übersteigen.

(2) [1]Von den Vorschriften dieser Verordnung können ganz oder teilweise befreit werden:

1. Pflegedienste mit sieben bis zu zehn Vollzeitkräften; Teilzeitkräfte sind auf Vollzeitkräfte umzurechnen,
2. teilstationäre Pflegeeinrichtungen und Einrichtungen der Kurzzeitpflege mit neun bis zu fünfzehn Pflegeplätzen,
3. vollstationäre Pflegeeinrichtungen mit einundzwanzig bis zu dreißig Pflegeplätzen.

[2]Absatz 1 Satz 2 gilt entsprechend. [3]Über eine Befreiung und ihre Versagung entscheiden auf Antrag des Trägers der Pflegeeinrichtung die Landesverbände der Pflegekassen gemeinsam im Einvernehmen mit der zuständigen Landesbehörde nach pflichtgemäßem Ermessen. [4]Maßstab für diese Ermessensentscheidung ist insbesondere die Frage, ob die mit der Anwendung der Verordnung verbundenen Kosten in einem angemessenen Verhältnis zu dem erreichbaren Nutzen stehen oder ob die in § 7 gestellten Anforderungen nicht auch auf andere Weise erreicht werden können.

(3) [1]Pflegeeinrichtungen, die nach Absatz 1 oder 2 von den Vorschriften dieser Verordnung befreit sind, haben eine vereinfachte Einnahmen- und Ausgabenrechnung zu führen, die den Grundsätzen ordnungsmäßiger Buchführung entspricht; als Mindestanforderung gelten die in § 259 Abs. 1 des Bürgerlichen Gesetzbuchs aufgeführten Rechenschaftspflichten entsprechend. [2]Die Auskunfts- und Nachweispflichten der Pflegeeinrichtungen nach dem Siebten und Achten Kapitel des Elften Buches Sozialgesetzbuch bleiben unberührt.

§ 10 Ordnungswidrigkeiten

Ordnungswidrig im Sinne des § 334 Abs. 1 Nr. 6 des Handelsgesetzbuchs handelt, wer als Mitglied des vertretungsberechtigten Organs oder des Aufsichtsrats einer Pflegeeinrichtung, die Kapitalgesellschaft ist, bei der Aufstellung oder Feststellung eines Jahresabschlusses

1. entgegen § 8 Abs. 1 Satz 2
   a) die Bilanz nicht nach Anlage 1,
   b) die Gewinn- und Verlustrechnung nicht nach Anlage 2 oder
   c) den Anlagennachweis nicht nach Anlage 3a

   gliedert oder
2. entgegen § 8 Abs. 1 Satz 4 die dort bezeichneten zusätzlichen Angaben im Anlagennachweis nicht, nicht in der vorgeschriebenen Form oder nicht mit dem vorgeschriebenen Inhalt macht.

§ 11 Inkrafttreten und Übergangsvorschrift

(1) Diese Verordnung tritt am 1. Januar 1996 in Kraft.

(2) [1]§ 279 des Handelsgesetzbuchs ist letztmals auf einen Jahresabschluss anzuwenden, der für ein Geschäftsjahr aufzustellen ist, das vor dem 1. Januar 2010 beginnt. [2]Die Anlagen 1 und 4 mit den Änderungen, die durch das Bilanzrechtsmodernisierungsgesetz vom 25. Mai 2009 (BGBl. I S. 1102) und durch Artikel 6 Nummer 3 bis 5 der Verordnung zur Änderung von Rechnungslegungsverordnungen vom 9. Juni 2011 (BGBl. I S. 1041) erfolgt sind, sind erstmals auf Jahresabschlüsse für Geschäftsjahre anzuwenden, die nach dem 31. Dezember 2009, im Fall des Artikels 66 Absatz 3 Satz 6 des Einführungsgesetzes zum Handelsgesetzbuch nach dem 31. Dezember 2008 beginnen. [3]Die Anlagen

1 und 4 in der bis zum 28. Mai 2009 geltenden Fassung sind letztmals auf einen Jahresabschluss anzuwenden, der für ein Geschäftsjahr aufzustellen ist, das vor dem 1. Januar 2010 beginnt. [4]Soweit im Übrigen in dieser Verordnung auf Bestimmungen des Handelsgesetzbuchs in der Fassung des Bilanzrechtsmodernisierungsgesetzes vom 25. Mai 2009 (BGBl. I S. 1102) verwiesen wird, gelten die in den Artikeln 66 und 67 des Einführungsgesetzes zum Handelsgesetzbuch enthaltenen Übergangsregelungen entsprechend. [5]Artikel 66 Abs. 3 Satz 6 des Einführungsgesetzes zum Handelsgesetzbuch gilt entsprechend.

(3) Die §§ 4, 8 und 10, das Formblatt für die Bilanz (Anlage 1), die Gliederung der Gewinn- und Verlustrechnung (Anlage 2) sowie die Kontenrahmen für die Buchführung in der Fassung des Bilanzrichtlinie-Umsetzungsgesetzes vom 17. Juli 2015 (BGBl. I S. 1245) sind erstmals auf Jahresabschlüsse für nach dem 31. Dezember 2015 beginnende Geschäftsjahre und die gegebenenfalls hierauf bezogenen Dokumente nach § 8 Absatz 1 Satz 3 anzuwenden.

(4) § 4 Absatz 1 Satz 3 und die Nummern 4a, 8, 22 und 28 der Gliederung der Gewinn- und Verlustrechnung (Anlage 2) in der Fassung der Zweiten Verordnung zur Änderung von Rechnungslegungsverordnungen vom 21. Dezember 2016 (BGBl. I S. 3076) sind erstmals auf Jahresabschlüsse für nach dem 31. Dezember 2015 beginnende Geschäftsjahre und die gegebenenfalls hierauf bezogenen Dokumente nach § 8 Absatz 1 Satz 3 anzuwenden.

(5) Die Nummern 1 bis 3 der Gliederung der Gewinn- und Verlustrechnung (Anlage 2), der Kontenrahmen für die Buchführung (Anlage 4[1)]) sowie die Anlagen 5[2)] und 6[3)] in der Fassung der Zweiten Verordnung zur Änderung von Rechnungslegungsverordnungen vom 21. Dezember 2016 (BGBl. I S. 3076) sind erstmals auf Jahresabschlüsse für nach dem 31. Dezember 2016 beginnende Geschäftsjahre und die gegebenenfalls hierauf bezogenen Dokumente nach § 8 Absatz 1 Satz 3 anzuwenden.

---

1) Hier nicht abgedruckt.
2) Hier nicht abgedruckt.
3) Hier nicht abgedruckt.

Anlage 1

Gliederung der Bilanz*)

Aktivseite

A. Anlagevermögen:

I. Immaterielle Vermögensgegenstände

1. Selbst geschaffene gewerbliche Schutzrechte und ähnliche Rechte und Werte (KUGr. 0800) ....
2. entgeltlich erworbene Konzessionen, gewerbliche Schutzrechte und ähnliche Rechte und Werte sowie Lizenzen an solchen Rechten und Werten (KUGr. 0801) ....
3. Geschäfts- oder Firmenwert (KUGr. 0802) ....
4. geleistete Anzahlungen (KUGr. 0803) ....

II. Sachanlagen:

1. Grundstücke und grundstücksgleiche Rechte mit Betriebsbauten einschließlich der Betriebsbauten auf fremden Grundstücken (KGr. 01; KUGr. 040 u. 042) ....
2. Grundstücke und grundstücksgleiche Rechte mit Wohnbauten einschließlich der Wohnbauten auf fremden Grundstücken (KGr. 02; KUGr. 041 u. 042, soweit nicht unter 1.) ....
3. Grundstücke und grundstücksgleiche Rechte ohne Bauten (KGr. 03) ....
4. Technische Anlagen (KGr. 05) ....
5. Einrichtungen und Ausstattungen ohne Fahrzeuge (KGr. 06 ohne KUGr. 063) ....
6. Fahrzeuge (KUGr. 063) ....
7. Geleistete Anzahlungen und Anlagen im Bau (KGr. 07) ....

III. Finanzanlagen:

1. Anteile an verbundenen Unternehmen**) (KUGr. 081) ....
2. Ausleihungen an verbundene Unternehmen**) (KUGr. 082) ....
3. Beteiligungen (KUGr. 083) ....
4. Ausleihungen an Unternehmen, mit denen ein Beteiligungsverhältnis besteht**) (KUGr. 084) ....
5. Wertpapiere des Anlagevermögens (KUGr. 085) ....
6. Sonstige Finanzanlagen (KUGr. 086) ....

B. Umlaufvermögen:

I. Vorräte:

1. Roh-, Hilfs- und Betriebsstoffe (KUGr. 101) ....
2. Geleistete Anzahlungen (KUGr. 102) ....

II. Forderungen und sonstige Vermögensgegenstände

1. Forderungen aus Lieferungen und Leistungen (KGr. 11), ...
   davon mit einer Restlaufzeit von mehr als einem Jahr ....
2. Forderungen an Gesellschafter oder Träger der Einrichtung (KUGr. 160), ...
   davon mit einer Restlaufzeit von mehr als einem Jahr ....
3. Forderungen gegen verbundene Unternehmen**) (KUGr. 161) ....
   davon mit einer Restlaufzeit von mehr als einem Jahr ....
4. Forderungen gegen Unternehmen, mit denen ein Beteiligungsverhältnis besteht**) (KUGr. 162), ...
   davon mit einer Restlaufzeit von mehr als einem Jahr ....

5. Forderungen aus öffentlicher Förderung (KGr. 14), ... davon mit einer Restlaufzeit von mehr als einem Jahr ....
6. Forderungen aus nicht-öffentlicher Förderung (KGr. 15), ... davon mit einer Restlaufzeit von mehr als einem Jahr ....
7. Eingefordertes, noch nicht eingezahltes Kapital**) (KUGr. 165) ....
8. Sonstige Vermögensgegenstände (KUGr. 163, 164) .... davon mit einer Restlaufzeit von mehr als einem Jahr ....

III. Wertpapiere des Umlaufvermögens (KGr. 13), davon Anteile an verbundenen Unternehmen ....

IV. Kassenbestand, Guthaben bei Kreditinstituten und Schecks (KGr. 12) ....

C. Ausgleichsposten

1. Ausgleichsposten aus Darlehensförderung (KUGr. 171) ....
2. Ausgleichsposten für Eigenmittelförderung (KUGr. 172) ....

D. Rechnungsabgrenzungsposten (KGr. 18) ....

E. Aktive latente Steuern) (KUGr. 164)** ....

F. Aktiver Unterschiedsbetrag aus der Vermögensverrechnung ....

G. Nicht durch Eigenkapital gedeckter Fehlbetrag ....

....

Passivseite

A. Eigenkapital

1. Eingefordertes Kapital (KUGr. 2003) Gezeichnetes Kapital (KUGr. 2001) .... abzüglich nicht eingeforderter ausstehender Einlagen (KUGr. 2002) ....
2. Kapitalrücklagen (KUGr. 201) ....
3. Gewinnrücklagen (KUGr. 202) ....
4. Gewinnvortrag/Verlustvortrag (KUGr. 203) ....
5. Jahresüberschuß/Jahresfehlbetrag (KUGr. 204) ....

B. Sonderposten aus Zuschüssen und Zuweisungen zur Finanzierung des Sachanlagevermögens

1. Sonderposten aus öffentlichen Fördermitteln für Investitionen (KGr. 21) ....
2. Sonderposten aus nicht-öffentlicher Förderung für Investitionen (KGr. 22) ....

C. Rückstellungen (KGr. 24) ....

D. Verbindlichkeiten

1. Verbindlichkeiten aus Lieferungen und Leistungen (KGr. 30), ... davon mit einer Restlaufzeit bis zu einem Jahr ....
2. Verbindlichkeiten gegenüber Kreditinstituten (KGr. 31), ... davon mit einer Restlaufzeit bis zu einem Jahr ....
3. Erhaltene Anzahlungen (KGr. 34), ... davon mit einer Restlaufzeit bis zu einem Jahr ....

4. Verbindlichkeiten gegenüber Gesellschaftern oder dem Träger der Einrichtung (KUGr. 354),	....	
davon mit einer Restlaufzeit bis zu einem Jahr		
5. Verbindlichkeiten gegenüber verbundenen Unternehmen**) (KUGr. 355),	....	
davon mit einer Restlaufzeit bis zu einem Jahr		
6. Verbindlichkeiten gegenüber Unternehmen, mit denen ein Beteiligungsverhältnis besteht**) (KUGr. 356),	....	
davon mit einer Restlaufzeit bis zu einem Jahr		
7. Verbindlichkeiten aus öffentlichen Fördermitteln für Investitionen (KGr. 32),	....	
davon mit einer Restlaufzeit bis zu einem Jahr		
8. Verbindlichkeiten aus nicht-öffentlicher Förderung für Investitionen (KGr. 33),	....	
davon mit einer Restlaufzeit bis zu einem Jahr		
9. Sonstige Verbindlichkeiten (KUGr. 350 bis 353, 357, KGr. 36)	....	
davon mit einer Restlaufzeit bis zu einem Jahr		
davon im Rahmen der sozialen Sicherheit	....	
10. Verwahrgeldkonto (KGr. 37)	....	....
E. Ausgleichsposten aus Darlehensförderung (KGr. 23)		....
F. Rechnungsabgrenzungsposten (KGr. 38)		....
G. Passive latente Steuern (KGr. 39)**)		....
		....

Eventualverbindlichkeiten aus Ansprüchen auf Erstattung von Fördermitteln

Fußnoten zu Anlage 1:

*) Die Klammerhinweise auf den Kontenrahmen entfallen in der Bilanz.

**) Ausweis dieser Posten nur bei Kapitalgesellschaften.

Anlage 2

Gliederung der Gewinn- und Verlustrechnung

1. Erträge aus ambulanter, teilstationärer und vollstationärer Pflege sowie aus Kurzzeitpflege (KGr. 40 bis 43) ....
2. Erträge aus Unterkunft und Verpflegung (KUGr. 416, 426, 436) ....
3. Erträge aus Zusatzleistungen und Transportleistungen (KUGr. 417, 4191, 427, 437) ....
4. Erträge aus gesonderter Berechnung von Investitionskosten gegenüber Pflegebedürftigen (KUGr. 464) ....

4a. Umsatzerlöse nach § 277 Absatz 1 des Handelsgesetzbuchs (KUGr. 480 bis 485, 488; KGr. 55), soweit nicht in den Nummern 1 bis 4 enthalten ....

5. Zuweisungen und Zuschüsse zu Betriebskosten (KGr. 44) ....
6. Erhöhung oder Verminderung des Bestandes an fertigen und unfertigen Erzeugnissen/unfertigen Leistungen (KUGr. 540) ....
7. Andere aktivierte Eigenleistungen (KUGr. 541) ....
8. Sonstige betriebliche Erträge (KUGr. 486, 487; KGr. 52, 53) ....
9. Personalaufwand
   a) Löhne und Gehälter (KGr. 60) ....
   b) Sozialabgaben, Altersversorgung und sonstige Aufwendungen (KGr. 61 – 64) ....
10. Materialaufwand
    a) Lebensmittel (KGr. 65) ....
    b) Aufwendungen für Zusatzleistungen (KGr. 66) ....
    c) Wasser, Energie, Brennstoffe (KGr. 67) ....
    d) Wirtschaftsbedarf/Verwaltungsbedarf (KGr. 68, 70) ....
11. Aufwendungen für zentrale Dienstleistungen (KUGr. 685) ....
12. Steuern, Abgaben, Versicherungen (KGr. 71) ....
13. Sachaufwendungen für Hilfs- und Nebenbetriebe (KGr. 73) ....
14. Mieten, Pacht, Leasing (KGr. 76) ....

Zwischenergebnis ....

15. Erträge aus öffentlicher und nicht-öffentlicher Förderung von Investitionen (KGr. 45, 46; KUGr. 486) ....
16. Erträge aus der Auflösung von Sonderposten (KGr. 47) ....
17. Erträge aus der Erstattung von Ausgleichsposten aus Darlehens- und Eigenmittelförderung (KUGr. 487) ....
18. Aufwendungen aus der Zuführung zu Sonderposten/Verbindlichkeiten (KGr. 74) ....
19. Aufwendungen aus der Zuführung zu Ausgleichsposten aus Darlehensförderung (KUGr. 784) ....
20. Abschreibungen
    a) Abschreibungen auf immaterielle Vermögensgegenstände und Sachanlagen (KUGr. 750, 751) ....
    b) Abschreibungen auf Forderungen und sonstige Vermögensgegenstände (KUGr. 753, 754) ....
21. Aufwendungen für Instandhaltung und Instandsetzung (KUGr. 771) ....
22. Sonstige betriebliche Aufwendungen (KUGr. 772) ....

Zwischenergebnis ....

23. Erträge aus Beteiligungen (KUGr. 500*), 501)	....	
24. Erträge aus Finanzanlagen (KUGr. 502*), 503)	....	
25. Zinsen und ähnliche Erträge (KGr. 51)	....	
26. Abschreibungen auf Finanzanlagen und auf Wertpapiere des Umlaufvermögens (KUGr. 752)	....	
27. Zinsen und ähnliche Aufwendungen (KGr. 72)	....	....
28. *(aufgehoben)*		....
29. Jahresüberschuss/Jahresfehlbetrag		....

Fußnote zu Anlage 2:

*) Ausweis dieser Posten nur bei Kapitalgesellschaften.

Anlage 3a

Anlagennachweis

Bilanzposten B.II. Sachanlagen	Enwicklung der Anschaffungswerte					Entwicklung der Abschreibungen						Rest-buch-werte (Stand 31.12.)
	Anfangs-bestand	Zugang	Um-buchun-gen	Abgang	Endstand	Anfangs-bestand	Abschrei-bungen des Ge-schäfts-jahres	Um-buchun-gen	Zuschrei-bungen des Ge-schäfts-jahres	Ent-nahme für Abgänge	Endstand	
	Euro	Euro	Euro	Euro	Euro	Euro	Euro	Euro	Euro	Euro	Euro	Euro
1	2	3	4	5	6	7	8	9	10	11	12	13
1.1. Grundstücke und grundstücksgleiche Rechte mit Betriebsbauten einschließlich der Betriebsbauten auf fremden Grundstücken												
1.2. darunter: Betriebsbauten und Außenanlagen (KUGr. 011, 012, 040 und 042)												
2. Grundstücke und grundstücksgleiche Rechte mit Wohnbauten einschließlich der Wohnbauten auf fremden Grundstücken												
3. Grundstücke und grundstücksgleiche Rechte ohne Bauten												
4.1. Technische Anlagen												
4.2. darunter: in Betriebsbauten und in Außenanlagen												
5.1. Einrichtungen und Ausstattungen ohne Fahrzeuge												
5.2. darunter: in Betriebsbauten, in Außenanlagen, GWG's und Festwerte in Betriebsbauten (KUGr. 060, 062, 064 und 066)												
6. Fahrzeuge												
7.1. *Geleistete Anzahlungen* und Anlagen im Bau												
7.2. darunter: für Betriebsbauten (KUGr. 070)												
Summe darunter: Summe der Positionen 1.2., 4.2., 5.2., 6. und 7.2.												

Anlage 3b

Nachweis der Förderungen nach Landesrecht (Fördernachweis)[1)]

Bilanzposten	Enwicklung der Anschaffungswerte					Entwicklung der Abschreibungen						Rest-buch-werte (Stand 31.12.)
	Anfangs-bestand	Zugang	Um-buchun-gen	Abgang	Endstand	Anfangs-bestand	Abschrei-bungen des Ge-schäfts-jahres	Um-buchun-gen	Zuschrei-bungen des Ge-schäfts-jahres	Ent-nahme für Abgänge	Endstand	
	Euro	Euro	Euro	Euro	Euro	Euro	Euro	Euro	Euro	Euro	Euro	Euro
1	2	3	4	5	6	7	8	9	10	11	12	13
1.1. Grundstücke und grundstücksgleiche Rechte mit Betriebsbauten einschließlich der Betriebsbauten auf fremden Grundstücken												
1.2. darunter: Betriebsbauten und Außenanlagen (KUGr. 011, 012, 040 und 042)												
2. Grundstücke und grundstücksgleiche Rechte mit Wohnbauten einschließlich der Wohnbauten auf fremden Grundstücken												
3. Grundstücke und grundstücksgleiche Rechte ohne Bauten												
4.1. Technische Anlagen												
4.2. darunter: in Betriebsbauten und in Außenanlagen												
5.1. Einrichtungen und Ausstattungen ohne Fahrzeuge												
5.2. darunter: in Betriebsbauten, in Außenanlagen, GWG's und Festwerte in Betriebsbauten (KUGr. 060, 062, 064 und 066)												
6. Fahrzeuge												
7.1. Geleistete Anzahlungen und Anlagen im Bau												
7.2. darunter: für Betriebsbauten (KUGr. 070)												
Summe darunter: Summe der Positionen 1.2., 4.2., 5.2., 6. und 7.2.												

1) Die Förderung durch sonstige Fördergeber ist entsprechend dieser Anlage auszuweisen.

1i. Verordnung über die Rechnungslegung von Pensionsfonds (Pensionsfonds-Rechnungslegungsverordnung – RechPensV)

Vom 25. Februar 2003 (BGBl. I S. 246)

zuletzt geändert durch Gesetz vom 17.7.2015 (BGBl. I S. 1245)

Inhaltsübersicht

Abschnitt 1 Anwendungsbereich

§ 1 Anwendungsbereich

Diese Verordnung ist auf Pensionsfonds im Sinne des § 236 Absatz 1 des Versicherungsaufsichtsgesetzes anzuwenden, für die nach § 341 Abs. 4 des Handelsgesetzbuchs die Vorschriften des Zweiten Unterabschnitts des Vierten Abschnitts des Dritten Buchs des Handelsgesetzbuchs entsprechend anzuwenden sind.

Abschnitt 2 Bilanz und Gewinn- und Verlustrechnung

§ 2 Formblätter

Pensionsfonds haben an Stelle des § 266 des Handelsgesetzbuchs über die Gliederung der Bilanz das anliegende Formblatt 1 und an Stelle des § 275 des Handelsgesetzbuchs über die Gliederung der Gewinn- und Verlustrechnung das anliegende Formblatt 2 anzuwenden.

§ 3 Davon-Vermerke

In der Bilanz (Formblatt 1) sind jeweils gesondert anzugeben:

1. die Forderungen an verbundene Unternehmen und die Forderungen an Unternehmen, mit denen ein Beteiligungsverhältnis besteht, jeweils zu den Posten „Forderungen aus dem Pensionsfondsgeschäft“ (Aktivposten E Nr. I), „Abrechnungsforderungen aus dem Rückversicherungsgeschäft“ (Aktivposten E Nr. II), „Forderungen an Lebensversicherungsunternehmen“ (Aktivposten E Nr. III) und „Sonstige Forderungen“ (Aktivposten E Nr. IV),
2. die Verbindlichkeiten gegenüber verbundenen Unternehmen und die Verbindlichkeiten gegenüber Unternehmen, mit denen ein Beteiligungsverhältnis besteht, jeweils zu den Posten „Verbindlichkeiten aus dem Pensionsfondsgeschäft“ (Passivposten I Nr. I), „Abrechnungsverbindlichkeiten aus dem Rückversicherungsgeschäft“ (Passivposten I Nr. II), „Verbindlichkeiten gegenüber Lebensversicherungsunternehmen“ (Passivposten I Nr. III), „Verbindlichkeiten gegenüber Kreditinstituten“ (Passivposten I Nr. IV) und „Sonstige Verbindlichkeiten“ (Passivposten I Nr. V).

§ 4 Zusätze

(1) Wird in den Formblättern für die Bilanz und die Gewinn- und Verlustrechnung und in den folgenden Vorschriften der Zusatz „Brutto“ verwendet, sind die Posten, Unterposten und Angaben einschließlich der Beträge anzugeben, die auf das in Rückversicherung gegebene Pensionsfondsgeschäft entfallen.

(2) Wird in den Formblättern für die Gewinn- und Verlustrechnung und in den folgenden Vorschriften der Zusatz „für eigene Rechnung“ oder „Netto“ verwendet, sind die Posten, Unterposten und Angaben ohne die Beträge anzugeben, die auf das in Rückversicherung gegebene Pensionsfondsgeschäft entfallen.

(3) Wird das Pensionsfondsgeschäft nicht in Rückversicherung gegeben, entfallen die in den Formblättern enthaltenen Zusätze „Brutto“ und „Netto“ und „für eigene Rechnung“ sowie zusätzlich in der Bilanz bei den Passivposten E und F die mit einer arabischen Zahl versehenen Unterposten.

§ 5 Anwendung von Bestimmungen der Verordnung über die Rechnungslegung von Versicherungsunternehmen zur Bilanz und Gewinn- und Verlustrechnung

Die §§ 6 bis 9 Satz 1, §§ 11, 12, 18 bis 20 und 22 bis 24 der Verordnung über die Rechnungslegung von Versicherungsunternehmen vom 8. November 1994 (BGBl. I S. 3378), die zuletzt durch Artikel 6 des Gesetzes vom 10. Dezember 2001 (BGBl. I S. 3414) geändert worden ist, in der jeweils geltenden Fassung sind entsprechend anzuwenden, § 6 Abs. 2 mit der Maßgabe, dass die Darstellung nur im Anhang zu erfolgen hat.

Abschnitt 3 Vorschriften zu einzelnen Posten der Bilanz

Unterabschnitt 1 Posten der Aktivseite

§ 6 Verträge bei Lebensversicherungsunternehmen

(1) Im Posten „Verträge bei Lebensversicherungsunternehmen" sind Verträge auszuweisen, die von Pensionsfonds bei Lebensversicherungsunternehmen als Kapitalanlage zur Deckung von Verpflichtungen gegenüber den Versorgungsberechtigten eingegangen werden.

(2) Der Wert der Verträge bei Lebensversicherungsunternehmen mit verbundenen Unternehmen und Unternehmen, mit denen ein Beteiligungsverhältnis besteht, ist im Anhang gesondert anzugeben.

§ 7 Sonstige Ausleihungen

(1) Im Posten „Sonstige Ausleihungen" sind ohne Rücksicht auf ihre Laufzeit folgende Ausleihungen auszuweisen, soweit sie nicht im Posten „Ausleihungen an verbundene Unternehmen" oder im Posten „Ausleihungen an Unternehmen, mit denen ein Beteiligungsverhältnis besteht" auszuweisen sind:

1. Namensschuldverschreibungen, zu denen insbesondere die Namenspfandbriefe, Namenskommunalobligationen, Namens-Landesbodenbriefe sowie die Anleihen des Bundes einschließlich der ehemaligen Bundesbahn und der ehemaligen Bundespost, der Länder und der Gemeinden, die auf den Namen des bilanzierenden Pensionsfonds im Schuldbuch eingetragen sind, gehören,
2. Schuldscheinforderungen und Darlehen,
3. übrige Ausleihungen, zu denen insbesondere gehören:
   a) Tilgungsstreckungsdarlehen,
   b) Darlehen und Gehaltsvorschüsse an Mitarbeiter (Arbeitnehmer und selbständige Vermittler) in Höhe von mehr als sechs Monatsbezügen; geringere Ausleihungen sind unter dem Posten „Sonstige Forderungen" auszuweisen.

(2) Die übrigen Ausleihungen sind im Anhang aufzugliedern, wenn sie einen größeren Umfang haben.

§ 8 Vermögen für Rechnung und Risiko von Arbeitnehmern und Arbeitgebern

(1) Im Posten „Kapitalanlagen für Rechnung und Risiko von Arbeitnehmern und Arbeitgebern" sind diejenigen Kapitalanlagen auszuweisen, nach deren Wert sich die Verpflichtung des Pensionsfonds im Versorgungsfall entsprechend den Festlegungen im Pensionsfondsvertrag bestimmt (Kapitalanlagen für Rechnung und Risiko von Arbeitnehmern und Arbeitgebern).

(2) Im Posten „Sonstiges Vermögen" sind insbesondere die fälligen, aber rückständigen und die auf die Zeit bis zum Abschlussstichtag entfallenden noch nicht fälligen Erträge der Kapitalanlagen nach Absatz 1 auszuweisen, soweit sie nicht bereits im Bilanzwert dieser Kapitalanlagen enthalten sind.

§ 9 Abrechnungsforderungen aus dem Rückversicherungsgeschäft

[1]Im Posten „Abrechnungsforderungen aus dem Rückversicherungsgeschäft" sind die sich aus den laufenden Abrechnungen mit den Rückversicherern und den Rückversicherungsmaklern ergebenden Forderungssalden aus dem in Rückversicherung gegebenen Pensionsfondsgeschäft auszuweisen. [2]Bei zum Abschlussstichtag gekündigten Rückversicherungsverträgen umfassen die Abrechnungssalden auch die auf diese entfallenden pensionsfondstechnischen Rückstellungen, sofern sie zum Abschlussstichtag abgelöst werden; erfolgt die Ablösung der pensionsfondstechnischen Rückstellungen erst zu einem späteren Abschlussstichtag oder Zeitpunkt, sind sie bis dahin unter den entsprechenden Unterposten der pensionsfondstechnischen Rückstellungen auszuweisen.

§ 10 Forderungen an Lebensversicherungsunternehmen

Im Posten „Forderungen an Lebensversicherungsunternehmen" sind die sich aus den abgeschlossenen Verträgen zur Deckung von Verpflichtungen gegenüber den Versorgungsberechtigten ergebenden Forderungen auszuweisen, soweit sie nicht im Posten „Verträge bei Lebensversicherungsunternehmen" oder im Posten „Vermögen für Rechnung und Risiko von Arbeitnehmern und Arbeitgebern" enthalten sind.

§ 11 Sonstige Forderungen

[1]Im Posten „Sonstige Forderungen" sind Forderungen auszuweisen, die einem anderen Posten nicht zugeordnet werden können. [2]Hierzu gehören auch die Forderungen aus der Vermittlung von Versicherungs- und Pensionsfondsverträgen, aus sonstigen Dienstleistungsverträgen, geleistete Kautionen, der einem Versicherungsverein auf Gegenseitigkeit oder einem Pensionsfonds auf Gegenseitigkeit als Gründungsstock zur Verfügung gestellte Betrag, Forderungen aus Regressen und Forderungen an Arbeitgeber, die nicht aus dem Pensionsfondsgeschäft herrühren.

Unterabschnitt 2 Posten der Passivseite

§ 12 Pensionsfondstechnische Rückstellungen

Die pensionsfondstechnischen Rückstellungen im Sinne dieser Verordnung entsprechen den versicherungstechnischen Rückstellungen im Sinne des Vierten Titels des Zweiten Unterabschnitts des Vierten Abschnitts des Dritten Buchs des Handelsgesetzbuchs.

§ 13 Deckungsrückstellung

(1) Bei der Berechnung der Deckungsrückstellung sind für die Berücksichtigung der Risiken aus dem Pensionsfondsvertrag angemessene Sicherheitszuschläge anzusetzen.

(2) Liegt die nach § 341f des Handelsgesetzbuchs berechnete Deckungsrückstellung eines Pensionsfondsvertrags oder eines Versorgungsverhältnisses unter dem jeweils vertraglich oder gesetzlich garantierten, im Falle der Beendigung des Vertrags oder des Versorgungsverhältnisses zu leistenden Wert, so ist sie in dessen Höhe anzusetzen; dies gilt sinngemäß für eine beitragsfreie Leistung des Pensionsfonds.

(3) Der Posten „Deckungsrückstellung" umfasst insbesondere auch die Verwaltungskostenrückstellung für beitragsfreie Zeiten von Pensionsfondsverträgen und Versorgungsverhältnissen.

(4) [1]Für die Berechnung der Rückstellung gelten im Übrigen die auf Grund des § 240 Satz 1 Nummer 12 des Versicherungsaufsichtsgesetzes erlassenen Vorschriften. [2]Eine auf Grund dieser Vorschriften zu bildende Deckungsrückstellung ist nicht im Posten „Deckungsrückstellung", sondern unter dem Posten „Pensionsfondstechnische Rückstellungen entsprechend dem Vermögen für Rechnung und Risiko von Arbeitnehmern und Arbeitgebern" im Unterposten „Deckungsrückstellung" auszuweisen, soweit nach den Festlegungen im Pensionsfondsvertrag die Bildung des Vermögens aus geleisteten Beiträgen für Rechnung und Risiko von Arbeitnehmern und Arbeitgebern erfolgt und der Wert des besagten Vermögens der zu bildenden Deckungsrückstellung mindestens entspricht.

§ 14 Rückstellung für noch nicht abgewickelte Versorgungsfälle

Für die Höhe der Rückstellung für noch nicht abgewickelte Versorgungsfälle gemäß § 341g Abs. 1 Satz 1 des Handelsgesetzbuchs sind die gegenüber dem Begünstigten bestehenden Verpflichtungen maßgebend; dazu gehören auch die Rückstellungen für noch nicht abgewickelte beendete Pensionsfondsverträge und Versorgungsverhältnisse.

§ 15 Rückstellung für erfolgsabhängige und erfolgsunabhängige Beitragsrückerstattung

(1) [1]Im Posten „Rückstellung für erfolgsabhängige und erfolgsunabhängige Beitragsrückerstattung" sind die Rückstellungen für Beitragsrückerstattungen nach § 341e Abs. 2 Nr. 2 des Handelsgesetzbuchs auszuweisen. [2]Hierzu gehören auch die Beträge, die zur Verrechnung mit künftigen Beiträgen bestimmt sind, soweit sie nicht im Wege der Direktgutschrift gewährt werden.

(2) Die erfolgsabhängige Beitragsrückerstattung umfasst die Beträge, die vom Gesamtergebnis oder vom pensionsfondstechnischen Gewinn des gesamten Pensionsfondsgeschäfts abhängig sind.

(3) Die erfolgsunabhängige Beitragsrückerstattung umfasst die Beträge, die vom Schadenverlauf oder vom Gewinn eines oder mehrerer Pensionsfondsverträge abhängig oder die vertraglich vereinbart sind.

(4) Verzinslich angesammelte Überschussanteile sowie fällige, aber noch nicht ausgeschüttete Überschussanteile sind unter dem Posten „Verbindlichkeiten aus dem Pensionsfondsgeschäft" auszuweisen.

(5) [1]Für Schlussüberschussanteile und Schlusszahlungen wird innerhalb der Rückstellung für Beitragsrückerstattung eine Teilrückstellung (Schlussüberschussanteilfonds) nach Maßgabe der letzten Deklaration gebildet. [2]Die Rückstellung darf nur für diese Zwecke verwendet werden. [3]§ 139 des Versicherungsaufsichtsgesetzes bleibt unberührt.

(6) [1]Der Fonds für Schlussüberschussanteile ist so zu berechnen, dass sich für jedes Versorgungsverhältnis mindestens der Teil des zu seinem regulären Rentenbeginn vorgesehenen Schlussüberschussanteils ergibt, der dem Verhältnis der abgelaufenen Anwartschaftszeit zu der gesamten Anwartschaftszeit entspricht, abgezinst mit einem Zinssatz, der nicht höher ist als das über einen Referenzzeitraum von zehn Kalenderjahren errechnete arithmetische Mittel der Umlaufrenditen der Anleihen der öffentlichen Hand gemäß der von der Deutschen Bundesbank in ihren Monatsberichten veröffentlichten Kapitalmarktstatistik. [2]Abweichungen sind zulässig, um den Besonderheiten des Pensionsplans zu entsprechen. [3]Vorzeitig fällige Schlussüberschussanteile dürfen durch angemessene Zu- oder Abschläge berücksichtigt werden.

(7) Im Anhang sind anzugeben:

1. die Entwicklung (Anfangsbestand, Zuführungen, Entnahmen, Endbestand) der Rückstellung für Beitragsrückerstattung,

2. die Teile der Rückstellung für Beitragsrückerstattung, die entfallen
   a) auf bereits festgelegte, aber noch nicht zugeteilte laufende Überschussanteile,
   b) auf bereits festgelegte, aber noch nicht zugeteilte Schlussüberschussanteile,
   c) auf den Fonds für Schlussüberschussanteile (ohne die Beträge, die nach Buchstabe b anzugeben sind),
3. für die einzelnen Abrechnungsverbände die festgesetzten Überschussanteile und gegebenenfalls der verwendete Ansammlungszinssatz unter Angabe des Zuteilungsjahres,
4. die Verfahren zur Berechnung des Schlussüberschussanteilfonds sowie die gewählten Rechnungsgrundlagen.

§ 16 Sonstige pensionsfondstechnische Rückstellungen

Zu dem Posten „Sonstige pensionsfondstechnische Rückstellungen" gehört insbesondere die Rückstellung für drohende Verluste; erreicht sie einen größeren Umfang, so ist sie in der Bilanz oder im Anhang getrennt auszuweisen.

§ 17 Pensionsfondstechnische Rückstellungen entsprechend dem Vermögen für Rechnung und Risiko von Arbeitnehmern und Arbeitgebern

(1) Unter diesem Posten sind die pensionsfondstechnischen Rückstellungen für Verpflichtungen des Pensionsfonds auszuweisen, deren Wert sich nach dem für Rechnung und Risiko von Arbeitnehmern und Arbeitgebern gehaltenen Vermögen entsprechend den Festlegungen im Pensionsfondsvertrag bestimmt.

(2) [1]Eine nach den auf Grund des § 240 des Versicherungsaufsichtsgesetzes erlassenen Vorschriften zu bildende Deckungsrückstellung ist im Posten „Pensionsfondstechnische Rückstellungen entsprechend dem Vermögen für Rechnung und Risiko von Arbeitnehmern und Arbeitgebern" auszuweisen, soweit nach den Festlegungen im Pensionsfondsvertrag die Bildung des Vermögens aus geleisteten Beiträgen für Rechnung und Risiko von Arbeitnehmern und Arbeitgebern erfolgt und der Wert des besagten Vermögens der zu bildenden Deckungsrückstellung mindestens entspricht. [2]Der Betrag der zu bildenden Deckungsrückstellung ist im Anhang anzugeben.

§ 18 Depotverbindlichkeiten aus dem in Rückversicherung gegebenen Pensionsfondsgeschäft

(1) Im Posten „Depotverbindlichkeiten aus dem in Rückversicherung gegebenen Pensionsfondsgeschäft" sind die Verbindlichkeiten gegenüber Rückversicherern in Höhe der Beträge auszuweisen, die vom bilanzierenden Pensionsfonds als Sicherheit einbehalten oder ihm vom Rückversicherer zu diesem Zweck belassen worden sind.

(2) Die Depotverbindlichkeiten dürfen weder mit anderen Verbindlichkeiten gegenüber dem Rückversicherer zusammengefasst noch mit Forderungen an den Rückversicherer verrechnet werden.

§ 19 Abrechnungsverbindlichkeiten aus dem Rückversicherungsgeschäft

[1]Im Posten „Abrechnungsverbindlichkeiten aus dem Rückversicherungsgeschäft" sind die sich aus den laufenden Abrechnungen mit den Rückversicherern und den Rückversicherungsmaklern ergebenden Schuldsalden aus dem in Rückversicherung gegebenen Pensionsfondsgeschäft auszuweisen. [2]Im Übrigen gilt § 9 Satz 2.

§ 20 Verbindlichkeiten gegenüber Lebensversicherungsunternehmen

Im Posten „Verbindlichkeiten gegenüber Lebensversicherungsunternehmen" sind die sich aus den abgeschlossenen Verträgen zur Deckung von Verpflichtungen gegenüber den Versorgungsberechtigten ergebenden Verbindlichkeiten auszuweisen.

Abschnitt 4 Vorschriften zu einzelnen Posten der Gewinn- und Verlustrechnung

§ 21 Gebuchte Bruttobeiträge

(1) Im Unterposten „Gebuchte Bruttobeiträge" sind insbesondere folgende Beiträge auszuweisen:

1. die im Geschäftsjahr fällig gewordenen Beiträge und Beitragsraten (einschließlich der Ratenzuschläge), auch wenn sie sich ganz oder teilweise auf ein späteres Geschäftsjahr beziehen, zuzüglich der Nebengebühren der Arbeitgeber und Arbeitnehmer, auch wenn sie ganz oder teilweise dem Vermittler belassen werden,
2. die Beiträge, die erst nach dem Abschlussstichtag berechnet werden können,
3. die Einmalbeiträge,
4. die von Pensionsfondsvereinen auf Gegenseitigkeit im Geschäftsjahr erhobenen Nachschüsse,
5. Eingänge aus in vorausgegangenen Geschäftsjahren abgeschriebenen oder stornierten Beitragsforderungen sowie Erträge aus der Auflösung und Verminderung der Pauschalwertberichtigung zu den Beitragsforderungen an die Arbeitgeber und Arbeitnehmer.

(2) [1]Von den Beiträgen gemäß Absatz 1 sind die Abschreibungen von uneinbringlich gewordenen Beitragsforderungen an die Arbeitgeber und Arbeitnehmer sowie die Aufwendungen aus der Bildung und Erhöhung der Pauschalwertberichtigung zu den Beitragsforderungen an die Arbeitgeber und Arbeitnehmer abzusetzen. [2]Die Beiträge gemäß Absatz 1 dürfen nicht um Beitragsrückerstattungen und Provisionen an die Vermittler gekürzt werden.

§ 22 Abgegebene Rückversicherungsbeiträge

[1]Im Unterposten „Abgegebene Rückversicherungsbeiträge" sind folgende Beträge auszuweisen:

1. die den Rückversicherern gutgeschriebenen Beiträge und Nebenleistungen der Arbeitgeber und Arbeitnehmer,
2. die bei Abschluss oder Erhöhung des in Rückversicherung gegebenen Pensionsfondsgeschäfts an den Rückversicherer abgeführten Portefeuille-Eintrittsbeiträge.

[2]Von den Beträgen gemäß Satz 1 sind die bei Aufgabe oder Verminderung des in Rückversicherung gegebenen Pensionsfondsgeschäfts vom Rückversicherer erhaltenen Portefeuille-Austrittsbeiträge abzusetzen. [3]Beiträge des Pensionsfonds für Verträge, die bei Lebensversicherungsunternehmen zur Deckung von Verpflichtungen gegenüber den Versorgungsberechtigten eingegangen werden, sind keine abgegebenen Rückversicherungsbeiträge.

§ 23 Nicht realisierte Gewinne aus Kapitalanlagen, nicht realisierte Verluste aus Kapitalanlagen

Im Posten „Nicht realisierte Gewinne aus Kapitalanlagen" oder im Posten „Nicht realisierte Verluste aus Kapitalanlagen" sind die nicht realisierten Gewinne oder Verluste aus den Kapitalanlagen für Rechnung und Risiko von Arbeitnehmern und Arbeitgebern auszuweisen.

§ 24 Sonstige pensionsfondstechnische Erträge für eigene Rechnung

[1]Im Posten „Sonstige pensionsfondstechnische Erträge für eigene Rechnung" sind die pensionsfondstechnischen Erträge auszuweisen, die einem anderen Posten nicht zugeordnet werden können. [2]Hierzu gehören insbesondere:

1. die von den Arbeitgebern und Arbeitnehmern
   a) zu leistenden Mahngebühren und Verzugszinsen,
   b) nicht abgehobenen, verjährten Beitragsrückerstattungen,
2. die Erträge aus den Zuwendungen von Arbeitgebern zur vollständigen oder teilweisen Deckung der Aufwendungen für den Pensionsfondsbetrieb.

[3]Von den vorstehenden Erträgen sind die Anteile der Rückversicherer abzusetzen.

§ 25 Aufwendungen für Versorgungsfälle für eigene Rechnung

(1) [1]Die Aufwendungen für Versorgungsfälle für eigene Rechnung umfassen die im Geschäftsjahr für Versorgungsfälle geleisteten Bruttozahlungen sowie die Veränderung der Brutto-Rückstellung für noch nicht abgewickelte Versorgungsfälle. [2]Von den Bruttoaufwendungen gemäß Satz 1 sind die Anteile der Rückversicherer abzusetzen. [3]Zu den Anteilen der Rückversicherer gehören nicht die vom Pensionsfonds empfangenen Leistungen aus Verträgen, die bei Lebensversicherungsunternehmen zur Deckung von Verpflichtungen gegenüber den Versorgungsberechtigten eingegangen werden.

(2) [1]Als Bruttobetrag der Zahlungen für Versorgungsfälle sind die gesamten im Geschäftsjahr erfolgten Zahlungen für Versorgungsfälle des Geschäftsjahres und der Vorjahre abzüglich der im Geschäftsjahr erhaltenen Zahlungen auf Grund von Regressen auszuweisen. [2]Der Bruttobetrag der Zahlungen für Versorgungsfälle umfasst auch Zahlungen wegen Beendigungen von Pensionsfondsverträgen und Versorgungsverhältnissen und die dem Funktionsbereich „Regulierung von Versorgungsfällen, Beendigungen von Pensionsfondsverträgen und Versorgungsverhältnissen" zugeordneten Personal- und Sachaufwendungen, bestehend aus den externen und internen Regulierungsaufwendungen. [3]Zu den externen Regulierungsaufwendungen gehören insbesondere die Anwalts-, Gerichts- und Prozesskosten, Honorare für Gutachter sowie die Zusatzprovisionen für die Regulierung von Versorgungsfällen an die Vermittler.

(3) Die Veränderung des Bruttobetrags der Rückstellung für noch nicht abgewickelte Versorgungsfälle ergibt sich aus der Differenz zwischen dem entsprechenden Wert am Ende des Geschäftsjahres und demjenigen am Anfang des Geschäftsjahres.

(4) Bei dem Ausweis des Anteils der Rückversicherer an dem Bruttobetrag der Zahlungen für Versorgungsfälle und an der Veränderung des Bruttobetrags der Rückstellung für noch nicht abgewickelte Versorgungsfälle sind die Absätze 2 und 3 entsprechend anzuwenden.

(5) Ist das Ergebnis aus der Abwicklung der aus dem vorhergehenden Geschäftsjahr übernommenen Rückstellung für noch nicht abgewickelte Versorgungsfälle erheblich, so ist dieses nach Art und Höhe im Anhang zu erläutern.

§ 26 Aufwendungen für erfolgsabhängige und erfolgsunabhängige Beitragsrückerstattungen für eigene Rechnung

(1) Die Aufwendungen für die erfolgsabhängige Beitragsrückerstattung umfassen die Zuführungen zur Rückstellung für erfolgsabhängige Beitragsrückerstattung.

(2) [1]Die Aufwendungen für die erfolgsunabhängige Beitragsrückerstattung umfassen:

1. die Zuführung zur Rückstellung für erfolgsunabhängige Beitragsrückerstattung,

2. die Verluste aus der Abwicklung der aus dem vorhergehenden Geschäftsjahr übernommenen Rückstellungen; entsprechende Gewinne vermindern die Aufwendungen.

[2]Von den in Absatz 1 und in Satz 1 bezeichneten Aufwendungen sind die Anteile der Rückversicherer abzusetzen.

(3) Erreichen die erfolgsabhängigen und die erfolgsunabhängigen Beitragsrückerstattungen einen größeren Umfang, so sind sie im Anhang getrennt anzugeben.

§ 27 Aufwendungen für den Pensionsfondsbetrieb für eigene Rechnung

(1) [1]Die gesamten Personal- und Sachaufwendungen des Unternehmens zuzüglich der kalkulatorischen Mietaufwendungen für die eigengenutzten Grundstücke und Bauten sind folgenden Funktionsbereichen zuzuordnen:

1. Regulierung von Versorgungsfällen, Beendigungen von Pensionsfondsverträgen und Versorgungsverhältnissen,
2. Abschluss von Pensionsfondsverträgen,
3. Verwaltung von Pensionsfondsverträgen,
4. Verwaltung von Kapitalanlagen.

[2]Aufwendungen, die diesen Funktionsbereichen nicht zugeordnet werden können, sind unter dem Posten „Sonstige Aufwendungen" auszuweisen. [3]Die Zuordnung der Aufwendungen auf die Funktionsbereiche ist, soweit sie nicht direkt zurechenbar sind, grundsätzlich nach der Inanspruchnahme des Betriebsbereichs für den Funktionsbereich vorzunehmen.

(2) [1]Als Abschlussaufwendungen sind die durch den Abschluss eines Pensionsfondsvertrags und die Begründung von Versorgungsverhältnissen anfallenden Aufwendungen auszuweisen, auch soweit sie rechnungsmäßig gedeckt sind. [2]Die Abschlussaufwendungen umfassen sowohl

1. die unmittelbar zurechenbaren Aufwendungen, wie insbesondere
   a) die Abschlussprovisionen und Zusatzprovisionen für die Policenausfertigung,
   b) die Courtagen an die Makler,
   c) die Aufwendungen für die Anlegung der Vertragsakten, für die Aufnahme des Pensionsfondsvertrags und des Versorgungsverhältnisses in den Bestand,
   d) die Aufwendungen für die ärztlichen Untersuchungen im Zusammenhang mit der Begründung eines Versorgungsverhältnisses, als auch
2. die mittelbar zurechenbaren Aufwendungen, wie insbesondere
   a) die allgemeinen Werbeaufwendungen,
   b) die Sachaufwendungen, die im Zusammenhang mit der Antragsbearbeitung und Policierung anfallen.

(3) Die Verwaltungsaufwendungen umfassen insbesondere die Aufwendungen für:

1. den Beitragseinzug einschließlich der entsprechenden Provisionen,
2. die Bestandsverwaltung einschließlich der entsprechenden Provisionen,
3. die Bearbeitung der
   a) Beitragsrückerstattung,
   b) passiven Rückversicherung.

(4) [1]Von den Bruttoaufwendungen für den Pensionsfondsbetrieb sind die erhaltenen Provisionen und Gewinnbeteiligungen aus dem in Rückversicherung gegebenen Pensionsfondsgeschäft abzuziehen und gesondert auszuweisen. [2]Hierzu gehören auch die vom

Rückversicherer geleistete anteilige Erstattung der dem Pensionsfonds entstandenen originalen Aufwendungen für den Pensionsfondsbetrieb sowie die erhaltenen Aufbauprovisionen und anderen Aufbauzuschüsse.

§ 28 Sonstige pensionsfondstechnische Aufwendungen für eigene Rechnung

[1]Im Posten „Sonstige pensionsfondstechnische Aufwendungen für eigene Rechnung" sind die pensionsfondstechnischen Aufwendungen auszuweisen, die einem anderen Posten nicht zugeordnet werden können. [2]Hierzu gehören insbesondere:

1. die Zinsen auf angesammelte Überschussanteile,
2. die Direktgutschrift von Überschussanteilen, soweit diese nicht der Deckungsrückstellung zugeführt werden,
3. die an die Rückversicherer gezahlten Depotzinsen auf die einbehaltenen Sicherheiten.

[3]Von den vorstehenden Aufwendungen sind die Anteile der Rückversicherer abzusetzen.

§ 29 Erträge aus Kapitalanlagen

Als „Erträge aus Grundstücken, grundstücksgleichen Rechten und Bauten einschließlich der Bauten auf fremden Grundstücken" sind auch die kalkulatorischen Mieten für die eigengenutzten Grundstücke und Bauten auszuweisen.

§ 30 Aufwendungen für Kapitalanlagen

(1) Als Aufwendungen für die Verwaltung der Kapitalanlagen sind die dem Funktionsbereich „Verwaltung von Kapitalanlagen" zugeordneten Personal- und Sachaufwendungen auszuweisen.

(2) Die Zinsaufwendungen und sonstigen Aufwendungen für die Kapitalanlagen umfassen insbesondere:

1. die Aufwendungen für die Grundstücke, grundstücksgleichen Rechte und Bauten einschließlich der Bauten auf fremden Grundstücken, wie Betriebskosten, Instandhaltungskosten, Mietausfallrisiken, Abgaben und Versicherungsbeiträge,
2. Depotgebühren,
3. Vergütungen an den Treuhänder für den Deckungsstock,
4. Verluste aus Beteiligungen an Personengesellschaften,
5. Schuldzinsen für Hypotheken auf den eigenen Grundbesitz.

§ 31 Sonstige Erträge

[1]Im Posten „Sonstige Erträge" sind die nichtpensionsfondstechnischen Erträge auszuweisen, die einem anderen Posten nicht zugeordnet werden können. [2]Hierzu gehören insbesondere:

1. die Erträge aus erbrachten Dienstleistungen,
2. *(aufgehoben)*
3. sonstige Zinsen und ähnliche Erträge, soweit sie nicht aus Kapitalanlagen herrühren,
4. die Erträge auf Grund von Eingängen aus abgeschriebenen Forderungen sowie Erträge aus der Auflösung und Verminderung der Pauschalwertberichtigungen zu den Forderungen, soweit diese Erträge nicht aus den
   a) zu den Kapitalanlagen gehörenden Forderungen herrühren, die im Posten „Erträge aus Zuschreibungen" zu erfassen sind,
   b) Beitragsforderungen an die Arbeitgeber und Arbeitnehmer herrühren, die im Posten „Gebuchte Bruttobeiträge" zu erfassen sind.

§ 32 Sonstige Aufwendungen

[1]Im Posten „Sonstige Aufwendungen" sind die nichtpensionsfondstechnischen Aufwendungen auszuweisen, die einem anderen Posten nicht zugeordnet werden können. [2]Hierzu gehören insbesondere:

1. Personal- und Sachaufwendungen, die den in § 27 Abs. 1 Satz 1 Nr. 1 bis 4 genannten Funktionsbereichen nicht zugeordnet werden können,
2. *(aufgehoben)*
3. die Zinsaufwendungen einschließlich der Zinszuführungen zur Pensionsrückstellung; nicht im Posten „Sonstige Aufwendungen" auszuweisen sind die an die Rückversicherer gezahlten Depotzinsen für die einbehaltenen Sicherheiten, die im Posten „Sonstige pensionsfondstechnische Aufwendungen für eigene Rechnung" zu erfassen sind,
4. die Abschreibungen auf Forderungen sowie die Aufwendungen aus der Bildung und Erhöhung der Pauschalwertberichtigungen zu den Forderungen, soweit diese Aufwendungen nicht
   a) die zu den Kapitalanlagen gehörenden Forderungen betreffen, die im Posten „Abschreibungen auf Kapitalanlagen" zu erfassen sind,
   b) die Beitragsforderungen an die Arbeitgeber und Arbeitnehmer betreffen, die im Posten „Gebuchte Bruttobeiträge" als Abzugsposten zu behandeln sind.

§ 33 Sonstige Steuern

Im Posten „Sonstige Steuern" sind Steuern auszuweisen, soweit es sich nicht um Steuern vom Einkommen und vom Ertrag handelt.

Abschnitt 5 Anhang

§ 34 Zusätzliche Erläuterungen

(1) [1]In den Anhang sind neben den nach § 341a in Verbindung mit den §§ 284 und 285 Nummer 1 bis 3a, 7, 9 bis 14a, 15a bis 30 sowie 32 bis 34 des Handelsgesetzbuchs die in dieser Verordnung zu den einzelnen Posten der Bilanz oder der Gewinn- und Verlustrechnung vorgeschriebenen Angaben aufzunehmen. [2]Außerdem sind die in diesem Abschnitt vorgeschriebenen Angaben zu machen.

(2) An Stelle der in § 284 Absatz 3 des Handelsgesetzbuchs vorgeschriebenen Angaben ist die Entwicklung der Aktivposten B und C I bis III nach dem anliegenden Muster 1 und die Entwicklung der im Aktivposten D I ausgewiesenen Kapitalanlagen nach dem anliegenden Muster 2 darzustellen.

(3) [1]An Stelle der in § 268 Abs. 7 des Handelsgesetzbuchs vorgeschriebenen Angaben sind die in § 251 des Handelsgesetzbuchs bezeichneten Haftungsverhältnisse jeweils gesondert unter Angabe der gewährten Pfandrechte und sonstigen Sicherheiten anzugeben. [2]Bestehen solche Verpflichtungen gegenüber verbundenen Unternehmen, so sind sie gesondert anzugeben. [3]Der Bilanzwert der verpfändeten, zur Sicherung übertragenen oder hinterlegten Vermögensgegenstände, für die im Insolvenzverfahren Aus- oder Absonderungsrechte geltend gemacht werden können, mit Ausnahme der Bestände des Sicherungsvermögens nach § 125 des Versicherungsaufsichtsgesetzes, ist in einer Summe anzugeben und dem Betrag des vorangegangenen Geschäftsjahres gegenüberzustellen.

(4) An Stelle der in § 285 Nr. 4 des Handelsgesetzbuchs vorgeschriebenen Angaben sind die folgenden Angaben unter Gegenüberstellung mit den entsprechenden Angaben des vorausgegangenen Geschäftsjahres zu machen:

1. die gebuchten Bruttobeiträge sind untergliedert nach folgenden Gruppen anzugeben:
   a) gebuchte Bruttobeiträge, untergliedert nach
      aa) laufenden Beiträgen,
      bb) Einmalbeiträgen,
   b) gebuchte Bruttobeiträge, untergliedert nach Beiträgen im Rahmen von Verträgen
      aa) ohne Gewinnbeteiligung,
      bb) mit Gewinnbeteiligung,
   c) gebuchte Bruttobeiträge aus:
      aa) beitragsbezogenen Pensionsplänen,
      bb) leistungsbezogenen Pensionsplänen.
2. Der Rückversicherungssaldo ist anzugeben; hierunter ist der Saldo aus den verdienten Beiträgen des Rückversicherers und den Anteilen des Rückversicherers an den Bruttoaufwendungen für Versorgungsfälle und den Bruttoaufwendungen für den Pensionsfondsbetrieb zuzüglich der Veränderung des Anteils der Rückversicherer an der Brutto-Deckungsrückstellung zu verstehen.

(5) An Stelle der Angaben nach § 285 Nr. 8 Buchstabe b des Handelsgesetzbuchs sind Angaben über die Provisionen und sonstigen Bezüge der Vertreter für das Pensionsfondsgeschäft sowie Personalaufwendungen nach dem anliegenden Muster 3 zu machen.

(6) Im Anhang sind die Aufwendungen für Beiträge an den Pensionssicherungsverein anzugeben.

§ 35 Zusätzliche Pflichtangaben

Zu den Posten der Bilanz und der Gewinn- und Verlustrechnung sind im Anhang zusätzlich anzugeben:

1. zu dem Bilanzposten „Grundstücke, grundstücksgleiche Rechte und Bauten einschließlich der Bauten auf fremden Grundstücken" der Bilanzwert der vom Pensionsfonds im Rahmen seiner Tätigkeit genutzten eigenen Grundstücke und Bauten,
2. zu dem Bilanzposten „Genussrechtskapital", in welcher Höhe dieses vor Ablauf von zwei Jahren fällig wird,
3. in Ergänzung der Angaben nach § 284 Absatz 2 Nummer 1 und 2 des Handelsgesetzbuchs die Methoden der Ermittlung der einzelnen pensionsfondstechnischen Rückstellungen mit Ausnahme der Rückstellung für Beitragsrückerstattung sowohl hinsichtlich der Bruttobeträge als auch der auf das in Rückversicherung gegebene Pensionsfondsgeschäft entfallenden Beträge; wesentliche Änderungen der Methoden gegenüber dem vorausgegangenen Geschäftsjahr sind zu erläutern,
4. die zur Berechnung der pensionsfondstechnischen Rückstellungen, einschließlich der darin enthaltenen Überschussanteile, verwendeten versicherungsmathematischen Methoden und Berechnungsgrundlagen,
5. die im Unterposten der Bilanz „Verbindlichkeiten aus dem Pensionsfondsgeschäft gegenüber Versorgungsberechtigten" enthaltenen verzinslich angesammelten Überschussanteile,
6. die in den Unterposten des Postens „Erträge aus Kapitalanlagen" ausgewiesenen Beträge sind untergliedert nach folgenden Gruppen anzugeben:
   a) Erträge aus Kapitalanlagen (Aktivposten C),
   b) Erträge aus Kapitalanlagen für Rechnung und Risiko von Arbeitnehmern und Arbeitgebern (Aktivposten D I),

c) Erträge aus im Aktivposten C enthaltenen Lebensversicherungsverträgen, die von Pensionsfonds zur Deckung von Verpflichtungen gegenüber den Versorgungsberechtigten eingegangen werden,

d) Erträge aus im Aktivposten D I enthaltenen Verträgen bei Lebensversicherungsunternehmen, die von Pensionsfonds zur Deckung von Verpflichtungen gegenüber den Versorgungsberechtigten eingegangen werden,

7. die in den Unterposten des Postens „Aufwendungen für Kapitalanlagen" ausgewiesenen Beträge sind untergliedert nach folgenden Gruppen anzugeben:

a) Aufwendungen für Kapitalanlagen (Aktivposten C),

b) Aufwendungen für Kapitalanlagen für Rechnung und Risiko von Arbeitnehmern und Arbeitgebern (Aktivposten D I),

c) Aufwendungen für im Aktivposten C enthaltene Lebensversicherungsverträge, die von Pensionsfonds zur Deckung von Verpflichtungen gegenüber den Versorgungsberechtigten eingegangen werden,

d) Aufwendungen für im Aktivposten D I enthaltene Verträge bei Lebensversicherungsunternehmen, die von Pensionsfonds zur Deckung von Verpflichtungen ge enüber den Versorgungsberechtigten eingegangen werden.

§ 36 Anwendung von Bestimmungen der Verordnung über die Rechnungslegung von Versicherungsunternehmen zum Zeitwert

Die §§ 54 bis 56 der Verordnung über die Rechnungslegung von Versicherungsunternehmen in der jeweils geltenden Fassung sind entsprechend anzuwenden.

Abschnitt 6 Lagebericht

§ 37 Lagebericht

(1) In den Lagebericht sind zusätzlich zu den in § 289 des Handelsgesetzbuchs vorgeschriebenen Angaben folgende Angaben aufzunehmen:

1. Angabe der betriebenen Arten von Pensionsplänen,
2. Bericht über den Geschäftsverlauf in den einzelnen Arten von Pensionsplänen.

(2) Von den Pensionsfondsvereinen auf Gegenseitigkeit ist zusätzlich zu erläutern, in welcher Weise ein erhobener Nachschuss ermittelt wurde.

(3) Zusätzlich ist der Pensionsfondsvertragsbestand nach dem anliegenden Muster 4 aufzugliedern.

Abschnitt 7 Konzernrechnungslegung

§ 38 Konzernbilanz und Konzern-Gewinn- und Verlustrechnung

(1) Soweit nicht die Besonderheiten des Konzerns Abweichungen bedingen, ist für die Aufstellung der Konzernbilanz das Formblatt 1 und für die Aufstellung der Konzern-Gewinn- und Verlustrechnung das Formblatt 2 anzuwenden.

(2) Auf die Konzernbilanz und die Konzern-Gewinn- und Verlustrechnung sind im Übrigen, soweit diese wegen ihrer Eigenart keine Abweichungen bedingen,

1. die §§ 3, 4, 6 bis 33 sowie
2. die gemäß § 5 dieser Verordnung entsprechend anwendbaren §§ 6 bis 9 Satz 1, §§ 11, 12, 18 bis 20 und 22 bis 24 der Verordnung über die Rechnungslegung von Versicherungsunternehmen, § 6 Abs. 2 mit der vorgeschriebenen Maßgabe,

entsprechend anzuwenden.

§ 39 Konzernanhang

§ 59 der Verordnung über die Rechnungslegung von Versicherungsunternehmen ist entsprechend anzuwenden.

Abschnitt 8 Ordnungswidrigkeiten

§ 40 Ordnungswidrigkeiten

Ordnungswidrig im Sinne des § 341p in Verbindung mit § 341n Abs. 1 Nr. 6 des Handelsgesetzbuchs handelt, wer als Mitglied des vertretungsberechtigten Organs oder des Aufsichtsrats eines Pensionsfonds

1. bei der Aufstellung oder Feststellung des Jahresabschlusses
   a) entgegen § 2 nicht das vorgeschriebene Formblatt anwendet,
   b) entgegen § 3, § 4 Abs. 1 oder 2 oder § 36, dieser in Verbindung mit § 54, § 55 oder § 56 der Verordnung über die Rechnungslegung von Versicherungsunternehmen, eine Angabe nicht, nicht richtig oder nicht in der vorgeschriebenen Weise macht,
   c) einer Vorschrift des § 5 in Verbindung mit §§ 6 bis 9 Satz 1, §§ 11, 12, 18 bis 20 oder 22 bis 24 der Verordnung über die Rechnungslegung von Versicherungsunternehmen oder der §§ 6 bis 11, 13 bis 33 über die in einzelne Posten der Bilanz oder der Gewinn- und Verlustrechnung aufzunehmenden Angaben zuwiderhandelt,
   d) einer Vorschrift des § 34 oder des § 35 über zusätzliche Erläuterungen oder zusätzliche Pflichtangaben zuwiderhandelt oder
2. bei der Aufstellung des Lageberichts einer Vorschrift des § 37 über zusätzliche Angaben zuwiderhandelt oder
3. bei der Aufstellung des Konzernabschlusses
   a) entgegen § 38 Abs. 1 nicht das vorgeschriebene Formblatt anwendet,
   b) einer Vorschrift des § 38 Abs. 2 Nr. 2 in Verbindung mit den §§ 6 bis 9 Satz 1, §§ 11, 12, 18 bis 20 oder 22 bis 24 der Verordnung über die Rechnungslegung von Versicherungsunternehmen über die in einzelne Posten der Konzernbilanz oder der Konzern-Gewinn- und Verlustrechnung aufzunehmenden Angaben zuwiderhandelt oder
   c) entgegen § 39 in Verbindung mit § 59 Abs. 2 bis 4 der Verordnung über die Rechnungslegung von Versicherungsunternehmen eine Angabe nicht oder nicht richtig macht.

Abschnitt 9 Schlussvorschriften

§ 41 Übergangsvorschriften

(1) Die Vorschriften dieser Verordnung sind erstmals auf den Jahresabschluss und den Lagebericht sowie den Konzernabschluss von Pensionsfonds für das nach dem 31. Dezember 2001 beginnende Geschäftsjahr anzuwenden.

(2) [1]Die §§ 31, 32 und 34 Absatz 6, das Formblatt 2 und das Muster 1 in der Fassung des Bilanzrechtsmodernisierungsgesetzes vom 25. Mai 2009 (BGBl. I S. 1102) sowie das Formblatt 1 mit den Änderungen, die durch das Bilanzrechtsmodernisierungsgesetz und Artikel 5 Nummer 2 der Verordnung zur Änderung von Rechnungslegungsverordnungen vom 9. Juni 2011 (BGBl. I S. 1041) erfolgt sind, sind erstmals auf Jahresabschlüsse für Geschäftsjahre anzuwenden, die nach dem 31. Dezember 2009, im Fall

des Artikels 66 Absatz 3 Satz 6 des Einführungsgesetzes zum Handelsgesetzbuch nach dem 31. Dezember 2008 beginnen. [2]Die Formblätter 1 und 2 sowie das Muster 1 in der bis zum 28. Mai 2009 geltenden Fassung sind letztmals auf Jahres- und Konzernabschlüsse für das vor dem 1. Januar 2010 beginnende Geschäftsjahr anzuwenden. [3]Soweit im Übrigen in dieser Verordnung auf Bestimmungen des Handelsgesetzbuchs in der Fassung des Bilanzrechtsmodernisierungsgesetzes verwiesen wird, gelten die in den Artikeln 66 und 67 des Einführungsgesetzes zum Handelsgesetzbuch enthaltenen Übergangsregelungen entsprechend. [4]Artikel 66 Abs. 3 Satz 6 des Einführungsgesetzes zum Handelsgesetzbuch gilt entsprechend.

(3) Auf die Formblätter 1 und 2 in der Fassung der Verordnung zur Änderung der Versicherungsunternehmens-Rechnungslegungsverordnung sowie zur Änderung weiterer Rechnungslegungsverordnungen vom 18. Dezember 2009 (BGBl. I S. 3934) ist Absatz 2 Satz 1, 2 und 4 entsprechend anzuwenden.

(4) Das Formblatt 1 sowie die Muster 1 und 2 in der Fassung des AIFM-Umsetzungsgesetzes vom 4. Juli 2013 (BGBl. I S. 1981) sind erstmals auf Jahres- und Konzernabschlüsse für nach dem 21. Juli 2013 beginnende Geschäftsjahre anzuwenden.

(5) § 13 Absatz 4 ist mit der Maßgabe anzuwenden, dass die auf Grund des § 116 des Versicherungsaufsichtsgesetzes in der bis zum 31. Dezember 2015 geltenden Fassung erlassenen Rechtsvorschriften weitergelten, bis sie durch eine Rechtsverordnung auf Grund des § 240 Satz 1 Nummer 12, Satz 2, 3 und 5 des Versicherungsaufsichtsgesetzes geändert oder aufgehoben werden.

(6) Die §§ 34 und 35 in der Fassung des Bilanzrichtlinie-Umsetzungsgesetzes vom 17. Juli 2015 (BGBl. I S. 1245) sind erstmals auf Jahres- und Konzernabschlüsse für Geschäftsjahre anzuwenden, die nach dem 31. Dezember 2015 beginnen.

Formblatt 1

Name: ....
Sitz: ....
Jahresbilanz zum ....

Aktivseite

	Euro	Euro	Euro	Euro
A. *[aufgehoben]*				
B. Immaterielle Vermögensgegenstände				......
I. Selbst geschaffene gewerbliche Schutzrechte und ähnliche Rechte und Werte		......		
II. entgeltlich erworbene Konzessionen, gewerbliche Schutzrechte und ähnliche Rechte und Werte sowie Lizenzen an solchen Rechten und Werten		......		
III. Geschäfts- oder Firmenwert		......		
IV. geleistete Anzahlungen		......		
C. Kapitalanlagen.				
I. Grundstücke, grundstücksgleiche Rechte und Bauten einschließlich der Bauten auf fremden Grundstücken			......	
II. Kapitalanlagen in verbundenen Unternehmen und Beteiligungen		......		
1. Anteile an verbundenen Unternehmen		......		
2. Ausleihungen an verbundene Unternehmen		......		
3. Beteiligungen		......		
4. Ausleihungen an Unternehmen, mit denen ein Beteiligungsverhältnis besteht		......	......	
III. Sonstige Kapitalanlagen				
1. Aktien, Anteile oder Aktien an Investmentvermögen und andere nicht festverzinsliche Wertpapiere		......		
2. Inhaberschuldverschreibungen und andere festverzinsliche Wertpapiere		......		
3. Hypotheken-, Grundschuld- und Rentenschuldforderungen		......		
4. Verträge bei Lebensversicherungsunternehmen		......		
5. Sonstige Ausleihungen				
a) Namensschuldverschreibungen	......			
b) Schuldscheinforderungen und Darlehen	......			
c) übrige Ausleihungen	......	......		
6. Einlagen bei Kreditinstituten		......		
7. Andere Kapitalanlagen		......	......	......

Passivseite

	Euro	Euro	Euro
A. Eigenkapital			
I. Eingefordertes Kapital			
Gezeichnetes Kapital [2]		......	
abzüglich nicht eingeforderter ausstehender Einlagen		......	......
II. Kapitalrücklage		......	
III. Gewinnrücklagen	......		
1. gesetzliche Rücklage [3]	......		
2. Rücklage für Anteile an einem herrschenden oder mehrheitlich beteiligten Unternehmen	......		
3. satzungsmäßige Rücklagen	......		
4. andere Gewinnrücklagen	......	......	
IV. Gewinnvortrag/Verlustvortrag [4]		......	
V. Jahresüberschuss/Jahresfehlbetrat)		......	......
B. Genussrechtskapital			......
C. Nachrangige Verbindlichkeiten			......
D. [gestrichen]			
E. Pensionsfondstechnische Rückstellungen			
I. Beitragsüberträge			
1. Bruttobetrag	......		
2. davon ab: Anteil für das in Rückversicherung gegebene Pensionsfondsgeschäft	......	......	
II. Deckungsrückstellung			
1. Bruttobetrag	......		
2. davon ab: Anteil für das in Rückversicherung gegebene Pensionsfondsgeschäft	......	......	
III. Rückstellung für noch nicht abgewickelte Versicherungsfälle			
1. Bruttobetrag	......		
2. davon ab: Anteil für das in Rückversicherung gegebene Pensionsfondsgeschäft	......	......	
IV. Rückstellung für erfolgsabhängige und erfolgsunabhängige Beitragsrückerstattung			
1. Bruttobetrag	......		
2. davon ab: Anteil für das in Rückversicherung gegebene Pensionsfondsgeschäft	......	......	
V. Sonstige pensionsfondstechnische Rückstellungen			
1. Bruttobetrag	......		
2. davon ab: Anteil für das in Rückversicherung gegebene Pensionsfondsgeschäft	......	......	......

noch Aktivseite

	Euro	Euro	Euro
D. Vermögen für Rechnung und Risiko von Arbeitnehmern und Arbeitgebern			
I. Kapitalanlagen für Rechnung und Risiko von Arbeitnehmern und Arbeitgebern		......	
II. Sonstiges Vermögen	......	......	
E. Forderungen			
I. Forderungen aus dem Pensionsfondsgeschäft an:			
1. Arbeitgeber und Versorgungsberechtigte	......		
2. Vermittler	......	......	
II. Abrechnungsforderungen aus dem Rückversicherungsgeschäft		......	
III. Forderungen an Lebensversicherungsunternehmen			
IV. Eingefordertes, noch nicht eingezahltes Kapital		......	
V. Sonstige Forderungen		......	......
F. Sonstige Vermögensgegenstände			
I. Sachanlagen und Vorräte		......	
II. Laufende Guthaben bei Kreditinstituten, Schecks und Kassenbestand		......	
III. Andere Vermögensgegenstände		......	......
G. Rechnungsabgrenzungsposten			
I. Abgegrenzte Zinsen und Mieten			
II. Sonstige Rechnungsabgrenzungsposten		......	......
H. Aktive latente Steuern			......
I. Aktiver Unterschiedsbetrag aus der Vermögensverrechnung			......
K. Nicht durch Eigenkapital gedeckter Fehlbetrag			......
Summe der Aktiva			......

noch Passivseite

	Euro	Euro	Euro
F. Pensionsfondstechnische Rückstellungen entsprechend dem Vermögen für Rechnung und Risiko von Arbeitnehmern und Arbeitgebern			
I. Deckungsrückstellung			
1. Bruttobetrag	......		
2. davon ab: Anteil für das in Rückversicherung gegebene Pensionsfondsgeschäft	......	......	
II. Übrige pensionsfondstechnische Rückstellungen			
1. Bruttobetrag	......		
2. davon ab: Anteil für das in Rückversicherung gegebene Pensionsfondsgeschäft	......	......	
G. Andere Rückstellungen			
I. Rückstellungen für Pensionen und ähnliche Verpflichtungen	......		
II. Steuerrückstellungen	......		
III. Sonstige Rückstellungen	......	......	
H. Depotverbindlichkeiten aus dem in Rückversicherung gegebenen Pensionsfondsgeschäft		......	
I. Andere Verbindlichkeiten			
I. Verbindlichkeiten aus dem Pensionsfondsgeschäft gegenüber			
1. Arbeitgebern	......		
2. Versorgungsberechtigten	......		
3. Vermittlern	......	......	
II. Abrechnungsverbindlichkeiten aus dem Rückversicherungsgeschäft		......	
III. Verbindlichkeiten gegenüber Lebensversicherungsunternehmen		......	
IV. Verbindlichkeiten gegenüber Kreditinstituten		......	
V. Sonstige Verbindlichkeiten davon: aus Steuern: .... Euro im Rahmen der sozialen Sicherheit: .... Euro	......	......	
K. Rechnungsabgrenzungsposten			......
L. Passive latente Steuern			......
Summe der Passiva			......

Fußnoten zu Formblatt 1:

1) An die Stelle des Aktivpostens E IV „Eingefordertes, noch nicht eingezahltes Kapital" tritt bei Pensionsfondsvereinen auf Gegenseitigkeit in der Bilanz der Aktivposten E IV „Wechsel der Zeichner des Gründungsstocks".
2) An die Stelle des Passivpostens A I „Gezeichnetes Kapital" tritt bei Pensionsfondsvereinen auf Gegenseitigkeit in der Bilanz der Passivposten A 1 „Gründungsstock".
3) An die Stelle des Passivpostens A III 1 „gesetzliche Rücklage" tritt bei Pensionsfondsvereinen auf Gegenseitigkeit in der Bilanz der Passivposten A III 1 „Verlustrücklage gemäß § 193 VAG".
4) Wird die Bilanz unter Berücksichtigung der teilweisen Verwendung des Jahresergebnisses aufgestellt, so tritt in der Bilanz an die Stelle der Passivposten A IV „Gewinnvortrag/Verlustvortrag" und A V „Jahresüberschuss/Jahresfehlbetrag" der Passivposten A IV „Bilanzgewinn/Bilanzverlust"; ein vorhandener Gewinn- oder Verlustvortrag ist in diesen Passivposten einzubeziehen und in der Bilanz oder im Anhang gesondert anzugeben.

Formblatt 2

Name: ....

Sitz: ....

Gewinn- und Verlustrechnung

für die Zeit vom ....bis ....

Posten	Euro	Euro	Euro
I. Pensionsfondstechnische Rechnung			
1. Verdiente Beiträge für eigene Rechnung			
a) Gebuchte Bruttobeiträge	....		
b) Abgegebene Rückversicherungsbeiträge	....	....	
c) Veränderung der Bruttobeitragsüberträge	....		
d) Veränderung des Anteils der Rückversicherer an den Bruttobeitragsüberträgen	....	....	....
2. Beiträge aus der Brutto-Rückstellung für Beitragsrückerstattung			....
3. Erträge aus Kapitalanlagen			
a) Erträge aus Beteiligungen davon: aus verbundenen Unternehmen .... Euro		....	
b) Erträge aus anderen Kapitalanlagen davon: aus verbundenen Unternehmen .... Euro			
aa) Erträge aus Grundstücken, grundstücksgleichen Rechten und Bauten einschließlich der Bauten auf fremden Grundstücken	....		
bb) Erträge aus anderen Kapitalanlagen	....	....	
c) Erträge aus Zuschreibungen		....	
d) Gewinne aus dem Abgang von Kapitalanlagen		....	
e) Erträge aus Gewinngemeinschaften, Gewinnabführungs- und Teilgewinnabführungsverträgen	....	....	
4. Nicht realisierte Gewinne aus Kapitalanlagen		....	
5. Sonstige pensionsfondstechnische Erträge für eigene Rechnung		....	
6. Aufwendungen für Versorgungsfälle für eigene Rechnung			
a) Zahlungen für Versorgungsfälle			
aa) Bruttobetrag	....		
bb) Anteil der Rückversicherer	....	....	
b) Veränderung der Rückstellung für noch nicht abgewickelte Versorgungsfälle			
aa) Bruttobetrag	....		
bb) Anteil der Rückversicherer	....	....	....
7. Veränderung der übrigen pensionsfondstechnischen Netto-Rückstellungen			
a) Deckungsrückstellung			
aa) Bruttobetrag	....		
bb) Anteil der Rückversicherer	....	....	
b) Sonstige pensionsfondstechnische Netto-Rückstellungen		....	....
8. Aufwendungen für erfolgsabhängige und erfolgsunabhängige Beitragsrückerstattungen für eigene Rechnung			....
9. Aufwendungen für den Pensionsfondsbetrieb für eigene Rechnung			
a) Abschlussaufwendungen	....		
b) Verwaltungsaufwendungen	....	....	
c) davon ab: Erhaltene Provisionen und Gewinnbeteiligungen aus dem in Rückversicherung gegebenen Pensionsfondsgeschäft		....	....

Posten		Euro	Euro
10. Aufwendungen für Kapitalanlagen			
a) Aufwendungen für die Verwaltung von Kapitalanlagen, Zinsaufwendungen und sonstige Aufwendungen für die Kapitalanlagen		....	
b) Abschreibungen auf Kapitalanlagen		....	
c) Verluste aus dem Abgang von Kapitalanlagen		....	
d) Aufwendungen aus Verlustübernahme		....	
11. Nicht realisierte Verluste aus Kapitalanlagen			....
12. Sonstige pensionsfondstechnische Aufwendungen für eigene Rechnung			....
13. Pensionsfondstechnisches Ergebnis für eigene Rechnung			....
II. Nichtpensionsfondstechnische Rechnung			
1. Sonstige Erträge	....		
2 Sonstige Aufwendungen	....	....	
3. Ergebnis der normalen Geschäftstätigkeit			....
4. Außerordentliche Erträge		....	
5. Außerordentliche Aufwendungen		....	
6. Außerordentliches Ergebnis			....
7. Steuern vom Einkommen und vom Ertrag		....	
8. Sonstige Steuern	....	....	
9. Erträge aus Verlustübernahme		....	
10. Auf Grund einer Gewinngemeinschaft, eines Gewinnabführungs- oder eines Teilgewinnabführungsvertrags abgeführte Gewinne		....	....
11. Jahresüberschuss/Jahresfehlbetrag[1]			....

Fußnoten zu Formblatt 2:

1) Bei Berücksichtigung der Veränderungen von Kapital- und Gewinnrücklagen sowie des Genussrechtskapitals in der nichtpensionsfondstechnischen Rechnung ist diese in Fortführung der Nummerierung um folgende Posten zu ergänzen:

12. Gewinnvortrag/Verlustvortrag aus dem Vorjahr		....
	....	
13. Entnahmen aus der Kapitalrücklage		....
	....	
14. Entnahmen aus Gewinnrücklagen		
a) aus der gesetzlichen Rücklage [a]	....	
b) aus der Rücklage für Anteile an einem herrschenden oder mehrheitlich beteiligten Unternehmen	....	
c) aus satzungsmäßigen Rücklagen	....	
d) aus anderen Gewinnrücklagen	....	....
	....	
15. Entnahmen aus Genussrechtskapital		....
	....	
16. Einstellungen in Gewinnrücklagen		
a) in die gesetzliche Rücklage[b]	....	
b) in die Rücklage für Anteile an einem herrschenden oder mehrheitlich beteiligten Unternehmen	....	
c) in satzungsmäßige Rücklagen	....	
d) in andere Gewinnrücklagen	....	....
	....	
17. Wiederauffüllung des Genussrechtskapitals		....
18. Bilanzgewinn/Bilanzverlust		....

a) An die Stelle des Postens II. 14 a „aus der gesetzlichen Rücklage“ in der nichtpensionsfondstechnischen Rechnung tritt bei den Pensionsfondsvereinen auf Gegenseitigkeit der Posten II. 14 a „aus der Verlustrücklage gemäß § 193 VAG“.

b) An die Stelle des Postens II. 16 a „in die gesetzliche Rücklage“ in der nichtpensionsfondstechnischen Rechnung tritt bei den Pensionsfondsvereinen auf Gegenseitigkeit der Posten II. 16 a „in die Verlustrücklage gemäß § 193 VAG“.

Die Angaben ab Posten II. 12 können statt in der nichtpensionsfondstechnischen Rechnung auch im Anhang gemacht werden.

Muster 1

Entwicklung der Aktivposten B, CI bis III im Geschäftsjahr ....

Aktivposten	Bilanzwerte Vorjahr Tsd. Euro	Zugänge Tsd. Euro	Umbuchungen Tsd. Euro	Abgänge Tsd. Euro	Zuschreibungen Tsd. Euro	Abschreibungen Tsd.Euro	Bilanzwerte Geschäftsjahr Tsd.Euro
B. Immaterielle Vermögensgegenstände							
1. Selbst geschaffene gewerbliche Schutzrechte und ähnliche Rechte und Werte							
2. entgeltlich erworbene Konzessionen, gewerbliche Schutzrechte und ähnliche Rechte und Werte sowie Lizenzen an solchen Rechten und Werten							
3. Geschäfts- oder Firmenwert							
4. geleistete Anzahlungen							
5 Summe B.							
C I. Grundstücke, grundstücksgleiche Rechte und Bauten einschließlich der Bauten auf fremden Grundstücken							
C II. Kapitalanlagen in verbundenen Unternehmen und Beteiligungen							
1. Anteile an verbundenen Unternehmen							
2. Ausleihungen an verbundene Unternehmen							
3. Beteiligungen							
4. Ausleihungen an Unternehmen, mit denen ein Beteiligungsverhältnis besteht							
5. Summe C II.							
C III. Sonstige Kapitalanlagen							
1. Aktien, Anteile oder Aktien an Investmentvermögen und andere nicht festverzinsliche Wertpapiere							
2. Inhaberschuldverschreibungen und andere festverzinsliche Wertpapiere							
3. Hypotheken-, Grundschuld- und Rentenschuldforderungen							
4. Verträge bei Lebensversicherungsunternehmen							
5. Sonstige Ausleihungen							
a) Namensschuldverschreibungen							
b) Schuldscheinforderungen und Darlehen							
c) übrige Ausleihungen							
6. Einlagen bei Kreditinstituten							
7. Andere Kapitalanlagen							
8. Summe C III.							
Insgesamt							

Muster 2

Entwicklung der im Aktivposten D I erfassten Kapitalanlagen[1] im Geschäftsjahr ....

Kapitalanlagearten	Bilanzwerte Vorjahr Tsd. Euro	Zugänge Tsd. Euro	Umbuchungen Tsd. Euro	Abgänge Tsd. Euro	Nicht realisierte Gewinne Tsd. Euro	Nicht realisierte Verluste Tsd. Euro	Bilanzwerte Geschäftsjahr Tsd. Euro
I. Grundstücke, grundstücksgleiche Rechte und Bauten einschließlich der Bauten auf fremden Grundstücken							
II. Kapitalanlagen in verbundenen Unternehmen und Beteiligungen							
1. Anteile an verbundenen Unternehmen							
2. Ausleihungen an verbundene Unternehmen							
3. Beteiligungen							
4. Ausleihungen an Unternehmen, mit denen ein Beteiligungsverhältnis besteht							
5. Summe II.							
III. Sonstige Kapitalanlagen							
1. Aktien, Investmentanteile und andere nicht festverzinsliche Wertpapiere							
2. Inhaberschuldverschreibungen und andere festverzinsliche Wertpapiere							
3. Hypotheken-, Grundschuld- und Rentenschuldforderungen							
4. Verträge bei Lebensversicherungsunternehmen							
5. Sonstige Ausleihungen							
a) Namensschuldverschreibungen							
b) Schuldscheinforderungen und Darlehen							
c) übrige Ausleihungen							
6. Einlagen bei Kreditinstituten							
7. Andere Kapitalanlagen							
8. Summe III.							
Insgesamt							

1) Für die Zuordnung zu den Kapitalanlagearten gelten die §§ 6 und 7 sowie 5 dieser Verordnung in Verbindung mit den §§ 7 bis 9 Satz 1, §§ 11 und 12 der Verordnung über die Rechnungslegung von Versicherungsunternehmen entsprechend.

Muster 3

Provisionen und sonstige Bezüge der Vertreter, Personal-Aufwendungen	Vorjahr	Geschäftsjahr
	Tsd. Euro	Tsd. Euro
1. Provisionen jeglicher Art der Vertreter		
2. Sonstige Bezüge der Vertreter		
3. Löhne und Gehälter		
4. Soziale Abgaben und Aufwendungen für Unterstützung		
5. Aufwendungen für Altersversorgung		
6. Aufwendungen insgesamt		

Muster 4

Bewegung des Bestandes an Versorgungsverhältnissen im Geschäftsjahr ....

	Anwärter		Invaliden- und Altersrenten			Hinterbliebenenrenten					
									Summe der Jahresrenten[2]		
	Männer	Frauen	Männer	Frauen	Summe der Jahres-renten[2]	Witwen	Witwer	Waisen	Witwen	Witwer	Waisen
	Anzahl	Anzahl	Anzahl	Anzahl	Tsd. Euro	Anzahl	Anzahl	Anzahl	Tsd. Euro	Tsd. Euro	Tsd. Euro
I. Bestand am Anfang des Geschäftsjahres											
II. Zugang während des Geschäftsjahres											
1. Neuzugang an Anwärtern, Zugang an Rentnern											
2. sonstiger Zugang[1]											
3. gesamter Zugang											
III. Abgang während des Geschäftsjahres											
1. Tod											
2. Beginn der Altersrente			–	–	–	–	–	–	–	–	–
3. Invalidität			–	–	–	–	–	–	–	–	–
4. Reaktivierung, Wiederheirat, Ablauf	–	–									
5. Beendigung unter Zahlung von Beträgen											
6. Beendigung ohne Zahlung von Beträgen											
7. sonstiger Abgang											
8. gesamter Abgang											
IV. Bestand am Ende des Geschäftsjahres davon:											
1. nur mit Anwartschaft auf Invaliditätsversorgung			–	–	–	–	–	–	–	–	–
2. nur mit Anwartschaft auf Hinterbliebenen-versorgung					–	–	–	–	–	–	–
3. mit Anwartschaft auf Invaliditäts- und Hinterbliebenenversorgung					–	–	–	–	–	–	–
4. beitragsfreie Anwartschaften			–	–	–	–	–	–	–	–	–
5. in Rückdeckung gegeben[3]											
6. in Rückversicherung gegeben											
7. lebenslange Altersrente						–	–	–	–	–	–
8. Auszahlungsplan mit Restverrentung[4]						–	–	–	–	–	–

1) Z.B. Reaktivierung, Wiederinkraftsetzung sowie Erhöhung der Rente.
2) Einzusetzen ist hier der Betrag der im Folgejahr planmäßig zu zahlenden Renten bzw. – bei Auszahlungsplänen – Raten (entsprechend der Deckungsrückstellung).
3) Hier sind Eintragungen vorzunehmen, sofern zur Deckung der Verpflichtungen gegenüber den Versorgungsberechtigten Verträge bei Lebensversicherern abgeschlossen wurden.
4) Hat die Phase der Restverrentung bereits begonnen, so ist die Eintragung in der Zeile „lebenslange Altersrente" vorzunehmen.

1j. Verordnung über Inhalt, Umfang und Darstellung der Rechnungslegung von Sondervermögen, Investmentaktiengesellschaften und Investmentkommanditgesellschaften sowie über die Bewertung der zu dem Investmentvermögen gehörenden Vermögensgegenstände (Kapitalanlage-Rechnungslegungs- und -Bewertungsverordnung – KARBV)[1)]

Vom 16. Juli 2013 (BGBl. I S. 2483)

Inhaltsübersicht

Abschnitt 1

Allgemeine Vorschriften

Abschnitt 2

Rechnungslegung

Unterabschnitt 1

Jahresberichte von Sondervermögen

Unterabschnitt 2

Sonstige Berichte von Sondervermögen

1) Die Investmentrechnungslegungs- und Bewertungsverordnung trat am 22. Juli 2013 außer Kraft.

Abschnitt 1 Allgemeine Vorschriften

§ 1 Geltungsbereich

Diese Verordnung regelt über die Bestimmungen des Kapitalanlagegesetzbuches hinausgehende Einzelheiten

1. zu Inhalt, Umfang und Darstellung
   a) der Jahres-, Halbjahres-, Zwischen-, Auflösungs- und Abwicklungsberichte für Sondervermögen,
   b) der Jahresabschlüsse und Lageberichte, Halbjahres-, Zwischen-, Auflösungs- und Liquidationsberichte von Investmentaktiengesellschaften und
   c) der Jahresberichte, Zwischen-, Auflösungs- und Liquidationsberichte von Investmentkommanditgesellschaften sowie
2. zur Bewertung von Vermögensgegenständen.

§ 2 Begriffsbestimmungen

Im Sinne dieser Verordnung ist

1. Tracking Error die Volatilität der Differenz zwischen der Rendite des Investmentvermögens, das einen Index nachbildet und der Rendite des oder der nachgebildeten Indizes,
2. Annual Tracking Difference die Differenz zwischen der Jahresrendite des Investmentvermögens, das einen Index nachbildet und der Jahresrendite des oder der nachgebildeten Indizes,
3. ein Index nachbildendes Sondervermögen ein Publikumssondervermögen, dessen Anlagestrategie auf der Nachbildung der Entwicklung eines oder mehrerer Indizes beruht,
4. Verkehrswert der Betrag, zu dem der jeweilige Vermögensgegenstand in einem Geschäft zwischen sachverständigen, vertragswilligen und unabhängigen Geschäftspartnern ausgetauscht wird,
5. Verkehrswert einer Immobilie der Preis, der zum Zeitpunkt, auf den sich die Ermittlung bezieht, im gewöhnlichen Geschäftsverkehr nach den rechtlichen Gegebenheiten und tatsächlichen Eigenschaften, nach der sonstigen Beschaffenheit und der Lage der Immobilie ohne Rücksicht auf ungewöhnliche oder persönliche Verhältnisse zu erzielen wäre.

§ 3 Inhalt und Umfang der Berichterstattung

(1) [1]Die Berichterstattung durch die Kapitalverwaltungsgesellschaft, die Verwahrstelle oder den Liquidator muss vollständig, richtig und frei von Willkür sein und die Berichte müssen klar und übersichtlich gestaltet sein, so dass es den Anlegerinnen und Anlegern ermöglicht wird, sich im Hinblick auf die Anlageentscheidung sowie auf die laufende Beurteilung der Anlage ein umfassendes Bild der tatsächlichen Verhältnisse und Entwicklungen des Investmentvermögens zu verschaffen. [2]Ereignisse, Entscheidungen und Faktoren, die die weitere Entwicklung des Investmentvermögens wesentlich beeinflussen können, sind in die Berichterstattung mit einzubeziehen.

(2) [1]Der Umfang der Berichterstattung unterliegt dem pflichtgemäßen Ermessen der Kapitalverwaltungsgesellschaft, der Verwahrstelle oder des Liquidators und hat der Bedeutung der dargestellten Vorgänge zu entsprechen. [2]Satz 1 gilt vorbehaltlich der in dieser Verordnung niedergelegten Bestimmungen sowie für AIF auch vorbehaltlich der in der delegierten Verordnung (EU) Nr. 231/2013 der Kommission vom 19. Dezember 2012 zur Ergänzung der Richtlinie 2011/61/EU des Europäischen Parlaments und des Rates im Hinblick auf Ausnahmen, die Bedingungen für die Ausübung der Tätigkeit, Verwahrstellen, Hebelfinanzierung, Transparenz und Beaufsichtigung (ABl. L 83 vom 22.3.2013, S. 1) enthaltenen Bestimmungen.

(3) Verweisungen auf den Inhalt früherer Berichte sind nicht zulässig.

§ 4 Einreichung bei der Bundesanstalt

(1) [1]Die Berichte nach den §§ 101, 103 bis 105, 120, 122, 135, 148, 158 und 161 des Kapitalanlagegesetzbuches sind in dreifacher Ausfertigung bei der Bundesanstalt am Dienstsitz in Frankfurt am Main einzureichen. [2]Eines dieser Exemplare ist elektronisch zu übermitteln.

(2) [1]Mindestens eines der in Papierform eingereichten Exemplare ist von der Geschäftsleitung eigenhändig zu unterschreiben. [2]Die Unterschriften sind am Ende des jeweiligen Berichts zu platzieren. [3]Das Original ist außen auf dem Deckblatt entsprechend zu kennzeichnen.

(3) Bei Berichten, die Sondervermögen betreffen, ist es ausreichend, wenn die Unterschriften von Geschäftsleiterinnen und Geschäftsleitern in vertretungsberechtigter Zahl geleistet werden.

(4) Absatz 1 gilt für jeden von der AIF-Kapitalverwaltungsgesellschaft verwalteten inländischen Spezial-AIF nur, wenn die Bundesanstalt die Berichte anfordert.

§ 5 Investmentrechtliche Rechnungslegung

(1) [1]Auf die investmentrechtliche Rechnungslegung sind die formellen Grundsätze ordnungsmäßiger Buchführung anzuwenden, soweit sich aus dem Kapitalanlagegesetzbuch und dieser Verordnung sowie hinsichtlich der AIF auch aus der Verordnung (EU) Nr. 231/2013 nichts anderes ergibt. [2]Bei der investmentrechtlichen Rechnungslegung ist der Grundsatz der Stetigkeit zu beachten.

(2) Die Buchführung ist auf die Anforderungen hinsichtlich der Berichte nach dem Kapitalanlagegesetzbuch auszurichten und muss vollständig, richtig, zeitgerecht, geordnet und nachvollziehbar sein sowie eine Nachprüfbarkeit durch sachverständige Dritte ermöglichen.

Abschnitt 2 Rechnungslegung

Unterabschnitt 1 Jahresberichte von Sondervermögen

§ 6 Verantwortung und Zweck

(1) [1]Die Aufstellung des Jahresberichts gemäß § 101 des Kapitalanlagegesetzbuches (Jahresbericht) einschließlich der der Vermögensaufstellung zugrunde liegenden Bewertungen liegt in der Verantwortung der Kapitalverwaltungsgesellschaft, die das Sondervermögen verwaltet. [2]Die Aufstellung des Abwicklungsberichts liegt in der Verantwortung der Verwahrstelle.

(2) Der Jahresbericht dient

1. der Darstellung der Tätigkeit der Kapitalverwaltungsgesellschaft im Rahmen der Verwaltung des Sondervermögens sowie
2. der umfassenden Information über Inhalt und Umfang der Tätigkeit nach Nummer 1, über den Wert des Sondervermögens, die durchgeführten Geschäfte, die Ergebnisse im abgelaufenen Geschäftsjahr und die bisherige Entwicklung des Sondervermögens.

§ 7 Bestandteile des Jahresberichts

[1]Bestandteile des Jahresberichts sind:

1. der Tätigkeitsbericht (§ 8);
2. die Vermögensübersicht, gegliedert nach geeigneten Kriterien unter Berücksichtigung der Anlagepolitik (§ 9);
3. die Vermögensaufstellung unter Angabe der einzelnen Vermögensgegenstände, bei Wertpapieren unter Angabe der Wertpapierkennnummer oder der Internationalen Wertpapieridentifikationsnummer (ISIN) (§ 10);
4. die Ertrags- und Aufwandsrechnung (§ 11);
5. die Übersicht über die Verwendung der Erträge des Sondervermögens (Verwendungsrechnung, § 12);
6. die Übersicht über die Entwicklung des Sondervermögens (Entwicklungsrechnung, § 13);
7. die vergleichende Übersicht über die letzten drei Geschäftsjahre (§ 14);
8. die Aufstellung der während des Berichtszeitraums abgeschlossenen Geschäfte, die nicht mehr Gegenstand der Vermögensaufstellung sind; bei Wertpapieren muss, soweit möglich, die Wertpapierkennnummer oder die ISIN angegeben werden und bei

Immobilien-Sondervermögen sowie Spezial-Sondervermögen mit Anlagen in Immobilien oder Immobilien-Gesellschaften müssen die getätigten Käufe und Verkäufe von Immobilien und die Beteiligungen an Immobilien-Gesellschaften in einer Anlage nach § 247 Absatz 1 Satz 2 des Kapitalanlagegesetzbuches angegeben werden;

9. der Anhang mit folgenden Angaben:
   a) den nach der Derivateverordnung erforderlichen Angaben;
   b) den Angaben nach § 16;
   c) bei einem AIF:
      aa) den nach § 101 Absatz 3 Satz 1 Nummer 1 und 2 des Kapitalanlagegesetzbuches aufzuführenden Angaben zu Vergütungen und den nach § 101 Absatz 3 Satz 1 Nummer 3 des Kapitalanlagegesetzbuches aufzuführenden Angaben zu den wesentlichen Veränderungen;
      bb) den zusätzlich nach § 300 Absatz 1 bis 3 des Kapitalanlagegesetzbuches aufzuführenden Angaben;
   d) allen weiteren zum Verständnis des Jahresberichts erforderlichen Angaben;
10. die Wiedergabe des besonderen Vermerks über das Ergebnis der Prüfung des Jahresberichts des Sondervermögens.

[2]Satz 1 Nummer 9 Buchstabe c Doppelbuchstabe bb gilt nicht für offene inländische Spezial-AIF, soweit die Anlagebedingungen eine Offenlegung dieser Informationen auf andere Weise vorsehen.

§ 8 Tätigkeitsbericht

(1) [1]Der Tätigkeitsbericht ist ein eigenständiger Teil des Jahresberichts. [2]Der Tätigkeitsbericht muss aus sich heraus für den Anleger verständlich sein. [3]Durch Verweise darf seine Verständlichkeit nicht gemindert werden.

(2) Im Tätigkeitsbericht für das Sondervermögen ist die Tätigkeit der Kapitalverwaltungsgesellschaft einschließlich der Unternehmen, die von ihr mit der Portfolioverwaltung betraut sind, in Bezug auf das verwaltete Sondervermögen in der Berichtsperiode darzustellen.

(3) [1]Die Darstellung muss alle wesentlichen Angaben enthalten, die für das Urteil der Anlegerinnen und Anleger über die Verwaltungstätigkeit und deren Ergebnisse von Bedeutung sind. [2]Allgemeine Ausführungen, die den Blick auf das Wesentliche erschweren, sind zu unterlassen. [3]Bei einem Publikumssondervermögen sind folgende Angaben stets aufzunehmen:

1. die Anlageziele des Sondervermögens sowie die Anlagepolitik zur Erreichung dieser Ziele im Berichtszeitraum;
2. die wesentlichen Risiken des Sondervermögens im Berichtszeitraum, insbesondere Adressenausfallrisiken, Zinsänderungs-, Währungs- und sonstige Marktpreisrisiken sowie operationelle Risiken und Liquiditätsrisiken;
3. die Struktur des Portfolios im Hinblick auf die Anlageziele zum Berichtszeitpunkt sowie wesentliche Veränderungen während des Berichtszeitraums;
4. sonstige für den Anleger wesentliche Ereignisse im Berichtszeitraum wie beispielsweise die Auslagerung des Portfoliomanagements.

(4) Bei einem Publikums-AIF richtet sich der nähere Inhalt des Tätigkeitsberichts im Übrigen nach Artikel 105 der Verordnung (EU) Nr. 231/2013, bei einem Spezial-AIF richtet sich der nähere Inhalt des Tätigkeitsberichts ausschließlich nach Artikel 105 der Verordnung (EU) Nr. 231/2013.

§ 9 Vermögensübersicht

(1) [1]Der Vermögensaufstellung nach § 10 ist eine Vermögensübersicht voranzustellen, die eine zusammengefasste Gliederung der Vermögensaufstellung enthält. [2]Die Vermögensübersicht ist nach geeigneten Kriterien unter Berücksichtigung der Anlagepolitik des Sondervermögens, beispielsweise nach wirtschaftlichen oder geographischen Kriterien, und nach prozentualen Anteilen am Wert des Sondervermögens zu gliedern.

(2) [1]Die Gliederung der Vermögensübersicht hat mindestens die folgenden Gliederungspunkte zu enthalten; Leerposten können jeweils entfallen:

I. Vermögensgegenstände
  1. Aktien
  2. Anleihen
  3. Derivate
  4. Forderungen
  5. Kurzfristig liquidierbare Anlagen
  6. Bankguthaben
  7. Sonstige Vermögensgegenstände

II. Verbindlichkeiten

III. Fondsvermögen.

[2]Bei Spezial-AIF sind den Posten nach Satz 1 die Posten „I. Sachwerte“ und „II. Beteiligungen“ voranzustellen; die folgenden Posten sind entsprechend umzunummerieren.

(3) Bei Immobilien-Sondervermögen und offenen inländischen Spezial-AIF mit Anlagen in Immobilien oder Immobilien-Gesellschaften hat die Gliederung der Vermögensübersicht mindestens die folgenden Gliederungspunkte zu enthalten; Leerposten können jeweils entfallen:

A. Vermögensgegenstände

I. Immobilien
  1. Mietwohngrundstücke
     (davon in Fremdwährung)
  2. Geschäftsgrundstücke
     (davon in Fremdwährung)
  3. Gemischtgenutzte Grundstücke
     (davon in Fremdwährung)
  4. Grundstücke im Zustand der Bebauung
     (davon in Fremdwährung)
  5. Unbebaute Grundstücke
     (davon in Fremdwährung)

II. Beteiligungen an Immobilien-Gesellschaften
  1. Mehrheitsbeteiligungen
     (davon in Fremdwährung)
  2. Minderheitsbeteiligungen
     (davon in Fremdwährung)

III. Liquiditätsanlagen
  1. Bankguthaben
     (davon in Fremdwährung)

2. Wertpapiere
(davon in Fremdwährung)
3. Investmentanteile
(davon in Fremdwährung)

IV. Sonstige Vermögensgegenstände
1. Forderungen aus Grundstücksbewirtschaftung
(davon in Fremdwährung)
2. Forderungen an Immobilien-Gesellschaften
(davon in Fremdwährung)
3. Zinsansprüche
(davon in Fremdwährung)
4. Anschaffungsnebenkosten
(davon in Fremdwährung)
a) bei Immobilien
(davon in Fremdwährung)
b) bei Beteiligungen an Immobilien-Gesellschaften
(davon in Fremdwährung)
5. Andere
(davon in Fremdwährung)

Summe Vermögensgegenstände

B. Schulden
I. Verbindlichkeiten aus
1. Krediten
(davon in Fremdwährung)
2. Grundstückskäufen und Bauvorhaben
(davon in Fremdwährung)
3. Grundstücksbewirtschaftung
(davon in Fremdwährung)
4. anderen Gründen
(davon in Fremdwährung)

II. Rückstellungen
(davon in Fremdwährung)

Summe Schulden

C. Fondsvermögen.

§ 10 Vermögensaufstellung

(1) Die Vermögensaufstellung im Sinne des § 101 Absatz 1 Satz 3 Nummer 1 des Kapitalanlagegesetzbuches ist nach Arten von Vermögensgegenständen und Märkten zu untergliedern.

(2) [1]Die Saldierung von Vermögensgegenständen mit Verbindlichkeiten ist nicht zulässig. [2]Forderungen und Verbindlichkeiten aus dem Anteilsumsatz sind als sonstige Vermögensgegenstände oder als sonstige Verbindlichkeiten gesondert auszuweisen.

(3) [1]Verliehene Wertpapiere sind in der Vermögensaufstellung des Sondervermögens auszuweisen. [2]Dabei ist anzugeben, dass sie Gegenstand von Wertpapierleihgeschäften sind. [3]Im Zusammenhang mit Wertpapierleihgeschäften eingeräumte Sicherheiten sind nicht in der Vermögensaufstellung des Sondervermögens auszuweisen.

(4) [1]Die Anschaffungsnebenkosten nach § 248 Absatz 3 Satz 1 des Kapitalanlagegesetzbuches sind objektbezogen aufzugliedern und als absoluter Betrag sowie als Prozentangabe in Bezug auf den Kaufpreis auszuweisen. [2]Aus der Aufgliederung muss hervorgehen, welche Anschaffungsnebenkosten auf Gebühren und Steuern sowie welche auf sonstige Kosten entfallen sind. [3]Zu den Gebühren und Steuern bei Grundstücken im Inland gehört neben den in § 448 Absatz 2 des Bürgerlichen Gesetzbuches genannten Kosten auch die Grunderwerbsteuer, die zur Erlangung der Unbedenklichkeitsbescheinigung zu zahlen ist. [4]Für Grundstücke im Ausland gilt Entsprechendes unter Berücksichtigung der maßgeblichen Vorschriften der ausländischen Rechtsordnung. [5]Alle anderen Anschaffungsnebenkosten gelten als sonstige Kosten, insbesondere die Maklerkosten, die Kosten im Vorfeld des Erwerbs sowie eine etwaige Verwaltungsvergütung, die von der Kapitalverwaltungsgesellschaft aus Anlass des Anschaffungsvorgangs vereinnahmt worden ist. [6]Anzugeben ist weiterhin die Länge des voraussichtlichen Abschreibungszeitraums. [7]Die im Geschäftsjahr abgeschriebenen Anschaffungsnebenkosten und die verbleibenden Anschaffungsnebenkosten sind gesondert auszuweisen.

(5) [1]Die für die Ermittlung des Nettoinventarwertes je Anteil maßgebenden Bewertungsregeln und -grundsätze nach § 168 des Kapitalanlagegesetzbuches sowie die entsprechenden Regelungen dieser Verordnung sind auch für die Vermögensaufstellung im Jahresbericht zu beachten. [2]Für die Vermögensgegenstände und Verbindlichkeiten sind die Verhältnisse zum Stichtag des Jahresberichts maßgeblich. [3]Erkenntnisse nach dem Stichtag des Jahresberichts sind nicht in der Vermögensaufstellung zu berücksichtigen, sondern in der nachfolgenden Ermittlung des Nettoinventarwertes je Anteil des neuen Geschäftsjahres.

(6) [1]Die Bewertung für die Vermögensaufstellung ist in vollem Umfang von der Kapitalverwaltungsgesellschaft zu dokumentieren. [2]Die Verwahrstelle, oder bei Ernennung eines externen Bewerters dieser, ist dabei der Kapitalverwaltungsgesellschaft gegenüber verpflichtet, über Einzelheiten der Bewertung des Investmentvermögens Auskunft zu erteilen.

§ 11 Ertrags- und Aufwandsrechnung

(1) Die Ertrags- und Aufwandsrechnung ist wie folgt darzustellen; Leerposten können jeweils entfallen:

I. Erträge

1. Dividenden inländischer Aussteller
2. Dividenden ausländischer Aussteller (vor Quellensteuer)
3. Zinsen aus inländischen Wertpapieren
4. Zinsen aus ausländischen Wertpapieren (vor Quellensteuer)
5. Zinsen aus Liquiditätsanlagen im Inland
6. Zinsen aus Liquiditätsanlagen im Ausland (vor Quellensteuer)
7. Erträge aus Investmentanteilen
8. Erträge aus Wertpapier-Darlehen- und -Pensionsgeschäften
9. Abzug ausländischer Quellensteuer
10. Sonstige Erträge

Summe der Erträge

II. Aufwendungen

1. Zinsen aus Kreditaufnahmen
2. Verwaltungsvergütung
3. Verwahrstellenvergütung
4. Prüfungs- und Veröffentlichungskosten
5. Sonstige Aufwendungen

Summe der Aufwendungen

III. Ordentlicher Nettoertrag

IV. Veräußerungsgeschäfte

1. Realisierte Gewinne
2. Realisierte Verluste

Ergebnis aus Veräußerungsgeschäften

V. Realisiertes Ergebnis des Geschäftsjahres

1. Nettoveränderung der nicht realisierten Gewinne
2. Nettoveränderung der nicht realisierten Verluste

VI. Nicht realisiertes Ergebnis des Geschäftsjahres

VII. Ergebnis des Geschäftsjahres.

(2) [1]Bei Immobilien-Sondervermögen und offenen inländischen Spezial-AIF mit Anlagen in Immobilien oder Immobilien-Gesellschaften ist die Ertrags- und Aufwandsrechnung nach Absatz 1 wie folgt unter den jeweiligen Posten zu ergänzen (Gliederungsziffer I und II) oder zu ersetzen (Gliederungsziffer IV):

I. Erträge

11. Erträge aus Immobilien
12. Erträge aus Immobilien-Gesellschaften
13. Eigengeldverzinsung (Bauzinsen)

Summe der Erträge

II. Aufwendungen

1. Bewirtschaftungskosten
2. Erbbauzinsen, Leib- und Zeitrenten
3. Ausländische Steuern

IV. Veräußerungsgeschäfte

1. Realisierte Gewinne
   a) aus Immobilien
   b) aus Beteiligungen an Immobilien-Gesellschaften
   c) aus Liquiditätsanlagen d) Sonstiges
2. Realisierte Verluste
   a) aus Immobilien
   b) aus Beteiligungen an Immobilien-Gesellschaften
   c) aus Liquiditätsanlagen
   d) Sonstiges.

[2]Die Posten unter Satz 1 Gliederungsziffer II sind den entsprechenden Posten unter Absatz 1 Gliederungsziffer II voranzustellen, die folgenden Posten sind entsprechend umzunummerieren.

(3) [1]In Absatz 1 Gliederungsziffer IV sind sämtliche realisierten Gewinne und Verluste auszuweisen; dazu zählen insbesondere auch solche aus Derivaten und Währungsgeschäften. [2]Die wesentlichen Quellen des Veräußerungsergebnisses sind im Tätigkeitsbericht zu erläutern.

(4) [1]Für den Fall, dass die Anlagebedingungen ein Ertragsausgleichsverfahren vorsehen, sind die im laufenden Geschäftsjahr bis zum Zeitpunkt des Anteilumsatzes erfassten ordentlichen Erträge und Aufwendungen einzubeziehen. [2]Ebenfalls zu erfassen ist ein Gewinnvortrag zuzüglich eines bereits angefallenen Ertragsausgleiches. [3]Wird ein Ertragsausgleich auch auf das Ergebnis aus Veräußerungsgeschäften (realisierte Gewinne und realisierte Verluste) angerechnet, so sind auch hier alle Posten mit einzubeziehen. [4]Das Ertragsausgleichverfahren ist mindestens für jeden Bewertungstag, an dem Anteilsumsätze stattgefunden haben, durchzuführen.

(5) [1]Bei der Ermittlung der Ergebnisse aus Verkäufen sind die Einstandskosten der veräußerten Vermögensgegenstände nach der Durchschnittsmethode anzusetzen. [2]Bei Wertpapieren derselben Gattung sind die Gewinne und Verluste aus Verkäufen zu kompensieren.

(6) Die Ermittlung der realisierten Ergebnisse aus Verkäufen und Liquidationen von Immobilien und Immobilien-Gesellschaften erfolgt nach dem Grundsatz der Einzelzuordnung.

§ 12 Verwendungsrechnung für das Sondervermögen

(1) Die Berechnung der Verwendung der Erträge des Sondervermögens ist insgesamt und je Anteil wie folgt darzustellen; Leerposten können jeweils entfallen:

I. Für die Ausschüttung verfügbar

1. Vortrag aus dem Vorjahr
2. Realisiertes Ergebnis des Geschäftsjahres
3. Zuführung aus dem Sondervermögen

II. Nicht für die Ausschüttung verwendet

1. Der Wiederanlage zugeführt
2. Vortrag auf neue Rechnung

III. Gesamtausschüttung

1. Zwischenausschüttung
   a) Barausschüttung
   b) Einbehaltene Kapitalertragsteuer
   c) Einbehaltener Solidaritätszuschlag
2. Endausschüttung
   a) Barausschüttung
   b) Einbehaltene Kapitalertragsteuer
   c) Einbehaltener Solidaritätszuschlag.

(2) Für thesaurierende Sondervermögen ist die Verwendungsrechnung insgesamt und je Anteil wie folgt darzustellen:

I. Für die Wiederanlage verfügbar

1. Realisiertes Ergebnis des Geschäftsjahres

2. Zuführung aus dem Sondervermögen
3. Zur Verfügung gestellter Steuerabzugsbetrag

II. Wiederanlage.

(3) Bei Immobilien-Sondervermögen und offenen inländischen Spezial-AIF mit Anlagen in Immobilien oder Immobilien-Gesellschaften, für die eine Verwendungsrechnung erstellt wird, ist den Posten gemäß Absatz 1 Gliederungsziffer II der Posten „II. Einbehalt gemäß § 252 des Kapitalanlagegesetzbuches" voranzustellen; die folgenden Posten sind entsprechend umzunummerieren.

(4) Sofern für Zwecke der Gesamtausschüttung eine Zuführung aus dem Sondervermögen gemäß Absatz 1 Gliederungsziffer I Nummer 3 vorgenommen wird, ist dies in der Verwendungsrechnung ergänzend zu erläutern.

§ 13 Entwicklungsrechnung für das Sondervermögen

(1) Die Übersicht über die Entwicklung des Sondervermögens ist unter Berücksichtigung folgender Posten darzustellen; Leerposten können jeweils entfallen:

I. Wert des Sondervermögens am Beginn des Geschäftsjahres

1. Ausschüttung für das Vorjahr/Steuerabschlag für das Vorjahr
2. Zwischenausschüttungen
3. Mittelzufluss (netto)
   a) Mittelzuflüsse aus Anteilschein-Verkäufen
   b) Mittelabflüsse aus Anteilschein-Rücknahmen
4. Ertragsausgleich/Aufwandsausgleich
5. Ergebnis des Geschäftsjahres

davon nicht realisierte Gewinne

davon nicht realisierte Verluste

II. Wert des Sondervermögens am Ende des Geschäftsjahres.

(2) Bei Immobilien-Sondervermögen und offenen inländischen Spezial-AIF mit Anlagen in Immobilien oder Immobilien-Gesellschaften ist in der Aufstellung nach Absatz 1 nach Gliederungsziffer I Nummer 4 der Posten „4a. Abschreibung Anschaffungsnebenkosten" einzufügen.

(3) Rücknahmeabschläge, die im Sondervermögen verbleiben, sind dem Posten unter Absatz 1 Gliederungsziffer I Nummer 3 Buchstabe b zuzuordnen und mindern diesen.

§ 14 Vergleichende Übersicht über die letzten drei Geschäftsjahre

[1]Über den Inhalt nach § 101 Absatz 1 Satz 3 Nummer 6 des Kapitalanlagegesetzbuches hinaus ist bei Sondervermögen mit einer Wertentwicklung von weniger als drei Geschäftsjahren die Wertentwicklung für die Zeit seit der Auflegung anzugeben. [2]Bei mehreren Anteilklassen ist die Wertentwicklung mindestens für die Anteilklasse mit der höchsten Gesamtkostenquote darzustellen.

§ 15 Anteilklassen

(1) [1]Bei mehreren Anteilklassen ist zu erläutern, unter welchen Voraussetzungen Anteile mit unterschiedlichen Ausgestaltungsmerkmalen ausgegeben werden und welche Ausgestaltungsmerkmale den Anteilklassen im Einzelnen zugeordnet werden. [2]Für jede Anteilklasse ist Folgendes zu ergänzen:

1. die Anzahl ihrer am Berichtsstichtag umlaufenden Anteile und
2. der am Berichtsstichtag gemäß Absatz 2 Satz 4 ermittelte Nettoinventarwert je Anteil.

[3]Bei mehreren Anteilklassen sind die Angaben nach den §§ 11, 12 und 13 je Anteilklasse anzugeben.

(2) [1]Bei erstmaliger Ausgabe von Anteilen einer Anteilklasse ist der Wert der Anteile auf der Grundlage des Wertes zu berechnen, der für das gesamte Sondervermögen nach § 168 Absatz 1 Satz 1 des Kapitalanlagegesetzbuches ermittelt wurde. [2]Der Wert einer Anteilklasse ergibt sich aus dem Wert der Anteilklasse am vorangehenden Bewertungstag zuzüglich der auf die Anteilklasse bezogenen anteiligen Nettowertveränderung des Sondervermögens, die sich gegenüber dem vorangehenden Bewertungstag ergibt. [3]Der Wert einer Anteilklasse ist gemäß den §§ 212, 217 oder des § 286 des Kapitalanlagegesetzbuches zu ermitteln. [4]Wird nach den Vertragsbedingungen ein Ertragsausgleichsverfahren durchgeführt, ist der Ertragsausgleich für jede einzelne Anteilklasse zu berechnen.

§ 16 Sonstige Angaben

(1) Folgende zusätzliche Angaben sind erforderlich:

1. die Anzahl der umlaufenden Anteile zum Ende des Berichtsjahres und der Wert eines Anteils gemäß § 101 Absatz 1 Satz 3 Nummer 3 des Kapitalanlagegesetzbuches;
2. die zur Bewertung von Vermögensgegenständen angewendeten Verfahren gemäß den §§ 26 bis 31 und 34;
3. die folgenden Angaben zur Transparenz sowie zur Gesamtkostenquote:
   a) Betrag einer erfolgsabhängigen oder einer zusätzlichen Verwaltungsvergütung gemäß § 101 Absatz 2 Nummer 1, zweiter Halbsatz des Kapitalanlagegesetzbuches;
   b) Pauschalgebühren gemäß § 101 Absatz 2 Nummer 2 des Kapitalanlagegesetzbuches;
   c) geleistete Vergütungen sowie erhaltene Rückvergütungen, jeweils gemäß § 101 Absatz 2 Nummer 3 des Kapitalanlagegesetzbuches;
   d) Kosten aus erworbenen Investmentanteilen gemäß § 101 Absatz 2 Nummer 4 des Kapitalanlagegesetzbuches;
   e) wesentliche sonstige Erträge und sonstige Aufwendungen, diese sind nachvollziehbar aufzuschlüsseln und zu erläutern;
   f) bei Publikumssondervermögen Angabe der Transaktionskosten.

(2) [1]Für ein Sondervermögen, das einen Index nachbildet, muss der Jahresbericht folgende Angaben enthalten:

1. die Höhe des Tracking Error zum Ende des Berichtszeitraums,
2. eine Erläuterung der Abweichung zwischen dem erwarteten Tracking Error und dem tatsächlichen Tracking Error, sofern die Abweichung relevant ist,
3. die Höhe der Annual Tracking Difference zwischen der Entwicklung des Investmentvermögens und dem nachgebildeten Index mit Erläuterung.

[2]Die Angabe nach Satz 1 Nummer 1 muss auch im Halbjahresbericht (§ 17) enthalten sein.

Unterabschnitt 2 Sonstige Berichte von Sondervermögen

§ 17 Halbjahresbericht

[1]Auf den Halbjahresbericht sind die Vorschriften über den Jahresbericht entsprechend anzuwenden. [2]Der Halbjahresbericht kann ohne Tätigkeitsbericht, Entwicklungsrechnung, Verwendungsrechnung, besonderen Vermerk des Abschlussprüfers und verglei-

chende Übersicht der letzten drei Geschäftsjahre erstellt werden. [3]Eine Ertrags- und Aufwandsrechnung sowie eine Entwicklungsrechnung sind nur aufzunehmen, wenn im jeweiligen Halbjahr eine Zwischenausschüttung erfolgt ist.

§ 18 Zwischenbericht

[1]Auf den Zwischenbericht sind die Vorschriften über den Jahresbericht entsprechend anzuwenden. [2]Neben dem Zwischenbericht sind die Saldenlisten einschließlich Ergebnisvorträgen und Skontros, die Grundlage für die Erstellung des Zwischenberichts sind, für Wertpapiere und sonstige Vermögensgegenstände zu Einstiegspreisen zu erstellen. [3]Diese Aufstellungen sind der aufnehmenden Kapitalverwaltungsgesellschaft zur Fortführung der Buchhaltung zu übermitteln.

§ 19 Auflösungs- und Abwicklungsbericht

(1) [1]Auf den Auflösungsbericht und den Abwicklungsbericht sind die Vorschriften für den Jahresbericht entsprechend anzuwenden. [2]Darüber hinaus haben Auflösungs- und Abwicklungsberichte eine Übersicht der im Geschäftsjahr an die Anleger durchgeführten Auszahlungen zu enthalten.

(2) Ein Abwicklungsbericht ist nicht zu erstellen, wenn zum Abschlussstichtag des Auflösungsberichts alle Anteile zurückgegeben wurden.

Unterabschnitt 3 Investmentgesellschaft

§ 20 Anwendbarkeit auf Investmentgesellschaften

(1) [1]Die für Sondervermögen geltenden Vorschriften dieses Abschnitts sind entsprechend für den Jahresabschluss und den Lagebericht sowie den Halbjahresbericht und den Liquidationsbericht einer Investmentgesellschaft anzuwenden, soweit sich aus diesem Unterabschnitt nichts anderes ergibt. [2]Soweit sich aus den Vorschriften des Kapitalanlagegesetzbuches, der Verordnung (EU) Nr. 231/2013 und dieser Verordnung nichts anderes ergibt, sind die Bestimmungen des Dritten Buches des Handelsgesetzbuches anzuwenden. [3]In der Bilanz und in der Gewinn- und Verlustrechnung ist zu jedem Posten auch der entsprechende Betrag des vorhergehenden Geschäftsjahres anzugeben.

(2) [1]Wird die Verwaltung des Investmentvermögens einer extern verwalteten Investmentgesellschaft gekündigt, ist ein Zwischenbericht zu erstellen. [2]Wird ein Teilgesellschaftsvermögen im Sinne des § 117 Absatz 8 oder des § 132 Absatz 7 des Kapitalanlagegesetzbuches aufgelöst, ist über dieses Teilgesellschaftsvermögen ein Auflösungsbericht zu erstellen. [3]Absatz 1 gilt entsprechend.

(3) Sofern Teilgesellschaftsvermögen gebildet wurden, sind die Bilanz, die Gewinn- und Verlustrechnung sowie die Angaben des Lageberichts und des Anhangs zusammenhängend darzustellen.

§ 21 Bilanz

(1) [1]In der Bilanz der Investmentaktiengesellschaft (§ 120 Absatz 2 Satz 1 und § 148 Absatz 1 des Kapitalanlagegesetzbuches) und der Investmentkommanditgesellschaft (§ 135 Absatz 3 Satz 1 und § 158 des Kapitalanlagegesetzbuches) sind die für den Betrieb der intern verwalteten Investmentgesellschaft notwendigen Vermögensgegenstände und Schulden (Investmentbetriebsvermögen) und die dem Sondervermögen vergleichbaren Vermögensgegenstände und Schulden (Investmentanlagevermögen) gesondert auszuweisen. [2]Sofern bei der Investmentaktiengesellschaft mit veränderlichem Kapital oder bei der offenen Investmentkommanditgesellschaft Teilgesellschaftsvermögen gebildet wurden, ist die Bilanz darüber hinaus nach Teilgesellschaftsvermögen aufzugliedern.

(2) [1]Das Investmentbetriebsvermögen ist für Zwecke der Bilanzierung sowie der Aktienpreisermittlung ausschließlich nach den Grundsätzen des Dritten Buches des Handelsgesetzbuches anzusetzen und zu bewerten. [2]Der ermittelte Wert gilt als Verkehrswert im Sinne des § 168 Absatz 1 des Kapitalanlagegesetzbuches.

(3) Auf die Bewertung des Investmentanlagevermögens sind die §§ 26 bis 31 und 34 anzuwenden.

(4) [1]Die Bilanz der Investmentaktiengesellschaft und der Investmentkommanditgesellschaft ist wie folgt zu gliedern:

I. Investmentbetriebsvermögen
   A. Aktiva
      Vermögenswerte
   B. Passiva
      Verbindlichkeiten
II. Investmentanlagevermögen
   A. Aktiva
      1. Sachanlagen
      2. Anschaffungsnebenkosten
      3. Beteiligungen
      4. Wertpapiere
      5. Barmittel und Barmitteläquivalente
         a) Täglich verfügbare Bankguthaben
         b) Kurzfristige liquide Anlagen
         c) Andere
      6. Forderungen
         a) Forderungen aus der Bewirtschaftung
         b) Forderungen an Beteiligungsgesellschaften
         c) Zins- und Dividendenansprüche
         d) Eingeforderte ausstehende Pflichteinlagen
         e) Andere Forderungen
      7. Sonstige Vermögensgegenstände
      8. Aktive Rechnungsabgrenzung
   B. Passiva
      1. Rückstellungen
      2. Kredite
         a) von Kreditinstituten
         b) von Gesellschaftern
         c) Andere
      3. Verbindlichkeiten aus Lieferungen und Leistungen
         a) aus dem Erwerb von Investitionsgütern
         b) aus anderen Lieferungen und Leistungen c) aus der Rücknahme von Anteilen
      4. Sonstige Verbindlichkeiten
         a) gegenüber Gesellschaftern

b) aus Wertpapierleihegeschäften

c) aus Pensionsgeschäften

d) Andere

5. Passive Rechnungsabgrenzung

6. Eigenkapital

a) Kapitalanteile beziehungsweise gezeichnetes Kapital

b) Kapitalrücklage

c) Gewinnrücklage

aa) Gesetzliche Rücklage

bb) Rücklage für eigene Anteile

cc) Satzungsmäßige Rücklagen

dd) Andere Gewinnrücklagen

d) Nicht realisierte Gewinne/Verluste aus der Neubewertung

e) Gewinnvortrag/Verlustvortrag

f) Realisiertes Ergebnis des Geschäftsjahres.

[2]Bei dem Eigenkapitalausweis der Investmentkommanditgesellschaft ist § 264c des Handelsgesetzbuches zu beachten.

(5) [1]Die Bilanz darf auch unter Berücksichtigung der vollständigen Verwendung des Jahresergebnisses aufgestellt werden. [2]Dann tritt an die Stelle des realisierten Ergebnisses des Geschäftsjahres (Jahresüberschuss/ Jahresfehlbetrag) und des Gewinn- oder Verlustvortrags der Posten Bilanzgewinn oder Bilanzverlust; ein vorhandener Gewinn- oder Verlustvortrag ist in den Posten Bilanzgewinn oder Bilanzverlust einzubeziehen und in der Verwendungsrechnung und Entwicklungsrechnung gesondert anzugeben.

§ 22 Gewinn- und Verlustrechnung

(1) [1]In der Gewinn- und Verlustrechnung der intern verwalteten Investmentaktiengesellschaft und der intern verwalteten Investmentkommanditgesellschaft sind die dem Investmentbetriebsvermögen und die dem Investmentanlagevermögen zuzuordnenden Aufwendungen und Erträge jeweils gesondert auszuweisen. [2]Soweit die Investmentgesellschaft in Form einer Umbrella-Konstruktion besteht, hat die Investmentgesellschaft die Gewinn- und Verlustrechnung darüber hinaus nach Teilgesellschaftsvermögen aufzugliedern. [3]Soweit die Satzung oder die Anlagebedingungen der Investmentaktiengesellschaft ein Ertragsausgleichsverfahren vorsehen, gilt § 11 Absatz 5 entsprechend.

(2) Für die Gewinn- und Verlustrechnung der Investmentaktiengesellschaft mit veränderlichem Kapital und der offenen Investmentkommanditgesellschaft gelten die Vorschriften für die Gliederung und den Ausweis von Aufwendungen und Erträgen eines Sondervermögens nach § 101 Absatz 1 Satz 3 Nummer 4 des Kapitalanlagegesetzbuches in Verbindung mit § 11 dieser Verordnung entsprechend.

(3) Die Gewinn- und Verlustrechnung der Investmentaktiengesellschaft mit fixem Kapital und der geschlossenen Investmentkommanditgesellschaft ist für die Zwecke der Ertrags- und Aufwandsrechnung nach § 11 wie folgt darzustellen; Leerposten können jeweils entfallen:

I. Verwaltungstätigkeit

a) Erträge

b) Aufwendungen

II. Investmenttätigkeit
1. Erträge
a) Erträge aus Sachwerten
b) Zinsen und ähnliche Erträge
c) Sonstige betriebliche Erträge
Summe der Erträge
2. Aufwendungen
a) Zinsen aus Kreditaufnahmen
b) Bewirtschaftungskosten
c) Verwaltungsvergütung
d) Verwahrstellenvergütung
e) Prüfungs- und Veröffentlichungskosten
f) Sonstige Aufwendungen
Summe der Aufwendungen
3. Ordentlicher Nettoertrag
4. Veräußerungsgeschäfte
a) Realisierte Gewinne
b) Realisierte Verluste
Ergebnis aus Veräußerungsgeschäften
5. Realisiertes Ergebnis des Geschäftsjahres
6. Zeitwertänderung
a) Erträge aus der Neubewertung
b) Aufwendungen aus der Neubewertung
c) Abschreibungen Anschaffungsnebenkosten
Summe des nicht realisierten Ergebnisses des Geschäftsjahres
7. Ergebnis des Geschäftsjahres.

§ 23 Lagebericht

(1) Die Investmentaktiengesellschaft und die Investmentkommanditgesellschaft haben unabhängig von ihrer Größenklasse nach den §§ 267, 267a des Handelsgesetzbuches einen Lagebericht nach § 289 des Handelsgesetzbuches aufzustellen.

(2) [1]Der Lagebericht der Investmentaktiengesellschaft mit veränderlichem Kapital hat darüber hinaus folgende Angaben zu enthalten:

1. die Anzahl der Teilgesellschaftsvermögen sowie deren Fondskategorie;
2. die Zuordnung der Unternehmensaktien zum Investmentanlagevermögen und zum Betriebsvermögen, im Falle einer Umbrella-Konstruktion unter Nennung der jeweiligen Teilgesellschaftsvermögen;
3. die Angabe, ob die Anlageaktien zur Teilnahme an der Hauptversammlung berechtigen und Stimmrechte gewähren;
4. die Anzahl der umlaufenden Aktien, soweit Teilgesellschaftsvermögen gebildet wurden je Teilgesellschaftsvermögen;
5. falls eine Kapitalverwaltungsgesellschaft als Verwaltungsgesellschaft benannt wurde,
   a) Name und Rechtsform der Kapitalverwaltungsgesellschaft,

b) wesentliche Merkmale des Verwaltungsvertrages wie Dauer, Kündigungsrechte, Umfang, Verwaltungstätigkeit, Haftungsregelungen, Auslagerungen einzelner Tätigkeiten, Angaben zur Umsetzung der Anlageverwaltung durch die Kapitalverwaltungsgesellschaft,

c) Gebühren;

6. die Belastung mit Verwaltungskosten, gegebenenfalls gesondert je Teilgesellschaftsvermögen.

[2]Der Lagebericht der Investmentaktiengesellschaft mit fixem Kapital hat darüber hinaus die Angaben nach Satz 1 Nummer 4 bis 6 zu enthalten.

(3) [1]Der Lagebericht der offenen Investmentkommanditgesellschaft hat darüber hinaus die Angaben nach Absatz 2 Nummer 1, 4, 5 und 6 zu enthalten und der Lagebericht der geschlossenen Investmentkommanditgesellschaft hat darüber hinaus die Angaben nach Absatz 2 Nummer 4, 5, und 6 zu enthalten. [2]Dabei gilt Nummer 4 mit der Maßgabe, dass die Anzahl der umlaufenden Anteile zu nennen ist.

(4) [1]Der im Lagebericht enthaltene Bericht über die Tätigkeit der Investmentgesellschaft im abgelaufenen Geschäftsjahr hat den Vorgaben des § 8 zu entsprechen. [2]Bei Teilgesellschaftsvermögen hat die Berichterstattung für jedes Teilgesellschaftsvermögen gesondert zu erfolgen.

(5) [1]§ 289 Absatz 1 Satz 4 des Handelsgesetzbuches ist nur auf das Investmentbetriebsvermögen nach § 21 Absatz 1 Satz 1 anzuwenden. [2]Bei Aussagen zur Wertentwicklung des Investmentanlagevermögens sind § 165 Absatz 2 Nummer 9 des Kapitalanlagegesetzbuches und § 4 Absatz 4 bis 7 der Wertpapierdienstleistungs-Verhaltens- und -Organisationsverordnung entsprechend anzuwenden.

§ 24 Verwendungsrechnung und Entwicklungsrechnung bei der Investmentkommanditgesellschaft

(1) Bei einer Investmentkommanditgesellschaft ist die Verwendungsrechnung wie folgt darzustellen; Leerposten können jeweils entfallen:

1. Realisiertes Ergebnis des Geschäftsjahres
2. Gutschrift/Belastung auf Rücklagenkonten
3. Gutschrift/Belastung auf Kapitalkonten
4. Gutschrift/Belastung auf Verbindlichkeitenkonten
5. Bilanzgewinn/Bilanzverlust.

(2) Die Entwicklungsrechnung für das Vermögen der Kommanditisten und der Komplementäre ist jeweils getrennt wie folgt darzustellen; Leerposten können jeweils entfallen:

I. Wert des Eigenkapitals am Beginn des Geschäftsjahres

1. Entnahmen für das Vorjahr
2. Zwischenentnahmen
3. Mittelzufluss (netto)
   a) Mittelzuflüsse aus Gesellschaftereintritten
   b) Mittelabflüsse wegen Gesellschafteraustritten
4. Realisiertes Ergebnis des Geschäftsjahres nach Verwendungsrechnung
5. Nicht realisiertes Ergebnis des Geschäftsjahres

II. Wert des Eigenkapitals am Ende des Geschäftsjahres.

§ 25 Anhang

(1) Investmentaktiengesellschaften mit veränderlichem Kapital, die über Teilgesellschaftsvermögen verfügen, und offene Investmentkommanditgesellschaften, die über Teilgesellschaftsvermögen verfügen, müssen im Anhang des Jahresabschlusses die Angaben nach den Absätzen 2 bis 5 sowie nach § 7 Satz 1 Nummer 9 für jedes Teilgesellschaftsvermögen gesondert machen.

(2) § 285 des Handelsgesetzbuches ist nur auf das Investmentbetriebsvermögen nach § 21 Absatz 1 Satz 1 anzuwenden.

(3) [1]In den Anhang des Jahresabschlusses der Investmentaktiengesellschaft mit veränderlichem Kapital und der offenen Investmentkommanditgesellschaft sind folgende Angaben ergänzend aufzunehmen, soweit Teilgesellschaftsvermögen gebildet wurden ausschließlich getrennt nach Teilgesellschaftsvermögen:

1. die Vermögensaufstellung nach § 10 Absatz 1;
2. die Aufstellung der während des Berichtszeitraums abgeschlossenen Geschäfte, die nicht mehr Gegenstand der Vermögensaufstellung sind, nach § 7 Satz 1 Nummer 8;
3. die Gewinnverwendungsrechnung der Investmentaktiengesellschaft mit veränderlichem Kapital oder der offenen Investmentkommanditgesellschaft entsprechend den Vorschriften über die Verwendungsrechnung für das Sondervermögen nach § 101 Absatz 1 Satz 3 Nummer 5 des Kapitalanlagegesetzbuches in Verbindung mit § 11;
4. die Übersicht über die Entwicklung der Investmentaktiengesellschaft mit veränderlichem Kapital oder der offenen Investmentkommanditgesellschaft nach § 13;
5. die vergleichende Übersicht der letzten drei Geschäftsjahre nach § 14.

[2]In den Anhang des Jahresabschlusses der Investmentaktiengesellschaft mit fixem Kapital und der geschlossenen Investmentkommanditgesellschaft sind nur die Angaben nach Satz 1 Nummer 5 aufzunehmen.

(4) Die Kapitalkonten der Kommanditisten sowie der Komplementäre der Investmentkommanditgesellschaft sind entsprechend der gesellschaftsvertraglichen Regelung darzustellen.

(5) [1]In den Anhang eines Berichts einer Investmentaktiengesellschaft mit fixem Kapital und einer geschlossenen Investmentkommanditgesellschaft mit Anlagen in entsprechenden Vermögensgegenständen sind folgende Angaben ergänzend aufzunehmen:

1. bei einer Investition in Immobilien der Bestand der zum Investmentvermögen gehörenden Immobilien und sonstigen Vermögensgegenstände unter Angabe
   a) der Grundstücksgröße,
   b) von Art und Lage,
   c) von Bau und Erwerbsjahr,
   d) der Gebäudenutzfläche,
   e) der Leerstandsquote,
   f) der Nutzungsausfallentgeltquote,
   g) der Fremdfinanzierungsquote,
   h) der Restlaufzeiten der Nutzungsverträge,
   i) des Verkehrswertes oder im Falle des § 271 Absatz 1 Nummer 1 Satz 1 des Kapitalanlagegesetzbuches des Kaufpreises,
   j) der Nebenkosten bei Anschaffung von Vermögensgegenständen im Sinne des § 261 Absatz 1 Nummer 3 und Absatz 2 Nummer 1 des Kapitalanlagegesetzbuches,

k) der wesentlichen Ergebnisse der nach Maßgabe dieses Abschnittes erstellten Wertgutachten,
l) etwaiger Bestands- und Projektentwicklungsmaßnahmen;

2. bei einer Investition in Wald, Forst und Agrarland die Angabe
   a) der Grundstücksgröße,
   b) der Lage und Nutzung,
   c) der Art der Bepflanzung,
   d) des Durchschnittsalters des Baumbestandes,
   e) der Fremdfinanzierungsquote;
3. bei einer Investition in Schiffe die Angabe
   a) des Schiffstyps,
   b) der Schiffsgröße,
   c) der Tragfähigkeit,
   d) des Leergewichts,
   e) von Bau- und Erwerbsjahr,
   f) der Klassifikation und des Jahres der letzten Klassedockung,
   g) der technischen Spezifikationen,
   h) von Aussagen zu notwendigen Investitionen zur Einhaltung von bestehenden und künftigen Umweltstandards,
   i) der Restlaufzeit des Chartervertrages,
   j) der Nettocharterrate nach Befrachtungskommissionen,
   k) der Restlaufzeit des Bereederungsvertrages und der Höhe der Bereederungsgebühr,
   l) des Orts der Registrierung im Seeschiffsregister,
   m) der Fremdfinanzierungsquote,
   n) des Verkehrswertes oder im Falle des § 271 Absatz 1 Nummer 1 des Kapitalanlagegesetzbuches des Kaufpreises,
   o) etwaiger wesentlicher Wartungsarbeiten;
4. bei einer Investition in Luftfahrzeuge die Angabe
   a) des Flugzeugtyps,
   b) von Bau- und Erwerbsjahr,
   c) der Fremdfinanzierungsquote,
   d) der Restlaufzeiten der Nutzungsverträge,
   e) der Andienungsrechte,
   f) des Verkehrswertes oder im Falle des § 271 Absatz 1 Nummer 1 des Kapitalanlagegesetzbuches des Kaufpreises,
   g) etwaiger wesentlicher im Berichtsjahr durchgeführter Wartungsarbeiten;
5. bei einer Investition in Anlagen zur Erzeugung, zum Transport und zur Speicherung von Strom, Gas oder Wärme aus erneuerbaren Energien die Angabe
   a) der Energieart,
   b) der installierten Leistung und der eingespeisten Energie,
   c) von Bau- und Erwerbsjahr,
   d) des Jahres der Inbetriebnahme,

e) der Abnehmer der Energie,
f) von Art und Umfang der Nutzungsrechte an den Grundstücken, auf denen die Anlage errichtet wurde,
g) der Fremdfinanzierungsquote,
h) des Verkehrswertes oder im Falle des § 271 Absatz 1 Nummer 1 des Kapitalanlagegesetzbuches des Kaufpreises,
i) etwaiger wesentlicher Bestands- und Projektentwicklungsmaßnahmen;

6. bei einer Investition in Schienenfahrzeuge, Schienenfahrzeugbestand und -ersatzteile die Angabe
   a) der Anzahl der Schienenfahrzeuge und Schienenersatzteile,
   b) der Art,
   c) von Bau- und Erwerbsjahr,
   d) des Typs,
   e) des Jahres der Inbetriebnahme,
   f) der Leasingnehmer,
   g) der Fremdfinanzierungsquote,
   h) der Restlaufzeit des Leasingvertrages,
   i) des Andienungsrechts;
7. bei einer Investition in Fahrzeuge, die im Rahmen der Elektromobilität genutzt werden, die Angabe
   a) der Anzahl,
   b) des Typs,
   c) von Bau- und Erwerbsjahr,
   d) des Herstellers,
   e) des Jahres der Inbetriebnahme,
   f) der Leasingnehmer,
   g) der Nutzungsentgeltausfallquote,
   h) der Fremdfinanzierungsquote,
   i) der Restlaufzeit des Leasingvertrages;
8. bei einer Investition in Container die Angabe
   a) der Anzahl,
   b) des Typs,
   c) von Bau- und Erwerbsjahr,
   d) der Leasingnehmer,
   e) der Nutzungsentgeltausfallquote,
   f) der Fremdfinanzierungsquote,
   g) der Restlaufzeit des Leasingvertrages;
9. bei einer Investition in Infrastruktur gemäß § 261 Absatz 2 Nummer 8 des Kapitalanlagegesetzbuches, die Angabe
   a) der Anzahl,
   b) von Art oder Typ,
   c) von Bau- und Erwerbsjahr,

d) der Leasingnehmer oder Nutzer,

e) der Fremdfinanzierungsquote;

10. bei einer Investition in sonstige Sachwerte im Sinne des § 261 Absatz 1 Nummer 1 des Kapitalanlagegesetzbuches, die nicht in dem Katalog des § 261 Absatz 2 des Kapitalanlagegesetzbuches aufgeführt sind, die entsprechenden Angaben nach Satz 1 Nummer 9.

[2]Die Angaben nach Satz 1 sind für Sachwerte, die mittelbar nach § 261 Absatz 1 Nummer 3, 5 und 6 des Kapitalanlagegesetzbuches gehalten werden, nachrichtlich aufzuführen und besonders zu kennzeichnen.

Abschnitt 3 Bewertung

§ 26 Allgemeine Bewertungsgrundsätze

(1) [1]Bewertet die Verwahrstelle einen OGAW unter Mitwirkung der Kapitalverwaltungsgesellschaft, hat die Kapitalverwaltungsgesellschaft die von der Verwahrstelle ermittelten Wertansätze für Vermögensgegenstände in geeigneter Weise auf Plausibilität zu prüfen und darauf hinzuwirken, dass Auffälligkeiten geklärt werden. [2]Sie hat nachvollziehbar zu dokumentieren, dass sie ihre Mitwirkungspflicht wahrnimmt. [3]Die Verwahrstelle ist dabei der Kapitalverwaltungsgesellschaft gegenüber verpflichtet, Auskunft über Einzelheiten der Bewertung des Investmentvermögens zu erteilen.

(2) [1]Innerhalb der Kapitalverwaltungsgesellschaft muss die Bewertung oder die Mitwirkung bei der Bewertung eines OGAW durch einen Bereich oder eine dort eingerichtete Organisationseinheit erfolgen, der oder die aufbauorganisatorisch von dem für die Portfolioverwaltung zuständigen Bereich oder einer dort eingerichteten Organisationseinheit getrennt ist. [2]Dies gilt auch für die Ebene der Geschäftsleitung.

(3) Die Bildung von Bewertungseinheiten zwischen Grund- und Sicherungsgeschäft ist bei Investmentvermögen nicht zulässig.

(4) Die Einhaltung der Anforderungen nach den Absätzen 1 bis 3 sowie nach den §§ 27 und 28 ist bei Investmentvermögen regelmäßig von der internen Revision zu überprüfen.

§ 27 Bewertung auf der Grundlage von handelbaren Kursen

(1) Für die Bewertung von Vermögensgegenständen, die zum Handel an einer Börse oder an einem anderen organisierten Markt zugelassen oder in den regulierten Markt oder Freiverkehr einer Börse einbezogen sind, ist der letzte verfügbare handelbare Kurs zugrunde zu legen, der eine verlässliche Bewertung im Sinne des Artikels 2 Absatz 1 Buchstabe c Ziffer i der Richtlinie 2007/16/EG der Kommission vom 19. März 2007 zur Durchführung der Richtlinie 85/611/EWG des Rates zur Koordinierung der Rechts- und Verwaltungsvorschriften betreffend bestimmte Organismen für gemeinsame Anlagen in Wertpapieren (OGAW) im Hinblick auf die Erläuterung gewisser Definitionen (ABl. L 79 vom 20.3.2007, S. 11) gewährleistet.

(2) [1]Die Verwahrstelle, der externe Bewerter oder die Kapitalverwaltungsgesellschaft muss die Kriterien dokumentieren, die sie oder er für die Einschätzung der Marktpreise von Börsen oder anderen organisierten Märkten als exakt, verlässlich und gängig nutzt. [2]Indikative Kurse sind keine handelbaren Kurse.

(3) Vermögensgegenstände, für die die Kursstellung auf der Grundlage von Geld- und Briefkursen erfolgt, sind grundsätzlich entweder zum Mittelkurs oder zum Geldkurs zu bewerten.

§ 28 Bewertung auf der Grundlage geeigneter Bewertungsmodelle

(1) Für Vermögensgegenstände, die weder zum Handel an einer Börse noch an einem anderen organisierten Markt zugelassen oder in den regulierten Markt oder Freiverkehr einer Börse einbezogen sind oder für die kein handelbarer Kurs verfügbar ist, sind gemäß § 168 Absatz 3 des Kapitalanlagegesetzbuches die Verkehrswerte zugrunde zu legen, die sich bei sorgfältiger Einschätzung nach geeigneten Bewertungsmodellen unter Berücksichtigung der aktuellen Marktgegebenheiten ergeben.

(2) [1]Der Verkehrswert ist auf der Grundlage eines Bewertungsmodells zu ermitteln, das auf einer anerkannten und geeigneten Methodik beruht. [2]Bei der Verwendung eines Bewertungsmodells nach Satz 1 sind die Anforderungen nach Artikel 71 der Verordnung (EU) Nr. 231/2013 zu beachten. [3]Die eingesetzten Bewertungsverfahren sind ausführlich zu dokumentieren und in regelmäßigen Abständen auf ihre Angemessenheit zu überprüfen. [4]Bei der Überprüfung sind aktuelle Marktinformationen zu berücksichtigen. [5]Die Bewertung eines Over-the-Counter-Derivats (OTC-Derivat) ist gemäß Artikel 8 Absatz 4 Buchstabe b der Richtlinie 2007/16/EG zu überprüfen.

(3) [1]Der Verkehrswert kann auch von einem Emittenten, Kontrahenten oder sonstigen Dritten ermittelt und mitgeteilt werden. [2]In diesem Fall ist der ermittelte Verkehrswert durch die Kapitalverwaltungsgesellschaft oder die Verwahrstelle oder den externen Bewerter auf Plausibilität zu prüfen; die Plausibilitätsprüfung ist zu dokumentieren. [3]Diese Prüfung kann durch einen Vergleich mit einer zweiten verlässlichen und aktuellen Preisquelle, einen Vergleich des Wertes mit einer eigenen modellgestützten Bewertung oder durch andere geeignete Verfahren erfolgen.

§ 29 Besonderheiten bei Investmentanteilen, Bankguthaben und Verbindlichkeiten

(1) [1]Anteile an Investmentvermögen sind mit ihrem letzten festgestellten Rücknahmepreis oder mit einem aktuellen Kurs nach § 27 Absatz 1 zu bewerten. [2]Stehen keine aktuellen Werte nach Satz 1 zur Verfügung, ist der Wert der Anteile gemäß § 28 zu ermitteln; auf die Ermittlung auf der Grundlage eines geeigneten Bewertungsmodells ist im Jahresbericht hinzuweisen.

(2) [1]Bankguthaben werden zu ihrem Nennwert zuzüglich zugeflossener Zinsen bewertet. [2]Festgelder sind zum Verkehrswert zu bewerten, sofern das Festgeld kündbar ist und die Rückzahlung bei der Kündigung nicht zum Nennwert zuzüglich Zinsen erfolgt.

(3) Verbindlichkeiten sind mit ihrem Rückzahlungsbetrag anzusetzen.

§ 30 Besonderheiten bei Anlagen in Immobilien

(1) [1]Zur Ermittlung des Verkehrswertes einer Immobilie ist in der Regel der Ertragswert der Immobilie anhand eines Verfahrens zu ermitteln, das am jeweiligen Immobilienmarkt anerkannt ist. [2]Zur Plausibilisierung können auch andere am jeweiligen Immobilienmarkt anerkannte Bewertungsverfahren herangezogen werden, wenn dies für eine sachgerechte Bewertung der Immobilie nach Auffassung des Bewerters erforderlich oder zweckmäßig erscheint. [3]In diesem Fall sind die Ergebnisse des anderen Bewertungsverfahrens und die Gründe für seine Anwendung in nachvollziehbarer Form dem Gutachten als Anlage beizufügen.

(2) [1]Für die Ermittlung des Nettoinventarwertes je Anteil oder Aktie von Immobilien-Sondervermögen und offenen inländischen Spezial-AIF mit Anlagen in Immobilien oder Immobilien-Gesellschaften sowie von geschlossenen inländischen Publikums-AIF oder Spezial-AIF mit Anlagen in entsprechenden Vermögensgegenständen gelten folgende Besonderheiten:

1. Für die Bestimmung der Anschaffungsnebenkosten im Sinne des § 248 Absatz 3 Satz 1 und 2 und des § 271 Absatz 1 Nummer 2 Satz 1 und 2 des Kapitalanlagegesetzbuches gilt § 255 Absatz 1 des Handelsgesetzbuches unter Berücksichtigung der investmentrechtlichen Besonderheiten entsprechend. [2]Zu den investmentrechtlichen Besonderheiten zählt insbesondere, dass bereits im Vorfeld entstehende Kosten angesetzt werden können, solange ein Erwerb des Vermögensgegenstandes aussichtsreich erscheint; außerplanmäßige Abschreibungen dürfen nicht vorgenommen werden. [3]Die Abschreibungsdauer für Anschaffungsnebenkosten im Sinne des § 248 Absatz 3 Satz 1 und des § 271 Absatz 1 Nummer 2 Satz 1 des Kapitalanlagegesetzbuches muss durch die Kapitalverwaltungsgesellschaft während der Dauer der Abschreibung geändert werden, wenn die Haltedauer der Immobilie oder der Beteiligung kürzer als ursprünglich geplant eingeschätzt wird.
2. Bei der Ermittlung des Nettoinventarwertes je Anteil oder Aktie einer im Ausland gelegenen Immobilie sind Rückstellungen, die für Zwecke der Steuern zu bilden sind, für die Steuern zu berücksichtigen, die der Staat, in dem die Immobilie liegt, bei einem Veräußerungsgewinn voraussichtlich erhebt. [2]Bei im Ausland gelegenen Immobilien, die über Immobilien-Gesellschaften gehalten werden, sind Rückstellungen, die für Zwecke der Steuern zu bilden sind, zu berücksichtigen, wenn die drohenden Steuerlasten von der Immobilien-Gesellschaft zu tragen sind und nicht bereits bei der Ermittlung des Wertes der Beteiligung an der Immobilien-Gesellschaft berücksichtigt werden. [3]Die Höhe der Rückstellungen entspricht der Steuerbelastung, die nach den steuerlichen Vorschriften des Staates, in dem die Immobilie liegt, bei einer Veräußerung der Immobilie am Bewertungstag zum Verkehrswert der Immobilie als Gewinnsteuer zu entrichten wäre. [4]Unberücksichtigt bleiben Möglichkeiten, den zu zahlenden Betrag nach dem Steuerrecht des Staates, in dem die Immobilie liegt, auf Grund der Bildung von Reinvestitionsrücklagen zu mindern. [5]Bestehen nach dem Steuerrecht des Staates, in dem die Immobilie liegt, Minderungsmöglichkeiten auf Grund vorliegender, steuerlich verrechenbarer Verluste, sind diese Verluste bis zur Höhe der Steuerbelastung auf den Veräußerungsgewinn zu berücksichtigen. [6]Die Bildung und Auflösung der Rückstellung ist erfolgsneutral vorzunehmen. [7]Wenn die Veräußerung der Anteile an einer Immobilien-Gesellschaft wesentlich wahrscheinlicher ist als die Veräußerung der Immobilie, ist bei der Bewertung von Beteiligungen ein Abschlag in Höhe des Betrages vorzunehmen, der bei einem Verkauf der Beteiligung infolge latenter Steuerlasten als Minderung des Kaufpreises für die Beteiligung erwartet wird.
3. Bei Grundstücken, die zum Zwecke der Bebauung erworben werden, sind § 248 Absatz 3 Satz 1 und 2 und § 271 Absatz 1 Nummer 2 Satz 1 und 2 des Kapitalanlagegesetzbuches nicht anzuwenden.

§ 31 Bewertung von Beteiligungen an Immobilien-Gesellschaften

(1) [1]Die Bewertung einer Beteiligung vor ihrem Erwerb gemäß § 236 Absatz 1 des Kapitalanlagegesetzbuches dient dazu, die Angemessenheit der Gegenleistung in sinngemäßer Anwendung des § 231 Absatz 2 des Kapitalanlagegesetzbuches festzustellen. [2]Der externe Bewerter gemäß § 236 Absatz 3 des Kapitalanlagegesetzbuches hat die wesentlichen Grundlagen und Annahmen seiner Bewertung der Immobilien, insbesondere alle wertbeeinflussenden Faktoren, im Gutachten darzulegen. [3]Der Abschlussprüfer hat in seinem Gutachten die wertmäßigen Zusammenhänge und Unterschiede zwischen dem Nettovermögenswert laut Vermögensaufstellung und dem ermittelten Beteiligungswert darzulegen und zu erläutern.

(2) [1]Nach dem Erwerb der Beteiligung ist im Zusammenhang mit neu erworbenen Immobilien oder Beteiligungen der Immobilien-Gesellschaft § 248 Absatz 2 und 3 Satz 1

des Kapitalanlagegesetzbuches in der Regel entsprechend anzuwenden. ²Absatz 3 ist auf Beteiligungen der Immobilien-Gesellschaft entsprechend anzuwenden.

(3) ¹Der Wert der Beteiligung an einer Immobilien-Gesellschaft gemäß § 248 Absatz 4 und § 250 Absatz 1 Nummer 2 des Kapitalanlagegesetzbuches ist gemäß § 249 Absatz 3 des Kapitalanlagegesetzbuches auf der Grundlage einer Vermögensaufstellung zu ermitteln. ²Maßgeblich ist die aktuelle monatliche Vermögensaufstellung zum Zeitpunkt der Bewertung. ³Die Kapitalverwaltungsgesellschaft hat einheitliche Grundsätze für das Mengengerüst und die Bewertung des Vermögens und der Schulden aufzustellen. ⁴In den Grundsätzen ist zu berücksichtigen, dass die Rechnungslegung in den Sitzländern der Immobilien-Gesellschaften Besonderheiten, insbesondere Aktivposten ohne Vermögenscharakter und fehlende Passivposten mit Schuldcharakter, aufweisen kann. ⁵Die Beachtung der Grundsätze ist im Rahmen der jährlichen Prüfung der Vermögensaufstellung gemäß § 249 Absatz 2 Nummer 2 des Kapitalanlagegesetzbuches zu bestätigen. ⁶Die Jahresabschlussprüfung gemäß § 249 Absatz 2 Nummer 2 des Kapitalanlagegesetzbuches, die jährliche Prüfung der Vermögensaufstellung gemäß § 249 Absatz 2 des Kapitalanlagegesetzbuches und die Bewertung gemäß § 248 Absatz 4 und § 250 Absatz 1 Nummer 2 des Kapitalanlagegesetzbuches dürfen von demselben Abschlussprüfer durchgeführt werden, wenn für die Bestellung des Abschlussprüfers die jeweiligen Voraussetzungen erfüllt sind.

(4) ¹Bei der Bewertung gemäß § 248 Absatz 4 und § 250 Absatz 1 Nummer 2 des Kapitalanlagegesetzbuches hat der Abschlussprüfer einen marktnahen Wert zu ermitteln, wie es nach den allgemeinen Grundsätzen für die Bewertung von Unternehmensbeteiligungen vorgeschrieben ist. ²Ausgangspunkt für die Bewertung ist der Nettowert gemäß der Vermögensaufstellung. ³Der darin angesetzte Wert für die Immobilien ist durch den zuletzt vom externen Bewerter festgestellten Verkehrswert der Immobilien oder, wenn dieser noch nicht maßgeblich ist, durch den Kaufpreis zu ersetzen. ⁴Weitere Auswirkungen dieser Wertdifferenz zum Beispiel auf Rückstellungen oder latente Steueransprüche und Verpflichtungen sind zu berücksichtigen. ⁵Weitere Vermögensgegenstände und Schulden sind nach den Wertmaßstäben des § 168 Absatz 1 bis 7 des Kapitalanlagegesetzbuches zu beurteilen. ⁶Darüber hinaus können im Rahmen der Bewertung nach dem Ermessen der bewertenden Person besondere Wertkomponenten angesetzt werden, wie zum Beispiel ein Geschäftswert entsprechend dem Geschäftsmodell der Immobilien-Gesellschaft und deren tatsächlicher Geschäftstätigkeit. ⁷Das gilt auch für Wertkomponenten zum Beispiel auf Grund von erschwerten Vermarktungsmöglichkeiten der Beteiligung, abweichenden Gewinnverteilungsabreden oder Vereinbarungen über Auseinandersetzungsguthaben, falls die Gesellschaft aufgelöst wird. ⁸Wertkomponenten, die im Zusammenhang mit der Vermarktung der von der Gesellschaft gehaltenen Immobilien stehen, finden ausschließlich über die Werte, die vom externen Bewerter für die Immobilien festgestellt wurden, Eingang in den Beteiligungswert.

(5) ¹Keine gesonderte Bewertung gemäß § 248 Absatz 4 und § 250 Absatz 1 Nummer 2 des Kapitalanlagegesetzbuches muss für Immobilien-Gesellschaften erfolgen, an denen eine Beteiligung nicht direkt für Rechnung des Sondervermögens gehalten wird, sondern lediglich indirekt über eine andere Immobilien-Gesellschaft. ²Der Wert der in Satz 1 genannten Beteiligungen kann zusammen mit dem Wert der direkt gehaltenen Immobilien-Gesellschaft, die dem Sondervermögen die Beteiligung vermittelt, ermittelt werden.

(6) ¹Bei der Ermittlung des Anteilpreises hat die Kapitalverwaltungsgesellschaft den Wert der Beteiligung, den der Abschlussprüfer ermittelt hat, am ersten Preisermittlungstag, der auf die Bekanntgabe des Wertes durch den Abschlussprüfer an die Kapitalverwaltungsgesellschaft folgt, an Stelle des bisher angesetzten Wertes zugrunde zu legen. ²Bis zur nächsten Bewertung gemäß § 248 Absatz 4 und § 250 Absatz 1 Nummer 2

des Kapitalanlagegesetzbuches ist der Wert der Beteiligung von der Kapitalverwaltungsgesellschaft im Rahmen des § 249 Absatz 2 des Kapitalanlagegesetzbuches auf der Grundlage der monatlichen Vermögensaufstellungen fortzuschreiben. [3]Die Fortschreibung darf sich nur auf Wertkomponenten erstrecken, die keiner Bewertung mit wesentlichem Ermessensspielraum unterliegen. [4]Fortschreibungen sind auch zum Zeitpunkt des Wertansatzes nach Satz 1 vorzunehmen, wenn Ereignisse zwischen Bewertungsstichtag und späterer Bekanntgabe des Wertes dazu Anlass geben.

(7) [1]Abweichend vom gesetzlich vorgesehenen Bewertungsintervall ist der Wert der Beteiligung erneut gemäß § 248 Absatz 4 und § 250 Absatz 1 Nummer 2 des Kapitalanlagegesetzbuches zu ermitteln und anzusetzen, wenn nach Auffassung der Kapitalverwaltungsgesellschaft der Ansatz des zuletzt ermittelten Wertes auf Grund von Änderungen wesentlicher Bewertungsfaktoren, die durch Fortschreibung des zuletzt ermittelten Wertes nicht angemessen berücksichtigt werden können, nicht mehr sachgerecht ist. [2]Folgende Faktoren zählen grundsätzlich nicht zu den wesentlichen Bewertungsfaktoren und sind deshalb durch Fortschreibung zu berücksichtigen:

1. Neubewertung oder erstmalige Bewertung einer Immobilie durch den externen Bewerter;
2. Neuerwerb einer Immobilie oder einer Immobilien-Gesellschaft;
3. Verkauf der einzigen Immobilie, wenn der Verkaufspreis nicht wesentlich vom Verkehrswert der Immobilie abweicht;
4. Kapitalmaßnahmen;
5. Ausschüttungen;
6. Aufnahme oder Rückzahlung von Darlehen;
7. nachträgliche Korrekturen der Jahresabschlüsse auf allen Beteiligungsstufen;
8. Veränderung des Wertes durch laufende Erträge und Aufwendungen.

[3]Im Einzelfall kann jedoch auch bei den Bewertungsfaktoren nach Satz 2 eine Neubewertung notwendig sein, insbesondere wenn der Kauf oder Verkauf einer Immobilie wesentliche Veränderungen bei anderen Vermögens- und Schuldposten der Gesellschaft nach sich ziehen könnte.

(8) In den Vermögensaufstellungen nach § 101 Absatz 1 Satz 3 Nummer 1 des Kapitalanlagegesetzbuches ist der gemäß § 248 Absatz 4 und § 250 Absatz 1 Nummer 2 des Kapitalanlagegesetzbuches ermittelte und von der Kapitalverwaltungsgesellschaft bis zum Berichtsstichtag fortgeschriebene Wert der direkt für Rechnung des Investmentvermögens gehaltenen Beteiligungen an Immobilien-Gesellschaften anzusetzen.

§ 32 Besonderheiten bei Vermögensgegenständen mit dem Charakter einer unternehmerischen Beteiligung

(1) [1]Für die Zwecke des § 261 Absatz 6 Satz 1 und des § 271 des Kapitalanlagegesetzbuches sind Verkehrswerte für Unternehmensbeteiligungen gemäß § 261 Absatz 1 Nummer 4 des Kapitalanlagegesetzbuches (Vermögensgegenstände mit dem Charakter einer unternehmerischen Beteiligung) nach anerkannten Grundsätzen für die Unternehmensbewertung zu ermitteln. [2]Dabei ist Folgendes zu dokumentieren:

1. die Kriterien und die Methode für die Wertermittlung,
2. die für die Wertermittlung verwendeten Parameter,
3. die am Markt beobachteten Bezugsquellen für die Parameter und
4. die Berechnung des Wertes auf den Erwerbszeitpunkt.

(2) [1]Für Vermögensgegenstände mit dem Charakter einer unternehmerischen Beteiligung ist zum Zeitpunkt des Erwerbs als Verkehrswert der Kaufpreis einschließlich der

Anschaffungsnebenkosten anzusetzen. [2]Der Wert dieser Vermögensgegenstände ist spätestens nach Ablauf von zwölf Monaten nach dem Erwerb oder nach der letzten Bewertung erneut zu ermitteln und als Verkehrswert anzusetzen. [3]Abweichend hiervon ist der Wert erneut zu ermitteln, wenn der Ansatz des zuletzt ermittelten Wertes auf Grund von Änderungen wesentlicher Bewertungsfaktoren nicht mehr sachgerecht ist. [4]Die Kapitalverwaltungsgesellschaft hat ihre Entscheidung und die sie tragenden Gründe nachvollziehbar zu dokumentieren.

§ 33 Besonderheiten bei Anlagen in sonstigen Sachwerten

(1) Sonstige Sachwerte, für die gemäß dieser Verordnung keine Sonderregelung gilt, sind mit dem Verkehrswert anzusetzen, der unter Berücksichtigung der aktuellen Marktgegebenheiten erzielt werden könnte.

(2) [1]Der Verkehrswert eines Schiffes ist in der Regel durch ein Ertragswertverfahren zu ermitteln. [2]Bei der Bewertung mit Hilfe eines Bewertungsmodells sind folgende Parameter zu berücksichtigen:

1. der Zeitchartervertrag;
2. die Chartereinnahmen, unter Berücksichtigung von damit in Zusammenhang stehenden Kosten wie Bereederungsgebühren und Befrachtungskommissionen;
3. die Betriebs- und Klassekosten unter Berücksichtigung gegebenenfalls erforderlicher Investitionen zur Erfüllung von Umweltstandards und unter Berücksichtigung gegebenenfalls erforderlicher Ertragsteuern;
4. der Schrottwert zum Ende der Nutzungsdauer;
5. der laufzeit-, risiko-, währungs- und steueräquivalente Diskontierungszinssatz.

[3]Wurde kein Zeitchartervertrag nach Satz 1 Nummer 1 abgeschlossen, ist die langfristige durchschnittliche Charterrate der letzten zehn Jahre zu verwenden.

(3) [1]Der Verkehrswert eines Flugzeuges ist durch ein Ertragswertverfahren zu ermitteln. [2]Der Wert ist unter Berücksichtigung der individuellen technischen Merkmale sowie Zustand, Alter, Typ, Ausstattung und Wartungsintensität zu ermitteln. [3]Bei der Bewertung mit Hilfe eines Bewertungsmodells sind insbesondere folgende Parameter zu berücksichtigen:

1. die Höhe der Leasingrate;
2. die Verwaltungs- und Gesellschaftskosten;
3. die Instandhaltungs- und Wartungskosten;
4. der Restwert des Leasingobjekts;
5. der laufzeit-, risiko-, währungs- und steueräquivalente Diskontierungszinssatz.

(4) [1]Der Verkehrswert eines Containers ist durch ein Ertragswertverfahren zu ermitteln. [2]Der Wert ist unter Berücksichtigung des Standorts, Zustands und Alters des Containers sowie der Leasingeinnahmen und der damit in Zusammenhang stehenden Kosten zu ermitteln. [3]Bei der Bewertung mit Hilfe eines Bewertungsmodells sind insbesondere folgende Parameter zu berücksichtigen:

1. die Containermiete/Leasingrate;
2. die Verwaltungs- und Gesellschaftskosten;
3. die Instandhaltungs- und Wartungskosten;
4. die Reparaturkosten;
5. der Containerpreis;
6. der laufzeit-, risiko-, währungs- und steueräquivalente Diskontierungszinssatz.

(5) [1]Der Verkehrswert einer Anlage zur Erzeugung, zum Transport und zur Speicherung von Strom, Gas oder Wärme aus erneuerbaren Energien ist durch ein Ertragswertverfahren zu ermitteln. [2]Der Wert ist unter Berücksichtigung des Zustands und Alters der Anlage sowie der Höhe und Dauer der Einspeisevergütung zu ermitteln. [3]Bei der Bewertung mit Hilfe eines Bewertungsmodells sind insbesondere folgende Parameter zu berücksichtigen:

1. die Einspeisevergütung;
2. die Verwaltungs- und Gesellschaftskosten;
3. die Instandhaltungs- und Wartungskosten;
4. die Stromertragsdaten/Leistungskennlinie;
5. der Restwert;
6. der laufzeit-, risiko-, währungs- und steueräquivalente Diskontierungszinssatz.

(6) [1]Der Verkehrswert von Schienenfahrzeugen, Schienenfahrzeugbestand- und -ersatzteilen ist durch ein Ertragswertverfahren zu ermitteln. [2]Der Wert ist unter Berücksichtigung des Zustands und Alters sowie der Höhe und Dauer der Leasingrate zu ermitteln. [3]Bei der Bewertung mit Hilfe eines Bewertungsmodells sind insbesondere folgende Parameter zu berücksichtigen:

1. die Leasingrate;
2. die Verwaltungs- und Gesellschaftskosten;
3. die Instandhaltungs- und Wartungskosten;
4. die Schrotterlöse;
5. der laufzeit-, risiko-, währungs- und steueräquivalente Diskontierungszinssatz.

(7) Der Verkehrswert von Vermögensgegenständen, bei denen auf Grund ihrer Ausgestaltung keine laufenden Erträge erzielt werden können, ist unter Verwendung eines Substanzwertverfahrens zu ermitteln.

§ 34 Besonderheiten bei Anlagen von Spezial-AIF

(1) § 32 gilt entsprechend für offene inländische Spezial-AIF mit festen Anlagebedingungen, die in Vermögensgegenständen gemäß § 284 Absatz 2 Nummer 2 Buchstabe e, f, h und i des Kapitalanlagegesetzbuches anlegen, soweit eine Abweichung von den gesetzlichen Vorschriften nach § 284 Absatz 2 des Kapitalanlagegesetzbuches vereinbart wurde.

(2) § 32 gilt entsprechend für allgemeine offene inländische Spezial-AIF und für geschlossene inländische Spezial-AIF, die in entsprechenden Vermögensgegenständen im Sinne des Absatzes 1 anlegen.

(3) Die Absätze 1 und 2 gelten für die Bewertung von Vermögensgegenständen gemäß § 284 Absatz 2 Nummer 2 Buchstabe e des Kapitalanlagegesetzbuches mit der Maßgabe, dass diese Vermögensgegenstände stets nach den anerkannten Grundsätzen für die Immobilien-Bewertung zu bewerten sind.

Abschnitt 4 Schlussvorschriften

§ 35 Übergangsregelungen

(1) [1]Die Vorschriften der Abschnitte 1 und 2 sind auf Investmentvermögen erstmals zu dem Abschlussstichtag anzuwenden, der auf das Inkrafttreten der nach den §§ 345, 351 oder des § 353 des Kapitalanlagegesetzbuches anzupassenden Anlagebedingungen folgt. [2]Im Falle des § 355 Absatz 2 Satz 3 des Kapitalanlagegesetzbuches sind die Vorschriften

der Abschnitte 1 und 2 auf OGAW erstmals zu dem Abschlussstichtag anzuwenden, der auf die Anpassung der Anlagebedingungen folgt.

(2) [1]Auf Immobilien, die am 23. Dezember 2009 in einem Sondervermögen gehalten wurden, ist § 30 Absatz 2 Nummer 2 erstmals ab dem 23. Dezember 2014 anzuwenden. [2]Die Kapitalverwaltungsgesellschaften sind verpflichtet, in der Zeit zwischen dem 23. Dezember 2009 und dem 23. Dezember 2014 linear Rückstellungen für Zwecke der Steuern im Sinne des § 30 Absatz 2 Nummer 2 in den Sondervermögen aufzubauen.

(3) Die Vorschriften dieser Verordnung sind auf vor dem 22. Juli 2013 bestehende geschlossene Investmentvermögen, auf die die Rechnungslegungsvorschriften des Kapitalanlagegesetzbuches anzuwenden sind, mit der Maßgabe anwendbar, dass Anschaffungsnebenkosten kumuliert auszuweisen sind.

(4) Die Investment-Rechnungslegungs- und Bewertungsverordnung vom 16. Dezember 2009 (BGBl. I S. 3871), die durch Artikel 3 der Verordnung vom 28. Juni 2011 (BGBl. I S. 1278) geändert worden ist, ist in der am 21. Juli 2013 geltenden Fassung auf die am 21. Juli 2013 bestehenden Kapitalanlagegesellschaften, Sondervermögen und Investmentaktiengesellschaften anzuwenden, soweit für diese nach den Übergangsvorschriften der §§ 345 bis 350 und 355 des Kapitalanlagegesetzbuches weiterhin die Vorschriften des Investmentgesetzes anwendbar sind.

§ 36 Inkrafttreten, Außerkrafttreten

[1]Diese Verordnung tritt am 22. Juli 2013 in Kraft. [2]Gleichzeitig tritt die Investment-Rechnungslegungs- und Bewertungsverordnung vom 16. Dezember 2009 (BGBl. I S. 3871), die durch Artikel 3 der Verordnung vom 28. Juni 2011 (BGBl. I S. 1278) geändert worden ist, außer Kraft.

1k. Verordnung über die Ermittlung und Bekanntgabe der Sätze zur Abzinsung von Rückstellungen (Rückstellungsabzinsungsverordnung – RückAbzinsV)

Vom 18. November 2009 (BGBl. I S. 3790)

zuletzt geändert durch Gesetz vom 11.3.2016 (BGBl. I S. 396)

Auf Grund des § 253 Absatz 2 Satz 4 und 5 des Handelsgesetzbuchs in der im Bundesgesetzblatt Teil III, Gliederungsnummer 4100-1, veröffentlichten bereinigten Fassung, der durch Artikel 1 Nummer 10 des Gesetzes vom 25. Mai 2009 (BGBl. I S. 1102) neu gefasst worden ist, verordnet das Bundesministerium der Justiz im Benehmen mit der Deutschen Bundesbank:

§ 1 Abzinsung von Rückstellungen

[1]Rückstellungen für Verpflichtungen gemäß § 253 Absatz 2 Satz 1 und 2 des Handelsgesetzbuchs werden auf der Grundlage der Abzinsungszinssätze abgezinst, die von der Deutschen Bundesbank nach Maßgabe dieser Verordnung mit zwei Nachkommastellen ermittelt und bekannt gemacht werden. [2]Die Zinssätze werden aus einer um einen Aufschlag erhöhten Null-Kupon-Euro-Zinsswapkurve ermittelt.

§ 2 Datengrundlage

[1]Die Null-Kupon-Euro-Zinsswapkurve wird auf der Grundlage von Euro-Festzins-Swapsätzen mit den Laufzeiten ein bis zehn Jahre, zwölf, 15, 20, 25, 30, 40 und 50 Jahre berechnet. [2]Die verwendeten Zeitreihen sind veröffentlichte Vortagsendstände für aus einer Reihe von Swap-Anbietern zusammengesetzte beste Geldkurse mit Verzinsung auf der Basis von 30 zu 360 Zinsberechnungstagen. [3]Die Swapsätze für die ganzjährigen Laufzeiten zwischen den genannten Laufzeiten werden interpoliert. [4]Die Berechnung des Aufschlags erfolgt anhand eines breiten Rendite-Indexes für auf Euro lautende Unternehmensanleihen aller Laufzeiten mit einer hochklassigen Bonitätseinstufung. [5]Die Daten können von internationalen Finanzdatenanbietern bezogen werden. [6]Es ist ausreichend, die Daten nur eines Finanzdatenanbieters heranzuziehen.

§ 3 Berechnungsgrundlagen und deren Abkürzungen

Die Zins-Swapsätze mit jährlicher Verzinsung werden wie folgt bezeichnet:

$S_t =$ Festzins-Swapsatz mit Laufzeit t in Jahren,

$N_t =$ Null-Kupon-Swapsatz mit Laufzeit t und Zinszahlung erst am Laufzeitende,

$T_{t1,t2} =$ impliziter Null-Kupon-Termin-Swapsatz mit Laufzeit von $t1$ bis $t2$.

§ 4 Umrechnung von Festzins-Swapsätzen in Null-Kupon-Swapsätze

[1]Die Null-Kupon-Swapsätze werden aus den Festzins-Swapsätzen mit Hilfe der Null-Kupon-Anleihen-Entbündelung (Bootstrapping) abgeleitet, und sind dadurch charakterisiert, dass die Fälligkeitstermine im Jahresabstand aufeinanderfolgen und mit den Kuponterminen zusammenfallen. [2]Für den Gegenwartswert eines Festzins-Swaps mit Laufzeit t gilt:

$$\sum_{i=1}^{t-1} \frac{S_t}{(1+N_i)^i} + \frac{1+S_t}{(1+N_t)^t} = 1.$$

[3]Der Festzins-Swapsatz mit einer Laufzeit von einem Jahr entspricht dem Null-Kupon-Swapsatz mit einer einjährigen Laufzeit; $S_1 = N_1$. [4]Die weiteren ganzjährigen Null-Kupon-Swapsätze werden wie folgt schrittweise berechnet:

$$N_t = \left(\frac{1+S_t}{1-\sum_{i=1}^{t-1}\left(\frac{S_t}{(1+N_i)^i}\right)} \right)^{\frac{1}{t}} -1, \quad t = 2, 3, \ldots \quad .$$

§ 5 Interpolation fehlender Laufzeiten

(1) Der implizite Termin-Swapsatz aus Null-Kupon-Swapsätzen mit Laufzeitbeginn t über eine Laufzeit von einem Jahr (der Termin-Swapsatz zwischen t und t+1) wird wie folgt berechnet:

$$T_{t,t+1} = \frac{(1+N_{t+1})^{t+1}}{(1+N_t)^t} - 1.$$

(2) [1]Für Laufzeiten über zehn Jahre werden nicht alle jährlichen Festzins-Swapsätze verwendet. [2]Die dazwischenliegenden ganzjährigen Laufzeiten werden aus den verwendeten Laufzeiten zwölf, 15, 20, 25, 30, 40 und 50 Jahre abgeleitet. [3]Für die Interpolation wird die Annahme getroffen, dass die Termin-Swapsätze für die dazwischenliegenden Laufzeiten konstant sind. [4]Die fehlenden Null-Kupon-Swapsätze mit Laufzeit $t2$ werden dann mit der nachstehenden Methode ermittelt. [5]Der Gegenwartswert eines Festzins-Swaps mit Laufzeit $t3$ stellt sich wie folgt dar, wobei $S_1, S_2, \ldots, S_{t1}$ und S_{t3} sowie $N_1, N_2, \ldots, N_{t1}$ bekannt sind, $t1 < t2 < t3$ und $t2 - t1 \geq 1$ sind:

$$\frac{S_{t3}}{1+N_1} + \frac{S_{t3}}{(1+N_2)^2} + \ldots + \frac{1+S_{t3}}{(1+N_{t3})^{t3}} = 1.$$

[6]Annahmegemäß gilt:

$$T_{t1,t2} = T_{t2,t3} = T_{t1,t3}.$$

$$S_{t3}\left[\sum_{i=1}^{t1} \frac{1}{(1+N_i)^i} + \frac{1}{(1+N_{t1})^{t1}} \sum_{j=1}^{(t3-t1)} \frac{1}{(1+T_{t1,t3})^j}\right] + \frac{1}{(1+N_{t1})^{t1}(1+T_{t1,t3})^{(t3-t1)}} = 1.$$

[7]Der Termin-Swapsatz ($T_{t1,t3}$) wird in der letzten Gleichung, da der Swapsatz mit Laufzeit t3 (S_{t3}) und die Null-Kupon-Swapsätze N_1 bis N_{t1} bekannt sind, mittels eines numerischen Verfahrens (Newton-Verfahren) berechnet. [8]Danach wird der Null-Kupon-Swapsatz mit Laufzeit $t2$ (N_{t2}) durch das Einsetzen des Termin-Swapsatzes $T_{t1,t3}$ in die folgende Gleichung bestimmt:

$$(1+N_{t2})^{t2} = (1+N_{t2-1})^{t2-1}(1+T_{t2-1,t2})$$
$$= (1+N_{t1})^{t1}(1+T_{t1,t3})^{(t2-t1)}.$$

§ 6 Berechnung des Aufschlags

[1]Zur Berechnung des Aufschlags wird die Rendite des Unternehmensanleihenindexes über die vergangenen 84 Monatsendstände arithmetisch gemittelt. [2]Weiterhin wird die durchschnittliche Laufzeit der im Index enthaltenen Anleihen über den gleichen Zeitraum berechnet. [3]Für diese durchschnittliche Laufzeit wird der Null-Kupon-Swapsatz ermittelt (bei nicht ganzjährigen Laufzeiten durch lineare Interpolation), auch dieser aus dem arithmetischen Mittel der letzten 84 Monatsendstände der Swapsätze. [4]Dann wird der Abstand zwischen der gemittelten Unternehmensanleihenrendite und dem laufzeitgleichen gemittelten Null-Kupon-Swapsatz berechnet. [5]Dieser Abstand erhöht als Aufschlag die gemittelte Null-Kupon-Euro-Zinsswapkurve über deren gesamte Laufzeit. [6]Dabei sind U_z die Rendite des Unternehmensanleihenindexes, *tz* die durchschnittliche Laufzeit der Anleihen des Indexes und N_{tz} der Null-Kupon-Swapsatz mit Laufzeit *t* zum Zeitpunkt *z*. [7]Der Aufschlag (A_z) ergibt sich wie folgt:

$$\overline{tz} = \frac{1}{84}\sum_{j=z-83}^{z} t_j\ ,$$

$$\overline{U}_z = \frac{1}{84}\sum_{j=z-83}^{z} U_j\ ,$$

$$\overline{N}_{\overline{tz}} = \frac{1}{84}\sum_{j=z-83}^{z} N_{\overline{tz},j}\ ,$$

$$A_z = \overline{U}_z - \overline{N}_{\overline{tz}}\ .$$

[8]Der Abzinsungszinssatz mit Laufzeit *t* zum Zeitpunkt *z* (AS_{tz}) ergibt sich dann als Summe vom jeweiligen gemittelten Null-Kupon-Swapsatz und dem für diesen Zeitpunkt einheitlichen Aufschlag:

$$AS_{tz} = \overline{N}_{tz} + A_z\ .$$

§ 6a Berechnung des Aufschlags bei Rückstellungen für Altersversorgungsverpflichtungen

Für die Berechnung des Aufschlags bei Rückstellungen für Altersversorgungsverpflichtungen nach § 253 Absatz 2 Satz 1 und 2 des Handelsgesetzbuchs treten bei der Anwendung des § 6 an die Stelle von 84 Monatsendständen 120 Monatsendstände.

§ 7 Bekanntgabe

Auf Basis der Daten des letzten Handelstages des Monats veröffentlicht die Deutsche Bundesbank monatlich die Null-Kupon-Euro-Zinsswapsätze und die Abzinsungszinssätze für die ganzjährigen Laufzeiten von einem Jahr bis 50 Jahre auf ihrer Internetseite www.bundesbank.de.

§ 8[1] Übergangsvorschrift zum Gesetz zur Umsetzung der Wohnimmobilienkreditrichtlinie und zur Änderung handelsrechtlicher Vorschriften

[1]§ 6a in der Fassung des Gesetzes zur Umsetzung der Wohnimmobilienkreditrichtlinie und zur Änderung handelsrechtlicher Vorschriften vom 11. März 2016 (BGBl. I S. 396) ist erstmals auf die Berechnung des Aufschlags zum 17. März 2016 anzuwenden. [2]Die Deutsche Bundesbank berechnet die Abzinsungszinssätze für Rückstellungen für Altersversorgungsverpflichtungen nach Maßgabe des § 6a in der ab dem 17. März 2016 geltenden Fassung auch rückwirkend auf Basis der Daten des jeweils letzten Handelstages des Monats ab einschließlich Januar 2015 und veröffentlicht die so berechneten Abzinsungszinssätze zusätzlich auf ihrer Internetseite.

§ 8 Inkrafttreten

Diese Verordnung tritt am Tag nach der Verkündung in Kraft.

1) Anmerkung der Redaktion: § 8 wurde durch den Gesetzgeber doppelt belegt.

2. Aktiengesetz

Vom 6. September 1965 (BGBl. I S. 1089)
(BGBl. III 4121-1)

zuletzt geändert durch Gesetz vom 12.12.2019 (BGBl. I S. 2637)

Gesetzesübersicht

Erstes Buch. Aktiengesellschaft

Erster Teil. Allgemeine Vorschriften

§ 1 Wesen der Aktiengesellschaft

(1) [1]Die Aktiengesellschaft ist eine Gesellschaft mit eigener Rechtspersönlichkeit. [2]Für die Verbindlichkeiten der Gesellschaft haftet den Gläubigern nur das Gesellschaftsvermögen.

(2) Die Aktiengesellschaft hat ein in Aktien zerlegtes Grundkapital.

§ 2 Gründerzahl

An der Feststellung des Gesellschaftsvertrags (der Satzung) müssen sich eine oder mehrere Personen beteiligen, welche die Aktien gegen Einlagen übernehmen.

§ 3 Formkaufmann; Börsennotierung

(1) Die Aktiengesellschaft gilt als Handelsgesellschaft, auch wenn der Gegenstand des Unternehmens nicht im Betrieb eines Handelsgewerbes besteht.

(2) Börsennotiert im Sinne dieses Gesetzes sind Gesellschaften, deren Aktien zu einem Markt zugelassen sind, der von staatlich anerkannten Stellen geregelt und überwacht wird, regelmäßig stattfindet und für das Publikum mittelbar oder unmittelbar zugänglich ist.

§ 4 Firma

Die Firma der Aktiengesellschaft muß, auch wenn sie nach § 22 des Handelsgesetzbuchs oder nach anderen gesetzlichen Vorschriften fortgeführt wird, die Bezeichnung „Aktiengesellschaft" oder eine allgemein verständliche Abkürzung dieser Bezeichnung enthalten.

§ 5 Sitz

Sitz der Gesellschaft ist der Ort im Inland, den die Satzung bestimmt.

§ 6 Grundkapital

Das Grundkapital muß auf einen Nennbetrag in Euro lauten.

§ 7 Mindestnennbetrag des Grundkapitals

Der Mindestnennbetrag des Grundkapitals ist fünfzigtausend Euro.

§ 8 Form und Mindestbeträge der Aktien

(1) Die Aktien können entweder als Nennbetragsaktien oder als Stückaktien begründet werden.

(2) [1]Nennbetragsaktien müssen auf mindestens einen Euro lauten. [2]Aktien über einen geringeren Nennbetrag sind nichtig. [3]Für den Schaden aus der Ausgabe sind die Ausgeber den Inhabern als Gesamtschuldner verantwortlich. [4]Höhere Aktiennennbeträge müssen auf volle Euro lauten.

(3) [1]Stückaktien lauten auf keinen Nennbetrag. [2]Die Stückaktien einer Gesellschaft sind am Grundkapital in gleichem Umfang beteiligt. [3]Der auf die einzelne Aktie entfallende anteilige Betrag des Grundkapitals darf einen Euro nicht unterschreiten. [4]Absatz 2 Satz 3 findet entsprechende Anwendung.

(4) Der Anteil am Grundkapital bestimmt sich bei Nennbetragsaktien nach dem Verhältnis ihres Nennbetrags zum Grundkapital, bei Stückaktien nach der Zahl der Aktien.

(5) Die Aktien sind unteilbar.

(6) Diese Vorschriften gelten auch für Anteilscheine, die den Aktionären vor der Ausgabe der Aktien erteilt werden (Zwischenscheine).

§ 9 Ausgabebetrag der Aktien

(1) Für einen geringeren Betrag als den Nennbetrag oder den auf die einzelne Stückaktie entfallenden anteiligen Betrag des Grundkapitals dürfen Aktien nicht ausgegeben werden (geringster Ausgabebetrag).

(2) Für einen höheren Betrag ist die Ausgabe zulässig.

§ 10 Aktien und Zwischenscheine

(1) [1]Die Aktien lauten auf Namen. [2]Sie können auf den Inhaber lauten, wenn

1. die Gesellschaft börsennotiert ist oder
2. der Anspruch auf Einzelverbriefung ausgeschlossen ist und die Sammelurkunde bei einer der folgenden Stellen hinterlegt wird:
   a) einer Wertpapiersammelbank im Sinne des § 1 Absatz 3 Satz 1 des Depotgesetzes,
   b) einem zugelassenen Zentralverwahrer oder einem anerkannten Drittland-Zentralverwahrer gemäß der Verordnung (EU) Nr. 909/2014 des Europäischen Parlaments und des Rates vom 23. Juli 2014 zur Verbesserung der Wertpapierlieferungen und -abrechnungen in der Europäischen Union und über Zentralverwahrer sowie zur Änderung der Richtlinien 98/26/EG und 2014/65/EU und der Verordnung (EU) Nr. 236/2012 (ABl. L 257 vom 28.8.2014, S. 1) oder
   c) einem sonstigen ausländischen Verwahrer, der die Voraussetzungen des § 5 Absatz 4 Satz 1 des Depotgesetzes erfüllt.

[3]Solange im Fall des Satzes 2 Nummer 2 die Sammelurkunde nicht hinterlegt ist, ist § 67 entsprechend anzuwenden.

(2) [1]Die Aktien müssen auf Namen lauten, wenn sie vor der vollen Leistung des Ausgabebetrags ausgegeben werden. [2]Der Betrag der Teilleistungen ist in der Aktie anzugeben.

(3) Zwischenscheine müssen auf Namen lauten.

(4) [1]Zwischenscheine auf den Inhaber sind nichtig. [2]Für den Schaden aus der Ausgabe sind die Ausgeber den Inhabern als Gesamtschuldner verantwortlich.

(5) In der Satzung kann der Anspruch des Aktionärs auf Verbriefung seines Anteils ausgeschlossen oder eingeschränkt werden.

§ 11 Aktien besonderer Gattung

[1]Die Aktien können verschiedene Rechte gewähren, namentlich bei der Verteilung des Gewinns und des Gesellschaftsvermögens. [2]Aktien mit gleichen Rechten bilden eine Gattung.

§ 12 Stimmrecht. Keine Mehrstimmrechte

(1) [1]Jede Aktie gewährt das Stimmrecht. [2]Vorzugsaktien können nach den Vorschriften dieses Gesetzes als Aktien ohne Stimmrecht ausgegeben werden.

(2) Mehrstimmrechte sind unzulässig.

§ 13 Unterzeichnung der Aktien

[1]Zur Unterzeichnung von Aktien und Zwischenscheinen genügt eine vervielfältigte Unterschrift. [2]Die Gültigkeit der Unterzeichnung kann von der Beachtung einer besonderen Form abhängig gemacht werden. [3]Die Formvorschrift muß in der Urkunde enthalten sein.

§ 14 Zuständigkeit

Gericht im Sinne dieses Gesetzes ist, wenn nichts anderes bestimmt ist, das Gericht des Sitzes der Gesellschaft.

§ 15 Verbundene Unternehmen

Verbundene Unternehmen sind rechtlich selbständige Unternehmen, die im Verhältnis zueinander in Mehrheitsbesitz stehende Unternehmen und mit Mehrheit beteiligte Unternehmen (§ 16), abhängige und herrschende Unternehmen (§ 17), Konzernunternehmen (§ 18), wechselseitig beteiligte Unternehmen (§ 19) oder Vertragsteile eines Unternehmensvertrags (§§ 291, 292) sind.

§ 16 In Mehrheitsbesitz stehende Unternehmen und mit Mehrheit beteiligte Unternehmen

(1) Gehört die Mehrheit der Anteile eines rechtlich selbständigen Unternehmens einem anderen Unternehmen oder steht einem anderen Unternehmen die Mehrheit der Stimmrechte zu (Mehrheitsbeteiligung), so ist das Unternehmen ein in Mehrheitsbesitz stehendes Unternehmen, das andere Unternehmen ein an ihm mit Mehrheit beteiligtes Unternehmen.

(2) [1]Welcher Teil der Anteile einem Unternehmen gehört, bestimmt sich bei Kapitalgesellschaften nach dem Verhältnis des Gesamtnennbetrags der ihm gehörenden Anteile zum Nennkapital, bei Gesellschaften mit Stückaktien nach der Zahl der Aktien. [2]Eigene Anteile sind bei Kapitalgesellschaften vom Nennkapital, bei Gesellschaften mit Stückaktien von der Zahl der Aktien abzusetzen. [3]Eigenen Anteilen des Unternehmens stehen Anteile gleich, die einem anderen für Rechnung des Unternehmens gehören.

(3) [1]Welcher Teil der Stimmrechte einem Unternehmen zusteht, bestimmt sich nach dem Verhältnis der Zahl der Stimmrechte, die es aus den ihm gehörenden Anteilen ausüben kann, zur Gesamtzahl aller Stimmrechte. [2]Von der Gesamtzahl aller Stimmrechte sind die Stimmrechte aus eigenen Anteilen sowie aus Anteilen, die nach Absatz 2 Satz 3 eigenen Anteilen gleichstehen, abzusetzen.

(4) Als Anteile, die einem Unternehmen gehören, gelten auch die Anteile, die einem von ihm abhängigen Unternehmen oder einem anderen für Rechnung des Unternehmens oder eines von diesem abhängigen Unternehmens gehören und, wenn der Inhaber des Unternehmens ein Einzelkaufmann ist, auch die Anteile, die sonstiges Vermögen des Inhabers sind.

§ 17 Abhängige und herrschende Unternehmen

(1) Abhängige Unternehmen sind rechtlich selbständige Unternehmen, auf die ein anderes Unternehmen (herrschendes Unternehmen) unmittelbar oder mittelbar einen beherrschenden Einfluß ausüben kann.

(2) Von einem in Mehrheitsbesitz stehenden Unternehmen wird vermutet, daß es von dem an ihm mit Mehrheit beteiligten Unternehmen abhängig ist.

§ 18 Konzern und Konzernunternehmen

(1) [1]Sind ein herrschendes und ein oder mehrere abhängige Unternehmen unter der einheitlichen Leitung des herrschenden Unternehmens zusammengefaßt, so bilden sie einen Konzern; die einzelnen Unternehmen sind Konzernunternehmen. [2]Unternehmen, zwischen denen ein Beherrschungsvertrag (§ 291) besteht oder von denen das eine in das andere eingegliedert ist (§ 319), sind als unter einheitlicher Leitung zusammengefaßt anzusehen. [3]Von einem abhängigen Unternehmen wird vermutet, daß es mit dem herrschenden Unternehmen einen Konzern bildet.

(2) Sind rechtlich selbständige Unternehmen, ohne daß das eine Unternehmen von dem anderen abhängig ist, unter einheitlicher Leitung zusammengefaßt, so bilden sie auch einen Konzern; die einzelnen Unternehmen sind Konzernunternehmen.

§ 19 Wechselseitig beteiligte Unternehmen

(1) [1]Wechselseitig beteiligte Unternehmen sind Unternehmen mit Sitz im Inland in der Rechtsform einer Kapitalgesellschaft, die dadurch verbunden sind, daß jedem Unternehmen mehr als der vierte Teil der Anteile des anderen Unternehmens gehört. [2]Für die Feststellung, ob einem Unternehmen mehr als der vierte Teil der Anteile des anderen Unternehmens gehört, gilt § 16 Abs. 2 Satz 1, Abs. 4.

(2) Gehört einem wechselseitig beteiligten Unternehmen an dem anderen Unternehmen eine Mehrheitsbeteiligung oder kann das eine auf das andere Unternehmen unmittelbar oder mittelbar einen beherrschenden Einfluß ausüben, so ist das eine als herrschendes, das andere als abhängiges Unternehmen anzusehen.

(3) Gehört jedem der wechselseitig beteiligten Unternehmen an dem anderen Unternehmen eine Mehrheitsbeteiligung oder kann jedes auf das andere unmittelbar oder mittelbar einen beherrschenden Einfluß ausüben, so gelten beide Unternehmen als herrschend und als abhängig.

(4) § 328 ist auf Unternehmen, die nach Absatz 2 oder 3 herrschende oder abhängige Unternehmen sind, nicht anzuwenden.

§ 20 Mitteilungspflichten

(1) [1]Sobald einem Unternehmen mehr als der vierte Teil der Aktien einer Aktiengesellschaft mit Sitz im Inland gehört, hat es dies der Gesellschaft unverzüglich schriftlich mitzuteilen. [2]Für die Feststellung, ob dem Unternehmen mehr als der vierte Teil der Aktien gehört, gilt § 16 Abs. 2 Satz 1, Abs. 4.

(2) Für die Mitteilungspflicht nach Absatz 1 rechnen zu den Aktien, die dem Unternehmen gehören, auch Aktien,

1. deren Übereignung das Unternehmen, ein von ihm abhängiges Unternehmen oder ein anderer für Rechnung des Unternehmens oder eines von diesem abhängigen Unternehmens verlangen kann;
2. zu deren Abnahme das Unternehmen, ein von ihm abhängiges Unternehmen oder ein anderer für Rechnung des Unternehmens oder eines von diesem abhängigen Unternehmens verpflichtet ist.

(3) Ist das Unternehmen eine Kapitalgesellschaft, so hat es, sobald ihm ohne Hinzurechnung der Aktien nach Absatz 2 mehr als der vierte Teil der Aktien gehört, auch dies der Gesellschaft unverzüglich schriftlich mitzuteilen.

(4) Sobald dem Unternehmen eine Mehrheitsbeteiligung (§ 16 Abs. 1) gehört, hat es auch dies der Gesellschaft unverzüglich schriftlich mitzuteilen.

(5) Besteht die Beteiligung in der nach Absatz 1, 3 oder 4 mitteilungspflichtigen Höhe nicht mehr, so ist dies der Gesellschaft unverzüglich schriftlich mitzuteilen.

(6) [1]Die Gesellschaft hat das Bestehen einer Beteiligung, die ihr nach Absatz 1 oder 4 mitgeteilt worden ist, unverzüglich in den Gesellschaftsblättern bekanntzumachen; dabei ist das Unternehmen anzugeben, dem die Beteiligung gehört. [2]Wird der Gesellschaft mitgeteilt, daß die Beteiligung in der nach Absatz 1 oder 4 mitteilungspflichtigen Höhe nicht mehr besteht, so ist auch dies unverzüglich in den Gesellschaftsblättern bekanntzumachen.

(7) [1]Rechte aus Aktien, die einem nach Absatz 1 oder 4 mitteilungspflichtigen Unternehmen gehören, bestehen für die Zeit, für die das Unternehmen die Mitteilungspflicht

nicht erfüllt, weder für das Unternehmen noch für ein von ihm abhängiges Unternehmen oder für einen anderen, der für Rechnung des Unternehmens oder eines von diesem abhängigen Unternehmens handelt. [2]Dies gilt nicht für Ansprüche nach § 58 Abs. 4 und § 271, wenn die Mitteilung nocht vorsätzlich unterlassen wurde und nachgeholt worden ist.

(8) Die Absätze 1 bis 7 gelten nicht für Aktien eines Emittenten im Sinne des § 33 Absatz 4 des Wertpapierhandelsgesetzes.

§ 21 Mitteilungspflichten der Gesellschaft

(1) [1]Sobald der Gesellschaft mehr als der vierte Teil der Anteile einer anderen Kapitalgesellschaft mit Sitz im Inland gehört, hat sie dies dem Unternehmen, an dem die Beteiligung besteht, unverzüglich schriftlich mitzuteilen. [2]Für die Feststellung, ob der Gesellschaft mehr als der vierte Teil der Anteile gehört, gilt § 16 Abs. 2 Satz 1, Abs. 4 sinngemäß.

(2) Sobald der Gesellschaft eine Mehrheitsbeteiligung (§ 16 Abs. 1) an einem anderen Unternehmen gehört, hat sie dies dem Unternehmen, an dem die Mehrheitsbeteiligung besteht, unverzüglich schriftlich mitzuteilen.

(3) Besteht die Beteiligung in der nach Absatz 1 oder 2 mitteilungspflichtigen Höhe nicht mehr, hat die Gesellschaft dies dem anderen Unternehmen unverzüglich schriftlich mitzuteilen.

(4) [1]Rechte aus Anteilen, die einer nach Absatz 1 oder 2 mitteilungspflichtigen Gesellschaft gehören, bestehen nicht für die Zeit, für die sie die Mitteilungspflicht nicht erfüllt. [2]§ 20 Abs. 7 Satz 2 gilt entsprechend.

(5) Die Absätze 1 bis 4 gelten nicht für Aktien eines Emittenten im Sinne des § 33 Absatz 4 des Wertpapierhandelsgesetzes.

§ 22 Nachweis mitgeteilter Beteiligungen

Ein Unternehmen, dem eine Mitteilung nach § 20 Abs. 1, 3 oder 4, § 21 Abs. 1 oder 2 gemacht worden ist, kann jederzeit verlangen, daß ihm das Bestehen der Beteiligung nachgewiesen wird.

Zweiter Teil. Gründung der Gesellschaft

§ 23 Feststellung der Satzung

(1) [1]Die Satzung muß durch notarielle Beurkundung festgestellt werden. [2]Bevollmächtigte bedürfen einer notariell beglaubigten Vollmacht.

(2) In der Urkunde sind anzugeben

1. die Gründer;
2. bei Nennbetragsaktien der Nennbetrag, bei Stückaktien die Zahl, der Ausgabebetrag und, wenn mehrere Gattungen bestehen, die Gattung der Aktien, die jeder Gründer übernimmt;
3. der eingezahlte Betrag des Grundkapitals.

(3) Die Satzung muß bestimmen

1. die Firma und den Sitz der Gesellschaft;
2. den Gegenstand des Unternehmens; namentlich ist bei Industrie- und Handelsunternehmen die Art der Erzeugnisse und Waren, die hergestellt und gehandelt werden sollen, näher anzugeben;
3. die Höhe des Grundkapitals;

4. die Zerlegung des Grundkapitals entweder in Nennbetragsaktien oder in Stückaktien, bei Nennbetragsaktien deren Nennbeträge und die Zahl der Aktien jeden Nennbetrags, bei Stückaktien deren Zahl, außerdem, wenn mehrere Gattungen bestehen, die Gattung der Aktien und die Zahl der Aktien jeder Gattung;
5. ob die Aktien auf den Inhaber oder auf den Namen ausgestellt werden;
6. die Zahl der Mitglieder des Vorstands oder die Regeln, nach denen diese Zahl festgelegt wird.

(4) Die Satzung muß ferner Bestimmungen über die Form der Bekanntmachungen der Gesellschaft enthalten.

(5) [1]Die Satzung kann von den Vorschriften dieses Gesetzes nur abweichen, wenn es ausdrücklich zugelassen ist. [2]Ergänzende Bestimmungen der Satzung sind zulässig, es sei denn, daß dieses Gesetz eine abschließende Regelung enthält.

§ 24 *(aufgehoben)*

§ 25 Bekanntmachungen der Gesellschaft

Bestimmt das Gesetz oder die Satzung, daß eine Bekanntmachung der Gesellschaft durch die Gesellschaftsblätter erfolgen soll, so ist sie in den Bundesanzeiger einzurücken.

§ 26 Sondervorteile. Gründungsaufwand

(1) Jeder einem einzelnen Aktionär oder einem Dritten eingeräumte besondere Vorteil muß in der Satzung unter Bezeichnung des Berechtigten festgesetzt werden.

(2) Der Gesamtaufwand, der zu Lasten der Gesellschaft an Aktionäre oder an andere Personen als Entschädigung oder als Belohnung für die Gründung oder ihre Vorbereitung gewährt wird, ist in der Satzung gesondert festzusetzen.

(3) [1]Ohne diese Festsetzung sind die Verträge und die Rechtshandlungen zu ihrer Ausführung der Gesellschaft gegenüber unwirksam. [2]Nach der Eintragung der Gesellschaft in das Handelsregister kann die Unwirksamkeit nicht durch Satzungsänderung geheilt werden.

(4) Die Festsetzungen können erst geändert werden, wenn die Gesellschaft fünf Jahre im Handelsregister eingetragen ist.

(5) Die Satzungsbestimmungen über die Festsetzungen können durch Satzungsänderung erst beseitigt werden, wenn die Gesellschaft dreißig Jahre im Handelsregister eingetragen ist und wenn die Rechtsverhältnisse, die den Festsetzungen zugrunde liegen, seit mindestens fünf Jahren abgewickelt sind.

§ 27 Sacheinlagen. Sachübernahmen. Rückzahlung von Einlagen

(1) [1]Sollen Aktionäre Einlagen machen, die nicht durch Einzahlung des Ausgabebetrags der Aktien zu leisten sind (Sacheinlagen), oder soll die Gesellschaft vorhandene oder herzustellende Anlagen oder andere Vermögensgegenstände übernehmen (Sachübernahmen), so müssen in der Satzung festgesetzt werden der Gegenstand der Sacheinlage oder der Sachübernahme, die Person, von der die Gesellschaft den Gegenstand erwirbt, und der Nennbetrag, bei Stückaktien die Zahl der bei der Sacheinlage zu gewährenden Aktien oder die bei der Sachübernahme zu gewährende Vergütung. [2]Soll die Gesellschaft einen Vermögensgegenstand übernehmen, für den eine Vergütung gewährt wird, die auf die Einlage eines Aktionärs angerechnet werden soll, so gilt dies als Sacheinlage.

(2) Sacheinlagen oder Sachübernahmen können nur Vermögensgegenstände sein, deren wirtschaftlicher Wert feststellbar ist; Verpflichtungen zu Dienstleistungen können nicht Sacheinlagen oder Sachübernahmen sein.

(3) [1]Ist eine Geldeinlage eines Aktionärs bei wirtschaftlicher Betrachtung und auf Grund einer im Zusammenhang mit der Übernahme der Geldeinlage getroffenen Abrede vollständig oder teilweise als Sacheinlage zu bewerten (verdeckte Sacheinlage), so befreit dies den Aktionär nicht von seiner Einlageverpflichtung. [2]Jedoch sind die Verträge über die Sacheinlage und die Rechtshandlungen zu ihrer Ausführung nicht unwirksam. [3]Auf die fortbestehende Geldeinlagepflicht des Aktionärs wird der Wert des Vermögensgegenstandes im Zeitpunkt der Anmeldung der Gesellschaft zur Eintragung in das Handelsregister oder im Zeitpunkt seiner Überlassung an die Gesellschaft, falls diese später erfolgt, angerechnet. [4]Die Anrechnung erfolgt nicht vor Eintragung der Gesellschaft in das Handelsregister. [5]Die Beweislast für die Werthaltigkeit des Vermögensgegenstandes trägt der Aktionär.

(4) [1]Ist vor der Einlage eine Leistung an den Aktionär vereinbart worden, die wirtschaftlich einer Rückzahlung der Einlage entspricht und die nicht als verdeckte Sacheinlage im Sinne von Absatz 3 zu beurteilen ist, so befreit dies den Aktionär von seiner Einlageverpflichtung nur dann, wenn die Leistung durch einen vollwertigen Rückgewähranspruch gedeckt ist, der jederzeit fällig ist oder durch fristlose Kündigung durch die Gesellschaft fällig werden kann. [2]Eine solche Leistung oder die Vereinbarung einer solchen Leistung ist in der Anmeldung nach § 37 anzugeben.

(5) Für die Änderung rechtswirksam getroffener Festsetzungen gilt § 26 Abs. 4, für die Beseitigung der Satzungsbestimmungen § 26 Abs. 5.

§ 28 Gründer

Die Aktionäre, die die Satzung festgestellt haben, sind die Gründer der Gesellschaft.

§ 29 Errichtung der Gesellschaft

Mit der Übernahme aller Aktien durch die Gründer ist die Gesellschaft errichtet.

§ 30 Bestellung des Aufsichtsrats, des Vorstands und des Abschlußprüfers

(1) [1]Die Gründer haben den ersten Aufsichtsrat der Gesellschaft und den Abschlußprüfer für das erste Voll- oder Rumpfgeschäftsjahr zu bestellen. [2]Die Bestellung bedarf notarieller Beurkundung.

(2) Auf die Zusammensetzung und die Bestellung des ersten Aufsichtsrats sind die Vorschriften über die Bestellung von Aufsichtsratsmitgliedern der Arbeitnehmer nicht anzuwenden.

(3) [1]Die Mitglieder des ersten Aufsichtsrats können nicht für längere Zeit als bis zur Beendigung der Hauptversammlung bestellt werden, die über die Entlastung für das erste Voll- oder Rumpfgeschäftsjahr beschließt. [2]Der Vorstand hat rechtzeitig vor Ablauf der Amtszeit des ersten Aufsichtsrats bekanntzumachen, nach welchen gesetzlichen Vorschriften der nächste Aufsichtsrat nach seiner Ansicht zusammenzusetzen ist; §§ 96 bis 99 sind anzuwenden.

(4) Der Aufsichtsrat bestellt den ersten Vorstand.

§ 31 Bestellung des Aufsichtsrats bei Sachgründung

(1) [1]Ist in der Satzung als Gegenstand einer Sacheinlage oder Sachübernahme die Einbringung oder Übernahme eines Unternehmens oder eines Teils eines Unternehmens festgesetzt worden, so haben die Gründer nur so viele Aufsichtsratsmitglieder zu bestellen, wie nach den gesetzlichen Vorschriften, die nach ihrer Ansicht nach der Einbringung oder Übernahme für die Zusammensetzung des Aufsichtsrats maßgebend sind, von der Hauptversammlung ohne Bindung an Wahlvorschläge zu wählen sind. [2]Sie haben jedoch, wenn dies nur zwei Aufsichtsratsmitglieder sind, drei Aufsichtsratsmitglieder zu bestellen.

(2) Der nach Absatz 1 Satz 1 bestellte Aufsichtsrat ist, soweit die Satzung nichts anderes bestimmt, beschlußfähig, wenn die Hälfte, mindestens jedoch drei seiner Miglieder an der Beschlußfassung teilnehmen.

(3) [1]Unverzüglich nach der Einbringung oder Übernahme des Unternehmens oder des Unternehmensteils hat der Vorstand bekanntzumachen, nach welchen gesetzlichen Vorschriften nach seiner Ansicht der Aufsichtsrat zusammengesetzt sein muß. [2]§§ 97 bis 99 gelten sinngemäß. [3]Das Amt der bisherigen Aufsichtsratsmitglieder erlischt nur, wenn der Aufsichtsrat nach anderen als den von den Gründern für maßgebend gehaltenen Vorschriften zusammenzusetzen ist oder wenn die Gründer drei Aufsichtsratsmitglieder bestellt haben, der Aufsichtsrat aber auch aus Aufsichtsratsmitgliedern der Arbeitnehmer zu bestehen hat.

(4) Absatz 3 gilt nicht, wenn das Unternehmen oder der Unternehmensteil erst nach der Bekanntmachung des Vorstands nach § 30 Abs. 3 Satz 2 eingebracht oder übernommen wird.

(5) § 30 Abs. 3 Satz 1 gilt nicht für die nach Absatz 3 bestellten Aufsichtsratsmitglieder der Arbeitnehmer.

§ 32 Gründungsbericht

(1) Die Gründer haben einen schriftlichen Bericht über den Hergang der Gründung zu erstatten (Gründungsbericht).

(2) [1]Im Gründungsbericht sind die wesentlichen Umstände darzulegen, von denen die Angemessenheit der Leistungen für Sacheinlagen oder Sachübernahmen abhängt. [2]Dabei sind anzugeben

1. die vorausgegangenen Rechtsgeschäfte, die auf den Erwerb durch die Gesellschaft hingezielt haben;
2. die Anschaffungs- und Herstellungskosten aus den letzten beiden Jahren:
3. beim Übergang eines Unternehmens auf die Gesellschaft die Betriebserträge aus den letzten beiden Geschäftsjahren.

(3) Im Gründungsbericht ist ferner anzugeben, ob und in welchem Umfang bei der Gründung für Rechnung eines Mitglieds des Vorstands oder des Aufsichtsrats Aktien übernommen worden sind und ob und in welcher Weise ein Mitglied des Vorstands oder des Aufsichtsrats sich einen besonderen Vorteil oder für die Gründung oder ihre Vorbereitung eine Entschädigung oder Belohnung ausbedungen hat.

§ 33 Gründungsprüfung, Allgemeines

(1) Die Mitglieder des Vorstands und des Aufsichtsrats haben den Hergang der Gründung zu prüfen.

(2) Außerdem hat eine Prüfung durch einen oder mehrere Prüfer (Gründungsprüfer) stattzufinden, wenn

1. ein Mitglied des Vorstands oder des Aufsichtsrats zu den Gründern gehört oder
2. bei der Gründung für Rechnung eines Mitglieds des Vorstands oder des Aufsichtsrats Aktien übernommen worden sind oder
3. ein Mitglied des Vorstands oder des Aufsichtsrats sich einen besonderen Vorteil oder für die Gründung oder ihre Vorbereitung eine Entschädigung oder Belohnung ausbedungen hat oder
4. eine Gründung mit Sacheinlagen oder Sachübernahmen vorliegt.

(3) [1]In den Fällen des Absatzes 2 Nr. 1 und 2 kann der beurkundende Notar (§ 23 Abs. 1 Satz 1) anstelle eines Gründungsprüfers die Prüfung im Auftrag der Gründer vornehmen; die Bestimmungen über die Gründungsprüfung finden sinngemäße An-

wendung. [2]Nimmt nicht der Notar die Prüfung vor, so bestellt das Gericht die Gründungsprüfer. [3]Gegen die Entscheidung ist die Beschwerde zulässig.

(4) Als Gründungsprüfer sollen, wenn die Prüfung keine anderen Kenntnisse fordert, nur bestellt werden

1. Personen, die in der Buchführung ausreichend vorgebildet und erfahren sind;
2. Prüfungsgesellschaften, von deren gesetzlichen Vertretern mindestens einer in der Buchführung ausreichend vorgebildet und erfahren ist.

(5) [1]Als Gründungsprüfer darf nicht bestellt werden, wer nach § 143 Abs. 2 nicht Sonderprüfer sein kann. [2]Gleiches gilt für Personen und Prüfungsgesellschaften, auf deren Geschäftsführung die Gründer oder Personen, für deren Rechnung die Gründer Aktien übernommen haben, maßgebenden Einfluß haben.

§ 33a Sachgründung ohne externe Gründungsprüfung

(1) Von einer Prüfung durch Gründungsprüfer kann bei einer Gründung mit Sacheinlagen oder Sachübernahmen (§ 33 Abs. 2 Nr. 4) abgesehen werden, soweit eingebracht werden sollen:

1. übertragbare Wertpapiere oder Geldmarktinstrumente im Sinne des § 2 Absatz 1 und 2 des Wertpapierhandelsgesetzes, wenn sie mit dem gewichteten Durchschnittspreis bewertet werden, zu dem sie während der letzten drei Monate vor dem Tag ihrer tatsächlichen Einbringung auf einem oder mehreren organisierten Märkten im Sinne von § 2 Absatz 11 des Wertpapierhandelsgesetzes gehandelt worden sind,
2. andere als die in Nummer 1 genannten Vermögensgegenstände, wenn eine Bewertung zu Grunde gelegt wird, die ein unabhängiger, ausreichend vorgebildeter und erfahrener Sachverständiger nach den allgemein anerkannten Bewertungsgrundsätzen mit dem beizulegenden Zeitwert ermittelt hat und wenn der Bewertungsstichtag nicht mehr als sechs Monate vor dem Tag der tatsächlichen Einbringung liegt.

(2) Absatz 1 ist nicht anzuwenden, wenn der gewichtete Durchschnittspreis der Wertpapiere oder Geldmarktinstrumente (Absatz 1 Nr. 1) durch außergewöhnliche Umstände erheblich beeinflusst worden ist oder wenn anzunehmen ist, dass der beizulegende Zeitwert der anderen Vermögensgegenstände (Absatz 1 Nr. 2) am Tag ihrer tatsächlichen Einbringung auf Grund neuer oder neu bekannt gewordener Umstände erheblich niedriger ist als der von dem Sachverständigen angenommene Wert.

§ 34 Umfang der Gründungsprüfung

(1) Die Prüfung durch die Mitglieder des Vorstands und des Aufsichtsrats sowie die Prüfung durch die Gründungsprüfer haben sich namentlich darauf zu erstrecken,

1. ob die Angaben der Gründer über die Übernahme der Aktien, über die Einlagen auf das Grundkapital und über die Festsetzungen nach §§ 26 und 27 richtig und vollständig sind;
2. ob der Wert der Sacheinlagen oder Sachübernahmen den geringsten Ausgabebetrag der dafür zu gewährenden Aktien oder den Wert der dafür zu gewährenden Leistungen erreicht.

(2) [1]Über jede Prüfung ist unter Darlegung dieser Umstände schriftlich zu berichten. [2]In dem Bericht ist der Gegenstand jeder Sacheinlage oder Sachübernahme zu beschreiben sowie anzugeben, welche Bewertungsmethoden bei der Ermittlung des Wertes angewandt worden sind. [3]In dem Prüfungsbericht der Mitglieder des Vorstands und des Aufsichtsrats kann davon sowie von Ausführungen zu Absatz 1 Nr. 2 abgesehen werden, soweit nach § 33a von einer externen Gründungsprüfung abgesehen wird.

(3) [1]Je ein Stück des Berichts der Gründungsprüfer ist dem Gericht und dem Vorstand einzureichen. [2]Jedermann kann den Bericht bei dem Gericht einsehen.

§ 35 Meinungsverschiedenheiten zwischen Gründern und Gründungsprüfern, Vergütung und Auslagen der Gründungsprüfer

(1) Die Gründungsprüfer können von den Gründern alle Aufklärungen und Nachweise verlangen, die für eine sorgfältige Prüfung notwendig sind.

(2) [1]Bei Meinungsverschiedenheiten zwischen den Gründern und den Gründungsprüfern über den Umfang der Aufklärungen und Nachweise, die von den Gründern zu gewähren sind, entscheidet das Gericht. [2]Die Entscheidung ist unanfechtbar. [3]Solange sich die Gründer weigern, der Entscheidung nachzukommen, wird der Prüfungsbericht nicht erstattet.

(3) [1]Die Gründungsprüfer haben Anspruch auf Ersatz angemessener barer Auslagen und auf Vergütung für ihre Tätigkeit. [2]Die Auslagen und die Vergütung setzt das Gericht fest. [3]Gegen die Entscheidung ist die Beschwerde zulässig; die Rechtsbeschwerde ist ausgeschlossen. [4]Aus der rechtskräftigen Entscheidung findet die Zwangsvollstreckung nach der Zivilprozeßordnung statt.

§ 36 Anmeldung der Gesellschaft

(1) Die Gesellschaft ist bei dem Gericht von allen Gründern und Mitgliedern des Vorstands und des Aufsichtsrats zur Eintragung in das Handelsregister anzumelden.

(2) Die Anmeldung darf erst erfolgen, wenn auf jede Aktie, soweit nicht Sacheinlagen vereinbart sind, der eingeforderte Betrag ordnungsgemäß eingezahlt worden ist (§ 54 Abs. 3) und, soweit er nicht bereits zur Bezahlung der bei der Gründung angefallenen Steuern und Gebühren verwandt wurde, endgültig zur freien Verfügung des Vorstands steht.

§ 36a Leistung der Einlagen

(1) Bei Bareinlagen muß der eingeforderte Betrag (§ 36 Abs. 2) mindestens ein Viertel des geringsten Ausgabebetrags und bei Ausgabe der Aktien für einen höheren als diesen auch den Mehrbetrag umfassen.

(2) [1]Sacheinlagen sind vollständig zu leisten. [2]Besteht die Sacheinlage in der Verpflichtung, einen Vermögensgegenstand auf die Gesellschaft zu übertragen, so muß diese Leistung innerhalb von fünf Jahren nach der Eintragung der Gesellschaft in das Handelsregister zu bewirken sein. [3]Der Wert muß dem geringsten Ausgabebetrag und bei Ausgabe der Aktien für einen höheren als diesen auch dem Mehrbetrag entsprechen.

§ 37 Inhalt der Anmeldung

(1) [1]In der Anmeldung ist zu erklären, daß die Voraussetzungen des § 36 Abs. 2 und des § 36a erfüllt sind; dabei sind der Betrag, zu dem die Aktien ausgegeben werden, und der darauf eingezahlte Betrag anzugeben. [2]Es ist nachzuweisen, daß der eingezahlte Betrag endgültig zur freien Verfügung des Vorstands steht. [3]Ist der Betrag gemäß § 54 Abs. 3 durch Gutschrift auf ein Konto eingezahlt worden, so ist der Nachweis durch eine Bestätigung des kontoführenden Instituts zu führen. [4]Für die Richtigkeit der Bestätigung ist das Institut der Gesellschaft verantwortlich. [5]Sind von dem eingezahlten Betrag Steuern und Gebühren bezahlt worden, so ist dies nach Art und Höhe der Beträge nachzuweisen.

(2) [1]In der Anmeldung haben die Vorstandsmitglieder zu versichern, daß keine Umstände vorliegen, die ihrer Bestellung nach § 76 Abs. 3 Satz 2 Nr. 2 und 3 sowie Satz 3 entgegenstehen, und daß sie über ihre unbeschränkte Auskunftspflicht gegenüber dem Gericht belehrt worden sind. [2]Die Belehrung nach § 53 Abs. 2 des Bundeszentral-

registergesetzes kann schriftlich vorgenommen werden; sie kann auch durch einen Notar oder einen im Ausland bestellten Notar, durch einen Vertreter eines vergleichbaren rechtsberatenden Berufs oder einen Konsularbeamten erfolgen.

(3) In der Anmeldung sind ferner anzugeben:

1. eine inländische Geschäftsanschrift,
2. Art und Umfang der Vertretungsbefugnis der Vorstandsmitglieder.

(4) Der Anmeldung sind beizufügen

1. die Satzung und die Urkunden, in denen die Satzung festgestellt worden ist und die Aktien von den Gründern übernommen worden sind;
2. im Fall der §§ 26 und 27 die Verträge, die den Festsetzungen zugrunde liegen oder zu ihrer Ausführung geschlossen worden sind, und eine Berechnung des der Gesellschaft zur Last fallenden Gründungsaufwands; in der Berechnung sind die Vergütungen nach Art und Höhe und die Empfänger einzeln anzuführen;
3. die Urkunden über die Bestellung des Vorstands und des Aufsichtsrats;

3a. eine Liste der Mitglieder des Aufsichtsrats, aus welcher Name, Vorname, ausgeübter Beruf und Wohnort der Mitglieder ersichtlich ist;

4. der Gründungsbericht und die Prüfungsberichte der Mitglieder des Vorstands und des Aufsichtsrats sowie der Gründungsprüfer nebst ihren urkundlichen Unterlagen.

(5) Für die Einreichung von Unterlagen nach diesem Gesetz gilt § 12 Abs. 2 des Handelsgesetzbuchs entsprechend.

§ 37a Anmeldung bei Sachgründung ohne externe Gründungsprüfung

(1) [1]Wird nach § 33a von einer externen Gründungsprüfung abgesehen, ist dies in der Anmeldung zu erklären. [2]Der Gegenstand jeder Sacheinlage oder Sachübernahme ist zu beschreiben. [3]Die Anmeldung muss die Erklärung enthalten, dass der Wert der Sacheinlagen oder Sachübernahmen den geringsten Ausgabebetrag der dafür zu gewährenden Aktien oder den Wert der dafür zu gewährenden Leistungen erreicht. [4]Der Wert, die Quelle der Bewertung sowie die angewandte Bewertungsmethode sind anzugeben.

(2) In der Anmeldung haben die Anmeldenden außerdem zu versichern, dass ihnen außergewöhnliche Umstände, die den gewichteten Durchschnittspreis der einzubringenden Wertpapiere oder Geldmarktinstrumente im Sinne von § 33a Abs. 1 Nr. 1 während der letzten drei Monate vor dem Tag ihrer tatsächlichen Einbringung erheblich beeinflusst haben könnten, oder Umstände, die darauf hindeuten, dass der beizulegende Zeitwert der Vermögensgegenstände im Sinne von § 33a Abs. 1 Nr. 2 am Tag ihrer tatsächlichen Einbringung auf Grund neuer oder neu bekannt gewordener Umstände erheblich niedriger ist als der von dem Sachverständigen angenommene Wert, nicht bekannt geworden sind.

(3) Der Anmeldung sind beizufügen:

1. Unterlagen über die Ermittlung des gewichteten Durchschnittspreises, zu dem die einzubringenden Wertpapiere oder Geldmarktinstrumente während der letzten drei Monate vor dem Tag ihrer tatsächlichen Einbringung auf einem organisierten Markt gehandelt worden sind,
2. jedes Sachverständigengutachten, auf das sich die Bewertung in den Fällen des § 33a Abs. 1 Nr. 2 stützt.

§ 38 Prüfung durch das Gericht

(1) [1]Das Gericht hat zu prüfen, ob die Gesellschaft ordnungsgemäß errichtet und angemeldet ist. [2]Ist dies nicht der Fall, so hat es die Eintragung abzulehnen.

(2) [1]Das Gericht kann die Eintragung auch ablehnen, wenn die Gründungsprüfer erklären oder es offensichtlich ist, daß der Gründungsbericht oder der Prüfungsbericht der Mitglieder des Vorstands und des Aufsichtsrats unrichtig oder unvollständig ist oder den gesetzlichen Vorschriften nicht entspricht. [2]Gleiches gilt, wenn die Gründungsprüfer erklären oder das Gericht der Auffassung ist, daß der Wert der Sacheinlagen oder Sachübernahmen nicht unwesentlich hinter dem geringsten Ausgabebetrag der dafür zu gewährenden Aktien oder dem Wert der dafür zu gewährenden Leistungen zurückbleibt.

(3) [1]Enthält die Anmeldung die Erklärung nach § 37a Abs. 1 Satz 1, hat das Gericht hinsichtlich der Werthaltigkeit der Sacheinlagen oder Sachübernahmen ausschließlich zu prüfen, ob die Voraussetzungen des § 37a erfüllt sind. [2]Lediglich bei einer offenkundigen und erheblichen Überbewertung kann das Gericht die Eintragung ablehnen.

(4) Wegen einer mangelhaften, fehlenden oder nichtigen Bestimmung der Satzung darf das Gericht die Eintragung nach Absatz 1 nur ablehnen, soweit diese Bestimmung, ihr Fehlen oder ihre Nichtigkeit

1. Tatsachen oder Rechtsverhältnisse betrifft, die nach § 23 Abs. 3 oder auf Grund anderer zwingender gesetzlicher Vorschriften in der Satzung bestimmt sein müssen oder die in das Handelsregister einzutragen oder von dem Gericht bekanntzumachen sind,
2. Vorschriften verletzt, die ausschließlich oder überwiegend zum Schutze der Gläubiger der Gesellschaft oder sonst im öffentlichen Interesse gegeben sind, oder
3. die Nichtigkeit der Satzung zur Folge hat.

§ 39 Inhalt der Eintragung

(1) [1]Bei der Eintragung der Gesellschaft sind die Firma und der Sitz der Gesellschaft, eine inländische Geschäftsanschrift, der Gegenstand des Unternehmens, die Höhe des Grundkapitals, der Tag der Feststellung der Satzung und die Vorstandsmitglieder anzugeben. [2]Wenn eine Person, die für Willenserklärungen und Zustellungen an die Gesellschaft empfangsberechtigt ist, mit einer inländischen Anschrift zur Eintragung in das Handelsregister angemeldet wird, sind auch diese Angaben einzutragen; Dritten gegenüber gilt die Empfangsberechtigung als fortbestehend, bis sie im Handelsregister gelöscht und die Löschung bekannt gemacht worden ist, es sei denn, dass die fehlende Empfangsberechtigung dem Dritten bekannt war. [3]Ferner ist einzutragen, welche Vertretungsbefugnis die Vorstandsmitglieder haben.

(2) Enthält die Satzung Bestimmungen über die Dauer der Gesellschaft oder über das genehmigte Kapital, so sind auch diese Bestimmungen einzutragen.

§ 40 *(aufgehoben)*

§ 41 Handeln im Namen der Gesellschaft vor der Eintragung. Verbotene Aktienausgabe

(1) [1]Vor der Eintragung in das Handelsregister besteht die Aktiengesellschaft als solche nicht. [2]Wer vor der Eintragung der Gesellschaft in ihrem Namen handelt, haftet persönlich; handeln mehrere, so haften sie als Gesamtschuldner.

(2) Übernimmt die Gesellschaft eine vor ihrer Eintragung in ihrem Namen eingegangene Verpflichtung durch Vertrag mit dem Schuldner in der Weise, daß sie an die Stelle des bisherigen Schuldners tritt, so bedarf es zur Wirksamkeit der Schuldübernahme der Zustimmung des Gläubigers nicht, wenn die Schuldübernahme binnen drei Monaten nach der Eintragung der Gesellschaft vereinbart und dem Gläubiger von der Gesellschaft oder dem Schuldner mitgeteilt wird.

(3) Verpflichtungen aus nicht in der Satzung festgesetzten Verträgen über Sondervorteile, Gründungsaufwand, Sacheinlagen oder Sachübernahmen kann die Gesellschaft nicht übernehmen.

(4) [1]Vor der Eintragung der Gesellschaft können Anteilsrechte nicht übertragen, Aktien oder Zwischenscheine nicht ausgegeben werden. [2]Die vorher ausgegebenen Aktien oder Zwischenscheine sind nichtig. [3]Für den Schaden aus der Ausgabe sind die Ausgeber den Inhabern als Gesamtschuldner verantwortlich.

§ 42 Einpersonen-Gesellschaft

Gehören alle Aktien allein oder neben der Gesellschaft einem Aktionär, ist unverzüglich eine entsprechende Mitteilung unter Angabe von Name, Vorname, Geburtsdatum und Wohnort des alleinigen Aktionärs zum Handelsregister einzureichen.

§ 43 *(weggefallen)*

§ 44 *(weggefallen)*

§ 45 Sitzverlegung

(1) Wird der Sitz der Gesellschaft im Inland verlegt, so ist die Verlegung beim Gericht des bisherigen Sitzes anzumelden.

(2) [1]Wird der Sitz aus dem Bezirk des Gerichts des bisherigen Sitzes verlegt, so hat dieses unverzüglich von Amts wegen die Verlegung dem Gericht des neuen Sitzes mitzuteilen. [2]Der Mitteilung sind die Eintragungen für den bisherigen Sitz sowie die bei dem bisher zuständigen Gericht aufbewahrten Urkunden beizufügen; bei elektronischer Registerführung sind die Eintragungen und die Dokumente elektronisch zu übermitteln. [3]Das Gericht des neuen Sitzes hat zu prüfen, ob die Verlegung ordnungsgemäß beschlossen und § 30 des Handelsgesetzbuchs beachtet ist. [4]Ist dies der Fall, so hat es die Sitzverlegung einzutragen und hierbei die ihm mitgeteilten Eintragungen ohne weitere Nachprüfung in sein Handelsregister zu übernehmen. [5]Mit der Eintragung wird die Sitzverlegung wirksam. [6]Die Eintragung ist dem Gericht des bisherigen Sitzes mitzuteilen. Dieses hat die erforderlichen Löschungen von Amts wegen vorzunehmen.

(3) [1]Wird der Sitz an einen anderen Ort innerhalb des Bezirks des Gerichts des bisherigen Sitzes verlegt, so hat das Gericht zu prüfen, ob die Sitzverlegung ordnungsgemäß beschlossen und § 30 des Handelsgesetzbuchs beachtet ist. [2]Ist dies der Fall, so hat es die Sitzverlegung einzutragen. [3]Mit der Eintragung wird die Sitzverlegung wirksam.

§ 46 Verantwortlichkeit der Gründer

(1) [1]Die Gründer sind der Gesellschaft als Gesamtschuldner verantwortlich für die Richtigkeit und Vollständigkeit der Angaben, die zum Zwecke der Gründung der Gesellschaft über Übernahme der Aktien, Einzahlung auf die Aktien, Verwendung eingezahlter Beträge, Sondervorteile, Gründungsaufwand, Sacheinlagen und Sachübernahmen gemacht worden sind. [2]Sie sind ferner dafür verantwortlich, daß eine zur Annahme von Einzahlungen auf das Grundkapital bestimmte Stelle (§ 54 Abs. 3) hierzu geeignet ist und daß die eingezahlten Beträge zur freien Verfügung des Vorstands stehen. [3]Sie haben, unbeschadet der Verpflichtung zum Ersatz des sonst entstehenden Schadens, fehlende Einzahlungen zu leisten und eine Vergütung, die nicht unter den Gründungsaufwand aufgenommen ist, zu ersetzen.

(2) Wird die Gesellschaft von Gründern durch Einlagen, Sachübernahmen oder Gründungsaufwand vorsätzlich oder aus grober Fahrlässigkeit geschädigt, so sind ihr alle Gründer als Gesamtschuldner zum Ersatz verpflichtet.

(3) Von diesen Verpflichtungen ist ein Gründer befreit, wenn er die die Ersatzpflicht begründenden Tatsachen weder kannte noch bei Anwendung der Sorgfalt eines ordentlichen Geschäftsmannes kennen mußte.

(4) Entsteht der Gesellschaft ein Ausfall, weil ein Aktionär zahlungsunfähig oder unfähig ist, eine Sacheinlage zu leisten, so sind ihr zum Ersatz als Gesamtschuldner die Gründer verpflichtet, welche die Beteiligung des Aktionärs in Kenntnis seiner Zahlungsunfähigkeit oder Leistungsunfähigkeit angenommen haben.

(5) [1]Neben den Gründern sind in gleicher Weise Personen verantwortlich, für deren Rechnung die Gründer Aktien übernommen haben. [2]Sie können sich auf ihre eigene Unkenntnis nicht wegen solcher Umstände berufen, die ein für ihre Rechnung handelnder Gründer kannte oder kennen mußte.

§ 47 Verantwortlichkeit anderer Personen neben den Gründern

Neben den Gründern und den Personen, für deren Rechnung die Gründer Aktien übernommen haben, ist als Gesamtschuldner der Gesellschaft zum Schadenersatz verpflichtet

1. wer bei Empfang einer Vergütung, die entgegen den Vorschriften nicht in den Gründungsaufwand aufgenommen ist, wußte oder nach den Umständen annehmen mußte, daß die Verheimlichung beabsichtigt oder erfolgt war, oder wer zur Verheimlichung wissentlich mitgewirkt hat;
2. wer im Fall einer vorsätzlichen oder grobfahrlässigen Schädigung der Gesellschaft durch Einlagen oder Sachübernahmen an der Schädigung wissentlich mitgewirkt hat;
3. wer vor Eintragung der Gesellschaft in das Handelsregister oder in den ersten zwei Jahren nach der Eintragung die Aktien öffentlich ankündigt, um sie in den Verkehr einzuführen, wenn er die Unrichtigkeit oder Unvollständigkeit der Angaben, die zum Zwecke der Gründung der Gesellschaft gemacht worden sind (§ 46 Abs. 1), oder die Schädigung der Gesellschaft durch Einlagen oder Sachübernahmen kannte oder bei Anwendung der Sorgfalt eines ordentlichen Geschäftsmannes kennen mußte.

§ 48 Verantwortlichkeit des Vorstands und des Aufsichtsrats

[1]Mitglieder des Vorstands und des Aufsichtsrats, die bei der Gründung ihre Pflichten verletzen, sind der Gesellschaft zum Ersatz des daraus entstehenden Schadens als Gesamtschuldner verpflichtet; sie sind namentlich dafür verantwortlich, daß eine zur Annahme von Einzahlungen auf die Aktien bestimmte Stelle (§ 54 Abs. 3) hierzu geeignet ist, und daß die eingezahlten Beträge zur freien Verfügung des Vorstands stehen. [2]Für die Sorgfaltspflicht und Verantwortlichkeit der Mitglieder des Vorstands und des Aufsichtsrats bei der Gründung gelten im übrigen §§ 93 und 116 mit Ausnahme von § 93 Abs. 4 Satz 3 und 4 und Abs. 6.

§ 49 Verantwortlichkeit der Gründungsprüfer

§ 323 Abs. 1 bis 4 des Handelsgesetzbuchs über die Verantwortlichkeit des Abschlußprüfers gilt sinngemäß.

§ 50 Verzicht und Vergleich

[1]Die Gesellschaft kann auf Ersatzansprüche gegen die Gründer, die neben diesen haftenden Personen und gegen die Mitglieder des Vortands und des Aufsichtsrats (§§ 46 bis 48) erst drei Jahre nach der Eintragung der Gesellschaft in das Handelsregister und nur dann verzichten oder sich über sie vergleichen, wenn die Hauptversammlung zustimmt und nicht eine Minderheit, deren Anteile zusammen den zehnten Teil des Grundkapitals erreichen, zur Niederschrift Widerspruch erhebt. [2]Die zeitliche Beschränkung gilt nicht,

wenn der Ersatzpflichtige zahlungsunfähig ist und sich zur Abwendung des Insolvenzverfahrens mit seinen Gläubigern vergleicht oder wenn die Ersatzpflicht in einem Insolvenzplan geregelt wird.

§ 51 Verjährung der Ersatzansprüche

[1]Ersatzansprüche der Gesellschaft nach den §§ 46 bis 48 verjähren in fünf Jahren. [2]Die Verjährung beginnt mit der Eintragung der Gesellschaft in das Handelsregister oder, wenn die zum Ersatz verpflichtende Handlung später begangen worden ist, mit der Vornahme der Handlung.

§ 52 Nachgründung

(1) [1]Verträge der Gesellschaft mit Gründern oder mit mehr als 10 vom Hundert des Grundkapitals an der Gesellschaft beteiligten Aktionären, nach denen sie vorhandene oder herzustellende Anlagen oder andere Vermögensgegenstände für eine den zehnten Teil des Grundkapitals übersteigende Vergütung erwerben soll, und die in den ersten zwei Jahren seit der Eintragung der Gesellschaft in das Handelsregister geschlossen werden, werden nur mit Zustimmung der Hauptversammlung und durch Eintragung in das Handelsregister wirksam. [2]Ohne die Zustimmung der Hauptversammlung oder die Eintragung im Handelsregister sind auch die Rechtshandlungen zu ihrer Ausführung unwirksam.

(2) [1]Ein Vertrag nach Absatz 1 bedarf der schriftlichen Form, soweit nicht eine andere Form vorgeschrieben ist. [2]Er ist von der Einberufung der Hauptversammlung an, die über die Zustimmung beschließen soll, in dem Geschäftsraum der Gesellschaft zur Einsicht der Aktionäre auszulegen. [3]Auf Verlangen ist jedem Aktionär unverzüglich eine Abschrift zu erteilen. [4]Die Verpflichtungen nach den Sätzen 2 und 3 entfallen, wenn der Vertrag für denselben Zeitraum über die Internetseite der Gesellschaft zugänglich ist. [5]In der Hauptversammlung ist der Vertrag zugänglich zu machen. [6]Der Vorstand hat ihn zu Beginn der Verhandlung zu erläutern. [7]Der Niederschrift ist er als Anlage beizufügen.

(3) [1]Vor der Beschlußfassung der Hauptversammlung hat der Aufsichtsrat den Vertrag zu prüfen und einen schriftlichen Bericht zu erstatten (Nachgründungsbericht). [2]Für den Nachgründungsbericht gilt sinngemäß § 32 Abs. 2 und 3 über den Gründungsbericht.

(4) [1]Außerdem hat vor der Beschlußfassung eine Prüfung durch einen oder mehrere Gründungsprüfer stattzufinden. [2]§ 33 Abs. 3 bis 5, §§ 34, 35 über die Gründungsprüfung gelten sinngemäß. [3]Unter den Voraussetzungen des § 33a kann von einer Prüfung durch Gründungsprüfer abgesehen werden.

(5) [1]Der Beschluß der Hauptversammlung bedarf einer Mehrheit, die mindestens drei Viertel des bei der Beschlußfassung vertretenen Grundkapitals umfaßt. [2]Wird der Vertrag im ersten Jahre nach der Eintragung der Gesellschaft in das Handelsregister geschlossen, so müssen außerdem die Anteile der zustimmenden Mehrheit mindestens ein Viertel des gesamten Grundkapitals erreichen. [3]Die Satzung kann an Stelle dieser Mehrheiten größere Kapitalmehrheiten und weitere Erfordernisse bestimmen.

(6) [1]Nach Zustimmung der Hauptversammlung hat der Vorstand den Vertrag zur Eintragung in das Handelsregister anzumelden. [2]Der Anmeldung ist der Vertrag mit dem Nachgründungsbericht und dem Bericht der Gründungsprüfer mit den urkundlichen Unterlagen beizufügen. [3]Wird nach Absatz 4 Satz 3 von einer externen Gründungsprüfung abgesehen, gilt § 37a entsprechend.

(7) [1]Bestehen gegen die Eintragung Bedenken, weil die Gründungsprüfer erklären oder weil es offensichtlich ist, daß der Nachgründungsbericht unrichtig oder unvollständig ist oder den gesetzlichen Vorschriften nicht entspricht oder daß die für die zu erwerbenden Vermögensgegenstände gewährte Vergütung unangemessen hoch ist, so kann

das Gericht die Eintragung ablehnen. [2]Enthält die Anmeldung die Erklärung nach § 37a Abs. 1 Satz 1, gilt § 38 Abs. 3 entsprechend.

(8) Einzutragen sind der Tag des Vertragsschlusses und der Zustimmung der Hauptversammlung sowie der oder die Vertragspartner der Gesellschaft.

(9) Vorstehende Vorschriften gelten nicht, wenn der Erwerb der Vermögensgegenstände im Rahmen der laufenden Geschäfte der Gesellschaft, in der Zwangsvollstreckung oder an der Börse erfolgt.

§ 53 Ersatzansprüche bei der Nachgründung

[1]Für die Nachgründung gelten die §§ 46, 47, 49 bis 51 über die Ersatzansprüche der Gesellschaft sinngemäß. [2]An die Stelle der Gründer treten die Mitglieder des Vorstands und des Aufsichtsrats. [3]Sie haben die Sorgfalt eines ordentlichen und gewissenhaften Geschäftsleiters anzuwenden. [4]Soweit Fristen mit der Eintragung der Gesellschaft in das Handelsregister beginnen, tritt an deren Stelle die Eintragung des Vertrags über die Nachgründung.

Dritter Teil. Rechtsverhältnisse der Gesellschaft und der Gesellschafter

§ 53a Gleichbehandlung der Aktionäre

Aktionäre sind unter gleichen Voraussetzungen gleich zu behandeln.

§ 54 Hauptverpflichtung der Aktionäre

(1) Die Verpflichtung der Aktionäre zur Leistung der Einlagen wird durch den Ausgabebetrag der Aktien begrenzt.

(2) Soweit nicht in der Satzung Sacheinlagen festgesetzt sind, haben die Aktionäre den Ausgabebetrag der Aktien einzuzahlen.

(3) [1]Der vor der Anmeldung der Gesellschaft eingeforderte Betrag kann nur in gesetzlichen Zahlungsmitteln oder durch Gutschrift auf ein Konto bei einem Kreditinstitut oder einem nach § 53 Abs. 1 Satz 1 oder § 53b Abs. 1 Satz 1 oder Abs. 7 des Gesetzes über das Kreditwesen tätigen Unternehmen der Gesellschaft oder des Vorstands zu seiner freien Verfügung eingezahlt werden. [2]Forderungen des Vorstands aus diesen Einzahlungen gelten als Forderungen der Gesellschaft.

(4) [1]Der Anspruch der Gesellschaft auf Leistung der Einlagen verjährt in zehn Jahren von seiner Entstehung an. [2]Wird das Involvenzverfahren über das Vermögen der Gesellschaft eröffnet, so tritt die Verjährung nicht vor Ablauf von sechs Monaten ab dem Zeitpunkt der Eröffnung ein.

§ 55 Nebenverpflichtungen der Aktionäre

(1) [1]Ist die Übertragung der Aktien an die Zustimmung der Gesellschaft gebunden, so kann die Satzung Aktionären die Verpflichtung auferlegen, neben den Einlagen auf das Grundkapital wiederkehrende, nicht in Geld bestehende Leistungen zu erbringen. [2]Dabei hat sie zu bestimmen, ob die Leistungen entgeltlich oder unentgeltlich zu erbringen sind. [3]Die Verpflichtung und der Umfang der Leistungen sind in den Aktien und Zwischenscheinen anzugeben.

(2) Die Satzung kann Vertragsstrafen für den Fall festsetzen, daß die Verpflichtung nicht oder nicht gehörig erfüllt wird.

§ 56 Keine Zeichnung eigener Aktien; Aktienübernahme für Rechnung der Gesellschaft oder durch ein abhängiges oder in Mehrheitsbesitz stehendes Unternehmen

(1) Die Gesellschaft darf keine eigenen Aktien zeichnen.

(2) [1]Ein abhängiges Unternehmen darf keine Aktien der herrschenden Gesellschaft, ein in Mehrheitsbesitz stehendes Unternehmen keine Aktien der an ihm mit Mehrheit beteiligten Gesellschaft als Gründer oder Zeichner oder in Ausübung eines bei einer bedingten Kapitalerhöhung eingeräumten Umtausch- oder Bezugsrechts übernehmen. [2]Ein Verstoß gegen diese Vorschrift macht die Übernahme nicht unwirksam.

(3) [1]Wer als Gründer oder Zeichner oder in Ausübung eines bei einer bedingten Kapitalerhöhung eingeräumten Umtausch- oder Bezugsrechts eine Aktie für Rechnung der Gesellschaft oder eines abhängigen oder in Mehrheitsbesitz stehenden Unternehmens übernommen hat, kann sich nicht darauf berufen, daß er die Aktie nicht für eigene Rechnung übernommen hat. [2]Er haftet ohne Rücksicht auf Vereinbarungen mit der Gesellschaft oder dem abhängigen oder in Mehrheitsbesitz stehenden Unternehmen auf die volle Einlage. [3]Bevor er die Aktie für eigene Rechnung übernommen hat, stehen ihm keine Rechte aus der Aktie zu.

(4) [1]Werden bei einer Kapitalerhöhung Aktien unter Verletzung der Absätze 1 oder 2 gezeichnet, so haftet auch jedes Vorstandsmitglied der Gesellschaft auf die volle Einlage. [2]Dies gilt nicht, wenn das Vorstandsmitglied beweist, daß es kein Verschulden trifft.

§ 57 Keine Rückgewähr, keine Verzinsung der Einlagen

(1) [1]Den Aktionären dürfen die Einlagen nicht zurückgewährt werden. [2]Als Rückgewähr gilt nicht die Zahlung des Erwerbspreises beim zulässigen Erwerb eigener Aktien. [3]Satz 1 gilt nicht bei Leistungen, die bei Bestehen eines Beherrschungs- oder Gewinnabführungsvertrags (§ 291) erfolgen oder durch einen vollwertigen Gegenleistungs- oder Rückgewähranspruch gegen den Aktionär gedeckt sind. [4]Satz 1 ist zudem nicht anzuwenden auf die Rückgewähr eines Aktionärsdarlehens und Leistungen auf Forderungen aus Rechtshandlungen, die einem Aktionärsdarlehen wirtschaftlich entsprechen.

(2) Den Aktionären dürfen Zinsen weder zugesagt noch ausgezahlt werden.

(3) Vor Auflösung der Gesellschaft darf unter die Aktionäre nur der Bilanzgewinn verteilt werden.

§ 58 Verwendung des Jahresüberschusses

(1) [1]Die Satzung kann nur für den Fall, daß die Hauptversammlung den Jahresabschluß feststellt, bestimmen, daß Beträge aus dem Jahresüberschuß in andere Gewinnrücklagen einzustellen sind. [2]Aufgrund einer solchen Satzungsbestimmung kann höchstens die Hälfte des Jahresüberschusses in andere Gewinnrücklagen eingestellt werden. [3]Dabei sind Beträge, die in die gesetzliche Rücklage einzustellen sind, und ein Verlustvortrag vorab vom Jahresüberschuß abzuziehen.

(2) [1]Stellen Vorstand und Aufsichtsrat den Jahresabschluß fest, so können sie einen Teil des Jahresüberschusses, höchstens jedoch die Hälfte, in andere Gewinnrücklagen einstellen. [2]Die Satzung kann Vorstand und Aufsichtsrat zur Einstellung eines größeren oder kleineren Teils des Jahresüberschusses ermächtigen. [3]Aufgrund einer solchen Satzungsbestimmung dürfen Vorstand und Aufsichtsrat keine Beträge in andere Gewinnrücklagen einstellen, wenn die anderen Gewinnrücklagen die Hälfte des Grundkapitals übersteigen oder soweit sie nach der Einstellung die Hälfte übersteigen würden. [4]Absatz 1 Satz 3 gilt sinngemäß.

(2a) [1]Unbeschadet der Absätze 1 und 2 können Vorstand und Aufsichtsrat den Eigenkapitalanteil von Wertaufholungen bei Vermögensgegenständen des Anlage- und Umlaufvermögens in andere Gewinnrücklagen einstellen. [2]Der Betrag dieser Rücklagen ist in der Bilanz gesondert auszuweisen; er kann auch im Anhang angegeben werden.

(3) [1]Die Hauptversammlung kann im Beschluß über die Verwendung des Bilanzgewinns weitere Beträge in Gewinnrücklagen einstellen oder als Gewinn vortragen. [2]Sie kann ferner, wenn die Satzung sie hierzu ermächtigt, auch eine andere Verwendung als nach Satz 1 oder als die Verteilung unter die Aktionäre beschließen.

(4) [1]Die Aktionäre haben Anspruch auf den Bilanzgewinn, soweit er nicht nach Gesetz oder Satzung, durch Hauptversammlungsbeschluß nach Absatz 3 oder als zusätzlicher Aufwand aufgrund des Gewinnverwendungsbeschlusses von der Verteilung unter die Aktionäre ausgeschlossen ist. [2]Der Anspruch ist am dritten auf den Hauptversammlungsbeschluss folgenden Geschäftstag fällig. [3]In dem Hauptversammlungsbeschluss oder in der Satzung kann eine spätere Fälligkeit festgelegt werden.

(5) Sofern die Satzung dies vorsieht, kann die Hauptversammlung auch eine Sachausschüttung beschließen.

§ 59 Abschlagszahlung auf den Bilanzgewinn

(1) Die Satzung kann den Vorstand ermächtigen, nach Ablauf des Geschäftsjahrs auf den voraussichtlichen Bilanzgewinn einen Abschlag an die Aktionäre zu zahlen.

(2) [1]Der Vorstand darf einen Abschlag nur zahlen, wenn ein vorläufiger Abschluß für das vergangene Geschäftsjahr einen Jahresüberschuß ergibt. [2]Als Abschlag darf höchstens die Hälfte des Betrags gezahlt werden, der von dem Jahresüberschuß nach Abzug der Beträge verbleibt, die nach Gesetz oder Satzung in Gewinnrücklagen einzustellen sind. [3]Außerdem darf der Abschlag nicht die Hälfte des vorjährigen Bilanzgewinns übersteigen.

(3) Die Zahlung eines Abschlags bedarf der Zustimmung des Aufsichtsrats.

§ 60 Gewinnverteilung

(1) Die Anteile der Aktionäre am Gewinn bestimmen sich nach ihren Anteilen am Grundkapital.

(2) [1]Sind die Einlagen auf das Grundkapital nicht auf alle Aktien in demselben Verhältnis geleistet, so erhalten die Aktionäre aus dem verteilbaren Gewinn vorweg einen Betrag von vier vom Hundert der geleisteten Einlagen. [2]Reicht der Gewinn dazu nicht aus, so bestimmt sich der Betrag nach einem entsprechend niedrigeren Satz. [3]Einlagen, die im Laufe des Geschäftsjahrs geleistet wurden, werden nach dem Verhältnis der Zeit berücksichtigt, die seit der Leistung verstrichen ist.

(3) Die Satzung kann eine andere Art der Gewinnverteilung bestimmen.

§ 61 Vergütung von Nebenleistungen

Für wiederkehrende Leistungen, zu denen Aktionäre nach der Satzung neben den Einlagen auf das Grundkapital verpflichtet sind, darf eine den Wert der Leistungen nicht übersteigende Vergütung ohne Rücksicht darauf gezahlt werden, ob ein Bilanzgewinn ausgewiesen wird.

§ 62 Haftung der Aktionäre beim Empfang verbotener Leistungen

(1) [1]Die Aktionäre haben der Gesellschaft Leistungen, die sie entgegen den Vorschriften dieses Gesetzes von ihr empfangen haben, zurückzugewähren. [2]Haben sie Beträge als Gewinnanteile bezogen, so besteht die Verpflichtung nur, wenn sie wußten oder infolge von Fahrlässigkeit nicht wußten, daß sie zum Bezuge nicht berechtigt waren.

(2) [1]Der Anspruch der Gesellschaft kann auch von den Gläubigern der Gesellschaft geltend gemacht werden, soweit sie von dieser keine Befriedigung erlangen können. [2]Ist über das Vermögen der Gesellschaft das Insolvenzverfahren eröffnet, so übt während

dessen Dauer der Insolvenzverwalter oder der Sachwalter das Recht der Gesellschaftsgläubiger gegen die Aktionäre aus.

(3) [1]Die Ansprüche nach diesen Vorschriften verjähren in zehn Jahren seit dem Empfang der Leistung. [2]§ 54 Abs. 4 Satz 2 findet entsprechende Anwendung.

§ 63 Folgen nicht rechtzeitiger Einzahlung

(1) [1]Die Aktionäre haben die Einlagen nach Aufforderung durch den Vorstand einzuzahlen. [2]Die Aufforderung ist, wenn die Satzung nichts anderes bestimmt, in den Gesellschaftsblättern bekanntzumachen.

(2) [1]Aktionäre, die den eingeforderten Betrag nicht rechtzeitig einzahlen, haben ihn vom Eintritt der Fälligkeit an mit fünf vom Hundert für das Jahr zu verzinsen. [2]Die Geltendmachung eines weiteren Schadens ist nicht ausgeschlossen.

(3) Für den Fall nicht rechtzeitiger Einzahlung kann die Satzung Vertragsstrafen festsetzen.

§ 64 Ausschluß säumiger Aktionäre

(1) Aktionären, die den eingeforderten Betrag nicht rechtzeitig einzahlen, kann eine Nachfrist mit der Androhung gesetzt werden, daß sie nach Fristablauf ihrer Aktien und der geleisteten Einzahlungen für verlustig erklärt werden.

(2) [1]Die Nachfrist muß dreimal in den Gesellschaftsblättern bekanntgemacht werden. [2]Die erste Bekanntmachung muß mindestens drei Monate, die letzte mindestens einen Monat vor Fristablauf ergehen. [3]Zwischen den einzelnen Bekanntmachungen muß ein Zeitraum von mindestens drei Wochen liegen. [4]Ist die Übertragung der Aktien an die Zustimmung der Gesellschaft gebunden, so genügt an Stelle der öffentlichen Bekanntmachungen die einmalige Einzelaufforderung an die säumigen Aktionäre; dabei muß eine Nachfrist gewährt werden, die mindestens einen Monat seit dem Empfang der Aufforderung beträgt.

(3) [1]Aktionäre, die den eingeforderten Betrag trotzdem nicht zahlen, werden durch Bekanntmachung in den Gesellschaftsblättern ihrer Aktien und der geleisteten Einzahlungen zugunsten der Gesellschaft für verlustig erklärt. [2]In der Bekanntmachung sind die für verlustig erklärten Aktien mit ihren Unterscheidungsmerkmalen anzugeben.

(4) [1]An Stelle der alten Urkunden werden neue ausgegeben; diese haben außer den geleisteten Teilzahlungen den rückständigen Betrag anzugeben. [2]Für den Ausfall der Gesellschaft an diesem Betrag oder an den später eingeforderten Beträgen haftet ihr der ausgeschlossene Aktionär.

§ 65 Zahlungspflicht der Vormänner

(1) [1]Jeder im Aktienregister verzeichnete Vormann des ausgeschlossenen Aktionärs ist der Gesellschaft zur Zahlung des rückständigen Betrags verpflichtet, soweit dieser von seinen Nachmännern nicht zu erlangen ist. [2]Von der Zahlungsaufforderung an einen früheren Aktionär hat die Gesellschaft seinen unmittelbaren Vormann zu benachrichtigen. [3]Daß die Zahlung nicht zu erlangen ist, wird vermutet, wenn sie nicht innerhalb eines Monats seit der Zahlungsaufforderung und der Benachrichtigung des Vormanns eingegangen ist. [4]Gegen Zahlung des rückständigen Betrags wird die neue Urkunde ausgehändigt.

(2) [1]Jeder Vormann ist nur zur Zahlung der Beträge verpflichtet, die binnen zwei Jahren eingefordert werden. [2]Die Frist beginnt mit dem Tage, an dem die Übertragung der Aktie zum Aktienregister der Gesellschaft angemeldet wird.

(3) [1]Ist die Zahlung des rückständigen Betrags von Vormännern nicht zu erlangen, so hat die Gesellschaft die Aktie unverzüglich zum Börsenpreis und beim Fehlen eines

Börsenpreises durch öffentliche Versteigerung zu verkaufen. [2]Ist von der Versteigerung am Sitz der Gesellschaft kein angemessener Erfolg zu erwarten, so ist die Aktie an einem geeigneten Ort zu verkaufen. [3]Zeit, Ort und Gegenstand der Versteigerung sind öffentlich bekanntzumachen. [4]Der ausgeschlossene Aktionär und seine Vormänner sind besonders zu benachrichtigen; die Benachrichtigung kann unterbleiben, wenn sie untunlich ist. [5]Bekanntmachung und Benachrichtigung müssen mindestens zwei Wochen vor der Versteigerung ergehen.

§ 66 Keine Befreiung der Aktionäre von ihren Leistungspflichten

(1) [1]Die Aktionäre und ihre Vormänner können von ihren Leistungspflichten nach den §§ 54 und 65 nicht befreit werden. [2]Gegen eine Forderung der Gesellschaft nach den §§ 54 und 65 ist die Aufrechnung nicht zulässig.

(2) Absatz 1 gilt entsprechend für die Verpflichtung zur Rückgewähr von Leistungen, die entgegen den Vorschriften dieses Gesetzes empfangen sind, für die Ausfallhaftung des ausgeschlossenen Aktionärs sowie für die Schadenersatzpflicht des Aktionärs wegen nicht gehöriger Leistung einer Sacheinlage.

(3) Durch eine ordentliche Kapitalherabsetzung oder durch eine Kapitalherabsetzung durch Einziehung von Aktien können die Aktionäre von der Verpflichtung zur Leistung von Einlagen befreit werden, durch eine ordentliche Kapitalherabsetzung jedoch höchstens in Höhe des Betrags, um den das Grundkapital herabgesetzt worden ist.

§ 67[1)] Eintragung im Aktienregister

(1) [1]Namensaktien sind unabhängig von einer Verbriefung unter Angabe des Namens, Geburtsdatums und einer Postanschrift sowie einer elektronischen Adresse des Aktionärs sowie der Stückzahl oder der Aktiennummer und bei Nennbetragsaktien des Betrags in das Aktienregister der Gesellschaft einzutragen. [2]Der Aktionär ist verpflichtet, der Gesellschaft die Angaben nach Satz 1 mitzuteilen. [3]Die Satzung kann Näheres dazu bestimmen, unter welchen Voraussetzungen Eintragungen im eigenen Namen für Aktien, die einem anderen gehören, zulässig sind. [4]Aktien, die zu einem inländischen, EU- oder ausländischen Investmentvermögen nach dem Kapitalanlagegesetzbuch gehören, dessen Anteile oder Aktien nicht ausschließlich von professionellen und semiprofessionellen Anlegern gehalten werden, gelten als Aktien des inländischen, EU- oder ausländischen Investmentvermögens, auch wenn sie im Miteigentum der Anleger stehen; verfügt das Investmentvermögen über keine eigene Rechtspersönlichkeit, gelten sie als Aktien der Verwaltungsgesellschaft des Investmentvermögens.

(2) [1]Im Verhältnis zur Gesellschaft bestehen Rechte und Pflichten aus Aktien nur für und gegen den im Aktienregister Eingetragenen. [2]Jedoch bestehen Stimmrechte aus Eintragungen nicht, die eine nach Absatz 1 Satz 3 bestimmte satzungsmäßige Höchstgrenze überschreiten oder hinsichtlich derer eine satzungsmäßige Pflicht zur Offenlegung, dass die Aktien einem anderen gehören, nicht erfüllt wird. [3]Ferner bestehen Stimmrechte aus Aktien nicht, solange ein Auskunftsverlangen gemäß Absatz 4 Satz 2 nach Fristablauf und Androhung des Stimmrechtsverlustes nicht erfüllt ist.

(3) [1]Löschung und Neueintragung im Aktienregister erfolgen auf Mitteilung und Nachweis. [2]Die Gesellschaft kann eine Eintragung auch auf Mitteilung nach § 67d Absatz 4 vornehmen.

(4) [1]Die bei Übertragung oder Verwahrung von Namensaktien mitwirkenden Intermediäre sind verpflichtet, der Gesellschaft die für die Führung des Aktienregisters erforderlichen Angaben gegen Erstattung der notwendigen Kosten zu übermitteln. [2]Der

---

1) § 67 geändert durch Gesetz vom 12.12.2019 (BGBl. I S. 2637); zur erstmaligen Anwendung s. § 26j EGAktG (abgedruckt unter Nr. 2a.).

Eingetragene hat der Gesellschaft auf ihr Verlangen unverzüglich mitzuteilen, inwieweit ihm die Aktien, für die er im Aktienregister eingetragen ist, auch gehören; soweit dies nicht der Fall ist, hat er die in Absatz 1 Satz 1 genannten Angaben zu demjenigen zu übermitteln, für den er die Aktien hält. [3]Dies gilt entsprechend für denjenigen, dessen Daten nach Satz 2 oder diesem Satz übermittelt werden. [4]Absatz 1 Satz 4 gilt entsprechend; für die Kostentragung gilt Satz 1. [5]Wird der Inhaber von Namensaktien nicht in das Aktienregister eingetragen, so ist der depotführende Intermediär auf Verlangen der Gesellschaft verpflichtet, sich gegen Erstattung der notwendigen Kosten durch die Gesellschaft an dessen Stelle gesondert in das Aktienregister eintragen zu lassen. [6]Wird ein Intermediär im Rahmen eines Übertragungsvorgangs von Namensaktien nur vorübergehend gesondert in das Aktienregister eingetragen, so löst diese Eintragung keine Pflichten infolge des Absatzes 2 aus und führt nicht zur Anwendung von satzungsmäßigen Beschränkungen nach Absatz 1 Satz 3. [7]§ 67d bleibt unberührt.

(5) [1]Ist jemand nach Ansicht der Gesellschaft zu Unrecht als Aktionär in das Aktienregister eingetragen worden, so kann die Gesellschaft die Eintragung nur löschen, wenn sie vorher die Beteiligten von der beabsichtigten Löschung benachrichtigt und ihnen eine angemessene Frist zur Geltendmachung eines Widerspruchs gesetzt hat. [2]Widerspricht ein Beteiligter innerhalb der Frist, so hat die Löschung zu unterbleiben.

(6) [1]Der Aktionär kann von der Gesellschaft Auskunft über die zu seiner Person in das Aktienregister eingetragenen Daten verlangen. [2]Bei nichtbörsennotierten Gesellschaften kann die Satzung Weiteres bestimmen. [3]Die Gesellschaft darf die Registerdaten sowie die nach Absatz 4 Satz 2 und 3 mitgeteilten Daten für ihre Aufgaben im Verhältnis zu den Aktionären verwenden. [4]Zur Werbung für das Unternehmen darf sie die Daten nur verwenden, soweit der Aktionär nicht widerspricht. [5]Die Aktionäre sind in angemessener Weise über ihr Widerspruchsrecht zu informieren.

(7) Diese Vorschriften gelten sinngemäß für Zwischenscheine.

§ 67a [1)] Übermittlung von Informationen über Unternehmensereignisse; Begriffsbestimmungen

(1) [1]Börsennotierte Gesellschaften haben Informationen über Unternehmensereignisse gemäß Absatz 6, die den Aktionären nicht direkt oder von anderer Seite mitgeteilt werden, zur Weiterleitung an die Aktionäre wie folgt zu übermitteln:

1. an die im Aktienregister Eingetragenen, soweit die Gesellschaft Namensaktien ausgegeben hat,
2. im Übrigen an die Intermediäre, die Aktien der Gesellschaft verwahren.

[2]Für Informationen zur Einberufung der Hauptversammlung gilt § 125.

(2) [1]Die Informationen können durch beauftragte Dritte übermittelt werden. [2]Die Informationen sind den Intermediären elektronisch zu übermitteln. [3]Format, Inhalt und Frist der Informationsübermittlung nach Absatz 1 richten sich nach der Durchführungsverordnung (EU) 2018/1212 der Kommission vom 3. September 2018 zur Festlegung von Mindestanforderungen zur Umsetzung der Bestimmungen der Richtlinie 2007/36/EG des Europäischen Parlaments und des Rates in Bezug auf die Identifizierung der Aktionäre, die Informationsübermittlung und die Erleichterung der Ausübung der Aktionärsrechte (ABl. L 223 vom 4.9.2018, S. 1) in der jeweils geltenden Fassung. [3]Die Übermittlung der Informationen kann gemäß den Anforderungen nach Artikel 8 Absatz 4 in Verbindung mit Tabelle 8 der Durchführungsverordnung (EU) 2018/1212 beschränkt werden.

---

1) § 67a eingefügt durch Gesetz vom 12.12.2019 (BGBl. I S. 2637); zur erstmaligen Anwendung s. § 26j EGAktG (abgedruckt unter Nr. 2a.).

(3) [1]Ein Intermediär in der Kette hat Informationen nach Absatz 1 Satz 1, die er von einem anderen Intermediär oder der Gesellschaft erhält, innerhalb der Fristen nach Artikel 9 Absatz 2 Unterabsatz 2 oder 3 und Absatz 7 der Durchführungsverordnung (EU) 2018/1212 dem nächsten Intermediär weiterzuleiten, es sei denn, ihm ist bekannt, dass der nächste Intermediär sie von anderer Seite erhält. [2]Dies gilt auch für Informationen einer börsennotierten Gesellschaft mit Sitz in einem anderen Mitgliedstaat der Europäischen Union. [3]Absatz 2 Satz 1 gilt entsprechend.

(4) Intermediär ist eine Person, die Dienstleistungen der Verwahrung oder der Verwaltung von Wertpapieren oder der Führung von Depotkonten für Aktionäre oder andere Personen erbringt, wenn die Dienstleistungen im Zusammenhang mit Aktien von Gesellschaften stehen, die ihren Sitz in einem Mitgliedstaat der Europäischen Union oder in einem anderen Vertragsstaat des Abkommens über den Europäischen Wirtschaftsraum haben.

(5) [1]Intermediär in der Kette ist ein Intermediär, der Aktien der Gesellschaft für einen anderen Intermediär verwahrt. [2]Letztintermediär ist, wer als Intermediär für einen Aktionär Aktien einer Gesellschaft verwahrt.

(6) Unternehmensereignisse sind Ereignisse gemäß Artikel 1 Nummer 3 der Durchführungsverordnung (EU) 2018/1212.

§ 67b [1)] Übermittlung von Informationen durch Intermediäre an die Aktionäre

(1) [1]Der Letztintermediär hat dem Aktionär die nach § 67a Absatz 1 Satz 1 erhaltenen Informationen nach Artikel 2 Absatz 1 und 4, Artikel 9 Absatz 2 Unterabsatz 1 sowie Absatz 3 und 4 Unterabsatz 3 sowie Artikel 10 der Durchführungsverordnung (EU) 2018/1212 zu übermitteln. [2]§ 67a Absatz 2 Satz 1 und 4 gilt entsprechend.

(2) Absatz 1 gilt auch für Informationen einer börsennotierten Gesellschaft mit Sitz in einem anderen Mitgliedstaat der Europäischen Union.

§ 67c [2)] Übermittlung von Informationen durch Intermediäre an die Gesellschaft; Nachweis des Anteilsbesitzes

(1) [1]Der Letztintermediär hat die vom Aktionär einer börsennotierten Gesellschaft erhaltenen Informationen über die Ausübung seiner Rechte als Aktionär entweder direkt an die Gesellschaft oder an einen Intermediär in der Kette zu übermitteln. [2]Intermediäre haben die nach Satz 1 erhaltenen Informationen entweder direkt an die Gesellschaft oder an den jeweils nächsten Intermediär weiterzuleiten. [3]Die Sätze 1 und 2 gelten entsprechend für die Weiterleitung von Weisungen des Aktionärs zur Ausübung von Rechten aus Namensaktien börsennotierter Gesellschaften an den im Aktienregister eingetragenen Intermediär.

(2) [1]Der Aktionär kann Anweisungen zur Informationsübermittlung nach Absatz 1 erteilen. [2]§ 67a Absatz 2 Satz 1 gilt entsprechend. [3]Format, Inhalt und Frist der Informationsübermittlung nach Absatz 1 richten sich nach den Anforderungen in Artikel 2 Absatz 1 und 3, Artikel 8 und 9 Absatz 4 der Durchführungsverordnung (EU) 2018/1212. Eine rechtzeitige gesammelte Informationsübermittlung und -weiterleitung ist möglich. [4]Die Absätze 1 und 2 gelten auch für Informationen einer börsennotierten Gesellschaft mit Sitz in einem anderen Mitgliedstaat der Europäischen Union.

---

1) § 67b eingefügt durch Gesetz vom 12.12.2019 (BGBl. I S. 2637); zur erstmaligen Anwendung s. § 26j EGAktG (abgedruckt unter Nr. 2a.).

2) § 67c eingefügt durch Gesetz vom 12.12.2019 (BGBl. I S. 2637); zur erstmaligen Anwendung s. § 26j EGAktG (abgedruckt unter Nr. 2a.).

(3) Der Letztintermediär hat dem Aktionär für die Ausübung seiner Rechte in der Hauptversammlung auf Verlangen über dessen Anteilsbesitz unverzüglich einen Nachweis in Textform gemäß den Anforderungen nach Artikel 5 der Durchführungsverordnung (EU) 2018/1212 auszustellen oder diesen nach Absatz 1 der Gesellschaft zu übermitteln.

§ 67d[1] Informationsanspruch der Gesellschaft gegenüber Intermediären

(1) [1]Die börsennotierte Gesellschaft kann von einem Intermediär, der Aktien der Gesellschaft verwahrt, Informationen über die Identität der Aktionäre und über den nächsten Intermediär verlangen. [2]Format und Inhalt dieses Verlangens richten sich nach der Durchführungsverordnung (EU) 2018/1212.

(2) [1]Informationen über die Identität der Aktionäre sind die Daten nach Artikel 3 Absatz 2 in Verbindung mit Tabelle 2 Buchstabe C der Durchführungsverordnung (EU) 2018/1212. [2]Bei nicht eingetragenen Gesellschaften sind deren Gesellschafter mit den Informationen nach Satz 1 zu nennen. [3]Steht eine Aktie mehreren Berechtigten zu, sind diese mit den Informationen nach Satz 1 zu nennen.

(3) Das Informationsverlangen der Gesellschaft ist von einem Intermediär innerhalb der Frist nach Artikel 9 Absatz 6 Unterabsatz 1, 2 oder 3 Satz 3 und Absatz 7 der Durchführungsverordnung (EU) 2018/1212 an den jeweils nächsten Intermediär weiterzuleiten, bis der Letztintermediär erreicht ist.

(4) [1]Der Letztintermediär hat die Informationen zur Beantwortung des Informationsverlangens der Gesellschaft zu übermitteln. [2]Das gilt nicht, wenn die Gesellschaft die Übermittlung von einem anderen Intermediär in der Kette verlangt; in diesem Fall sind Intermediäre verpflichtet, die Informationen unverzüglich diesem Intermediär oder dem jeweils nächsten Intermediär weiterzuleiten. [3]Der Intermediär, von dem die Gesellschaft die Übermittlung verlangt, ist verpflichtet, der Gesellschaft die erhaltenen Informationen unverzüglich zu übermitteln. [4]Format, Inhalt und Frist der Antwort auf das Informationsverlangen richten sich nach den Artikeln 2, 3, 9 Absatz 6 Unterabsatz 2 und 3 und Absatz 7 der Durchführungsverordnung (EU) 2018/1212.

(5) [1]Die Absätze 1 bis 4 gelten auch für das Informationsverlangen einer börsennotierten Gesellschaft mit Sitz in einem anderen Mitgliedstaat der Europäischen Union. [2]§ 67a Absatz 2 Satz 1 gilt für die Absätze 1 bis 5 Satz 1 entsprechend.

§ 67e[2] Verarbeitung und Berichtigung personenbezogener Daten der Aktionäre

(1) Gesellschaften und Intermediäre dürfen personenbezogene Daten der Aktionäre für die Zwecke der Identifikation, der Kommunikation mit den Aktionären, den Gesellschaften und den Intermediären, der Ausübung der Rechte der Aktionäre, der Führung des Aktienregisters und für die Zusammenarbeit mit den Aktionären verarbeiten.

(2) [1]Erlangen Gesellschaften oder Intermediäre Kenntnis davon, dass ein Aktionär nicht mehr Aktionär der Gesellschaft ist, dürfen sie dessen personenbezogene Daten vorbehaltlich anderer gesetzlicher Regelungen nur noch für höchstens zwölf Monate speichern. [2]Eine längere Speicherung durch die Gesellschaft ist zudem zulässig, solange dies für Rechtsverfahren erforderlich ist.

---

1) § 67d eingefügt durch Gesetz vom 12.12.2019 (BGBl. I S. 2637); zur erstmaligen Anwendung s. § 26j EGAktG (abgedruckt unter Nr. 2a.).

2) § 67e eingefügt durch Gesetz vom 12.12.2019 (BGBl. I S. 2637); zur erstmaligen Anwendung s. § 26j EGAktG (abgedruckt unter Nr. 2a.).

(3) Mit der Offenlegung von Informationen über die Identität von Aktionären gegenüber der Gesellschaft oder weiterleitungspflichtigen Intermediären nach § 67d verstoßen Intermediäre nicht gegen vertragliche oder gesetzliche Verbote.

(4) Wer mit unvollständigen oder unrichtigen Informationen als Aktionär identifiziert wurde, kann von der Gesellschaft und von dem Intermediär, der diese Informationen erteilt hat, die unverzügliche Berichtigung verlangen.

§ 67f[1)] Kosten; Verordnungsermächtigung

(1) [1]Vorbehaltlich der Regelungen in Satz 2 trägt die Gesellschaft die Kosten für die nach den §§ 67a bis 67d, auch in Verbindung mit § 125 Absatz 1, 2 und 5, und nach § 118 Absatz 1 Satz 3 bis 5 sowie Absatz 2 Satz 2 notwendigen Aufwendungen der Intermediäre, soweit diese auf Methoden beruhen, die dem jeweiligen Stand der Technik entsprechen. [2]Die folgenden Kosten sind hiervon ausgenommen:

1. die Kosten für die notwendigen Aufwendungen der Letztintermediäre für die nichtelektronische Übermittlung von Informationen an den Aktionär gemäß § 67b Absatz 1 Satz 1 und
2. bei der Gesellschaft, die Namensaktien ausgegeben hat, die Kosten für die notwendigen Aufwendungen der Intermediäre für die Übermittlung und Weiterleitung von Informationen vom im Aktienregister eingetragenen Intermediär an den Aktionär nach § 125 Absatz 2 und 5 in Verbindung mit den §§ 67a und 67b.

[3]Die Intermediäre legen die Entgelte für die Aufwendungen für jede Dienstleistung, die nach den §§ 67a bis 67e, § 118 Absatz 1 Satz 3 bis 5 sowie Absatz 2 Satz 2, § 125 Absatz 1 Satz 1, Absatz 2 und 5 und § 129 Absatz 5 erbracht wird, offen. [4]Die Offenlegung erfolgt getrennt gegenüber der Gesellschaft und denjenigen Aktionären, für die sie die Dienstleistung erbringen. [5]Unterschiede zwischen den Entgelten für die Ausübung von Rechten im Inland und in grenzüberschreitenden Fällen sind nur zulässig, wenn sie gerechtfertigt sind und den Unterschieden bei den tatsächlichen Kosten, die für die Erbringung der Dienstleistungen entstanden sind, entsprechen.

(2) Unbeschadet sonstiger Regelungen nach diesem Gesetz sind für die Pflichten nach den §§ 67a bis 67e, 125 Absatz 1 Satz 1, Absatz 2 und 5 sowie für die Bestätigungen nach § 118 Absatz 1 Satz 3 bis 5 sowie Absatz 2 Satz 2 und § 129 Absatz 5 die Anforderungen der Durchführungsverordnung (EU) 2018/1212 zu beachten.

(3) [1]Das Bundesministerium der Justiz und für Verbraucherschutz wird ermächtigt, im Einvernehmen mit dem Bundesministerium für Wirtschaft und Energie und dem Bundesministerium der Finanzen durch Rechtsverordnung die Einzelheiten für den Ersatz von Aufwendungen der Intermediäre durch die Gesellschaft für die folgenden Handlungen zu regeln:

1. die Übermittlung der Angaben gemäß § 67 Absatz 4,
2. die Übermittlung und Weiterleitung von Informationen und Mitteilungen gemäß den §§ 67a bis 67d, 118 Absatz 1 Satz 3 bis 5 sowie Absatz 2 Satz 2 und § 129 Absatz 5 und
3. die Vervielfältigung, Übermittlung und Weiterleitung der Mitteilungen gemäß § 125 Absatz 1, 2 und 5 in Verbindung mit den §§ 67a und 67b.

[2]Es können Pauschbeträge festgesetzt werden. [3]Die Rechtsverordnung bedarf nicht der Zustimmung des Bundesrates.

---

1) § 67f eingefügt durch Gesetz vom 12.12.2019 (BGBl. I S. 2637); zur erstmaligen Anwendung s. § 26j EGAktG (abgedruckt unter Nr. 2a.).

§ 68 Übertragung von Namensaktien. Vinkulierung

(1) [1]Namensaktien können auch durch Indossament übertragen werden. [2]Für die Form des Indossaments, den Rechtsausweis des Inhabers und seine Verpflichtung zur Herausgabe gelten sinngemäß Artikel 12, 13 und 16 des Wechselgesetzes.

(2) [1]Die Satzung kann die Übertragung an die Zustimmung der Gesellschaft binden. [2]Die Zustimmung erteilt der Vorstand. [3]Die Satzung kann jedoch bestimmen, daß der Aufsichtsrat oder die Hauptversammlung über die Erteilung der Zustimmung beschließt. [4]Die Satzung kann die Gründe bestimmen, aus denen die Zustimmung verweigert werden darf.

(3) Bei Übertragung durch Indossament ist die Gesellschaft verpflichtet, die Ordnungsmäßigkeit der Reihe der Indossamente, nicht aber die Unterschriften zu prüfen.

(4) Diese Vorschriften gelten sinngemäß für Zwischenscheine.

§ 69 Rechtsgemeinschaft an einer Aktie

(1) Steht eine Aktie mehreren Berechtigten zu, so können sie die Rechte aus der Aktie nur durch einen gemeinschaftlichen Vertreter ausüben.

(2) Für die Leistungen auf die Aktie haften sie als Gesamtschuldner.

(3) [1]Hat die Gesellschaft eine Willenserklärung dem Aktionär gegenüber abzugeben, so genügt, wenn die Berechtigten der Gesellschaft keinen gemeinschaftlichen Vertreter benannt haben, die Abgabe der Erklärung gegenüber einem Berechtigten. [2]Bei mehreren Erben eines Aktionärs gilt dies nur für Willenserklärungen, die nach Ablauf eines Monats seit dem Anfall der Erbschaft abgegeben werden.

§ 70 Berechnung der Aktienbesitzzeit

[1]Ist die Ausübung von Rechten aus der Aktie davon abhängig, daß der Aktionär während eines bestimmten Zeitraums Inhaber der Aktie gewesen ist, so steht dem Eigentum ein Anspruch auf Übereignung gegen ein Kreditinstitut, Finanzdienstleistungsinstitut oder ein nach § 53 Abs. 1 Satz 1 oder § 53b Abs. 1 Satz 1 oder Abs. 7 des Gesetzes über das Kreditwesen tätiges Unternehmen gleich. [2]Die Eigentumszeit eines Rechtsvorgängers wird dem Aktionär zugerechnet, wenn er die Aktie unentgeltlich, von seinem Treuhänder, als Gesamtrechtsnachfolger, bei Auseinandersetzung einer Gemeinschaft oder bei einer Bestandsübertragung nach § 13 des Versicherungsaufsichtsgesetzes oder § 14 des Gesetzes über Bausparkassen erworben hat.

§ 71 Erwerb eigener Aktien

(1) Die Gesellschaft darf eigene Aktien nur erwerben,

1. wenn der Erwerb notwendig ist, um einen schweren, unmittelbar bevorstehenden Schaden von der Gesellschaft abzuwenden,
2. wenn die Aktien Personen, die im Arbeitsverhältnis zu der Gesellschaft oder einem mit ihr verbundenen Unternehmen stehen oder standen zum Erwerb angeboten werden sollen,
3. wenn der Erwerb geschieht, um Aktionäre nach § 305 Abs. 2, § 320b oder nach § 29 Abs. 1, § 125 Satz 1 in Verbindung mit § 29 Abs. 1, § 207 Abs. 1 Satz 1 des Umwandlungsgesetzes abzufinden,
4. wenn der Erwerb unentgeltlich geschieht oder ein Kreditinstitut mit dem Erwerb eine Einkaufskommission ausführt,
5. durch Gesamtrechtsnachfolge,
6. aufgrund eines Beschlusses der Hauptversammlung zur Einziehung nach den Vorschriften über die Herabsetzung des Grundkapitals,

7. wenn sie ein Kreditinstitut, Finanzdienstleistungsinstitut oder Finanzunternehmen ist, auf Grund eines Beschlusses der Hauptversammlung zum Zwecke des Wertpapierhandels. [2]Der Beschluß muß bestimmen, daß der Handelsbestand der zu diesem Zweck zu erwerbenden Aktien fünf vom Hundert des Grundkapitals am Ende jeden Tages nicht übersteigen darf; er muß den niedrigsten und höchsten Gegenwert festlegen. [3]Die Ermächtigung darf höchstens fünf Jahre gelten oder
8. aufgrund einer höchstens fünf Jahre geltenden Ermächtigung der Hauptversammlung, die den niedrigsten und höchsten Gegenwert sowie den Anteil am Grundkapital, der zehn vom Hundert nicht übersteigen darf, festlegt. [2]Als Zweck ist der Handel in eigenen Aktien ausgeschlossen. [3]§ 53a ist auf Erwerb und Veräußerung anzuwenden. [4]Erwerb und Veräußerung über die Börse genügen dem. [5]Eine andere Veräußerung kann die Hauptversammlung beschließen; § 186 Abs. 3, 4 und § 193 Abs. 2 Nr. 4 sind in diesem Fall entsprechend anzuwenden. [6]Die Hauptversammlung kann den Vorstand ermächtigen, die eigenen Aktien ohne weiteren Hauptversammlungsbeschluß einzuziehen.

(2) [1]Auf die zu den Zwecken nach Absatz 1 Nr. 1 bis 3, 7 und 8 erworbenen Aktien dürfen zusammen mit anderen Aktien der Gesellschaft, welche die Gesellschaft bereits erworben hat und noch besitzt, nicht mehr als zehn vom Hundert des Grundkapitals entfallen. [2]Dieser Erwerb ist ferner nur zulässig, wenn die Gesellschaft im Zeitpunkt des Erwerbs eine Rücklage in Höhe der Aufwendungen für den Erwerb bilden könnte, ohne das Grundkapital oder eine nach Gesetz oder Satzung zu bildende Rücklage zu mindern, die nicht zur Zahlung an die Aktionäre verwandt werden darf. [3]In den Fällen des Absatzes 1 Nr. 1, 2, 4, 7 und 8 ist der Erwerb nur zulässig, wenn auf die Aktien der Ausgabebetrag voll geleistet ist.

(3) [1]In den Fällen des Absatzes 1 Nr. 1 und 8 hat der Vorstand die nächste Hauptversammlung über die Gründe und den Zweck des Erwerbs, über die Zahl der erworbenen Aktien und den auf sie entfallenden Betrag des Grundkapitals, über deren Anteil am Grundkapital sowie über den Gegenwert der Aktien zu unterrichten. [2]Im Falle des Absatzes 1 Nr. 2 sind die Aktien innerhalb eines Jahres nach ihrem Erwerb an die Arbeitnehmer auszugeben.

(4) [1]Ein Verstoß gegen die Absätze 1 oder 2 macht den Erwerb eigener Aktien nicht unwirksam. [2]Ein schuldrechtliches Geschäft über den Erwerb eigener Aktien ist jedoch nichtig, soweit der Erwerb gegen die Absätze 1 oder 2 verstößt.

§ 71a Umgehungsgeschäfte

(1) [1]Ein Rechtsgeschäft, das die Gewährung eines Vorschusses oder eines Darlehens oder die Leistung einer Sicherheit durch die Gesellschaft an einen anderen zum Zweck des Erwerbs von Aktien dieser Gesellschaft zum Gegenstand hat, ist nichtig. [2]Dies gilt nicht für Rechtsgeschäfte im Rahmen der laufenden Geschäfte von Kreditinstituten oder Finanzdienstleistungsinstituten sowie für die Gewährung eines Vorschusses oder eines Darlehens oder für die Leistung einer Sicherheit zum Zweck des Erwerbs von Aktien durch Arbeitnehmer der Gesellschaft oder eines mit ihr verbundenen Unternehmens; auch in diesen Fällen ist das Rechtsgeschäft jedoch nichtig, wenn die Gesellschaft im Zeitpunkt des Erwerbs eine Rücklage in Höhe der Aufwendungen für den Erwerb nicht bilden könnte, ohne das Grundkapital oder eine nach Gesetz oder Satzung zu bildende Rücklage zu mindern, die nicht zur Zahlung an die Aktionäre verwandt werden darf. [3]Satz 1 gilt zudem nicht für Rechtsgeschäfte bei Bestehen eines Beherrschungs- oder Gewinnabführungsvertrags (§ 291).

(2) Nichtig ist ferner ein Rechtsgeschäft zwischen der Gesellschaft und einem anderen, nach dem dieser berechtigt oder verpflichtet sein soll, Aktien der Gesellschaft für Rechnung der Gesellschaft oder eines abhängigen oder eines in ihrem Mehrheitsbesitz ste-

henden Unternehmens zu erwerben, soweit der Erwerb durch die Gesellschaft gegen § 71 Abs. 1 oder 2 verstoßen würde.

§ 71b Rechte aus eigenen Aktien

Aus eigenen Aktien stehen der Gesellschaft keine Rechte zu.

§ 71c Veräußerung und Einziehung eigener Aktien

(1) Hat die Gesellschaft eigene Aktien unter Verstoß gegen § 71 Abs. 1 oder 2 erworben, so müssen sie innerhalb eines Jahres nach ihrem Erwerb veräußert werden.

(2) Entfallen auf die Aktien, welche die Gesellschaft nach § 71 Abs. 1 in zulässiger Weise erworben hat und noch besitzt, mehr als zehn vom Hundert des Grundkapitals, so muß der Teil der Aktien, der diesen Satz übersteigt, innerhalb von drei Jahren nach dem Erwerb der Aktien veräußert werden.

(3) Sind eigene Aktien innerhalb der in den Absätzen 1 und 2 vorgesehenen Fristen nicht veräußert worden, so sind sie nach § 237 einzuziehen.

§ 71d Erwerb eigener Aktien durch Dritte

[1]Ein im eigenen Namen, jedoch für Rechnung der Gesellschaft handelnder Dritter darf Aktien der Gesellschaft nur erwerben oder besitzen, soweit dies der Gesellschaft nach § 71 Abs. 1 Nr. 1 bis 5, 7 und 8 und Abs. 2 gestattet wäre. [2]Gleiches gilt für den Erwerb oder den Besitz von Aktien der Gesellschaft durch ein abhängiges oder ein im Mehrheitsbesitz der Gesellschaft stehendes Unternehmen sowie für den Erwerb oder den Besitz durch einen Dritten, der im eigenen Namen, jedoch für Rechnung eines abhängigen oder eines im Mehrheitsbesitz der Gesellschaft stehenden Unternehmens handelt. [3]Bei der Berechnung des Anteils am Grundkapital nach § 71 Abs. 2 Satz 1 und § 71c Abs. 2 gelten diese Aktien als Aktien der Gesellschaft. [4]Im übrigen gelten § 71 Abs. 3 und 4, §§ 71a bis 71c sinngemäß. [5]Der Dritte oder das Unternehmen hat der Gesellschaft auf ihr Verlangen das Eigentum an den Aktien zu verschaffen. [6]Die Gesellschaft hat den Gegenwert der Aktien zu erstatten.

§ 71e Inpfandnahme eigener Aktien

(1) [1]Dem Erwerb eigener Aktien nach § 71 Abs. 1 und 2, § 71d steht es gleich, wenn eigene Aktien als Pfand genommen werden. [2]Jedoch darf ein Kreditinstitut oder Finanzdienstleistungsinstitut im Rahmen der laufenden Geschäfte eigene Aktien bis zu dem in § 71 Abs. 2 Satz 1 bestimmten Anteil am Grundkapital als Pfand nehmen. [3]§ 71a gilt sinngemäß.

(2) [1]Ein Verstoß gegen Absatz 1 macht die Inpfandnahme eigener Aktien unwirksam, wenn auf sie der Ausgabebetrag noch nicht voll geleistet ist. [2]Ein schuldrechtliches Geschäft über die Inpfandnahme eigener Aktien ist nichtig, soweit der Erwerb gegen Absatz 1 verstößt.

§ 72 Kraftloserklärung von Aktien im Aufgebotsverfahren

(1) [1]Ist eine Aktie oder ein Zwischenschein abhanden gekommen oder vernichtet, so kann die Urkunde im Aufgebotsverfahren nach dem Gesetz über das Verfahren in Familiensachen und in den Angelegenheiten der freiwilligen Gerichtsbarkeit für kraftlos erklärt werden. [2]§ 799 Abs. 2 und § 800 des Bürgerlichen Gesetzbuchs gelten sinngemäß.

(2) Sind Gewinnanteilscheine auf den Inhaber ausgegeben, so erlischt mit der Kraftloserklärung der Aktie oder des Zwischenscheins auch der Anspruch aus den noch nicht fälligen Gewinnanteilscheinen.

(3) Die Kraftloserklärung einer Aktie nach §§ 73 oder 226 steht der Kraftloserklärung der Urkunde nach Absatz 1 nicht entgegen.

§ 73 Kraftloserklärung von Aktien durch die Gesellschaft

(1) [1]Ist der Inhalt von Aktienurkunden durch eine Veränderung der rechtlichen Verhältnisse unrichtig geworden, so kann die Gesellschaft die Aktien, die trotz Aufforderung nicht zur Berichtigung oder zum Umtausch bei ihr eingereicht sind, mit Genehmigung des Gerichts für kraftlos erklären. [2]Beruht die Unrichtigkeit auf einer Änderung des Nennbetrags der Aktien, so können sie nur dann für kraftlos erklärt werden, wenn der Nennbetrag zur Herabsetzung des Grundkapitals herabgesetzt ist. [3]Namensaktien können nicht deshalb für kraftlos erklärt werden, weil die Bezeichnung des Aktionärs unrichtig geworden ist. [4]Gegen die Entscheidung des Gerichts ist die Beschwerde zulässig; eine Anfechtung der Entscheidung, durch die die Genehmigung erteilt wird, ist ausgeschlossen.

(2) [1]Die Aufforderung, die Aktien einzureichen, hat die Kraftloserklärung anzudrohen und auf die Genehmigung des Gerichts hinzuweisen. [2]Die Kraftloserklärung kann nur erfolgen, wenn die Aufforderung in der in § 64 Abs. 2 für die Nachfrist vorgeschriebenen Weise bekanntgemacht worden ist. [3]Die Kraftloserklärung geschieht durch Bekanntmachung in den Gesellschaftsblättern. [4]In der Bekanntmachung sind die für kraftlos erklärten Aktien so zu bezeichnen, daß sich aus der Bekanntmachung ohne weiteres ergibt, ob eine Aktie für kraftlos erklärt ist.

(3) [1]An Stelle der für kraftlos erklärten Aktien sind, vorbehaltlich einer Satzungsregelung nach § 10 Abs. 5, neue Aktien auszugeben und dem Berechtigten auszuhändigen oder, wenn ein Recht zur Hinterlegung besteht, zu hinterlegen. [2]Die Aushändigung oder Hinterlegung ist dem Gericht anzuzeigen.

(4) Soweit zur Herabsetzung des Grundkapitals Aktien zusammengelegt werden, gilt § 226.

§ 74 Neue Urkunden an Stelle beschädigter oder verunstalteter Aktien oder Zwischenscheine

[1]Ist eine Aktie oder ein Zwischenschein so beschädigt oder verunstaltet, daß die Urkunde zum Umlauf nicht mehr geeignet ist, so kann der Berechtigte, wenn der wesentliche Inhalt und die Unterscheidungsmerkmale der Urkunde noch sicher zu erkennen sind, von der Gesellschaft die Erteilung einer neuen Urkunde gegen Aushändigung der alten verlangen. [2]Die Kosten hat er zu tragen und vorzuschießen.

§ 75 Neue Gewinnanteilscheine

Neue Gewinnanteilscheine dürfen an den Inhaber des Erneuerungsscheins nicht ausgegeben werden, wenn der Besitzer der Aktie oder des Zwischenscheins der Ausgabe widerspricht; sie sind dem Besitzer der Aktie oder des Zwischenscheins auszuhändigen, wenn er die Haupturkunde vorlegt.

Vierter Teil. Verfassung der Aktiengesellschaft

Erster Abschnitt. Vorstand

§ 76 Leitung der Aktiengesellschaft

(1) Der Vorstand hat unter eigener Verantwortung die Gesellschaft zu leiten.

(2) [1]Der Vorstand kann aus einer oder mehreren Personen bestehen. [2]Bei Gesellschaften mit einem Grundkapital von mehr als drei Millionen Euro hat er aus mindestens zwei Personen zu bestehen, es sei denn, die Satzung bestimmt, daß er aus einer Person besteht. [3]Die Vorschriften über die Bestellung eines Arbeitsdirektors bleiben unberührt.

(3) [1]Mitglied des Vorstands kann nur eine natürliche, unbeschränkt geschäftsfähige Person sein. [2]Mitglied des Vorstands kann nicht sein, wer

1. als Betreuter bei der Besorgung seiner Vermögensangelegenheiten ganz oder teilweise einem Einwilligungsvorbehalt (§ 1903 des Bürgerlichen Gesetzbuchs) unterliegt,
2. aufgrund eines gerichtlichen Urteils oder einer vollziehbaren Entscheidung einer Verwaltungsbehörde einen Beruf, einen Berufszweig, ein Gewerbe oder einen Gewerbezweig nicht ausüben darf, sofern der Unternehmensgegenstand ganz oder teilweise mit dem Gegenstand des Verbots übereinstimmt,
3. wegen einer oder mehrerer vorsätzlich begangener Straftaten
   a) des Unterlassens der Stellung des Antrags auf Eröffnung des Insolvenzverfahrens (Insolvenzverschleppung),
   b) nach den §§ 283 bis 283d des Strafgesetzbuchs (Insolvenzstraftaten),
   c) der falschen Angaben nach § 399 dieses Gesetzes oder § 82 des Gesetzes betreffend die Gesellschaften mit beschränkter Haftung,
   d) der unrichtigen Darstellung nach § 400 dieses Gesetzes, § 331 des Handelsgesetzbuchs, § 313 des Umwandlungsgesetzes oder § 17 des Publizitätsgesetzes,
   e) nach den §§ 263 bis 264a oder den §§ 265b bis 266a des Strafgesetzbuchs zu einer Freiheitsstrafe von mindestens einem Jahr

   verurteilt worden ist; dieser Ausschluss gilt für die Dauer von fünf Jahren seit der Rechtskraft des Urteils, wobei die Zeit nicht eingerechnet wird, in welcher der Täter auf behördliche Anordnung in einer Anstalt verwahrt worden ist.

[2]Satz 2 Nr. 3 gilt entsprechend bei einer Verurteilung im Ausland wegen einer Tat, die mit den in Satz 2 Nr. 3 genannten Taten vergleichbar ist.

(4) [1]Der Vorstand von Gesellschaften, die börsennotiert sind oder der Mitbestimmung unterliegen, legt für den Frauenanteil in den beiden Führungsebenen unterhalb des Vorstands Zielgrößen fest. [2]Liegt der Frauenanteil bei Festlegung der Zielgrößen unter 30 Prozent, so dürfen die Zielgrößen den jeweils erreichten Anteil nicht mehr unterschreiten. [3]Gleichzeitig sind Fristen zur Erreichung der Zielgrößen festzulegen. [4]Die Fristen dürfen jeweils nicht länger als fünf Jahre sein.

§ 77 Geschäftsführung

(1) [1]Besteht der Vorstand aus mehreren Personen, so sind sämtliche Vorstandsmitglieder nur gemeinschaftlich zur Geschäftsführung befugt. [2]Die Satzung oder die Geschäftsordnung des Vorstands kann Abweichendes bestimmen; es kann jedoch nicht bestimmt werden, daß ein oder mehrere Vorstandsmitglieder Meinungsverschiedenheiten im Vorstand gegen die Mehrheit seiner Mitglieder entscheiden.

(2) [1]Der Vorstand kann sich eine Geschäftsordnung geben, wenn nicht die Satzung den Erlaß der Geschäftsordnung dem Aufsichtsrat übertragen hat oder der Aufsichtsrat eine Geschäftsordnung für den Vorstand erläßt. [2]Die Satzung kann Einzelfragen der Geschäftsordnung bindend regeln. [3]Beschlüsse des Vorstands über die Geschäftsordnung müssen einstimmig gefaßt werden.

§ 78 Vertretung

(1) [1]Der Vorstand vertritt die Gesellschaft gerichtlich und außergerichtlich. [2]Hat eine Gesellschaft keinen Vorstand (Führungslosigkeit), wird die Gesellschaft für den Fall, dass ihr gegenüber Willenserklärungen abgegeben oder Schriftstücke zugestellt werden, durch den Aufsichtsrat vertreten.

(2) [1]Besteht der Vorstand aus mehreren Personen, so sind, wenn die Satzung nichts anderes bestimmt, sämtliche Vorstandsmitglieder nur gemeinschaftlich zur Vertretung der Gesellschaft befugt. [2]Ist eine Willenserklärung gegenüber der Gesellschaft abzugeben, so genügt die Abgabe gegenüber einem Vorstandsmitglied oder im Fall des Absatzes 1 Satz 2 gegenüber einem Aufsichtsratsmitglied. [3]An die Vertreter der Gesellschaft nach Absatz 1 können unter der im Handelsregister eingetragenen Geschäftsanschrift Willenserklärungen gegenüber der Gesellschaft abgegeben und Schriftstücke für die Gesellschaft zugestellt werden. [4]Unabhängig hiervon können die Abgabe und die Zustellung auch unter der eingetragenen Anschrift der empfangsberechtigten Person nach § 39 Abs. 1 Satz 2 erfolgen.

(3) [1]Die Satzung kann auch bestimmen, daß einzelne Vorstandsmitglieder allein oder in Gemeinschaft mit einem Prokuristen zur Vertretung der Gesellschaft befugt sind. [2]Dasselbe kann der Aufsichtsrat bestimmen, wenn die Satzung ihn hierzu ermächtigt hat. [3]Absatz 2 Satz 2 gilt in diesen Fällen sinngemäß.

(4) [1]Zur Gesamtvertretung befugte Vorstandsmitglieder können einzelne von ihnen zur Vornahme bestimmter Geschäfte oder bestimmter Arten von Geschäften ermächtigen. [2]Dies gilt sinngemäß, wenn ein einzelnes Vorstandsmitgleid in Gemeinschaft mit einem Prokuristen zur Vertretung der Gesellschaft befugt ist.

§ 79 *(aufgehoben)*

§ 80 Angaben auf Geschäftsbriefen

(1) [1]Auf allen Geschäftsbriefen gleichviel welcher Form, die an einen bestimmten Empfänger gerichtet werden, müssen die Rechtsform und der Sitz der Gesellschaft, das Registergericht des Sitzes der Gesellschaft und die Nummer, unter der die Gesellschaft in das Handelsregister eingetragen ist, sowie alle Vorstandsmitglieder und der Vorsitzende des Aufsichtsrats mit dem Familiennamen und mindestens einem ausgeschriebenen Vornamen angegeben werden. [2]Der Vorsitzende des Vorstands ist als solcher zu bezeichnen. [3]Werden Angaben über das Kapital der Gesellschaft gemacht, so müssen in jedem Falle das Grundkapital sowie, wenn auf die Aktien der Ausgabebetrag nicht vollständig eingezahlt ist, der Gesamtbetrag der ausstehenden Einlagen angegeben werden.

(2) Der Angaben nach Absatz 1 Satz 1 und 2 bedarf es nicht bei Mitteilungen oder Berichten, die im Rahmen einer bestehenden Geschäftsverbindung ergehen und für die üblicherweise Vordrucke verwendet werden, in denen lediglich die im Einzelfall erforderlichen besonderen Angaben eingefügt zu werden brauchen.

(3) [1]Bestellscheine gelten als Geschäftsbriefe im Sinne des Absatzes 1. [2]Absatz 2 ist auf sie nicht anzuwenden.

(4) [1]Auf allen Geschäftsbriefen und Bestellscheinen, die von einer Zweigniederlassung einer Aktiengesellschaft mit Sitz im Ausland verwendet werden, müssen das Register, bei dem die Zweigniederlassung geführt wird, und die Nummer des Registereintrags angegeben werden; im übrigen gelten die Vorschriften der Absätze 1 bis 3 für die Angaben bezüglich der Haupt- und der Zweigniederlassung, soweit nicht das ausländische Recht Abweichungen nötig macht. [2]Befindet sich die ausländische Gesellschaft in Abwicklung, so sind auch diese Tatsache sowie alle Abwickler anzugeben.

§ 81 Änderung des Vorstands und der Vertretungsbefugnis seiner Mitglieder

(1) Jede Änderung des Vorstands oder der Vertretungsbefugnis eines Vorstandsmitglieds hat der Vorstand zur Eintragung in das Handelsregister anzumelden.

(2) Der Anmeldung sind die Urkunden über die Änderung in Urschrift oder öffentlich beglaubigter Abschrift beizufügen.

(3) [1]Die neuen Vorstandsmitglieder haben in der Anmeldung zu versichern, daß keine Umstände vorliegen, die ihrer Bestellung nach § 76 Abs. 3 Satz 2 Nr. 2 und 3 sowie Satz 3 entgegenstehen, und daß sie über ihre unbeschränkte Auskunftspflicht gegenüber dem Gericht belehrt worden sind. [2]§ 37 Abs. 2 Satz 2 ist anzuwenden.

§ 82 Beschränkungen der Vertretungs- und Geschäftsführungsbefugnis

(1) Die Vertretungsbefugnis des Vorstands kann nicht beschränkt werden.

(2) Im Verhältnis der Vorstandsmitglieder zur Gesellschaft sind diese verpflichtet, die Beschränkungen einzuhalten, die im Rahmen der Vorschriften über die Aktiengesellschaft die Satzung, der Aufsichtsrat, die Hauptversammlung und die Geschäftsordnungen des Vorstands und des Aufsichtsrats für die Geschäftsführungsbefugnis getroffen haben.

§ 83 Vorbereitung und Ausführung von Hauptversammlungsbeschlüssen

(1) [1]Der Vorstand ist auf Verlangen der Hauptversammlung verpflichtet, Maßnahmen, die in die Zuständigkeit der Hauptversammlung fallen, vorzubereiten. [2]Das gleiche gilt für die Vorbereitung und den Abschluß von Verträgen, die nur mit Zustimmung der Hauptversammlung wirksam werden. [3]Der Beschluß der Hauptversammlung bedarf der Mehrheiten, die für die Maßnahmen oder für die Zustimmung zu dem Vertrag erforderlich sind.

(2) Der Vorstand ist verpflichtet, die von der Hauptversammlung im Rahmen ihrer Zuständigkeit beschlossenen Maßnahmen auszuführen.

§ 84 Bestellung und Abberufung des Vorstands

(1) [1]Vorstandsmitglieder bestellt der Aufsichtsrat auf höchstens fünf Jahre. [2]Eine wiederholte Bestellung oder Verlängerung der Amtszeit, jeweils für höchstens fünf Jahre, ist zulässig. [3]Sie bedarf eines erneuten Aufsichtsratsbeschlusses, der frühestens ein Jahr vor Ablauf der bisherigen Amtszeit gefaßt werden kann. [4]Nur bei einer Bestellung auf weniger als fünf Jahre kann eine Verlängerung der Amtszeit ohne neuen Aufsichtsratsbeschluß vorgesehen werden, sofern dadurch die gesamte Amtszeit nicht mehr als fünf Jahre beträgt. [5]Dies gilt sinngemäß für den Anstellungsvertrag; er kann jedoch vorsehen, daß er für den Fall einer Verlängerung der Amtszeit bis zu deren Ablauf weitergilt.

(2) Werden mehrere Personen zu Vorstandsmitgliedern bestellt, so kann der Aufsichtsrat ein Mitglied zum Vorsitzenden des Vorstands ernennen.

(3) [1]Der Aufsichtsrat kann die Bestellung zum Vorstandsmitglied und die Ernennung zum Vorsitzenden des Vorstands widerrufen, wenn ein wichtiger Grund vorliegt. [2]Ein solcher Grund ist namentlich grobe Pflichtverletzung, Unfähigkeit zur ordnungsmäßigen Geschäftsführung oder Vertrauensentzug durch die Hauptversammlung, es sei denn, daß das Vertrauen aus offenbar unsachlichen Gründen entzogen worden ist. [3]Dies gilt auch für den vom ersten Aufsichtsrat bestellten Vorstand. [4]Der Widerruf ist wirksam, bis seine Unwirksamkeit rechtskräftig festgestellt ist. [5]Für die Ansprüche aus dem Anstellungsvertrag gelten die allgemeinen Vorschriften.

(4) Die Vorschriften des Gesetzes über die Mitbestimmung der Arbeitnehmer in den Aufsichtsräten und Vorständen der Unternehmen des Bergbaus und der Eisen und Stahl erzeugenden Industrie in der im Bundesgesetzblatt Teil III, Gliederungsnummer 801-2, veröffentlichten bereinigten Fassung – Montan-Mitbestimmungsgesetz – über die besonderen Mehrheitserfordernisse für einen Aufsichtsratsbeschluß über die Bestellung eines Arbeitsdirektors oder den Widerruf seiner Bestellung bleiben unberührt.

§ 85 Bestellung durch das Gericht

(1) [1]Fehlt ein erforderliches Vorstandsmitglied, so hat in dringenden Fällen das Gericht auf Antrag eines Beteiligten das Mitglied zu bestellen. [2]Gegen die Entscheidung ist die Beschwerde zulässig.

(2) Das Amt des gerichtlich bestellten Vorstandsmitglieds erlischt in jedem Fall, sobald der Mangel behoben ist.

(3) [1]Das gerichtlich bestellte Vorstandsmitglied hat Anspruch auf Ersatz angemessener barer Auslagen und auf Vergütung für seine Tätigkeit. [2]Einigen sich das gerichtlich bestellte Vorstandsmitglied und die Gesellschaft nicht, so setzt das Gericht die Auslagen und die Vergütung fest. [3]Gegen die Entscheidung ist die Beschwerde zulässig; die Rechtsbeschwerde ist ausgeschlossen. [4]Aus der rechtskräftigen Entscheidung findet die Zwangsvollstreckung nach der Zivilprozeßordnung statt.

§ 86 *(aufgehoben)*

§ 87[1] Grundsätze für die Bezüge der Vorstandsmitglieder

(1) [1]Der Aufsichtsrat hat bei der Festsetzung der Gesamtbezüge des einzelnen Vorstandsmitglieds (Gehalt, Gewinnbeteiligungen, Aufwandsentschädigungen, Versicherungsentgelte, Provisionen, anreizorientierte Vergütungszusagen wie zum Beispiel Aktienbezugsrechte und Nebenleistungen jeder Art) dafür zu sorgen, dass diese in einem angemessenen Verhältnis zu den Aufgaben und Leistungen des Vorstandsmitglieds sowie zur Lage der Gesellschaft stehen und die übliche Vergütung nicht ohne besondere Gründe übersteigen. [2]Die Vergütungsstruktur ist bei börsennotierten Gesellschaften auf eine nachhaltige und langfristige Entwicklung der Gesellschaft auszurichten. [3]Variable Vergütungsbestandteile sollen daher eine mehrjährige Bemessungsgrundlage haben; für außerordentliche Entwicklungen soll der Aufsichtsrat eine Begrenzungsmöglichkeit vereinbaren. [4]Satz 1 gilt sinngemäß für Ruhegehalt, Hinterbliebenenbezüge und Leistungen verwandter Art.

(2) [1]Verschlechtert sich die Lage der Gesellschaft nach der Festsetzung so, dass die Weitergewährung der Bezüge nach Absatz 1 unbillig für die Gesellschaft wäre, so soll der Aufsichtsrat oder im Falle des § 85 Absatz 3 das Gericht auf Antrag des Aufsichtsrats die Bezüge auf die angemessene Höhe herabsetzen. [2]Ruhegehalt, Hinterbliebenenbezüge und Leistungen verwandter Art können nur in den ersten drei Jahren nach Ausscheiden aus der Gesellschaft nach Satz 1 herabgesetzt werden. [3]Durch eine Herabsetzung wird der Anstellungsvertrag im übrigen nicht berührt. [4]Das Vorstandsmitglied kann jedoch seinen Anstellungsvertrag für den Schluß des nächsten Kalendervierteljahrs mit einer Kündigungsfrist von sechs Wochen kündigen.

(3) Wird über das Vermögen der Gesellschaft das Insolvenzverfahren eröffnet und kündigt der Insolvenzverwalter den Anstellungsvertrag eines Vorstandsmitglieds, so kann es Ersatz für den Schaden, der ihm durch die Aufhebung des Dienstverhältnisses entsteht, nur für zwei Jahre seit dem Ablauf des Dienstverhältnisses verlangen.

(4) Die Hauptversammlung kann auf Antrag nach § 122 Absatz 2 Satz 1 die nach § 87a Absatz 1 Satz 2 Nummer 1 festgelegte Maximalvergütung herabsetzen.

§ 87a[2] Vergütungssystem börsennotierter Gesellschaften

(1) [1]Der Aufsichtsrat der börsennotierten Gesellschaft beschließt ein klares und verständliches System zur Vergütung der Vorstandsmitglieder. [2]Dieses Vergütungssystem

1) § 87 Abs. 1 geändert und Abs. 4 angefügt durch Gesetz vom 12.12.2019 (BGBl. I S. 2637).
2) § 87a eingefügt durch Gesetz vom 12.12.2019 (BGBl. I S. 2637); zur erstmaligen Anwendung s. § 26j EGAktG (abgedruckt unter Nr. 2a.).

enthält mindestens die folgenden Angaben, in Bezug auf Vergütungsbestandteile jedoch nur, soweit diese tatsächlich vorgesehen sind:

1. die Festlegung einer Maximalvergütung der Vorstandsmitglieder;
2. den Beitrag der Vergütung zur Förderung der Geschäftsstrategie und zur langfristigen Entwicklung der Gesellschaft;
3. alle festen und variablen Vergütungsbestandteile und ihren jeweiligen relativen Anteil an der Vergütung;
4. alle finanziellen und nichtfinanziellen Leistungskriterien für die Gewährung variabler Vergütungsbestandteile einschließlich
   a) einer Erläuterung, wie diese Kriterien zur Förderung der Ziele gemäß Nummer 2 beitragen, und
   b) einer Darstellung der Methoden, mit denen die Erreichung der Leistungskriterien festgestellt wird;
5. Aufschubzeiten für die Auszahlung von Vergütungsbestandteilen;
6. Möglichkeiten der Gesellschaft, variable Vergütungsbestandteile zurückzufordern;
7. im Falle aktienbasierter Vergütung:
   a) Fristen,
   b) die Bedingungen für das Halten von Aktien nach dem Erwerb und
   c) eine Erläuterung, wie diese Vergütung zur Förderung der Ziele gemäß Nummer 2 beiträgt;
8. hinsichtlich vergütungsbezogener Rechtsgeschäfte:
   a) die Laufzeiten und die Voraussetzungen ihrer Beendigung, einschließlich der jeweiligen Kündigungsfristen,
   b) etwaige Zusagen von Entlassungsentschädigungen und
   c) die Hauptmerkmale der Ruhegehalts- und Vorruhestandsregelungen;
9. eine Erläuterung, wie die Vergütungs- und Beschäftigungsbedingungen der Arbeitnehmer bei der Festsetzung des Vergütungssystems berücksichtigt wurden, einschließlich einer Erläuterung, welcher Kreis von Arbeitnehmern einbezogen wurde;
10. eine Darstellung des Verfahrens zur Fest- und zur Umsetzung sowie zur Überprüfung des Vergütungssystems, einschließlich der Rolle eventuell betroffener Ausschüsse und der Maßnahmen zur Vermeidung und zur Behandlung von Interessenkonflikten;
11. im Fall der Vorlage eines gemäß § 120a Absatz 3 überprüften Vergütungssystems:
    a) eine Erläuterung aller wesentlichen Änderungen und
    b) eine Übersicht, inwieweit Abstimmung und Äußerungen der Aktionäre in Bezug auf das Vergütungssystem und die Vergütungsberichte berücksichtigt wurden.

(2) [1]Der Aufsichtsrat der börsennotierten Gesellschaft hat die Vergütung der Vorstandsmitglieder in Übereinstimmung mit einem der Hauptversammlung nach § 120a Absatz 1 zur Billigung vorgelegten Vergütungssystem festzusetzen. [2]Der Aufsichtsrat kann vorübergehend von dem Vergütungssystem abweichen, wenn dies im Interesse des langfristigen Wohlergehens der Gesellschaft notwendig ist und das Vergütungssystem das Verfahren des Abweichens sowie die Bestandteile des Vergütungssystems, von denen abgewichen werden kann, benennt.

§ 88 Wettbewerbsverbot

(1) [1]Die Vorstandsmitglieder dürfen ohne Einwilligung des Aufsichtsrats weder ein Handelsgewerbe betreiben noch im Geschäftszweig der Gesellschaft für eigene oder fremde Rechnung Geschäfte machen. [2]Sie dürfen ohne Einwilligung auch nicht Mitglied des Vorstands oder Geschäftsführer oder persönlich haftender Gesellschafter einer anderen Handelsgesellschaft sein. [3]Die Einwilligung des Aufsichtsrats kann nur für bestimmte Handelsgewerbe oder Handelsgesellschaften oder für bestimme Arten von Geschäften erteilt werden.

(2) [1]Verstößt ein Vorstandsmitglied gegen dieses Verbot, so kann die Gesellschaft Schadenersatz fordern. [2]Sie kann statt dessen von dem Mitglied verlangen, daß es die für eigene Rechnung gemachten Geschäfte als für Rechnung der Gesellschaft eingegangen gelten läßt und die aus Geschäften für fremde Rechnung bezogene Vergütung herausgibt oder seinen Anspruch auf die Vergütung abtritt.

(3) [1]Die Ansprüche der Gesellschaft verjähren in drei Monaten seit dem Zeitpunkt, in dem die übrigen Vorstandsmitglieder und die Aufsichtsratsmitglieder von der zum Schadensersatz verpflichtenden Handlung Kenntnis erlangen oder ohne große Fahrlässigkeit erlangen müssten. [2]Sie verjähren ohne Rücksicht auf diese Kenntnis oder grob fahrlässige Unkenntnis in fünf Jahren seit ihrer Entstehung an.

§ 89 Kreditgewährung an Vorstandsmitglieder

(1) [1]Die Gesellschaft darf ihren Vorstandsmitgliedern Kredit nur aufgrund eines Beschlusses des Aufsichtsrats gewähren. [2]Der Beschluß kann nur für bestimmte Kreditgeschäfte oder Arten von Kreditgeschäften und nicht für länger als drei Monate im voraus gefaßt werden. [3]Er hat die Verzinsung und Rückzahlung des Kredits zu regeln. [4]Der Gewährung eines Kredits steht die Gestattung einer Entnahme gleich, die über die dem Vorstandsmitglied zustehenden Bezüge hinausgeht, namentlich auch die Gestattung der Entnahme von Vorschüssen auf Bezüge. [5]Dies gilt nicht für Kredite, die ein Monatsgehalt nicht übersteigen.

(2) [1]Die Gesellschaft darf ihren Prokuristen und zum gesamten Geschäftsbetrieb ermächtigten Handlungsbevollmächtigten Kredit nur mit Einwilligung des Aufsichtsrats gewähren. [2]Eine herrschende Gesellschaft darf Kredite an gesetzliche Vertreter, Prokuristen oder zum gesamten Geschäftsbetieb ermächtigte Handlungsbevollmächtigte eines abhängigen Unternehmens nur mit Einwilligung ihres Aufsichtsrats, eine abhängige Gesellschaft darf Kredite an gesetzliche Vertreter, Prokuristen oder zum gesamten Geschäftsbetrieb ermächtigte Handlungsbevollmächtigte des herrschenden Unternehmens nur mit Einwilligung des Aufsichtsrats des herrschenden Unternehmens gewähren. [3]Absatz 1 Satz 2 bis 5 gilt sinngemäß.

(3) [1]Absatz 2 gilt auch für Kredite an den Ehegatten, Lebenspartner oder an ein minderjähriges Kind eines Vorstandsmitglieds, eines anderen gesetzlichen Vertreters, eines Prokuristen oder eines zum gesamten Geschäftsbetrieb ermächtigten Handlungsbevollmächtigten. [2]Er gilt ferner für Kredite an einen Dritten, der für Rechnung dieser Personen oder für Rechnung eines Vorstandsmitglieds, eines anderen gesetzlichen Vertreters, eines Prokuristen oder eines zum gesamten Geschäftsbetrieb ermächtigten Handlungsbevollmächtigten handelt.

(4) [1]Ist ein Vorstandsmitglied, ein Prokurist oder ein zum gesamten Geschäftsbetrieb ermächtigter Handlungsbevollmächtigter zugleich gesetzlicher Vertreter oder Mitglied des Aufsichtsrats einer anderen juristischen Person oder Gesellschafter einer Personenhandelsgesellschaft, so darf die Gesellschaft der juristitschen Person oder der Personenhandelsgesellschaft Kredit nur mit Einwilligung des Aufsichtsrats gewähren; Absatz 1 Satz 2 und 3 gilt sinngemäß. [2]Dies gilt nicht, wenn die juristische Person oder die Per-

sonenhandelsgesellschaft mit der Gesellschaft verbunden ist oder wenn der Kredit für die Bezahlung von Waren gewährt wird, welche die Gesellschaft der juristischen Person oder der Personenhandelsgesellschaft liefert.

(5) Wird entgegen den Absätzen 1 bis 4 Kredit gewährt, so ist der Kredit ohne Rücksicht auf entgegenstehende Vereinbarungen sofort zurückzugewähren, wenn nicht der Aufsichtsrat nachträglich zustimmt.

(6) Ist die Gesellschaft ein Kreditinstitut oder Finanzdienstleistungsinstitut, auf das § 15 des Gesetzes über das Kreditwesen anzuwenden ist, gelten anstelle der Absätze 1 bis 5 die Vorschriften des Gesetzes über das Kreditwesen.

§ 90 Berichte an den Aufsichtsrat

(1) [1]Der Vorstand hat dem Aufsichtsrat zu berichten über

1. die beabsichtigte Geschäftspolitik und andere grundsätzliche Fragen der Unternehmensplanung (insbesondere die Finanz-, Investitions- und Personalplanung), wobei auf Abweichungen der tatsächlichen Entwicklung von früher berichteten Zielen unter Angabe von Gründen einzugehen ist;
2. die Rentabilität der Gesellschaft, insbesondere die Rentabilität des Eigenkapitals;
3. den Gang der Geschäfte, insbesondere den Umsatz, und die Lage der Gesellschaft;
4. Geschäfte, die für die Rentabilität oder Liquidität der Gesellschaft von erheblicher Bedeutung sein können.

[2]Ist die Gesellschaft Mutterunternehmen (§ 290 Abs. 1, 2 des Handelsgesetzbuchs), so hat der Bericht auch auf Tochterunternehmen und auf Gemeinschaftsunternehmen (§ 310 Abs. 1 des Handelsgesetzbuchs) einzugehen. [3]Außerdem ist dem Vorsitzenden des Aufsichtsrats aus sonstigen wichtigen Anlässen zu berichten; als wichtiger Anlaß ist auch ein dem Vorstand bekanntgewordener geschäftlicher Vorgang bei einem verbundenen Unternehmen anzusehen, der auf die Lage der Gesellschaft von erheblichem Einfluß sein kann.

(2) Die Berichte nach Absatz 1 Satz 1 Nr. 1 bis 4 sind wie folgt zu erstatten:

1. die Berichte nach Nummer 1 mindestens einmal jährlich, wenn nicht Änderungen der Lage oder neue Fragen eine unverzügliche Berichterstattung gebieten;
2. die Berichte nach Nummer 2 in der Sitzung des Aufsichtsrats, in der über den Jahresabschluß verhandelt wird;
3. die Berichte nach Nummer 3 regelmäßig, mindestens vierteljährlich;
4. die Berichte nach Nummer 4 möglichst so rechtzeitig, daß der Aufsichtsrat vor Vornahme der Geschäfte Gelegenheit hat, zu ihnen Stellung zu nehmen.

(3) [1]Der Aufsichtsrat kann vom Vorstand jederzeit einen Bericht verlangen über Angelegenheiten der Gesellschaft, über ihre rechtlichen und geschäftlichen Beziehungen zu verbundenen Unternehmen sowie über geschäftliche Vorgänge bei diesen Unternehmen, die auf die Lage der Gesellschaft von erheblichem Einfluß sein können. [2]Auch ein einzelnes Mitglied kann einen Bericht, jedoch nur an den Aufsichtsrat, verlangen.

(4) [1]Die Berichte haben den Grundsätzen einer gewissenhaften und getreuen Rechenschaft zu entsprechen. [2]Sie sind möglichst rechtzeitig und, mit Ausnahme des Berichts nach Absatz 1 Satz 3, in der Regel in Textform zu erstatten.

(5) [1]Jedes Aufsichtsratsmitglied hat das Recht, von den Berichten Kenntnis zu nehmen. [2]Soweit die Berichte in Textform erstattet worden sind, sind sie auch jedem Aufsichtsratsmitglied auf Verlangen zu übermitteln, soweit der Aufsichtsrat nichts anderes beschlossen hat. [3]Der Vorsitzende des Aufsichtsrats hat die Aufsichtsratsmitglieder über

die Berichte nach Absatz 1 Satz 3 spätestens in der nächsten Aufsichtsratssitzung zu unterrichten.

§ 91 Organisation; Buchführung

(1) Der Vorstand hat dafür zu sorgen, daß die erforderlichen Handelsbücher geführt werden.

(2) Der Vorstand hat geeignete Maßnahmen zu treffen, insbesondere ein Überwachungssystem einzurichten, damit den Fortbestand der Gesellschaft gefährdende Entwicklungen früh erkannt werden.

§ 92 Vorstandspflichten bei Verlust, Überschuldung oder Zahlungsunfähigkeit

(1) Ergibt sich bei Aufstellung der Jahresbilanz oder einer Zwischenbilanz oder ist bei pflichtmäßigem Ermessen anzunehmen, daß ein Verlust in Höhe der Hälfte des Grundkapitals besteht, so hat der Vorstand unverzüglich die Hauptversammlung einzuberufen und ihr dies anzuzeigen.

(2) [1]Nachdem die Zahlungsunfähigkeit der Gesellschaft eingetreten ist oder sich ihre Überschuldung ergeben hat, darf der Vorstand keine Zahlungen leisten. [2]Dies gilt nicht von Zahlungen, die auch nach diesem Zeitpunkt mit der Sorgfalt eines ordentlichen und gewissenhaften Geschäftsleiters vereinbar sind. [3]Die gleiche Verpflichtung trifft den Vorstand für Zahlungen an Aktionäre, soweit diese zur Zahlungsunfähigkeit der Gesellschaft führen mussten, es sei denn, dies war auch bei Beachtung der in § 93 Abs. 1 Satz 1 bezeichneten Sorgfalt nicht erkennbar.

§ 93 Sorgfaltspflicht und Verantwortlichkeit der Vorstandsmitglieder

(1) [1]Die Vorstandsmitglieder haben bei ihrer Geschäftsführung die Sorgfalt eines ordentlichen und gewissenhaften Geschäftsleiters anzuwenden. [2]Eine Pflichtverletzung liegt nicht vor, wenn das Vorstandsmitglied bei einer unternehmerischen Entscheidung vernünftigerweise annehmen durfte, auf der Grundlage angemessener Information zum Wohle der Gesellschaft zu handeln. [3]Über vertrauliche Angaben und Geheimnisse der Gesellschaft, namentlich Betriebs- oder Geschäftsgeheimnisse, die den Vorstandsmitgliedern durch ihre Tätigkeit im Vorstand bekanntgeworden sind, haben sie Stillschweigen zu bewahren. [4]Die Pflicht des Satzes 3 gilt nicht gegenüber einer nach § 342b des Handelsgesetzbuchs anerkannten Prüfstelle im Rahmen einer von dieser durchgeführten Prüfung.

(2) [1]Vorstandsmitglieder, die ihre Pflichten verletzen, sind der Gesellschaft zum Ersatz des daraus entstehenden Schadens als Gesamtschuldner verpflichtet. [2]Ist streitig, ob sie die Sorgfalt eines ordentlichen und gewissenhaften Geschäftsleiters angewandt haben, so trifft sie die Beweislast. [3]Schließt die Gesellschaft eine Versicherung zur Absicherung eines Vorstandsmitglieds gegen Risiken aus dessen beruflicher Tätigkeit für die Gesellschaft ab, ist ein Selbstbehalt von mindestens 10 Prozent des Schadens bis mindestens zur Höhe des Eineinhalbfachen der festen jährlichen Vergütung des Vorstandsmitglieds vorzusehen.

(3) Die Vorstandsmitglieder sind namentlich zum Ersatz verpflichtet, wenn entgegen diesem Gesetz

1. Einlagen an die Aktionäre zurückgewährt werden,
2. den Aktionären Zinsen oder Gewinnanteile gezahlt werden,
3. eigene Aktien der Gesellschaft oder einer anderen Gesellschaft gezeichnet, erworben, als Pfand genommen oder eingezogen werden,
4. Aktien vor der vollen Leistung des Ausgabebetrags ausgegeben werden,

5. Gesellschaftsvermögen verteilt wird,
6. Zahlungen entgegen § 92 Abs. 2 geleistet werden,
7. Vergütungen an Aufsichtsratsmitglieder gewährt werden,
8. Kredit gewährt wird,
9. bei der bedingten Kapitalerhöhung außerhalb des festgesetzten Zwecks oder vor der vollen Leistung des Gegenwerts Bezugsaktien ausgegeben werden.

(4) [1]Der Gesellschaft gegenüber tritt die Ersatzpflicht nicht ein, wenn die Handlung auf einem gesetzmäßigen Beschluß der Hauptversammlung beruht. [2]Dadurch, daß der Aufsichtsrat die Handlung gebilligt hat, wird die Ersatzpflicht nicht ausgeschlossen. [3]Die Gesellschaft kann erst drei Jahre nach der Entstehung des Anspruchs und nur dann auf Ersatzansprüche verzichten oder sich über sie vergleichen, wenn die Hauptversammlung zustimmt und nicht eine Minderheit, deren Anteile zusammen den zehnten Teil des Grundkapitals erreichen, zur Niederschrift Widerspruch erhebt. [4]Die zeitliche Beschränkung gilt nicht, wenn der Ersatzpflichtige zahlungsunfähig ist und sich zur Abwendung des Insolvenzverfahrens mit seinen Gläubigern vergleicht oder wenn die Ersatzpflicht in einem Insolvenzplan geregelt wird.

(5) [1]Der Ersatzanspruch der Gesellschaft kann auch von den Gläubigern der Gesellschaft geltend gemacht werden, soweit sie von dieser keine Befriedigung erlangen können. [2]Dies gilt jedoch in anderen Fällen als denen des Absatzes 3 nur dann, wenn die Vorstandsmitglieder die Sorgfalt eines ordentlichen und gewissenhaften Geschäftsleiters gröblich verletzt haben; Absatz 2 Satz 2 gilt sinngemäß. [3]Den Gläubigern gegenüber wird die Ersatzpflicht weder durch einen Verzicht oder Vergleich der Gesellschaft noch dadurch aufgehoben, daß die Handlung auf einem Beschluß der Hauptversammlung beruht. [4]Ist über das Vermögen der Gesellschaft das Insolvenzverfahren eröffnet, so übt während dessen Dauer der Insolvenzverwalter oder der Sachwalter das Recht der Gläubiger gegen die Vorstandsmitglieder aus.

(6) Die Ansprüche aus diesen Vorschriften verjähren bei Gesellschaften, die zum Zeitpunkt der Pflichtverletzung börsennotiert sind, in zehn Jahren, bei anderen Gesellschaften in fünf Jahren.

§ 94 Stellvertreter von Vorstandsmitgliedern

Die Vorschriften für die Vorstandsmitglieder gelten auch für ihre Stellvertreter.

Zweiter Abschnitt. Aufsichtsrat

§ 95 Zahl der Aufsichtsratsmitglieder

[1]Der Aufsichtsrat besteht aus drei Mitgliedern. [2]Die Satzung kann eine bestimmte höhere Zahl festsetzen. [3]Die Zahl muß durch drei teilbar sein, wenn dies zur Erfüllung mitbestimmungsrechtlicher Vorgaben erforderlich ist. [4]Die Höchstzahl der Aufsichtsratsmitglieder beträgt bei Gesellschaften mit einem Grundkapital

bis zu 1.500.000 Euro neun,
von mehr als 1.500.000 Euro fünfzehn,
von mehr als 10.000.000 Euro einundzwanzig.

[5]Durch die vorstehenden Vorschriften werden hiervon abweichende Vorschriften des Mitbestimmungsgesetzes vom 4. Mai 1976 (BGBl. I S. 1153), des Montan-Mitbestimmungsgesetzes und des Gesetzes zur Ergänzung des Gesetzes über die Mitbestimmung der Arbeitnehmer in den Aufsichtsräten und Vorständen der Unternehmen des Bergbaus und der Eisen und Stahl erzeugenden Industrie in der im Bundesgesetzblatt

Teil III, Gliederungsnummer 801-3, veröffentlichten bereinigten Fassung – Mitbestimmungsergänzungsgesetz – nicht berührt.

§ 96 Zusammensetzung des Aufsichtsrats

(1) Der Aufsichtsrat setzt sich zusammen

bei Gesellschaften, für die das Mitbestimmungsgesetz gilt, aus Aufsichtsratsmitgliedern der Aktionäre und der Arbeitnehmer,

bei Gesellschaften, für die das Montan-Mitbestimmungsgesetz gilt, aus Aufsichtsratsmitgliedern der Aktionäre und der Arbeitnehmer und aus weiteren Mitgliedern,

bei Gesellschaften, für die die §§ 5 bis 13 des Mitbestimmungsergänzungsgesetzes gelten, aus Aufsichtsratsmitgliedern der Aktionäre und der Arbeitnehmer und aus einem weiteren Mitglied,

bei Gesellschaften, für die das Drittelbeteiligungsgesetz gilt, aus Aufsichtsratsmitgliedern der Aktionäre und der Arbeitnehmer,

bei Gesellschaften für die das Gesetz über die Mitbestimmung der Arbeitnehmer bei einer grenzüberschreitenden Verschmelzung vom 21. Dezember 2006 (BGBl. I S. 3332) gilt, aus Aufsichtsratsmitgliedern der Aktionäre und der Arbeitnehmer,

bei den übrigen Gesellschaften nur aus Aufsichtsratsmitgliedern der Aktionäre.

(2) [1]Bei börsennotierten Gesellschaften, für die das Mitbestimmungsgesetz, das Montan-Mitbestimmungsgesetz oder das Mitbestimmungsergänzungsgesetz gilt, setzt sich der Aufsichtsrat zu mindestens 30 Prozent aus Frauen und zu mindestens 30 Prozent aus Männern zusammen. [2]Der Mindestanteil ist vom Aufsichtsrat insgesamt zu erfüllen. [3]Widerspricht die Seite der Anteilseigner- oder Arbeitnehmervertreter auf Grund eines mit Mehrheit gefassten Beschlusses vor der Wahl der Gesamterfüllung gegenüber dem Aufsichtsratsvorsitzenden, so ist der Mindestanteil für diese Wahl von der Seite der Anteilseigner und der Seite der Arbeitnehmer getrennt zu erfüllen. [4]Es ist in allen Fällen auf volle Personenzahlen mathematisch aufbeziehungsweise abzurunden. [5]Verringert sich bei Gesamterfüllung der höhere Frauenanteil einer Seite nachträglich und widerspricht sie nun der Gesamterfüllung, so wird dadurch die Besetzung auf der anderen Seite nicht unwirksam. [6]Eine Wahl der Mitglieder des Aufsichtsrats durch die Hauptversammlung und eine Entsendung in den Aufsichtsrat unter Verstoß gegen das Mindestanteilsgebot ist nichtig. [7]Ist eine Wahl aus anderen Gründen für nichtig erklärt, so verstoßen zwischenzeitlich erfolgte Wahlen insoweit nicht gegen das Mindestanteilsgebot. [8]Auf die Wahl der Aufsichtsratsmitglieder der Arbeitnehmer sind die in Satz 1 genannten Gesetze zur Mitbestimmung anzuwenden.

(3) [1]Bei börsennotierten Gesellschaften, die aus einer grenzüberschreitenden Verschmelzung hervorgegangen sind und bei denen nach dem Gesetz über die Mitbestimmung der Arbeitnehmer bei einer grenzüberschreitenden Verschmelzung das Aufsichts- oder Verwaltungsorgan aus derselben Zahl von Anteilseigner- und Arbeitnehmervertretern besteht, müssen in dem Aufsichts- oder Verwaltungsorgan Frauen und Männer jeweils mit einem Anteil von mindestens 30 Prozent vertreten sein. [2]Absatz 2 Satz 2, 4, 6 und 7 gilt entsprechend.

(4) Nach anderen als den zuletzt angewandten gesetzlichen Vorschriften kann der Aufsichtsrat nur zusammengesetzt werden, wenn nach § 97 oder nach § 98 die in der Bekanntmachung des Vorstands oder in der gerichtlichen Entscheidung angegebenen gesetzlichen Vorschriften anzuwenden sind.

§ 97 Bekanntmachung über die Zusammensetzung des Aufsichtsrats

(1) [1]Ist der Vorstand der Ansicht, daß der Aufsichtsrat nicht nach den für ihn maßgebenden gesetzlichen Vorschriften zusammengesetzt ist, so hat er dies unverzüglich in

den Gesellschaftsblättern und gleichzeitig durch Aushang in sämtlichen Betrieben der Gesellschaft und ihrer Konzernunternehmen bekanntzumachen. [2]In der Bekanntmachung sind die nach Ansicht des Vorstands maßgebenden gesetzlichen Vorschriften anzugeben. [3]Es ist darauf hinzuweisen, daß der Aufsichtsrat nach diesen Vorschriften zusammengesetzt wird, wenn nicht Antragsberechtigte nach § 98 Abs. 2 innerhalb eines Monats nach der Bekanntmachung im Bundesanzeiger das nach § 98 Abs. 1 zuständige Gericht anrufen.

(2) [1]Wird das nach § 98 Abs. 1 zuständige Gericht nicht innerhalb eines Monats nach der Bekanntmachung im Bundesanzeiger angerufen, so ist der neue Aufsichtsrat nach den in der Bekanntmachung des Vorstands angegebenen gesetzlichen Vorschriften zusammenzusetzen. [2]Die Bestimmungen der Satzung über die Zusammensetzung des Aufsichtsrats, über die Zahl der Aufsichtsratsmitglieder sowie über die Wahl, Abberufung und Entsendung von Aufsichtsratsmitgliedern treten mit der Beendigung der ersten Hauptversammlung, die nach Ablauf der Anrufungsfrist einberufen wird, spätestens sechs Monate nach Ablauf dieser Frist insoweit außer Kraft, als sie den nunmehr anzuwendenden gesetzlichen Vorschriften widersprechen. [3]Mit demselben Zeitpunkt erlischt das Amt der bisherigen Aufsichtsratsmitglieder. [4]Eine Hauptversammlung, die innerhalb der Frist von sechs Monaten stattfindet, kann an Stelle der außer Kraft tretenden Satzungsbestimmungen mit einfacher Stimmenmehrheit neue Satzungsbestimmungen beschließen.

(3) Solange ein gerichtliches Verfahren nach §§ 98, 99 anhängig ist, kann eine Bekanntmachung über die Zusammensetzung des Aufsichtsrats nicht erfolgen.

§ 98 Gerichtliche Entscheidung über die Zusammensetzung des Aufsichtsrats

(1) Ist streitig oder ungewiss, nach welchen gesetzlichen Vorschriften der Aufsichtsrat zusammenzusetzen ist, so entscheidet darüber auf Antrag ausschließlich das Landgericht, in dessen Bezirk die Gesellschaft ihren Sitz hat.

(2) [1]Antragsberechtigt sind

1. der Vorstand,
2. jedes Aufsichtsratsmitglied,
3. jeder Aktionär,
4. der Gesamtbetriebsrat der Gesellschaft oder, wenn in der Gesellschaft nur ein Betriebsrat besteht, der Betriebsrat,
5. der Gesamt- oder Unternehmenssprecherausschuss der Gesellschaft oder, wenn in der Gesellschaft nur ein Sprecherausschuss besteht, der Sprecherausschuss.
6. der Gesamtbetriebsrat eines anderen Unternehmens, dessen Arbeitnehmer nach den gesetzlichen Vorschriften, deren Anwendung streitig oder ungewiß ist, selbst oder durch Delegierte an der Wahl von Aufsichtsratsmitgliedern der Gesellschaft teilnehmen, oder, wenn in dem anderen Unternehmen nur ein Betriebsrat besteht, der Betriebsrat,
7. der Gesamt- oder Unternehmenssprecherausschuss eines anderen Unternehmens, dessen Arbeitnehmer nach den gesetzlichen Vorschriften, deren Anwendung streitig oder ungewiss ist, selbst oder durch Delegierte an der Wahl von Aufsichtsratsmitgliedern der Gesellschaft teilnehmen, oder, wenn in dem anderen Unternehmen nur ein Sprecherausschuss besteht, der Sprecherausschuss,
8. mindestens ein Zehntel oder einhundert der Arbeitnehmer, die nach den gesetzlichen Vorschriften, deren Anwendung streitig oder ungewiß ist, selbst oder durch Delegierte an der Wahl von Aufsichtsratsmitgliedern der Gesellschaft teilnehmen,

9. Spitzenorganisationen der Gewerkschaften, die nach den gesetzlichen Vorschriften, deren Anwendung streitig oder ungewiß ist, ein Vorschlagsrecht hätten,
10. Gewerkschaften, die nach den gesetzlichen Vorschriften, deren Anwendung streitig oder ungewiß ist, ein Vorschlagsrecht hätten.

2Ist die Anwendung des Mitbestimmungsgesetzes oder die Anwendung von Vorschriften des Mitbestimmungsgesetzes streitig oder ungewiß, so sind außer den nach Satz 1 Antragsberechtigten auch je ein Zehntel der wahlberechtigten in § 3 Abs. 1 Nr. 1 des Mitbestimmungsgesetzes bezeichneten Arbeitnehmer oder der wahlberechtigten leitenden Angestellten im Sinne des Mitbestimmungsgesetzes antragsberechtigt.

(3) Die Absätze 1 und 2 gelten sinngemäß, wenn streitig ist, ob der Abschlußprüfer das nach § 3 oder § 16 des Mitbestimmungsergänzungsgesetzes maßgebliche Umsatzverhältnis richtig ermittelt hat.

(4) 1Entspricht die Zusammensetzung des Aufsichtsrats nicht der gerichtlichen Entscheidung, so ist der neue Aufsichtsrat nach den in der Entscheidung angegebenen gesetzlichen Vorschriften zusammenzusetzen. 2§ 97 Abs. 2 gilt sinngemäß mit der Maßgabe, daß die Frist von sechs Monaten mit dem Eintritt der Rechtskraft beginnt.

§ 99 Verfahren

(1) Auf das Verfahren ist das Gesetz über das Verfahren in Familiensachen und in den Angelegenheiten der freiwilligen Gerichtsbarkeit anzuwenden, soweit in den Absätzen 2 bis 5 nichts anderes bestimmt ist.

(2) 1Das Landgericht hat den Antrag in den Gesellschaftsblättern bekanntzumachen. 2Der Vorstand und jedes Aufsichtsratsmitglied sowie die nach § 98 Abs. 2 antragsberechtigten Betriebsräte, Sprecherausschüsse, Spitzenorganisationen und Gewerkschaften sind zu hören.

(3) 1Das Landgericht entscheidet durch einen mit Gründen versehenen Beschluss. 2Gegen die Entscheidung des Landgerichts findet die Beschwerde statt. 3Sie kann nur auf eine Verletzung des Rechts gestützt werden; § 72 Abs. 1 Satz 2 und § 74 Abs. 2 und 3 des Gesetzes über das Verfahren in Familiensachen und in den Angelegenheiten der freiwilligen Gerichtsbarkeit sowie § 547 der Zivilprozessordnung gelten sinngemäß. 4Die Beschwerde kann nur durch die Einreichung einer von einem Rechtsanwalt unterzeichneten Beschwerdeschrift eingelegt werden. 5Die Landesregierung kann durch Rechtsverordnung die Entscheidung über die Beschwerde für die Bezirke mehrerer Oberlandesgerichte einem der Oberlandesgerichte oder dem Obersten Landesgericht übertragen, wenn dies der Sicherung einer einheitlichen Rechtsprechung dient. 6Die Landesregierung kann die Ermächtigung auf die Landesjustizverwaltung übertragen.

(4) 1Das Gericht hat seine Entscheidung dem Antragsteller und der Gesellschaft zuzustellen. 2Es hat sie ferner ohne Gründe in den Gesellschaftsblättern bekanntzumachen. 3Die Beschwerde steht jedem nach § 98 Abs. 2 Antragsberechtigten zu. 4Die Beschwerdefrist beginnt mit der Bekanntmachung der Entscheidung im Bundesanzeiger, für den Antragsteller und die Gesellschaft jedoch nicht vor der Zustellung der Entscheidung.

(5) 1Die Entscheidung wird erst mit der Rechtskraft wirksam. 2Sie wirkt für und gegen alle. 3Der Vorstand hat die rechtskräftige Entscheidung unverzüglich zum Handelsregister einzureichen.

(6) 1Die Kosten können ganz oder zum Teil dem Antragsteller auferlegt werden, wenn dies der Billigkeit entspricht. 2Kosten der Beteiligten werden nicht erstattet.

§ 100 Persönliche Voraussetzungen für Aufsichtsratsmitglieder

(1) [1]Mitglied des Aufsichtsrats kann nur eine natürliche, unbeschränkt geschäftsfähige Person sein. [2]Ein Betreuter, der bei der Besorgung seiner Vermögensangelegenheiten ganz oder teilweise einem Einwilligungsvorbehalt (§ 1903 des Bürgerlichen Gesetzbuchs) unterliegt, kann nicht Mitglied des Aufsichtsrats sein.

(2) [1]Mitglied des Aufsichtsrats kann nicht sein, wer

1. bereits in zehn Handelsgesellschaften, die gesetzlich einen Aufsichtsrat zu bilden haben, Aufsichtsratsmitglied ist,
2. gesetzlicher Vertreter eines von der Gesellschaft abhängigen Unternehmens ist,
3. gesetzlicher Vertreter einer anderen Kapitalgesellschaft ist, deren Aufsichtsrat ein Vorstandsmitglied der Gesellschaft angehört, oder
4. in den letzten zwei Jahren Vorstandsmitglied derselben börsennotierten Gesellschaft war, es sei denn, seine Wahl erfolgt auf Vorschlag von Aktionären, die mehr als 25 Prozent der Stimmrechte an der Gesellschaft halten.

[2]Auf die Höchstzahl nach Satz 1 Nr. 1 sind bis zu fünf Aufsichtsratssitze nicht anzurechnen, die ein gesetzlicher Vertreter (beim Einzelkaufmann der Inhaber) des herrschenden Unternehmens eines Konzerns in zum Konzern gehörenden Handelsgesellschaften, die gesetzlich einen Aufsichtsrat zu bilden haben, inne hat. [3]Auf die Höchstzahl nach Satz 1 Nr. 1 sind Aufsichtsratsämter im Sinne der Nummer 1 doppelt anzurechnen, für die das Mitglied zum Vorsitzenden gewählt worden ist.

(3) Die anderen persönlichen Voraussetzungen der Aufsichtsratsmitglieder der Arbeitnehmer sowie der weiteren Mitglieder bestimmen sich nach dem Mitbestimmungsgesetz, dem Montan-Mitbestimmungsgesetz, dem Mitbestimmungsergänzungsgesetz, dem Drittelbeteiligungsgesetz und dem Gesetz über die Mitbestimmung der Arbeitnehmer bei einer grenzüberschreitenden Verschmelzung.

(4) Die Satzung kann persönliche Voraussetzungen nur für Aufsichtsratsmitglieder fordern, die von der Hauptversammlung ohne Bindung an Wahlvorschläge gewählt oder aufgrund der Satzung in den Aufsichtsrat entsandt werden.

(5) Bei Gesellschaften, die kapitalmarktorientiert im Sinne des § 264d des Handelsgesetzbuchs, die CRR-Kreditinstitute im Sinne des § 1 Absatz 3d Satz 1 des Kreditwesengesetzes, mit Ausnahme der in § 2 Absatz 1 Nummer 1 und 2 des Kreditwesengesetzes genannten Institute, oder die Versicherungsunternehmen im Sinne des Artikels 2 Absatz 1 der Richtlinie 91/674/EWG des Rates vom 19. Dezember 1991 über den Jahresabschluß und den konsolidierten Abschluß von Versicherungsunternehmen (ABl. L 374 vom 31.12.1991, S. 7), die zuletzt durch die Richtlinie 2006/46/EG (ABl. L 224 vom 16.8.2006, S. 1) geändert worden ist, sind, muss mindestens ein Mitglied des Aufsichtsrats über Sachverstand auf den Gebieten Rechnungslegung oder Abschlussprüfung verfügen; die Mitglieder müssen in ihrer Gesamtheit mit dem Sektor, in dem die Gesellschaft tätig ist, vertraut sein.

§ 101 Bestellung der Aufsichtsratsmitglieder

(1) [1]Die Mitglieder des Aufsichtsrats werden von der Hauptversammlung gewählt, soweit sie nicht in den Aufsichtsrat zu entsenden oder als Aufsichtsratsmitglieder der Arbeitnehmer nach dem Mitbestimmungsgesetz, dem Mitbestimmungsergänzungsgesetz, dem Drittelbeteiligungsgesetz oder dem Gesetz über die Mitbestimmung der Arbeitnehmer bei einer grenzüberschreitenden Verschmelzung zu wählen sind. [2]An Wahlvorschläge ist die Hauptversammlung nur gemäß §§ 6 und 8 des Montan-Mitbestimmungsgesetzes gebunden.

(2) [1]Ein Recht, Mitglieder in den Aufsichtsrat zu entsenden, kann nur durch die Satzung und nur für bestimmte Aktionäre oder für die jeweiligen Inhaber bestimmter Aktien begründet werden. [2]Inhabern bestimmter Aktien kann das Entsendungsrecht nur eingeräumt werden, wenn die Aktien auf Namen lauten und ihre Übertragung an die Zustimmung der Gesellschaft gebunden ist. [3]Die Aktien der Entsendungsberechtigten gelten nicht als eine besondere Gattung. [4]Die Entsendungsrechte können insgesamt höchstens für ein Drittel der sich aus dem Gesetz oder der Satzung ergebenden Zahl der Aufsichtsratsmitglieder der Aktionäre eingeräumt werden.

(3) [1]Stellvertreter von Aufsichtsratsmitgliedern können nicht bestellt werden. [2]Jedoch kann für jedes Aufsichtsratsmitglied mit Ausnahme des weiteren Mitglieds, das nach dem Montan-Mitbestimmungsgesetz oder dem Mitbestimmungsergänzungsgesetz auf Vorschlag der übrigen Aufsichtsratsmitglieder gewählt wird, ein Ersatzmitglied bestellt werden, das Mitglied des Aufsichtsrats wird, wenn das Aufsichtsratsmitglied vor Ablauf seiner Amtszeit wegfällt. [3]Das Ersatzmitglied kann nur gleichzeitig mit dem Aufsichtsratsmitglied bestellt werden. [4]Auf seine Bestellung sowie die Nichtigkeit und Anfechtung seiner Bestellung sind die für das Aufsichtsratsmitglied geltenden Vorschriften anzuwenden.

§ 102 Amtszeit der Aufsichtsratsmitglieder

(1) [1]Aufsichtsratsmitglieder können nicht für längere Zeit als bis zur Beendigung der Hauptversammlung bestellt werden, die über die Entlastung für das vierte Geschäftsjahr nach dem Beginn der Amtszeit beschließt. [2]Das Geschäftsjahr, in dem die Amtszeit beginnt, wird nicht mitgerechnet.

(2) Das Amt des Ersatzmitglieds erlischt spätestens mit Ablauf der Amtszeit des weggefallenen Aufsichtsratsmitglieds.

§ 103 Abberufung der Aufsichtsratsmitglieder

(1) [1]Aufsichtsratsmitglieder, die von der Hauptversammlung ohne Bindung an einen Wahlvorschlag gewählt worden sind, können von ihr vor Ablauf der Amtszeit abberufen werden. [2]Der Beschluß bedarf einer Mehrheit, die mindestens drei Viertel der abgegebenen Stimmen umfaßt. [3]Die Satzung kann eine andere Mehrheit und weitere Erfordernisse bestimmen.

(2) [1]Ein Aufsichtsratsmitglied, das aufgrund der Satzung in den Aufsichtsrat entsandt ist, kann von dem Entsendungsberechtigten jederzeit abberufen und durch ein anderes ersetzt werden. [2]Sind die in der Satzung bestimmten Voraussetzungen des Entsendungsrechts weggefallen, so kann die Hauptversammlung das entsandte Mitglied mit einfacher Stimmenmehrheit abberufen.

(3) [1]Das Gericht hat auf Antrag des Aufsichtsrats ein Aufsichtsratsmitglied abzuberufen, wenn in dessen Person ein wichtiger Grund vorliegt. [2]Der Aufsichtsrat beschließt über die Antragstellung mit einfacher Mehrheit. [3]Ist das Aufsichtsratsmitglied aufgrund der Satzung in den Aufsichtsrat entsandt worden, so können auch Aktionäre, deren Anteile zusammen den zehnten Teil des Grundkapitals oder den anteiligen Betrag von einer Million Euro erreichen, den Antrag stellen. [4]Gegen die Entscheidung ist die Beschwerde zulässig.

(4) Für die Abberufung der Aufsichtsratsmitglieder, die weder von der Hauptversammlung ohne Bindung an einen Wahlvorschlag gewählt worden sind noch aufgrund der Satzung in den Aufsichtsrat entsandt sind, gelten außer Absatz 3 das Mitbestimmungsgesetz, das Montan-Mitbestimmungsgesetz, das Mitbestimmungsergänzungsgesetz, das Drittelbeteiligungsgesetz, das SE-Beteiligungsgesetz und das Gesetz über die Mitbestimmung der Arbeitnehmer bei einer grenzüberschreitenden Verschmelzung.

(5) Für die Abberufung eines Ersatzmitglieds gelten die Vorschriften über die Abberufung des Aufsichtsratsmitglieds, für das es bestellt ist.

§ 104 Bestellung durch das Gericht

(1) [1]Gehört dem Aufsichtsrat die zur Beschlußfähigkeit nötige Zahl von Mitgliedern nicht an, so hat ihn das Gericht auf Antrag des Vorstands, eines Aufsichtsratsmitglieds oder eines Aktionärs auf diese Zahl zu ergänzen. [2]Der Vorstand ist verpflichtet, den Antrag unverzüglich zu stellen, es sei denn, daß die rechtzeitige Ergänzung vor der nächsten Aufsichtsratssitzung zu erwarten ist. [3]Hat der Aufsichtsrat auch aus Aufsichtsratsmitgliedern der Arbeitnehmer zu bestehen, so können auch den Antrag stellen

1. der Gesamtbetriebsrat der Gesellschaft oder, wenn in der Gesellschaft nur ein Betriebsrat besteht, der Betriebsrat, sowie, wenn die Gesellschaft herrschendes Unternehmen eines Konzerns ist, der Konzernbetriebsrat,
2. der Gesamt- oder Unternehmenssprecherausschuss der Gesellschaft oder, wenn in der Gesellschaft nur ein Sprecherausschuss besteht, der Sprecherausschuss sowie, wenn die Gesellschaft herrschendes Unternehmen eines Konzerns ist, der Konzernsprecherausschuss.
3. der Gesamtbetriebsrat eines anderen Unternehmens, dessen Arbeitnehmer selbst oder durch Delegierte an der Wahl teilnehmen, oder, wenn in dem anderen Unternehmen nur ein Betriebsrat besteht, der Betriebsrat,
4. der Gesamt- oder Unternehmenssprecherausschuss eines anderen Unternehmens, dessen Arbeitnehmer selbst oder durch Delegierte an der Wahl teilnehmen, oder, wenn in dem anderen Unternehmen nur ein Sprecherausschuss besteht, der Sprecherausschuss,
5. mindestens ein Zehntel oder einhundert der Arbeitnehmer, die selbst oder durch Delegierte an der Wahl teilnehmen,
6. Spitzenorganisationen der Gewerkschaften, die das Recht haben, Aufsichtsratsmitglieder der Arbeitnehmer vorzuschlagen,
7. Gewerkschaften, die das Recht haben, Aufsichtsratsmitglieder der Arbeitnehmer vorzuschlagen.

[4]Hat der Aufsichtsrat nach dem Mitbestimmungsgesetz auch aus Aufsichtsratsmitgliedern der Arbeitnehmer zu bestehen, so sind außer den nach Satz 3 Antragsberechtigten auch je ein Zehntel der wahlberechtigten in § 3 Abs. 1 Nr. 1 des Mitbestimmungsgesetzes bezeichneten Arbeitnehmer oder der wahlberechtigten leitenden Angestellten im Sinne des Mitbestimmungsgesetzes antragsberechtigt. [5]Gegen die Entscheidung ist die Beschwerde zulässig.

(2) [1]Gehören dem Aufsichtsrat länger als drei Monate weniger Mitglieder als die durch Gesetz oder Satzung festgesetzte Zahl an, so hat ihn das Gericht auf Antrag auf diese Zahl zu ergänzen. [2]In dringenden Fällen hat das Gericht auf Antrag den Aufsichtsrat auch vor Ablauf der Frist zu ergänzen. [3]Das Antragsrecht bestimmt sich nach Absatz 1. [4]Gegen die Entscheidung ist die Beschwerde zulässig.

(3) Absatz 2 ist auf einen Aufsichtsrat, in dem die Arbeitnehmer ein Mitbestimmungsrecht nach dem Mitbestimmungsgesetz, dem Montan-Mitbestimmungsgesetz oder dem Mitbestimmungsergänzungsgesetz haben, mit der Maßgabe anzuwenden,

1. daß das Gericht den Aufsichtsrat hinsichtlich des weiteren Mitglieds, das nach dem Montan-Mitbestimmungsgesetz oder dem Mitbestimmungsergänzungsgesetz auf Vorschlag der übrigen Aufsichtsratsmitglieder gewählt wird, nicht ergänzen kann,

2. daß es stets ein dringender Fall ist, wenn dem Aufsichtsrat, abgesehen von dem in Nummer 1 genannten weiteren Mitglied, nicht alle Mitglieder angehören, aus denen er nach Gesetz oder Satzung zu bestehen hat.

(4) [1]Hat der Aufsichtsrat auch aus Aufsichtsratsmitgliedern der Arbeitnehmer zu bestehen, so hat das Gericht ihn so zu ergänzen, daß das für seine Zusammensetzung maßgebende zahlenmäßige Verhältnis hergestellt wird. [2]Wenn der Aufsichtsrat zur Herstellung seiner Beschlußfähigkeit ergänzt wird, gilt dies nur, soweit die zur Beschlußfähigkeit nötige Zahl der Aufsichtsratsmitglieder die Wahrung dieses Verhältnisses möglich macht. [3]Ist ein Aufsichtsratsmitglied zu ersetzen, das nach Gesetz oder Satzung in persönlicher Hinsicht besonderen Voraussetzungen entsprechen muß, so muß auch das vom Gericht bestellte Aufsichtsratsmitglied diesen Voraussetzungen entsprechen. [4]Ist ein Aufsichtsratsmitglied zu ersetzen, bei dessen Wahl eine Spitzenorganisation der Gewerkschaften, eine Gewerkschaft oder die Betriebsräte ein Vorschlagsrecht hätten, so soll das Gericht Vorschläge dieser Stellen berücksichtigen, soweit nicht überwiegende Belange der Gesellschaft oder der Allgemeinheit der Bestellung des Vorgeschlagenen entgegenstehen; das gleiche gilt, wenn das Aufsichtsratsmitglied durch Delegierte zu wählen wäre, für gemeinsame Vorschläge der Betriebsräte der Unternehmen, in denen Delegierte zu wählen sind.

(5) Die Ergänzung durch das Gericht ist bei börsennotierten Gesellschaften, für die das Mitbestimmungsgesetz, das Montan-Mitbestimmungsgesetz oder das Mitbestimmungsergänzungsgesetz gilt, nach Maßgabe des § 96 Absatz 2 Satz 1 bis 5 vorzunehmen.

(6) Das Amt des gerichtlich bestellten Aufsichtsratsmitglieds erlischt in jedem Fall, sobald der Mangel behoben ist.

(7) [1]Das gerichtliche Aufsichtsratsmitglied hat Anspruch auf Ersatz angemessener barer Auslagen und, wenn den Aufsichtsratsmitgliedern der Gesellschaft eine Vergütung gewährt wird, auf Vergütung für seine Tätigkeit. [2]Auf Antrag des Aufsichtsratsmitglieds setzt das Gericht die Auslagen und die Vergütung fest. [3]Gegen die Entscheidung ist die Beschwerde zulässig; die Rechtsbeschwerde ist ausgeschlossen. [4]Aus der rechtskräftigen Entscheidung findet die Zwangsvollstreckung nach der Zivilprozeßordnung statt.

§ 105 Unvereinbarkeit der Zugehörigkeit zum Vorstand und zum Aufsichtsrat

(1) Ein Aufsichtsratsmitglied kann nicht zugleich Vorstandsmitglied, dauernd Stellvertreter von Vorstandsmitgliedern, Prokurist oder zum gesamten Geschäftsbetrieb ermächtigter Handlungsbevollmächtigter der Gesellschaft sein.

(2) [1]Nur für einen im voraus begrenzten Zeitraum, höchstens für ein Jahr, kann der Aufsichtsrat einzelne seiner Mitglieder zu Stellvertretern von fehlenden oder verhinderten Vorstandsmitgliedern bestellen. [2]Eine wiederholte Bestellung oder Verlängerung der Amtszeit ist zulässig, wenn dadurch die Amtszeit insgesamt ein Jahr nicht übersteigt. [3]Während ihrer Amtszeit als Stellvertreter von Vorstandsmitgliedern können die Aufsichtsratsmitglieder keine Tätigkeit als Aufsichtsratsmitglied ausüben. [4]Das Wettbewerbsverbot des § 88 gilt für sie nicht.

§ 106 Bekanntmachung der Änderungen im Aufsichtsrat

Der Vorstand hat bei jeder Änderung in den Personen der Aufsichtsratsmitglieder unverzüglich eine Liste der Mitglieder des Aufsichtsrats, aus welcher Name, Vorname, ausgeübter Beruf und Wohnort der Mitglieder ersichtlich ist, zum Handelsregister einzureichen; das Gericht hat nach § 10 des Handelsgesetzbuchs einen Hinweis darauf bekannt zu machen, dass die Liste zum Handelsregister eingereicht worden ist.

§ 107[1] Innere Ordnung des Aufsichtsrats

(1) [1]Der Aufsichtsrat hat nach näherer Bestimmung der Satzung aus seiner Mitte einen Vorsitzenden und mindestens einen Stellvertreter zu wählen. [2]Der Vorstand hat zum Handelsregister anzumelden, wer gewählt ist. [3]Der Stellvertreter hat nur dann die Rechte und Pflichten des Vorsitzenden, wenn dieser verhindert ist.

(2) [1]Über die Sitzungen des Aufsichtsrats ist eine Niederschrift anzufertigen, die der Vorsitzende zu unterzeichnen hat. [2]In der Niederschrift sind der Ort und der Tag der Sitzung, die Teilnehmer, die Gegenstände der Tagesordnung, der wesentliche Inhalt der Verhandlungen und die Beschlüsse des Aufsichtsrats anzugeben. [3]Ein Verstoß gegen Satz 1 oder Satz 2 macht einen Beschluß nicht unwirksam. [4]Jedem Mitglied des Aufsichtsrats ist auf Verlangen eine Abschrift der Sitzungsniederschrift auszuhändigen.

(3) [1]Der Aufsichtsrat kann aus seiner Mitte einen oder mehrere Ausschüsse bestellen, namentlich, um seine Verhandlungen und Beschlüsse vorzubereiten oder die Ausführung seiner Beschlüsse zu überwachen. [2]Er kann insbesondere einen Prüfungsausschuss bestellen, der sich mit der Überwachung des Rechnungslegungsprozesses, der Wirksamkeit des internen Kontrollsystems, des Risikomanagementsystems und des internen Revisionssystems sowie der Abschlussprüfung, hier insbesondere der Auswahl und der Unabhängigkeit des Abschlussprüfers und der vom Abschlussprüfer zusätzlich erbrachten Leistungen, befasst. [3]Der Prüfungsausschuss kann Empfehlungen oder Vorschläge zur Gewährleistung der Integrität des Rechnungslegungsprozesses unterbreiten. [4]Der Aufsichtsrat der börsennotierten Gesellschaft kann außerdem einen Ausschuss bestellen, der über die Zustimmung nach § 111b Absatz 1 beschließt. [5]An dem Geschäft beteiligte nahestehende Personen im Sinne des § 111a Absatz 1 Satz 2 können nicht Mitglieder des Ausschusses sein. [6]Er muss mehrheitlich aus Mitgliedern zusammengesetzt sein, bei denen keine Besorgnis eines Interessenkonfliktes auf Grund ihrer Beziehungen zu einer nahestehenden Person besteht. [7]Die Aufgaben nach Absatz 1 Satz 1, § 59 Abs. 3, § 77 Abs. 2 Satz 1, § 84 Abs. 1 Satz 1 und 3, Abs. 2 und Abs. 3 Satz 1, § 87 Abs. 1 und Abs. 2 Satz 1 und 2, § 111 Abs. 3, §§ 171, 314 Abs. 2 und 3 sowie Beschlüsse, daß bestimmte Arten von Geschäften nur mit Zustimmung des Aufsichtsrats vorgenommen werden dürfen, können einem Ausschuß nicht an Stelle des Aufsichtsrats zur Beschlußfassung überwiesen werden. [8]Dem Aufsichtsrat ist regelmäßig über die Arbeit der Ausschüsse zu berichten.

(4) Richtet der Aufsichtsrat einer Gesellschaft, die kapitalmarktorientiert im Sinne des § 264d des Handelsgesetzbuchs, die CRR-Kreditinstitut im Sinne des § 1 Absatz 3d Satz 1 des Kreditwesengesetzes, mit Ausnahme der in § 2 Absatz 1 Nummer 1 und 2 des Kreditwesengesetzes genannten Institute, oder die Versicherungsunternehmen im Sinne des Artikels 2 Absatz 1 der Richtlinie 91/674/EWG ist, einen Prüfungsausschuss im Sinn des Absatzes 3 Satz 2 ein, so müssen die Voraussetzungen des § 100 Absatz 5 erfüllt sein.

§ 108 Beschlußfassung des Aufsichtsrats

(1) Der Aufsichtsrat entscheidet durch Beschluß.

(2) [1]Die Beschlußfähigkeit des Aufsichtsrats kann, soweit sie nicht gesetzlich geregelt ist, durch die Satzung bestimmt werden. [2]Ist sie weder gesetzlich noch durch die Satzung geregelt, so ist der Aufsichtsrat nur beschlußfähig, wenn mindestens die Hälfte der Mitglieder, aus denen er nach Gesetz oder Satzung insgesamt zu bestehen hat, an der Beschlußfassung teilnimmt. [3]In jedem Fall müssen mindestens drei Mitglieder an der Beschlußfassung teilnehmen. [4]Der Beschlußfähigkeit steht nicht entgegen, daß dem Aufsichtsrat weniger Mitglieder als die durch Gesetz oder Satzung festgesetzte Zahl an-

1) § 107 Abs. 3 Sätze 7 bis 8 angefügt durch Gesetz vom 12.12.2019 (BGBl. I S. 2637).

gehören, auch wenn das für seine Zusammensetzung maßgebende zahlenmäßige Verhältnis nicht gewahrt ist.

(3) [1]Abwesende Aufsichtsratsmitglieder können dadurch an der Beschlußfassung des Aufsichtsrats und seiner Ausschüsse teilnehmen, daß sie schriftliche Stimmabgaben überreichen lassen. [2]Die schriftlichen Stimmabgaben können durch andere Aufsichtsratsmitglieder überreicht werden. [3]Sie können auch durch Personen, die nicht dem Aufsichtsrat angehören, übergeben werden, wenn diese nach § 109 Abs. 3 zur Teilnahme an der Sitzung berechtigt sind.

(4) Schriftliche, fernmündliche oder andere vergleichbare Formen der Beschlussfassung des Aufsichtsrats und seiner Ausschüsse sind vorbehaltlich einer näheren Regelung durch die Satzung oder eine Geschäftsordnung des Aufsichtsrats nur zulässig, wenn kein Mitglied diesem Verfahren widerspricht.

§ 109 Teilnahme an Sitzungen des Aufsichtsrats und seiner Ausschüsse

(1) [1]An Sitzungen des Aufsichtsrats und seiner Ausschüsse sollen Personen, die weder dem Aufsichtsrat noch dem Vorstand angehören, nicht teilnehmen. [2]Sachverständige und Auskunftspersonen können zur Beratung über einzelne Gegenstände zugezogen werden.

(2) Aufsichtsratsmitglieder, die dem Ausschuß nicht angehören, können an den Ausschußsitzungen teilnehmen, wenn der Vorsitzende des Aufsichtsrats nichts anderes bestimmt.

(3) Die Satzung kann zulassen, daß an den Sitzungen des Aufsichtsrats und seiner Ausschüsse Personen, die dem Aufsichtsrat nicht angehören, an Stelle von verhinderten Aufsichtsratsmitgliedern teilnehmen können, wenn diese sie hierzu in Textform ermächtigt haben.

(4) Abweichende gesetzliche Vorschriften bleiben unberührt.

§ 110 Einberufung des Aufsichtsrats

(1) [1]Jedes Aufsichtsratsmitglied oder der Vorstand kann unter Angabe des Zwecks und der Gründe verlangen, daß der Vorsitzende des Aufsichtsrats unverzüglich den Aufsichtsrat einberuft. [2]Die Sitzung muß binnen zwei Wochen nach der Einberufung stattfinden.

(2) Wird dem Verlangen nicht entsprochen, so kann das Aufsichtsratsmitglied oder der Vorstand unter Mitteilung des Sachverhalts und der Angabe einer Tagesordnung selbst den Aufsichtsrat einberufen.

(3) [1]Der Aufsichtsrat muss zwei Sitzungen im Kalenderhalbjahr abhalten. [2]In nichtbörsennotierten Gesellschaften kann der Aufsichtsrat beschließen, dass eine Sitzung im Kalenderhalbjahr abzuhalten ist.

§ 111 Aufgaben und Rechte des Aufsichtsrats

(1) Der Aufsichtsrat hat die Geschäftsführung zu überwachen.

(2) [1]Der Aufsichtsrat kann die Bücher und Schriften der Gesellschaft sowie die Vermögensgegenstände, namentlich die Gesellschaftskasse und die Bestände an Wertpapieren und Waren, einsehen und prüfen. [2]Er kann damit auch einzelne Mitglieder oder für bestimmte Aufgaben besondere Sachverständige beauftragen. [3]Er erteilt dem Abschlußprüfer den Prüfungsauftrag für den Jahres- und den Konzernabschluß gemäß § 290 des Handelsgesetzbuchs. [4]Er kann darüber hinaus eine externe inhaltliche Überprüfung der nichtfinanziellen Erklärung oder des gesonderten nichtfinanziellen Berichts (§ 289b des Handelsgesetzbuchs), der nichtfinanziellen Konzernerklärung oder des gesonderten nichtfinanziellen Konzernberichts (§ 315b des Handelsgesetzbuchs) beauftragen.

(3) [1]Der Aufsichtsrat hat eine Hauptversammlung einzuberufen, wenn das Wohl der Gesellschaft es fordert. [2]Für den Beschluß genügt die einfache Mehrheit.

(4) [1]Maßnahmen der Geschäftsführung können dem Aufsichtsrat nicht übertragen werden. [2]Die Satzung oder der Aufsichtsrat hat jedoch zu bestimmen, daß bestimmte Arten von Geschäften nur mit seiner Zustimmung vorgenommen werden dürfen. [3]Verweigert der Aufsichtsrat seine Zustimmung, so kann der Vorstand verlangen, daß die Hauptversammlung über die Zustimmung beschließt. [4]Der Beschluß, durch den die Hauptversammlung zustimmt, bedarf einer Mehrheit, die mindestens drei Viertel der abgegebenen Stimmen umfaßt. [5]Die Satzung kann weder eine andere Mehrheit noch weitere Erfordernisse bestimmen.

(5) [1]Der Aufsichtsrat von Gesellschaften, die börsennotiert sind oder der Mitbestimmung unterliegen, legt für den Frauenanteil im Aufsichtsrat und im Vorstand Zielgrößen fest. [2]Liegt der Frauenanteil bei Festlegung der Zielgrößen unter 30 Prozent, so dürfen die Zielgrößen den jeweils erreichten Anteil nicht mehr unterschreiten. [3]Gleichzeitig sind Fristen zur Erreichung der Zielgrößen festzulegen. [4]Die Fristen dürfen jeweils nicht länger als fünf Jahre sein. [5]Soweit für den Aufsichtsrat bereits eine Quote nach § 96 Absatz 2 gilt, sind die Festlegungen nur für den Vorstand vorzunehmen.

(6) Die Aufsichtsratsmitglieder können ihre Aufgaben nicht durch andere wahrnehmen lassen.

§ 111a [1)] Geschäfte mit nahestehenden Personen

(1) [1]Geschäfte mit nahestehenden Personen sind Rechtsgeschäfte oder Maßnahmen,

1. durch die ein Gegenstand oder ein anderer Vermögenswert entgeltlich oder unentgeltlich übertragen oder zur Nutzung überlassen wird und
2. die mit nahestehenden Personen gemäß Satz 2 getätigt werden.

[2]Nahestehende Personen sind nahestehende Unternehmen oder Personen im Sinne der internationalen Rechnungslegungsstandards, die durch die Verordnung (EG) Nr. 1126/2008 der Kommission vom 3. November 2008 zur Übernahme bestimmter internationaler Rechnungslegungsstandards gemäß der Verordnung (EG) Nr. 1606/2002 des Europäischen Parlaments und des Rates (ABl. L 320 vom 29.11.2008, S. 1; L 29 vom 2.2.2010, S. 34), die zuletzt durch die Verordnung (EU) 2019/412 (ABl. L 73 vom 15.3.2019, S. 93) geändert worden ist, in der jeweils geltenden Fassung übernommen wurden. [3]Ein Unterlassen ist kein Geschäft im Sinne des Satzes 1.

(2) [1]Geschäfte, die im ordentlichen Geschäftsgang und zu marktüblichen Bedingungen mit nahestehenden Personen getätigt werden, gelten nicht als Geschäfte mit nahestehenden Personen im Sinne der §§ 107 und 111a bis 111c. [2]Um regelmäßig zu bewerten, ob die Voraussetzungen nach Satz 1 vorliegen, richtet die börsennotierte Gesellschaft ein internes Verfahren ein, von dem die an dem Geschäft beteiligten nahestehenden Personen ausgeschlossen sind. [3]Die Satzung kann jedoch bestimmen, dass Satz 1 nicht anzuwenden ist.

(3) Nicht als Geschäfte mit nahestehenden Personen im Sinne der §§ 107 und 111a bis 111c gelten ferner

1. Geschäfte mit Tochterunternehmen im Sinne der internationalen Rechnungslegungsstandards, die durch die Verordnung (EG) Nr. 1126/2008 übernommen wurden, die unmittelbar oder mittelbar in 100-prozentigem Anteilsbesitz der Gesellschaft stehen oder an denen keine andere der Gesellschaft nahestehende Person beteiligt ist oder die ihren Sitz in einem Mitgliedstaat der Europäischen Union haben

1) § 111a eingefügt durch Gesetz vom 12.12.2019 (BGBl. I S. 2637).

und deren Aktien zum Handel an einem in einem Mitgliedstaat gelegenen oder dort betriebenen geregelten Markt im Sinne des Artikels 4 Absatz 1 Nummer 21 der Richtlinie 2014/65/EU des Europäischen Parlaments und des Rates vom 15. Mai 2014 über Märkte für Finanzinstrumente sowie zur Änderung der Richtlinien 2002/92/EG und 2011/61/EU (ABl. L 173 vom 12.6.2014, S. 349; L 74 vom 18.3.2015, S. 38; L 188 vom 13.7.2016, S. 28; L 273 vom 8.10.2016, S. 35; L 64 vom 10.3.2017, S. 116; L 278 vom 27.10.2017, S. 56), die zuletzt durch die Richtlinie (EU) 2016/1034 (ABl. L 175 vom 30.6.2016, S. 8) geändert worden ist, zugelassen sind;

2. Geschäfte, die einer Zustimmung oder Ermächtigung der Hauptversammlung bedürfen;
3. alle in Umsetzung der Hauptversammlungszustimmung oder -ermächtigung vorgenommenen Geschäfte und Maßnahmen, insbesondere
   a) Maßnahmen der Kapitalbeschaffung oder Kapitalherabsetzung (§§ 182 bis 240), Unternehmensverträge (§§ 291 bis 307) und Geschäfte auf Grundlage eines solchen Vertrages,
   b) die Übertragung des ganzen Gesellschaftsvermögens gemäß § 179a,
   c) der Erwerb eigener Aktien nach § 71 Absatz 1 Nummer 7 und 8 Satzteil vor Satz 2,
   d) Verträge der Gesellschaft mit Gründern im Sinne des § 52 Absatz 1 Satz 1,
   e) der Ausschluss von Minderheitsaktionären nach den §§ 327a bis 327f sowie
   f) Geschäfte im Rahmen einer Umwandlung im Sinne des Umwandlungsgesetzes;
4. Geschäfte, die die Vergütung betreffen, die den Mitgliedern des Vorstands oder Aufsichtsrats im Einklang mit § 113 Absatz 3 oder § 87a Absatz 2 gewährt oder geschuldet wird;
5. Geschäfte von Kreditinstituten, die zur Sicherung ihrer Stabilität durch die zuständige Behörde angeordnet oder gebilligt wurden;
6. Geschäfte, die allen Aktionären unter den gleichen Bedingungen angeboten werden.

§ 111b[1)] Zustimmungsvorbehalt des Aufsichtsrats bei Geschäften mit nahestehenden Personen

(1) Ein Geschäft der börsennotierten Gesellschaft mit nahestehenden Personen, dessen wirtschaftlicher Wert allein oder zusammen mit den innerhalb des laufenden Geschäftsjahres vor Abschluss des Geschäfts mit derselben Person getätigten Geschäften 1,5 Prozent der Summe aus dem Anlage- und Umlaufvermögen der Gesellschaft gemäß § 266 Absatz 2 Buchstabe A und B des Handelsgesetzbuchs nach Maßgabe des zuletzt festgestellten Jahresabschlusses übersteigt, bedarf der vorherigen Zustimmung des Aufsichtsrats oder eines gemäß § 107 Absatz 3 Satz 4 bis 6 bestellten Ausschusses.

(2) Bei der Beschlussfassung des Aufsichtsrats nach Absatz 1 können diejenigen Mitglieder des Aufsichtsrats ihr Stimmrecht nicht ausüben, die an dem Geschäft als nahestehende Personen beteiligt sind oder bei denen die Besorgnis eines Interessenkonfliktes auf Grund ihrer Beziehungen zu der nahestehenden Person besteht.

(3) Ist die Gesellschaft Mutterunternehmen (§ 290 Absatz 1 und 2 des Handelsgesetzbuchs) und nicht gemäß § 290 Absatz 5 oder den §§ 291 bis 293 des Handelsgesetzbuchs von der Konzernrechnungslegungspflicht befreit, so tritt an die Stelle der Summe des Anlage- und Umlaufvermögens der Gesellschaft die Summe aus dem Anlage- und Umlaufvermögen des Konzerns gemäß § 298 Absatz 1 in Verbindung mit

1) § 111b eingefügt durch Gesetz vom 12.12.2019 (BGBl. I S. 2637).

§ 266 Absatz 2 Buchstabe A und B des Handelsgesetzbuchs nach Maßgabe des zuletzt gebilligten Konzernabschlusses oder in den Fällen des § 315e des Handelsgesetzbuchs die Summe aus den entsprechenden Vermögenswerten des Konzernabschlusses nach den internationalen Rechnungslegungsstandards.

(4) [1]Verweigert der Aufsichtsrat seine Zustimmung, so kann der Vorstand verlangen, dass die Hauptversammlung über die Zustimmung beschließt. [2]Die an dem Geschäft beteiligten nahestehenden Personen dürfen ihr Stimmrecht bei der Beschlussfassung der Hauptversammlung weder für sich noch für einen anderen ausüben.

§ 111c[1)] Veröffentlichung von Geschäften mit nahestehenden Personen

(1) [1]Die börsennotierte Gesellschaft hat Angaben zu solchen Geschäften mit nahestehenden Personen, die gemäß § 111b Absatz 1 der Zustimmung bedürfen, unverzüglich gemäß Absatz 2 zu veröffentlichen. [2]Ist die Zustimmungsbedürftigkeit eines Geschäfts nach § 111b Absatz 1 durch Zusammenrechnung mehrerer Geschäfte ausgelöst worden, so sind auch diese Geschäfte zu veröffentlichen.

(2) [1]Die Veröffentlichung hat in einer Art und Weise zu erfolgen, die der Öffentlichkeit einen leichten Zugang zu den Angaben ermöglicht. [2]Die Veröffentlichung hat entsprechend den Regelungen in § 3a Absatz 1 bis 4 der Wertpapierhandelsanzeigeverordnung vom 13. Dezember 2004 (BGBl. I S. 3376), die zuletzt durch Artikel 1 der Verordnung vom 19. Oktober 2018 (BGBl. I S. 1758) geändert worden ist, zu erfolgen. [3]Die Veröffentlichung muss alle wesentlichen Informationen enthalten, die erforderlich sind, um zu bewerten, ob das Geschäft aus Sicht der Gesellschaft und der Aktionäre, die keine nahestehenden Personen sind, angemessen ist. [4]Dies umfasst mindestens Informationen zur Art des Verhältnisses zu den nahestehenden Personen, die Namen der nahestehenden Personen sowie das Datum und den Wert des Geschäfts. [5]Die Angaben sind zudem auf der Internetseite der Gesellschaft für einen Zeitraum von mindestens fünf Jahren öffentlich zugänglich zu machen.

(3) [1]Handelt es sich bei dem Geschäft mit einer nahestehenden Person um eine Insiderinformation gemäß Artikel 17 der Verordnung (EU) Nr. 596/2014 des Europäischen Parlaments und des Rates vom 16. April 2014 über Marktmissbrauch (Marktmissbrauchsverordnung) und zur Aufhebung der Richtlinie 2003/6/EG des Europäischen Parlaments und des Rates und der Richtlinien 2003/124/EG, 2003/125/EG und 2004/72/EG der Kommission (ABl. L 173 vom 12.6.2014, S. 1; L 287 vom 21.10.2016, S. 320; L 348 vom 21.12.2016, S. 83), die zuletzt durch die Verordnung (EU) 2016/1033 (ABl. L 175 vom 30.6.2016, S. 1) geändert worden ist, sind die nach Absatz 2 erforderlichen Angaben in die Mitteilung gemäß Artikel 17 der Verordnung (EU) Nr. 596/2014 aufzunehmen. [2]In diesem Fall entfällt die Verpflichtung nach Absatz 1. Artikel 17 Absatz 4 und 5 der Verordnung (EU) Nr. 596/2014 gilt sinngemäß.

(4) Ist die Gesellschaft Mutterunternehmen im Sinne der internationalen Rechnungslegungsstandards, die durch die Verordnung (EG) Nr. 1126/2008 übernommen wurden, gelten Absatz 1 Satz 1 sowie die Absätze 2 und 3 entsprechend für ein Geschäft eines Tochterunternehmens mit der Gesellschaft nahestehenden Personen, sofern dieses Geschäft, wenn es von der Gesellschaft vorgenommen worden wäre, nach § 111b Absatz 1 und 3 einer Zustimmung bedürfte.

§ 112 Vertretung der Gesellschaft gegenüber Vorstandsmitgliedern

[1]Vorstandsmitgliedern gegenüber vertritt der Aufsichtsrat die Gesellschaft gerichtlich und außergerichtlich. [2]§ 78 Abs. 2 Satz 2 gilt entsprechend.

1) § 111c eingefügt durch Gesetz vom 12.12.2019 (BGBl. I S. 2637).

§ 113 [1] Vergütung der Aufsichtsratsmitglieder

(1) [1]Den Aufsichtsratsmitgliedern kann für ihre Tätigkeit eine Vergütung gewährt werden. [2]Sie kann in der Satzung festgesetzt oder von der Hauptversammlung bewilligt werden. [3]Sie soll in einem angemessenen Verhältnis zu den Aufgaben der Aufsichtsratsmitglieder und zur Lage der Gesellschaft stehen.

(2) [1]Den Mitgliedern des ersten Aufsichtsrats kann nur die Hauptversammlung eine Vergütung für ihre Tätigkeit bewilligen. [2]Der Beschluß kann erst in der Hauptversammlung gefaßt werden, die über die Entlastung der Mitglieder des ersten Aufsichtsrats beschließt.

(3) [1]Bei börsennotierten Gesellschaften ist mindestens alle vier Jahre über die Vergütung der Aufsichtsratsmitglieder Beschluss zu fassen. [2]Ein die Vergütung bestätigender Beschluss ist zulässig; im Übrigen gilt Absatz 1 Satz 2. In dem Beschluss sind die nach § 87a Absatz 1 Satz 2 erforderlichen Angaben sinngemäß und in klarer und verständlicher Form zu machen oder in Bezug zu nehmen. [3]Die Angaben können in der Satzung unterbleiben, wenn die Vergütung in der Satzung festgesetzt wird. [4]Der Beschluss ist wegen eines Verstoßes gegen Satz 3 nicht anfechtbar. [5]§ 120a Absatz 2 und 3 ist sinngemäß anzuwenden.

§ 114 Verträge mit Aufsichtsratsmitgliedern

(1) Verpflichtet sich ein Aufsichtsratsmitglied außerhalb seiner Tätigkeit im Aufsichtsrat durch einen Dienstvertrag, durch den ein Arbeitsverhältnis nicht begründet wird, oder durch einen Werkvertrag gegenüber der Gesellschaft zu einer Tätigkeit höherer Art, so hängt die Wirksamkeit des Vertrags von der Zustimmung des Aufsichtsrats ab.

(2) [1]Gewährt die Gesellschaft aufgrund eines solchen Vertrags dem Aufsichtsratsmitglied eine Vergütung, ohne daß der Aufsichtsrat dem Vertrag zugestimmt hat, so hat das Aufsichtsratsmitglied die Vergütung zurückzugewähren, es sei denn, daß der Aufsichtsrat den Vertrag genehmigt. [2]Ein Anspruch des Aufsichtsratsmitglieds gegen die Gesellschaft auf Herausgabe der durch die geleistete Tätigkeit erlangten Bereicherung bleibt unberührt; der Anspruch kann jedoch nicht gegen den Rückgewähranspruch aufgerechnet werden.

§ 115 Kreditgewährung an Aufsichtsratsmitglieder

(1) [1]Die Gesellschaft darf ihren Aufsichtsratsmitgliedern Kredit nur mit Einwilligung des Aufsichtsrats gewähren. [2]Eine herrschende Gesellschaft darf Kredite an Aufsichtsratsmitglieder eines abhängigen Unternehmens nur mit Einwilligung ihres Aufsichtsrats, eine abhängige Gesellschaft darf Kredite an Aufsichtsratsmitglieder des herrschenden Unternehmens nur mit Einwilligung des Aufsichtsrats des herrschenden Unternehmens gewähren. [3]Die Einwilligung kann nur für bestimmte Kreditgeschäfte oder Arten von Kreditgeschäften und nicht für länger als drei Monate im voraus erteilt werden. [4]Der Beschluß über die Einwilligung hat die Verzinsung und Rückzahlung des Kredits zu regeln. [5]Betreibt das Aufsichtsratsmitglied ein Handelsgewerbe als Einzelkaufmann, so ist die Einwilligung nicht erforderlich, wenn der Kredit für die Bezahlung von Waren gewährt wird, welche die Gesellschaft seinem Handelsgeschäft liefert.

(2) Absatz 1 gilt auch für Kredite an den Ehegatten, Lebenspartner oder an ein minderjähriges Kind eines Aufsichtsratsmitglieds und für Kredite an einen Dritten, der für Rechnung dieser Personen oder für Rechnung eines Aufsichtsratsmitglieds handelt.

---

1) § 113 Abs. 1 Satz 4 aufgehoben, Abs. 3 neu gefasst durch Gesetz vom 12.12.2019 (BGBl. I S. 2637); zur erstmaligen Anwendung s. § 26j EGAktG (abgedruckt unter Nr. 2a.).

(3) [1]Ist ein Aufsichtsratsmitglied zugleich gesetzlicher Vertreter einer anderen juristischen Person oder Gesellschafter einer Personenhandelsgesellschaft, so darf die Gesellschaft der juristischen Person oder der Personenhandelsgesellschaft Kredit nur mit Einwilligung des Aufsichtsrats gewähren; Absatz 1 Satz 3 und 4 gilt sinngemäß. [2]Dies gilt nicht, wenn die juristische Person oder die Personenhandelsgesellschaft mit der Gesellschaft verbunden ist oder wenn der Kredit für die Bezahlung von Waren gewährt wird, welche die Gesellschaft der juristischen Person oder der Personenhandelsgesellschaft liefert.

(4) Wird entgegen den Absätzen 1 bis 3 Kredit gewährt, so ist der Kredit ohne Rücksicht auf entgegenstehende Vereinbarungen sofort zurückzugewähren, wenn nicht der Aufsichtsrat nachträglich zustimmt.

(5) Ist die Gesellschaft ein Kreditinstitut oder Finanzdienstleistungsinstitut, auf das § 15 des Gesetzes über das Kreditwesen anzuwenden ist, gelten anstelle der Absätze 1 bis 4 die Vorschriften des Gesetzes über das Kreditwesen.

§ 116 Sorgfaltspflicht und Verantwortlichkeit der Aufsichtsratsmitglieder

[1]Für die Sorgfaltspflicht und Verantwortlichkeit der Aufsichtsratsmitglieder gilt § 93 mit Ausnahme des Absatzes 2 Satz 3 über die Sorgfaltspflicht und Verantwortlichkeit der Vorstandsmitglieder sinngemäß. [2]Die Aufsichtsratsmitglieder sind insbesondere zur Verschwiegenheit über erhaltene vertrauliche Berichte und vertrauliche Beratungen verpflichtet. [3]Sie sind namentlich zum Ersatz verpflichtet, wenn sie eine unangemessene Vergütung festsetzen (§ 87 Absatz 1).

Dritter Abschnitt. Benutzung des Einflusses auf die Gesellschaft

§ 117 Schadenersatzpflicht

(1) [1]Wer vorsätzlich unter Benutzung seines Einflusses auf die Gesellschaft ein Mitglied des Vorstands oder des Aufsichtsrats, einen Prokuristen oder einen Handlungsbevollmächtigten dazu bestimmt, zum Schaden der Gesellschaft oder ihrer Aktionäre zu handeln, ist der Gesellschaft zum Ersatz des ihr daraus entstehenden Schadens verpflichtet. [2]Er ist auch den Aktionären zum Ersatz des ihnen daraus entstehenden Schadens verpflichtet, soweit sie, abgesehen von einem Schaden, der ihnen durch Schädigung der Gesellschaft zugefügt worden ist, geschädigt worden sind.

(2) [1]Neben ihm haften als Gesamtschuldner die Mitglieder des Vorstands und des Aufsichtsrats, wenn sie unter Verletzung ihrer Pflichten gehandelt haben. [2]Ist streitig, ob sie der Sorgfalt eines ordentlichen und gewissenhaften Geschäftsleiters angewandt haben, so trifft sie die Beweislast. [3]Der Gesellschaft und auch den Aktionären gegenüber tritt die Ersatzpflicht der Mitglieder des Vorstands und des Aufsichtsrats nicht ein, wenn die Handlung auf einem gesetzmäßigen Beschluß der Hauptversammlung beruht. [4]Dadurch, daß der Aufsichtsrat die Handlung gebilligt hat, wird die Ersatzpflicht nicht ausgeschlossen.

(3) Neben ihm haftet ferner als Gesamtschuldner, wer durch die schädigende Handlung einen Vorteil erlangt hat, sofern er die Beeinflussung vorsätzlich veranlaßt hat.

(4) Für die Aufhebung der Ersatzpflicht gegenüber der Gesellschaft gilt sinngemäß § 93 Abs. 4 Satz 3 und 4.

(5) [1]Der Ersatzanspruch der Gesellschaft kann auch von den Gläubigern der Gesellschaft geltend gemacht werden, soweit sie von dieser keine Befriedigung erlangen können. [2]Den Gläubigern gegenüber wird die Ersatzpflicht weder durch einen Verzicht oder Vergleich der Gesellschaft noch dadurch aufgehoben, daß die Handlung auf einem Beschluß der Hauptversammlung beruht. [3]Ist über das Vermögen der Gesellschaft das In-

solvenzverfahren eröffnet, so übt während dessen Dauer der Insolvenzverwalter oder der Sachwalter das Recht der Gläubiger aus.

(6) Die Ansprüche aus diesen Vorschriften verjähren in fünf Jahren.

(7) Diese Vorschriften gelten nicht, wenn das Mitglied des Vorstands oder des Aufsichtsrats, der Prokurist oder der Handlungsbevollmächtigte durch Ausübung

1. der Leitungsmacht aufgrund eines Beherrschungsvertrags oder
2. der Leitungsmacht einer Hauptgesellschaft (§ 319), in die die Gesellschaft eingegliedert ist,

zu der schädigenden Handlung bestimmt worden ist.

Vierter Abschnitt. Hauptversammlung

Erster Unterabschnitt. Rechte der Hauptversammlung

§ 118[1] Allgemeines

(1) [1]Die Aktionäre üben ihre Rechte in den Angelegenheiten der Gesellschaft in der Hauptversammlung aus, soweit das Gesetz nichts anderes bestimmt. [2]Die Satzung kann vorsehen oder den Vorstand dazu ermächtigen vorzusehen, dass die Aktionäre an der Hauptversammlung auch ohne Anwesenheit an deren Ort und ohne einen Bevollmächtigten teilnehmen und sämtliche oder einzelne ihrer Rechte ganz oder teilweise im Wege elektronischer Kommunikation ausüben können. [3]Bei elektronischer Ausübung des Stimmrechts ist dem Abgebenden der Zugang der elektronisch abgegebenen Stimme nach den Anforderungen gemäß Artikel 7 Absatz 1 und Artikel 9 Absatz 5 Unterabsatz 1 der Durchführungsverordnung (EU) 2018/1212 von der Gesellschaft elektronisch zu bestätigen. [4]Sofern die Bestätigung einem Intermediär erteilt wird, hat dieser die Bestätigung unverzüglich dem Aktionär zu übermitteln. [5]§ 67a Absatz 2 Satz 1 und Absatz 3 gilt entsprechend.

(2) [1]Die Satzung kann vorsehen oder den Vorstand dazu ermächtigen vorzusehen, dass Aktionäre ihre Stimmen, auch ohne an der Versammlung teilzunehmen, schriftlich oder im Wege elektronischer Kommunikation abgeben dürfen (Briefwahl). [2]Absatz 1 Satz 3 bis 5 gilt entsprechend.

(3) [1]Die Mitglieder des Vorstands und des Aufsichtsrats sollen an der Hauptversammlung teilnehmen. [2]Die Satzung kann jedoch bestimmte Fälle vorsehen, in denen die Teilnahme von Mitgliedern des Aufsichtsrats im Wege der Bild- und Tonübertragung erfolgen darf.

(4) Die Satzung oder die Geschäftsordnung gemäß § 129 Abs. 1 kann vorsehen oder den Vorstand oder den Versammlungsleiter dazu ermächtigen vorzusehen, die Bild- und Tonübertragung der Versammlung zuzulassen.

§ 119[2] Rechte der Hauptversammlung

(1) Die Hauptversammlung beschließt in den im Gesetz und in der Satzung ausdrücklich bestimmten Fällen, namentlich über

1. die Bestellung der Mitglieder des Aufsichtsrats, soweit sie nicht in den Aufsichtsrat zu entsenden oder als Aufsichtsratsmitglieder der Arbeitnehmer nach dem Mitbestimmungsgesetz, dem Mitbestimmungsergänzungsgesetz, dem Drittelbeteili-

---

1) § 118 geändert durch Gesetz vom 12.12.2019 (BGBl. I S. 2637); zur erstmaligen Anwendung s. § 26j EGAktG (abgedruckt unter Nr. 2a.).
2) § 119 geändert durch Gesetz vom 12.12.2019 (BGBl. I S. 2637).

gungsgesetz oder dem Gesetz über die Mitbestimmung der Arbeitnehmer bei einer grenzüberschreitenden Verschmelzung zu wählen sind;

2. die Verwendung des Bilanzgewinns;
3. das Vergütungssystem und den Vergütungsbericht für Mitglieder des Vorstands und des Aufsichtsrats der börsennotierten Gesellschaft;
4. die Entlastung der Mitglieder des Vorstands und des Aufsichtsrats;
5. die Bestellung des Abschlußprüfers;
6. Satzungsänderungen;
7. Maßnahmen der Kapitalbeschaffung und der Kapitalherabsetzung;
8. die Bestellung von Prüfern zur Prüfung von Vorgängen bei der Gründung oder der Geschäftsführung;
9. die Auflösung der Gesellschaft.

(2) Über Fragen der Geschäftsführung kann die Hauptversammlung nur entscheiden, wenn der Vorstand es verlangt.

§ 120[1] Entlastung

(1) [1]Die Hauptversammlung beschließt alljährlich in den ersten acht Monaten des Geschäftsjahrs über die Entlastung der Mitglieder des Vorstands und über die Entlastung der Mitglieder des Aufsichtsrats. [2]Über die Entlastung eines einzelnen Mitglieds ist gesondert abzustimmen, wenn die Hauptversammlung es beschließt oder eine Minderheit es verlangt, deren Anteile zusammen den zehnten Teil des Grundkapitals oder den anteiligen Betrag von einer Million Euro erreichen.

(2) [1]Durch die Entlastung billigt die Hauptversammlung die Verwaltung der Gesellschaft durch die Mitglieder des Vorstands und des Aufsichtsrats. [2]Die Entlastung enthält keinen Verzicht auf Ersatzansprüche.

(3) Die Verhandlung über die Entlastung soll mit der Verhandlung über die Verwendung des Bilanzgewinns verbunden werden.

(4) *(aufgehoben)*

§ 120a[2] Votum zum Vergütungssystem und zum Vergütungsbericht

(1) [1]Die Hauptversammlung der börsennotierten Gesellschaft beschließt über die Billigung des vom Aufsichtsrat vorgelegten Vergütungssystems für die Vorstandsmitglieder bei jeder wesentlichen Änderung des Vergütungssystems, mindestens jedoch alle vier Jahre. [2]Der Beschluss begründet weder Rechte noch Pflichten. [3]Er ist nicht nach § 243 anfechtbar. [4]Ein das Vergütungssystem bestätigender Beschluss ist zulässig.

(2) Beschluss und Vergütungssystem sind unverzüglich auf der Internetseite der Gesellschaft zu veröffentlichen und für die Dauer der Gültigkeit des Vergütungssystems, mindestens jedoch für zehn Jahre, kostenfrei öffentlich zugänglich zu halten.

(3) Hat die Hauptversammlung das Vergütungssystem nicht gebilligt, so ist spätestens in der darauf folgenden ordentlichen Hauptversammlung ein überprüftes Vergütungssystem zum Beschluss vorzulegen.

---

1) § 120 geändert durch Gesetz vom 12.12.2019 (BGBl. I S. 2637).
2) § 120a eingefügt durch Gesetz vom 12.12.2019 (BGBl. I S. 2637); zur erstmaligen Anwendung s. § 26j EGAktG (abgedruckt unter Nr. 2a.).

(4) [1]Die Hauptversammlung der börsennotierten Gesellschaft beschließt über die Billigung des nach § 162 erstellten und geprüften Vergütungsberichts für das vorausgegangene Geschäftsjahr. [2]Absatz 1 Satz 2 und 3 ist anzuwenden.

(5) Bei börsennotierten kleinen und mittelgroßen Gesellschaften im Sinne des § 267 Absatz 1 und 2 des Handelsgesetzbuchs bedarf es keiner Beschlussfassung nach Absatz 4, wenn der Vergütungsbericht des letzten Geschäftsjahres als eigener Tagesordnungspunkt in der Hauptversammlung zur Erörterung vorgelegt wird.

Zweiter Unterabschnitt. Einberufung der Hauptversammlung

§ 121 [1)] Allgemeines

(1) Die Hauptversammlung ist in den durch Gesetz oder Satzung bestimmten Fällen sowie dann einzuberufen, wenn das Wohl der Gesellschaft es fordert.

(2) [1]Die Hauptversammlung wird durch den Vorstand einberufen, der darüber mit einfacher Mehrheit beschließt. [2]Personen, die in das Handelsregister als Vorstand eingetragen sind, gelten als befugt. [3]Das auf Gesetz oder Satzung beruhende Recht anderer Personen, die Hauptversammlung einzuberufen, bleibt unberührt.

(3) [1]Die Einberufung muss die Firma, den Sitz der Gesellschaft sowie Zeit und Ort der Hauptversammlung enthalten. [2]Zudem ist die Tagesordnung anzugeben. [3]Bei börsennotierten Gesellschaften hat der Vorstand oder, wenn der Aufsichtsrat die Versammlung einberuft, der Aufsichtsrat in der Einberufung ferner anzugeben:

1. die Voraussetzungen für die Teilnahme an der Versammlung und die Ausübung des Stimmrechts sowie gegebenenfalls den Nachweisstichtag nach § 123 Absatz 4 Satz 2 und dessen Bedeutung;
2. das Verfahren für die Stimmabgabe
   a) durch einen Bevollmächtigten unter Hinweis auf die Formulare, die für die Erteilung einer Stimmrechtsvollmacht zu verwenden sind, und auf die Art und Weise, wie der Gesellschaft ein Nachweis über die Bestellung eines Bevollmächtigten elektronisch übermittelt werden kann sowie
   b) durch Briefwahl oder im Wege der elektronischen Kommunikation gemäß § 118 Abs. 1 Satz 2, soweit die Satzung eine entsprechende Form der Stimmrechtsausübung vorsieht;
3. die Rechte der Aktionäre nach § 122 Abs. 2, § 126 Abs. 1, den §§ 127, 131 Abs. 1; die Angaben können sich auf die Fristen für die Ausübung der Rechte beschränken, wenn in der Einberufung im Übrigen auf weitergehende Erläuterungen auf der Internetseite der Gesellschaft hingewiesen wird;
4. die Internetseite der Gesellschaft, über die die Informationen nach § 124a zugänglich sind.

(4) [1]Die Einberufung ist in den Gesellschaftsblättern bekannt zu machen. [2]Sind die Aktionäre der Gesellschaft namentlich bekannt, so kann die Hauptversammlung mit eingeschriebenem Brief einberufen werden, wenn die Satzung nichts anderes bestimmt; der Tag der Absendung gilt als Tag der Bekanntmachung. [3]Die Mitteilung an die im Aktienregister Eingetragenen genügt.

(4a) Bei börsennotierten Gesellschaften, die nicht ausschließlich Namensaktien ausgegeben haben oder welche die Einberufung den Aktionären nicht unmittelbar nach Absatz 4 Satz 2 übersenden, ist die Einberufung spätestens zum Zeitpunkt der Bekannt-

---

1) § 121 Abs. 4 Satz 3 angefügt durch Gesetz vom 12.12.2019 (BGBl. I S. 2637); zur erstmaligen Anwendung s. § 26j EGAktG (abgedruckt unter Nr. 2a.).

machung solchen Medien zur Veröffentlichung zuzuleiten, bei denen davon ausgegangen werden kann, dass sie die Information in der gesamten Europäischen Union verbreiten.

(5) [1]Wenn die Satzung nichts anderes bestimmt, soll die Hauptversammlung am Sitz der Gesellschaft stattfinden. [2]Sind die Aktien der Gesellschaft an einer deutschen Börse zum Handel im regulierten Markt zugelassen, so kann, wenn die Satzung nichts anderes bestimmt, die Hauptversammlung auch am Sitz der Börse stattfinden.

(6) Sind alle Aktionäre erschienen oder vertreten, kann die Hauptversammlung Beschlüsse ohne Einhaltung der Bestimmungen dieses Unterabschnitts fassen, soweit kein Aktionär der Beschlußfassung widerspricht.

(7) [1]Bei Fristen und Terminen, die von der Versammlung zurückberechnet werden, ist der Tag der Versammlung nicht mitzurechnen. [2]Eine Verlegung von einem Sonntag, einem Sonnabend oder einem Feiertag auf einen zeitlich vorausgehenden oder nachfolgenden Werktag kommt nicht in Betracht. [3]Die §§ 187 bis 193 des Bürgerlichen Gesetzbuchs sind nicht entsprechend anzuwenden. [4]Bei nichtbörsennotierten Gesellschaften kann die Satzung eine andere Berechnung der Frist bestimmen.

§ 122 Einberufung auf Verlangen einer Minderheit

(1) [1]Die Hauptversammlung ist einzuberufen, wenn Aktionäre, deren Anteile zusammen den zwanzigsten Teil des Grundkapitals erreichen, die Einberufung schriftlich unter Angabe des Zwecks und der Gründe verlangen; das Verlangen ist an den Vorstand zu richten. [2]Die Satzung kann das Recht, die Einberufung der Hauptversammlung zu verlangen, an eine andere Form und an den Besitz eines geringeren Anteils am Grundkapital knüpfen. [3]Die Antragsteller haben nachzuweisen, dass sie seit mindestens 90 Tagen vor dem Tag des Zugangs des Verlangens Inhaber der Aktien sind und dass sie die Aktien bis zur Entscheidung des Vorstands über den Antrag halten. [4]§ 121 Absatz 7 ist entsprechend anzuwenden.

(2) [1]In gleicher Weise können Aktionäre, deren Anteile zusammen den zwanzigsten Teil des Grundkapitals oder den anteiligen Betrag von 500.000 Euro erreichen, verlangen, daß Gegenstände auf die Tagesordnung gesetzt und bekanntgemacht werden. [2]Jedem neuen Gegenstand muss eine Begründung oder eine Beschlussvorlage beiliegen. [3]Das Verlangen im Sinne des Satzes 1 muss der Gesellschaft mindestens 24 Tage, bei börsennotierten Gesellschaften mindestens 30 Tage vor der Versammlung zugehen; der Tag des Zugangs ist nicht mitzurechnen.

(3) [1]Wird dem Verlangen nicht entsprochen, so kann das Gericht die Aktionäre, die das Verlangen gestellt haben, ermächtigen, die Hauptversammlung einzuberufen oder den Gegenstand bekanntzumachen. [2]Zugleich kann das Gericht den Vorsitzenden der Versammlung bestimmen. [3]Auf die Ermächtigung muß bei der Einberufung oder Bekanntmachung hingewiesen werden. [4]Gegen die Entscheidung ist die Beschwerde zulässig. [5]Die Antragsteller haben nachzuweisen, dass sie die Aktien bis zur Entscheidung des Gerichts halten.

(4) Die Gesellschaft trägt die Kosten der Hauptversammlung und im Fall des Absatzes 3 auch die Gerichtskosten, wenn das Gericht dem Antrag stattgegeben hat.

§ 123 [1)] Frist, Anmeldung zur Hauptversammlung, Nachweis

(1) [1]Die Hauptversammlung ist mindestens dreißig Tage vor dem Tage der Versammlung einzuberufen. [2]Der Tag der Einberufung ist nicht mitzurechnen.

---

1) § 123 Abs. 4 geändert durch Gesetz vom 12.12.2019 (BGBl. I S. 2637); zur erstmaligen Anwendung s. § 26j EGAktG (abgedruckt unter Nr. 2a.).

(2) [1]Die Satzung kann die Teilnahme an der Hauptversammlung oder die Ausübung des Stimmrechts davon abhängig machen, dass die Aktionäre sich vor der Versammlung anmelden. [2]Die Anmeldung muss der Gesellschaft unter der in der Einberufung hierfür mitgeteilten Adresse mindestens sechs Tage vor der Versammlung zugehen. [3]In der Satzung oder in der Einberufung auf Grund einer Ermächtigung durch die Satzung kann eine kürzere, in Tagen zu bemessende Frist vorgesehen werden. [4]Der Tag des Zugangs ist nicht mitzurechnen. [5]Die Mindestfrist des Absatzes 1 verlängert sich um die Tage der Anmeldefrist.

(3) Die Satzung kann bestimmen, wie die Berechtigung zur Teilnahme an der Versammlung oder zur Ausübung des Stimmrechts nachzuweisen ist; Absatz 2 Satz 5 gilt in diesem Fall entsprechend.

(4) [1]Bei Inhaberaktien börsennotierter Gesellschaften reicht ein Nachweis gemäß § 67c Absatz 3 aus. [2]Der Nachweis des Anteilsbesitzes nach § 67c Absatz 3 hat sich bei börsennotierten Gesellschaften auf den Beginn des 21. Tages vor der Versammlung zu beziehen und muss der Gesellschaft unter der in der Einberufung hierfür mitgeteilten Adresse mindestens sechs Tage vor der Versammlung zugehen. [3]In der Satzung oder in der Einberufung auf Grund einer Ermächtigung durch die Satzung kann eine kürzere, in Tagen zu bemessende Frist vorgesehen werden. [4]Der Tag des Zugangs ist nicht mitzurechnen. [5]Im Verhältnis zur Gesellschaft gilt für die Teilnahme an der Versammlung oder für die Ausübung des Stimmrechts als Aktionär nur, wer den Nachweis erbracht hat.

(5) Bei Namensaktien börsennotierter Gesellschaften folgt die Berechtigung zur Teilnahme an der Versammlung oder zur Ausübung des Stimmrechts gemäß § 67 Absatz 2 Satz 1 aus der Eintragung im Aktienregister.

§ 124[1)] Bekanntmachung von Ergänzungsverlangen; Vorschläge zur Beschlussfassung

(1) [1]Hat die Minderheit nach § 122 Abs. 2 verlangt, dass Gegenstände auf die Tagesordnung gesetzt werden, so sind diese entweder bereits mit der Einberufung oder andernfalls unverzüglich nach Zugang des Verlangens bekannt zu machen. [2]§ 121 Abs. 4 gilt sinngemäß; zudem gilt bei börsennotierten Gesellschaften § 121 Abs. 4a entsprechend. [3]Bekanntmachung und Zuleitung haben dabei in gleicher Weise wie bei der Einberufung zu erfolgen.

(2) [1]Steht die Wahl von Aufsichtsratsmitgliedern auf der Tagesordnung, so ist in der Bekanntmachung anzugeben, nach welchen gesetzlichen Vorschriften sich der Aufsichtsrat zusammensetzt; ist die Hauptversammlung an Wahlvorschläge gebunden, so ist auch dies anzugeben. [2]Die Bekanntmachung muss bei einer Wahl von Aufsichtsratsmitgliedern börsennotierter Gesellschaften, für die das Mitbestimmungsgesetz, das Montan-Mitbestimmungsgesetz oder das Mitbestimmungsergänzungsgesetz gilt, ferner enthalten:

1. Angabe, ob der Gesamterfüllung nach § 96 Absatz 2 Satz 3 widersprochen wurde, und
2. Angabe, wie viele der Sitze im Aufsichtsrat mindestens jeweils von Frauen und Männern besetzt sein müssen, um das Mindestanteilsgebot nach § 96 Absatz 2 Satz 1 zu erfüllen.

[3]Soll die Hauptversammlung über eine Satzungsänderung, das Vergütungssystem für die Vorstandsmitglieder, die Vergütung des Aufsichtsrats nach § 113 Absatz 3, den Vergütungsbericht oder über einen Vertrag beschließen, der nur mit Zustimmung der Haupt-

---

1) § 124 geändert durch Gesetz vom 12.12.2019 (BGBl. I S. 2637); zur erstmaligen Anwendung s. § 26j EGAktG (abgedruckt unter Nr. 2a.).

versammlung wirksam wird, so ist bei einer Satzungsänderung der Wortlaut der Satzungsänderung, bei einem vorbezeichneten Vertrag dessen wesentlicher Inhalt, im Übrigen der vollständige Inhalt der Unterlagen zu den jeweiligen Beschlussgegenständen bekanntzumachen. [4]Satz 3 gilt auch im Fall des § 120a Absatz 5.

(3) [1]Zu jedem Gegenstand der Tagesordnung, über den die Hauptversammlung beschließen soll, haben der Vorstand und der Aufsichtsrat, zur Beschlussfassung nach § 120a Absatz 1 Satz 1 und zur Wahl von Aufsichtsratsmitgliedern und Prüfern nur der Aufsichtsrat, in der Bekanntmachung Vorschläge zur Beschlußfassung zu machen. [2]Bei Gesellschaften, die kapitalmarktorientiert im Sinne des § 264d des Handelsgesetzbuchs, die CRR-Kreditinstitute im Sinne des § 1 Absatz 3d Satz 1 des Kreditwesengesetzes, mit Ausnahme der in § 2 Absatz 1 Nummer 1 und 2 des Kreditwesengesetzes genannten Institute, oder die Versicherungsunternehmen im Sinne des Artikels 2 Absatz 1 der Richtlinie 91/674/EWG sind, ist der Vorschlag des Aufsichtsrats zur Wahl des Abschlussprüfers auf die Empfehlung des Prüfungsausschusses zu stützen. [3]Satz 1 findet keine Anwendung, wenn die Hauptversammlung bei der Wahl von Aufsichtsratsmitgliedern nach § 6 des Montan-Mitbestimmungsgesetzes an Wahlvorschläge gebunden ist, oder wenn der Gegenstand der Beschlußfassung auf Verlangen einer Minderheit auf die Tagesordnung gesetzt worden ist. [4]Der Vorschlag zur Wahl von Aufsichtsratsmitgliedern oder Prüfern hat deren Namen, ausgeübten Beruf und Wohnort anzugeben. [5]Hat der Aufsichtsrat auch aus Aufsichtsratsmitgliedern der Arbeitnehmer zu bestehen, so bedürfen Beschlüsse des Aufsichtsrats über Vorschläge zur Wahl von Aufsichtsratsmitgliedern nur der Mehrheit der Stimmen der Aufsichtsratsmitglieder der Aktionäre; § 8 des Montan-Mitbestimmungsgesetzes bleibt unberührt.

(4) [1]Über Gegenstände der Tagesordnung, die nicht ordnungsgemäß bekanntgemacht sind, dürfen keine Beschlüsse gefaßt werden. [2]Zur Beschlußfassung über den in der Versammlung gestellten Antrag auf Einberufung einer Hauptversammlung, zu Anträgen, die zu Gegenständen der Tagesordnung gestellt werden, und zu Verhandlungen ohne Beschlußfassung bedarf es keiner Bekanntmachung.

§ 124a Veröffentlichungen auf der Internetseite der Gesellschaft

[1]Bei börsennotierten Gesellschaften müssen alsbald nach der Einberufung der Hauptversammlung über die Internetseite der Gesellschaft zugänglich sein:

1. der Inhalt der Einberufung;
2. eine Erläuterung, wenn zu einem Gegenstand der Tagesordnung kein Beschluss gefasst werden soll;
3. die der Versammlung zugänglich zu machenden Unterlagen;
4. die Gesamtzahl der Aktien und der Stimmrechte im Zeitpunkt der Einberufung, einschließlich getrennter Angaben zur Gesamtzahl für jede Aktiengattung;
5. gegebenenfalls die Formulare, die bei Stimmabgabe durch Vertretung oder bei Stimmabgabe mittels Briefwahl zu verwenden sind, sofern diese Formulare den Aktionären nicht direkt übermittelt werden.

[2]Ein nach Einberufung der Versammlung bei der Gesellschaft eingegangenes Verlangen von Aktionären im Sinne von § 122 Abs. 2 ist unverzüglich nach seinem Eingang bei der Gesellschaft in gleicher Weise zugänglich zu machen.

§ 125[1] Mitteilungen für die Aktionäre und an Aufsichtsratsmitglieder

(1) [1]Der Vorstand einer Gesellschaft, die nicht ausschließlich Namensaktien ausgegeben hat, hat die Einberufung der Hauptversammlung mindestens 21 Tage vor derselben wie folgt mitzuteilen:

1. den Intermediären, die Aktien der Gesellschaft verwahren,
2. den Aktionären und Intermediären, die die Mitteilung verlangt haben, und
3. den Vereinigungen von Aktionären, die die Mitteilung verlangt haben oder die in der letzten Hauptversammlung Stimmrechte ausgeübt haben.

[2]Der Tag der Mitteilung ist nicht mitzurechnen. [3]Ist die Tagesordnung nach § 122 Abs. 2 zu ändern, so ist bei börsennotierten Gesellschaften die geänderte Tagesordnung mitzuteilen. [4]In der Mitteilung ist auf die Möglichkeiten der Ausübung des Stimmrechts durch einen Bevollmächtigten, auch durch eine Vereinigung von Aktionären, hinzuweisen. [5]Bei börsennotierten Gesellschaften sind einem Vorschlag zur Wahl von Aufsichtsratsmitgliedern Angaben zu deren Mitgliedschaft in anderen gesetzlich zu bildenden Aufsichtsräten beizufügen; Angaben zu ihrer Mitgliedschaft in vergleichbaren in- und ausländischen Kontrollgremien von Wirtschaftsunternehmen sollen beigefügt werden.

(2) Die gleiche Mitteilung hat der Vorstand einer Gesellschaft, die Namensaktien ausgegeben hat, den zu Beginn des 21. Tages vor der Hauptversammlung im Aktienregister Eingetragenen zu machen sowie den Aktionären und Intermediären, die die Mitteilung verlangt haben, und den Vereinigungen von Aktionären, die die Mitteilung verlangt oder die in der letzten Hauptversammlung Stimmrechte ausgeübt haben.

(3) Jedes Aufsichtsratsmitglied kann verlangen, daß ihm der Vorstand die gleichen Mitteilungen übersendet.

(4) Jedem Aufsichtsratsmitglied und jedem Aktionär sind auf Verlangen die in der Hauptversammlung gefassten Beschlüsse mitzuteilen.

(5) [1]Für Inhalt und Format eines Mindestgehaltes an Informationen in den Mitteilungen gemäß Absatz 1 Satz 1 und Absatz 2 gelten die Anforderungen der Durchführungsverordnung (EU) 2018/1212. [2]§ 67a Absatz 2 Satz 1 gilt für die Absätze 1 und 2 entsprechend. [3]Bei börsennotierten Gesellschaften sind die Intermediäre, die Aktien der Gesellschaft verwahren, entsprechend den §§ 67a und 67b zur Weiterleitung und Übermittlung der Informationen nach den Absätzen 1 und 2 verpflichtet, es sei denn, dem Intermediär ist bekannt, dass der Aktionär sie von anderer Seite erhält. [4]Das Gleiche gilt für nichtbörsennotierte Gesellschaften mit der Maßgabe, dass die Bestimmungen der Durchführungsverordnung (EU) 2018/1212 nicht anzuwenden sind.

§ 126 Anträge von Aktionären

(1) [1]Anträge von Aktionären einschließlich des Namens des Aktionärs, der Begründung und einer etwaigen Stellungnahme der Verwaltung sind den in § 125 Abs. 1 bis 3 genannten Berechtigten unter den dortigen Voraussetzungen zugänglich zu machen, wenn der Aktionär mindestens 14 Tage vor der Versammlung der Gesellschaft einen Gegenantrag gegen einen Vorschlag von Vorstand und Aufsichtsrat zu einem bestimmten Punkt der Tagesordnung mit Begründung an die in der Einberufung hierfür mitgeteilte Adresse übersandt hat. [2]Der Tag des Zugangs ist nicht mitzurechnen. [3]Bei börsennotierten Gesellschaften hat das Zugänglichmachen über die Internetseite der Gesellschaft zu erfolgen. [4]§ 125 Abs. 3 gilt entsprechend.

---

1) § 125 geändert durch Gesetz vom 12.12.2019 (BGBl. I S. 2637); zur erstmaligen Anwendung s. § 26j EGAktG (abgedruckt unter Nr. 2a.).

(2) [1]Ein Gegenantrag und dessen Begründung brauchen nicht zugänglich gemacht zu werden,

1. soweit sich der Vorstand durch das Zugänglichmachen strafbar machen würde.
2. wenn der Gegenantrag zu einem gesetz- oder satzungswidrigen Beschluß der Hauptversammlung führen würde,
3. wenn die Begründung in wesentlichen Punkten offensichtlich falsche oder irreführende Angaben oder wenn sie Beleidigungen enthält,
4. wenn ein auf denselben Sachverhalt gestützter Gegenantrag des Aktionärs bereits zu einer Hauptversammlung der Gesellschaft nach § 125 zugänglich gemacht worden ist,
5. wenn derselbe Gegenantrag des Aktionärs mit wesentlich gleicher Begründung in den letzten fünf Jahren bereits zu mindestens zwei Hauptversammlungen der Gesellschaft nach § 125 zugänglich gemacht worden ist und in der Hauptversammlung weniger als der zwanzigste Teil des vertretenen Grundkapitals für ihn gestimmt hat,
6. wenn der Aktionär zu erkennen gibt, daß er an der Hauptversammlung nicht teilnehmen und sich nicht vertreten lassen wird, oder
7. wenn der Aktionär in den letzten zwei Jahren in zwei Hauptversammlungen einen von ihm mitgeteilten Gegenantrag nicht gestellt hat oder nicht hat stellen lassen.

[2]Die Begründung braucht nicht zugänglich gemacht zu werden, wenn sie insgesamt mehr als 5 000 Zeichen beträgt.

(3) Stellen mehrere Aktionäre zu demselben Gegenstand der Beschlußfassung Gegenanträge, so kann der Vorstand die Gegenanträge und ihre Begründungen zusammenfassen.

§ 127 Wahlvorschläge von Aktionären

[1]Für den Vorschlag eines Aktionärs zur Wahl von Aufsichtsratsmitgliedern oder von Abschlußprüfern gilt § 126 sinngemäß. [2]Der Wahlvorschlag braucht nicht begründet zu werden. [3]Der Vorstand braucht den Wahlvorschlag auch dann nicht zugänglich zu machen, wenn der Vorschlag nicht die Angaben nach § 124 Absatz 3 Satz 4 und § 125 Abs. 1 Satz 5 enthält. [4]Der Vorstand hat den Vorschlag eines Aktionärs zur Wahl von Aufsichtsratsmitgliedern börsennotierter Gesellschaften, für die das Mitbestimmungsgesetz, das Montan-Mitbestimmungsgesetz oder das Mitbestimmungsergänzungsgesetz gilt, mit folgenden Inhalten zu versehen:

1. Hinweis auf die Anforderungen des § 96 Absatz 2,
2. Angabe, ob der Gesamterfüllung nach § 96 Absatz 2 Satz 3 widersprochen wurde und
3. Angabe, wie viele der Sitze im Aufsichtsrat mindestens jeweils von Frauen und Männern besetzt sein müssen, um das Mindestanteilsgebot nach § 96 Absatz 2 Satz 1 zu erfüllen.

§ 127a Aktionärsforum

(1) Aktionäre oder Aktionärsvereinigungen können im Aktionärsforum des Bundesanzeigers andere Aktionäre auffordern, gemeinsam oder in Vertretung einen Antrag oder ein Verlangen nach diesem Gesetz zu stellen oder in einer Hauptversammlung das Stimmrecht auszuüben.

(2) Die Aufforderung hat folgende Angaben zu enthalten:

1. den Namen und eine Anschrift des Aktionärs oder der Aktionärsvereinigung,
2. die Firma der Gesellschaft,

3. den Antrag, das Verlangen oder einen Vorschlag für die Ausübung des Stimmrechts zu einem Tagesordnungspunkt,
4. den Tag der betroffenen Hauptversammlung.

(3) Die Aufforderung kann auf eine Begründung auf der Internetseite des Auffordernden und dessen elektronische Adresse hinweisen.

(4) Die Gesellschaft kann im Bundesanzeiger auf eine Stellungnahme zu der Aufforderung auf ihrer Internetseite hinweisen.

(5) Das Bundesministerium der Justiz und für Verbraucherschutz wird ermächtigt, durch Rechtsverordnung die äußere Gestaltung des Aktionärsforums und weitere Einzelheiten insbesondere zu der Aufforderung, dem Hinweis, den Entgelten, zu Löschungsfristen, Löschungsanspruch, zu Missbrauchsfällen und zur Einsichtnahme zu regeln.

§ 128[1] *(aufgehoben)*

Dritter Unterabschnitt. Verhandlungsniederschrift. Auskunftsrecht

§ 129[2] Geschäftsordnung; Verzeichnis der Teilnehmer; Nachweis der Stimmzählung

(1) [1]Die Hauptversammlung kann sich mit einer Mehrheit, die mindestens drei Viertel des bei der Beschlußfassung vertretenen Grundkapitals umfaßt, eine Geschäftsordnung mit Regeln für die Vorbereitung und Durchführung der Hauptversammlung geben. [2]In der Hauptversammlung ist ein Verzeichnis der erschienenen oder vertretenen Aktionäre und der Vertreter von Aktionären mit Angabe ihres Namens und Wohnorts sowie bei Nennbetragsaktien des Betrags, bei Stückaktien der Zahl der von jedem vertretenen Aktien unter Angabe ihrer Gattung aufzustellen.

(2) [1]Sind einem Intermediär oder einer in § 135 Abs. 8 bezeichneten Person Vollmachten zur Ausübung des Stimmrechts erteilt worden und übt der Bevollmächtigte das Stimmrecht im Namen dessen, den es angeht, aus, so sind bei Nennbetragsaktien der Betrag, bei Stückaktien die Zahl und die Gattung der Aktien, für die ihm Vollmachten erteilt worden sind, zur Aufnahme in das Verzeichnis gesondert anzugeben. [2]Die Namen der Aktionäre, welche Vollmachten erteilt haben, brauchen nicht angegeben zu werden.

(3) [1]Wer von einem Aktionär ermächtigt ist, im eigenen Namen das Stimmrecht für Aktien auszuüben, die ihm nicht gehören, hat bei Nennbetragsaktien den Betrag, bei Stückaktien die Zahl und die Gattung dieser Aktien zur Aufnahme in das Verzeichnis gesondert anzugeben. [2]Dies gilt auch für Namensaktien, als deren Aktionär der Ermächtigte im Aktienregister eingetragen ist.

(4) [1]Das Verzeichnis ist vor der ersten Abstimmung allen Teilnehmern zugänglich zu machen. [2]Jedem Aktionär ist auf Verlangen bis zu zwei Jahren nach der Hauptversammlung Einsicht in das Teilnehmerverzeichnis zu gewähren.

(5) [1]Der Abstimmende kann von der Gesellschaft innerhalb eines Monats nach dem Tag der Hauptversammlung eine Bestätigung darüber verlangen, ob und wie seine Stimme gezählt wurde. [2]Die Gesellschaft hat die Bestätigung gemäß den Anforderungen in Artikel 7 Absatz 2 und Artikel 9 Absatz 5 Unterabsatz 2 der Durchführungsverordnung (EU) 2018/1212 zu erteilen. [3]Sofern die Bestätigung einem Intermediär erteilt wird,

1) § 128 aufgehoben durch Gesetz vom 12.12.2019 (BGBl. I S. 2637).
2) § 129 geändert durch Gesetz vom 12.12.2019 (BGBl. I S. 2637); zur erstmaligen Anwendung s. § 26j EGAktG (abgedruckt unter Nr. 2a.).

hat dieser die Bestätigung unverzüglich dem Aktionär zu übermitteln. [4]§ 67a Absatz 2 Satz 1 und Absatz 3 gilt entsprechend.

§ 130 Niederschrift

(1) [1]Jeder Beschluß der Hauptversammlung ist durch eine über die Verhandlung notariell aufgenommene Niederschrift zu beurkunden. [2]Gleiches gilt für jedes Verlangen einer Minderheit nach § 120 Abs. 1 Satz 2, § 137. [3]Bei nichtbörsennotierten Gesellschaften reicht eine vom Vorsitzenden des Aufsichtsrats zu unterzeichnende Niederschrift aus, soweit keine Beschlüsse gefaßt werden, für die das Gesetz eine Dreiviertel- oder größere Mehrheit bestimmt.

(2) [1]In der Niederschrift sind der Ort und der Tag der Verhandlung, der Name des Notars sowie die Art und das Ergebnis der Abstimmung und die Feststellung des Vorsitzenden über die Beschlußfassung anzugeben. [2]Bei börsennotierten Gesellschaften umfasst die Feststellung über die Beschlussfassung für jeden Beschluss auch

1. die Zahl der Aktien, für die gültige Stimmen abgegeben wurden,
2. den Anteil des durch die gültigen Stimmen vertretenen Grundkapitals am eingetragenen Grundkapital,
3. die Zahl der für einen Beschluss abgegebenen Stimmen, Gegenstimmen und gegebenenfalls die Zahl der Enthaltungen.

[3]Abweichend von Satz 2 kann der Versammlungsleiter die Feststellung über die Beschlussfassung für jeden Beschluss darauf beschränken, dass die erforderliche Mehrheit erreicht wurde, falls kein Aktionär eine umfassende Feststellung gemäß Satz 2 verlangt.

(3) Die Belege über die Einberufung der Versammlung sind der Niederschrift als Anlage beizufügen, wenn sie nicht unter Angabe ihres Inhalts in der Niederschrift aufgeführt sind.

(4) [1]Die Niederschrift ist von dem Notar zu unterschreiben. [2]Die Zuziehung von Zeugen ist nicht nötig.

(5) Unverzüglich nach der Versammlung hat der Vorstand eine öffentlich beglaubigte, im Falle des Absatzes 1 Satz 3 eine vom Vorsitzenden des Aufsichtsrates unterzeichnete Abschrift der Niederschrift und ihrer Anlagen zum Handelsregister einzureichen.

(6) Börsennotierte Gesellschaften müssen innerhalb von sieben Tagen nach der Versammlung die festgestellten Abstimmungsergebnisse einschließlich der Angaben nach Absatz 2 Satz 2 auf ihrer Internetseite veröffentlichen.

§ 131 Auskunftsrecht des Aktionärs

(1) [1]Jedem Aktionär ist auf Verlangen in der Hauptversammlung vom Vorstand Auskunft über Angelegenheiten der Gesellschaft zu geben, soweit sie zur sachgemäßen Beurteilung des Gegenstands der Tagesordnung erforderlich ist. [2]Die Auskunftspflicht erstreckt sich auch auf die rechtlichen und geschäftlichen Beziehungen der Gesellschaft zu einem verbundenen Unternehmen. [3]Macht eine Gesellschaft von den Erleichterungen nach § 266 Absatz 1 Satz 3, § 276 oder § 288 des Handelsgesetzbuchs Gebrauch, so kann jeder Aktionär verlangen, dass ihm in der Hauptversammlung über den Jahresabschluss der Jahresabschluss in der Form vorgelegt wird, die er ohne diese Erleichterungen hätte. [4]Die Auskunftspflicht des Vorstands eines Mutterunternehmens (§ 290 Abs. 1, 2 des Handelsgesetzbuchs) in der Hauptversammlung, der der Konzernabschluss und der Konzernlagebericht vorgelegt werden, erstreckt sich auch auf die Lage des Konzerns und der in den Konzernabschluss einbezogenen Unternehmen.

(2) [1]Die Auskunft hat den Grundsätzen einer gewissenhaften und getreuen Rechenschaft zu entsprechen. [2]Die Satzung oder die Geschäftsordnung gemäß § 129 kann den

Versammlungsleiter ermächtigen, das Frage- und Rederecht des Aktionärs zeitlich angemessen zu beschränken, und Näheres dazu bestimmen.

(3) [1]Der Vorstand darf die Auskunft verweigern,

1. soweit die Erteilung der Auskunft nach vernünftiger kaufmännischer Beurteilung geeignet ist, der Gesellschaft oder einem verbundenen Unternehmen einen nicht unerheblichen Nachteil zuzufügen;
2. soweit sie sich auf steuerliche Wertansätze oder die Höhe einzelner Steuern bezieht;
3. über den Unterschied zwischen dem Wert, mit dem Gegenstände in der Jahresbilanz angesetzt worden sind, und einem höheren Wert dieser Gegenstände, es sei denn, daß die Hauptversammlung den Jahresabschluß feststellt;
4. über die Bilanzierungs- und Bewertungsmethoden, soweit die Angabe dieser Methoden im Anhang ausreicht, um ein den tatsächlichen Verhältnissen entsprechendes Bild der Vermögens-, Finanz- und Ertragslage der Gesellschaft im Sinne des § 264 Abs. 2 des Handelsgesetzbuchs zu vermitteln; dies gilt nicht, wenn die Hauptversammlung den Jahresabschluß feststellt;
5. soweit sich der Vorstand durch die Erteilung der Auskunft strafbar machen würde;
6. soweit bei einem Kreditinstitut oder Finanzdienstleistungsinstitut Angaben über angewandte Bilanzierungs- und Bewertungsmethoden sowie vorgenommene Verrechnungen im Jahresabschluß, Lagebericht, Konzernabschluß oder Konzernlagebericht nicht gemacht zu werden brauchen;
7. soweit die Auskunft auf der Internetseite der Gesellschaft über mindestens sieben Tage vor Beginn und in der Hauptversammlung durchgängig zugänglich ist.

[2]Aus anderen Gründen darf die Auskunft nicht verweigert werden.

(4) [1]Ist einem Aktionär wegen seiner Eigenschaft als Aktionär eine Auskunft außerhalb der Hauptversammlung gegeben worden, so ist sie jedem anderen Aktionär auf dessen Verlangen in der Hauptversammlung zu geben, auch wenn sie zur sachgemäßen Beurteilung des Gegenstands der Tagesordnung nicht erforderlich ist. [2]Der Vorstand darf die Auskunft nicht nach Absatz 3 Satz 1 Nr. 1 bis 4 verweigern. [3]Sätze 1 und 2 gelten nicht, wenn ein Tochterunternehmen (§ 290 Abs. 1, 2 des Handelsgesetzbuchs), ein Gemeinschaftsunternehmen (§ 310 Abs. 1 des Handelsgesetzbuchs) oder ein assoziiertes Unternehmen (§ 311 Abs. 1 des Handelsgesetzbuchs) die Auskunft einem Mutterunternehmen (§ 290 Abs. 1, 2 des Handelsgesetzbuchs) zum Zwecke der Einbeziehung der Gesellschaft in den Konzernabschluß des Mutterunternehmens erteilt und die Auskunft für diesen Zweck benötigt wird.

(5) Wird einem Aktionär eine Auskunft verweigert, so kann er verlangen, daß seine Frage und der Grund, aus dem die Auskunft verweigert worden ist, in die Niederschrift über die Verhandlung aufgenommen werden.

§ 132 Gerichtliche Entscheidung über das Auskunftsrecht

(1) Ob der Vorstand die Auskunft zu geben hat, entscheidet auf Antrag ausschließlich das Landgericht, in dessen Bezirk die Gesellschaft ihren Sitz hat.

(2) [1]Antragsberechtigt ist jeder Aktionär, dem die verlangte Auskunft nicht gegeben worden ist, und, wenn über den Gegenstand der Tagesordnung, auf den sich die Auskunft bezog, Beschluß gefaßt worden ist, jeder in der Hauptversammlung erschienene Aktionär, der in der Hauptversammlung Widerspruch zur Niederschrift erklärt hat. [2]Der Antrag ist binnen zwei Wochen nach der Hauptversammlung zu stellen, in der die Auskunft abgelehnt worden ist.

(3) [1]§ 99 Abs. 1, 3 Satz 1, 2 und 4 bis 6 sowie Abs. 5 Satz 1 und 3 gilt entsprechend. [2]Die Beschwerde findet nur statt, wenn das Landgericht sie in der Entscheidung für zu-

lässig erklärt. [3]§ 70 Abs. 2 des Gesetzes über das Verfahren in Familiensachen und in den Angelegenheiten der freiwilligen Gerichtsbarkeit ist entsprechend anzuwenden.

(4) [1]Wird dem Antrag stattgegeben, so ist die Auskunft auch außerhalb der Hauptversammlung zu geben. [2]Aus der Entscheidung findet die Zwangsvollstreckung nach den Vorschriften der Zivilprozeßordnung statt.

(5) Das mit dem Verfahren befaßte Gericht bestimmt nach billigem Ermessen, welchem Beteiligten die Kosten des Verfahrens aufzuerlegen sind.

Vierter Unterabschnitt. Stimmrecht

§ 133 Grundsatz der einfachen Stimmenmehrheit

(1) Die Beschlüsse der Hauptversammlung bedürfen der Mehrheit der abgegebenen Stimmen (einfache Stimmenmehrheit), soweit nicht Gesetz oder Satzung eine größere Mehrheit oder weitere Erfordernisse bestimmen.

(2) Für Wahlen kann die Satzung andere Bestimmungen treffen.

§ 134 Stimmrecht

(1) [1]Das Stimmrecht wird nach Aktiennennbeträgen, bei Stückaktien nach deren Zahl ausgeübt. [2]Für den Fall, daß einem Aktionär mehrere Aktien gehören, kann bei einer nichtbörsennotierten Gesellschaft die Satzung das Stimmrecht durch Festsetzung eines Höchstbetrags oder von Abstufungen beschränken. [3]Die Satzung kann außerdem bestimmen, daß zu den Aktien, die dem Aktionär gehören, auch die Aktien rechnen, die einem anderen für seine Rechnung gehören. [4]Für den Fall, daß der Aktionär ein Unternehmen ist, kann sie ferner bestimmen, daß zu den Aktien, die ihm gehören, auch die Aktien rechnen, die einem von ihm abhängigen oder ihn beherrschenden oder einem mit ihm konzernverbundenen Unternehmen oder für Rechnung solcher Unternehmen einem Dritten gehören. [5]Die Beschränkungen können nicht für einzelne Aktionäre angeordnet werden. [6]Bei der Berechnung einer nach Gesetz oder Satzung erforderlichen Kapitalmehrheit bleiben die Beschränkungen außer Betracht.

(2) [1]Das Stimmrecht beginnt mit der vollständigen Leistung der Einlage. [2]Entspricht der Wert einer verdeckten Sacheinlage nicht dem in § 36a Abs. 2 Satz 3 genannten Wert, so steht dies dem Beginn des Stimmrechts nicht entgegen; das gilt nicht, wenn der Wertunterschied offensichtlich ist. [3]Die Satzung kann bestimmen, daß das Stimmrecht beginnt, wenn auf die Aktie die gesetzliche oder höhere satzungsmäßige Mindesteinlage geleistet ist. [4]In diesem Fall gewährt die Leistung der Mindesteinlage eine Stimme; bei höheren Einlagen richtet sich das Stimmenverhältnis nach der Höhe der geleisteten Einlagen. [5]Bestimmt die Satzung nicht, daß das Stimmrecht vor der vollständigen Leistung der Einlage beginnt, und ist noch auf keine Aktie die Einlage vollständig geleistet, so richtet sich das Stimmenverhältnis nach der Höhe der geleisteten Einlagen; dabei gewährt die Leistung der Mindesteinlage eine Stimme. [6]Bruchteile von Stimmen werden in diesen Fällen nur berücksichtigt, soweit sie für den stimmberechtigten Aktionär volle Stimmen ergeben. [7]Die Satzung kann Bestimmungen nach diesem Absatz nicht für einzelne Aktionäre oder für einzelne Aktiengattungen treffen.

(3) [1]Das Stimmrecht kann durch einen Bevollmächtigten ausgeübt werden. [2]Bevollmächtigt der Aktionär mehr als eine Person, so kann die Gesellschaft eine oder mehrere von diesen zurückweisen. [3]Die Erteilung der Vollmacht, ihr Widerruf und der Nachweis der Bevollmächtigung gegenüber der Gesellschaft bedürfen der Textform, wenn in der Satzung oder in der Einberufung auf Grund einer Ermächtigung durch die Satzung nichts Abweichendes und bei börsennotierten Gesellschaften nicht eine Erleichterung bestimmt wird. [4]Die börsennotierte Gesellschaft hat zumindest einen Weg elektronischer Kom-

munikation für die Übermittlung des Nachweises anzubieten. [5]Werden von der Gesellschaft benannte Stimmrechtsvertreter bevollmächtigt, so ist die Vollmachtserklärung von der Gesellschaft drei Jahre nachprüfbar festzuhalten; § 135 Abs. 5 gilt entsprechend.

(4) Die Form der Ausübung des Stimmrechts richtet sich nach der Satzung.

§ 134a [1] Begriffsbestimmungen; Anwendungsbereich

(1) Im Sinne der §§ 134b bis 135 ist

1. institutioneller Anleger:
   a) ein Unternehmen mit Erlaubnis zum Betrieb der Lebensversicherung im Sinne des § 8 Absatz 1 in Verbindung mit Anlage 1 Nummer 19 bis 24 des Versicherungsaufsichtsgesetzes,
   b) ein Unternehmen mit Erlaubnis zum Betrieb der Rückversicherung im Sinne des § 8 Absatz 1 und 4 des Versicherungsaufsichtsgesetzes, sofern sich diese Tätigkeiten auf Lebensversicherungsverpflichtungen beziehen,
   c) eine Einrichtung der betrieblichen Altersversorgung gemäß den §§ 232 bis 244d des Versicherungsaufsichtsgesetzes;
2. Vermögensverwalter:
   a) ein Finanzdienstleistungsinstitut mit Erlaubnis zur Erbringung der Finanzportfolioverwaltung im Sinne des § 1 Absatz 1a Satz 2 Nummer 3 des Kreditwesengesetzes,
   b) eine Kapitalverwaltungsgesellschaft mit Erlaubnis gemäß § 20 Absatz 1 des Kapitalanlagegesetzbuchs;
3. Stimmrechtsberater:

   ein Unternehmen, das gewerbsmäßig und entgeltlich Offenlegungen und andere Informationen von börsennotierten Gesellschaften analysiert, um Anleger zu Zwecken der Stimmausübung durch Recherchen, Beratungen oder Stimmempfehlungen zu informieren.

(2) Für institutionelle Anleger, Vermögensverwalter und Stimmrechtsberater sind die §§ 134b bis 135 nur anwendbar, soweit sie den folgenden Bestimmungen der Richtlinie 2007/36/EG des Europäischen Parlaments und des Rates vom 11. Juli 2007 über die Ausübung bestimmter Rechte von Aktionären in börsennotierten Gesellschaften (ABl. L 184 vom 14.7.2007, S. 17), die zuletzt durch die Richtlinie (EU) 2017/828 (ABl. L 132 vom 20.5.2017, S. 1) geändert worden ist, unterfallen:

1. für institutionelle Anleger: Artikel 1 Absatz 2 Buchstabe a und Absatz 6 Buchstabe a,
2. für Vermögensverwalter: Artikel 1 Absatz 2 Buchstabe a und Absatz 6 Buchstabe b, und
3. für Stimmrechtsberater: Artikel 1 Absatz 2 Buchstabe b und Absatz 6 Buchstabe c sowie Artikel 3j Absatz 4.

§ 134b [2] Mitwirkungspolitik, Mitwirkungsbericht, Abstimmungsverhalten

(1) Institutionelle Anleger und Vermögensverwalter haben eine Politik, in der sie ihre Mitwirkung in den Portfoliogesellschaften beschreiben (Mitwirkungspolitik), und in der insbesondere folgende Punkte behandelt werden, zu veröffentlichen:

---

1) § 134a eingefügt durch Gesetz vom 12.12.2019 (BGBl. I S. 2637).
2) § 134b eingefügt durch Gesetz vom 12.12.2019 (BGBl. I S. 2637).

1. die Ausübung von Aktionärsrechten, insbesondere im Rahmen ihrer Anlagestrategie,
2. die Überwachung wichtiger Angelegenheiten der Portfoliogesellschaften,
3. der Meinungsaustauch mit den Gesellschaftsorganen und den Interessenträgern der Gesellschaft,
4. die Zusammenarbeit mit anderen Aktionären sowie
5. der Umgang mit Interessenkonflikten.

(2) [1]Institutionelle Anleger und Vermögensverwalter haben jährlich über die Umsetzung der Mitwirkungspolitik zu berichten. [2]Der Bericht enthält Erläuterungen allgemeiner Art zum Abstimmungsverhalten, zu den wichtigsten Abstimmungen und zum Einsatz von Stimmrechtsberatern.

(3) Institutionelle Anleger und Vermögensverwalter haben ihr Abstimmungsverhalten zu veröffentlichen, es sei denn, die Stimmabgabe war wegen des Gegenstands der Abstimmung oder des Umfangs der Beteiligung unbedeutend.

(4) Erfüllen institutionelle Anleger und Vermögensverwalter eine oder mehrere der Vorgaben der Absätze 1 bis 3 nicht oder nicht vollständig, haben sie zu erklären, warum sie dies nicht tun.

(5) [1]Die Informationen nach den Absätzen 1 bis 4 sind für mindestens drei Jahre auf der Internetseite der institutionellen Anleger und der Vermögensverwalter öffentlich zugänglich zu machen und mindestens jährlich zu aktualisieren. [2]Davon abweichend können institutionelle Anleger auf die Internetseite der Vermögensverwalter oder andere kostenfrei und öffentlich zugängliche Internetseiten verweisen, wenn dort die Informationen nach den Absätzen 1 bis 4 verfügbar sind.

§ 134c[1)] Offenlegungspflichten von institutionellen Anlegern und Vermögensverwaltern

(1) Institutionelle Anleger haben offenzulegen, inwieweit die Hauptelemente ihrer Anlagestrategie dem Profil und der Laufzeit ihrer Verbindlichkeiten entsprechen und wie sie zur mittel- bis langfristigen Wertentwicklung ihrer Vermögenswerte beitragen.

(2) [1]Handelt ein Vermögensverwalter für einen institutionellen Anleger, hat der institutionelle Anleger solche Angaben über die Vereinbarungen mit dem Vermögensverwalter offenzulegen, die erläutern, wie der Vermögensverwalter seine Anlagestrategie und Anlageentscheidungen auf das Profil und die Laufzeit der Verbindlichkeiten des institutionellen Anlegers abstimmt. [2]Die Offenlegung umfasst insbesondere Angaben

1. zur Berücksichtigung der mittel- bis langfristigen Entwicklung der Gesellschaft bei der Anlageentscheidung,
2. zur Mitwirkung in der Gesellschaft, insbesondere durch Ausübung der Aktionärsrechte, einschließlich der Wertpapierleihe,
3. zu Methode, Leistungsbewertung und Vergütung des Vermögensverwalters,
4. zur Überwachung des vereinbarten Portfolioumsatzes und der angestrebten Portfolioumsatzkosten durch den institutionellen Anleger,
5. zur Laufzeit der Vereinbarung mit dem Vermögensverwalter.

[3]Wurde zu einzelnen Angaben keine Vereinbarung getroffen, hat der institutionelle Anleger zu erklären, warum dies nicht geschehen ist.

---

1) § 134c eingefügt durch Gesetz vom 12.12.2019 (BGBl. I S. 2637).

(3) [1]Institutionelle Anleger haben die Informationen nach den Absätzen 1 und 2 im Bundesanzeiger oder auf ihrer Internetseite für einen Zeitraum von mindestens drei Jahren öffentlich zugänglich zu machen und mindestens jährlich zu aktualisieren. [2]Die Veröffentlichung kann auch durch den Vermögensverwalter auf dessen Internetseite oder auf einer anderen kostenfrei und öffentlich zugänglichen Internetseite erfolgen; in diesem Fall genügt die Angabe der Internetseite, auf der die Informationen zu finden sind.

(4) [1]Vermögensverwalter, die eine Vereinbarung nach Absatz 2 geschlossen haben, haben den institutionellen Anlegern jährlich zu berichten, wie ihre Anlagestrategie und deren Umsetzung mit dieser Vereinbarung im Einklang stehen und zur mittel- bis langfristigen Wertentwicklung der Vermögenswerte beitragen. [2]Statt des Berichts an den institutionellen Anleger kann auch eine Veröffentlichung des Berichts entsprechend Absatz 3 Satz 2 erfolgen. [3]Der Bericht enthält Angaben

1. über die wesentlichen mittel- bis langfristigen Risiken,
2. über die Zusammensetzung des Portfolios, die Portfolioumsätze und die Portfolioumsatzkosten,
3. zur Berücksichtigung der mittel- bis langfristigen Entwicklung der Gesellschaft bei der Anlageentscheidung,
4. zum Einsatz von Stimmrechtsberatern,
5. zur Handhabung der Wertpapierleihe und zum Umgang mit Interessenkonflikten im Rahmen der Mitwirkung in den Gesellschaften, insbesondere durch Ausübung von Aktionärsrechten.

§ 134d[1)] Offenlegungspflichten der Stimmrechtsberater

(1) [1]Stimmrechtsberater haben jährlich zu erklären, dass sie den Vorgaben eines näher bezeichneten Verhaltenskodex entsprochen haben und entsprechen oder welche Vorgaben des Verhaltenskodex sie nicht eingehalten haben und einhalten und welche Maßnahmen sie stattdessen getroffen haben. [2]Wenn Stimmrechtsberater keinen Verhaltenskodex einhalten, haben sie zu erklären, warum nicht.

(2) Stimmrechtsberater veröffentlichen jährlich Informationen

1. zu den wesentlichen Merkmalen der eingesetzten Methoden und Modelle sowie ihren Hauptinformationsquellen,
2. zu den zur Qualitätssicherung sowie zur Vermeidung und zur Behandlung von potentiellen Interessenkonflikten eingesetzten Verfahren,
3. zur Qualifikation der an der Stimmrechtsberatung beteiligten Mitarbeiter,
4. zur Art und Weise, wie nationale Marktbedingungen sowie rechtliche, regulatorische und unternehmensspezifische Bedingungen berücksichtigt werden,
5. zu den wesentlichen Merkmalen der verfolgten Stimmrechtspolitik für die einzelnen Märkte,
6. dazu, wie und wie oft das Gespräch mit den betroffenen Gesellschaften und deren Interessenträgern gesucht wird.

(3) Die Informationen nach den Absätzen 1 und 2 sind gesondert oder gebündelt auf der Internetseite des Stimmrechtsberaters für mindestens drei Jahre öffentlich zugänglich zu machen und jährlich zu aktualisieren.

(4) Stimmrechtsberater haben ihre Kunden unverzüglich über Interessenkonflikte sowie über diesbezügliche Gegenmaßnahmen zu informieren.

---

1) § 134d eingefügt durch Gesetz vom 12.12.2019 (BGBl. I S. 2637).

§ 135[1] Ausübung des Stimmrechts durch Intermediäre und geschäftsmäßig Handelnde

(1) [1]Ein Intermediär darf das Stimmrecht für Aktien, die ihm nicht gehören und als deren Inhaber er nicht im Aktienregister eingetragen ist, nur ausüben, wenn er bevollmächtigt ist. [2]Die Vollmacht darf nur einem bestimmten Intermediär erteilt werden und ist von diesem nachprüfbar festzuhalten. [3]Die Vollmachtserklärung muss vollständig sein und darf nur mit der Stimmrechtsausübung verbundene Erklärungen enthalten. [4]Erteilt der Aktionär keine ausdrücklichen Weisungen, so kann eine generelle Vollmacht nur die Berechtigung des Intermediärs zur Stimmrechtsausübung

1. entsprechend eigenen Abstimmungsvorschlägen (Absätze 2 und 3) oder
2. entsprechend den Vorschlägen des Vorstands oder des Aufsichtsrats oder für den Fall voneinander abweichender Vorschläge den Vorschlägen des Aufsichtsrats (Absatz 4)

vorsehen. [5]Bietet der Intermediär die Stimmrechtsausübung gemäß Satz 4 Nr. 1 oder Nr. 2 an, so hat er sich zugleich zu erbieten, im Rahmen des Zumutbaren und bis auf Widerruf einer Aktionärsvereinigung oder einem sonstigen Vertreter nach Wahl des Aktionärs die zur Stimmrechtsausübung erforderlichen Unterlagen zuzuleiten. [6]Der Intermediär hat den Aktionär jährlich und deutlich hervorgehoben auf die Möglichkeiten des jederzeitigen Widerrufs der Vollmacht und der Änderung des Bevollmächtigten hinzuweisen. [7]Die Erteilung von Weisungen zu den einzelnen Tagesordnungspunkten, die Erteilung und der Widerruf einer generellen Vollmacht nach Satz 4 und eines Auftrags nach Satz 5 einschließlich seiner Änderung sind dem Aktionär durch ein Formblatt oder Bildschirmformular zu erleichtern.

(2) [1]Ein Intermediär, der das Stimmrecht auf Grund einer Vollmacht nach Absatz 1 Satz 4 Nr. 1 ausüben will, hat dem Aktionär rechtzeitig eigene Vorschläge für die Ausübung des Stimmrechts zu den einzelnen Gegenständen der Tagesordnung zugänglich zu machen. [2]Bei diesen Vorschlägen hat sich der Intermediär vom Interesse des Aktionärs leiten zu lassen und organisatorische Vorkehrungen dafür zu treffen, dass Eigeninteressen aus anderen Geschäftsbereichen nicht einfließen; er hat ein Mitglied der Geschäftsleitung zu benennen, das die Einhaltung dieser Pflichten sowie die ordnungsgemäße Ausübung des Stimmrechts und deren Dokumentation zu überwachen hat. [3]Zusammen mit seinen Vorschlägen hat der Intermediär darauf hinzuweisen, dass er das Stimmrecht entsprechend den eigenen Vorschlägen ausüben werde, wenn der Aktionär nicht rechtzeitig eine andere Weisung erteilt. [4]Gehört ein Vorstandsmitglied oder ein Mitarbeiter des Intermediärs dem Aufsichtsrat der Gesellschaft oder ein Vorstandsmitglied oder ein Mitarbeiter der Gesellschaft dem Aufsichtsrat des Intermediärs an, so hat der Intermediär hierauf hinzuweisen. [5]Gleiches gilt, wenn der Intermediär an der Gesellschaft eine Beteiligung hält, die nach § 33 des Wertpapierhandelsgesetzes meldepflichtig ist, oder einem Konsortium angehörte, das die innerhalb von fünf Jahren zeitlich letzte Emission von Wertpapieren der Gesellschaft übernommen hat.

(3) [1]Hat der Aktionär dem Intermediär keine Weisung für die Ausübung des Stimmrechts erteilt, so hat der Intermediär im Falle des Absatzes 1 Satz 4 Nr. 1 das Stimmrecht entsprechend seinen eigenen Vorschlägen auszuüben, es sei denn, dass er den Umständen nach annehmen darf, dass der Aktionär bei Kenntnis der Sachlage die abweichende Ausübung des Stimmrechts billigen würde. [2]Ist der Intermediär bei der Ausübung des Stimmrechts von einer Weisung des Aktionärs oder, wenn der Aktionär keine Weisung erteilt hat, von seinem eigenen Vorschlag abgewichen, so hat er dies dem Aktionär mitzuteilen und die Gründe anzugeben. [3]In der eigenen Hauptversammlung darf der bevollmächtigte Intermediär das Stimmrecht auf Grund der Vollmacht nur ausüben, soweit

1) § 135 geändert durch Gesetz vom 12.12.2019 (BGBl. I S. 2637).

der Aktionär eine ausdrückliche Weisung zu den einzelnen Gegenständen der Tagesordnung erteilt hat. [4]Gleiches gilt in der Versammlung einer Gesellschaft, an der er mit mehr als 20 Prozent des Grundkapitals unmittelbar oder mittelbar beteiligt ist; für die Berechnung der Beteiligungsschwelle bleiben mittelbare Beteiligungen im Sinne des § 35 Absatz 3 bis 6 des Wertpapierhandelsgesetzes außer Betracht.

(4) [1]Ein Intermediär, der in der Hauptversammlung das Stimmrecht auf Grund einer Vollmacht nach Absatz 1 Satz 4 Nr. 2 ausüben will, hat den Aktionären die Vorschläge des Vorstands und des Aufsichtsrats zugänglich zu machen, sofern dies nicht anderweitig erfolgt. [2]Absatz 2 Satz 3 sowie Absatz 3 Satz 1 bis 3 gelten entsprechend.

(5) [1]Wenn die Vollmacht dies gestattet, darf der Intermediär Personen, die nicht seine Angestellten sind, unterbevollmächtigen. [2]Wenn es die Vollmacht nicht anders bestimmt, übt der Intermediär das Stimmrecht im Namen dessen aus, den es angeht. [3]Ist die Briefwahl bei der Gesellschaft zugelassen, so darf der bevollmächtigte Intermediär sich ihrer bedienen. [4]Zum Nachweis seiner Stimmberechtigung gegenüber der Gesellschaft genügt bei börsennotierten Gesellschaften die Vorlegung eines Berechtigungsnachweises gemäß § 123 Abs. 3; im Übrigen sind die in der Satzung für die Ausübung des Stimmrechts vorgesehenen Erfordernisse zu erfüllen.

(6) [1]Ein Intermediär darf das Stimmrecht für Namensaktien, die ihm nicht gehören, als deren Inhaber er aber im Aktienregister eingetragen ist, nur auf Grund einer Ermächtigung ausüben. [2]Auf die Ermächtigung sind die Absätze 1 bis 5 entsprechend anzuwenden.

(7) Die Wirksamkeit der Stimmabgabe wird durch einen Verstoß gegen Absatz 1 Satz 2 bis 7, die Absätze 2 bis 6 nicht beeinträchtigt.

(8) Die Absätze 1 bis 7 gelten sinngemäß für Aktionärsvereinigungen, für Stimmrechtsberater sowie für Personen, die sich geschäftsmäßig gegenüber Aktionären zur Ausübung des Stimmrechts in der Hauptversammlung erbieten; dies gilt nicht, wenn derjenige, der das Stimmrecht ausüben will, gesetzlicher Vertreter, Ehegatte oder Lebenspartner des Aktionärs oder mit ihm bis zum vierten Grad verwandt oder verschwägert ist.

(9) Die Verpflichtung des Intermediärs, der Stimmrechtsberater sowie der Personen, die sich geschäftsmäßig gegenüber Aktionären zur Ausübung des Stimmrechts in der Hauptversammlung erbieten, zum Ersatz eines aus der Verletzung der Absätze 1 bis 6 entstehenden Schadens kann im Voraus weder ausgeschlossen noch beschränkt werden.

(10) *(aufgehoben)*

§ 136 Ausschluß des Stimmrechts

(1) [1]Niemand kann für sich oder für einen anderen das Stimmrecht ausüben, wenn darüber Beschluß gefaßt wird, ob er zu entlasten oder von einer Verbindlichkeit zu befreien ist oder ob die Gesellschaft gegen ihn einen Anspruch geltend machen soll. [2]Für Aktien, aus denen der Aktionär nach Satz 1 das Stimmrecht nicht ausüben kann, kann das Stimmrecht auch nicht durch einen anderen ausgeübt werden.

(2) [1]Ein Vertrag, durch den sich ein Aktionär verpflichtet, nach Weisung der Gesellschaft, des Vorstands oder des Aufsichtsrats der Gesellschaft oder nach Weisung eines abhängigen Unternehmens das Stimmrecht auszuüben, ist nichtig. [2]Ebenso ist ein Vertrag nichtig, durch den sich ein Aktionär verpflichtet, für die jeweiligen Vorschläge des Vorstands oder des Aufsichtsrats der Gesellschaft zu stimmen.

§ 137 Abstimmung für Wahlvorschläge von Aktionären

Hat ein Aktionär einen Vorschlag zur Wahl von Aufsichtsratsmitgliedern nach § 127 gemacht und beantragt er in der Hauptversammlung die Wahl des von ihm vorgeschlagenen, so ist über seinen Antrag vor dem Vorschlag des Aufsichtsrats zu beschließen, wenn es eine Minderheit der Aktionäre verlangt, deren Anteile zusammen den zehnten Teil des vertretenen Grundkapitals erreichen.

Fünfter Unterabschnitt. Sonderbeschluß

§ 138 Gesonderte Versammlung. Gesonderte Abstimmung

[1]In diesem Gesetz oder in der Satzung vorgeschriebene Sonderbeschlüsse gewisser Aktionäre sind entweder in einer gesonderten Versammlung dieser Aktionäre oder in einer gesonderten Abstimmung zu fassen, soweit das Gesetz nichts anderes bestimmt. [2]Für die Einberufung der gesonderten Versammlung und die Teilnahme an ihr sowie für das Auskunftsrecht gelten die Bestimmungen über die Hauptversammlung, für die Sonderbeschlüsse die Bestimmungen über Hauptversammlungsbeschlüsse sinngemäß. [3]Verlangen Aktionäre, die an der Abstimmung über den Sonderbeschluß teilnehmen können, die Einberufung einer gesonderten Versammlung oder die Bekanntmachung eines Gegenstands zur gesonderten Abstimmung, so genügt es, wenn ihre Anteile, mit denen sie an der Abstimmung über den Sonderbeschluß teilnehmen können, zusammen den zehnten Teil der Anteile erreichen, aus denen bei der Abstimmung über den Sonderbeschluß das Stimmrecht ausgeübt werden kann.

Sechster Unterabschnitt. Vorzugsaktien ohne Stimmrecht

§ 139 Wesen

(1) [1]Für Aktien, die mit einem Vorzug bei der Verteilung des Gewinns ausgestattet sind, kann das Stimmrecht ausgeschlossen werden (Vorzugsaktien ohne Stimmrecht). [2]Der Vorzug kann insbesondere in einem auf die Aktie vorweg entfallenden Gewinnanteil (Vorabdividende) oder einem erhöhten Gewinnanteil (Mehrdividende) bestehen. [3]Wenn die Satzung nichts anderes bestimmt, ist eine Vorabdividende nachzuzahlen.

(2) Vorzugsaktien ohne Stimmrecht dürfen nur bis zur Hälfte des Grundkapitals ausgegeben werden.

§ 140 Rechte der Vorzugsaktionäre

(1) Die Vorzugsaktien ohne Stimmrecht gewähren mit Ausnahme des Stimmrechts die jedem Aktionär aus der Aktie zustehenden Rechte.

(2) [1]Ist der Vorzug nachzuzahlen und wird der Vorzugsbetrag in einem Jahr nicht oder nicht vollständig gezahlt und im nächsten Jahr nicht neben dem vollen Vorzug für dieses Jahr nachgezahlt, so haben die Aktionäre das Stimmrecht, bis die Rückstände gezahlt sind. [2]Ist der Vorzug nicht nachzuzahlen und wird der Vorzugsbetrag in einem Jahr nicht oder nicht vollständig gezahlt, so haben die Vorzugsaktionäre das Stimmrecht, bis der Vorzug in einem Jahr vollständig gezahlt ist. [3]Solange das Stimmrecht besteht, sind die Vorzugsaktien auch bei der Berechnung einer nach Gesetz oder Satzung erforderlichen Kapitalmehrheit zu berücksichtigen.

(3) Soweit die Satzung nichts anderes bestimmt, entsteht dadurch, dass der nachzuzahlende Vorzugsbetrag in einem Jahr nicht oder nicht vollständig gezahlt wird, noch kein durch spätere Beschlüsse über die Gewinnverteilung bedingter Anspruch auf den rückständigen Vorzugsbetrag.

§ 141 Aufhebung oder Beschränkung des Vorzugs

(1) Ein Beschluß, durch den der Vorzug aufgehoben oder beschränkt wird, bedarf zu seiner Wirksamkeit der Zustimmung der Vorzugsaktionäre.

(2) [1]Ein Beschluß über die Ausgabe von Vorzugsaktien, die bei der Verteilung des Gewinns oder des Gesellschaftsvermögens den Vorzugsaktien ohne Stimmrecht vorgehen oder gleichstehen, bedarf gleichfalls der Zustimmung der Vorzugsaktionäre. [2]Der Zustimmung bedarf es nicht, wenn die Ausgabe bei Einräumung des Vorzugs oder, falls das Stimmrecht später ausgeschlossen wurde, bei der Ausschließung ausdrücklich vorbehalten worden war und das Bezugsrecht der Vorzugsaktionäre nicht ausgeschlossen wird.

(3) [1]Über die Zustimmung haben die Vorzugsaktionäre in einer gesonderten Versammlung einen Sonderbeschluß zu fassen. [2]Er bedarf einer Mehrheit, die mindestens drei Viertel der abgegebenen Stimmen umfaßt. [3]Die Satzung kann weder eine andere Mehrheit noch weitere Erfordernisse bestimmen. [4]Wird in dem Beschluß über die Ausgabe von Vorzugsaktien, die bei der Verteilung des Gewinns oder des Gesellschaftsvermögens den Vorzugsaktien ohne Stimmrecht vorgehen oder gleichstehen, das Bezugsrecht der Vorzugsaktionäre auf den Bezug solcher Aktien ganz oder zum Teil ausgeschlossen, so gilt für den Sonderbeschluß § 186 Abs. 3 bis 5 sinngemäß.

(4) Ist der Vorzug aufgehoben, so gewähren die Aktien das Stimmrecht.

Siebenter Unterabschnitt. Sonderprüfung. Geltendmachung von Ersatzansprüchen

§ 142 [1)] Bestellung der Sonderprüfer

(1) [1]Zur Prüfung von Vorgängen bei der Gründung oder der Geschäftsführung, namentlich auch bei Maßnahmen der Kapitalbeschaffung und Kapitalherabsetzung, kann die Hauptversammlung mit einfacher Stimmenmehrheit Prüfer (Sonderprüfer) bestellen. [2]Bei der Beschlußfassung kann ein Mitglied des Vorstands oder des Aufsichtsrats weder für sich noch für einen anderen mitstimmen, wenn die Prüfung sich auf Vorgänge erstrecken soll, die mit der Entlastung eines Mitglieds des Vorstands oder des Aufsichtsrats oder der Einleitung eines Rechtsstreits zwischen der Gesellschaft und einem Mitglied des Vorstands oder des Aufsichtsrats zusammenhängen. [3]Für ein Mitglied des Vorstands oder des Aufsichtsrats, das nach Satz 2 nicht mitstimmen kann, kann das Stimmrecht auch nicht durch einen anderen ausgeübt werden.

(2) [1]Lehnt die Hauptversammlung einen Antrag auf Bestellung von Sonderprüfern zur Prüfung eines Vorgangs bei der Gründung oder eines nicht über fünf Jahre zurückliegenden Vorgangs bei der Geschäftsführung ab, so hat das Gericht auf Antrag von Aktionären, deren Anteile bei Antragstellung zusammen den hundertsten Teil des Grundkapitals oder einen anteiligen Betrag von 100 000 Euro erreichen, Sonderprüfer zu bestellen, wenn Tatsachen vorliegen, die den Verdacht rechtfertigen, dass bei dem Vorgang Unredlichkeiten oder grobe Verletzungen des Gesetzes oder der Satzung vorgekommen sind; dies gilt auch für nicht über zehn Jahre zurückliegende Vorgänge, sofern die Gesellschaft zur Zeit des Vorgangs börsennotiert war. [2]Die Antragsteller haben nachzuweisen, dass sie seit mindestens drei Monaten vor dem Tag der Hauptversammlung Inhaber der Aktien sind und dass sie die Aktien bis zur Entscheidung über den Antrag halten. [3]Für eine Vereinbarung zur Vermeidung einer solchen Sonderprüfung gilt § 149 entsprechend.

(3) Die Absätze 1 und 2 gelten nicht für Vorgänge, die Gegenstand einer Sonderprüfung nach § 258 sein können.

(4) [1]Hat die Hauptversammlung Sonderprüfer bestellt, so hat das Gericht auf Antrag von Aktionären, deren Anteile bei Antragstellung zusammen den hundertsten Teil des

1) § 142 Abs. 7 geändert durch Gesetz vom 12.12.2019 (BGBl. I S. 2637).

Grundkapitals oder einen anteiligen Betrag von 100 000 Euro erreichen, einen anderen Sonderprüfer zu bestellen, wenn dies aus einem in der Person des bestellten Sonderprüfers liegenden Grund geboten erscheint, insbesondere, wenn der bestellte Sonderprüfer nicht die für den Gegenstand der Sonderprüfung erforderlichen Kenntnisse hat, seine Befangenheit zu besorgen ist oder Bedenken wegen seiner Zuverlässigkeit bestehen. [2]Der Antrag ist binnen zwei Wochen seit dem Tage der Hauptversammlung zu stellen.

(5) [1]Das Gericht hat außer den Beteiligten auch den Aufsichtsrat und im Fall des Absatzes 4 den von der Hauptversammlung bestellten Sonderprüfer zu hören. [2]Gegen die Entscheidung ist die Beschwerde zulässig. [3]Über den Antrag gemäß den Absätzen 2 und 4 entscheidet das Landgericht, in dessen Bezirk die Gesellschaft ihren Sitz hat. [4]Ist bei dem Landgericht eine Kammer für Handelssachen gebildet, so entscheidet diese an Stelle der Zivilkammer. [5]Die Landesregierung kann die Entscheidung durch Rechtsverordnung für die Bezirke mehrerer Landgerichte einem der Landgerichte übertragen, wenn dies der Sicherung einer einheitlichen Rechtsprechung dient. [6]Die Landesregierung kann die Ermächtigung auf die Landesjustizverwaltung übertragen.

(6) [1]Die vom Gericht bestellten Sonderprüfer haben Anspruch auf Ersatz angemessener barer Auslagen und auf Vergütung für ihre Tätigkeit. [2]Die Auslagen und die Vergütung setzt das Gericht fest. [3]Gegen die Entscheidung ist die Beschwerde zulässig; die Rechtsbeschwerde ist ausgeschlossen. [4]Aus der rechtskräftigen Entscheidung findet die Zwangsvollstreckung nach der Zivilprozeßordnung statt.

(7) Ist für die Gesellschaft als Emittentin von zugelassenen Wertpapieren im Sinne des § 2 Absatz 1 des Wertpapierhandelsgesetzes mit Ausnahme von Anteilen und Aktien an offenen Investmentvermögen im Sinne des § 1 Absatz 4 des Kapitalanlagegesetzbuchs die Bundesrepublik Deutschland der Herkunftsstaat (§ 2 Absatz 13 des Wertpapierhandelsgesetzes), so hat im Falle des Absatzes 1 Satz 1 der Vorstand und im Falle des Absatzes 2 Satz 1 das Gericht der Bundesanstalt für Finanzdienstleistungsaufsicht die Bestellung des Sonderprüfers und dessen Prüfungsbericht mitzuteilen; darüber hinaus hat das Gericht den Eingang eines Antrags auf Bestellung eines Sonderprüfers mitzuteilen.

(8) Auf das gerichtliche Verfahren nach den Absätzen 2 bis 6 sind die Vorschriften des Gesetzes über das Verfahren in Familiensachen und in den Angelegenheiten der freiwilligen Gerichtsbarkeit anzuwenden, soweit in diesem Gesetz nichts anderes bestimmt ist.

§ 143 Auswahl der Sonderprüfer

(1) Als Sonderprüfer sollen, wenn der Gegenstand der Sonderprüfung keine anderen Kenntnisse fordert, nur bestellt werden

1. Personen, die in der Buchführung ausreichend vorgebildet und erfahren sind;
2. Prüfungsgesellschaften, von deren gesetzlichen Vertretern mindestens einer in der Buchführung ausreichend vorgebildet und erfahren ist.

(2) [1]Sonderprüfer darf nicht sein, wer nach § 319 Abs. 2, 3, § 319a Abs. 1, § 319b des Handelsgesetzbuchs nicht Abschlußprüfer sein darf oder während der Zeit, in der sich der zu prüfende Vorgang ereignet hat, hätte sein dürfen. [2]Eine Prüfungsgesellschaft darf nicht Sonderprüfer sein, wenn sie nach § 319 Abs. 2, 4, § 319a Abs. 1, § 319b des Handelsgesetzbuchs nicht Abschlußprüfer sein darf oder während der Zeit, in der sich der zu prüfende Vorgang ereignet hat, hätte sein dürfen.

§ 144 Verantwortlichkeit der Sonderprüfer

§ 323 des Handelsgesetzbuchs über die Verantwortlichkeit des Abschlußprüfers gilt sinngemäß.

§ 145 Rechte der Sonderprüfer. Prüfungsbericht

(1) Der Vorstand hat den Sonderprüfern zu gestatten, die Bücher und Schriften der Gesellschaft sowie die Vermögensgegenstände, namentlich die Gesellschaftskasse und die Bestände an Wertpapieren und Waren, zu prüfen.

(2) Die Sonderprüfer können von den Mitgliedern des Vorstands und des Aufsichtsrats alle Aufklärungen und Nachweise verlangen, welche die sorgfältige Prüfung der Vorgänge notwendig macht.

(3) Die Sonderprüfer haben die Rechte nach Absatz 2 auch gegenüber einem Konzernunternehmen sowie gegenüber einem abhängigen oder herrschenden Unternehmen.

(4) Auf Antrag des Vorstands hat das Gericht zu gestatten, dass bestimmte Tatsachen nicht in den Bericht aufgenommen werden, wenn überwiegende Belange der Gesellschaft dies gebieten und sie zur Darlegung der Unredlichkeiten oder groben Verletzungen gemäß § 142 Abs. 2 nicht unerlässlich sind.

(5) [1]Über den Antrag gemäß Absatz 4 entscheidet das Landgericht, in dessen Bezirk die Gesellschaft ihren Sitz hat. [2]§ 142 Abs. 5 Satz 2, Abs. 8 gilt entsprechend.

(6) [1]Die Sonderprüfer haben über das Ergebnis der Prüfung schriftlich zu berichten. [2]Auch Tatsachen, deren Bekanntwerden geeignet ist, der Gesellschaft oder einem verbundenen Unternehmen einen nicht unerheblichen Nachteil zuzufügen, müssen in den Prüfungsbericht aufgenommen werden, wenn ihre Kenntnis zur Beurteilung des zu prüfenden Vorgangs durch die Hauptversammlung erforderlich ist. [3]Die Sonderprüfer haben den Bericht zu unterzeichnen und unverzüglich dem Vorstand und zum Handelsregister des Sitzes der Gesellschaft einzureichen. [4]Auf Verlangen hat der Vorstand jedem Aktionär eine Abschrift des Prüfungsberichts zu erteilen. [5]Der Vorstand hat den Bericht dem Aufsichtsrat vorzulegen und bei der Einberufung der nächsten Hauptversammlung als Gegenstand der Tagesordnung bekanntzumachen.

§ 146 Kosten

[1]Bestellt das Gericht Sonderprüfer, so trägt die Gesellschaft die Gerichtskosten und die Kosten der Prüfung. [2]Hat der Antragsteller die Bestellung durch vorsätzlich oder grob fahrlässig unrichtigen Vortrag erwirkt, so hat der Antragsteller der Gesellschaft die Kosten zu erstatten.

§ 147 Geltendmachung von Ersatzansprüchen

(1) [1]Die Ersatzansprüche der Gesellschaft aus der Gründung gegen die nach den §§ 46 bis 48, 53 verpflichteten Personen oder aus der Geschäftsführung gegen die Mitglieder des Vorstands und des Aufsichtsrats oder aus § 117 müssen geltend gemacht werden, wenn es die Hauptversammlung mit einfacher Stimmenmehrheit beschließt. [2]Der Ersatzanspruch soll binnen sechs Monaten seit dem Tage der Hauptversammlung geltend gemacht werden.

(2) [1]Zur Geltendmachung des Ersatzanspruchs kann die Hauptversammlung besondere Vertreter bestellen. [2]Das Gericht (§ 14) hat auf Antrag von Aktionären, deren Anteile zusammen den zehnten Teil des Grundkapitals oder den anteiligen Betrag von einer Million Euro erreichen, als Vertreter der Gesellschaft zur Geltendmachung des Ersatzanspruchs andere als die nach den §§ 78, 112 oder nach Satz 1 zur Vertretung der Gesellschaft berufenen Personen zu bestellen, wenn ihm dies für eine gehörige Geltendmachung zweckmäßig erscheint. [3]Gibt das Gericht dem Antrag statt, so trägt die Gesellschaft die Gerichtskosten. [4]Gegen die Entscheidung ist die Beschwerde zulässig. [5]Die gerichtlich bestellten Vertreter können von der Gesellschaft den Ersatz angemessener barer Auslagen und eine Vergütung für ihre Tätigkeit verlangen. [6]Die Auslagen und die Vergütung setzt das Gericht fest. [7]Gegen die Entscheidung ist die Be-

schwerde zulässig; die Rechtsbeschwerde ist ausgeschlossen. [8]Aus der rechtskräftigen Entscheidung findet die Zwangsvollstreckung nach der Zivilprozeßordnung statt.

(3) *(aufgehoben)*

(4) *(aufgehoben)*

§ 148 Klagezulassungsverfahren

(1) [1]Aktionäre, deren Anteile im Zeitpunkt der Antragstellung zusammen den einhundertsten Teil des Grundkapitals oder einen anteiligen Betrag von 100 000 Euro erreichen, können die Zulassung beantragen, im eigenen Namen die in § 147 Abs. 1 Satz 1 bezeichneten Ersatzansprüche der Gesellschaft geltend zu machen. [2]Das Gericht lässt die Klage zu, wenn

1. die Aktionäre nachweisen, dass sie die Aktien vor dem Zeitpunkt erworben haben, in dem sie oder im Falle der Gesamtrechtsnachfolge ihre Rechtsvorgänger von den behaupteten Pflichtverstößen oder dem behaupteten Schaden auf Grund einer Veröffentlichung Kenntnis erlangen mussten,
2. die Aktionäre nachweisen, dass sie die Gesellschaft unter Setzung einer angemessenen Frist vergeblich aufgefordert haben, selbst Klage zu erheben,
3. Tatsachen vorliegen, die den Verdacht rechtfertigen, dass der Gesellschaft durch Unredlichkeit oder grobe Verletzung des Gesetzes oder der Satzung ein Schaden entstanden ist, und
4. der Geltendmachung des Ersatzanspruchs keine überwiegenden Gründe des Gesellschaftswohls entgegenstehen.

(2) [1]Über den Antrag auf Klagezulassung entscheidet das Landgericht, in dessen Bezirk die Gesellschaft ihren Sitz hat, durch Beschluss. [2]Ist bei dem Landgericht eine Kammer für Handelssachen gebildet, so entscheidet diese anstelle der Zivilkammer. [3]Die Landesregierung kann die Entscheidung durch Rechtsverordnung für die Bezirke mehrerer Landgerichte einem der Landgerichte übertragen, wenn dies der Sicherung einer einheitlichen Rechtsprechung dient. [4]Die Landesregierung kann die Ermächtigung auf die Landesjustizverwaltung übertragen. [5]Die Antragstellung hemmt die Verjährung des streitgegenständlichen Anspruchs bis zur rechtskräftigen Antragsabweisung oder bis zum Ablauf der Frist für die Klageerhebung. [6]Vor der Entscheidung hat das Gericht dem Antragsgegner Gelegenheit zur Stellungnahme zu geben. [7]Gegen die Entscheidung findet die sofortige Beschwerde statt. [8]Die Rechtsbeschwerde ist ausgeschlossen. [9]Die Gesellschaft ist im Zulassungsverfahren und im Klageverfahren beizuladen.

(3) [1]Die Gesellschaft ist jederzeit berechtigt, ihren Ersatzanspruch selbst gerichtlich geltend zu machen; mit Klageerhebung durch die Gesellschaft wird ein anhängiges Zulassungs- oder Klageverfahren von Aktionären über diesen Ersatzanspruch unzulässig. [2]Die Gesellschaft ist nach ihrer Wahl berechtigt, ein anhängiges Klageverfahren über ihren Ersatzanspruch in der Lage zu übernehmen, in der sich das Verfahren zur Zeit der Übernahme befindet. [3]Die bisherigen Antragsteller oder Kläger sind in den Fällen der Sätze 1 und 2 beizuladen.

(4) [1]Hat das Gericht dem Antrag stattgegeben, kann die Klage nur binnen drei Monaten nach Eintritt der Rechtskraft der Entscheidung und sofern die Aktionäre die Gesellschaft nochmals unter Setzung einer angemessenen Frist vergeblich aufgefordert haben, selbst Klage zu erheben, vor dem nach Absatz 2 zuständigen Gericht erhoben werden. [2]Sie ist gegen die in § 147 Abs. 1 Satz 1 genannten Personen und auf Leistung an die Gesellschaft zu richten. [3]Eine Nebenintervention durch Aktionäre ist nach Zulassung der Klage nicht mehr möglich. [4]Mehrere Klagen sind zur gleichzeitigen Verhandlung und Entscheidung zu verbinden.

(5) [1]Das Urteil wirkt, auch wenn es auf Klageabweisung lautet, für und gegen die Gesellschaft und die übrigen Aktionäre. [2]Entsprechendes gilt für einen nach § 149 bekannt zu machenden Vergleich; für und gegen die Gesellschaft wirkt dieser aber nur nach Klagezulassung.

(6) [1]Die Kosten des Zulassungsverfahrens hat der Antragsteller zu tragen, soweit sein Antrag abgewiesen wird. [2]Beruht die Abweisung auf entgegenstehenden Gründen des Gesellschaftswohls, die die Gesellschaft vor Antragstellung hätte mitteilen können, aber nicht mitgeteilt hat, so hat sie dem Antragsteller die Kosten zu erstatten. [3]Im Übrigen ist über die Kostentragung im Endurteil zu entscheiden. [4]Erhebt die Gesellschaft selbst Klage oder übernimmt sie ein anhängiges Klageverfahren von Aktionären, so trägt sie etwaige bis zum Zeitpunkt ihrer Klageerhebung oder Übernahme des Verfahrens entstandene Kosten des Antragstellers und kann die Klage nur unter den Voraussetzungen des § 93 Abs. 4 Satz 3 und 4 mit Ausnahme der Sperrfrist zurücknehmen. [5]Wird die Klage ganz oder teilweise abgewiesen, hat die Gesellschaft den Klägern die von diesen zu tragenden Kosten zu erstatten, sofern nicht die Kläger die Zulassung durch vorsätzlich oder grob fahrlässig unrichtigen Vortrag erwirkt haben. [6]Gemeinsam als Antragsteller oder als Streitgenossen handelnde Aktionäre erhalten insgesamt nur die Kosten eines Bevollmächtigten erstattet, soweit nicht ein weiterer Bevollmächtigter zur Rechtsverfolgung unerlässlich war.

§ 149 Bekanntmachungen zur Haftungsklage

(1) Nach rechtskräftiger Zulassung der Klage gemäß § 148 sind der Antrag auf Zulassung und die Verfahrensbeendigung von der börsennotierten Gesellschaft unverzüglich in den Gesellschaftsblättern bekannt zu machen.

(2) [1]Die Bekanntmachung der Verfahrensbeendigung hat deren Art, alle mit ihr im Zusammenhang stehenden Vereinbarungen einschließlich Nebenabreden im vollständigen Wortlaut sowie die Namen der Beteiligten zu enthalten. [2]Etwaige Leistungen der Gesellschaft und ihr zurechenbare Leistungen Dritter sind gesondert zu beschreiben und hervorzuheben. [3]Die vollständige Bekanntmachung ist Wirksamkeitsvoraussetzung für alle Leistungspflichten. [4]Die Wirksamkeit von verfahrensbeendigenden Prozesshandlungen bleibt hiervon unberührt. [5]Trotz Unwirksamkeit bewirkte Leistungen können zurückgefordert werden.

(3) Die vorstehenden Bestimmungen gelten entsprechend für Vereinbarungen, die zur Vermeidung eines Prozesses geschlossen werden.

Fünfter Teil. Rechnungslegung. Gewinnverwendung

Erster Abschnitt.[1] Jahresabschluss und Lagebericht; Entsprechenserklärung und Vergütungsbericht

§ 150 Gesetzliche Rücklage. Kapitalrücklage

(1) In der Bilanz des nach den §§ 242, 264 des Handelsgesetzbuchs aufzustellenden Jahresabschlusses ist eine gesetzliche Rücklage zu bilden.

(2) In diese ist der zwanzigste Teil des um einen Verlustvortrag aus dem Vorjahr geminderten Jahresüberschusses einzustellen, bis die gesetzliche Rücklage und die Kapitalrücklagen nach § 272 Abs. 2 Nr. 1 bis 3 des Handelsgesetzbuchs zusammen den zehnten oder den in der Satzung bestimmten höheren Teil des Grundkapitals erreichen.

1) Überschrift geändert durch Gesetz vom 12.12.2019 (BGBl. I S. 2637).

(3) Übersteigen die gesetzliche Rücklage und die Kapitalrücklagen nach § 272 Abs. 2 Nr. 1 bis 3 des Handelsgesetzbuchs zusammen nicht den zehnten oder den in der Satzung bestimmten höheren Teil des Grundkapitals, so dürfen sie nur verwandt werden

1. zum Ausgleich eines Jahresfehlbetrags, soweit er nicht durch einen Gewinnvortrag aus dem Vorjahr gedeckt ist und nicht durch Auflösung anderer Gewinnrücklagen ausgeglichen werden kann;
2. zum Ausgleich eines Verlustvortrags aus dem Vorjahr, soweit er nicht durch einen Jahresüberschuß gedeckt ist und nicht durch Auflösung anderer Gewinnrücklagen ausgeglichen werden kann.

(4) [1]Übersteigen die gesetzliche Rücklage und die Kapitalrücklagen nach § 272 Abs. 2 Nr. 1 bis 3 des Handelsgesetzbuchs zusammen den zehnten oder den in der Satzung bestimmten höheren Teil des Grundkapitals, so darf der übersteigende Betrag verwandt werden

1. zum Ausgleich eines Jahresfehlbetrags, soweit er nicht durch einen Gewinnvortrag aus dem Vorjahr gedeckt ist;
2. zum Ausgleich eines Verlustvortrags aus dem Vorjahr, soweit er nicht durch einen Jahresüberschuß gedeckt ist;
3. zur Kapitalerhöhung aus Gesellschaftsmitteln nach den §§ 207 bis 220.

[2]Die Verwendung nach den Nummern 1 und 2 ist nicht zulässig, wenn gleichzeitig Gewinnrücklagen zur Gewinnausschüttung aufgelöst werden.

§§ 150a, 151 *(aufgehoben)*

§ 152 Vorschriften zur Bilanz

(1) [1]Das Grundkapital ist in der Bilanz als gezeichnetes Kapital auszuweisen. [2]Dabei ist der auf jede Aktiengattung entfallende Betrag des Grundkapitals gesondert anzugeben. [3]Bedingtes Kapital ist mit dem Nennbetrag zu vermerken. [4]Bestehen Mehrstimmrechtsaktien, so sind beim gezeichneten Kapital die Gesamtstimmenzahl der Mehrstimmrechtsaktien und die der übrigen Aktien zu vermerken.

(2) Zu dem Posten „Kapitalrücklage" sind in der Bilanz oder im Anhang gesondert anzugeben

1. der Betrag, der während des Geschäftsjahrs eingestellt wurde;
2. der Betrag, der für das Geschäftsjahr entnommen wird.

(3) Zu den einzelnen Posten der Gewinnrücklagen sind in der Bilanz oder im Anhang jeweils gesondert anzugeben

1. die Beträge, die die Hauptversammlung aus dem Bilanzgewinn des Vorjahrs eingestellt hat;
2. die Beträge, die aus dem Jahresüberschuß des Geschäftsjahrs eingestellt werden;
3. die Beträge, die für das Geschäftsjahr entnommen werden.

(4) [1]Die Absätze 1 bis 3 sind nicht anzuwenden auf Aktiengesellschaften, die Kleinstkapitalgesellschaften im Sinne des § 267a des Handelsgesetzbuchs sind, wenn sie von der Erleichterung nach § 266 Absatz 1 Satz 4 des Handelsgesetzbuchs Gebrauch machen. [2]Kleine Aktiengesellschaften im Sinne des § 267 Absatz 1 des Handelsgesetzbuchs haben die Absätze 2 und 3 mit der Maßgabe anzuwenden, dass die Angaben in der Bilanz zu machen sind.

§§ 153 bis 157 *(aufgehoben)*

§ 158 Vorschriften zur Gewinn- und Verlustrechnung

(1) [1]Die Gewinn- und Verlustrechnung ist nach dem Posten „Jahresüberschuß/Jahresfehlbetrag" in Fortführung der Numerierung um die folgenden Posten zu ergänzen:

1. Gewinnvortrag/Verlustvortrag aus dem Vorjahr
2. Entnahmen aus der Kapitalrücklage
3. Entnahmen aus Gewinnrücklagen
   a) aus der gesetzlichen Rücklage
   b) aus der Rücklage für Anteile an einem herrschenden oder mehrheitlich beteiligten Unternehmen
   c) aus satzungsmäßigen Rücklagen
   d) aus anderen Gewinnrücklagen
4. Einstellungen in Gewinnrücklagen
   a) in die gesetzliche Rücklage
   b) in die Rücklage für Anteile an einem herrschenden oder mehrheitlich beteiligten Unternehmen
   c) in satzungsmäßige Rücklagen
   d) in andere Gewinnrücklagen
5. Bilanzgewinn/Bilanzverlust.

[2]Die Angaben nach Satz 1 können auch im Anhang gemacht werden.

(2) [1]Von dem Ertrag aus einem Gewinnabführungs- oder Teilgewinnabführungsvertrag ist ein vertraglich zu leistender Ausgleich für außenstehende Gesellschafter abzusetzen; übersteigt dieser den Ertrag, so ist der übersteigende Betrag unter den Aufwendungen aus Verlustübernahme auszuweisen. [2]Andere Beträge dürfen nicht abgesetzt werden.

(3) Die Absätze 1 und 2 sind nicht anzuwenden auf Aktiengesellschaften, die Kleinstkapitalgesellschaften im Sinne des § 267a des Handelsgesetzbuchs sind, wenn sie von der Erleichterung nach § 275 Absatz 5 des Handelsgesetzbuchs Gebrauch machen.

§ 159 *(aufgehoben)*

§ 160 Vorschriften zum Anhang

(1) [1]In jedem Anhang sind auch Angaben zu machen über

1. den Bestand und den Zugang an Aktien, die ein Aktionär für Rechnung der Gesellschaft oder eines abhängigen oder eines im Mehrheitsbesitz der Gesellschaft stehenden Unternehmens oder ein abhängiges oder im Mehrheitsbesitz der Gesellschaft stehendes Unternehmen als Gründer oder Zeichner oder in Ausübung eines bei einer bedingten Kapitalerhöhung eingeräumten Umtausch- oder Bezugsrechts übernommen hat; sind solche Aktien im Geschäftsjahr verwertet worden, so ist auch über die Verwertung unter Angabe des Erlöses und die Verwendung des Erlöses zu berichten;
2. den Bestand an eigenen Aktien der Gesellschaft, die sie, ein abhängiges oder im Mehrheitsbesitz der Gesellschaft stehendes Unternehmen oder ein anderer für Rechnung der Gesellschaft oder eines abhängigen oder eines im Mehrheitsbesitz der Gesellschaft stehenden Unternehmens erworben oder als Pfand genommen hat; dabei sind die Zahl dieser Aktien und der auf sie entfallende Betrag des Grundkapitals sowie deren Anteil am Grundkapital, für erworbene Aktien ferner der Zeitpunkt des Erwerbs und die Gründe für den Erwerb anzugeben. [2]Sind solche Aktien im Ge-

schäftsjahr erworben oder veräußert worden, so ist auch über den Erwerb oder die Veräußerung unter Angabe der Zahl dieser Aktien, des auf sie entfallenden Betrags des Grundkapitals, des Anteils am Grundkapital und des Erwerbs- oder Veräußerungspreises, sowie über die Verwendung des Erlöses zu berichten;

3. die Zahl der Aktien jeder Gattung, wobei zu Nennbetragsaktien der Nennbetrag und zu Stückaktien der rechnerische Wert für jede von ihnen anzugeben ist, sofern sich diese Angaben nicht aus der Bilanz ergeben; davon sind Aktien, die bei einer bedingten Kapitalerhöhung oder einem genehmigten Kapital im Geschäftsjahr gezeichnet wurden, jeweils gesondert anzugeben;
4. das genehmigte Kapital;
5. die Zahl der Bezugsrechte gemäß § 192 Absatz 2 Nummer 3;
6. *(aufgehoben)*
7. das Bestehen einer wechselseitigen Beteiligung unter Angabe des Unternehmens;
8. das Bestehen einer Beteiligung, die nach § 20 Abs. 1 oder Abs. 4 dieses Gesetzes oder nach § 33 Absatz 1 oder Absatz 2 des Wertpapierhandelsgesetzes mitgeteilt worden ist; dabei ist der nach § 20 Abs. 6 dieses Gesetzes oder der nach § 40 Absatz 1 des Wertpapierhandelsgesetzes veröffentlichte Inhalt der Mitteilung anzugeben.

(2) Die Berichterstattung hat insoweit zu unterbleiben, als es für das Wohl der Bundesrepublik Deutschland oder eines ihrer Länder erforderlich ist.

(3) [1]Absatz 1 Nummer 1 und 3 bis 8 ist nicht anzuwenden auf Aktiengesellschaften, die kleine Kapitalgesellschaften im Sinne des § 267 Absatz 1 des Handelsgesetzbuchs sind. [2]Absatz 1 Nummer 2 ist auf diese Aktiengesellschaften mit der Maßgabe anzuwenden, dass die Gesellschaft nur Angaben zu von ihr selbst oder durch eine andere Person für Rechnung der Gesellschaft erworbenen und gehaltenen eigenen Aktien machen muss und über die Verwendung des Erlöses aus der Veräußerung eigener Aktien nicht zu berichten braucht.

§ 161 Erklärung zum Corporate Governance Kodex[1)]

(1) [1]Vorstand und Aufsichtsrat der börsennotierten Gesellschaft erklären jährlich, dass den vom Bundesministerium der Justiz und für Verbraucherschutz im amtlichen Teil des Bundesanzeigers bekannt gemachten Empfehlungen der „Regierungskommission Deutscher Corporate Governance Kodex" entsprochen wurde und wird oder welche Empfehlungen nicht angewendet wurden oder werden und warum nicht. [2]Gleiches gilt für Vorstand und Aufsichtsrat einer Gesellschaft, die ausschließlich andere Wertpapiere als Aktien zum Handel an einem organisierten Markt im Sinn des § 2 Absatz 11 des Wertpapierhandelsgesetzes ausgegeben hat und deren ausgegebene Aktien auf eigene Veranlassung über ein multilaterales Handelssystem im Sinn des § 2 Absatz 8 Satz 1 Nummer 8 des Wertpapierhandelsgesetzes gehandelt werden.

(2) Die Erklärung ist auf der Internetseite der Gesellschaft dauerhaft öffentlich zugänglich zu machen.

§ 162[2)] Vergütungsbericht

(1) [1]Vorstand und Aufsichtsrat der börsennotierten Gesellschaft erstellen jährlich einen klaren und verständlichen Bericht über die im letzten Geschäftsjahr jedem einzelnen gegenwärtigen oder früheren Mitglied des Vorstands und des Aufsichtsrats von der Gesellschaft und von Unternehmen desselben Konzerns (§ 290 des Handelsgesetzbuchs)

---

1) Abgedruckt als Anhang 2 zu dieser Textsammlung.
2) § 162 eingefügt durch Gesetz vom 12.12.2019 (BGBl. I S. 2637); zur erstmaligen Anwendung s. § 26j EGAktG (abgedruckt unter Nr. 2a.).

gewährte und geschuldete Vergütung. [2]Der Vergütungsbericht hat unter Namensnennung der in Satz 1 genannten Personen die folgenden Angaben zu enthalten, soweit sie inhaltlich tatsächlich vorliegen:

1. alle festen und variablen Vergütungsbestandteile, deren jeweiliger relativer Anteil sowie eine Erläuterung, wie sie dem maßgeblichen Vergütungssystem entsprechen, wie die Vergütung die langfristige Entwicklung der Gesellschaft fördert und wie die Leistungskriterien angewendet wurden;
2. eine vergleichende Darstellung der jährlichen Veränderung der Vergütung, der Ertragsentwicklung der Gesellschaft sowie der über die letzten fünf Geschäftsjahre betrachteten durchschnittlichen Vergütung von Arbeitnehmern auf Vollzeitäquivalenzbasis, einschließlich einer Erläuterung, welcher Kreis von Arbeitnehmern einbezogen wurde;
3. die Anzahl der gewährten oder zugesagten Aktien und Aktienoptionen und die wichtigsten Bedingungen für die Ausübung der Rechte, einschließlich Ausübungspreis, Ausübungsdatum und etwaiger Änderungen dieser Bedingungen;
4. Angaben dazu, ob und wie von der Möglichkeit Gebrauch gemacht wurde, variable Vergütungsbestandteile zurückzufordern;
5. Angaben zu etwaigen Abweichungen vom Vergütungssystem des Vorstands, einschließlich einer Erläuterung der Notwendigkeit der Abweichungen, und der Angabe der konkreten Bestandteile des Vergütungssystems, von denen abgewichen wurde;
6. eine Erläuterung, wie der Beschluss der Hauptversammlung nach § 120a Absatz 4 oder die Erörterung nach § 120a Absatz 5 berücksichtigt wurde;
7. eine Erläuterung, wie die festgelegte Maximalvergütung der Vorstandsmitglieder eingehalten wurde.

(2) Hinsichtlich der Vergütung jedes einzelnen Mitglieds des Vorstands hat der Vergütungsbericht ferner Angaben zu solchen Leistungen zu enthalten, die

1. einem Vorstandsmitglied von einem Dritten im Hinblick auf seine Tätigkeit als Vorstandsmitglied zugesagt oder im Geschäftsjahr gewährt worden sind,
2. einem Vorstandsmitglied für den Fall der vorzeitigen Beendigung seiner Tätigkeit zugesagt worden sind, einschließlich während des letzten Geschäftsjahres vereinbarter Änderungen dieser Zusagen,
3. einem Vorstandsmitglied für den Fall der regulären Beendigung seiner Tätigkeit zugesagt worden sind, mit ihrem Barwert und dem von der Gesellschaft während des letzten Geschäftsjahres hierfür aufgewandten oder zurückgestellten Betrag, einschließlich während des letzten Geschäftsjahres vereinbarter Änderungen dieser Zusagen,
4. einem früheren Vorstandsmitglied, das seine Tätigkeit im Laufe des letzten Geschäftsjahres beendet hat, in diesem Zusammenhang zugesagt und im Laufe des letzten Geschäftsjahres gewährt worden sind.

(3) [1]Der Vergütungsbericht ist durch den Abschlussprüfer zu prüfen. [2]Er hat zu prüfen, ob die Angaben nach den Absätzen 1 und 2 gemacht wurden. [3]Er hat einen Vermerk über die Prüfung des Vergütungsberichts zu erstellen. [4]Dieser ist dem Vergütungsbericht beizufügen. [5]§ 323 des Handelsgesetzbuchs gilt entsprechend.

(4) Der Vergütungsbericht und der Vermerk nach Absatz 3 Satz 3 sind nach dem Beschluss gemäß § 120a Absatz 4 Satz 1 oder nach der Vorlage gemäß § 120a Absatz 5 von der Gesellschaft zehn Jahre lang auf ihrer Internetseite kostenfrei öffentlich zugänglich zu machen.

(5) [1]Der Vergütungsbericht darf keine Daten enthalten, die sich auf die Familiensituation einzelner Mitglieder des Vorstands oder des Aufsichtsrats beziehen. [2]Personenbezogene Angaben zu früheren Mitgliedern des Vorstands oder des Aufsichtsrats sind in allen Vergütungsberichten, die nach Ablauf von zehn Jahren nach Ablauf des Geschäftsjahres, in dem das jeweilige Mitglied seine Tätigkeit beendet hat, zu erstellen sind, zu unterlassen. [3]Im Übrigen sind personenbezogene Daten nach Ablauf der Frist des Absatzes 4 aus Vergütungsberichten zu entfernen, die über die Internetseite zugänglich sind.

(6) [1]In den Vergütungsbericht brauchen keine Angaben aufgenommen zu werden, die nach vernünftiger kaufmännischer Beurteilung geeignet sind, der Gesellschaft einen nicht unerheblichen Nachteil zuzufügen. [2]Macht die Gesellschaft von der Möglichkeit nach Satz 1 Gebrauch und entfallen die Gründe für die Nichtaufnahme der Angaben nach der Veröffentlichung des Vergütungsberichts, sind die Angaben in den darauf folgenden Vergütungsbericht aufzunehmen.

Zweiter Abschnitt. Prüfung des Jahresabschlusses.

Erster Unterabschnitt. Prüfung durch Abschlußprüfer

§§ 163 bis 169 *(aufgehoben)*

Zweiter Unterabschnitt. Prüfung durch den Aufsichtsrat

§ 170 Vorlage an den Aufsichtsrat

(1) [1]Der Vorstand hat den Jahresabschluß und den Lagebericht unverzüglich nach ihrer Aufstellung dem Aufsichtsrat vorzulegen. [2]Satz 1 gilt entsprechend für einen Einzelabschluss nach § 325 Abs. 2a des Handelsgesetzbuchs sowie bei Mutterunternehmen (§ 290 Abs. 1, 2 des Handelsgesetzbuchs) für den Konzernabschluss und den Konzernlagebericht. [3]Nach Satz 1 vorzulegen sind auch der gesonderte nichtfinanzielle Bericht (§ 289b des Handelsgesetzbuchs) und der gesonderte nichtfinanzielle Konzernbericht (§ 315b des Handelsgesetzbuchs), sofern sie erstellt wurden.

(2) [1]Zugleich hat der Vorstand dem Aufsichtsrat den Vorschlag vorzulegen, den er der Hauptversammlung für die Verwendung des Bilanzgewinns machen will. [2]Der Vorschlag ist, sofern er keine abweichende Gliederung bedingt, wie folgt zu gliedern:

1. Verteilung an die Aktionäre ....
2. Einstellung in Gewinnrücklagen ....
3. Gewinnvortrag ....
4. Bilanzgewinn ....

(3) [1]Jedes Aufsichtsratsmitglied hat das Recht, von den Vorlagen und Prüfungsberichten Kenntnis zu nehmen. [2]Die Vorlagen und Prüfungsberichte sind auch jedem Aufsichtsratsmitglied oder, soweit der Aufsichtsrat dies beschlossen hat, den Mitgliedern eines Ausschusses zu übermitteln.

§ 171 Prüfung durch den Aufsichtsrat

(1) [1]Der Aufsichtsrat hat den Jahresabschluß, den Lagebericht und den Vorschlag für die Verwendung des Bilanzgewinns zu prüfen, bei Mutterunternehmen (§ 290 Abs. 1, 2 des Handelsgesetzbuchs) auch den Konzernabschluß und den Konzernlagebericht. [2]Ist der Jahresabschluss oder der Konzernabschluss durch einen Abschlussprüfer zu prüfen, so hat dieser an den Verhandlungen des Aufsichtsrats oder des Prüfungsausschusses über diese Vorlagen teilzunehmen und über die wesentlichen Ergebnisse seiner Prüfung, insbesondere wesentliche Schwächen des internen Kontroll- und des Risikomanagement-

systems bezogen auf den Rechnungslegungsprozess, zu berichten. [3]Er informiert über Umstände, die seine Befangenheit besorgen lassen und über Leistungen, die er zusätzlich zu den Abschlussprüfungsleistungen erbracht hat. [4]Der Aufsichtsrat hat auch den gesonderten nichtfinanziellen Bericht (§ 289b des Handelsgesetzbuchs) und den gesonderten nichtfinanziellen Konzernbericht (§ 315b des Handelsgesetzbuchs) zu prüfen, sofern sie erstellt wurden.

(2) [1]Der Aufsichtsrat hat über das Ergebnis der Prüfung schriftlich an die Hauptversammlung zu berichten. [2]In dem Bericht hat der Aufsichtsrat auch mitzuteilen, in welcher Art und in welchem Umfang er die Geschäftsführung der Gesellschaft während des Geschäftsjahrs geprüft hat; bei börsennotierten Gesellschaften hat er insbesondere anzugeben, welche Ausschüsse gebildet worden sind sowie die Zahl seiner Sitzungen und die der Ausschüsse mitzuteilen. [3]Ist der Jahresabschluß durch einen Abschlußprüfer zu prüfen, so hat der Aufsichtsrat ferner zu dem Ergebnis der Prüfung des Jahresabschlusses durch den Abschlußprüfer Stellung zu nehmen. [4]Am Schluß des Berichts hat der Aufsichtsrat zu erklären, ob nach dem abschließenden Ergebnis seiner Prüfung Einwendungen zu erheben sind und ob er den vom Vorstand aufgestellten Jahresabschluß billigt. [5]Bei Mutterunternehmen (§ 290 Abs. 1, 2 des Handelsgesetzbuchs) finden die Sätze 3 und 4 entsprechende Anwendung auf den Konzernabschluss.

(3) [1]Der Aufsichtsrat hat seinen Bericht innerhalb eines Monats, nachdem ihm die Vorlagen zugegangen sind, dem Vorstand zuzuleiten. [2]Wird der Bericht dem Vorstand nicht innerhalb der Frist zugeleitet, hat der Vorstand dem Aufsichtsrat unverzüglich eine weitere Frist von nicht mehr als einem Monat zu setzen. [3]Wird der Bericht dem Vorstand nicht vor Ablauf der weiteren Frist zugeleitet, gilt der Jahresabschluß als vom Aufsichtsrat nicht gebilligt; bei Mutterunternehmen (§ 290 Abs. 1, 2 des Handelsgesetzbuchs) gilt das Gleiche hinsichtlich des Konzernabschlusses.

(4) [1]Die Absätze 1 bis 3 gelten auch hinsichtlich eines Einzelabschlusses nach § 325 Abs. 2a des Handelsgesetzbuchs. [2]Der Vorstand darf den in Satz 1 genannten Abschluss erst nach dessen Billigung durch den Aufsichtsrat offen legen.

Dritter Abschnitt. Feststellung des Jahresabschlusses. Gewinnverwendung

Erster Unterabschnitt. Feststellung des Jahresabschlusses

§ 172 Feststellung durch Vorstand und Aufsichtsrat

[1]Billigt der Aufsichtsrat den Jahresabschluß, so ist dieser festgestellt, sofern nicht Vorstand und Aufsichtsrat beschließen, die Feststellung des Jahresabschlusses der Hauptversammlung zu überlassen. [2]Die Beschlüsse des Vorstands und des Aufsichtsrats sind in den Bericht des Aufsichtsrats an die Hauptversammlung aufzunehmen.

§ 173 Feststellung durch die Hauptversammlung

(1) [1]Haben Vorstand und Aufsichtsrat beschlossen, die Feststellung des Jahresabschlusses der Hauptversammlung zu überlassen, oder hat der Aufsichtsrat den Jahresabschluß nicht gebilligt, so stellt die Hauptversammlung den Jahresabschluß fest. [2]Hat der Aufsichtsrat eines Mutterunternehmens (§ 290 Abs. 1, 2 des Handelsgesetzbuchs) den Konzernabschluss nicht gebilligt, so entscheidet die Hauptversammlung über die Billigung.

(2) [1]Auf den Jahresabschluß sind bei der Feststellung die für seine Aufstellung geltenden Vorschriften anzuwenden. [2]Die Hauptversammlung darf bei der Feststellung des Jahresabschlusses nur die Beträge in Gewinnrücklagen einstellen, die nach Gesetz oder Satzung einzustellen sind.

(3) [1]Ändert die Hauptversammlung einen von einem Abschlußprüfer auf Grund gesetzlicher Verpflichtung geprüften Jahresabschluß, so werden vor der erneuten Prüfung nach § 316 Abs. 3 des Handelsgesetzbuchs von der Hauptversammlung gefaßte Beschlüsse über die Feststellung des Jahresabschlusses und die Gewinnverwendung erst wirksam, wenn auf Grund der erneuten Prüfung ein hinsichtlich der Änderungen uneingeschränkter Bestätigungsvermerk erteilt worden ist. [2]Sie werden nichtig, wenn nicht binnen zwei Wochen seit der Beschlußfassung ein hinsichtlich der Änderungen uneingeschränkter Bestätigungsvermerk erteilt wird.

Zweiter Unterabschnitt. Gewinnverwendung

§ 174

(1) [1]Die Hauptversammlung beschließt über die Verwendung des Bilanzgewinns. [2]Sie ist hierbei an den festgestellten Jahresabschluß gebunden.

(2) In dem Beschluß ist die Verwendung des Bilanzgewinns im einzelnen darzulegen, namentlich sind anzugeben

1. der Bilanzgewinn;
2. der an die Aktionäre auszuschüttende Betrag oder Sachwert;
3. die in Gewinnrücklagen einzustellenden Beträge;
4. ein Gewinnvortrag;
5. der zusätzliche Aufwand aufgrund des Beschlusses.

(3) Der Beschluß führt nicht zu einer Änderung des festgestellten Jahresabschlusses.

Dritter Unterabschnitt. Ordentliche Hauptversammlung

§ 175 Einberufung

(1) [1]Unverzüglich nach Eingang des Berichts des Aufsichtsrats hat der Vorstand die Hauptversammlung zur Entgegennahme des festgestellten Jahresabschlusses und des Lageberichts, eines vom Aufsichtsrat gebilligten Einzelabschlusses nach § 325 Abs. 2a des Handelsgesetzbuchs sowie zur Beschlußfassung über die Verwendung eines Bilanzgewinns, bei einem Mutterunternehmen (§ 290 Abs. 1, 2 des Handelsgesetzbuchs) auch zur Entgegennahme des vom Aufsichtsrat gebilligten Konzernabschlusses und des Konzernlageberichts, einzuberufen. [2]Die Hauptversammlung hat in den ersten acht Monaten des Geschäftsjahrs stattzufinden.

(2) [1]Der Jahresabschluss, ein vom Aufsichtsrat gebilligter Einzelabschluss nach § 325 Absatz 2a des Handelsgesetzbuchs, der Lagebericht, der Bericht des Aufsichtsrats und der Vorschlag des Vorstands für die Verwendung des Bilanzgewinns sind von der Einberufung an in dem Geschäftsraum der Gesellschaft zur Einsicht durch die Aktionäre auszulegen. [2]Auf Verlangen ist jedem Aktionär unverzüglich eine Abschrift der Vorlagen zu erteilen. [3]Bei einem Mutterunternehmen (§ 290 Abs. 1, 2 des Handelsgesetzbuchs) gelten die Sätze 1 und 2 auch für den Konzernabschluss, den Konzernlagebericht und den Bericht des Aufsichtsrats hierüber.[4] Die Verpflichtungen nach den Sätzen 1 bis 3 entfallen, wenn die dort bezeichneten Dokumente für denselben Zeitraum über die Internetseite der Gesellschaft zugänglich sind.

(3) [1]Hat die Hauptversammlung den Jahresabschluss festzustellen oder hat sie über die Billigung des Konzernabschlusses zu entscheiden, so gelten für die Einberufung der Hauptversammlung zur Feststellung des Jahresabschlusses oder zur Billigung des Konzernabschlusses und für das Zugänglichmachen der Vorlagen und die Erteilung von Abschriften die Absätze 1 und 2 sinngemäß. [2]Die Verhandlungen über die Feststellung des

Jahresabschlusses und über die Verwendung des Bilanzgewinns sollen verbunden werden.

(4) [1]Mit der Einberufung der Hauptversammlung zur Entgegennahme des festgestellten Jahresabschlusses oder, wenn die Hauptversammlung den Jahresabschluß festzustellen hat, der Hauptversammlung zur Feststellung des Jahresabschlusses sind Vorstand und Aufsichtsrat an die in dem Bericht des Aufsichtsrats enthaltenen Erklärungen über den Jahresabschluß (§§ 172, 173 Abs. 1) gebunden. [2]Bei einem Mutterunternehmen (§ 290 Abs. 1, 2 des Handelsgesetzbuchs) gilt Satz 1 für die Erklärung des Aufsichtsrats über die Billigung des Konzernabschlusses entsprechend.

§ 176[1] Vorlagen. Anwesenheit des Abschlußprüfers

(1) [1]Der Vorstand hat der Hauptversammlung die in § 175 Abs. 2 genannten Vorlagen sowie bei börsennotierten Gesellschaften einen erläuternden Bericht zu den Angaben nach den §§ 289a und 315a des Handelsgesetzbuchs zugänglich zu machen. [2]Zu Beginn der Verhandlung soll der Vorstand seine Vorlagen, der Vorsitzende des Aufsichtsrats den Bericht des Aufsichtsrats erläutern. [3]Der Vorstand soll dabei auch zu einem Jahresfehlbetrag oder einem Verlust Stellung nehmen, der das Jahresergebnis wesentlich beeinträchtigt hat. [4]Satz 3 ist auf Kreditinstitute nicht anzuwenden.

(2) [1]Ist der Jahresabschluß von einem Abschlußprüfer zu prüfen, so hat der Abschlußprüfer an den Verhandlungen über die Feststellung des Jahresabschlusses teilzunehmen. [2]Satz 1 gilt entsprechend für die Verhandlungen über die Billigung eines Konzernabschlusses. [3]Der Abschlußprüfer ist nicht verpflichtet, einem Aktionär Auskunft zu erteilen.

Vierter Abschnitt. Bekanntmachung des Jahresabschlusses

§§ 177, 178 *(aufgehoben)*

Sechster Teil. Satzungsänderung. Maßnahmen der Kapitalbeschaffung und Kapitalherabsetzung

Erster Abschnitt. Satzungsänderung

§ 179 Beschluß der Hauptversammlung

(1) [1]Jede Satzungsänderung bedarf eines Beschlusses der Hauptversammlung. [2]Die Befugnis zu Änderungen, die nur die Fassung betreffen, kann die Hauptversammlung dem Aufsichtsrat übertragen.

(2) [1]Der Beschluß der Hauptversammlung bedarf einer Mehrheit, die mindestens drei Viertel des bei der Beschlußfassung vertretenen Grundkapitals umfaßt. [2]Die Satzung kann eine andere Kapitalmehrheit, für eine Änderung des Gegenstands des Unternehmens jedoch nur eine größere Kapitalmehrheit bestimmen. [3]Sie kann weitere Erfordernisse aufstellen.

(3) [1]Soll das bisherige Verhältnis mehrerer Gattungen von Aktien zum Nachteil einer Gattung geändert werden, so bedarf der Beschluß der Hauptversammlung zu seiner Wirksamkeit der Zustimmung der benachteiligten Aktionäre. [2]Über die Zustimmung haben die benachteiligten Aktionäre einen Sonderbeschluß zu fassen. [3]Für diesen gilt Absatz 2.

1) § 176 Abs. 1 geändert durch Gesetz vom 12.12.2019 (BGBl. I S. 2637).

§ 179a Verpflichtung zur Übertragung des ganzen Gesellschaftsvermögens

(1) [1]Ein Vertrag, durch den sich eine Aktiengesellschaft zur Übertragung des ganzen Gesellschaftsvermögens verpflichtet, ohne daß die Übertragung unter die Vorschriften des Umwandlungsgesetzes fällt, bedarf auch dann eines Beschlusses der Hauptversammlung nach § 179, wenn damit nicht eine Änderung des Unternehmensgegenstandes verbunden ist. [2]Die Satzung kann nur eine größere Kapitalmehrheit bestimmen.

(2) [1]Der Vertrag ist von der Einberufung der Hauptversammlung an, die über die Zustimmung beschließen soll, in dem Geschäftsraum der Gesellschaft zur Einsicht der Aktionäre auszulegen. [2]Auf Verlangen ist jedem Aktionär unverzüglich eine Abschrift zu erteilen. [3]Die Verpflichtungen nach den Sätzen 1 und 2 entfallen, wenn der Vertrag für denselben Zeitraum über die Internetseite der Gesellschaft zugänglich ist. [4]In der Hauptversammlung ist der Vertrag zugänglich zu machen. [5]Der Vorstand hat ihn zu Beginn der Verhandlung zu erläutern. [6]Der Niederschrift ist er als Anlage beizufügen.

(3) Wird aus Anlaß der Übertragung des Gesellschaftsvermögens die Gesellschaft aufgelöst, so ist der Anmeldung der Auflösung der Vertrag in Ausfertigung oder öffentlich beglaubigter Abschrift beizufügen.

§ 180 Zustimmung der betroffenen Aktionäre

(1) Ein Beschluß, der Aktionären Nebenverpflichtungen auferlegt, bedarf zu seiner Wirksamkeit der Zustimmung aller betroffenen Aktionäre.

(2) Gleiches gilt für einen Beschluß, durch den die Übertragung von Namensaktien oder Zwischenscheinen an die Zustimmung der Gesellschaft gebunden wird.

§ 181 Eintragung der Satzungsänderung

(1) [1]Der Vorstand hat die Satzungsänderung zur Eintragung in das Handelsregister anzumelden. [2]Der Anmeldung ist der vollständige Wortlaut der Satzung beizufügen; er muß mit der Bescheinigung eines Notars versehen sein, daß die geänderten Bestimmungen der Satzung mit dem Beschluß über die Satzungsänderung und die unveränderten Bestimmungen mit dem zuletzt zum Handelsregister eingereichten vollständigen Wortlaut der Satzung übereinstimmen.

(2) Soweit nicht die Änderung Angaben nach § 39 betrifft, genügt bei der Eintragung die Bezugnahme auf die beim Gericht eingereichten Urkunden.

(3) Die Änderung wird erst wirksam, wenn sie in das Handelsregister des Sitzes der Gesellschaft eingetragen worden ist.

Zweiter Abschnitt. Maßnahmen der Kapitalbeschaffung

Erster Unterabschnitt. Kapitalerhöhung gegen Einlagen

§ 182 Voraussetzungen

(1) [1]Eine Erhöhung des Grundkapitals gegen Einlagen kann nur mit einer Mehrheit beschlossen werden, die mindestens drei Viertel des bei der Beschlußfassung vertretenen Grundkapitals umfaßt. [2]Die Satzung kann eine andere Kapitalmehrheit, für die Ausgabe von Vorzugsaktien ohne Stimmrecht jedoch nur eine größere Kapitalmehrheit bestimmen. [3]Sie kann weitere Erfordernisse aufstellen. [4]Die Kapitalerhöhung kann nur durch Ausgabe neuer Aktien ausgeführt werden. [5]Bei Gesellschaften mit Stückaktien muß sich die Zahl der Aktien in demselben Verhältnis wie das Grundkapital erhöhen.

(2) [1]Sind mehrere Gattungen von stimmberechtigten Aktien vorhanden, so bedarf der Beschluß der Hauptversammlung zu seiner Wirksamkeit der Zustimmung der Aktionäre

jeder Gattung. [2]Über die Zustimmung haben die Aktionäre jeder Gattung einen Sonderbeschluß zu fassen. [3]Für diesen gilt Absatz 1.

(3) Sollen die neuen Aktien für einen höheren Betrag als den geringsten Ausgabebetrag ausgegeben werden, so ist der Mindestbetrag, unter dem sie nicht ausgegeben werden sollen, im Beschluß über die Erhöhung des Grundkapitals festzusetzen.

(4) [1]Das Grundkapital soll nicht erhöht werden, solange ausstehende Einlagen auf das bisherige Grundkapital noch erlangt werden können. [2]Für Versicherungsgesellschaften kann die Satzung etwas anderes bestimmen. [3]Stehen Einlagen in verhältnismäßig unerheblichem Umfang aus, so hindert dies die Erhöhung des Grundkapitals nicht.

§ 183 Kapitalerhöhung mit Sacheinlagen; Rückzahlung von Einlagen

(1) [1]Wird eine Sacheinlage (§ 27 Abs. 1 und 2) gemacht, so müssen ihr Gegenstand, die Person, von der die Gesellschaft den Gegenstand erwirbt, und der Nennbetrag, bei Stückaktien die Zahl der bei der Sacheinlage zu gewährenden Aktien im Beschluß über die Erhöhung des Grundkapitals festgesetzt werden. [2]Der Beschluß darf nur gefaßt werden, wenn die Einbringung von Sacheinlagen und die Festsetzungen nach Satz 1 ausdrücklich und ordnungsgemäß bekanntgemacht worden sind.

(2) § 27 Abs. 3 und 4 gilt entsprechend.

(3) [1]Bei der Kapitalerhöhung mit Sacheinlagen hat eine Prüfung durch einen oder mehrere Prüfer stattzufinden. [2]§ 33 Abs. 3 bis 5, die §§ 34, 35 gelten sinngemäß.

§ 183a Kapitalerhöhung mit Sacheinlagen ohne Prüfung

(1) [1]Von einer Prüfung der Sacheinlage (§ 183 Abs. 3) kann unter den Voraussetzungen des § 33a abgesehen werden. [2]Wird hiervon Gebrauch gemacht, so gelten die folgenden Absätze.

(2) [1]Der Vorstand hat das Datum des Beschlusses über die Kapitalerhöhung sowie die Angaben nach § 37a Abs. 1 und 2 in den Gesellschaftsblättern bekannt zu machen. [2]Die Durchführung der Erhöhung des Grundkapitals darf nicht in das Handelsregister eingetragen werden vor Ablauf von vier Wochen seit der Bekanntmachung.

(3) [1]Liegen die Voraussetzungen des § 33a Abs. 2 vor, hat das Amtsgericht auf Antrag von Aktionären, die am Tag der Beschlussfassung über die Kapitalerhöhung gemeinsam fünf vom Hundert des Grundkapitals hielten und am Tag der Antragstellung noch halten, einen oder mehrere Prüfer zu bestellen. [2]Der Antrag kann bis zum Tag der Eintragung der Durchführung der Erhöhung des Grundkapitals (§ 189) gestellt werden. [3]Das Gericht hat vor der Entscheidung über den Antrag den Vorstand zu hören. [4]Gegen die Entscheidung ist die Beschwerde gegeben.

(4) Für das weitere Verfahren gelten § 33 Abs. 4 und 5, die §§ 34, 35 entsprechend.

§ 184 Anmeldung des Beschlusses

(1) [1]Der Vorstand und der Vorsitzende des Aufsichtsrats haben den Beschluss über die Erhöhung des Grundkapitals zur Eintragung in das Handelsregister anzumelden. [2]In der Anmeldung ist anzugeben, welche Einlagen auf das bisherige Grundkapital noch nicht geleistet sind und warum sie nicht erlangt werden können. [3]Soll von einer Prüfung der Sacheinlage abgesehen werden und ist das Datum des Beschlusses der Kapitalerhöhung vorab bekannt gemacht worden (§ 183a Abs. 2), müssen die Anmeldenden in der Anmeldung nur noch versichern, dass ihnen seit der Bekanntmachung keine Umstände im Sinne von § 37a Abs. 2 bekannt geworden sind.

(2) Der Anmeldung sind der Bericht über die Prüfung von Sacheinlagen (§ 183 Abs. 3) oder die in § 37a Abs. 3 bezeichneten Anlagen beizufügen.

(3) [1]Das Gericht kann die Eintragung ablehnen, wenn der Wert der Sacheinlage nicht unwesentlich hinter dem geringsten Ausgabebetrag der dafür zu gewährenden Aktien zurückbleibt. [2]Wird von einer Prüfung der Sacheinlage nach § 183a Abs. 1 abgesehen, gilt § 38 Abs. 3 entsprechend.

§ 185 Zeichnung der neuen Aktien

(1) [1]Die Zeichnung der neuen Aktien geschieht durch schriftliche Erklärung (Zeichnungsschein), aus der die Beteiligung nach der Zahl und bei Nennbetragsaktien dem Nennbetrag und, wenn mehrere Gattungen ausgegeben werden, der Gattung der Aktien hervorgehen muß. [2]Der Zeichnungsschein soll doppelt ausgestellt werden. [3]Er hat zu enthalten

1. den Tag, an dem die Erhöhung des Grundkapitals beschlossen worden ist;
2. den Ausgabebetrag der Aktien, den Betrag der festgesetzten Einzahlungen sowie den Umfang von Nebenverpflichtungen;
3. die bei einer Kapitalerhöhung mit Sacheinlagen vorgesehenen Festsetzungen und, wenn mehrere Gattungen ausgegeben werden, den auf jede Aktiengattung entfallenden Betrag des Grundkapitals;
4. den Zeitpunkt, an dem die Zeichnung unverbindlich wird, wenn nicht bis dahin die Durchführung der Erhöhung des Grundkapitals eingetragen ist.

(2) Zeichnungsscheine, die diese Angaben nicht vollständig oder die außer dem Vorbehalt in Absatz 1 Nr. 4 Beschränkungen der Verpflichtung des Zeichners enthalten, sind nichtig.

(3) Ist die Durchführung der Erhöhung des Grundkapitals eingetragen, so kann sich der Zeichner auf die Nichtigkeit oder Unverbindlichkeit des Zeichnungsscheins nicht berufen, wenn er aufgrund des Zeichnungsscheins als Aktionär Rechte ausgeübt oder Verpflichtungen erfüllt hat.

(4) Jede nicht im Zeichnungsschein enthaltene Beschränkung ist der Gesellschaft gegenüber unwirksam.

§ 186 [1)] Bezugsrecht

(1) [1]Jedem Aktionär muß auf sein Verlangen ein seinem Anteil an dem bisherigen Grundkapital entsprechender Teil der neuen Aktien zugeteilt werden. [2]Für die Ausübung des Bezugsrechts ist eine Frist von mindestens zwei Wochen zu bestimmen.

(2) [1]Der Vorstand hat den Ausgabebetrag oder die Grundlagen für seine Festlegung und zugleich eine Bezugsfrist gemäß Absatz 1 in den Gesellschaftsblättern bekannt zu machen und gemäß § 67a zu übermitteln. [2]Sind nur die Grundlagen der Festlegung angegeben, so hat er spätestens drei Tage vor Ablauf der Bezugsfrist den Ausgabebetrag in den Gesellschaftsblättern und über ein elektronisches Informationsmedium bekannt zu machen.

(3) [1]Das Bezugsrecht kann ganz oder zum Teil nur im Beschluß über die Erhöhung des Grundkapitals ausgeschlossen werden. [2]In diesem Fall bedarf der Beschluß neben den in Gesetz oder Satzung für die Kapitalerhöhung aufgestellten Erfordernissen einer Mehrheit, die mindestens drei Viertel des bei der Beschlußfassung vertretenen Grundkapitals umfaßt. [3]Die Satzung kann eine größere Kapitalmehrheit und weitere Erfordernisse bestimmen. [4]Ein Ausschluß des Bezugsrechts ist insbesondere dann zulässig, wenn die Kapitalerhöhung gegen Bareinlagen zehn vom Hundert des Grundkapitals nicht übersteigt und der Ausgabebetrag den Börsenpreis nicht wesentlich unterschreitet.

---

1) § 186 Abs. 2 geändert durch Gesetz vom 12.12.2019 (BGBl. I S. 2637); zur erstmaligen Anwendung s. § 26j EGAktG (abgedruckt unter Nr. 2a.).

(4) [1]Ein Beschluß, durch den das Bezugsrecht ganz oder zum Teil ausgeschlossen wird, darf nur gefaßt werden, wenn die Ausschließung ausdrücklich und ordnungsgemäß bekanntgemacht worden ist. [2]Der Vorstand hat der Hauptversammlung einen schriftlichen Bericht über den Grund für den teilweisen oder vollständigen Ausschluß des Bezugsrechts zugänglich zu machen; in dem Bericht ist der vorgeschlagene Ausgabebetrag zu begründen.

(5) [1]Als Ausschluß des Bezugsrechts ist es nicht anzusehen, wenn nach dem Beschluß die neuen Aktien von einem Kreditinstitut oder einem nach § 53 Abs. 1 Satz 1 oder § 53b Abs. 1 Satz 1 oder Abs. 7 des Gesetzes über das Kreditwesen tätigen Unternehmen mit der Verpflichtung übernommen werden sollen, sie den Aktionären zum Bezug anzubieten. [2]Der Vorstand hat dieses Bezugsangebot mit den Angaben gemäß Absatz 2 Satz 1 und einen endgültigen Ausgabebetrag gemäß Absatz 2 Satz 2 bekannt zu machen; gleiches gilt, wenn die neuen Aktien von einem anderen als einem Kreditinstitut oder Unternehmen im Sinne des Satzes 1 mit der Verpflichtung übernommen werden sollen, sie den Aktionären zum Bezug anzubieten.

§ 187 Zusicherung von Rechten auf den Bezug neuer Aktien

(1) Rechte auf den Bezug neuer Aktien können nur unter Vorbehalt des Bezugsrechts der Aktionäre zugesichert werden.

(2) Zusicherungen vor dem Beschluß über die Erhöhung des Grundkapitals sind der Gesellschaft gegenüber unwirksam.

§ 188 Anmeldung und Eintragung der Durchführung

(1) Der Vorstand und der Vorsitzende des Aufsichtsrats haben die Durchführung der Erhöhung des Grundkapitals zur Eintragung in das Handelsregister anzumelden.

(2) [1]Für die Anmeldung gelten sinngemäß § 36 Abs. 2, § 36a und § 37 Abs. 1. [2]Durch Gutschrift auf ein Konto des Vorstands kann die Einzahlung nicht geleistet werden.

(3) Der Anmeldung sind beizufügen

1. die Zweitschriften der Zeichnungsscheine und ein vom Vorstand unterschriebenes Verzeichnis der Zeichner, das die auf jeden entfallenden Aktien und die auf sie geleisteten Einzahlungen angibt;
2. bei einer Kapitalerhöhung mit Sacheinlagen die Verträge, die den Festsetzungen nach § 183 zugrunde liegen oder zu ihrer Ausführung geschlossen worden sind;
3. eine Berechnung der Kosten, die für die Gesellschaft durch die Ausgabe der neuen Aktien entstehen werden.

(4) Anmeldung und Eintragung der Durchführung der Erhöhung des Grundkapitals können mit Anmeldung und Eintragung des Beschlusses über die Erhöhung verbunden werden.

§ 189 Wirksamwerden der Kapitalerhöhung

Mit der Eintragung der Durchführung der Erhöhung des Grundkapitals ist das Grundkapital erhöht.

§ 190 *(aufgehoben)*

§ 191 Verbotene Ausgabe von Aktien und Zwischenscheinen

[1]Vor der Eintragung der Durchführung der Erhöhung des Grundkapitals können die neuen Anteilsrechte nicht übertragen, neue Aktien und Zwischenscheine nicht ausgegeben werden. [2]Die vorher ausgegebenen neuen Aktien und Zwischenscheine sind nichtig. [3]Für den Schaden aus der Ausgabe sind die Ausgeber den Inhabern als Gesamtschuldner verantwortlich.

Zweiter Unterabschnitt. Bedingte Kapitalerhöhung

§ 192 Voraussetzungen

(1) Die Hauptversammlung kann eine Erhöhung des Grundkapitals beschließen, die nur so weit durchgeführt werden soll, wie von einem Umtausch- oder Bezugsrecht Gebrauch gemacht wird, das die Gesellschaft hat oder auf die neuen Aktien (Bezugsaktien) einräumt (bedingte Kapitalerhöhung).

(2) Die bedingte Kapitalerhöhung soll nur zu folgenden Zwecken beschlossen werden:

1. zur Gewährung von Umtausch- oder Bezugsrechten auf Grund von Wandelschuldverschreibungen;
2. zur Vorbereitung des Zusammenschlusses mehrerer Unternehmen;
3. zur Gewährung von Bezugsrechten an Arbeitnehmer und Mitglieder der Geschäftsführung der Gesellschaft oder eines verbundenen Unternehmens im Wege des Zustimmungs- oder Ermächtigungsbeschlusses.

(3) [1]Der Nennbetrag des bedingten Kapitals darf die Hälfte und der Nennbetrag des nach Absatz 2 Nr. 3 beschlossenen Kapitals den zehnten Teil des Grundkapitals, das zur Zeit der Beschlußfassung über die bedingte Kapitalerhöhung vorhanden ist, nicht übersteigen. [2]§ 182 Abs. 1 Satz 5 gilt sinngemäß. [3]Satz 1 gilt nicht für eine bedingte Kapitalerhöhung nach Absatz 2 Nummer 1, die nur zu dem Zweck beschlossen wird, der Gesellschaft einen Umtausch zu ermöglichen, zu dem sie für den Fall ihrer drohenden Zahlungsunfähigkeit oder zum Zweck der Abwendung einer Überschuldung berechtigt ist. [4]Ist die Gesellschaft ein Institut im Sinne des § 1 Absatz 1b des Kreditwesengesetzes, gilt Satz 1 ferner nicht für eine bedingte Kapitalerhöhung nach Absatz 2 Nummer 1, die zu dem Zweck beschlossen wird, der Gesellschaft einen Umtausch zur Erfüllung bankaufsichtsrechtlicher oder zum Zweck der Restrukturierung oder Abwicklung erlassener Anforderungen zu ermöglichen. [5]Eine Anrechnung von bedingtem Kapital, auf das Satz 3 oder Satz 4 Anwendung findet, auf sonstiges bedingtes Kapital erfolgt nicht.

(4) Ein Beschluß der Hauptversammlung, der dem Beschluß über die bedingte Kapitalerhöhung entgegensteht, ist nichtig.

(5) Die folgenden Vorschriften über das Bezugsrecht gelten sinngemäß für das Umtauschrecht.

§ 193 Erfordernisse des Beschlusses

(1) [1]Der Beschluß über die bedingte Kapitalerhöhung bedarf einer Mehrheit, die mindestens drei Viertel des bei der Beschlußfassung vertretenen Grundkapitals umfaßt. [2]Die Satzung kann eine größere Kapitalmehrheit und weitere Erfordernisse bestimmen. [3]§ 182 Abs. 2 und § 187 Abs. 2 gelten.

(2) Im Beschluß müssen auch festgestellt werden

1. der Zweck der bedingten Kapitalerhöhung;
2. der Kreis der Bezugsberechtigten;
3. der Ausgabebetrag oder die Grundlagen, nach denen dieser Betrag errechnet wird; bei einer bedingten Kapitalerhöhung für die Zwecke des § 192 Abs. 2 Nr. 1 genügt es, wenn in dem Beschluss oder in dem damit verbundenen Beschluss nach § 221 der Mindestausgabebetrag oder die Grundlagen für die Festlegung des Ausgabebetrags oder des Mindestausgabebetrags bestimmt werden; sowie
4. bei Beschlüssen nach § 192 Abs. 2 Nr. 3 auch die Aufteilung der Bezugsrechte auf Mitglieder der Geschäftsführungen und Arbeitnehmer, Erfolgsziele, Erwerbs- und Ausübungszeiträume und Wartezeit für die erstmalige Ausübung (mindestens vier Jahre).

§ 194 Bedingte Kapitalerhöhung mit Sacheinlagen; Rückzahlung von Einlagen

(1) [1]Wird eine Sacheinlage gemacht, so müssen ihr Gegenstand, die Person, von der die Gesellschaft den Gegenstand erwirbt, und der Nennbetrag, bei Stückaktien die Zahl der bei der Sacheinlage zu gewährenden Aktien im Beschluß über die bedingte Kapitalerhöhung festgesetzt werden. [2]Als Sacheinlage gilt nicht der Umtausch von Schuldverschreibungen gegen Bezugsaktien. [3]Der Beschluß darf nur gefaßt werden, wenn die Einbringung von Sacheinlagen ausdrücklich und ordnungsgemäß bekanntgemacht worden ist.

(2) § 27 Abs. 3 und 4 gilt entsprechend; an die Stelle des Zeitpunkts der Anmeldung nach § 27 Abs. 3 Satz 3 und der Eintragung nach § 27 Abs. 3 Satz 4 tritt jeweils der Zeitpunkt der Ausgabe der Bezugsaktien.

(3) Die Absätze 1 und 2 gelten nicht für die Einlage von Geldforderungen, die Arbeitnehmern der Gesellschaft aus einer ihnen von der Gesellschaft eingeräumten Gewinnbeteiligung zustehen.

(4) [1]Bei der Kapitalerhöhung mit Sacheinlagen hat eine Prüfung durch einen oder mehrere Prüfer stattzufinden. [2]§ 33 Abs. 3 bis 5, die §§ 34, 35 gelten sinngemäß.

(5) § 183a gilt entsprechend.

§ 195 Anmeldung des Beschlusses

(1) [1]Der Vorstand und der Vorsitzende des Aufsichtsrats haben den Beschluß über die bedingte Kapitalerhöhung zur Eintragung in das Handelsregister anzumelden. [2]§ 184 Abs. 1 Satz 3 gilt entsprechend.

(2) Der Anmeldung sind beizufügen

1. bei einer bedingten Kapitalerhöhung mit Sacheinlagen die Verträge, die den Festsetzungen nach § 194 zugrunde liegen oder zu ihrer Ausführung geschlossen worden sind, und der Bericht über die Prüfung von Sacheinlagen (§ 194 Abs. 4) oder die in § 37a Abs. 3 bezeichneten Anlagen;
2. eine Berechnung der Kosten, die für die Gesellschaft durch die Ausgabe der Bezugsaktien entstehen werden.

(3) [1]Das Gericht kann die Eintragung ablehnen, wenn der Wert der Sacheinlage nicht unwesentlich hinter dem geringsten Ausgabebetrag der dafür zu gewährenden Aktien zurückbleibt. [2]Wird von einer Prüfung der Sacheinlage nach § 183a Abs. 1 abgesehen, gilt § 38 Abs. 3 entsprechend.

§ 196 *(aufgehoben)*

§ 197 Verbotene Aktienausgabe

[1]Vor der Eintragung des Beschlusses über die bedingte Kapitalerhöhung können die Bezugsaktien nicht ausgegeben werden. [2]Ein Anspruch des Bezugsberechtigten entsteht vor diesem Zeitpunkt nicht. [3]Die vorher ausgegebenen Bezugsaktien sind nichtig. [4]Für den Schaden aus der Ausgabe sind die Ausgeber den Inhabern als Gesamtschuldner verantwortlich.

§ 198 Bezugserklärung

(1) [1]Das Bezugsrecht wird durch schriftliche Erklärung ausgeübt. [2]Die Erklärung (Bezugserklärung) soll doppelt ausgestellt werden. [3]Sie hat die Beteiligung nach der Zahl und bei Nennbetragsaktien dem Nennbetrag und, wenn mehrere Gattungen ausgegeben werden, der Gattung der Aktien, die Feststellungen nach § 193 Abs. 2, die nach § 194 bei

der Einbringung von Sacheinlagen vorgesehenen Festsetzungen sowie den Tag anzugeben, an dem der Beschluß über die bedingte Kapitalerhöhung gefaßt worden ist.

(2) [1]Die Bezugserklärung hat die gleiche Wirkung wie eine Zeichnungserklärung. [2]Bezugserklärungen, deren Inhalt nicht dem Absatz 1 entspricht oder die Beschränkungen der Verpflichtung des Erklärenden enthalten, sind nichtig.

(3) Werden Bezugsaktien ungeachtet der Nichtigkeit einer Bezugserklärung ausgegeben, so kann sich der Erklärende auf die Nichtigkeit nicht berufen, wenn er aufgrund der Bezugserklärung als Aktionär Rechte ausgeübt oder Verpflichtungen erfüllt hat.

(4) Jede nicht in der Bezugserklärung enthaltene Beschränkung ist der Gesellschaft gegenüber unwirksam.

§ 199 Ausgabe der Bezugsaktien

(1) Der Vorstand darf die Bezugsaktien nur in Erfüllung des im Beschluß über die bedingte Kapitalerhöhung festgesetzten Zwecks und nicht vor der vollen Leistung des Gegenwerts ausgeben, der sich aus dem Beschluß ergibt.

(2) [1]Der Vorstand darf Bezugsaktien gegen Wandelschuldverschreibungen nur ausgeben, wenn der Unterschied zwischen dem Ausgabebetrag der zum Umtausch eingereichten Schuldverschreibungen und dem höheren geringsten Ausgabebetrag der für sie zu gewährenden Bezugsaktien aus einer anderen Gewinnrücklage, soweit sie zu diesem Zweck verwandt werden kann, oder durch Zuzahlung des Umtauschberechtigten gedeckt ist. [2]Dies gilt nicht, wenn der geringste Ausgabebetrag, zu dem die Schuldverschreibungen ausgegeben sind, den geringsten Ausgabebetrag der Bezugsaktien insgesamt erreicht oder übersteigt.

§ 200 Wirksamwerden der bedingten Kapitalerhöhung

Mit der Ausgabe der Bezugsaktien ist das Grundkapital erhöht.

§ 201 Anmeldung der Ausgabe von Bezugsaktien

(1) Der Vorstand meldet ausgegebene Bezugsaktien zur Eintragung in das Handelsregister mindestens einmal jährlich bis spätestens zum Ende des auf den Ablauf des Geschäftsjahrs folgenden Kalendermonats an.

(2) [1]Der Anmeldung sind die Zweitschriften der Bezugserklärungen und ein vom Vorstand unterschriebenes Verzeichnis der Personen, die das Bezugsrecht ausgeübt haben, beizufügen. [2]Das Verzeichnis hat die auf jeden Aktionär entfallenden Aktien und die auf sie gemachten Einlagen anzugeben.

(3) In der Anmeldung hat der Vorstand zu erklären, daß die Bezugsaktien nur in Erfüllung des im Beschluß über die bedingte Kapitalerhöhung festgesetzten Zwecks und nicht vor der vollen Leistung des Gegenwerts ausgegeben worden sind, der sich aus dem Beschluß ergibt.

Dritter Unterabschnitt. Genehmigtes Kapital

§ 202 Voraussetzung

(1) Die Satzung kann den Vorstand für höchstens fünf Jahre nach Eintragung der Gesellschaft ermächtigen, das Grundkapital bis zu einem bestimmten Nennbetrag (genehmigtes Kapital) durch Ausgabe neuer Aktien gegen Einlagen zu erhöhen.

(2) [1]Die Ermächtigung kann auch durch Satzungsänderung für höchstens fünf Jahre nach Eintragung der Satzungsänderung erteilt werden. [2]Der Beschluß der Hauptversammlung bedarf einer Mehrheit, die mindestens drei Viertel des bei der Beschluß-

fassung vertretenen Grundkapitals umfaßt. [3]Die Satzung kann eine größere Kapitalmehrheit und weitere Erfordernisse bestimmen. [4]§ 182 Abs. 2 gilt.

(3) [1]Der Nennbetrag des genehmigten Kapitals darf die Hälfte des Grundkapitals, das zur Zeit der Ermächtigung vorhanden ist, nicht übersteigen. [2]Die neuen Aktien sollen nur mit Zustimmung des Aufsichtsrats ausgegeben werden. [3]§ 182 Abs. 1 Satz 5 gilt sinngemäß.

(4) Die Satzung kann auch vorsehen, daß die neuen Aktien an Arbeitnehmer der Gesellschaft ausgegeben werden.

§ 203 Ausgabe der neuen Aktien

(1) [1]Für die Ausgabe der neuen Aktien gelten sinngemäß, soweit sich aus den folgenden Vorschriften nichts anderes ergibt, §§ 185 bis 191 über die Kapitalerhöhung gegen Einlagen. [2]An die Stelle des Beschlusses über die Erhöhung des Grundkapitals tritt die Ermächtigung der Satzung zur Ausgabe neuer Aktien.

(2) [1]Die Ermächtigung kann vorsehen, daß der Vorstand über den Ausschluß des Bezugsrechts entscheidet. [2]Wird eine Ermächtigung, die dies vorsieht, durch Satzungsänderung erteilt, so gilt § 186 Abs. 4 sinngemäß.

(3) [1]Die neuen Aktien sollen nicht ausgegeben werden, solange ausstehende Einlagen auf das bisherige Grundkapital noch erlangt werden können. [2]Für Versicherungsgesellschaften kann die Satzung etwas anderes bestimmen. [3]Stehen Einlagen in verhältnismäßig unerheblichem Umfang aus, so hindert dies die Ausgabe der neuen Aktien nicht. [4]In der ersten Anmeldung der Durchführung der Erhöhung des Grundkapitals ist anzugeben, welche Einlagen auf das bisherige Grundkapital noch nicht geleistet sind und warum sie nicht erlangt werden können.

(4) Absatz 3 Satz 1 und 4 gilt nicht, wenn die Aktien an Arbeitnehmer der Gesellschaft ausgegeben werden.

§ 204 Bedingungen der Aktienausgabe

(1) [1]Über den Inhalt der Aktienrechte und die Bedingungen der Aktienausgabe entscheidet der Vorstand, soweit die Ermächtigung keine Bestimmungen enthält. [2]Die Entscheidung des Vorstands bedarf der Zustimmung des Aufsichtsrats; gleiches gilt für die Entscheidung des Vorstands nach § 203 Abs. 2 über den Ausschluß des Bezugsrechts.

(2) Sind Vorzugsaktien ohne Stimmrecht vorhanden, so können Vorzugsaktien, die bei der Verteilung des Gewinns oder des Gesellschaftsvermögens ihnen vorgehen oder gleichstehen, nur ausgegeben werden, wenn die Ermächtigung es vorsieht.

(3) [1]Weist ein Jahresabschluß, der mit einem uneingeschränkten Bestätigungsvermerk versehen ist, einen Jahresüberschuß aus, so können Aktien an Arbeitnehmer der Gesellschaft auch in der Weise ausgegeben werden, daß die auf sie zu leistende Einlage aus dem Teil des Jahresüberschusses gedeckt wird, den nach § 58 Abs. 2 Vorstand und Aufsichtsrat in andere Gewinnrücklagen einstellen können. [2]Für die Ausgabe der neuen Aktien gelten die Vorschriften über eine Kapitalerhöhung gegen Bareinlagen, ausgenommen § 188 Abs. 2. [3]Der Anmeldung der Durchführung der Erhöhung des Grundkapitals ist außerdem der festgestellte Jahresabschluß mit Bestätigungsvermerk beizufügen. [4]Die Anmeldenden haben ferner die Erklärung nach § 210 Abs. 1 Satz 2 abzugeben.

§ 205 Ausgabe gegen Sacheinlagen; Rückzahlung von Einlagen

(1) Gegen Sacheinlagen dürfen Aktien nur ausgegeben werden, wenn die Ermächtigung es vorsieht.

(2) [1]Der Gegenstand der Sacheinlage, die Person, von der die Gesellschaft den Gegenstand erwirbt, und der Nennbetrag, bei Stückaktien die Zahl der bei der Sacheinlage zu gewährenden Aktien sind, wenn sie nicht in der Ermächtigung festgesetzt sind, vom Vorstand festzusetzen und in den Zeichnungsschein aufzunehmen. [2]Der Vorstand soll die Entscheidung nur mit Zustimmung des Aufsichtsrats treffen.

(3) § 27 Abs. 3 und 4 gilt entsprechend.

(4) Die Absätze 2 und 3 gelten nicht für die Einlage von Geldforderungen, die Arbeitnehmern der Gesellschaft aus einer ihnen von der Gesellschaft eingeräumten Gewinnbeteiligung zustehen.

(5) [1]Bei Ausgabe der Aktien gegen Sacheinlagen hat eine Prüfung durch einen oder mehrere Prüfer stattzufinden; § 33 Abs. 3 bis 5, die §§ 34, 35 gelten sinngemäß. [2]§ 183a ist entsprechend anzuwenden. [3]Anstelle des Datums des Beschlusses über die Kapitalerhöhung hat der Vorstand seine Entscheidung über die Ausgabe neuer Aktien gegen Sacheinlagen sowie die Angaben nach § 37a Abs. 1 und 2 in den Gesellschaftsblättern bekannt zu machen.

(6) Soweit eine Prüfung der Sacheinlage nicht stattfindet, gilt für die Anmeldung der Durchführung der Kapitalerhöhung zur Eintragung in das Handelsregister (§ 203 Abs. 1 Satz 1, § 188) auch § 184 Abs. 1 Satz 3 und Abs. 2 entsprechend.

(7) [1]Das Gericht kann die Eintragung ablehnen, wenn der Wert der Sacheinlage nicht unwesentlich hinter dem geringsten Ausgabebetrag der dafür zu gewährenden Aktien zurückbleibt. [2]Wird von einer Prüfung der Sacheinlage nach § 183a Abs. 1 abgesehen, gilt § 38 Abs. 3 entsprechend.

§ 206 Verträge über Sacheinlagen vor Eintragung der Gesellschaft

[1]Sind vor Eintragung der Gesellschaft Verträge geschlossen worden, nach denen auf das genehmigte Kapital eine Sacheinlage zu leisten ist, so muß die Satzung die Festsetzungen enthalten, die für eine Ausgabe gegen Sacheinlagen vorgeschrieben sind. [2]Dabei gelten sinngemäß § 27 Abs. 3 und 5, die §§ 32 bis 35, 37 Abs. 4 Nr. 2, 4 und 5, die §§ 37a, 38 Abs. 2 und 3 sowie § 49 über die Gründung der Gesellschaft. [3]An die Stelle der Gründer tritt der Vorstand und an die Stelle der Anmeldung und Eintragung der Gesellschaft die Anmeldung und Eintragung der Durchführung der Erhöhung des Grundkapitals.

Vierter Unterabschnitt. Kapitalerhöhung aus Gesellschaftsmitteln

§ 207 Voraussetzungen

(1) Die Hauptversammlung kann eine Erhöhung des Grundkapitals durch Umwandlung der Kapitalrücklage und von Gewinnrücklagen in Grundkapital beschließen.

(2) [1]Für den Beschluß und für die Anmeldung des Beschlusses gelten § 182 Abs. 1, § 184 Abs. 1 sinngemäß. [2]Gesellschaften mit Stückaktien können ihr Grundkapital auch ohne Ausgabe neuer Aktien erhöhen; der Beschluß über die Kapitalerhöhung muß die Art der Erhöhung angeben.

(3) Dem Beschluß ist eine Bilanz zugrunde zu legen.

§ 208 Umwandlungsfähigkeit von Kapital- und Gewinnrücklagen

(1) [1]Die Kapitalrücklage und die Gewinnrücklagen, die in Grundkapital umgewandelt werden sollen, müssen in der letzten Jahresbilanz und, wenn dem Beschluß eine andere Bilanz zugrunde gelegt wird, auch in dieser Bilanz unter „Kapitalrücklage" oder „Gewinnrücklagen" oder im letzten Beschluß über die Verwendung des Jahresüberschusses oder des Bilanzgewinns als Zuführung zu diesen Rücklagen ausgewiesen sein. [2]Vor-

behaltlich des Absatzes 2 können andere Gewinnrücklagen und deren Zuführungen in voller Höhe, die Kapitalrücklage und die gesetzliche Rücklage sowie deren Zuführungen nur, soweit sie zusammen den zehnten oder den in der Satzung bestimmten höheren Teil des bisherigen Grundkapitals übersteigen, in Grundkapital umgewandelt werden.

(2) [1]Die Kapitalrücklage und die Gewinnrücklagen sowie deren Zuführungen können nicht umgewandelt werden, soweit in der zugrunde gelegten Bilanz ein Verlust einschließlich eines Verlustvortrags ausgewiesen ist. [2]Gewinnrücklagen und deren Zuführungen, die für einen bestimmten Zweck bestimmt sind, dürfen nur umgewandelt werden, soweit dies mit ihrer Zweckbestimmung vereinbar ist.

§ 209 Zugrunde gelegte Bilanz

(1) Dem Beschluß kann die letzte Jahresbilanz zugrunde gelegt werden, wenn die Jahresbilanz geprüft und die festgestellte Jahresbilanz mit dem uneingeschränkten Bestätigungsvermerk des Abschlußprüfers versehen ist und wenn ihr Stichtag höchstens acht Monate vor der Anmeldung des Beschlusses zur Eintragung in das Handelsregister liegt.

(2) [1]Wird dem Beschluß nicht die letzte Jahresbilanz zugrunde gelegt, so muß die Bilanz den §§ 150, 152 dieses Gesetzes, §§ 242 bis 256a, 264 bis 274a des Handelsgesetzbuchs entsprechen. [2]Der Stichtag der Bilanz darf höchstens acht Monate vor der Anmeldung des Beschlusses zur Eintragung in das Handelsregister liegen.

(3) [1]Die Bilanz muß durch einen Abschlußprüfer darauf geprüft werden, ob sie den §§ 150, 152 dieses Gesetzes, §§ 242 bis 256a, 264 bis 274a des Handelsgesetzbuchs entspricht. [2]Sie muß mit einem uneingeschränkten Bestätigungsvermerk versehen sein.

(4) [1]Wenn die Hauptversammlung keinen anderen Prüfer wählt, gilt der Prüfer als gewählt, der für die Prüfung des letzten Jahresabschlusses von der Hauptversammlung gewählt oder vom Gericht bestellt worden ist. [2]Soweit sich aus der Besonderheit des Prüfungsauftrags nichts anderes ergibt, sind auf die Prüfung § 318 Abs. 1 Satz 3 und 4, § 319 Abs. 1 bis 4, § 319a Abs. 1, § 319b Abs. 1, § 320 Abs. 1, 2, §§ 321, 322 Abs. 7 und § 323 des Handelsgesetzbuchs entsprechend anzuwenden.

(5) [1]Bei Versicherungsgesellschaften wird der Prüfer vom Aufsichtsrat bestimmt; Absatz 4 Satz 1 gilt sinngemäß. [2]Soweit sich aus der Besonderheit des Prüfungsauftrags nichts anderes ergibt, ist auf die Prüfung § 341k des Handelsgesetzbuches anzuwenden.

(6) Im Fall der Absätze 2 bis 5 gilt für das Zugänglichmachen der Bilanz und für die Erteilung von Abschriften § 175 Abs. 2 sinngemäß.

§ 210 Anmeldung und Eintragung des Beschlusses

(1) [1]Der Anmeldung des Beschlusses zur Eintragung in das Handelsregister ist die der Kapitalerhöhung zugrunde gelegte Bilanz mit Bestätigungsvermerk, im Fall des § 209 Abs. 2 bis 6 außerdem die letzte Jahresbilanz, sofern sie noch nicht nach § 325 Abs. 1 des Handelsgesetzbuchs eingereicht ist, beizufügen. [2]Die Anmeldenden haben dem Gericht gegenüber zu erklären, daß nach ihrer Kenntnis seit dem Stichtag der zugrunde gelegten Bilanz bis zum Tag der Anmeldung keine Vermögensminderung eingetreten ist, die der Kapitalerhöhung entgegenstünde, wenn sie am Tag der Anmeldung beschlossen worden wäre.

(2) Das Gericht darf den Beschluß nur eintragen, wenn die der Kapitalerhöhung zugrunde gelegte Bilanz auf einen höchstens acht Monate vor der Anmeldung liegenden Stichtag aufgestellt und eine Erklärung nach Absatz 1 Satz 2 abgegeben worden ist.

(3) Das Gericht braucht nicht zu prüfen, ob die Bilanzen den gesetzlichen Vorschriften entsprechen.

(4) Bei der Eintragung des Beschlusses ist anzugeben, daß es sich um eine Kapitalerhöhung aus Gesellschaftsmitteln handelt.

§ 211 Wirksamwerden der Kapitalerhöhung

(1) Mit der Eintragung des Beschlusses über die Erhöhung des Grundkapitals ist das Grundkapital erhöht.

§ 212 Aus der Kapitalerhöhung Berechtigte

[1]Neue Aktien stehen den Aktionären im Verhältnis ihrer Anteile am bisherigen Grundkapital zu. [2]Ein entgegenstehender Beschluß der Hauptversammlung ist nichtig.

§ 213 Teilrechte

(1) Führt die Kapitalerhöhung dazu, daß auf einen Anteil am bisherigen Grundkapital nur ein Teil einer neuen Aktie entfällt, so ist dieses Teilrecht selbständig veräußerlich und vererblich.

(2) Die Rechte aus einer neuen Aktie einschließlich des Anspruchs auf Ausstellung einer Aktienurkunde können nur ausgeübt werden, wenn Teilrechte, die zusammen eine volle Aktie ergeben, in einer Hand vereinigt sind oder wenn sich mehrere Berechtigte, deren Teilrechte zusammen eine volle Aktie ergeben, zur Ausübung der Rechte zusammenschließen.

§ 214 [1)] Aufforderung an die Aktionäre

(1) [1]Nach der Eintragung des Beschlusses über die Erhöhung des Grundkapitals durch Ausgabe neuer Aktien hat der Vorstand unverzüglich die Aktionäre aufzufordern, die neuen Aktien abzuholen. [2]Die Aufforderung ist in den Gesellschaftsblättern bekanntzumachen und gemäß § 67a zu übermitteln. [3]In der Bekanntmachung ist anzugeben,

1. um welchen Betrag das Grundkapital erhöht worden ist,
2. in welchem Verhältnis auf die alten Aktien neue Aktien entfallen.

[4]In der Bekanntmachung ist ferner darauf hinzuweisen, daß die Gesellschaft berechtigt ist, Aktien, die nicht innerhalb eines Jahres seit der Bekanntmachung der Aufforderung abgeholt werden, nach dreimaliger Androhung für Rechnung der Beteiligten zu verkaufen.

(2) [1]Nach Ablauf eines Jahres seit der Bekanntmachung der Aufforderung hat die Gesellschaft den Verkauf der nicht abgeholten Aktien anzudrohen. [2]Die Androhung ist dreimal in Abständen von mindestens einem Monat in den Gesellschaftsblättern bekanntzumachen. [3]Die letzte Bekanntmachung muß vor dem Ablauf von achtzehn Monaten seit der Bekanntmachung der Aufforderung ergehen.

(3) [1]Nach Ablauf eines Jahres seit der letzten Bekanntmachung der Androhung hat die Gesellschaft die nicht abgeholten Aktien für Rechnung der Beteiligten zum Börsenpreis und beim Fehlen eines Börsenpreises durch öffentliche Versteigerung zu verkaufen. [2]§ 226 Abs. 3 Satz 2 bis 6 gilt sinngemäß.

(4) [1]Die Absätze 1 bis 3 gelten sinngemäß für Gesellschaften, die keine Aktienurkunden ausgegeben haben. [2]Die Gesellschaften haben die Aktionäre aufzufordern, sich die neuen Aktien zuteilen zu lassen.

§ 215 Eigene Aktien. Teileingezahlte Aktien

(1) Eigene Aktien nehmen an der Erhöhung des Grundkapitals teil.

---

1) § 214 Abs. 1 geändert durch Gesetz vom 12.12.2019 (BGBl. I S. 2637); zur erstmaligen Anwendung s. § 26j EGAktG (abgedruckt unter Nr. 2a.).

(2) [1]Teileingezahlte Aktien nehmen entsprechend ihrem Anteil am Grundkapital an der Erhöhung des Grundkapitals teil. [2]Bei ihnen kann die Kapitalerhöhung nicht durch Ausgabe neuer Aktien ausgeführt werden, bei Nennbetragsaktien wird deren Nennbetrag erhöht. [3]Sind neben teileingezahlten Aktien volleingezahlte Aktien vorhanden, so kann bei volleingezahlten Nennbetragsaktien die Kapitalerhöhung durch Erhöhung des Nennbetrags der Aktien und durch Ausgabe neuer Aktien ausgeführt werden; der Beschluß über die Erhöhung des Grundkapitals muß die Art der Erhöhung angeben. [4]Soweit die Kapitalerhöhung durch Erhöhung des Nennbetrags der Aktien ausgeführt wird, ist sie so zu bemessen, daß durch sie auf keine Aktie Beträge entfallen, die durch eine Erhöhung des Nennbetrags der Aktien nicht gedeckt werden können.

§ 216 Wahrung der Rechte der Aktionäre und Dritter

(1) Das Verhältnis der mit den Aktien verbundenen Rechte zueinander wird durch die Kapitalerhöhung nicht berührt.

(2) [1]Soweit sich einzelne Rechte teileingezahlter Aktien, insbesondere die Beteiligung am Gewinn oder das Stimmrecht, nach der auf die Aktie geleisteten Einlage bestimmen, stehen diese Rechte den Aktionären bis zur Leistung der noch ausstehenden Einlagen nur nach der Höhe der geleisteten Einlage, erhöht um den auf den Nennbetrag des Grundkapitals berechneten Hundertsatz der Erhöhung des Grundkapitals zu. [2]Werden weitere Einzahlungen geleistet, so erweitern sich diese Rechte entsprechend. [3]Im Fall des § 271 Abs. 3 gelten die Erhöhungsbeträge als voll eingezahlt.

(3) [1]Der wirtschaftliche Inhalt vertraglicher Beziehungen der Gesellschaft zu Dritten, die von der Gewinnausschüttung der Gesellschaft, dem Nennbetrag oder Wert ihrer Aktien oder ihres Grundkapitals oder sonst von den bisherigen Kapital- oder Gewinnverhältnissen abhängen, wird durch die Kapitalerhöhung nicht berührt. [2]Gleiches gilt für Nebenverpflichtungen der Aktionäre.

§ 217 Beginn der Gewinnbeteiligung

(1) Neue Aktien nehmen, wenn nichts anderes bestimmt ist, am Gewinn des ganzen Geschäftsjahrs teil, in dem die Erhöhung des Grundkapitals beschlossen worden ist.

(2) [1]Im Beschluß über die Erhöhung des Grundkapitals kann bestimmt werden, daß die neuen Aktien bereits am Gewinn des letzten vor der Beschlußfassung über die Kapitalerhöhung abgelaufenen Geschäftsjahrs teilnehmen. [2]In diesem Fall ist die Erhöhung des Grundkapitals zu beschließen, bevor über die Verwendung des Bilanzgewinns des letzten vor der Beschlußfassung abgelaufenen Geschäftsjahrs Beschluß gefaßt ist. [3]Der Beschluß über die Verwendung des Bilanzgewinns des letzten vor der Beschlußfassung über die Kapitalerhöhung abgelaufenen Geschäftsjahrs wird erst wirksam, wenn das Grundkapital erhöht ist. [4]Der Beschluß über die Erhöhung des Grundkapitals und der Beschluß über die Verwendung des Bilanzgewinns des letzten vor der Beschlußfassung über die Kapitalerhöhung abgelaufenen Geschäftsjahrs sind nichtig, wenn der Beschluß über die Kapitalerhöhung nicht binnen drei Monaten nach der Beschlußfassung in das Handelsregister eingetragen worden ist. [5]Der Lauf der Frist ist gehemmt, solange eine Anfechtungs- oder Nichtigkeitsklage rechtshängig ist.

§ 218 Bedingtes Kapital

[1]Bedingtes Kapital erhöht sich im gleichen Verhältnis wie das Grundkapital. [2]Ist das bedingte Kapital zur Gewährung von Umtauschrechten an Gläubiger von Wandelschuldverschreibungen beschlossen worden, so ist zur Deckung des Unterschieds zwischen dem Ausgabebetrag der Schuldverschreibungen und dem höheren geringsten Ausgabebetrag der für sie zu gewährenden Bezugsaktien insgesamt eine Sonderrücklage zu bilden, soweit nicht Zuzahlungen der Umtauschberechtigten vereinbart sind.

§ 219 Verbotene Ausgabe von Aktien und Zwischenscheinen

Vor der Eintragung des Beschlusses über die Erhöhung des Grundkapitals in das Handelsregister dürfen neue Aktien und Zwischenscheine nicht ausgegeben werden.

§ 220 Wertansätze

[1]Als Anschaffungskosten der vor der Erhöhung des Grundkapitals erworbenen Aktien und der auf sie entfallenen neuen Aktien gelten die Beträge, die sich für die einzelnen Aktien ergeben, wenn die Anschaffungskosten der vor der Erhöhung des Grundkapitals erworbenen Aktien auf diese und auf die auf sie entfallenen neuen Aktien nach dem Verhältnis der Anteile am Grundkapital verteilt werden. [2]Der Zuwachs an Aktien ist nicht als Zugang auszuweisen.

Fünfter Unterabschnitt. Wandelschuldverschreibungen. Gewinnschuldverschreibungen

§ 221

(1) [1]Schuldverschreibungen, bei denen den Gläubigern oder der Gesellschaft ein Umtausch- oder Bezugsrecht auf Aktien eingeräumt wird (Wandelschuldverschreibungen), und Schuldverschreibungen, bei denen die Rechte der Gläubiger mit Gewinnanteilen von Aktionären in Verbindung gebracht werden (Gewinnschuldverschreibungen), dürfen nur aufgrund eines Beschlusses der Hauptversammlung ausgegeben werden. [2]Der Beschluß bedarf einer Mehrheit, die mindestens drei Viertel des bei der Beschlußfassung vertretenen Grundkapitals umfaßt. [3]Die Satzung kann eine andere Kapitalmehrheit und weitere Erfordernisse bestimmen. [4]§ 182 Abs. 2 gilt.

(2) [1]Eine Ermächtigung des Vorstandes zur Ausgabe von Wandelschuldverschreibungen kann höchstens für fünf Jahre erteilt werden. [2]Der Vorstand und der Vorsitzende des Aufsichtsrats haben den Beschluß über die Ausgabe der Wandelschuldverschreibungen sowie eine Erklärung über deren Ausgabe beim Handelsregister zu hinterlegen. [3]Ein Hinweis auf den Beschluß und die Erklärung ist in den Gesellschaftsblättern bekanntzumachen.

(3) Absatz 1 gilt sinngemäß für die Gewährung von Genußrechten.

(4) [1]Auf Wandelschuldverschreibungen, Gewinnschuldverschreibungen und Genußrechte haben die Aktionäre ein Bezugsrecht. [2]Die §§ 186 und 193 Abs. 2 Nr. 4 gelten sinngemäß.

Dritter Abschnitt. Maßnahmen der Kapitalherabsetzung

Erster Unterabschnitt. Ordentliche Kapitalherabsetzung

§ 222 Voraussetzungen

(1) [1]Eine Herabsetzung des Grundkapitals kann nur mit einer Mehrheit beschlossen werden, die mindestens drei Viertel des bei der Beschlußfassung vertretenen Grundkapitals umfaßt. [2]Die Satzung kann eine größere Kapitalmehrheit und weitere Erfordernisse bestimmen.

(2) [1]Sind mehrere Gattungen von stimmberechtigten Aktien vorhanden, so bedarf der Beschluß der Hauptversammlung zu seiner Wirksamkeit der Zustimmung der Aktionäre jeder Gattung. [2]Über die Zustimmung haben die Aktionäre jeder Gattung einen Sonderbeschluß zu fassen. [3]Für diesen gilt Absatz 1.

(3) In dem Beschluß ist festzusetzen, zu welchem Zweck die Herabsetzung stattfindet, namentlich ob Teile des Grundkapitals zurückgezahlt werden sollen.

(4) [1]Die Herabsetzung des Grundkapitals erfordert bei Gesellschaften mit Nennbetragsaktien die Herabsetzung des Nennbetrags der Aktien. [2]Soweit der auf die einzelne Aktie entfallende anteilige Betrag des herabgesetzten Grundkapitals den Mindestbetrag nach § 8 Abs. 2 Satz 1 oder Abs. 3 Satz 3 unterschreiten würde, erfolgt die Herabsetzung durch Zusammenlegung der Aktien. [3]Der Beschluß muß die Art der Herabsetzung angeben.

§ 223 Anmeldung des Beschlusses

Der Vorstand und der Vorsitzende des Aufsichtsrats haben den Beschluß über die Herabsetzung des Grundkapitals zur Eintragung in das Handelsregister anzumelden.

§ 224 Wirksamwerden der Kapitalherabsetzung

Mit der Eintragung des Beschlusses über die Herabsetzung des Grundkapitals ist das Grundkapital herabgesetzt.

§ 225 Gläubigerschutz

(1) [1]Den Gläubigern, deren Forderungen begründet worden sind, bevor die Eintragung des Beschlusses bekanntgemacht worden ist, ist, wenn sie sich binnen sechs Monaten nach der Bekanntmachung zu diesem Zweck melden, Sicherheit zu leisten, soweit sie nicht Befriedigung verlangen können. [2]Die Gläubiger sind in der Bekanntmachung der Eintragung auf dieses Recht hinzuweisen. [3]Das Recht, Sicherheitsleistung zu verlangen, steht Gläubigern nicht zu, die im Fall des Insolvenzverfahrens ein Recht auf vorzugsweise Befriedigung aus einer Deckungsmasse haben, die nach gesetzlicher Vorschrift zu ihrem Schutz errichtet und staatlich überwacht ist.

(2) [1]Zahlungen an die Aktionäre dürfen aufgrund der Herabsetzung des Grundkapitals erst geleistet werden, nachdem seit der Bekanntmachung der Eintragung sechs Monate verstrichen sind und nachdem den Gläubigern, die sich rechtzeitig gemeldet haben, Befriedigung oder Sicherheit gewährt worden ist. [2]Auch eine Befreiung der Aktionäre von der Verpflichtung zur Leistung von Einlagen wird nicht vor dem bezeichneten Zeitpunkt und nicht vor Befriedigung oder Sicherstellung der Gläubiger wirksam, die sich rechtzeitig gemeldet haben.

(3) Das Recht der Gläubiger, Sicherheitsleistung zu verlangen, ist unabhängig davon, ob Zahlungen an die Aktionäre aufgrund der Herabsetzung des Grundkapitals geleistet werden.

§ 226 Kraftloserklärung von Aktien

(1) [1]Sollen zur Durchführung der Herabsetzung des Grundkapitals Aktien durch Umtausch, Abstempelung oder durch ein ähnliches Verfahren zusammengelegt werden, so kann die Gesellschaft die Aktien für kraftlos erklären, die trotz Aufforderung nicht bei ihr eingereicht worden sind. [2]Gleiches gilt für eingereichte Aktien, welche die zum Ersatz durch neue Aktien nötige Zahl nicht erreichen und der Gesellschaft nicht zur Verwertung für Rechnung der Beteiligten zur Verfügung gestellt sind.

(2) [1]Die Aufforderung, die Aktien einzureichen, hat die Kraftloserklärung anzudrohen. [2]Die Kraftloserklärung kann nur erfolgen, wenn die Aufforderung in der in § 64 Abs. 2 für die Nachfrist vorgeschriebenen Weise bekanntgemacht worden ist. [3]Die Kraftloserklärung geschieht durch Bekanntmachung in den Gesellschaftsblättern. [4]In der Bekanntmachung sind die für kraftlos erklärten Aktien so zu bezeichnen, daß sich aus der Bekanntmachung ohne weiteres ergibt, ob eine Aktie für kraftlos erklärt ist.

(3) [1]Die neuen Aktien, die an Stelle der für kraftlos erklärten Aktien auszugeben sind, hat die Gesellschaft unverzüglich für Rechnung der Beteiligten zum Börsenpreis und beim Fehlen eines Börsenpreises durch öffentliche Versteigerung zu verkaufen. [2]Ist von der Versteigerung am Sitz der Gesellschaft kein angemessener Erfolg zu erwarten, so

sind die Aktien an einem geeigneten Ort zu verkaufen. [3]Zeit, Ort und Gegenstand der Versteigerung sind öffentlich bekanntzumachen. [4]Die Beteiligten sind besonders zu benachrichtigen; die Benachrichtigung kann unterbleiben, wenn sie untunlich ist. [5]Bekanntmachung und Benachrichtigung müssen mindestens zwei Wochen vor der Versteigerung ergehen. [6]Der Erlös ist den Beteiligten auszuzahlen oder, wenn ein Recht zur Hinterlegung besteht, zu hinterlegen.

§ 227 Anmeldung der Durchführung

(1) Der Vorstand hat die Durchführung der Herabsetzung des Grundkapitals zur Eintragung in das Handelsregister anzumelden.

(2) Anmeldung und Eintragung der Durchführung der Herabsetzung des Grundkapitals können mit Anmeldung und Eintragung des Beschlusses über die Herabsetzung verbunden werden.

§ 228 Herabsetzung unter den Mindestnennbetrag

(1) Das Grundkapital kann unter den in § 7 bestimmten Mindestnennbetrag herabgesetzt werden, wenn dieser durch eine Kapitalerhöhung wieder erreicht wird, die zugleich mit der Kapitalherabsetzung beschlossen ist und bei der Sacheinlagen nicht festgesetzt sind.

(2) [1]Die Beschlüsse sind nichtig, wenn sie und die Durchführung der Erhöhung nicht binnen sechs Monaten nach der Beschlußfassung in das Handelsregister eingetragen worden sind. [2]Der Lauf der Frist ist gehemmt, solange eine Anfechtungs- oder Nichtigkeitsklage rechtshängig ist. [3]Die Beschlüsse und die Durchführung der Erhöhung des Grundkapitals sollen nur zusammen in das Handelsregister eingetragen werden.

Zweiter Unterabschnitt. Vereinfachte Kapitalherabsetzung

§ 229 Voraussetzungen

(1) [1]Eine Herabsetzung des Grundkapitals, die dazu dienen soll, Wertminderungen auszugleichen, sonstige Verluste zu decken oder Beträge in die Kapitalrücklage einzustellen, kann in vereinfachter Form vorgenommen werden. [2]Im Beschluß ist festzusetzen, daß die Herabsetzung zu diesen Zwecken stattfindet.

(2) [1]Die vereinfachte Kapitalherabsetzung ist nur zulässig, nachdem der Teil der gesetzlichen Rücklage und der Kapitalrücklage, um den diese zusammen über zehn vom Hundert des nach der Herabsetzung verbleibenden Grundkapitals hinausgehen, sowie die Gewinnrücklagen vorweg aufgelöst sind. [2]Sie ist nicht zulässig, solange ein Gewinnvortrag vorhanden ist.

(3) § 222 Abs. 1, 2 und 4, §§ 223, 224, 226 bis 228 über die ordentliche Kapitalherabsetzung gelten sinngemäß.

§ 230 Verbot von Zahlungen an die Aktionäre

[1]Die Beträge, die aus der Auflösung der Kapital- oder Gewinnrücklagen und aus der Kapitalherabsetzung gewonnen werden, dürfen nicht zu Zahlungen an die Aktionäre und nicht dazu verwandt werden, die Aktionäre von der Verpflichtung zur Leistung von Einlagen zu befreien. [2]Sie dürfen nur verwandt werden, um Wertminderungen auszugleichen, sonstige Verluste zu decken und Beträge in die Kapitalrücklage oder in die gesetzliche Rücklage einzustellen. [3]Auch eine Verwendung zu einem dieser Zwecke ist nur zulässig, soweit sie im Beschluß als Zweck der Herabsetzung angegeben ist.

§ 231 Beschränkte Einstellung in die Kapitalrücklage und in die gesetzliche Rücklage

[1]Die Einstellung der Beträge, die aus der Auflösung von anderen Gewinnrücklagen gewonnen werden, in die gesetzliche Rücklage und der Beträge, die aus der Kapitalherabsetzung gewonnen werden, in die Kapitalrücklage ist nur zulässig, soweit die Kapitalrücklage und die gesetzliche Rücklage zusammen zehn vom Hundert des Grundkapitals nicht übersteigen. [2]Als Grundkapital gilt dabei der Nennbetrag, der sich durch die Herabsetzung ergibt, mindestens aber der in § 7 bestimmte Mindestnennbetrag. [3]Bei der Bemessung der zulässigen Höhe bleiben Beträge, die in der Zeit nach der Beschlußfassung über die Kapitalherabsetzung in die Kapitalrücklage einzustellen sind, auch dann außer Betracht, wenn ihre Zahlung auf einem Beschluß beruht, der zugleich mit dem Beschluß über die Kapitalherabsetzung gefaßt wird.

§ 232 Einstellung von Beträgen in die Kapitalrücklage bei zu hoch angenommenen Verlusten

Ergibt sich bei Aufstellung der Jahresbilanz für das Geschäftsjahr, in dem der Beschluß über die Kapitalherabsetzung gefaßt wurde, oder für eines der beiden folgenden Geschäftsjahre, daß Wertminderungen und sonstige Verluste in der bei der Beschlußfassung angenommenen Höhe tatsächlich nicht eingetreten oder ausgeglichen waren, so ist der Unterschiedsbetrag in die Kapitalrücklage einzustellen.

§ 233 Gewinnausschüttung. Gläubigerschutz

(1) [1]Gewinn darf nicht ausgeschüttet werden, bevor die gesetzliche Rücklage und die Kapitalrücklage zusammen zehn vom Hundert des Grundkapitals erreicht haben. [2]Als Grundkapital gilt dabei der Nennbetrag, der sich durch die Herabsetzung ergibt, mindestens aber der in § 7 bestimmte Mindestnennbetrag.

(2) [1]Die Zahlung eines Gewinnanteils von mehr als vier vom Hundert ist erst für ein Geschäftsjahr zulässig, das später als zwei Jahre nach der Beschlußfassung über die Kapitalherabsetzung beginnt. [2]Dies gilt nicht, wenn die Gläubiger, deren Forderungen vor der Bekanntmachung der Eintragung des Beschlusses begründet worden waren, befriedigt oder sichergestellt sind, soweit sie sich binnen sechs Monaten nach der Bekanntmachung des Jahresabschlusses, aufgrund dessen die Gewinnverteilung beschlossen ist, zu diesem Zweck gemeldet haben. [3]Einer Sicherstellung der Gläubiger bedarf es nicht, die im Fall des Insolvenzverfahrens ein Recht auf vorzugsweise Befriedigung aus einer Deckungsmasse haben, die nach gesetzlicher Vorschrift zu ihrem Schutz errichtet und staatlich überwacht ist. [4]Die Gläubiger sind in der Bekanntmachung nach § 325 Abs. 2 des Handelsgesetzbuchs auf die Befriedigung oder Sicherstellung hinzuweisen.

(3) Die Beträge, die aus der Auflösung von Kapital- und Gewinnrücklagen und aus der Kapitalherabsetzung gewonnen sind, dürfen auch nach diesen Vorschriften nicht als Gewinn ausgeschüttet werden.

§ 234 Rückwirkung der Kapitalherabsetzung

(1) Im Jahresabschluß für das letzte vor der Beschlußfassung über die Kapitalherabsetzung abgelaufene Geschäftsjahr können das gezeichnete Kapital sowie die Kapital- und Gewinnrücklagen in der Höhe ausgewiesen werden, in der sie nach der Kapitalherabsetzung bestehen sollen.

(2) [1]In diesem Fall beschließt die Hauptversammlung über die Feststellung des Jahresabschlusses. [2]Der Beschluß soll zugleich mit dem Beschluß über die Kapitalherabsetzung gefaßt werden.

(3) [1]Die Beschlüsse sind nichtig, wenn der Beschluß über die Kapitalherabsetzung nicht binnen drei Monaten nach der Beschlußfassung in das Handelsregister eingetragen worden ist. [2]Der Lauf der Frist ist gehemmt, solange eine Anfechtungs- oder Nichtigkeitsklage rechtshängig ist.

§ 235 Rückwirkung einer gleichzeitigen Kapitalerhöhung

(1) [1]Wird im Fall des § 234 zugleich mit der Kapitalherabsetzung eine Erhöhung des Grundkapitals beschlossen, so kann auch die Kapitalerhöhung in dem Jahresabschluß als vollzogen berücksichtigt werden. [2]Die Beschlußfassung ist nur zulässig, wenn die neuen Aktien gezeichnet, keine Sacheinlagen festgesetzt sind und wenn auf jede Aktie die Einzahlung geleistet ist, die nach § 188 Abs. 2 zur Zeit der Anmeldung der Durchführung der Kapitalerhöhung bewirkt sein muß. [3]Die Zeichnung und die Einzahlung sind dem Notar nachzuweisen, der den Beschluß über die Erhöhung des Grundkapitals beurkundet.

(2) [1]Sämtliche Beschlüsse sind nichtig, wenn die Beschlüsse über die Kapitalherabsetzung und die Kapitalerhöhung und die Durchführung der Erhöhung nicht binnen drei Monaten nach der Beschlußfassung in das Handelsregister eingetragen worden sind. [2]Der Lauf der Frist ist gehemmt, solange eine Anfechtungs- oder Nichtigkeitsklage rechtshängig ist. [3]Die Beschlüsse und die Durchführung der Erhöhung des Grundkapitals sollen nur zusammen in das Handelsregister eingetragen werden.

§ 236 Offenlegung

Die Offenlegung des Jahresabschlusses nach § 325 des Handelsgesetzbuchs darf im Fall des § 234 erst nach Eintragung des Beschlusses über die Kapitalherabsetzung, im Fall des § 235 erst ergehen, nachdem die Beschlüsse über die Kapitalherabsetzung und Kapitalerhöhung und die Durchführung der Kapitalerhöhung eingetragen worden sind.

Dritter Unterabschnitt. Kapitalherabsetzung durch Einziehung von Aktien. Ausnahme für Stückaktien

§ 237 Voraussetzungen

(1) [1]Aktien können zwangsweise oder nach Erwerb durch die Gesellschaft eingezogen werden. [2]Eine Zwangseinziehung ist nur zulässig, wenn sie in der ursprünglichen Satzung oder durch eine Satzungsänderung vor Übernahme oder Zeichnung der Aktien angeordnet oder gestattet war.

(2) [1]Bei der Einziehung sind die Vorschriften über die ordentliche Kapitalherabsetzung zu befolgen. [2]In der Satzung oder in dem Beschluß der Hauptversammlung sind die Voraussetzungen für eine Zwangseinziehung und die Einzelheiten ihrer Durchführung festzulegen. [3]Für die Zahlung des Entgelts, das Aktionären bei einer Zwangseinziehung oder bei einem Erwerb von Aktien zum Zwecke der Einziehung gewährt wird, und für die Befreiung dieser Aktionäre von der Verpflichtung zur Leistung von Einlagen gilt § 225 Abs. 2 sinngemäß.

(3) Die Vorschriften über die ordentliche Kapitalherabsetzung brauchen nicht befolgt zu werden, wenn Aktien, auf die der Ausgabebetrag voll geleistet ist,

1. der Gesellschaft unentgeltlich zur Verfügung gestellt oder
2. zu Lasten des Bilanzgewinns oder einer frei verfügbaren Rücklage, soweit sie zu diesem Zweck verwandt werden können, eingezogen werden oder
3. Stückaktien sind und der Beschluss der Hauptversammlung bestimmt, dass sich durch die Einziehung der Anteil der übrigen Aktien am Grundkapital gemäß § 8

Abs. 3 erhöht; wird der Vorstand zur Einziehung ermächtigt, so kann er auch zur Anpassung der Angabe der Zahl in der Satzung ermächtigt werden.

(4) [1]Auch in den Fällen des Absatzes 3 kann die Kapitalherabsetzung durch Einziehung nur von der Hauptversammlung beschlossen werden. [2]Für den Beschluß genügt die einfache Stimmenmehrheit. [3]Die Satzung kann eine größere Mehrheit und weitere Erfordernisse bestimmen. [4]Im Beschluß ist der Zweck der Kapitalherabsetzung festzusetzen. [5]Der Vorstand und der Vorsitzende des Aufsichtsrats haben den Beschluß zur Eintragung in das Handelsregister anzumelden.

(5) In den Fällen des Absatzes 3 Nr. 1 und 2 ist in die Kapitalrücklage ein Betrag einzustellen, der dem auf die eingezogenen Aktien entfallenden Betrag des Grundkapitals gleichkommt.

(6) [1]Soweit es sich um eine durch die Satzung angeordnete Zwangseinziehung handelt, bedarf es eines Beschlusses der Hauptversammlung nicht. [2]In diesem Fall tritt für die Anwendung der Vorschriften über die ordentliche Kapitalherabsetzung an die Stelle des Hauptversammlungsbeschlusses die Entscheidung des Vorstands über die Einziehung.

§ 238 Wirksamwerden der Kapitalherabsetzung

[1]Mit der Eintragung des Beschlusses oder, wenn die Einziehung nachfolgt, mit der Einziehung ist das Grundkapital um den auf die eingezogenen Aktien entfallenden Betrag herabgesetzt. [2]Handelt es sich um eine durch die Satzung angeordnete Zwangseinziehung, so ist, wenn die Hauptversammlung nicht über die Kapitalherabsetzung beschließt, das Grundkapital mit der Zwangseinziehung herabgesetzt. [3]Zur Einziehung bedarf es einer Handlung der Gesellschaft, die auf Vernichtung der Rechte aus bestimmten Aktien gerichtet ist.

§ 239 Anmeldung der Durchführung

(1) [1]Der Vorstand hat die Durchführung der Herabsetzung des Grundkapitals zur Eintragung in das Handelsregister anzumelden. [2]Dies gilt auch dann, wenn es sich um eine durch die Satzung angeordnete Zwangseinziehung handelt.

(2) Anmeldung und Eintragung der Durchführung der Herabsetzung können mit Anmeldung und Eintragung des Beschlusses über die Herabsetzung verbunden werden.

Vierter Unterabschnitt. Ausweis der Kapitalherabsetzung

§ 240

[1]Der aus der Kapitalherabsetzung gewonnene Betrag ist in der Gewinn- und Verlustrechnung als „Ertrag aus der Kapitalherabsetzung“ gesondert, und zwar hinter dem Posten „Entnahmen aus Gewinnrücklagen“, auszuweisen. [2]Eine Einstellung in die Kapitalrücklage nach § 229 Abs. 1 und § 232 ist als „Einstellung in die Kapitalrücklage nach den Vorschriften über die vereinfachte Kapitalherabsetzung“ gesondert auszuweisen. [3]Im Anhang ist zu erläutern, ob und in welcher Höhe die aus der Kapitalherabsetzung und aus der Auflösung von Gewinnrücklagen gewonnenen Beträge

1. zum Ausgleich von Wertminderungen,
2. zur Deckung von sonstigen Verlusten oder
3. zur Einstellung in die Kapitalrücklage

verwandt werden. [4]Ist die Gesellschaft eine kleine Kapitalgesellschaft (§ 267 Absatz 1 des Handelsgesetzbuchs), braucht sie Satz 3 nicht anzuwenden.

Siebenter Teil. Nichtigkeit von Hauptversammlungsbeschlüssen und des festgestellten Jahresabschlusses. Sonderprüfung wegen unzulässiger Unterbewertung

Erster Abschnitt. Nichtigkeit von Hauptversammlungsbeschlüssen

Erster Unterabschnitt. Allgemeines

§ 241 Nichtigkeitsgründe

Ein Beschluß der Hauptversammlung ist außer in den Fällen des § 192 Abs. 4, §§ 212, 217 Abs. 2, § 228 Abs. 2, § 234 Abs. 3 und § 235 Abs. 2 nur dann nichtig, wenn er

1. in einer Hauptversammlung gefaßt worden ist, die unter Verstoß gegen § 121 Abs. 2 und 3 Satz 1 oder Abs. 4 einberufen war,
2. nicht nach § 130 Abs. 1 und 2 Satz 1 und Abs. 4 beurkundet ist,
3. mit dem Wesen der Aktiengesellschaft nicht zu vereinbaren ist oder durch seinen Inhalt Vorschriften verletzt, die ausschließlich oder überwiegend zum Schutze der Gläubiger der Gesellschaft oder sonst im öffentlichen Interesse gegeben sind,
4. durch seinen Inhalt gegen die guten Sitten verstößt,
5. auf Anfechtungsklage durch Urteil rechtskräftig für nichtig erklärt worden ist,
6. nach § 398 des Gesetzes über das Verfahren in Familiensachen und in den Angelegenheiten der freiwilligen Gerichtsbarkeit aufgrund rechtskräftiger Entscheidung als nichtig gelöscht worden ist.

§ 242 Heilung der Nichtigkeit

(1) Die Nichtigkeit eines Hauptversammlungsbeschlusses, der entgegen § 130 Abs. 1 und 2 Satz 1 und Abs. 4 nicht oder nicht gehörig beurkundet worden ist, kann nicht mehr geltend gemacht werden, wenn der Beschluß in das Handelsregister eingetragen worden ist.

(2) [1]Ist ein Hauptversammlungsbeschluß nach § 241 Nr. 1, 3 oder 4 nichtig, so kann die Nichtigkeit nicht mehr geltend gemacht werden, wenn der Beschluß in das Handelsregister eingetragen worden ist und seitdem drei Jahre verstrichen sind. [2]Ist bei Ablauf der Frist eine Klage auf Feststellung der Nichtigkeit des Hauptversammlungsbeschlusses rechtshängig, so verlängert sich die Frist, bis über die Klage rechtskräftig entschieden ist oder sie sich auf andere Weise endgültig erledigt hat. [3]Eine Löschung des Beschlusses von Amts wegen nach § 398 des Gesetzes über das Verfahren in Familiensachen und in den Angelegenheiten der freiwilligen Gerichtsbarkeit wird durch den Zeitablauf nicht ausgeschlossen. [4]Ist ein Hauptversammlungsbeschluß wegen Verstoßes gegen § 121 Abs. 4 Satz 2 nach § 241 Nr. 1 nichtig, so kann die Nichtigkeit auch dann nicht mehr geltend gemacht werden, wenn der nicht geladene Aktionär den Beschluß genehmigt. [5]Ist ein Hauptversammlungsbeschluss nach § 241 Nr. 5 oder § 249 nichtig, so kann das Urteil nach § 248 Abs. 1 Satz 3 nicht mehr eingetragen werden, wenn gemäß § 246a Abs. 1 rechtskräftig festgestellt wurde, dass Mängel des Hauptversammlungsbeschlusses die Wirkung der Eintragung unberührt lassen; § 398 des Gesetzes über das Verfahren in Familiensachen und in den Angelegenheiten der freiwilligen Gerichtsbarkeit findet keine Anwendung.

(3) Absatz 2 gilt entsprechend, wenn in den Fällen des § 217 Abs. 2, § 228 Abs. 2, § 234 Abs. 3 und § 235 Abs. 2 die erforderlichen Eintragungen nicht fristgemäß vorgenommen worden sind.

§ 243 [1] Anfechtungsgründe

(1) Ein Beschluß der Hauptversammlung kann wegen Verletzung des Gesetzes oder der Satzung durch Klage angefochten werden.

(2) [1]Die Anfechtung kann auch darauf gestützt werden, daß ein Aktionär mit der Ausübung des Stimmrechts für sich oder einen Dritten Sondervorteile zum Schaden der Gesellschaft oder der anderen Aktionäre zu erlangen suchte und der Beschluß geeignet ist, diesem Zweck zu dienen. [2]Dies gilt nicht, wenn der Beschluß den anderen Aktionären einen angemessenen Ausgleich für ihren Schaden gewährt.

(3) Die Anfechtung kann nicht gestützt werden:

1. auf die durch eine technische Störung verursachte Verletzung von Rechten, die nach § 118 Abs. 1 Satz 2, Abs. 2 Satz 1 und § 134 Abs. 3 auf elektronischem Wege wahrgenommen worden sind, es sei denn, der Gesellschaft ist grobe Fahrlässigkeit oder Vorsatz vorzuwerfen; in der Satzung kann ein strengerer Verschuldensmaßstab bestimmt werden,
2. auf eine Verletzung der §§ 67a, 67b, 121 Absatz 4a oder des § 124a,
3. auf Gründe, die ein Verfahren nach § 318 Abs. 3 des Handelsgesetzbuchs rechtfertigen.

(4) [1]Wegen unrichtiger, unvollständiger oder verweigerter Erteilung von Informationen kann nur angefochten werden, wenn ein objektiv urteilender Aktionär die Erteilung der Information als wesentliche Voraussetzung für die sachgerechte Wahrnehmung seiner Teilnahme- und Mitgliedschaftsrechte angesehen hätte. [2]Auf unrichtige, unvollständige oder unzureichende Informationen in der Hauptversammlung über die Ermittlung, Höhe oder Angemessenheit von Ausgleich, Abfindung, Zuzahlung oder über sonstige Kompensationen kann eine Anfechtungsklage nicht gestützt werden, wenn das Gesetz für Bewertungsrügen ein Spruchverfahren vorsieht.

§ 244 Bestätigung anfechtbarer Hauptversammlungsbeschlüsse

[1]Die Anfechtung kann nicht mehr geltend gemacht werden, wenn die Hauptversammlung den anfechtbaren Beschluß durch einen neuen Beschluß bestätigt hat und dieser Beschluß innerhalb der Anfechtungsfrist nicht angefochten oder die Anfechtung rechtskräftig zurückgewiesen worden ist. [2]Hat der Kläger ein rechtliches Interesse, daß der anfechtbare Beschluß für die Zeit bis zum Bestätigungsbeschluß für nichtig erklärt wird, so kann er die Anfechtung weiterhin mit dem Ziel geltend machen, den anfechtbaren Beschluß für diese Zeit für nichtig zu erklären.

§ 245 Anfechtungsbefugnis

Zur Anfechtung ist befugt

1. jeder in der Hauptversammlung erschienene Aktionär, wenn er die Aktien schon vor der Bekanntmachung der Tagesordnung erworben hatte und gegen den Beschluß Widerspruch zur Niederschrift erklärt hat;
2. jeder in der Hauptversammlung nicht erschienene Aktionär, wenn er zu der Hauptversammlung zu Unrecht nicht zugelassen worden ist oder die Versammlung nicht ordnungsgemäß einberufen oder der Gegenstand der Beschlußfassung nicht ordnungsgemäß bekanntgemacht worden ist;
3. im Fall des § 243 Abs. 2 jeder Aktionär, wenn er die Aktien schon vor der Bekanntmachung der Tagesordnung erworben hatte;

---

1) § 243 Abs. 3 geändert durch Gesetz vom 12.12.2019 (BGBl. I S. 2637); zur erstmaligen Anwendung s. § 26j EGAktG (abgedruckt unter Nr. 2a.).

4. der Vorstand;
5. jedes Mitglied des Vorstands und des Aufsichtsrats, wenn durch die Ausführung des Beschlusses Mitglieder des Vorstands oder des Aufsichtsrats eine strafbare Handlung oder eine Ordnungswidrigkeit begehen oder wenn sie ersatzpflichtig werden würden.

§ 246 Anfechtungsklage

(1) Die Klage muß innerhalb eines Monats nach der Beschlußfassung erhoben werden.

(2) [1]Die Klage ist gegen die Gesellschaft zu richten. [2]Die Gesellschaft wird durch Vorstand und Aufsichtsrat vertreten. [3]Klagt der Vorstand oder ein Vorstandsmitglied, wird die Gesellschaft durch den Aufsichtsrat, klagt ein Aufsichtsratsmitglied, wird sie durch den Vorstand vertreten.

(3) [1]Zuständig für die Klage ist ausschließlich das Landgericht, in dessen Bezirk die Gesellschaft ihren Sitz hat. [2]Ist bei dem Landgericht eine Kammer für Handelssachen gebildet, so entscheidet diese an Stelle der Zivilkammer. [3]§ 148 Abs. 2 Satz 3 und 4 gilt entsprechend. [4]Die mündliche Verhandlung findet nicht vor Ablauf der Monatsfrist des Absatzes 1 statt. [5]Die Gesellschaft kann unmittelbar nach Ablauf der Monatsfrist des Absatzes 1 eine eingereichte Klage bereits vor Zustellung einsehen und sich von der Geschäftsstelle Auszüge und Abschriften erteilen lassen. [6]Mehrere Anfechtungsprozesse sind zur gleichzeitigen Verhandlung und Entscheidung zu verbinden.

(4) [1]Der Vorstand hat die Erhebung der Klage unverzüglich in den Gesellschaftsblättern bekanntzumachen. [2]Ein Aktionär kann sich als Nebenintervenient nur innerhalb eines Monats nach der Bekanntmachung an der Klage beteiligen.

§ 246a [1)] Freigabeverfahren

(1) [1]Wird gegen einen Hauptversammlungsbeschluss über eine Maßnahme der Kapitalbeschaffung, der Kapitalherabsetzung (§§ 182 bis 240) oder einen Unternehmensvertrag (§§ 291 bis 307) Klage erhoben, so kann das Gericht auf Antrag der Gesellschaft durch Beschluss feststellen, dass die Erhebung der Klage der Eintragung nicht entgegensteht und Mängel des Hauptversammlungsbeschlusses die Wirkung der Eintragung unberührt lassen. [2]Auf das Verfahren sind § 247, die §§ 82, 83 Abs. 1 und § 84 der Zivilprozessordnung sowie die im ersten Rechtszug für das Verfahren vor den Landgerichten geltenden Vorschriften der Zivilprozessordnung entsprechend anzuwenden, soweit nichts Abweichendes bestimmt ist. [3]Über den Antrag entscheidet ein Senat des Oberlandesgerichts, in dessen Bezirk die Gesellschaft ihren Sitz hat.

(2) Ein Beschluss nach Absatz 1 ergeht, wenn

1. die Klage unzulässig oder offensichtlich unbegründet ist,
2. der Kläger nicht binnen einer Woche nach Zustellung des Antrags durch Urkunden oder durch einen Nachweis nach § 67c Absatz 3 belegt hat, dass er seit Bekanntmachung der Einberufung einen anteiligen Betrag von mindestens 1 000 Euro hält oder
3. das alsbaldige Wirksamwerden des Hauptversammlungsbeschlusses vorrangig erscheint, weil die vom Antragsteller dargelegten wesentlichen Nachteile für die Gesellschaft und ihre Aktionäre nach freier Überzeugung des Gerichts die Nachteile für den Antragsgegner überwiegen, es sei denn, es liegt eine besondere Schwere des Rechtsverstoßes vor.

(3) [1]Eine Übertragung auf den Einzelrichter ist ausgeschlossen; einer Güteverhandlung bedarf es nicht. [2]In dringenden Fällen kann auf eine mündliche Verhandlung ver-

1) § 246a Abs. 2 geändert durch Gesetz vom 12.12.2019 (BGBl. I S. 2637).

zichtet werden. [3]Die vorgebrachten Tatsachen, auf Grund deren der Beschluss ergehen kann, sind glaubhaft zu machen. [4]Der Beschluss ist unanfechtbar. [5]Er ist für das Registergericht bindend; die Feststellung der Bestandskraft der Eintragung wirkt für und gegen jedermann. [6]Der Beschluss soll spätestens drei Monate nach Antragstellung ergehen; Verzögerungen der Entscheidung sind durch unanfechtbaren Beschluss zu begründen.

(4) [1]Erweist sich die Klage als begründet, so ist die Gesellschaft, die den Beschluss erwirkt hat, verpflichtet, dem Antragsgegner den Schaden zu ersetzen, der ihm aus einer auf dem Beschluss beruhenden Eintragung des Hauptversammlungsbeschlusses entstanden ist. [2]Nach der Eintragung lassen Mängel des Beschlusses seine Durchführung unberührt; die Beseitigung dieser Wirkung der Eintragung kann auch nicht als Schadensersatz verlangt werden.

§ 247 Streitwert

(1) [1]Den Streitwert bestimmt das Prozeßgericht unter Berücksichtigung aller Umstände des einzelnen Falles, insbesondere der Bedeutung der Sache für die Parteien, nach billigem Ermessen. [2]Er darf jedoch ein Zehntel des Grundkapitals oder, wenn dieses Zehntel mehr als 500 000 Euro beträgt, 500 000 Euro nur insoweit übersteigen, als die Bedeutung der Sache für den Kläger höher zu bewerten ist.

(2) [1]Macht eine Partei glaubhaft, daß die Belastung mit den Prozeßkosten nach dem gemäß Absatz 1 bestimmten Streitwert ihre wirtschaftliche Lage erheblich gefährden würde, so kann das Prozeßgericht auf ihren Antrag anordnen, daß ihre Verpflichtung zur Zahlung von Gerichtskosten sich nach einem ihrer Wirtschaftslage angepaßten Teil des Streitwerts bemißt. [2]Die Anordnung hat zur Folge, daß die begünstigte Partei die Gebühren ihres Rechtsanwalts ebenfalls nur nach diesem Teil des Streitwerts zu entrichten hat. [3]Soweit ihr Kosten des Rechtsstreits auferlegt werden oder soweit sie diese übernimmt, hat sie die von dem Gegner entrichteten Gerichtsgebühren und die Gebühren seines Rechtsanwalts nur nach dem Teil des Streitwerts zu erstatten. [4]Soweit die außergerichtlichen Kosten dem Gegner auferlegt oder von ihm übernommen werden, kann der Rechtsanwalt der begünstigten Partei seine Gebühren von dem Gegner nach dem für diesen geltenden Streitwert beitreiben.

(3) [1]Der Antrag nach Absatz 2 kann vor der Geschäftsstelle des Prozeßgerichts zur Niederschrift erklärt werden. [2]Er ist vor der Verhandlung zur Hauptsache anzubringen. [3]Später ist er nur zulässig, wenn der angenommene oder festgesetzte Streitwert durch das Prozeßgericht heraufgesetzt wird. [4]Vor der Entscheidung über den Antrag ist der Gegner zu hören.

§ 248 Urteilswirkung

(1) [1]Soweit der Beschluß durch rechtskräftiges Urteil für nichtig erklärt ist, wirkt das Urteil für und gegen alle Aktionäre sowie die Mitglieder des Vorstands und des Aufsichtsrats, auch wenn sie nicht Partei sind. [2]Der Vorstand hat das Urteil unverzüglich zum Handelsregister einzureichen. [3]War der Beschluß in das Handelsregister eingetragen, so ist auch das Urteil einzutragen. [4]Die Eintragung des Urteils ist in gleicher Weise wie die des Beschlusses bekanntzumachen.

(2) Hatte der Beschluß eine Satzungsänderung zum Inhalt, so ist mit dem Urteil der vollständige Wortlaut der Satzung, wie er sich unter Berücksichtigung des Urteils und aller bisherigen Satzungsänderungen ergibt, mit der Bescheinigung eines Notars über diese Tatsache zum Handelsregister einzureichen.

§ 248a Bekanntmachungen zur Anfechtungsklage

(1) [1]Wird der Anfechtungsprozess beendet, hat die börsennotierte Gesellschaft die Verfahrensbeendigung unverzüglich in den Gesellschaftsblättern bekannt zu machen. [2]§ 149 Abs. 2 und 3 ist entsprechend anzuwenden.

§ 249 Nichtigkeitsklage

(1) [1]Erhebt ein Aktionär, der Vorstand oder ein Mitglied des Vorstands oder des Aufsichtsrats Klage auf Feststellung der Nichtigkeit eines Hauptversammlungsbeschlusses gegen die Gesellschaft, so finden § 246 Abs. 2, Abs. 3 Satz 1 bis 5, Abs. 4, §§ 246a, 247, 248 und 248a entsprechende Anwendung. [2]Es ist nicht ausgeschlossen, die Nichtigkeit auf andere Weise als durch Erhebung der Klage geltend zu machen. [3]Schafft der Hauptversammlungsbeschluss Voraussetzungen für eine Umwandlung nach § 1 des Umwandlungsgesetzes und ist der Umwandlungsbeschluss eingetragen, so gilt § 20 Abs. 2 des Umwandlungsgesetzes für den Hauptversammlungsbeschluss entsprechend.

(2) [1]Mehrere Nichtigkeitsprozesse sind zur gleichzeitigen Verhandlung und Entscheidung zu verbinden. [2]Nichtigkeits- und Anfechtungsprozesse können verbunden werden.

Zweiter Unterabschnitt. Nichtigkeit bestimmter Hauptversammlungsbeschlüsse

§ 250 Nichtigkeit der Wahl von Aufsichtsratsmitgliedern

(1) Die Wahl eines Aufsichtsratsmitglieds durch die Hauptversammlung ist außer im Falle des § 241 Nr. 1, 2 und 5 nur dann nichtig, wenn

1. der Aufsichtsrat unter Verstoß gegen § 96 Absatz 4, § 97 Abs. 2 Satz 1 oder § 98 Abs. 4 zusammengesetzt wird;
2. die Hauptversammlung, obwohl sie an Wahlvorschläge gebunden ist (§§ 6 und 8 des Montan-Mitbestimmungsgesetzes), eine nicht vorgeschlagene Person wählt;
3. durch die Wahl die gesetzliche Höchstzahl der Aufsichtsratsmitglieder überschritten wird (§ 95);
4. die gewählte Person nach § 100 Abs. 1 und 2 bei Beginn ihrer Amtszeit nicht Aufsichtsratsmitglied sein kann;
5. die Wahl gegen § 96 Absatz 2 verstößt.

(2) Für die Klage auf Feststellung, daß die Wahl eines Aufsichtsratsmitglieds nichtig ist, sind parteifähig

1. der Gesamtbetriebsrat der Gesellschaft oder, wenn in der Gesellschaft nur ein Betriebsrat besteht, der Betriebsrat, sowie, wenn die Gesellschaft herrschendes Unternehmen eines Konzerns ist, der Konzernbetriebsrat,
2. der Gesamt- oder Unternehmenssprecherausschuss der Gesellschaft oder, wenn in der Gesellschaft nur ein Sprecherausschuss besteht, der Sprecherausschuss sowie, wenn die Gesellschaft herrschendes Unternehmen eines Konzerns ist, der Konzernsprecherausschuss,
3. der Gesamtbetriebsrat eines anderen Unternehmens, dessen Arbeitnehmer selbst oder durch Delegierte an der Wahl von Aufsichtsratsmitgliedern der Gesellschaft teilnehmen, oder, wenn in dem anderen Unternehmen nur ein Betriebsrat besteht, der Betriebsrat,
4. der Gesamt- oder Unternehmenssprecherausschuss eines anderen Unternehmens, dessen Arbeitnehmer selbst oder durch Delegierte an der Wahl von Aufsichtsrats-

mitgliedern der Gesellschaften teilnehmen, oder, wenn in dem anderen Unternehmen nur ein Sprecherausschuss besteht, der Sprecherausschuss,

5. jede in der Gesellschaft oder in einem Unternehmen, dessen Arbeitnehmer selbst oder durch Delegierte an der Wahl von Aufsichtsratsmitgliedern der Gesellschaft teilnehmen, vertretene Gewerkschaft sowie deren Spitzenorganisation.

(3) [1]Erhebt ein Aktionär, der Vorstand, ein Mitglied des Vorstands oder des Aufsichtsrats oder eine in Absatz 2 bezeichnete Organisation oder Vertretung der Arbeitnehmer gegen die Gesellschaft Klage auf Feststellung, dass die Wahl eines Aufsichtsratsmitglieds nichtig ist, so gelten § 246 Abs. 2, Abs. 3 Satz 1 bis 4, Abs. 4, §§ 247, 248 Abs. 1 Satz 2, §§ 248a und 249 Abs. 2 sinngemäß. [2]Es ist nicht ausgeschlossen, die Nichtigkeit auf andere Weise als durch Erhebung der Klage geltend zu machen.

§ 251 Anfechtung der Wahl von Aufsichtsratsmitgliedern

(1) [1]Die Wahl eines Aufsichtsratsmitglieds durch die Hauptversammlung kann wegen Verletzung des Gesetzes oder der Satzung durch Klage angefochten werden. [2]Ist die Hauptversammlung an Wahlvorschläge gebunden, so kann die Anfechtung auch darauf gestützt werden, daß der Wahlvorschlag gesetzwidrig zustande gekommen ist. [3]§ 243 Abs. 4 und § 244 gelten.

(2) [1]Für die Anfechtungsbefugnis gilt § 245 Nr. 1, 2 und 4. [2]Die Wahl eines Aufsichtsratsmitglieds, das nach dem Montan-Mitbestimmungsgesetz auf Vorschlag der Betriebsräte gewählt worden ist, kann auch von jedem Betriebsrat eines Betriebs der Gesellschaft, jeder in den Betrieben der Gesellschaft vertretenen Gewerkschaft oder deren Spitzenorganisation angefochten werden. [3]Die Wahl eines weiteren Mitglieds, das nach dem Montan-Mitbestimmungsgesetz oder dem Mitbestimmungsergänzungsgesetz auf Vorschlag der übrigen Aufsichtsratsmitglieder gewählt worden ist, kann auch von jedem Aufsichtsratsmitglied angefochten werden.

(3) Für das Anfechtungsverfahren gelten die §§ 246, 247, 248 Abs. 1 Satz 2 und § 248a.

§ 252 Urteilswirkung

(1) Erhebt ein Aktionär, der Vorstand, ein Mitglied des Vorstands oder des Aufsichtsrats oder eine in § 250 Abs. 2 bezeichnete Organisation oder Vertretung der Arbeitnehmer gegen die Gesellschaft Klage auf Feststellung, daß die Wahl eines Aufsichtsratsmitglieds durch die Hauptversammlung nichtig ist, so wirkt ein Urteil, das die Nichtigkeit der Wahl rechtskräftig feststellt, für und gegen alle Aktionäre und Arbeitnehmer der Gesellschaft, alle Arbeitnehmer von anderen Unternehmen, deren Arbeitnehmer selbst oder durch Delegierte an der Wahl von Aufsichtsratsmitgliedern der Gesellschaft teilnehmen, die Mitglieder des Vorstands und des Aufsichtsrats sowie die in § 250 Abs. 2 bezeichneten Organisationen und Vertretungen der Arbeitnehmer, auch wenn sie nicht Partei sind.

(2) [1]Wird die Wahl eines Aufsichtsratsmitglieds durch die Hauptversammlung durch rechtskräftiges Urteil für nichtig erklärt, so wirkt das Urteil für und gegen alle Aktionäre sowie die Mitglieder des Vorstands und Aufsichtsrats, auch wenn sie nicht Partei sind. [2]Im Fall des § 251 Abs. 2 Satz 2 wirkt das Urteil auch für und gegen die nach dieser Vorschrift anfechtungsberechtigten Betriebsräte, Gewerkschaften und Spitzenorganisationen, auch wenn sie nicht Partei sind.

§ 253 Nichtigkeit des Beschlusses über die Verwendung des Bilanzgewinns

(1) [1]Der Beschluß über die Verwendung des Bilanzgewinns ist außer in den Fällen des § 173 Abs. 3, des § 217 Abs. 2 und des § 241 nur dann nichtig, wenn die Feststellung des Jahresabschlusses, auf dem er beruht, nichtig ist. [2]Die Nichtigkeit des Beschlusses aus

diesem Grunde kann nicht mehr geltend gemacht werden, wenn die Nichtigkeit der Feststellung des Jahresabschlusses nicht mehr geltend gemacht werden kann.

(2) Für die Klage auf Feststellung der Nichtigkeit gegen die Gesellschaft gilt § 249.

§ 254 Anfechtung des Beschlusses über die Verwendung des Bilanzgewinns

(1) Der Beschluß über die Verwendung des Bilanzgewinns kann außer nach § 243 auch angefochten werden, wenn die Hauptversammlung aus dem Bilanzgewinn Beträge in Gewinnrücklagen einstellt oder als Gewinn vorträgt, die nicht nach Gesetz oder Satzung von der Verteilung unter die Aktionäre ausgeschlossen sind, obwohl die Einstellung oder der Gewinnvortrag bei vernünftiger kaufmännischer Beurteilung nicht notwendig ist, um die Lebens- und Widerstandsfähigkeit der Gesellschaft für einen hinsichtlich der wirtschaftlichen und finanziellen Notwendigkeiten übersehbaren Zeitraum zu sichern und dadurch unter die Aktionäre kein Gewinn in Höhe von mindestens vier vom Hundert des Grundkapitals abzüglich von noch nicht eingeforderten Einlagen verteilt werden kann.

(2) [1]Für die Anfechtung gelten die §§ 244 bis 246, 247 bis 248a. [2]Die Anfechtungsfrist beginnt auch dann mit der Beschlußfassung, wenn der Jahresabschluß nach § 316 Abs. 3 des Handelsgesetzbuchs erneut zu prüfen ist. [3]Zu einer Anfechtung nach Absatz 1 sind Aktionäre nur befugt, wenn ihre Anteile zusammen den zwanzigsten Teil des Grundkapitals oder den anteiligen Betrag von 500.000 Euro erreichen.

§ 255 Anfechtung der Kapitalerhöhung gegen Einlagen

(1) Der Beschluß über eine Kapitalerhöhung gegen Einlagen kann nach § 243 angefochten werden.

(2) [1]Die Anfechtung kann, wenn das Bezugsrecht der Aktionäre ganz oder zum Teil ausgeschlossen worden ist, auch darauf gestützt werden, daß der sich aus dem Erhöhungsbeschluß ergebende Ausgabebetrag oder der Mindestbetrag, unter dem die neuen Aktien nicht ausgegeben werden sollen, unangemessen niedrig ist. [2]Dies gilt nicht, wenn die neuen Aktien von einem Dritten mit der Verpflichtung übernommen werden sollen, sie den Aktionären zum Bezug anzubieten.

(3) Für die Anfechtung gelten die §§ 244 bis 248a.

Zweiter Abschnitt. Nichtigkeit des festgestellten Jahresabschlusses

§ 256[1] Nichtigkeit

(1) Ein festgestellter Jahresabschluß ist außer in den Fällen des § 173 Abs. 3, § 234 Abs. 3 und § 235 Abs. 2 nichtig, wenn

1. er durch seinen Inhalt Vorschriften verletzt, die ausschließlich oder überwiegend zum Schutze der Gläubiger der Gesellschaft gegeben sind,
2. er im Falle einer gesetzlichen Prüfungspflicht nicht nach § 316 Abs. 1 und 3 des Handelsgesetzbuchs geprüft worden ist,
3. er im Falle einer gesetzlichen Prüfungspflicht von Personen geprüft worden ist, die nach § 319 Absatz 1 des Handelsgesetzbuchs oder nach Artikel 25 des Einführungsgesetzes zum Handelsgesetzbuch nicht Abschlussprüfer sind oder aus anderen Gründen als den folgenden nicht zum Abschlussprüfer bestellt sind:
   a) Verstoß gegen § 319 Absatz 2, 3 oder 4 des Handelsgesetzbuchs,

1) § 256 Abs. 7 geändert durch Gesetz vom 12.12.2019 (BGBl. I S. 2637).

b) Verstoß gegen § 319a Absatz 1 oder 3 des Handelsgesetzbuchs,
c) Verstoß gegen § 319b Absatz 1 des Handelsgesetzbuchs,
d) Verstoß gegen die Verordnung (EU) Nr. 537/2014 des Europäischen Parlaments und des Rates vom 16. April 2014 über spezifische Anforderungen an die Abschlussprüfung bei Unternehmen von öffentlichem Interesse und zur Aufhebung des Beschlusses 2005/909/EG der Kommission (ABl. L 158 vom 27.5.2014, S. 77, L 170 vom 11.6.2014, S. 66),

4. bei seiner Feststellung die Bestimmungen des Gesetzes oder der Satzung über die Einstellung von Beträgen in Kapital- oder Gewinnrücklagen oder über die Entnahme von Beträgen aus Kapital- oder Gewinnrücklagen verletzt worden sind.

(2) Ein von Vorstand und Aufsichtsrat festgestellter Jahresabschluß ist außer nach Absatz 1 nur nichtig, wenn der Vorstand oder der Aufsichtsrat bei seiner Feststellung nicht ordnungsgemäß mitgewirkt hat.

(3) Ein von der Hauptversammlung festgestellter Jahresabschluß ist außer nach Absatz 1 nur nichtig, wenn die Feststellung

1. in einer Hauptversammlung beschlossen worden ist, die unter Verstoß gegen § 121 Abs. 2 und 3 Satz 1 oder Abs. 4 einberufen war,
2. nicht nach § 130 Abs. 1 und 2 Satz 1 und Abs. 4 beurkundet ist,
3. auf Anfechtungsklage durch Urteil rechtskräftig für nichtig erklärt worden ist.

(4) Wegen Verstoßes gegen die Vorschriften über die Gliederung des Jahresabschlusses sowie wegen der Nichtbeachtung von Formblättern, nach denen der Jahresabschluß zu gliedern ist, ist der Jahresabschluß nur nichtig, wenn seine Klarheit und Übersichtlichkeit dadurch wesentlich beeinträchtigt sind.

(5) [1]Wegen Verstoßes gegen die Bewertungsvorschriften ist der Jahresabschluß nur nichtig, wenn

1. Posten überbewertet oder
2. Posten unterbewertet sind und dadurch die Vermögens- und Ertragslage der Gesellschaft vorsätzlich unrichtig wiedergegeben oder verschleiert wird.

[2]Überbewertet sind Aktivposten, wenn sie mit einem höheren Wert, Passivposten, wenn sie mit einem niedrigeren Betrag angesetzt sind, als nach §§ 253 bis 256a des Handelsgesetzbuchs zulässig ist. [3]Unterbewertet sind Aktivposten, wenn sie mit einem niedrigeren Wert, Passivposten, wenn sie mit einem höheren Betrag angesetzt sind, als nach §§ 253 bis 256a des Handelsgesetzbuchs zulässig ist. [4]Bei Kreditinstituten oder Finanzdienstleistungsinstituten sowie bei Kapitalverwaltungsgesellschaften im Sinn des § 17 des Kapitalanlagegesetzbuchs liegt ein Verstoß gegen die Bewertungsvorschriften nicht vor, soweit die Abweichung nach den für sie geltenden Vorschriften, insbesondere den §§ 340e bis 340g des Handelsgesetzbuchs, zulässig ist; dies gilt entsprechend für Versicherungsunternehmen nach Maßgabe der für sie geltenden Vorschriften, insbesondere der §§ 341b bis 341h des Handelsgesetzbuchs.

(6) [1]Die Nichtigkeit nach Absatz 1 Nr. 1, 3 und 4, Absatz 2, Absatz 3 Nr. 1 und 2, Absatz 4 und 5 kann nicht mehr geltend gemacht werden, wenn seit der Bekanntmachung nach § 325 Abs. 2 des Handelsgesetzbuchs im Bundesanzeiger in den Fällen des Absatzes 1 Nr. 3 und 4, des Absatzes 2 und des Absatzes 3 Nr. 1 und 2 sechs Monate, in den anderen Fällen drei Jahre verstrichen sind. [2]Ist bei Ablauf der Frist eine Klage auf Feststellung der Nichtigkeit des Jahresabschlusses rechtshängig, so verlängert sich die Frist, bis über die Klage rechtskräftig entschieden ist oder sie sich auf andere Weise endgültig erledigt hat.

(7) [1]Für die Klage auf Feststellung der Nichtigkeit gegen die Gesellschaft gilt § 249 sinngemäß. [2]Ist für die Gesellschaft als Emittentin von zugelassenen Wertpapieren im Sinne des § 2 Absatz 1 des Wertpapierhandelsgesetzes mit Ausnahme von Anteilen und Aktien an offenen Investmentvermögen im Sinne des § 1 Absatz 4 des Kapitalanlagegesetzbuchs die Bundesrepublik Deutschland der Herkunftsstaat (§ 2 Absatz 13 des Wertpapierhandelsgesetzes), so hat das Gericht der Bundesanstalt für Finanzdienstleistungsaufsicht den Eingang einer Klage auf Feststellung der Nichtigkeit sowie jede rechtskräftige Entscheidung über diese Klage mitzuteilen.

§ 257 Anfechtung der Feststellung des Jahresabschlusses durch die Hauptversammlung

(1) [1]Die Feststellung des Jahresabschlusses durch die Hauptversammlung kann nach § 243 angefochten werden. [2]Die Anfechtung kann jedoch nicht darauf gestützt werden, daß der Inhalt des Jahresabschlusses gegen Gesetz oder Satzung verstößt.

(2) [1]Für die Anfechtung gelten die §§ 244 bis 246, 247 bis 248a. [2]Die Anfechtungsfrist beginnt auch dann mit der Beschlußfassung, wenn der Jahresabschluß nach § 316 Abs. 3 des Handelsgesetzbuchs erneut zu prüfen ist.

Dritter Abschnitt. Sonderprüfung wegen unzulässiger Unterbewertung

§ 258 Bestellung der Sonderprüfer

(1) [1]Besteht Anlaß für die Annahme, daß

1. in einem festgestellten Jahresabschluß bestimmte Posten nicht unwesentlich unterbewertet sind (§ 256 Abs. 5 Satz 3) oder
2. der Anhang die vorgeschriebenen Angaben nicht oder nicht vollständig enthält und der Vorstand in der Hauptversammlung die fehlenden Angaben, obwohl nach ihnen gefragt worden ist, nicht gemacht hat und die Aufnahme der Frage in die Niederschrift verlangt worden ist,

so hat das Gericht auf Antrag Sonderprüfer zu bestellen. [2]Die Sonderprüfer haben die bemängelten Posten darauf zu prüfen, ob sie nicht unwesentlich unterbewertet sind. Sie haben den Anhang darauf zu prüfen, ob die vorgeschriebenen Angaben nicht oder nicht vollständig gemacht worden sind und der Vorstand in der Hauptversammlung die fehlenden Angaben, obwohl nach ihnen gefragt worden ist, nicht gemacht hat und die Aufnahme der Frage in die Niederschrift verlangt worden ist.

(1a) Bei Kreditinstituten oder Finanzdienstleistungsinstituten sowie bei Kapitalverwaltungsgesellschaften im Sinn des § 17 des Kapitalanlagegesetzbuchs kann ein Sonderprüfer nach Absatz 1 nicht bestellt werden, soweit die Unterbewertung oder die fehlenden Angaben im Anhang auf der Anwendung des § 340f des Handelsgesetzbuchs beruhen.

(2) [1]Der Antrag muß innerhalb eines Monats nach der Hauptversammlung über den Jahresabschluß gestellt werden. [2]Dies gilt auch, wenn der Jahresabschluß nach § 316 Abs. 3 des Handelsgesetzbuchs erneut zu prüfen ist. [3]Er kann nur von Aktionären gestellt werden, deren Anteile zusammen den Schwellenwert des § 142 Abs. 2 erreichen. [4]Die Antragsteller haben die Aktien bis zur Entscheidung über den Antrag zu hinterlegen oder eine Versicherung des depotführenden Instituts vorzulegen, dass die Aktien so lange nicht veräußert werden, und glaubhaft zu machen, daß sie seit mindestens drei Monaten vor dem Tage der Hauptversammlung Inhaber der Aktien sind. [5]Zur Glaubhaftmachung genügt eine eidesstattliche Versicherung vor einem Notar.

(3) [1]Vor der Bestellung hat das Gericht den Vorstand, den Aufsichtsrat und den Abschlußprüfer zu hören. [2]Gegen die Entscheidung ist die Beschwerde zulässig. [3]Über den

Antrag gemäß Absatz 1 entscheidet das Landgericht, in dessen Bezirk die Gesellschaft ihren Sitz hat.

(4) [1]Sonderprüfer nach Absatz 1 können nur Wirtschaftsprüfer und Wirtschaftsprüfungsgesellschaften sein. [2]Für die Auswahl gelten § 319 Abs. 2 bis 4, § 319a Abs. 1 und § 319b Abs. 1 des Handelsgesetzbuchs sinngemäß. [3]Der Abschlußprüfer der Gesellschaft und Personen, die in den letzten drei Jahren vor der Bestellung Abschlußprüfer der Gesellschaft waren, können nicht Sonderprüfer nach Absatz 1 sein.

(5) [1]§ 142 Abs. 6 über den Ersatz angemessener barer Auslagen und die Vergütung gerichtlich bestellter Sonderprüfer, § 145 Abs. 1 bis 3 über die Rechte der Sonderprüfer, § 146 über die Kosten der Sonderprüfung und § 323 des Handelsgesetzbuchs über die Verantwortlichkeit des Abschlußprüfers gelten sinngemäß. [2]Die Sonderprüfer nach Absatz 1 haben die Rechte nach § 145 Abs. 2 auch gegenüber dem Abschlußprüfer der Gesellschaft.

§ 259 Prüfungsbericht. Abschließende Feststellungen

(1) [1]Die Sonderprüfer haben über das Ergebnis der Prüfung schriftlich zu berichten. [2]Stellen die Sonderprüfer bei Wahrnehmung ihrer Aufgaben fest, daß Posten überbewertet sind (§ 256 Abs. 5 Satz 2), oder daß gegen die Vorschriften über die Gliederung des Jahresabschlusses verstoßen ist oder Formblätter nicht beachtet sind, so haben sie auch darüber zu berichten. [3]Für den Bericht gilt § 145 Abs. 4 bis 6 sinngemäß.

(2) [1]Sind nach dem Ergebnis der Prüfung die bemängelten Posten nicht unwesentlich unterbewertet (§ 256 Abs. 5 Satz 3), so haben die Sonderprüfer am Schluß ihres Berichts in einer abschließenden Feststellung zu erklären,

1. zu welchem Wert die einzelnen Aktivposten mindestens und mit welchem Betrag die einzelnen Passivposten höchstens anzusetzen waren;
2. um welchen Betrag der Jahresüberschuß sich beim Ansatz dieser Werte oder Beträge erhöht oder der Jahresfehlbetrag sich ermäßigt hätte.

[2]Die Sonderprüfer haben ihrer Beurteilung die Verhältnisse am Stichtag des Jahresabschlusses zugrunde zu legen. [3]Sie haben für den Ansatz der Werte und Beträge nach Nummer 1 diejenige Bewertungs- und Abschreibungsmethode zugrunde zu legen, nach der die Gesellschaft die zu bewertenden Gegenstände oder vergleichbare Gegenstände zuletzt in zulässiger Weise bewertet hat.

(3) Sind nach dem Ergebnis der Prüfung die bemängelten Posten nicht oder nur unwesentlich unterbewertet (§ 256 Abs. 5 Satz 3), so haben die Sonderprüfer am Schluß ihres Berichts in einer abschließenden Feststellung zu erklären, daß nach ihrer pflichtmäßigen Prüfung und Beurteilung die bemängelten Posten nicht unzulässig unterbewertet sind.

(4) [1]Hat nach dem Ergebnis der Prüfung der Anhang die vorgeschriebenen Angaben nicht oder nicht vollständig enthalten und der Vorstand in der Hauptversammlung die fehlenden Angaben, obwohl nach ihnen gefragt worden ist, nicht gemacht und ist die Aufnahme der Frage in die Niederschrift verlangt worden, so haben die Sonderprüfer am Schluß ihres Berichts in einer abschließenden Feststellung die fehlenden Angaben zu machen. [2]Ist die Angabe von Abweichungen von Bewertungs- oder Abschreibungsmethoden unterlassen worden, so ist in der abschließenden Feststellung auch der Betrag anzugeben, um den der Jahresüberschuß oder Jahresfehlbetrag ohne die Abweichung, deren Angabe unterlassen wurde, höher oder niedriger gewesen wäre. [3]Sind nach dem Ergebnis der Prüfung keine Angaben nach Satz 1 unterlassen worden, so haben die Sonderprüfer in einer abschließenden Feststellung zu erklären, daß nach ihrer pflichtmäßigen Prüfung und Beurteilung im Anhang keine der vorgeschriebenen Angaben unterlassen worden ist.

(5) Der Vorstand hat die abschließenden Feststellungen der Sonderprüfer nach den Absätzen 2 bis 4 unverzüglich in den Gesellschaftsblättern bekanntzumachen.

§ 260 Gerichtliche Entscheidung über die abschließenden Feststellungen der Sonderprüfer

(1) [1]Gegen abschließende Feststellungen der Sonderprüfer nach § 259 Abs. 2 und 3 können die Gesellschaft oder Aktionäre, deren Anteile zusammen den zwanzigsten Teil des Grundkapitals oder den anteiligen Betrag von 500.000 Euro erreichen, innerhalb eines Monats nach der Veröffentlichung im Bundesanzeiger den Antrag auf Entscheidung durch das nach § 132 Abs. 1 zuständige Gericht stellen. [2]§ 258 Abs. 2 Satz 4 und 5 gilt sinngemäß. [3]Der Antrag muß auf Feststellung des Betrags gerichtet sein, mit dem die im Antrag zu bezeichnenden Aktivposten mindestens oder die im Antrag zu bezeichnenden Passivposten höchstens anzusetzen waren. [4]Der Antrag der Gesellschaft kann auch auf Feststellung gerichtet sein, daß der Jahresabschluß die in der abschließenden Feststellung der Sonderprüfer festgestellten Unterbewertungen nicht enthielt.

(2) [1]Über den Antrag entscheidet das Gericht unter Würdigung aller Umstände nach freier Überzeugung. [2]§ 259 Abs. 2 Satz 2 und 3 ist anzuwenden. [3]Soweit die volle Aufklärung aller maßgebenden Umstände mit erheblichen Schwierigkeiten verbunden ist, hat das Gericht die anzusetzenden Werte oder Beträge zu schätzen.

(3) [1]§ 99 Abs. 1, Abs. 2 Satz 1, Abs. 3 und 5 gilt sinngemäß. [2]Das Gericht hat seine Entscheidung der Gesellschaft und, wenn Aktionäre den Antrag nach Absatz 1 gestellt haben, auch diesen zuzustellen. [3]Es hat sie ferner ohne Gründe in den Gesellschaftsblättern bekanntzumachen. [4]Die Beschwerde steht der Gesellschaft und Aktionären zu, deren Anteile zusammen den zwanzigsten Teil des Grundkapitals oder den anteiligen Betrag von 500.000 Euro erreichen. [5]§ 258 Abs. 2 Satz 4 und 5 gilt sinngemäß. [6]Die Beschwerdefrist beginnt mit der Bekanntmachung der Entscheidung im Bundesanzeiger, jedoch für die Gesellschaft und, wenn Aktionäre den Antrag nach Absatz 1 gestellt haben, auch für diese nicht vor der Zustellung der Entscheidung.

(4) [1]Die Kosten sind, wenn dem Antrag stattgegeben wird, der Gesellschaft, sonst dem Antragsteller aufzuerlegen. [2]§ 247 gilt sinngemäß.

§ 261 Entscheidung über den Ertrag auf Grund höherer Bewertung

(1) [1]Haben die Sonderprüfer in ihrer abschließenden Feststellung erklärt, daß Posten unterbewertet sind, und ist gegen diese Feststellung nicht innerhalb der in § 260 Abs. 1 bestimmten Frist der Antrag auf gerichtliche Entscheidung gestellt worden, so sind die Posten in dem ersten Jahresabschluß, der nach Ablauf dieser Frist aufgestellt wird, mit den von den Sonderprüfern festgestellten Werten oder Beträgen anzusetzen. [2]Dies gilt nicht, soweit auf Grund veränderter Verhältnisse, namentlich bei Gegenständen, die der Abnutzung unterliegen, auf Grund der Abnutzung, nach §§ 253 bis 256a des Handelsgesetzbuchs oder nach den Grundsätzen ordnungsmäßiger Buchführung für Aktivposten ein niedrigerer Wert oder für Passivposten ein höherer Betrag anzusetzen ist. [3]In diesem Fall sind im Anhang die Gründe anzugeben und in einer Sonderrechnung die Entwicklung des von den Sonderprüfern festgestellten Wertes oder Betrags auf den nach Satz 2 angesetzten Wert oder Betrag darzustellen. [4]Sind die Gegenstände nicht mehr vorhanden, so ist darüber und über die Verwendung des Ertrags aus dem Abgang der Gegenstände im Anhang zu berichten. [5]Bei den einzelnen Posten der Jahresbilanz sind die Unterschiedsbeträge zu vermerken, um die auf Grund von Satz 1 und 2 Aktivposten zu einem höheren Wert oder Passivposten mit einem niedrigeren Betrag angesetzt worden sind. [6]Die Summe der Unterschiedsbeträge ist auf der Passivseite der Bilanz und in der Gewinn- und Verlustrechnung als „Ertrag auf Grund höherer Bewertung gemäß dem Ergebnis der Sonderprüfung“ gesondert auszuweisen. [7]Ist die Gesellschaft eine kleine Kapitalgesell-

schaft (§ 267 Absatz 1 des Handelsgesetzbuchs), hat sie die Sätze 3 und 4 nur anzuwenden, wenn die Voraussetzungen des § 264 Absatz 2 Satz 2 des Handelsgesetzbuchs unter Berücksichtigung der nach diesem Abschnitt durchgeführten Sonderprüfung vorliegen.

(2) [1]Hat das gemäß § 260 angerufene Gericht festgestellt, daß Posten unterbewertet sind, so gilt für den Ansatz der Posten in dem ersten Jahresabschluß, der nach Rechtskraft der gerichtlichen Entscheidung aufgestellt wird, Absatz 1 sinngemäß. [2]Die Summe der Unterschiedsbeträge ist als „Ertrag auf Grund höherer Bewertung gemäß gerichtlicher Entscheidung" gesondert auszuweisen.

(3) [1]Der Ertrag aus höherer Bewertung nach Absätzen 1 und 2 rechnet für die Anwendung des § 58 nicht zum Jahresüberschuß. [2]Über die Verwendung des Ertrags abzüglich der auf ihn zu entrichtenden Steuern entscheidet die Hauptversammlung, soweit nicht in dem Jahresabschluß ein Bilanzverlust ausgewiesen wird, der nicht durch Kapital- oder Gewinnrücklagen gedeckt ist.

§ 261a [1)] Mitteilungen an die Bundesanstalt für Finanzdienstleistungsaufsicht

Das Gericht hat der Bundesanstalt für Finanzdienstleistungsaufsicht den Eingang eines Antrags auf Bestellung eines Sonderprüfers, jede rechtskräftige Entscheidung über die Bestellung von Sonderprüfern, den Prüfungsbericht sowie eine rechtskräftige gerichtliche Entscheidung über abschließende Feststellungen der Sonderprüfer nach § 260 mitzuteilen, wenn für die Gesellschaft als Emittentin von zugelassenen Wertpapieren im Sinne des § 2 Absatz 1 des Wertpapierhandelsgesetzes mit Ausnahme von Anteilen und Aktien an offenen Investmentvermögen im Sinne des § 1 Absatz 4 des Kapitalanlagegesetzbuchs die Bundesrepublik Deutschland der Herkunftsstaat (§ 2 Absatz 13 des Wertpapierhandelsgesetzes) ist.

Achter Teil. Auflösung und Nichtigerklärung der Gesellschaft

Erster Abschnitt. Auflösung

Erster Unterabschnitt. Auflösungsgründe und Anmeldung

§ 262 Auflösungsgründe

(1) Die Aktiengesellschaft wird aufgelöst

1. durch Ablauf der in der Satzung bestimmten Zeit;
2. durch Beschluß der Hauptversammlung; dieser bedarf einer Mehrheit, die mindestens drei Viertel des bei der Beschlußfassung vertretenen Grundkapitals umfaßt; die Satzung kann eine größere Kapitalmehrheit und weitere Erfordernisse bestimmen;
3. durch die Eröffnung des Insolvenzverfahrens über das Vermögen der Gesellschaft;
4. mit der Rechtskraft des Beschlusses, durch den die Eröffnung des Insolvenzverfahrens mangels Masse abgelehnt wird;
5. mit der Rechtskraft einer Verfügung des Registergerichts, durch welche nach § 399 des Gesetzes über das Verfahren in Familiensachen und in den Angelegenheiten der freiwilligen Gerichtsbarkeit ein Mangel der Satzung festgestellt worden ist.
6. durch Löschung der Gesellschaft wegen Vermögenslosigkeit nach § 394 des Gesetzes über das Verfahren in Familiensachen und in den Angelegenheiten der freiwilligen Gerichtsbarkeit.

---

1) § 261a geändert durch Gesetz vom 12.12.2019 (BGBl. I S. 2637).

(2) Dieser Abschnitt gilt auch, wenn die Aktiengesellschaft aus anderen Gründen aufgelöst wird.

§ 263 Anmeldung und Eintragung der Auflösung

[1]Der Vorstand hat die Auflösung der Gesellschaft zur Eintragung in das Handelsregister anzumelden. [2]Dies gilt nicht in den Fällen der Eröffnung und der Ablehnung der Eröffnung des Insolvenzverfahrens (§ 262 Abs. 1 Nr. 3 und 4) sowie im Falle der gerichtlichen Feststellung eines Mangels der Satzung (§ 262 Abs. 1 Nr. 5). [3]In diesen Fällen hat das Gericht die Auflösung und ihren Grund von Amts wegen einzutragen. [4]Im Falle der Löschung der Gesellschaft (§ 262 Abs. 1 Nr. 6) entfällt die Eintragung der Auflösung.

Zweiter Unterabschnitt. Abwicklung

§ 264 Notwendigkeit der Abwicklung

(1) Nach der Auflösung der Gesellschaft findet die Abwicklung statt, wenn nicht über das Vermögen der Gesellschaft das Insolvenzverfahren eröffnet worden ist.

(2) [1]Ist die Gesellschaft durch Löschung wegen Vermögenslosigkeit aufgelöst, so findet eine Abwicklung nur statt, wenn sich nach der Löschung herausstellt, daß Vermögen vorhanden ist, das der Verteilung unterliegt. [2]Die Abwickler sind auf Antrag eines Beteiligten durch das Gericht zu ernennen.

(3) Soweit sich aus diesem Unterabschnitt oder aus dem Zweck der Abwicklung nichts anderes ergibt, sind auf die Gesellschaft bis zum Schluß der Abwicklung die Vorschriften weiterhin anzuwenden, die für nicht aufgelöste Gesellschaften gelten.

§ 265 Abwickler

(1) Die Abwicklung besorgen die Vorstandsmitglieder als Abwickler.

(2) [1]Die Satzung oder ein Beschluß der Hauptversammlung kann andere Personen als Abwickler bestellen. [2]Für die Auswahl der Abwickler gilt § 76 Abs. 3 Satz 2 und 3 sinngemäß. [3]Auch eine juristische Person kann Abwickler sein.

(3) [1]Auf Antrag des Aufsichtsrats oder einer Minderheit von Aktionären, deren Anteile zusammen den zwanzigsten Teil des Grundkapitals oder den anteiligen Betrag von 500.000 Euro erreichen, hat das Gericht bei Vorliegen eines wichtigen Grundes die Abwickler zu bestellen und abzuberufen. [2]Die Aktionäre haben glaubhaft zu machen, daß sie seit mindestens drei Monaten Inhaber der Aktien sind. [3]Zur Glaubhaftmachung genügt eine eidesstattliche Versicherung vor einem Gericht oder Notar. [4]Gegen die Entscheidung ist die Beschwerde zulässig.

(4) [1]Die gerichtlich bestellten Abwickler haben Anspruch auf Ersatz angemessener barer Auslagen und auf Vergütung für ihre Tätigkeit. [2]Einigen sich der gerichtlich bestellte Abwickler und die Gesellschaft nicht, so setzt das Gericht die Auslagen und die Vergütung fest. [3]Gegen die Entscheidung ist die Beschwerde zulässig; die Rechtsbeschwerde ist ausgeschlossen. [4]Aus der rechtskräftigen Entscheidung findet die Zwangsvollstreckung nach der Zivilprozeßordnung statt.

(5) [1]Abwickler, die nicht vom Gericht bestellt sind, kann die Hauptversammlung jederzeit abberufen. [2]Für die Ansprüche aus dem Anstellungsvertrag gelten die allgemeinen Vorschriften.

(6) Die Absätze 2 bis 5 gelten nicht für den Arbeitsdirektor, soweit sich seine Bestellung und Abberufung nach den Vorschriften des Montan-Mitbestimmungsgesetzes bestimmen.

§ 266 Anmeldung der Abwickler

(1) Die ersten Abwickler sowie ihre Vertretungsbefugnis hat der Vorstand, jeden Wechsel der Abwickler und jede Änderung ihrer Vertretungsbefugnis haben die Abwickler zur Eintragung in das Handelsregister anzumelden.

(2) Der Anmeldung sind die Urkunden über die Bestellung oder Abberufung sowie über die Vertretungsbefugnis in Urschrift oder öffentlich beglaubigter Abschrift beizufügen.

(3) [1]In der Anmeldung haben die Abwickler zu versichern, daß keine Umstände vorliegen, die ihrer Bestellung nach § 265 Abs. 2 Satz 2 entgegenstehen, und daß sie über ihre unbeschränkte Auskunftspflicht gegenüber dem Gericht belehrt worden sind. [2]§ 37 Abs. 2 Satz 2 ist anzuwenden.

(4) Die Bestellung oder Abberufung von Abwicklern durch das Gericht wird von Amts wegen eingetragen.

§ 267 Aufruf der Gläubiger

[1]Die Abwickler haben unter Hinweis auf die Auflösung der Gesellschaft die Gläubiger der Gesellschaft aufzufordern, ihre Ansprüche anzumelden. [2]Die Aufforderung ist in den Gesellschaftsblättern bekanntzumachen.

§ 268 Pflichten der Abwickler

(1) [1]Die Abwickler haben die laufenden Geschäfte zu beenden, die Forderungen einzuziehen, das übrige Vermögen in Geld umzusetzen und die Gläubiger zu befriedigen. [2]Soweit es die Abwicklung erfordert, dürfen sie auch neue Geschäfte eingehen.

(2) [1]Im übrigen haben die Abwickler innerhalb ihres Geschäftskreises die Rechte und Pflichten des Vorstands. [2]Sie unterliegen wie dieser der Überwachung durch den Aufsichtsrat.

(3) Das Wettbewerbsverbot des § 88 gilt für sie nicht.

(4) [1]Auf allen Geschäftsbriefen, die an einen bestimmten Empfänger gerichtet werden, müssen die Rechtsform und der Sitz der Gesellschaft, die Tatsache, daß die Gesellschaft sich in Abwicklung befindet, das Registergericht des Sitzes der Gesellschaft und die Nummer, unter der die Gesellschaft in das Handelsregister eingetragen ist, sowie alle Abwickler und der Vorsitzende des Aufsichtsrats mit dem Familiennamen und mindestens einem ausgeschriebenen Vornamen angegeben werden. [2]Werden Angaben über das Kapital der Gesellschaft gemacht, so müssen in jedem Falle das Grundkapital sowie, wenn auf die Aktien der Ausgabebetrag nicht vollständig eingezahlt ist, der Gesamtbetrag der ausstehenden Einlagen angegeben werden. [3]Der Angaben nach Satz 1 bedarf es nicht bei Mitteilungen oder Berichten, die im Rahmen einer bestehenden Geschäftsverbindung ergehen und für die üblicherweise Vordrucke verwendet werden, in denen lediglich die im Einzelfall erforderlichen besonderen Angaben eingefügt zu werden brauchen. [4]Bestellscheine gelten als Geschäftsbriefe im Sinne des Satzes 1; Satz 3 ist auf sie nicht anzuwenden.

§ 269 Vertretung durch die Abwickler

(1) Die Abwickler vertreten die Gesellschaft gerichtlich und außergerichtlich.

(2) [1]Sind mehrere Abwickler bestellt, so sind, wenn die Satzung oder die sonst zuständige Stelle nichts anderes bestimmt, sämtliche Abwickler nur gemeinschaftlich zur Vertretung der Gesellschaft befugt. [2]Ist eine Willenserklärung gegenüber der Gesellschaft abzugeben, so genügt die Abgabe gegenüber einem Abwickler.

(3) [1]Die Satzung oder die sonst zuständige Stelle kann auch bestimmen, daß einzelne Abwickler allein oder in Gemeinschaft mit einem Prokuristen zur Vertretung der Ge-

sellschaft befugt sind. [2]Dasselbe kann der Aufsichtsrat bestimmen, wenn die Satzung oder ein Beschluß der Hauptversammlung ihn hierzu ermächtigt hat. [3]Absatz 2 Satz 2 gilt in diesen Fällen sinngemäß.

(4) [1]Zur Gesamtvertretung befugte Abwickler können einzelne von ihnen zur Vornahme bestimmter Geschäfte oder bestimmter Arten von Geschäften ermächtigen. [2]Dies gilt sinngemäß, wenn ein einzelner Abwickler in Gemeinschaft mit einem Prokuristen zur Vertretung der Gesellschaft befugt ist.

(5) Die Vertretungsbefugnis der Abwickler kann nicht beschränkt werden.

(6) Abwickler zeichnen für die Gesellschaft, indem sie der Firma einen die Abwicklung andeutenden Zusatz und ihre Namensunterschrift hinzufügen.

§ 270 Eröffnungsbilanz. Jahresabschluß und Lagebericht

(1) Die Abwickler haben für den Beginn der Abwicklung eine Bilanz (Eröffnungsbilanz) und einen die Eröffnungsbilanz erläuternden Bericht sowie für den Schluß eines jeden Jahres einen Jahresabschluß und einen Lagebericht aufzustellen.

(2) [1]Die Hauptversammlung beschließt über die Feststellung der Eröffnungsbilanz und des Jahresabschlusses sowie über die Entlastung der Abwickler und der Mitglieder des Aufsichtsrats. [2]Auf die Eröffnungsbilanz und den erläuternden Bericht sind die Vorschriften über den Jahresabschluß entsprechend anzuwenden. [3]Vermögensgegenstände des Anlagevermögens sind jedoch wie Umlaufvermögen zu bewerten, soweit ihre Veräußerung innerhalb eines übersehbaren Zeitraums beabsichtigt ist oder diese Vermögensgegenstände nicht mehr dem Geschäftsbetrieb dienen; dies gilt auch für den Jahresabschluß.

(3) [1]Das Gericht kann von der Prüfung des Jahresabschlusses und des Lageberichts durch einen Abschlußprüfer befreien, wenn die Verhältnisse der Gesellschaft so überschaubar sind, daß eine Prüfung im Interesse der Gläubiger und Aktionäre nicht geboten erscheint. [2]Gegen die Entscheidung ist die Beschwerde zulässig.

§ 271 Verteilung des Vermögens

(1) Das nach der Berichtigung der Verbindlichkeiten verbleibende Vermögen der Gesellschaft wird unter die Aktionäre verteilt.

(2) Das Vermögen ist nach den Anteilen am Grundkapital zu verteilen, wenn nicht Aktien mit verschiedenen Rechten bei der Verteilung des Gesellschaftsvermögens vorhanden sind.

(3) [1]Sind die Einlagen auf das Grundkapital nicht auf alle Aktien in demselben Verhältnis geleistet, so werden die geleisteten Einlagen erstattet und ein Überschuß nach den Anteilen am Grundkapital verteilt. [2]Reicht das Vermögen zur Erstattung der Einlagen nicht aus, so haben die Aktionäre den Verlust nach ihren Anteilen am Grundkapital zu tragen; die noch ausstehenden Einlagen sind, soweit nötig, einzuziehen.

§ 272 Gläubigerschutz

(1) Das Vermögen darf nur verteilt werden, wenn ein Jahr seit dem Tage verstrichen ist, an dem der Aufruf der Gläubiger bekanntgemacht worden ist.

(2) Meldet sich ein bekannter Gläubiger nicht, so ist der geschuldete Betrag für ihn zu hinterlegen, wenn ein Recht zur Hinterlegung besteht.

(3) Kann eine Verbindlichkeit zur Zeit nicht berichtigt werden oder ist sie streitig, so darf das Vermögen nur verteilt werden, wenn dem Gläubiger Sicherheit geleistet ist.

§ 273 Schluß der Abwicklung

(1) [1]Ist die Abwicklung beendet und die Schlußrechnung gelegt, so haben die Abwickler den Schluß der Abwicklung zur Eintragung in das Handelsregister anzumelden. Die Gesellschaft ist zu löschen.

(2) Die Bücher und Schriften der Gesellschaft sind an einem vom Gericht bestimmten sicheren Ort zur Aufbewahrung auf zehn Jahre zu hinterlegen.

(3) Das Gericht kann den Aktionären und den Gläubigern die Einsicht der Bücher und Schriften gestatten.

(4) [1]Stellt sich nachträglich heraus, daß weitere Abwicklungsmaßnahmen nötig sind, so hat auf Antrag eines Beteiligten das Gericht die bisherigen Abwickler neu zu bestellen oder andere Abwickler zu berufen. [2]§ 265 Abs. 4 gilt.

(5) Gegen die Entscheidungen nach den Absätzen 2, 3 und 4 Satz 1 ist die Beschwerde zulässig.

§ 274 Fortsetzung einer aufgelösten Gesellschaft

(1) [1]Ist eine Aktiengesellschaft durch Zeitablauf oder durch Beschluß der Hauptversammlung aufgelöst worden, so kann die Hauptversammlung, solange noch nicht mit der Verteilung des Vermögens unter die Aktionäre begonnen ist, die Fortsetzung der Gesellschaft beschließen. [2]Der Beschluß bedarf einer Mehrheit, die mindestens drei Viertel des bei der Beschlußfassung vertretenen Grundkapitals umfaßt. [3]Die Satzung kann eine größere Kapitalmehrheit und weitere Erfordernisse bestimmen.

(2) Gleiches gilt, wenn die Gesellschaft

1. durch die Eröffnung des Insolvenzverfahrens aufgelöst, das Verfahren aber auf Antrag des Schuldners eingestellt oder nach der Bestätigung eines Insolvenzplans, der den Fortbestand der Gesellschaft vorsieht, aufgehoben worden ist;
2. durch die gerichtliche Feststellung eines Mangels der Satzung nach § 262 Abs. 1 Nr. 5 aufgelöst worden ist, eine den Mangel behebende Satzungsänderung aber spätestens zugleich mit der Fortsetzung der Gesellschaft beschlossen wird.

(3) [1]Die Abwickler haben die Fortsetzung der Gesellschaft zur Eintragung in das Handelsregister anzumelden. [2]Sie haben bei der Anmeldung nachzuweisen, daß noch nicht mit der Verteilung des Vermögens der Gesellschaft unter die Aktionäre begonnen worden ist.

(4) [1]Der Fortsetzungsbeschluß wird erst wirksam, wenn er in das Handelsregister des Sitzes der Gesellschaft eingetragen worden ist. [2]Im Falle des Absatzes 2 Nr. 2 hat der Fortsetzungsbeschluß keine Wirkung, solange er und der Beschluß über die Satzungsänderung nicht in das Handelsregister des Sitzes der Gesellschaft eingetragen worden sind; die beiden Beschlüsse sollen nur zusammen in das Handelsregister eingetragen werden.

Zweiter Abschnitt. Nichtigerklärung der Gesellschaft

§ 275 Klage auf Nichtigerklärung

(1) [1]Enthält die Satzung keine Bestimmungen über die Höhe des Grundkapitals oder über den Gegenstand des Unternehmens oder sind die Bestimmungen der Satzung über den Gegenstand des Unternehmens nichtig, so kann jeder Aktionär und jedes Mitglied des Vorstands und des Aufsichtsrats darauf klagen, daß die Gesellschaft für nichtig erklärt werde. [2]Auf andere Gründe kann die Klage nicht gestützt werden.

(2) Kann der Mangel nach § 276 geheilt werden, so kann die Klage erst erhoben werden, nachdem ein Klageberechtigter die Gesellschaft aufgefordert hat, den Mangel zu beseitigen, und sie binnen drei Monaten dieser Aufforderung nicht nachgekommen ist.

(3) [1]Die Klage muß binnen drei Jahren nach Eintragung der Gesellschaft erhoben werden. [2]Eine Löschung der Gesellschaft von Amts wegen nach § 397 Abs. 1 des Gesetzes über das Verfahren in Familiensachen und in den Angelegenheiten der freiwilligen Gerichtsbarkeit wird durch den Zeitablauf nicht ausgeschlossen.

(4) [1]Für die Anfechtung gelten § 246 Abs. 2 bis 4, §§ 247, 248 Abs. 1 Satz 1, §§ 248a, 249 Abs. 2 sinngemäß. [2]Der Vorstand hat eine beglaubigte Abschrift der Klage und das rechtskräftige Urteil zum Handelsregister einzureichen. [3]Die Nichtigkeit der Gesellschaft aufgrund rechtskräftigen Urteils ist einzutragen.

§ 276 Heilung von Mängeln

Ein Mangel, der die Bestimmungen über den Gegenstand des Unternehmens betrifft, kann unter Beachtung der Bestimmungen des Gesetzes und der Satzung über Satzungsänderungen geheilt werden.

§ 277 Wirkung der Eintragung der Nichtigkeit

(1) Ist die Nichtigkeit einer Gesellschaft aufgrund rechtskräftigen Urteils oder einer Entscheidung des Registergerichts in das Handelsregister eingetragen, so findet die Abwicklung nach den Vorschriften über die Abwicklung bei Auflösung statt.

(2) Die Wirksamkeit der im Namen der Gesellschaft vorgenommenen Rechtsgeschäfte wird durch die Nichtigkeit nicht berührt.

(3) Die Gesellschafter haben die Einlagen zu leisten, soweit es zur Erfüllung der eingegangenen Verbindlichkeit nötig ist.

Zweites Buch. Kommanditgesellschaft auf Aktien

§ 278 Wesen der Kommanditgesellschaft auf Aktien

(1) Die Kommanditgesellschaft auf Aktien ist eine Gesellschaft mit eigener Rechtspersönlichkeit, bei der mindestens ein Gesellschafter den Gesellschaftsgläubigern unbeschränkt haftet (persönlich haftender Gesellschafter) und die übrigen an dem in Aktien zerlegten Grundkapital beteiligt sind, ohne persönlich für die Verbindlichkeiten der Gesellschaft zu haften (Kommanditaktionäre).

(2) Das Rechtsverhältnis der persönlich haftenden Gesellschafter untereinander und gegenüber der Gesamtheit der Kommanditaktionäre sowie gegenüber Dritten, namentlich die Befugnis der persönlich haftenden Gesellschafter zur Geschäftsführung und zur Vertretung der Gesellschaft, bestimmt sich nach den Vorschriften des Handelsgesetzbuchs über die Kommanditgesellschaft.

(3) Im übrigen gelten für die Kommanditgesellschaft auf Aktien, soweit sich aus den folgenden Vorschriften oder aus dem Fehlen eines Vorstands nichts anderes ergibt, die Vorschriften des Ersten Buchs über die Aktiengesellschaft sinngemäß.

§ 279 Firma

(1) [1]Die Firma der Kommanditgesellschaft auf Aktien muß, auch wenn sie nach § 22 des Handelsgesetzbuchs oder nach anderen gesetzlichen Vorschriften fortgeführt wird, die Bezeichnung „Kommanditgesellschaft auf Aktien“ oder eine allgemein verständliche Abkürzung dieser Bezeichnung enthalten.

(2) Wenn in der Gesellschaft keine natürliche Person persönlich haftet, muß die Firma, auch wenn sie nach § 22 des Handelsgesetzbuchs oder nach anderen gesetzlichen Vor-

schriften fortgeführt wird, eine Bezeichnung enthalten, welche die Haftungsbeschränkung kennzeichnet.

§ 280 Feststellung der Satzung. Gründer

(1) [1]Die Satzung muß durch notarielle Beurkundung festgestellt werden. [2]In der Urkunde sind bei Nennbetragsaktien der Nennbetrag, bei Stückaktien die Zahl, der Ausgabebetrag und, wenn mehrere Gattungen bestehen, die Gattung der Aktien anzugeben, die jeder Beteiligte übernimmt. [3]Bevollmächtigte bedürfen einer notariell beglaubigten Vollmacht.

(2) [1]Alle persönlich haftenden Gesellschafter müssen sich bei der Feststellung der Satzung beteiligen. [2]Außer ihnen müssen die Personen mitwirken, die als Kommanditaktionäre Aktien gegen Einlagen übernehmen.

(3) Die Gesellschafter, die die Satzung festgestellt haben, sind die Gründer der Gesellschaft.

§ 281 Inhalt der Satzung

(1) Die Satzung muß außer den Festsetzungen nach § 23 Abs. 3 und 4 den Namen, Vornamen und Wohnort jedes persönlich haftenden Gesellschafters enthalten.

(2) Vermögenseinlagen der persönlich haftenden Gesellschafter müssen, wenn sie nicht auf das Grundkapital geleistet werden, nach Höhe und Art in der Satzung festgesetzt werden.

(3) *(aufgehoben)*

§ 282 Eintragung der persönlich haftenden Gesellschafter

[1]Bei der Eintragung der Gesellschaft in das Handelsregister sind statt der Vorstandsmitglieder die persönlich haftenden Gesellschafter anzugeben. [2]Ferner ist einzutragen, welche Vertretungsbefugnis die persönlich haftenden Gesellschafter haben.

§ 283 Persönlich haftende Gesellschafter

Für die persönlich haftenden Gesellschafter gelten sinngemäß die für den Vorstand der Aktiengesellschaft geltenden Vorschriften über

1. die Anmeldungen, Einreichungen, Erklärungen und Nachweise zum Handelsregister sowie über Bekanntmachungen;
2. die Gründungsprüfung;
3. die Sorgfaltspflicht und Verantwortlichkeit;
4. die Pflichten gegenüber dem Aufsichtsrat;
5. die Zulässigkeit einer Kreditgewährung;
6. die Einberufung der Hauptversammlung;
7. die Sonderprüfung;
8. die Geltendmachung von Ersatzansprüchen wegen der Geschäftsführung;
9. die Aufstellung, Vorlegung und Prüfung des Jahresabschlusses und des Vorschlags für die Verwendung des Bilanzgewinns;
10. die Vorlage und Prüfung des Lageberichts, eines gesonderten nichtfinanziellen Berichts sowie eines Konzernabschlusses, eines Konzernlageberichts und eines gesonderten nichtfinanziellen Konzernberichts;
11. die Vorlegung, Prüfung und Offenlegung eines Einzelabschlusses nach § 325 Abs. 2a des Handelsgesetzbuchs;
12. die Ausgabe von Aktien bei bedingter Kapitalerhöhung, bei genehmigtem Kapital und bei Kapitalerhöhung aus Gesellschaftsmitteln;

13. die Nichtigkeit und Anfechtung von Hauptversammlungsbeschlüssen;
14. den Antrag auf Eröffnung des Insolvenzverfahrens.

§ 284 Wettbewerbsverbot

(1) [1]Ein persönlich haftender Gesellschafter darf ohne ausdrückliche Einwilligung der übrigen persönlich haftenden Gesellschafter und des Aufsichtsrats weder im Geschäftszweig der Gesellschaft für eigene oder fremde Rechnung Geschäfte machen noch Mitglied des Vorstands oder Geschäftsführer oder persönlich haftender Gesellschafter einer anderen gleichartigen Handelsgesellschaft sein. [2]Die Einwilligung kann nur für bestimmte Arten von Geschäften oder für bestimmte Handelsgesellschaften erteilt werden.

(2) [1]Verstößt ein persönlich haftender Gesellschafter gegen dieses Verbot, so kann die Gesellschaft Schadenersatz fordern. [2]Sie kann statt dessen von dem Gesellschafter verlangen, daß er die für eigene Rechnung gemachten Geschäfte als für Rechnung der Gesellschaft eingegangen gelten läßt und die aus Geschäften für fremde Rechnung bezogene Vergütung herausgibt oder seinen Anspruch auf die Vergütung abtritt.

(3) [1]Die Ansprüche der Gesellschaft verjähren in drei Monaten seit dem Zeitpunkt, in dem die übrigen persönlich haftenden Gesellschafter und die Aufsichtsratsmitglieder von der zum Schadensersatz verpflichtenden Handlung Kenntnis erlangen oder ohne grobe Fahrlässigkeit erlangen müssten. [2]Sie verjähren ohne Rücksicht auf diese Kenntnis oder grob fahrlässige Unkenntnis in fünf Jahren seit ihrer Entstehung an.

§ 285 Hauptversammlung

(1) [1]In der Hauptversammlung haben die persönlich haftenden Gesellschafter nur ein Stimmrecht für ihre Aktien. [2]Sie können das Stimmrecht weder für sich noch für einen anderen ausüben bei Beschlußfassungen über

1. die Wahl und Abberufung des Aufsichtsrats;
2. die Entlastung der persönlich haftenden Gesellschafter und der Mitglieder des Aufsichtsrats;
3. die Bestellung von Sonderprüfern;
4. die Geltendmachung von Ersatzansprüchen;
5. den Verzicht auf Ersatzansprüche;
6. die Wahl von Abschlußprüfern.

[3]Bei diesen Beschlußfassungen kann ihr Stimmrecht auch nicht durch einen anderen ausgeübt werden.

(2) [1]Die Beschlüsse der Hauptversammlung bedürfen der Zustimmung der persönlich haftenden Gesellschafter, soweit sie Angelegenheiten betreffen, für die bei einer Kommanditgesellschaft das Einverständnis der persönlich haftenden Gesellschafter und der Kommanditisten erforderlich ist. [2]Die Ausübung der Befugnisse die der Hauptversammlung oder einer Minderheit von Kommanditaktionären bei der Bestellung von Prüfern und der Geltendmachung von Ansprüchen der Gesellschaft aus der Gründung oder der Geschäftsführung zustehen, bedarf nicht der Zustimmung der persönlich haftenden Gesellschafter.

(3) [1]Beschlüsse der Hauptversammlung, die der Zustimmung der persönlich haftenden Gesellschafter bedürfen, sind zum Handelsregister erst einzureichen, wenn die Zustimmung vorliegt. [2]Bei Beschlüssen, die in das Handelsregister einzutragen sind, ist die Zustimmung in der Verhandlungsniederschrift oder in einem Anhang zur Niederschrift zu beurkunden.

§ 286 Jahresabschluß. Lagebericht

(1) [1]Die Hauptversammlung beschließt über die Feststellung des Jahresabschlusses. [2]Der Beschluß bedarf der Zustimmung der persönlich haftenden Gesellschafter.

(2) [1]In der Jahresbilanz sind die Kapitalanteile der persönlich haftenden Gesellschafter nach dem Posten „Gezeichnetes Kapital" gesondert auszuweisen. [2]Der auf den Kapitalanteil eines persönlich haftenden Gesellschafters für das Geschäftsjahr entfallende Verlust ist von dem Kapitalanteil abzuschreiben. [3]Soweit der Verlust den Kapitalanteil übersteigt, ist er auf der Aktivseite unter der Bezeichnung „Einzahlungsverpflichtungen persönlich haftender Gesellschafter" unter den Forderungen gesondert auszuweisen, soweit eine Zahlungsverpflichtung besteht; besteht keine Zahlungsverpflichtung, so ist der Betrag als „Nicht durch Vermögenseinlagen gedeckter Verlustanteil persönlich haftender Gesellschafter" zu bezeichnen und gemäß § 268 Abs. 3 des Handelsgesetzbuchs auszuweisen. [4]Unter § 89 fallende Kredite, die die Gesellschaft persönlich haftenden Gesellschaftern, deren Ehegatten oder Lebenspartner oder minderjährigen Kindern oder Dritten, die für Rechnung dieser Personen handeln, gewährt hat, sind auf der Aktivseite bei den entsprechenden Posten unter der Bezeichnung „davon an persönlich haftende Gesellschafter und deren Angehörige" zu vermerken.

(3) In der Gewinn- und Verlustrechnung braucht der auf die Kapitalanteile der persönlich haftenden Gesellschafter entfallende Gewinn oder Verlust nicht gesondert ausgewiesen zu werden.

(4) § 285 Nr. 9 Buchstaben a und b des Handelsgesetzbuchs gilt für die persönlich haftenden Gesellschafter mit der Maßgabe, daß der auf den Kapitalanteil eines persönlich haftenden Gesellschafters entfallende Gewinn nicht angegeben zu werden braucht.

§ 287 Aufsichtsrat

(1) Die Beschlüsse der Kommanditaktionäre führt der Aufsichtsrat aus, wenn die Satzung nichts anderes bestimmt.

(2) [1]In Rechtsstreitigkeiten, die die Gesamtheit der Kommanditaktionäre gegen die persönlich haftenden Gesellschafter oder diese gegen die Gesamtheit der Kommanditaktionäre führen, vertritt der Aufsichtsrat die Kommanditaktionäre, wenn die Hauptversammlung keine besonderen Vertreter gewählt hat. [2]Für die Kosten des Rechtsstreits, die den Kommanditaktionären zur Last fallen, haftet die Gesellschaft unbeschadet ihres Rückgriffs gegen die Kommanditaktionäre.

(3) Persönlich haftende Gesellschafter können nicht Aufsichtsratsmitglieder sein.

§ 288 Entnahmen der persönlich haftenden Gesellschafter. Kreditgewährung

(1) [1]Entfällt auf einen persönlich haftenden Gesellschafter ein Verlust, der seinen Kapitalanteil übersteigt, so darf er keinen Gewinn auf seinen Kapitalanteil entnehmen. [2]Er darf ferner keinen solchen Gewinnanteil und kein Geld auf seinen Kapitalanteil entnehmen, solange die Summe aus Bilanzverlust, Einzahlungsverpflichtungen, Verlustanteilen persönlich haftender Gesellschafter und Forderungen aus Krediten an persönliche haftende Gesellschafter und deren Angehörige die Summe aus Gewinnvortrag, Kapital- und Gewinnrücklagen sowie Kapialanteilen der persönlich haftenden Gesellschafter übersteigt.

(2) [1]Solange die Voraussetzung von Absatz 1 Satz 2 vorliegt, darf die Gesellschaft keinen unter § 286 Abs. 2 Satz 4 fallenden Kredit gewähren. [2]Ein trotzdem gewährter Kredit ist ohne Rücksicht auf entgegenstehende Vereinbarungen sofort zurückzugewähren.

(3) [1]Ansprüche persönlich haftender Gesellschafter auf nicht vom Gewinn abhängige Tätigkeitsvergütungen werden durch diese Vorschriften nicht berührt. [2]Für eine Herabsetzung solcher Vergütungen gilt § 87 Abs. 2 Satz 1 und 2 sinngemäß.

§ 289 Auflösung

(1) Die Gründe für die Auflösung der Kommanditgesellschaft auf Aktien und das Ausscheiden eines von mehreren persönlich haftenden Gesellschaftern aus der Gesellschaft richten sich, soweit in den Absätzen 2 bis 6 nichts anderes bestimmt ist, nach den Vorschriften des Handelsgesetzbuchs über die Kommanditgesellschaft.

(2) Die Kommanditgesellschaft auf Aktien wird auch aufgelöst

1. mit der Rechtskraft des Beschlusses, durch den die Eröffnung des Insolvenzverfahrens mangels Masse abgelehnt wird;
2. mit der Rechtskraft einer Verfügung des Registergerichts, durch welche nach § 399 des Gesetzes über das Verfahren in Familiensachen und in den Angelegenheiten der freiwilligen Gerichtsbarkeit ein Mangel der Satzung festgestellt worden ist;
3. durch die Löschung der Gesellschaft wegen Vermögenslosigkeit nach § 394 des Gesetzes über das Verfahren in Familiensachen und in den Angelegenheiten der freiwilligen Gerichtsbarkeit.

(3) [1]Durch die Eröffnung des Insolvenzverfahrens das Vermögen eines Kommanditaktionärs wird die Gesellschaft nicht aufgelöst. [2]Die Gläubiger eines Kommanditaktionärs sind nicht berechtigt, die Gesellschaft zu kündigen.

(4) [1]Für die Kündigung der Gesellschaft durch die Kommanditaktionäre und für ihre Zustimmung zur Auflösung der Gesellschaft ist ein Beschluß der Hauptversammlung nötig. [2]Gleiches gilt für den Antrag auf Auflösung der Gesellschaft durch gerichtliche Entscheidung. [3]Der Beschluß bedarf einer Mehrheit, die mindestens drei Viertel des bei der Beschlußfassung vertretenen Grundkapitals umfaßt. [4]Die Satzung kann eine größere Kapitalmehrheit und weitere Erfordernisse bestimmen.

(5) Persönlich haftende Gesellschafter können außer durch Ausschließung nur ausscheiden, wenn es die Satzung für zulässig erklärt.

(6) [1]Die Auflösung der Gesellschaft und das Ausscheiden eines persönlich haftenden Gesellschafters ist von allen persönlich haftenden Gesellschaftern zur Eintragung in das Handelsregister anzumelden. [2]§ 143 Abs. 3 des Handelsgesetzbuchs gilt sinngemäß. [3]In den Fällen des Absatzes 2 hat das Gericht die Auflösung und ihren Grund von Amts wegen einzutragen. [4]Im Falle des Absatzes 2 Nr. 3 entfällt die Eintragung der Auflösung.

§ 290 Abwicklung

(1) Die Abwicklung besorgen alle persönlich haftenden Gesellschafter und eine oder mehrere von der Hauptversammlung gewählte Personen als Abwickler, wenn die Satzung nichts anderes bestimmt.

(2) Die Bestellung oder Abberufung von Abwicklern durch das Gericht kann auch jeder persönlich haftende Gesellschafter beantragen.

(3) [1]Ist die Gesellschaft durch Löschung wegen Vermögenslosigkeit aufgelöst, so findet eine Abwicklung nur statt, wenn sich nach der Löschung herausstellt, daß Vermögen vorhanden ist, das der Verteilung unterliegt. [2]Die Abwickler sind auf Antrag eines Beteiligten durch das Gericht zu ernennen.

Drittes Buch. Verbundene Unternehmen

Erster Teil. Unternehmensverträge

Erster Abschnitt. Arten von Unternehmensverträgen

§ 291 Beherrschungsvertrag. Gewinnabführungsvertrag

(1) [1]Unternehmensverträge sind Verträge, durch die eine Aktiengesellschaft oder Kommanditgesellschaft auf Aktien die Leitung ihrer Gesellschaft einem anderen Unternehmen unterstellt (Beherrschungsvertrag) oder sich verpflichtet, ihren ganzen Gewinn an ein anderes Unternehmen abzuführen (Gewinnabführungsvertrag). [2]Als Vertrag über die Abführung des ganzen Gewinns gilt auch ein Vertrag, durch den eine Aktiengesellschaft oder Kommanditgesellschaft auf Aktien es übernimmt, ihr Unternehmen für Rechnung eines anderen Unternehmens zu führen.

(2) Stellen sich Unternehmen, die voneinander nicht abhängig sind, durch Vertrag unter einheitliche Leitung, ohne daß dadurch eines von ihnen von einem anderen vertragschließenden Unternehmen abhängig wird, so ist dieser Vertrag kein Beherrschungsvertrag.

(3) Leistungen der Gesellschaft bei Bestehen eines Beherrschungs- oder eines Gewinnabführungsvertrags gelten nicht als Verstoß gegen die §§ 57, 58 und 60.

§ 292 Andere Unternehmensverträge

(1) Unternehmensverträge sind ferner Verträge, durch die eine Aktiengesellschaft oder Kommanditgesellschaft auf Aktien

1. sich verpflichtet, ihren Gewinn oder den Gewinn einzelner ihrer Betriebe ganz oder zum Teil mit dem Gewinn anderer Unternehmen oder einzelner Betriebe anderer Unternehmen zur Aufteilung eines gemeinschaftlichen Gewinns zusammenzulegen (Gewinngemeinschaft),
2. sich verpflichtet, einen Teil ihres Gewinns oder den Gewinn einzelner ihrer Betriebe ganz oder zum Teil an einen anderen abzuführen (Teilgewinnabführungsvertrag),
3. den Betrieb ihres Unternehmens einem anderen verpachtet oder sonst überläßt (Betriebspachtvertrag, Betriebsüberlassungsvertrag).

(2) Ein Vertrag über eine Gewinnbeteiligung mit Mitgliedern von Vorstand und Aufsichtsrat oder mit einzelnen Arbeitnehmern der Gesellschaft sowie eine Abrede über eine Gewinnbeteiligung im Rahmen von Verträgen des laufenden Geschäftsverkehrs oder Lizenzverträgen ist kein Teilgewinnabführungsvertrag.

(3) [1]Ein Betriebspacht- oder Betriebsüberlassungsvertrag und der Beschluß, durch den die Hauptversammlung dem Vertrag zugestimmt hat, sind nicht deshalb nichtig, weil der Vertrag gegen die §§ 57, 58 und 60 verstößt. [2]Satz 1 schließt die Anfechtung des Beschlusses wegen dieses Verstoßes nicht aus.

Zweiter Abschnitt. Abschluß, Änderung und Beendigung von Unternehmensverträgen

§ 293 Zustimmung der Hauptversammlung

(1) [1]Ein Unternehmensvertrag wird nur mit Zustimmung der Hauptversammlung wirksam. [2]Der Beschluß bedarf einer Mehrheit, die mindestens drei Viertel des bei der Beschlußfassung vertretenen Grundkapitals umfaßt. [3]Die Satzung kann eine größere Kapitalmehrheit und weitere Erfordernisse bestimmen. [4]Auf den Beschluß sind die Bestimmungen des Gesetzes und der Satzung über Satzungsänderungen nicht anzuwenden.

(2) [1]Ein Beherrschungs- oder ein Gewinnabführungsvertrag wird, wenn der andere Vertragsteil eine Aktiengesellschaft oder Kommanditgesellschaft auf Aktien ist, nur wirksam, wenn auch die Hauptversammlung dieser Gesellschaft zustimmt. [2]Für den Beschluß gilt Absatz 1 Satz 2 bis 4 sinngemäß.

(3) Der Vertrag bedarf der schriftlichen Form.

(4) *(aufgehoben)*

§ 293a Bericht über den Unternehmensvertrag

(1) [1]Der Vorstand jeder an einem Unternehmensvertrag beteiligten Aktiengesellschaft oder Kommanditgesellschaft auf Aktien hat, soweit die Zustimmung der Hauptversammlung nach § 293 erforderlich ist, einen ausführlichen schriftlichen Bericht zu erstatten, in dem der Abschluß des Unternehmensvertrags, der Vertrag im einzelnen und insbesondere Art und Höhe des Ausgleichs nach § 304 und der Abfindung nach § 305 rechtlich und wirtschaftlich erläutert und begründet werden; der Bericht kann von den Vorständen auch gemeinsam erstattet werden. [2]Auf besondere Schwierigkeiten bei der Bewertung der vertragschließenden Unternehmen sowie auf die Folgen für die Beteiligungen der Aktionäre ist hinzuweisen.

(2) [1]In den Bericht brauchen Tatsachen nicht aufgenommen zu werden, deren Bekanntwerden geeignet ist, einem der vertragschließenden Unternehmen oder einem verbundenen Unternehmen einen nicht unerheblichen Nachteil zuzufügen. [2]In diesem Falle sind in dem Bericht die Gründe, aus denen die Tatsachen nicht aufgenommen worden sind, darzulegen.

(3) Der Bericht ist nicht erforderlich, wenn alle Anteilsinhaber aller beteiligten Unternehmen auf seine Erstattung durch öffentlich beglaubigte Erklärung verzichten.

§ 293b Prüfung des Unternehmensvertrags

(1) Der Unternehmensvertrag ist für jede vertragschließende Aktiengesellschaft oder Kommanditgesellschaft auf Aktien durch einen oder mehrere sachverständige Prüfer (Vertragsprüfer) zu prüfen, es sei denn, daß sich alle Aktien der abhängigen Gesellschaft in der Hand des herrschenden Unternehmens befinden.

(2) § 293a Abs. 3 ist entsprechend anzuwenden.

§ 293c Bestellung der Vertragsprüfer

(1) [1]Die Vertragsprüfer werden jeweils auf Antrag der Vorstände der vertragschließenden Gesellschaften vom Gericht ausgewählt und bestellt. [2]Sie können auf gemeinsamen Antrag der Vorstände für alle vertragschließenden Gesellschaften gemeinsam bestellt werden. [3]Zuständig ist das Landgericht, in dessen Bezirk die abhängige Gesellschaft ihren Sitz hat. [4]Ist bei dem Landgericht eine Kammer für Handelssachen gebildet, so entscheidet deren Vorsitzender an Stelle der Zivilkammer. [5]Für den Ersatz von Auslagen und für die Vergütung der vom Gericht bestellten Prüfer gilt § 318 Abs. 5 des Handelsgesetzbuchs.

(2) § 10 Abs. 3 bis 5 des Umwandlungsgesetzes gilt entsprechend.

§ 293d Auswahl, Stellung und Verantwortlichkeit der Vertragsprüfer

(1) [1]Für die Auswahl und das Auskunftsrecht der Vertragsprüfer gelten § 319 Abs. 1 bis 4, § 319a Abs. 1, § 319b Abs. 1, § 320 Abs. 1 Satz 2 und Abs. 2 Satz 1 und 2 des Handelsgesetzbuchs entsprechend. [2]Das Auskunftsrecht besteht gegenüber den vertragschließenden Unternehmen und gegenüber einem Konzernunternehmen sowie einem abhängigen und einem herrschenden Unternehmen.

(2) [1]Für die Verantwortlichkeit der Vertragsprüfer, ihrer Gehilfen und der bei der Prüfung mitwirkenden gesetzlichen Vertreter einer Prüfungsgesellschaft gilt § 323 des

Handelsgesetzbuchs entsprechend. [2]Die Verantwortlichkeit besteht gegenüber den vertragschließenden Unternehmen und deren Anteilsinhabern.

§ 293e Prüfungsbericht

(1) [1]Die Vertragsprüfer haben über das Ergebnis der Prüfung schriftlich zu berichten. [2]Der Prüfungsbericht ist mit einer Erklärung darüber abzuschließen, ob der vorgeschlagene Ausgleich oder die vorgeschlagene Abfindung angemessen ist. Dabei ist anzugeben,

1. nach welchen Methoden Ausgleich und Abfindung ermittelt worden sind;
2. aus welchen Gründen die Anwendung dieser Methoden angemessen ist;
3. welcher Ausgleich oder welche Abfindung sich bei der Anwendung verschiedener Methoden, sofern mehrere angewandt worden sind, jeweils ergeben würde; zugleich ist darzulegen, welches Gewicht den verschiedenen Methoden bei der Bestimmung des vorgeschlagenen Ausgleichs oder der vorgeschlagenen Abfindung und der ihnen zugrunde liegenden Werte beigemessen worden ist und welche besonderen Schwierigkeiten bei der Bewertung der vertragschließenden Unternehmen aufgetreten sind.

(2) § 293a Abs. 2 und 3 ist entsprechend anzuwenden.

§ 293f Vorbereitung der Hauptversammlung

(1) Von der Einberufung der Hauptversammlung an, die über die Zustimmung zu dem Unternehmensvertrag beschließen soll, sind in dem Geschäftsraum jeder der beteiligten Aktiengesellschaften oder Kommanditgesellschaften auf Aktien zur Einsicht der Aktionäre auszulegen

1. der Unternehmensvertrag;
2. die Jahresabschlüsse und die Lageberichte der vertragschließenden Unternehmen für die letzten drei Geschäftsjahre;
3. die nach § 293a erstatteten Berichte der Vorstände und die nach § 293e erstatteten Berichte der Vertragsprüfer.

(2) Auf Verlangen ist jedem Aktionär unverzüglich und kostenlos eine Abschrift der in Absatz 1 bezeichneten Unterlagen zu erteilen.

(3) Die Verpflichtungen nach den Absätzen 1 und 2 entfallen, wenn die in Absatz 1 bezeichneten Unterlagen für denselben Zeitraum über die Internetseite der Gesellschaft zugänglich sind.

§ 293g Durchführung der Hauptversammlung

(1) In der Hauptversammlung sind die in § 293f Abs. 1 bezeichneten Unterlagen zugänglich zu machen.

(2) [1]Der Vorstand hat den Unternehmensvertrag zu Beginn der Verhandlung mündlich zu erläutern. [2]Er ist der Niederschrift als Anlage beizufügen.

(3) Jedem Aktionär ist auf Verlangen in der Hauptversammlung Auskunft auch über alle für den Vertragschluß wesentlichen Angelegenheiten des anderen Vertragsteils zu geben.

§ 294 Eintragung. Wirksamwerden

(1) [1]Der Vorstand der Gesellschaft hat das Bestehen und die Art des Unternehmensvertrags sowie den Namen des anderen Vertragsteils zur Eintragung in das Handelsregister anzumelden; beim Bestehen einer Vielzahl von Teilgewinnabführungsverträgen kann anstelle des Namens des anderen Vertragsteils auch eine andere Bezeichnung eingetragen werden, die den jeweiligen Teilgewinnabführungsvertrag konkret bestimmt. [2]Der Anmeldung sind der Vertrag sowie, wenn er nur mit Zustimmung der Haupt-

versammlung des anderen Vertragsteils wirksam wird, die Niederschrift dieses Beschlusses und ihre Anlagen in Urschrift, Ausfertigung oder öffentlich beglaubigter Abschrift beizufügen.

(2) Der Vertrag wird erst wirksam, wenn sein Bestehen in das Handelsregister des Sitzes der Gesellschaft eingetragen worden ist.

§ 295 Änderung

(1) [1]Ein Unternehmensvertrag kann nur mit Zustimmung der Hauptversammlung geändert werden. [2]§§ 293 bis 294 gelten sinngemäß.

(2) [1]Die Zustimmung der Hauptversammlung der Gesellschaft zu einer Änderung der Bestimmungen des Vertrags, die zur Leistung eines Ausgleichs an die außenstehenden Aktionäre der Gesellschaft oder zum Erwerb ihrer Aktien verpflichten, bedarf, um wirksam zu werden, eines Sonderbeschlusses der außenstehenden Aktionäre. [2]Für den Sonderbeschluß gilt § 293 Abs. 1 Satz 2 und 3. [3]Jedem außenstehenden Aktionär ist auf Verlangen in der Versammlung, die über die Zustimmung beschließt, Auskunft auch über alle für die Änderung wesentlichen Angelegenheiten des anderen Vertragsteils zu geben.

§ 296 Aufhebung

(1) [1]Ein Unternehmensvertrag kann nur zum Ende des Geschäftsjahrs oder des sonst vertraglich bestimmten Abrechnungszeitraums aufgehoben werden. [2]Eine rückwirkende Aufhebung ist unzulässig. [3]Die Aufhebung bedarf der schriftlichen Form.

(2) [1]Ein Vertrag, der zur Leistung eines Ausgleichs an die außenstehenden Aktionäre oder zum Erwerb ihrer Aktien verpflichtet, kann nur aufgehoben werden, wenn die außenstehenden Aktionäre durch Sonderbeschluß zustimmen. [2]Für den Sonderbeschluß gilt § 293 Abs. 1 Satz 2 und 3, § 295 Abs. 2 Satz 3 sinngemäß.

§ 297 Kündigung

(1) [1]Ein Unternehmensvertrag kann aus wichtigem Grunde ohne Einhaltung einer Kündigungsfrist gekündigt werden. [2]Ein wichtiger Grund liegt namentlich vor, wenn der andere Vertragsteil voraussichtlich nicht in der Lage sein wird, seine aufgrund des Vertrags bestehenden Verpflichtungen zu erfüllen.

(2) [1]Der Vorstand der Gesellschaft kann einen Vertrag, der zur Leistung eines Ausgleichs an die außenstehenden Aktionäre der Gesellschaft oder zum Erwerb ihrer Aktien verpflichtet, ohne wichtigen Grund nur kündigen, wenn die außenstehenden Aktionäre durch Sonderbeschluß zustimmen. [2]Für den Sonderbeschluß gilt § 293 Abs. 1 Satz 2 und 3, § 295 Abs. 2 Satz 3 sinngemäß.

(3) Die Kündigung bedarf der schriftlichen Form.

§ 298 Anmeldung und Eintragung

Der Vorstand der Gesellschaft hat die Beendigung eines Unternehmensvertrags, den Grund und den Zeitpunkt der Beendigung unverzüglich zur Eintragung in das Handelsregister anzumelden.

§ 299 Ausschluß von Weisungen

Aufgrund eines Unternehmensvertrags kann der Gesellschaft nicht die Weisung erteilt werden, den Vertrag zu ändern, aufrechtzuerhalten oder zu beendigen.

Dritter Abschnitt. Sicherung der Gesellschaft und der Gläubiger

§ 300 Gesetzliche Rücklage

In die gesetzliche Rücklage sind an Stelle des in § 150 Abs. 2 bestimmten Betrags einzustellen,

1. wenn ein Gewinnabführungsvertrag besteht, aus dem ohne die Gewinnabführung entstehenden, um einen Verlustvortrag aus dem Vorjahr geminderten Jahresüberschuß der Betrag, der erforderlich ist, um die gesetzliche Rücklage unter Hinzurechnung einer Kapitalrücklage innerhalb der ersten fünf Geschäftsjahre, die während des Bestehens des Vertrags oder nach Durchführung einer Kapitalerhöhung beginnen, gleichmäßig auf den zehnten oder den in der Satzung bestimmten höheren Teil des Grundkapitals aufzufüllen, mindestens aber der in Nummer 2 bestimmte Betrag;
2. wenn ein Teilgewinnabführungsvertrag besteht, der Betrag, der nach § 150 Abs. 2 aus dem ohne die Gewinnabführung entstehenden, um einen Verlustvortrag aus dem Vorjahr geminderten Jahresüberschuß in die gesetzliche Rücklage einzustellen wäre;
3. wenn ein Beherrschungsvertrag besteht, ohne daß die Gesellschaft auch zur Abführung ihres ganzen Gewinns verpflichtet ist, der zur Auffüllung der gesetzlichen Rücklage nach Nummer 1 erforderliche Betrag, mindestens aber der in § 150 Abs. 2 oder, wenn die Gesellschaft verpflichtet ist, ihren Gewinn zum Teil abzuführen, der in Nummer 2 bestimmte Betrag.

§ 301 Höchstbetrag der Gewinnabführung

[1]Eine Gesellschaft kann, gleichgültig welche Vereinbarungen über die Berechnung des abzuführenden Gewinns getroffen worden sind, als ihren Gewinn höchstens den ohne die Gewinnabführung entstehenden Jahresüberschuss, vermindert um einen Verlustvortrag aus dem Vorjahr, um den Betrag, der nach § 300 in die gesetzlichen Rücklagen einzustellen ist, und den nach § 268 Abs. 8 des Handelsgesetzbuchs ausschüttungsgesperrten Betrag, abführen. [2]Sind während der Dauer des Vertrags Beträge in andere Gewinnrücklagen eingestellt worden, so können diese Beträge den anderen Gewinnrücklagen entnommen und als Gewinn abgeführt werden.

§ 302 Verlustübernahme

(1) Besteht ein Beherrschungs- oder ein Gewinnabführungsvertrag, so hat der andere Vertragsteil jeden während der Vertragsdauer sonst entstehenden Jahresfehlbetrag auszugleichen, soweit dieser nicht dadurch ausgeglichen wird, daß den anderen Gewinnrücklagen Beträge entnommen werden, die während der Vertragsdauer in sie eingestellt worden sind.

(2) Hat eine abhängige Gesellschaft den Betrieb ihres Unternehmens dem herrschenden Unternehmen verpachtet oder sonst überlassen, so hat das herrschende Unternehmen jeden während der Vertragsdauer sonst entstehenden Jahresfehlbetrag auszugleichen, soweit die vereinbarte Gegenleistung das angemessene Entgelt nicht erreicht.

(3) [1]Die Gesellschaft kann auf den Anspruch auf Ausgleich erst drei Jahre nach dem Tage, an dem die Eintragung der Beendigung des Vertrags in das Handelsregister nach § 10 des Handelsgesetzbuchs bekannt gemacht worden ist, verzichten oder sich über ihn vergleichen. [2]Dies gilt nicht, wenn der Ausgleichspflichtige zahlungsunfähig ist und sich zur Abwendung des Insolvenzverfahrens mit seinen Gläubigern vergleicht oder wenn die Ersatzpflicht in einem Insolvenzplan geregelt wird. [3]Der Verzicht oder Vergleich wird nur wirksam, wenn die außenstehenden Aktionäre durch Sonderbeschluß zustimmen und nicht eine Minderheit, deren Anteile zusammen den zehnten Teil des bei der Be-

schlußfassung vertretenen Grundkapitals erreichen, zur Niederschrift Widerspruch erhebt.

(4) Die Ansprüche aus diesen Vorschriften verjähren in zehn Jahren seit dem Tag, an dem die Eintragung der Beendigung des Vertrags in das Handelsregister nach § 10 des Handelsgesetzbuchs bekannt gemacht worden ist.

§ 303 Gläubigerschutz

(1) [1]Endet ein Beherrschungs- oder ein Gewinnabführungsvertrag, so hat der andere Vertragsteil den Gläubigern der Gesellschaft, deren Forderungen begründet worden sind, bevor die Eintragung der Beendigung des Vertrags in das Handelsregister nach § 10 des Handelsgesetzbuchs bekannt gemacht worden ist, Sicherheit zu leisten, wenn sie sich binnen sechs Monaten nach der Bekanntmachung der Eintragung zu diesem Zweck bei ihm melden. [2]Die Gläubiger sind in der Bekanntmachung der Eintragung auf dieses Recht hinzuweisen.

(2) Das Recht, Sicherheitsleistung zu verlangen, steht Gläubigern nicht zu, die im Fall des Insolvenzverfahrens ein Recht auf vorzugsweise Befriedigung aus einer Deckungsmasse haben, die nach gesetzlicher Vorschrift zu ihrem Schutz errichtet und staatlich überwacht ist.

(3) [1]Statt Sicherheit zu leisten, kann der andere Vertragsteil sich für die Forderung verbürgen. [2]§ 349 des Handelsgesetzbuchs über den Ausschluß der Einrede der Vorausklage ist nicht anzuwenden.

Vierter Abschnitt. Sicherung der außenstehenden Aktionäre bei Beherrschungs- und Gewinnabführungsverträgen

§ 304 Angemessener Ausgleich

(1) [1]Ein Gewinnabführungsvertrag muß einen angemessenen Ausgleich für die außenstehenden Aktionäre durch eine auf die Anteile am Grundkapital bezogene wiederkehrende Geldleistung (Ausgleichszahlung) vorsehen. [2]Ein Beherrschungsvertrag muß, wenn die Gesellschaft nicht auch zur Abführung ihres ganzen Gewinns verpflichtet ist, den außenstehenden Aktionären als angemessenen Ausgleich einen bestimmten jährlichen Gewinnanteil nach der für die Ausgleichszahlung bestimmten Höhe garantieren. [3]Von der Bestimmung eines angemessenen Ausgleichs kann nur abgesehen werden, wenn die Gesellschaft im Zeitpunkt der Beschlußfassung ihrer Hauptversammlung über den Vertrag keinen außenstehenden Aktionär hat.

(2) [1]Als Ausgleichszahlung ist mindestens die jährliche Zahlung des Betrags zuzusichern, der nach der bisherigen Ertragslage der Gesellschaft und ihren künftigen Ertragsaussichten unter Berücksichtigung angemessener Abschreibungen und Wertberichtigungen, jedoch ohne Bildung anderer Gewinnrücklagen, voraussichtlich als durchschnittlicher Gewinnanteil auf die einzelne Aktie verteilt werden könnte. [2]Ist der andere Vertragsteil eine Aktiengesellschaft oder Kommanditgesellschaft auf Aktien, so kann als Ausgleichszahlung auch die Zahlung des Betrags zugesichert werden, der unter Herstellung eines angemessenen Umrechnungsverhältnisses auf Aktien der anderen Gesellschaft jeweils als Gewinnanteil entfällt. [3]Die Angemessenheit der Umrechnung bestimmt sich nach dem Verhältnis, in dem bei einer Verschmelzung auf eine Aktie der Gesellschaft Aktien der anderen Gesellschaft zu gewähren wären.

(3) [1]Ein Vertrag, der entgegen Absatz 1 überhaupt keinen Ausgleich vorsieht, ist nichtig. [2]Die Anfechtung des Beschlusses, durch den die Hauptversammlung der Gesellschaft dem Vertrag oder einer unter § 295 Abs. 2 fallenden Änderung des Vertrags zugestimmt hat, kann nicht auf § 243 Abs. 2 oder darauf gestützt werden, daß der im

Vertrag bestimmte Ausgleich nicht angemessen ist. [3]Ist der im Vertrag bestimmte Ausgleich nicht angemessen, so hat das in § 2 des Spruchverfahrensgesetzes bestimmte Gericht auf Antrag den vertraglich geschuldeten Ausgleich zu bestimmen, wobei es, wenn der Vertrag einen nach Absatz 2 Satz 2 berechneten Ausgleich vorsieht, den Ausgleich nach dieser Vorschrift zu bestimmen hat.

(4) Bestimmt das Gericht den Ausgleich, so kann der andere Vertragsteil den Vertrag binnen zwei Monaten nach Rechtskraft der Entscheidung ohne Einhaltung einer Kündigungsfrist kündigen.

§ 305 Abfindung

(1) Außer der Verpflichtung zum Ausgleich nach § 304 muß ein Beherrschungs- oder ein Gewinnabführungsvertrag die Verpflichtung des anderen Vertragsteils enthalten, auf Verlangen eines außenstehenden Aktionärs dessen Aktien gegen eine im Vertrag bestimmte angemessene Abfindung zu erwerben.

(2) Als Abfindung muß der Vertrag,

1. wenn der andere Vertragsteil eine nicht abhängige und nicht in Mehrheitsbesitz stehende Aktiengesellschaft oder Kommanditgesellschaft auf Aktien mit Sitz in einem Mitgliedstaat der Europäischen Union oder in einem anderen Vertragsstaat des Abkommens über den Europäischen Wirtschaftsraum ist, die Gewährung eigener Aktien dieser Gesellschaft,
2. wenn der andere Vertragsteil eine abhängige oder in Mehrheitsbesitz stehende Aktiengesellschaft oder Kommanditgesellschaft auf Aktien und das herrschende Unternehmen eine Aktiengesellschaft oder Kommanditgesellschaft auf Aktien mit Sitz in einem Mitgliedstaat der Europäischen Union oder in einem anderen Vertragsstaat des Abkommens über den Europäischen Wirtschaftsraum ist, entweder die Gewährung von Aktien der herrschenden oder mit Mehrheit beteiligten Gesellschaft oder eine Barabfindung,
3. in allen anderen Fällen eine Barabfindung

vorsehen.

(3) [1]Werden als Abfindung Aktien einer anderen Gesellschaft gewährt, so ist die Abfindung als angemessen anzusehen, wenn die Aktien in dem Verhältnis gewährt werden, in dem bei einer Verschmelzung auf eine Aktie der Gesellschaft Aktien der anderen Gesellschaft zu gewähren wären, wobei Spitzenbeträge durch bare Zuzahlungen ausgeglichen werden können. [2]Die angemessene Barabfindung muß die Verhältnisse der Gesellschaft im Zeitpunkt der Beschlußfassung ihrer Hauptversammlung über den Vertrag berücksichtigen. [3]Sie ist nach Ablauf des Tages, an dem der Beherrschungs- oder Gewinnabführungsvertrag wirksam geworden ist, mit jährlich 5 Prozentpunkten über dem jeweiligen Basiszinssatz nach § 247 des Bürgerlichen Gesetzbuchs zu verzinsen; die Geltendmachung eines weiteren Schadens ist nicht ausgeschlossen.

(4) [1]Die Verpflichtung zum Erwerb der Aktien kann befristet werden. [2]Die Frist endet frühestens zwei Monate nach dem Tage, an dem die Eintragung des Bestehens des Vertrags im Handelsregister nach § 10 des Handelsgesetzbuchs bekannt gemacht worden ist. [3]Ist ein Antrag auf Bestimmung des Ausgleichs oder der Abfindung durch das in § 2 des Spruchverfahrensgesetzes bestimmte Gericht gestellt worden, so endet die Frist frühestens zwei Monate nach dem Tage, an dem die Entscheidung über den zuletzt beschiedenen Antrag im Bundesanzeiger bekanntgemacht worden ist.

(5) [1]Die Anfechtung des Beschlusses, durch den die Hauptversammlung der Gesellschaft dem Vertrag oder einer unter § 295 Abs. 2 fallenden Änderung des Vertrags zugestimmt hat, kann nicht darauf gestützt werden, daß der Vertrag keine angemessene Abfindung vorsieht. [2]Sieht der Vertrag überhaupt keine oder eine den Absätzen 1 bis 3

nicht entsprechende Abfindung vor, so hat das in § 2 des Spruchverfahrensgesetzes bestimmte Gericht auf Antrag die vertraglich zu gewährende Abfindung zu bestimmen. [3]Dabei hat es in den Fällen des Absatzes 2 Nr. 2, wenn der Vertrag die Gewährung von Aktien der herrschenden oder mit Mehrheit beteiligten Gesellschaft vorsieht, das Verhältnis, in dem diese Aktien zu gewähren sind, wenn der Vertrag nicht die Gewährung von Aktien der herrschenden oder mit Mehrheit beteiligten Gesellschaft vorsieht, die angemessene Barabfindung zu bestimmen. [4]§ 304 Abs. 4 gilt sinngemäß.

§ 306 *(aufgehoben)*

§ 307 Vertragsbeendigung zur Sicherung außenstehender Aktionäre

Hat die Gesellschaft im Zeitpunkt der Beschlußfassung ihrer Hauptversammlung über einen Beherrschungs- oder Gewinnabführungsvertrag keinen außenstehenden Aktionär, so endet der Vertrag spätestens zum Ende des Geschäftsjahrs, in dem ein außenstehender Aktionär beteiligt ist.

Zweiter Teil. Leitungsmacht und Verantwortlichkeit bei Abhängigkeit von Unternehmen

Erster Abschnitt. Leitungsmacht und Verantwortlichkeit bei Bestehen eines Beherrschungsvertrags

§ 308 Leitungsmacht

(1) [1]Besteht ein Beherrschungsvertrag, so ist das herrschende Unternehmen berechtigt, dem Vorstand der Gesellschaft hinsichtlich der Leitung der Gesellschaft Weisungen zu erteilen. [2]Bestimmt der Vertrag nichts anderes, so können auch Weisungen erteilt werden, die für die Gesellschaft nachteilig sind, wenn sie den Belangen des herrschenden Unternehmens oder der mit ihm und der Gesellschaft konzernverbundenen Unternehmen dienen.

(2) [1]Der Vorstand ist verpflichtet, die Weisungen des herrschenden Unternehmens zu befolgen. [2]Er ist nicht berechtigt, die Befolgung einer Weisung zu verweigern, weil sie nach seiner Ansicht nicht den Belangen des herrschenden Unternehmens oder der mit ihm und der Gesellschaft konzernverbundenen Unternehmen dient, es sei denn, daß sie offensichtlich nicht diesen Belangen dient.

(3) [1]Wird der Vorstand angewiesen, ein Geschäft vorzunehmen, das nur mit Zustimmung des Aufsichtsrats der Gesellschaft vorgenommen werden darf, und wird diese Zustimmung nicht innerhalb einer angemessenen Frist erteilt, so hat der Vorstand dies dem herrschenden Unternehmen mitzuteilen. [2]Wiederholt das herrschende Unternehmen nach dieser Mitteilung die Weisung, so ist die Zustimmung des Aufsichtsrats nicht mehr erforderlich; die Weisung darf, wenn das herrschende Unternehmen einen Aufsichtsrat hat, nur mit dessen Zustimmung wiederholt werden.

§ 309 Verantwortlichkeit der gesetzlichen Vertreter des herrschenden Unternehmens

(1) Besteht ein Beherrschungsvertrag, so haben die gesetzlichen Vertreter (beim Einzelkaufmann der Inhaber) des herrschenden Unternehmens gegenüber der Gesellschaft bei der Erteilung von Weisungen an diese die Sorgfalt eines ordentlichen und gewissenhaften Geschäftsleiters anzuwenden.

(2) [1]Verletzen sie ihre Pflichten, so sind sie der Gesellschaft zum Ersatz des daraus entstehenden Schadens als Gesamtschuldner verpflichtet. [2]Ist streitig, ob sie die Sorgfalt

eines ordentlichen und gewissenhaften Geschäftsleiters angewandt haben, so trifft sie die Beweislast.

(3) [1]Die Gesellschaft kann erst drei Jahre nach der Entstehung des Anspruchs und nur dann auf Ersatzansprüche verzichten oder sich über sie vergleichen, wenn die außenstehenden Aktionäre durch Sonderbeschluß zustimmen und nicht eine Minderheit, deren Anteile zusammen den zehnten Teil des bei der Beschlußfasssng vertretenen Grundkapitals erreichen, zur Niederschrift Widerspruch erhebt. [2]Die zeitliche Beschränkung gilt nicht, wenn der Ersatzpflichtige zahlungsunfähig ist und sich zur Abwendung des Insolvenzverfahrens mit seinen Gläubigern vergleicht oder wenn die Ersatzpflicht in einem Insolvenzplan geregelt wird.

(4) [1]Der Ersatzanspruch der Gesellschaft kann auch von jedem Aktionär geltend gemacht werden. [2]Der Aktionär kann jedoch nur Leistung an die Gesellschaft fordern. [3]Der Ersatzanspruch kann ferner von den Gläubigern der Gesellschaft geltend gemacht werden, soweit sie von dieser keine Befriedigung erlangen können. [4]Den Gläubigern gegenüber wird die Ersatzpflicht durch einen Verzicht oder Vergleich der Gesellschaft nicht ausgeschlossen. [5]Ist über das Vermögen der Gesellschaft das Insolvenzverfahren eröffnet, so übt während dessen Dauer der Insolvenzverwalter oder der Sachwalter das Recht der Aktionäre und Gläubiger, den Ersatzanspruch der Gesellschaft geltend zu machen, aus.

(5) Die Ansprüche aus diesen Vorschriften verjähren in fünf Jahren.

§ 310 Verantwortlichkeit der Verwaltungsmitglieder der Gesellschaft

(1) [1]Die Mitglieder des Vorstands und des Aufsichtsrats der Gesellschaft haften neben dem Ersatzpflichtigen nach § 309 als Gesamtschuldner, wenn sie unter Verletzung ihrer Pflichten gehandelt haben. [2]Ist streitig, ob sie die Sorgfalt eines ordentlichen und gewissenhaften Geschäftsleiters angewandt haben, so trifft sie die Beweislast.

(2) Dadurch, daß der Aufsichtsrat die Handlung gebilligt hat, wird die Ersatzpflicht nicht ausgeschlossen.

(3) Eine Ersatzpflicht der Verwaltungsmitglieder der Gesellschaft besteht nicht, wenn die schädigende Handlung auf einer Weisung beruht, die nach § 308 Abs. 2 zu befolgen war.

(4) § 309 Abs. 3 bis 5 ist anzuwenden.

Zweiter Abschnitt. Verantwortlichkeit bei Fehlen eines Beherrschungsvertrags

§ 311 [1] Schranken des Einflusses

(1) Besteht kein Beherrschungsvertrag, so darf ein herrschendes Unternehmen seinen Einfluß nicht dazu benutzen, eine abhängige Aktiengesellschaft oder Kommanditgesellschaft auf Aktien zu veranlassen, ein für sie nachteiliges Rechtsgeschäft vorzunehmen oder Maßnahmen zu ihrem Nachteil zu treffen oder zu unterlassen, es sei denn, daß die Nachteile ausgeglichen werden.

(2) [1]Ist der Ausgleich nicht während des Geschäftsjahrs tatsächlich erfolgt, so muß spätestens am Ende des Geschäftsjahrs, in dem der abhängigen Gesellschaft der Nachteil zugefügt worden ist, bestimmt werden, wann und durch welche Vorteile der Nachteil ausgeglichen werden soll. [2]Auf die zum Ausgleich bestimmten Vorteile ist der abhängigen Gesellschaft ein Rechtsanspruch zu gewähren.

1) § 311 Abs. 3 angefügt durch Gesetz vom 12.12.2019 (BGBl. I S. 2637).

(3) Die §§ 111a bis 111c bleiben unberührt.

§ 312 Bericht des Vorstands über Beziehungen zu verbundenen Unternehmen

(1) [1]Besteht kein Beherrschungsvertrag, so hat der Vorstand einer abhängigen Gesellschaft in den ersten drei Monaten des Geschäftsjahrs einen Bericht über die Beziehungen der Gesellschaft zu verbundenen Unternehmen aufzustellen. [2]In dem Bericht sind alle Rechtsgeschäfte, welche die Gesellschaft im vergangenen Geschäftsjahr mit dem herrschenden Unternehmen oder einem mit ihm verbundenen Unternehmen oder auf Veranlassung oder im Interesse dieser Unternehmen vorgenommen hat, und alle anderen Maßnahmen, die sie auf Veranlassung oder im Interesse dieser Unternehmen im vergangenen Geschäftsjahr getroffen oder unterlassen hat, aufzuführen. [3]Bei den Rechtsgeschäften sind Leistung und Gegenleistung, bei den Maßnahmen die Gründe der Maßnahme und deren Vorteile und Nachteile für die Gesellschaft anzugeben. [4]Bei einem Ausgleich von Nachteilen ist im einzelnen anzugeben, wie der Ausgleich während des Geschäftsjahrs tatsächlich erfolgt ist, oder auf welche Vorteile der Gesellschaft ein Rechtsanspruch gewährt worden ist.

(2) Der Bericht hat den Grundsätzen einer gewissenhaften und getreuen Rechenschaft zu entsprechen.

(3) [1]Am Schluß des Berichts hat der Vorstand zu erklären, ob die Gesellschaft nach den Umständen, die ihm in dem Zeitpunkt bekannt waren, in dem das Rechtsgeschäft vorgenommen oder die Maßnahme getroffen oder unterlassen wurde, bei jedem Rechtsgeschäft eine angemessene Gegenleistung erhielt und dadurch, daß die Maßnahme getroffen oder unterlassen wurde, nicht benachteiligt wurde. [2]Wurde die Gesellschaft benachteiligt, so hat er außerdem zu erklären, ob die Nachteile ausgeglichen worden sind. [3]Die Erklärung ist auch in den Lagebericht aufzunehmen.

§ 313 Prüfung durch den Abschlußprüfer

(1) [1]Ist der Jahresabschluß durch einen Abschlußprüfer zu prüfen, so ist gleichzeitig mit dem Jahresabschluß und dem Lagebericht auch der Bericht über die Beziehungen zu verbundenen Unternehmen dem Abschlußprüfer vorzulegen. [2]Er hat zu prüfen, ob

1. die tatsächlichen Angaben des Berichts richtig sind,
2. bei den im Bericht aufgeführten Rechtsgeschäften nach den Umständen, die im Zeitpunkt ihrer Vornahme bekannt waren, die Leistung der Gesellschaft nicht unangemessen hoch war; soweit sie dies war, ob die Nachteile ausgeglichen worden sind,
3. bei den im Bericht aufgeführten Maßnahmen keine Umstände für eine wesentlich andere Beurteilung als die durch den Vorstand sprechen.

[3]§ 320 Abs. 1 Satz 2 und Abs. 2 Satz 1 und 2 des Handelsgesetzbuchs gilt sinngemäß. [4]Die Rechte nach dieser Vorschrift hat der Abschlußprüfer auch gegenüber einem Konzernunternehmen sowie gegenüber einem abhängigen oder herrschenden Unternehmen.

(2) [1]Der Abschlußprüfer hat über das Ergebnis der Prüfung schriftlich zu berichten. [2]Stellt er bei der Prüfung des Jahresabschlusses, des Lageberichts und des Berichts über die Beziehungen zu verbundenen Unternehmen fest, daß dieser Bericht unvollständig ist, so hat er auch hierüber zu berichten. [3]Der Abschlussprüfer hat seinen Bericht zu unterzeichnen und dem Aufsichtsrat vorzulegen; dem Vorstand ist vor der Zuleitung Gelegenheit zur Stellungnahme zu geben.

(3) [1]Sind nach dem abschließenden Ergebnis der Prüfung keine Einwendungen zu erheben, so hat der Abschlußprüfer dies durch folgenden Vermerk zum Bericht über die Beziehungen zu verbundenen Unternehmen zu bestätigen:

Nach meiner/unserer pflichtmäßigen Prüfung und Beurteilung bestätige ich/bestätigen wir, daß

1. die tatsächlichen Angaben des Berichts richtig sind,
2. bei den im Bericht aufgeführten Rechtsgeschäften die Leistung der Gesellschaft nicht unangemessen hoch war oder Nachteile ausgeglichen worden sind,
3. bei den im Bericht aufgeführten Maßnahmen keine Umstände für eine wesentlich andere Beurteilung als die durch den Vorstand sprechen.

[2]Führt der Bericht kein Rechtsgeschäft auf, so ist Nummer 2, führt er keine Maßnahme auf, so ist Nummer 3 des Vermerks fortzulassen. [3]Hat der Abschlußprüfer bei keinem im Bericht aufgeführten Rechtsgeschäft festgestellt, daß die Leistung der Gesellschaft unangemessen hoch war, so ist Nummer 2 des Vermerks auf diese Bestätigung zu beschränken.

(4) [1]Sind Einwendungen zu erheben oder hat der Abschlußprüfer festgestellt, daß der Bericht über die Beziehungen zu verbundenen Unternehmen unvollständig ist, so hat er die Bestätigung einzuschränken oder zu versagen. [2]Hat der Vorstand selbst erklärt, daß die Gesellschaft durch bestimmte Rechtsgeschäfte oder Maßnahmen benachteiligt worden ist, ohne daß die Nachteile ausgeglichen worden sind, so ist dies in dem Vermerk anzugeben und der Vermerk auf die übrigen Rechtsgeschäfte oder Maßnahmen zu beschränken.

(5) [1]Der Abschlußprüfer hat den Bestätigungsvermerk mit Angabe von Ort und Tag zu unterzeichnen. [2]Der Bestätigungsvermerk ist auch in den Prüfungsbericht aufzunehmen.

§ 314 Prüfung durch den Aufsichtsrat

(1) [1]Der Vorstand hat den Bericht über die Beziehungen zu verbundenen Unternehmen unverzüglich nach dessen Aufstellung dem Aufsichtsrat vorzulegen. [2]Dieser Bericht und, wenn der Jahresabschluss durch einen Abschlussprüfer zu prüfen ist, der Prüfungsbericht des Abschlussprüfers sind auch jedem Aufsichtsratsmitglied oder, wenn der Aufsichtsrat dies beschlossen hat, den Mitgliedern eines Ausschusses zu übermitteln.

(2) [1]Der Aufsichtsrat hat den Bericht über die Beziehungen zu verbundenen Unternehmen zu prüfen und in seinem Bericht an die Hauptversammlung (§ 171 Abs. 2) über das Ergebnis der Prüfung zu berichten. [2]Ist der Jahresabschluß durch einen Abschlußprüfer zu prüfen, so hat der Aufsichtsrat in diesem Bericht ferner zu dem Ergebnis der Prüfung des Berichts über die Beziehungen zu verbundenen Unternehmen durch den Abschlußprüfer Stellung zu nehmen. [3]Ein von dem Abschlußprüfer erteilter Bestätigungsvermerk ist in den Bericht aufzunehmen, eine Versagung des Bestätigungsvermerks ausdrücklich mitzuteilen.

(3) Am Schluß des Berichts hat der Aufsichtsrat zu erklären, ob nach dem abschließenden Ergebnis seiner Prüfung Einwendungen gegen die Erklärung des Vorstands am Schluß des Berichts über die Beziehungen zu verbundenen Unternehmen zu erheben sind.

(4) Ist der Jahresabschluss durch einen Abschlussprüfer zu prüfen, so hat dieser an den Verhandlungen des Aufsichtsrats oder eines Ausschusses über den Bericht über die Beziehungen zu verbundenen Unternehmen teilzunehmen und über die wesentlichen Ergebnisse seiner Prüfung zu berichten.

§ 315 Sonderprüfung

[1]Auf Antrag eines Aktionärs hat das Gericht Sonderprüfer zur Prüfung der geschäftlichen Beziehungen der Gesellschaft zu dem herrschenden Unternehmen oder einem mit ihm verbundenen Unternehmen zu bestellen, wenn

1. der Abschlußprüfer den Bestätigungsvermerk zum Bericht über die Beziehungen zu verbundenen Unternehmen eingeschränkt oder versagt hat,
2. der Aufsichtsrat erklärt hat, daß Einwendungen gegen die Erklärung des Vorstands am Schluß des Berichts über die Beziehungen zu verbundenen Unternehmen zu erheben sind,
3. der Vorstand selbst erklärt hat, daß die Gesellschaft durch bestimmte Rechtsgeschäfte oder Maßnahmen benachteiligt worden ist, ohne daß die Nachteile ausgeglichen worden sind.

[2]Liegen sonstige Tatsachen vor, die den Verdacht einer pflichtwidrigen Nachteilszufügung rechtfertigen, kann der Antrag auch von Aktionären gestellt werden, deren Anteile zusammen den Schwellenwert des § 142 Abs. 2 erreichen, wenn sie glaubhaft machen, dass sie seit mindestens drei Monaten vor dem Tage der Antragstellung Inhaber der Aktien sind. [3]Über den Antrag entscheidet das Landgericht, in dessen Bezirk die Gesellschaft ihren Sitz hat. [4]§ 142 Abs. 8 gilt entsprechend. [5]Gegen die Entscheidung ist die Beschwerde zulässig. [6]Hat die Hauptversammlung zur Prüfung derselben Vorgänge Sonderprüfer bestellt, so kann jeder Aktionär den Antrag nach § 142 Abs. 4 stellen.

§ 316 Kein Bericht über Beziehungen zu verbundenen Unternehmen bei Gewinnabführungsvertrag

§§ 312 bis 315 gelten nicht, wenn zwischen der abhängigen Gesellschaft und dem herrschenden Unternehmen ein Gewinnabführungsvertrag besteht.

§ 317 Verantwortlichkeit des herrschenden Unternehmens und seiner gesetzlichen Vertreter

(1) [1]Veranlaßt ein herrschendes Unternehmen eine abhängige Gesellschaft, mit der kein Beherrschungsvertrag besteht, ein für sie nachteiliges Rechtsgeschäft vorzunehmen oder zu ihrem Nachteil eine Maßnahme zu treffen oder zu unterlassen, ohne daß es den Nachteil bis zum Ende des Geschäftsjahrs tatsächlich ausgleicht oder der abhängigen Gesellschaft einen Rechtsanspruch auf einen zum Ausgleich bestimmten Vorteil gewährt, so ist es der Gesellschaft zum Ersatz der ihr daraus entstehenden Schadens verpflichtet. [2]Es ist auch den Aktionären zum Ersatz des ihnen daraus entstehenden Schadens verpflichtet, soweit sie, abgesehen von einem Schaden, der ihnen durch Schädigung der Gesellschaft zugefügt worden ist, geschädigt worden sind.

(2) Die Ersatzpflicht tritt nicht ein, wenn auch ein ordentlicher und gewissenhafter Geschäftsleiter einer unabhängigen Gesellschaft das Rechtsgeschäft vorgenommen oder die Maßnahme getroffen oder unterlassen hätte.

(3) Neben dem herrschenden Unternehmen haften als Gesamtschuldner die gesetzlichen Vertreter des Unternehmens, die die Gesellschaft zu dem Rechtsgeschäft oder der Maßnahme veranlaßt haben.

(4) § 309 Abs. 3 bis 5 gilt sinngemäß.

§ 318 Verantwortlichkeit der Verwaltungsmitglieder der Gesellschaft

(1) [1]Die Mitglieder des Vorstands der Gesellschaft haften neben den nach § 317 Ersatzpflichtigen als Gesamtschuldner, wenn sie es unter Verletzung ihrer Pflichten unterlassen haben, das nachteilige Rechtsgeschäft oder die nachteilige Maßnahme in dem Bericht über die Beziehungen der Gesellschaft zu verbundenen Unternehmen aufzuführen oder anzugeben, daß die Gesellschaft durch das Rechtsgeschäft oder die Maßnahme benachteiligt wurde und der Nachteil nicht ausgeglichen worden war. [2]Ist streitig, ob sie die Sorgfalt eines ordentlichen und gewissenhaften Geschäftsleiters angewandt haben, so trifft sie die Beweislast.

(2) Die Mitglieder des Aufsichtsrats der Gesellschaft haften neben den nach § 317 Ersatzpflichtigen als Gesamtschuldner, wenn sie hinsichtlich des nachteiligen Rechtsgeschäfts oder der nachteiligen Maßnahme ihre Pflicht, den Bericht über die Beziehungen zu verbundenen Unternehmen zu prüfen und über das Ergebnis der Prüfung an die Hauptversammlung zu berichten (§ 314), verletzt haben; Absatz 1 Satz 2 gilt sinngemäß.

(3) Der Gesellschaft und auch den Aktionären gegenüber tritt die Ersatzpflicht nicht ein, wenn die Handlung auf einem gesetzmäßigen Beschluß der Hauptversammlung beruht.

(4) § 309 Abs. 3 bis 5 gilt sinngemäß.

Dritter Teil. Eingegliederte Gesellschaften

§ 319 Eingliederung

(1) [1]Die Hauptversammlung einer Aktiengesellschaft kann die Eingliederung der Gesellschaft in eine andere Aktiengesellschaft mit Sitz im Inland (Hauptgesellschaft) beschließen, wenn sich alle Aktien der Gesellschaft in der Hand der zukünftigen Hauptgesellschaft befinden. [2]Auf den Beschluß sind die Bestimmungen des Gesetzes und der Satzung über Satzungsänderungen nicht anzuwenden.

(2) [1]Der Beschluß über die Eingliederung wird nur wirksam, wenn die Hauptversammlung der zukünftigen Hauptgesellschaft zustimmt. [2]Der Beschluß über die Zustimmung bedarf einer Mehrheit, die mindestens drei Viertel des bei der Beschlußfassung vertretenen Grundkapitals umfaßt. [3]Die Satzung kann eine größere Kapitalmehrheit und weitere Erfordernisse bestimmen. [4]Absatz 1 Satz 2 ist anzuwenden.

(3) [1]Von der Einberufung der Hauptversammlung der zukünftigen Hauptgesellschaft an, die über die Zustimmung zur Eingliederung beschließen soll, sind in dem Geschäftsraum dieser Gesellschaft zur Einsicht der Aktionäre auszulegen

1. der Entwurf des Eingliederungsbeschlusses;
2. die Jahresabschlüsse und die Lageberichte der beteiligten Gesellschaften für die letzten drei Geschäftsjahre;
3. ein ausführlicher schriftlicher Bericht des Vorstands der zukünftigen Hauptgesellschaft, in dem die Eingliederung rechtlich und wirtschaftlich erläutert und begründet wird (Eingliederungsbericht).

[2]Auf Verlangen ist jedem Aktionär der zukünftigen Hauptgesellschaft unverzüglich und kostenlos eine Abschrift der in Satz 1 bezeichneten Unterlagen zu erteilen. [3]Die Verpflichtungen nach den Sätzen 1 und 2 entfallen, wenn die in Satz 1 bezeichneten Unterlagen für denselben Zeitraum über die Internetseite der zukünftigen Hauptgesellschaft zugänglich sind. [4]In der Hauptversammlung sind diese Unterlagen zugänglich zu machen. [5]Jedem Aktionär ist in der Hauptversammlung auf Verlangen Auskunft auch über alle im Zusammenhang mit der Eingliederung wesentlichen Angelegenheiten der einzugliedernden Gesellschaft zu geben.

(4) [1]Der Vorstand der einzugliedernden Gesellschaft hat die Eingliederung und die Firma der Hauptgesellschaft zur Eintragung in das Handelsregister anzumelden. [2]Der Anmeldung sind die Niederschriften der Hauptversammlungsbeschlüsse und ihre Anlagen in Ausfertigung oder öffentlich beglaubigter Abschrift beizufügen.

(5) [1]Bei der Anmeldung nach Absatz 4 hat der Vorstand zu erklären, daß eine Klage gegen die Wirksamkeit eines Hauptversammlungsbeschlusses nicht oder nicht fristgemäß erhoben oder eine solche Klage rechtskräftig abgewiesen oder zurückgenommen worden ist; hierüber hat der Vorstand dem Registergericht auch nach der Anmeldung Mitteilung zu machen. [2]Liegt die Erklärung nicht vor, so darf die Eingliederung nicht eingetragen werden, es sei denn, daß die klageberechtigten Aktionäre durch notariell

beurkundete Verzichtserklärung auf die Klage gegen die Wirksamkeit des Hauptversammlungsbeschlusses verzichten.

(6) [1]Der Erklärung nach Absatz 5 Satz 1 steht es gleich, wenn nach Erhebung einer Klage gegen die Wirksamkeit eines Hauptversammlungsbeschlusses das Gericht auf Antrag der Gesellschaft, gegen deren Hauptversammlungsbeschluß sich die Klage richtet, durch Beschluß festgestellt hat, daß die Erhebung der Klage der Eintragung nicht entgegensteht. [2]Auf das Verfahren sind § 247, die §§ 82, 83 Abs. 1 und § 84 der Zivilprozessordnung sowie die im ersten Rechtszug für das Verfahren vor den Landgerichten geltenden Vorschriften der Zivilprozessordnung entsprechend anzuwenden, soweit nichts Abweichendes bestimmt ist. [3]Ein Beschluss nach Satz 1 ergeht, wenn

1. die Klage unzulässig oder offensichtlich unbegründet ist,
2. der Kläger nicht binnen einer Woche nach Zustellung des Antrags durch Urkunden nachgewiesen hat, dass er seit Bekanntmachung der Einberufung einen anteiligen Betrag von mindestens 1 000 Euro hält oder
3. das alsbaldige Wirksamwerden des Hauptversammlungsbeschlusses vorrangig erscheint, weil die vom Antragsteller dargelegten wesentlichen Nachteile für die Gesellschaft und ihre Aktionäre nach freier Überzeugung des Gerichts die Nachteile für den Antragsgegner überwiegen, es sei denn, es liegt eine besondere Schwere des Rechtsverstoßes vor.

[4]Der Beschluß kann in dringenden Fällen ohne mündliche Verhandlung ergehen. [5]Der Beschluss soll spätestens drei Monate nach Antragstellung ergehen; Verzögerungen der Entscheidung sind durch unanfechtbaren Beschluss zu begründen. [6]Die vorgebrachten Tatsachen, aufgrund derer der Beschluß nach Satz 3 ergehen kann, sind glaubhaft zu machen. [7]Über den Antrag entscheidet ein Senat des Oberlandesgerichts, in dessen Bezirk die Gesellschaft ihren Sitz hat. [8]Eine Übertragung auf den Einzelrichter ist ausgeschlossen; einer Güteverhandlung bedarf es nicht. [9]Der Beschluss ist unanfechtbar. [10]Erweist sich die Klage als begründet, so ist die Gesellschaft, die den Beschluß erwirkt hat, verpflichtet, dem Antragsgegner den Schaden zu ersetzen, der ihm aus einer auf dem Beschluß beruhenden Eintragung der Eingliederung entstanden ist. [11]Nach der Eintragung lassen Mängel des Beschlusses seine Durchführung unberührt; die Beseitigung dieser Wirkung der Eintragung kann auch nicht als Schadenersatz verlangt werden.

(7) Mit der Eintragung der Eingliederung in das Handelsregister des Sitzes der Gesellschaft wird die Gesellschaft in die Hauptgesellschaft eingegliedert.

§ 320 Eingliederung durch Mehrheitsbeschluß

(1) [1]Die Hauptversammlung einer Aktiengesellschaft kann die Eingliederung der Gesellschaft in eine andere Aktiengesellschaft mit Sitz im Inland auch dann beschließen, wenn sich Aktien der Gesellschaft, auf die zusammen fünfundneunzig vom Hundert des Grundkapitals entfallen, in der Hand der zukünftigen Hauptgesellschaft befinden. [2]Eigene Aktien und Aktien, die einem anderen für Rechnung der Gesellschaft gehören, sind vom Grundkapital abzusetzen. [3]Für die Eingliederung gelten außer § 319 Abs. 1 Satz 2, Abs. 2 bis 7 die Absätze 2 bis 4.

(2) [1]Die Bekanntmachung der Eingliederung als Gegenstand der Tagesordnung ist nur ordnungsgemäß, wenn

1. sie die Firma und den Sitz der zukünftigen Hauptgesellschaft enthält,
2. ihr eine Erklärung der zukünftigen Hauptgesellschaft beigefügt ist, in der diese den ausscheidenden Aktionären als Abfindung für ihre Aktien eigene Aktien, im Falle des § 320b Abs. 1 Satz 3 außerdem eine Barabfindung anbietet.

[2]Satz 1 Nr. 2 gilt auch für die Bekanntmachung der zukünftigen Hauptgesellschaft.

(3) [1]Die Eingliederung ist durch einen oder mehrere sachverständige Prüfer (Eingliederungsprüfer) zu prüfen. [2]Diese werden auf Antrag des Vorstands der zukünftigen Hauptgesellschaft vom Gericht ausgewählt und bestellt. [3]§ 293a Abs. 3, §§ 293c bis 293e sind sinngemäß anzuwenden.

(4) [1]Die in § 319 Abs. 3 Satz 1 bezeichneten Unterlagen sowie der Prüfungsbericht nach Absatz 3 sind jeweils von der Einberufung der Hauptversammlung an, die über die Zustimmung zur Eingliederung beschließen soll, in dem Geschäftsraum der einzugliedernden Gesellschaft und der Hauptgesellschaft zur Einsicht der Aktionäre auszulegen. [2]In dem Eingliederungsbericht sind auch Art und Höhe der Abfindung nach § 320b rechtlich und wirtschaftlich zu erläutern und zu begründen; auf besondere Schwierigkeiten bei der Bewertung der beteiligten Gesellschaften sowie auf die Folgen für die Beteiligungen der Aktionäre ist hinzuweisen. [3]§ 319 Abs. 3 Satz 2 bis 5 gilt sinngemäß für die Aktionäre beider Gesellschaften.

(5) – (7) *(aufgehoben)*

§ 320a Wirkungen der Eingliederung

[1]Mit der Eintragung der Eingliederung in das Handelsregister gehen alle Aktien, die sich nicht in der Hand der Hauptgesellschaft befinden, auf diese über. [2]Sind über diese Aktien Aktienurkunden ausgegeben, so verbriefen sie bis zu ihrer Aushändigung an die Hauptgesellschaft nur den Anspruch auf Abfindung.

§ 320b Abfindung der ausgeschiedenen Aktionäre

(1) [1]Die ausgeschiedenen Aktionäre der eingegliederten Gesellschaft haben Anspruch auf angemessene Abfindung. [2]Als Abfindung sind ihnen eigene Aktien der Hauptgesellschaft zu gewähren. [3]Ist die Hauptgesellschaft eine abhängige Gesellschaft, so sind den ausgeschiedenen Aktionären nach deren Wahl eigene Aktien der Hauptgesellschaft oder eine angemessene Barabfindung zu gewähren. [4]Werden als Abfindung Aktien der Hauptgesellschaft gewährt, so ist die Abfindung als angemessen anzusehen, wenn die Aktien in dem Verhältnis gewährt werden, in dem bei einer Verschmelzung auf eine Aktie der Gesellschaft Aktien der Hauptgesellschaft zu gewähren wären, wobei Spitzenbeträge durch bare Zuzahlungen ausgeglichen werden können. [5]Die Barabfindung muß die Verhältnisse der Gesellschaft im Zeitpunkt der Beschlußfassung ihrer Hauptversammlung über die Eingliederung berücksichtigen. [6]Die Barabfindung sowie bare Zuzahlungen sind von der Bekanntmachung der Eintragung der Eingliederung an mit jährlich 5 Prozentpunkten über dem jeweiligen Basiszinssatz nach § 247 des Bürgerlichen Gesetzbuchs zu verzinsen; die Geltendmachung eines weiteren Schadens ist nicht ausgeschlossen.

(2) [1]Die Anfechtung des Beschlusses, durch den die Hauptversammlung der eingegliederten Gesellschaft die Eingliederung der Gesellschaft beschlossen hat, kann nicht auf § 243 Abs. 2 oder darauf gestützt werden, daß die von der Hauptgesellschaft nach § 320 Abs. 2 Nr. 2 angebotene Abfindung nicht angemessen ist. [2]Ist die angebotene Abfindung nicht angemessen, so hat das in § 2 des Spruchverfahrensgesetzes bestimmte Gericht auf Antrag die angemessene Abfindung zu bestimmen. [3]Das gleiche gilt, wenn die Hauptgesellschaft eine Abfindung nicht oder nicht ordnungsgemäß angeboten hat und eine hierauf gestützte Anfechtungsklage innerhalb der Anfechtungsfrist nicht erhoben oder zurückgenommen oder rechtskräftig abgewiesen worden ist.

§ 321 Gläubigerschutz

(1) [1]Den Gläubigern der eingegliederten Gesellschaft, deren Forderungen begründet worden sind, bevor die Eintragung der Eingliederung in das Handelsregister bekanntgemacht worden ist, ist, wenn sie sich binnen sechs Monaten nach der Bekanntmachung zu diesem Zweck melden, Sicherheit zu leisten, soweit sie nicht Befriedigung verlangen

können. [2]Die Gläubiger sind in der Bekanntmachung der Eintragung auf dieses Recht hinzuweisen.

(2) Das Recht, Sicherheitsleistung zu verlangen, steht Gläubigern nicht zu, die im Falle des Insolvenzverfahrens ein Recht auf vorzugsweise Befriedigung aus einer Deckungsmasse haben, die nach gesetzlicher Vorschrift zu ihrem Schutz errichtet und staatlich überwacht ist.

§ 322 Haftung der Hauptgesellschaft

(1) [1]Von der Eingliederung an haftet die Hauptgesellschaft für die vor diesem Zeitpunkt begründeten Verbindlichkeiten der eingegliederten Gesellschaft den Gläubigern dieser Gesellschaft als Gesamtschuldner. [2]Die gleiche Haftung trifft sie für alle Verbindlichkeiten der eingegliederten Gesellschaft, die nach der Eingliederung begründet werden. [3]Eine entgegenstehende Vereinbarung ist Dritten gegenüber unwirksam.

(2) Wird die Hauptgesellschaft wegen einer Verbindlichkeit der eingegliederten Gesellschaft in Anspruch genommen, so kann sie Einwendungen, die nicht in ihrer Person begründet sind, nur insoweit geltend machen, als sie von der eingegliederten Gesellschaft erhoben werden können.

(3) [1]Die Hauptgesellschaft kann die Befriedigung des Gläubigers verweigern, solange der eingegliederten Gesellschaft das Recht zusteht, das ihrer Verbindlichkeit zugrunde liegende Rechtsgeschäft anzufechten. [2]Die gleiche Befugnis hat die Hauptgesellschaft, solange sich der Gläubiger durch Aufrechnung gegen eine fällige Forderung der eingegliederten Gesellschaft befriedigen kann.

(4) Aus einem gegen die eingegliederte Gesellschaft gerichteten vollstreckbaren Schuldtitel findet die Zwangsvollstreckung gegen die Hauptgesellschaft nicht statt.

§ 323 Leitungsmacht der Hauptgesellschaft und Verantwortlichkeit der Vorstandsmitglieder

(1) [1]Die Hauptgesellschaft ist berechtigt, dem Vorstand der eingegliederten Gesellschaft hinsichtlich der Leitung der Gesellschaft Weisungen zu erteilen. [2]§ 308 Abs. 2 Satz 1, Abs. 3, §§ 309, 310 gelten sinngemäß. [3]§§ 311 bis 318 sind nicht anzuwenden.

(2) Leistungen der eingegliederten Gesellschaft an die Hauptgesellschaft gelten nicht als Verstoß gegen die §§ 57, 58 und 60.

§ 324 Gesetzliche Rücklage. Gewinnabführung. Verlustübernahme

(1) Die gesetzlichen Vorschriften über die Bildung einer gesetzlichen Rücklage, über ihre Verwendung und über die Einstellung von Beträgen in die gesetzliche Rücklage sind auf eingegliederte Gesellschaften nicht anzuwenden.

(2) [1]Auf einen Gewinnabführungsvertrag, eine Gewinngemeinschaft oder einen Teilgewinnabführungsvertrag zwischen der eingegliederten Gesellschaft und der Hauptgesellschaft sind die §§ 293 bis 296, 298 bis 303 nicht anzuwenden. [2]Der Vertrag, seine Änderung und seine Aufhebung bedürfen der schriftlichen Form. [3]Als Gewinn kann höchstens der ohne die Gewinnabführung entstehende Bilanzgewinn abgeführt werden. [4]Der Vertrag endet spätestens zum Ende des Geschäftsjahrs, in dem die Eingliederung endet.

(3) Die Hauptgesellschaft ist verpflichtet, jeden bei der eingegliederten Gesellschaft sonst entstehenden Bilanzverlust auszugleichen, soweit dieser den Betrag der Kapitalrücklagen und der Gewinnrücklagen übersteigt.

§ 325 *(aufgehoben)*

§ 326 Auskunftsrecht der Aktionäre der Hauptgesellschaft

Jedem Aktionär der Hauptgesellschaft ist über Angelegenheiten der eingegliederten Gesellschaft ebenso Auskunft zu erteilen wie über Angelegenheiten der Hauptgesellschaft.

§ 327 Ende der Eingliederung

(1) Die Eingliederung endet

1. durch Beschluß der Hauptversammlung der eingegliederten Gesellschaft,
2. wenn die Hauptgesellschaft nicht mehr eine Aktiengesellschaft mit Sitz im Inland ist,
3. wenn sich nicht mehr alle Aktien der eingegliederten Gesellschaft in der Hand der Hauptgesellschaft befinden,
4. durch Auflösung der Hauptgesellschaft.

(2) Befinden sich nicht mehr alle Aktien der eingegliederten Gesellschaft in der Hand der Hauptgesellschaft, so hat die Hauptgesellschaft dies der eingegliederten Gesellschaft unverzüglich schriftlich mitzuteilen.

(3) Der Vorstand der bisher eingegliederten Gesellschaft hat das Ende der Eingliederung, seinen Grund und seinen Zeitpunkt unverzüglich zur Eintragung in das Handelsregister des Sitzes der Gesellschaft anzumelden.

(4) [1]Endet die Eingliederung, so haftet die frühere Hauptgesellschaft für die bis dahin begründeten Verindlichkeiten der bisher eingegliederten Gesellschaft, wenn sie vor Ablauf von fünf Jahren nach dem Ende der Eingliederung fällig und daraus Ansprüche gegen die frühere Hauptgesellschaft in einer in § 197 Abs. 1 Nr. 3 bis 5 des Bürgerlichen Gesetzbuchs bezeichneten Art festgestellt sind oder eine gerichtliche oder behördliche Vollstreckungshandlung vorgenommen oder beantragt wird; bei öffentlich-rechtlichen Verbindlichkeiten genügt der Erlass eines Verwaltungsakts. [2]Die Frist beginnt mit dem Tag, an dem die Eintragung des Endes der Eingliederung in das Handelsregister nach § 10 des Handelsgesetzbuchs bekannt gemacht worden ist. [3]Die für die Verjährung geltenden §§ 204, 206, 210, 211 und 212 Abs. 2 und 3 des Bürgerlichen Gesetzbuchs sind entsprechend anzuwenden. [4]Einer Feststellung in einer in § 197 Abs. 1 Nr. 3 bis 5 des Bürgerlichen Gesetzbuchs bezeichneten Art bedarf es nicht, soweit die frühere Hauptgesellschaft den Anspruch schriftlich anerkannt hat.

Vierter Teil. Ausschluss von Minderheitsaktionären

§ 327a Übertragung von Aktien gegen Barabfindung

(1) [1]Die Hauptversammlung einer Aktiengesellschaft oder einer Kommanditgesellschaft auf Aktien kann auf Verlangen eines Aktionärs, dem Aktien der Gesellschaft in Höhe von 95 vom Hundert des Grundkapitals gehören (Hauptaktionär), die Übertragung der Aktien der übrigen Aktionäre (Minderheitsaktionäre) auf den Hauptaktionär gegen Gewährung einer angemessenen Barabfindung beschließen. [2]§ 285 Abs. 2 Satz 1 findet keine Anwendung.

(2) Für die Feststellung, ob dem Hauptaktionär 95 vom Hundert der Aktien gehören, gilt § 16 Abs. 2 und 4.

§ 327b Barabfindung

(1) [1]Der Hauptaktionär legt die Höhe der Barabfindung fest; sie muss die Verhältnisse der Gesellschaft im Zeitpunkt der Beschlussfassung ihrer Hauptversammlung berücksichtigen. [2]Der Vorstand hat dem Hauptaktionär alle dafür notwendigen Unterlagen zur Verfügung zu stellen und Auskünfte zu erteilen.

(2) Die Barabfindung ist von der Bekanntmachung der Eintragung des Übertragungsbeschlusses in das Handelsregister an mit jährlich 5 Prozentpunkten über dem jeweiligen Basiszinssatz nach § 247 des Bürgerlichen Gesetzbuchs zu verzinsen; die Geltendmachung eines weiteren Schadens ist nicht ausgeschlossen.

(3) Vor Einberufung der Hauptversammlung hat der Hauptaktionär dem Vorstand die Erklärung eines im Geltungsbereich dieses Gesetzes zum Geschäftsbetrieb befugten Kreditinstituts zu übermitteln, durch die das Kreditinstitut die Gewährleistung für die Erfüllung der Verpflichtung des Hauptaktionärs übernimmt, den Minderheitsaktionären nach Eintragung des Übertragungsbeschlusses unverzüglich die festgelegte Barabfindung für die übergegangenen Aktien zu zahlen.

§ 327c Vorbereitung der Hauptversammlung

(1) Die Bekanntmachung der Übertragung als Gegenstand der Tagesordnung hat folgende Angaben zu enthalten:

1. Firma und Sitz des Hauptaktionärs, bei natürlichen Personen Name und Adresse;
2. die vom Hauptaktionär festgelegte Barabfindung.

(2) [1]Der Hauptaktionär hat der Hauptversammlung einen schriftlichen Bericht zu erstatten, in dem die Voraussetzungen für die Übertragung dargelegt und die Angemessenheit der Barabfindung erläutert und begründet werden. [2]Die Angemessenheit der Barabfindung ist durch einen oder mehrere sachverständige Prüfer zu prüfen. [3]Diese werden auf Antrag des Hauptaktionärs vom Gericht ausgewählt und bestellt. [4]§ 293a Abs. 2 und 3, § 293c Abs. 1 Satz 3 bis 5, Abs. 2 sowie die §§ 293d und 293e sind sinngemäß anzuwenden.

(3) Von der Einberufung der Hauptversammlung an sind in dem Geschäftsraum der Gesellschaft zur Einsicht der Aktionäre auszulegen:

1. der Entwurf des Übertragungsbeschlusses;
2. die Jahresabschlüsse und Lageberichte für die letzten drei Geschäftsjahre;
3. der nach Absatz 2 Satz 1 erstattete Bericht des Hauptaktionärs;
4. der nach Absatz 2 Satz 2 bis 4 erstattete Prüfungsbericht.

(4) Auf Verlangen ist jedem Aktionär unverzüglich und kostenlos eine Abschrift der in Absatz 3 bezeichneten Unterlagen zu erteilen.

(5) Die Verpflichtungen nach den Absätzen 3 und 4 entfallen, wenn die in Absatz 3 bezeichneten Unterlagen für denselben Zeitraum über die Internetseite der Gesellschaft zugänglich sind.

§ 327d Durchführung der Hauptversammlung

[1]In der Hauptversammlung sind die in § 327c Abs. 3 bezeichneten Unterlagen zugänglich zu machen. [2]Der Vorstand kann dem Hauptaktionär Gelegenheit geben, den Entwurf des Übertragungsbeschlusses und die Bemessung der Höhe der Barabfindung zu Beginn der Verhandlung mündlich zu erläutern.

§ 327e Eintragung des Übertragungsbeschlusses

(1) [1]Der Vorstand hat den Übertragungsbeschluss zur Eintragung in das Handelsregister anzumelden. [2]Der Anmeldung sind die Niederschrift des Übertragungsbeschlusses und seine Anlagen in Ausfertigung oder öffentlich beglaubigter Abschrift beizufügen.

(2) § 319 Abs. 5 und 6 gilt sinngemäß.

(3) [1]Mit der Eintragung des Übertragungsbeschlusses in das Handelsregister gehen alle Aktien der Minderheitsaktionäre auf den Hauptaktionär über. [2]Sind über diese Ak-

tien Aktienurkunden ausgegeben, so verbriefen sie bis zu ihrer Aushändigung an den Hauptaktionär nur den Anspruch auf Barabfindung.

§ 327f Gerichtliche Nachprüfung auf Abfindung

[1]Die Anfechtung des Übertragungsbeschlusses kann nicht auf § 243 Abs. 2 oder darauf gestützt werden, dass die durch den Hauptaktionär festgelegte Barabfindung nicht angemessen ist. [2]Ist die Barabfindung nicht angemessen, so hat das in § 2 des Spruchverfahrensgesetzes bestimmte Gericht auf Antrag die angemessene Barabfindung zu bestimmen. [3]Das Gleiche gilt, wenn der Hauptaktionär eine Barabfindung nicht oder nicht ordnungsgemäß angeboten hat und eine hierauf gestützte Anfechtungsklage innerhalb der Anfechtungsfrist nicht erhoben, zurückgenommen oder rechtskräftig abgewiesen worden ist.

Fünfter Teil. Wechselseitig beteiligte Unternehmen

§ 328 Beschränkung der Rechte

(1) [1]Sind eine Aktiengesellschaft oder Kommanditgesellschaft auf Aktien und ein anderes Unternehmen wechselseitig beteiligte Unternehmen, so können, sobald dem einen Unternehmen das Bestehen der wechselseitigen Beteiligung bekannt geworden ist oder ihm das andere Unternehmen eine Mitteilung nach § 20 Abs. 3 oder § 21 Abs. 1 gemacht hat, Rechte aus den Anteilen, die ihm an dem anderen Unternehmen gehören, nur für höchstens den vierten Teil aller Anteile des anderen Unternehmens ausgeübt werden. [2]Dies gilt nicht für das Recht auf neue Aktien bei einer Kapitalerhöhung aus Gesellschaftsmitteln. [3]§ 16 Abs. 4 ist anzuwenden.

(2) Die Beschränkung des Absatzes 1 gilt nicht, wenn das Unternehmen seinerseits dem anderen Unternehmen eine Mitteilung nach § 20 Abs. 3 oder § 21 Abs. 1 gemacht hatte, bevor es von dem anderen Unternehmen eine solche Mitteilung erhalten hat und bevor ihm das Bestehen der wechselseitigen Beteiligung bekannt geworden ist.

(3) In der Hauptversammlung einer börsennotierten Gesellschaft kann ein Unternehmen, dem die wechselseitige Beteiligung gemäß Absatz 1 bekannt ist, sein Stimmrecht zur Wahl von Mitgliedern in den Aufsichtsrat nicht ausüben.

(4) Sind eine Aktiengesellschaft oder Kommanditgesellschaft auf Aktien und ein anderes Unternehmen wechselseitig beteiligte Unternehmen, so haben die Unternehmen einander unverzüglich die Höhe ihrer Beteiligung und jede Änderung schriftlich mitzuteilen.

Sechster Teil. Rechnungslegung im Konzern

§§ 329 bis 393 *(aufgehoben)*

Viertes Buch. Sonder-, Straf- und Schlußvorschriften

Erster Teil. Sondervorschriften bei Beteiligung von Gebietskörperschaften

§ 394 Berichte der Aufsichtsratsmitglieder

[1]Aufsichtsratsmitglieder, die auf Veranlassung einer Gebietskörperschaft in den Aufsichtsrat gewählt oder entsandt worden sind, unterliegen hinsichtlich der Berichte, die sie

der Gebietskörperschaft zu erstatten haben, keiner Verschwiegenheitspflicht. [2]Für vertrauliche Angaben und Geheimnisse der Gesellschaft, namentlich Betriebs- oder Geschäftsgeheimnisse, gilt dies nicht, wenn ihre Kenntnis für die Zwecke der Berichte nicht von Bedeutung ist. [3]Die Berichtspflicht nach Satz 1 kann auf Gesetz, auf Satzung oder auf dem Aufsichtsrat in Textform mitgeteiltem Rechtsgeschäft beruhen.

§ 395 Verschwiegenheitspflicht

(1) Personen, die damit betraut sind, die Beteiligungen einer Gebietskörperschaft zu verwalten oder für eine Gebietskörperschaft die Gesellschaft, die Betätigung der Gebietskörperschaft als Aktionär oder die Tätigkeit der auf Veranlassung der Gebietskörperschaft gewählten oder entsandten Aufsichtsratsmitglieder zu prüfen, haben über vertrauliche Angaben und Geheimnisse der Gesellschaft, namentlich Betriebs- oder Geschäftsgeheimnisse, die ihnen aus Berichten nach § 394 bekanntgeworden sind, Stillschweigen zu bewahren; dies gilt nicht für Mitteilungen im dienstlichen Verkehr.

(2) Bei der Veröffentlichung von Prüfungsergebnissen dürfen vertrauliche Angaben und Geheimnisse der Gesellschaft, namentlich Betriebs- oder Geschäftsgeheimnisse, nicht veröffentlicht werden.

Zweiter Teil. Gerichtliche Auflösung

§ 396 Voraussetzungen

(1) [1]Gefährdet eine Aktiengesellschaft oder Kommanditgesellschaft auf Aktien durch gesetzwidriges Verhalten ihrer Verwaltungsträger das Gemeinwohl und sorgen der Aufsichtsrat und die Hauptversammlung nicht für eine Abberufung der Verwaltungsträger, so kann die Gesellschaft auf Antrag der zuständigen obersten Landesbehörde des Landes, in dem die Gesellschaft ihren Sitz hat, durch Urteil aufgelöst werden. [2]Ausschließlich zuständig für die Klage ist das Landgericht, in dessen Bezirk die Gesellschaft ihren Sitz hat.

(2) [1]Nach der Auflösung findet die Abwicklung nach den §§ 264 bis 273 statt. [2]Den Antrag auf Abberufung oder Bestellung der Abwickler aus einem wichtigen Grund kann auch die in Absatz 1 Satz 1 bestimmte Behörde stellen.

§ 397 Anordnungen bei der Auflösung

Ist die Auflösungsklage erhoben, so kann das Gericht auf Antrag der in § 396 Abs. 1 Satz 1 bestimmten Behörde durch einstweilige Verfügung die nötigen Anordnungen treffen.

§ 398 Eintragung

[1]Die Entscheidungen des Gerichts sind dem Registergericht mitzuteilen. [2]Dieses trägt sie, soweit sie eintragungspflichtige Rechtsverhältnisse betreffen, in das Handelsregister ein.

Dritter Teil. Straf- und Bußgeldvorschriften. Schlußvorschriften

§ 399 Falsche Angaben

(1) Mit Freiheitsstrafe bis zu drei Jahren oder mit Geldstrafe wird bestraft, wer

1. als Gründer oder als Mitglied des Vorstands oder des Aufsichtsrats zum Zweck der Eintragung der Gesellschaft oder eines Vertrags nach § 52 Absatz 1 Satz 1 über die Übernahme der Aktien, die Einzahlung auf Aktien, die Verwendung eingezahlter Beträge, den Ausgabebetrag der Aktien, über Sondervorteile, Gründungsaufwand,

Sacheinlagen und Sachübernahmen oder in der nach § 37a Absatz 2, auch in Verbindung mit § 52 Absatz 6 Satz 3, abzugebenden Versicherung,
2. als Gründer oder als Mitglied des Vorstands oder des Aufsichtsrats im Gründungsbericht, im Nachgründungsbericht oder im Prüfungsbericht,
3. in der öffentlichen Ankündigung nach § 47 Nr. 3,
4. als Mitglied des Vorstands oder des Aufsichtsrats zum Zweck der Eintragung einer Erhöhung des Grundkapitals (§§ 182 bis 206) über die Einbringung des bisherigen, die Zeichnung oder Einbringung des neuen Kapitals, den Ausgabebetrag der Aktien, die Ausgabe der Bezugsaktien, über Sacheinlagen, in der Bekanntmachung nach § 183a Abs. 2 Satz 1 in Verbindung mit § 37a Abs. 2 oder in der nach § 184 Abs. 1 Satz 3 abzugebenden Versicherung,
5. als Abwickler zum Zweck der Eintragung der Fortsetzung der Gesellschaft in dem nach § 274 Abs. 3 zu führenden Nachweis oder
6. als Mitglied des Vorstands einer Aktiengesellschaft oder des Leitungsorgans einer ausländischen juristischen Person in der nach § 37 Abs. 2 Satz 1 oder § 81 Abs. 3 Satz 1 abzugebenden Versicherung oder als Abwickler in der nach § 366 Abs. 3 Satz 1 abzugebenden Versicherung

falsche Angaben macht oder erhebliche Umstände verschweigt.

(2) Ebenso wird bestraft, wer als Mitglied des Vorstands oder des Aufsichtsrats zum Zweck der Eintragung einer Erhöhung des Grundkapitals die in § 210 Abs. 1 Satz 2 vorgeschriebene Erklärung der Wahrheit zuwider abgibt.

§ 400 [1] Unrichtige Darstellung

(1) Mit Freiheitsstrafe bis zu drei Jahren oder mit Geldstrafe wird bestraft, wer als Mitglied des Vorstands oder des Aufsichtsrats oder als Abwickler

1. die Verhältnisse der Gesellschaft einschließlich ihrer Beziehungen zu verbundenen Unternehmen im Vergütungsbericht nach § 162 Absatz 1 oder 2, in Darstellungen oder Übersichten über den Vermögensstand oder in Vorträgen oder Auskünften in der Hauptversammlung unrichtig wiedergibt oder verschleiert, wenn die Tat nicht in § 331 Nr. 1 oder 1a des Handelsgesetzbuchs mit Strafe bedroht ist oder
2. in Aufklärungen oder Nachweisen, die nach den Vorschriften dieses Gesetzes einem Prüfer der Gesellschaft oder eines verbundenen Unternehmens zu geben sind, falsche Angaben macht oder die Verhältnisse der Gesellschaft unrichtig wiedergibt oder verschleiert, wenn die Tat nicht in § 331 Nr. 4 des Handelsgesetzbuchs mit Strafe bedroht ist.

(2) Ebenso wird bestraft, wer als Gründer oder Aktionär in Aufklärungen oder Nachweisen, die nach den Vorschriften dieses Gesetzes einem Gründungsprüfer oder sonstigen Prüfer zu geben sind, falsche Angaben macht oder erhebliche Umstände verschweigt.

§ 401 Pflichtverletzung bei Verlust, Überschuldung oder Zahlungsunfähigkeit

(1) Mit Freiheitsstrafe bis zu drei Jahren oder mit Geldstrafe wird bestraft, wer es als Mitglied des Vorstands entgegen § 92 Abs. 1 unterläßt, bei einem Verlust in Höhe der Hälfte des Grundkapitals die Hauptversammlung einzuberufen und ihr dies anzuzeigen.

(2) Handelt der Täter fahrlässig, so ist die Strafe Freiheitsstrafe bis zu einem Jahr oder Geldstrafe.

---

1) § 400 Abs. 1 geändert durch Gesetz vom 12.12.2019 (BGBl. I S. 2637).

§ 402 Falsche Ausstellung von Berechtigungsnachweisen

(1) Wer Bescheinigungen, die zum Nachweis des Stimmrechts in einer Hauptversammlung oder in einer gesonderten Versammlung dienen sollen, falsch ausstellt oder verfälscht, wird mit Freiheitsstrafe bis zu drei Jahren oder mit Geldstrafe bestraft, wenn die Tat nicht in anderen Vorschriften über Urkundenstraftaten mit schwererer Strafe bedroht ist.

(2) Ebenso wird bestraft, wer von einer falschen oder verfälschten Bescheinigung der in Absatz 1 bezeichneten Art zur Ausübung des Stimmrechts Gebrauch macht.

(3) Der Versuch ist strafbar.

§ 403 Verletzung der Berichtspflicht

(1) Mit Freiheitsstrafe bis zu drei Jahren oder mit Geldstrafe wird bestraft, wer als Prüfer oder als Gehilfe eines Prüfers über das Ergebnis der Prüfung falsch berichtet oder erhebliche Umstände im Bericht verschweigt.

(2) Handelt der Täter gegen Entgelt oder in der Absicht, sich oder einen anderen zu bereichern oder einen anderen zu schädigen, so ist die Strafe Freiheitsstrafe bis zu fünf Jahren oder Geldstrafe.

§ 404 Verletzung der Geheimhaltungspflicht

(1) Mit Freiheitsstrafe bis zu einem Jahr, bei börsennotierten Gesellschaften bis zu zwei Jahren, oder mit Geldstrafe wird bestraft, wer ein Geheimnis der Gesellschaft, namentlich ein Betriebs- oder Geschäftsgeheimnis, das ihm in seiner Eigenschaft als

1. Mitglied des Vorstands oder des Aufsichtsrats oder Abwickler,
2. Prüfer oder Gehilfe eines Prüfers

bekanntgeworden ist, unbefugt offenbart; im Falle der Nummer 2 jedoch nur, wenn die Tat nicht in § 333 des Handelsgesetzbuchs mit Strafe bedroht ist.

(2) [1]Handelt der Täter gegen Entgelt oder in der Absicht, sich oder einen anderen zu bereichern oder einen anderen zu schädigen, so ist die Strafe Freiheitsstrafe bis zu zwei Jahren, bei börsennotierten Gesellschaften bis zu drei Jahren, oder Geldstrafe. [2]Ebenso wird bestraft, wer ein Geheimnis der in Absatz 1 bezeichneten Art, namentlich ein Betriebs- oder Geschäftsgeheimnis, das ihm unter den Voraussetzungen des Absatzes 1 bekanntgeworden ist, unbefugt verwertet.

(3) [1]Die Tat wird nur auf Antrag der Gesellschaft verfolgt. [2]Hat ein Mitglied des Vorstands oder ein Abwickler die Tat begangen, so ist der Aufsichtsrat, hat ein Mitglied des Aufsichtsrats die Tat begangen, so sind der Vorstand oder die Abwickler antragsberechtigt.

§ 404a Verletzung der Pflichten bei Abschlussprüfungen

(1) Mit Freiheitsstrafe bis zu einem Jahr oder mit Geldstrafe wird bestraft, wer als Mitglied des Aufsichtsrats oder als Mitglied eines Prüfungsausschusses einer Gesellschaft, die kapitalmarktorientiert im Sinne des § 264d des Handelsgesetzbuchs, die CRR-Kreditinstitut im Sinne des § 1 Absatz 3d Satz 1 des Kreditwesengesetzes, mit Ausnahme der in § 2 Absatz 1 Nummer 1 und 2 des Kreditwesengesetzes genannten Institute, oder die Versicherungsunternehmen ist im Sinne des Artikels 2 Absatz 1 der Richtlinie 91/674/EWG des Rates vom 19. Dezember 1991 über den Jahresabschluß und den konsolidierten Abschluß von Versicherungsunternehmen (ABl. L 374 vom 31.12.1991, S. 7), die zuletzt durch die Richtlinie 2006/46/EG (ABl. L 224 vom 16.8.2006, S. 1) geändert worden ist,

1. eine in § 405 Absatz 3b bezeichnete Handlung begeht und dafür einen Vermögensvorteil erhält oder sich versprechen lässt oder

2. eine in § 405 Absatz 3b bezeichnete Handlung beharrlich wiederholt.

(2) Ebenso wird bestraft, wer als Mitglied des Aufsichtsrats oder als Mitglied eines Prüfungsausschusses einer Gesellschaft, die kapitalmarktorientiert im Sinne des § 264d des Handelsgesetzbuchs oder die CRR-Kreditinstitut ist im Sinne des § 1 Absatz 3d Satz 1 des Kreditwesengesetzes, mit Ausnahme der in § 2 Absatz 1 Nummer 1 und 2 des Kreditwesengesetzes genannten Institute,

1. eine in § 405 Absatz 3c oder 3d bezeichnete Handlung begeht und dafür einen Vermögensvorteil erhält oder sich versprechen lässt oder
2. eine in § 405 Absatz 3c oder 3d bezeichnete Handlung beharrlich wiederholt.

§ 405 [1)] Ordnungswidrigkeiten

(1) Ordnungswidrig handelt, wer als Mitglied des Vorstands oder des Aufsichtsrats oder als Abwickler

1. Namensaktien ausgibt, in denen der Betrag der Teilleistung nicht angegeben ist, oder Inhaberaktien ausgibt, bevor auf sie der Ausgabebetrag voll geleistet ist,
2. Aktien über Zwischenscheine ausgibt, bevor die Gesellschaft oder im Fall einer Kapitalerhöhung die Durchführung der Erhöhung des Grundkapitals oder im Fall einer bedingten Kapitalerhöhung oder einer Kapitalerhöhung aus Gesellschaftsmitteln der Beschluß über die bedingte Kapitalerhöhung oder die Kapitalerhöhung aus Gesellschaftsmitteln eingetragen ist,
3. Aktien oder Zwischenscheine ausgibt, die auf einen geringeren als den nach § 8 Abs. 2 Satz 1 zulässigen Mindestnennbetrag lauten, oder auf die bei einer Gesellschaft mit Stückaktien ein geringerer anteiliger Betrag des Grundkapitals als der nach § 8 Abs. 3 Satz 3 zulässige Mindestbetrag entfällt,
4. a) entgegen § 71 Abs. 1 Nr. 1 bis 4 oder Abs. 2 eigene Aktien der Gesellschaft erwirbt oder, in Verbindung mit § 71e Abs. 1, als Pfand nimmt,
   b) zu veräußernde eigene Aktien (§ 71c Abs. 1 und 2) nicht anbietet oder
   c) die zur Vorbereitung der Beschlußfassung über die Einziehung eigener Aktien (§ 71c Abs. 3) erforderlichen Maßnahmen nicht trifft,
5. entgegen § 120a Absatz 2 eine Veröffentlichung nicht, nicht richtig, nicht vollständig oder nicht rechtzeitig vornimmt oder
6. entgegen § 162 Absatz 4 einen dort genannten Bericht oder Vermerk nicht oder nicht mindestens zehn Jahre zugänglich macht.

(2) Ordnungswidrig handelt auch, wer als Aktionär oder als Vertreter eines Aktionärs die nach § 129 in das Verzeichnis aufzunehmenden Angaben nicht oder nicht richtig macht.

(2a) Ordnungswidrig handelt, wer

1. entgegen § 67 Absatz 4 Satz 2 erster Halbsatz, auch in Verbindung mit Satz 3, eine Mitteilung nicht, nicht richtig, nicht vollständig oder nicht rechtzeitig macht,
2. entgegen § 67a Absatz 3 Satz 1, auch in Verbindung mit Satz 2, jeweils auch in Verbindung mit § 125 Absatz 5 Satz 3, oder entgegen § 67c Absatz 1 Satz 2 oder § 67d Absatz 4 Satz 2 zweiter Halbsatz eine dort genannte Information nicht, nicht richtig, nicht vollständig oder nicht rechtzeitig weiterleitet,
3. entgegen § 67b Absatz 1 Satz 1, auch in Verbindung mit Absatz 2, jeweils auch in Verbindung mit § 125 Absatz 5 Satz 3, oder entgegen § 67c Absatz 1 Satz 1 oder

---

1) § 405 geändert durch Gesetz vom 12.12.2019 (BGBl. I S. 2637); zur erstmaligen Anwendung s. § 26j EGAktG (abgedruckt unter Nr. 2a.).

§ 67d Absatz 4 Satz 1 oder 3 eine dort genannte Information nicht, nicht richtig, nicht vollständig oder nicht rechtzeitig übermittelt,

4. entgegen § 67c Absatz 3 einen dort genannten Nachweis nicht, nicht richtig, nicht vollständig oder nicht rechtzeitig ausstellt,
5. entgegen § 67d Absatz 3 ein dort genanntes Informationsverlangen nicht, nicht richtig, nicht vollständig oder nicht rechtzeitig weiterleitet,
6. entgegen § 111c Absatz 1 Satz 1 eine Veröffentlichung nicht, nicht richtig, nicht vollständig oder nicht rechtzeitig vornimmt,
7. entgegen § 118 Absatz 1 Satz 3 oder 4, jeweils auch in Verbindung mit Absatz 2 Satz 2, oder entgegen § 129 Absatz 5 Satz 2 oder 3 eine dort genannte Bestätigung nicht, nicht richtig, nicht vollständig, nicht in der vorgeschriebenen Weise oder nicht rechtzeitig erteilt oder nicht, nicht richtig, nicht vollständig oder nicht rechtzeitig übermittelt,
8. entgegen § 134b Absatz 5 Satz 1 eine Information nach § 134b Absatz 1, 2 oder 4 nicht oder nicht mindestens drei Jahre zugänglich macht,
9. entgegen § 134c Absatz 3 Satz 1 eine Information nach § 134c Absatz 1 oder 2 Satz 1 oder 3 nicht oder nicht mindestens drei Jahre zugänglich macht,
10. entgegen § 134d Absatz 3 eine dort genannte Information nicht oder nicht mindestens drei Jahre zugänglich macht,
11. entgegen § 134d Absatz 4 eine Information nicht, nicht richtig, nicht vollständig oder nicht rechtzeitig gibt oder
12. entgegen § 135 Absatz 9 eine dort genannte Verpflichtung ausschließt oder beschränkt.

(3) Ordnungswidrig handelt ferner, wer

1. Aktien eines anderen, zu dessen Vertretung er nicht befugt ist, ohne dessen Einwilligung zur Ausübung von Rechten in der Hauptversammlung oder in einer gesonderten Versammlung benutzt,
2. zur Ausübung von Rechten in der Hauptversammlung oder in einer gesonderten Versammlung Aktien eines anderen benutzt, die er sich zu diesem Zweck durch Gewähren oder Versprechen besonderer Vorteile verschafft hat,
3. Aktien zu dem in Nummer 2 bezeichneten Zweck gegen Gewähren oder Versprechen besonderer Vorteile einem anderen überläßt,
4. Aktien eines anderen, für die er oder der von ihm Vertretene das Stimmrecht nach § 135 nicht ausüben darf, zur Ausübung des Stimmrechts benutzt,
5. Aktien, die er oder der von ihm Vertretene das Stimmrecht nach § 20 Abs. 7, § 21 Abs. 4, §§ 71 b, 71 d Satz 4, § 134 Abs. 1, §§ 135, 136, 142 Abs. 1 Satz 2, § 285 Abs. 1 nicht ausüben darf, einem anderen zum Zweck der Ausübung des Stimmrechts überläßt oder solche ihm überlassene Aktien zur Ausübung des Stimmrechts benutzt,
6. besondere Vorteile als Gegenleistung dafür fordert, sich versprechen läßt oder annimmt, daß er bei einer Abstimmung in der Hauptversammlung oder in einer gesonderten Versammlung nicht oder in einem bestimmten Sinne stimme oder
7. besondere Vorteile als Gegenleistung dafür anbietet, verspricht oder gewährt, daß jemand bei einer Abstimmung in der Hauptversammlung oder in einer gesonderten Versammlung nicht oder in einem bestimmten Sinne stimme.

(3a) Ordnungswidrig handelt, wer vorsätzlich oder leichtfertig

1. entgegen § 121 Abs. 4a Satz 1, auch in Verbindung mit § 124 Abs. 1 Satz 3, die Einberufung nicht, nicht richtig, nicht vollständig oder nicht rechtzeitig zuleitet oder
2. entgegen § 124a Angaben nicht, nicht richtig oder nicht vollständig zugänglich macht.

(3b) Ordnungswidrig handelt, wer als Mitglied des Aufsichtsrats oder als Mitglied eines Prüfungsausschusses einer Gesellschaft, die kapitalmarktorientiert im Sinne des § 264d des Handelsgesetzbuchs, die CRR-Kreditinstitut im Sinne des § 1 Absatz 3d Satz 1 des Kreditwesengesetzes, mit Ausnahme der in § 2 Absatz 1 Nummer 1 und 2 des Kreditwesengesetzes genannten Institute, oder die Versicherungsunternehmen ist im Sinne des Artikels 2 Absatz 1 der Richtlinie 91/674/EWG des Rates vom 19. Dezember 1991 über den Jahresabschluß und den konsolidierten Abschluß von Versicherungsunternehmen (ABl. L 374 vom 31.12.1991, S. 7), die zuletzt durch die Richtlinie 2006/46/EG (ABl. L 224 vom 16.8.2006, S. 1) geändert worden ist,

1. die Unabhängigkeit des Abschlussprüfers oder der Prüfungsgesellschaft nicht nach Maßgabe des Artikels 4 Absatz 3 Unterabsatz 2, des Artikels 5 Absatz 4 Unterabsatz 1 Satz 1 oder des Artikels 6 Absatz 2 der Verordnung (EU) Nr. 537/2014 des Europäischen Parlaments und des Rates vom 16. April 2014 über spezifische Anforderungen an die Abschlussprüfung bei Unternehmen von öffentlichem Interesse und zur Aufhebung des Beschlusses 2005/909/EG der Kommission (ABl. L 158 vom 27.5.2014, S. 77, L 170 vom 11.6.2014, S. 66) überwacht oder
2. eine Empfehlung für die Bestellung eines Abschlussprüfers oder einer Prüfungsgesellschaft vorlegt, die nicht auf einem Verlangen der Aufsichtsbehörde nach § 36 Absatz 1 Satz 2 des Versicherungsaufsichtsgesetzes beruht und
   a) die den Anforderungen nach Artikel 16 Absatz 2 Unterabsatz 2 oder 3 der Verordnung (EU) Nr. 537/2014 nicht entspricht oder
   b) der ein Auswahlverfahren nach Artikel 16 Absatz 3 Unterabsatz 1 der Verordnung (EU) Nr. 537/2014 nicht vorangegangen ist.

(3c) Ordnungswidrig handelt, wer als Mitglied eines Aufsichtsrats, der einen Prüfungsausschuss nicht bestellt hat, einer Gesellschaft, die kapitalmarktorientiert im Sinne des § 264d des Handelsgesetzbuchs oder die CRR-Kreditinstitut ist im Sinne des § 1 Absatz 3d Satz 1 des Kreditwesengesetzes, mit Ausnahme der in § 2 Absatz 1 Nummer 1 und 2 des Kreditwesengesetzes genannten Institute, der Hauptversammlung einen Vorschlag für die Bestellung eines Abschlussprüfers oder einer Prüfungsgesellschaft vorlegt, der den Anforderungen nach Artikel 16 Absatz 5 Unterabsatz 1 der Verordnung (EU) Nr. 537/2014 nicht entspricht.

(3d) Ordnungswidrig handelt, wer als Mitglied eines Aufsichtsrats, der einen Prüfungsausschuss bestellt hat, einer in Absatz 3c genannten Gesellschaft der Hauptversammlung einen Vorschlag für die Bestellung eines Abschlussprüfers oder einer Prüfungsgesellschaft vorlegt, der den Anforderungen nach Artikel 16 Absatz 5 Unterabsatz 1 oder Unterabsatz 2 Satz 1 oder Satz 2 der Verordnung (EU) Nr. 537/2014 nicht entspricht.

(4) Die Ordnungswidrigkeit kann in den Fällen des Absatzes 2a Nummer 6 mit einer Geldbuße bis zu fünfhunderttausend Euro, in den Fällen der Absätze 3b bis 3d mit einer Geldbuße bis zu fünfzigtausend Euro, in den übrigen Fällen mit einer Geldbuße bis zu fünfundzwanzigtausend Euro geahndet werden.

(5) Verwaltungsbehörde im Sinne des § 36 Absatz 1 Satz 1 des Gesetzes über Ordnungswidrigkeiten ist

1. die Bundesanstalt für Finanzdienstleistungsaufsicht in den Fällen

a) des Absatzes 2a Nummer 6, soweit die Handlung ein Geschäft nach § 111c Absatz 1 Satz 1 in Verbindung mit Absatz 3 Satz 1 betrifft, und
b) der Absätze 3b bis 3d bei CRR-Kreditinstituten im Sinne des § 1 Absatz 3d Satz 1 des Kreditwesengesetzes, mit Ausnahme der in § 2 Absatz 1 Nummer 1 und 2 des Kreditwesengesetzes genannten Institute, und bei Versicherungsunternehmen im Sinne des Artikels 2 Absatz 1 der Richtlinie 91/674/EWG,

2. das Bundesamt für Justiz in den übrigen Fällen der Absätze 1 bis 3d.

§ 406 *(aufgehoben)*

§ 407 Zwangsgelder

(1) [1]Vorstandsmitglieder oder Abwickler, die § 52 Abs. 2 Satz 2 bis 4, § 71c, § 73 Abs. 3 Satz 2, §§ 80, 90, 104 Abs. 1, § 111 Abs. 2, § 145, §§ 170, 171 Abs. 3 oder Abs. 4 Satz 1 in Verbindung mit Abs. 3, §§ 175, 179a Abs. 2 Satz 1 bis 3, 214 Abs. 1, § 246 Abs. 4, §§ 248a, 259 Abs. 5, § 268 Abs. 4, § 270 Abs. 1, § 273 Abs. 2, § 293f, § 293g Abs. 1, § 312 Abs. 1, § 313 Abs. 1, § 314 Abs. 1, nicht befolgen, sind hierzu vom Registergericht durch Festsetzung von Zwangsgeld anzuhalten; § 14 des Handelsgesetzbuchs bleibt unberührt. [2]Das einzelne Zwangsgeld darf den Betrag von fünftausend Euro nicht übersteigen.

(2) [1]Die Anmeldungen zum Handelsregister nach den §§ 36, 45, 52, 181 Abs. 1, §§ 184, 188, 195, 210, 223, 237 Abs. 4, §§ 274, 294 Abs. 1, § 319 Abs. 3, werden durch Festsetzung von Zwangsgeld nicht erzwungen.

§ 407a Mitteilungen an die Abschlussprüferaufsichtsstelle

(1) Die nach § 405 Absatz 5 zuständige Verwaltungsbehörde übermittelt der Abschlussprüferaufsichtsstelle beim Bundesamt für Wirtschaft und Ausfuhrkontrolle alle Bußgeldentscheidungen nach § 405 Absatz 3b bis 3d.

(2) [1]In Strafverfahren, die eine Straftat nach § 404a zum Gegenstand haben, übermittelt die Staatsanwaltschaft im Falle der Erhebung der öffentlichen Klage der Abschlussprüferaufsichtsstelle die das Verfahren abschließende Entscheidung. [2]Ist gegen die Entscheidung ein Rechtsmittel eingelegt worden, ist die Entscheidung unter Hinweis auf das eingelegte Rechtsmittel zu übermitteln.

§ 408 Strafbarkeit persönlich haftender Gesellschafter einer Kommanditgesellschaft auf Aktien

[1]Die §§ 399 bis 407 gelten sinngemäß für die Kommanditgesellschaft auf Aktien. [2]Soweit sie Vorstandsmitglieder betreffen, gelten sie bei der Kommanditgesellschaft auf Aktien für die persönlich haftenden Gesellschafter.

§ 409 Geltung in Berlin

[1]Dieses Gesetz gilt nach Maßgabe des § 13 Abs. 1 des Dritten Überleitungsgesetzes vom 4. Januar 1952 (Bundesgesetzbl. I S. 1) auch im Land Berlin. [2]Rechtsverordnungen, die aufgrund dieses Gesetzes erlassen werden, gelten im Land Berlin nach § 14 des Dritten Überleitungsgesetzes.

§ 410 Inkrafttreten

Dieses Gesetz tritt am 1. Januar 1966 in Kraft.

2a. Einführungsgesetz zum Aktiengesetz

Vom 6. September 1965 (BGBl. I S. 1185)
(BGBl. III 4121-2)

zuletzt geändert durch Gesetz vom 12.12.2019 (BGBl. I S. 2637)

Erster Abschnitt. Übergangsvorschriften

§ 1 Grundkapital

(1) [1]§ 6 des Aktiengesetzes gilt nicht für Aktiengesellschaften, deren Grundkapital und Aktien beim Inkrafttreten des Aktiengesetzes nicht auf einen Nennbetrag in Deutscher Mark lauten, sowie für Aktiengesellschaften, die nach dem Inkrafttreten des Aktiengesetzes nach Maßgabe des § 2 des D-Markbilanzergänzungsgesetzes vom 28. Dezember 1950 (Bundesgesetzbl. S. 811) ihren Sitz in den Geltungsbereich des Aktiengesetzes verlegen. [2]Die Währung, auf die ihr Grundkapital und ihre Aktien lauten müssen, bestimmt sich nach den für sie geltenden besonderen Vorschriften.

(2) [1]Aktiengesellschaften, die vor dem 1. Januar 1999 in das Handelsregister eingetragen worden sind, dürfen die Nennbeträge ihres Grundkapitals und ihrer Aktien weiter in Deutscher Mark bezeichnen. [2]Bis zum 31. Dezember 2001 dürfen Aktiengesellschaften neu eingetragen werden, deren Grundkapital und Aktien auf Deutsche Mark lauten. [3]Danach dürfen Aktiengesellschaften nur eingetragen werden, wenn die Nennbeträge von Grundkapital und Aktien in Euro bezeichnet sind; das gleiche gilt für Beschlüsse über die Änderung des Grundkapitals.

§ 2 Mindestnennbetrag des Grundkapitals

[1]Für Aktiengesellschaften, die vor dem 1. Januar 1999 in das Handelsregister eingetragen oder zur Eintragung in das Handelsregister angemeldet worden sind, bleibt der bis dahin gültige Mindestbetrag des Grundkapitals maßgeblich, bis die Aktiennennbeträge an die seit diesem Zeitpunkt geltenden Beträge des § 8 des Aktiengesetzes angepaßt werden. [2]Für spätere Gründungen gilt der Mindestbetrag des Grundkapitals nach § 7 des Aktiengesetzes in der ab dem 1. Januar 1999 geltenden Fassung, der bei Gründungen in Deutscher Mark zu dem vom Rat der Europäischen Union gemäß Artikel 109l Abs. 4 Satz 1 des EG-Vertrages unwiderruflich festgelegten Umrechnungskurs in Deutsche Mark umzurechnen ist.

§ 3 Mindestnennbetrag der Aktien

(1) Aktien dürfen nur noch nach § 8 des Aktiengesetzes ausgegeben werden.

(2) [1]Aktien einer Gesellschaft, die vor dem 1. Januar 1999 in das Handelsregister eingetragen oder zur Eintragung in das Handelsregister angemeldet und bis zum 31. Dezember 2001 eingetragen worden ist, dürfen weiterhin auf einen nach den bis dahin geltenden Vorschriften zulässigen Nennbetrag lauten, Aktien, die auf Grund eines Kapitalerhöhungsbeschlusses ausgegeben werden, jedoch nur, wenn dieser bis zum 31. Dezember 2001 in das Handelsregister eingetragen worden ist. [2]Dies gilt nur einheitlich für sämtliche Aktien einer Gesellschaft. [3]Die Nennbeträge können auch zu dem vom Rat der Europäischen Union gemäß Artikel 109l Abs. 4 Satz 1 des EG-Vertrages unwiderruflich festgelegten Umrechnungskurs in Euro ausgedrückt werden.

(3) Für Aktiengesellschaften, die auf Grund einer nach dem 31. Dezember 1998 erfolgten Anmeldung zum Handelsregister bis zum 31. Dezember 2001 eingetragen werden und deren Grundkapital und Aktien nach § 1 Abs. 2 Satz 2 auf Deutsche Mark lauten, gelten die zu dem vom Rat der Europäischen Union gemäß Artikel 109l Abs. 4 Satz 1 des

EG-Vertrages unwiderruflich festgelegten Umrechnungskurs in Deutsche Mark umzurechnenden Beträge nach § 8 des Aktiengesetzes in der ab dem 1. Januar 1999 geltenden Fassung.

(4) [1]Das Verhältnis der mit den Aktien verbundenen Rechte zueinander und das Verhältnis ihrer Nennbeträge zum Nennkapital wird durch Umrechnung zwischen Deutscher Mark und Euro nicht berührt. [2]Nach Umrechnung gebrochene Aktiennennbeträge können auf mindestens zwei Stellen hinter dem Komma gerundet dargestellt werden; diese Rundung hat keine Rechtswirkung. [3]Auf sie ist in Beschlüssen und Satzung hinzuweisen; der jeweilige Anteil der Aktie am Grundkapital soll erkennbar bleiben.

(5) Beschließt eine Gesellschaft, die die Nennbeträge ihrer Aktien nicht an § 8 des Aktiengesetzes in der ab dem 1. Januar 1999 geltenden Fassung angepaßt hat, die Änderung ihres Grundkapitals, darf dieser Beschluß nach dem 31. Dezember 2001 in das Handelsregister nur eingetragen werden, wenn zugleich eine Satzungsänderung über die Anpassung der Aktiennennbeträge an § 8 des Aktiengesetzes eingetragen wird.

§ 4 Verfahren der Umstellung auf den Euro

(1) [1]Über die Umstellung des Grundkapitals und der Aktiennennbeträge sowie weiterer satzungsmäßiger Betragsangaben auf Euro zu dem gemäß Artikel 109l Abs. 4 Satz 1 des EG-Vertrages unwiderruflich festgelegten Umrechnungskurs beschließt die Hauptversammlung abweichend von §179 Abs. 2 des Aktiengesetzes mit der einfachen Mehrheit des bei der Beschlußfassung vertretenen Grundkapitals. [2]Ab dem 1. Januar 2002 ist der Aufsichtsrat zu den entsprechenden Fassungsänderungen der Satzung ermächtigt. [3]Auf die Anmeldung und Eintragung der Umstellung in das Handelsregister ist § 181 Abs. 1 Satz 2 und 3 des Aktiengesetzes nicht anzuwenden.

(2) [1]Für eine Erhöhung des Grundkapitals aus Gesellschaftsmitteln oder eine Herabsetzung des Kapitals auf den nächsthöheren oder nächstniedrigeren Betrag, mit dem die Nennbeträge der Aktien auf volle Euro gestellt werden können, genügt abweichend von § 207 Abs. 2, § 182 Abs. 1 und § 222 Abs. 1 des Aktiengesetzes die einfache Mehrheit des bei der Beschlußfassung vertretenen Grundkapitals, bei der Herabsetzung jedoch nur, wenn zumindest die Hälfte des Grundkapitals vertreten ist. [2]Diese Mehrheit gilt auch für Beschlüsse über die entsprechende Anpassung eines genehmigten Kapitals oder über die Teilung der auf volle Euro gestellten Aktien sowie für Änderungen der Satzungsfassung, wenn diese Beschlüsse mit der Kapitaländerung verbunden sind. [3]§ 130 Abs. 1 Satz 3 des Aktiengesetzes findet keine Anwendung.

(3) [1]Eine Kapitalerhöhung aus Gesellschaftsmitteln oder eine Kapitalherabsetzung bei Umstellung auf Euro kann durch Erhöhung oder Herabsetzung des Nennbetrags der Aktien oder durch Neueinteilung der Aktiennennbeträge ausgeführt werden. [2]Die Neueinteilung der Nennbeträge bedarf der Zustimmung aller betroffenen Aktionäre, auf die nicht ihrem Anteil entsprechend volle Aktien oder eine geringere Zahl an Aktien als zuvor entfallen; bei teileingezahlten Aktien ist sie ausgeschlossen.

(4) [1]Sofern Aktien aus einem bedingten Kapital nach dem Beschluß über eine Kapitalerhöhung aus Gesellschaftsmitteln oder über eine andere Satzungsänderung zur Umstellung auf Euro, die mit der Zahl der Aktien verbunden ist, ausgegeben worden sind, gelten sie für den Beschluß erst nach dessen Eintragung in das Handelsregister als ausgegeben. [2]Diese aus einem bedingten Kapital ausgegebenen und die noch auszugebenden Aktien nehmen an der Änderung der Nennbeträge teil.

(5) [1]Für eine Kapitalerhöhung aus Gesellschaftsmitteln nach Absatz 2 können abweichend von § 208 Abs. 1 Satz 2 und § 150 Abs. 3 des Aktiengesetzes die Kapitalrücklage und die gesetzliche Rücklage sowie deren Zuführungen, auch soweit sie zusammen den zehnten Teil oder den in der Satzung bestimmten höheren Teil des bis-

herigen Grundkapitals nicht übersteigen, in Grundkapital umgewandelt werden. [2]Auf eine Kapitalherabsetzung nach Absatz 2, die in vereinfachter Form vorgenommen werden soll, findet § 229 Abs. 2 des Aktiengesetzes keine Anwendung.

(6) [1]§ 73 Abs. 1 Satz 2 des Aktiengesetzes findet keine Anwendung. [2]Im übrigen bleiben die aktienrechtlichen Vorschriften unberührt.

§ 5 Mehrstimmrechte; Höchststimmrechte

(1) [1]Mehrstimmrechte erlöschen am 1. Juni 2003, wenn nicht zuvor die Hauptversammlung mit einer Mehrheit, die mindestens drei Viertel des bei der Beschlußfassung vertretenen Grundkapitals umfaßt, ihre Fortgeltung beschlossen hat. [2]Inhaber von Mehrstimmrechtsaktien sind bei diesem Beschluß von der Ausübung des Stimmrechts insgesamt ausgeschlossen.

(2) [1]Unabhängig von Absatz 1 kann die Hauptversammlung die Beseitigung der Mehrstimmrechte beschließen. [2]Der Beschluß nach Satz 1 bedarf einer Mehrheit, die mindestens die Hälfte des bei der Beschlußfassung vertretenen Grundkapitals umfaßt, aber nicht der Mehrheit der abgegebenen Stimmen. [3] Eines Sonderbeschlusses der Aktionäre mit Mehrstimmrechten bedarf es nicht. [4]Abweichnd von § 122 Abs. 2 des Aktiengesetzes kann jeder Aktionär verlangen, daß die Beseitigung der Mehrstimmrechte auf die Tagesordnung der Hauptversammlung gesetzt wird.

(3) [1]Die Gesellschaft hat einem Inhaber von Mehrstimmrechtsaktien im Falle des Erlöschens nach Absatz 1 und der Beseitigung nach Absatz 2 einen Ausgleich zu gewähren, der den besonderen Wert der Mehrstimmrechte angemessen berücksichtigt. [2]Im Falle des Absatzes 1 kann der Anspruch auf den Ausgleich nur bis zum Ablauf von zwei Monaten seit dem Erlöschen der Mehrstimmrechte gerichtlich geltend gemacht werden. [3]Im Falle des Absatzes 2 hat die Hauptversammlung den Ausgleich mitzubeschließen; Absatz 2 Satz 2 und 3 ist anzuwenden.

(4) [1]Die Anfechtung des Beschlusses nach Absatz 2 kann nicht auf § 243 Abs. 2 des Aktiengesetzes oder darauf gestützt werden, daß die Beseitigung der Mehrstimmrechte oder der festgesetzte Ausgleich unangemessen sind. [2]Statt dessen kann jeder in der Hauptversammlung erschienene Aktionär, der gegen den Beschluß Widerspruch zur Niederschrift erklärt hat, einen Antrag auf gerichtliche Bestimmung des angemessenen Ausgleichs stellen. [3]Der Antrag kann nur binnen zwei Monaten seit dem Tage gestellt werden, an dem die Satzungsänderung im Handelsregister nach § 10 des Handelsgesetzbuchs bekannt gemacht worden ist.

(5) Für das Verfahren in den Fällen des Absatzes 3 Satz 2 und des Absatzes 4 Satz 2 gilt das Spruchverfahrensgesetz sinngemäß.

(6) [1]Der durch Beschluß der Hauptversammlung festgesetzte Ausgleich wird erst zur Leistung fällig, wenn ein Antrag auf gerichtliche Bestimmung nicht oder nicht fristgemäß gestellt oder das Verfahren durch rechtskräftige Entscheidung oder Antragsrücknahme abgeschlossen ist. [2]Der Ausgleich ist seit dem Tage, an dem die Satzungsänderung im Handelsregister nach § 10 des Handelsgesetzbuchs als bekannt gemacht worden ist, mit fünf vom Hundert für das Jahr zu verzinsen.

(7) Für Höchststimmrechte bei börsennotierten Gesellschaften, die vor dem 1. Mai 1998 von der Satzung bestimmt sind, gelten die Sätze 2 bis 5 des § 134 Abs. 1 des Aktiengesetzes in der vor dem 1. Mai 1998 geltenden Fassung bis zum 1. Juni 2000 fort.

§ 6 Wechselseitig beteiligte Unternehmen

(1) Sind eine Aktiengesellschaft und ein anderes Unternehmen bereits beim Inkrafttreten des Aktiengesetzes wechselseitig beteiligte Unternehmen, ohne daß die Voraussetzungen des § 19 Abs. 2 oder 3 des Aktiengesetzes vorliegen, und haben beide Unter-

nehmen fristgemäß (§ 7) die Mitteilung nach § 20 Abs. 3 oder § 21 Abs. 1 des Aktiengesetzes gemacht, so gilt § 328 Abs. 1 und 2 des Aktiengesetzes für sie nicht.

(2) Solange die Unternehmen wechselseitig beteiligt sind und nicht die Voraussetzungen des § 19 Abs. 2 oder 3 des Aktiengesetzes vorliegen, gilt für die Ausübung der Rechte aus den Anteilen an dem anderen Unternehmen statt dessen folgendes:

1. Aus den Anteilen, die den Unternehmen beim Inkrafttreten des Aktiengesetzes gehört haben oder die auf diese Anteile bei einer Kapitalerhöhung aus Gesellschaftsmitteln entfallen, können alle Rechte ausgeübt werden.
2. Aus Anteilen, die bei einer Kapitalerhöhung gegen Einlagen auf Grund eines nach Nummer 1 bestehenden Bezugsrechts übernommen werden, können alle Rechte mit Ausnahme des Stimmrechts ausgeübt werden; das gleiche gilt für Anteile, die auf diese Anteile bei einer Kapitalerhöhung aus Gesellschaftsmitteln entfallen.
3. Aus anderen Anteilen können mit Ausnahme des Rechts auf neue Aktien bei einer Kapitalerhöhung aus Gesellschaftsmitteln keine Rechte ausgeübt werden.

(3) Hat nur eines der wechselseitig beteiligten Unternehmen fristgemäß (§ 7) die Mitteilung nach § 20 Abs. 3 oder § 21 Abs. 1 des Aktiengesetzes gemacht, so gilt § 328 Abs. 1 und 2 nicht für dieses Unternehmen.

§ 7 Mitteilungspflicht von Beteiligungen

[1]Die Mitteilungspflichten nach §§ 20, 21 und 328 Abs. 3 des Aktiengesetzes gelten auch für Beteiligungen, die beim Inkrafttreten des Aktiengesetzes bestehen. [2]Die Beteiligungen sind binnen eines Monats nach dem Inkrafttreten des Aktiengesetzes mitzuteilen.

§ 8 Gegenstand des Unternehmens

Entspricht bei Aktiengesellschaften, die beim Inkrafttreten des Aktiengesetzes in das Handelsregister eingetragen sind, die Satzungsbestimmung über den Gegenstand des Unternehmens nicht dem § 23 Abs. 3 Nr. 2 des Aktiengesetzes, so sind Änderungen der Satzung durch die Hauptversammlung nur einzutragen, wenn zugleich die Satzungsbestimmung über den Gegenstand des Unternehmens an § 23 Abs. 3 Nr. 2 des Aktiengesetzes angepaßt wird.

§ 9 *(weggefallen)*

§ 10 Nebenverpflichtungen der Aktionäre

[1]§ 55 Abs. 1 Satz 2 des Aktiengesetzes gilt nicht für Aktiengesellschaften, die bereits beim Inkrafttreten des Aktiengesetzes in ihrer Satzung Nebenverpflichtungen der Aktionäre vorgesehen haben. [2]Andern jedoch solche Gesellschaften den Gegenstand des Unternehmens oder die Satzungsbestimmungen über die Nebenverpflichtungen, so sind diese Änderungen nur einzutragen, wenn zugleich bestimmt wird, ob die Leistungen entgeltlich oder unentgeltlich zu erbringen sind.

§ 11 Nachgründungsgeschäfte

Die Unwirksamkeit gemäß § 52 Aktiengesetz eines vor dem 1. Januar 2000 geschlossenen Nachgründungsgeschäfts kann nach dem 1. Januar 2002 nur noch auf Grund der zum 1. Januar 2000 geänderten Fassung der Vorschrift geltend gemacht werden.

§ 12 Aufsichtsrat

(1) [1]Bestimmungen der Satzung über die Zahl der Aufsichtsratsmitglieder und über Stellvertreter von Aufsichtsratsmitgliedern treten, soweit sie mit den Vorschriften des Aktiengesetzes nicht vereinbar sind, mit Beendigung der Hauptversammlung außer Kraft, die über die Entlastung der Mitglieder des Aufsichtsrats für das am 31. Dezember

1965 endende oder laufende Geschäftsjahr abgehalten wird, spätestens mit Ablauf der in § 120 Abs. 1 des Aktiengesetzes für die Beschlußfassung über die Entlastung bestimmten Frist. [2]Eine Hauptversammlung, die innerhalb dieser Frist stattfindet, kann an Stelle der außer Kraft tretenden Satzungsbestimmungen mit einfacher Stimmenmehrheit neue Satzungsbestimmungen beschließen.

(2) Treten Satzungsbestimmungen nach Absatz 1 Satz 1 außer Kraft, erlischt das Amt der Aufsichtsratsmitglieder oder der Stellvertreter von Aufsichtsratsmitgliedern mit dem in Absatz 1 genannten Zeitpunkt.

(3) Hat ein Aufsichtsratsmitglied am 1. Mai 1998 eine höhere Zahl von Aufsichtsratsmandaten, als nach § 100 Abs. 2 Satz 1 Nr. 1 in Verbindung mit Satz 3 des Aktiengesetzes in der ab dem 1. Mai 1998 geltenden Fassung zulässig ist, so gilt für diese Mandate § 100 Abs. 2 Aktiengesetz in der bis zum 30. April 1998 geltenden Fassung bis zum Ablauf der jeweils für das Mandat geltenden Amtszeit fort.

(4) § 100 Abs. 5 und § 107 Abs. 4 des Aktiengesetzes in der Fassung des Bilanzrechtsmodernisierungsgesetzes vom 25. Mai 2009 (BGBl. I S. 1102) finden keine Anwendung, solange alle Mitglieder des Aufsichtsrats und des Prüfungsausschusses vor dem 29. Mai 2009 bestellt worden sind.

(5) § 100 Absatz 5 und § 107 Absatz 4 des Aktiengesetzes jeweils in der Fassung des Abschlussprüfungsreformgesetzes vom 10. Mai 2016 (BGBl. I S. 1142) müssen so lange nicht angewandt werden, wie alle Mitglieder des Aufsichtsrats und des Prüfungsausschusses vor dem 17. Juni 2016 bestellt worden sind.

§ 13 Übergangsvorschrift zu § 175 und § 337 Abs. 2 und 3 des Aktiengesetzes

[1]§ 175 des Aktiengesetzes in der Fassung des Artikels 1 Nr. 21 des Transparenz- und Publizitätsgesetzes vom 19. Juli 2002 (BGBl. I S. 2681) ist erstmals auf den Konzernabschluss und den Konzernlagebericht für das nach dem 31. Dezember 2001 beginnende Geschäftsjahr anzuwenden. [2]Auf den Konzernabschluss und den Konzernlagebericht für ein vorangehendes Geschäftsjahr sind die §§ 175, 337 Abs. 3 des Aktiengesetzes in der bis zum 25. Juli 2002 geltenden Fassung weiterhin anzuwenden. [3]§ 337 Abs. 2 des Aktiengesetzes in der bis zum 25. Juli 2002 geltenden Fassung ist letztmals auf den Konzernabschluss und den Konzernlagebericht für das nach dem 31. Dezember 2001 beginnende Geschäftsjahr anzuwenden.

§ 14 Übergangsvorschrift zu § 171 Abs. 2, 3 und § 173 Abs. 1 des Aktiengesetzes

§ 171 Abs. 2 Satz 5, Abs. 3 Satz 3 zweiter Halbsatz und § 173 Abs. 1 Satz 2 des Aktiengesetzes in der Fassung des Artikels 1 Nr. 18, 19 des Transparenz- und Publizitätsgesetzes vom 19. Juli 2002 (BGBl. I S. 2681) ist erstmals auf den Konzernabschluss für das nach dem 31. Dezember 2001 beginnende Geschäftsjahr anzuwenden.

§ 15 Übergangsvorschrift zu § 161 des Aktiengesetzes

[1]Die Erklärung nach § 161 des Aktiengesetzes ist erstmals im Jahr 2002 abzugeben. [2]Sie kann in diesem Jahr aber darauf beschränkt werden, dass den Empfehlungen der „Regierungskommission Deutscher Corporate Governance Kodex“ entsprochen wird oder welche Empfehlungen nicht angewendet werden.

§ 16 Übergangsvorschrift zu § 123 Abs. 2, 3 und § 125 Abs. 2 des Aktiengesetzes

[1]§ 123 Abs. 2 und 3 und § 125 Abs. 2 des Aktiengesetzes in der Fassung des Gesetzes zur Unternehmensintegrität und Modernisierung des Anfechtungsrechts gelten für

Hauptversammlungen, zu denen nach dem 1. November 2005 einberufen wird. [2]Solange eine börsennotierte Gesellschaft ihre Satzung noch nicht an § 123 in der Fassung des Gesetzes zur Unternehmensintegrität und Modernisierung des Anfechtungsrechts angepasst hat, gilt die bisherige Satzungsregelung für die Teilnahme an der Hauptversammlung oder die Ausübung des Stimmrechts mit der Maßgabe fort, dass für den Zeitpunkt der Hinterlegung oder der Ausstellung eines sonstigen Legitimationsnachweises auf den Beginn des einundzwanzigsten Tages vor der Versammlung abzustellen ist. [3]Hat eine Gesellschaft auf Grund des Entwurfs des Gesetzes zur Unternehmensintegrität und Modernisierung des Anfechtungsrechts einen Vorratsbeschluss gefasst, ist der Vorstand mit Zustimmung des Aufsichtsrats ermächtigt, den Beschluss hinsichtlich des Zeitpunkts der Ausstellung des Legitimationsnachweises zu ändern.

§ 17 Übergangsvorschrift zu § 243 Abs. 3 Nr. 2 und § 249 Abs. 1 Satz 1 des Aktiengesetzes

§ 243 Abs. 3 Nr. 2 und § 249 Abs. 1 Satz 1 des Aktiengesetzes in der Fassung des Bilanzrechtsreformgesetzes vom 4. Dezember 2004 (BGBl. I S. 3166) sind erstmals auf Anfechtungsklagen und Nichtigkeitsklagen anzuwenden, die nach dem 31. Dezember 2004 erhoben worden sind.

§ 18 Übergangsvorschrift zu den §§ 37 und 39 des Aktiengesetzes

[1]Die Pflicht, die inländische Geschäftsanschrift bei dem Gericht nach § 37 des Aktiengesetzes in der ab dem Inkrafttreten des Gesetzes vom 23. Oktober 2008 (BGBl. I S. 2026) am 1. November 2008 geltenden Fassung zur Eintragung in das Handelsregister anzumelden, gilt auch für Gesellschaften, die zu diesem Zeitpunkt bereits in das Handelsregister eingetragen sind, es sei denn, die inländische Geschäftsanschrift ist dem Gericht bereits nach § 24 Abs. 2 der Handelsregisterverordnung mitgeteilt worden und hat sich anschließend nicht geändert. [2]In diesen Fällen ist die inländische Geschäftsanschrift mit der ersten die eingetragene Gesellschaft betreffenden Anmeldung zum Handelsregister ab dem 1. November 2008, spätestens aber bis zum 31. Oktober 2009 anzumelden. [3]Wenn bis zum 31. Oktober 2009 keine inländische Geschäftsanschrift zur Eintragung in das Handelsregister angemeldet worden ist, trägt das Gericht von Amts wegen und ohne Überprüfung kostenfrei die ihm nach § 24 Abs. 2 der Handelsregisterverordnung bekannte inländische Anschrift als Geschäftsanschrift in das Handelsregister ein; in diesem Fall gilt die mitgeteilte Anschrift zudem unabhängig von dem Zeitpunkt ihrer tatsächlichen Eintragung ab dem 31. Oktober 2009 als eingetragene inländische Geschäftsanschrift der Gesellschaft, wenn sie im elektronischen Informations- und Kommunikationssystem nach § 9 Abs. 1 des Handelsgesetzbuchs abrufbar ist. [4]Ist dem Gericht keine Mitteilung im Sinne des § 24 Abs. 2 der Handelsregisterverordnung gemacht worden, ist ihm aber in sonstiger Weise eine inländische Geschäftsanschrift bekannt geworden, so gilt Satz 3 mit der Maßgabe, dass diese Anschrift einzutragen ist, wenn sie im elektronischen Informations- und Kommunikationssystem nach § 9 Abs. 1 des Handelsgesetzbuchs abrufbar ist. [5]Dasselbe gilt, wenn eine in sonstiger Weise bekannt gewordene inländische Anschrift von einer früher nach § 24 Abs. 2 der Handelsregisterverordnung mitgeteilten Anschrift abweicht. [6]Eintragungen nach den Sätzen 3 bis 5 werden abweichend von § 10 des Handelsgesetzbuchs nicht bekannt gemacht.

§ 19 Übergangsvorschrift zu § 76 Abs. 3 Satz 2 Nr. 3 und Satz 3 des Aktiengesetzes

[1]§ 76 Abs. 3 Satz 2 Nr. 3 Buchstabe a, c, d und e des Aktiengesetzes in der ab dem Inkrafttreten des Gesetzes vom 23. Oktober 2008 (BGBl. I S. 2026) am 1. November 2008 geltenden Fassung ist auf Personen, die vor diesem Tag zum Vorstandsmitglied bestellt worden sind, nicht anzuwenden, wenn die Verurteilung vor dem 1. November

2008 rechtskräftig geworden ist. [2]Entsprechendes gilt für § 76 Abs. 3 Satz 3 des Aktiengesetzes in der ab dem 1. November 2008 geltenden Fassung, soweit die Verurteilung wegen einer Tat erfolgte, die den Straftaten im Sinne des Satzes 1 vergleichbar ist.

§ 20 Übergangsvorschrift zum Gesetz zur Umsetzung der Aktionärsrechterichtlinie

(1) Die §§ 121, 122, 123, 124, 124a, 125, 126, 127, 130, 134, 175, 176, 241 bis 243 des Aktiengesetzes in der Fassung des Gesetzes zur Umsetzung der Aktionärsrechterichtlinie vom 30. Juli 2009 (BGBl. I S. 2479) sind erstmals auf Hauptversammlungen anzuwenden, zu denen nach dem 31. Oktober 2009 einberufen wird.

(2) Die §§ 128, 129 und 135 des Aktiengesetzes in der Fassung des Gesetzes zur Umsetzung der Aktionärsrechterichtlinie sind ab dem 1. November 2009 anzuwenden.

(3) [1]Enthält die Satzung einer Aktiengesellschaft eine Frist, die abweichend von § 123 Abs. 2 Satz 2 und 3 oder Abs. 3 Satz 3 und 4 des Aktiengesetzes in der Fassung des Gesetzes zur Umsetzung der Aktionärsrechterichtlinie nicht in Tagen ausgedrückt ist, so bleibt diese bis zur ersten ordentlichen Hauptversammlung nach Inkrafttreten des Gesetzes zur Umsetzung der Aktionärsrechterichtlinie am 1. September 2009 wirksam. [2]§ 123 Abs. 4 des Aktiengesetzes in der vor Inkrafttreten des Gesetzes zur Umsetzung der Aktionärsrechterichtlinie geltenden Fassung bleibt für diese Frist anwendbar.

(4) § 246a Abs. 2 Nr. 2 und § 319 Abs. 6 Satz 3 Nr. 2 des Aktiengesetzes in der Fassung des Gesetzes zur Umsetzung der Aktionärsrechterichtlinie sind nicht auf Freigabeverfahren und Beschwerdeverfahren anzuwenden, die vor dem 1. September 2009 anhängig waren.

(5) In Fällen des § 305 Abs. 3 Satz 3, des § 320b Abs. 1 Satz 6 und des § 327b Abs. 2 des Aktiengesetzes bleibt es für die Zeit vor dem 1. September 2009 bei dem bis dahin geltenden Zinssatz.

(6) § 319 Abs. 6 Satz 11 des Aktiengesetzes in der Fassung des Gesetzes zur Umsetzung der Aktionärsrechterichtlinie ist nicht anzuwenden, wenn die Klage gegen die Wirksamkeit des Hauptversammlungsbeschlusses vor dem 1. September 2009 rechtshängig war.

(7) [1]§ 27 Abs. 3 und 4 des Aktiengesetzes in der ab dem 1. September 2009 geltenden Fassung gilt auch für Einlagenleistungen, die vor diesem Zeitpunkt bewirkt worden sind, soweit sie nach der vor dem 1. September 2009 geltenden Rechtslage wegen der Vereinbarung einer Einlagenrückgewähr oder wegen einer verdeckten Sacheinlage keine Erfüllung der Einlagenverpflichtung bewirkt haben. [2]Dies gilt nicht, soweit über die aus der Unwirksamkeit folgenden Ansprüche zwischen der Gesellschaft und dem Gesellschafter bereits vor dem 1. September 2009 ein rechtskräftiges Urteil ergangen oder eine wirksame Vereinbarung zwischen der Gesellschaft und dem Gesellschafter getroffen worden ist; in diesem Fall beurteilt sich die Rechtslage nach den bis zum 1. September 2009 geltenden Vorschriften.

§ 21 Heilung der Nichtigkeit von Jahresabschlüssen

[1]§ 256 Abs. 6 des Aktiengesetzes über die Heilung der Nichtigkeit von Jahresabschlüssen gilt auch für Jahresabschlüsse, die vor dem Inkrafttreten des Aktiengesetzes festgestellt worden sind; jedoch bleibt es für die Heilung der Nichtigkeit nach § 256 Abs. 2 des Aktiengesetzes bei den bisherigen Vorschriften. [2]Die in § 256 Abs. 6 des Aktiengesetzes bestimmten Fristen beginnen für Jahresabschlüsse, die vor dem Inkrafttreten des Aktiengesetzes festgestellt worden sind, nicht vor dem Inkrafttreten des Aktiengesetzes.

§ 22 Unternehmensverträge

(1) [1]Für Unternehmensverträge (§§ 291, 292 des Aktiengesetzes), die vor dem Inkrafttreten des Aktiengesetzes geschlossen worden sind, gelten §§ 295 bis 303, 307 bis 310, 316 des Aktiengesetzes mit Wirkung vom Inkrafttreten des Aktiengesetzes. [2]Die in § 300 Nr. 1 des Aktiengesetzes bestimmte Frist für die Auffüllung der gesetzlichen Rücklage läuft vom Beginn des nach dem 31. Dezember 1965 beginnenden Geschäftsjahrs an. [3]§ 300 Nr. 1 und 3 des Aktiengesetzes gilt jedoch nicht, wenn der andere Vertragsteil beim Inkrafttreten des Aktiengesetzes auf Grund der Satzung oder von Verträgen verpflichtet ist, seine Erträge für öffentliche Zwecke zu verwenden. [4]In die gesetzliche Rücklage ist im Falle des Satzes 3 spätestens bei Beendigung des Unternehmensvertrags oder der Verpflichtung nach Satz 3 der Betrag einzustellen, der nach § 300 des Aktiengesetzes in Verbindung mit Satz 2 in die gesetzliche Rücklage einzustellen gewesen wäre, wenn diese Vorschriften für die Gesellschaft gegolten hätten. [5]Reichen die während der Dauer des Vertrags in freie Rücklagen eingestellten Beträge hierzu nicht aus, hat der andere Vertragsteil den Fehlbetrag auszugleichen.

(2) [1]Der Vorstand der Gesellschaft hat das Bestehen und die Art des Unternehmensvertrags sowie den Namen des anderen Vertragsteils unverzüglich nach dem Inkrafttreten des Aktiengesetzes zur Eintragung in das Handelsregister anzumelden. [2]Bei der Anmeldung ist das Datum des Beschlusses anzugeben, durch den die Hauptversammlung dem Vertrag zugestimmt hat. [3]Bei Teilgewinnabführungsverträgen ist außerdem die Vereinbarung über die Höhe des abzuführenden Gewinns anzumelden.

§ 23 Übergangsvorschrift zum Gesetz zur Angemessenheit der Vorstandsvergütung

(1) [1]§ 93 Absatz 2 Satz 3 des Aktiengesetzes in der ab dem 5. August 2009 geltenden Fassung ist ab dem 1. Juli 2010 auch auf Versicherungsverträge anzuwenden, die vor dem 5. August 2009 geschlossen wurden. [2]Ist die Gesellschaft gegenüber dem Vorstand aus einer vor dem 5. August 2009 geschlossenen Vereinbarung zur Gewährung einer Versicherung ohne Selbstbehalt im Sinne des § 93 Absatz 2 Satz 3 des Aktiengesetzes verpflichtet, so darf sie diese Verpflichtung erfüllen.

(2) § 100 Absatz 2 Satz 1 Nummer 4 des Aktiengesetzes in der ab dem 5. August 2009 geltenden Fassung ist nicht auf Aufsichtsratsmitglieder anzuwenden, die ihr Mandat am 5. August 2009 bereits innehatten.

(3) § 120 Absatz 4 und § 193 des Aktiengesetzes in der ab dem 5. August 2009 geltenden Fassung ist erstmals auf Beschlüsse anzuwenden, die in Hauptversammlungen gefasst werden, die nach dem 5. August 2009 einberufen werden.

§ 24 Übergangsvorschrift zu dem Gesetz zur Restrukturierung und geordneten Abwicklung von Kreditinstituten, zur Errichtung eines Restrukturierungsfonds für Kreditinstitute und zur Verlängerung der Verjährungsfrist der aktienrechtlichen Organhaftung

§ 93 Absatz 6 des Aktiengesetzes in der seit dem 15. Dezember 2010 geltenden Fassung ist auch auf die vor dem 15. Dezember 2010 entstandenen und noch nicht verjährten Ansprüche anzuwenden.

§ 25 Übergangsvorschrift zu dem Gesetz für die gleichberechtigte Teilhabe von Frauen und Männern an Führungspositionen in der Privatwirtschaft und im öffentlichen Dienst

(1) [1]Die Festlegungen nach § 76 Absatz 4 Satz 1 und 3 sowie nach § 111 Absatz 5 Satz 1 und 3 des Aktiengesetzes haben erstmals bis spätestens 30. September 2015 zu erfolgen. [2]Die nach § 76 Absatz 4 Satz 3 und die nach § 111 Absatz 5 Satz 3 des Ak-

tiengesetzes erstmals festzulegende Frist darf nicht länger als bis zum 30. Juni 2017 dauern.

(2) [1]Der Mindestanteil von jeweils 30 Prozent an Frauen und Männern im Aufsichtsrat nach § 96 Absatz 2 des Aktiengesetzes ist bei erforderlich werdenden Neuwahlen und Entsendungen ab dem 1. Januar 2016 zur Besetzung einzelner oder mehrerer Aufsichtsratssitze zu beachten. [2]Reicht die Anzahl der neu zu besetzenden Aufsichtsratssitze nicht aus, um den Mindestanteil zu erreichen, sind die Sitze mit Personen des unterrepräsentierten Geschlechts zu besetzen, um dessen Anteil sukzessive zu steigern. [3]Bestehende Mandate können bis zu ihrem regulären Ende wahrgenommen werden.

(3) Für die Fälle des § 96 Absatz 3 des Aktiengesetzes gilt Absatz 2 entsprechend.

§ 26 Kommanditgesellschaften auf Aktien

Die Vorschriften dieses Abschnitts gelten sinngemäß für Kommanditgesellschaften auf Aktien.

§ 26a Ergänzung fortgeführter Firmen

[1]Führt eine Aktiengesellschaft gemäß § 22 Abs. 1 des Einführungsgesetzes zum Handelsgesetzbuch ihre Firma fort, ohne daß diese die Bezeichnung „Aktiengesellschaft" enthält, so muß die Gesellschaft bis zum 16. Juni 1980 diese Bezeichnung in ihre Firma aufnehmen. [2]Findet bis zu diesem Tage eine Hauptversammlung nicht statt und soll die Firma nur um die Bezeichnung „Aktiengesellschaft" ergänzt werden, so ist der Aufsichtsrat zu dieser Änderung befugt.

§ 26b Änderung der Satzung

Eine Änderung der Satzung, die nach § 23 des Aktiengesetzes wegen der vom 1. Juli 1979 an geltenden Fassung erforderlich wird, ist bis zum 16. Juni 1980 zur Eintragung in das Handelsregister anzumelden.

§ 26c Übergangsfristen

[1]Die Vorschriften des Aktiengesetzes über Sacheinlagen und Sachübernahmen sowie über deren Prüfung in der vom 1. Juli 1979 an geltenden Fassung gelten nur für Gründungen und Kapitalerhöhungen, die nach dem 16. Juni 1980 zur Eintragung in das Handelsregister angemeldet werden. [2]Die Fristen, die in § 71 Abs. 3 Satz 2 und § 71c des Aktiengesetzes in der vom 1. Juli 1979 an geltenden Fassung vorgesehen sind, beginnen nicht vor dem 16. Juni 1980. [3]Die nach § 150a des Aktiengesetzes vorgeschriebene Rücklage für eigene Aktien braucht nicht vor dem 16. Juni 1980 gebildet zu werden.

§ 26d Übergangsregelung für Verschmelzungen

Die Vorschriften des Aktiengesetzes über Verschmelzungen und Vermögensübertragungen in der vom 1. Januar 1983 an geltenden Fassung sind nicht auf Vorgänge anzuwenden, zu deren Vorbereitung bereits vor diesem Tage der Verschmelzungs- oder Übergangsvertrag beurkundet oder eine Haupt-, Gesellschafter- oder Gewerkenversammlung oder eine oberste Vertretung einberufen worden ist.

§ 26e Übergangsregelungen zum Gesetz zur Anpassung von Verjährungsvorschriften an das Gesetz zur Modernisierung des Schuldrechts

[1]§ 327 Abs. 4 des Aktiengesetzes in der ab dem 15. Dezember 2004 geltenden Fassung ist auf vor diesem Datum entstandene Verbindlichkeiten anzuwenden, wenn

1. die Eintragung des Endes der Eingliederung in das Handelsregister nach § 10 des Handelsgesetzbuchs nach diesem Datum bekannt gemacht worden ist und

2. die Verbindlichkeiten nicht später als vier Jahre nach dem Tag, an dem die Eintragung des Endes der Eingliederung in das Handelsregister nach § 10 des Handelsgesetzbuchs bekannt gemacht worden ist, fällig werden.

[2]Auf später fällig werdende Verbindlichkeiten im Sinne des Satzes 1 ist das bisher geltende Recht mit der Maßgabe anwendbar, dass die Verjährungsfrist ein Jahr beträgt.

§ 26f Übergangsregelungen zum Kleinstkapitalgesellschaften-Bilanzrechtsänderungsgesetz

[1]Die §§ 152, 158 und 160 des Aktiengesetzes in der Fassung des Kleinstkapitalgesellschaften-Bilanzrechtsänderungsgesetzes vom 20. Dezember 2012 (BGBl. I S. 2751) sind erstmals auf Jahres- und Konzernabschlüsse anzuwenden, die sich auf einen nach dem 30. Dezember 2012 liegenden Abschlussstichtag beziehen. [2]Auf Jahres- und Konzernabschlüsse, die sich auf einen vor dem 31. Dezember 2012 liegenden Abschlussstichtag beziehen, bleiben die §§ 152, 158 und 160 des Aktiengesetzes vom 6. September 1965 (BGBl. I S. 1089) in der bis zum 27. Dezember 2012 geltenden Fassung anwendbar.

§ 26g Übergangsregelungen zum Bilanzrichtlinie-Umsetzungsgesetz

[1]Die §§ 58, 152, 160, 209, 240, 256 und 261 des Aktiengesetzes in der Fassung des Bilanzrichtlinie-Umsetzungsgesetzes vom 17. Juli 2015 (BGBl. I S. 1245) sind erstmals auf Jahres- und Konzernabschlüsse anzuwenden, die sich auf ein nach dem 31. Dezember 2015 beginnendes Geschäftsjahr beziehen. [2]Auf Jahres- und Konzernabschlüsse, die sich auf ein vor dem 1. Januar 2016 beginnendes Geschäftsjahr beziehen, bleiben die §§ 58, 152, 160, 209, 240, 256 und 261 des Aktiengesetzes in der bis zum 22. Juli 2015 geltenden Fassung anwendbar.

§ 26h Übergangsvorschrift zur Aktienrechtsnovelle 2016

(1) [1]§ 10 Absatz 1 des Aktiengesetzes in der seit dem 31. Dezember 2015 geltenden Fassung ist nicht auf Gesellschaften anzuwenden, deren Satzung vor dem 31. Dezember 2015 durch notarielle Beurkundung festgestellt wurde und deren Aktien auf Inhaber lauten. [2]Für diese Gesellschaften ist § 10 Absatz 1 des Aktiengesetzes in der am 30. Dezember 2015 geltenden Fassung weiter anzuwenden.

(2) Sieht die Satzung einer Gesellschaft einen Umwandlungsanspruch gemäß § 24 des Aktiengesetzes in der bis zum 30. Dezember 2015 geltenden Fassung vor, so bleibt diese Satzungsbestimmung wirksam.

(3) [1]Bezeichnet die Satzung gemäß § 25 Satz 2 des Aktiengesetzes in der bis zum 30. Dezember 2015 geltenden Fassung neben dem Bundesanzeiger andere Informationsmedien als Gesellschaftsblätter, so bleibt diese Satzungsbestimmung auch ab dem 31. Dezember 2015 wirksam. [2]Für einen Fristbeginn oder das sonstige Eintreten von Rechtsfolgen ist ab dem 1. Februar 2016 ausschließlich die Bekanntmachung im Bundesanzeiger maßgeblich.

(4) [1]§ 122 des Aktiengesetzes in der Fassung der Aktienrechtsnovelle 2016 vom 22. Dezember 2015 (BGBl. I S. 2565) ist erstmals auf Einberufungs- und Ergänzungsverlangen anzuwenden, die der Gesellschaft am 1. Juni 2016 zugehen. [2]Auf Ergänzungsverlangen, die der Gesellschaft vor dem 1. Juni 2016 zugehen, ist § 122 in der bis zum 30. Dezember 2015 geltenden Fassung weiter anzuwenden.

§ 26i Übergangsregelung zum CSR-Richtlinie-Umsetzungsgesetz

[1]Die §§ 111, 170, 171, 176, 237 und 283 des Aktiengesetzes in der Fassung des CSR-Richtlinie-Umsetzungsgesetzes vom 11. April 2017 (BGBl. I S. 802) sind erstmals auf Lage- und Konzernlageberichte anzuwenden, die sich auf ein nach dem 31. Dezember 2016 beginnendes Geschäftsjahr beziehen. [2]Auf Lage- und Konzernlageberichte, die

sich auf vor dem 1. Januar 2017 beginnende Geschäftsjahre beziehen, bleiben die in Satz 1 bezeichneten Vorschriften in der bis zum 18. April 2017 geltenden Fassung anwendbar.

§ 26j [1] Übergangsvorschrift zum Gesetz zur Umsetzung der zweiten Aktionärsrechterichtlinie

(1) [1]Die erstmalige Beschlussfassung nach § 87a Absatz 1, § 113 Absatz 3 und § 120a Absatz 1 des Aktiengesetzes in der ab dem 1. Januar 2020 geltenden Fassung hat bis zum Ablauf der ersten ordentlichen Hauptversammlung, die auf den 31. Dezember 2020 folgt, zu erfolgen. [2]Die erstmalige Beschlussfassung nach § 87a Absatz 2 Satz 1 des Aktiengesetzes in der ab dem 1. Januar 2020 geltenden Fassung hat bis zum Ablauf von zwei Monaten nach erstmaliger Billigung des Vergütungssystems durch die Hauptversammlung zu erfolgen. [3]Den gegenwärtigen und hinzutretenden Vorstands- oder Aufsichtsratsmitgliedern kann bis zu dem in Satz 2 zuletzt geregelten Zeitpunkt eine Vergütung nach der bestehenden Vergütungspraxis gewährt werden; die vor diesem Zeitpunkt mit ihnen geschlossenen Verträge bleiben unberührt.

(2) [1]§ 162 des Aktiengesetzes in der ab dem 1. Januar 2020 geltenden Fassung ist erstmals für das nach dem 31. Dezember 2020 beginnende Geschäftsjahr anzuwenden. [2]§ 162 Absatz 1 Satz 2 Nummer 2 ist bis zum Ablauf des fünften Geschäftsjahres, gerechnet ab dem Geschäftsjahr nach Satz 1, mit der Maßgabe anzuwenden, dass nicht die durchschnittliche Vergütung der letzten fünf Geschäftsjahre in die vergleichende Betrachtung einbezogen wird, sondern lediglich die durchschnittliche Vergütung über den Zeitraum seit dem Geschäftsjahr nach Satz 1. [3]Die erstmalige Beschlussfassung nach § 120a Absatz 4 des Aktiengesetzes in der ab dem 1. Januar 2020 geltenden Fassung hat bis zum Ablauf der ersten ordentlichen Hauptversammlung, gerechnet ab Beginn des zweiten Geschäftsjahres, das auf den 31. Dezember 2020 folgt, zu erfolgen.

(3) § 124 des Aktiengesetzes in der ab dem 1. Januar 2020 geltenden Fassung ist erst ab dem 1. März 2020 und erstmals auf Hauptversammlungen anzuwenden, die nach dem 1. März 2020 einberufen werden.

(4) Die §§ 67, 67a bis 67f, 118, 121, 123, 125, 128, 129, 186 Absatz 2 Satz 1, § 214 Absatz 1 Satz 2, § 243 Absatz 3, § 246a Absatz 2 Nummer 2 und § 405 Absatz 2a Nummer 1 bis 5 und 7 des Aktiengesetzes in der ab dem 1. Januar 2020 geltenden Fassung sind erst ab dem 3. September 2020 anzuwenden und sind erstmals auf Hauptversammlungen anzuwenden, die nach dem 3. September 2020 einberufen werden.

(5) [1]Die Verordnung über den Ersatz von Aufwendungen der Kreditinstitute vom 17. Juni 2003 (BGBl. I S. 885), die durch Artikel 15 des Gesetzes vom 30. Juli 2009 (BGBl. I S. 2479) geändert worden ist, ist in der bis einschließlich 2. September 2020 geltenden Fassung bis zum Inkrafttreten einer Verordnung auf Grundlage der Ermächtigung in § 67f Absatz 3 des Aktiengesetzes, jedoch längstens bis einschließlich 3. September 2025 weiterhin sinngemäß anzuwenden. [2]Die Verordnung über den Ersatz von Aufwendungen der Kreditinstitute ist wie folgt sinngemäß anzuwenden:

1. auf Mitteilungen nach § 67 Absatz 4 Satz 1 bis 5 des Aktiengesetzes und bei börsennotierten Gesellschaften nach § 67d des Aktiengesetzes ist § 3 der Verordnung über den Ersatz von Aufwendungen der Kreditinstitute sinngemäß anzuwenden, und
2. auf Mitteilungen nach den §§ 67a bis 67c, auch in Verbindung mit § 125 Absatz 1, 2 und 5 des Aktiengesetzes ist § 1 der Verordnung über den Ersatz von Aufwendungen der Kreditinstitute sinngemäß anzuwenden.

---

1) § 26j eingefügt durch Gesetz vom 12.12.2019 (BGBl. I S. 2637).

Zweiter Abschnitt. Anwendung aktienrechtlicher Vorschriften auf Unternehmen mit anderer Rechtsform

§ 27 Entscheidung über die Zusammensetzung des Aufsichtsrats

§ 96 Absatz 4, §§ 97 bis 99 des Aktiengesetzes gelten sinngemäß für Gesellschaften mit beschränkter Haftung und bergrechtliche Gewerkschaften.

§ 28 *(aufgehoben)*

§ 28a Treuhandanstalt

[1]Die Vorschriften des Aktiengesetzes über herrschende Unternehmen sind auf die Treuhandanstalt nicht anzuwenden. [2]Dies gilt nicht für die Anwendung von Vorschriften über die Vertretung der Arbeitnehmer im Aufsichtsrat eines von der Treuhandanstalt verwalteten Unternehmens.

Dritter Abschnitt. Aufhebung und Änderung von Gesetzen

§ 29 *(aufgehoben)*

§ 30 Drittes D-Markbilanzergänzungsgesetz

Artikel 5 des Dritten D-Markbilanzergänzungsgesetzes vom 21. Juni 1955 (Bundesgesetzbl. I S. 297) wird aufgehoben.

§§ 31, 32 *(hier nicht abgedruckt)*

§ 33 Gesetz über die Kapitalerhöhung aus Gesellschaftsmitteln und über die Gewinn- und Verlustrechnung

(1) Die Vorschriften des Ersten Abschnitts des Gesetzes über die Kapitalerhöhung aus Gesellschaftsmitteln und über die Gewinn- und Verlustrechnung vom 23. Dezember 1959 (Bundesgesetzbl. I S. 789) sind auf Aktiengesellschaften und Kommanditgesellschaften auf Aktien nicht mehr anzuwenden.

(2) [1]Haben Kreditinstitute auf Grund einer Aufforderung nach § 11 Abs. 1 des Gesetzes über die Kapitalerhöhung aus Gesellschaftsmitteln und die Gewinn- und Verlustrechnung auf in ihre Sammelverwahrung genommene alte Aktien neue Aktien abgeholt und entfallen neue Aktien noch nach Ablauf eines Jahres seit der Bekanntmachung der Aufforderung zur Abholung oder, wenn diese Frist vor dem Inkrafttreten des Aktiengesetzes abgelaufen ist, noch beim Inkrafttreten des Aktiengesetzes auf Teilrechte, die nicht in einer Hand vereinigt sind und deren Berechtigte sich auch nicht zur Ausübung der Rechte zusammengeschlossen haben, so gelten diese neuen Aktien als nicht abgeholt. [2]Sie sind der Gesellschaft nach Ablauf dieser Frist und, wenn die Frist beim Inkrafttreten des Aktiengesetzes bereits abgelaufen ist, unverzüglich zurückzugeben. [3]Hat die Gesellschaft den Verkauf der nicht abgeholten Aktien noch nicht angedroht, so hat sie ihn unverzüglich nach der Rückgabe der Aktien anzudrohen. [4]Für die Androhung gilt § 214 Abs. 2 Satz 2 und 3 des Aktiengesetzes. [5]§ 214 Abs. 3 des Aktiengesetzes gilt sinngemäß; ist die Frist von einem Jahr seit der letzten Bekanntmachung der Androhung beim Inkrafttreten des Aktiengesetzes bereits abgelaufen, so tritt an ihre Stelle eine Frist von drei Monaten seit dem Inkrafttreten des Aktiengesetzes.

(3) (hier nicht abgedruckt)

(4) Sind Aktien einer Gesellschaft an einer deutschen Börse zum amtlichen Handel zugelassen, so gilt die Zulassung auch für die neuen Aktien, die bei einer Kapitalerhöhung aus Gesellschaftsmitteln auf sie entfallen.

§§ 34 bis 44 *(hier nicht abgedruckt)*

Vierter Abschnitt. Schlußvorschriften

§ 45 Geltung in Berlin

Dieses Gesetz gilt nach Maßgabe des § 13 Abs. 1 des Dritten Überleitungsgesetzes vom 4. Januar 1952 (Bundesgesetzbl. I S. 1) auch im Land Berlin.

§ 46 Inkrafttreten

Dieses Gesetz tritt am 1. Januar 1966 in Kraft.

2b. Gesetz über das gesellschaftsrechtliche Spruchverfahren (Spruchverfahrensgesetz – SpruchG)

Vom 12. Juni 2003 (BGBl. I S. 838)

zuletzt geändert durch Gesetz vom 23.7.2013 (BGBl. I S. 2586)

§ 1 Anwendungsbereich

Dieses Gesetz ist anzuwenden auf das gerichtliche Verfahren für die Bestimmung

1. des Ausgleichs für außenstehende Aktionäre und der Abfindung solcher Aktionäre bei Beherrschungs- und Gewinnabführungsverträgen (§§ 304 und 305 des Aktiengesetzes);
2. der Abfindung von ausgeschiedenen Aktionären bei der Eingliederung von Aktiengesellschaften (§ 320b des Aktiengesetzes);
3. der Barabfindung von Minderheitsaktionären, deren Aktien durch Beschluss der Hauptversammlung auf den Hauptaktionär übertragen worden sind (§§ 327a bis 327f des Aktiengesetzes);
4. der Zuzahlung an Anteilsinhaber oder der Barabfindung von Anteilsinhabern anlässlich der Umwandlung von Rechtsträgern (§§ 15, 34, 122h, 122i, 176 bis 181, 184, 186, 196 oder § 212 des Umwandlungsgesetzes);
5. der Zuzahlung an Anteilsinhaber oder der Barabfindung von Anteilsinhabern bei der Gründung oder Sitzverlegung einer SE (§§ 6, 7, 9, 11 und 12 des SE-Ausführungsgesetzes);
6. der Zuzahlung an Mitglieder bei der Gründung einer Europäischen Genossenschaft (§ 7 des SCE-Ausführungsgesetzes).

§ 2 Zuständigkeit

(1) [1]Zuständig ist das Landgericht, in dessen Bezirk der Rechtsträger, dessen Anteilsinhaber antragsberechtigt sind, seinen Sitz hat. [2]Sind nach Satz 1 mehrere Landgerichte zuständig oder sind bei verschiedenen Landgerichten Spruchverfahren nach Satz 1 anhängig, die in einem sachlichen Zusammenhang stehen, so ist § 2 Abs. 1 des Gesetzes über das Verfahren in Familiensachen und in den Angelegenheiten der freiwilligen Gerichtsbarkeit entsprechend anzuwenden. [3]Besteht Streit oder Ungewissheit über das zuständige Gericht nach Satz 2, so ist § 5 des Gesetzes über das Verfahren in Familiensachen und in den Angelegenheiten der freiwilligen Gerichtsbarkeit entsprechend anzuwenden.

(2) [1]Der Vorsitzende einer Kammer für Handelssachen entscheidet

1. über die Abgabe von Verfahren;
2. im Zusammenhang mit öffentlichen Bekanntmachungen;
3. über Fragen, welche die Zulässigkeit des Antrags betreffen;
4. über alle vorbereitenden Maßnahmen für die Beweisaufnahme und in den Fällen des § 7;
5. in den Fällen des § 6;
6. über Geschäftswert, Kosten, Gebühren und Auslagen;
7. über die einstweilige Einstellung der Zwangsvollstreckung;
8. über die Verbindung von Verfahren.

[2]Im Einverständnis der Beteiligten kann der Vorsitzende auch im Übrigen an Stelle der Kammer entscheiden.

§ 3 Antragsberechtigung

[1]Antragsberechtigt für Verfahren nach § 1 ist in den Fällen

1. der Nummer 1 jeder außenstehende Aktionär;
2. der Nummern 2 und 3 jeder ausgeschiedene Aktionär;
3. der Nummer 4 jeder in den dort angeführten Vorschriften des Umwandlungsgesetzes bezeichnete Anteilsinhaber;
4. der Nummer 5 jeder in den dort angeführten Vorschriften des SE-Ausführungsgesetzes bezeichnete Anteilsinhaber;
5. der Nummer 6 jedes in der dort angeführten Vorschrift des SCE-Ausführungsgesetzes bezeichnete Mitglied.

[2]In den Fällen der Nummern 1, 3, 4 und 5 ist die Antragsberechtigung nur gegeben, wenn der Antragsteller zum Zeitpunkt der Antragstellung Anteilsinhaber ist. [3]Die Stellung als Aktionär ist dem Gericht ausschließlich durch Urkunden nachzuweisen.

§ 4 Antragsfrist und Antragsbegründung

(1) [1]Der Antrag auf gerichtliche Entscheidung in einem Verfahren nach § 1 kann nur binnen drei Monaten seit dem Tag gestellt werden, an dem in den Fällen

1. der Nummer 1 die Eintragung des Bestehens oder einer unter § 295 Abs. 2 des Aktiengesetzes fallenden Änderung des Unternehmensvertrags im Handelsregister nach § 10 des Handelsgesetzbuchs;
2. der Nummer 2 die Eintragung der Eingliederung im Handelsregister nach § 10 des Handelsgesetzbuchs;
3. der Nummer 3 die Eintragung des Übertragungsbeschlusses im Handelsregister nach § 10 des Handelsgesetzbuchs;
4. der in Nummer 4 genannten §§ 15, 34, 176 bis 181, 184, 186, 196 und 212 des Umwandlungsgesetzes die Eintragung der Umwandlung im Handelsregister nach den Vorschriften des Umwandlungsgesetzes;
5. der in Nummer 4 genannten §§ 122h und 122i des Umwandlungsgesetzes die Eintragung der grenzüberschreitenden Verschmelzung nach den Vorschriften des Staates, dessen Recht die übertragende oder neue Gesellschaft unterliegt;
6. der Nummer 5 die Eintragung der SE nach den Vorschriften des Sitzstaates;
7. der Nummer 6 die Eintragung der Europäischen Genossenschaft nach den Vorschriften des Sitzstaates

bekannt gemacht worden ist. [2]Die Frist wird in den Fällen des § 2 Abs. 1 Satz 2 und 3 durch Einreichung bei jedem zunächst zuständigen Gericht gewahrt.

(2) [1]Der Antragsteller muss den Antrag innerhalb der Frist nach Absatz 1 begründen. [2]Die Antragsbegründung hat zu enthalten:

1. die Bezeichnung des Antragsgegners;
2. die Darlegung der Antragsberechtigung nach § 3;
3. Angaben zur Art der Strukturmaßnahme und der vom Gericht zu bestimmenden Kompensation nach § 1;
4. Konkrete Einwendungen gegen die Angemessenheit der Kompensation nach § 1 oder gegebenenfalls gegen den als Grundlage für die Kompensation ermittelten Unternehmenswert, soweit hierzu Angaben in den in § 7 Abs. 3 genannten Unterlagen

enthalten sind. [2]Macht der Antragsteller glaubhaft, dass er im Zeitpunkt der Antragstellung aus Gründen, die er nicht zu vertreten hat, über diese Unterlagen nicht verfügt, so kann auf Antrag die Frist zur Begründung angemessen verlängert werden, wenn er gleichzeitig Abschrifterteilung gemäß § 7 Abs. 3 verlangt.

[3]Aus der Antragsbegründung soll sich außerdem die Zahl der von dem Antragsteller gehaltenen Anteile ergeben.

§ 5 Antragsgegner

Der Antrag auf gerichtliche Entscheidung in einem Verfahren nach § 1 ist in den Fällen

1. der Nummer 1 gegen den anderen Vertragsteil des Unternehmensvertrags;
2. der Nummer 2 gegen die Hauptgesellschaft;
3. der Nummer 3 gegen den Hauptaktionär;
4. der Nummer 4 gegen die übernehmenden oder neuen Rechtsträger oder gegen den Rechtsträger neuer Rechtsform;
5. der Nummer 5 gegen die SE, aber im Fall des § 9 des SE-Ausführungsgesetzes gegen die die Gründung anstrebende Gesellschaft;
6. der Nummer 6 gegen die Europäische Genossenschaft

zu richten.

§ 6 Gemeinsamer Vertreter

(1) [1]Das Gericht hat den Antragsberechtigten, die nicht selbst Antragsteller sind, zur Wahrung ihrer Rechte frühzeitig einen gemeinsamen Vertreter zu bestellen; dieser hat die Stellung eines gesetzlichen Vertreters. [2]Werden die Festsetzung des angemessenen Ausgleichs und die Festsetzung der angemessenen Abfindung beantragt, so hat es für jeden Antrag einen gemeinsamen Vertreter zu bestellen, wenn aufgrund der konkreten Umstände davon auszugehen ist, dass die Wahrung der Rechte aller betroffenen Antragsberechtigten durch einen einzigen gemeinsamen Vertreter nicht sichergestellt ist. [3]Die Bestellung eines gemeinsamen Vertreters kann vollständig unterbleiben, wenn die Wahrung der Rechte der Antragsberechtigten auf andere Weise sichergestellt ist. [4]Das Gericht hat die Bestellung des gemeinsamen Vertreters im Bundesanzeiger bekannt zu machen. [5]Wenn in den Fällen des § 1 Nr. 1 bis 3 die Satzung der Gesellschaft, deren außenstehende oder ausgeschiedene Aktionäre antragsberechtigt sind, oder in den Fällen des § 1 Nr. 4 der Gesellschaftsvertrag, der Partnerschaftsvertrag, die Satzung oder das Statut des übertragenden oder formwechselnden Rechtsträgers noch andere Blätter oder elektronische Informationsmedien für die öffentlichen Bekanntmachungen bestimmt hatte, so hat es die Bestellung auch dort bekannt zu machen.

(2) [1]Der gemeinsame Vertreter kann von dem Antragsgegner in entsprechender Anwendung des Rechtsanwaltsvergütungsgesetzes den Ersatz seiner Auslagen und eine Vergütung für seine Tätigkeit verlangen; mehrere Antragsgegner haften als Gesamtschuldner. [2]Die Auslagen und die Vergütung setzt das Gericht fest. [3]Gegenstandswert ist der für die Gerichtsgebühren maßgebliche Geschäftswert. [4]Das Gericht kann den Zahlungsverpflichteten auf Verlangen des Vertreters die Leistung von Vorschüssen aufgeben. [5]Aus der Festsetzung findet die Zwangsvollstreckung nach der Zivilprozessordnung statt.

(3) [1]Der gemeinsame Vertreter kann das Verfahren auch nach Rücknahme eines Antrags fortführen. [2]Er steht in diesem Falle einem Antragsteller gleich.

§ 6a Gemeinsamer Vertreter bei Gründung einer SE

[1]Wird bei der Gründung einer SE durch Verschmelzung oder bei der Gründung einer Holding-SE nach dem Verfahren der Verordnung (EG) Nr. 2157/2001 des Rates vom

8. Oktober 2001 über das Statut der Europäischen Gesellschaft (SE) (ABl. EG Nr. L 294 S. 1) gemäß den Vorschriften des SE-Ausführungsgesetzes ein Antrag auf Bestimmung einer Zuzahlung oder Barabfindung gestellt, bestellt das Gericht auf Antrag eines oder mehrerer Anteilsinhaber einer sich verschmelzenden oder die Gründung einer SE anstrebenden Gesellschaft, die selbst nicht antragsberechtigt sind, zur Wahrung ihrer Interessen einen gemeinsamen Vertreter, der am Spruchverfahren beteiligt ist. [2]§ 6 Abs. 1 Satz 4 und Abs. 2 gilt entsprechend.

§ 6b Gemeinsamer Vertreter bei Gründung einer Europäischen Genossenschaft

[1]Wird bei der Gründung einer Europäischen Genossenschaft durch Verschmelzung nach dem Verfahren der Verordnung (EG) Nr. 1435/2003 des Rates vom 22. Juli 2003 über das Statut der Europäischen Genossenschaft (SCE) (ABl. EU Nr. L 207 S. 1) nach den Vorschriften des SCE-Ausführungsgesetzes ein Antrag auf Bestimmung einer baren Zuzahlung gestellt, bestellt das Gericht auf Antrag eines oder mehrerer Mitglieder einer sich verschmelzenden Genossenschaft, die selbst nicht antragsberechtigt sind, zur Wahrung ihrer Interessen einen gemeinsamen Vertreter, der am Spruchverfahren beteiligt ist. [2]§ 6 Abs. 1 Satz 4 und Abs. 2 gilt entsprechend.

§ 6c Gemeinsamer Vertreter bei grenzüberschreitender Verschmelzung

[1]Wird bei einer grenzüberschreitenden Verschmelzung (§ 122a des Umwandlungsgesetzes) gemäß § 122h oder § 122i des Umwandlungsgesetzes ein Antrag auf Bestimmung einer Zuzahlung oder Barabfindung gestellt, bestellt das Gericht auf Antrag eines oder mehrerer Anteilsinhaber einer beteiligten Gesellschaft, die selbst nicht antragsberechtigt sind, zur Wahrung ihrer Interessen einen gemeinsamen Vertreter, der am Spruchverfahren beteiligt ist. [2]§ 6 Abs. 1 Satz 4 und Abs. 2 gilt entsprechend.

§ 7 Vorbereitung der mündlichen Verhandlung

(1) Das Gericht stellt dem Antragsgegner und dem gemeinsamen Vertreter die Anträge der Antragsteller unverzüglich zu.

(2) [1]Das Gericht fordert den Antragsgegner zugleich zu einer schriftlichen Erwiderung auf. [2]Darin hat der Antragsgegner insbesondere zur Höhe des Ausgleichs, der Zuzahlung oder der Barabfindung oder sonstigen Abfindung Stellung zu nehmen. [3]Für die Stellungnahme setzt das Gericht eine Frist, die mindestens einen Monat beträgt und drei Monate nicht überschreiten soll.

(3) [1]Außerdem hat der Antragsgegner den Bericht über den Unternehmensvertrag, den Eingliederungsbericht, den Bericht über die Übertragung der Aktien auf den Hauptaktionär oder den Umwandlungsbericht nach Zustellung der Anträge bei Gericht einzureichen. [2]In den Fällen, in denen der Beherrschungs- oder Gewinnabführungsvertrag, die Eingliederung, die Übertragung der Aktien auf den Hauptaktionär oder die Umwandlung durch sachverständige Prüfer geprüft worden ist, ist auch der jeweilige Prüfungsbericht einzureichen. [3]Auf Verlangen des Antragstellers oder des gemeinsamen Vertreters gibt das Gericht dem Antragsgegner auf, dem Antragsteller oder dem gemeinsamen Vertreter unverzüglich und kostenlos eine Abschrift der genannten Unterlagen zu erteilen.

(4) [1]Die Stellungnahme nach Absatz 2 wird dem Antragsteller und dem gemeinsamen Vertreter zugeleitet. [2]Sie haben Einwendungen gegen die Erwiderung und die in Absatz 3 genannten Unterlagen binnen einer vom Gericht gesetzten Frist, die mindestens einen Monat beträgt und drei Monate nicht überschreiten soll, schriftlich vorzubringen.

(5) Das Gericht kann weitere vorbereitende Maßnahmen erlassen. [2]Es kann den Beteiligten die Ergänzung oder Erläuterung ihres schriftlichen Vorbringens sowie die Vor-

lage von Aufzeichnungen aufgeben, insbesondere eine Frist zur Erklärung über bestimmte klärungsbedürftige Punkte setzen. [3]In jeder Lage des Verfahrens ist darauf hinzuwirken, dass sich die Beteiligten rechtzeitig und vollständig erklären. [4]Die Beteiligten sind von jeder Anordnung zu benachrichtigen.

(6) Das Gericht kann bereits vor dem ersten Termin eine Beweisaufnahme durch Sachverständige zur Klärung von Vorfragen, insbesondere zu Art und Umfang einer folgenden Beweisaufnahme, für die Vorbereitung der mündlichen Verhandlung anordnen oder dazu eine schriftliche Stellungnahme des sachverständigen Prüfers einholen.

(7) [1]Sonstige Unterlagen, die für die Entscheidung des Gerichts erheblich sind, hat der Antragsgegner auf Verlangen des Antragstellers oder des Vorsitzenden dem Gericht und gegebenenfalls einem vom Gericht bestellten Sachverständigen unverzüglich vorzulegen. [2]Der Vorsitzende kann auf Antrag des Antragsgegners anordnen, dass solche Unterlagen den Antragstellern nicht zugänglich gemacht werden dürfen, wenn die Geheimhaltung aus wichtigen Gründen, insbesondere zur Wahrung von Fabrikations-, Betriebs- oder Geschäftsgeheimnissen, nach Abwägung mit den Interessen der Antragsteller, sich zu den Unterlagen äußern zu können, geboten ist. [3]Gegen die Entscheidung des Vorsitzenden kann das Gericht angerufen werden; dessen Entscheidung ist nicht anfechtbar.

(8) Für die Durchsetzung der Verpflichtung des Antragsgegners nach Absatz 3 und 7 ist § 35 des Gesetzes über das Verfahren in Familiensachen und in den Angelegenheiten der freiwilligen Gerichtsbarkeit entsprechend anzuwenden.

§ 8 Mündliche Verhandlung

(1) [1]Das Gericht soll aufgrund mündlicher Verhandlung entscheiden. [2]Sie soll so früh wie möglich stattfinden.

(2) [1]In den Fällen des § 7 Abs. 3 Satz 2 soll das Gericht das persönliche Erscheinen der sachverständigen Prüfer anordnen, wenn nicht nach seiner freien Überzeugung deren Anhörung als sachverständige Zeugen zur Aufklärung des Sachverhalts entbehrlich erscheint. [2]Den sachverständigen Prüfern sind mit der Ladung die Anträge der Antragsteller, die Erwiderung des Antragsgegners sowie das weitere schriftliche Vorbringen der Beteiligten mitzuteilen. [3]In geeigneten Fällen kann das Gericht die mündliche oder schriftliche Beantwortung von einzelnen Fragen durch den sachverständigen Prüfer anordnen.

(3) Die §§ 138 und 139 sowie für die Durchführung der mündlichen Verhandlung § 279 Abs. 2 und 3 und § 283 der Zivilprozessordnung gelten entsprechend.

§ 9 Verfahrensförderungspflicht

(1) Jeder Beteiligte hat in der mündlichen Verhandlung und bei deren schriftlicher Vorbereitung seine Anträge sowie sein weiteres Vorbringen so zeitig vorzubringen, wie es nach der Verfahrenslage einer sorgfältigen und auf Förderung des Verfahrens bedachten Verfahrensführung entspricht.

(2) Vorbringen, auf das andere Beteiligte oder in den Fällen des § 8 Abs. 2 die in der mündlichen Verhandlung anwesenden sachverständigen Prüfer voraussichtlich ohne vorhergehende Erkundigung keine Erklärungen abgeben können, ist vor der mündlichen Verhandlung durch vorbereitenden Schriftsatz so zeitig mitzuteilen, dass die Genannten die erforderliche Erkundigung noch einziehen können.

(3) Rügen, welche die Zulässigkeit der Anträge betreffen, hat der Antragsgegner innerhalb der ihm nach § 7 Abs. 2 gesetzten Frist geltend zu machen.

§ 10 Verletzung der Verfahrensförderungspflicht

(1) Stellungnahmen oder Einwendungen, die erst nach Ablauf einer hierfür gesetzten Frist (§ 7 Abs. 2 Satz 3, Abs. 4) vorgebracht werden, sind nur zuzulassen, wenn nach der freien Überzeugung des Gerichts ihre Zulassung die Erledigung des Rechtsstreits nicht verzögern würde oder wenn der Beteiligte die Verspätung entschuldigt.

(2) Vorbringen, das entgegen § 9 Abs. 1 oder 2 nicht rechtzeitig erfolgt, kann zurückgewiesen werden, wenn die Zulassung nach der freien Überzeugung des Gerichts die Erledigung des Verfahrens verzögern würde und die Verspätung nicht entschuldigt wird.

(3) § 26 des Gesetzes über das Verfahren in Familiensachen und in den Angelegenheiten der freiwilligen Gerichtsbarkeit ist insoweit nicht anzuwenden.

(4) Verspätete Rügen, die die Zulässigkeit der Anträge betreffen und nicht von Amts wegen zu berücksichtigen sind, sind nur zuzulassen, wenn der Beteiligte die Verspätung genügend entschuldigt.

§ 11 Gerichtliche Entscheidung; Gütliche Einigung

(1) Das Gericht entscheidet durch einen mit Gründen versehenen Beschluss.

(2) [1]Das Gericht soll in jeder Lage des Verfahrens auf eine gütliche Einigung bedacht sein. [2]Kommt eine solche Einigung aller Beteiligten zustande, so ist hierüber eine Niederschrift aufzunehmen; die Vorschriften, die für die Niederschrift über einen Vergleich in bürgerlichen Rechtsstreitigkeiten gelten, sind entsprechend anzuwenden. [3]Die Vollstreckung richtet sich nach den Vorschriften der Zivilprozessordnung.

(3) Das Gericht hat seine Entscheidung oder die Niederschrift über einen Vergleich den Beteiligten zuzustellen.

(4) [1]Ein gerichtlicher Vergleich kann auch dadurch geschlossen werden, dass die Beteiligten einen schriftlichen Vergleichsvorschlag des Gerichts durch Schriftsatz gegenüber dem Gericht annehmen. [2]Das Gericht stellt das Zustandekommen und den Inhalt eines nach Satz 1 geschlossenen Vergleichs durch Beschluss fest. [3]§ 164 der Zivilprozessordnung gilt entsprechend. [4]Der Beschluss ist den Beteiligten zuzustellen.

§ 12 Beschwerde

(1) [1]Gegen die Entscheidung nach § 11 findet die Beschwerde statt. [2]Die Beschwerde kann nur durch Einreichung einer von einem Rechtsanwalt unterzeichneten Beschwerdeschrift eingelegt werden.

(2) [1]Die Landesregierung kann die Entscheidung über die Beschwerde durch Rechtsverordnung für die Bezirke mehrerer Oberlandesgerichte einem der Oberlandesgerichte oder dem Obersten Landesgericht übertragen, wenn dies zur Sicherung einer einheitlichen Rechtsprechung dient. [2]Die Landesregierung kann die Ermächtigung auf die Landesjustizverwaltung übertragen.

§ 13 Wirkung der Entscheidung

[1]Die Entscheidung wird erst mit der Rechtskraft wirksam. [2]Sie wirkt für und gegen alle, einschließlich derjenigen Anteilsinhaber, die bereits gegen die ursprünglich angebotene Barabfindung oder sonstige Abfindung aus dem betroffenen Rechtsträger ausgeschieden sind.

§ 14 Bekanntmachung der Entscheidung

Die rechtskräftige Entscheidung in einem Verfahren nach § 1 ist ohne Gründe nach Maßgabe des § 6 Abs. 1 Satz 4 und 5 in den Fällen

1. der Nummer 1 durch den Vorstand der Gesellschaft, deren außenstehende Aktionäre antragsberechtigt waren;

2. der Nummer 2 durch den Vorstand der Hauptgesellschaft;
3. der Nummer 3 durch den Hauptaktionär der Gesellschaft;
4. der Nummer 4 durch die gesetzlichen Vertreter jedes übernehmenden oder neuen Rechtsträgers oder des Rechtsträgers neuer Rechtsform;
5. der Nummer 5 durch die gesetzlichen Vertreter der SE, aber im Fall des § 9 des SE-Ausführungsgesetzes durch die gesetzlichen Vertreter der die Gründung anstrebenden Gesellschaft, und
6. der Nummer 6 durch die gesetzlichen Vertreter der Europäischen Genossenschaft

bekannt zu machen.

§ 15 Kosten

(1) Die Gerichtskosten können ganz oder zum Teil den Antragstellern auferlegt werden, wenn dies der Billigkeit entspricht.

(2) Das Gericht ordnet an, dass die Kosten der Antragsteller, die zur zweckentsprechenden Erledigung der Angelegenheit notwendig waren, ganz oder zum Teil vom Antragsgegner zu erstatten sind, wenn dies unter Berücksichtigung des Ausgangs des Verfahrens der Billigkeit entspricht.

§ 16 Zuständigkeit bei Leistungsklage

Für Klagen auf Leistung des Ausgleichs, der Zuzahlung oder der Abfindung, die im Spruchverfahren bestimmt worden sind, ist das Gericht des ersten Rechtszuges und der gleiche Spruchkörper ausschließlich zuständig, der gemäß § 2 mit dem Verfahren zuletzt inhaltlich befasst war.

§ 17 Allgemeine Bestimmungen; Übergangsvorschrift

(1) Sofern in diesem Gesetz nichts anderes bestimmt ist, finden auf das Verfahren die Vorschriften des Gesetzes über das Verfahren in Familiensachen und in den Angelegenheiten der freiwilligen Gerichtsbarkeit Anwendung.

(2) [1]Für Verfahren, in denen ein Antrag auf gerichtliche Entscheidung vor dem 1. September 2003 gestellt worden ist, sind weiter die entsprechenden bis zu diesem Tag geltenden Vorschriften des Aktiengesetzes und des Umwandlungsgesetzes anzuwenden. [2]Auf Beschwerdeverfahren, in denen die Beschwerde nach dem 1. September 2003 eingelegt wird, sind die Vorschriften dieses Gesetzes anzuwenden.

3. Gesetz betreffend die Gesellschaften mit beschränkter Haftung (GmbHG)

Vom 20. April 1892 (RGBl. S. 477)
in der Fassung der Bekanntmachung vom 20. Mai 1898 (RGBl. S. 846)
(BGBl. III FNA 4123-1)

zuletzt geändert durch Gesetz vom 17.7.2017 (BGBl. I S. 2446)

Inhaltsübersicht

Abschnitt 1
Errichtung der Gesellschaft

Abschnitt 2
Rechtsverhältnisse der Gesellschaft und der Gesellschafter

Abschnitt 4
Abänderungen des Gesellschaftsvertrags

Abschnitt 5
Auflösung und Nichtigkeit der Gesellschaft

Abschnitt 1. Errichtung der Gesellschaft

§ 1 Zweck; Gründerzahl

Gesellschaften mit beschränkter Haftung können nach Maßgabe der Bestimmungen dieses Gesetzes zu jedem gesetzlich zulässigen Zweck durch eine oder mehrere Personen errichtet werden.

§ 2 Form des Gesellschaftsvertrags

(1) [1]Der Gesellschaftsvertrag bedarf notarieller Form. [2]Er ist von sämtlichen Gesellschaftern zu unterzeichnen.

(1a) [1]Die Gesellschaft kann in einem vereinfachten Verfahren gegründet werden, wenn sie höchstens drei Gesellschafter und einen Geschäftsführer hat. [2]Für die Gründung im vereinfachten Verfahren ist das in der Anlage bestimmte Musterprotokoll zu verwenden. [3]Darüber hinaus dürfen keine vom Gesetz abweichenden Bestimmungen getroffen werden. [4]Das Musterprotokoll gilt zugleich als Gesellschafterliste. [5]Im Übrigen finden auf das Musterprotokoll die Vorschriften dieses Gesetzes über den Gesellschaftsvertrag entsprechende Anwendung.

(2) Die Unterzeichnung durch Bevollmächtigte ist nur aufgrund einer notariell errichteten oder beglaubigten Vollmacht zulässig.

§ 3 Inhalt des Gesellschaftsvertrags

(1) Der Gesellschaftsvertrag muß enthalten:

1. die Firma und den Sitz der Gesellschaft,
2. den Gegenstand des Unternehmens,
3. den Betrag des Stammkapitals,
4. die Zahl und die Nennbeträge der Geschäftsanteile, die jeder Gesellschafter gegen Einlage auf das Stammkapital (Stammeinlage) übernimmt.

(2) Soll das Unternehmen auf eine gewisse Zeit beschränkt sein oder sollen den Gesellschaftern außer der Leistung von Kapitaleinlagen noch andere Verpflichtungen gegenüber der Gesellschaft auferlegt werden, so bedürfen auch diese Bestimmungen der Aufnahme in den Gesellschaftsvertrag.

§ 4 Firma

[1]Die Firma der Gesellschaft muß, auch wenn sie nach § 22 des Handelsgesetzbuchs oder nach anderen gesetzlichen Vorschriften fortgeführt wird, die Bezeichnung „Gesellschaft mit beschränkter Haftung" oder eine allgemein verständliche Abkürzung dieser Bezeichnung enthalten. [2]Verfolgt die Gesellschaft ausschließlich und unmittelbar steuerbegünstigte Zwecke nach den §§ 51 bis 68 der Abgabenordnung kann die Abkürzung „gGmbH" lauten.

§ 4a Sitz der Gesellschaft

Sitz der Gesellschaft ist der Ort im Inland, den der Gesellschaftsvertrag bestimmt.

§ 5 Stammkapital; Geschäftsanteil

(1) Das Stammkapital der Gesellschaft muß mindestens fünfundzwanzigtausend Euro betragen.

(2) [1]Der Nennbetrag jedes Geschäftsanteils muss auf volle Euro lauten. [2]Ein Gesellschafter kann bei Errichtung der Gesellschaft mehrere Geschäftsanteile übernehmen.

(3) [1]Die Höhe der Nennbeträge der einzelnen Geschäftsanteile kann verschieden bestimmt werden. [2]Die Summe der Nennbeträge aller Geschäftsanteile muss mit dem Stammkapital übereinstimmen.

(4) [1]Sollen Sacheinlagen geleistet werden, so müssen der Gegenstand der Sacheinlage und der Nennbetrag des Geschäftsanteils, auf den sich die Sacheinlage bezieht, im Gesellschaftsvertrag festgesetzt werden. [2]Die Gesellschafter haben in einem Sachgründungsbericht die für die Angemessenheit der Leistungen für Sacheinlagen wesentlichen Umstände darzulegen und beim Übergang eines Unternehmens auf die Gesellschaft die Jahresergebnisse der beiden letzten Geschäftsjahre anzugeben.

§ 5a Unternehmergesellschaft

(1) Eine Gesellschaft, die mit einem Stammkapital gegründet wird, das den Betrag des Mindeststammkapitals nach § 5 Abs. 1 unterschreitet, muss in der Firma abweichend von § 4 die Bezeichnung „Unternehmergesellschaft (haftungsbeschränkt)" oder „UG (haftungsbeschränkt)" führen.

(2) [1]Abweichend von § 7 Abs. 2 darf die Anmeldung erst erfolgen, wenn das Stammkapital in voller Höhe eingezahlt ist. [2]Sacheinlagen sind ausgeschlossen.

(3) [1]In der Bilanz des nach den §§ 242, 264 des Handelsgesetzbuchs aufzustellenden Jahresabschlusses ist eine gesetzliche Rücklage zu bilden, in die ein Viertel des um einen Verlustvortrag aus dem Vorjahr geminderten Jahresüberschusses einzustellen ist. [2]Die Rücklage darf nur verwandt werden

1. für Zwecke des § 57c;

2. zum Ausgleich eines Jahresfehlbetrags, soweit er nicht durch einen Gewinnvortrag aus dem Vorjahr gedeckt ist;
3. zum Ausgleich eines Verlustvortrags aus dem Vorjahr, soweit er nicht durch einen Jahresüberschuss gedeckt ist.

(4) Abweichend von § 49 Abs. 3 muss die Versammlung der Gesellschafter bei drohender Zahlungsunfähigkeit unverzüglich einberufen werden.

(5) Erhöht die Gesellschaft ihr Stammkapital so, dass es den Betrag des Mindeststammkapitals nach § 5 Abs. 1 erreicht oder übersteigt, finden die Absätze 1 bis 4 keine Anwendung mehr; die Firma nach Absatz 1 darf beibehalten werden.

§ 6 Geschäftsführer

(1) Die Gesellschaft muß einen oder mehrere Geschäftsführer haben.

(2) [1]Geschäftsführer kann nur eine natürliche, unbeschränkt geschäftsfähige Person sein. [2]Geschäftsführer kann nicht sein, wer

1. als Betreuter bei der Besorgung seiner Vermögensangelegenheiten ganz oder teilweise einem Einwilligungsvorbehalt (§ 1903 des Bürgerlichen Gesetzbuchs) unterliegt,
2. aufgrund eines gerichtlichen Urteils oder einer vollziehbaren Entscheidung einer Verwaltungsbehörde einen Beruf, einen Berufszweig, ein Gewerbe oder einen Gewerbezweig nicht ausüben darf, sofern der Unternehmensgegenstand ganz oder teilweise mit dem Gegenstand des Verbots übereinstimmt,
3. wegen einer oder mehrerer vorsätzlich begangener Straftaten
   a) des Unterlassens der Stellung des Antrags auf Eröffnung des Insolvenzverfahrens (Insolvenzverschleppung),
   b) nach den §§ 283 bis 283d des Strafgesetzbuchs (Insolvenzstraftaten),
   c) der falschen Angaben nach § 82 dieses Gesetzes oder § 399 des Aktiengesetzes,
   d) der unrichtigen Darstellung nach § 400 des Aktiengesetzes, § 331 des Handelsgesetzbuchs, § 313 des Umwandlungsgesetzes oder § 17 des Publizitätsgesetzes oder
   e) nach den §§ 263 bis 264a oder den §§ 265b bis 266a des Strafgesetzbuchs zu einer Freiheitsstrafe von mindestens einem Jahr

   verurteilt worden ist; dieser Ausschluss gilt für die Dauer von fünf Jahren seit der Rechtskraft des Urteils, wobei die Zeit nicht eingerechnet wird, in welcher der Täter auf behördliche Anordnung in einer Anstalt verwahrt worden ist.

[3]Satz 2 Nr. 3 gilt entsprechend bei einer Verurteilung im Ausland wegen einer Tat, die mit den in Satz 2 Nr. 3 genannten Taten vergleichbar ist.

(3) [1]Zu Geschäftsführern können Gesellschafter oder andere Personen bestellt werden. [2]Die Bestellung erfolgt entweder im Gesellschaftsvertrag oder nach Maßgabe der Bestimmungen des dritten Abschnitts.

(4) Ist im Gesellschaftsvertrag bestimmt, daß sämtliche Gesellschafter zur Geschäftsführung berechtigt sein sollen, so gelten nur die der Gesellschaft bei Festsetzung dieser Bestimmung angehörenden Personen als die bestellten Geschäftsführer.

(5) Gesellschafter, die vorsätzlich oder grob fahrlässig einer Person, die nicht Geschäftsführer sein kann, die Führung der Geschäfte überlassen, haften der Gesellschaft solidarisch für den Schaden, der dadurch entsteht, dass diese Person die ihr gegenüber der Gesellschaft bestehenden Obliegenheiten verletzt.

§ 7 Anmeldung der Gesellschaft

(1) Die Gesellschaft ist bei dem Gericht, in dessen Bezirk sie ihren Sitz hat, zur Eintragung in das Handelsregister anzumelden.

(2) [1]Die Anmeldung darf erst erfolgen, wenn auf jeden Geschäftsanteil, soweit nicht Sacheinlagen vereinbart sind, ein Viertel des Nennbetrags eingezahlt ist. [2]Insgesamt muß auf das Stammkapital mindestens soviel eingezahlt sein, daß der Gesamtbetrag der eingezahlten Geldeinlagen zuzüglich des Gesamtnennbetrags der Geschäftsanteile, für die Sacheinlagen zu leisten sind, die Hälfte des Mindeststammkapitals gemäß § 5 Abs. 1 erreicht.

(3) Die Sacheinlagen sind vor der Anmeldung der Gesellschaft zur Eintragung in das Handelsregister so an die Gesellschaft zu bewirken, daß sie endgültig zur freien Verfügung der Geschäftsführer stehen.

§ 8 Inhalt der Anmeldung

(1) Der Anmeldung müssen beigefügt sein:

1. der Gesellschaftsvertrag und im Fall des § 2 Abs. 2 die Vollmachten der Vertreter, welche den Gesellschaftsvertrag unterzeichnet haben, oder eine beglaubigte Abschrift dieser Urkunden,
2. die Legitimation der Geschäftsführer, sofern dieselben nicht im Gesellschaftsvertrag bestellt sind,
3. eine von den Anmeldenden unterschriebene Liste der Gesellschafter nach den Vorgaben des § 40,
4. im Fall des § 5 Abs. 4 die Verträge, die den Festsetzungen zugrunde liegen oder zu ihrer Ausführung geschlossen worden sind, und der Sachgründungsbericht,
5. wenn Sacheinlagen vereinbart sind, Unterlagen darüber, daß der Wert der Sacheinlagen den Nennbetrag der dafür übernommenen Geschäftsanteile erreicht.

(2) [1]In der Anmeldung ist die Versicherung abzugeben, daß die in § 7 Abs. 2 und 3 bezeichneten Leistungen auf die Geschäftsanteile bewirkt sind und daß der Gegenstand der Leistungen sich endgültig in der freien Verfügung der Geschäftsführer befindet. [2]Das Gericht kann bei erheblichen Zweifeln an der Richtigkeit der Versicherung Nachweise (unter anderem Einzahlungsbelege) verlangen.

(3) [1]In der Anmeldung haben die Geschäftsführer zu versichern, daß keine Umstände vorliegen, die ihrer Bestellung nach § 6 Abs. 2 Satz 2 Nr. 2 und 3 sowie Satz 3 entgegenstehen, und daß sie über ihre unbeschränkte Auskunftspflicht gegenüber dem Gericht belehrt worden sind. [2]Die Belehrung nach § 53 Abs. 2 des Bundeszentralregistergesetzes kann schriftlich vorgenommen werden; sie kann auch durch einen Notar oder einen im Ausland bestellten Notar, durch einen Vertreter eines vergleichbaren rechtsberatenden Berufs oder einen Konsularbeamten erfolgen.

(4) In der Anmeldung sind ferner anzugeben:

1. eine inländische Geschäftsanschrift,
2. Art und Umfang der Vertretungsbefugnis der Geschäftsführer.

(5) Für die Einreichung von Unterlagen nach diesem Gesetz gilt § 12 Abs. 2 des Handelsgesetzbuchs entsprechend.

§ 9 Überbewertung der Sacheinlagen

(1) [1]Erreicht der Wert einer Sacheinlage im Zeitpunkt der Anmeldung der Gesellschaft zur Eintragung in das Handelsregister nicht den Nennbetrag des dafür übernommenen Geschäftsanteils, hat der Gesellschafter in Höhe des Fehlbetrages eine Einlage in Geld zu leisten. [2]Sonstige Ansprüche bleiben unberührt.

(2) Der Anspruch der Gesellschaft nach Absatz 1 Satz 1 verjährt in zehn Jahren seit der Eintragung der Gesellschaft in das Handelsregister.

§ 9a Ersatzansprüche der Gesellschaft

(1) Werden zum Zweck der Errichtung der Gesellschaft falsche Angaben gemacht, so haben die Gesellschafter und Geschäftsführer der Gesellschaft als Gesamtschuldner fehlende Einzahlungen zu leisten, eine Vergütung, die nicht unter den Gründungsaufwand aufgenommen ist, zu ersetzen und für den sonst entstehenden Schaden Ersatz zu leisten.

(2) Wird die Gesellschaft von Gesellschaftern durch Einlagen oder Gründungsaufwand vorsätzlich oder aus grober Fahrlässigkeit geschädigt, so sind ihr alle Gesellschafter als Gesamtschuldner zum Ersatz verpflichtet.

(3) Von diesen Verpflichtungen ist ein Gesellschafter oder ein Geschäftsführer befreit, wenn er die die Ersatzpflicht begründenden Tatsachen weder kannte noch bei Anwendung der Sorgfalt eines ordentlichen Geschäftsmannes kennen mußte.

(4) [1]Neben den Gesellschaftern sind in gleicher Weise Personen verantwortlich, für deren Rechnung die Gesellschafter Geschäftsanteile übernommen haben. [2]Sie können sich auf ihre eigene Unkenntnis nicht wegen solcher Umstände berufen, die ein für ihre Rechnung handelnder Gesellschafter kannte oder bei Anwendung der Sorgfalt eines ordentlichen Geschäftsmannes kennen mußte.

§ 9b Verzicht auf Ersatzansprüche

(1) [1]Ein Verzicht der Gesellschaft auf Ersatzansprüche nach § 9a oder ein Vergleich der Gesellschaft über diese Ansprüche ist unwirksam, soweit der Ersatz zur Befriedigung der Gläubiger der Gesellschaft erforderlich ist. [2]Dies gilt nicht, wenn der Ersatzpflichtige zahlungsunfähig ist und sich zur Abwendung des Insolvenzverfahrens mit seinen Gläubigern vergleicht oder wenn die Ersatzpflicht in einem Insolvenzplan geregelt wird.

(2) [1]Ersatzansprüche der Gesellschaft nach § 9a verjähren in fünf Jahren. [2]Die Verjährung beginnt mit der Eintragung der Gesellschaft in das Handelsregister oder, wenn die zum Ersatz verpflichtende Handlung später begangen worden ist, mit der Vornahme der Handlung.

§ 9c Ablehnung der Eintragung

(1) [1]Ist die Gesellschaft nicht ordnungsgemäß errichtet und angemeldet, so hat das Gericht die Eintragung abzulehnen. [2]Dies gilt auch, wenn Sacheinlagen nicht unwesentlich überbewertet worden sind.

(2) Wegen einer mangelhaften, fehlenden oder nichtigen Bestimmung des Gesellschaftsvertrages darf das Gericht die Eintragung nach Absatz 1 nur ablehnen, soweit diese Bestimmung, ihr Fehlen oder ihre Nichtigkeit

1. Tatsachen oder Rechtsverhältnisse betrifft, die nach § 3 Abs. 1 oder auf Grund anderer zwingender gesetzlicher Vorschriften in dem Gesellschaftsvertrag bestimmt sein müssen oder die in das Handelsregister einzutragen oder von dem Gericht bekanntzumachen sind,
2. Vorschriften verletzt, die ausschließlich oder überwiegend zum Schutze der Gläubiger der Gesellschaft oder sonst im öffentlichen Interesse gegeben sind, oder
3. die Nichtigkeit des Gesellschaftsvertrages zur Folge hat.

§ 10 Inhalt der Eintragung

(1) [1]Bei der Eintragung in das Handelsregister sind die Firma und der Sitz der Gesellschaft, eine inländische Geschäftsanschrift, der Gegenstand des Unternehmens, die Höhe des Stammkapitals, der Tag des Abschlusses des Gesellschaftsvertrags und die Personen

der Geschäftsführer anzugeben. [2]Ferner ist einzutragen, welche Vertretungsbefugnis die Geschäftsführer haben.

(2) [1]Enthält der Gesellschaftsvertrag Bestimmungen über die Zeitdauer der Gesellschaft oder über das genehmigte Kapital, so sind auch diese Bestimmungen einzutragen. [2]Wenn eine Person, die für Willenserklärungen und Zustellungen an die Gesellschaft empfangsberechtigt ist, mit einer inländischen Anschrift zur Eintragung in das Handelsregister angemeldet wird, sind auch diese Angaben einzutragen; Dritten gegenüber gilt die Empfangsberechtigung als fortbestehend, bis sie im Handelsregister gelöscht und die Löschung bekannt gemacht worden ist, es sei denn, dass die fehlende Empfangsberechtigung dem Dritten bekannt war.

§ 11 Rechtszustand vor der Eintragung

(1) Vor der Eintragung in das Handelsregister des Sitzes der Gesellschaft besteht die Gesellschaft mit beschränkter Haftung als solche nicht.

(2) Ist vor der Eintragung im Namen der Gesellschaft gehandelt worden, so haften die Handelnden persönlich und solidarisch.

§ 12 Bekanntmachungen der Gesellschaft

[1]Bestimmt das Gesetz oder der Gesellschaftsvertrag, dass von der Gesellschaft etwas bekannt zu machen ist, so erfolgt die Bekanntmachung im Bundesanzeiger (Gesellschaftsblatt). [2]Daneben kann der Gesellschaftsvertrag andere öffentliche Blätter oder elektronische Informationsmedien als Gesellschaftsblätter bezeichnen.

Abschnitt 2. Rechtsverhältnisse der Gesellschaft und der Gesellschafter

§ 13 Juristische Person; Handelsgesellschaft

(1) Die Gesellschaft mit beschränkter Haftung als solche hat selbständig ihre Rechte und Pflichten; sie kann Eigentum und andere dingliche Rechte an Grundstücken erwerben, vor Gericht klagen und verklagt werden.

(2) Für die Verbindlichkeiten der Gesellschaft haftet den Gläubigern derselben nur das Gesellschaftsvermögen.

(3) Die Gesellschaft gilt als Handelsgesellschaft im Sinne des Handelsgesetzbuchs.

§ 14 Einlagepflicht

[1]Auf jeden Geschäftsanteil ist eine Einlage zu leisten. [2]Die Höhe der zu leistenden Einlage richtet sich nach dem bei der Errichtung der Gesellschaft im Gesellschaftsvertrag festgesetzten Nennbetrag des Geschäftsanteils. [3]Im Fall der Kapitalerhöhung bestimmt sich die Höhe der zu leistenden Einlage nach dem in der Übernahmeerklärung festgesetzten Nennbetrag des Geschäftsanteils.

§ 15 Übertragung von Geschäftsanteilen

(1) Die Geschäftsanteile sind veräußerlich und vererblich.

(2) Erwirbt ein Gesellschafter zu seinem ursprünglichen Geschäftsanteil weitere Geschäftsanteile, so behalten dieselben ihre Selbständigkeit.

(3) Zur Abtretung von Geschäftsanteilen durch Gesellschafter bedarf es eines in notarieller Form geschlossenen Vertrages.

(4) [1]Der notariellen Form bedarf auch eine Vereinbarung, durch welche die Verpflichtung eines Gesellschafters zur Abtretung eines Geschäftsanteils begründet wird.

[2]Eine ohne diese Form getroffene Vereinbarung wird jedoch durch den nach Maßgabe des vorigen Absatzes geschlossenen Abtretungsvertrag gültig.

(5) Durch den Gesellschaftsvertrag kann die Abtretung der Geschäftsanteile an weitere Voraussetzungen geknüpft, insbesondere von der Genehmigung der Gesellschaft abhängig gemacht werden.

§ 16 Rechtsstellung bei Wechsel der Gesellschafter oder Veränderung des Umfangs ihrer Beteiligung; Erwerb vom Nichtberechtigten

(1) [1]Im Verhältnis zur Gesellschaft gilt im Fall einer Veränderung in den Personen der Gesellschafter oder des Umfangs ihrer Beteiligung als Inhaber eines Geschäftsanteils nur, wer als solcher in der im Handelsregister aufgenommenen Gesellschafterliste (§ 40) eingetragen ist. [2]Eine vom Erwerber in Bezug auf das Gesellschaftsverhältnis vorgenommene Rechtshandlung gilt als von Anfang an wirksam, wenn die Liste unverzüglich nach Vornahme der Rechtshandlung in das Handelsregister aufgenommen wird.

(2) Für Einlageverpflichtungen, die in dem Zeitpunkt rückständig sind, ab dem der Erwerber gemäß Absatz 1 Satz 1 im Verhältnis zur Gesellschaft als Inhaber des Geschäftsanteils gilt, haftet der Erwerber neben dem Veräußerer.

(3) [1]Der Erwerber kann einen Geschäftsanteil oder ein Recht daran durch Rechtsgeschäft wirksam vom Nichtberechtigten erwerben, wenn der Veräußerer als Inhaber des Geschäftsanteils in der im Handelsregister aufgenommenen Gesellschafterliste eingetragen ist. [2]Dies gilt nicht, wenn die Liste zum Zeitpunkt des Erwerbs hinsichtlich des Geschäftsanteils weniger als drei Jahre unrichtig und die Unrichtigkeit dem Berechtigten nicht zuzurechnen ist. [3]Ein gutgläubiger Erwerb ist ferner nicht möglich, wenn dem Erwerber die mangelnde Berechtigung bekannt oder infolge grober Fahrlässigkeit unbekannt ist oder der Liste ein Widerspruch zugeordnet ist. [4]Die Zuordnung eines Widerspruchs erfolgt aufgrund einer einstweiligen Verfügung oder aufgrund einer Bewilligung desjenigen, gegen dessen Berechtigung sich der Widerspruch richtet. [5]Eine Gefährdung des Rechts des Widersprechenden muss nicht glaubhaft gemacht werden.

§ 17 *(weggefallen)*

§ 18 Mitberechtigung am Geschäftsanteil

(1) Steht ein Geschäftsanteil mehreren Mitberechtigten ungeteilt zu, so können sie die Rechte aus demselben nur gemeinschaftlich ausüben.

(2) Für die auf den Geschäftsanteil zu bewirkenden Leistungen haften sie der Gesellschaft solidarisch.

(3) [1]Rechtshandlungen, welche die Gesellschaft gegenüber dem Inhaber des Anteils vorzunehmen hat, sind, sofern nicht ein gemeinsamer Vertreter der Mitberechtigten vorhanden ist, wirksam, wenn sie auch nur gegenüber einem Mitberechtigten vorgenommen werden. [2]Gegenüber mehreren Erben eines Gesellschafters findet diese Bestimmung nur in bezug auf Rechtshandlungen Anwendung, welche nach Ablauf eines Monats seit dem Anfall der Erbschaft vorgenommen werden.

§ 19 Leistungen der Einlagen

(1) Die Einzahlungen auf die Geschäftsanteile sind nach dem Verhältnis der Geldeinlagen zu leisten.

(2) [1]Von der Verpflichtung zur Leistung der Einlagen können die Gesellschafter nicht befreit werden. [2]Gegen den Anspruch der Gesellschaft ist die Aufrechnung nur zulässig mit einer Forderung aus der Überlassung von Vermögensgegenständen, deren Anrechnung auf die Einlageverpflichtung nach § 5 Abs. 4 Satz 1 vereinbart worden ist. [3]An dem

Gegenstand einer Sacheinlage kann wegen Forderungen, welche sich nicht auf den Gegenstand beziehen, kein Zurückbehaltungsrecht geltend gemacht werden.

(3) Durch eine Kapitalherabsetzung können die Gesellschafter von der Verpflichtung zur Leistung von Einlagen höchstens in Höhe des Betrags befreit werden, um den das Stammkapital herabgesetzt worden ist.

(4) [1]Ist eine Geldeinlage eines Gesellschafters bei wirtschaftlicher Betrachtung und aufgrund einer im Zusammenhang mit der Übernahme der Geldeinlage getroffenen Abrede vollständig oder teilweise als Sacheinlage zu bewerten (verdeckte Sacheinlage), so befreit dies den Gesellschafter nicht von seiner Einlageverpflichtung. [2]Jedoch sind die Verträge über die Sacheinlage und die Rechtshandlungen zu ihrer Ausführung nicht unwirksam. [3]Auf die fortbestehende Geldeinlagepflicht des Gesellschafters wird der Wert des Vermögensgegenstandes im Zeitpunkt der Anmeldung der Gesellschaft zur Eintragung in das Handelsregister oder im Zeitpunkt seiner Überlassung an die Gesellschaft, falls diese später erfolgt, angerechnet. [4]Die Anrechnung erfolgt nicht vor Eintragung der Gesellschaft in das Handelsregister. [5]Die Beweislast für die Werthaltigkeit des Vermögensgegenstandes trägt der Gesellschafter.

(5) [1]Ist vor der Einlage eine Leistung an den Gesellschafter vereinbart worden, die wirtschaftlich einer Rückzahlung der Einlage entspricht und die nicht als verdeckte Sacheinlage im Sinne von Absatz 4 zu beurteilen ist, so befreit dies den Gesellschafter von seiner Einlageverpflichtung nur dann, wenn die Leistung durch einen vollwertigen Rückgewähranspruch gedeckt ist, der jederzeit fällig ist oder durch fristlose Kündigung durch die Gesellschaft fällig werden kann. [2]Eine solche Leistung oder die Vereinbarung einer solchen Leistung ist in der Anmeldung nach § 8 anzugeben.

(6) [1]Der Anspruch der Gesellschaft auf Leistung der Einlagen verjährt in zehn Jahren von seiner Entstehung an. [2]Wird das Insolvenzverfahren über das Vermögen der Gesellschaft eröffnet, so tritt die Verjährung nicht vor Ablauf von sechs Monaten ab dem Zeitpunkt der Eröffnung ein.

§ 20 Verzugszinsen

Ein Gesellschafter, welcher den auf die Stammeinlage eingeforderten Betrag nicht zur rechten Zeit einzahlt, ist zur Entrichtung von Verzugszinsen von Rechts wegen verpflichtet.

§ 21 Kaduzierung

(1) [1]Im Fall verzögerter Einzahlung kann an den säumigen Gesellschafter eine erneute Aufforderung zur Zahlung binnen einer zu bestimmenden Nachfrist unter Androhung seines Ausschlusses mit dem Geschäftsanteil, auf welchen die Zahlung zu erfolgen hat, erlassen werden. [2]Die Aufforderung erfolgt mittels eingeschriebenen Briefes. [3]Die Nachfrist muß mindestens einen Monat betragen.

(2) [1]Nach fruchtlosem Ablauf der Frist ist der säumige Gesellschafter seines Geschäftsanteils und der geleisteten Teilzahlungen zugunsten der Gesellschaft verlustig zu erklären. [2]Die Erklärung erfolgt mittels eingeschriebenen Briefes.

(3) Wegen des Ausfalls, welchen die Gesellschaft an dem rückständigen Betrag oder den später auf den Geschäftsanteil eingeforderten Beträgen der Stammeinlage erleidet, bleibt ihr der ausgeschlossene Gesellschafter verhaftet.

§ 22 Haftung der Rechtsvorgänger

(1) Für eine von dem ausgeschlossenen Gesellschafter nicht erfüllte Einlageverpflichtung haftet der Gesellschaft auch der letzte und jeder frühere Rechtsvorgänger des Ausgeschlossenen, der im Verhältnis zu ihr als Inhaber des Geschäftsanteils gilt.

(2) Ein früherer Rechtsvorgänger haftet nur, soweit die Zahlung von dessen Rechtsnachfolger nicht zu erlangen ist; dies ist bis zum Beweis des Gegenteils anzunehmen, wenn der letztere die Zahlung nicht bis zum Ablauf eines Monats geleistet hat, nachdem an ihn die Zahlungsaufforderung und an den Rechtsvorgänger die Benachrichtigung von derselben erfolgt ist.

(3) [1]Die Haftung des Rechtsvorgängers ist auf die innerhalb der Frist von fünf Jahren auf die Einlageverpflichtung eingeforderten Leistungen beschränkt. [2]Die Frist beginnt mit dem Tag, ab welchem der Rechtsnachfolger im Verhältnis zur Gesellschaft als Inhaber des Geschäftsanteils gilt.

(4) Der Rechtsvorgänger erwirbt gegen Zahlung des rückständigen Betrages den Geschäftsanteil des ausgeschlossenen Gesellschafters.

§ 23 Versteigerung des Geschäftsanteils

[1]Ist die Zahlung des rückständigen Betrages von Rechtsvorgängern nicht zu erlangen, so kann die Gesellschaft den Geschäftsanteil im Wege öffentlicher Versteigerung verkaufen lassen. [2]Eine andere Art des Verkaufs ist nur mit Zustimmung des ausgeschlossenen Gesellschafters zulässig.

§ 24 Aufbringung von Fehlbeträgen

[1]Soweit eine Stammeinlage weder von den Zahlungspflichtigen eingezogen, noch durch Verkauf des Geschäftsanteils gedeckt werden kann, haben die übrigen Gesellschafter den Fehlbetrag nach Verhältnis ihrer Geschäftsanteile aufzubringen. [2]Beiträge, welche von einzelnen Gesellschaftern nicht zu erlangen sind, werden nach dem bezeichneten Verhältnis auf die übrigen verteilt.

§ 25 Zwingende Vorschriften

Von den in den §§ 21 bis 24 bezeichneten Rechtsfolgen können die Gesellschafter nicht befreit werden.

§ 26 Nachschusspflicht

(1) Im Gesellschaftsvertrag kann bestimmt werden, daß die Gesellschafter über die Nennbeträge der Geschäftsanteile hinaus die Einforderung von weiteren Einzahlungen (Nachschüssen) beschließen können.

(2) Die Einzahlung der Nachschüsse hat nach Verhältnis der Geschäftsanteile zu erfolgen.

(3) Die Nachschußpflicht kann im Gesellschaftsvertrag auf einen bestimmten, nach Verhältnis der Geschäftsanteile festzusetzenden Betrag beschränkt werden.

§ 27 Unbeschränkte Nachschusspflicht

(1) [1]Ist die Nachschußpflicht nicht auf einen bestimmten Betrag beschränkt, so hat jeder Gesellschafter, falls er die Stammeinlage vollständig eingezahlt hat, das Recht, sich von der Zahlung des auf den Geschäftsanteil eingeforderten Nachschusses dadurch zu befreien, daß er innerhalb eines Monats nach der Aufforderung zur Einzahlung den Geschäftsanteil der Gesellschaft zur Befriedigung aus demselben zur Verfügung stellt. [2]Ebenso kann die Gesellschaft, wenn der Gesellschafter binnen der angegebenen Frist weder von der bezeichneten Befugnis Gebrauch macht, noch die Einzahlung leistet, demselben mittels eingeschriebenen Briefes erklären, daß sie den Geschäftsanteil als zur Verfügung gestellt betrachte.

(2) [1]Die Gesellschaft hat den Geschäftsanteil innerhalb eines Monats nach der Erklärung des Gesellschafters oder der Gesellschaft im Wege öffentlicher Versteigerung verkaufen zu lassen. [2]Eine andere Art des Verkaufs ist nur mit Zustimmung des Gesell-

schafters zulässig. [3]Ein nach Deckung der Verkaufskosten und des rückständigen Nachschusses verbleibender Überschuß gebührt dem Gesellschafter.

(3)[1] Ist die Befriedigung der Gesellschaft durch den Verkauf nicht zu erlangen, so fällt der Geschäftsanteil der Gesellschaft zu. [2]Dieselbe ist befugt, den Anteil für eigene Rechnung zu veräußern.

(4) Im Gesellschaftsvertrag kann die Anwendung der vorstehenden Bestimmungen auf den Fall beschränkt werden, daß die auf den Geschäftsanteil eingeforderten Nachschüsse einen bestimmten Betrag überschreiten.

§ 28 Beschränkte Nachschusspflicht

(1) [1]Ist die Nachschußpflicht auf einen bestimmten Betrag beschränkt, so finden, wenn im Gesellschaftsvertrag nicht ein anderes festgesetzt ist, im Fall verzögerter Einzahlung von Nachschüssen, die auf die Einzahlung der Stammeinlagen bezüglichen Vorschriften der §§ 21 bis 23 entsprechende Anwendung. [2]Das gleiche gilt im Fall des § 27 Abs. 4 auch bei unbeschränkter Nachschußpflicht, soweit die Nachschüsse den im Gesellschaftsvertrag festgesetzten Betrag nicht überschreiten.

(2) Im Gesellschaftsvertrag kann bestimmt werden, daß die Einforderung von Nachschüssen, auf deren Zahlung die Vorschriften der §§ 21 bis 23 Anwendung finden, schon vor vollständiger Einforderung der Stammeinlagen zulässig ist.

§ 29 Ergebnisverwendung

(1) [1]Die Gesellschafter haben Anspruch auf den Jahresüberschuß zuzüglich eines Gewinnvortrags und abzüglich eines Verlustvortrags, soweit der sich ergebende Betrag nicht nach Gesetz oder Gesellschaftsvertrag, durch Beschluß nach Absatz 2 oder als zusätzlicher Aufwand aufgrund des Beschlusses über die Verwendung des Ergebnisses von der Verteilung unter die Gesellschafter ausgeschlossen ist. [2]Wird die Bilanz unter Berücksichtigung der teilweisen Ergebnisverwendung aufgestellt oder werden Rücklagen aufgelöst, so haben die Gesellschafter abweichend von Satz 1 Anspruch auf den Bilanzgewinn.

(2) Im Beschluß über die Verwendung des Ergebnisses können die Gesellschafter, wenn der Gesellschaftsvertrag nichts anderes bestimmt, Beträge in Gewinnrücklagen einstellen oder als Gewinn vortragen.

(3) [1]Die Verteilung erfolgt nach Verhältnis der Geschäftsanteile. [2]Im Gesellschaftsvertrag kann ein anderer Maßstab der Verteilung festgesetzt werden.

(4) [1]Unbeschadet der Absätze 1 und 2 und abweichender Gewinnverteilungsabreden nach Absatz 3 Satz 2 können die Geschäftsführer mit Zustimmung des Aufsichtsrats oder der Gesellschafter den Eigenkapitalanteil von Wertaufholungen bei Vermögensgegenständen des Anlage- und Umlaufvermögens in andere Gewinnrücklagen einstellen. [2]Der Betrag dieser Rücklagen ist in der Bilanz gesondert auszuweisen; er kann auch im Anhang angegeben werden.

§ 30 Kapitalerhaltung

(1) [1]Das zur Erhaltung des Stammkapitals erforderliche Vermögen der Gesellschaft darf an die Gesellschafter nicht ausgezahlt werden. [2]Satz 1 gilt nicht bei Leistungen, die bei Bestehen eines Beherrschungs- oder Gewinnabführungsvertrags (§ 291 des Aktiengesetzes) erfolgen oder durch einen vollwertigen Gegenleistungs- oder Rückgewähranspruch gegen den Gesellschafter gedeckt sind. [3]Satz 1 ist zudem nicht anzuwenden auf die Rückgewähr eines Gesellschafterdarlehens und Leistungen auf Forderungen aus Rechtshandlungen, die einem Gesellschafterdarlehen wirtschaftlich entsprechen.

(2) [1]Eingezahlte Nachschüsse können, soweit sie nicht zur Deckung eines Verlustes am Stammkapital erforderlich sind, an die Gesellschafter zurückgezahlt werden. [2]Die

Zurückzahlung darf nicht vor Ablauf von drei Monaten erfolgen, nachdem der Rückzahlungsbeschluß nach § 12 bekanntgemacht ist. [3]Im Fall des § 28 Abs. 2 ist die Zurückzahlung von Nachschüssen vor der Volleinzahlung des Stammkapitals unzulässig. [4]Zurückgezahlte Nachschüsse gelten als nicht eingezogen.

§ 31 Erstattung verbotener Rückzahlungen

(1) Zahlungen, welche den Vorschriften des § 30 zuwider geleistet sind, müssen der Gesellschaft erstattet werden.

(2) War der Empfänger in gutem Glauben, so kann die Erstattung nur insoweit verlangt werden, als sie zur Befriedigung der Gesellschaftsgläubiger erforderlich ist.

(3) [1]Ist die Erstattung von dem Empfänger nicht zu erlangen, so haften für den zu erstattenden Betrag, soweit er zur Befriedigung der Gesellschaftsgläubiger erforderlich ist, die übrigen Gesellschafter nach Verhältnis ihrer Geschäftsanteile. [2]Beiträge, welche von einzelnen Gesellschaftern nicht zu erlangen sind, werden nach dem bezeichneten Verhältnis auf die übrigen verteilt.

(4) Zahlungen, welche aufgrund der vorstehenden Bestimmungen zu leisten sind, können den Verpflichteten nicht erlassen werden.

(5) [1]Die Ansprüche der Gesellschaft verjähren in den Fällen des Absatzes 1 in zehn Jahren sowie in den Fällen des Absatzes 3 in fünf Jahren. [2]Die Verjährung beginnt mit dem Ablauf des Tages, an welchem die Zahlung, deren Erstattung beansprucht wird, geleistet ist. [3]In den Fällen des Absatzes 1 findet § 19 Abs. 6 Satz 2 entsprechende Anwendung.

(6) [1]Für die in den Fällen des Absatzes 3 geleistete Erstattung einer Zahlung sind den Gesellschaftern die Geschäftsführer, welchen in betreff der geleisteten Zahlung ein Verschulden zur Last fällt, solidarisch zum Ersatz verpflichtet. [2]Die Bestimmungen in § 43 Abs. 1 und 4 finden entsprechende Anwendung.

§ 32 Rückzahlung von Gewinn

Liegt die in § 31 Abs. 1 bezeichnete Voraussetzung nicht vor, so sind die Gesellschafter in keinem Fall verpflichtet, Beträge, welche sie in gutem Glauben als Gewinnanteile bezogen haben, zurückzuzahlen.

§ 32a *(weggefallen)*

§ 32b *(weggefallen)*

§ 33 Erwerb eigener Geschäftsanteile

(1) Die Gesellschaft kann eigene Geschäftsanteile, auf welche die Einlagen noch nicht vollständig geleistet sind, nicht erwerben oder als Pfand nehmen.

(2) [1]Eigene Geschäftsanteile, auf welche die Einlage vollständig geleistet ist, darf sie nur erwerben, sofern sie im Zeitpunkt des Erwerbs eine Rücklage in Höhe der Aufwendungen für den Erwerb bilden könnte, ohne das Stammkapital oder eine nach dem Gesellschaftsvertrag zu bildende Rücklage zu mindern, die nicht zur Zahlung an die Gesellschafter verwandt werden darf. [2]Als Pfand nehmen darf sie solche Geschäftsanteile nur, soweit der Gesamtbetrag der durch Inpfandnahme eigener Geschäftsanteile gesicherten Forderungen oder, wenn der Wert der als Pfand genommenen Geschäftsanteile niedriger ist, dieser Betrag nicht höher ist als das über das Stammkapital hinaus vorhandene Vermögen. [3]Ein Verstoß gegen die Sätze 1 und 2 macht den Erwerb oder die Inpfandnahme der Geschäftsanteile nicht unwirksam; jedoch ist das schuldrechtliche Geschäft über einen verbotswidrigen Erwerb oder eine verbotswidrige Inpfandnahme nichtig.

(3) Der Erwerb eigener Geschäftsanteile ist ferner zulässig zur Abfindung von Gesellschaftern nach § 29 Abs. 1, § 122i Abs. 1 Satz 2, § 125 Satz 1 in Verbindung mit § 29 Abs. 1 und § 207 Abs. 1 des Umwandlungsgesetzes, sofern der Erwerb binnen sechs Monaten nach dem Wirksamwerden der Umwandlung oder nach der Rechtskraft der gerichtlichen Entscheidung erfolgt und die Gesellschaft im Zeitpunkt des Erwerbs eine Rücklage in Höhe der Aufwendungen für den Erwerb bilden könnte, ohne das Stammkapital oder eine nach dem Gesellschaftsvertrag zu bildende Rücklage zu mindern, die nicht zur Zahlung an die Gesellschafter verwandt werden darf.

§ 34 Einziehung von Geschäftsanteilen

(1) Die Einziehung (Amortisation) von Geschäftsanteilen darf nur erfolgen, soweit sie im Gesellschaftsvertrag zugelassen ist.

(2) Ohne die Zustimmung des Anteilsberechtigten findet die Einziehung nur statt, wenn die Voraussetzungen derselben vor dem Zeitpunkt, in welchem der Berechtigte den Geschäftsanteil erworben hat, im Gesellschaftsvertrag festgesetzt waren.

(3) Die Bestimmung in § 30 Abs. 1 bleibt unberührt.

Abschnitt 3. Vertretung und Geschäftsführung

§ 35 Vertretung der Gesellschaft

(1) [1]Die Gesellschaft wird durch die Geschäftsführer gerichtlich und außergerichtlich vertreten. [2]Hat eine Gesellschaft keinen Geschäftsführer (Führungslosigkeit), wird die Gesellschaft für den Fall, dass ihr gegenüber Willenserklärungen abgegeben oder Schriftstücke zugestellt werden, durch die Gesellschafter vertreten.

(2) [1]Sind mehrere Geschäftsführer bestellt, sind sie alle nur gemeinschaftlich zur Vertretung der Gesellschaft befugt, es sei denn, dass der Gesellschaftsvertrag etwas anderes bestimmt. [2]Ist der Gesellschaft gegenüber eine Willenserklärung abzugeben, genügt die Abgabe gegenüber einem Vertreter der Gesellschaft nach Absatz 1. [3]An die Vertreter der Gesellschaft nach Absatz 1 können unter der im Handelsregister eingetragenen Geschäftsanschrift Willenserklärungen abgegeben und Schriftstücke für die Gesellschaft zugestellt werden. [4]Unabhängig hiervon können die Abgabe und die Zustellung auch unter der eingetragenen Anschrift der empfangsberechtigten Person nach § 10 Abs. 2 Satz 2 erfolgen.

(3) [1]Befinden sich alle Geschäftsanteile der Gesellschaft in der Hand eines Gesellschafters oder daneben in der Hand der Gesellschaft und ist er zugleich deren alleiniger Geschäftsführer, so ist auf seine Rechtsgeschäfte mit der Gesellschaft § 181 des Bürgerlichen Gesetzbuchs anzuwenden. [2]Rechtsgeschäfte zwischen ihm und der von ihm vertretenen Gesellschaft sind, auch wenn er nicht alleiniger Geschäftsführer ist, unverzüglich nach ihrer Vornahme in eine Niederschrift aufzunehmen.

§ 35a Angaben auf Geschäftsbriefen

(1) [1]Auf allen Geschäftsbriefen gleichviel welcher Form, die an einen bestimmten Empfänger gerichtet werden, müssen die Rechtsform und der Sitz der Gesellschaft, das Registergericht des Sitzes der Gesellschaft und die Nummer, unter der die Gesellschaft in das Handelsregister eingetragen ist, sowie alle Geschäftsführer und, sofern die Gesellschaft einen Aufsichtsrat gebildet und dieser einen Vorsitzenden hat, der Vorsitzende des Aufsichtsrats mit dem Familiennamen und mindestens einem ausgeschriebenen Vornamen angegeben werden. [2]Werden Angaben über das Kapital der Gesellschaft gemacht, so müssen in jedem Falle das Stammkapital sowie, wenn nicht alle in Geld zu leistenden

Einlagen eingezahlt sind, der Gesamtbetrag der ausstehenden Einlagen angegeben werden.

(2) Der Angaben nach Absatz 1 Satz 1 bedarf es nicht bei Mitteilungen oder Berichten, die im Rahmen einer bestehenden Geschäftsverbindung ergehen und für die üblicherweise Vordrucke verwendet werden, in denen lediglich die im Einzelfall erforderlichen besonderen Angaben eingefügt zu werden brauchen.

(3) [1]Bestellscheine gelten als Geschäftsbriefe im Sinne des Absatzes 1. [2]Absatz 2 ist auf sie nicht anzuwenden.

(4) [1]Auf allen Geschäftsbriefen und Bestellscheinen, die von einer Zweigniederlassung einer Gesellschaft mit beschränkter Haftung mit Sitz im Ausland verwendet werden, müssen das Register, bei dem die Zweigniederlassung geführt wird, und die Nummer des Registereintrags angegeben werden; im übrigen gelten die Vorschriften der Absätze 1 bis 3 für die Angaben bezüglich der Haupt- und der Zweigniederlassung, soweit nicht das ausländische Recht Abweichungen nötig macht. [2]Befindet sich die ausländische Gesellschaft in Liquidation, so sind auch diese Tatsache sowie alle Liquidatoren anzugeben.

§ 36 Zielgrößen und Fristen zur gleichberechtigten Teilhabe von Frauen und Männern

[1]Die Geschäftsführer einer Gesellschaft, die der Mitbestimmung unterliegt, legen für den Frauenanteil in den beiden Führungsebenen unterhalb der Geschäftsführer Zielgrößen fest. [2]Liegt der Frauenanteil bei Festlegung der Zielgrößen unter 30 Prozent, so dürfen die Zielgrößen den jeweils erreichten Anteil nicht mehr unterschreiten. [3]Gleichzeitig sind Fristen zur Erreichung der Zielgrößen festzulegen. [4]Die Fristen dürfen jeweils nicht länger als fünf Jahre sein.

§ 37 Beschränkungen der Vertretungsbefugnis

(1) Die Geschäftsführer sind der Gesellschaft gegenüber verpflichtet, die Beschränkungen einzuhalten, welche für den Umfang ihrer Befugnis, die Gesellschaft zu vertreten, durch den Gesellschaftsvertrag oder, soweit dieser nicht ein anderes bestimmt, durch die Beschlüsse der Gesellschafter festgesetzt sind.

(2) [1]Gegen dritte Personen hat eine Beschränkung der Befugnis der Geschäftsführer, die Gesellschaft zu vertreten, keine rechtliche Wirkung. [2]Dies gilt insbesondere für den Fall, daß die Vertretung sich nur auf gewisse Geschäfte oder Arten von Geschäften erstrecken oder nur unter gewissen Umständen oder für eine gewisse Zeit oder an einzelnen Orten stattfinden soll, oder daß die Zustimmung der Gesellschafter oder eines Organs der Gesellschaft für einzelne Geschäfte erfordert ist.

§ 38 Widerruf der Bestellung

(1) Die Bestellung der Geschäftsführer ist zu jeder Zeit widerruflich, unbeschadet der Entschädigungsansprüche aus bestehenden Verträgen.

(2) [1]Im Gesellschaftsvertrag kann die Zulässigkeit des Widerrufs auf den Fall beschränkt werden, daß wichtige Gründe denselben notwendig machen. [2]Als solche Gründe sind insbesondere grobe Pflichtverletzung oder Unfähigkeit zur ordnungsmäßigen Geschäftsführung anzusehen.

§ 39 Anmeldung der Geschäftsführer

(1) Jede Änderung in den Personen der Geschäftsführer sowie die Beendigung der Vertretungsbefugnis eines Geschäftsführers ist zur Eintragung in das Handelsregister anzumelden.

(2) Der Anmeldung sind die Urkunden über die Bestellung der Geschäftsführer oder über die Beendigung der Vertretungsbefugnis in Urschrift oder öffentlich beglaubigter Abschrift beizufügen.

(3) [1]Die neuen Geschäftsführer haben in der Anmeldung zu versichern, daß keine Umstände vorliegen, die ihrer Bestellung nach § 6 Abs. 2 Satz 2 Nr. 2 und 3 sowie Satz 3 entgegenstehen und daß sie über ihre unbeschränkte Auskunftspflicht gegenüber dem Gericht belehrt worden sind. [2]§ 8 Abs. 3 Satz 2 ist anzuwenden.

§ 40 Liste der Gesellschafter, Verordnungsermächtigung

(1) [1]Die Geschäftsführer haben unverzüglich nach Wirksamwerden jeder Veränderung in den Personen der Gesellschafter oder des Umfangs ihrer Beteiligung eine von ihnen unterschriebene Liste der Gesellschafter zum Handelsregister einzureichen, aus welcher Name, Vorname, Geburtsdatum und Wohnort derselben sowie die Nennbeträge und die laufenden Nummern der von einem jeden derselben übernommenen Geschäftsanteile sowie die durch den jeweiligen Nennbetrag eines Geschäftsanteils vermittelte jeweilige prozentuale Beteiligung am Stammkapital zu entnehmen sind. [2]Ist ein Gesellschafter selbst eine Gesellschaft, so sind bei eingetragenen Gesellschaften in die Liste deren Firma, Satzungssitz, zuständiges Register und Registernummer aufzunehmen, bei nicht eingetragenen Gesellschaften deren jeweilige Gesellschafter unter einer zusammenfassenden Bezeichnung mit Name, Vorname, Geburtsdatum und Wohnort. [3]Hält ein Gesellschafter mehr als einen Geschäftsanteil, ist in der Liste der Gesellschafter zudem der Gesamtumfang der Beteiligung am Stammkapital als Prozentsatz gesondert anzugeben. [4]Die Änderung der Liste durch die Geschäftsführer erfolgt auf Mitteilung und Nachweis.

(2) [1]Hat ein Notar an Veränderungen nach Absatz 1 Satz 1 mitgewirkt, hat er unverzüglich nach deren Wirksamwerden ohne Rücksicht auf etwaige später eintretende Unwirksamkeitsgründe die Liste anstelle der Geschäftsführer zu unterschreiben, zum Handelsregister einzureichen und eine Abschrift der geänderten Liste an die Gesellschaft zu übermitteln. [2]Die Liste muss mit der Bescheinigung des Notars versehen sein, dass die geänderten Eintragungen den Veränderungen entsprechen, an denen er mitgewirkt hat, und die übrigen Eintragungen mit dem Inhalt der zuletzt im Handelsregister aufgenommenen Liste übereinstimmen.

(3) Geschäftsführer, welche die ihnen nach Absatz 1 obliegende Pflicht verletzen, haften denjenigen, deren Beteiligung sich geändert hat, und den Gläubigern der Gesellschaft für den daraus entstandenen Schaden als Gesamtschuldner.

(4) Das Bundesministerium der Justiz und für Verbraucherschutz wird ermächtigt, durch Rechtsverordnung mit Zustimmung des Bundesrates nähere Bestimmungen über die Ausgestaltung der Gesellschafterliste zu treffen.

(5) [1]Die Landesregierungen werden ermächtigt, durch Rechtsverordnung zu bestimmen, dass bestimmte in der Liste der Gesellschafter enthaltene Angaben in strukturierter maschinenlesbarer Form an das Handelsregister zu übermitteln sind, soweit nicht durch das Bundesministerium der Justiz und für Verbraucherschutz nach § 387 Absatz 2 des Gesetzes über das Verfahren in Familiensachen und in den Angelegenheiten der freiwilligen Gerichtsbarkeit entsprechende Vorschriften erlassen werden. [2]Die Landesregierungen können die Ermächtigung durch Rechtsverordnung auf die Landesjustizverwaltungen übertragen.

§ 41 Buchführung

Die Geschäftsführer sind verpflichtet, für die ordnungsmäßige Buchführung der Gesellschaft zu sorgen.

§ 42 Bilanz

(1) In der Bilanz des nach den §§ 242, 264 des Handelsgesetzbuchs aufzustellenden Jahresabschlusses ist das Stammkapital als gezeichnetes Kapital auszuweisen.

(2) [1]Das Recht der Gesellschaft zur Einziehung von Nachschüssen der Gesellschafter ist in der Bilanz insoweit zu aktivieren, als die Einziehung bereits beschlossen ist und den Gesellschaftern ein Recht, durch Verweisung auf den Geschäftsanteil sich von der Zahlung der Nachschüsse zu befreien, nicht zusteht. [2]Der nachzuschießende Betrag ist auf der Aktivseite unter den Forderungen gesondert unter der Bezeichnung „Eingeforderte Nachschüsse" auszuweisen, soweit mit der Zahlung gerechnet werden kann. [3]Ein dem Aktivposten entsprechender Betrag ist auf der Passivseite in dem Posten „Kapitalrücklage" gesondert auszuweisen.

(3) Ausleihungen, Forderungen und Verbindlichkeiten gegenüber Gesellschaftern sind in der Regel als solche jeweils gesondert auszuweisen oder im Anhang anzugeben; werden sie unter anderen Posten ausgewiesen, so muß diese Eigenschaft vermerkt werden.

§ 42a Vorlage des Jahresabschlusses und des Lageberichts

(1) [1]Die Geschäftsführer haben den Jahresabschluß und den Lagebericht unverzüglich nach der Aufstellung den Gesellschaftern zum Zwecke der Feststellung des Jahresabschlusses vorzulegen. [2]Ist der Jahresabschluß durch einen Abschlußprüfer zu prüfen, so haben die Geschäftsführer ihn zusammen mit dem Lagebericht und dem Prüfungsbericht des Abschlußprüfers unverzüglich nach Eingang des Prüfungsberichts vorzulegen. [3]Hat die Gesellschaft einen Aufsichtsrat, so ist dessen Bericht über das Ergebnis seiner Prüfung ebenfalls unverzüglich vorzulegen.

(2) [1]Die Gesellschafter haben spätestens bis zum Ablauf der ersten acht Monate oder, wenn es sich um eine kleine Gesellschaft handelt (§ 267 Abs. 1 des Handelsgesetzbuchs), bis zum Ablauf der ersten elf Monate des Geschäftsjahrs über die Feststellung des Jahresabschlusses und über die Ergebnisverwendung zu beschließen. [2]Der Gesellschaftsvertrag kann die Frist nicht verlängern. [3]Auf den Jahresabschluß sind bei der Feststellung die für seine Aufstellung geltenden Vorschriften anzuwenden.

(3) Hat ein Abschlußprüfer den Jahresabschluß geprüft, so hat er auf Verlangen eines Gesellschafters an den Verhandlungen über die Feststellung des Jahresabschlusses teilzunehmen.

(4) [1]Ist die Gesellschaft zur Aufstellung eines Konzernabschlusses und eines Konzernlageberichts verpflichtet, so sind die Absätze 1 bis 3 entsprechend anzuwenden. [2]Das Gleiche gilt hinsichtlich eines Einzelabschlusses nach § 325 Abs. 2a des Handelsgesetzbuchs, wenn die Gesellschafter die Offenlegung eines solchen beschlossen haben.

§ 43 Haftung der Geschäftsführer

(1) Die Geschäftsführer haben in den Angelegenheiten der Gesellschaft die Sorgfalt eines ordentlichen Geschäftsmannes anzuwenden.

(2) Geschäftsführer, welche ihre Obliegenheiten verletzen, haften der Gesellschaft solidarisch für den entstandenen Schaden.

(3) [1]Insbesondere sind sie zum Ersatz verpflichtet, wenn den Bestimmungen des § 30 zuwider Zahlungen aus dem zur Erhaltung des Stammkapitals erforderlichen Vermögen der Gesellschaft gemacht oder den Bestimmungen des § 33 zuwider eigene Geschäftsanteile der Gesellschaft erworben worden sind. [2]Auf den Ersatzanspruch finden die Bestimmungen in § 9b Abs. 1 entsprechende Anwendung. [3]Soweit der Ersatz zur Befriedigung der Gläubiger der Gesellschaft erforderlich ist, wird die Verpflichtung der

Geschäftsführer dadurch nicht aufgehoben, daß dieselben in Befolgung eines Beschlusses der Gesellschafter gehandelt haben.

(4) Die Ansprüche aufgrund der vorstehenden Bestimmungen verjähren in fünf Jahren.

§ 43a Kreditgewährung aus Gesellschaftsvermögen

[1]Den Geschäftsführern, anderen gesetzlichen Vertretern, Prokuristen oder zum gesamten Geschäftsbetrieb ermächtigten Handlungsbevollmächtigten darf Kredit nicht aus dem zur Erhaltung des Stammkapitals erforderlichen Vermögen der Gesellschaft gewährt werden. [2]Ein entgegen Satz 1 gewährter Kredit ist ohne Rücksicht auf entgegenstehende Vereinbarungen sofort zurückzugewähren.

§ 44 Stellvertreter von Geschäftsführern

Die für die Geschäftsführer gegebenen Vorschriften gelten auch für Stellvertreter von Geschäftsführern.

§ 45 Rechte der Gesellschafter

(1) Die Rechte, welche den Gesellschaftern in den Angelegenheiten der Gesellschaft, insbesondere in bezug auf die Führung der Geschäfte zustehen, sowie die Ausübung derselben bestimmen sich, soweit nicht gesetzliche Vorschriften entgegenstehen, nach dem Gesellschaftsvertrag.

(2) In Ermangelung besonderer Bestimmungen des Gesellschaftsvertrages finden die Vorschriften der §§ 46 bis 51 Anwendung.

§ 46 Aufgabenkreis der Gesellschafter

Der Bestimmung der Gesellschafter unterliegen:

1. die Feststellung des Jahresabschlusses und die Verwendung des Ergebnisses;

1a. die Entscheidung über die Offenlegung eines Einzelabschlusses nach internationalen Rechnungslegungsstandards (§ 325 Abs. 2a des Handelsgesetzbuchs) und über die Billigung des von den Geschäftsführern aufgestellten Abschlusses;

1b. die Billigung eines von den Geschäftsführern aufgestellten Konzernabschlusses;

2. die Einforderung der Einlagen;

3. die Rückzahlung von Nachschüssen;

4. die Teilung, die Zusammenlegung sowie die Einziehung von Geschäftsanteilen;

5. die Bestellung und die Abberufung von Geschäftsführern sowie die Entlastung derselben;

6. die Maßregeln zur Prüfung und Überwachung der Geschäftsführung;

7. die Bestellung von Prokuristen und von Handlungsbevollmächtigten zum gesamten Geschäftsbetrieb;

8. die Geltendmachung von Ersatzansprüchen, welche der Gesellschaft aus der Gründung oder Geschäftsführung gegen Geschäftsführer oder Gesellschafter zustehen, sowie die Vertretung der Gesellschaft in Prozessen, welche sie gegen die Geschäftsführer zu führen hat.

§ 47 Abstimmung

(1) Die von den Gesellschaftern in den Angelegenheiten der Gesellschaft zu treffenden Bestimmungen erfolgen durch Beschlußfassung nach der Mehrheit der abgegebenen Stimmen.

(2) Jeder Euro eines Geschäftsanteils gewährt eine Stimme.

(3) Vollmachten bedürfen zu ihrer Gültigkeit der Textform.

(4) [1]Ein Gesellschafter, welcher durch die Beschlußfassung entlastet oder von einer Verbindlichkeit befreit werden soll, hat hierbei kein Stimmrecht und darf ein solches auch nicht für andere ausüben. [2]Dasselbe gilt von einer Beschlußfassung, welche die Vornahme eines Rechtsgeschäfts oder die Einleitung oder Erledigung eines Rechtsstreites gegenüber einem Gesellschafter betrifft.

§ 48 Gesellschafterversammlung

(1) Die Beschlüsse der Gesellschafter werden in Versammlungen gefaßt.

(2) Der Abhaltung einer Versammlung bedarf es nicht, wenn sämtliche Gesellschafter in Textform mit der zu treffenden Bestimmung oder mit der schriftlichen Abgabe der Stimmen sich einverstanden erklären.

(3) Befinden sich alle Geschäftsanteile der Gesellschaft in der Hand eines Gesellschafters oder daneben in der Hand der Gesellschaft, so hat er unverzüglich nach der Beschlußfassung eine Niederschrift aufzunehmen und zu unterschreiben.

§ 49 Einberufung der Versammlung

(1) Die Versammlung der Gesellschafter wird durch die Geschäftsführer berufen.

(2) Sie ist außer den ausdrücklich bestimmten Fällen zu berufen, wenn es im Interesse der Gesellschaft erforderlich erscheint.

(3) Insbesondere muß die Versammlung unverzüglich berufen werden, wenn aus der Jahresbilanz oder aus einer im Laufe des Geschäftjahres aufgestellten Bilanz sich ergibt, daß die Hälfte des Stammkapitals verloren ist.

§ 50 Minderheitsrechte

(1) Gesellschafter, deren Geschäftsanteile zusammen mindestens dem zehnten Teil des Stammkapitals entsprechen, sind berechtigt, unter Angabe des Zwecks und der Gründe die Berufung der Versammlung zu verlangen.

(2) In gleicher Weise haben die Gesellschafter das Recht zu verlangen, daß Gegenstände zur Beschlußfassung der Versammlung angekündigt werden.

(3) [1]Wird dem Verlangen nicht entsprochen oder sind Personen, an welche dasselbe zu richten wäre, nicht vorhanden, so können die in Absatz 1 bezeichneten Gesellschafter unter Mitteilung des Sachverhältnisses die Berufung oder Ankündigung selbst bewirken. [2]Die Versammlung beschließt, ob die entstandenen Kosten von der Gesellschaft zu tragen sind.

§ 51 Form der Einberufung

(1) [1]Die Berufung der Versammlung erfolgt durch Einladung der Gesellschafter mittels eingeschriebener Briefe. [2]Sie ist mit einer Frist von mindestens einer Woche zu bewirken.

(2) Der Zweck der Versammlung soll jederzeit bei der Berufung angekündigt werden.

(3) Ist die Versammlung nicht ordnungsmäßig berufen, so können Beschlüsse nur gefaßt werden, wenn sämtliche Gesellschafter anwesend sind.

(4) Das gleiche gilt in bezug auf Beschlüsse über Gegenstände, welche nicht wenigstens drei Tage vor der Versammlung in der für die Berufung vorgeschriebenen Weise angekündigt worden sind.

§ 51a Auskunfts- und Einsichtsrecht

(1) Die Geschäftsführer haben jedem Gesellschafter auf Verlangen unverzüglich Auskunft über die Angelegenheiten der Gesellschaft zu geben und die Einsicht der Bücher und Schriften zu gestatten.

(2) [1]Die Geschäftsführer dürfen die Auskunft und die Einsicht verweigern, wenn zu besorgen ist, daß der Gesellschafter sie zu gesellschaftsfremden Zwecken verwenden und dadurch der Gesellschaft oder einem verbundenen Unternehmen einen nicht unerheblichen Nachteil zufügen wird. [2]Die Verweigerung bedarf eines Beschlusses der Gesellschafter.

(3) Von diesen Vorschriften kann im Gesellschaftsvertrag nicht abgewichen werden.

§ 51b Gerichtliche Entscheidung über das Auskunfts- und Einsichtsrecht

[1]Für die gerichtliche Entscheidung über das Auskunfts- und Einsichtsrecht findet § 132 Abs. 1, 3 und 4 des Aktiengesetzes entsprechende Anwendung. [2]Antragsberechtigt ist jeder Gesellschafter, dem die verlangte Auskunft nicht gegeben oder die verlangte Einsicht nicht gestattet worden ist.

§ 52 Aufsichtsrat

(1) Ist nach dem Gesellschaftsvertrag ein Aufsichtsrat zu bestellen, so sind § 90 Abs. 3, 4, 5 Satz 1 und 2, § 95 Satz 1, § 100 Abs. 1 und 2 Nr. 2 und Abs. 5, § 101 Abs. 1 Satz 1, § 103 Abs. 1 Satz 1 und 2, §§ 105, 107 Absatz 3 Satz 2 und 3 und Absatz 4, §§ 110 bis 114, 116 des Aktiengesetzes in Verbindung mit § 93 Abs. 1 und 2 Satz 1 und 2 des Aktiengesetzes, § 124 Abs. 3 Satz 2, §§ 170, 171, 394 und 395 des Aktiengesetzes entsprechend anzuwenden, soweit nicht im Gesellschaftsvertrag ein anderes bestimmt ist.

(2) [1]Ist nach dem Drittelbeteiligungsgesetz ein Aufsichtsrat zu bestellen, so legt die Gesellschafterversammlung für den Frauenanteil im Aufsichtsrat und unter den Geschäftsführern Zielgrößen fest, es sei denn, sie hat dem Aufsichtsrat diese Aufgabe übertragen. [2]Ist nach dem Mitbestimmungsgesetz, dem Montan-Mitbestimmungsgesetz oder dem Mitbestimmungsergänzungsgesetz ein Aufsichtsrat zu bestellen, so legt der Aufsichtsrat für den Frauenanteil im Aufsichtsrat und unter den Geschäftsführern Zielgrößen fest. [3]Liegt der Frauenanteil bei Festlegung der Zielgrößen unter 30 Prozent, so dürfen die Zielgrößen den jeweils erreichten Anteil nicht mehr unterschreiten. [4]Gleichzeitig sind Fristen zur Erreichung der Zielgrößen festzulegen. [5]Die Fristen dürfen jeweils nicht länger als fünf Jahre sein.

(3) [1]Werden die Mitglieder des Aufsichtsrats vor der Eintragung der Gesellschaft in das Handelsregister bestellt, gilt § 37 Abs. 4 Nr. 3 und 3a des Aktiengesetzes entsprechend. [2]Die Geschäftsführer haben bei jeder Änderung in den Personen der Aufsichtsratsmitglieder unverzüglich eine Liste der Mitglieder des Aufsichtsrats, aus welcher Name, Vorname, ausgeübter Beruf und Wohnort der Mitglieder ersichtlich ist, zum Handelsregister einzureichen; das Gericht hat nach § 10 des Handelsgesetzbuchs einen Hinweis darauf bekannt zu machen, dass die Liste zum Handelsregister eingereicht worden ist.

(4) Schadensersatzansprüche gegen die Mitglieder des Aufsichtsrats wegen Verletzung ihrer Obliegenheiten verjähren in fünf Jahren.

Abschnitt 4. Abänderungen des Gesellschaftsvertrags

§ 53 Form der Satzungsänderung

(1) Eine Abänderung des Gesellschaftsvertrages kann nur durch Beschluß der Gesellschafter erfolgen.

(2) [1]Der Beschluß muß notariell beurkundet werden, derselbe bedarf einer Mehrheit von drei Vierteilen der abgegebenen Stimmen. [2]Der Gesellschaftsvertrag kann noch andere Erfordernisse aufstellen.

(3) Eine Vermehrung der den Gesellschaftern nach dem Gesellschaftsvertrag obliegenden Leistungen kann nur mit Zustimmung sämtlicher beteiligter Gesellschafter beschlossen werden.

§ 54 Anmeldung und Eintragung der Satzungsänderung

(1) [1]Die Abänderung des Gesellschaftsvertrages ist zur Eintragung in das Handelsregister anzumelden. [2]Der Anmeldung ist der vollständige Wortlaut des Gesellschaftsvertrages beizufügen; er muß mit der Bescheinigung eines Notars versehen sein, daß die geänderten Bestimmungen des Gesellschaftsvertrags mit dem Beschluß über die Änderung des Gesellschaftsvertrags und die unveränderten Bestimmungen mit dem zuletzt zum Handelsregister eingereichten vollständigen Wortlaut des Gesellschaftsvertrags übereinstimmen.

(2) Bei der Eintragung genügt, sofern nicht die Abänderung die in § 10 bezeichneten Angaben betrifft, die Bezugnahme auf die bei dem Gericht eingereichten Dokumente über die Abänderung.

(3) Die Abänderung hat keine rechtliche Wirkung, bevor sie in das Handelsregister des Sitzes der Gesellschaft eingetragen ist.

§ 55 Erhöhung des Stammkapitals

(1) Wird eine Erhöhung des Stammkapitals beschlossen, so bedarf es zur Übernahme jedes Geschäftsanteils an dem erhöhten Kapital einer notariell aufgenommenen oder beglaubigten Erklärung des Übernehmers.

(2) [1]Zur Übernahme eines Geschäftsanteils können von der Gesellschaft die bisherigen Gesellschafter oder andere Personen, welche durch die Übernahme ihren Beitritt zu der Gesellschaft erklären, zugelassen werden. [2]Im letzteren Falle sind außer dem Nennbetrag des Geschäftsanteils auch sonstige Leistungen, zu welchen der Beitretende nach dem Gesellschaftsvertrage verpflichtet sein soll, in der in Absatz 1 bezeichneten Urkunde ersichtlich zu machen.

(3) Wird von einem der Gesellschaft bereits angehörenden Gesellschafter ein Geschäftsanteil an dem erhöhten Kapital übernommen, so erwirbt derselbe einen weiteren Geschäftsanteil.

(4) Die Bestimmungen in § 5 Abs. 2 und 3 über die Nennbeträge der Geschäftsanteile sowie die Bestimmungen in § 19 Abs. 6 über die Verjährung des Anspruchs der Gesellschaft auf Leistung der Einlagen sind auch hinsichtlich der an dem erhöhten Kapital übernommenen Geschäftsanteile anzuwenden.

§ 55a Genehmigtes Kapital

(1) [1]Der Gesellschaftsvertrag kann die Geschäftsführer für höchstens fünf Jahre nach Eintragung der Gesellschaft ermächtigen, das Stammkapital bis zu einem bestimmten Nennbetrag (genehmigtes Kapital) durch Ausgabe neuer Geschäftsanteile gegen Einlagen zu erhöhen. [2]Der Nennbetrag des genehmigten Kapitals darf die Hälfte des Stammkapitals, das zur Zeit der Ermächtigung vorhanden ist, nicht übersteigen.

(2) Die Ermächtigung kann auch durch Abänderung des Gesellschaftsvertrags für höchstens fünf Jahre nach deren Eintragung erteilt werden.

(3) Gegen Sacheinlagen (§ 56) dürfen Geschäftsanteile nur ausgegeben werden, wenn die Ermächtigung es vorsieht.

§ 56 Kapitalerhöhung mit Sacheinlagen

(1) [1]Sollen Sacheinlagen geleistet werden, so müssen ihr Gegenstand und der Nennbetrag des Geschäftsanteils, auf den sich die Sacheinlage bezieht, im Beschluß über die Erhöhung des Stammkapitals festgesetzt werden. [2]Die Festsetzung ist in die in § 55 Abs. 1 bezeichnete Erklärung des Übernehmers aufzunehmen.

(2) Die §§ 9 und 19 Abs. 2 Satz 2 und Abs. 4 finden entsprechende Anwendung.

§ 56a Leistung auf das neue Stammkapital

Für die Leistungen der Einlagen auf das neue Stammkapital finden § 7 Abs. 2 Satz 1 und Abs. 3 sowie § 19 Abs. 5 entsprechende Anwendung.

§ 57 Anmeldung der Erhöhung

(1) Die beschlossene Erhöhung des Stammkapitals ist zur Eintragung in das Handelsregister anzumelden, nachdem das erhöhte Kapital durch Übernahme von Geschäftsanteilen gedeckt ist.

(2) [1]In der Anmeldung ist die Versicherung abzugeben, daß die Einlagen auf das neue Stammkapital nach § 7 Abs. 2 Satz 1 und Abs. 3 bewirkt sind und daß der Gegenstand der Leistungen sich endgültig in der freien Verfügung der Geschäftsführer befindet. [2]§ 8 Abs. 2 Satz 2 gilt entsprechend.

(3) Der Anmeldung sind beizufügen:

1. die in § 55 Abs. 1 bezeichneten Erklärungen oder eine beglaubigte Abschrift derselben;
2. eine von den Anmeldenden unterschriebene Liste der Personen, welche die neuen Geschäftsanteile übernommen haben; aus der Liste müssen die Nennbeträge der von jedem übernommenen Geschäftsanteile ersichtlich sein;
3. bei einer Kapitalerhöhung mit Sacheinlagen die Verträge, die den Festsetzungen nach § 56 zugrunde liegen oder zu ihrer Ausführung geschlossen worden sind.

(4) Für die Verantwortlichkeit der Geschäftsführer, welche die Kapitalerhöhung zur Eintragung in das Handelsregister angemeldet haben, finden § 9a Abs. 1 und 3, § 9b entsprechende Anwendung.

§ 57a Ablehnung der Eintragung

Für die Ablehnung der Eintragung durch das Gericht findet § 9c Abs. 1 entsprechende Anwendung.

§ 57b *(weggefallen)*

§ 57c Kapitalerhöhung aus Gesellschaftsmitteln

(1) Das Stammkapital kann durch Umwandlung von Rücklagen in Stammkapital erhöht werden (Kapitalerhöhung aus Gesellschaftsmitteln).

(2) Die Erhöhung des Stammkapitals kann erst beschlossen werden, nachdem der Jahresabschluß für das letzte vor der Beschlußfassung über die Kapitalerhöhung abgelaufene Geschäftsjahr (letzter Jahresabschluß) festgestellt und über die Ergebnisverwendung Beschluß gefaßt worden ist.

(3) Dem Beschluß über die Erhöhung des Stammkapitals ist eine Bilanz zugrunde zu legen.

(4) Neben den §§ 53 und 54 über die Abänderung des Gesellschaftsvertrags gelten die §§ 57d bis 57o.

§ 57d Ausweisung von Kapital- und Gewinnrücklagen

(1) Die Kapital- und Gewinnrücklagen, die in Stammkapital umgewandelt werden sollen, müssen in der letzten Jahresbilanz und, wenn dem Beschluß eine andere Bilanz zugrunde gelegt wird, auch in dieser Bilanz unter „Kapitalrücklage" oder „Gewinnrücklagen" oder im letzten Beschluß über die Verwendung des Jahresergebnisses als Zuführung zu diesen Rücklagen ausgewiesen sein.

(2) Die Rücklagen können nicht umgewandelt werden, soweit in der zugrunde gelegten Bilanz ein Verlust, einschließlich eines Verlustvortrags, ausgewiesen ist.

(3) Andere Gewinnrücklagen, die einem bestimmten Zweck zu dienen bestimmt sind, dürfen nur umgewandelt werden, soweit dies mit ihrer Zweckbestimmung vereinbar ist.

§ 57e Zugrundelegung der letzten Jahresbilanz; Prüfung

(1) Dem Beschluß kann die letzte Jahresbilanz zugrunde gelegt werden, wenn die Jahresbilanz geprüft und die festgestellte Jahresbilanz mit dem uneingeschränkten Bestätigungsvermerk der Abschlußprüfer versehen ist und wenn ihr Stichtag höchstens acht Monate vor der Anmeldung des Beschlusses zur Eintragung in das Handelsregister liegt.

(2) Bei Gesellschaften, die nicht große im Sinne des § 267 Abs. 3 des Handelsgesetzbuchs sind, kann die Prüfung auch durch vereidigte Buchprüfer erfolgen; die Abschlußprüfer müssen von der Versammlung der Gesellschafter gewählt sein.

§ 57f Anforderung an die Bilanz

(1) [1]Wird dem Beschluß nicht die letzte Jahresbilanz zugrunde gelegt, so muß die Bilanz den Vorschriften über die Gliederung der Jahresbilanz und über die Wertansätze in der Jahresbilanz entsprechen. [2]Der Stichtag der Bilanz darf höchstens acht Monate vor der Anmeldung des Beschlusses zur Eintragung in das Handelsregister liegen.

(2) [1]Die Bilanz ist, bevor über die Erhöhung des Stammkapitals Beschluß gefaßt wird, durch einen oder mehrere Prüfer darauf zu prüfen, ob sie dem Absatz 1 entspricht. [2]Sind nach dem abschließenden Ergebnis der Prüfung keine Einwendungen zu erheben, so haben die Prüfer dies durch einen Vermerk zu bestätigen. [3]Die Erhöhung des Stammkapitals kann nicht ohne diese Bestätigung der Prüfer beschlossen werden.

(3) [1]Die Prüfer werden von den Gesellschaftern gewählt; falls nicht andere Prüfer gewählt werden, gelten die Prüfer als gewählt, die für die Prüfung des letzten Jahresabschlussses von den Gesellschaftern gewählt oder vom Gericht bestellt worden sind. [2]Im übrigen sind, soweit sich aus der Besonderheit des Prüfungsauftrags nichts anderes ergibt, § 318 Abs. 1 Satz 2, § 319 Abs. 1 bis 4, § 319a Abs. 1, § 319b Abs. 1, § 320 Abs. 1 Satz 2, Abs. 2, §§ 321, 323 des Handelsgesetzbuchs anzuwenden. [3]Bei Gesellschaften, die nicht große im Sinne des § 267 Abs. 3 des Handelsgesetzbuchs sind, können auch vereidigte Buchprüfer zu Prüfern bestellt werden.

§ 57g Vorherige Bekanntgabe des Jahresabschlusses

Die Bestimmungen des Gesellschaftsvertrags über die vorherige Bekanntgabe des Jahresabschlusses an die Gesellschafter sind in den Fällen des § 57f entsprechend anzuwenden.

§ 57h Arten der Kapitalerhöhung

(1) [1]Die Kapitalerhöhung kann vorbehaltlich des § 57l Abs. 2 durch Bildung neuer Geschäftsanteile oder durch Erhöhung des Nennbetrags der Geschäftsanteile ausgeführt werden. [2]Die neuen Geschäftsanteile und die Geschäftsanteile, deren Nennbetrag erhöht wird, müssen auf einen Betrag gestellt werden, der auf volle Euro lautet.

(2) [1]Der Beschluß über die Erhöhung des Stammkapitals muß die Art der Erhöhung angeben. [2]Soweit die Kapitalerhöhung durch Erhöhung des Nennbetrags der Geschäfts-

anteile ausgeführt werden soll, ist sie so zu bemessen, daß durch sie auf keinen Geschäftsanteil, dessen Nennbetrag erhöht wird, Beträge entfallen, die durch die Erhöhung des Nennbetrags des Geschäftsanteils nicht gedeckt werden können.

§ 57i Anmeldung und Eintragung des Erhöhungsbeschlusses

(1) [1]Der Anmeldung des Beschlusses über die Erhöhung des Stammkapitals zur Eintragung in das Handelsregister ist die der Kapitalerhöhung zugrunde gelegte, mit dem Bestätigungsvermerk der Prüfer versehene Bilanz, in den Fällen des § 57f außerdem die letzte Jahresbilanz, sofern sie noch nicht nach § 325 Abs. 1 des Handelsgesetzbuchs eingereicht ist, beizufügen. [2]Die Anmeldenden haben dem Registergericht gegenüber zu erklären, daß nach ihrer Kenntnis seit dem Stichtag der zugrunde gelegten Bilanz bis zum Tag der Anmeldung keine Vermögensminderung eingetreten ist, die der Kapitalerhöhung entgegenstünde, wenn sie am Tag der Anmeldung beschlossen worden wäre.

(2) Das Registergericht darf den Beschluß nur eintragen, wenn die der Kapitalerhöhung zugrunde gelegte Bilanz für einen höchstens acht Monate vor der Anmeldung liegenden Zeitpunkt aufgestellt und eine Erklärung nach Absatz 1 Satz 2 abgegeben worden ist.

(3) Zu der Prüfung, ob die Bilanzen den gesetzlichen Vorschriften entsprechen, ist das Gericht nicht verpflichtet.

(4) Bei der Eintragung des Beschlusses ist anzugeben, daß es sich um eine Kapitalerhöhung aus Gesellschaftsmitteln handelt.

§ 57j Verteilung der Geschäftsanteile

[1]Die neuen Geschäftsanteile stehen den Gesellschaftern im Verhältnis ihrer bisherigen Geschäftsanteile zu. [2]Ein entgegenstehender Beschluß der Gesellschafter ist nichtig.

§ 57k Teilrechte; Ausübung der Rechte

(1) Führt die Kapitalerhöhung dazu, daß auf einen Geschäftsanteil nur ein Teil eines neuen Geschäftsanteils entfällt, so ist dieses Teilrecht selbständig veräußerlich und vererblich.

(2) Die Rechte aus einem neuen Geschäftsanteil, einschließlich des Anspruchs auf Ausstellung einer Urkunde über den neuen Geschäftsanteil, können nur ausgeübt werden, wenn Teilrechte, die zusammen einen vollen Geschäftsanteil ergeben, in einer Hand vereinigt sind oder wenn sich mehrere Berechtigte, deren Teilrechte zusammen einen vollen Geschäftsanteil ergeben, zur Ausübung der Rechte (§ 18) zusammenschließen.

§ 57l Teilnahme an der Erhöhung des Stammkapitals

(1) Eigene Geschäftsanteile nehmen an der Erhöhung des Stammkapitals teil.

(2) [1]Teileingezahlte Geschäftsanteile nehmen entsprechend ihrem Nennbetrag an der Erhöhung des Stammkapitals teil. [2]Bei ihnen kann die Kapitalerhöhung nur durch Erhöhung des Nennbetrags der Geschäftsanteile ausgeführt werden. [3]Sind neben teileingezahlten Geschäftsanteilen vollständig eingezahlte Geschäftsanteile vorhanden, so kann bei diesen die Kapitalerhöhung durch Erhöhung des Nennbetrags der Geschäftsanteile und durch Bildung neuer Geschäftsanteile ausgeführt werden. [4]Die Geschäftsanteile, deren Nennbetrag erhöht wird, können auf jeden Betrag gestellt werden, der auf volle Euro lautet.

§ 57m Verhältnis der Rechte; Beziehungen zu Dritten

(1) Das Verhältnis der mit den Geschäftsanteilen verbundenen Rechte zueinander wird durch die Kapitalerhöhung nicht berührt.

(2) [1]Soweit sich einzelne Rechte teileingezahlter Geschäftsanteile, insbesondere die Beteiligung am Gewinn oder das Stimmrecht, nach der je Geschäftsanteil geleisteten Einlage bestimmen, stehen diese Rechte den Gesellschaftern bis zur Leistung der noch ausstehenden Einlagen nur nach der Höhe der geleisteten Einlage, erhöht um den auf den Nennbetrag des Stammkapitals berechneten Hundertsatz der Erhöhung des Stammkapitals, zu. [2]Werden weitere Einzahlungen geleistet, so erweitern sich diese Rechte entsprechend.

(3) Der wirtschaftliche Inhalt vertraglicher Beziehungen der Gesellschaft zu Dritten, die von der Gewinnausschüttung der Gesellschaft, dem Nennbetrag oder Wert ihrer Geschäftsanteile oder ihres Stammkapitals oder in sonstiger Weise von den bisherigen Kapital- oder Gewinnverhältnissen abhängen, wird durch die Kapitalerhöhung nicht berührt.

§ 57n Gewinnbeteiligung der neuen Geschäftsanteile

(1) Die neuen Geschäftsanteile nehmen, wenn nichts anderes bestimmt ist, am Gewinn des ganzen Geschäftsjahres teil, in dem die Erhöhung des Stammkapitals beschlossen worden ist.

(2) [1]Im Beschluß über die Erhöhung des Stammkapitals kann bestimmt werden, daß die neuen Geschäftsanteile bereits am Gewinn des letzten vor der Beschlußfassung über die Kapitalerhöhung abgelaufenen Geschäftsjahrs teilnehmen. [2]In diesem Fall ist die Erhöhung des Stammkapitals abweichend von § 57c Abs. 2 zu beschließen, bevor über die Ergebnisverwendung für das letzte vor der Beschlußfassung abgelaufene Geschäftsjahr Beschluß gefaßt worden ist. [3]Der Beschluß über die Ergebnisverwendung für das letzte vor der Beschlußfassung über die Kapitalerhöhung abgelaufene Geschäftsjahr wird erst wirksam, wenn das Stammkapital erhöht worden ist. [4]Der Beschluß über die Erhöhung des Stammkapitals und der Beschluß über die Ergebnisverwendung für das letzte vor der Beschlußfassung über die Kapitalerhöhung abgelaufene Geschäftsjahr sind nichtig, wenn der Beschluß über die Kapitalerhöhung nicht binnen drei Monaten nach der Beschlußfassung in das Handelsregister eingetragen worden ist; der Lauf der Frist ist gehemmt, solange eine Anfechtungs- oder Nichtigkeitsklage rechtshängig ist.

§ 57o Anschaffungskosten

[1]Als Anschaffungskosten der vor der Erhöhung des Stammkapitals erworbenen Geschäftsanteile und der auf sie entfallenden neuen Geschäftsanteile gelten die Beträge, die sich für die einzelnen Geschäftsanteile ergeben, wenn die Anschaffungskosten der vor der Erhöhung des Stammkapitals erworbenen Geschäftsanteile auf diese und auf die auf sie entfallenden neuen Geschäftsanteile nach dem Verhältnis der Nennbeträge verteilt werden. [2]Der Zuwachs an Geschäftsanteilen ist nicht als Zugang auszuweisen.

§ 58 Herabsetzung des Stammkapitals

(1) Eine Herabsetzung des Stammkapitals kann nur unter Beobachtung der nachstehenden Bestimmungen erfolgen:

1. der Beschluß auf Herabsetzung des Stammkapitals muß von den Geschäftsführern in den Gesellschaftsblättern bekanntgemacht werden; in dieser Bekanntmachung sind zugleich die Gläubiger der Gesellschaft aufzufordern, sich bei derselben zu melden; die aus den Handelsbüchern der Gesellschaft ersichtlichen oder in anderer Weise bekannten Gläubiger sind durch besondere Mitteilung zur Anmeldung aufzufordern;
2. die Gläubiger, welche sich bei der Gesellschaft melden und der Herabsetzung nicht zustimmen, sind wegen der erhobenen Ansprüche zu befriedigen oder sicherzustellen;

3. die Anmeldung des Herabsetzungsbeschlusses zur Eintragung in das Handelsregister erfolgt nicht vor Ablauf eines Jahres seit dem Tage, an welchem die Aufforderung der Gläubiger in den Gesellschaftsblättern stattgefunden hat;
4. mit der Anmeldung ist die Bekanntmachung des Beschlusses einzureichen; zugleich haben die Geschäftsführer die Versicherung abzugeben, daß die Gläubiger, welche sich bei der Gesellschaft gemeldet und der Herabsetzung nicht zugestimmt haben, befriedigt oder sichergestellt sind.

(2) [1]Die Bestimmung in § 5 Abs. 1 über den Mindestbetrag des Stammkapitals bleibt unberührt. [2]Erfolgt die Herabsetzung zum Zweck der Zurückzahlung von Einlagen oder zum Zweck des Erlasses zu leistender Einlagen, dürfen die verbleibenden Nennbeträge der Geschäftsanteile nicht unter den in § 5 Abs. 2 und 3 bezeichneten Betrag herabgehen.

§ 58a Vereinfachte Kapitalherabsetzung

(1) Eine Herabsetzung des Stammkapitals, die dazu dienen soll, Wertminderungen auszugleichen oder sonstige Verluste zu decken, kann als vereinfachte Kapitalherabsetzung vorgenommen werden.

(2) [1]Die vereinfachte Kapitalherabsetzung ist nur zulässig, nachdem der Teil der Kapital- und Gewinnrücklagen, der zusammen über zehn vom Hundert des nach der Herabsetzung verbleibenden Stammkapitals hinausgeht, vorweg aufgelöst ist. [2]Sie ist nicht zulässig, solange ein Gewinnvortrag vorhanden ist.

(3) [1]Im Beschluß über die vereinfachte Kapitalherabsetzung sind die Nennbeträge der Geschäftsanteile dem herabgesetzten Stammkapital anzupassen. [2]Die Geschäftsanteile müssen auf einen Betrag gestellt werden, der auf volle Euro lautet.

(4) [1]Das Stammkapital kann unter den in § 5 Abs. 1 bestimmten Mindestnennbetrag herabgesetzt werden, wenn dieser durch eine Kapitalerhöhung wieder erreicht wird, die zugleich mit der Kapitalherabsetzung beschlossen ist und bei der Sacheinlagen nicht festgesetzt sind. [2]Die Beschlüsse sind nichtig, wenn sie nicht binnen drei Monaten nach der Beschlußfassung in das Handelsregister eingetragen worden sind. [3]Der Lauf der Frist ist gehemmt, solange eine Anfechtungs- oder Nichtigkeitsklage rechtshängig ist. [4]Die Beschlüsse sollen nur zusammen in das Handelsregister eingetragen werden.

(5) Neben den §§ 53 und 54 über die Abänderung des Gesellschaftsvertrags gelten die §§ 58b bis 58f.

§ 58b Beträge aus Rücklagenauflösung und Kapitalherabsetzung

(1) Die Beträge, die aus der Auflösung der Kapital- oder Gewinnrücklagen und aus der Kapitalherabsetzung gewonnen werden, dürfen nur verwandt werden, um Wertminderungen auszugleichen und sonstige Verluste zu decken.

(2) [1]Daneben dürfen die gewonnenen Beträge in die Kapitalrücklage eingestellt werden, soweit diese zehn vom Hundert des Stammkapitals nicht übersteigt. [2]Als Stammkapital gilt dabei der Nennbetrag, der sich durch die Herabsetzung ergibt, mindestens aber der nach nach § 5 Abs. 1 zulässige Mindestnennbetrag.

(3) Ein Betrag, der auf Grund des Absatzes 2 in die Kapitalrücklage eingestellt worden ist, darf vor Ablauf des fünften nach der Beschlußfassung über die Kapitalherabsetzung beginnenden Geschäftsjahrs nur verwandt werden

1. zum Ausgleich eines Jahresfehlbetrages, soweit er nicht durch einen Gewinnvortrag aus dem Vorjahr gedeckt ist und nicht durch Auflösung von Gewinnrücklagen ausgeglichen werden kann;
2. zum Ausgleich eines Verlustvortrags aus dem Vorjahr, soweit er nicht durch einen Jahresüberschuß gedeckt ist und nicht durch Auflösung von Gewinnrücklagen ausgeglichen werden kann;

3. zur Kapitalerhöhung aus Gesellschaftsmitteln.

§ 58c Nichteintritt angenommener Verluste

[1]Ergibt sich bei Aufstellung der Jahresbilanz für das Geschäftsjahr, in dem der Beschluß über die Kapitalherabsetzung gefaßt wurde, oder für eines der beiden folgenden Geschäftsjahre, daß Wertminderungen und sonstige Verluste in der bei der Beschlußfassung angenommenen Höhe tatsächlich nicht eingetreten oder ausgeglichen waren, so ist der Unterschiedsbetrag in die Kapitalrücklage einzustellen. [2]Für einen nach Satz 1 in die Kapitalrücklage eingestellten Betrag gilt § 58b Abs. 3 sinngemäß.

§ 58d Gewinnausschüttung

(1) [1]Gewinn darf vor Ablauf des fünften nach der Beschlußfassung über die Kapitalherabsetzung beginnenden Geschäftsjahrs nur ausgeschüttet werden, wenn die Kapital- und Gewinnrücklagen zusammen zehn vom Hundert des Stammkapitals erreichen. [2]Als Stammkapital gilt dabei der Nennbetrag, der sich durch die Herabsetzung ergibt, mindestens aber der nach § 5 Abs. 1 zulässige Mindestnennbetrag.

(2) [1]Die Zahlung eines Gewinnanteils von mehr als vier vom Hundert ist erst für ein Geschäftsjahr zulässig, das später als zwei Jahre nach der Beschlußfassung über die Kapitalherabsetzung beginnt. [2]Dies gilt nicht, wenn die Gläubiger, deren Forderungen vor der Bekanntmachung der Eintragung des Beschlusses begründet worden waren, befriedigt oder sichergestellt sind, soweit sie sich binnen sechs Monaten nach der Bekanntmachung des Jahresabschlusses, auf Grund dessen die Gewinnverteilung beschlossen ist, zu diesem Zweck gemeldet haben. [3]Einer Sicherstellung der Gläubiger bedarf es nicht, die im Fall des Insolvenzverfahrens ein Recht auf vorzugsweise Befriedigung aus einer Deckungsmasse haben, die nach gesetzlicher Vorschrift zu ihrem Schutz errichtet und staatlich überwacht ist. [4]Die Gläubiger sind in der Bekanntmachung nach § 325 Abs. 2 des Handelsgesetzbuchs auf die Befriedigung oder Sicherstellung hinzuweisen.

§ 58e Beschluss über die Kapitalherabsetzung

(1) [1]Im Jahresabschluß für das letzte vor der Beschlußfassung über die Kapitalherabsetzung abgelaufene Geschäftsjahr können das Stammkapital sowie die Kapital- und Gewinnrücklagen in der Höhe ausgewiesen werden, in der sie nach der Kapitalherabsetzung bestehen sollen. [2]Dies gilt nicht, wenn der Jahresabschluß anders als durch Beschluß der Gesellschafter festgestellt wird.

(2) Der Beschluß über die Feststellung des Jahresabschlusses soll zugleich mit dem Beschluß über die Kapitalherabsetzung gefaßt werden.

(3) [1]Die Beschlüsse sind nichtig, wenn der Beschluß über die Kapitalherabsetzung nicht binnen drei Monaten nach der Beschlußfassung in das Handelsregister eingetragen worden ist. [2]Der Lauf der Frist ist gehemmt, solange eine Anfechtungs- oder Nichtigkeitsklage rechtshängig ist.

(4) Der Jahresabschluß darf nach § 325 des Handelsgesetzbuches erst nach Eintragung des Beschlusses über die Kapitalherabsetzung offengelegt werden.

§ 58f Kapitalherabsetzung bei gleichzeitiger Erhöhung des Stammkapitals

(1) [1]Wird im Fall des § 58e zugleich mit der Kapitalherabsetzung eine Erhöhung des Stammkapitals beschlossen, so kann auch die Kapitalerhöhung in dem Jahresabschluß als vollzogen berücksichtigt werden. [2]Die Beschlussfassung ist nur zulässig, wenn die neuen Geschäftsanteile übernommen, keine Sacheinlagen festgesetzt sind und wenn auf jeden neuen Geschäftsanteil die Einzahlung geleistet ist, die nach § 56a zur Zeit der Anmeldung der Kapitalerhöhung bewirkt sein muss. [3]Die Übernahme und die Einzahlung

sind dem Notar nachzuweisen, der den Beschluß über die Erhöhung des Stammkapitals beurkundet.

(2) [1]Sämtliche Beschlüsse sind nichtig, wenn die Beschlüsse über die Kapitalherabsetzung und die Kapitalerhöhung nicht binnen drei Monaten nach der Beschlußfassung in das Handelsregister eingetragen worden sind. [2]Der Lauf der Frist ist gehemmt, solange eine Anfechtungs- oder Nichtkeitsklage rechtshängig ist. [3]Die Beschlüsse sollen nur zusammen in das Handelsregister eingetragen werden.

(3) Der Jahresabschluß darf nach § 325 des Handelsgesetzbuches erst offengelegt werden, nachdem die Beschlüsse über die Kapitalherabsetzung und Kapitalerhöhung eingetragen worden sind.

§ 59 *(weggefallen)*

Abschnitt 5. Auflösung und Nichtigkeit der Gesellschaft

§ 60 Auflösungsgründe

(1) Die Gesellschaft mit beschränkter Haftung wird aufgelöst:

1. durch Ablauf der im Gesellschaftsvertrag bestimmten Zeit;
2. durch Beschluß der Gesellschafter; derselbe bedarf, sofern im Gesellschaftsvertrag nicht ein anderes bestimmt ist, einer Mehrheit von drei Vierteilen der abgegebenen Stimmen;
3. durch gerichtliches Urteil oder durch Entscheidung des Verwaltungsgerichts oder der Verwaltungsbehörde in den Fällen der §§ 61 und 62;
4. durch die Eröffnung des Insolvenzverfahrens; wird das Verfahren auf Antrag des Schuldners eingestellt oder nach der Bestätigung eines Insolvenzplans, der den Fortbestand der Gesellschaft vorsieht, aufgehoben, so können die Gesellschafter die Fortsetzung der Gesellschaft beschließen;
5. mit der Rechtskraft des Beschlusses, durch den die Eröffnung des Insolvenzverfahrens mangels Masse abgelehnt worden ist;
6. mit der Rechtskraft einer Verfügung des Registergerichts, durch welche nach § 399 des Gesetzes über das Verfahren in Familiensachen und in den Angelegenheiten der freiwilligen Gerichtsbarkeit ein Mangel des Gesellschaftsvertrags festgestellt worden ist;
7. durch die Löschung der Gesellschaft wegen Vermögenslosigkeit nach § 394 des Gesetzes über das Verfahren in Familiensachen und in den Angelegenheiten der freiwilligen Gerichtsbarkeit.

(2) Im Gesellschaftsvertrag können weitere Auflösungsgründe festgesetzt werden.

§ 61 Auflösung durch Urteil

(1) Die Gesellschaft kann durch gerichtliches Urteil aufgelöst werden, wenn die Erreichung des Gesellschaftszweckes unmöglich wird, oder wenn andere, in den Verhältnissen der Gesellschaft liegende, wichtige Gründe für die Auflösung vorhanden sind.

(2) [1]Die Auflösungsklage ist gegen die Gesellschaft zu richten. [2]Sie kann nur von Gesellschaftern erhoben werden, deren Geschäftsanteile zusammen mindestens dem zehnten Teil des Stammkapitals entsprechen.

(3) Für die Klage ist das Landgericht ausschließlich zuständig, in dessen Bezirk die Gesellschaft ihren Sitz hat.

§ 62 Auflösung durch eine Verwaltungsbehörde

(1) Wenn eine Gesellschaft das Gemeinwohl dadurch gefährdet, daß die Gesellschafter gesetzwidrige Beschlüsse fassen oder gesetzwidrige Handlungen der Geschäftsführer wissentlich geschehen lassen, so kann sie aufgelöst werden, ohne daß deshalb ein Anspruch auf Entschädigung stattfindet.

(2) Das Verfahren und die Zuständigkeit der Behörden richtet sich nach den für streitige Verwaltungssachen landesgesetzlich geltenden Vorschriften.

§ 63 *(weggefallen)*

§ 64 Haftung für Zahlungen nach Zahlungsunfähigkeit oder Überschuldung

[1]Die Geschäftsführer sind der Gesellschaft zum Ersatz von Zahlungen verpflichtet, die nach Eintritt der Zahlungsunfähigkeit der Gesellschaft oder nach Feststellung ihrer Überschuldung geleistet werden. [2]Dies gilt nicht von Zahlungen, die auch nach diesem Zeitpunkt mit der Sorgfalt eines ordentlichen Geschäftsmanns vereinbar sind. [3]Die gleiche Verpflichtung trifft die Geschäftsführer für Zahlungen an Gesellschafter, soweit diese zur Zahlungsunfähigkeit der Gesellschaft führen mussten, es sei denn, dies war auch bei Beachtung der in Satz 2 bezeichneten Sorgfalt nicht erkennbar. [4]Auf den Ersatzanspruch finden die Bestimmungen in § 43 Abs. 3 und 4 entsprechende Anwendung.

§ 65 Anmeldung und Eintragung der Auflösung

(1) [1]Die Auflösung der Gesellschaft ist zur Eintragung in das Handelsregister anzumelden. [2]Dies gilt nicht in den Fällen der Eröffnung oder der Ablehnung der Eröffnung des Insolvenzverfahrens und der gerichtlichen Feststellung eines Mangels des Gesellschaftsvertrags. [3]In diesen Fällen hat das Gericht die Auflösung und ihren Grund von Amts wegen einzutragen. [4]Im Falle der Löschung der Gesellschaft (§ 60 Abs. 1 Nr. 7) entfällt die Eintragung der Auflösung.

(2) [1]Die Auflösung ist von den Liquidatoren in den Gesellschaftsblättern bekanntzumachen. [2]Durch die Bekanntmachung sind zugleich die Gläubiger der Gesellschaft aufzufordern, sich bei derselben zu melden.

§ 66 Liquidatoren

(1) In den Fällen der Auflösung außer dem Fall des Insolvenzverfahrens erfolgt die Liquidation durch die Geschäftsführer, wenn nicht dieselbe durch den Gesellschaftsvertrag oder durch Beschluß der Gesellschafter anderen Personen übertragen wird.

(2) Auf Antrag von Gesellschaftern, deren Geschäftsanteile zusammen mindestens dem zehnten Teil des Stammkapitals entsprechen, kann aus wichtigen Gründen die Bestellung von Liquidatoren durch das Gericht erfolgen.

(3) [1]Die Abberufung von Liquidatoren kann durch das Gericht unter derselben Voraussetzung wie die Bestellung stattfinden. [2]Liquidatoren, welche nicht vom Gericht ernannt sind, können auch durch Beschluß der Gesellschafter vor Ablauf des Zeitraums, für welchen sie bestellt sind, abberufen werden.

(4) Für die Auswahl der Liquidatoren findet § 6 Abs. 2 Satz 2 und 3 entsprechende Anwendung.

(5) [1]Ist die Gesellschaft durch Löschung wegen Vermögenslosigkeit aufgelöst, so findet eine Liquidation nur statt, wenn sich nach der Löschung herausstellt, daß Vermögen vorhanden ist, das der Verteilung unterliegt. [2]Die Liquidatoren sind auf Antrag eines Beteiligten durch das Gericht zu ernennen.

§ 67 Anmeldung der Liquidatoren

(1) Die ersten Liquidatoren sowie ihre Vertretungsbefugnis sind durch die Geschäftsführer, jeder Wechsel der Liquidatoren und jede Änderung ihrer Vertretungsbefugnis sind durch die Liquidatoren zur Eintragung in das Handelsregister anzumelden.

(2) Der Anmeldung sind die Urkunden über die Bestellung der Liquidatoren oder über die Änderung in den Personen derselben in Urschrift oder öffentlich beglaubigter Abschrift beizufügen.

(3) [1]In der Anmeldung haben die Liquidatoren zu versichern, daß keine Umstände vorliegen, die ihrer Bestellung nach § 66 Abs. 4 in Verbindung mit § 6 Abs. 2 Satz 2 Nr. 2 und 3 sowie Satz 3 entgegenstehen, und daß sie über ihre unbeschränkte Auskunftspflicht gegenüber dem Gericht belehrt worden sind. [2]§ 8 Abs. 3 Satz 2 ist anzuwenden.

(4) Die Eintragung der gerichtlichen Ernennung oder Abberufung der Liquidatoren geschieht von Amts wegen.

§ 68 Zeichnung der Liquidatoren

(1) [1]Die Liquidatoren haben in der bei ihrer Bestellung bestimmten Form ihre Willenserklärungen kundzugeben und für die Gesellschaft zu zeichnen. [2]Ist nichts darüber bestimmt, so muß die Erklärung und Zeichnung durch sämtliche Liquidatoren erfolgen.

(2) Die Zeichnungen geschehen in der Weise, daß die Liquidatoren der bisherigen, nunmehr als Liquidationsfirma zu bezeichnenden Firma ihre Namensunterschrift beifügen.

§ 69 Rechtsverhältnisse von Gesellschaft und Gesellschaftern

(1) Bis zur Beendigung der Liquidation kommen ungeachtet der Auflösung der Gesellschaft in bezug auf die Rechtsverhältnisse derselben und der Gesellschafter die Vorschriften des zweiten und dritten Abschnitts zur Anwendung, soweit sich aus den Bestimmungen des gegenwärtigen Abschnitts und aus dem Wesen der Liquidation nicht ein anderes ergibt.

(2) Der Gerichtsstand, welchen die Gesellschaft zur Zeit ihrer Auflösung hatte, bleibt bis zur vollzogenen Verteilung des Vermögens bestehen.

§ 70 Aufgaben der Liquidatoren

[1]Die Liquidatoren haben die laufenden Geschäfte zu beendigen, die Verpflichtungen der aufgelösten Gesellschaft zu erfüllen, die Forderungen derselben einzuziehen und das Vermögen der Gesellschaft in Geld umzusetzen; sie haben die Gesellschaft gerichtlich und außergerichtlich zu vertreten. [2]Zur Beendigung schwebender Geschäfte können die Liquidatoren auch neue Geschäfte eingehen.

§ 71 Eröffnungsbilanz; Rechte und Pflichten

(1) Die Liquidatoren haben für den Beginn der Liquidation eine Bilanz (Eröffnungsbilanz) und einen die Eröffnungsbilanz erläuternden Bericht sowie für den Schluß eines jeden Jahres einen Jahresabschluß und einen Lagebericht aufzustellen.

(2) [1]Die Gesellschafter beschließen über die Feststellung der Eröffnungsbilanz und des Jahresabschlusses sowie über die Entlastung der Liquidatoren. [2]Auf die Eröffnungsbilanz und den erläuternden Bericht sind die Vorschriften über den Jahresabschluß entsprechend anzuwenden. [3]Vermögensgegenstände des Anlagevermögens sind jedoch wie Umlaufvermögen zu bewerten, soweit ihre Veräußerung innerhalb eines übersehbaren Zeitraums beabsichtigt ist oder diese Vermögensgegenstände nicht mehr dem Geschäftsbetrieb dienen; dies gilt auch für den Jahresabschluß.

(3) Das Gericht kann von der Prüfung des Jahresabschlusses und des Lageberichts durch einen Abschlußprüfer befreien, wenn die Verhältnisse der Gesellschaft so über-

schaubar sind, daß eine Prüfung im Interesse der Gläubiger und der Gesellschafter nicht geboten erscheint. [2]Gegen die Entscheidung ist die Beschwerde zulässig.

(4) Im übrigen haben sie die aus §§ 37, 41, 49 Abs. 1 und 2, § 64 sich ergebenden Rechte und Pflichten der Geschäftsführer.

(5) Auf den Geschäftsbriefen ist anzugeben, dass sich die Gesellschaft in Liquidation befindet; im Übrigen gilt § 35a entsprechend.

§ 72 Vermögensverteilung

[1]Das Vermögen der Gesellschaft wird unter die Gesellschafter nach Verhältnis ihrer Geschäftsanteile verteilt. [2]Durch den Gesellschaftsvertrag kann ein anderes Verhältnis für die Verteilung bestimmt werden.

§ 73 Sperrjahr

(1) Die Verteilung darf nicht vor Tilgung oder Sicherstellung der Schulden der Gesellschaft und nicht vor Ablauf eines Jahres seit dem Tage vorgenommen werden, an welchem die Aufforderung an die Gläubiger (§ 65 Abs. 2) in den Gesellschaftsblättern erfolgt ist.

(2) [1]Meldet sich ein bekannter Gläubiger nicht, so ist der geschuldete Betrag, wenn die Berechtigung zur Hinterlegung vorhanden ist, für den Gläubiger zu hinterlegen. [2]Ist die Berichtigung einer Verbindlichkeit zur Zeit nicht ausführbar oder ist eine Verbindlichkeit streitig, so darf die Verteilung des Vermögens nur erfolgen, wenn dem Gläubiger Sicherheit geleistet ist.

(3) [1]Liquidatoren, welche diesen Vorschriften zuwiderhandeln, sind zum Ersatz der verteilten Beträge solidarisch verpflichtet. [2]Auf den Ersatzanspruch finden die Bestimmungen in § 43 Abs. 3 und 4 entsprechende Anwendung.

§ 74 Schluss der Liquidation

(1) [1]Ist die Liquidation beendet und die Schlußrechnung gelegt, so haben die Liquidatoren den Schluß der Liquidation zur Eintragung in das Handelsregister anzumelden. [2]Die Gesellschaft ist zu löschen.

(2) [1]Nach Beendigung der Liquidation sind die Bücher und Schriften der Gesellschaft für die Dauer von zehn Jahren einem der Gesellschafter oder einem Dritten in Verwahrung zu geben. [2]Der Gesellschafter oder der Dritte wird in Ermangelung einer Bestimmung des Gesellschaftsvertrags oder eines Beschlusses der Gesellschafter durch das Gericht bestimmt.

(3) [1]Die Gesellschafter und deren Rechtsnachfolger sind zur Einsicht der Bücher und Schriften berechtigt. [2]Gläubiger der Gesellschaft können von dem Gericht zur Einsicht ermächtigt werden.

§ 75 Nichtigkeitsklage

(1) Enthält der Gesellschaftsvertrag keine Bestimmungen über die Höhe des Stammkapitals oder über den Gegenstand des Unternehmens oder sind die Bestimmungen des Gesellschaftsvertrags über den Gegenstand des Unternehmens nichtig, so kann jeder Gesellschafter, jeder Geschäftsführer und, wenn ein Aufsichtsrat bestellt ist, jedes Mitglied des Aufsichtsrats im Wege der Klage beantragen, daß die Gesellschaft für nichtig erklärt werde.

(2) Die Vorschriften der §§ 246 bis 248 des Aktiengesetz finden entsprechende Anwendung.

§ 76 Heilung von Mängeln durch Gesellschafterbeschluss

Ein Mangel, der die Bestimmungen über den Gegenstand des Unternehmens betrifft, kann durch einstimmigen Beschluß der Gesellschafter geheilt werden.

§ 77 Wirkung der Nichtigkeit

(1) Ist die Nichtigkeit einer Gesellschaft in das Handelsregister eingetragen, so finden zum Zwecke der Abwicklung ihrer Verhältnisse die für den Fall der Auflösung geltenden Vorschriften entsprechende Anwendung.

(2) Die Wirksamkeit der im Namen der Gesellschaft mit Dritten vorgenommenen Rechtsgeschäfte wird durch die Nichtigkeit nicht berührt.

(3) Die Gesellschafter haben die versprochenen Einzahlungen zu leisten, soweit es zur Erfüllung der eingegangenen Verbindlichkeiten erforderlich ist.

Abschnitt 6. Ordnungs-, Straf- und Bußgeldbestimmungen

§ 78 Anmeldepflichtige

Die in diesem Gesetz vorgesehenen Anmeldungen zum Handelsregister sind durch die Geschäftsführer oder die Liquidatoren, die in § 7 Abs. 1, § 57 Abs. 1, § 57i Abs. 1, § 58 Abs. 1 Nr. 3 vorgesehenen Anmeldungen sind durch sämtliche Geschäftsführer zu bewirken.

§ 79 Zwangsgelder

(1) [1]Geschäftsführer oder Liquidatoren, die §§ 35a, 71 Abs. 5 nicht befolgen, sind hierzu vom Registergericht durch Festsetzung von Zwangsgeld anzuhalten; § 14 des Handelsgesetzbuchs bleibt unberührt. [2]Das einzelne Zwangsgeld darf den Betrag von fünftausend Euro nicht übersteigen.

(2) In Ansehung der in §§ 7, 54, 57 Abs. 1, § 58 Abs. 1 Nr. 3 bezeichneten Anmeldungen zum Handelsregister findet, soweit es sich um die Anmeldung zum Handelsregister des Sitzes der Gesellschaft handelt, eine Festsetzung von Zwangsgeld nach § 14 des Handelsgesetzbuchs nicht statt.

§ 80 *(weggefallen)*

§ 81 *(weggefallen)*

§ 82 Falsche Angaben

(1) Mit Freiheitsstrafe bis zu drei Jahren oder mit Geldstrafe wird bestraft, wer

1. als Gesellschafter oder als Geschäftsführer zum Zweck der Eintragung der Gesellschaft über die Übernahme der Geschäftsanteile, die Leistung der Einlagen, die Verwendung eingezahlter Beträge, über Sondervorteile, Gründungsaufwand und Sacheinlagen,
2. als Gesellschafter im Sachgründungsbericht,
3. als Geschäftsführer zum Zweck der Eintragung einer Erhöhung des Stammkapitals über die Zeichnung oder Einbringung des neuen Kapitals oder über Sacheinlagen,
4. als Geschäftsführer in der in § 57i Abs. 1 Satz 2 vorgeschriebenen Erklärung oder
5. als Geschäftsführer einer Gesellschaft mit beschränkter Haftung oder als Geschäftsleiter einer ausländischen juristischen Person in der nach § 8 Abs. 3 Satz 1 oder § 39 Abs. 3 Satz 1 abzugebenden Versicherung oder als Liquidator in der nach § 67 Abs. 3 Satz 1 abzugebenden Versicherung

falsche Angaben macht.

(2) Ebenso wird bestraft, wer

1. als Geschäftsführer zum Zweck der Herabsetzung des Stammkapitals über die Befriedigung oder Sicherstellung der Gläubiger eine unwahre Versicherung abgibt oder
2. als Geschäftsführer, Liquidator, Mitglied eines Aufsichtsrats oder ähnlichen Organs in einer öffentlichen Mitteilung die Vermögenslage der Gesellschaft unwahr darstellt oder verschleiert, wenn die Tat nicht in § 331 Nr. 1 oder Nr. 1a des Handelsgesetzbuchs mit Strafe bedroht ist.

§ 83 *(weggefallen)*

§ 84 Verletzung der Verlustanzeigepflicht

(1) Mit Freiheitsstrafe bis zu drei Jahren oder mit Geldstrafe wird bestraft, wer es als Geschäftsführer unterläßt, den Gesellschaftern einen Verlust in Höhe der Hälfte des Stammkapitals anzuzeigen.

(2) Handelt der Täter fahrlässig, so ist die Strafe Freiheitsstrafe bis zu einem Jahr oder Geldstrafe.

§ 85 Verletzung der Geheimhaltungspflicht

(1) Mit Freiheitsstrafe bis zu einem Jahr oder mit Geldstrafe wird bestraft, wer ein Geheimnis der Gesellschaft, namentlich ein Betriebs- oder Geschäftsgeheimnis, das ihm in seiner Eigenschaft als Geschäftsführer, Mitglied des Aufsichtsrats oder Liquidator bekanntgeworden ist, unbefugt offenbart.

(2) [1]Handelt der Täter gegen Entgelt oder in der Absicht, sich oder einen anderen zu bereichern oder einen anderen zu schädigen, so ist die Strafe Freiheitsstrafe bis zu zwei Jahren oder Geldstrafe. [2]Ebenso wird bestraft, wer ein Geheimnis der in Absatz 1 bezeichneten Art, namentlich ein Betriebs- oder Geschäftsgeheimnis, das ihm unter den Voraussetzungen des Absatzes 1 bekanntgeworden ist, unbefugt verwertet.

(3) [1]Die Tat wird nur auf Antrag der Gesellschaft verfolgt. [2]Hat ein Geschäftsführer oder ein Liquidator die Tat begangen, so sind der Aufsichtsrat und, wenn kein Aufsichtsrat vorhanden ist, von den Gesellschaftern bestellte besondere Vertreter antragsberechtigt. [3]Hat ein Mitglied des Aufsichtsrats die Tat begangen, so sind die Geschäftsführer oder die Liquidatoren antragsberechtigt.

§ 86 Verletzung der Pflichten bei Abschlussprüfungen

(1) Mit Freiheitsstrafe bis zu einem Jahr oder mit Geldstrafe wird bestraft, wer als Mitglied eines Aufsichtsrats oder als Mitglied eines Prüfungsausschusses einer Gesellschaft, die kapitalmarktorientiert im Sinne des § 264d des Handelsgesetzbuchs, die CRR-Kreditinstitut im Sinne des § 1 Absatz 3d Satz 1 des Kreditwesengesetzes, mit Ausnahme der in § 2 Absatz 1 Nummer 1 und 2 des Kreditwesengesetzes genannten Institute, oder die Versicherungsunternehmen ist im Sinne des Artikels 2 Absatz 1 der Richtlinie 91/674/EWG des Rates vom 19. Dezember 1991 über den Jahresabschluß und den konsolidierten Abschluß von Versicherungsunternehmen (ABl. L 374 vom 31.12.1991, S. 7), die zuletzt durch die Richtlinie 2006/46/EG (ABl. L 224 vom 16.8.2006, S. 1) geändert worden ist,

1. eine in § 87 Absatz 1 bezeichnete Handlung begeht und dafür einen Vermögensvorteil erhält oder sich versprechen lässt oder
2. eine in § 87 Absatz 1 bezeichnete Handlung beharrlich wiederholt.

(2) Ebenso wird bestraft, wer als Mitglied eines Aufsichtsrats oder als Mitglied eines Prüfungsausschusses einer Gesellschaft, die kapitalmarktorientiert im Sinne des § 264d des Handelsgesetzbuchs oder die CRR-Kreditinstitut ist im Sinne des § 1 Absatz 3d

Satz 1 des Kreditwesengesetzes, mit Ausnahme der in § 2 Absatz 1 Nummer 1 und 2 des Kreditwesengesetzes genannten Institute,

1. eine in § 87 Absatz 2 oder 3 bezeichnete Handlung begeht und dafür einen Vermögensvorteil erhält oder sich versprechen lässt oder
2. eine in § 87 Absatz 2 oder 3 bezeichnete Handlung beharrlich wiederholt.

§ 87 Bußgeldvorschriften

(1) Ordnungswidrig handelt, wer als Mitglied eines Aufsichtsrats oder als Mitglied eines Prüfungsausschusses einer Gesellschaft, die kapitalmarktorientiert im Sinne des § 264d des Handelsgesetzbuchs, die CRR-Kreditinstitut im Sinne des § 1 Absatz 3d Satz 1 des Kreditwesengesetzes, mit Ausnahme der in § 2 Absatz 1 Nummer 1 und 2 des Kreditwesengesetzes genannten Institute, oder die Versicherungsunternehmen ist im Sinne des Artikels 2 Absatz 1 der Richtlinie 91/674/EWG des Rates vom 19. Dezember 1991 über den Jahresabschluß und den konsolidierten Abschluß von Versicherungsunternehmen (ABl. L 374 vom 31.12.1991, S. 7), die zuletzt durch die Richtlinie 2006/46/EG (ABl. L 224 vom 16.8.2006, S. 1) geändert worden ist,

1. die Unabhängigkeit des Abschlussprüfers oder der Prüfungsgesellschaft nicht nach Maßgabe des Artikels 4 Absatz 3 Unterabsatz 2, des Artikels 5 Absatz 4 Unterabsatz 1 Satz 1 oder des Artikels 6 Absatz 2 der Verordnung (EU) Nr. 537/2014 des Europäischen Parlaments und des Rates vom 16. April 2014 über spezifische Anforderungen an die Abschlussprüfung bei Unternehmen von öffentlichem Interesse und zur Aufhebung des Beschlusses 2005/909/EG der Kommission (ABl. L 158 vom 27.5.2014, S. 77, L 170 vom 11.6.2014, S. 66) überwacht oder
2. eine Empfehlung für die Bestellung eines Abschlussprüfers oder einer Prüfungsgesellschaft vorlegt, die nicht auf einem Verlangen der Aufsichtsbehörde nach § 36 Absatz 1 Satz 2 des Versicherungsaufsichtsgesetzes beruht und
   a) die den Anforderungen nach Artikel 16 Absatz 2 Unterabsatz 2 oder 3 der Verordnung (EU) Nr. 537/2014 nicht entspricht oder
   b) der ein Auswahlverfahren nach Artikel 16 Absatz 3 Unterabsatz 1 der Verordnung (EU) Nr. 537/2014 nicht vorangegangen ist.

(2) Ordnungswidrig handelt, wer als Mitglied eines Aufsichtsrats, der einen Prüfungsausschuss nicht bestellt hat, einer Gesellschaft, die kapitalmarktorientiert im Sinne des § 264d des Handelsgesetzbuchs oder die CRR-Kreditinstitut ist im Sinne des § 1 Absatz 3d Satz 1 des Kreditwesengesetzes, mit Ausnahme der in § 2 Absatz 1 Nummer 1 und 2 des Kreditwesengesetzes genannten Institute, den Gesellschaftern einen Vorschlag für die Bestellung eines Abschlussprüfers oder einer Prüfungsgesellschaft vorlegt, der den Anforderungen nach Artikel 16 Absatz 5 Unterabsatz 1 der Verordnung (EU) Nr. 537/2014 nicht entspricht.

(3) Ordnungswidrig handelt, wer als Mitglied eines Aufsichtsrats, der einen Prüfungsausschuss bestellt hat, einer in Absatz 2 genannten Gesellschaft den Gesellschaftern einen Vorschlag für die Bestellung eines Abschlussprüfers oder einer Prüfungsgesellschaft vorlegt, der den Anforderungen nach Artikel 16 Absatz 5 Unterabsatz 1 oder Unterabsatz 2 Satz 1 oder Satz 2 der Verordnung (EU) Nr. 537/2014 nicht entspricht.

(4) Die Ordnungswidrigkeit kann mit einer Geldbuße bis zu fünfzigtausend Euro geahndet werden.

(5) Verwaltungsbehörde im Sinne des § 36 Absatz 1 Nummer 1 des Gesetzes über Ordnungswidrigkeiten ist bei CRR-Kreditinstituten im Sinne des § 1 Absatz 3d Satz 1 des Kreditwesengesetzes, mit Ausnahme der in § 2 Absatz 1 Nummer 1 und 2 des Kre-

ditwesengesetzes genannten Institute, und bei Versicherungsunternehmen im Sinne des Artikels 2 Absatz 1 der Richtlinie 91/674/EWG die Bundesanstalt für Finanzdienstleistungsaufsicht, im Übrigen das Bundesamt für Justiz.

§ 88 Mitteilungen an die Abschlussprüferaufsichtsstelle

(1) Die nach § 87 Absatz 5 zuständige Verwaltungsbehörde übermittelt der Abschlussprüferaufsichtsstelle beim Bundesamt für Wirtschaft und Ausfuhrkontrolle alle Bußgeldentscheidungen nach § 87 Absatz 1 bis 3.

(2) [1]In Strafverfahren, die eine Straftat nach § 86 zum Gegenstand haben, übermittelt die Staatsanwaltschaft im Falle der Erhebung der öffentlichen Klage der Abschlussprüferaufsichtsstelle die das Verfahren abschließende Entscheidung. [2]Ist gegen die Entscheidung ein Rechtsmittel eingelegt worden, ist die Entscheidung unter Hinweis auf das eingelegte Rechtsmittel zu übermitteln.

Anlage
(zu § 2 Abs. 1a)

a)

Musterprotokoll
für die Gründung einer Einpersonengesellschaft

UR. Nr. . . . . .

Heute, den . . . . ,

erschien vor mir, ... ,
Notar/in mit dem Amtssitz in

. . . . ,

Herr/Frau [1)]

. . . .

. . . .

. . . . [2)].

1. Der Erschienene errichtet hiermit nach § 2 Abs. 1a GmbHG eine Gesellschaft mit beschränkter Haftung unter der Firma . . . .
   . . . .
   mit dem Sitz in . . . .
2. Gegenstand des Unternehmens ist . . . .
3. Das Stammkapital der Gesellschaft beträgt . . . . €
   (i. W. . . . . Euro) und wird vollständig von Herrn/Frau[1)] . . . .
   (Geschäftsanteil Nr. 1) übernommen. Die Einlage ist in Geld zu erbringen, und zwar sofort in voller Höhe/zu 50 Prozent sofort, im Übrigen sobald die Gesellschafterversammlung ihre Einforderung beschließt[3)].
4. Zum Geschäftsführer der Gesellschaft wird Herr/Frau[4)] . . . .
   . . . . ,
   geboren am . . . . , wohnhaft in . . . .
   . . . . , bestellt.
   Der Geschäftsführer ist von den Beschränkungen des § 181 des Bürgerlichen Gesetzbuchs befreit.
5. Die Gesellschaft trägt die mit der Gründung verbundenen Kosten bis zu einem Gesamtbetrag von 300 €, höchstens jedoch bis zum Betrag ihres Stammkapitals. Darüber hinausgehende Kosten trägt der Gesellschafter.

---

1) Nicht Zutreffendes streichen. Bei juristischen Personen ist die Anrede Herr/Frau wegzulassen.
2) Hier sind neben der Bezeichnung des Gesellschafters und den Angaben zur notariellen Identitätsfeststellung ggf. der Güterstand und die Zustimmung des Ehegatten sowie die Angaben zu einer etwaigen Vertretung zu vermerken.
3) Nicht Zutreffendes streichen. Bei der Unternehmergesellschaft muss die zweite Alternative gestrichen werden.
4) Nicht Zutreffendes streichen.

6. Von dieser Urkunde erhält eine Ausfertigung der Gesellschafter, beglaubigte Ablichtungen die Gesellschaft und das Registergericht (in elektronischer Form) sowie eine einfache Abschrift das Finanzamt – Körperschaftsteuerstelle –.

7. Der Erschienene wurde vom Notar/von der Notarin insbesondere auf Folgendes hingewiesen: ....

b)

Musterprotokoll
für die Gründung einer Mehrpersonengesellschaft mit bis zu drei Gesellschaftern

UR. Nr. . . . .

Heute, den . . . . ,

erschien vor mir, ... ,
Notar/in mit dem Amtssitz in

. . . . ,

Herr/Frau[1)]

. . . .

. . . . [2)].

Herr/Frau[1)]

. . . .

. . . . [2)].

Herr/Frau[1)]

. . . .

. . . . [2)].

1. Der Erschienenen errichten hiermit nach § 2 Abs. 1a GmbHG eine Gesellschaft mit beschränkter Haftung unter der Firma . . . .

   . . . .

   mit dem Sitz in . . . .

2. Gegenstand des Unternehmens ist . . . .

3. Das Stammkapital der Gesellschaft beträgt . . . . €
   (i. W. . . . . Euro) und wird wie folgt übernommen:
   Herr/Frau[1)]) . . . .
   übernimmt einen Geschäftsanteil mit einem Nennbetrag in Höhe von . . . . €
   (i. W. . . . . Euro) (Geschäftsanteil Nr. 1),
   Herr/Frau[1)]) . . . .
   übernimmt einen Geschäftsanteil mit einem Nennbetrag in Höhe von . . . . €
   (i. W. . . . . Euro) (Geschäftsanteil Nr. 2),
   Herr/Frau[1)]) . . . .
   übernimmt einen Geschäftsanteil mit einem Nennbetrag in Höhe von . . . . €
   (i. W. . . . . Euro) (Geschäftsanteil Nr. 3),
   Die Einlagen ist in Geld zu erbringen, und zwar sofort in voller Höhe/zu 50 Prozent sofort, im Übrigen sobald die Gesellschafterversammlung ihre Einforderung beschließt[3)].

---

1) Nicht Zutreffendes streichen. Bei juristischen Personen ist die Anrede Herr/Frau wegzulassen.
2) Hier sind neben der Bezeichnung des Gesellschafters und den Angaben zur notariellen Identitätsfeststellung ggf. der Güterstand und die Zustimmung des Ehegatten sowie die Angaben zu einer etwaigen Vertretung zu vermerken.
3) Nicht Zutreffendes streichen. Bei der Unternehmergesellschaft muss die zweite Alternative gestrichen werden.

4. Zum Geschäftsführer der Gesellschaft wird Herr/Frau [1] ....
....,
geboren am ...., wohnhaft in ....
...., bestellt.
Der Geschäftsführer ist von den Beschränkungen des § 181 des Bürgerlichen Gesetzbuchs befreit.

5. Die Gesellschaft trägt die mit der Gründung verbundenen Kosten bis zu einem Gesamtbetrag von 300 €, höchstens jedoch bis zum Betrag ihres Stammkapitals. Darüber hinausgehende Kosten tragen die Gesellschafter im Verhältnis der Nennbeträge ihrer Geschäftsanteile.

6. Von dieser Urkunde erhält eine Ausfertigung jeder Gesellschafter, beglaubigte Ablichtungen die Gesellschaft und das Registergericht (in elektronischer Form) sowie eine einfache Abschrift das Finanzamt – Körperschaftsteuerstelle –.

7. Die Erschienenen wurden vom Notar/von der Notarin insbesondere auf Folgendes hingewiesen: ....

1) Nicht Zutreffendes streichen.

3a. Einführungsgesetz zum Gesetz betreffend die Gesellschaften mit beschränkter Haftung (GmbHG-Einführungsgesetz – EGGmbHG)

Vom 23. Oktober 2008 (BGBl. I S. 2031)

zuletzt geändert durch Gesetz vom 23.6.2017 (BGBl. I S. 1822)

§ 1 Umstellung auf Euro

(1) [1]Gesellschaften, die vor dem 1. Januar 1999 in das Handelsregister eingetragen worden sind, dürfen ihr auf Deutsche Mark lautendes Stammkapital beibehalten; Entsprechendes gilt für Gesellschaften, die vor dem 1. Januar 1999 zur Eintragung in das Handelsregister angemeldet und bis zum 31. Dezember 2001 eingetragen worden sind. [2]Für Mindestbetrag und Teilbarkeit von Kapital, Einlagen und Geschäftsanteilen sowie für den Umfang des Stimmrechts bleiben bis zu einer Kapitaländerung nach Satz 4 die bis dahin gültigen Beträge weiter maßgeblich. [3]Dies gilt auch, wenn die Gesellschaft ihr Kapital auf Euro umgestellt hat; das Verhältnis der mit den Geschäftsanteilen verbundenen Rechte zueinander wird durch Umrechnung zwischen Deutscher Mark und Euro nicht berührt. [4]Eine Änderung des Stammkapitals darf nach dem 31. Dezember 2001 nur eingetragen werden, wenn das Kapital auf Euro umgestellt wird.

(2) [1]Bei Gesellschaften, die zwischen dem 1. Januar 1999 und dem 31. Dezember 2001 zum Handelsregister angemeldet und in das Register eingetragen worden sind, dürfen Stammkapital und Stammeinlagen auch auf Deutsche Mark lauten. [2]Für Mindestbetrag und Teilbarkeit von Kapital, Einlagen und Geschäftsanteilen sowie für den Umfang des Stimmrechts gelten die zu dem vom Rat der Europäischen Union nach Artikel 123 Abs. 4 Satz 1 des Vertrages zur Gründung der Europäischen Gemeinschaft unwiderruflich festgelegten Umrechnungskurs in Deutsche Mark umzurechnenden Beträge des Gesetzes in der ab dem 1. Januar 1999 geltenden Fassung.

(3) [1]Die Umstellung des Stammkapitals und der Geschäftsanteile sowie weiterer satzungsmäßiger Betragsangaben auf Euro zu dem nach Artikel 123 Abs. 4 Satz 1 des Vertrages zur Gründung der Europäischen Gemeinschaft unwiderruflich festgelegten Umrechnungskurs erfolgt durch Beschluss der Gesellschafter mit einfacher Stimmenmehrheit nach § 47 des Gesetzes betreffend die Gesellschaften mit beschränkter Haftung; § 53 Abs. 2 Satz 1 des Gesetzes betreffend die Gesellschaften mit beschränkter Haftung ist nicht anzuwenden. [2]Auf die Anmeldung und Eintragung der Umstellung in das Handelsregister ist § 54 Abs. 1 Satz 2 und Abs. 2 Satz 2 des Gesetzes betreffend die Gesellschaften mit beschränkter Haftung nicht anzuwenden. [3]Werden mit der Umstellung weitere Maßnahmen verbunden, insbesondere das Kapital verändert, bleiben die hierfür geltenden Vorschriften unberührt; auf eine Herabsetzung des Stammkapitals, mit der die Nennbeträge der Geschäftsanteile auf einen Betrag nach Absatz 1 Satz 4 gestellt werden, ist jedoch § 58 Abs. 1 des Gesetzes betreffend die Gesellschaften mit beschränkter Haftung nicht anzuwenden, wenn zugleich eine Erhöhung des Stammkapitals gegen Bareinlagen beschlossen und diese in voller Höhe vor der Anmeldung zum Handelsregister geleistet werden.

§ 2 Übergangsvorschriften zum Transparenz- und Publizitätsgesetz

§ 42a Abs. 4 des Gesetzes betreffend die Gesellschaften mit beschränkter Haftung in der Fassung des Artikels 3 Abs. 3 des Transparenz- und Publizitätsgesetzes vom 19. Juli 2002 (BGBl. I S. 2681) ist erstmals auf den Konzernabschluss und den Konzernlagebericht für das nach dem 31. Dezember 2001 beginnende Geschäftsjahr anzuwenden.

§ 3 Übergangsvorschriften zum Gesetz zur Modernisierung des GmbH-Rechts und zur Bekämpfung von Missbräuchen

(1) [1]Die Pflicht, die inländische Geschäftsanschrift bei dem Gericht nach § 8 des Gesetzes betreffend die Gesellschaften mit beschränkter Haftung in der ab dem Inkrafttreten des Gesetzes vom 23. Oktober 2008 (BGBl. I S. 2026) am 1. November 2008 geltenden Fassung zur Eintragung in das Handelsregister anzumelden, gilt auch für Gesellschaften, die zu diesem Zeitpunkt bereits in das Handelsregister eingetragen sind, es sei denn, die inländische Geschäftsanschrift ist dem Gericht bereits nach § 24 Abs. 2 der Handelsregisterverordnung mitgeteilt worden und hat sich anschließend nicht geändert. [2]In diesen Fällen ist die inländische Geschäftsanschrift mit der ersten die eingetragene Gesellschaft betreffenden Anmeldung zum Handelsregister ab dem 1. November 2008, spätestens aber bis zum 31. Oktober 2009 anzumelden. [3]Wenn bis zum 31. Oktober 2009 keine inländische Geschäftsanschrift zur Eintragung in das Handelsregister angemeldet worden ist, trägt das Gericht von Amts wegen und ohne Überprüfung kostenfrei die ihm nach § 24 Abs. 2 der Handelsregisterverordnung bekannte inländische Anschrift als Geschäftsanschrift in das Handelsregister ein; in diesem Fall gilt die mitgeteilte Anschrift zudem unabhängig von dem Zeitpunkt ihrer tatsächlichen Eintragung ab dem 31. Oktober 2009 als eingetragene inländische Geschäftsanschrift der Gesellschaft, wenn sie im elektronischen Informations- und Kommunikationssystem nach § 9 Abs. 1 des Handelsgesetzbuchs abrufbar ist. [4]Ist dem Gericht keine Mitteilung im Sinne des § 24 Abs. 2 der Handelsregisterverordnung gemacht worden, ist ihm aber in sonstiger Weise eine inländische Geschäftsanschrift bekannt geworden, so gilt Satz 3 mit der Maßgabe, dass diese Anschrift einzutragen ist, wenn sie im elektronischen Informations- und Kommunikationssystem nach § 9 Abs. 1 des Handelsgesetzbuchs abrufbar ist. [5]Dasselbe gilt, wenn eine in sonstiger Weise bekannt gewordene inländische Anschrift von einer früher nach § 24 Abs. 2 der Handelsregisterverordnung mitgeteilten Anschrift abweicht. [6]Eintragungen nach den Sätzen 3 bis 5 werden abweichend von § 10 des Handelsgesetzbuchs nicht bekannt gemacht.

(2) [1]§ 6 Abs. 2 Satz 2 Nr. 3 Buchstabe a, c, d und e des Gesetzes betreffend die Gesellschaften mit beschränkter Haftung in der ab dem 1. November 2008 geltenden Fassung ist auf Personen, die vor dem 1. November 2008 zum Geschäftsführer bestellt worden sind, nicht anzuwenden, wenn die Verurteilung vor dem 1. November 2008 rechtskräftig geworden ist. [2]Entsprechendes gilt für § 6 Abs. 2 Satz 3 des Gesetzes betreffend die Gesellschaften mit beschränkter Haftung in der ab dem 1. November 2008 geltenden Fassung, soweit die Verurteilung wegen einer Tat erfolgte, die den Straftaten im Sinne des Satzes 1 vergleichbar ist.

(3) [1]Bei Gesellschaften, die vor dem 1. November 2008 gegründet worden sind, findet § 16 Abs. 3 des Gesetzes betreffend die Gesellschaften mit beschränkter Haftung in der ab dem 1. November 2008 geltenden Fassung für den Fall, dass die Unrichtigkeit in der Gesellschafterliste bereits vor dem 1. November 2008 vorhanden und dem Berechtigten zuzurechnen ist, hinsichtlich des betreffenden Geschäftsanteils frühestens auf Rechtsgeschäfte nach dem 1. Mai 2009 Anwendung. [2]Ist die Unrichtigkeit dem Berechtigten im Fall des Satzes 1 nicht zuzurechnen, so ist abweichend von dem 1. Mai 2009 der 1. November 2011 maßgebend.

(4) [1]§ 19 Abs. 4 und 5 des Gesetzes betreffend die Gesellschaften mit beschränkter Haftung in der ab dem 1. November 2008 geltenden Fassung gilt auch für Einlagenleistungen, die vor diesem Zeitpunkt bewirkt worden sind, soweit sie nach der vor dem 1. November 2008 geltenden Rechtslage wegen der Vereinbarung einer Einlagenrückgewähr oder wegen einer verdeckten Sacheinlage keine Erfüllung der Einlagenverpflichtung bewirkt haben. [2]Dies gilt nicht, soweit über die aus der Unwirksamkeit fol-

genden Ansprüche zwischen der Gesellschaft und dem Gesellschafter bereits vor dem 1. November 2008 ein rechtskräftiges Urteil ergangen oder eine wirksame Vereinbarung zwischen der Gesellschaft und dem Gesellschafter getroffen worden ist; in diesem Fall beurteilt sich die Rechtslage nach den bis zum 1. November 2008 geltenden Vorschriften.

§ 4 Übergangsvorschriften zum Bilanzrechtsmodernisierungsgesetz

§ 52 Abs. 1 Satz 1 des Gesetzes betreffend die Gesellschaften mit beschränkter Haftung in Verbindung mit § 100 Abs. 5 und § 107 Abs. 4 des Aktiengesetzes in der Fassung des Bilanzrechtsmodernisierungsgesetzes vom 25. Mai 2009 (BGBl. I S. 1102) findet keine Anwendung, solange alle Mitglieder des Aufsichtsrats und des Prüfungsausschusses vor dem 29. Mai 2009 bestellt worden sind.

§ 5 Übergangsvorschrift zu dem Gesetz für die gleichberechtigte Teilhabe von Frauen und Männern an Führungspositionen in der Privatwirtschaft und im öffentlichen Dienst

[1]Die Festlegungen nach § 36 Satz 1 und 3 sowie § 52 Absatz 2 Satz 1, 2 und 4 des Gesetzes betreffend die Gesellschaften mit beschränkter Haftung haben erstmals bis spätestens 30. September 2015 zu erfolgen. [2]Die nach § 36 Satz 3 und § 52 Absatz 2 Satz 4 des Gesetzes betreffend die Gesellschaften mit beschränkter Haftung erstmals festzulegende Frist darf nicht länger als bis zum 30. Juni 2017 dauern.

§ 6 Übergangsvorschriften zum Bilanzrichtlinie-Umsetzungsgesetz

[1]§ 29 des Gesetzes betreffend die Gesellschaften mit beschränkter Haftung in der Fassung des Bilanzrichtlinie-Umsetzungsgesetzes vom 17. Juli 2015 (BGBl. I S. 1245) ist erstmals auf Jahres- und Konzernabschlüsse für ein nach dem 31. Dezember 2015 beginnendes Geschäftsjahr anzuwenden. [2]Auf Jahres- und Konzernabschlüsse für ein vor dem 1. Januar 2016 beginnendes Geschäftsjahr bleibt § 29 des Gesetzes betreffend die Gesellschaften mit beschränkter Haftung in der bis zum 22. Juli 2015 geltenden Fassung anwendbar.

§ 7 Übergangsvorschrift zum Abschlussprüfungsreformgesetz

§ 52 Absatz 1 des Gesetzes betreffend die Gesellschaften mit beschränkter Haftung in Verbindung mit § 100 Absatz 5 und § 107 Absatz 4 des Aktiengesetzes, jeweils in der Fassung des Abschlussprüfungsreformgesetzes vom 10. Mai 2016 (BGBl. I S. 1142) müssen so lange nicht angewandt werden, wie alle Mitglieder des Aufsichtsrats und des Prüfungsausschusses vor dem 17. Juni 2016 bestellt worden sind.

§ 8 Übergangsvorschrift zum Gesetz zur Umsetzung der Vierten EU-Geldwäscherichtlinie, zur Ausführung der EU-Geldtransferverordnung und zur Neuorganisation der Zentralstelle für Finanztransaktionsuntersuchungen

§ 8 Absatz 1 Nummer 3 und § 40 Absatz 1 Satz 1 bis 3 des Gesetzes betreffend die Gesellschaften mit beschränkter Haftung in der Fassung des Gesetzes zur Umsetzung der Vierten EU-Geldwäscherichtlinie, zur Ausführung der EU-Geldtransferverordnung und zur Neuorganisation der Zentralstelle für Finanztransaktionsuntersuchungen vom 23. Juni 2017 (BGBl. I S. 1822) finden auf Gesellschaften mit beschränkter Haftung, die am 26. Juni 2017 in das Handelsregister eingetragen sind, mit der Maßgabe Anwendung, dass die geänderten Anforderungen an den Inhalt der Liste der Gesellschafter erst dann zu beachten sind, wenn aufgrund einer Veränderung nach § 40 Absatz 1 Satz 1 des Gesetzes betreffend die Gesellschaften mit beschränkter Haftung in der vor dem 26. Juni 2017 geltenden Fassung eine Liste einzureichen ist.

4. Gesetz betreffend die Erwerbs- und Wirtschaftsgenossenschaften (Genossenschaftsgesetz – GenG)

Vom 1. Mai 1889 (RGBl. S. 55)
in der Neufassung der Bekanntmachung vom 16. Oktober 2006 (BGBl. I S. 2230)

zuletzt geändert durch Gesetz vom 17.7.2017 (BGBl. I S. 2541)

Gesetzesübersicht

Abschnitt 1. Errichtung der Genossenschaft

§ 1 Wesen der Genossenschaft

(1) Gesellschaften von nicht geschlossener Mitgliederzahl, deren Zweck darauf gerichtet ist, den Erwerb oder die Wirtschaft ihrer Mitglieder oder deren soziale oder kulturelle Belange durch gemeinschaftlichen Geschäftsbetrieb zu fördern (Genossenschaften), erwerben die Rechte einer „eingetragenen Genossenschaft“ nach Maßgabe dieses Gesetzes.

(2) Eine Beteiligung an Gesellschaften und sonstigen Personenvereinigungen einschließlich der Körperschaften des öffentlichen Rechts ist zulässig, wenn sie

1. der Förderung des Erwerbes oder der Wirtschaft der Mitglieder der Genossenschaft oder deren sozialer oder kultureller Belange oder,
2. ohne den alleinigen oder überwiegenden Zweck der Genossenschaft zu bilden, gemeinnützigen Bestrebungen der Genossenschaft zu dienen bestimmt ist.

§ 2 Haftung für Verbindlichkeiten

Für die Verbindlichkeiten der Genossenschaft haftet den Gläubigern nur das Vermögen der Genossenschaft.

§ 3 Firma der Genossenschaft

[1]Die Firma der Genossenschaft muss, auch wenn sie nach § 22 des Handelsgesetzbuchs oder nach anderen gesetzlichen Vorschriften fortgeführt wird, die Bezeichnung

„eingetragene Genossenschaft“ oder die Abkürzung „eG“ enthalten. [2]§ 30 des Handelsgesetzbuchs gilt entsprechend.

§ 4 Mindestzahl der Mitglieder

Die Zahl der Mitglieder muss mindestens drei betragen.

§ 5 Form der Satzung

Die Satzung der Genossenschaft bedarf der schriftlichen Form.

§ 6 Mindestinhalt der Satzung

Die Satzung muss enthalten:

1. die Firma und den Sitz der Genossenschaft;
2. den Gegenstand des Unternehmens;
3. Bestimmungen darüber, ob die Mitglieder für den Fall, dass die Gläubiger im Insolvenzverfahren über das Vermögen der Genossenschaft nicht befriedigt werden, Nachschüsse zur Insolvenzmasse unbeschränkt, beschränkt auf eine bestimmte Summe (Haftsumme) oder überhaupt nicht zu leisten haben;
4. Bestimmungen über die Form für die Einberufung der Generalversammlung der Mitglieder sowie für die Beurkundung ihrer Beschlüsse und über den Vorsitz in der Versammlung; die Einberufung der Generalversammlung muss durch unmittelbare Benachrichtigung sämtlicher Mitglieder in Textform oder durch Bekanntmachung in einem öffentlichen Blatt erfolgen; das Gericht kann hiervon Ausnahmen zulassen; die Bekanntmachung im Bundesanzeiger oder in einem anderen öffentlich zugänglichen elektronischen Informationsmedium genügt nicht;
5. Bestimmungen über die Form der Bekanntmachungen der Genossenschaft sowie Bestimmung der öffentlichen Blätter für Bekanntmachungen, deren Veröffentlichung in öffentlichen Blättern durch Gesetz oder Satzung vorgeschrieben ist; als öffentliches Blatt kann die Satzung öffentlich zugängliche elektronische Informationsmedien bezeichnen.

§ 7 Weiterer zwingender Satzungsinhalt

Die Satzung muss ferner bestimmen:

1. den Betrag, bis zu welchem sich die einzelnen Mitglieder mit Einlagen beteiligen können (Geschäftsanteil), sowie die Einzahlungen auf den Geschäftsanteil, zu welchen jedes Mitglied verpflichtet ist; diese müssen bis zu einem Gesamtbetrage von mindestens einem Zehntel des Geschäftsanteils nach Betrag und Zeit bestimmt sein;
2. die Bildung einer gesetzlichen Rücklage, welche zur Deckung eines aus der Bilanz sich ergebenden Verlustes zu dienen hat, sowie die Art dieser Bildung, insbesondere den Teil des Jahresüberschusses, welcher in diese Rücklage einzustellen ist, und den Mindestbetrag der letzteren, bis zu dessen Erreichung die Einstellung zu erfolgen hat.

§ 7a Mehrere Geschäftsanteile; Sacheinlagen

(1) [1]Die Satzung kann bestimmen, dass sich ein Mitglied mit mehr als einem Geschäftsanteil beteiligen darf. [2]Die Satzung kann eine Höchstzahl festsetzen und weitere Voraussetzungen aufstellen.

(2) [1]Die Satzung kann auch bestimmen, dass die Mitglieder sich mit mehreren Geschäftsanteilen zu beteiligen haben (Pflichtbeteiligung). [2]Die Pflichtbeteiligung muss für alle Mitglieder gleich sein oder sich nach dem Umfang der Inanspruchnahme von Einrichtungen oder anderen Leistungen der Genossenschaft durch die Mitglieder oder nach bestimmten wirtschaftlichen Merkmalen der Betriebe der Mitglieder richten.

(3) Die Satzung kann Sacheinlagen als Einzahlungen auf den Geschäftsanteil zulassen.

§ 8 Satzungsvorbehalt für einzelne Bestimmungen

(1) Der Aufnahme in die Satzung bedürfen Bestimmungen, nach welchen:

1. die Genossenschaft auf eine bestimmte Zeit beschränkt wird;
2. Erwerb und Fortdauer der Mitgliedschaft an den Wohnsitz innerhalb eines bestimmten Bezirks geknüpft wird;
3. das Geschäftsjahr, insbesondere das erste, auf ein mit dem Kalenderjahr nicht zusammenfallendes Jahr oder auf eine kürzere Dauer als auf ein Jahr bemessen wird;
4. die Generalversammlung über bestimmte Gegenstände nicht mit einfacher, sondern mit einer größeren Mehrheit oder nach weiteren Erfordernissen beschließen kann;
5. die Ausdehnung des Geschäftsbetriebes auf Personen, welche nicht Mitglieder der Genossenschaft sind, zugelassen wird.

(2) [1]Die Satzung kann bestimmen, dass Personen, die für die Nutzung oder Produktion der Güter und die Nutzung oder Erbringung der Dienste der Genossenschaft nicht in Frage kommen, als investierende Mitglieder zugelassen werden können. Sie muss durch geeignete Regelungen sicherstellen, dass investierende Mitglieder die anderen Mitglieder in keinem Fall überstimmen können und dass Beschlüsse der Generalversammlung, für die nach Gesetz oder Satzung eine Mehrheit von mindestens drei Vierteln der abgegebenen Stimmen vorgeschrieben ist, durch investierende Mitglieder nicht verhindert werden können. [2]Die Zulassung eines investierenden Mitglieds bedarf der Zustimmung der Generalversammlung; abweichend hiervon kann die Satzung die Zustimmung des Aufsichtsrats vorschreiben; zu diesem Zweck kann die Satzung das Stimmrecht investierender Mitglieder auch ganz ausschließen. [3]Die Zahl der investierenden Mitglieder im Aufsichtsrat darf ein Viertel der Aufsichtsratsmitglieder nicht überschreiten.

§ 8a Mindestkapital

(1) In der Satzung kann ein Mindestkapital der Genossenschaft bestimmt werden, das durch die Auszahlung des Auseinandersetzungsguthabens von Mitgliedern, die ausgeschieden sind oder einzelne Geschäftsanteile gekündigt haben, nicht unterschritten werden darf.

(2) [1]Bestimmt die Satzung ein Mindestkapital, ist die Auszahlung des Auseinandersetzungsguthabens ausgesetzt, solange durch die Auszahlung das Mindestkapital unterschritten würde. [2]Das Nähere regelt die Satzung.

§ 9 Vorstand; Aufsichtsrat

(1) [1]Die Genossenschaft muss einen Vorstand und einen Aufsichtsrat haben. [2]Bei Genossenschaften mit nicht mehr als 20 Mitgliedern kann durch Bestimmung in der Satzung auf einen Aufsichtsrat verzichtet werden. [3]In diesem Fall nimmt die Generalversammlung die Rechte und Pflichten des Aufsichtsrats wahr, soweit in diesem Gesetz nichts anderes bestimmt ist.

(2) [1]Die Mitglieder des Vorstands und des Aufsichtsrats müssen Mitglieder der Genossenschaft und natürliche Personen sein. [2]Gehören der Genossenschaft eingetragene Genossenschaften als Mitglieder an, können deren Mitglieder, sofern sie natürliche Personen sind, in den Vorstand oder Aufsichtsrat der Genossenschaft berufen werden; gehören der Genossenschaft andere juristische Personen oder Personengesellschaften an, gilt dies für deren zur Vertretung befugte Personen.

(3) [1]Der Vorstand einer Genossenschaft, die der Mitbestimmung unterliegt, legt für den Frauenanteil in den beiden Führungsebenen unterhalb des Vorstands Zielgrößen fest. [2]Liegt der Frauenanteil bei Festlegung der Zielgrößen unter 30 Prozent, so dürfen die Zielgrößen den jeweils erreichten Anteil nicht mehr unterschreiten. [3]Gleichzeitig sind Fristen zur Erreichung der Zielgrößen festzulegen. [4]Die Fristen dürfen jeweils nicht länger als fünf Jahre sein.

(4) [1]Ist bei einer Genossenschaft, die der Mitbestimmung unterliegt, ein Aufsichtsrat bestellt, legt dieser für den Frauenanteil im Aufsichtsrat und im Vorstand Zielgrößen fest. [2]Liegt der Frauenanteil bei Festlegung der Zielgrößen unter 30 Prozent, so dürfen die Zielgrößen den jeweils erreichten Anteil nicht mehr unterschreiten. [3]Gleichzeitig sind Fristen zur Erreichung der Zielgrößen festzulegen. [4]Die Fristen dürfen jeweils nicht länger als fünf Jahre sein.

§ 10 Genossenschaftsregister

(1) Die Satzung sowie die Mitglieder des Vorstands sind in das Genossenschaftsregister bei dem Gericht einzutragen, in dessen Bezirk die Genossenschaft ihren Sitz hat.

(2) Andere Datensammlungen dürfen nicht unter Verwendung oder Beifügung der Bezeichnung „Genossenschaftsregister" in den Verkehr gebracht werden.

§ 11 Anmeldung der Genossenschaft

(1) Der Vorstand hat die Genossenschaft bei dem Gericht zur Eintragung in das Genossenschaftsregister anzumelden.

(2) Der Anmeldung sind beizufügen:

1. die Satzung, die von mindestens drei Mitgliedern unterzeichnet sein muss;
2. eine Abschrift der Urkunden über die Bestellung des Vorstands und des Aufsichtsrats;
3. die Bescheinigung eines Prüfungsverbandes, dass die Genossenschaft zum Beitritt zugelassen ist, sowie eine gutachtliche Äußerung des Prüfungsverbandes, ob nach den persönlichen oder wirtschaftlichen Verhältnissen, insbesondere der Vermögenslage der Genossenschaft, eine Gefährdung der Belange der Mitglieder oder der Gläubiger der Genossenschaft zu besorgen ist.

(3) In der Anmeldung ist ferner anzugeben, welche Vertretungsbefugnis die Vorstandsmitglieder haben.

(4) Für die Einreichung von Unterlagen nach diesem Gesetz gilt § 12 Abs. 2 des Handelsgesetzbuchs entsprechend.

(5) *(aufgehoben)*

§ 11a Prüfung durch das Gericht

(1) Das Gericht hat zu prüfen, ob die Genossenschaft ordnungsmäßig errichtet und angemeldet ist. Ist dies nicht der Fall, so hat es die Eintragung abzulehnen.

(2) [1]Das Gericht hat die Eintragung auch abzulehnen, wenn offenkundig oder auf Grund der gutachtlichen Äußerung des Prüfungsverbandes eine Gefährdung der Belange der Mitglieder oder der Gläubiger der Genossenschaft zu besorgen ist. [2]Gleiches gilt, wenn der Prüfungsverband erklärt, dass Sacheinlagen überbewertet worden sind.

(3) Wegen einer mangelhaften, fehlenden oder nichtigen Bestimmung der Satzung darf das Gericht die Eintragung nach Absatz 1 nur ablehnen, soweit diese Bestimmung, ihr Fehlen oder ihre Nichtigkeit

1. Tatsachen oder Rechtsverhältnisse betrifft, die nach den §§6 und 7 oder auf Grund anderer zwingender gesetzlicher Vorschriften in der Satzung bestimmt sein müssen

oder die in das Genossenschaftsregister einzutragen oder von dem Gericht bekannt zu machen sind,
2. Vorschriften verletzt, die ausschließlich oder überwiegend zum Schutze der Gläubiger der Genossenschaft oder sonst im öffentlichen Interesse gegeben sind, oder
3. die Nichtigkeit der Satzung zur Folge hat.

§ 12 Veröffentlichung der Satzung

(1) Die eingetragene Satzung ist von dem Gericht im Auszug zu veröffentlichen.

(2) Die Veröffentlichung muss enthalten:
1. das Datum der Satzung,
2. die Firma und den Sitz der Genossenschaft,
3. den Gegenstand des Unternehmens,
4. die Mitglieder des Vorstands sowie deren Vertretungsbefugnis,
5. die Zeitdauer der Genossenschaft, falls diese auf eine bestimmte Zeit beschränkt ist.

§ 13 Rechtszustand vor der Eintragung

Vor der Eintragung in das Genossenschaftsregister ihres Sitzes hat die Genossenschaft die Rechte einer eingetragenen Genossenschaft nicht.

§ 14 Errichtung einer Zweigniederlassung

(1) [1]Die Errichtung einer Zweigniederlassung ist vom Vorstand beim Gericht des Sitzes der Genossenschaft unter Angabe des Ortes der Zweigniederlassung und eines Zusatzes, falls der Firma der Zweigniederlassung ein solcher beigefügt wird, zur Eintragung in das Genossenschaftsregister anzumelden. [2]In gleicher Weise sind spätere Änderungen der die Zweigniederlassung betreffenden einzutragenden Tatsachen anzumelden.

(2) Das zuständige Gericht trägt die Zweigniederlassung auf dem Registerblatt des Sitzes unter Angabe des Ortes der Zweigniederlassung und des Zusatzes, falls der Firma der Zweigniederlassung ein solcher beigefügt ist, ein, es sei denn, die Zweigniederlassung ist offensichtlich nicht errichtet worden.

(3) Die vorstehenden Vorschriften gelten sinngemäß für die Aufhebung einer Zweigniederlassung.

§ 14a *(aufgehoben)*

§ 15 Beitrittserklärung

(1) [1]Die Mitgliedschaft wird durch eine schriftliche, unbedingte Beitrittserklärung und die Zulassung des Beitritts durch die Genossenschaft erworben. [2]Dem Antragsteller ist vor Abgabe seiner Beitrittserklärung eine Abschrift der Satzung in der jeweils geltenden Fassung zur Verfügung zu stellen; es reicht aus, wenn die Satzung im Internet unter der Adresse der Genossenschaft abrufbar ist und dem Antragsteller ein Ausdruck der Satzung angeboten wird. [3]Eine Vollmacht zur Abgabe der Beitrittserklärung bedarf der Schriftform. [4]Bei Gründungsmitgliedern kann die Mitgliedschaft statt durch Beitrittserklärung durch Unterzeichnung der Satzung erworben werden.

(2) [1]Das Mitglied ist unverzüglich in die Mitgliederliste einzutragen und hiervon unverzüglich zu benachrichtigen. [2]Lehnt die Genossenschaft die Zulassung ab, hat sie dies dem Antragsteller unverzüglich unter Rückgabe seiner Beitrittserklärung mitzuteilen.

§ 15a Inhalt der Beitrittserklärung

[1]Die Beitrittserklärung muss die ausdrückliche Verpflichtung des Mitglieds enthalten, die nach Gesetz und Satzung geschuldeten Einzahlungen auf den Geschäftsanteil zu leisten. [2]Bestimmt die Satzung, dass die Mitglieder unbeschränkt oder beschränkt auf

eine Haftsumme Nachschüsse zu leisten haben, so muss die Beitrittserklärung ferner die ausdrückliche Verpflichtung enthalten, die zur Befriedigung der Gläubiger erforderlichen Nachschüsse unbeschränkt oder bis zu der in der Satzung bestimmten Haftsumme zu zahlen. [3]Bestimmt die Satzung weitere Zahlungspflichten oder eine Kündigungsfrist von mehr als einem Jahr, so muss dies in der Beitrittserklärung ausdrücklich zur Kenntnis genommen werden.

§ 15b Beteiligung mit weiteren Geschäftsanteilen

(1) [1]Zur Beteiligung mit weiteren Geschäftsanteilen bedarf es einer schriftlichen und unbedingten Beitrittserklärung. [2]Für deren Inhalt gilt § 15a entsprechend.

(2) Die Beteiligung mit weiteren Geschäftsanteilen darf, außer bei einer Pflichtbeteiligung, nicht zugelassen werden, bevor alle Geschäftsanteile des Mitglieds, bis auf den zuletzt neu übernommenen, voll eingezahlt sind.

(3) [1]Die Beteiligung mit weiteren Geschäftsanteilen wird mit der Beitrittserklärung nach Absatz 1 und der Zulassung durch die Genossenschaft wirksam. [2]§ 15 Abs. 2 gilt entsprechend.

§ 16 Änderung der Satzung

(1) Eine Änderung der Satzung oder die Fortsetzung einer auf bestimmte Zeit beschränkten Genossenschaft kann nur durch die Generalversammlung beschlossen werden.

(2) [1]Für folgende Änderungen der Satzung bedarf es einer Mehrheit, die mindestens drei Viertel der abgegebenen Stimmen umfasst:

1. Änderung des Gegenstandes des Unternehmens,
2. Erhöhung des Geschäftsanteils,
3. Einführung oder Erweiterung einer Pflichtbeteiligung mit mehreren Geschäftsanteilen,
4. Einführung oder Erweiterung der Verpflichtung der Mitglieder zur Leistung von Nachschüssen,
5. Verlängerung der Kündigungsfrist auf eine längere Frist als zwei Jahre,
6. Einführung oder Erweiterung der Beteiligung ausscheidender Mitglieder an der Ergebnisrücklage nach § 73 Abs.3,
7. Einführung oder Erweiterung von Mehrstimmrechten,
8. Zerlegung von Geschäftsanteilen,
9. Einführung oder Erhöhung eines Mindestkapitals,
10. Einschränkung des Anspruchs des Mitglieds nach § 73 Abs. 2 Satz 2 und Abs. 4 auf Auszahlung des Auseinandersetzungsguthabens,
11. Einführung der Möglichkeit nach § 8 Abs. 2 Satz 1 und 2, investierende Mitglieder zuzulassen.

[2]Die Satzung kann eine größere Mehrheit und weitere Erfordernisse bestimmen.

(3) [1]Zu einer Änderung der Satzung, durch die eine Verpflichtung der Mitglieder zur Inanspruchnahme von Einrichtungen oder anderen Leistungen der Genossenschaft oder zur Leistung von Sachen oder Diensten eingeführt oder erweitert wird, bedarf es einer Mehrheit, die mindestens neun Zehntel der abgegebenen Stimmen umfasst. [2]Zu einer Änderung der Satzung, durch die eine Verpflichtung der Mitglieder zur Zahlung laufender Beiträge für Leistungen, welche die Genossenschaft den Mitgliedern erbringt oder zur Verfügung stellt, eingeführt oder erweitert wird, bedarf es einer Mehrheit von min-

destens drei Vierteln der abgegebenen Stimmen. [3]Die Satzung kann eine größere Mehrheit und weitere Erfordernisse bestimmen.

(4) Zu sonstigen Änderungen der Satzung bedarf es einer Mehrheit, die mindestens drei Viertel der abgegebenen Stimmen umfasst, sofern nicht die Satzung andere Erfordernisse aufstellt.

(5) [1]Auf die Anmeldung und Eintragung des Beschlusses finden die Vorschriften des § 11 mit der Maßgabe entsprechende Anwendung, dass der Anmeldung der Beschluss nur in Abschrift beizufügen ist. [2]Der Anmeldung ist der vollständige Wortlaut der Satzung beizufügen; er muss mit der Erklärung des Vorstands versehen sein, dass die geänderten Bestimmungen der Satzung mit dem Beschluss über die Satzungsänderung und die unveränderten Bestimmungen mit dem zuletzt zum Register eingereichten vollständigen Wortlaut der Satzung übereinstimmen. [3]Ist bei Satzungsänderungen der vollständige Wortlaut der Satzung bisher nicht eingereicht worden, so hat der Vorstand zu erklären, dass der eingereichte Wortlaut der Satzung mit dem zuletzt zum Register eingereichten vollständigen Wortlaut der Satzung und allen seither beschlossenen Änderungen übereinstimmt. [4]Die Veröffentlichung des Beschlusses findet nur insoweit statt, als derselbe eine der in § 12 Abs. 2 bezeichneten Bestimmungen zum Gegenstand hat.

(6) Der Beschluss hat keine rechtliche Wirkung, bevor er in das Genossenschaftsregister des Sitzes der Genossenschaft eingetragen ist.

Abschnitt 2.
Rechtsverhältnisse der Genossenschaft und ihrer Mitglieder

§ 17 Juristische Person; Formkaufmann

(1) Die eingetragene Genossenschaft als solche hat selbständig ihre Rechte und Pflichten; sie kann Eigentum und andere dingliche Rechte an Grundstücken erwerben, vor Gericht klagen und verklagt werden.

(2) Genossenschaften gelten als Kaufleute im Sinne des Handelsgesetzbuchs.

§ 18 Rechtsverhältnis zwischen Genossenschaft und Mitgliedern

[1]Das Rechtsverhältnis der Genossenschaft und ihrer Mitglieder richtet sich zunächst nach der Satzung. [2]Diese darf von den Bestimmungen dieses Gesetzes nur insoweit abweichen, als dies ausdrücklich für zulässig erklärt ist.

§ 19 Gewinn- und Verlustverteilung

(1) [1]Der bei Feststellung des Jahresabschlusses für die Mitglieder sich ergebende Gewinn oder Verlust des Geschäftsjahres ist auf diese zu verteilen. [2]Die Verteilung geschieht für das erste Geschäftsjahr nach dem Verhältnis ihrer auf den Geschäftsanteil geleisteten Einzahlungen, für jedes folgende nach dem Verhältnis ihrer durch die Zuschreibung von Gewinn oder die Abschreibung von Verlust zum Schluss des vorhergegangenen Geschäftsjahres ermittelten Geschäftsguthaben. [3]Die Zuschreibung des Gewinns erfolgt so lange, als nicht der Geschäftsanteil erreicht ist.

(2) [1]Die Satzung kann einen anderen Maßstab für die Verteilung von Gewinn und Verlust aufstellen und bestimmen, inwieweit der Gewinn vor Erreichung des Geschäftsanteils an die Mitglieder auszuzahlen ist. [2]Bis zur Wiederergänzung eines durch Verlust verminderten Guthabens findet eine Auszahlung des Gewinns nicht statt.

§ 20 Ausschluss der Gewinnverteilung

[1]Die Satzung kann bestimmen, dass der Gewinn nicht verteilt, sondern der gesetzlichen Rücklage und anderen Ergebnisrücklagen zugeschrieben wird. [2]Die Satzung kann

ferner bestimmen, dass der Vorstand einen Teil des Jahresüberschusses, höchstens jedoch die Hälfte, in die Ergebnisrücklagen einstellen kann.

§ 21 Verbot der Verzinsung der Geschäftsguthaben

(1) Für das Geschäftsguthaben werden vorbehaltlich des § 21a Zinsen von bestimmter Höhe nicht vergütet, auch wenn das Mitglied Einzahlungen in höheren als den geschuldeten Beträgen geleistet hat.

(2) Auch können Mitglieder, welche mehr als die geschuldeten Einzahlungen geleistet haben, im Falle eines Verlustes andere Mitglieder nicht aus dem Grunde in Anspruch nehmen, dass von letzteren nur diese Einzahlungen geleistet sind.

§ 21a Ausnahmen vom Verbot der Verzinsung

(1) [1]Die Satzung kann bestimmen, dass die Geschäftsguthaben verzinst werden. [2]Bestimmt die Satzung keinen festen Zinssatz, muss sie einen Mindestzinssatz festsetzen. [3]Die Zinsen berechnen sich nach dem Stand der Geschäftsguthaben am Schluss des vorhergegangenen Geschäftsjahres. [4]Sie sind spätestens sechs Monate nach Schluss des Geschäftsjahres auszuzahlen, für das sie gewährt werden.

(2) Ist in der Bilanz der Genossenschaft für ein Geschäftsjahr ein Jahresfehlbetrag oder ein Verlustvortrag ausgewiesen, der ganz oder teilweise durch die Ergebnisrücklagen, einen Jahresüberschuss und einen Gewinnvortrag nicht gedeckt ist, so dürfen in Höhe des nicht gedeckten Betrags Zinsen für dieses Geschäftsjahr nicht gezahlt werden.

§ 21b Mitgliederdarlehen

(1) Zum Zweck der Finanzierung oder Modernisierung von zu ihrem Anlagevermögen gehörenden Gegenständen kann eine Genossenschaft, auch wenn sie über keine Erlaubnis zum Betreiben des Einlagengeschäfts nach dem Kreditwesengesetz verfügt, Darlehen ihrer Mitglieder entgegennehmen, wenn

1. im Darlehensvertrag vereinbart ist, dass das Darlehen zweckgebunden nur zugunsten eines konkreten Investitionsvorhabens der Genossenschaft in ihr Anlagevermögen verwendet werden darf,
2. die Darlehenssumme beim jeweiligen Mitglied, sofern es kein Unternehmer ist, 25 000 Euro nicht übersteigt,
3. der Gesamtbetrag sämtlicher von Genossenschaftsmitgliedern zu dem in Nummer 1 genannten Zweck gewährten Darlehen 2,5 Millionen Euro nicht übersteigt und
4. der vereinbarte jährliche Sollzinssatz den höheren der folgenden beiden Werte nicht übersteigt:
   a) 1,5 Prozent,
   b) die marktübliche Emissionsrendite für Anlagen am Kapitalmarkt in Hypothekenpfandbriefen mit gleicher Laufzeit.

(2) Der Vorstand der Genossenschaft hat dafür zu sorgen, dass den Mitgliedern der Genossenschaft vor Vertragsschluss die wesentlichen Informationen über das Investitionsvorhaben sowie mögliche Risiken aus der Darlehensgewährung zur Verfügung gestellt werden.

(3) [1]Der Vorstand hat während der gesamten Laufzeit des Darlehens die Einhaltung der Zweckbindung sicherzustellen. [2]Eine Änderung der Zweckbindung zugunsten eines anderen zulässigen Investitionsvorhabens der Genossenschaft ist nur gestattet, wenn das jeweilige Mitglied der Änderung schriftlich zustimmt, nachdem es die wesentlichen Informationen über das andere Investitionsvorhaben erhalten hat.

(4) [1]Das Mitglied ist an seine Willenserklärung, die auf den Abschluss des Darlehensvertrags gerichtet ist, nicht mehr gebunden, wenn es sie fristgerecht in Textform

gegenüber der Genossenschaft widerrufen hat. [2]Der Widerruf muss keine Begründung enthalten. [3]Die Widerrufsfrist beträgt 14 Tage. [4]Sie beginnt mit Vertragsschluss, wenn der Vertrag einen deutlichen Hinweis auf das Widerrufsrecht enthält, sonst zu dem Zeitpunkt, zu dem das Mitglied einen solchen Hinweis in Textform erhält. [5]Ist der Beginn der Widerrufsfrist streitig, so trifft die Beweislast die Genossenschaft. [6]Das Widerrufsrecht erlischt spätestens zwölf Monate nach dem Vertragsschluss. [7]Zur Fristwahrung genügt die rechtzeitige Absendung des Widerrufs. [8]Im Fall des Widerrufs ist der empfangene Darlehensbetrag unverzüglich zurückzugewähren. [9]Für den Zeitraum zwischen der Auszahlung des Darlehensbetrages des Mitglieds an die Genossenschaft und der Rückzahlung an das Mitglied hat die Genossenschaft den vereinbarten Sollzinssatz zu zahlen.

§ 22 Herabsetzung des Geschäftsanteils; Verbot der Auszahlung des Geschäftsguthabens

(1) Werden der Geschäftsanteil oder die auf ihn zu leistenden Einzahlungen herabgesetzt oder die für die Einzahlungen festgesetzten Fristen verlängert, so ist der wesentliche Inhalt des Beschlusses der Generalversammlung durch das Gericht bei der Bekanntmachung der Eintragung in das Genossenschaftsregister anzugeben.

(2) [1]Den Gläubigern der Genossenschaft ist, wenn sie sich binnen sechs Monaten nach der Bekanntmachung bei der Genossenschaft zu diesem Zweck melden, Sicherheit zu leisten, soweit sie nicht Befriedigung verlangen können. In der Bekanntmachung ist darauf hinzuweisen. [2]Das Recht, Sicherheitsleistung zu verlangen, steht Gläubigern nicht zu, die im Fall der Insolvenz ein Recht auf vorzugsweise Befriedigung aus einer Deckungsmasse haben, die nach gesetzlicher Vorschrift zu ihrem Schutz errichtet und staatlich überwacht ist.

(3) Mitglieder, die zur Zeit der Eintragung des Beschlusses der Genossenschaft angehörten, können sich auf die Änderung erst berufen, wenn die Bekanntmachung erfolgt ist und die Gläubiger, die sich rechtzeitig gemeldet haben, wegen der erhobenen Ansprüche befriedigt oder sichergestellt sind.

(4) [1]Das Geschäftsguthaben eines Mitglieds darf, solange es nicht ausgeschieden ist, von der Genossenschaft nicht ausgezahlt oder im geschäftlichen Betrieb zum Pfand genommen, eine geschuldete Einzahlung darf nicht erlassen werden. [2]Die Genossenschaft darf den Mitgliedern keinen Kredit zum Zweck der Leistung von Einzahlungen auf den Geschäftsanteil gewähren.

(5) Gegen eine geschuldete Einzahlung kann das Mitglied nicht aufrechnen.

(6) [1]Der Anspruch der Genossenschaft auf Leistung von Einzahlungen auf den Geschäftsanteil verjährt in zehn Jahren von seiner Entstehung an. [2]Wird das Insolvenzverfahren über das Vermögen der Genossenschaft eröffnet, so tritt die Verjährung nicht vor Ablauf von sechs Monaten ab dem Zeitpunkt der Eröffnung ein.

§ 22a Nachschusspflicht

(1) Wird die Verpflichtung der Mitglieder, Nachschüsse zur Insolvenzmasse zu leisten, auf eine Haftsumme beschränkt oder aufgehoben, so gilt §22 Abs. 1 bis 3 sinngemäß.

(2) Die Einführung oder Erweiterung der Verpflichtung zur Leistung von Nachschüssen wirkt nicht gegenüber Mitgliedern, die bei Wirksamwerden der Änderung der Satzung bereits aus der Genossenschaft ausgeschieden waren.

§ 22b Zerlegung des Geschäftsanteils

(1) [1]Der Geschäftsanteil kann in mehrere Geschäftsanteile zerlegt werden. [2]Die Zerlegung und eine ihr entsprechende Herabsetzung der Einzahlungen gelten nicht als Herabsetzung des Geschäftsanteils oder der Einzahlungen.

(2) [1]Mit der Eintragung des Beschlusses über die Zerlegung des Geschäftsanteils sind die Mitglieder mit der Zahl von Geschäftsanteilen beteiligt, die sich aus der Zerlegung ergibt. [2]§15b Abs. 3 ist nicht anzuwenden. [3]Die Mitgliederliste ist unverzüglich zu berichtigen.

§ 23 Haftung der Mitglieder

(1) Für die Verbindlichkeiten der Genossenschaft haften die Mitglieder nach Maßgabe dieses Gesetzes.

(2) Wer in die Genossenschaft eintritt, haftet auch für die vor seinem Eintritt eingegangenen Verbindlichkeiten.

(3) Vereinbarungen, die gegen die vorstehenden Absätze verstoßen, sind unwirksam.

Abschnitt 3. Verfassung der Genossenschaft

§ 24 Vorstand

(1) [1]Die Genossenschaft wird durch den Vorstand gerichtlich und außergerichtlich vertreten. [2]Hat eine Genossenschaft keinen Vorstand (Führungslosigkeit), wird die Genossenschaft für den Fall, dass ihr gegenüber Willenserklärungen abgegeben oder Schriftstücke zugestellt werden, durch den Aufsichtsrat vertreten.

(2) [1]Der Vorstand besteht aus zwei Personen und wird von der Generalversammlung gewählt und abberufen. [2]Die Satzung kann eine höhere Personenzahl sowie eine andere Art der Bestellung und Abberufung bestimmen. [3]Bei Genossenschaften mit nicht mehr als 20 Mitgliedern kann die Satzung bestimmen, dass der Vorstand aus einer Person besteht.

(3) [1]Die Mitglieder des Vorstands können besoldet oder unbesoldet sein. [2]Ihre Bestellung ist zu jeder Zeit widerruflich, unbeschadet der Entschädigungsansprüche aus bestehenden Verträgen.

§ 25 Vertretung, Zeichnung

(1) [1]Die Mitglieder des Vorstands sind nur gemeinschaftlich zur Vertretung der Genossenschaft befugt. [2]Die Satzung kann Abweichendes bestimmen. [3]Ist eine Willenserklärung gegenüber der Genossenschaft abzugeben, so genügt die Abgabe gegenüber einem Vorstandsmitglied oder im Fall des § 24 Abs. 1 Satz 2 gegenüber einem Aufsichtsratsmitglied.

(2) [1]Die Satzung kann auch bestimmen, dass einzelne Vorstandsmitglieder allein oder in Gemeinschaft mit einem Prokuristen zur Vertretung der Genossenschaft befugt sind. [2]Absatz 1 Satz 3 gilt in diesen Fällen sinngemäß.

(3) [1]Zur Gesamtvertretung befugte Vorstandsmitglieder können einzelne von ihnen zur Vornahme bestimmter Geschäfte oder bestimmter Arten von Geschäften ermächtigen. [2]Dies gilt sinngemäß, falls ein einzelnes Vorstandsmitglied in Gemeinschaft mit einem Prokuristen zur Vertretung der Genossenschaft befugt ist.

§ 25a Angaben auf Geschäftsbriefen

(1) Auf allen Geschäftsbriefen gleichviel welcher Form, die an einen bestimmten Empfänger gerichtet werden, müssen die Rechtsform und der Sitz der Genossenschaft, das Registergericht des Sitzes der Genossenschaft und die Nummer, unter der die Genossenschaft in das Genossenschaftsregister eingetragen ist, sowie alle Vorstandsmitglieder und, sofern der Aufsichtsrat einen Vorsitzenden hat, dieser mit dem Familiennamen und mindestens einem ausgeschriebenen Vornamen angegeben werden.

(2) Der Angaben nach Absatz 1 bedarf es nicht bei Mitteilungen oder Berichten, die im Rahmen einer bestehenden Geschäftsverbindung ergehen und für die üblicherweise Vordrucke verwendet werden, in denen lediglich die im Einzelfall erforderlichen besonderen Angaben eingefügt zu werden brauchen.

(3) [1]Bestellscheine gelten als Geschäftsbriefe im Sinne des Absatzes 1. [2]Absatz 2 ist auf sie nicht anzuwenden.

§ 26 Vertretungsbefugnis des Vorstands

(1) Die Genossenschaft wird durch die von dem Vorstand in ihrem Namen geschlossenen Rechtsgeschäfte berechtigt und verpflichtet; es ist gleichgültig, ob das Geschäft ausdrücklich im Namen der Genossenschaft geschlossen worden ist, oder ob die Umstände ergeben, dass es nach dem Willen der Vertragschließenden für die Genossenschaft geschlossen werden sollte.

(2) Zur Legitimation des Vorstands Behörden gegenüber genügt eine Bescheinigung des Registergerichts, dass die darin zu bezeichnenden Personen als Mitglieder des Vorstands in das Genossenschaftsregister eingetragen sind.

§ 27 Beschränkung der Vertretungsbefugnis

(1) [1]Der Vorstand hat die Genossenschaft unter eigener Verantwortung zu leiten. [2]Er hat dabei die Beschränkungen zu beachten, die durch die Satzung festgesetzt worden sind. [3]Bei Genossenschaften mit nicht mehr als 20 Mitgliedern kann die Satzung vorsehen, dass der Vorstand an Weisungen der Generalversammlung gebunden ist.

(2) [1]Gegen dritte Personen hat eine Beschränkung der Befugnis des Vorstands, die Genossenschaft zu vertreten, keine rechtliche Wirkung. [2]Dies gilt insbesondere für den Fall, dass die Vertretung sich nur auf bestimmte Geschäfte oder Arten von Geschäften erstrecken oder nur unter bestimmten Umständen oder für eine bestimmte Zeit oder an einzelnen Orten stattfinden soll oder dass die Zustimmung der Generalversammlung, des Aufsichtsrats oder eines anderen Organs der Genossenschaft für einzelne Geschäfte erforderlich ist.

§ 28 Änderung des Vorstands und der Vertretungsbefugnis

[1]Jede Änderung des Vorstands oder der Vertretungsbefugnis eines Vorstandsmitglieds hat der Vorstand zur Eintragung in das Genossenschaftsregister anzumelden. [2]Der Anmeldung sind die Urkunden über die Änderung in Urschrift oder Abschrift beizufügen. [3]Die Eintragung ist vom Gericht bekannt zu machen.

§ 29 Publizität des Genossenschaftsregisters

(1) Solange eine Änderung des Vorstands oder der Vertretungsbefugnis eines Vorstandsmitglieds nicht in das Genossenschaftsregister eingetragen und bekannt gemacht ist, kann sie von der Genossenschaft einem Dritten nicht entgegengesetzt werden, es sei denn, dass sie diesem bekannt war.

(2) [1]Ist die Änderung eingetragen und bekannt gemacht worden, so muss ein Dritter sie gegen sich gelten lassen. [2]Dies gilt nicht bei Rechtshandlungen, die innerhalb von fünfzehn Tagen nach der Bekanntmachung vorgenommen werden, sofern der Dritte beweist, dass er die Änderung weder kannte noch kennen musste.

(3) Ist die Änderung unrichtig bekannt gemacht, so kann sich ein Dritter auf die Bekanntmachung der Änderung berufen, es sei denn, dass er die Unrichtigkeit kannte.

§ 30 Mitgliederliste

(1) Der Vorstand ist verpflichtet, die Mitgliederliste zu führen.

(2) [1]In die Mitgliederliste ist jedes Mitglied der Genossenschaft mit folgenden Angaben einzutragen:

1. Familienname, Vornamen und Anschrift, bei juristischen Personen und Personenhandelsgesellschaften Firma und Anschrift, bei anderen Personenvereinigungen Bezeichnung und Anschrift der Vereinigung oder Familiennamen, Vornamen und Anschriften ihrer Mitglieder,
2. Zahl der von ihm übernommenen weiteren Geschäftsanteile,
3. Ausscheiden aus der Genossenschaft.

[2]Die Satzung kann regeln, mit welchen weiteren erforderlichen Angaben jedes Mitglied eingetragen wird. [3]Der Zeitpunkt, zu dem der Beitritt, eine Veränderung der Zahl weiterer Geschäftsanteile oder das Ausscheiden wirksam wird oder geworden ist, ist anzugeben.

(3) [1]Die Unterlagen, aufgrund deren die Eintragung des Beitritts, der Veränderung der Zahl weiterer Geschäftsanteile oder des Ausscheidens in die Mitgliederliste erfolgt, sind drei Jahre aufzubewahren. [2]Die Frist beginnt mit dem Schluss des Kalenderjahres, in dem das Mitglied aus der Genossenschaft ausgeschieden ist. [3]Im Übrigen gelten für die Aufbewahrung der Unterlagen die Regelungen für Handelsbriefe in § 257 des Handelsgesetzbuchs.

§ 31 Einsicht in die Mitgliederliste

(1) [1]Die Mitgliederliste kann von jedem Mitglied sowie von einem Dritten, der ein berechtigtes Interesse darlegt, bei der Genossenschaft eingesehen werden. [2]Abschriften aus der Mitgliederliste sind dem Mitglied hinsichtlich der ihn betreffenden Eintragungen auf Verlangen zu erteilen.

(2) [1]Der Dritte darf die übermittelten Daten nur für den Zweck speichern und nutzen, zu dessen Erfüllung sie ihm übermittelt werden; eine Speicherung und Nutzung für andere Zwecke ist nur zulässig, soweit die Daten auch dafür hätten übermittelt werden dürfen. [2]Ist der Empfänger eine nicht öffentliche Stelle, hat die Genossenschaft ihn darauf hinzuweisen; eine Speicherung und Nutzung für andere Zwecke bedarf in diesem Fall der Zustimmung der Genossenschaft.

§ 32 Vorlage der Mitgliederliste beim Gericht

Der Vorstand hat dem Registergericht auf dessen Verlangen eine Abschrift der Mitgliederliste unverzüglich einzureichen.

§ 33 Buchführung; Jahresabschluss und Lagebericht

(1) [1]Der Vorstand hat dafür zu sorgen, dass die erforderlichen Bücher der Genossenschaft ordnungsgemäß geführt werden. [2]Der Jahresabschluss und der Lagebericht sind unverzüglich nach ihrer Aufstellung dem Aufsichtsrat und mit dessen Bemerkungen der Generalversammlung vorzulegen.

(2) Mit einer Verletzung der Vorschriften über die Gliederung der Bilanz und der Gewinn- und Verlustrechnung sowie mit einer Nichtbeachtung von Formblättern kann, wenn hierdurch die Klarheit des Jahresabschlusses nur unwesentlich beeinträchtigt wird, eine Anfechtung nicht begründet werden.

(3) Ergibt sich bei Aufstellung der Jahresbilanz oder einer Zwischenbilanz oder ist bei pflichtgemäßem Ermessen anzunehmen, dass ein Verlust besteht, der durch die Hälfte des Gesamtbetrags der Geschäftsguthaben und die Rücklagen nicht gedeckt ist, so hat der Vorstand unverzüglich die Generalversammlung einzuberufen und ihr dies anzuzeigen.

§ 33a bis 33i *(weggefallen)*

§ 34 Sorgfaltspflicht und Verantwortlichkeit der Vorstandsmitglieder

(1) [1]Die Vorstandsmitglieder haben bei ihrer Geschäftsführung die Sorgfalt eines ordentlichen und gewissenhaften Geschäftsleiters einer Genossenschaft anzuwenden. [2]Eine Pflichtverletzung liegt nicht vor, wenn das Vorstandsmitglied bei einer unternehmerischen Entscheidung vernünftigerweise annehmen durfte, auf Grundlage angemessener Informationen zum Wohle der Genossenschaft zu handeln. [3]Über vertrauliche Angaben und Geheimnisse der Genossenschaft, namentlich Betriebs- oder Geschäftsgeheimnisse, die ihnen durch die Tätigkeit im Vorstand bekannt geworden sind, haben sie Stillschweigenzubewahren.

(2) [1]Vorstandsmitglieder, die ihre Pflichten verletzen, sind der Genossenschaft zum Ersatz des daraus entstehenden Schadens als Gesamtschuldner verpflichtet. [2]Ist streitig, ob sie die Sorgfalt eines ordentlichen und gewissenhaften Geschäftsleiters einer Genossenschaft angewandt haben, tragen sie die Beweislast. [3]Wenn ein Vorstandsmitglied im Wesentlichen unentgeltlich tätig ist, muss dies bei der Beurteilung seiner Sorgfalt zu seinen Gunsten berücksichtigt werden.

(3) Die Mitglieder des Vorstands sind namentlich zum Ersatz verpflichtet, wenn entgegen diesem Gesetz oder der Satzung

1. Geschäftsguthaben ausgezahlt werden,
2. den Mitgliedern Zinsen oder Gewinnanteile gewährt werden,
3. Genossenschaftsvermögen verteilt wird,
4. Zahlungen geleistet werden, nachdem die Zahlungsunfähigkeit der Genossenschaft eingetreten ist oder sich eine Überschuldung ergeben hat, die für die Genossenschaft nach § 98 Grund für die Eröffnung des Insolvenzverfahrens ist,
5. Kredit gewährt wird.

(4) [1]Der Genossenschaft gegenüber tritt die Ersatzpflicht nicht ein, wenn die Handlung auf einem gesetzmäßigen Beschluss der Generalversammlung beruht. [2]Dadurch, dass der Aufsichtsrat die Handlung gebilligt hat, wird die Ersatzpflicht nicht ausgeschlossen.

(5) [1]In den Fällen des Absatzes 3 kann der Ersatzanspruch auch von den Gläubigern der Genossenschaft geltend gemacht werden, soweit sie von dieser keine Befriedigung erlangen können. [2]Den Gläubigern gegenüber wird die Ersatzpflicht weder durch einen Verzicht oder Vergleich der Genossenschaft noch dadurch aufgehoben, dass die Handlung auf einem Beschluss der Generalversammlung beruht. [3]Ist über das Vermögen der Genossenschaft das Insolvenzverfahren eröffnet, so übt während dessen Dauer der Insolvenzverwalter oder Sachwalter das Recht der Gläubiger gegen die Vorstandsmitglieder aus.

(6) Die Ansprüche aus diesen Vorschriften verjähren in fünf Jahren.

§ 35 Stellvertreter von Vorstandsmitgliedern

Die für Mitglieder des Vorstands gegebenen Vorschriften gelten auch für Stellvertreter von Mitgliedern.

§ 36 Aufsichtsrat

(1) [1]Der Aufsichtsrat besteht, sofern nicht die Satzung eine höhere Zahl festsetzt, aus drei von der Generalversammlung zu wählenden Personen. [2]Die zu einer Beschlussfassung erforderliche Zahl ist durch die Satzung zu bestimmen.

(2) Die Mitglieder des Aufsichtsrats dürfen keine nach dem Geschäftsergebnis bemessene Vergütung beziehen.

(3) [1]Die Bestellung zum Mitglied des Aufsichtsrats kann auch vor Ablauf des Zeitraums, für welchen es gewählt ist, durch die Generalversammlung widerrufen werden. [2]Der Beschluss bedarf einer Mehrheit, die mindestens drei Viertel der abgegebenen Stimmen umfasst.

(4) Bei einer Genossenschaft, die kapitalmarktorientiert im Sinne des § 264d des Handelsgesetzbuchs oder die CRR-Kreditinstitut im Sinne des § 1 Absatz 3d Satz 1 des Kreditwesengesetzes ist, müssen die Mitglieder des Aufsichtsrats in ihrer Gesamtheit mit dem Sektor, in dem die Genossenschaft tätig ist, vertraut sein; mindestens ein Mitglied muss über Sachverstand auf den Gebieten Rechnungslegung oder Abschlussprüfung verfügen.

(5) [1]Abweichend von Absatz 1 Satz 1 kann die Satzung vorsehen, dass für bestimmte Mitglieder das Recht besteht, Mitglieder in den Aufsichtsrat zu entsenden. [2]Die Zahl der nach Satz 1 in den Aufsichtsrat entsandten Personen darf zusammen mit der Zahl der investierenden Mitglieder im Aufsichtsrat ein Drittel der Aufsichtsratsmitglieder nicht überschreiten.

§ 37 Unvereinbarkeit von Ämtern

(1) [1]Die Mitglieder des Aufsichtsrats dürfen nicht zugleich Vorstandsmitglieder, dauernde Stellvertreter der Vorstandsmitglieder, Prokuristen oder zum Betrieb des gesamten Geschäfts ermächtigte Handlungsbevollmächtigte der Genossenschaft sein. [2]Der Aufsichtsrat kann einzelne seiner Mitglieder für einen im Voraus begrenzten Zeitraum zu Stellvertretern verhinderter Vorstandsmitglieder bestellen; während dieses Zeitraums und bis zur Erteilung der Entlastung als stellvertretendes Vorstandsmitglied darf dieses Mitglied seine Tätigkeit als Aufsichtsratsmitglied nicht ausüben.

(2) Scheiden aus dem Vorstand Mitglieder aus, so dürfen dieselben nicht vor erteilter Entlastung in den Aufsichtsrat gewählt werden.

§ 38 Aufgaben des Aufsichtsrats

(1) [1]Der Aufsichtsrat hat den Vorstand bei dessen Geschäftsführung zu überwachen. [2]Er kann zu diesem Zweck von dem Vorstand jederzeit Auskünfte über alle Angelegenheiten der Genossenschaft verlangen und die Bücher und Schriften der Genossenschaft sowie den Bestand der Genossenschaftskasse und die Bestände an Wertpapieren und Waren einsehen und prüfen. [3]Er kann einzelne seiner Mitglieder beauftragen, die Einsichtnahme und Prüfung durchzuführen. [4]Auch ein einzelnes Mitglied des Aufsichtsrats kann Auskünfte, jedoch nur an den Aufsichtsrat, verlangen. [5]Der Aufsichtsrat hat den Jahresabschluss, den Lagebericht und den Vorschlag für die Verwendung des Jahresüberschusses oder die Deckung des Jahresfehlbetrags zu prüfen; über das Ergebnis der Prüfung hat er der Generalversammlung vor der Feststellung des Jahresabschlusses zu berichten.

(1a) [1]Der Aufsichtsrat kann einen Prüfungsausschuss bestellen, der sich mit der Überwachung des Rechnungslegungsprozesses sowie der Wirksamkeit des internen Kontrollsystems, des Risikomanagementsystems und des internen Revisionssystems sowie der Abschlussprüfung befasst. [2]Der Prüfungsausschuss kann Empfehlungen oder Vorschläge zur Gewährleistung der Integrität des Rechnungslegungsprozesses unterbreiten. [3]Richtet der Aufsichtsrat einer Genossenschaft, die kapitalmarktorientiert im Sinne des § 264d des Handelsgesetzbuchs oder die CRR-Kreditinstitut im Sinne des § 1 Absatz 3d Satz 1 des Kreditwesengesetzes ist, einen Prüfungsausschuss ein, so muss dieser die Voraussetzungen des § 36 Absatz 4 erfüllen. [4]Artikel 6 Absatz 2 Buchstabe a der Verordnung (EU) Nr. 537/2014 des Europäischen Parlaments und des Rates vom 16. April 2014 über spezifische Anforderungen an die Abschlussprüfung bei Unternehmen von öffentlichem Interesse und zur Aufhebung des Beschlusses 2005/909/EG der

Kommission (ABl. L 158 vom 27.5.2014, S. 77, L 170 vom 11.6.2014, S. 66) findet mit der Maßgabe Anwendung, dass die Erklärung bezogen auf die gesetzlichen Vertreter des Verbandes und die vom Verband beschäftigten Personen, die das Ergebnis der Prüfung beeinflussen können, abzugeben ist.

(1b) Der Aufsichtsrat hat auch den gesonderten nichtfinanziellen Bericht (§ 289b des Handelsgesetzbuchs) zu prüfen, sofern er erstellt wurde.

(2) [1]Der Aufsichtsrat hat eine Generalversammlung einzuberufen, wenn dies im Interesse der Genossenschaft erforderlich ist. [2]Ist nach der Satzung kein Aufsichtsrat zu bilden, gilt § 44.

(3) Weitere Aufgaben des Aufsichtsrats werden durch die Satzung bestimmt.

(4) Die Mitglieder des Aufsichtsrats können ihre Aufgaben nicht durch andere Personen wahrnehmen lassen.

§ 39 Vertretungsbefugnis des Aufsichtsrats

(1) [1]Der Aufsichtsrat vertritt die Genossenschaft gegenüber den Vorstandsmitgliedern gerichtlich und außergerichtlich. [2]Ist nach der Satzung kein Aufsichtsrat zu bilden, wird die Genossenschaft durch einen von der Generalversammlung gewählten Bevollmächtigten vertreten. [3]Die Satzung kann bestimmen, dass über die Führung von Prozessen gegen Vorstandsmitglieder die Generalversammlung entscheidet.

(2) [1]Der Genehmigung des Aufsichtsrats bedarf jede Gewährung von Kredit an ein Mitglied des Vorstands, soweit die Gewährung des Kredits nicht durch die Satzung an noch andere Erfordernisse geknüpft oder ausgeschlossen ist. [2]Das Gleiche gilt von der Annahme eines Vorstandsmitglieds als Bürgen für eine Kreditgewährung.

(3) In Prozessen gegen die Mitglieder des Aufsichtsrats wird die Genossenschaft durch Bevollmächtigte vertreten, welche von der Generalversammlung gewählt werden.

§ 40 Vorläufige Amtsenthebung von Vorstandsmitgliedern

Der Aufsichtsrat ist befugt, nach seinem Ermessen von der Generalversammlung abzuberufende Mitglieder des Vorstands vorläufig, bis zur Entscheidung der unverzüglich einzuberufenden Generalversammlung, von ihren Geschäften zu entheben und wegen einstweiliger Fortführung derselben das Erforderliche zu veranlassen.

§ 41 [Sorgfaltspflicht und Verantwortlichkeit der Aufsichtsratsmitglieder]

Für die Sorgfaltspflicht und Verantwortlichkeit der Aufsichtsratsmitglieder gilt § 34 über die Verantwortlichkeit der Vorstandsmitglieder sinngemäß.

§ 42 Prokura; Handlungsvollmacht

(1) [1]Die Genossenschaft kann Prokura nach Maßgabe der §§ 48 bis 53 des Handelsgesetzbuchs erteilen. [2]An die Stelle der Eintragung in das Handelsregister tritt die Eintragung in das Genossenschaftsregister. [3]§ 28 Satz 3 und § 29 gelten entsprechend.

(2) [1]Die Genossenschaft kann auch Handlungsvollmacht erteilen. [2]§ 54 des Handelsgesetzbuchs ist anzuwenden.

§ 43 Generalversammlung; Stimmrecht der Mitglieder

(1) Die Mitglieder üben ihre Rechte in den Angelegenheiten der Genossenschaft in der Generalversammlung aus, soweit das Gesetz nichts anderes bestimmt.

(2) [1]Die Generalversammlung beschließt mit der Mehrheit der abgegebenen Stimmen (einfache Stimmenmehrheit), soweit nicht Gesetz oder Satzung eine größere Mehrheit oder weitere Erfordernisse bestimmen. [2]Für Wahlen kann die Satzung eine abweichende Regelung treffen.

(3) [1]Jedes Mitglied hat eine Stimme. [2]Die Satzung kann die Gewährung von Mehrstimmrechten vorsehen. [3]Die Voraussetzungen für die Gewährung von Mehrstimmrechten müssen in der Satzung mit folgender Maßgabe bestimmt werden:

1. Mehrstimmrechte sollen nur Mitgliedern gewährt werden, die den Geschäftsbetrieb besonders fördern. [2]Keinem Mitglied können mehr als drei Stimmen gewährt werden. [3]Bei Beschlüssen, die nach dem Gesetz zwingend einer Mehrheit von drei Vierteln der abgegebenen Stimmen oder einer größeren Mehrheit bedürfen, sowie bei Beschlüssen über die Aufhebung oder Einschränkung der Bestimmungen der Satzung über Mehrstimmrechte hat ein Mitglied, auch wenn ihm ein Mehrstimmrecht gewährt ist, nur eine Stimme.
2. Auf Genossenschaften, bei denen mehr als drei Viertel der Mitglieder als Unternehmer im Sinne des §14 des Bürgerlichen Gesetzbuchs Mitglied sind, ist Nummer 1 nicht anzuwenden. [2]Bei diesen Genossenschaften können Mehrstimmrechte vom einzelnen Mitglied höchstens bis zu einem Zehntel der in der Generalversammlung anwesenden Stimmen ausgeübt werden; das Nähere hat die Satzung zu regeln.
3. Auf Genossenschaften, deren Mitglieder ausschließlich oder überwiegend eingetragene Genossenschaften sind, sind die Nummern 1 und 2 nicht anzuwenden. [2]Die Satzung dieser Genossenschaften kann das Stimmrecht der Mitglieder nach der Höhe ihrer Geschäftsguthaben oder einem anderen Maßstab abstufen.

[4]Zur Aufhebung oder Änderung der Bestimmungen der Satzung über Mehrstimmrechte bedarf es nicht der Zustimmung der betroffenen Mitglieder.

(4) [1]Das Mitglied soll sein Stimmrecht persönlich ausüben. [2]Das Stimmrecht geschäftsunfähiger oder in der Geschäftsfähigkeit beschränkter natürlicher Personen sowie das Stimmrecht von juristischen Personen wird durch ihre gesetzlichen Vertreter, das Stimmrecht von Personenhandelsgesellschaften durch zur Vertretung ermächtigte Gesellschafter ausgeübt.

(5) [1]Das Mitglied oder sein gesetzlicher Vertreter können Stimmvollmacht erteilen. [2]Für die Vollmacht ist die schriftliche Form erforderlich. [3]Ein Bevollmächtigter kann nicht mehr als zwei Mitglieder vertreten. [4]Die Satzung kann persönliche Voraussetzungen für Bevollmächtigte aufstellen, insbesondere die Bevollmächtigung von Personen ausschließen, die sich geschäftsmäßig zur Ausübung des Stimmrechts erbieten.

(6) Niemand kann für sich oder für einen anderen das Stimmrecht ausüben, wenn darüber Beschluss gefasst wird, ob er oder das vertretene Mitglied zu entlasten oder von einer Verbindlichkeit zu befreien ist oder ob die Genossenschaft gegen ihn oder das vertretene Mitglied einen Anspruch geltend machen soll.

(7) [1]Die Satzung kann zulassen, dass Beschlüsse der Mitglieder schriftlich oder in elektronischer Form gefasst werden; das Nähere hat die Satzung zu regeln. [2]Ferner kann die Satzung vorsehen, dass in bestimmten Fällen Mitglieder des Aufsichtsrats im Wege der Bildund Tonübertragung an der Generalversammlung teilnehmen können und dass die Generalversammlung in Bild und Ton übertragen werden darf.

§ 43a Vertreterversammlung

(1) [1]Bei Genossenschaften mit mehr als 1 500 Mitgliedern kann die Satzung bestimmen, dass die Generalversammlung aus Vertretern der Mitglieder (Vertreterversammlung) besteht. [2]Die Satzung kann auch bestimmen, dass bestimmte Beschlüsse der Generalversammlung vorbehalten bleiben. [3]Der für die Feststellung der Mitgliederzahl maßgebliche Zeitpunkt ist für jedes Geschäftsjahr jeweils das Ende des vorausgegangenen Geschäftsjahres.

(2) [1]Als Vertreter kann jede natürliche, unbeschränkt geschäftsfähige Person, die Mitglied der Genossenschaft ist und nicht dem Vorstand oder Aufsichtsrat angehört, ge-

wählt werden. [2]Ist ein Mitglied der Genossenschaft eine juristische Person oder eine Personengesellschaft, kann jeweils eine natürliche Person, die zu deren Vertretung befugt ist, als Vertreter gewählt werden.

(3) [1]Die Vertreterversammlung besteht aus mindestens 50 Vertretern, die von den Mitgliedern der Genossenschaft gewählt werden. [2]Die Vertreter können nicht durch Bevollmächtigte vertreten werden. [3]Mehrstimmrechte können ihnen nicht eingeräumt werden.

(4) [1]Die Vertreter werden in allgemeiner, unmittelbarer, gleicher und geheimer Wahl gewählt; Mehrstimmrechte bleiben unberührt. [2]Für die Vertretung von Mitgliedern bei der Wahl gilt § 43 Abs. 4 und 5 entsprechend. [3]Kein Vertreter kann für längere Zeit als bis zur Beendigung der Vertreterversammlung gewählt werden, die über die Entlastung der Mitglieder des Vorstands und des Aufsichtsrats für das vierte Geschäftsjahr nach dem Beginn der Amtszeit beschließt. [4]Das Geschäftsjahr, in dem die Amtszeit beginnt, wird nicht mitgerechnet. [5]Die Satzung muss bestimmen,

1. auf wie viele Mitglieder ein Vertreter entfällt;
2. die Amtszeit der Vertreter.

[6]Eine Zahl von 150 Mitgliedern ist in jedem Fall ausreichend, um einen Wahlvorschlag einreichen zu können. [7]Nähere Bestimmungen über das Wahlverfahren einschließlich der Feststellung des Wahlergebnisses können in einer Wahlordnung getroffen werden, die vom Vorstand und Aufsichtsrat auf Grund übereinstimmender Beschlüsse erlassen wird. [8]Sie bedarf der Zustimmung der Generalversammlung.

(5) [1]Fällt ein Vertreter vor Ablauf der Amtszeit weg, muss ein Ersatzvertreter an seine Stelle treten. [2]Seine Amtszeit erlischt spätestens mit Ablauf der Amtszeit des weggefallenen Vertreters. [3]Auf die Wahl des Ersatzvertreters sind die für den Vertreter geltenden Vorschriften anzuwenden.

(6) [1]Eine Liste mit den Namen sowie den Anschriften, Telefonnummern oder E-Mail-Adressen der gewählten Vertreter und Ersatzvertreter ist zur Einsichtnahme für die Mitglieder mindestens zwei Wochen lang in den Geschäftsräumen der Genossenschaft und ihren Niederlassungen auszulegen oder bis zum Ende der Amtszeit der Vertreter auf der Internetseite der Genossenschaft zugänglich zu machen. [2]Die Auslegung oder die Zugänglichkeit im Internet ist in einem öffentlichen Blatt bekannt zu machen. [3]Die Frist für die Auslegung oder Zugänglichmachung beginnt mit der Bekanntmachung. [4]Jedes Mitglied kann jederzeit eine Abschrift der Liste der Vertreter und Ersatzvertreter verlangen; hierauf ist in der Bekanntmachung nach Satz 2 hinzuweisen.

(7) [1]Die Generalversammlung ist zur Beschlussfassung über die Abschaffung der Vertreterversammlung unverzüglich einzuberufen, wenn dies von mindestens einem Zehntel der Mitglieder oder dem in der Satzung hierfür bestimmten geringeren Teil in Textform beantragt wird. [2]§ 45 Abs. 3 gilt entsprechend.

§ 44 Einberufung der Generalversammlung

(1) Die Generalversammlung wird durch den Vorstand einberufen, soweit nicht nach der Satzung oder diesem Gesetz auch andere Personen dazu befugt sind.

(2) Eine Generalversammlung ist außer in den in der Satzung oder diesem Gesetz ausdrücklich bestimmten Fällen einzuberufen, wenn dies im Interesse der Genossenschaft erforderlich erscheint.

§ 45 Einberufung auf Verlangen einer Minderheit

(1) [1]Die Generalversammlung muss unverzüglich einberufen werden, wenn mindestens ein Zehntel der Mitglieder oder der in der Satzung hierfür bezeichnete geringere Teil in Textform unter Anführung des Zwecks und der Gründe die Einberufung verlangt.

[2]Mitglieder, auf deren Verlangen eine Vertreterversammlung einberufen wird, können an dieser Versammlung mit Rede- und Antragsrecht teilnehmen. [3]Die Satzung kann Bestimmungen darüber treffen, dass das Rede- und Antragsrecht in der Vertreterversammlung nur von einem oder mehreren von den teilnehmenden Mitgliedern aus ihrem Kreis gewählten Bevollmächtigten ausgeübt werden kann.

(2) [1]In gleicher Weise sind die Mitglieder berechtigt zu verlangen, dass Gegenstände zur Beschlussfassung einer Generalversammlung angekündigt werden. [2]Mitglieder, auf deren Verlangen Gegenstände zur Beschlussfassung einer Vertreterversammlung angekündigt werden, können an dieser Versammlung mit Rede- und Antragsrecht hinsichtlich dieser Gegenstände teilnehmen. [3]Absatz 1 Satz 3 ist anzuwenden.

(3) [1]Wird dem Verlangen nicht entsprochen, kann das Gericht die Mitglieder, welche das Verlangen gestellt haben, zur Einberufung der Generalversammlung oder zur Ankündigung des Gegenstandes ermächtigen. [2]Mit der Einberufung oder Ankündigung ist die gerichtliche Ermächtigung bekannt zu machen.

§ 46 Form und Frist der Einberufung

(1) [1]Die Generalversammlung muss in der durch die Satzung bestimmten Weise mit einer Frist von mindestens zwei Wochen einberufen werden. [2]Bei der Einberufung ist die Tagesordnung bekannt zu machen. [3]Die Tagesordnung einer Vertreterversammlung ist allen Mitgliedern durch Veröffentlichung in den Genossenschaftsblättern oder im Internet unter der Adresse der Genossenschaft oder durch unmittelbare Benachrichtigung in Textform bekannt zu machen.

(2) [1]Über Gegenstände, deren Verhandlung nicht in der durch die Satzung oder nach § 45 Abs. 3 vorgesehenen Weise mindestens eine Woche vor der Generalversammlung angekündigt ist, können Beschlüsse nicht gefasst werden. [2]Dies gilt nicht, wenn sämtliche Mitglieder erschienen sind oder es sich um Beschlüsse über die Leitung der Versammlung oder um Anträge auf Einberufung einer außerordentlichen Generalversammlung handelt.

(3) Zur Stellung von Anträgen und zu Verhandlungen ohne Beschlussfassung bedarf es der Ankündigung nicht.

§ 47 Niederschrift

(1) Über die Beschlüsse der Generalversammlung ist eine Niederschrift anzufertigen. Sie soll den Ort und den Tag der Versammlung, den Namen des Vorsitzenden sowie Art und Ergebnis der Abstimmung und die Feststellung des Vorsitzenden über die Beschlussfassung enthalten.

(2) [1]Die Niederschrift ist vom Vorsitzenden und mindestens einem anwesenden Mitglied des Vorstands zu unterschreiben. [2]Ihr sind die Belege über die Einberufung als Anlagen beizufügen.

(3) [1]Sieht die Satzung die Zulassung investierender Mitglieder oder die Gewährung von Mehrstimmrechten vor oder wird eine Änderung der Satzung beschlossen, die einen der in §16 Abs. 2 Satz 1 Nr. 2 bis 5, 9 bis 11 oder Abs. 3 aufgeführten Gegenstände oder eine wesentliche Änderung des Gegenstandes des Unternehmens betrifft, oder wird die Fortsetzung der Genossenschaft nach §117 beschlossen, ist der Niederschrift außerdem ein Verzeichnis der erschienenen oder vertretenen Mitglieder und der vertretenden Personen beizufügen. [2]Bei jedem erschienenen oder vertretenen Mitglied ist dessen Stimmenzahl zu vermerken.

(4) [1]Jedes Mitglied kann jederzeit Einsicht in die Niederschrift nehmen. [2]Ferner ist jedem Mitglied auf Verlangen eine Abschrift der Niederschrift einer Vertreterversamm-

lung unverzüglich zur Verfügung zu stellen. [3]Die Niederschrift ist von der Genossenschaft aufzubewahren.

§ 48 Zuständigkeit der Generalversammlung

(1) [1]Die Generalversammlung stellt den Jahresabschluss fest. [2]Sie beschließt über die Verwendung des Jahresüberschusses oder die Deckung eines Jahresfehlbetrags sowie über die Entlastung des Vorstands und des Aufsichtsrats. [3]Die Generalversammlung hat in den ersten sechs Monaten des Geschäftsjahres stattzufinden.

(2) [1]Auf den Jahresabschluss sind bei der Feststellung die für seine Aufstellung geltenden Vorschriften anzuwenden. [2]Wird der Jahresabschluss bei der Feststellung geändert und ist die Prüfung nach § 53 bereits abgeschlossen, so werden vor der erneuten Prüfung gefasste Beschlüsse über die Feststellung des Jahresabschlusses und über die Ergebnisverwendung erst wirksam, wenn auf Grund einer erneuten Prüfung ein hinsichtlich der Änderung uneingeschränkter Bestätigungsvermerk erteilt worden ist.

(3) [1]Der Jahresabschluss, der Lagebericht sowie der Bericht des Aufsichtsrats sollen mindestens eine Woche vor der Versammlung in dem Geschäftsraum der Genossenschaft oder an einer anderen durch den Vorstand bekannt zu machenden geeigneten Stelle zur Einsichtnahme der Mitglieder ausgelegt, auf der Internetseite der Genossenschaft zugänglich gemacht oder ihnen sonst zur Kenntnis gebracht werden. [2]Jedes Mitglied ist berechtigt, auf seine Kosten eine Abschrift des Jahresabschlusses, des Lageberichts und des Berichts des Aufsichtsrats zu verlangen.

(4) [1]Die Generalversammlung beschließt über die Offenlegung eines Einzelabschlusses nach § 339 Abs. 2 in Verbindung mit § 325 Abs. 2a des Handelsgesetzbuchs. [2]Der Beschluss kann für das nächstfolgende Geschäftsjahr im Voraus gefasst werden. [3]Die Satzung kann die in den Sätzen 1 und 2 genannten Entscheidungen dem Aufsichtsrat übertragen. [4]Ein vom Vorstand auf Grund eines Beschlusses nach den Sätzen 1 bis 3 aufgestellter Abschluss darf erst nach seiner Billigung durch den Aufsichtsrat offengelegt werden.

§ 49 Beschränkungen für Kredite

Die Generalversammlung hat die Beschränkungen festzusetzen, die bei Gewährung von Kredit an denselben Schuldner eingehalten werden sollen.

§ 50 Bestimmung der Einzahlungen auf den Geschäftsanteil

Soweit die Satzung die Mitglieder zu Einzahlungen auf den Geschäftsanteil verpflichtet, ohne dieselben nach Betrag und Zeit festzusetzen, unterliegt ihre Festsetzung der Beschlussfassung durch die Generalversammlung.

§ 51 Anfechtung von Beschlüssen der Generalversammlung

(1) [1]Ein Beschluss der Generalversammlung kann wegen Verletzung des Gesetzes oder der Satzung im Wege der Klage angefochten werden. [2]Die Klage muss binnen einem Monat erhoben werden.

(2) [1]Zur Anfechtung befugt ist jedes in der Generalversammlung erschienene Mitglied, sofern es gegen den Beschluss Widerspruch zum Protokoll erklärt hat, und jedes nicht erschienene Mitglied, sofern es zu der Generalversammlung unberechtigterweise nicht zugelassen worden ist oder sofern es die Anfechtung darauf gründet, dass die Einberufung der Versammlung oder die Ankündigung des Gegenstandes der Beschlussfassung nicht ordnungsgemäß erfolgt sei. [2]Ferner sind der Vorstand und der Aufsichtsrat zur Anfechtung befugt, ebenso jedes Mitglied des Vorstands und des Aufsichtsrats, wenn es durch die Ausführung des Beschlusses eine strafbare Handlung oder eine Ordnungswidrigkeit begehen oder wenn es ersatzpflichtig werden würde.

(3) [1]Die Klage ist gegen die Genossenschaft zu richten. [2]Die Genossenschaft wird durch den Vorstand, sofern dieser nicht selbst klagt, und durch den Aufsichtsrat, sofern dieser nicht selbst klagt, vertreten; § 39 Abs. 1 Satz 2 ist entsprechend anzuwenden. [3]Zuständig für die Klage ist ausschließlich das Landgericht, in dessen Bezirke die Genossenschaft ihren Sitz hat. [4]Die mündliche Verhandlung erfolgt nicht vor Ablauf der im ersten Absatz bezeichneten Frist. [5]Mehrere Anfechtungsprozesse sind zur gleichzeitigen Verhandlung und Entscheidung zu verbinden.

(4) Die Erhebung der Klage sowie der Termin zur mündlichen Verhandlung sind unverzüglich vom Vorstand in den für die Bekanntmachung der Genossenschaft bestimmten Blättern zu veröffentlichen.

(5) [1]Soweit der Beschluss durch Urteil rechtskräftig für nichtig erklärt ist, wirkt dieses Urteil auch gegenüber den Mitgliedern der Genossenschaft, die nicht Partei des Rechtsstreits waren. [2]Ist der Beschluss in das Genossenschaftsregister eingetragen, hat der Vorstand dem Registergericht das Urteil einzureichen und dessen Eintragung zu beantragen. [3]Eine gerichtliche Bekanntmachung der Eintragung erfolgt nur, wenn der eingetragene Beschluss veröffentlicht worden war.

§ 52 *(weggefallen)*

Abschnitt 4.
Prüfung und Prüfungsverbände

§ 53 Pflichtprüfung

(1) [1]Zwecks Feststellung der wirtschaftlichen Verhältnisse und der Ordnungsmäßigkeit der Geschäftsführung sind die Einrichtungen, die Vermögenslage sowie die Geschäftsführung der Genossenschaft mindestens in jedem zweiten Geschäftsjahr zu prüfen. [2]Bei Genossenschaften, deren Bilanzsumme 2 Millionen Euro übersteigt, muss die Prüfung in jedem Geschäftsjahr stattfinden.

(2) [1]Im Rahmen der Prüfung nach Absatz 1 ist bei Genossenschaften, deren Bilanzsumme 1,5 Millionen Euro und deren Umsatzerlöse 3 Millionen Euro übersteigen, der Jahresabschluss unter Einbeziehung der Buchführung und des Lageberichts zu prüfen. [2]§ 316 Abs. 3, § 317 Abs. 1 Satz 2 und 3, Abs. 2 des Handelsgesetzbuchs sind entsprechend anzuwenden. [3]Bei der Prüfung großer Genossenschaften im Sinn des § 58 Abs. 2 ist § 317 Abs. 5 und 6 des Handelsgesetzbuchs entsprechend anzuwenden; Artikel 17 der Verordnung (EU) Nr. 537/2014 findet keine Anwendung.

(3) Für Genossenschaften, die kapitalmarktorientiert im Sinn des § 264d des Handelsgesetzbuchs oder die CRR-Kreditinstitut im Sinne des § 1 Absatz 3d Satz 1 des Kreditwesengesetzes sind und keinen Aufsichtsrat haben, gilt § 324 des Handelsgesetzbuchs entsprechend.

§ 53a Vereinfachte Prüfung; Verordnungsermächtigung

(1) [1]Bei Kleinstgenossenschaften (§ 336 Absatz 2 Satz 3 des Handelsgesetzbuchs), deren Satzung keine Nachschusspflicht der Mitglieder vorsieht und die im maßgeblichen Prüfungszeitraum von ihren Mitgliedern keine Darlehen nach § 21b Absatz 1 entgegengenommen haben, beschränkt sich jede zweite Prüfung nach § 53 Absatz 1 Satz 1 auf eine vereinfachte Prüfung. [2]Eine vereinfachte Prüfung umfasst die Durchsicht der in Absatz 2 Satz 1 genannten Unterlagen und die Feststellung, ob es Anhaltspunkte dafür gibt, an einer geordneten Vermögenslage oder der Ordnungsmäßigkeit der Geschäftsführung zu zweifeln. [3]§ 57 Absatz 2 und 4 findet keine Anwendung.

(2) [1]Bei der vereinfachten Prüfung sind folgende Unterlagen einzureichen:

1. eine Abschrift der Satzung in der geltenden Fassung oder eine Erklärung des Vorstands, dass gegenüber der zuletzt eingereichten Fassung keine Änderung erfolgt ist;
2. die im Prüfungszeitraum festgestellten Jahresabschlüsse;
3. ein Nachweis über die im Prüfungszeitraum erfolgte Offenlegung des Jahresabschlusses im Bundesanzeiger oder darüber, dass ein entsprechender Bekanntmachungs- oder Hinterlegungsauftrag erteilt wurde;
4. eine Abschrift der Mitgliederliste;
5. eine Abschrift der im Prüfungszeitraum erstellten Niederschriften der Beschlüsse der Generalversammlung, des Vorstands und des Aufsichtsrats, wenn es einen solchen gibt;
6. sofern die Genossenschaft im Prüfungszeitraum ihren Mitgliedern Vermögensanlagen nach § 2 Absatz 1 Nummer 1a des Vermögensanlagengesetzes vom 6. Dezember 2011 (BGBl. I S. 2481), das zuletzt durch Artikel 4 Absatz 54 des Gesetzes vom 18. Juli 2016 (BGBl. I S. 1666) geändert worden ist, in der jeweils geltenden Fassung angeboten hat, eine Erklärung des Vorstands, dass und auf welche Weise den Mitgliedern die nach § 2 Absatz 2 Satz 2 des Vermögensanlagengesetzes erforderlichen Informationen zur Verfügung gestellt wurden.

[2]Die Unterlagen sind innerhalb von zwei Monaten nach Aufforderung durch den Prüfungsverband in Textform einzureichen. [3]In der Aufforderung hat der Prüfungsverband den maßgeblichen Prüfungszeitraum zu bezeichnen.

(3) [1]Werden die erforderlichen Unterlagen nicht oder nicht vollständig eingereicht, hat der Prüfungsverband das Recht, eine vollständige Prüfung nach § 53 Absatz 1 Satz 1 vorzunehmen. [2]Die Generalversammlung kann jederzeit eine solche vollständige Prüfung beschließen. [3]Die erstmalige Pflichtprüfung einer Genossenschaft ist stets eine vollständige Prüfung.

(4) [1]Das Bundesministerium der Justiz und für Verbraucherschutz wird ermächtigt, im Einvernehmen mit dem Bundesministerium für Wirtschaft und Energie, durch Rechtsverordnung mit Zustimmung des Bundesrates für die vereinfachte Prüfung zu bestimmen, dass abweichend von Absatz 2 dem Prüfungsverband von der Genossenschaft weitere Unterlagen einzureichen sind. [2]Dabei kann nach der Branchenzugehörigkeit der Genossenschaft unterschieden werden.

§ 54 Pflichtmitgliedschaft im Prüfungsverband

[1]Die Genossenschaft muss einem Verband angehören, dem das Prüfungsrecht verliehen ist (Prüfungsverband). [2]Die Genossenschaft hat den Namen und den Sitz dieses Prüfungsverbandes auf ihrer Internetseite oder in Ermangelung einer solchen auf den Geschäftsbriefen anzugeben.

§ 54a Wechsel des Prüfungsverbandes

(1) [1]Scheidet eine Genossenschaft aus dem Verband aus, so hat der Verband das Registergericht unverzüglich zu benachrichtigen. [2]Das Registergericht hat eine Frist zu bestimmen, innerhalb derer die Genossenschaft die Mitgliedschaft bei einem Verband zu erwerben hat. [3]Die Artikel 16 und 19 der Verordnung (EU) Nr. 537/2014 finden keine Anwendung.

(2) [1]Weist die Genossenschaft nicht innerhalb der gesetzten Frist dem Registergericht nach, dass sie die Mitgliedschaft erworben hat, so hat das Registergericht von Amts wegen nach Anhörung des Vorstands die Auflösung der Genossenschaft auszusprechen. [2]§ 80 Abs. 2 findet Anwendung.

§ 55 Prüfung durch den Verband

(1) [1]Die Genossenschaft wird durch den Verband geprüft, dem sie angehört. [2]Der Verband bedient sich zum Prüfen der von ihm angestellten Prüfer. [3]Diese sollen im genossenschaftlichen Prüfungswesen ausreichend vorgebildet und erfahren sein.

(2) [1]Ein gesetzlicher Vertreter des Verbandes oder eine vom Verband beschäftigte Person, die das Ergebnis der Prüfung beeinflussen kann, ist von der Prüfung der Genossenschaft ausgeschlossen, wenn Gründe, insbesondere Beziehungen geschäftlicher, finanzieller oder persönlicher Art, vorliegen, nach denen die Besorgnis der Befangenheit besteht. [2]Dies ist insbesondere der Fall, wenn der Vertreter oder die Person

1. Mitglied der zu prüfenden Genossenschaft ist;
2. Mitglied des Vorstands oder Aufsichtsrats oder Arbeitnehmer der zu prüfenden Genossenschaft ist;
3. über die Prüfungstätigkeit hinaus bei der zu prüfenden Genossenschaft oder für diese in dem zu prüfenden Geschäftsjahr oder bis zur Erteilung des Bestätigungsvermerks
   a) bei der Führung der Bücher oder der Aufstellung des zu prüfenden Jahresabschlusses mitgewirkt hat,
   b) bei der Durchführung der internen Revision in verantwortlicher Position mitgewirkt hat,
   c) Unternehmensleitungs- oder Finanzdienstleistungen erbracht hat oder
   d) eigenständige versicherungsmathematische oder Bewertungsleistungen erbracht hat, die sich auf den zu prüfenden Jahresabschluss nicht nur unwesentlich auswirken,

   sofern diese Tätigkeiten nicht von untergeordneter Bedeutung sind; dies gilt auch, wenn eine dieser Tätigkeiten von einem Unternehmen für die zu prüfende Genossenschaft ausgeübt wird, bei dem der gesetzliche Vertreter des Verbandes oder die vom Verband beschäftigte Person als gesetzlicher Vertreter, Arbeitnehmer, Mitglied des Aufsichtsrats oder Gesellschafter, der mehr als 20 Prozent der den Gesellschaftern zustehenden Stimmrechte besitzt, diese Tätigkeit ausübt oder deren Ergebnis beeinflussen kann.

[3]Satz 2 Nr. 2 ist auf Mitglieder des Aufsichtsorgans des Verbandes nicht anzuwenden, sofern sichergestellt ist, dass der Prüfer die Prüfung unabhängig von den Weisungen durch das Aufsichtsorgan durchführen kann. [4]Die Sätze 2 und 3 gelten auch, wenn der Ehegatte oder der Lebenspartner einen Ausschlussgrund erfüllt. [5]Ist die zu prüfende Genossenschaft kapitalmarktorientiert im Sinne des § 264d des Handelsgesetzbuchs oder ist sie ein CRR-Kreditinstitut im Sinne des § 1 Absatz 3d Satz 1 des Kreditwesengesetzes, sind über die in den Sätzen 1 bis 4 genannten Gründe hinaus § 319a Absatz 1 und 3 des Handelsgesetzbuchs sowie Artikel 5 Absatz 1, 4 Unterabsatz 1 und Absatz 5 der Verordnung (EU) Nr. 537/2014 auf die in Satz 1 genannten Vertreter und Personen des Verbandes entsprechend anzuwenden; auf den Verband findet Artikel 5 der Verordnung (EU) Nr. 537/2014 keine Anwendung.

(2a) [1]Artikel 4 Absatz 3 Unterabsatz 1 der Verordnung (EU) Nr. 537/2014 findet auf alle in Absatz 2 Satz 1 genannten Vertreter und Personen des Verbandes entsprechende Anwendung; auf den Verband findet Artikel 4 Absatz 2 und 3 Unterabsatz 1 der Verordnung (EU) Nr. 537/2014 keine Anwendung. [2]Artikel 4 Absatz 3 Unterabsatz 2 der Verordnung (EU) Nr. 537/2014 findet keine Anwendung.

(3) [1]Der Verband kann sich eines von ihm nicht angestellten Prüfers bedienen, wenn dies im Einzelfall notwendig ist, um eine gesetzmäßige sowie sach- und termingerechte Prüfung zu gewährleisten. [2]Der Verband darf jedoch nur einen anderen Prüfungsverband,

einen Wirtschaftsprüfer oder eine Wirtschaftsprüfungsgesellschaft mit der Prüfung beauftragen.

(4) Gehört die Genossenschaft mehreren Verbänden an, wird die Prüfung durch denjenigen Verband durchgeführt, bei dem die Genossenschaft die Mitgliedschaft zuerst erworben hat, es sei denn, dieser Verband, die Genossenschaft und der andere Verband, der künftig die Prüfung durchführen soll, einigen sich darauf, dass der andere Verband die Prüfung durchführt.

§ 56 Ruhen des Prüfungsrechts des Verbandes

(1) [1]Die Aufsichtsbehörde kann das Ruhen des Prüfungsrechts des Verbandes anordnen, wenn dieser sich einer angeordneten Untersuchung nach § 64 Absatz 2 Satz 2 Nummer 4 entzieht oder wenn nach den Ergebnissen einer solchen Untersuchung ein Ruhen des Prüfungsrechts erforderlich erscheint, um weitere Feststellungen dazu treffen zu können, ob der Verband seine Aufgaben ordnungsgemäß erfüllt. [2]Das Prüfungsrecht eines Verbandes, der sich nach § 63e Absatz 1 einer Qualitätskontrolle zu unterziehen hat, ruht, wenn der Verband nicht mehr gemäß § 40a Absatz 1 Satz 1 der Wirtschaftsprüferordnung im Register eingetragen ist.

(2) [1]Ruht das Prüfungsrecht des Verbandes, so hat der Spitzenverband, dem der Verband angehört, auf Antrag des Vorstands der Genossenschaft oder des Verbandes einen anderen Prüfungsverband, einen Wirtschaftsprüfer oder eine Wirtschaftsprüfungsgesellschaft als Prüfer zu bestellen. [2]Bestellt der Spitzenverband keinen Prüfer oder gehört der Verband keinem Spitzenverband an, so hat das Registergericht auf Antrag des Vorstands der Genossenschaft oder des Verbandes einen Prüfer im Sinne des Satzes 1 zu bestellen. [3]Der Vorstand ist verpflichtet, die Anträge unverzüglich zu stellen, soweit diese nicht vom Verband gestellt werden.

(3) [1]Die Rechte und Pflichten des nach Absatz 2 bestellten Prüfers bestimmen sich nach den für den Verband geltenden Vorschriften dieses Gesetzes. [2]Der Prüfer hat dem Verband eine Abschrift seines Prüfungsberichts vorzulegen.

§ 57 Prüfungsverfahren

(1) [1]Der Vorstand der Genossenschaft hat dem Prüfer die Einsicht der Bücher und Schriften der Genossenschaft sowie die Untersuchung des Kassenbestandes und der Bestände an Wertpapieren und Waren zu gestatten; er hat ihm alle Aufklärungen und Nachweise zu geben, die der Prüfer für eine sorgfältige Prüfung benötigt. [2]Das gilt auch, wenn es sich um die Vornahme einer vom Verband angeordneten außerordentlichen Prüfung handelt.

(2) [1]Der Verband hat dem Vorsitzenden des Aufsichtsrats der Genossenschaft den Beginn der Prüfung rechtzeitig anzuzeigen. [2]Der Vorsitzende des Aufsichtsrats hat die übrigen Mitglieder des Aufsichtsrats von dem Beginn der Prüfung unverzüglich zu unterrichten und sie auf ihr Verlangen oder auf Verlangen des Prüfers zu der Prüfung zuzuziehen.

(3) Von wichtigen Feststellungen, nach denen dem Prüfer sofortige Maßnahmen des Aufsichtsrats erforderlich erscheinen, soll der Prüfer unverzüglich den Vorsitzenden des Aufsichtsrats in Kenntnis setzen.

(4) [1]In unmittelbarem Zusammenhang mit der Prüfung soll der Prüfer in einer gemeinsamen Sitzung des Vorstands und des Aufsichtsrats der Genossenschaft über das voraussichtliche Ergebnis der Prüfung mündlich berichten. [2]Er kann zu diesem Zwecke verlangen, dass der Vorstand oder der Vorsitzende des Aufsichtsrats zu einer solchen Sitzung einladen; wird seinem Verlangen nicht entsprochen, so kann er selbst Vorstand und Aufsichtsrat unter Mitteilung des Sachverhalts berufen.

(5) [1]Ist eine Genossenschaft kapitalmarktorientiert im Sinne des § 264d des Handelsgesetzbuchs oder ist sie ein CRR-Kreditinstitut im Sinne des § 1 Absatz 3d Satz 1 des Kreditwesengesetzes, so hat der Prüfer an einer gemeinsamen Sitzung des Vorstands und des Aufsichtsrats der Genossenschaft über das voraussichtliche Ergebnis der Prüfung teilzunehmen und über die wesentlichen Ergebnisse seiner Prüfung, insbesondere über wesentliche Schwächen des internen Kontroll- und des Risikomanagementsystems bezogen auf den Rechnungslegungsprozess, zu berichten. [2]Er informiert über Umstände, die seine Befangenheit besorgen lassen, und über Leistungen, die er zusätzlich zu den Prüfungsleistungen erbracht hat.

(6) Ist nach der Satzung kein Aufsichtsrat zu bilden, werden die Rechte und Pflichten des Aufsichtsratsvorsitzenden nach den Absätzen 2 bis 4 durch einen von der Generalversammlung aus ihrer Mitte gewählten Bevollmächtigten wahrgenommen.

§ 57a Prüfungsbegleitende Qualitätssicherung

[1]Ist die zu prüfende Genossenschaft kapitalmarktorientiert im Sinne des § 264d des Handelsgesetzbuchs oder ist sie ein CRR-Kreditinstitut im Sinne des § 1 Absatz 3d Satz 1 des Kreditwesengesetzes mit einer Bilanzsumme von mehr als 3 Milliarden Euro, hat in entsprechender Anwendung des Artikels 8 der Verordnung (EU) Nr. 537/2014 eine prüfungsbegleitende Qualitätssicherung stattzufinden. [2]Die prüfungsbegleitende Qualitätssicherung darf nur von solchen fachlich und persönlich geeigneten Personen wahrgenommen werden, die an der Durchführung der Prüfung nicht beteiligt sind.

§ 58 Prüfungsbericht

(1) [1]Der Verband hat über das Ergebnis der Prüfung schriftlich zu berichten. [2]Auf den Prüfungsbericht ist, soweit er den Jahresabschluss und den Lagebericht betrifft, § 321 Abs. 1 bis 3 sowie 4a des Handelsgesetzbuchs entsprechend anzuwenden. [3]Im Prüfungsbericht ist Stellung dazu zu nehmen, ob und auf welche Weise die Genossenschaft im Prüfungszeitraum einen zulässigen Förderzweck verfolgt hat.

(2) [1]Auf die Prüfung von Genossenschaften, die die Größenmerkmale des § 267 Abs. 3 des Handelsgesetzbuchs erfüllen, ist § 322 des Handelsgesetzbuchs über den Bestätigungsvermerk entsprechend anzuwenden. [2]Artikel 10 Absatz 2 Buchstabe g der Verordnung (EU) Nr. 537/2014 findet auf alle in § 55 Absatz 2 Satz 1 genannten Vertreter und Personen des Verbandes entsprechende Anwendung; auf den Verband findet Artikel 10 Absatz 2 Buchstabe g der Verordnung (EU) Nr. 537/2014 keine Anwendung.

(3) [1]Der Verband hat den Prüfungsbericht zu unterzeichnen und dem Vorstand der Genossenschaft sowie dem Vorsitzenden des Aufsichtsrats vorzulegen; § 57 Absatz 6 ist entsprechend anzuwenden, Artikel 11 Absatz 1, 2 Satz 1 und Absatz 4 der Verordnung (EU) Nr. 537/2014 ist nicht anzuwenden. [2]Jedes Mitglied des Aufsichtsrats hat den Inhalt des Prüfungsberichts zur Kenntnis zu nehmen.

(4) [1]Über das Ergebnis der Prüfung haben Vorstand und Aufsichtsrat der Genossenschaft in gemeinsamer Sitzung unverzüglich nach Eingang des Prüfungsberichts zu beraten; ist die Genossenschaft kapitalmarktorientiert im Sinne des § 264d des Handelsgesetzbuchs oder ist sie CRR-Kreditinstitut im Sinne des § 1 Absatz 3d Satz 1 des Kreditwesengesetzes, so hat der Aufsichtsrat darzulegen, wie die Prüfung sowie die Befassung des Aufsichtsrats oder Prüfungsausschusses mit der Abschlussprüfung dazu beigetragen hat, dass die Rechnungslegung ordnungsgemäß ist. [2]Verband und Prüfer sind berechtigt, an der Sitzung teilzunehmen; der Vorstand ist verpflichtet, den Verband von der Sitzung in Kenntnis zu setzen.

§ 59 Befassung der Generalversammlung

(1) [1]Der Vorstand hat den Prüfungsbericht bei der Einberufung der nächsten Generalversammlung als Gegenstand der Beratung und möglichen Beschlussfassung anzukündigen. [2]Jedes Mitglied hat das Recht, Einsicht in das zusammengefasste Ergebnis des Prüfungsberichts zu nehmen.

(2) In der Generalversammlung hat sich der Aufsichtsrat über wesentliche Feststellungen oder Beanstandungen der Prüfung zu erklären.

(3) Der Verband ist berechtigt, an der Generalversammlung beratend teilzunehmen; auf seinen Antrag oder auf Beschluss der Generalversammlung ist der Bericht ganz oder in bestimmten Teilen zu verlesen.

§ 60 Einberufungsrecht des Prüfungsverbandes

(1) Gewinnt der Verband die Überzeugung, dass die Beratung und mögliche Beschlussfassung über den Prüfungsbericht ungebührlich verzögert wird oder dass die Generalversammlung bei der Beratung und möglichen Beschlussfassung unzulänglich über wesentliche Feststellungen oder Beanstandungen des Prüfungsberichts unterrichtet war, so ist er berechtigt, eine außerordentliche Generalversammlung der Genossenschaft auf deren Kosten zu berufen und zu bestimmen, über welche Gegenstände zwecks Beseitigung festgestellter Mängel verhandelt und beschlossen werden soll.

(2) In der von dem Verband einberufenen Generalversammlung führt eine vom Verband bestimmte Person den Vorsitz.

§ 61 Vergütung des Prüfungsverbandes

Der Verband hat gegen die Genossenschaft Anspruch auf Erstattung angemessener barer Auslagen und auf Vergütung für seine Leistung.

§ 62 Verantwortlichkeit der Prüfungsorgane

(1) [1]Verbände, Prüfer und Prüfungsgesellschaften sind zur gewissenhaften und unparteiischen Prüfung und zur Verschwiegenheit verpflichtet. [2]Sie dürfen Geschäfts- und Betriebsgeheimnisse, die sie bei ihrer Tätigkeit erfahren haben, nicht unbefugt verwerten. [3]Wer seine Pflichten vorsätzlich oder fahrlässig verletzt, haftet der Genossenschaft für den daraus entstehenden Schaden. [4]Mehrere Personen haften als Gesamtschuldner.

(2) [1]Die Ersatzpflicht von Personen, die fahrlässig gehandelt haben, beschränkt sich auf eine Million Euro für eine Prüfung. [2]Dies gilt auch, wenn an der Prüfung mehrere Personen beteiligt gewesen oder mehrere zum Ersatz verpflichtende Handlungen begangen worden sind, und ohne Rücksicht darauf, ob andere Beteiligte vorsätzlich gehandelt haben.

(3) [1]Der Verband kann einem Spitzenverband, dem er angehört, Abschriften der Prüfungsberichte mitteilen; der Spitzenverband darf sie so verwerten, wie es die Erfüllung der ihm obliegenden Pflichten erfordert. [2]Der Verband ist berechtigt, der Bundesanstalt für Finanzdienstleistungsaufsicht eine Abschrift eines Prüfungsberichts ganz oder auszugsweise zur Verfügung zu stellen, wenn sich aus diesem Anhaltspunkte dafür ergeben, dass die geprüfte Genossenschaft keinen zulässigen Förderzweck verfolgt, sondern ihr Vermögen gemäß einer festgelegten Anlagestrategie investiert, so dass ein Investmentvermögen im Sinne des § 1 Absatz 1 des Kapitalanlagegesetzbuchs vorliegen könnte.

(4) [1]Die Verpflichtung zur Verschwiegenheit nach Absatz 1 Satz 1 besteht, wenn eine Prüfungsgesellschaft die Prüfung vornimmt, auch gegenüber dem Aufsichtsrat und den Mitgliedern des Aufsichtsrats der Prüfungsgesellschaft. [2]Der Vorsitzende des Aufsichtsrats der Prüfungsgesellschaft und sein Stellvertreter dürfen jedoch die von der Prüfungsgesellschaft erstatteten Berichte einsehen, die hierbei erlangten Kenntnisse aber

nur verwerten, soweit es die Erfüllung der Überwachungspflicht des Aufsichtsrats erfordert.

(5) Die Haftung nach diesen Vorschriften kann durch Vertrag weder ausgeschlossen noch beschränkt werden; das Gleiche gilt von der Haftung des Verbandes für die Personen, deren er sich zur Vornahme der Prüfung bedient.

§ 63 Zuständigkeit für Verleihung des Prüfungsrechts

[1]Das Prüfungsrecht wird dem Verband durch die zuständige oberste Landesbehörde (Aufsichtsbehörde) verliehen, in deren Gebiet der Verband seinen Sitz hat. [2]Die Landesregierungen werden ermächtigt, die Zuständigkeiten nach Satz 1 und § 64 Abs. 1 durch Rechtsverordnung auf eine andere Behörde zu übertragen. [3]Mehrere Länder können die Errichtung einer gemeinsamen Behörde oder die Ausdehnung der Zuständigkeit einer Behörde über die Landesgrenzen hinaus vereinbaren.

§ 63a Verleihung des Prüfungsrechts

(1) Dem Antrag auf Verleihung des Prüfungsrechts darf nur stattgegeben werden, wenn der Verband die Gewähr für die Erfüllung der von ihm zu übernehmenden Aufgaben bietet.

(2) Die Aufsichtsbehörde kann die Verleihung des Prüfungsrechts von der Erfüllung von Auflagen und insbesondere davon abhängig machen, dass der Verband sich gegen Schadensersatzansprüche aus der Prüfungstätigkeit in ausreichender Höhe versichert oder den Nachweis führt, dass eine andere ausreichende Sicherstellung erfolgt ist.

§ 63b Rechtsform, Mitglieder und Zweck des Prüfungsverbandes

(1) [1]Der Verband soll die Rechtsform des eingetragenen Vereins haben. [2]Eine andere Rechtsform ist nur zulässig, wenn sichergestellt ist, dass der Verband ohne Gewinnerzielungsabsicht handelt.

(2) [1]Mitglieder des Verbandes können nur eingetragene Genossenschaften und ohne Rücksicht auf ihre Rechtsform solche Unternehmen oder andere Vereinigungen sein, die sich ganz oder überwiegend in der Hand eingetragener Genossenschaften befinden oder dem Genossenschaftswesen dienen. [2]Ob diese Voraussetzungen vorliegen, entscheidet im Zweifelsfall die Aufsichtsbehörde. [3]Sie kann Ausnahmen von der Vorschrift des Satzes 1 zulassen, wenn ein wichtiger Grund vorliegt.

(3) Mitglieder des Verbandes, die nicht eingetragene Genossenschaften sind und anderen gesetzlichen Prüfungsvorschriften unterliegen, bleiben trotz ihrer Zugehörigkeit zum Verband diesen anderen Prüfungsvorschriften unterworfen und unterliegen nicht der Prüfung nach diesem Gesetz.

(4) [1]Der Verband muss unbeschadet der Vorschriften des Absatzes 3 die Prüfung seiner Mitglieder und kann auch sonst die gemeinsame Wahrnehmung ihrer Interessen, insbesondere die Unterhaltung gegenseitiger Geschäftsbeziehungen zum Zweck haben. [2]Andere Zwecke darf er nicht verfolgen.

(5) [1]Dem Vorstand des Prüfungsverbandes soll mindestens ein Wirtschaftsprüfer angehören. [2]Gehört dem Vorstand kein Wirtschaftsprüfer an, so muss der Prüfungsverband einen Wirtschaftsprüfer als seinen besonderen Vertreter nach § 30 des Bürgerlichen Gesetzbuchs bestellen. [3]Die Aufsichtsbehörde kann den Prüfungsverband bei Vorliegen besonderer Umstände von der Einhaltung der Sätze 1 und 2 befreien, jedoch höchstens für die Dauer eines Jahres. [4]In Ausnahmefällen darf sie auch eine Befreiung auf längere Dauer gewähren, wenn und solange nach Art und Umfang des Geschäftsbetriebes der Mitglieder des Prüfungsverbandes eine Prüfung durch Wirtschaftsprüfer nicht erforderlich ist.

(6) Mitgliederversammlungen des Verbandes dürfen nur innerhalb des Verbandsbezirkes abgehalten werden.

§ 63c Satzung des Prüfungsverbandes

(1) Die Satzung des Verbandes muss enthalten:

1. die Zwecke des Verbandes;
2. den Namen; er soll sich von dem Namen anderer bereits bestehender Verbände deutlich unterscheiden;
3. den Sitz;
4. den Bezirk.

(2) Die Satzung soll ferner Bestimmungen enthalten über Auswahl und Befähigungsnachweis der anzustellenden Prüfer, über Art und Umfang der Prüfungen sowie, soweit der Prüfungsverband gesetzlich vorgeschriebene Abschlussprüfungen von Genossenschaften im Sinne des § 53 Absatz 2, im Sinn des § 340k Abs. 2 Satz 1 des Handelsgesetzbuchs, im Sinn des Artikels 25 Abs. 1 Satz 1 des Einführungsgesetzes zum Handelsgesetzbuch durchführt oder den Konzernabschluss einer Genossenschaft nach § 14 Abs. 1 des Publizitätsgesetzes prüft, über die Registrierung als Abschlussprüfer, über die Bindung an die Berufsgrundsätze und die Beachtung der Prüfungsstandards entsprechend den für Wirtschaftsprüfungsgesellschaften geltenden Bestimmungen, über Berufung, Sitz, Aufgaben und Befugnisse des Vorstands und über die sonstigen Organe des Verbandes.

(3) Änderungen der Satzung, die nach den Absätzen 1 und 2 notwendige Bestimmungen zum Gegenstand haben, sind der Aufsichtsbehörde unverzüglich anzuzeigen.

§ 63d Einreichungen bei Gericht

[1]Der Verband hat den Registergerichten, in deren Bezirk die ihm angehörenden Genossenschaften ihren Sitz haben, die Satzung mit einer beglaubigten Abschrift der Verleihungsurkunde sowie jährlich im Monat Januar ein Verzeichnis der ihm angehörenden Genossenschaften einzureichen. [2]Wurde bei einer dieser Genossenschaften im letzten sich aus § 53 Absatz 1 ergebenden Prüfungszeitraum keine Pflichtprüfung durchgeführt, ist dies in einer Anlage zum Verzeichnis unter Angabe der Gründe für die ausstehende Prüfung anzugeben. [3]Liegt der Grund darin, dass die betreffende Genossenschaft auch Mitglied bei einem anderen Prüfungsverband ist und dieser andere Verband die Prüfung durchführt, ist der Name dieses anderen Verbandes anzugeben.

§ 63e Qualitätskontrolle für Prüfungsverbände

(1) [1]Die Prüfungsverbände sind verpflichtet, sich im Abstand von jeweils sechs Jahren einer Qualitätskontrolle nach Maßgabe der §§ 63f und 63g zu unterziehen. [2]Prüft ein Prüfungsverband auch eine Genossenschaft, eine in Artikel 25 Abs. 1 Satz 1 Nr. 1 des Einführungsgesetzes zum Handelsgesetzbuch genannte Gesellschaft oder ein in Artikel 25 Abs. 1 Satz 1 Nr. 2 des Einführungsgesetzes zum Handelsgesetzbuch genanntes Unternehmen, die kapitalmarktorientiert im Sinne des § 264d des Handelsgesetzbuchs oder ein CRR-Kreditinstitut im Sinne des § 1 Absatz 3d Satz 1 des Kreditwesengesetzes sind, verringert sich der Abstand auf drei Jahre. [3]Ein Prüfungsverband, der keine gesetzlich vorgeschriebene Abschlussprüfung durchführt, ist nicht verpflichtet, sich einer Qualitätskontrolle zu unterziehen.

(2) [1]Die Qualitätskontrolle dient der Überwachung, ob die Grundsätze und Maßnahmen zur Qualitätssicherung nach Maßgabe der gesetzlichen Vorschriften insgesamt und bei der Durchführung einzelner Aufträge eingehalten werden. [2]Sie erstreckt sich auf die Prüfungen nach § 53 Abs. 1 und 2 bei den in § 53 Abs. 2 Satz 1 bezeichneten Genossenschaften und die Prüfungen bei den in Artikel 25 Abs. 1 Satz 1 des Einführungs-

gesetzes zum Handelsgesetzbuche genannten Gesellschaften und Unternehmen, die keine kleinen Kapitalgesellschaften im Sinne des § 267 Absatz 1 des Handelsgesetzbuchs sind.

(3) Der Prüfungsverband hat der zuständigen Aufsichtsbehörde die erfolgte Durchführung einer Qualitätskontrolle mitzuteilen.

(4) Ein Prüfungsverband, der erstmalig eine gesetzlich vorgeschriebene Abschlussprüfung durchführt, hat sich spätestens drei Jahre nach deren Beginn einer Qualitätskontrolle zu unterziehen.

§ 63f Prüfer für Qualitätskontrolle

(1) Die Qualitätskontrolle wird durch Prüfungsverbände nach Maßgabe des Absatzes 2 oder durch Wirtschaftsprüfer oder Wirtschaftsprüfungsgesellschaften durchgeführt, die nach § 57 a Abs. 3 der Wirtschaftsprüferordnung als Prüfer für Qualitätskontrolle registriert sind.

(2) [1]Ein Prüfungsverband ist auf Antrag bei der Wirtschaftsprüferkammer als Prüfer für Qualitätskontrolle zu registrieren, wenn

1. ihm das Prüfungsrecht seit mindestens drei Jahren zusteht;
2. mindestens ein Mitglied seines Vorstands oder ein nach § 30 des Bürgerlichen Gesetzbuchs bestellter besonderer Vertreter ein Wirtschaftsprüfer ist, der als Prüfer für Qualitätskontrolle nach § 57a Abs. 3 der Wirtschaftsprüferordnung registriert ist;
3. der Prüfungsverband nach § 40a Absatz 1 Satz 1 der Wirtschaftsprüferordnung eingetragen ist

[2]Wird einem Prüfungsverband der Auftrag zur Durchführung einer Qualitätskontrolle erteilt, so muss der für die Qualitätskontrolle verantwortliche Wirtschaftsprüfer die Voraussetzungen des Satzes 1 Nr. 2 erfüllen.

(3) § 57a Absatz 3a Satz 1 und Absatz 4 der Wirtschaftsprüferordnung ist entsprechend anzuwenden.

§ 63g Durchführung der Qualitätskontrolle

(1) [1]Der Prüfungsverband muss Mitglied der Wirtschaftsprüferkammer nach Maßgabe des § 58 Abs. 2 Satz 2 der Wirtschaftsprüferordnung sein. [2]Er erteilt einem Prüfer für Qualitätskontrolle den Auftrag zur Durchführung der Qualitätskontrolle. [3]§ 57a Abs. 7 der Wirtschaftsprüferordnung über die Kündigung des Auftrags ist entsprechend anzuwenden.

(2) [1]Auf das Prüfungsverfahren sind § 57a Absatz 5, 5b, 6, 6a Satz 1 sowie Absatz 8, die §§ 57b bis 57e Absatz 1, 2 Satz 1, 2 und 4 und Absatz 3 Satz 1, § 66a Absatz 1 Satz 1, Absatz 3 Satz 1 bis 3, Absatz 5 Satz 1 und § 66b der Wirtschaftsprüferordnung entsprechend anzuwenden. [2]Die Ergebnisse einer Inspektion nach § 63h sind im Rahmen der Qualitätskontrolle zu berücksichtigen. [3]Soweit dies zur Durchführung der Qualitätskontrolle erforderlich ist, ist die Pflicht zur Verschwiegenheit nach § 62 Abs. 1 eingeschränkt.

(3) Die Kommission für Qualitätskontrolle nach § 57e Absatz 1 der Wirtschaftsprüferordnung hat die zuständige Aufsichtsbehörde unverzüglich zu unterrichten, wenn ein Prüfungsverband wegen fehlender Durchführung der Qualitätskontrolle aus dem Register nach § 40a der Wirtschaftsprüferordnung gelöscht werden soll.

§ 63h Inspektionen

[1]Führt ein Prüfungsverband die gesetzlich vorgeschriebene Abschlussprüfung bei einem Unternehmen durch, das kapitalmarktorientiert im Sinne des § 264d des Handelsgesetzbuchs ist, können bei diesem Prüfungsverband Inspektionen in entsprechender

Anwendung des § 62b der Wirtschaftsprüferordnung stichprobenartig ohne besonderen Anlass durchgeführt werden. [2]§ 57e Absatz 6 Satz 2, § 62 Absatz 4 und 5 sowie die §§ 66a und 66b der Wirtschaftsprüferordnung gelten entsprechend. [3]Die Wirtschaftsprüferkammer hat der Aufsichtsbehörde das Ergebnis der Inspektion mitzuteilen. [4]Im Übrigen findet Artikel 26 der Verordnung (EU) Nr. 537/2014 keine Anwendung.

§ 64 Staatsaufsicht

(1) Die genossenschaftlichen Prüfungsverbände unterliegen der Aufsicht durch die zuständige Aufsichtsbehörde.

(2) [1]Die Aufsichtsbehörde kann die erforderlichen Maßnahmen ergreifen, um sicherzustellen, dass der Verband die ihm nach diesem Gesetz obliegenden Aufgaben ordnungsgemäß erfüllt. [2]Die Aufsichtsbehörde ist insbesondere befugt,

1. von dem Verband Auskunft über alle seine Aufgabenerfüllung betreffenden Angelegenheiten sowie Vorlage von Prüfungsberichten und anderen geschäftlichen Unterlagen zu verlangen,
2. von dem Verband regelmäßige Berichte nach festgelegten Kriterien zu verlangen,
3. an der Mitgliederversammlung des Verbandes durch einen Beauftragten teilzunehmen,
4. bei Bedarf Untersuchungen bei dem Verband durchzuführen und hierzu Dritte heranzuziehen.

[2]Die mit der Durchführung von Aufsichtsmaßnahmen betrauten Personen und die mit Untersuchungen beauftragten Dritten sind berechtigt, die Geschäftsräume des Verbandes während der Geschäfts- und Arbeitszeiten zu betreten, um Untersuchungen vorzunehmen oder sonst Feststellungen zu treffen, die zur Ausübung der Aufsicht erforderlich sind. [3]Bei einem Verband, der nur solche Genossenschaften prüft, die nicht unter § 53 Absatz 2 Satz 1 fallen, hat die Aufsichtsbehörde mindestens alle zehn Jahre eine Untersuchung nach Satz 2 Nummer 4 durchzuführen, es sei denn, der Verband weist die freiwillige Durchführung einer Qualitätskontrolle oder einer anderen geeigneten Organisationsuntersuchung nach.

(3) [1]Für Amtshandlungen nach dieser Vorschrift kann die zuständige Behörde zur Deckung des Verwaltungsaufwands Kosten (Gebühren und Auslagen) erheben. [2]Die Landesregierungen werden ermächtigt, durch Verordnung die Gebührentatbestände sowie die Gebührenhöhe festzulegen. [3]Sie können die Ermächtigung auf die zuständigen obersten Landesbehörden übertragen. [4]Die Kosten, die der Aufsichtsbehörde durch eine nach Absatz 2 Satz 2 Nummer 4 vorgenommene Untersuchung entstehen, sind ihr von dem betroffenen Verband gesondert zu erstatten und auf Verlangen vorzuschießen.

§ 64a Entziehung des Prüfungsrechts

[1]Die Ausichtsbehörde kann dem Verband das Prüfungsrecht entziehen, wenn der Verband nicht mehr die Gewähr für die Erfüllung seiner Aufgaben bietet. [2]Vor der Entziehung ist der Vorstand des Verbandes anzuhören. [3]Die Entziehung ist den in § 63d genannten Gerichten mitzuteilen.

§ 64b Bestellung eines Prüfungsverbandes

[1]Gehört eine Genossenschaft keinem Prüfungsverband an, so kann das Gericht einen Prüfungsverband zur Wahrnehmung der im Gesetz den Prüfungsverbänden übertragenen Aufgaben bestellen. [2]Dabei sollen die fachliche Eigenart und der Sitz der Genossenschaft berücksichtigt werden.

§ 64c Prüfung aufgelöster Genossenschaften

Auch aufgelöste Genossenschaften unterliegen den Vorschriften dieses Abschnitts.

Abschnitt 5.
Beendigung der Mitgliedschaft

§ 65 Kündigung des Mitglieds

(1) Jedes Mitglied hat das Recht, seine Mitgliedschaft durch Kündigung zu beenden.

(2) [1]Die Kündigung kann nur zum Schluss eines Geschäftsjahres und mindestens drei Monate vor dessen Ablauf in schriftlicher Form erklärt werden. [2]In der Satzung kann eine längere, höchstens fünfjährige Kündigungsfrist bestimmt werden. [3]Bei Genossenschaften, bei denen mehr als drei Viertel der Mitglieder als Unternehmer im Sinne des §14 des Bürgerlichen Gesetzbuchs Mitglied sind, kann die Satzung zum Zweck der Sicherung der Finanzierung des Anlagevermögens für die Unternehmer eine Kündigungsfrist bis zu zehn Jahre bestimmen.

(3) [1]Entgegen einer in der Satzung bestimmten Kündigungsfrist von mehr als zwei Jahren kann jedes Mitglied, das der Genossenschaft mindestens ein volles Geschäftsjahr angehört hat, seine Mitgliedschaft durch Kündigung vorzeitig beenden, wenn ihm nach seinen persönlichen oder wirtschaftlichen Verhältnissen ein Verbleib in der Genossenschaft bis zum Ablauf der Kündigungsfrist nicht zugemutet werden kann. [2]Die Kündigung ist in diesem Fall mit einer Frist von drei Monaten zum Schluss eines Geschäftsjahres zu erklären, zu dem das Mitglied nach der Satzung noch nicht kündigen kann.

(4) [1]Die Mitgliedschaft endet nicht, wenn die Genossenschaft vor dem Zeitpunkt, zu dem die Kündigung wirksam geworden wäre, aufgelöst wird. [2]Die Auflösung der Genossenschaft steht der Beendigung der Mitgliedschaft nicht entgegen, wenn die Fortsetzung der Genossenschaft beschlossen wird. In diesem Fall wird der Zeitraum, während dessen die Genossenschaft aufgelöst war, bei der Berechnung der Kündigungsfrist mitgerechnet; die Mitgliedschaft endet jedoch frühestens zum Schluss des Geschäftsjahres, in dem der Beschluss über die Fortsetzung der Genossenschaft in das Genossenschaftsregister eingetragen wird.

(5) Vereinbarungen, die gegen die vorstehenden Absätze verstoßen, sind unwirksam.

§ 66 Kündigung durch Gläubiger

(1) [1]Der Gläubiger eines Mitglieds, der die Pfändung und Überweisung eines dem Mitglied bei der Auseinandersetzung mit der Genossenschaft zustehenden Guthabens erwirkt hat, nachdem innerhalb der letzten sechs Monate eine Zwangsvollstreckung in das Vermögen des Mitglieds fruchtlos verlaufen ist, kann das Kündigungsrecht des Mitglieds an dessen Stelle ausüben. [2]Die Ausübung des Kündigungsrechts ist ausgeschlossen, solange der Schuldtitel nur vorläufig vollstreckbar ist.

(2) Der Kündigung muss eine beglaubigte Abschrift der vollstreckbaren Ausfertigung des Titels und der Bescheinigungen über den fruchtlosen Verlauf der Zwangsvollstreckung in das Vermögen des Schuldners beigefügt werden.

§ 66a Kündigung im Insolvenzverfahren

Wird das Insolvenzverfahren über das Vermögen eines Mitglieds eröffnet und ein Insolvenzverwalter bestellt, so kann der Insolvenzverwalter das Kündigungsrecht des Mitglieds an dessen Stelle ausüben.

§ 67 Beendigung der Mitgliedschaft wegen Aufgabe des Wohnsitzes

[1]Ist nach der Satzung die Mitgliedschaft an den Wohnsitz innerhalb eines bestimmten Bezirks geknüpft, kann ein Mitglied, das seinen Wohnsitz in diesem Bezirk aufgibt, seine Mitgliedschaft ohne Einhaltung einer Kündigungsfrist zum Schluss des Geschäftsjahres kündigen; die Kündigung bedarf der Schriftform. [2]Über die Aufgabe des Wohnsitzes ist die Bescheinigung einer Behörde vorzulegen.

§ 67a Außerordentliches Kündigungsrecht

(1) [1]Wird eine Änderung der Satzung beschlossen, die einen der in § 16 Abs. 2 Satz 1 Nr. 2 bis 5, 9 bis 11 oder Abs. 3 aufgeführten Gegenstände oder eine wesentliche Änderung des Gegenstandes des Unternehmens betrifft, kann kündigen:

1. jedes in der Generalversammlung erschienene Mitglied, wenn es gegen den Beschluss Widerspruch zur Niederschrift erklärt hat oder wenn die Aufnahme seines Widerspruchs in die Niederschrift verweigert worden ist;
2. jedes in der Generalversammlung nicht erschienene Mitglied, wenn es zu der Generalversammlung zu Unrecht nicht zugelassen worden ist oder die Versammlung nicht ordnungsgemäß einberufen oder der Gegenstand der Beschlussfassung nicht ordnungsgemäß angekündigt worden ist.

[2]Hat eine Vertreterversammlung die Änderung der Satzung beschlossen, kann jedes Mitglied kündigen; für die Vertreter gilt Satz 1.

(2) [1]Die Kündigung bedarf der Schriftform. Sie kann nur innerhalb eines Monats zum Schluss des Geschäftsjahres erklärt werden. Die Frist beginnt in den Fällen des Absatzes 1 Satz 1 Nr. 1 mit der Beschlussfassung, in den Fällen des Absatzes 1 Satz 1 Nr. 2 mit der Erlangung der Kenntnis von der Beschlussfassung. [2]Ist der Zeitpunkt der Kenntniserlangung streitig, trägt die Genossenschaft die Beweislast. [3]Im Falle der Kündigung wirkt die Änderung der Satzung weder für noch gegen das Mitglied.

§ 67b Kündigung einzelner Geschäftsanteile

(1) Ein Mitglied, das mit mehreren Geschäftsanteilen beteiligt ist, kann die Beteiligung mit einem oder mehreren seiner weiteren Geschäftsanteile zum Schluss eines Geschäftsjahres durch schriftliche Erklärung kündigen, soweit es nicht nach der Satzung oder einer Vereinbarung mit der Genossenschaft zur Beteiligung mit mehreren Geschäftsanteilen verpflichtet ist oder die Beteiligung mit mehreren Geschäftsanteilen Voraussetzung für eine von dem Mitglied in Anspruch genommene Leistung der Genossenschaft ist.

(2) § 65 Abs. 2 bis 5 gilt sinngemäß.

§ 67c Kündigungsausschluss bei Wohnungsgenossenschaften

(1) Die Kündigung der Mitgliedschaft in einer Wohnungsgenossenschaft durch den Gläubiger (§ 66) oder den Insolvenzverwalter (§ 66a) ist ausgeschlossen, wenn

1. die Mitgliedschaft Voraussetzung für die Nutzung der Wohnung des Mitglieds ist und
2. das Geschäftsguthaben des Mitglieds höchstens das Vierfache des auf einen Monat entfallenden Nutzungsentgelts ohne die als Pauschale oder Vorauszahlung ausgewiesenen Betriebskosten oder höchstens 2 000 Euro beträgt.

(2) Übersteigt das Geschäftsguthaben des Mitglieds den Betrag nach Absatz 1 Nummer 2, ist die Kündigung der Mitgliedschaft nach Absatz 1 auch dann ausgeschlossen, wenn es durch Kündigung einzelner Geschäftsanteile nach § 67b auf einen nach Absatz 1 Nummer 2 zulässigen Betrag vermindert werden kann.

§ 68 Ausschluss eines Mitglieds

(1) [1]Die Gründe, aus denen ein Mitglied aus der Genossenschaft ausgeschlossen werden kann, müssen in der Satzung bestimmt sein. [2]Ein Ausschluss ist nur zum Schluss eines Geschäftsjahres zulässig.

(2) [1]Der Beschluss, durch den das Mitglied ausgeschlossen wird, ist dem Mitglied vom Vorstand unverzüglich durch eingeschriebenen Brief mitzuteilen. [2]Das Mitglied verliert ab dem Zeitpunkt der Absendung der Mitteilung das Recht auf Teilnahme an der

Generalversammlung oder der Vertreterversammlung sowie seine Mitgliedschaft im Vorstand oder Aufsichtsrat.

§ 69 Eintragung in die Mitgliederliste

In den Fällen der §§ 65 bis 67a und 68 ist der Zeitpunkt der Beendigung der Mitgliedschaft, im Falle des § 67b sind der Zeitpunkt der Herabsetzung der Zahl der Geschäftsanteile sowie die Zahl der verbliebenen weiteren Geschäftsanteile unverzüglich in die Mitgliederliste einzutragen; das Mitglied ist hiervon unverzüglich zu benachrichtigen.

§ 70 bis 72 *(weggefallen)*

§ 73 Auseinandersetzung mit ausgeschiedenem Mitglied

(1) [1]Nach Beendigung der Mitgliedschaft erfolgt eine Auseinandersetzung der Genossenschaft mit dem ausgeschiedenen Mitglied. [2]Sie bestimmt sich nach der Vermögenslage der Genossenschaft und der Zahl ihrer Mitglieder zum Zeitpunkt der Beendigung der Mitgliedschaft.

(2) [1]Die Auseinandersetzung erfolgt unter Zugrundelegung der Bilanz. [2]Das Geschäftsguthaben des Mitglieds ist vorbehaltlich des Absatzes 4 und des § 8a Abs. 2 binnen sechs Monaten nach Beendigung der Mitgliedschaft auszuzahlen. [3]Auf die Rücklagen und das sonstige Vermögen der Genossenschaft hat das Mitglied vorbehaltlich des Absatzes 3 keinen Anspruch. [4]Reicht das Vermögen einschließlich der Rücklagen und aller Geschäftsguthaben zur Deckung der Schulden der Genossenschaft nicht aus, hat das ehemalige Mitglied von dem Fehlbetrag den ihn betreffenden Anteil an die Genossenschaft zu zahlen, soweit es im Falle des Insolvenzverfahrens Nachschüsse an die Genossenschaft zu leisten gehabt hätte; der Anteil wird nach der Kopfzahl der Mitglieder berechnet, soweit nicht die Satzung eine abweichende Berechnung bestimmt.

(3) [1]Die Satzung kann Mitgliedern, die ihren Geschäftsanteil voll eingezahlt haben, für den Fall der Beendigung der Mitgliedschaft einen Anspruch auf Auszahlung eines Anteils an einer zu diesem Zweck aus dem Jahresüberschuss zu bildenden Ergebnisrücklage einräumen. [2]Die Satzung kann den Anspruch von einer Mindestdauer der Mitgliedschaft abhängig machen sowie weitere Erfordernisse aufstellen und Beschränkungen des Anspruchs vorsehen. [3]Absatz 2 Satz 2 ist entsprechend anzuwenden.

(4) Die Satzung kann die Voraussetzungen, die Modalitäten und die Frist für die Auszahlung des Auseinandersetzungsguthabens abweichend von Absatz 2 Satz 2 regeln; eine Bestimmung, nach der über Voraussetzungen oder Zeitpunkt der Auszahlung ausschließlich der Vorstand zu entscheiden hat, ist unwirksam.

§ 74 *(weggefallen)*

§ 75 Fortdauer der Mitgliedschaft bei Auflösung der Genossenschaft

[1]Wird die Genossenschaft binnen sechs Monaten nach Beendigung der Mitgliedschaft eines Mitglieds aufgelöst, gilt die Beendigung der Mitgliedschaft als nicht erfolgt. [2]Wird die Fortsetzung der Genossenschaft beschlossen, gilt die Beendigung der Mitgliedschaft als zum Schluss des Geschäftsjahres erfolgt, in dem der Beschluss über die Fortsetzung der Genossenschaft in das Genossenschaftsregister eingetragen ist.

§ 76 Übertragung des Geschäftsguthabens

(1) [1]Jedes Mitglied kann sein Geschäftsguthaben jederzeit durch schriftliche Vereinbarung einem anderen ganz oder teilweise übertragen und hierdurch seine Mitgliedschaft ohne Auseinandersetzung beenden oder die Anzahl seiner Geschäftsanteile verringern, sofern der Erwerber, im Fall einer vollständigen Übertragung anstelle des Mitglieds, der Genossenschaft beitritt oder bereits Mitglied der Genossenschaft ist und das bisherige

Geschäftsguthaben dieses Mitglieds mit dem ihm zuzuschreibenden Betrag den Geschäftsanteil nicht übersteigt. [2]Eine teilweise Übertragung von Geschäftsguthaben ist unwirksam, soweit das Mitglied nach der Satzung oder einer Vereinbarung mit der Genossenschaft zur Beteiligung mit mehreren Geschäftsanteilen verpflichtet ist oder die Beteiligung mit mehreren Geschäftsanteilen Voraussetzung für eine von dem Mitglied in Anspruch genommene Leistung der Genossenschaft ist.

(2) Die Satzung kann eine vollständige oder teilweise Übertragung von Geschäftsguthaben ausschließen oder an weitere Voraussetzungen knüpfen; dies gilt nicht für die Fälle, in denen in der Satzung nach § 65 Abs. 2 Satz 3 eine Kündigungsfrist von mehr als fünf Jahren bestimmt oder nach § 8a oder § 73 Abs. 4 der Anspruch nach § 73 Abs. 2 Satz 2 auf Auszahlung des Auseinandersetzungsguthabens eingeschränkt ist.

(3) Auf die Beendigung der Mitgliedschaft und die Verringerung der Anzahl der Geschäftsanteile ist § 69 entsprechend anzuwenden.

(4) Wird die Genossenschaft binnen sechs Monaten nach der Beendigung der Mitgliedschaft aufgelöst, hat das ehemalige Mitglied im Fall der Eröffnung des Insolvenzverfahrens die Nachschüsse, zu deren Zahlung es verpflichtet gewesen sein würde, insoweit zu leisten, als der Erwerber diese nicht leisten kann.

(5) Darf sich nach der Satzung ein Mitglied mit mehr als einem Geschäftsanteil beteiligen, so gelten diese Vorschriften mit der Maßgabe, dass die Übertragung des Geschäftsguthabens auf ein anderes Mitglied zulässig ist, sofern das Geschäftsguthaben des Erwerbers nach Zuschreibung des Geschäftsguthabens des Veräußerers den Gesamtbetrag der Geschäftsanteile, mit denen der Erwerber beteiligt ist oder sich beteiligt, nicht übersteigt.

§ 77 Tod des Mitglieds

(1) [1]Mit dem Tod eines Mitglieds geht die Mitgliedschaft auf den Erben über. [2]Sie endet mit dem Schluss des Geschäftsjahres, in dem der Erbfall eingetreten ist. [3]Mehrere Erben können das Stimmrecht in der Generalversammlung nur durch einen gemeinschaftlichen Vertreter ausüben.

(2) [1]Die Satzung kann bestimmen, dass im Falle des Todes eines Mitglieds dessen Mitgliedschaft in der Genossenschaft durch dessen Erben fortgesetzt wird. [2]Die Satzung kann die Fortsetzung der Mitgliedschaft von persönlichen Voraussetzungen des Rechtsnachfolgers abhängig machen. [3]Für den Fall der Beerbung des Erblassers durch mehrere Erben kann auch bestimmt werden, dass die Mitgliedschaft endet, wenn sie nicht innerhalb einer in der Satzung festgesetzten Frist einem Miterben allein überlassen worden ist.

(3) [1]Der Tod des Mitglieds sowie der Zeitpunkt der Beendigung der Mitgliedschaft, im Falle des Absatzes 2 auch die Fortsetzung der Mitgliedschaft durch einen oder mehrere Erben, sind unverzüglich in die Mitgliederliste einzutragen. [2]Die Erben des verstorbenen Mitglieds sind unverzüglich von der Eintragung zu benachrichtigen.

(4) Bei Beendigung der Mitgliedschaft des Erben gelten die §§ 73 und 75, im Falle der Fortsetzung der Mitgliedschaft gilt § 76 Abs. 4 entsprechend.

§ 77a Auflösung oder Erlöschen einer juristischen Person oder Personengesellschaft

[1]Wird eine juristische Person oder eine Personengesellschaft aufgelöst oder erlischt sie, so endet die Mitgliedschaft mit dem Abschluss des Geschäftsjahres, in dem die Auflösung oder das Erlöschen wirksam geworden ist. [2]Im Falle der Gesamtrechtsnachfolge wird die Mitgliedschaft bis zum Schluss des Geschäftsjahres durch den Gesamtrechtsnachfolger fortgesetzt. [3]Die Beendigung der Mitgliedschaft ist unverzüglich in die

Mitgliederliste einzutragen; das Mitglied oder der Gesamtrechtsnachfolger ist hiervon unverzüglich zu benachrichtigen.

Abschnitt 6. Auflösung und Nichtigkeit der Genossenschaft

§ 78 Auflösung durch Beschluss der Generalversammlung

(1) [1]Die Genossenschaft kann durch Beschluss der Generalversammlung jederzeit aufgelöst werden; der Beschluss bedarf einer Mehrheit, die mindestens drei Viertel der abgegebenen Stimmen umfasst. [2]Die Satzung kann eine größere Mehrheit und weitere Erfordernisse bestimmen.

(2) Die Auflösung ist durch den Vorstand unverzüglich zur Eintragung in das Genossenschaftsregister anzumelden.

§ 78a und 78b *(weggefallen)*

§ 79 Auflösung durch Zeitablauf

(1) Ist die Genossenschaft nach der Satzung auf eine bestimmte Zeit beschränkt, ist sie mit dem Ablauf der bestimmten Zeit aufgelöst.

(2) § 78 Abs. 2 ist anzuwenden.

§ 79a Fortsetzung der aufgelösten Genossenschaft

(1) [1]Ist die Genossenschaft durch Beschluss der Generalversammlung oder durch Zeitablauf aufgelöst worden, kann die Generalversammlung, solange noch nicht mit der Verteilung des nach Berichtigung der Schulden verbleibenden Vermögens an die Mitglieder begonnen ist, die Fortsetzung der Genossenschaft beschließen; der Beschluss bedarf einer Mehrheit, die mindestens drei Viertel der abgegebenen Stimmen umfasst. [2]Die Satzung kann eine größere Mehrheit und weitere Erfordernisse bestimmen. [3]Die Fortsetzung kann nicht beschlossen werden, wenn die Mitglieder nach § 87a Abs. 2 zu Zahlungen herangezogen worden sind.

(2) Vor der Beschlussfassung ist der Prüfungsverband, dem die Genossenschaft angehört, darüber zu hören, ob die Fortsetzung der Genossenschaft mit den Interessen der Mitglieder vereinbar ist.

(3) [1]Das Gutachten des Prüfungsverbandes ist in jeder über die Fortsetzung der Genossenschaft beratenden Generalversammlung zu verlesen. [2]Dem Prüfungsverband ist Gelegenheit zu geben, das Gutachten in der Generalversammlung zu erläutern.

(4) Ist die Fortsetzung der Genossenschaft nach dem Gutachten des Prüfungsverbandes mit den Interessen der Mitglieder nicht vereinbar, bedarf der Beschluss einer Mehrheit von drei Vierteln der Mitglieder in zwei mit einem Abstand von mindestens einem Monat aufeinander folgenden Generalversammlungen; Absatz 1 Satz 2 gilt entsprechend.

(5) [1]Die Fortsetzung der Genossenschaft ist durch den Vorstand unverzüglich zur Eintragung in das Genossenschaftsregister anzumelden. [2]Der Vorstand hat bei der Anmeldung die Versicherung abzugeben, dass der Beschluss der Generalversammlung zu einer Zeit gefasst wurde, zu der noch nicht mit der Verteilung des nach der Berichtigung der Schulden verbleibenden Vermögens der Genossenschaft an die Mitglieder begonnen worden war.

§ 80 Auflösung durch das Gericht

(1) [1]Hat die Genossenschaft weniger als drei Mitglieder, hat das Registergericht auf Antrag des Vorstands und, wenn der Antrag nicht binnen sechs Monaten erfolgt, von Amts wegen nach Anhörung des Vorstands die Auflösung der Genossenschaft auszusprechen. [2]Bei der Bestimmung der Mindestmitgliederzahl nach Satz 1 bleiben investierende Mitglieder außer Betracht.

(2) [1]Der gerichtliche Beschluss ist der Genossenschaft zuzustellen. [2]Gegen den Beschluss steht der Genossenschaft die sofortige Beschwerde nach der Zivilprozessordnung zu. [3]Mit der Rechtskraft des Beschlusses ist die Genossenschaft aufgelöst.

§ 81 Auflösung auf Antrag der obersten Landesbehörde

(1) [1]Gefährdet eine Genossenschaft durch gesetzwidriges Verhalten ihrer Verwaltungsträger das Gemeinwohl und sorgen die Generalversammlung und der Aufsichtsrat nicht für eine Abberufung der Verwaltungsträger oder ist der Zweck der Genossenschaft entgegen § 1 nicht auf die Förderung der Mitglieder gerichtet, kann die Genossenschaft auf Antrag der zuständigen obersten Landesbehörde, in deren Bezirk die Genossenschaft ihren Sitz hat, durch Urteil aufgelöst werden. [2]Ausschließlich zuständig für die Klage ist das Landgericht, in dessen Bezirk die Genossenschaft ihren Sitz hat.

(2) [1]Nach der Auflösung findet die Liquidation nach den §§ 83 bis 93 statt. [2]Den Antrag auf Bestellung oder Abberufung der Liquidatoren kann auch die in Absatz 1 Satz 1 bestimmte Behörde stellen.

(3) Ist die Auflösungsklage erhoben, kann das Gericht auf Antrag der in Absatz 1 Satz 1 bestimmten Behörde durch einstweilige Verfügung die nötigen Anordnungen treffen.

(4) [1]Die Entscheidungen des Gerichts sind dem Registergericht mitzuteilen. [2]Dieses trägt sie, soweit eintragungspflichtige Rechtsverhältnisse betroffen sind, in das Genossenschaftsregister ein.

§ 81a Auflösung bei Insolvenz

Die Genossenschaft wird aufgelöst

1. mit der Rechtskraft des Beschlusses, durch den die Eröffnung des Insolvenzverfahrens mangels Masse abgelehnt worden ist;
2. durch die Löschung wegen Vermögenslosigkeit nach § 394 des Gesetzes über das Verfahren in Familiensachen und in den Angelegenheiten der freiwilligen Gerichtsbarkeit.

§ 82 Eintragung der Auflösung

(1) Die Auflösung der Genossenschaft ist von dem Gericht unverzüglich in das Genossenschaftsregister einzutragen.

(2) [1]Sie muss von den Liquidatoren durch die für die Bekanntmachungen der Genossenschaft bestimmten Blätter bekannt gemacht werden. [2]Durch die Bekanntmachung sind zugleich die Gläubiger aufzufordern, sich bei der Genossenschaft zu melden.

(3) Im Falle der Löschung der Genossenschaft wegen Vermögenslosigkeit sind die Absätze 1 und 2 nicht anzuwenden.

§ 83 Bestellung und Abberufung der Liquidatoren

(1) Die Liquidation erfolgt durch den Vorstand, wenn sie nicht durch die Satzung oder durch Beschluss der Generalversammlung anderen Personenübertragen wird.

(2) Auch eine juristische Person kann Liquidator sein.

(3) Auf Antrag des Aufsichtsrats oder mindestens des zehnten Teils der Mitglieder kann die Ernennung von Liquidatoren durch das Gericht erfolgen.

(4) [1]Die Abberufung der Liquidatoren kann durch das Gericht unter denselben Voraussetzungen wie die Bestellung erfolgen. [2]Liquidatoren, welche nicht vom Gericht ernannt sind, können auch durch die Generalversammlung vor Ablauf des Zeitraums, für welchen sie bestellt sind, abberufen werden.

(5) [1]Ist die Genossenschaft durch Löschung wegen Vermögenslosigkeit aufgelöst, so findet eine Liquidation nur statt, wenn sich nach der Löschung herausstellt, dass Vermögen vorhanden ist, das der Verteilung unterliegt. [2]Die Liquidatoren sind auf Antrag eines Beteiligten durch das Gericht zu ernennen.

§ 84 Anmeldung durch Liquidatoren

(1) [1]Die ersten Liquidatoren sowie ihre Vertretungsbefugnis hat der Vorstand, jede Änderung in den Personen der Liquidatoren und jede Änderung ihrer Vertretungsbefugnis haben die Liquidatoren zur Eintragung in das Genossenschaftsregister anzumelden. [2]Der Anmeldung ist eine Abschrift der Urkunden über die Bestellung oder Abberufung sowie über die Vertretungsbefugnis beizufügen.

(2) Die Eintragung der gerichtlichen Ernennung oder Abberufung von Liquidatoren geschieht von Amts wegen.

§ 85 Zeichnung der Liquidatoren

(1) [1]Die Liquidatoren haben in der bei ihrer Bestellung bestimmten Form ihre Willenserklärung kundzugeben und für die Genossenschaft zu zeichnen. [2]Ist nichts darüber bestimmt, so muss die Erklärung und Zeichnung durch sämtliche Liquidatoren erfolgen.

(2) Die Bestimmung ist mit der Bestellung der Liquidatoren zur Eintragung in das Genossenschaftsregister anzumelden.

(3) Die Liquidatoren zeichnen für die Genossenschaft, indem sie der Firma einen die Liquidation andeutenden Zusatz und ihre Namensunterschrift hinzufügen.

§ 86 Publizität des Genossenschaftsregisters

Die Vorschriften in § 29 über das Verhältnis zu dritten Personen finden bezüglich der Liquidatoren Anwendung.

§ 87 Rechtsverhältnisse im Liquidationsstadium

(1) Bis zur Beendigung der Liquidation sind ungeachtet der Auflösung der Genossenschaft in Bezug auf die Rechtsverhältnisse der Genossenschaft und ihrer Mitglieder die §§ 17 bis 51 weiter anzuwenden, soweit sich aus den Vorschriften dieses Abschnitts und aus dem Wesen der Liquidation nichts anderes ergibt.

(2) Der Gerichtsstand, welchen die Genossenschaft zur Zeit ihrer Auflösung hatte, bleibt bis zur vollzogenen Verteilung des Vermögens bestehen.

§ 87a Zahlungspflichten bei Überschuldung

(1) [1]Ergibt sich bei Aufstellung der Liquidationseröffnungsbilanz, einer späteren Jahresbilanz oder einer Zwischenbilanz oder ist bei pflichtmäßigem Ermessen anzunehmen, dass das Vermögen auch unter Berücksichtigung fälliger, rückständiger Einzahlungen die Schulden nicht mehr deckt, so kann die Generalversammlung beschließen, dass die Mitglieder, die ihren Geschäftsanteil noch nicht voll eingezahlt haben, zu weiteren Einzahlungen auf den Geschäftsanteil verpflichtet sind, soweit dies zur Deckung des Fehlbetrags erforderlich ist. [2]Der Beschlussfassung der Generalversammlung stehen abweichende Bestimmungen der Satzung nicht entgegen.

(2) [1]Reichen die weiteren Einzahlungen auf den Geschäftsanteil zur Deckung des Fehlbetrags nicht aus, kann die Generalversammlung beschließen, dass die Mitglieder nach dem Verhältnis ihrer Geschäftsanteile bis zur Deckung des Fehlbetrags weitere Zahlungen zu leisten haben. [2]Für Genossenschaften, bei denen die Mitglieder keine Nachschüsse zur Insolvenzmasse zu leisten haben, gilt dies nur, wenn die Satzung dies bestimmt. [3]Ein Mitglied kann zu weiteren Zahlungen höchstens bis zu dem Betrag in Anspruch genommen werden, der dem Gesamtbetrag seiner Geschäftsanteile entspricht. [4]Absatz 1 Satz 2 gilt entsprechend. [5]Bei der Feststellung des Verhältnisses der Geschäftsanteile und des Gesamtbetrags der Geschäftsanteile gelten als Geschäftsanteile eines Mitglieds auch die Geschäftsanteile, die es entgegen den Bestimmungen der Satzung über eine Pflichtbeteiligung noch nicht übernommen hat.

(3) [1]Die Beschlüsse bedürfen einer Mehrheit, die mindestens drei Viertel der abgegebenen Stimmen umfasst. [2]Die Satzung kann eine größere Mehrheit und weitere Erfordernisse bestimmen.

(4) Die Beschlüsse dürfen nicht gefasst werden, wenn das Vermögen auch unter Berücksichtigung der weiteren Zahlungspflichten die Schulden nicht mehr deckt.

§ 87b Verbot der Erhöhung von Geschäftsanteil oder Haftsumme

Nach Auflösung der Genossenschaft können weder der Geschäftsanteil noch die Haftsumme erhöht werden.

§ 88 Aufgaben der Liquidatoren

[1]Die Liquidatoren haben die laufenden Geschäfte zu beendigen, die Verpflichtungen der aufgelösten Genossenschaft zu erfüllen, die Forderungen derselben einzuziehen und das Vermögen der Genossenschaft in Geld umzusetzen; sie haben die Genossenschaft gerichtlich und außergerichtlich zu vertreten. [2]Zur Beendigung schwebender Geschäfte können die Liquidatoren auch neue Geschäfte eingehen.

§ 88a Abtretbarkeit der Ansprüche auf rückständige Einzahlungen und anteilige Fehlbeträge

(1) Die Liquidatoren können den Anspruch der Genossenschaft auf rückständige Einzahlungen auf den Geschäftsanteil und den Anspruch auf anteilige Fehlbeträge nach § 73 Abs. 2 Satz 4 mit Zustimmung des Prüfungsverbandes abtreten.

(2) Der Prüfungsverband soll nur zustimmen, wenn der Anspruch an eine genossenschaftliche Zentralbank oder an eine der Prüfung durch einen Prüfungsverband unterstehende Stelle abgetreten wird und schutzwürdige Belange der Mitglieder nicht entgegenstehen.

§ 89 Rechte und Pflichten der Liquidatoren

[1]Die Liquidatoren haben die aus den §§ 26, 27, 33 Abs. 1 Satz 1, §§ 34, 44 bis 47, 48 Abs. 3, §§ 51, 57 bis 59 sich ergebenden Rechte und Pflichten des Vorstands und unterliegen gleich diesem der Überwachung des Aufsichtsrats. [2]Sie haben für den Beginn der Liquidation eine Bilanz (Eröffnungsbilanz) sowie für den Schluss eines jeden Jahres einen Jahresabschluss und erforderlichenfalls einen Lagebericht aufzustellen. [3]Die Eröffnungsbilanz ist zu veröffentlichen; die Bekanntmachung ist zu dem Genossenschaftsregister einzureichen.

§ 90 Voraussetzung für Vermögensverteilung

(1) Eine Verteilung des Vermögens unter die Mitglieder darf nicht vor Tilgung oder Deckung der Schulden und nicht vor Ablauf eines Jahres seit dem Tage vollzogen werden, an welchem die Aufforderung der Gläubiger in den hierzu bestimmten Blättern erfolgt ist.

(2) [1]Meldet sich ein bekannter Gläubiger nicht, so ist der geschuldete Betrag, wenn die Berechtigung zur Hinterlegung vorhanden ist, für den Gläubiger zu hinterlegen. [2]Ist die Berichtigung einer Verbindlichkeit zur Zeit nicht ausführbar oder ist eine Verbindlichkeit streitig, so darf die Verteilung des Vermögens nur erfolgen, wenn dem Gläubiger Sicherheit geleistet ist.

§ 91 Verteilung des Vermögens

(1) [1]Die Verteilung des Vermögens unter die einzelnen Mitglieder erfolgt bis zum Gesamtbetrag ihrer auf Grund der Eröffnungsbilanz ermittelten Geschäftsguthaben nach dem Verhältnis der letzteren. [2]Waren die Mitglieder nach § 87a Abs. 2 zu Zahlungen herangezogen worden, so sind zunächst diese Zahlungen nach dem Verhältnis der geleisteten Beträge zu erstatten. [3]Bei Ermittlung der einzelnen Geschäftsguthaben bleiben für die Verteilung des Gewinns oder Verlustes, welcher sich für den Zeitraum zwischen dem letzten Jahresabschluss und der Eröffnungsbilanz ergeben hat, die seit dem letzten Jahresabschluss geleisteten Einzahlungen außer Betracht. [4]Der Gewinn aus diesem Zeitraum ist dem Guthaben auch insoweit zuzuschreiben, als dadurch der Geschäftsanteil überschritten wird.

(2) Überschüsse, welche sich über den Gesamtbetrag dieser Guthaben hinaus ergeben, sind nach Köpfen zu verteilen.

(3) Durch die Satzung kann die Verteilung des Vermögens ausgeschlossen oder ein anderes Verhältnis für die Verteilung bestimmt werden.

§ 92 Unverteilbares Reinvermögen

[1]Ein bei der Auflösung der Genossenschaft verbleibendes unverteilbares Reinvermögen fällt, sofern dasselbe nicht durch die Satzung einer natürlichen oder juristischen Person zu einem bestimmten Verwendungszweck überwiesen ist, an diejenige Gemeinde, in der die Genossenschaft ihren Sitz hatte. [2]Die Zinsen dieses Fonds sind zu gemeinnützigen Zwecken zu verwenden.

§ 93 Aufbewahrung von Unterlagen

[1]Nach Beendigung der Liquidation sind die Bücher und Schriften der aufgelösten Genossenschaft für zehn Jahre einem ihrer ehemaligen Mitglieder oder einem Dritten in Verwahrung zu geben. [2]Ist die Person weder durch Satzung noch durch einen Beschluss der Generalversammlung benannt, wird sie durch das Gericht bestimmt. [3]Das Gericht kann die ehemaligen Mitglieder und deren Rechtsnachfolger sowie die Gläubiger der Genossenschaft ermächtigen, die Bücher und Schriften einzusehen.

§§ 93a bis 93s *(weggefallen)*

§ 94 Klage auf Nichtigerklärung

Enthält die Satzung nicht die für sie wesentlichen Bestimmungen oder ist eine dieser Bestimmungen nichtig, so kann jedes Mitglied der Genossenschaft und jedes Vorstands- oder Aufsichtsratsmitglied im Wege der Klage beantragen, dass die Genossenschaft für nichtig erklärt werde.

§ 95 Nichtigkeitsgründe; Heilung von Mängeln

(1) Als wesentlich im Sinne des § 94 gelten die in den §§ 6, 7 und 119 bezeichneten Bestimmungen der Satzung mit Ausnahme derjenigen über die Beurkundung der Beschlüsse der Generalversammlung und den Vorsitz in dieser.

(2) Ein Mangel, der eine hiernach wesentliche Bestimmung der Satzung betrifft, kann durch einen den Vorschriften dieses Gesetzes über Änderungen der Satzung entsprechenden Beschluss der Generalversammlung geheilt werden.

(3) Die Einberufung der Generalversammlung erfolgt, wenn sich der Mangel auf die Bestimmungen über die Form der Einberufung bezieht, durch Bekanntmachung im Bundesanzeiger.

(4) Betrifft bei einer Genossenschaft, bei der die Mitglieder beschränkt auf eine Haftsumme Nachschüsse zur Insolvenzmasse zu leisten haben, der Mangel die Bestimmungen über die Haftsumme, so darf durch die zur Heilung des Mangels beschlossenen Bestimmungen der Gesamtbetrag der von den einzelnen Mitgliedern übernommenen Haftung nicht vermindert werden.

§ 96 Verfahren bei Nichtigkeitsklage

Das Verfahren über die Klage auf Nichtigkeitserklärung und die Wirkungen des Urteils bestimmen sich nach den Vorschriften des § 51 Abs. 3 bis 5.

§ 97 Wirkung der Eintragung der Nichtigkeit

(1) Ist die Nichtigkeit einer Genossenschaft in das Genossenschaftsregister eingetragen, so finden zum Zweck der Abwicklung ihrer Verhältnisse die für den Fall der Auflösung geltenden Vorschriften entsprechende Anwendung.

(2) Die Wirksamkeit der im Namen der Genossenschaft mit Dritten vorgenommenen Rechtsgeschäfte wird durch die Nichtigkeit nicht berührt.

(3) Soweit die Mitglieder eine Haftung für die Verbindlichkeiten der Genossenschaft übernommen haben, sind sie verpflichtet, die zur Befriedigung der Gläubiger erforderlichen Beträge nach Maßgabe der Vorschriften des Abschnitts 7 zuleisten.

Abschnitt 7.
Insolvenzverfahren; Nachschusspflicht der Mitglieder

§ 98 Eröffnung des Insolvenzverfahrens

Abweichend von § 19 Abs. 1 der Insolvenzordnung ist bei einer Genossenschaft die Überschuldung nur dann Grund für die Eröffnung des Insolvenzverfahrens, wenn

1. die Mitglieder Nachschüsse bis zu einer Haftsumme zu leisten haben und die Überschuldung ein Viertel des Gesamtbetrags der Haftsummen aller Mitglieder übersteigt,
2. die Mitglieder keine Nachschüsse zu leisten haben oder
3. die Genossenschaft aufgelöst ist.

§ 99 Zahlungsverbot bei Zahlungsunfähigkeit oder Überschuldung

[1]Der Vorstand darf keine Zahlung mehr leisten, sobald die Genossenschaft zahlungsunfähig geworden ist oder sich eine Überschuldung ergeben hat, die für die Genossenschaft nach § 98 Grund für die Eröffnung des Insolvenzverfahrens ist. [2]Dies gilt nicht für Zahlungen, die auch nach diesem Zeitpunkt mit der Sorgfalt eines ordentlichen und gewissenhaft en Geschäftsleiters einer Genossenschaft vereinbar sind.

§ 100 *(weggefallen)*

§ 101 Wirkung der Eröffnung des Insolvenzverfahrens

Durch die Eröffnung des Insolvenzverfahrens wird die Genossenschaft aufgelöst.

§ 102 Eintragung der Eröffnung des Insolvenzverfahrens

(1) [1]Die Eröffnung des Insolvenzverfahrens ist von Amts wegen in das Genossenschaftsregister einzutragen. [2]Das Gleiche gilt für

1. die Aufhebung des Eröffnungsbeschlusses,

2. die Bestellung eines vorläufigen Insolvenzverwalters, wenn zusätzlich dem Schuldner ein allgemeines Verfügungsverbot auferlegt oder angeordnet wird, dass Verfügungen des Schuldners nur mit Zustimmung des vorläufigen Insolvenzverwalters wirksam sind, und die Aufhebung einer derartigen Sicherungsmaßnahme,
3. die Anordnung der Eigenverwaltung durch den Schuldner und deren Aufhebung sowie die Anordnung der Zustimmungsbedürftigkeit bestimmter Rechtsgeschäfte des Schuldners,
4. die Einstellung und die Aufhebung des Verfahrens und
5. die Überwachung der Erfüllung eines Insolvenzplans und die Aufhebung der Überwachung.

(2) Die Eintragungen nach Absatz 1 werden nicht bekannt gemacht.

§§ 103 und 104 *(weggefallen)*

§ 105 Nachschusspflicht der Mitglieder

(1) [1]Soweit die Ansprüche der Massegläubiger oder die bei der Schlussverteilung nach § 196 der Insolvenzordnung berücksichtigten Forderungen der Insolvenzgläubiger aus dem vorhandenen Vermögen der Genossenschaft nicht berichtigt werden, sind die Mitglieder verpflichtet, Nachschüsse zur Insolvenzmasse zu leisten, es sei denn, dass die Nachschusspflicht durch die Satzung ausgeschlossen ist. [2]Im Falle eines rechtskräftig bestätigten Insolvenzplans besteht die Nachschusspflicht insoweit, als sie im gestaltenden Teil des Plans vorgesehen ist.

(2) Die Nachschüsse sind von den Mitgliedern nach Köpfen zu leisten, es sei denn, dass die Satzung ein anderes Beitragsverhältnis bestimmt.

(3) Beiträge, zu deren Leistung einzelne Mitglieder nicht in der Lage sind, werden auf die übrigen Mitglieder verteilt.

(4) [1]Zahlungen, die Mitglieder über die von ihnen nach den vorstehenden Vorschriften geschuldeten Beiträge hinaus leisten, sind ihnen nach der Befriedigung der Gläubiger aus den Nachschüssen zu erstatten. [2]Das Gleiche gilt für Zahlungen der Mitglieder auf Grund des § 87a Abs. 2 nach Erstattung der in Satz 1 bezeichneten Zahlungen.

(5) Gegen die Nachschüsse kann das Mitglied eine Forderung an die Genossenschaft aufrechnen, sofern die Voraussetzungen vorliegen, unter denen es als Insolvenzgläubiger Befriedigung wegen der Forderung aus den Nachschüssen zu beanspruchen hat.

§ 106 Vorschussberechnung

(1) [1]Der Insolvenzverwalter hat unverzüglich, nachdem die Vermögensübersicht nach § 153 der Insolvenzordnung auf der Geschäftsstelle niedergelegt ist, zu berechnen, wie viel die Mitglieder zur Deckung des aus der Vermögensübersicht ersichtlichen Fehlbetrags vorzuschießen haben. [2]Sind in der Vermögensübersicht Fortführungs- und Stilllegungswerte nebeneinander angegeben, ist der Fehlbetrag maßgeblich, der sich auf der Grundlage der Stilllegungswerte ergibt.

(2) [1]In der Vorschussberechnung sind alle Mitglieder namentlich zu bezeichnen und die Beiträge auf sie zu verteilen. [2]Die Höhe der Beiträge ist so zu bemessen, dass durch ein vorauszusehendes Unvermögen einzelner Mitglieder zur Leistung von Beiträgen kein Ausfall an dem zu deckenden Gesamtbetrag entsteht.

(3) [1]Die Berechnung ist dem Insolvenzgericht mit dem Antrag einzureichen, dieselbe für vollstreckbar zu erklären. [2]Dem Antrag ist eine beglaubigte Abschrift der Mitgliederliste und, sofern das Genossenschaftsregister nicht bei dem Insolvenzgericht geführt wird, eine beglaubigte Abschrift der Satzung beizufügen.

§ 107 Gerichtliche Erklärung über die Vorschussberechnung

(1) [1]Zur Erklärung über die Berechnung bestimmt das Gericht einen Termin, welcher nicht über zwei Wochen hinaus anberaumt werden darf. [2]Der Termin ist öffentlich bekannt zu machen; die in der Berechnung aufgeführten Mitglieder sind besonders zu laden.

(2) [1]Die Berechnung ist spätestens drei Tage vor dem Termin auf der Geschäftsstelle zur Einsicht der Beteiligten niederzulegen. [2]Hierauf ist in der Bekanntmachung und den Ladungen hinzuweisen.

§ 108 Erklärungstermin

(1) In dem Termin sind Vorstand und Aufsichtsrat der Genossenschaft sowie der Insolvenzverwalter und der Gläubigerausschuss und, soweit Einwendungen erhoben werden, die sonst Beteiligten zu hören.

(2) [1]Das Gericht entscheidet über die erhobenen Einwendungen, berichtigt, soweit erforderlich, die Berechnung oder ordnet die Berichtigung an und erklärt die Berechnung für vollstreckbar. [2]Die Entscheidung ist in dem Termin oder in einem sofort anzuberaumenden Termin, welcher nicht über eine Woche hinaus angesetzt werden soll, zu verkünden. [3]Die Berechnung mit der sie für vollstreckbar erklärenden Entscheidung ist zur Einsicht der Beteiligten auf der Geschäftsstelle niederzulegen.

(3) Gegen die Entscheidung findet ein Rechtsmittel nicht statt.

§ 108a Abtretbarkeit von Ansprüchen der Genossenschaft

(1) Der Insolvenzverwalt er kann die Ansprüche der Genossenschaft auf rückständige Einzahlungen auf den Geschäftsanteil, auf anteilige Fehlbeträge nach § 73 Abs. 2 Satz 4 und auf Nachschüsse mit Genehmigung des Insolvenzgerichts abtreten.

(2) Die Genehmigung soll nur nach Anhörung des Prüfungsverbandes und nur dann erteilt werden, wenn der Anspruch an eine genossenschaftliche Zentralbank oder an eine der Prüfung durch einen Prüfungsverband unterstehende Stelle abgetreten wird.

§ 109 Einziehung der Vorschüsse

(1) Nachdem die Berechnung für vollstreckbar erklärt ist, hat der Insolvenzverwalter unverzüglich die Beiträge von den Mitgliedern einzuziehen.

(2) Die Zwangsvollstreckung gegen ein Mitglied findet nach Maßgabe der Zivilprozessordnung auf Grund einer vollstreckbaren Ausfertigung der Entscheidung und eines Auszuges aus der Berechnung statt.

(3) Für die in den Fällen der §§ 731, 767, 768 der Zivilprozessordnung zu erhebenden Klagen ist das Amtsgericht, bei welchem das Insolvenzverfahren anhängig ist und, wenn der Streitgegenstand zur Zuständigkeit der Amtsgerichte nicht gehört, das Landgericht ausschließlich zuständig, zu dessen Bezirk das Insolvenzgericht gehört.

§ 110 Hinterlegung oder Anlage der Vorschüsse

Die eingezogenen Beträge sind nach Maßgabe des § 149 der Insolvenzordnung zu hinterlegen oder anzulegen.

§ 111 Anfechtungsklage

(1) [1]Jedes Mitglied ist befugt, die für vollstreckbar erklärte Berechnung im Wege der Klage anzufechten. [2]Die Klage ist gegen den Insolvenzverwalter zu richten. [3]Sie findet nur binnen der Notfrist eines Monats seit Verkündung der Entscheidung und nur insoweit statt, als der Kläger den Anfechtungsgrund in dem nach § 107 Abs. 1 anberaumten Termin geltend gemacht hat oder ohne sein Verschulden geltend zu machen außerstande war.

(2) Das rechtskräftige Urteil wirkt für und gegen alle beitragspflichtigen Mitglieder.

§ 112 Verfahren bei Anfechtungsklage

(1) [1]Die Klage ist ausschließlich bei dem Amtsgericht zu erheben, welches die Berechnung für vollstreckbar erklärt hat. [2]Die mündliche Verhandlung erfolgt nicht vor Ablauf der bezeichneten Notfrist. [3]Mehrere Anfechtungsprozesse sind zur gleichzeitigen Verhandlung und Entscheidung zu verbinden.

(2) [1]Übersteigt der Streitgegenstand eines Prozesses die sonst für die sachliche Zuständigkeit der Amtsgerichte geltende Summe, so hat das Gericht, sofern eine Partei in einem solchen Prozess vor der Verhandlung zur Hauptsache dies beantragt, durch Beschluss die sämtlichen Streitsachen an das Landgericht, in dessen Bezirk es seinen Sitz hat, zu verweisen. [2]Gegen diesen Beschluss findet die sofortige Beschwerde statt. [3]Die Notfrist beginnt mit der Verkündung des Beschlusses.

(3) [1]Ist der Beschluss rechtskräftig, so gelten die Streitsachen als bei dem Landgericht anhängig. [2]Die im Verfahren vor dem Amtsgericht erwachsenen Kosten werden als Teil der bei dem Landgericht erwachsenen Kosten behandelt und gelten als Kosten einer Instanz.

(4) Die §§ 769 und 770 der Zivilprozessordnung über die Einstellung der Zwangsvollstreckung und die Aufhebung der Vollstreckungsmaßregeln finden entsprechende Anwendung.

§ 112a Vergleich über Nachschüsse

(1) [1]Der Insolvenzverwalter kann über den von dem Mitglied zu leistenden Nachschuss einen Vergleich abschließen. [2]Der Vergleich bedarf zu seiner Wirksamkeit der Zustimmung des Gläubigerausschusses, wenn ein solcher bestellt ist, und der Bestätigung durch das Insolvenzgericht.

(2) Der Vergleich wird hinfällig, wenn das Mitglied mit seiner Erfüllung in Verzug gerät.

§ 113 Zusatzberechnung

(1) [1]Soweit infolge des Unvermögens einzelner Mitglieder zur Leistung von Beiträgen der zu deckende Gesamtbetrag nicht erreicht wird oder auf Grund des auf eine Anfechtungsklage ergehenden Urteils oder aus anderen Gründen die Berechnung abzuändern ist, hat der Insolvenzverwalter eine Zusatzberechnung aufzustellen. [2]Die Vorschriften der §§ 106 bis 112a gelten auch für die Zusatzberechnung.

(2) Die Aufstellung einer Zusatzberechnung ist erforderlichenfalls zu wiederholen.

§ 114 Nachschussberechnung

(1) [1]Sobald mit dem Vollzug der Schlussverteilung nach § 196 der Insolvenzordnung begonnen wird oder sobald nach einer Anzeige der Masseunzulänglichkeit nach § 208 der Insolvenzordnung die Insolvenzmasse verwertet ist, hat der Insolvenzverwalter schriftlich festzustellen, ob und in welcher Höhe nach der Verteilung des Erlöses ein Fehlbetrag verbleibt und inwieweit er durch die bereits geleisteten Nachschüsse gedeckt ist. [2]Die Feststellung ist auf der Geschäftsstelle des Gerichts niederzulegen.

(2) Verbleibt ein ungedeckter Fehlbetrag und können die Mitglieder zu weiteren Nachschüssen herangezogen werden, so hat der Insolvenzverwalter in Ergänzung oder Berichtigung der Vorschussberechnung und der zu ihr etwa ergangenen Zusätze zu berechnen, wieviel die Mitglieder nach § 105 an Nachschüssen zu leisten haben (Nachschussberechnung).

(3) Die Nachschussberechnung unterliegt den Vorschriften der §§ 106 bis 109, 111 bis 113, der Vorschrift des § 106 Abs. 2 mit der Maßgabe, dass auf Mitglieder, deren Un-

vermögen zur Leistung von Beiträgen sich herausgestellt hat, Beiträge nicht verteilt werden.

§ 115 Nachtragsverteilung

(1) [1]Der Insolvenzverwalter hat, nachdem die Nachschussberechnung für vollstreckbar erklärt ist, unverzüglich den gemäß § 110 vorhandenen Bestand und, so oft von den noch einzuziehenden Beiträgen hinreichender Bestand eingegangen ist, diesen im Wege der Nachtragsverteilung nach § 203 der Insolvenzordnung unter die Gläubiger zu verteilen. [2]Soweit es keiner Nachschussberechnung bedarf, hat der Insolvenzverwalter die Verteilung unverzüglich vorzunehmen, nachdem die Feststellung nach § 114 Abs. 1 auf der Geschäftsstelle des Gerichts niedergelegt ist.

(2) [1]Außer den Anteilen auf die in §§ 189 bis 191 der Insolvenzordnung bezeichneten Forderungen sind zurückzubehalten die Anteile auf Forderungen, welche im Prüfungstermin von dem Vorstand ausdrücklich bestritten worden sind. [2]Dem Gläubiger bleibt überlassen, den Widerspruch des Vorstands durch Klage zu beseitigen. [3]Soweit der Widerspruch rechtskräftig für begründet erklärt wird, werden die Anteile zur Verteilung unter die übrigen Gläubiger frei.

(3) Die zur Befriedigung der Gläubiger nicht erforderlichen Überschüsse hat der Insolvenzverwalter an die Mitglieder zurückzuzahlen.

§ 115a Abschlagsverteilung der Nachschüsse

(1) [1]Nimmt die Abwicklung des Insolvenzverfahrens voraussichtlich längere Zeit in Anspruch, so kann der Insolvenzverwalter mit Zustimmung des Gläubigerausschusses, wenn ein solcher bestellt ist, und des Insolvenzgerichts die nach § 110 eingezogenen Beträge schon vor dem in § 115 Abs. 1 bezeichneten Zeitpunkt im Wege der Abschlagsverteilung nach den §§ 187 bis 195 der Insolvenzordnung an die Gläubiger verteilen. [2]Eine Abschlagsverteilung soll unterbleiben, soweit nach dem Verhältnis der Schulden zu dem Vermögen mit einer Erstattung eingezogener Beträge an Mitglieder nach § 105 Abs. 4 oder § 115 Abs. 3 zu rechnen ist.

(2) Sollte sich dennoch nach Befriedigung der Gläubiger ein Überschuss aus der Insolvenzmasse ergeben, so sind die zuviel gezahlten Beträge den Mitgliedern aus dem Überschuss zu erstatten.

§ 115b Nachschusspflicht ausgeschiedener Mitglieder

Sobald mit Sicherheit anzunehmen ist, dass die in § 105 Abs. 1 bezeichneten Insolvenzgläubiger auch nicht durch Einziehung der Nachschüsse von den Mitgliedern Befriedigung oder Sicherstellung erlangen, sind die hierzu erforderlichen Beiträge von den innerhalb der letzten 18 Monate vor dem Antrag auf Eröffnung des Insolvenzverfahrens oder nach diesem Antrag ausgeschiedenen Mitgliedern, welche nicht schon nach § 75 oder § 76 Abs. 4 der Nachschusspflicht unterliegen, nach Maßgabe des § 105 zur Insolvenzmasse zu leisten.

§ 115c Beitragspflicht ausgeschiedener Mitglieder

(1) Der Insolvenzverwalter hat unverzüglich eine Berechnung über die Beitragspflicht der ausgeschiedenen Mitglieder aufzustellen.

(2) In der Berechnung sind die ausgeschiedenen Mitglieder namentlich zu bezeichnen und auf sie die Beiträge zu verteilen, soweit nicht das Unvermögen einzelner zur Leistung von Bei trägen vorauszusehen ist.

(3) Im Übrigen finden die Vorschriften in § 106 Abs. 3, §§ 107 bis 109, 111 bis 113 und 115 entsprechende Anwendung.

§ 115d Einziehung und Erstattung von Nachschüssen

(1) Durch die Vorschriften der §§ 115b, 115c wird die Einziehung der Nachschüsse von den in der Genossenschaft verbliebenen Mitgliedern nicht berührt.

(2) Aus den Nachschüssen der verbliebenen Mitglieder sind den ausgeschiedenen Mitgliedern die von diesen geleisteten Beiträge zu erstatten, sobald die in § 105 Abs. 1 bezeichneten Insolvenzgläubiger vollständig befriedigt oder sichergestellt sind.

§ 115e Eigenverwaltung

Ist gemäß § 270 oder § 271 der Insolvenzordnung die Eigenverwaltung unter Aufsicht eines Sachwalters angeordnet, so gelten die §§ 105 bis 115d mit der Maßgabe, dass an die Stelle des Insolvenzverwalters der Sachwalter tritt.

§ 116 Insolvenzplan

Die Vorschriften der Insolvenzordnung über den Insolvenzplan sind mit folgenden Abweichungen anzuwenden:

1. Ein Plan wird berücksichtigt, wenn er vor der Beendigung des Nachschussverfahrens beim Insolvenzgericht eingeht;
2. im darstellenden Teil des Plans ist anzugeben, in welcher Höhe die Mitglieder bereits Nachschüsse geleistet haben und zu welchen weiteren Nachschüssen sie nach der Satzung herangezogen werden könnten;
3. bei der Bildung der Gruppen für die Festlegung der Rechte der Gläubiger im Plan kann zwischen den Gläubigern, die zugleich Mitglieder der Genossenschaft sind, und den übrigen Gläubigern unterschieden werden;
4. vor dem Erörterungstermin hat das Insolvenzgericht den Prüfungsverband, dem die Genossenschaft angehört, darüber zu hören, ob der Plan mit den Interessen der Mitglieder vereinbar ist.

§ 117 Fortsetzung der Genossenschaft

(1) [1]Ist das Insolvenzverfahren auf Antrag des Schuldners eingestellt oder nach der Bestätigung eines Insolvenzplans, der den Fortbestand der Genossenschaft vorsieht, aufgehoben worden, so kann die Generalversammlung die Fortsetzung der Genossenschaft beschließen. [2]Zugleich mit dem Beschluss über die Fortsetzung der Genossenschaft ist die nach § 6 Nr. 3 notwendige Bestimmung in der Satzung zu beschließen, ob die Mitglieder für den Fall, dass die Gläubiger im Insolvenzverfahren über das Vermögen der Genossenschaft nicht befriedigt werden, Nachschüsse zur Insolvenzmasse unbeschränkt, beschränkt auf eine Haftsumme oder überhaupt nicht zu leisten haben.

(2) [1]Die Beschlüsse nach Absatz 1 bedürfen einer Mehrheit, die mindestens drei Viertel der abgegebenen Stimmen umfasst. [2]Die Satzung kann eine größere Mehrheit und weitere Erfordernisse bestimmen. [3]Die Vorschriften des § 79a Abs. 2 bis 4 sind anzuwenden.

(3) Die Fortsetzung der Genossenschaft ist zusammen mit dem Beschluss über die Nachschusspflicht der Mitglieder durch den Vorstand unverzüglich zur Eintragung in das Genossenschaftsregister anzumelden.

§ 118 Kündigung bei Fortsetzung der Genossenschaft

(1) [1]Wird die Fortsetzung der Genossenschaft nach § 117 beschlossen, kann kündigen

1. jedes in der Generalversammlung erschienene Mitglied, wenn es gegen den Beschluss Widerspruch zur Niederschrift erklärt hat oder wenn die Aufnahme seines Widerspruchs in die Niederschrift verweigert worden ist;

2. jedes in der Generalversammlung nicht erschienene Mitglied, wenn es zu der Generalversammlung zu Unrecht nicht zugelassen worden ist oder die Versammlung nicht ordnungsgemäß einberufen oder der Gegenstand der Beschlussfassung nicht ordnungsgemäß angekündigt worden ist.

[2]Hat eine Vertreterversammlung die Fortsetzung der Genossenschaft beschlossen, kann jedes Mitglied kündigen; für die Vertreter gilt Satz 1.

(2) [1]Die Kündigung bedarf der Schriftform. [2]Sie kann nur innerhalb eines Monats zum Schluss des Geschäftsjahres erklärt werden. [3]Die Frist beginnt in den Fällen des Absatzes 1 Satz 1 Nr. 1 mit der Beschlussfassung, in den Fällen des Absatzes 1 Satz 1 Nr. 2 mit der Erlangung der Kenntnis von der Beschlussfassung. [4]Ist der Zeitpunkt der Kenntniserlangung streitig, trägt die Genossenschaft die Beweislast. [5]Im Fall der Kündigung wirkt der Beschluss über die Fortsetzung der Genossenschaft weder für noch gegen das Mitglied.

(3) Der Zeitpunkt der Beendigung der Mitgliedschaft ist unverzüglich in die Mitgliederliste einzutragen; das Mitglied ist hiervon unverzüglich zu benachrichtigen.

(4) [1]Für die Auseinandersetzung des ehemaligen Mitglieds mit der Genossenschaft ist die für die Fortsetzung der Genossenschaft auf gestellte Eröffnungsbilanz maßgeblich. [2]Das Geschäftsguthaben des Mitglieds ist vorbehaltlich des § 8a Abs. 2 und des § 73 Abs. 4 binnen sechs Monaten nach Beendigung der Mitgliedschaft auszuzahlen; auf die Rücklagen und das sonstige Vermögen der Genossenschaft hat es vorbehaltlich des § 73 Abs. 3 keinen Anspruch.

Abschnitt 8.
Haftsumme

§ 119 Bestimmung der Haftsumme

Bestimmt die Satzung, dass die Mitglieder beschränkt auf eine Haftsumme Nachschüsse zur Insolvenzmasse zu leisten haben, so darf die Haftsumme in der Satzung nicht niedriger als der Geschäftsanteil festgesetzt werden.

§ 120 Herabsetzung der Haftsumme

(1) [1]Für die Herabsetzung der Haftsumme gilt § 22 Abs. 1 bis 3 sinngemäß. [2]Das Recht nach § 22 Absatz 2 Satz 1 steht den Gläubigern jedoch nur zu, wenn sie glaubhaft machen, dass durch die Herabsetzung der Haftsumme die Erfüllung ihrer Forderung gefährdet wird.

(2) [1]Wird über das Vermögen der Genossenschaft mit herabgesetzter Haftsumme binnen zwei Jahren nach dem Tag, an dem die Eintragung der Haftsummenherabsetzung in das Genossenschaftsregister bekannt gemacht worden ist, das Insolvenzverfahren eröffnet, so ist jedes Mitglied, dessen Nachschusspflicht durch die Herabsetzung der Haftsumme reduziert wurde, in der Höhe zu Nachschüssen verpflichtet, wie es vor Herabsetzung der Haftsumme zu leisten verpflichtet war. [2]Die §§ 105 bis 115b sind mit der Maßgabe entsprechend anzuwenden, dass nur solche Verbindlichkeiten zu berücksichtigen sind, die bereits im Zeitpunkt der Herabsetzung der Haftsumme begründet waren.

§ 121 Haftsumme bei mehreren Geschäftsanteilen

[1]Ist ein Mitglied mit mehr als einem Geschäftsanteil beteiligt, so erhöht sich die Haftsumme, wenn sie niedriger als der Gesamtbetrag der Geschäftsanteile ist, auf den Gesamtbetrag. [2]Die Satzung kann einen noch höheren Betrag festsetzen. [3]Sie kann auch

bestimmen, dass durch die Beteiligung mit weiteren Geschäftsanteilen eine Erhöhung der Haftsumme nicht eintritt.

§§ 122 bis 145 *(weggefallen)*

Abschnitt 9.
Straf- und Bußgeldvorschriften

§ 146 *(weggefallen)*

§ 147 Falsche Angaben oder unrichtige Darstellung

(1) Mit Freiheitsstrafe bis zu drei Jahren oder mit Geldstrafe wird bestraft, wer als Mitglied des Vorstands oder als Liquidator in einer schriftlichen Versicherung nach § 79a Abs. 5 Satz 2 über den Beschluss zur Fortsetzung der Genossenschaft falsche Angaben macht oder erhebliche Umstände verschweigt.

(2) Ebenso wird bestraft, wer als Mitglied des Vorstands oder des Aufsichtsrats oder als Liquidator

1. die Verhältnisse der Genossenschaft in Darstellungen oder Übersichten über den Vermögensstand, die Mitglieder oder die Haftsummen, in Vorträgen oder Auskünften in der Generalversammlung unrichtig wiedergibt oder verschleiert, wenn die Tat nicht in § 340m in Verbindung mit § 331 Nr. 1 oder Nr. 1a des Handelsgesetzbuchs mit Strafe bedroht ist,
2. in Aufklärungen oder Nachweisen, die nach den Vorschriften dieses Gesetzes einem Prüfer der Genossenschaft zu geben sind, falsche Angaben macht oder die Verhältnisse der Genossenschaft unrichtig wiedergibt oder verschleiert, wenn die Tat nicht in § 340m in Verbindung mit § 331 Nr. 4 des Handelsgesetzbuchs mit Strafe bedroht ist.

§ 148 Pflichtverletzung bei Verlust

(1) Mit Freiheitsstrafe bis zu drei Jahren oder mit Geldstrafe wird bestraft, wer entgegen § 33 Abs. 3 die Generalversammlung nicht oder nicht rechtzeitig einberuft oder eine Anzeige nicht, nicht richtig, nicht vollständig oder nicht rechtzeitig erstattet.

(2) Handelt der Täter fahrlässig, ist die Strafe Freiheitsstrafe bis zu einem Jahr oder Geldstrafe.

§ 149 *(weggefallen)*

§ 150 Verletzung der Berichtspflicht

(1) Mit Freiheitsstrafe bis zu drei Jahren oder mit Geldstrafe wird bestraft, wer als Prüfer oder als Gehilfe eines Prüfers über das Ergebnis der Prüfung falsch berichtet oder erhebliche Umstände im Bericht verschweigt.

(2) Handelt der Täter gegen Entgelt oder in der Absicht, sich oder einen anderen zu bereichern oder einen anderen zu schädigen, so ist die Strafe Freiheitsstrafe bis zu fünf Jahren oder Geldstrafe.

§ 151 Verletzung der Geheimhaltungspflicht

(1) Mit Freiheitsstrafe bis zu einem Jahr oder mit Geldstrafe wird bestraft, wer ein Geheimnis der Genossenschaft, namentlich ein Betriebs- oder Geschäftsgeheimnis, das ihm in seiner Eigenschaft als

1. Mitglied des Vorstands oder des Aufsichtsrats oder Liquidator oder

2. Prüfer oder Gehilfe eines Prüfers bekannt geworden ist, unbefugt offenbart, im Falle der Nummer 2 jedoch nur, wenn die Tat nicht in § 340m in Verbindung mit § 333 des Handelsgesetzbuchs mit Strafe bedroht ist.

(2) [1]Handelt der Täter gegen Entgelt oder in der Absicht, sich oder einen anderen zu bereichern oder einen anderen zu schädigen, so ist die Strafe Freiheitsstrafe bis zu zwei Jahren oder Geldstrafe. [2]Ebenso wird bestraft, wer ein Geheimnis der in Absatz 1 bezeichneten Art, namentlich ein Betriebs- oder Geschäftsgeheimnis, das ihm unter den Voraussetzungen des Absatzes 1 bekannt geworden ist, unbefugt verwertet.

(3) [1]Die Tat wird nur auf Antrag der Genossenschaft verfolgt. [2]Hat ein Mitglied des Vorstands oder ein Liquidator die Tat begangen, so ist der Aufsichtsrat, hat ein Mitglied des Aufsichtsrats die Tat begangen, so sind der Vorstand oder die Liquidatoren antragsberechtigt.

§ 151a Verletzung der Pflichten bei Abschlussprüfungen

Mit Freiheitsstrafe bis zu einem Jahr oder mit Geldstrafe wird bestraft, wer als Mitglied des Aufsichtsrats oder als Mitglied eines Prüfungsausschusses einer Genossenschaft, die kapitalmarktorientiert im Sinne des § 264d des Handelsgesetzbuchs oder die CRR-Kreditinstitut im Sinne des § 1 Absatz 3d Satz 1 des Kreditwesengesetzes ist,

1. eine in § 152 Absatz 1a bezeichnete Handlung begeht und dafür einen Vermögensvorteil erhält oder sich versprechen lässt oder
2. eine in § 152 Absatz 1a bezeichnete Handlung beharrlich wiederholt.

§ 152 Bußgeldvorschriften

(1) Ordnungswidrig handelt, wer

1. besondere Vorteile als Gegenleistung dafür fordert, sich versprechen lässt oder annimmt, dass er bei einer Abstimmung in der Generalversammlung oder der Vertreterversammlung oder bei der Wahl der Vertreter nicht oder in einem bestimmten Sinne stimme oder
2. besondere Vorteile als Gegenleistung dafür anbietet, verspricht oder gewährt, dass jemand bei einer Abstimmung in der Generalversammlung oder der Vertreterversammlung oder bei der Wahl der Vertreter nicht oder in einem bestimmten Sinne stimme.

(1a) Ordnungswidrig handelt, wer als Mitglied des Aufsichtsrats oder als Mitglied eines Prüfungsausschusses einer Genossenschaft, die kapitalmarktorientiert im Sinne des § 264d des Handelsgesetzbuchs oder die CRR-Kreditinstitut im Sinne des § 1 Absatz 3d Satz 1 des Kreditwesengesetzes ist, die Unabhängigkeit der in § 55 Absatz 2 Satz 1 genannten Vertreter und Personen nicht nach Maßgabe des Artikels 5 Absatz 4 Unterabsatz1 Satz 1 der Verordnung (EU) Nr. 537/2014 des Europäischen Parlaments und des Rates vom 16. April 2014 über spezifische Anforderungen an die Abschlussprüfung bei Unternehmen von öffentlichem Interesse und zur Aufhebung des Beschlusses 2005/909/EG der Kommission (ABl. L 158 vom 27.5.2014, S. 77, L 170 vom 11.6.2014, S. 66) in Verbindung mit § 55 Absatz 2 Satz 5 oder nach Maßgabe des Artikels 6 Absatz 2 der Verordnung (EU) Nr. 537/2014 in Verbindung mit § 38 Absatz 1a Satz 4 überwacht.

(2) Die Ordnungswidrigkeit kann in den Fällen des Absatzes 1a mit einer Geldbuße bis zu fünfzigtausend Euro, in den übrigen Fällen mit einer Geldbuße bis zu zehntausend Euro geahndet werden.

(3) Verwaltungsbehörde im Sinne des § 36 Absatz 1 Nummer 1 des Gesetzes über Ordnungswidrigkeiten ist in den Fällen des Absatzes 1a bei CRR-Kreditinstituten im Sinne des § 1 Absatz 3d Satz 1 des Kreditwesengesetzes die Bundesanstalt für Finanzdienstleistungsaufsicht, im Übrigen das Bundesamt für Justiz.

§ 153 Mitteilungen an die Abschlussprüferaufsichtsstelle

(1) Die nach § 152 Absatz 3 zuständige Verwaltungsbehörde übermittelt der Abschlussprüferaufsichtsstelle beim Bundesamt für Wirtschaft und Ausfuhrkontrolle alle Bußgeldentscheidungen nach § 152 Absatz 1a.

(2) [1]In Strafverfahren, die eine Straftat nach § 151a zum Gegenstand haben, übermittelt die Staatsanwaltschaft im Falle der Erhebung der öffentlichen Klage der Abschlussprüferaufsichtsstelle die das Verfahren abschließende Entscheidung. [2]Ist gegen die Entscheidung ein Rechtsmittel eingelegt worden, ist die Entscheidung unter Hinweis auf das eingelegte Rechtsmittel zu übermitteln.

§ 154 *(weggefallen)*

Abschnitt 10.
Schlussvorschriften

§ 155 Altregister im Beitrittsgebiet

[1]Register, in die landwirtschaftliche Produktionsgenossenschaften, Produktionsgenossenschaften des Handwerks oder andere Genossenschaften oder kooperative Einrichtungen mit Sitz in dem in Artikel 3 des Einigungsvertrages genannten Gebiet am 3. Oktober 1990 eingetragen waren, gelten als Genossenschaftsregister im Sinne dieses Gesetzes und des Gesetzes über das Verfahren in Familiensachen und in den Angelegenheiten der freiwilligen Gerichtsbarkeit. [2]Die Wirksamkeit von Eintragungen in diese Register wird nicht dadurch berührt, dass diese Eintragungen vor dem Inkrafttreten des Registerverfahrensbeschleunigungsgesetzes vom 20. Dezember 1993 (BGBl. I S. 2182) am 25. Dezember 1993 von der Verwaltungsbehörde vorgenommen worden sind.

§ 156 Anwendbarkeit von Vorschriften über das Handelsregister; Bekanntmachung von Eintragungen

(1) [1]§ 8 Abs. 1 sowie die §§ 8a, 9, 10a und 11 des Handelsgesetzbuchs finden auf das Genossenschaftsregister Anwendung. [2]Eine gerichtliche Bekanntmachung von Eintragungen findet nur gemäß den §§ 12, 16 Abs. 5, § 28 Satz 3, § 42 Abs. 1 Satz 3, § 51 Abs. 5 sowie in den Fällen des § 22 Abs. 1, des § 22a Abs. 1, des § 82 Abs. 1 und des § 97 und statt. [3]§ 10 des Handelsgesetzbuchs ist entsprechend anzuwenden.

(2) Soweit nicht ein anderes bestimmt ist, werden die Eintragungen ihrem ganzen Inhalt nach veröffentlicht.

§ 157 Anmeldungen zum Genossenschaftsregister

Die in § 11 Abs. 1 geregelte Anmeldung zum Genossenschaftsregister ist von sämtlichen Mitgliedern des Vorstands, die anderen nach diesem Gesetz vorzunehmenden Anmeldungen sind vom Vorstand oder den Liquidatoren elektronisch in öffentlich beglaubigter Form einzureichen.

§ 158 Ersatzweise Bekanntmachung

Bestimmt die Satzung einer Genossenschaft für deren Bekanntmachungen ein öffentliches Blatt, das nicht mehr zur Verfügung steht, müssen bis zu einer anderweitigen Regelung in der Satzung die Bekanntmachungen im Bundesanzeiger erfolgen.

§ 159 *(weggefallen)*

§ 160 Zwangsgeldverfahren

(1) [1]Die Mitglieder des Vorstands sind von dem Registergericht zur Befolgung der in den §§ 14, 25a, 28, 30, 32, 54 Satz 2, 57 Absatz 1, §59 Abs. 1, § 78 Abs. 2, § 79 Abs. 2 enthaltenen Vorschriften durch Festsetzung von Zwangsgeld anzuhalten. [2]In gleicher Weise sind die Mitglieder des Vorstands und die Liquidatoren zur Befolgung der in § 33 Abs. 1 Satz 2, § 42 Abs. 1 in Verbindung mit § 53 des Handelsgesetzbuchs, §§ 47, 48 Abs. 3 und 4 Satz 4, § 51 Abs. 4 und 5, § 56 Abs. 2, §§ 84, 85 Abs. 2, § 89 dieses Gesetzes enthaltenen Vorschriften sowie die Mitglieder des Vorstands und des Aufsichtsrats und die Liquidatoren dazu anzuhalten, dafür zu sorgen, dass die Genossenschaft vorbehaltlich des § 9 Abs. 1 Satz 2 nicht länger als drei Monate ohne oder ohne beschlussfähigen Aufsichtsrat ist. [3]Das einzelne Zwangsgeld darf den Betrag von fünftausend Euro nicht übersteigen.

(2) Für das Verfahren sind die Vorschriften maßgebend, welche zur Erzwingung der im Handelsgesetzbuch angeordneten Anmeldungen zum Handelsregister gelten.

§ 161 *(aufgehoben)*

§ 162 Übergangsvorschrift für Wohnungsunternehmen

Am 31. Dezember 1989 als gemeinnützige Wohnungsunternehmen oder als Organe der staatlichen Wohnungspolitik anerkannte Unternehmen, die nicht eingetragene Genossenschaften sind, bleiben Mitglieder des Prüfungsverbandes, dem sie zu diesem Zeitpunkt angehören.

§ 163 *(weggefallen)*

§ 164 Übergangsregelung zur Beschränkung der Jahresabschlussprüfung

§ 53 Abs. 2 Satz 1 in der vom 22. Juli 2017 an geltenden Fassung ist erstmals auf die Prüfung des Jahresabschlusses für ein frühestens am 31. Dezember 2017 endendes Geschäftsjahr anzuwenden.

§ 165 *(aufgehoben)*

§ 166 Übergangsregelung zum Berufsaufsichtsreformgesetz

(1) Ein Prüfungsverband, dem vor dem 6. September 2007 eine Bescheinigung über die Teilnahme an der Qualitätskontrolle erteilt wurde, kann eine Verlängerung der Befristung der Teilnahmebescheinigung auf insgesamt sechs Jahre beantragen, soweit er nicht unter § 63e Abs. 1 Satz 2 fällt.

(2) Ist die Teilnahmebescheinigung auf sechs Jahre befristet worden, hat ein Prüfungsverband, der bei einer Genossenschaft, einer in Artikel 25 Abs. 1 Satz 1 Nr. 1 des Einführungsgesetzes zum Handelsgesetzbuch genannten Gesellschaft oder einem in Artikel 25 Abs. 1 Satz 1 Nr. 2 des Einführungsgesetzes zum Handelsgesetzbuch genannten Unternehmen, die einen organisierten Markt im Sinne des § 2 Absatz 11 des Wertpapierhandelsgesetzes in Anspruch nehmen, mehr als drei Jahre nach Ausstellen der Teilnahmebescheinigung eine der Qualitätskontrolle unterfallende Prüfung durchführt, innerhalb von sechs Monaten nach Annahme des Prüfungsauftrages eine Qualitätskontrolle durchführen zu lassen.

§ 167 Übergangsvorschrift zum Bilanzrechtsmodernisierungsgesetz

(1) § 36 Abs. 4 und § 38 Abs. 1a Satz 2 in der Fassung des Bilanzrechtsmodernisierungsgesetzes vom 25. Mai 2009 (BGBl. I S. 1102) finden keine Anwendung, solange alle Mitglieder des Aufsichtsrats und des Prüfungsausschusses vor dem 29. Mai 2009 bestellt worden sind.

(2) § 53 Abs. 3 in der Fassung des Bilanzrechtsmodernisierungsgesetzes vom 25. Mai 2009 (BGBl. I S. 1102) ist erstmals ab dem 1. Januar 2010 anzuwenden.

§ 168 Übergangsvorschrift zu dem Gesetz für die gleichberechtigte Teilhabe von Frauen und Männern an Führungspositionen in der Privatwirtschaft und im öffentlichen Dienst

[1]Die Festlegungen nach § 9 Absatz 3 Satz 1 und 3 sowie Absatz 4 Satz 1 und 3 haben erstmals bis spätestens 30. September 2015 zu erfolgen. [2]Die nach § 9 Absatz 3 Satz 3 und Absatz 4 Satz 3 erstmals festzulegende Frist darf nicht länger als bis zum 30. Juni 2017 dauern.

§ 169 Übergangsvorschrift zum Abschlussprüfungsreformgesetz

§ 36 Absatz 4 und § 38 Absatz 1a Satz 3 jeweils in der Fassung des Abschlussprüfungsreformgesetzes vom 10. Mai 2016 (BGBl. I S. 1142) müssen so lange nicht angewandt werden, wie alle Mitglieder des Aufsichtsrats und des Prüfungsausschusses vor dem 17. Juni 2016 bestellt worden sind.

§ 170 Übergangsregelung zum CSR-Richtlinie-Umsetzungsgesetz

[1]§ 38 in der Fassung des CSR-Richtlinie-Umsetzungsgesetzes vom 11. April 2017 (BGBl. I S. 802) ist erstmals auf Lageberichte und Konzernlageberichte anzuwenden, die sich auf ein nach dem 31. Dezember 2016 beginnendes Geschäftsjahr beziehen. [2]Auf Lage- und Konzernlageberichte, die sich auf vor dem 1. Januar 2017 beginnende Geschäftsjahre beziehen, bleibt § 38 in der bis zum 18. April 2017 geltenden Fassung anwendbar.

§ 171 Übergangsvorschrift zur Einführung der vereinfachten Prüfung

§ 53a ist erstmals auf die Prüfung für ein frühestens am 31. Dezember 2017 endendes Geschäftsjahr anzuwenden.

5. Gesetz zur Ausführung der Verordnung (EG) Nr. 2157/2001 des Rates vom 8. Oktober 2001 über das Statut der Europäischen Gesellschaft (SE) (SE-Ausführungsgesetz – SEAG)

Vom 22. Dezember 2004 (BGBl. I S. 3675)

zuletzt geändert durch Gesetz vom 12.12.2019 (BGBl. I S. 2637)

Inhaltsübersicht

Abschnitt 1. Allgemeine Vorschriften

§ 1 Anzuwendende Vorschriften

Soweit nicht die Verordnung (EG) Nr. 2157/2001 des Rates vom 8. Oktober 2001 über das Statut der Europäischen Gesellschaft (SE)[1)] (ABl. EG Nr. L 294 S. 1) (Verordnung) gilt, sind auf eine Europäische Gesellschaft (SE) mit Sitz im Inland und auf die an der Gründung einer Europäischen Gesellschaft beteiligten Gesellschaften mit Sitz im Inland die folgenden Vorschriften anzuwenden.

§ 2 *(aufgehoben)*

§ 3 Eintragung

Die SE wird gemäß den für Aktiengesellschaften geltenden Vorschriften im Handelsregister eingetragen.

§ 4 Zuständigkeiten

[1]Für die Eintragung der SE und für die in Artikel 8 Abs. 8, Artikel 25 Abs. 2 sowie den Artikeln 26 und 64 Abs. 4 der Verordnung bezeichneten Aufgaben ist das nach den §§ 376 und 377 des Gesetzes über das Verfahren in Familiensachen und in den Angelegenheiten der freiwilligen Gerichtsbarkeit bestimmte Gericht zuständig. [2]Das zuständige Gericht im Sinne des Artikels 55 Abs. 3 Satz 1 der Verordnung bestimmt sich nach § 375 Nr. 4, §§ 376 und 377 des Gesetzes über das Verfahren in Familiensachen und in den Angelegenheiten der freiwilligen Gerichtsbarkeit.

Abschnitt 2. Gründung einer SE

Unterabschnitt 1. Verschmelzung

§ 5 Bekanntmachung

[1]Die nach Artikel 21 der Verordnung bekannt zu machenden Angaben sind dem Register bei Einreichung des Verschmelzungsplans mitzuteilen. [2]Das Gericht hat diese Angaben zusammen mit dem nach § 61 Satz 2 des Umwandlungsgesetzes vorgeschriebenen Hinweis bekannt zu machen.

§ 6 Verbesserung des Umtauschverhältnisses

(1) Unter den Voraussetzungen des Artikels 25 Abs. 3 Satz 1 der Verordnung kann eine Klage gegen den Verschmelzungsbeschluss einer übertragenden Gesellschaft nicht darauf gestützt werden, dass das Umtauschverhältnis der Anteile nicht angemessen ist.

(2) Ist bei der Gründung einer SE durch Verschmelzung nach dem Verfahren der Verordnung das Umtauschverhältnis der Anteile nicht angemessen, so kann jeder Aktionär einer übertragenden Gesellschaft, dessen Recht, gegen die Wirksamkeit des Verschmel-

1) Abdruck in dieser Textsammlung unter 5a.

zungsbeschlusses Klage zu erheben, nach Absatz 1 ausgeschlossen ist, von der SE einen Ausgleich durch bare Zuzahlung verlangen.

(3) [1]Die bare Zuzahlung ist nach Ablauf des Tages, an dem die Verschmelzung im Sitzstaat der SE nach den dort geltenden Vorschriften eingetragen und bekannt gemacht worden ist, mit jährlich 5 Prozentpunkten über dem jeweiligen Basiszinssatz nach § 247 des Bürgerlichen Gesetzbuchs zu verzinsen. [2]Die Geltendmachung eines weiteren Schadens ist nicht ausgeschlossen.

(4) [1]Macht ein Aktionär einer übertragenden Gesellschaft unter den Voraussetzungen des Artikels 25 Abs. 3 Satz 1 der Verordnung geltend, dass das Umtauschverhältnis der Anteile nicht angemessen sei, so hat auf seinen Antrag das Gericht nach dem Spruchverfahrensgesetz vom 12. Juni 2003 (BGBl. I S. 838) eine angemessene bare Zuzahlung zu bestimmen. [2]Satz 1 findet auch auf Aktionäre einer übertragenden Gesellschaft mit Sitz in einem anderen Mitgliedstaat der Europäischen Union oder in einem anderen Vertragsstaat des Abkommens über den Europäischen Wirtschaftsraum Anwendung, sofern nach dem Recht dieses Staates ein Verfahren zur Kontrolle und Änderung des Umtauschverhältnisses der Aktien vorgesehen ist und deutsche Gerichte für die Durchführung eines solchen Verfahrens international zuständig sind.

§ 7 Abfindungsangebot im Verschmelzungsplan

(1) [1]Bei der Gründung einer SE, die ihren Sitz im Ausland haben soll, durch Verschmelzung nach dem Verfahren der Verordnung hat eine übertragende Gesellschaft im Verschmelzungsplan oder in seinem Entwurf jedem Aktionär, der gegen den Verschmelzungsbeschluss der Gesellschaft Widerspruch zur Niederschrift erklärt, den Erwerb seiner Aktien gegen eine angemessene Barabfindung anzubieten. [2]Die Vorschriften des Aktiengesetzes über den Erwerb eigener Aktien gelten entsprechend, jedoch ist § 71 Abs. 4 Satz 2 des Aktiengesetzes insoweit nicht anzuwenden. [3]Die Bekanntmachung des Verschmelzungsplans als Gegenstand der Beschlussfassung muss den Wortlaut dieses Angebots enthalten. [4]Die Gesellschaft hat die Kosten für eine Übertragung zu tragen. § 29 Abs. 2 des Umwandlungsgesetzes findet entsprechende Anwendung.

(2) [1]Die Barabfindung muss die Verhältnisse der Gesellschaft im Zeitpunkt der Beschlussfassung über die Verschmelzung berücksichtigen. [2]Die Barabfindung ist nach Ablauf des Tages, an dem die Verschmelzung im Sitzstaat der SE nach den dort geltenden Vorschriften eingetragen und bekannt gemacht worden ist, mit jährlich 5 Prozentpunkten über dem jeweiligen Basiszinssatz nach § 247 des Bürgerlichen Gesetzbuchs zu verzinsen. [3]Die Geltendmachung eines weiteren Schadens ist nicht ausgeschlossen.

(3) [1]Die Angemessenheit einer anzubietenden Barabfindung ist stets durch Verschmelzungsprüfer zu prüfen. [2]Die §§ 10 bis 12 des Umwandlungsgesetzes sind entsprechend anzuwenden. [3]Die Berechtigten können auf die Prüfung oder den Prüfungsbericht verzichten; die Verzichtserklärungen sind notariell zu beurkunden.

(4) [1]Das Angebot nach Absatz 1 kann nur binnen zwei Monaten nach dem Tage angenommen werden, an dem die Verschmelzung im Sitzstaat der SE nach den dort geltenden Vorschriften eingetragen und bekannt gemacht worden ist. [2]Ist nach Absatz 7 dieser Vorschrift ein Antrag auf Bestimmung der Barabfindung durch das Gericht gestellt worden, so kann das Angebot binnen zwei Monaten nach dem Tage angenommen werden, an dem die Entscheidung im Bundesanzeiger bekannt gemacht worden ist.

(5) Unter den Voraussetzungen des Artikels 25 Abs. 3 Satz 1 der Verordnung kann eine Klage gegen die Wirksamkeit des Verschmelzungsbeschlusses einer übertragenden Gesellschaft nicht darauf gestützt werden, dass das Angebot nach Absatz 1 zu niedrig bemessen oder dass die Barabfindung im Verschmelzungsplan nicht oder nicht ordnungsgemäß angeboten worden ist.

(6) Einer anderweitigen Veräußerung des Anteils durch den Aktionär stehen nach Fassung des Verschmelzungsbeschlusses bis zum Ablauf der in Absatz 4 bestimmten Frist Verfügungsbeschränkungen bei den beteiligten Rechtsträgern nicht entgegen.

(7) [1]Macht ein Aktionär einer übertragenden Gesellschaft unter den Voraussetzungen des Artikels 25 Abs. 3 Satz 1 der Verordnung geltend, dass eine im Verschmelzungsplan bestimmte Barabfindung, die ihm nach Absatz 1 anzubieten war, zu niedrig bemessen sei, so hat auf seinen Antrag das Gericht nach dem Spruchverfahrensgesetz vom 12. Juni 2003 (BGBl. I S. 838) die angemessene Barabfindung zu bestimmen. [2]Das Gleiche gilt, wenn die Barabfindung nicht oder nicht ordnungsgemäß angeboten worden ist. [3]Die Sätze 1 und 2 finden auch auf Aktionäre einer übertragenden Gesellschaft mit Sitz in einem anderen Mitgliedstaat der Europäischen Union oder in einem anderen Vertragsstaat des Abkommens über den Europäischen Wirtschaftsraum Anwendung, sofern nach dem Recht dieses Staates ein Verfahren zur Abfindung von Minderheitsaktionären vorgesehen ist und deutsche Gerichte für die Durchführung eines solchen Verfahrens international zuständig sind.

§ 8 Gläubigerschutz

[1]Liegt der künftige Sitz der SE im Ausland, ist § 13 Abs. 1 und 2 entsprechend anzuwenden. [2]Das zuständige Gericht stellt die Bescheinigung nach Artikel 25 Abs. 2 der Verordnung nur aus, wenn die Vorstandsmitglieder einer übertragenden Gesellschaft die Versicherung abgeben, dass allen Gläubigern, die nach Satz 1 einen Anspruch auf Sicherheitsleistung haben, eine angemessene Sicherheit geleistet wurde.

Unterabschnitt 2. Gründung einer Holding-SE

§ 9 Abfindungsangebot im Gründungsplan

(1) [1]Bei der Gründung einer Holding-SE nach dem Verfahren der Verordnung, die ihren Sitz im Ausland haben soll oder die ihrerseits abhängig im Sinne des § 17 des Aktiengesetzes ist, hat eine die Gründung anstrebende Aktiengesellschaft im Gründungsplan jedem Anteilsinhaber, der gegen den Zustimmungsbeschluss dieser Gesellschaft zum Gründungsplan Widerspruch zur Niederschrift erklärt, den Erwerb seiner Anteile gegen eine angemessene Barabfindung anzubieten. [2]Die Vorschriften des Aktiengesetzes über den Erwerb eigener Aktien gelten entsprechend, jedoch ist § 71 Abs. 4 Satz 2 des Aktiengesetzes insoweit nicht anzuwenden. [3]Die Bekanntmachung des Gründungsplans als Gegenstand der Beschlussfassung muss den Wortlaut dieses Angebots enthalten. [4]Die Gesellschaft hat die Kosten für eine Übertragung zu tragen. [5]§ 29 Abs. 2 des Umwandlungsgesetzes findet entsprechende Anwendung.

(2) § 7 Abs. 2 bis 7 findet entsprechende Anwendung, wobei an die Stelle der Eintragung und Bekanntmachung der Verschmelzung die Eintragung und Bekanntmachung der neu gegründeten Holding-SE tritt.

§ 10 Zustimmungsbeschluss; Negativerklärung

(1) Der Zustimmungsbeschluss gemäß Artikel 32 Abs. 6 der Verordnung bedarf einer Mehrheit, die bei einer Aktiengesellschaft mindestens drei Viertel des bei der Beschlussfassung vertretenen Grundkapitals und bei einer Gesellschaft mit beschränkter Haftung mindestens drei Viertel der abgegebenen Stimmen umfasst.

(2) Bei der Anmeldung der Holding-SE haben ihre Vertretungsorgane zu erklären, dass eine Klage gegen die Wirksamkeit der Zustimmungsbeschlüsse gemäß Artikel 32 Abs. 6 der Verordnung nicht oder nicht fristgemäß erhoben oder eine solche Klage rechtskräftig abgewiesen oder zurückgenommen worden ist.

§ 11 Verbesserung des Umtauschverhältnisses

(1) Ist bei der Gründung einer Holding-SE nach dem Verfahren der Verordnung das Umtauschverhältnis der Anteile nicht angemessen, so kann jeder Anteilsinhaber der die Gründung anstrebenden Gesellschaft von der Holding-SE einen Ausgleich durch bare Zuzahlung verlangen.

(2) § 6 Abs. 1, 3 und 4 findet entsprechende Anwendung, wobei an die Stelle der Eintragung und Bekanntmachung der Verschmelzung die Eintragung und Bekanntmachung der Gründung der Holding-SE tritt.

Abschnitt 3. Sitzverlegung

§ 12 Abfindungsangebot im Verlegungsplan

(1) [1]Verlegt eine SE nach Maßgabe von Artikel 8 der Verordnung ihren Sitz, hat sie jedem Aktionär, der gegen den Verlegungsbeschluss Widerspruch zur Niederschrift erklärt, den Erwerb seiner Aktien gegen eine angemessene Barabfindung anzubieten. [2]Die Vorschriften des Aktiengesetzes über den Erwerb eigener Aktien gelten entsprechend, jedoch ist § 71 Abs. 4 Satz 2 des Aktiengesetzes insoweit nicht anzuwenden. [3]Die Bekanntmachung des Verlegungsplans als Gegenstand der Beschlussfassung muss den Wortlaut dieses Angebots enthalten. [4]Die Gesellschaft hat die Kosten für eine Übertragung zu tragen. [5]§ 29 Abs. 2 des Umwandlungsgesetzes findet entsprechende Anwendung.

(2) § 7 Abs. 2 bis 7 findet entsprechende Anwendung, wobei an die Stelle der Eintragung und Bekanntmachung der Verschmelzung die Eintragung und Bekanntmachung der SE im neuen Sitzstaat tritt.

§ 13 Gläubigerschutz

(1) [1]Verlegt eine SE nach Maßgabe von Artikel 8 der Verordnung ihren Sitz, ist den Gläubigern der Gesellschaft, wenn sie binnen zwei Monaten nach dem Tag, an dem der Verlegungsplan offen gelegt worden ist, ihren Anspruch nach Grund und Höhe schriftlich anmelden, Sicherheit zu leisten, soweit sie nicht Befriedigung verlangen können. [2]Dieses Recht steht den Gläubigern jedoch nur zu, wenn sie glaubhaft machen, dass durch die Sitzverlegung die Erfüllung ihrer Forderungen gefährdet wird. [3]Die Gläubiger sind im Verlegungsplan auf dieses Recht hinzuweisen.

(2) Das Recht auf Sicherheitsleistung nach Absatz 1 steht Gläubigern nur im Hinblick auf solche Forderungen zu, die vor oder bis zu 15 Tage nach Offenlegung des Verlegungsplans entstanden sind.

(3) Das zuständige Gericht stellt die Bescheinigung nach Artikel 8 Abs. 8 der Verordnung nur aus, wenn bei einer SE mit dualistischem System die Mitglieder des Leitungsorgans und bei einer SE mit monistischem System die geschäftsführenden Direktoren die Versicherung abgeben, dass allen Gläubigern, die nach den Absätzen 1 und 2 einen Anspruch auf Sicherheitsleistung haben, eine angemessene Sicherheit geleistet wurde.

§ 14 Negativerklärung

Das zuständige Gericht stellt die Bescheinigung nach Artikel 8 Abs. 8 der Verordnung nur aus, wenn die Vertretungsorgane einer SE, die nach Maßgabe des Artikels 8 der Verordnung ihren Sitz verlegt, erklären, dass eine Klage gegen die Wirksamkeit des Verlegungsbeschlusses nicht oder nicht fristgemäß erhoben oder eine solche Klage rechtskräftig abgewiesen oder zurückgenommen worden ist.

Abschnitt 4. Aufbau der SE

Unterabschnitt 1. Dualistisches System

§ 15 Wahrnehmung der Geschäftsleitung durch Mitglieder des Aufsichtsorgans

[1]Die Abstellung eines Mitglieds des Aufsichtsorgans zur Wahrnehmung der Aufgaben eines Mitglieds des Leitungsorgans nach Artikel 39 Abs. 3 Satz 2 der Verordnung ist nur für einen im Voraus begrenzten Zeitraum, höchstens für ein Jahr, zulässig. [2]Eine wiederholte Bestellung oder Verlängerung der Amtszeit ist zulässig, wenn dadurch die Amtszeit insgesamt ein Jahr nicht übersteigt.

§ 16 Zahl der Mitglieder des Leitungsorgans

[1]Bei Gesellschaften mit einem Grundkapital von mehr als 3 Millionen Euro hat das Leitungsorgan aus mindestens zwei Personen zu bestehen, es sei denn, die Satzung bestimmt, dass es aus einer Person bestehen soll. [2]§ 38 Abs. 2 des SE-Beteiligungsgesetzes bleibt unberührt.

§ 17 Zahl der Mitglieder und Zusammensetzung des Aufsichtsorgans

(1) [1]Das Aufsichtsorgan besteht aus drei Mitgliedern. [2]Die Satzung kann eine bestimmte höhere Zahl festsetzen. [3]Die Zahl muss durch drei teilbar sein, wenn dies für die Beteiligung der Arbeitnehmer auf Grund des SE-Beteiligungsgesetzes erforderlich ist. [4]Die Höchstzahl beträgt bei Gesellschaften mit einem Grundkapital

bis zu 1 500 000 Euro neun,
von mehr als 1 500 000 Euro fünfzehn,
von mehr als 10 000 000 Euro einundzwanzig.

(2) [1]Besteht bei einer börsennotierten SE das Aufsichtsorgan aus derselben Zahl von Anteilseigner- und Arbeitnehmervertretern, müssen in dem Aufsichtsorgan Frauen und Männer jeweils mit einem Anteil von mindestens 30 Prozent vertreten sein. [2]Der Mindestanteil von jeweils 30 Prozent an Frauen und Männern im Aufsichtsorgan ist bei erforderlich werdenden Neubesetzungen einzelner oder mehrerer Sitze im Aufsichtsorgan zu beachten. [3]Reicht die Zahl der neu zu besetzenden Sitze nicht aus, um den Mindestanteil zu erreichen, sind die Sitze mit Personen des unterrepräsentierten Geschlechts zu besetzen, um dessen Anteil sukzessive zu steigern. [4]Bestehende Mandate können bis zu ihrem regulären Ende wahrgenommen werden.

(3) Die Beteiligung der Arbeitnehmer nach dem SEBeteiligungsgesetz bleibt unberührt.

(4) [1]Für Verfahren entsprechend den §§ 98, 99 oder 104 des Aktiengesetzes ist auch der SE-Betriebsrat antragsberechtigt. [2]Für Klagen entsprechend § 250 des Aktiengesetzes ist auch der SE-Betriebsrat parteifähig; § 252 des Aktiengesetzes gilt entsprechend.

(5) [1]§ 251 des Aktiengesetzes findet mit der Maßgabe Anwendung, dass das gesetzeswidrige Zustandekommen von Wahlvorschlägen für die Arbeitnehmervertreter im Aufsichtsorgan nur nach den Vorschriften der Mitgliedstaaten über die Besetzung der ihnen zugewiesenen Sitze geltend gemacht werden kann. [2]Für die Arbeitnehmervertreter aus dem Inland gilt § 37 Abs. 2 des SE-Beteiligungsgesetzes.

§ 18 Informationsverlangen einzelner Mitglieder des Aufsichtsorgans

Jedes einzelne Mitglied des Aufsichtsorgans kann vom Leitungsorgan jegliche Information nach Artikel 41 Abs. 3 Satz 1 der Verordnung, jedoch nur an das Aufsichtsorgan, verlangen.

§ 19 Festlegung zustimmungsbedürftiger Geschäfte durch das Aufsichtsorgan

Das Aufsichtsorgan kann selbst bestimmte Arten von Geschäften von seiner Zustimmung abhängig machen.

Unterabschnitt 2. Monistisches System

§ 20 Anzuwendende Vorschriften

Wählt eine SE gemäß Artikel 38 Buchstabe b der Verordnung in ihrer Satzung das monistische System mit einem Verwaltungsorgan (Verwaltungsrat), so gelten anstelle der §§ 76 bis 116 des Aktiengesetzes die nachfolgenden Vorschriften.

§ 21 Anmeldung und Eintragung

(1) Die SE ist bei Gericht von allen Gründern, Mitgliedern des Verwaltungsrats und geschäftsführenden Direktoren zur Eintragung in das Handelsregister anzumelden.

(2) [1]In der Anmeldung haben die geschäftsführenden Direktoren zu versichern, dass keine Umstände vorliegen, die ihrer Bestellung nach § 40 Abs. 1 Satz 4 entgegenstehen und dass sie über ihre unbeschränkte Auskunftspflicht gegenüber dem Gericht belehrt worden sind. [2]In der Anmeldung sind Art und Umfang der Vertretungsbefugnis der geschäftsführenden Direktoren anzugeben. [3]Der Anmeldung sind die Urkunden über die Bestellung des Verwaltungsrats und der geschäftsführenden Direktoren sowie die Prüfungsberichte der Mitglieder des Verwaltungsrats beizufügen.

(3) Das Gericht kann die Anmeldung ablehnen, wenn für den Prüfungsbericht der Mitglieder des Verwaltungsrats die Voraussetzungen des § 38 Abs. 2 des Aktiengesetzes gegeben sind.

(4) Bei der Eintragung sind die geschäftsführenden Direktoren sowie deren Vertretungsbefugnis anzugeben.

§ 22 Aufgaben und Rechte des Verwaltungsrats

(1) Der Verwaltungsrat leitet die Gesellschaft, bestimmt die Grundlinien ihrer Tätigkeit und überwacht deren Umsetzung.

(2) [1]Der Verwaltungsrat hat eine Hauptversammlung einzuberufen, wenn das Wohl der Gesellschaft es fordert. Für den Beschluss genügt die einfache Mehrheit. [2]Für die Vorbereitung und Ausführung von Hauptversammlungsbeschlüssen gilt § 83 des Aktiengesetzes entsprechend; der Verwaltungsrat kann einzelne damit verbundene Aufgaben auf die geschäftsführenden Direktoren übertragen.

(3) [1]Der Verwaltungsrat hat dafür zu sorgen, dass die erforderlichen Handelsbücher geführt werden. [2]Der Verwaltungsrat hat geeignete Maßnahmen zu treffen, insbesondere ein Überwachungssystem einzurichten, damit den Fortbestand der Gesellschaft gefährdende Entwicklungen früh erkannt werden.

(4) [1]Der Verwaltungsrat kann die Bücher und Schriften der Gesellschaft sowie die Vermögensgegenstände, namentlich die Gesellschaftskasse und die Bestände an Wertpapieren und Waren, einsehen und prüfen. [2]Er kann damit auch einzelne Mitglieder oder für bestimmte Aufgaben besondere Sachverständige beauftragen. [3]Er erteilt dem Abschlussprüfer den Prüfungsauftrag für den Jahres- und Konzernabschluss gemäß § 290 des Handelsgesetzbuchs.

(5) [1]Ergibt sich bei Aufstellung der Jahresbilanz oder einer Zwischenbilanz oder ist bei pflichtmäßigem Ermessen anzunehmen, dass ein Verlust in der Hälfte des Grundkapitals besteht, so hat der Verwaltungsrat unverzüglich die Hauptversammlung einzuberufen

und ihr dies anzuzeigen. [2]Bei Zahlungsunfähigkeit oder Überschuldung der Gesellschaft hat der Verwaltungsrat den Insolvenzantrag nach § 15a Abs. 1 der Insolvenzordnung zu stellen; § 92 Abs. 2 des Aktiengesetzes gilt entsprechend.

(6) Rechtsvorschriften, die außerhalb dieses Gesetzes dem Vorstand oder dem Aufsichtsrat einer Aktiengesellschaft Rechte oder Pflichten zuweisen, gelten sinngemäß für den Verwaltungsrat, soweit nicht in diesem Gesetz für den Verwaltungsrat und für geschäftsführende Direktoren besondere Regelungen enthalten sind.

§ 23 Zahl der Mitglieder des Verwaltungsrats

(1) [1]Der Verwaltungsrat besteht aus drei Mitgliedern. [2]Die Satzung kann etwas anderes bestimmen; bei Gesellschaften mit einem Grundkapital von mehr als 3 Millionen Euro hat der Verwaltungsrat jedoch aus mindestens drei Personen zu bestehen. [3]Die Höchstzahl der Mitglieder des Verwaltungsrats beträgt bei Gesellschaften mit einem Grundkapital

bis zu 1 500 000 Euro neun,
von mehr als 1 500 000 Euro fünfzehn,
von mehr als 10 000 000 Euro einundzwanzig.

(2) Die Beteiligung der Arbeitnehmer nach dem SEBeteiligungsgesetz bleibt unberührt.

§ 24 Zusammensetzung des Verwaltungsrats

(1) Der Verwaltungsrat setzt sich zusammen aus Verwaltungsratsmitgliedern der Aktionäre und, soweit eine Vereinbarung nach § 21 oder die §§ 34 bis 38 des SE-Beteiligungsgesetzes dies vorsehen, auch aus Verwaltungsratsmitgliedern der Arbeitnehmer.

(2) Nach anderen als den zuletzt angewandten vertraglichen oder gesetzlichen Vorschriften kann der Verwaltungsrat nur zusammengesetzt werden, wenn nach § 25 oder nach § 26 die in der Bekanntmachung des Vorsitzenden des Verwaltungsrats oder in der gerichtlichen Entscheidung angegebenen vertraglichen oder gesetzlichen Vorschriften anzuwenden sind.

(3) [1]Besteht bei einer börsennotierten SE der Verwaltungsrat aus derselben Zahl von Anteilseigner- und Arbeitnehmervertretern, müssen in dem Verwaltungsrat Frauen und Männer jeweils mit einem Anteil von mindestens 30 Prozent vertreten sein. [2]Der Mindestanteil von jeweils 30 Prozent an Frauen und Männern im Verwaltungsrat ist bei erforderlich werdenden Neubesetzungen einzelner oder mehrerer Sitze im Verwaltungsrat zu beachten. [3]Reicht die Zahl der neu zu besetzenden Sitze nicht aus, um den Mindestanteil zu erreichen, sind die Sitze mit Personen des unterrepräsentierten Geschlechts zu besetzen, um dessen Anteil sukzessive zu steigern. [4]Bestehende Mandate können bis zu ihrem regulären Ende wahrgenommen werden.

§ 25 Bekanntmachung über die Zusammensetzung des Verwaltungsrats

(1) [1]Ist der Vorsitzende des Verwaltungsrats der Ansicht, dass der Verwaltungsrat nicht nach den maßgeblichen vertraglichen oder gesetzlichen Vorschriften zusammengesetzt ist, so hat er dies unverzüglich in den Gesellschaftsblättern und gleichzeitig durch Aushang in sämtlichen Betrieben der Gesellschaft und ihrer Konzernunternehmen bekannt zu machen. Der Aushang kann auch in elektronischer Form erfolgen. [2]In der Bekanntmachung sind die nach Ansicht des Vorsitzenden des Verwaltungsrats maßgeblichen vertraglichen oder gesetzlichen Vorschriften anzugeben. [3]Es ist darauf hinzuweisen, dass der Verwaltungsrat nach diesen Vorschriften zusammengesetzt wird, wenn nicht Antragsberechtigte nach § 26 Abs. 2 innerhalb eines Monats nach der Bekanntmachung im Bundesanzeiger das nach § 26 Abs. 1 zuständige Gericht anrufen.

(2) [1]Wird das nach § 26 Abs. 1 zuständige Gericht nicht innerhalb eines Monats nach der Bekanntmachung im Bundesanzeiger angerufen, so ist der neue Verwaltungsrat nach den in der Bekanntmachung angegebenen Vorschriften zusammenzusetzen. [2]Die Bestimmungen der Satzung über die Zusammensetzung des Verwaltungsrats, über die Zahl der Mitglieder des Verwaltungsrats sowie über die Wahl, Abberufung und Entsendung von Mitgliedern des Verwaltungsrats treten mit der Beendigung der ersten Hauptversammlung, die nach Ablauf der Anrufungsfrist einberufen wird, spätestens sechs Monate nach Ablauf dieser Frist insoweit außer Kraft, als sie den nunmehr anzuwendenden Vorschriften widersprechen. [3]Mit demselben Zeitpunkt erlischt das Amt der bisherigen Mitglieder des Verwaltungsrats. [4]Eine Hauptversammlung, die innerhalb der Frist von sechs Monaten stattfindet, kann an Stelle der außer Kraft tretenden Satzungsbestimmungen mit einfacher Stimmenmehrheit neue Satzungsbestimmungen beschließen.

(3) Solange ein gerichtliches Verfahren nach § 26 anhängig ist, kann eine Bekanntmachung über die Zusammensetzung des Verwaltungsrats nicht erfolgen.

§ 26 Gerichtliche Entscheidung über die Zusammensetzung des Verwaltungsrats

(1) Ist streitig oder ungewiss, nach welchen Vorschriften der Verwaltungsrat zusammenzusetzen ist, so entscheidet darüber auf Antrag ausschließlich das Landgericht, in dessen Bezirk die Gesellschaft ihren Sitz hat.

(2) Antragsberechtigt sind

1. jedes Mitglied des Verwaltungsrats,
2. jeder Aktionär,
3. die nach § 98 Abs. 2 Satz 1 Nr. 4 bis 10 des Aktiengesetzes Antragsberechtigten,
4. der SE-Betriebsrat.

(3) [1]Entspricht die Zusammensetzung des Verwaltungsrats nicht der gerichtlichen Entscheidung, so ist der neue Verwaltungsrat nach den in der Entscheidung angegebenen Vorschriften zusammenzusetzen. [2]§ 25 Abs. 2 gilt entsprechend mit der Maßgabe, dass die Frist von sechs Monaten mit dem Eintritt der Rechtskraft beginnt.

(4) Für das Verfahren gilt § 99 des Aktiengesetzes entsprechend mit der Maßgabe, dass die nach Absatz 5 der Vorschrift vorgesehene Einreichung der rechtskräftigen Entscheidung durch den Vorsitzenden des Verwaltungsrats erfolgt.

§ 27 Persönliche Voraussetzungen der Mitglieder des Verwaltungsrats

(1) [1]Mitglied des Verwaltungsrats kann nicht sein, wer

1. bereits in zehn Handelsgesellschaften, die gesetzlich einen Aufsichtsrat oder einen Verwaltungsrat zu bilden haben, Mitglied des Aufsichtsrats oder des Verwaltungsrats ist,
2. gesetzlicher Vertreter eines von der Gesellschaft abhängigen Unternehmens ist oder
3. gesetzlicher Vertreter einer anderen Kapitalgesellschaft ist, deren Aufsichtsrat oder Verwaltungsrat ein Vorstandsmitglied oder ein geschäftsführender Direktor der Gesellschaft angehört.

[2]Auf die Höchstzahl nach Satz 1 Nr. 1 sind bis zu fünf Sitze in Aufsichts- oder Verwaltungsräten nicht anzurechnen, die ein gesetzlicher Vertreter (beim Einzelkaufmann der Inhaber) des herrschenden Unternehmens eines Konzerns in zum Konzern gehörenden Handelsgesellschaften, die gesetzlich einen Aufsichtsrat oder einen Verwaltungsrat zu bilden haben, inne hat. [3]Auf die Höchstzahl nach Satz 1 Nr. 1 sind Aufsichtsrats- oder Verwaltungsratsämter im Sinne der Nummer 1 doppelt anzurechnen, für

die das Mitglied zum Vorsitzenden gewählt worden ist. [4]Bei einer SE, die kapitalmarktorientiert im Sinne des § 264d des Handelsgesetzbuchs, die CRR-Kreditinstitut im Sinne des § 1 Absatz 3d Satz 1 des Kreditwesengesetzes, mit Ausnahme der in § 2 Absatz 1 Nummer 1 und 2 des Kreditwesengesetzes genannten Institute, oder die Versicherungsunternehmen ist im Sinne des Artikels 2 Absatz 1 der Richtlinie 91/674/EWG des Rates vom 19. Dezember 1991 über den Jahresabschluß und den konsolidierten Abschluß von Versicherungsunternehmen (ABl. L 374 vom 31.12.1991, S. 7), die zuletzt durch die Richtlinie 2006/46/EG (ABl. L 224 vom 16.8.2006, S. 1) geändert worden ist, müssen die Voraussetzungen des § 100 Absatz 5 des Aktiengesetzes erfüllt sein.

(2) § 36 Abs. 3 Satz 2 in Verbindung mit § 6 Abs. 2 bis 4 des SE-Beteiligungsgesetzes oder eine Vereinbarung nach § 21 des SE-Beteiligungsgesetzes über weitere persönliche Voraussetzungen der Mitglieder der Arbeitnehmer bleibt unberührt.

(3) Eine juristische Person kann nicht Mitglied des Verwaltungsrats sein.

§ 28 Bestellung der Mitglieder des Verwaltungsrats

(1) Die Bestellung der Mitglieder des Verwaltungsrats richtet sich nach der Verordnung.

(2) § 101 Abs. 2 des Aktiengesetzes gilt entsprechend.

(3) [1]Stellvertreter von Mitgliedern des Verwaltungsrats können nicht bestellt werden. [2]Jedoch kann für jedes Mitglied ein Ersatzmitglied bestellt werden, das Mitglied des Verwaltungsrats wird, wenn das Mitglied vor Ablauf seiner Amtszeit wegfällt. [3]Das Ersatzmitglied kann nur gleichzeitig mit dem Mitglied bestellt werden. [4]Auf seine Bestellung sowie die Nichtigkeit und Anfechtung seiner Bestellung sind die für das Mitglied geltenden Vorschriften anzuwenden. [5]Das Amt des Ersatzmitglieds erlischt spätestens mit Ablauf der Amtszeit des weggefallenen Mitglieds.

§ 29 Abberufung der Mitglieder des Verwaltungsrats

(1) [1]Mitglieder des Verwaltungsrats, die von der Hauptversammlung ohne Bindung an einen Wahlvorschlag gewählt worden sind, können von ihr vor Ablauf der Amtszeit abberufen werden. [2]Der Beschluss bedarf einer Mehrheit, die mindestens drei Viertel der abgegebenen Stimmen umfasst. [3]Die Satzung kann eine andere Mehrheit und weitere Erfordernisse bestimmen.

(2) [1]Ein Mitglied des Verwaltungsrats, das auf Grund der Satzung in den Verwaltungsrat entsandt ist, kann von dem Entsendungsberechtigten jederzeit abberufen und durch ein anderes ersetzt werden. [2]Sind die in der Satzung bestimmten Voraussetzungen des Entsendungsrechts weggefallen, so kann die Hauptversammlung das entsandte Mitglied mit einfacher Stimmenmehrheit abberufen.

(3) [1]Das Gericht hat auf Antrag des Verwaltungsrats ein Mitglied abzuberufen, wenn in dessen Person ein wichtiger Grund vorliegt. [2]Der Verwaltungsrat beschließt über die Antragstellung mit einfacher Mehrheit. [3]Ist das Mitglied auf Grund der Satzung in den Verwaltungsrat entsandt worden, so können auch Aktionäre, deren Anteile zusammen den zehnten Teil des Grundkapitals oder den anteiligen Betrag von 1 Million Euro erreichen, den Antrag stellen. [4]Gegen die Entscheidung ist die Beschwerde zulässig.

(4) Für die Abberufung eines Ersatzmitglieds gelten die Vorschriften über die Abberufung des Mitglieds, für das es bestellt ist.

§ 30 Bestellung durch das Gericht

(1) [1]Gehört dem Verwaltungsrat die zur Beschlussfähigkeit nötige Zahl von Mitgliedern nicht an, so hat ihn das Gericht auf Antrag eines Mitglieds des Verwaltungsrats oder eines Aktionärs auf diese Zahl zu ergänzen. [2]Mitglieder des Verwaltungsrats sind verpflichtet, den Antrag unverzüglich zu stellen, es sei denn, dass die rechtzeitige Er-

gänzung vor der nächsten Sitzung des Verwaltungsrats zu erwarten ist. [3]Hat der Verwaltungsrat auch aus Mitgliedern der Arbeitnehmer zu bestehen, so können auch den Antrag stellen

1. die nach § 104 Abs. 1 Satz 3 des Aktiengesetzes Antragsberechtigten,
2. der SE-Betriebsrat.

[4]Gegen die Entscheidung ist die sofortige Beschwerde zulässig.

(2) [1]Gehören dem Verwaltungsrat länger als drei Monate weniger Mitglieder als die durch Vereinbarung, Gesetz oder Satzung festgelegte Zahl an, so hat ihn das Gericht auf Antrag auf diese Zahl zu ergänzen. [2]In dringenden Fällen hat das Gericht auf Antrag den Verwaltungsrat auch vor Ablauf der Frist zu ergänzen. [3]Das Antragsrecht bestimmt sich nach Absatz 1. [4]Gegen die Entscheidung ist die Beschwerde zulässig.

(3) Das Amt des gerichtlich bestellten Mitglieds erlischt in jedem Fall, sobald der Mangel behoben ist.

(4) [1]Das gerichtlich bestellte Mitglied hat Anspruch auf Ersatz angemessener barer Auslagen und, wenn den Mitgliedern der Gesellschaft eine Vergütung gewährt wird, auf Vergütung für seine Tätigkeit. [2]Auf Antrag des Mitglieds setzt das Gericht die Vergütung und die Auslagen fest. [3]Gegen die Entscheidung ist die Beschwerde zulässig; die Rechtsbeschwerde ist ausgeschlossen. [4]Aus der rechtskräftigen Entscheidung findet die Zwangsvollstreckung nach der Zivilprozessordnung statt.

§ 31 Nichtigkeit der Wahl von Verwaltungsratsmitgliedern

(1) Die Wahl eines Verwaltungsratsmitglieds durch die Hauptversammlung ist außer im Fall des § 241 Nr. 1, 2 und 5 des Aktiengesetzes nur dann nichtig, wenn

1. der Verwaltungsrat unter Verstoß gegen § 24 Abs. 2, § 25 Abs. 2 Satz 1 oder § 26 Abs. 3 zusammengesetzt wird;
2. durch die Wahl die gesetzliche Höchstzahl der Verwaltungsratsmitglieder überschritten wird (§ 23);
3. die gewählte Person nach Artikel 47 Abs. 2 der Verordnung bei Beginn ihrer Amtszeit nicht Verwaltungsratsmitglied sein kann.

(2) [1]Für die Parteifähigkeit für die Klage auf Feststellung, dass die Wahl eines Verwaltungsratsmitglieds nichtig ist, gilt § 250 Abs. 2 des Aktiengesetzes entsprechend. [2]Parteifähig ist auch der SE-Betriebsrat.

(3) [1]Erhebt ein Aktionär, ein Mitglied des Verwaltungsrats oder ein nach Absatz 2 Parteifähiger gegen die Gesellschaft Klage auf Feststellung, dass die Wahl eines Verwaltungsratsmitglieds nichtig ist, so gelten § 246 Abs. 2, 3 Satz 1, Abs. 4, die §§ 247, 248 Abs. 1 Satz 2, die §§ 248a und § 249 Abs. 2 des Aktiengesetzes entsprechend. [2]Es ist nicht ausgeschlossen, die Nichtigkeit auf andere Weise als durch Erhebung der Klage geltend zu machen.

§ 32 Anfechtung der Wahl von Verwaltungsratsmitgliedern

[1]Für die Anfechtung der Wahl von Verwaltungsratsmitgliedern findet § 251 des Aktiengesetzes mit der Maßgabe Anwendung, dass das gesetzwidrige Zustandekommen von Wahlvorschlägen für die Arbeitnehmervertreter im Verwaltungsrat nur nach den Vorschriften der Mitgliedstaaten über die Besetzung der ihnen zugewiesenen Sitze geltend gemacht werden kann. [2]Für die Arbeitnehmervertreter aus dem Inland gilt § 37 Abs. 2 des SE-Beteiligungsgesetzes.

§ 33 Wirkung des Urteils

Für die Urteilswirkung gilt § 252 des Aktiengesetzes entsprechend.

§ 34[1] Innere Ordnung des Verwaltungsrats

(1) [1]Der Verwaltungsrat hat neben dem Vorsitzenden nach näherer Bestimmung der Satzung aus seiner Mitte mindestens einen Stellvertreter zu wählen. [2]Der Stellvertreter hat nur dann die Rechte und Pflichten des Vorsitzenden, wenn dieser verhindert ist. [3]Besteht der Verwaltungsrat nur aus einer Person, nimmt diese die dem Vorsitzenden des Verwaltungsrats gesetzlich zugewiesenen Aufgaben wahr.

(2) [1]Der Verwaltungsrat kann sich eine Geschäftsordnung geben. [2]Die Satzung kann Einzelfragen der Geschäftsordnung bindend regeln.

(3) [1]Über die Sitzungen des Verwaltungsrats ist eine Niederschrift anzufertigen, die der Vorsitzende zu unterzeichnen hat. [2]In der Niederschrift sind der Ort und der Tag der Sitzung, die Teilnehmer, die Gegenstände der Tagesordnung, der wesentliche Inhalt der Verhandlungen und die Beschlüsse des Verwaltungsrats anzugeben. [3]Ein Verstoß gegen Satz 1 oder Satz 2 macht einen Beschluss nicht unwirksam. [4]Jedem Mitglied des Verwaltungsrats ist auf Verlangen eine Abschrift der Sitzungsniederschrift auszuhändigen. [5]Die Sätze 1 bis 4 finden auf einen Verwaltungsrat, der nur aus einer Person besteht, keine Anwendung.

(4) [1]Der Verwaltungsrat kann aus seiner Mitte einen oder mehrere Ausschüsse bestellen, namentlich, um seine Verhandlungen und Beschlüsse vorzubereiten oder die Ausführung seiner Beschlüsse zu überwachen. [2]Die Aufgaben nach Absatz 1 Satz 1 und nach § 22 Abs. 1 und 3, § 40 Abs. 1 Satz 1 und § 47 Abs. 3 dieses Gesetzes sowie nach § 68 Abs. 2 Satz 2, § 87 Absatz 1 und 2 Satz 1 und 2, § 203 Abs. 2, § 204 Abs. 1 Satz 1, § 205 Abs. 2 Satz 1 und § 314 Abs. 2 und 3 des Aktiengesetzes können einem Ausschuss nicht an Stelle des Verwaltungsrats zur Beschlussfassung überwiesen werden. [3]Dem Verwaltungsrat ist regelmäßig über die Arbeit der Ausschüsse zu berichten. [4]Der Verwaltungsrat kann einen Prüfungsausschuss einrichten, dem insbesondere die Aufgaben nach § 107 Abs. 3 Satz 2 des Aktiengesetzes übertragen werden können. [5]Richtet der Verwaltungsrat einer SE, die kapitalmarktorientiert im Sinne des § 264d des Handelsgesetzbuchs, die CRR-Kreditinstitut im Sinne des § 1 Absatz 3d Satz 1 des Kreditwesengesetzes, mit Ausnahme der in § 2 Absatz 1 Nummer 1 und 2 des Kreditwesengesetzes genannten Institute, oder die Versicherungsunternehmen im Sinne des Artikels 2 Absatz 1 der Richtlinie 91/674/EWG ist, einen Prüfungsausschuss ein, so muss dieser die Voraussetzungen des § 100 Absatz 5 des Aktiengesetzes erfüllen. [6]Der Verwaltungsrat kann ferner einen Ausschuss einrichten, dem die Aufgaben nach § 107 Absatz 3 Satz 4 des Aktiengesetzes übertragen werden. [7]Der Ausschuss muss mehrheitlich mit nicht geschäftsführenden Mitgliedern besetzt sein. [8]Im Übrigen gilt § 107 Absatz 3 Satz 4 bis 6 des Aktiengesetzes hinsichtlich der Besetzung des Ausschusses entsprechend.

§ 35 Beschlussfassung

(1) [1]Abwesende Mitglieder können dadurch an der Beschlussfassung des Verwaltungsrats und seiner Ausschüsse teilnehmen, dass sie schriftliche Stimmabgaben überreichen lassen. [2]Die schriftlichen Stimmabgaben können durch andere Mitglieder überreicht werden. [3]Sie können auch durch Personen, die nicht dem Verwaltungsrat angehören, übergeben werden, wenn diese nach § 109 Abs. 3 des Aktiengesetzes zur Teilnahme an der Sitzung berechtigt sind.

(2) Schriftliche, fernmündliche oder andere vergleichbare Formen der Beschlussfassung des Verwaltungsrats und seiner Ausschüsse sind vorbehaltlich einer näheren Regelung durch die Satzung oder eine Geschäftsordnung des Verwaltungsrats nur zulässig, wenn kein Mitglied diesem Verfahren widerspricht.

---

1) § 34 geändert durch Gesetz vom 12.12.2019 (BGBl. I S. 2637).

(3) Ist ein geschäftsführender Direktor, der zugleich Mitglied des Verwaltungsrats ist, aus rechtlichen Gründen gehindert, an der Beschlussfassung im Verwaltungsrat teilzunehmen, hat insoweit der Vorsitzende des Verwaltungsrats eine zusätzliche Stimme.

§ 36 Teilnahme an Sitzungen des Verwaltungsrats und seiner Ausschüsse

(1) [1]An den Sitzungen des Verwaltungsrats und seiner Ausschüsse sollen Personen, die dem Verwaltungsrat nicht angehören, nicht teilnehmen. [2]Sachverständige und Auskunftspersonen können zur Beratung über einzelne Gegenstände zugezogen werden.

(2) Mitglieder des Verwaltungsrats, die dem Ausschuss nicht angehören, können an den Ausschusssitzungen teilnehmen, wenn der Vorsitzende des Verwaltungsrats nichts anderes bestimmt.

(3) Die Satzung kann zulassen, dass an den Sitzungen des Verwaltungsrats und seiner Ausschüsse Personen, die dem Verwaltungsrat nicht angehören, an Stelle von verhinderten Mitgliedern teilnehmen können, wenn diese sie in Textform ermächtigt haben.

(4) Abweichende gesetzliche Bestimmungen bleiben unberührt.

§ 37 Einberufung des Verwaltungsrats

(1) [1]Jedes Verwaltungsratsmitglied kann unter Angabe des Zwecks und der Gründe verlangen, dass der Vorsitzende des Verwaltungsrats unverzüglich den Verwaltungsrat einberuft. [2]Die Sitzung muss binnen zwei Wochen nach der Einberufung stattfinden.

(2) Wird dem Verlangen nicht entsprochen, so kann das Verwaltungsratsmitglied unter Mitteilung des Sachverhalts und der Angabe einer Tagesordnung selbst den Verwaltungsrat einberufen.

§ 38 Rechtsverhältnisse der Mitglieder des Verwaltungsrats

(1) Für die Vergütung der Mitglieder des Verwaltungsrats gilt § 113 des Aktiengesetzes entsprechend.

(2) Für die Gewährung von Krediten an Mitglieder des Verwaltungsrats und für sonstige Verträge mit Mitgliedern des Verwaltungsrats gelten die §§ 114 und 115 des Aktiengesetzes entsprechend.

§ 39 Sorgfaltspflicht und Verantwortlichkeit der Verwaltungsratsmitglieder

Für die Sorgfaltspflicht und Verantwortlichkeit der Verwaltungsratsmitglieder gilt § 93 des Aktiengesetzes entsprechend.

§ 40 Geschäftsführende Direktoren

(1) [1]Der Verwaltungsrat bestellt einen oder mehrere geschäftsführende Direktoren. [2]Mitglieder des Verwaltungsrats können zu geschäftsführenden Direktoren bestellt werden, sofern die Mehrheit des Verwaltungsrats weiterhin aus nicht geschäftsführenden Mitgliedern besteht. [3]Die Bestellung ist zur Eintragung in das Handelsregister anzumelden. [4]Werden Dritte zu geschäftsführenden Direktoren bestellt, gilt für sie § 76 Abs. 3 des Aktiengesetzes entsprechend. [5]Die Satzung kann Regelungen über die Bestellung eines oder mehrerer geschäftsführender Direktoren treffen. [6]§ 38 Abs. 2 des SE-Beteiligungsgesetzes bleibt unberührt.

(2) [1]Die geschäftsführenden Direktoren führen die Geschäfte der Gesellschaft. [2]Sind mehrere geschäftsführende Direktoren bestellt, so sind sie nur gemeinschaftlich zur Geschäftsführung befugt; die Satzung oder eine vom Verwaltungsrat erlassene Geschäftsordnung kann Abweichendes bestimmen. [3]Gesetzlich dem Verwaltungsrat zugewiesene Aufgaben können nicht auf die geschäftsführenden Direktoren übertragen werden. [4]Soweit nach den für Aktiengesellschaften geltenden Rechtsvorschriften der Vorstand An-

meldungen und die Einreichung von Unterlagen zum Handelsregister vorzunehmen hat, treten an die Stelle des Vorstands die geschäftsführenden Direktoren.

(3) [1]Ergibt sich bei der Aufstellung der Jahresbilanz oder einer Zwischenbilanz oder ist bei pflichtgemäßem Ermessen anzunehmen, dass ein Verlust in der Hälfte des Grundkapitals besteht, so haben die geschäftsführenden Direktoren dem Vorsitzenden des Verwaltungsrats unverzüglich darüber zu berichten. [2]Dasselbe gilt, wenn die Gesellschaft zahlungsunfähig wird oder sich eine Überschuldung der Gesellschaft ergibt.

(4) [1]Sind mehrere geschäftsführende Direktoren bestellt, können sie sich eine Geschäftsordnung geben, wenn nicht die Satzung den Erlass einer Geschäftsordnung dem Verwaltungsrat übertragen hat oder der Verwaltungsrat eine Geschäftsordnung erlässt. [2]Die Satzung kann Einzelfragen der Geschäftsordnung bindend regeln. [3]Beschlüsse der geschäftsführenden Direktoren über die Geschäftsordnung müssen einstimmig gefasst werden.

(5) [1]Geschäftsführende Direktoren können jederzeit durch Beschluss des Verwaltungsrats abberufen werden, sofern die Satzung nichts anderes regelt. [2]Für die Ansprüche aus dem Anstellungsvertrag gelten die allgemeinen Vorschriften.

(6) Geschäftsführende Direktoren berichten dem Verwaltungsrat entsprechend § 90 des Aktiengesetzes, sofern die Satzung oder die Geschäftsordnung nichts anderes vorsieht.

(7) Die §§ 87 bis 89 des Aktiengesetzes gelten entsprechend.

(8) Für Sorgfaltspflicht und Verantwortlichkeit der geschäftsführenden Direktoren gilt § 93 des Aktiengesetzes entsprechend.

(9) Die Vorschriften über die geschäftsführenden Direktoren gelten auch für ihre Stellvertreter.

§ 41 Vertretung

(1) [1]Die geschäftsführenden Direktoren vertreten die Gesellschaft gerichtlich und außergerichtlich. [2]Hat eine Gesellschaft keine geschäftsführenden Direktoren (Führungslosigkeit), wird die Gesellschaft für den Fall, dass ihr gegenüber Willenserklärungen abgegeben oder Schriftstücke zugestellt werden, durch den Verwaltungsrat vertreten.

(2) [1]Mehrere geschäftsführende Direktoren sind, wenn die Satzung nichts anderes bestimmt, nur gemeinschaftlich zur Vertretung der Gesellschaft befugt. [2]Ist eine Willenserklärung gegenüber der Gesellschaft abzugeben, so genügt die Abgabe gegenüber einem geschäftsführenden Direktor oder im Fall des Absatzes 1 Satz 2 gegenüber einem Mitglied des Verwaltungsrats. [3]§ 78 Abs. 2 Satz 3 und 4 des Aktiengesetzes gilt entsprechend.

(3) [1]Die Satzung kann auch bestimmen, dass einzelne geschäftsführende Direktoren allein oder in Gemeinschaft mit einem Prokuristen zur Vertretung der Gesellschaft befugt sind. [2]Absatz 2 Satz 2 gilt in diesen Fällen entsprechend.

(4) [1]Zur Gesamtvertretung befugte geschäftsführende Direktoren können einzelne von ihnen zur Vornahme bestimmter Geschäfte oder bestimmter Arten von Geschäften ermächtigen. [2]Dies gilt entsprechend, wenn ein einzelner geschäftsführender Direktor in Gemeinschaft mit einem Prokuristen zur Vertretung der Gesellschaft befugt ist.

(5) Den geschäftsführenden Direktoren gegenüber vertritt der Verwaltungsrat die Gesellschaft gerichtlich und außergerichtlich.

§ 42 *(aufgehoben)*

§ 43 Angaben auf Geschäftsbriefen

(1) [1]Auf allen Geschäftsbriefen gleichviel welcher Form, die an einen bestimmten Empfänger gerichtet werden, müssen die Rechtsform und der Sitz der Gesellschaft, das Registergericht des Sitzes der Gesellschaft und die Nummer, unter der die Gesellschaft in das Handelsregister eingetragen ist, sowie alle geschäftsführenden Direktoren und der Vorsitzende des Verwaltungsrats mit dem Familiennamen und mindestens einem ausgeschriebenen Vornamen angegeben werden. [2]§ 80 Abs. 1 Satz 3 des Aktiengesetzes gilt entsprechend.

(2) § 80 Abs. 2 bis 4 des Aktiengesetzes gilt entsprechend.

§ 44 Beschränkungen der Vertretungs- und Geschäftsführungsbefugnis

(1) Die Vertretungsbefugnis der geschäftsführenden Direktoren kann nicht beschränkt werden.

(2) Im Verhältnis zur Gesellschaft sind die geschäftsführenden Direktoren verpflichtet, die Anweisungen und Beschränkungen zu beachten, die im Rahmen der für die SE geltenden Vorschriften die Satzung, der Verwaltungsrat, die Hauptversammlung und die Geschäftsordnungen des Verwaltungsrats und der geschäftsführenden Direktoren für die Geschäftsführungsbefugnis getroffen haben.

§ 45 Bestellung durch das Gericht

[1]Fehlt ein erforderlicher geschäftsführender Direktor, so hat in dringenden Fällen das Gericht auf Antrag eines Beteiligten das Mitglied zu bestellen. [2]§ 85 Abs. 1 Satz 2, Abs. 2 und 3 des Aktiengesetzes gilt entsprechend.

§ 46 Anmeldung von Änderungen

(1) [1]Die geschäftsführenden Direktoren haben jeden Wechsel der Verwaltungsratsmitglieder unverzüglich in den Gesellschaftsblättern bekannt zu machen und die Bekanntmachung zum Handelsregister einzureichen. [2]Sie haben jede Änderung der geschäftsführenden Direktoren oder der Vertretungsbefugnis eines geschäftsführenden Direktors zur Eintragung in das Handelsregister anzumelden. [3]Sie haben weiterhin die Wahl des Verwaltungsratsvorsitzenden und seines Stellvertreters sowie jede Änderung in der Person des Verwaltungsratsvorsitzenden oder seines Stellvertreters zum Handelsregister anzumelden.

(2) [1]Die neuen geschäftsführenden Direktoren haben in der Anmeldung zu versichern, dass keine Umstände vorliegen, die ihrer Bestellung nach § 40 Abs. 1 Satz 4 entgegenstehen und dass sie über ihre unbeschränkte Auskunftspflicht gegenüber dem Gericht belehrt worden sind. [2]§ 37 Abs. 2 Satz 2 des Aktiengesetzes ist anzuwenden.

(3) § 81 Abs. 2 des Aktiengesetzes gilt für die geschäftsführenden Direktoren entsprechend.

§ 47 Prüfung und Feststellung des Jahresabschlusses

(1) [1]Die geschäftsführenden Direktoren haben den Jahresabschluss und den Lagebericht unverzüglich nach ihrer Aufstellung dem Verwaltungsrat vorzulegen. [2]Zugleich haben die geschäftsführenden Direktoren einen Vorschlag vorzulegen, den der Verwaltungsrat der Hauptversammlung für die Verwendung des Bilanzgewinns machen soll; § 170 Abs. 2 Satz 2 des Aktiengesetzes gilt entsprechend.

(2) [1]Jedes Verwaltungsratsmitglied hat das Recht, von den Vorlagen und Prüfungsberichten Kenntnis zu nehmen. [2]Die Vorlagen und Prüfungsberichte sind auch jedem Verwaltungsratsmitglied oder, soweit der Verwaltungsrat dies beschlossen hat und ein Bilanzausschuss besteht, den Mitgliedern des Ausschusses auszuhändigen.

(3) Für die Prüfung durch den Verwaltungsrat gilt § 171 Abs. 1 und 2 des Aktiengesetzes entsprechend.

(4) [1]Absatz 1 Satz 1 und Absatz 3 gelten entsprechend für einen Einzelabschluss nach § 325 Abs. 2a Satz 1 des Handelsgesetzbuchs sowie bei Mutterunternehmen (§ 290 Abs. 1, 2 des Handelsgesetzbuchs) für den Konzernabschluss und den Konzernlagebericht. [2]Der Einzelabschluss nach § 325 Abs. 2a Satz 1 des Handelsgesetzbuchs darf erst nach Billigung durch den Verwaltungsrat offen gelegt werden.

(5) [1]Billigt der Verwaltungsrat den Jahresabschluss, so ist dieser festgestellt, sofern nicht der Verwaltungsrat beschließt, die Feststellung des Jahresabschlusses der Hauptversammlung zu überlassen. [2]Die Beschlüsse des Verwaltungsrats sind in den Bericht des Verwaltungsrats an die Hauptversammlung aufzunehmen.

(6) [1]Hat der Verwaltungsrat beschlossen, die Feststellung des Jahresabschlusses der Hauptversammlung zu überlassen, oder hat der Verwaltungsrat den Jahresabschluss nicht gebilligt, so stellt die Hauptversammlung den Jahresabschluss fest. [2]Hat der Verwaltungsrat eines Mutterunternehmens (§ 290 Abs. 1, 2 des Handelsgesetzbuchs) den Konzernabschluss nicht gebilligt, so entscheidet die Hauptversammlung über die Billigung. [3]Für die Feststellung des Jahresabschlusses oder die Billigung des Konzernabschlusses durch die Hauptversammlung gilt § 173 Abs. 2 und 3 des Aktiengesetzes entsprechend.

§ 48 Ordentliche Hauptversammlung

(1) Unverzüglich nach der Zuleitung des Berichts an die geschäftsführenden Direktoren hat der Verwaltungsrat die Hauptversammlung zur Entgegennahme des festgestellten Jahresabschlusses und des Lageberichts, eines vom Verwaltungsrat gebilligten Einzelabschlusses nach § 325 Abs. 2a Satz 1 des Handelsgesetzbuchs sowie zur Beschlussfassung über die Verwendung des Bilanzgewinns, bei einem Mutterunternehmen (§ 290 Abs. 1, 2 des Handelsgesetzbuchs) auch zur Entgegennahme des vom Verwaltungsrat gebilligten Konzernabschlusses und des Konzernlageberichts, einzuberufen.

(2) [1]Die Vorschriften des § 175 Abs. 2 bis 4 und des § 176 Abs. 2 des Aktiengesetzes gelten entsprechend. [2]Der Verwaltungsrat hat der Hauptversammlung die in § 176 Abs. 1 Satz 1 des Aktiengesetzes angegebenen Vorlagen zugänglich zu machen. [3]Zu Beginn der Verhandlung soll der Verwaltungsrat seine Vorlagen erläutern. [4]Er soll dabei auch zu einem Jahresfehlbetrag oder einem Verlust Stellung nehmen, der das Jahresergebnis wesentlich beeinträchtigt hat. Satz 4 ist auf Kreditinstitute nicht anzuwenden.

§ 49 Leitungsmacht und Verantwortlichkeit bei Abhängigkeit von Unternehmen

(1) Für die Anwendung der Vorschriften der §§ 308 bis 318 des Aktiengesetzes treten an die Stelle des Vorstands der Gesellschaft die geschäftsführenden Direktoren.

(2) Für die Anwendung der Vorschriften der §§ 319 bis 327 des Aktiengesetzes treten an die Stelle des Vorstands der eingegliederten Gesellschaft die geschäftsführenden Direktoren.

Unterabschnitt 3. Hauptversammlung

§ 50 Einberufung und Ergänzung der Tagesordnung auf Verlangen einer Minderheit

(1) Die Einberufung der Hauptversammlung und die Aufstellung ihrer Tagesordnung nach Artikel 55 der Verordnung kann von einem oder mehreren Aktionären beantragt werden, sofern sein oder ihr Anteil am Grundkapital mindestens 5 Prozent beträgt.

(2) Die Ergänzung der Tagesordnung für eine Hauptversammlung durch einen oder mehrere Punkte kann von einem oder mehreren Aktionären beantragt werden, sofern sein oder ihr Anteil 5 Prozent des Grundkapitals oder den anteiligen Betrag von 500 000 Euro erreicht.

§ 51 Satzungsänderungen

[1]Die Satzung kann bestimmen, dass für einen Beschluss der Hauptversammlung über die Änderung der Satzung die einfache Mehrheit der abgegebenen Stimmen ausreicht, sofern mindestens die Hälfte des Grundkapitals vertreten ist. [2]Dies gilt nicht für die Änderung des Gegenstands des Unternehmens, für einen Beschluss gemäß Artikel 8 Abs. 6 der Verordnung sowie für Fälle, für die eine höhere Kapitalmehrheit gesetzlich zwingend vorgeschrieben ist.

Abschnitt 5. Auflösung

§ 52 Auflösung der SE bei Auseinanderfallen von Sitz und Hauptverwaltung

(1) [1]Erfüllt eine SE nicht mehr die Verpflichtung nach Artikel 7 der Verordnung, so gilt dies als Mangel der Satzung im Sinne des § 262 Abs. 1 Nr. 5 des Aktiengesetzes. [2]Das Registergericht fordert die SE auf, innerhalb einer bestimmten Frist den vorschriftswidrigen Zustand zu beenden, indem sie

1. entweder ihre Hauptverwaltung wieder im Sitzstaat errichtet oder
2. ihren Sitz nach dem Verfahren des Artikels 8 der Verordnung verlegt.

(2) Wird innerhalb der nach Absatz 1 bestimmten Frist der Aufforderung nicht genügt, so hat das Gericht den Mangel der Satzung festzustellen.

(3) Gegen Verfügungen, durch welche eine Feststellung nach Absatz 2 getroffen wird, findet die Beschwerde statt.

Abschnitt 6. Straf- und Bußgeldvorschriften

§ 53 Straf- und Bußgeldvorschriften

(1) [1]Die Strafvorschriften des § 399 Abs. 1 Nr. 1 bis 5 und Abs. 2, des § 400 und der §§ 402 bis 404a des Aktiengesetzes, der §§ 331 bis 333 des Handelsgesetzbuchs und der §§ 313 bis 315 des Umwandlungsgesetzes sowie die Bußgeldvorschriften des § 405 des Aktiengesetzes und des § 334 des Handelsgesetzbuchs gelten auch für die SE im Sinne des Artikels 9 Abs. 1 Buchstabe c Doppelbuchstabe ii der Verordnung. Soweit sie

1. Mitglieder des Vorstands,
2. Mitglieder des Aufsichtsrats oder
3. Mitglieder des vertretungsberechtigten Organs einer Kapitalgesellschaft

betreffen, gelten sie bei der SE mit dualistischem System in den Fällen der Nummern 1 und 3 für die Mitglieder des Leitungsorgans und in den Fällen der Nummer 2 für die Mitglieder des Aufsichtsorgans. [2]Bei der SE mit monistischem System gelten sie in den Fällen der Nummern 1 und 3 für die geschäftsführenden Direktoren und in den Fällen der Nummer 2 für die Mitglieder des Verwaltungsrats. [3]§ 407a des Aktiengesetzes gilt bei Anwendung der Strafvorschriften des § 404a des Aktiengesetzes sowie der Bußgeldvorschriften des § 405 Absatz 3b bis 3d des Aktiengesetzes entsprechend.

(2) [1]Die Strafvorschriften des § 399 Abs. 1 Nr. 6 und des § 401 des Aktiengesetzes gelten im Sinne des Artikels 9 Abs. 1 Buchstabe c Doppelbuchstabe ii der Verordnung

auch für die SE mit dualistischem System. [2]Soweit sie Mitglieder des Vorstands betreffen, gelten sie für die Mitglieder des Leitungsorgans.

(3) Mit Freiheitsstrafe bis zu drei Jahren oder mit Geldstrafe wird bestraft, wer

1. als Vorstandsmitglied entgegen § 8 Satz 2,
2. als Mitglied des Leitungsorgans einer SE mit dualistischem System oder als geschäftsführender Direktor einer SE mit monistischem System entgegen § 13 Abs. 3,
3. als geschäftsführender Direktor einer SE mit monistischem System entgegen § 21 Abs. 2 Satz 1 oder § 46 Abs. 2 Satz 1 oder
4. als Abwickler einer SE mit monistischem System entgegen Artikel 9 Abs. 1 Buchstabe c Doppelbuchstabe ii der Verordnung in Verbindung mit § 266 Abs. 3 Satz 1 des Aktiengesetzes

eine Versicherung nicht richtig abgibt.

(4) Ebenso wird bestraft, wer bei einer SE mit monistischem System

1. als Mitglied des Verwaltungsrats entgegen § 22 Abs. 5 Satz 1 die Hauptversammlung nicht oder nicht rechtzeitig einberuft oder ihr den Verlust nicht, nicht richtig, nicht vollständig oder nicht rechtzeitig anzeigt oder
2. als Mitglied des Verwaltungsrats entgegen § 22 Abs. 5 Satz 2 in Verbindung mit § 15a Abs. 1 Satz 1 der Insolvenzordnung

die Eröffnung des Insolvenzverfahrens nicht oder nicht rechtzeitig beantragt.

(5) Handelt der Täter in den Fällen des Absatzes 4 fahrlässig, so ist die Strafe Freiheitsstrafe bis zu einem Jahr oder Geldstrafe.

Abschnitt 7. Schlussbestimmungen

§ 54 Übergangsvorschrift zum Bilanzrechtsmodernisierungsgesetz

§ 27 Abs. 1 Satz 4 und § 34 Abs. 4 Satz 2 und 3 in der Fassung des Bilanzrechtsmodernisierungsgesetzes vom 25. Mai 2009 (BGBl. I S. 1102) finden keine Anwendung, solange alle Mitglieder des Verwaltungsrats und des Prüfungsausschusses vor dem 29. Mai 2009 bestellt worden sind.

§ 55 Übergangsvorschrift zum Gesetz zur Umsetzung der Aktionärsrechterichtlinie

In den Fällen des § 6 Abs. 3 Satz 1 und des § 7 Abs. 2 Satz 2 bleibt es für die Zeit vor dem 1. September 2009 bei dem bis dahin geltenden Zinssatz.

§ 56 Übergangsvorschrift zum Abschlussprüfungsreformgesetz

§ 27 Absatz 1 Satz 4 und § 34 Absatz 4 Satz 5 jeweils in der Fassung des Abschlussprüfungsreformgesetzes vom 10. Mai 2016 (BGBl. I S. 1142) müssen so lange nicht angewandt werden, wie alle Mitglieder des Verwaltungsrates und des Prüfungsausschusses vor dem 17. Juni 2016 bestellt worden sind.

6. Gesetz über die Rechnungslegung von bestimmten Unternehmen und Konzernen (Publizitätsgesetz – PublG)

Vom 15. August 1969 (BGBl. I S. 1189, BGBl. 1970 I S. 1113) (BGBl. III 4120-7)

zuletzt geändert durch Gesetz vom 12.12.2019 (BGBl. I S. 2637)

Erster Abschnitt. Rechnungslegung von Unternehmen

§ 1 Zur Rechnungslegung verpflichtete Unternehmen

(1) Ein Unternehmen hat nach diesem Abschnitt Rechnung zu legen, wenn für den Tag des Ablaufs eines Geschäftsjahrs (Abschlußstichtag) und für die zwei darauf folgenden Abschlußstichtage jeweils mindestens zwei der drei nachstehenden Merkmale zutreffen:

1. Die Bilanzsumme einer auf den Abschlußstichtag aufgestellten Jahresbilanz übersteigt 65 Millionen Euro.
2. Die Umsatzerlöse des Unternehmens in den zwölf Monaten vor dem Abschlußstichtag übersteigen 130 Millionen Euro.
3. Das Unternehmen hat in den zwölf Monaten vor dem Abschlußstichtag durchschnittlich mehr als fünftausend Arbeitnehmer beschäftigt.

(2) [1]Bilanzsumme nach Absatz 1 Nr. 1 ist die Bilanzsumme einer gemäß § 5 Abs. 2 aufgestellten Jahresbilanz; bei Unternehmen, die in ihrer Jahresbilanz Beträge für von ihnen geschuldete Verbrauchsteuern oder Monopolabgaben unter Rückstellungen oder Verbindlichkeiten angesetzt haben, ist die Bilanzsumme um diese Beträge zu kürzen. [2]Trifft für den Abschlußstichtag das Merkmal nach Absatz 1 Nr. 2 oder das Merkmal nach Absatz 1 Nr. 3 zu, hat das Unternehmen zur Feststellung, ob auch das Merkmal nach Absatz 1 Nr. 1 zutrifft, eine Jahresbilanz nach § 5 Abs. 2 aufzustellen. [3]Für die Ermittlung der Umsatzerlöse nach Absatz 1 Nr. 2 gilt § 277 Abs. 1 des Handelsgesetzbuchs mit der Maßgabe, daß auch die in den Umsatzerlösen enthaltenen Verbrauchsteuern oder Monopolabgaben abzusetzen sind. [4]Umsatzerlöse in fremder Währung sind nach dem amtlichen Kurs in Euro umzurechnen. [5]Durchschnittliche Zahl der Arbeitnehmer nach Absatz 1 Nr. 3 ist der zwölfte Teil der Summe aus den Zahlen der am Ende eines jeden Monats beschäftigen Arbeitnehmer einschließlich der zu ihrer Berufsausbildung Beschäftigten sowie der im Ausland beschäftigten Arbeitnehmer.

(3), (4) *(aufgehoben)*

(5) Mehrere Handelsgeschäfte eines Einzelkaufmanns sind, auch wenn sie nicht unter der gleichen Firma betrieben werden, nur ein Unternehmen im Sinne dieses Gesetzes.

§ 2 Beginn und Dauer der Pflicht zur Rechnungslegung

(1) [1]Das Unternehmen hat erstmals für den dritten der aufeinander folgenden Abschlußstichtage, für die mindestens zwei der drei Merkmale des § 1 Abs. 1 zutreffen, Rechnung zu legen. [2]Es hat jedoch bereits für den ersten Abschlußstichtag Rechnung zu legen, für den mindestens zwei der drei Merkmale des § 1 Abs. 1 zutreffen, wenn auf das Unternehmen während des Geschäftsjahrs das Vermögen eines anderen Unternehmens durch Umwandlung oder in anderer Weise als Ganzes übergegangen ist und auf das andere Unternehmen an den beiden letzten Abschlußstichtagen mindestens zwei der drei Merkmale des § 1 Abs. 1 zutrafen; dies gilt auch, wenn das andere Unternehmen nicht nach diesem Abschnitt Rechnung zu legen brauchte. [3]Ein Unternehmen braucht nicht mehr nach diesem Abschnitt Rechnung zu legen, wenn für drei aufeinander folgende

Abschlußstichtage mindestens zwei der drei Merkmale des § 1 Abs. 1 nicht mehr zutreffen.

(2) [1]Die gesetzlichen Vertreter eines Unternehmens, auf das erstmals für einen Abschlussstichtag mindestens zwei der drei Merkmale des § 1 Abs. 1 oder die Merkmale des § 1 Abs. 3 zutreffen, haben unverzüglich beim Betreiber des Bundesanzeigers elektronisch (§ 12 Abs. 2 des Handelsgesetzbuchs) die Erklärung einzureichen, dass für diesen Abschlussstichtag zwei der drei Merkmale des § 1 Abs. 1 oder die Merkmale des § 1 Abs. 3 oder 4 zutreffen. [2]Eine entsprechende Erklärung haben die gesetzlichen Vertreter auch für jeden der beiden folgenden Abschlussstichtage unverzüglich beim Betreiber des Bundesanzeigers elektronisch einzureichen, wenn die Merkmale auch für diesen Abschlussstichtag zutreffen. [3]Die gesetzlichen Vertreter haben die Erklärungen nach den Sätzen 1 und 2 unverzüglich nach ihrer Einreichung im Bundesanzeiger bekannt machen zu lassen.

(3) [1]Das Gericht hat zur Prüfung der Frage, ob ein Unternehmen nach diesem Abschnitt Rechnung zu legen hat, Prüfer zu bestellen, wenn Anlaß für die Annahme besteht, daß das Unternehmen zur Rechnungslegung nach diesem Abschnitt verpflichtet ist. [2]Hat das Unternehmen einen Aufsichtsrat, ist vor der Bestellung außer den gesetzlichen Vertretern auch dieser zu hören. [3]Gegen die Entscheidung ist die Beschwerde zulässig. [4]Für die Auswahl der Prüfer, den Ersatz angemessener barer Auslagen und die Vergütung der Prüfer, die Verantwortlichkeit und die Rechte der Prüfer und die Kosten gelten § 142 Abs. 6, §§ 143, 145 Abs. 1 bis 3, § 146 des Aktiengesetzes und § 323 des Handelsgesetzbuchs sinngemäß; die Kosten trägt jedoch die Staatskasse, wenn eine Verpflichtung zur Rechnungslegung nach diesem Abschnitt nicht besteht. [5]Die Prüfer haben über das Ergebnis der Prüfung schriftlich zu berichten und den Bericht zu unterzeichnen. [6]Sie haben ihn unverzüglich dem Gericht und den gesetzlichen Vertretern einzureichen; kommt der Bericht zu dem Ergebnis, dass das Unternehmen zur Rechnungslegung nach diesem Abschnitt verpflichtet ist, ist der Bericht auch beim Betreiber des Bundesanzeigers elektronisch einzureichen; Absatz 2 Satz 3 gilt entsprechend. [7]Auf Verlangen haben die gesetzlichen Vertreter jedem Gesellschafter eine Abschrift des Berichts zu erteilen.

§ 3 Geltungsbereich

(1) Dieser Abschnitt ist nur anzuwenden auf Unternehmen in der Rechtsform

1. einer Personenhandelsgesellschaft, für die kein Abschluss nach § 264a oder § 264b des Handelsgesetzbuchs aufgestellt wird, oder des Einzelkaufmanns,
2. *(gestrichen)*
3. des Vereins, dessen Zweck auf einen wirtschaftlichen Geschäftsbetrieb gerichtet ist,
4. der rechtsfähigen Stiftung des bürgerlichen Rechts, wenn sie ein Gewerbe betreibt,
5. einer Körperschaft, Stiftung oder Anstalt des öffentlichen Rechts, die Kaufmann nach § 1 des Handelsgesetzbuchs sind oder als Kaufmann im Handelsregister eingetragen sind.

(2) [1]Dieser Abschnitt gilt nicht für

1. Unternehmen in der Rechtsform der Genossenschaft,

1a. Unternehmen ohne eigene Rechtspersönlichkeit einer Gemeinde, eines Gemeindeverbandes oder eines Zweckverbandes,

2. Verwertungsgesellschaften nach dem Verwertungsgesellschaftengesetz.

[2]Dieser Abschnitt ist ferner auf Kreditinstitute im Sinne des § 340 des Handelsgesetzbuchs und auf die in § 2 Abs. 1 Nr. 1, 2 und 4 des Gesetzes über das Kreditwesen ge-

nannten Personen sowie auf Versicherungsunternehmen im Sinne des § 341 des Handelsgesetzbuches nicht anzuwenden.

(3) Dieser Abschnitt gilt nicht für Unternehmen in Abwicklung.

§ 4 Gesetzliche Vertreter, Aufsichtsrat, Feststellung, Gericht

(1) [1]Im Sinne dieses Gesetzes sind gesetzliche Vertreter eines Unternehmens

1. bei einer juristischen Person die Mitglieder des vertretungsberechtigten Organs,
2. bei einer Personenhandelsgesellschaft der oder die vertretungsberechtigten Gesellschafter.

[2]Die Vorschriften für die gesetzlichen Vertreter des Unternehmens gelten, wenn es sich um das Unternehmen eines Einzelkaufmanns handelt, sinngemäß für den Einzelkaufmann oder seinen gesetzlichen Vertreter.

(2) Die Vorschriften dieses Gesetzes für den Aufsichtsrat gelten sinngemäß für ein entsprechendes Überwachungsorgan.

(3) Als Feststellung des Jahresabschlusses ist die Billigung des Jahresabschlusses durch die zuständige Stelle, und wenn es sich um das Unternehmen eines Einzelkaufmanns handelt, die Billigung des Jahresabschlusses durch den Inhaber anzusehen.

(4) Gericht im Sinne dieses Gesetzes ist das Gericht des Sitzes (der Hauptniederlassung) des Unternehmens.

§ 5 Aufstellung von Jahresabschluß und Lagebericht

(1) [1]Die gesetzlichen Vertreter des Unternehmens haben den Jahresabschluß (§ 242 des Handelsgesetzbuchs) in den ersten drei Monaten des Geschäftsjahrs für das vergangene Geschäftsjahr aufzustellen. [2]Für den Inhalt des Jahresabschlusses, seine Gliederung und für die einzelnen Posten des Jahresabschlusses gelten § 264 Absatz 1a sowie die §§ 265, 266, 268 bis 275 und 277 des Handelsgesetzbuchs sinngemäß. [3]Sonstige Vorschriften, die durch die Rechtsform oder den Geschäftszweig bedingt sind, bleiben unberührt.

(2) [1]Die gesetzlichen Vertreter eines Unternehmens, das nicht in der Rechtsform einer Personenhandelsgesellschaft oder des Einzelkaufmanns geführt wird, haben den Jahresabschluß um einen Anhang zu erweitern, der mit der Bilanz und der Gewinn- und Verlustrechnung eine Einheit bildet, sowie einen Lagebericht aufzustellen. [2]Für den Anhang gelten die §§ 284, 285 Nummer 1 bis 4, 7 bis 13, 15a, 17 bis 34, § 286 des Handelsgesetzbuchs und für den Lagebericht § 289 des Handelsgesetzbuchs sinngemäß.

(2a) [1]Unternehmen, die in sinngemäßer Anwendung des § 264d des Handelsgesetzbuchs kapitalmarktorientiert sind, haben den Jahresabschluss um einen Anhang nach Absatz 2 zu ergänzen. [2]§ 264 Abs. 1 Satz 2 des Handelsgesetzbuchs ist sinngemäß anzuwenden.

(3) § 330 des Handelsgesetzbuchs über den Erlaß von Rechtsverordnungen gilt auch für Unternehmen, auf die dieser Abschnitt nach § 3 Abs. 1 anzuwenden ist.

(4) Handelt es sich um das Unternehmen einer Personenhandelsgesellschaft oder eines Einzelkaufmanns, so dürfen das sonstige Vermögen des Einzelkaufmanns oder der Gesellschafter (Privatvermögen) nicht in die Bilanz und die auf das Privatvermögen entfallenden Aufwendungen und Erträge nicht in die Gewinn- und Verlustrechnung aufgenommen werden.

(5) [1]Personenhandelsgesellschaften und Einzelkaufleute können die Gewinn- und Verlustrechnung nach den für ihr Unternehmen geltenden Bestimmungen aufstellen. [2]Bei Anwendung einer Gliederung nach § 275 des Handelsgesetzbuchs dürfen die Steuern, die Personenhandelsgesellschaften und Einzelkaufleute als Steuerschuldner zu ent-

richten haben, unter den sonstigen Aufwendungen ausgewiesen werden. [3]Soll die Gewinn- und Verlustrechnung nicht nach § 9 offengelegt werden, sind außerdem in einer Anlage zur Bilanz folgende Angaben zu machen:

1. Die Umsatzerlöse im Sinne des § 277 Abs. 1 des Handelsgesetzbuchs,
2. die Erträge aus Beteiligungen,
3. die Löhne, Gehälter, sozialen Abgaben sowie Aufwendungen für Altersversorgung und Unterstützung,
4. die Bewertungs- und Abschreibungsmethoden einschließlich wesentlicher Änderungen,
5. die durchschnittliche Zahl der in den letzten zwölf Monaten vor dem Abschlussstichtag beschäftigten Arbeitnehmer.

(6) Unternehmen im Sinne des § 3 Abs. 1 sind von den Anforderungen dieses Gesetzes befreit, wenn sie in den Konzernabschluss eines Mutterunternehmens im Sinne des § 11 dieses Gesetzes oder des § 290 des Handelsgesetzbuchs einbezogen sind und sie im Übrigen die entsprechend geltenden Voraussetzungen des § 264 Abs. 3 des Handelsgesetzbuchs erfüllen.

§ 6 Prüfung durch die Abschlußprüfer

(1) [1]Der Jahresabschluß und der Lagebericht sind durch einen Abschlußprüfer zu prüfen. [2]Soweit in den Absätzen 2 bis 4 nichts anderes bestimmt ist, gelten § 316 Abs. 3, § 317 Abs. 1, 2, 4a, 5 und 6, § 318 Abs. 1 bis 1b, 3 bis 8, § 319 Abs. 1 bis 4, § 319a Abs. 1, 1a und 3, § 319b Abs. 1, § 320 Abs. 1, 2 und 4 sowie die §§ 321 bis 324 des Handelsgesetzbuchs über die Prüfung des Jahresabschlusses sinngemäß, bei einem Unternehmen, das kapitalmarktorientiert im Sinne des § 264d des Handelsgesetzbuchs ist, jedoch nur insoweit, als nicht die Verordnung (EU) Nr. 537/2014 anzuwenden ist.

(2) Handelt es sich um das Unternehmen einer Personenhandelsgesellschaft oder eines Einzelkaufmanns, so hat sich die Prüfung auch darauf zu erstrecken, ob § 5 Abs. 4 beachtet worden ist.

(3) [1]Der Abschlußprüfer wird bei Personenhandelsgesellschaften, soweit nicht das Gesetz, die Satzung oder der Gesellschaftsvertrag etwas anderes vorsehen, von den Gesellschaftern gewählt. [2]Handelt es sich um das Unternehmen eines Einzelkaufmanns, so bestellt dieser den Abschlußprüfer. [3]Bei anderen Unternehmen wird der Abschlußprüfer, sofern über seine Bestellung nichts anderes bestimmt ist, vom Aufsichtsrat gewählt; hat das Unternehmen keinen Aufsichtsrat, so bestellen die gesetzlichen Vertreter den Abschlußprüfer. [4]Bei einem Unternehmen, das kapitalmarktorientiert im Sinne des § 264d des Handelsgesetzbuchs ist, ist der Vorschlag zur Wahl des Abschlussprüfers auf die Empfehlung des Prüfungsausschusses zu stützen.

(4) *(aufgehoben).*

§ 7 Prüfung durch den Aufsichtsrat

[1]Hat das Unternehmen einen Aufsichtsrat, so haben die gesetzlichen Vertreter unverzüglich nach Eingang des Prüfungsberichts der Abschlußprüfer den Jahresabschluß, den Lagebericht und den Prüfungsbericht der Abschlußprüfer dem Aufsichtsrat vorzulegen. [2]Der Aufsichtsrat hat den Jahresabschluß und den Lagebericht zu prüfen; er hat über das Ergebnis seiner Prüfung schriftlich zu berichten. [3]§ 170 Abs. 3, § 171 Abs. 1 Satz 2 und 5, Abs. 2 Satz 2 bis 4, Abs. 3 des Aktiengesetzes gelten sinngemäß. [4]Die Sätze 1 bis 3 gelten auch für einen Einzelabschluss nach § 9 Abs. 1 Satz 1 dieses Gesetzes in Verbindung mit § 325 Abs. 2a des Handelsgesetzbuchs; für einen solchen Abschluss gilt ferner § 171 Abs. 4 Satz 1 des Aktiengesetzes sinngemäß. [5]Hat das Unternehmen, das kapitalmarktorientiert im Sinne des § 264d des Handelsgesetzbuchs ist, einen Aufsichtsrat, gelten

auch § 100 Absatz 5 und § 107 Absatz 3 Satz 1 und 2 des Aktiengesetzes entsprechend. [6]Richtet der Aufsichtsrat einen Prüfungsausschuss ein, so gelten für diesen § 100 Absatz 5 und § 107 Absatz 3 Satz 2 und 3 des Aktiengesetzes entsprechend.

§ 8 Feststellung des Jahresabschlusses

(1) [1]Bedarf es zur Feststellung des Jahresabschlusses der Entscheidung oder Mitwirkung einer anderen Stelle als der gesetzlichen Vertreter und des Aufsichtsrats, so haben die gesetzlichen Vertreter den Jahresabschluß, wenn das Unternehmen einen Aufsichtsrat hat, unverzüglich nach Eingang seines Prüfungsberichts (§ 7), wenn das Unternehmen keinen Aufsichtsrat hat, unverzüglich nach Eingang des Prüfungsberichts der Abschlußprüfer der zuständigen Stelle vorzulegen. [2]Bedarf es zur Feststellung des Jahresabschlusses einer Versammlung der Gesellschafter, so ist die Versammlung unverzüglich nach dem Eingang des Prüfungsberichts des Aufsichtsrats oder der Abschlußprüfer einzuberufen; berufen die für die Einberufung zuständigen Stellen die Versammlung nicht unverzüglich ein, so haben die gesetzlichen Vertreter sie einzuberufen.

(2) Auf den Jahresabschluß sind bei der Feststellung die für seine Aufstellung geltenden Vorschriften anzuwenden.

(3) [1]Wird der Jahresabschluss nach Vorlage des Prüfungsberichts geändert, so hat der Abschlussprüfer diese Unterlagen erneut zu prüfen, soweit es die Änderung erfordert. [2]Über das Ergebnis der Prüfung ist zu berichten; der Bestätigungsvermerk ist entsprechend zu ergänzen. [3]Eine vor der erneuten Prüfung getroffene Entscheidung über die Feststellung des Jahresabschlusses wird erst wirksam, wenn aufgrund der erneuten Prüfung ein hinsichtlich der Änderung uneingeschränkter Bestätigungsvermerk erteilt worden ist. [4]Sie wird nichtig, wenn nicht binnen zwei Wochen seit der Entscheidung ein hinsichtlich der Änderung uneingeschränkter Bestätigungsvermerk erteilt wird.

(4) Der festgestellte Jahresabschluß ist der Jahresabschluß im Sinne der für die Rechtsform des Unternehmens geltenden Vorschriften.

§ 9 Offenlegung des Jahresabschlusses und des Lageberichts, Prüfung durch den Betreiber des Bundesanzeigers

(1) [1]Die gesetzlichen Vertreter des Unternehmens haben für dieses den Jahresabschluß und die sonst in § 325 Abs. 1 des Handelsgesetzbuchs bezeichneten Unterlagen, soweit sie aufzustellen sind, in sinngemäßer Anwendung des § 325 Absatz 1 bis 2b, 4 bis 6, § 328 des Handelsgesetzbuchs offenzulegen. [2]§ 329 Abs. 1 und 4 des Handelsgesetzbuchs gilt sinngemäß.

(2) Personenhandelsgesellschaften und Einzelkaufleute brauchen die Gewinn- und Verlustrechnung und den Beschluß über die Verwendung des Ergebnisses nicht offenzulegen, wenn sie in einer Anlage zur Bilanz die nach § 5 Abs. 5 Satz 3 erforderlichen Angaben aufnehmen.

(3) In der Bilanz von Personenhandelsgesellschaften dürfen bei der Offenlegung die Kapitalanteile der Gesellschafter, die Rücklagen, ein Gewinnvortrag und ein Gewinn unter Abzug der nicht durch Vermögenseinlagen gedeckten Verlustanteile von Gesellschaftern, eines Verlustvortrags und eines Verlusts in einem Posten „Eigenkapital" ausgewiesen werden.

§ 10 Nichtigkeit des Jahresabschlusses

[1]Der Jahresabschluß ist nichtig, wenn er

1. nicht nach § 6 Abs. 1 Satz 1 und 2 dieses Gesetzes in Verbindung mit § 316 Abs. 3 des Handelsgesetzbuchs geprüft worden ist oder

2. von Personen geprüft worden ist, die nicht zum Abschlußprüfer bestellt sind oder nach § 6 Abs. 1 Satz 2 dieses Gesetzes in Verbindung mit § 319 Abs. 1 des Handelsgesetzbuchs nicht Abschlußprüfer sind.

[2]Die Nichtigkeit nach Nummer 2 kann nicht mehr geltend gemacht werden, wenn seit der Bekanntmachung des Jahresabschlusses im Bundesanzeiger sechs Monate verstrichen sind. [3]§ 256 Abs. 6 Satz 2 des Aktiengesetzes gilt sinngemäß.

Zweiter Abschnitt. Rechnungslegung von Konzernen

§ 11 Zur Rechnungslegung verpflichtete Mutterunternehmen

(1) Kann ein Unternehmen mit Sitz (Hauptniederlassung) im Inland unmittelbar oder mittelbar einen beherrschenden Einfluss auf ein anderes Unternehmen ausüben, so hat dieses Unternehmen (Mutterunternehmen) nach den folgenden Vorschriften Rechnung zu legen, wenn für drei aufeinanderfolgende Konzernabschlußstichtage jeweils mindestens zwei der drei folgenden Merkmale zutreffen:

1. Die Bilanzsumme einer auf den Konzernabschlußstichtag aufgestellten Konzernbilanz übersteigt 65 Millionen Euro.
2. Die Umsatzerlöse einer auf den Konzernabschlußstichtag aufgestellten Konzern-Gewinn- und Verlustrechnung in den zwölf Monaten vor dem Abschlußstichtag übersteigen 130 Millionen Euro.
3. Die Konzernunternehmen mit Sitz im Inland haben in den zwölf Monaten vor dem Konzernabschlußstichtag insgesamt durchschnittlich mehr als fünftausend Arbeitnehmer beschäftigt.

(2) [1]Bilanzsumme nach Absatz 1 Nr. 1 ist die Bilanzsumme einer nach § 13 Abs. 2 aufgestellten Konzernbilanz; § 1 Abs. 2 Satz 2 bis 5 gilt sinngemäß. [2]Braucht das Mutterunternehmen einen Jahresabschluß nicht aufzustellen, so ist der Abschlußstichtag des größten Unternehmens mit Sitz im Inland maßgebend.

(3) [1]Kann ein Unternehmen mit Sitz (Hauptniederlassung) im Ausland unmittelbar oder mittelbar einen beherrschenden Einfluss auf ein anderes Unternehmen ausüben und beherrscht dieses Unternehmen über ein oder mehrere zum Konzern gehörende Unternehmen mit Sitz (Hauptniederlassung) im Inland andere Unternehmen, so haben die Unternehmen mit Sitz im Inland, die der Konzernleitung am nächsten stehen (Mutterunternehmen), für ihren Konzernbereich (Teilkonzern) nach diesem Abschnitt Rechnung zu legen, wenn für drei aufeinanderfolgende Abschlußstichtage des Mutterunternehmens mindestens zwei der drei Merkmale des Absatzes 1 für den Teilkonzern zutreffen. [2]Absatz 2 gilt sinngemäß.

(4) *(aufgehoben)*

(5) [1]Dieser Abschnitt ist nicht anzuwenden, wenn das Mutterunternehmen eine Aktiengesellschaft, eine Kommanditgesellschaft auf Aktien, eine Gesellschaft mit beschränkter Haftung, ein Kreditinstitut im Sinne des § 340 des Handelsgesetzbuches oder eine in § 2 Abs. 1 Nr. 1, 2 und 4 des Gesetzes über das Kreditwesen genannte Person oder ein Versicherungsunternehmen im Sinne des § 341 des Handelsgesetzbuches ist oder als Personenhandelsgesellschaft nach § 3 Abs. 1 Satz 1 Nr. 1 den ersten Abschnitt nicht anzuwenden hat. [2]Weiterhin sind Personenhandelsgesellschaften und Einzelkaufleute zur Aufstellung eines Konzernabschlusses nach diesem Abschnitt nicht verpflichtet, wenn sich ihr Gewerbebetrieb auf die Vermögensverwaltung beschränkt und sie nicht die Aufgaben der Konzernleitung wahrnehmen.

(6) [1]Folgende Bestimmungen des Handelsgesetzbuchs gelten sinngemäß:

1. § 290 Abs. 2 bis 5 über die Pflicht zur Aufstellung sowie die §§ 291 und 292 über befreiende Konzernabschlüsse und Konzernlageberichte;
2. § 315e über den Konzernabschluss nach internationalen Rechnungslegungsstandards, Absatz 2 der Vorschrift jedoch nur, wenn das Mutterunternehmen seiner Rechtsform nach in den Anwendungsbereich der Verordnung (EG) Nr. 1606/2002 des Europäischen Parlaments und des Rates vom 19. Juli 2002 betreffend die Anwendung internationaler Rechnungslegungsstandards (ABl. EG Nr. L 243 S. 1) in ihrer jeweils geltenden Fassung fällt.

[2]Sind die Voraussetzungen des § 315e des Handelsgesetzbuchs erfüllt, so gilt § 13 Abs. 2 Satz 1 und 2, Abs. 3 Satz 1 und 2 in Verbindung mit § 5 Abs. 5 dieses Gesetzes nicht.

§ 12 Beginn und Dauer der Pflicht zur Konzernrechnungslegung

(1) Für den Beginn und die Dauer der Pflicht, nach diesem Abschnitt Rechnung zu legen, gilt § 2 Abs. 1 Satz 1 und 3 sinngemäß.

(2) [1]Die gesetzlichen Vertreter eines Mutterunternehmens, für dessen Abschlussstichtag mindestens zwei der drei Merkmale des § 11 Abs. 1 zutreffen, haben unverzüglich beim Betreiber des Bundesanzeigers elektronisch (§ 12 Abs. 2 des Handelsgesetzbuchs) die Erklärung einzureichen, dass für diesen Abschlussstichtag zwei der drei Merkmale des § 11 Abs. 1 zutreffen; § 11 Abs. 2 Satz 2 gilt entsprechend. [2]Eine entsprechende Erklärung haben die gesetzlichen Vertreter des Mutterunternehmens auch für jeden der beiden folgenden Abschlussstichtage unverzüglich beim Betreiber des Bundesanzeigers elektronisch einzureichen, wenn die Merkmale auch für diesen Abschlussstichtag zutreffen. [3]§ 2 Abs. 2 Satz 3 gilt entsprechend.

(3) [1]Das Gericht hat zur Prüfung der Frage, ob ein Mutterunternehmen nach diesem Abschnitt Rechnung zu legen hat, Prüfer zu bestellen, wenn Anlaß für die Annahme besteht, daß das Mutterunternehmen zur Rechnungslegung nach diesem Abschnitt verpflichtet ist. [2]Hat das Mutterunternehmen einen Aufsichtsrat, so ist vor der Bestellung außer den gesetzlichen Vertretern des Mutterunternehmens auch dieser zu hören. [3]§ 2 Abs. 3 Satz 3 bis 8 gilt sinngemäß.

§ 13 Aufstellung von Konzernabschluß und Konzernlagebericht

(1) [1]Die gesetzlichen Vertreter des Mutterunternehmens haben in den ersten fünf Monaten des Konzerngeschäftsjahrs für das vergangene Konzerngeschäftsjahr einen Konzernabschluss sowie einen Konzernlagebericht oder einen Teilkonzernabschluss oder einen Teilkonzernlagebericht aufzustellen. [2]Ist das Mutterunternehmen kapitalmarktorientiert im Sinn des § 264d des Handelsgesetzbuchs, sind der Konzernabschluss sowie der Konzernlagebericht in den ersten vier Monaten des Konzerngeschäftsjahrs für das vergangene Konzerngeschäftsjahr aufzustellen; dies gilt nicht, wenn es ausschließlich zum Handel an einem organisierten Markt zugelassene Schuldtitel im Sinn des § 2 Absatz 1 Nummer 3 des Wertpapierhandelsgesetzes mit einer Mindeststückelung von 100 000 Euro oder dem am Ausgabetag entsprechenden Gegenwert einer anderen Währung begibt.

(2) [1]Für den Konzernabschluß oder Teilkonzernabschluß gelten die §§ 294 bis 314 des Handelsgesetzbuchs sinngemäß; soweit eine abweichende Gliederung zulässig ist, kann diese auch für den Konzernabschluß oder den Teilkonzernabschluß verwendet werden. [2]Sonstige Vorschriften, die durch die Rechtsform oder den Geschäftszweig bedingt sind, bleiben unberührt. [3]Für den Konzernlagebericht oder den Teilkonzernlagebericht gilt § 315 des Handelsgesetzbuchs sinngemäß.

(3) [1]Auf den Konzernabschluss oder den Teilkonzernabschluss braucht § 314 Abs. 1 Nr. 6 des Handelsgesetzbuchs nicht angewendet zu werden. [2]Ist das Mutterunternehmen eine Personenhandelsgesellschaft oder ein Einzelkaufmann, so gilt § 5 Abs. 4, 5 für den

Konzernabschluß sinngemäß; dieser braucht Kapitalflussrechnung und Eigenkapitalspiegel nicht zu umfassen, soweit das Mutterunternehmen nicht kapitalmarktorientiert im Sinn des § 264d des Handelsgesetzbuchs ist. [3]Bei Anwendung des Satzes 1 oder des § 5 Abs. 5 haben der Konzernabschluß oder der Teilkonzernabschluß befreiende Wirkung nach den §§ 291 und 292 des Handelsgesetzbuchs nur, wenn das befreite Tochterunternehmen, das gleichzeitig Mutterunternehmen ist, diese Erleichterungen für seinen Konzernabschluß oder Teilkonzernabschluß hätte in Anspruch nehmen können.

(4) § 330 des Handelsgesetzbuchs über den Erlass von Rechtsverordnungen gilt auch für Konzernabschlüsse, Teilkonzernabschlüsse, Konzernlageberichte und Teilkonzernlageberichte nach diesem Abschnitt.

§ 14 Prüfung des Konzernabschlusses

(1) [1]Der Konzernabschluß oder Teilkonzernabschluß ist unter Einbeziehung des Konzernlageberichts oder des Teilkonzernlageberichts durch einen Abschlußprüfer zu prüfen. [2]§ 316 Abs. 3, §§ 317 bis 324 des Handelsgesetzbuchs über die Prüfung sowie § 6 Abs. 2, 3 dieses Gesetzes gelten sinngemäß.

(2) [1]Ist das Mutterunternehmen eine Genossenschaft, so ist der Prüfungsverband, dem die Genossenschaft angehört, auch Abschlußprüfer des Konzernabschlusses. [2]Der von einem Prüfungsverband geprüfte Konzernabschluß oder Teilkonzernabschluß hat befreiende Wirkung nach nach den §§ 291 und 292 des Handelsgesetzbuchs nur, wenn das befreite Tochterunternehmen, das gleichzeitig Mutterunternehmen ist, seinen Konzernabschluß oder Teilkonzernabschluß von dieser Person hätte prüfen lassen können.

(3) [1]Hat das Mutterunternehmen einen Aufsichtsrat, so haben die gesetzlichen Vertreter den Konzernabschluß oder den Teilkonzernabschluß, den Konzernlagebericht oder den Teilkonzernlagebericht und den Prüfungsbericht des Abschlußprüfers des Konzernabschlusses unverzüglich nach Eingang des Prüfungsberichts dem Aufsichtsrat zur Kenntnisnahme vorzulegen. [2]Jedes Aufsichtsratsmitglied hat das Recht, von den Vorlagen Kenntnis zu nehmen. [3]Die Vorlagen sind auch jedem Aufsichtsratsmitglied auf Verlangen auszuhändigen, soweit der Aufsichtsrat nichts anderes beschlossen hat.

§ 15 Offenlegung des Konzernabschlusses

(1) [1]Die gesetzlichen Vertreter des Mutterunternehmens haben für dieses den Konzernabschluß oder Teilkonzernabschluß mit dem Bestätigungsvermerk oder dem Vermerk über dessen Versagung und den Konzernlagebericht oder Teilkonzernlagebericht in sinngemäßer Anwendung des § 325 Abs. 3 bis 6 des Handelsgesetzbuchs offenzulegen.

(2) Für die Offenlegung, Veröffentlichung und Vervielfältigung des Konzernabschlusses, Teilkonzernabschlusses, Konzernlageberichts und des Teilkonzernlageberichts gilt § 328, für die Prüfungspflicht des Betreibers des Bundesanzeigers § 329 Abs. 1 und 4 des Handelsgesetzbuchs sinngemäß.

§ 16 *(aufgehoben)*

Dritter Abschnitt. Straf-, Bußgeld- und Schlußvorschriften

§ 17 Unrichtige Darstellung

Mit Freiheitsstrafe bis zu drei Jahren oder mit Geldstrafe wird bestraft, wer als gesetzlicher Vertreter (§ 4 Abs. 1 Satz 1) eines Unternehmens oder eines Mutterunternehmens, beim Einzelkaufmann als Inhaber oder dessen gesetzlicher Vertreter,

1. die Verhältnisse des Unternehmens im Jahresabschluß oder Lagebericht unrichtig wiedergibt oder verschleiert,

1a. zum Zwecke der Befreiung nach § 9 Abs. 1 Satz 1 in Verbindung mit § 325 Abs. 2a Satz 1, Abs. 2b des Handelsgesetzbuchs einen Einzelabschluss nach den in § 315e Absatz 1 des Handelsgesetzbuchs genannten internationalen Rechnungslegungsstandards, in dem die Verhältnisse des Unternehmens unrichtig wiedergegeben oder verschleiert worden sind, vorsätzlich oder leichtfertig offen legt,
2. die Verhältnisse des Konzerns oder Teilkonzerns im Konzernabschluß, Konzernlagebericht, Teilkonzernabschluß oder Teilkonzernlagebericht unrichtig wiedergibt oder verschleiert,
3. zum Zwecke der Befreiung nach § 11 Abs. 6 Satz 1 Nr. 1 in Verbindung mit den §§ 291 und 292 des Handelsgesetzbuchs einen Konzernabschluß, Konzernlagebericht, Teilkonzernabschluß oder Teilkonzernlagebericht, in dem die Verhältnisse des Konzerns oder Teilkonzerns unrichtig wiedergegeben oder verschleiert worden sind, vorsätzlich oder leichtfertig offenlegt oder
4. an Aufklärungen oder Nachweisen, die nach § 2 Abs. 3 Satz 4 in Verbindung mit § 145 Abs. 2 und 3 des Aktiengesetzes, § 6 Abs. 1 Satz 2 in Verbindung mit § 320 Abs. 1, 2 des Handelsgesetzbuchs, § 12 Abs. 3 Satz 3 in Verbindung mit § 2 Abs. 3 Satz 4 und § 145 Abs. 2 und 3 des Aktiengesetzes oder § 14 Abs. 1 Satz 2 in Verbindung mit § 320 Abs. 3 des Handelsgesetzbuchs einem Abschlußprüfer des Unternehmens, eines verbundenen Unternehmens, des Konzerns oder des Teilkonzerns zu geben sind, unrichtige Angaben macht oder die Verhältnisse des Unternehmens, eines Tochterunternehmens, des Konzerns oder des Teilkonzerns unrichtig wiedergibt oder verschleiert.

§ 18 Verletzung der Berichtspflicht

(1) Mit Freiheitsstrafe bis zu drei Jahren oder mit Geldstrafe wird bestraft, wer als Prüfer nach diesem Gesetz oder als Gehilfe eines solchen Prüfers über das Ergebnis der Prüfung falsch berichtet oder erhebliche Umstände im Bericht verschweigt.

(2) Handelt der Täter gegen Entgelt oder in der Absicht, sich oder einen anderen zu bereichern oder einen anderen zu schädigen, so ist die Strafe Freiheitsstrafe bis zu fünf Jahren oder Geldstrafe.

§ 19 Verletzung der Geheimhaltungspflicht

(1) Mit Freiheitsstrafe bis zu einem Jahr oder mit Geldstrafe wird bestraft, wer ein Geheimnis des Unternehmens (Konzernleitung, Teilkonzernleitung), namentlich ein Betriebs- oder Geschäftsgeheimnis, das ihm in seiner Eigenschaft als Prüfer nach diesem Gesetz oder als Gehilfe eines solchen Prüfers bekanntgeworden ist, unbefugt offenbart.

(2) Handelt der Täter gegen Entgelt oder in der Absicht, sich oder einen anderen zu bereichern oder einen anderen zu schädigen, so ist die Strafe Freiheitsstrafe bis zu zwei Jahren oder Geldstrafe. Ebenso wird bestraft, wer ein Geheimnis der in Absatz 1 bezeichneten Art, namentlich ein Betriebs- oder Geschäftsgeheimnis, das ihm unter den Voraussetzungen des Absatzes 1 bekanntgeworden ist, unbefugt verwertet.

(3) Die Tat wird nur auf Antrag des Unternehmens (Konzernleitung, Teilkonzernleitung) verfolgt.

§ 19a Verletzung der Pflichten bei Abschlussprüfungen

Mit Freiheitsstrafe bis zu einem Jahr oder mit Geldstrafe wird bestraft, wer als Mitglied eines Aufsichtsrats nach § 7 Satz 5 oder als Mitglied eines nach § 6 Absatz 1 Satz 2 in Verbindung mit § 324 Absatz 1 Satz 1 des Handelsgesetzbuchs oder nach § 7 Satz 6 eingerichteten Prüfungsausschusses eines Unternehmens, das kapitalmarktorientiert im Sinne des § 264d des Handelsgesetzbuchs ist,

1. eine in § 20 Absatz 2a, 2b oder Absatz 2c bezeichnete Handlung begeht und dafür einen Vermögensvorteil erhält oder sich versprechen lässt oder
2. eine in § 20 Absatz 2a, 2b oder Absatz 2c bezeichnete Handlung beharrlich wiederholt.

§ 20 Bußgeldvorschriften

(1) Ordnungswidrig handelt, wer als gesetzlicher Vertreter (§ 4 Abs. 1 Satz 1) eines Unternehmens oder eines Mutterunternehmens, beim Einzelkaufmann als Inhaber oder dessen gesetzlicher Vertreter,

1. bei der Aufstellung oder Feststellung des Jahresabschlusses einer Vorschrift
   a) des § 243 Abs. 1 oder 2, der §§ 244, 245, 246, 247, 248, 249 Abs. 1 Satz 1 oder Abs. 2, des § 250 Abs. 1 oder Abs. 2 oder des § 251 des Handelsgesetzbuchs über Form oder Inhalt,
   b) des § 253 Abs. 1 Satz 1, 2, 3 oder Satz 4, Abs. 2 Satz 1, auch in Verbindung mit Satz 2, Absatz 3 Satz 1, 2, 3, 4 oder Satz 5, Abs. 4 oder Abs. 5 des Handelsgesetzbuchs über die Bewertung;
   c) *(aufgehoben)*
   d) des § 5 Abs. 1 Satz 2 in Verbindung mit einer Vorschrift des § 264 Absatz 1a, des § 265 Abs. 2, 3, 4 oder 6, der §§ 266, 268 Absatz 3, 4, 5, 6 oder Absatz 7, der §§ 272, 274 oder des § 275 oder des § 277 des Handelsgesetzbuchs über die Gliederung oder
   e) des § 5 Abs. 2 Satz 2 in Verbindung mit § 284 oder des § 285 Nummer 1 bis 4, 7 bis 13, 15a, 17 bis 33 oder Nummer 34 des Handelsgesetzbuchs über die im Anhang zu machenden Angaben,
2. bei der Aufstellung des Konzernabschlusses oder Teilkonzernabschlusses einer Vorschrift des § 13 Abs. 2 Satz 1 in Verbindung mit einer Vorschrift
   a) des § 294 Abs. 1 des Handelsgesetzbuchs über den Konsolidierungskreis,
   b) des § 297 Absatz 1a, 2 oder 3 oder des § 298 Abs. 1 in Verbindung mit den §§ 244, 245, 246, 247, 248, 249 Abs. 1 Satz 1 oder Abs. 2, des § 250 Abs. 1 oder Abs. 2 oder dem § 251 des Handelsgesetzbuchs über Inhalt oder Form des Konzernabschlusses,
   c) des § 300 des Handelsgesetzbuchs über die Konsolidierungsgrundsätze oder das Vollständigkeitsgebot,
   d) des § 308 Abs. 1 Satz 1 in Verbindung mit den in Nummer 1 Buchstabe b bezeichneten Vorschriften des Handelsgesetzbuchs, des § 308 Abs. 2 oder des § 308a des Handelsgesetzbuchs über die Bewertung,
   e) des § 311 Abs. 1 Satz 1 in Verbindung mit § 312 des Handelsgesetzbuchs über die Behandlung assoziierter Unternehmen oder
   f) des § 308 Abs. 1 Satz 3, des § 313 oder des § 314 des Handelsgesetzbuchs über die im Konzernanhang zu machenden Angaben,
3. bei der Aufstellung des Lageberichts der Vorschrift des § 5 Abs. 2 Satz 2 in Verbindung mit § 289 Abs. 1 des Handelsgesetzbuchs über den Inhalt des Lageberichts,
4. bei der Aufstellung des Konzernlageberichts oder des Teilkonzernlageberichts der Vorschrift des § 13 Abs. 2 Satz 3 in Verbindung mit § 315 Absatz 1, auch in Verbindung mit Absatz 3, des Handelsgesetzbuchs über den Inhalt des Konzernlageberichts,

5. bei der Offenlegung, Veröffentlichung oder Vervielfältigung einer Vorschrift des § 9 Abs. 1 oder des § 15 Abs. 2, jeweils in Verbindung mit § 328 des Handelsgesetzbuchs über Form oder Inhalt, oder
6. einer auf Grund des § 5 Abs. 3 oder des § 13 Abs. 4, jeweils in Verbindung mit § 330 Satz 1 des Handelsgesetzbuchs, erlassenen Rechtsverordnung, soweit sie für einen bestimmten Tatbestand auf diese Bußgeldvorschrift verweist,

zuwiderhandelt.

(2) Ordnungswidrig handelt auch, wer entgegen § 2 Abs. 2 oder § 12 Abs. 2 die dort vorgeschriebene Erklärung beim Betreiber des Bundesanzeigers oder der Aufsichtsbehörde nicht oder nicht rechtzeitig einreicht.

(2a) Ordnungswidrig handelt, wer als Mitglied eines Aufsichtsrats nach § 7 Satz 5 oder als Mitglied eines nach § 6 Absatz 1 Satz 2 in Verbindung mit § 324 Absatz 1 Satz 1 des Handelsgesetzbuchs oder nach § 7 Satz 6 eingerichteten Prüfungsausschusses eines Unternehmens, das kapitalmarktorientiert im Sinne des § 264d des Handelsgesetzbuchs ist,

1. die Unabhängigkeit des Abschlussprüfers oder der Prüfungsgesellschaft nicht nach Maßgabe des Artikels 4 Absatz 3 Unterabsatz 2, des Artikels 5 Absatz 4 Unterabsatz 1 Satz 1 oder des Artikels 6 Absatz 2 der Verordnung (EU) Nr. 537/2014 des Europäischen Parlaments und des Rates vom 16. April 2014 über spezifische Anforderungen an die Abschlussprüfung bei Unternehmen von öffentlichem Interesse und zur Aufhebung des Beschlusses 2005/909/EG der Kommission (ABl. L 158 vom 27.5.2014, S. 77, L 170 vom 11.6.2014, S. 66) überwacht oder
2. eine Empfehlung für die Bestellung eines Abschlussprüfers oder einer Prüfungsgesellschaft vorlegt, die den Anforderungen nach Artikel 16 Absatz 2 Unterabsatz 2 oder 3 der Verordnung (EU) Nr. 537/2014 nicht entspricht oder der ein Auswahlverfahren nach Artikel 16 Absatz 3 Unterabsatz 1 der Verordnung (EU) Nr. 537/2014 nicht vorangegangen ist.

(2b) Ordnungswidrig handelt, wer als Mitglied eines Aufsichtsrats nach § 7 Satz 5, der keinen Prüfungsausschuss eingerichtet hat, oder als Mitglied eines nach § 6 Absatz 1 Satz 2 in Verbindung mit § 324 Absatz 1 Satz 1 des Handelsgesetzbuchs eingerichteten Prüfungsausschusses eines in Absatz 2a genannten Unternehmens den Gesellschaftern oder der sonst für die Bestellung des Abschlussprüfers zuständigen Stelle einen Vorschlag für die Bestellung eines Abschlussprüfers oder einer Prüfungsgesellschaft vorlegt, der den Anforderungen nach Artikel 16 Absatz 5 Unterabsatz 1 der Verordnung (EU) Nr. 537/2014 nicht entspricht.

(2c) Ordnungswidrig handelt, wer als Mitglied eines Aufsichtsrats nach § 7 Satz 5, der einen Prüfungsausschuss eingerichtet hat, eines in Absatz 2a genannten Unternehmens den Gesellschaftern oder der sonst für die Bestellung des Abschlussprüfers zuständigen Stelle einen Vorschlag für die Bestellung eines Abschlussprüfers oder einer Prüfungsgesellschaft vorlegt, der den Anforderungen nach Artikel 16 Absatz 5 Unterabsatz 1 oder Unterabsatz 2 Satz 1 oder Satz 2 der Verordnung (EU) Nr. 537/2014 nicht entspricht.

(3) Die Ordnungswidrigkeit kann mit einer Geldbuße bis zu fünfzigtausend Euro geahndet werden.

(4) Verwaltungsbehörde im Sinne des § 36 Abs. 1 Nr. 1 des Gesetzes über Ordnungswidrigkeiten ist das Bundesamt für Justiz.

§ 21 Festsetzung von Ordnungsgeld

[1]Gegen die gesetzlichen Vertreter (§ 4 Abs. 1 Satz 1) eines Unternehmens oder eines Mutterunternehmens, beim Einzelkaufmann gegen die Inhaber oder deren gesetzliche Vertreter, die § 9 Abs. 1, § 15 Abs. 1 hinsichtlich der Pflicht zur Offenlegung des Jah-

resabschlusses, des Lageberichts, des Konzernabschlusses, des Konzernlageberichts, des Teilkonzernabschlusses oder des Teilkonzernlageberichts im Bundesanzeiger nicht befolgen, ist wegen des pflichtwidrigen Unterlassens der Offenlegung vom Bundesamt für Justiz ein Ordnungsgeld festzusetzen. [2]Die §§ 335 bis 335b des Handelsgesetzbuchs sind entsprechend anzuwenden.

§ 21a Mitteilungen an die Abschlussprüferaufsichtsstelle

(1) Das Bundesamt für Justiz übermittelt der Abschlussprüferaufsichtsstelle beim Bundesamt für Wirtschaft und Ausfuhrkontrolle alle Bußgeldentscheidungen nach § 20 Absatz 2a bis 2c.

(2) [1]In Strafverfahren, die eine Straftat nach § 19a zum Gegenstand haben, übermittelt die Staatsanwaltschaft im Falle der Erhebung der öffentlichen Klage der Abschlussprüferaufsichtsstelle die das Verfahren abschließende Entscheidung. [2]Ist gegen die Entscheidung ein Rechtsmittel eingelegt worden, ist die Entscheidung unter Hinweis auf das eingelegte Rechtsmittel zu übermitteln.

§ 22 [1)] Erstmalige Anwendung geänderter Vorschriften

(1) [1]Die §§ 7, 9, 11, 13 Abs. 3 Satz 2 und § 21 in der Fassung des Bilanzrechtsreformgesetzes vom 4. Dezember 2004 (BGBl. I S. 3166) finden erstmals auf das nach dem 31. Dezember 2004 beginnende Geschäftsjahr Anwendung. [2]§ 315a Abs. 2 des Handelsgesetzbuchs in der Fassung des Bilanzrechtsreformgesetzes vom 4. Dezember 2004 (BGBl. I S. 3166) in Verbindung mit § 11 Abs. 6 Satz 1 Nr. 2 dieses Gesetzes in der Fassung des Bilanzrechtsreformgesetzes vom 4. Dezember 2004 (BGBl. I S. 3166) ist erstmals auf das nach dem 31. Dezember 2006 beginnende Geschäftsjahr anzuwenden. [3]Die bis zum 9. Dezember 2004 geltenden Fassungen des § 11 Abs. 6 Nr. 2 dieses Gesetzes und des § 292a des Handelsgesetzbuchs sind letztmals auf das vor dem 1. Januar 2005 beginnende Geschäftsjahr anzuwenden; Artikel 58 Abs. 5 Satz 2 des Einführungsgesetzes zum Handelsgesetzbuch gilt entsprechend. [4]Soweit § 5 Abs. 1 Satz 2, Abs. 2, § 6 Abs. 1, § 9 Abs. 1 Satz 1, § 10 Satz 1 Nr. 2, § 13 Abs. 2, § 14 Abs. 1 und § 15 dieses Gesetzes auf Bestimmungen des Handelsgesetzbuchs verweisen, die in Artikel 58 Abs. 2 bis 4 des Einführungsgesetzes zum Handelsgesetzbuch aufgeführt sind, gelten die in der letztgenannten Vorschrift getroffenen Übergangsregelungen entsprechend. [5]Soweit § 13 Abs. 2 Satz 1 dieses Gesetzes auf § 297 Abs. 1 des Handelsgesetzbuchs verweist, ist Artikel 58 Abs. 5 Satz 1 des Einführungsgesetzes zum Handelsgesetzbuch entsprechend anzuwenden; dies gilt nicht, wenn das Mutterunternehmen eine Personengesellschaft oder ein Einzelkaufmann ist.

(2) [1]Die §§ 2, 9, 12, 15, 20 und 21 in der Fassung des Gesetzes über elektronische Handelsregister und Genossenschaftsregister sowie das Unternehmensregister vom 10. November 2006 (BGBl. I S. 2553) in der vom 1. Januar 2007 an geltenden Fassung finden erstmals auf das nach dem 31. Dezember 2005 beginnende Geschäftsjahr Anwendung. [2]Die §§ 2, 9, 12, 15, 20 und 21 in der bis zum Inkrafttreten des Gesetzes über elektronische Handelsregister und Genossenschaftsregister sowie das Unternehmensregister am 1. Januar 2007 geltenden Fassung sind letztmals auf das vor dem 1. Januar 2006 beginnende Geschäftsjahr anzuwenden. [3]Soweit die §§ 2, 9, 15, 20 und 21 auf Bestimmungen des Handelsgesetzbuchs verweisen, die in Artikel 61 des Einführungsgesetzes zum Handelsgesetzbuch genannt sind, gelten die in der letztgenannten Vorschrift getroffenen Übergangsregelungen im Übrigen entsprechend.

(3) [1]Soweit die §§ 5, 6, 13 und 20 in der Fassung des Bilanzrechtsmodernisierungsgesetzes vom 25. Mai 2009 (BGBl. I S. 1102) sowie in der zuvor geltenden Fassung und

1) § 22 Abs. 1 geändert durch Gesetz vom 12.12.2019 (BGBl. I S. 2637).

soweit durch das Bilanzrechtsmodernisierungsgesetz nicht geänderte Bestimmungen dieses Gesetzes auf Bestimmungen des Handelsgesetzbuchs verweisen, sind die hierauf bezogenen Übergangsregelungen der Artikel 66 und 67 des Einführungsgesetzes zum Handelsgesetzbuch entsprechend anzuwenden. [2]In Bezug auf § 11 dieses Gesetzes sind die auf § 290 des Handelsgesetzbuchs bezogenen Übergangsregelungen des Artikels 66 Abs. 3 und 5 des Einführungsgesetzes zum Handelsgesetzbuch entsprechend anzuwenden. [3]Das Gleiche gilt für Artikel 66 Abs. 3 Satz 6 des Einführungsgesetzes zum Handelsgesetzbuch.

(4) Für § 21 in der durch das Gesetz zur Änderung des Handelsgesetzbuchs vom 4. Oktober 2013 (BGBl. I S. 3746) geänderten Fassung gilt Artikel 70 Absatz 3 des Einführungsgesetzes zum Handelsgesetzbuch entsprechend.

(5) [1]Die §§ 5, 9, 11, 13 Absatz 3 und 4 sowie die §§ 14, 17 und 20 in der Fassung des Bilanzrichtlinie-Umsetzungsgesetzes vom 17. Juli 2015 (BGBl. I S. 1245) sind erstmals auf Jahres- und Konzernabschlüsse für Geschäftsjahre anzuwenden, die nach dem 31. Dezember 2015 beginnen. [2]Auf vor dem 1. Januar 2016 beginnende Geschäftsjahre bleiben die §§ 5, 9, 11, 13, 14, 17 und 20 in der bis zum 22. Juli 2015 geltenden Fassung anwendbar.

(6) § 7 Satz 5 und 6 muss so lange nicht angewandt werden, wie alle Mitglieder des Aufsichtsrats und des Prüfungsausschusses vor dem 17. Juni 2016 bestellt worden sind.

(7) [1]Die §§ 11, 13, 17 und 20 in der Fassung des CSR-Richtlinie-Umsetzungsgesetzes vom 11. April 2017 (BGBl. I S. 802) sind erstmals auf Jahres- und Konzernabschlüsse, Lage- und Konzernlageberichte für das nach dem 31. Dezember 2016 beginnende Geschäftsjahr anzuwenden. [2]Die in Satz 1 bezeichneten Vorschriften in der bis zum 18. April 2017 geltenden Fassung sind letztmals anzuwenden auf Lage- und Konzernlageberichte für das vor dem 1. Januar 2017 beginnende Geschäftsjahr.

§ 23 Inkrafttreten

Dieses Gesetz tritt am Tage nach seiner Verkündung[1)] in Kraft.

1) Das Gesetz wurde am 20.8.1969 verkündet.

7. Gesetz über das Kreditwesen (Kreditwesengesetz – KWG)

in der Fassung der Bekanntmachung vom 9.9.1998 (BGBl. I S. 2776)

zuletzt geändert durch Gesetz vom 12.12.2019 (BGBl. I S. 2637)

Inhaltsübersicht

Erster Abschnitt. Allgemeine Vorschriften

1. Kreditinstitute, Finanzdienstleistungsinstitute, Finanzholding-Gesellschaften, gemischte Finanzholding-Gesellschaften und gemischte Holdinggesellschaften sowie Finanzunternehmen

§ 1 [1)2)3)] Begriffsbestimmungen

(1) [1]Kreditinstitute sind Unternehmen, die Bankgeschäfte gewerbsmäßig oder in einem Umfang betreiben, der einen in kaufmännischer Weise eingerichteten Geschäftsbetrieb erfordert. [2]Bankgeschäfte sind

1. die Annahme fremder Gelder als Einlagen oder anderer unbedingt rückzahlbarer Gelder des Publikums, sofern der Rückzahlungsanspruch nicht in Inhaber- oder Orderschuldverschreibungen verbrieft wird, ohne Rücksicht darauf, ob Zinsen vergütet werden (Einlagengeschäft),

1a. die in § 1 Abs. 1 Satz 2 des Pfandbriefgesetzes bezeichneten Geschäfte (Pfandbriefgeschäft),

2. die Gewährung von Gelddarlehen und Akzeptkrediten (Kreditgeschäft),
3. der Ankauf von Wechseln und Schecks (Diskontgeschäft),
4. die Anschaffung und die Veräußerung von Finanzinstrumenten im eigenen Namen für fremde Rechnung (Finanzkommissionsgeschäft),
5. die Verwahrung und die Verwaltung von Wertpapieren für andere (Depotgeschäft),
6. die Tätigkeit als Zentralverwahrer im Sinne des Absatzes 6,
7. die Eingehung der Verpflichtung, zuvor veräußerte Darlehensforderungen vor Fälligkeit zurückzuerwerben,
8. die Übernahme von Bürgschaften, Garantien und sonstigen Gewährleistungen für andere (Garantiegeschäft),
9. die Durchführung des bargeldlosen Scheckeinzugs (Scheckeinzugsgeschäft), des Wechseleinzugs (Wechseleinzugsgeschäft) und die Ausgabe von Reiseschecks (Reisescheckgeschäft),
10. die Übernahme von Finanzinstrumenten für eigenes Risiko zur Plazierung oder die Übernahme gleichwertiger Garantien (Emissionsgeschäft),
11. *(aufgehoben)*
12. die Tätigkeit als zentrale Gegenpartei im Sinne von Absatz 31.

(1a) [1]Finanzdienstleistungsinstitute sind Unternehmen, die Finanzdienstleistungen für andere gewerbsmäßig oder in einem Umfang erbringen, der einen in kaufmännischer Weise eingerichteten Geschäftsbetrieb erfordert, und die keine Kreditinstitute sind. [2]Finanzdienstleistungen sind

1. die Vermittlung von Geschäften über die Anschaffung und die Veräußerung von Finanzinstrumenten (Anlagevermittlung),

1a. die Abgabe von persönlichen Empfehlungen an Kunden oder deren Vertreter, die sich auf Geschäfte mit bestimmten Finanzinstrumenten beziehen, sofern die Empfehlung auf eine Prüfung der persönlichen Umstände des Anlegers gestützt oder als für ihn geeignet dargestellt wird und nicht ausschließlich über Informations-

---

1) § 1 Abs. 11 Satz 1 Nr. 9 neu gefasst durch Gesetz vom 18.1.2019 (BGBl. I S. 37).
2) § 1 Abs 21 neu gefasst durch Gesetz vom 25.3.2019 (BGBl. I S. 357).
3) § 1 geändert durch Gesetz vom 12.12.2019 (BGBl. I S. 2602).

verbreitungskanäle oder für die Öffentlichkeit bekannt gegeben wird (Anlageberatung),

1b. der Betrieb eines multilateralen Systems, das die Interessen einer Vielzahl von Personen am Kauf und Verkauf von Finanzinstrumenten innerhalb des Systems und nach festgelegten Bestimmungen in einer Weise zusammenbringt, die zu einem Vertrag über den Kauf dieser Finanzinstrumente führt (Betrieb eines multilateralen Handelssystems),

1c. das Platzieren von Finanzinstrumenten ohne feste Übernahmeverpflichtung (Platzierungsgeschäft),

1d. der Betrieb eines multilateralen Systems, bei dem es sich nicht um einen organisierten Markt oder ein multilaterales Handelssystem handelt und das die Interessen einer Vielzahl Dritter am Kauf und Verkauf von Schuldverschreibungen, strukturierten Finanzprodukten, Emissionszertifikaten oder Derivaten innerhalb des Systems auf eine Weise zusammenführt, die zu einem Vertrag über den Kauf dieser Finanzinstrumente führt (Betrieb eines organisierten Handelssystems),

2. die Anschaffung und die Veräußerung von Finanzinstrumenten im fremden Namen für fremde Rechnung (Abschlußvermittlung),

3. die Verwaltung einzelner in Finanzinstrumenten angelegter Vermögen für andere mit Entscheidungsspielraum (Finanzportfolioverwaltung),

4. der Eigenhandel durch das
   a) kontinuierliche Anbieten des An- und Verkaufs von Finanzinstrumenten zu selbst gestellten Preisen für eigene Rechnung unter Einsatz des eigenen Kapitals,
   b) häufige organisierte und systematische Betreiben von Handel für eigene Rechnung in erheblichem Umfang außerhalb eines organisierten Marktes oder eines multilateralen oder organisierten Handelssystems, wenn Kundenaufträge außerhalb eines geregelten Marktes oder eines multilateralen oder organisierten Handelssystems ausgeführt werden, ohne dass ein multilaterales Handelssystem betrieben wird (systematische Internalisierung),
   c) Anschaffen oder Veräußern von Finanzinstrumenten für eigene Rechnung als Dienstleistung für andere oder
   d) Kaufen oder Verkaufen von Finanzinstrumenten für eigene Rechnung als unmittelbarer oder mittelbarer Teilnehmer eines inländischen organisierten Marktes oder eines multilateralen oder organisierten Handelssystems mittels einer hochfrequenten algorithmischen Handelstechnik, die gekennzeichnet ist durch
      aa) eine Infrastruktur zur Minimierung von Netzwerklatenzen und anderen Verzögerungen bei der Orderübertragung (Latenzen), die mindestens eine der folgenden Vorrichtungen für die Eingabe algorithmischer Aufträge aufweist: Kollokation, Proximity Hosting oder direkter elektronischer Hochgeschwindigkeitszugang,
      bb) die Fähigkeit des Systems, einen Auftrag ohne menschliche Intervention im Sinne des Artikels 18 der Delegierten Verordnung (EU) 2017/565 der Kommission vom 25. April 2016 zur Ergänzung der Richtlinie 2014/65/EU des Europäischen Parlaments und des Rates in Bezug auf die organisatorischen Anforderungen an Wertpapierfirmen und die Bedingungen für die Ausübung ihrer Tätigkeit sowie in Bezug auf die Definition bestimmter Begriffe für die Zwecke der genannten Richtlinie (ABl. L 87 vom 31.3.2017, S. 1) in der jeweils geltenden Fassung, einzuleiten, zu erzeugen, weiterzuleiten oder auszuführen und

cc) ein hohes untertägiges Mitteilungsaufkommen im Sinne des Artikels 19 der Delegierten Verordnung (EU) 2017/565 in Form von Aufträgen, Kursangaben oder Stornierungen

auch ohne dass eine Dienstleistung für andere vorliegt (Hochfrequenzhandel),

5. die Vermittlung von Einlagengeschäften mit Unternehmen mit Sitz außerhalb des Europäischen Wirtschaftsraums (Drittstaateneinlagenvermittlung),
6. die Verwahrung, die Verwaltung und die Sicherung von Kryptowerten oder privaten kryptografischen Schlüsseln, die dazu dienen, Kryptowerte zu halten, zu speichern oder zu übertragen, für andere (Kryptoverwahrgeschäft),
7. der Handel mit Sorten (Sortengeschäft),
8. *(aufgehoben)*
9. der laufende Ankauf von Forderungen auf der Grundlage von Rahmenverträgen mit oder ohne Rückgriff (Factoring),
10. der Abschluss von Finanzierungsleasingverträgen als Leasinggeber und die Verwaltung von Objektgesellschaften im Sinne des § 2 Absatz 6 Satz 1 Nummer 17 außerhalb der Verwaltung eines Investmentvermögens im Sinne des § 1 Absatz 1 des Kapitalanlagegesetzbuchs (Finanzierungsleasing),
11. die Anschaffung und die Veräußerung von Finanzinstrumenten außerhalb der Verwaltung eines Investmentvermögens im Sinne des § 1 Absatz 1 des Kapitalanlagegesetzbuchs für eine Gemeinschaft von Anlegern, die natürliche Personen sind, mit Entscheidungsspielraum bei der Auswahl der Finanzinstrumente, sofern dies ein Schwerpunkt des angebotenen Produktes ist und zu dem Zweck erfolgt, dass diese Anleger an der Wertentwicklung der erworbenen Finanzinstrumente teilnehmen (Anlageverwaltung),
12. die Verwahrung und die Verwaltung von Wertpapieren ausschließlich für alternative Investmentfonds (AIF) im Sinne des § 1 Absatz 3 des Kapitalanlagegesetzbuchs (eingeschränktes Verwahrgeschäft).

[3]Die Anschaffung und die Veräußerung von Finanzinstrumenten für eigene Rechnung, die nicht Eigenhandel im Sinne des § 1 Absatz 1a Satz 2 Nummer 4 ist (Eigengeschäft), gilt als Finanzdienstleistung, wenn das Eigengeschäft von einem Unternehmen betrieben wird, das

1. dieses Geschäft, ohne bereits aus anderem Grunde Institut zu sein, gewerbsmäßig oder in einem Umfang betreibt, der einen in kaufmännischer Weise eingerichteten Geschäftsbetrieb erfordert, und
2. einer Instituts-, einer Finanzholding- oder gemischten Finanzholding-Gruppe oder einem Finanzkonglomerat angehört, der oder dem ein CRR-Kreditinstitut angehört.

[4]Ein Unternehmen, das als Finanzdienstleistung geltendes Eigengeschäft nach Satz 3 betreibt, gilt als Finanzdienstleistungsinstitut. [5]Die Sätze 3 und 4 gelten nicht für Abwicklungsanstalten nach § 8a Absatz 1 Satz 1 des Finanzmarktstabilisierungsfondsgesetzes. [6]Ob ein häufiger systematischer Handel im Sinne des Satzes 2 Nummer 4 Buchstabe b vorliegt, bemisst sich nach der Zahl der Geschäfte außerhalb eines Handelsplatzes im Sinne des § 2 Absatz 22 des Wertpapierhandelsgesetzes (OTC-Handel) mit einem Finanzinstrument zur Ausführung von Kundenaufträgen, die für eigene Rechnung durchgeführt werden. [7]Ob ein Handel in erheblichem Umfang im Sinne des Satzes 2 Nummer 4 Buchstabe b vorliegt, bemisst sich entweder nach dem Anteil des OTC-Handels an dem Gesamthandelsvolumen des Unternehmens in einem bestimmten Finanzinstrument oder nach dem Verhältnis des OTC-Handels des Unternehmens zum Gesamthandelsvolumen in einem bestimmten Finanzinstrument in der Europäischen

Union. [8]Die Voraussetzungen der systematischen Internalisierung sind erst dann erfüllt, wenn sowohl die in den Artikeln 12 bis 17 der Delegierten Verordnung (EU) 2017/565 bestimmte Obergrenze für häufigen systematischen Handel als auch die in der vorgenannten Delegierten Verordnung bestimmte einschlägige Obergrenze für den Handel in erheblichem Umfang überschritten werden oder wenn ein Unternehmen sich freiwillig den für die systematische Internalisierung geltenden Regelungen unterworfen und einen entsprechenden Erlaubnisantrag bei der Bundesanstalt gestellt hat.

(1b) Institute im Sinne dieses Gesetzes sind Kreditinstitute und Finanzdienstleistungsinstitute.

(2) Geschäftsleiter im Sinne dieses Gesetzes sind diejenigen natürlichen Personen, die nach Gesetz, Satzung oder Gesellschaftsvertrag zur Führung der Geschäfte und zur Vertretung eines Instituts oder eines Unternehmens in der Rechtsform einer juristischen Person oder einer Personenhandelsgesellschaft berufen sind.

(3) [1]Finanzunternehmen sind Unternehmen, die keine Institute und keine Kapitalverwaltungsgesellschaften oder extern verwaltete Investmentgesellschaften sind und deren Haupttätigkeit darin besteht,

1. Beteiligungen zu erwerben und zu halten,
2. Geldforderungen entgeltlich zu erwerben,
3. Leasing-Objektgesellschaft im Sinne des § 2 Abs. 6 Satz 1 Nr. 17 zu sein,
4. *(aufgehoben),*
5. mit Finanzinstrumenten für eigene Rechnung zu handeln,
6. andere bei der Anlage in Finanzinstrumenten zu beraten,
7. Unternehmen über die Kapitalstruktur, die industrielle Strategie und die damit verbundenen Fragen zu beraten sowie bei Zusammenschlüssen und Übernahmen von Unternehmen diese zu beraten und ihnen Dienstleistungen anzubieten oder
8. Darlehen zwischen Kreditinstituten zu vermitteln (Geldmaklergeschäfte).

[2]Das Bundesministerium der Finanzen kann nach Anhörung der Deutschen Bundesbank durch Rechtsverordnung weitere Unternehmen als Finanzunternehmen bezeichnen, deren Haupttätigkeit in einer Tätigkeit besteht, um welche die Liste in Anhang I der Richtlinie 2013/36/EU des Europäischen Parlaments und des Rates vom 26. Juni 2013 über den Zugang zur Tätigkeit von Kreditinstituten und die Beaufsichtigung von Kreditinstituten und Wertpapierfirmen, zur Änderung der Richtlinie 2002/87/EG und zur Aufhebung der Richtlinien 2006/48/EG und 2006/49/EG (ABl. L 176 vom 27.6.2013, S. 338) erweitert wird.

(3a) Datenbereitstellungsdienste im Sinne dieses Gesetzes sind genehmigte Veröffentlichungssysteme, Bereitsteller konsolidierter Datenticker und genehmigte Meldemechanismen im Sinne des § 2 Absatz 37, 38 und 39 des Wertpapierhandelsgesetzes.

(3b) *(aufgehoben)*

(3c) *(aufgehoben)*

(3d) [1]CRR-Kreditinstitute im Sinne dieses Gesetzes sind Kreditinstitute im Sinne des Artikels 4 Absatz 1 Nummer 1 der Verordnung (EU) Nr. 575/2013 des Europäischen Parlaments und des Rates vom 26. Juni 2013 über Aufsichtsanforderungen an Kreditinstitute und Wertpapierfirmen und zur Änderung der Verordnung (EU) Nr. 646/2012 (ABl. L 176 vom 27.6.2013, S. 1). [2]CRR-Wertpapierfirmen im Sinne dieses Gesetzes sind Wertpapierfirmen im Sinne des Artikels 4 Absatz 1 Nummer 2 der Verordnung (EU) Nr. 575/2013. [3]CRR-Institute im Sinne dieses Gesetzes sind CRR-Kreditinstitute und CRR-Wertpapierfirmen. [4]Wertpapierhandelsunternehmen sind Institute, die keine CRR-Kreditinstitute sind und die Bankgeschäfte im Sinne des Absatzes 1 Satz 2 Nr. 4

oder 10 betreiben oder Finanzdienstleistungen im Sinne des Absatzes 1a Satz 2 Nr. 1 bis 4 erbringen, es sei denn, die Bankgeschäfte oder Finanzdienstleistungen beschränken sich auf Devisen oder Rechnungseinheiten. [5]Wertpapierhandelsbanken sind Kreditinstitute, die keine CRR-Kreditinstitute sind und die Bankgeschäfte im Sinne des Absatzes 1 Satz 2 Nr. 4 oder 10 betreiben oder Finanzdienstleistungen im Sinne des Absatzes 1a Satz 2 Nr. 1 bis 4 erbringen. [6]E-Geld-Institute sind Unternehmen im Sinne des § 1 Absatz 2 Satz 1 Nummer 1 des Zahlungsdiensteaufsichtsgesetzes.

(3e) Wertpapier- oder Terminbörsen im Sinne dieses Gesetzes sind Wertpapier- oder Terminmärkte, die von den zuständigen staatlichen Stellen geregelt und überwacht werden, regelmäßig stattfinden und für das Publikum unmittelbar oder mittelbar zugänglich sind, einschließlich

1. ihrer Betreiber, wenn deren Haupttätigkeit im Betreiben von Wertpapier- oder Terminmärkten besteht, und
2. ihrer Systeme zur Sicherung der Erfüllung der Geschäfte an diesen Märkten (Clearingstellen), die von den zuständigen staatlichen Stellen geregelt und überwacht werden.

(4) Herkunftsstaat ist der Staat, in dem die Hauptniederlassung eines Instituts zugelassen ist.

(5) Als Aufsichtsbehörde im Sinne dieses Gesetzes gilt

1. die Europäische Zentralbank, soweit sie in Ausübung ihrer gemäß Artikel 4 Absatz 1 Buchstabe a bis i und Artikel 4 Absatz 2 der Verordnung (EU) Nr. 1024/2013 des Rates vom 15. Oktober 2013 zur Übertragung besonderer Aufgaben im Zusammenhang mit der Aufsicht über Kreditinstitute auf die Europäische Zentralbank (ABl. L 287 vom 29.10.2013, S. 63) übertragenen Aufgaben handelt und diese Aufgaben nicht gemäß Artikel 6 Absatz 6 dieser Verordnung durch die Bundesanstalt für Finanzdienstleistungsaufsicht (Bundesanstalt) wahrgenommen werden,
2. die Bundesanstalt, soweit nicht die Europäische Zentralbank nach Nummer 1 als Aufsichtsbehörde im Sinne dieses Gesetzes gilt.

(5a) [1]Der Europäische Wirtschaftsraum im Sinne dieses Gesetzes umfaßt die Mitgliedstaaten der Europäischen Union sowie die anderen Vertragsstaaten des Abkommens über den Europäischen Wirtschaftsraum. [2]Drittstaaten im Sinne dieses Gesetzes sind alle anderen Staaten.

(5b) *(aufgehoben)*

(6) Ein Zentralverwahrer im Sinne dieses Gesetzes ist ein Unternehmen im Sinne des Artikels 2 Absatz 1 Nummer 1 der Verordnung (EU) Nr. 909/2014 des Europäischen Parlaments und des Rates vom 23. Juli 2014 zur Verbesserung der Wertpapierlieferungen und -abrechnungen in der Europäischen Union und über Zentralverwahrer sowie zur Änderung der Richtlinien 98/26/EG und 2014/65/EU und der Verordnung (EU) Nr. 236/2012 (ABl. L 257 vom 28.8.2014, S. 1).

(7) Schwesterunternehmen sind Unternehmen, die ein gemeinsames Mutterunternehmen haben.

(7a) *(aufgehoben)*

(7b) *(aufgehoben)*

(7c) *(aufgehoben)*

(7d) *(aufgehoben)*

(7e) *(aufgehoben)*

(7f) *(aufgehoben)*

(8) *(aufgehoben)*

(9) [1]Eine bedeutende Beteiligung im Sinne dieses Gesetzes ist eine qualifizierte Beteiligung gemäß Artikel 4 Absatz 1 Nummer 36 der Verordnung (EU) Nr. 575/2013 in der jeweils geltenden Fassung. [2]Für die Berechnung des Anteils der Stimmrechte gelten § 33 Absatz 1 in Verbindung mit einer Rechtsverordnung nach Absatz 3, § 34 Absatz 1 und 2, § 35 Absatz 1 bis 3 in Verbindung mit einer Rechtsverordnung nach Absatz 6 und § 36 des Wertpapierhandelsgesetzes entsprechend. [3]Unberücksichtigt bleiben die Stimmrechte oder Kapitalanteile, die Institute im Rahmen des Emissionsgeschäfts nach Absatz 1 Satz 2 Nummer 10 halten, vorausgesetzt, diese Rechte werden nicht ausgeübt oder anderweitig benutzt, um in die Geschäftsführung des Emittenten einzugreifen, und sie werden innerhalb eines Jahres nach dem Zeitpunkt des Erwerbs veräußert.

(10) *(aufgehoben)*

(11) [1]Finanzinstrumente im Sinne der Absätze 1 bis 3 und 17 sowie im Sinne des § 2 Absatz 1 und 6 sind

1. Aktien und andere Anteile an in- oder ausländischen juristischen Personen, Personengesellschaften und sonstigen Unternehmen, soweit sie Aktien vergleichbar sind, sowie Hinterlegungsscheine, die Aktien oder Aktien vergleichbare Anteile vertreten,
2. Vermögensanlagen im Sinne des § 1 Absatz 2 des Vermögensanlagengesetzes mit Ausnahme von Anteilen an einer Genossenschaft im Sinne des § 1 des Genossenschaftsgesetzes,
3. Schuldtitel, insbesondere Genussscheine, Inhaberschuldverschreibungen, Orderschuldverschreibungen und diesen Schuldtiteln vergleichbare Rechte, die ihrer Art nach auf den Kapitalmärkten handelbar sind, mit Ausnahme von Zahlungsinstrumenten, sowie Hinterlegungsscheine, die diese Schuldtitel vertreten,
4. sonstige Rechte, die zum Erwerb oder zur Veräußerung von Rechten nach den Nummern 1 und 3 berechtigen oder zu einer Barzahlung führen, die in Abhängigkeit von solchen Rechten, von Währungen, Zinssätzen oder anderen Erträgen, von Waren, Indices oder Messgrößen bestimmt wird,
5. Anteile an Investmentvermögen im Sinne des § 1 Absatz 1 des Kapitalanlagegesetzbuchs,
6. Geldmarktinstrumente,
7. Devisen oder Rechnungseinheiten,
8. Derivate,
9. Berechtigungen nach § 3 Nummer 3 des Treibhausgas-Emissionshandelsgesetzes, Emissionsreduktionseinheiten nach § 2 Nummer 20 des Projekt-Mechanismen-Gesetzes und zertifizierte Emissionsreduktionen nach § 2 Nummer 21 des Projekt-Mechanismen-Gesetzes, soweit diese jeweils im Emissionshandelsregister gehalten werden dürfen (Emissionszertifikate) sowie
10. Kryptowerte.

[2]Hinterlegungsscheine im Sinne dieses Gesetzes sind Wertpapiere, die auf dem Kapitalmarkt handelbar sind, ein Eigentumsrecht an Wertpapieren von Emittenten mit Sitz im Ausland verbriefen, zum Handel auf einem organisierten Markt zugelassen sind und unabhängig von den Wertpapieren des jeweiligen gebietsfremden Emittenten gehandelt werden können. [3]Geldmarktinstrumente sind Instrumente im Sinne des Artikels 11 der Delegierten Verordnung (EU) 2017/565 mit Ausnahme von Zahlungsinstrumenten. [4]Kryptowerte im Sinne dieses Gesetzes sind digitale Darstellungen eines Wertes, der von keiner Zentralbank oder öffentlichen Stelle emittiert wurde oder garantiert wird und nicht

den gesetzlichen Status einer Währung oder von Geld besitzt, aber von natürlichen oder juristischen Personen aufgrund einer Vereinbarung oder tatsächlichen Übung als Tausch- oder Zahlungsmittel akzeptiert wird oder Anlagezwecken dient und der auf elektronischem Wege übertragen, gespeichert und gehandelt werden kann. [5]Keine Kryptowerte im Sinne dieses Gesetzes sind

1. E-Geld im Sinne des § 1 Absatz 2 Satz 3 des Zahlungsdiensteaufsichtsgesetzes oder
2. ein monetärer Wert, der die Anforderungen des § 2 Absatz 1 Nummer 10 des Zahlungsdiensteaufsichtsgesetzes erfüllt oder nur für Zahlungsvorgänge nach § 2 Absatz 1 Nummer 11 des Zahlungsdiensteaufsichtsgesetzes eingesetzt wird.

[6]Derivate sind

1. als Kauf, Tausch oder anderweitig ausgestaltete Festgeschäfte oder Optionsgeschäfte, die zeitlich verzögert zu erfüllen sind und deren Wert sich unmittelbar oder mittelbar vom Preis oder Maß eines Basiswertes ableitet (Termingeschäfte) mit Bezug auf die folgenden Basiswerte:
   a) Wertpapiere oder Geldmarktinstrumente,
   b) Devisen, soweit das Geschäft nicht die Voraussetzungen des Artikels 10 der Delegierten Verordnung (EU) 2017/565 erfüllt, oder Rechnungseinheiten,
   c) Zinssätze oder andere Erträge,
   d) Indices der Basiswerte des Buchstaben a, b, c oder f, andere Finanzindices oder Finanzmessgrößen,
   e) Derivate oder
   f) Emissionszertifikate;
2. Termingeschäfte mit Bezug auf Waren, Frachtsätze, Klima- oder andere physikalische Variablen, Inflationsraten oder andere volkswirtschaftliche Variablen oder sonstige Vermögenswerte, Indices oder Messwerte als Basiswerte, sofern sie
   a) durch Barausgleich zu erfüllen sind oder einer Vertragspartei das Recht geben, einen Barausgleich zu verlangen, ohne dass dieses Recht durch Ausfall oder ein anderes Beendigungsereignis begründet ist,
   b) auf einem organisierten Markt oder in einem multilateralen oder organisierten Handelssystem geschlossen werden, soweit es sich nicht um über ein organisiertes Handelssystem gehandelte Energiegroßhandelsprodukte handelt, die effektiv geliefert werden müssen, oder
   c) die Merkmale anderer Derivatekontrakte im Sinne des Artikels 7 der Delegierten Verordnung (EU) 2017/565 aufweisen und nichtkommerziellen Zwecken dienen,

   und sofern sie keine Kassageschäfte im Sinne des Artikels 7 der Delegierten Verordnung (EU) 2017/565 sind;
3. finanzielle Differenzgeschäfte;
4. als Kauf, Tausch oder anderweitig ausgestaltete Festgeschäfte oder Optionsgeschäfte, die zeitlich verzögert zu erfüllen sind und dem Transfer von Kreditrisiken dienen (Kreditderivate);
5. Termingeschäfte mit Bezug auf die in Artikel 8 der Delegierten Verordnung (EU) 2017/565 genannten Basiswerte, sofern sie die Bedingungen der Nummer 2 erfüllen.

(12) *(aufgehoben)*

(13) *(aufgehoben)*

(14) *(aufgehoben)*

(15) *(aufgehoben)*.

(16) [1]Ein System im Sinne von § 24b ist eine schriftliche Vereinbarung nach Artikel 2 Buchstabe a der Richtlinie 98/26/EG des Europäischen Parlaments und des Rates vom 19. Mai 1998 über die Wirksamkeit von Abrechnungen in Zahlungs- sowie Wertpapierliefer- und -abrechnungssystemen (ABl. L 166 vom 11.6.1998, S. 45), die durch die Richtlinie 2009/44/EG (ABl. L 146 vom 10.6.2009, S. 37) geändert worden ist, einschließlich der Vereinbarung zwischen einem Teilnehmer und einem indirekt teilnehmenden Kreditinstitut, die von der Deutschen Bundesbank oder der zuständigen Stelle eines anderen Mitgliedstaats oder Vertragsstaats des Europäischen Wirtschaftsraums der Europäischen Wertpapier- und Marktaufsichtsbehörde gemeldet wurde. [2]Systeme aus Drittstaaten stehen den in Satz 1 genannten Systemen gleich, sofern sie im Wesentlichen den in Artikel 2 Buchstabe a der Richtlinie 98/26/EG angeführten Voraussetzungen entsprechen. [3]System im Sinne des Satzes 1 ist auch ein System, dessen Betreiber eine Vereinbarung mit dem Betreiber eines anderen Systems oder den Betreibern anderer Systeme geschlossen hat, die eine Ausführung von Zahlungs- oder Übertragungsaufträgen zwischen den betroffenen Systemen zum Gegenstand hat (interoperables System); auch die anderen an der Vereinbarung beteiligten Systeme sind interoperable Systeme.

(16a) Systembetreiber im Sinne dieses Gesetzes ist derjenige, der für den Betrieb des Systems rechtlich verantwortlich ist.

(16b) Der Geschäftstag eines Systems umfasst Tag- und Nachtabrechnungen und beinhaltet alle Ereignisse innerhalb des üblichen Geschäftszyklus eines Systems.

(17) [1]Finanzsicherheiten im Sinne dieses Gesetzes sind Barguthaben, Geldbeträge, Wertpapiere, Geldmarktinstrumente sowie Kreditforderungen im Sinne des Artikels 2 Absatz 1 Buchstabe o der Richtlinie 2002/47/EG des Europäischen Parlaments und des Rates vom 6. Juni 2002 über Finanzsicherheiten (ABl. L 168 vom 27.6.2002, S. 43), die durch die Richtlinie 2009/44/EG (ABl. L 146 vom 10.6.2009, S. 37) geändert worden ist und Geldforderungen aus einer Vereinbarung, auf Grund derer ein Versicherungsunternehmen im Sinne des § 1 Absatz 1 des Versicherungsaufsichtsgesetzes einen Kredit in Form eines Darlehens gewährt hat, jeweils geändert worden ist, jeweils einschließlich jeglicher damit in Zusammenhang stehender Rechte oder Ansprüche, die als Sicherheit in Form eines beschränkten dinglichen Sicherungsrechts oder im Wege der Überweisung oder Vollrechtsübertragung auf Grund einer Vereinbarung zwischen einem Sicherungsnehmer und einem Sicherungsgeber, die einer der in Artikel 1 Abs. 2 Buchstabe a bis e der Richtlinie 2002/47/EG, die durch die Richtlinie 2009/44/EG geändert worden ist, aufgeführten Kategorien angehören, bereitgestellt werden; bei von Versicherungsunternehmen gewährten Kreditforderungen gilt dies nur, wenn der Sicherungsgeber seinen Sitz im Inland hat. [2]Gehört der Sicherungsgeber zu den in Artikel 1 Abs. 2 Buchstabe e der Richtlinie 2002/47/EG genannten Personen oder Gesellschaften, so liegt eine Finanzsicherheit nur vor, wenn die Sicherheit der Besicherung von Verbindlichkeiten aus Verträgen oder aus der Vermittlung von Verträgen über

a) die Anschaffung und die Veräußerung von Finanzinstrumenten,

b) Pensions-, Darlehens- sowie vergleichbare Geschäfte auf Finanzinstrumente oder

c) Darlehen zur Finanzierung des Erwerbs von Finanzinstrumenten

dient. [3]Gehört der Sicherungsgeber zu den in Artikel 1 Abs. 2 Buchstabe e der Richtlinie 2002/47/EG genannten Personen oder Gesellschaften, so sind eigene Anteile des Sicherungsgebers oder Anteile an verbundenen Unternehmen im Sinne von § 290 Abs. 2 des Handelsgesetzbuches keine Finanzsicherheiten; maßgebend ist der Zeitpunkt der Bestellung der Sicherheit. [4]Sicherungsgeber aus Drittstaaten stehen den in Satz 1 genannten Sicherungsgebern gleich, sofern sie im Wesentlichen den in Artikel 1 Abs. 2 Buchstabe a bis e aufgeführten Körperschaften, Finanzinstituten und Einrichtungen entsprechen.

(18) Branchenvorschriften im Sinne dieses Gesetzes sind die Rechtsvorschriften der Europäischen Union im Bereich der Finanzaufsicht, insbesondere die Richtlinien 73/239/EWG, 98/78/EG, 2004/39/EG, 2006/48/EG, 2006/49/EG und 2009/65/EG sowie Anhang V Teil A der Richtlinie 2002/83/EG, die darauf beruhenden inländischen Gesetze, insbesondere dieses Gesetz, das Versicherungsaufsichtsgesetz, das Wertpapierhandelsgesetz, das Kapitalanlagegesetzbuch, das Pfandbriefgesetz, das Gesetz über Bausparkassen, das Geldwäschegesetz einschließlich der dazu ergangenen Rechtsverordnungen sowie der sonstigen im Bereich der Finanzaufsicht erlassenen Rechts- und Verwaltungsvorschriften.

(19) [1]Finanzbranche im Sinne dieses Gesetzes sind folgende Branchen:

1. die Banken- und Wertpapierdienstleistungsbranche; dieser gehören Kreditinstitute im Sinne des Absatzes 1, Finanzdienstleistungsinstitute im Sinne des Absatzes 1a, Kapitalverwaltungsgesellschaften im Sinne des § 17 des Kapitalanlagegesetzbuchs, extern verwaltete Investmentgesellschaften im Sinne des § 1 Absatz 13 des Kapitalanlagegesetzbuchs, Finanzunternehmen im Sinne des Absatzes 3, Anbieter der Nebendienstleistungen oder entsprechende Unternehmen mit Sitz im Ausland sowie E-Geld-Institute im Sinne des § 1 Absatz 2 Satz 1 Nummer 1 des Zahlungsdiensteaufsichtsgesetzes sowie Zahlungsinstitute im Sinne des § 1 Absatz 1 Satz 1 Nummer 1 des Zahlungsdiensteaufsichtsgesetzes an;
2. die Versicherungsbranche; dieser gehören Erst- und Rückversicherungsunternehmen im Sinne des § 7 Nummer 33 des Versicherungsaufsichtsgesetzes, Versicherungs-Holdinggesellschaften im Sinne des § 7 Nummer 31 des Versicherungsaufsichtsgesetzes oder entsprechende Unternehmen mit Sitz im Ausland an; zu den Versicherungsunternehmen im Sinne des ersten Halbsatzes gehören weder die Sterbekassen noch die in § 1 Absatz 4 und § 3 des Versicherungsaufsichtsgesetzes genannten Unternehmen und Einrichtungen.

(20) Finanzkonglomerat ist eine Gruppe oder Untergruppe von Unternehmen im Sinne des § 1 Absatz 2 des Finanzkonglomerate-Aufsichtsgesetzes.

(21) Risikoträger und Risikoträgerinnen sind Mitarbeiter und Mitarbeiterinnen, deren berufliche Tätigkeit sich wesentlich auf das Risikoprofil eines Instituts auswirkt.

(22) *(aufgehoben)*

(23) *(aufgehoben)*

(24) [1]Refinanzierungsunternehmen sind Unternehmen, die Gegenstände oder Ansprüche auf deren Übertragung aus ihrem Geschäftsbetrieb an folgende Unternehmen zum Zwecke der eigenen Refinanzierung oder der Refinanzierung des Übertragungsberechtigten veräußern oder für diese treuhänderisch verwalten:

1. Zweckgesellschaften,
2. Refinanzierungsmittler,
3. Kreditinstitute mit Sitz in einem Staat des Europäischen Wirtschaftsraums,
4. Versicherungsunternehmen mit Sitz in einem Staat des Europäischen Wirtschaftsraums,
5. Pensionsfonds oder Pensionskassen im Sinne des Gesetzes zur Verbesserung der betrieblichen Altersversorgung (Betriebsrentengesetz) oder
6. eine in § 2 Absatz 1 Nummer 1, 2 oder 3a genannte Einrichtung.

[2]Unschädlich ist, wenn die Refinanzierungsunternehmen daneben wirtschaftliche Risiken weitergeben, ohne dass damit ein Rechtsübergang einhergeht.

(25) Refinanzierungsmittler sind Kreditinstitute, die von Refinanzierungsunternehmen oder anderen Refinanzierungsmittlern Gegenstände aus dem Geschäftsbetrieb eines

Refinanzierungsunternehmens oder Ansprüche auf deren Übertragung erwerben, um diese an Zweckgesellschaften oder Refinanzierungsmittler zu veräußern; unschädlich ist, wenn sie daneben wirtschaftliche Risiken weitergeben, ohne dass damit ein Rechtsübergang einhergeht.

(26) Zweckgesellschaften sind Unternehmen, deren wesentlicher Zweck darin besteht, durch Emission von Finanzinstrumenten oder auf sonstige Weise Gelder aufzunehmen oder andere vermögenswerte Vorteile zu erlangen, um von Refinanzierungsunternehmen oder Refinanzierungsmittlern Gegenstände aus dem Geschäftsbetrieb eines Refinanzierungsunternehmens oder Ansprüche auf deren Übertragung zu erwerben; unschädlich ist, wenn sie daneben wirtschaftliche Risiken übernehmen, ohne dass damit ein Rechtsübergang einhergeht.

(27) Interne Ansätze im Sinne dieses Gesetzes sind die Ansätze nach Artikel 143 Absatz 1, Artikel 221, 225 und 265 Absatz 2, Artikel 283, 312 Absatz 2 und Artikel 363 der Verordnung (EU) Nr. 575/2013 in der jeweils geltenden Fassung.

(28) Hartes Kernkapital im Sinne dieses Gesetzes ist das harte Kernkapital gemäß Artikel 26 der Verordnung (EU) Nr. 575/2013 in der jeweils geltenden Fassung.

(29) [1]Wohnungsunternehmen mit Spareinrichtung im Sinne dieses Gesetzes sind Unternehmen in der Rechtsform der eingetragenen Genossenschaft,

1. die keine CRR-Institute oder Finanzdienstleistungsinstitute sind und keine Beteiligung an einem Institut oder Finanzunternehmen besitzen,
2. deren Unternehmensgegenstand überwiegend darin besteht, den eigenen Wohnungsbestand zu bewirtschaften,
3. die daneben als Bankgeschäft ausschließlich das Einlagengeschäft im Sinne des Absatzes 1 Satz 2 Nummer 1 betreiben, jedoch beschränkt auf
   a) die Entgegennahme von Spareinlagen,
   b) die Ausgabe von Namensschuldverschreibungen und
   c) die Begründung von Bankguthaben mit Zinsansammlung zu Zwecken des § 1 Absatz 1 des Altersvorsorgeverträge-Zertifizierungsgesetzes vom 26. Juni 2001 (BGBl. I S. 1310, 1322) in der jeweils geltenden Fassung, und
4. die kein Handelsbuch führen, es sei denn,
   a) der Anteil des Handelsbuchs überschreitet in der Regel nicht 5 Prozent der Gesamtsumme der bilanz- und außerbilanzmäßigen Geschäfte,
   b) die Gesamtsumme der einzelnen Positionen des Handelsbuchs überschreitet in der Regel nicht den Gegenwert von 15 Millionen Euro und
   c) der Anteil des Handelsbuchs überschreitet zu keiner Zeit 6 Prozent der Gesamtsumme der bilanz- und außerbilanzmäßigen Geschäfte und die Gesamtsumme aller Positionen des Handelsbuchs überschreitet zu keiner Zeit den Gegenwert von 20 Millionen Euro.

[2]Spareinlagen im Sinne des Satzes 1 Nummer 3 Buchstabe a sind

1. unbefristete Gelder, die
   a) durch Ausfertigung einer Urkunde, insbesondere eines Sparbuchs, als Spareinlagen gekennzeichnet sind,
   b) nicht für den Zahlungsverkehr bestimmt sind,
   c) nicht von Kapitalgesellschaften, Genossenschaften, wirtschaftlichen Vereinen, Personenhandelsgesellschaften oder von Unternehmen mit Sitz im Ausland mit vergleichbarer Rechtsform angenommen werden, es sei denn, diese Unternehmen dienen gemeinnützigen, mildtätigen oder kirchlichen Zwecken oder bei den

von diesen Unternehmen angenommenen Geldern handelt es sich um Sicherheiten gemäß § 551 des Bürgerlichen Gesetzbuchs, und

d) eine Kündigungsfrist von mindestens drei Monaten aufweisen;

2. Einlagen, deren Sparbedingungen dem Kunden das Recht einräumen, über seine Einlagen mit einer Kündigungsfrist von drei Monaten bis zu einem bestimmten Betrag, der je Sparkonto und Kalendermonat 2 000 Euro nicht überschreiten darf, ohne Kündigung zu verfügen;
3. Geldbeträge, die auf Grund von Vermögensbildungsgesetzen geleistet werden.

(30) Das Risiko einer übermäßigen Verschuldung im Sinne dieses Gesetzes ist das Risiko, das aus der Anfälligkeit eines Instituts auf Grund einer Verschuldung oder bedingten Verschuldung erwächst, die unvorhergesehene Korrekturen des Geschäftsplans erforderlich machen könnte, einschließlich einer durch eine Notlage erzwungenen Veräußerung von Bilanzaktiva, die zu Verlusten oder zu Bewertungsanpassungen für die verbleibenden Bilanzaktiva führen könnte.

(31) Eine zentrale Gegenpartei ist ein Unternehmen im Sinne des Artikels 2 Nummer 1 der Verordnung (EU) Nr. 648/2012 des Europäischen Parlaments und des Rates vom 4. Juli 2012 über OTC-Derivate, zentrale Gegenparteien und Transaktionsregister (ABl. L 201 vom 27.7.2012, S. 1) in der jeweils geltenden Fassung.

(32) Terrorismusfinanzierung im Sinne dieses Gesetzes ist Terrorismusfinanzierung nach § 1 Absatz 2 des Geldwäschegesetzes.

(33) Systemisches Risiko ist das Risiko einer Störung im Finanzsystem, die schwerwiegende negative Auswirkungen für das Finanzsystem und die Realwirtschaft haben kann.

(34) Modellrisiko ist der mögliche Verlust, den ein Institut als Folge von im Wesentlichen auf der Grundlage von Ergebnissen interner Modelle getroffenen Entscheidungen erleiden kann, die in der Entwicklung, Umsetzung oder Anwendung fehlerhaft sind.

(35) Im Übrigen gelten für die Zwecke dieses Gesetzes die Definitionen aus Artikel 4 Absatz 1 Nummer 5, 6, 8, 13 bis 18, 20 bis 22, 29 bis 31, 33, 35, 37, 38, 43, 44, 48, 51, 54, 57, 61 bis 63, 66, 67, 73, 74, 82 und 86 der Verordnung (EU) Nr. 575/2013.

§ 1a Geltung der Verordnungen (EU) Nr. 575/2013, (EG) Nr. 1060/2009 und (EU) 2017/2402 für Kredit- und Finanzdienstleistungsinstitute

(1) Für Kreditinstitute, die keine

1. CRR-Institute,
2. Kreditinstitute, die ausschließlich über eine Zulassung nach Artikel 16 Absatz 1 der Verordnung (EU) Nr. 909/2014 verfügen, die Tätigkeit als Zentralverwahrer nach Abschnitt A oder nach den Abschnitten A und B des Anhangs der Verordnung (EU) Nr. 909/2014 auszuüben,
3. Wohnungsunternehmen mit Spareinrichtung

sind, gelten vorbehaltlich des § 2 Absatz 8a, 9 bis 9c und 9f die Vorgaben der Verordnung (EU) Nr. 575/2013 und des Kapitels 2 der Verordnung (EU) 2017/2402 des Europäischen Parlaments und des Rates vom 12. Dezember 2017 zur Festlegung eines allgemeinen Rahmens für Verbriefungen und zur Schaffung eines spezifischen Rahmens für einfache, transparente und standardisierte Verbriefung und zur Änderung der Richtlinien 2009/65/EG, 2009/138/EG, 2011/61/EU und der Verordnungen (EG) Nr. 1060/2009 und (EU) Nr. 648/2012 (ABl. L 347 vom 28.12.2017, S. 35), die Vorgaben der auf Grundlage der Verordnung (EU) Nr. 575/2013 und des Kapitels 2 der Verordnung (EU) 2017/2402 erlassenen Rechtsakte, die Bestimmungen dieses Gesetzes, die auf Vorgaben der Verordnung (EU) Nr. 575/2013 oder des Kapitels 2 der Verordnung (EU) 2017/2402 verweisen, sowie die in Ergänzung der Verordnung (EU) Nr. 575/2013 erlassenen Rechtsverordnungen nach § 10 Absatz 1 Satz 1 und § 13 Absatz 1 so, als seien diese Kreditinstitute CRR-Kreditinstitute.

(2) Für Finanzdienstleistungsinstitute, die keine CRR-Institute sind, gelten vorbehaltlich des § 2 Absatz 7 bis 9 die Vorgaben der Verordnung (EU) Nr. 575/2013, des Kapitels 2 der Verordnung (EU) 2017/2402 und der auf Grundlage der Verordnung (EU) Nr. 575/2013 und des Kapitels 2 der Verordnung (EU) 2017/2402 erlassenen Rechtsakte die Bestimmungen dieses Gesetzes, die auf Vorgaben der Verordnung (EU) Nr. 575/2013 oder des Kapitels 2 der Verordnung (EU) 2017/2402 verweisen, sowie die in Ergänzung der Verordnung (EU) Nr. 575/2013 erlassenen Rechtsverordnungen nach § 10 Absatz 1 Satz 1 und § 13 Absatz 1 so, als seien diese Finanzdienstleistungsinstitute CRR-Wertpapierfirmen.

(3) Für Kreditinstitute und Finanzdienstleistungsinstitute, die keine CRR-Institute und keine Wohnungsunternehmen mit Spareinrichtung sind, gelten die Vorgaben von Artikel 4 Absatz 1 Unterabsatz 1, Artikel 5a Absatz 1, der Artikel 8b bis 8d der Verordnung (EG) Nr. 1060/2009 des Europäischen Parlaments und des Rates vom 16. September 2009 über Ratingagenturen (ABl. L 302 vom 17.11.2009, S. 1), die zuletzt durch die Verordnung (EU) Nr. 462/2013 (ABl. L 146 vom 31.5.2013, S. 1) geändert worden ist, und die auf ihrer Grundlage erlassenen Rechtsakte so, als seien diese Kreditinstitute und Finanzdienstleistungsinstitute CRR-Institute.

§ 1b *(aufgehoben)*

§ 2[1] Ausnahmen

(1) Als Kreditinstitut gelten vorbehaltlich der Absätze 2 und 3 nicht

1. die Deutsche Bundesbank und die vergleichbaren Institutionen in den anderen Mitgliedstaaten der Europäischen Union, sofern sie Mitglieder des Europäischen Systems der Zentralbanken sind;

1a. andere Behörden in den anderen Staaten des Europäischen Wirtschaftsraums, soweit sie Zentralbankaufgaben wahrnehmen;

1b. von zwei oder mehr Mitgliedstaaten der Europäischen Union gegründete internationale Finanzinstitute, die dem Zweck dienen, Finanzmittel zu mobilisieren und seinen Mitgliedern Finanzhilfen zu gewähren, sofern diese von schwerwiegenden Finanzierungsproblemen betroffen oder bedroht sind;

2. die Kreditanstalt für Wiederaufbau;

3. die Sozialversicherungsträger und die Bundesagentur für Arbeit;

3a. die öffentliche Schuldenverwaltung des Bundes, eines seiner Sondervermögen, eines Landes oder eines anderen Staates des Europäischen Wirtschaftsraums und deren Zentralbanken, sofern diese nicht fremde Gelder als Einlagen oder andere rückzahlbare Gelder des Publikums annimmt oder das Kreditgeschäft betreibt;

3b. Kapitalverwaltungsgesellschaften und extern verwaltete Investmentgesellschaften, sofern sie als Bankgeschäfte nur die kollektive Vermögensverwaltung, gegebenenfalls einschließlich der Gewährung von Gelddarlehen, oder daneben ausschließlich die in § 20 Absatz 2 und 3 des Kapitalanlagegesetzbuchs aufgeführten Dienstleistungen oder Nebendienstleistungen betreiben;

3c. EU-Verwaltungsgesellschaften und, unter der Voraussetzung, dass der Vertrieb der betreffenden Investmentvermögen im Inland nach dem Kapitalanlagegesetzbuch

1) § 2 Abs. 7b eingefügt durch Gesetz vom 12.12.2019 (BGBl. I S. 2602).

auf der Basis einer Vertriebsanzeige zulässig ist, ausländische AIF-Verwaltungsgesellschaften, sofern die EU-Verwaltungsgesellschaft oder die ausländische AIF-Verwaltungsgesellschaft als Bankgeschäfte nur die kollektive Vermögensverwaltung, gegebenenfalls einschließlich der Gewährung von Gelddarlehen, oder daneben ausschließlich die in Artikel 6 Absatz 3 der Richtlinie 2009/65/EG oder die in Artikel 6 Absatz 4 der Richtlinie 2011/61/EU aufgeführten Dienstleistungen oder Nebendienstleistungen betreibt; ein Vertrieb von ausländischen AIF oder EU-AIF an professionelle Anleger nach § 330 des Kapitalanlagegesetzbuchs gilt nicht als zulässiger Vertrieb im Sinne dieser Vorschrift;

3d. EU-Investmentvermögen und, unter der Voraussetzung, dass der Vertrieb der betreffenden Investmentvermögen im Inland nach dem Kapitalanlagegesetzbuch auf der Basis einer Vertriebsanzeige zulässig ist, ausländische AIF, sofern das EU-Investmentvermögen oder der ausländische AIF als Bankgeschäfte nur die kollektive Vermögensverwaltung, gegebenenfalls einschließlich der Gewährung von Gelddarlehen, oder daneben ausschließlich die in Artikel 6 Absatz 3 der Richtlinie 2009/65/EG oder die in Artikel 6 Absatz 4 der Richtlinie 2011/61/EU aufgeführten Dienstleistungen oder Nebendienstleistungen betreibt; ein Vertrieb von ausländischen AIF oder EU-AIF an professionelle Anleger nach § 330 des Kapitalanlagegesetzbuchs gilt nicht als zulässiger Vertrieb im Sinne dieser Vorschrift;

4. private und öffentlich-rechtliche Versicherungsunternehmen;

5. Unternehmen des Pfandleihgewerbes, soweit sie dieses durch Gewährung von Darlehen gegen Faustpfand betreiben;

6. Unternehmen, die aufgrund des Gesetzes über Unternehmensbeteiligungsgesellschaften als Unternehmensbeteiligungsgesellschaften anerkannt sind;

6a. *(aufgehoben)*

7. Unternehmen, die Bankgeschäfte ausschließlich mit ihrem Mutterunternehmen oder ihren Tochter- oder Schwesterunternehmen betreiben;

8. *(aufgehoben)*

9. Unternehmen, die außer dem Finanzkommissionsgeschäft und dem Emissionsgeschäft, jeweils ausschließlich mit Warentermingeschäften, Emissionszertifikaten und Derivaten auf Emissionszertifikate, kein Bankgeschäft betreiben und keinen Eigenhandel im Sinne des § 1 Absatz 1a Satz 2 Nummer 4 Buchstabe c und d erbringen, unter den weiteren Voraussetzungen, dass
   a) das Unternehmen nicht Teil einer Unternehmensgruppe ist, deren Haupttätigkeit in dem Betreiben von Bankgeschäften oder dem Erbringen von Finanzdienstleistungen im Sinne des § 1 Absatz 1a Satz 2 Nummer 1 bis 4 besteht,
   b) das Bankgeschäft des Unternehmens und der Gruppe im Verhältnis zu der sonstigen Tätigkeit des Unternehmens sowie der Gruppe auf individueller und aggregierter Basis eine Nebentätigkeit im Sinne des Artikels 1 der Delegierten Verordnung (EU) 2017/592 der Kommission vom 1. Dezember 2016 zur Ergänzung der Richtlinie 2014/65/EU des Europäischen Parlaments und des Rates durch technische Regulierungsstandards zur Festlegung der Kriterien, nach denen eine Tätigkeit als Nebentätigkeit zur Haupttätigkeit gilt (ABl. L 87 vom 31.3.2017, S. 492) in der jeweils geltenden Fassung, ist,
   c) dieses Nebengeschäft ausschließlich als Dienstleistung für die Kunden oder Zulieferer ihrer Haupttätigkeit betrieben wird und
   d) das Unternehmen die Inanspruchnahme dieser Ausnahme der Bundesanstalt jährlich anzeigt; für Zeitpunkt, Inhalt und Form der Anzeige und gegebenenfalls für die Führung eines öffentlichen Registers können nähere Bestimmungen in

der Rechtsverordnung nach § 24 Absatz 4 erlassen werden; insbesondere kann dem Betreiber ein schreibender Zugriff auf die für dieses Unternehmen einzurichtende Seite des Registers eingeräumt und er mit der Verantwortung für die Richtigkeit und Aktualität der Seite belastet werden;

10. Unternehmen, die das Finanzkommissionsgeschäft ausschließlich als Dienstleistung für Anbieter oder Emittenten von Vermögensanlagen im Sinne des § 1 Absatz 2 des Vermögensanlagengesetzes oder von geschlossenen AIF im Sinne des § 1 Absatz 5 des Kapitalanlagegesetzbuchs betreiben;
11. Unternehmen, die das Emissionsgeschäft ausschließlich als Übernahme gleichwertiger Garantien im Sinne des § 1 Absatz 1 Satz 2 Nummer 10 für Anbieter oder Emittenten von Vermögensanlagen im Sinne des § 1 Absatz 2 des Vermögensanlagengesetzes oder von geschlossenen AIF im Sinne des § 1 Absatz 5 des Kapitalanlagegesetzbuchs betreiben;
12. Unternehmen, die das Depotgeschäft im Sinne des § 1 Absatz 1 Satz 2 Nummer 5 ausschließlich für AIF betreiben und damit das eingeschränkte Verwahrgeschäft im Sinne des § 1 Absatz 1a Satz 2 Nummer 12 erbringen;
13. soweit sie das Finanzkommissionsgeschäft und das Emissionsgeschäft im Sinne des § 1 Absatz 1 Satz 2 Nummer 4 und 10 des Kreditwesengesetzes in Bezug auf Warenderivate betreiben, die mit ihrer jeweiligen Haupttätigkeit in Zusammenhang stehen:
    a) Übertragungsnetzbetreiber im Sinne des Artikels 2 Nummer 4 der Richtlinie 2009/72/EG oder des Artikels 2 Nummer 4 der Richtlinie 2009/73/EG, wenn sie ihre Aufgaben gemäß diesen Richtlinien, der Verordnung (EG) Nr. 714/2009 des Europäischen Parlaments und des Rates vom 13. Juli 2009 über die Netzzugangsbedingungen für den grenzüberschreitenden Stromhandel und zur Aufhebung der Verordnung (EG) Nr. 1228/2003 (ABl. L 211 vom 14.8.2009, S. 15), die zuletzt durch die Verordnung (EU) Nr. 543/2013 (ABl. L 163 vom 15.6.2013, S. 1) geändert worden ist, der Verordnung (EG) Nr. 715/2009 des Europäischen Parlaments und des Rates vom 13. Juli 2009 über die Bedingungen für den Zugang zu den Erdgasfernleitungsnetzen und zur Aufhebung der Verordnung (EG) Nr. 1775/2005 (ABl. L 211 vom 14.8.2009, S. 36; L 229 vom 1.9.2009, S. 29; L 309 vom 24.11.2009, S. 87), die zuletzt durch die Verordnung Nr. 347/2013 (ABl. L 115 vom 25.4.2013, S. 39) geändert worden ist, oder gemäß den nach diesen Verordnungen erlassenen Netzcodes oder Leitlinien wahrnehmen,
    b) Personen, die in ihrem Namen als Dienstleister handeln, um die Aufgaben eines Übertragungsnetzbetreibers gemäß der Verordnung (EG) Nr. 714/2009, der Verordnung (EG) Nr. 715/2009 oder gemäß den nach diesen Verordnungen erlassenen Netzcodes oder Leitlinien wahrzunehmen, sowie
    c) Betreiber oder Verwalter eines Energieausgleichssystems, eines Rohrleitungsnetzes oder eines Systems zum Ausgleich von Energieangebot und -verbrauch;
14. Zentralverwahrer, die gemäß Artikel 16 der Verordnung (EU) Nr. 909/2014 zugelassen sind, soweit sie das Finanzkommissionsgeschäft und das Emissionsgeschäft im Sinne des § 1 Absatz 1 Satz 2 Nummer 4 und 10 betreiben.

(2) Für die Kreditanstalt für Wiederaufbau gelten die §§ 14, 22a bis 22o, 53b Absatz 7 und die aufgrund von § 46g Absatz 1 Nummer 2 und § 46h getroffenen Regelungen; für die Sozialversicherungsträger, für die Bundesagentur für Arbeit, für Versicherungsunternehmen sowie für Unternehmensbeteiligungsgesellschaften gilt § 14.

(3) Für Unternehmen der in Absatz 1 Nr. 4 bis 6 bezeichneten Art gelten die Vorschriften dieses Gesetzes insoweit, als sie Bankgeschäfte betreiben, die nicht zu den ihnen eigentümlichen Geschäften gehören.

(4) [1]Die Bundesanstalt für Finanzdienstleistungsaufsicht (Bundesanstalt) kann im Einzelfall bestimmen, daß auf ein Institut die §§ 1a, 2c, 10 bis 18, 24, 24a, 25, 25a bis 25e, 26 bis 38, 45, 46 bis 46c und 51 Absatz 1 dieses Gesetzes insgesamt nicht anzuwenden sind, solange das Unternehmen wegen der Art der von ihm betriebenen Geschäfte insoweit nicht der Aufsicht bedarf; auf der Grundlage einer Freistellung nach Halbsatz 1 kann sie auch bestimmen, dass auf das Institut auch § 6a und § 24c nicht anzuwenden sind, solange das Unternehmen wegen der Art der von ihm betriebenen Geschäfte auch insoweit nicht der Aufsicht bedarf. [2]Die Entscheidung ist im Bundesanzeiger bekanntzumachen.

(5) [1]Vorbehaltlich der Regelungen in Titel VIII der Verordnung (EU) Nr. 600/2014 des Europäischen Parlaments und des Rates vom 15. Mai 2014 über Märkte für Finanzinstrumente und zur Änderung der Verordnung (EU) Nr. 648/2012 (ABl. L 173 vom 12.6.2014, S. 84; L 6 vom 10.1.2015, S. 6; L 270 vom 15.10.2015, S. 4; L 278 vom 27.10.2017, S. 54), die durch die Verordnung (EU) 2016/1033 (ABl. L 175 vom 30.6.2016, S. 1) geändert worden ist sowie von Beschlüssen der Europäischen Kommission gemäß Artikel 25 Absatz 4 Unterabsatz 3 der Richtlinie 2014/65/EU des Europäischen Parlaments und des Rates vom 15. Mai 2014 über Märkte für Finanzinstrumente sowie zur Änderung der Richtlinien 2002/92/EG und 2011/61/EU (ABl. L 173 vom 12.6.2014, S. 349; L 74 vom 18.3.2015, S. 38; L 188 vom 13.7.2016, S. 28; L 273 vom 8.10.2016, S. 35; L 64 vom 10.3.2017, S. 116; L 278 vom 27.10.2017, S. 56), die zuletzt durch die Richtlinie (EU) 2916/1034 (ABl. L 175 vom 30.6.2016, S. 8) geändert worden ist, und gemäß Artikel 28 Absatz 4 Unterabsatz 1 der Verordnung (EU) Nr. 600/2014, kann die Bundesanstalt im Einzelfall bestimmen, dass auf ein Institut mit Sitz in einem Drittstaat, das im Inland im Wege des grenzüberschreitenden Dienstleistungsverkehrs gewerbsmäßig oder in einem Umfang, der einen in kaufmännischer Weise eingerichteten Geschäftsbetrieb erfordert, Bankgeschäfte betreiben oder Finanzdienstleistungen erbringen will, die §§ 1a, 2c, 10 bis 18, 24, 24a, 25, 25a bis 25e, 26 bis 38, 45, 46 bis 46c und 51 Absatz 1 insgesamt nicht anzuwenden sind, solange das Institut im Hinblick auf seine im Inland betriebenen Geschäfte wegen seiner Aufsicht durch die im Herkunftsstaat zuständige Behörde insoweit nicht zusätzlich der Aufsicht durch die Bundesanstalt bedarf. [2]Auf Grundlage einer Freistellung nach Satz 1 kann sie auch bestimmen, dass auf das Institut auch § 24c nicht anzuwenden ist. [3]Die Sätze 1 und 2 gelten entsprechend für Institute mit Sitz im Europäischen Wirtschaftsraum, für die der Markt-zutritt nicht in § 53b Absatz 1 geregelt ist.

(6) [1]Als Finanzdienstleistungsinstitute gelten nicht

1. die Deutsche Bundesbank und vergleichbare Institutionen in den anderen Staaten der Europäischen Union, die Mitglieder des Europäischen Systems der Zentralbanken sind;

1a. von zwei oder mehr Mitgliedstaaten der Europäischen Union gegründete internationale Finanzinstitute, die dem Zweck dienen, Finanzmittel zu mobilisieren und seinen Mitgliedern Finanzhilfen zu gewähren, sofern diese von schwerwiegenden Finanzierungsproblemen betroffen oder bedroht sind;

2. die Kreditanstalt für Wiederaufbau;

3. die öffentliche Schuldenverwaltung des Bundes, eines seiner Sondervermögen, eines Landes oder eines anderen Staates des Europäischen Wirtschaftsraums und deren Zentralbanken;

4. private und öffentlich-rechtliche Versicherungsunternehmen;

5. Unternehmen, die Finanzdienstleistungen im Sinne des § 1 Absatz 1a Satz 2 ausschließlich für ihre Mutterunternehmen oder ihre Tochter- oder Schwesterunternehmen erbringen;

5a. Kapitalverwaltungsgesellschaften und extern verwaltete Investmentgesellschaften, sofern sie nur die kollektive Vermögensverwaltung erbringen oder neben der kollektiven Vermögensverwaltung ausschließlich die in § 20 Absatz 2 und 3 des Kapitalanlagegesetzbuchs aufgeführten Dienstleistungen oder Nebendienstleistungen als Finanzdienstleistungen erbringen;

5b. EU-Verwaltungsgesellschaften und ausländische AIF-Verwaltungsgesellschaften, sofern sie nur die kollektive Vermögensverwaltung erbringen oder neben der kollektiven Vermögensverwaltung ausschließlich die in Artikel 6 Absatz 3 der Richtlinie 2009/65/EG oder die in Artikel 6 Absatz 4 der Richtlinie 2011/61/EU aufgeführten Dienstleistungen oder Nebendienstleistungen als Finanzdienstleistungen erbringen;

6. Unternehmen, deren Finanzdienstleistung für andere ausschließlich in der Verwaltung eines Systems von Arbeitnehmerbeteiligungen an den eigenen oder an mit ihnen verbundenen Unternehmen besteht;

7. Unternehmen, die ausschließlich Finanzdienstleistungen im Sinne sowohl der Nummer 5 als auch der Nummer 6 erbringen;

8. Unternehmen, die als Finanzdienstleistungen für andere ausschließlich die Anlageberatung und die Anlagevermittlung zwischen Kunden und

   a) inländischen Instituten,

   b) Instituten oder Finanzunternehmen mit Sitz in einem anderen Staat des Europäischen Wirtschaftsraums, die die Voraussetzungen nach § 53b Abs. 1 Satz 1 oder Abs. 7 erfüllen,

   c) Unternehmen, die auf Grund einer Rechtsverordnung nach § 53c gleichgestellt oder freigestellt sind,

   d) Kapitalverwaltungsgesellschaften, extern verwalteten Investmentgesellschaften, EU-Verwaltungsgesellschaften oder ausländischen AIF-Verwaltungsgesellschaften oder

   e) Anbietern oder Emittenten von Vermögensanlagen im Sinne des § 1 Absatz 2 des Vermögensanlagengesetzes

   betreiben, sofern sich diese Finanzdienstleistungen auf Anteile oder Aktien an inländischen Investmentvermögen, die von einer Kapitalverwaltungsgesellschaft ausgegeben werden, die eine Erlaubnis nach § 7 oder § 97 Absatz 1 des Investmentgesetzes in der bis zum 21. Juli 2013 geltenden Fassung erhalten hat, die für den in § 345 Absatz 2 Satz 1, Absatz 3 Satz 2, in Verbindung mit Absatz 2 Satz 1, oder Absatz 4 Satz 1 des Kapitalanlagegesetzbuchs vorgesehenen Zeitraum noch fortbesteht, oder eine Erlaubnis nach den §§ 20, 21 oder §§ 20, 22 des Kapitalanlagegesetzbuchs erhalten hat oder die von einer EU-Verwaltungsgesellschaft ausgegeben werden, die eine Erlaubnis nach Artikel 6 der Richtlinie 2009/65/EG oder der Richtlinie 2011/61/EU erhalten hat, oder auf Anteile oder Aktien an EU-Investmentvermögen oder ausländischen AIF, die nach dem Kapitalanlagegesetzbuch vertrieben werden dürfen, mit Ausnahme solcher AIF, die nach § 330a des Kapitalanlagegesetzbuchs vertrieben werden dürfen, oder auf Vermögensanlagen im Sinne des § 1 Absatz 2 des Vermögensanlagengesetzes, die erstmals öffentlich angeboten werden, beschränken und die Unternehmen nicht befugt sind, sich bei der Erbringung dieser Finanzdienstleistungen Eigentum oder Besitz an Geldern oder Anteilen von Kunden zu verschaffen, es sei denn, das Unternehmen beantragt und erhält eine entsprechende Erlaubnis nach § 32 Abs. 1; Anteile oder Aktien an Hedgefonds im Sinne von § 283 des Kapitalanlagegesetzbuchs gelten nicht als Anteile an Investmentvermögen im Sinne dieser Vorschrift;

9. *(aufgehoben)*
10. Angehörige freier Berufe, die Finanzdienstleistungen im Sinne des § 1 Abs. 1a Satz 2 Nr. 1 bis 4 nur gelegentlich im Sinne des Artikels 4 der Delegierten Verordnung (EU) 2017/565 und im Rahmen eines Mandatsverhältnisses als Freiberufler erbringen und einer Berufskammer in der Form der Körperschaft des öffentlichen Rechts angehören, deren Berufsrecht die Erbringung von Finanzdienstleistungen nicht ausschließt;
11. Unternehmen, die außer Finanzdienstleistungen im Sinne des § 1 Absatz 1a Satz 2 Nummer 1 bis 3 und 4 Buchstabe a und b, jeweils ausschließlich mit Warentermingeschäften, Emissionszertifikaten und mit Derivaten auf Emissionszertifikate, keine Finanzdienstleistungen erbringen, unter den weiteren Voraussetzungen, dass
    a) das Unternehmen nicht Teil einer Unternehmensgruppe ist, die in der Haupttätigkeit Bankgeschäfte betreibt oder Finanzdienstleistungen im Sinne des § 1 Absatz 1a Satz 2 Nummer 1 bis 4 erbringt,
    b) die Finanzdienstleistung des Unternehmens und der Gruppe im Verhältnis zu der sonstigen Tätigkeit des Unternehmens sowie der Gruppe auf individueller und aggregierter Basis eine Nebentätigkeit im Sinne des Artikels 1 der Delegierten Verordnung (EU) 2017/592 ist,
    c) dieses Nebengeschäft, soweit das Unternehmen nicht die Finanzdienstleistung im Sinne des § 1 Absatz 1a Satz 2 Nummer 4 Buchstabe a erbringt, ausschließlich als Dienstleistung für die Kunden oder Zulieferer ihrer Haupttätigkeit betrieben wird und
    d) das Unternehmen die Inanspruchnahme dieser Ausnahme der Bundesanstalt jährlich anzeigt; für Zeitpunkt, Inhalt und Form der Anzeige und gegebenenfalls für die Führung eines öffentlichen Registers können nähere Bestimmungen in der Rechtsverordnung nach § 24 Absatz 4 erlassen werden; insbesondere kann dem Betreiber ein schreibender Zugriff auf die für dieses Unternehmen einzurichtende Seite des Registers eingeräumt und er mit der Verantwortung für die Richtigkeit und Aktualität der Seite belastet werden;
12. Unternehmen, deren einzige Finanzdienstleistung im Sinne des § 1 Abs. 1a Satz 2 der Handel mit Sorten ist, sofern ihre Haupttätigkeit nicht im Sortengeschäft besteht;
13. *(aufgehoben)*
14. *(aufgehoben)*
15. Unternehmen, die als Finanzdienstleistung im Sinne des § 1 Abs. 1a Satz 2 ausschließlich die Anlageberatung im Rahmen einer anderen beruflichen Tätigkeit erbringen, ohne sich die Anlageberatung besonders vergüten zu lassen;
16. Betreiber organisierter Märkte, die neben dem Betrieb eines multilateralen oder organisierten Handelssystems keine anderen Finanzdienstleistungen im Sinne des § 1 Abs. 1a Satz 2 erbringen;
17. Unternehmen, die als einzige Finanzdienstleistung im Sinne des § 1 Abs. 1a Satz 2 das Finanzierungsleasing betreiben, falls sie nur als Leasing-Objektgesellschaft für ein einzelnes Leasingobjekt tätig werden, keine eigenen geschäftspolitischen Entscheidungen treffen und von einem Institut mit Sitz im Europäischen Wirtschaftsraum verwaltet werden, das nach dem Recht des Herkunftsmitgliedstaates zum Betrieb des Finanzierungsleasing zugelassen ist;

18. Unternehmen, die als Finanzdienstleistung nur die Anlageverwaltung betreiben und deren Mutterunternehmen die Kreditanstalt für Wiederaufbau oder ein Institut im Sinne des Satzes 2 ist. Institut im Sinne des Satzes 1 ist ein Finanzdienstleistungsinstitut, das die Erlaubnis für die Anlageverwaltung hat, oder ein CRR-Institut mit Sitz in einem anderen Staat des Europäischen Wirtschaftsraums im Sinne des § 53b Abs. 1 Satz 1, das in seinem Herkunftsmitgliedstaat über eine Erlaubnis für mit § 1 Abs. 1a Satz 2 Nr. 11 vergleichbare Geschäfte verfügt, oder ein Institut mit Sitz in einem Drittstaat, das für die in § 1 Abs. 1a Satz 2 Nr. 11 genannten Geschäfte nach Absatz 4 von der Erlaubnispflicht nach § 32 freigestellt ist;
19. Unternehmen, die das Platzierungsgeschäft ausschließlich für Anbieter oder für Emittenten von Vermögensanlagen im Sinne des § 1 Absatz 2 des Vermögensanlagengesetzes oder von geschlossenen AIF im Sinne des § 1 Absatz 5 des Kapitalanlagegesetzbuchs erbringen;
20. Unternehmen, die außer der Finanzportfolioverwaltung und der Anlageverwaltung keine Finanzdienstleistungen erbringen, sofern die Finanzportfolioverwaltung und Anlageverwaltung nur auf Vermögensanlagen im Sinne des § 1 Absatz 2 des Vermögensanlagengesetzes oder von geschlossenen AIF im Sinne des § 1 Absatz 5 des Kapitalanlagegesetzbuchs beschränkt erbracht werden;
21. soweit sie Finanzdienstleistungen im Sinne des § 1 Absatz 1a Satz 2 Nummer 1 bis 4 in Bezug auf Warenderivate erbringen, die mit ihren Haupttätigkeiten in Zusammenhang stehen:
    a) Übertragungsnetzbetreiber im Sinne des Artikels 2 Nummer 4 der Richtlinie 2009/72/EG oder des Artikels 2 Nummer 4 der Richtlinie 2009/73/EG, wenn sie ihre Aufgaben gemäß diesen Richtlinien, der Verordnung (EG) Nr. 714/2009, der Verordnung (EG) Nr. 715/2009 oder den nach diesen Verordnungen erlassenen Netzcodes oder Leitlinien wahrnehmen,
    b) Personen, die in ihrem Namen als Dienstleister handeln, um die Aufgaben eines Übertragungsnetzbetreibers gemäß der Verordnung (EG) Nr. 714/2009, der Verordnung (EG) Nr. 715/2009 oder den nach diesen Verordnungen erlassenen Netzcodes oder Leitlinien wahrnehmen, sowie
    c) Betreiber oder Verwalter eines Energieausgleichssystems, eines Rohrleitungsnetzes oder eines Systems zum Ausgleich von Energieangebot und -verbrauch bei der Wahrnehmung solcher Aufgaben;
22. Zentralverwahrer, die gemäß Artikel 16 der Verordnung (EU) Nr. 909/2014 zugelassen sind, soweit sie Finanzdienstleistungen im Sinne des § 1 Absatz 1a Satz 2 Nummer 1 bis 4 erbringen.

[2]Für Einrichtungen und Unternehmen im Sinne des Satzes 1 Nr. 3 und 4 gelten die Vorschriften dieses Gesetzes insoweit, als sie Finanzdienstleistungen erbringen, die nicht zu den ihnen eigentümlichen Geschäften gehören.

(7) Auf Finanzdienstleistungsinstitute, die außer der Drittstaateneinlagenvermittlung und dem Sortengeschäft keine weiteren Finanzdienstleistungen im Sinne des § 1 Absatz 1a Satz 2 erbringen, sind die §§ 10, 10c bis 10i, 11 bis 18 und 24 Absatz 1 Nummer 9, 14 bis 14b, die §§ 24a, 25a Absatz 5, die §§ 26a und 33 Absatz 1 Satz 1 Nummer 1 und die §§ 45 und 46 Absatz 1 Satz 2 Nummer 4 bis 6 und die §§ 46b und 46c dieses Gesetzes sowie die Artikel 24 bis 403 und 411 bis 455 der Verordnung (EU) Nr. 575/2013 nicht anzuwenden.

(7a) Auf Unternehmen, die ausschließlich Finanzdienstleistungen nach § 1 Absatz 1a Satz 2 Nummer 9 oder Nummer 10 erbringen, sind die §§ 10, 10c bis 10i, 11 bis 13c, 15 bis 18 und 24 Absatz 1 Nummer 4, 6, 9, 11, 14 bis 14b, 16 und 17, Absatz 1a Nummer 5, die §§ 25, 25a Absatz 5, §§ 26a und 33 Absatz 1 Satz 1 Nummer 1, die §§ 45 und 46 Absatz 1 Satz 2 Nummer 4 bis 6 und die §§ 46b und 46c dieses Gesetzes sowie die Artikel 24 bis 455 und 465 bis 519 der Verordnung (EU) Nr. 575/2013 und Kapitel 2 der Verordnung (EU) 2017/2402 nicht anzuwenden.

(7b) Auf Finanzdienstleistungsinstitute, die außer dem Kryptoverwahrgeschäft nach § 1 Absatz 1a Satz 2 Nummer 6 keine weiteren Finanzdienstleistungen im Sinne des § 1 Absatz 1a Satz 2 erbringen, sind die §§ 10, 10c bis 18 und 24 Absatz 1 Nummer 14 bis 14b, die §§ 24a und 25a Absatz 5, die §§ 26a und 45 sowie die Artikel 39, 41, 50 bis 403 und 411 bis 455 der Verordnung (EU) Nr. 575/2013 nicht anzuwenden.

(8) Auf

1. Anlageberater und Anlagevermittler, die jeweils
   a) nicht befugt sind, sich bei der Erbringung von Finanzdienstleistungen Eigentum oder Besitz an Geldern oder Wertpapieren von Kunden zu verschaffen, und
   b) nicht auf eigene Rechnung mit Finanzinstrumenten handeln, sowie
2. Unternehmen, die auf Grund der Rückausnahme für die Erbringung grenzüberschreitender Geschäfte in Absatz 1 Nummer 8 oder Absatz 6 Nummer 9 als Institute einzustufen sind,

sind die §§ 10, 10c bis 10i, 11, 13, 14 bis 18, 24 Absatz 1 Nummer 14 bis 14b, 16 und 17, Absatz 1a Nummer 5, § 25a Absatz 2 und 5, die §§ 26a und 45 dieses Gesetzes sowie die Artikel 39, 41, 50 bis 403 und 411 bis 455 der Verordnung (EU) Nr. 575/2013 nicht anzuwenden.

(8a) Die Anforderungen des § 24 Absatz 1 Nummer 14 bis 14b, § 25a Absatz 5, des § 26a und der Artikel 39, 41, 89 bis 386 der Verordnung (EU) Nr. 575/2013 gelten, vorbehaltlich des § 64h Absatz 7, nicht für die Institute, deren Haupttätigkeit ausschließlich im Betreiben von Bankgeschäften oder der Erbringung von Finanzdienstleistungen im Zusammenhang mit Derivaten nach § 1 Absatz 11 Satz 3 Nummer 2, 3 und 5 besteht.

(8b) Auf Finanzportfolioverwalter, Abschlussvermittler und Anlageverwalter, die nicht befugt sind, sich bei der Erbringung von Finanzdienstleistungen Eigentum oder Besitz an Geldern oder Wertpapieren von Kunden zu verschaffen, und die nicht auf eigene Rechnung mit Finanzinstrumenten handeln, ist § 10 Absatz 1, die §§ 10c bis 10i, 11, 13, 24 Absatz 1 Nummer 14 bis 14b und 16, Absatz 1a Nummer 5, § 25a Absatz 2 und 5 und § 26a dieses Gesetzes und die Artikel 41 sowie 89 bis 91, 95 Absatz 1 und 3, die Artikel 96, 98 bis 403 und 411 bis 455 der Verordnung (EU) Nr. 575/2013 nicht anzuwenden.

(9) Die Artikel 387 bis 403 der Verordnung (EU) Nr. 575/2013 sind nicht anzuwenden auf Finanzkommissionäre und Eigenhändler, die für eigene Rechnung ausschließlich zum Zwecke der Erfüllung oder Ausführung eines Kundenauftrags oder des möglichen Zugangs zu einem Abwicklungs- und Verrechnungssystem oder einer anerkannten Börse handeln, sofern sie im eigenen Namen für fremde Rechnung tätig sind oder einen Kundenauftrag ausführen.

(9a) [1]Auf Kreditinstitute, die ausschließlich über eine Erlaubnis verfügen, die Tätigkeit einer zentralen Gegenpartei im Sinne des § 1 Absatz 1 Satz 2 Nummer 12 auszuüben, sind die §§ 2c, 6b, 10, 10c bis 10i, 11, 12a bis 18, 24 Absatz 1 Nummer 6, 10, 14 bis 14b, 16, Absatz 1a Nummer 4 bis 8, die §§ 24a, 24c, 25 Absatz 1 Satz 2, die §§ 25a bis 25e, 26a, 32, 33, 34, 36 Absatz 3 und die §§ 45 bis 45b dieses Gesetzes sowie die Artikel 25 bis 455 der Verordnung (EU) Nr. 575/2013 und Kapitel 2 der Verordnung (EU) 2017/2402 nicht anzuwenden. [2]§ 24 Absatz 1 Nummer 9 gilt mit der Maßgabe, dass das Absinken des Anfangskapitals unter die Mindestanforderungen nach Artikel 16 der Verordnung (EU) Nr. 648/2012 anzuzeigen ist.

(9b) [1]Sofern ein Kreditinstitut sowohl Tätigkeiten im Sinne des § 1 Absatz 1 Satz 2 Nummer 12 ausübt als auch weitere nach diesem Gesetz erlaubnispflichtige Bankgeschäfte betreibt oder Finanzdienstleistungen erbringt, ist auf die Tätigkeit im Sinne des § 1 Absatz 1 Satz 2 Nummer 12 der Absatz 9a anzuwenden; diese Kreditinstitute haben dafür Sorge zu tragen, dass sowohl die Anforderungen nach diesem Gesetz als auch die Anforderungen der Verordnung (EU) Nr. 648/2012 eingehalten werden. [2]Bezüglich der Anforderungen an das Anfangskapital nach § 33 Absatz 1 sowie nach Artikel 16 Absatz 1 der Verordnung (EU) Nr. 648/2012 haben die betroffenen Kreditinstitute die im jeweiligen Einzelfall höheren Anforderungen zu erfüllen. [3]Anzeige- und Informationspflichten, die sowohl nach § 2c Absatz 1 als auch nach Artikel 31 Absatz 2 der Verordnung (EU) Nr. 648/2012 bestehen, können in einer gemeinsamen Anzeige oder Mitteilung zusammengefasst werden.

(9c) Die §§ 10d und 24 Absatz 1 Nummer 16 dieses Gesetzes und die Artikel 411 bis 430 der Verordnung (EU) Nr. 575/2013 sind nicht auf Bürgschaftsbanken im Sinne des § 5 Absatz 1 Nummer 17 des Körperschaftsteuergesetzes anzuwenden.

(9d)[1)] Die Artikel 411 bis 428 der Verordnung (EU) Nr. 575/2013 sind nicht auf CRR-Wertpapierfirmen anzuwenden.

(9e) Auf Kreditinstitute, die ausschließlich über eine Zulassung nach Artikel 16 Absatz 1 der Verordnung (EU) Nr. 909/2014 verfügen, die Tätigkeit als Zentralverwahrer nach Abschnitt A oder nach den Abschnitten A und B des Anhangs zur Verordnung (EU) Nr. 909/2014 auszuüben, sind die §§ 2c, 6b Absatz 1 Nummer 1, Absatz 2 und 3, die §§ 10, 10c bis 18, 24 Absatz 1 Nummer 4, 6, 9, 11, 14, 14a, 16 und 17, Absatz 1a Nummer 4 bis 8, Absatz 1b, die §§ 24a, 24c, 25 Absatz 1 Satz 2, die §§ 25a bis 25e, 33 bis 33b, 36 Absatz 3, die §§ 45 bis 45b, 53 und 53a dieses Gesetzes nicht anzuwenden.

(9f) Auf Kreditinstitute, die ausschließlich über eine Zulassung nach Artikel 16 Absatz 1 der Verordnung (EU) Nr. 909/2014 verfügen, die Tätigkeit als Zentralverwahrer nach Abschnitt A oder nach den Abschnitten A und B des Anhangs zur Verordnung (EU) Nr. 909/2014 auszuüben sowie weitere Bankgeschäfte zu betreiben oder Finanzdienstleistungen zu erbringen, die zugleich Wertpapierdienstleistungen im Sinne des § 2 Absatz 3 des Wertpapierhandelsgesetzes sind, sind die §§ 2c, 24 Absatz 1 Nummer 1 und 2, § 25c Absatz 1, § 33 Absatz 1 Nummer 2 und 4a und § 35 nicht anzuwenden.

(9g) Auf Institute, die nur Bankgeschäfte im Sinne des § 1 Absatz 1 Satz 2 Nummer 4 und 10 betreiben und Finanzdienstleistungen im Sinne des § 1 Absatz 1a Satz 2 Nummer 1 bis 4 in Bezug auf Warentermingeschäfte, Emissionszertifikate und Derivate auf Emissionszertifikate erbringen und die diese Dienstleistungen allein mit dem Ziel der Absicherung der Geschäftsrisiken ihrer Kunden erbringen, sind die §§ 1a, 10, 10c bis 10i, 11 bis 13c, 15 bis 18 und 24 Absatz 1 Nummer 4, 6, 9, 11, 14, 14a, 16 und 17, Absatz 1a Nummer 5, die §§ 24a, 25, 25a Absatz 5, die §§ 26a und 33 Absatz 1 Satz 1 Nummer 1, die §§ 45 und 46 Absatz 1 Satz 2 Nummer 4 bis 6 sowie die §§ 46b und 46c nicht anzuwenden, sofern diese Kunden

1. ausschließlich lokale Elektrizitätsunternehmen im Sinne des Artikels 2 Nummer 35 der Richtlinie 2009/72/EG, Erdgasunternehmen im Sinne des Artikels 2 Nummer 1 der Richtlinie 2009/73/EG oder Betreiber im Sinne des Artikels 3 Buchstabe f der Richtlinie 2003/87/EG des Europäischen Parlaments und des Rates vom 13. Oktober 2003 über ein System für den Handel mit Treibhausgasemissionszertifikaten in der Gemeinschaft und zur Änderung der Richtlinie 96/61/EG des Rates (ABl. L 275 vom

---

1) Abs. 9d aufgehoben durch Gesetz vom 28.8.2013 (BGBl. I S. 3395). Die Aufhebung tritt erst nach Vorlage eines Berichts der EU-Kommission zur Anwendung der Liquiditätsdeckung auf Wertpapierfirmen in Kraft; der Tag des Inkrafttretens wird im BGBl. bekannt gemacht.

25.10.2003, S. 32), die zuletzt durch den Beschluss (EU) 2015/1814 (ABl. L 264 vom 9.10.2015, S. 1) geändert worden ist, sind,

2. zusammen 100 Prozent des Kapitals oder der Stimmrechte des Instituts halten und diese gemeinsam kontrollieren und
3. nach Absatz 1 Nummer 9 oder Absatz 6 Satz 1 Nummer 11 nicht als Kreditinstitut oder Finanzdienstleistungsinstitut gälten, wenn sie diese Dienstleistungen selbst erbrächten.

(9h) Auf Institute, die nur Bankgeschäfte im Sinne des § 1 Absatz 1 Satz 2 Nummer 4 und 10 betreiben und Finanzdienstleistungen im Sinne des § 1 Absatz 1a Satz 2 Nummer 1 bis 4 in Bezug auf Warentermingeschäfte, Emissionszertifikate und Derivate auf Emissionszertifikate erbringen und die diese Dienstleistungen allein mit dem Ziel der Absicherung der Geschäftsrisiken ihrer Kunden erbringen, sind die §§ 1a, 10, 10c bis 10i, 11 bis 13c, 15 bis 18 und 24 Absatz 1 Nummer 4, 6, 9, 11, 14, 14a, 16 und 17, Absatz 1a Nummer 5, die §§ 24a, 25, 25a Absatz 5, die §§ 26a und 33 Absatz 1 Satz 1 Nummer 1, die §§ 45 und 46 Absatz 1 Satz 2 Nummer 4 bis 6 sowie die §§ 46b und 46c nicht anzuwenden, sofern diese Kunden

1. ausschließlich Betreiber im Sinne des Artikels 3 Buchstabe f der Richtlinie 2003/87/EG sind,
2. zusammen 100 Prozent des Kapitals oder der Stimmrechte des Instituts halten und diese gemeinsam kontrollieren und
3. nach Absatz 1 Nummer 9 oder nach Absatz 6 Satz 1 Nummer 11 nicht als Kreditinstitut oder Finanzdienstleistungsinstitut gälten, wenn sie diese Dienstleistungen selbst erbrächten.

(10) [1]Ein Unternehmen mit Sitz im Inland, das keine Bankgeschäfte im Sinne des § 1 Absatz 1 Satz 2 betreibt und das als Finanzdienstleistungen nur die Anlagevermittlung, die Anlageberatung oder das Platzierungsgeschäft erbringt und dies ausschließlich für Rechnung und unter der Haftung eines CRR-Kreditinstituts oder eines Wertpapierhandelsunternehmens, das seinen Sitz im Inland hat oder nach § 53b Absatz 1 Satz 1 oder Absatz 7 im Inland tätig ist (vertraglich gebundener Vermittler), gilt nicht als Finanzdienstleistungsinstitut, sondern als Finanzunternehmen, wenn das CRR-Institut oder Wertpapierhandelsunternehmen dies der Bundesanstalt zuvor angezeigt hat. [2]Die Tätigkeit des vertraglich gebundenen Vermittlers wird dem haftenden Unternehmen zugerechnet. [3]Ändern sich die von dem haftenden Unternehmen angezeigten Verhältnisse, sind die neuen Verhältnisse unverzüglich der Bundesanstalt anzuzeigen. [4]Für den Inhalt der Anzeigen nach den Sätzen 1 und 3 und die beizufügenden Unterlagen und Nachweise können durch Rechtsverordnung nach § 24 Abs. 4 nähere Bestimmungen getroffen werden. [5]Die Bundesanstalt führt über die ihr angezeigten vertraglich gebundenen Vermittler nach diesem Absatz ein öffentliches Register im Internet, das das haftende Unternehmen, die vertraglich gebundenen Vermittler, das Datum des Beginns und des Endes der Tätigkeit nach Satz 1 ausweist. [6]Für die Voraussetzungen zur Aufnahme in das Register, den Inhalt und die Führung des Registers können durch Rechtsverordnung nach § 24 Abs. 4 nähere Bestimmungen getroffen werden, insbesondere kann dem haftenden Unternehmen ein schreibender Zugriff auf die für dieses Unternehmen einzurichtende Seite des Registers eingeräumt und ihm die Verantwortlichkeit für die Richtigkeit und Aktualität dieser Seite übertragen werden. [7]Die Bundesanstalt kann einem haftenden Unternehmen, das die Auswahl oder Überwachung seiner vertraglich gebundenen Vermittler nicht ordnungsgemäß durchgeführt hat oder die ihm im Zusammenhang mit der Führung des Registers übertragenen Pflichten verletzt hat, untersagen, vertraglich gebundene Vermittler im Sinne der Sätze 1 und 2 in das Unternehmen einzubinden.

(11) *(aufgehoben)*

(12) [1]Für Betreiber organisierter Märkte mit Sitz im Ausland, die als einzige Finanzdienstleistung ein multilaterales oder organisiertes Handelssystem im Inland betreiben, gelten die Anforderungen der §§ 25a, 25b und 33 Abs. 1 Nr. 1 bis 4 sowie die Anzeigepflichten nach § 2c Abs. 1 und 4 sowie § 24 Abs. 1 Nr. 1, 2 und 11 und Abs. 1a Nr. 2 entsprechend. [2]Die in Satz 1 genannten Anforderungen gelten entsprechend auch für Träger einer inländischen Börse, die außer dem Freiverkehr nach § 48 des Börsengesetzes oder einem organisierten Handelssystem nach § 48b des Börsengesetzes als einzige Finanzdienstleistung ein multilaterales oder organisiertes Handelsystem im Inland betreiben. [3]Es wird vermutet, dass Geschäftsführer einer inländischen Börse und Personen, die die Geschäfte eines ausländischen organisierten Marktes tatsächlich leiten, den Anforderungen nach § 33 Abs. 1 Nr. 2 und 4 genügen. [4]Die Befugnisse der Bundesanstalt nach den §§ 2c und 25a Absatz 2 Satz 1 sowie den §§ 44 bis 46h gelten entsprechend. [5]Die Bundesanstalt kann den in Satz 1 genannten Personen den Betrieb eines multilateralen oder organisierten Handelssystems in den Fällen des § 35 Absatz 2 Nummer 4 und 6 sowie dann untersagen, wenn sie die Anforderungen des § 33 Abs. 1 Satz 1 Nr. 1 bis 4 nicht erfüllen. [6]Die in Satz 1 genannten Personen haben der Bundesanstalt die Aufnahme des Betriebs unverzüglich anzuzeigen.

§ 2a Ausnahmen für gruppenangehörige Institute und Institute, die institutsbezogenen Sicherungssystemen angehören

(1) [1]Institute können eine Freistellung nach Artikel 7 der Verordnung (EU) Nr. 575/2013 in der jeweils geltenden Fassung bei der Aufsichtsbehörde beantragen. [2]Dem Antrag sind geeignete Unterlagen beizufügen, die nachweisen, dass die Voraussetzungen für eine Freistellung nach Artikel 7 der Verordnung (EU) Nr. 575/2013 vorliegen.

(2) [1]Sofern die Voraussetzungen für eine Freistellung nach Artikel 7 der Verordnung (EU) Nr. 575/2013 vorliegen, kann die Aufsichtsbehörde Institute auf Antrag für das Management von Risiken mit Ausnahme des Liquiditätsrisikos von den Anforderungen gemäß § 25a Absatz 1 Satz 3 Nummer 1, 2 und 3 Buchstabe b und c bezüglich der Risikocontrolling-Funktion freistellen. [2]Dem Antrag sind geeignete Unterlagen beizufügen, die nachweisen, dass die Voraussetzungen nach Satz 1 vorliegen.

(3) [1]Institute können eine Freistellung nach Artikel 8 der Verordnung (EU) Nr. 575/2013 in der jeweils geltenden Fassung bei der Aufsichtsbehörde beantragen. [2]Dem Antrag sind geeignete Unterlagen beizufügen, die nachweisen, dass die Voraussetzungen für eine Freistellung nach Artikel 8 der Verordnung (EU) Nr. 575/2013 vorliegen.

(4) [1]Sofern die Voraussetzungen für eine Freistellung nach Artikel 8 der Verordnung (EU) Nr. 575/2013 vorliegen und eine Freistellung nach Artikel 8 der Verordnung (EU) Nr. 575/2013 gewährt wird, kann die Aufsichtsbehörde Institute auf Antrag für das Management von Liquiditätsrisiken von den Anforderungen gemäß § 25a Absatz 1 Satz 3 Nummer 1, 2 und 3 Buchstabe b und c bezüglich der Risikocontrolling-Funktion freistellen. [2]Dem Antrag sind geeignete Unterlagen beizufügen, die nachweisen, dass die Voraussetzungen nach Satz 1 vorliegen.

(5) Für Institute und übergeordnete Unternehmen, die von der Regelung im Sinne des § 2a Absatz 1, 5 oder 6 in der bis zum 31. Dezember 2013 geltenden Fassung Gebrauch gemacht haben, gilt die Freistellung nach Absatz 1 oder 2 als gewährt.

(6) [1]Die Aufsichtsbehörde kann das Institut oder das übergeordnete Unternehmen auch nach einer nach den Absätzen 1 bis 4 gewährten oder nach einer nach Absatz 5 fortgeltenden Freistellung auffordern, die erforderlichen Nachweise für die Einhaltung der Voraussetzungen vorzulegen. [2]Sie kann sie auch dazu auffordern, Vorkehrungen zu treffen, die geeignet und erforderlich sind, bestehende Mängel zu beseitigen und hierfür eine angemessene Frist bestimmen. [3]Werden die Nachweise nicht oder nicht fristgerecht vorgelegt oder werden die Mängel nicht oder nicht fristgerecht behoben, kann die Auf-

sichtsbehörde die Freistellung aufheben oder anordnen, dass das Institut die Vorschriften, auf die sich die Freistellung bezog, wieder anzuwenden hat.

§ 2b Rechtsform

(1) Kreditinstitute, die eine Erlaubnis nach § 32 Abs. 1 benötigen, dürfen nicht in der Rechtsform des Einzelkaufmanns betrieben werden.

(2) [1]Bei Wertpapierhandelsunternehmen in der Rechtsform des Einzelkaufmanns oder der Personenhandelsgesellschaft sind die Risikoaktiva des Inhabers oder der persönlich haftenden Gesellschafter in die Beurteilung der Solvenz des Instituts gemäß Artikel 92 der Verordnung (EU) Nr. 575/2013 einzubeziehen; das freie Vermögen des Inhabers oder der Gesellschafter bleibt jedoch bei der Berechnung der Eigenmittel des Instituts unberücksichtigt. [2]Wird ein solches Institut in der Rechtsform eines Einzelkaufmanns betrieben, hat der Inhaber angemessene Vorkehrungen für den Schutz seiner Kunden für den Fall zu treffen, daß aufgrund seines Todes, seiner Geschäftsunfähigkeit oder aus anderen Gründen das Institut seine Geschäftstätigkeit einstellt.

§ 2c Inhaber bedeutender Beteiligungen

(1) [1]Wer beabsichtigt, allein oder im Zusammenwirken mit anderen Personen oder Unternehmen eine bedeutende Beteiligung an einem Institut zu erwerben (interessierter Erwerber), hat dies der Bundesanstalt und der Deutschen Bundesbank nach Maßgabe des Satzes 2 unverzüglich schriftlich anzuzeigen. [2]In der Anzeige hat der interessierte Erwerber die für die Höhe der Beteiligung und die für die Begründung des maßgeblichen Einflusses, die Beurteilung seiner Zuverlässigkeit und die Prüfung der weiteren Untersagungsgründe nach Absatz 1b Satz 1 wesentlichen Tatsachen und Unterlagen, die durch Rechtsverordnung nach § 24 Abs. 4 näher zu bestimmen sind, sowie die Personen oder Unternehmen anzugeben, von denen er die entsprechenden Anteile erwerben will. [3]In der Rechtsverordnung kann, insbesondere auch als Einzelfallentscheidung oder allgemeine Regelung, vorgesehen werden, dass der interessierte Erwerber die in § 32 Abs. 1 Satz 2 Nr. 6 Buchstabe d und e genannten Unterlagen vorzulegen hat. [4]Ist der interessierte Erwerber eine juristische Person oder Personenhandelsgesellschaft, hat er in der Anzeige die für die Beurteilung der Zuverlässigkeit seiner gesetzlichen oder satzungsmäßigen Vertreter oder persönlich haftenden Gesellschafter wesentlichen Tatsachen anzugeben. [5]Der Inhaber einer bedeutenden Beteiligung hat jeden neu bestellten gesetzlichen oder satzungsmäßigen Vertreter oder neuen persönlich haftenden Gesellschafter mit den für die Beurteilung von dessen Zuverlässigkeit wesentlichen Tatsachen der Bundesanstalt und der Deutschen Bundesbank unverzüglich schriftlich anzuzeigen. [6]Der Inhaber einer bedeutenden Beteiligung hat der Bundesanstalt und der Deutschen Bundesbank ferner unverzüglich schriftlich anzuzeigen, wenn er beabsichtigt, allein oder im Zusammenwirken mit anderen Personen oder Unternehmen den Betrag der bedeutenden Beteiligung so zu erhöhen, dass die Schwellen von 20 vom Hundert, 30 vom Hundert oder 50 vom Hundert der Stimmrechte oder des Kapitals erreicht oder überschritten werden oder dass das Institut unter seine Kontrolle kommt. [7]Die Bundesanstalt hat den Eingang einer vollständigen Anzeige nach Satz 1 oder Satz 6 umgehend, spätestens jedoch innerhalb von zwei Arbeitstagen nach deren Zugang schriftlich gegenüber dem Anzeigepflichtigen zu bestätigen.

(1a) [1]Die Bundesanstalt hat die Anzeige nach Absatz 1 innerhalb von 60 Arbeitstagen ab dem Datum des Schreibens, mit dem sie den Eingang der vollständigen Anzeige schriftlich bestätigt hat, zu beurteilen (Beurteilungszeitraum). [2]In der Bestätigung nach Absatz 1 Satz 7 hat die Bundesanstalt dem Anzeigepflichtigen den Tag mitzuteilen, an dem der Beurteilungszeitraum endet. [3]Bis spätestens zum 50. Arbeitstag innerhalb des Beurteilungszeitraums kann die Bundesanstalt schriftlich weitere Informationen anfordern, die für den Abschluss der Beurteilung notwendig sind. [4]Die Anforderung ergeht schriftlich unter Angabe der zusätzlich benötigten Informationen. [5]Die Bundesanstalt hat den Eingang der weiteren Informationen umgehend, spätestens jedoch innerhalb von zwei Arbeitstagen nach deren Zugang schriftlich gegenüber dem Anzeigepflichtigen zu bestätigen. [6]Der Beurteilungszeitraum ist vom Zeitpunkt der Anforderung der weiteren Informationen bis zu deren Eingang bei der Bundesanstalt gehemmt. [7]Der Beurteilungszeitraum beträgt im Falle einer Hemmung nach Satz 6 höchstens 80 Arbeitstage. [8]Die Bundesanstalt kann Ergänzungen oder Klarstellungen zu diesen Informationen anfordern; dies führt nicht zu einer erneuten Hemmung des Beurteilungszeitraums. [9]Abweichend von Satz 7 kann der Beurteilungszeitraum im Falle einer Hemmung auf höchstens 90 Arbeitstage ausgedehnt werden, wenn der Anzeigepflichtige

1. außerhalb des Europäischen Wirtschaftsraums ansässig ist oder beaufsichtigt wird oder
2. eine nicht der Beaufsichtigung nach
   a) der Richtlinie 2009/65/EG des Europäischen Parlaments und des Rates vom 13. Juli 2009 zur Koordinierung der Rechts- und Verwaltungsvorschriften betreffend bestimmte Organismen für gemeinsame Anlagen in Wertpapieren (OGAW) (ABl. L 302 vom 17.11.2009, S. 32; L 269 vom 13.10.2010, S. 27), die zuletzt durch die Richtlinie 2014/91/EU (ABl. L 257 vom 28.8.2014, S. 186) geändert worden ist,
   b) der Richtlinie 2009/138/EG des Europäischen Parlaments und des Rates vom 25. November 2009 betreffend die Aufnahme und Ausübung der Versicherungs- und der Rückversicherungstätigkeit (Solvabilität II) (ABl. L 335 vom 17.12.2009, S. 1; L 219 vom 25.7.2014, S. 66; L 108 vom 28.4.2015, S. 8), die zuletzt durch die Richtlinie (EU) 2016/2341 (ABl. L 354 vom 23.12.2016, S. 37) geändert worden ist,
   c) der Richtlinie 2014/65/EU des Europäischen Parlaments und des Rates vom 15. Mai 2014 über Märkte für Finanzinstrumente sowie zur Änderung der Richtlinien 2002/92/EG und 2011/61/EU (ABl. L 173 vom 12.6.2014, S. 349; L 74 vom 18.3.2015, S. 38; L 188 vom 13.7.2016, S. 28; L 273 vom 8.10.2016, S. 35; L 64 vom 10.3.2017, S. 116; L 278 vom 27.10.2017, S. 56), die zuletzt durch die Richtlinie (EU) 2016/1034 (ABl. L 175 vom 30.6.2016, S. 8) geändert worden ist, oder
   d) der Richtlinie 2013/36/EU des Europäischen Parlaments und des Rates vom 26. Juni 2013 über den Zugang zur Tätigkeit von Kreditinstituten und die Beaufsichtigung von Kreditinstituten und Wertpapierfirmen, zur Änderung der Richtlinie 2002/87/EG und zur Aufhebung der Richtlinien 2006/48/EG und 2006/49/EG (ABl. L 176 vom 27.6.2013, S. 338; L 208 vom 2.8.2013, S. 73; L 20 vom 25.1.2017, S. 1), die zuletzt durch die Richtlinie (EU) 2015/2366 (ABl. L 337 vom 23.12.2015, S. 35; L 169 vom 28.6.2016, S. 18) geändert worden ist,

unterliegende natürliche Person oder Unternehmen ist. [10]Soweit es sich bei der Anzeige um den Erwerb einer bedeutenden Beteiligung an einem CRR-Kreditinstitut handelt, legt die Bundesanstalt nach Abschluss ihrer Beurteilung der Europäischen Zentralbank einen Beschlussentwurf gemäß Artikel 15 Absatz 2 der Verordnung (EU) Nr. 1024/2013 vor. [11]Auf diesen Beschlussentwurf der Bundesanstalt ist Absatz 1b entsprechend anzuwenden.

(1b) [1]Die Aufsichtsbehörde kann innerhalb des Beurteilungszeitraums den beabsichtigten Erwerb der bedeutenden Beteiligung oder ihre Erhöhung untersagen, wenn Tatsachen die Annahme rechtfertigen, daß

1. der Anzeigepflichtige oder, wenn er eine juristische Person ist, auch ein gesetzlicher oder satzungsmäßiger Vertreter oder, wenn er eine Personenhandelsgesellschaft ist, auch ein Gesellschafter, nicht zuverlässig ist oder aus anderen Gründen nicht den im Interesse einer soliden und umsichtigen Führung des Instituts zu stellenden Ansprüchen genügt; dies gilt im Zweifel auch dann, wenn Tatsachen die Annahme rechtfertigen, dass er die von ihm aufgebrachten Mittel für den Erwerb der bedeutenden Beteiligung durch eine Handlung erbracht hat, die objektiv einen Straftatbestand erfüllt;
2. das Institut nicht in der Lage sein oder bleiben wird, den Aufsichtsanforderungen insbesondere nach der Richtlinie 2013/36/EU, der Verordnung (EU) Nr. 575/2013 in ihrer jeweils geltenden Fassung der Richtlinie 2014/65/EU, der Richtlinie 2009/110/EG des Europäischen Parlaments und des Rates vom 16. September 2009 über die Aufnahme, Ausübung und Beaufsichtigung der Tätigkeit von E-Geld-Instituten, zur Änderung der Richtlinien 2005/60/EG und 2006/48/EG sowie zur Aufhebung der Richtlinie 2000/46/EG, der Richtlinie (EU) 2015/2366 des Europäischen Parlaments und des Rates vom 25. November 2015 über Zahlungsdienste im Binnenmarkt, zur Änderung der Richtlinien 2002/65/EG, 2009/110/EG und 2013/36/EU und der Verordnung (EU) Nr. 1093/2010 sowie zur Aufhebung der Richtlinie 2007/64/EG (ABl. L 337 vom 23.12.2015, S. 35; L 169 vom 28.6.2016, S. 18), der Richtlinie 2002/87/EG des Europäischen Parlaments und des Rates vom 16. Dezember 2002 über die zusätzliche Beaufsichtigung der Kreditinstitute, Versicherungsunternehmen und Wertpapierfirmen eines Finanzkonglomerats und der Richtlinie 2006/49/EG des Europäischen Parlaments und des Rates vom 14. Juni 2006 über die angemessene Eigenkapitalausstattung von Wertpapierfirmen und Kreditinstituten zu genügen oder das Institut durch die Begründung oder Erhöhung der bedeutenden Beteiligung mit dem Inhaber der bedeutenden Beteiligung in einen Unternehmensverbund eingebunden würde, der durch die Struktur des Beteiligungsgeflechtes oder mangelhafte wirtschaftliche Transparenz eine wirksame Aufsicht über das Institut oder einen wirksamen Austausch von Informationen zwischen den zuständigen Stellen oder die Festlegung der Aufteilung der Zuständigkeiten zwischen diesen beeinträchtigt;
3. das Institut durch die Begründung oder Erhöhung der bedeutenden Beteiligung Tochterunternehmen eines Instituts mit Sitz in einem Drittstaat würde, das im Staat seines Sitzes oder seiner Hauptverwaltung nicht wirksam beaufsichtigt wird oder dessen zuständige Aufsichtsstelle zu einer befriedigenden Zusammenarbeit mit der Aufsichtsbehörde nicht bereit ist;
4. der künftige Geschäftsleiter nicht zuverlässig oder nicht fachlich geeignet ist;
5. im Zusammenhang mit dem beabsichtigten Erwerb oder der Erhöhung der Beteiligung Geldwäsche oder Terrorismusfinanzierung im Sinne des Artikels 1 der Richtlinie 2005/60/EG stattfinden, stattgefunden haben, diese Straftaten versucht wurden oder der Erwerb oder die Erhöhung das Risiko eines solchen Verhaltens erhöhen könnte oder
6. der Anzeigepflichtige nicht über die notwendige finanzielle Solidität verfügt; dies ist insbesondere dann der Fall, wenn der Anzeigepflichtige auf Grund seiner Kapitalausstattung oder Vermögenssituation nicht den besonderen Anforderungen gerecht werden kann, die von Gesetzes wegen an die Eigenmittel und die Liquidität eines Instituts gestellt werden.

[2]Die Aufsichtsbehörde kann den Erwerb oder die Erhöhung der Beteiligung auch untersagen, wenn die Angaben nach Absatz 1 Satz 2 oder Satz 6 oder die zusätzlich nach Absatz 1a Satz 3 angeforderten Informationen unvollständig oder nicht richtig sind oder nicht den Anforderungen der Rechtsverordnung nach § 24 Abs. 4 entsprechen. [3]Die

Aufsichtsbehörde darf weder Vorbedingungen an die Höhe der zu erwerbenden Beteiligung oder der beabsichtigten Erhöhung der Beteiligung stellen noch darf sie bei ihrer Prüfung auf die wirtschaftlichen Bedürfnisse des Marktes abstellen. [4]Entscheidet die Aufsichtsbehörde nach Abschluss der Beurteilung, den Erwerb oder die Erhöhung der Beteiligung zu untersagen, teilt sie dem Anzeigepflichtigen die Entscheidung innerhalb von zwei Arbeitstagen und unter Einhaltung des Beurteilungszeitraums schriftlich unter Angabe der Gründe mit. [5]Bemerkungen und Vorbehalte der für den Anzeigepflichtigen zuständigen Stellen sind in der Entscheidung wiederzugeben; die Untersagung darf nur auf Grund der in den Sätzen 1 und 2 genannten Gründe erfolgen. [6]Wird der Erwerb oder die Erhöhung der Beteiligung nicht innerhalb des Beurteilungszeitraums schriftlich untersagt, kann der Erwerb oder die Erhöhung vollzogen werden; die Rechte der Bundesanstalt nach Absatz 2 bleiben unberührt. [7]Die Aufsichtsbehörde kann eine Frist setzen, nach deren Ablauf ihr der Anzeigepflichtige den Vollzug oder den Nichtvollzug des beabsichtigten Erwerbs oder der Erhöhung anzuzeigen hat. [8]Nach Ablauf der Frist hat der Anzeigepflichtige die Anzeige unverzüglich bei der Bundesanstalt einzureichen.

(2) [1]Die Bundesanstalt kann dem Inhaber einer bedeutenden Beteiligung sowie den von ihm kontrollierten Unternehmen die Ausübung der Stimmrechte untersagen und anordnen, daß über die Anteile nur mit ihrer Zustimmung verfügt werden darf, wenn

1. die Voraussetzungen für eine Untersagungsverfügung nach Absatz 1b Satz 1 oder Satz 2 vorliegen,
2. der Inhaber der bedeutenden Beteiligung seiner Pflicht nach Absatz 1 zur vorherigen Unterrichtung der Bundesanstalt und der Deutschen Bundesbank nicht nachgekommen ist und diese Unterrichtung innerhalb einer von ihr gesetzten Frist nicht nachgeholt hat oder
3. die Beteiligung entgegen einer vollziehbaren Untersagung nach Absatz 1b Satz 1 oder Satz 2 erworben oder erhöht worden ist.

[2]Im Falle einer Untersagung nach Satz 1 bestellt das Gericht am Sitz des Instituts auf Antrag der Bundesanstalt, des Instituts oder eines an ihm Beteiligten einen Treuhänder, auf den es die Ausübung der Stimmrechte überträgt. [3]Der Treuhänder hat bei der Ausübung der Stimmrechte den Interessen einer soliden und umsichtigen Führung des Instituts Rechnung zu tragen. [4]Über die Maßnahmen nach Satz 1 hinaus kann die Bundesanstalt den Treuhänder mit der Veräußerung der Anteile, soweit sie eine bedeutende Beteiligung begründen, beauftragen, wenn der Inhaber der bedeutenden Beteiligung ihr nicht innerhalb einer von ihr bestimmten angemessenen Frist einen zuverlässigen Erwerber nachweist; die Inhaber der Anteile haben bei der Veräußerung in dem erforderlichen Umfang mitzuwirken. [5]Sind die Voraussetzungen des Satzes 1 entfallen, hat die Bundesanstalt den Widerruf der Bestellung des Treuhänders zu beantragen. [6]Der Treuhänder hat Anspruch auf Ersatz angemessener Auslagen und auf Vergütung für seine Tätigkeit. [7]Das Gericht setzt auf Antrag des Treuhänders die Auslagen und die Vergütung fest; die weitere Rechtsbeschwerde gegen die Vergütungsfestsetzung ist ausgeschlossen. [8]Für die Kosten, die durch die Bestellung des Treuhänders entstehen, die diesem zu gewährenden Auslagen sowie die Vergütung haften das Institut und der betroffene Inhaber der bedeutenden Beteiligung als Gesamtschuldner. [9]Die Bundesanstalt schießt die Auslagen und die Vergütung vor.

(3) [1]Wer beabsichtigt, eine bedeutende Beteiligung an einem Institut aufzugeben oder den Betrag seiner bedeutenden Beteiligung unter die Schwellen von 20 vom Hundert, 30 vom Hundert oder 50 vom Hundert der Stimmrechte oder des Kapitals abzusenken oder die Beteiligung so zu verändern, daß das Institut nicht mehr kontrolliertes Unternehmen ist, hat dies der Bundesanstalt und der Deutschen Bundesbank unverzüglich schriftlich anzuzeigen. [2]Dabei ist die beabsichtigte verbleibende Höhe der Beteiligung

anzugeben. [3]Die Bundesanstalt kann eine Frist festsetzen, nach deren Ablauf ihr die Person oder Personenhandelsgesellschaft, welche die Anzeige nach Satz 1 erstattet hat, den Vollzug oder den Nichtvollzug der beabsichtigten Absenkung oder Veränderung anzuzeigen hat. [4]Nach Ablauf der Frist hat die Person oder Personenhandelsgesellschaft, welche die Anzeige nach Satz 1 erstattet hat, die Anzeige unverzüglich bei der Bundesanstalt zu erstatten.

(4) [1]Die Aufsichtsbehörde hat den Erwerb einer unmittelbaren oder mittelbaren Beteiligung an einem Institut, durch den das Institut zu einem Tochterunternehmen eines Unternehmens mit Sitz in einem Drittstaat würde, vorläufig zu untersagen oder zu beschränken, wenn ein entsprechender Beschluß der Kommission vorliegt, der nach Artikel 147 Absatz 2 der Richtlinie 2013/36/EU zustande gekommen ist. [2]Die vorläufige Untersagung oder Beschränkung darf drei Monate vom Zeitpunkt des Beschlusses an nicht überschreiten. [3]Beschließt der Rat die Verlängerung der Frist nach Satz 2, so hat die Aufsichtsbehörde die Fristverlängerung zu beachten und die vorläufige Untersagung oder Beschränkung entsprechend zu verlängern.

§ 2d Leitungsorgane von Finanzholding-Gesellschaften und gemischten Finanzholding-Gesellschaften

(1) Personen, die die Geschäfte einer Finanzholding-Gesellschaft oder einer gemischten Finanzholding-Gesellschaft tatsächlich führen, müssen zuverlässig sein, die zur Führung der Gesellschaft erforderliche fachliche Eignung haben und der Wahrnehmung ihrer Aufgaben ausreichend Zeit widmen.

(2) Bei Finanzholding-Gesellschaften und gemischten Finanzholding-Gesellschaften, die nach § 10a Absatz 2 Satz 2 oder Satz 3 als übergeordnetes Unternehmen bestimmt worden sind, kann die Bundesanstalt die Abberufung der Personen im Sinne des Absatzes 1 verlangen und ihnen die Ausübung ihrer Tätigkeit untersagen, wenn

1. sie die Voraussetzungen nach Absatz 1 nicht erfüllen oder
2. sie vorsätzlich oder leichtfertig gegen die Bestimmung dieses Gesetzes, gegen die zur Durchführung dieses Gesetzes erlassenen Verordnungen oder gegen Anordnungen der Bundesanstalt verstoßen haben und trotz Verwarnung durch die Bundesanstalt dieses Verhalten fortsetzen.

§ 2e Ausnahmen für gemischte Finanzholding-Gesellschaften

(1) Unterliegt eine gemischte Finanzholding-Gesellschaft, insbesondere im Hinblick auf eine risikobasierte Beaufsichtigung, gleichwertigen Bestimmungen nach Maßgabe der Richtlinie 2013/EU und der Richtlinie 2002/87/EG des Europäischen Parlaments und des Rates vom 16. Dezember 2002 über die zusätzliche Beaufsichtigung der Kreditinstitute, Versicherungsunternehmen und Wertpapierfirmen eines Finanzkonglomerats und zur Änderung der Richtlinien 73/239/EWG, 79/267/EWG, 92/49/EWG, 92/96/EWG, 93/6/EWG und 93/22/EWG des Rates und der Richtlinien 98/78/EG und 2000/12/EG des Europäischen Parlaments und des Rates (ABl. L 35 vom 11.2.2003, S. 1), die zuletzt durch die Richtlinie 2013/36/EU geändert worden ist, so kann die Bundesanstalt nach Konsultation der für die Beaufsichtigung von Tochterunternehmen zuständigen Stellen auf die gemischte Finanzholding-Gesellschaft nur die einschlägigen Bestimmungen der Richtlinie 2002/87/EG anwenden.

(2) Unterliegt eine gemischte Finanzholding-Gesellschaft, insbesondere im Hinblick auf eine risikobasierte Beaufsichtigung, gleichwertigen Bestimmungen nach Maßgabe der Richtlinie 2013/36/EU und der Richtlinie 2009/138/EG, so kann die Bundesanstalt im Einvernehmen mit der für die Gruppenaufsicht im Versicherungswesen zuständigen Stelle auf die gemischte Finanzholding-Gesellschaft nur die Bestimmungen der Richt-

linie 2013/36/EU in Bezug auf die am stärksten vertretene Finanzbranche im Sinne des § 8 Absatz 2 des Finanzkonglomerate-Aufsichtsgesetzes anwenden.

§ 3 Verbotene Geschäfte

(1) Verboten sind

1. der Betrieb des Einlagengeschäftes, wenn der Kreis der Einleger überwiegend aus Betriebsangehörigen des Unternehmens besteht (Werksparkassen) und nicht sonstige Bankgeschäfte betrieben werden, die den Umfang dieses Einlagengeschäftes übersteigen;
2. die Annahme von Geldbeträgen, wenn der überwiegende Teil der Geldgeber einen Rechtsanspruch darauf hat, daß ihnen aus diesen Geldbeträgen Darlehen gewährt oder Gegenstände auf Kredit verschafft werden (Zwecksparunternehmen); dies gilt nicht für Bausparkassen;
3. der Betrieb des Kreditgeschäftes oder des Einlagengeschäftes, wenn es durch Vereinbarung oder geschäftliche Gepflogenheit ausgeschlossen oder erheblich erschwert ist, über den Kreditbetrag oder die Einlagen durch Barabhebung zu verfügen.

(2) [1]CRR-Kreditinstituten und Unternehmen, die einer Institutsgruppe, einer Finanzholding-Gruppe oder einer gemischten Finanzholding-Gruppe angehören, der ein CRR-Kreditinstitut angehört, ist das Betreiben der in Satz 2 genannten Geschäfte nach Ablauf von 12 Monaten nach Überschreiten eines der folgenden Schwellenwerte verboten, wenn

1. bei nach internationalen Rechnungslegungsstandards im Sinne des § 315e des Handelsgesetzbuchs bilanzierenden CRR-Kreditinstituten und Institutsgruppen, Finanzholding-Gruppen oder gemischten Finanzholding-Gruppen, denen ein CRR-Kreditinstitut angehört, die in den Kategorien als zu Handelszwecken und zur Veräußerung verfügbare finanzielle Vermögenswerte eingestuften Positionen im Sinne des Artikels 1 in Verbindung mit Nummer 9 IAS 39 des Anhangs der Verordnung (EG) Nr. 1126/2008 der Europäischen Kommission vom 3. November 2008 in der jeweils geltenden Fassung zum Abschlussstichtag des vorangegangenen Geschäftsjahrs den Wert von 100 Milliarden Euro übersteigen oder, wenn die Bilanzsumme des CRR-Kreditinstituts oder der Institutsgruppe, Finanzholding-Gruppe oder gemischten Finanzholding-Gruppe, der ein CRR-Kreditinstitut angehört, zum Abschlussstichtag der letzten drei Geschäftsjahre jeweils mindestens 90 Milliarden Euro erreicht, 20 Prozent der Bilanzsumme des CRR-Kreditinstituts, der Institutsgruppe, Finanzholding-Gruppe oder gemischten Finanzholding-Gruppe, der ein CRR-Kreditinstitut angehört, des vorausgegangenen Geschäftsjahrs übersteigen, es sei denn, die Geschäfte werden in einem Finanzhandelsinstitut im Sinne des § 25f Absatz 1 betrieben, oder
2. bei den sonstigen der Rechnungslegung des Handelsgesetzbuchs unterliegenden CRR-Kreditinstituten und Institutsgruppen, Finanzholding-Gruppen oder gemischten Finanzholding-Gruppen, denen ein CRR-Kreditinstitut angehört, die dem Handelsbestand nach § 340e Absatz 3 des Handelsgesetzbuchs und der Liquiditätsreserve nach § 340e Absatz 1 Satz 2 des Handelsgesetzbuchs zuzuordnenden Positionen zum Abschlussstichtag des vorangegangenen Geschäftsjahrs den Wert von 100 Milliarden Euro übersteigen oder, wenn die Bilanzsumme des CRR-Kreditinstituts oder der Institutsgruppe, Finanzholding-Gruppe oder gemischten Finanzholding-Gruppe, der ein CRR-Kreditinstitut angehört, zum Abschlussstichtag der letzten drei Geschäftsjahre jeweils mindestens 90 Milliarden Euro erreicht, 20 Prozent der Bilanzsumme des CRR-Kreditinstituts, der Institutsgruppe, Fi-

nanzholding-Gruppe oder gemischten Finanzholding-Gruppe, der ein CRR-Kreditinstitut angehört, des vorausgegangenen Geschäftsjahrs übersteigen, es sei denn, die Geschäfte werden in einem Finanzhandelsinstitut im Sinne des § 25f Absatz 1 betrieben.

[2]Nach Maßgabe von Satz 1 verbotene Geschäfte sind

1. Eigengeschäfte;
2. Kredit- und Garantiegeschäfte mit
   a) Hedgefonds im Sinne des § 283 Absatz 1 des Kapitalanlagegesetzbuches oder Dach-Hedgefonds im Sinne des § 225 Absatz 1 des Kapitalanlagegesetzbuches oder, sofern die Geschäfte im Rahmen der Verwaltung eines Hedgefonds oder Dach-Hedgefonds getätigt werden, mit deren Verwaltungsgesellschaften;
   b) EU-AIF oder ausländischen AIF im Sinne des Kapitalanlagegesetzbuches, die im beträchtlichem Umfang Leverage im Sinne des Artikels 111 der Delegierten Verordnung (EU) Nr. 231/2013 der Kommission vom 19. Dezember 2012 zur Ergänzung der Richtlinie 2011/61/EU des Europäischen Parlaments und des Rates im Hinblick auf Ausnahmen, die Bedingungen für die Ausübung der Tätigkeit, Verwahrstellen, Hebelfinanzierung, Transparenz und Beaufsichtigung (ABl. L 83 vom 22.3.2013, S. 1) einsetzen, oder, sofern die Geschäfte im Rahmen der Verwaltung des EU-AIF oder ausländischen AIF getätigt werden, mit deren EU-AIF-Verwaltungsgesellschaften oder ausländischen AIF-Verwaltungsgesellschaften;
3. der Eigenhandel im Sinne des § 1 Absatz 1a Satz 2 Nummer 4 Buchstabe d mit Ausnahme der Market-Making-Tätigkeiten im Sinne des Artikels 2 Absatz 1 Buchstabe k der Verordnung (EU) Nr. 236/2012 vom 14. März 2012 über Leerverkäufe und bestimmte Aspekte von Credit Default Swaps (ABl. L 86 vom 24.3.2012, S. 1) (Market-Making-Tätigkeiten); die Ermächtigung der Bundesanstalt zu Einzelfallregelungen nach Absatz 4 Satz 1 unberührt.

[3]Nicht unter die Geschäfte im Sinne des Satzes 2 fallen:

1. Geschäfte zur Absicherung von Geschäften mit Kunden außer AIF oder Verwaltungsgesellschaften im Sinne von Satz 2 Nummer 2;
2. Geschäfte, die der Zins-, Währungs-, Liquiditäts-, und Kreditrisikosteuerung des CRR-Kreditinstituts, der Institutsgruppe, der Finanzholding-Gruppe, der gemischten Finanzholding-Gruppe oder des Verbundes dienen; einen Verbund in diesem Sinne bilden Institute, die demselben institutsbezogenen Sicherungssystem im Sinne des Artikels 113 Nummer 7 Buchstabe c der Verordnung des Europäischen Parlaments und des Rates über Aufsichtsanforderungen an Kreditinstitute und Wertpapierfirmen angehören;
3. Geschäfte im Dienste des Erwerbs und der Veräußerung langfristig angelegter Beteiligungen sowie Geschäfte, die nicht zu dem Zweck geschlossen werden, bestehende oder erwartete Unterschiede zwischen den Kauf- und Verkaufspreisen oder Schwankungen von Marktkursen, -preisen, -werten oder Zinssätzen kurzfristig zu nutzen, um so Gewinne zu erzielen.

(3) [1]CRR-Kreditinstitute und Unternehmen, die einer Institutsgruppe, einer Finanzholdinggruppe oder einer gemischten Finanzholdinggruppe angehören, der ein CRR-Kreditinstitut angehört, und die einen der Schwellenwerte des § 3 Absatz 2 Satz 1 Nummer 1 oder Nummer 2 überschreiten, haben

1. binnen sechs Monaten nach dem Überschreiten eines der Schwellenwerte anhand einer Risikoanalyse zu ermitteln, welche ihrer Geschäfte im Sinne des Absatzes 2 Satz 1 verboten sind, und

2. binnen 12 Monaten nach dem Überschreiten eines der Schwellenwerte die nach Satz 1 Nummer 1 ermittelten bereits betriebenen verbotenen Geschäfte zu beenden oder auf ein Finanzhandelsinstitut zu übertragen.

[2]Die Risikoanalyse nach Satz 1 Nummer 1 hat plausibel, umfassend und nachvollziehbar zu sein und ist schriftlich zu dokumentieren. [3]Die Bundesanstalt kann die Frist nach Satz 1 Nummer 2 im Einzelfall um bis zu 12 Monate verlängern; der Antrag ist zu begründen.

(4) [1]Die Bundesanstalt kann einem CRR-Kreditinstitut oder einem Unternehmen, das einer Institutsgruppe, einer Finanzholding-Gruppe oder einer gemischten Finanzholding-Gruppe angehört, der auch ein CRR-Kreditinstitut angehört, unabhängig davon, ob die Geschäfte nach Absatz 2 den Wert nach Absatz 2 Satz 1 überschreiten, die nachfolgenden Geschäfte verbieten und anordnen, dass die Geschäfte einzustellen oder auf ein Finanzhandelsinstitut im Sinne des § 25f Absatz 1 zu übertragen sind, wenn zu besorgen ist, dass diese Geschäfte, insbesondere gemessen am sonstigen Geschäftsvolumen, am Ertrag oder an der Risikostruktur des CRR-Kreditinstituts oder des Unternehmens, das einer Institutsgruppe, einer Finanzholding-Gruppe oder einer gemischten Finanzholding-Gruppe angehört, der auch ein CRR-Kreditinstitut angehört, die Solvenz des CRR-Kreditinstituts oder des Unternehmens, das einer Institutsgruppe, einer Finanzholding-Gruppe, einer gemischten Finanzholding-Gruppe oder einem Finanzkonglomerat angehört, der oder dem auch ein CRR-Kreditinstitut angehört, zu gefährden drohen:

1. Market-Making-Tätigkeiten;
2. sonstige Geschäfte im Sinne von Absatz 2 Satz 2 oder Geschäfte mit Finanzinstrumenten, die ihrer Art nach in der Risikointensität mit den Geschäften des Absatzes 2 Satz 2 oder des Satzes 1 Nummer 1 vergleichbar sind.

[2]Die Bundesanstalt hat bei Anordnung im Sinne des Satzes 1 dem Institut eine angemessene Frist einzuräumen.

§ 4 Entscheidung der Bundesanstalt für Finanzdienstleistungsaufsicht

[1]Die Bundesanstalt entscheidet in Zweifelsfällen, ob ein Unternehmen den Vorschriften dieses Gesetzes unterliegt. [2]Ihre Entscheidungen binden die Verwaltungsbehörden.

2. Bundesanstalt für Finanzdienstleistungsaufsicht

§ 5 *(weggefallen)*

§ 6 Aufgaben

(1) [1]Die Bundesanstalt übt die Aufsicht über die Institute nach den Vorschriften dieses Gesetzes, den dazu erlassenen Rechtsverordnungen, der Verordnung (EU) Nr. 575/2013 in ihrer jeweils geltenden Fassung und der auf der Grundlage der Verordnung (EU) Nr. 575/2013 und der Richtlinie 2013/36/EU erlassenen Rechtsakte sowie nach den Vorschriften der Verordnung (EU) Nr. 1024/2013 und der Verordnung (EU) Nr. 468/2014 der Europäischen Zentralbank vom 16. April 2014 zur Einrichtung eines Rahmenwerks für die Zusammenarbeit zwischen der Europäischen Zentralbank und den nationalen zuständigen Behörden und den nationalen benannten Behörden innerhalb des einheitlichen Aufsichtsmechanismus (SSM-Rahmenverordnung) (EZB/2014/17) (ABl. L 141 vom 14.5.2014, S. 1) aus. [2]Die Bundesanstalt ist die zuständige Behörde für die Anwendung des Artikels 458 der Verordnung (EU) Nr. 575/2013 sowie die zuständige Behörde nach Artikel 4 Absatz 1 der Richtlinie 2013/36/EU, soweit nicht die Europäische Zentralbank nach der Verordnung (EU) Nr. 1024/2013 als zuständige Behörde gilt. [3]Die Deutsche Bundesbank ist zuständige Stelle nach Artikel 4 Absatz 1 der Richt-

linie 2013/36/EU im Rahmen der ihr nach § 7 Absatz 1 auch in Verbindung mit Absatz 1a zugewiesenen Aufgaben, soweit nicht die Europäische Zentralbank nach der Verordnung (EU) Nr. 1024/2013 als zu ständige Behörde gilt.

(1a) Die Bundesanstalt übt die Aufsicht über zentrale Gegenparteien zusätzlich auch nach der Verordnung (EU) Nr. 648/2012 sowie den auf ihrer Grundlage erlassenen Rechtsakten aus.

(1b) Für CRR-Institute ist die Bundesanstalt sektoral zuständige Behörde im Sinne des Artikels 25a der Verordnung (EG) Nr. 1060/2009 in der jeweils geltenden Fassung und setzt die Einhaltung der Anforderungen der Verordnung (EG) Nr. 1060/2009 in der jeweils geltenden Fassung durch, soweit nicht § 29 des Wertpapierhandelsgesetzes anzuwenden ist.

(1c) Die Bundesanstalt ist zuständige Behörde im Sinne der Artikel 11, 17 Absatz 1 und des Artikels 55 Absatz 1 der Verordnung (EU) Nr. 909/2014 des Europäischen Parlaments und des Rates vom 23. Juli 2014 zur Verbesserung der Wertpapierlieferungen und -abrechnungen in der Europäischen Union und über Zentralverwahrer sowie zur Änderung der Richtlinien 98/26/EG und 2014/65/EU und der Verordnung (EU) Nr. 236/2012 (ABl. L 257 vom 28.8.2014, S. 1).

(1d) Die Bundesanstalt ist die nach diesem Gesetz zuständige Behörde im Sinne der Verordnung (EU) Nr. 1286/2014 des Europäischen Parlaments und des Rates vom 26. November 2014 über Basisinformationsblätter für verpackte Anlageprodukte für Kleinanleger und Versicherungsanlageprodukte (PRIIP) (ABl. L 352 vom 9.12.2014, S. 1, L 358 vom 13.12.2014, S. 50) in der jeweils geltenden Fassung für Institute, die PRIP im Sinne des Artikels 4 Nummer 1 dieser Verordnung herstellen, verkaufen oder über diese beraten, sofern es sich bei diesen PRIP zugleich um strukturierte Einlagen im Sinne des § 2 Absatz 15 des Wertpapierhandelsgesetzes handelt.

(1e) Die Bundesanstalt ist zuständige Behörde für

1. Originatoren, ursprüngliche Kreditgeber und Verbriefungszweckgesellschaften im Sinne des Artikels 29 Absatz 4 der Verordnung (EU) 2017/2402,
2. Originatoren, Sponsoren und Verbriefungszweckgesellschaften nach Artikel 29 Absatz 5 der Verordnung (EU) 2017/2402 und
3. Dritte im Sinne des Artikels 28 der Verordnung (EU) 2017/2402

und setzt ihnen gegenüber in Fällen der Nummer 1 die Einhaltung der Anforderungen nach den Artikeln 6 bis 9, in Fällen der Nummer 2 die Einhaltung der Anforderungen nach den Artikeln 18 bis 27 und in Fällen der Nummer 3 die Einhaltung der Anforderungen nach Artikel 28 der Verordnung (EU) 2017/2402 und der auf Grundlage der Verordnung (EU) 2017/2402 erlassenen Rechtsakte nach den Vorschriften dieses Gesetzes durch, soweit nicht § 295 Absatz 1 Nummer 4 des Versicherungsaufsichtsgesetzes oder § 5 Absatz 11 des Kapitalanlagegesetzbuchs anzuwenden sind.

(2) Die Bundesanstalt hat Mißständen im Kredit- und Finanzdienstleistungswesen entgegenzuwirken, welche die Sicherheit der den Instituten anvertrauten Vermögenswerte gefährden, die ordnungsmäßige Durchführung der Bankgeschäfte oder Finanzdienstleistungen beeinträchtigen oder erhebliche Nachteile für die Gesamtwirtschaft herbeiführen können.

(3) [1]Die Bundesanstalt kann im Rahmen der ihr gesetzlich zugewiesenen Aufgaben gegenüber den Instituten und ihren Geschäftsleitern Anordnungen treffen, die geeignet und erforderlich sind, um Verstöße gegen aufsichtsrechtliche Bestimmungen zu verhindern oder zu unterbinden oder um Missstände in einem Institut zu verhindern oder zu beseitigen, welche die Sicherheit der dem Institut anvertrauten Vermögenswerte gefährden können oder die ordnungsgemäße Durchführung der Bankgeschäfte oder Finanz-

dienstleistungen beeinträchtigen. [2]Die Anordnungsbefugnis nach Satz 1 besteht auch gegenüber Finanzholding-Gesellschaften oder gemischten Finanzholding-Gesellschaften sowie gegenüber den Personen, die die Geschäfte dieser Gesellschaften tatsächlich führen.

(4) Die Bundesanstalt hat bei der Ausübung ihrer Aufgaben in angemessener Weise die möglichen Auswirkungen ihrer Entscheidungen auf die Stabilität des Finanzsystems in den jeweils betroffenen Staaten des Europäischen Wirtschaftsraums zu berücksichtigen.

(5) *(aufgehoben)*

§ 6a Besondere Aufgaben

(1) Liegen Tatsachen vor, die darauf schließen lassen, dass von einem Institut angenommene Einlagen, sonstige dem Institut anvertraute Vermögenswerte oder eine Finanztransaktion der Terrorismusfinanzierung nach § 89c des Strafgesetzbuchs oder der Finanzierung einer terroristischen Vereinigung nach § 129a, auch in Verbindung mit § 129b des Strafgesetzbuchs dienen oder im Falle der Durchführung einer Finanztransaktion dienen würden, kann die Bundesanstalt

1. der Geschäftsführung des Instituts Anweisungen erteilen,
2. dem Institut Verfügungen von einem bei ihm geführten Konto oder Depot untersagen,
3. dem Institut die Durchführung von sonstigen Finanztransaktionen untersagen.

(2) Tatsachen im Sinne des Absatzes 1 liegen in der Regel insbesondere dann vor, wenn es sich bei dem Inhaber eines Kontos oder Depots, dessen Verfügungsberechtigten oder dem Kunden eines Instituts um eine natürliche oder juristische Person oder eine nicht rechtsfähige Personenvereinigung handelt, deren Name in die im Zusammenhang mit der Bekämpfung des Terrorismus angenommene Liste des Rates der Europäischen Union zum Gemeinsamen Standpunkt des Rates 2001/931/GASP vom 27. Dezember 2001 über die Anwendung besonderer Maßnahmen zur Bekämpfung des Terrorismus (ABl. EG Nr. L 344 S. 93) in der jeweils geltenden Fassung aufgenommen wurde.

(3) Die Bundesanstalt kann Vermögenswerte, die einer Anordnung nach Absatz 1 unterliegen, im Einzelfall auf Antrag der betroffenen natürlichen oder juristischen Person oder einer nicht rechtsfähigen Personenvereinigung freigegeben, soweit diese der Deckung des notwendigen Lebensunterhalts der Person oder ihrer Familienmitglieder, der Bezahlung von Versorgungsleistungen, Unterhaltsleistungen oder vergleichbaren Zwecken dienen.

(4) Eine Anordnung nach Absatz 1 ist aufzuheben, sobald und soweit der Anordnungsgrund nicht mehr vorliegt.

(5) Gegen eine Anordnung nach Absatz 1 kann das Institut oder ein anderer Beschwerter Widerspruch erheben.

(6) Die Möglichkeit zur Anordnung von Beschränkungen des Kapital- und Zahlungsverkehrs nach § 4 Absatz 1 des Außenwirtschaftsgesetzes bleibt unberührt.

§ 6b Aufsichtliche Überprüfung und Beurteilung

(1) [1]Im Rahmen der Beaufsichtigung beurteilt die Aufsichtsbehörde die Regelungen, Strategien, Verfahren und Prozesse, die ein Institut zur Einhaltung der aufsichtlichen Anforderungen geschaffen hat, und beurteilt

1. die Risiken, denen es ausgesetzt ist oder sein könnte, insbesondere auch die Risiken, die unter Berücksichtigung der Art, des Umfangs und der Komplexität der Geschäftstätigkeit eines Instituts bei Stresstests festgestellt wurden, sowie

2. die Risiken, die es nach Maßgabe der Ermittlung und Messung des Systemrisikos gemäß Artikel 23 der Verordnung (EU) Nr. 1093/2010 und gegebenenfalls unter Berücksichtigung von Empfehlungen des European Systemic Risk Board (ESRB) für das Finanzsystem darstellt.

[2]Die Bundesanstalt arbeitet hierbei mit der Deutschen Bundesbank nach Maßgabe des § 7 zusammen.

(2) [1]Die Aufsichtsbehörde bewertet anhand der Überprüfung und Beurteilung zusammenfassend und zukunftsgerichtet, ob die von einem Institut geschaffenen Regelungen, Strategien, Verfahren und Prozesse sowie seine Liquiditäts- und Eigenmittelausstattung ein angemessenes und wirksames Risikomanagement und eine solide Risikoabdeckung gewährleisten. [2]Neben Kreditrisiken, Marktrisiken und operationellen Risiken berücksichtigt sie dabei insbesondere

1. die Ergebnisse der internen Stresstests eines Instituts, das einen IRB-Ansatz verwendet oder das zur Berechnung der in den Artikeln 362 bis 377 der Verordnung (EU) Nr. 575/2013 in der jeweils geltenden Fassung festgelegten Eigenmittelanforderungen für das Marktrisiko ein internes Modell verwendet;
2. die Fähigkeit eines Instituts, auf Grund von gemäß Artikel 105 der Verordnung (EU) Nr. 575/2013 in der jeweils geltenden Fassung vorgenommenen Bewertungskorrekturen seine Positionen des Handelsbuchs unter normalen Marktbedingungen kurzfristig ohne wesentliche Verluste zu veräußern oder abzusichern;
3. das Ausmaß, in dem ein Institut Risikokonzentrationen ausgesetzt ist, und deren Steuerung durch das Institut, einschließlich der Erfüllung der aufsichtlichen Anforderungen;
4. die Auswirkung von Diversifikationseffekten und auf welche Art und Weise sie in das Risikomesssystem eines Instituts einbezogen werden;
5. die Robustheit, Eignung und Art der Anwendung der Grundsätze und Verfahren, die ein Institut für das Management des Risikos eingeführt hat, das trotz des Einsatzes anerkannter Kreditrisikominderungstechniken bei dem Institut verbleibt;
6. die Angemessenheit der Eigenmittel, die ein Institut für Verbriefungen hält, für die es als Originator gilt, unter Berücksichtigung der wirtschaftlichen Substanz der Transaktion und des Grads an erreichter Risikoübertragung; die Aufsichtsbehörde überwacht in diesem Zusammenhang, ob ein Institut außervertragliche Unterstützung für eine Transaktion leistet;
7. die Liquiditätsrisiken, denen ein Institut ausgesetzt ist, sowie deren Beurteilung und Steuerung einschließlich der Entwicklung von Alternativszenarioanalysen und wirksamer Notfallpläne sowie der Steuerung risikomindernder Faktoren, insbesondere Höhe, Zusammensetzung und Qualität von Liquiditätspuffern;
8. die Ergebnisse aufsichtlicher Stresstests nach Absatz 3 oder nach Artikel 32 der Verordnung (EU) Nr. 1093/2010;
9. die geografische Verteilung der eingegangenen Risiken eines Instituts;
10. das Geschäftsmodell;
11. das Zinsänderungsrisiko eines Instituts aus Geschäften, die nicht unter das Handelsbuch fallen;
12. die Verfahren zur Ermittlung und Sicherstellung der Risikotragfähigkeit eines Instituts nach § 25a;
13. das Risiko einer übermäßigen Verschuldung eines Instituts, wie es aus den Indikatoren für eine übermäßige Verschuldung hervorgeht, wozu auch die gemäß Artikel 429 der Verordnung (EU) Nr. 575/2013 in der jeweils geltenden Fassung be-

stimmte Verschuldungsquote zählt; bei der Beurteilung der Angemessenheit der Verschuldungsquote eines Instituts und der vom Institut zur Steuerung des Risikos einer übermäßigen Verschuldung eingeführten Regelungen, Strategien, Verfahren und Mechanismen berücksichtigt die Aufsichtsbehörde das Geschäftsmodell des Instituts;

14. die Regelungen zur Sicherstellung einer ordnungsgemäßen Geschäftsführung eines Instituts, die Art und Weise ihrer Implementierung und praktischen Durchführung sowie die Fähigkeit der Mitglieder des Leitungsorgans zur Erfüllung ihrer Pflichten;
15. das nach Absatz 1 Satz 1 Nummer 2 bewertete systemische Risiko eines Instituts.

(3) [1]Die Aufsichtsbehörde kann ein Institut aufsichtlichen Stresstests unterziehen oder, so weit die Bundesanstalt Aufsichtsbehörde ist, die Deutsche Bundesbank hierzu beauftragen. [2]Hierzu kann die Aufsichtsbehörde und, soweit die Bundesanstalt Aufsichtsbehörde ist, auch die Deutsche Bundesbank

1. das Institut auffordern, seine Risiko-, Eigen mittel- und Liquiditätspositionen unter Nutzung der institutseigenen Risikomanagement-Methoden bei aufsichtlich vorgegebenen Szenarien zu berechnen und die Daten sowie die Ergebnisse an die Aufsichtsbehörde, die Deutsche Bundesbank und, soweit Aufsichtsbehörde die Europäische Zentralbank ist, auch an die Bundesanstalt zu übermitteln und
2. die Auswirkungen von Schocks auf das Institut auf der Grundlage aufsichtlicher Stress test-Methoden anhand der verfügbaren Daten bestimmen.

(4) [1]Die Aufsichtsbehörde bestimmt Häufigkeit und Intensität der Überprüfungen, Beurteilungen und möglicher aufsichtlicher Stresstests unter Berücksichtigung der Größe, der Systemrelevanz sowie der Art, des Umfangs und der Komplexität der Geschäfte eines Instituts. [2]Die Überprüfungen und Beurteilungen werden mindestens einmal jährlich aktualisiert. [3]Soweit die Bundesanstalt Aufsichtsbehörde ist, nimmt sie die Aufgaben nach Satz 1 in Abstimmung mit der Deutschen Bundesbank wahr.

§ 7 Zusammenarbeit mit der Deutschen Bundesbank

(1) [1]Die Bundesanstalt und die Deutsche Bundesbank arbeiten nach Maßgabe dieses Gesetzes zusammen. [2]Unbeschadet weiterer gesetzlichere Maßgaben umfasst die Zusammenarbeit die laufende Überwachung der Institute durch die Deutsche Bundesbank. [3]Die laufende Überwachung beinhaltet insbesondere die Auswertung der von den Instituten eingereichten Unterlagen, der Prüfungsberichte nach § 26 und der Jahresabschlussunterlagen sowie die Durchführung und Auswertung der bankgeschäftlichen Prüfungen zur Beurteilung der angemessenen Eigenkapitalausstattung und Risikosteuerungsverfahren der Institute und das Bewerten von Prüfungsfeststellungen. [4]Die laufende Überwachung durch die Deutsche Bundesbank erfolgt in der Regel durch ihre Hauptverwaltungen.

(1a) [1]Innerhalb des einheitlichen Aufsichtsmechanismus im Sinne des Artikels 2 Nummer 9 der Verordnung (EU) Nr. 1024/2013 ist Absatz 1 auch dann anzuwenden, wenn die Bundesanstalt die Europäische Zentralbank bei ihren Aufgaben im Sinne von Artikel 6 Absatz 2 und 3 der Verordnung (EU) Nr. 1024/2013 unterstützt. [2]Bei der Zusammenarbeit nach Absatz 1 informieren sich die Bundesanstalt und die Deutsche Bundesbank unverzüglich über Anfragen der Europäischen Zentralbank und tauschen von dieser erhaltene Informationen aus. [3]Übermittelt die Bundesanstalt oder die Deutsche Bundesbank im Rahmen der Wahrnehmung ihrer Aufgaben nach diesem Gesetz Beobachtungen, Feststellungen, Daten oder sonstige Informationen an die Europäische Zentralbank, übermittelt sie diese zeitgleich auch an die jeweils andere Stelle. [4]Die Absätze 2 bis 5 finden auch im Rahmen des einheitlichen Aufsichtsmechanismus entsprechende Anwendung.

(2) [1]Die Deutsche Bundesbank hat die Richtlinien der Bundesanstalt zu beachten. [2]Die Richtlinien der Bundesanstalt zur laufenden Aufsicht ergehen im Einvernehmen mit der Deutschen Bundesbank. [3]Innerhalb des einheitlichen Aufsichtsmechanismus beachtet die Bundesanstalt bei Erlass der Richtlinien die Vorgaben der Europäischen Zentralbank nach Artikel 6 Absatz 5 Buchstabe a der Verordnung (EU) Nr. 1024/2013. [4]Kann ein Einvernehmen nicht innerhalb einer angemessenen Frist hergestellt werden, erlässt das Bundesministerium der Finanzen solche Richtlinien im Benehmen mit der Deutschen Bundesbank und unter Beachtung der innerhalb des einheitlichen Aufsichtsmechanismus erlassenen Vorgaben der Europäischen Zentralbank nach Artikel 6 Absatz 5 Buchstabe a der Verordnung (EU) Nr. 1024/2013. [5]Die aufsichtsrechtlichen Maßnahmen, insbesondere Allgemeinverfügungen und Verwaltungsakte einschließlich Prüfungsanordnungen nach § 44 Absatz 1 Satz 2 und § 44b Absatz 2 Satz 1, trifft die Bundesanstalt gegenüber den Instituten. [6]Die Bundesanstalt legt die von der Deutschen Bundesbank getroffenen Prüfungsfeststellungen und Bewertungen in der Regel ihren aufsichtsrechtlichen Maßnahmen zugrunde.

(3) [1]Die Bundesanstalt und die Deutsche Bundesbank haben einander Beobachtungen und Feststellungen mitzuteilen, die für die Erfüllung ihrer Aufgaben erforderlich sind. [2]Die Deutsche Bundesbank hat insoweit der Bundesanstalt auch die Angaben zur Verfügung zu stellen, die jene auf Grund statistischer Erhebungen nach § 18 des Gesetzes über die Deutsche Bundesbank erlangt. [3]Sie hat vor Anordnung einer solchen Erhebung die Bundesanstalt zu hören; § 18 Satz 5 des Gesetzes über die Deutsche Bundesbank gilt entsprechend.

(4) [1]Die Zusammenarbeit nach den Absätzen 1 und 1a sowie die Mitteilungen nach Absatz 3 schließen die Übermittlung der zur Erfüllung der Aufgaben der empfangenden Stelle erforderlichen personenbezogenen Daten ein. [2]Zur Erfüllung ihrer Aufgaben nach diesem Gesetz dürfen die Bundesanstalt und die Deutsche Bundesbank gegenseitig die bei der anderen Stelle jeweils gespeicherten Daten im automatisierten Verfahren abrufen. [3]Die Deutsche Bundesbank hat bei jedem zehnten von der Bundesanstalt durchgeführten Abruf personenbezogener Daten den Zeitpunkt, die Angaben, welche die Feststellung der aufgerufenen Datensätze ermöglichen, sowie die für den Abruf verantwortliche Person zu protokollieren. [4]Die Protokolldaten dürfen nur für Zwecke der Datenschutzkontrolle, der Datensicherung oder zur Sicherstellung eines ordnungsmäßigen Betriebs der Datenverarbeitungsanlage verwendet werden. [5]Sie sind am Ende des auf das Jahr der Protokollierung folgenden Kalenderjahres zu löschen, soweit sie nicht für ein laufendes Kontrollverfahren benötigt werden. [6]Die Sätze 3 bis 5 gelten entsprechend für die Datenabrufe der Deutschen Bundesbank bei der Bundesanstalt. [7]Im Übrigen bleiben die Bestimmungen des Bundesdatenschutzgesetzes unberührt.

(5) [1]Die Bundesanstalt und die Deutsche Bundesbank können gemeinsame Dateien einrichten. [2]Jede der beiden Stellen darf nur die von ihr eingegebenen Daten verändern, sperren oder löschen und ist nur hinsichtlich der von ihr eingegebenen Daten verantwortliche Stelle im Sinne des Bundesdatenschutzgesetzes. [3]Hat eine der beiden Stellen Anhaltspunkte dafür, dass von der anderen Stelle eingegebene Daten unrichtig sind, teilt sie dies der anderen Stelle unverzüglich mit. [4]Die andere Stelle hat die Richtigkeit der Daten unverzüglich zu prüfen und die Daten erforderlichenfalls unverzüglich zu berichtigen, zu sperren und zu löschen. [5]Bei der Errichtung einer gemeinsamen Datei ist festzulegen, welche Stelle die technischen und organisatorischen Maßnahmen nach § 9 des Bundesdatenschutzgesetzes zu treffen hat. [6]Die nach Satz 5 bestimmte Stelle hat sicherzustellen, dass die Beschäftigten Zugang zu personenbezogenen Daten nur in dem Umfang erhalten, der zur Erfüllung ihrer Aufgaben erforderlich ist. [7]Abrufe personenbezogener Daten, die nicht durch die eingebende Stelle erfolgen, sind in entsprechender Anwendung von Absatz 4 Satz 3 bis 5 zu protokollieren.

§ 7a Zusammenarbeit mit der Europäischen Kommission

(1) Die Bundesanstalt meldet der Europäischen Kommission

1. das Erlöschen oder die Aufhebung einer Erlaubnis nach § 35 oder nach den Vorschriften des Verwaltungsverfahrensgesetzes unter Angabe der Gründe, die zur Aufhebung führten,
2. die Erteilung einer Erlaubnis nach § 32 Absatz 1 an die Zweigstelle eines Unternehmens im Sinne des § 53 mit Sitz außerhalb der Staaten des Europäischen Wirtschaftsraums,
3. die Anzahl und die Art der Fälle, in denen die Errichtung einer Zweigniederlassung in einem anderen Staat des Europäischen Wirtschaftsraums nicht zustande gekommen ist, weil die Bundesanstalt die Angaben nach § 24a Absatz 1 Satz 2 nicht an die zuständigen Stellen des Aufnahmemitgliedstaates weitergeleitet hat,
4. die Anzahl und Art der Fälle, in denen Maßnahmen nach § 53b Absatz 4 Satz 2 und Absatz 5 Satz 1 ergriffen wurden,
5. allgemeine Schwierigkeiten, die Wertpapierhandelsunternehmen bei der Errichtung von Zweigniederlassungen, der Gründung von Tochterunternehmen, beim Betreiben von Bankgeschäften, beim Erbringen von Finanzdienstleistungen oder bei Tätigkeiten nach § 1 Absatz 3 Satz 1 Nummer 2 bis 8 in einem Drittstaat haben, und
6. den Erlaubnisantrag des Tochterunternehmens eines Unternehmens mit Sitz in einem Drittstaat, sofern die Kommission die Meldung solcher Antragseingänge verlangt hat.

(2) Die Bundesanstalt unterrichtet die Europäische Kommission über

1. *(aufgehoben)*
2. die Grundsätze, die sie im Einvernehmen mit den anderen zuständigen Stellen im Europäischen Wirtschaftsraum in Bezug auf die Überwachung von gruppeninternen Transaktionen und Risikokonzentrationen anwendet,
3. die gewählte Vorgehensweise in den Fällen des § 53d Absatz 3 und
4. *(aufgehoben)*
5. das Verfahren zur Vermeidung der Umgehung der zusätzlichen Kapitalanforderungen bei Überschreitung der Gesamtbuch-Großkreditanforderungen.

(3) Die Bundesanstalt übermittelt der Europäischen Kommission Verzeichnisse der Finanzholding-Gesellschaften oder gemischten Finanzholding-Gesellschaften, bei denen die Bundesanstalt die Aufsicht auf zusammengefasster Basis ausübt.

§ 7b Zusammenarbeit mit der Europäischen Bankenaufsichtsbehörde, der Europäischen Wertpapier- und Marktaufsichtsbehörde und der Europäischen Aufsichtsbehörde für das Versicherungswesen und die betriebliche Altersversorgung

(1) [1]Die Bundesanstalt beteiligt sich nach Maßgabe

1. der Verordnung (EU) Nr. 1093/2010 des Europäischen Parlaments und des Rates vom 24. November 2010 zur Errichtung einer Europäischen Aufsichtsbehörde (Europäische Bankenaufsichtsbehörde), zur Änderung des Beschlusses Nr. 716/2009/EG und zur Aufhebung des Beschlusses 2009/78/EG der Kommission (ABl. L 331 vom 15.12.2010, S. 12),
2. der Verordnung (EU) Nr. 1095/2010 des Europäischen Parlaments und des Rates vom 24. November 2010 zur Errichtung einer Europäischen Aufsichtsbehörde (Europäische Wertpapier- und Marktaufsichtsbehörde), zur Änderung des Be-

schlusses Nr. 716/2009/EG und zur Aufhebung des Beschlusses 2009/77/EG der Kommission (ABl. L 331 vom 15.12.2010, S. 84) sowie

3. dieses Gesetzes

an den Tätigkeiten der Europäischen Bankenaufsichtsbehörde und der Europäischen Wertpapier- und Marktaufsichtsbehörde sowie an den Aktivitäten der sie betreffenden Aufsichtskollegien. [2]Hierbei beteiligt sie die Deutsche Bundesbank nach Maßgabe der Verordnung (EU) Nr. 1093/2010 sowie nach Maßgabe dieses Gesetzes. [3]Die Bundesanstalt stellt der Europäischen Bankenaufsichtsbehörde nach Maßgabe des Artikels 35 der Verordnung (EU) Nr. 1093/2010 und der Europäischen Wertpapier- und Marktaufsichtsbehörde nach Maßgabe des Artikels 35 der Verordnung (EU) Nr. 1095/2010 auf Verlangen unverzüglich alle für die Erfüllung ihrer Aufgaben erforderlichen Informationen zur Verfügung. [4]Sie wendet die Leitlinien und Empfehlungen der Europäischen Bankenaufsichtsbehörde im Einklang mit Artikel 16 der Verordnung (EU) Nr. 1093/2010 und der Europäischen Wertpapier- und Marktaufsichtsbehörde bei Anwendung dieses Gesetzes an. [5]Weicht die Bundesanstalt von diesen Leitlinien und Empfehlungen ab oder beabsichtigt sie dies, begründet sie dies gegenüber der betreffenden Europäischen Aufsichtsbehörde.

(2) [1]Die Bundesanstalt meldet der Europäischen Bankenaufsichtsbehörde

1. die Erteilung der Erlaubnis nach § 32 Absatz 1, das Erlöschen oder die Aufhebung der Erlaubnis nach § 35 an ein CRR-Kreditinstitut,
2. die in § 7a Absatz 1 Nummer 1 bis 4 genannten Sachverhalte,
3. die nach Artikel 450 Absatz 1 Buchstabe g und h der Verordnung (EU) Nr. 575/2013 in der jeweils geltenden Fassung gesammelten Informationen,
4. die nach Artikel 450 Absatz 1 Buchstabe i der Verordnung (EU) Nr. 575/2013 in der jeweils geltenden Fassung gesammelten Informationen,
5. Maßnahmen der Bundesanstalt nach § 6 Absatz 3 und nach § 10 Absatz 3, die darauf beruhen, dass die Bundesanstalt festgestellt hat, dass ein CRR-Institut, insbesondere auf Grund seines Geschäftsmodells oder der geografischen Verteilung der eingegangenen Risiken, ähnlichen Risiken ausgesetzt ist oder sein könnte oder für das Finanzsystem ähnliche Risiken begründet,
6. die Funktionsweise der Überprüfungs- und Bewertungssysteme der Risiken, denen ein CRR-Institut ausgesetzt ist oder sein könnte, und der Risiken, die ein CRR-Institut nach Maßgabe der Ermittlung und Messung des Systemrisikos gemäß Artikel 23 der Verordnung (EU) Nr. 1093/2010 in der jeweils geltenden Fassung für das Finanzsystem darstellt, sowie die Methodik, nach der auf der Grundlage dieser Überprüfung Maßnahmen getroffen werden,
7. die Ergebnisse aufsichtlicher Stresstests, soweit diese über die nach Artikel 32 der Verordnung (EU) Nr. 1093/2010 in der jeweils geltenden Fassung durchgeführten Stresstests hinaus erforderlich werden, um eine hinreichende Überprüfung und Überwachung des CRR-Instituts sicherzustellen,
8. Anordnungen der Bundesanstalt nach § 10 Absatz 3 Nummer 5 oder § 10 Absatz 6 unter Angabe der Gründe,
9. alle sonstigen Maßnahmen, die die Bundesanstalt gegenüber einem CRR-Institut trifft, wenn es gegen die Anforderungen der Verordnung (EU) Nr. 575/2013 oder die auf Grund der Richtlinie 2013/36/EU erlassenen Anforderungen verstößt oder voraussichtlich verstoßen wird, jeweils unter Angabe der Gründe und
10. alle nach § 56 Absatz 6 Nummer 1 verhängten rechtskräftig gewordenen Bußgelder, einschließlich aller dauerhaften Untersagungen insbesondere nach § 36.

²Die Bundesanstalt meldet der Europäischen Aufsichtsbehörde in den vorstehenden Fällen auch die Einlegung von Rechtsmitteln gegen die von ihr erlassenen Maßnahmen und Bußgelder sowie den Ausgang der Rechtsmittelverfahren.

(3) Die Bundesanstalt unterrichtet die Europäische Bankenaufsichtsbehörde über

1. *(aufgehoben)*
2. die gewählte Vorgehensweise in den Fällen des § 53d Absatz 3,
3. das Verfahren zur Vermeidung der Umgehung der zusätzlichen Kapitalanforderungen bei Überschreitung der Gesamtbuch-Großkreditanforderungen,
4. Entscheidungen nach § 2e,
5. die Struktur von Institutsgruppen, Finanzholding-Gruppen oder gemischten Finanzholding-Gruppen, bei denen die Bundesanstalt die Aufsicht auf zusammengefasster Basis ausübt; dazu gehören insbesondere Informationen über die rechtliche und organisatorische Struktur sowie die Grundsätze einer ordnungsgemäßen Geschäftsführung der Gruppe,
6. die Stellen im Sinne des § 9 Absatz 1 Satz 4, der die Bundesanstalt Tatsachen offenbaren kann, ohne gegen ihre Verschwiegenheitspflicht zu verstoßen, und
7. die Genehmigung, ein weiteres Mandat in einem Verwaltungs- oder Aufsichtsorgan gemäß § 25c Absatz 2 Satz 5, § 25d Absatz 3 Satz 5 innezuhaben.

(3a) Die Bundesanstalt übermittelt der Europäischen Bankenaufsichtsbehörde Verzeichnisse im Sinne des § 7a Absatz 3.

(4) Die Bundesanstalt meldet der Europäischen Wertpapier- und Marktaufsichtsbehörde

1. sofern ein Wertpapierdienstleistungsunternehmen im Sinne des § 2 Absatz 10 des Wertpapierhandelsgesetzes betroffen ist,
   a) die Erteilung sowie das Erlöschen oder die Aufhebung einer Erlaubnis nach § 32 und
   b) die Genehmigung, ein weiteres Mandat in dem Verwaltungs- oder Aufsichtsorgan gemäß § 25c Absatz 2 Satz 5 oder § 25d Absatz 3 Satz 5 innezuhaben,
2. den in § 7a Absatz 1 Nummer 5 genannten Sachverhalt,
3. jährlich eine Zusammenfassung von allen im Zusammenhang mit der Überwachung von Wertpapierdienstleistungsunternehmen und Datenbereitstellungsdiensten sowie gegenüber Instituten als Gegenparteien von Wertpapierfinanzierungsgeschäften ergriffenen Verwaltungsmaßnahmen und verhängten Sanktionen,
4. jährlich in aggregierter und anonymisierter Form Daten über strafrechtliche Ermittlungen und verhängte strafrechtliche Sanktionen wegen Verstößen gegen § 54, sofern diese im Zusammenhang mit dem unerlaubten Erbringen von Finanzdienstleistungen erfolgten, die zugleich Wertpapierdienstleistungen im Sinne des § 2 Absatz 6 des Wertpapierhandelsgesetzes sind,
5. zeitgleich mit der Bekanntmachung alle im Zusammenhang mit der Überwachung von Wertpapierdienstleistungsunternehmen und Datenbereitstellungsdiensten sowie nach den §§ 60b und 60c bekannt gemachten Verwaltungsmaßnahmen und Sanktionen, soweit sie Institute als finanzielle Gegenparteien von Wertpapierfinanzierungsgeschäften betreffen,
6. alle Bußgeldentscheidungen, die nach Maßgabe des § 60d Absatz 3 Nummer 3 nicht bekannt gemacht wurden, sowie alle Rechtsmittel in Verbindung mit diesen Bußgeldentscheidungen und die Ergebnisse der Rechtsmittelverfahren,

7. die Erteilung sowie das Erlöschen oder die Aufhebung einer Erlaubnis nach § 32 Absatz 1f,
8. jede Erlaubnis zur Wiederverbriefung gemäß Artikel 8 Absatz 2 der Verordnung (EU) 2017/2402,
9. Maßnahmen und Bußgeldentscheidungen der Bundesanstalt, die auf einem Verstoß gegen die Artikel 19 bis 22 oder die Artikel 23 bis 26 der Verordnung (EU) 2017/2402 beruhen.

(5) Die Bundesanstalt unterrichtet die Europäische Aufsichtsbehörde für das Versicherungswesen und die betriebliche Altersversorgung über die Entscheidungen nach § 2e.

(6) Die Bundesanstalt meldet der Europäischen Bankenaufsichtsbehörde, der Europäischen Wertpapier- und Marktaufsichtsbehörde und der Europäischen Aufsichtsbehörde für das Versicherungswesen und die betriebliche Altersversorgung unter Beachtung des Verfahrens nach Artikel 36 Absatz 6 der Verordnung (EU) 2017/2402, wenn sie als zuständige Behörde einer gemäß Artikel 27 Absatz 1 dieser Verordnung benannten ersten Anlaufstelle von einem Verstoß gegen die Anforderungen des Artikels 27 Absatz 1 dieser Verordnung erfährt.

§ 7c Zusammenarbeit mit dem Europäischen Bankenausschuss

Die Bundesanstalt meldet dem Europäischen Bankenausschuss die Erteilung einer Erlaubnis nach § 32 Absatz 1 an die Zweigstelle eines Unternehmens im Sinne des § 53 mit Sitz außerhalb der Staaten des Europäischen Wirtschaftsraums.

§ 7d Zusammenarbeit mit dem Europäischen Ausschuss für Systemrisiken

[1]Die Bundesanstalt arbeitet eng mit dem Europäischen Ausschuss für Systemrisiken zusammen und berücksichtigt die von ihm nach Maßgabe von Artikel 16 der Verordnung (EU) Nr. 1092/2010 erlassenen Warnungen und Empfehlungen. [2]Die Bundesanstalt meldet dem Europäischen Ausschuss für Systemrisiken für jedes Quartal die Quote für den antizyklischen Kapitalpuffer nach § 10d, die Berechnungsgrundlagen der Quote nach der Rechtsverordnung nach § 10 Absatz 1 Satz 1 Nummer 5 sowie die Anwendungsdauer der Quote und informiert über die Tatsache, dass die Bundesanstalt bei der Festlegung der Quote für den antizyklischen Kapitalpuffer Variablen im Sinne der Rechtsverordnung nach § 10 Absatz 1 Satz 1 Nummer 5 berücksichtigt und die Quote ohne deren Berücksichtigung niedriger ausgefallen wäre.

§ 8 Zusammenarbeit mit anderen Stellen

(1) *(aufgehoben)*

(2) Werden gegen Inhaber oder Geschäftsleiter von Instituten sowie gegen Inhaber bedeutender Beteiligungen von Instituten oder deren gesetzliche oder satzungsmäßige Vertreter oder persönlich haftende Gesellschafter oder gegen Personen, die die Geschäfte einer Finanzholding-Gesellschaft oder einer gemischten Finanzholding-Gesellschaft tatsächlich führen, Steuerstrafverfahren eingeleitet oder unterbleibt dies auf Grund einer Selbstanzeige nach § 371 der Abgabenordnung, so steht § 30 der Abgabenordnung Mitteilungen an die Bundesanstalt über das Verfahren und über den zugrunde liegenden Sachverhalt nicht entgegen; das Gleiche gilt, wenn sich das Verfahren gegen Personen richtet, die das Vergehen als Bedienstete eines Instituts oder eines Inhabers einer bedeutenden Beteiligung an einem Institut begangen haben.

(3) [1]Die Bundesanstalt und, soweit sie im Rahmen dieses Gesetzes tätig wird, die Deutsche Bundesbank arbeiten bei der Aufsicht über Institute, die in einem anderen Staat des Europäischen Wirtschaftsraums Bankgeschäfte betreiben oder Finanzdienstleistun-

gen erbringen, sowie bei der Aufsicht über Institutsgruppen, Finanzholding-Gruppen oder gemischte Finanzholding-Gruppen im Sinne des § 10a Abs. 1 bis 5 mit den zuständigen Stellen im Europäischen Wirtschaftsraum sowie der Europäischen Bankenaufsichtsbehörde und der Europäischen Wertpapier- und Marktaufsichtsbehörde zusammen. [2]Bei der Beurteilung nach § 2c Abs. 1a und 1b arbeitet die Bundesanstalt mit den zuständigen Stellen im Europäischen Wirtschaftsraum zusammen, wenn der Anzeigepflichtige

1. ein CRR-Institut, ein Erst- oder Rückversicherungsunternehmen oder eine Verwaltungsgesellschaft im Sinne des Artikels 2 Absatz 1 Buchstabe b der Richtlinie 2009/65/EG (OGAW-Verwaltungsgesellschaft) ist, das beziehungsweise die in einem anderen Mitgliedstaat oder anderen Sektor als dem, in dem der Erwerb beabsichtigt wird, zugelassen ist;
2. ein Mutterunternehmen eines CRR-Instituts, eines Erst- oder Rückversicherungsunternehmens oder einer OGAW-Verwaltungsgesellschaft ist, das beziehungsweise die in einem anderen Mitgliedstaat oder anderen Sektor als dem, in dem der Erwerb beabsichtigt wird, zugelassen ist oder
3. eine natürliche oder juristische Person ist, die ein CRR-Institut, ein Erst- oder Rückversicherungsunternehmen oder eine OGAW-Verwaltungsgesellschaft kontrolliert, das beziehungsweise die in einem anderen Mitgliedstaat oder anderen Sektor als dem, in dem der Erwerb beabsichtigt wird, zugelassen ist.

[3]Vorbehaltlich des § 4b Abs. 1 in Verbindung mit § 15 Abs. 1 des Bundesdatenschutzgesetzes tauschen sie mit ihnen alle zweckdienlichen und grundlegenden Informationen aus, die für die Durchführung der Aufsicht erforderlich sind. [4]Grundlegende Informationen können auch ohne entsprechende Anfrage der zuständigen Stelle weitergegeben werden. [5]Als grundlegend in diesem Sinne gelten alle Informationen, die Einfluss auf die Beurteilung der Finanzlage eines Instituts in dem betreffenden Staat des Europäischen Wirtschaftsraums haben können. [6]Hierzu gehören insbesondere:

1. die Offenlegung der rechtlichen und organisatorischen Struktur sowie die Grundlagen einer ordnungsgemäßen Geschäftsführung der Gruppe, einschließlich aller beaufsichtigten Unternehmen, nichtbeaufsichtigten Unternehmen, nichtbeaufsichtigten Tochtergesellschaften und bedeutender Zweigniederlassungen der Gruppe, sowie Ermittlung der jeweils für die Aufsicht zuständigen Stellen,
2. Verfahren für die Sammlung und Überprüfung von Informationen von gruppenangehörigen Instituten,
3. nachteilige Entwicklungen bei Instituten oder anderen Unternehmen einer Gruppe, die die Institute ernsthaft beeinträchtigen könnten, und
4. schwerwiegende oder außergewöhnliche bankaufsichtliche Maßnahmen, die die Bundesanstalt nach Maßgabe dieses Gesetzes oder der zu seiner Durchführung erlassenen Rechtsverordnungen ergriffen hat.

[7]Die Bundesanstalt übermittelt der zuständigen Stelle im Aufnahmemitgliedstaat

1. alle Informationen für die Beurteilung der Zuverlässigkeit und fachlichen Eignung der in § 1 Absatz 2 Satz 1 genannten Personen;
2. alle Informationen für die Beurteilung der Zuverlässigkeit der Inhaber einer bedeutenden Beteiligung an Unternehmen derselben Gruppe mit Sitz im Inland, die erforderlich sind für die Erteilung einer Erlaubnis und die laufende Aufsicht über ein Unternehmen im Sinne des § 33b Satz 1, das beabsichtigt, im Aufnahmemitgliedstaat Bankgeschäfte entsprechend § 1 Absatz 1 Satz 2 Nummer 1, 2, 4 und 10 oder Finanzdienstleistungen entsprechend § 1 Absatz 1a Satz 2 Nummer 1 bis 4 zu erbringen;

3. unverzüglich bei der Überwachung der Liquidität des Instituts gewonnene Informationen und Erkenntnisse, die für die Beaufsichtigung der Zweigstelle aus Gründen des Einleger- und Anlegerschutzes oder der Finanzstabilität des Aufnahmemitgliedstaates notwendig sind, und
4. Informationen darüber, dass Liquiditätsschwierigkeiten auftreten oder aller Wahrscheinlichkeit nach zu erwarten sind, sowie Einzelheiten zur Planung und Umsetzung eines Sanierungsplans und zu allen in diesem Zusammenhang ergriffenen aufsichtlichen Maßnahmen.

[8]Informationen nach Satz 6 Nummer 3 und 4 sind auch der zuständigen Stelle in dem Aufnahmemitgliedstaat zu übermitteln, in dem ein CRR-Kreditinstitut über Zweigniederlassungen verfügt, die als bedeutend eingestuft worden sind. [9]Übermittelt eine zuständige Stelle in einem anderen Staat des Europäischen Wirtschaftsraums erforderliche Informationen nicht, kann die Bundesanstalt nach Maßgabe des Artikels 19 der Verordnung (EU) Nr. 1093/2010 die Europäische Bankenaufsichtsbehörde um Hilfe ersuchen. [10]Sie kann ferner die Europäische Bankenaufsichtsbehörde oder die Europäische Wertpapierund Marktaufsichtsbehörde nach Maßgabe des Artikels 19 der Verordnung (EU) Nr. 1093/2010 und der Verordnung (EU) Nr. 1095/2010 um Hilfe ersuchen, wenn ein Ersuchen um Zusammenarbeit, insbesondere um Informationsaustausch, von einer zuständigen Stelle zurückgewiesen oder einem solchen Ersuchen nicht innerhalb einer angemessenen Frist nachgekommen wurde.

(3a) [1]Die zuständige Stelle im Sinne des Absatzes 3 Satz 1 kann die Bundesanstalt um Zusammenarbeit bei einer Überwachung, einer Prüfung oder Ermittlung ersuchen. [2]Die Bundesanstalt macht bei Ersuchen im Sinne des Satzes 1 zum Zwecke der Überwachung der Einhaltung dieses Gesetzes und entsprechender Bestimmungen dieser Staaten von allen ihr nach dem Gesetz zustehenden Befugnissen Gebrauch, soweit dies geeignet und erforderlich ist, den Ersuchen nachzukommen. [3]Die Bundesanstalt kann eine Untersuchung, die Übermittlung von Informationen oder die Teilnahme von Bediensteten dieser ausländischen Stellen an solchen Prüfungen verweigern, wenn

1. hierdurch die Souveränität, die Sicherheit oder die öffentliche Ordnung der Bundesrepublik Deutschland beeinträchtigt werden könnte oder
2. auf Grund desselben Sachverhaltes gegen die betreffenden Personen bereits ein gerichtliches Verfahren eingeleitet worden oder eine unanfechtbare Entscheidung ergangen ist.

[4]Kommt die Bundesanstalt einem entsprechenden Ersuchen nicht nach oder macht sie von ihrem Recht nach Satz 1 Gebrauch, teilt sie dies der ersuchenden Stelle unverzüglich mit und legt die Gründe dar; im Falle einer Verweigerung nach Satz 3 Nr. 2 sind genaue Informationen über das gerichtliche Verfahren oder die unanfechtbare Entscheidung zu übermitteln.

(4) [1]In den Fällen, in denen die Bundesanstalt für die Aufsicht über EU-Mutterinstitute oder Institute, die von einer EU-Mutterfinanzholding-Gesellschaft oder einer gemischten EU-Mutterfinanzholding-Gesellschaft kontrolliert werden, zuständig ist, übermittelt sie den zuständigen Stellen in den anderen Staaten des Europäischen Wirtschaftsraums, die für die Aufsicht über Tochterunternehmen dieser Institute zuständig sind, auf Anfrage alle zweckdienlichen Informationen. [2]Als zweckdienlich in diesem Sinne gelten alle Informationen, die die Beurteilung der finanziellen Solidität eines Instituts in einem anderen Staat des Europäischen Wirtschaftsraums wesentlich beeinflussen können. [3]Der Umfang der Informationspflicht richtet sich insbesondere nach der Bedeutung des Tochterunternehmens für das Finanzsystem des betreffenden Staates.

(5) Mitteilungen der zuständigen Stellen eines anderen Staates dürfen nur für folgende Zwecke verwendet werden:

1. zur Prüfung der Zulassung zum Geschäftsbetrieb eines Instituts,
2. zur Überwachung der Tätigkeit der Institute auf Einzelbasis oder auf zusammengefasster Basis,
3. für Anordnungen der Bundesanstalt sowie zur Verfolgung und Ahndung von Ordnungswidrigkeiten durch die Bundesanstalt,
4. im Rahmen eines Verwaltungsverfahrens über Rechtsbehelfe gegen eine Entscheidung der Bundesanstalt oder
5. im Rahmen von Verfahren vor Verwaltungsgerichten, Insolvenzgerichten, Staatsanwaltschaften oder für Straf-und Bußgeldsachen zuständigen Gerichten.

(6) [1]Vor der Entscheidung über folgende Sachverhalte hört die Bundesanstalt regelmäßig die zuständigen Stellen im Europäischen Wirtschaftsraum an, sofern die Entscheidung von Bedeutung für deren Aufsichtstätigkeit ist:

1. Änderungen in der Struktur der Inhaber, der Organisation oder der Geschäftsleitung gruppenangehöriger Institute, die der Zustimmung der Bundesanstalt bedürfen,
2. schwerwiegende oder außergewöhnliche bankaufsichtliche Maßnahmen. In diesen Fällen ist stets zumindest die für die Aufsicht auf zusammengefasster Basis zuständige Stelle anzuhören, sofern diese Zuständigkeit nicht bei der Bundesanstalt liegt.

[2]Die Bundesanstalt kann bei Gefahr im Verzug von einer vorherigen Anhörung der zuständigen Stellen absehen. [3]Das Gleiche gilt, wenn die vorherige Anhörung die Wirksamkeit der Maßnahme gefährden könnte; in diesen Fällen informiert die Bundesanstalt die zuständigen Stellen unverzüglich nach Erlass oder Durchführung der Maßnahme.

(7) [1]Ist die Bundesanstalt für die Aufsicht über eine Institutsgruppe, Finanzholding-Gruppe oder gemischte Finanzholding-Gruppe auf zusammengefasster Basis zuständig und tritt eine Krisensituation auf, insbesondere bei widrigen Entwicklungen an den Finanzmärkten, die eine Gefahr für die Marktliquidität und die Stabilität des Finanzsystems eines Staates innerhalb des Europäischen Wirtschaftsraums darstellt, in dem eines der gruppenangehörigen Unternehmen seinen Sitz hat oder eine Zweigniederlassung als bedeutend angesehen wurde, hat die Bundesanstalt unverzüglich das Bundesministerium der Finanzen, die Europäische Bankenaufsichtsbehörde, den Europäischen Ausschuss für Systemrisiken, die Deutsche Bundesbank sowie die Zentralregierungen der anderen Mitgliedstaaten, sofern sie betroffen sind, zu unterrichten und ihnen alle für die Durchführung ihrer Aufgaben wesentlichen Informationen zu übermitteln. [2]Erhält die Bundesanstalt in sonstigen Fällen Kenntnis von einer Krisensituation im Sinne des Satzes 1, hat sie unverzüglich die für die Aufsicht auf zusammengefasster Basis über die betroffenen Institutsgruppen, Finanzholding-Gruppen oder gemischte Finanzholding-Gruppen zuständigen Stellen und die Europäische Bankenaufsichtsbehörde zu unterrichten. [2]§ 9 bleibt unberührt.

(8) [1]Die Bundesanstalt teilt den zuständigen Stellen des Aufnahmemitgliedstaates Maßnahmen mit, die sie ergreifen wird, um Verstöße eines Instituts gegen Rechtsvorschriften des Aufnahmemitgliedstaates zu beenden, über die sie durch die zuständigen Stellen des Aufnahmemitgliedstaates unterrichtet worden ist und erteilt auf Aufforderung entsprechende Erläuterungen. [2]Ist die Bundesanstalt mit Maßnahmen, die eine zuständige Stelle des Aufnahmemitgliedstaates ergreift, um Verstöße eines Instituts gegen Rechtsvorschriften des Aufnahmemitgliedstaates zu beenden, nicht einverstanden, kann sie die Angelegenheit nach Maßgabe von Artikel 19 der Verordnung (EU) Nr. 1093/2010 an die Europäische Bankenaufsichtsbehörde verweisen und diese um Unterstützung bitten.

(9) [1]Hat die Bundesanstalt hinreichende Anhaltspunkte für einen Verstoß gegen Vorschriften dieses Gesetzes, gegen die Verordnung (EU) Nr. 575/2013 oder entsprechende Vorschriften der Staaten des Europäischen Wirtschaftsraums, teilt sie diese der für die Zusammenarbeit bei der Aufsicht über Institute zuständigen Stelle mit, auf dessen Gebiet die vorschriftswidrige Handlung stattgefunden hat. [2]Erhält die Bundesanstalt eine entsprechende Mitteilung von zuständigen Stellen anderer Staaten, unterrichtet sie diese über die Ergebnisse daraufhin eingeleiteter Untersuchungen.

(10) [1]Hat die Bundesanstalt hinreichende Anhaltspunkte für einen Verstoß gegen die Artikel 6 bis 27 der Verordnung (EU) 2017/2402, so unterrichtet sie die gemäß dieser Verordnung zuständigen Stellen. [2]Im Falle einer unrichtigen oder irreführenden Meldung im Sinne des Artikels 27 Absatz 1 dieser Verordnung unterrichtet die Bundesanstalt unverzüglich die zuständige Behörde der insoweit gemäß Artikel 27 Absatz 1 dieser Verordnung benannten ersten Anlaufstelle. [3]Wird die Bundesanstalt als zuständige Stelle über einen möglichen Verstoß gegen die Artikel 6 bis 27 der Verordnung (EU) 2017/2402 informiert, handelt sie unter Beachtung des Verfahrens nach Artikel 36 Absatz 6 dieser Verordnung.

§ 8a Besondere Aufgaben bei der Aufsicht auf zusammengefasster Basis

(1) [1]Ist die Bundesanstalt für die Aufsicht auf zusammengefasster Basis über eine Institutsgruppe, eine Finanzholding-Gruppe oder eine gemischte Finanzholding-Gruppe im Sinne des § 10a zuständig, an deren Spitze ein EU-Mutterinstitut, eine EU-Mutterfinanzholding-Gesellschaft oder eine gemischte EU-Mutterfinanzholding-Gesellschaft steht, obliegen ihr neben den sonstigen, sich aus diesem Gesetz ergebenden Aufgaben folgende Aufgaben:

1. Koordinierung der Sammlung und Verbreitung zweckdienlicher und grundlegender Informationen nach § 8 Absatz 3 im Rahmen der laufenden Aufsicht und in Krisensituationen; dazu gehören auch die Sammlung und Weitergabe von Informationen über die rechtliche und organisatorische Struktur sowie die Sammlung und Weitergabe der Grundsätze ordnungsgemäßer Geschäftsführung;
2. Planung und Koordinierung der Aufsichtstätigkeiten im Rahmen der laufenden Aufsicht und in Krisensituationen, insbesondere bei widrigen Entwicklungen bei Instituten oder an den Finanzmärkten; die Bundesanstalt und, soweit sie im Rahmen dieses Gesetzes tätig wird, die Deutsche Bundesbank arbeiten hierbei, soweit erforderlich, mit den jeweils zuständigen Stellen der anderen Staaten des Europäischen Wirtschaftsraums zusammen; im Rahmen der laufenden Aufsicht umfasst die Zusammenarbeit insbesondere die laufende Überwachung des Risikomanagements der Institute, grenzüberschreitende Prüfungen, Maßnahmen bei organisatorischen Mängeln nach § 45b, die Offenlegung durch die Institute und die in den Artikeln 76 bis 87 und 92 bis 96 der Richtlinie 2013/36/EU genannten technischen Vorgaben für die Organisation und Behandlung von Risiken; in Krisensituationen, insbesondere bei widrigen Entwicklungen in Instituten oder an den Finanzmärkten, schließt die Zusammenarbeit die Anordnung von Maßnahmen nach den §§ 45 bis 46b, die Ausarbeitung gemeinsamer Bewertungen, die Durchführung von Notfallkonzepten und die Kommunikation mit der Öffentlichkeit ein;
3. die Übersendung der Verzeichnisse im Sinne des § 7a Absatz 3 an die jeweils zuständigen Stellen der anderen Staaten des Europäischen Wirtschaftsraums.

[2]Arbeiten die zuständigen Stellen der anderen Staaten des Europäischen Wirtschaftsraums mit der Bundesanstalt nicht in dem Umfang zusammen, der zur Erfüllung der Aufgaben nach Satz 1 erforderlich ist, kann die Bundesanstalt nach Maßgabe des Artikels 19 der Verordnung (EU) Nr. 1093/2010 die Europäische Bankenaufsichtsbehörde um Hilfe ersuchen.

(2) [1]Die Bundesanstalt und die zuständigen Stellen im Europäischen Wirtschaftsraum können in Kooperationsvereinbarungen die näheren Bestimmungen für die Beaufsichtigung von Institutsgruppen, Finanzholding-Gruppen oder gemischte Finanzholding-Gruppen im Sinne von § 10a regeln. [2]In diesen Vereinbarungen können der jeweils für die Aufsicht auf zusammengefasster Basis zuständigen Stelle weitere Aufgaben übertragen und Verfahren für die Beschlussfassung und die Zusammenarbeit mit anderen zuständigen Behörden festgelegt werden.

(3) [1]Ist die Bundesanstalt für die Beaufsichtigung einer Institutsgruppe, einer Finanzholding-Gruppe oder einer gemischten Finanzholding-Gruppe auf zusammengefasster Basis zuständig, an deren Spitze ein EU-Mutterinstitut, eine EU-Mutterfinanzholding-Gesellschaft oder eine gemischte EU-Mutterfinanzholding-Gesellschaft steht, so soll sie mit den für die Beaufsichtigung der gruppenangehörigen Unternehmen zuständigen Stellen im Europäischen Wirtschaftsraum eine gemeinsame Entscheidung treffen, 1. ob die Eigenmittelausstattung der Gruppe auf zusammengefasster Basis ihrer Finanzlage und ihrem Risikoprofil angemessen ist und 2. welche zusätzlichen Eigenmittelanforderungen für jedes gruppenangehörige Unternehmen und auf zusammengefasster Basis erforderlich sind. [2]Die Entscheidung ist schriftlich umfassend zu begründen und hat angemessen die von den jeweils zuständigen Stellen durchgeführte Risikobewertung der Tochterunternehmen zu berücksichtigen. [3]Die Bundesanstalt stellt die Entscheidung dem übergeordneten Unternehmen der Gruppe zu. [4]Stimmen nicht alle für die Beaufsichtigung der gruppenangehörigen Unternehmen zuständigen Stellen im Europäischen Wirtschaftsraum der Entscheidung der Bundesanstalt zu, beteiligt die Bundesanstalt von sich aus oder auf Antrag einer der anderen zuständigen Stellen die Europäische Bankenaufsichtsbehörde. [5]Deren Stellungnahme ist im weiteren Verfahren zu berücksichtigen; erhebliche Abweichungen hiervon sind in der Entscheidung zu begründen.

(4) [1]Kommt innerhalb von vier Monaten nach Übermittlung einer Risikobewertung der Gruppe an die zuständigen Stellen keine gemeinsame Entscheidung zustande, entscheidet die Bundesanstalt allein, ob die Eigenmittelausstattung der Institutsgruppe, Finanzholding-Gruppe oder gemischten Finanzholding-Gruppe auf zusammengefasster Basis sowie die Eigenmittelausstattung der gruppenangehörigen Unternehmen, die sie auf Einzelbasis oder unterkonsolidierter Basis beaufsichtigt, der Finanzlage und dem Risikoprofil angemessen sind oder ob zusätzliche Eigenmittelanforderungen erforderlich sind und gibt die Entscheidung dem übergeordneten Unternehmen der Gruppe bekannt. [2]Dabei berücksichtigt die Bundesanstalt in angemessener Weise die von den jeweils zuständigen Stellen durchgeführten Risikobewertungen der Tochterunternehmen. [3]Hat die Bundesanstalt oder eine zuständige Stelle in einem anderen Staat des Europäischen Wirtschaftsraums bis zum Ablauf der Viermonatsfrist nach Satz 1 nach Maßgabe des Artikels 19 der Verordnung (EU) Nr. 1093/2010 die Europäische Bankenaufsichtsbehörde um Hilfe ersucht, stellt die Bundesanstalt ihre Entscheidung nach Satz 1 bis zu einem Beschluss der Europäischen Bankenaufsichtsbehörde gemäß Artikel 19 Absatz 3 der Verordnung (EU) Nr. 1093/2010 zurück und entscheidet dann in Übereinstimmung mit einem solchen Beschluss. [4]Nach Ablauf der Viermonatsfrist oder nachdem eine gemeinsame Entscheidung getroffen wurde, kann die Europäische Bankenaufsichtsbehörde nicht mehr um Hilfe ersucht werden. [5]Hinsichtlich der Angemessenheit der Eigenmittelausstattung und der Notwendigkeit von zusätzlichen Eigenmittelanforderungen der gruppenangehörigen Unternehmen, die nicht von der Bundesanstalt auf Einzelbasis oder unterkonsolidierte Basis beaufsichtigt werden, übermittelt die Bundesanstalt ihre Auffassung an die jeweils zuständige Stelle. [6]Erhält die Bundesanstalt von einer anderen zuständigen Stelle eine begründete Entscheidung, die der Risikobewertung und den Auffassungen Rechnung trägt, die die anderen zuständigen Stellen innerhalb des Zeitraums von vier Monaten durchgeführt und geäußert haben,

übermittelt sie dieses Dokument allen betroffenen zuständigen Stellen sowie dem übergeordneten Unternehmen der Gruppe.

(5) [1]Entscheidungen nach den Absätzen 3 und 4 sind in der Regel jährlich und ausnahmsweise dann unterjährig zu aktualisieren, wenn eine für die Beaufsichtigung eines gruppenangehörigen Unternehmens zuständige Stelle dies bei der Bundesanstalt schriftlich und umfassend begründet beantragt. [2]In diesem Fall kann die Aktualisierung allein zwischen der Bundesanstalt und der zuständigen Stelle, die den Antrag gestellt hat, abgestimmt werden.

(6) [1]Ist die Bundesanstalt im Sinne des Absatzes 3 Satz 1 für die Beaufsichtigung einer Institutsgruppe, einer Finanzholding-Gruppe oder einer gemischten Finanzholding-Gruppe zuständig, so hat sie eine gemeinsame Entscheidung im Sinne des Absatzes 3 über die von ihr beabsichtigten Maßnahmen im Rahmen der Liquiditätsaufsicht und über institutsspezifische Liquiditätsanforderungen herbeizuführen; Absatz 3 Satz 2 und 3 gilt entsprechend. [2]Kommt innerhalb eines Monats nach Übermittlung einer Bewertung des Liquiditätsrisikoprofils der Gruppe an die zuständigen Stellen keine gemeinsame Entscheidung zustande, entscheidet die Bundesanstalt allein über die Maßnahmen und gibt die Entscheidung dem übergeordneten Unternehmen der Gruppe bekannt. [3]Hat die Bundesanstalt oder eine zuständige Stelle in einem anderen Staat des Europäischen Wirtschaftsraums bis zum Ablauf der Einmonatsfrist nach Satz 1 die Europäische Bankenaufsichtsbehörde nach Maßgabe des Artikels 19 der Verordnung (EU) Nr. 1093/2010 um Hilfe ersucht, stellt die Bundesanstalt ihre Entscheidung nach Satz 1 bis zu einem Beschluss der Europäischen Bankenaufsichtsbehörde gemäß Artikel 19 Absatz 3 der Verordnung (EU) Nr. 1093/2010 zurück und entscheidet dann in Übereinstimmung mit einem solchen Beschluss. [4]Nach Ablauf der Einmonatsfrist oder nachdem eine gemeinsame Entscheidung getroffen wurde, kann die Europäische Bankenaufsichtsbehörde nicht mehr um Hilfe ersucht werden. [5]Absatz 5 gilt entsprechend.

§ 8b *(aufgehoben)*

§ 8c Übertragung der Zuständigkeit für die Aufsicht über Institutsgruppen, Finanzholding-Gruppen, gemischte Finanzholding-Gruppen und gruppenangehörige Institute

(1) [1]Die Bundesanstalt kann von der Beaufsichtigung einer Institutsgruppe, Finanzholding-Gruppe oder gemischten Finanzholding-Gruppe im Sinne des § 10a absehen und die Aufsicht auf zusammengefasster Basis widerruflich auf eine andere zuständige Stelle innerhalb des Europäischen Wirtschaftsraums übertragen, wenn die Beaufsichtigung durch die Bundesanstalt im Hinblick auf die betreffenden Institute und die Bedeutung ihrer Geschäftstätigkeit in dem anderen Staat unangemessen wäre und wenn bei

1. Institutsgruppen das übergeordnete Unternehmen der Gruppe Tochterunternehmen eines CRR-Instituts mit Sitz in dem anderen Staat des Europäischen Wirtschaftsraums und dort in die Beaufsichtigung auf zusammengefasster Basis gemäß der Verordnung (EU) Nr. 575/2013 einbezogen ist oder
2. Finanzholding-Gruppen oder gemischte Finanzholding-Gruppen diese von den zuständigen Stellen des anderen Staates des Europäischen Wirtschaftsraums auf zusammengefasster Basis gemäß der Verordnung (EU) Nr. 575/2013 beaufsichtigt werden.

[2]Die Bundesanstalt stellt in diesen Fällen das übergeordnete Unternehmen widerruflich von den Vorschriften dieses Gesetzes über die Beaufsichtigung auf zusammengefasster Basis frei. [3]Vor der Freistellung und der Übertragung der Zuständigkeit ist das übergeordnete Unternehmen anzuhören. [4]Die Europäische Kommission und die Europäische

Bankenaufsichtsbehörde sind über das Bestehen und den Inhalt dieser Vereinbarungen zu unterrichten.

(2) [1]Übernimmt die Bundesanstalt auf Grund einer Übereinkunft mit einer zuständigen Stelle innerhalb des Europäischen Wirtschaftsraums die Aufsicht auf zusammengefasster Basis über eine Institutsgruppe, eine Finanzholding-Gruppe oder eine gemischte Finanzholding-Gruppe, kann sie ein Institut der Gruppe mit Sitz im Inland als übergeordnetes Unternehmen bestimmen. [2]§ 10a gilt entsprechend.

(3) [1]Die Bundesanstalt kann nach Maßgabe des Artikels 28 der Verordnung (EU) Nr. 1093/2010 die Zuständigkeit für die Beaufsichtigung eines Instituts, für dessen Zulassung sie zuständig ist, widerruflich auf eine andere zuständige Stelle innerhalb des Europäischen Wirtschaftsraums übertragen, wenn das Institut Tochterunternehmen eines Instituts ist, für dessen Zulassung und Beaufsichtigung diese zuständige Stelle nach Maßgabe der Verordnung (EU) Nr. 575/2013 zuständig ist. [2]Vor der Übertragung der Zuständigkeit ist dieses Institut anzuhören. [3]Die Europäische Bankenaufsichtsbehörde ist über das Bestehen und den Inhalt dieser Vereinbarungen zu unterrichten.

§ 8d *(aufgehoben)*

§ 8e Aufsichtskollegien

(1) [1]Ist die Bundesanstalt für die Aufsicht auf zusammengefasster Basis über eine Institutsgruppe, Finanzholding-Gruppe oder gemischte Finanzholding-Gruppe zuständig, richtet sie Aufsichtskollegien ein. [2]Ziel der Einrichtung von Aufsichtskollegien ist es, die Aufgabenwahrnehmung nach § 8 Absatz 7, § 8a und den Bestimmungen der Rechtsverordnung nach § 10 Absatz 1 Satz 1 Nummer 3 zu erleichtern und eine angemessene Zusammenarbeit mit den zuständigen Stellen im Europäischen Wirtschaftsraum, zu denen auch die Europäische Bankenaufsichtsbehörde gehört, sowie mit den zuständigen Stellen in Drittstaaten zu gewährleisten. [3]Die Aufsichtskollegien dienen

1. dem Austausch von Informationen,
2. gegebenenfalls der Einigung über die freiwillige Übertragung von Aufgaben und Zuständigkeiten,
3. der Festlegung aufsichtsrechtlicher Prüfungsprogramme auf der Grundlage der Risikobewertung einer Institutsgruppe, einer Finanzholding-Gruppe oder einer gemischten Finanzholding-Gruppe,
4. der Beseitigung unnötiger aufsichtsrechtlicher Doppelanforderungen,
5. der gleichmäßigen Anwendung der bestehenden aufsichtsrechtlichen Anforderungen auf alle Unternehmen der Gruppe unter Berücksichtigung bestehender Ermessensspielräume und Wahlrechte sowie
6. der Planung und Koordinierung der Aufsichtstätigkeiten in Vorbereitung auf und in Krisensituationen unter Berücksichtigung der Arbeit anderer Foren, die in diesem Bereich eingerichtet werden.

(2) [1]Die Bundesanstalt legt die Einrichtung und Funktionsweise des jeweiligen Aufsichtskollegiums im Benehmen mit den zuständigen Stellen schriftlich fest; § 8a Absatz 2 gilt entsprechend. [2]Die Bundesanstalt leitet die Sitzungen des Aufsichtskollegiums und entscheidet, welche zuständigen Stellen neben der Bundesanstalt und der Deutschen Bundesbank an einer Sitzung oder Tätigkeiten des Aufsichtskollegiums teilnehmen. [3]Neben den für die Beaufsichtigung von Tochterunternehmen der Gruppe zuständigen Stellen und den zuständigen Stellen des Aufnahmemitgliedstaates einer bedeutenden Zweigniederlassung kann die Bundesanstalt auch über die Teilnahme von zuständigen Stellen aus Drittstaaten an dem Aufsichtskollegium entscheiden, sofern diese über Geheimhaltungsvorschriften verfügen, die nach Auffassung aller am Kollegium betei-

ligten Stellen den Vorschriften des Titels VII Kapitel I Abschnitt II der Richtlinie 2013/36/EU gleichwertig sind.

(3) Die Bundesanstalt informiert alle Mitglieder des Aufsichtskollegiums vorab laufend und umfassend über die Organisation der Sitzungen, die wesentlichen zu erörternden Fragen und die in Betracht kommenden Tätigkeiten sowie rechtzeitig über das in den Sitzungen beschlossene Vorgehen und die durchgeführten Maßnahmen.

(4) Die Bundesanstalt berücksichtigt bei ihren nach Absatz 2 zu treffenden Entscheidungen die Bedeutung der zu planenden oder zu koordinierenden Aufsichtstätigkeiten für die zuständigen Stellen, insbesondere die möglichen Auswirkungen auf die Stabilität des Finanzsystems in den betroffenen Staaten.

(5) [1]Die Bundesanstalt unterrichtet die Europäische Bankenaufsichtsbehörde über die Tätigkeit des Aufsichtskollegiums, insbesondere in Krisensituationen, und übermittelt ihr alle Informationen, die für die Zwecke der Vereinheitlichung der Aufsicht auf europäischer Ebene von besonderem Belang sind. [2]Die Bediensteten der Europäischen Bankenaufsichtsbehörde können sich nach Maßgabe des Artikels 21 der Verordnung (EU) Nr. 1093/2010 an den Aktivitäten der Aufsichtskollegien beteiligen, einschließlich der Teilnahme an Prüfungen gemäß § 44 Absatz 1 und 2, wenn diese von der Bundesanstalt gemeinsam mit mindestens einer anderen zuständigen Stelle im Europäischen Wirtschaftsraum vorgenommen werden.

(6) [1]In den Fällen, in denen die Bundesanstalt nicht für die Aufsicht über eine Institutsgruppe, Finanzholding-Gruppe oder gemischte Finanzholding-Gruppe auf zusammengefasster Basis zuständig ist, aber CRR-Kreditinstitute mit bedeutenden Zweigniederlassungen in anderen Staaten des Europäischen Wirtschaftsraums beaufsichtigt, richtet sie ein Aufsichtskollegium ein, um die Zusammenarbeit mit den zuständigen Stellen des Aufnahmemitgliedstaates nach § 8 Absatz 3 sowie in Krisensituationen zu erleichtern. [2]Absatz 2 Satz 1 und 2 sowie die Absätze 3 und 4 gelten entsprechend.

(7) Bei der Wahrnehmung der Aufgaben nach den Absätzen 1 bis 6 arbeiten die Bundesanstalt und die Deutsche Bundesbank zusammen.

§ 8f[1)] Zusammenarbeit bei der Aufsicht über bedeutende Zweigniederlassungen

(1) [1]Die Bundesanstalt stuft die Zweigniederlassung eines CRR-Instituts in einem Aufnahmemitgliedstaat oder einem Staat des Europäischen Wirtschaftsraums auf Verlangen der zuständigen Stelle insbesondere dann als bedeutend ein, wenn die Zweigniederlassung die Anforderungen des § 53b Absatz 8 Satz 4 erfüllt; in diesem Fall übermittelt die Bundesanstalt der zuständigen Stelle

1. die Informationen nach § 8 Absatz 3 Satz 6 Nummer 3 und 4 und § 11 Absatz 3,
2. die Ergebnisse der Risikobewertungen des CRR-Instituts und
3. die Entscheidungen über das erstmalige oder das weitere Verwenden interner Ansätze und über Maßnahmen nach § 6 Absatz 3, sofern sie Auswirkungen auf die bedeutende Zweigniederlassung haben.

[2]Die Bundesanstalt plant und koordiniert die Aufsichtstätigkeiten im Sinne des § 8a Absatz 1 Nummer 2 in Zusammenarbeit mit den zuständigen Stellen im Sinne von Satz 1.

(2) [1]Die Bundesanstalt hört die zuständigen Stellen im Sinne von Absatz 1 Satz 1 über Entscheidungen im Hinblick auf den institutseigenen Plan zur Wiederherstellung der Liquidität an, wenn dies für Liquiditätsrisiken in Zusammenhang mit der Währung des Aufnahmemitgliedstaates oder des Staates des Europäischen Wirtschaftsraums relevant

1) Zur erstmaligen Anwendung siehe § 64r.

ist. [2]Unterlässt sie dies oder hält die Bundesanstalt an ihrer Auffassung fest, kann die zuständige Stelle die Europäische Bankenaufsichtsbehörde nach Maßgabe des Artikels 19 der Verordnung (EU) Nr. 1093/2010 um Hilfe ersuchen.

(3) Erhält die Bundesanstalt Informationen und Erkenntnisse von der zuständigen Stelle im Sinne des Absatzes 1 Satz 1, hat die Bundesanstalt diese bei ihrer Prüfungsplanung zu berücksichtigen; sie hat hierbei der Stabilität des Finanzsystems des Aufnahmemitgliedstaates oder des Staates des Europäischen Wirtschaftsraums Rechnung zu tragen.

§ 9 Verschwiegenheitspflicht

(1) [1]Die bei der Bundesanstalt beschäftigten und die nach § 4 Abs. 3 des Finanzdienstleistungsaufsichtsgesetzes beauftragten Personen, die nach § 45c bestellten Sonderbeauftragten, die nach § 37 Absatz 1 Satz 2 und § 38 Absatz 2 Satz 2 und 3 bestellten Abwickler sowie die im Dienst der Deutschen Bundesbank stehenden Personen, soweit sie zur Durchführung dieses Gesetzes tätig werden, dürfen die ihnen bei ihrer Tätigkeit bekanntgewordenen Tatsachen, deren Geheimhaltung im Interesse des Instituts oder eines Dritten liegt, insbesondere Geschäfts- und Betriebsgeheimnisse, nicht unbefugt offenbaren oder verwerten, auch wenn sie nicht mehr im Dienst sind oder ihre Tätigkeit beendet ist. [2]Die von den beaufsichtigten Instituten und Unternehmen zu beachtenden Bestimmungen des Bundesdatenschutzgesetzes bleiben unberührt. [3]Dies gilt auch für andere Personen, die durch dienstliche Berichterstattung Kenntnis von den in Satz 1 bezeichneten Tatsachen erhalten. [4]Ein unbefugtes Offenbaren oder Verwerten im Sinne des Satzes 1 liegt insbesondere nicht vor, wenn Tatsachen weitergegeben werden an

1. Strafverfolgungsbehörden oder für Straf- und Bußgeldsachen zuständige Gerichte,
2. kraft Gesetzes oder im öffentlichen Auftrag mit der Überwachung von Instituten, Kapitalverwaltungsgesellschaften, extern verwalteten Investmentgesellschaften, EU-Verwaltungsgesellschaften oder ausländischen AIF-Verwaltungsgesellschaften, Finanzunternehmen, Versicherungsunternehmen, der Finanzmärkte oder des Zahlungsverkehrs oder mit der Geldwäscheprävention betraute Stellen sowie von diesen beauftragte Personen,
3. mit der Liquidation oder dem Insolvenzverfahren über das Vermögen eines Instituts befaßte Stellen,
4. mit der gesetzlichen Prüfung der Rechnungslegung von Instituten oder von Finanzunternehmen betraute Personen sowie Stellen, welche die vorgenannten Personen beaufsichtigen,
5. eine Einlagensicherungseinrichtung oder Anlegerentschädigungseinrichtung,
6. Wertpapier- oder Terminbörsen,
7. Zentralnotenbanken,
8. Betreiber von Systemen nach § 1 Abs. 16,
9. die zuständigen Stellen in anderen Staaten des Europäischen Wirtschaftsraums sowie in Drittstaaten, mit denen die Bundesanstalt im Rahmen von Aufsichtskollegien nach § 8e zusammenarbeitet
10. die Europäische Zentralbank, das Europäische System der Zentralbanken, die Europäische Bankenaufsichtsbehörde, die Europäische Aufsichtsbehörde für das Versicherungswesen und die betriebliche Altersversorgung, die Europäische Wertpapierund Marktaufsichtsbehörde, den Gemeinsamen Ausschuss der Europäischen Aufsichtsbehörden, den Europäischen Ausschuss für Systemrisiken oder die Europäische Kommission,

11. Behörden, die für die Aufsicht über Zahlungs- und Abwicklungssysteme zuständig sind,
12. Parlamentarische Untersuchungsausschüsse nach § 1 des Untersuchungsausschussgesetzes auf Grund einer Entscheidung über ein Ersuchen nach § 18 Absatz 2 des Untersuchungsausschussgesetzes,
13. das Bundesverfassungsgericht,
14. den Bundesrechnungshof, sofern sich sein Untersuchungsauftrag auf die Entscheidungen und sonstigen Tätigkeiten der Bundesanstalt nach diesem Gesetz oder der Verordnung (EU) Nr. 575/2013 bezieht,
15. Verwaltungsgerichte in verwaltungsrechtlichen Streitigkeiten, in denen die Bundesanstalt Beklagte ist, mit Ausnahme von Klagen nach dem Informationsfreiheitsgesetz,
16. die Bank für Internationalen Zahlungsausgleich einschließlich der bei ihr ansässigen multilateralen Gremien, insbesondere das Financial Stability Board (FSB),
17. den Internationalen Währungsfonds, soweit dies zur Erfüllung seines satzungsmäßigen Auftrags oder besonderer von den Mitgliedern übertragener Aufgaben erforderlich ist,
18. den Ausschuss für Finanzstabilität oder den Europäischen Ausschuss für Systemrisiken,
19. die Bundesanstalt für Finanzmarktstabilisierung, das Gremium zum Finanzmarktstabilisierungsfonds im Sinne des § 10a Absatz 1 des Finanzmarktstabilisierungsfondsgesetzes oder den Lenkungsausschuss im Sinne des § 4 Absatz 1 Satz 2 des Finanzmarktstabilisierungsfondsgesetzes, oder
20. Behörden im Sinne von Artikel 2 Absatz 1 Nummer 17 und 18 der Verordnung (EU) Nr. 909/2014,

soweit diese Stellen die Informationen zur Erfüllung ihrer Aufgaben benötigen. [5]Für die bei den in Satz 4 Nummer 1 bis 11 und 13 bis 19 genannten Stellen beschäftigten Personen und die von diesen Stellen beauftragten Personen sowie für die Mitglieder der in Satz 4 Nummer 12 und 19 genannten Ausschüsse sowie von diesen Stellen beauftragten Personen gilt die Verschwiegenheitspflicht nach Satz 1 entsprechend. [6]Befindet sich eine in Satz 4 Nummer 1 bis 11 und 16 bis 18 genannte Stelle in einem anderen Staat, so dürfen die Tatsachen nur weitergegeben werden, wenn die bei dieser Stelle beschäftigten und die von dieser Stelle beauftragten Personen einer dem Satz 1 weitgehend entsprechenden Verschwiegenheitspflicht unterliegen. [7]Die ausländische Stelle ist darauf hinzuweisen, daß sie Informationen nur zu dem Zweck verwenden darf, zu deren Erfüllung sie ihr übermittelt werden. [8]Informationen, die aus einem anderen Staat stammen, dürfen nur mit ausdrücklicher Zustimmung der zuständigen Stellen, die diese Informationen mitgeteilt haben, und nur für solche Zwecke weitergegeben werden, denen diese Stellen zugestimmt haben.

(2) Ein unbefugtes Offenbaren oder Verwerten von Tatsachen im Sinne des Absatzes 1 Satz 1 liegt nicht vor, wenn die Ergebnisse von im Einklang mit Artikel 100 der Richtlinie 2013/36/EU oder Artikel 32 der Verordnung (EU) Nr. 1093/2010 in der jeweils geltenden Fassung durchgeführten Stresstests veröffentlicht oder der Europäischen Bankenaufsichtsbehörde zur Veröffentlichung EU-weiter Stresstestergebnisse übermittelt werden.

(3) Betrifft die Weitergabe von Tatsachen nach Absatz 1 personenbezogene Daten, ist das Bundesdatenschutzgesetz in der jeweils geltenden Fassung anzuwenden.

(4) Tritt eine Krisensituation ein, so kann die Bundesanstalt zu Aufsichtszwecken Tatsachen auch an die zuständigen Stellen in anderen Staaten weitergeben.

(5) [1]Die §§ 93, 97 und 105 Absatz 1, § 111 Absatz 5 in Verbindung mit § 105 Absatz 1 sowie § 116 Absatz 1 der Abgabenordnung gelten für die in Absatz 1 bezeichneten Personen nur, soweit die Finanzbehörden die Kenntnisse für die Durchführung eines Verfahrens wegen einer Steuerstraftat sowie eines damit zusammenhängenden Besteuerungsverfahrens benötigen. [2]Die in Satz 1 genannten Vorschriften sind jedoch nicht anzuwenden, soweit Tatsachen betroffen sind,

1. die den in Absatz 1 Satz 1 oder Satz 3 bezeichneten Personen durch die zuständige Aufsichtsstelle eines anderen Staates oder durch von dieser Stelle beauftragte Personen mitgeteilt worden sind oder
2. von denen bei der Bundesanstalt beschäftigte Personen dadurch Kenntnis erlangen, dass sie an der Aufsicht über direkt von der Europäischen Zentralbank beaufsichtigte Institute mitwirken, insbesondere in gemeinsamen Aufsichtsteams nach Artikel 2 Nummer 6 der Verordnung (EU) Nr. 468/2014 der Europäischen Zentralbank, und die nach den Regeln der Europäischen Zentralbank geheim sind.

Zweiter Abschnitt. Vorschriften für die Institute, Institutsgruppen, Finanzholding-Gruppen, gemischte Finanzholding-Gruppen und gemischte Holdinggesellschaften

1. Eigenmittel und Liquidität

§ 10[1)] Ergänzende Anforderungen an die Eigenmittelausstattung von Instituten, Institutsgruppen, Finanzholding-Gruppen und gemischten Finanzholding-Gruppen; Verordnungsermächtigung

(1) [1]Im Interesse der Erfüllung der Verpflichtungen der Institute, Institutsgruppen, Finanzholding-Gruppen und gemischten Finanzholding-Gruppen gegenüber ihren Gläubigern, insbesondere im Interesse der Sicherheit der ihnen anvertrauten Vermögenswerte, wird das Bundesministerium der Finanzen ermächtigt, durch Rechtsverordnung, die nicht der Zustimmung des Bundesrates bedarf, im Benehmen mit der Deutschen Bundesbank in Ergänzung der Verordnung (EU) Nr. 575/2013 nähere Bestimmungen über die angemessene Eigenmittelausstattung (Solvabilität) der Institute, Institutsgruppen, Finanzholding-Gruppen und gemischten Finanzholding-Gruppen zu erlassen, insbesondere

1. ergänzende Bestimmungen zu den Anforderungen für eine Zulassung interner Ansätze,
2. Bestimmungen zur laufenden Überwachung interner Ansätze durch die Aufsichtsbehörde, insbesondere zu Maßnahmen bei Nichteinhaltung von Anforderungen an interne Ansätze und zur Aufhebung der Zulassung interner Ansätze,
3. nähere Verfahrensbestimmungen zur Zulassung, zur laufenden Überwachung und zur Aufhebung der Zulassung interner Ansätze,
4. nähere Bestimmungen zur Überprüfung der Anforderungen an interne Ansätze durch die Aufsichtsbehörde, insbesondere zu Eignungs- und Nachschauprüfungen,
5. nähere Bestimmungen zur

1) Zur erstmaligen Anwendung siehe § 64r.

a) Anordnung und Ermittlung der Quote für den antizyklischen Kapitalpuffer nach § 10d, insbesondere zur Bestimmung eines Puffer-Richtwerts, zum Verfahren der Anerkennung antizyklischer Kapitalpuffer von Staaten des Europäischen Wirtschaftsraums und Drittstaaten, zu den Veröffentlichungspflichten der Bundesanstalt und zur Berechnung der institutsspezifischen Kapitalpufferquote,

b) Anordnung und Ermittlung der Quote für den Kapitalpuffer für systemische Risiken nach § 10e, insbesondere zur Berücksichtigung systemischer oder makroprudenzieller Risiken, zur Bestimmung der zu berücksichtigenden Risikopositionen und deren Belegenheit und zum Verfahren der Anerkennung der Kapitalpuffer für systemische Risiken von Staaten des Europäischen Wirtschaftsraums und Drittstaaten,

c) Anordnung und Ermittlung der Quote für den Kapitalpuffer für global systemrelevante Institute nach § 10f, insbesondere zur Bestimmung der global systemrelevanten Institute und deren Zuordnung zu Größenklassen, zur Herauf- und Herabstufung zwischen den Größenklassen sowie zur Veröffentlichung der der quantitativen Analyse zugrunde liegenden Indikatoren,

d) Anordnung und Ermittlung der Quote für den Kapitalpuffer für anderweitig systemrelevante Institute nach § 10g, insbesondere zur Bestimmung der anderweitig systemrelevanten Institute und zur Festlegung der Quote auf Einzelinstitutsebene, konsolidierter oder unterkonsolidierter Ebene,

e) Höhe und zu den näheren Einzelheiten der Berechnung des maximal ausschüttungsfähigen Betrags für die kombinierte Kapitalpufferanforderung nach § 10i,

6. nähere Bestimmungen zur Festsetzung der Prozentsätze und Faktoren nach Artikel 465 Absatz 2, Artikel 467 Absatz 3, Artikel 468 Absatz 3, Artikel 478 Absatz 3, Artikel 479 Absatz 4, Artikel 480 Absatz 3, Artikel 481 Absatz 5 und Artikel 486 Absatz 6 der Verordnung (EU) Nr. 575/2013,

7. nähere Bestimmungen zu den in der Verordnung (EU) Nr. 575/2013 vorgesehenen Antrags- und Anzeigeverfahren und

8. Vorgaben für die Bemessung des Beleihungswerts von Immobilien nach Artikel 4 Absatz 1 Nummer 74 der Verordnung (EU) Nr. 575/2013 in der jeweils geltenden Fassung,

9. nähere Bestimmungen zum aufsichtlichen Benchmarking bei der Anwendung interner Ansätze zur Ermittlung der Eigenmittelanforderungen, insbesondere nähere Bestimmungen zum Verfahren und zu Art, Umfang und Häufigkeit der von den Instituten vorzulegenden Informationen sowie nähere Bestimmungen über die von der Aufsichtsbehörde vorzugebenden Anforderungen an die Zusammensetzung besonderer Benchmarking-Portfolien und

10. die Pflicht der CRR-Institute zur Offenlegung der in § 26a Absatz 1 Satz 2 genannten Angaben auf konsolidierter Ebene sowie der Kapitalrendite nach § 26a Absatz 1 Satz 4, einschließlich des Gegenstands der Offenlegungsanforderung, sowie des Mediums, des Übermittlungsweges, der Häufigkeit der Offenlegung und den Umfang der nach § 26a Absatz 1 Satz 5 vertraulich an die Europäische Kommission zu übermittelnden Daten.

[2]Das Bundesministerium der Finanzen kann die Ermächtigung durch Rechtsverordnung auf die Bundesanstalt mit der Maßgabe übertragen, dass die Rechtsverordnung im Einvernehmen mit der Deutschen Bundesbank ergeht. [3]Vor Erlass der Rechtsverordnung sind die Spitzenverbände der Institute zu hören.

(2) [1]Institute dürfen personenbezogene Daten ihrer Kunden, von Personen, mit denen sie Vertragsverhandlungen über Adressenausfallrisiken begründende Geschäfte aufnehmen, sowie von Personen, die für die Erfüllung eines Adressenausfallrisikos einstehen sollen, für die Zwecke der Verordnung (EU) Nr. 575/2013 und der nach Absatz 1 Satz 1 zu erlassenden Rechtsverordnung erheben und verwenden, soweit diese Daten

1. unter Zugrundelegung eines wissenschaftlich anerkannten mathematisch-statistischen Verfahrens nachweisbar für die Bestimmung und Berücksichtigung von Adressenausfallrisiken erheblich sind,
2. zum Aufbau und Betrieb einschließlich der Entwicklung und Weiterentwicklung von internen Ratingsystemen für die Schätzung von Risikoparametern des Adressenausfallrisikos des Kreditinstituts oder der Wertpapierfirma erforderlich sind und
3. es sich nicht um Angaben zur Staatsangehörigkeit oder um Daten nach § 3 Absatz 9 des Bundesdatenschutzgesetzes handelt.

[2]Betriebs- und Geschäftsgeheimnisse stehen personenbezogenen Daten gleich. [3]Zur Entwicklung und Weiterentwicklung der Ratingsysteme dürfen abweichend von Satz 1 Nummer 1 auch Daten erhoben und verwendet werden, die bei nachvollziehbarer wirtschaftlicher Betrachtungsweise für die Bestimmung und Berücksichtigung von Adressenausfallrisiken erheblich sein können. [4]Für die Bestimmung und Berücksichtigung von Adressenausfallrisiken können insbesondere Daten erheblich sein, die den folgenden Kategorien angehören oder aus Daten der folgenden Kategorien gewonnen worden sind:

1. Einkommens-, Vermögens- und Beschäftigungsverhältnisse sowie die sonstigen wirtschaftlichen Verhältnisse, insbesondere Art, Umfang und Wirtschaftlichkeit der Geschäftstätigkeit des Betroffenen,
2. Zahlungsverhalten und Vertragstreue des Betroffenen,
3. vollstreckbare Forderungen sowie Zwangsvollstreckungsverfahren und -maßnahmen gegen den Betroffenen,
4. Insolvenzverfahren über das Vermögen des Betroffenen, sofern diese eröffnet worden sind oder die Eröffnung beantragt worden ist.

[5]Diese Daten dürfen erhoben werden

1. beim Betroffenen,
2. bei Instituten, die derselben Institutsgruppe angehören,
3. bei Ratingagenturen und Auskunfteien und
4. aus allgemein zugänglichen Quellen.

[6]Institute dürfen anderen Instituten derselben Institutsgruppe und in pseudonymisierter Form auch von den mit dem Aufbau und Betrieb einschließlich der Entwicklung und Weiterentwicklung von Ratingsystemen beauftragten Dienstleistern nach Satz 1 erhobene personenbezogene Daten übermitteln, soweit dies zum Aufbau und Betrieb einschließlich der Entwicklung und Weiterentwicklung von internen Ratingsystemen für die Schätzung von Risikoparametern des Adressenausfallrisikos erforderlich ist.

(3) [1]Die Aufsichtsbehörde kann anordnen, dass ein Institut, eine Institutsgruppe, eine Finanzholding-Gruppe oder eine gemischte Finanzholding-Gruppe Eigenmittelanforderungen in Bezug auf nicht durch Artikel 1 der Verordnung (EU) Nr. 575/2013 erfasste Risiken und Risikoelemente einhalten muss, die über die Eigenmittelanforderungen nach der Verordnung (EU) Nr. 575/2013 und nach der Rechtsverordnung nach Absatz 1 hinausgehen. [2]Die Aufsichtsbehörde ordnet solche zusätzlichen Eigenmittelanforderungen zumindest in den folgenden Fällen und zu folgenden Zwecken an:

1. wenn Risiken oder Risikoelemente nicht durch die Eigenmittelanforderungen nach der Verordnung (EU) Nr. 575/2013 und nach der Rechtsverordnung nach Absatz 1 abgedeckt sind oder die Anforderungen nach Artikel 393 der Verordnung (EU) Nr. 575/2013 zur Ermittlung und Steuerung von Großkrediten nicht eingehalten werden,
2. wenn die Risikotragfähigkeit des Instituts, der Institutsgruppe, der Finanzholding-Gruppe oder der gemischten Finanzholding-Gruppe nicht gewährleistet ist,
3. wenn die Überprüfung nach § 6b Absatz 2 Satz 2 Nummer 2 es wahrscheinlich erscheinen lässt, dass die vom Institut vorgenommenen Bewertungskorrekturen nicht ausreichen, um eine angemessene Eigenmittelausstattung zu gewährleisten,
4. wenn es wahrscheinlich erscheint, dass die Risiken trotz Einhaltung der Anforderungen nach diesem Gesetz, nach der Verordnung (EU) Nr. 575/2013 und nach den Rechtsverordnungen nach Absatz 1 und nach § 13 Absatz 1 unterschätzt werden,
5. um den Aufbau eines zusätzlichen Eigenmittelpuffers für Perioden wirtschaftlichen Abschwungs sicherzustellen,
6. um einer besonderen Geschäftssituation des Instituts, der Institutsgruppe, der Finanzholding-Gruppe oder der gemischten Finanzholding-Gruppe, etwa bei Aufnahme der Geschäftstätigkeit, Rechnung zu tragen,
7. wenn ein Institut eine Verbriefung mehr als einmal stillschweigend unterstützt hat; zu diesem Zwecke kann die Aufsichtsbehörde anordnen, dass der wesentliche Risikotransfer für sämtliche Verbriefungen, für die das Institut als Originator gilt, zur Berücksichtigung zu erwartender weiterer stillschweigender Unterstützungen nicht oder nur teilweise bei der Berechnung der erforderlichen Eigenmittel anerkannt wird,
8. wenn die aus den Ergebnissen der Stresstests für das Korrelationshandelsportfolio nach Artikel 377 Absatz 5 Satz 3, zweiter Halbsatz der Verordnung (EU) Nr. 575/2013 resultierenden Eigenmittelanforderungen wesentlich über die Eigenmittelanforderungen für das Korrelationshandelsportfolio gemäß Artikel 377 der Verordnung (EU) Nr. 575/2013 hinausgehen,
9. andere Maßnahmen keine hinreichende Verbesserung der institutsinternen Verfahren, Prozesse und Methoden in einem angemessenen Zeithorizont erwarten lassen,
10. wenn das Institut, die Institutsgruppe, die Finanzholding-Gruppe oder die gemischte Finanzholding-Gruppe nicht über eine ordnungsgemäße Geschäftsorganisation im Sinne des § 25a Absatz 1 verfügt.

[3]Soweit Institute, die nach Einschätzung der Bundesanstalt ähnliche Risikoprofile aufweisen, ähnlichen Risiken ausgesetzt sein könnten oder für das Finanzsystem ähnliche Risiken begründen, kann die Aufsichtsbehörde Anordnungen nach Satz 1 für diese Institute einheitlich treffen. [4]Bei Instituten, für die Aufsichtskollegien nach § 8e eingerichtet sind, berücksichtigt die Aufsichtsbehörde bei der Entscheidung über eine Anordnung nach Satz 1 die Einschätzungen des jeweiligen Aufsichtskollegiums.

(4) [1]Die Bundesanstalt kann von einzelnen Instituten, Institutsgruppen, Finanzholding-Gruppen und gemischten Finanzholding-Gruppen oder von einzelnen Arten oder Gruppen von Instituten, Institutsgruppen, Finanzholding-Gruppen und gemischten Finanzholding-Gruppen das Vorhalten von Eigenmitteln, die über die Eigenmittelanforderungen nach der Verordnung (EU) Nr. 575/2013 und nach der Rechtsverordnung nach Absatz 1 hinausgehen, für einen begrenzten Zeitraum auch verlangen, wenn diese Kapitalstärkung erforderlich ist,

1. um einer drohenden Störung der Funktionsfähigkeit des Finanzmarktes oder einer Gefahr für die Finanzmarktstabilität entgegenzuwirken und
2. um erhebliche negative Auswirkungen auf andere Unternehmen des Finanzsektors sowie auf das allgemeine Vertrauen der Einleger und anderer Marktteilnehmer in ein funktionsfähiges Finanzsystem zu vermeiden.

[2]Eine drohende Störung der Funktionsfähigkeit des Finanzmarktes kann insbesondere dann gegeben sein, wenn auf Grund außergewöhnlicher Marktverhältnisse die Refinanzierungsfähigkeit mehrerer für den Finanzmarkt relevanter Institute beeinträchtigt zu werden droht. [3]Soweit sie Aufsichtsbehörde ist, kann die Bundesanstalt in diesem Fall die Beurteilung der Angemessenheit der Eigenmittel nach von der Verordnung (EU) Nr. 575/2013 und von der Rechtsverordnung nach Absatz 1 abweichenden Maßstäben vornehmen, die diesen besonderen Marktverhältnissen Rechnung tragen. [4]Zusätzliche Eigenmittel können insbesondere im Rahmen eines abgestimmten Vorgehens auf Ebene der Europäischen Union zur Stärkung des Vertrauens in die Widerstandsfähigkeit des europäischen Bankensektors und zur Abwehr einer drohenden Gefahr für die Finanzmarktstabilität in Europa verlangt werden. [5]Bei der Festlegung von Höhe und maßgeblicher Zusammensetzung der zusätzlichen Eigenmittel und des maßgeblichen Zeitpunktes für die Einhaltung der erhöhten Eigenmittelanforderungen berücksichtigt die Bundesanstalt die Standards, auf deren Anwendung sich die zuständigen europäischen Stellen im Rahmen eines abgestimmten Vorgehens auf Unionsebene verständigt haben. [6]In diesem Rahmen kann die Bundesanstalt verlangen, dass die Institute in einem Plan nachvollziehbar darlegen, durch welche Maßnahmen sie die erhöhten Eigenmittelanforderungen zu dem von der Bundesanstalt nach Satz 5 festgelegten Zeitpunkt einhalten werden. [7]Soweit der Plan die Belange des Finanzmarktstabilisierungsfonds im Sinne des § 1 des Finanzmarktstabilisierungsfondsgesetzes berührt, erfolgt die Beurteilung des Plans im Einvernehmen mit dem Lenkungsausschuss nach § 4 Absatz 1 Satz 2 des Finanzmarktstabilisierungsfondsgesetzes (Lenkungsausschuss). [8]Die Bundesanstalt kann die kurzfristige Nachbesserung des vorgelegten Plans verlangen, wenn sie die angegebenen Maßnahmen und Umsetzungsfristen für nicht ausreichend hält oder das Institut sie nicht einhält. [9]In diesem Fall haben die Institute auch die Möglichkeit eines Antrags auf Stabilisierungsmaßnahmen nach dem Finanzmarktstabilisierungsfondsgesetz zu prüfen, wenn keine alternativen Maßnahmen zur Verfügung stehen. [10]Sofern nach Feststellung der Bundesanstalt im Einvernehmen mit dem Lenkungsausschuss keine oder nur eine unzureichende Nachbesserung des Plans erfolgt ist, kann die Bundesanstalt einen Sonderbeauftragten im Sinne des § 45c Absatz 1 bestellen und ihn mit der Aufgabe nach § 45c Absatz 2 Nummer 7a beauftragen. [11]Zudem kann sie anordnen, dass Entnahmen durch die Inhaber oder Gesellschafter, die Ausschüttung von Gewinnen und die Auszahlung variabler Vergütungsbestandteile nicht zulässig sind, solange die angeordneten erhöhten Eigenmittelanforderungen nicht erreicht sind. [12]Entgegenstehende Beschlüsse über die Gewinnausschüttung sind nichtig; aus entgegenstehenden Regelungen in Verträgen können keine Rechte hergeleitet werden.

(5) [1]§ 309 Nummer 3 und die §§ 313, 314, 489, 490, 723 bis 725, 727 und 728 des Bürgerlichen Gesetzbuchs, die §§ 132 bis 135 des Handelsgesetzbuchs und § 254 des Aktiengesetzes sind nicht anzuwenden, wenn Zweck einer Kapitalüberlassung die Überlassung von Eigenmitteln im Sinne des Artikels 72 der Verordnung (EU) Nr. 575/2013 ist. [2]§ 309 Nummer 3 des Bürgerlichen Gesetzbuchs findet auch keine Anwendung auf Verbindlichkeiten des Instituts, welche die Voraussetzungen des Artikels 12 Absatz 16 Satz 1 der Verordnung (EU) Nr. 806/2014 des Europäischen Parlaments und des Rates vom 15. Juli 2014 zur Festlegung einheitlicher Vorschriften und eines einheitlichen Verfahrens für die Abwicklung von Kreditinstituten und bestimmten Wertpapierfirmen im Rahmen eines einheitlichen Abwicklungsmechanismus und eines einheitlichen Ab-

wicklungsfonds sowie zur Änderung der Verordnung (EU) Nr. 1093/2010 (ABl. L 225 vom 30.7.2014, S. 1; L 101 vom 18.4.2015, S. 62) mit Ausnahme von dessen Buchstaben d oder des § 49 Absatz 2 des Sanierungs- und Abwicklungsgesetzes mit Ausnahme von dessen Nummer 4 erfüllen und eine Mindestlaufzeit von einem Jahr haben. [3]Die §§ 313, 314 und 490 Absatz 1 des Bürgerlichen Gesetzbuchs finden auf Verträge, die Verbindlichkeiten des Instituts begründen, welche die Voraussetzungen des Artikels 12 Absatz 16 Satz 1 der Verordnung (EU) Nr. 806/2014 mit Ausnahme von dessen Buchstaben d oder des § 49 Absatz 2 des Sanierungs- und Abwicklungsgesetzes mit Ausnahme von dessen Nummer 4 erfüllen und eine Mindestlaufzeit von einem Jahr haben, während der vereinbarten Laufzeit keine Anwendung. [4]Kündigt ein stiller Gesellschafter, der sich am Handelsgewerbe eines Instituts mit einer Vermögenseinlage beteiligt, welche die in Satz 3 genannten Voraussetzungen erfüllt und eine Mindestlaufzeit von einem Jahr hat, die Gesellschaft oder seine Beteiligung außerordentlich, so wird der gesetzliche oder vertragliche Abfindungs- oder Auszahlungsanspruch nicht vor Ablauf der vereinbarten Laufzeit fällig.

(6) Die Bundesanstalt kann anordnen, dass ein Institut der Deutschen Bundesbank häufigere oder auch umfangreichere Meldungen zu seiner Solvabilität einreicht als in den Artikeln 99 bis 101 der Verordnung (EU) Nr. 575/2013 in der jeweils geltenden Fassung vorgesehen.

(7) [1]Die Bundesanstalt kann auf die Eigenmittel nach Artikel 72 der Verordnung (EU) Nr. 575/2013 in der jeweils geltenden Fassung einen Korrekturposten festsetzen. [2]Wird der Korrekturposten festgesetzt, um noch nicht bilanzwirksam gewordene Kapitalveränderungen zu berücksichtigen, wird die Festsetzung mit der Feststellung des nächsten für den Schluss eines Geschäftsjahres aufgestellten Jahresabschlusses gegenstandslos. [3]Die Bundesanstalt hat die Festsetzung auf Antrag des Instituts aufzuheben, soweit die Voraussetzung für die Festsetzung wegfällt.

§ 10a [1)] Ermittlung der Eigenmittelausstattung von Institutsgruppen, Finanzholding-Gruppen und gemischten Finanzholding-Gruppen; Verordnungsermächtigung

(1) [1]Eine Institutsgruppe, Finanzholding-Gruppe oder gemischte Finanzholding-Gruppe (Gruppe) besteht jeweils aus einem übergeordneten Unternehmen und einem oder mehreren nachgeordneten Unternehmen. [2]Übergeordnete Unternehmen sind CRR-Institute, die nach Artikel 11 der Verordnung (EU) Nr. 575/2013 die Konsolidierung vorzunehmen haben, sowie Institute, die nach § 1a in Verbindung mit Artikel 11 der Verordnung (EU) Nr. 575/2013 die Konsolidierung vorzunehmen haben. [3]Nachgeordnete Unternehmen sind Unternehmen, die nach Artikel 18 der Verordnung (EU) Nr. 575/2013 zu konsolidieren sind oder freiwillig konsolidiert werden; Institute, die nach § 1a als CRR-Institute gelten und die nicht ausschließlich über eine Erlaubnis verfügen, die Tätigkeit einer zentralen Gegenpartei im Sinne des § 1 Absatz 1 Satz 2 Nummer 12 auszuüben, gelten hierbei als Institute im Sinne des Artikels 18 der Verordnung (EU) Nr. 575/2013. [4]Ist ein Kreditinstitut, das nicht CRR-Kreditinstitut ist, übergeordnetes Unternehmen, so gelten als nachgeordnete Unternehmen auch Unternehmen, die als Bankgeschäfte ausschließlich das Einlagengeschäft nach § 1 Absatz 1 Satz 2 Nummer 1 betreiben. [5]Abweichend von Satz 2 kann die Bundesanstalt auf Antrag des übergeordneten Unternehmens ein anderes gruppenangehöriges Institut als übergeordnetes Unternehmen bestimmen; das gruppenangehörige Institut ist vorab anzuhören. [6]Erfüllt bei wechselseitigen Beteiligungen kein Unternehmen der Institutsgruppe die Voraussetzungen des Satzes 2, bestimmt die Bundesanstalt das übergeordnete Unternehmen der

1) Zur erstmaligen Anwendung siehe § 64r.

Gruppe. [7]Bei einer horizontalen Unternehmensgruppe im Sinne von Artikel 18 Absatz 3 der Verordnung (EU) Nr. 575/2013 gilt das gruppenangehörige Institut mit Sitz im Inland mit der höchsten Bilanzsumme als übergeordnetes Unternehmen. [8]Ist das übergeordnete Unternehmen ein Kreditinstitut, das ausschließlich über eine Erlaubnis verfügt, die Tätigkeit einer zentralen Gegenpartei im Sinne des § 1 Absatz 1 Satz 2 Nummer 12 auszuüben, ein Finanzdienstleistungsinstitut, das ausschließlich Finanzdienstleistungen im Sinne von § 1 Absatz 1a Satz 2 Nummer 9 oder 10 erbringt, besteht nur dann eine Institutsgruppe im Sinne dieser Vorschrift, wenn ihm mindestens ein CRR-Institut mit Sitz im Inland als Tochterunternehmen nachgeordnet ist.

(2) [1]Sind einer Finanzholding-Gesellschaft im Sinne von Artikel 4 Absatz 1 Nummer 20 der Verordnung (EU) Nr. 575/2013 oder gemischten Finanzholding-Gesellschaft im Sinne von Artikel 4 Absatz 1 Nummer 21 der Verordnung (EU) Nr. 575/2013 mehrere Institute mit Sitz im Inland nachgeordnet, gilt als übergeordnetes Unternehmen das Institut mit der höchsten Bilanzsumme; auf Antrag des übergeordneten Unternehmens bestimmt die Bundesanstalt ein anderes gruppenangehöriges Institut mit Sitz im Inland als übergeordnetes Unternehmen; das gruppenangehörige Institut ist vorab anzuhören. [2]Auf Antrag einer Finanzholding-Gesellschaft oder einer gemischten Finanzholding-Gesellschaft, die ihren Sitz im Inland hat, und nach Anhörung des beaufsichtigten Unternehmens, das nach Artikel 11 Absatz 2 oder Artikel 12 der Verordnung (EU) Nr. 575/2013 oder Satz 1 als übergeordnetes Unternehmen gilt oder durch die Bundesanstalt bestimmt wurde, kann die Bundesanstalt die Finanzholding-Gesellschaft oder die gemischte Finanzholding-Gesellschaft als übergeordnetes Unternehmen bestimmen, sofern diese dargelegt hat, dass sie über die zur Einhaltung der gruppenbezogenen Pflichten erforderliche Struktur und Organisation verfügt. [3]Die Bundesanstalt kann eine Finanzholding-Gesellschaft oder eine gemischte Finanzholding-Gesellschaft, die ihren Sitz im Inland hat, nach Anhörung des beaufsichtigten Unternehmens, das nach Artikel 11 Absatz 2 oder Artikel 12 der Verordnung (EU) Nr. 575/2013 oder Satz 1 als übergeordnetes Unternehmen gilt oder gemäß Satz 1 durch die Bundesanstalt bestimmt wurde, auch ohne Antrag als übergeordnetes Unternehmen bestimmen, sofern dies aus bankaufsichtlichen Gründen, insbesondere solchen, die sich aus der Organisation und Struktur der Finanzholding-Gesellschaft oder gemischten Finanzholding-Gesellschaft ergeben, erforderlich ist. [4]Die nach Satz 2 oder Satz 3 als übergeordnetes Unternehmen bestimmte Finanzholding-Gesellschaft oder gemischte Finanzholding-Gesellschaft hat alle gruppenbezogenen Pflichten eines übergeordneten Unternehmens zu erfüllen. [5]Liegen die Voraussetzungen für eine Bestimmung als übergeordnetes Unternehmen nach Satz 2 oder Satz 3 nicht mehr vor, insbesondere, wenn die Finanzholding-Gesellschaft oder gemischte Finanzholding-Gesellschaft ihren Sitz in einen anderen Staat verlagert oder nicht mehr in der Lage ist, für die Einhaltung der gruppenbezogenen Pflichten zu sorgen, hat die Bundesanstalt die Bestimmung nach Anhörung der Finanzholding-Gesellschaft oder der gemischten Finanzholding-Gesellschaft aufzuheben; § 35 Absatz 4 gilt entsprechend. [6]Die Bundesanstalt hat gegenüber einer nach Satz 2 oder Satz 3 zum übergeordneten Unternehmen bestimmten Finanzholding-Gesellschaft oder gemischten Finanzholding-Gesellschaft und deren Organen alle Befugnisse, die ihr gegenüber einem Institut als übergeordnetem Unternehmen und dessen Organen zustehen. [7]Erfüllt bei wechselseitigen Beteiligungen kein Institut im Inland die Voraussetzung, selbst keinem anderen gruppenangehörigen Institut nachgeordnet zu sein, gilt als übergeordnetes Unternehmen regelmäßig das Institut mit der höchsten Bilanzsumme; auf Antrag des übergeordneten Unternehmens bestimmt die Bundesanstalt ein anderes gruppenangehöriges Institut, das seinen Sitz im Inland hat, als übergeordnetes Unternehmen; das gruppenangehörige Institut ist vorab anzuhören.

(3) [1]Abweichend von Absatz 1 Satz 1 bis 3 besteht keine Finanzholding-Gruppe oder gemischte Finanzholding-Gruppe, wenn die Finanzholding-Gesellschaft im Sinne von Artikel 4 Absatz 1 Nummer 30 oder 31 der Verordnung (EU) Nr. 575/2013 oder die gemischte Finanzholding-Gesellschaft im Sinne von Artikel 4 Absatz 1 Nummer 32 oder 33 der Verordnung (EU) Nr. 575/2013 ihren Sitz in einem anderen Staat des Europäischen Wirtschaftsraums hat und

1. der Finanzholding-Gesellschaft oder der gemischten Finanzholding-Gesellschaft mindestens ein CRR-Institut mit Sitz in ihrem Sitzstaat als Tochterunternehmen nachgeordnet ist oder
2. der Finanzholding-Gesellschaft oder der gemischten Finanzholding-Gesellschaft mindestens ein CRR-Institut mit Sitz im Inland und kein CRR-Institut mit Sitz in ihrem Sitzstaat nachgeordnet ist und das CRR-Institut mit Sitz im Inland keine höhere Bilanzsumme hat als ein anderes der Finanzholding-Gesellschaft oder gemischten Finanzholding-Gesellschaft als Tochterunternehmen nachgeordnetes CRR-Institut mit Sitz in einem anderen Staat des Europäischen Wirtschaftsraums.

[2]Sind in einer Finanzholding-Gruppe oder gemischten Finanzholding-Gruppe mehr als eine Finanzholding-Gesellschaft im Sinne von Artikel 4 Absatz 1 Nummer 30 oder 31 der Verordnung (EU) Nr. 575/2013 oder gemischte Finanzholding-Gesellschaft im Sinne von Artikel 4 Absatz 1 Nummer 32 oder 33 der Verordnung (EU) Nr. 575/2013 mit Sitz sowohl im Inland als auch in einem anderen Staat des Europäischen Wirtschaftsraums Mutterunternehmen und hat in jedem dieser Staaten mindestens ein CRR-Institut seinen Sitz, so besteht keine Finanzholding-Gruppe oder gemischte Finanzholding-Gruppe, wenn das CRR-Institut mit Sitz im Inland keine höhere Bilanzsumme hat als ein anderes der Finanzholding-Gruppe oder gemischten Finanzholding-Gruppe als Tochterunternehmen angehöriges CRR-Institut mit Sitz in einem anderen Staat des Europäischen Wirtschaftsraums.

(4) [1]Zur Ermittlung der Angemessenheit der Eigenmittel nach den Artikeln 92 bis 386 der Verordnung (EU) Nr. 575/2013 in der jeweils geltenden Fassung auf konsolidierter Ebene und zur Begrenzung der Großkreditrisiken nach den Artikeln 387 bis 403 der Verordnung (EU) Nr. 575/2013 haben die übergeordneten Unternehmen jeweils die Eigenmittel und die maßgeblichen Risikopositionen der Gruppe zusammenzufassen. [2]Von den nach Satz 1 zusammenzufassenden Eigenmitteln sind die auf gruppenangehörige Unternehmen entfallenden Buchwerte der Kapitalinstrumente gemäß Artikel 26 Absatz 1 Buchstabe a, Artikel 51 Buchstabe a und Artikel 62 Buchstabe a der Verordnung (EU) Nr. 575/2013 in der jeweils geltenden Fassung abzuziehen. [3]Bei Beteiligungen, die über nicht gruppenangehörige Unternehmen vermittelt werden, sind solche Buchwerte jeweils quotal in Höhe desjenigen Anteils abzuziehen, der der durchgerechneten Kapitalbeteiligung entspricht. [4]Ist der Buchwert einer Beteiligung höher als der nach Satz 1 unter Eigenmitteln zusammenzufassende Teil der Posten des harten Kernkapitals nach Artikel 26 Absatz 1 der Verordnung (EU) Nr. 575/2013 in der jeweils geltenden Fassung des nachgeordneten Unternehmens, hat das übergeordnete Unternehmen den Unterschiedsbetrag von dem harten Kernkapital gemäß Artikel 50 der Verordnung (EU) Nr. 575/2013 in der jeweils geltenden Fassung der Gruppe abzuziehen. [5]Die Adressenausfallpositionen, die sich aus Rechtsverhältnissen zwischen gruppenangehörigen Unternehmen ergeben, sind nicht zu berücksichtigen. [6]Bei nachgeordneten Unternehmen, die keine Tochterunternehmen sind, hat das übergeordnete Unternehmen seine Eigenmittel und die im Rahmen der Verordnung (EU) Nr. 575/2013 in der jeweils geltenden Fassung maßgeblichen Risikopositionen mit den Eigenmitteln und den maßgeblichen Risikopositionen der nachgeordneten Unternehmen jeweils quotal in Höhe desjenigen Anteils zusammenzufassen, der seiner Kapitalbeteiligung an dem nachgeordneten Un-

ternehmen entspricht. [7]Im Übrigen gelten die Sätze 2 bis 5, jeweils auch in Verbindung mit der Rechtsverordnung nach Absatz 7, entsprechend.

(5) [1]Ist das übergeordnete Unternehmen einer Institutsgruppe verpflichtet, nach den Vorschriften des Handelsgesetzbuchs einen Konzernabschluss aufzustellen, oder ist es nach Artikel 4 der Verordnung (EG) Nr. 1606/2002 des Europäischen Parlaments und des Rates vom 19. Juli 2002 betreffend die Anwendung internationaler Rechnungslegungsstandards (ABl. L 243 vom 11.9.2002, S. 1) in der jeweils geltenden Fassung oder nach Maßgabe von § 315e Absatz 2 des Handelsgesetzbuchs verpflichtet, bei der Aufstellung des Konzernabschlusses die nach den Artikeln 3 und 6 der Verordnung (EG) Nr. 1606/2002 übernommenen internationalen Rechnungslegungsstandards anzuwenden, so hat es spätestens nach Ablauf von fünf Jahren nach Entstehen der jeweiligen Verpflichtung bei der Ermittlung der zusammengefassten Eigenmittel sowie der zusammengefassten Risikopositionen nach Maßgabe der Artikel 24 bis 386 der Verordnung (EU) Nr. 575/2013 in der jeweils geltenden Fassung den Konzernabschluss zugrunde zu legen. [2]Wendet das übergeordnete Unternehmen einer Institutsgruppe die genannten internationalen Rechnungslegungsstandards nach Maßgabe von § 315e Absatz 3 des Handelsgesetzbuchs an, sind die Sätze 1 und 2 entsprechend anzuwenden; an die Stelle des Entstehens der Verpflichtung zur Anwendung der internationalen Rechnungslegungsstandards tritt deren erstmalige Anwendung. [3]Absatz 4 ist in den Fällen der Sätze 1 bis 3 nicht anzuwenden. [4]In diesen Fällen bleiben die Eigenmittel und sonstigen maßgeblichen Risikopositionen von Unternehmen, die in den Konzernabschluss einbezogen und keine gruppenangehörigen Unternehmen im Sinne dieser Vorschrift sind, unberücksichtigt. [5]Eigenmittel und sonstige maßgebliche Risikopositionen nicht in den Konzernabschluss einbezogener Unternehmen, die gruppenangehörige Unternehmen im Sinne dieser Vorschrift sind, sind hinzuzurechnen, wobei das Verfahren nach Absatz 4 angewendet werden darf. [6]Die Sätze 1 bis 6 gelten entsprechend für eine Finanzholding-Gruppe oder eine gemischte Finanzholding-Gruppe, wenn die Finanzholding-Gesellschaft oder die gemischte Finanzholding-Gesellschaft nach den genannten Vorschriften verpflichtet ist, einen Konzernabschluss aufzustellen oder nach § 315e Absatz 3 des Handelsgesetzbuchs einen Konzernabschluss nach den genannten internationalen Rechnungslegungsstandards aufstellt.

(6) [1]Eine Gruppe, die nach Absatz 5 bei der Ermittlung der zusammengefassten Eigenmittel sowie der zusammengefassten Risikopositionen den Konzernabschluss zugrunde zu legen hat, darf mit Zustimmung der Bundesanstalt für diese Zwecke das Verfahren nach Absatz 4 nutzen, wenn die Heranziehung des Konzernabschlusses im Einzelfall ungeeignet ist. [2]Das übergeordnete Unternehmen der Gruppe muss das Verfahren nach Absatz 4 in diesem Fall in mindestens drei aufeinander folgenden Jahren anwenden.

(7) [1]Das Bundesministerium der Finanzen wird ermächtigt, durch Rechtsverordnung, die nicht der Zustimmung des Bundesrates bedarf, im Benehmen mit der Deutschen Bundesbank nähere Bestimmungen über die Ermittlung der Eigenmittelausstattung von Gruppen zu erlassen, insbesondere über

1. die Überleitung von Angaben aus dem Konzernabschluss in die Ermittlung der zusammengefassten Eigenmittelausstattung bei Anwendung des Verfahrens nach Absatz 5,
2. die Behandlung der nach der Äquivalenzmethode bewerteten Beteiligungen bei Anwendung des Verfahrens nach Absatz 5.

[2]Das Bundesministerium der Finanzen kann die Ermächtigung durch Rechtsverordnung auf die Bundesanstalt mit der Maßgabe übertragen, dass die Rechtsverordnung im Einvernehmen mit der Deutschen Bundesbank ergeht. [3]Vor Erlass der Rechtsverordnung sind die Spitzenverbände der Institute anzuhören.

(8) [1]Das übergeordnete Unternehmen ist für eine angemessene Eigenmittelausstattung der Gruppe verantwortlich. [2]Es darf jedoch zur Erfüllung seiner Verpflichtungen nach Satz 1 auf die gruppenangehörigen Unternehmen nur einwirken, soweit dem das allgemein geltende Gesellschaftsrecht nicht entgegensteht.

(9) Gruppen sind von der Anwendung der Anforderungen auf konsolidierter Ebene nach den Artikeln 11 bis 23 der Verordnung (EU) Nr. 575/2013 befreit, wenn sämtliche gruppenangehörigen Institute die Artikel 92 bis 386 der Verordnung (EU) Nr. 575/2013 nicht auf Einzelebene anzuwenden haben, es sei denn, sie wurden nach Artikel 7 der Verordnung (EU) Nr. 575/2013 von der Anwendung der Artikel 92 bis 386 der Verordnung (EU) Nr. 575/2013 auf Einzelebene freigestellt.

(10) Für die Unterkonsolidierung gemäß Artikel 22 der Verordnung (EU) Nr. 575/2013 sind die Absätze 4 bis 9 entsprechend anzuwenden.

§ 10b *(aufgehoben)*

§ 10c[1] Kapitalerhaltungspuffer

(1) [1]Ein Institut muss zusätzlich zum harten Kernkapital, das zur Einhaltung der Eigenmittelanforderung nach Artikel 92 der Verordnung (EU) Nr. 575/2013 und erhöhter Eigenmittelanforderungen zur Absicherung nicht von Artikel 1 der Verordnung (EU) Nr. 575/2013 abgedeckter Risiken und Risikoelemente nach § 10 Absatz 3 erforderlich ist, einen aus hartem Kernkapital bestehenden Kapitalerhaltungspuffer vorhalten. [2]Seine Höhe beträgt 2,5 Prozent des nach Artikel 92 Absatz 3 der Verordnung (EU) Nr. 575/2013 ermittelten Gesamtforderungsbetrags.

(2) Absatz 1 gilt entsprechend für Institutsgruppen, Finanzholding-Gruppen und gemischte Finanzholding-Gruppen, denen mindestens ein Institut angehört, das die Anforderung in Absatz 1 auf Einzelinstitutsebene erfüllen muss, sowie für Institute im Sinne des Artikels 22 der Verordnung (EU) Nr. 575/2013.

§ 10d[2] Antizyklischer Kapitalpuffer

(1) [1]Ein Institut muss zusätzlich zum harten Kernkapital, das zur Einhaltung

1. der Eigenmittelanforderung nach Artikel 92 der Verordnung (EU) Nr. 575/2013,
2. erhöhter Eigenmittelanforderungen zur Absicherung nicht von Artikel 1 der Verordnung (EU) Nr. 575/2013 abgedeckter Risiken und Risikoelemente nach § 10 Absatz 3,
3. erhöhter Eigenmittelanforderungen nach § 10 Absatz 4 und
4. des Kapitalerhaltungspuffers nach § 10c

erforderlich ist, einen aus hartem Kernkapital bestehenden institutsspezifischen antizyklischen Kapitalpuffer vorhalten. [2]Satz 1 gilt entsprechend für Institutsgruppen, Finanzholding-Gruppen und gemischte Finanzholding-Gruppen, denen mindestens ein Institut angehört, das die Anforderung in Satz 1 auf Einzelinstitutsebene erfüllen muss, sowie für Institute im Sinne des Artikels 22 der Verordnung (EU) Nr. 575/2013.

(2) [1]Die institutsspezifische antizyklische Kapitalpuffer-Quote ist der gewichtete Durchschnitt der Quoten für die antizyklischen Kapitalpuffer, die im Inland, in den anderen Staaten des Europäischen Wirtschaftsraums und in Drittstaaten sowie in den zugehörigen europäischen und überseeischen Ländern, Hoheitsgebieten und Rechtsräumen, in denen die maßgeblichen Risikopositionen des Instituts belegen sind, gelten oder nach Maßgabe der nachfolgenden Absätze angewendet werden. [2]Zur Berechnung des

---

1) Zur erstmaligen Anwendung siehe § 64r.
2) Zur erstmaligen Anwendung siehe § 64r.

gewichteten Durchschnitts wenden die Institute die jeweils geltende Quote für antizyklische Kapitalpuffer auf den jeweiligen Quotienten aus den gemäß den Artikeln 107 bis 311 und 325 bis 377 der Verordnung (EU) Nr. 575/2013 bestimmten Eigenmittelgesamtanforderungen für das Kreditrisiko in dem betreffenden Staat des Europäischen Wirtschaftsraums, des betreffenden Drittstaates sowie in den zugehörigen europäischen und überseeischen Ländern, Hoheitsgebieten und Rechtsräumen und den Eigenmittelgesamtanforderungen für das Kreditrisiko bei allen maßgeblichen Risikopositionen an.

(3) [1]Die Quote des inländischen antizyklischen Kapitalpuffers beträgt 0 bis 2,5 Prozent des nach Artikel 92 Absatz 3 der Verordnung (EU) Nr. 575/2013 ermittelten Gesamtforderungsbetrags. [2]Die Quote wird von der Bundesanstalt in Schritten von 0,25 Prozentpunkten festgelegt und quartalsweise bewertet. [3]Hierbei berücksichtigt die Bundesanstalt Abweichungen des Verhältnisses der Kredite zum Bruttoinlandsprodukt von seinem langfristigen Trend und etwaige Empfehlungen des Ausschusses für Finanzstabilität. [4]Die Bundesanstalt kann, soweit erforderlich, eine höhere Quote als 2,5 Prozent festlegen.

(4) [1]Legt die Bundesanstalt die Quote für den inländischen antizyklischen Kapitalpuffer erstmals auf einen Wert über Null fest oder erhöht sie die bisherige Quote, bestimmt sie den Tag, ab dem die Institute die erhöhte Quote zur Berechnung des institutsspezifischen antizyklischen Kapitalpuffers anwenden müssen. [2]Dieser Tag darf nicht mehr als zwölf Monate nach dem Tag der Veröffentlichung der erstmaligen Festlegung oder der Erhöhung der Quote für den inländischen antizyklischen Kapitalpuffer liegen. [3]Liegen zwischen dem Tag nach Satz 1 und der Veröffentlichung der Quote für den inländischen antizyklischen Kapitalpuffer weniger als zwölf Monate, muss diese kürzere Frist durch außergewöhnliche Umstände, etwa eine erhebliche Zunahme der durch übermäßiges Kreditwachstum bedingten Risiken oder eine Situation, in der die Ertragslage der Institute im Europäischen Wirtschaftsraum einen schnelleren Aufbau des inländischen antizyklischen Kapitalpuffers möglich macht, gerechtfertigt sein.

(5) [1]Setzt die Bundesanstalt die bestehende Quote für den inländischen antizyklischen Kapitalpuffer herab, teilt sie gleichzeitig einen Zeitraum mit, in dem voraussichtlich keine Erhöhung der Quote für den inländischen antizyklischen Kapitalpuffer zu erwarten ist. [2]Die Bundesanstalt kann das Verfahren jederzeit, auch vor Ablauf des mitgeteilten Zeitraums, wieder aufnehmen und die Quote für den inländischen antizyklischen Kapitalpuffer erneut festlegen oder erhöhen. [3]Die Bundesanstalt veröffentlicht die im jeweiligen Quartal festlegte Quote für den inländischen antizyklischen Kapitalpuffer sowie die Angaben nach den Absätzen 3 und 4 auf ihrer Internetseite.

(6) [1]Die Bundesanstalt kann die von einem anderen Staat des Europäischen Wirtschaftsraums oder einem Drittstaat festgelegte Quote für den antizyklischen Kapitalpuffer für die Berechnung des institutsspezifischen antizyklischen Kapitalpuffers durch die im Inland zugelassenen Institute anerkennen, wenn die Quote 2,5 Prozent des in Artikel 92 Absatz 3 der Verordnung (EU) Nr. 575/2013 genannten Gesamtforderungsbetrags übersteigt. [2]Solange die Bundesanstalt die höhere Quote nicht anerkannt hat, müssen die im Inland zugelassenen Institute bei der Berechnung des institutsspezifischen antizyklischen Kapitalpuffers eine Quote von 2,5 Prozent für die in diesem Staat belegenen Risikopositionen anwenden.

(7) Hat die zuständige Behörde eines Drittstaates keine Quote für den antizyklischen Kapitalpuffer festgelegt und veröffentlicht, darf die Bundesanstalt die Quote festlegen, die die im Inland zugelassenen Institute bei der Berechnung des institutsspezifischen antizyklischen Kapitalpuffers für die in diesem Staat belegenen Risikopositionen anwenden müssen.

(8) Hat die zuständige Behörde eines Drittstaates eine Quote für den antizyklischen Kapitalpuffer festgelegt und veröffentlicht, darf die Bundesanstalt eine höhere Quote für den antizyklischen Kapitalpuffer festlegen, den die im Inland zugelassenen Institute bei der Berechnung des institutsspezifischen antizyklischen Kapitalpuffers für die in diesem Staat belegenen Risikopositionen anwenden müssen, wenn sie hinreichend sicher davon ausgehen kann, dass die von der zuständigen Behörde des Drittstaates festgelegte Quote nicht ausreicht, um die Institute angemessen vor den Risiken eines übermäßigen Kreditwachstums in dem betreffenden Drittstaat zu schützen.

(9) Erkennt die Bundesanstalt eine Quote für den antizyklischen Kapitalpuffer nach Absatz 6 an oder legt sie eine Quote für den antizyklischen Kapitalpuffer nach den Absätzen 7 oder 8 fest, veröffentlicht die Bundesanstalt jeweils auf ihrer Internetseite diese Quote sowie mindestens folgende weitere Angaben:

1. den Staat des Europäischen Wirtschaftsraums oder den Drittstaat, für den diese Quote gilt,
2. den Tag, ab dem die im Inland zugelassenen Institute die Quote für den antizyklischen Kapitalpuffer zur Berechnung ihres institutsspezifischen antizyklischen Kapitalpuffers anwenden müssen,
3. in den Fällen, in denen dieser Tag weniger als zwölf Monate nach dem Tag der Veröffentlichung nach diesem Absatz liegt, die außergewöhnlichen Umstände, die eine kürzere Frist für die Anwendung rechtfertigen.

(10) Das Nähere regelt die Rechtsverordnung nach § 10 Absatz 1 Satz 1 Nummer 5 Buchstabe a.

§ 10e[1] Kapitalpuffer für systemische Risiken

(1) [1]Die Bundesanstalt kann anordnen, dass alle Institute oder bestimmte Arten oder Gruppen von Instituten zusätzlich zum harten Kernkapital, das zur Einhaltung

1. der Eigenmittelanforderung nach Artikel 92 der Verordnung (EU) Nr. 575/2013,
2. erhöhter Eigenmittelanforderungen zur Absicherung nicht von Artikel 1 der Verordnung (EU) Nr. 575/2013 abgedeckter Risiken und Risikoelemente nach § 10 Absatz 3,
3. erhöhter Eigenmittelanforderungen nach § 10 Absatz 4,
4. des Kapitalerhaltungspuffers nach § 10c und
5. des institutsspezifischen antizyklischen Kapitalpuffers nach § 10d

erforderlich ist, einen aus hartem Kernkapital bestehenden Kapitalpuffer für systemische Risiken vorhalten müssen. [2]Der Kapitalpuffer für systemische Risiken kann für Risikopositionen, die im Inland, in einem anderen Staat des Europäischen Wirtschaftsraums oder in einem Drittstaat belegen sind, angeordnet werden. [3]Seine Quote beträgt mindestens 1,0 Prozent bezogen auf die risikogewichteten Positionswerte dieser Risikopositionen, die in den nach Artikel 92 Absatz 3 Verordnung (EU) Nr. 575/2013 zu berechnenden Gesamtforderungsbetrag einfließen und die Quote wird von der Bundesanstalt in Schritten von 0,5 Prozentpunkten festgesetzt. [4]Die Sätze 1 bis 3 gelten entsprechend für Institutsgruppen, Finanzholding-Gruppen und gemischte Finanzholding-Gruppen, denen mindestens ein CRR-Kreditinstitut angehört, das die Anforderungen nach den Sätzen 1 bis 3 auf Einzelebene erfüllen muss, sowie für Kreditinstitute im Sinne des Artikels 22 der Verordnung (EU) Nr. 575/2013.

---

1) Zur erstmaligen Anwendung siehe § 64r.

(2) [1]Der Kapitalpuffer für systemische Risiken kann angeordnet werden, um langfristige, nicht zyklische systemische oder makroprudenzielle Risiken zu vermindern oder abzuwehren, die

1. zu einer Störung mit bedeutenden Auswirkungen auf das nationale Finanzsystem und die Realwirtschaft im Inland führen können und
2. nicht durch die Verordnung (EU) Nr. 575/2013 abgedeckt sind.

[2]Der Kapitalpuffer für systemische Risiken darf nur angeordnet werden, wenn diese Risiken nicht hinreichend sicher durch andere Maßnahmen nach diesem Gesetz mit Ausnahme von Maßnahmen nach § 48t oder nach der Verordnung (EU) Nr. 575/2013 mit Ausnahme von Maßnahmen nach Artikel 458 und 459 der Verordnung (EU) Nr. 575/2013 vermindert oder abgewehrt werden können. [3]Die Anordnung darf nur erfolgen, wenn der Kapitalpuffer für systemische Risiken keine unverhältnismäßige Beeinträchtigung des Finanzsystems oder von Teilen des Finanzsystems eines anderen Staates oder des Europäischen Wirtschaftsraums insgesamt darstellt, so dass das Funktionieren des Binnenmarkts des Europäischen Wirtschaftsraums behindert wird. [4]Der Kapitalpuffer für systemische Risiken ist mindestens alle zwei Jahre zu überprüfen.

(3) [1]Vor Anordnung eines Kapitalpuffers für systemische Risiken hat die Bundesanstalt die Absicht, einen solchen Kapitalpuffer anzuordnen, der Europäischen Kommission, der Europäischen Bankenaufsichtsbehörde, dem Europäischen Ausschuss für Systemrisiken sowie den zuständigen Behörden der betroffenen anderen Staaten des Europäischen Wirtschaftsraums und der betroffenen Drittstaaten anzuzeigen. [2]Bei einem Kapitalpuffer in Höhe von bis zu 3 Prozent muss die Anzeige einen Monat vor der Anordnung erfolgen. [3]Die Anzeigen sollen jeweils mindestens folgende Angaben enthalten:

1. eine genaue Beschreibung der langfristigen, nicht zyklischen systemischen oder makroprudenziellen Risiken, die durch die Anordnung der Kapitalpuffer für systemische Risiken abgewehrt oder vermindert werden sollen;
2. eine Begründung, warum die Risiken nach Nummer 1 eine Gefahr für die Finanzstabilität auf nationaler Ebene darstellen, die den Kapitalpuffer für systemische Risiken auch in der beabsichtigten Höhe rechtfertigt;
3. eine Begründung, warum die Annahme gerechtfertigt ist, dass die Anordnung des Kapitalpuffers für systemische Risiken in seiner konkreten Ausgestaltung geeignet und verhältnismäßig ist, um die Risiken nach Nummer 1 abzuwehren oder zu vermindern;
4. eine Beurteilung der wahrscheinlichen positiven oder negativen Auswirkungen der Anordnung des Kapitalpuffers für systemische Risiken auf den Binnenmarkt unter Berücksichtigung aller der Bundesanstalt zugänglichen Informationen;
5. eine Begründung, warum eine andere Maßnahme oder eine Kombination anderer Maßnahmen nach diesem Gesetz oder der Verordnung (EU) Nr. 575/2013 mit Ausnahme von Maßnahmen nach Artikel 458 und 459 der Verordnung (EU) Nr. 575/2013 unter Berücksichtigung der jeweiligen Wirksamkeit der Maßnahme nicht gleich geeignet ist, die Risiken nach Nummer 1 abzuwehren oder zu vermindern;
6. die beabsichtigte Höhe des Kapitalpuffers für systemische Risiken.

(4) [1]Für Risikopositionen, die im Inland und in Drittstaaten belegen sind, kann ein Kapitalpuffer für systemische Risiken bis zur Höhe von 3,0 Prozent angeordnet werden. [2]Für Risikopositionen, die in einem anderen Staat des Europäischen Wirtschaftsraums belegen sind, kann ein Kapitalpuffer für systemische Risiken in Höhe von bis zu 3,0 Prozent angeordnet werden, sofern dies einheitlich für alle Risikopositionen, die in Staaten des Europäischen Wirtschaftsraums belegen sind, erfolgt. [3]Ein Kapitalpuffer für systemische Risiken, der in Höhe von über 3,0 Prozent festgelegt werden soll, kann erst

nach Erlass eines zustimmenden Rechtsaktes der Europäischen Kommission gemäß Artikel 133 Absatz 15 der Richtlinie 2013/36/EU angeordnet werden.

(5) [1]Abweichend von Absatz 4 Satz 3 kann die Bundesanstalt für Risikopositionen, die im Inland oder in Drittstaaten belegen sind, einen Kapitalpuffer für systemische Risiken in Höhe von über 3,0 Prozent bis zu 5,0 Prozent anordnen, nachdem

1. die Europäische Kommission eine zustimmende Empfehlung abgegeben hat oder, sofern die Europäische Kommission eine ablehnende Empfehlung abgegeben hat,
2. die Bundesanstalt gegenüber der Europäischen Kommission begründet hat, dass die Anordnung des Kapitalpuffers entgegen der Empfehlung der Europäischen Kommission erforderlich ist.

[2]Sind von der Anordnung des Kapitalpuffers für systemische Risiken nach Satz 1 auch Institute betroffen, deren Mutterinstitut seinen Sitz in einem anderen Staat des Europäischen Wirtschaftsraums hat, kann die Bundesanstalt den Kapitalpuffer für systemische Risiken nur anordnen, wenn sie zuvor die zuständige Behörde des jeweiligen Staates, die Europäische Kommission und den Europäischen Ausschuss für Systemrisiken von der Absicht unterrichtet hat, einen Kapitalpuffer für systemische Risiken nach Satz 1 auch gegenüber diesen Instituten anzuordnen. [3]Widerspricht die zuständige Behörde eines betroffenen Staates des Europäischen Wirtschaftsraums innerhalb eines Monats der Anordnung des Kapitalpuffers für systemische Risiken nach Satz 1 gegenüber einem Institut, dessen Mutterinstitut seinen Sitz in diesem Staat hat, oder geben sowohl die Europäische Kommission als auch der Europäische Ausschuss für Systemrisiken innerhalb eines Monats ablehnende Empfehlungen ab, kann die Bundesanstalt die Angelegenheit der Europäischen Bankenaufsichtsbehörde zur Durchführung eines Verfahrens zur Beilegung von Meinungsverschiedenheiten nach Artikel 19 der Verordnung (EU) Nr. 1093/2010 vorlegen.

(6) [1]Der Kapitalpuffer für systemische Risiken kann auch durch Allgemeinverfügung ohne vorherige Anhörung angeordnet und öffentlich bekannt gegeben werden. [2]Die Anordnung des Kapitalpuffers für systemische Risiken ist auf der Internetseite der Bundesanstalt zu veröffentlichen. [3]Die Veröffentlichung soll mindestens folgende Angaben enthalten:

1. die Höhe des angeordneten Kapitalpuffers für systemische Risiken,
2. die Institute, Arten oder Gruppen von Instituten, die den Kapitalpuffer für systemische Risiken einhalten müssen,
3. eine Begründung der Anordnung des Kapitalpuffers für systemische Risiken,
4. den Zeitpunkt, ab dem der Kapitalpuffer für systemische Risiken einzuhalten ist,
5. die Staaten, bei denen Risikopositionen, die dort belegen sind, beim Kapitalpuffer für systemische Risiken zu berücksichtigen sind.

[3]Die Veröffentlichung nach Nummer 3 hat zu unterbleiben, wenn zu befürchten ist, dass dadurch die Stabilität der Finanzmärkte gefährdet werden könnte.

(7) Für die Aufhebung der Anordnung eines Kapitalpuffers für systemische Risiken gilt Absatz 6 Satz 1 und 2 entsprechend.

(8) [1]Die Bundesanstalt kann den Kapitalpuffer für systemische Risiken, der in einem anderen Staat des Europäischen Wirtschaftsraums angeordnet wurde, anerkennen, indem sie anordnet, dass alle Institute oder Arten oder Gruppen von Instituten den in diesem Staat angeordneten Kapitalpuffer für systemische Risiken anzuwenden haben, soweit er sich auf Risikopositionen bezieht, die in diesem Staat belegen sind. [2]Absatz 6 gilt für die Anerkennung entsprechend. [3]Bei der Entscheidung über die Anerkennung hat die Bundesanstalt die von dem anderen Staat bei Anordnung des Kapitalpuffers für systemische

Risiken veröffentlichten Angaben zu berücksichtigen. [4]Die Bundesanstalt hat die Europäische Kommission, die Europäische Bankenaufsichtsbehörde, den Europäischen Ausschuss für Systemrisiken und den Staat, in dem der Kapitalpuffer für systemische Risiken angeordnet wurde, von der Anerkennung zu unterrichten.

(9) Die Bundesanstalt kann den Europäischen Ausschuss für Systemrisiken ersuchen, eine Empfehlung nach Artikel 16 der Verordnung (EU) Nr. 1092/2010 zur Anerkennung eines Kapitalpuffers für systemische Risiken gegenüber einem oder mehreren anderen Staaten des Europäischen Wirtschaftsraums abzugeben.

(10) Das Nähere regelt die Rechtsverordnung nach § 10 Absatz 1 Satz 1 Nummer 5 Buchstabe b.

§ 10f[1] Kapitalpuffer für global systemrelevante Institute

(1) [1]Die Bundesanstalt ordnet an, dass ein global systemrelevantes Institut zusätzlich zum harten Kernkapital, das zur Einhaltung

1. der Eigenmittelanforderungen nach Artikel 92 der Verordnung (EU) Nr. 575/2013,
2. erhöhter Eigenmittelanforderungen zur Absicherung nicht von Artikel 1 der Verordnung (EU) Nr. 575/2013 abgedeckter Risiken und Risikoelemente nach § 10 Absatz 3,
3. erhöhter Eigenmittelanforderungen nach § 10 Absatz 4,
4. des Kapitalerhaltungspuffers nach § 10c,
5. des institutsspezifischen antizyklischen Kapitalpuffers nach § 10d und
6. des systemischen Kapitalpuffers nach § 10e, soweit dieser nicht auf den Kapitalpuffer für global systemrelevante Institute angerechnet wird,

erforderlich ist, einen aus hartem Kernkapital bestehenden Kapitalpuffer für global systemrelevante Institute auf konsolidierter Ebene vorhalten muss. [2]Seine Quote wird von der Bundesanstalt entsprechend der Zuordnung des global systemrelevanten Instituts zu einer Größenklasse auf eine Höhe von 1,0, 1,5, 2,0, 2,5 oder 3,5 Prozent des nach Artikel 92 Absatz 3 der Verordnung (EU) Nr. 575/2013 ermittelten Gesamtforderungsbetrags festgelegt und mindestens jährlich überprüft.

(2) [1]Die Bundesanstalt bestimmt im Einvernehmen mit der Deutschen Bundesbank mindestens jährlich, welche Institute, EU-Mutterinstitute, EU-Mutterfinanzholdinggesellschaften oder gemischten EU-Mutterfinanzholdinggesellschaften mit Sitz im Inland auf Grund einer quantitativen Analyse auf konsolidierter Ebene als global systemrelevant eingestuft werden (global systemrelevante Institute). [2]Sie berücksichtigt bei der quantitativen Analyse die nachfolgenden Kategorien:

1. Größe der Gruppe,
2. grenzüberschreitende Aktivitäten der Gruppe,
3. Vernetztheit der Gruppe mit dem Finanzsystem,
4. Ersetzbarkeit hinsichtlich der angebotenen Dienstleistungen und Finanzinfrastruktureinrichtungen der Gruppe sowie
5. Komplexität der Gruppe.

[3]Die Institute sind verpflichtet, der Bundesanstalt und der Deutschen Bundesbank die zur Durchführung der quantitativen Analyse benötigten Einzeldaten jährlich zu melden.

---

1) Zur erstmaligen Anwendung siehe § 64r.

(3) [1]In Abhängigkeit von den Ergebnissen der quantitativen Analyse weist die Bundesanstalt ein global systemrelevantes Institut einer bestimmten Größenklasse zu. [2]Die Bundesanstalt kann

1. ein global systemrelevantes Institut einer höheren Größenklasse zuordnen, oder
2. ein zur Teilnahme am quantitativen Verfahren verpflichtetes Institut, das im Rahmen der quantitativen Analyse nicht als global systemrelevantes Institut identifiziert wurde, als solches einstufen und einer der Größenklassen zuordnen, wenn im Rahmen der ergänzenden qualitativen Analyse Merkmale der Systemrelevanz festgestellt wurden, die im Rahmen der quantitativen Analyse nicht oder nicht ausreichend erfasst wurden.

(4) [1]Die Institute, deren Gesamtrisikopositionsmessgröße im Sinne des Artikels 429 Absatz 4 der Verordnung (EU) Nr. 575/2013 den Wert von 200 Milliarden Euro übersteigt, sind verpflichtet, die Werte der der quantitativen Analyse zugrunde liegenden Indikatoren jährlich innerhalb von vier Monaten nach Abschluss eines jeden Geschäftsjahres, spätestens jedoch bis zum 31. Juli, auf ihrer Internetseite und in dem Medium zu veröffentlichen, welches gemäß Artikel 434 der Verordnung (EU) Nr. 575/2013 für die Veröffentlichung der in Teil 8 dieser Verordnung verlangten Angaben vorgesehen ist. [2]Die Veröffentlichung hat mittels der ausgefüllten, im Anhang der Durchführungsverordnung (EU) Nr. 1030/2014 der Kommission vom 29. September 2014 zur Festlegung technischer Durchführungsstandards in Bezug auf einheitliche Formate und Daten für die Offenlegung der Werte zur Bestimmung global systemrelevanter Institute gemäß der Verordnung (EU) Nr. 575/2013 des Europäischen Parlaments und des Rates (ABl. L 284 vom 30.9.2014, S. 14) enthaltenen Bögen entsprechend den Angaben auf der Internetseite der Europäischen Bankenaufsichtsbehörde elektronisch zu erfolgen. [3]Die Bundesanstalt übermittelt die Bögen an die Europäische Bankenaufsichtsbehörde zwecks zentraler Veröffentlichung auf ihrer Internetseite. [4]Bei der Anordnung und Überprüfung des Kapitalpuffers für global systemrelevante Institute nach Absatz 1 und der Einstufung als global systemrelevante Institute sowie der Zuweisung zu einer Größenklasse nach den Absätzen 2 und 3 sind die insoweit bestehenden Vorgaben und Empfehlungen der Europäischen Bankenaufsichtsbehörde und des Europäischen Ausschusses für Systemrisiken nach freiem Ermessen der Bundesanstalt zu berücksichtigen.

(4a) [1]Die in Absatz 4 genannten Institute sind verpflichtet, jährlich die Datenerfassungsbögen des Baseler Ausschusses für Bankenaufsicht auszufüllen und an die Bundesanstalt sowie die Deutsche Bundesbank zu senden. [2]Die Deutsche Bundesbank übermittelt die ausgefüllten Datenerfassungsbögen an den Baseler Ausschuss für Bankenaufsicht. [3]Darüber hinaus kann die Bundesanstalt die ausgefüllten Datenerfassungsbögen des Baseler Ausschusses für Bankenaufsicht auch an die Europäische Bankenaufsichtsbehörde weiterleiten.

(5) Die Bundesanstalt unterrichtet die Europäische Bankenaufsichtsbehörde, den Europäischen Ausschuss für Systemrisiken, die Europäische Kommission und die als global systemrelevant eingestuften Institute über die Entscheidungen nach den Absätzen 1 bis 3 und veröffentlicht Informationen über das Bestehen einer Anordnung sowie die Höhe des angeordneten Kapitalpuffers für global systemrelevante Institute sowie eine Liste der als global systemrelevant eingestuften Institute.

(6) Das Nähere regelt die Rechtsverordnung nach § 10 Absatz 1 Satz 1 Nummer 5 Buchstabe c.

§ 10g[1] Kapitalpuffer für anderweitig systemrelevante Institute

(1) Die Bundesanstalt kann anordnen, dass ein anderweitig systemrelevantes Institut zusätzlich zum harten Kernkapital, das zur Einhaltung

1. der Eigenmittelanforderungen nach Artikel 92 der Verordnung (EU) Nr. 575/2013,
2. erhöhter Eigenmittelanforderungen zur Absicherung nicht von Artikel 1 der Verordnung (EU) Nr. 575/2013 abgedeckter Risiken und Risikoelemente nach § 10 Absatz 3,
3. erhöhter Eigenmittelanforderungen nach § 10 Absatz 4,
4. des Kapitalerhaltungspuffers nach § 10c,
5. des institutsspezifischen antizyklischen Kapitalpuffers nach § 10d und
6. des systemischen Kapitalpuffers nach § 10e, soweit dieser nicht auf den Kapitalpuffer für global systemrelevante Institute angerechnet wird,

erforderlich ist, einen aus hartem Kernkapital bestehenden Kapitalpuffer für anderweitig systemrelevante Institute in Höhe von bis zu 2,0 Prozent des nach Artikel 92 Absatz 3 der Verordnung (EU) Nr. 575/2013 ermittelten Gesamtforderungsbetrags auf konsolidierter, unterkonsolidierter oder auf Einzelinstitutsebene vorhalten muss.

(2) [1]Die Bundesanstalt bestimmt im Einvernehmen mit der Deutschen Bundesbank mindestens jährlich, welche Institute, EU-Mutterinstitute, EU-Mutterfinanzholdinggesellschaften oder gemischte EU-Mutterfinanzholdinggesellschaften mit Sitz im Inland auf konsolidierter, unterkonsolidierter oder Einzelinstitutsebene als anderweitig systemrelevant eingestuft werden (anderweitig systemrelevante Institute). [2]Bei der auf der relevanten Ebene durchgeführten qualitativen und quantitativen Analyse berücksichtigt sie jeweils für die untersuchte Einheit insbesondere die nachfolgenden Faktoren:

1. Größe,
2. wirtschaftliche Bedeutung für den Europäischen Wirtschaftsraum und die Bundesrepublik Deutschland,
3. grenzüberschreitende Aktivitäten sowie
4. Vernetztheit mit dem Finanzsystem.

(3) [1]Die Bundesanstalt überprüft mindestens jährlich, ob und in welcher Höhe der Kapitalpuffer für anderweitig systemrelevante Institute erforderlich ist. [2]Dabei sind jeweils die insoweit bestehenden Vorgaben und Empfehlungen der Europäischen Bankenaufsichtsbehörde und des Europäischen Ausschusses für Systemrisiken zu beachten. [3]Die Anordnung darf nur erfolgen, wenn der Kapitalpuffer für anderweitig systemrelevante Institute keine unverhältnismäßige Beeinträchtigung des Finanzsystems oder von Teilen des Finanzsystems eines anderen Staates oder des Europäischen Wirtschaftsraums insgesamt darstellt, so dass das Funktionieren des Binnenmarkts des Europäischen Wirtschaftsraums behindert wird.

(3a) [1]Die Bundesanstalt veröffentlicht die für die Einstufung der anderweitig systemrelevanten Institute und die Festsetzung der Höhe des Kapitalpuffers angewandte Methodik unter Berücksichtigung der maßgeblichen quantitativen und qualitativen Indikatoren und Schwellenwerte. [2]Dabei sind die insoweit bestehenden Leitlinien der Europäischen Bankenaufsichtsbehörde zu beachten.

(4) [1]Mindestens einen Monat vor Bekanntgabe der Anordnung eines neuen oder veränderten Kapitalpuffers für anderweitig systemrelevante Institute hat die Bundesanstalt die beabsichtigte Anordnung der Europäischen Bankenaufsichtsbehörde, dem Euro-

---

1) Zur erstmaligen Anwendung siehe § 64r.

päischen Ausschuss für Systemrisiken und der Europäischen Kommission sowie den zuständigen Aufsichtsbehörden gegebenenfalls betroffener Staaten des Europäischen Wirtschaftsraums anzuzeigen. [2]Die Anzeigen sollen jeweils mindestens folgende Angaben enthalten:

1. eine detaillierte Begründung, weshalb die Festsetzung eines Kapitalpuffers für anderweitig systemrelevante Institute gerechtfertigt und den identifizierten Risiken angemessen ist,
2. eine detaillierte Erläuterung der wahrscheinlichen positiven und negativen Auswirkungen des Kapitalpuffers auf den Binnenmarkt des Europäischen Wirtschaftsraums sowie
3. die Höhe des festgesetzten Kapitalpuffers.

(5) [1]Die Bundesanstalt unterrichtet das jeweilige anderweitig systemrelevante Institut mit den jeweils festgesetzten Kapitalpuffern, die Europäische Bankenaufsichtsbehörde, den Europäischen Ausschuss für Systemrisiken und die Europäische Kommission über die Entscheidungen nach Absatz 1 und 2 und veröffentlicht eine Liste der als anderweitig systemrelevant eingestuften Institute. [2]Die Liste enthält die wesentlichen quantitativen und qualitativen Ergebnisse der den Entscheidungen zugrunde liegenden Analyse unter Berücksichtigung der verwendeten Indikatoren und Schwellenwerte. [3]Zudem übermittelt die Bundesanstalt der Europäischen Bankenaufsichtsbehörde die Werte der für die Analyse verwendeten Indikatoren für alle Institute, die nicht bereits auf Grund ihrer gemessen an der Bilanzsumme geringen Größe von der Analyse ausgeschlossen wurden. [4]Dabei sind die insoweit bestehenden Leitlinien der Europäischen Bankenaufsichtsbehörde zu beachten.

(6) Ist das anderweitig systemrelevante Institut Tochterunternehmen

1. eines global systemrelevanten Instituts oder
2. eines EU-Mutterinstituts mit Sitz im Ausland, das ein anderweitig systemrelevantes Institut im Sinne des Artikels 131 Absatz 1 der Richtlinie 2013/36/EU ist und einem Kapitalpuffer für anderweitig systemrelevante Institute auf konsolidierter Ebene unterliegt,

darf der Kapitalpuffer des Absatzes 2 den höheren Wert von entweder 1,0 Prozent oder des Kapitalpuffers auf konsolidierter Ebene nach Maßgabe des Artikels 131 Absatz 4 oder 5 der Richtlinie 2013/36/EU nicht übersteigen.

(7) Das Nähere regelt die Rechtsverordnung nach § 10 Absatz 1 Satz 1 Nummer 5 Buchstabe d.

§ 10h Zusammenwirken der Kapitalpuffer für systemische Risiken, für global systemrelevante Institute und für anderweitig systemrelevante Institute

(1) Solange neben einem Kapitalpuffer für global systemrelevante Institute nach § 10f auch ein Kapitalpuffer für anderweitig systemrelevante Institute nach § 10g auf konsolidierter Ebene besteht, ist nur der höhere der beiden Kapitalpuffer einzuhalten.

(2) Solange neben einem Kapitalpuffer für global systemrelevante Institute nach § 10f auch

1. ein Kapitalpuffer für anderweitig systemrelevante Institute nach § 10g auf konsolidierter Ebene besteht und
2. ein Kapitalpuffer für systemische Risiken nach § 10e auf konsolidierter Ebene besteht, der nicht nur für Risikopositionen angeordnet wurde, die in dem jeweils anordnenden Staat des Europäischen Wirtschaftsraums belegen sind,

ist nur der höchste der drei Kapitalpuffer einzuhalten.

(3) Solange neben einem Kapitalpuffer für anderweitig systemrelevante Institute nach § 10g auf Einzelinstitutsebene oder unterkonsolidierter Ebene oder konsolidierter Ebene ein Kapitalpuffer für systemische Risiken nach § 10e auf Einzelinstitutsebene oder unterkonsolidierter Ebene oder konsolidierter Ebene besteht, der nicht nur für Risikopositionen angeordnet wurde, die in dem jeweils anordnenden Staat des Europäischen Wirtschaftsraums belegen sind, ist nur der höhere der beiden Kapitalpuffer einzuhalten.

(4) Wurde ein Kapitalpuffer für systemische Risiken nach § 10e nur für Risikopositionen angeordnet, die in dem jeweils anordnenden Staat des Europäischen Wirtschaftsraums belegen sind, so ist dieser zusätzlich zu einem Kapitalpuffer für ein global systemrelevantes Institut nach § 10f oder einem Kapitalpuffer für anderweitig systemrelevante Institute nach § 10g einzuhalten.

§ 10i[1] Kombinierte Kapitalpuffer-Anforderung

(1) Die kombinierte Kapitalpuffer-Anforderung ist das gesamte harte Kernkapital eines Instituts, das zur Einhaltung der folgenden Kapitalpuffer-Anforderungen erforderlich ist:

1. des Kapitalerhaltungspuffers nach § 10c,
2. des institutsspezifischen antizyklischen Kapitalpuffers nach § 10d, und
3. in den Fällen und nach Maßgabe
   a) des § 10h Absatz 1 des höheren der Kapitalpuffer für global systemrelevante Institute nach § 10f und für anderweitig systemrelevante Institute nach § 10g,
   b) des § 10h Absatz 2 des höchsten der Kapitalpuffer für global systemrelevante Institute nach § 10f, für anderweitig systemrelevante Institute nach § 10g und für systemische Risiken nach § 10e,
   c) des § 10h Absatz 3 des höheren der Kapitalpuffer für systemische Risiken nach § 10e oder anderweitig systemrelevante Institute nach § 10g, oder
   d) des § 10h Absatz 4 der Summe aus dem Kapitalpuffer für systemische Risiken nach § 10e sowie dem Kapitalpuffer für global systemrelevante Institute nach § 10f oder dem Kapitalpuffer für anderweitig systemrelevante Institute nach § 10g.

(2) Ein Institut, das die kombinierte Kapitalpuffer-Anforderung erfüllt, darf keine Ausschüttung aus dem harten Kernkapital oder auf harte Kernkapitalinstrumente nach Absatz 5 vornehmen, wenn dadurch sein hartes Kernkapital so stark abnehmen würde, dass die kombinierte Kapitalpuffer-Anforderung nicht mehr erfüllt wäre.

(3) [1]Ein Institut, das die kombinierte Kapitalpuffer-Anforderung nicht oder nicht mehr erfüllt, muss den maximal ausschüttungsfähigen Betrag berechnen und der Bundesanstalt und der Deutschen Bundesbank anzeigen. [2]Das Institut muss Vorkehrungen treffen, um zu gewährleisten, dass die Höhe der ausschüttungsfähigen Gewinne und der maximal ausschüttungsfähige Betrag genau berechnet werden, und muss in der Lage sein, der Bundesanstalt und der Deutschen Bundesbank die Genauigkeit der Berechnung auf Anfrage nachzuweisen. [3]Bis zur Entscheidung der Bundesanstalt über die Genehmigung des Kapitalerhaltungsplans nach den Absätzen 7 und 8 darf das Kreditinstitut

1. keine Ausschüttung aus dem hartem Kernkapital oder auf harte Kernkapitalinstrumente nach Absatz 5 vornehmen,

1) Zur erstmaligen Anwendung siehe § 64r.

2. keine Verpflichtung zur Zahlung einer variablen Vergütung oder zu freiwilligen Rentenzahlungen übernehmen oder eine variable Vergütung zahlen, wenn die entsprechende Verpflichtung in einem Zeitraum übernommen worden ist, in dem das Kreditinstitut die kombinierte Kapitalpuffer-Anforderung nicht erfüllt hat, und
3. keine Zahlungen aus zusätzlichen Kernkapitalinstrumenten vornehmen.

[4]Das Nähere regelt die Rechtsverordnung nach § 10 Absatz 1 Satz 1 Nummer 5 Buchstabe e.

(4) Ein Institut, das die kombinierte Kapitalpuffer-Anforderung nicht oder nicht mehr erfüllt und beabsichtigt, eine Ausschüttung ausschüttungsfähiger Gewinne oder eine Maßnahme nach Absatz 3 Satz 3 Nummer 1 bis 3 durchzuführen, teilt diese Absicht der Bundesanstalt und der Deutschen Bundesbank unter Angabe der folgenden Informationen mit:

1. vom Institut vorgehaltene Eigenmittel, aufgeschlüsselt nach
   a) hartem Kernkapital;
   b) zusätzlichem Kernkapital;
   c) Ergänzungskapital;
2. Höhe der Zwischengewinne und Gewinne zum Jahresende;
3. Höhe des maximal ausschüttungsfähigen Betrages;
4. Höhe der ausschüttungsfähigen Gewinne und deren beabsichtigte Aufteilung auf
   a) Ausschüttungen an Anteilseigner oder Eigentümer;
   b) Rückkauf oder Rückerwerb von Anteilen;
   c) Zahlungen aus zusätzlichen Kernkapitalinstrumenten;
   d) Zahlung einer variablen Vergütung oder freiwillige Rentenzahlungen, entweder auf Grund der Übernahme einer neuen Zahlungsverpflichtung oder einer Zahlungsverpflichtung, die in einem Zeitraum übernommen wurde, in dem das Kreditinstitut die kombinierte Anforderung an Kapitalpuffer nicht erfüllt hat.

(5) Eine Ausschüttung aus hartem Kernkapital oder auf harte Kernkapitalinstrumente umfasst

1. Gewinnausschüttungen in bar,
2. die Ausgabe von teilweise oder voll gezahlten Gratisaktien oder anderen in Artikel 26 Absatz 1 Buchstabe a der Verordnung (EU) Nr. 575/2013 aufgeführten Eigenmittelinstrumenten,
3. eine Rücknahme oder einen Rückkauf eigener Aktien oder anderer Instrumente nach Artikel 26 Absatz 1 Buchstabe a der Verordnung (EU) Nr. 575/2013 durch ein Institut,
4. eine Rückzahlung der in Verbindung mit den Eigenmittelinstrumenten nach Artikel 26 Absatz 1 Buchstabe a der Verordnung (EU) Nr. 575/2013 eingezahlten Beträge und
5. eine Ausschüttung von in Artikel 26 Absatz 1 Buchstabe b bis e der Verordnung (EU) Nr. 575/2013 aufgeführten Positionen.

(6) [1]Ein Institut, das die kombinierte Kapitalpuffer-Anforderung nicht oder nicht mehr erfüllt, muss über die Anforderungen der Absätze 3 bis 4 hinaus zusätzlich einen Kapitalerhaltungsplan erstellen und innerhalb von fünf Arbeitstagen, nachdem es festgestellt hat, dass es die kombinierte Kapitalpuffer-Anforderung nicht erfüllen kann, der Bundesanstalt und der Deutschen Bundesbank vorlegen. [2]Die Bundesanstalt kann die Frist zur Vorlage auf längstens zehn Arbeitstage verlängern, wenn dies im Einzelfall und

unter Berücksichtigung des Umfangs und der Komplexität der Geschäftstätigkeit des Instituts angemessen erscheint. [3]Der Kapitalerhaltungsplan umfasst

1. eine Einnahmen- und Ausgabenschätzung und eine Bilanzprognose,
2. Maßnahmen zur Erhöhung der Kapitalquoten des Instituts,
3. Plan und Zeitplan für die Erhöhung der Eigenmittel, um die kombinierte Kapitalpuffer-Anforderung vollständig zu erfüllen, und
4. weitere Informationen, die die Bundesanstalt für die in Absatz 7 vorgeschriebene Bewertung als notwendig erachtet.

(7) [1]Die Bundesanstalt bewertet den Kapitalerhaltungsplan und genehmigt ihn, wenn sie der Auffassung ist, dass durch seine Umsetzung sehr wahrscheinlich genügend Kapital erhalten oder aufgenommen wird, damit das Institut die kombinierte Kapitalpuffer-Anforderung innerhalb des von der Bundesanstalt als angemessen erachteten Zeitraums erfüllen kann. [2]Die Bundesanstalt entscheidet über die Genehmigung innerhalb von 14 Tagen nach Eingang des Kapitalerhaltungsplans. [3]Nach Genehmigung des Kapitalerhaltungsplans ist das Institut berechtigt, eine Ausschüttung ausschüttungsfähiger Gewinne sowie Maßnahmen nach Absatz 3 Satz 3 Nummer 1 bis 3 bis zu Höhe des maximal ausschüttungsfähigen Betrags durchzuführen.

(8) [1]Genehmigt die Bundesanstalt den Kapitalerhaltungsplan nicht,

1. ordnet die Bundesanstalt an, dass die Ausschüttungsbeschränkungen des Absatzes 3 fortgelten, oder
2. erlaubt die Bundesanstalt dem Institut die Durchführung von Maßnahmen im Sinne des Absatzes 3 Satz 3 Nummer 1 bis 3 bis zu einem bestimmten Betrag, der den maximal ausschüttungsfähigen Betrag nicht übersteigen darf.

[2]Daneben kann sie von dem Institut verlangen, seine Eigenmittel innerhalb eines bestimmten Zeitraums auf eine bestimmte Höhe aufzustocken.

(9) Die in dieser Vorschrift festgelegten Beschränkungen finden ausschließlich auf Zahlungen und Ausschüttungen Anwendung, die zu einer Verringerung des harten Kernkapitals oder der Gewinne führen, und sofern die Aussetzung einer Zahlung oder eine versäumte Zahlung weder einen Ausfall noch eine Voraussetzung für die Einleitung eines Verfahrens nach den für das Institut geltenden Insolvenzvorschriften darstellt.

§ 11 Liquidität

(1) [1]Die Institute müssen ihre Mittel so anlegen, dass jederzeit eine ausreichende Zahlungsbereitschaft (Liquidität) gewährleistet ist. [2]Das Bundesministerium der Finanzen wird ermächtigt, durch Rechtsverordnung im Benehmen mit der Deutschen Bundesbank nähere Anforderungen an die ausreichende Liquidität zu bestimmen, insbesondere über die

1. Methoden zur Beurteilung der ausreichenden Liquidität und die dafür erforderlichen technischen Grundsätze,
2. als Zahlungsmittel und Zahlungsverpflichtungen zu berücksichtigenden Geschäfte einschließlich ihrer Bemessungsgrundlagen sowie
3. Pflicht der Institute zur Übermittlung der zum Nachweis der ausreichenden Liquidität erforderlichen Angaben an die Aufsichtsbehörde und die Deutsche Bundesbank, einschließlich Bestimmungen zu Inhalt, Art, Umfang und Form der Angaben, zu der Häufigkeit ihrer Übermittlung und über die zulässigen Datenträger, Übertragungswege und Datenformate.

[3]In der Rechtsverordnung ist an die Definition der Spareinlagen aus § 21 Abs. 4 der Kreditinstituts-Rechnungslegungsverordnung anzuknüpfen. [4]Das Bundesministerium

der Finanzen kann die Ermächtigung durch Rechtsverordnung auf die Bundesanstalt mit der Maßgabe übertragen, dass die Rechtsverordnung im Einvernehmen mit der Deutschen Bundesbank ergeht. [5]Vor Erlass der Rechtsverordnung sind die Spitzenverbände der Institute zu hören.

(2) Die Bundesanstalt kann bei der Beurteilung der Liquidität im Einzelfall gegenüber Instituten über die in der Rechtsverordnung nach Absatz 1 festgelegten Vorgaben hinausgehende Liquiditätsanforderungen anordnen, wenn ohne eine solche Maßnahme die nachhaltige Liquidität eines Instituts nicht gesichert ist.

(3) [1]Die Bundesanstalt kann bei der Beurteilung der Liquidität im Einzelfall gegenüber Instituten, Institutsgruppen, Finanzholding-Gruppen und gemischten Finanzholding-Gruppen spezifische über die Anforderungen der Artikel 411 bis 428 der Verordnung (EU) Nr. 575/2013 in der jeweils geltenden Fassung hinausgehende Liquiditätsanforderungen anordnen, um spezifische Risiken abzudecken, denen ein Institut ausgesetzt ist oder ausgesetzt sein könnte. [2]Die Bundesanstalt beachtet dabei die in Artikel 105 der Richtlinie 2013/36/EU in der jeweils geltenden Fassung aufgeführten Erwägungsgründe. [3]Die Bundesanstalt kann darüber hinaus auch die Fristentransformation einschränken. [4]§ 10a Absatz 1 bis 3 gilt entsprechend.

(4) Die Bundesanstalt kann anordnen, dass ein Institut, eine Institutsgruppe, eine Finanzholding-Gruppe oder eine gemischte Finanzholding-Gruppe häufigere oder auch umfangreichere Meldungen zu seiner Liquidität einzureichen hat.

§ 12 *(aufgehoben)*

§ 12a Begründung von Unternehmensbeziehungen

(1) [1]Ein Institut, eine Finanzholding-Gesellschaft oder eine gemischte Finanzholding-Gesellschaft hat bei dem Erwerb einer Beteiligung an einem Unternehmen mit Sitz im Ausland oder der Begründung einer Unternehmensbeziehung mit einem solchen Unternehmen, wodurch das Unternehmen zu einem nachgeordneten Unternehmen im Sinne des § 10a wird, sicherzustellen, daß es, im Falle einer Finanzholding-Gesellschaft oder gemischten Finanzholding-Gesellschaft das für die Zusammenfassung verantwortliche übergeordnete Unternehmen, die für die Erfüllung der jeweiligen Pflichten nach den §§ 10a und 25 Absatz 1 erforderlichen Angaben erhält. [2]Satz 1 ist hinsichtlich der für die Erfüllung der Pflichten nach § 10a erforderlichen Angaben nicht anzuwenden, wenn ein Institut für einzelne gruppenangehörige Unternehmen die erforderlichen Angaben für die Zusammenfassung nach § 10a nicht beschaffen kann und durch den gemäß Artikel 36 in Verbindung mit Artikel 19 Absatz 2 Buchstabe a der Verordnung (EU) Nr. 575/2013 in der jeweils geltenden Fassung vorzunehmenden Abzug der Buchwerte in einer der Zusammenfassung nach § 10a Absatz 4 oder 5 vergleichbaren Weise dem Risiko aus der Begründung der Beteiligung oder der Unternehmensbeziehung Rechnung getragen und es der Bundesanstalt ermöglicht wird, die Einhaltung dieser Voraussetzung zu überprüfen. [3]Das Institut, die Finanzholding-Gesellschaft oder gemischte Finanzholding-Gesellschaft hat die Begründung, die Veränderung oder die Aufgabe einer in Satz 1 genannten Beteiligung oder Unternehmensbeziehung unverzüglich der Bundesanstalt und der Deutschen Bundesbank anzuzeigen.

(2) [1]Die Bundesanstalt kann die Fortführung der Beteiligung oder der Unternehmensbeziehung untersagen, wenn das übergeordnete Unternehmen oder das Institut im Sinne des Artikels 22 der Verordnung (EU) Nr. 575/2013 die für die Erfüllung der Pflichten nach den §§ 10a, 13 Absatz 3, § 25 Absatz 1 oder nach den Rechtsverordnungen nach § 10 Absatz 1 Satz 1 oder § 13 Absatz 1 Satz 1 sowie nach den Artikeln 11 bis 17 der Verordnung (EU) Nr. 575/2013 in der jeweils geltenden Fassung er-

forderlichen Angaben nicht erhält. [2]Die Ausnahme nach Absatz 1 Satz 2 gilt entsprechend für die Untersagungsermächtigung nach Satz 1.

(3) *(aufgehoben)*

2. Kreditgeschäft

§ 13 Großkredite; Verordnungsermächtigung

(1) [1]Das Bundesministerium der Finanzen wird ermächtigt, durch Rechtsverordnung, die nicht der Zustimmung des Bundesrates bedarf, im Benehmen mit der Deutschen Bundesbank im Interesse des angemessenen Schutzes der Institute, Institutsgruppen, Finanzholding-Gruppen und gemischten Finanzholding-Gruppen vor Klumpenrisiken in Ergänzung der Verordnung (EU) Nr. 575/2013 für Großkredite nähere Regelungen zu erlassen über

1. die Beschlussfassungspflichten der Geschäftsleiter nach Absatz 2 sowie Ausnahmen davon,
2. Art, Umfang, Zeitpunkt und Form der Angaben, Übertragungswege und Datenformate der Großkreditstammdatenanzeigen sowie deren Rückmeldungen im Rahmen des Großkreditmeldeverfahrens nach Artikel 394 Absatz 1 bis 3 der Verordnung (EU) Nr. 575/2013 in der jeweils geltenden Fassung,
3. die Meldung des Anteils des Handelsbuchs an der Gesamtsumme der bilanzmäßigen und außerbilanzmäßigen Geschäfte sowie die Nutzung der Ausnahmeregelung nach Artikel 94 Absatz 1 der Verordnung (EU) Nr. 575/2013,
4. die bis zum Inkrafttreten der technischen Durchführungsstandards nach Artikel 394 Absatz 4 der Verordnung (EU) Nr. 575/2013 geltenden Vorgaben zu Art, Umfang, Zeitpunkt und Form der Angaben zu den zulässigen Datenträgern, Übertragungswegen und Datenformaten der Großkreditanzeigen nach Artikel 394 Absatz 1 bis 3 der Verordnung (EU) Nr. 575/2013 sowie zu den nach diesen Bestimmungen bestehenden Anzeigepflichten, die durch die Pflicht zur Erstattung von Sammelanzeigen ergänzt werden können, soweit dies zur Erfüllung der Aufgaben der Aufsichtsbehörde erforderlich ist, insbesondere um einheitliche Unterlagen zur Beurteilung der von den Instituten geöffneten Positionen zu erhalten, und
5. die Umsetzung der von Artikel 493 Absatz 3 der Verordnung (EU) Nr. 575/2013 in der jeweils geltenden Fassung zugelassenen Freistellung bestimmter Kredite von der Anwendung des Artikels 395 Absatz 1 der Verordnung (EU) Nr. 575/2013 in der jeweils geltenden Fassung.

[2]Das Bundesministerium der Finanzen kann die Ermächtigung durch Rechtsverordnung auf die Bundesanstalt mit der Maßgabe übertragen, dass die Rechtsverordnung im Einvernehmen mit der Deutschen Bundesbank ergeht. [3]Vor Erlass der Rechtsverordnung sind die Spitzenverbände der Institute zu hören.

(2) [1]Ein Institut in der Rechtsform einer juristischen Person oder einer Personenhandelsgesellschaft darf unbeschadet der Wirksamkeit der Rechtsgeschäfte einen Großkredit nur auf Grund eines einstimmigen Beschlusses sämtlicher Geschäftsleiter gewähren. [2]Der Beschluss soll vor der Kreditgewährung gefasst werden. [3]Ist dies im Einzelfall wegen der Eilbedürftigkeit des Geschäftes nicht möglich, ist der Beschluss unverzüglich nachzuholen. [4]Der Beschluss ist zu dokumentieren. [5]Ist der Großkredit ohne vorherigen einstimmigen Beschluss sämtlicher Geschäftsleiter gewährt worden und wird die Beschlussfassung nicht innerhalb eines Monats nach Gewährung des Kredits nachgeholt, hat das Institut dies der Aufsichtsbehörde, der Deutschen Bundesbank und, soweit Aufsichtsbehörde die Europäische Zentralbank ist, auch der Bundesanstalt unverzüglich

anzuzeigen. [6]Wird ein bereits gewährter Kredit durch Verringerung der nach Artikel 4 Absatz 1 Nummer 71 der Verordnung (EU) Nr. 575/2013 anrechenbaren Eigenmittel zu einem Großkredit, darf das Institut diesen Großkredit unbeschadet der Wirksamkeit des Rechtsgeschäftes nur auf Grund eines unverzüglich nachzuholenden einstimmigen Beschlusses sämtlicher Geschäftsleiter weitergewähren. [7]Der Beschluss ist zu dokumentieren. [8]Wird der Beschluss nicht innerhalb eines Monats ab dem Zeitpunkt, zu dem der Kredit zu einem Großkredit geworden ist, nachgeholt, hat das Institut dies der Aufsichtsbehörde, der Deutschen Bundesbank und, soweit Aufsichtsbehörde die Europäische Zentralbank ist, auch der Bundesanstalt unverzüglich anzuzeigen.

(3) Die Beschlussfassungspflichten nach Absatz 2 gelten entsprechend für das übergeordnete Unternehmen, wenn ein Unternehmen der Institutsgruppe, der Finanzholding-Gruppe oder der gemischten Finanzholding-Gruppe von Artikel 7 der Verordnung (EU) Nr. 575/2013 Gebrauch macht.

(4) [1]Bei Krediten aus öffentlichen Fördermitteln, die die Förderinstitute des Bundes und der Länder auf Grund selbständiger Kreditverträge, gegebenenfalls auch über weitere Durchleitungsinstitute, über Hausbanken zu vorbestimmten Konditionen an Endkreditnehmer leiten (Hausbankprinzip), können für die beteiligten Institute in Bezug auf die Anwendung des Artikels 395 Absatz 1 der Verordnung (EU) Nr. 575/2013 die einzelnen Endkreditnehmer als Kreditnehmer des von ihnen gewährten Interbankkredits behandelt werden, wenn ihnen die Kreditforderungen zur Sicherheit abgetreten werden. [2]Dies gilt entsprechend für aus eigenen oder öffentlichen Mitteln zinsverbilligte Kredite der Förderinstitute nach dem Hausbankprinzip (Eigenmittelprogramme) sowie für Kredite aus nichtöffentlichen Mitteln, die ein Kreditinstitut nach gesetzlichen Vorgaben, gegebenenfalls auch über weitere Durchleitungsinstitute, über Hausbanken an Endkreditnehmer leitet.

§ 13a *(aufgehoben)*

§ 13b *(aufgehoben)*

§ 13c Gruppeninterne Transaktionen mit gemischten Holdinggesellschaften

(1) [1]Ein CRR-Institut, das Tochterunternehmen eines gemischten Unternehmens ist, hat der Aufsichtsbehörde, der Deutschen Bundesbank und, soweit Aufsichtsbehörde die Europäische Zentralbank ist, auch der Bundesanstalt bedeutende gruppeninterne Transaktionen mit gemischten Holdinggesellschaften oder deren anderen Tochterunternehmen anzuzeigen. [2]Das Bundesministerium der Finanzen wird ermächtigt, durch eine im Benehmen mit der Deutschen Bundesbank zu erlassende Rechtsverordnung, die nicht der Zustimmung des Bundesrates bedarf, näher zu bestimmen:

1. die Arten der anzuzeigenden Transaktionen und Schwellenwerte, anhand derer die gruppeninternen Transaktionen als bedeutend anzusehen sind;
2. die Obergrenzen für gruppeninterne Transaktionen und Beschränkungen hinsichtlich der Art gruppeninterner Transaktionen;
3. Art, Umfang, Zeitpunkt und Form der Angaben sowie die zulässigen Datenträger und Übertragungswege.

[3]Das Bundesministerium der Finanzen kann die Ermächtigung durch Rechtsverordnung auf die Bundesanstalt mit der Maßgabe übertragen, dass die Rechtsverordnung im Einvernehmen mit der Deutschen Bundesbank zu erlassen ist. [4]Vor Erlass der Rechtsverordnung sind die Spitzenverbände der Institute anzuhören.

(2) Das CRR-Institut im Sinne von Absatz 1 Satz 1 darf unbeschadet der Wirksamkeit der Rechtsgeschäfte bedeutende gruppeninterne Transaktionen mit gemischten Hol-

dinggesellschaften oder deren anderen Tochterunternehmen nur auf Grund eines einstimmigen Beschlusses sämtlicher Geschäftleiter durchführen; § 13 Abs. 2 Satz 2 bis 5 gilt entsprechend.

(3) [1]Unbeschadet der Wirksamkeit der Rechtsgeschäfte darf das CRR-Institut im Sinne des Absatzes 1 Satz 1 ohne Zustimmung der Aufsichtsbehörde keine bedeutenden gruppeninternen Transaktionen mit gemischten Holdinggesellschaften oder deren anderen Tochterunternehmen durchführen, die die in der Rechtsverordnung nach Absatz 1 Satz 2 festgelegten Obergrenzen überschreiten oder gegen die in der Rechtsverordnung festgelegten Beschränkungen hinsichtlich der Art bedeutender gruppeninterner Transaktionen verstoßen. [2]Die Zustimmung nach Satz 1 steht im Ermessen der Aufsichtsbehörde. [3]Unabhängig davon, ob die Aufsichtsbehörde die Zustimmung erteilt, hat das Institut das Überschreiten der Obergrenzen oder die Verstöße gegen die Beschränkungen hinsichtlich der Art gruppeninterner Transaktionen ihr, der Deutschen Bundesbank und, soweit Aufsichtsbehörde die Europäische Zentralbank ist, auch der Bundesanstalt unverzüglich anzuzeigen. [4]Die Aufsichtsbehörde kann

1. von dem CRR-Institut im Sinne des Absatzes 1 Satz 1 bei einem Überschreiten der in der Rechtsverordnung nach Absatz 1 Satz 2 bestimmten Obergrenzen die Unterlegung des Überschreitungsbetrags mit Eigenmitteln verlangen;
2. Verstöße gegen die in der Rechtsverordnung nach Absatz 1 Satz 2 bestimmten Beschränkungen hinsichtlich der Art gruppeninterner Transaktionen durch geeignete und erforderliche Maßnahmen unterbinden.

(4) [1]Zur Ermittlung, Quantifizierung, Überwachung und Steuerung bedeutender gruppeninternen Transaktionen innerhalb einer gemischte Unternehmensgruppe müssen die gruppenangehörigen CRR-Institute über ein angemessenes Risikomanagement und angemessene interne Kontrollverfahren, einschließlich eines ordnungsgemäßen Berichtswesens und ordnungsgemäßer Rechnungslegungsverfahren, verfügen; § 13 bleibt unberührt. [2]§ 10a Absatz 8, sowie Artikel 11 Absatz 1 Satz 2 und 3 der Verordnung (EU) Nr. 575/2013 gelten entsprechend.

§ 13d *(aufgehoben)*

§ 14[1)] Millionenkredite

(1) [1]Kreditinstitute, CRR-Wertpapierfirmen, die für eigene Rechnung im Sinne des Anhangs I Nummer 3 der Richtlinie 2004/39/EG handeln, Finanzdienstleistungsinstitute im Sinne des § 1 Absatz 1a Satz 2 Nummer 4, 9 oder 10, Finanzinstitute im Sinne des Artikels 4 Absatz 1 Nummer 26 der Verordnung (EU) Nr. 575/2013 in Verbindung mit Anhang I Nummer 2 der Richtlinie 2013/36/EU, die das Factoring betreiben, und die in § 2 Absatz 2 genannten Unternehmen und Stellen (am Millionenkreditmeldeverfahren beteiligte Unternehmen) haben der bei der Deutschen Bundesbank geführten Evidenzzentrale vierteljährlich (Beobachtungszeitraum) die Kreditnehmer (Millionenkreditnehmer) anzuzeigen, deren Kreditvolumen 1 Million Euro oder mehr beträgt (Millionenkreditmeldegrenze); Anzeigeinhalte, Anzeigefristen und nähere Bestimmungen zum Beobachtungszeitraum sind durch die Rechtsverordnung nach § 22 zu regeln. [2]Übergeordnete Unternehmen im Sinne des § 10a haben zugleich für die gruppenangehörigen Unternehmen deren Kreditnehmer im Sinne des entsprechend anzuwendenden Satzes 1 anzuzeigen. [3]Dies gilt nicht, soweit diese Unternehmen selbst nach Satz 1 anzeigepflichtig sind oder nach § 2 Absatz 4, 7, 8, 9a oder 9e von der Anzeigepflicht befreit oder ausgenommen sind oder der Buchwert der Beteiligung an dem gruppenangehörigen Unternehmen gemäß Artikel 36 in Verbindung mit Artikel 19 Absatz 2 Buchstabe a der

1) Zur erstmaligen Anwendung siehe § 64r.

Verordnung (EU) Nr. 575/2013 in der jeweils gültigen Fassung von den Eigenmitteln des übergeordneten Unternehmens abgezogen wird. [4]Die nicht selbst nach Satz 1 anzeigepflichtigen gruppenangehörigen Unternehmen haben dem übergeordneten Unternehmen die hierfür erforderlichen Angaben zu übermitteln. [5]Satz 1 gilt bei Gemeinschaftskrediten von 1 Million Euro und mehr auch dann, wenn der Anteil des einzelnen Unternehmens 1 Million Euro nicht erreicht.

(2) [1]Ergibt sich, dass einem Kreditnehmer von einem oder mehreren Unternehmen Millionenkredite gewährt worden sind, hat die Deutsche Bundesbank die anzeigenden Unternehmen zu benachrichtigen. [2]Die Benachrichtigung umfasst Angaben über die Gesamtverschuldung des Kreditnehmers und über die Gesamtverschuldung der Kreditnehmereinheit, der dieser zugehört, über die Anzahl der beteiligten Unternehmen sowie Informationen über die prognostizierte Ausfallwahrscheinlichkeit im Sinne der Artikel 92 bis 386 der Verordnung (EU) Nr. 575/2013 für diesen Kreditnehmer, soweit ein Unternehmen selbst eine solche gemeldet hat. [3]Die Benachrichtigung ist nach Maßgabe der Rechtsverordnung nach § 22 aufzugliedern. [4]Die Deutsche Bundesbank teilt einem anzeigepflichtigen Unternehmen auf Antrag den Schuldenstand eines Kreditnehmers oder voraussichtlichen Kreditnehmers oder, sofern der Kreditnehmer oder der voraussichtliche Kreditnehmer einer Kreditnehmereinheit angehört, den Schuldenstand der Kreditnehmereinheit mit. [5]Sofern es sich um einen voraussichtlichen Kreditnehmer handelt, hat das Unternehmen auf Verlangen der Deutschen Bundesbank die Höhe der beabsichtigten Kreditgewährung mitzuteilen und nachzuweisen, dass der voraussichtlich Kreditnehmer in die Mitteilung eingewilligt hat. [6]Die am Millionenkreditmeldeverfahren beteiligten Unternehmen und die Deutsche Bundesbank dürfen die Meldung nach Absatz 1, die Benachrichtigung nach Satz 1 sowie die Mitteilung nach Satz 4 auch im Wege der elektronischen Datenübertragung durchführen. [7]Einzelheiten des Verfahrens regelt die Rechtsverordnung nach § 22. [8]Soweit es für die Zwecke der Zuordnung der Meldung nach Absatz 1 zu einem bestimmten Kreditnehmer unerlässlich ist, darf die Deutsche Bundesbank personenbezogene Daten mehrerer Kreditnehmer an das anzeigepflichtige Unternehmen übermitteln. [9]Diese Daten dürfen keine Angaben über finanzielle Verhältnisse der Kreditnehmer enthalten. [10]Die bei einem anzeigepflichtigen Unternehmen beschäftigten Personen dürfen Angaben, die dem Unternehmen nach diesem Absatz mitgeteilt werden, Dritten nicht offenbaren und nicht verwerten. [11]Die Deutsche Bundesbank protokolliert zum Zwecke der Datenschutzkontrolle durch die jeweils zuständige Stelle bei jeder Datenübertragung den Zeitpunkt, die übertragenen Daten und die beteiligten Stellen. [12]Eine Verwendung der Protokolldaten für andere Zwecke ist unzulässig. [13]Die Protokolldaten sind mindestens 18 Monate aufzubewahren und spätestens nach 24 Monaten zu löschen.

(3) [1]Gelten nach § 19 Abs. 2 mehrere Schuldner als ein Kreditnehmer, so sind in den Anzeigen nach Absatz 1 auch die Verschuldung und Informationen über die prognostizierten Ausfallwahrscheinlichkeiten der einzelnen Schuldner anzugeben. [2]Die Verschuldung einzelner Schuldner sowie die Informationen über die prognostizierten Ausfallwahrscheinlichkeiten sind jeweils nur den Unternehmen mitzuteilen, die selbst oder deren gruppenangehörige Unternehmen im Sinne des Absatzes 1 diesen Schuldnern Kredite gewährt oder Informationen über die prognostizierten Ausfallwahrscheinlichkeiten dieses Schuldners gemeldet haben.

(4) Die Deutsche Bundesbank darf im Einvernehmen mit der Bundesanstalt nach Maßgabe des § 4b des Bundesdatenschutzgesetzes ausländischen Evidenzzentralen die bei ihr gespeicherten Daten über Kreditnehmer, auch zur Weitergabe an dort ansässige Kreditgeber, zur Verfügung stellen.

§ 15 Organkredite

(1) [1]Kredite an

1. Geschäftsleiter des Instituts,
2. nicht zu den Geschäftsleitern gehörende Gesellschafter des Instituts, wenn dieses in der Rechtsform einer Personenhandelsgesellschaft oder der Gesellschaft mit beschränkter Haftung betrieben wird, sowie an persönlich haftende Gesellschafter eines in der Rechtsform der Kommanditgesellschaft auf Aktien betriebenen Instituts, die nicht Geschäftsleiter sind,
3. Mitglieder eines zur Überwachung der Geschäftsführung bestellten Organs des Instituts, wenn die Überwachungsbefugnisse des Organs durch Gesetz geregelt sind (Aufsichtsorgan),
4. Prokuristen und zum gesamten Geschäftsbetrieb ermächtigte Handlungsbevollmächtigte des Instituts,
5. Ehegatten, Lebenspartner und minderjährige Kinder der unter Nummern 1 bis 4 genannten Personen,
6. stille Gesellschafter des Instituts,
7. Unternehmen in der Rechtsform einer juristischen Person oder einer Personenhandelsgesellschaft, wenn ein Geschäftsleiter, ein Prokurist oder ein zum gesamten Geschäftsbetrieb ermächtigter Handlungsbevollmächtigter des Instituts gesetzlicher Vertreter oder Mitglied des Aufsichtsorgans der juristischen Person oder Gesellschafter der Personenhandelsgesellschaft ist,
8. Unternehmen in der Rechtsform einer juristischen Person oder einer Personenhandelsgesellschaft, wenn ein gesetzlicher Vertreter der juristischen Person, ein Gesellschafter der Personenhandelsgesellschaft, ein Prokurist oder ein zum gesamten Geschäftsbetrieb ermächtigter Handlungsbevollmächtigter dieses Unternehmens dem Aufsichtsorgan des Instituts angehört,
9. Unternehmen, an denen das Institut oder ein Geschäftsleiter mit mehr als 10 vom Hundert des Kapitals des Unternehmens beteiligt ist oder bei denen das Institut oder ein Geschäftsleiter persönlich haftender Gesellschafter ist,
10. Unternehmen, die an dem Institut mit mehr als 10 vom Hundert des Kapitals des Instituts beteiligt sind,
11. Unternehmen in der Rechtsform einer juristischen Person oder einer Personenhandelsgesellschaft, wenn ein gesetzlicher Vertreter der juristischen Person oder ein Gesellschafter der Personenhandelsgesellschaft an dem Institut mit mehr als 10 vom Hundert des Kapitals beteiligt ist und
12. persönlich haftende Gesellschafter, Geschäftsführer, Mitglieder des Vorstands oder des Aufsichtsorgans, Prokuristen und an zum gesamten Geschäftsbetrieb ermächtigte Handlungsbevollmächtigte eines von dem Institut abhängigen Unternehmens oder das Institut beherrschenden Unternehmens sowie ihre Ehegatten, Lebenspartner und minderjährigen Kinder

(Organkredite) dürfen nur auf Grund eines einstimmigen Beschlusses sämtlicher Geschäftsleiter des Instituts und außer im Rahmen von Mitarbeiterprogrammen nur zu marktmäßigen Bedingungen und nur mit ausdrücklicher Zustimmung des Aufsichtsorgans, im Falle der Nummer 12 des Aufsichtsorgans des das Institut beherrschenden Unternehmens, gewährt werden; die vorstehenden Bestimmungen für Personenhandelsgesellschaften sind auf Partnerschaften entsprechend anzuwenden. [2]Auf einen einstimmigen Beschluss sämtlicher Geschäftsleiter sowie die ausdrückliche Zustimmung des Aufsichtsorgans kann verzichtet werden,wenn für einen Kredit an ein Unternehmen nach Satz 1 Nr. 9 und 10 gemäß Artikel 113 der Verordnung (EU) Nr. 575/2013 ein KSA-Risikogewicht von null vom Hundert verwendet werden kann. [3]Als Beteiligung im Sinne des Satzes 1 Nr. 9 bis 11 gilt jeder Besitz von Aktien oder Geschäftsanteilen des Unternehmens, wenn er mindestens ein Viertel des Kapitals (Nennkapital, Summe der Kapitalanteile) erreicht, ohne daß es auf die Dauer des Besitzes ankommt. [4]Der Gewährung eines Kredits steht die Gestattung von Entnahmen gleich, die über die einem Geschäftsleiter oder einem Mitglied des Aufsichtsorgans zustehenden Vergütungen hinausgehen, insbesondere auch die Gestattung der Entnahme von Vorschüssen auf Vergütungen. [5]Organkredite, die nicht zu marktmäßigen Bedingungen gewährt werden, sind auf Anordnung der Bundesanstalt mit hartem Kernkapital nach Artikel 26 der Verordnung (EU) Nr. 575/2013 in der jeweils geltenden Fassung zu unterlegen.

(2) [1]Die Bundesanstalt kann für die Gewährung von Organkrediten im Einzelfall Obergrenzen anordnen; dieses Recht besteht auch, nachdem der Organkredit gewährt worden ist. [2]Organkredite, die die von der Bundesanstalt angeordneten Obergrenzen überschreiten, sind auf weitere Anordnung der Bundesanstalt auf die angeordneten Obergrenzen zurückzuführen; in der Zwischenzeit sind sie mit hartem Kernkapital nach Artikel 26 der Verordnung (EU) Nr. 575/2013 in der jeweils geltenden Fassung zu unterlegen.

(3) Absatz 1 gilt nicht

1. für Kredite an Prokuristen und an zum gesamten Geschäftsbetrieb ermächtigte Handlungsbevollmächtigte sowie an ihre Ehegatten, Lebenspartner und minderjährigen Kinder, wenn der Kredit ein Jahresgehalt des Prokuristen oder des Handlungsbevollmächtigten nicht übersteigt,
2. für Kredite an in Absatz 1 Satz 1 Nr. 6 bis 11 genannte Personen oder Unternehmen, wenn der Kredit weniger als 1 vom Hundert der nach Artikel 4 Absatz 1 Nummer 71 der Verordnung (EU) Nr. 575/2013 anrechenbaren Eigenmittel des Instituts oder weniger als fünfzigtausend Euro beträgt, und
3. für Kredite, die um nicht mehr als 10 vom Hundert des nach Absatz 1 Satz 1 beschlossenen Betrages erhöht werden.

(4) [1]Der Beschluß der Geschäftsleiter und der Beschluß über die Zustimmung sind vor der Gewährung des Kredits zu fassen. [2]Die Beschlüsse müssen Bestimmungen über die Verzinsung und Rückzahlung des Kredits enthalten. [3]Sie sind aktenkundig zu machen. [4]Ist die Gewährung eines Kredits nach Absatz 1 Satz 1 Nr. 6 bis 11 eilbedürftig, genügt es, daß sämtliche Geschäftsleiter sowie das Aufsichtsorgan der Kreditgewährung unverzüglich nachträglich zustimmen. [5]Ist der Beschluß der Geschäftsleiter nicht innerhalb von zwei Monaten oder der Beschluß des Aufsichtsorgans nicht innerhalb von vier Monaten, jeweils vom Tage der Kreditgewährung an gerechnet, nachgeholt, hat das Institut dies der Bundesanstalt unverzüglich anzuzeigen. [6]Der Beschluß der Geschäftsleiter und der Beschluß über die Zustimmung zu Krediten an die in Absatz 1 Satz 1 Nr. 1 bis 5 und 12 genannten Personen können für bestimmte Kreditgeschäfte und Arten von Kreditgeschäften im voraus, jedoch nicht für länger als ein Jahr gefaßt werden.

(5) Wird entgegen Absatz 1 oder 4 ein Kredit an eine in Absatz 1 Satz 1 Nr. 1 bis 5 und 12 genannte Person gewährt, so ist dieser Kredit ohne Rücksicht auf entgegenstehende Vereinbarungen sofort zurückzuzahlen, wenn nicht sämtliche Geschäftsleiter sowie das Aufsichtsorgan der Kreditgewährung unverzüglich nachträglich zustimmen.

§ 16 *(aufgehoben)*

§ 17 Haftungsbestimmung

(1) Wird entgegen den Vorschriften des § 15 Kredit gewährt, so haften die Geschäftsleiter, die hierbei ihre Pflichten verletzen, und die Mitglieder des Aufsichtsorgans, die

trotz Kenntnis gegen eine beabsichtigte Kreditgewährung pflichtwidrig nicht einschreiten, dem Institut als Gesamtschuldner für den entstehenden Schaden; die Geschäftsleiter und die Mitglieder des Aufsichtsorgans haben nachzuweisen, daß sie nicht schuldhaft gehandelt haben.

(2) [1]Der Ersatzanspruch des Instituts kann auch von dessen Gläubigern geltend gemacht werden, soweit sie von diesem keine Befriedigung erlangen können. [2]Den Gläubigern gegenüber wird die Ersatzpflicht weder durch einen Verzicht oder Vergleich des Instituts noch dadurch aufgehoben, daß bei Instituten in der Rechtsform der juristischen Person die Kreditgewährung auf einem Beschluß des obersten Organs des Instituts (Hauptversammlung, Generalversammlung, Gesellschafterversammlung) beruht.

(3) Die Ansprüche nach Absatz 1 verjähren in fünf Jahren.

§ 18 Kreditunterlagen

[1]Ein Kreditinstitut darf einen Kredit, der insgesamt 750 000 Euro oder 10 vom Hundert des nach Artikel 4 Absatz 1 Nummer 71 der Verordnung (EU) Nr. 575/2013 anrechenbaren Eigenkapitals des Instituts überschreitet, nur gewähren, wenn es sich von dem Kreditnehmer die wirtschaftlichen Verhältnisse, insbesondere durch Vorlage der Jahresabschlüsse, offen legen lässt. [2]Das Kreditinstitut kann hiervon absehen, wenn das Verlangen nach Offenlegung im Hinblick auf die gestellten Sicherheiten oder auf die Mitverpflichteten offensichtlich unbegründet wäre. [3]Das Kreditinstitut kann von der laufenden Offenlegung absehen, wenn

1. der Kredit durch Grundpfandrechte auf Wohneigentum, das vom Kreditnehmer selbst genutzt wird, gesichert ist,
2. der Kredit vier Fünftel des Beleihungswertes des Pfandobjektes im Sinne des § 16 Abs. 1 und 2 des Pfandbriefgesetzes nicht übersteigt und
3. der Kreditnehmer die von ihm geschuldeten Zins- und Tilgungsleistungen störungsfrei erbringt.

[4]Eine Offenlegung ist nicht erforderlich bei Krediten an

1. Zentralregierungen oder Zentralnotenbanken im Ausland, den Bund, die Deutsche Bundesbank oder ein rechtlich unselbständiges Sondervermögen des Bundes, wenn sie ungesichert ein Kreditrisiko-Standardansatz-Risikogewicht (KSA-Risikogewicht) von 0 Prozent erhalten würden,
2. multilaterale Entwicklungsbanken oder internationale Organisationen, wenn sie ungesichert ein KSA-Risikogewicht von 0 Prozent erhalten würden, oder
3. Regionalregierungen oder örtliche Gebietskörperschaften in einem anderen Staat des Europäischen Wirtschaftsraums, ein Land, eine Gemeinde, einen Gemeindeverband, ein rechtlich unselbständiges Sondervermögen eines Landes, einer Gemeinde oder eines Gemeindeverbandes oder Einrichtungen des öffentlichen Bereichs, wenn sie ungesichert ein KSA-Risikogewicht von 0 Prozent erhalten würden.

§ 18a Verbraucherdarlehen und entgeltliche Finanzierungshilfen; Verordnungsermächtigung

(1) [1]Die Kreditinstitute prüfen vor Abschluss eines Verbraucherdarlehensvertrags die Kreditwürdigkeit des Darlehensnehmers. [2]Das Kreditinstitut darf den Verbraucherdarlehensvertrag nur abschließen, wenn aus der Kreditwürdigkeitsprüfung hervorgeht, dass bei einem Allgemein-Verbraucherdarlehensvertrag keine erheblichen Zweifel an der Kreditwürdigkeit bestehen und dass es bei einem Immobiliar-Verbraucherdarlehensvertrag wahrscheinlich ist, dass der Darlehensnehmer seinen Verpflichtungen, die im Zusammenhang mit dem Darlehensvertrag stehen, vertragsgemäß nachkommen wird.

(2) Wird der Nettodarlehensbetrag nach Abschluss des Darlehensvertrags deutlich erhöht, so ist die Kreditwürdigkeit auf aktualisierter Grundlage neu zu prüfen, es sei denn, der Erhöhungsbetrag des Nettodarlehens wurde bereits in die ursprüngliche Kreditwürdigkeitsprüfung einbezogen.

(2a) [1]Bei Immobiliar-Verbraucherdarlehensverträgen, die

1. im Anschluss an einen zwischen den Vertragsparteien abgeschlossenen Darlehensvertrag ein neues Kapitalnutzungsrecht zur Erreichung des von dem Darlehensnehmer mit dem vorangegangenen Darlehensvertrag verfolgten Zwecks einräumen oder

2. einen anderen Darlehensvertrag zwischen den Vertragsparteien zur Vermeidung von Kündigungen wegen Zahlungsverzuges des Darlehensnehmers oder zur Vermeidung von Zwangsvollstreckungsmaßnahmen gegen den Darlehensnehmer ersetzen oder ergänzen,

bedarf es einer erneuten Kreditwürdigkeitsprüfung nur unter den Voraussetzungen des Absatzes 2. [2]Ist danach keine Kreditwürdigkeitsprüfung erforderlich, darf der Darlehensgeber den neuen Immobiliar-Verbraucherdarlehensvertrag nicht abschließen, wenn ihm bereits bekannt ist, dass der Darlehensnehmer seinen Verpflichtungen, die im Zusammenhang mit diesem Darlehensvertrag stehen, dauerhaft nicht nachkommen kann.

(3) [1]Grundlage für die Kreditwürdigkeitsprüfung können Auskünfte des Darlehensnehmers und erforderlichenfalls Auskünfte von Stellen sein, die geschäftsmäßig personenbezogene Daten, die zur Bewertung der Kreditwürdigkeit von Verbrauchern genutzt werden dürfen, zum Zwecke der Übermittlung erheben, speichern, verändern oder nutzen. [2]Das Kreditinstitut ist verpflichtet, die Informationen in angemessener Weise zu überprüfen, soweit erforderlich auch durch Einsichtnahme in unabhängig nachprüfbare Unterlagen.

(4) [1]Bei Immobiliar-Verbraucherdarlehensverträgen hat das Kreditinstitut die Kreditwürdigkeit des Darlehensnehmers auf der Grundlage notwendiger, ausreichender und angemessener Informationen zu Einkommen, Ausgaben sowie zu anderen finanziellen und wirtschaftlichen Umständen des Darlehensnehmers eingehend zu prüfen. [2]Dabei hat das Kreditinstitut die Faktoren angemessen zu berücksichtigen, die für die Einschätzung relevant sind, ob der Darlehensnehmer seinen Verpflichtungen aus dem Darlehensvertrag voraussichtlich nachkommen kann. [3]Die Kreditwürdigkeitsprüfung darf sich nicht hauptsächlich darauf stützen, dass der Wert der Wohnimmobilie den Darlehensbetrag übersteigt, oder auf die Annahme, dass der Wert der Wohnimmobilie zunimmt, es sei denn, der Darlehensvertrag dient zum Bau oder zur Renovierung der Wohnimmobilie.

(5) Das Kreditinstitut ist verpflichtet, die Verfahren und Angaben, auf die sich die Kreditwürdigkeitsprüfung stützt, nach Maßgabe von § 25a Absatz 1 Satz 6 Nummer 2 zu dokumentieren und die Dokumentation aufzubewahren.

(6) Die mit der Vergabe von Immobiliar-Verbraucherdarlehen befassten internen und externen Mitarbeiter müssen über angemessene Kenntnisse und Fähigkeiten in Bezug auf das Gestalten, Anbieten, Vermitteln, Abschließen von Immobiliar-Verbraucherdarlehensverträgen oder das Erbringen von Beratungsleistungen in Bezug auf diese Verträge verfügen und ihre Kenntnisse und Fähigkeiten auf aktuellem Stand halten.

(7) [1]Kreditinstitute, die grundpfandrechtlich oder durch eine Reallast besicherte Immobiliar-Verbraucherdarlehen vergeben, haben

1. bei der Bewertung der Immobilie zuverlässige Standards zu verwenden und

2. sicherzustellen, dass interne und externe Gutachter, die Immobilienbewertungen für sie vornehmen, fachlich kompetent und so unabhängig vom Darlehensvergabeprozess sind, dass sie eine objektive Bewertung vornehmen können.

[2]Das Kreditinstitut ist verpflichtet, Bewertungen für Immobilien, die als Sicherheit für Immobiliar-Verbraucherdarlehen dienen, nach Maßgabe von § 25a Absatz 1 Satz 6 Nummer 2 auf einem dauerhaften Datenträger zu dokumentieren und die Dokumentation aufzubewahren.

(8) Soweit Kreditinstitute Beratungsleistungen gemäß § 511 des Bürgerlichen Gesetzbuchs zu Immobiliar-Verbraucherdarlehen oder Nebenleistungen gewähren, vermitteln oder erbringen, sind Informationen über die Umstände des Verbrauchers, von ihm angegebene konkrete Bedürfnisse und realistische Annahmen bezüglich der Risiken für die Situation des Verbrauchers während der Laufzeit des Darlehensvertrags zugrunde zu legen.

(8a) Eine Genehmigung für Koppelungsgeschäfte bei Immobiliar-Verbraucherdarlehensverträgen nach § 492b Absatz 3 des Bürgerlichen Gesetzbuchs darf nur erteilt werden, wenn der Darlehensgeber gegenüber der für ihn zuständigen Aufsichtsbehörde nachweisen kann, dass die zu ähnlichen Vertragsbedingungen angebotenen gekoppelten Produkte oder Produktkategorien, die nicht separat erhältlich sind, unter gebührender Berücksichtigung der Verfügbarkeit und der Preise der einschlägigen auf dem Markt angebotenen Produkte einen klaren Nutzen für den Verbraucher bieten und es sich um Produkte handelt, die nach dem 20. März 2014 vertrieben werden.

(9) Die Bestimmungen zum Schutz personenbezogener Daten bleiben unberührt.

(10) Die Absätze 1 bis 9 gelten auch für die jeweils entsprechenden entgeltlichen Finanzierungshilfen.

(10a) [1]Das Bundesministerium der Finanzen und das Bundesministerium der Justiz und für Verbraucherschutz werden ermächtigt, durch gemeinsame Rechtsverordnung ohne Zustimmung des Bundesrates Leitlinien zu den Kriterien und Methoden der Kreditwürdigkeitsprüfung bei Immobiliar-Verbraucherdarlehensverträgen nach den Absätzen 1 bis 5 festzulegen. [2]Durch die Rechtsverordnung können insbesondere Leitlinien festgelegt werden:

1. zu den Faktoren, die für die Einschätzung relevant sind, ob der Darlehensnehmer seinen Verpflichtungen aus dem Darlehensvertrag voraussichtlich nachkommen kann,
2. zu den anzuwendenden Verfahren und der Erhebung und Prüfung von Informationen.

(11) [1]Das Bundesministerium der Finanzen wird ermächtigt, durch Rechtsverordnung, die nicht der Zustimmung des Bundesrates bedarf, nähere Bestimmungen über die nach Absatz 6 erforderlichen Kenntnisse und Fähigkeiten der mit der Darlehensvergabe befassten internen und externen Mitarbeiter zu erlassen. [2]Das Bundesministerium der Finanzen kann die Ermächtigung nach Satz 1 durch Rechtsverordnung auf die Bundesanstalt übertragen.

§ 19 Begriff des Kredits für § 14 und des Kreditnehmers für die §§ 14, 15 und 18

(1) [1]Kredite im Sinne des § 14 sind Bilanzaktiva, Derivate mit Ausnahme der Stillhalterverpflichtungen aus Kaufoptionen sowie die dafür übernommenen Gewährleistungen und andere außerbilanzielle Geschäfte. [2]Bilanzaktiva im Sinne des Satzes 1 sind

1. Guthaben bei Zentralnotenbanken und Postgiroämtern,

2. Schuldtitel öffentlicher Stellen und Wechsel, die zur Refinanzierung bei Zentralnotenbanken zugelassen sind,
3. im Einzug befindliche Werte, für die entsprechende Zahlungen bereits bevorschußt wurden,
4. Forderungen an Kreditinstitute und Kunden, einschließlich der Warenforderungen von Kreditinstituten mit Warengeschäft sowie in der Bilanz aktivierte Ansprüche aus Leasingverträgen auf Zahlungen, zu denen der Leasingnehmer verpflichtet ist oder verpflichtet werden kann, und Optionsrechte des Leasingnehmers zum Kauf der Leasinggegenstände, die einen Anreiz zur Ausübung des Optionsrechts bieten,
5. Schuldverschreibungen und andere festverzinsliche Wertpapiere, soweit sie kein Recht verbriefen, das unter die in Satz 1 genannten Derivate fällt,
6. Aktien und andere nicht festverzinsliche Wertpapiere, soweit sie kein Recht verbriefen, das unter die in Satz 1 genannten Derivate fällt,
7. Beteiligungen,
8. Anteile an verbundenen Unternehmen,
9. *(aufgehoben)*
10. sonstige Vermögensgegenstände, sofern sie einem Adressenausfallrisiko unterliegen.

[3]Als andere außerbilanzielle Geschäfte im Sinne des Satzes 1 sind anzusehen

1. den Kreditnehmern abgerechnete eigene Ziehungen im Umlauf,
2. Indossamentsverbindlichkeiten aus weitergegebenen Wechseln,
3. Bürgschaften und Garantien für Bilanzaktiva,
4. Erfüllungsgarantien und andere als die in Nummer 3 genannten Garantien und Gewährleistungen, soweit sie sich nicht auf die in Satz 1 genannten Derivate beziehen,
5. Eröffnung und Bestätigung von Akkreditiven,
6. unbedingte Verpflichtungen der Bausparkassen zur Ablösung fremder Vorfinanzierungs- und Zwischenkredite an Bausparer,
7. Haftung aus der Bestellung von Sicherheiten für fremde Verbindlichkeiten,
8. beim Pensionsgeber vom Bestand abgesetzte Bilanzaktiva, die dieser mit der Vereinbarung auf einen anderen übertragen hat, daß er sie auf Verlangen zurücknehmen muß,
9. Verkäufe von Bilanzaktiva mit Rückgriff, bei denen das Kreditrisiko bei dem verkaufenden Institut verbleibt,
10. Terminkäufe auf Bilanzaktiva, bei denen eine unbedingte Verpflichtung zur Abnahme des Liefergegenstandes besteht,
11. Plazierung von Termineinlagen auf Termin,
12. Ankaufs- und Refinanzierungszusagen,
13. noch nicht in Anspruch genommene Kreditzusagen,
14. Kreditderivate,
15. noch nicht in der Bilanz aktivierte Ansprüche aus Leasingverträgen auf Zahlungen, zu denen der Leasingnehmer verpflichtet ist oder verpflichtet werden kann, und Optionsrechte des Leasingnehmers zum Kauf der Leasinggegenstände, die einen Anreiz zur Ausübung des Optionsrechts bieten, sowie
16. außerbilanzielle Geschäfte, sofern sie einem Adressenausfallrisiko unterliegen und von den Nummern 1 bis 14 nicht erfasst sind.

(1a) [1]Derivate im Sinne dieser Vorschrift sind als Kauf, Tausch oder durch anderweitigen Bezug auf einen Basiswert ausgestaltete Festgeschäfte oder Optionsgeschäfte, deren Wert durch den Basiswert bestimmt wird und deren Wert sich infolge eines für wenigstens einen Vertragspartner zeitlich hinausgeschobenen Erfüllungszeitpunkts künftig ändern kann, einschließlich finanzieller Differenzgeschäfte. [2]Basiswert im Sinne von Satz 1 kann auch ein Derivat sein.

(2) [1]Als ein Kreditnehmer im Sinne des § 14 gelten

1. zwei oder mehr natürliche oder juristische Personen oder Personenhandelsgesellschaften, wenn eine von ihnen unmittelbar oder mittelbar beherrschenden Einfluss auf die andere oder die anderen ausüben kann. [2]Unmittelbar oder mittelbar beherrschender Einfluss liegt insbesondere vor,
   a) bei allen Unternehmen, die im Sinne des § 290 Absatz 2 des Handelsgesetzbuchs konsolidiert werden, oder
   b) bei allen Unternehmen, die durch Verträge verbunden sind, die vorsehen, dass das eine Unternehmen verpflichtet ist, seinen ganzen Gewinn an ein anderes abzuführen, oder
   c) beim Halten von Stimmrechts- oder Kapitalanteilen an einem Unternehmen in Höhe von 50 Prozent oder mehr durch ein anderes Unternehmen oder eine Person, unabhängig davon, ob diese Anteile im Rahmen eines Treuhandverhältnisses verwaltet werden,
2. Personenhandelsgesellschaften oder Kapitalgesellschaften und jeder persönlich haftende Gesellschafter sowie Partnerschaften und jeder Partner,
3. alle Unternehmen, die demselben Konzern im Sinne des § 18 des Aktiengesetzes angehören.

[2]Die Zusammenfassungstatbestände nach den Nummern 1 bis 3 sind kumulativ anzuwenden.

(3) Als ein Kreditnehmer im Sinne der §§ 15 und 18 gelten zwei oder mehr natürliche oder juristische Personen, die gemäß Artikel 4 Absatz 1 Nummer 39 der Verordnung (EU) Nr. 575/2013 eine Gruppe verbundener Kunden bilden.

(4) *(aufgehoben)*

(5) Bei dem entgeltlichen Erwerb von Geldforderungen gilt der Veräußerer der Forderungen als Kreditnehmer im Sinne der §§ 14 bis 18, wenn er für die Erfüllung der übertragenen Forderung einzustehen oder sie auf Verlangen des Erwerbers zurückzuerwerben hat; andernfalls gilt der Schuldner der Verbindlichkeit als Kreditnehmer.

§ 20 Ausnahmen von den Verpflichtungen nach § 14

Als Kredite im Sinne des § 14 gelten nicht:

1. Kredite bei Wechselkursgeschäften, die im Rahmen des üblichen Abrechnungsverfahrens innerhalb von zwei Geschäftstagen ab Vorleistung abgewickelt werden,
2. Kredite bei Wertpapiergeschäften, die im Rahmen des üblichen Abrechnungsverfahrens innerhalb von fünf Geschäftstagen ab Vorleistung abgewickelt werden,
3. im Fall der Durchführung des Zahlungsverkehrs, einschließlich der Ausführung von Zahlungsdiensten, der Verrechnung und Abwicklung in jedweder Währung und des Korrespondenzbankgeschäfts, oder der Erbringung von Dienstleistungen für Kunden zur Verrechnung, Abwicklung und Verwahrung von Finanzinstrumenten, verspätete Zahlungseingänge bei Finanzierungen und andere Kredite im Kundengeschäft, die längstens bis zum folgenden Geschäftstag bestehen,

4. Geldsicherheiten, die im Kontext von Finanzmarktgeschäften für Kunden hinterlegt werden und deren vereinbarte Laufzeit oder Kündigungsfrist einen Geschäftstag nicht überschreitet,
5. Kredite, die im Fall der Durchführung des Zahlungsverkehrs, einschließlich der Ausführung von Zahlungsdiensten, der Verrechnung und Abwicklung in jedweder Währung und des Korrespondenzbankgeschäfts, an Institute vergeben werden, die diese Dienste erbringen, sofern die Kredite bis zum Geschäftsschluss zurückzuzahlen sind,
6. abgeschriebene Kredite und
7. Verfügungen über gutgeschriebene Beträge aus dem Lastschrifteinzugsverfahren, die mit dem Vermerk „Eingang vorbehalten" versehen werden.

§ 20a *(aufgehoben)*

§ 20b *(aufgehoben)*

§ 20c *(aufgehoben)*

§ 21 Begriff des Kredits für die §§ 15 bis 18

(1) [1]Kredite im Sinne der §§ 15 bis 18

1. Gelddarlehen aller Art, entgeltlich erworbene Geldforderungen, Akzeptkredite sowie Forderungen aus Namensschuldverschreibungen mit Ausnahme der auf den Namen lautenden Pfandbriefe und Kommunalschuldverschreibungen;
2. die Diskontierung von Wechseln und Schecks;
3. Geldforderungen aus sonstigen Handelsgeschäften eines Instituts, ausgenommen die Forderungen aus Warengeschäften der Kreditgenossenschaften, sofern diese nicht über die handelsübliche Frist hinaus gestundet werden;
4. Bürgschaften, Garantien und sonstige Gewährleistungen eines Instituts sowie die Haftung eines Instituts aus der Bestellung von Sicherheiten für fremde Verbindlichkeiten;
5. die Verpflichtung, für die Erfüllung entgeltlich übertragener Geldforderungen einzustehen oder sie auf Verlangen des Erwerbers zurückzuerwerben;
6. der Besitz eines Instituts an Aktien oder Geschäftsanteilen eines anderen Unternehmens, der mindestens ein Viertel des Kapitals (Nennkapital, Summe der Kapitalanteile) des Beteiligungsunternehmens erreicht, ohne daß es auf die Dauer des Besitzes ankommt;
7. Gegenstände, über die ein Institut als Leasinggeber Leasingverträge abgeschlossen hat, abzüglich bis zum Buchwert des ihm zugehörigen Leasinggegenstandes solcher Posten, die wegen der Erfüllung oder der Veräußerung von Forderungen aus diesen Leasingverträgen gebildet werden.

[2]Zugunsten des Instituts bestehende Sicherheiten sowie Guthaben des Kreditnehmers bei dem Institut bleiben außer Betracht.

(2) Als Kredite im Sinne der §§ 15 bis 18 gelten nicht

1. Kredite an den Bund, ein rechtlich unselbständiges Sondervermögen des Bundes oder eines Landes, ein Land, eine Gemeinde oder einen Gemeindeverband;
2. ungesicherte Forderungen an andere Institute aus bei diesen unterhaltenen, nur der Geldanlage dienenden Guthaben, die spätestens in drei Monaten fällig sind; Forderungen eingetragener Genossenschaften an ihre Zentralkassen, von Sparkassen an ihre Girozentralen sowie von Zentralbanken und Girozentralen an ihre Zentralkreditinstitute können später fällig gestellt sein;

3. von anderen Instituten angekaufte Wechsel, die von einem Institut angenommen, indossiert oder als eigene Wechsel ausgestellt sind, eine Laufzeit von höchstens drei Monaten haben und am Geldmarkt üblicherweise gehandelt werden;
4. abgeschriebene Kredite.

(3) § 15 Abs. 1 Satz 1 Nr. 6 bis 11 und § 18 gelten nicht für

1. Kredite, soweit sie den Erfordernissen des § 14 und des § 16 Abs. 1 und 2 des Pfandbriefgesetzes entsprechen (Realkredite);
2. Kredite mit Laufzeiten von höchstens 15 Jahren gegen Bestellung von Schiffshypotheken, soweit sie den Erfordernissen des § 22 Abs. 1, 2 Satz 1 und Abs. 5 Satz 3, des § 23 Abs. 1 und 4 sowie des § 24 Abs. 2 in Verbindung mit Abs. 3 des Pfandbriefgesetzes entsprechen;
3. Kredite an eine inländische juristische Person des öffentlichen Rechts, die nicht in Absatz 2 Nr. 1 genannt ist, die Europäische Union, die Europäische Atomgemeinschaft oder die Europäische Investitionsbank;
4. Kredite, soweit sie vom Bund, einem Sondervermögen des Bundes, einem Land, einer Gemeinde oder einem Gemeindeverband verbürgt oder in anderer Weise gesichert sind (öffentlich verbürgte Kredite).

(4) Als Kredite im Sinne des § 18 gelten nicht

1. Kredite auf Grund des entgeltlichen Erwerbs einer Forderung aus nicht bankmäßigen Handelsgeschäften, wenn
   a) Forderungen aus nicht bankmäßigen Handelsgeschäften gegen den jeweiligen Schuldner laufend erworben werden,
   b) der Veräußerer der Forderung nicht für deren Erfüllung einzustehen hat und
   c) die Forderung innerhalb von drei Monaten, vom Tage des Ankaufs an gerechnet, fällig ist;
2. Kredite, soweit sie gedeckt sind durch Sicherheiten in Form von
   a) Bareinlagen bei dem kreditgewährenden Institut oder bei einem Drittinstitut, das Mutter- oder Tochterunternehmen des kreditgewährenden Instituts ist, oder Barmitteln, die das Institut im Rahmen der Emission einer Credit Linked Note erhält, oder
   b) Einlagenzertifikaten oder ähnlichen Papieren, die von dem kreditgewährenden Institut oder einem Drittinstitut, das Mutter- oder Tochterunternehmen des kreditgewährenden Instituts ist, ausgegeben wurden und bei diesen hinterlegt sind und die näheren Bestimmungen der Artikel 192 bis 241 der Verordnung (EU) Nr. 575/2013 zur Kreditrisikominderung erfüllt werden.

§ 22 Verordnungsermächtigung für Millionenkredite

[1]Das Bundesministerium der Finanzen wird ermächtigt, durch Rechtsverordnung, die nicht der Zustimmung des Bundesrates bedarf, im Benehmen mit der Deutschen Bundesbank für Millionenkredite nähere Bestimmungen zu erlassen über

1. die Ermittlung der Kreditbeträge und Kreditnehmer,
2. die Ermittlung der Kreditäquivalenzbeträge von Derivaten sowie die Ermittlung von Pensions- und Leihgeschäften und von anderen mit diesen vergleichbaren Geschäften sowie der für diese Geschäfte übernommenen Gewährleistungen,
3. die Zurechnung von Krediten zu Kreditnehmern,
4. die Anzeigeinhalte, Anzeigefristen und den Beobachtungszeitraum nach § 14 Absatz 1 Satz 1,

5. weitere Angaben in der Benachrichtigung nach § 14 Absatz 2 Satz 2, soweit dies auf Grund von Informationen, die die Deutsche Bundesbank von ausländischen Evidenzzentralen erhalten hat, erforderlich ist,
6. Einzelheiten zu den Angaben in der Benachrichtigung nach § 14 Absatz 2 Satz 2, insbesondere zu den Voraussetzungen und den Inhalten der Rückmeldungen der Informationen über prognostizierte Ausfallwahrscheinlichkeiten, sowie die Aufgliederung dieser Benachrichtigung nach § 14 Absatz 2 Satz 3 und
7. Einzelheiten des Verfahrens der elektronischen Datenübertragung nach § 14 Absatz 2 Satz 6.

[2]Das Bundesministerium der Finanzen kann die Ermächtigung durch Rechtsverordnung auf die Bundesanstalt mit der Maßgabe übertragen, dass die Rechtsverordnung im Einvernehmen mit der Deutschen Bundesbank ergeht. [3]Vor Erlass der Rechtsverordnung sind die Spitzenverbände der Institute anzuhören.

2a. Refinanzierungsregister

§ 22a Registerführendes Unternehmen

(1) [1]Ist das Refinanzierungsunternehmen ein Kreditinstitut oder eine in § 2 Abs. 1 Nr. 1 bis 3a genannte Einrichtung und hat ein Unternehmen im Sinne des § 1 Absatz 24 Satz 1 Nummer 1 bis 6 einen Anspruch auf Übertragung einer Forderung des Refinanzierungsunternehmens oder eines Grundpfandrechts des Refinanzierungsunternehmens, das der Sicherung von Forderungen dient, können diese Gegenstände in ein vom Refinanzierungsunternehmen geführtes Refinanzierungsregister eingetragen werden; dies gilt entsprechend für Registerpfandrechte an einem Luftfahrzeug und für Schiffshypotheken. [2]Für jede Refinanzierungstransaktion ist eine gesonderte Abteilung zu bilden.

(1a) Absatz 1 gilt entsprechend, wenn die Forderungen und Grundpfandrechte treuhänderisch von dem Refinanzierungsunternehmen verwaltet werden.

(2) [1]Eine Pflicht des Refinanzierungsunternehmens oder des Refinanzierungsmittlers zur Führung eines Refinanzierungsregisters wird durch diesen Unterabschnitt nicht begründet. [2]Die Registerführung kann nur unter den Voraussetzungen des § 22k beendet oder übertragen werden.

(3) Eine Auslagerung der Registerführung ist nicht statthaft.

(4) Die Absätze 1 bis 3 gelten sinngemäß für Refinanzierungsmittler, die Kreditinstitut oder eine in § 2 Abs. 1 Nr. 1 bis 3a genannte Einrichtung sind.

§ 22b Führung des Refinanzierungsregisters für Dritte

(1) [1]Ist das Refinanzierungsunternehmen weder ein Kreditinstitut noch eine in § 2 Abs. 1 Nr. 1 bis 3a genannte Einrichtung, können die in § 22a Abs. 1 Satz 1 genannten Gegenstände des Refinanzierungsunternehmens, auf deren Übertragung ein Unternehmen im Sinne des § 1 Absatz 24 Satz 1 Nummer 1 bis 6 einen Anspruch hat, in ein von einem Kreditinstitut oder von der Kreditanstalt für Wiederaufbau geführtes Refinanzierungsregister eingetragen werden. [2]Enthält das Refinanzierungsregister daneben Gegenstände, deren Übertragung das registerführende oder ein anderes Unternehmen schuldet, so ist für jeden zur Übertragung Verpflichteten innerhalb desselben Refinanzierungsregisters eine gesonderte Abteilung und innerhalb dieser für jede Refinanzierungstransaktion eine Unterabteilung zu bilden.

(2) [1]Ist das Refinanzierungsunternehmen ein Kreditinstitut, für welches die Führung eines eigenen Refinanzierungsregisters nach Art und Umfang seines Geschäftsbetriebs

eine unangemessene Belastung darstellt, so soll die Bundesanstalt auf Antrag des Refinanzierungsunternehmens der Führung des Refinanzierungsregisters durch ein anderes Kreditinstitut zustimmen. [2]Die Zustimmung der Bundesanstalt gilt als erteilt, wenn sie nicht binnen eines Monats nach Stellung des Antrages verweigert wird.

(3) Eintragungen, die für andere Kreditinstitute vorgenommen werden, ohne dass eine Zustimmung der Bundesanstalt nach Absatz 2 vorliegt, sind unwirksam.

(4) § 22a Abs. 2 und 3, auch in Verbindung mit Abs. 4, findet entsprechende Anwendung.

§ 22c Refinanzierungsmittler

Die §§ 22d bis 22o gelten sinngemäß für Refinanzierungsregister, die gemäß § 22a Abs. 4 von einem Refinanzierungsmittler oder gemäß § 22b Abs. 4 für einen Refinanzierungsmittler geführt werden.

§ 22d Refinanzierungsregister

(1) [1]Eine elektronische Führung des Refinanzierungsregisters ist zulässig, sofern sichergestellt ist, dass hinreichende Vorkehrungen gegen einen Datenverlust getroffen worden sind. [2]Das Bundesministerium der Finanzen hat durch Rechtsverordnung, die nicht der Zustimmung des Bundesrates bedarf, Einzelheiten über die Form des Refinanzierungsregisters sowie der Art und Weise der Aufzeichnung zu bestimmen. [3]Das Bundesministerium der Finanzen kann diese Ermächtigung durch Rechtsverordnung auf die Bundesanstalt für Finanzdienstleistungsaufsicht übertragen.

(2) [1]In das Refinanzierungsregister sind von dem registerführenden Unternehmen einzutragen:

1. die Forderungen oder die Sicherheiten, auf deren Übertragung die im Register als übertragungsberechtigt eingetragenen Unternehmen im Sinne des § 1 Absatz 24 Satz 1 Nummer 1 bis 6 (Übertragungsberechtigte) einen Anspruch haben,
2. der Übertragungsberechtigte,
3. der Zeitpunkt der Eintragung,
4. falls ein Gegenstand als Sicherheit dient, den rechtlichen Grund, den Umfang, den Rang der Sicherheit und das Datum des Tages, an dem der den rechtlichen Grund für die Absicherung enthaltende Vertrag geschlossen wurde.

[2]In den Fällen der Nummern 1 und 4 genügt es, wenn Dritten, insbesondere dem Verwalter, dem Sachwalter, der Bundesanstalt oder einem Insolvenzverwalter die eindeutige Bestimmung der einzutragenden Angaben möglich ist. [3]Ist der Übertragungsberechtigte eine Pfandbriefbank, so ist diese sowie der gemäß § 7 Abs. 1 des Pfandbriefgesetzes bestellte Treuhänder von der Eintragung zu unterrichten. [4]Ist der Übertragungsberechtigte ein Versicherungsunternehmen, ist dieses sowie der nach § 128 des Versicherungsaufsichtsgesetzes bestellte Treuhänder von der Eintragung zu unterrichten.

(3) Soweit nach Absatz 2 erforderliche Angaben fehlen oder Eintragungen unrichtig sind oder keine eindeutige Bestimmung einzutragender Angaben zulassen, sind die betroffenen Gegenstände nicht ordnungsgemäß eingetragen.

(4) [1]Forderungen sind auch dann eintragungsfähig und nach Eintragung an den Übertragungsberechtigten veräußerbar, wenn die Abtretung durch mündliche oder konkludente Vereinbarung mit dem Schuldner ausgeschlossen worden ist. [2]§ 354a des Handelsgesetzbuchs sowie gesetzliche Verfügungsverbote bleiben unberührt.

(5) [1]Eintragungen können nur mit Zustimmung des Übertragungsberechtigten gelöscht werden. [2]Sofern ein Übertragungsberechtigter eine Pfandbriefbank oder ein Versicherungsunternehmen ist, können Eintragungen nur mit Zustimmung des Treuhänders

der Pfandbriefbank beziehungsweise des Treuhänders des Versicherungsunternehmens gelöscht werden. [3]In jedem Fall ist der Zeitpunkt der Löschung einzutragen. [4]Fehlerhafte Eintragungen können mit Zustimmung des Verwalters gelöscht werden; Absatz 2 Satz 3 und 4 gilt entsprechend. [5]Die Korrektur, ihr Zeitpunkt und die Zustimmung des Verwalters sind im Refinanzierungsregister einzutragen. [6]Die nochmalige Eintragung ohne Löschung der früheren Eintragung entfaltet keine Rechtswirkung.

(6) Der Übertragungsberechtigte kann jederzeit vom Verwalter einen Auszug über die ihn betreffenden Eintragungen im Refinanzierungsregister verlangen, auf dem der Verwalter die Übereinstimmung mit dem Refinanzierungsregister in Schriftform bestätigt hat.

§ 22e Bestellung des Verwalters

(1) [1]Bei jedem registerführenden Unternehmen ist eine natürliche Person als Verwalter des Refinanzierungsregisters (Verwalter) zu bestellen. [2]Das Amt erlischt mit der Beendigung der Registerführung oder der Bestellung eines personenverschiedenen Sachwalters des Refinanzierungsregisters nach § 22l Abs. 4 Satz 1.

(2) [1]Die Bestellung erfolgt durch die Bundesanstalt auf Vorschlag des registerführenden Unternehmens. [2]Die Bundesanstalt soll die vorgeschlagene Person zum Verwalter bestellen, wenn deren Unabhängigkeit, Zuverlässigkeit und Sachkunde gewährleistet erscheint. [3]Bei ihrer Entscheidung hat die Bundesanstalt die Interessen des im Refinanzierungsregister eingetragenen oder einzutragenden Übertragungsberechtigten angemessen zu berücksichtigen.

(3) [1]Die Bestellung kann befristet werden; die Bundesanstalt kann den Verwalter jederzeit aus sachlichem Grund abberufen. [2]Absatz 2 Satz 3 gilt entsprechend. [3]Steht der Verwalter zu einem an einer konkreten Refinanzierungstransaktion Beteiligten in einem Beschäftigungs- oder Mandatsverhältnis, so ruht sein Amt für diese Refinanzierungstransaktion.

(4) [1]Auf Antrag des registerführenden Unternehmens ist ein Stellvertreter des Verwalters zu bestellen. [2]Der Antrag ist zu jeder Zeit zulässig. [3]Auf die Bestellung und Abberufung des Stellvertreters finden die Absätze 2 und 3 entsprechende Anwendung. [4]Wird der Verwalter nach Absatz 3 Satz 1 abberufen, ruht sein Amt oder ist er verhindert, so tritt der Stellvertreter an seine Stelle.

(5) [1]Ist ein Verwalter für einen nicht unerheblichen Zeitraum nicht vorhanden, an der Wahrnehmung seiner Aufgaben verhindert oder ruht sein Amt, ohne dass ein Stellvertreter an seine Stelle getreten ist, bestellt die Bundesanstalt ohne Anhörung des registerführenden Unternehmens einen geeigneten Verwalter. Absatz 2 Satz 3 gilt entsprechend. [2]Das registerführende Unternehmen hat der Bundesanstalt unverzüglich mitzuteilen, wenn ein Umstand gemäß Satz 1 eingetreten ist.

(6) [1]Der Verwalter und sein Stellvertreter haften dem registerführenden Unternehmen sowie den Übertragungsberechtigten aus ihrer Tätigkeit nur im Falle von Vorsatz oder grober Fahrlässigkeit. [2]Die Ersatzpflicht des Verwalters oder des Stellvertreters beschränkt sich im Falle grob fahrlässigen Handelns auf 1 Million Euro. [3]Sie kann nicht durch Vertrag ausgeschlossen oder beschränkt werden. [4]Wird die Haftung des Verwalters oder des Stellvertreters durch eine Versicherung abgedeckt, ist ein Selbstbehalt in Höhe des Eineinhalbfachen der nach § 22i Absatz 1 festgesetzten jährlichen Vergütung vorzusehen. [5]Das registerführende Unternehmen darf den Versicherungsvertrag zugunsten des Verwalters und des Stellvertreters schließen und die Prämien zahlen.

§ 22f Verhältnis des Verwalters zur Bundesanstalt

(1) Der Verwalter hat der Bundesanstalt Auskunft über die von ihm im Rahmen seiner Tätigkeit getroffenen Feststellungen und Beobachtungen zu erteilen und auch unaufge-

fordert Mitteilungen zu machen, wenn Umstände auf eine nicht ordnungsgemäße Registerführung hindeuten.

(2) Der Verwalter ist an Weisungen der Bundesanstalt nicht gebunden.

§ 22g Aufgaben des Verwalters

(1) [1]Der Verwalter wacht darüber, dass das Refinanzierungsregister ordnungsgemäß geführt wird. [2]Zu seinen Aufgaben gehört es jedoch nicht zu prüfen, ob es sich bei den eingetragenen Gegenständen um solche des Refinanzierungsunternehmens oder um nach § 22d Abs. 2 eintragungsfähige Gegenstände handelt.

(2) [1]Insbesondere hat der Verwalter des Refinanzierungsregisters darauf zu achten, dass

1. das Refinanzierungsregister die nach § 22d Abs. 2 erforderlichen Angaben enthält,
2. die im Refinanzierungsregister enthaltenen Zeitangaben der Richtigkeit entsprechen und
3. die Eintragungen nicht nachträglich verändert werden.

[2]Im Übrigen hat der Verwalter des Refinanzierungsregisters die inhaltliche Richtigkeit des Refinanzierungsregisters nicht zu überprüfen.

(3) Der Verwalter kann sich bei der Durchführung seiner Aufgaben anderer Personen und Einrichtungen bedienen.

§ 22h Verhältnis des Verwalters zum registerführenden Unternehmen und zum Refinanzierungsunternehmen

(1) [1]Der Verwalter ist befugt, jederzeit die Bücher und Papiere des registerführenden Unternehmens einzusehen, es sei denn, dass sie mit der Führung des Refinanzierungsregisters in keinem Zusammenhang stehen. [2]In den Fällen des § 22b stehen dem Verwalter dieselben Befugnisse auch gegenüber dem Refinanzierungsunternehmen zu.

(2) [1]Der Verwalter ist zur Verschwiegenheit über alle Tatsachen verpflichtet, von denen er durch Einsicht in die Bücher und Papiere des registerführenden Unternehmens oder des davon abweichenden Refinanzierungsunternehmens Kenntnis erlangt. [2]Der Bundesanstalt darf er nur über Tatsachen Auskunft geben oder Mitteilung machen, die mit der Überwachung des Refinanzierungsregisters im Zusammenhang stehen.

(3) Streitigkeiten zwischen dem Verwalter und dem registerführenden Unternehmen oder dem davon abweichenden Refinanzierungsunternehmen entscheidet die Bundesanstalt.

§ 22i Vergütung des Verwalters

(1) Der Verwalter sowie sein Stellvertreter erhalten von dem registerführenden Unternehmen eine angemessene Vergütung, deren Höhe von der Bundesanstalt festgesetzt wird, und Ersatz der notwendigen Auslagen.

(2) *(aufgehoben)*

(3) [1]Außer in Fällen des Absatzes 1 sind Leistungen des registerführenden Unternehmens, des Refinanzierungsunternehmens und dessen Stellvertreter, für welches das Register geführt wird, und der Übertragungsberechtigten an den Verwalter des Refinanzierungsregisters unzulässig.

§ 22j Wirkungen der Eintragung in das Refinanzierungsregister

(1) [1]Gegenstände des Refinanzierungsunternehmens, die ordnungsgemäß im Refinanzierungsregister eingetragen sind, können im Fall der Insolvenz des Refinanzierungsunternehmens vom Übertragungsberechtigten nach § 47 der Insolvenzordnung ausgesondert werden. [2]Das Gleiche gilt für Gegenstände, die an die Stelle der ord-

nungsgemäß im Refinanzierungsregister eingetragenen Gegenstände treten. [3]Gegen Verfügungen im Wege der Zwangsvollstreckung oder der Arrestvollziehung kann der Übertragungsberechtigte Widerspruch im Wege der Klage nach § 771 der Zivilprozessordnung erheben.

(2) [1]Die Eintragung in das Refinanzierungsregister schränkt Einwendungen und Einreden Dritter gegen die eingetragenen Forderungen und Rechte nicht ein. [2]Werden die im Refinanzierungsregister eingetragenen Gegenstände ausgesondert oder an den Übertragungsberechtigten beziehungsweise von dem Übertragungsberechtigten an einen Dritten übertragen, können alle Einwendungen und Einreden wie bei einer Abtretung geltend gemacht werden. [3]Die Vorschrift des § 1156 Satz 1 des Bürgerlichen Gesetzbuchs findet keine Anwendung. [4]Dienen im Refinanzierungsregister eingetragene Gegenstände der Absicherung anderer Gegenstände, so kann der Sicherungsgeber gegenüber dem Übertragungsberechtigten alle Einwendungen und Einreden aus dem Vertrag geltend machen, der den rechtlichen Grund für die Absicherung enthält. [5]Die Vorschrift des § 1157 Satz 2 des Bürgerlichen Gesetzbuchs findet keine Anwendung. [6]§ 22d Abs. 4 in Verbindung mit § 22j Abs. 1 Satz 1 und 2 bleibt jedoch unberührt.

(3) [1]Gegenüber den Ansprüchen des Übertragungsberechtigten auf Übertragung der ordnungsgemäß im Refinanzierungsregister eingetragenen Gegenstände kann das Refinanzierungsunternehmen nicht aufrechnen und keine Zurückbehaltungsrechte geltend machen. [2]Anfechtungsrechte seiner Gläubiger nach dem Anfechtungsgesetz und den §§ 129 bis 147 der Insolvenzordnung bleiben unberührt.

(4) Den Wirkungen der Absätze 1 bis 3 steht nicht entgegen, dass das Refinanzierungsunternehmen im Rahmen der Veräußerung der eingetragenen Gegenstände an den Übertragungsberechtigten das Risiko deren Werthaltigkeit ganz oder teilweise trägt.

§ 22k Beendigung und Übertragung der Registerführung

(1) [1]Willigen alle im Refinanzierungsregister eingetragenen Übertragungsberechtigten und, sofern ein Übertragungsberechtigter eine Pfandbriefbank oder ein Versicherungsunternehmen ist, der Treuhänder der Pfandbriefbank oder des Versicherungsunternehmens ein, kann die Führung des Refinanzierungsregisters einen Monat nach Anzeige an die Bundesanstalt beendet werden. [2]Willigen alle im Refinanzierungsregister eingetragenen Übertragungsberechtigten und, sofern ein Übertragungsberechtigter eine Pfandbriefbank oder ein Versicherungsunternehmen ist, der Treuhänder der Pfandbriefbank oder des Versicherungsunternehmens ein, kann die Registerführung unter Aufsicht der Bundesanstalt auf ein geeignetes Kreditinstitut übertragen werden, sofern es sich bei den eingetragenen Gegenständen um solche des die Registerführung übernehmenden Kreditinstituts handelt oder die Voraussetzungen des § 22b über die Führung des Refinanzierungsregisters für Dritte vorliegen.

(2) [1]Die Registerführung endet außerdem, wenn das registerführende Unternehmen nach Einschätzung der Bundesanstalt zur Registerführung ungeeignet ist. [2]In diesem Fall wird die Führung des Registers unter Aufsicht der Bundesanstalt auf ein nach Einschätzung der Bundesanstalt zur Registerführung geeignetes Kreditinstitut übertragen. [3]Die Vorschriften des § 22b über die Führung des Refinanzierungsregisters für Dritte finden sinngemäße Anwendung.

(3) Absatz 2 findet keine Anwendung, wenn über das Vermögen eines Unternehmens, das ein Refinanzierungsregister nicht nur für Dritte führt, das Insolvenzverfahren eröffnet wird.

§ 22l Bestellung des Sachwalters bei Eröffnung des Insolvenzverfahrens

(1) [1]Ist über das Vermögen eines Unternehmens, das ein Refinanzierungsregister nicht nur für Dritte führt, das Insolvenzverfahren eröffnet, bestellt das Insolvenzgericht auf

Antrag der Bundesanstalt eine oder zwei von der Bundesanstalt vorgeschlagene natürliche Personen als Sachwalter des Refinanzierungsregisters (Sachwalter). [2]Das Gericht kann vom Vorschlag der Bundesanstalt abweichen, wenn dies zur Sicherstellung einer sachgerechten Zusammenarbeit zwischen Insolvenzverwalter und Sachwalter erforderlich erscheint. [3]Der Sachwalter erhält eine Urkunde über seine Ernennung, die er bei Beendigung seines Amtes dem Insolvenzgericht zurückzugeben hat.

(2) [1]Die Bundesanstalt stellt einen Antrag nach Absatz 1 Satz 1, wenn dies nach Anhörung der Übertragungsberechtigten zur ordnungsgemäßen Verwaltung der im Refinanzierungsregister eingetragenen Gegenstände erforderlich erscheint. [2]Als Sachwalter des Refinanzierungsregisters soll die Bundesanstalt den Verwalter des Refinanzierungsregisters vorschlagen, bei Fehlen oder dauernder Verhinderung desselben seinen Stellvertreter oder eine andere geeignete natürliche Person. [3]Der Sachwalter des Refinanzierungsregisters ist auf Antrag der Bundesanstalt abzuberufen, wenn ein wichtiger Grund vorliegt.

(3) [1]Erscheint die Bestellung eines zweiten Sachwalters des Refinanzierungsregisters zur ordnungsgemäßen Verwaltung der im Refinanzierungsregister eingetragenen Gegenstände erforderlich, kann die Bundesanstalt nach Anhörung der Übertragungsberechtigten einen weiteren Antrag nach Absatz 1 Satz 1 stellen. [2]Stellt sie diesen Antrag, soll sie den Stellvertreter des Verwalters des Refinanzierungsregisters oder, wenn ein solcher fehlt, eine andere geeignete natürliche Person vorschlagen.

(4) [1]Mit der Bestellung einer anderen Person als der des Verwalters zum Sachwalter erlischt das Amt des Verwalters. [2]Das Amt wird vom Sachwalter des Refinanzierungsregisters fortgeführt. [3]Die Sätze 1 und 2 gelten entsprechend für den Stellvertreter des Verwalters.

§ 22m Bekanntmachung der Bestellung des Sachwalters

(1) [1]Das Insolvenzgericht hat die Ernennung und Abberufung des Sachwalters unverzüglich dem zuständigen Registergericht mitzuteilen und öffentlich bekannt zu machen. [2]Die Ernennung und Abberufung des Sachwalters sind auf die Mitteilung von Amts wegen in das Handelsregister einzutragen. [3]Die Eintragungen werden nicht bekannt gemacht. [4]Die Vorschriften des § 15 des Handelsgesetzbuchs finden keine Anwendung.

(2) [1]Sind in das Refinanzierungsregister Rechte des registerführenden Unternehmens eingetragen, für die eine Eintragung im Grundbuch besteht, so ist die Bestellung des Sachwalters auf Ersuchen des Insolvenzgerichts oder des Sachwalters in das Grundbuch einzutragen, wenn nach der Art der Rechte und den Umständen zu besorgen ist, dass ohne die Eintragung die Interessen der Übertragungsberechtigten gefährdet werden. [2]Satz 1 gilt entsprechend für Rechte des registerführenden Unternehmens, die im Schiffsregister, Schiffsbauregister oder im Register für Pfandrechte an Luftfahrzeugen eingetragen sind.

§ 22n Rechtsstellung des Sachwalters

(1) [1]Der Sachwalter steht unter der Aufsicht des Insolvenzgerichts. [2]Das Insolvenzgericht kann vom Sachwalter insbesondere jederzeit einzelne Auskünfte oder einen Bericht über den Sachstand und die Geschäftsführung verlangen. [3]Daneben obliegen dem Sachwalter die Pflichten eines Verwalters. [4]Der Sachwalter und der Insolvenzverwalter haben einander alle Informationen mitzuteilen, die für das Insolvenzverfahren über das Vermögen des registerführenden Unternehmens und für die Verwaltung der im Refinanzierungsregister eingetragenen Gegenstände von Bedeutung sein können.

(2) [1]Soweit das registerführende Unternehmen befugt war, die im Refinanzierungsregister eingetragenen Gegenstände zu verwalten und über sie zu verfügen, geht dieses Recht auf den Sachwalter über. [2]In Abstimmung mit dem Insolvenzverwalter nutzt der

Sachwalter alle Einrichtungen des registerführenden Unternehmens, die zur Verwaltung der eingetragenen Gegenstände erforderlich sind.

(3) [1]Hat das registerführende Unternehmen nach der Bestellung des Sachwalters über einen im Refinanzierungsregister eingetragenen Gegenstand verfügt, so ist diese Verfügung unwirksam. [2]Die Vorschriften der §§ 892, 893 des Bürgerlichen Gesetzbuchs, der §§ 16, 17 des Gesetzes über Rechte an eingetragenen Schiffen und Schiffsbauwerken und der §§ 16, 17 des Gesetzes über Rechte an Luftfahrzeugen bleiben unberührt. [3]Hat das registerführende Unternehmen am Tage der Bestellung des Sachwalters des Refinanzierungsregisters verfügt, so wird vermutet, dass es nach der Bestellung verfügt hat.

(4) [1]Der Sachwalter des Refinanzierungsregisters hat bei seiner Geschäftsführung die Sorgfalt eines ordentlichen und gewissenhaften Sachwalters anzuwenden. [2]Verletzt der Sachwalter des Refinanzierungsregisters seine Pflichten, so können die Übertragungsberechtigten und das registerführende Unternehmen Ersatz des hierdurch entstehenden Schadens verlangen. [3]Dies gilt nicht, wenn der Sachwalter des Refinanzierungsregisters die Pflichtverletzung nicht zu vertreten hat.

(5) [1]Der Sachwalter des Refinanzierungsregisters erhält von der Bundesanstalt eine angemessene Vergütung und Ersatz seiner Aufwendungen. [2]Die gezahlten Beträge sind der Bundesanstalt von den Übertragungsberechtigten anteilig nach der Anzahl der für sie eingetragenen Gegenstände gesondert zu erstatten und auf Verlangen der Bundesanstalt vorzuschießen. [3]Soweit das Refinanzierungsregister für Dritte geführt wird, sind diese neben den Übertragungsberechtigten als Gesamtschuldner zur Erstattung und zum Vorschuss verpflichtet. [4]§ 22i Abs. 2 und 3 Satz 1 gilt sinngemäß. [5]§ 22i Abs. 3 Satz 2 findet mit der Maßgabe entsprechende Anwendung, dass die Bundesanstalt beim Insolvenzgericht einen Antrag auf Abberufung stellen soll.

§ 22o Bestellung des Sachwalters bei Insolvenzgefahr

(1) [1]Unter den Voraussetzungen des § 46 bestellt das Gericht am Sitz des registerführenden Unternehmens auf Antrag der Bundesanstalt eine oder zwei Personen als Sachwalter. [2]Die Bundesanstalt stellt einen Antrag nach Satz 1, wenn dies nach Anhörung der Übertragungsberechtigten zur ordnungsgemäßen Verwaltung der im Refinanzierungsregister eingetragenen Gegenstände erforderlich erscheint. [3]Bei Gefahr im Verzuge ist auf die Anhörung zu verzichten. [4]In diesem Fall ist die Anhörung unverzüglich nachzuholen.

(2) [1]Für die Bestellung und Abberufung sowie für die Rechtsstellung eines unter diesen Umständen bestellten Sachwalters gelten die Vorschriften der §§ 22l bis 22n mit der Maßgabe entsprechend, dass an die Stelle des Insolvenzgerichts das Gericht am Sitz des registerführenden Unternehmens tritt. [2]Ein wichtiger Grund im Sinne des § 22l Abs. 2 Satz 3 liegt insbesondere dann vor, wenn die Voraussetzungen des § 46 wieder entfallen sind. [3]In diesem Fall soll die Bundesanstalt aus dem Kreis der Sachwalter den Verwalter bestellen.

(3) [1]Wird das Insolvenzverfahren über das Vermögen des registerführenden Unternehmens nach Bestellung des Sachwalters nach Maßgabe der Absätze 1 und 2 eröffnet, so gilt der Sachwalter für die Zeit nach Eröffnung des Insolvenzverfahrens als mit Eröffnung des Insolvenzverfahrens vom Insolvenzgericht bestellt. [2]Das Insolvenzgericht tritt an die Stelle des Gerichts am Sitz des registerführenden Unternehmens. [3]Das Gericht am Sitz des registerführenden Unternehmens hat dem Insolvenzgericht alle mit der Bestellung und Aufsicht des Sachwalters des Refinanzierungsregisters in Zusammenhang stehenden Unterlagen zu übergeben.

3. Kundenrechte

§ 22p *(aufgehoben)*

4. Werbung und Hinweispflichten der Institute

§ 23 Werbung

(1) [1]Um Missständen bei der Werbung der Institute zu begegnen, kann die Bundesanstalt bestimmte Arten der Werbung untersagen. [2]Ein Missstand liegt insbesondere vor, wenn Werbung für Verbraucherdarlehensverträge falsche Erwartungen in Bezug auf die Möglichkeit, ein Darlehen zu erhalten oder in Bezug auf die Kosten eines Darlehens weckt.

(2) Vor allgemeinen Maßnahmen nach Absatz 1 sind die Spitzenverbände der Institute und des Verbraucherschutzes zu hören.

§ 23a [Sicherungseinrichtung]

(1) [1]Ein Institut, das Bankgeschäfte im Sinne des § 1 Abs. 1 Satz 2 Nr. 1, 4 oder 10 betreibt oder Finanzdienstleistungen im Sinne des § 1 Abs. 1a Satz 2 Nr. 1 bis 4 erbringt, hat Kunden, die nicht Institute sind, im Preisaushang über die Zugehörigkeit zu einer Einrichtung zur Sicherung der Ansprüche von Einlegern und Anlegern (Sicherungseinrichtung) zu informieren. [2]Das Institut hat ferner Kunden, die nicht Institute sind, vor Aufnahme der Geschäftsbeziehungen in Textform in leicht verständlicher Form, soweit nicht die Sätze 3 bis 10 anzuwenden sind, über die für die Sicherung geltenden Bestimmungen einschließlich Umfang und Höhe der Sicherung zu informieren. [3]Die Einleger bestätigen in Bezug auf ihre Ansprüche aus § 5 des Einlagensicherungsgesetzes den Empfang dieser Informationen auf dem im Anhang I dieses Gesetzes enthaltenen Informationsbogen. [4]Die Bestätigung, dass es sich bei den Einlagen um entschädigungsfähige Einlagen handelt, erhalten die Einleger auf ihren Kontoauszügen, einschließlich eines Verweises auf den Informationsbogen in Anhang I. [5]Die Internetseite des einschlägigen Einlagensicherungssystems wird auf dem Informationsbogen angegeben. [6]Der in Anhang I festgelegte Informationsbogen wird dem Einleger mindestens einmal jährlich zur Verfügung gestellt. [7]Nutzt ein Einleger das Internetbanking, so können ihm die Informationen elektronisch übermittelt werden. [8]Auf Wunsch des Einlegers werden sie in Papierform zur Verfügung gestellt. [9]Die dem Einleger gewährten Informationen dürfen für Werbezwecke nur auf das Einlagensicherungssystem und seine Funktionsweise hinweisen. [10]§ 3 Absatz 2 des Einlagensicherungsgesetzes gilt entsprechend. [11]Sofern Einlagen und andere rückzahlbare Gelder nicht gesichert sind, hat das Institut auf diese Tatsache in den Allgemeinen Geschäftsbedingungen, im Preisaushang und an hervorgehobener Stelle in den Vertragsunterlagen vor Aufnahme der Geschäftsbeziehung hinzuweisen, es sei denn, die rückzahlbaren Gelder sind in Pfandbriefen, Kommunalschuldverschreibungen oder anderen Schuldverschreibungen, welche die Voraussetzungen des Artikels 52 Absatz 4 Satz 1 und 2 der Richtlinie 2009/65/EG erfüllen, verbrieft. [12]Die Informationen in den Vertragsunterlagen gemäß Satz 11 dürfen keine anderen Erklärungen enthalten und sind gesondert von den Kunden zu bestätigen. [13]Die Sätze 7 und 8 gelten entsprechend. [14]Außerdem müssen auf Anfrage Informationen über die Bedingungen der Sicherung einschließlich der für die Geltendmachung der Entschädigungsansprüche erforderlichen Formalitäten erhältlich sein.

(2) Scheidet ein Institut aus einer Sicherungseinrichtung aus, hat es die Kunden, die nicht Institute sind, sowie die Bundesanstalt und die Deutsche Bundesbank hierüber unverzüglich in Textform zu unterrichten.

5. Besondere Pflichten der Institute, ihrer Geschäftsleiter sowie der Finanzholding-Gesellschaften, der gemischten Finanzholding-Gesellschaften und der gemischten Holdinggesellschaften

§ 24[1)] Anzeigen

(1) Ein Institut hat der Aufsichtsbehörde und der Deutschen Bundesbank unverzüglich anzuzeigen

1. die Absicht der Bestellung eines Geschäftsleiters und die Absicht der Ermächtigung einer Person zur Einzelvertretung des Instituts in dessen gesamten Geschäftsbereich, jeweils unter Angabe der Tatsachen, die für die Beurteilung der Zuverlässigkeit, der fachlichen Eignung und der ausreichenden zeitlichen Verfügbarkeit für die Wahrnehmung der jeweiligen Aufgaben wesentlich sind, sowie den Vollzug, die Aufgabe oder die Änderung einer solchen Absicht;
2. das Ausscheiden eines Geschäftsleiters sowie die Entziehung der Befugnis zur Einzelvertretung des Instituts in dessen gesamten Geschäftsbereich;
3. die Änderung der Rechtsform, soweit nicht bereits eine Erlaubnis nach § 32 Abs. 1 erforderlich ist, und die Änderung der Firma;
4. einen Verlust in Höhe von 25 vom Hundert der nach Artikel 72 der Verordnung (EU) Nr. 575/2013 anrechenbaren Eigenmittel;
5. die Verlegung der Niederlassung oder des Sitzes;
6. die Errichtung, die Verlegung und die Schließung einer Zweigstelle in einem Drittstaat sowie die Aufnahme und die Beendigung der Erbringung grenzüberschreitender Dienstleistungen ohne Errichtung einer Zweigstelle;
7. die Einstellung des Geschäftsbetriebs;
8. die Absicht seiner gesetzlichen und satzungsgemäßen Organe, eine Entscheidung über seine Auflösung herbeizuführen;
9. das Absinken des Anfangskapitals unter die Mindestanforderungen nach §§ 33 Abs. 1 Satz 1 Nr. 1 sowie den Wegfall einer geeigneten Versicherung nach § 33 Abs. 1 Satz 2 und 3;
10. den Erwerb oder die Aufgabe einer bedeutenden Beteiligung an dem eigenen Institut, das Erreichen, das Über- oder das Unterschreiten der Beteiligungsschwellen von 20 vom Hundert, 30 vom Hundert und 50 vom Hundert der Stimmrechte oder des Kapitals sowie die Tatsache, daß das Institut Tochterunternehmen eines anderen Unternehmens wird oder nicht mehr ist, sobald das Institut von der bevorstehenden Änderung dieser Beteiligungsverhältnisse Kenntnis erlangt;
11. jeden Fall, in dem die Gegenpartei eines Pensionsgeschäftes, umgekehrten Pensionsgeschäftes oder Darlehensgeschäftes in Wertpapieren oder Waren ihren Erfüllungsverpflichtungen nicht nachgekommen ist;
12. das Entstehen, die Änderung oder die Beendigung einer engen Verbindung zu einer anderen natürlichen Person oder einem anderen Unternehmen;
13. das Entstehen, die Veränderungen in der Höhe oder die Beendigung einer bedeutenden Beteiligung an anderen Unternehmen;
14. unter Vorlage desselben den Vorschlag zur Beschlussfassung gemäß § 25a Absatz 5 Satz 6;

1) Zur erstmaligen Anwendung siehe § 64r.

14a. unter Vorlage eines Auszugs aus der Versammlungsniederschrift den Beschluss über die Billigung einer höheren variablen Vergütung nach § 25a Absatz 5 Satz 5 einschließlich der Angabe aller gebilligten, über das Verhältnis gemäß § 25a Absatz 5 Satz 2 hinausgehenden Höchstwerte;

14b. unter Vorlage eines Auszugs aus der Versammlungsniederschrift den Beschluss über die Änderung eines Beschlusses über die Billigung einer höheren variablen Vergütung nach § 25a Absatz 5 Satz 5 einschließlich der Angabe aller gebilligten, über das Verhältnis gemäß § 25a Absatz 5 Satz 2 hinausgehenden Höchstwerte;

15. die Bestellung eines Mitglieds und stellvertretender Mitglieder des Verwaltungs- oder Aufsichtsorgans unter Angabe der Tatsachen, die zur Beurteilung ihrer Zuverlässigkeit, Sachkunde und der ausreichenden zeitlichen Verfügbarkeit für die Wahrnehmung ihrer Aufgaben notwendig sind;

15a. das Ausscheiden eines Mitglieds und stellvertretender Mitglieder des Verwaltungs- oder Aufsichtsorgans;

16. eine Änderung des Verhältnisses von bilanziellem Eigenkapital zur Summe aus der Bilanzsumme und den außerbilanziellen Verpflichtungen und des Wiedereindeckungsaufwands für Ansprüche aus außerbilanziellen Geschäften (modifizierte bilanzielle Eigenkapitalquote) um mindestens 5 vom Hundert auf der Grundlage von Informationen zur finanziellen Situation (Finanzinformation) nach § 25 Abs. 1 Satz 1 jeweils zum Ende eines Quartals im Verhältnis zum festgestellten Jahresabschluss des Instituts; soweit das Institut nach internationalen Rechnungslegungsstandards bilanziert oder auf Grund der Vorschriften des Wertpapierhandelsgesetzes zur Aufstellung von Zwischenabschlüssen verpflichtet ist, ist eine entsprechende Änderung der modifizierten bilanziellen Eigenkapitalquote auch auf der Grundlage eines Zwischenabschlusses im Verhältnis zum festgestellten Jahresabschluss nach internationalen Rechnungslegungsstandards anzuzeigen;

17. Kredite

    a) an Kommanditisten, Gesellschafter einer Gesellschaft mit beschränkter Haftung, Aktionäre, Kommanditaktionäre oder Anteilseigner an einem Institut des öffentlichen Rechts, wenn diesen jeweils mehr als 25 Prozent des Kapitals (Nennkapital, Summe der Kapitalanteile) des Instituts gehören oder ihnen jeweils mehr als 25 Prozent der Stimmrechte an dem Institut zustehen und der Kredit zu nicht marktmäßigen Bedingungen gewährt oder nicht banküblich besichert worden ist, und

    b) an Personen, die Kapital, soweit es sich nicht um Kapital nach Buchstabe a handelt, nach Artikel 26 Absatz 1 Buchstabe a und Artikel 51 Buchstabe a der Verordnung (EU) Nr. 575/2013 in der jeweils geltenden Fassung gewährt haben, das mehr als 25 Prozent des Kernkapitals nach Artikel 25 der Verordnung (EU) Nr. 575/2013 in der jeweils geltenden Fassung ohne Berücksichtigung des Kapitals nach Artikel 26 Absatz 1 Buchstabe a und Artikel 51 Buchstabe a der Verordnung (EU) Nr. 575/2013 in der jeweils geltenden Fassung beträgt, wenn der Kredit zu nicht marktmäßigen Bedingungen gewährt oder nicht banküblich besichert worden ist.

(1a) [1]Ein Institut hat der Aufsichtsbehörde und der Deutschen Bundesbank jährlich anzuzeigen:

1. seine engen Verbindungen zu anderen natürlichen Personen oder Unternehmen,
2. seine bedeutenden Beteiligungen an anderen Unternehmen,

3. den Namen und die Anschrift des Inhabers einer bedeutenden Beteiligung an dem anzeigenden Institut und an den ihm nach § 10a nachgeordneten Unternehmen mit Sitz im Ausland sowie die Höhe dieser Beteiligungen,
4. die Anzahl seiner inländischen Zweigstellen,
5. die modifizierte bilanzielle Eigenkapitalquote auf der Grundlage des festgestellten Jahresabschlusses,
6. die Einstufung als bedeutendes Institut im Sinne des § 17 der Institutsvergütungsverordnung vom 16. Dezember 2013 (BGBl. I S. 4270) sowie eine Änderung dieser Einstufung,
7. soweit es sich um ein CRR-Institut handelt, das im Sinne der Rechtsverordnung gemäß § 25a Absatz 6 dieses Gesetzes als bedeutend eingestuft ist oder das von der Aufsichtsbehörde oder der Deutschen Bundesbank dazu aufgefordert wurde, die Informationen, die für einen Vergleich der Vergütungstrends und -praktiken im Sinne des Artikels 75 Absatz 1 und 2 der Richtlinie 2013/36/EU erforderlich sind; der Vergleich umfasst auch die Vergütungstrends und -praktiken in Bezug auf die Mitglieder des Verwaltungs- und Aufsichtsorgans;
8. soweit es sich um ein CRR-Institut handelt, die Informationen über Geschäftsleiter, Mitglieder des Verwaltungs- oder Aufsichtsorgans und Mitarbeiter mit jeweils einer Gesamtvergütung von jährlich mindestens 1 Million Euro im Sinne des Artikels 75 Absatz 3 der Richtlinie 2013/36/EU, die für eine aggregierte Veröffentlichung durch die Europäische Bankenaufsichtsbehörde erforderlich sind.

(1b) [1]Bei der Anzeige eines Kredits nach Absatz 1 Nummer 17 hat das Institut die gestellten Sicherheiten und die Kreditbedingungen anzugeben. [2]Es hat einen Kredit, den es nach Absatz 1 Nummer 17 angezeigt hat, unverzüglich erneut der Aufsichtsbehörde und der Deutschen Bundesbank anzuzeigen, wenn die gestellten Sicherheiten oder die Kreditbedingungen rechtsgeschäftlich geändert werden, und die entsprechenden Änderungen anzugeben. [3]Die Aufsichtsbehörde kann von den Instituten fordern, ihr und der Deutschen Bundesbank alle fünf Jahre eine Sammelanzeige der nach Absatz 1 Nummer 17 anzuzeigenden Kredite einzureichen.

(1c) Die nach Artikel 4 Absatz 4 Satz 1 der Delegierten Verordnung (EU) Nr. 604/2014 der Kommission vom 4. März 2014 zur Ergänzung der Richtlinie 2013/36/EU des Europäischen Parlaments und des Rates im Hinblick auf technische Regulierungsstandards in Bezug auf qualitative und angemessene quantitative Kriterien zur Ermittlung der Mitarbeiterkategorien, deren berufliche Tätigkeit sich wesentlich auf das Risikoprofil eines Instituts auswirkt (ABl. L 167 vom 6.6.2014, S. 30), die durch die Delegierte Verordnung (EU) 2016/861 (ABl. L 144 vom 1.6.2016, S. 21) geändert worden ist, zu erstattenden Anzeigen sind unverzüglich, spätestens jedoch sechs Monate nach Ablauf des Geschäftsjahres, bei der Aufsichtsbehörde und der Deutschen Bundesbank einzureichen.

(2) Hat ein Institut die Absicht, sich mit einem anderen Institut im Sinne dieses Gesetzes, E-Geld-Institut im Sinne des Zahlungsdiensteaufsichtsgesetzes oder Zahlungsinstitut im Sinne des Zahlungsdiensteaufsichtsgesetzes zu vereinigen, hat es dies der Aufsichtsbehörde und der Deutschen Bundesbank unverzüglich anzuzeigen.

(2a) Ein Mitglied eines Verwaltungs- oder Aufsichtsorgans eines CRR-Instituts, das von erheblicher Bedeutung im Sinne des § 25d Absatz 3 Satz 8 ist, einer Finanzholding-Gesellschaft oder einer gemischten Finanzholding-Gesellschaft hat der Aufsichtsbehörde und der Deutschen Bundesbank die Aufnahme und die Beendigung einer Tätigkeit als Geschäftsleiter oder als Aufsichtsrats- oder Verwaltungsratsmitglied eines anderen Unternehmens unverzüglich anzuzeigen.

(3) [1]Ein Geschäftsleiter eines Instituts und die Personen, die die Geschäfte einer Finanzholding-Gesellschaft oder einer gemischten Finanzholding-Gesellschaft tatsächlich führen, haben der Aufsichtsbehörde und der Deutschen Bundesbank unverzüglich anzuzeigen

1. die Aufnahme und die Beendigung einer Tätigkeit als Geschäftsleiter oder als Aufsichtsrats- oder Verwaltungsratsmitglied eines anderen Unternehmens und
2. die Übernahme und die Aufgabe einer unmittelbaren Beteiligung an einem Unternehmen sowie Veränderungen in der Höhe der Beteiligung.

[2]Als unmittelbare Beteiligung im Sinne des Satzes 1 Nr. 2 gilt das Halten von mindestens 25 vom Hundert der Anteile am Kapital des Unternehmens.

(3a) [1]Eine Finanzholding-Gesellschaft hat der Aufsichtsbehörde und der Deutschen Bundesbank unverzüglich anzuzeigen:

1. die Absicht der Bestellung einer Person, die die Geschäfte der Finanzholding-Gesellschaft tatsächlich führen soll, unter Angabe der Tatsachen, die für die Beurteilung der Zuverlässigkeit, der fachlichen Eignung und der ausreichenden zeitlichen Verfügbarkeit für das Wahrnehmen seiner Aufgaben wesentlich sind, und den Vollzug einer solchen Absicht;
2. das Ausscheiden einer Person, die die Geschäfte der Finanzholding-Gesellschaft tatsächlich geführt hat;
3. Änderungen der Struktur der Finanzholding-Gruppe in der Weise, dass die Gruppe künftig branchenübergreifend tätig wird;
4. die Bestellung eines Mitglieds und stellvertretender Mitglieder des Verwaltungs oder Aufsichtsorgans unter Angabe der Tatsachen, die zur Beurteilung ihrer Zuverlässigkeit, Sachkunde und der ausreichenden zeitlichen Verfügbarkeit für die Wahrnehmung ihrer Aufgaben notwendig sind;
5. das Ausscheiden eines Mitglieds und stellvertretender Mitglieder des Verwaltungs- oder Aufsichtsorgans.

[2]Eine Finanzholding-Gesellschaft hat der Aufsichtsbehörde und der Deutschen Bundesbank ferner einmal jährlich eine Sammelanzeige der Institute, Kapitalverwaltungsgesellschaften, Finanzunternehmen, Anbieter von Nebendienstleistungen und Zahlungsinstitute im Sinne des Zahlungsdiensteaufsichtsgesetzes, die ihr nachgeordnete Unternehmen im Sinne des § 10a sind, einzureichen. [3]Die Aufsichtsbehörde übermittelt den zuständigen Stellen der anderen Staaten des Europäischen Wirtschaftsraums, der Europäischen Bankenaufsichtsbehörde und der Europäischen Kommission eine Aufstellung über die eingegangenen Sammelanzeigen nach Satz 2. [4]Die Begründung, die Veränderung oder die Aufgabe solcher Beteiligungen oder Unternehmensbeziehungen sind der Aufsichtsbehörde und der Deutschen Bundesbank unverzüglich anzuzeigen. [5]Für eine gemischte Finanzholding-Gesellschaft gelten Satz 1 Nummer 1 und 2 hinsichtlich der Personen, die die Geschäfte tatsächlich führen sollen und Satz 1 Nummer 4 und 5 hinsichtlich der Mitglieder des Verwaltungs- und Aufsichtsorgans dieser Gesellschaft sowie die Sätze 2 bis 4 entsprechend.

(3b) Die Bundesanstalt und die Deutsche Bundesbank können Instituten oder Arten oder Gruppen von Instituten zusätzliche Anzeige- und Meldepflichten auferlegen, insbesondere um vertieften Einblick in die Entwicklung der wirtschaftlichen Verhältnisse der Institute, deren Grundsätze einer ordnungsgemäßen Geschäftsführung und in die Fähigkeiten der Mitglieder der Organe des Instituts, zu erhalten, soweit dies zur Erfüllung der Aufgaben der Bundesanstalt und der Deutschen Bundesbank erforderlich ist.

(3c) [1]Soweit die Europäische Zentralbank Aufsichtsbehörde ist, sind die Anzeigen nach den Absätzen 1 bis 3a auch gegenüber der Bundesanstalt abzugeben. [2]Die Anzeigen gemäß Absatz 1 Nummer 1, 2, 15 und 15a sind nur gegenüber der Bundesanstalt und der Deutschen Bundesbank abzugeben. [3]Soweit es sich bei Anzeigen nach Absatz 1 Nummer 6 um eine Zweigniederlassung oder grenzüberschreitende Dienstleistung in einem nicht am einheitlichen Aufsichtsmechanismus teilnehmenden Mitgliedstaat handelt, sind die Anzeigen ebenfalls nur gegenüber der Bundesanstalt und der Deutschen Bundesbank abzugeben.

(3d) Ein Datenbereitstellungsdienst hat der Bundesanstalt unverzüglich anzuzeigen:

1. die Absicht der Bestellung eines Geschäftsleiters unter Angabe der Tatsachen, die für die Beurteilung der Zuverlässigkeit, der fachlichen Eignung und der ausreichenden zeitlichen Verfügbarkeit für die Wahrnehmung der jeweiligen Aufgaben wesentlich sind, sowie den Vollzug einer solchen Absicht;
2. das Ausscheiden eines Geschäftsleiters;
3. die Bestellung eines Mitglieds und stellvertretender Mitglieder des Verwaltungs- oder Aufsichtsorgans unter Angabe der Tatsachen, die zur Beurteilung ihrer Zuverlässigkeit, Sachkunde und der ausreichenden zeitlichen Verfügbarkeit für die Wahrnehmung ihrer Aufgaben notwendig sind;
4. das Ausscheiden eines Mitglieds und stellvertretender Mitglieder des Verwaltungs- oder Aufsichtsorgans.

(4) [1]Das Bundesministerium der Finanzen kann im Benehmen mit der Deutschen Bundesbank durch Rechtsverordnung nähere Bestimmungen über Art, Umfang, Zeitpunkt und Form der nach diesem Gesetz vorgesehenen Anzeigen und Vorlagen von Unterlagen, über die zulässigen Datenträger, Übertragungswege und Datenformate und über zu verwendende und anzuzeigende Zusatzinformationen zu den Hauptinformationen, etwa besondere Rechtsträgerkennungen sowie Angaben zu deren Aktualität oder Validität, erlassen und die bestehenden Anzeigepflichten durch die Verpflichtung zur Erstattung von Sammelanzeigen und die Einreichung von Sammelaufstellungen ergänzen, soweit dies zur Erfüllung der Aufgaben der Aufsichtsbehörde erforderlich ist, insbesondere um einheitliche Unterlagen zur Beurteilung der von den Instituten durchgeführten Bankgeschäfte und Finanzdienstleistungen zu erhalten. [2]In der Rechtsverordnung können ebenfalls nähere Bestimmungen für die Führung eines öffentlichen Registers durch die Bundesanstalt sowie über die Zugriffsmöglichkeiten auf Seiten dieses Registers und die Zuweisung von Verantwortung für die Richtigkeit und Aktualität der Seiten erlassen werden. [3]Es kann diese Ermächtigung durch Rechtsverordnung auf die Bundesanstalt mit der Maßgabe übertragen, daß Rechtsverordnungen der Bundesanstalt im Einvernehmen mit der Deutschen Bundesbank ergehen. [4]Vor Erlaß der Rechtsverordnung sind die Spitzenverbände der Institute anzuhören.

§ 24a Errichtung einer Zweigniederlassung und Erbringung grenzüberschreitender Dienstleistungen in anderen Staaten des Europäischen Wirtschaftsraums

(1) [1]Ein CRR-Kreditinstitut oder Wertpapierhandelsunternehmen, das die Absicht hat, in einem anderen Staat des Europäischen Wirtschaftsraums

1. eine Zweigniederlassung zu errichten oder
2. ohne dort eine Zweigniederlassung zu errichten, vertraglich gebundene Vermittler mit Sitz oder gewöhnlichem Aufenthalt in diesem Staat des Europäischen Wirtschaftsraums heranzuziehen,

hat dies der Aufsichtsbehörde und der Deutschen Bundesbank unverzüglich nach Maßgabe des Satzes 2 anzuzeigen. [2]Die Anzeige muß enthalten

1. die Angabe des Mitgliedstaats, in dem die Zweigstelle errichtet werden soll oder in dem ohne Errichtung einer Zweigniederlassung dort ansässige vertraglich gebundene Vermittler herangezogen werden sollen,
2. einen Geschäftsplan, aus dem die Art der geplanten Geschäfte, der organisatorische Aufbau der Zweigniederlassung und eine Absicht zur Heranziehung vertraglich gebundener Vermittler, hervorgehen sowie die Namen der vertraglich gebundenen Vermittler,

2a. soweit vertraglich gebundene Vermittler in einem anderen Staat des Europäischen Wirtschaftsraums ohne Errichtung einer Zweigniederlassung herangezogen werden sollen, eine Beschreibung des beabsichtigten Einsatzes der vertraglich gebundenen Vermittler und der Organisationsstruktur, einschließlich der Berichtswege, aus der hervorgeht, wie die vertraglich gebundenen Vermittler in die Unternehmensstruktur des Instituts eingebunden sind, sowie die Namen der vertraglich gebundenen Vermittler,

3. die Anschrift, unter der Unterlagen des Instituts im Aufnahmemitgliedstaat angefordert und Schriftstücke zugestellt werden können, und
4. die Angabe der Leiter der Zweigniederlassung.

(2) [1]Besteht kein Grund, die Angemessenheit der Organisationsstruktur und der Finanzlage des Instituts anzuzweifeln, so übermittelt die Aufsichtsbehörde die Angaben nach Absatz 1 Satz 2 innerhalb von drei Monaten nach Eingang der vollständigen Unterlagen den zuständigen Stellen des Aufnahmestaats und teilt dies dem anzeigenden Institut mit. [2]Sie unterrichtet die zuständigen Stellen des Aufnahmemitgliedstaates außerdem über die Höhe der Eigenmittel und die Angemessenheit der Eigenmittelausstattung sowie gegebenenfalls über die Einlagensicherungseinrichtung oder Anlegerentschädigungseinrichtung, der das Institut angehört, oder den gleichwertigen Schutz im Sinne des § 23a Absatz 1 Satz 1. [3]Leitet die Aufsichtsbehörde die Angaben nach Absatz 1 Satz 2 nicht an die zuständigen Stellen des Aufnahmemitgliedstaates weiter, teilt die Bundesanstalt dem Institut innerhalb von drei Monaten nach Eingang sämtlicher Angaben nach Absatz 1 Satz 2 die Gründe dafür mit. [4]Nach Weiterleitung der Anzeige an die zuständigen Stellen des Aufnahmemitgliedstaates kann das Institut nach einer entsprechenden Mitteilung dieser Stellen oder spätestens nach Ablauf einer Zweimonatsfrist seine Tätigkeit in dem anderen Staat aufnehmen.

(3) [1]Absatz 1 Satz 1 gilt entsprechend für die Absicht, im Wege des grenzüberschreitenden Dienstleistungsverkehrs in einem anderen Staat des Europäischen Wirtschaftsraums Bankgeschäfte zu betreiben, Finanzdienstleistungen im Sinne des § 1 Abs. 1a Satz 2 Nr. 1, 1a, 1c, 2 bis 4, 9 und 10 oder Satz 3 oder Tätigkeiten nach § 1 Abs. 3 Satz 1 Nr. 2 bis 8 zu erbringen, Handelsauskünfte oder Schließfachvermietungen anzubieten oder, im Falle von CRR-Kreditinstituten, Zahlungsdienste im Sinne des Zahlungsdiensteaufsichtsgesetzes zu erbringen. [2]Die Anzeige muss enthalten:

1. die Angabe des Staates, in dem die grenzüberschreitende Dienstleistung erbracht werden soll,
2. einen Geschäftsplan mit Angabe der beabsichtigten Tätigkeiten und
3. die Angabe, ob in diesem Staat vertraglich gebundene Vermittler, die ihren Sitz oder gewöhnlichen Aufenthalt im Inland haben, herangezogen werden sollen, sowie deren Namen.

[3]Besteht kein Grund, die Angemessenheit der Organisationsstruktur und der Finanzlage des Instituts anzuzweifeln, unterrichtet die Aufsichtsbehörde die zuständigen Stellen des Aufnahmemitgliedstaates innerhalb eines Monats nach Eingang der Anzeige. [4]Das Institut hat die Unterrichtung der zuständigen Stellen des Aufnahmemitgliedstaates inner-

halb dieser Frist abzuwarten, bevor es seine Tätigkeit in dem anderen Staat aufnimmt. [5]Andernfalls teilt die Aufsichtsbehörde dem Institut die Nichtunterrichtung und deren Gründe unverzüglich mit.

(3a) [1]Beabsichtigt der Betreiber eines multilateralen oder organisierten Handelssystems, Handelsteilnehmern in anderen Staaten einen unmittelbaren Zugang zu seinem Handelssystem zu gewähren und ihnen das Handeln an seinen Märkten zu ermöglichen, hat er dies der Bundesanstalt anzuzeigen, sofern es sich um die erstmalige Zugangsgewährung an einen Handelsteilnehmer in dem betreffenden Staat handelt. [2]Die Bundesanstalt unterrichtet die zuständigen Stellen des Aufnahmemitgliedstaates innerhalb eines Monats nach Eingang der Anzeige von dieser Absicht. [3]Der Betreiber hat der Bundesanstalt auf Anfrage die Namen der zugelassenen Handelsteilnehmer aus diesem Staat zu nennen. [4]Auf Ersuchen der zuständigen Stellen im Aufnahmemitgliedstaat teilt die Bundesanstalt innerhalb einer angemessenen Frist diese Angaben mit.

(3b) *(aufgehoben)*

(3c) [1]Auf ein Finanzdienstleistungsinstitut, das Factoring im Sinne des § 1 Absatz 1a Satz 2 Nummer 9 oder Finanzierungsleasing im Sinne des § 1 Absatz 1a Satz 2 Nummer 10 betreibt und die Absicht hat, für diese Tätigkeit eine Zweigniederlassung in einem anderen Staat des Europäischen Wirtschaftsraums zu errichten oder diese Tätigkeit im Wege des grenzüberschreitenden Dienstleistungsverkehrs in einem anderen Staat des Europäischen Wirtschaftsraums zu betreiben, sind die Absätze 1 bis 3 entsprechend anzuwenden, sofern die Voraussetzungen des § 53b Absatz 7 Satz 1 Nummer 1 bis 7 erfüllt sind. [2]Absatz 2 Satz 2 gilt mit der Maßgabe, dass die zuständige Stelle des Aufnahmemitgliedstaats über die Höhe und die Zusammensetzung der Eigenmittel des Finanzdienstleistungsinstituts und die nach Artikel 92 Absatz 3 und 4 der Verordnung (EU) Nr. 575/2013 errechneten Gesamtrisikobeträge von dessen Mutterkreditinstitut zu unterrichten ist.

(4) [1]Ändern sich die Verhältnisse, die nach Absatz 1 Satz 2 oder Absatz 3 Satz 2 angezeigt wurden, hat das Institut der Aufsichtsbehörde, der Deutschen Bundesbank und, sofern es sich um ein CRR-Kreditinstitut handelt, auch den zuständigen Stellen des Aufnahmemitgliedstaates diese Änderung mindestens einen Monat vor dem Wirksamwerden der Änderungen schriftlich anzuzeigen, damit die Aufsichtsbehörde eine Entscheidung nach Absatz 2 und die zuständigen Stellen des Aufnahmemitgliedstaates eine Entscheidung über eventuell erforderliche Bedingungen treffen können. [2]Die Aufsichtsbehörde teilt den zuständigen Stellen des Aufnahmemitgliedstaates die Änderungen nach Satz 1 mit, sofern sie Wertpapierhandelsunternehmen betreffen. [3]Die Anzeigepflicht nach Satz 1 gilt entsprechend für ein Institut, das seine Zweigniederlassung bereits vor dem Zeitpunkt, von dem an es unter die Anzeigepflicht nach Absatz 1 fällt, in einem anderen Staat des europäischen Wirtschaftsraums errichtet hat. [4]Änderungen der Verhältnisse der Einlagensicherungseinrichtung oder der Anlegerentschädigungseinrichtung oder des gleichwertigen Schutzes im Sinne des § 23a Absatz 1 Satz 1 hat das Institut, das eine Zweigniederlassung gemäß Absatz 1 errichtet hat, der Aufsichtsbehörde, der Deutschen Bundesbank und, sofern es sich um ein CRR-Kreditinstitut handelt, auch den zuständigen Stellen des Aufnahmemitgliedstaates mindestens einen Monat vor dem Wirksamwerden der Änderungen anzuzeigen. [5]Die Aufsichtsbehörde teilt den zuständigen Stellen des Aufnahmemitgliedstaates die Änderungen nach Satz 4 mit.

(4a) [1]Soweit die Europäische Zentralbank Aufsichtsbehörde ist, sind die Anzeigen nach den Absätzen 1, 3 und 4 auch gegenüber der Bundesanstalt abzugeben. [2]Soweit es sich bei dem Staat, in welchem die Zweigniederlassung errichtet oder die grenzüberschreitende Dienstleistung erbracht werden soll, um einen Mitgliedstaat der Europäischen Union handelt, sind die Anzeigen nur gegenüber der Bundesanstalt und der Deutschen Bundesbank abzugeben.

(5) Das Bundesministerium der Finanzen wird ermächtigt, durch Rechtsverordnung zu bestimmen, inwieweit die Absätze 1, 2 und 4 auf den Einsatz eines vertraglich gebundenen Vermittlers, der seinen Sitz oder seinen gewöhnlichen Aufenthalt in einem anderen Mitgliedstaat des Europäischen Wirtschaftsraums hat, entsprechend anzuwenden sind und daß die Absätze 2 und 4 für die Errichtung einer Zweigniederlassung in einem Drittstaat entsprechend gelten, soweit dies im Bereich des Niederlassungsrechts aufgrund von Abkommen der Europäischen Union mit Drittstaaten erforderlich ist.

§ 24b Teilnahme an Zahlungs- sowie Wertpapierliefer- und -abrechnungssystemen sowie interoperablen Systemen

(1) [1]Ein Institut hat die Absicht, ein System nach § 1 Abs. 16 *zu betreiben*, unverzüglich der Bundesanstalt und der Deutschen Bundesbank anzuzeigen und die Teilnehmer zu benennen. [2]Dies gilt auch für eine spätere Änderung des Teilnehmerkreises sowie für Vereinbarungen über den Betrieb interoperabler Systeme. [3]Die Deutsche Bundesbank teilt die ihr gemeldeten Systeme der Europäischen Wertpapier- und Marktaufsichtsbehörde mit, nachdem sie sich von der Zweckdienlichkeit der Regeln des Systems überzeugt hat. [4]Im Fall einer Vereinbarung über den Betrieb interoperabler Systeme prüft die Deutsche Bundesbank, ob die Regeln der beteiligten Systeme über den Zeitpunkt des Einbringens und der Unwiderruflichkeit von Aufträgen miteinander vereinbar sind.

(2) Das Institut hat demjenigen, der ein berechtigtes Interesse nachweisen kann, Auskunft über die Systeme im Sinne von Absatz 1, an denen es beteiligt ist, sowie über die wesentlichen Regeln für deren Funktionieren zu erteilen.

(3) [1]Ein Institut, das ein System nach § 1 Absatz 16 betreibt, hat unbeschadet der Titel III, IV und V der Verordnung (EU) Nr. 648/2012 CRR-Instituten mit Sitz in einem anderen Staat des Europäischen Wirtschaftsraums gleichberechtigend den Zugang zu dem System nach denselben transparenten und objektiven Kriterien zu gewähren, die für inländische Teilnehmer an diesem System gelten. [2]Davon unberührt bleibt das Recht des Instituts, den Zugang aus berechtigten gewerblichen Gründen zu verweigern.

(4) Das Bundesministerium der Finanzen wird ermächtigt, im Benehmen mit der Deutschen Bundesbank durch Rechtsverordnung die Einzelheiten der Anzeigepflicht und der Unterrichtung der Europäischen Wertpapier- und Marktaufsichtsbehörde nach Absatz 1, des Auskunftsanspruchs nach Absatz 2 sowie der Zugangsgewährung nach Absatz 3 zu bestimmen.

(5) Auf Systembetreiber, die nicht Institut sind, sind die Absätze 1 bis 4 entsprechend anzuwenden.

§ 24c Automatisierter Abruf von Kontoinformationen

(1) [1]Ein Kreditinstitut hat eine Datei zu führen, in der unverzüglich folgende Daten zu speichern sind:

1. die Nummer eines Kontos, das der Verpflichtung zur Legitimationsprüfung nach § 154 Absatz 2 Satz 1 der Abgabenordnung unterliegt, eines Depots oder eines Schließfachs sowie der Tag der Eröffnung und der Tag der Beendigung oder Auflösung,
2. der Name, sowie bei natürlichen Personen der Tag der Geburt, des Inhabers und eines Verfügungsberechtigten sowie in den Fällen des § 10 Absatz 1 Nummer 2 des Geldwäschegesetzes der Name und, soweit erhoben, die Anschrift eines abweichend wirtschaftlich Berechtigten im Sinne des § 3 des Geldwäschegesetzes.

²Bei jeder Änderung einer Angabe nach Satz 1 ist unverzüglich ein neuer Datensatz anzulegen. ³Die Daten sind nach Ablauf von zehn Jahren nach der Auflösung des Kontos oder Depots zu löschen. ⁴Im Falle des Satzes 2 ist der alte Datensatz nach Ablauf von drei Jahren nach Anlegung des neuen Datensatzes zu löschen. ⁵Das Kreditinstitut hat zu gewährleisten, dass die Bundesanstalt jederzeit Daten aus der Datei nach Satz 1 in einem von ihr bestimmten Verfahren automatisiert abrufen kann. ⁶Es hat durch technische und organisatorische Maßnahmen sicherzustellen, dass ihm Abrufe nicht zur Kenntnis gelangen.

(2) ¹Die Bundesanstalt darf einzelne Daten aus der Datei nach Absatz 1 Satz 1 abrufen, soweit dies zur Erfüllung ihrer aufsichtlichen Aufgaben nach diesem Gesetz oder dem Geldwäschegesetz, insbesondere im Hinblick auf unerlaubte Bankgeschäfte oder Finanzdienstleistungen oder den Missbrauch der Institute durch Geldwäsche, Terrorismusfinanzierung oder sonstige strafbare Handlungen, die zu einer Gefährdung des Vermögens der Institute führen können, erforderlich ist und besondere Eilbedürftigkeit im Einzelfall vorliegt. ²Die Zentralstelle für Finanztransaktionsuntersuchungen darf zur Erfüllung ihrer Aufgaben nach dem Geldwäschegesetz gleichermaßen einzelne Daten aus der Datei nach Absatz 1 Satz 1 abrufen.

(3) ¹Die Bundesanstalt erteilt auf Ersuchen Auskunft aus der Datei nach Absatz 1 Satz 1

1. den Aufsichtsbehörden gemäß § 9 Abs. 1 Satz 4 Nr. 2, soweit dies zur Erfüllung ihrer aufsichtlichen Aufgaben unter den Voraussetzungen des Absatzes 2 erforderlich ist,
2. den für die Leistung der internationalen Rechtshilfe in Strafsachen sowie im Übrigen für die Verfolgung und Ahndung von Straftaten zuständigen Behörden oder Gerichten, soweit dies für die Erfüllung ihrer gesetzlichen Aufgaben erforderlich ist,
3. der für die Beschränkungen des Kapital- und Zahlungsverkehrs nach dem Außenwirtschaftsgesetz zuständigen nationalen Behörde, soweit dies für die Erfüllung ihrer sich aus dem Außenwirtschaftsgesetz oder Rechtsakten der Europäischen Union im Zusammenhang mit der Einschränkung von Wirtschafts- oder Finanzbeziehungen ergebenden Aufgaben erforderlich ist.

²Die Bundesanstalt hat die in den Dateien gespeicherten Daten im automatisierten Verfahren abzurufen und sie an die ersuchende Stelle weiter zu übermitteln. ³Die Bundesanstalt prüft die Zulässigkeit der Übermittlung nur, soweit hierzu besonderer Anlass besteht. ⁴Die Verantwortung für die Zulässigkeit der Übermittlung trägt die ersuchende Stelle. ⁵Die Bundesanstalt darf zu den in Satz 1 genannten Zwecken ausländischen Stellen Auskunft aus der Datei nach Absatz 1 Satz 1 nach Maßgabe des § 4b des Bundesdatenschutzgesetzes erteilen. ⁶§ 9 Abs. 1 Satz 5, 6 und Abs. 2 gilt entsprechend. ⁷Die Regelungen über die internationale Rechtshilfe in Strafsachen bleiben unberührt.

(4) ¹Die Bundesanstalt protokolliert für Zwecke der Datenschutzkontrolle durch die jeweils zuständige Stelle bei jedem Abruf den Zeitpunkt, die bei der Durchführung des Abrufs verwendeten Daten, die abgerufenen Daten, die Person, die den Abruf durchgeführt hat, das Aktenzeichen sowie bei Abrufen auf Ersuchen die ersuchende Stelle und deren Aktenzeichen. ²Eine Verwendung der Protokolldaten für andere Zwecke ist unzulässig. ³Die Protokolldaten sind mindestens 18 Monate aufzubewahren und spätestens nach zwei Jahren zu löschen.

(5) ¹Das Kreditinstitut hat in seinem Verantwortungsbereich auf seine Kosten alle Vorkehrungen zu treffen, die für den automatisierten Abruf erforderlich sind. ²Dazu gehören auch, jeweils nach den Vorgaben der Bundesanstalt, die Anschaffung der zur Sicherstellung der Vertraulichkeit und des Schutzes vor unberechtigten Zugriffen erforderlichen Geräte, die Einrichtung eines geeigneten Telekommunikationsanschlusses

und die Teilnahme an dem geschlossenen Benutzersystem sowie die laufende Bereitstellung dieser Vorkehrungen.

(6) [1]Das Kreditinstitut und die Bundesanstalt haben dem jeweiligen Stand der Technik entsprechende Maßnahmen zur Sicherstellung von Datenschutz und Datensicherheit zu treffen, die insbesondere die Vertraulichkeit und Unversehrtheit der abgerufenen und weiter übermittelten Daten gewährleisten. [2]Den Stand der Technik stellt die Bundesanstalt im Benehmen mit dem Bundesamt für Sicherheit in der Informationstechnik in einem von ihr bestimmten Verfahren fest.

(7) [1]Das Bundesministerium der Finanzen kann durch Rechtsverordnung Ausnahmen von der Verpflichtung zur Übermittlung im automatisierten Verfahren zulassen. [2]Es kann die Ermächtigung durch Rechtsverordnung auf die Bundesanstalt übertragen.

(8) Soweit die Deutsche Bundesbank Konten und Depots für Dritte führt, gilt sie als Kreditinstitut nach den Absätzen 1, 5 und 6.

§ 25[1)] Finanzinformationen, Informationen zur Risikotragfähigkeit; Verordnungsermächtigung

(1) [1]Ein Institut hat unverzüglich nach Ablauf eines jeden Quartals der Deutschen Bundesbank Informationen zu seiner finanziellen Situation (Finanzinformationen) einzureichen. [2]Ein Kreditinstitut hat außerdem unverzüglich einmal jährlich zu einem von der Bundesanstalt festgelegten Stichtag der Deutschen Bundesbank Informationen zu seiner Risikotragfähigkeit nach § 25a Absatz 1 Satz 3 und zu den Verfahren nach § 25a Absatz 1 Satz 3 Nummer 2 (Risikotragfähigkeitsinformationen) einzureichen. [3]Die Bundesanstalt kann den Berichtszeitraum nach den Sätzen 1 und 2 für ein Institut verkürzen, soweit dies zur Erfüllung der Aufgaben der Bundesanstalt erforderlich ist. [4]Die Deutsche Bundesbank leitet die Angaben nach den Sätzen 1 und 2 an die Bundesanstalt mit ihrer Stellungnahme weiter; diese kann auf die Weiterleitung bestimmter Angaben nach den Sätzen 1 und 2 verzichten.

(2) [1]Ein übergeordnetes Unternehmen im Sinne des § 10a hat außerdem unverzüglich nach Ablauf eines jeden Quartals der Deutschen Bundesbank Finanzinformationen auf zusammengefasster Basis einzureichen. [2]Ein übergeordnetes Unternehmen im Sinne des § 10a hat, sofern der Gruppe im Sinne des § 10a Absatz 1 ein Kreditinstitut mit Sitz im Inland angehört, außerdem unverzüglich einmal jährlich zu einem von der Bundesanstalt festgelegten Stichtag der Deutschen Bundesbank Risikotragfähigkeitsinformationen der Gruppe zusammengefasster Ebene einzureichen. [3]Die Bundesanstalt kann den Berichtszeitraum nach den Sätzen 1 und 2 für ein übergeordnetes Unternehmen verkürzen, soweit dies zur Erfüllung der Aufgaben der Bundesanstalt erforderlich ist. [4]Absatz 1 Satz 4 und § 10a Absatz 4 und 5 über das Verfahren der Zusammenfassung, § 10a Absatz 10 über die Unterkonsolidierung von Tochtergesellschaften in Drittstaaten und Artikel 11 Absatz 1 der Verordnung (EU) Nr. 575/2013 über die Informationspflicht gelten für die Angaben nach den Sätzen 1 und 2 entsprechend. [5]Für die Angaben nach Satz 2 gilt zudem § 25a Absatz 3 entsprechend.

(3) [1]Das Bundesministerium der Finanzen kann im Benehmen mit der Deutschen Bundesbank durch Rechtsverordnung, die nicht der Zustimmung des Bundesrates bedarf, nähere Bestimmungen über Art und Umfang und über die zulässigen Datenträger, Übertragungswege und Datenformate der Finanzinformationen und der Risikotragfähigkeitsinformationen, insbesondere um Einblick in die Entwicklung der Vermögens- und Ertragslage der Institute sowie die Entwicklung der Risikolage und die Verfahren der Risikosteuerung der Kreditinstitute zu erhalten, über weitere Angaben, sowie eine Ver-

1) Zur erstmaligen Anwendung siehe § 64r.

kürzung des Berichtszeitraums nach Absatz 1 Satz 3 oder Absatz 2 Satz 3 für bestimmte Arten oder Gruppen von Instituten erlassen, soweit dies zur Erfüllung der Aufgaben der Bundesanstalt erforderlich ist. ²Die Angaben können sich auch auf nachgeordnete Unternehmen im Sinne des § 10a sowie auf Tochterunternehmen mit Sitz im Inland oder Ausland, die nicht in die Beaufsichtigung auf zusammengefaßter Basis einbezogen sind, sowie auf gemischte Holdinggesellschaften mit nachgeordneten Instituten beziehen; die gemischten Holdinggesellschaften haben den Instituten die erforderlichen Angaben zu übermitteln. ³Das Bundesministerium der Finanzen kann die Ermächtigung zum Erlaß einer Rechtsverordnung durch Rechtsverordnung auf die Bundesanstalt mit der Maßgabe übertragen, daß die Rechtsverordnung im Einvernehmen mit der Deutschen Bundesbank ergeht.

§ 25a [1)2)] Besondere organisatorische Pflichten, Bestimmungen für Risikoträger; Verordnungsermächtigung

(1) ¹Ein Institut muss über eine ordnungsgemäße Geschäftsorganisation verfügen, die die Einhaltung der vom Institut zu beachtenden gesetzlichen Bestimmungen und der betriebswirtschaftlichen Notwendigkeiten gewährleistet. ²Die Geschäftsleiter sind für die ordnungsgemäße Geschäftsorganisation des Instituts verantwortlich; sie haben die erforderlichen Maßnahmen für die Ausarbeitung der entsprechenden institutsinternen Vorgaben zu ergreifen, sofern nicht das Verwaltungs- oder Aufsichtsorgan entscheidet. ³Eine ordnungsgemäße Geschäftsorganisation muss insbesondere ein angemessenes und wirksames Risikomanagement umfassen, auf dessen Basis ein Institut die Risikotragfähigkeit laufend sicherzustellen hat; das Risikomanagement umfasst insbesondere

1. die Festlegung von Strategien, insbesondere die Festlegung einer auf die nachhaltige Entwicklung des Instituts gerichteten Geschäftsstrategie und einer damit konsistenten Risikostrategie, sowie die Einrichtung von Prozessen zur Planung, Umsetzung, Beurteilung und Anpassung der Strategien;
2. Verfahren zur Ermittlung und Sicherstellung der Risikotragfähigkeit, wobei eine vorsichtige Ermittlung der Risiken und des zu ihrer Abdeckung verfügbaren Risikodeckungspotenzials zugrunde zu legen ist;
3. die Einrichtung interner Kontrollverfahren mit einem internen Kontrollsystem und einer Internen Revision, wobei das interne Kontrollsystem insbesondere
   a) aufbau- und ablauforganisatorische Regelungen mit klarer Abgrenzung der Verantwortungsbereiche,
   b) Prozesse zur Identifizierung, Beurteilung, Steuerung sowie Überwachung und Kommunikation der Risiken entsprechend den in Titel VII Kapitel 2 Abschnitt 2 Unterabschnitt II der Richtlinie 2013/36/EU niedergelegten Kriterien und
   c) eine Risikocontrolling-Funktion und eine Compliance-Funktion umfasst;
4. eine angemessene personelle und technischorganisatorische Ausstattung des Instituts;
5. die Festlegung eines angemessenen Notfallkonzepts, insbesondere für IT-Systeme, und
6. angemessene, transparente und auf eine nachhaltige Entwicklung des Instituts ausgerichtete Vergütungssysteme für Geschäftsleiter und Mitarbeiter unter Berücksichtigung von Absatz 5; dies gilt mit Ausnahme der Pflicht zur Offenlegung vergütungsbezogener Informationen nicht, soweit die Vergütung durch Tarifvertrag

---

1) § 25a geändert durch Gesetz vom 25.3.2019 (BGBl. I S. 357); s. dazu § 64m Abs. 1.
2) § 25a Abs. 1 geändert durch Gesetz vom 8.7.2019 (BGBl. I S. 1002).

oder in seinem Geltungsbereich durch Vereinbarung der Arbeitsvertragsparteien über die Anwendung der tarifvertraglichen Regelungen oder auf Grund eines Tarifvertrags in einer Betriebs- oder Dienstvereinbarung vereinbart ist.

[4]Die Ausgestaltung des Risikomanagements hängt von Art, Umfang, Komplexität und Risikogehalt der Geschäftstätigkeit ab. [5]Seine Angemessenheit und Wirksamkeit ist vom Institut regelmäßig zu überprüfen. [6]Eine ordnungsgemäße Geschäftsorganisation umfasst darüber hinaus

1. angemessene Regelungen, anhand derer sich die finanzielle Lage des Instituts jederzeit mit hinreichender Genauigkeit bestimmen lässt;
2. eine vollständige Dokumentation der Geschäftstätigkeit, die eine lückenlose Überwachung durch die Bundesanstalt für ihren Zuständigkeitsbereich gewährleistet; erforderliche Aufzeichnungen sind mindestens fünf Jahre aufzubewahren; § 257 Absatz 4 des Handelsgesetzbuchs bleibt unberührt, § 257 Absatz 3 und 5 des Handelsgesetzbuchs gilt entsprechend;
3. einen Prozess, der es den Mitarbeitern unter Wahrung der Vertraulichkeit ihrer Identität ermöglicht, Verstöße gegen die Verordnung (EU) Nr. 575/2013, die Verordnung (EU) Nr. 596/2014 des Europäischen Parlaments und des Rates vom 16. April 2014 über Marktmissbrauch (Marktmissbrauchsverordnung) und zur Aufhebung der Richtlinie 2003/6/EG des Europäischen Parlaments und des Rates und der Richtlinien 2003/124/EG, 2003/125/EG und 2004/72/EG der Kommission (ABl. L 173 vom 12.6.2014, S. 1), die zuletzt durch die Verordnung (EU) 2016/1033 (ABl. L 175 vom 30.6.2016, S. 1; L 287 vom 21.10.2016, S. 320; L 306 vom 15.11.2016, S. 43; L 348 vom 21.12.2016, S. 83) geändert worden ist, die Verordnung (EU) Nr. 600/2014, die Verordnung (EU) Nr. 1286/2014 oder die Verordnung (EU) 2017/1129 des Europäischen Parlaments und des Rates vom 14. Juni 2017 über den Prospekt, der beim öffentlichen Angebot von Wertpapieren oder bei deren Zulassung zum Handel an einem geregelten Markt zu veröffentlichen ist und zur Aufhebung der Richtlinie 2003/71/EG (ABl. L 168 vom 30.6.2017, S. 12) oder gegen dieses Gesetz oder gegen die auf Grund dieses Gesetzes erlassenen Rechtsverordnungen oder gegen das Wertpapierhandelsgesetz oder gegen die auf Grund des Wertpapierhandelsgesetzes erlassenen Rechtsverordnungen sowie etwaige strafbare Handlungen innerhalb des Unternehmens an geeignete Stellen zu berichten.

(2) [1]Die Bundesanstalt kann Vorgaben zur Ausgestaltung einer plötzlichen und unerwarteten Zinsänderung und zur Ermittlungsmethodik der Auswirkungen auf den Barwert bezüglich der Zinsänderungsrisiken aus den nicht unter das Handelsbuch fallenden Geschäften festlegen. [2]Die Bundesanstalt kann gegenüber einem Institut im Einzelfall Anordnungen treffen, die geeignet und erforderlich sind, die ordnungsgemäße Geschäftsorganisation im Sinne des Absatzes 1 Satz 3 und 6 sowie die Beachtung der Vorgaben nach Satz 1 sicherzustellen.

(3) [1]Die Absätze 1 und 2 gelten für Institutsgruppen, Finanzholding-Gruppen und gemischte Finanzholding-Gruppen sowie Unterkonsolidierungsgruppen nach Artikel 22 der Verordnung (EU) Nr. 575/2013 mit der Maßgabe entsprechend, dass die Geschäftsleiter des übergeordneten oder zur Unterkonsolidierung verpflichteten Unternehmens für die ordnungsgemäße Geschäftsorganisation der Institutsgruppe, Finanzholding-Gruppe, gemischten Finanzholding-Gruppe oder der Unterkonsolidierungsgruppe verantwortlich sind. [2]Zu einer Gruppe im Sinne von Satz 1 gehören auch Tochterunternehmen eines übergeordneten Unternehmens oder nachgeordneten Tochterunternehmens einer Institutsgruppe, Finanzholding-Gruppe oder gemischten Finanzholding-Gruppe, auf die weder die Verordnung (EU) Nr. 575/2013 noch § 1a zur Anwendung kommt. [3]Die sich aus der Einbeziehung in das Risikomanagement auf Gruppenebene ergebenden Pflichten

müssen von Tochterunternehmen der Gruppe mit Sitz in einem Drittstaat nur insoweit beachtet werden, als diese Pflichten nicht dem geltenden Recht im Herkunftsstaat des Tochterunternehmens entgegenstehen.

(4) [1]Das Bundesministerium der Finanzen wird ermächtigt, durch Rechtsverordnung, die nicht der Zustimmung des Bundesrates bedarf, im Einvernehmen mit der Deutschen Bundesbank und nach Anhörung der Europäischen Zentralbank nähere Bestimmungen über die Ausgestaltung eines angemessenen und wirksamen Risikomanagements auf Einzelinstituts- und Gruppenebene gemäß Absatz 1 Satz 3 Nummer 1 bis 5 und Absatz 3 und der jeweils zugehörigen Tätigkeiten und Prozesse zu erlassen. [2]Vor Erlass der Rechtsverordnung sind die Spitzenverbände der Institute zu hören.

(5) [1]Die Institute haben angemessene Verhältnisse zwischen der variablen und fixen jährlichen Vergütung für Mitarbeiter und Geschäftsleiter festzulegen. [2]Dabei darf die variable Vergütung vorbehaltlich eines Beschlusses nach Satz 5 jeweils 100 Prozent der fixen Vergütung für jeden einzelnen Mitarbeiter oder Geschäftsleiter nicht überschreiten. [3]Hierbei kann für bis zu 25 Prozent der variablen Vergütung der zukünftige Wert auf den Zeitpunkt der Mitteilung an die jeweiligen Mitarbeiter oder Geschäftsleiter über die Höhe der variablen Vergütung für einen Bemessungszeitraum abgezinst werden, wenn dieser Teil der variablen Vergütung in Instrumenten gezahlt wird, die für die Dauer von mindestens fünf Jahren nach dieser Mitteilung zurückbehalten werden. [4]Bei der Zurückbehaltung dürfen ein Anspruch und eine Anwartschaft auf diesen Teil der variablen Vergütung erst nach Ablauf des Zurückbehaltungszeitraums erwachsen und während des Zurückbehaltungszeitraums lediglich ein Anspruch auf fehlerfreie Ermittlung des noch nicht zu einer Anwartschaft oder einem Anspruch erwachsenen Teils dieses Teils der variablen Vergütung bestehen, nicht aber auf diesen Teil der variablen Vergütung selbst. [5]Die Anteilseigner, die Eigentümer, die Mitglieder oder die Träger des Instituts können über die Billigung einer höheren variablen Vergütung als nach Satz 2, die 200 Prozent der fixen Vergütung für jeden einzelnen Mitarbeiter oder Geschäftsleiter nicht überschreiten darf, beschließen. [6]Zur Billigung einer höheren variablen Vergütung als nach Satz 2 für Mitarbeiter haben die Geschäftsleitung und das Verwaltungs- oder Aufsichtsorgan, zur Billigung einer höheren variablen Vergütung als nach Satz 2 für Geschäftsleiter nur das Verwaltungs- oder Aufsichtsorgan, einen Vorschlag zur Beschlussfassung zu machen; der Vorschlag hat die Gründe für die erbetene Billigung einer höheren variablen Vergütung als nach Satz 2 und deren Umfang, einschließlich der Anzahl der betroffenen Mitarbeiter und Geschäftsleiter sowie ihrer Funktionen, und den erwarteten Einfluss einer höheren variablen Vergütung als nach Satz 2 auf die Anforderung, eine angemessene Eigenmittelausstattung vorzuhalten, darzulegen. [7]Der Beschlussvorschlag ist so rechtzeitig vor der Beschlussfassung bekannt zu machen, dass sich die Anteilseigner, die Eigentümer, die Mitglieder oder die Träger des Instituts angemessen informieren können; üben die Anteilseigner, die Eigentümer, die Mitglieder oder die Träger ihre Rechte in einer Versammlung aus, ist der Beschlussvorschlag mit der Einberufung der Versammlung bekannt zu machen. [8]Der Beschluss bedarf einer Mehrheit von mindestens 66 Prozent der abgegebenen Stimmen, sofern mindestens 50 Prozent der Stimmrechte bei der Beschlussfassung vertreten sind, oder von mindestens 75 Prozent der abgegebenen Stimmen. [9]Anteilseigner, Eigentümer, Mitglieder oder Träger die als Mitarbeiter oder Geschäftsleiter von einer höheren variablen Vergütung als nach Satz 2 betroffen wären, dürfen ihr Stimmrecht weder unmittelbar noch mittelbar ausüben.

(5a) [1]Auf Risikoträger und Risikoträgerinnen bedeutender Institute, deren jährliche fixe Vergütung das Dreifache der Beitragsbemessungsgrenze in der allgemeinen Rentenversicherung im Sinne des § 159 des Sechsten Buches Sozialgesetzbuch überschreitet und die keine Geschäftsführer, Betriebsleiter und ähnliche leitende Angestellte sind, die zur selbständigen Einstellung oder Entlassung von Arbeitnehmern berechtigt sind, findet

§ 9 Absatz 1 Satz 2 des Kündigungsschutzgesetzes mit der Maßgabe Anwendung, dass der Antrag des Arbeitgebers auf Auflösung des Arbeitsverhältnisses keiner Begründung bedarf. [2]§ 14 Absatz 1 des Kündigungsschutzgesetzes bleibt unberührt.

(5b) [1]Ein bedeutendes Institut hat auf der Grundlage einer Risikoanalyse eigenverantwortlich die Risikoträger und Risikoträgerinnen zu ermitteln. [2]Dabei sind immer mindestens die Kriterien gemäß den Artikeln 3 und 4 der Delegierten Verordnung (EU) Nr. 604/2014 der Kommission vom 4. März 2014 zur Ergänzung der Richtlinie 2013/36/EU des Europäischen Parlaments und des Rates im Hinblick auf technische Regulierungsstandards in Bezug auf qualitative und angemessene quantitative Kriterien zur Ermittlung der Mitarbeiterkategorien, deren berufliche Tätigkeit sich wesentlich auf das Risikoprofil eines Instituts auswirkt (ABl. L 167 vom 6.6.2014, S. 30), die durch die Delegierte Verordnung (EU) 2016/861 vom 18. Februar 2016 (ABl. L 144 vom 1.6.2016, S. 21) geändert worden ist, zugrunde zu legen. [3]Das Institut teilt den betroffenen Mitarbeitern und Mitarbeiterinnen die Einstufung als Risikoträger mit. [4]Die Risikoanalyse ist schriftlich oder elektronisch zu dokumentieren und regelmäßig zu aktualisieren. [5]Ausnahmen gemäß Artikel 4 Absatz 2 der Delegierten Verordnung (EU) Nr. 604/2014 bedürfen der Zustimmung der Geschäftsleitung und der Kenntnisnahme durch das Verwaltungs- oder Aufsichtsorgan.

(5c) Die nach Artikel 4 Absatz 5 Satz 1 der Delegierten Verordnung (EU) Nr. 604/2014 an die Aufsichtsbehörde zu stellenden Anträge sind unverzüglich, spätestens jedoch sechs Monate nach Ablauf des Geschäftsjahres, zu stellen.

(6) [1]Das Bundesministerium der Finanzen wird ermächtigt, durch Rechtsverordnung, die nicht der Zustimmung des Bundesrates bedarf, im Benehmen mit der Deutschen Bundesbank nähere Bestimmungen zu erlassen über

1. die Ausgestaltung der Vergütungssysteme nach Absatz 1 Satz 3 Nummer 6 einschließlich der Ausgestaltung
   a) der Entscheidungsprozesse und Verantwortlichkeiten,
   b) des Verhältnisses der variablen zur fixen Vergütung und der Vergütungsinstrumente für die variable Vergütung,
   c) positiver und negativer Vergütungsparameter, der Leistungszeiträume, Zurückbehaltungszeiträume und Rückforderungszeiträume einschließlich der Voraussetzungen und Parameter für einen vollständigen Verlust oder eine teilweise Reduzierung oder eine vollständige oder teilweise Rückforderung der variablen Vergütung sowie

   der Berücksichtigung der institutsspezifischen und gruppenweiten Geschäfts- und Vergütungsstrategie einschließlich deren Anwendung und Umsetzung in gruppenangehörigen Unternehmen, der Ziele, der Werte und der langfristigen Interessen des Instituts,
2. die Voraussetzungen und das Verfahren bei Billigung eines höheren Verhältnisses zwischen der variablen und fixen jährlichen Vergütung nach Absatz 5 Satz 2 bis 9,

2a. die Berechnung des Verhältnisses der variablen zur fixen Vergütung nach Absatz 5 Satz 2 bis 5, insbesondere über die Diskontierungsfaktoren zur Ermittlung des zugrunde zu legenden Barwerts der variablen Vergütung,

3. die Überwachung der Angemessenheit und der Transparenz der Vergütungssysteme durch das Institut und die Weiterentwicklung der Vergütungssysteme, auch unter Einbeziehung des Vergütungskontrollausschusses und eines Vergütungsbeauftragten,
4. die Offenlegung der Ausgestaltung der Vergütungssysteme und der Zusammensetzung der Vergütung einschließlich des Gesamtbetrags der garantierten Bonuszah-

lungen und der einzelvertraglichen Abfindungszahlungen unter Angabe der höchsten geleisteten Abfindung und der Anzahl der Begünstigten, soweit nicht von Artikel 450 der Verordnung (EU) Nr. 575/2013 erfasst, das Offenlegungsmedium und die Häufigkeit der Offenlegung,

5. die Ausgestaltung der Offenlegung gemäß Artikel 450 der Verordnung (EU) Nr. 575/2013 sowie
6. die vollständige oder teilweise Herausnahme von Instituten, die keine CRR-Institute sind, aus dem Anwendungsbereich der Rechtsverordnung.

[2]Die Regelungen haben sich insbesondere an Größe und Vergütungsstruktur des Instituts sowie Art, Umfang, Komplexität, Risikogehalt und Internationalität der Geschäftsaktivitäten zu orientieren. [3]Im Rahmen der Bestimmungen nach Satz 1 Nummer 4 müssen die auf Offenlegung der Vergütung bezogenen handelsrechtlichen Bestimmungen nach § 340a Absatz 1 und 2 in Verbindung mit § 340l Absatz 1 Satz 1 des Handelsgesetzbuchs unberührt bleiben. [4]Das Bundesministerium der Finanzen kann die Ermächtigung durch Rechtsverordnung auf die Bundesanstalt mit der Maßgabe übertragen, dass die Rechtsverordnung im Einvernehmen mit der Deutschen Bundesbank ergeht. [5]Vor Erlass der Rechtsverordnung sind die Spitzenverbände der Institute zu hören.

§ 25b Auslagerung von Aktivitäten und Prozessen; Verordnungsermächtigung

(1) [1]Ein Institut muss abhängig von Art, Umfang, Komplexität und Risikogehalt einer Auslagerung von Aktivitäten und Prozessen auf ein anderes Unternehmen, die für die Durchführung von Bankgeschäften, Finanzdienstleistungen oder sonstigen institutstypischen Dienstleistungen wesentlich sind, angemessene Vorkehrungen treffen, um übermäßige zusätzliche Risiken zu vermeiden. [2]Eine Auslagerung darf weder die Ordnungsmäßigkeit dieser Geschäfte und Dienstleistungen noch die Geschäftsorganisation im Sinne des § 25a Absatz 1 beeinträchtigen. [3]Insbesondere muss ein angemessenes und wirksames Risikomanagement durch das Institut gewährleistet bleiben, das die ausgelagerten Aktivitäten und Prozesse einbezieht.

(2) [1]Die Auslagerung darf nicht zu einer Übertragung der Verantwortung der Geschäftsleiter an das Auslagerungsunternehmen führen. [2]Das Institut bleibt bei einer Auslagerung für die Einhaltung der vom Institut zu beachtenden gesetzlichen Bestimmungen verantwortlich.

(3) [1]Durch die Auslagerung darf die Bundesanstalt an der Wahrnehmung ihrer Aufgaben nicht gehindert werden; ihre Auskunfts- und Prüfungsrechte sowie Kontrollmöglichkeiten müssen in Bezug auf die ausgelagerten Aktivitäten und Prozesse auch bei einer Auslagerung auf ein Unternehmen mit Sitz in einem Staat des Europäischen Wirtschaftsraums oder einem Drittstaat durch geeignete Vorkehrungen gewährleistet werden. [2]Entsprechendes gilt für die Wahrnehmung der Aufgaben der Prüfer des Instituts. [3]Eine Auslagerung bedarf einer schriftlichen Vereinbarung, die die zur Einhaltung der vorstehenden Voraussetzungen erforderlichen Rechte des Instituts, einschließlich Weisungs- und Kündigungsrechten, sowie die korrespondierenden Pflichten des Auslagerungsunternehmens festlegt.

(4) [1]Sind bei Auslagerungen die Prüfungsrechte und Kontrollmöglichkeiten der Bundesanstalt beeinträchtigt, kann die Bundesanstalt im Einzelfall Anordnungen treffen, die geeignet und erforderlich sind, diese Beeinträchtigung zu beseitigen. [2]Die Befugnisse der Bundesanstalt nach § 25a Absatz 2 Satz 2 bleiben unberührt.

(5) [1]Das Bundesministerium der Finanzen wird ermächtigt, durch Rechtsverordnung, die nicht der Zustimmung des Bundesrates bedarf, im Benehmen mit der Deutschen Bundesbank nähere Bestimmungen zu erlassen über

1. das Vorliegen einer Auslagerung,
2. die bei einer Auslagerung zu treffenden Vorkehrungen zur Vermeidung übermäßiger zusätzlicher Risiken,
3. die Grenzen der Auslagerbarkeit,
4. die Einbeziehung der ausgelagerten Aktivitäten und Prozesse in das Risikomanagement sowie
5. die Ausgestaltung der Auslagerungsverträge.

[2]Das Bundesministerium der Finanzen kann die Ermächtigung durch Rechtsverordnung auf die Bundesanstalt mit der Maßgabe übertragen, dass die Rechtsverordnung im Einvernehmen mit der Deutschen Bundesbank ergeht. [3]Vor Erlass der Rechtsverordnung sind die Spitzenverbände der Institute zu hören.

§ 25c Geschäftsleiter

(1) [1]Die Geschäftsleiter eines Instituts müssen für die Leitung eines Instituts fachlich geeignet und zuverlässig sein und der Wahrnehmung ihrer Aufgaben ausreichend Zeit widmen. [2]Die fachliche Eignung setzt voraus, dass die Geschäftsleiter in ausreichendem Maß theoretische und praktische Kenntnisse in den betreffenden Geschäften sowie Leitungserfahrung haben. [3]Das Vorliegen der fachlichen Eignung ist regelmäßig anzunehmen, wenn eine dreijährige leitende Tätigkeit bei einem Institut von vergleichbarer Größe und Geschäftsart nachgewiesen wird.

(2) [1]Bei der Zahl der Leitungs- oder Aufsichtsmandate, die ein Geschäftsleiter gleichzeitig innehaben kann, sind der Einzelfall und die Art, der Umfang und die Komplexität der Geschäfte des Instituts zu berücksichtigen. [2]Geschäftsleiter eines CRR-Instituts, das von erheblicher Bedeutung im Sinne des Satzes 6 ist kann nicht sein,

1. wer in demselben Unternehmen Mitglied des Verwaltungs- oder Aufsichtsorgans ist oder
2. wer in einem anderen Unternehmen Geschäftsleiter ist oder bereits in mehr als zwei Unternehmen Mitglied des Verwaltungs- oder Aufsichtsorgans ist.

[3]Dabei gelten im Sinne von Satz 2 Nummer 2 mehrere Mandate als ein Mandat, wenn die Mandate bei Unternehmen wahrgenommen werden,

1. die derselben Institutsgruppe, Finanzholding-Gruppe, gemischten Finanzholding-Gruppe oder gemischten Holding-Gruppe angehören,
2. die demselben institutsbezogenen Sicherungssystem angehören oder
3. an denen das Institut eine bedeutende Beteiligung hält.

[4]Mandate bei Organisationen und Unternehmen, die nicht überwiegend gewerbliche Ziele verfolgen, insbesondere Unternehmen, die der kommunalen Daseinsvorsorge dienen, werden bei den nach Satz 1 Nummer 2 höchstens zulässigen Mandaten nicht berücksichtigt. [5]Die Aufsichtsbehörde kann einem Geschäftsleiter unter Berücksichtigung der Umstände im Einzelfall und der Art, des Umfangs und der Komplexität der Tätigkeiten des Instituts, der Institutsgruppe, der Finanzholding-Gruppe, der Finanzholding-Gesellschaft oder der gemischten Finanzholding-Gesellschaft gestatten, ein zusätzliches Mandat in einem Verwaltungs- oder Aufsichtsorgan innezuhaben, wenn dies das Mitglied nicht daran hindert, der Wahrnehmung seiner Aufgaben in dem betreffenden Unternehmen ausreichend Zeit zu widmen. [6]Ein Institut ist von erheblicher Bedeutung im Sinne von Satz 2, wenn seine Bilanzsumme im Durchschnitt zu den jeweiligen Stichtagen der letzten drei abgeschlossenen Geschäftsjahre 15 Milliarden Euro erreicht oder überschritten hat; als Institute von erheblicher Bedeutung gelten stets

1. Institute, die nach Artikel 6 Absatz 4 der Verordnung (EU) Nr. 1024/2013 des Rates vom 15. Oktober 2013 zur Übertragung besonderer Aufgaben im Zusammenhang mit der Aufsicht über Kreditinstitute auf die Europäische Zentralbank (ABl. L 287 vom 29.10.2013, S. 63) von der Europäischen Zentralbank beaufsichtigt werden,
2. Institute, die als potentiell systemgefährdend im Sinne des § 20 Absatz 1 Satz 3 des Sanierungs- und Abwicklungsgesetzes eingestuft wurden, und
3. Finanzhandelsinstitute im Sinne des § 25f Absatz 1.

(3) Im Rahmen ihrer Gesamtverantwortung für die ordnungsgemäße Geschäftsorganisation müssen die Geschäftsleiter

1. Grundsätze einer ordnungsgemäßen Geschäftsführung beschließen, die die erforderliche Sorgfalt bei der Führung des Instituts gewährleisten und insbesondere eine Aufgabentrennung in der Organisation und Maßnahmen festlegen, um Interessenkonflikten vorzubeugen, sowie für die Umsetzung dieser Grundsätze Sorge tragen;
2. die Wirksamkeit der unter Nummer 1 festgelegten und umgesetzten Grundsätze überwachen und regelmäßig bewerten; die Geschäftsleiter müssen angemessene Schritte zur Behebung von Mängeln einleiten;
3. der Festlegung der Strategien und den Risiken, insbesondere den Adressenausfallrisiken, den Marktrisiken und den operationellen Risiken, ausreichend Zeit widmen;
4. für eine angemessene und transparente Unternehmensstruktur sorgen, die sich an den Strategien des Unternehmens ausrichtet und der für ein wirksames Risikomanagement erforderlichen Transparenz der Geschäftsaktivitäten des Instituts Rechnung trägt, und die hierfür erforderliche Kenntnis über die Unternehmensstruktur und die damit verbundenen Risiken besitzen; für die Geschäftsleiter eines übergeordneten Unternehmens bezieht sich diese Verpflichtung auch auf die Gruppe gemäß § 25a Absatz 3;
5. die Richtigkeit des Rechnungswesens und der Finanzberichterstattung sicherstellen; dies schließt die dazu erforderlichen Kontrollen und die Übereinstimmung mit den gesetzlichen Bestimmungen und den relevanten Standards ein; und
6. die Prozesse hinsichtlich Offenlegung sowie Kommunikation überwachen.

(4) Die Institute müssen angemessene personelle und finanzielle Ressourcen einsetzen, um den Mitgliedern der Geschäftsleitung die Einführung in ihr Amt zu erleichtern und die Fortbildung zu ermöglichen, die zur Aufrechterhaltung ihrer fachlichen Eignung erforderlich ist.

(4a) Im Rahmen ihrer Gesamtverantwortung für die ordnungsgemäße Geschäftsorganisation des Instituts nach § 25a Absatz 1 Satz 2 haben die Geschäftsleiter eines Instituts dafür Sorge zu tragen, dass das Institut über folgende Strategien, Prozesse, Verfahren, Funktionen und Konzepte verfügt:

1. eine auf die nachhaltige Entwicklung des Instituts gerichtete Geschäftsstrategie und eine damit konsistente Risikostrategie sowie Prozesse zur Planung, Umsetzung, Beurteilung und Anpassung der Strategien nach § 25a Absatz 1 Satz 3 Nummer 1, mindestens haben die Geschäftsleiter dafür Sorge zu tragen, dass
   a) jederzeit das Gesamtziel, die Ziele des Instituts für jede wesentliche Geschäftsaktivität sowie die Maßnahmen zur Erreichung dieser Ziele dokumentiert werden;
   b) die Risikostrategie jederzeit die Ziele der Risikosteuerung der wesentlichen Geschäftsaktivitäten sowie die Maßnahmen zur Erreichung dieser Ziele umfasst;

2. Verfahren zur Ermittlung und Sicherstellung der Risikotragfähigkeit nach § 25a Absatz 1 Satz 3 Nummer 2, mindestens haben die Geschäftsleiter dafür Sorge zu tragen, dass
   a) die wesentlichen Risiken des Instituts, insbesondere Adressenausfall-, Marktpreis-, Liquiditäts- und operationelle Risiken, regelmäßig und anlassbezogen im Rahmen einer Risikoinventur identifiziert und definiert werden (Gesamtrisikoprofil);
   b) im Rahmen der Risikoinventur Risikokonzentrationen berücksichtigt sowie mögliche wesentliche Beeinträchtigungen der Vermögenslage, der Ertragslage oder der Liquiditätslage geprüft werden;
3. interne Kontrollverfahren mit einem internen Kontrollsystem und einer internen Revision nach § 25a Absatz 1 Satz 3 Nummer 3 Buchstabe a bis c, mindestens haben die Geschäftsleiter dafür Sorge zu tragen, dass
   a) im Rahmen der Aufbau- und Ablauforganisation Verantwortungsbereiche klar abgegrenzt werden, wobei wesentliche Prozesse und damit verbundene Aufgaben, Kompetenzen, Verantwortlichkeiten, Kontrollen sowie Kommunikationswege klar zu definieren sind und sicherzustellen ist, dass Mitarbeiter keine miteinander unvereinbaren Tätigkeiten ausüben;
   b) eine grundsätzliche Trennung zwischen dem Bereich, der Kreditgeschäfte initiiert und bei den Kreditentscheidungen über ein Votum verfügt (Markt), sowie dem Bereich Handel einerseits und dem Bereich, der bei den Kreditentscheidungen über ein weiteres Votum verfügt (Marktfolge), und den Funktionen, die dem Risikocontrolling und die der Abwicklung und Kontrolle der Handelsgeschäfte dienen, andererseits besteht;
   c) das interne Kontrollsystem Risikosteuerungs- und -controllingprozesse zur Identifizierung, Beurteilung, Steuerung, Überwachung und Kommunikation der wesentlichen Risiken und damit verbundener Risikokonzentrationen sowie eine Risikocontrolling-Funktion und eine Compliance-Funktion umfasst;
   d) in angemessenen Abständen, mindestens aber vierteljährlich, gegenüber der Geschäftsleitung über die Risikosituation einschließlich einer Beurteilung der Risiken berichtet wird;
   e) in angemessenen Abständen, mindestens aber vierteljährlich, seitens der Geschäftsleitung gegenüber dem Verwaltungs- oder Aufsichtsorgan über die Risikosituation einschließlich einer Beurteilung der Risiken berichtet wird;
   f) regelmäßig angemessene Stresstests für die wesentlichen Risiken sowie das Gesamtrisikoprofil des Instituts durchgeführt werden und auf Grundlage der Ergebnisse möglicher Handlungsbedarf geprüft wird;
   g) die interne Revision in angemessenen Abständen, mindestens aber vierteljährlich, an die Geschäftsleitung und an das Aufsichts- oder Verwaltungsorgan berichtet;
4. eine angemessene personelle und technisch-organisatorische Ausstattung des Instituts nach § 25a Absatz 1 Satz 3 Nummer 4, mindestens haben die Geschäftsleiter dafür Sorge zu tragen, dass die quantitative und qualitative Personalausstattung und der Umfang und die Qualität der technisch-organisatorischen Ausstattung die betriebsinternen Erfordernisse, die Geschäftsaktivitäten und die Risikosituation berücksichtigen;
5. für Notfälle in zeitkritischen Aktivitäten und Prozessen angemessene Notfallkonzepte nach § 25a Absatz 1 Satz 3 Nummer 5, mindestens haben die Geschäftsleiter dafür Sorge zu tragen, dass regelmäßig Notfalltests zur Überprüfung der An-

gemessenheit und Wirksamkeit des Notfallkonzeptes durchgeführt werden und über die Ergebnisse den jeweils Verantwortlichen berichtet wird;

6. im Fall einer Auslagerung von Aktivitäten und Prozessen auf ein anderes Unternehmen nach § 25b Absatz 1 Satz 1 mindestens angemessene Verfahren und Konzepte, um übermäßige zusätzliche Risiken sowie eine Beeinträchtigung der Ordnungsmäßigkeit der Geschäfte, Dienstleistungen und der Geschäftsorganisation im Sinne des § 25a Absatz 1 zu vermeiden.

(4b) [1]Für Institutsgruppen, Finanzholding-Gruppen, gemischte Finanzholding-Gruppen und Institute im Sinne des Artikels 4 der Verordnung (EU) Nr. 575/2013 gilt, dass die Geschäftsleiter des übergeordneten Unternehmens für die Wahrung der Sorgfaltspflichten innerhalb der Institutsgruppe, der Finanzholding-Gruppe, der gemischten Finanzholding-Gruppe oder der Institute im Sinne des Artikels 4 der Verordnung (EU) Nr. 575/2013 verantwortlich sind, wenn das übergeordnete Unternehmen Mutterunternehmen ist, das beherrschenden Einfluss im Sinne des § 290 Absatz 2 des Handelsgesetzbuchs über andere Unternehmen der Gruppe ausübt, ohne dass es auf die Rechtsform der Muttergesellschaft ankommt. [2]Im Rahmen ihrer Gesamtverantwortung für die ordnungsgemäße Geschäftsorganisation der Gruppe nach Satz 1 haben die Geschäftsleiter des übergeordneten Unternehmens dafür Sorge zu tragen, dass die Gruppe über folgende Strategien, Prozesse, Verfahren, Funktionen und Konzepte verfügt:

1. eine auf die nachhaltige Entwicklung der Gruppe gerichtete gruppenweite Geschäftsstrategie und eine damit konsistente gruppenweite Risikostrategie sowie Prozesse zur Planung, Umsetzung, Beurteilung und Anpassung der Strategien nach § 25a Absatz 1 Satz 3 Nummer 1, mindestens haben die Geschäftsleiter dafür Sorge zu tragen, dass
   a) jederzeit das Gesamtziel der Gruppe, die Ziele der Gruppe für jede wesentliche Geschäftsaktivität sowie die Maßnahmen zur Erreichung dieser Ziele dokumentiert werden;
   b) die Risikostrategie der Gruppe jederzeit die Ziele der Risikosteuerung der wesentlichen Geschäftsaktivitäten sowie die Maßnahmen zur Erreichung dieser Ziele umfasst;
   c) die strategische Ausrichtung der gruppenangehörigen Unternehmen mit den gruppenweiten Geschäfts- und Risikostrategien abgestimmt wird;
2. Verfahren zur Ermittlung und Sicherstellung der Risikotragfähigkeit der Gruppe nach § 25a Absatz 1 Satz 3 Nummer 2, mindestens haben die Geschäftsleiter dafür Sorge zu tragen, dass
   a) die wesentlichen Risiken der Gruppe, insbesondere Adressenausfall-, Marktpreis-, Liquiditäts- und operationelle Risiken, regelmäßig und anlassbezogen im Rahmen einer Risikoinventur identifiziert und definiert werden (Gesamtrisikoprofil der Gruppe);
   b) im Rahmen der Risikoinventur Risikokonzentrationen innerhalb der Gruppe berücksichtigt sowie mögliche wesentliche Beeinträchtigungen der Vermögenslage, der Ertragslage oder der Liquiditätslage der Gruppe geprüft werden;
3. interne Kontrollverfahren mit einem internen Kontrollsystem und einer internen Revision nach § 25a Absatz 1 Satz 3 Nummer 3 Buchstabe a bis c, mindestens haben die Geschäftsleiter dafür Sorge zu tragen, dass
   a) im Rahmen der Aufbau- und Ablauforganisation der Gruppe Verantwortungsbereiche klar abgegrenzt werden, wobei wesentliche Prozesse und damit verbundene Aufgaben, Kompetenzen, Verantwortlichkeiten, Kontrollen sowie Kommunikationswege innerhalb der Gruppe klar zu definieren sind und sicher-

zustellen ist, dass Mitarbeiter keine miteinander unvereinbaren Tätigkeiten ausüben;

b) bei den gruppenangehörigen Unternehmen eine grundsätzliche Trennung zwischen dem Bereich, der Kreditgeschäfte initiiert und bei den Kreditentscheidungen über ein Votum verfügt (Markt), sowie dem Bereich Handel einerseits und dem Bereich, der bei den Kreditentscheidungen über ein weiteres Votum verfügt (Marktfolge), und den Funktionen, die dem Risikocontrolling und die der Abwicklung und Kontrolle der Handelsgeschäfte dienen, andererseits besteht;

c) in angemessenen Abständen, mindestens aber vierteljährlich, gegenüber der Geschäftsleitung über die Risikosituation einschließlich einer Beurteilung der Risiken berichtet wird;

d) in angemessenen Abständen, mindestens aber vierteljährlich, auf Gruppenebene seitens der Geschäftsleitung gegenüber dem Verwaltungs- oder Aufsichtsorgan über die Risikosituation der Gruppe einschließlich einer Beurteilung der Risiken berichtet wird;

e) das interne Kontrollsystem der Gruppe eine Risikocontrolling-Funktion und eine Compliance-Funktion sowie Risikosteuerungs- und -controllingprozesse zur Identifizierung, Beurteilung, Steuerung, Überwachung und Kommunikation der wesentlichen Risiken und damit verbundener Risikokonzentrationen umfasst;

f) regelmäßig angemessene Stresstests für die wesentlichen Risiken und das Gesamtrisikoprofil auf Gruppenebene durchgeführt werden und auf Grundlage der Ergebnisse möglicher Handlungsbedarf geprüft wird;

g) die Konzernrevision in angemessenen Abständen, mindestens aber vierteljährlich, an die Geschäftsleitung und an das Verwaltungs- oder Aufsichtsorgan berichtet;

4. eine angemessene personelle und technisch-organisatorische Ausstattung der Gruppe nach § 25a Absatz 1 Satz 3 Nummer 4, mindestens haben die Geschäftsleiter dafür Sorge zu tragen, dass die quantitative und qualitative Personalausstattung und der Umfang und die Qualität der technisch-organisatorischen Ausstattung der gruppenangehörigen Unternehmen die jeweiligen betriebsinternen Erfordernisse, die Geschäftsaktivitäten und die Risikosituation der gruppenangehörigen Unternehmen berücksichtigen;

5. für Notfälle in zeitkritischen Aktivitäten und Prozessen angemessene Notfallkonzepte nach § 25a Absatz 1 Satz 3 Nummer 5 auf Gruppenebene, mindestens haben die Geschäftsleiter dafür Sorge zu tragen, dass regelmäßig Notfalltests zur Überprüfung der Angemessenheit und Wirksamkeit des Notfallkonzeptes auf Gruppenebene durchgeführt werden und über die Ergebnisse den jeweils Verantwortlichen berichtet wird;

6. im Fall einer Auslagerung von Aktivitäten und Prozessen auf ein anderes Unternehmen nach § 25b Absatz 1 Satz 1 mindestens angemessene Verfahren und Konzepte, um übermäßige zusätzliche Risiken sowie eine Beeinträchtigung der Ordnungsmäßigkeit der Geschäfte, Dienstleistungen und der Geschäftsorganisation im Sinne des § 25a Absatz 1 zu vermeiden.

(4c) Wenn die Bundesanstalt zu dem Ergebnis kommt, dass das Institut oder die Gruppe nicht über die Strategien, Prozesse, Verfahren, Funktionen und Konzepte nach Absatz 4a und 4b verfügt, kann sie, unabhängig von anderen Maßnahmen nach diesem Gesetz, anordnen, dass geeignete Maßnahmen ergriffen werden, um die festgestellten Mängel innerhalb einer angemessenen Frist zu beseitigen.

(5) [1]In Ausnahmefällen kann die Bundesanstalt auch eine andere mit der Führung der Geschäfte betraute und zur Vertretung ermächtigte Person widerruflich als Geschäftsleiter einsetzen, wenn sie zuverlässig ist und die erforderliche fachliche Eignung hat; Absatz 1 ist anzuwenden. [2]Wird das Institut von einem Einzelkaufmann betrieben, so kann in Ausnahmefällen unter den Voraussetzungen des Satzes 1 eine von dem Inhaber mit der Führung der Geschäfte betraute und zur Vertretung ermächtigte Person widerruflich als Geschäftsleiter eingesetzt werden. [3]Beruht die Einsetzung einer Person als Geschäftsleiter auf einem Antrag des Instituts, so kann sie nur auf Antrag des Instituts oder des Geschäftsleiters widerrufen werden.

(6) Die Geschäftsleiter eines Datenbereitstellungsdienstes müssen zuverlässig und für dessen Leitung fachlich geeignet sein und der Wahrnehmung ihrer Aufgabe ausreichend Zeit widmen.

§ 25d Verwaltungs- oder Aufsichtsorgan

(1) [1]Die Mitglieder des Verwaltungs- oder Aufsichtsorgans eines Instituts, einer Finanzholding-Gesellschaft oder einer gemischten Finanzholding-Gesellschaft müssen zuverlässig sein, die erforderliche Sachkunde zur Wahrnehmung der Kontrollfunktion sowie zur Beurteilung und Überwachung der Geschäfte, die das jeweilige Unternehmen betreibt, besitzen und der Wahrnehmung ihrer Aufgaben ausreichend Zeit widmen. [2]Bei der Prüfung, ob eine der in Satz 1 genannten Personen die erforderliche Sachkunde besitzt, berücksichtigt die Bundesanstalt den Umfang und die Komplexität der von dem Institut, der Institutsgruppe oder Finanzholding-Gruppe, der Finanzholding-Gesellschaft oder der gemischten Finanzholding-Gesellschaft betriebenen Geschäfte.

(2) [1]Das Verwaltungs- oder Aufsichtsorgan muss in seiner Gesamtheit die Kenntnisse, Fähigkeiten und Erfahrungen haben, die zur Wahrnehmung der Kontrollfunktion sowie zur Beurteilung und Überwachung der Geschäftsleitung des Instituts oder der Institutsgruppe oder Finanzholding-Gruppe, der Finanzholding-Gesellschaft oder der gemischten Finanzholding-Gesellschaft notwendig sind. [2]Die Vorschriften der Mitbestimmungsgesetze über die Wahl und Abberufung der Arbeitnehmervertreter im Verwaltungs- oder Aufsichtsorgan bleiben unberührt.

(3) [1]Mitglied des Verwaltungs- oder Aufsichtsorgans eines CRR-Instituts, das von erheblicher Bedeutung im Sinne des Satzes 8 ist, kann nicht sein,

1. wer in demselben Unternehmen Geschäftsleiter ist;
2. wer in dem betreffenden Unternehmen Geschäftsleiter war, wenn bereits zwei ehemalige Geschäftsleiter des Unternehmens Mitglied des Verwaltungs- oder Aufsichtsorgans sind;
3. wer in einem Unternehmen Geschäftsleiter ist und zugleich in mehr als zwei Unternehmen Mitglied des Verwaltungs- oder Aufsichtsorgans ist oder
4. wer in mehr als vier Unternehmen Mitglied des Verwaltungs- oder Aufsichtsorgans ist.

[2]Satz 1 gilt jeweils auch für Mitglieder der Verwaltungs- oder Aufsichtsorgane einer Finanzholding-Gesellschaft oder gemischten Finanzholding-Gesellschaft, wenn diese nach § 10a Absatz 2 Satz 2 oder Satz 3 oder § 12 Absatz 2 des Finanzkonglomerate-Aufsichtsgesetzes als übergeordnetes Unternehmen bestimmt worden ist und ihr ein CRR-Institut nachgeordnet ist. [3]Dabei gelten im Sinne von Satz 1 Nummer 3 und 4 mehrere Mandate als ein Mandat, wenn die Mandate bei Unternehmen wahrgenommen werden,

1. die derselben Institutsgruppe, Finanzholding-Gruppe, gemischten Finanzholding-Gruppe oder gemischten Holding-Gruppe angehören,

2. die demselben institutsbezogenen Sicherungssystem angehören oder
3. an denen das Institut eine bedeutende Beteiligung hält.

[4]Mandate bei Organisationen und Unternehmen, die nicht überwiegend gewerbliche Ziele verfolgen, insbesondere Unternehmen, die der kommunalen Daseinsvorsorge dienen, werden bei den nach Satz 1 Nummer 3 und 4 höchstens zulässigen Mandaten nicht berücksichtigt. [5]Die Aufsichtsbehörde kann einem Mitglied des Verwaltungs- oder Aufsichtsorgans unter Berücksichtigung der Umstände im Einzelfall und der Art, des Umfangs und der Komplexität der Tätigkeiten des Instituts, der Institutsgruppe oder Finanzholding-Gruppe, der Finanzholding-Gesellschaft oder der gemischten Finanzholding-Gesellschaft über die Anzahl der nach Satz 1 Nummern 3 und 4 höchstens zulässigen Mandate hinaus gestatten, ein zusätzliches Mandat in einem Verwaltungs- oder Aufsichtsorgan innezuhaben, wenn dies das Mitglied nicht daran hindert, der Wahrnehmung seiner Aufgaben in dem betreffenden Unternehmen ausreichend Zeit zu widmen. [6]Mandate als Vertreter des Bundes oder der Länder werden bei den nach Satz 1 Nummer 3 und 4 höchstens zulässigen Mandaten nicht berücksichtigt. [7]Satz 1 Nummer 4 gilt nicht für kommunale Hauptverwaltungsbeamte, die kraft kommunaler Satzung zur Wahrnehmung eines Mandats in einem kommunalen Unternehmen oder einem kommunalen Zweckverband verpflichtet sind. [8]Ein Institut ist von erheblicher Bedeutung im Sinne von Satz 1, wenn seine Bilanzsumme im Durchschnitt zu den jeweiligen Stichtagen der letzten drei abgeschlossenen Geschäftsjahre 15 Milliarden Euro erreicht oder überschritten hat; als Institute von erheblicher Bedeutung gelten stets

1. Institute, die nach Artikel 6 Absatz 4 der Verordnung (EU) Nr. 1024/2013 des Rates vom 15. Oktober 2013 zur Übertragung besonderer Aufgaben im Zusammenhang mit der Aufsicht über Kreditinstitute auf die Europäische Zentralbank (ABl. L 287 vom 29.10.2013, S. 63) von der Europäischen Zentralbank beaufsichtigt werden,
2. Institute, die als potentiell systemgefährdend im Sinne des § 20 Absatz 1 Satz 3 des Sanierungs- und Abwicklungsgesetzes eingestuft wurden, und
3. Finanzhandelsinstitute im Sinne des § 25f Absatz 1.

(3a) Mitglied des Verwaltungs- oder Aufsichtsorgans eines Instituts, das nicht CRR-Institut von erheblicher Bedeutung im Sinne des Absatzes 3 Satz 8 ist, oder einer Finanzholding-Gesellschaft kann nicht sein,

1. wer in demselben Unternehmen Geschäftsleiter ist,
2. wer in dem betreffenden Unternehmen Geschäftsleiter war, wenn bereits zwei ehemalige Geschäftsleiter des Unternehmens Mitglied des Verwaltungs- oder Aufsichtsorgans sind, oder
3. wer in mehr als fünf Unternehmen, die unter der Aufsicht der Bundesanstalt stehen, Mitglied des Verwaltungs- oder Aufsichtsorgans ist, es sei denn, diese Unternehmen gehören demselben institutsbezogenen Sicherungssystem an.

(4) Institute, Finanzholding-Gesellschaften und gemischte Finanzholding-Gesellschaften müssen angemessene personelle und finanzielle Ressourcen einsetzen, um den Mitgliedern des Verwaltungs- oder Aufsichtsorgans die Einführung in ihr Amt zu erleichtern und die Fortbildung zu ermöglichen, die zur Aufrechterhaltung der erforderlichen Sachkunde notwendig ist.

(5) [1]Die Ausgestaltung der Vergütungssysteme für Mitglieder des Verwaltungs- oder Aufsichtsorgans darf im Hinblick auf die wirksame Wahrnehmung der Überwachungsfunktion des Verwaltungs- oder Aufsichtsorgans keine Interessenkonflikte erzeugen. [2]Für die Tätigkeit im Verwaltungs- oder Aufsichtsorgan dürfen dessen Mitglieder keine variablen Vergütungsbestandteile erhalten. [3]Artikel 450 der Verordnung (EU) Nr. 575/

2013 ist auch in Bezug auf die Vergütung der Mitglieder des Verwaltungs- oder Aufsichtsorgans anzuwenden.

(6) [1]Das Verwaltungs- oder Aufsichtsorgan muss die Geschäftsleiter auch im Hinblick auf die Einhaltung der einschlägigen bankaufsichtsrechtlichen Regelungen überwachen. [2]Es muss der Erörterung von Strategien, Risiken und Vergütungssystemen für Geschäftsleiter und Mitarbeiter ausreichend Zeit widmen.

(7) [1]Das Verwaltungs- oder Aufsichtsorgan eines Instituts, einer Finanzholding-Gesellschaft oder einer gemischten Finanzholding-Gesellschaft soll abhängig von der Größe, der internen Organisation und der Art, des Umfangs, der Komplexität und dem Risikogehalt der Geschäfte des Unternehmens aus seiner Mitte Ausschüsse gemäß den Absätzen 8 bis 12 bestellen, die es bei seinen Aufgaben beraten und unterstützen. [2]Jeder Ausschuss soll eines seiner Mitglieder zum Vorsitzenden ernennen. [3]Die Mitglieder der Ausschüsse müssen die zur Erfüllung der jeweiligen Ausschussaufgaben erforderlichen Kenntnisse, Fähigkeiten und Erfahrungen haben. [4]Um die Zusammenarbeit und den fachlichen Austausch zwischen den einzelnen Ausschüssen sicherzustellen, soll mindestens ein Mitglied eines jeden Ausschusses einem weiteren Ausschuss angehören. [5]Die Bundesanstalt kann die Bildung eines oder mehrerer Ausschüsse verlangen, wenn dies insbesondere unter Berücksichtigung der Kriterien nach Satz 1 oder zur ordnungsgemäßen Wahrnehmung der Kontrollfunktion des Verwaltungs- oder Aufsichtsorgans erforderlich erscheint.

(8) [1]Das Verwaltungs- oder Aufsichtsorgan eines in Absatz 3 Satz 1 und 2 genannten Unternehmens hat aus seiner Mitte einen Risikoausschuss zu bestellen. [2]Der Risikoausschuss berät das Verwaltungs- oder Aufsichtsorgan zur aktuellen und zur künftigen Gesamtrisikobereitschaft und -strategie des Unternehmens und unterstützt es bei der Überwachung der Umsetzung dieser Strategie durch die obere Leitungsebene. [3]Der Risikoausschuss wacht darüber, dass die Konditionen im Kundengeschäft mit dem Geschäftsmodell und der Risikostruktur des Unternehmens im Einklang stehen. [4]Soweit dies nicht der Fall ist, verlangt der Risikoausschuss von der Geschäftsleitung Vorschläge, wie die Konditionen im Kundengeschäft in Übereinstimmung mit dem Geschäftsmodell und der Risikostruktur ausgestaltet werden können, und überwacht deren Umsetzung. [5]Der Risikoausschuss prüft, ob die durch das Vergütungssystem gesetzten Anreize die Risiko-, Kapital- und Liquiditätsstruktur des Unternehmens sowie die Wahrscheinlichkeit und Fälligkeit von Einnahmen berücksichtigen. [6]Die Aufgaben des Vergütungskontrollausschusses nach Absatz 12 bleiben unberührt. [7]Der Vorsitzende des Risikoausschusses oder, falls ein Risikoausschuss nicht eingerichtet wurde, der Vorsitzende des Verwaltungs- oder Aufsichtsorgans, kann unmittelbar beim Leiter der Internen Revision und beim Leiter des Risikocontrollings Auskünfte einholen. [8]Die Geschäftsleitung muss hierüber unterrichtet werden. [9]Der Risikoausschuss kann, soweit erforderlich, den Rat externer Sachverständiger einholen. [10]Der Risikoausschuss oder, falls ein solcher nicht eingerichtet wurde, das Verwaltungs- oder Aufsichtsorgan bestimmt Art, Umfang, Format und Häufigkeit der Informationen, die die Geschäftsleitung zum Thema Strategie und Risiko vorlegen muss.

(9) [1]Das Verwaltungs- oder Aufsichtsorgan eines in Absatz 3 Satz 1 und 2 genannten Unternehmens hat aus seiner Mitte einen Prüfungsausschuss zu bestellen. [2]Der Prüfungsausschuss unterstützt das Verwaltungs- oder Aufsichtsorgan insbesondere bei der Überwachung

1. des Rechnungslegungsprozesses;
2. der Wirksamkeit des Risikomanagementsystems, insbesondere des internen Kontrollsystems und der Internen Revision;

3. der Durchführung der Abschlussprüfungen, insbesondere hinsichtlich der Unabhängigkeit des Abschlussprüfers und der vom Abschlussprüfer erbrachten Leistungen (Umfang, Häufigkeit, Berichterstattung). [2]Der Prüfungsausschuss soll dem Verwaltungs- oder Aufsichtsorgan Vorschläge für die Bestellung eines Abschlussprüfers sowie für die Höhe seiner Vergütung unterbreiten und das Verwaltungs- oder Aufsichtsorgan zur Kündigung oder Fortsetzung des Prüfauftrags beraten und
4. der zügigen Behebung der vom Prüfer festgestellten Mängel durch die Geschäftsleitung mittels geeigneter Maßnahmen.

[3]Der Vorsitzende des Prüfungsausschusses muss über Sachverstand auf den Gebieten Rechnungslegung und Abschlussprüfung verfügen. [4]Der Vorsitzende des Prüfungsausschusses oder, falls ein Prüfungsausschuss nicht eingerichtet wurde, der Vorsitzende des Verwaltungs- oder Aufsichtsorgans, kann unmittelbar beim Leiter der Internen Revision und beim Leiter des Risikocontrollings Auskünfte einholen. [5]Die Geschäftsleitung muss hierüber unterrichtet werden.

(10) [1]Das Verwaltungs- oder Aufsichtsorgan eines in Absatz 3 Satz 1 und 2 genannten Unternehmens kann einen gemeinsamen Risiko- und Prüfungsausschuss bestellen, wenn dies unter Berücksichtigung der Kriterien nach Absatz 7 Satz 1 sinnvoll ist. [2]Dies ist der Bundesanstalt mitzuteilen. [3]Auf den gemeinsamen Prüfungs- und Risikoausschuss finden die Absätze 8 und 9 entsprechende Anwendung.

(11) [1]Das Verwaltungs- oder Aufsichtsorgan eines in Absatz 3 Satz 1 und 2 genannten Unternehmens hat aus seiner Mitte einen Nominierungsausschuss zu bestellen. [2]Der Nominierungsausschuss unterstützt das Verwaltungs- oder Aufsichtsorgan bei der

1. Ermittlung von Bewerbern für die Besetzung einer Stelle in der Geschäftsleitung und bei der Vorbereitung von Wahlvorschlägen für die Wahl der Mitglieder des Verwaltungs- oder Aufsichtsorgans; hierbei berücksichtigt der Nominierungsausschuss die Ausgewogenheit und Unterschiedlichkeit der Kenntnisse, Fähigkeiten und Erfahrungen aller Mitglieder des betreffenden Organs, entwirft eine Stellenbeschreibung mit Bewerberprofil und gibt den mit der Aufgabe verbundenen Zeitaufwand an;
2. Erarbeitung einer Zielsetzung zur Förderung der Vertretung des unterrepräsentierten Geschlechts im Verwaltungs- oder Aufsichtsorgan sowie einer Strategie zu deren Erreichung;
3. regelmäßig, mindestens einmal jährlich, durchzuführenden Bewertung der Struktur, Größe, Zusammensetzung und Leistung der Geschäftsleitung und des Verwaltungs- oder Aufsichtsorgans und spricht dem Verwaltungs- oder Aufsichtsorgan gegenüber diesbezügliche Empfehlungen aus; der Nominierungsausschuss achtet dabei darauf, dass die Entscheidungsfindung innerhalb der Geschäftsleitung durch einzelne Personen oder Gruppen nicht in einer Weise beeinflusst wird, die dem Unternehmen schadet;
4. regelmäßig, mindestens einmal jährlich, durchzuführenden Bewertung der Kenntnisse, Fähigkeiten und Erfahrung sowohl der einzelnen Geschäftsleiter und Mitglieder des Verwaltungs- oder Aufsichtsorgans als auch des jeweiligen Organs in seiner Gesamtheit und
5. Überprüfung der Grundsätze der Geschäftsleitung für die Auswahl und Bestellung der Personen der oberen Leitungsebene und bei diesbezüglichen Empfehlungen an die Geschäftsleitung.

[3]Bei der Wahrnehmung seiner Aufgaben kann der Nominierungsausschuss auf alle Ressourcen zurückgreifen, die er für angemessen hält, und auch externe Berater einschalten. [4]Zu diesem Zwecke soll er vom Unternehmen angemessene Finanzmittel erhalten.

(12) [1]Das Verwaltungs- oder Aufsichtsorgan eines in Absatz 3 Satz 1 und 2 genannten Unternehmens hat aus seiner Mitte einen Vergütungskontrollausschuss zu bestellen. [2]Der Vergütungskontrollausschuss

1. überwacht die angemessene Ausgestaltung der Vergütungssysteme der Geschäftsleiter und Mitarbeiter, und insbesondere die angemessene Ausgestaltung der Vergütungen für die Leiter der Risikocontrolling-Funktion und der Compliance-Funktion sowie solcher Mitarbeiter, die einen wesentlichen Einfluss auf das Gesamtrisikoprofil des Instituts haben, und unterstützt das Verwaltungs- oder Aufsichtsorgan bei der Überwachung der angemessenen Ausgestaltung der Vergütungssysteme für die Mitarbeiter des Unternehmens; die Auswirkungen der Vergütungssysteme auf das Risiko-, Kapital- und Liquiditätsmanagement sind zu bewerten;
2. bereitet die Beschlüsse des Verwaltungs- oder Aufsichtsorgans über die Vergütung der Geschäftsleiter vor und berücksichtigt dabei besonders die Auswirkungen der Beschlüsse auf die Risiken und das Risikomanagement des Unternehmens; den langfristigen Interessen von Anteilseignern, Anlegern, sonstiger Beteiligter und dem öffentlichen Interesse ist Rechnung zu tragen;
3. unterstützt das Verwaltungs- oder Aufsichtsorgan bei der Überwachung der ordnungsgemäßen Einbeziehung der internen Kontroll- und aller sonstigen maßgeblichen Bereiche bei der Ausgestaltung der Vergütungssysteme.

[3]Mindestens ein Mitglied des Vergütungskontrollausschusses muss über ausreichend Sachverstand und Berufserfahrung im Bereich Risikomanagement und Risikocontrolling verfügen, insbesondere im Hinblick auf Mechanismen zur Ausrichtung der Vergütungssysteme an der Gesamtrisikobereitschaft und -strategie und an der Eigenmittelausstattung des Unternehmens. [4]Wenn dem Verwaltungs- oder Aufsichtsorgan entsprechend den Mitbestimmungsgesetzen Arbeitnehmervertreter angehören, muss dem Vergütungskontrollausschuss mindestens ein Arbeitnehmervertreter angehören. [5]Der Vergütungskontrollausschuss soll mit dem Risikoausschuss zusammenarbeiten und soll sich intern beispielsweise durch das Risikocontrolling und extern von Personen beraten lassen, die unabhängig von der Geschäftsleitung sind. [6]Geschäftsleiter dürfen nicht an Sitzungen des Vergütungskontrollausschusses teilnehmen, bei denen über ihre Vergütung beraten wird. [7]Der Vorsitzende des Vergütungskontrollausschusses oder, falls ein Vergütungskontrollausschuss nicht eingerichtet wurde, der Vorsitzende des Verwaltungs- oder Aufsichtsorgans, kann unmittelbar beim Leiter der Internen Revision und bei den Leitern der für die Ausgestaltung der Vergütungssysteme zuständigen Organisationseinheiten Auskünfte einholen. [8]Die Geschäftsleitung muss hierüber unterrichtet werden.

(13) Für die Mitglieder des Verwaltungs- oder Aufsichtsorgans eines Datenbereitstellungsdienstes gilt § 25d Absatz 1 und 2 entsprechend.

§ 25e Anforderungen bei vertraglich gebundenen Vermittlern

[1]Bedient sich ein CRR-Kreditinstitut oder ein Wertpapierhandelsunternehmen eines vertraglich gebundenen Vermittlers im Sinne des § 2 Absatz 10 Satz 1, hat es sicherzustellen, dass dieser zuverlässig und fachlich geeignet ist, bei der Erbringung der Finanzdienstleistungen die gesetzlichen Vorgaben erfüllt, Kunden vor Aufnahme der Geschäftsbeziehung über seinen Status nach § 2 Absatz 10 Satz 1 und 2 informiert und unverzüglich von der Beendigung dieses Status in Kenntnis setzt. [2]Die erforderlichen Nachweise für die Erfüllung seiner Pflichten nach Satz 1 muss das CRR-Kreditinstitut oder das Wertpapierhandelsunternehmen mindestens bis zum Ablauf von fünf Jahren nach dem Ende des Status des vertraglich gebundenen Vermittlers aufbewahren. [3]Nähere

Bestimmungen zu den erforderlichen Nachweisen können durch Rechtsverordnung nach § 24 Absatz 4 getroffen werden.

§ 25f Besondere Anforderungen an die ordnungsgemäße Geschäftsorganisation von CRR-Kreditinstituten sowie von Institutsgruppen, Finanzholding-Gruppen und gemischten Finanzholding-Gruppen, denen ein CRR-Kreditinstitut angehört; Verordnungsermächtigung

(1) [1]Sämtliche Geschäfte im Sinne des § 3 Absatz 2 und Absatz 4 sind bei einem wirtschaftlich, organisatorisch und rechtlich eigenständigen Unternehmen (Finanzhandelsinstitut) zu betreiben. [2]Für das Finanzhandelsinstitut gelten die zusätzlichen Anforderungen gemäß den Absätzen 2 bis 6 an eine ordnungsgemäße Geschäftsorganisation.

(2) Für das Finanzhandelsinstitut findet § 2a keine Anwendung.

(3) [1]Das Finanzhandelsinstitut hat seine Refinanzierung eigenständig sicherzustellen. [2]Geschäfte des CRR-Kreditinstituts oder der Unternehmen, die einer Institutsgruppe, einer Finanzholding-Gruppe oder einer gemischten Finanzholding-Gruppe angehören, der auch ein CRR-Kreditinstitut angehört, mit dem Finanzhandelsinstitut sind wie Geschäfte mit Dritten zu behandeln.

(4) [1]Das Bundesministerium der Finanzen kann im Benehmen mit der Deutschen Bundesbank durch Rechtsverordnung für die Zwecke der Überwachung der Einhaltung des Verbots des § 3 Absatz 2 und 4 Satz 1 sowie für die Ermittlung von Art und Umfang der Geschäfte im Sinne des § 3 Absatz 2 Satz 2 und Absatz 4 Satz 1 für das CRR-Kreditinstitut und das übergeordnete Unternehmen einer Institutsgruppe, einer Finanzholding-Gruppe und einer gemischten Finanzholding-Gruppe, der auch ein CRR-Kreditinstitut angehört, Anzeigepflichten begründen und nähere Bestimmungen über Art, Umfang, Zeitpunkt und Form der Informationen und Vorlagen von Unterlagen und über die zulässigen Datenträger, Übertragungswege und Datenformate erlassen, soweit dies zur Erfüllung der Aufgaben der Bundesanstalt erforderlich ist, insbesondere um alle Informationen zu erhalten, die die Bundesanstalt im Rahmen des Verbots des § 3 Absatz 2 und 4 Satz 1 sowie für die Ermittlung von Art und Umfang der Geschäfte im Sinne des § 3 Absatz 2 Satz 2 und Absatz 4 Satz 1 benötigt. [2]Es kann diese Ermächtigung durch Rechtsverordnung auf die Bundesanstalt mit der Maßgabe übertragen, dass Rechtsverordnungen der Bundesanstalt im Einvernehmen mit der Deutschen Bundesbank ergehen. [3]Vor Erlass der Rechtsverordnung sind die Spitzenverbände der Institute anzuhören.

(5) Das Verwaltungs- oder Aufsichtsorgan des Finanzhandelsinstituts, des CRR-Kreditinstituts oder des übergeordneten Unternehmens der Institutsgruppe, der Finanzholding-Gruppe sowie der gemischten Finanzholding-Gruppe, der auch ein CRR-Kreditinstitut angehört, hat sich regelmäßig und anlassbezogen über die Geschäfte des Finanzhandelsinstituts sowie die damit verbundenen Risiken zu informieren und insbesondere auch die Einhaltung der vorgenannten Anforderungen zu überwachen.

(6) Das Finanzhandelsinstitut darf keine Zahlungsdienste erbringen und nicht das E-Geld-Geschäft im Sinne des Zahlungsdiensteaufsichtsgesetzes betreiben.

(7) Die Bundesanstalt kann gegenüber dem CRR-Kreditinstitut, dem übergeordneten Unternehmen einer Institutsgruppe, einer Finanzholding-Gruppe oder einer gemischten Finanzholding-Gruppe, der ein CRR-Kreditinstitut angehört, sowie gegenüber dem Finanzhandelsinstitut Anordnungen treffen, die geeignet und erforderlich sind, die ordnungsgemäße Geschäftsorganisation auch im Sinne der Absätze 1 bis 6 sicherzustellen.

5a. Bargeldloser Zahlungsverkehr; Verhinderung von Geldwäsche, Terrorismusfinanzierung und sonstigen strafbaren Handlungen zu Lasten der Institute

§ 25g Einhaltung der besonderen organisatorischen Pflichten im bargeldlosen Zahlungsverkehr

(1) Die Bundesanstalt überwacht die Einhaltung der Pflichten der Kreditinstitute nach

1. der Verordnung (EU) 2015/847 des Europäischen Parlaments und des Rates vom 20. Mai 2015 über die Übermittlung von Angaben bei Geldtransfers und zur Aufhebung der Verordnung (EU) Nr. 1781/2006 (ABl. L 141 vom 5.6.2015, S. 1),
2. der Verordnung (EG) Nr. 924/2009 des Europäischen Parlaments und des Rates vom 16. September 2009 über grenzüberschreitende Zahlungen in der Gemeinschaft und zur Aufhebung der Verordnung (EG) Nr. 2560/2001 (ABl. L 266 vom 9.10.2009, S. 1), die durch die Verordnung (EU) Nr. 260/2012 (ABl. L 94 vom 30.3.2012, S. 22) geändert worden ist,
3. der Verordnung (EU) Nr. 260/2012 zur Festlegung der technischen Vorschriften und der Geschäftsanforderungen für Überweisungen und Lastschriften in Euro und zur Änderung der Verordnung (EG) Nr. 924/2009 (ABl. L 94 vom 30.3.2012, S. 22) und
4. der Verordnung (EU) 2015/751 des Europäischen Parlaments und des Rates vom 29. April 2015 über Interbankenentgelte für kartengebundene Zahlungsvorgänge (ABl. L 123 vom 19.5.2015, S. 1).

(2) Ein Kreditinstitut muss über interne Verfahren und Kontrollsysteme verfügen, die die Einhaltung der Pflichten nach den Verordnungen nach Absatz 1 Nummer 1 bis 4 gewährleisten.

(3) Die Bundesanstalt kann gegenüber einem Kreditinstitut und seinen Geschäftsleitern Anordnungen treffen, die geeignet und erforderlich sind, um Verstöße gegen die Pflichten nach den Verordnungen nach Absatz 1 Nummer 1 bis 4 zu verhindern oder zu unterbinden.

§ 25h[1] Interne Sicherungsmaßnahmen

(1) [1]Institute sowie Finanzholding-Gesellschaften und gemischte Finanzholding-Gesellschaften nach § 25l müssen unbeschadet der in § 25a Absatz 1 dieses Gesetzes und der in den §§ 4 bis 6 des Geldwäschegesetzes aufgeführten Pflichten über ein angemessenes Risikomanagement sowie über interne Sicherungsmaßnahmen verfügen, die der Verhinderung von strafbaren Handlungen, die zu einer Gefährdung des Vermögens des Instituts führen können, dienen. [2]Sie haben dafür angemessene geschäfts- und kundenbezogene Sicherungssysteme zu schaffen und zu aktualisieren sowie Kontrollen durchzuführen. [3]Hierzu gehört auch die fortlaufende Entwicklung geeigneter Strategien und Sicherungsmaßnahmen zur Verhinderung des Missbrauchs von neuen Finanzprodukten und Technologien für Zwecke der Geldwäsche und der Terrorismusfinanzierung oder der Begünstigung der Anonymität von Geschäftsbeziehungen und Transaktionen.

(2) [1]Kreditinstitute haben unbeschadet des § 10 Absatz 1 Nummer 5 des Geldwäschegesetzes Datenverarbeitungssysteme zu betreiben und zu aktualisieren, mittels derer sie in der Lage sind, Geschäftsbeziehungen und einzelne Transaktionen im Zahlungsverkehr zu erkennen, die auf Grund des öffentlich und im Kreditinstitut verfügbaren Erfahrungswissens über die Methoden der Geldwäsche, der Terrorismusfinanzierung und über die sonstigen strafbaren Handlungen im Sinne von Absatz 1 im Verhältnis zu ver-

---

1) § 25h Abs. 1 geändert durch Gesetz vom 12.12.2019 (BGBl. I S. 2602).

gleichbaren Fällen besonders komplex oder groß sind, ungewöhnlich ablaufen oder ohne offensichtlichen wirtschaftlichen oder rechtmäßigen Zweck erfolgen. ²Die Kreditinstitute dürfen personenbezogene Daten verarbeiten, soweit dies zur Erfüllung dieser Pflicht erforderlich ist. ³Die Bundesanstalt kann Kriterien bestimmen, bei deren Vorliegen Kreditinstitute vom Einsatz von Systemen nach Satz 1 absehen können.

(3) ¹Jede Transaktion, die im Verhältnis zu vergleichbaren Fällen besonders komplex oder groß ist, ungewöhnlich abläuft oder ohne offensichtlichen wirtschaftlichen oder rechtmäßigen Zweck erfolgt, ist von Instituten im Sinne von Absatz 1 unbeschadet des § 15 des Geldwäschegesetzes mit angemessenen Maßnahmen zu untersuchen, um das Risiko der Transaktion im Hinblick auf strafbare Handlungen im Sinne von Absatz 1 Satz 1 überwachen, einschätzen und gegebenenfalls die Erstattung einer Strafanzeige gemäß § 158 der Strafprozessordnung prüfen zu können. ²Die Institute haben diese Transaktionen, die durchgeführten Untersuchungen und deren Ergebnisse nach Maßgabe des § 8 des Geldwäschegesetzes angemessen zu dokumentieren, um gegenüber der Bundesanstalt darlegen zu können, dass diese Sachverhalte nicht darauf schließen lassen, dass eine strafbare Handlung im Sinne von Absatz 1 Satz 1 begangen oder versucht wurde oder wird. ³Absatz 2 Satz 2 gilt entsprechend. ⁴Auf Institute ist § 47 Absatz 5 des Geldwäschegesetzes entsprechend anzuwenden für Informationen über konkrete Sachverhalte, die Auffälligkeiten oder Ungewöhnlichkeiten enthalten, die auf andere strafbare Handlungen als auf Geldwäsche, auf eine ihrer Vortaten oder auf Terrorismusfinanzierung hindeuten.

(4) ¹Institute dürfen interne Sicherungsmaßnahmen nach Absatz 1 Satz 1 nach vorheriger Anzeige bei der Bundesanstalt im Rahmen von vertraglichen Vereinbarungen durch einen Dritten durchführen lassen. ²Die Bundesanstalt kann die Rückübertragung auf das Institut dann verlangen, wenn der Dritte nicht die Gewähr dafür bietet, dass die Sicherungsmaßnahmen ordnungsgemäß durchgeführt werden oder die Steuerungsmöglichkeiten der Institute und die Kontrollmöglichkeiten der Bundesanstalt beeinträchtigt werden könnten. ³Die Verantwortung für die Sicherungsmaßnahmen verbleibt bei den Instituten.

(5) Die Bundesanstalt kann gegenüber einem Institut im Einzelfall Anordnungen treffen, die geeignet und erforderlich sind, die in den Absätzen 1 bis 3 genannten Vorkehrungen zu treffen.

(6) Die Deutsche Bundesbank gilt als Institut im Sinne der Absätze 1 bis 4.

(7) ¹Die Funktion des Geldwäschebeauftragten im Sinne des § 7 des Geldwäschegesetzes und die Pflichten zur Verhinderung strafbarer Handlungen im Sinne des Absatzes 1 Satz 1 werden im Institut von einer Stelle wahrgenommen. ²Die Bundesanstalt kann auf Antrag des Instituts zulassen, dass eine andere Stelle im Institut für die Verhinderung der strafbaren Handlungen zuständig ist, soweit hierfür ein wichtiger Grund vorliegt.

§ 25i[1)] Allgemeine Sorgfaltspflichten in Bezug auf E-Geld

(1) Kreditinstitute haben bei der Ausgabe von E-Geld die Pflichten nach § 10 Absatz 1 des Geldwäschegesetzes zu erfüllen, auch wenn die Schwellenwerte nach § 10 Absatz 3 Nummer 2 des Geldwäschegesetzes nicht erreicht werden.

(2) ¹In den Fällen des Absatzes 1 können die Kreditinstitute unbeschadet des § 14 des Geldwäschegesetzes von den Pflichten nach § 10 Absatz 1 Nummer 1 bis 4 des Geldwäschegesetzes absehen, wenn

1. das Zahlungsinstrument nicht wieder aufgeladen werden kann oder wenn ein wiederaufladbares Zahlungsinstrument nur im Inland genutzt werden kann und die

1) § 25i geändert durch Gesetz vom 12.12.2019 (BGBl. I S. 2602).

Zahlungsvorgänge, die mit ihm ausgeführt werden können, auf monatlich 150 Euro begrenzt sind,

2. der elektronisch gespeicherte Betrag 150 Euro nicht übersteigt,
3. das Zahlungsinstrument ausschließlich für den Kauf von Waren und Dienstleistungen genutzt wird,
4. das Zahlungsinstrument nicht mit anonymem E-Geld erworben oder aufgeladen werden kann,
5. das Kreditinstitut die Transaktionen oder die Geschäftsbeziehung in ausreichendem Umfang überwacht, um die Aufdeckung ungewöhnlicher oder verdächtiger Transaktionen zu ermöglichen, und
6. ein Rücktausch des E-Geldes durch Barauszahlung, sofern es sich um mehr als 50 Euro handelt, ausgeschlossen ist oder bei Fernzahlungsvorgängen im Sinne des § 1 Absatz 19 des Zahlungsdiensteaufsichtsgesetzes der gezahlte Betrag 50 Euro pro Transaktion nicht übersteigt.

[2]Beim Schwellenwert nach Satz 1 Nummer 1 ist es unerheblich, ob der E-Geld-Inhaber das E-Geld über einen Vorgang oder über verschiedene Vorgänge erwirbt, sofern Anhaltspunkte dafür vorliegen, dass zwischen den verschiedenen Vorgängen eine Verbindung besteht.

(3) [1]Soweit E-Geld über einen wiederaufladbaren E-Geld-Träger ausgegeben wird, hat das ausgebende Kreditinstitut Dateien zu führen, in denen alle an identifizierte E-Geld-Inhaber ausgegebenen und zurückgetauschten E-Geld-Beträge mit Zeitpunkt und ausgebender oder rücktauschender Stelle aufgezeichnet werden. [2]§ 8 des Geldwäschegesetzes ist entsprechend anzuwenden.

(3a) Kreditinstitute dürfen Zahlungen mit in Drittstaaten ausgestellten anonymen Guthabenkarten nur akzeptieren, wenn diese Karten die Anforderungen erfüllen, die den in Absatz 2 genannten gleichwertig sind.

(4) [1]Liegen Tatsachen vor, die die Annahme rechtfertigen, dass bei der Verwendung eines E-Geld-Trägers

1. die Voraussetzungen nach Absatz 2 nicht eingehalten werden oder
2. im Zusammenhang mit technischen Verwendungsmöglichkeiten des E-Geld-Trägers, dessen Vertrieb, Verkauf und der Einschaltung von bestimmten Akzeptanzstellen ein erhöhtes Risiko der Geldwäsche oder der Terrorismusfinanzierung nach § 1 Absatz 1 Nummer 1 und 2 des Geldwäschegesetzes oder ein erhöhtes Risiko sonstiger strafbarer Handlungen nach § 25h Absatz 1 besteht,

so kann die Bundesanstalt dem Kreditinstitut, das das E-Geld ausgibt, Anordnungen erteilen. [2]Insbesondere kann sie

1. die Ausgabe, den Verkauf und die Verwendung eines solchen E-Geld-Trägers untersagen,
2. sonstige geeignete und erforderliche technische Änderungen dieses E-Geld-Trägers verlangen oder
3. das E-Geld ausgebende Institut dazu verpflichten, dass es dem Risiko angemessene interne Sicherungsmaßnahmen ergreift.

§ 25j Zeitpunkt der Identitätsüberprüfung

[1]Abweichend von § 11 Absatz 1 des Geldwäschegesetzes kann die Überprüfung der Identität des Vertragspartners, einer für diesen auftretenden Person und des wirtschaftlich Berechtigten auch unverzüglich nach der Eröffnung eines Kontos oder Depots abgeschlossen werden. [2]In diesem Fall muss sichergestellt sein, dass vor Abschluss der

Überprüfung der Identität keine Gelder von dem Konto oder dem Depot abverfügt werden können. [3]Für den Fall einer Rückzahlung eingegangener Gelder dürfen diese nur an den Einzahler ausgezahlt werden.

§ 25k Verstärkte Sorgfaltspflichten

(1) Abweichend von § 10 Absatz 3 Satz 1 Nummer 2 Buchstabe b des Geldwäschegesetzes bestehen die Sorgfaltspflichten nach § 10 Absatz 1 Nummer 1, 2 und 4 des Geldwäschegesetzes für Institute bei der Annahme von Bargeld ungeachtet etwaiger im Geldwäschegesetz oder in diesem Gesetz genannter Schwellenbeträge, soweit ein Sortengeschäft nach § 1 Absatz 1a Satz 2 Nummer 7 nicht über ein bei dem Institut eröffnetes Konto des Kunden abgewickelt wird und die Transaktion einen Wert von 2 500 Euro oder mehr aufweist.

(2) Institute, die Factoring nach § 1 Absatz 1a Satz 2 Nummer 9 betreiben, haben angemessene Maßnahmen zu ergreifen, um einem erkennbar erhöhten Geldwäscherisiko bei der Annahme von Zahlungen von Debitoren zu begegnen, die bei Abschluss des Rahmenvertrags unbekannt waren.

§ 25l Geldwäscherechtliche Pflichten für Finanzholding-Gesellschaften

[1]Finanzholding-Gesellschaften oder gemischte Finanzholding-Gesellschaften, die nach § 10a als übergeordnetes Unternehmen gelten oder von der Bundesanstalt als solches bestimmt wurden, sind Verpflichtete nach § 2 Absatz 1 Nummer 1 des Geldwäschegesetzes. [2]Sie unterliegen insoweit auch der Aufsicht der Bundesanstalt nach § 50 Nummer 1 in Verbindung mit § 41 Absatz 1 des Geldwäschegesetzes.

§ 25m Verbotene Geschäfte

Verboten sind:

1. die Aufnahme oder Fortführung einer Korrespondenz- oder sonstigen Geschäftsbeziehung mit einer Bank-Mantelgesellschaft nach § 1 Absatz 22 des Geldwäschegesetzes und
2. die Errichtung und Führung von solchen Konten auf den Namen des Instituts oder für dritte Institute, über die die Kunden des Instituts oder dritten Instituts zur Durchführung von eigenen Transaktionen eigenständig verfügen können; § 154 Absatz 1 der Abgabenordnung bleibt unberührt.

§ 25n[1)] Einstufung als bedeutendes Institut

(1) Ein Institut ist bedeutend im Sinne des § 25a Absatz 5a, wenn seine Bilanzsumme im Durchschnitt zu den jeweiligen Stichtagen der letzten drei abgeschlossenen Geschäftsjahre 15 Milliarden Euro erreicht oder überschritten hat, es sei denn, das Institut weist der Aufsichtsbehörde gemäß § 1 Absatz 5 des Kreditwesengesetzes auf der Grundlage einer Risikoanalyse gemäß Absatz 5 nach, dass es nicht bedeutend ist.

(2) Als bedeutende Institute im Sinne des Absatzes 1 gelten

1. Institute, die eine der Bedingungen gemäß Artikel 6 Absatz 4 Unterabsatz 2 der Verordnung (EU) Nr. 1024/2013 des Rates vom 15. Oktober 2013 zur Übertragung besonderer Aufgaben im Zusammenhang mit der Aufsicht über Kreditinstitute auf die Europäische Zentralbank (ABl. L 287 vom 29.10.2013, S. 63; L 218 vom 19.8.2015, S. 82) erfüllen,
2. Institute, die als potenziell systemgefährdend gemäß § 20 Absatz 1 Satz 3 des Sanierungs- und Abwicklungsgesetzes eingestuft wurden, und

1) § 25n neu gefasst durch Gesetz vom 25.3.2019 (BGBl. I S. 357).

3. Finanzhandelsinstitute gemäß § 25f Absatz 1.

(3) [1]Die Aufsichtsbehörde gemäß § 1 Absatz 5 kann ein Institut, dessen Bilanzsumme im Durchschnitt zu den jeweiligen Stichtagen der letzten drei abgeschlossenen Geschäftsjahre 15 Milliarden Euro nicht erreicht hat, als bedeutend im Sinne des Absatzes 1 einstufen, wenn dies hinsichtlich der Vergütungsstruktur des Instituts sowie hinsichtlich von Art, Umfang, Komplexität, Risikogehalt und Internationalität der Geschäftsaktivitäten geboten ist. [2]Geboten ist eine Einstufung als bedeutend insbesondere dann, wenn

1. das Institut hohe außerbilanzielle Positionen aufweist, insbesondere in derivativen Instrumenten,
2. das Institut in hohem Umfang als Originator, Sponsor oder Investor von Verbriefungstransaktionen tätig ist oder sich hierfür einer Verbriefungszweckgesellschaft gemäß Artikel 4 Absatz 1 Nummer 66 der Verordnung (EU) Nr. 575/2013 bedient,
3. das Institut hohe Positionen im Handelsbuch gemäß Artikel 4 Absatz 1 Nummer 86 der Verordnung (EU) Nr. 575/2013 inne hat oder
4. die Vergütungsstrukturen innerhalb des Instituts durch einen hohen Anteil variabler Vergütung an der Gesamtvergütung gekennzeichnet sind.

(4) Wird ein gruppenangehöriges Institut als bedeutend im Sinne des Absatzes 1 eingestuft, gelten auch alle anderen Institute, die derselben Gruppe angehören und deren jeweilige Bilanzsumme im Durchschnitt zu den jeweiligen Stichtagen der letzten drei abgeschlossenen Geschäftsjahre 15 Milliarden Euro erreicht oder überschritten hat, als bedeutend.

(5) [1]Bei der Risikoanalyse sind insbesondere die Größe des Instituts, seine Vergütungsstruktur sowie Art, Umfang, Komplexität, Risikogehalt und Internationalität der Geschäftsaktivitäten sowie die in Absatz 3 Satz 2 Nummer 1 bis 4 genannten Kriterien entsprechend zu berücksichtigen. [2]Die Risikoanalyse muss plausibel, umfassend und für Dritte nachvollziehbar sein. [3]Sie ist jährlich durchzuführen und schriftlich oder elektronisch zu dokumentieren.

5b. Vorlage von Rechnungslegungsunterlagen

§ 26 Vorlage von Jahresabschluß, Lagebericht und Prüfungsberichten

(1) [1]Die Institute haben den Jahresabschluß in den ersten drei Monaten des Geschäftsjahres für das vergangene Geschäftsjahr aufzustellen und den aufgestellten sowie später den festgestellten Jahresabschluß und den Lagebericht der Bundesanstalt und der Deutschen Bundesbank nach Maßgabe des Satzes 2 jeweils unverzüglich einzureichen. [2]Der Jahresabschluß muß mit dem Bestätigungsvermerk oder einem Vermerk über die Versagung der Bestätigung versehen sein. [3]Der Abschlußprüfer hat den Bericht über die Prüfung des Jahresabschlusses (Prüfungsbericht) unverzüglich nach Beendigung der Prüfung der Bundesanstalt und der Deutschen Bundesbank einzureichen. [4]Bei Kreditinstituten, die einem genossenschaftlichen Prüfungsverband angehören oder durch die Prüfungsstelle eines Sparkassen- und Giroverbandes geprüft werden, hat der Abschlußprüfer den Prüfungsbericht nur auf Anforderung der Bundesanstalt einzureichen.

(2) Hat im Zusammenhang mit einer Sicherungseinrichtung eine zusätzliche Prüfung stattgefunden, hat der Prüfer oder der Prüfungsverband den Bericht über diese Prüfung der Bundesanstalt und der Deutschen Bundesbank unverzüglich einzureichen.

(3) [1]Ein Institut, das einen Konzernabschluß oder einen Konzernlagebericht aufstellt, hat diese Unterlagen der Bundesanstalt und der Deutschen Bundesbank unverzüglich einzureichen. [2]Das übergeordnete Unternehmen einer Finanzholding-Gruppe im Sinne des § 10a, einer gemischten Finanzholding-Gruppe im Sinne des § 10a oder eines Fi-

nanzkonglomerats hat einen Konzernabschluss oder einen Konzernlagebericht unverzüglich einzureichen, wenn die Finanzholding-Gesellschaft an der Spitze der Finanzholding-Gruppe oder die gemischte Finanzholding-Gesellschaft an der Spitze der gemischten Finanzholding-Gruppe oder des Finanzkonglomerats einen Konzernabschluss oder Konzernlagebericht aufstellt. [3]Der Konzernabschlussprüfer hat die Prüfungsberichte über die in den Sätzen 1 und 2 genannten Konzernabschlüsse und Konzernlageberichte unverzüglich nach Beendigung seiner Prüfung bei der Bundesanstalt und der Deutschen Bundesbank einzureichen. [4]Bei Kreditinstituten, die einem genossenschaftlichen Prüfungsverband angehören oder durch die Prüfungsstelle eines Sparkassen- und Giroverbandes geprüft werden, hat der Prüfer den Prüfungsbericht nur auf Anforderung der Bundesanstalt einzureichen.

(4) Die Bestimmungen des Absatzes 3 gelten entsprechend für einen Einzelabschluss nach § 325 Abs. 2a des Handelsgesetzbuchs.

5c. Offenlegung

§ 26a[1] Offenlegung durch die Institute

(1) [1]Zusätzlich zu den Angaben, die nach den Artikeln 435 bis 455 der Verordnung (EU) Nr. 575/2013 in der jeweils geltenden Fassung zu machen sind, sind die rechtliche und die organisatorische Struktur sowie die Grundsätze einer ordnungsgemäßen Geschäftsführung der Gruppe darzustellen. [2]Die CRR-Institute haben darüber hinaus auf konsolidierter Basis, aufgeschlüsselt nach Mitgliedstaaten der Europäischen Union und Drittstaaten, in denen die Institute über Niederlassungen verfügen, folgende Angaben in eine Anlage zum Jahresabschluss im Sinne des § 26 Absatz 1 Satz 2 aufzunehmen, von einem Abschlussprüfer nach Maßgabe des § 340k des Handelsgesetzbuchs prüfen zu lassen und offenzulegen:

1. die Firmenbezeichnungen, die Art der Tätigkeiten und die geografische Lage der Niederlassungen,
2. den Umsatz,
3. die Anzahl der Lohn- und Gehaltsempfänger in Vollzeitäquivalenten,
4. Gewinn oder Verlust vor Steuern,
5. Steuern auf Gewinn oder Verlust,
6. erhaltene öffentliche Beihilfen.

[3]Ist das CRR-Institut in den Konzernabschluss eines anderen Mutterunternehmens mit Sitz in einem Mitgliedstaat der Europäischen Union oder in einem Vertragsstaat des Abkommens über den Europäischen Wirtschaftsraum einbezogen, das den Anforderungen der Richtlinie 2013/36/EU unterworfen ist, braucht es die Angaben nach Satz 2 nicht zu machen. [4]In ihrem Jahresbericht legen die CRR-Institute ihre Kapitalrendite, berechnet als Quotient aus Nettogewinn und Bilanzsumme offen. [5]Global systemrelevante Institute, die im Inland zugelassen sind, sind verpflichtet, der Europäischen Kommission die in Satz 2 Nummer 4 bis 6 genannten Angaben bis zum 1. Juli 2014 auf vertraulicher Basis zu übermitteln. [6]Das Nähere zu den Anforderungen in Satz 2 bis 5 regelt die Rechtsverordnung nach § 10 Absatz 1 Satz 1 Nummer 10.

(2) [1]Kommt ein Institut seinen Offenlegungspflichten in anderen als den in Artikel 432 der Verordnung (EU) Nr. 575/2013 in der jeweils geltenden Fassung genannten Fällen nicht, nicht richtig, nicht vollständig oder nicht rechtzeitig nach, kann die Bundesanstalt im Einzelfall Anordnungen treffen, die geeignet und erforderlich sind, die ordnungs-

---

1) Zur erstmaligen Anwendung siehe § 64r.

gemäße Offenlegung der Informationen zu veranlassen. [2]Die Bundesanstalt kann von den Artikeln 433 und 434 der Verordnung (EU) Nr. 575/2013 in der jeweils geltenden Fassung abweichende Zeitpunkte und Orte für die Veröffentlichung festlegen oder die Offenlegung zusätzlicher Informationen verlangen.

§ 26b *(weggefallen)*

6. Prüfung und Prüferbestellung

§ 27 *(aufgehoben)*

§ 28 Bestellung des Prüfers in besonderen Fällen

(1) [1]Die Institute haben der Bundesanstalt und der Deutschen Bundesbank den von ihnen bestellten Prüfer unverzüglich nach der Bestellung anzuzeigen. [2]Die Bundesanstalt kann innerhalb eines Monats nach Zugang der Anzeige die Bestellung eines anderen Prüfers verlangen, wenn dies zur Erreichung des Prüfungszwecks geboten ist. [3]Hat das Institut eine Wirtschaftsprüfungsgesellschaft zum Prüfer bestellt, die in einem der beiden vorangegangenen Geschäftsjahre Prüfer des Instituts war, kann die Bundesanstalt den Wechsel des verantwortlichen Prüfungspartners verlangen, wenn die vorangegangene Prüfung einschließlich des Prüfungsberichts den Prüfungszweck nicht erfüllt hat; § 319a Absatz 1 Satz 4 des Handelsgesetzbuchs gilt entsprechend. [4]Widerspruch und Anfechtungsklage gegen Maßnahmen nach Satz 2 oder Satz 3 haben keine aufschiebende Wirkung.

(2) [1]Das Gericht des Sitzes des Instituts hat auf Antrag der Bundesanstalt einen Prüfer zu bestellen, wenn

1. die Anzeige nach Absatz 1 Satz 1 nicht unverzüglich nach Ablauf des Geschäftsjahres erstattet wird;
2. das Institut dem Verlangen auf Bestellung eines anderen Prüfers nach Absatz 1 Satz 2 nicht unverzüglich nachkommt;
3. der gewählte Prüfer die Annahme des Prüfungsauftrages abgelehnt hat, weggefallen ist oder am rechtzeitigen Abschluß der Prüfung verhindert ist und das Institut nicht unverzüglich einen anderen Prüfer bestellt hat.

[2]Die Bestellung durch das Gericht ist endgültig. [3]§ 318 Abs. 5 des Handelsgesetzbuchs ist entsprechend anzuwenden. [4]Das Gericht kann auf Antrag der Bundesanstalt einen nach Satz 1 bestellten Prüfer abberufen.

(3) Die Absätze 1 und 2 gelten nicht für Institute, die einem genossenschaftlichen Prüfungsverband angehören oder durch die Prüfungsstelle eines Sparkassen- und Giroverbandes geprüft werden.

§ 29[1)] Besondere Pflichten des Prüfers

(1) [1]Bei der Prüfung des Jahresabschlusses sowie eines Zwischenabschlusses hat der Prüfer auch die wirtschaftlichen Verhältnisse des Instituts zu prüfen. [2]Bei der Prüfung des Jahresabschlusses hat er insbesondere festzustellen, ob das Institut die folgenden Anzeigepflichten und Anforderungen erfüllt hat:

1. die Anzeigepflichten nach den §§ 11, 12a, 14 Absatz 1 sowie nach der Verordnung (EU) Nr. 575/2013 in ihrer jeweils geltenden Fassung, nach den §§ 15, 24 und 24a jeweils auch in Verbindung mit einer Rechtsverordnung nach § 24 Absatz 4 Satz 1,

---

1) § 29 Abs. 2 geändert durch Gesetz vom 12.12.2019 (BGBl. I S. 2637).

nach § 24a auch in Verbindung mit einer Rechtsverordnung nach § 24a Absatz 5, sowie

2. die Anforderungen
   a) nach den §§ 10a, 10c bis 10i jeweils auch in Verbindung mit einer Rechtsverordnung nach § 10 Absatz 1 Satz 1 Nummer 5, nach den §§ 11, 13 bis 13c, 18, 18a, 25 Absatz 1 und 2, § 25a Absatz 1 Satz 3 jeweils auch in Verbindung mit einer Rechtsverordnung nach § 25 Absatz 3 und § 25a Absatz 5 auch in Verbindung mit einer Rechtsverordnung nach § 25a Absatz 6, nach § 25a Absatz 1 Satz 6 Nummer 1, Absatz 3, nach den §§ 25b, 25c Absatz 2 bis 4b, § 25d Absatz 3 bis 12, § 26a, nach den §§ 13 und 14 Absatz 1, jeweils auch in Verbindung mit einer Rechtsverordnung nach § 22, nach § 51a Absatz 1 auch in Verbindung mit einer Rechtsverordnung nach § 51a Absatz 1, nach § 51b Absatz 1 auch in Verbindung mit einer Rechtsverordnung nach § 51b Absatz 2 und nach § 51c Absatz 1,
   b) nach den §§ 17, 20, 23, 25 und 27 des Finanzkonglomerate-Aufsichtsgesetzes,
   c) nach Artikel 4 Absatz 1, 2 und 3 Unterabsatz 2, Artikel 9 Absatz 1 bis 4 sowie Artikel 11 Absatz 1 bis 10, 11 Unterabsatz 1 und Absatz 12 der Verordnung (EU) Nr. 648/2012,
   d) nach den Artikeln 92 bis 386 der Verordnung (EU) Nr. 575/2013 auch in Verbindung mit einer Rechtsverordnung nach § 10 Absatz 1 Satz 1, nach den Artikeln 387 bis 403 der Verordnung (EU) Nr. 575/2013 auch in Verbindung mit einer Rechtsverordnung nach § 13 Absatz 1 Satz 1,
   e) nach Artikel 4 Absatz 1 Unterabsatz 1, Artikel 5a Absatz 1 sowie nach den Artikeln 8b bis 8d der Verordnung (EG) Nr. 1060/2009 in der jeweils geltenden Fassung, soweit es nicht nach § 29 Absatz 2 in Verbindung mit § 89 Absatz 1 Satz 1 des Wertpapierhandelsgesetzes geprüft wird,
   f) nach Artikel 9 der Verordnung (EU) Nr. 909/2014 sowie von der Europäischen Kommission erlassener darauf basierender technischer Regulierungs- und Durchführungsstandards,
   g) nach Artikel 4 Absatz 1 bis 5 und Artikel 15 der Verordnung (EU) 2015/2365 des Europäischen Parlaments und des Rates vom 25. November 2015 über die Transparenz von Wertpapierfinanzierungsgeschäften und der Weiterverwendung sowie zur Änderung der Verordnung (EU) Nr. 648/2012 (ABl. L 337 vom 23.12.2015, S. 1),
   h) nach den Artikeln 16, 23 Absatz 3 Satz 1, Absatz 5, 6 und 10, nach Artikel 28 Absatz 2 sowie nach Artikel 29 der Verordnung (EU) 2016/1011 des Europäischen Parlaments und des Rates vom 8. Juni 2016 über Indizes, die bei Finanzinstrumenten und Finanzkontrakten als Referenzwert oder zur Messung der Weiterentwicklung eines Investmentfonds verwendet werden, und zur Änderung der Richtlinien 2008/48/EG und 2014/17/EU sowie der Verordnung (EU) Nr. 596/2014 (ABl. L 171 vom 29.6.2016, S. 1),
   i) nach Artikel 28 Absatz 1 bis 3 der Verordnung (EU) Nr. 600/2014 und
   j) nach den Artikeln 5 bis 9, 18 bis 26, 27 Absatz 1 und 4 sowie nach Artikel 43 Absatz 5 und 6 der Verordnung (EU) 2017/2402.

[3]Ist ein Institut nach § 2a Absatz 1 freigestellt, hat der Prüfer den Fortbestand der in Artikel 7 der Verordnung (EU) Nr. 575/2013 in der jeweils geltenden Fassung genannten Voraussetzungen zu prüfen. [4]Ist ein Institut nach § 2a Absatz 3 freigestellt, hat der Prüfer den Fortbestand der in Artikel 8 der Verordnung (EU) Nr. 575/2013 in der jeweils geltenden Fassung genannten Voraussetzungen zu prüfen. [5]Hat die Bundesanstalt nach § 30

gegenüber dem Institut Bestimmungen über den Inhalt der Prüfung getroffen, sind diese vom Prüfer zu berücksichtigen. [6]Sofern dem haftenden Eigenkapital des Instituts nicht realisierte Reserven zugerechnet werden, hat der Prüfer des Jahresabschlusses auch zu prüfen, ob bei der Ermittlung dieser Reserven in der bis zum 31. Dezember 2013 geltenden Fassung beachtet worden ist. [7]Bei einem Kreditinstitut, das aufgefordert wurde, einen Sanierungsplan nach § 12 des Sanierungs- und Abwicklungsgesetzes aufzustellen, hat der Prüfer auch zu prüfen, ob der Sanierungsplan die Voraussetzungen nach § 12 Absatz 1 sowie nach § 13 Absatz 1 bis 4 des Sanierungs- und Abwicklungsgesetzes erfüllt. [8]Das Ergebnis ist in den Prüfungsbericht aufzunehmen.

(1a) [1]Absatz 1 gilt hinsichtlich der Anforderungen nach Artikel 4 Absatz 1, 2 und 3 Unterabsatz 2, Artikel 9 Absatz 1 bis 4 sowie Artikel 11 Absatz 1 bis 10, 11 Unterabsatz 1 und Absatz 12 der Verordnung (EU) Nr. 648/2012 für die Prüfung des Jahresabschlusses von zentralen Gegenparteien mit der Maßgabe, dass der Prüfer zusätzlich zu prüfen hat, ob die Anforderungen nach Artikel 7 Absatz 1 bis 4, Artikel 8 Absatz 1 bis 4, den Artikeln 26, 29 und 33 bis 54 der Verordnung (EU) Nr. 648/2012 und nach Artikel 29 Absatz 2, den Artikeln 30 und 35 der Verordnung (EU) Nr. 600/2014 sowie der gemäß diesen Artikeln erlassenen technischen Regulierungsstandards eingehalten sind. [2]Satz 1 gilt entsprechend für den verkürzten Abschluss einer zentralen Gegenpartei, wenn ein solcher nach den gesetzlichen Vorgaben zu erstellen ist.

(1b) [1]Bei der Prüfung des Jahresabschlusses eines Zentralverwahrers ist auch zu prüfen, ob die Anforderungen nach den Artikeln 6, 7, 26 bis 53, 54 Absatz 3 und nach Artikel 59 der Verordnung (EU) Nr. 909/2014 sowie nach den gemäß diesen Artikeln von der Europäischen Kommission erlassenen technischen Regulierungs- und Durchführungsstandards eingehalten sind. [2]Bei der Prüfung des Jahresabschlusses eines Kreditinstituts, das von einem Zentralverwahrer nach Artikel 54 Absatz 4 der Verordnung (EU) Nr. 909/2014 dazu benannt wurde, bankartige Nebendienstleistungen zu erbringen, ist zudem zu prüfen, ob die Anforderungen nach Artikel 54 Absatz 4 und Artikel 59 der Verordnung (EU) Nr. 909/2014 sowie nach den gemäß diesen Artikeln von der Europäischen Kommission erlassenen technischen Regulierungs- und Durchführungsstandards eingehalten sind. [3]Die Sätze 1 und 2 gelten entsprechend für den verkürzten Abschluss eines Zentralverwahrers, wenn ein solcher nach den gesetzlichen Vorgaben zu erstellen ist.

(2) [1]Der Prüfer hat auch zu prüfen, ob das Institut seinen Verpflichtungen nach den §§ 24c und 25g Absatz 1 und 2, den §§ 25h bis 25m und dem Geldwäschegesetz nachgekommen ist; bei Kreditinstituten hat der Prüfer auch zu prüfen, ob das Kreditinstitut seinen Verpflichtungen nach der Verordnung (EG) Nr. 924/2009, der Verordnung (EU) Nr. 260/2012, der Verordnung (EU) 2015/847 des Europäischen Parlaments und des Rates vom 20. Mai 2015 über die Übermittlung von Angaben bei Geldtransfers und zur Aufhebung der Verordnung (EU) Nr. 1781/2006 (ABl. L 141 vom 5.6.2015, S. 1) und dem Zahlungskontengesetz nachgekommen ist. [2]Zudem hat er die Einhaltung der Mitteilungs- und Veröffentlichungspflichten und sonstigen Anforderungen der Artikel 5 bis 10 und 12 bis 14 der Verordnung (EU) Nr. 236/2012 des Europäischen Parlaments und des Rates vom 14. März 2012 über Leerverkäufe und bestimmte Aspekte von Credit Default Swaps (ABl. L 86 vom 24.3.2012, S. 1) zu prüfen. [3]Bei Instituten, Zweigniederlassungen im Sinne des § 53b und Zweigstellen im Sinne des § 53, die das Depotgeschäft betreiben, hat er dieses Geschäft besonders zu prüfen, soweit es nicht nach § 89 Absatz 1 Satz 2 des Wertpapierhandelsgesetzes zu prüfen ist; diese Prüfung hat sich auch auf die Einhaltung des § 67a Absatz 3 und des § 67b, jeweils auch in Verbindung mit § 125 Absatz 1, 2 und 5 des Aktiengesetzes über Mitteilungspflichten und des § 135 des Aktiengesetzes über die Ausübung des Stimmrechts zu erstrecken. [4]Bei Zentralverwahrern ist auch besonders zu prüfen, ob die Bestimmungen des Depotgesetzes sowie des

§ 67a Absatz 3, des § 67b, jeweils auch in Verbindung mit § 125 Absatz 1, 2 und 5 und des § 135 des Aktiengesetzes eingehalten werden. [5]Bei Pfandbriefbanken im Sinne des § 1 Absatz 1 Satz 1 des Pfandbriefgesetzes ist die Einhaltung der organisatorischen Anforderungen an die Verfahren und Systeme aus § 4 Absatz 4, den §§ 5, 16, 24, 26d, 27, 27a sowie 28 des Pfandbriefgesetzes zu prüfen. [6]Über die Prüfungen nach den Sätzen 1 bis 5 ist jeweils gesondert zu berichten; § 26 Abs. 1 Satz 3 gilt entsprechend.

(3) [1]Der Prüfer hat unverzüglich der Bundesanstalt und der Deutschen Bundesbank anzuzeigen, wenn ihm bei der Prüfung Tatsachen bekanntwerden, welche die Einschränkung oder Versagung des Bestätigungsvermerks rechtfertigen, die den Bestand des Instituts gefährden oder seine Entwicklung wesentlich beeinträchtigen können, die einen erheblichen Verstoß gegen die Vorschriften über die Zulassungsvoraussetzungen des Instituts oder die Ausübung einer Tätigkeit nach diesem Gesetz darstellen oder die schwerwiegende Verstöße der Geschäftsleiter gegen Gesetz, Satzung oder Gesellschaftsvertrag erkennen lassen. [2]Auf Verlangen der Bundesanstalt oder der Deutschen Bundesbank hat der Prüfer ihnen den Prüfungsbericht zu erläutern und sonstige bei der Prüfung bekanntgewordene Tatsachen mitzuteilen, die gegen eine ordnungsmäßige Durchführung der Geschäfte des Instituts sprechen. [3]Die Anzeige-, Erläuterungs- und Mitteilungspflichten nach den Sätzen 1 und 2 bestehen auch in Bezug auf ein Unternehmen, das mit dem Institut in enger Verbindung steht, sofern dem Prüfer die Tatsachen im Rahmen der Prüfung des Instituts bekannt werden. [4]Der Prüfer haftet nicht für die Richtigkeit von Tatsachen, die er nach diesem Absatz in gutem Glauben anzeigt.

(4) [1]Das Bundesministerium der Finanzen wird ermächtigt, im Einvernehmen mit dem Bundesministerium der Justiz und für Verbraucherschutz und nach Anhörung der Deutschen Bundesbank durch Rechtsverordnung nähere Bestimmungen über

1. den Gegenstand der Prüfung nach den Absätzen 1 bis 2,
2. den Zeitpunkt ihrer Durchführung und
3. den Inhalt der Prüfungsberichte

zu erlassen, soweit dies zur Erfüllung der Aufgaben der Bundesanstalt erforderlich ist, insbesondere um Missstände, welche die Sicherheit der einem Institut anvertrauten Vermögenswerte gefährden oder die ordnungsgemäße Durchführung der Bankgeschäfte oder Finanzdienstleistungen beeinträchtigen können, zu erkennen sowie einheitliche Unterlagen zur Beurteilung der von den Instituten durchgeführten Geschäfte zu erhalten. [2]In der Rechtsverordnung kann bestimmt werden, dass die in den Absätzen 1 bis 3 geregelten Pflichten auch bei der Prüfung des Konzernabschlusses einer Institutsgruppe, Finanzholding-Gruppe oder gemischten Finanzholding-Gruppe oder eines Finanzkonglomerats einzuhalten sind; nähere Bestimmungen über den Gegenstand der Prüfung, den Zeitpunkt ihrer Durchführung und den Inhalt des Prüfungsberichts können dabei nach Maßgabe des Satzes 1 erlassen werden. [3]Das Bundesministerium der Finanzen kann die Ermächtigung durch Rechtsverordnung auf die Bundesanstalt übertragen.

§ 30 Bestimmungen von Prüfungsinhalten

[1]Unbeschadet der besonderen Pflichten des Prüfers nach § 29 kann die Bundesanstalt auch gegenüber dem Institut Bestimmungen über den Inhalt der Prüfung treffen, die vom Prüfer im Rahmen der Jahresabschlussprüfung zu berücksichtigen sind. [2]Sie kann insbesondere Schwerpunkte für die Prüfungen festlegen.

7. Befreiungen

§ 31 Befreiungen; Verordnungsermächtigung

(1) [1]Das Bundesministerium der Finanzen kann nach Anhörung der Deutschen Bundesbank durch Rechsverordnung, die nicht der Zustimmung des Bundesrates bedarf,

1. alle Institute oder Arten oder Gruppen von Instituten von der Pflicht zur Anzeige bestimmter Kredite und Tatbestände nach sowie § 24 Abs. 1 Nr. 1 bis 4 und 6 und Abs. 1a, Arten oder Gruppen von Instituten von der Pflicht zur Einreichung von Finanzinformationen nach § 25 oder von der Pflicht nach § 26 Abs. 1 Satz 2, den Jahresabschluß in einer Anlage zu erläutern sowie Geschäftsleiter eines Kreditinstituts von der Pflicht zur Anzeige von Beteiligungen nach § 24 Abs. 3 Nr. 2 freistellen, wenn die Angaben für die Aufsicht ohne Bedeutung sind;
2. Arten oder Gruppen von Instituten von der Einhaltung des § 26 freistellen, wenn die Eigenart des Geschäftsbetriebes dies rechtfertigt;
3. alle Institute, die keine CRR-Institute sind, oder Arten oder Gruppen von Instituten, die keine CRR-Institute sind, von Pflichten zur Anzeige bestimmter Kredite und Tatbestände nach der Verordnung (EU) Nr. 575/2013 freistellen.

[2]Das Bundesministerium der Finanzen kann diese Ermächtigung durch Rechtsverordnung auf die Bundesanstalt mit der Maßgabe übertragen, daß die Rechtsverordnung im Benehmen mit der Deutschen Bundesbank ergeht.

(2) [1]Die Bundesanstalt kann einzelne Institute von Verpflichtungen nach § 13 Abs. 1 und 2, § 15 Abs. 1 Satz 1 Nr. 6 bis 11 und Abs. 2, § 24 Abs. 1 Nr. 1 bis 4, den §§ 25, 26 und 29 Abs. 2 Satz 2 sowie von der Verpflichtung nach § 15 Abs. 1 Satz 1, Kredite nur zu marktmäßigen Bedingungen zu gewähren, freistellen, wenn dies aus besonderen Gründen, insbesondere wegen der Art oder des Umfanges der betriebenen Geschäfte, angezeigt ist. [2]Sie kann ferner Unternehmen, die ausschließlich Finanzdienstleistungen nach § 1 Absatz 1a Satz 2 Nummer 9 oder Nummer 10 erbringen, von den Verpflichtungen nach § 25a Absatz 1 Satz 3 Nummer 3 Buchstabe c freistellen, wenn dies aus besonderen Gründen, insbesondere auf Grund der Institutsgröße, angezeigt ist. [3]Die Freistellung kann auf Antrag des Instituts oder von Amts wegen erfolgen.

(3) Ein übergeordnetes Unternehmen nach § 10a hat der Bundesanstalt und der Deutschen Bundesbank die Absicht mitzuteilen, Artikel 19 Absatz 1 der Verordnung (EU) Nr. 575/2013 in der jeweils geltenden Fassung für ein Unternehmen in Anspruch zu nehmen; es hat außerdem einmal jährlich in einer Sammelanzeige mitzuteilen, welche Unternehmen es nach Artikel 19 Absatz 1 der Verordnung (EU) Nr. 575/2013 in der jeweils geltenden Fassung von der Zusammenfassung nach § 12a Absatz 1 Satz 1, § 25 Absatz 2 und nach den Artikeln 11 bis 18 der Verordnung (EU) Nr. 575/2013 in der jeweils geltenden Fassung ausgenommen hat.

(4) bis (6) *(aufgehoben)*

Dritter Abschnitt. Vorschriften über die Beaufsichtigung der Institute

1. Zulassung zum Geschäftsbetrieb

§ 32[1] Erlaubnis

(1) [1]Wer im Inland gewerbsmäßig oder in einem Umfang, der einen in kaufmännischer Weise eingerichteten Geschäftsbetrieb erfordert, Bankgeschäfte betreiben oder Finanz-

1) § 32 Abs. 1c geändert durch Gesetz vom 8.7.2019 (BGBl. I S. 1002).

dienstleistungen erbringen will, bedarf der schriftlichen Erlaubnis der Aufsichtsbehörde; die Bundesanstalt hat § 37 Absatz 4 des Verwaltungsverfahrensgesetzes anzuwenden. [2]Der Erlaubnisantrag muß enthalten:

1. einen geeigneten Nachweis der zum Geschäftsbetrieb erforderlichen Mittel;
2. die Angabe der Geschäftsleiter;
3. die Angaben, die für die Beurteilung der Zuverlässigkeit der Antragsteller und der in § 1 Abs. 2 Satz 1 bezeichneten Personen erforderlich sind;
4. die Angaben, die für die Beurteilung der zur Leitung des Instituts erforderlichen fachlichen Eignung der Inhaber und der in § 1 Abs. 2 Satz 1 bezeichneten Personen erforderlich sind;

4a. die Angaben, die für die Beurteilung, ob die Geschäftsleiter über die zur Wahrnehmung ihrer Aufgabe ausreichende Zeit verfügen, erforderlich sind;

5. einen tragfähigen Geschäftsplan, aus dem die Art der geplanten Geschäfte, der organisatorische Aufbau und die geplanten internen Kontrollverfahren des Instituts hervorgehen;
6. sofern an dem Institut bedeutende Beteiligungen gehalten werden:
   a) die Angabe der Inhaber bedeutender Beteiligungen;
   b) die Höhe dieser Beteiligungen;
   c) die für die Beurteilung der Zuverlässigkeit dieser Inhaber oder gesetzlichen Vertreter oder persönlich haftenden Gesellschafter erforderlichen Angaben;
   d) sofern diese Inhaber Jahresabschlüsse aufzustellen haben: die Jahresabschlüsse der letzten drei Geschäftsjahre nebst Prüfungsberichten von unabhängigen Abschlußprüfern, sofern solche zu erstellen sind, und
   e) sofern diese Inhaber einem Konzern angehören: die Angabe der Konzernstruktur und, sofern solche Abschlüsse aufzustellen sind, die konsolidierten Konzernabschlüsse der letzten drei Geschäftsjahre nebst Prüfungsberichten von unabhängigen Abschlußprüfern, sofern solche zu erstellen sind.

6a. sofern an dem Institut keine bedeutenden Beteiligungen gehalten werden, die maximal 20 größten Anteilseigner;

7. die Angabe der Tatsachen, die auf eine enge Verbindung zwischen dem Institut und anderen natürlichen Personen oder anderen Unternehmen hinweisen;
8. die Angabe der Mitglieder des Verwaltungs- oder Aufsichtsorgans nebst der zur Beurteilung ihrer Zuverlässigkeit und Sachkunde erforderlichen Tatsachen sowie Angaben, die für die Beurteilung erforderlich sind, ob sie der Wahrnehmung ihrer Aufgabe ausreichende Zeit widmen können.

[3]Die nach Satz 2 einzureichenden Anzeigen und vorzulegenden Unterlagen sind durch Rechtsverordnung nach § 24 Abs. 4 näher zu bestimmen. [4]Die Pflichten nach Satz 2 Nr. 6 Buchstabe d und e bestehen nicht für Finanzdienstleistungsinstitute.

(1a) [1]Wer neben dem Betreiben von Bankgeschäften oder der Erbringung von Finanzdienstleistungen im Sinne des § 1 Absatz 1a Satz 2 Nummer 1 bis 5 und 11 auch Eigengeschäft betreiben will, bedarf auch hierfür der schriftlichen Erlaubnis der Bundesanstalt. [2]Dies gilt unabhängig von einem Betreiben von Bankgeschäften oder dem Erbringen von Finanzdienstleistungen im Sinne des § 1 Absatz 1a Satz 2 Nummer 1 bis 5 und 11 auch dann, wenn das Unternehmen das Eigengeschäft als Mitglied oder Teilnehmer eines organisierten Marktes oder eines multilateralen Handelssystems oder mit einem direkten elektronischen Zugang zu einem Handelsplatz oder mit Warenderivaten,

Emissionszertifikaten oder Derivaten auf Emissionszertifikate betreibt. ³Einer schriftlichen Erlaubnis der Bundesanstalt bedarf es in den Fällen des Satzes 2 nicht, wenn

1. das Eigengeschäft von einem Unternehmen, das keine Bankgeschäfte betreibt oder Finanzdienstleistungen erbringt, betrieben wird, um objektiv messbar die Risiken aus der Geschäftstätigkeit oder dem Liquiditäts- und Finanzmanagement des Unternehmens oder der Gruppe, dem das Unternehmen angehört, zu reduzieren,
2. das Eigengeschäft mit Emissionszertifikaten von einem Betreiber im Sinne des § 3 Nummer 4 des Treibhausgas-Emissionshandelsgesetzes betrieben wird, der keine Bankgeschäfte betreibt und Finanzdienstleistungen im Sinne des § 1 Absatz 1a Satz 2 Nummer 1 bis 4 erbringt oder
3. das Eigengeschäft ausschließlich mit Warentermingeschäften, Emissionszertifikaten und Derivaten auf Emissionszertifikate betrieben wird und
   a) das Unternehmen nicht Teil einer Unternehmensgruppe ist, die in der Haupttätigkeit Bankgeschäfte betreibt oder Finanzdienstleistungen im Sinne des § 1 Absatz 1a Satz 2 Nummer 1 bis 4 erbringt,
   b) das Bankgeschäft des Unternehmens und der Gruppe im Verhältnis zu der sonstigen Tätigkeit des Unternehmens sowie der Gruppe auf individueller und aggregierter Basis eine Nebentätigkeit im Sinne des Artikels 1 der Delegierten Verordnung (EU) 2017/592 ist und
   c) das Unternehmen die Inanspruchnahme dieser Ausnahme der Bundesanstalt jährlich anzeigt. ²Für Zeitpunkt, Inhalt und Form der Anzeige und gegebenenfalls für die Führung eines öffentlichen Registers können nähere Bestimmungen in der Rechtsverordnung nach § 24 Absatz 4 erlassen werden; insbesondere kann dem Betreiber ein schreibender Zugriff auf die für dieses Unternehmen einzurichtende Seite des Registers eingeräumt und er mit der Verantwortung für die Richtigkeit und Aktualität der Seite belastet werden.

⁴Einer schriftlichen Erlaubnis der Bundesanstalt bedarf es auch, wenn ein Institut, dem eine Erlaubnis nach § 32 Absatz 1 Satz 1 erteilt wurde, eigene Finanzinstrumente vertreibt, soweit dies nicht ohnehin bereits als Betreiben eines Bankgeschäfts oder als Erbringen einer Finanzdienstleistung nach Absatz 1 Satz 1 oder als Betreiben des Eigengeschäfts nach Satz 1 unter Erlaubnisvorbehalt steht. ⁵Ein Unternehmen, das nach Satz 2 der schriftlichen Erlaubnis der Bundesanstalt bedarf, gilt als Finanzdienstleistungsinstitut. ⁶Absatz 1 Satz 1 Halbsatz 2 und die Absätze 2, 4 und 5 sowie die §§ 33 bis 38 sind entsprechend anzuwenden.

(1b) Die Erlaubnis für das eingeschränkte Verwahrgeschäft im Sinne des § 1 Absatz 1a Satz 2 Nummer 12 kann nur erteilt werden, wenn die Erlaubnis zur Erbringung mindestens einer Finanzdienstleistung im Sinne des § 1 Absatz 1a Satz 2 Nummer 1 bis 4 oder zum Betreiben eines Bankgeschäfts im Sinne des § 1 Absatz 1 Satz 2 vorliegt oder gleichzeitig erteilt wird; mit Erlöschen oder Aufhebung dieser Erlaubnis erlischt die Erlaubnis für das eingeschränkte Verwahrgeschäft.

(1c) ¹Zentralverwahrer, die nach Artikel 16 Absatz 1 der Verordnung (EU) Nr. 909/2014 zugelassen sind, benötigen für das Erbringen von Kerndienstleistungen im Sinne des Abschnitts A des Anhangs zur Verordnung (EU) Nr. 909/2014 und von nichtbankartigen Nebendienstleistungen im Sinne des Abschnitts B des Anhangs zur Verordnung (EU) Nr. 909/2014 sowie für das Betreiben von Bankgeschäften und das Erbringen von Finanzdienstleistungen, die zugleich Wertpapierdienstleistungen im Sinne des § 2 Absatz 8 des Wertpapierhandelsgesetzes sind, keine Erlaubnis nach Absatz 1 Satz 1, soweit das Betreiben dieser Bankgeschäfte oder das Erbringen dieser Finanzdienstleistungen von der Zulassung nach Artikel 16 Absatz 1 der Verordnung (EU) Nr. 909/2014 umfasst ist. [2]Satz 1 gilt für das Betreiben des Eigengeschäfts entsprechend.

(1d) Zentralverwahrer im Sinne des Artikels 54 Absatz 3 der Verordnung (EU) Nr. 909/2014, die eine Erlaubnis nach Absatz 1 Satz 1 zum Betreiben von Bankgeschäften nach § 1 Absatz 1 Satz 2 Nummer 1 und 2 haben, benötigen für das Erbringen von bankartigen Nebendienstleistungen im Sinne des Abschnitts C des Anhangs zur Verordnung (EU) Nr. 909/2014 keine weitere Erlaubnis nach Absatz 1 Satz 1 für das Betreiben von Bankgeschäften oder das Erbringen von Finanzdienstleistungen, soweit das Erbringen der bankartigen Nebendienstleistungen von der Genehmigung nach Artikel 54 Absatz 2 der Verordnung (EU) Nr. 909/2014 umfasst ist.

(1e) Benannte Kreditinstitute im Sinne des Artikels 54 Absatz 4 der Verordnung (EU) Nr. 909/2014, die eine Erlaubnis nach Absatz 1 Satz 1 zum Betreiben von Bankgeschäften nach § 1 Absatz 1 Satz 2 Nummer 1 und 2 haben, benötigen für das Erbringen von bankartigen Nebendienstleistungen im Sinne des Abschnitts C des Anhangs zur Verordnung (EU) Nr. 909/2014 keine weitere Erlaubnis nach Absatz 1 Satz 1 für das Betreiben von Bankgeschäften oder das Erbringen von Finanzdienstleistungen, soweit das Erbringen der bankartigen Nebendienstleistungen von der Genehmigung nach Artikel 54 Absatz 2 der Verordnung (EU) Nr. 909/2014 umfasst ist.

(1f) [1]Wer im Inland gewerbsmäßig oder in einem Umfang, der einen in kaufmännischer Weise eingerichteten Geschäftsbetrieb erfordert, als Datenbereitstellungsdienst tätig werden will, bedarf der schriftlichen Erlaubnis der Bundesanstalt; die Bundesanstalt hat § 37 Absatz 4 des Verwaltungsverfahrensgesetzes anzuwenden. [2]Der Erlaubnisantrag muss enthalten:

1. die Angabe der Geschäftsleiter;
2. die Angaben, die für die Beurteilung der Zuverlässigkeit der Geschäftsleiter erforderlich sind;
3. die Angaben, die für die Beurteilung der zur Leitung des Unternehmens erforderlichen fachlichen Eignung der in § 1 Absatz 2 Satz 1 bezeichneten Personen erforderlich sind;
4. die Angaben, die für die Beurteilung, ob die Geschäftsleiter über die zur Wahrnehmung ihrer Aufgabe ausreichende Zeit verfügen, erforderlich sind;
5. einen tragfähigen Geschäftsplan, aus dem die Art der geplanten Geschäfte, der organisatorische Aufbau und die geplanten internen Kontrollverfahren des Unternehmens hervorgehen;
6. die Angabe der Mitglieder des Verwaltungs- oder Aufsichtsorgans nebst der zur Beurteilung ihrer Zuverlässigkeit und Sachkunde erforderlichen Tatsachen sowie Angaben, die für die Beurteilung erforderlich sind, ob sie der Wahrnehmung ihrer Aufgabe ausreichend Zeit widmen können.

[3]Das Nähere zu Inhalt und Form des Erlaubnisantrages regeln die technischen Regulierungs- und Durchführungsstandards gemäß Artikel 61 Absatz 4 und 5 der Richtlinie 2014/65/EU. [4]Abweichend von den Sätzen 1 bis 3 ist Instituten und Trägern einer inländischen Börse, die eine Börse, ein multilaterales Handelssystem oder ein organisiertes Handelssystem betreiben, die Tätigkeit als Datenbereitstellungsdienst gestattet, sofern festgestellt wurde, dass sie den Anforderungen des Titels V der Richtlinie 2014/65/EU genügen. [5]Diese Dienstleistungen sind in ihre Erlaubnis eingeschlossen.

(2) [1]Die Bundesanstalt kann die Erlaubnis unter Auflagen erteilen, die sich im Rahmen des mit diesem Gesetz verfolgten Zweckes halten müssen. [2]Sie kann die Erlaubnis auf einzelne Bankgeschäfte oder Finanzdienstleistungen beschränken.

(3) Vor Erteilung der Erlaubnis hat die Bundesanstalt die für das Institut in Betracht kommende Sicherungseinrichtung zu hören.

(3a) [1]Mit der Erteilung der Erlaubnis ist dem Institut, sofern es nach den Vorschriften des Zweiten Abschnittes des Einlagensicherungsgesetzes oder nach § 8 Absatz 1 des Anlegerentschädigungsgesetzes beitragspflichtig ist, die Entschädigungseinrichtung mitzuteilen, der das Institut zugeordnet ist. [2]Bezieht sich die Tätigkeit eines Wertpapierdienstleistungsunternehmens im Sinne des § 2 Absatz 10 des Wertpapierhandelsgesetzes auf strukturierte Einlagen im Sinne des Wertpapierhandelsgesetzes und wird die strukturierte Einlage von einem Kreditinstitut ausgegeben, das Mitglied eines Einlagensicherungssystems im Sinne des Einlagensicherungsgesetzes ist, so deckt das Einlagensicherungssystem des Kreditinstituts auch die von dem Kreditinstitut ausgegebenen strukturierten Einlagen ab.

(4) Die Bundesanstalt hat die Erteilung der Erlaubnis im Bundesanzeiger bekannt zu machen.

(5) [1]Die Bundesanstalt hat auf ihrer Internetseite ein Institutsregister zu führen, in das sie alle inländischen Institute, denen eine Erlaubnis nach Absatz 1, auch in Verbindung mit § 53 Abs. 1 und 2, erteilt worden ist, mit dem Datum der Erteilung und dem Umfang der Erlaubnis und gegebenenfalls dem Datum des Erlöschens oder der Aufhebung der Erlaubnis einzutragen hat. [2]Das Bundesministerium der Finanzen kann durch Rechtsverordnung, die nicht der Zustimmung des Bundesrates bedarf, nähere Bestimmungen zum Inhalt des Registers und den Mitwirkungspflichten der Institute bei der Führung des Registers erlassen.

(5a) [1]Die Bundesanstalt führt auf ihrer Internetseite ein öffentlich zugängliches Register, in das sie alle Datenbereitstellungsdienste, denen eine Erlaubnis nach § 32 Absatz 1f erteilt worden ist, mit dem Datum der Erteilung und dem Umfang der Erlaubnis und gegebenenfalls dem Datum des Erlöschens oder der Aufhebung der Erlaubnis einträgt. [2]Das Erlöschen oder die Aufhebung der Erlaubnis bleibt für einen Zeitraum von fünf Jahren ab der entsprechenden Entscheidung im Register eingetragen.

(6) [1]Soweit einem Zahlungsinstitut eine Erlaubnis nach § 10 Absatz 1 Satz 1 des Zahlungsdiensteaufsichtsgesetzes oder einem E-Geld-Institut eine Erlaubnis nach § 11 Absatz 1 Satz 1 des Zahlungsdiensteaufsichtsgesetzes erteilt worden ist und dieses zusätzlich Finanzdienstleistungen im Sinne des § 1 Abs. 1a Satz 2 Nr. 9 erbringt, bedarf dieses Zahlungsinstitut oder E-Geld-Institut keiner Erlaubnis nach Absatz 1. [2]Die Anzeigepflicht nach § 14 Abs. 1 ist zu erfüllen und § 14 Abs. 2 bis 4 anzuwenden.

(7) [1]Auf den Beschlussentwurf der Bundesanstalt nach Artikel 14 Absatz 2 der Verordnung (EU) Nr. 1024/2013 sind die Absätze 1, 2 Satz 1 und Absatz 3 entsprechend anzuwenden. [2]Die Aufgaben nach den Absätzen 3a bis 5 obliegen der Bundesanstalt unbeschadet davon, ob die Erlaubnis durch die Europäische Zentralbank oder die Bundesanstalt erteilt wird.

§ 33 Versagung der Erlaubnis

(1) [1]Die Erlaubnis ist zu versagen, wenn

1. die zum Geschäftsbetrieb erforderlichen Mittel, insbesondere ein ausreichendes Anfangskapital bestehend aus Bestandteilen des harten Kernkapitals gemäß Artikel 26 Absatz 1 Buchstabe a bis e der Verordnung (EU) Nr. 575/2013 im Inland nicht zur Verfügung stehen; als Anfangskapital muß zur Verfügung stehen
   a) bei Anlageberatern, Anlagevermittlern, Abschlußvermittlern, Anlageverwaltern und Finanzportfolioverwaltern, Betreibern multilateraler oder organisierter Handelssysteme oder Unternehmen, die das Platzierungsgeschäft betreiben, die nicht befugt sind, sich bei der Erbringung von Finanzdienstleistungen Eigentum

oder Besitz an Geldern oder Wertpapieren von Kunden zu verschaffen, und die nicht auf eigene Rechnung mit Finanzinstrumenten handeln, ein Betrag im Gegenwert von mindestens 50 000 Euro,

b) bei anderen Finanzdienstleistungsinstituten, die nicht auf eigene Rechnung mit Finanzinstrumenten handeln, ein Betrag im Gegenwert von mindestens 125 000 Euro,

c) bei Finanzdienstleistungsinstituten, die auf eigene Rechnung mit Finanzinstrumenten handeln, bei Finanzdienstleistungsinstituten, die das eingeschränkte Verwahrgeschäft im Sinne des § 1 Absatz 1a Satz 1 Nummer 12 erbringen,, sowie bei Wertpapierhandelsbanken ein Betrag im Gegenwert von mindestens 730 000 Euro,

d) bei CRR-Kreditinstituten ein Betrag im Gegenwert von mindestens fünf Millionen Euro,

e) *(aufgehoben)*

f) bei Anlageberatern, Anlagevermittlern und Abschlussvermittlern, die nicht befugt sind, sich bei der Erbringung von Finanzdienstleistungen Eigentum oder Besitz an Geldern oder Wertpapieren von Kunden zu verschaffen, und nicht auf eigene Rechnung mit Finanzinstrumenten handeln, ein Betrag von 25 000 Euro, wenn sie zusätzlich als Versicherungsvermittler nach der Richtlinie 2002/92/EG des Europäischen Parlaments und des Rates vom 9. Dezember 2002 über Versicherungsvermittler (ABl. EU Nr. L 9 S. 3) in ein Register eingetragen sind und die Anforderungen des Artikels 4 Abs. 3 der Richtlinie 2002/92/EG erfüllen,

g) bei Unternehmen, die Eigengeschäfte auch an ausländischen Derivatemärkten und an Kassamärkten nur zur Absicherung dieser Positionen betreiben, das Finanzkommissionsgeschäft oder die Anlagevermittlung nur für andere Mitglieder dieser Märkte erbringen oder im Wege des Eigenhandels im Sinne des § 1 Absatz 1a Satz 2 Nummer 4 Buchstabe a als Market Maker im Sinne des § 36 Absatz 5 des Wertpapierhandelsgesetzes Preise für andere Mitglieder dieser Märkte stellen, ein Betrag von 25 000 Euro, sofern für die Erfüllung der Verträge, die diese Unternehmen an diesen Märkten oder in diesen Handelssystemen schließen, Clearingmitglieder derselben Märkte oder Handelssysteme haften und

h) bei einem Unternehmen im Sinne des Absatzes 1 Nummer 4 des Artikels 4 der Verordnung (EU) 575/2013 („lokale Firma"), abweichend von Buchstabe c ein Betrag im Gegenwert von mindestens 50 000 Euro.

2. Tatsachen vorliegen, aus denen sich ergibt, daß ein Antragsteller oder eine der in § 1 Abs. 2 Satz 1 bezeichneten Personen nicht zuverlässig ist;

3. Tatsachen die Annahme rechtfertigen, dass der Inhaber einer bedeutenden Beteiligung oder, wenn er eine juristische Person ist, auch ein gesetzlicher oder satzungsmäßiger Vertreter, oder, wenn er eine Personenhandelsgesellschaft ist, auch ein Gesellschafter, nicht zuverlässig ist oder aus anderen Gründen nicht den im Interesse einer soliden und umsichtigen Führung des Instituts zu stellenden Ansprüchen genügt;

4. Tatsachen vorliegen, aus denen sich ergibt, daß der Inhaber oder eine der in § 1 Abs. 2 Satz 1 bezeichneten Personen nicht die zur Leitung des Instituts erforderliche fachliche Eignung hat und auch nicht eine andere Person nach § 25c Absatz 5 als Geschäftsleiter bezeichnet wird;

4a. Tatsachen vorliegen, aus denen sich ergibt, dass ein Geschäftsleiter nicht über die zur Wahrnehmung seiner Aufgaben ausreichende Zeit verfügt;

4b. Tatsachen vorliegen, aus denen sich ergibt, dass ein Geschäftsleiter gegen die Anforderungen des § 25c Absatz 2 verstößt;

4c. das Institut im Fall der Erteilung der Erlaubnis Tochterunternehmen einer Finanzholding-Gesellschaft im Sinne des Artikel 4 Absatz 1 Nummer 20 der Verordnung (EU) Nr. 575/2013 oder einer gemischten Finanzholding-Gesellschaft im Sinne des Artikel 4 Absatz 1 Nummer 32 der Verordnung (EU) Nr. 575/2013 wird und Tatsachen die Annahme rechtfertigen, dass eine Person im Sinne des § 2d nicht zuverlässig ist oder nicht die zur Führung der Geschäfte der Finanzholding-Gesellschaft oder der gemischten Finanzholding-Gesellschaft erforderliche fachliche Eignung hat;

5. ein Kreditinstitut oder ein Finanzdienstleistungsinstitut, das befugt ist, sich bei der Erbringung von Finanzdienstleistungen Eigentum oder Besitz an Geldern oder Wertpapieren von Kunden zu verschaffen oder das gemäß einer Bescheinigung der Bundesanstalt nach § 4 Abs. 1 Nr. 2 des Gesetzes über die Zertifizierung von Altersvorsorgeverträgen befugt ist, Altersvorsorgeverträge anzubieten, nicht mindestens zwei Geschäftsleiter hat, die nicht nur ehrenamtlich für das Institut tätig sind;

6. das Institut seine Hauptverwaltung und, soweit es sich um eine juristische Person und nicht um eine Zweigstelle im Sinne des § 53 handelt, seinen juristischen Sitz nicht im Inland hat;

7. das Institut nicht bereit oder in der Lage ist, die erforderlichen organisatorischen Vorkehrungen zum ordnungsmäßigen Betreiben der Geschäfte, für die es die Erlaubnis beantragt, zu schaffen;

8. der Antragsteller Tochterunternehmen eines ausländischen Kreditinstituts ist und die für dieses Kreditinstitut zuständige ausländische Aufsichtsbehörde der Gründung des Tochterunternehmens nicht zugestimmt hat.

[2]Einem Anlageberater oder Anlagevermittler, der nicht befugt ist, sich bei der Erbringung von Finanzdienstleistungen Eigentum oder Besitz an Geldern oder Wertpapieren von Kunden zu verschaffen, und der nicht auf eigene Rechnung mit Finanzinstrumenten handelt, ist die Erlaubnis nach Satz 1 Buchstabe a nicht zu versagen, wenn er anstelle des Anfangskapitals den Abschluß einer geeigneten Versicherung zum Schutz der Kunden die eine Versicherungssumme von mindestens 1 000 000 Euro für jeden Versicherungsfall und eine Versicherungssumme von mindestens 1500 000 Euro für alle Versicherungsfälle eines Versicherungsjahres vorsieht, nachweist. [3]Satz 2 gilt für Anlageberater und Anlagevermittler, die zusätzlich als Versicherungsvermittler nach der Richtlinie 2002/92/EG in ein Register eingetragen sind und die Anforderungen des Artikels 4 Abs. 3 der Richtlinie 2002/92/EG erfüllen, mit der Maßgabe entsprechend, dass eine Versicherungssumme von mindestens 500 000 Euro für jeden Versicherungsfall und eine Versicherungssumme von mindestens 750 000 Euro vorgesehen ist. [4]Einem Anlageberater oder Anlagevermittler nach den Sätzen 2 und 3 ist die Erlaubnis auch dann nicht zu versagen, wenn sie eine Kombination aus Anfangskapital und geeigneter Versicherung zum Schutz der Kunden nachweisen, sofern diese Kombination ein Deckungsniveau aufweist, das entweder dem Anfangskapital oder der in Satz 2 oder 3 genannten Versicherung gleichwertig ist. [5]Bei Anlageberatern, Anlagevermittlern, Abschlussvermittlern, Anlageverwaltern oder Finanzportfolioverwaltern, die nicht befugt sind, sich bei der Erbringung von Finanzdienstleistungen Eigentum oder Besitz an Geldern oder Wertpapieren von Kunden zu verschaffen, gilt die Anlage von Eigenmitteln durch das Halten von Positionen in Finanzinstrumenten im Anlagebuch für die Zwecke der Solvenzaufsicht nicht als Handel für eigene Rechnung.

(1a) [1]Die Erlaubnis für die Erbringung von Datenbereitstellungsdienstleistungen ist zu versagen, wenn

1. Tatsachen vorliegen, aus denen sich ergibt, dass ein Geschäftsleiter nicht zuverlässig ist, nicht die zur Leitung des Unternehmens erforderliche fachliche Eignung hat oder nicht über die zur Wahrnehmung seiner Aufgaben ausreichende Zeit verfügt;
2. das Unternehmen nicht bereit oder in der Lage ist, die erforderlichen organisatorischen Vorkehrungen zum ordnungsmäßigen Betreiben der Geschäfte, für die es die Erlaubnis beantragt, zu schaffen.

[2]Die Bundesanstalt kann die Erlaubnis auch versagen, wenn entgegen § 32 Absatz 1f Satz 2 der Antrag keine ausreichenden Angaben oder Unterlagen enthält.

(1b) Mit Zustimmung der Bundesanstalt im Einzelfall dürfen Anlagevermittlern, Abschlussvermittlern oder Finanzportfolioverwaltern, die nicht befugt sind, sich bei der Erbringung von Finanzdienstleistungen Eigentum oder Besitz an Geldern oder Wertpapieren von Kunden zu verschaffen und die nicht auf eigene Rechnung mit Finanzinstrumenten handeln, im Zusammenhang mit der Ausführung von Aufträgen über Finanzinstrumente von Kunden, diese Finanzinstrumente für eigene Rechnung zu halten, sofern

1. die Positionen nur übernommen werden, weil das Finanzdienstleistungsinstitut nicht in der Lage ist, den Auftrag genau abdecken zu lassen,
2. der Gesamtmarktwert sämtlicher solcher Positionen höchstens 15 Prozent des für das jeweilige Institut maßgeblichen Anfangskapitals beträgt,
3. das Finanzdienstleistungsinstitut die Anforderungen der Artikel 92 bis 95 und des Teils 4 der Verordnung (EU) Nr. 575/2013 erfüllt und
4. die Übernahme solcher Positionen nur ausnahmsweise und vorübergehend und nicht länger erfolgt, als dies für die Durchführung der betreffenden Transaktion unbedingt erforderlich ist.

(2) [1]Die Bundesanstalt kann die Erlaubnis versagen, wenn Tatsachen die Annahme rechtfertigen, dass eine wirksame Aufsicht über das Institut beeinträchtigt wird. [2]Dies ist insbesondere der Fall, wenn

1. das Institut mit anderen Personen oder Unternehmen in einen Unternehmensverbund eingebunden ist oder in einer engen Verbindung zu einem solchen steht, der durch die Struktur des Beteiligungsgeflechtes oder mangelhafte wirtschaftliche Transparenz eine wirksame Aufsicht über das Institut beeinträchtigt;
2. eine wirksame Aufsicht über das Institut wegen der für solche Personen oder Unternehmen geltenden Rechts- oder Verwaltungsvorschriften eines Drittstaates beeinträchtigt wird;
3. das Institut Tochterunternehmen eines Instituts mit Sitz in einem Drittstaat ist, das im Staat seines Sitzes oder seiner Hauptverwaltung nicht wirksam beaufsichtigt wird oder dessen zuständige Aufsichtsstelle zu einer befriedigenden Zusammenarbeit mit der Bundesanstalt nicht bereit ist.

[3]Die Bundesanstalt kann die Erlaubnis auch versagen, wenn entgegen § 32 Abs. 1 Satz 2 der Antrag keine ausreichenden Angaben oder Unterlagen enthält.

(3) Aus anderen als den in den Absätzen 1, 1a und 2 genannten Gründen darf die Erlaubnis nicht versagt werden.

(4) [1]Die Bundesanstalt muss dem Antragsteller einer Erlaubnis binnen sechs Monaten nach Einreichung der vollständigen Unterlagen für einen Erlaubnisantrag nach § 32 Abs. 1 Satz 2 oder Absatz 1f mitteilen, ob eine Erlaubnis erteilt oder versagt wird. [2]Liegen innerhalb von zwölf Monaten ab Eingang des Antrags bei der Bundesanstalt trotz Aufforderung der Bundesanstalt, den Antrag innerhalb eines Monats zu vervoll-

ständigen, keine ausreichenden Angaben oder Unterlagen vor, die es der Bundesanstalt ermöglichen, über den Antrag zu befinden, ist der Antrag abzulehnen.

§ 33a Aussetzung oder Beschränkung der Erlaubnis bei Unternehmen mit Sitz außerhalb der Europäischen Union

[1]Die Aufsichtsbehörde hat die Entscheidung über einen Antrag auf Erlaubnis von Unternehmen mit Sitz außerhalb der Europäischen Union oder von Tochterunternehmen dieser Unternehmen auszusetzen oder die Erlaubnis zu beschränken, wenn ein entsprechender Beschluß des Rates oder der Europäischen Kommission vorliegt, der nach Artikel 147 der Richtlinie 2013/36/EU zustande gekommen ist. [2]Die Aussetzung oder Beschränkung darf drei Monate vom Zeitpunkt des Beschlusses an nicht überschreiten. [3]Sätze 1 und 2 gelten auch für nach dem Zeitpunkt des Beschlusses eingereichte Anträge auf Erlaubnis. [4]Beschließt der Rat die Verlängerung der Frist nach Satz 2, so hat die Aufsichtsbehörde diese Fristverlängerung zu beachten und die Aussetzung oder Beschränkung entsprechend zu verlängern.

§ 33b Anhörung der zuständigen Stellen eines anderen Staates des Europäischen Wirtschaftsraums

[1]Soll eine Erlaubnis für das Betreiben von Bankgeschäften nach § 1 Abs. 1 Satz 2 Nr. 1, 2, 4 oder 10 oder für das Erbringen von Finanzdienstleistungen nach § 1 Abs. 1a Satz 2 Nr. 1 bis 4 einem Unternehmen erteilt werden, das

1. Tochter- oder Schwesterunternehmen eines CRR-Instituts, eines Wertpapierhandelsunternehmens, eines Börsenbetreibers oder eines Erstversicherungsunternehmens ist und dessen Mutterunternehmen in einem anderen Staat des Europäischen Wirtschaftsraums zugelassen ist oder
2. durch dieselben natürlichen Personen oder Unternehmen kontrolliert wird, die ein CRR-Institut, ein Wertpapierhandelsunternehmen, ein Börsenbetreiber oder ein Erstversicherungsunternehmen mit Sitz in einem anderen Staat des Europäischen Wirtschaftsraum kontrollieren,

hat die Aufsichtsbehörde vor Erteilung der Erlaubnis die zuständigen Stellen des Herkunftsmitgliedstaates anzuhören. [2]Die Anhörung erstreckt sich insbesondere auf die Angaben, die für die Beurteilung der Zuverlässigkeit und fachlichen Eignung der in § 1 Abs. 2 Satz 1 genannten Personen sowie für die Beurteilung der Zuverlässigkeit der Inhaber einer bedeutenden Beteiligung an Unternehmen derselben Gruppe mit Sitz in dem betreffenden Staat des Europäischen Wirtschaftsraums erforderlich sind.

§ 34 Stellvertretung und Fortführung bei Todesfall

(1) § 45 der Gewerbeordnung findet auf Institute keine Anwendung.

(2) [1]Nach dem Tode des Inhabers der Erlaubnis darf das Institut durch zwei Stellvertreter ohne Erlaubnis für die Erben bis zur Dauer eines Jahres fortgeführt werden. [2]Die Stellvertreter sind unverzüglich nach dem Todesfall zu bestimmen; sie gelten als Geschäftsleiter. [3]Ist ein Stellvertreter nicht zuverlässig oder hat er nicht die erforderliche fachliche Eignung, kann die Aufsichtsbehörde die Fortführung der Geschäfte untersagen. [4]Sie kann die Frist nach Satz 1 aus besonderen Gründen verlängern. [5]Für Finanzdienstleistungsinstitute, die nicht befugt sind, sich bei der Erbringung von Finanzdienstleistungen Eigentum oder Besitz an Geldern oder Wertpapieren von Kunden zu verschaffen, genügt ein Stellvertreter.

§ 35 Erlöschen und Aufhebung der Erlaubnis

(1) [1]Die Erlaubnis erlischt, wenn von ihr nicht innerhalb eines Jahres seit ihrer Erteilung Gebrauch gemacht wird. [2]Die Erlaubnis erlischt auch, wenn das CRR-Kreditinstitut

nach § 41 des Einlagensicherungsgesetzes von der gesetzlichen Entschädigungseinrichtung oder nach § 11 des Anlegerentschädigungsgesetzes von der Entschädigungseinrichtung ausgeschlossen worden ist oder die Bundesanstalt nach § 47 Absatz 3 Satz 1 des Einlagensicherungsgesetzes festgestellt hat, dass die Zugehörigkeit des Instituts zu einem Einlagensicherungssystem nicht gegeben ist. [3]Satz 2 gilt nicht, soweit die Europäische Zentralbank Aufsichtsbehörde ist. [4]In diesem Fall legt die Bundesanstalt der Europäischen Zentralbank einen Beschlussentwurf nach Artikel 14 Absatz 5 der Verordnung (EU) Nr. 1024/2013 vor. [5]Die Erlaubnis für das Betreiben von Bankgeschäften im Sinne des § 1 Satz 2 Nummer 12 erlischt auch dann, wenn die Zulassung der zentralen Gegenpartei nach Artikel 14 der Verordnung (EU) Nr. 648/2012 zur Erbringung von Clearingdienstleistungen durch die Bundesanstalt abgelehnt wurde und die Ablehnung bestandskräftig ist.

(2) Die Aufsichtsbehörde kann die Erlaubnis außer nach den Vorschriften des Verwaltungsverfahrensgesetzes aufheben, wenn

1. der Geschäftsbetrieb, auf den sich die Erlaubnis bezieht, seit mehr als sechs Monaten nicht mehr ausgeübt worden ist;
2. ein Kreditinstitut in der Rechtsform des Einzelkaufmanns betrieben wird;
3. ihr Tatsachen bekannt werden, welche die Versagung der Erlaubnis nach § 33 Absatz 1 Satz 1 Nummer 1 bis 8, Absatz 1a oder Absatz 2 Nummer 1 bis 3 rechtfertigen würden;
4. Gefahr für die Erfüllung der Verpflichtungen des Instituts gegenüber seinen Gläubigern, insbesondere für die Sicherheit der dem Institut anvertrauten Vermögenswerte, besteht und die Gefahr nicht durch andere Maßnahmen nach diesem Gesetz abgewendet werden kann; eine Gefahr für die Sicherheit der einem Institut anvertrauten Vermögenswerte besteht auch
   a) bei einem Verlust in Höhe der Hälfte der nach Artikel 72 der Verordnung (EU) Nr. 575/2013 in der jeweils geltenden Fassung maßgebenden Eigenmittel oder
   b) bei einem Verlust in Höhe von jeweils mehr als 10 vom Hundert der nach Artikel 72 der Verordnung (EU) Nr. 575/2013 in der jeweils geltenden Fassung maßgebenden Eigenmittel in mindestens drei aufeinanderfolgenden Geschäftsjahren;
5. *(aufgehoben)*
6. das Institut nachhaltig gegen Bestimmungen dieses Gesetzes, des Geldwäschegesetzes, des Wertpapierhandelsgesetzes, der Verordnung (EU) 2015/847 oder die zur Durchführung dieser Gesetze erlassenen Verordnungen oder Anordnungen verstoßen hat;
7. das Institut nachhaltig gegen die Artikel 14, 15, 16 Absatz 1 oder Absatz 2, Artikel 17 Absatz 1, 2, 4, 5 oder 8, Artikel 18 Absatz 1 bis 6, Artikel 19 Absatz 1 bis 3, 5 bis 7 oder 11 oder Artikel 20 Absatz 1 der Verordnung (EU) Nr. 596/2014 oder sich auf diese Bestimmungen beziehende Anordnungen der Bundesanstalt verstoßen hat;
8. die in den Artikeln 92 bis 403 sowie 411 bis 428 der Verordnung (EU) Nr. 575/2013 niedergelegten aufsichtlichen Anforderungen nicht mehr erfüllt sind;
9. das Institut als Gegenpartei von Wertpapierfinanzierungsgeschäften nachhaltig gegen die Pflichten und Anforderungen von Artikel 4 oder 15 der Verordnung (EU) 2015/2365 oder sich auf diese Bestimmungen beziehende Anordnungen der Bundesanstalt verstoßen hat oder

10. das Institut nachhaltig gegen Artikel 7 Absatz 1 Satz 3 oder Artikel 11 Absatz 1 Satz 3 der Verordnung (EU) Nr. 600/2014 oder sich auf diese Bestimmungen beziehende Anordnungen der Bundesanstalt verstoßen hat.

(2a) [1]Die Erlaubnis soll durch die Aufsichtsbehörde aufgehoben werden, wenn über das Institut ein Insolvenzverfahren eröffnet oder die Auflösung des Instituts beschlossen worden ist. [2]Der Wegfall der Erlaubnis hindert die für die Liquidation zuständigen Personen nicht daran, bestimmte Tätigkeiten des Instituts weiter zu betreiben, soweit dies für Zwecke des Insolvenz- oder Liquidationsverfahrens erforderlich oder angezeigt ist.

(2b) Ist die Europäische Zentralbank Aufsichtsbehörde, kann die Bundesanstalt ihr nach Maßgabe der Absätze 2 und 2a Beschlussentwürfe nach Artikel 14 Absatz 5 der Verordnung (EU) Nr. 1024/2013 vorlegen.

(3) § 48 Abs. 4 Satz 1 und § 49 Abs. 2 Satz 2 des Verwaltungsverfahrensgesetzes über die Jahresfrist sind nicht anzuwenden.

(4) Wird die Erlaubnis eines Instituts zum Betreiben von Bankgeschäften oder Erbringen von Finanzdienstleistungen aufgehoben, unterrichtet die Aufsichtsbehörde unverzüglich die zuständigen Stellen der anderen Staaten des Europäischen Wirtschaftsraums, in denen das Institut Zweigniederlassungen errichtet hat oder im Wege des grenzüberschreitenden Dienstleistungsverkehrs tätig gewesen ist.

§ 36 Maßnahmen gegen Geschäftsleiter und Mitglieder des Verwaltungs- oder Aufsichtsorgans

(1) [1]In den Fällen des § 35 Abs. 2 Nr. 3, 4 und 6 kann die Bundesanstalt, statt die Erlaubnis aufzuheben, die Abberufung der verantwortlichen Geschäftsleiter verlangen und diesen Geschäftsleitern auch die Ausübung ihrer Tätigkeit bei Instituten oder Unternehmen in der Rechtsform einer juristischen Person untersagen. [2]Für die Zwecke des Satzes 1 ist § 35 Abs. 2 Nr. 4 mit der Maßgabe anzuwenden, dass bei der Berechnung der Höhe des Verlustes Bilanzierungshilfen, mittels derer ein Verlustausweis vermindert oder vermieden wird, nicht berücksichtigt werden. [3]Im Falle eines Verstoßes gegen die §§ 25i, 25k oder 25m oder gegen die Verordnung (EU) 2015/847 kann die Bundesanstalt den dafür verantwortlichen Geschäftsleitern auch die Ausübung ihrer Tätigkeit bei Verpflichteten nach § 2 Absatz 1 des Geldwäschegesetzes untersagen.

(1a) [1]In den Fällen des Artikels 20 Absatz 1 Buchstabe b bis d der Verordnung (EU) Nr. 648/2012 kann die Bundesanstalt, statt die Erlaubnis aufzuheben, die Abberufung der verantwortlichen Geschäftsleiter verlangen und diesen Geschäftsleitern auch die Ausübung ihrer Tätigkeit bei Instituten in der Rechtsform einer juristischen Person untersagen. [2]Die Bundesanstalt kann eine Abberufung auch verlangen, wenn die Voraussetzungen des Artikels 27 Absatz 1 der Verordnung (EU) Nr. 648/2012 nicht gegeben sind oder die Voraussetzungen des Artikels 31 Absatz 1 der Verordnung (EU) Nr. 648/2012 vorliegen.

(1b) [1]In den Fällen des Artikels 20 Absatz 1 Buchstabe b bis d oder des Artikels 57 Absatz 1 Buchstabe b bis d der Verordnung (EU) Nr. 909/2014 kann die Bundesanstalt, statt die Zulassung nach Artikel 20 der Verordnung (EU) Nr. 909/2014 oder die Genehmigung nach Artikel 57 der Verordnung (EU) Nr. 909/2014 zu entziehen, die Abberufung der verantwortlichen Geschäftsleiter verlangen und diesen Geschäftsleitern auch die Ausübung ihrer Tätigkeit bei Instituten in der Rechtsform einer juristischen Person untersagen. [2]Die Bundesanstalt kann eine Abberufung auch dann verlangen, wenn die Voraussetzungen des Artikels 27 der Verordnung (EU) Nr. 909/2014 nicht gegeben sind.

(2) Die Bundesanstalt kann die Abberufung eines Geschäftsleiters auch verlangen und diesem Geschäftsleiter auch die Ausübung seiner Tätigkeit bei Instituten oder Unternehmen in der Rechtsform einer juristischen Person untersagen, wenn dieser vorsätzlich

oder leichtfertig gegen die Bestimmungen dieses Gesetzes, der Verordnung (EU) Nr. 575/2013, der Verordnung (EU) Nr. 648/2012, der Verordnung (EU) Nr. 596/2014, der Verordnung (EU) Nr. 600/2014, der Verordnung (EU) Nr. 909/2014, der Verordnung (EU) 2015/2365, der Verordnung (EU) 2016/1011, des Gesetzes über Bausparkassen, des Depotgesetzes, des Geldwäschegesetzes, des Kapitalanlagegesetzbuchs, des Pfandbriefgesetzes, des Zahlungsdiensteaufsichtsgesetzes oder des Wertpapierhandelsgesetzes, gegen die Artikel 6, 7, 9, 18 bis 26 oder 27 Absatz 1 oder 4 der Verordnung (EU) 2017/2402, gegen die zur Durchführung dieser Gesetze erlassenen Verordnungen, die zur Durchführung der Richtlinie 2013/36/EU und der Verordnung (EU) Nr. 575/2013 erlassenen Rechtsakte, die zur Durchführung der Verordnung (EU) Nr. 648/2012, der Verordnung (EU) Nr. 596/2014, der Verordnung (EU) Nr. 600/2014, der Verordnung (EU) Nr. 909/2014, der Verordnung (EU) 2015/2365, der Verordnung (EU) 2016/1011 oder der Verordnung (EU) 2017/2402 erlassenen Rechtsakte oder gegen Anordnungen der Bundesanstalt verstoßen hat und trotz Verwarnung durch die Bundesanstalt dieses Verhalten fortsetzt.

(3) [1]Die Bundesanstalt kann von den in § 25d Absatz 3 Satz 1 und 2 sowie § 25d Absatz 3a Satz 1 genannten Unternehmen die Abberufung einer der in § 25d Absatz 3 Satz 1 und 2 sowie § 25d Absatz 3a Satz 1 bezeichneten Person verlangen und einer solchen Person die Ausübung ihrer Tätigkeit untersagen, wenn

1. Tatsachen vorliegen, aus denen sich ergibt, dass die Person nicht zuverlässig ist,
2. Tatsachen vorliegen, aus denen sich ergibt, dass die Person nicht die erforderliche Sachkunde besitzt,
3. Tatsachen vorliegen, aus denen sich ergibt, dass die Person der Wahrnehmung ihrer Aufgaben nicht ausreichend Zeit widmet,
4. der Person wesentliche Verstöße des Unternehmens gegen die Grundsätze einer ordnungsgemäßen Geschäftsführung wegen sorgfaltswidriger Ausübung ihrer Überwachungs- und Kontrollfunktion verborgen geblieben sind und sie dieses sorgfaltswidrige Verhalten trotz Verwarnung durch die Bundesanstalt fortsetzt,
5. die Person nicht alles Erforderliche zur Beseitigung festgestellter Verstöße veranlasst hat und dies trotz Verwarnung durch die Bundesanstalt auch weiterhin unterlässt,
6. die Person bereits Geschäftsleiter desselben Unternehmens ist,
7. die Person Geschäftsleiter desselben Unternehmens war und bereits zwei ehemalige Geschäftsleiter des Unternehmens Mitglied des Verwaltungs- oder Aufsichtsorgans sind,
8. die nach § 25d Absatz 3 Satz 1 oder Satz 2 bezeichnete Person mehr als vier Kontrollmandate ausübt und die Bundesanstalt ihr nicht die Ausübung weiterer Mandate gestattet hat,
9. die nach § 25d Absatz 3 Satz 1 oder Satz 2 bezeichnete Person mehr als eine Geschäftsleiter- und zwei Aufsichtsfunktionen ausübt und die Bundesanstalt ihr nicht die Ausübung weiterer Mandate gestattet hat oder
10. die nach § 25d Absatz 3a Satz 1 bezeichnete Person mehr als fünf Kontrollmandate bei unter der Aufsicht der Bundesanstalt stehenden Unternehmen ausübt.

[2]Bei Instituten, die auf Grund ihrer Rechtsform einer besonderen Rechtsaufsicht unterliegen, erfolgt eine Maßnahme nach Satz 1 erst nach Anhörung der zuständigen Behörde für die Rechtsaufsicht über diese Institute. [3]Soweit das Gericht auf Antrag des Aufsichtsrats ein Aufsichtsratsmitglied abzuberufen hat, kann dieser Antrag bei Vorliegen der Voraussetzungen nach Satz 1 Nummer 1 bis 10 auch von der Bundesanstalt gestellt werden, wenn der Aufsichtsrat dem Abberufungsverlangen der Aufsichtsbehörde nicht

nachgekommen ist. [4]Die Abberufung von Arbeitnehmervertretern im Aufsichtsrat erfolgt allein nach den Vorschriften der Mitbestimmungsgesetze.

(4) [1]Die Bundesanstalt kann von den in § 25d Absatz 13 genannten Unternehmen die Abberufung eines Mitglieds des Verwaltungs- oder Aufsichtsorgans verlangen und einer solchen Person die Ausübung ihrer Tätigkeit untersagen, wenn

1. Tatsachen vorliegen, aus denen sich ergibt, dass die Person nicht zuverlässig ist,
2. Tatsachen vorliegen, aus denen sich ergibt, dass die Person nicht die erforderliche Sachkunde besitzt,
3. Tatsachen vorliegen, aus denen sich ergibt, dass die Person der Wahrnehmung ihrer Aufgaben nicht ausreichend Zeit widmet,
4. der Person wesentliche Verstöße des Unternehmens gegen die Grundsätze einer ordnungsgemäßen Geschäftsführung wegen sorgfaltswidriger Ausübung ihrer Überwachungs- und Kontrollfunktion verborgen geblieben sind und sie dieses sorgfaltswidrige Verhalten trotz Verwarnung durch die Bundesanstalt fortsetzt oder
5. die Person nicht alles Erforderliche zur Beseitigung festgestellter Verstöße veranlasst hat und dies trotz Verwarnung durch die Bundesanstalt auch weiterhin unterlässt.

[2]Soweit das Gericht auf Antrag des Verwaltungs- oder Aufsichtsorgans ein Mitglied des Verwaltungs- oder Aufsichtsorgans abzuberufen hat, kann dieser Antrag bei Vorliegen der Voraussetzungen nach Satz 1 auch von der Bundesanstalt gestellt werden, wenn das Verwaltungs- oder Aufsichtsorgan dem Abberufungsverlangen der Bundesanstalt nicht nachgekommen ist. [3]Die Abberufung von Arbeitnehmervertretern im Verwaltungs- oder Aufsichtsorgan erfolgt allein nach den Vorschriften der Mitbestimmungsgesetze.

§ 36a Tätigkeitsverbot für natürliche Personen

(1) [1]In den Fällen des § 35 Absatz 2 Nummer 7, 9 oder 10 kann die Aufsichtsbehörde auch einer für den Verstoß verantwortlichen natürlichen Person, die zum Zeitpunkt des Verstoßes nicht Geschäftsleiter ist, vorübergehend für einen Zeitraum von bis zu zwei Jahren eine künftige Tätigkeit als Geschäftsleiter bei einem Institut in der Rechtsform einer juristischen Person untersagen. [2]Begeht eine natürliche Person im Sinne des Satzes 1 in den Fällen des § 35 Absatz 2 Nummer 7, 9 oder 10 wiederholt schwere Verstöße oder verstößt sie wiederholt gegen Artikel 14 oder Artikel 15 der Verordnung (EU) Nr. 596/2014 oder Artikel 4 oder Artikel 15 der Verordnung (EU) 2015/2365, kann ihr die Aufsichtsbehörde eine künftige Tätigkeit als Geschäftsleiter bei einem Institut in der Rechtsform einer juristischen Person dauerhaft untersagen. [3]§ 36 Absatz 1 und 2 bleibt unberührt. [4]Im Falle eines Verstoßes gegen die §§ 25i, 25k oder 25m oder gegen die Verordnung (EU) 2015/847 kann die Aufsichtsbehörde auch einer für den Verstoß verantwortlichen natürlichen Person, die zum Zeitpunkt des Verstoßes nicht Geschäftsleiter war, vorübergehend für einen Zeitraum von bis zu zwei Jahren eine künftige Tätigkeit als Geschäftsleiter bei Verpflichteten nach § 2 Absatz 1 des Geldwäschegesetzes untersagen.

(2) In den Fällen des Artikels 20 Absatz 1 Buchstabe b bis d oder des Artikels 57 Absatz 1 Buchstabe b bis d der Verordnung (EU) Nr. 909/2014 kann die Aufsichtsbehörde auch einer für den Verstoß verantwortlichen natürlichen Person, die zum Zeitpunkt des Verstoßes nicht Geschäftsleiter ist, vorübergehend für einen Zeitraum von bis zu zwei Jahren oder bei wiederholten schweren Verstößen dauerhaft eine künftige Tätigkeit als Geschäftsleiter in dem Institut untersagen.

(3) In den Fällen des § 48 Absatz 1 kann die Aufsichtsbehörde einer für den Verstoß verantwortlichen natürlichen Person, die zum Zeitpunkt des Verstoßes nicht Geschäftsleiter eines Instituts war, vorübergehend bis zu einem Zeitraum von zwei Jahren eine künftige Tätigkeit als Geschäftsleiter bei einem Originator, Sponsor, einer Verbriefungszweckgesellschaft oder einem Institut untersagen.

§ 37 Einschreiten gegen unerlaubte oder verbotene Geschäfte

(1) [1]Die Bundesanstalt kann die sofortige Einstellung des Geschäftsbetriebs und die unverzügliche Abwicklung dieser Geschäfte gegenüber dem Unternehmen und den Mitgliedern seiner Organe anordnen, wenn

1. ohne die nach § 32 erforderliche Erlaubnis Bankgeschäfte betrieben oder Finanzdienstleistungen erbracht werden,
2. ohne die nach Artikel 14 der Verordnung (EU) Nr. 648/2012 erforderliche Zulassung als zentrale Gegenpartei Clearingdienstleistungen erbracht werden,
3. ohne die nach Artikel 16 Absatz 1 der Verordnung (EU) Nr. 909/2014 erforderliche Zulassung die Tätigkeit als Zentralverwahrer ausgeübt wird,
4. ohne die nach Artikel 25 Absatz 2 der Verordnung (EU) Nr. 909/2014 erforderliche Anerkennung die in Abschnitt A des Anhangs zur Verordnung (EU) Nr. 909/2014 genannten Kerndienstleistungen erbracht werden oder
5. nach § 3 verbotene Geschäfte betrieben werden.

[2]Sie kann für die Abwicklung Weisungen erlassen und eine geeignete Person als Abwickler bestellen. [3]Sie kann ihre Maßnahmen nach den Sätzen 1 und 2 bekanntmachen. [4]Die Befugnisse der Bundesanstalt nach den Sätzen 1 bis 3 bestehen auch gegenüber dem Unternehmen, das in die Anbahnung, den Abschluss oder die Abwicklung dieser Geschäfte einbezogen ist.

(1a) Ordnet die Bundesanstalt die Einstellung des Geschäftsbetriebs oder die Abwicklung der unerlaubten Geschäfte an, so stehen ihr bei juristischen Personen und Personenhandelsgesellschaften auch die in § 38 Absatz 1 und 2 genannten Rechte zu; Absatz 1 Satz 3 gilt entsprechend.

(2) Der Abwickler ist zum Antrag auf Eröffnung eines Insolvenzverfahrens über das Vermögen des Unternehmens berechtigt.

(3) [1]Der Abwickler erhält von der Bundesanstalt eine angemessene Vergütung und den Ersatz seiner Aufwendungen. [2]Die gezahlten Beträge sind der Bundesanstalt von dem Unternehmen gesondert zu erstatten und auf Verlangen der Bundesanstalt vorzuschießen. [3]Die Bundesanstalt kann das betroffene Unternehmen anweisen, den von der Bundesanstalt festgesetzten Betrag im Namen der Bundesanstalt unmittelbar an den Abwickler zu leisten, wenn dadurch keine Beeinflussung der Unabhängigkeit des Abwicklers zu besorgen ist.

§ 38 Folgen der Aufhebung und des Erlöschens der Erlaubnis, Maßnahmen bei der Abwicklung

(1) [1]Hebt die Aufsichtsbehörde die Erlaubnis auf oder erlischt die Erlaubnis, so kann die Bundesanstalt bei juristischen Personen und Personenhandelsgesellschaften bestimmen, dass das Institut abzuwickeln ist. [2]Ihre Entscheidung wirkt wie ein Auflösungsbeschluß. [3]Sie ist dem Registergericht mitzuteilen und von diesem in das Handels- oder Genossenschaftsregister einzutragen.

(2) [1]Die Bundesanstalt kann für die Abwicklung eines Instituts oder seiner Bankgeschäfte und Finanzdienstleistungen Weisungen erlassen. [2]Das Gericht hat auf Antrag der Bundesanstalt Abwickler zu bestellen, wenn die sonst zur Abwicklung der Bankgeschäfte und Finanzdienstleistungen berufenen Personen keine Gewähr für die ordnungsmäßige Abwicklung bieten. [3]Besteht eine Zuständigkeit des Gerichts nicht, bestellt die Bundesanstalt den Abwickler.

(2a) [1]Der Abwickler erhält von der Bundesanstalt eine angemessene Vergütung und den Ersatz seiner Aufwendungen. [2]Die gezahlten Beträge sind der Bundesanstalt von der betroffenen juristischen Person oder Personenhandelsgesellschaft gesondert zu erstatten und auf Verlangen der Bundesanstalt vorzuschießen. [3]Die Bundesanstalt kann die betroffene juristische Person oder Personenhandelsgesellschaft anweisen, den von der Bundesanstalt festgesetzten Betrag im Namen der Bundesanstalt unmittelbar an den Abwickler zu leisten, wenn dadurch keine Beeinflussung der Unabhängigkeit des Abwicklers zu besorgen ist.

(3) [1]Die Bundesanstalt hat die Aufhebung oder das Erlöschen der Erlaubnis im Bundesanzeiger bekannt zu machen. [2]Sie hat die zuständigen Stellen der anderen Staaten des Europäischen Wirtschaftsraums zu unterrichten, in denen das Institut Zweigniederlassungen errichtet hat oder im Wege des grenzüberschreitenden Dienstleistungsverkehrs tätig gewesen ist.

(4) Die Absätze 1 und 2 gelten nicht für juristische Personen des öffentlichen Rechts.

2. Bezeichnungsschutz

§ 39 Bezeichnungen „Bank" und „Bankier"

(1) Die Bezeichnung „Bank", „Bankier" oder eine Bezeichnung, in der das Wort „Bank" oder „Bankier" enthalten ist, dürfen, soweit durch Gesetz nichts anderes bestimmt ist, in der Firma, als Zusatz zur Firma, zur Bezeichnung des Geschäftszwecks oder zu Werbezwecken nur führen

1. Kreditinstitute, die eine Erlaubnis nach § 32 besitzen, oder Zweigniederlassungen von Unternehmen nach § 53b Abs. 1 Satz 1 und 2 oder Abs. 7;
2. andere Unternehmen, die bei Inkrafttreten dieses Gesetzes eine solche Bezeichnung nach den bisherigen Vorschriften befugt geführt haben.

(2) Die Bezeichnung „Volksbank" oder eine Bezeichnung, in der das Wort „Volksbank" enthalten ist, dürfen nur Institute neu aufnehmen, die in der Rechtsform einer eingetragenen Genossenschaft betrieben werden und einem Prüfungsverband angehören.

(3) Die Bundesanstalt kann bei Erteilung der Erlaubnis bestimmen, daß die in Absatz 1 genannten Bezeichnungen nicht geführt werden dürfen, wenn Art oder Umfang der Geschäfte des Instituts nach der Verkehrsanschauung die Führung einer solchen Bezeichnung nicht rechtfertigen.

§ 40 Bezeichnung „Sparkasse"

(1) Die Bezeichnung „Sparkasse" oder eine Bezeichnung, in der das Wort „Sparkasse" enthalten ist, dürfen in der Firma, als Zusatz zur Firma, zur Bezeichnung des Geschäftszwecks oder zu Werbezwecken nur führen

1. öffentlich-rechtliche Sparkassen, die eine Erlaubnis nach § 32 besitzen;
2. andere Unternehmen, die bei Inkrafttreten dieses Gesetzes eine solche Bezeichnung nach den bisherigen Vorschriften befugt geführt haben;
3. Unternehmen, die durch Umwandlung der in Nummer 2 bezeichneten Unternehmen neu gegründet werden, solange sie aufgrund ihrer Satzung besondere Merkmale, insbesondere eine am Gemeinwohl orientierte Aufgabenstellung und eine Beschränkung der wesentlichen Geschäftstätigkeit auf den Wirtschaftsraum, in dem das Unternehmen seinen Sitz hat, in dem Umfang wie vor der Umwandlung aufweisen.

(2) Kreditinstitute im Sinne des § 1 des Gesetzes über Bausparkassen dürfen die Bezeichnung „Bausparkasse", eingetragene Genossenschaften, die einem Prüfungsverband angehören, die Bezeichnung „Spar- und Darlehnskasse" führen.

§ 41 Ausnahmen

[1]Die §§ 39 und 40 gelten nicht für Unternehmen, die die Worte „Bank“, „Bankier“ oder „Sparkasse“ in einem Zusammenhang führen, der den Anschein ausschließt, daß sie Bankgeschäfte betreiben. [2]Kreditinstitute mit Sitz im Ausland dürfen bei ihrer Tätigkeit im Inland die in § 39 Abs. 2 und in § 40 genannten Bezeichnungen in der Firma, als Zusatz zur Firma, zur Bezeichnung des Geschäftszwecks oder zu Werbezwecken führen, wenn sie zur Führung dieser Bezeichnung in ihrem Sitzstaat berechtigt sind und sie die Bezeichnung um einen auf ihren Sitzstaat hinweisenden Zusatz ergänzen.

§ 42 Entscheidung der Bundesanstalt

[1]Die Bundesanstalt entscheidet in Zweifelsfällen, ob ein Unternehmen zur Führung der in den §§ 39 und 40 genannten Bezeichnungen befugt ist. [2]Sie hat ihre Entscheidungen dem Registergericht mitzuteilen.

§ 43 Registervorschriften

(1) Soweit nach § 32 das Betreiben von Bankgeschäften oder das Erbringen von Finanzdienstleistungen einer Erlaubnis bedarf, dürfen Eintragungen in öffentliche Register nur vorgenommen werden, wenn dem Registergericht die Erlaubnis nachgewiesen ist.

(2) [1]Führt ein Unternehmen eine Firma oder einen Zusatz zur Firma, deren Gebrauch nach den §§ 39 bis 41 unzulässig ist, hat das Registergericht das Unternehmen zur Unterlassung des Gebrauchs der Firma oder des Zusatzes zur Firma durch Festsetzung von Ordnungsgeld anzuhalten; § 392 des Gesetzes über das Verfahren in Familiensachen und in den Angelegenheiten der freiwilligen Gerichtsbarkeit gilt entsprechend. [2]§ 395 des Gesetzes über das Verfahren in Familiensachen und in den Angelegenheiten der freiwilligen Gerichtsbarkeit bleibt unberührt.

(3) Die Bundesanstalt ist berechtigt, in Verfahren des Registergerichts, die sich auf die Eintragung oder Änderung der Rechtsverhältnisse oder der Firma von Kreditinstituten oder Unternehmen beziehen, die nach den §§ 39 bis 41 unzulässige Bezeichnungen verwenden, Anträge zu stellen und die nach dem Gesetz über das Verfahren in Familiensachen und in den Angelegenheiten der freiwilligen Gerichtsbarkeit zulässigen Rechtsmittel einzulegen.

3. Auskünfte und Prüfungen

§ 44 Auskünfte und Prüfungen von Instituten, Anbietern von Nebendienstleistungen, Finanzholding-Gesellschaften, gemischten Finanzholding-Gesellschaften und anderen Unternehmen

(1) [1]Ein Institut oder ein übergeordnetes Unternehmen, die Mitglieder deren Organe und deren Beschäftigte haben der Bundesanstalt, den Personen und Einrichtungen, deren sich die Bundesanstalt bei der Durchführung ihrer Aufgaben bedient, sowie der Deutschen Bundesbank auf Verlangen Auskünfte über alle Geschäftsangelegenheiten zu erteilen, Unterlagen vorzulegen und erforderlichenfalls Kopien anzufertigen. [2]Die Bundesanstalt kann, auch ohne besonderen Anlass, bei den Instituten und übergeordneten Unternehmen Prüfungen vornehmen und die Durchführung der Prüfungen der Deutschen Bundesbank übertragen; das schließt Unternehmen ein, auf die ein Institut oder übergeordnetes Unternehmen wesentliche Bereiche im Sinne des § 25b ausgelagert hat (Auslagerungsunternehmen). [3]Die Bediensteten der Bundesanstalt, der Deutschen Bundesbank sowie die sonstigen Personen, deren sich die Bundesanstalt bei der Durchführung der Prüfungen bedient, können hierzu die Geschäftsräume des Instituts, des Auslagerungsunternehmens und des übergeordneten Unternehmens innerhalb der üb-

lichen Betriebs- und Geschäftszeiten betreten und besichtigen. [4]Die Betroffenen haben Maßnahmen nach den Sätzen 2 und 3 zu dulden.

(1a) Soweit eine zentrale Gegenpartei unter den Voraussetzungen des Artikels 35 Absatz 1 der Verordnung (EU) Nr. 648/2012 operationelle Funktionen, Dienstleistungen oder Tätigkeiten auf ein Unternehmen auslagert, sind die Befugnisse der Bundesanstalt nach Absatz 1 Satz 2 und 3 auch auf dieses Unternehmen entsprechend anwendbar; Absatz 1 Satz 4 gilt entsprechend.

(1b) [1]Originatoren und ursprüngliche Kreditgeber, soweit sie keine Institute sind, sowie Verbriefungszweckgesellschaften und gemäß Artikel 28 Absatz 1 der Verordnung (EU) 2017/2402 zugelassene Dritte haben der Bundesanstalt Auskünfte entsprechend den Absätzen 1 und 6 zu erteilen. [2]Der Bundesanstalt stehen die in Absatz 1 genannten Prüfungsbefugnisse entsprechend zu.

(2) [1]Ein nachgeordnetes Unternehmen im Sinne des § 10a, eine Finanzholding-Gesellschaft an der Spitze einer Finanzholding-Gruppe im Sinne des § 10a, eine gemischte Finanzholding-Gesellschaft an der Spitze einer gemischten Finanzholding-Gruppe im Sinne des § 10a oder eine gemischte Holding-Gesellschaft sowie ein Mitglied eines Organs eines solchen Unternehmens haben der Bundesanstalt, den Personen und Einrichtungen, deren sich die Bundesanstalt bei der Durchführung ihrer Aufgaben bedient, sowie der Deutschen Bundesbank auf Verlangen Auskünfte zu erteilen, Unterlagen vorzulegen und erforderlichenfalls Kopien anzufertigen, um die Richtigkeit der Auskünfte oder der übermittelten Daten zu überprüfen, die für die Aufsicht auf zusammengefasster Basis erforderlich sind oder die in Verbindung mit einer Rechtsverordnung nach § 25 Absatz 3 Satz 1 zu übermitteln sind. [2]Die Bundesanstalt kann, auch ohne besonderen Anlass, bei den in Satz 1 genannten Unternehmen Prüfungen vornehmen und die Durchführung der Prüfungen der Deutschen Bundesbank übertragen; Absatz 1 Satz 2 Halbsatz 2 gilt entsprechend. [3]Die Bediensteten der Bundesanstalt, der Deutschen Bundesbank sowie der sonstigen Personen, deren sich die Bundesanstalt bei der Durchführung der Prüfungen bedient, können hierzu die Geschäftsräume der Unternehmen innerhalb der üblichen Betriebsund Geschäftszeiten betreten und besichtigen. [4]Die Betroffenen haben Maßnahmen nach den Sätzen 2 und 3 zu dulden. [5]Die Sätze 1 bis 4 gelten entsprechend für ein nicht in die Zusammenfassung einbezogenes Tochterunternehmen und ein gemischte Holdinggesellschaft und dessen Tochterunternehmen.

(2a) [1]Benötigt die Bundesanstalt bei der Aufsicht über eine Institutsgruppe, Finanzholding-Gruppe, eine gemischte Finanzholding-Gruppe oder gemischte Holding-Gruppe Informationen, die bereits einer anderen zuständigen Stelle vorliegen, richtet sie ihr Auskunftsersuchen zunächst an diese zuständige Stelle. [2]Bei der Aufsicht über Institute, die einem EU-Mutterinstitut nach § 10a nachgeordnet sind, richtet die Bundesanstalt Auskunftsersuchen zur Umsetzung der Ansätze und Methoden nach der Richtlinie 2013/36/EU regelmäßig zunächst an die für die Aufsicht auf zusammengefasster Basis zuständige Stelle.

(3) [1]Die in die Zusammenfassung einbezogenen Unternehmen mit Sitz im Ausland haben der Bundesanstalt auf Verlangen die nach diesem Gesetz zulässigen Prüfungen zu gestatten, insbesondere die Überprüfung der Richtigkeit der für die Zusammenfassung nach § 10a Absatz 4 bis 7, § 25 Absatz 2 und 3 und nach den Artikeln 11 bis 17 der Verordnung (EU) Nr. 575/2013 in ihrer jeweils geltenden Fassung übermittelten Daten, soweit dies zur Erfüllung der Aufgaben der Bundesanstalt erforderlich und nach dem Recht des anderen Staates zulässig ist. [2]Dies gilt auch für nicht in die Zusammenfassung einbezogene Tochterunternehmen mit Sitz im Ausland.

(3a) *(aufgehoben)*

(4) [1]Die Bundesanstalt kann zu den Hauptversammlungen, Generalversammlungen oder Gesellschafterversammlungen sowie zu den Sitzungen der Aufsichtsorgane bei Instituten, Finanzholding-Gesellschaften oder gemischten Finanzholding-Gesellschaften in der Rechtsform einer juristischen Person Vertreter entsenden. [2]Diese können in der Versammlung oder Sitzung das Wort ergreifen. [3]Die Betroffenen haben Maßnahmen nach den Sätzen 1 und 2 zu dulden.

(5) [1]Die Institute, Finanzholding-Gesellschaften und gemischten Finanzholding-Gesellschaften in der Rechtsform einer juristischen Person haben auf Verlangen der Bundesanstalt die Einberufung der in Absatz 4 Satz 1 bezeichneten Versammlungen, die Anberaumung von Sitzungen der Verwaltungs- und Aufsichtsorgane sowie die Ankündigung von Gegenständen zur Beschlussfassung vorzunehmen. [2]Die Bundesanstalt kann zu einer nach Satz 1 anberaumten Sitzung Vertreter entsenden. [3]Diese können in der Sitzung das Wort ergreifen. [4]Die Betroffenen haben Maßnahmen nach den Sätzen 2 und 3 zu dulden. [5]Absatz 4 bleibt unberührt.

(5a) *(aufgehoben)*

(6) Der zur Erteilung einer Auskunft Verpflichtete kann die Auskunft auf solche Fragen verweigern, deren Beantwortung ihn selbst oder einen der in § 383 Abs. 1 Nr. 1 bis 3 der Zivilprozessordnung bezeichneten Angehörigen der Gefahr strafgerichtlicher Verfolgung oder eines Verfahrens nach dem Gesetz über Ordnungswidrigkeiten aussetzen würde.

§ 44a Grenzüberschreitende Auskünfte und Prüfungen

(1) [1]Rechtsvorschriften, die einer Übermittlung von Daten entgegenstehen, sind nicht anzuwenden auf die Übermittlung von Daten zwischen einem Institut, einer Kapitalverwaltungsgesellschaft, einem Finanzunternehmen, einer Finanzholding-Gesellschaft einer gemischten Finanzholding-Gesellschaft, einem Anbieter von Nebendienstleistungen, einem E-Geld-Institut im Sinne des Zahlungsdiensteaufsichtsgesetzes, einem Zahlungsinstitut im Sinne des Zahlungsdiensteaufsichtsgesetzes oder einem Unternehmen mit Sitz im Ausland, das mindestens 20 vom Hundert der Kapitalanteile oder Stimmrechte an dem Unternehmen unmittelbar oder mittelbar hält, Mutterunternehmen ist oder beherrschenden Einfluß ausüben kann, oder zwischen einem gemischten Holdinggesellschaften und seinen Tochterunternehmen mit Sitz im Ausland, wenn die Übermittlung der Daten erforderlich ist, um Bestimmungen der Aufsicht nach Maßgabe der Richtlinie 2013/36/EU oder der Richtlinie 2002/87/EG über das Unternehmen mit Sitz im Ausland zu erfüllen. [2]Die Aufsichtsbehörde kann einem Institut die Übermittlung von Daten in einen Drittstaat untersagen.

(2) [1]Auf Ersuchen einer für die Aufsicht über ein Unternehmen mit Sitz in einem anderen Staat des Europäischen Wirtschaftsraums zuständigen Stelle hat die Aufsichtsbehörde die Richtigkeit der von einem Unternehmen im Sinne des Absatzes 1 Satz 1 für die Aufsichtsstelle nach Maßgabe der Richtlinie 2013/36/EU, der Verordnung (EU) Nr. 575/2013 oder der Richtlinie 2002/87/EG übermittelten Daten zu überprüfen oder zu gestatten, daß die ersuchende Stelle, ein Wirtschaftsprüfer oder ein Sachverständiger diese Daten überprüft; die Bundesanstalt kann nach pflichtgemäßem Ermessen gegenüber Aufsichtsstellen in Drittstaaten entsprechend verfahren, wenn Gegenseitigkeit gewährleistet ist. [2]§ 5 Abs. 2 des Verwaltungsverfahrensgesetzes über die Grenzen der Amtshilfe gilt entsprechend. [3]Die Unternehmen im Sinne des Absatzes 1 Satz 1 haben die Prüfung zu dulden.

(3) Die Aufsichtsbehörde kann von CRR-Kreditinstituten, Wertpapierhandelsunternehmen, Kapitalverwaltungsgesellschaften, Finanzholding-Gesellschaften oder gemischten Finanzholding-Gesellschaften mit Sitz in einem anderen Staat des Europäischen Wirtschaftsraums Auskünfte verlangen, welche die Aufsicht über Institute er-

leichtern, die Tochterunternehmen dieser Unternehmen sind und von den zuständigen Stellen des anderen Staates aus Artikel 19 Absatz 1 oder Absatz 2 Buchstabe b der Verordnung (EU) Nr. 575/2013 entsprechenden Gründen nicht in die Beaufsichtigung auf zusammengefaßter Basis eingezogen werden.

(4) – (6) *(aufgehoben)*

§ 44b Auskünfte und Prüfungen bei Inhabern bedeutender Beteiligungen

(1) [1]Die Verpflichtungen nach § 44 Abs. 1 Satz 1 gegenüber der Bundesanstalt und der Deutschen Bundesbank zur Auskunft und Vorlegung von Unterlagen gelten auch für

1. Personen und Unternehmen, die eine Beteiligungsabsicht nach § 2c anzeigen oder die im Rahmen eines Erlaubnisantrags nach § 32 Abs. 1 Satz 2 Nr. 6 oder einer Ergänzungsanzeige nach § 64e Abs. 2 Satz 4 als Inhaber bedeutender Beteiligungen angegeben werden,
2. die Inhaber einer bedeutenden Beteiligung an einem Institut und den von ihnen kontrollierten Unternehmen,
3. Personen und Unternehmen, bei denen Tatsachen die Annahme rechtfertigen, daß es sich um Personen oder Unternehmen im Sinne der Nummer 2 handelt, und
4. Personen und Unternehmen, die mit einer Person oder einem Unternehmen im Sinne der Nummern 1 bis 3 nach § 15 des Aktiengesetzes verbunden sind.

[2]Auf Verlangen der Bundesanstalt hat der Vorlagepflichtige die einzureichenden Unterlagen gemäß § 2c Abs. 1 Satz 2 auf seine Kosten durch einen von der Bundesanstalt zu bestimmenden Wirtschaftsprüfer prüfen zu lassen.

(2) [1]Die Bundesanstalt und die Deutsche Bundesbank können Maßnahmen nach § 44 Abs. 1 Satz 2 und 3 gegenüber den in Absatz 1 genannten Personen und Unternehmen ergreifen, wenn Anhaltspunkte für einen Untersagungsgrund nach § 2c Abs. 1b Satz 1 Nr. 1 bis 6 vorliegen. [2]Die Betroffenen haben diese Maßnahme zu dulden.

(3) Wer nach Absatz 1 oder 2 zur Erteilung einer Auskunft verpflichtet ist, kann die Auskunft auf solche Fragen verweigern, deren Beantwortung ihn selbst oder einen der in § 383 Abs. 1 Nr. 1 bis 3 der Zivilprozessordnung bezeichneten Angehörigen der Gefahr strafrechtlicher Verfolgung oder eines Verfahrens nach dem Gesetz über Ordnungswidrigkeiten aussetzen würde.

§ 44c Verfolgung unerlaubter Bankgeschäfte und Finanzdienstleistungen

(1) [1]Ein Unternehmen, die Mitglieder seiner Organe, seine Beschäftigten sowie andere Unternehmen, die in die Abwicklung seiner Geschäfte einbezogen sind oder einbezogen waren, haben der Bundesanstalt sowie der Deutschen Bundesbank auf Verlangen Auskünfte über alle Geschäftsangelegenheiten zu erteilen und Unterlagen vorzulegen, wenn Tatsachen die Annahme rechtfertigen oder feststeht, dass das Unternehmen

1. Bankgeschäfte oder Finanzdienstleistungen ohne die nach diesem Gesetz erforderliche Erlaubnis oder ohne die nach Artikel 14 der Verordnung (EU) Nr. 648/2012 erforderliche Zulassung betreibt oder erbringt,
2. die Tätigkeit als Zentralverwahrer ohne die nach Artikel 16 Absatz 1 der Verordnung (EU) Nr. 909/2014 erforderliche Zulassung ausübt,
3. als Zentralverwahrer die in Abschnitt A des Anhangs zur Verordnung (EU) Nr. 909/2014 genannten Kerndienstleistungen ohne die nach Artikel 25 Absatz 2 der Verordnung (EU) Nr. 909/2014 erforderliche Anerkennung erbringt oder
4. nach § 3 verbotene Geschäfte betreibt.

[2]Ein Mitglied eines Organs sowie ein Beschäftigter haben auf Verlangen auch nach ihrem Ausscheiden aus dem Organ oder dem Unternehmen Auskunft zu erteilen.

(2) [1]Soweit dies zur Feststellung der Art oder des Umfangs der Geschäfte oder Tätigkeiten erforderlich ist, kann die Bundesanstalt Prüfungen in Räumen des Unternehmens sowie in den Räumen der nach Absatz 1 Satz 1 auskunfts- und vorlegungspflichtigen Personen und Unternehmen vornehmen und die Durchführung der Prüfungen der Deutschen Bundesbank übertragen. [2]Die Bediensteten der Bundesanstalt und der Deutschen Bundesbank dürfen hierzu diese Räume innerhalb der üblichen Betriebs- und Geschäftszeiten betreten und besichtigen. [3]Zur Verhütung dringender Gefahren für die öffentliche Ordnung und Sicherheit sind sie befugt, diese Räume auch außerhalb der üblichen Betriebs- und Geschäftszeiten sowie Räume, die auch als Wohnung dienen, zu betreten und zu besichtigen; das Grundrecht des Artikels 13 des Grundgesetzes wird insoweit eingeschränkt.

(3) [1]Die Bediensteten der Bundesanstalt und der Deutschen Bundesbank dürfen diese Räume des Unternehmens sowie der nach Absatz 1 Satz 1 auskunfts- und vorlegungspflichtigen Personen und Unternehmen aufsuchen. [2]Im Rahmen der Durchsuchung dürfen die Bediensteten auch die auskunfts- und vorlegungspflichtigen Personen zum Zwecke der Sicherstellung von Gegenständen im Sinne des Absatzes 4 durchsuchen. [3]Das Grundrecht des Artikels 13 des Grundgesetzes wird insoweit eingeschränkt. [4]Durchsuchungen von Geschäftsräumen und Personen sind, außer bei Gefahr im Verzug, durch den Richter anzuordnen. [5]Durchsuchungen von Räumen, die als Wohnung dienen, sind durch den Richter anzuordnen. [6]Zuständig ist das Amtsgericht, in dessen Bezirk sich die Räume befinden. [7]Gegen die richterliche Entscheidung ist die Beschwerde zulässig; die §§ 306 bis 310 und 311a der Strafprozeßordnung gelten entsprechend. [8]Über die Durchsuchung ist eine Niederschrift zu fertigen. [9]Sie muß die verantwortliche Dienststelle, Grund, Zeit und Ort der Durchsuchung und ihr Ergebnis und, falls keine richterliche Anordnung ergangen ist, auch die Tatsachen, welche die Annahme einer Gefahr im Verzuge begründet haben, enthalten.

(4) Die Bediensteten der Bundesanstalt und der Deutschen Bundesbank können Gegenstände sicherstellen, die als Beweismittel für die Ermittlung des Sachverhaltes von Bedeutung sein können.

(5) [1]Die Betroffenen haben Maßnahmen nach Absatz 2, Absatz 3 Satz 1 und Absatz 4 zu dulden. [2]§ 44 Abs. 6 ist anzuwenden.

(6) [1]Die Rechte der Bundesanstalt und der Deutschen Bundesbank sowie die Mitwirkungsund Duldungspflichten der Betroffenen bestehen auch hinsichtlich der Unternehmen und Personen, bei denen Tatsachen die Annahme rechtfertigen, dass sie in die Anbahnung, den Abschluss oder die Abwicklung unerlaubter Bankgeschäfte oder Finanzdienstleistungen einbezogen sind. [2]Auf der Grundlage eines entsprechenden Ersuchens der zuständigen Behörde eines anderen Staats an die Bundesanstalt bestehen sie auch hinsichtlich der Unternehmen und Personen, bei denen Tatsachen die Annahme rechtfertigen, dass die Unternehmen oder Personen in die Anbahnung, den Abschluss oder die Abwicklung von Bankgeschäften oder Finanzdienstleistungen einbezogen sind, die in dem anderen Staat entgegen einem dort bestehenden Verbot betrieben oder erbracht werden.

4. Maßnahmen in besonderen Fällen

§ 45 Maßnahmen zur Verbesserung der Eigenmittelausstattung und der Liquidität

(1) [1]Wenn die Vermögens-, Finanz- oder Ertragsentwicklung eines Instituts oder andere Umstände die Annahme rechtfertigt, dass es die Anforderungen der Artikel 92 bis 386 der Verordnung (EU) Nr. 575/2013 in ihrer jeweils geltenden Fassung oder des § 10

Absatz 3 und 4, des § 45b Absatz 1 Satz 2, des § 11 oder des § 51a Absatz 1 oder Absatz 2 oder des § 51b nicht dauerhaft erfüllen können wird, kann die Bundesanstalt gegenüber dem Institut Maßnahmen zur Verbesserung seiner Eigenmittelausstattung und Liquidität anordnen, insbesondere

1. eine begründete Darstellung der Entwicklung der wesentlichen Geschäftsaktivitäten über einen Zeitraum von mindestens drei Jahren, einschließlich Planbilanzen, Plangewinn- und -verlustrechnungen sowie der Entwicklung der bankaufsichtlichen Kennzahlen anzufertigen und der Bundesanstalt und der Deutschen Bundesbank vorzulegen,
2. Maßnahmen zur besseren Abschirmung oder Reduzierung der vom Institut als wesentlich identifizierten Risiken und damit verbundener Risikokonzentrationen zu prüfen und gegenüber der Bundesanstalt und der Deutschen Bundesbank zu berichten, wobei auch Konzepte für den Ausstieg aus einzelnen Geschäftsbereichen oder die Abtrennung von Instituts- oder Gruppenteilen erwogen werden sollen,
3. über geeignete Maßnahmen zur Erhöhung des Kernkapitals, der Eigenmittel und der Liquidität des Instituts gegenüber der Bundesanstalt und der Deutschen Bundesbank zu berichten,
4. ein Konzept zur Abwendung einer möglichen Gefahrenlage im Sinne des § 35 Absatz 2 Nummer 4 zu entwickeln und der Bundesanstalt und der Deutschen Bundesbank vorzulegen.

[2]Die Annahme, dass das Institut die Anforderungen der Artikel 92 bis 386 der Verordnung (EU) Nr. 575/2013 in ihrer jeweils geltenden Fassung oder des § 10 Absatz 3 und 4, des § 45b Absatz 1 Satz 2, des § 11 oder des § 51a Absatz 1 oder Absatz 2 oder des § 51b nicht dauerhaft erfüllen können wird, ist regelmäßig gerechtfertigt, wenn sich

1. die Gesamtkapitalquote über das prozentuale Verhältnis der Eigenmittel und der mit 12,5 multiplizierten Summe aus dem Gesamtanrechnungsbetrag für Adressrisiken, dem Anrechungsbetrag für das operationelle Risiko und der Summe der Anrechnungsbeträge für Marktrisikopositionen einschließlich der Optionsgeschäfte nach den Artikeln 92 bis 386 der Verordnung (EU) Nr. 575/2013 in ihrer jeweils geltenden Fassung oder der Rechtsverordnung nach § 10 Absatz 1 Satz 1 oder die Kennziffer nach der Rechtsverordnung nach § 51a Absatz 1 Satz 2 von einem Meldestichtag zum nächsten um mindestens 10 Prozent oder die nach der Rechtsverordnung nach § 11 Absatz 1 oder der Rechtsverordnung nach § 51b Absatz 2 Satz 1 zu ermittelnde Liquiditätskennziffer von einem Meldestichtag zum nächsten um mindestens 25 Prozent verringert hat und aufgrund dieser Entwicklung mit einem Unterschreiten der Mindestanforderungen innerhalb der nächsten zwölf Monate zu rechnen ist oder
2. die Gesamtkapitalquote über das prozentuale Verhältnis der Eigenmittel und der mit 12,5 multiplizierten Summe aus dem Gesamtanrechnungsbetrag für Adressrisiken, dem Anrechnungsbetrag für das operationelle Risiko und der Summe der Anrechnungsbeträge für Marktrisikopositionen einschließlich der Optionsgeschäfte nach den Artikeln 92 bis 386 der Verordnung (EU) Nr. 575/2013 in ihrer jeweils geltenden Fassung oder der Rechtsverordnung nach § 10 Absatz 1 Satz 1 oder die Kennziffer nach der Rechtsverordnung nach § 51a Absatz 1 Satz 2 an mindestens drei aufeinanderfolgenden Meldestichtagen um jeweils mehr als 3 Prozent oder die nach der Rechtsverordnung nach § 11 Absatz 1 oder der Rechtsverordnung nach § 51b Absatz 2 Satz 1 zu ermittelnde Liquiditätskennziffer an mindestens drei aufeinanderfolgenden Meldestichtagen um jeweils mehr als 10 Prozent verringert hat und aufgrund dieser Entwicklung mit einem Unterschreiten der Mindestanforderungen innerhalb der nächsten 18 Monate zu rechnen ist und keine Tatsachen offensichtlich

sind, die die Annahme rechtfertigen, dass die Mindestanforderungen mit überwiegender Wahrscheinlichkeit nicht unterschritten werden.

[3]Neben oder an Stelle der Maßnahmen nach Satz 1 kann die Bundesanstalt auch Maßnahmen nach Absatz 2 Satz 1 Nummer 1 bis 7 anordnen, wenn die Maßnahmen nach Satz 1 keine ausreichende Gewähr dafür bieten, die Einhaltung der Anforderungen der Artikel 92 bis 386 der Verordnung (EU) Nr. 575/2013 in ihrer jeweils geltenden Fassung oder des § 10 Absatz 3 und 4, des § 45b Absatz 1 Satz 2, des § 11 oder des § 51a Absatz 1 oder Absatz 2 oder des § 51b nachhaltig zu sichern; insoweit ist Absatz 5 entsprechend anzuwenden.

(2) [1]Entsprechen bei einem Institut die Eigenmittel nicht den Anforderungen der Artikel 24 bis 386 der Verordnung (EU) Nr. 575/2013 in ihrer jeweils geltenden Fassung, des § 10 Absatz 3 und 4 oder des § 45b Absatz 1 Satz 2 oder die Anlage seiner Mittel nicht den Anforderungen des § 11 oder entspricht bei einem Wohnungsunternehmen mit Spareinrichtung das haftende Eigenkapital nicht den Anforderungen des § 51a Absatz 1 und Absatz 2 oder § 45b Absatz 1 Satz 2 oder die Anlage seiner Mittel nicht den Anforderungen des § 51b, kann die Bundesanstalt

1. Entnahmen durch die Inhaber oder Gesellschafter sowie die Ausschüttung von Gewinnen untersagen oder beschränken;
2. bilanzielle Maßnahmen untersagen oder beschränken, die dazu dienen, einen entstandenen Jahresfehlbetrag auszugleichen oder einen Bilanzgewinn auszuweisen;
3. anordnen, dass die Auszahlung jeder Art von gewinnabhängigen Erträgen auf Eigenmittelinstrumente, insgesamt oder teilweise ersatzlos entfällt, wenn sie nicht vollständig durch einen erzielten Jahresüberschuss gedeckt sind;
4. die Gewährung von Krediten im Sinne von § 19 Absatz 1 untersagen oder beschränken;
5. anordnen, dass das Institut Maßnahmen zur Reduzierung von Risiken ergreift, soweit sich diese aus bestimmten Arten von Geschäften und Produkten oder der Nutzung bestimmter Systeme ergeben;

5a. anordnen, dass das Institut den Jahresgesamtbetrag, den es für die variable Vergütung aller Geschäftsleiter und Mitarbeiter vorsieht (Gesamtbetrag der variablen Vergütungen), auf einen bestimmten Anteil des Jahresergebnisses beschränkt oder vollständig streicht; dies gilt nicht für variable Vergütungsbestandteile, die durch Tarifvertrag oder in seinem Geltungsbereich durch Vereinbarung der Arbeitsvertragsparteien über die Anwendung der tarifvertraglichen Regelungen oder auf Grund eines Tarifvertrags in einer Betriebs- oder Dienstvereinbarung vereinbart sind;

6. die Auszahlung variabler Vergütungsbestandteile untersagen oder auf einen bestimmten Anteil des Jahresergebnisses beschränken; dies gilt nicht für variable Vergütungsbestandteile, die durch Tarifvertrag oder in seinem Geltungsbereich durch Vereinbarung der Arbeitsvertragsparteien über die Anwendung der tarifvertraglichen Regelungen oder aufgrund eines Tarifvertrags in einer Betriebs- oder Dienstvereinbarung vereinbart sind;
7. anordnen, dass das Institut darlegt, wie und in welchem Zeitraum die Eigenmittelausstattung oder Liquidität des Instituts nachhaltig wiederhergestellt werden soll (Restrukturierungsplan) und der Bundesanstalt und der Deutschen Bundesbank regelmäßig über den Fortschritt dieser Maßnahmen zu berichten ist, und
8. anordnen, dass das Kreditinstitut eine oder mehrere Handlungsoptionen aus einem Sanierungsplan gemäß § 13 des Sanierungs- und Abwicklungsgesetzes umsetzt.

[2]Der Restrukturierungsplan nach Satz 1 Nummer 7 muss transparent, plausibel und begründet sein. [3]In ihm sind konkrete Ziele, Zwischenziele und Fristen für die Umsetzung der dargelegten Maßnahmen zu benennen, die von der Bundesanstalt überprüft werden können. [4]Die Bundesanstalt kann jederzeit Einsicht in den Restrukturierungsplan und die zugehörigen Unterlagen nehmen. [5]Die Bundesanstalt kann die Änderung des Restrukturierungsplans verlangen und hierfür Vorgaben machen, wenn sie die angegebenen Ziele, Zwischenziele und Umsetzungsfristen für nicht ausreichend hält oder das Institut sie nicht einhält.

(3) [1]Die Absätze 1 und 2 Satz 1 Nummer 1 bis 3 und 5 bis 7 sind auf übergeordnete Unternehmen im Sinne des § 10a sowie auf Institute, die nach Artikel 22 der Verordnung (EU) Nr. 575/2013 zur Unterkonsolidierung verpflichtet sind, entsprechend anzuwenden, wenn die zusammengefassten Eigenmittel der gruppenangehörigen Unternehmen den Anforderungen der Artikel 24 bis 386 der Verordnung (EU) Nr. 575/2013 in ihrer jeweils geltenden Fassung oder des § 45b Absatz 1 nicht entsprechen. [2]Bei einem gruppenangehörigen Institut, das nach § 2a Absatz 1 freigestellt ist, kann die Bundesanstalt die Anwendung der Freistellung hinsichtlich der Vorschriften der Artikel 24 bis 403 der Verordnung (EU) Nr. 575/2013 in ihrer jeweils geltenden Fassung vorübergehend vollständig oder teilweise aussetzen.

(4) *(aufgehoben)*

(5) [1]Die Bundesanstalt darf die in den Absätzen 2 und 3 bezeichneten Anordnungen erst treffen, wenn das Institut oder die gemischte Finanzholding-Gesellschaft den Mangel nicht innerhalb einer von der Bundesanstalt zu bestimmenden Frist behoben hat. [2]Soweit dies zur Verhinderung einer kurzfristig zu erwartenden Verschlechterung der Eigenmittelausstattung oder der Liquidität des Instituts erforderlich ist oder bereits Maßnahmen nach Absatz 1 Satz 1 ergriffen wurden, sind solche Anordnungen auch ohne vorherige Androhung mit Fristsetzung zulässig. [3]Beschlüsse über die Gewinnausschüttung sind insoweit nichtig, als sie einer Anordnung nach den Absätzen 2 und 3 widersprechen. [4]Soweit Regelungen in Verträgen über Eigenmittelinstrumente einer Anordnung nach den Absätzen 2 und 3 widersprechen, können aus ihnen keine Rechte hergeleitet werden. [5]Nach oder zusammen mit einer Untersagung der Auszahlung von variablen Vergütungsbestandteilen gemäß Absatz 2 Satz 1 Nummer 6 kann die Bundesanstalt anordnen, dass die Ansprüche auf Gewährung variabler Vergütungsbestandteile ganz oder teilweise erlöschen, wenn

1. das Institut bei oder innerhalb eines Zeitraums von zwei Jahren nach einer Untersagung der Auszahlung außerordentliche staatliche Unterstützung, einschließlich Maßnahmen nach dem Restrukturierungsfondsgesetz oder dem Finanzmarktstabilisierungsfondsgesetz, in Anspruch nimmt und die Voraussetzungen für die Untersagung der Auszahlung bis zu diesem Zeitpunkt nicht weggefallen sind oder allein auf Grund dieser Maßnahmen weggefallen sind,
2. bei oder innerhalb eines Zeitraums von zwei Jahren nach einer Untersagung der Auszahlung eine Anordnung der Bundesanstalt nach Absatz 2 Nummer 1 bis 7 getroffen wird oder schon besteht oder
3. bei oder innerhalb eines Zeitraums von zwei Jahren nach einer Untersagung der Auszahlung Maßnahmen nach § 46 oder eine Abwicklungsanordnung im Sinne des § 77 des Sanierungs- und Abwicklungsgesetzes getroffen werden.

[6]Eine solche Anordnung darf insbesondere auch ergehen, wenn

1. diese Ansprüche auf Gewährung variabler Vergütungsbestandteile auf Grund solcher Regelungen eines Vergütungssystems eines Instituts entstanden sind, die den aufsichtsrechtlichen Anforderungen dieses Gesetzes an angemessene, transparente und

auf eine nachhaltige Entwicklung des Instituts ausgerichtete Vergütungssysteme widersprechen, oder

2. anzunehmen ist, dass ohne die Gewährung finanzieller Leistungen des Restrukturierungsfonds oder des Finanzmarktstabilisierungsfonds das Institut nicht in der Lage gewesen wäre, die variablen Vergütungsbestandteile zu gewähren; ist anzunehmen dass das Institut einen Teil der variablen Vergütungsbestandteile hätte gewähren können, sind die variablen Vergütungsbestandteile angemessen zu kürzen.

[7]Die Bundesanstalt kann Anordnungen nach Satz 5 und nach Absatz 2 Satz 1 Nummer 5a und 6 auch treffen, wenn ein Institut außerordentliche staatliche Unterstützung, einschließlich Maßnahmen nach dem Restrukturierungsfondsgesetz oder dem Finanzmarktstabilisierungsfondsgesetz, in Anspruch nimmt und die Anordnung zur Erhaltung einer soliden Eigenkapital- oder Liquiditätsausstattung des Instituts und einer frühzeitigen Beendigung der staatlichen Unterstützung geboten ist. [8]Nimmt ein Institut staatliche Unterstützung in Anspruch, kann die Bundesanstalt außerdem die Auszahlung von variablen Vergütungsbestandteilen an Organmitglieder und Geschäftsleiter des Instituts ganz oder teilweise untersagen und das Erlöschen der entsprechenden Ansprüche anordnen; eine solche Anordnung ergeht nicht, soweit die Auszahlung oder der Fortbestand der Ansprüche trotz des Vorliegens der Voraussetzungen der Untersagung und der in Satz 6 genannten Umstände gerechtfertigt ist. [9]Die Sätze 5 bis 7 gelten nicht, soweit die Ansprüche auf Gewährung variabler Vergütung vor dem 1. Januar 2011 entstanden sind. [10]Satz 8 gilt nicht, soweit die Ansprüche auf Gewährung variabler Vergütung vor dem 1. Januar 2012 entstanden sind. [11]Institute müssen der Anordnungsbefugnis nach Absatz 2 Satz 1 Nummer 5a und 6 und den Regelungen in den Sätzen 5 bis 8 in entsprechenden vertraglichen Vereinbarungen mit ihren Organmitgliedern, Geschäftsleitern und Mitarbeitern Rechnung tragen. [12]Soweit vertragliche Vereinbarungen über die Gewährung einer variablen Vergütung einer Anordnung nach Absatz 2 Satz 1 Nummer 5a und 6 oder den Regelungen in den Sätzen 5 bis 8 entgegenstehen, können aus ihnen keine Rechte hergeleitet werden.

(6) Die Bundesanstalt kann eine Maßnahme nach Absatz 1 bis 5 auch anordnen, wenn ein Institut, das übergeordnete Unternehmen einer Institutsgruppe, einer Finanzholding-Gruppe oder einer gemischten Finanzholding-Gruppe die nach § 10 Absatz 4 angeordneten erhöhten Kapitalanforderungen nicht einhält.

(7) [1]Zur Umsetzung der Anordnungen nach Absatz 6 oder § 10 Absatz 4 gelten bis zur Feststellung des Erreichens der Eigenmittelanforderungen durch die Bundesanstalt für Beschlussfassungen der Anteilsinhaberversammlung des Instituts über Kapitalmaßnahmen die §§ 7 bis 7f, 9, 11, 11a, 14 und 15 des Finanzmarktstabilisierungsbeschleunigungsgesetzes entsprechend. [2]Dies gilt auch dann, wenn andere private oder öffentliche Stellen als der Finanzmarktstabilisierungsfonds zur Erreichung der Kapitalanforderungen teilweise oder vollständig beitragen.

§ 45a Maßnahmen gegenüber Finanzholding-Gesellschaften und gemischte Finanzholding-Gesellschaften

(1) Die Bundesanstalt kann einer Finanzholding-Gesellschaft an der Spitze einer Finanzholding-Gruppe im Sinne des § 10a oder einer gemischten Finanzholding-Gesellschaft an der Spitze einer gemischten Finanzholding-Gruppe im Sinne des § 10a die Ausübung ihrer Stimmrechte an dem übergeordneten Unternehmen und den anderen nachgeordneten Unternehmen untersagen, wenn

1. die Finanzholding-Gesellschaft oder die gemischte Finanzholding-Gesellschaft dem übergeordneten Unternehmen nicht die für die Zusammenfassung nach Artikel 11 bis 23 der Verordnung (EU) Nr. 575/2013 erforderlichen Angaben gemäß Artikel 11 Absatz 1 Satz 2 der Verordnung (EU) Nr. 575/2013 übermittelt, sofern nicht den Er-

fordernissen der bankaufsichtigen Zusammenfassung in anderer Weise Rechnung getragen werden kann;

2. Tatsachen vorliegen, aus denen sich ergibt, dass eine Person, die die Geschäfte der Finanzholding-Gesellschaft oder der gemischten Finanzholding-Gesellschaft tatsächlich führt, nicht zuverlässig ist oder nicht die zur Führung der Geschäfte erforderliche fachliche Eignung hat.

(1a) [1]Die Bundesanstalt kann in den Fällen des Absatzes 1 Satz 1 Nummer 2 auch gegenüber dem übergeordneten Unternehmen einer Finanzholding-Gruppe oder einer gemischten Finanzholding-Gruppe anordnen, Weisungen der Finanzholding-Gesellschaft oder der gemischten Finanzholding-Gesellschaft nicht zu befolgen, sofern es keine gesellschaftsrechtlichen Möglichkeiten gibt, die Personen abzuberufen, die die Geschäfte der Finanzholding-Gesellschaft oder der gemischten Finanzholding-Gesellschaft tatsächlich führen. [2]Das Gleiche gilt, wenn solche Möglichkeiten zwar vorhanden sind, aber ihre Ausschöpfung erfolglos geblieben ist.

(2) [1]Im Falle der Untersagung nach Absatz 1 hat auf Antrag der Bundesanstalt das Gericht des Sitzes des übergeordneten Institutes nach § 10a einen Treuhänder zu bestellen, auf den es die Ausübung der Stimmrechte überträgt. [2]Der Treuhänder hat bei der Ausübung der Stimmrechte den Interessen einer soliden und bankaufsichtskonformen Führung der betroffenen Unternehmen Rechnung zu tragen. [3]Die Bundesanstalt kann aus wichtigem Grund die Bestellung eines anderen Treuhänders beantragen. [4]Sind die Voraussetzungen des Absatzes 1 entfallen, hat die Bundesanstalt den Widerruf der Bestellung des Treuhänders zu beantragen. [5]Der Treuhänder hat Anspruch auf Ersatz angemessener Auslagen und auf Vergütung für seine Tätigkeit. [6]Das Gericht setzt auf Antrag des Treuhänders die Auslagen und die Vergütung fest; die weitere Rechtsbeschwerde gegen die Vergütungsfestsetzung ist ausgeschlossen. [7]Der Bund schießt die Auslagen und die Vergütung vor; für seine Aufwendungen haften die Finanzholding-Gesellschaft oder die gemischte Finanzholding-Gesellschaft und die betroffenen Unternehmen gesamtschuldnerisch.

(3) Solange die Untersagungsverfügung nach Absatz 1 vollziehbar ist, gelten die betroffenen Unternehmen nicht als nachgeordnete Unternehmen der Finanzholding-Gesellschaft oder der gemischten Finanzholding-Gesellschaft im Sinne der §§ 10a und 13b.

§ 45b Maßnahmen bei organisatorischen Mängeln

(1) [1]Verfügt ein Institut nicht über eine ordnungsgemäße Geschäftsorganisation im Sinne des § 25a Abs. 1, kann die Bundesanstalt auch bereits vor oder gemeinsam mit einer Anordnung nach § 25a Abs. 2 Satz 2 oder nach § 25c Abs. 4c, auch in Verbindung mit einer Rechtsverordnung nach § 25a Absatz 4 oder Absatz 6 oder nach § 25b, auch in Verbindung mit einer Rechtsverordnung nach § 25b Absatz 5, insbesondere anordnen, dass das Institut

1. Maßnahmen zur Reduzierung von Risiken ergreift, soweit sich diese aus bestimmten Arten von Geschäften und Produkten oder der Nutzung bestimmter Systeme oder der Auslagerung von Aktivitäten und Prozessen auf ein anderes Unternehmen ergeben,
2. weitere Zweigstellen nur mit Zustimmung der Bundesanstalt errichten darf und
3. einzelne Geschäftsarten, namentlich die Annahme von Einlagen, Geldern oder Wertpapieren von Kunden und die Gewährung von Krediten nach § 19 Abs. 1 nicht oder nur in beschränktem Umfang betreiben darf.

[2]Die Bundesanstalt ist berechtigt, Maßnahmen nach Satz 1 zusätzlich zu einer Festsetzung erhöhter Eigenmittelanforderungen nach § 10 Absatz 3 Satz 2 Nummer 10 sowie zusammen oder zusätzlich zu einer Festsetzung erhöhter Eigenmittelanforderungen nach § 51a Absatz 2 Nummer 4 anzuordnen.

(2) [1]Absatz 1 ist entsprechend auf das jeweilige übergeordnete Unternehmen im Sinne des § 10a sowie auf ein Institut, das nach Artikel 22 der Verordnung (EU) Nr. 575/2013 zur Unterkonsolidierung verpflichtet ist, anzuwenden, wenn eine Institutsgruppe, eine Finanzholding-Gruppe oder eine gemischte Finanzholding-Gruppe entgegen § 25a Absatz 1 und § 25b nicht über eine ordnungsgemäße Geschäftsorganisation verfügt; Absatz 1 Satz 1 Nummer 3 ist mit der Maßgabe entsprechend anzuwenden, dass die Bundesanstalt statt einer Untersagung oder Beschränkung der Gewährung von Krediten, die für die Institutsgruppe, Finanzholding-Gruppe oder gemischte Finanzholding-Gruppe nach Maßgabe der Artikel 387 bis 403 der Verordnung (EU) Nr. 575/2013 in ihrer jeweils geltenden Fassung geltenden Großkreditobergrenzen herabsetzen kann. [2]Verfügt eine Zweigniederlassung des Instituts in einem Drittstaat nicht über eine angemessene Geschäftsorganisation oder ist sie nicht in der Lage, die zur Beurteilung ihrer Geschäftsorganisation oder die zur Einbeziehung in die Institutsorganisation erforderlichen Angaben zur Verfügung zu stellen, oder wird sie in dem Drittstaat nicht effektiv beaufsichtigt oder ist die für die Zweigniederlassung zuständige Aufsichtsstelle nicht zu einer befriedigenden Zusammenarbeit mit der Bundesanstalt bereit, kann die Bundesanstalt auch die Geschäftstätigkeit der Zweigniederlassung beschränken oder ihre Schließung und Abwicklung anordnen.

§ 45c Sonderbeauftragter

(1) [1]Die Bundesanstalt kann einen Sonderbeauftragten bestellen, diesen mit der Wahrnehmung von Aufgaben bei einem Institut betrauen und ihm die hierfür erforderlichen Befugnisse übertragen. [2]Der Sonderbeauftragte muss unabhängig, zuverlässig und zur ordnungsgemäßen Wahrnehmung der ihm übertragenen Aufgaben im Sinne einer nachhaltigen Geschäftspolitik des Instituts und der Wahrung der Finanzmarktstabilität geeignet sein; soweit der Sonderbeauftragte Aufgaben eines Geschäftsleiters oder eines Organs übernimmt, muss er Gewähr für die erforderliche fachliche Eignung bieten. [3]Er ist im Rahmen seiner Aufgaben berechtigt, von den Mitgliedern der Organe und den Beschäftigten des Instituts Auskünfte und die Vorlage von Unterlagen zu verlangen, an allen Sitzungen und Versammlungen der Organe und sonstiger Gremien des Instituts in beratender Funktion teilzunehmen, die Geschäftsräume des Instituts zu betreten, Einsicht in dessen Geschäftspapiere und Bücher zu nehmen und Nachforschungen anzustellen. [4]Die Organe und Organmitglieder haben den Sonderbeauftragten bei der Wahrnehmung seiner Aufgaben zu unterstützen. [5]Er ist gegenüber der Bundesanstalt zur Auskunft über alle Erkenntnisse im Rahmen seiner Tätigkeit verpflichtet.

(2) Die Bundesanstalt kann dem Sonderbeauftragten insbesondere übertragen:

1. die Aufgaben und Befugnisse eines oder mehrerer Geschäftsleiter wahrzunehmen, wenn Tatsachen vorliegen, aus denen sich ergibt, dass der oder die Geschäftsleiter des Instituts nicht zuverlässig sind oder nicht die zur Leitung des Instituts erforderliche fachliche Eignung haben;
2. die Aufgaben und Befugnisse eines oder mehrerer Geschäftsleiter wahrzunehmen, wenn das Institut nicht mehr über die erforderliche Anzahl von Geschäftsleitern verfügt, insbesondere weil die Bundesanstalt die Abberufung eines Geschäftsleiters verlangt oder ihm die Ausübung seiner Tätigkeit untersagt hat;
3. die Aufgaben und Befugnisse von Organen des Instituts insgesamt oder teilweise wahrzunehmen, wenn die Voraussetzungen des § 36 Absatz 3 Satz 1 Nummer 1 bis 10 vorliegen;
4. die Aufgaben und Befugnisse von Organen des Instituts insgesamt oder teilweise wahrzunehmen, wenn die Aufsicht über das Institut aufgrund von Tatsachen im Sinne des § 33 Absatz 2 beeinträchtigt ist;

5. geeignete Maßnahmen zur Herstellung und Sicherung einer ordnungsgemäßen Geschäftsorganisation einschließlich eines angemessenen Risikomanagements zu ergreifen, wenn das Institut nachhaltig gegen Bestimmungen dieses Gesetzes, des Gesetzes über Bausparkassen, des Depotgesetzes, des Geldwäschegesetzes, des Kapitalanlagebuchs, des Pfandbriefgesetzes, des Zahlungsdiensteaufsichtsgesetzes oder des Wertpapierhandelsgesetzes, gegen die zur Durchführung dieser Gesetze erlassenen Verordnungen oder gegen Anordnungen der Bundesanstalt verstoßen hat;
6. zu überwachen, dass Anordnungen der Bundesanstalt gegenüber dem Institut beachtet werden;
7. einen Restrukturierungsplan für das Institut zu erstellen, wenn die Voraussetzungen des § 45 Absatz 1 Satz 3 oder Absatz 2 vorliegen, die Ausführung eines Restrukturierungsplans zu begleiten und die Befugnisse nach § 45 Absatz 2 Satz 4 und 5 wahrzunehmen;

7a. einen Plan nach § 10 Absatz 4 Satz 6 für das Institut zu erstellen, wenn die Voraussetzungen des § 10 Absatz 4 Satz 1 vorliegen und das Institut innerhalb einer von der Bundesanstalt festgelegten Frist keinen geeigneten Plan vorgelegt hat, sowie die Durchführung des Plans sicherzustellen;

8. Maßnahmen des Instituts zur Abwendung einer Gefahr im Sinne des § 35 Absatz 2 Nummer 4 oder des § 46 Absatz 1 Satz 1 zu überwachen, selbst Maßnahmen zur Abwendung einer Gefahr zu ergreifen oder die Einhaltung von Maßnahmen der Bundesanstalt nach § 46 zu überwachen;
9. eine Abwicklungsanordnung im Sinne des § 77 des Sanierungs- und Abwicklungsgesetzes vorzubereiten;
10. Schadensersatzansprüche gegen Organmitglieder oder ehemalige Organmitglieder zu prüfen, wenn Anhaltspunkte für einen Schaden des Instituts durch eine Pflichtverletzung von Organmitgliedern vorliegen.

(3) [1]Soweit der Sonderbeauftragte in die Aufgaben und Befugnisse eines Organs oder Organmitglieds des Instituts insgesamt eintritt, ruhen die Aufgaben und Befugnisse des betroffenen Organs oder Organmitglieds. [2]Der Sonderbeauftragte kann nicht gleichzeitig die Funktion eines oder mehrerer Geschäftsleiter und eines oder mehrerer Mitglieder eines Verwaltungs- oder Aufsichtsorgans wahrnehmen. [3]Werden dem Sonderbeauftragten für die Wahrnehmung einer Aufgabe nur teilweise die Befugnisse eines Organs oder Organmitglieds eingeräumt, hat dies keine Auswirkung auf die Befugnisse des bestellten Organs oder Organmitglieds des Instituts. [4]Die umfassende Übertragung aller Aufgaben und Befugnisse eines oder mehrerer Geschäftsleiter auf den Sonderbeauftragten kann nur in den Fällen des Absatzes 2 Nummer 1, 2 und 4 erfolgen. [5]Seine Vertretungsbefugnis richtet sich dabei nach der Vertretungsbefugnis des oder der Geschäftsleiter, an dessen oder deren Stelle der Sonderbeauftragte bestellt ist. [6]Solange die Bundesanstalt einem Sonderbeauftragten die Funktion eines Geschäftsleiters übertragen hat, können die nach anderen Rechtsvorschriften hierzu berufenen Personen oder Organe ihr Recht, einen Geschäftsleiter zu bestellen, nur mit Zustimmung der Bundesanstalt ausüben.

(4) Überträgt die Bundesanstalt die Wahrnehmung von Aufgaben und Befugnisse eines Geschäftsleiters nach Absatz 2 Nummer 1 oder 2 auf einen Sonderbeauftragten, werden die Übertragung, die Vertretungsbefugnis sowie die Aufhebung der Übertragung von Amts wegen in das Handelsregister eingetragen.

(5) Das Organ des Instituts, das für den Ausschluss von Gesellschaftern von der Geschäftsführung und Vertretung oder die Abberufung geschäftsführungs- oder vertretungsbefugter Personen zuständig ist, kann bei Vorliegen eines wichtigen Grundes

beantragen, die Übertragung der Funktion eines Geschäftsleiters auf den Sonderbeauftragten aufzuheben.

(6) [1]Die durch die Bestellung des Sonderbeauftragten entstehenden Kosten einschließlich der diesem zu gewährenden angemessenen Auslagen und der Vergütung fallen dem Institut zur Last. [2]Die Höhe der Vergütung setzt die Bundesanstalt fest. [3]Die Bundesanstalt schießt die Auslagen und die Vergütung auf Antrag des Sonderbeauftragten vor.

(7) [1]Der Sonderbeauftragte haftet für Vorsatz und Fahrlässigkeit. [2]Bei fahrlässigem Handeln beschränkt sich die Ersatzpflicht des Sonderbeauftragten auf 1 Million Euro. [3]Handelt es sich um eine Aktiengesellschaft, deren Aktien zum Handel im regulierten Markt zugelassen sind, beschränkt sich die Ersatzpflicht auf 50 Millionen Euro.

(8) Die Absätze 1 bis 7 gelten entsprechend für Finanzholding-Gesellschaften oder gemischte Finanzholding-Gesellschaften, die nach § 10a als übergeordnetes Unternehmen gelten und bezüglich der Personen, die die Geschäfte derartiger Finanzholding-Gesellschaften oder gemischter Finanzholding-Gesellschaften tatsächlich führen.

§ 46 Maßnahmen bei Gefahr

(1) [1]Besteht Gefahr für die Erfüllung der Verpflichtungen eines Instituts gegenüber seinen Gläubigern, insbesondere für die Sicherheit der ihm anvertrauten Vermögenswerte, oder besteht der begründete Verdacht, daß eine wirksame Aufsicht über das Institut nicht möglich ist (§ 33 Absatz 2), kann die Bundesanstalt zur Abwendung dieser Gefahr einstweilige Maßnahmen treffen. [2]Sie kann insbesondere

1. Anweisungen für die Geschäftsführung des Instituts erlassen,
2. die Annahme von Einlagen oder Geldern oder Wertpapieren von Kunden und die Gewährung von Krediten (§ 19 Abs. 1) verbieten,
3. Inhabern und Geschäftsleitern die Ausübung ihrer Tätigkeit untersagen oder beschränken,
4. vorübergehend ein Veräußerungs- und Zahlungsverbot an das Institut erlassen,
5. die Schließung des Instituts für den Verkehr mit der Kundschaft anordnen und
6. die Entgegennahme von Zahlungen, die nicht zur Erfüllung von Verbindlichkeiten gegenüber dem Institut bestimmt sind, verbieten, es sei denn, die zuständige Entschädigungseinrichtung oder sonstige Sicherungseinrichtung stellt die Befriedigung der Berechtigten in vollem Umfang sicher.

[3]Die Bundesanstalt kann unter den Voraussetzungen des Satzes 1 Zahlungen an konzernangehörige Unternehmen untersagen oder beschränken, wenn diese Geschäfte für das Institut nachteilig sind. [4]Sie kann ferner bestimmen, dass Zahlungen nur unter bestimmten Voraussetzungen zulässig sind. [5]Die Bundesanstalt unterrichtet über die von ihr nach den Sätzen 3 und 4 beabsichtigten Maßnahmen unverzüglich die betroffenen Aufsichtsbehörden in den Mitgliedstaaten der Europäischen Union sowie die Europäische Zentralbank und die Deutsche Bundesbank. [6]Beschlüsse über die Gewinnausschüttung sind insoweit nichtig, als sie einer Anordnung nach Satz 1 und 2 widersprechen. [7]Bei Instituten, die in anderer Rechtsform als der eines Einzelkaufmanns betrieben werden, sind Geschäftsleiter, denen die Ausübung ihrer Tätigkeit untersagt worden ist, für die Dauer der Untersagung von der Geschäftsführung und Vertretung des Instituts ausgeschlossen. [8]Für die Ansprüche aus dem Anstellungsvertrag oder anderen Bestimmungen über die Tätigkeit des Geschäftsleiters gelten die allgemeinen Vorschriften. [9]Rechte, die einem Geschäftsleiter als Gesellschafter oder in anderer Weise eine Mitwirkung an Entscheidungen über Geschäftsführungsmaßnahmen bei dem Institut ermöglichen, können für die Dauer der Untersagung nicht ausgeübt werden.

(2) [1]Die zuständige Entschädigungseinrichtung oder sonstige Sicherungseinrichtung kann ihre Verpflichtungserklärung im Sinne des Absatzes 1 Satz 2 Nummer 6 davon abhängig machen, dass eingehende Zahlungen, soweit sie nicht zur Erfüllung von Verbindlichkeiten nach Absatz 1 Satz 2 Nummer 6 gegenüber dem Institut bestimmt sind, von dem im Zeitpunkt des Erlasses des Veräußerungs- und Zahlungsverbots nach Absatz 1 Satz 2 Nummer 4 vorhandenen Vermögen des Instituts zugunsten der Einrichtung getrennt gehalten und verwaltet werden. [2]Das Institut darf nach Erlass des Veräußerungs- und Zahlungsverbots nach Absatz 1 Satz 2 Nummer 4 die im Zeitpunkt des Erlasses laufenden Geschäfte abwickeln und neue Geschäfte eingehen, soweit diese zur Abwicklung erforderlich sind, wenn und soweit die zuständige Entschädigungseinrichtung oder sonstige Sicherungseinrichtung die zur Durchführung erforderlichen Mittel zur Verfügung stellt oder sich verpflichtet, aus diesen Geschäften insgesamt entstehende Vermögensminderungen des Instituts, soweit dies zur vollen Befriedigung sämtlicher Gläubiger erforderlich ist, diesem zu erstatten. [3]Die Bundesanstalt kann darüber hinaus Ausnahmen vom Veräußerungs- und Zahlungsverbot nach Absatz 1 Satz 2 Nummer 4 zulassen, soweit dies für die Durchführung der Geschäfte oder die Verwaltung des Instituts sachgerecht ist. [4]Dabei kann sie insbesondere die Erstattung von Zahlungen anordnen, die entgegen einer Anordnung nach Absatz 1 Satz 2 Nummer 6 entgegengenommen worden sind oder beim Institut eingegangen sind. [5]Sie kann eine Betragsgrenze festsetzen, bis zu der ein Sonderbeauftragter Ausnahmen vom Veräußerungs- und Zahlungsverbot zulassen kann. [6]Solange Maßnahmen nach Absatz 1 Satz 2 Nummer 4 bis 6 andauern, sind Zwangsvollstreckungen, Arreste und einstweilige Verfügungen in das Vermögen des Instituts nicht zulässig. [7]Die Vorschriften der Insolvenzordnung zum Schutz von Zahlungs- sowie Wertpapierliefer- und Abrechnungssystemen einschließlich interoperabler Systeme sowie von dinglichen Sicherheiten der Zentralbanken und von Finanzsicherheiten sind bei Anordnung einer Maßnahme nach Absatz 1 Satz 2 Nummer 4 bis 6 entsprechend anzuwenden. [8]Die Anordnung von Sicherungsmaßnahmen nach § 21 der Insolvenzordnung berührt nicht die Wirksamkeit der Erstattung einer Zahlung, die entgegen einer Anordnung nach Absatz 1 Satz 2 Nummer 6 über ein System oder über eine zwischengeschaltete Stelle entgegengenommen worden ist oder eingegangen ist oder beim Institut eingegangen ist und deren Erstattung die Bundesanstalt nach Satz 4 angeordnet hat.

(3) *(aufgehoben)*

§ 46a Untersagungs- und Anordnungsbefugnis bei Verwenden externer Ratings

(1) Die Bundesanstalt kann einem Institut, das für aufsichtliche Zwecke Ratings einer oder mehrerer Ratingagenturen verwendet, das Verwenden dieser Ratings untersagen, wenn die Ratingagenturen ihren Sitz nicht innerhalb des Europäischen Wirtschaftsraums haben und nicht nach der Verordnung (EG) Nr. 1060/2009 in der jeweils geltenden Fassung registriert sind.

(2) [1]Die Bundesanstalt kann gegenüber einem Institut im Einzelfall Anordnungen treffen, die geeignet und erforderlich sind, die Einhaltung der Anforderungen der Verordnung (EG) Nr. 1060/2009 in der jeweils geltenden Fassung sicherzustellen. [2]Insbesondere kann die Bundesanstalt Anordnungen treffen, um einem übermäßigen Rückgriff des Instituts auf Ratings entgegenzuwirken.

§ 46b Insolvenzantrag

(1) [1]Wird ein Institut, das eine Erlaubnis zum Geschäftsbetrieb im Inland besitzt, oder eine nach § 10a als übergeordnetes Unternehmen geltende Finanzholding-Gesellschaft oder gemischte Finanzholding-Gesellschaft zahlungsunfähig oder tritt Überschuldung ein, so haben die Geschäftsleiter, bei einem in der Rechtsform des Einzelkaufmanns betriebenen Institut der Inhaber und die Personen, die die Geschäfte der Finanzholding-

Gesellschaft oder der gemischten Finanzholding-Gesellschaft tatsächlich führen, dies der Bundesanstalt unter Beifügung aussagefähiger Unterlagen unverzüglich anzuzeigen; die im ersten Halbsatz bezeichneten Personen haben eine solche Anzeige unter Beifügung entsprechender Unterlagen auch dann vorzunehmen, wenn das Institut oder die nach § 10a als übergeordnetes Unternehmen geltende Finanzholding-Gesellschaft oder gemischte Finanzholding-Gesellschaft voraussichtlich nicht in der Lage sein wird, die bestehenden Zahlungspflichten im Zeitpunkt der Fälligkeit zu erfüllen (drohende Zahlungsunfähigkeit). [2]Soweit diese Personen nach anderen Rechtsvorschriften verpflichtet sind, bei Zahlungsunfähigkeit oder Überschuldung die Eröffnung des Insolvenzverfahrens zu beantragen, tritt an die Stelle der Antragspflicht die Anzeigepflicht nach Satz 1. [3]Das Insolvenzverfahren über das Vermögen eines Instituts oder einer nach § 10a als übergeordnetes Unternehmen geltenden Finanzholding-Gesellschaft oder gemischten Finanzholding-Gesellschaft findet im Fall der Zahlungsunfähigkeit, der Überschuldung oder unter den Voraussetzungen des Satzes 5 auch im Fall der drohenden Zahlungsunfähigkeit statt. [4]Der Antrag auf Eröffnung des Insolvenzverfahrens über das Vermögen des Instituts oder der nach § 10a als übergeordnetes Unternehmen geltenden Finanzholding-Gesellschaft oder gemischten Finanzholding-Gesellschaft kann nur von der Bundesanstalt gestellt werden. [5]Im Fall der drohenden Zahlungsunfähigkeit darf die Bundesanstalt den Antrag jedoch nur mit Zustimmung des Instituts und im Fall einer nach § 10a als übergeordnetes Unternehmen geltenden Finanzholding-Gesellschaft oder gemischten Finanzholding-Gesellschaft mit deren Zustimmung stellen. [6]Vor der Bestellung des Insolvenzverwalters hat das Insolvenzgericht die Bundesanstalt zu dessen Eignung zu hören. [7]Der Bundesanstalt ist der Eröffnungsbeschluss besonders zuzustellen. [8]Das Insolvenzgericht übersendet der Bundesanstalt alle weiteren, das Verfahren betreffenden Beschlüsse und erteilt auf Anfrage Auskunft zum Stand und Fortgang des Verfahrens. [9]Die Bundesanstalt kann Einsicht in die Insolvenzakten nehmen.

(1a) [1]Die Antragsrechte nach § 3a Absatz 1, § 3d Absatz 2 und § 269d Absatz 2 der Insolvenzordnung stehen bei Instituten und bei nach § 10a als übergeordnete Unternehmen bestimmten Finanzholding-Gesellschaften ausschließlich der Bundesanstalt zu. [2]Die Einleitung eines Koordinationsverfahrens (§§ 269d bis 269i der Insolvenzordnung) entfaltet für die gruppenangehörigen Institute und für die als übergeordnete Unternehmen bestimmten Finanzholding-Gesellschaften nur dann Wirkung, wenn die Bundesanstalt sie beantragt oder ihr zugestimmt hat. [3]Für die Bestellung des Verfahrenskoordinators gilt Absatz 1 Satz 6 entsprechend.

(2) [1]Wird über ein Institut, das Teilnehmer eines Systems im Sinne des § 24b Absatz 1 ist, ein Insolvenzverfahren eröffnet, hat die Bundesanstalt unverzüglich die Europäische Wertpapier- und Marktaufsichtsbehörde, den Europäischen Ausschuss für Systemrisiken und die Stellen zu informieren, die der Europäischen Kommission von den anderen Staaten des Europäischen Wirtschaftsraums benannt worden sind. [2]Auf Systembetreiber im Sinne des § 24b Abs. 5 ist Satz 1 entsprechend anzuwenden.

(3) [1]Der Insolvenzverwalter informiert die Bundesanstalt laufend über Stand und Fortgang des Insolvenzverfahrens, insbesondere durch Überlassung der Berichte für das Insolvenzgericht, die Gläubigerversammlung oder einen Gläubigerausschuss. [2]Die Bundesanstalt kann darüber hinaus weitere Auskünfte und Unterlagen zum Insolvenzverfahren verlangen.

§ 46c Insolvenzrechtliche Fristen und Haftungsfragen

(1) Die nach den §§ 88 und 130 bis 136 der Insolvenzordnung vom Tag des Antrags auf Eröffnung des Insolvenzverfahrens an zu berechnenden Fristen sind vom Tag des Erlasses einer Maßnahme nach § 46 Absatz 1 an zu berechnen.

(2) [1]Es wird vermutet, dass Leistungen des Instituts, die zwischen einer Anordnung der Bundesanstalt nach § 46 Absatz 1 Satz 2 Nummer 4 bis 6 und dem Insolvenzantrag erfolgten und nach § 46 zulässig sind, die Gläubiger des Instituts nicht benachteiligen und mit der Sorgfalt ordentlicher Kaufleute vereinbar sind. [2]Die Bundesanstalt handelt bei ihrer Tätigkeit pflichtgemäß, soweit sie bei Ausübung ihrer Befugnisse vernünftigerweise annehmen durfte, auf der Grundlage angemessener Informationen die Ziele des Gesetzes erreichen zu können. [3]§ 4 Absatz 4 des Finanzdienstleistungsaufsichtsgesetzes bleibt unberührt.

§ 46d Unterrichtung der anderen Staaten des Europäischen Wirtschaftsraums über Sanierungsmaßnahmen

(1) [1]Vor Erlass einer Sanierungsmaßnahme, insbesondere einer Maßnahme nach § 46, gegenüber einem CRR-Kreditinstitut unterrichtet die Bundesanstalt die zuständigen Behörden der anderen Staaten des Europäischen Wirtschaftsraums. [2]Ist dies nicht möglich, sind die zuständigen Behörden unmittelbar nach Erlass der Maßnahme zu unterrichten. [3]Das Gleiche gilt, soweit gegenüber einer Zweigstelle eines Unternehmens im Sinne des § 53 mit Sitz außerhalb der Staaten des Europäischen Wirtschaftsraums Maßnahmen nach § 46 ergriffen werden. [4]In diesem Falle unterrichtet die Bundesanstalt die zuständigen Behörden der anderen Staaten des Europäischen Wirtschaftsraums, in denen das Unternehmen weitere Zweigstellen errichtet hat. [5]Die Regelungen des § 8 Abs. 3 bis 7 bleiben unberührt.

(2) [1]Sanierungsmaßnahmen, die die Rechte von Dritten in einem Aufnahmemitgliedstaat beeinträchtigen und gegen die Rechtsbehelfe eingelegt werden können, sind ohne den ihrer Begründung dienenden Teil in der Amtssprache oder den Amtssprachen der betroffenen Staaten des Europäischen Wirtschaftsraums unverzüglich im Amtsblatt der Europäischen Union und in mindestens zwei überregionalen Zeitungen der Aufnahmemitgliedstaaten bekannt zu machen. [2]In der Bekanntmachung sind die Stelle, bei der die Begründung vorgehalten wird, der Gegenstand und die Rechtsgrundlage der Entscheidung, die Rechtsbehelfsfristen einschließlich des Zeitpunkts ihres Fristablaufs, die Anschrift der Bundesanstalt als über einen Widerspruch entscheidende Behörde und die Anschrift des zuständigen Verwaltungsgerichts anzugeben. [3]Die Bekanntmachung ist nicht Wirksamkeitsvoraussetzung.

(3) [1]Sanierungsmaßnahmen im Sinne der Absätze 1 und 2 sind Maßnahmen nach § 46 sowie nach § 6 Abs. 3, mit denen die finanzielle Lage eines CRR-Kreditinstituts gesichert oder wiederhergestellt werden soll und die die bestehenden Rechte von Dritten in einem Aufnahmemitgliedstaat des Europäischen Wirtschaftsraums beeinträchtigen könnten, einschließlich der Maßnahmen, die eine Aussetzung der Zahlungen erlauben oder der Wirksamkeit der Sanierungsmaßnahmen von Aufsichtsbehörden des Europäischen Wirtschaftsraums unterstützend dienen. [2]Sanierungsmaßnahmen sind als solche zu bezeichnen. [3]In Ansehung der Sanierungsmaßnahmen sind auf Verträge zur Nutzung oder zum Erwerb eines unbeweglichen Gegenstands, auf Arbeitsverträge und Arbeitsverhältnisse, auf Aufrechnungen, auf Pensionsgeschäfte im Sinne des § 340b des Handelsgesetzbuchs, auf Schuldumwandlungsverträge und Aufrechnungsvereinbarungen sowie auf dingliche Rechte Dritter die §§ 336, 337, 338, 340 und 351 Abs. 2 der Insolvenzordnung entsprechend anzuwenden, soweit dieses Gesetz nichts anderes bestimmt.

(4) [1]Die Absätze 1 und 2 sind nicht anzuwenden, wenn und soweit ausschließlich die Rechte von an der internen Betriebsstruktur beteiligten Personen sowie von Geschäftsführern und Aktionären eines CRR-Kreditinstituts in einer dieser Eigenschaften beeinträchtigt sein können. [2]Bei CRR-Kreditinstituten, die nicht grenzüberschreitend tätig sind, ist die Unterrichtung und Bekanntmachung nach den Absätzen 1 und 2 entbehrlich.

(5) [1]Die Bundesanstalt unterstützt Sanierungsmaßnahmen der Behörden des Herkunftsmitgliedstaates bei einem CRR-Kreditinstitut mit Sitz in einem anderen Staat des Europäischen Wirtschaftsraums. [2]Hält sie die Durchführung von Sanierungsmaßnahmen bei einem CRR-Kreditinstitut mit Sitz in einem anderen Staat des Europäischen Wirtschaftsraums für notwendig, so setzt sie die zuständigen Behörden dieses Staates hiervon in Kenntnis.

§ 46e Insolvenzverfahren in den Staaten des Europäischen Wirtschaftsraums

(1) [1]Zuständig für die Eröffnung eines Insolvenzverfahrens über das Vermögen eines CRR-Instituts sind im Bereich des Europäischen Wirtschaftsraums allein die jeweiligen Behörden oder Gerichte des Herkunftsmitgliedstaates. [2]Ist ein anderer Staat des Europäischen Wirtschaftsraums Herkunftsmitgliedstaat eines CRR-Instituts und wird dort ein Insolvenzverfahren über das Vermögen dieses Instituts eröffnet, so wird das Verfahren ohne Rücksicht auf die Voraussetzungen des § 343 Abs. 1 der Insolvenzordnung anerkannt.

(2) Sekundärinsolvenzverfahren nach § 356 der Insolvenzordnung und sonstige Partikularverfahren nach § 354 der Insolvenzordnung bezüglich der CRR-Institute, die ihren Sitz in einem anderen Staat des Europäischen Wirtschaftsraums haben, sind nicht zulässig.

(3) [1]Die Geschäftsstelle des Insolvenzgerichts hat den Eröffnungsbeschluss sofort der Bundesanstalt zu übermitteln, die unverzüglich die zuständigen Behörden der anderen Aufnahmemitgliedstaaten des Europäischen Wirtschaftsraums über die Verfahrenseröffnung unterrichtet. [2]Unbeschadet der in § 30 der Insolvenzordnung vorgesehenen Bekanntmachung hat das Insolvenzgericht den Eröffnungsbeschluss auszugsweise im Amtsblatt der Europäischen Union und in mindestens zwei überregionalen Zeitungen der Aufnahmemitgliedstaaten zu veröffentlichen, in denen das betroffene Kreditinstitut eine Zweigstelle hat oder Dienstleistungen erbringt. [3]Der Veröffentlichung ist das Formblatt nach § 46f Abs. 1 voranzustellen.

(4) [1]Die Bundesanstalt kann jederzeit vom Insolvenzgericht und vom Insolvenzverwalter Auskünfte über den Stand des Insolvenzverfahrens verlangen. [2]Sie ist verpflichtet, die zuständige Behörde eines anderen Staates des Europäischen Wirtschaftsraums auf deren Verlangen über den Stand des Insolvenzverfahrens zu informieren.

(5) [1]Stellt die Bundesanstalt den Antrag auf Eröffnung eines Insolvenzverfahrens über das Vermögen der Zweigstelle eines Unternehmens mit Sitz außerhalb des Europäischen Wirtschaftsraums, so unterrichtet sie unverzüglich die zuständigen Behörden der Staaten des Europäischen Wirtschaftsraums, in denen das Unternehmen eine weitere Zweigstelle hat oder Dienstleistungen erbringt. [2]Die Unterrichtung hat sich auch auf Inhalt und Bestand der Erlaubnis nach § 32 zu erstrecken. [3]Die beteiligten Personen und Stellen bemühen sich um ein abgestimmtes Vorgehen.

(6) Die Absätze 1 bis 5 gelten auch für Unternehmen im Anwendungsbereich des § 1 des Sanierungs- und Abwicklungsgesetzes, gegenüber denen ein Abwicklungsinstrument im Sinne des § 77 des Sanierungs- und Abwicklungsgesetzes angeordnet oder eine Abwicklungsbefugnis im Sinne der §§ 78 bis 87 des Sanierungs- und Abwicklungsgesetzes ausgeübt wird.

§ 46f Unterrichtung der Gläubiger im Insolvenzverfahren und Insolvenzrangfolge

(1) [1]Mit dem Eröffnungsbeschluss ist den Gläubigern von der Geschäftsstelle des Insolvenzgerichts ein Formblatt zu übersenden, das in sämtlichen Amtssprachen der Staaten des Europäischen Wirtschaftsraums mit den Worten „Aufforderung zur Anmeldung

und Erläuterung einer Forderung. [2]Fristen beachten!" überschrieben ist. [3]Das Formblatt wird vom Bundesministerium der Justiz und für Verbraucherschutz im Bundesanzeiger veröffentlicht und enthält insbesondere folgende Angaben:

1. welche Fristen einzuhalten sind und welche Folgen deren Versäumung hat;
2. wer für die Entgegennahme der Anmeldung und Erläuterung eine Forderung zuständig ist;
3. welche weiteren Maßnahmen vorgeschrieben sind;
4. welche Bedeutung die Anmeldung der Forderung für bevorrechtigte oder dinglich gesicherte Gläubiger hat und inwieweit diese ihre Forderungen anmelden müssen.

(2) [1]Gläubiger mit gewöhnlichem Aufenthalt, Wohnsitz oder Sitz in einem anderen Staat des Europäischen Wirtschaftsraums können ihre Forderungen in der oder einer der Amtssprachen dieses Staates anmelden. [2]Die Anmeldung muss in deutscher Sprache mit den Worten „Anmeldung und Erläuterung einer Forderung" überschrieben sein. [3]Der Gläubiger hat auf Verlangen eine Übersetzung der Anmeldung und der Erläuterung vorzulegen, die von einer hierzu in dem Staat nach Satz 1 befugten Person zu beglaubigen ist.

(3) Der Insolvenzverwalter hat die Gläubiger regelmäßig in geeigneter Form über den Fortgang des Insolvenzverfahrens zu unterrichten.

(4) Im Rang vor den übrigen Insolvenzforderungen werden in folgender Rangfolge, bei gleichem Rang nach dem Verhältnis ihrer Beträge, berichtigt:

1. gedeckte Einlagen im Sinne von § 2 Absatz 3 Nummer 23 des Sanierungs- und Abwicklungsgesetzes sowie Ansprüche, die auf Grund der Erfüllung eines Entschädigungsanspruchs nach § 16 des Einlagensicherungsgesetzes auf das Einlagensicherungssystem übergegangen sind;
2. entschädigungsfähige Einlagen im Sinne des § 2 Absatz 3 Nummer 18 des Sanierungs- und Abwicklungsgesetzes von natürlichen Personen, Kleinstunternehmen und kleinen und mittleren Unternehmen nach Artikel 2 Absatz 1 des Anhangs der Empfehlung 2003/361/EG der Kommission vom 6. Mai 2003 betreffend die Definition der Kleinstunternehmen sowie der kleinen und mittleren Unternehmen (ABl. L 124 vom 20.5.2003, S. 36), sowie solche Einlagen bei Instituten mit Sitz in der Europäischen Union, die entschädigungsfähige Einlagen wären, wenn sie nicht von deren Niederlassungen außerhalb der Europäischen Union angenommen worden wären.

(5) Von den Forderungen im Sinne des § 38 der Insolvenzordnung werden zunächst die Forderungen berichtigt, die keine Schuldtitel nach Absatz 6 Satz 1 sind.

(6) [1]Schuldtitel im Sinne dieses Satzes sind auf den Inhaber lautende Schuldverschreibungen und Orderschuldverschreibungen und diesen Schuldtiteln vergleichbare Rechte, die ihrer Art nach auf den Kapitalmärkten handelbar sind, sowie Schuldscheindarlehen und Namensschuldverschreibungen, die nicht als Einlagen unter Absatz 4 Nummer 1 oder 2 fallen, die zum Zeitpunkt ihrer Begebung eine vertragliche Laufzeit von mindestens einem Jahr haben, sofern in den vertraglichen Bedingungen des Schuldtitels ausdrücklich auf den durch Absatz 5 bestimmten niedrigeren Rang im Insolvenzverfahren hingewiesen wird. [2]Im Fall einer Pflicht zur Veröffentlichung eines Prospekts ist der Hinweis auch in den zu veröffentlichenden Prospekt aufzunehmen. [3]Schuldtitel, die in den Anwendungsbereich des § 91 Absatz 2 des Sanierungs- und Abwicklungsgesetzes fallen, und Schuldtitel, welche von Anstalten des öffentlichen Rechts begeben wurden, die nicht insolvenzfähig sind, zählen nicht zu den Schuldtiteln im Sinne von Satz 1.

(7) [1]Absatz 6 Satz 1 erfasst keine Schuldtitel, für die vereinbart ist,

1. dass die Höhe des Rückzahlungsbetrages vom Eintritt oder Nichteintritt eines zum Zeitpunkt der Begebung des Schuldtitels noch unsicheren Ereignisses abhängig ist oder die Erfüllung auf andere Weise als durch Geldzahlung erfolgt, oder
2. dass die Höhe des Zinszahlungsbetrages vom Eintritt oder Nichteintritt eines zum Zeitpunkt der Begebung des Schuldtitels noch unsicheren Ereignisses abhängt, es sei denn, die Zinszahlung oder die Höhe des Zinszahlungsbetrages ist ausschließlich von einem festen oder marktüblichen variablen Referenzzins abhängig und die Erfüllung erfolgt durch Geldzahlung.

[2]Die Höhe des Rückzahlungsbetrages oder des Zinszahlungsbetrages gilt nicht bereits deshalb als vom Eintritt oder Nichteintritt eines zum Zeitpunkt der Begebung des Schuldtitels noch unsicheren Ereignisses abhängig, weil der Schuldtitel auf eine andere als die Landeswährung des Emittenten lautet, sofern Hauptforderung, Rückzahlung und Zinsforderung auf dieselbe Währung lauten.

(8) [1]Das Bundesministerium der Finanzen wird ermächtigt, durch Rechtsverordnung, die nicht der Zustimmung des Bundesrates bedarf, nähere Bestimmungen über die Merkmale der vom Anwendungsbereich des Absatzes 7 erfassten Schuldtitel zu erlassen. [2]Das Bundesministerium der Finanzen kann die Ermächtigung zum Erlass der Rechtsverordnung nach Satz 1 durch Rechtsverordnung auf die Bundesanstalt für Finanzdienstleistungsaufsicht übertragen.

(9) [1]Für Schuldtitel, die vor dem 21. Juli 2018 begeben worden sind, gilt § 46f Absatz 5 bis 7 des Kreditwesengesetzes in der bis zum 20. Juli 2018 geltenden Fassung fort. [2]Im Insolvenzverfahren haben vor dem 21. Juli 2018 begebene Schuldtitel im Sinne des § 46f Absatz 6 Satz 1 des Kreditwesengesetzes in der bis zum 20. Juli 2018 geltenden Fassung den gleichen Rang wie Schuldtitel im Sinne des Absatzes 6 Satz 1.

§ 46g Moratorium, Einstellung des Bank- und Börsenverkehrs

(1) Sind wirtschaftliche Schwierigkeiten bei Kreditinstituten zu befürchten, die schwerwiegende Gefahren für die Gesamtwirtschaft, insbesondere den geordneten Ablauf des allgemeinen Zahlungsverkehrs, erwarten lassen, so kann die Bundesregierung durch Rechtsverordnung

1. einem Kreditinstitut einen Aufschub für die Erfüllung seiner Verbindlichkeiten gewähren und anordnen, daß während der Dauer des Aufschubs Zwangsvollstreckungen, Arreste und einstweilige Verfügungen gegen das Institut sowie das Insolvenzverfahren über das Vermögen des Kreditinstituts nicht zulässig sind;
2. anordnen, daß die Kreditinstitute für den Verkehr mit ihrer Kundschaft vorübergehend geschlossen bleiben und im Kundenverkehr Zahlungen und Überweisungen weder leisten noch entgegennehmen dürfen; sie kann diese Anordnung auf Arten oder Gruppen von Instituten sowie auf bestimmte Bankgeschäfte beschränken;
3. anordnen, daß die Börsen im Sinne des Börsengesetzes vorübergehend geschlossen bleiben.

(2) Vor den Maßnahmen nach Absatz 1 hat die Bundesregierung die Deutsche Bundesbank zu hören.

(3) Trifft die Bundesregierung Maßnahmen nach Absatz 1, so hat sie durch Rechtsverordnung die Rechtsfolgen zu bestimmen, die sich hierdurch für Fristen und Termine auf dem Gebiet des bürgerlichen Rechts, des Handels-, Gesellschafts-, Wechsel-, Scheck- und Verfahrensrechts ergeben.

§ 46h Wiederaufnahme des Bank- und Börsenverkehrs

(1) [1]Die Bundesregierung kann nach Anhörung der Deutschen Bundesbank für die Zeit nach einer vorübergehenden Schließung der Kreditinstitute und Börsen gemäß § 46g Absatz 1 Nummer 2 und 3 durch Rechtsverordnung Vorschriften für die Wiederaufnahme des Zahlungs- und Überweisungsverkehrs sowie des Börsenverkehrs erlassen. [2]Sie kann hierbei insbesondere bestimmen, daß die Auszahlung von Guthaben zeitweiligen Beschränkungen unterliegt. [3]Für Geldbeträge, die nach einer vorübergehenden Schließung der Kreditinstitute angenommen werden, dürfen solche Beschränkungen nicht angeordnet werden.

(2) Die nach Absatz 1 sowie die nach § 46g Absatz 1 erlassenen Rechtsverordnungen treten, wenn sie nicht vorher aufgehoben worden sind, drei Monate nach ihrer Verkündigung außer Kraft.

§ 47 Anordnungsbefugnis nach der Verordnung (EU) Nr. 1286/2014

[1]Verstößt ein Institut, das über ein PRIIP im Sinne des Artikels 4 Nummer 3 der Verordnung (EU) Nr. 1286/2014 berät oder es verkauft oder das Hersteller von PRIIP im Sinne des Artikels 4 Nummer 4 der Verordnung (EU) Nr. 1286/2014 ist, gegen die Anforderungen von Artikel 5 Absatz 1, der Artikel 6, 7, 8 Absatz 1 bis 3, der Artikel 9, 10 Absatz 1, von Artikel 13 Absatz 1, 3 oder 4, der Artikel 14 oder 19 dieser Verordnung sowie der auf Grundlage der Artikel 8, 10 und 13 dieser Verordnung erlassenen technischen Regulierungsstandards, kann die Bundesanstalt gegenüber dem Institut Anordnungen treffen, die geeignet und erforderlich sind, um sicherzustellen, dass die Anforderungen eingehalten werden und um eine nicht den Grundsätzen der Verordnung entsprechende Information der Privatanleger zu verhindern. [2]Die Bundesanstalt kann insbesondere

1. die Vermarktung, den Vertrieb oder den Verkauf des PRIIP vorübergehend oder dauerhaft untersagen,
2. die Bereitstellung eines Basisinformationsblattes untersagen, das nicht den Anforderungen der Artikel 6 bis 8 oder 10 der Verordnung (EU) Nr. 1286/2014 genügt,
3. den Hersteller von PRIIP verpflichten, eine neue Fassung des Basisinformationsblattes zu veröffentlichen, sofern die veröffentlichte Fassung nicht den Anforderungen der Artikel 6 bis 8 oder 10 der Verordnung (EU) Nr. 1286/2014 genügt, und
4. auf ihrer Internetseite eine Warnung unter Nennung des verantwortlichen Instituts sowie der Art des Verstoßes veröffentlichen; § 60c Absatz 3 und 5 gilt entsprechend.

§ 48 Maßnahmen bei Verstößen gegen die Verordnung (EU) 2017/2402

(1) Verstößt ein Originator, Sponsor, ursprünglicher Kreditgeber oder eine Verbriefungszweckgesellschaft gegen die Anforderungen der Artikel 6, 7, 9, 18 bis 26 oder 27 Absatz 1 oder Absatz 4 der Verordnung (EU) 2017/2402, kann die Aufsichtsbehörde anordnen, dass die den Verstoß begründenden Handlungen oder Verhaltensweisen dauerhaft eingestellt werden, sowie verlangen, dass deren Wiederholung verhindert wird.

(2) Wird eine Verbriefung als STS-Verbriefung im Sinne des Artikels 18 der Verordnung (EU) 2017/2402 bezeichnet und hat ein Originator, Sponsor oder eine Verbriefungszweckgesellschaft gegen eine der Anforderungen der Artikel 19 bis 26 dieser Verordnung verstoßen oder macht ein Originator oder Sponsor eine irreführende Meldung nach Artikel 27 Absatz 1 dieser Verordnung, kann die Aufsichtsbehörde vorübergehend verbieten, dass Originator und Sponsor gemäß Artikel 27 Absatz 1 dieser Verordnung melden, dass ihre Verbriefungen die Anforderungen der Artikel 19 bis 22 oder der Artikel 23 bis 26 dieser Verordnung erfüllen.

(3) Verletzt ein gemäß Artikel 28 Absatz 1 der Verordnung (EU) 2017/2402 zugelassener Dritter seine Pflicht gemäß Artikel 28 Absatz 2 dieser Verordnung, kann die Bundesanstalt ihm vorübergehend untersagen, gemäß Artikel 28 Absatz 1 dieser Verordnung zu bewerten, ob Verbriefungen die in den Artikeln 19 bis 26 dieser Verordnung festgelegten Kriterien erfüllen.

4a. Maßnahmen gegenüber Kreditinstituten bei Gefahren für die Stabilität des Finanzsystems

§§ 48a bis 48s *(weggefallen)*

§ 48t Maßnahmen zur Begrenzung makroprudenzieller oder systemischer Risiken

(1) Stellt der Ausschuss für Finanzstabilität Veränderungen in der Intensität des makroprudenziellen oder des systemischen Risikos im Sinne des Artikels 458 Absatz 2 der Verordnung (EU) Nr. 575/2013 fest, die zu einer Störung mit bedeutenden Auswirkungen auf das nationale Finanzsystem und die Realwirtschaft im Inland führen können, auf die besser mit nationalen Maßnahmen reagiert werden soll, kann die Bundesanstalt auf Aufforderung des Ausschusses für Finanzstabilität im Wege der Allgemeinverfügung gegenüber allen oder einer Gruppe der der Aufsicht der Bundesanstalt nach diesem Gesetz oder der Verordnung (EU) Nr. 575/2013 unterliegenden Institute und Unternehmen von folgenden Vorgaben der Verordnung (EU) Nr. 575/2013 in der jeweils geltenden Fassung für die Dauer von bis zu zwei Jahren abweichen, um die festgestellten Veränderungen in der Intensität des makroprudenziellen oder des systemischen Risikos zu vermindern, durch Erhöhung

1. der Eigenmittelanforderungen nach Artikel 92 der Verordnung (EU) Nr. 575/2013 in der jeweils geltenden Fassung,
2. der Anforderungen für Großkredite nach den Artikeln 392 sowie 395 bis 403 der Verordnung (EU) Nr. 575/2013 in der jeweils geltenden Fassung,
3. der Offenlegungspflichten nach den Artikeln 431 bis 455 der Verordnung (EU) Nr. 575/2013 in der jeweils geltenden Fassung,
4. des Kapitalerhaltungspuffers nach § 10c,
5. der Liquiditätsanforderungen nach Teil 6 der Verordnung (EU) Nr. 575/2013 in der jeweils geltenden Fassung oder
6. der Risikogewichte im Kreditrisiko-Standardansatz und im auf internen Ratings basierenden Ansatz für Kredite für Wohnimmobilien und gewerbliche Immobilien sowie für Forderungen, die von Instituten und Unternehmen untereinander innerhalb des Finanzsektors bestehen.

(2) Die Bundesanstalt kann die Allgemeinverfügung nach Absatz 1 erst dann erlassen, wenn

1. sie dem Europäischen Parlament, der Europäischen Kommission, dem Rat, dem Europäischen Ausschuss für Systemrisiken (ESRB) und der Europäischen Bankenaufsichtsbehörde (EBA)
   a) die für die Gefährdung der Finanzstabilität auf nationaler Ebene erforderlichen Nachweise nach Artikel 458 Absatz 2 Buchstabe a bis f der Verordnung (EU) Nr. 575/2013 einschließlich der in Absatz 1 vorgesehenen nationalen Maßnahmen, die Artikel 458 Absatz 2 Buchstabe d der Verordnung (EU) Nr. 575/2013 umsetzen, angezeigt hat und

b) dargelegt hat, dass andere nach der Verordnung (EU) Nr. 575/2013 und der Richtlinie 2013/36/EU zur Verfügung stehende Maßnahmen nicht ausreichen, um der Gefährdung der Finanzstabilität auf nationaler Ebene zu begegnen, und

2. die Voraussetzungen nach Artikel 458 Absatz 4 der Verordnung (EU) Nr. 575/2013 für den Erlass der Maßnahme vorliegen.

(3) Die Bundesanstalt überprüft unter Einbeziehung des Europäischen Ausschusses für Systemrisiken und der Europäischen Bankenaufsichtsbehörde die nach Absatz 1 festgesetzten nationalen Maßnahmen nach Ablauf der vorgesehenen Frist nach Maßgabe von Artikel 458 Absatz 9 der Verordnung (EU) Nr. 575/2013. Liegen die Voraussetzungen für eine Verlängerung der Anwendung der nach Absatz 1 erlassenen nationalen Maßnahmen vor, kann die Bundesanstalt auf Aufforderung des Ausschusses für Finanzstabilität und nach Maßgabe des in Artikel 458 Absatz 4 der Verordnung (EU) Nr. 575/2013 in der jeweils geltenden Fassung vorgesehenen Verfahren im Wege der Allgemeinverfügung die nationalen Maßnahmen wiederholt um jeweils ein Jahr verlängern.

(4) Die Bundesanstalt kann im Benehmen mit der Deutschen Bundesbank und nach Befassung des Ausschusses für Finanzstabilität die nach Artikel 458 der Verordnung (EU) Nr. 575/2013 in der jeweils geltenden Fassung von anderen Mitgliedstaaten des Europäischen Wirtschaftsraums erlassenen Maßnahmen nach Maßgabe von Artikel 458 Absatz 5 bis 7 der Verordnung (EU) Nr. 575/2013 vollständig oder teilweise anerkennen und mit Wirkung für Zweigstellen von Instituten und Unternehmen mit Sitz im Ausland, auf die dieses Gesetz gemäß § 53 Anwendung findet, oder mit Wirkung für Zweigniederlassungen im Sinne von § 53b nach Maßgabe des Artikels 458 der Verordnung (EU) Nr. 575/2013 anwenden.

(5) Sofern die Voraussetzungen nach Absatz 2 Nummer 1 vorliegen, kann die Bundesanstalt unabhängig vom Verfahren nach den Absätzen 1 und 3 sowie nach Artikel 458 Absatz 4 der Verordnung (EU) Nr. 575/2013 jederzeit bis zur Beseitigung eines makroprudenziellen oder systemischen Risikos, jedoch nicht länger als für die Dauer von zwei Jahren

1. die Großkreditobergrenze nach Artikel 395 der Verordnung (EU) Nr. 575/2013 um bis zu 15 Prozent absenken,
2. die Risikogewichte von Krediten für Wohnimmobilien und gewerbliche Immobilien im Kreditrisiko-Standardansatz sowie im auf internen Ratings basierenden Ansatz um bis zu 25 Prozent erhöhen und
3. die Risikogewichte im Kreditrisiko-Standardansatz für Forderungen, die von Instituten und Unternehmen untereinander innerhalb des Finanzsektors eingegangen wurden, um bis zu 25 Prozent und im auf internen Ratings basierenden Ansatz um 25 Prozent erhöhen.

§ 48u Maßnahmen zur Begrenzung makroprudenzieller Risiken im Bereich der Darlehensvergabe zum Bau oder zum Erwerb von Wohnimmobilien; Verordnungsermächtigung

(1) [1]Die Bundesanstalt kann für Kreditinstitute, die das Kreditgeschäft betreiben, im Wege der Allgemeinverfügung die in Absatz 2 vorgesehenen Beschränkungen bei der Vergabe von Darlehen zum Bau oder zum Erwerb von im Inland belegenen Wohnimmobilien festlegen, wenn und soweit dies erforderlich ist, um einer Störung der Funktionsfähigkeit des inländischen Finanzsystems oder einer Gefährdung der Finanzstabilität im Inland entgegenzuwirken. [2]Eine Störung der Funktionsfähigkeit des Finanzsystems oder eine Gefährdung der Finanzstabilität kann insbesondere drohen, wenn die Preise von Wohnimmobilien und die Neuvergabe von Darlehen zum Bau oder Er-

werb von Wohnimmobilien stark ansteigen und sich bei der Darlehensvergabe die in Absatz 2 genannten Quotienten erheblich verändern. [3]Von Beschränkungen ausgenommen ist die Vergabe von Darlehen

1. zum Aus- und Umbau oder zur Sanierung von Wohnimmobilien im Eigentum des Darlehensnehmers,
2. für Maßnahmen, für die eine soziale Wohnraumförderung im Sinne des Wohnraumförderungsgesetzes oder nach entsprechenden landesrechtlichen Regelungen zugesagt ist,
3. für Vorhaben, für die bereits vor der Festlegung von Beschränkungen nach Satz 1 Darlehen an denselben Darlehensnehmer vergeben wurden, soweit deren Betrag insgesamt nicht über den nach Tilgungen verbliebenen Betrag der vor Festlegung der Beschränkungen vergebenen Darlehen hinausgeht (Anschlussfinanzierung), sowie
4. für die Umschuldung und Restrukturierung von notleidenden Darlehen.

[4]Zu den nach Satz 3 von Beschränkungen ausgenommenen Darlehen können in der Allgemeinverfügung nach Satz 1 nähere Bestimmungen getroffen werden. [5]Die Bundesanstalt kann weitere Ausnahmen zulassen.

(2) [1]Die Darlehensvergabe kann beschränkt werden durch

1. die Vorgabe einer Obergrenze für den Quotienten aus dem gesamten Fremdkapitalvolumen einer Immobilienfinanzierung und dem Marktwert der Wohnimmobilien zum Zeitpunkt der Darlehensvergabe (Darlehensvolumen-Immobilienwert-Relation) und
2. die Vorgabe eines Zeitraums, innerhalb dessen ein bestimmter Bruchteil eines Darlehens spätestens zurückgezahlt werden muss oder, bei endfälligen Darlehen, die Vorgabe einer maximalen Laufzeit (Amortisationsanforderung).

[2]Die Beschränkungen können jeweils einzeln oder in Kombination festgelegt werden.

(3) [1]Die Bundesanstalt ordnet bei der Festlegung von Beschränkungen nach Absatz 1 Satz 1 zugleich an,

1. zu welchem Anteil das Neugeschäft für Wohnimmobilienfinanzierungen eines Kreditinstituts nicht den festgelegten Beschränkungen unterliegt (Freikontingent),
2. bis zu welcher Darlehenshöhe eine oder mehrere Beschränkungen nicht gelten (Bagatellgrenze), wobei eine Obergrenze für das Darlehensvolumen, welches in einem bestimmten Zeitraum im Rahmen der Bagatellgrenze vergeben werden darf, im Verhältnis zum gesamten Neugeschäft für Wohnimmobilienfinanzierungen eines Kreditinstituts in einem bestimmten Zeitraum festzulegen ist,
3. bis zu welchem Beleihungswert einer Wohnimmobilie eine oder mehrere Beschränkungen bei der Vergabe des Darlehens zum Bau oder Erwerb dieser Immobilie nicht gelten, wenn die Forderungen des Darlehensgebers aus dem Darlehen durch die Bestellung von Hypotheken oder Grundschulden an der Immobilie gesichert sind und die ersten 80 Prozent des Beleihungswerts nicht übersteigen (unterer Schwellenwert),
4. bis zu welchem Beleihungswert einer Wohnimmobilie eine oder mehrere Beschränkungen bei der Vergabe des Darlehens zum Bau oder Erwerb dieser Immobilie nicht gelten, wenn die Forderungen des Darlehensgebers aus dem Darlehen durch die Bestellung von Hypotheken oder Grundschulden an der Immobilie gesichert sind und die ersten 60 Prozent des Beleihungswerts nicht übersteigen (oberer Schwellenwert), und
5. ab welchem Zeitpunkt die Beschränkungen einzuhalten sind; es ist hierbei eine angemessene Frist nach Bekanntgabe der Allgemeinverfügung vorzusehen.

[2]Die Bagatellgrenze nach Satz 1 Nummer 2 beträgt mindestens 50 000 Euro, der untere Schwellenwert nach Satz 1 Nummer 3 mindestens 200 000 Euro, der obere Schwellenwert nach Satz 1 Nummer 4 mindestens 400 000 Euro.

(4) Die nach Absatz 1 Satz 1 festgelegten Beschränkungen sind mindestens alle sechs Monate zu überprüfen.

(5) Das Bundesministerium der Finanzen wird ermächtigt, nach Anhörung der Spitzenverbände der Institute durch Rechtsverordnung, die nicht der Zustimmung des Bundesrates bedarf, im Benehmen mit dem Bundesministerium für Wirtschaft und Energie, dem Bundesministerium der Justiz und für Verbraucherschutz, dem Bundesministerium für Umwelt, Naturschutz, Bau und Reaktorsicherheit und der Deutschen Bundesbank nähere Regelungen zu erlassen über

1. die Definitionen der Darlehen und der Wohnimmobilie nach Absatz 1, einschließlich der ausgenommenen Darlehen;
2. die Festlegung von Obergrenzen und Zeiträumen, über die Berechnung von Quotienten und über sonstige maßgebliche Größen nach Absatz 2;
3. die Anordnung zum Freikontingent, zur Bagatellgrenze, zu den Schwellenwerten und dem Zeitpunkt, ab dem die Beschränkungen einzuhalten sind, nach Absatz 3;
4. die regelmäßige Überprüfung festgelegter Beschränkungen nach Absatz 4;
5. Einzelheiten der Zusammenarbeit zwischen der Bundesanstalt und der Deutschen Bundesbank zur Anwendung dieser Vorschrift.

(6) [1]Vor Erlass einer Allgemeinverfügung nach Absatz 1 sind die Spitzenverbände der Institute, einschließlich der Bausparkassen, und der Immobilienwirtschaft sowie das Bundesministerium für Wirtschaft und Energie, das Bundesministerium der Justiz und für Verbraucherschutz und das Bundesministerium für Umwelt, Naturschutz, Bau und Reaktorsicherheit anzuhören. [2]Das Bundesministerium der Finanzen unterrichtet den Finanzausschuss des Deutschen Bundestages unverzüglich über die Einleitung der Anhörung nach Satz 1; der Erlass der Allgemeinverfügung erfolgt frühestens sechs Wochen nach der Unterrichtung. [3]Die Bundesanstalt zeigt die Absicht, eine Allgemeinverfügung gemäß Absatz 1 zu erlassen, der Europäischen Kommission, dem Rat, dem Europäischen Ausschuss für Systemrisiken, der Europäischen Zentralbank und der Europäischen Bankenaufsichtsbehörde an. [4]Die Sätze 1 bis 3 gelten entsprechend bei einer Abänderung der Allgemeinverfügung, mit der zusätzliche oder weitergehende Beschränkungen festgelegt werden sollen.

(7) [1]Die Bundesanstalt kann die in einem anderen Staat des Europäischen Wirtschaftsraums oder in einem Drittstaat festgelegten Beschränkungen bei der Vergabe von Darlehen zum Bau oder zum Erwerb von Wohnimmobilien, die in einem anderen Staat belegen sind, anerkennen. [2]Die Anerkennung setzt voraus, dass die ausländischen Beschränkungen mit den nach Absatz 2 möglichen Beschränkungen vergleichbar sind. [3]Die Absätze 1 bis 4 gelten entsprechend.

5. Vollziehbarkeit, Zwangsmittel, Umlagen und Kosten

§ 49[1)] Sofortige Vollziehbarkeit

Widerspruch und Anfechtungsklage gegen Maßnahmen der Bundesanstalt einschließlich der Androhung und Festsetzung von Zwangsmitteln auf der Grundlage des § 2c Abs. 1b Satz 1 und 2, Abs. 2 Satz 1 und Abs. 4 des § 3 Absatz 4, des § 6 Absatz 1b,

1) § 49 geändert durch Gesetz vom 25.3.2019 (BGBl. I S. 357).

des § 6a, des § 8a Absatz 3 bis 5, des § 10 Absatz 3 und 4, des § 12a Abs. 2, des § 13c Abs. 3 Satz 4, des § 25c Absatz 4c, des § 28 Abs. 1, des § 35 Abs. 2 Nr. 2 bis 6, der §§ 36, 37 und 44 Abs. 1, auch in Verbindung mit § 44b, Abs. 2 und 3a Satz 1, des § 44a Abs. 2 Satz 1, der §§ 44c, 45, des § 45a Abs. 1 und des § 45b Abs. 1, der § 45c, 46, 46a, 46b, 48u Absatz 1 und 7, § 53b Absatz 12, der §§ 53l, 53n Absatz 1, der §§ 53p und 53q Absatz 2 haben keine aufschiebende Wirkung.

§ 50 *(aufgehoben)*

§ 51 Umlage und Kosten

(1) [1]Die Kosten des Bundesaufsichtsamtes sind, soweit sie nicht durch Gebühren oder durch besondere Erstattung nach Absatz 3 gedeckt sind, dem Bund von den Instituten zu 90 vom Hundert zu erstatten. [2]Die Kosten werden anteilig auf die einzelnen Institute nach Maßgabe ihres Geschäftsumfanges umgelegt und vom Bundesaufsichtsamt nach den Vorschriften des Verwaltungsvollstreckungsgesetzes beigetrieben. [3]Die in der Umlage-Verordnung Kredit- und Finanzdienstleistungswesen vom 8. März 1999 (BGBl. I S. 314) enthaltenen Regelungen gelten für die Zeit vom 12. März 1999 bis zum 30. Dezember 2000 in der am 12. März 1999 geltenden Fassung mit Gesetzeskraft. [4]Für die Zeit vom 31. Dezember 2000 bis zum 31. Dezember 2001 gelten die in der Umlage-Verordnung Kredit- und Finanzdienstleistungswesen enthaltenen Regelungen in der am 31. Dezember 2000 geltenden Fassung mit Gesetzeskraft. [5]Für die Zeit vom 1. Januar 2002 bis zum 30. April 2002 gelten die in der Umlage-Verordnung Kredit- und Finanzdienstleistungswesen enthaltenen Regelungen in der am 1. Januar 2002 geltenden Fassung mit Gesetzeskraft. [2]Zu den Kosten gehören auch die Erstattungsbeträge, die nicht beigetrieben werden konnten, sowie die Fehlbeträge aus der Umlage des vorhergehenden Jahres, für das Kosten zu erstatten sind; ausgenommen sind die Erstattungs- oder Fehlbeträge, über die noch nicht unanfechtbar oder rechtskräftig entschieden ist. [7]Das Nähere über die Erhebung der Umlage, insbesondere über den Verteilungsschlüssel und -stichtag, die Mindestveranlagung, das Umlageverfahren einschließlich eines geeigneten Schätzverfahrens, die Zahlungsfristen und die Höhe der Säumniszuschläge, sowie über die Beitreibung bestimmt das Bundesministerium der Finanzen durch Rechtsverordnung; die Rechtsverordnung kann auch Regelungen über die vorläufige Festsetzung des Umlagebetrags vorsehen. [5]Es kann die Ermächtigung durch Rechtsverordnung auf das Bundesaufsichtsamt übertragen.

(2) [1]Das Bundesaufsichtsamt kann für Entscheidungen aufgrund des § 2 Abs. 4, des § 10 Abs. 3b Satz 1, des § 31 Abs. 2, der §§ 32 und 34 Abs. 2 und der §§ 35 bis 37 Gebühren in Höhe von 250 Euro bis 50 000 Euro festsetzen. [2]Die Höhe der Gebühr soll sich im Einzelfall nach dem für die Entscheidung erforderlichen Arbeitsaufwand und nach dem Geschäftsumfang des betroffenen Unternehmens richten.

(3) [1]Die Kosten, die dem Bund durch die Bestellung eines Abwicklers nach § 37 Satz 2 und § 38 Abs. 2 Satz 2 und 4, einer Aufsichtsperson nach § 46 Abs. 1 Satz 2, durch eine Bekanntmachung nach § 32 Abs. 4, § 37 Satz 3 oder § 38 Abs. 3 oder eine aufgrund des § 44 Abs. 1 oder 2, § 44b Satz 2 oder § 44c Abs. 2 vorgenommene Prüfung entstehen, sind von dem betroffenen Unternehmen gesondert zu erstatten und auf Verlangen des Bundesaufsichtsamtes vorzuschießen. [2]Die Kosten, die dem Bund durch eine auf Grund des § 44 Abs. 3 vorgenommene Prüfung der Richtigkeit der für die Zusammenfassung nach § 10a Abs. 6 und 7, § 13b Abs. 3 und § 25 Abs. 2 übermittelten Daten entstehen, sind von dem zur Zusammenfassung verpflichteten übergeordneten Institut gesondert zu erstatten und auf Verlangen des Bundesaufsichtsamtes vorzuschießen.

(4) [1]Absatz 1 Satz 3 bis 5 in der Fassung (einfügen: Vollzitat des Gesetzes zur Änderung des Versicherungsaufsichtsgesetzes und anderer Gesetze) ist für die Zeit vom 12. März 1999 bis zum 30. April 2002 auf die angefallenen Kosten des Bundesaufsichts-

amtes für das Kreditwesen anzuwenden. [2]Im Übrigen sind die Absätze 1 bis 3 für den Zeitraum bis zum 30. April 2002 in der bis zum 30. April 2002 geltenden Fassung auf die angefallenen Kosten des Bundesaufsichtsamtes für das Kreditwesen anzuwenden.

Vierter Abschnitt. Besondere Vorschriften für Wohnungsunternehmen mit Spareinrichtung

§ 51a Anforderungen an die Eigenkapitalausstattung für Wohnungsunternehmen mit Spareinrichtung

(1) [1]Wohnungsunternehmen mit Spareinrichtung müssen im Interesse der Erfüllung ihrer Verpflichtungen gegenüber ihren Gläubigern, insbesondere im Interesse der Sicherheit der ihnen anvertrauten Vermögenswerte, angemessenes Eigenkapital haben. [2]Das Bundesministerium der Finanzen wird ermächtigt, durch Rechtsverordnung, die nicht der Zustimmung des Bundesrates bedarf, im Benehmen mit der Deutschen Bundesbank nähere Bestimmungen über die angemessene Eigenkapitalausstattung (Solvabilität) der Wohnungsunternehmen mit Spareinrichtung zu erlassen, insbesondere über

1. die Bestimmung der für Adressenausfallrisiken und Marktrisiken anrechnungspflichtigen Geschäfte und ihrer Risikoparameter;
2. den Gegenstand und die Verfahren zur Ermittlung von Eigenkapitalanforderungen für das operationelle Risiko;
3. die Berechnungsmethoden für die Eigenkapitalanforderung und die dafür erforderlichen technischen Grundsätze;
4. Inhalt, Art, Umfang und Form der zum Nachweis der angemessenen Eigenkapitalausstattung erforderlichen Angaben sowie Bestimmungen über die für die Datenübermittlung zulässigen Datenträger, Übertragungswege und Datenformate und
5. die Anforderungen an eine Ratingagentur, um deren Ratings für Risikogewichtungszwecke anerkennen zu können, und über die Anforderungen an das Rating.

[3]Das Bundesministerium der Finanzen kann die Ermächtigung durch Rechtsverordnung auf die Bundesanstalt mit der Maßgabe übertragen, dass die Rechtsverordnung im Einvernehmen mit der Deutschen Bundesbank ergeht. [4]Vor Erlass der Rechtsverordnung ist der Spitzenverband der Wohnungsunternehmen mit Spareinrichtung zu hören.

(2) Die Bundesanstalt kann bei der Beurteilung der Angemessenheit des Eigenkapitals anordnen, dass ein Wohnungsunternehmen mit Spareinrichtung Eigenkapitalanforderungen einhalten muss, die über die Anforderungen der Rechtsverordnung nach Absatz 1 Satz 2 hinausgehen, insbesondere

1. um solche Risiken zu berücksichtigen, die nicht oder nicht in vollem Umfang Gegenstand der Rechtsverordnung nach Absatz 1 Satz 2 sind,
2. wenn die Risikotragfähigkeit eines Wohnungsunternehmens mit Spareinrichtung nicht gewährleistet ist,
3. um einer besonderen Geschäftssituation des Wohnungsunternehmens mit Spareinrichtung, etwa bei Aufnahme der Geschäftstätigkeit, Rechnung zu tragen oder
4. wenn das Wohnungsunternehmen mit Spareinrichtung nicht über eine ordnungsgemäße Geschäftsorganisation im Sinne des § 25a Absatz 1 verfügt.

(3) Auf Antrag des Wohnungsunternehmens mit Spareinrichtung kann die Bundesanstalt bei der Beurteilung der Angemessenheit des Eigenkapitals einer abweichenden Berechnung der Eigenkapitalanforderungen zustimmen, um eine im Einzelfall unangemessene Risikoabbildung zu vermeiden.

(4) Der Berechnung der Angemessenheit des Eigenkapitals nach der Rechtsverordnung nach Absatz 1 Satz 2 ist das haftende Eigenkapital zugrunde zu legen.

(5) Eigenkapital, das von Dritten oder von Tochterunternehmen der Wohnungsunternehmen mit Spareinrichtung zur Verfügung gestellt wird oder wurde, kann nur berücksichtigt werden, wenn es dem Wohnungsunternehmen mit Spareinrichtung tatsächlich zugeflossen ist.

(6) [1]Als haftendes Eigenkapital gelten abzüglich der Positionen des Satzes 2

1. die Geschäftsguthaben und die Rücklagen; dabei sind Geschäftsguthaben von Mitgliedern, die zum Schluss des Geschäftsjahres ausscheiden, sowie ihre Ansprüche auf Auszahlung eines Anteils an der in der Bilanz nach § 73 Absatz 3 des Genossenschaftsgesetzes von eingetragenen Genossenschaften gesondert ausgewiesenen Ergebnisrücklage der Genossenschaft abzusetzen und
2. der Bilanzgewinn, soweit seine Zuweisung zu den Rücklagen oder den Geschäftsguthaben beschlossen ist.

[2]Abzugspositionen im Sinne des Satzes 1 sind:

1. der Bilanzverlust;
2. die immateriellen Vermögensgegenstände;
3. der Korrekturposten gemäß Absatz 9;
4. Verbriefungspositionen, soweit die Rechtsverordnung nach Absatz 1 Satz 2 eine die Wahl zwischen einer Unterlegung der Verbriefungsposition mit Eigenmitteln zu ihrem vollen Betrag oder dem Abzug vorsieht und das Wohnungsunternehmen mit Spareinrichtungen den Abzug wählt.

(7) [1]Als Rücklagen im Sinne des Absatzes 6 Satz 1 gelten nur die in der letzten für den Schluss eines Geschäftsjahres festgestellten Bilanz als Rücklagen ausgewiesenen Beträge mit Ausnahme solcher Passivposten, die erst bei ihrer Auflösung zu versteuern sind. [2]Als Rücklagen ausgewiesene Beträge, die aus Erträgen gebildet worden sind, auf die erst bei Eintritt eines zukünftigen Ereignisses Steuern zu entrichten sind, können nur in Höhe von 45 Prozent berücksichtigt werden. [3]Rücklagen, die auf Grund eines bei der Emission von Anteilen erzielten Aufgeldes oder anderweitig durch den Zufluss externer Mittel gebildet werden, können vom Zeitpunkt des Zuflusses an berücksichtigt werden.

(8) [1]Von einem Wohnungsunternehmen mit Spareinrichtung aufgestellte Zwischenabschlüsse sind einer prüferischen Durchsicht durch den Abschlussprüfer zu unterziehen; in diesen Fällen gilt der Zwischenabschluss für die Zwecke dieser Vorschrift als ein mit dem Jahresabschluss vergleichbarer Abschluss, wobei Gewinne des Zwischenabschlusses dem Eigenkapital zugerechnet werden, soweit sie nicht für voraussichtliche Gewinnausschüttungen oder Steueraufwendungen gebunden sind. [2]Verluste, die sich aus Zwischenabschlüssen ergeben, sind vom Eigenkapital abzuziehen. [3]Das Wohnungsunternehmen mit Spareinrichtung hat der Bundesanstalt und der Deutschen Bundesbank den Zwischenabschluss jeweils unverzüglich einzureichen. [4]Der Abschlussprüfer hat der Bundesanstalt und der Deutschen Bundesbank unverzüglich nach Beendigung der prüferischen Durchsicht des Zwischenabschlusses eine Bescheinigung über die Durchsicht einzureichen. [5]Ein im Zuge der Verschmelzung erstellter unterjähriger Jahresabschluss gilt nicht als Zwischenabschluss im Sinne dieses Absatzes.

(9) [1]Die Bundesanstalt kann auf das haftende Eigenkapital einen Korrekturposten festsetzen. [2]Wird der Korrekturposten festgesetzt, um noch nicht bilanzwirksam gewordene Kapitalveränderungen zu berücksichtigen, so wird die Festsetzung mit der Feststellung des nächsten für den Schluss eines Geschäftsjahres aufgestellten Jahresabschlusses gegenstandslos. [3]Die Bundesanstalt hat die Festsetzung auf Antrag des Woh-

nungsunternehmens mit Spareinrichtung aufzuheben, soweit die Voraussetzung für die Festsetzung wegfällt.

§ 51b Anforderungen an die Liquidität für Wohnungsunternehmen mit Spareinrichtung

(1) [1]Wohnungsunternehmen mit Spareinrichtung müssen ihre Mittel so anlegen, dass jederzeit eine ausreichende Zahlungsfähigkeit (Liquidität) gewährleistet ist. [2]Mietzahlungen, die in den nächsten zwölf Monaten fällig werden, werden als Liquiditätszuflüsse berücksichtigt.

(2) [1]Das Bundesministerium der Finanzen wird ermächtigt, durch Rechtsverordnung, die nicht der Zustimmung des Bundesrates bedarf, im Benehmen mit der Deutschen Bundesbank nähere Bestimmungen über die ausreichende Liquidität zu erlassen, insbesondere über die

1. Methoden zur Beurteilung der ausreichenden Liquidität und die dafür erforderlichen technischen Grundsätze,
2. als Zahlungsmittel und Zahlungsverpflichtungen zu berücksichtigenden Geschäfte einschließlich ihrer Bemessungsgrundlagen und
3. Pflicht der Wohnungsunternehmen mit Spareinrichtung zur Übermittlung der zum Nachweis der ausreichenden Liquidität erforderlichen Angaben an die Bundesanstalt und die Deutsche Bundesbank, einschließlich Bestimmungen zu Inhalt, Art, Umfang und Form der Angaben, zu der Häufigkeit ihrer Übermittlung und über die zulässigen Datenträger, Übertragungswege und Datenformate.

[2]Das Bundesministerium der Finanzen kann die Ermächtigung durch Rechtsverordnung auf die Bundesanstalt mit der Maßgabe übertragen, dass die Rechtsverordnung im Einvernehmen mit der Deutschen Bundesbank ergeht. [3]Vor Erlass der Rechtsverordnung ist der Spitzenverband der Wohnungsunternehmen mit Spareinrichtung zu hören.

(3) Die Bundesanstalt kann bei der Beurteilung der Liquidität im Einzelfall gegenüber Wohnungsunternehmen mit Spareinrichtung über die in der Rechtsverordnung nach Absatz 2 Satz 1 festgelegten Vorgaben hinausgehende Liquiditätsanforderungen anordnen, wenn ohne eine solche Maßnahme die nachhaltige Liquidität nicht gesichert ist.

§ 51c Sonstige Sondervorschriften für Wohnungsunternehmen mit Spareinrichtung

(1) Das Einlagengeschäft im Sinne des § 1 Absatz 29 Satz 1 Nummer 3 darf nur mit den Mitgliedern der Genossenschaft und ihren Angehörigen gemäß § 15 der Abgabenordnung betrieben werden.

(2) § 25c Absatz 1 gilt mit der Maßgabe, dass Geschäftsleiter von Wohnungsunternehmen mit Spareinrichtung im Einzelfall die praktischen Kenntnisse in den entsprechenden Geschäften nach ihrer Bestellung erwerben können, wenn mindestens zwei Vorstandsmitglieder vorhanden sind, die die fachliche Eignung nach § 25c Absatz 1 besitzen, und gesichert ist, dass diese bei allen Entscheidungen stets die Mehrheit der Stimmen innehaben.

(3) § 25c Absatz 4a Nummer 3 Buchstabe d, e und g gilt mit der Maßgabe, dass die Berichterstattung in angemessenen Abständen, mindestens jedoch jährlich, erfolgt.

(4) Die §§ 6b, 7a, 10 bis 18, 24 Absatz 1 Nummer 16, 17 und Absatz 1a Nummer 5, die §§ 24c, 25, 25d Absatz 7 bis 12, § 32 Absatz 1a sowie § 26a sind nicht anzuwenden.

(5) § 33 Absatz 1 Satz 1 gilt mit der Maßgabe, dass einem Wohnungsunternehmen mit Spareinrichtung als Anfangskapital ein Gegenwert von mindestens 5 Millionen Euro zur Verfügung steht.

Fünfter Abschnitt. Sondervorschriften

§ 52 Sonderaufsicht

(1) Soweit Institute einer anderen staatlichen Aufsicht unterliegen, bleibt diese neben der Aufsicht der Bundesanstalt bestehen.

(2) *(gestrichen)*

§ 52a Verjährung von Ansprüchen gegen Organmitglieder von Kreditinstituten

(1) Ansprüche von Kreditinstituten gegen Geschäftsleiter und Mitglieder des Aufsichts- oder Verwaltungsorgans aus dem Organ- und Anstellungsverhältnis wegen der Verletzung von Sorgfaltspflichten verjähren in zehn Jahren.

(2) Absatz 1 ist auch auf die vor dem 15. Dezember 2010 entstandenen und noch nicht verjährten Ansprüche anzuwenden.

§ 53 Zweigstellen von Unternehmen mit Sitz in einem anderen Staat

(1) [1]Unterhält ein Unternehmen mit Sitz im Ausland eine Zweigstelle im Inland, die Bankgeschäfte betreibt oder Finanzdienstleistungen erbringt, gilt die Zweigstelle als Kreditinstitut oder Finanzdienstleistungsinstitut. [2]Unterhält das Unternehmen mehrere Zweigstellen im Inland, so gelten sie als ein Institut.

(2) Auf die in Absatz 1 bezeichneten Institute ist dieses Gesetz mit folgender Maßgabe anzuwenden:

1. [1]Das Unternehmen hat mindestens zwei natürliche Personen mit Wohnsitz im Inland zu bestellen, die für den Geschäftsbereich des Instituts zur Geschäftsführung und zur Vertretung des Unternehmens befugt sind, sofern das Institut Bankgeschäfte betreibt oder Finanzdienstleistungen erbringt und befugt ist, sich bei der Erbringung von Finanzdienstleistungen Eigentum oder Besitz an Geldern oder Wertpapieren von Kunden zu verschaffen. [2]Solche Personen gelten als Geschäftsleiter. [3]Sie sind zur Eintragung in das Handelsregister anzumelden.
2. [1]Das Institut ist verpflichtet, über die von ihm betriebenen Geschäfte und über das seinem Geschäftsbetrieb dienende Vermögen des Unternehmens gesondert Buch zu führen und gegenüber der Bundesanstalt und der Deutschen Bundesbank Rechnung zu legen. [2]Die Vorschriften des Handelsgesetzbuchs über Handelsbücher gelten insoweit entsprechend. [3]Auf der Passivseite der jährlichen Vermögensübersicht ist der Betrag des dem Institut von dem Unternehmen zur Verfügung gestellten Betriebskapitals und der Betrag der dem Institut zur Verstärkung der eigenen Mittel belassenen Betriebsüberschüsse gesondert auszuweisen. [4]Der Überschuß der Passivposten über die Aktivposten oder der Überschuß der Aktivposten über die Passivposten ist am Schluß der Vermögensübersicht ungeteilt und gesondert auszuweisen.
3. [1]Die nach Nummer 2 für den Schluß eines jeden Geschäftsjahres aufzustellende Vermögensübersicht mit einer Aufwands- und Ertragsrechnung und einem Anhang gilt als Jahresabschluß (§ 26). [2]Für die Prüfung des Jahresabschlusses gilt § 340k des Handelsgesetzbuchs entsprechend mit der Maßgabe, daß der Prüfer von den Geschäftsleitern gewählt und bestellt wird. [3]Mit dem Jahresabschluß des Instituts ist der Jahresabschluß des Unternehmens für das gleiche Geschäftsjahr einzureichen.
4. [1]Für Zweigstellen, die sowohl das Einlagen- als auch das Kreditgeschäft betreiben, gilt § 33 Absatz 1 Satz 1 Nummer 1 Buchstabe d entsprechend. [2]Als Eigenmittel des Instituts gilt die Summe der Beträge, die in den Finanzinformationen nach § 25 als dem Institut von dem Unternehmen zur Verfügung gestelltes Betriebskapital und ihm zur Verstärkung der eigenen Mittel belassene Betriebsüberschüsse ausgewiesen

wird, abzüglich des Betrages eines etwaigen aktiven Verrechnungssaldos. [3]Außerdem ist dem Institut Kapital nach Artikel 71 der Verordnung (EU) Nr. 575/2013 in der jeweils geltenden Fassung zuzurechnen; die Artikel 25 bis 91 der Verordnung (EU) Nr. 575/2013 in ihrer jeweils geltenden Fassung gelten mit der Maßgabe, dass die Eigenmittel nach Satz 2 als hartes Kernkapital gelten.

5. [1]Die Erlaubnis kann auch dann versagt werden, wenn die Gegenseitigkeit nicht auf Grund zwischenstaatlicher Vereinbarungen gewährleistet ist. [2]Die Erlaubnis ist zu widerrufen, wenn und soweit dem Unternehmen die Erlaubnis zum Betreiben von Bankgeschäften oder Erbringen von Finanzdienstleistungen von der für die Aufsicht über das Unternehmen im Ausland zuständigen Behörde entzogen worden ist.
6. Für die Anwendung des § 36 Abs. 1 gilt das Institut als juristische Person.
7. Die Eröffnung neuer Zweigstellen sowie die Schließung von Zweigstellen im Inland hat das Institut der Bundesanstalt und der Deutschen Bundesbank unverzüglich anzuzeigen.

(2a) Für die Bestimmungen dieses Gesetzes, die daran anknüpfen, daß ein Institut das Tochterunternehmen eines Unternehmens mit Sitz im Ausland ist, gilt die Zweigstelle als hundertprozentiges Tochterunternehmen der Institutszentrale mit Sitz im Ausland.

(3) Für Klagen, die auf den Geschäftsbetrieb einer Zweigstelle im Sinne des Absatzes 1 Bezug haben, darf der Gerichtsstand der Niederlassung nach § 21 der Zivilprozeßordnung nicht durch Vertrag ausgeschlossen werden.

(4) Die Absätze 2 bis 3 sind nicht anzuwenden, soweit zwischenstaatliche Vereinbarungen entgegenstehen, denen die gesetzgebenden Körperschaften in der Form eines Bundesgesetzes zugestimmt haben.

(5) [1]Ist ein Beschluss über die Auflösung der Zweigstelle gefasst worden, so ist dieser zur Eintragung in das Handelsregister des Gerichts der Zweigstelle anzumelden und der Vermerk „in Abwicklung" im Rechtsverkehr zu führen. [2]Die erteilte Erlaubnis ist an die Bundesanstalt zurückzugeben.

(6) [1]Die ebenfalls eintragungspflichtige Aufhebung der Zweigstelle darf nur mit Zustimmung der Bundesanstalt erfolgen. [2]Die Zustimmung ist in der Regel zu verweigern, wenn nicht nachgewiesen ist, dass sämtliche Geschäfte der Zweigstelle abgewickelt worden sind.

§ 53a Repräsentanzen von Unternehmen mit Sitz in einem anderen Staat

[1]Ein Institut mit Sitz im Ausland darf eine Repräsentanz im Inland errichten oder fortführen, wenn es befugt ist, in seinem Herkunftsstaat Bankgeschäfte zu betreiben oder Finanzdienstleistungen zu erbringen und dort seine Hauptverwaltung hat. [2]Das Institut hat die Absicht, eine Repräsentanz zu errichten, und den Vollzug einer solchen Absicht der Bundesanstalt und der Deutschen Bundesbank unverzüglich anzuzeigen. [3]Die Bundesanstalt bestätigt dem Institut den Eingang der Anzeige. Die Repräsentanz darf ihre Tätigkeit erst aufnehmen, wenn dem Institut die Bestätigung der Bundesanstalt vorliegt. [4]Das Institut hat der Bundesanstalt und der Deutschen Bundesbank die Verlegung oder Schließung der Repräsentanz einschließlich ihrer Leiter unverzüglich anzuzeigen.

§ 53b [1)2)] Unternehmen mit Sitz in einem anderen Staat des Europäischen Wirtschaftsraums

(1) [1]Ein CRR-Kreditinstitut oder ein Wertpapierhandelsunternehmen mit Sitz in einem anderen Staat des Europäischen Wirtschaftsraums darf ohne Erlaubnis durch die Auf-

1) Zur erstmaligen Anwendung siehe § 64r.
2) § 53b Abs. 12 angefügt durch Gesetz vom 25.3.2019 (BGBl. I S. 357).

sichtsbehörde über eine Zweigniederlassung oder über gemäß § 2 Absatz 10 angezeigte vertraglich gebundene Vermittler, die ihren Sitz oder gewöhnlichen Aufenthalt im Inland haben, sowie im Wege des grenzüberschreitenden Dienstleistungsverkehrs, auch durch vertraglich gebundene Vermittler, die ihren Sitz oder gewöhnlichen Aufenthalt im Herkunftsmitgliedstaat haben, im Inland Bankgeschäfte betreiben oder Finanzdienstleistungen erbringen, wenn das Unternehmen von den zuständigen Stellen seines Herkunftsmitgliedstaates zugelassen worden ist, die Geschäfte von der Zulassung abgedeckt sind und das Unternehmen von den zuständigen Stellen nach Maßgabe der Richtlinien und Verordnungen der Europäischen Union beaufsichtigt wird. [2]Satz 1 gilt entsprechend für CRR-Kreditinstitute, die auch Zahlungsdienste im Sinne des Zahlungsdiensteaufsichtsgesetzes erbringen. [3]§ 53 ist in diesem Fall nicht anzuwenden. [4]§ 14 der Gewerbeordnung bleibt unberührt.

(1a) Ein Unternehmen mit Sitz in einem anderen Mitgliedstaat der Europäischen Union oder einem Vertragsstaat des Abkommens über den Europäischen Wirtschaftsraum darf ohne Erlaubnis durch die Bundesanstalt über eine Zweigniederlassung oder im Wege des grenzüberschreitenden Dienstleistungsverkehrs im Inland als Datenbereitstellungsdienst tätig werden, wenn das Unternehmen von den zuständigen Stellen seines Herkunftsmitgliedstaates zugelassen worden ist und die Geschäfte durch die Zulassung abgedeckt sind.

(2) [1]Vorbehaltlich der Regelungen in Teil II, Titel 3 der Verordnung (EU) Nr. 468/2014 hat die Bundesanstalt einem Unternehmen im Sinne des Absatzes 1 Satz 1 und 2, das beabsichtigt, eine Zweigniederlassung im Inland zu errichten, innerhalb von zwei Monaten nach Eingang der von den zuständigen Stellen des Herkunftsmitgliedstaates über die beabsichtigte Errichtung der Zweigniederlassung übermittelten Unterlagen auf die für seine Tätigkeit vorgeschriebenen Meldungen an die Bundesanstalt und die Deutsche Bundesbank hinzuweisen und die Bedingungen anzugeben, die nach Absatz 3 Satz 1 für die Ausübung der von der Zweigniederlassung geplanten Tätigkeiten aus Gründen des Allgemeininteresses gelten. [2]Nach Eingang der Mitteilung der Aufsichtsbehörde, spätestens nach Ablauf der in Satz 1 genannten Frist, kann die Zweigniederlassung errichtet werden und ihre Tätigkeit aufnehmen. [3]Die Europäische Wertpapier- und Marktaufsichtsbehörde kann nach dem Verfahren und unter den in Artikel 35 der Verordnung (EU) Nr. 1095/2010 festgelegten Bedingungen den Zugang zu diesen Informationen verlangen.

(2a) [1]Vorbehaltlich der Regelungen in Teil II, Titel 3 der Verordnung (EU) Nr. 468/2014 hat die Bundesanstalt einem Unternehmen im Sinne des Absatzes 1 Satz 1 und 2, das beabsichtigt, im Inland im Wege des grenzüberschreitenden Dienstleistungsverkehrs tätig zu werden, innerhalb von zwei Monaten nach Eingang der von den zuständigen Stellen des Herkunftsmitgliedstaates über die beabsichtigte Aufnahme des grenzüberschreitenden Dienstleistungsverkehrs übermittelten Unterlagen die Bedingungen anzugeben, die nach Absatz 3 Satz 3 für die Ausübung der geplanten Tätigkeit aus Gründen des Allgemeininteresses gelten. [2]Die Bundesanstalt veröffentlicht die Namen von vertraglich gebundenen Vermittlern, die ihren Sitz oder gewöhnlichen Aufenthalt im Herkunftsmitgliedstaat des Instituts haben und die das Institut im Inland heranziehen will, auf ihrer Internetseite, soweit die zuständigen Stellen des Herkunftsmitgliedstaates diese mitgeteilt haben.

(3) [1]Auf Zweigniederlassungen im Sinne des Absatzes 1 Satz 1 und 2 sind die folgenden Regelungen entsprechend anzuwenden mit der Maßgabe, dass eine oder mehrere Zweigniederlassungen desselben Unternehmens als ein Kreditinstitut oder Finanzdienstleistungsinstitut gelten:

1. § 3 Absatz 1 und § 6 Absatz 2,

1a. § 10 Absatz 2,
2. *(aufgehoben)*,
3. die §§ 14, 18a, 22 und 23,
4. § 23a, sofern es sich um ein CRR-Institut oder Wertpapierhandelsunternehmen handelt,
5. § 24 Abs. 1 Nr. 5 und 7,
6. die §§ 24b, 24c, 25, 25a Abs. 1 Satz 6 Nr. 2,
7. § 25h Absatz 1 bis 3, soweit es sich um Anforderungen zur Verhinderung von Geldwäsche und Terrorismusfinanzierung handelt, sowie § 25h Absatz 4 und 5,
8. die §§ 25i bis 25k, 25m, 37, 39 bis 42, 43 Absatz 2 und 3, § 44 Absatz 1 und 6, § 44a Absatz 1 und 2 sowie die §§ 44c, 46 bis 46h, 48u und 49,
9. § 17 des Finanzdienstleistungsaufsichtsgesetzes.

[2]Für die Tätigkeiten im Wege des grenzüberschreitenden Dienstleistungsverkehrs nach Absatz 1 Satz 1 und 2 gelten § 3 Absatz 1, sofern es sich um ein CRR-Institut oder ein Wertpapierhandelsunternehmen handelt, die §§ 18a, 23a, 37, 44 Absatz 1 sowie die §§ 44c, 48u Absatz 1 und § 49 dieses Gesetzes und § 17 des Finanzdienstleistungsaufsichtsgesetzes entsprechend. [3]Auf Betreiber eines multilateralen oder organisierten Handelssystems, die im Wege des grenzüberschreitenden Dienstleistungsverkehrs im Inland einen Zugang anbieten, ist § 23a nicht anzuwenden.

(4) [1]Stellt die Aufsichtsbehörde fest, dass ein Unternehmen im Sinne des Absatzes 1 Satz 1 und 2 seinen Pflichten nach Absatz 3 oder der Verordnung (EU) Nr. 575/2013 nicht nachkommt oder dass es sehr wahrscheinlich ist, dass es diesen Verpflichtungen nicht nachkommen wird, unterrichtet die Aufsichtsbehörde unverzüglich die zuständigen Stellen des Herkunftsmitgliedstaates. [2]Ergreifen die zuständigen Stellen des Herkunftsmitgliedstaates keine Maßnahmen oder erachtet die Aufsichtsbehörde die Maßnahme auf Grundlage der ihr von den zuständigen Stellen des Herkunftsmitgliedstaates übermittelten Informationen und Erkenntnissen als unzureichend, kann sie nach Unterrichtung der zuständigen Stellen des Herkunftsmitgliedstaates und der Europäischen Bankenaufsichtsbehörde die erforderlichen Maßnahmen ergreifen. [3]Erforderlichenfalls kann sie die Durchführung neuer Geschäfte im Inland untersagen. [4]Sind die zuständigen Stellen des Herkunftsmitgliedstaates mit den zu ergreifenden Maßnahmen nicht einverstanden, können sie die Angelegenheit nach Maßgabe des Artikels 19 der Verordnung (EU) Nr. 1093/2010 an die Europäische Bankenaufsichtsbehörde verweisen und diese um Unterstützung bitten.

(5) [1]In dringenden Fällen kann die Aufsichtsbehörde vor Einleitung des in Absatz 4 vorgesehenen Verfahrens die erforderlichen Maßnahmen anordnen, sofern der Herkunftsmitgliedstaat keine Sanierungsmaßnahmen im Sinne des Artikels 2 der Richtlinie 2001/24/EG des Europäischen Parlaments und des Rates vom 4. April 2001 über die Sanierung und Liquidation der Kreditinstitute (ABl. L 125 vom 5.5.2001, S. 15) erlassen hat. [2]Sie hat die Europäische Kommission, die Europäische Bankenaufsichtsbehörde und die zuständigen Stellen des Herkunftsmitgliedstaates unverzüglich hiervon zu unterrichten. [3]Diese Maßnahmen sind aufzuheben, wenn

1. der Herkunftsmitgliedstaat eine Sanierungsmaßnahme im Sinne des Artikels 2 der Richtlinie 2001/24/EG angeordnet oder erlassen hat,
2. der Herkunftsmitgliedstaat die notwendigen Maßnahmen angeordnet oder ergriffen hat, damit das Unternehmen seinen Verpflichtungen nachkommt,

3. die Europäische Kommission nach Anhörung der Aufsichtsbehörde, des Herkunftsmitgliedstaates und der Europäischen Bankaufsichtsbehörde entschieden hat, dass die Maßnahmen nach Satz 1 aufzuheben sind oder
4. der Grund für ihre Anordnung entfallen ist.

(6) Die zuständigen Stellen des Herkunftsmitgliedstaates können nach vorheriger Unterrichtung der Aufsichtsbehörde selbst oder durch ihre Beauftragten die für die bankaufsichtliche Überwachung der Zweigniederlassung erforderlichen Informationen bei der Zweigniederlassung prüfen.

(7) [1]Ein Unternehmen mit Sitz in einem anderen Staat des Europäischen Wirtschaftsraums, das Bankgeschäfte im Sinne des § 1 Abs. 1 Satz 2 Nr. 1 bis 3, 5, 7 bis 9 betreibt, Finanzdienstleistungen im Sinne des § 1 Abs. 1a Satz 2 Nr. 7, 9 und 10, oder Zahlungsdienste im Sinne des Zahlungsdiensteaufsichtsgesetzes erbringt oder sich als Finanzunternehmen im Sinne des § 1 Abs. 3 betätigt, kann diese Tätigkeiten über eine Zweigniederlassung oder im Wege des grenzüberschreitenden Dienstleistungsverkehrs im Inland abweichend von § 32 ohne Erlaubnis der Aufsichtsbehörde ausüben, wenn

1. das Unternehmen ein Tochterunternehmen eines CRR-Kreditinstituts oder ein gemeinsames Tochterunternehmen mehrere CRR-Kreditinstitute ist,
2. seine Satzung diese Tätigkeiten gestattet,
3. das oder die Mutterunternehmen in dem Staat, in dem das Unternehmen seinen Sitz hat, als CRR-Kreditinstitut zugelassen sind,
4. die Tätigkeiten, die das Unternehmen ausübt, auch im Herkunftsmitgliedstaat betrieben werden,
5. das oder die Mutterunternehmen mindestens 90 vom Hundert der Stimmrechte des Tochterunternehmens halten,
6. das oder die Mutterunternehmen gegenüber den zuständigen Stellen des Herkunftsmitgliedstaates des Unternehmens die umsichtige Geschäftsführung des Unternehmens glaubhaft gemacht und sich mit Zustimmung dieser zuständigen Stellen des Herkunftsmitgliedstaates gegebenenfalls gesamtschuldnerisch für die vom Tochterunternehmen eingegangenen Verpflichtungen verbürgt haben und
7. das Unternehmen in die Beaufsichtigung des Mutterunternehmens auf konsolidierter Basis einbezogen ist.

[2]Satz 1 gilt entsprechend für Tochterunternehmen von in Satz 1 genannten Unternehmen, Finanzholding-Gesellschaften, gemischten Finanzholding-Gesellschaften und gemischten Holdinggesellschaften, welche die vorgenannten Bedingungen erfüllen. [3]Die Absätze 2 bis 6 gelten entsprechend.

(7a) Ergreift die Aufsichtsbehörde Maßnahmen nach Absatz 4 oder Absatz 5, jeweils auch in Verbindung mit Absatz 7, sind diese schriftlich zu begründen und dem Institut bekanntzumachen.

(8) [1]Die Bundesanstalt kann beantragen, dass eine inländische Zweigniederlassung eines Instituts mit Sitz in einem anderen Staat des Europäischen Wirtschaftsraums als bedeutend angesehen wird. [2]Gehört das Institut einer Institutsgruppe, Finanzholding-Gruppe oder gemischten Finanzholding-Gruppe an, an deren Spitze ein EU-Mutterinstitut, eine EU-Mutterfinanzholding-Gesellschaft oder eine gemischte EU-Mutterfinanzholding-Gesellschaft steht, richtet die Bundesanstalt den Antrag an die für die Beaufsichtigung der Gruppe auf zusammengefasster Basis zuständige Stelle, anderenfalls an die zuständige Stelle des Herkunftsmitgliedstaates. [3]Der Antrag ist zu begründen. [4]Eine Zweigniederlassung ist insbesondere dann als bedeutend anzusehen, wenn

1. ihr Marktanteil gemessen an den Einlagen 2 vom Hundert übersteigt,

2. sich eine Aussetzung oder Einstellung der Tätigkeit des Instituts auf die systemische Liquidität und die Zahlungsverkehrs- sowie Abwicklungs- und Verrechnungssysteme im Inland auswirken würde oder
3. ihr eine gewisse Größe und Bedeutung gemessen an der Kundenzahl innerhalb des Banken- und Finanzsystems zukommt.

[5]Die Bundesanstalt kann von den Instituten nach Satz 1 alle Angaben verlangen, die für die Beurteilung nach Satz 4 erforderlich sind.

(9) [1]Haben die Bundesanstalt, die zuständige Stelle des Herkunftsmitgliedstaates sowie gegebenenfalls die für die Beaufsichtigung auf zusammengefasster Basis zuständige Stelle innerhalb von zwei Monaten nach Erhalt des Antrags keine einvernehmliche Entscheidung über die Einstufung der Zweigniederlassung als bedeutend getroffen, entscheidet die Bundesanstalt unter Berücksichtigung der Auffassungen und Vorbehalte der anderen zuständigen Stelle innerhalb von weiteren zwei Monaten selbst über die Einstufung einer Zweigniederlassung als bedeutend. [2]Diese Entscheidung ist den anderen zuständigen Stellen schriftlich unter Angabe von Gründen mitzuteilen. [3]Hat die Bundesanstalt oder eine zuständige Stelle in einem anderen Staat des Europäischen Wirtschaftsraums bis zum Ablauf der Zweimonatsfrist nach Satz 1 nach Maßgabe des Artikels 19 der Verordnung (EU) Nr. 1093/2010 die Europäische Bankenaufsichtsbehörde um Hilfe ersucht, stellt die Bundesanstalt ihre Entscheidung nach Satz 1 bis zu einem Beschluss der Europäischen Bankenaufsichtsbehörde gemäß Artikel 19 Absatz 3 der Verordnung (EU) Nr. 1093/2010 zurück und entscheidet dann in Übereinstimmung mit einem solchen Beschluss. [4]Nach Ablauf der Zweimonatsfrist oder nachdem eine gemeinsame Entscheidung getroffen wurde, kann die Europäische Bankenaufsichtsbehörde nicht mehr um Hilfe ersucht werden.

(10) [1]Ist die Bundesanstalt auf Einzelinstitutsebene oder unterkonsolidierter Basis für die Beaufsichtigung von Tochterunternehmen eines EU-Mutterinstituts, einer EU-Mutterfinanzholding-Gesellschaft oder einer gemischten EU-Mutterfinanzholding-Gesellschaft zuständig, für deren Beaufsichtigung auf zusammengefasster Basis sie nicht zuständig ist und kommt es innerhalb der viermonatigen Frist nicht zu einer gemeinsamen Entscheidung aller zuständigen Stellen über die Angemessenheit der Eigenmittelausstattung und das Erfordernis zusätzlicher Eigenmittelanforderungen, entscheidet die Bundesanstalt allein, ob die Eigenmittelausstattung der ihrer Beaufsichtigung unterliegenden Tochterunternehmen angemessen ist und ob zusätzliche Eigenmittelanforderungen erforderlich sind. [2]Bei der Entscheidung berücksichtigt sie angemessen die Auffassungen und Vorbehalte der zuständigen Stelle, die die Aufsicht auf zusammengefasster Basis über die Institutsgruppe, Finanzholding-Gruppe oder gemischte Finanzholding-Gruppe ausübt; die Entscheidung muss der Risikobewertung und den Auffassungen und Vorbehalten Rechnung tragen, die innerhalb der viermonatigen Frist von den anderen zuständigen Stellen geäußert wurden. [3]Hat die Bundesanstalt oder eine zuständige Stelle in einem anderen Staat des Europäischen Wirtschaftsraums bis zum Ablauf der Viermonatsfrist nach § 8a Absatz 4 Satz 1 nach Maßgabe des Artikels 19 der Verordnung (EU) Nr. 1093/2010 die Europäische Bankenaufsichtsbehörde um Hilfe ersucht, stellt die Bundesanstalt ihre Entscheidung nach Satz 1 bis zu dem Beschluss der Europäischen Bankenaufsichtsbehörde gemäß Artikel 19 Absatz 3 der Verordnung (EU) Nr. 1093/2010 zurück und entscheidet dann in Übereinstimmung mit einem solchen Beschluss. [4]Nach Ablauf der Viermonatsfrist oder nachdem eine gemeinsame Entscheidung getroffen wurde, kann die Europäische Bankenaufsichtsbehörde nicht mehr um Hilfe ersucht werden. [5]Die Bundesanstalt übersendet der zuständigen Stelle, die die Aufsicht auf zusammengefasster Basis über die Institutsgruppe, Finanzholding-Gruppe oder gemischte Finanzholding-Gruppe ausübt, die schriftliche Entscheidung unter Angabe der vollständigen Begründung. [6]Wurde die Europäische Bankenaufsichtsbehörde

angehört, berücksichtigt die Bundesanstalt deren Stellungnahme und begründet jede erhebliche Abweichung davon.

(11) [1]Bevor die Bundesanstalt eine Prüfung nach § 44 über eine Zweigniederlassung anordnet, die im Inland tätig ist, hat sie die zuständigen Stellen des Herkunftsmitgliedstaates anzuhören. [2]Die Informationen und Erkenntnisse, die durch die Prüfung gewonnen werden, sind den zuständigen Stellen des Herkunftsmitgliedstaates mitzuteilen, wenn sie wichtig sind für die Risikobewertung des Mutterinstituts oder für die Stabilität des Finanzsystems des Herkunftsmitgliedstaates.

(12) [1]Wird der Austritt des Vereinigten Königreichs Großbritannien und Nordirland aus der Europäischen Union wirksam, ohne dass bis zu diesem Zeitpunkt ein Austrittsabkommen im Sinne von Artikel 50 Absatz 2 Satz 2 des Vertrages über die Europäische Union in Kraft getreten ist, so kann die Bundesanstalt zur Vermeidung von Nachteilen für die Funktionsfähigkeit oder die Stabilität der Finanzmärkte anordnen, dass die Vorschriften der Absätze 1 bis 9 für einen Übergangszeitraum nach dem Austritt auf Unternehmen mit Sitz im Vereinigten Königreich Großbritannien und Nordirland, die zum Zeitpunkt des Austritts des Vereinigten Königreichs Großbritannien und Nordirland aus der Europäischen Union nach Absatz 1 im Inland über eine Zweigniederlassung oder im Wege des grenzüberschreitenden Dienstleistungsverkehrs Bankgeschäfte betrieben oder Finanzdienstleistungen erbracht haben, ganz oder teilweise entsprechend anzuwenden sind. [2]Dies gilt nur, soweit die Unternehmen nach dem Austritt Bankgeschäfte betreiben oder Finanzdienstleistungen erbringen, die in engem Zusammenhang mit zum Zeitpunkt des Austritts bestehenden Verträgen stehen. [3]Der im Zeitpunkt des Austritts beginnende Übergangszeitraum darf eine Dauer von 21 Monaten nicht überschreiten. [4]Die Anordnung kann auch durch Allgemeinverfügung ohne vorherige Anhörung getroffen und öffentlich bekannt gegeben werden.

§ 53c Unternehmen mit Sitz in einem Drittstaat; Verordnungsermächtigung

(1) Das Bundesministerium der Finanzen wird ermächtigt, durch Rechtsverordnung

1. zu bestimmen, daß die Vorschriften dieses Gesetzes über ausländische Unternehmen mit Sitz in einem anderen Staat des Europäischen Wirtschaftsraums auch auf Unternehmen mit Sitz in einem Drittstaat anzuwenden sind, soweit dies im Bereich des Niederlassungsrechts oder des Dienstleistungsverkehrs oder für die Aufsicht auf zusammengefaßter Basis auf Grund von Abkommen der Europäischen Union mit Drittstaaten erforderlich ist;
2. die vollständige oder teilweise Anwendung der Vorschriften des § 53b unter vollständiger oder teilweiser Freistellung von den Vorschriften des § 53 auf Unternehmen mit Sitz in einem Drittstaat anzuordnen, wenn die Gegenseitigkeit gewährleistet ist und
   a) die Unternehmen in ihrem Sitzstaat in den von der Freistellung betroffenen Bereichen nach international anerkannten Grundsätzen beaufsichtigt werden,
   b) den Zweigniederlassungen der entsprechenden Unternehmen mit Sitz im Inland in diesem Staat gleichwertige Erleichterungen eingeräumt werden und
   c) die zuständigen Behörden des Sitzstaates zu einer befriedigenden Zusammenarbeit mit der Bundesanstalt bereit sind und dies auf der Grundlage einer Vereinbarung sichergestellt ist.

(2) [1]Ungeachtet der Regelungen des Absatzes 1 können Unternehmen mit Sitz in einem Drittstaat, die in das Register nach Artikel 48 der Verordnung (EU) Nr. 600/2014 eingetragen wurden, gegenüber geeigneten Gegenparteien und professionellen Kunden im Inland Wertpapierdienstleistungen im Sinne des § 2 Absatz 3 und 3a des Wertpapier-

handelsgesetzes erbringen. [2]In diesem Fall ist § 53b Absatz 1 und 3 entsprechend anzuwenden.

§ 53d Mutterunternehmen mit Sitz in einem Drittstaat

(1) [1]Unterliegen CRR-Kreditinstitute und Wertpapierhandelsunternehmen mit Sitz im Inland, die Tochterunternehmen eines Instituts, einer Finanzholding-Gesellschaft oder einer gemischten Finanzholding-Gesellschaft mit Sitz in einem Drittstaat sind, in dem Drittstaat nicht einer Beaufsichtigung auf konsolidierter Basis nach den Bestimmungen dieses Gesetzes, bewertet die Aufsichtsbehörde, ob die Beaufsichtigung des CRR-Kreditinstituts oder des Wertpapierhandelsunternehmens auf konsolidierter Basis durch die zuständigen Stellen des Drittstaates der Beaufsichtigung nach den Bestimmungen des § 10a dieses Gesetzes und den Anforderungen des Teils 1 Titel II Kapitel 2 der Verordnung (EU) Nr. 575/2013 gleichwertig ist. [2]Die Aufsichtsbehörde nimmt diese Bewertung auf Wunsch des Mutterunternehmens, eines im Europäischen Wirtschaftsraum zugelassenen Unternehmens oder von Amts wegen vor. [3]Vor der Entscheidung über die Gleichwertigkeit hört die Aufsichtsbehörde die anderen zuständigen Stellen und die Europäische Aufsichtsbehörde an.

(2) [1]Führt die Bewertung nach Absatz 1 zu dem Ergebnis, dass die Beaufsichtigung auf konsolidierter Basis im Drittstaat nicht gleichwertig ist, kann die Aufsichtsbehörde die Gruppe der im Inland ansässigen Unternehmen als Institutsgruppe, Finanzholding-Gruppe oder gemischte Finanzholding-Gruppe und ein Institut als übergeordnetes Unternehmen bestimmen. [2]Die Vorschriften des § 10a dieses Gesetzes und des Teils 1 Titel II Kapitel 2 der Verordnung (EU) Nr. 575/2013 sind entsprechend anzuwenden.

(3) [1]Die Bundesanstalt kann im Einzelfall abweichend von Absatz 2 und § 15 Absatz 2 des Finanzkonglomerate-Aufsichtsgesetzes und § 15 Absatz 2 des Finanzkonglomerate-Aufsichtsgesetzes einer angemessenen Beaufsichtigung auf konsolidierter Basis in anderer Weise Rechnung tragen. [2]Sie kann insbesondere verlangen, dass eine Finanzholding-Gesellschaft oder gemischte Finanzholding-Gesellschaft mit Sitz im Inland oder in einem anderen Staat des Europäischen Wirtschaftsraums gegründet wird, auf die die Vorschriften dieses Gesetzes über die Beaufsichtigung auf konsolidierter Basis entsprechend anzuwenden sind.

Sechster Abschnitt. Sondervorschriften für zentrale Gegenparteien und Zentralverwahrer

1. Zentrale Gegenparteien

§ 53e Inhaber bedeutender Beteiligungen

§ 2c Absatz 2 in Verbindung mit Absatz 1b Satz 1 Nummer 1, 3, 4 bis 6 gilt entsprechend, soweit die Bundesanstalt nach Artikel 30 Absatz 4 der Verordnung (EU) Nr. 648/2012 die erforderlichen Maßnahmen ergreifen soll, um eine Einflussnahme der in Artikel 30 Absatz 1 der Verordnung (EU) Nr. 648/2012 genannten Personen, die sich voraussichtlich zum Nachteil für eine solide und umsichtige Geschäftsführung einer zentralen Gegenpartei auswirken wird, zu beenden; § 44b gilt entsprechend.

§ 53f Aufsichtskollegien

(1) Soweit die Bundesanstalt und die Deutsche Bundesbank einem Aufsichtskollegium nach Artikel 18 der Verordnung (EU) Nr. 648/2012 angehören, nehmen sie bei Abstimmungen jeweils eine Stimme wahr.

(2) Falls nach Artikel 19 Absatz 3 Satz 3 der Verordnung (EU) Nr. 648/2012 drei Stimmen für deutsche Aufsichtsbehörden vorgesehen sind oder die Bundesanstalt oder

die Deutsche Bundesbank dem Aufsichtskollegium nicht angehören, rücken in der Wahrnehmung der Stimmen die zuständigen Aufsichtsbehörden der Handelsplätze im Sinne des Artikels 18 Absatz 2 Buchstabe d der Verordnung (EU) Nr. 648/2012 nach, und zwar in der Reihenfolge des an dem Handelsplatz im vorangegangenen Kalenderjahr gehandelten Volumens an Finanzinstrumenten, das über die betreffende zentrale Gegenpartei abgerechnet wurde.

§ 53g Finanzmittelausstattung von zentralen Gegenparteien

Die Bundesanstalt kann bei der Beurteilung der Angemessenheit der Finanzmittel anordnen, dass eine zentrale Gegenpartei Anforderungen an das Eigenkapital und die sonstigen Finanzmittel einhalten muss, die über die Anforderungen der Artikel 16 und 43 der Verordnung (EU) Nr. 648/2012 hinausgehen, insbesondere

1. um den Aufbau eines zusätzlichen Finanzmittelpuffers für Perioden wirtschaftlichen Abschwungs sicherzustellen,
2. um Risiken Rechnung zu tragen, die sich aufgrund gesellschaftsrechtlicher Gestaltungen oder Abhängigkeiten einer zentralen Gegenpartei insbesondere als Teil einer Instituts- oder Finanzholding-Gruppe ergeben oder
3. um einer besonderen Geschäftssituation einer zentralen Gegenpartei Rechnung zu tragen.

§ 53h Liquidität

Die Bundesanstalt kann bei der Beurteilung der Liquidität im Einzelfall gegenüber einer zentralen Gegenpartei Liquiditätsanforderungen anordnen, die über die Vorgaben hinausgehen, die in Artikel 44 der Verordnung (EU) Nr. 648/2012 gegebenenfalls in Verbindung mit nach Artikel 44 Absatz 2 erlassenen technischen Regulierungsstandards festgelegt sind, wenn ohne eine solche Maßnahme die nachhaltige Liquidität der zentralen Gegenpartei nicht gesichert ist.

§ 53i Gewährung des Zugangs nach den Artikeln 7 und 8 der Verordnung (EU) Nr. 648/2012

[1]Eine zentrale Gegenpartei, der eine Zulassung nach Artikel 14 der Verordnung (EU) Nr. 648/2012 erteilt worden ist, hat die Bundesanstalt über den nach Artikel 7 der Verordnung (EU) Nr. 648/2012 sowie das Stellen eines Antrags auf Zugangsgewährung nach Artikel 8 der Verordnung (EU) Nr. 648/2012 unverzüglich schriftlich zu informieren. [2]Die Bundesanstalt kann der zentralen Gegenpartei

1. unter den in Artikel 7 Absatz 4 der Verordnung (EU) Nr. 648/2012 genannten Voraussetzungen untersagen, einen Zugang im Sinne des Artikels 7 der genannten Verordnung zu gewähren, oder
2. unter den in Artikel 8 Absatz 4 der Verordnung (EU) Nr. 648/2012 genannten Voraussetzungen untersagen, einen Zugang zu einem Handelsplatz im Sinne des Artikels 8 der genannten Verordnung einzurichten.

§ 53j Anzeigen; Verordnungsermächtigung

(1) Eine zentrale Gegenpartei hat der Bundesanstalt und der Deutschen Bundesbank jeweils zum Monatsende anzuzeigen:

1. die Einhaltung der Einschussanforderungen nach Artikel 41 Absatz 1 Satz 2 und 3 der Verordnung (EU) Nr. 648/2012,
2. die Summe des oder der Ausfallfonds nach Artikel 42 Absatz 1 der Verordnung (EU) Nr. 648/2012,
3. die Summe der sonstigen Finanzmittel nach Artikel 43 der Verordnung (EU) Nr. 648/2012, einschließlich einer Darlegung, ob der Ausfallfonds und die sonstigen Fi-

nanzmittel den Ausfall der beiden nach Artikel 43 Absatz 2 der Verordnung (EU) Nr. 648/2012 bestimmten Clearingmitglieder auffangen können,

4. stichtagsbezogen die Summe der für eine Deckung des Liquiditätsbedarfs bestehenden Kreditlinien oder ähnlichen Möglichkeiten und jeweils die diesbezüglichen Gegenparteien sowie den potenziellen täglichen Liquiditätsbedarf nach Artikel 44 Absatz 1 der Verordnung (EU) Nr. 648/2012,
5. die Summe aller im Berichtszeitraum nach Artikel 46 Absatz 1 der Verordnung (EU) Nr. 648/2012 entgegengenommenen Sicherheiten aufgeschlüsselt nach Sicherheiten in Form von Geld, Wertpapieren und Garantien; dabei sind die Geldsicherheiten nach Währungen weiter aufzuschlüsseln und die Wertpapiere nach der Art, dem jeweiligen Sicherheitsabschlag und dem jeweiligen Anteil an den Gesamtsicherheiten sowie, soweit gegeben, dem Zeitpunkt der Freigabe und
6. die Gegenparteien, bei denen zum Stichtag Finanzmittel im Sinne des Artikels 47 der Verordnung (EU) Nr. 648/2012 angelegt waren, jeweils unter Angabe des angelegten Volumens und der erfolgten Besicherung.

(2) [1]Die Unterlagen, die der Bundesanstalt nach der Verordnung (EU) Nr. 648/2012 vorzulegen sind, sind in deutscher Sprache und auf Verlangen der Bundesanstalt zusätzlich in englischer Sprache zu erstellen und vorzulegen. [2]Die Bundesanstalt kann gestatten, dass die Unterlagen ausschließlich in englischer Sprache erstellt und vorgelegt werden.

(3) [1]Das Bundesministerium der Finanzen kann durch Rechtsverordnung, die nicht der Zustimmung des Bundesrates bedarf, im Benehmen mit der Deutschen Bundesbank und nach Anhörung der Spitzenverbände der Institute nähere Bestimmungen erlassen über

1. Art, Umfang, Zeitpunkt und Form der nach Absatz 1 erforderlichen Anzeigen und der gegebenenfalls zum Nachweis erforderlichen Unterlagen,
2. die zulässigen Datenträger, Übertragungswege und Datenformate für diese Anzeigen und
3. eine Ergänzung der nach Absatz 1 bestehenden Anzeigepflichten durch die Erstattung von Sammelanzeigen und die Einreichung von Sammelaufstellungen,

soweit dies zur Erfüllung der Aufgaben der Bundesanstalt erforderlich ist, insbesondere um einheitliche Unterlagen zur Beurteilung des von zentralen Gegenparteien durchgeführten Clearings zu erhalten. [2]Das Bundesministerium der Finanzen kann diese Ermächtigung durch Rechtsverordnung auf die Bundesanstalt mit der Maßgabe übertragen, dass die Rechtsverordnung im Einvernehmen mit der Deutschen Bundesbank zu erlassen ist.

§ 53k Auslagerung von Aktivitäten und Prozessen

Soweit eine zentrale Gegenpartei eine Auslagerung gemäß Artikel 35 der Verordnung (EU) Nr. 648/2012 vornimmt, gilt § 25b Absatz 3 Satz 1 und 2 Absatz 4 entsprechend.

§ 53l Anordnungsbefugnis; Maßnahmen bei organisatorischen Mängeln

(1) [1]Die Bundesanstalt kann gegenüber einer zentralen Gegenpartei im Einzelfall Anordnungen treffen, die geeignet und erforderlich sind, die Einhaltung der Anforderungen der Verordnung (EU) Nr. 648/2012 sicherzustellen. [2]Insbesondere zur Sicherstellung der ordnungsgemäßen Geschäftsorganisation, der organisatorischen Anforderungen und der Anforderungen nach den Artikeln 26, 28, 29, 31 Absatz 1 Satz 2 sowie den Artikeln 33 bis 35 der Verordnung (EU) Nr. 648/2012 kann sie anordnen, dass eine zentrale Gegenpartei

1. Maßnahmen zur Reduzierung von Risiken ergreift, soweit sich diese Risiken aus bestimmten Arten von Geschäften und Produkten oder aus der Nutzung bestimmter

Systeme oder der Auslagerung von Aktivitäten und Prozessen auf ein anderes Unternehmen ergeben, oder

2. einzelne Geschäftsarten oder Dienstleistungen nicht oder nur in beschränktem Umfang betreiben darf.

(2) Die Bundesanstalt kann anstelle der in Absatz 1 Satz 2 genannten Maßnahmen oder zusammen mit diesen anordnen, dass die zentrale Gegenpartei Eigenmittelanforderungen einhalten muss, die über die Anforderungen nach Artikel 16 Absatz 2 der Verordnung (EU) Nr. 648/2012, auch in Verbindung mit technischen Regulierungsstandards nach dessen Absatz 3, hinausgehen.

§ 53m Inhalt des Zulassungsantrags

(1) Ein Antrag auf Zulassung als zentrale Gegenpartei im Inland nach den Artikeln 14 und 17 der Verordnung (EU) Nr. 648/2012 muss enthalten:

1. die Art der abgerechneten Produkte,
2. eine Beschreibung der Einrichtung und Ausgestaltung der Modelle und Parameter, die zur Berechnung der Einschussanforderungen im Sinne des Artikels 41 der Verordnung (EU) Nr. 648/2012 verwendet werden, einschließlich der Angabe der relevanten Quellen für die Preisermittlung im Sinne des Artikels 40 der Verordnung (EU) Nr. 648/2012,
3. einen Nachweis über die Einrichtung von Ausfallfonds im Sinne des Artikels 42 der Verordnung (EU) Nr. 648/2012 und eine Beschreibung deren Ausgestaltung,
4. eine Beschreibung der Vorkehrungen zum Vorhalten sonstiger Finanzmittel im Sinne des Artikels 43 Absatz 1 der Verordnung (EU) Nr. 648/2012,
5. eine Beschreibung der Mechanismen zur Kontrolle der Liquiditätsrisiken im Sinne des Artikels 44 der Verordnung (EU) Nr. 648/2012,
6. eine Beschreibung der Anforderungen an die Sicherheiten gemäß Artikel 46 der Verordnung (EU) Nr. 648/2012,
7. Angaben zur Anlagepolitik im Sinne des Artikels 47 der Verordnung (EU) Nr. 648/2012,
8. eine Darstellung der Verfahren bei Ausfall eines Clearingmitgliedes gemäß Artikel 48 der Verordnung (EU) Nr. 648/2012,
9. eine Darstellung der Prüfungsverfahren im Sinne des Artikels 49 der Verordnung (EU) Nr. 648/2012 sowie
10. alle in § 32 Absatz 1 Satz 2 genannten Angaben; die gemäß § 32 Absatz 1 Satz 3 erlassene Rechtsverordnung gilt entsprechend.

(2) Die Bundesanstalt kann weitere Unterlagen verlangen, soweit diese für die Beurteilung des Zulassungsantrags erforderlich sind.

§ 53n Maßnahmen zur Verbesserung der Finanzmittel und der Liquidität einer nach der Verordnung (EU) Nr. 648/2012 zugelassenen zentralen Gegenpartei

(1) [1]Wenn die Vermögens-, Finanz- oder Ertragsentwicklung einer zentralen Gegenpartei oder andere Umstände die Annahme rechtfertigen, dass die zentrale Gegenpartei die Anforderungen nach Artikel 41, 42, 43, 44, 46 oder 47 der Verordnung (EU) Nr. 648/2012, jeweils auch in Verbindung mit den zur näheren Ausgestaltung erlassenen technischen Regulierungsstandards nicht dauerhaft erfülen können wird, kann die Bundesanstalt gegenüber der zentralen Gegenpartei Maßnahmen zur Verbesserung ihrer finanziellen Ausstattung und Liquidität anordnen, insbesondere

1. die Übermittlung einer begründeten Darstellung der Entwicklung der wesentlichen Geschäftsaktivitäten über einen Zeitraum von mindestens drei Jahren einschließlich Planbilanzen, Plangewinn- und -verlustrechnungen,
2. Maßnahmen zur besseren Abschirmung oder Reduzierung der von der zentralen Gegenpartei als wesentlich identifizierten Risiken und der damit verbundenen Risikokonzentrationen und eine Berichterstattung gegenüber der Bundesanstalt und der Deutschen Bundesbank, wobei auch über Konzepte für den Ausstieg aus einzelnen Geschäftsbereichen oder die Abtrennung von Teilen der zentralen Gegenpartei berichtet werden soll,
3. die Übermittlung eines Berichts über geeignete Maßnahmen zur Einhaltung der Einschussanforderungen, des Umfangs des Ausfallfonds, der anderen Finanzmittel, der Liquidität, der Anforderungen an die Sicherheiten und der Anlagepolitik, oder
4. die Übermittlung eines Konzepts zur Abwendung einer möglichen Gefahrenlage entsprechend § 35 Absatz 2 Nummer 4 an die Bundesanstalt und die Deutsche Bundesbank.

[2]Die Annahme, dass die zentrale Gegenpartei die Anforderungen dauerhaft nicht erfüllen können wird, ist regelmäßig gerechtfertigt, wenn

1. die Einschüsse
   a) mindestens an einem Tag in zwei Meldezeiträumen nach § 53j Absatz 1 innerhalb eines Kalenderjahres nicht ausreichend sind, um die Verluste mit mindestens 99 Prozent der Forderungsveränderungen in dem Zeithorizont zu decken, der nach Artikel 41 Absatz 1 der Verordnung (EU) Nr. 648/2012, auch in Verbindung mit technischen Regulierungsstandards nach dessen Absatz 5, bestimmt ist, oder
   b) nicht in vollem Umfang mindestens auf Tagesbasis alle Risiken gegenüber allen Clearingmitgliedern und den anderen zentralen Gegenparteien, mit denen Interoperabilitätsvereinbarungen bestehen, absichern,
2. der Ausfallfonds in zwei Meldezeiträumen nach § 53j Absatz 1 innerhalb eines Kalenderjahres nicht die Mindesthöhe nach Artikel 42 Absatz 1 Satz 2 der Verordnung (EU) Nr. 648/2012 erreicht,
3. der Ausfallfonds und die sonstigen Finanzmittel an zwei Meldestichtagen nach § 53j Absatz 1 innerhalb eines Kalenderjahres nicht zur Abdeckung eines Ausfalls der beiden nach Artikel 43 Absatz 2 der Verordnung (EU) Nr. 648/2012 bestimmten Clearingmitglieder ausreichen,
4. die Kreditlinien oder ähnlichen Möglichkeiten, die zur Abdeckung des Liquiditätsbedarfs nach Artikel 44 Absatz 1 der Verordnung (EU) Nr. 648/2012, auch in Verbindung mit technischen Regulierungsstandards nach dessen Absatz 2, bestehen, an zwei Meldestichtagen nach § 53j Absatz 1 nicht ausreichen, um das Liquiditätsrisiko bezüglich des Ausfalls mindestens der beiden Clearingmitglieder abzudecken, gegenüber denen die zentrale Gegenpartei die höchsten offenen Positionen hat,
5. die zentrale Gegenpartei in zwei Meldezeiträumen nach § 53j Absatz 1 jeweils mehr als 3 Prozent der Gesamtsicherheiten ohne Beachtung der Anforderungen nach Artikel 46 Absatz 1 der Verordnung (EU) Nr. 648/2012, auch in Verbindung mit technischen Regulierungsstandards nach dessen Absatz 3, entgegengenommen hat oder
6. die zentrale Gegenpartei in zwei Meldezeiträumen nach § 53j Absatz 1 jeweils mehr als 3 Prozent der Gesamtsicherheiten ohne Beachtung der Anforderungen nach Artikel 47 Absatz 1 der Verordnung (EU) Nr. 648/2012, auch in Verbindung mit technischen Regulierungsstandards nach dessen Absatz 8, angelegt hat.

(2) Die Bundesanstalt kann anstelle der Maßnahmen nach Absatz 1 Satz 1 oder zusammen mit diesen Maßnahmen nach Absatz 3 Satz 1 Nummer 1 bis 7 anordnen, wenn die Maßnahmen nach Absatz 1 Satz 1 keine ausreichende Gewähr dafür bieten, die Einhaltung der Anforderungen nach Artikel 41, 42, 43, 44, 46 oder 47 der Verordnung (EU) Nr. 648/2012, jeweils auch in Verbindung mit den zur näheren Ausgestaltung erlassenen technischen Regulierungsstandards nachhaltig zu sichern; insoweit ist Absatz 4 entsprechend anzuwenden.

(3) [1]Entsprechen bei einer zentralen Gegenpartei die Finanzmittel nicht den Anforderungen nach Artikel 41, 42 oder 43 der Verordnung (EU) Nr. 648/2012, jeweils auch in Verbindung mit den zur näheren Ausgestaltung erlassenen technischen Regulierungsstandards, oder den Anforderungen nach § 45b Absatz 1 Satz 2, die Liquidität nicht den Anforderungen nach Artikel 44 der Verordnung (EU) Nr. 648/2012 auch in Verbindung mit technischen Regulierungsstandards nach dessen Absatz 2, die erhaltenen Sicherheiten nicht den Anforderungen nach Artikel 46 der Verordnung (EU) Nr. 648/2012 auch in Verbindung mit technischen Regulierungsstandards nach dessen Absatz 3 oder die Anlage der Mittel nicht den Anforderungen nach Artikel 47 der Verordnung (EU) Nr. 648/2012 auch in Verbindung mit technischen Regulierungsstandards nach dessen Absatz 8, kann die Bundesanstalt

1. Entnahmen durch die Inhaber oder Gesellschafter sowie die Ausschüttung von Gewinnen untersagen oder beschränken,
2. bilanzielle Maßnahmen untersagen oder beschränken, die dazu dienen, einen entstandenen Jahresfehlbetrag auszugleichen oder einen Bilanzgewinn auszuweisen,
3. anordnen, dass die Auszahlung jeder Art von Erträgen auf Eigenmittelinstrumente insgesamt oder teilweise ersatzlos entfällt, wenn die Erträge nicht vollständig durch einen erzielten Jahresüberschuss gedeckt sind,
4. anordnen, dass die zentrale Gegenpartei Maßnahmen zur Reduzierung von Risiken ergreift, soweit sich diese aus bestimmten Arten von Geschäften und Produkten oder der Nutzung bestimmter Systeme ergeben,
5. die Auszahlung variabler Vergütungsbestandteile untersagen oder auf einen bestimmten Anteil des Jahresergebnisses beschränken; dies gilt nicht für variable Vergütungsbestandteile, die durch Tarifvertrag oder im Geltungsbereich eines Tarifvertrags durch Vereinbarung der Arbeitsvertragsparteien über die Anwendung der tarifvertraglichen Regelungen oder aufgrund eines Tarifvertrags in einer Betriebs- oder Dienstvereinbarung vereinbart sind,
6. anordnen, dass die zentrale Gegenpartei den Jahresgesamtbetrag, den sie für die variable Vergütung aller Geschäftsleiter und Mitarbeiter vorsieht (Gesamtbetrag der variablen Vergütungen), auf einen bestimmten Anteil des Jahresergebnisses beschränkt oder vollständig streicht; dies gilt nicht für variable Vergütungsbestandteile, die durch Tarifvertrag oder im Geltungsbereich eines Tarifvertrags durch Vereinbarung der Arbeitsvertragsparteien über die Anwendung der tarifvertraglichen Regelungen oder aufgrund eines Tarifvertrags in einer Betriebs- oder Dienstvereinbarung vereinbart sind, oder
7. anordnen, dass die zentrale Gegenpartei darlegt, wie und in welchem Zeitraum sie ihre finanziellen Mittel oder ihre Liquidität nachhaltig wiederherstellen wird (Plan zur Restrukturierung der zentralen Gegenpartei) und der Bundesanstalt und der Deutschen Bundesbank regelmäßig über den Fortschritt dieser Maßnahmen zu berichten ist.

[2]Der Plan zur Restrukturierung nach Satz 1 Nummer 7 muss transparent, plausibel und begründet sein. [3]In ihm sind konkrete Ziele, Zwischenziele und Fristen für die Umset-

zung der dargelegten Maßnahmen zu benennen, die von der Bundesanstalt überprüft werden können. [4]Die Bundesanstalt kann jederzeit Einsicht in den Plan zur Restrukturierung der zentralen Gegenpartei und die zugehörigen Unterlagen nehmen. [5]Die Bundesanstalt kann die Änderung des Plans zur Restrukturierung der zentralen Gegenpartei verlangen und hierfür Vorgaben machen, wenn sie die angegebenen Ziele, Zwischenziele und Umsetzungsfristen für nicht ausreichend hält oder die zentrale Gegenpartei sie nicht einhält.

(4) [1]Die Bundesanstalt darf die in Absatz 3 bezeichneten Anordnungen erst treffen, wenn die zentrale Gegenpartei den Mangel nicht innerhalb einer von der Bundesanstalt zu bestimmenden Frist behoben hat. [2]Soweit dies zur Verhinderung einer kurzfristig zu erwartenden Verschlechterung der finanziellen Mittel oder der Liquidität der zentralen Gegenpartei erforderlich ist oder bereits Maßnahmen nach Absatz 1 Satz 1 ergriffen wurden, sind solche Anordnungen auch ohne vorherige Androhung mit Fristsetzung zulässig. [3]Beschlüsse über die Gewinnausschüttung sind insoweit nichtig, als sie einer Anordnung nach Absatz 3 widersprechen. [4]Soweit Regelungen in Verträgen über Eigenmittelinstrumente einer Anordnung nach Absatz 3 widersprechen, können aus ihnen keine Rechte hergeleitet werden. [5]Nach oder zusammen mit einer Untersagung der Auszahlung von variablen Vergütungsbestandteilen gemäß Absatz 3 Satz 1 Nummer 5 kann die Bundesanstalt anordnen, dass die Ansprüche auf Gewährung variabler Vergütungsbestandteile ganz oder teilweise erlöschen, wenn

1. die zentrale Gegenpartei bei oder nach einer Untersagung der Auszahlung finanzielle Leistungen des Restrukturierungsfonds oder des Finanzmarktstabilisierungsfonds in Anspruch nimmt und, im Fall einer nachträglichen Anordnung, die Voraussetzungen für die Untersagung der Auszahlung bis zu diesem Zeitpunkt nicht weggefallen oder allein aufgrund dieser Leistungen weggefallen sind,
2. bei oder nach einer Untersagung der Auszahlung eine Anordnung der Bundesanstalt nach Absatz 3 Satz 1 Nummer 1 bis 4, 6 oder 7 getroffen wird oder schon besteht oder
3. bei oder nach einer Untersagung der Auszahlung Maßnahmen nach § 46 oder einer Abwicklungsanordnung im Sinne des § 77 des Sanierungs- und Abwicklungsgesetzes getroffen werden.

[6]Eine Anordnung nach Satz 5 darf insbesondere auch ergehen, wenn

1. die Ansprüche auf Gewährung variabler Vergütungsbestandteile aufgrund solcher Regelungen eines Vergütungssystems einer zentralen Gegenpartei entstanden sind, die den aufsichtsrechtlichen Anforderungen der Verordnung (EU) Nr. 648/2012 an angemessene, transparente und auf eine nachhaltige Entwicklung der zentralen Gegenpartei ausgerichtete Vergütungssysteme widersprechen, oder
2. anzunehmen ist, dass ohne die Gewährung finanzieller Leistungen des Restrukturierungsfonds oder des Finanzmarktstabilisierungsfonds die zentrale Gegenpartei nicht in der Lage gewesen wäre, die variablen Vergütungsbestandteile zu gewähren; ist anzunehmen, dass die zentrale Gegenpartei einen Teil der variablen Vergütungsbestandteile hätte gewähren können, sind die variablen Vergütungsbestandteile angemessen zu kürzen.

[7]Die Sätze 5 und 6 gelten nicht, soweit die Ansprüche auf Gewährung variabler Vergütung vor dem 16. Februar 2013 entstanden sind. [8]Zentrale Gegenparteien müssen der Anordnungsbefugnis nach Absatz 3 Satz 1 Nummer 5 oder 6 und der Regelung in Satz 1 in entsprechenden vertraglichen Vereinbarungen mit ihren Geschäftsleitern und Mitarbeitern Rechnung tragen. [9]Soweit vertragliche Vereinbarungen über die Gewährung einer variablen Vergütung einer Anordnung nach Absatz 3 Satz 1 Nummer 5 oder 6 entgegenstehen, können aus ihnen keine Rechte hergeleitet werden.

2. Zentralverwahrer

§ 53o Anträge nach der Verordnung (EU) Nr. 909/2014; Verschwiegenheitspflicht

(1) [1]Die Unterlagen, die der Bundesanstalt nach der Verordnung (EU) Nr. 909/2014 vorzulegen sind, sind in deutscher Sprache und auf Verlangen der Bundesanstalt zusätzlich in englischer Sprache zu erstellen und vorzulegen. [2]Die Bundesanstalt kann gestatten, dass die Unterlagen oder Teile davon ausschließlich in englischer Sprache erstellt und vorgelegt werden.

(2) [1]Anträge sind der Bundesanstalt in Schriftform und elektronisch zu übermitteln. [2]Die Bundesanstalt kann gestatten, dass bestimmte Dokumente oder Angaben, die Bestandteile eines Antrags sind, ausschließlich elektronisch übermittelt werden. [3]Die elektronische Übermittlung hat in einem von der Bundesanstalt bestimmten Datenformat und auf einem von der Bundesanstalt bestimmten Übermittlungsweg zu erfolgen.

(3) Die Verschwiegenheitspflicht nach § 9 gilt für die Wahrnehmung der Aufgaben nach § 6 Absatz 1c entsprechend.

§ 53p Anordnungsbefugnis für die Aufsicht nach der Verordnung (EU) Nr. 909/2014

Die Bundesanstalt kann unbeschadet der anderen Bestimmungen dieses Gesetzes gegenüber einem Zentralverwahrer im Sinne des Artikels 2 Absatz 1 Nummer 1 der Verordnung (EU) Nr. 909/2014, gegenüber einem benannten Kreditinstitut im Sinne des Artikels 54 Absatz 2 Buchstabe b der Verordnung (EU) Nr. 909/2014, gegenüber deren übergeordneten Unternehmen sowie gegenüber Mitgliedern, deren Organe, deren Beschäftigten und anderen natürlichen oder juristischen Personen, die deren Geschäfte tatsächlich kontrollieren oder auf die Tätigkeiten im Sinne des Artikels 30 der Verordnung (EU) Nr. 909/2014 ausgelagert worden sind oder die ansonsten der Verordnung (EU) Nr. 909/2014 unterliegen, alle Anordnungen treffen, die geeignet und erforderlich sind, die Einhaltung der Anforderungen der Verordnung (EU) Nr. 909/2014, der darauf basierenden delegierten Rechtsakte sowie der auf Zentralverwahrer anwendbaren Bestimmungen dieses Gesetzes sicherzustellen.

§ 53q Eigentumsrechte an Zentralverwahrern

(1) Für die Unterrichtung der Bundesanstalt und der Deutschen Bundesbank über die Entscheidung, Eigentumsrechte an einem Zentralverwahrer zu übertragen, zu erwerben oder zu veräußern, der ausschließlich Dienstleistungen nach den Abschnitten A und B des Anhangs zur Verordnung (EU) Nr. 909/2014 erbringt oder der neben solchen Dienstleistungen Bankgeschäfte betreibt oder Finanzdienstleistungen erbringt, die zugleich Wertpapierdienstleistungen im Sinne des § 2 Absatz 3 des Wertpapierhandelsgesetzes sind, gilt Artikel 27 Absatz 7 der Verordnung (EU) Nr. 909/2014.

(2) [1]Die Bundesanstalt kann dem Erwerber, Veräußerer oder dem Zentralverwahrer die Ausübung der Stimmrechte untersagen und anordnen, dass über die Anteile nur mit ihrer Zustimmung verfügt werden darf, wenn

1. die Voraussetzungen einer Untersagungsverfügung nach Artikel 27 Absatz 8 der Verordnung (EU) Nr. 909/2014 vorliegen,
2. der Erwerber, Veräußerer oder Zentralverwahrer seiner Pflicht nach Artikel 27 Absatz 7 und 8 der Verordnung (EU) Nr. 909/2014 zur vorherigen Unterrichtung der Bundesanstalt und der Deutschen Bundesbank nicht nachgekommen ist und diese Unterrichtung innerhalb einer von der Bundesanstalt gesetzten Frist nicht nachgeholt hat oder

3. entgegen einer vollziehbaren Untersagung nach Artikel 27 Absatz 8 der Verordnung (EU) Nr. 909/2014 das Eigentumsrecht erworben oder veräußert oder der Anteil des Eigentumsrechts erhöht oder verringert worden ist.

[2]Im Falle einer Untersagung nach Satz 1 gelten § 2c Absatz 2 Satz 2 bis 9 und § 44b entsprechend.

Siebenter Abschnitt. Strafvorschriften, Bußgeldvorschriften

§ 54 Verbotene Geschäfte, Handeln ohne Erlaubnis

(1) Wer

1. Geschäfte betreibt, die nach § 3 auch in Verbindung mit § 53b Abs. 3 Satz 1 oder 2 verboten sind, oder
2. ohne Erlaubnis nach § 32 Abs. 1 Satz 1 1 Bankgeschäfte betreibt oder Finanzdienstleistungen erbringt,

wird mit Freiheitsstrafe bis zu fünf Jahren oder mit Geldstrafe bestraft.

(1a) Ebenso wird bestraft, wer ohne Zulassung nach Artikel 14 Absatz 1 der Verordnung (EU) Nr. 648/2012 des Europäischen Parlaments und des Rates vom 4. Juli 2012 über OTC-Derivate, zentrale Gegenparteien und Transaktionsregister (ABl. L 201 vom 27.7.2012, S. 1) eine Clearingdienstleistung erbringt.

(1b) Ebenso wird bestraft, wer ohne die erforderliche Zulassung nach Artikel 16 Absatz 1 der Verordnung (EU) Nr. 909/2014 eine Zentralverwahrertätigkeit ausübt.

(2) Handelt der Täter fahrlässig, so ist die Strafe Freiheitsstrafe bis zu drei Jahren oder Geldstrafe.

§ 54a Strafvorschriften

(1) Mit Freiheitsstrafe bis zu fünf Jahren oder mit Geldstrafe wird bestraft, wer entgegen § 25c Absatz 4a oder § 25c Absatz 4b Satz 2 nicht dafür Sorge trägt, dass ein Institut oder eine dort genannte Gruppe über eine dort genannte Strategie, einen dort genannten Prozess, ein dort genanntes Verfahren, eine dort genannte Funktion oder ein dort genanntes Konzept verfügt, und hierdurch eine Bestandsgefährdung des Instituts, des übergeordneten Unternehmens oder eines gruppenangehörigen Instituts herbeiführt.

(2) Wer in den Fällen des Absatzes 1 die Gefahr fahrlässig herbeiführt, wird mit Freiheitsstrafe bis zu zwei Jahren oder mit Geldstrafe bestraft.

(3) Die Tat ist nur strafbar, wenn die Bundesanstalt dem Täter durch Anordnung nach § 25c Absatz 4c die Beseitigung des Verstoßes gegen § 25c Absatz 4a oder § 25c Absatz 4b Satz 2 aufgegeben hat, der Täter dieser vollziehbaren Anordnung zuwiderhandelt und hierdurch die Bestandsgefährdung herbeigeführt hat.

§ 55 Verletzung der Pflicht zur Anzeige der Zahlungsunfähigkeit oder der Überschuldung

(1) Mit Freiheitsstrafe bis zu drei Jahren oder mit Geldstrafe wird bestraft, wer entgegen § 46b Abs. 1 Satz 1, auch in Verbindung mit § 53b Abs. 3 Satz 1, eine Anzeige nicht, nicht richtig, nicht vollständig oder nicht rechtzeitig erstattet.

(2) Handelt der Täter fahrlässig, so ist die Strafe Freiheitsstrafe bis zu einem Jahr oder Geldstrafe.

§ 55a Unbefugte Verwertung von Angaben über Millionenkredite

(1) Mit Freiheitsstrafe bis zu zwei Jahren oder mit Geldstrafe wird bestraft, wer entgegen § 14 Abs. 2 Satz 10 eine Angabe verwertet.

(2) Die Tat wird nur auf Antrag verfolgt.

§ 55b Unbefugte Offenbarung von Angaben über Millionenkredite

(1) Mit Freiheitsstrafe bis zu einem Jahr oder mit Geldstrafe wird bestraft, wer entgegen § 14 Abs. 2 Satz 10 eine Angabe offenbart.

(2) Handelt der Täter gegen Entgelt oder in der Absicht, sich oder einen anderen zu bereichern oder einen anderen zu schädigen, ist die Strafe Freiheitsstrafe bis zu zwei Jahren oder Geldstrafe.

(3) Die Tat wird nur auf Antrag verfolgt.

§ 56 Bußgeldvorschriften

(1) Ordnungswidrig handelt, wer einer vollziehbaren Anordnung nach § 36 Absatz 1 Satz 1, Absatz 2 oder Absatz 3 Satz 1 zuwiderhandelt.

(1a) Ordnungswidrig handelt, wer vorsätzlich oder leichtfertig einer unmittelbar geltenden Vorschrift in delegierten Rechtsakten der Europäischen Union, die die Verordnung (EG) Nr. 1060/2009 des Europäischen Parlaments und des Rates vom 16. September 2009 über Ratingagenturen (ABl. L 302 vom 17.11.2009, S. 1), die zuletzt durch die Verordnung (EU) Nr. 462/2013 (ABl. L 146 vom 31.5.2013, S. 1) geändert worden ist, in der jeweils geltenden Fassung ergänzen, im Anwendungsbereich dieses Gesetzes zuwiderhandelt, soweit eine Rechtsverordnung nach Absatz 4c für einen bestimmten Tatbestand auf diese Bußgeldvorschrift verweist.

(2) Ordnungswidrig handelt, wer vorsätzlich oder fahrlässig

1. entgegen
   a) § 2c Absatz 1 Satz 1, 5 oder Satz 6,
   b) § 2c Absatz 3 Satz 1 oder Satz 4,
   c) § 12a Absatz 1 Satz 3,
   d) § 14 Absatz 1 Satz 1 erster Halbsatz, auch in Verbindung mit einer Rechtsverordnung nach § 22 Satz 1 Nummer 4, jeweils auch in Verbindung mit § 53b Absatz 3 Satz 1 Nummer 3,
   e) § 15 Absatz 4 Satz 5,
   f) § 24 Absatz 1 Nummer 1, 2, 4, 6, 8, 9, 12, 15, 15a, 16 oder Nummer 17 oder Absatz 3d,
   g) § 24 Absatz 1 Nummer 5 oder Nummer 7, jeweils auch in Verbindung mit § 53b Absatz 3 Satz 1 Nummer 5,
   h) § 24 Absatz 1 Nummer 10, Absatz 1a oder Absatz 1b Satz 2,
   i) § 24 Absatz 2a, 3 Satz 1 oder Absatz 3a Satz 1 Nummer 1 oder Nummer 2 oder Satz 2, jeweils auch in Verbindung mit Satz 5,
   j) § 24 Absatz 3a Satz 1 Nummer 3,
   k) § 24a Absatz 1 Satz 1, auch in Verbindung mit Absatz 3 Satz 1, Absatz 3a Satz 1, Absatz 3b Satz 1, Absatz 3c Satz 1, oder § 24a Absatz 4 Satz 1, auch in Verbindung mit Satz 2, jeweils auch in Verbindung mit einer Rechtsverordnung nach § 24a Absatz 5,
   l) § 28 Absatz 1 Satz 1 oder
   m) § 53a Satz 2 oder Satz 5,

   jeweils auch in Verbindung mit einer Rechtsverordnung nach § 24 Absatz 4 Satz 1, eine Anzeige nicht, nicht richtig, nicht vollständig oder nicht rechtzeitig erstattet,
2. einer Rechtsverordnung nach

a) § 2c Absatz 1 Satz 3 oder

b) einer vollziehbaren Anordnung auf Grund einer solchen Rechtsverordnung

zuwiderhandelt, soweit die Rechtsverordnung für einen bestimmten Tatbestand auf diese Bußgeldvorschrift verweist,

3. einer vollziehbaren Anordnung nach

   a) § 2c Absatz 1b Satz 1 oder Absatz 2 Satz 1,

   b) § 6a Absatz 1,

   c) § 10i Absatz 8 Satz 1 Nummer 1,

   d) § 12a Absatz 2 Satz 1,

   e) § 23 Absatz 1, auch in Verbindung mit § 53b Absatz 3 Satz 1 Nummer 3,

   f) § 25a Absatz 2 Satz 2,

   g) § 25b Absatz 4 Satz 1,

   h) § 25g Absatz 3,

   i) § 25g Absatz 5,

   j) § 26a Absatz 2 Satz 1,

   k) § 45 Absatz 1 Satz 1 oder Satz 3 erster Halbsatz oder Absatz 2 Satz 1 oder Absatz 5 Satz 5,

   l) § 45a Absatz 1 Satz 1,

   m) § 45b Absatz 1 oder

   n) § 46 Absatz 1 Satz 1, auch in Verbindung mit § 53b Absatz 3 Satz 1 Nummer 8,

   zuwiderhandelt,

4. entgegen § 10i Absatz 2 oder Absatz 3 Satz 3 Nummer 1 eine Ausschüttung vornimmt,

5. entgegen § 18 Absatz 1 Satz 1 einen Kredit gewährt,

6. entgegen § 22i Absatz 3, auch in Verbindung mit § 22n Absatz 5 Satz 4, eine Leistung vornimmt,

7. entgegen § 23a Absatz 1 Satz 11, auch in Verbindung mit § 53b Absatz 3 Satz 1 Nummer 4, einen Hinweis nicht, nicht richtig, nicht vollständig, nicht in der vorgeschriebenen Weise oder nicht rechtzeitig gibt,

8. entgegen § 23a Absatz 2, auch in Verbindung mit § 53b Absatz 3 Satz 1 Nummer 4, einen Kunden, die Bundesanstalt oder die Deutsche Bundesbank nicht, nicht richtig, nicht vollständig, nicht in der vorgeschriebenen Weise oder nicht rechtzeitig unterrichtet,

9. entgegen § 24c Absatz 1 Satz 1 eine Datei nicht, nicht richtig oder nicht vollständig führt,

10. entgegen § 24c Absatz 1 Satz 5 nicht gewährleistet, dass die Bundesanstalt Daten jederzeit automatisch abrufen kann,

11. entgegen

    a) § 25 Absatz 1 Satz 1 oder Absatz 2 Satz 1, jeweils in Verbindung mit einer Rechtsverordnung nach Absatz 3 Satz 1, jeweils auch in Verbindung mit § 53b Absatz 3 Satz 1 Nummer 6, oder

    b) § 26 Absatz 1 Satz 1, 3 oder 4 oder Absatz 3

eine Finanzinformation, einen Jahresabschluss, einen Lagebericht, einen Prüfungsbericht, einen Konzernabschluss oder einen Konzernlagebericht nicht, nicht richtig, nicht vollständig oder nicht rechtzeitig einreicht,

11a. entgegen § 25g Absatz 2 nicht über interne Verfahren und Kontrollsysteme verfügt, die die Einhaltung der Pflichten nach der Verordnung nach § 25g Absatz 1 Nummer 1 gewährleisten,

11b. entgegen § 25h Absatz 2 kein angemessenes Datenverarbeitungssystem betreibt und aktualisiert,

11c. entgegen § 25h Absatz 3 Untersuchungen nicht vornimmt,

11d. entgegen § 25i Absatz 1 die Sorgfaltspflichten nach § 10 Absatz 1 des Geldwäschegesetzes nicht erfüllt,

11e. entgegen § 25i Absatz 3 keine Dateien führt,

12. entgegen § 25m Nummer 1 eine Korrespondenzbeziehung oder eine sonstige Geschäftsbeziehung mit einer Bank-Mantelgesellschaft aufnimmt oder fortführt,

13. entgegen § 25m Nummer 2 erster Halbsatz ein Konto errichtet oder führt,

14. einer vollziehbaren Auflage nach § 32 Absatz 2 Satz 1 zuwiderhandelt,

15. entgegen
    a) § 44 Absatz 1 Satz 1, auch in Verbindung mit § 44b Absatz 1 Satz 1 oder § 53b Absatz 3 Satz 1 Nummer 8,
    b) § 44 Absatz 2 Satz 1 oder
    c) § 44c Absatz 1, auch in Verbindung mit § 53b Absatz 3 Satz 1 Nummer 8,

    eine Auskunft nicht, nicht richtig, nicht vollständig oder nicht rechtzeitig erteilt oder eine Unterlage nicht, nicht richtig, nicht vollständig oder nicht rechtzeitig vorlegt,

16. entgegen
    a) § 44 Absatz 1 Satz 4, auch in Verbindung mit § 53b Absatz 3 Satz 1 Nummer 8,
    b) § 44 Absatz 2 Satz 4, Absatz 4 Satz 3 oder Absatz 5 Satz 4,
    c) § 44b Absatz 2 Satz 2 oder
    d) § 44c Absatz 5 Satz 1, auch in Verbindung mit § 53b Absatz 3 Satz 1 Nummer 8,

    eine Maßnahme nicht duldet,

17. entgegen § 44 Absatz 5 Satz 1 eine dort genannte Maßnahme nicht oder nicht rechtzeitig vornimmt,

17a. einer vollziehbaren Anordnung nach § 48u Absatz 1 Satz 1 zuwiderhandelt oder

18. entgegen § 53a Satz 4 die Tätigkeit aufnimmt.

(3) *(aufgehoben)*

(4) Ordnungswidrig handelt, wer gegen die Verordnung (EU) 2015/847 des Europäischen Parlaments und des Rates vom 20. Mai 2015 über begleitende Angaben bei Geldtransfers und zur Aufhebung der Verordnung (EU) Nr. 1781/2006 (ABl. L 141 vom 5.6.2015, S. 1) verstößt, indem er bei Geldtransfers vorsätzlich oder fahrlässig

1. entgegen Artikel 4 Absatz 1, auch in Verbindung mit den Artikeln 5 und 6, nicht sicherstellt, dass die vorgeschriebenen Angaben zum Auftraggeber vollständig übermittelt werden,
2. entgegen Artikel 4 Absatz 2, auch in Verbindung mit Artikel 5 Absatz 1, nicht sicherstellt, dass die vorgeschriebenen Angaben übermittelt werden,

3. entgegen Artikel 4 Absatz 4, auch in Verbindung mit Absatz 5 und den Artikeln 5 und 6, die Richtigkeit der Angaben nicht oder nicht rechtzeitig überprüft,
4. entgegen Artikel 7 Absatz 1 keine wirksamen Verfahren zur Feststellung der ordnungsgemäßen Ausfüllung einrichtet,
5. entgegen Artikel 7 Absatz 2 keine wirksamen Verfahren zur Feststellung des Fehlens der dort genannten Angaben einrichtet,
6. entgegen Artikel 7 Absatz 3, auch in Verbindung mit Absatz 5, die Richtigkeit der Angaben zum Begünstigten nicht oder nicht rechtzeitig überprüft,
7. entgegen Artikel 7 Absatz 4, auch in Verbindung mit Absatz 5, die Richtigkeit der Angaben zum Begünstigten nicht oder nicht rechtzeitig überprüft,
8. entgegen Artikel 8 Absatz 1 Satz 1 keine wirksamen risikobasierten Verfahren einführt,
9. entgegen Artikel 8 Absatz 2 Satz 2 den Transferauftrag nicht oder nicht rechtzeitig zurückweist oder die vorgeschriebenen Angaben zum Auftraggeber und zum Begünstigten nicht oder nicht rechtzeitig anfordert,
10. entgegen Artikel 8 Absatz 2 Satz 1 keine Maßnahmen ergreift,
11. entgegen Artikel 8 Absatz 2 Satz 2 das Versäumnis oder die ergriffenen Maßnahmen nicht meldet,
12. entgegen Artikel 10 nicht dafür sorgt, dass alle Angaben zum Auftraggeber und zum Begünstigten, die bei einem Geldtransfer übermittelt werden, bei der Weiterleitung erhalten bleiben,
13. entgegen Artikel 11 Absatz 1 keine wirksamen Verfahren zur Feststellung der ordnungsgemäßen Ausfüllung einrichtet,
14. entgegen Artikel 11 Absatz 2 keine wirksamen Verfahren zur Feststellung des Fehlens der dort genannten Angaben einrichtet,
15. entgegen Artikel 12 Absatz 1 Satz 1 keine wirksamen risikobasierten Verfahren einführt,
16. entgegen Artikel 12 Absatz 1 Satz 2 den Transferauftrag nicht oder nicht rechtzeitig zurückweist oder die vorgeschriebenen Angaben zum Auftraggeber und zum Begünstigten nicht oder nicht rechtzeitig anfordert,
17. entgegen Artikel 12 Absatz 2 Satz 1 keine Maßnahmen ergreift,
18. entgegen Artikel 12 Absatz 2 Satz 2 das Versäumnis oder die ergriffenen Maßnahmen nicht meldet oder
19. entgegen Artikel 16 Absatz 1 Satz 2 Angaben zum Auftraggeber und zum Begünstigten nicht mindestens fünf Jahre aufbewahrt.

(4a) Ordnungswidrig handelt, wer vorsätzlich oder fahrlässig entgegen Artikel 3 Absatz 1 der Verordnung (EG) Nr. 924/2009 des Europäischen Parlaments und des Rates vom 16. September 2009 über grenzüberschreitende Zahlungen in der Gemeinschaft und zur Aufhebung der Verordnung (EG) Nr. 2560/2001 (ABl. L 266 vom 9.10.2009, S. 11), die durch die Verordnung (EU) Nr. 260/2012 (ABl. L 94 vom 30.3.2012, S. 22) geändert worden ist, ein anderes als das dort genannte Entgelt erhebt.

(4b) Ordnungswidrig handelt, wer als Person, die für ein CRR-Kreditinstitut handelt, gegen die Verordnung (EG) Nr. 1060/2009 verstößt, indem er vorsätzlich oder leichtfertig

1. entgegen Artikel 4 Absatz 1 Unterabsatz 1 ein Rating verwendet,
2. entgegen Artikel 5a Absatz 1 nicht dafür Sorge trägt, dass das CRR-Kreditinstitut eigene Kreditrisikobewertungen vornimmt,

3. entgegen Artikel 8c Absatz 1 einen Auftrag nicht richtig erteilt,
4. entgegen Artikel 8c Absatz 2 nicht dafür Sorge trägt, dass die beauftragten Ratingagenturen die dort genannten Voraussetzungen erfüllen oder
5. entgegen Artikel 8d Absatz 1 Satz 2 die dort genannte Dokumentation nicht richtig vornimmt.

(4c) Das Bundesministerium der Finanzen wird ermächtigt, soweit dies zur Durchsetzung der Rechtsakte der Europäischen Union erforderlich ist, durch Rechtsverordnung ohne Zustimmung des Bundesrates die Tatbestände zu bezeichnen, die als Ordnungswidrigkeit nach Absatz 1a geahndet werden können.

(4d) Ordnungswidrig handelt, wer gegen die Verordnung (EU) Nr. 260/2012 des Europäischen Parlaments und des Rates vom 14. März 2012 zur Festlegung der technischen Vorschriften und der Geschäftsanforderungen für Überweisungen und Lastschriften in Euro und zur Änderung der Verordnung (EG) Nr. 924/2009 (ABl. L 94 vom 30.3.2012, S. 22) verstößt, indem er vorsätzlich oder fahrlässig

1. entgegen Artikel 4 Absatz 2 Satz 1 nicht sicherstellt, dass die technische Interoperabilität des Zahlungssystems gewährleistet wird,
2. entgegen Artikel 4 Absatz 2 Satz 2 eine dort genannte Geschäftsregel beschließt,
3. entgegen Artikel 4 Absatz 3 die Abwicklung einer Überweisung oder einer Lastschrift durch ein technisches Hindernis behindert,
4. entgegen Artikel 5 Absatz 1 Satz 1 oder Absatz 2 eine Überweisung ausführt,
5. entgegen Artikel 5 Absatz 1 Satz 1 oder Absatz 3 Satz 1 eine Lastschrift ausführt oder
6. entgegen Artikel 5 Absatz 8 ein Entgelt für einen dort genannten Auslesevorgang erhebt.

(4e) Ordnungswidrig handelt, wer gegen die Verordnung (EU) Nr. 648/2012 des Europäischen Parlaments und des Rates vom 4. Juli 2012 über OTC-Derivate, zentrale Gegenparteien und Transaktionsregister (ABl. L 201 vom 27.7.2012, S. 1) verstößt, indem er vorsätzlich oder fahrlässig

1. entgegen Artikel 7 Absatz 1 Unterabsatz 1 das Clearing nicht übernimmt oder
2. entgegen Artikel 7 Absatz 2 einem Antrag nicht oder nicht rechtzeitig stattgibt oder diesen nicht oder nicht rechtzeitig ablehnt.

(4f) Ordnungswidrig handelt, wer gegen die Verordnung (EU) Nr. 909/2014 des Europäischen Parlaments und des Rates vom 23. Juli 2014 zur Verbesserung der Wertpapierlieferungen und -abrechnungen in der Europäischen Union und über Zentralverwahrer sowie zur Änderung der Richtlinien 98/26/EG und 2014/65/EU und der Verordnung (EU) Nr. 236/2012 (ABl. L 257 vom 28.8.2014, S. 1) verstößt, indem er vorsätzlich oder leichtfertig

1. entgegen Artikel 16 Absatz 2 nichtbankartige Nebendienstleistungen erbringt,
2. in seinem Antrag nach Artikel 17 Absatz 1 die nach Artikel 17 Absatz 2 erforderlichen Angaben nicht, nicht richtig oder nicht vollständig macht oder in dem Zulassungsverfahren nach Artikel 17 wesentliche Umstände gegenüber der Bundesanstalt verschweigt,
3. in einem Verfahren, das den Entzug der Zulassung nach Artikel 20 Absatz 1 zum Gegenstand hat, die für die Entscheidung über den Entzug der Zulassung erforderlichen Angaben nicht, nicht richtig oder nicht vollständig macht oder in dem vorgenannten Verfahren wesentliche Umstände gegenüber der Bundesanstalt verschweigt,

4. entgegen Artikel 25 Absatz 2 ohne die erforderliche Anerkennung Kerndienstleistungen erbringt,
5. entgegen Artikel 25 Absatz 2 ohne die erforderliche Anerkennung eine Zweigniederlassung gründet,
6. entgegen Artikel 26 Absatz 1 unzureichende Instrumente zur Überwachung von Risiken vorhält,
7. entgegen Artikel 26 Absatz 2 die Verantwortlichkeiten der Beschäftigten in Schlüsselpositionen nicht oder nicht richtig festlegt,
8. entgegen Artikel 26 Absatz 3 Vorkehrungen zur Verhinderung von Interessenkonflikten nicht oder nicht richtig trifft,
9. entgegen Artikel 26 Absatz 5 keine geeigneten Verfahren eingerichtet hat, durch die Beschäftigte potenzielle Verstöße gegen die Verordnung (EU) Nr. 909/2014 über einen dafür geschaffenen Mechanismus intern melden können,
10. entgegen Artikel 26 Absatz 6 Satz 1 Prüfungen nicht oder nicht richtig durchführt,
11. entgegen Artikel 26 Absatz 6 Satz 2 Ergebnisse von Prüfungen nicht der Bundesanstalt vorlegt,
12. entgegen Artikel 26 Absatz 6 Satz 2 Prüfungsergebnisse dem Nutzerausschuss vorenthält,
13. entgegen Artikel 27 Absatz 3 Vergütungsabreden trifft,
14. entgegen Artikel 27 Absatz 7 Buchstabe a Eigentumsverhältnisse nicht, nicht richtig oder nicht vollständig vorlegt oder veröffentlicht,
15. entgegen Artikel 27 Absatz 7 Buchstabe b die Bundesanstalt nicht, nicht richtig oder nicht vollständig über die Entscheidung, Eigentumsrechte zu übertragen, unterrichtet,
16. entgegen Artikel 28 Absatz 1 Satz 1 einen dort vorgeschriebenen Nutzerausschuss nicht einrichtet,
17. entgegen Artikel 28 Absatz 1 Satz 2 Einfluss auf den Nutzerausschuss nimmt,
18. entgegen Artikel 28 Absatz 2 Satz 2 Regelungen nicht, nicht richtig oder nicht vollständig veröffentlicht,
19. entgegen Artikel 28 Absatz 5 Satz 1 als Mitglied des Nutzerausschusses die Geheimhaltungspflicht verletzt,
20. entgegen Artikel 28 Absatz 6 die Bundesanstalt oder den Nutzerausschuss nicht oder nicht unverzüglich unterrichtet,
21. entgegen Artikel 29 Absatz 1 eine Aufzeichnung nicht oder nicht mindestens zehn Jahre aufbewahrt,
22. entgegen Artikel 29 Absatz 2 Aufzeichnungen nicht zur Verfügung stellt,
23. entgegen Artikel 30 Absatz 1 oder Absatz 2 Satz 2 Auslagerungsvereinbarungen trifft,
24. entgegen Artikel 30 Absatz 3 Informationen nicht, nicht richtig oder nicht vollständig zur Verfügung stellt,
25. entgegen Artikel 30 Absatz 4 eine Vereinbarung zur Auslagerung von Kerndienstleistungen trifft, ohne die erforderliche Genehmigung zu besitzen,
26. entgegen Artikel 32 Absatz 1 nicht eindeutig bestimmte und realistische Ziele aufstellt,
27. entgegen Artikel 32 Absatz 2 nicht über transparente Vorschriften zum Umgang mit Beschwerden verfügt,

28. entgegen Artikel 33 Absatz 1 Satz 1 Teilnahmekriterien nicht veröffentlicht,
29. entgegen Artikel 33 Absatz 2 eine Beschwerde nicht innerhalb eines Monats beantwortet,
30. entgegen Artikel 34 Absatz 1 geltende Preise und Gebühren nicht, nicht richtig oder nicht vollständig bekanntgibt,
31. entgegen Artikel 34 Absatz 2 eine Preisliste nicht, nicht richtig oder nicht vollständig veröffentlicht,
32. entgegen Artikel 34 Absatz 6 oder 7 Informationen der Bundesanstalt nicht, nicht richtig oder nicht vollständig vorlegt,
33. entgegen Artikel 35 nicht die internationalen offenen Kommunikationsverfahren und Normen für den Datenaustausch und Referenzdaten verwendet,
34. entgegen Artikel 37 Absatz 1 nicht einmal pro Geschäftstag den vollständigen Depotkontenabgleich vornimmt,
35. entgegen Artikel 37 Absatz 3 Wertpapierkredite, Sollsalden oder die Schaffung von Wertpapieren veranlasst oder nicht verhindert,
36. entgegen Artikel 38 Absatz 1, 2, 3 oder 4 Aufzeichnungen oder Konten nicht, nicht richtig oder nicht vollständig führt,
37. entgegen Artikel 38 Absatz 7 Wertpapiere ohne ausdrückliche vorherige Zustimmung eines Kunden verwendet,
38. entgegen Artikel 39 Absatz 2, 4, 5, 6 oder 7 ein Wertpapierliefer- oder -abrechnungssystem betreibt,
39. entgegen Artikel 40 Absatz 3 Informationen nicht, nicht richtig oder nicht vollständig zur Verfügung stellt,
40. entgegen Artikel 41 Absatz 1 keine wirksamen und eindeutig festgelegten Regeln und Verfahren einrichtet,
41. entgegen Artikel 41 Absatz 2 Regeln und Verfahren nicht, nicht richtig oder nicht vollständig veröffentlicht,
42. einen Vertrag abschließt, dessen Inhalt gegen Artikel 43 verstößt,
43. entgegen Artikel 44 keine soliden Management- und Kontrollsysteme und keine soliden IT-Instrumente zur Ermittlung, Überwachung und Steuerung allgemeiner Geschäftsrisiken vorhält,
44. entgegen Artikel 45 Absatz 1 keine IT-Instrumente, Kontrollen oder Verfahren vorhält,
45. entgegen Artikel 45 Absatz 3 und 4 keinen vorgeschriebenen Notfallsanierungsplan erstellt oder ihn nicht oder nicht richtig an geänderte Voraussetzungen anpasst,
46. entgegen Artikel 46 Absatz 1 finanzielle Vermögenswerte nicht bei Zentralbanken, zugelassenen Kreditinstituten oder zugelassenen Zentralverwahrern hält,
47. entgegen Artikel 46 Absatz 2 keinen sofortigen Zugang zu seinen Vermögenswerten hat,
48. entgegen Artikel 46 Absatz 3 seine Finanzmittel nicht ausschließlich in Geld oder hochliquiden Finanzinstrumenten mit minimalem Markt- und Kreditrisiko anlegt,
49. entgegen Artikel 46 Absatz 5 sein Gesamtrisiko gegenüber jedem einzelnen zugelassenen Kreditinstitut oder zugelassenen Zentralverwahrer, bei dem er seine finanziellen Vermögenswerte hält, nicht innerhalb akzeptabler Konzentrationsgrenzen hält,

50. entgegen Artikel 47 Absatz 1 die darin vorgeschriebenen Eigenkapitalanforderungen nachhaltig verletzt,
51. entgegen Artikel 47 Absatz 2 Satz 1 und 2 einen dort vorgeschriebenen Kapitalplan nicht vorhält,
52. entgegen Artikel 47 Absatz 2 Satz 3 der Bundesanstalt die erfolgte Aktualisierung des Kapitalplans nicht, nicht vollständig oder nicht richtig mitteilt,
53. entgegen Artikel 48 Absatz 2 eine Zentralverwahrer-Verbindung ohne eine erforderliche Genehmigung oder Anzeige einrichtet,
54. entgegen Artikel 48 Absatz 4 die Rückübertragung von Wertpapieren veranlasst,
55. entgegen Artikel 48 Absatz 5 geeignete Maßnahmen zur Minderung zusätzlicher Risiken nicht oder nicht richtig trifft,
56. entgegen Artikel 48 Absatz 7 eine Zentralverwahrer-Verbindung betreibt, die keine Abwicklung „Lieferung gegen Zahlung" ermöglicht,
57. entgegen Artikel 49 Absatz 3 einem antragstellenden Emittenten nicht innerhalb von drei Monaten eine Antwort zukommen lässt,
58. entgegen Artikel 50 einem anderen Zentralverwahrer den Zugang über eine Stand-Verbindung verwehrt,
59. entgegen Artikel 51 Absatz 1 den Antrag eines Zentralverwahrers auf eine kundenspezifische Verbindung ablehnt,
60. entgegen Artikel 52 Absatz 1 einem antragstellenden Zentralverwahrer nicht innerhalb von drei Monaten eine Antwort zukommen lässt,
61. entgegen Artikel 52 Absatz 2 den Zugang verweigert,
62. entgegen Artikel 53 Absatz 1 Unterabsatz 1 einem Zentralverwahrer Transaktionsdaten nicht, nicht vollständig oder nicht rechtzeitig zur Verfügung stellt,
63. entgegen Artikel 53 Absatz 1 Unterabsatz 2 und Absatz 3 einer zentralen Gegenpartei oder einem Handelsplatz nicht in geeigneter Weise Zugang zu seinem Wertpapierliefer- oder -abrechnungssystem gewährt,
64. entgegen Artikel 53 Absatz 2 einer antragstellenden Partei nicht binnen drei Monaten antwortet,
65. entgegen Artikel 54 Absatz 1 bankartige Nebendienstleistungen erbringt,
66. entgegen Artikel 54 Absatz 4 bankartige Nebendienstleistungen für einen Zentralverwahrer erbringt,
67. in dem Antrag auf Genehmigung nach Artikel 55 Absatz 1 die nach Artikel 55 Absatz 2 erforderlichen Angaben nicht, nicht richtig oder nicht vollständig macht oder in dem vorgenannten Genehmigungsverfahren wesentliche Umstände verschweigt,
68. im Verfahren zum Entzug der Genehmigung nach Artikel 57 Absatz 1 die für die Entscheidung über den Entzug der Genehmigung erforderlichen Angaben nicht, nicht richtig oder nicht vollständig macht oder wesentliche Angaben verschweigt,
69. entgegen Artikel 59 Absatz 3 dort genannte besondere aufsichtsrechtliche Anforderungen in Bezug auf Kreditrisiken nicht erfüllt oder
70. entgegen Artikel 59 Absatz 4 dort genannte besondere aufsichtsrechtliche Anforderungen in Bezug auf Liquiditätsrisiken nicht erfüllt.

(4g) Ordnungswidrig handelt, wer gegen die Verordnung (EU) Nr. 1286/2014 des Europäischen Parlaments und des Rates vom 26. November 2014 über Basisinformationsblätter für verpackte Anlageprodukte für Kleinanleger und Versicherungsanlageprodukte (PRIIP) (ABl. L 352 vom 9.12.2014, S. 1, L 358 vom 13.12.2014, S. 50) verstößt, indem er vorsätzlich oder leichtfertig

1. entgegen
   a) Artikel 5 Absatz 1,
   b) Artikel 5 Absatz 1 in Verbindung mit Artikel 6,
   c) Artikel 5 Absatz 1 in Verbindung mit Artikel 7 Absatz 2 oder
   d) Artikel 5 Absatz 1 in Verbindung mit Artikel 8 Absatz 1 bis 3

   ein Basisinformationsblatt nicht, nicht richtig, nicht vollständig, nicht rechtzeitig oder nicht in der vorgeschriebenen Weise abfasst oder veröffentlicht,
2. entgegen Artikel 5 Absatz 1 in Verbindung mit Artikel 7 Absatz 1 ein Basisinformationsblatt nicht in der vorgeschriebenen Weise abfasst oder übersetzt,
3. entgegen Artikel 10 Absatz 1 Satz 1 ein Basisinformationsblatt nicht oder nicht rechtzeitig überprüft,
4. entgegen Artikel 10 Absatz 1 Satz 1 ein Basisinformationsblatt nicht oder nicht vollständig überarbeitet,
5. entgegen Artikel 10 Absatz 1 Satz 2 ein Basisinformationsblatt nicht oder nicht rechtzeitig zur Verfügung stellt,
6. entgegen Artikel 9 Satz 1 in Werbematerialien Aussagen trifft, die im Widerspruch zu den Informationen des Basisinformationsblattes stehen oder dessen Bedeutung herabstufen,
7. entgegen Artikel 9 Satz 2 die erforderlichen Hinweise in Werbematerialien nicht, nicht richtig oder nicht vollständig aufnimmt,
8. entgegen
   a) Artikel 13 Absatz 1, 3 und 4 oder
   b) Artikel 14

   ein Basisinformationsblatt nicht oder nicht rechtzeitig oder nicht in der vorgeschriebenen Weise zur Verfügung stellt,
9. entgegen Artikel 19 Buchstabe a und b nicht, nicht richtig oder nicht in der vorgeschriebenen Weise geeignete Verfahren und Vorkehrungen zur Einreichung und Beantwortung von Beschwerden vorsieht,
10. entgegen Artikel 19 Buchstabe c nicht, nicht richtig oder nicht in der vorgeschriebenen Weise geeignete Verfahren und Vorkehrungen vorsieht, durch die gewährleistet wird, dass Kleinanlegern wirksame Beschwerdeverfahren im Fall von grenzüberschreitenden Streitigkeiten zur Verfügung stehen.

(4h) Ordnungswidrig handelt, wer vorsätzlich oder leichtfertig

1. entgegen § 25e Satz 1 nicht durch entsprechende Maßnahmen sicherstellt, dass ein vertraglich gebundener Vermittler die dort geforderten Anforderungen fortlaufend erfüllt,
2. entgegen § 25e Satz 2 danach erforderliche Nachweise nicht oder nicht für die gesetzlich vorgesehene Dauer aufbewahrt,
3. entgegen § 25e Satz 4 Vergütungssysteme nicht oder nicht ordnungsgemäß ausgestaltet,
4. bei der Antragstellung für die Zulassung zum Geschäftsbetrieb nach § 32 Absatz 1 Satz 2 oder Absatz 1f Satz 2 gegenüber der Bundesanstalt unrichtige Angaben im Hinblick auf die nach § 32 Absatz 1 Satz 2 oder Absatz 1f Satz 2 erforderlichen Informationen macht,

5. entgegen § 25c Absatz 1 Satz 1 der Wahrnehmung seiner Aufgaben als Geschäftsleiter nicht ausreichend Zeit widmet,
6. entgegen § 25c Absatz 2 Satz 2 in Verbindung mit Absatz 1 Satz 3, 4 und 5 als Geschäftsleiter eine zu hohe Anzahl an Leitungs- oder Aufsichtsmandaten innehat.

(5) [1]Ordnungswidrig handelt, wer gegen die Verordnung (EU) Nr. 575/2013 des Europäischen Parlaments und des Rates vom 26. Juni 2013 über Aufsichtsanforderungen an Kreditinstitute und Wertpapierfirmen und zur Änderung der Verordnung (EU) Nr. 646/2012 (ABl. L 176 vom 27.6.2013, S. 1) oder gegen § 1a in Verbindung mit der Verordnung (EU) Nr. 575/2013 verstößt, indem er vorsätzlich oder fahrlässig

1. entgegen Artikel 28 Absatz 1 Buchstabe f den Kapitalbetrag von Instrumenten des harten Kernkapitals verringert oder zurückzahlt,
2. entgegen Artikel 28 Absatz 1 Buchstabe h Ziffer i Vorzugsausschüttungen auf Instrumente des harten Kernkapitals vornimmt,
3. entgegen Artikel 28 Absatz 1 Buchstabe h Ziffer ii oder Artikel 52 Absatz 1 Buchstabe l Ziffer i aus nicht ausschüttungsfähigen Posten Ausschüttungen auf Instrumente des harten oder zusätzlichen Kernkapitals vornimmt,
4. entgegen Artikel 52 Absatz 1 Buchstabe i Instrumente des zusätzlichen Kernkapitals kündigt, zurückzahlt oder zurückkauft,
5. entgegen Artikel 63 Buchstabe j Instrumente des Ergänzungskapitals kündigt, zurückzahlt oder zurückkauft,
6. entgegen Artikel 94 Absatz 3 Satz 1 die Nichterfüllung der Bedingung nach Artikel 94 Absatz 1 Buchstabe b nicht oder nicht rechtzeitig mitteilt,
7. entgegen Artikel 99 Absatz 1 über die Verpflichtungen nach Artikel 92 nicht, nicht richtig, nicht vollständig oder nicht rechtzeitig Meldung erstattet,
8. entgegen Artikel 101 Absatz 1 die genannten Daten nicht, nicht richtig, nicht vollständig oder nicht rechtzeitig übermittelt,
9. entgegen Artikel 146 die Nichterfüllung der Anforderungen nicht oder nicht rechtzeitig mitteilt,
10. entgegen Artikel 175 Absatz 5 die Erfüllung der Anforderungen nicht, nicht richtig, nicht vollständig oder nicht hinreichend nachweist,
11. entgegen Artikel 213 Absatz 2 Satz 1 das Vorhandensein von Systemen nicht, nicht richtig oder nicht vollständig nachweist,
12. entgegen Artikel 248 Absatz 3 Satz 2 das Gebrauchmachen von der in Satz 1 genannten Möglichkeit nicht, nicht richtig oder nicht vollständig mitteilt,
13. *(aufgehoben)*
14. entgegen Artikel 283 Absatz 6 die Nichterfüllung der Anforderungen nicht oder nicht rechtzeitig mitteilt,
15. entgegen Artikel 292 Absatz 3 Satz 1 das dort bezeichnete zeitliche Zusammenfallen nicht hinreichend oder nicht rechtzeitig nachweist,
16. entgegen Artikel 394 Absatz 1 bis 3 eine Meldung nicht, nicht richtig, nicht vollständig oder nicht rechtzeitig erstattet,
17. entgegen Artikel 395 Absatz 1 Satz 1, auch in Verbindung mit Satz 2, eine Forderung eingeht,
18. entgegen Artikel 395 Absatz 5 Satz 2 die Höhe der Überschreitung und den Namen des betreffenden Kunden nicht, nicht richtig, nicht vollständig oder nicht unverzüglich meldet,

19. entgegen Artikel 396 Absatz 1 Satz 1 den Forderungswert nicht, nicht richtig, nicht vollständig oder nicht unverzüglich meldet,
20. *(aufgehoben)*
21. entgegen Artikel 412 Absatz 1 Satz 1 wiederholt oder fortgesetzt liquide Aktiva in der dort bezeichneten Höhe nicht hält,
22. entgegen Artikel 414 Satz 1 erster Halbsatz die Nichteinhaltung oder das erwartete Nichteinhalten der Anforderungen nicht, nicht richtig, nicht vollständig oder nicht unverzüglich mitteilt,
23. entgegen Artikel 414 Satz 1 zweiter Halbsatz einen Plan nicht, nicht richtig, nicht vollständig oder nicht rechtzeitig vorlegt,
24. entgegen Artikel 415 Absatz 1 oder Absatz 2 die dort bezeichneten Informationen über die Liquiditätslage nicht, nicht richtig, nicht vollständig oder nicht rechtzeitig meldet,
25. entgegen Artikel 430 Absatz 1 Satz 1 oder Unterabsatz 2 Informationen über die Verschuldungsquote und deren Elemente nicht, nicht richtig oder nicht vollständig übermittelt,
26. entgegen Artikel 431 Absatz 1 die dort bezeichneten Informationen nicht, nicht richtig, nicht vollständig oder nicht rechtzeitig veröffentlicht,
27. entgegen Artikel 431 Absatz 2 die in den dort bezeichneten Genehmigungen enthaltenen Informationen nicht, nicht richtig, nicht vollständig oder nicht rechtzeitig offenlegt,
28. entgegen Artikel 431 Absatz 3 Unterabsatz 2 Satz 1 und 2 die dort genannten Informationen nicht, nicht richtig, nicht vollständig oder nicht rechtzeitig veröffentlicht oder
29. entgegen Artikel 451 Absatz 1 die dort genannten Informationen nicht, nicht richtig, nicht vollständig oder nicht rechtzeitig offenlegt.

[2]Die Bestimmungen des Satzes 1 gelten auch für ein Kreditinstitut oder Finanzdienstleistungsinstitut im Sinne des § 1a.

(5a) Ordnungswidrig handelt, wer vorsätzlich oder fahrlässig ein höheres als in Artikel 3 Absatz 1 oder in Artikel 4 Satz 1 der Verordnung (EU) 2015/751 des Europäischen Parlaments und des Rates vom 29. April 2015 über Interbankenentgelte für kartengebundene Zahlungsvorgänge (ABl. L 123 vom 19.5.2015, S. 1) genanntes Interbankenentgelt erhebt.

(5b) Ordnungswidrig handelt, wer im Anwendungsbereich dieses Gesetzes entgegen Artikel 6 Absatz 2 Satz 1 der Verordnung (EU) 2017/2402 des Europäischen Parlaments und des Rates vom 12. Dezember 2017 zur Festlegung eines allgemeinen Rahmens für Verbriefungen und zur Schaffung eines spezifischen Rahmens für einfache, transparente und standardisierte Verbriefung und zur Änderung der Richtlinien 2009/65/EG, 2009/138/EG, 2011/61/EU und der Verordnungen (EG) Nr. 1060/2009 und (EU) Nr. 648/2012 (ABl. L 347 vom 28.12.2017, S. 35) Vermögenswerte auswählt.

(5c) Ordnungswidrig handelt, wer im Anwendungsbereich dieses Gesetzes gegen die Verordnung (EU) 2017/2402 verstößt, indem er vorsätzlich oder fahrlässig

1. entgegen Artikel 6 Absatz 1 Satz 1 einen dort genannten Anteil nicht hält,
2. entgegen Artikel 7 Absatz 1 Unterabsatz 1 bis 4 oder 5 eine Information nicht, nicht richtig, nicht vollständig, nicht in der vorgeschriebenen Weise oder nicht rechtzeitig zur Verfügung stellt,

3. entgegen Artikel 9 Absatz 1 Satz 1 oder 2 ein anderes Kriterium oder Verfahren anwendet,
4. entgegen Artikel 18 Satz 1 eine dort genannte Bezeichnung verwendet,
5. entgegen Artikel 27 Absatz 4 die Europäische Wertpapier- und Marktaufsichtsbehörde nicht, nicht richtig, nicht vollständig oder nicht rechtzeitig unterrichtet oder die Bundesanstalt nicht, nicht richtig, nicht vollständig oder nicht rechtzeitig benachrichtigt oder
6. entgegen Artikel 28 Absatz 2 eine Meldung nicht, nicht richtig, nicht vollständig oder nicht rechtzeitig macht.

(5d) Ordnungswidrig handelt, wer im Anwendungsbereich dieses Gesetzes vorsätzlich oder fahrlässig

1. nicht sicherstellt, dass er über ein wirksames System nach Artikel 9 Absatz 1 Satz 3 der Verordnung (EU) 2017/2402 verfügt,
2. eine in Artikel 9 Absatz 3 der Verordnung (EU) 2017/2402 genannte Risikoposition verbrieft, ohne eine dort genannte Prüfung vorgenommen zu haben, oder
3. eine Meldung nach Artikel 27 Absatz 1 Unterabsatz 1, 2 oder 3 Satz 2 der Verordnung (EU) 2017/2402 mit irreführendem Inhalt macht.

(6) Die Ordnungswidrigkeit kann

1. in den Fällen des Absatzes 2 Nummer 1 Buchstabe a, b und h, Nummer 3 Buchstabe a und f, Nummer 4 und Nummer 12, der Absätze 4f, 4h, 5 Nummer 1 bis 5, 7, 8, 16, 17, 20, 21 und 24 bis 29 und der Absätze 5b bis 5d mit einer Geldbuße bis zu fünf Millionen Euro,

1a. in den Fällen des Absatzes 4g mit einer Geldbuße bis zu siebenhunderttausend Euro,

2. in den Fällen der Absätze 1 und 2 Nummer 3 Buchstabe l und des Absatzes 5a mit einer Geldbuße bis zu fünfhunderttausend Euro,
3. in den Fällen des Absatzes 2 Nummer 2 Buchstabe a, Nummer 3 Buchstabe b bis e, g bis k und m, Nummer 5 bis 10, 13, 14 und 17a, der Absätze 4, 4b Nummer 1 bis 5 und des Absatzes 4c in Verbindung mit Absatz 1a mit einer Geldbuße bis zu zweihunderttausend Euro und
4. in den übrigen Fällen mit einer Geldbuße bis zu hunderttausend Euro geahndet werden.

(6a) Gegenüber einer juristischen Person oder einer Personenvereinigung kann in den Fällen der Absätze 4f, 4g, 5b bis 5d über Absatz 6 hinaus eine höhere Geldbuße verhängt werden; diese Geldbuße darf den höheren der folgenden Beträge nicht übersteigen:

1. in den Fällen des Absatzes 4f den höheren der Beträge von zwanzig Millionen Euro oder 10 Prozent des Gesamtumsatzes, den die juristische Person oder die Personenvereinigung im der Behördenentscheidung vorangegangenen Geschäftsjahr erzielt hat,
2. in den Fällen des Absatzes 4g den höheren der Beträge von fünf Millionen Euro oder 3 Prozent des Gesamtumsatzes, den die juristische Person oder die Personenvereinigung im der Behördenentscheidung vorausgegangenen Geschäftsjahr erzielt hat,
3. in den Fällen der Absätze 4h, 5b bis 5d den höheren der Beträge von fünf Millionen Euro oder 10 Prozent des Gesamtumsatzes, den die juristische Person oder die Personenvereinigung im der Behördenentscheidung vorausgegangenen Geschäftsjahr erzielt hat.

(6b) Gegenüber einer juristischen Person oder einer Personenvereinigung kann in den Fällen des Absatzes 2 Nummer 11b bis 13 und in den Fällen des Absatzes 4 Nummer 1 bis 3, 8, 9 und 11 bis 15, sofern es sich um nachhaltige Verstöße handelt, eine über Absatz 6 hinausgehende Geldbuße verhängt werden; die Geldbuße darf den höheren der folgenden Beträge nicht übersteigen:

1. fünf Millionen Euro oder
2. 10 Prozent des Gesamtumsatzes, den die juristische Person oder Personenvereinigung im der Behördenentscheidung vorausgegangenen Geschäftsjahr erzielt hat.

(6c) [1]Über die in den Absätzen 6, 6a und 6b genannten Beträge hinaus kann die Ordnungswidrigkeit in den Fällen des Absatzes 2 Nummer 11b bis 13, in den Fällen des Absatzes 4 Nummer 1 bis 3, 8, 9 und 11 bis 15, in den Fällen der Absätze 4f bis 4h und in den Fällen der Absätze 5b bis 5d mit einer Geldbuße bis zum Zweifachen des aus dem Verstoß gezogenen wirtschaftlichen Vorteils geahndet werden. [2]Der wirtschaftliche Vorteil umfasst erzielte Gewinne und vermiedene Verluste und kann geschätzt werden.

(6d) [1]Gesamtumsatz im Sinne des Absatzes 6a und 6b Nummer 2 ist

1. im Falle von Kreditinstituten, Zahlungsinstituten und Finanzdienstleistungsinstituten im Sinne des § 340 des Handelsgesetzbuchs der sich aus dem auf das Institut anwendbaren nationalen Recht im Einklang mit Artikel 27 Nummer 1, 3, 4, 6 und 7 oder Artikel 28 Nummer B1, B2, B3, B4 und B7 der Richtlinie 86/635/EWG des Rates vom 8. Dezember 1986 über den Jahresabschluss und den konsolidierten Abschluss von Banken und anderen Finanzinstituten (ABl. L 372 vom 31.12.1986, S. 1, L 316 vom 23.11.1988, S. 51), die zuletzt durch die Richtlinie 2006/46/EG (ABl. L 224 vom 16.8.2006, S. 1) geändert worden ist, ergebende Gesamtbetrag, abzüglich der Umsatzsteuer und sonstiger direkt auf diese Erträge erhobener Steuern,
2. im Falle von Versicherungsunternehmen der sich aus dem auf das Versicherungsunternehmen anwendbaren nationalen Recht im Einklang mit Artikel 63 der Richtlinie 91/674/EWG des Rates vom 19. Dezember 1991 über den Jahresabschluss und den konsolidierten Abschluss von Versicherungsunternehmen (ABl. L 374 vom 31.12.1991, S. 7), die zuletzt durch die Richtlinie 2006/46/EG (ABl. L 224 vom 16.8.2006, S. 1) geändert worden ist, ergebende Gesamtbetrag, abzüglich der Umsatzsteuer und sonstiger direkt auf diese Erträge erhobener Steuern,
3. im Übrigen der Betrag der Nettoumsätze nach Maßgabe des auf das Unternehmen anwendbaren nationalen Rechts im Einklang mit Artikel 2 Nummer 5 der Richtlinie 2013/34/EU des Europäischen Parlaments und des Rates vom 26. Juni 2013 über den Jahresabschluss, den konsolidierten Abschluss und damit verbundene Berichte von Unternehmen bestimmter Rechtsformen und zur Änderung der Richtlinie 2006/43/EG des Europäischen Parlaments und des Rates und zur Aufhebung der Richtlinien 78/660/EWG und 83/349/EWG des Rates (ABl. L 182 vom 29.6.2013, S. 19, L 369 vom 24.12.2014, S. 79), die zuletzt durch die Richtlinie 2014/102/EU (ABl. L 334 vom 21.11.2014, S. 86) geändert worden ist.

[2]Handelt es sich bei der juristischen Person oder der Personenvereinigung um das Mutterunternehmen oder um eine Tochtergesellschaft, so ist anstelle des Gesamtumsatzes der juristischen Person oder der Personenvereinigung der jeweilige Gesamtbetrag in dem Konzernabschluss des Mutterunternehmens maßgeblich, der für den größten Kreis von Unternehmen aufgestellt wird. [3]Wird der Konzernabschluss für den größten Kreis von Unternehmen nicht nach den in Satz 1 genannten Vorschriften aufgestellt, ist der Gesamtumsatz nach Maßgabe der den in Satz 1 Nummer 1 bis 3 vergleichbaren Posten des Konzernabschlusses zu ermitteln. [4]Ist ein Jahresabschluss oder Konzernabschluss für das maßgebliche Geschäftsjahr nicht verfügbar, ist der Jahres- oder Konzernabschluss für das unmittelbar vorangegangene Geschäftsjahr maßgeblich; ist auch dieser nicht verfügbar, kann der Gesamtumsatz geschätzt werden.

(6e) [1]§ 17 Absatz 2 des Gesetzes über Ordnungswidrigkeiten ist nicht anzuwenden bei Verstößen gegen Gebote und Verbote, die in den Absätzen 6a und 6b in Bezug genommen werden. [2]§ 30 des Gesetzes über Ordnungswidrigkeiten gilt auch für juristische Personen oder für Personenvereinigungen, die über eine Zweigniederlassung oder im Wege des grenzüberschreitenden Dienstleistungsverkehrs im Inland tätig sind. [3]Die Verfolgung der Ordnungswidrigkeiten nach den Absätzen 4f und 4h verjährt in drei Jahren.

(7) [1]Die Geldbuße soll den wirtschaftlichen Vorteil, den der Täter aus der Ordnungswidrigkeit gezogen hat, übersteigen. [2]Reicht in den Fällen des Absatzes 6, mit Ausnahme der Fälle nach Absatz 2 Nummer 11b bis 13, und in den Fällen des Absatzes 4 Nummer 1 bis 3, 8, 9 und 11 bis 15 das Höchstmaß hierzu nicht aus, so kann es für juristische Personen oder Personenvereinigungen bis zu einem Betrag in folgender Höhe überschritten werden:

1. 10 Prozent des Jahresnettoumsatzes des Unternehmens im Geschäftsjahr, das der Ordnungswidrigkeit vorausgeht, oder
2. das Zweifache des durch die Zuwiderhandlung erlangten Mehrerlöses.

[3]§ 17 Absatz 4 des Gesetzes über Ordnungswidrigkeiten bleibt unberührt.

(8) [1]Der Jahresnettoumsatz im Sinne des Absatzes 7 Satz 2 Nummer 1 ist der Gesamtbetrag der in § 34 Absatz 2 Satz 1 Nummer 1 Buchstabe a bis e der Kreditinstituts-Rechnungslegungsverordnung in der jeweils geltenden Fassung genannten Erträge einschließlich der Bruttoerträge bestehend aus Zinserträgen und ähnlichen Erträgen, Erträgen aus Aktien, anderen Anteilsrechten und nicht festverzinslichen/festverzinslichen Wertpapieren sowie Erträgen aus Provisionen und Gebühren wie in Artikel 316 der Verordnung (EU) Nr. 575/2013 ausgeführt, abzüglich der Umsatzsteuer und sonstiger direkt auf diese Erträge erhobener Steuern. [2]Handelt es sich bei dem Unternehmen um ein Tochterunternehmen, ist auf den Jahresnettoumsatz abzustellen, der im vorangegangenen Geschäftsjahr im konsolidierten Abschluss des Mutterunternehmens an der Spitze der Gruppe ausgewiesen ist.

§§ 57, 58 *(aufgehoben)*

§ 59 Geldbußen gegen Unternehmen

§ 30 des Gesetzes über Ordnungswidrigkeiten gilt auch für Unternehmen im Sinne des § 53b Abs. 1 Satz 1 und Abs. 7 Satz 1, die über eine Zweigniederlassung oder im Wege des grenzüberschreitenden Dienstleistungsverkehrs im Inland tätig sind.

§ 60 Zuständige Verwaltungsbehörde

Verwaltungsbehörde im Sinne des § 36 Abs. 1 Nr. 1 des Gesetzes über Ordnungswidrigkeiten ist die Bundesanstalt.

§ 60a Beteiligung der Bundesanstalt und Mitteilungen in Strafsachen

(1) [1]Das Gericht, die Strafverfolgungs- oder die Strafvollstreckungsbehörde hat in Strafverfahren gegen Inhaber, Geschäftsleiter oder Mitglieder der Verwaltungs- oder Aufsichtsorgane von Instituten oder Finanzholding-Gesellschaften sowie gegen Inhaber bedeutender Beteiligungen an Instituten oder deren gesetzliche Vertreter oder persönlich haftende Gesellschafter wegen Verletzung ihrer Berufspflichten oder anderer Straftaten bei oder im Zusammenhang mit der Ausübung eines Gewerbes oder dem Betrieb einer sonstigen wirtschaftlichen Unternehmung, ferner in Strafverfahren, die Straftaten nach § 54 zum Gegenstand haben, im Falle der Erhebung der öffentlichen Klage der Bundesanstalt

1. die Anklageschrift oder eine an ihre Stelle tretende Antragsschrift,

2. den Antrag auf Erlaß eines Strafbefehls und
3. die das Verfahren abschließende Entscheidung mit Begründung

zu übermitteln; ist gegen die Entscheidung ein Rechtsmittel eingelegt worden, ist die Entscheidung unter Hinweis auf das eingelegte Rechtsmittel zu übermitteln. [2]In Verfahren wegen fahrlässig begangener Straftaten werden die in den Nummern 1 und 2 bestimmten Übermittlungen nur vorgenommen, wenn aus der Sicht der übermittelnden Stelle unverzüglich Entscheidungen oder andere Maßnahmen der Bundesanstalt geboten sind.

(1a) [1]In Strafverfahren, die Straftaten nach § 54 zum Gegenstand haben, hat die Staatsanwaltschaft die Bundesanstalt bereits über die Einleitung des Ermittlungsverfahrens zu unterrichten, soweit dadurch eine Gefährdung des Ermittlungszweckes nicht zu erwarten ist. [2]Erwägt die Staatsanwaltschaft, das Verfahren einzustellen, so hat sie die Bundesanstalt zu hören.

(2) [1]Werden sonst in einem Strafverfahren Tatsachen bekannt, die auf Mißstände in dem Geschäftsbetrieb eines Instituts hindeuten, und ist deren Kenntnis aus der Sicht der übermittelnden Stelle für Maßnahmen der Bundesanstalt nach diesem Gesetz erforderlich, soll das Gericht, die Strafverfolgungs- oder die Strafvollstreckungsbehörde diese Tatsachen ebenfalls mitteilen, soweit nicht für die übermittelnde Stelle erkennbar ist, daß schutzwürdige Interessen des Betroffenen überwiegen. [2]Dabei ist zu berücksichtigen, wie gesichert die zu übermittelnden Erkenntnisse sind.

(3) [1]Der Bundesanstalt ist auf Antrag Akteneinsicht zu gewähren, soweit nicht für die Akteneinsicht gewährende Stelle erkennbar ist, dass schutzwürdige Interessen des Betroffenen überwiegen. [2]Absatz 2 Satz 2 gilt entsprechend.

§ 60b Bekanntmachung von Maßnahmen

(1) [1]Die Bundesanstalt soll, sofern die Bekanntmachung nicht bereits nach § 60c Absatz 1 Satz 1 erfolgt, jede gegen ein ihrer Aufsicht unterstehendes Institut oder Unternehmen oder gegen einen Geschäftsleiter eines Instituts oder Unternehmens verhängte und bestandskräftig gewordene Maßnahme, die sie wegen eines Verstoßes gegen dieses Gesetz, die dazu erlassenen Rechtsverordnungen oder die Bestimmungen der Verordnung (EU) Nr. 575/2013 oder der Verordnung (EU) 2015/847 verhängt hat, und jede unanfechtbar gewordene Bußgeldentscheidung nach Maßgabe der Absätze 2 bis 4 unverzüglich auf ihren Internetseiten öffentlich bekannt machen und dabei auch Informationen zu Art und Charakter des Verstoßes mitteilen. [2]Die Rechte der Bundesanstalt nach § 37 Absatz 1 Satz 3 bleiben unberührt.

(2) Die Bekanntmachung einer unanfechtbar gewordenen Bußgeldentscheidung nach § 56 Absatz 4c darf keine personenbezogenen Daten enthalten.

(3) Eine unanfechtbar gewordene Bußgeldentscheidung nach § 56 Absatz 4e darf nicht nach Absatz 1 bekannt gemacht werden, wenn eine solche Bekanntmachung die Stabilität der Finanzmärkte der Bundesrepublik Deutschland oder eines oder mehrerer Vertragsstaaten des Abkommens über den Europäischen Wirtschaftsraum erheblich gefährden oder eine solche Bekanntmachung den Beteiligten einen unverhältnismäßig großen Schaden zufügen würde.

(4) [1]Die Bundesanstalt hat eine bestandskräftig gewordene Maßnahme oder eine unanfechtbar gewordene Bußgeldentscheidung mit Ausnahme von Bußgeldentscheidungen nach § 56 Absatz 4e auf anonymer Basis bekannt zu machen, wenn eine Bekanntmachung nach Absatz 1

1. das Persönlichkeitsrecht natürlicher Personen verletzt oder eine Bekanntmachung personenbezogener Daten aus sonstigen Gründen unverhältnismäßig wäre,

2. die Stabilität der Finanzmärkte der Bundesrepublik Deutschland oder eines oder mehrerer Mitgliedstaaten des Europäischen Wirtschaftsraums oder den Fortgang einer strafrechtlichen Ermittlung erheblich gefährden würde oder
3. den beteiligten Instituten oder natürlichen Personen einen unverhältnismäßig großen Schaden zufügen würde.

[2]Abweichend von Satz 1 kann die Bundesanstalt in den Fällen von Satz 1 Nummer 2 und 3 so lange von der Bekanntmachung nach Absatz 1 absehen, bis die Gründe für eine Bekanntmachung auf anonymer Basis weggefallen sind.

(5) [1]Die Maßnahmen und Bußgeldentscheidungen im Sinne des Absatzes 1 mit Ausnahme der Bußgeldentscheidungen nach § 56 Absatz 4e sollen mindestens für fünf Jahre ab Bestandskraft der Maßnahme oder ab Unanfechtbarkeit der Bußgeldentscheidung auf den Internetseiten der Bundesanstalt veröffentlicht bleiben. [2]Abweichend von Satz 1 sind personenbezogene Daten zu löschen, sobald ihre Bekanntmachung nicht mehr erforderlich ist.

§ 60c Bekanntmachung von Maßnahmen und Sanktionen wegen Verstößen gegen die Verordnung (EU) Nr. 909/2014, die Verordnung (EU) 2015/2365, die Verordnung (EU) 2016/1011 oder die Verordnung (EU) 2017/2402

(1) Die Bundesanstalt macht Entscheidungen über Maßnahmen und Sanktionen, die wegen Verstößen gegen die Verordnung (EU) Nr. 909/2014 oder Artikel 4 oder 15 der Verordnung (EU) 2015/2365, Artikel 16 Absatz 1 bis 4 der Verordnung (EU) 2016/1011 oder die jeweils darauf basierenden delegierten Rechtsakte erlassen wurden, auf ihrer Internetseite unverzüglich nach Unterrichtung der natürlichen oder juristischen Person, gegen die die Maßnahme oder Sanktion verhängt wurde, bekannt.

(2) In der Bekanntmachung benennt die Bundesanstalt die Vorschrift, gegen die verstoßen wurde, und die für den Verstoß verantwortliche natürliche oder juristische Person oder Personenvereinigung.

(3) Ist die Bekanntmachung der Identität einer von der Entscheidung betroffenen juristischen Person oder der personenbezogenen Daten einer natürlichen Person unverhältnismäßig oder würde die Bekanntmachung laufende Ermittlungen oder die Stabilität der Finanzmärkte gefährden, so

1. schiebt die Bundesanstalt die Bekanntmachung der Entscheidung auf, bis die Gründe für das Aufschieben weggefallen sind,
2. macht die Bundesanstalt die Entscheidung ohne Nennung der Identität oder der personenbezogenen Daten bekannt, wenn hierdurch ein wirksamer Schutz der Identität oder der betreffenden personenbezogenen Daten gewährleistet ist oder
3. macht die Bundesanstalt die Entscheidung nicht bekannt, wenn eine Bekanntmachung gemäß den Nummern 1 und 2 nicht ausreichend wäre, um sicherzustellen, dass
   a) die Stabilität der Finanzmärkte nicht gefährdet wird oder
   b) die Verhältnismäßigkeit der Bekanntmachung gewahrt bleibt.

(4) [1]Bei nicht bestands- oder nicht rechtskräftigen Entscheidungen fügt die Bundesanstalt einen entsprechenden Hinweis hinzu. [2]Wird gegen die bekanntzumachende Entscheidung ein Rechtsbehelf eingelegt, so ergänzt die Bundesanstalt die Bekanntmachung unverzüglich um einen Hinweis auf den Rechtsbehelf sowie um alle weiteren Informationen über das Ergebnis des Rechtsbehelfsverfahrens.

(5) [1]Eine Bekanntmachung nach Absatz 1 ist fünf Jahre nach ihrer Bekanntmachung zu löschen. [2]Abweichend von Satz 1 sind personenbezogene Daten zu löschen, sobald ihre Bekanntmachung nicht mehr erforderlich ist.

(6) Bei bestandskräftigen Maßnahmen und unanfechtbar gewordenen Bußgeldentscheidungen, die wegen eines Verstoßes gegen die Artikel 6, 7, 9 oder 27 Absatz 1 der Verordnung (EU) 2017/2402 erlassen wurden, gelten die Absätze 1 bis 3 und 5 mit der Maßgabe entsprechend, dass die Bekanntmachung auch die verhängten Maßnahmen und Bußgeldentscheidungen umfasst und in der Verhältnismäßigkeitsprüfung nach Absatz 3 geprüft wird, ob die Bekanntmachung den beteiligten Personen einen unverhältnismäßigen Schaden zufügen würde.

§ 60d Bekanntmachung von Maßnahmen und Sanktionen gegen Wertpapierdienstleistungsunternehmen und Betreiber von Datenbereitstellungsdiensten

(1) [1]Die Bundesanstalt macht Entscheidungen über Maßnahmen und Sanktionen gemäß § 56 Absatz 4h, die gegen Wertpapierdienstleistungsunternehmen im Sinne des § 2 Absatz 10 des Wertpapierhandelsgesetzes und Betreiber von Datenbereitstellungsdiensten erlassen wurden, unverzüglich nach Unterrichtung der natürlichen oder juristischen Person, gegen die die Maßnahme oder Sanktion verhängt wurde, auf ihrer Internetseite bekannt. [2]Dies gilt nicht für Entscheidungen über Ermittlungsmaßnahmen.

(2) In der Bekanntmachung benennt die Bundesanstalt die Vorschrift, gegen die verstoßen wurde, und die für den Verstoß verantwortliche natürliche oder juristische Person oder Personenvereinigung.

(3) [1]Ist die Bundesanstalt nach einer fallbezogenen Bewertung der Verhältnismäßigkeit der Bekanntmachung zu der Ansicht gelangt, dass die Bekanntmachung der Identität der juristischen Person oder der personenbezogenen Daten der natürlichen Person unverhältnismäßig wäre, oder würde die Bekanntmachung die Stabilität der Finanzmärkte oder laufende Ermittlungen gefährden, so kann die Bundesanstalt

1. die Entscheidung erst dann bekanntmachen, wenn die Gründe für den Verzicht auf ihre Bekanntmachung nicht mehr bestehen, oder
2. die Entscheidung ohne Nennung personenbezogener Daten bekanntmachen, wenn diese anonymisierte Bekanntmachung einen wirksamen Schutz der betreffenden personenbezogenen Daten gewährleistet, oder
3. gänzlich von der Bekanntmachung der Entscheidung absehen, wenn die in den Nummern 1 und 2 genannten Möglichkeiten ihrer Ansicht nach nicht ausreichend gewährleisten, dass
   a) die Stabilität der Finanzmärkte nicht gefährdet wird,
   b) die Bekanntmachung von Entscheidungen über Maßnahmen, die als geringfügiger einzustufen sind, verhältnismäßig ist.

[2]Entscheidet sich die Bundesanstalt für eine Bekanntmachung in anonymisierter Form, kann die Bekanntmachung um einen angemessenen Zeitraum aufgeschoben werden, wenn vorhersehbar ist, dass die Gründe für die anonymisierte Bekanntmachung innerhalb dieses Zeitraums wegfallen werden.

(4) [1]Wird gegen die Entscheidung, mit der die Sanktion oder Maßnahme erlassen wird, ein Rechtsbehelf eingelegt, so macht die Bundesanstalt auch diesen Sachverhalt und alle weiteren Informationen über das Ergebnis des Rechtsbehelfsverfahrens umgehend auf ihrer Internetseite bekannt. [2]Ferner wird jede Entscheidung, mit der eine frühere Entscheidung aufgehoben oder geändert wird, ebenfalls bekannt gemacht.

(5) [1]Eine Bekanntmachung nach Absatz 1 ist fünf Jahre nach ihrer Bekanntmachung zu löschen. [2]Abweichend von Satz 1 sind personenbezogene Daten zu löschen, sobald ihre Bekanntmachung nicht mehr erforderlich ist.

Achter Abschnitt. Übergangs- und Schlußvorschriften

§ 61 Erlaubnis für bestehende Kreditinstitute

[1]Soweit ein Kreditinstitut bei Inkrafttreten dieses Gesetzes Bankgeschäfte in dem in § 1 Abs. 1 bezeichneten Umfang betreiben durfte, gilt die Erlaubnis nach § 32 als erteilt. [2]Die in § 35 Abs. 1 genannte Frist beginnt mit dem Inkrafttreten dieses Gesetzes zu laufen.

§ 62 Überleitungsbestimmungen

(1) [1]Die auf dem Gebiet des Kreditwesens bestehenden Rechtsvorschriften sowie die aufgrund der bisherigen Rechtsvorschriften erlassenen Anordnungen bleiben aufrechterhalten, soweit ihnen nicht Bestimmungen dieses Gesetzes entgegenstehen. [2]Rechtsvorschriften, die für die geschäftliche Betätigung bestimmter Arten von Instituten weitergehende Anforderungen stellen als dieses Gesetz, bleiben unberührt.

(2) Aufgaben und Befugnisse, die in Rechtsvorschriften des Bundes der Bankaufsichtsbehörde zugewiesen sind, gehen auf die Bundesanstalt über.

(3) Die Zuständigkeiten der Länder für die Anerkennung als verlagertes Geldinstitut nach der Fünfunddreißigsten Durchführungsverordnung zum Umstellungsgesetz, für die Bestätigung der Umstellungsrechnung und der Altbankenrechnung sowie für die Aufgaben und Befugnisse nach den Wertpapierbereinigungsgesetzen und dem Bereinigungsgesetz für deutsche Auslandsbonds bleiben unberührt.

(4) und (5) *(aufgehoben)*

§ 63

(Aufhebung und Änderung von Rechtsvorschriften)

§ 63a Sondervorschriften für das in Artikel 3 des Einigungsvertrages genannte Gebiet

(1) [1]Soweit ein Kreditinstitut mit Sitz in der Deutschen Demokratischen Republik einschließlich Berlin (Ost) am 1. Juli 1990 Bankgeschäfte in dem in § 1 Abs. 1 bezeichneten Umfang betreiben durfte, gilt die Erlaubnis nach § 32 als erteilt. [2]§ 61 Satz 2 gilt entsprechend.

(2) Die Bundesanstalt kann Gruppen von Kreditinstituten oder einzelne Kreditinstitute mit Sitz in dem in Artikel 3 des Einigungsvertrages genannten Gebiet von Verpflichtungen aufgrund dieses Gesetzes freistellen, wenn dies aus besonderen Gründen, insbesondere wegen der noch fehlenden Angleichung des Rechts in dem in Artikel 3 des Einigungsvertrages genannten Gebiet an das Bundesrecht, angezeigt ist.

§ 64 Nachfolgeunternehmen der Deutschen Bundespost

[1]Ab. 1. Januar 1995 gilt die Erlaubnis nach § 32 für das Nachfolgeunternehmen der Deutschen Bundespost POSTBANK als erteilt. [2] Bei der Zusammenfassung gemäß § 19 Abs. 2 Satz 1 werden bis zum 31. Dezember 2002 Anteile an den Nachfolgeunternehmen der Deutschen Bundespost nicht berücksichtigt, die von der Bundesanstalt für Post und Telekommunikation Deutsche Bundespost gehalten werden.

§ 64a *(aufgehoben)*

§ 64b *(aufgehoben)*

§ 64c *(aufgehoben)*

§ 64d *(aufgehoben)*

§ 64e Übergangsvorschriften zum Sechsten Gesetz zur Änderung des Gesetzes über das Kreditwesen

(1) Für ein Kreditinstitut, das am 1. Januar 1998 über eine Erlaubnis als Einlagenkreditinstitut verfügt, gilt die Erlaubnis für das Betreiben des Finanzkommissionsgeschäftes, des Emissionsgeschäftes, des Geldkartengeschäftes, des Netzgeldgeschäftes sowie für das Erbringen von Finanzdienstleistungen für diesen Zeitpunkt als erteilt.

(2) [1]Finanzdienstleistungsinstitute und Wertpapierhandelsbanken, die am 1. Januar 1998 zulässigerweise tätig waren, ohne über eine Erlaubnis der Bundesanstalt zu verfügen, haben bis zum 1. April 1998 ihre nach diesem Gesetz erlaubnispflichtigen Tätigkeiten und die Absicht, diese fortzuführen, der Bundesanstalt und der Deutschen Bundesbank anzuzeigen. [2]Ist die Anzeige fristgerecht erstattet worden, gilt die Erlaubnis nach § 32 in diesem Umfang als erteilt. [3]Die Bundesanstalt bestätigt die bezeichneten Erlaubnisgegenstände innerhalb von drei Monaten nach Eingang der Anzeige. [4]Innerhalb von drei Monaten nach Zugang der Bestätigung der Bundesanstalt hat das Institut der Bundesanstalt und der Deutschen Bundesbank eine Ergänzungsanzeige einzureichen, die den inhaltlichen Anforderungen des § 32 entspricht. [5]Wird die Ergänzungsanzeige nicht fristgerecht eingereicht, kann die Bundesanstalt die Erlaubnis nach Satz 2 aufheben; § 35 bleibt unberührt.

(3) [1]Auf Institute, für die eine Erlaubnis nach Absatz 2 als erteilt gilt, sind § 35 Abs. 2 Nr. 3 in Verbindung mit § 33 Abs. 1 Satz 1 Nr. 1 Buchstabe a bis c sowie § 24 Abs. 1 Nr. 9 über das Anfangskapital erst ab 1. Januar 2003 anzuwenden. [2]Solange das Anfangskapital der in Satz 1 genannten Institute geringer ist als der bei Anwendung des § 33 Abs. 1 Satz 1 Nr. 1 erforderliche Betrag, darf es den Durchschnittswert der jeweils sechs vorangehenden Monate nicht unterschreiten; der Durchschnittswert ist alle sechs Monate zu berechnen und der Bundesanstalt mitzuteilen. [3]Bei einem Unterschreiten des in Satz 1 genannten Durchschnittswertes kann die Bundesanstalt die Erlaubnis aufheben. [4]Auf die in Satz 1 genannten Institute sind § 10 Abs. 1 bis 8 und die §§ 10a, 11 und 13 bis 13b erst ab 1. Januar 1999 anzuwenden, es sei denn, sie errichten eine Zweigniederlassung oder erbringen grenzüberschreitende Dienstleistungen in anderen Staaten des Europäischen Wirtschaftsraums gemäß § 24a. [5]Wertpapierhandelsunternehmen, für die eine Erlaubnis nach Absatz 2 als erteilt gilt und die § 10 Abs. 1 bis 8 und die §§ 10a, 11 und 13 bis 13b nicht anwenden, haben die Kunden darüber zu unterrichten, daß sie nicht gemäß § 24a in anderen Staaten des Europäischen Wirtschaftsraums eine Zweigniederlassung errichten oder grenzüberschreitende Dienstleistungen erbringen können. [6]Institute, für die eine Erlaubnis nach Absatz 2 als erteilt gilt, haben der Bundesanstalt und der Deutschen Bundesbank anzuzeigen, ob sie § 10 Abs. 1 bis 8 und die §§ 10a, 11 und 13 bis 13b anwenden.

(4) *(aufgehoben)*

(5) *(aufgehoben)*

§ 64f Übergangsvorschriften zum Vierten Finanzmarktförderungsgesetz

(1) Für ein Kreditinstitut, das am 1. Juli 2002 über eine Erlaubnis als Einlagenkreditinstitut verfügt, gilt die Erlaubnis für das Betreiben des Kreditkartengeschäfts für diesen Zeitpunkt als erteilt.

(2) [1]Finanzdienstleistungsinstitute und Wertpapierhandelsbanken, die am 1. Juli 2002 zulässigerweise tätig waren, ohne über eine Erlaubnis der Bundesanstalt gemäß § 1 Abs. 1a Satz 2 Nr. 8 zu verfügen, haben bis zum 1. November 2002 ihre erlaubnispflichtige Tätigkeit und die Absicht, diese fortzuführen, der Bundesanstalt und der Deutschen Bundesbank anzuzeigen. [2]§ 64e Abs. 2 Satz 2 bis 5 gilt entsprechend.

(3) bis (6) *(aufgehoben)*

§ 64g Übergangsvorschriften zum Finanzkonglomeraterichtlinie-Umsetzungsgesetz

(1) *(aufgehoben)*

(2) [1]Bis zum Erlass der Rechtsverordnung nach § 13c Absatz 1 Satz 2 sind sämtliche während eines Kalenderjahres durchgeführten bedeutenden gruppeninternen Transaktionen mit gemischten Holdinggesellschaften oder deren Tochterunternehmen der Bundesanstalt und der Deutschen Bundesbank vor dem 16. Januar des darauffolgenden Jahres anzuzeigen, Gruppeninterne Transaktionen sind insbesondere

1. Darlehen,
2. Bürgschaften, Garantien und andere außerbilanzielle Geschäfte,
3. Geschäfte, die Eigenmittelbestandteile im Sinne der §§ 10, 10a, 53c und 104g des Versicherungsaufsichtsgesetzes betreffen,
4. Kapitalanlagen,
5. Rückversicherungsgeschäfte,
6. Kostenteilungsvereinbarungen.

[2]Eine gruppeninterne Transaktion ist bedeutend, wenn die einzelne Transaktion mindestens 5 Prozent der Eigenkapitalanforderung auf Gruppenebene erreicht oder übersteigt. [3]Mehrere Transaktionen desselben oder verschiedener gruppenangehöriger Unternehmen mit einem anderen gruppenangehörigen Unternehmen während eines Geschäftsjahres sind jeweils adressatenbezogen zusammenzufassen, auch wenn die einzelne Transaktion 5 Prozent der Eigenkapitalanforderung auf Gruppenebene nicht erreicht.

(3) Bis zu einer Ergänzung der Rechtsverordnung nach § 24 Abs. 4

1. sind im Rahmen der Anzeigen nach § 24 Abs. 3a Satz 1 Nr. 1
   a) zur Beurteilung der Zuverlässigkeit der Personen, die die Geschäfte einer Finanzholding-Gesellschaft oder einer gemischten Finanz-holding-Gesellschaft tatsächlich führen sollen, die nach § 8 Satz 2 Nr. 2 der Anzeigenverordnung vom 29. Dezember 1997 (BGBl. I S. 3372), die zuletzt durch Artikel 8 des Gesetzes vom 15. August 2003 (BGBl. I S.1657) geändert worden ist, vorgesehenen Erklärungen abzugeben;
   b) zur Beurteilung der fachlichen Eignung der Personen, die die Geschäfte einer Finanzholding-Gesellschaft oder gemischten Finanzholding-Gesellschaft tatsächlich führen sollen, die nach § 8 Satz 2 Nr. 1 der Anzeigenverordnung vom 29. Dezember 1997 (BGBl. I S. 3372), die zuletzt durch Artikel 8 des Gesetzes vom 15. August 2003 (BGBl. I S. 1657) geändert worden ist, genannten Unterlagen beizufügen;
2. gilt § 27 der Anzeigenverordnung vom 29. Dezember 1997 (BGBl. I S. 3372), die zuletzt durch Artikel 8 des Gesetzes vom 15. August 2003 (BGBl. I S. 1657) geändert worden ist, in Bezug auf Anzeigen einer gemischten Finanzholding-Gesellschaft nach § 12a Abs. 1 Satz 3 entsprechend.

(4) *(aufgehoben)*

§ 64h Übergangsvorschriften zum Gesetz zur Umsetzung der neu gefassten Bankenrichtlinie und der neu gefassten Kapitaladäquanzrichtlinie

(1) bis (4) *(aufgehoben)*

(5) Institute dürfen personenbezogene Daten, die sie vor dem 1. Januar 2007 erhoben haben, nach Maßgabe des § 10 Absatz 2 verwenden.

(6) *(aufgehoben)*

(7) § 2 Abs. 8a ist bis längstens zum 31. Dezember 2014 anzuwenden.

§ 64i Übergangsvorschriften zum Finanzmarktrichtlinie-Umsetzungsgesetz

(1) [1]Für ein Unternehmen, das am 1. November 2007 eine Erlaubnis für ein oder mehrere Bankgeschäfte oder Finanzdienstleistungen im Sinne des § 1 Abs. 1a Satz 2 Nr. 1 bis 4 hat, gilt die Erlaubnis für die Anlageberatung als zu diesem Zeitpunkt erteilt. [2]Für ein Finanzdienstleistungsinstitut, das nicht unter Satz 1 fällt, gilt die Erlaubnis für die Anlageberatung ab diesem Zeitpunkt bis zur Entscheidung der Bundesanstalt als vorläufig erteilt, wenn es bis zum 31. Januar 2008 einen vollständigen Erlaubnisantrag nach § 32 Abs. 1 Satz 1 und 2, auch in Verbindung mit einer Rechtsverordnung nach § 24 Abs. 4, stellt.

(2) Für ein Unternehmen, das am 1. November 2007 eine Erlaubnis für ein oder mehrere Bankgeschäfte oder Finanzdienstleistungen im Sinne des § 1 Abs. 1a Satz 2 Nr. 1 bis 4 hat und bisher auf eigene Rechnung mit Finanzinstrumenten gehandelt hat, gilt die Erlaubnis für das Eigengeschäft als zu diesem Zeitpunkt erteilt.

(3) Für ein Unternehmen, das auf Grund der Ausdehnung der Definition der Finanzinstrumente in § 1 Abs. 11 am 1. November 2007 zum Finanzdienstleistungsinstitut oder zur Wertpapierhandelsbank wird, gilt Absatz 1 Satz 2 entsprechend.

(4) [1]Für ein Unternehmen, das am 1. November 2007 eine Erlaubnis für die Anlagevermittlung hat, gilt die Erlaubnis für den Betrieb eines multilateralen Handelssystems als zu diesem Zeitpunkt erteilt, wenn es bis zum 31. Januar 2008 einen vollständigen Erlaubnisantrag nach § 32 Abs. 1 Satz 1 und 2, auch in Verbindung mit einer Rechtsverordnung nach § 24 Abs. 4, stellt und die Bundesanstalt dem nicht binnen drei Monaten nach Eingang des vollständigen Erlaubnisantrags widerspricht. [2]Die Bundesanstalt kann widersprechen, wenn sie im Falle eines ordentlichen Erlaubnisantrags nach § 32 das Recht hätte, die Erteilung der Erlaubnis nach § 33 zu versagen.

(5) Für ein Unternehmen, das am 1. November 2007 eine Erlaubnis für die Abschlussvermittlung hat, gilt für die Erlaubnis zur Erbringung des Platzierungsgeschäfts Absatz 1 Satz 2 entsprechend.

§ 64j Übergangsvorschriften zum Jahressteuergesetz 2009

(1) Für ein Unternehmen, das am 25. Dezember 2008 eine Erlaubnis für ein oder mehrere Bankgeschäfte im Sinne des § 1 Abs. 1 oder Finanzdienstleistungsgeschäfte im Sinne des § 1 Abs. 1a Satz 2 Nr. 1 bis 4 hat, gilt die Erlaubnis für das Factoring und das Finanzierungsleasing als zu diesem Zeitpunkt erteilt.

(2) [1]Für Finanzdienstleistungsinstitute, die nicht unter Absatz 1 fallen, gilt die Erlaubnis für das Factoring und das Finanzierungsleasing ab dem 25. Dezember 2008 als erteilt, wenn sie bis zum 31. Januar 2009 anzeigen, dass sie diese Tätigkeiten ausüben. [2]Für Unternehmen im Sinne des Satzes 1, die zum Zeitpunkt des Inkrafttretens des Gesetzes mindestens zwei der drei in § 267 Abs. 1 des Handelsgesetzbuchs genannten Größenkriterien nicht überschreiten, gilt eine längere Frist bis zum 31. Dezember 2009.

[3]Die Anzeige muss die Angaben nach § 32 Abs. 1 Satz 2 Nr. 2 und 6 Buchstabe a und b, den Jahresabschluss für das letzte abgelaufene Geschäftsjahr, oder – soweit dieser nach den hierfür geltenden Fristen noch nicht aufzustellen war – für das diesem vorausgegangene Geschäftsjahr, oder – soweit noch kein Jahresabschluss aufzustellen war – die Eröffnungsbilanz und eine unterjährige Gewinnund Verlustrechnung, sowie einen aktuellen Handelsregisterauszug und die Gewerbeanzeige nach § 14 Abs. 1 Satz 1 der Gewerbeordnung enthalten.

§ 64k Übergangsvorschrift zum Gesetz zur Umsetzung der Beteiligungsrichtlinie

Auf Verfahren nach § 2c, bei denen bis zum 17. März 2009 eine Anzeige eingegangen ist, sind die Vorschriften dieses Gesetzes in der bis zum 17. März 2009 geltenden Fassung anzuwenden.

§ 64l Übergangsvorschrift zur Erlaubnis für die Anlageverwaltung

[1]Für ein Institut, das am 25. März 2009 die Erlaubnis für das Finanzkommissionsgeschäft, den Eigenhandel oder die Finanzportfolioverwaltung hat, gilt die Erlaubnis für die Anlageverwaltung als zu diesem Zeitpunkt erteilt. [2]Eine Erlaubnispflicht für die Anlageverwaltung besteht nicht für solche Produkte, für die bis zum 24. September 2008 ein Verkaufsprospekt veröffentlicht wurde.

§ 64m[1)] Übergangsvorschrift zum Brexit-Steuerbegleitgesetz

(1) § 25a Absatz 5a in der am 29. März 2019 geltenden Fassung ist erstmals für Kündigungen anzuwenden, die nach Ablauf von acht Monaten nach dem 29. März 2019 zugehen.

(2) Wird der Austritt des Vereinigten Königreichs Großbritannien und Nordirland aus der Europäischen Union wirksam, ohne dass bis zu diesem Zeitpunkt ein Austrittsabkommen im Sinne von Artikel 50 Absatz 2 Satz 2 des Vertrages über die Europäische Union in Kraft getreten ist, so ist § 64x Absatz 8 Satz 1 auf Unternehmen mit Sitz im Vereinigten Königreich Großbritannien und Nordirland mit der Maßgabe anzuwenden, dass die Befreiung nach § 2 Absatz 5 ab dem Zeitpunkt des Austritts bis zur Entscheidung der Europäischen Wertpapier- und Marktaufsichtsbehörde über eine Eintragung des Unternehmens in das Register nach Artikel 48 der Verordnung (EU) Nr. 600/2014 als vorläufig erteilt gilt, wenn das Unternehmen innerhalb von drei Monaten nach dem Zeitpunkt des Austritts einen vollständigen Freistellungsantrag nach § 2 Absatz 5 Satz 1 stellt.

§ 64n Übergangsvorschrift zum Gesetz zur Novellierung des Finanzvermittler- und Vermögensanlagenrechts

Für ein Unternehmen, das auf Grund der Erweiterung der Definition der Finanzinstrumente in § 1 Absatz 11 Satz 1 am 1. Juni 2012 zum Finanzdienstleistungsinstitut wird, gilt die Erlaubnis ab diesem Zeitpunkt bis zur Entscheidung der Bundesanstalt als vorläufig erteilt, wenn es bis zum 31. Dezember 2012 einen vollständigen Erlaubnisantrag nach § 32 Absatz 1 Satz 1 und 2, auch in Verbindung mit einer Rechtsverordnung nach § 24 Absatz 4, stellt.

§ 64o Übergangsvorschriften zum EMIR-Ausführungsgesetz

(1) [1]Für Kreditinstitute, die am 16. Februar 2013 über eine Erlaubnis nach § 32 zur Ausübung der Tätigkeit einer zentralen Gegenpartei nach § 1 Absatz 1 Satz 2 Nummer 12 verfügen, findet bis zu der Erteilung einer Erlaubnis nach Artikel 14 in Verbindung mit

1) § 64m eingefügt durch Gesetz vom 25.3.2019 (BGBl. I S. 357).

Artikel 17 der Verordnung (EU) Nr. 648/2012 § 2 Absatz 9a und 9b keine Anwendung. [2]§ 37 Absatz 1 Satz 1 sowie § 54 Absatz 1a finden auf in Satz 1 genannte Kreditinstitute hinsichtlich der Tätigkeit als zentrale Gegenpartei im Sinne des § 1 Absatz 1 Satz 2 Nummer 12 bis zur Erteilung oder der rechtskräftigen Versagung der Erlaubnis nach Artikel 14 in Verbindung mit Artikel 17 der Verordnung (EU) Nr. 648/2012 keine Anwendung. [3]Soweit eine Erlaubnis nach § 32 das Betreiben von Bankgeschäften nach § 1 Absatz 1 Satz 2 Nummer 1 bis 10 oder das Erbringen von Finanzdienstleistungen nach § 1 Absatz 1a umfasst, bleibt sie insoweit von der Erteilung oder der rechtskräftigen Versagung der Erlaubnis nach Artikel 14 in Verbindung mit Artikel 17 der Verordnung (EU) Nr. 648/2012 unberührt.

(2) § 29 Absatz 1 Satz 2 in der ab dem 16. Februar 2013 geltenden Fassung ist erstmals auf die Abschlussprüfung des Jahresabschlusses für ein Geschäftsjahr anzuwenden, das nach dem 31. Dezember 2012 beginnt.

(3) § 29 Absatz 1a in der ab dem 16. Februar 2013 geltenden Fassung ist erstmals auf die Abschlussprüfung des Jahresabschlusses für ein Geschäftsjahr anzuwenden, das nach dem Zeitpunkt beginnt, in dem das Kreditinstitut eine Erlaubnis nach Artikel 14 in Verbindung mit Artikel 17 der Verordnung (EU) Nr. 648/2012 erhalten hat.

§ 64p Übergangsvorschrift zum Hochfrequenzhandelsgesetz

[1]Für ein Unternehmen, das auf Grund der Ausdehnung des Begriffs des Eigenhandels in § 1 Absatz 1a Satz 2 Nummer 4 am 15. Mai 2013 zum Finanzdienstleistungsinstitut wird, gilt die Erlaubnis für den Eigenhandel und das Eigengeschäft im Sinne des § 32 Absatz 1a als zu diesem Zeitpunkt vorläufig erteilt, wenn es bis zum 14. November 2013 einen vollständigen Erlaubnisantrag nach § 32 Absatz 1 Satz 1 und 2, auch in Verbindung mit einer Rechtsverordnung nach § 24 Absatz 4, stellt. [2]Für ein Unternehmen, das nicht im Inland ansässig und kein Unternehmen im Sinne des § 53b Absatz 1 Satz 1 und 2 ist, gilt Satz 1 mit der Maßgabe, dass der vollständige Erlaubnisantrag bis zum 14. Februar 2014 zu stellen ist.

§ 64q Übergangsvorschrift zum AIFM-Umsetzungsgesetz

(1) Auf Finanzdienstleistungsinstitute, die durch die Änderung des § 1 und das Inkrafttreten des Kapitalanlagegesetzbuchs als Kapitalverwaltungsgesellschaften im Sinne des § 17 des Kapitalanlagegesetzbuchs oder als Anteile an Investmentvermögen im Sinne des § 1 Absatz 1 des Kapitalanlagegesetzbuchs gelten und die die Voraussetzungen von § 353 Absatz 1 bis 3 erfüllen, ist § 1 Absatz 1a in der bis zum 21. Juli 2013 geltenden Fassung weiterhin anzuwenden.

(2) Auf Finanzdienstleistungsinstitute, die durch die Änderung des § 1 und das Inkrafttreten des Kapitalanlagegesetzbuchs als Kapitalverwaltungsgesellschaften im Sinne des § 17 des Kapitalanlagegesetzbuchs oder als Anteile an Investmentvermögen im Sinne des § 1 Absatz 1 des Kapitalanlagegesetzbuchs gelten, ist dieses Gesetz in der bis zum 21. Juli 2013 geltenden Fassung bis zur Stellung des Erlaubnisantrages gemäß § 22 des Kapitalanlagegesetzbuchs oder, wenn die Voraussetzungen des § 2 Absatz 4, 4a, 4b oder Absatz 5 des Kapitalanlagegesetzbuchs erfüllt sind, bis zur Registrierung gemäß § 44 des Kapitalanlagegesetzbuchs weiterhin anzuwenden.

§ 64r Übergangsvorschriften zum CRD IV-Umsetzungsgesetz

(1) [1]§ 8 Absatz 3 Satz 7 in der ab dem 1. Januar 2014 geltenden Fassung ist ab dem 1. Januar 2015 oder, sofern ein Rechtsakt nach Artikel 151 Absatz 2 der Richtlinie 2013/36/EU erlassen wird, ab dem Ablauf des dort bestimmten Zeitraums anzuwenden. [2]Bis zum 31. Dezember 2014 oder dem Ablauf des im vorgenannten Rechtsakt bestimmten Zeitraums ist § 8 Absatz 3 Satz 7 in der bis zum 31. Dezember 2013 geltenden Fassung weiter anzuwenden.

(2) § 8f ist ab dem 1. Januar 2015 oder, sofern ein Rechtsakt nach Artikel 151 Absatz 2 der Richtlinie 2013/36/EU erlassen wird, ab dem Ablauf des dort bestimmten Zeitraums, spätestens aber ab dem 1. Januar 2017 anzuwenden.

(3) § 10 Absatz 3 Satz 2 Nummer 5 in der ab 1. Januar 2014 geltenden Fassung ist nur bis zum 1. Januar 2016 anzuwenden.

(4) Der Abzug des Unterschiedsbetrages nach § 10a Absatz 4 Satz 4 in der ab dem 1. Januar 2014 geltenden Fassung ist im Zeitraum vom 1. Januar 2014 bis zum 31. Dezember 2017 wie folgt vorzunehmen:

1. vom 1. Januar 2014 bis 31. Dezember 2014 zu 80 Prozent vom Kernkapital der Gruppe gemäß Artikel 25 der Verordnung (EU) Nr. 575/2013 und zu 20 Prozent vom harten Kernkapital der Gruppe gemäß Artikel 50 der Verordnung (EU) Nr. 575/2013;
2. vom 1. Januar 2015 bis zum 31. Dezember 2015 zu 60 Prozent vom Kernkapital der Gruppe gemäß Artikel 25 der Verordnung (EU) Nr. 575/2013 und zu 40 Prozent vom harten Kernkapital der Gruppe gemäß Artikel 50 der Verordnung (EU) Nr. 575/2013;
3. vom 1. Januar 2016 bis zum 31. Dezember 2016 zu 40 Prozent vom Kernkapital der Gruppe gemäß Artikel 25 der Verordnung (EU) Nr. 575/2013 und zu 60 Prozent vom harten Kernkapital der Gruppe gemäß Artikel 50 der Verordnung (EU) Nr. 575/2013;
4. vom 1. Januar 2017 bis zum 31. Dezember 2017 zu 20 Prozent vom Kernkapital der Gruppe gemäß Artikel 25 der Verordnung (EU) Nr. 575/2013 und zu 80 Prozent vom harten Kernkapital der Gruppe gemäß Artikel 50 der Verordnung (EU) Nr. 575/2013.

(5) [1]Die §§ 10c und 10d in der ab dem 1. Januar 2014 geltenden Fassung sind erstmals ab dem 1. Januar 2019 vollständig anzuwenden. [2]In der Zeit vom 1. Januar 2016 bis zum 31. Dezember 2018 sind die in Satz 1 genannten Vorschriften mit den folgenden Maßgaben anzuwenden:

1. Im Zeitraum vom 1. Januar 2016 bis zum 31. Dezember 2016
   a) ist der Kapitalerhaltungspuffer in hartem Kernkapital zu halten und beträgt 0,625 Prozent der gesamten risikogewichteten Forderungsbeträge des Instituts, berechnet gemäß Artikel 92 Absatz 3 der Verordnung (EU) Nr. 575/2013;
   b) beträgt der institutsspezifische antizyklische Kapitalpuffer höchstens 0,625 Prozent der gesamten risikogewichteten Forderungsbeträge des Instituts, berechnet gemäß Artikel 92 Absatz 3 der Verordnung (EU) Nr. 575/2013, so dass die geforderte kombinierte Kapitalpuffer-Anforderung abzüglich des auf den Kapitalpuffer für systemische Risiken entfallenden Betrags zwischen 0,625 Prozent und 1,25 Prozent der gesamten risikogewichteten Forderungsbeträge der Institute liegt.
2. Im Zeitraum vom 1. Januar 2017 bis zum 31. Dezember 2017
   a) ist der Kapitalerhaltungspuffer in hartem Kernkapital zu halten und beträgt 1,25 Prozent der gesamten risikogewichteten Forderungsbeträge des Instituts, berechnet gemäß Artikel 92 Absatz 3 der Verordnung (EU) Nr. 575/2013;
   b) beträgt der institutsspezifische antizyklische Kapitalpuffer höchstens 1,25 Prozent der gesamten risikogewichteten Forderungsbeträge des Instituts, berechnet gemäß Artikel 92 Absatz 3 der Verordnung (EU) Nr. 575/2013, so dass die geforderte kombinierte Kapitalpuffer-Anforderung abzüglich des auf den Kapitalpuffer für systemische Risiken entfallenden Betrags zwischen 1,25 Prozent und 2,50 Prozent der gesamten risikogewichteten Forderungsbeträge der Institute liegt.
3. Im Zeitraum vom 1. Januar 2018 bis zum 31. Dezember 2018

a) ist der Kapitalerhaltungspuffer in hartem Kernkapital zu halten und beträgt 1,875 Prozent der gesamten risikogewichteten Forderungsbeträge des Instituts, berechnet gemäß Artikel 92 Absatz 3 der Verordnung (EU) Nr. 575/2013;

b) beträgt der institutsspezifische antizyklische Kapitalpuffer höchstens 1,875 Prozent der gesamten risikogewichteten Forderungsbeträge des Instituts, berechnet gemäß Artikel 92 Absatz 3 der Verordnung (EU) Nr. 575/2013, so dass die geforderte kombinierte Kapitalpuffer-Anforderung abzüglich des auf den Kapitalpuffer für systemische Risiken entfallenden Betrags zwischen 1,875 Prozent und 3,750 Prozent der gesamten risikogewichteten Forderungsbeträge der Institute liegt.

(6) § 10e Absatz 5 in der ab dem 1. Januar 2014 geltenden Fassung ist erstmals ab dem 1. Januar 2015 anzuwenden.

(7) [1]§ 10f Absatz 1 in der ab dem 1. Januar 2014 geltenden Fassung ist erstmals ab dem 1. Januar 2019 vollständig anzuwenden. [2]In der Zeit vom 1. Januar 2016 bis zum 31. Dezember 2018 ist die in Satz 1 genannte Vorschrift mit den folgenden Maßgaben anzuwenden:

1. Im Zeitraum vom 1. Januar 2016 bis zum 31. Dezember 2016 beträgt der Kapitalpuffer für global systemrelevante Institute 25 Prozent des nach § 10f Absatz 1 Satz 2 vorzuhaltenden Kapitalpuffers für global systemrelevante Institute;
2. im Zeitraum vom 1. Januar 2017 bis zum 31. Dezember 2017 beträgt der Kapitalpuffer für global systemrelevante Institute 50 Prozent des nach § 10f Absatz 1 Satz 2 vorzuhaltenden Kapitalpuffers für global systemrelevante Institute;
3. im Zeitraum vom 1. Januar 2018 bis zum 31. Dezember 2018 beträgt der Kapitalpuffer für global systemrelevante Institute 75 Prozent des nach § 10f Absatz 1 Satz 2 vorzuhaltenden Kapitalpuffers für global systemrelevante Institute.

(8) § 10g in der ab dem 1. Januar 2014 geltenden Fassung ist erstmals ab dem 1. Januar 2016 anzuwenden.

(9) § 10i in der ab dem 1. Januar 2014 geltenden Fassung gilt im Zeitraum vom 1. Januar 2016 bis zum 31. Dezember 2018 nach Maßgabe der in Absatz 5 und 7 geregelten Pufferbeträge.

(10) [1]§ 14 Absatz 1 in der ab dem 1. Januar 2014 geltenden Fassung ist für die nachfolgend genannten Übergangszeiträume jeweils mit folgenden Maßgaben anzuwenden:

1. vom 1. Januar 2014 bis zum 31. Dezember 2014 beträgt die Millionenkreditmeldegrenze 1,5 Millionen Euro; dies gilt auch für die Meldung von Gemeinschaftskrediten;
2. [1]vom 1. Januar 2014 bis zum 31. Dezember 2018 gelten
   a) Kreditzusagen,
   b) Anteile an anderen Unternehmen unabhängig von ihrem Bilanzausweis,
   c) Bilanzaktiva, die nach Artikel 36 in Verbindung mit Artikel 19 Absatz 2 Buchstabe a der Verordnung (EU) Nr. 575/2013 vom harten Kernkapital abgezogen werden und
   d) Wertpapiere des Handelsbestandes

nicht als Kredite im Sinne des § 14 Absatz 1; § 20 bleibt unberührt. [2]Die am Millionenkreditmeldeverfahren beteiligten Unternehmen dürfen ab dem 1. Juli 2014 diejenigen Stammdateninformationen an die Deutsche Bundesbank übermitteln, die notwendig sind, um die mit Ablauf der Übergangsfrist nach Satz 1 Nummer 1 potenziell neu zu meldenden Millionenkreditnehmer zu erfassen.

(11) § 25 Absatz 1 Satz 2 und Absatz 2 Satz 2 in der ab dem 1. Januar 2014 geltenden Fassung sind erstmalig ab dem 1. Januar 2015 anzuwenden.

(12) Die Anzeigen nach § 24 Absatz 1 Nummer 16 und Absatz 1a Nummer 5 zur modifizierten bilanziellen Eigenkapitalquote sind letztmalig zu erstatten für die Eigenkapitalverhältnisse am 31. Dezember 2014 beziehungsweise für die bis zu diesem Tag eingetretenen Veränderungen.

(13) [1]§ 25c Absatz 2 in der ab 1. Januar 2014 geltenden Fassung kommt, vorbehaltlich des Satzes 2, für Mandate als Geschäftsleiter und für Mandate in Verwaltungs- und Aufsichtsorganen, die der Geschäftsleiter am 31. Dezember 2013 bereits innehatte, nicht zur Anwendung. [2]Für Institute, bei denen eine Systemgefährdung im Sinne des § 67 Absatz 2 Satz 1 des Gesetzes zur Sanierung und Abwicklung von Instituten und Finanzgruppen vorliegt, gilt § 25c Absatz 2 ab dem 1. Juli 2014.

(14) [1]§ 25d Absatz 3 in der ab 1. Januar 2014 geltenden Fassung kommt, vorbehaltlich des Satzes 2, für Mandate als Geschäftsleiter und für Mandate in Verwaltungs- und Aufsichtsorganen, die das Mitglied des Verwaltungs- und Aufsichtsorgans am 31. Dezember 2013 bereits innehatte, nicht zur Anwendung. [2]Für Institute, bei denen eine Systemgefährdung im Sinne des § 67 Absatz 2 Satz 1 des Gesetzes zur Sanierung und Abwicklung von Instituten und Finanzgruppen vorliegt, gilt § 25d Absatz 3 ab dem 1. Juli 2014.

(15) [1]CRR-Institute haben die in § 26a Absatz 1 Satz 2 Nummer 1 bis 3 bezeichneten Angaben erstmals zum 1. Juli 2014 und danach einmal jährlich offenzulegen. [2]Im Übrigen ist § 26a Absatz 1 Satz 2 und 3 ab dem 1. Januar 2015 anzuwenden. [3]Erlässt die Europäische Kommission einen Rechtsakt, der die Offenlegungspflicht nach Artikel 89 der Richtlinie 2013/36/EU aufschiebt, ist § 26a Absatz 1 Satz 2 und 3 erstmals ab dem 1. Januar 2016 anzuwenden; Satz 1 bleibt unberührt.

(16) [1]§ 53b Absatz 4, 5 und 8 in der ab dem 1. Januar 2014 geltenden Fassung ist ab dem 1. Januar 2015 oder bei Erlass eines Rechtsakts nach Artikel 151 Absatz 2 der Richtlinie 2013/36/EU ab dem Ablauf des dort bestimmten Zeitraums anzuwenden. [2]Bis zum 31. Dezember 2014 oder dem Ablauf des in dem vorgenannten Rechtsakt bestimmten Zeitraums ist § 53b Absatz 4, 5 und 8 in der bis zum 31. Dezember 2013 geltenden Fassung weiter anzuwenden.

(17) Bei der Anwendung der Übergangsvorschriften des Artikels 484 Absatz 5 der Verordnung (EU) Nr. 575/2013 sind bis zum 31. Dezember 2021 die Regelungen der Zuschlagsverordnung in der im Bundesgesetzblatt Teil III, Gliederungsnummer 7610-2-6, veröffentlichten bereinigten Fassung, die durch Artikel 2 der Verordnung vom 20. Dezember 1984 (BGBl. I S. 1727) geändert und durch Artikel 7 Absatz 1 des Gesetzes vom 28. August 2013 (BGBl. I S. 3395) aufgehoben worden ist, weiter anzuwenden.

(18) Für Kreditinstitute mit einer ausschließlichen Erlaubnis zum Betreiben der Tätigkeit einer zentralen Gegenpartei nach § 1 Absatz 1 Satz 2 Nummer 12 gelten bis zur Entscheidung über die Erteilung einer Zulassung nach Artikel 17 der Verordnung (EU) Nr. 648/2012 des Europäischen Parlaments und des Rates vom 4. Juli 2012 über OTC-Derivate, zentrale Gegenparteien und Transaktionsregister (ABl. L 201 vom 27.7.2012, S. 1) die Vorschriften dieses Gesetzes und der auf Grund dieses Gesetzes erlassenen Rechtsverordnungen jeweils in der bis zum 31. Dezember 2013 geltenden Fassung fort.

(19) [1]Wohnungsunternehmen mit Spareinrichtung, die am 31. Dezember 2013 über eine Erlaubnis zum Betreiben von Bankgeschäften nach § 32 Absatz 1 verfügt haben, dürfen abweichend von § 51c Absatz 5 über ein geringeres Anfangskapital als den Gegenwert von 5 Millionen Euro verfügen. [2]In diesem Fall darf das Anfangskapital nicht unter den am 31. Dezember 2013 vorhandenen Betrag sinken.

§ 64s Übergangsvorschrift zum Gesetz zur Abschirmung von Risiken und zur Planung der Sanierung und Abwicklung von Kreditinstituten

(1) Für ein Unternehmen, das nach § 1 Absatz 1a Satz 3 am 1. Juli 2015 als Finanzdienstleistungsinstitut gilt, gilt die Erlaubnis ab diesem Zeitpunkt bis zur Entscheidung der Bundesanstalt als vorläufig erteilt, wenn das Unternehmen innerhalb von zwölf Monaten nach Inkrafttreten dieser Bestimmung einen vollständigen Erlaubnisantrag nach § 32 Absatz 1 Satz 1 und 2, auch in Verbindung mit einer Rechtsverordnung nach § 24 Absatz 4, stellt.

(2) [1]§ 1 Absatz 1a Satz 3 und 4, § 3 Absatz 2 und 3 sowie § 25f sind erst ab dem 1. Juli 2015 anzuwenden. [2]§ 3 Absatz 4 ist erst ab dem 1. Juli 2016 anzuwenden.

§ 64t Übergangsvorschrift zur Verordnung (EU) Nr. 1060/2009

§ 29 Absatz 2 Satz 4 in der ab dem 19. Dezember 2014 geltenden Fassung ist erstmals auf die Abschlussprüfung des Jahresabschlusses für das Geschäftsjahr anzuwenden, das nach dem 31. Dezember 2014 beginnt.

§ 64u Übergangsvorschrift zum BRRD-Umsetzungsgesetz

Sofern bis zum 31. Dezember 2014 eine Übertragungsanordnung nach § 48a in der bis zum 31. Dezember 2014 geltenden Fassung erlassen wird, gelten für die Durchführung und Rechtsfolgen einer solchen Übertragungsanordnung auch nach dem 31. Dezember 2014 die §§ 48a bis 48s in der bis zum 31. Dezember 2014 geltenden Fassung.

§ 64v Übergangsvorschriften zum Ersten Finanzmarktnovellierungsgesetz

(1) [1]Die Tätigkeit als Zentralverwahrer kann auf Grund einer Erlaubnis für das Depotgeschäft nach § 1 Absatz 1 Satz 2 Nummer 5 bis zur Bestandskraft der Entscheidung über den Antrag auf Zulassung als Zentralverwahrer nach Artikel 17 Absatz 1 der Verordnung (EU) Nr. 909/2014 fortgeführt werden. [2]§ 2 Absatz 9e und 9f sowie § 29 Absatz 1b sind bis dahin nicht anzuwenden.

(2) [1]Ein Zentralverwahrer, der am Tag, den die Bundesregierung nach Artikel 17 Absatz 3 Satz 2 des Gesetzes vom 30. Juni 2016 (BGBl. I S. 1514) im Bundesgesetzblatt bekannt gibt, eine Erlaubnis nach § 1 Absatz 1 Satz 2 Nummer 1 oder Nummer 2 besitzt, kann die Erbringung von dadurch erlaubten Bankdienstleistungen bis zur Bestandskraft der Entscheidung über den Antrag auf Genehmigung nach Artikel 55 Absatz 1 der Verordnung (EU) Nr. 909/2014 fortführen. [2]§ 2 Absatz 9e und 9f sowie § 29 Absatz 1b sind bis dahin nicht anzuwenden.

§ 64w Übergangsregelung zum CSR-Richtlinie-Umsetzungsgesetz

[1]Die §§ 3 und 10a in der Fassung des CSR-Richtlinie-Umsetzungsgesetzes vom 11. April 2017 (BGBl. I S. 802) sind erstmals auf Lageberichte und Konzernlageberichte anzuwenden, die sich auf ein nach dem 31. Dezember 2016 beginnendes Geschäftsjahr beziehen. [2]Auf Lage- und Konzernlageberichte, die sich auf vor dem 1. Januar 2017 beginnende Geschäftsjahre beziehen, bleiben die §§ 3 und 10a in der bis zum 18. April 2017 geltenden Fassung anwendbar.

§ 64x Übergangsvorschrift zum Zweiten Finanzmarktnovellierungsgesetz

(1) Für ein Kreditinstitut, das am 3. Januar 2018 über eine Erlaubnis als CRR-Kreditinstitut verfügt, und ein Finanzdienstleistungsinstitut, das über eine Erlaubnis für den Betrieb eines multilateralen Handelssystems im Sinne des § 1 Absatz 1a Satz 2 Nummer 1b verfügt, gilt die Erlaubnis für den Betrieb eines organisierten Handelssystems im Sinne des § 1 Absatz 1a Satz 2 Nummer 1d als erteilt.

(2) Für ein Unternehmen, das auf Grund des neuen Tatbestands in § 1 Absatz 1a Satz 2 Nummer 1d am 3. Januar 2018 zum Finanzdienstleistungsinstitut wird, gilt die Erlaubnis für den Betrieb eines organisierten Handelssystems als zu diesem Zeitpunkt vorläufig erteilt, wenn es bis zum 2. Juli 2018 einen vollständigen Erlaubnisantrag nach § 32 Absatz 1 Satz 1 und 2, auch in Verbindung mit einer Rechtsverordnung nach § 24 Absatz 4, stellt.

(3) Für ein Unternehmen, das auf Grund der Erweiterung des Begriffs des Finanzinstruments im Sinne des § 1 Absatz 11 um Emissionszertifikate am 3. Januar 2018 eine Erlaubnis nach § 32 Absatz 1 Satz 1 benötigt, gilt die Erlaubnis für das Betreiben der dann nach diesem Gesetz erlaubnispflichtigen Geschäfte als zu diesem Zeitpunkt vorläufig erteilt, wenn es bis zum 2. Juli 2018 einen vollständigen Erlaubnisantrag nach § 32 Absatz 1 Satz 1 und 2, auch in Verbindung mit einer Rechtsverordnung nach § 24 Absatz 4, stellt.

(4) Für ein Unternehmen, das wegen des Wegfalls des § 2 Absatz 1 Nummer 8 und Absatz 6 Satz 1 Nummer 9 und 13 in der bis zum 2. Januar 2018 gültigen Fassung dieses Gesetzes eine Erlaubnis nach § 32 Absatz 1 Satz 1 benötigt, gilt die Erlaubnis für das Betreiben der dann nach diesem Gesetz erlaubnispflichtigen Geschäfte als zu diesem Zeitpunkt vorläufig erteilt, wenn es bis zum 2. Juli 2018 einen vollständigen Erlaubnisantrag nach § 32 Absatz 1 Satz 1 und 2, auch in Verbindung mit einer Rechtsverordnung nach § 24 Absatz 4, stellt.

(5) Für ein Unternehmen, das auf Grund der Neufassung des § 2 Absatz 1 Nummer 9 und Absatz 6 Satz 1 Nummer 11 eine Erlaubnis nach § 32 Absatz 1 Satz 1 benötigt, gilt die Erlaubnis für das Betreiben der dann nach diesem Gesetz erlaubnispflichtigen Geschäfte als zu diesem Zeitpunkt vorläufig erteilt, wenn es bis zum 2. Juli 2018 einen vollständigen Erlaubnisantrag nach § 32 Absatz 1 Satz 1 und 2, auch in Verbindung mit einer Rechtsverordnung nach § 24 Absatz 4, stellt.

(6) Für ein Unternehmen, das auf Grund der Erweiterung der Erlaubnispflicht für das Betreiben des Eigengeschäfts gemäß § 32 Absatz 1a Satz 2 und 3 am 3. Januar 2018 eine Erlaubnis nach § 32 Absatz 1 Satz 1 benötigt, gilt die Erlaubnis für das Betreiben des Eigengeschäfts als zu diesem Zeitpunkt vorläufig erteilt, wenn es bis zum 2. Juli 2018 einen vollständigen Erlaubnisantrag nach § 32 Absatz 1 Satz 1 und 2, auch in Verbindung mit einer Rechtsverordnung nach § 24 Absatz 4, stellt.

(7) Für ein Unternehmen, das am 3. Januar 2018 als Datenbereitstellungsdienst tätig ist, ohne über eine Erlaubnis der Bundesanstalt zu verfügen, gilt die Erlaubnis als zu diesem Zeitpunkt vorläufig erteilt, wenn es bis zum 2. Juli 2018 einen vollständigen Erlaubnisantrag nach § 32 Absatz 1f stellt.

(8)[1)] [1]Für ein Unternehmen mit Sitz in einem Drittstaat, das auf Grund der Erweiterung der Erlaubnispflicht für das Betreiben des Eigengeschäfts gemäß § 32 Absatz 1a Satz 2 und 3 am 3. Januar 2018 eine Erlaubnis nach § 32 Absatz 1 Satz 1 benötigt, gilt die Befreiung nach § 2 Absatz 5 ab dem 3. Januar 2018 bis zur Entscheidung der Europäischen Wertpapier- und Marktaufsichtsbehörde über eine Eintragung des Unternehmens in das Register nach Artikel 48 der Verordnung (EU) Nr. 600/2014 als vorläufig erteilt, wenn es bis zum 2. Juli 2018 einen vollständigen Freistellungsantrag nach § 2 Absatz 5 Satz 1 stellt. [2]Für ein Unternehmen mit Sitz in einem Drittstaat, das, wenn es ein Unternehmen mit Sitz im Inland wäre, die Regelungen der Absätze 1 bis 6 in Anspruch nehmen könnte, gilt die Freistellung nach § 2 Absatz 5 ab dem 3. Januar 2018 für das Betreiben der dann nach diesem Gesetz erlaubnispflichtigen Geschäfte als zu diesem Zeitpunkt vorläufig

1) Zur Anwendung von Abs. 8 Satz 1 s. § 64m Abs. 2.

erteilt, wenn es bis zum 2. Juli 2018 einen vollständigen Freistellungsantrag nach § 2 Absatz 5 Satz 1 stellt.

§ 64y [1)] Übergangsvorschriften zum Gesetz zur Umsetzung der Änderungsrichtlinie zur Vierten EU-Geldwäscherichtlinie

(1) [1]Für ein Unternehmen, das auf Grund des neuen Tatbestands in § 1 Absatz 1a Satz 2 Nummer 6 am 1. Januar 2020 zum Finanzdienstleistungsinstitut wird, gilt die Erlaubnis für den Betrieb des Kryptoverwahrgeschäftes als zu diesem Zeitpunkt vorläufig erteilt, wenn es bis zum 30. November 2020 einen vollständigen Erlaubnisantrag nach § 32 Absatz 1 Satz 1 und 2, auch in Verbindung mit einer Rechtsverordnung nach § 24 Absatz 4, stellt und wenn es die Absicht, einen Erlaubnisantrag zu stellen, bis zum 31. März 2020 der Bundesanstalt schriftlich anzeigt. [2]Unternehmen nach Satz 1, die am 1. Januar 2020 auch als vertraglich gebundene Vermittler nach § 2 Absatz 10 tätig sind, können neben der Tätigkeit als vertraglich gebundener Vermittler bis zum 30. November 2020 weiterhin das Kryptoverwahrgeschäft betreiben.

(2) Für ein Unternehmen, das auf Grund der Erweiterung des Begriffs des Finanzinstruments im Sinne des § 1 Absatz 11 um Kryptowerte am 1. Januar 2020 eine Erlaubnis nach § 32 Absatz 1 Satz 1 benötigt, gilt die Erlaubnis für das Betreiben der dann nach diesem Gesetz erlaubnispflichtigen Geschäfte als zu diesem Zeitpunkt vorläufig erteilt, wenn es bis zum 30. November 2020 einen vollständigen Erlaubnisantrag nach § 32 Absatz 1 Satz 1 und 2, auch in Verbindung mit einer Rechtsverordnung nach § 24 Absatz 4, stellt und wenn es die Absicht, einen Erlaubnisantrag zu stellen, bis zum 31. März 2020 der Bundesanstalt schriftlich anzeigt.

§ 65 (Inkrafttreten)

1) § 64y eingefügt durch Gesetz vom 12.12.2019 (BGBl. I S. 2602).

Anhang I

Informationsbogen für den Einleger

Einlagen bei (Name des Kreditinstituts einfügen) sind geschützt durch:	[Name des einschlägigen Einlagensicherungssystems einfügen] (1)
Sicherungsobergrenze:	100 000 Euro pro Einleger pro Kreditinstitut (2) [durch entsprechenden Betrag ersetzen, falls die Währung nicht auf Euro lautet] [Wenn zutreffend:] Die folgenden Marken sind Teil Ihres Kreditinstituts [alle Marken einfügen, die unter derselben Lizenz tätig sind]
Falls Sie mehrere Einlagen bei demselben Kreditinstitut haben:	Alle Ihre Einlagen bei demselben Kreditinstitut werden „aufaddiert" und die Gesamtsumme unterliegt der Obergrenze von 100 000 Euro [durch entsprechenden Betrag ersetzen, falls die Währung nicht auf Euro lautet] (2)
Falls Sie ein Gemeinschaftskonto mit einer oder mehreren anderen Personen haben:	Die Obergrenze von 100 000 Euro [durch entsprechenden Betrag ersetzen, falls die Währung nicht auf Euro lautet] gilt für jeden einzelnen Einleger (3)
Erstattungsfrist bei Ausfall eines Kreditinstituts:	20 Arbeitstage bis zum 31. Mai 2016 bzw. 7 Arbeitstage ab dem 1. Juni 2016
Währung der Erstattung:	Euro [gegebenenfalls durch andere Währung ersetzen]
Kontaktdaten:	[Kontaktdaten des einschlägigen Einlagensicherungssystems einfügen (Adresse, Telefon, E-Mail usw.)]
Weitere Informationen:	[Website des einschlägigen Einlagensicherungssystems einfügen]
Empfangsbestätigung durch den Einleger:	

Zusätzliche Informationen (für alle oder einige der nachstehenden Punkte)

(1) [Nur wenn zutreffend:] Ihr Kreditinstitut ist Teil eines institutsbezogenen Sicherungssystems, das als Einlagensicherungssystem amtlich anerkannt ist. Das heißt, alle Institute, die Mitglied dieses Einlagensicherungssystems sind, unterstützen sich gegenseitig, um eine Insolvenz zu vermeiden. Im Falle einer Insolvenz werden Ihre Einlagen bis zu 100 000 Euro [durch entsprechenden Betrag ersetzen, falls die Währung nicht auf Euro lautet] erstattet.

[Nur wenn zutreffend:] Ihre Einlage wird von einem gesetzlichen Einlagensicherungssystem gedeckt. Im Falle einer Insolvenz Ihres Kreditinstituts werden Ihre Einlagen in jedem Fall bis zu 100 000 Euro [durch entsprechenden Betrag ersetzen, falls die Währung nicht auf Euro lautet] erstattet.

[Nur wenn zutreffend:] Ihre Einlage wird von einem gesetzlichen Einlagensicherungssystem und einem vertraglichen Einlagensicherungssystem gedeckt. Im Falle einer Insolvenz Ihres Kreditinstituts werden Ihre Einlagen in jedem Fall bis zu 100 000 Euro [durch entsprechenden Betrag ersetzen, falls die Währung nicht auf Euro lautet] erstattet.

[Nur wenn zutreffend:] Ihre Einlage wird von einem gesetzlichen Einlagensicherungssystem gedeckt. Außerdem ist Ihr Kreditinstitut Teil eines institutsbezogenen Sicherungssystems, in dem sich alle Mitglieder gegenseitig unterstützen, um eine Insolvenz zu vermeiden. Im Falle einer Insolvenz werden Ihre Einlagen bis zu100 000 Euro [durch entsprechenden Betrag ersetzen, falls die Währung nicht auf Euro lautet] vom Einlagensicherungssystem erstattet.

(2) Sollte eine Einlage nicht verfügbar sein, weil ein Kreditinstitut seinen finanziellen Verpflichtungen nicht nachkommen kann, so werden die Einleger von dem Einlagensicherungssystem entschädigt. Die betreffende Deckungssumme beträgt maximal 100 000 Euro [durch entsprechenden Betrag ersetzen, falls die Währung nicht auf Euro lautet] pro Kreditinstitut. Das heißt, dass bei der Ermittlung dieser Summe alle bei demselben Kreditinstitut gehaltenen Einlagen addiert werden. Hält ein Einleger beispielsweise 90 000 Euro auf einem Sparkonto und 20 000 Euro auf einem Girokonto, so werden ihm lediglich 100 000 Euro erstattet.

[Nur wenn zutreffend:] Diese Methode wird auch angewandt, wenn ein Kreditinstitut unter unterschiedlichen Marken auftritt. Die [Name des kontoführenden Kreditinstituts einfügen] ist auch unter dem Namen [alle anderen Marken desselben Kreditinstituts einfügen] tätig. Das heißt, dass die Gesamtsumme aller Einlagen bei einem oder mehreren dieser Marken in Höhe von bis zu 100 000 Euro gedeckt ist.

(3) Bei Gemeinschaftskonten gilt die Obergrenze von 100 000 Euro für jeden Einleger.

[Nur wenn zutreffend:] Einlagen auf einem Konto, über das zwei oder mehrere Personen als Mitglieder einer Personengesellschaft oder Sozietät, einer Vereinigung oder eines ähnlichen Zusammenschlusses ohne Rechtspersönlichkeit verfügen können, werden bei der Berechnung der Obergrenze von 100 000 Euro [durch entsprechenden Betrag ersetzen, falls die Währung nicht auf Euro lautet] allerdings zusammengefasst und als Einlage eines einzigen Einlegers behandelt.

In den Fällen des § 8 Absatz 2 bis 4 des Einlagensicherungsgesetzes sind Einlagen über 100 000 Euro hinaus [durch entsprechenden Betrag ersetzen, falls die Währung nicht auf Euro lautet] gesichert. Weitere Informationen sind erhältlich über [Website des einschlägigen Einlagensicherungssystems einfügen].

(4) Erstattung [ist anzupassen]

Das zuständige Einlagensicherungssystem ist [Name, Adresse, Telefon, E-Mail und Website einfügen]. Es wird Ihnen Ihre Einlagen (bis zu 100 000 Euro [durch entsprechenden Betrag ersetzen, falls die Währung nicht auf Euro lautet]) spätestens innerhalb 20 Arbeitstagen bis zum 31. Mai 2016 bzw. 7 Arbeitstagen ab dem 1. Juni 2016 erstatten.

Haben Sie die Erstattung innerhalb dieser Fristen nicht erhalten, sollten Sie mit dem Einlagensicherungssystem Kontakt aufnehmen, da der Gültigkeitszeitraum für Erstattungsforderungen nach einer bestimmten Frist abgelaufen sein kann. Weitere Informationen sind erhältlich über [Website des zuständigen Einlagensicherungssystems einfügen].

Weitere wichtige Informationen

Einlagen von Privatkunden und Unternehmen sind im Allgemeinen durch Einlagensicherungssysteme gedeckt. Für bestimmte Einlagen geltende Ausnahmen werden auf der Website des zuständigen Einlagensicherungssystems mitgeteilt. Ihr Kreditinstitut wird Sie auf Anfrage auch darüber informieren, ob bestimmte Produkte gedeckt sind oder nicht. Wenn Einlagen entschädigungsfähig sind, wird das Kreditinstitut dies auch auf dem Kontoauszug bestätigen.

7a. Gesetz über die Beaufsichtigung von Zahlungsdiensten (Zahlungsdiensteaufsichtsgesetz – ZAG)

Vom 17.7.2017 (BGBl. I S. 2446)

zuletzt geändert durch Gesetz vom 12.12.2019 (BGBl. I S. 2602)

Inhaltsübersicht

Abschnitt 1. Allgemeine Vorschriften

Unterabschnitt 1. Begriffsbestimmungen, Anwendungsbereich, Aufsicht

§ 1 Begriffsbestimmungen

(1) [1]Zahlungsdienstleister sind

1. Unternehmen, die gewerbsmäßig oder in einem Umfang, der einen in kaufmännischer Weise eingerichteten Geschäftsbetrieb erfordert, Zahlungsdienste erbringen, ohne Zahlungsdienstleister im Sinne der Nummern 2 bis 5 zu sein (Zahlungsinstitute);
2. E-Geld-Institute im Sinne des Absatzes 2 Satz 1 Nummer 1, die im Inland zum Geschäftsbetrieb nach diesem Gesetz zugelassen sind, sofern sie Zahlungsdienste erbringen;
3. CRR-Kreditinstitute im Sinne des § 1 Absatz 3d Satz 1 des Kreditwesengesetzes, die im Inland zum Geschäftsbetrieb zugelassen sind, sowie die Kreditanstalt für Wiederaufbau, sofern sie Zahlungsdienste erbringen;
4. die Europäische Zentralbank, die Deutsche Bundesbank sowie andere Zentralbanken in der Europäischen Union oder den anderen Vertragsstaaten des Abkommens über den Europäischen Wirtschaftsraum, soweit sie außerhalb ihrer Eigenschaft als Währungsbehörde oder andere Behörde Zahlungsdienste erbringen;
5. der Bund, die Länder, die Gemeinden und Gemeindeverbände sowie die Träger bundes- oder landesmittelbarer Verwaltung, einschließlich der öffentlichen Schul-

denverwaltung, der Sozialversicherungsträger und der Bundesagentur für Arbeit, soweit sie außerhalb ihres hoheitlichen Handelns Zahlungsdienste erbringen.

[2]Zahlungsdienste sind

1. die Dienste, mit denen Bareinzahlungen auf ein Zahlungskonto ermöglicht werden, sowie alle für die Führung eines Zahlungskontos erforderlichen Vorgänge (Einzahlungsgeschäft);
2. die Dienste, mit denen Barauszahlungen von einem Zahlungskonto ermöglicht werden, sowie alle für die Führung eines Zahlungskontos erforderlichen Vorgänge (Auszahlungsgeschäft);
3. die Ausführung von Zahlungsvorgängen einschließlich der Übermittlung von Geldbeträgen auf ein Zahlungskonto beim Zahlungsdienstleister des Nutzers oder bei einem anderen Zahlungsdienstleister durch
   a) die Ausführung von Lastschriften einschließlich einmaliger Lastschriften (Lastschriftgeschäft),
   b) die Ausführung von Zahlungsvorgängen mittels einer Zahlungskarte oder eines ähnlichen Zahlungsinstruments (Zahlungskartengeschäft),
   c) die Ausführung von Überweisungen einschließlich Daueraufträgen (Überweisungsgeschäft),

   jeweils ohne Kreditgewährung (Zahlungsgeschäft);
4. die Ausführung von Zahlungsvorgängen im Sinne der Nummer 3, die durch einen Kreditrahmen für einen Zahlungsdienstnutzer im Sinne des § 3 Absatz 4 gedeckt sind (Zahlungsgeschäft mit Kreditgewährung);
5. die Ausgabe von Zahlungsinstrumenten oder die Annahme und Abrechnung von Zahlungsvorgängen (Akquisitionsgeschäft);
6. die Dienste, bei denen ohne Einrichtung eines Zahlungskontos auf den Namen des Zahlers oder des Zahlungsempfängers ein Geldbetrag des Zahlers nur zur Übermittlung eines entsprechenden Betrags an einen Zahlungsempfänger oder an einen anderen, im Namen des Zahlungsempfängers handelnden Zahlungsdienstleister entgegengenommen wird oder bei dem der Geldbetrag im Namen des Zahlungsempfängers entgegengenommen und diesem verfügbar gemacht wird (Finanztransfergeschäft);
7. Zahlungsauslösedienste;
8. Kontoinformationsdienste.

(2) [1]E-Geld-Emittenten sind

1. Unternehmen, die das E-Geld-Geschäft betreiben, ohne E-Geld-Emittenten im Sinne der Nummern 2 bis 4 zu sein (E-Geld-Institute);
2. CRR-Kreditinstitute im Sinne des § 1 Absatz 3d Satz 1 des Kreditwesengesetzes, die im Inland zum Geschäftsbetrieb zugelassen sind, sowie die Kreditanstalt für Wiederaufbau, sofern sie das E-Geld-Geschäft betreiben;
3. die Europäische Zentralbank, die Deutsche Bundesbank sowie andere Zentralbanken in der Europäischen Union oder den anderen Vertragsstaaten des Abkommens über den Europäischen Wirtschaftsraum, soweit sie außerhalb ihrer Eigenschaft als Währungsbehörde oder anderer Behörde das E-Geld-Geschäft betreiben;
4. der Bund, die Länder, die Gemeinden und Gemeindeverbände sowie die Träger bundes- oder landesmittelbarer Verwaltung, einschließlich der öffentlichen Schuldenverwaltung, der Sozialversicherungsträger und der Bundesagentur für Arbeit, soweit sie außerhalb ihres hoheitlichen Handelns das E-Geld-Geschäft betreiben.

[2]E-Geld-Geschäft ist die Ausgabe von E-Geld. [3]E-Geld ist jeder elektronisch, darunter auch magnetisch, gespeicherte monetäre Wert in Form einer Forderung an den Emittenten, der gegen Zahlung eines Geldbetrags ausgestellt wird, um damit Zahlungsvorgänge im Sinne des § 675f Absatz 4 Satz 1 des Bürgerlichen Gesetzbuchs durchzuführen, und der auch von anderen natürlichen oder juristischen Personen als dem Emittenten angenommen wird. [4]Kein E-Geld ist ein monetärer Wert,

1. der auf Instrumenten im Sinne des § 2 Absatz 1 Nummer 10 gespeichert ist oder
2. der nur für Zahlungsvorgänge nach § 2 Absatz 1 Nummer 11 eingesetzt wird.

(3) Institute im Sinne dieses Gesetzes sind Zahlungsinstitute und E-Geld-Institute.

(4) [1]Herkunftsmitgliedstaat ist der Mitgliedstaat der Europäischen Union (Mitgliedstaat) oder anderer Vertragsstaat des Abkommens über den Europäischen Wirtschaftsraum, in dem sich der Sitz des Instituts befindet, oder, wenn das Institut nach dem für ihn geltenden nationalen Recht keinen Sitz hat, der Mitgliedstaat oder Vertragsstaat, in dem sich seine Hauptverwaltung befindet. [2]Aufnahmemitgliedstaat ist jeder andere Mitgliedstaat oder Vertragsstaat, in dem das Institut einen Agenten oder eine Zweigniederlassung hat oder im Wege des grenzüberschreitenden Dienstleistungsverkehrs tätig ist.

(5) [1]Zweigniederlassung ist eine Geschäftsstelle, die nicht die Hauptverwaltung ist und die einen Teil eines Instituts bildet, keine eigene Rechtspersönlichkeit hat und unmittelbar sämtliche oder einen Teil der Geschäfte betreibt, die mit der Tätigkeit eines Instituts verbunden sind. [2]Alle Geschäftsstellen eines Instituts mit Hauptverwaltung in einem anderen Mitgliedstaat, die sich in einem Mitgliedstaat befinden, gelten als eine einzige Zweigniederlassung.

(6) Gruppe ist ein Verbund von Unternehmen, die untereinander durch eine in Artikel 22 Absatz 1, 2 oder 7 der Richtlinie 2013/34/EU des Europäischen Parlaments und des Rates vom 26. Juni 2013 über den Jahresabschluss, den konsolidierten Abschluss und damit verbundene Berichte von Unternehmen bestimmter Rechtsformen und zur Änderung der Richtlinie 2006/43/EG des Europäischen Parlaments und des Rates und zur Aufhebung der Richtlinien 78/660/EWG und 83/349/EWG des Rates (ABl. L 182 vom 29.6.2013, S. 19; L 369 vom 24.12.2014, S. 79), die zuletzt durch die Richtlinie 2014/102/EU geändert worden ist (ABl. L 334 vom 21.11.2014, S. 86), genannte Beziehung verbunden sind, oder Unternehmen im Sinne der Artikel 4, 5, 6 und 7 der Delegierten Verordnung (EU) Nr. 241/2014 der Kommission vom 7. Januar 2014 zur Ergänzung der Verordnung (EU) Nr. 575/2013 des Europäischen Parlaments und des Rates im Hinblick auf technische Regulierungsstandards für die Eigenmittelanforderungen an Institute (ABl. L 74 vom 14.3.2014, S. 8), die zuletzt durch die Delegierte Verordnung (EU) 2015/923 (ABl. L 150 vom 17.6.2015, S. 1) geändert worden ist, die untereinander durch eine in Artikel 10 Absatz 1 oder Artikel 113 Absatz 6 oder 7 der Verordnung (EU) Nr. 575/2013 des Europäischen Parlaments und des Rates vom 26. Juni 2013 über Aufsichtsanforderungen an Kreditinstitute und Wertpapierfirmen und zur Änderung der Verordnung (EU) Nr. 648/2012 (ABl. L 176 vom 27.6.2013, S. 1; L 208 vom 2.8.2013, S. 68; L 321 vom 30.11.2013, S. 6; L 193 vom 21.7.2015, S. 166), die zuletzt durch die Verordnung (EU) 2016/1014 (ABl. L 171 vom 29.6.2016, S. 153) geändert worden ist, genannte Beziehung verbunden sind.

(7) [1]Eine bedeutende Beteiligung im Sinne dieses Gesetzes ist eine qualifizierte Beteiligung gemäß Artikel 4 Absatz 1 Nummer 36 der Verordnung (EU) Nr. 575/2013 in der jeweils geltenden Fassung. [2]Für das Bestehen und die Berechnung einer bedeutenden Beteiligung gilt § 1 Absatz 9 Satz 2 und 3 des Kreditwesengesetzes entsprechend.

(8) [1]Geschäftsleiter im Sinne dieses Gesetzes sind diejenigen natürlichen Personen, die nach Gesetz, Satzung oder Gesellschaftsvertrag zur Führung der Geschäfte und zur Vertretung eines Instituts in der Rechtsform einer juristischen Person oder Personen-

handelsgesellschaft berufen sind. [2]In Ausnahmefällen kann die Bundesanstalt für Finanzdienstleistungsaufsicht (Bundesanstalt) auch eine andere mit der Führung der Geschäfte betraute und zur Vertretung ermächtigte Person widerruflich als Geschäftsleiter bestimmen, wenn sie zuverlässig ist und die erforderliche fachliche Eignung hat. [3]Beruht die Bestimmung einer Person als Geschäftsleiter auf einem Antrag des Instituts, so ist sie auf Antrag des Instituts oder des Geschäftsleiters zu widerrufen.

(9) [1]Agent im Sinne dieses Gesetzes ist jede natürliche oder juristische Person, die als selbständiger Gewerbetreibender im Namen eines Instituts Zahlungsdienste ausführt. [2]Die Handlungen des Agenten werden dem Institut zugerechnet.

(10) E-Geld-Agent im Sinne dieses Gesetzes ist jede natürliche oder juristische Person, die als selbständiger Gewerbetreibender im Namen eines E-Geld-Instituts beim Vertrieb und Rücktausch von E-Geld tätig ist.

(11) Zahlungssystem ist ein System zur Übertragung von Geldbeträgen auf der Grundlage von formalen und standardisierten Regeln und einheitlichen Vorschriften für die Verarbeitung, das Clearing oder die Verrechnung von Zahlungsvorgängen.

(12) Elektronische Kommunikationsnetze sind Übertragungssysteme und Vermittlungs- und Leitwegeinrichtungen sowie anderweitige Ressourcen einschließlich der nicht aktiven Netzbestandteile, die die Übertragung von Signalen über Kabel, Funk, optische oder andere elektromagnetische Einrichtungen ermöglichen, einschließlich Satellitennetze, feste (leitungs- und paketvermittelte, einschließlich Internet) und mobile terrestrische Netze, Stromleitungssysteme, soweit sie zur Signalübertragung genutzt werden, Netze für Hör- und Fernsehfunk sowie Kabelfernsehnetze, unabhängig von der Art der übertragenen Informationen.

(13) [1]Elektronische Kommunikationsdienste sind Dienste, die gewöhnlich gegen Entgelt erbracht werden und die ganz oder überwiegend in der Übertragung von Signalen über elektronische Kommunikationsnetze bestehen, einschließlich von Telekommunikations- und Übertragungsdiensten in Rundfunknetzen, jedoch ausgenommen von Diensten, die Inhalte über elektronische Kommunikationsnetze und -dienste anbieten oder eine redaktionelle Kontrolle über sie ausüben. [2]Keine elektronischen Kommunikationsdienste in diesem Sinne sind Dienste der Informationsgesellschaft im Sinne des Artikels 1 der Richtlinie (EU) 2015/1535 des Europäischen Parlaments und des Rates vom 9. September 2015 über ein Informationsverfahren auf dem Gebiet der technischen Vorschriften und der Vorschriften für die Dienste der Informationsgesellschaft (ABl. L 241 vom 17.9.2015, S. 1), die nicht ganz oder überwiegend in der Übertragung von Signalen über elektronische Kommunikationsnetze bestehen.

(14) Durchschnittlicher E-Geld-Umlauf ist der durchschnittliche Gesamtbetrag der am Ende jedes Kalendertages über die vergangenen sechs Kalendermonate bestehenden, aus der Ausgabe von E-Geld erwachsenden finanziellen Verbindlichkeiten, der am ersten Kalendertag jedes Kalendermonats berechnet wird und für diesen Kalendermonat gilt.

(15) Zahler ist eine natürliche oder juristische Person, die Inhaber eines Zahlungskontos ist und die Ausführung eines Zahlungsauftrags von diesem Zahlungskonto gestattet oder, falls kein Zahlungskonto vorhanden ist, eine natürliche oder juristische Person, die den Zahlungsauftrag erteilt.

(16) Zahlungsempfänger ist die natürliche oder juristische Person, die den Geldbetrag, der Gegenstand eines Zahlungsvorgangs ist, als Empfänger erhalten soll.

(17) Zahlungskonto ist ein auf den Namen eines oder mehrerer Zahlungsdienstnutzer lautendes Konto, das für die Ausführung von Zahlungsvorgängen genutzt wird.

(18) Kontoführender Zahlungsdienstleister ist ein Zahlungsdienstleister, der für einen Zahler ein Zahlungskonto bereitstellt und führt.

(19) Fernzahlungsvorgang im Sinne dieses Gesetzes ist ein Zahlungsvorgang, der über das Internet oder mittels eines Geräts, das für die Fernkommunikation verwendet werden kann, ausgelöst wird.

(20) Zahlungsinstrument ist jedes personalisierte Instrument oder Verfahren, dessen Verwendung zwischen dem Zahlungsdienstnutzer und dem Zahlungsdienstleister vereinbart wurde und das zur Erteilung eines Zahlungsauftrags verwendet wird.

(21) Lastschrift ist ein Zahlungsvorgang zur Belastung des Zahlungskontos des Zahlers, bei dem der Zahlungsvorgang vom Zahlungsempfänger aufgrund der Zustimmung des Zahlers gegenüber dem Zahlungsempfänger, dessen Zahlungsdienstleister oder seinem eigenen Zahlungsdienstleister ausgelöst wird.

(22) Überweisung ist ein auf Veranlassung des Zahlers ausgelöster Zahlungsvorgang zur Erteilung einer Gutschrift auf dem Zahlungskonto des Zahlungsempfängers zulasten des Zahlungskontos des Zahlers in Ausführung eines oder mehrerer Zahlungsvorgänge durch den Zahlungsdienstleister, der das Zahlungskonto des Zahlers führt.

(23) Authentifizierung ist ein Verfahren, mit dessen Hilfe der Zahlungsdienstleister die Identität eines Zahlungsdienstnutzers oder die berechtigte Verwendung eines bestimmten Zahlungsinstruments, einschließlich der Verwendung der personalisierten Sicherheitsmerkmale des Nutzers, überprüfen kann.

(24) Starke Kundenauthentifizierung ist eine Authentifizierung, die so ausgestaltet ist, dass die Vertraulichkeit der Authentifizierungsdaten geschützt ist und die unter Heranziehung von mindestens zwei der folgenden, in dem Sinne voneinander unabhängigen Elementen geschieht, dass die Nichterfüllung eines Kriteriums die Zuverlässigkeit der anderen nicht in Frage stellt:

1. Kategorie Wissen, also etwas, das nur der Nutzer weiß,
2. Kategorie Besitz, also etwas, das nur der Nutzer besitzt oder
3. Kategorie Inhärenz, also etwas, das der Nutzer ist.

(25) Personalisierte Sicherheitsmerkmale sind personalisierte Merkmale, die der Zahlungsdienstleister einem Zahlungsdienstnutzer zum Zwecke der Authentifizierung bereitstellt.

(26) [1]Sensible Zahlungsdaten sind Daten, einschließlich personalisierter Sicherheitsmerkmale, die für betrügerische Handlungen verwendet werden können. [2]Für die Tätigkeiten von Zahlungsauslösedienstleistern und Kontoinformationsdienstleistern stellen der Name des Kontoinhabers und die Kontonummer keine sensiblen Zahlungsdaten dar.

(27) Digitale Inhalte sind Waren oder Dienstleistungen, die in digitaler Form hergestellt und bereitgestellt werden, deren Nutzung oder Verbrauch auf ein technisches Gerät beschränkt ist und die in keiner Weise die Nutzung oder den Verbrauch von Waren oder Dienstleistungen in physischer Form einschließen.

(28) Zahlungsmarke ist jeder reale oder digitale Name, jeder reale oder digitale Begriff, jedes reale oder digitale Zeichen, jedes reale oder digitale Symbol oder jede Kombination davon, mittels dessen oder derer bezeichnet werden kann, unter welchem Zahlungskartensystem kartengebundene Zahlungsvorgänge ausgeführt werden.

(29) Eigenmittel sind Mittel im Sinne des Artikels 4 Absatz 1 Nummer 118 der Verordnung (EU) Nr. 575/2013 des Europäischen Parlaments und des Rates vom 26. Juni 2013 über Aufsichtsanforderungen an Kreditinstitute und Wertpapierfirmen und zur Änderung der Verordnung (EU) Nr. 648/2012 (ABl. L 176 vom 27.6.2013, S. 1; L 208 vom 2.8.2013, S. 68; ABl. L 321 vom 30.11.2013, S. 6; L 193 vom 21.7.2015, S. 166), die zuletzt durch die Verordnung (EU) 2016/1014 (ABl. L 171 vom 29.6.2016, S. 153) geändert worden ist, wobei mindestens 75 Prozent des Kernkapitals in Form von hartem

Kernkapital nach Artikel 50 der genannten Verordnung gehalten werden müssen und das Ergänzungskapital höchstens ein Drittel des harten Kernkapitals betragen muss.

(30) Anfangskapital im Sinne dieses Gesetzes ist das aus Bestandteilen gemäß Artikel 26 Absatz 1 Satz 1 Buchstabe a bis e der Verordnung (EU) Nr. 575/2013 bestehende harte Kernkapital.

(31) [1]Sichere Aktiva mit niedrigem Risiko im Sinne dieses Gesetzes sind Aktiva, die unter eine der Kategorien nach Artikel 336 Absatz 1 der Verordnung (EU) Nr. 575/2013 fallen, für die die Eigenmittelanforderung für das spezifische Risiko nicht höher als 1,6 Prozent ist, wobei jedoch andere qualifizierte Positionen gemäß Artikel 336 Absatz 4 der Verordnung (EU) Nr. 575/2013 ausgeschlossen sind. [2]Sichere Aktiva mit niedrigem Risiko im Sinne dieses Gesetzes sind auch Anteile an einem Organismus für gemeinsame Anlagen in Wertpapieren, der ausschließlich in die in Satz 1 genannten Aktiva investiert.

(32) Bargeldabhebungsdienst ist die Ausgabe von Bargeld über Geldausgabeautomaten für einen oder mehrere Kartenemittenten, ohne einen eigenen Rahmenvertrag mit dem Geld abhebenden Kunden geschlossen zu haben.

(33) Zahlungsauslösungsdienst ist ein Dienst, bei dem auf Veranlassung des Zahlungsdienstnutzers ein Zahlungsauftrag in Bezug auf ein bei einem anderen Zahlungsdienstleister geführtes Zahlungskonto ausgelöst wird.

(34) Kontoinformationsdienst ist ein Online-Dienst zur Mitteilung konsolidierter Informationen über ein Zahlungskonto oder mehrere Zahlungskonten des Zahlungsdienstnutzers bei einem oder mehreren anderen Zahlungsdienstleistern.

(35) [1]Annahme und Abrechnung von Zahlungsvorgängen (Akquisitionsgeschäft) beinhaltet einen Zahlungsdienst, der die Übertragung von Geldbeträgen zum Zahlungsempfänger bewirkt und bei dem der Zahlungsdienstleister mit dem Zahlungsempfänger eine vertragliche Vereinbarung über die Annahme und die Verarbeitung von Zahlungsvorgängen schließt. [2]Die Ausgabe von Zahlungsinstrumenten beinhaltet alle Dienste, bei denen ein Zahlungsdienstleister eine vertragliche Vereinbarung mit dem Zahler schließt, um einem Zahler ein Zahlungsinstrument zur Auslösung und Verarbeitung der Zahlungsvorgänge des Zahlers zur Verfügung zu stellen.

§ 2 Ausnahmen; Verordnungsermächtigung

(1) Als Zahlungsdienste gelten nicht

1. Zahlungsvorgänge, die ohne zwischengeschaltete Stellen ausschließlich als unmittelbare Bargeldzahlung vom Zahler an den Zahlungsempfänger erfolgen;
2. Zahlungsvorgänge zwischen Zahler und Zahlungsempfänger über einen Zentralregulierer oder Handelsvertreter, der aufgrund einer Vereinbarung befugt ist, den Verkauf oder Kauf von Waren oder Dienstleistungen nur im Namen des Zahlers oder nur im Namen des Zahlungsempfängers auszuhandeln oder abzuschließen;
3. der gewerbsmäßige Transport von Banknoten und Münzen einschließlich ihrer Entgegennahme, Bearbeitung und Übergabe;
4. Dienste, bei denen der Zahlungsempfänger dem Zahler Bargeld im Rahmen eines Zahlungsvorgangs aushändigt, nachdem ihn der Zahlungsdienstnutzer kurz vor der Ausführung eines Zahlungsvorgangs zum Erwerb von Waren oder Dienstleistungen ausdrücklich hierum gebeten hat;
5. Geldwechselgeschäfte, die bar abgewickelt werden;
6. Zahlungsvorgänge, denen eines der folgenden Dokumente zugrunde liegt, das auf den Zahlungsdienstleister gezogen ist und die Bereitstellung von Geldern an einen Zahlungsempfänger vorsieht:

a) ein Scheck in Papierform im Sinne des Scheckgesetzes oder ein vergleichbarer Scheck in Papierform nach dem Recht eines anderen Mitgliedstaates oder eines anderen Vertragsstaates des Abkommens über den Europäischen Wirtschaftsraum,

b) ein Wechsel in Papierform im Sinne des Wechselgesetzes oder ein vergleichbarer Wechsel in Papierform nach dem Recht eines anderen Mitgliedstaates oder eines anderen Vertragsstaates des Abkommens über den Europäischen Wirtschaftsraum,

c) ein Gutschein in Papierform,

d) ein Reisescheck in Papierform oder

e) eine Postanweisung in Papierform im Sinne der Definition des Weltpostvereins;

7. Zahlungsvorgänge, die innerhalb eines Zahlungs- oder Wertpapierabwicklungssystems zwischen Zahlungsausgleichsagenten, zentralen Gegenparteien, Clearingstellen oder Zentralbanken und anderen Teilnehmern des Systems und Zahlungsdienstleistern abgewickelt werden;

8. Zahlungsvorgänge im Zusammenhang mit der Bedienung von Wertpapieranlagen, die von den unter Nummer 7 fallenden Unternehmen oder von Kreditinstituten, Finanzdienstleistungsinstituten oder Kapitalverwaltungsgesellschaften im Rahmen ihrer Erlaubnis nach dem Kreditwesengesetz oder dem Kapitalanlagegesetzbuch durchgeführt werden;

9. Dienste, die von technischen Dienstleistern erbracht werden, die zwar zur Erbringung der Zahlungsdienste beitragen, jedoch zu keiner Zeit in den Besitz der zu übertragenden Gelder gelangen; hierzu zählen die Verarbeitung und Speicherung von Daten, vertrauensbildende Maßnahmen und Dienste zum Schutz der Privatsphäre, Nachrichten- und Instanzenauthentisierung, Bereitstellung von Informationstechnologie- und Kommunikationsnetzen sowie Bereitstellung und Wartung der für Zahlungsdienste genutzten Endgeräte und Einrichtungen; jeweils mit Ausnahme von Zahlungsauslösediensten und Kontoinformationsdiensten;

10. Dienste, die auf Zahlungsinstrumenten beruhen, die

a) für den Erwerb von Waren oder Dienstleistungen in den Geschäftsräumen des Emittenten oder innerhalb eines begrenzten Netzes von Dienstleistern im Rahmen einer Geschäftsvereinbarung mit einem professionellen Emittenten eingesetzt werden können,

b) für den Erwerb eines sehr begrenzten Waren- oder Dienstleistungsspektrums eingesetzt werden können, oder

c) beschränkt sind auf den Einsatz im Inland und auf Ersuchen eines Unternehmens oder einer öffentlichen Stelle für bestimmte soziale oder steuerliche Zwecke nach Maßgabe öffentlichrechtlicher Bestimmungen für den Erwerb der darin bestimmten Waren oder Dienstleistungen von Anbietern, die eine gewerbliche Vereinbarung mit dem Emittenten geschlossen haben, bereitgestellt werden;

11. Zahlungsvorgänge, die von einem Anbieter elektronischer Kommunikationsnetze oder -dienste zusätzlich zu elektronischen Kommunikationsdiensten für einen Teilnehmer des Netzes oder Dienstes bereitgestellt werden, und die

a) im Zusammenhang stehen mit dem Erwerb von digitalen Inhalten und Sprachdiensten, ungeachtet des für den Erwerb oder Konsum des digitalen Inhalts verwendeten Geräts, und die auf der entsprechenden Rechnung abgerechnet werden, oder

b) von einem elektronischen Gerät aus oder über dieses ausgeführt und auf der entsprechenden Rechnung im Rahmen einer gemeinnützigen Tätigkeit oder für den Erwerb von Tickets abgerechnet werden,

sofern der Wert einer Einzelzahlung 50 Euro nicht überschreitet und der kumulative Wert der Zahlungsvorgänge eines einzelnen Teilnehmers monatlich 300 Euro nicht überschreitet;

12. Zahlungsvorgänge, die zwischen Zahlungsdienstleistern, ihren Agenten oder Zweigniederlassungen auf eigene Rechnung ausgeführt werden;
13. Zahlungsvorgänge und damit verbundene Dienste innerhalb eines Konzerns oder zwischen Mitgliedern einer kreditwirtschaftlichen Verbundgruppe;
14. Bargeldabhebungsdienste, vorausgesetzt, dass dieser Dienstleister keine anderen Zahlungsdienste erbringt;
15. die nicht gewerbsmäßige Entgegennahme und Übergabe von Bargeld im Rahmen einer gemeinnützigen Tätigkeit oder einer Tätigkeit ohne Erwerbszweck.

(2) [1]Übt ein Unternehmen eine Tätigkeit nach Absatz 1 Nummer 10 Buchstabe a oder Buchstabe b aus und überschreitet der Gesamtwert der Zahlungsvorgänge der vorangegangenen zwölf Monate den Betrag von 1 Million Euro, hat es diese Tätigkeit der Bundesanstalt anzuzeigen und in einer Beschreibung der angebotenen Dienstleistung anzugeben, welche Ausnahme nach Absatz 1 Nummer 10 Buchstabe a oder Buchstabe b in Anspruch genommen wird. [2]Auf Grundlage dieser Anzeige entscheidet die Bundesanstalt, ob die Voraussetzungen des Absatzes 1 Nummer 10 Buchstabe a oder Buchstabe b vorliegen. [3]Entspricht die Tätigkeit des Unternehmens nicht den Voraussetzungen des Absatzes 1 Nummer 10 Buchstabe a oder Buchstabe b, setzt die Bundesanstalt es hiervon in Kenntnis.

(3) Übt ein Unternehmen eine Tätigkeit nach Absatz 1 Nummer 11 aus, hat es diese Tätigkeit der Bundesanstalt anzuzeigen und ihr in einem jährlichen Bestätigungsvermerk mitzuteilen, dass die Tätigkeit die in Absatz 1 Nummer 11 festgelegten Obergrenzen nicht überschreitet.

(4) [1]Die Bundesanstalt hat die Europäische Bankenaufsichtsbehörde über die Anzeigen nach den Absätzen 2 und 3 unter Angabe der jeweils in Anspruch genommenen Ausnahme zu unterrichten. [2]Die Bundesanstalt hat die Informationen, die ihr nach den Absätzen 2 und 3 angezeigt werden, in dem Zahlungsinstituts-Register oder, soweit die Ausnahme über § 1 Absatz 2 Satz 4 anwendbar ist, in dem E-Geld-Instituts-Register öffentlich zugänglich zu machen; die Europäische Bankenaufsichtsbehörde unterrichtet sie gesondert.

(5) [1]Das Bundesministerium der Finanzen wird ermächtigt, durch Rechtsverordnung, die nicht der Zustimmung des Bundesrates bedarf, nähere Bestimmungen über Inhalt, Art und Umfang der Angaben, Nachweise und Unterlagen zu treffen, die eine Anzeige nach den Absätzen 2 und 3 enthalten muss. [2]Diese kann insbesondere nähere Bestimmungen enthalten zu:

1. der Ausgestaltung der Beschreibung der angebotenen Dienstleistungen im Falle der Inanspruchnahme einer Ausnahme nach Absatz 1 Nummer 10 Buchstabe a oder Buchstabe b,
2. dem Bestätigungsvermerk im Falle der Inanspruchnahme der Ausnahme nach Absatz 1 Nummer 11,
3. den zulässigen Datenträgern, Übertragungswegen und Datenformaten und über zu verwendende und anzuzeigende Zusatzinformationen zu den Hauptinformationen, etwa besondere Rechtsträgerkennungen sowie Angaben zu deren Aktualität oder Validität.

[3]Das Bundesministerium der Finanzen kann in der Rechtsverordnung die Anzeigepflichten durch die Pflicht zur Erstattung von Sammelanzeigen und zur Einreichung von Sammelaufstellungen ergänzen, soweit dies zur Erfüllung der Aufgaben der Bundesanstalt erforderlich erscheint, auch um einheitliche Unterlagen zur Beurteilung der unter diesen Bereichsausnahmen durchgeführten Geschäfte zu erhalten. [4]Die Rechtsverordnung kann auch nähere Bestimmungen zur Unterrichtung der Europäischen Bankenaufsichtsbehörde und zur öffentlichen Zugänglichmachung der Informationen in dem Zahlungsinstituts-Register und dem E-Geld-Instituts-Register regeln. [5]Das Bundesministerium der Finanzen kann die Ermächtigung durch Rechtsverordnung auf die Bundesanstalt übertragen. [6]Vor Erlass der Rechtsverordnung sind die Spitzenverbände der Institute anzuhören.

(6) Auf Zahlungsinstitute, die als Zahlungsdienst nur den Kontoinformationsdienst anbieten, sind die §§ 10 bis 18 und 25 nicht anzuwenden.

§ 3 Für Institute zugelassene Tätigkeiten und verbotene Geschäfte

(1) Ein Institut darf außerhalb der Vorgaben der Absätze 2 und 3 und seiner Erlaubnis nach § 10 Absatz 1 Satz 1 oder § 11 Absatz 1 Satz 1 nicht gewerbsmäßig oder in einem Umfang, der einen in kaufmännischer Weise eingerichteten Geschäftsbetrieb erfordert, Einlagen oder andere rückzahlbare Gelder des Publikums entgegennehmen.

(2) [1]Gelder, die ein E-Geld-Institut zum Zwecke der Ausgabe von E-Geld entgegennimmt, hat es unverzüglich in E-Geld umzutauschen. [2]Solche Gelder gelten nicht als Einlagen oder andere rückzahlbare Gelder des Publikums im Sinne des § 1 Absatz 1 Satz 2 Nummer 1 des Kreditwesengesetzes, sofern

1. die Ausgabe des E-Geldes gleichzeitig oder unverzüglich nach der Entgegennahme der im Austausch gegen die Ausgabe des E-Geldes einzuzahlenden Gelder erfolgt und
2. das E-Geld und das Guthaben, das durch die Ausgabe des E-Geldes entsteht, nicht verzinst werden und dem Inhaber auch sonst keine Vorteile gewährt werden, die mit der Länge der Haltedauer in Zusammenhang stehen.

(3) [1]Soweit ein Institut im Rahmen seiner Erlaubnis nach § 10 Absatz 1 Satz 1 oder § 11 Absatz 1 Satz 1 Zahlungskonten für Zahlungsdienstnutzer führt, darf es über diese Zahlungskonten ausschließlich die Abwicklung von Zahlungsvorgängen vornehmen. [2]Guthaben auf Zahlungskonten, die bei dem Institut geführt werden, dürfen nicht verzinst werden. [3]Die Gelder, die ein Institut von den Zahlungsdienstnutzern ausschließlich bestimmt für die Durchführung von Zahlungsvorgängen entgegennimmt, gelten nicht als Einlagen oder andere unbedingt rückzahlbare Gelder des Publikums im Sinne des § 1 Absatz 1 Satz 2 Nummer 1 des Kreditwesengesetzes oder als E-Geld.

(4) [1]Ein Institut darf im Rahmen seiner Erlaubnis nach § 10 Absatz 1 Satz 1 oder § 11 Absatz 1 Satz 1 Zahlungsdienstnutzern im Zusammenhang mit Zahlungsdiensten nach § 1 Absatz 1 Satz 2 Nummer 4 oder 5 Kredite im Sinne des § 19 des Kreditwesengesetzes nur unter der Voraussetzung gewähren, dass

1. die Gewährung des Kredits als Nebentätigkeit und ausschließlich im Zusammenhang mit der Ausführung eines Zahlungsvorgangs erfolgt,
2. im Kreditvertrag eine Laufzeit von nicht mehr als zwölf Monaten vereinbart und das Darlehen innerhalb von zwölf Monaten vollständig zurückzuzahlen ist und
3. der Kredit nicht aus den für den Zweck der Ausführung eines Zahlungsvorgangs oder aus der Ausgabe von E-Geld entgegengenommenen oder gehaltenen Geldern gewährt wird.

[2]Satz 1 gilt für die Ausgabe von E-Geld entsprechend mit der Maßgabe, dass der Kredit auch nicht aus den im Austausch für die Ausgabe von E-Geld angenommenen Geldern gewährt werden darf. [3]Eine Kreditgewährung durch ein Institut im Sinne dieses Gesetzes, die die Voraussetzungen des Satzes 1 erfüllt, gilt nicht als Kreditgeschäft im Sinne des § 1 Absatz 1 Satz 2 Nummer 2 des Kreditwesengesetzes. [4]In diesem Fall prüft das Zahlungsinstitut vor Abschluss eines Verbraucherdarlehensvertrags oder eines Vertrags über eine entgeltliche Finanzierungshilfe die Kreditwürdigkeit des Verbrauchers; § 18a Absatz 1 bis 10 des Kreditwesengesetzes gilt entsprechend.

§ 4 Aufgaben und allgemeine Befugnisse der Bundesanstalt, Entscheidung in Zweifelsfällen

(1) Die Bundesanstalt übt die Aufsicht über die Zahlungsdienstleister und E-Geld-Emittenten nach den Vorschriften dieses Gesetzes aus.

(2) [1]Die Bundesanstalt kann im Rahmen der ihr gesetzlich zugewiesenen Aufgaben gegenüber den Instituten und ihren Geschäftsleitern die Anordnungen treffen, die geeignet und erforderlich sind, um Verstöße gegen aufsichtsrechtliche Bestimmungen zu verhindern oder zu unterbinden oder um Missstände in einem Institut zu verhindern oder zu beseitigen, die die Sicherheit der dem Institut anvertrauten Vermögenswerte gefährden können oder die ordnungsgemäße Durchführung der Zahlungsdienste oder E-Geld-Geschäfte beeinträchtigen. [2]Die Befugnis nach Satz 1 schließt die Behebung von Missständen bei der Werbung der Institute ein. [3]Vor allgemeinen Maßnahmen nach Satz 2 sind die Spitzenverbände der Institute und des Verbraucherschutzes anzuhören.

(3) [1]Die Bundesanstalt und die Deutsche Bundesbank arbeiten nach Maßgabe dieses Gesetzes zusammen. [2]§ 7 des Kreditwesengesetzes gilt entsprechend.

(4) [1]Die Bundesanstalt entscheidet in Zweifelsfällen, dass ein Unternehmen den Vorschriften dieses Gesetzes unterliegt. [2]Als Zweifelsfall gilt insbesondere jeder Fall, bei dem die Einstufung als Institut, Zahlungsdienstleister oder E-Geld-Emittent zwischen dem Betreiber und der Bundesanstalt oder einer anderen Verwaltungsbehörde streitig ist. [3]Ihre Entscheidungen binden die anderen Verwaltungsbehörden.

§ 5 Zusammenarbeit mit anderen Behörden

[1]Die Bundesanstalt und die Deutsche Bundesbank arbeiten bei der Aufsicht über Institute, Zahlungsdienstleister und E-Geld-Emittenten, die in einem anderen Mitgliedstaat oder Vertragsstaat des Abkommens über den Europäischen Wirtschaftsraum Zahlungsdienste erbringen oder das E-Geld-Geschäft betreiben, mit den zuständigen Behörden des anderen Staates und den zuständigen europäischen Behörden zusammen; dies schließt die §§ 60 und 61 ein. [2]Die §§ 7a bis 8a des Kreditwesengesetzes gelten entsprechend.

§ 6 Verschwiegenheitspflicht

[1]Die Bediensteten der Bundesanstalt und der Deutschen Bundesbank, die nach diesem Gesetz bestellten Aufsichtspersonen und Abwickler und die nach § 4 Absatz 3 des Finanzdienstleistungsaufsichtsgesetzes beauftragten Personen dürfen die ihnen bei ihrer Tätigkeit bekannt gewordenen Tatsachen, deren Geheimhaltung im Interesse des Instituts, Zahlungsdienstleisters oder E-Geld-Emittenten oder eines Dritten liegt, insbesondere Geschäfts- und Betriebsgeheimnisse, nicht unbefugt offenbaren oder verwerten. [2]§ 9 des Kreditwesengesetzes gilt entsprechend.

Unterabschnitt 2. Durchsetzung des Erlaubnisvorbehalts

§ 7 Einschreiten gegen unerlaubte Zahlungsdienste und E-Geld-Geschäfte

(1) [1]Werden ohne die nach § 10 Absatz 1 erforderliche Erlaubnis oder die nach § 34 Absatz 1 erforderliche Registrierung Zahlungsdienste erbracht (unerlaubte Zahlungsdienste) oder wird ohne die nach § 11 Absatz 1 erforderliche Erlaubnis das E-Geld-Geschäft betrieben (unerlaubtes E-Geld-Geschäft), kann die Bundesanstalt die sofortige Einstellung des Geschäftsbetriebs und die unverzügliche Abwicklung dieser Geschäfte gegenüber dem Unternehmen sowie gegenüber seinen Gesellschaftern und den Mitgliedern seiner Organe anordnen. [2]Sie kann

1. für die Abwicklung Weisungen erlassen und
2. eine geeignete Person als Abwickler bestellen.

[3]Sie kann ihre Maßnahmen nach den Sätzen 1 und 2 bekannt machen; personenbezogene Daten dürfen nur veröffentlicht werden, soweit dies zur Gefahrenabwehr erforderlich ist. [4]Die Befugnisse der Bundesanstalt nach den Sätzen 1 bis 3 bestehen auch gegenüber dem Unternehmen, das in die Anbahnung, den Abschluss oder die Abwicklung dieser Geschäfte einbezogen ist, sowie gegenüber seinen Gesellschaftern und den Mitgliedern seiner Organe.

(2) [1]Ordnet die Bundesanstalt die Einstellung des Geschäftsbetriebs oder die Abwicklung der unerlaubten Geschäfte an, so stehen ihr bei juristischen Personen und Personenhandelsgesellschaften auch die in § 38 Absatz 1 und 2 des Kreditwesengesetzes genannten Rechte zu. [2]Absatz 1 Satz 3 gilt entsprechend.

(3) Der Abwickler ist zum Antrag auf Eröffnung eines Insolvenzverfahrens über das Vermögen des Unternehmens berechtigt.

(4) [1]Der Abwickler erhält von der Bundesanstalt eine angemessene Vergütung und Ersatz seiner Auslagen entsprechend den Regeln über die Vergütung des Insolvenzverwalters. [2]Die gezahlten Beträge sind der Bundesanstalt von dem betroffenen Unternehmen gesondert zu erstatten und auf Verlangen der Bundesanstalt vorzuschießen. [3]Die Bundesanstalt kann das betroffene Unternehmen anweisen, den von der Bundesanstalt festgesetzten Betrag im Namen der Bundesanstalt unmittelbar an den Abwickler zu leisten, wenn dadurch keine Beeinflussung der Unabhängigkeit des Abwicklers zu besorgen ist.

§ 8 Verfolgung unerlaubter Zahlungsdienste und E-Geld-Geschäfte

(1) [1]Steht es fest oder rechtfertigen Tatsachen die Annahme, dass ein Unternehmen unerlaubt Zahlungsdienste erbringt oder unerlaubt das E-Geld-Geschäft betreibt oder dass es in die Anbahnung, den Abschluss oder die Abwicklung unerlaubter Zahlungsdienste oder E-Geld-Geschäfte einbezogen ist oder war, haben sowohl das Unternehmen als auch die Mitglieder der Organe, die Gesellschafter und die Beschäftigten eines solchen Unternehmens der Bundesanstalt sowie der Deutschen Bundesbank auf Verlangen Auskünfte über alle Geschäftsangelegenheiten zu erteilen und Unterlagen vorzulegen. [2]Ein Mitglied eines Organs, ein Gesellschafter oder ein Beschäftigter hat auf Verlangen auch nach seinem Ausscheiden aus dem Organ oder dem Unternehmen Auskunft zu erteilen und Unterlagen vorzulegen.

(2) [1]Soweit dies zur Feststellung der Art oder des Umfangs der Geschäfte oder Tätigkeiten erforderlich ist, kann die Bundesanstalt Prüfungen in Räumen des Unternehmens sowie in den Räumen der nach Absatz 1 auskunfts- und vorlegungspflichtigen Personen und Unternehmen vornehmen; sie kann die Durchführung der Prüfungen der Deutschen Bundesbank übertragen. [2]Die Bediensteten der Bundesanstalt und der Deutschen Bun-

desbank dürfen hierzu diese Räume innerhalb der üblichen Betriebs- und Geschäftszeiten betreten und besichtigen. [3]Zur Verhütung dringender Gefahren für die öffentliche Ordnung und Sicherheit sind sie befugt, diese Räume auch außerhalb der üblichen Betriebs- und Geschäftszeiten sowie Räume, die auch als Wohnung dienen, zu betreten und zu besichtigen; das Grundrecht des Artikels 13 des Grundgesetzes wird insoweit eingeschränkt.

(3) [1]Die Bediensteten der Bundesanstalt und der Deutschen Bundesbank dürfen die Räume des Unternehmens sowie der nach Absatz 1 auskunfts- und vorlegungspflichtigen Personen und Unternehmen durchsuchen. [2]Im Rahmen der Durchsuchung dürfen die Bediensteten auch die auskunfts- und vorlegungspflichtigen Personen zum Zwecke der Sicherstellung von Gegenständen im Sinne des Absatzes 4 durchsuchen. [3]Das Grundrecht des Artikels 13 des Grundgesetzes wird insoweit eingeschränkt. [4]Durchsuchungen von Geschäftsräumen und Personen sind, außer bei Gefahr im Verzug, durch das Gericht anzuordnen. [5]Durchsuchungen von Räumen, die als Wohnung dienen, sind durch das Gericht anzuordnen. [6]Zuständig ist das Amtsgericht, in dessen Bezirk sich die Räume befinden. [7]Gegen die gerichtliche Entscheidung ist die Beschwerde zulässig; die §§ 306 bis 310 und 311a der Strafprozessordnung gelten entsprechend. [8]Über die Durchsuchung ist eine Niederschrift zu fertigen. [9]Sie muss die verantwortliche Dienststelle, Grund, Zeit und Ort der Durchsuchung und ihr Ergebnis und, falls keine gerichtliche Anordnung ergangen ist, auch Tatsachen, welche die Annahme einer Gefahr im Verzuge begründet haben, enthalten.

(4) Die Bediensteten der Bundesanstalt und der Deutschen Bundesbank können Gegenstände sicherstellen, die als Beweismittel für die Ermittlung des Sachverhaltes von Bedeutung sein können.

(5) [1]Die Betroffenen haben Maßnahmen nach den Absätzen 2 und 3 Satz 1 und 2 sowie Absatz 4 zu dulden. [2]Der zur Erteilung einer Auskunft Verpflichtete kann die Auskunft auf solche Fragen verweigern, deren Beantwortung ihn selbst oder einen der in § 383 Absatz 1 Nummer 1 bis 3 der Zivilprozessordnung bezeichneten Angehörigen der Gefahr strafgerichtlicher Verfolgung oder eines Verfahrens nach dem Gesetz über Ordnungswidrigkeiten aussetzen würde.

(6) Die Absätze 1 bis 5 gelten entsprechend für andere Unternehmen und Personen, sofern

1. Tatsachen die Annahme rechtfertigen, dass sie in die Anbahnung, den Abschluss oder die Abwicklung von Zahlungsdiensten oder des E-Geld-Geschäfts einbezogen sind, die in einem anderen Staat entgegen einem dort bestehenden Verbot erbracht oder betrieben werden, und
2. die zuständige Behörde des anderen Staates ein entsprechendes Ersuchen an die Bundesanstalt stellt.

(7) [1]Soweit und solange Tatsachen die Annahme rechtfertigen oder feststeht, dass ein Unternehmen unerlaubt Zahlungsdienste erbringt oder unerlaubt das E-Geld-Geschäft betreibt, kann die Bundesanstalt die Öffentlichkeit unter Nennung des Namens oder der Firma des Unternehmens über den Verdacht informieren. [2]Satz 1 ist entsprechend anzuwenden, wenn ein Unternehmen die unerlaubten Zahlungsdienste zwar nicht erbringt oder das E-Geld-Geschäft nicht betreibt, aber in der Öffentlichkeit einen entsprechenden Anschein erweckt. [3]Vor der Entscheidung über die Veröffentlichung der Information ist das Unternehmen anzuhören. [4]Stellen sich die von der Bundesanstalt veröffentlichten Informationen als falsch oder die zugrunde liegenden Umstände als unrichtig wiedergegeben heraus, so informiert die Bundesanstalt die Öffentlichkeit hierüber in der gleichen Art und Weise, in der sie die betreffende Information zuvor bekannt gegeben hat.

Unterabschnitt 3. Sofortige Vollziehbarkeit

§ 9[1] Sofortige Vollziehbarkeit

Widerspruch und Anfechtungsklage gegen Maßnahmen der Bundesanstalt, einschließlich der Androhung und Festsetzung von Zwangsmitteln, auf der Grundlage des § 4 Absatz 2, der §§ 7, 8, § 13 Absatz 2 Nummer 2 bis 5 oder § 14 Absatz 1 in Verbindung mit § 2c Absatz 1b Satz 1 und 2 und Absatz 2 Satz 1 des Kreditwesengesetzes, auf der Grundlage des § 15 Absatz 1 Satz 3 und 4, der §§ 19 bis 21, diese auch in Verbindung mit § 17 Absatz 3 Satz 3, § 23 Absatz 1, § 24 Absatz 4 oder auf der Grundlage des § 25 Absatz 3, des § 26 Absatz 3 oder des § 27 Absatz 3 Satz 1 oder Absatz 4 Satz 2 oder des § 32 Absatz 2 oder des § 39 Absatz 8 haben keine aufschiebende Wirkung.

Abschnitt 2. Erlaubnis; Inhaber bedeutender Beteiligungen

Unterabschnitt 1. Erlaubnis

§ 10 Erlaubnis für das Erbringen von Zahlungsdiensten; Verordnungsermächtigung

(1) [1]Wer im Inland gewerbsmäßig oder in einem Umfang, der einen in kaufmännischer Weise eingerichteten Geschäftsbetrieb erfordert, Zahlungsdienste erbringen will, ohne Zahlungsdienstleister im Sinne des § 1 Absatz 1 Satz 1 Nummer 2 bis 5 zu sein, bedarf der schriftlichen Erlaubnis der Bundesanstalt. [2]Über die Erbringung von Zahlungsdiensten hinaus sind von der Erlaubnis umfasst

1. die Erbringung betrieblicher und eng verbundener Nebendienstleistungen; Nebendienstleistungen sind die Sicherstellung der Ausführung von Zahlungsvorgängen, Devisengeschäfte, Dienstleistungen für die Sicherstellung des Datenschutzes sowie die Datenspeicherung und -verarbeitung und Verwahrungsleistungen, soweit es sich nicht um die Entgegennahme von Einlagen handelt;
2. der Betrieb von Zahlungssystemen nach Maßgabe des § 57;
3. Geschäftstätigkeiten, die nicht in der Erbringung von Zahlungsdiensten bestehen, wobei das geltende Unionsrecht und das jeweils maßgebende einzelstaatliche Recht zu berücksichtigen sind.

(2) [1]Der Erlaubnisantrag muss folgende Angaben und Nachweise enthalten:

1. eine Beschreibung des Geschäftsmodells, aus der insbesondere die Art der beabsichtigten Zahlungsdienste hervorgeht;
2. einen Geschäftsplan mit einer Budgetplanung für die ersten drei Geschäftsjahre, aus dem hervorgeht, dass der Antragsteller über geeignete und angemessene Systeme, Mittel und Verfahren verfügt, um seine Tätigkeit ordnungsgemäß auszuführen;
3. den Nachweis, dass der Antragsteller über das erforderliche Anfangskapital nach § 12 Nummer 3 verfügt sowie für Zahlungsauslösedienste und Kontoinformationsdienste den Nachweis über die Absicherung im Haftungsfall unter den Voraussetzungen der §§ 16 und 36;
4. eine Beschreibung der Maßnahmen zur Erfüllung der Sicherungsanforderungen nach § 17;
5. eine Beschreibung der Unternehmenssteuerung und der internen Kontrollmechanismen des Antragstellers einschließlich der Verwaltungs-, Risikomanagement- und

1) § 9 geändert durch Gesetz vom 25.3.2019 (BGBl. I S. 357).

Rechnungslegungsverfahren, aus der hervorgeht, dass diese Unternehmenssteuerung, Kontrollmechanismen und Verfahren verhältnismäßig, angemessen, zuverlässig und ausreichend sind;

6. eine Beschreibung der vorhandenen Verfahren für Überwachung, Handhabung und Folgemaßnahmen bei Sicherheitsvorfällen und sicherheitsbezogenen Kundenbeschwerden, einschließlich eines Mechanismus für die Meldung von Vorfällen, der die Meldepflichten nach § 54 berücksichtigt;
7. eine Beschreibung der vorhandenen Verfahren für die Erfassung, Überwachung, Rückverfolgung sowie Beschränkung des Zugangs zu sensiblen Zahlungsdaten;
8. eine Beschreibung der Regelungen zur Geschäftsfortführung im Krisenfall, einschließlich klarer Angabe der maßgeblichen Abläufe, der wirksamen Notfallpläne und eines Verfahrens für die regelmäßige Überprüfung der Angemessenheit und Wirksamkeit solcher Pläne;
9. eine Beschreibung der Grundsätze und Definitionen für die Erfassung statistischer Daten über Leistungsfähigkeit, Geschäftsvorgänge und Betrugsfälle;
10. eine Beschreibung der Sicherheitsstrategie, einschließlich einer detaillierten Risikobewertung der erbrachten Zahlungsdienste und eine Beschreibung von Sicherheitskontroll- und Risikominderungsmaßnahmen zur Gewährleistung eines angemessenen Schutzes der Zahlungsdienstnutzer vor den festgestellten Risiken, einschließlich Betrug und illegaler Verwendung sensibler und personenbezogener Daten;
11. eine Beschreibung der internen Kontrollmechanismen, die der Antragsteller eingeführt hat, um die Anforderungen der §§ 27 und 53 zu erfüllen;
12. eine Darstellung des organisatorischen Aufbaus des Antragstellers, gegebenenfalls einschließlich einer Beschreibung der geplanten Inanspruchnahme von Agenten und Zweigniederlassungen und von deren Überprüfungen vor Ort oder von außerhalb ihres Standorts erfolgenden Überprüfungen, zu deren mindestens jährlicher Durchführung der Antragsteller sich verpflichtet, sowie einer Darstellung der Auslagerungsvereinbarungen und eine Beschreibung der Art und Weise seiner Teilnahme an einem nationalen oder internationalen Zahlungssystem;
13. die Namen der Inhaber einer bedeutenden Beteiligung, die Höhe ihrer Beteiligung sowie den Nachweis, dass sie den im Interesse der Gewährleistung einer soliden und umsichtigen Führung des Antragstellers zu stellenden Ansprüchen genügen; § 2c Absatz 1 Satz 4 des Kreditwesengesetzes gilt entsprechend;
14. die Namen der Geschäftsleiter und, soweit es sich um Unternehmen handelt, die neben der Erbringung von Zahlungsdiensten anderen Geschäftsaktivitäten nachgehen, der für die Führung der Zahlungsdienstgeschäfte des Antragstellers verantwortlichen Personen;
15. gegebenenfalls die Namen der Abschlussprüfer des Jahresabschlusses und des Konzernabschlusses;
16. die Rechtsform und die Satzung oder den Gesellschaftsvertrag des Antragstellers;
17. die Anschrift der Hauptverwaltung oder des Sitzes des Antragstellers.

[2]Mit den Unterlagen nach Satz 1 Nummer 4 bis 6 und 12 hat der Antragsteller eine Beschreibung seiner Prüfmodalitäten und seiner organisatorischen Vorkehrungen für das Ergreifen aller angemessenen Maßnahmen zum Schutz der Interessen seiner Nutzer und zur Gewährleistung der Kontinuität und Verlässlichkeit der von ihm erbrachten Zahlungsdienste vorzulegen. [3]In der Beschreibung der Sicherheitsstrategie gemäß Satz 1 Nummer 10 ist anzugeben, auf welche Weise durch diese Maßnahmen ein hohes Maß an

technischer Sicherheit und Datenschutz gewährleistet wird; das gilt auch für Software und IT-Systeme, die der Antragsteller oder die Unternehmen verwenden, an die der Antragsteller alle oder einen Teil seiner Tätigkeiten auslagert. [4]Der Antrag muss den Nachweis enthalten, dass die in Satz 1 Nummer 14 genannten Personen zuverlässig sind und über angemessene theoretische und praktische Kenntnisse und Fähigkeiten, einschließlich Leitungserfahrung, zur Erbringung von Zahlungsdiensten verfügen. [5]Der Antragsteller hat mindestens zwei Geschäftsleiter zu bestellen; bei Unternehmen mit geringer Größe genügt ein Geschäftsleiter. [6]Die Bundesanstalt kann im Einzelfall zu den Angaben nach den Sätzen 1 bis 5 nähere Angaben und Nachweise verlangen, soweit dies erforderlich erscheint, um ihren gesetzlichen Auftrag zu erfüllen.

(3) Die Bundesanstalt teilt dem Antragsteller binnen drei Monaten nach Eingang des Antrags oder bei Unvollständigkeit des Antrags binnen drei Monaten nach Übermittlung aller für die Entscheidung erforderlichen Angaben mit, ob die Erlaubnis erteilt oder versagt wird.

(4) [1]Die Bundesanstalt kann die Erlaubnis unter Auflagen erteilen, die sich im Rahmen des mit diesem Gesetz verfolgten Zweckes halten müssen. [2]Sie kann im Rahmen dieses Zweckes die Erlaubnis auch auf einzelne Zahlungsdienste beschränken. [3]Geht das Zahlungsinstitut zugleich anderen Geschäftstätigkeiten nach, kann die Bundesanstalt ihm auferlegen, dass es diese Geschäfte abzuspalten oder ein eigenes Unternehmen für das Zahlungsdienstgeschäft zu gründen hat, wenn diese Geschäfte die finanzielle Solidität des Zahlungsinstituts oder die Prüfungsmöglichkeiten beeinträchtigen oder beeinträchtigen könnten.

(5) Das Zahlungsinstitut hat der Bundesanstalt unverzüglich jede materiell und strukturell wesentliche Änderung der tatsächlichen oder rechtlichen Verhältnisse mitzuteilen, soweit sie die Richtigkeit der nach Absatz 2 vorgelegten Angaben und Nachweise betreffen.

(6) Die Bundesanstalt hat die Erteilung der Erlaubnis im Bundesanzeiger bekannt zu machen.

(7) Soweit für das Erbringen von Zahlungsdiensten eine Erlaubnis nach Absatz 1 erforderlich ist, dürfen Eintragungen in öffentliche Register nur vorgenommen werden, wenn dem Registergericht die Erlaubnis nachgewiesen ist.

(8) [1]Das Bundesministerium der Finanzen wird ermächtigt, durch Rechtsverordnung, die nicht der Zustimmung des Bundesrates bedarf, im Benehmen mit der Deutschen Bundesbank nähere Bestimmungen über Art, Umfang und Form der nach dieser Vorschrift vorgesehenen Antragsunterlagen zu erlassen. [2]Das Bundesministerium der Finanzen kann diese Ermächtigung im Einvernehmen mit der Deutschen Bundesbank durch Rechtsverordnung auf die Bundesanstalt übertragen. [3]Vor Erlass der Rechtsverordnung sind die Spitzenverbände der Institute anzuhören. [4]Das Bundesamt für Sicherheit in der Informationstechnik ist anzuhören, soweit die Sicherheit informationstechnischer Systeme betroffen ist.

§ 11 Erlaubnis für das Betreiben von E-Geld-Geschäften; Verordnungsermächtigung

(1) [1]Wer im Inland das E-Geld-Geschäft betreiben will, ohne E-Geld-Emittent im Sinne des § 1 Absatz 2 Satz 1 Nummer 2 bis 4 zu sein, bedarf der schriftlichen Erlaubnis der Bundesanstalt. [2]Über die Erbringung des E-Geld-Geschäfts hinaus sind von der Erlaubnis nach Satz 1 umfasst:

1. die Erbringung von Zahlungsdiensten;
2. die Gewährung von Krediten nach Maßgabe des § 3;

3. die Erbringung von betrieblichen Dienstleistungen und damit eng verbundenen Nebendienstleistungen, die mit der Ausgabe von E-Geld oder mit der Erbringung von Zahlungsdiensten im Zusammenhang stehen;
4. der Betrieb von Zahlungssystemen nach Maßgabe des § 58;
5. andere Geschäftstätigkeiten als die Ausgabe von E-Geld im Rahmen der geltenden gemeinschaftlichen und nationalen Rechtsvorschriften.

(2) [1]Auf den Inhalt des Erlaubnisantrags ist § 10 Absatz 2 Satz 1 Nummer 2, 5 bis 11, 13 und 15 bis 17 entsprechend anzuwenden. [2]Der Erlaubnisantrag hat zusätzlich folgende Angaben und Nachweise zu enthalten:

1. eine Beschreibung des Geschäftsmodells, aus dem insbesondere die beabsichtigte Ausgabe von E-Geld sowie die Art der beabsichtigten Zahlungsdienste hervorgeht,
2. den Nachweis, dass der Antragsteller über das erforderliche Anfangskapital nach § 12 Nummer 3 Buchstabe d verfügt,
3. eine Beschreibung der Maßnahmen zur Erfüllung der Sicherungsanforderungen nach den §§ 17 und 18,
4. eine Darstellung des organisatorischen Aufbaus des Antragstellers, gegebenenfalls einschließlich einer Beschreibung der geplanten Inanspruchnahme von E-Geld-Agenten, Zweigniederlassungen und, soweit Zahlungsdienste erbracht werden, Agenten sowie eine Darstellung der Auslagerungsvereinbarungen und eine Beschreibung der Art und Weise seiner Teilnahme an einem nationalen oder internationalen Zahlungssystem sowie
5. die Namen der Geschäftsleiter, der für die Geschäftsleitung des Antragstellers verantwortlichen Personen und, soweit es sich um Unternehmen handelt, die neben der Ausgabe von E-Geld und der Erbringung von Zahlungsdiensten anderen Geschäftsaktivitäten nachgehen, der für die Ausgabe von E-Geld und Erbringung von Zahlungsdiensten des Antragstellers verantwortlichen Personen.

[3]Der Antrag muss den Nachweis enthalten, dass die in Satz 1[1)] Nummer 5 genannten Personen zuverlässig sind und über angemessene theoretische und praktische Kenntnisse und Erfahrungen, einschließlich Leitungserfahrung, für den Betrieb des E-Geld-Geschäfts und die Erbringung von Zahlungsdiensten verfügen. [4]Der Antragsteller hat mindestens zwei Geschäftsleiter zu bestellen; bei Unternehmen mit geringer Größe genügt ein Geschäftsleiter. [5]Für das weitere Verfahren gilt § 10 Absatz 2 Satz 2, 3 und 5 sowie Absatz 3 und 6 entsprechend.

(3) [1]Die Bundesanstalt kann die Erlaubnis unter Auflagen erteilen, die sich im Rahmen des mit diesem Gesetz verfolgten Zweckes halten müssen. [2]Erbringt das E-Geld-Institut zugleich Zahlungsdienste oder geht es anderen Geschäftstätigkeiten nach, kann die Bundesanstalt ihm auferlegen, dass es die Erbringung von Zahlungsdiensten oder die anderen Geschäfte abzuspalten oder ein eigenes Unternehmen für das E-Geld-Geschäft zu gründen hat, wenn diese die finanzielle Solidität des Instituts oder die Prüfungsmöglichkeiten beeinträchtigen oder beeinträchtigen könnten.

(4) Das E-Geld-Institut hat der Bundesanstalt unverzüglich jede materiell und strukturell wesentliche Änderung der tatsächlichen und rechtlichen Verhältnisse mitzuteilen, soweit sie die Richtigkeit der nach Absatz 2 Satz 1 und 2 vorgelegten Angaben und Nachweise betreffen.

---

1) Anm. der Redaktion: Satz 2.

(5) Soweit für das Betreiben des E-Geld-Geschäfts eine Erlaubnis nach Absatz 1 erforderlich ist, dürfen Eintragungen in öffentliche Register nur vorgenommen werden, wenn dem Registergericht die Erlaubnis nachgewiesen ist.

(6) [1]Das Bundesministerium der Finanzen wird ermächtigt, durch Rechtsverordnung, die nicht der Zustimmung des Bundesrates bedarf, im Benehmen mit der Deutschen Bundesbank nähere Bestimmungen über Art, Umfang und Form der nach dieser Vorschrift vorgesehenen Antragsunterlagen zu erlassen. [2]Das Bundesministerium der Finanzen kann die Ermächtigung im Einvernehmen mit der Deutschen Bundesbank durch Rechtsverordnung auf die Bundesanstalt übertragen. [3]Vor Erlass der Rechtsverordnung sind die Spitzenverbände der Institute anzuhören. [4]Das Bundesamt für Sicherheit in der Informationstechnik ist anzuhören, soweit die Sicherheit informationstechnischer Systeme betroffen ist.

§ 12 Versagung der Erlaubnis

Die Erlaubnis zur Erbringung von Zahlungsdiensten oder zum Betreiben des E-Geld-Geschäfts ist zu versagen, wenn

1. der Antragsteller keine juristische Person oder Personenhandelsgesellschaft ist;
2. der Antrag entgegen § 10 Absatz 2 oder § 11 Absatz 2 keine ausreichenden Angaben oder Unterlagen enthält oder die eingereichten Angaben und Unterlagen keine positive Gesamtbewertung zulassen;
3. die zum Geschäftsbetrieb erforderlichen Mittel, insbesondere ein ausreichendes Anfangskapital, im Inland nicht zur Verfügung stehen; als Anfangskapital muss zur Verfügung stehen:
   a) bei Zahlungsinstituten, die nur das Finanztransfergeschäft betreiben, ein Betrag im Gegenwert von mindestens 20 000 Euro;
   b) bei Zahlungsinstituten, die nur Zahlungsauslösedienste anbieten, ein Betrag im Gegenwert von mindestens 50 000 Euro;
   c) bei Zahlungsinstituten, die die Zahlungsdienste im Sinne des § 1 Absatz 1 Satz 2 Nummer 1 bis 5 anbieten, ein Betrag im Gegenwert von mindestens 125 000 Euro;
   d) bei E-Geld-Instituten ein Betrag im Gegenwert von mindestens 350 000 Euro;

   ist das Institut zugleich Institut im Sinne des § 1 Absatz 1b des Kreditwesengesetzes, gilt der nach dieser Vorschrift oder nach § 33 Absatz 1 des Kreditwesengesetzes jeweils höhere Betrag;
4. Tatsachen die Annahme rechtfertigen, dass der Antragsteller oder der Inhaber einer bedeutenden Beteiligung oder, wenn dieser eine juristische Person ist, auch ein gesetzlicher oder satzungsmäßiger Vertreter, oder, wenn er eine Personenhandelsgesellschaft ist, auch ein Gesellschafter, nicht zuverlässig ist oder aus anderen Gründen nicht den im Interesse einer soliden und umsichtigen Führung des Zahlungsinstituts zu stellenden Ansprüchen genügt;
5. Tatsachen vorliegen, aus denen sich ergibt, dass ein Geschäftsleiter nicht zuverlässig ist oder nicht die zur Leitung des Antragstellers erforderliche fachliche Eignung hat und auch nicht eine andere Person nach § 1 Absatz 8 Satz 2 als Geschäftsleiter bestimmt wird; die fachliche Eignung setzt voraus, dass in ausreichendem Maß theoretische und praktische Kenntnisse und Fähigkeiten in den betreffenden Geschäften und Leitungserfahrung vorhanden sind;
6. der Antragsteller nicht über wirksame Verfahren zur Ermittlung, Steuerung, Überwachung und Meldung von Risiken sowie angemessene interne Kontrollverfahren einschließlich solider Verwaltungs- und Rechnungslegungsverfahren verfügt;

7. Tatsachen die Annahme rechtfertigen, dass eine wirksame Aufsicht über den Antragsteller beeinträchtigt wird; dies ist insbesondere der Fall, wenn
   a) der Antragsteller mit anderen Personen oder Unternehmen in einen Unternehmensverbund eingebunden ist oder in einer engen Verbindung im Sinne des Artikels 4 Absatz 1 Nummer 38 der Verordnung (EU) Nr. 575/2013 zu einem solchen steht, der durch die Struktur des Beteiligungsgeflechtes oder mangelhafte wirtschaftliche Transparenz eine wirksame Aufsicht über das Institut beeinträchtigt,
   b) eine wirksame Aufsicht über den Antragsteller wegen der für solche Personen oder Unternehmen geltenden Rechts- oder Verwaltungsvorschriften eines Drittstaates beeinträchtigt wird oder
   c) der Antragsteller Tochterunternehmen eines Instituts mit Sitz in einem Drittstaat ist, das im Staat seines Sitzes oder seiner Hauptverwaltung nicht wirksam beaufsichtigt wird oder dessen zuständige Aufsichtsbehörde zu einer befriedigenden Zusammenarbeit mit der Bundesanstalt nicht bereit ist;
8. der Antragsteller seine Hauptverwaltung nicht im Inland hat oder nicht zumindest einen Teil seiner Zahlungsdienste im Inland erbringt oder seines E-Geld-Geschäfts im Inland betreibt;
9. der Antragsteller nicht über eine Absicherung für den Haftungsfall gemäß den Voraussetzungen des § 16 oder § 36 verfügt;
10. die Erfüllung der Sicherungsanforderungen nach § 17 oder § 18 der Bundesanstalt nicht ausreichend nachgewiesen wird;
11. der Antragsteller gegen das Verbot der Ausgabe von E-Geld über andere Personen nach § 31 verstößt;
12. eine Rechtsnorm der Europäischen Union oder des nationalen Rechts der Erteilung der Erlaubnis entgegensteht.

§ 13 Erlöschen und Aufhebung der Erlaubnis

(1) Die Erlaubnis eines Instituts erlischt, wenn das Institut von ihr nicht innerhalb eines Jahres seit ihrer Erteilung Gebrauch macht oder wenn es ausdrücklich auf sie verzichtet.

(2) Die Bundesanstalt kann die Erlaubnis außer nach den Vorschriften des Verwaltungsverfahrensgesetzes aufheben, wenn

1. der Geschäftsbetrieb, auf den sich die Erlaubnis bezieht, seit mehr als sechs Monaten nicht mehr ausgeübt worden ist,
2. die Erlaubnis aufgrund falscher Angaben oder auf andere Weise unrechtmäßig erlangt wurde,
3. Tatsachen bekannt werden, die die Versagung der Erlaubnis rechtfertigten oder gegen die Mitteilungspflichten nach § 10 Absatz 5 oder § 11 Absatz 4 verstoßen wird,
4. die Fortsetzung der Erbringung von Zahlungsdiensten oder des Betreibens des E-Geld-Geschäfts die Stabilität des betriebenen Zahlungssystems oder das Vertrauen darin gefährden würde oder
5. schwerwiegend, wiederholt oder systematisch gegen § 27, gegen das Geldwäschegesetz, gegen die Verordnung (EU) 2015/847 des Europäischen Parlaments und des Rates vom 20. Mai 2015 über die Übermittlung von Angaben bei Geldtransfers und zur Aufhebung der Verordnung (EU) Nr. 1781/2006 (ABl. L 141 vom 5.6.2015, S. 1) oder gegen die zur Durchführung dieser Vorschriften erlassenen Verordnungen oder vollziehbaren Anordnungen verstoßen wurde.

(3) [1]§ 38 des Kreditwesengesetzes gilt entsprechend. [2]§ 48 Absatz 4 Satz 1 und § 49 Absatz 2 Satz 2 des Verwaltungsverfahrensgesetzes über die Jahresfrist sind nicht anzuwenden.

(4) Die Bundesanstalt macht die Aufhebung oder das Erlöschen der Erlaubnis im Bundesanzeiger und in dem Institutsregister nach § 43 oder § 44 bekannt.

Unterabschnitt 2. Inhaber bedeutender Beteiligungen

§ 14 Inhaber bedeutender Beteiligungen; Verordnungsermächtigung

(1) [1]Der Inhaber einer bedeutenden Beteiligung an einem Institut muss den Ansprüchen genügen, die im Interesse einer soliden und umsichtigen Führung des Instituts zu stellen sind. [2]§ 2c Absatz 1 Satz 1 bis 7, Absatz 1a, 1b, 2 und 3 des Kreditwesengesetzes ist entsprechend anzuwenden.

(2) Die Auskunfts-, Vorlegungs- und Prüfungsrechte der Bundesanstalt und der Deutschen Bundesbank nach § 19 Absatz 1 gelten entsprechend § 44b des Kreditwesengesetzes gegenüber den Inhabern bedeutender Beteiligungen, den Mitgliedern ihrer Organe und ihren Beschäftigten.

(3) [1]Das Bundesministerium der Finanzen wird ermächtigt, durch Rechtsverordnung, die nicht der Zustimmung des Bundesrates bedarf, im Benehmen mit der Deutschen Bundesbank nähere Bestimmungen über die wesentlichen Unterlagen und Tatsachen zu treffen, die der interessierte Erwerber einer bedeutenden Beteiligung gemäß Absatz 1 Satz 2 in Verbindung mit § 2c Absatz 1 Satz 2 des Kreditwesengesetzes in der Anzeige anzugeben hat, soweit diese Angaben zur Erfüllung der Aufgaben der Bundesanstalt erforderlich sind. [2]Das Bundesministerium der Finanzen kann die Ermächtigung durch Rechtsverordnung im Einvernehmen mit der Deutschen Bundesbank auf die Bundesanstalt übertragen. [3]Vor Erlass der Rechtsverordnung sind die Spitzenverbände der Institute anzuhören.

Abschnitt 3. Eigenmittel, Absicherung im Haftungsfall

§ 15 Eigenmittel; Verordnungsermächtigung

(1) [1]Institute müssen im Interesse der Erfüllung ihrer Verpflichtungen über angemessene Eigenmittel verfügen; die Eigenmittel des Instituts dürfen zu keinem Zeitpunkt unter den Betrag des Anfangskapitals nach § 12 Nummer 3 oder unter den Betrag der Eigenmittel gemäß der Berechnung der nach Absatz 3 zu erlassenden Rechtsverordnung sinken, wobei der jeweils höhere Betrag maßgebend ist. [2]Gewährt ein Institut Kredite im Sinne des § 3 Absatz 4, müssen die Eigenmittel jederzeit in einem angemessenen Verhältnis zum Gesamtbetrag der gewährten Kredite stehen. [3]Die Bundesanstalt hat Maßnahmen zu treffen, die erforderlich sind, um in Fällen, in denen ein Institut zu derselben Gruppe gehört wie ein anderes Institut im Sinne dieses Gesetzes, wie ein Institut im Sinne des § 1 Absatz 1b des Kreditwesengesetzes, wie eine Kapitalverwaltungsgesellschaft oder wie ein Versicherungsunternehmen, zu verhindern, dass Bestandteile, die für die Berechnung der Eigenmittel in Frage kommen, mehrfach genutzt werden. [4]Die Bundesanstalt kann auf die Eigenmittel nach Satz 1 einen Korrekturposten festsetzen, wenn die rechnerische Größe der durch das Institut ermittelten Eigenmittel die tatsächliche Eigenmittelbasis nicht angemessen abbildet. [5]Die Festsetzung ist aufzuheben oder für gegenstandslos zu erklären, sobald die Voraussetzungen für die Festsetzung weggefallen sind.

(2) [1]Die Institute haben der Bundesanstalt und der Deutschen Bundesbank vierteljährlich die für die Überprüfung der angemessenen Eigenmittelausstattung erforderlichen Angaben einzureichen. [2]Die Rechtsverordnung nach Absatz 3 kann in besonderen Fällen einen anderen Meldezeitraum vorsehen. [3]Die Bundesanstalt kann bei der Beurteilung der Angemessenheit der Eigenmittel auf der Grundlage einer Bewertung der Geschäftsorganisation, des Risikomanagements, der Verlustdatenbank im Sinne des Artikels 324 der Verordnung (EU) Nr. 575/2013, der internen Kontrollmechanismen sowie der tatsächlichen Risiken des Instituts vorschreiben, dass die Eigenmittelunterlegung einem Betrag entsprechen muss, der um bis zu 20 Prozent von den Solvabilitätsgrundsätzen abweicht.

(3) [1]Das Bundesministerium der Finanzen wird ermächtigt, durch Rechtsverordnung, die nicht der Zustimmung des Bundesrates bedarf, im Benehmen mit der Deutschen Bundesbank nähere Bestimmungen über die angemessene Eigenmittelausstattung (Solvabilität) der Institute zu erlassen, insbesondere über

1. die Berechnungsmethoden,
2. Inhalt, Art, Umfang und Form der nach Absatz 2 erforderlichen Angaben,
3. Meldepflichten bei Nichteinhaltung von Eigenmittelanforderungen und
4. die für die Datenübermittlung zulässigen Datenträger, Übertragungswege und Datenformate.

[2]Das Bundesministerium der Finanzen kann die Ermächtigung im Einvernehmen mit der Deutschen Bundesbank durch Rechtsverordnung auf die Bundesanstalt übertragen. [3]Vor Erlass der Rechtsverordnung sind die Spitzenverbände der Institute anzuhören.

(4) [1]Institute, die eine Erlaubnis nach § 32 Absatz 1 des Kreditwesengesetzes haben, müssen neben den Eigenmittelanforderungen nach diesem Gesetz auch die Eigenmittelanforderungen nach den Artikeln 24 bis 386 der Verordnung (EU) Nr. 575/2013 oder nach § 1a des Kreditwesengesetzes in Verbindung mit den Artikeln 24 bis 386 der Verordnung (EU) Nr. 575/2013 ermitteln, sofern sie nicht von der Anwendung dieser Artikel ausgenommen sind. [2]Sofern die Anforderungen nach diesem Gesetz höher sind, sind diese mit Eigenmitteln nach Absatz 1 abzudecken.

(5) Sofern die Voraussetzungen für eine Freistellung nach § 2a des Kreditwesengesetzes in Verbindung mit Artikel 7 Absatz 1 und 2 der Verordnung (EU) Nr. 575/2013 gegeben sind, kann die Bundesanstalt davon absehen, die Absätze 1, 2 und 4 auf Institute anzuwenden, die in die konsolidierte Beaufsichtigung des übergeordneten Instituts einbezogen sind.

§ 16 Absicherung für den Haftungsfall für Zahlungsauslösedienste; Verordnungsermächtigung

(1) [1]Ein Institut, das Zahlungsauslösedienste erbringt, hat eine Berufshaftpflichtversicherung oder eine andere gleichwertige Garantie abzuschließen und während der Gültigkeitsdauer seiner Erlaubnis aufrechtzuerhalten. [2]Die Berufshaftpflichtversicherung oder die andere gleichwertige Garantie hat sich auf die Gebiete, in denen der Zahlungsauslösedienstleister seine Dienste anbietet, zu erstrecken und muss die sich für den Zahlungsauslösedienstleister ergebende Haftung aus den Vorschriften des Bürgerlichen Gesetzbuchs abdecken. [3]§ 17 Absatz 3 gilt entsprechend.

(2) [1]Die Berufshaftpflichtversicherung muss bei einem im Inland zum Geschäftsbetrieb befugten Versicherungsunternehmen genommen werden. [2]In der Vereinbarung ist das Versicherungsunternehmen zu verpflichten, der Bundesanstalt die Beendigung oder Kündigung der Berufshaftpflichtversicherung, gegebenenfalls erst nach Ablauf der Frist des § 38 Absatz 3 Satz 3 des Versicherungsvertragsgesetzes, sowie jede Vertragsände-

rung, die die vorgeschriebene Absicherung für den Haftungsfall im Verhältnis zu Dritten beeinträchtigt, unverzüglich mitzuteilen.

(3) [1]In den Fällen des § 115 Absatz 1 Satz 1 Nummer 2 und 3 des Versicherungsvertragsgesetzes erteilt die Bundesanstalt Dritten zur Geltendmachung von Haftungsansprüchen auf Antrag Auskunft über den Namen und die Adresse des Versicherungsunternehmens sowie die Vertragsnummer, soweit das Unternehmen, das den Zahlungsauslösedienst erbringt, kein überwiegendes schutzwürdiges Interesse an der Nichterteilung der Auskunft hat. [2]Dies gilt auch, wenn die Erlaubnis als Zahlungsauslösedienstleister erloschen oder aufgehoben ist.

(4) Zuständige Stelle im Sinne des § 117 Absatz 2 des Versicherungsvertragsgesetzes ist die Bundesanstalt.

(5) [1]Das Bundesministerium der Finanzen wird ermächtigt, durch Rechtsverordnung, die nicht der Zustimmung des Bundesrates bedarf, nähere Bestimmungen zu Umfang und Inhalt der erforderlichen Absicherung im Haftungsfall zu treffen. [2]Das Bundesministerium der Finanzen kann die Ermächtigung durch Rechtsverordnung auf die Bundesanstalt übertragen. [3]Vor Erlass der Rechtsverordnung sind die Spitzenverbände der Institute und der Versicherungsunternehmen anzuhören.

Abschnitt 4. Sicherungsanforderungen

§ 17 Sicherungsanforderungen für die Entgegennahme von Geldbeträgen im Rahmen der Erbringung von Zahlungsdiensten und des Betreibens des E-Geld-Geschäfts

(1) [1]Institute, die die Zahlungsdienste gemäß § 1 Absatz 1 Satz 2 Nummer 1 bis 6 erbringen oder das E-Geld-Geschäft betreiben, haben die Geldbeträge, die sie von den Zahlungsdienstnutzern oder über einen anderen Zahlungsdienstleister für die Ausführung von Zahlungsvorgängen oder die Ausgabe von E-Geld entgegengenommen haben, nach den Methoden 1 oder 2 zu sichern. [2]Die Geldbeträge

1. a) dürfen zu keinem Zeitpunkt mit den Geldbeträgen anderer natürlicher oder juristischer Personen als der Zahlungsdienstnutzer oder E-Geld-Inhaber, für die sie gehalten werden, vermischt werden,
   b) sind, wenn sie sich am Ende des auf den Tag ihres Eingangs folgenden Geschäftstags noch im Besitz des Instituts befinden und noch nicht dem Zahlungsempfänger übergeben oder an einen anderen Zahlungsdienstleister übermittelt worden sind, auf einem offenen Treuhandkonto bei einem Kreditinstitut zu hinterlegen oder in sichere liquide Aktiva mit niedrigem Risiko nach Abstimmung mit der Bundesanstalt anzulegen; die Bundesanstalt kann insoweit nach pflichtgemäßem Ermessen im Einzelfall nach § 1 Absatz 31 grundsätzlich erfasste Aktiva ausschließen, wenn die kategorische Einordnung als sichere liquide Aktiva mit niedrigem Risiko mit Rücksicht auf die objektive Werthaltigkeit der Sicherheit, insbesondere Fälligkeit und anderer relevanter Risikofaktoren sachlich nicht gerechtfertigt erscheint,
   c) sind so von den übrigen Vermögenswerten des Instituts zu trennen, dass sie im Insolvenzfall nicht in die Insolvenzmasse des Instituts fallen und dessen Gläubiger auf sie auch nicht im Wege der Einzelzwangsvollstreckung Zugriff haben, oder
2. sind durch eine Versicherung oder eine andere vergleichbare Garantie bei einem Versicherungsunternehmen oder Kreditinstitut, das im Geltungsbereich dieses Gesetzes zum Geschäftsbetrieb befugt ist und nicht zur selben Gruppe gehört wie das

Institut selbst, in Höhe eines Betrags abzusichern, der demjenigen entspricht, der ohne die Versicherung oder die andere vergleichbare Garantie getrennt gehalten werden müsste und der im Falle der Zahlungsunfähigkeit des Zahlungsinstituts auszuzahlen ist.

[3]Die Bundesanstalt kann dem Institut nach pflichtgemäßem Ermessen eine der beiden in Satz 2 beschriebenen Methoden vorgeben.

(2) [1]Muss ein Institut Geldbeträge nach Absatz 1 absichern und ist ein Teil dieser Geldbeträge für zukünftige Zahlungsvorgänge zu verwenden, während der verbleibende Teil für Dienste, die keine Zahlungsdienste sind, verwendet werden muss, gilt Absatz 1 auch für den Anteil der Geldbeträge, der für zukünftige Zahlungsvorgänge zu verwenden ist. [2]Ist dieser Anteil variabel oder nicht im Voraus bekannt, ist Satz 1 mit der Maßgabe anzuwenden, dass ein repräsentativer Anteil zugrunde gelegt wird, der typischerweise für Zahlungsdienste verwendet wird, sofern sich dieser repräsentative Anteil auf der Grundlage historischer Daten nach Überzeugung der Bundesanstalt mit hinreichender Sicherheit schätzen lässt.

(3) [1]Das Institut hat der Bundesanstalt während des laufenden Geschäftsbetriebs auf Anforderung darzulegen und nachzuweisen, dass es ausreichende Maßnahmen ergriffen hat, um die in den Absätzen 1 und 2 genannten Anforderungen zu erfüllen. [2]Wird der Nachweis nicht erbracht oder sind die Maßnahmen nicht ausreichend, kann die Bundesanstalt das Institut auffordern, die erforderlichen Nachweise vorzulegen oder Vorkehrungen zu treffen, die geeignet und erforderlich sind, die bestehenden Mängel zu beseitigen; die Bundesanstalt kann dafür eine angemessene Frist bestimmen. [3]Werden die Nachweise oder Vorkehrungen nicht oder nicht fristgerecht vorgelegt oder getroffen, kann die Bundesanstalt Maßnahmen nach § 21 Absatz 2 treffen.

§ 18 Sicherungsanforderungen für die Entgegennahme von Geldbeträgen für die Ausgabe von E-Geld

Sofern Geldbeträge zum Zweck der Ausgabe von E-Geld durch Zahlung mittels eines Zahlungsinstruments entgegengenommen werden, sind diese Geldbeträge, sobald sie dem Zahlungskonto des E-Geld-Instituts gutgeschrieben oder dem E-Geld-Institut nach Maßgabe des § 675s des Bürgerlichen Gesetzbuchs zur Verfügung gestellt worden sind, spätestens jedoch fünf Geschäftstage im Sinne des § 675n Absatz 1 Satz 4 des Bürgerlichen Gesetzbuchs nach Ausgabe des E-Geldes zu sichern; die Vorgaben des § 17 gelten entsprechend.

Abschnitt 5. Vorschriften über die laufende Beaufsichtigung von Instituten

§ 19 Auskünfte und Prüfungen

(1) [1]Ein Institut, die Mitglieder seiner Organe sowie seine Beschäftigten und die für das Institut tätigen Agenten sowie E-Geld-Agenten, seine Zweigniederlassungen und Auslagerungsunternehmen sowie zentrale Kontaktpersonen haben der Bundesanstalt, den Personen und Einrichtungen, derer sich die Bundesanstalt bei der Durchführung ihrer Aufgaben bedient, sowie der Deutschen Bundesbank auf Verlangen Auskünfte über alle Geschäftsangelegenheiten zu erteilen, Unterlagen vorzulegen und erforderlichenfalls Kopien anzufertigen. [2]Die Bundesanstalt kann, auch ohne besonderen Anlass, bei den Instituten, ihren Zweigniederlassungen, Agenten sowie E-Geld-Agenten und Auslagerungsunternehmen Prüfungen vornehmen und die Durchführung der Prüfungen der Deutschen Bundesbank übertragen. [3]Die Bediensteten der Bundesanstalt, der Deutschen Bundesbank sowie die sonstigen Personen, derer sich die Bundesanstalt bei der Durch-

führung der Prüfungen bedient, können hierzu die Geschäftsräume des Instituts, der Zweigniederlassung, des Agenten sowie E-Geld-Agenten oder des Auslagerungsunternehmens innerhalb der üblichen Betriebs- und Geschäftszeiten betreten und besichtigen. [4]Die Betroffenen haben Maßnahmen nach den Sätzen 2 und 3 zu dulden.

(2) [1]Die Bundesanstalt und die Deutsche Bundesbank können zu den Hauptversammlungen, Generalversammlungen oder Gesellschafterversammlungen sowie zu den Sitzungen der Verwaltungs- und Aufsichtsorgane Vertreter entsenden. [2]Diese können in der Versammlung oder Sitzung das Wort ergreifen. [3]Die Betroffenen haben Maßnahmen nach den Sätzen 1 und 2 zu dulden.

(3) [1]Institute haben auf Verlangen der Bundesanstalt die Einberufung der in Absatz 2 Satz 1 bezeichneten Versammlungen, die Anberaumung von Sitzungen der Verwaltungs- und Aufsichtsorgane sowie die Ankündigung von Gegenständen zur Beschlussfassung vorzunehmen. [2]Die Bundesanstalt kann zu einer nach Satz 1 anberaumten Sitzung Vertreter entsenden; diese können in der Sitzung das Wort ergreifen. [3]Die Betroffenen haben Maßnahmen nach den Sätzen 1 und 2 zu dulden. [4]Absatz 2 bleibt unberührt.

(4) Wer zur Auskunft verpflichtet ist, kann die Auskunft auf solche Fragen verweigern, deren Beantwortung ihn selbst oder einen der in § 383 Absatz 1 Nummer 1 bis 3 der Zivilprozessordnung bezeichneten Angehörigen der Gefahr strafgerichtlicher Verfolgung oder eines Verfahrens nach dem Gesetz über Ordnungswidrigkeiten aussetzen würde.

§ 20 Abberufung von Geschäftsleitern und Mitgliedern des Verwaltungs- und Aufsichtsorgans, Übertragung von Organbefugnissen auf Sonderbeauftragte

(1) [1]In den Fällen des § 13 Absatz 2 Nummer 3 bis 5 kann die Bundesanstalt, statt die Erlaubnis aufzuheben, die Abberufung der verantwortlichen Geschäftsleiter verlangen und diesen Geschäftsleitern auch die Ausübung ihrer Tätigkeit bei Instituten untersagen. [2]In den Fällen des § 13 Absatz 2 Nummer 5 kann die Bundesanstalt auch die vorübergehende Abberufung der verantwortlichen Geschäftsleiter verlangen und ihnen vorübergehend die Ausübung einer Geschäftsleitertätigkeit bei dem Institut und bei einem anderen Verpflichteten nach § 2 Absatz 1 des Geldwäschegesetzes untersagen. [3]Die Anordnung nach Satz 2 kann die Bundesanstalt auch gegenüber jeder anderen Person treffen, die für den Verstoß verantwortlich ist.

(2) [1]Die Bundesanstalt kann unter den Voraussetzungen des Absatzes 1 Befugnisse, die Organen des Instituts zustehen, ganz oder teilweise auf einen Sonderbeauftragten übertragen, der zur Wahrung der Befugnisse geeignet erscheint. [2]§ 45c Absatz 6 und 7 des Kreditwesengesetzes gilt entsprechend.

(3) Die Bundesanstalt kann die Abberufung eines Geschäftsleiters auch verlangen und ihm auch die Ausübung seiner Tätigkeit bei Instituten untersagen, wenn er vorsätzlich oder leichtfertig gegen Bestimmungen dieses Gesetzes, des Geldwäschegesetzes oder die zur Durchführung dieser Gesetze erlassenen Verordnungen oder gegen Anordnungen der Bundesanstalt verstoßen hat und dieses Verhalten trotz Verwarnung durch die Bundesanstalt fortsetzt.

(4) [1]Die Mitglieder des Verwaltungs- oder Aufsichtsorgans eines Instituts müssen zuverlässig sein und die zur Wahrnehmung der Kontrollfunktion sowie zur Beurteilung und Überwachung der Geschäfte, die das Institut betreibt, erforderliche Sachkunde besitzen. [2]Bei der Prüfung, ob eine der in Satz 1 genannten Personen die erforderliche Sachkunde besitzt, berücksichtigt die Bundesanstalt den Umfang und die Komplexität der vom Institut betriebenen Geschäfte. [3]Liegen Tatsachen vor, aus denen sich ergibt, dass eine der in Satz 1 genannten Personen nicht zuverlässig ist oder nicht die erforderliche Sachkunde besitzt, kann die Bundesanstalt von dem Institut verlangen, diese abzuberufen oder ihr

die Ausübung ihrer Tätigkeit zu untersagen. [4]Die Bundesanstalt kann dies von dem Institut auch dann verlangen, wenn einer der in Satz 1 genannten Personen wesentliche Verstöße des Instituts gegen die Grundsätze einer ordnungsgemäßen Geschäftsführung wegen sorgfaltswidriger Ausübung ihrer Überwachungs- und Kontrollfunktion verborgen geblieben sind oder sie nicht alles Erforderliche zur Beseitigung festgestellter Verstöße veranlasst hat und dieses Verhalten trotz Verwarnung des Instituts durch die Bundesanstalt fortsetzt. [5]Soweit das Gericht auf Antrag des Aufsichtsrats ein Aufsichtsratsmitglied abzuberufen hat, kann dieser Antrag bei Vorliegen der Voraussetzungen nach Satz 3 oder Satz 4 auch von der Bundesanstalt gestellt werden, wenn der Aufsichtsrat dem Abberufungsverlangen der Aufsichtsbehörde nicht nachgekommen ist. [6]Die Vorschriften der Mitbestimmungsgesetze über die Wahl und die Abberufung der Arbeitnehmervertreter im Verwaltungs- oder Aufsichtsorgan bleiben unberührt.

§ 21 Maßnahmen in besonderen Fällen und Insolvenzantrag

(1) Entsprechen die Eigenmittel eines Instituts nicht den Anforderungen dieses Gesetzes, kann die Bundesanstalt

1. Entnahmen durch die Inhaber oder Gesellschafter sowie die Ausschüttung von Gewinnen untersagen oder beschränken oder
2. anordnen, dass das Institut Maßnahmen zur Verringerung von Risiken ergreift, soweit sich diese aus bestimmten Arten von Geschäften und Produkten, insbesondere aus der Vergabe von Krediten, oder der Nutzung bestimmter Zahlungssysteme ergeben.

(2) [1]Ist die Erfüllung der Verpflichtungen eines Instituts gegenüber seinen Gläubigern gefährdet, insbesondere die Sicherheit der ihm anvertrauten Vermögenswerte, liegen die Voraussetzungen für die Aufhebung der Erlaubnis oder der Registrierung vor oder besteht der begründete Verdacht, dass eine wirksame Aufsicht über das Institut nicht möglich ist, kann die Bundesanstalt zur Abwendung dieser Gefahren einstweilige Maßnahmen treffen. [2]Sie kann insbesondere

1. Anweisungen für die Geschäftsführung des Instituts erlassen,
2. Inhabern und Geschäftsleitern die Ausübung ihrer Tätigkeit untersagen oder beschränken und
3. Aufsichtspersonen bestellen.

(3) [1]Unter den Voraussetzungen des Absatzes 2 Satz 1 kann die Bundesanstalt zur Vermeidung eines Insolvenzverfahrens oder zur Vermeidung der Erlaubnisaufhebung vorübergehend

1. die Annahme von Geldern und die Gewährung von Darlehen verbieten,
2. ein Veräußerungs- und Zahlungsverbot an das Institut erlassen,
3. die Schließung des Instituts für den Verkehr mit der Kundschaft anordnen und
4. die Entgegennahme von Zahlungen, die nicht zur Tilgung von Verbindlichkeiten gegenüber dem Institut bestimmt sind, verbieten.

[2]§ 45c Absatz 2 Nummer 8, Absatz 6 und 7, § 46 Absatz 1 Satz 3 bis 6 sowie § 46c des Kreditwesengesetzes gelten entsprechend.

(4) [1]Wird ein Institut zahlungsunfähig oder tritt Überschuldung ein, so haben die Geschäftsleiter dies der Bundesanstalt unter Beifügung aussagefähiger Unterlagen unverzüglich anzuzeigen; die Geschäftsleiter haben eine solche Anzeige unter Beifügung entsprechender Unterlagen auch dann vorzunehmen, wenn das Institut voraussichtlich nicht in der Lage sein wird, die bestehenden Zahlungspflichten zum Zeitpunkt der Fälligkeit zu erfüllen (drohende Zahlungsunfähigkeit). [2]Soweit diese Personen nach anderen Rechtsvorschriften verpflichtet sind, bei Zahlungsunfähigkeit oder Überschuldung die Eröff-

nung des Insolvenzverfahrens zu beantragen, tritt an die Stelle der Antragspflicht die Anzeigepflicht nach Satz 1. [3]Das Insolvenzverfahren über das Vermögen eines Instituts findet im Falle der Zahlungsunfähigkeit, der Überschuldung oder unter den Voraussetzungen des Satzes 5 auch im Falle der drohenden Zahlungsunfähigkeit statt. [4]Den Antrag auf Eröffnung des Insolvenzverfahrens über das Vermögen des Instituts, das eine Erlaubnis nach § 10 Absatz 1 oder § 11 Absatz 1 hat, kann nur die Bundesanstalt stellen. [5]Im Falle der drohenden Zahlungsunfähigkeit darf die Bundesanstalt den Antrag jedoch nur mit Zustimmung des Instituts und nur dann stellen, wenn Maßnahmen nach Absatz 3 nicht erfolgversprechend erscheinen. [6]Vor der Bestellung des Insolvenzverwalters hat das Insolvenzgericht die Bundesanstalt anzuhören. [7]Der Eröffnungsbeschluss ist der Bundesanstalt gesondert zuzustellen.

(5) [1]Die Antragsrechte nach § 3a Absatz 1, § 3d Absatz 2 und § 269d Absatz 2 der Insolvenzordnung stehen bei Instituten ausschließlich der Bundesanstalt zu. [2]Die Einleitung eines Koordinationsverfahrens nach den §§ 269d bis 269i der Insolvenzordnung entfaltet für die gruppenangehörigen Institute nur dann Wirkung, wenn die Bundesanstalt sie beantragt oder ihr zugestimmt hat.

§ 22 Vorlage von Jahresabschluss, Lagebericht und Prüfungsberichten

(1) [1]Ein Institut hat den Jahresabschluss in den ersten drei Monaten des Geschäftsjahres für das vergangene Geschäftsjahr aufzustellen und den aufgestellten sowie später den festgestellten Jahresabschluss und den Lagebericht der Bundesanstalt und der Deutschen Bundesbank jeweils unverzüglich einzureichen. [2]Der Jahresabschluss muss mit dem Bestätigungsvermerk oder einem Vermerk über die Versagung der Bestätigung versehen sein. [3]Der Abschlussprüfer hat den Bericht über die Prüfung des Jahresabschlusses (Prüfungsbericht) unverzüglich nach Beendigung der Prüfung der Bundesanstalt und der Deutschen Bundesbank einzureichen.

(2) [1]Ein Institut, das einen Konzernabschluss oder einen Konzernlagebericht aufstellt, hat diese Unterlagen der Bundesanstalt und der Deutschen Bundesbank unverzüglich einzureichen. [2]Wird ein Prüfungsbericht von einem Konzernabschlussprüfer erstellt, hat dieser den Prüfungsbericht unverzüglich nach Beendigung der Prüfung der Bundesanstalt und der Deutschen Bundesbank einzureichen. [3]Die Bestimmungen dieses Absatzes gelten entsprechend für einen Einzelabschluss nach § 325 Absatz 2a des Handelsgesetzbuchs.

§ 23 Anzeigepflicht bei Bestellung des Abschlussprüfers, Bestellung in besonderen Fällen

(1) [1]Das Institut hat einen Abschlussprüfer oder Konzernabschlussprüfer unverzüglich nach dessen Bestellung der Bundesanstalt und der Deutschen Bundesbank anzuzeigen. [2]Die Bundesanstalt kann innerhalb eines Monats nach Zugang der Anzeige die Bestellung eines anderen Prüfers verlangen, wenn dies zur Erreichung des Prüfungszweckes geboten ist.

(2) [1]Das Registergericht des Sitzes des Instituts hat auf Antrag der Bundesanstalt einen Prüfer zu bestellen, wenn

1. nicht unverzüglich nach Ablauf des Geschäftsjahres die Bestellung nach Absatz 1 Satz 1 angezeigt worden ist;
2. das Institut dem Verlangen auf Bestellung eines anderen Prüfers nach Absatz 1 Satz 2 nicht unverzüglich nachkommt;
3. der gewählte Prüfer die Annahme des Prüfungsauftrags abgelehnt hat, weggefallen ist oder am rechtzeitigen Abschluss der Prüfung gehindert ist und das Institut nicht unverzüglich einen anderen Prüfer bestellt hat.

[2]Die Bestellung durch das Gericht ist endgültig. [3]§ 318 Absatz 5 des Handelsgesetzbuchs gilt entsprechend. [4]Das Registergericht kann auf Antrag der Bundesanstalt einen nach Satz 1 bestellten Prüfer abberufen.

§ 24 Besondere Pflichten des Prüfers; Verordnungsermächtigung

(1) [1]Bei der Prüfung des Jahresabschlusses sowie eines Zwischenabschlusses hat der Prüfer auch die wirtschaftlichen Verhältnisse des Instituts zu prüfen. [2]Bei der Prüfung des Jahresabschlusses hat er insbesondere festzustellen, ob das Institut die Anzeigepflichten nach § 10 Absatz 5, § 11 Absatz 4, § 21 Absatz 4 Satz 1, § 28 Absatz 1, auch in Verbindung mit einer Rechtsverordnung nach § 28 Absatz 4, erfüllt hat. [3]Der Prüfer hat auch zu prüfen, ob das Institut seinen Verpflichtungen

1. nach dem Geldwäschegesetz und der Verordnung (EU) 2015/847 nachgekommen ist,
2. nach § 3, nach § 15, auch in Verbindung mit einer Rechtsverordnung nach § 15 Absatz 3, nach den §§ 16 bis 18, 25 bis 30 und 36 nachgekommen ist,
3. nach der Verordnung (EG) Nr. 924/2009 des Europäischen Parlaments und des Rates vom 16. September 2009 über grenzüberschreitende Zahlungen in der Gemeinschaft und zur Aufhebung der Verordnung (EG) Nr. 2560/2001 (ABl. L 266 vom 9.10.2009, S. 11), die durch die Verordnung (EU) Nr. 260/2012 (ABl. L 94 vom 30.3.2012, S. 22) geändert worden ist, und der Verordnung (EU) Nr. 260/2012 des Europäischen Parlaments und des Rates vom 14. März 2012 zur Festlegung der technischen Vorschriften und der Geschäftsanforderungen für Überweisungen und Lastschriften in Euro und zur Änderung der Verordnung (EG) Nr. 924/2009 (ABl. L 94 vom 30.3.2012, S. 22), die durch die Verordnung (EU) Nr. 248/2014 (ABl. L 84 vom 20.3.2014, S.1) geändert worden ist, nachgekommen ist und
4. nach der Verordnung (EU) 2015/751 des Europäischen Parlaments und des Rates vom 29. April 2015 über Interbankenentgelte für kartengebundene Zahlungsvorgänge (ABl. L 123 vom 19.5.2015, S. 1) nachgekommen ist.

(2) [1]Der Prüfer hat es unverzüglich der Bundesanstalt und der Deutschen Bundesbank anzuzeigen, wenn ihm bei der Prüfung Tatsachen bekannt werden,

1. welche die Einschränkung oder Versagung des Bestätigungsvermerkes rechtfertigen,
2. die den Bestand des Instituts gefährden oder seine Entwicklung wesentlich beeinträchtigen können,
3. die einen erheblichen Verstoß gegen die Vorschriften über die Zulassungsvoraussetzungen des Instituts oder über die Ausübung einer Tätigkeit nach diesem Gesetz darstellen oder
4. die schwerwiegende Verstöße der Geschäftsleiter gegen Gesetz, Satzung oder Gesellschaftsvertrag erkennen lassen.

[2]Auf Verlangen der Bundesanstalt oder der Deutschen Bundesbank hat der Prüfer ihnen den Prüfungsbericht zu erläutern und sonstige bei der Prüfung bekannt gewordene Tatsachen mitzuteilen, die gegen eine ordnungsmäßige Durchführung der Geschäfte des Instituts sprechen. [3]Die Anzeige-, Erläuterungs- und Mitteilungspflichten nach den Sätzen 1 und 2 bestehen auch in Bezug auf ein Unternehmen, das mit dem Institut in enger Verbindung steht, sofern dem Prüfer die Tatsachen im Rahmen der Prüfung des Instituts bekannt werden. [4]Der Prüfer haftet nicht für die Richtigkeit von Tatsachen, die er nach diesem Absatz in gutem Glauben anzeigt.

(3) [1]Das Bundesministerium der Finanzen wird ermächtigt, durch Rechtsverordnung, die nicht der Zustimmung des Bundesrates bedarf, im Einvernehmen mit dem Bundesministerium der Justiz und für Verbraucherschutz und nach Anhörung der Deutschen

Bundesbank nähere Bestimmungen über den Gegenstand der Prüfung, den Zeitpunkt ihrer Durchführung und den Inhalt der Prüfungsberichte zu erlassen, soweit dies zur Erfüllung der Aufgaben der Bundesanstalt erforderlich ist. [2]Insbesondere sollen die Bestimmungen geeignet sein, Missstände, welche die Sicherheit der dem Institut anvertrauten Vermögenswerte gefährden oder die ordnungsmäßige Durchführung der Zahlungsdienste oder das ordnungsgemäße Betreiben des E-Geld-Geschäfts beeinträchtigen können, zu erkennen sowie einheitliche Unterlagen zur Beurteilung der von den Instituten durchgeführten Geschäfte zu erhalten. [3]Das Bundesministerium der Finanzen kann die Ermächtigung im Einvernehmen mit dem Bundesministerium der Justiz und für Verbraucherschutz auf die Bundesanstalt übertragen. [4]Vor Erlass der Rechtsverordnung sind die Spitzenverbände der Institute anzuhören.

(4) [1]§ 29 des Kreditwesengesetzes bleibt unberührt. [2]Unbeschadet der Absätze 1 bis 3 kann die Bundesanstalt gegenüber dem Institut auch Bestimmungen über den Inhalt der Prüfung treffen, die vom Prüfer im Rahmen der Jahresabschlussprüfung zu berücksichtigen sind. [3]Sie kann insbesondere Schwerpunkte für die Prüfungen festlegen.

§ 25 Inanspruchnahme von Agenten; Verordnungsermächtigung

(1) [1]Beabsichtigt ein Institut, Zahlungsdienste über einen Agenten zu erbringen, hat es der Bundesanstalt und der Deutschen Bundesbank folgende Angaben zu übermitteln:

1. Name und Anschrift des Agenten;
2. eine Beschreibung der internen Kontrollmechanismen, die der Agent anwendet, um die Anforderungen des Geldwäschegesetzes zu erfüllen; diese ist bei sachlichen Änderungen der zuvor übermittelten Angaben unverzüglich zu aktualisieren;
3. die Namen der Geschäftsleiter und der für die Geschäftsleitung verantwortlichen Personen eines Agenten, der zur Erbringung von Zahlungsdiensten eingesetzt werden soll, und im Falle von Agenten, die keine Zahlungsdienstleister sind, den Nachweis, dass sie zuverlässig und fachlich geeignet sind;
4. die Zahlungsdienste des Zahlungsinstituts, mit denen der Agent beauftragt ist;
5. gegebenenfalls den Identifikationscode oder die Kennnummer des Agenten.

[2]Die Bundesanstalt teilt dem Institut binnen zwei Monaten nach vollständiger Übermittlung der Angaben nach Satz 1 mit, ob der Agent in das Zahlungsinstituts-Register eingetragen wird. [3]Der Agent darf erst nach Eintragung in das Zahlungsinstituts-Register mit der Erbringung von Zahlungsdiensten beginnen. [4]Ändern sich Verhältnisse, die nach Absatz 1 angezeigt wurden, hat das Institut diese Änderungen der Bundesanstalt und der Deutschen Bundesbank unverzüglich schriftlich anzuzeigen; die Sätze 2 und 3 gelten entsprechend.

(2) [1]Das Institut hat sicherzustellen, dass der Agent zuverlässig und fachlich geeignet ist, bei der Erbringung der Zahlungsdienste die gesetzlichen Vorgaben erfüllt, den Zahlungsdienstnutzer vor oder während der Aufnahme der Geschäftsbeziehung über seinen Status informiert und diesen unverzüglich von der Beendigung dieses Status in Kenntnis setzt. [2]Das Institut hat die erforderlichen Nachweise für die Erfüllung seiner Pflichten nach Satz 1 mindestens fünf Jahre nach dem Ende des Status des Agenten aufzubewahren.

(3) [1]Die Bundesanstalt kann einem Institut, das die Auswahl oder Überwachung seiner Agenten nicht ordnungsgemäß durchgeführt hat, untersagen, Agenten im Sinne der Absätze 1 und 2 in das Institut einzubinden. [2]Die Untersagung kann sich auf die Ausführung von Zahlungsdiensten durch einzelne Agenten oder auf die Einbindung von Agenten insgesamt beziehen.

(4) Beabsichtigt ein Institut durch Beauftragung eines Agenten in einem anderen Mitgliedstaat oder einem anderen Vertragsstaat des Abkommens über den Europäischen Wirtschaftsraum Zahlungsdienste zu erbringen, so muss es das Verfahren nach § 38 Absatz 1 befolgen.

(5) [1]Das Bundesministerium der Finanzen wird ermächtigt, durch Rechtsverordnung, die nicht der Zustimmung des Bundesrates bedarf, im Benehmen mit der Deutschen Bundesbank nähere Bestimmungen über Art, Umfang und Form der Nachweise nach Absatz 2 Satz 2 zu erlassen, soweit dies zur Erfüllung der Aufgaben der Bundesanstalt erforderlich ist. [2]Das Bundesministerium der Finanzen kann die Ermächtigung im Einvernehmen mit der Deutschen Bundesbank durch Rechtsverordnung auf die Bundesanstalt übertragen. [3]Vor Erlass der Rechtsverordnung sind die Spitzenverbände der Institute anzuhören.

§ 26 Auslagerung

(1) [1]Ein Institut muss abhängig von Art, Umfang, Komplexität und Risikogehalt einer Auslagerung von Aktivitäten und Prozessen auf ein anderes Unternehmen, die für die Durchführung von Zahlungsdiensten, E-Geld-Geschäften oder sonstigen nach diesem Gesetz institutstypischen Dienstleistungen wesentlich sind, einschließlich IT-Systeme, angemessene Vorkehrungen treffen, um übermäßige zusätzliche Risiken zu vermeiden. [2]Eine Auslagerung darf weder die Ordnungsmäßigkeit dieser Geschäfte und Dienstleistungen noch die Geschäftsorganisation beeinträchtigen. [3]Insbesondere muss ein angemessenes und wirksames Risikomanagement durch das Institut gewährleistet bleiben, das die ausgelagerten Aktivitäten und Prozesse einbezieht, und die Auslagerung darf nicht zu einer Delegation der Verantwortung der Geschäftsleiter oder anderen in § 10 Absatz 2 Nummer 14 und in § 11 Absatz 2 Satz 2 Nummer 5 bezeichneten Personen an das Auslagerungsunternehmen führen. [4]Das Institut bleibt für die Einhaltung der von ihm zu beachtenden gesetzlichen Bestimmungen verantwortlich. [5]Durch die Auslagerung darf die Bundesanstalt an der Wahrnehmung ihrer Aufgaben nicht gehindert werden; ihre Auskunfts- und Prüfungsrechte sowie Kontrollmöglichkeiten müssen in Bezug auf die ausgelagerten Aktivitäten und Prozesse auch bei einer Auslagerung auf ein Unternehmen mit Sitz im Ausland durch geeignete Vorkehrungen gewährleistet werden; Entsprechendes gilt für die Wahrnehmung der Aufgaben der Prüfer des Instituts. [6]Eine Auslagerung bedarf einer schriftlichen Vereinbarung, welche die zur Einhaltung der vorstehenden Voraussetzungen erforderlichen Rechte des Instituts, einschließlich Weisungs- und Kündigungsrechten, sowie die korrespondierenden Pflichten des Auslagerungsunternehmens festschreibt.

(2) [1]Beabsichtigt ein Institut, wesentliche betriebliche Aufgaben von Zahlungsdiensten oder des E-Geld-Geschäfts auszulagern, hat es die Bundesanstalt und die Deutsche Bundesbank hiervon in Kenntnis zu setzen. [2]Eine betriebliche Aufgabe ist dann wesentlich, wenn deren unzureichende oder unterlassene Wahrnehmung die dauerhafte Einhaltung der Zulassungsanforderungen oder der anderen Verpflichtungen des Instituts nach diesem Gesetz, seine finanzielle Leistungsfähigkeit oder die Solidität oder die Kontinuität seiner Zahlungsdienste oder des E-Geld-Geschäfts wesentlich beeinträchtigen würde.

(3) [1]Rechtfertigen Tatsachen die Annahme, dass eine Auslagerung die Prüfungsrechte und Kontrollmöglichkeiten der Bundesanstalt beeinträchtigt, kann die Bundesanstalt gegenüber dem Institut die Anordnungen treffen, die geeignet und erforderlich sind, die Beeinträchtigungen zu beseitigen und künftigen Beeinträchtigungen vorzubeugen. [2]Erweisen sich die Maßnahmen nicht als hinreichend, um die Prüfungsrechte und Kontrollmöglichkeiten der Bundesanstalt zu gewährleisten, kann die Bundesanstalt die

Rücklagerung der ausgelagerten Tätigkeiten anordnen. [3]Die Befugnisse der Bundesanstalt nach § 27 Absatz 3 bleiben unberührt.

(4) Ändert sich die Inanspruchnahme von Stellen, an die Tätigkeiten ausgelagert werden, hat das Institut der Bundesanstalt und der Deutschen Bundesbank diese Änderungen unverzüglich schriftlich anzuzeigen.

§ 27[1)] Organisationspflichten

(1) [1]Ein Institut muss über eine ordnungsgemäße Geschäftsorganisation verfügen; die Geschäftsleiter sind für die ordnungsgemäße Geschäftsorganisation des Instituts verantwortlich. [2]Eine ordnungsgemäße Geschäftsorganisation umfasst insbesondere:

1. angemessene Maßnahmen der Unternehmenssteuerung, Kontrollmechanismen und Verfahren, die gewährleisten, dass das Institut seine Verpflichtungen erfüllt;
2. das Führen und Pflegen einer Verlustdatenbank sowie eine vollständige Dokumentation der Geschäftstätigkeit, die eine lückenlose Überwachung durch die Bundesanstalt für ihren Zuständigkeitsbereich gewährleistet;
3. ein angemessenes Notfallkonzept für IT-Systeme;
4. interne Verfahren und Kontrollsysteme, die die Einhaltung der Verordnung (EG) Nr. 924/2009, der Verordnung (EU) Nr. 260/2012 und der Verordnung (EU) 2015/751 des Europäischen Parlaments und des Rates vom 29. April 2015 über Interbankenentgelte für kartengebundene Zahlungsvorgänge (ABl. L 123 vom 19.5.2015, S. 1) gewährleisten;
5. unbeschadet der Pflichten der §§ 4 bis 7 des Geldwäschegesetzes angemessene Maßnahmen, einschließlich Datenverarbeitungssysteme, die die Einhaltung der Anforderungen des Geldwäschegesetzes und der Verordnung (EU) 2015/847 gewährleisten; soweit dies zur Erfüllung dieser Pflicht erforderlich ist, darf das Institut personenbezogene Daten verarbeiten.

(2) [1]Die §§ 6a, 24c, 25i, 25m und 60b des Kreditwesengesetzes sowie § 93 Absatz 7 und 8 in Verbindung mit § 93b der Abgabenordnung gelten für Institute im Sinne dieses Gesetzes entsprechend. [2]§ 24c des Kreditwesengesetzes gilt mit der Maßgabe, dass die Bundesanstalt einzelne Daten aus dem Dateisystem nach § 24c Absatz 1 Satz 1 des Kreditwesengesetzes abrufen darf, soweit dies zur Erfüllung ihrer aufsichtsrechtlichen Aufgaben nach diesem Gesetz und dem Geldwäschegesetz, insbesondere im Hinblick auf unerlaubte Zahlungsdienste und unerlaubte E-Geld-Geschäfte erforderlich ist und besondere Eilbedürftigkeit im Einzelfall vorliegt.

(3) [1]Die Bundesanstalt kann gegenüber einem Institut im Einzelfall Anordnungen treffen, die geeignet und erforderlich sind, um die Anforderungen an eine ordnungsgemäße Geschäftsorganisation im Sinne des Absatzes 1 zu erfüllen. [2]Die Bundesanstalt kann Kriterien bestimmen, bei deren Vorliegen Institute vom Einsatz von Datenverarbeitungssystemen nach Absatz 1 Satz 2 Nummer 5 absehen können.

(4) [1]Die Bundesanstalt überwacht die Einhaltung der in der Verordnung (EU) 2015/847, in der Verordnung (EG) Nr. 924/2009, in der Verordnung (EU) Nr. 260/2012 und in der Verordnung (EU) 2015/751 enthaltenden Pflichten durch die Institute. [2]Sie kann gegenüber einem Institut und seinen Geschäftsleitern Anordnungen treffen, die geeignet und erforderlich sind, um Verstöße gegen die Pflichten nach den Verordnungen nach Satz 1 zu verhindern oder zu unterbinden.

---

1) § 27 geändert durch Gesetz vom 20.11.2019 (BGBl. I S. 1626).

§ 28 Anzeigen; Verordnungsermächtigung

(1) Ein Institut hat der Bundesanstalt und der Deutschen Bundesbank unverzüglich anzuzeigen:

1. die Absicht der Bestellung eines Geschäftsleiters und der Ermächtigung einer Person zur Einzelvertretung des Instituts in dessen gesamten Geschäftsbereich unter Angabe der Tatsachen, die für die Beurteilung der Zuverlässigkeit und der fachlichen Eignung, einschließlich der Leitungserfahrung, wesentlich sind, und den Vollzug einer solchen Absicht;
2. das Ausscheiden eines Geschäftsleiters sowie die Entziehung der Befugnis zur Einzelvertretung des Instituts in dessen gesamten Geschäftsbereich;
3. die Änderung der Rechtsform, soweit nicht bereits eine neue Erlaubnis nach § 10 Absatz 1 oder § 11 Absatz 1 oder neue Registrierung nach § 34 Absatz 1 erforderlich ist, und die Änderung der Firma;
4. den Erwerb oder die Aufgabe einer bedeutenden Beteiligung an dem eigenen Institut, das Erreichen, das Über- oder das Unterschreiten der Beteiligungsschwellen von 20 Prozent, 30 Prozent und 50 Prozent der Stimmrechte oder des Kapitals sowie die Tatsache, dass das Institut Tochterunternehmen eines anderen Unternehmens wird oder nicht mehr ist, sobald das Institut von der bevorstehenden Änderung dieser Beteiligungsverhältnisse Kenntnis erlangt;
5. einen Verlust in Höhe von 25 Prozent der Eigenmittel;
6. die Verlegung der Niederlassung oder des Sitzes;
7. die Einstellung des Geschäftsbetriebs;
8. das Entstehen, die Änderung oder die Beendigung einer engen Verbindung im Sinne des Artikels 4 Absatz 1 Nummer 38 der Verordnung (EU) Nr. 575/2013 zu einer anderen natürlichen Person oder einem anderen Unternehmen;
9. die Absicht, sich mit einem anderen Institut im Sinne dieses Gesetzes oder einem Institut im Sinne des § 1 Absatz 1b des Kreditwesengesetzes zu vereinigen;
10. die Absicht einer Auslagerung sowie den Vollzug einer Auslagerung.

(2) [1]Ein Institut hat der Bundesanstalt und der Deutschen Bundesbank im Voraus jede wesentliche Änderung der zur Sicherung von Geldbeträgen nach § 17 getroffenen Maßnahmen anzuzeigen. [2]Hat ein Institut eine Absicherung im Haftungsfall gemäß § 16 oder § 36 aufrechtzuerhalten, so hat es der Bundesanstalt und der Deutschen Bundesbank im Voraus jede wesentliche Änderung der Absicherung anzuzeigen.

(3) Geschäftsleiter, die für die Geschäftsleitung des Instituts verantwortlichen Personen und soweit es sich um Institute handelt, die neben der Erbringung von Zahlungsdiensten und der Ausgabe von E-Geld anderen Geschäftsaktivitäten nachgehen, die Personen, die für die Führung der Zahlungsdienstgeschäfte und des E-Geld-Geschäfts des Instituts verantwortlich sind, haben der Bundesanstalt und der Deutschen Bundesbank unverzüglich anzuzeigen:

1. die Aufnahme und die Beendigung einer Tätigkeit als Geschäftsleiter oder als Aufsichtsrats- oder Verwaltungsratsmitglied eines anderen Unternehmens und
2. die Übernahme und die Aufgabe einer unmittelbaren Beteiligung an einem Unternehmen sowie Veränderungen in der Höhe der Beteiligung.

(4) [1]Das Bundesministerium der Finanzen wird ermächtigt, durch Rechtsverordnung, die nicht der Zustimmung des Bundesrates bedarf, im Benehmen mit der Deutschen Bundesbank nähere Bestimmungen über Art, Umfang, Zeitpunkt und Form der nach diesem Gesetz vorgesehenen Anzeigen und Vorlagen von Unterlagen und über die zulässigen Datenträger, Übertragungswege und Datenformate zu erlassen und die be-

stehenden Anzeigepflichten durch die Verpflichtung zur Erstattung von Sammelanzeigen und die Einreichung von Sammelaufstellungen zu ergänzen, soweit dies zur Erfüllung der Aufgaben der Bundesanstalt erforderlich ist. [2]Das Bundesministerium der Finanzen kann die Ermächtigung im Einvernehmen mit der Deutschen Bundesbank durch Rechtsverordnung auf die Bundesanstalt übertragen. [3]Vor Erlass der Rechtsverordnung sind die Spitzenverbände der Institute anzuhören.

§ 29 Monatsausweise; Verordnungsermächtigung

(1) [1]Ein Institut hat unverzüglich nach Ablauf eines jeden Monats der Deutschen Bundesbank einen Monatsausweis einzureichen. [2]Die Deutsche Bundesbank leitet diese Meldungen an die Bundesanstalt mit ihrer Stellungnahme weiter; diese kann auf die Weiterleitung bestimmter Meldungen verzichten.

(2) In den Fällen des § 15 Absatz 1 Satz 3 kann die Bundesanstalt festlegen, ob und wie ein Institut unverzüglich nach Ablauf eines jeden Monats der Deutschen Bundesbank einen zusammengefassten Monatsausweis einzureichen hat.

(3) [1]Das Bundesministerium der Finanzen wird ermächtigt, durch Rechtsverordnung, die nicht der Zustimmung des Bundesrates bedarf, im Benehmen mit der Deutschen Bundesbank nähere Bestimmungen über Inhalt, Art, Umfang und Zeitpunkt sowie über die zulässigen Datenträger, Übertragungswege und Datenformate der Monatsausweise zu erlassen, insbesondere um Einblick in die Entwicklung der Vermögens- und Ertragslage der Institute zu erhalten, sowie über weitere Angaben, soweit dies zur Erfüllung der Aufgaben der Bundesanstalt erforderlich ist. [2]Das Bundesministerium der Finanzen kann die Ermächtigung im Einvernehmen mit der Deutschen Bundesbank durch Rechtsverordnung auf die Bundesanstalt übertragen. [3]Vor Erlass der Rechtsverordnung sind die Spitzenverbände der Institute anzuhören.

§ 30 Aufbewahrung von Unterlagen

[1]Die Institute haben für aufsichtsrechtliche Zwecke alle Unterlagen unbeschadet anderer gesetzlicher Bestimmungen mindestens fünf Jahre aufzubewahren. [2]§ 257 Absatz 3 und 5 des Handelsgesetzbuchs sowie § 147 Absatz 5 und 6 der Abgabenordnung gelten entsprechend. [3]§ 257 Absatz 4 des Handelsgesetzbuchs bleibt unberührt.

Abschnitt 6. Sondervorschriften für das E-Geld-Geschäft und den Vertrieb und die Rücktauschbarkeit

§ 31 Verbot der Ausgabe von E-Geld über andere Personen

E-Geld-Institute dürfen E-Geld nicht über natürliche oder juristische Personen ausgeben, die im Namen des E-Geld-Instituts tätig werden.

§ 32 Vertrieb und Rücktausch von E-Geld durch E-Geld-Agenten

(1) [1]E-Geld-Institute können sich für den Vertrieb oder den Rücktausch von E-Geld eines E-Geld-Agenten bedienen. [2]§ 25 Absatz 1 gilt entsprechend mit der Maßgabe, dass Nachweise über die Zuverlässigkeit und die fachliche Eignung nicht einzureichen sind.

(2) [1]Die Bundesanstalt kann einem E-Geld-Institut, das die Auswahl oder Überwachung seiner E-Geld-Agenten nicht ordnungsgemäß durchgeführt hat, untersagen, E-Geld-Agenten in das E-Geld-Institut einzubinden. [2]Die Untersagung kann sich auf den Vertrieb oder Rücktausch von E-Geld oder auf die Einbindung von E-Geld-Agenten insgesamt beziehen.

(3) Sofern ein E-Geld-Institut beabsichtigt, E-Geld über E-Geld-Agenten in einem Mitgliedstaat oder einem anderen Vertragsstaat des Abkommens über den Europäischen

Wirtschaftsraum zu vertreiben oder zurückzutauschen, ist § 25 Absatz 4 in Verbindung mit § 38 Absatz 1 entsprechend anzuwenden.

§ 33 Verpflichtungen des E-Geld-Emittenten bei der Ausgabe und dem Rücktausch von E-Geld

(1) [1]Der E-Geld-Emittent hat E-Geld stets zum Nennwert des entgegengenommenen Geldbetrags auszugeben. [2]Er ist verpflichtet, E-Geld auf Verlangen des E-Geld-Inhabers jederzeit zum Nennwert in gesetzliche Zahlungsmittel zurückzutauschen. [3]Das Rücktauschverlangen des E-Geld-Inhabers kann sich vor Beendigung des Vertrags auch auf einen Teil des E-Geldes beziehen.

(2) [1]Der E-Geld-Emittent ist verpflichtet, den E-Geld-Inhaber über die Bedingungen für den Rücktausch von E-Geld einschließlich insoweit etwaig zu vereinbarender Entgelte zu unterrichten, bevor dieser durch einen Vertrag oder ein Angebot gebunden wird. [2]Die Bedingungen sind im Vertrag zwischen dem E-Geld-Emittenten und dem E-Geld-Inhaber eindeutig und deutlich erkennbar anzugeben.

(3) [1]Der E-Geld-Emittent darf vom E-Geld-Inhaber für den Rücktausch von E-Geld nur dann ein Entgelt verlangen, wenn dies vertraglich vereinbart wurde. [2]Eine solche Vereinbarung ist nur für den Fall zulässig, dass

1. der E-Geld-Inhaber den Rücktausch vor Beendigung des Vertrags verlangt,
2. der Vertrag für einen bestimmten Zeitraum geschlossen wurde und durch eine Kündigung des E-Geld-Inhabers vor Ablauf dieses Zeitraums beendet wird oder
3. der E-Geld-Inhaber den Rücktausch nach mehr als einem Jahr nach Beendigung des Vertrags verlangt.

[3]Das Entgelt muss in einem angemessenen Verhältnis zu den tatsächlich entstandenen Kosten des E-Geld-Emittenten stehen.

(4) [1]Abweichend von Absatz 1 Satz 3 ist im Falle eines Rücktauschverlangens mit Beendigung des Vertrags oder bis zu einem Jahr nach Vertragsbeendigung der gesamte Betrag des vom E-Geld-Emittenten gehaltenen E-Geldes zurückzutauschen. [2]Übt ein E-Geld-Institut eine oder mehrere Tätigkeiten im Sinne des § 11 Absatz 1 Satz 2 Nummer 5 aus und fordert der E-Geld-Inhaber nach Beendigung des E-Geld-Vertrags einen Gesamtbetrag, so ist dieser in gesetzliche Zahlungsmittel zurückzutauschen, wenn im Voraus nicht bekannt ist, welcher Anteil der Geldbeträge als E-Geld verwendet werden soll.

(5) Von den Regelungen des Absatzes 1 Satz 3 und der Absätze 3 und 4 darf zum Nachteil des E-Geld-Inhabers nur abgewichen werden, wenn es sich bei diesem nicht um einen Verbraucher handelt.

Abschnitt 7. Sonderbestimmungen für Kontoinformationsdienste

§ 34 Registrierungspflicht; Verordnungsermächtigung

(1) [1]Wer im Inland gewerbsmäßig oder in einem Umfang, der einen in kaufmännischer Weise eingerichteten Geschäftsbetrieb erfordert, als Zahlungsdienst ausschließlich Kontoinformationsdienste erbringen will, bedarf nur der schriftlichen Registrierung durch die Bundesanstalt. [2]Der Registrierungsantrag muss folgende Angaben und Nachweise enthalten:

1. eine Beschreibung des Geschäftsmodells, aus dem insbesondere die Art des beabsichtigten Kontoinformationsdienstes hervorgeht;
2. einen Geschäftsplan mit einer Budgetplanung für die ersten drei Geschäftsjahre, aus dem hervorgeht, dass der Kontoinformationsdienstleister über geeignete und an-

gemessene Systeme, Mittel und Verfahren verfügt, um seine Tätigkeit ordnungsgemäß auszuführen;

3. eine Beschreibung der Unternehmenssteuerung und der internen Kontrollmechanismen des Kontoinformationsdienstes einschließlich der Verwaltungs-, Risikomanagement- und Rechnungslegungsverfahren, aus der hervorgeht, dass diese Unternehmenssteuerung, Kontrollmechanismen und Verfahren verhältnismäßig, angemessen, zuverlässig und ausreichend sind;
4. eine Beschreibung der vorhandenen Verfahren für Überwachung, Handhabung und Folgemaßnahmen bei Sicherheitsvorfällen und sicherheitsbezogenen Kundenbeschwerden, einschließlich eines Mechanismus für die Meldung von Vorfällen, der die Meldepflichten des Kontoinformationsdienstleisters nach § 54 berücksichtigt;
5. eine Beschreibung der vorhandenen Verfahren für die Erfassung, Überwachung, Rückverfolgung sowie Beschränkung des Zugangs zu sensiblen Zahlungsdaten;
6. eine Beschreibung der Regelungen zur Geschäftsfortführung im Krisenfall, einschließlich klarer Angabe der maßgeblichen Abläufe, der wirksamen Notfallpläne und eines Verfahrens für die regelmäßige Überprüfung der Angemessenheit und Wirksamkeit solcher Pläne;
7. eine Beschreibung der Sicherheitsstrategie, einschließlich einer detaillierten Risikobewertung des erbrachten Kontoinformationsdienstes und eine Beschreibung von Sicherheitskontroll- und Risikominderungsmaßnahmen zur Gewährleistung eines angemessenen Schutzes der Zahlungsdienstnutzer vor den festgestellten Risiken, einschließlich Betrug und illegaler Verwendung sensibler und personenbezogener Daten;
8. eine Darstellung des organisatorischen Aufbaus des Kontoinformationsdienstes, gegebenenfalls einschließlich einer Beschreibung der geplanten Errichtung von Zweigniederlassungen und von deren Überprüfungen vor Ort oder von außerhalb ihres Standorts erfolgenden Überprüfungen, zu deren mindestens jährlicher Durchführung der Kontoinformationsdienstleister sich verpflichtet, sowie einer Darstellung der Auslagerungsvereinbarungen und eine Beschreibung der Art und Weise seiner Teilnahme an einem nationalen oder internationalen Zahlungssystem;
9. die Namen der Geschäftsleiter, der für die Geschäftsführung des Kontoinformationsdienstleisters verantwortlichen Personen und soweit es sich um Unternehmen handelt, die neben der Erbringung des Kontoinformationsdienstes anderen Geschäftsaktivitäten nachgehen, der für die Führung der Zahlungsdienstgeschäfte des Kontoinformationsdienstleisters verantwortlichen Personen;
10. die Rechtsform und die Satzung oder den Gesellschaftsvertrag des Kontoinformationsdienstes;
11. die Anschrift der Hauptverwaltung oder des Sitzes des Kontoinformationsdienstes;
12. eine Darstellung der Absicherung für den Haftungsfall nach § 36 einschließlich einer Erläuterung des Risikoprofils des Kontoinformationsdienstes, des etwaigen Erbringens anderer Zahlungsdienste als dem Kontoinformationsdienst oder des Nachgehens anderer Geschäftstätigkeiten als den Zahlungsdienstgeschäften, der Zahl der Kunden, die den Kontoinformationsdienst nutzen, sowie der besonderen Merkmale der Berufshaftpflichtversicherung oder der anderen gleichwertigen Garantie.

[3]Mit den Unterlagen nach Satz 2 Nummer 3, 4 und 8 hat der Kontoinformationsdienstleister eine Beschreibung seiner Prüfmodalitäten und seiner organisatorischen Vorkehrungen für das Ergreifen aller angemessenen Maßnahmen zum Schutze der Interessen seiner Kunden und zur Gewährleistung der Kontinuität und Verlässlichkeit des von

ihm erbrachten Kontoinformationsdienstes vorzulegen. [4]In der Beschreibung der Sicherheitsstrategie gemäß Satz 2 Nummer 7 ist anzugeben, auf welche Weise durch diese Maßnahmen ein hohes Maß an technischer Sicherheit und Datenschutz gewährleistet wird; das gilt auch für Software und IT-Systeme, die der Kontoinformationsdienstleister oder die Unternehmen verwenden, an die der Kontoinformationsdienstleister alle oder einen Teil seiner Tätigkeiten auslagert. [5]Der Antrag muss den Nachweis enthalten, dass die unter Satz 2 Nummer 9 genannten Personen zuverlässig sind und über angemessene theoretische und praktische Kenntnisse und Erfahrungen zur Erbringung des Kontoinformationsdienstes verfügen. [6]Der Kontoinformationsdienstleister hat mindestens zwei Geschäftsleiter zu bestellen; bei Unternehmen mit geringer Größe genügt ein Geschäftsleiter. [7]Die Bundesanstalt kann im Einzelfall zu den Angaben nach den Sätzen 2 bis 6 nähere Angaben und Nachweise verlangen, soweit dies erforderlich erscheint, um ihren gesetzlichen Auftrag zu erfüllen.

(2) Die Bundesanstalt teilt dem Antragsteller binnen drei Monaten nach Eingang des Antrags oder bei Unvollständigkeit des Antrags binnen drei Monaten nach Übermittlung aller für die Entscheidung erforderlichen Angaben mit, ob die Registrierung erteilt oder versagt wird.

(3) Die Bundesanstalt kann die Registrierung unter Auflagen erteilen, die sich im Rahmen des mit diesem Gesetz verfolgten Zwecks halten müssen.

(4) Über die Erbringung des Kontoinformationsdienstes hinaus sind von der Registrierung nur die Erbringung betrieblicher und eng verbundener Nebendienstleistungen erfasst; Nebendienstleistungen sind die Dienstleistungen für die Sicherstellung des Datenschutzes sowie die Datenspeicherung und -verarbeitung.

(5) Der Kontoinformationsdienstleister hat der Bundesanstalt unverzüglich jede materiell und strukturell wesentliche Änderung der tatsächlichen oder rechtlichen Verhältnisse mitzuteilen, soweit sie die Richtigkeit der nach Absatz 1 vorgelegten Angaben und Nachweise betreffen.

(6) Soweit für das Erbringen von Kontoinformationsdiensten eine Registrierung nach Absatz 1 erforderlich ist, dürfen Eintragungen in öffentliche Register nur vorgenommen werden, wenn dem Registergericht die Registrierung nachgewiesen ist.

(7) [1]Das Bundesministerium der Finanzen wird ermächtigt, durch Rechtsverordnung, die nicht der Zustimmung des Bundesrates bedarf, im Benehmen mit der Deutschen Bundesbank nähere Bestimmungen über Art, Umfang, und Form der nach dieser Vorschrift vorgesehenen Antragsunterlagen zu erlassen. [2]Das Bundesministerium der Finanzen kann die Ermächtigung im Einvernehmen mit der Deutschen Bundesbank durch Rechtsverordnung auf die Bundesanstalt übertragen. [3]Vor Erlass der Rechtsverordnung sind die Spitzenverbände der Institute anzuhören. [4]Das Bundesamt für Sicherheit in der Informationstechnik ist anzuhören, soweit die Sicherheit informationstechnischer Systeme betroffen ist.

§ 35 Versagung der Registrierung

Die Registrierung zur Erbringung von Kontoinformationsdiensten ist zu versagen, wenn

1. der Antrag entgegen § 34 Absatz 1 keine ausreichenden Angaben oder Unterlagen enthält;
2. der Antragsteller nicht über eine Absicherung für den Haftungsfall gemäß den Voraussetzungen des § 36 verfügt;
3. Tatsachen die Annahme rechtfertigen, dass der Antragsteller nicht zuverlässig ist oder aus anderen Gründen nicht den im Interesse einer soliden und umsichtigen Führung des Kontoinformationsdienstes zu stellenden Ansprüchen genügt;

4. Tatsachen vorliegen, aus denen sich ergibt, dass ein Geschäftsleiter nicht zuverlässig ist oder nicht die zur Leitung des Kontoinformationsdienstes erforderliche fachliche Eignung hat und die Bundesanstalt nach § 1 Absatz 8 Satz 2 eine andere Person als Geschäftsleiter bestimmt; die fachliche Eignung setzt voraus, dass in ausreichendem Maß theoretische und praktische Kenntnisse in den betreffenden Geschäften und Leitungserfahrung vorhanden sind;
5. der Antragsteller nicht über wirksame Verfahren zur Ermittlung, Steuerung, Überwachung und Meldung von Risiken sowie angemessene interne Kontrollverfahren einschließlich solider Verwaltungs- und Rechnungslegungsverfahren verfügt;
6. Tatsachen die Annahme rechtfertigen, dass eine wirksame Aufsicht über den Antragsteller beeinträchtigt wird;
7. der Antragsteller seine Hauptverwaltung nicht im Inland hat oder nicht zumindest einen Teil seiner Dienste im Inland erbringt.

§ 36 Absicherung für den Haftungsfall; Verordnungsermächtigung

(1) [1]Ein Institut, das Kontoinformationsdienste erbringt, ist verpflichtet, eine Berufshaftpflichtversicherung oder eine andere gleichwertige Garantie abzuschließen und während der Gültigkeitsdauer seiner Registrierung aufrechtzuerhalten. [2]Die Berufshaftpflichtversicherung oder die andere gleichwertige Garantie hat sich auf die Gebiete, in denen der Kontoinformationsdienstleister seine Dienste anbietet, zu erstrecken und muss die sich für den Kontoinformationsdienstleister ergebende Haftung gegenüber dem kontoführenden Zahlungsdienstleister und dem Zahlungsdienstnutzer für einen nicht autorisierten oder betrügerischen Zugang zu Zahlungskontoinformationen und deren nicht autorisierte oder betrügerische Nutzung abdecken.

(2) Die Berufshaftpflichtversicherung muss bei einem im Inland zum Geschäftsbetrieb befugten Versicherungsunternehmen genommen werden; § 16 Absatz 2 Satz 2 gilt entsprechend.

(3) § 16 Absatz 3 und 4 sowie § 17 Absatz 3 gelten entsprechend.

(4) [1]Das Bundesministerium der Finanzen wird ermächtigt, durch Rechtsverordnung, die nicht der Zustimmung des Bundesrates bedarf, nähere Bestimmungen zu Umfang und Inhalt der erforderlichen Absicherung im Haftungsfall zu treffen. [2]Das Bundesministerium der Finanzen kann die Ermächtigung durch Rechtsverordnung auf die Bundesanstalt übertragen. [3]Vor Erlass der Rechtsverordnung sind die Spitzenverbände der Institute und der Versicherungsunternehmen anzuhören.

§ 37 Erlöschen und Aufhebung der Registrierung

(1) Die Registrierung erlischt, wenn der Kontoinformationsdienstleister von ihr nicht innerhalb eines Jahres seit ihrer Erteilung Gebrauch macht oder wenn er ausdrücklich auf sie verzichtet.

(2) Die Bundesanstalt kann die Registrierung außer nach den Vorschriften des Verwaltungsverfahrensgesetzes aufheben, wenn

1. der Geschäftsbetrieb, auf den sich die Registrierung bezieht, seit mehr als sechs Monaten nicht mehr ausgeübt worden ist;
2. die Registrierung aufgrund falscher Angaben oder auf andere Weise unrechtmäßig erlangt wurde;
3. Tatsachen bekannt werden, die die Versagung der Registrierung nach § 35 rechtfertigten, oder gegen die Mitteilungspflicht nach § 34 Absatz 5 verstoßen wird.

(3) [1]§ 38 des Kreditwesengesetzes gilt entsprechend. [2]§ 48 Absatz 4 Satz 1 und § 49 Absatz 2 Satz 2 des Verwaltungsverfahrensgesetzes über die Jahresfrist sind nicht anzuwenden.

(4) Die Bundesanstalt macht die Aufhebung oder das Erlöschen der Registrierung im Bundesanzeiger und im Zahlungsinstituts-Register bekannt.

Abschnitt 8. Europäischer Pass, Zweigniederlassung und grenzüberschreitender Dienstleistungsverkehr, Zweigstellen aus Drittstaaten

§ 38 Errichten einer Zweigniederlassung, grenzüberschreitender Dienstleistungsverkehr durch inländische Institute

(1) [1]Ein nach § 10 Absatz 1 oder § 11 Absatz 1 zugelassenes oder nach § 34 Absatz 1 registriertes Institut, das die Absicht hat, eine Zweigniederlassung in einem anderen Mitgliedstaat oder einem anderen Vertragsstaat des Abkommens über den Europäischen Wirtschaftsraum zu errichten oder Agenten heranzuziehen, hat dies der Bundesanstalt und der Deutschen Bundesbank unverzüglich nach Maßgabe des Satzes 2 anzuzeigen. [2]Die Anzeige muss enthalten:

1. die Angabe des Staates, in dem die Zweigniederlassung errichtet oder der Agent herangezogen werden soll;
2. einen Geschäftsplan, aus dem die Art der geplanten Geschäfte, der organisatorische Aufbau der Zweigniederlassung und die Angaben nach § 10 Absatz 2 Satz 1 Nummer 2 und 5 hervorgehen;
3. die Angaben nach § 25 Absatz 1, wenn die Heranziehung von Agenten beabsichtigt ist;
4. die Anschrift, unter der dem Institut in dem Staat, in dem es eine Zweigniederlassung unterhält, Schriftstücke zugestellt und Unterlagen angefordert werden können;
5. die Angabe der Leiter der Zweigniederlassung.

(2) [1]Absatz 1 Satz 1 gilt entsprechend für die Absicht, im Wege des grenzüberschreitenden Dienstleistungsverkehrs in einem anderen Mitgliedstaat oder einem anderen Vertragsstaat des Abkommens über den Europäischen Wirtschaftsraum Zahlungsdienste zu erbringen oder das E-Geld-Geschäft zu betreiben. [2]Die Anzeige muss enthalten:

1. die Angabe des Staates, in dem die grenzüberschreitende Dienstleistung erbracht werden soll,
2. einen Geschäftsplan mit Angabe der beabsichtigten Tätigkeiten und
3. die Angaben nach § 25 Absatz 1, wenn in diesem Staat Agenten oder E-Geld-Agenten herangezogen werden sollen.

(3) Beabsichtigt ein Institut betriebliche Aufgaben von Zahlungsdiensten oder des E-Geld-Geschäfts auf ein anderes Unternehmen in einem anderen Mitgliedstaat oder einem anderen Vertragsstaat des Abkommens über den Europäischen Wirtschaftsraum auszulagern, hat es dies der Bundesanstalt und der Deutschen Bundesbank unverzüglich anzuzeigen.

(4) Die Bundesanstalt teilt den zuständigen Behörden des jeweiligen Aufnahmemitgliedstaates innerhalb eines Monats nach Erhalt der vollständigen Anzeigen nach den Absätzen 1 bis 3 die entsprechenden Angaben mit.

(5) [1]Die Bundesanstalt entscheidet, ob die Zweigniederlassung oder der Agent in das Institutsregister gemäß § 43 Absatz 1, § 44 Absatz 2 eingetragen wird und teilt ihre Entscheidung den zuständigen Behörden des Aufnahmemitgliedstaates und dem Institut innerhalb von drei Monaten nach vollständigem Eingang der in den Absätzen 1 bis 3 genannten Angaben mit. [2]Sie berücksichtigt hierbei eine Bewertung der zuständigen Behörden des Aufnahmemitgliedstaates. [3]Stimmt die Bundesanstalt der Bewertung durch die zuständigen Behörden des Aufnahmemitgliedstaates nicht zu, so teilt sie diesen die Gründe für ihre Entscheidung mit. [4]Fällt die Bewertung der Bundesanstalt insbesondere vor dem Hintergrund der von den zuständigen Behörden des Aufnahmemitgliedstaates übermittelten Angaben negativ aus, so lehnt sie die Eintragung des Agenten oder der Zweigniederlassung in das Institutsregister gemäß § 43 Absatz 1, § 44 Absatz 2 ab oder löscht diese Eintragung, falls sie bereits erfolgt ist.

(6) [1]Nach Eintragung in das Institutsregister gemäß § 43 Absatz 1, § 44 Absatz 2 dürfen die Agenten oder darf die Zweigniederlassung ihre Tätigkeiten in dem Aufnahmemitgliedstaat aufnehmen. [2]Das Institut hat der Bundesanstalt und der Deutschen Bundesbank den Zeitpunkt mitzuteilen, ab dem die Agenten oder die Zweigniederlassung ihre Tätigkeiten in dem betreffenden Aufnahmemitgliedstaat aufnehmen. [3]Die Bundesanstalt informiert die zuständigen Behörden des Aufnahmemitgliedstaates hierüber.

(7) [1]Teilt die zuständige Behörde des Aufnahmemitgliedstaates der Bundesanstalt mit, dass ein im Inland zugelassenes Institut, das in dem Hoheitsgebiet des anderen Mitgliedstaates Agenten oder Zweigniederlassungen hat, seinen dortigen aufsichtsrechtlichen Verpflichtungen nicht nachkommt, hat die Bundesanstalt nach Bewertung der ihr übermittelten Informationen unverzüglich alle Maßnahmen zu ergreifen, die erforderlich sind, um für die Erfüllung der Verpflichtungen zu sorgen. [2]Über die von ihr ergriffenen Maßnahmen hält sie die zuständigen Behörden des Aufnahmemitgliedstaates und die zuständigen Behörden jedes anderen betroffenen Mitgliedstaates auf dem Laufenden.

(8) [1]Gegenüber der ausländischen Zweigniederlassung sowie gegenüber den Agenten, E-Geld-Agenten und Auslagerungsunternehmen, deren sich ein inländisches Institut in anderen Staaten des Europäischen Wirtschaftsraums bedient, stehen der Bundesanstalt und der Deutschen Bundesbank unmittelbar die gleichen Rechte nach diesem Gesetz zu wie gegenüber den inländischen Stellen des Instituts. [2]Bei Prüfungen vor Ort hat die Bundesanstalt oder die Deutsche Bundesbank über die Bundesanstalt grundsätzlich vorab die Zustimmung der zuständigen Behörden des Aufnahmemitgliedstaates einzuholen.

(9) [1]Ändern sich die Verhältnisse, die nach Absatz 1 Satz 2, Absatz 2 Satz 2 oder Absatz 3 angezeigt wurden, hat das Institut diese Änderungen der Bundesanstalt und der Deutschen Bundesbank unverzüglich schriftlich anzuzeigen. [2]Auf das Verfahren finden die Absätze 4 und 5 entsprechende Anwendung.

§ 39[1)] Errichten einer Zweigniederlassung, grenzüberschreitender Dienstleistungsverkehr von Unternehmen mit Sitz in einem anderen Staat des Europäischen Wirtschaftsraums

(1) [1]Ein Institut mit Sitz in einem anderen Mitgliedstaat oder einem anderen Vertragsstaat des Abkommens über den Europäischen Wirtschaftsraum darf ohne Erlaubnis durch die Bundesanstalt über eine Zweigniederlassung oder im Wege des grenzüberschreitenden Dienstleistungsverkehrs oder über Agenten im Inland Zahlungsdienste erbringen oder das E-Geld-Geschäft betreiben oder über E-Geld-Agenten E-Geld vertreiben oder rücktauschen, wenn das Unternehmen von den zuständigen Behörden des

1) § 39 Abs. 8 angefügt durch Gesetz vom 25.3.2019 (BGBl. I S. 357).

anderen Staates zugelassen oder registriert worden ist, die Geschäfte durch die Zulassung oder Registrierung abgedeckt sind und das Unternehmen, die Agenten oder E-Geld-Agenten von den zuständigen Behörden nach Vorschriften, die denen der Richtlinie (EU) 2015/2366 des Europäischen Parlaments und des Rates vom 25. November 2015 über Zahlungsdienste im Binnenmarkt, zur Änderung der Richtlinien 2002/65/EG, 2009/110/EG und 2013/36/EU und der Verordnung (EU) Nr. 1093/2010 sowie zur Aufhebung der Richtlinie 2007/64/EG (ABl. L 337 vom 23.12.2015, S. 35; L 169 vom 28.6.2016, S. 18) oder der Richtlinie 2009/110/EG des Europäischen Parlaments und des Rates vom 16. September 2009 über die Aufnahme, Ausübung und Beaufsichtigung der Tätigkeit von E-Geld-Instituten, zur Änderung der Richtlinien 2005/60/EG und 2006/48/EG sowie zur Aufhebung der Richtlinie 2000/46/EG (ABl. L 267 vom 10.10.2009, S. 7) entsprechen, beaufsichtigt werden und die Agenten in das Institutsregister der zuständigen Behörde des Herkunftsmitgliedstaates eingetragen wurden. [2]§ 14 der Gewerbeordnung bleibt unberührt.

(2) [1]Hat die Bundesanstalt im Fall des Absatzes 1 tatsächliche Anhaltspunkte dafür, dass im Zusammenhang mit der geplanten Beauftragung eines Agenten oder E-Geld-Agenten oder der Gründung einer Zweigniederlassung Geldwäsche im Sinne des § 261 des Strafgesetzbuchs oder Terrorismusfinanzierung im Sinne des § 1 Absatz 2 des Geldwäschegesetzes stattfinden, stattgefunden haben oder versucht wurden, oder dass die Beauftragung des Agenten oder die Gründung der Zweigniederlassung das Risiko erhöht, dass Geldwäsche oder Terrorismusfinanzierung stattfinden, so unterrichtet die Bundesanstalt die zuständige Behörde des Herkunftsmitgliedstaates. [2]Zuständige Behörde des Herkunftsmitgliedstaates ist die Behörde, die die Eintragung des Agenten oder der Zweigniederlassung in das dortige Zahlungsinstituts-Register oder E-Geld-Instituts-Register ablehnen oder, falls bereits eine Eintragung erfolgt ist, löschen kann.

(3) [1]Auf Institute im Sinne des Absatzes 1 Satz 1 sind § 17 des Finanzdienstleistungsaufsichtsgesetzes sowie die §§ 3, 7 bis 9 und 19 Absatz 1 und 4 anzuwenden. [2]Auf Institute, die eine Zweigniederlassung errichten oder Agenten heranziehen, sind zusätzlich § 27 Absatz 1 Satz 2 Nummer 5, Absatz 2 bis 4, § 28 Absatz 1 Nummer 1, 2, 6 und 7 sowie die §§ 60 bis 62 mit der Maßgabe anzuwenden, dass eine oder mehrere Zweigniederlassungen desselben Unternehmens im Inland als eine Zweigniederlassung gelten. [3]Änderungen des Geschäftsplans, insbesondere der Art der geplanten Geschäfte und des organisatorischen Aufbaus der Zweigniederlassung, der Anschrift und der Leiter sind der Bundesanstalt und der Deutschen Bundesbank mindestens einen Monat vor dem Wirksamwerden der Änderungen schriftlich anzuzeigen.

(4) Für Agenten, E-Geld-Agenten und zentrale Kontaktpersonen gilt Absatz 3 Satz 1 entsprechend.

(5) Werden der Bundesanstalt von den zuständigen Behörden des Staates, in dem das Institut zugelassen ist, nach § 38 entsprechende Angaben übermittelt, bewertet die Bundesanstalt diese Angaben innerhalb eines Monats nach ihrem Erhalt und teilt den zuständigen Behörden dieses Staates die einschlägigen Angaben zu den Zahlungsdiensten mit, die das Institut im Wege der Errichtung einer Zweigniederlassung oder des grenzüberschreitenden Dienstleistungsverkehrs im Inland zu erbringen beabsichtigt.

(6) [1]Stellt die Bundesanstalt fest, dass das ausländische Institut seinen aufsichtsrechtlichen Verpflichtungen im Inland nicht nachkommt, unterrichtet sie unverzüglich die zuständigen Behörden des Herkunftsmitgliedstaates hierüber. [2]Solange die zuständigen Behörden des Herkunftsmitgliedstaates keine Maßnahmen ergreifen oder sich die ergriffenen Maßnahmen als unzureichend erweisen, kann die Bundesanstalt nach Unterrichtung der zuständigen Behörden des Herkunftsmitgliedstaates die Maßnahmen ergreifen, die erforderlich sind, um eine ernste Bedrohung der kollektiven Interessen der

Zahlungsdienstnutzer im Inland abzuwenden; falls erforderlich kann sie die Durchführung neuer Geschäfte im Inland untersagen. [3]In dringenden Fällen kann die Bundesanstalt vor Einleitung des Verfahrens die erforderlichen Maßnahmen ergreifen. [4]Entsprechende Maßnahmen müssen im Hinblick auf den mit ihnen verfolgten Zweck, eine ernste Bedrohung für die kollektiven Interessen der Zahlungsdienstnutzer im Aufnahmemitgliedstaat abzuwenden, angemessen sein. [5]Sie sind zu beenden, wenn die festgestellte ernste Bedrohung abgewendet wurde. [6]Sie dürfen nicht zu einer Bevorzugung der Zahlungsdienstnutzer des Zahlungsinstituts im Aufnahmemitgliedstaat gegenüber den Zahlungsdienstnutzern von Zahlungsinstituten in anderen Mitgliedstaaten führen. [7]Die Bundesanstalt hat die zuständigen Behörden des Herkunftsmitgliedstaates und die jedes anderen betroffenen Mitgliedstaates sowie die Kommission und die Europäische Bankenaufsichtsbehörde vorab oder in dringenden Fällen unverzüglich über die nach Satz 2 ergriffenen Maßnahmen zu unterrichten.

(7) [1]Nach vorheriger Unterrichtung der Bundesanstalt können die zuständigen Behörden des Herkunftsmitgliedstaates selbst oder durch ihre Beauftragten die für die aufsichtsrechtliche Überwachung der Zweigniederlassung erforderlichen Informationen bei der Zweigniederlassung prüfen. [2]Auf Ersuchen der zuständigen Behörden des Herkunftsmitgliedstaates dürfen die Bediensteten der Bundesanstalt und der Deutschen Bundesbank diese bei der Prüfung nach Satz 1 unterstützen oder die Prüfung in deren Auftrag durchführen; der Bundesanstalt und der Deutschen Bundesbank stehen dabei die Befugnisse nach § 19 oder, falls Tatsachen die Annahme rechtfertigen oder feststeht, dass das ausländische Unternehmen unerlaubte Zahlungsdienste erbringt oder unerlaubt das E-Geld-Geschäft betreibt, oder dass dieses unerlaubte Geschäfte nach dem Kreditwesengesetz, nach dem Versicherungsaufsichtsgesetz oder nach dem Kapitalanlagegesetzbuch betreibt oder gegen vergleichbare Bestimmungen des Herkunftsstaates verstößt, auch die Rechte nach § 8 zu.

(8) [1]Wird der Austritt des Vereinigten Königreichs Großbritannien und Nordirland aus der Europäischen Union wirksam, ohne dass bis zu diesem Zeitpunkt ein Austrittsabkommen im Sinne von Artikel 50 Absatz 2 Satz 2 des Vertrags über die Europäische Union in Kraft getreten ist, so kann die Bundesanstalt zur Vermeidung von Nachteilen für die Funktionsfähigkeit oder die Stabilität der Zahlungsverkehrsmärkte anordnen, dass die Absätze 1 bis 7 für einen Übergangszeitraum nach dem Austritt auf Unternehmen mit Sitz im Vereinigten Königreich Großbritannien und Nordirland, die zum Zeitpunkt des Austritts des Vereinigten Königreichs Großbritannien und Nordirland nach Absatz 1 im Inland über eine Zweigniederlassung oder im Wege des grenzüberschreitenden Dienstleistungsverkehrs oder über Agenten Zahlungsdienste erbracht oder das E-Geld-Geschäft betrieben oder über E-Geld-Agenten E-Geld vertrieben oder rückgetauscht haben, ganz oder teilweise entsprechend anzuwenden sind. [2]Dies gilt nur, soweit die Unternehmen nach dem Austritt Zahlungsdienste erbringen oder E-Geld-Geschäfte betreiben, die in engem Zusammenhang mit zum Zeitpunkt des Austritts bestehenden Verträgen stehen. [3]Der im Zeitpunkt des Austritts beginnende Übergangszeitraum darf eine Dauer von 21 Monaten nicht überschreiten. [4]Die Anordnung kann auch durch Allgemeinverfügung ohne vorherige Anhörung getroffen und öffentlich bekanntgegeben werden.

§ 40 Berichtspflicht

Ein Institut mit Sitz in einem anderen Mitgliedstaat, das im Inland über Agenten oder Zweigniederlassungen verfügt, hat der Bundesanstalt in regelmäßigen Abständen über die im Inland ausgeübten Tätigkeiten zu berichten.

§ 41 Zentrale Kontaktperson; Verordnungsermächtigung

(1) Ein Institut mit Sitz in einem anderen Mitgliedstaat, das im Inland in anderer Form als einer Zweigniederlassung tätig ist, hat der Bundesanstalt auf Anforderung eine zentrale Kontaktperson im Inland zu benennen.

(2) [1]Das Bundesministerium der Finanzen wird ermächtigt, durch Rechtsverordnung, die nicht der Zustimmung des Bundesrates bedarf, die Aufgaben der zentralen Kontaktperson, die Anforderungen an die Übermittlung von Unterlagen und die Vorlage von Informationen näher zu bestimmen. [2]Das Bundesministerium der Finanzen kann die Ermächtigung durch Rechtsverordnung auf die Bundesanstalt übertragen. [3]Vor Erlass der Rechtsverordnung sind die Spitzenverbände der Institute anzuhören.

§ 42 Zweigstellen von Unternehmen mit Sitz außerhalb des Europäischen Wirtschaftsraums

(1) [1]Unterhält ein Unternehmen mit Sitz außerhalb der Europäischen Union oder des Europäischen Wirtschaftsraums eine Zweigstelle im Inland, die Zahlungsdienste erbringt oder das E-Geld-Geschäft betreibt, gilt die Zweigstelle als Institut im Sinne dieses Gesetzes. [2]Unterhält das Unternehmen mehrere Zweigstellen im Inland, gelten diese als ein Institut.

(2) Auf die in Absatz 1 bezeichneten Institute ist dieses Gesetz nach Maßgabe der Absätze 3 bis 6 anzuwenden.

(3) [1]Das Institut hat mindestens zwei natürliche Personen mit Wohnsitz im Inland zu bestellen, die für den Geschäftsbereich des Instituts zur Geschäftsführung und zur Vertretung des Unternehmens befugt sind. [2]Solche Personen gelten als Geschäftsleiter. [3]Sie sind zur Eintragung in das Handelsregister anzumelden. [4]Bei Instituten mit geringer Größe und mit geringem Geschäftsvolumen genügt ein Geschäftsleiter.

(4) [1]Das Institut ist verpflichtet, über die von ihm betriebenen Geschäfte und über das seinem Geschäftsbetrieb dienende Vermögen des Unternehmens gesondert Buch zu führen und gegenüber der Bundesanstalt und der Deutschen Bundesbank Rechnung zu legen. [2]Die Vorschriften des Handelsgesetzbuchs über Handelsbücher für Kreditinstitute und Finanzdienstleistungsinstitute gelten insoweit entsprechend. [3]Auf der Passivseite der jährlichen Vermögensübersicht ist der Betrag des dem Institut von dem Unternehmen zur Verfügung gestellten Betriebskapitals und der Betrag der dem Institut zur Verstärkung der eigenen Mittel belassenen Betriebsüberschüsse gesondert auszuweisen. [4]Der Überschuss der Passivposten über die Aktivposten oder der Überschuss der Aktivposten über die Passivposten ist am Schluss der Vermögensübersicht ungeteilt und gesondert auszuweisen.

(5) [1]Die nach Absatz 4 für den Schluss eines jeden Geschäftsjahres aufzustellende Vermögensübersicht mit einer Aufwands- und Ertragsrechnung und einem Anhang gilt als Jahresabschluss. [2]Für die Prüfung des Jahresabschlusses gilt § 340k des Handelsgesetzbuchs entsprechend mit der Maßgabe, dass der Prüfer von den Geschäftsleitern gewählt und bestellt wird. [3]Mit dem Jahresabschluss des Instituts ist der Jahresabschluss des Unternehmens für das gleiche Geschäftsjahr einzureichen.

(6) Als Eigenmittel des Instituts gilt die Summe der Beträge, die in der vierteljährlichen Meldung nach § 15 Absatz 2 als dem Institut von dem Unternehmen zur Verfügung gestelltes Betriebskapital und ihm zur Verstärkung der eigenen Mittel belassene Betriebsüberschüsse ausgewiesen wird, abzüglich des Betrags eines etwaigen aktiven Verrechnungssaldos.

Abschnitt 9. Register

§ 43 Zahlungsinstituts-Register

(1) [1]Die Bundesanstalt führt auf ihrer Internetseite ein Zahlungsinstituts-Register, in das sie einträgt:

1. jedes inländische Zahlungsinstitut, dem sie eine Erlaubnis nach § 10 Absatz 1 erteilt hat, mit dem Datum der Erteilung und dem Umfang der Erlaubnis und gegebenenfalls dem Datum des Erlöschens oder der Aufhebung der Erlaubnis;
2. jeden inländischen Kontoinformationsdienstleister, dem sie die Registrierung nach § 34 bestätigt hat, mit dem Datum der Aufnahme in das Zahlungsinstituts-Register und gegebenenfalls dem Datum der Löschung aus dem Zahlungsinstituts-Register;
3. die von inländischen Zahlungsinstituten errichteten Zweigniederlassungen unter Angabe des Staates, in dem die Zweigniederlassung errichtet ist, des Umfangs sowie des Zeitpunkts der Aufnahme der Geschäftstätigkeit;
4. die Agenten, die für ein Zahlungsinstitut nach § 25 tätig sind sowie das Datum des Beginns und des Endes der Tätigkeit des jeweiligen Agenten.

[2]Zahlungsinstitute, die lediglich als Kontoinformationsdienstleister registriert sind, sind getrennt von den anderen Zahlungsinstituten auszuweisen. [3]Das Zahlungsinstituts-Register ist laufend und unverzüglich zu aktualisieren.

(2) [1]Liegen Tatsachen vor, die darauf schließen lassen, dass die der Bundesanstalt nach § 25 Absatz 1 von einem Institut übermittelten Angaben über einen Agenten nicht zutreffend sind, kann die Bundesanstalt die Eintragung des Agenten in das Zahlungsinstituts-Register ablehnen. [2]Die Bundesanstalt setzt das Institut hiervon unverzüglich in Kenntnis.

(3) [1]Die Bundesanstalt übermittelt der Europäischen Bankenaufsichtsbehörde unverzüglich die nach Absatz 1 im Zahlungsinstituts-Register aufgenommenen Angaben in einer im Finanzsektor gebräuchlichen Sprache. [2]Sie unterrichtet die Europäische Bankenaufsichtsbehörde über die Gründe für das Erlöschen oder die Aufhebung einer nach § 10 Absatz 1 oder § 11 Absatz 1 erteilten Erlaubnis oder einer gemäß § 34 Absatz 1 erteilten Registrierung.

§ 44 E-Geld-Instituts-Register

(1) Die Bundesanstalt führt auf ihrer Internetseite ein gesondertes, laufend zu aktualisierendes E-Geld-Instituts-Register, in das sie jedes inländische E-Geld-Institut, dem sie eine Erlaubnis nach § 11 Absatz 1 erteilt hat, mit dem Datum der Erteilung und dem Umfang der Erlaubnis und gegebenenfalls dem Datum des Erlöschens oder der Aufhebung der Erlaubnis einträgt.

(2) [1]Zweigniederlassungen und Agenten des E-Geld-Instituts werden entsprechend § 43 Absatz 1 Nummer 3 und 4 sowie Absatz 2 eingetragen. [2]§ 43 Absatz 2 gilt für beide entsprechend.

Abschnitt 10. Gemeinsame Bestimmungen für alle Zahlungsdienstleister[1)]

Unterabschnitt 1. Kartengebundene Zahlungsinstrumente

§ 45 Pflichten des kontoführenden Zahlungsdienstleisters

(1) Ein kontoführender Zahlungsdienstleister hat einem Zahlungsdienstleister, der kartengebundene Zahlungsinstrumente ausgibt (kartenausgebender Zahlungsdienstleister) auf dessen Ersuchen unverzüglich zu bestätigen, ob der für die Ausführung eines kartengebundenen Zahlungsvorgangs erforderliche Geldbetrag auf dem Zahlungskonto des Zahlers verfügbar ist, wenn

1. das Zahlungskonto des Zahlers zum Zeitpunkt des Ersuchens online zugänglich ist,
2. der Zahler dem kontoführenden Zahlungsdienstleister seine ausdrückliche Zustimmung erteilt hat, den Ersuchen eines bestimmten kartenausgebenden Zahlungsdienstleisters um Bestätigung der Verfügbarkeit des Geldbetrags, der einem bestimmten kartengebundenen Zahlungsvorgang entspricht, auf dem Zahlungskonto des Zahlers nachzukommen und
3. die Zustimmung nach Nummer 2 vor Eingang des ersten Ersuchens erteilt worden ist.

(2) Die Antwort des kontoführenden Zahlungsdienstleisters auf das Ersuchen darf keine Mitteilung des Kontostandes des Zahlers enthalten und besteht ausschließlich aus „Ja“ oder „Nein“.

(3) Die Bestätigung nach Absatz 1 erlaubt es dem kontoführenden Zahlungsdienstleister nicht, einen Geldbetrag auf dem Zahlungskonto des Zahlers zu sperren.

§ 46 Rechte und Pflichten des kartenausgebenden Zahlungsdienstleisters

[1]Der kartenausgebende Zahlungsdienstleister darf den kontoführenden Zahlungsdienstleister um die Bestätigung nach § 45 Absatz 1 ersuchen, wenn der Zahler

1. dem kartenausgebenden Zahlungsdienstleister vorab seine ausdrückliche Zustimmung hierzu erteilt und
2. den kartengebundenen Zahlungsvorgang über den betreffenden Betrag unter Verwendung eines vom kartenausgebenden Zahlungsdienstleister ausgegebenen kartengebundenen Zahlungsinstruments ausgelöst hat.

[2]Der kartenausgebende Zahlungsdienstleister hat sich gegenüber dem kontoführenden Zahlungsdienstleister vor jedem einzelnen Ersuchen um Bestätigung zu authentifizieren und mit ihm auf sichere Weise zu kommunizieren. [3]Der kartenausgebende Zahlungsdienstleister darf die Antwort nach § 45 Absatz 2 nicht speichern oder für andere Zwecke als für die Ausführung des kartengebundenen Zahlungsvorgangs verwenden. [4]Näheres regelt der delegierte Rechtsakt nach Artikel 98 der Richtlinie (EU) 2015/2366.

§ 47 Ausnahme für E-Geld-Instrumente

Die §§ 45 und 46 gelten nicht für Zahlungsvorgänge, die durch kartengebundene Zahlungsinstrumente ausgelöst werden, auf denen E-Geld gespeichert ist.

---

1) Die Vorschriften dieses Abschnitts (§§ 45 bis 52) treten gem. Art. 15 des Gesetzes zur Umsetzung der Zweiten Zahlungsdiensterichtlinie vom 17.7.2017 (BGBl. I S. 2446) erst 18 Monate nach Inkrafttreten des delegierten Rechtsakts über Zahlungsdienste im Binnenmarkt, zur Änderung der Richtlinien 2002/65/EG, 2009/110/EG und 2013/36/EU und der EU-VO Nr. 1093/2010 sowie zur Aufhebung der Richtlinie 2007/64/EG (ABl. L 337 vom 23.12.2015, S. 35, L 169 vom 28.6.2016, S. 18) in Kraft.

Unterabschnitt 2. Zugang von Zahlungsauslöse- und Kontoinformationsdienstleistern zu Zahlungskonten

§ 48 Pflichten des kontoführenden Zahlungsdienstleisters bei Zahlungsauslösediensten

(1) Erteilt der Zahler seine ausdrückliche Zustimmung zur Ausführung einer Zahlung, so ist der kontoführende Zahlungsdienstleister verpflichtet,

1. mit dem Zahlungsauslösedienstleister auf sichere Weise zu kommunizieren,
2. unmittelbar nach Eingang des Zahlungsauftrags über einen Zahlungsauslösedienstleister diesem alle Informationen über die Auslösung des Zahlungsvorgangs und alle dem kontoführenden Zahlungsdienstleister zugänglichen Informationen hinsichtlich der Ausführung des Zahlungsvorgangs mitzuteilen oder zugänglich zu machen und
3. Zahlungsaufträge, die über einen Zahlungsauslösedienstleister übermittelt werden, insbesondere in Bezug auf zeitliche Abwicklung, Prioritäten oder Entgelte so zu behandeln wie Zahlungsaufträge, die der Zahler unmittelbar übermittelt, es sei denn, es bestehen objektive Gründe für eine abweichende Behandlung.

(2) Das Erbringen von Zahlungsauslösediensten ist nicht davon abhängig, ob der Zahlungsauslösedienstleister und der kontoführende Zahlungsdienstleister zu diesem Zweck einen Vertrag abgeschlossen haben.

(3) Näheres regelt der delegierte Rechtsakt nach Artikel 98 der Richtlinie (EU) 2015/2366.

§ 49 Pflichten des Zahlungsauslösedienstleisters

(1) [1]Der Zahlungsauslösedienstleister darf den Zahlungsbetrag, den Zahlungsempfänger oder ein anderes Merkmal des Zahlungsvorgangs nicht ändern. [2]Er darf zu keiner Zeit Gelder des Zahlers im Zusammenhang mit der Erbringung des Zahlungsauslösedienstes halten.

(2) [1]Ein Zahlungsauslösedienstleister ist verpflichtet, sich gegenüber dem kontoführenden Zahlungsdienstleister des Zahlers jedes Mal, wenn er eine Zahlung auslöst, zu identifizieren. [2]Er muss sicherstellen, dass die personalisierten Sicherheitsmerkmale des Zahlungsdienstnutzers keiner anderen Partei als dem Nutzer und demjenigen, der die personalisierten Sicherheitsmerkmale ausgegeben hat, zugänglich sind.

(3) [1]Der Zahlungsauslösedienstleister hat mit dem kontoführenden Zahlungsdienstleister, dem Zahler und dem Zahlungsempfänger auf sichere Weise zu kommunizieren. [2]Soweit die Übermittlung der personalisierten Sicherheitsmerkmale des Zahlers erforderlich ist, darf dies nur über sichere und effiziente Kanäle geschehen.

(4) [1]Der Zahlungsauslösedienstleister darf vom Zahler nur die für die Erbringung des Zahlungsauslösedienstes erforderlichen Daten verlangen und keine sensiblen Zahlungsdaten des Zahlers speichern. [2]Er darf Daten nur für die Zwecke des vom Zahler ausdrücklich geforderten Zahlungsauslösedienstes speichern, verwenden oder darauf zugreifen. [3]Alle anderen Informationen, die er über den Zahler bei der Bereitstellung von Zahlungsauslösediensten erlangt hat, darf er nur dem Zahlungsempfänger mitteilen; dies setzt die ausdrückliche Zustimmung des Zahlers voraus.

(5) Sobald der Zahlungsauftrag ausgelöst worden ist, hat der Zahlungsauslösedienstleister dem kontoführenden Zahlungsdienstleister des Zahlers die Referenzangaben des Zahlungsvorgangs zugänglich zu machen.

(6) Näheres regelt der delegierte Rechtsakt nach Artikel 98 der Richtlinie (EU) 2015/2366.

§ 50 Pflichten des kontoführenden Zahlungsdienstleisters bei Kontoinformationsdiensten

(1) Der kontoführende Zahlungsdienstleister ist verpflichtet,

1. mit dem Kontoinformationsdienstleister auf sichere Weise zu kommunizieren und
2. Anfragen nach der Übermittlung von Daten, die von einem Kontoinformationsdienstleister übermittelt werden, ohne Benachteiligung zu behandeln, es sei denn, es bestehen objektive Gründe für eine abweichende Behandlung.

(2) Das Erbringen von Kontoinformationsdiensten ist nicht davon abhängig, ob der Kontoinformationsdienstleister und der kontoführende Zahlungsdienstleister zu diesem Zweck einen Vertrag abgeschlossen haben.

(3) Näheres regelt der delegierte Rechtsakt nach Artikel 98 der Richtlinie (EU) 2015/2366.

§ 51 Pflichten des Kontoinformationsdienstleisters

(1) [1]Der Kontoinformationsdienstleister darf seine Dienste nur mit der ausdrücklichen Zustimmung des Zahlungsdienstnutzers erbringen. [2]Er darf nur auf Informationen von Zahlungskonten, die der Zahlungsdienstnutzer bezeichnet hat, und mit diesen im Zusammenhang stehenden Zahlungsvorgängen zugreifen. [3]Er darf keine sensiblen Zahlungsdaten anfordern, die mit den Zahlungskonten in Zusammenhang stehen. [4]Er darf Daten nur für die Zwecke des vom Zahlungsdienstnutzer ausdrücklich geforderten Kontoinformationsdienstes speichern, verwenden oder darauf zugreifen.

(2) [1]Ein Kontoinformationsdienstleister ist verpflichtet, sich gegenüber dem kontoführenden Zahlungsdienstleister des Zahlungsdienstnutzers jedes Mal, wenn er mit ihm kommuniziert, zu identifizieren. [2]Er muss sicherstellen, dass die personalisierten Sicherheitsmerkmale des Zahlungsdienstnutzers keiner anderen Partei als dem Nutzer und demjenigen, der die personalisierten Sicherheitsmerkmale ausgegeben hat, zugänglich sind.

(3) [1]Der Kontoinformationsdienstleister hat mit dem kontoführenden Zahlungsdienstleister und dem Zahlungsdienstnutzer auf sichere Weise zu kommunizieren. [2]Soweit die Übermittlung der personalisierten Sicherheitsmerkmale erforderlich ist, darf dies nur über sichere und effiziente Kanäle geschehen.

(4) Näheres regelt der delegierte Rechtsakt nach Artikel 98 der Richtlinie (EU) 2015/2366.

§ 52 Zugang zu Zahlungskonten

(1) Ein kontoführender Zahlungsdienstleister kann einem Kontoinformationsdienstleister oder einem Zahlungsauslösedienstleister den Zugang zu einem Zahlungskonto verweigern, wenn objektive und gebührend nachgewiesene Gründe im Zusammenhang mit einem nicht autorisierten oder betrügerischen Zugang des Kontoinformationsdienstleisters oder des Zahlungsauslösedienstleisters zum Zahlungskonto, einschließlich der nicht autorisierten oder betrügerischen Auslösung eines Zahlungsvorgangs, es rechtfertigen.

(2) [1]In den Fällen des Absatzes 1 hat der kontoführende Zahlungsdienstleister den Vorfall der Bundesanstalt unverzüglich zu melden. [2]Hierbei sind die Einzelheiten des Vorfalls und die Gründe für das Tätigwerden anzugeben. [3]Die Bundesanstalt hat den Fall zu bewerten und kann erforderlichenfalls geeignete Maßnahmen ergreifen. [4]Die Aufgaben und Zuständigkeiten anderer Behörden, insbesondere der Kartellbehörden nach dem Gesetz gegen Wettbewerbsbeschränkungen sowie der Strafverfolgungsbehörden nach der Strafprozessordnung, bleiben unberührt.

(3) Der kontoführende Zahlungsdienstleister hat den Zugang zu dem Zahlungskonto zu gewähren, sobald die Gründe für die Verweigerung des Zugangs nicht mehr bestehen.

Unterabschnitt 3. Risiken und Meldung von Vorfällen

§ 53 Beherrschung operationeller und sicherheitsrelevanter Risiken

(1) [1]Ein Zahlungsdienstleister hat angemessene Risikominderungsmaßnahmen und Kontrollmechanismen zur Beherrschung der operationellen und der sicherheitsrelevanten Risiken im Zusammenhang mit den von ihm erbrachten Zahlungsdiensten einzurichten, aufrechtzuerhalten und anzuwenden. [2]Dies umfasst wirksame Verfahren für die Behandlung von Störungen im Betriebsablauf, auch zur Aufdeckung und Klassifizierung schwerer Betriebs- und Sicherheitsvorfälle.

(2) [1]Ein Zahlungsdienstleister hat der Bundesanstalt einmal jährlich eine aktuelle und umfassende Bewertung der operationellen und sicherheitsrelevanten Risiken im Zusammenhang mit den von ihm erbrachten Zahlungsdiensten und hinsichtlich der Angemessenheit der Risikominderungsmaßnahmen und Kontrollmechanismen, die er zur Beherrschung dieser Risiken ergriffen hat, zu übermitteln. [2]Die Bundesanstalt kann gegenüber einem Zahlungsdienstleister festlegen, dass die Übermittlung der Bewertung nach Satz 1 in kürzeren Zeitabständen zu erfolgen hat.

§ 54 Meldung schwerwiegender Betriebs- oder Sicherheitsvorfälle

(1) [1]Ein Zahlungsdienstleister hat die Bundesanstalt unverzüglich über einen schwerwiegenden Betriebs- oder Sicherheitsvorfall zu unterrichten. [2]Die Bundesanstalt unterrichtet die Europäische Bankenaufsichtsbehörde und die Europäische Zentralbank unverzüglich nach Eingang einer Meldung über die maßgeblichen Einzelheiten des Vorfalls. [3]Sie hat die Relevanz des Vorfalls für andere in ihrer sachlichen Zuständigkeit betroffene inländische Behörden unverzüglich zu prüfen und diese entsprechend zu unterrichten.

(2) Die Bundesanstalt wirkt an der Prüfung der Relevanz des Vorfalls für andere in ihrer sachlichen Zuständigkeit betroffene Behörden der Europäischen Union, der anderen Mitgliedstaaten und der anderen Vertragsstaaten des Abkommens über den Europäischen Wirtschaftsraum durch die Europäische Bankenaufsichtsbehörde und die Europäische Zentralbank mit.

(3) Wird die Bundesanstalt von der Europäischen Bankenaufsichtsbehörde oder der Europäischen Zentralbank über einen Vorfall im Sinne des Absatzes 1 Satz 1 unterrichtet, so hat sie die für die unmittelbare Sicherheit des Finanzsystems notwendigen Schutzvorkehrungen zu treffen.

(4) Kann sich ein Vorfall im Sinne des Absatzes 1 Satz 1 auf die finanziellen Interessen seiner Zahlungsdienstnutzer auswirken, hat ein Zahlungsdienstleister diese unverzüglich über den Vorfall zu benachrichtigen und über alle Maßnahmen zu informieren, die sie ergreifen können, um negative Auswirkungen des Vorfalls zu begrenzen.

(5) [1]Die Zahlungsdienstleister haben der Bundesanstalt mindestens einmal jährlich statistische Daten zu Betrugsfällen in Verbindung mit den unterschiedlichen Zahlungsmitteln vorzulegen. [2]Die Bundesanstalt hat der Europäischen Bankenaufsichtsbehörde und der Europäischen Zentralbank die vorgelegten Daten in aggregierter Form zur Verfügung zu stellen.

(6) Meldepflichten der Zahlungsdienstleister an andere inländische Behörden, Mitwirkungsaufgaben der Bundesanstalt sowie die Zuständigkeiten anderer inländischen Behörden für schwerwiegende Betriebs- oder Sicherheitsvorfälle bleiben unberührt.

Unterabschnitt 4. Starke Kundenauthentifizierung[1)]

§ 55 Starke Kundenauthentifizierung

(1) [1]Der Zahlungsdienstleister ist verpflichtet, eine starke Kundenauthentifizierung zu verlangen, wenn der Zahler

1. online auf sein Zahlungskonto zugreift;
2. einen elektronischen Zahlungsvorgang auslöst;
3. über einen Fernzugang eine Handlung vornimmt, die das Risiko eines Betrugs im Zahlungsverkehr oder anderen Missbrauchs beinhaltet.

[2]Ein Zahlungsdienstleister muss im Fall des Satzes 1 über angemessene Sicherheitsvorkehrungen verfügen, um die Vertraulichkeit und die Integrität der personalisierten Sicherheitsmerkmale der Zahlungsdienstnutzer zu schützen.

(2) Handelt es sich bei dem elektronischen Zahlungsvorgang nach Absatz 1 Satz 1 Nummer 2 um einen elektronischen Fernzahlungsvorgang, hat der Zahlungsdienstleister eine starke Kundenauthentifizierung zu verlangen, die Elemente umfasst, die den Zahlungsvorgang dynamisch mit einem bestimmten Betrag und einem bestimmten Zahlungsempfänger verknüpfen.

(3) [1]Absatz 1 Satz 2 und Absatz 2 gelten auch, wenn Zahlungen über einen Zahlungsauslösedienstleister ausgelöst werden. [2]Absatz 1 gilt auch, wenn die Informationen über einen Kontoinformationsdienstleister angefordert werden.

(4) Der kontoführende Zahlungsdienstleister hat es dem Zahlungsauslösedienstleister und dem Kontoinformationsdienstleister zu gestatten, sich auf die Authentifizierungsverfahren zu stützen, die er dem Zahlungsdienstnutzer gemäß Absatz 1 sowie, in Fällen, in denen ein Zahlungsauslösedienstleister beteiligt ist, darüber hinaus gemäß Absatz 2 bereitstellt.

(5) Näheres zu Erfordernissen und Verfahren zur starken Kundenauthentifizierung einschließlich etwaiger Ausnahmen von deren Anwendung sowie Anforderungen an Sicherheitsvorkehrungen für die Vertraulichkeit und die Integrität der personalisierten Sicherheitsmerkmale regelt der delegierte Rechtsakt nach Artikel 98 der Richtlinie (EU) 2015/2366.

Unterabschnitt 5. Zugang zu Konten und Zahlungssystemen

§ 56 Zugang zu Zahlungskontodiensten bei CRR-Kreditinstituten

(1) [1]CRR-Kreditinstitute im Sinne des § 1 Absatz 3d Satz 1 des Kreditwesengesetzes haben den Instituten, die im Inland auf der Grundlage einer entsprechenden Erlaubnis tätig werden, auf objektiver, nichtdiskriminierender und verhältnismäßiger Grundlage den Zugang zu Zahlungskontodiensten zu gewähren. [2]Der Zugang nach Satz 1 muss so umfassend sein, dass das Institut seine Dienstleistung ungehindert und effizient erbringen kann. [3]Das CRR-Kreditinstitut hat die Ablehnung des Zugangs nach Satz 1 mit einer nachvollziehbaren Begründung der Bundesanstalt mitzuteilen.

---

1) Der Unterabschnitt 4 (§ 55) tritt gem. Art. 15 des Gesetzes zur Umsetzung der Zweiten Zahlungsdiensterichtlinie vom 17.7.2017 (BGBl. I S. 2446) erst 18 Monate nach Inkrafttreten des delegierten Rechtsakts über Zahlungsdienste im Binnenmarkt, zur Änderung der Richtlinien 2002/65/EG, 2009/110/EG und 2013/36/EU und der EU-VO Nr. 1093/2010 sowie zur Aufhebung der Richtlinie 2007/64/EG (ABl. L 337 vom 23.12.2015, S. 35, L 169 vom 28.6.2016, S. 18) in Kraft.

(2) Die Vorschriften zur Bekämpfung der Geldwäsche und der Terrorismusfinanzierung bleiben unberührt.

§ 57 Zugang zu Zahlungssystemen

(1) [1]Der Betreiber eines Zahlungssystems darf Zahlungsdienstleister, Zahlungsdienstnutzer und gleichartige Zahlungssysteme weder unmittelbar noch mittelbar

1. bei dem Zugang zum Zahlungssystem durch restriktive Bedingungen oder mit sonstigen unverhältnismäßigen Mitteln behindern;
2. in Bezug auf ihre Rechte und Pflichten als Teilnehmer des Zahlungssystems ohne sachlich gerechtfertigten Grund unterschiedlich behandeln;
3. im Hinblick auf den institutionellen Status des Zahlungsdienstleisters beschränken.

[2]Der Betreiber eines Zahlungssystems darf objektive Bedingungen für eine Teilnahme an einem Zahlungssystem festlegen, soweit diese für einen wirksamen Schutz der finanziellen und operativen Stabilität des Zahlungssystems und zur Verhinderung der mit der Teilnahme an einem Zahlungssystem verbundenen Risiken erforderlich sind. [3]Zu diesen Risiken gehören insbesondere das operationelle Risiko, das Erfüllungsrisiko und das unternehmerische Risiko. [4]Jeder Zahlungsdienstleister und jedes andere Zahlungssystem hat vor dem Beitritt und während seiner Teilnahme an einem Zahlungssystem gegenüber dem Betreiber und den anderen Teilnehmern des Zahlungssystems auf Anforderung darzulegen, dass seine eigenen Vorkehrungen die objektiven Bedingungen im Sinne des Satzes 2 erfüllen. [5]Der Betreiber hat bei Ablehnung eines Antrags auf Zugang zu dem System oder Ausschluss eines Teilnehmers mit der Bekanntgabe der Maßnahme die Gründe abschließend darzulegen.

(2) [1]Wer als Betreiber eines Zahlungssystems gegen die Vorschriften des Absatzes 1 verstößt, ist dem Betroffenen zur Beseitigung und bei Wiederholungsgefahr zur Unterlassung verpflichtet. [2]Wer den Verstoß vorsätzlich oder fahrlässig begeht, ist dem Betroffenen zum Ersatz des daraus entstehenden Schadens verpflichtet; für diese Ansprüche ist der ordentliche Rechtsweg gegeben.

(3) [1]Die Absäzte 1 und 2 gelten nicht für die in § 1 Absatz 16 des Kreditwesengesetzes bezeichneten Systeme sowie für die Zahlungssysteme, die ausschließlich aus einer einzigen Unternehmensgruppe angehörenden Zahlungsdienstleistern bestehen. [2]Gewährt ein Teilnehmer eines in § 1 Absatz 16 des Kreditwesengesetzes bezeichneten Systems einem zugelassenen oder registrierten Zahlungsdienstleister, der kein Teilnehmer des Systems ist, das Recht, über ihn Überweisungsaufträge über das System zu erteilen, hat er auch anderen zugelassenen oder registrierten Zahlungsdienstleistern auf Antrag die gleiche Möglichkeit in objektiver, verhältnismäßiger und nichtdiskriminierender Weise einzuräumen; die Bestimmungen des Absatzes 1 Satz 4 und Absatz 2 gelten für diese Teilnehmer insoweit entsprechend.

(4) Die Aufgaben und Zuständigkeiten der Kartellbehörden nach dem Gesetz gegen Wettbewerbsbeschränkungen bleiben unberührt.

§ 58 Aufgaben der Bundesanstalt bei Kartenzahlverfahren, Ausnahmen für neue Zahlverfahren im Massenzahlungsverkehr; Verordnungsermächtigung

(1) Die Bundesanstalt überwacht die Einhaltung der Pflichten der Betreiber von Kartenzahlverfahren nach der Verordnung (EU) 2015/751; sie kann gegenüber den Betreibern von Kartenzahlverfahren Anordnungen treffen, die geeignet und erforderlich sind, um Verstöße gegen die Pflichten nach dieser Verordnung zu verhindern oder zu unterbinden.

(2) Die Bundesanstalt ist zuständige Behörde nach Artikel 4 Absatz 4 der Verordnung (EU) Nr. 260/2012, an die die Anträge nach Artikel 4 Absatz 4 dieser Verordnung zu stellen sind, wenn der Antragsteller seinen Sitz im Inland hat.

(3) [1]Das Bundesministerium der Finanzen wird ermächtigt, durch Rechtsverordnung, die nicht der Zustimmung des Bundesrates bedarf, im Benehmen mit der Deutschen Bundesbank nähere Bestimmungen über Inhalt, Art und Umfang der Angaben, Nachweise und Unterlagen zu treffen, die ein Antrag nach Artikel 4 Absatz 4 der Verordnung (EU) Nr. 260/2012 enthalten muss. [2]Das Bundesministerium der Finanzen kann die Ermächtigung im Einvernehmen mit der Deutschen Bundesbank durch Rechtsverordnung auf die Bundesanstalt übertragen. [3]Vor Erlass der Rechtsverordnung sind die Spitzenverbände der Zahlungsdienstleister anzuhören.

Unterabschnitt 5a.[1] Technische Infrastrukturleistungen

§ 58a Zugang zu technischen Infrastrukturleistungen bei der Erbringung von Zahlungsdiensten oder dem Betreiben des E-Geld-Geschäfts

(1) [1]Ein Unternehmen, das durch technische Infrastrukturleistungen zu dem Erbringen von Zahlungsdiensten oder dem Betreiben des E-Geld-Geschäfts im Inland beiträgt (Systemunternehmen), ist auf Anfrage eines Zahlungsdienstleisters im Sinne des § 1 Absatz 1 Satz 1 Nummer 1 bis 3 oder eines E-Geld-Emittenten im Sinne des § 1 Absatz 2 Satz 1 Nummer 1 oder 2 verpflichtet, diese technischen Infrastrukturleistungen gegen angemessenes Entgelt unverzüglich und unter Verwendung angemessener Zugangsbedingungen zur Verfügung zu stellen. [2]Die Zurverfügungstellung im Sinne des Satzes 1 muss so ausgestaltet sein, dass das anfragende Unternehmen seine Zahlungsdienste oder E-Geld-Geschäfte ungehindert erbringen oder betreiben kann.

(2) Absatz 1 gilt nicht, wenn es sich im Zeitpunkt der Anfrage bei dem Systemunternehmen nicht um ein Unternehmen handelt, dessen technische Infrastrukturleistungen von mehr als zehn Zahlungsdienstleistern im Sinne des § 1 Absatz 1 Satz 1 Nummer 1 bis 3 oder E-Geld-Emittenten im Sinne des § 1 Absatz 2 Satz 1 Nummer 1 oder 2 in Anspruch genommen werden oder das mehr als zwei Millionen registrierte Nutzer hat.

(3) [1]Das Systemunternehmen ist ausnahmsweise nicht entsprechend Absatz 1 verpflichtet, wenn sachlich gerechtfertigte Gründe für die Ablehnung der Zurverfügungstellung vorliegen. [2]Diese liegen insbesondere vor, wenn das Systemunternehmen nachweisen kann, dass die Sicherheit und Integrität der technischen Infrastrukturleistungen durch die Zurverfügungstellung konkret gefährdet wird. [3]Die Ablehnung muss nachvollziehbar begründet sein.

(4) [1]Verstößt ein Systemunternehmen schuldhaft gegen Absatz 1, ist es dem anfragenden Unternehmen zum Ersatz des daraus entstehenden Schadens verpflichtet. [2]Der ordentliche Rechtsweg ist gegeben.

(5) Die Aufgaben und Zuständigkeiten der Kartellbehörden nach dem Gesetz gegen Wettbewerbsbeschränkungen bleiben unberührt.

---

1) Unterabschnitt 5a eingefügt durch Gesetz vom 12.12.2019 (BGBl. I S. 2602).

Abschnitt 11. Datenschutz

§ 59[1] Datenschutz

(1) Betreiber von Zahlungssystemen und Zahlungsdienstleister dürfen personenbezogene Daten verarbeiten, soweit das zur Verhütung, Ermittlung und Feststellung von Betrugsfällen im Zahlungsverkehr notwendig ist.

(2) Zahlungsdienstleister dürfen die für das Erbringen ihrer Zahlungsdienste notwendigen personenbezogenen Daten nur mit der ausdrücklichen Einwilligung des Zahlungsdienstnutzers verarbeiten.

(3) Die datenschutzrechtlichen Vorschriften über die Verarbeitung personenbezogener Daten sind zu beachten.

Abschnitt 12. Beschwerden und Außergerichtliche Streitbeilegung

§ 60 Beschwerden über Zahlungsdienstleister

(1) [1]Zahlungsdienstnutzer und die Stellen nach Satz 2 können jederzeit wegen behaupteter Verstöße eines Zahlungsdienstleisters gegen Bestimmungen dieses Gesetzes oder gegen die §§ 675c bis 676c des Bürgerlichen Gesetzbuchs oder Artikel 248 des Einführungsgesetzes zum Bürgerlichen Gesetzbuche eine Beschwerde bei der Bundesanstalt einlegen. [2]Beschwerdebefugte Stellen sind:

1. die Industrie- und Handelskammern;
2. qualifizierte Einrichtungen nach § 3 Absatz 1 Nummer 1 des Unterlassungsklagengesetzes;
3. rechtsfähige Verbände zur Förderung gewerblicher Interessen,
   a) die insbesondere nach ihrer personellen, sachlichen und finanziellen Ausstattung imstande sind, ihre satzungsgemäßen Aufgaben der Verfolgung gewerblicher Interessen tatsächlich wahrzunehmen und
   b) denen eine erhebliche Zahl von Unternehmen angehört, die Zahlungsdienste auf demselben Markt anbieten,

   wenn der Verstoß die Interessen der Mitglieder berührt und geeignet ist, den Wettbewerb nicht unerheblich zu verfälschen.

(2) [1]Beschwerden sind schriftlich oder zur Niederschrift bei der Bundesanstalt einzulegen und sollen den Sachverhalt sowie den Beschwerdegrund angeben. [2]Bei Beschwerden von Zahlungsdienstnutzern wegen behaupteter Verstöße von Zahlungsdienstleistern gegen die §§ 675c bis 676c des Bürgerlichen Gesetzbuchs oder Artikel 248 des Einführungsgesetzes zum Bürgerlichen Gesetzbuche weist die Bundesanstalt in ihrer Antwort auch auf die Möglichkeit zur außergerichtlichen Streitbeilegung nach § 14 Absatz 1 Nummer 4 des Unterlassungsklagengesetzes hin.

§ 61 Beschwerden über E-Geld-Emittenten

(1) Inhaber von E-Geld und die in § 60 Absatz 1 Satz 2 genannten Einrichtungen, Verbände und Kammern können jederzeit wegen behaupteter Verstöße eines E-Geld-Emittenten gegen Bestimmungen dieses Gesetzes oder gegen die §§ 675c bis 676c des Bürgerlichen Gesetzbuchs oder Artikel 248 des Einführungsgesetzes zum Bürgerlichen Gesetzbuche eine Beschwerde bei der Bundesanstalt einlegen.

---

1) § 59 Abs. 2 geändert durch Gesetz vom 20.11.2019 (BGBl. I S. 1626).

(2) [1]Beschwerden sind schriftlich oder zur Niederschrift bei der Bundesanstalt einzulegen und sollen den Sachverhalt und den Beschwerdegrund angeben. [2]§ 60 Absatz 2 Satz 2 gilt entsprechend.

§ 62 Streitbeilegung bei einem Zahlungsdienstleister

(1) Ein Zahlungsdienstleister hat angemessene und wirksame Verfahren zur Abhilfe bei Beschwerden in Bezug auf die Rechte und Pflichten von Zahlungsdienstnutzern nach den §§ 675c bis 676c des Bürgerlichen Gesetzbuchs oder Artikel 248 des Einführungsgesetzes zum Bürgerlichen Gesetzbuche einzurichten und anzuwenden (Streitbeilegung bei einem Zahlungsdienstleister).

(2) [1]Die Streitbeilegung bei einem Zahlungsdienstleister findet in jedem Mitgliedstaat und den anderen Vertragsstaaten des Abkommens über den Europäischen Wirtschaftsraum Anwendung, in denen der Zahlungsdienstleister die Zahlungsdienste anbietet. [2]Sie muss in einer Amtssprache des jeweiligen Mitgliedstaates oder in einer anderen zwischen dem Zahlungsdienstleister und dem Zahlungsdienstnutzer vereinbarten Sprache zur Verfügung stehen.

(3) [1]Ein Zahlungsdienstleister hat Beschwerden der Zahlungsdienstnutzer in Papierform oder im Falle einer Vereinbarung zwischen Zahlungsdienstleister und Zahlungsdienstnutzer auf einem anderen dauerhaften Datenträger zu beantworten. [2]Die Antwort des Zahlungsdienstleisters muss innerhalb einer angemessenen Frist, spätestens innerhalb von 15 Arbeitstagen nach Eingang der Beschwerde, erfolgen und hat auf alle vom Zahlungsdienstnutzer angesprochenen Fragen einzugehen. [3]Kann ein Zahlungsdienstleister ausnahmsweise aus Gründen, die er nicht zu vertreten hat, nicht innerhalb von 15 Arbeitstagen antworten, so hat er ein vorläufiges Antwortschreiben zu versenden, das die Gründe für die Verzögerung bei der Beantwortung der Beschwerde eindeutig angibt und den Zeitpunkt benennt, bis zu dem der Zahlungsdienstnutzer die endgültige Antwort spätestens erhält. [4]Die endgültige Antwort darf in keinem Fall später als 35 Arbeitstage nach Eingang der Beschwerde erfolgen.

(4) [1]Ein Zahlungsdienstleister hat Zahlungsdienstnutzer auch dann entsprechend § 36 Absatz 1 Nummer 1 des Verbraucherstreitbeilegungsgesetzes über die zuständige Verbraucherschlichtungsstelle zu informieren, wenn er über keine Webseite verfügt und keine Allgemeinen Geschäftsbedingungen verwendet oder der Zahlungsdienstnutzer kein Verbraucher ist. [2]Verfügt der Zahlungsdienstleister über keine Webseite oder verwendet er keine Allgemeinen Geschäftsbedingungen, sind die Informationen nach Satz 1 im Zahlungsdienstevertrag zu geben. [3]Informationen nach Satz 1 müssen auch Angaben darüber enthalten, wo weitere Informationen über die zuständige Stelle zur alternativen Streitbeilegung und über die Voraussetzungen für deren Anrufung erhältlich sind.

Abschnitt 13. Strafvorschriften, Bußgeldvorschriften

§ 63 Strafvorschriften

(1) Mit Freiheitsstrafe bis zu fünf Jahren oder mit Geldstrafe wird bestraft, wer

1. entgegen § 3 Absatz 1 Einlagen oder andere rückzahlbare Gelder entgegennimmt,
2. entgegen § 3 Absatz 2 Satz 1 dort genannte Gelder nicht oder nicht rechtzeitig in E-Geld umtauscht,
3. entgegen § 3 Absatz 4 Satz 1 einen Kredit gewährt,
4. ohne Erlaubnis nach § 10 Absatz 1 Satz 1 oder ohne Registrierung nach § 34 Absatz 1 Satz 1 Zahlungsdienste erbringt,
5. ohne Erlaubnis nach § 11 Absatz 1 Satz 1 das E-Geld-Geschäft betreibt oder

6. entgegen § 49 Absatz 1 Satz 2 dort genannte Gelder hält.

(2) Mit Freiheitsstrafe bis zu drei Jahren oder mit Geldstrafe wird bestraft, wer

1. entgegen § 21 Absatz 4 Satz 1 erster Halbsatz eine Anzeige nicht, nicht richtig oder nicht rechtzeitig erstattet oder
2. entgegen § 31 E-Geld ausgibt.

(3) Handelt der Täter fahrlässig, so ist die Strafe in den Fällen des Absatzes 1 Freiheitsstrafe bis zu drei Jahren oder Geldstrafe und in den Fällen des Absatzes 2 Freiheitsstrafe bis zu einem Jahr oder Geldstrafe.

§ 64 [1)2)] Bußgeldvorschriften

(1) Ordnungswidrig handelt, wer einer vollziehbaren Anordnung nach § 7 Absatz 1 Satz 2 Nummer 1, auch in Verbindung mit Satz 4, oder nach § 20 Absatz 1, 3 oder 4 zuwiderhandelt.

(2) Ordnungswidrig handelt, wer vorsätzlich oder leichtfertig

1. entgegen § 2 Absatz 2 Satz 1 oder Absatz 3, § 28 Absatz 1 Nummer 4 bis 10 oder Absatz 2 oder § 38 Absatz 1 Satz 1 eine Anzeige nicht, nicht richtig, nicht vollständig oder nicht rechtzeitig erstattet oder
2. entgegen
   a) § 22 Absatz 1 Satz 1 oder 3 oder Absatz 2 Satz 1 oder 2 einen Jahresabschluss, einen Lagebericht, einen Prüfungsbericht, einen Konzernabschluss oder einen Konzernlagebericht oder
   b) § 29 Absatz 1 Satz 1, auch in Verbindung mit Absatz 2, jeweils in Verbindung mit einer Rechtsverordnung nach Absatz 3 Satz 1 oder 2, einen Monatsausweis

   nicht, nicht richtig, nicht vollständig oder nicht rechtzeitig einreicht.

(3) Ordnungswidrig handelt, wer vorsätzlich oder fahrlässig

1. entgegen § 8 Absatz 1 oder § 19 Absatz 1 Satz 1 eine Auskunft nicht, nicht richtig, nicht vollständig oder nicht rechtzeitig erteilt oder eine Unterlage nicht, nicht richtig, nicht vollständig oder nicht rechtzeitig vorlegt,
2. entgegen § 8 Absatz 5 Satz 1, auch in Verbindung mit Absatz 6, oder § 19 Absatz 1 Satz 4 eine Maßnahme nicht duldet,
3. einer vollziehbaren Auflage nach § 10 Absatz 4 Satz 1 oder § 11 Absatz 3 Satz 1 zuwiderhandelt,
4. entgegen § 19 Absatz 3 Satz 1 eine dort genannte Maßnahme nicht oder nicht rechtzeitig vornimmt,
5. einer vollziehbaren Anordnung nach § 21 Absatz 3 Satz 1 oder § 27 Absatz 3 Satz 1 zuwiderhandelt,

5a. entgegen § 27 Absatz 1 Satz 1 und 2 Nummer 5 über keine angemessenen Maßnahmen, einschließlich Datenverarbeitungssysteme, zur Gewährleistung der Einhaltung der Anforderungen des Geldwäschegesetzes und der Verordnung (EU) 2015/847 verfügt,

6. einer vollziehbaren Anordnung nach § 27 Absatz 2 Satz 1 in Verbindung mit § 6a Absatz 1 oder § 25i Absatz 4 des Kreditwesengesetzes zuwiderhandelt,

---

1) § 64 Abs. 3 Nr. 7 geändert und Nr. 10 aufgehoben durch Gesetz vom 20.11.2019 (BGBl. I S. 1626).

2) § 64 Abs. 3 Nr. 5a eingefügt durch Gesetz vom 12.12.2019 (BGBl. I S. 2602).

7. entgegen § 27 Absatz 2 Satz 1 in Verbindung mit § 24c Absatz 1 Satz 1 oder § 25i Absatz 3 Satz 1 des Kreditwesengesetzes ein Dateisystem nicht, nicht richtig oder nicht vollständig führt,
8. entgegen § 27 Absatz 2 Satz 1 in Verbindung mit § 24c Absatz 1 Satz 5 des Kreditwesengesetzes nicht gewährleistet, dass die Bundesanstalt Daten abrufen kann,
9. entgegen § 27 Absatz 2 Satz 1 in Verbindung mit § 25i Absatz 1 des Kreditwesengesetzes die Sorgfaltspflichten nach § 10 Absatz 1 des Geldwäschegesetzes nicht erfüllt,
10. *(aufgehoben)*
11. einer vollziehbaren Anordnung nach § 27 Absatz 2 Satz 1 in Verbindung mit § 25i Absatz 4 des Kreditwesengesetzes zuwiderhandelt,
12. entgegen § 27 Absatz 2 Satz 1 in Verbindung mit § 8 Absatz 1 des Geldwäschegesetzes erhobene Angaben oder eingeholte Informationen nicht, nicht richtig oder nicht vollständig aufzeichnet,
13. einer vollziehbaren Anordnung nach § 27 Absatz 3 zur Verhinderung und Unterbindung von Verstößen gegen die Verordnung (EU) 2015/847 zuwider handelt,
14. entgegen § 52 Absatz 1 und 3 einem Zahlungsauslösedienstleister oder einem Kontoinformationsdienstleister den Zugang zu einem Zahlungskonto nicht gewährt,
15. entgegen § 54 Absatz 1 Satz 1 die Bundesanstalt nicht, nicht richtig, nicht vollständig oder nicht rechtzeitig unterrichtet.

(4) Die Ordnungswidrigkeit kann in Fällen des Absatzes 1 mit einer Geldbuße bis zu einer Million Euro, in Fällen des Absatzes 3 Nummer 1 und 2 mit einer Geldbuße bis dreihunderttausend Euro und in den übrigen Fällen mit einer Geldbuße bis zu hunderttausend Euro geahndet werden.

(5) Verwaltungsbehörde im Sinne des § 36 Absatz 1 Nummer 1 des Gesetzes über Ordnungswidrigkeiten ist die Bundesanstalt.

§ 65 Mitteilung in Strafsachen

[1]Das Gericht, die Strafverfolgungs- oder die Strafvollstreckungsbehörde hat in Strafverfahren gegen Inhaber oder Geschäftsleiter von Instituten sowie gegen Inhaber bedeutender Beteiligungen an Instituten oder deren gesetzliche Vertreter wegen Verletzung ihrer Berufspflichten oder anderer Straftaten bei oder im Zusammenhang mit der Ausübung eines Gewerbes oder dem Betrieb einer sonstigen wirtschaftlichen Unternehmung, im Fall der Erhebung der öffentlichen Klage der Bundesanstalt

1. die Anklageschrift oder eine an ihre Stelle tretende Antragsschrift,
2. den Antrag auf Erlass eines Strafbefehls und
3. die das Verfahren abschließende Entscheidung mit Begründung

zu übermitteln. [2]Ist gegen die Entscheidung ein Rechtsbehelf eingelegt worden, ist die Entscheidung unter Hinweis auf den eingelegten Rechtsbehelf zu übermitteln. [3]§ 60a Absatz 1a bis 3 des Kreditwesengesetzes gilt entsprechend.

Abschnitt 14. Übergangsvorschriften

§ 66 Übergangsvorschriften für Zahlungsinstitute, die bereits über eine Erlaubnis verfügen

(1) [1]Zahlungsinstitute mit einer Erlaubnis gemäß § 8 dieses Gesetzes in der bis zum 12. Januar 2018 geltenden Fassung dürfen die Zahlungsdienste, für die ihnen diese Erlaubnis erteilt worden ist, bis zur Bestandskraft der Entscheidung der Bundesanstalt nach

den Absätzen 3 oder 4, längstens jedoch bis zum 13. Juli 2018, weiter erbringen. [2]Für sie ist dieses Gesetz in der bis zum 12. Januar 2018 geltenden Fassung insoweit weiter anzuwenden.

(2) [1]Hat ein Zahlungsinstitut nach Absatz 1 die Absicht, Zahlungsdienste gemäß seiner Erlaubnis auch über den 13. Juli 2018 hinaus zu erbringen, so hat es diese Absicht spätestens zwei Wochen nach Inkrafttreten dieses Gesetzes der Bundesanstalt schriftlich anzuzeigen. [2]Spätestens vier Wochen nach Inkrafttreten dieses Gesetzes hat das Zahlungsinstitut die Angaben und Nachweise gemäß § 10 Absatz 2 Satz 1 Nummer 6 bis 10 sowie alle Angaben und Nachweise entsprechend § 10 Absatz 5 bei der Bundesanstalt und der Deutschen Bundesbank einzureichen.

(3) Entscheidet die Bundesanstalt nach Prüfung der gemäß Absatz 2 Satz 2 eingereichten Angaben und Nachweise, dass eine Erlaubnis gemäß § 10 als erteilt gilt, so trägt sie das Zahlungsinstitut in das Register gemäß § 43 ein und teilt dem Zahlungsinstitut die Entscheidung mit; ab diesem Zeitpunkt ist auf das Zahlungsinstitut nach Absatz 1 dieses Gesetz in der ab dem 13. Januar 2018 geltenden Fassung anzuwenden.

(4) [1]Lassen die eingereichten Angaben und Nachweise eine positive Gesamtbewertung nicht zu oder hat das Zahlungsinstitut keine Anzeige nach Absatz 2 Satz 1 erstattet oder keine Unterlagen nach Absatz 2 Satz 2 eingereicht, so stellt die Bundesanstalt fest, dass die Erlaubnis nach § 10 nicht als erteilt gilt. [2]§ 13 Absatz 3 ist entsprechend anzuwenden.

(5) Wird dem Zahlungsinstitut im Sinne des Absatzes 1 keine Erlaubnis nach Absatz 3 erteilt, so macht die Bundesanstalt das Erlöschen der Erlaubnis mit Bestandskraft seiner Entscheidung im Bundesanzeiger und im Zahlungsinstituts-Register gemäß § 30 dieses Gesetzes in der bis zum 12. Januar 2018 geltenden Fassung bekannt.

§ 67 Übergangsvorschriften für E-Geld-Institute, die bereits über eine Erlaubnis verfügen

(1) [1]E-Geld-Institute dürfen im Rahmen der Erlaubnis, die ihnen nach § 8a dieses Gesetzes in der bis zum 12. Januar 2018 gültigen Fassung erteilt worden ist, das E-Geld-Geschäft bis zur Bestandskraft der Entscheidung der Bundesanstalt nach den Absätzen 3 oder 4, längstens jedoch bis zum 13. Juli 2018, weiter betreiben und so lange auch die Zahlungsdienste weiter erbringen. [2]Für sie ist dieses Gesetz in der bis zum 12. Januar 2018 geltenden Fassung insoweit weiter anzuwenden.

(2) [1]Hat ein E-Geld-Institut nach Absatz 1 die Absicht, Geschäfte gemäß seiner E-Geld-Erlaubnis auch über den 13. Juli 2018 hinaus zu erbringen, so hat es diese Absicht spätestens zwei Wochen nach Inkrafttreten dieses Gesetzes der Bundesanstalt schriftlich anzuzeigen. [2]Spätestens vier Wochen nach Inkrafttreten dieses Gesetzes hat das E-Geld-Institut die Angaben und Nachweise gemäß § 11 Absatz 2 Satz 1 in Verbindung mit § 10 Absatz 2 Satz 1 Nummer 6 bis 10 sowie alle Angaben und Nachweise entsprechend § 11 Absatz 4 bei der Bundesanstalt und der Deutschen Bundesbank einzureichen.

(3) Entscheidet die Bundesanstalt nach Prüfung der gemäß Absatz 2 Satz 2 eingereichten Angaben und Nachweise, dass eine Erlaubnis gemäß § 11 als erteilt gilt, so trägt sie das E-Geld-Institut in das Register nach § 44 ein und teilt dem E-Geld-Institut die Entscheidung mit; ab diesem Zeitpunkt ist auf das E-Geld-Institut nach Absatz 1 dieses Gesetz in der ab dem 13. Januar 2018 geltenden Fassung anzuwenden.

(4) [1]Lassen die eingereichten Angaben und Nachweise eine positive Gesamtbewertung nicht zu oder hat das E-Geld-Institut keine Anzeige nach Absatz 2 Satz 1 erstattet oder keine Unterlagen nach Absatz 2 Satz 2 eingereicht, so stellt die Bundesanstalt fest, dass die Erlaubnis nach § 11 nicht als erteilt gilt. [2]§ 13 Absatz 3 ist entsprechend anzuwenden.

(5) Wird dem E-Geld-Institut im Sinne des Absatzes 1 keine Erlaubnis nach Absatz 3 erteilt, so macht die Bundesanstalt das Erlöschen der Erlaubnis mit Bestandskraft der Entscheidung im Bundesanzeiger und im E-Geld-Instituts-Register gemäß § 30a dieses Gesetzes in der bis zum 12. Januar 2018 geltenden Fassung bekannt.

§ 68 Übergangsvorschriften für bestimmte Zahlungsdienste und für die starke Kundenauthentifizierung

(1) Unternehmen, die vor dem 12. Januar 2016 im Inland Zahlungsauslösedienste im Sinne dieses Gesetzes in seiner ab dem 13. Januar 2018 geltenden Fassung erbracht haben, dürfen diese Tätigkeit bis zum Inkrafttreten der §§ 45 bis 52 sowie des § 55 im Inland insoweit weiter unter den vor dem 13. Januar 2018 geltenden Voraussetzungen ausüben.

(2) Unternehmen, die vor dem 12. Januar 2016 im Inland Kontoinformationsdienste im Sinne dieses Gesetzes in seiner ab dem 13. Januar 2018 geltenden Fassung erbracht haben, dürfen diese Tätigkeit bis zum Inkrafttreten der §§ 45 bis 52 sowie des § 55 im Inland insoweit weiter unter den vor dem 13. Januar 2018 geltenden Voraussetzungen ausüben.

(3) Kontoführende Zahlungsdienstleister dürfen bis zum Inkrafttreten der §§ 45 bis 52 sowie des § 55 Zahlungsauslöse- und Kontoinformationsdienstleistern den Zugang zu ihren Zahlungskonten nicht verweigern, weil sie die Anforderungen der §§ 45 bis 52 sowie des § 55 nicht erfüllen.

(4) Bis zum Inkrafttreten des § 55 erfolgt die starke Kundenauthentifizierung nach Maßgabe des Rundschreibens der Bundesanstalt 4/2015 (BA) vom 5. Mai 2015, abrufbar von der Internetseite der Bundesanstalt.

(5) [1]Ein Unternehmen, das ab dem 13. Januar 2018 Zahlungsdienste anbietet, die nach diesem Gesetz in der bis zum 12. Januar 2018 geltenden Fassung noch erlaubnisfrei waren, und diese Dienste auch ab dem 13. Januar 2018 weiter anbieten will, hat innerhalb von drei Monaten ab dem 13. Januar 2018 einen Erlaubnisantrag nach § 10 Absatz 1 oder einen Registrierungsantrag nach § 34 Absatz 1 zu stellen. [2]Wird der Erlaubnisantrag oder Registrierungsantrag rechtzeitig und vollständig gestellt, ist dieses Unternehmen bis zur Bestandskraft der Entscheidung über den Erlaubnisantrag oder Registrierungsantrag durch die Bundesanstalt insoweit weiterhin erlaubt tätig.

7b. Pfandbriefgesetz (PfandBG)

Vom 22. Mai 2005 (BGBl. I S. 1373)

zuletzt geändert durch Gesetz vom 20.11.2019 (BGBl. I S. 1626)

Inhaltsübersicht

Abschnitt 1. Anwendungsbereich, Erlaubnis und Aufsicht

§ 1 Begriffsbestimmungen

(1) [1]Pfandbriefbanken sind Kreditinstitute, deren Geschäftsbetrieb das Pfandbriefgeschäft umfasst. [2]Pfandbriefgeschäft ist

1. die Ausgabe gedeckter Schuldverschreibungen auf Grund erworbener Hypotheken unter der Bezeichnung Pfandbriefe oder Hypothekenpfandbriefe (im Folgenden: Hypothekenpfandbriefe),
2. die Ausgabe gedeckter Schuldverschreibungen auf Grund erworbener Forderungen gegen staatliche Stellen unter der Bezeichnung Kommunalschuldverschreibungen, Kommunalobligationen oder Öffentliche Pfandbriefe (im Folgenden: Öffentliche Pfandbriefe),
3. die Ausgabe gedeckter Schuldverschreibungen auf Grund erworbener Schiffshypotheken unter der Bezeichnung Schiffspfandbriefe,
4. die Ausgabe gedeckter Schuldverschreibungen auf Grund erworbener Registerpfandrechte nach § 1 des Gesetzes über Rechte an Luftfahrzeugen oder ausländischer Flugzeughypotheken unter der Bezeichnung Flugzeugpfandbriefe.

(2) [1]Dem Erwerb einer Hypothek steht gleich der Anspruch gegen ein geeignetes Kreditinstitut auf Abtretung oder Teilabtretung einer Hypothek, die von dem Kreditinstitut treuhänderisch zugunsten der Pfandbriefbank verwaltet wird, sofern im Falle der Insolvenz des Kreditinstituts die Pfandbriefbank die Aussonderung der Hypothek verlangen kann. [2]Für Forderungen im Sinne des Absatzes 1 Satz 2 Nummer 2, für Schiffshypotheken und für Registerpfandrechte im Sinne des Absatzes 1 Satz 2 Nummer 4 oder ausländische Flugzeughypotheken gilt Satz 1 entsprechend. [3]Bei Forderungen im Sinne des Absatzes 1 Satz 2 Nummer 2 gegen öffentliche Schuldner im Sinne des § 20 Absatz 1 können Gegenstand des Abtretungs- und Übertragungsanspruchs auch Ansprüche sein, die sich gegen geeignete andere Kreditinstitute richten und die Voraussetzungen des Satzes 1 erfüllen oder ihrerseits gleiche Ansprüche gegen geeignete Kreditinstitute oder unter öffentlicher Aufsicht stehende Wertpapierverwahrer zum Gegenstand haben.

(3) Pfandbriefe im Sinne der folgenden Vorschriften sind Hypothekenpfandbriefe, Öffentliche Pfandbriefe, Schiffspfandbriefe und Flugzeugpfandbriefe.

§ 2 Erlaubnis

(1) [1]Ein Kreditinstitut mit Sitz im Geltungsbereich dieses Gesetzes, das das Pfandbriefgeschäft betreiben will, bedarf der schriftlichen Erlaubnis der Bundesanstalt für Finanzdienstleistungsaufsicht (Bundesanstalt) nach § 32 des Kreditwesengesetzes. [2]Zusätzlich muss das Kreditinstitut für eine Erlaubnis zum Betreiben des Pfandbriefgeschäfts folgende Voraussetzungen erfüllen:

1. Das Kreditinstitut muss über ein Kernkapital von mindestens 25 Millionen Euro verfügen.
2. Das Kreditinstitut muss eine Erlaubnis für das Kreditgeschäft im Sinne des § 1 Abs. 1 Satz 2 Nr. 2 des Kreditwesengesetzes haben und dieses voraussichtlich betreiben.
3. Das Kreditinstitut muss über geeignete Regelungen und Instrumente im Sinne des § 27 zur Steuerung, Überwachung und Kontrolle der Risiken für die Deckungsmassen und das darauf gründende Emissionsgeschäft verfügen.
4. Aus dem der Bundesanstalt vorzulegenden Geschäftsplan des Kreditinstituts muss hervorgehen, dass das Kreditinstitut das Pfandbriefgeschäft regelmäßig und nachhaltig betreiben wird und dass ein dafür erforderlicher organisatorischer Aufbau vorhanden ist.
5. Der organisatorische Aufbau und die Ausstattung des Kreditinstituts müssen, abhängig von der Reichweite der Erlaubnis, künftigen Pfandbriefemissionen sowie dem Immobilienfinanzierungs-, Staatsfinanzierungs-, Schiffsfinanzierungs- oder Flugzeugfinanzierungsgeschäft angemessen Rechnung tragen.

[3]Abweichend von § 33 Absatz 3 des Kreditwesengesetzes ist die nach Satz 1 erforderliche Erlaubnis auch dann zu versagen, wenn die Voraussetzungen des Satzes 2 Nr. 1 bis 5 nicht vorliegen. [4]§ 32 Abs. 2 Satz 2 des Kreditwesengesetzes ist mit der Maßgabe anzuwenden, dass die Erlaubnis für das Pfandbriefgeschäft auch auf einzelne der in § 1 Abs. 1 Satz 2 Nr. 1 bis 4 genannten Tätigkeiten beschränkt werden kann. [5]Die nach § 25c Absatz 1 Satz 2 des Kreditwesengesetzes vorausgesetzten theoretischen und praktischen Kenntnisse sind im Pfandbriefgeschäft abhängig von der Reichweite der Erlaubnis regelmäßig anzunehmen, wenn die Geschäftsleiter über entsprechende Kenntnisse im Bereich des Hypothekarkreditgeschäfts, des Kommunalkreditgeschäfts, des Schiffskreditgeschäfts oder des Flugzeugfinanzierungsgeschäfts und dessen Refinanzierung verfügen.

(2) Die Bundesanstalt kann die Erlaubnis zum Betreiben des Pfandbriefgeschäfts außer in den Fällen des § 35 Abs. 2 des Kreditwesengesetzes auch aufheben, wenn

1. die Voraussetzungen des Absatzes 1 Satz 2 Nr. 1 bis 3 und 5 nicht mehr vorliegen oder
2. die Pfandbriefbank seit mehr als zwei Jahren keine Pfandbriefe begeben hat und nicht zu erwarten ist, dass das Pfandbriefgeschäft innerhalb der nächsten sechs Monate als regelmäßig und nachhaltig betriebenes Bankgeschäft wieder aufgenommen wird.

(3) Hebt die Bundesanstalt die Erlaubnis für das Pfandbriefgeschäft auf oder erlischt diese, so sind die Deckungsmassen abzuwickeln.

(4) Hebt die Bundesanstalt die Erlaubnis nach § 32 des Kreditwesengesetzes zum Betreiben von Bankgeschäften und zur Erbringung von Finanzdienstleistungen vollständig auf oder erlischt diese, besteht die bisherige Erlaubnis der Pfandbriefbank in Ansehung der Deckungsmassen und der durch diese gesicherten Verbindlichkeiten bis zur vollständigen und fristgerechten Erfüllung der Pfandbriefverbindlichkeiten fort, soweit nicht die Bundesanstalt die Erstreckung der Erlaubnisaufhebung ausdrücklich anordnet.

(5) [1]In den Fällen der Absätze 3 und 4 ist ein Sachwalter zu ernennen, wenn dies für die vollständige und fristgerechte Erfüllung der Pfandbriefverbindlichkeiten erforderlich ist und nicht bereits nach § 30 Absatz 2 oder 5 ein Sachwalter ernannt worden ist. [2]Die Ernennung kann auf Antrag der Bundesanstalt mit Zustimmung der Geschäftsleiter der Pfandbriefbank auch dann erfolgen, wenn die Ernennung eines Sachwalters dienlich erscheint. [3]Für das Verfahren der Ernennung und die Rechtsstellung dieses Sachwalters gelten die Vorschriften der §§ 30 bis 36 entsprechend.

§ 3 Aufsicht; Auskunfts- und Vorlageverlangen

(1) [1]Die Bundesanstalt übt die Aufsicht über die Pfandbriefbanken nach den Vorschriften dieses Gesetzes und den in § 6 Absatz 1 Satz 1 des Kreditwesengesetzes genannten Gesetzen und Verordnungen aus. [2]Sie ist befugt, alle Anordnungen zu treffen, die geeignet und erforderlich sind, um das Geschäft der Pfandbriefbanken mit diesem Gesetz und den dazu erlassenen Rechtsverordnungen im Einklang zu erhalten. [3]Sie hat zu von ihr bestimmten Zeitpunkten auf der Grundlage geeigneter Stichproben die Deckung der Pfandbriefe zu prüfen; hierbei kann sie sich anderer Personen und Einrichtungen bedienen. [4]Die Prüfung soll in der Regel nach jeweils zwei Jahren erfolgen. [5]Die von anderen staatlichen Stellen ausgeübte Aufsicht bleibt unberührt.

(2) Eine Pfandbriefbank, die Mitglieder deren Organe, deren Beschäftigte und ein Sachwalter haben der Bundesanstalt sowie den Personen und Einrichtungen, derer sich die Bundesanstalt bei der Durchführung ihrer Aufgaben bedient, auf Verlangen über die Deckungssituation einschließlich der wirtschaftlichen Werthaltigkeit der Deckung Auskünfte zu erteilen und Unterlagen vorzulegen.

Abschnitt 2. Allgemeine Vorschriften über die Pfandbriefemission

§ 4[1)] Deckungskongruenz; Anordnung erhöhter Mindestdeckungsanforderungen

(1) [1]Die jederzeitige Deckung der umlaufenden Pfandbriefe nach dem Barwert, der die Zins- und Tilgungsverpflichtungen einbezieht, muss sichergestellt sein; der Barwert der eingetragenen Deckungswerte muss den Barwert der zu deckenden Verbindlichkeiten um 2 Prozent übersteigen (sichernde Überdeckung). [2]Die sichernde Überdeckung muss bestehen in

1. Schuldverschreibungen, Schuldbuchforderungen, Schatzwechseln und Schatzanweisungen, deren Schuldner der Bund, ein Sondervermögen des Bundes, ein Land, die Europäischen Gemeinschaften, ein anderer Mitgliedstaat der Europäischen Union, ein anderer Vertragsstaat des Abkommens über den Europäischen Wirtschaftsraum, die Europäische Investitionsbank, die Internationale Bank für Wiederaufbau und Entwicklung, die Entwicklungsbank des Europarates oder die Europäische Bank für Wiederaufbau und Entwicklung ist; dies gilt auch für Schuldverschreibungen, Schuldbuchforderungen, Schatzwechsel und Schatzanweisungen, deren Schuldner die Schweiz, das Vereinigte Königreich Großbritannien und Nordirland, die Vereinigten Staaten von Amerika, Kanada oder Japan sind, sofern deren Risikogewicht entsprechend dem Rating einer anerkannten internationalen Ratingagentur der Bonitätsstufe 1 nach Tabelle 1 des Artikels 114 Absatz 2 der Verordnung (EU) Nr. 575/2013 des Europäischen Parlaments und des Rates vom 26. Juni 2013 über Aufsichtsanforderungen an Kreditinstitute und Wertpapierfirmen und zur Änderung der Ver-

1) § 4 Abs. 1 geändert durch Gesetz vom 25.3.2019 (BGBl. I S. 357).

ordnung (EU) Nr. 646/2012 (ABl. L 176 vom 27.6.2013, S. 1) zugeordnet worden ist;

2. Schuldverschreibungen, für deren Verzinsung und Rückzahlung eine der unter Nummer 1 bezeichneten Stellen die Gewährleistung übernommen hat,
3. Guthaben bei der Europäischen Zentralbank, bei Zentralbanken der Mitgliedstaaten der Europäischen Union oder bei geeigneten Kreditinstituten mit Sitz in einem der in Nummer 1 genannten Staaten, denen nach Maßgabe von Artikel 119 Absatz 1 der Verordnung (EU) Nr. 575/2013 ein der Bonitätsstufe 1, bei Ursprungslaufzeiten von bis zu 100 Tagen und Sitz in einem Mitgliedstaat der Europäischen Union ein der Bonitätsstufe 1 oder 2 entsprechendes Risikogewicht nach der Tabelle 3 des Artikels 120 Absatz 1 oder der Tabelle 5 des Artikels 121 Absatz 1 der Verordnung (EU) Nr. 575/2013 zugeordnet worden ist, deren Erfüllung nicht bedingt, befristet, anderen Forderungen rechtsgeschäftlich nachgeordnet oder in sonstiger Weise eingeschränkt ist, jedoch nur, sofern die Höhe der Forderungen der Pfandbriefbank bereits beim Erwerb bekannt ist; für die Zuordnung zu den Bonitätsstufen sind die Ratings anerkannter internationaler Ratingagenturen maßgeblich.

[3]Die Begrenzungen des § 19 Abs. 1 Nr. 2 und 3, des § 20 Abs. 2 Nr. 2, des § 26 Abs. 1 Nr. 3 und 4 und des § 26f Abs. 1 Nr. 3 und 4 sind insoweit nicht anzuwenden. [4]Die Bundesanstalt kann nach Anhörung der Europäischen Bankenaufsichtsbehörde durch Allgemeinverfügung anordnen, dass abweichend von Absatz 1 Satz 2 Nummer 3 auch Guthaben mit einer Ursprungslaufzeit von über 100 Tagen bei inländischen Kreditinstituten, denen ein der Bonitätsstufe 2 entsprechendes Risikogewicht nach der Tabelle 3 des Artikels 120 Absatz 1 der Verordnung (EU) Nr. 575/2013 zugeordnet ist, zur Deckung verwendet werden dürfen, sofern durch die Beschränkung auf Bonitätsstufe 1 die Gefahr einer erheblichen Schuldnerkonzentration bei Forderungen gegen inländische Kreditinstitute entstünde. [5]Die Bundesanstalt überprüft das Fortbestehen des Anordnungsgrundes mindestens halbjährlich. [6]Die Allgemeinverfügung ist aufzuheben, sobald ihr Anordnungsgrund weggefallen ist. [7]Die Allgemeinverfügung und ihre Aufhebung sind auf der Internetseite der Bundesanstalt und im Bundesanzeiger bekannt zu machen. [8]Bis zur Bekanntmachung der Aufhebung der Allgemeinverfügung im Bundesanzeiger in das Deckungsregister eingetragene Deckungswerte, deren Deckungsfähigkeit auf der Allgemeinverfügung beruht, dürfen nach Aufhebung der Allgemeinverfügung bis zu ihrer ursprünglichen Fälligkeit, längstens jedoch sechs Monate nach Bekanntmachung der Aufhebung, zur Deckung verwendet werden.

(1a) [1]Zusätzlich ist zur Sicherung der Liquidität für die nächsten 180 Tage ein taggenauer Abgleich der fällig werdenden Forderungen aus eingetragenen Deckungswerten und fällig werdenden Verbindlichkeiten aus ausstehenden Pfandbriefen und in Deckung befindlichen Derivategeschäften vorzunehmen. [2]Für jeden Tag ist die Summe der bis zu diesem Tag anfallenden Tagesdifferenzen zu bilden. [3]Die größte sich ergebende negative Summe in den nächsten 180 Tagen muss jederzeit durch die Summe aus den Deckungswerten nach Absatz 1 Satz 2 und den eingetragenen Deckungswerten, die vom Europäischen System der Zentralbanken als notenbankfähig eingestuft werden, gedeckt werden. [4]Für Werte, die ausschließlich zur Sicherung der Liquidität ins Deckungsregister eingetragen werden, sind die Begrenzungen der §§ 19, 20, 26 und 26f nicht anzuwenden.

(2) [1]Der jeweilige Gesamtbetrag der im Umlauf befindlichen Pfandbriefe einer Gattung muss auch in Höhe des Nennwertes jederzeit durch Werte von mindestens gleicher Höhe gedeckt sein. [2]Wenn der zum Zeitpunkt der Pfandbriefausgabe bekannte maximale Einlösungswert höher als der Nennwert ist, tritt er an die Stelle des Nennwertes.

(3) Soweit aus als Deckung verwendeten Derivategeschäften Verbindlichkeiten der Pfandbriefbank begründet werden, müssen auch die Ansprüche der Vertragspartner der

Pfandbriefbank gedeckt sein. [2]Derivategeschäfte im Sinne dieses Gesetzes sind unter einem standardisierten Rahmenvertrag zusammengefasste Derivate nach § 1 Absatz 11 Satz 4 Nummer 1 des Kreditwesengesetzes einschließlich der unter dem Rahmenvertrag abgeschlossenen Besicherungsanhänge und weiteren Vereinbarungen.

(3a) [1]Die Bundesanstalt kann für jede Deckungsmasse anordnen, dass eine Pfandbriefbank über Absatz 1 Satz 1 und Absatz 2, jeweils in Verbindung mit Absatz 3 Satz 1, hinausgehende Deckungsanforderungen einhalten muss, sofern eine werthaltige Deckung der Verbindlichkeiten aus im Umlauf befindlichen Pfandbriefen und in Deckung befindlichen Derivategeschäften nicht sichergestellt erscheint. [2]Den Umstand einer Anordnung nach Satz 1 hat die Pfandbriefbank unverzüglich unter Angabe der entsprechenden Höhe der Zusatzanforderung auf ihrer Internetseite bei den nach § 28 zu der betreffenden Pfandbriefgattung veröffentlichten Angaben zu veröffentlichen. [3]Eine Anordnung nach Satz 1 ist aufzuheben, soweit ihr Grund nachweislich entfallen ist, frühestens jedoch drei Monate nach ihrem Erlass.

(3b) [1]Absatz 3a Satz 1 und 2 gilt entsprechend bei im Rahmen der Jahresabschlussprüfung oder von Sonderprüfungen nach § 44 Absatz 1 Satz 2 des Kreditwesengesetzes, einschließlich Deckungsprüfungen nach § 3 Absatz 1 Satz 3, festgestellten Mängeln, die die Deckungsrechnung nach Absatz 4, die Deckungsregisterführung nach § 5, die Anforderungen an das Risikomanagement nach § 27, das pfandbriefrechtliche Meldewesen nach § 27a, die Einhaltung der Transparenzvorschriften des § 28, die Angemessenheit der zur Ermittlung der barwertigen sichernden Überdeckung nach der Pfandbrief-Barwertverordnung verwendeten Methoden und Prozesse oder die Angemessenheit der Methoden und Verfahren der Beleihungswertermittlung betreffen. [2]Eine nach Satz 1 getroffene Anordnung ist aufzuheben, wenn die Pfandbriefbank die Behebung des zur Anordnung führenden Mangels zur Überzeugung der Bundesanstalt nachgewiesen hat oder sobald prüferisch festgestellt worden ist, dass der zur Anordnung nach Satz 1 führende Mangel nicht mehr fortbesteht und kein neuer Anordnungsgrund vorliegt.

(4) Die Pfandbriefbank hat fortlaufend durch geeignete Rechenwerke sicherzustellen und in nachvollziehbarer Weise zu dokumentieren, dass die vorschriftsmäßige Deckung jederzeit gegeben ist.

(5) Im Umlauf befindlich ist ein Pfandbrief, wenn der Treuhänder ihn gemäß § 8 Abs. 3 ausgefertigt und der Pfandbriefbank übergeben hat; soweit sichergestellt wird, dass eine Verfügung über einen von der Pfandbriefbank gehaltenen Pfandbrief ohne Zustimmung des Treuhänders nicht ausgeführt würde, scheidet der Pfandbrief für die Dauer der Sicherstellung aus dem Umlauf aus.

(6) [1]Das Bundesministerium der Finanzen wird ermächtigt, im Einvernehmen mit dem Bundesministerium der Justiz und für Verbraucherschutz durch Rechtsverordnung, die nicht der Zustimmung des Bundesrates bedarf, Einzelheiten der Methode für die Barwertrechnung nach Absatz 1 Satz 1 und § 19 Abs. 1 Nr. 4 Satz 3, auch in Verbindung mit § 20 Abs. 2 Nr. 3 und § 26 Abs. 1 Nr. 5 sowie § 26f Abs. 1 Nr. 5, sowie das Maß der Zins- und Währungskursveränderungen zu bestimmen, dem die Deckung nach Absatz 1 Satz 1 mindestens standhalten muss. [2]Das Bundesministerium der Finanzen kann diese Ermächtigung durch Rechtsverordnung auf die Bundesanstalt für Finanzdienstleistungsaufsicht übertragen. [3]Vor Erlass der Rechtsverordnung sind die Spitzenverbände der Kreditwirtschaft anzuhören.

(7) [1]Es ist verboten, für eine Pfandbriefbank Pfandbriefe in den Verkehr zu bringen, wenn deren Betrag nicht durch die im jeweiligen Deckungsregister eingetragenen Werte vorschriftsmäßig gedeckt ist. [2]Es ist auch verboten, für eine Pfandbriefbank über einen im Deckungsregister eingetragenen Wert durch Veräußerung oder Belastung zum Nachteil der Pfandbriefgläubiger oder der Gläubiger von Ansprüchen aus Derivategeschäften

nach Absatz 3 zu verfügen, obwohl die übrigen im jeweiligen Register eingetragenen Werte zur vorschriftsmäßigen Deckung der entsprechenden Pfandbriefe und der Ansprüche aus Derivategeschäften nach Absatz 3 nicht genügen. [3]Pfandbriefe dürfen nicht ohne die nach § 8 Abs. 3 Satz 1 erforderliche Bescheinigung in den Verkehr gebracht werden.

§ 4a Umschuldungsklauseln in Staatsanleihen

Umschuldungsklauseln nach § 4a des Bundesschuldenwesengesetzes in den Emissionsbedingungen von Schuldverschreibungen des Bundes sowie entsprechende Umschuldungsklauseln in den Emissionsbedingungen von Schuldverschreibungen anderer Schuldner im Sinne des § 20 Absatz 1 Nummer 1 stehen einer Indeckungnahme nach § 4 Absatz 1 Satz 2 Nummer 1 und 2, § 19 Absatz 1 Nummer 3, § 20 Absatz 1 Nummer 1, § 26 Absatz 1 Nummer 4 oder § 26f Absatz 1 Nummer 4 nicht entgegen.

§ 5 Deckungsregister

(1) [1]Die zur Deckung der Pfandbriefe sowie der Ansprüche aus Derivategeschäften nach § 4 Abs. 3 verwendeten Deckungswerte sind von der Pfandbriefbank einzeln in das für die jeweilige Pfandbriefgattung geführte Register (Deckungsregister) einzutragen. [2]Derivate dürfen nur mit Zustimmung des Treuhänders und des Vertragspartners der Pfandbriefbank eingetragen werden; eine Eintragung ohne die erforderliche Zustimmung gilt als nicht erfolgt. [3]Wird ein zur Deckung benötigter Wert zurückgezahlt, so hat derjenige, der für die Eintragung der Deckungswerte verantwortlich ist, unverzüglich entsprechende Ersatzwerte in das Deckungsregister einzutragen. [4]Zum jeweiligen Deckungsregister können mehrere Unterregister, die den Anforderungen des Deckungsregisters entsprechen, angelegt werden, wenn dadurch die Klarheit und die Funktion des Deckungsregisters nicht beeinträchtigt werden. [5]Die Bundesanstalt kann anordnen, dass die Eintragungen aus einem Unterregister oder mehreren Unterregistern innerhalb einer angemessenen Frist in das Hauptregister zu übertragen sind.

(1a) [1]Soweit eingetragene Werte nur teilweise zur Deckung der Pfandbriefe der Pfandbriefbank bestimmt sind, muss das Deckungsregister genaue Angaben über den Umfang des zur Deckung bestimmten Teils und seinen Rang gegenüber dem nicht zur Deckung bestimmten Teil enthalten; im Zweifel hat der zur Deckung bestimmte Teil Vorrang. [2]Vorbehaltlich einer teilweisen Indeckungnahme in geringerer Höhe nach Satz 1 gelten Hypotheken stets nur bis zur Höhe der Beleihungsgrenze nach den §§ 14 und 22 Abs. 2 sowie § 26b Abs. 2 als zur Deckung bestimmt. [3]Die Beleihungsgrenze errechnet sich anhand des eingetragenen Beleihungswertes; der zur Deckung bestimmte Teil hat im Zweifel Vorrang. [4]Werden eingetragene Werte ganz oder teilweise von der Pfandbriefbank als Treuhänder verwaltet, muss das Deckungsregister genaue Angaben über den Gläubiger des Übertragungsanspruchs enthalten; bei teilweiser treuhänderischer Verwaltung gelten die Sätze 1 und 2 entsprechend. [5]Eine treuhänderische Verwaltung nach Satz 4 liegt vor, wenn die verwalteten Werte im Verhältnis zwischen dem Treugeber und der Pfandbriefbank oder deren Gläubigern als Werte des Treugebers gelten, obwohl sie nicht übertragen sind, insbesondere im Falle der Verwaltung als Refinanzierungsunternehmen nach den §§ 22a bis 22o des Kreditwesengesetzes.

(1b) Die Übermittlung der im Deckungsregister einzutragenden personenbezogenen Daten an eine Pfandbriefbank, die zum Zwecke der Refinanzierung über Pfandbriefe nach der Deckungsregisterverordnung zur Eintragung der Daten in ihr Deckungsregister verpflichtet ist, ist zur Wahrnehmung berechtigter Interessen zulässig.

(2) [1]Innerhalb des ersten Monats eines jeden Kalenderhalbjahres ist eine von dem nach § 7 bestellten Treuhänder bestätigte Aufzeichnung der Eintragungen, welche während des letzten Kalenderhalbjahres in den Deckungsregistern vorgenommen worden sind,

der Bundesanstalt zu übermitteln. [2]Ist ein Treuhänder erstmalig im Laufe des letzten Kalenderhalbjahres bestellt worden, so hat die bestätigte Aufzeichnung sämtliche in den Deckungsregistern vorgenommenen Eintragungen zu enthalten. [3]In der nach Absatz 3 zu erlassenden Rechtsverordnung kann bestimmt werden, dass im Falle der Übermittlung der Aufzeichnung in elektronischer Form diese abweichend von Satz 1 sämtliche in den Deckungsregistern vorgenommenen Eintragungen zu enthalten hat.

(3) [1]Das Bundesministerium der Finanzen hat im Einvernehmen mit dem Bundesministerium der Justiz und für Verbraucherschutz durch Rechtsverordnung, die nicht der Zustimmung des Bundesrates bedarf, Einzelheiten über die Form und den notwendigen Inhalt des Deckungsregisters sowie der vorzunehmenden Eintragungen zu bestimmen. [2]Die Rechtsverordnung muss auch Vorschriften über die Form der Aufzeichnung, über die Form der Bestätigung durch den Treuhänder sowie über die Art und Weise der Übermittlung der Aufzeichnung und deren Aufbewahrung durch die Bundesanstalt enthalten. [3]Vor Erlass der Rechtsverordnung sind die Spitzenverbände der Kreditwirtschaft anzuhören. [4]Das Bundesministerium der Finanzen kann diese Ermächtigung durch Rechtsverordnung auf die Bundesanstalt für Finanzdienstleistungsaufsicht übertragen.

§ 6 Inhalt der Pfandbriefe

(1) In den Pfandbriefen sind die für das Rechtsverhältnis zwischen der Pfandbriefbank und den Pfandbriefgläubigern maßgebenden Bestimmungen, insbesondere bezüglich der Kündbarkeit der Pfandbriefe, ersichtlich zu machen.

(2) Den Pfandbriefgläubigern darf ein Kündigungsrecht nicht eingeräumt werden.

(3) Die Ausgabe von Pfandbriefen, deren maximaler Einlösungswert nicht bekannt ist, ist nicht gestattet.

§ 7 Treuhänder und Stellvertreter

(1) Bei jeder Pfandbriefbank ist ein Treuhänder sowie mindestens ein Stellvertreter zu bestellen.

(2) [1]Treuhänder und Stellvertreter müssen die zur Erfüllung ihrer Aufgaben erforderlichen Kenntnisse und Erfahrungen besitzen. [2]Die Qualifikation als Wirtschaftsprüfer oder vereidigter Buchprüfer lässt die erforderlichen Kenntnisse vermuten. [3]Eine Bestellung als Treuhänder oder Stellvertreter ist ausgeschlossen, wenn Gründe vorliegen, nach denen die Besorgnis der Befangenheit besteht. [4]Das ist insbesondere der Fall, wenn die Person in einem Beschäftigungs- oder Mandatsverhältnis mit der Pfandbriefbank steht oder innerhalb der vorausgegangen drei Jahre gestanden hat.

(3) [1]Die Bestellung erfolgt durch die Bundesanstalt nach Anhörung der Pfandbriefbank; vor der erstmaligen Ausgabe von Pfandbriefen findet eine Bestellung nur auf Antrag der Pfandbriefbank statt. [2]Die Bestellung kann befristet und jederzeit aus sachlichem Grund durch die Bundesanstalt widerrufen werden. [3]Die Bestellung endet spätestens zum Ende des Monats, in dem das 75. Lebensjahr vollendet wird. [4]Mit der Ernennung eines Sachwalters nach § 2 Absatz 5 oder § 30 Absatz 2 oder 5 ruht das Amt des Treuhänders bis zur Beendigung des Sachwalteramtes. [5]Der Treuhänder bleibt verpflichtet, dem Sachwalter alle Informationen mitzuteilen, die für die Verwaltung der Deckungswerte von Bedeutung sein können.

(4) [1]Der Treuhänder hat der Bundesanstalt Auskunft über die von ihm im Rahmen seiner Tätigkeit getroffenen Feststellungen und Beobachtungen zu erteilen. [2]Der Treuhänder ist an Weisungen der Bundesanstalt nicht gebunden.

(5) [1]Treuhänder und Stellvertreter haften der Pfandbriefbank sowie den Pfandbriefgläubigern und den Gläubigern von Ansprüchen aus Derivategeschäften nach § 4 Abs. 3 aus ihrer Tätigkeit nur im Falle von Vorsatz und grober Fahrlässigkeit. [2]Die Er-

satzpflicht des Treuhänders oder des Stellvertreters beschränkt sich im Falle grob fahrlässigen Handelns auf 1 Million Euro. [3]Sie kann nicht durch Vertrag ausgeschlossen oder beschränkt werden. [4]Wird die Haftung des Treuhänders oder des Stellvertreters durch eine Versicherung abgedeckt, ist ein Selbstbehalt in Höhe des Eineinhalbfachen der nach § 11 Absatz 1 festgesetzten jährlichen Vergütung vorzusehen. [5]Die Pfandbriefbank darf den Versicherungsvertrag zugunsten des Treuhänders und des Stellvertreters schließen und die Prämien zahlen.

§ 8 Aufgaben

(1) [1]Der Treuhänder hat darauf zu achten, dass die vorschriftsmäßige Deckung für die Pfandbriefe und Ansprüche aus Derivategeschäften nach § 4 Abs. 3 jederzeit vorhanden ist; hierbei hat er darauf zu achten, dass der Wert der beliehenen Grundstücke nach der auf Grund des § 16 Abs. 4 erlassenen Rechtsverordnung, der Wert der beliehenen Schiffe und Schiffsbauwerke nach der auf Grund des § 24 Abs. 5 erlassenen Rechtsverordnung und der Wert der beliehenen Flugzeuge nach der auf Grund des § 26d Abs. 3 erlassenen Rechtsverordnung festgesetzt ist. [2]Darüber hinaus ist er nicht verpflichtet zu untersuchen, ob der festgesetzte Wert dem wirklichen Wert entspricht.

(2) [1]Der Treuhänder hat darauf zu achten, dass die zur Deckung der Pfandbriefe und der Ansprüche aus Derivategeschäften nach § 4 Abs. 3 verwendeten Werte gemäß § 5 Abs. 1 in das jeweilige Deckungsregister eingetragen werden. [2]Er hat auch darauf zu achten, dass die Eintragung eines Derivats von der Pfandbriefbank unter Angabe des entsprechenden Deckungsregisters unverzüglich dem Vertragspartner des Derivategeschäfts mitgeteilt wird.

(3) [1]Der Treuhänder hat die Pfandbriefe vor der Ausgabe mit einer Bescheinigung über das Vorhandensein der vorschriftsmäßigen Deckung und über die Eintragung in das entsprechende Deckungsregister zu versehen. [2]Eine Nachbildung der eigenhändigen Unterschrift genügt.

(4) [1]Im Deckungsregister eingetragene Werte können nur mit Zustimmung des Treuhänders in dem Register gelöscht werden. [2]Die Zustimmung des Treuhänders bedarf der Schriftform; sie kann in der Weise erfolgen, dass der Treuhänder seine Namensunterschrift dem Löschungsvermerk im Deckungsregister beifügt. [3]Für die Löschung eines eingetragenen Derivats, das noch nicht vollständig abgewickelt ist, ist ferner die Zustimmung des Vertragspartners der Pfandbriefbank erforderlich; eine Löschung ohne die erforderliche Zustimmung gilt als nicht erfolgt. [4]Absatz 2 Satz 2 ist entsprechend anzuwenden.

§ 9 *(aufgehoben)*

§ 10 Befugnisse

(1) Der Treuhänder ist befugt, jederzeit die Unterlagen der Pfandbriefbank einzusehen und Auskünfte zu verlangen, soweit sie sich auf die Pfandbriefe und auf die in die Deckungsregister eingetragenen Werte beziehen.

(2) Die Pfandbriefbank ist verpflichtet, von den Kapitalrückzahlungen auf die in die Deckungsregister eingetragenen Werte sowie von sonstigen für die Pfandbriefgläubiger und die Gläubiger von Ansprüchen aus Derivategeschäften nach § 4 Abs. 3 erheblichen Änderungen, welche diese Werte betreffen, dem Treuhänder fortlaufende Mitteilung zu machen.

§ 11 Vergütung, Streitentscheidung

(1) [1]Der Treuhänder und seine Stellvertreter erhalten von der Pfandbriefbank eine angemessene Vergütung, deren Höhe von der Bundesanstalt festgesetzt wird, und Ersatz

der notwendigen Auslagen. [2]Darüber hinausgehende Leistungen der Pfandbriefbank sind unzulässig.

(2) Streitigkeiten zwischen dem Treuhänder und der Pfandbriefbank entscheidet die Bundesanstalt.

Abschnitt 3. Besondere Vorschriften über die Deckungswerte

Unterabschnitt 1. Hypothekenpfandbriefe

§ 12 Deckungswerte

(1) Zur Deckung für Hypothekenpfandbriefe nach § 1 Abs. 1 Satz 2 Nr. 1 dürfen nur Hypotheken benutzt werden, soweit sie den Erfordernissen der §§ 13 bis 16 entsprechen.

(2) Steht der Pfandbriefbank eine Hypothek an einem Grundstück zu, das sie zur Verhütung eines Verlustes an der Hypothek erworben hat, so darf sie die Hypothek nur auf Grund einer neuen Beleihungswertermittlung nach § 16 zur Deckung verwenden.

(3) Die eingetragenen Deckungswerte erstrecken sich auch auf alle Forderungen, deren Inhaber die Pfandbriefbank ist und die auf die wirtschaftliche Substanz des Grundstücks gerichtet sind, insbesondere Forderungen, auf die sich die Hypothek bei inländischen Grundstücken nach den §§ 1120, 1123, 1126, 1127 und 1128 des Bürgerlichen Gesetzbuchs erstrecken würde sowie auf Ansprüche der Pfandbriefbank aus eigenem oder abgetretenem Recht aus einer Versicherung nach § 15, auf die Übertragung des Grundstücks oder grundstücksgleiche oder vergleichbare Rechte und auf die Auskehr des Erlöses einer Verwertung.

§ 13 [1)] Belegenheit der Sicherheiten

(1) [1]Die Hypotheken müssen lasten auf Grundstücken, grundstücksgleichen Rechten oder solchen Rechten einer ausländischen Rechtsordnung, die den grundstücksgleichen Rechten deutschen Rechts vergleichbar sind. [2]Die belasteten Grundstücke und die Grundstücke, an denen die belasteten Rechte bestehen, müssen in einem Mitgliedstaat der Europäischen Union oder einem anderen Vertragsstaat des Abkommens über den Europäischen Wirtschaftsraum, in der Schweiz, im Vereinigten Königreich Großbritannien und Nordirland, in den Vereinigten Staaten von Amerika, in Kanada, in Japan, in Australien, in Neuseeland oder in Singapur belegen sein; der Gesamtbetrag der Beleihungen in Staaten, die nicht der Europäischen Union angehören, bei denen nicht sichergestellt ist, dass sich das Vorrecht der Pfandbriefgläubiger nach § 30 Abs. 1 auf die Forderungen der Pfandbriefbank aus diesen Beleihungen erstreckt, darf 10 Prozent des Gesamtbetrages der Beleihungen, bei denen das Vorrecht sichergestellt ist, nicht übersteigen.

(2) Die Beleihung befristeter Rechte ist nur zulässig, wenn die planmäßige Tilgung der Hypothek spätestens zehn Jahre vor Ablauf des Rechts endet und nicht länger dauert, als zur buchmäßigen Abschreibung des Bauwerks nach wirtschaftlichen Grundsätzen erforderlich ist.

§ 14 Beleihungsgrenze

Hypotheken dürfen nur bis zur Höhe der ersten 60 Prozent des von der Pfandbriefbank auf Grund einer Wertermittlung nach § 16 festgesetzten Wertes des Grundstücks (Beleihungswert) zur Deckung benutzt werden.

---

1) § 13 Abs. 1 geändert durch Gesetz vom 25.3.2019 (BGBl. I S. 357).

§ 15 Versicherungspflicht

[1]Werden mit dem Grundstück fest verbundene Bauwerke beim Beleihungswert werterhöhend berücksichtigt, muss während der gesamten Dauer der Beleihung sichergestellt sein, dass die Pfandbriefbank im Falle der Beschädigung oder Zerstörung des Bauwerks, sofern dieses nicht wiederhergestellt wird, eine Entschädigungsleistung aus einer Versicherung erhält. [2]Die Versicherung muss mindestens die nach Art und Lage des Objektes erheblichen Schadensrisiken erfassen. [3]Die Höhe der Versicherung muss mindestens Folgendes abdecken:

1. die für eine Wiederherstellung der in Satz 1 genannten Bauwerke erwartungsgemäß aufzuwendenden Kosten,
2. den bei Eintritt erheblicher Risiken an den in Satz 1 genannten Bauwerken mit hoher Wahrscheinlichkeit nicht überschrittenen Schaden oder
3. die jeweils ausstehende Darlehensforderung.

[4]Die Pfandbriefbank darf die Versicherung für eigene Rechnung nur abschließen, wenn eine Verpflichtung des Darlehensnehmers zum Abschluss einer entsprechenden Versicherung nach Satz 3 Nummer 1 oder Nummer 2 besteht.

§ 16 Beleihungswertermittlung

(1) Die als Grundlage für die Beleihungswertfestsetzung dienende Wertermittlung ist von einem von der Kreditentscheidung unabhängigen Gutachter vorzunehmen, der über die hierzu notwendige Berufserfahrung sowie über die notwendigen Fachkenntnisse für Beleihungswertermittlungen verfügen muss.

(2) [1]Der Beleihungswert darf den Wert nicht überschreiten, der sich im Rahmen einer vorsichtigen Bewertung der zukünftigen Verkäuflichkeit einer Immobilie und unter Berücksichtigung der langfristigen, nachhaltigen Merkmale des Objektes, der normalen regionalen Marktgegebenheiten sowie der derzeitigen und möglichen anderweitigen Nutzungen ergibt. [2]Spekulative Elemente dürfen dabei nicht berücksichtigt werden. [3]Der Beleihungswert darf einen auf transparente Weise und nach einem anerkannten Bewertungsverfahren ermittelten Marktwert nicht übersteigen. [4]Der Marktwert ist der geschätzte Betrag, für welchen ein Beleihungsobjekt am Bewertungsstichtag zwischen einem verkaufsbereiten Verkäufer und einem kaufbereiten Erwerber, nach angemessenem Vermarktungszeitraum, in einer Transaktion im gewöhnlichen Geschäftsverkehr verkauft werden könnte, wobei jede Partei mit Sachkenntnis, Umsicht und ohne Zwang handelt.

(3) [1]Die zur Deckung verwendeten Hypotheken an Bauplätzen sowie an solchen Neubauten, die noch nicht fertig gestellt und ertragsfähig sind, dürfen zusammen 10 Prozent des Gesamtbetrages der zur Deckung der Hypothekenpfandbriefe benutzten Deckungswerte sowie das Doppelte des haftenden Eigenkapitals nicht überschreiten. [2]Hypotheken an Bauplätzen dürfen 1 Prozent des Gesamtbetrages der zur Deckung der Hypothekenpfandbriefe benutzten Deckungswerte nicht überschreiten. [3]Hypotheken an Grundstücken, die einen dauernden Ertrag nicht gewähren, insbesondere an Gruben und Brüchen, sind von der Verwendung zur Deckung ebenso ausgeschlossen wie Hypotheken an Bergwerken. [4]Hypotheken an anderen Berechtigungen, für welche die sich auf Grundstücke beziehenden Vorschriften Anwendung finden, sind von der Verwendung zur Deckung von Hypothekenpfandbriefen ebenfalls ausgeschlossen, sofern die Berechtigungen einen dauernden Ertrag nicht gewähren.

(4) [1]Das Bundesministerium der Finanzen wird ermächtigt, im Einvernehmen mit dem Bundesministerium der Justiz und für Verbraucherschutz durch Rechtsverordnung, die nicht der Zustimmung des Bundesrates bedarf, Einzelheiten der Methodik und Form der Beleihungswertermittlung sowie die Mindestanforderungen an die Qualifikation des

Gutachters zu bestimmen. [2]Die Rechtsverordnung kann für die Bewertung von überwiegend zu Wohnzwecken genutzten Beleihungsobjekten Erleichterungen vorsehen. [3]Vor Erlass der Rechtsverordnung sind die Spitzenverbände der Kreditwirtschaft anzuhören. [4]Das Bundesministerium der Finanzen kann diese Ermächtigung durch Rechtsverordnung auf die Bundesanstalt für Finanzdienstleistungsaufsicht übertragen.

§ 17 *(aufgehoben)*

§ 18 Grundschulden und ausländische Sicherungsrechte

(1) Im Sinne dieses Gesetzes stehen den Hypotheken die Grundschulden und solche ausländische Sicherungsrechte gleich, die eine vergleichbare Sicherheit bieten und den Gläubiger berechtigen, seine Forderung auch durch Verwertung des belasteten Grundstücks oder Rechts im Sinne des § 13 Abs. 1 Satz 1 zu befriedigen.

(2) [1]Auf Grundschulden, die auf Grund einer Zweckvereinbarung zwischen der Pfandbriefbank und dem jeweiligen Grundstückseigentümer der Sicherung einer Darlehensforderung dienen, ist § 12 Abs. 1 mit der Maßgabe anzuwenden, dass an die Stelle der Hypotheken die Grundschulden nebst den ihr zugrunde liegenden Darlehensforderungen treten. [2]§ 5 Absatz 1a gilt entsprechend, wenn eine Zweckvereinbarung mehrere Forderungen umfasst. [3]Mehrere zur Deckung bestimmte Forderungen haben im Zweifel gleichen Rang. [4]Soweit ausländische Sicherungsrechte Forderungen unterschiedlicher Gläubiger sichern, bestimmt sich der Rang einer zur Deckung bestimmten Forderung nach den Regeln des jeweils anwendbaren Rechts.

(3) Hat die Pfandbriefbank ein Grundstück zur Verhütung von Verlusten an einer ihr an dem Grundstück zustehenden Hypothek oder Grundschuld bei der Zwangsversteigerung erworben und an Stelle der gelöschten Hypothek oder Grundschuld für sich eine Grundschuld eintragen lassen, so findet auf diese § 12 Abs. 2 entsprechende Anwendung.

§ 19 Weitere Deckungswerte

(1) [1]Die in § 12 Absatz 1 vorgeschriebene Deckung kann auch erfolgen

1. durch in Inhaberschuldverschreibungen umgewandelte Ausgleichsforderungen nach § 8 Abs. 2 der Verordnung über die Bestätigung der Umstellungsrechnung und das Verfahren der Zuteilung und des Erwerbs von Ausgleichsforderungen in der Fassung der Bekanntmachung vom 7. Dezember 1994 (BGBl. I S. 3738), die durch die Verordnung vom 26. September 1995 (BGBl. I S. 1194) geändert worden ist,
2. bis zu insgesamt 10 Prozent des Gesamtbetrages der im Umlauf befindlichen Hypothekenpfandbriefe durch Werte der in § 4 Absatz 1 Satz 2 Nummer 1 und 2 bezeichneten Art, durch Geldforderungen gegen die Europäische Zentralbank, gegen Zentralbanken der Mitgliedstaaten der Europäischen Union oder gegen Kreditinstitute im Sinne des § 4 Absatz 1 Satz 2 Nummer 3, sofern die Höhe der Forderungen der Pfandbriefbank bereits beim Erwerb bekannt ist, sowie durch das jeweilige Guthaben aus einer Kontoverbindung mit den vorgenannten Stellen; der Anteil an Geldforderungen gegen ein und dasselbe Kreditinstitut darf nicht höher sein als 2 Prozent des Gesamtbetrages der in Halbsatz 1 genannten Hypothekenpfandbriefe,
3. bis zu insgesamt 20 Prozent des Gesamtbetrages der im Umlauf befindlichen Hypothekenpfandbriefe durch Werte der in § 20 Abs. 1 bezeichneten Art, sofern es sich um Schuldverschreibungen handelt; die in Nummer 2 genannten Deckungswerte sind anzurechnen,
4. durch Ansprüche aus Derivategeschäften im Sinne des § 4 Abs. 3 Satz 2, die mit geeigneten Kreditinstituten, Kapitalverwaltungsgesellschaften mit einer Erlaubnis nach § 7 oder § 97 Absatz 1 des Investmentgesetzes in der bis zum 21. Juli 2013

geltenden Fassung, die für den in § 345 Absatz 2 Satz 1, Absatz 3 Satz 2, in Verbindung mit Absatz 2 Satz 1, oder Absatz 4 Satz 1 des Kapitalanlagegesetzbuchs vorgesehenen Zeitraum noch fortbesteht oder mit einer Erlaubnis nach den §§ 20, 21 oder §§ 20, 22 des Kapitalanlagegesetzbuchs, Finanzdienstleistungsinstituten, Versicherungsunternehmen, einer zentralen Gegenpartei bei einer Börse, dem Bund oder den Ländern abgeschlossen werden, sofern sichergestellt ist, dass die Ansprüche der Pfandbriefbank nach Maßgabe des Rahmenvertrags im Falle der Insolvenz der Pfandbriefbank oder der anderen Deckungsmassen nicht beeinträchtigt werden können; sofern für das in Deckung befindliche Derivategeschäft keine angemessene Besicherung vorliegt, müssen Kreditinstitute die Bonitätsanforderungen des § 4 Absatz 1 Satz 2 Nummer 3 erfüllen. [2]Die Geschäfte dürfen nur Risiken beinhalten oder nachbilden, welche die Pfandbriefbank auch mit Geschäften über die übrigen nach diesem Gesetz zulässigen Deckungswerte eingehen kann; ausgeschlossen sind Optionen und andere Derivate, wenn sie eine offene Stillhalterposition der Pfandbriefbank begründen, sowie Geschäfte, die in vergleichbarer Weise ein einer offenen Stillhalterposition entsprechendes Risiko begründen. [3]Der Anteil der Ansprüche der Pfandbriefbank aus den in Deckung genommenen Derivategeschäften am Gesamtbetrag der Deckungswerte sowie der Anteil der Verbindlichkeiten der Pfandbriefbank aus diesen Derivategeschäften am Gesamtbetrag der im Umlauf befindlichen Hypothekenpfandbriefe zuzüglich der Verbindlichkeiten aus Derivategeschäften dürfen jeweils 12 Prozent nicht überschreiten; die Berechnung hat auf der Grundlage der Barwerte der Derivategeschäfte zu erfolgen; auf die Grenzen nach Halbsatz 1 sind Ansprüche und Verbindlichkeiten der Pfandbriefbank aus solchen in Deckung genommenen Derivategeschäften nicht anzurechnen, die ausschließlich der Absicherung eines Währungsrisikos von Deckungswerten und Pfandbriefen dienen.

[2]Für Nummer 2 gilt § 4 Absatz 1 Satz 4 bis 8 entsprechend.

(2) Im Falle des § 2 Abs. 3 kann die Bundesanstalt Ausnahmen von den Begrenzungen des Absatzes 1 Nr. 2 und 3 zulassen.

Unterabschnitt 2. Öffentliche Pfandbriefe

§ 20[1)] Deckungswerte

(1) [1]Zur Deckung Öffentlicher Pfandbriefe dürfen nur Geldforderungen aus der Vergabe von Darlehen, aus Schuldverschreibungen oder aus einem vergleichbaren Rechtsgeschäft oder andere, von den in Nummer 1 Buchstabe a bis f genannten Stellen schriftlich als einredefrei anerkannte Forderungen benutzt werden,

1. die sich unmittelbar richten gegen
   a) inländische Gebietskörperschaften und solche Körperschaften und Anstalten des öffentlichen Rechts, für die eine Anstaltslast oder eine auf Gesetz beruhende Gewährträgerhaftung oder eine staatliche Refinanzierungsgarantie gilt oder die das gesetzliche Recht zur Erhebung von Gebühren, Umlagen oder anderen Abgaben innehaben,
   b) Mitgliedstaaten der Europäischen Union oder Vertragsstaaten des Abkommens über den Europäischen Wirtschaftsraum sowie deren Zentralnotenbanken,
   c) Regionalverwaltungen sowie Gebietskörperschaften der in Buchstabe b genannten Staaten,

1) § 20 Abs. 1 geändert durch Gesetz vom 25.3.2019 (BGBl. I S. 357).

d) die Vereinigten Staaten von Amerika, Japan, die Schweiz, das Vereinigte Königreich Großbritannien und Nordirland und Kanada sowie deren Zentralnotenbanken, sofern das Risikogewicht nach Tabelle 1 des Artikels 114 Absatz 2 der Verordnung (EU) Nr. 575/2013 entsprechend der von den zuständigen Behörden vorgenommenen Zuordnung des Ratings anerkannter internationaler Ratingagenturen der Bonitätsstufe 1 zugeordnet worden ist,

e) Regionalverwaltungen sowie Gebietskörperschaften der in Buchstabe d genannten Staaten, sofern sie von der jeweiligen nationalen Behörde dem Zentralstaat gleichgestellt worden sind oder sofern ihnen ein der Bonitätsstufe 1 entsprechendes Risikogewicht nach Tabelle 5 des Artikels 121 Absatz 1 der Verordnung (EU) Nr. 575/2013 nach den nationalen Regelungen zugeordnet worden ist, die zur Umsetzung der Rahmenvereinbarung „Internationale Konvergenz der Kapitalmessung und Eigenkapitalanforderungen" des Baseler Ausschusses für Bankenaufsicht vom Juni 2004 erlassen worden sind; für die Zuordnung zur Bonitätsstufe 1 sind die Ratings anerkannter internationaler Ratingagenturen maßgeblich; hierfür gilt Artikel 115 Absatz 4 der Verordnung (EU) Nr. 575/2013 entsprechend,

f) die Europäische Zentralbank sowie multilaterale Entwicklungsbanken und internationale Organisationen im Sinne der Artikel 117 und 118 der Verordnung (EU) Nr. 575/2013 oder den Europäischen Stabilitätsmechanismus,

g) öffentliche Stellen eines Mitgliedstaats der Europäischen Union oder eines anderen Vertragsstaats des Abkommens über den Europäischen Wirtschaftsraum,

h) öffentliche Stellen im Sinne des Artikels 4 Absatz 1 Nummer 8 der Verordnung (EU) Nr. 575/2013 der unter Buchstabe d genannten Staaten, sofern sie die in Buchstabe e aufgeführten Anforderungen erfüllen, oder

2. für die eine der in Nummer 1 Buchstabe a bis f genannten Stellen oder ein Exportkreditversicherer mit Sitz in einem der in Nummer 1 Buchstabe b und d genannten Staaten, sofern die Anforderungen der Nummer 1 Buchstabe g oder Buchstabe h erfüllt sind, die Gewährleistung übernommen hat. Eine Gewährleistung liegt insoweit vor, als auf Grund eines Gesetzes, einer Verordnung, einer Satzung oder eines Rechtsgeschäfts der Forderungsinhaber einen Anspruch gegen den Gewährleistenden hat, dass dieser im Falle der Nichtzahlung des Schuldners die für die Erfüllung der Verpflichtung erforderlichen Mittel zur Verfügung stellt. Der Gewährleistende darf gegenüber der Pfandbriefbank nicht das Recht haben, Einwendungen aus dem Rechtsverhältnis mit Dritten geltend zu machen oder sich einseitig von seinen Verpflichtungen zu lösen, oder

3. die von einer

   a) Zentralregierung, Zentralnotenbank, Regionalverwaltung oder örtlichen Gebietskörperschaft eines in Nummer 1 Buchstabe d aufgeführten Staates,

   b) von einer öffentlichen Stelle eines in Nummer 1 Buchstabe d aufgeführten Staates,

   c) von einer multilateralen Entwicklungsbank oder

   d) von einer internationalen Organisation

   geschuldet oder von den in Buchstabe a, c oder d genannten Einrichtungen gewährleistet werden, sofern der Schuldner oder Gewährleistungsgeber der Bonitätsstufe 2 zugeordnet ist und zum Zeitpunkt der Eintragung der konkreten Forderung in das Deckungsregister der Bonitätsstufe 1 zugeordnet war und diese Forderungen insgesamt 20 Prozent des Gesamtbetrages der ausstehenden Öffentlichen Pfandbriefe der Pfandbriefbank nicht übersteigen.

(2) Die in Absatz 1 vorgeschriebene Deckung kann auch erfolgen

1. durch die in § 19 Abs. 1 Nr. 1 genannten Werte;
2. bis zu 10 Prozent des Gesamtbetrages der im Umlauf befindlichen Öffentlichen Pfandbriefe durch Geldforderungen gegen die Europäische Zentralbank, gegen Zentralbanken der Mitgliedstaaten der Europäischen Union oder gegen Kreditinstitute im Sinne des § 4 Abs. 1 Satz 2 Nr. 3, sofern die Höhe der Forderungen der Pfandbriefbank bereits beim Erwerb bekannt ist, sowie durch das jeweilige Guthaben aus einer Kontoverbindung mit den vorgenannten Stellen; der Anteil an Geldforderungen gegen ein und dasselbe geeignete Kreditinstitut darf nicht höher als 2 Prozent des Gesamtbetrages der im Umlauf befindlichen Öffentlichen Pfandbriefe sein; § 4 Absatz 1 Satz 4 bis 8 gilt entsprechend;
3. durch die in § 19 Abs. 1 Nr. 4 genannten Werte unter den dort genannten Voraussetzungen und Begrenzungen mit der Maßgabe, dass an die Stelle des Gesamtbetrages der im Umlauf befindlichen Hypothekenpfandbriefe der Gesamtbetrag der im Umlauf befindlichen Öffentlichen Pfandbriefe tritt.

(2a) [1]Der Gesamtbetrag der Forderungen gegen außerhalb der Mitgliedstaaten der Europäischen Union ansässige Schuldner, bei denen nicht sichergestellt ist, dass sich das Vorrecht der Gläubiger der Öffentlichen Pfandbriefe nach § 30 Absatz 1 auf die Forderungen der Pfandbriefbank nach den Absätzen 1 und 2 erstreckt, darf 10 Prozent des Gesamtbetrags der Forderungen, bei denen das Vorrecht sichergestellt ist oder für die eine Verpflichtung nach Satz 3 besteht, nicht übersteigen. [2]Satz 1 gilt entsprechend für Ansprüche gegen Gewährleistende nach Absatz 1 Nummer 2. [3]Eine Anrechnung von Forderungen gegen die in den Sätzen 1 und 2 genannten Schuldner auf die in Satz 1 genannte Grenze unterbleibt, soweit eine der in Absatz 1 Nummer 1 Buchstabe b oder Buchstabe d genannten Stellen oder ein Exportkreditversicherer, der die Anforderungen des Absatzes 1 Nummer 2 erfüllt, gegenüber der Pfandbriefbank die Verpflichtung übernommen hat, die Pfandbriefbank mit beschränkter Geschäftstätigkeit im Falle der Entziehung der betreffenden Forderung schadlos zu stellen, und dieser Anspruch bei der betreffenden Forderung in das Deckungsregister für Öffentliche Pfandbriefe eingetragen wird; sofern der zur Schadlosstellung Verpflichtete seinen Sitz außerhalb der Mitgliedstaaten der Europäischen Union hat, unterbleibt die Anrechnung auf die in Satz 1 genannte Grenze nur, wenn sichergestellt ist, dass sich das Vorrecht der Pfandbriefgläubiger auf den Anspruch auf Schadlosstellung erstreckt.

(3) Im Falle des § 2 Abs. 3 kann die Bundesanstalt Ausnahmen von den Begrenzungen des Absatzes 2 zulassen.

(4) Die eingetragenen Deckungswerte erstrecken sich auch auf alle Forderungen, deren Inhaber die Pfandbriefbank ist und die auf die wirtschaftliche Substanz des Deckungswertes gerichtet sind, im Falle einer nach Absatz 1 Nummer 2 gewährleisteten Hypothek insbesondere auch auf die in § 12 Abs. 3 genannten Forderungen.

Unterabschnitt 3. Schiffspfandbriefe

§ 21 Deckungswerte

[1]Zur Deckung für Schiffspfandbriefe dürfen nur durch Schiffshypotheken gesicherte Darlehensforderungen verwendet werden, soweit sie den Erfordernissen der §§ 22 bis 24 entsprechen. [2]Im Falle einer teilweisen Verwendung einer Darlehensforderung zur Deckung hat die Pfandbriefbank den Vorgang nachvollziehbar zu dokumentieren.

§ 22 Beleihungsgrenze

(1) Die Beleihung ist auf Schiffe und Schiffsbauwerke beschränkt, die in einem öffentlichen Register eingetragen sind.

(2) [1]Die Beleihung darf die ersten 60 Prozent des von der Pfandbriefbank auf Grund einer Wertermittlung nach § 24 festgesetzten Wertes des Schiffes (Schiffsbeleihungswert) oder Schiffsbauwerkes nicht übersteigen. [2]Sie darf nur durch Gewährung von Abzahlungsdarlehen erfolgen, wobei die Abzahlung des Darlehens in der Regel gleichmäßig auf die einzelnen Jahre zu verteilen ist; die Vereinbarung sich ermäßigender Tilgungsraten ist unschädlich. [3]Wird für ein Darlehen vereinbart, dass dieses bis zum Ende der Darlehenslaufzeit nicht vollständig durch Abzahlungsraten gemäß Satz 2, sondern zusätzlich durch eine am Ende der Darlehenslaufzeit zu erbringende Schlussrate zu tilgen ist, gilt dies nicht als Fall ungleichmäßiger Abzahlung, wenn die Schlussrate den Betrag nicht übersteigt, der bei Zugrundelegung der für das Darlehen vereinbarten gleichmäßigen Abzahlung bis zum Ende des 20. Lebensjahres des Schiffes zurückgezahlt werden könnte. [4]Die Bundesanstalt kann in Einzelfällen weitere Ausnahmen von den Vorschriften der Sätze 1 und 2 zulassen, wenn die Eigenart des zu beleihenden Schiffes oder Schiffsbauwerks, die wirtschaftlichen Verhältnisse des Darlehensschuldners oder zusätzliche Sicherheiten sie gerechtfertigt erscheinen lassen.

(3) *(aufgehoben)*

(4) [1]Die Beleihung darf höchstens bis zum Ende des 20. Lebensjahres des Schiffes reichen, es sei denn, dass eine geringere Lebensdauer zu erwarten ist. [2]Die Bundesanstalt kann darüber hinaus unter den Voraussetzungen des Absatzes 2 Satz 4 weitere Ausnahmen zulassen. [3]Eine dem Darlehensnehmer gewährte Stundung, die zur Folge haben würde, dass die zulässige Höchstdauer des Beleihungszeitraums überschritten wird, ist nur mit Zustimmung des Treuhänders zulässig. [4]Werden mehrere Schiffe oder Schiffsbauwerke durch eine durch Schiffshypotheken gesicherte Darlehensforderung beliehen, ist die Darlehensforderung nur dann zur Deckung geeignet, wenn bei deren Aufteilung auf die einzelnen Schiffe und Schiffsbauwerke die einzelnen Darlehensforderungen zur Deckung geeignet wären.

(5) [1]Die Beleihung von Schiffen und Schiffsbauwerken, die im Ausland registriert sind, ist zulässig, wenn nach dem Recht des Staates, in dessen Register das Schiff oder das Schiffsbauwerk eingetragen ist,

1. an Schiffen und Schiffsbauwerken ein dingliches Recht bestellt werden kann, das in ein öffentliches Register eingetragen wird,
2. das dingliche Recht dem Gläubiger eine der Schiffshypothek des deutschen Rechts vergleichbare Sicherheit, insbesondere das Recht gewährt, wegen der gesicherten Darlehensforderung Befriedigung aus dem Schiff oder dem Schiffsbauwerk zu suchen,
3. die Rechtsverfolgung für Gläubiger, die einem anderen Staat angehören, gegenüber den eigenen Staatsangehörigen nicht wesentlich erschwert ist.

[2]Der Gesamtbetrag der Beleihungen nach Satz 1 außerhalb der Mitgliedstaaten der Europäischen Union, bei denen nicht sichergestellt ist, dass sich das Vorrecht der Schiffspfandbriefgläubiger nach § 30 Abs. 1 auf die Forderungen der Pfandbriefbank aus diesen Beleihungen erstreckt, darf 20 Prozent des Gesamtbetrages der Forderungen, bei denen das Vorrecht sichergestellt ist, nicht übersteigen. [3]Sieht das Recht des Staates, in dessen Register das Schiff oder Schiffsbauwerk eingetragen ist, vor, dass das dingliche Recht ohne Eintragung in ein öffentliches Register entsteht, zur Sicherung der Rechte des Gläubigers Dritten gegenüber aber in ein solches Register eingetragen werden kann, so ist die Beleihung nur mit der Maßgabe zulässig, dass die Pfandbriefbank die Eintragung

in das öffentliche Register unverzüglich herbeiführt. [4]Die Beleihung ist regelmäßig nur zur ersten Stelle zulässig; Absatz 2 Satz 4 gilt entsprechend.

(6) Die eingetragenen Deckungswerte erstrecken sich auch auf alle Forderungen, deren Inhaber die Pfandbriefbank ist und die auf die wirtschaftliche Substanz des Schiffes oder Schiffsbauwerkes gerichtet sind, insbesondere Forderungen, auf die sich die Schiffshypothek bei in das deutsche Seeschiffsregister eingetragenen Schiffen und Schiffsbauwerken nach den §§ 31 und 32 des Gesetzes über Rechte an eingetragenen Schiffen und Schiffsbauwerken erstrecken würde, sowie Miet- und Pachtforderungen, Forderungen auf die Übertragung des Schiffes oder Schiffsbauwerkes und Forderungen auf Auskehr des Erlöses einer Verwertung.

§ 23 Versicherung

(1) [1]Das Schiff oder das Schiffsbauwerk muss während der gesamten Dauer der Beleihung zumindest in Höhe von 110 Prozent der jeweiligen ausstehenden Darlehensforderungen zuzüglich eventueller vor- oder gleichrangiger Schiffshypotheken Dritter entsprechend den Geschäftsbedingungen der Pfandbriefbank versichert sein. [2]Der Versicherer muss sich verpflichtet haben, der Pfandbriefbank gegenüber Einwendungen auf Grund des § 36 Abs. 2 Nr. 2 des Gesetzes über Rechte an eingetragenen Schiffen und Schiffsbauwerken oder bei Beleihung von im Ausland registrierten Schiffen und Schiffsbauwerken die entsprechenden Einwendungen nicht zu erheben.

(2) Die Pfandbriefbank hat die Beleihung dem Versicherer unverzüglich anzuzeigen.

(3) [1]Soweit der Versicherer auf Grund der nach Absatz 1 übernommenen Verpflichtung die Pfandbriefbank befriedigt, geht die Schiffshypothek auf ihn über. [2]Der Übergang kann nicht zum Nachteil der Pfandbriefbank oder eines gleich- oder nachstehenden Schiffshypothekengläubigers, demgegenüber die Verpflichtung des Versicherers zur Leistung bestehen geblieben ist, geltend gemacht werden.

(4) Erstreckt sich die Schiffshypothek nicht kraft Gesetzes auf die Versicherungsforderung, ist die Beleihung nur zulässig, wenn die Pfandbriefbank durch Vertrag eine entsprechende Sicherheit erhält.

§ 24 Beleihungswertermittlung

(1) Die als Grundlage für die Festsetzung des Schiffsbeleihungswertes dienende Wertermittlung ist von einem von der Kreditentscheidung unabhängigen Gutachter vorzunehmen, der über die hierzu notwendige Berufserfahrung sowie über die notwendigen Fachkenntnisse für Schiffsbeleihungswertermittlungen verfügen muss.

(2) [1]Der Schiffsbeleihungswert darf den Wert nicht überschreiten, der sich im Rahmen einer vorsichtigen Bewertung der zukünftigen Verkäuflichkeit des Schiffes und unter Berücksichtigung der langfristigen, nachhaltigen Merkmale des Objektes, der Marktgegebenheiten sowie der derzeitigen und möglichen anderweitigen Nutzungen ergibt. [2]Spekulative Elemente dürfen dabei nicht berücksichtigt werden. [3]Der Schiffsbeleihungswert darf einen auf transparente Weise und nach einem anerkannten Bewertungsverfahren ermittelten Marktwert nicht übersteigen. [4]§ 16 Abs. 2 Satz 4 gilt entsprechend.

(3) Die Absätze 1 und 2 gelten für die Bewertung eines Schiffsbauwerkes sinngemäß.

(4) Die zur Deckung von Schiffspfandbriefen in Ansatz gebrachten, durch Schiffshypotheken an Schiffsbauwerken gesicherten Forderungen dürfen zusammen 20 Prozent des Gesamtbetrages der zur Deckung der Schiffspfandbriefe verwendeten Schiffshypotheken nicht übersteigen.

(5) [1]Das Bundesministerium der Finanzen wird ermächtigt, im Einvernehmen mit dem Bundesministerium der Justiz und für Verbraucherschutz durch Rechtsverordnung, die nicht der Zustimmung des Bundesrates bedarf, Einzelheiten der Methodik und Form der

Schiffsbeleihungswertermittlung sowie die Mindestanforderungen an die Qualifikation des Gutachters zu bestimmen. ²Vor Erlass der Rechtsverordnung sind die Spitzenverbände der Kreditwirtschaft anzuhören. ³Das Bundesministerium der Finanzen kann diese Ermächtigung durch Rechtsverordnung auf die Bundesanstalt für Finanzdienstleistungsaufsicht übertragen.

§ 25 Abzahlungsbeginn

Der Beginn der Abzahlung darf für einen Zeitraum, der die Dauer von zwei Jahren nicht übersteigt, hinausgeschoben werden; mit Genehmigung der Bundesanstalt kann dieser Zeitraum für einzelne Darlehensforderungen aus besonderen Gründen bis zu fünf Jahren verlängert werden.

§ 26 Weitere Deckungswerte

(1) Die in § 21 Satz 1 vorgeschriebene Deckung kann auch erfolgen

1. durch Schuldversprechen oder Schuldanerkenntnisse im Sinne der §§ 780 und 781 des Bürgerlichen Gesetzbuchs, die durch Schiffshypotheken gesichert sind, sofern ihnen Darlehensforderungen zugrunde liegen, die den in den §§ 22 bis 24 bezeichneten Erfordernissen entsprechen; soweit die Darlehensforderungen den vorgenannten Erfordernissen nur teilweise entsprechen, können sie nur in diesem Umfang zur Deckung verwendet werden; § 21 Satz 2 gilt entsprechend;
2. durch Werte der in § 19 Abs. 1 Nr. 1 bezeichneten Art;
3. bis zu 10 Prozent des Gesamtbetrages der im Umlauf befindlichen Schiffspfandbriefe durch Werte der in § 4 Abs. 1 Satz 2 Nr. 1 und 2 bezeichneten Art, durch Geldforderungen gegen die Europäische Zentralbank, gegen Zentralbanken der Mitgliedstaaten der Europäischen Union oder gegen Kreditinstitute im Sinne des § 4 Abs. 1 Satz 2 Nr. 3, sofern die Höhe der Forderungen der Pfandbriefbank bereits beim Erwerb bekannt ist, sowie durch das jeweilige Guthaben aus einer Kontoverbindung mit den vorgenannten Stellen; der Anteil an Geldforderungen gegen ein und dasselbe Kreditinstitut darf nicht höher als 2 Prozent des Gesamtbetrages der in Halbsatz 1 genannten Schiffspfandbriefe sein; § 4 Absatz 1 Satz 4 bis 8 gilt entsprechend;
4. bis zu insgesamt 20 Prozent des Gesamtbetrages der im Umlauf befindlichen Schiffspfandbriefe durch Werte der in § 20 Abs. 1 bezeichneten Art, sofern es sich um Schuldverschreibungen handelt; die in Nummer 3 genannten Deckungswerte sind anzurechnen;
5. durch die in § 19 Abs. 1 Nr. 4 genannten Werte unter den dort genannten Voraussetzungen und Begrenzungen mit der Maßgabe, dass an die Stelle des Gesamtbetrages der im Umlauf befindlichen Hypothekenpfandbriefe der Gesamtbetrag der im Umlauf befindlichen Schiffspfandbriefe tritt.

(2) Im Falle des § 2 Abs. 3 kann die Bundesanstalt Ausnahmen von den Begrenzungen des Absatzes 1 Nr. 3 und 4 zulassen.

Unterabschnitt 4. Flugzeugpfandbriefe

§ 26a Deckungswerte

¹Zur Deckung für Flugzeugpfandbriefe dürfen nur durch Registerpfandrechte nach § 1 des Gesetzes über Rechte an Luftfahrzeugen oder durch ausländische Flugzeughypotheken gesicherte Darlehensforderungen verwendet werden, soweit sie den Erfordernissen der §§ 26b bis 26f entsprechen. ²Im Falle einer teilweisen Verwendung einer

Darlehensforderung zur Deckung hat die Pfandbriefbank den Vorgang nachvollziehbar zu dokumentieren.

§ 26b Beleihungsgrenze

(1) Die Beleihung ist auf Flugzeuge im Sinne des § 1 Abs. 2 Satz 1 Nr. 1 des Luftverkehrsgesetzes beschränkt, die in einem öffentlichen Register eingetragen sind.

(2) [1]Die Beleihung darf die ersten 60 Prozent des von der Pfandbriefbank auf Grund einer Wertermittlung nach § 26d festgesetzten Wertes des Flugzeuges (Flugzeugbeleihungswert) nicht übersteigen. [2]Es ist durch geeignete Maßnahmen sicherzustellen, dass sich das Registerpfandrecht oder die ausländische Flugzeughypothek auch auf die Triebwerke erstreckt. [3]Umregistrierungen von Flugzeugen und sich daraus ergebende Auswirkungen auf das Registerpfandrecht oder die ausländische Flugzeughypothek sind zu überwachen; die fortlaufende Erfüllung der Anforderungen nach Absatz 4 ist durch geeignete Maßnahmen sicherzustellen. [4]Die Beleihung darf nur durch Gewährung von Abzahlungsdarlehen erfolgen, wobei die Abzahlung des Darlehens in der Regel gleichmäßig auf die einzelnen Jahre zu verteilen ist; die Vereinbarung sich ermäßigender Tilgungsraten ist unschädlich. [5]Wird für ein Darlehen vereinbart, dass dieses bis zum Ende der Darlehenslaufzeit nicht vollständig durch Abzahlungsraten nach Satz 4, sondern zusätzlich durch eine am Ende der Darlehenslaufzeit zu erbringende Schlussrate zu tilgen ist, gilt dies nicht als Fall ungleichmäßiger Abzahlung, wenn die Schlussrate den Betrag nicht übersteigt, der bei Zugrundelegung der für das Darlehen vereinbarten gleichmäßigen Abzahlung bis zum Ende des 20. Lebensjahres des Flugzeuges zurückgezahlt werden könnte. [6]Die Bundesanstalt kann in Einzelfällen weitere Ausnahmen von den Vorschriften der Sätze 1 und 4 zulassen, wenn die Eigenart des zu beleihenden Flugzeuges, die wirtschaftlichen Verhältnisse des Darlehensschuldners oder zusätzliche Sicherheiten sie gerechtfertigt erscheinen lassen.

(3) [1]Die Beleihung darf höchstens bis zum Ende des 20. Lebensjahres des Flugzeuges reichen, es sei denn, dass eine geringere Lebensdauer zu erwarten ist. [2]Die Bundesanstalt kann darüber hinaus unter den Voraussetzungen des Absatzes 2 Satz 6 weitere Ausnahmen zulassen. [3]Eine dem Darlehensnehmer gewährte Stundung, die zur Folge haben würde, dass die zulässige Höchstdauer des Beleihungszeitraums überschritten wird, ist nur mit Zustimmung des Treuhänders zulässig.

(4) [1]Die Beleihung von Flugzeugen, die im Ausland registriert sind, ist zulässig, wenn nach dem Recht des Staates, in dessen Register das Flugzeug eingetragen ist,

1. an Flugzeugen ein dingliches Recht bestellt werden kann, das in ein öffentliches Register eingetragen wird,
2. das dingliche Recht dem Gläubiger eine dem Registerpfandrecht des deutschen Rechts vergleichbare Sicherheit, insbesondere das Recht gewährt, wegen der gesicherten Darlehensforderung Befriedigung aus dem Flugzeug zu suchen, und
3. die Rechtsverfolgung für Gläubiger, die einem anderen Staat angehören, gegenüber den eigenen Staatsangehörigen nicht wesentlich erschwert ist.

[2]Der Gesamtbetrag der Beleihungen nach Satz 1 außerhalb der Mitgliedstaaten der Europäischen Union, bei denen nicht sichergestellt ist, dass sich das Vorrecht der Flugzeugpfandbriefgläubiger nach § 30 Abs. 1 auf die Forderungen der Pfandbriefbank aus diesen Beleihungen erstreckt, darf 20 Prozent des Gesamtbetrages der Forderungen, bei denen das Vorrecht sichergestellt ist, nicht übersteigen. [3]Sieht das Recht des Staates, in dessen Register das Flugzeug eingetragen ist, vor, dass das dingliche Recht ohne Eintragung in ein öffentliches Register entsteht, zur Sicherung der Rechte des Gläubigers Dritten gegenüber aber in ein solches Register eingetragen werden kann, so ist die Beleihung nur mit der Maßgabe zulässig, dass die Pfandbriefbank die Eintragung in das

öffentliche Register unverzüglich herbeiführt. [4]Die Beleihung ist regelmäßig nur zur ersten Stelle zulässig; Absatz 2 Satz 4 gilt entsprechend.

(5) Die eingetragenen Deckungswerte erstrecken sich auch auf alle Forderungen, deren Inhaber die Pfandbriefbank ist und die auf die wirtschaftliche Substanz des Flugzeuges gerichtet sind, insbesondere Forderungen, auf die sich das Registerpfandrecht nach den §§ 31 und 32 des Gesetzes über Rechte an Luftfahrzeugen oder die ausländische Flugzeughypothek erstrecken würde, sowie Miet- und Pachtforderungen, Forderungen auf die Übertragung des Flugzeuges und Forderungen auf Auskehr des Erlöses einer Verwertung.

§ 26c Versicherung

(1) [1]Das Flugzeug muss während der gesamten Dauer der Beleihung zumindest in Höhe von 110 Prozent der jeweiligen ausstehenden Darlehensforderungen zuzüglich eventueller vor- oder gleichrangiger Registerpfandrechte Dritter entsprechend den Geschäftsbedingungen der Pfandbriefbank versichert sein. [2]Der Versicherer muss sich verpflichtet haben, der Pfandbriefbank gegenüber Einwendungen in Bezug auf leistungsbefreiendes Verhalten des Versicherungsnehmers oder des Versicherten nach § 36 Satz 1 des Gesetzes über Rechte an Luftfahrzeugen oder bei Beleihung von im Ausland registrierten Flugzeugen die entsprechenden Einwendungen nicht zu erheben.

(2) Die Pfandbriefbank hat die Beleihung dem Versicherer unverzüglich anzuzeigen.

(3) [1]Soweit der Versicherer auf Grund der nach Absatz 1 übernommenen Verpflichtung die Pfandbriefbank befriedigt, geht das Registerpfandrecht auf ihn über. [2]Der Übergang kann nicht zum Nachteil der Pfandbriefbank oder eines gleich- oder nachstehenden Registerpfandrechtsgläubigers, demgegenüber die Verpflichtung des Versicherers zur Leistung bestehen geblieben ist, geltend gemacht werden.

(4) Erstreckt sich das Registerpfandrecht nicht kraft Gesetzes auf die Versicherungsforderung, ist die Beleihung nur zulässig, wenn die Pfandbriefbank durch Vertrag eine entsprechende Sicherheit erhält.

§ 26d Beleihungswertermittlung

(1) Die als Grundlage für die Festsetzung des Flugzeugbeleihungswertes dienende Wertermittlung ist von einem von der Kreditentscheidung unabhängigen Gutachter vorzunehmen, der über die hierzu notwendige Berufserfahrung sowie über die notwendigen Fachkenntnisse für Flugzeugbeleihungswertermittlungen verfügen muss.

(2) [1]Der Flugzeugbeleihungswert darf den Wert nicht überschreiten, der sich im Rahmen einer vorsichtigen Bewertung der zukünftigen Verkäuflichkeit des Flugzeugs und unter Berücksichtigung der langfristigen, nachhaltigen Merkmale des Objekts, der Marktgegebenheiten sowie der derzeitigen und möglichen anderweitigen Nutzungen ergibt. [2]Spekulative Elemente dürfen dabei nicht berücksichtigt werden. Der Flugzeugbeleihungswert darf einen auf transparente Weise und nach einem anerkannten Bewertungsverfahren ermittelten Marktwert nicht übersteigen. [3]§ 16 Abs. 2 Satz 4 gilt entsprechend.

(3) [1]Das Bundesministerium der Finanzen wird ermächtigt, im Einvernehmen mit dem Bundesministerium der Justiz und für Verbraucherschutz durch Rechtsverordnung, die nicht der Zustimmung des Bundesrates bedarf, Einzelheiten der Methodik und Form der Flugzeugbeleihungswertermittlung sowie die Mindestanforderungen an die Qualifikation des Gutachters zu bestimmen. [2]Vor Erlass der Rechtsverordnung sind die Spitzenverbände der Kreditwirtschaft anzuhören. [3]Das Bundesministerium der Finanzen kann diese Ermächtigung durch Rechtsverordnung auf die Bundesanstalt für Finanzdienstleistungsaufsicht übertragen.

§ 26e Abzahlungsbeginn

Der Beginn der Abzahlung darf für einen Zeitraum, der die Dauer von zwei Jahren nicht übersteigt, hinausgeschoben werden; mit Genehmigung der Bundesanstalt kann dieser Zeitraum für einzelne Darlehensforderungen aus besonderen Gründen bis zu fünf Jahren verlängert werden.

§ 26f Weitere Deckungswerte

(1) Die in § 26a Satz 1 vorgeschriebene Deckung kann auch erfolgen

1. durch Schuldversprechen oder Schuldanerkenntnisse im Sinne der §§ 780 und 781 des Bürgerlichen Gesetzbuchs, die durch Registerpfandrechte gesichert sind, sofern ihnen Darlehensforderungen zugrunde liegen, die den in den §§ 26b bis 26d bezeichneten Erfordernissen entsprechen; soweit die Darlehensforderungen den vorgenannten Erfordernissen nur teilweise entsprechen, können sie nur in diesem Umfang zur Deckung verwendet werden; § 21 Satz 2 gilt entsprechend;
2. durch Werte der in § 19 Abs. 1 Nr. 1 bezeichneten Art;
3. bis zu 10 Prozent des Gesamtbetrages der im Umlauf befindlichen Flugzeugpfandbriefe durch Werte der in § 4 Abs. 1 Satz 2 Nr. 1 und 2 bezeichneten Art, durch Geldforderungen gegen die Europäische Zentralbank, gegen Zentralbanken der Mitgliedstaaten der Europäischen Union oder gegen Kreditinstitute im Sinne des § 4 Abs. 1 Satz 2 Nr. 3, sofern die Höhe der Forderungen der Pfandbriefbank bereits beim Erwerb bekannt ist, sowie durch das jeweilige Guthaben aus einer Kontoverbindung mit den vorgenannten Stellen; der Anteil an Geldforderungen gegen ein und dasselbe Kreditinstitut darf nicht höher als 2 Prozent des Gesamtbetrages der in Halbsatz 1 genannten Flugzeugpfandbriefe sein; § 4 Absatz 1 Satz 4 bis 8 gilt entsprechend;
4. bis zu insgesamt 20 Prozent des Gesamtbetrages der im Umlauf befindlichen Flugzeugpfandbriefe durch Werte der in § 20 Abs. 1 bezeichneten Art, sofern es sich um Schuldverschreibungen handelt; die in Nummer 3 genannten Deckungswerte sind anzurechnen;
5. durch die in § 19 Abs. 1 Nr. 4 genannten Werte unter den dort genannten Voraussetzungen und Begrenzungen mit der Maßgabe, dass an die Stelle des Gesamtbetrages der im Umlauf befindlichen Hypothekenpfandbriefe der Gesamtbetrag der im Umlauf befindlichen Flugzeugpfandbriefe tritt.

(2) Im Falle des § 2 Abs. 3 kann die Bundesanstalt Ausnahmen von den Begrenzungen des Absatzes 1 Nr. 3 und 4 zulassen.

Abschnitt 4. Allgemeine Vorschriften für das Pfandbriefgeschäft

§ 27 Risikomanagement

(1) [1]Die Pfandbriefbank muss für das Pfandbriefgeschäft über ein geeignetes Risikomanagementsystem verfügen. [2]Das System hat die Identifizierung, Beurteilung, Steuerung und Überwachung sämtlicher damit verbundener Risiken, wie insbesondere Adressenausfallrisiken, Zinsänderungs-, Währungs- sowie sonstiger Marktpreisrisiken, operationeller Risiken und Liquiditätsrisiken sicherzustellen. Darüber hinaus muss

1. die Konzentration von Risiken anhand eines Limitsystems begrenzt werden,
2. ein Verfahren vorgehalten werden, das bei starker Erhöhung des Risikos die Risikorückführung sicherstellt; das Verfahren muss die frühzeitige Information der Entscheidungsträger beinhalten,

3. das Risikomanagementsystem kurzfristig an sich ändernde Bedingungen angepasst sowie zumindest jährlich einer Überprüfung unterzogen werden,
4. ein gemäß dieser Vorschrift erstellter Risikoreport dem Vorstand in angemessenen Zeitabständen, mindestens vierteljährlich, vorgelegt werden.

[3]Das Risikomanagementsystem ist ausführlich und nachvollziehbar zu dokumentieren.

(2) [1]Vor Aufnahme von Geschäften in neuen Produkten, Geschäftsarten oder auf neuen Märkten hat die Pfandbriefbank eine umfassende Analyse der damit einhergehenden Risiken und der daraus resultierenden Erfordernisse an das Risikomanagementsystem vorzunehmen und zu dokumentieren. [2]Die Pfandbriefbank darf die Werte erst nach Erwerb eines gefestigten Erfahrungswissens hinsichtlich dieser neuen Geschäfte in Deckung nehmen, bei Geschäften auf neuen Märkten im Bereich des Hypothekarkredites nicht jedoch vor Ablauf von zwei Jahren nach deren Aufnahme. [3]Das Vorhandensein eines gefestigten Erfahrungswissens ist ausführlich schriftlich darzulegen.

§ 27a Pfandbriefmeldungen; Verordnungsermächtigung

(1) [1]Die Pfandbriefbank hat der Bundesanstalt innerhalb von zwei Wochen nach Quartalsende auf das Quartalsende bezogen zu jeder Gattung im Umlauf befindlicher Pfandbriefe Meldungen zu den Deckungsmassen, insbesondere zu deren Werthaltigkeit, einzureichen. [2]Die Bundesanstalt kann den Berichtszeitraum für einzelne Pfandbriefbanken oder im Wege der Allgemeinverfügung für einzelne Pfandbriefgattungen auf einen Monat verkürzen, sofern dies die Deckungssituation oder die Marktverhältnisse angemessen erscheinen lassen.

(2) [1]Das Bundesministerium der Finanzen kann durch Rechtsverordnung, die nicht der Zustimmung des Bundesrates bedarf, nähere Bestimmungen über Inhalt und Umfang und über die zu verwendenden Datenträger, Übertragungswege und Datenformate der Pfandbriefmeldungen erlassen. [2]Vor Erlass der Rechtsverordnung sind die Spitzenverbände der Kreditwirtschaft anzuhören. [3]Das Bundesministerium der Finanzen kann diese Ermächtigung durch Rechtsverordnung auf die Bundesanstalt übertragen.

§ 28 Transparenzvorschriften

(1) [1]Die Pfandbriefbank hat quartalsweise folgende, jeweils auf das Quartalsende bezogene Angaben zu veröffentlichen:

1. den jeweiligen Gesamtbetrag der im Umlauf befindlichen Hypothekenpfandbriefe, Öffentlichen Pfandbriefe, Schiffspfandbriefe und Flugzeugpfandbriefe sowie der entsprechenden Deckungsmassen in Höhe des Nennwertes, des Barwertes sowie des in der Rechtsverordnung nach § 4 Abs. 6 festgelegten Risikobarwertes,
2. die Laufzeitenstruktur der im Umlauf befindlichen Hypothekenpfandbriefe, Öffentlichen Pfandbriefe, Schiffspfandbriefe und Flugzeugpfandbriefe sowie die Zinsbindungsfristen der entsprechenden Deckungsmassen, jeweils in Stufen von bis zu sechs Monaten, von mehr als sechs Monaten bis zu zwölf Monaten, von mehr als zwölf Monaten bis zu 18 Monaten, von mehr als 18 Monaten bis zu zwei Jahren, von mehr als zwei Jahren bis zu drei Jahren, von mehr als drei Jahren bis zu vier Jahren, von mehr als vier Jahren bis zu fünf Jahren, von mehr als fünf Jahren bis zu zehn Jahren und über zehn Jahren,
3. den Anteil der Derivategeschäfte an den Deckungsmassen gemäß § 19 Abs. 1 Nr. 4 Satz 3, auch in Verbindung mit § 20 Abs. 2 Nr. 3 und § 26 Abs. 1 Nr. 5 sowie § 26f Abs. 1 Nr. 5, bei einem negativen Gesamtwert der Derivategeschäfte an Stelle des Anteils an den Deckungsmassen den Anteil an den zu deckenden Verbindlichkeiten,

4. jeweils den Gesamtbetrag der in das Deckungsregister eingetragenen Forderungen im Sinne des § 19 Absatz 1 Nummer 1, § 20 Absatz 2 Nummer 1, § 26 Absatz 1 Nummer 2 und § 26f Absatz 1 Nummer 2,
5. jeweils den Gesamtbetrag der in das Deckungsregister eingetragenen Forderungen im Sinne des § 19 Absatz 1 Nummer 2, § 20 Absatz 2 Nummer 2, § 26 Absatz 1 Nummer 3 und § 26f Absatz 1 Nummer 3 jeweils mit Ausnahme der Werte im Sinne des § 4 Absatz 1 Satz 2 Nummer 1 und 2 getrennt nach den Staaten, in denen die Schuldner ihren Sitz haben, und hierzu jeweils zusätzlich den Gesamtbetrag der Forderungen im Sinne des Artikels 129 der Verordnung (EU) Nr. 575/2013,
6. jeweils den Gesamtbetrag der in das Deckungsregister eingetragenen Forderungen im Sinne des § 19 Absatz 1 Nummer 3 zuzüglich der Werte nach § 19 Absatz 1 Nummer 2 in Verbindung mit § 4 Absatz 1 Satz 2 Nummer 1 und 2, § 26 Absatz 1 Nummer 4 zuzüglich der Werte nach § 26 Absatz 1 Nummer 3 in Verbindung mit § 4 Absatz 1 Satz 2 Nummer 1 und 2 sowie § 26f Absatz 1 Nummer 4 zuzüglich der Werte nach § 26f Absatz 1 Nummer 3 in Verbindung mit § 4 Absatz 1 Satz 2 Nummer 1 und 2 getrennt nach den Staaten, in denen die Schuldner oder im Fall einer vollen Gewährleistung die gewährleistenden Stellen ihren Sitz haben,
7. für die in das Deckungsregister eingetragenen Hypotheken nach § 12 Absatz 1 auch den Gesamtbetrag der Forderungen, die die Grenzen des § 13 Absatz 1 überschreiten,
8. für die Nummern 5 und 6 jeweils auch den Gesamtbetrag der Forderungen, die die Begrenzungen des § 19 Absatz 1, des § 20 Absatz 2, des § 26 Absatz 1 und des § 26f Absatz 1 überschreiten,
9. den prozentualen Anteil der festverzinslichen Deckungswerte an der entsprechenden Deckungsmasse sowie den prozentualen Anteil der festverzinslichen Pfandbriefe an den zu deckenden Verbindlichkeiten,
10. je Fremdwährung den Nettobarwert nach § 6 der Pfandbrief-Barwertverordnung und
11. für die zur Deckung nach § 12 Absatz 1 verwendeten Forderungen auch den volumengewichteten Durchschnitt der seit der Kreditvergabe verstrichenen Laufzeit.

²Die Angaben sind in den Anhang des Jahresabschlusses aufzunehmen und für die Dauer von zwei Jahren auf der Internetseite der Pfandbriefbank zu veröffentlichen. ³Die Veröffentlichung der Angaben auf der Internetseite hat für die ersten drei Quartale eines Geschäftsjahres jeweils innerhalb eines Monats nach Quartalsende zu erfolgen; für das vierte Quartal eines Geschäftsjahres hat die Veröffentlichung der Angaben innerhalb von zwei Monaten nach Quartalsende zu erfolgen.

(2) ¹Für den Gesamtbetrag der zur Deckung von Hypothekenpfandbriefen verwendeten Forderungen nach § 12 Absatz 1 sind zusätzlich anzugeben:

1. die Verteilung mit den nennwertig als Deckung in Ansatz gebrachten Beträgen
   a) nach ihrer Höhe in Stufen bis zu 300 000 Euro, von mehr als 300 000 Euro bis zu 1 Million Euro, von mehr als 1 Million Euro bis zu 10 Millionen Euro und von mehr als 10 Millionen Euro,
   b) nach den Staaten, in denen die Grundstückssicherheiten liegen, dabei jeweils
   c) nach gewerblich und wohnwirtschaftlich genutzten Grundstücken sowie nach Eigentumswohnungen, Ein- und Zweifamilienhäusern, Mehrfamilienhäusern, Bürogebäuden, Handelsgebäuden, Industriegebäuden, sonstigen gewerblich genutzten Gebäuden, unfertigen und noch nicht ertragsfähigen Neubauten sowie Bauplätzen,

2. der Gesamtbetrag der mindestens 90 Tage rückständigen Leistungen auf diese Forderungen sowie der Gesamtbetrag dieser Forderungen, soweit der jeweilige Rückstand mindestens 5 Prozent der Forderung beträgt, und deren Verteilung nach Staaten entsprechend Nummer 1 Buchstabe b,
3. der durchschnittliche, anhand des Betrags der zur Deckung verwendeten Forderungen gewichtete Beleihungsauslauf; werden mehrere auf einem Grundstück lastende Hypotheken zur Deckung genutzt, so ist hiervon nur diejenige mit dem höchsten Beleihungsauslauf zugrunde zu legen; Beleihungsauslauf im Sinne dieses Gesetzes ist das prozentuale Verhältnis der nach § 14 zur Deckung genutzten Hypothek zuzüglich der ihr vorrangigen und gleichrangigen Belastungen zum Beleihungswert, sowie
4. ausschließlich im Anhang des Jahresabschlusses
   a) die Zahl der Zwangsversteigerungs- und Zwangsverwaltungsverfahren, die am Abschlussstichtag anhängig waren, sowie die Zahl der im Geschäftsjahr durchgeführten Zwangsversteigerungen,
   b) die Zahl der Fälle, in denen die Pfandbriefbank während des Geschäftsjahres Grundstücke zur Verhütung von Verlusten an Hypotheken hat übernehmen müssen,
   c) der Gesamtbetrag der Rückstände auf die von Hypothekenschuldnern zu entrichtenden Zinsen, soweit diese nicht bereits in den vorhergehenden Jahren abgeschrieben worden sind.

[2]Die in Satz 1 Nummer 4 Buchstabe a bis c bezeichneten Angaben sind getrennt nach gewerblich genutzten und Wohnzwecken dienenden Grundstücken aufzuführen.

(3) Für den Gesamtbetrag der zur Deckung von Öffentlichen Pfandbriefen verwendeten Forderungen nach § 20 Absatz 1 sind zusätzlich anzugeben:

1. die Verteilung mit den nennwertig als Deckung in Ansatz gebrachten Beträgen nach ihrer Höhe in Stufen bis zu 10 Millionen Euro, von mehr als 10 Millionen Euro bis zu 100 Millionen Euro und von mehr als 100 Millionen Euro, jeweils bezogen auf einen Schuldner oder eine gewährleistende Stelle;
2. verteilt auf die einzelnen Staaten, in denen die Schuldner und im Falle einer Gewährleistung die gewährleistenden Stellen ihren Sitz haben, die nennwertig als Deckung in Ansatz gebrachten Beträge, der Art nach zusätzlich danach aufgeschlüsselt, ob sich die Forderung gegen den Staat, regionale Gebietskörperschaften, örtliche Gebietskörperschaften oder sonstige Schuldner richtet oder von diesen jeweils gewährleistet ist sowie danach, ob eine Gewährleistung aus Gründen der Exportförderung gewährt wurde;
3. der Gesamtbetrag der mindestens 90 Tage rückständigen Leistungen auf diese Forderungen sowie der Gesamtbetrag dieser Forderungen, soweit der jeweilige Rückstand mindestens 5 Prozent der Forderung beträgt, und deren regionale Verteilung gemäß Nummer 1.

(4) [1]Für den Gesamtbetrag der zur Deckung von Schiffspfandbriefen und Flugzeugpfandbriefen verwendeten Forderungen nach § 21 Satz 1 und § 26a Satz 1 sind zusätzlich anzugeben:

1. die Verteilung mit den nennwertig als Deckung in Ansatz gebrachten Beträgen
   a) nach ihrer Höhe in Stufen bis zu 500 000 Euro, von mehr als 500 000 Euro bis zu 5 Millionen Euro und von mehr als 5 Millionen Euro,
   b) nach den Staaten, in denen die beliehenen Schiffe und Schiffsbauwerke registriert sind, jeweils getrennt nach Seeschiffen und Binnenschiffen, und

c) nach den Staaten, in denen die beliehenen Flugzeuge registriert sind,

2. der Gesamtbetrag der mindestens 90 Tage rückständigen Leistungen auf diese Forderungen sowie der Gesamtbetrag dieser Forderungen, soweit der jeweilige Rückstand mindestens 5 Prozent der Forderung beträgt, sowie

3. ausschließlich im Anhang des Jahresabschlusses

   a) die Zahl der Verfahren zur Zwangsversteigerung von Schiffen, Schiffsbauwerken und Flugzeugen, die am Abschlussstichtag anhängig waren, sowie die Zahl der im Geschäftsjahr durchgeführten Zwangsversteigerungen,

   b) die Zahl der Fälle, in denen die Bank während des Geschäftsjahres Schiffe, Schiffsbauwerke oder Flugzeuge zur Verhütung von Verlusten an Schiffshypotheken, Registerpfandrechten oder ausländischen Flugzeughypotheken hat übernehmen müssen,

   c) der Gesamtbetrag der Rückstände auf die von Darlehensschuldnern zu entrichtenden Zinsen, soweit diese nicht bereits in den vorhergehenden Jahren abgeschrieben worden sind.

[2]Die in Satz 1 Nummer 3 Buchstabe a bis c bezeichneten Angaben sind getrennt nach Seeschiffen und Binnenschiffen vorzunehmen.

(5) Für sämtliche Angaben nach den Absätzen 1 bis 4 ist jeweils auch der entsprechende Wert des Vorjahres anzugeben.

Abschnitt 5. Schutz vor Zwangsvollstreckung; Trennungsprinzip bei Insolvenz der Pfandbriefbank

§ 29 Schutz vor Zwangsvollstreckung, Arresten und Aufrechnung

[1]Arreste und Zwangsvollstreckungen in alle in ein Deckungsregister eingetragenen Werte einschließlich der Werte im Sinne des § 30 Abs. 3 finden nur wegen der Ansprüche aus den jeweiligen Pfandbriefen und der Ansprüche aus den in das entsprechende Deckungsregister eingetragenen Derivategeschäften statt. [2]§ 394 des Bürgerlichen Gesetzbuchs ist entsprechend anzuwenden.

§ 30 Trennungsprinzip bei Insolvenz der Pfandbriefbank; Sachwalterernennung

(1) [1]Die in die Deckungsregister eingetragenen Werte einschließlich der Werte im Sinne des Absatzes 3 sowie die bei der Deutschen Bundesbank unterhaltene Mindestreserve, soweit sie auf Pfandbriefe entfällt, bilden vom allgemeinen Vermögen der Pfandbriefbank getrennte Vermögensmassen, die nicht in die Insolvenzmasse fallen, wenn über das Vermögen der Pfandbriefbank das Insolvenzverfahren eröffnet wird (insolvenzfreie Vermögen). [2]Die Forderungen der Pfandbriefgläubiger werden von der Eröffnung des Insolvenzverfahrens über das Vermögen der Pfandbriefbank nicht berührt; das Recht der Pfandbriefgläubiger nach Absatz 6 Satz 4 bleibt gewahrt. [3]Diese in den Sätzen 1 und 2 genannten Teile der Pfandbriefbank bestehen außerhalb des Insolvenzverfahrens für jede Pfandbriefgattung als Pfandbriefbank mit beschränkter Geschäftstätigkeit fort. [4]Zweck der jeweiligen Pfandbriefbank mit beschränkter Geschäftstätigkeit ist die vollständige vertragsgemäße Erfüllung der Pfandbriefverbindlichkeiten und die hierzu notwendige ordnungsgemäße Verwaltung des insolvenzfreien Vermögens. [5]Die Geschäftsführung der jeweiligen Pfandbriefbank mit beschränkter Geschäftstätigkeit steht dem nach § 31 Absatz 1 und 2 ernannten Sachwalter zu. [6]Die jeweilige Pfandbriefbank mit beschränkter Geschäftstätigkeit haftet für die Pfandbriefverbindlichkeiten sowie für die Ansprüche nach

Absatz 3 Satz 3 und 4 und den Absätzen 4 und 7 sowie für die aus Geschäften des Sachwalters entstehenden Verbindlichkeiten mit dem zugehörigen insolvenzfreien Vermögen.

(2) [1]Im Fall des Absatzes 1 ist ein Sachwalter zu ernennen; für das Verfahren gilt § 31 Absatz 1 und 2. [2]Mit der Ernennung geht das Recht, alle eingetragenen Werte einschließlich der Werte im Sinne des Absatzes 3 zu verwalten und über sie zu verfügen, auf den Sachwalter über. [3]Hat die Pfandbriefbank nach der Ernennung des Sachwalters über einen im Deckungsregister eingetragenen Wert verfügt, so ist diese Verfügung unwirksam; die §§ 892 und 893 des Bürgerlichen Gesetzbuchs und die §§ 16 und 17 des Gesetzes über Rechte an eingetragenen Schiffen und Schiffsbauwerken sowie die §§ 16 und 17 des Gesetzes über Rechte an Luftfahrzeugen bleiben unberührt. [4]Hat die Pfandbriefbank am Tag der Ernennung des Sachwalters verfügt, so wird vermutet, dass sie nach der Ernennung verfügt hat. [5]Der Sachwalter darf mit Wirkung für die jeweilige Pfandbriefbank mit beschränkter Geschäftstätigkeit nach Absatz 1 Rechtsgeschäfte tätigen, soweit dies für die ordnungsgemäße Verwaltung der Deckungsmassen im Interesse der vollständigen vertragsgemäßen Erfüllung der Pfandbriefverbindlichkeiten erforderlich ist; insbesondere kann er liquide Mittel zur zeitgerechten Bedienung ausstehender Pfandbriefe beschaffen. [6]Für diesen Geschäftskreis vertritt er die Pfandbriefbank gerichtlich und außergerichtlich. [7]Der Sachwalter ist unter den in Satz 5 genannten Voraussetzungen auch berechtigt, sonstige Handlungen im Hinblick auf die Verwaltung der Deckungsmassen vorzunehmen, insbesondere ein neues Refinanzierungsregister im Sinne der §§ 22a bis 22o des Kreditwesengesetzes einzurichten und ein bestehendes Refinanzierungsregister der Pfandbriefbank zu nutzen. [8]Die Begrenzungen des § 19 Absatz 1 Nummer 2 bis 4, des § 20 Abs. 2 Nr. 2 und 3 und des § 26 Absatz 1 Nummer 3 bis 5 sowie des § 26f Absatz 1 Nummer 3 bis 5 gelten nicht.

(3) [1]Die im Deckungsregister eingetragenen Werte unterliegen auch insoweit der Verwaltungs- und Verfügungsbefugnis des Sachwalters, als sie nach § 5 Absatz 1a nicht zur Deckung der Pfandbriefe der Pfandbriefbank bestimmt sind. [2]Der Sachwalter hat insbesondere Forderungen entsprechend ihrer Fälligkeit einzuziehen und Hypotheken bei Verwertungsreife zu verwerten. [3]Nach Abzug angemessener Verwaltungskosten führt er an die Gläubiger treuhänderisch gehaltener Werte im Sinne des § 5 Abs. 1a Satz 4 und 5 und im Übrigen an die Insolvenzmasse den Anteil ab, der bei getrennten Forderungen oder Einzelhypotheken auf die Anteile unter Berücksichtigung ihres Ranges entfallen würde. [4]Die in Satz 3 genannten Gläubiger und der Insolvenzverwalter können jeweils rangwahrende Teilung von Forderungen oder Hypotheken verlangen; die Kosten tragen die Gläubiger oder, soweit der Insolvenzverwalter Teilung verlangt, die Insolvenzmasse.

(4) [1]Der Insolvenzverwalter kann jederzeit verlangen, dass eingetragene Werte, die nicht treuhänderischer Verwaltung unterliegen und zur Deckung der jeweiligen Pfandbriefgattung einschließlich der sichernden Überdeckung offensichtlich nicht notwendig sein werden, vom Sachwalter der Insolvenzmasse zugeführt werden. [2]Nach Befriedigung der Pfandbriefgläubiger und Deckung der Verwaltungskosten verbleibende Werte sind an die Insolvenzmasse herauszugeben. [3]Eine Anfechtung der Handlungen des Sachwalters durch den Insolvenzverwalter der Pfandbriefbank ist ausgeschlossen.

(5) [1]Das nach § 31 Absatz 11 zuständige Gericht kann auf Antrag der Bundesanstalt schon vor der Eröffnung eines Insolvenzverfahrens über das Vermögen der Pfandbriefbank bei Vorliegen der Voraussetzungen des § 46 Absatz 1 des Kreditwesengesetzes einen Sachwalter ernennen. [2]Für die Rechtsstellung dieses Sachwalters gelten die Vorschriften über den nach Absatz 2 Satz 1 ernannten Sachwalter entsprechend.

(6) [1]Die Bundesanstalt kann entsprechend § 46 des Kreditwesengesetzes eigene Maßnahmen in Bezug auf einzelne Deckungsmassen treffen. [2]Im Falle der Zahlungsunfähigkeit oder Überschuldung einer Deckungsmasse findet über das Vermögen der

Pfandbriefbank mit beschränkter Geschäftstätigkeit ein gesondertes Insolvenzverfahren statt; der Antrag auf Eröffnung des Insolvenzverfahrens kann nur von der Bundesanstalt gestellt werden. [3]Absatz 4 ist entsprechend anzuwenden. [4]Im Insolvenzverfahren über das übrige Vermögen der Pfandbriefbank können die Pfandbriefgläubiger ihre Forderungen nur in Höhe des Ausfalls geltend machen; im Übrigen gelten die Vorschriften für absonderungsberechtigte Gläubiger, insbesondere § 52 Satz 1, § 190 Abs. 1 und 2 sowie § 192 der Insolvenzordnung entsprechend. [5]Werte im Sinne des Absatzes 3, die zur Insolvenzmasse der Pfandbriefbank gehören, berechtigen im Insolvenzverfahren über das Vermögen der Pfandbriefbank mit beschränkter Geschäftstätigkeit zur Aussonderung nach § 47 der Insolvenzordnung. [6]Sowohl der Sachwalter als auch der Insolvenzverwalter in dem Insolvenzverfahren über das Vermögen der Pfandbriefbank mit beschränkter Geschäftstätigkeit sind berechtigt, die in Satz 4 genannten Forderungen der Pfandbriefgläubiger in dem Insolvenzverfahren über das Vermögen der Pfandbriefbank anzumelden. [7]Das Recht der Pfandbriefgläubiger, die Anmeldung abzulehnen oder zurückzunehmen, bleibt unberührt.

(6a) [1]Im Insolvenzverfahren über das Vermögen der Pfandbriefbank mit beschränkter Geschäftstätigkeit soll das Insolvenzgericht auf Antrag der Bundesanstalt die Eigenverwaltung durch den Sachwalter anordnen, es sei denn, es ist nach den Umständen zu erwarten, dass die Anordnung zu Nachteilen für die Gläubiger führen wird. [2]Falls eine solche von der Bundesanstalt beantragte Anordnung dem einstimmigen Beschluss eines vorläufigen Gläubigerausschusses, sofern ein solcher vorhanden ist, widerspricht, entscheidet das Gericht nach pflichtgemäßem Ermessen auf der Grundlage der von der Bundesanstalt, dem Sachwalter und dem vorläufigen Gläubigerausschuss mitgeteilten Tatsachen. [3]Im Verfahren der Eigenverwaltung bleibt der Sachwalter im Sinne des Absatzes 2 (Eigenverwalter) für die schuldnerische Pfandbriefbank mit beschränkter Geschäftstätigkeit geschäftsführungs- und vertretungsbefugt, soweit die Vorschriften der Insolvenzordnung diese Befugnisse nicht beschränken. [4]Die Stellung des Beirats nach § 31 Absatz 6a bleibt unberührt. [5]Vor der Bestellung des Sachwalters im Sinne des § 270c der Insolvenzordnung und des vorläufigen Sachwalters im Sinne des § 270a Absatz 1 Satz 2 der Insolvenzordnung ist die Bundesanstalt zu hören. [6]Neben den gemäß § 272 Absatz 1 der Insolvenzordnung Antragsberechtigten ist auch die Bundesanstalt berechtigt, die Aufhebung der Anordnung der Eigenverwaltung zu beantragen. [7]§ 270 Absatz 2, § 270a Absatz 2 und die §§ 270b, 276a, 278 Absatz 1 der Insolvenzordnung gelten nicht.

(7) Gläubiger von Ansprüchen aus Derivategeschäften nach § 4 Abs. 3 stehen Pfandbriefgläubigern gleich.

§ 31 [1)] Ernennung des Sachwalters; Rechte und Pflichten

(1) [1]Zuständig für die Ernennung des Sachwalters ist das gemäß Absatz 11 zuständige Gericht. [2]Die Bundesanstalt schlägt dem Gericht mindestens eine geeignete natürliche Person zur Ernennung vor. [3]Das Gericht darf die Ernennung einer vorgeschlagenen Person nur versagen, wenn die Person zur Übernahme des Amtes nicht geeignet ist; vor einer Versagung ist die Bundesanstalt anzuhören. [4]Vor einer vom Vorschlag der Bundesanstalt abweichenden Ernennung ist die Bundesanstalt ebenfalls zu hören.

(2) [1]Das zuständige Gericht kann auf Vorschlag der Bundesanstalt bis zu drei Sachwalter ernennen. [2]Der Vorschlag der Bundesanstalt muss bei Benennung mehrerer Sachwalter eine Regelung der Geschäftsführungs- und Vertretungsbefugnisse enthalten; Absatz 1 Satz 4 gilt entsprechend. [3]Ein Sachwalter kann gleichzeitig für mehrere Pfandbriefbanken mit beschränkter Geschäftstätigkeit ernannt werden. [4]Die Vorschriften dieses Gesetzes über den Sachwalter gelten für mehrere Sachwalter entsprechend.

1) § 31 Abs. 9 geändert durch Gesetz vom 20.11.2019 (BGBl. I S. 1626).

(2a) [1]Der Sachwalter steht unter der Aufsicht des für die Ernennung zuständigen Gerichts. [2]Das Gericht kann insbesondere jederzeit einzelne Auskünfte oder einen Bericht über den Sachstand und die Geschäftsführung von ihm verlangen. [3]Es kann den Sachwalter auf Antrag der Bundesanstalt abberufen, wenn ein wichtiger Grund vorliegt. [4]Der Sachwalter tritt gegenüber der Bundesanstalt in die Pflichten ein, die von der Pfandbriefbank nach diesem Gesetz und dem Kreditwesengesetz im Zusammenhang mit der Verwaltung der Deckungswerte zu erfüllen sind.

(2b) [1]Der Sachwalter erhält eine Urkunde über seine Ernennung, die er bei Beendigung seines Amtes dem Gericht zurückzugeben hat. [2]Das Gericht hat die Ernennung und Abberufung des Sachwalters dem zuständigen Registergericht mitzuteilen und unverzüglich im Bundesanzeiger bekannt zu machen. [3]Die Ernennung und Abberufung des Sachwalters ist von Amts wegen in das Handelsregister oder im Falle des § 33 Abs. 5 in das Genossenschaftsregister einzutragen. [4]Die Eintragungen werden nicht bekannt gemacht. [5]Die Vorschriften des § 15 des Handelsgesetzbuchs sind nicht anzuwenden.

(3) [1]Die Ernennung des Sachwalters ist bei den im Register eingetragenen Hypotheken in das Grundbuch einzutragen, wenn nach Art des Rechts und nach den Umständen zu befürchten ist, dass ohne die Eintragung die Pfandbriefgläubiger benachteiligt würden. [2]Die Eintragung ist vom Sachwalter beim Grundbuchamt zu beantragen. [3]Werden Hypotheken, bei denen die Ernennung des Sachwalters eingetragen worden ist, im Register gelöscht, so hat der Sachwalter beim Grundbuchamt die Löschung der Eintragung der Sachwalterernennung zu beantragen. [4]Bei im Register eingetragenen Rechten an Schiffen tritt an die Stelle des Grundbuches das Schiffsregister, bei im Register eingetragenen Rechten an Schiffsbauwerken das Schiffsbauregister, an die Stelle des Grundbuchamtes tritt das Registergericht.

(4) *(aufgehoben)*

(5) [1]Der Sachwalter hat die Werthaltigkeit der einzelnen Deckungsmassen regelmäßig zu überwachen; § 4 Absatz 4 ist entsprechend anzuwenden. [2]Die Bundesanstalt kann Sonderprüfungen anordnen. [3]Die der Bundesanstalt dadurch entstehenden Kosten sind anteilig aus den in den Registern eingetragenen Werten zu tragen; maßgeblich ist das Verhältnis des Nennwertes der einzelnen Deckungsmasse zum Nennwert aller Deckungsmassen der Pfandbriefbank.

(6) [1]Der Sachwalter hat bei seiner Geschäftsführung die Sorgfalt eines ordentlichen und gewissenhaften Geschäftsführers anzuwenden. [2]Bei einer Pflichtverletzung ist er der Pfandbriefbank mit beschränkter Geschäftstätigkeit zum Schadensersatz verpflichtet. [3]Eine Pflichtverletzung liegt nicht vor, wenn der Sachwalter bei einer unternehmerischen Entscheidung vernünftigerweise annehmen durfte, auf der Grundlage angemessener Information zum Wohle der Pfandbriefgläubiger zu handeln.

(6a) [1]Der Sachwalter kann einen Beirat mit bis zu fünf sachverständigen Mitgliedern berufen. [2]Der Beirat berät den Sachwalter. [3]Er gibt sich eine Geschäftsordnung. [4]Der Sachwalter kann die Mitglieder abberufen und neue Mitglieder berufen. [5]Für die Vergütung und den Ersatz von Auslagen gilt § 31a Absatz 1 und 2 entsprechend. [6]Das Bundesministerium der Finanzen wird ermächtigt, die Vergütung und die Erstattung der Auslagen der Beiratsmitglieder sowie das hierfür maßgebliche Verfahren durch Rechtsverordnung zu regeln, die nicht der Zustimmung des Bundesrates bedarf.

(7) Sachwalter und Insolvenzverwalter haben einander alle Informationen mitzuteilen, die für das Insolvenzverfahren der Pfandbriefbank oder die Verwaltung der Deckungswerte von Bedeutung sein können.

(8) [1]Der Sachwalter ist berechtigt, zur Erfüllung seiner Aufgaben auf die personellen und sachlichen Mittel der Pfandbriefbank zurückzugreifen. [2]Die dabei tatsächlich anfallenden Kosten hat er der Insolvenzmasse zu erstatten.

(9) [1]Der Sachwalter darf personenbezogene Daten verarbeiten, soweit dies zur Erfüllung seiner Aufgaben erforderlich ist. [2]§ 203 des Strafgesetzbuchs steht einer Übertragung von Informationen, die zur Erfüllung seiner Aufgaben erforderlich ist, nicht entgegen.

(10) [1]Die Bundesanstalt kann einen Sonderbeauftragten gemäß § 45c Absatz 1 Satz 1 des Kreditwesengesetzes bestellen mit der ausschließlichen Aufgabe, die Verwaltung der Deckungsmasse als Sachwalter vorzubereiten. [2]Der Sonderbeauftragte darf keine geschäftsführenden oder beratenden Aufgaben wahrnehmen. [3]Im Übrigen gilt § 45c Absatz 1 Satz 3 bis 5, Absatz 6 und 7 des Kreditwesengesetzes entsprechend. [4]Die Bestellung zum Sonderbeauftragten ist kein Grund zur Ablehnung der späteren Ernennung zum Sachwalter durch das zuständige Gericht, es sei denn, der Sonderbeauftragte hat entgegen den Sätzen 1 und 2 geschäftsführende oder beratende Aufgaben wahrgenommen.

(11) [1]Für alle die Ernennung und Stellung des Sachwalters betreffenden gerichtlichen Entscheidungen richtet sich die Zuständigkeit nach den §§ 2 und 3 der Insolvenzordnung. [2]Die Entscheidungen ergehen durch Beschluss. [3]Für das Verfahren gelten die §§ 4, 5 Absatz 1 und 3 und § 6 Absatz 1 Satz 2 und Absatz 2 und 3 der Insolvenzordnung entsprechend. [4]Gegen Entscheidungen des Gerichts steht der Bundesanstalt, dem Sachwalter sowie der Pfandbriefbank die sofortige Beschwerde zu; Halbsatz 1 gilt nicht in den Fällen des § 30 Absatz 6a.

§ 31a Vergütung des Sachwalters; Verordnungsermächtigung

(1) [1]Der Sachwalter hat Anspruch auf Vergütung seiner Tätigkeit und Ersatz angemessener Auslagen. [2]Der Regelsatz der Vergütung wird nach dem Wert der Deckungsmasse berechnet, soweit sich die Verwaltung durch den Sachwalter darauf erstreckt. [3]Die Kosten der Verwaltung durch den Sachwalter einschließlich seiner Vergütung und der Erstattung seiner Auslagen sind aus dem Vermögen der Pfandbriefbank mit beschränkter Geschäftstätigkeit zu tragen.

(2) [1]Das für die Ernennung zuständige Gericht setzt die Vergütung und die Auslagen auf Antrag des Sachwalters fest. [2]Aus der rechtskräftigen Entscheidung findet die Zwangsvollstreckung nach der Zivilprozessordnung statt.

(3) Das Bundesministerium der Finanzen wird ermächtigt, die Vergütung und die Erstattung der Auslagen des Sachwalters sowie das hierfür maßgebliche Verfahren durch Rechtsverordnung zu regeln, die nicht der Zustimmung des Bundesrates bedarf.

§ 32 Übertragung der Deckungsmassen und -verbindlichkeiten

(1) Der Sachwalter kann mit schriftlicher Zustimmung der Bundesanstalt alle oder einen Teil der im Deckungsregister eingetragenen Werte einschließlich der Werte im Sinne des § 30 Abs. 3 und der Verbindlichkeiten aus Pfandbriefen als Gesamtheit nach den folgenden Vorschriften auf eine andere Pfandbriefbank übertragen.

(2) Der Übertragungsvertrag muss mindestens folgende Angaben enthalten:

1. die Firma und den Sitz der übertragenden und der übernehmenden Pfandbriefbank,
2. die Vereinbarung über die Übertragung der im Deckungsregister eingetragenen Werte und der Verbindlichkeiten aus Pfandbriefen als Gesamtheit und gegebenenfalls über eine Gegenleistung,
3. die genaue Bezeichnung der zu übertragenden Werte und Verbindlichkeiten aus Pfandbriefen.

(3) [1]Soweit für die Übertragung von Gegenständen im Falle der Einzelrechtsnachfolge in den allgemeinen Vorschriften eine besondere Art der Bezeichnung bestimmt ist, sind diese Regelungen für die Bezeichnung der zu übertragenden Werte und Verbindlich-

keiten aus Pfandbriefen nach Absatz 2 Nr. 3 anzuwenden. ²§ 28 der Grundbuchordnung sowie § 36 der Schiffsregisterordnung und § 87 des Gesetzes über Rechte an Luftfahrzeugen sind zu beachten. ³Im Übrigen kann auf Urkunden Bezug genommen werden, deren Inhalt eine Zuweisung des einzelnen Gegenstands ermöglicht; die Urkunden sind dem Übertragungsvertrag als Anlagen beizufügen.

(4) Der Übertragungsvertrag muss notariell beurkundet werden.

§ 33 Handelsregistereintragung

(1) ¹Der Sachwalter und das Vertretungsorgan der übernehmenden Pfandbriefbank haben die Übertragung zur Eintragung in das Handelsregister des Sitzes der jeweiligen Pfandbriefbank anzumelden. ²Der Anmeldung sind der Übertragungsvertrag in Ausfertigung oder öffentlich beglaubigter Abschrift und die Zustimmungsurkunde der Bundesanstalt beizufügen.

(2) ¹Die Übertragung darf in das Handelsregister des Sitzes der übertragenden Pfandbriefbank erst eingetragen werden, nachdem sie im Handelsregister des Sitzes der übernehmenden Pfandbriefbank eingetragen worden ist. ²Die Eintragung im Handelsregister des Sitzes der übernehmenden Pfandbriefbank ist mit dem Vermerk zu versehen, dass die Übertragung erst mit der Eintragung im Handelsregister des Sitzes der übertragenden Pfandbriefbank wirksam wird.

(3) ¹Das Gericht des Sitzes der übertragenden Pfandbriefbank hat von Amts wegen dem Gericht des Sitzes der übernehmenden Pfandbriefbank den Tag der Eintragung der Übertragung mitzuteilen und einen Auszug aus dem Handelsregister zu übersenden. ²Nach Eingang der Mitteilung hat das Gericht des Sitzes der übernehmenden Pfandbriefbank von Amts wegen den Tag der Eintragung der Übertragung im Handelsregister zu vermerken.

(4) Das Gericht des Sitzes jeder der an der Übertragung beteiligten Pfandbriefbanken hat jeweils die von ihr vorgenommene Eintragung der Übertragung von Amts wegen im Bundesanzeiger ihrem ganzen Inhalt nach bekannt zu machen.

(5) Sofern die Pfandbriefbank eine eingetragene Genossenschaft im Sinne des § 1 Abs. 1 des Genossenschaftsgesetzes ist, tritt bei Anwendung der Absätze 1 bis 4 an die Stelle des Handelsregisters das Genossenschaftsregister.

§ 34 Übergang von Deckungswerten und -verbindlichkeiten

(1) ¹Bei Eintragung der Übertragung in das Handelsregister des Sitzes der übertragenden Pfandbriefbank gehen die im Übertragungsvertrag bezeichneten Werte und Pfandbriefverbindlichkeiten als Gesamtheit auf die übernehmende Pfandbriefbank über. ²Durch die Eintragung wird der Mangel der notariellen Beurkundung des Übertragungsvertrags geheilt. ³§ 33 Abs. 5 gilt entsprechend. ⁴Für die übertragenen Pfandbriefverbindlichkeiten haften die übertragende Pfandbriefbank und die übernehmende Pfandbriefbank als Gesamtschuldner.

(2) ¹Im Falle der Gewährung einer Gegenleistung gilt § 30 Absatz 4 Satz 1 und 2 entsprechend. ²§ 30 Abs. 3 gilt mit der Maßgabe entsprechend, dass an die Stelle des Sachwalters die übernehmende Pfandbriefbank tritt.

§ 35 Treuhänderische Verwaltung

(1) ¹Mit schriftlicher Zustimmung der Bundesanstalt kann der Sachwalter mit einer anderen Pfandbriefbank vereinbaren, dass die in den Deckungsregistern der insolventen Pfandbriefbank eingetragenen Werte einschließlich der Werte im Sinne des § 30 Abs. 3 ganz oder teilweise treuhänderisch durch den Sachwalter der insolventen Pfandbriefbank für die andere Pfandbriefbank verwaltet werden, soweit die andere Pfandbriefbank die Haftung für die gedeckten Verbindlichkeiten der insolventen Pfandbriefbank übernimmt.

[2]Der Vertrag bedarf der Schriftform. [3]Die Werte und Pfandbriefverbindlichkeiten sind darin genau zu bezeichnen.

(2) Die im Sinne des Absatzes 1 treuhänderisch verwalteten Werte gelten im Verhältnis zwischen der anderen Pfandbriefbank und der insolventen Pfandbriefbank oder deren Gläubigern als Werte der anderen Pfandbriefbank, auch wenn sie nicht auf diese übertragen wurden.

(3) [1]Der aus dem Treuhandverhältnis folgende Übertragungsanspruch ist in das entsprechende Register der anderen Pfandbriefbank einzutragen. [2]Die im Vertrag im Sinne des Absatzes 1 bezeichneten und im Deckungsregister der insolventen Pfandbriefbank eingetragenen Werte gelten als im Register der anderen Pfandbriefbank eingetragen. [3]Der Treuhänder der anderen Pfandbriefbank nimmt seine Aufgaben und Befugnisse insoweit gegenüber der insolventen Pfandbriefbank wahr. [4]Die teilweise treuhänderische Verwaltung ist im jeweiligen Deckungsregister der insolventen Pfandbriefbank bei den einzelnen Deckungswerten zu vermerken.

(4) § 30 Abs. 3 gilt entsprechend.

§ 36 Teilweise Übertragung

[1]Im Falle der teilweisen Übertragung der Deckungsmasse nach § 32 Abs. 1 muss der bei der insolventen Pfandbriefbank verbleibende Teil der entsprechenden Deckungsmasse den Vorschriften über die Pfandbriefdeckung genügen. [2]Satz 1 gilt entsprechend für den Fall der teilweisen treuhänderischen Verwaltung der Deckungsmasse nach § 35 Abs. 1.

§ 36a Trennungsprinzip bei Reorganisation oder Restrukturierung der Pfandbriefbank

(1) [1]Maßnahmen nach den Vorschriften des Kreditinstitute-Reorganisationsgesetzes finden keine Anwendung auf die Teile der Pfandbriefbank, die nach § 30 Absatz 1 Satz 3 im Falle einer Insolvenz als Pfandbriefbank mit beschränkter Geschäftstätigkeit fortbestehen würden. [2]Wird ein Reorganisationsverfahren nach § 7 des Kreditinstitute-Reorganisationsgesetzes angeordnet, gelten für den Bereich des Pfandbriefgeschäfts die §§ 30 bis 36 entsprechend. [3]Der Sachwalter soll die Bestimmungen des Reorganisationsplans bei Erfüllung seiner Pflichten und Ausübung seiner Rechte beachten, es sei denn, es droht entgegen §§ 30 bis 36 eine Benachteiligung der Pfandbriefgläubiger.

(2) [1]Trifft die Abwicklungsbehörde bei einer Übertragung im Sinne des § 107 des Sanierungs- und Abwicklungsgesetzes Bestimmungen zur teilweisen oder vollständigen Übertragung des Pfandbriefgeschäfts, ist die Übertragung abweichend von § 114 Absatz 2 des Sanierungs- und Abwicklungsgesetzes nach Maßgabe der §§ 30 bis 36 zu vollziehen. [2]Der Sachwalter beachtet bei Erfüllung seiner Pflichten und Ausübung seiner Rechte die Bestimmungen der Anordnung im Sinne des Satzes 1. [3]Die Anordnung im Sinne des Satzes 1 kann abweichend von Satz 1 auch den unmittelbaren Übergang der in den Deckungsregistern eingetragenen Werte einschließlich der Werte im Sinne des § 30 Absatz 3 und der zugehörigen Pfandbriefverbindlichkeiten anordnen. [4]Im Fall des Satzes 3 gilt § 30 Absatz 3 mit der Maßgabe entsprechend, dass an die Stelle des Sachwalters die übernehmende Pfandbriefbank tritt und die Abführungspflicht gegenüber der übertragenden Pfandbriefbank unabhängig von ihrer Insolvenz besteht; ist die Gewährung einer Gegenleistung vorgesehen, gilt darüber hinaus § 30 Absatz 4 Satz 1 und 2 entsprechend. [5]Sind im Deckungsregister

1. Forderungen gegen Schuldner eingetragen, die ihren Sitz nicht in einem Mitgliedstaat der Europäischen Union oder einem anderen Vertragsstaat des Abkommens über den Europäischen Wirtschaftsraum haben, oder

2. Sicherheiten an Grundstücken oder grundstücksgleichen Rechten, Schiffen oder Flugzeugen eingetragen, die ihrerseits außerhalb der Mitgliedstaaten der Europäischen Union oder der anderen Vertragsstaaten des Abkommens über den Europäischen Wirtschaftsraum belegen oder registriert sind,

kann die Übertragung nach Satz 3 jedoch nur in der Weise erfolgen, dass die Abwicklungsbehörde die Rechtsfolge des § 35 Absatz 2 anordnet und zeitgleich einen Sachwalter von Amts wegen vorläufig bestellt, der die übertragenen Werte gemäß § 35 treuhänderisch für die übernehmende Pfandbriefbank verwaltet; Absatz 3 Satz 2 gilt entsprechend.

(3) [1]Bei Einleitung des Reorganisationsverfahrens kann die Bundesanstalt oder bei Erlass der Anordnung im Sinne des Absatzes 2 Satz 1 die Abwicklungsbehörde den Sachwalter von Amts wegen vorläufig bestellen, sofern nicht ohnehin nach Absatz 2 Satz 5 eine vorläufige Bestellung erfolgen muss. [2]Die gerichtliche Ernennung ist in allen Fällen unverzüglich nachzuholen; bei einer vorläufigen Bestellung des Sachwalters durch die Abwicklungsbehörde ist § 31 Absatz 1 und 2 entsprechend anzuwenden.

(4) Die Absätze 2 und 3 gelten entsprechend bei Anwendung eines Instrumentes nach den Artikeln 24 bis 26 der Verordnung (EU) Nr. 806/2014 des Europäischen Parlaments und des Rates vom 15. Juli 2014 zur Festlegung einheitlicher Vorschriften und eines einheitlichen Verfahrens für die Abwicklung von Kreditinstituten und bestimmten Wertpapierfirmen im Rahmen eines einheitlichen Abwicklungsmechanismus und eines einheitlichen Abwicklungsfonds sowie zur Änderung der Verordnung (EU) Nr. 1093/2010 (ABl. L 225 vom 30.7.2014, S. 1).

Abschnitt 6. Rechtsbehelfe und Zuwiderhandlungen

§ 37 Sofortige Vollziehbarkeit

Widerspruch und Anfechtungsklage gegen Maßnahmen der Bundesanstalt auf der Grundlage von § 2 Abs. 2 Nr. 1, § 3 Absatz 1 Satz 2 und 3, Absatz 2, § 4 Absatz 3a und 3b, § 7 Abs. 3 Satz 2, § 27a Absatz 1 Satz 2, § 32 Abs. 1, § 35 Abs. 1 Satz 1, § 36a Absatz 3 Satz 1 sowie § 42 Abs. 1 Satz 3 und Abs. 2 haben keine aufschiebende Wirkung.

§ 38 Strafvorschriften

Mit Freiheitsstrafe bis zu einem Jahr oder mit Geldstrafe wird bestraft, wer

1. entgegen § 4 Abs. 7 Satz 1 Pfandbriefe in den Verkehr bringt,
2. wissentlich entgegen § 4 Abs. 7 Satz 2 über einen dort genannten Wert verfügt oder
3. entgegen § 5 Abs. 1 Satz 3 einen Ersatzwert nicht oder nicht rechtzeitig in das Deckungsregister einträgt.

§ 39 Bußgeldvorschriften

(1) Ordnungswidrig handelt, wer vorsätzlich oder fahrlässig entgegen § 4 Abs. 7 Satz 3 Pfandbriefe in den Verkehr bringt.

(2) Die Ordnungswidrigkeit kann mit einer Geldbuße bis zu einhunderttausend Euro geahndet werden.

§ 40 Verwaltungsbehörde

Verwaltungsbehörde im Sinne des § 36 Abs. 1 Nr. 1 des Gesetzes über Ordnungswidrigkeiten ist die Bundesanstalt für Finanzdienstleistungsaufsicht.

Abschnitt 7. Schlussvorschriften

§ 41 Bezeichnungsschutz

Schuldverschreibungen dürfen unter einer der in § 1 Abs. 1 Satz 2 Nr. 1 bis 4 genannten Bezeichnungen oder unter einer anderen Bezeichnung, die das Wort Pfandbrief enthält, nur in Verkehr gebracht werden

1. von Kreditinstituten, denen eine Erlaubnis zum Betreiben des Pfandbriefgeschäfts erteilt worden ist,
2. von Kreditinstituten im Sinne des Artikels 4 Absatz 1 Nummer 1 der Verordnung (EU) Nr. 575/2013 mit Sitz in einem anderen Mitgliedstaat der Europäischen Union oder einem anderen Vertragsstaat des Abkommens über den Europäischen Wirtschaftsraum auch ohne Erlaubnis durch die Bundesanstalt, wenn
   a) die Ausgabe von Schuldverschreibungen unter einer der oben genannten Bezeichnungen auch im Herkunftsstaat zulässigerweise betrieben wird,
   b) es sich um Schuldverschreibungen im Sinne des Artikels 52 Absatz 4 Unterabsatz 1 der Richtlinie 2009/65/EG des Europäischen Parlaments und des Rates vom 13. Juli 2009 zur Koordinierung der Rechts- und Verwaltungsvorschriften betreffend bestimmte Organismen für gemeinsame Anlagen in Wertpapieren (OGAW) (ABl. L 302 vom 17.11.2009, S. 32, L 269 vom 13.10.2010, S. 27) in der jeweils geltenden Fassung handelt und die Schuldverschreibungen in einer gemäß Artikel 52 Absatz 4 Unterabsatz 3 der vorgenannten Richtlinie vom Herkunftsstaat des Kreditinstituts an die Europäische Kommission übersandten Liste enthalten sind,
   c) bei den zur Deckung verwendeten Hypotheken, Schiffshypotheken und Registerpfandrechten oder ausländischen Flugzeughypotheken eine Grenze von 50 Prozent des Marktwertes oder 60 Prozent des Beleihungswertes entsprechend dem Artikel 4 Absatz 1 Nummer 74 der Verordnung (EU) Nr. 575/2013 nicht überschritten wird und
   d) bei der Bezeichnung der Schuldverschreibung in allen Prospekten, Berichten und Werbeschriften eine etwaige fremdsprachige Originalbezeichnung des Pfandbriefs angegeben wird und darauf hingewiesen wird, dass die Schuldverschreibung auf der Grundlage des jeweiligen ausländischen Rechts ausgegeben wird.

§ 42 Erlaubnis für bestehende Pfandbriefbanken

(1) [1]Soweit ein Kreditinstitut vor dem 19. Juli 2005 zulässigerweise Pfandbriefe der in § 1 Abs. 1 Satz 2 Nr. 1 bis 3 genannten Gattungen begeben hat und auch noch zu Beginn des 19. Juli 2005 die Befugnis zur Ausgabe von Pfandbriefen besitzt, gilt die für das Betreiben des Pfandbriefgeschäfts nach § 2 Abs. 1 Satz 1 erforderliche Erlaubnis beschränkt auf die jeweilige Pfandbriefgattung als erteilt. [2]Das Kreditinstitut hat vor Ablauf des 18. Oktober 2005 eine Anzeige einzureichen, die den inhaltlichen Anforderungen eines Erlaubnisantrages entspricht. [3]Wird die Anzeige nicht fristgerecht eingereicht, kann die Bundesanstalt die als erteilt geltende Erlaubnis aufheben.

(2) Die Bundesanstalt kann die als erteilt geltende Erlaubnis auch aufheben, wenn die Voraussetzungen für eine Aufhebung nach § 35 Abs. 2 des Kreditwesengesetzes erfüllt sind oder wenn das Kreditinstitut, unbeschadet des Absatzes 3, die Anforderungen des § 2 Abs. 1 Satz 2 nicht erfüllt.

(3) [1]Für die in Absatz 1 genannten Kreditinstitute findet § 2 Abs. 1 Satz 2 Nr. 1 bis zum 31. Dezember 2008 keine Anwendung. [2]Die in Satz 1 genannte Befristung ist nicht an-

zuwenden auf das Ritterschaftliche Kreditinstitut Stade und den Calenberg-Göttingen-Grubenhagen-Hildesheim'schen ritterschaftlichen Kreditverein.

§ 43 Erlaubnis für Hypothekenbanken

[1]Für die bei Ablauf des 18. Juli 2005 zugelassenen Hypothekenbanken im Sinne des § 1 des Hypothekenbankgesetzes gilt die Erlaubnis für die in § 1 Abs. 1 Satz 2 Nr. 1 bis 5 und 7 bis 10 des Kreditwesengesetzes bezeichneten Bankgeschäfte nach § 32 des Kreditwesengesetzes als erteilt. [2]Die in § 35 Abs. 1 des Kreditwesengesetzes genannte Frist beginnt am 19. Juli 2005.

§ 44 Erlaubnis für Schiffspfandbriefbanken

[1]Für die bei Ablauf des 18. Juli 2005 zugelassenen Schiffspfandbriefbanken im Sinne des § 1 des Schiffsbankgesetzes gilt die Erlaubnis für die in § 1 Abs. 1 Satz 2 Nr. 1 bis 5 und 7 bis 10 des Kreditwesengesetzes bezeichneten Bankgeschäfte nach § 32 des Kreditwesengesetzes als erteilt. [2]Die in § 35 Abs. 1 des Kreditwesengesetzes genannte Frist beginnt am 19. Juli 2005.

§ 45 Versicherungspflicht

[1]Hypotheken, die den Pfandbriefbanken zu Beginn des 19. Juli 2005 zustehen, sind zur Deckung der von ihnen ausgegebenen Hypothekenpfandbriefe nicht aus dem Grunde ungeeignet, weil das aufstehende Gebäude nicht nach Maßgabe des § 15 Satz 3 Nummer 1 versichert ist. [2]Durch Schiffshypotheken gesicherte Darlehensforderungen, die den Pfandbriefbanken zu Beginn des 19. Juli 2005 zustehen, sind zur Deckung der von ihnen ausgegebenen Schiffspfandbriefe nicht aus dem Grunde ungeeignet, weil das Schiff oder Schiffsbauwerk nicht in Höhe der Versicherungspflicht nach Maßgabe des § 23 Abs. 1 Satz 1 versichert ist.

§ 46 Beleihungsgrenze

(1) Hypotheken, die vor dem 13. Oktober 2004 in ein bei der Pfandbriefbank geführtes Deckungsregister für Hypothekenpfandbriefe eingetragen worden sind, dürfen, soweit sie nicht den Erfordernissen des § 16 Abs. 1 bis 3 entsprechen, abweichend von § 14 Abs. 1 bis zum 30. Juni 2006 in Höhe von 50 Prozent des von der Pfandbriefbank auf Grund einer vor dem 13. Oktober durchgeführten Wertermittlung festgesetzten Wertes zur Deckung von Hypothekenpfandbriefen benutzt werden.

(2) Im Falle des Absatzes 1 sind § 14 Abs. 2 und § 30 Abs. 3 Satz 4 mit der Maßgabe anzuwenden, dass statt der in § 14 Abs. 1 festgelegten Beleihungsgrenze die Grenze nach Absatz 1 maßgeblich ist.

§ 47 Vorrecht der Schiffspfandbriefgläubiger

[1]Bis zum Ablauf des 18. Juli 2009 unterliegt eine Pfandbriefbank, die vor dem 19. Juli 2005 Schiffspfandbriefe nach § 1 Nr. 1 des Schiffsbankgesetzes begeben hat, nicht der Grenze des § 22 Abs. 5 Satz 2. [2]Die Pfandbriefbank hat jedoch sicherzustellen, dass der Gesamtbetrag der Beleihungen, bei denen nicht sichergestellt ist, dass sich das Vorrecht der Schiffspfandbriefgläubiger nach § 30 Abs. 1 auf die Forderungen der Pfandbriefgläubiger aus diesen Beleihungen erstreckt, bis zum Ablauf des 18. Juli 2007 50 Prozent des Gesamtbetrages der Forderungen, bei denen das Vorrecht sichergestellt ist, nicht übersteigt.

§ 48 Schiffspfandbriefe in ausländischer Währung

Auf die von einer Schiffspfandbriefbank im Sinne des § 1 des Schiffsbankgesetzes vor dem 19. Juli 2005 nach § 37 des Schiffsbankgesetzes ausgegebenen Schiffspfandbriefe sind die vor dem 19. Juli 2005 geltenden Vorschriften des Schiffsbankgesetzes weiter anzuwenden.

§ 49[1] Fortgeltende Deckungsfähigkeit

(1) [1]Abweichend von § 20 Absatz 1 Nummer 1 Buchstabe a sind Forderungen gegen solche Kreditinstitute, die in der Rechtsform einer Körperschaft oder Anstalt des öffentlichen Rechts geführt werden, weiterhin unbeschränkt deckungsfähig, wenn die Forderungen bereits am 18. Juli 2001 bestanden. [2]Forderungen gegen die genannten Kreditinstitute sind auch deckungsfähig, wenn die Forderungen nach dem 18. Juli 2001 und vor dem 19. Juli 2005 vereinbart worden sind und ihre Laufzeit nicht über den 31. Dezember 2015 hinausgeht.

(2) [1]Abweichend von § 20 Absatz 1 Nummer 1 Buchstabe d, e und h in der ab dem 26. März 2009 geltenden Fassung sind Forderungen gegen die dort genannten Schuldner oder Gewährleistungsgeber, welche der Bonitätsstufe 2 nach Tabelle 1 des Artikels 114 Absatz 2, Tabelle 5 des Artikels 121 Absatz 1, Tabelle 2 des Artikels 116 Absatz 1 oder Tabelle 3 des Artikels 120 Absatz 1 der Verordnung (EU) Nr. 575/2013 zugeordnet worden sind, weiterhin deckungsfähig, sofern die Forderungen vor dem 26. März 2009 in das Deckungsregister eingetragen worden sind. [2]Der Gesamtbetrag der Forderungen gegen Schuldner der Bonitätsstufe 2 darf höchstens einen Anteil von 20 Prozent der ausstehenden Pfandbriefe der jeweiligen Pfandbriefgattung betragen; die von § 20 Absatz 1 Nummer 3 in der ab dem 26. März 2009 geltenden Fassung umfassten Deckungswerte sind anzurechnen.

(3) [1]Abweichend von § 4 Absatz 1 Satz 2 Nummer 3, § 19 Absatz 1 Satz 1 Nummer 2, § 20 Absatz 2 Nummer 2, § 26 Absatz 1 Nummer 3 sowie § 26f Absatz 1 Nummer 3 sind Forderungen, die sich gegen das Vereinigte Königreich Großbritannien und Nordirland oder dort ansässige Schuldner richten oder für die von diesen Stellen die Gewährleistung übernommen worden ist und vor dem Zeitpunkt, ab dem das Vereinigte Königreich Großbritannien und Nordirland nicht mehr Mitgliedstaat der Europäischen Union ist und auch nicht wie ein solcher zu behandeln ist, gemäß den vorgenannten Vorschriften zur Deckung verwendet worden sind, weiterhin für die entsprechende Pfandbriefgattung deckungsfähig. [2]Für Sichteinlagen und Geldforderungen mit täglicher Fälligkeit gilt dies bis zu einem Monat nach dem Tag, an dem erstmalig über die vorgenannten Guthaben seitens der Pfandbriefbank verfügt werden konnte.

(4) Forderungen, die

1. durch Grundpfandrechte an im Vereinigten Königreich Großbritannien und Nordirland belegenen Grundstücken und grundstücksgleichen Rechten,
2. durch Schiffshypotheken an dort registrierten Schiffen und Schiffsbauwerken oder
3. durch Flugzeughypotheken an dort registrierten Flugzeugen im Sinne des § 1 Absatz 2 Satz 1 Nummer 1 des Luftverkehrsgesetzes besichert sind oder die
4. sich gegen das Vereinigte Königreich Großbritannien und Nordirland oder dort ansässige Schuldner richten oder für die von diesen Stellen die Gewährleistung übernommen worden ist

und vor dem Zeitpunkt, ab dem das Vereinigte Königreich Großbritannien und Nordirland nicht mehr Mitgliedstaat der Europäischen Union ist und auch nicht wie ein solcher zu behandeln ist, gemäß § 12 Absatz 1 in Verbindung mit § 13 Absatz 1 Satz 2, § 20 Absatz 1 Nummer 1 Buchstabe b, c und g sowie Nummer 2, § 21 in Verbindung mit § 22 Absatz 5 Satz 1 und § 26a in Verbindung mit § 26b Absatz 4 Satz 1 zur Deckung verwendet worden sind, sind nicht auf die in § 13 Absatz 1 Satz 2 zweiter Halbsatz, § 20 Absatz 2a, § 22 Absatz 5 Satz 2 und § 26b Absatz 4 Satz 2 genannten Grenzen anzurechnen.

---

1) § 49 Abs. 3 und 4 angefügt durch Gesetz vom 25.3.2019 (BGBl. I S. 357).

§ 50 Fortgeltung bisherigen Rechts

(1) Im Falle des § 2 Abs. 3 gelten für öffentlich-rechtliche Kreditanstalten hinsichtlich der von ihnen nach den Vorschriften des Gesetzes über die Pfandbriefe und verwandten Schuldverschreibungen öffentlich-rechtlicher Kreditanstalten abgeschlossenen Geschäfte und der ausschließlich zur Deckung dieser Geschäfte geführten Deckungsregister das vorgenannte Gesetz und die zu dessen Durchführung erlassenen Rechtsverordnungen jeweils in der vor dem 19. Juli 2005 geltenden Fassung mit der Maßgabe fort, dass Forderungen gegen inländische öffentlich-rechtliche Kreditinstitute nur so weit zur ordentlichen Deckung geeignet sind, als für die Kreditinstitute eine unbeschränkte Anstaltslast oder als für die entsprechenden Verbindlichkeiten der Kreditinstitute eine Gewährträgerhaftung oder Refinanzierungsgarantie gilt.

(2) Im Falle des § 2 Abs. 3 gelten für Hypothekenbanken hinsichtlich der von ihnen nach den Vorschriften des Hypothekenbankgesetzes abgeschlossenen Geschäfte und der ausschließlich zur Deckung dieser Geschäfte geführten Deckungsregister das Hypothekenbankgesetz und die zu dessen Durchführung erlassenen Rechtsverordnungen jeweils in der vor dem 19. Juli 2005 geltenden Fassung mit der Maßgabe fort, dass Forderungen gegen inländische öffentlich-rechtliche Kreditinstitute nur so weit zur ordentlichen Deckung geeignet sind, als für die Kreditinstitute eine unbeschränkte Anstaltslast oder als für die entsprechenden Verbindlichkeiten der Kreditinstitute eine Gewährträgerhaftung oder Refinanzierungsgarantie gilt.

(3) Im Falle des § 2 Abs. 3 gelten für Schiffsbanken hinsichtlich der von ihnen nach den Vorschriften des Schiffsbankgesetzes abgeschlossenen Geschäfte und der ausschließlich zur Deckung dieser Geschäfte geführten Deckungsregister das Schiffsbankgesetz und die zu dessen Durchführung erlassenen Rechtsverordnungen jeweils in der vor dem 19. Juli 2005 geltenden Fassung mit der Maßgabe fort, dass Forderungen gegen inländische öffentlich-rechtliche Kreditinstitute nur so weit zur ordentlichen Deckung geeignet sind, als für die Kreditinstitute eine unbeschränkte Anstaltslast oder als für die entsprechenden Verbindlichkeiten der Kreditinstitute eine Gewährträgerhaftung oder Refinanzierungsgarantie gilt.

(4) Im Falle der Umwandlung einer öffentlich-rechtlichen Kreditanstalt in einer in § 1 Abs. 1 des Umwandlungsgesetzes genannten Weise gilt Absatz 1 hinsichtlich der von der Kreditanstalt vor Wirksamwerden der Umwandlung abgeschlossenen Geschäfte für den fortbestehenden Rechtsträger nach Rechtsformwechsel oder für einen Rechtsträger, auf den im Zuge der Umwandlung das Vermögen der Kreditanstalt als Ganzes oder in Teilen übertragen worden ist, auch dann, wenn es sich bei dem Rechtsträger um ein Unternehmen in einer Rechtsform des Privatrechts handelt.

§ 51 Getrennter Pfandbriefumlauf

[1]Abweichend von § 4 Abs. 1 bis 2 kann eine Pfandbriefbank die von ihr vor Inkrafttreten dieses Gesetzes begebenen Pfandbriefe weiter nach den bis zum Inkrafttreten dieses Gesetzes geltenden Vorschriften decken, wenn die Pfandbriefbank diese Absicht bis spätestens zum 18. Juli 2005 bei der Bundesanstalt angezeigt hat. [2]Bei der Anzeigefrist handelt es sich um eine Ausschlussfrist. [3]In diesem Falle ist das bisherige Deckungsregister getrennt von demjenigen nach § 5 Abs. 1 Satz 1 zu führen. [4]Forderungen gegen inländische öffentlich-rechtliche Kreditinstitute sind nur soweit zur ordentlichen Deckung geeignet, als für die Kreditinstitute eine unbeschränkte Anstaltslast oder als für die entsprechenden Verbindlichkeiten der Kreditinstitute eine Gewährträgerhaftung oder Refinanzierungsgarantie gilt. [5]Die Vorschriften der §§ 8, 9, 10, 27 und 28 sind hinsichtlich des bisherigen Deckungsregisters nicht anzuwenden.

§ 52 Fortgeltende Bestimmungen des Gesetzes zur Änderung und Ergänzung des Schiffsbankgesetzes

(1) [1]Wird für eine Forderung, die in ausländischer Währung zu zahlen ist, eine Schiffshypothek in das Schiffsregister eingetragen, so kann der Geldbetrag der Forderung und etwaiger Nebenleistungen oder der Höchstbetrag, bis zu dem das Schiff haften soll, in ausländischer Währung angegeben werden. [2]Dasselbe gilt für die Eintragung einer Schiffshypothek in das Schiffsbauregister.

(2) Die durch Artikel 4 Abs. 1 des Gesetzes zur Änderung und Ergänzung des Schiffsbankgesetzes in der im Bundesgesetzblatt Teil III, Gliederungsnummer 7628-2-1, veröffentlichten bereinigten Fassung mit der Maßgabe aufgehobenen Vorschriften, dass sie, soweit sie noch in Geltung sind, auf Rechte anwendbar bleiben, die vor Inkrafttreten des bezeichneten Gesetzes in ausländischer Währung eingetragen waren, bleiben für den durch die Maßgabe bezeichneten Umfang und Anwendungsbereich unverändert anwendbar.

§ 53 Übergangsvorschrift zum CRD IV-Umsetzungsgesetz

[1]§ 28 Absatz 1 bis 3 dieses Gesetzes in der ab dem 1. Januar 2014 geltenden Fassung ist erstmals auf das am 1. April 2014 beginnende Quartal, bei Anwendung des § 28 Absatz 5 erstmals auf das am 1. April 2015 beginnende Quartal, anzuwenden. [2]§ 28 Absatz 1 bis 3 in der bis zum 31. Dezember 2013 geltenden Fassung ist letztmalig auf das am 31. März 2014 endende Quartal und § 28 Absatz 5 in der bis zum 31. Dezember 2013 geltenden Fassung ist in Bezug auf § 28 Absatz 1 Satz 1 Nummer 1 und 3, Absatz 2 Satz 1 Nummer 3 und Satz 2, Absatz 3 Nummer 1 und Absatz 4 in der bis zum 31. Dezember 2013 geltenden Fassung letztmalig auf das am 31. März 2015 endende Quartal anzuwenden.

§ 54 Übergangsvorschrift zum BRRD-Umsetzungsgesetz

[1]§ 28 Absatz 1 bis 4 dieses Gesetzes in der ab dem 19. Dezember 2014 geltenden Fassung ist erstmals auf das am 1. April 2015 beginnende Quartal, bei Anwendung des § 28 Absatz 5 erstmals auf das am 1. April 2016 beginnende Quartal, anzuwenden. [2]§ 28 Absatz 1 bis 4 in der bis zum 18. Dezember 2014 geltenden Fassung ist letztmalig auf das am 31. März 2015 endende Quartal und § 28 Absatz 5 ist in Bezug auf § 28 Absatz 1 Satz 1 Nummer 5 und 6, Absatz 2 Satz 1 Nummer 3, Absatz 3 Nummer 1 und 2 letzter Satzteil sowie auf Absatz 4 Nummer 2 in der bis zum 18. Dezember 2014 geltenden Fassung letztmalig auf das am 31. März 2016 endende Quartal anzuwenden. [3]§ 27a Absatz 1 ist erst mit Inkrafttreten der Rechtsverordnung nach § 27a Absatz 2 Satz 1 anzuwenden.

7c. Gesetz über das Aufspüren von Gewinnen aus schweren Straftaten (Geldwäschegesetz – GwG)

Vom 23. Juni 2017
(BGBl. I S. 1822)

zuletzt geändert durch Gesetz vom 12.12.2019 (BGBl. I S. 2602)

Inhaltsübersicht

Abschnitt 1. Begriffsbestimmungen und Verpflichtete

§ 1[1)] Begriffsbestimmungen

(1) Geldwäsche im Sinne dieses Gesetzes ist eine Straftat nach § 261 des Strafgesetzbuchs.

(2) Terrorismusfinanzierung im Sinne dieses Gesetzes ist

1. die Bereitstellung oder Sammlung von Vermögensgegenständen mit dem Wissen oder in der Absicht, dass diese Vermögensgegenstände ganz oder teilweise dazu verwendet werden oder verwendet werden sollen, eine oder mehrere der folgenden Straftaten zu begehen:
   a) eine Tat nach § 129a des Strafgesetzbuchs, auch in Verbindung mit § 129b des Strafgesetzbuchs, oder
   b) eine andere der in den Artikeln 3, 5 bis 10 und 12 der Richtlinie (EU) 2017/541 des Europäischen Parlaments und des Rates vom 15. März 2017 zur Terrorismusbekämpfung und zur Ersetzung des Rahmenbeschlusses 2002/475/JI des Rates und zur Änderung des Beschlusses 2005/671/JI des Rates (ABl. L 88 vom 31.3.2017, S. 6) umschriebenen Straftaten,
2. die Begehung einer Tat nach § 89c des Strafgesetzbuchs oder
3. die Anstiftung oder Beihilfe zu einer Tat nach Nummer 1 oder 2.

(3) Identifizierung im Sinne dieses Gesetzes besteht aus

1. der Feststellung der Identität durch Erheben von Angaben und
2. der Überprüfung der Identität.

(4) Geschäftsbeziehung im Sinne dieses Gesetzes ist jede Beziehung, die unmittelbar in Verbindung mit den gewerblichen oder beruflichen Aktivitäten der Verpflichteten steht und bei der beim Zustandekommen des Kontakts davon ausgegangen wird, dass sie von gewisser Dauer sein wird.

(5) [1]Transaktion im Sinne dieses Gesetzes ist oder sind eine oder, soweit zwischen ihnen eine Verbindung zu bestehen scheint, mehrere Handlungen, die eine Geldbewegung oder eine sonstige Vermögensverschiebung bezweckt oder bezwecken oder be-

1) § 1 geändert durch Gesetz vom 12.12.2019 (BGBl. I S. 2602).

wirkt oder bewirken. [2]Bei Vermittlungstätigkeiten von Verpflichteten nach § 2 Absatz 1 Nummer 14 und 16 gilt als Transaktion im Sinne dieses Gesetzes das vermittelte Rechtsgeschäft.

(6) [1]Trust im Sinne dieses Gesetzes ist eine Rechtgestaltung, die als Trust errichtet wurde, wenn das für die Errichtung anwendbare Recht das Rechtsinstitut des Trusts vorsieht. [2]Sieht das für die Errichtung anwendbare Recht ein Rechtsinstitut vor, das dem Trust nachgebildet ist, so gelten auch Rechtsgestaltungen, die unter Verwendung dieses Rechtsinstituts errichtet wurden, als Trust.

(7) Vermögensgegenstand im Sinne dieses Gesetzes ist

1. jeder Vermögenswert, ob körperlich oder nichtkörperlich, beweglich oder unbeweglich, materiell oder immateriell, sowie
2. Rechtstitel und Urkunden in jeder Form, einschließlich der elektronischen und digitalen Form, die das Eigentumsrecht oder sonstige Rechte an Vermögenswerten nach Nummer 1 verbriefen.

(8) Glücksspiel im Sinne dieses Gesetzes ist jedes Spiel, bei dem ein Spieler für den Erwerb einer Gewinnchance ein Entgelt entrichtet und der Eintritt von Gewinn oder Verlust ganz oder überwiegend vom Zufall abhängt.

(9) Güterhändler im Sinne dieses Gesetzes ist, wer gewerblich Güter veräußert, unabhängig davon, in wessen Namen oder auf wessen Rechnung.

(10) [1]Hochwertige Güter im Sinne dieses Gesetzes sind Gegenstände,

1. die sich aufgrund ihrer Beschaffenheit, ihres Verkehrswertes oder ihres bestimmungsgemäßen Gebrauchs von Gebrauchsgegenständen des Alltags abheben oder
2. die aufgrund ihres Preises keine Alltagsanschaffung darstellen.

[2]Zu ihnen gehören insbesondere

1. Edelmetalle wie Gold, Silber und Platin,
2. Edelsteine,
3. Schmuck und Uhren,
4. Kunstgegenstände und Antiquitäten,
5. Kraftfahrzeuge, Schiffe und Motorboote sowie Luftfahrzeuge.

(11) Immobilienmakler im Sinne dieses Gesetzes ist, wer gewerblich den Abschluss von Kauf-, Pacht- oder Mietverträgen über Grundstücke, grundstücksgleiche Rechte, gewerbliche Räume oder Wohnräume vermittelt.

(12) [1]Politisch exponierte Person im Sinne dieses Gesetzes ist jede Person, die ein hochrangiges wichtiges öffentliches Amt auf internationaler, europäischer oder nationaler Ebene ausübt oder ausgeübt hat oder ein öffentliches Amt unterhalb der nationalen Ebene, dessen politische Bedeutung vergleichbar ist, ausübt oder ausgeübt hat. [2]Zu den politisch exponierten Personen gehören insbesondere

1. Personen, die folgende Funktionen innehaben:
   a) Staatschefs, Regierungschefs, Minister, Mitglieder der Europäischen Kommission, stellvertretende Minister und Staatssekretäre,
   b) Parlamentsabgeordnete und Mitglieder vergleichbarer Gesetzgebungsorgane,
   c) Mitglieder der Führungsgremien politischer Parteien,
   d) Mitglieder von obersten Gerichtshöfen, Verfassungsgerichtshöfen oder sonstigen hohen Gerichten, gegen deren Entscheidungen im Regelfall kein Rechtsmittel mehr eingelegt werden kann,

e) Mitglieder der Leitungsorgane von Rechnungshöfen,

f) Mitglieder der Leitungsorgane von Zentralbanken,

g) Botschafter, Geschäftsträger und Verteidigungsattachés,

h) Mitglieder der Verwaltungs-, Leitungs- und Aufsichtsorgane staatseigener Unternehmen,

i) Direktoren, stellvertretende Direktoren, Mitglieder des Leitungsorgans oder sonstige Leiter mit vergleichbarer Funktion in einer zwischenstaatlichen internationalen oder europäischen Organisation;

2. Personen, die Ämter innehaben, welche in der nach Artikel 1 Nummer 13 der Richtlinie (EU) 2018/843 des Europäischen Parlaments und des Rates vom 30. Mai 2018 zur Änderung der Richtlinie (EU) 2015/849 zur Verhinderung der Nutzung des Finanzsystems zum Zwecke der Geldwäsche und der Terrorismusfinanzierung und zur Änderung der Richtlinien 2009/138/EG und 2013/36/EU (ABl. L 156 vom 19.6.2018, S. 43) von der Europäischen Kommission veröffentlichten Liste enthalten sind.

[3]Das Bundesministerium der Finanzen erstellt, aktualisiert und übermittelt der Europäischen Kommission eine Liste gemäß Artikel 1 Nummer 13 der Richtlinie (EU) 2018/843. [4]Organisationen nach Satz 2 Nummer 1 Buchstabe i mit Sitz in Deutschland übermitteln dem Bundesministerium der Finanzen hierfür jährlich zum Jahresende eine Liste mit wichtigen öffentlichen Ämtern nach dieser Vorschrift.

(13) Familienmitglied im Sinne dieses Gesetzes ist ein naher Angehöriger einer politisch exponierten Person, insbesondere

1. der Ehepartner oder eingetragene Lebenspartner,
2. ein Kind und dessen Ehepartner oder eingetragener Lebenspartner sowie
3. jeder Elternteil.

(14) Bekanntermaßen nahestehende Person im Sinne dieses Gesetzes ist eine natürliche Person, bei der der Verpflichtete Grund zu der Annahme haben muss, dass diese Person

1. gemeinsam mit einer politisch exponierten Person
   a) wirtschaftlich Berechtigter einer Vereinigung nach § 20 Absatz 1 ist oder
   b) wirtschaftlich Berechtigter einer Rechtsgestaltung nach § 21 ist,
2. zu einer politisch exponierten Person sonstige enge Geschäftsbeziehungen unterhält oder
3. alleiniger wirtschaftlich Berechtigter
   a) einer Vereinigung nach § 20 Absatz 1 ist oder
   b) einer Rechtsgestaltung nach § 21 ist,

   bei der der Verpflichtete Grund zu der Annahme haben muss, dass die Errichtung faktisch zugunsten einer politisch exponierten Person erfolgte.

(15) [1]Mitglied der Führungsebene im Sinne dieses Gesetzes ist eine Führungskraft oder ein leitender Mitarbeiter eines Verpflichteten mit ausreichendem Wissen über die Risiken, denen der Verpflichtete in Bezug auf Geldwäsche und Terrorismusfinanzierung ausgesetzt ist, und mit der Befugnis, insoweit Entscheidungen zu treffen. [2]Ein Mitglied der Führungsebene muss nicht zugleich ein Mitglied der Leitungsebene sein.

(16) Gruppe im Sinne dieses Gesetzes ist ein Zusammenschluss von Unternehmen, der besteht aus

1. einem Mutterunternehmen,

2. den Tochterunternehmen des Mutterunternehmens,
3. den Unternehmen, an denen das Mutterunternehmen oder seine Tochterunternehmen eine Beteiligung halten, und
4. Unternehmen, die untereinander verbunden sind durch eine Beziehung im Sinne des Artikels 22 Absatz 1 der Richtlinie 2013/34/EU des Europäischen Parlaments und des Rates vom 26. Juni 2013 über den Jahresabschluss, den konsolidierten Abschluss und damit verbundene Berichte von Unternehmen bestimmter Rechtsformen und zur Änderung der Richtlinie 2006/43/EG des Europäischen Parlaments und des Rates und zur Aufhebung der Richtlinien 78/660/EWG und 83/349/EWG des Rates (ABl. L 182 vom 29.6.2013, S. 19).

(17) Drittstaat im Sinne dieses Gesetzes ist ein Staat,
1. der nicht Mitgliedstaat der Europäischen Union ist und
2. der nicht Vertragsstaat des Abkommens über den Europäischen Wirtschaftsraum ist.

(18) E-Geld im Sinne dieses Gesetzes ist E-Geld nach § 1 Absatz 2 Satz 3 und 4 des Zahlungsdiensteaufsichtsgesetzes.

(19) Aufsichtsbehörde im Sinne dieses Gesetzes ist die zuständige Aufsichtsbehörde nach § 50.

(20) Die Zuverlässigkeit eines Mitarbeiters im Sinne dieses Gesetzes liegt vor, wenn der Mitarbeiter die Gewähr dafür bietet, dass er
1. die in diesem Gesetz geregelten Pflichten, sonstige geldwäscherechtliche Pflichten und die beim Verpflichteten eingeführten Strategien, Kontrollen und Verfahren zur Verhinderung von Geldwäsche und von Terrorismusfinanzierung sorgfältig beachtet,
2. Tatsachen nach § 43 Absatz 1 dem Vorgesetzten oder dem Geldwäschebeauftragten, sofern ein Geldwäschebeauftragter bestellt ist, meldet und
3. sich weder aktiv noch passiv an zweifelhaften Transaktionen oder Geschäftsbeziehungen beteiligt.

(21) Korrespondenzbeziehung im Sinne dieses Gesetzes ist eine Geschäftsbeziehung, in deren Rahmen folgende Leistungen erbracht werden:
1. Bankdienstleistungen, wie die Unterhaltung eines Kontokorrent- oder eines anderen Zahlungskontos und die Erbringung damit verbundener Leistungen wie die Verwaltung von Barmitteln, die Durchführung von internationalen Geldtransfers oder Devisengeschäften und die Vornahme von Scheckverrechnungen, durch Verpflichtete nach § 2 Absatz 1 Nummer 1 (Korrespondenten) für CRR-Kreditinstitute oder für Unternehmen in einem Drittstaat, die Tätigkeiten ausüben, die denen solcher Kreditinstitute gleichwertig sind (Respondenten), oder
2. andere Leistungen als Bankdienstleistungen, soweit diese anderen Leistungen nach den jeweiligen gesetzlichen Vorschriften durch Verpflichtete nach § 2 Absatz 1 Nummer 1 bis 3 und 6 bis 9 (Korrespondenten) erbracht werden dürfen
   a) für andere CRR-Kreditinstitute oder Finanzinstitute im Sinne des Artikels 3 Nummer 2 der Richtlinie (EU) 2015/849 oder
   b) für Unternehmen oder Personen in einem Drittstaat, die Tätigkeiten ausüben, die denen solcher Kreditinstitute oder Finanzinstitute gleichwertig sind (Respondenten).

(22) Bank-Mantelgesellschaft im Sinne dieses Gesetzes ist
1. ein CRR-Kreditinstitut oder ein Finanzinstitut nach Artikel 3 Nummer 2 der Richtlinie (EU) 2015/849 oder
2. ein Unternehmen,

a) das Tätigkeiten ausübt, die denen eines solchen Kreditinstituts oder Finanzinstituts gleichwertig sind, und das in einem Land in ein Handelsregister oder ein vergleichbares Register eingetragen ist, in dem die tatsächliche Leitung und Verwaltung nicht erfolgen, und

b) das keiner regulierten Gruppe von Kredit- oder Finanzinstituten angeschlossen ist.

(23) [1]Kunstvermittler im Sinne dieses Gesetzes ist, wer gewerblich den Abschluss von Kaufverträgen über Kunstgegenstände vermittelt, auch als Auktionator oder Galerist. [2]Kunstlagerhalter im Sinne dieses Gesetzes ist, wer gewerblich Kunstgegenstände lagert. [3]Unerheblich ist, in wessen Namen oder auf wessen Rechnung die Tätigkeit nach Satz 1 oder 2 erfolgt.

(24) [1]Finanzunternehmen im Sinne dieses Gesetzes ist ein Unternehmen, dessen Haupttätigkeit darin besteht,

1. Beteiligungen zu erwerben, zu halten oder zu veräußern,
2. Geldforderungen mit Finanzierungsfunktion entgeltlich zu erwerben,
3. mit Finanzinstrumenten auf eigene Rechnung zu handeln,
4. Finanzanlagenvermittler nach § 34f Absatz 1 Satz 1 der Gewerbeordnung und Honorar-Finanzanlagenberater nach § 34h Absatz 1 Satz 1 der Gewerbeordnung zu sein, es sei denn, die Vermittlung oder Beratung bezieht sich ausschließlich auf Anlagen, die von Verpflichteten nach diesem Gesetz vertrieben oder emittiert werden,
5. Unternehmen über die Kapitalstruktur, die industrielle Strategie und die damit verbundenen Fragen zu beraten sowie bei Zusammenschlüssen und Übernahmen von Unternehmen diese Unternehmen zu beraten und ihnen Dienstleistungen anzubieten oder
6. Darlehen zwischen Kreditinstituten zu vermitteln (Geldmaklergeschäfte).

[2]Holdinggesellschaften, die ausschließlich Beteiligungen an Unternehmen außerhalb des Kreditinstituts-, Finanzinstituts- und Versicherungssektors halten und die nicht über die mit der Verwaltung des Beteiligungsbesitzes verbundenen Aufgaben hinaus unternehmerisch tätig sind, sind keine Finanzunternehmen im Sinne dieses Gesetzes.

(25) Mutterunternehmen im Sinne dieses Gesetzes ist ein Unternehmen, dem mindestens ein anderes Unternehmen nach Absatz 16 Nummer 2 bis 4 nachgeordnet ist, und dem kein anderes Unternehmen übergeordnet ist.

§ 2[1] Verpflichtete, Verordnungsermächtigung

(1) Verpflichtete im Sinne dieses Gesetzes sind, soweit sie in Ausübung ihres Gewerbes oder Berufs handeln,

1. Kreditinstitute nach § 1 Absatz 1 des Kreditwesengesetzes, mit Ausnahme der in § 2 Absatz 1 Nummer 3 bis 8 des Kreditwesengesetzes genannten Unternehmen, und im Inland gelegene Zweigstellen und Zweigniederlassungen von Kreditinstituten mit Sitz im Ausland,
2. Finanzdienstleistungsinstitute nach § 1 Absatz 1a des Kreditwesengesetzes, mit Ausnahme der in § 2 Absatz 6 Satz 1 Nummer 3 bis 10 und 12 und Absatz 10 des Kreditwesengesetzes genannten Unternehmen, und im Inland gelegene Zweigstellen und Zweigniederlassungen von Finanzdienstleistungsinstituten mit Sitz im Ausland,

---

1) § 2 geändert durch Gesetz vom 12.12.2019 (BGBl. I S. 2602).

3. Zahlungsinstitute und E-Geld-Institute nach § 1 Absatz 3 des Zahlungsdiensteaufsichtsgesetzes und im Inland gelegene Zweigstellen und Zweigniederlassungen von vergleichbaren Instituten mit Sitz im Ausland,
4. Agenten nach § 1 Absatz 9 des Zahlungsdiensteaufsichtsgesetzes und E-Geld-Agenten nach § 1 Absatz 10 des Zahlungsdiensteaufsichtsgesetzes sowie diejenigen Zahlungsinstitute und E-Geld-Institute mit Sitz in einem anderen Vertragsstaat des Abkommens über den Europäischen Wirtschaftsraum, die im Inland über Agenten nach § 1 Absatz 9 des Zahlungsdiensteaufsichtsgesetzes oder über E-Geld-Agenten nach § 1 Absatz 10 des Zahlungsdiensteaufsichtsgesetzes niedergelassen sind,
5. selbständige Gewerbetreibende, die E-Geld eines Kreditinstituts nach § 1 Absatz 2 Satz 1 Nummer 2 des Zahlungsdiensteaufsichtsgesetzes vertreiben oder rücktauschen,
6. Finanzunternehmen sowie im Inland gelegene Zweigstellen und Zweigniederlassungen von Finanzunternehmen mit Sitz im Ausland, soweit sie nicht bereits von den Nummern 1 bis 5, 7, 9, 10, 12 oder 13 erfasst sind,
7. Versicherungsunternehmen nach Artikel 13 Nummer 1 der Richtlinie 2009/138/EG des Europäischen Parlaments und des Rates vom 25. November 2009 betreffend die Aufnahme und Ausübung der Versicherungs- und der Rückversicherungstätigkeit (Solvabilität II) (ABl. L 335 vom 17.12.2009, S. 1) und im Inland gelegene Niederlassungen solcher Unternehmen mit Sitz im Ausland, soweit sie jeweils
   a) Lebensversicherungstätigkeiten, die unter diese Richtlinie fallen, anbieten,
   b) Unfallversicherungen mit Prämienrückgewähr anbieten,
   c) Darlehen im Sinne von § 1 Absatz 1 Satz 2 Nummer 2 des Kreditwesengesetzes vergeben oder
   d) Kapitalisierungsprodukte anbieten,
8. Versicherungsvermittler nach § 59 des Versicherungsvertragsgesetzes, soweit sie die unter Nummer 7 fallenden Tätigkeiten, Geschäfte, Produkte oder Dienstleistungen vermitteln, mit Ausnahme der gemäß § 34d Absatz 6 oder 7 Nummer 1 der Gewerbeordnung tätigen Versicherungsvermittler, und im Inland gelegene Niederlassungen entsprechender Versicherungsvermittler mit Sitz im Ausland,
9. Kapitalverwaltungsgesellschaften nach § 17 Absatz 1 des Kapitalanlagegesetzbuchs, im Inland gelegene Zweigniederlassungen von EU-Verwaltungsgesellschaften und ausländischen AIF-Verwaltungsgesellschaften sowie ausländische AIF-Verwaltungsgesellschaften, für die die Bundesrepublik Deutschland Referenzmitgliedstaat ist und die der Aufsicht der Bundesanstalt für Finanzdienstleistungsaufsicht gemäß § 57 Absatz 1 Satz 3 des Kapitalanlagegesetzbuchs unterliegen,
10. Rechtsanwälte, Kammerrechtsbeistände, Patentanwälte sowie Notare, soweit sie
   a) für den Mandanten an der Planung oder Durchführung von folgenden Geschäften mitwirken:
      aa) Kauf und Verkauf von Immobilien oder Gewerbebetrieben,
      bb) Verwaltung von Geld, Wertpapieren oder sonstigen Vermögenswerten,
      cc) Eröffnung oder Verwaltung von Bank-, Spar- oder Wertpapierkonten,
      dd) Beschaffung der zur Gründung, zum Betrieb oder zur Verwaltung von Gesellschaften erforderlichen Mittel,
      ee) Gründung, Betrieb oder Verwaltung von Treuhandgesellschaften, Gesellschaften oder ähnlichen Strukturen,

b) im Namen und auf Rechnung des Mandanten Finanz- oder Immobilientransaktionen durchführen,
c) den Mandanten im Hinblick auf dessen Kapitalstruktur, dessen industrielle Strategie oder damit verbundene Fragen beraten,
d) Beratung oder Dienstleistungen im Zusammenhang mit Zusammenschlüssen oder Übernahmen erbringen oder
e) geschäftsmäßig Hilfeleistung in Steuersachen erbringen,

11. Rechtsbeistände, die nicht Mitglied einer Rechtsanwaltskammer sind, und registrierte Personen nach § 10 des Rechtsdienstleistungsgesetzes, soweit sie Tätigkeiten nach Nummer 10 Buchstabe a bis d erbringen, ausgenommen die Erbringung von Inkassodienstleistungen im Sinne des § 2 Absatz 2 Satz 1 des Rechtsdienstleistungsgesetzes,
12. Wirtschaftsprüfer, vereidigte Buchprüfer, Steuerberater, Steuerbevollmächtigte und die in § 4 Nummer 11 des Steuerberatungsgesetzes genannten Vereine,
13. Dienstleister für Gesellschaften und für Treuhandvermögen oder Treuhänder, die nicht den unter den Nummern 10 bis 12 genannten Berufen angehören, wenn sie für Dritte eine der folgenden Dienstleistungen erbringen:
    a) Gründung einer juristischen Person oder Personengesellschaft,
    b) Ausübung der Leitungs- oder Geschäftsführungsfunktion einer juristischen Person oder einer Personengesellschaft, Ausübung der Funktion eines Gesellschafters einer Personengesellschaft oder Ausübung einer vergleichbaren Funktion,
    c) Bereitstellung eines Sitzes, einer Geschäfts-, Verwaltungs- oder Postadresse und anderer damit zusammenhängender Dienstleistungen für eine juristische Person, für eine Personengesellschaft oder für eine Rechtsgestaltung nach § 3 Absatz 3,
    d) Ausübung der Funktion eines Treuhänders für eine Rechtsgestaltung nach § 3 Absatz 3,
    e) Ausübung der Funktion eines nominellen Anteilseigners für eine andere Person, bei der es sich nicht um eine auf einem organisierten Markt notierte Gesellschaft nach § 2 Absatz 11 des Wertpapierhandelsgesetzes handelt, die den Gemeinschaftsrecht entsprechenden Transparenzanforderungen im Hinblick auf Stimmrechtsanteile oder gleichwertigen internationalen Standards unterliegt,
    f) Schaffung der Möglichkeit für eine andere Person, die in den Buchstaben b, d und e genannten Funktionen auszuüben,
14. Immobilienmakler,
15. Veranstalter und Vermittler von Glücksspielen, soweit es sich nicht handelt um
    a) Betreiber von Geldspielgeräten nach § 33c der Gewerbeordnung,
    b) Vereine, die das Unternehmen eines Totalisatoren nach § 1 des Rennwett- und Lotteriegesetzes betreiben,
    c) Lotterien, die nicht im Internet veranstaltet werden und für die die Veranstalter und Vermittler über eine staatliche Erlaubnis der in Deutschland jeweils zuständigen Behörde verfügen,
    d) Soziallotterien und
16. Güterhändler, Kunstvermittler und Kunstlagerhalter, soweit die Lagerhaltung in Zollfreigebieten erfolgt.

(2) [1]Das Bundesministerium der Finanzen kann durch Rechtsverordnung ohne Zustimmung des Bundesrates Verpflichtete gemäß Absatz 1 Nummer 1 bis 9 und 16, die

Finanztätigkeiten, die keinen Finanztransfer im Sinne von § 1 Absatz 1 Satz 2 Nummer 6 des Zahlungsdiensteaufsichtsgesetzes darstellen, nur gelegentlich oder in sehr begrenztem Umfang ausüben und bei denen ein geringes Risiko der Geldwäsche oder der Terrorismusfinanzierung besteht, vom Anwendungsbereich dieses Gesetzes ausnehmen, wenn

1. die Finanztätigkeit auf einzelne Transaktionen beschränkt ist, die in absoluter Hinsicht je Kunde und einzelne Transaktion den Betrag von 1 000 Euro nicht überschreitet,
2. der Umsatz der Finanztätigkeit insgesamt nicht über 5 Prozent des jährlichen Gesamtumsatzes der betroffenen Verpflichteten hinausgeht,
3. die Finanztätigkeit lediglich eine mit der ausgeübten Haupttätigkeit zusammenhängende Nebentätigkeit darstellt und
4. die Finanztätigkeit nur für Kunden der Haupttätigkeit und nicht für die allgemeine Öffentlichkeit erbracht wird.

[2]In diesem Fall hat es die Europäische Kommission zeitnah zu unterrichten.

(3) [1]Für Gerichte, die öffentliche Versteigerungen durchführen, gelten im Rahmen der Zwangsversteigerung von Grundstücken, von im Schiffsregister eingetragenen Schiffen, von Schiffsbauwerken, die im Schiffsbauregister eingetragen sind oder in dieses Register eingetragen werden können, und Luftfahrzeugen im Wege der Zwangsvollstreckung die in den Abschnitten 3, 5 und 6 genannten Identifizierungs- und Meldepflichten sowie die Pflicht zur Zusammenarbeit mit der Zentralstelle für Finanztransaktionsuntersuchungen entsprechend, soweit Transaktionen mit Barzahlungen über mindestens 10 000 Euro getätigt werden. [2]Die Identifizierung des Erstehers soll unmittelbar nach Erteilung des Zuschlags erfolgen, spätestens jedoch bei Einzahlung des Bargebots; dabei ist bei natürlichen Personen die Erhebung des Geburtsorts und der Staatsangehörigkeit sowie bei Personengesellschaften und juristischen Personen die Erhebung der Namen sämtlicher Mitglieder des Vertretungsorgans oder sämtlicher gesetzlicher Vertreter nicht erforderlich.

(4) [1]Für Behörden sowie Körperschaften und Anstalten des öffentlichen Rechts, die öffentliche Versteigerungen durchführen, gelten die in den Abschnitten 3, 5 und 6 genannten Identifizierungs- und Meldepflichten sowie die Pflicht zur Zusammenarbeit mit der Zentralstelle für Finanztransaktionsuntersuchungen entsprechend, soweit Transaktionen mit Barzahlungen über mindestens 10 000 Euro getätigt werden. [2]Satz 1 gilt nicht, soweit im Rahmen der Zwangsvollstreckung gepfändete Gegenstände verwertet werden. [3]Die Identifizierung des Erstehers soll bei Zuschlag erfolgen, spätestens jedoch bei Einzahlung des Bargebots. [4]Nach Satz 1 verpflichtete Behörden sowie Körperschaften und Anstalten des öffentlichen Rechts können bei der Erfüllung ihrer Pflichten nach Satz 1 auf Dritte zurückgreifen.

§ 3[1] Wirtschaftlich Berechtigter

(1) [1]Wirtschaftlich Berechtigter im Sinne dieses Gesetzes ist

1. die natürliche Person, in deren Eigentum oder unter deren Kontrolle der Vertragspartner letztlich steht, oder
2. die natürliche Person, auf deren Veranlassung eine Transaktion letztlich durchgeführt oder eine Geschäftsbeziehung letztlich begründet wird.

[2]Zu den wirtschaftlich Berechtigten zählen insbesondere die in den Absätzen 2 bis 4 aufgeführten natürlichen Personen.

(2) [1]Bei juristischen Personen außer rechtsfähigen Stiftungen und bei sonstigen Gesellschaften, die nicht an einem organisierten Markt nach § 2 Absatz 11 des Wertpapier-

---

1) § 3 geändert durch Gesetz vom 12.12.2019 (BGBl. I S. 2602).

handelsgesetzes notiert sind und keinen dem Gemeinschaftsrecht entsprechenden Transparenzanforderungen im Hinblick auf Stimmrechtsanteile oder gleichwertigen internationalen Standards unterliegen, zählt zu den wirtschaftlich Berechtigten jede natürliche Person, die unmittelbar oder mittelbar

1. mehr als 25 Prozent der Kapitalanteile hält,
2. mehr als 25 Prozent der Stimmrechte kontrolliert oder
3. auf vergleichbare Weise Kontrolle ausübt.

[2]Mittelbare Kontrolle liegt insbesondere vor, wenn entsprechende Anteile von einer oder mehreren Vereinigungen nach § 20 Absatz 1 gehalten werden, die von einer natürlichen Person kontrolliert werden. [3]Kontrolle liegt insbesondere vor, wenn die natürliche Person unmittelbar oder mittelbar einen beherrschenden Einfluss auf die Vereinigung nach § 20 Absatz 1 ausüben kann. [4]Für das Bestehen eines beherrschenden Einflusses gilt § 290 Absatz 2 bis 4 des Handelsgesetzbuchs entsprechend. [5]Wenn auch nach Durchführung umfassender Prüfungen und ohne dass Tatsachen nach § 43 Absatz 1 vorliegen von der meldepflichtigen Vereinigung nach § 20 Absatz 1 kein wirtschaftlich Berechtigter nach Absatz 1 oder nach den Sätzen 1 bis 4 ermittelt werden kann, gilt als wirtschaftlich Berechtigter der gesetzliche Vertreter, der geschäftsführende Gesellschafter oder der Partner des Vertragspartners.

(3) Bei rechtsfähigen Stiftungen und Rechtsgestaltungen, mit denen treuhänderisch Vermögen verwaltet oder verteilt oder die Verwaltung oder Verteilung durch Dritte beauftragt wird, oder bei diesen vergleichbaren Rechtsformen zählt zu den wirtschaftlich Berechtigten:

1. jede natürliche Person, die als Treugeber (Settlor), Verwalter von Trusts (Trustee) oder Protektor, sofern vorhanden, handelt,
2. jede natürliche Person, die Mitglied des Vorstands der Stiftung ist,
3. jede natürliche Person, die als Begünstigte bestimmt worden ist,
4. die Gruppe von natürlichen Personen, zu deren Gunsten das Vermögen verwaltet oder verteilt werden soll, sofern die natürliche Person, die Begünstigte des verwalteten Vermögens werden soll, noch nicht bestimmt ist,
5. jede natürliche Person, die auf sonstige Weise unmittelbar oder mittelbar beherrschenden Einfluss auf die Vermögensverwaltung oder Ertragsverteilung ausübt, und
6. jede natürliche Person, die unmittelbar oder mittelbar beherrschenden Einfluss auf eine Vereinigung ausüben kann, die Mitglied des Vorstands der Stiftung ist oder die als Begünstigte der Stiftung bestimmt worden ist.

(4) [1]Bei Handeln auf Veranlassung zählt zu den wirtschaftlich Berechtigten derjenige, auf dessen Veranlassung die Transaktion durchgeführt wird. [2]Soweit der Vertragspartner als Treuhänder handelt, handelt er ebenfalls auf Veranlassung.

Abschnitt 2. Risikomanagement

§ 4[1)] Risikomanagement

(1) Die Verpflichteten müssen zur Verhinderung von Geldwäsche und von Terrorismusfinanzierung über ein wirksames Risikomanagement verfügen, das im Hinblick auf Art und Umfang ihrer Geschäftstätigkeit angemessen ist.

1) § 4 geändert durch Gesetz vom 12.12.2019 (BGBl. I S. 2602).

(2) Das Risikomanagement umfasst eine Risikoanalyse nach § 5 sowie interne Sicherungsmaßnahmen nach § 6.

(3) [1]Verantwortlich für das Risikomanagement sowie für die Einhaltung der geldwäscherechtlichen Bestimmungen in diesem und anderen Gesetzen sowie in den aufgrund dieses und anderer Gesetze ergangenen Rechtsverordnungen ist ein zu benennendes Mitglied der Leitungsebene. [2]Die Risikoanalyse und interne Sicherungsmaßnahmen bedürfen der Genehmigung dieses Mitglieds.

(4) Verpflichtete nach § 2 Absatz 1 Nummer 14 müssen über ein wirksames Risikomanagement einschließlich gruppenweiter Verfahren verfügen:

1. bei der Vermittlung von Kaufverträgen und
2. bei der Vermittlung von Miet- oder Pachtverträgen mit einer monatlichen Miete oder Pacht in Höhe von mindestens 10 000 Euro.

(5) Verpflichtete nach § 2 Absatz 1 Nummer 16 müssen über ein wirksames Risikomanagement einschließlich gruppenweiter Verfahren verfügen:

1. als Güterhändler bei folgenden Transaktionen:
   a) Transaktionen im Wert von mindestens 10 000 Euro über Kunstgegenstände,
   b) Transaktionen über hochwertige Güter nach § 1 Absatz 10 Satz 2 Nummer 1, bei welchen sie Barzahlungen über mindestens 2 000 Euro selbst oder durch Dritte tätigen oder entgegennehmen, oder
   c) Transaktionen über sonstige Güter, bei welchen sie Barzahlungen über mindestens 10 000 Euro selbst oder durch Dritte tätigen oder entgegennehmen, und
2. als Kunstvermittler und Kunstlagerhalter bei Transaktionen im Wert von mindestens 10 000 Euro.

§ 5 Risikoanalyse

(1) [1]Die Verpflichteten haben diejenigen Risiken der Geldwäsche und der Terrorismusfinanzierung zu ermitteln und zu bewerten, die für Geschäfte bestehen, die von ihnen betrieben werden. [2]Dabei haben sie insbesondere die in den Anlagen 1 und 2 genannten Risikofaktoren sowie die Informationen, die auf Grundlage der nationalen Risikoanalyse zur Verfügung gestellt werden, zu berücksichtigen. [3]Der Umfang der Risikoanalyse richtet sich nach Art und Umfang der Geschäftstätigkeit der Verpflichteten.

(2) Die Verpflichteten haben

1. die Risikoanalyse zu dokumentieren,
2. die Risikoanalyse regelmäßig zu überprüfen und gegebenenfalls zu aktualisieren und
3. der Aufsichtsbehörde auf Verlangen die jeweils aktuelle Fassung der Risikoanalyse zur Verfügung zu stellen.

(3) Für Verpflichtete als Mutterunternehmen einer Gruppe gelten die Absätze 1 und 2 in Bezug auf die gesamte Gruppe.

(4) Die Aufsichtsbehörde kann einen Verpflichteten auf dessen Antrag von der Dokumentation der Risikoanalyse befreien, wenn der Verpflichtete darlegen kann, dass die in dem jeweiligen Bereich bestehenden konkreten Risiken klar erkennbar sind und sie verstanden werden.

§ 6[1] Interne Sicherungsmaßnahmen

(1) [1]Verpflichtete haben angemessene geschäfts- und kundenbezogene interne Sicherungsmaßnahmen zu schaffen, um die Risiken von Geldwäsche und von Terrorismus-

1) § 6 geändert durch Gesetz vom 12.12.2019 (BGBl. I S. 2602).

finanzierung in Form von Grundsätzen, Verfahren und Kontrollen zu steuern und zu mindern. [2]Angemessen sind solche Maßnahmen, die der jeweiligen Risikosituation des einzelnen Verpflichteten entsprechen und diese hinreichend abdecken. [3]Die Verpflichteten haben die Funktionsfähigkeit der internen Sicherungsmaßnahmen zu überwachen und sie bei Bedarf zu aktualisieren.

(2) Interne Sicherungsmaßnahmen sind insbesondere:

1. die Ausarbeitung von internen Grundsätzen, Verfahren und Kontrollen in Bezug auf
   a) den Umgang mit Risiken nach Absatz 1,
   b) die Kundensorgfaltspflichten nach den §§ 10 bis 17,
   c) die Erfüllung der Meldepflicht nach § 43 Absatz 1, d) die Aufzeichnung von Informationen und die Aufbewahrung von Dokumenten nach § 8 und
   e) die Einhaltung der sonstigen geldwäscherechtlichen Vorschriften,
2. die Bestellung eines Geldwäschebeauftragten und seines Stellvertreters gemäß § 7,
3. für Verpflichtete, die Mutterunternehmen einer Gruppe sind, die Schaffung von gruppenweiten Verfahren gemäß § 9,
4. die Schaffung und Fortentwicklung geeigneter Maßnahmen zur Verhinderung des Missbrauchs von neuen Produkten und Technologien zur Begehung von Geldwäsche und von Terrorismusfinanzierung oder für Zwecke der Begünstigung der Anonymität von Geschäftsbeziehungen oder von Transaktionen,
5. die Überprüfung der Mitarbeiter auf ihre Zuverlässigkeit durch geeignete Maßnahmen, insbesondere durch Personalkontroll- und Beurteilungssysteme der Verpflichteten,
6. die erstmalige und laufende Unterrichtung der Mitarbeiter in Bezug auf Typologien und aktuelle Methoden der Geldwäsche und der Terrorismusfinanzierung sowie die insoweit einschlägigen Vorschriften und Pflichten, einschließlich Datenschutzbestimmungen, und
7. die Überprüfung der zuvor genannten Grundsätze und Verfahren durch eine unabhängige Prüfung, soweit diese Überprüfung angesichts der Art und des Umfangs der Geschäftstätigkeit angemessen ist.

(3) Soweit ein Verpflichteter nach § 2 Absatz 1 Nummer 10 bis 14 und 16 seine berufliche Tätigkeit als Angestellter eines Unternehmens ausübt, obliegen die Verpflichtungen nach den Absätzen 1 und 2 diesem Unternehmen.

(4) [1]Verpflichtete nach § 2 Absatz 1 Nummer 15 haben über die in Absatz 2 genannten Maßnahmen hinaus Datenverarbeitungssysteme zu betreiben, mittels derer sie in der Lage sind, sowohl Geschäftsbeziehungen als auch einzelne Transaktionen im Spielbetrieb und über ein Spielerkonto nach § 16 zu erkennen, die als zweifelhaft oder ungewöhnlich anzusehen sind aufgrund des öffentlich verfügbaren oder im Unternehmen verfügbaren Erfahrungswissens über die Methoden der Geldwäsche und der Terrorismusfinanzierung. [2]Sie haben diese Datenverarbeitungssysteme zu aktualisieren. [3]Die Aufsichtsbehörde kann Kriterien bestimmen, bei deren Erfüllung Verpflichtete nach § 2 Absatz 1 Nummer 15 vom Einsatz von Datenverarbeitungssystemen nach Satz 1 absehen können.

(5) Die Verpflichteten haben im Hinblick auf ihre Art und Größe angemessene Vorkehrungen zu treffen, damit es ihren Mitarbeitern und Personen in einer vergleichbaren Position unter Wahrung der Vertraulichkeit ihrer Identität möglich ist, Verstöße gegen geldwäscherechtliche Vorschriften geeigneten Stellen zu berichten.

(6) [1]Die Verpflichteten treffen Vorkehrungen, um auf Anfrage der Zentralstelle für Finanztransaktionsuntersuchungen oder auf Anfrage anderer zuständiger Behörden

Auskunft darüber zu geben, ob sie während eines Zeitraums von fünf Jahren vor der Anfrage mit bestimmten Personen eine Geschäftsbeziehung unterhalten haben und welcher Art diese Geschäftsbeziehung war. [2]Sie haben sicherzustellen, dass die Informationen sicher und vertraulich an die anfragende Stelle übermittelt werden. [3]Verpflichtete nach § 2 Absatz 1 Nummer 10 und 12 können die Auskunft verweigern, wenn sich die Anfrage auf Informationen bezieht, die sie im Rahmen von Tätigkeiten der Rechtsberatung oder Prozessvertretung erhalten haben. [4]Die Pflicht zur Auskunft bleibt bestehen, wenn der Verpflichtete weiß, dass die Rechtsberatung oder Prozessvertretung für den Zweck der Geldwäsche oder der Terrorismusfinanzierung genutzt wurde oder wird.

(7) [1]Die Verpflichteten dürfen die internen Sicherungsmaßnahmen im Rahmen von vertraglichen Vereinbarungen durch einen Dritten durchführen lassen, wenn sie dies vorher der Aufsichtsbehörde angezeigt haben. [2]Die Aufsichtsbehörde kann die Übertragung dann untersagen, wenn

1. der Dritte nicht die Gewähr dafür bietet, dass die Sicherungsmaßnahmen ordnungsgemäß durchgeführt werden,
2. die Steuerungsmöglichkeiten der Verpflichteten beeinträchtigt werden oder
3. die Aufsicht durch die Aufsichtsbehörde beeinträchtigt wird.

[3]Die Verpflichteten haben in ihrer Anzeige darzulegen, dass die Voraussetzungen für eine Untersagung der Übertragung nach Satz 2 nicht vorliegen. [4]Die Verantwortung für die Erfüllung der Sicherungsmaßnahmen bleibt bei den Verpflichteten.

(8) Die Aufsichtsbehörde kann im Einzelfall Anordnungen erteilen, die geeignet und erforderlich sind, damit der Verpflichtete die erforderlichen internen Sicherungsmaßnahmen schafft.

(9) Die Aufsichtsbehörde kann anordnen, dass auf einzelne Verpflichtete oder Gruppen von Verpflichteten wegen der Art der von diesen betriebenen Geschäfte und wegen der Größe des Geschäftsbetriebs unter Berücksichtigung der Risiken in Bezug auf Geldwäsche oder Terrorismusfinanzierung die Vorschriften der Absätze 1 bis 6 risikoangemessen anzuwenden sind.

§ 7[1)] Geldwäschebeauftragter

(1) [1]Verpflichtete nach § 2 Absatz 1 Nummer 1 bis 3, 6, 7, 9 und 15 haben einen Geldwäschebeauftragten auf Führungsebene sowie einen Stellvertreter zu bestellen. [2]Der Geldwäschebeauftragte ist für die Einhaltung der geldwäscherechtlichen Vorschriften zuständig; die Verantwortung der Leitungsebene bleibt hiervon unberührt. [3]Der Geldwäschebeauftragte ist der Geschäftsleitung unmittelbar nachgeordnet.

(2) Die Aufsichtsbehörde kann einen Verpflichteten von der Pflicht, einen Geldwäschebeauftragten zu bestellen, befreien, wenn sichergestellt ist, dass

1. die Gefahr von Informationsverlusten und -defiziten aufgrund arbeitsteiliger Unternehmensstruktur nicht besteht und
2. nach risikobasierter Bewertung anderweitige Vorkehrungen getroffen werden, um Geschäftsbeziehungen und Transaktionen zu verhindern, die mit Geldwäsche oder Terrorismusfinanzierung zusammenhängen.

(3) [1]Die Aufsichtsbehörde kann anordnen, dass Verpflichtete nach § 2 Absatz 1 Nummer 4, 5, 8, 10 bis 14 und 16 einen Geldwäschebeauftragten zu bestellen haben, wenn sie dies für angemessen erachtet. [2]Bei Verpflichteten nach § 2 Absatz 1 Nummer 16 soll die Anordnung erfolgen, wenn die Haupttätigkeit des Verpflichteten im Handel mit hochwertigen Gütern besteht.

---

1) § 7 Abs. 1 neu gefasst durch Gesetz vom 12.12.2019 (BGBl. I S. 2602).

(4) [1]Die Verpflichteten haben der Aufsichtsbehörde die Bestellung des Geldwäschebeauftragten und seines Stellvertreters oder ihre Entpflichtung vorab anzuzeigen. [2]Die Bestellung einer Person zum Geldwäschebeauftragten oder zu seinem Stellvertreter muss auf Verlangen der Aufsichtsbehörde widerrufen werden, wenn die Person nicht die erforderliche Qualifikation oder Zuverlässigkeit aufweist.

(5) [1]Der Geldwäschebeauftragte muss seine Tätigkeit im Inland ausüben. [2]Er muss Ansprechpartner sein für die Strafverfolgungsbehörden, für die für Aufklärung, Verhütung und Beseitigung von Gefahren zuständigen Behörden, für die Zentralstelle für Finanztransaktionsuntersuchungen und für die Aufsichtsbehörde in Bezug auf die Einhaltung der einschlägigen Vorschriften. [3]Ihm sind ausreichende Befugnisse und die für eine ordnungsgemäße Durchführung seiner Funktion notwendigen Mittel einzuräumen. [4]Insbesondere ist ihm ungehinderter Zugang zu sämtlichen Informationen, Daten, Aufzeichnungen und Systemen zu gewähren oder zu verschaffen, die im Rahmen der Erfüllung seiner Aufgaben von Bedeutung sein können. [5]Der Geldwäschebeauftragte hat der Geschäftsleitung unmittelbar zu berichten. [6]Soweit der Geldwäschebeauftragte die Erstattung einer Meldung nach § 43 Absatz 1 beabsichtigt oder ein Auskunftsersuchen der Zentralstelle für Finanztransaktionsuntersuchungen nach § 30 Absatz 3 beantwortet, unterliegt er nicht dem Direktionsrecht durch die Geschäftsleitung.

(6) Der Geldwäschebeauftragte darf Daten und Informationen ausschließlich zur Erfüllung seiner Aufgaben verwenden.

(7) [1]Dem Geldwäschebeauftragten und dem Stellvertreter darf wegen der Erfüllung ihrer Aufgaben keine Benachteiligung im Beschäftigungsverhältnis entstehen. [2]Die Kündigung des Arbeitsverhältnisses ist unzulässig, es sei denn, dass Tatsachen vorliegen, welche die verantwortliche Stelle zur Kündigung aus wichtigem Grund ohne Einhaltung einer Kündigungsfrist berechtigen. [3]Nach der Abberufung als Geldwäschebeauftragter oder als Stellvertreter ist die Kündigung innerhalb eines Jahres nach der Beendigung der Bestellung unzulässig, es sei denn, dass die verantwortliche Stelle zur Kündigung aus wichtigem Grund ohne Einhaltung einer Kündigungsfrist berechtigt ist.

§ 8[1)] Aufzeichnungs- und Aufbewahrungspflicht

(1) [1]Vom Verpflichteten aufzuzeichnen und aufzubewahren sind

1. die im Rahmen der Erfüllung der Sorgfaltspflichten erhobenen Angaben und eingeholten Informationen
   a) über die Vertragspartner, die Vertragsparteien des Kaufgegenstandes nach § 11 Absatz 2 und gegebenenfalls über die für die Vertragspartner oder die Vertragsparteien des Kaufgegenstandes auftretenden Personen und wirtschaftlich Berechtigten,
   b) über Geschäftsbeziehungen und Transaktionen, insbesondere Transaktionsbelege, soweit sie für die Untersuchung von Transaktionen erforderlich sein können,
2. hinreichende Informationen über die Durchführung und über die Ergebnisse der Risikobewertung nach § 10 Absatz 2, § 14 Absatz 1 und § 15 Absatz 2 und über die Angemessenheit der auf Grundlage dieser Ergebnisse ergriffenen Maßnahmen,
3. die Ergebnisse der Untersuchung nach § 15 Absatz 5 Nummer 1 und
4. die Erwägungsgründe und eine nachvollziehbare Begründung des Bewertungsergebnisses eines Sachverhalts hinsichtlich der Meldepflicht nach § 43 Absatz 1.

[2]Die Aufzeichnungen nach Satz 1 Nummer 1 Buchstabe a schließen Aufzeichnungen über die getroffenen Maßnahmen zur Ermittlung des wirtschaftlich Berechtigten sowie

1) § 8 geändert durch Gesetz vom 12.12.2019 (BGBl. I S. 2602).

die Dokumentation der Eigentums- und Kontrollstruktur nach § 11 Absatz 5a Satz 1 ein. [3]Bei Personen, die nach § 3 Absatz 2 Satz 5 als wirtschaftlich Berechtigte gelten, sind zudem die Maßnahmen zur Überprüfung der Identität nach § 11 Absatz 5 und etwaige Schwierigkeiten, die während des Überprüfungsvorgangs aufgetreten sind, aufzuzeichnen.

(2) [1]Zur Erfüllung der Pflicht nach Absatz 1 Satz 1 Nummer 1 Buchstabe a sind in den Fällen des § 12 Absatz 1 Satz 1 Nummer 1 auch die Art, die Nummer und die Behörde, die das zur Überprüfung der Identität vorgelegte Dokument ausgestellt hat, aufzuzeichnen. [2]Soweit zur Überprüfung der Identität einer natürlichen Person Dokumente nach § 12 Absatz 1 Satz 1 Nummer 1, 4 oder 5 oder zur Überprüfung der Identität einer juristischen Person Unterlagen nach § 12 Absatz 2 vorgelegt werden oder soweit Dokumente, die aufgrund einer Rechtsverordnung nach § 12 Absatz 3 bestimmt sind, vorgelegt oder herangezogen werden, haben die Verpflichteten das Recht und die Pflicht, Kopien dieser Dokumente oder Unterlagen anzufertigen oder sie optisch digitalisiert zu erfassen oder, bei einem Vor-Ort-Auslesen nach § 18a des Personalausweisgesetzes, nach § 78 Absatz 5 Satz 2 des Aufenthaltsgesetzes oder nach § 13 des eID-Karte-Gesetzes, das dienste- und kartenspezifische Kennzeichen sowie die Tatsache aufzuzeichnen, dass die Daten im Wege des Vor-Ort-Auslesens übernommen wurden. [3]Diese gelten als Aufzeichnung im Sinne des Satzes 1. Wird nach § 11 Absatz 3 Satz 1 von einer erneuten Identifizierung abgesehen, so sind der Name des zu Identifizierenden und der Umstand, dass er bei früherer Gelegenheit identifiziert worden ist, aufzuzeichnen. [4]Die Aufzeichnungs- und Aufbewahrungspflicht nach Absatz 1 Satz 1 Nummer 1 Buchstabe a umfasst auch die zur Erfüllung geldwäscherechtlicher Sorgfaltspflichten angefertigten Aufzeichnungen von Video- und Tonaufnahmen. [5]Im Fall des § 12 Absatz 1 Satz 1 Nummer 2 ist anstelle der Art, der Nummer und der Behörde, die das zur Überprüfung der Identität vorgelegte Dokument ausgestellt hat, das dienste- und kartenspezifische Kennzeichen und die Tatsache, dass die Prüfung anhand eines elektronischen Identitätsnachweises erfolgt ist, aufzuzeichnen. [6]Bei der Überprüfung der Identität anhand einer qualifizierten Signatur nach § 12 Absatz 1 Satz 1 Nummer 3 ist auch deren Validierung aufzuzeichnen. [7]Bei Einholung von Angaben und Informationen durch Einsichtnahme in elektronisch geführte Register oder Verzeichnisse gemäß § 12 Absatz 2 gilt die Anfertigung eines Ausdrucks als Aufzeichnung der darin enthaltenen Angaben oder Informationen.

(3) [1]Die Aufzeichnungen können auch digital auf einem Datenträger gespeichert werden. [2]Die Verpflichteten müssen sicherstellen, dass die gespeicherten Daten

1. mit den festgestellten Angaben und Informationen übereinstimmen,
2. während der Dauer der Aufbewahrungsfrist verfügbar sind und
3. jederzeit innerhalb einer angemessenen Frist lesbar gemacht werden können.

(4) [1]Die Aufzeichnungen und sonstigen Belege nach den Absätzen 1 bis 3 sind fünf Jahre aufzubewahren, soweit nicht andere gesetzliche Bestimmungen über Aufzeichnungs- und Aufbewahrungspflichten eine längere Frist vorsehen. [2]In jedem Fall sind die Aufzeichnungen und sonstigen Belege spätestens nach Ablauf von zehn Jahren zu vernichten. [3]Die Aufbewahrungsfrist im Fall des § 10 Absatz 3 Satz 1 Nummer 1 beginnt mit dem Schluss des Kalenderjahres, in dem die Geschäftsbeziehung endet. [4]In den übrigen Fällen beginnt sie mit dem Schluss des Kalenderjahres, in dem die jeweilige Angabe festgestellt worden ist.

(5) Soweit aufzubewahrende Unterlagen einer öffentlichen Stelle vorzulegen sind, gilt für die Lesbarmachung der Unterlagen § 147 Absatz 5 der Abgabenordnung entsprechend.

§ 9[1] Gruppenweite Pflichten

(1) [1]Verpflichtete, die Mutterunternehmen einer Gruppe sind, haben eine Risikoanalyse für alle Zweigstellen, Zweigniederlassungen und gruppenangehörigen Unternehmen nach § 1 Absatz 16 Nummer 2 bis 4, die geldwäscherechtlichen Pflichten unterliegen, durchzuführen. [2]Auf Grundlage dieser Risikoanalyse haben sie gruppenweit folgende Maßnahmen zu ergreifen:

1. die Einrichtung von einheitlichen internen Sicherungsmaßnahmen nach § 6 Absatz 2,
2. die Bestellung eines Geldwäschebeauftragten, der für die Erstellung einer gruppenweiten Strategie zur Verhinderung von Geldwäsche und Terrorismusfinanzierung sowie für die Koordinierung und Überwachung ihrer Umsetzung zuständig ist,
3. die Schaffung von Verfahren für den Informationsaustausch innerhalb der Gruppe zur Verhinderung von Geldwäsche und von Terrorismusfinanzierung sowie
4. die Schaffung von Vorkehrungen zum Schutz von personenbezogenen Daten.

[3]Sie haben sicherzustellen, dass die von ihnen getroffenen Maßnahmen nach Satz 2 Nummer 1, 3 und 4 von ihren Zweigstellen, Zweigniederlassungen und gruppenangehörigen Unternehmen nach § 1 Absatz 16 Nummer 2 bis 4, soweit diese geldwäscherechtlichen Pflichten und dem beherrschenden Einfluss des Mutterunternehmens unterliegen, wirksam umgesetzt werden.

(2) Verpflichtete, die Mutterunternehmen einer Gruppe sind, haben sicherzustellen, dass Zweigniederlassungen und gruppenangehörige Unternehmen nach § 1 Absatz 16 Nummer 2 bis 4, die mehrheitlich in ihrem Besitz stehen und die in einem anderen Mitgliedstaat der Europäischen Union ansässig sind, nach dessen Recht sie Pflichten zur Verhinderung von Geldwäsche und von Terrorismusfinanzierung unterliegen, die dort geltenden nationalen Rechtsvorschriften zur Umsetzung der Richtlinie (EU) 2015/849 einhalten.

(3) [1]Verpflichtete, die Mutterunternehmen einer Gruppe sind, haben sicherzustellen, dass Zweigstellen und gruppenangehörige Unternehmen nach § 1 Absatz 16 Nummer 2 bis 4, die mehrheitlich in ihrem Besitz stehen und ihren Sitz in einem Drittstaat haben, in dem die Mindestanforderungen zur Verhinderung von Geldwäsche und von Terrorismusfinanzierung geringer sind als die Anforderungen für Unternehmen mit Sitz in Deutschland, die Anforderungen nach diesem Gesetz erfüllen, soweit das Recht des Drittstaats dies zulässt. [2]Soweit eine Umsetzung der in Absatz 1 Satz 2 Nummer 1, 3 und 4 genannten Maßnahmen nach dem Recht des Drittstaats nicht zulässig ist, sind die Mutterunternehmen verpflichtet,

1. sicherzustellen, dass ihre in Satz 1 genannten Zweigstellen und gruppenangehörigen Unternehmen, die mehrheitlich in ihrem Besitz stehen, zusätzliche Maßnahmen ergreifen, um dem Risiko der Geldwäsche und der Terrorismusfinanzierung wirksam zu begegnen, und
2. die nach § 50 zuständige Aufsichtsbehörde über die getroffenen Maßnahmen zu informieren.

[3]Reichen die getroffenen Maßnahmen nicht aus, so ordnet die nach § 50 zuständige Aufsichtsbehörde an, dass die Mutterunternehmen sicherstellen, dass die in Satz 1 genannten Zweigstellen und gruppenangehörigen Unternehmen nach § 1 Absatz 16 Nummer 2 bis 4 in diesem Drittstaat weder eine Geschäftsbeziehung begründen oder fortsetzen noch Transaktionen durchführen.

---

1) § 9 geändert durch Gesetz vom 12.12.2019 (BGBl. I S. 2602).

(4) Die Absätze 1 bis 3 gelten entsprechend für Verpflichtete,

1. die gruppenangehörige Unternehmen nach § 1 Absatz 16 Nummer 2 bis 4 sind, soweit ihnen mindestens ein anderes Unternehmen nach § 1 Absatz 16 Nummer 2 bis 4 nachgeordnet ist und ihrem beherrschenden Einfluss unterliegt, und
2. deren Mutterunternehmen weder nach Absatz 1 noch nach dem Recht des Staates, in dem es ansässig ist, gruppenweite Maßnahmen ergreifen muss.

(5) [1]Verpflichtete, die gruppenangehörige Unternehmen nach § 1 Absatz 16 Nummer 2 bis 4 eines Mutterunternehmens im Sinne von Absatz 1 sind, haben die in Absatz 1 Satz 2 Nummer 1, 3 und 4 genannten Maßnahmen umzusetzen. [2]Alle anderen gruppenangehörigen Verpflichteten müssen die für sie geltenden gruppenweiten Pflichten umsetzen, die insbesondere Verfahren für den Informationsaustausch innerhalb der Gruppe zur Verhinderung von Geldwäsche und von Terrorismusfinanzierung sowie Vorkehrungen zum Schutz von personenbezogenen Daten umfassen müssen. [3]Die Pflichten nach den Sätzen 1 und 2 gelten unbeschadet der von den Verpflichteten zu beachtenden eigenen gesetzlichen Verpflichtung zur Erfüllung sonstiger geldwäscherechtlicher Vorschriften.

Abschnitt 3. Sorgfaltspflichten in Bezug auf Kunden

§ 10 [1] Allgemeine Sorgfaltspflichten

(1) Die allgemeinen Sorgfaltspflichten sind:

1. die Identifizierung des Vertragspartners und gegebenenfalls der für ihn auftretenden Person nach Maßgabe des § 11 Absatz 4 und des § 12 Absatz 1 und 2 sowie die Prüfung, ob die für den Vertragspartner auftretende Person hierzu berechtigt ist,
2. die Abklärung, ob der Vertragspartner für einen wirtschaftlich Berechtigten handelt, und, soweit dies der Fall ist, die Identifizierung des wirtschaftlich Berechtigten nach Maßgabe des § 11 Absatz 5; dies umfasst in Fällen, in denen der Vertragspartner keine natürliche Person ist, die Pflicht, die Eigentums- und Kontrollstruktur des Vertragspartners mit angemessenen Mitteln in Erfahrung zu bringen,
3. die Einholung und Bewertung von Informationen über den Zweck und über die angestrebte Art der Geschäftsbeziehung, soweit sich diese Informationen im Einzelfall nicht bereits zweifelsfrei aus der Geschäftsbeziehung ergeben,
4. die Feststellung mit angemessenen, risikoorientierten Verfahren, ob es sich bei dem Vertragspartner oder dem wirtschaftlich Berechtigten um eine politisch exponierte Person, um ein Familienmitglied oder um eine bekanntermaßen nahestehende Person handelt, und
5. die kontinuierliche Überwachung der Geschäftsbeziehung einschließlich der Transaktionen, die in ihrem Verlauf durchgeführt werden, zur Sicherstellung, dass diese Transaktionen übereinstimmen
   a) mit den beim Verpflichteten vorhandenen Dokumenten und Informationen über den Vertragspartner und gegebenenfalls über den wirtschaftlich Berechtigten, über deren Geschäftstätigkeit und Kundenprofil und,
   b) soweit erforderlich, mit den beim Verpflichteten vorhandenen Informationen über die Herkunft der Vermögenswerte;

   im Rahmen der kontinuierlichen Überwachung haben die Verpflichteten sicherzustellen, dass die jeweiligen Dokumente, Daten oder Informationen unter Berück-

1) § 10 geändert durch Gesetz vom 12.12.2019 (BGBl. I S. 2602).

sichtigung des jeweiligen Risikos im angemessenen zeitlichen Abstand aktualisiert werden.

(2) [1]Der konkrete Umfang der Maßnahmen nach Absatz 1 Nummer 2 bis 5 muss dem jeweiligen Risiko der Geldwäsche oder Terrorismusfinanzierung, insbesondere in Bezug auf den Vertragspartner, die Geschäftsbeziehung oder Transaktion, entsprechen. [2]Die Verpflichteten berücksichtigen dabei insbesondere die in den Anlagen 1 und 2 genannten Risikofaktoren. [3]Darüber hinaus zu berücksichtigen haben sie bei der Bewertung der Risiken zumindest

1. den Zweck des Kontos oder der Geschäftsbeziehung,
2. die Höhe der von Kunden eingezahlten Vermögenswerte oder den Umfang der ausgeführten Transaktionen sowie
3. die Regelmäßigkeit oder die Dauer der Geschäftsbeziehung.

Verpflichtete müssen gegenüber den Aufsichtsbehörden auf deren Verlangen darlegen, dass der Umfang der von ihnen getroffenen Maßnahmen im Hinblick auf die Risiken der Geldwäsche und der Terrorismusfinanzierung angemessen ist.

(3) Die allgemeinen Sorgfaltspflichten sind von Verpflichteten zu erfüllen:

1. bei der Begründung einer Geschäftsbeziehung,
2. bei Transaktionen, die außerhalb einer Geschäftsbeziehung durchgeführt werden, wenn es sich handelt um
   a) Geldtransfers nach Artikel 3 Nummer 9 der Verordnung (EU) 2015/847 des Europäischen Parlaments und des Rates vom 20. Mai 2015 über die Übermittlung von Angaben bei Geldtransfers und zur Aufhebung der Verordnung (EU) Nr. 1781/2006 (ABl. L 141 vom 5.6.2015, S. 1) und dieser Geldtransfer einen Betrag von 1 000 Euro oder mehr ausmacht,
   b) die Durchführung einer sonstigen Transaktion im Wert von 15 000 Euro oder mehr,
3. ungeachtet etwaiger nach diesem Gesetz oder anderen Gesetzen bestehender Ausnahmeregelungen, Befreiungen oder Schwellenbeträge beim Vorliegen von Tatsachen, die darauf hindeuten, dass
   a) es sich bei Vermögensgegenständen, die mit einer Transaktion oder Geschäftsbeziehung im Zusammenhang stehen, um den Gegenstand von Geldwäsche handelt oder
   b) die Vermögensgegenstände im Zusammenhang mit Terrorismusfinanzierung stehen,
4. bei Zweifeln, ob die aufgrund von Bestimmungen dieses Gesetzes erhobenen Angaben zu der Identität des Vertragspartners, zu der Identität einer für den Vertragspartner auftretenden Person oder zu der Identität des wirtschaftlich Berechtigten zutreffend sind.

(3a) [1]Die Verpflichteten müssen die allgemeinen Sorgfaltspflichten bei allen neuen Kunden erfüllen. [2]Bei bereits bestehenden Geschäftsbeziehungen müssen sie die allgemeinen Sorgfaltspflichten zu geeigneter Zeit auf risikobasierter Grundlage erfüllen, insbesondere dann, wenn

1. sich bei einem Kunden maßgebliche Umstände ändern,
2. der Verpflichtete rechtlich verpflichtet ist, den Kunden im Laufe des betreffenden Kalenderjahres zu kontaktieren, um etwaige einschlägige Informationen über den wirtschaftlich Berechtigten zu überprüfen, oder

3. der Verpflichtete gemäß der Richtlinie 2011/16/EU des Rates vom 15. Februar 2011 über die Zusammenarbeit der Verwaltungsbehörden im Bereich der Besteuerung und zur Aufhebung der Richtlinie 77/799/EWG (ABl. L 64 vom 11.3.2011, S. 1) dazu verpflichtet ist.

(4) Nehmen Verpflichtete nach § 2 Absatz 1 Nummer 3 bis 5 Bargeld bei der Erbringung von Zahlungsdiensten nach § 1 Absatz 1 Satz 2 des Zahlungsdiensteaufsichtsgesetzes an, so haben sie die allgemeinen Sorgfaltspflichten nach Absatz 1 Nummer 1 und 2 zu erfüllen.

(5) [1]Verpflichtete nach § 2 Absatz 1 Nummer 15 haben die allgemeinen Sorgfaltspflichten bei Transaktionen in Form von Gewinnen oder Einsätzen eines Spielers in Höhe von 2 000 Euro oder mehr zu erfüllen, es sei denn, das Glücksspiel wird im Internet angeboten oder vermittelt. [2]Der Identifizierungspflicht kann auch dadurch nachgekommen werden, dass der Spieler bereits beim Betreten der Spielbank oder der sonstigen örtlichen Glücksspielstätte identifiziert wird, wenn vom Verpflichteten zusätzlich sichergestellt wird, dass Transaktionen im Wert von 2 000 Euro oder mehr einschließlich des Kaufs oder Rücktauschs von Spielmarken dem jeweiligen Spieler zugeordnet werden können.

(6) Verpflichtete nach § 2 Absatz 1 Nummer 14 haben die allgemeinen Sorgfaltspflichten zu erfüllen:

1. bei der Vermittlung von Kaufverträgen und
2. bei der Vermittlung von Miet- oder Pachtverträgen bei Transaktionen mit einer monatlichen Miete oder Pacht in Höhe von mindestens 10 000 Euro.

(6a) Verpflichtete nach § 2 Absatz 1 Nummer 16 haben die allgemeinen Sorgfaltspflichten zu erfüllen:

1. als Güterhändler bei folgenden Transaktionen:
   a) Transaktionen im Wert von mindestens 10 000 Euro über Kunstgegenstände,
   b) Transaktionen über hochwertige Güter nach § 1 Absatz 10 Satz 2 Nummer 1, bei welchen sie Barzahlungen über mindestens 2 000 Euro selbst oder durch Dritte tätigen oder entgegennehmen oder
   c) Transaktionen über sonstige Güter, bei welchen sie Barzahlungen über mindestens 10 000 Euro selbst oder durch Dritte tätigen oder entgegennehmen, und
2. als Kunstvermittler und Kunstlagerhalter bei Transaktionen im Wert von mindestens 10 000 Euro.

(7) [1]Für Verpflichtete nach § 2 Absatz 1 Nummer 4 und 5, die bei der Ausgabe von E-Geld tätig sind, gilt § 25i Absatz 1 des Kreditwesengesetzes mit der Maßgabe, dass lediglich die Pflichten nach Absatz 1 Nummer 1 und 4 zu erfüllen sind. [2]§ 25i Absatz 2 und 4 des Kreditwesengesetzes gilt entsprechend.

(8) Versicherungsvermittler nach § 2 Absatz 1 Nummer 8, die für ein Versicherungsunternehmen nach § 2 Absatz 1 Nummer 7 Prämien einziehen, haben diesem Versicherungsunternehmen mitzuteilen, wenn Prämienzahlungen in bar erfolgen und den Betrag von 15 000 Euro innerhalb eines Kalenderjahres übersteigen.

(8a) Soweit ein Verpflichteter nach § 2 Absatz 1 Nummer 10 als Syndikusrechtsanwalt oder als Syndikuspatentanwalt oder ein Verpflichteter nach § 2 Absatz 1 Nummer 12 als Syndikussteuerberater für ein Unternehmen tätig wird, das selbst Verpflichteter nach § 2 Absatz 1 ist, obliegen die Verpflichtungen nach Absatz 1 diesem Unternehmen.

(9) [1]Ist der Verpflichtete nicht in der Lage, die allgemeinen Sorgfaltspflichten nach Absatz 1 Nummer 1 bis 4 zu erfüllen, so darf die Geschäftsbeziehung nicht begründet oder nicht fortgesetzt werden und darf keine Transaktion durchgeführt werden. [2]Soweit

eine Geschäftsbeziehung bereits besteht, ist sie vom Verpflichteten ungeachtet anderer gesetzlicher oder vertraglicher Bestimmungen durch Kündigung oder auf andere Weise zu beenden. 3Die Sätze 1 und 2 gelten für Verpflichtete nach § 2 Absatz 1 Nummer 10 und 12 nicht, wenn Tätigkeiten der Rechtsberatung oder Prozessvertretung erbracht werden sollen, es sei denn, der Verpflichtete weiß, dass die Rechtsberatung oder Prozessvertretung bewusst für den Zweck der Geldwäsche oder der Terrorismusfinanzierung genutzt wurde oder wird. 4Solange der Vertragspartner seiner Pflicht nach § 11 Absatz 5a Satz 1 oder eine Vereinigung mit Sitz im Ausland ihrer Mitteilungspflicht nach § 20 Absatz 1 Satz 2 und 3 nicht nachkommt, hat der Notar die Beurkundung abzulehnen; § 15 Absatz 2 der Bundesnotarordnung gilt insoweit entsprechend.

§ 11[1)] Identifizierung

(1) 1Verpflichtete haben Vertragspartner, gegebenenfalls für diese auftretende Personen und wirtschaftlich Berechtigte vor Begründung der Geschäftsbeziehung oder vor Durchführung der Transaktion zu identifizieren. 2Die Identifizierung kann auch noch während der Begründung der Geschäftsbeziehung unverzüglich abgeschlossen werden, wenn dies erforderlich ist, um den normalen Geschäftsablauf nicht zu unterbrechen, und wenn ein geringes Risiko der Geldwäsche und der Terrorismusfinanzierung besteht.

(2) 1Abweichend von Absatz 1 haben Verpflichtete nach § 2 Absatz 1 Nummer 14 die Vertragsparteien des Kaufgegenstandes, gegebenenfalls für diese auftretende Personen und den wirtschaftlich Berechtigten zu identifizieren, sobald der Vertragspartner des Maklers ein ernsthaftes Interesse an der Durchführung des Immobilienkaufvertrages äußert und die Kaufvertragsparteien hinreichend bestimmt sind. 2Sind für beide Vertragsparteien des Kaufgegenstandes Verpflichtete nach § 2 Absatz 1 Nummer 14 tätig, so muss jeder Verpflichtete nur die Vertragspartei identifizieren, für die er handelt.

(3) 1Von einer Identifizierung kann abgesehen werden, wenn der Verpflichtete die zu identifizierende Person bereits bei früherer Gelegenheit im Rahmen der Erfüllung seiner Sorgfaltspflichten identifiziert hat und die dabei erhobenen Angaben aufgezeichnet hat. 2Muss der Verpflichtete aufgrund der äußeren Umstände Zweifel hegen, ob die bei der früheren Identifizierung erhobenen Angaben weiterhin zutreffend sind, hat er eine erneute Identifizierung durchzuführen.

(4) Bei der Identifizierung hat der Verpflichtete folgende Angaben zu erheben:

1. bei einer natürlichen Person:
   a) Vorname und Nachname,
   b) Geburtsort,
   c) Geburtsdatum,
   d) Staatsangehörigkeit und
   e) eine Wohnanschrift oder, sofern kein fester Wohnsitz mit rechtmäßigem Aufenthalt in der Europäischen Union besteht und die Überprüfung der Identität im Rahmen des Abschlusses eines Basiskontovertrags im Sinne von § 38 des Zahlungskontengesetzes erfolgt, die postalische Anschrift, unter der der Vertragspartner sowie die gegenüber dem Verpflichteten auftretende Person erreichbar ist;
2. bei einer juristischen Person oder bei einer Personengesellschaft:
   a) Firma, Name oder Bezeichnung,
   b) Rechtsform,

1) § 11 geändert durch Gesetz vom 12.12.2019 (BGBl. I S. 2602).

c) Registernummer, falls vorhanden,

d) Anschrift des Sitzes oder der Hauptniederlassung und

e) die Namen der Mitglieder des Vertretungsorgans oder die Namen der gesetzlichen Vertreter und, sofern ein Mitglied des Vertretungsorgans oder der gesetzliche Vertreter eine juristische Person ist, von dieser juristischen Person die Daten nach den Buchstaben a bis d.

(5) [1]Bei einem wirtschaftlich Berechtigten hat der Verpflichtete abweichend von Absatz 4 zur Feststellung der Identität zumindest dessen Name und, soweit dies in Ansehung des im Einzelfall bestehenden Risikos der Geldwäsche oder der Terrorismusfinanzierung angemessen ist, weitere Identifizierungsmerkmale zu erheben. [2]Bei Begründung einer neuen Geschäftsbeziehung mit einer Vereinigung nach § 20 oder einer Rechtsgestaltung nach § 21 hat der Verpflichtete einen Nachweis der Registrierung nach § 20 Absatz 1 oder § 21 oder einen Auszug der über das Transparenzregister zugänglichen Daten einzuholen. [3]Geburtsdatum, Geburtsort und Anschrift des wirtschaftlich Berechtigten dürfen unabhängig vom festgestellten Risiko erhoben werden. [4]Der Verpflichtete hat sich durch risikoangemessene Maßnahmen zu vergewissern, dass die zur Identifizierung erhobenen Angaben zutreffend sind; dabei darf sich der Verpflichtete nicht ausschließlich auf die Angaben im Transparenzregister verlassen. [5]Handelt es sich um eine Person, die nach § 3 Absatz 2 Satz 5 als wirtschaftlich Berechtigter gilt, so hat der Verpflichtete angemessene Maßnahmen für die Überprüfung der Identität dieser Person zu ergreifen. [6]Werden bei Trusts oder anderen Rechtsgestaltungen nach § 21 die wirtschaftlich Berechtigten nach besonderen Merkmalen oder nach einer Kategorie bestimmt, so hat der Verpflichtete ausreichende Informationen über den wirtschaftlich Berechtigten einzuholen, um zum Zeitpunkt der Ausführung der Transaktion oder der Ausübung seiner Rechte die Identität des wirtschaftlich Berechtigten feststellen zu können.

(5a) [1]Sofern der Vertragspartner bei einem Erwerbsvorgang nach § 1 des Grunderwerbsteuergesetzes für eine Rechtsform im Sinne von § 3 Absatz 2 oder 3 handelt, hat der beurkundende Notar vor der Beurkundung die Identität des wirtschaftlich Berechtigten anhand einer von dem jeweiligen Vertragspartner in Textform vorzulegenden Dokumentation der Eigentums- und Kontrollstruktur auf ihre Schlüssigkeit zu überprüfen. [2]Die Dokumentation ist der Zentralstelle für Finanztransaktionsuntersuchungen sowie den Strafverfolgungsbehörden auf Verlangen zur Verfügung zu stellen.

(6) [1]Der Vertragspartner eines Verpflichteten hat dem Verpflichteten die Informationen und Unterlagen zur Verfügung zu stellen, die zur Identifizierung erforderlich sind. [2]Ergeben sich im Laufe der Geschäftsbeziehung Änderungen, hat er diese Änderungen unverzüglich dem Verpflichteten anzuzeigen. [3]Der Vertragspartner hat gegenüber dem Verpflichteten offenzulegen, ob er die Geschäftsbeziehung oder die Transaktion für einen wirtschaftlich Berechtigten begründen, fortsetzen oder durchführen will. [4]Mit der Offenlegung hat er dem Verpflichteten auch die Identität des wirtschaftlich Berechtigten nachzuweisen. [5]Die Sätze 1 bis 4 gelten entsprechend für die Vertragsparteien des Kaufgegenstandes im Sinne des Absatzes 2, die nicht Vertragspartner des Verpflichteten nach § 2 Absatz 1 Nummer 14 sind.

(7) Verwalter von Trusts und anderen Rechtsgestaltungen nach § 21 haben dem Verpflichteten ihren Status offenzulegen und ihm die Angaben nach § 21 Absatz 1 und 2 unverzüglich zu übermitteln, wenn sie in dieser Position eine Geschäftsbeziehung aufnehmen oder eine Transaktion oberhalb der in § 10 Absatz 3 Nummer 2, Absatz 5, Absatz 6 oder Absatz 6a genannten Schwellenbeträge durchführen.

§ 11a[1] Verarbeitung personenbezogener Daten durch Verpflichtete

(1) Verpflichtete nach § 2 dürfen personenbezogene Daten nur verarbeiten, soweit dies auf Grundlage dieses Gesetzes für Zwecke der Verhinderung von Geldwäsche und Terrorismusfinanzierung erforderlich ist.

(2) Soweit ein den Vorschriften dieses Gesetzes unterliegender Verpflichteter nach § 2 personenbezogene Daten für Zwecke gemäß Absatz 1 an die zuständigen Aufsichtsbehörden oder die Personen und Einrichtungen, deren sich die zuständigen Aufsichtsbehörden bei der Durchführung ihrer Aufgaben bedienen, oder an die Zentralstelle für Finanztransaktionsuntersuchungen übermittelt, bestehen die Pflicht zur Information der betroffenen Person nach Artikel 13 Absatz 3 der Verordnung (EU) 2016/679 und das Recht auf Auskunft der betroffenen Person nach Artikel 15 der Verordnung (EU) 2016/679 nicht.

(3) Die Absätze 1 und 2 finden entsprechende Anwendung auf Dritte im Sinne von § 17, auf die ein Verpflichteter zur Erfüllung der allgemeinen Sorgfaltspflichten nach § 10 Absatz 1 Nummer 1 bis 4 zurückgreift.

§ 12[2][3] Identitätsüberprüfung, Verordnungsermächtigung

(1) [1]Die Identitätsüberprüfung hat in den Fällen des § 10 Absatz 1 Nummer 1 bei natürlichen Personen zu erfolgen anhand

1. eines gültigen amtlichen Ausweises, der ein Lichtbild des Inhabers enthält und mit dem die Pass- und Ausweispflicht im Inland erfüllt wird, insbesondere anhand eines inländischen oder nach ausländerrechtlichen Bestimmungen anerkannten oder zugelassenen Passes, Personalausweises oder Pass- oder Ausweisersatzes,
2. eines elektronischen Identitätsnachweises nach § 18 des Personalausweisgesetzes, nach § 12 des eID-Karte-Gesetzes oder nach § 78 Absatz 5 des Aufenthaltsgesetzes,
3. einer qualifizierten elektronischen Signatur nach Artikel 3 Nummer 12 der Verordnung (EU) Nr. 910/2014 des Europäischen Parlaments und des Rates vom 23. Juli 2014 über elektronische Identifizierung und Vertrauensdienste für elektronische Transaktionen im Binnenmarkt und zur Aufhebung der Richtlinie 1999/93/EG (ABl. L 257 vom 28.8.2014, S. 73),
4. eines nach Artikel 8 Absatz 2 Buchstabe c in Verbindung mit Artikel 9 der Verordnung (EU) Nr. 910/2014 notifizierten elektronischen Identifizierungssystems oder
5. von Dokumenten nach § 1 Absatz 1 der Verordnung über die Bestimmung von Dokumenten, die zur Identifizierung einer nach dem Geldwäschegesetz zu identifizierenden Person zum Zwecke des Abschlusses eines Zahlungskontovertrags zugelassen werden.

[2]Im Fall der Identitätsüberprüfung anhand einer qualifizierten elektronischen Signatur gemäß Satz 1 Nummer 3 hat der Verpflichtete eine Validierung der qualifizierten elektronischen Signatur nach Artikel 32 Absatz 1 der Verordnung (EU) Nr. 910/2014 vorzunehmen. [3]Er hat in diesem Falle auch sicherzustellen, dass eine Transaktion unmittelbar von einem Zahlungskonto im Sinne des § 1 Absatz 17 des Zahlungsdiensteaufsichtsgesetzes erfolgt, das auf den Namen des Vertragspartners lautet, bei einem Verpflichteten nach § 2 Absatz 1 Satz 1 Nummer 1 oder Nummer 3 oder bei einem Kreditinstitut, das ansässig ist in einem

1. anderen Mitgliedstaat der Europäischen Union,

---

1) § 11a eingefügt durch Gesetz vom 12.12.2019 (BGBl. I S. 2602).
2) § 12 Abs. 1 geändert durch Gesetz vom 21.6.2019 (BGBl. I S. 846).
3) § 12 Abs. 1 und 2 geändert durch Gesetz vom 12.12.2019 (BGBl. I S. 2602).

2. Vertragsstaat des Abkommens über den Europäischen Wirtschaftsraum oder
3. Drittstaat, in dem das Kreditinstitut Sorgfalts- und Aufbewahrungspflichten unterliegt, die den in der Richtlinie (EU) 2015/849 festgelegten Sorgfalts- und Aufbewahrungspflichten entsprechen und deren Einhaltung in einer mit Kapitel IV Abschnitt 2 der Richtlinie (EU) 2015/849 im Einklang stehenden Weise beaufsichtigt wird.

(2) Die Identitätsüberprüfung hat in den Fällen des § 10 Absatz 1 Nummer 1 bei juristischen Personen oder bei Personengesellschaften zu erfolgen anhand

1. eines Auszuges aus dem Handels- oder Genossenschaftsregister oder aus einem vergleichbaren amtlichen Register oder Verzeichnis,
2. von Gründungsdokumenten oder von gleichwertigen beweiskräftigen Dokumenten oder
3. einer eigenen dokumentierten Einsichtnahme des Verpflichteten in die Register- oder Verzeichnisdaten.

(3) Das Bundesministerium der Finanzen kann im Einvernehmen mit dem Bundesministerium des Innern durch Rechtsverordnung ohne Zustimmung des Bundesrates weitere Dokumente bestimmen, die zur Überprüfung der Identität geeignet sind.

§ 13 Verfahren zur Identitätsüberprüfung, Verordnungsermächtigung

(1) Verpflichtete überprüfen die Identität der natürlichen Personen mit einem der folgenden Verfahren:

1. durch angemessene Prüfung des vor Ort vorgelegten Dokuments oder
2. mittels eines sonstigen Verfahrens, das zur geldwäscherechtlichen Überprüfung der Identität geeignet ist und ein Sicherheitsniveau aufweist, das dem in Nummer 1 genannten Verfahren gleichwertig ist.

(2) Das Bundesministerium der Finanzen kann im Einvernehmen mit dem Bundesministerium des Innern durch Rechtsverordnung, die nicht der Zustimmung des Bundesrates bedarf,

1. Konkretisierungen oder weitere Anforderungen an das in Absatz 1 genannte Verfahren sowie an die sich dieses bedienenden Verpflichteten festlegen und
2. Verfahren bestimmen, die zur geldwäscherechtlichen Identifizierung nach Absatz 1 Nummer 2 geeignet sind.

§ 14 Vereinfachte Sorgfaltspflichten, Verordnungsermächtigung

(1) [1]Verpflichtete müssen nur vereinfachte Sorgfaltspflichten erfüllen, soweit sie unter Berücksichtigung der in den Anlagen 1 und 2 genannten Risikofaktoren feststellen, dass in bestimmten Bereichen, insbesondere im Hinblick auf Kunden, Transaktionen und Dienstleistungen oder Produkte, nur ein geringes Risiko der Geldwäsche oder der Terrorismusfinanzierung besteht. [2]Vor der Anwendung vereinfachter Sorgfaltspflichten haben sich die Verpflichteten zu vergewissern, dass die Geschäftsbeziehung oder Transaktion tatsächlich mit einem geringeren Risiko der Geldwäsche oder Terrorismusfinanzierung verbunden ist. [3]Für die Darlegung der Angemessenheit gilt § 10 Absatz 2 Satz 4 entsprechend.

(2) [1]Bei Anwendbarkeit der vereinfachten Sorgfaltspflichten können Verpflichtete

1. den Umfang der Maßnahmen, die zur Erfüllung der allgemeinen Sorgfaltspflichten zu treffen sind, angemessen reduzieren und
2. insbesondere die Überprüfung der Identität abweichend von den §§ 12 und 13 auf der Grundlage von sonstigen Dokumenten, Daten oder Informationen durchführen, die

von einer glaubwürdigen und unabhängigen Quelle stammen und für die Überprüfung geeignet sind.

[2]Die Verpflichteten müssen in jedem Fall die Überprüfung von Transaktionen und die Überwachung von Geschäftsbeziehungen in einem Umfang sicherstellen, der es ihnen ermöglicht, ungewöhnliche oder verdächtige Transaktionen zu erkennen und zu melden.

(3) Ist der Verpflichtete nicht in der Lage, die vereinfachten Sorgfaltspflichten zu erfüllen, so gilt § 10 Absatz 9 entsprechend.

(4) [1]Das Bundesministerium der Finanzen kann im Einvernehmen mit dem Bundesministerium des Innern durch Rechtsverordnung ohne Zustimmung des Bundesrates Fallkonstellationen festlegen, in denen insbesondere im Hinblick auf Kunden, Produkte, Dienstleistungen, Transaktionen oder Vertriebskanäle ein geringeres Risiko der Geldwäsche oder der Terrorismusfinanzierung bestehen kann und die Verpflichteten unter den Voraussetzungen von Absatz 1 nur vereinfachte Sorgfaltspflichten in Bezug auf Kunden erfüllen müssen. [2]Bei der Festlegung sind die in den Anlagen 1 und 2 genannten Risikofaktoren zu berücksichtigen.

(5) Die Verordnung (EU) 2015/847 findet keine Anwendung auf Inlandsgeldtransfers auf ein Zahlungskonto eines Begünstigten, auf das ausschließlich Zahlungen für die Lieferung von Gütern oder Dienstleistungen vorgenommen werden können, wenn

1. der Zahlungsdienstleister des Begünstigten den Verpflichtungen dieses Gesetzes unterliegt,
2. der Zahlungsdienstleister des Begünstigten in der Lage ist, anhand einer individuellen Transaktionskennziffer über den Begünstigten den Geldtransfer bis zu der Person zurückzuverfolgen, die mit dem Begünstigten eine Vereinbarung über die Lieferung von Gütern und Dienstleistungen getroffen hat, und
3. der überwiesene Betrag höchstens 1 000 Euro beträgt.

§ 15[1)] Verstärkte Sorgfaltspflichten, Verordnungsermächtigung

(1) Die verstärkten Sorgfaltspflichten sind zusätzlich zu den allgemeinen Sorgfaltspflichten zu erfüllen.

(2) [1]Verpflichtete haben verstärkte Sorgfaltspflichten zu erfüllen, wenn sie im Rahmen der Risikoanalyse oder im Einzelfall unter Berücksichtigung der in den Anlagen 1 und 2 genannten Risikofaktoren feststellen, dass ein höheres Risiko der Geldwäsche oder Terrorismusfinanzierung bestehen kann. [2]Die Verpflichteten bestimmen den konkreten Umfang der zu ergreifenden Maßnahmen entsprechend dem jeweiligen höheren Risiko der Geldwäsche oder der Terrorismusfinanzierung. [3]Für die Darlegung der Angemessenheit gilt § 10 Absatz 2 Satz 4 entsprechend.

(3) Ein höheres Risiko liegt insbesondere vor, wenn es sich

1. bei einem Vertragspartner des Verpflichteten oder bei einem wirtschaftlich Berechtigten um eine politisch exponierte Person, ein Familienmitglied oder um eine bekanntermaßen nahestehende Person handelt,
2. um eine Geschäftsbeziehung oder Transaktion handelt, an der ein von der Europäischen Kommission nach Artikel 9 Absatz 2 der Richtlinie (EU) 2015/849, der durch Artikel 1 Nummer 5 der Richtlinie (EU) 2018/843 geändert worden ist, ermittelter Drittstaat mit hohem Risiko oder eine in diesem Drittstaat ansässige natürliche oder juristische Person beteiligt ist; dies gilt nicht für Zweigstellen von in der Europäischen Union niedergelassenen Verpflichteten nach Artikel 2 Absatz 1 der Richtlinie (EU) 2015/849, der durch Artikel 1 Nummer 1 der Richtlinie (EU) 2018/

1) § 15 geändert durch Gesetz vom 12.12.2019 (BGBl. I S. 2602).

843 geändert worden ist, und für mehrheitlich im Besitz dieser Verpflichteten befindliche Tochterunternehmen, die ihren Standort in einem Drittstaat mit hohem Risiko haben, sofern sich diese Zweigstellen und Tochterunternehmen uneingeschränkt an die von ihnen anzuwendenden gruppenweiten Strategien und Verfahren nach Artikel 45 Absatz 1 der Richtlinie (EU) 2015/849 halten,

3. um eine Transaktion handelt, die im Vergleich zu ähnlichen Fällen
   a) besonders komplex oder ungewöhnlich groß ist,
   b) einem ungewöhnlichen Transaktionsmuster folgt oder
   c) keinen offensichtlichen wirtschaftlichen oder rechtmäßigen Zweck hat, oder
4. für Verpflichtete nach § 2 Absatz 1 Nummer 1 bis 3 und 6 bis 8 um eine grenzüberschreitende Korrespondenzbeziehung mit Respondenten mit Sitz in einem Drittstaat oder, vorbehaltlich einer Beurteilung durch die Verpflichteten als erhöhtes Risiko, in einem Staat des Europäischen Wirtschaftsraums handelt.

(4) [1]In einem der in den Absätzen 2 und 3 Nummer 1 genannten Fälle sind mindestens folgende verstärkte Sorgfaltspflichten zu erfüllen:

1. die Begründung oder Fortführung einer Geschäftsbeziehung bedarf der Zustimmung eines Mitglieds der Führungsebene,
2. es sind angemessene Maßnahmen zu ergreifen, mit denen die Herkunft der Vermögenswerte bestimmt werden kann, die im Rahmen der Geschäftsbeziehung oder der Transaktion eingesetzt werden, und
3. die Geschäftsbeziehung ist einer verstärkten kontinuierlichen Überwachung zu unterziehen.

[2]Wenn im Fall des Absatzes 3 Nummer 1 der Vertragspartner oder der wirtschaftlich Berechtigte erst im Laufe der Geschäftsbeziehung ein wichtiges öffentliches Amt auszuüben begonnen hat oder der Verpflichtete erst nach Begründung der Geschäftsbeziehung von der Ausübung eines wichtigen öffentlichen Amts durch den Vertragspartner oder den wirtschaftlich Berechtigten Kenntnis erlangt, so hat der Verpflichtete sicherzustellen, dass die Fortführung der Geschäftsbeziehung nur mit Zustimmung eines Mitglieds der Führungsebene erfolgt. [3]Bei einer ehemaligen politisch exponierten Person haben die Verpflichteten für mindestens zwölf Monate nach Ausscheiden aus dem öffentlichen Amt das Risiko zu berücksichtigen, das spezifisch für politisch exponierte Personen ist, und so lange angemessene und risikoorientierte Maßnahmen zu treffen, bis anzunehmen ist, dass dieses Risiko nicht mehr besteht.

(5) In dem in Absatz 3 Nummer 2 genannten Fall sind mindestens folgende verstärkte Sorgfaltspflichten zu erfüllen:

1. die Transaktion ist zu untersuchen, um das Risiko der jeweiligen Geschäftsbeziehung oder Transaktionen in Bezug auf Geldwäsche oder auf Terrorismusfinanzierung überwachen und einschätzen zu können und um gegebenenfalls prüfen zu können, ob die Pflicht zu einer Meldung nach § 43 Absatz 1 vorliegt, und
2. die der Transaktion zugrunde liegende Geschäftsbeziehung, soweit vorhanden, ist einer verstärkten kontinuierlichen Überwachung zu unterziehen, um das mit der Geschäftsbeziehung verbundene Risiko in Bezug auf Geldwäsche oder auf Terrorismusfinanzierung einschätzen und bei höherem Risiko überwachen zu können.

(5) In dem in Absatz 3 Nummer 2 genannten Fall haben Verpflichtete mindestens folgende verstärkte Sorgfaltspflichten zu erfüllen:

1. sie müssen einholen:
   a) zusätzliche Informationen über den Vertragspartner und den wirtschaftlich Berechtigten,

b) zusätzliche Informationen über die angestrebte Art der Geschäftsbeziehung,
c) Informationen über die Herkunft der Vermögenswerte und des Vermögens des Vertragspartners,
d) Informationen über die Herkunft der Vermögenswerte und des Vermögens des wirtschaftlich Berechtigten mit Ausnahme der Person, die nach § 3 Absatz 2 Satz 5 als wirtschaftlich Berechtigter gilt,
e) Informationen über die Gründe für die geplante oder durchgeführte Transaktion und
f) Informationen über die geplante Verwendung der Vermögenswerte, die im Rahmen der Transaktion oder Geschäftsbeziehung eingesetzt werden, soweit dies zur Beurteilung der Gefahr von Terrorismusfinanzierung erforderlich ist,

2. die Begründung oder Fortführung einer Geschäftsbeziehung bedarf der Zustimmung eines Mitglieds der Führungsebene und
3. bei einer Geschäftsbeziehung müssen sie die Geschäftsbeziehung verstärkt überwachen durch
   a) häufigere und intensivere Kontrollen sowie
   b) die Auswahl von Transaktionsmustern, die einer weiteren Prüfung bedürfen.

(5a) [1]In dem in Absatz 3 Nummer 2 genannten Fall und zusätzlich zu den in Absatz 5 genannten verstärkten Sorgfaltspflichten können die zuständigen Aufsichtsbehörden risikoangemessen und im Einklang mit den internationalen Pflichten der Europäischen Union eine oder mehrere von den Verpflichteten zu erfüllende verstärkte Sorgfaltspflichten anordnen, die auch folgende Maßnahmen umfassen können:

1. die Meldung von Finanztransaktionen an die Zentralstelle für Finanztransaktionsuntersuchungen,
2. die Beschränkung oder das Verbot geschäftlicher Beziehungen oder Transaktionen mit natürlichen oder juristischen Personen aus Drittstaaten mit hohem Risiko,
3. das Verbot für Verpflichtete mit Sitz in einem Drittstaat mit hohem Risiko, im Inland Tochtergesellschaften, Zweigniederlassungen oder Repräsentanzen zu gründen,
4. das Verbot, Zweigniederlassungen oder Repräsentanzen in einem Drittstaat mit hohem Risiko zu gründen,
5. die Verpflichtung für Zweigniederlassungen und Tochtergesellschaften von Verpflichteten mit Sitz in einem Drittstaat mit hohem Risiko, sich einer verschärften Prüfung der Einhaltung der geldwäscherechtlichen Pflichten
   a) durch die zuständige Aufsichtsbehörde zu unterziehen oder
   b) durch einen externen Prüfer zu unterziehen,
6. die Einführung verschärfter Anforderungen in Bezug auf eine externe Prüfung nach Nummer 5 Buchstabe b,
7. für Verpflichtete nach § 2 Absatz 1 Nummer 1 bis 3 und 6 bis 9 die Überprüfung, Änderung oder erforderlichenfalls Beendigung von Korrespondenzbankbeziehungen zu Respondenten in einem Drittstaat mit hohem Risiko.

[2]Bei der Anordnung dieser Maßnahmen gilt für die zuständigen Aufsichtsbehörden Absatz 10 Satz 2 entsprechend.

(6) In dem in Absatz 3 Nummer 3 genannten Fall sind mindestens folgende verstärkte Sorgfaltspflichten zu erfüllen:

1. die Transaktion sowie deren Hintergrund und Zweck sind mit angemessenen Mitteln zu untersuchen, um das Risiko der jeweiligen Geschäftsbeziehung oder Transak-

tionen in Bezug auf Geldwäsche oder auf Terrorismusfinanzierung überwachen und einschätzen zu können und um gegebenenfalls prüfen zu können, ob die Pflicht zu einer Meldung nach § 43 Absatz 1 vorliegt, und

2. die der Transaktion zugrunde liegende Geschäftsbeziehung, soweit vorhanden, ist einer verstärkten kontinuierlichen Überwachung zu unterziehen, um das mit der Geschäftsbeziehung und mit einzelnen Transaktionen verbundene Risiko in Bezug auf Geldwäsche oder auf Terrorismusfinanzierung einschätzen und bei höherem Risiko überwachen zu können.

(7) In dem in Absatz 3 Nummer 4 genannten Fall haben Verpflichtete nach § 2 Absatz 1 Nummer 1 bis 3 und 6 bis 9 bei Begründung einer Geschäftsbeziehung mindestens folgende verstärkte Sorgfaltspflichten zu erfüllen:

1. es sind ausreichende Informationen über den Respondenten einzuholen, um die Art seiner Geschäftstätigkeit in vollem Umfang verstehen und seine Reputation, seine Kontrollen zur Verhinderung der Geldwäsche und Terrorismusfinanzierung sowie die Qualität der Aufsicht bewerten zu können,
2. es ist vor Begründung einer Geschäftsbeziehung mit dem Respondenten die Zustimmung eines Mitglieds der Führungsebene einzuholen,
3. es sind vor Begründung einer solchen Geschäftsbeziehung die jeweiligen Verantwortlichkeiten der Beteiligten in Bezug auf die Erfüllung der Sorgfaltspflichten festzulegen und nach Maßgabe des § 8 zu dokumentieren,
4. es sind Maßnahmen zu ergreifen, um sicherzustellen, dass sie keine Geschäftsbeziehung mit einem Respondenten begründen oder fortsetzen, von dem bekannt ist, dass seine Konten von einer Bank-Mantelgesellschaft genutzt werden, und
5. es sind Maßnahmen zu ergreifen, um sicherzustellen, dass der Respondent keine Transaktionen über Durchlaufkonten zulässt.

(8) Liegen Tatsachen, einschlägige Evaluierungen, Berichte oder Bewertungen nationaler oder internationaler für die Verhinderung oder Bekämpfung der Geldwäsche oder der Terrorismusfinanzierung zuständiger Stellen vor, die die Annahme rechtfertigen, dass über die in Absatz 3 genannten Fälle hinaus ein höheres Risiko besteht, so kann die Aufsichtsbehörde anordnen, dass die Verpflichteten die Transaktionen oder Geschäftsbeziehungen einer verstärkten Überwachung unterziehen und zusätzliche, dem Risiko angemessene Sorgfaltspflichten sowie erforderliche Gegenmaßnahmen zu erfüllen haben.

(9) Ist der Verpflichtete nicht in der Lage, die verstärkten Sorgfaltspflichten zu erfüllen, so gilt § 10 Absatz 9 entsprechend.

(10) [1]Das Bundesministerium der Finanzen kann durch Rechtsverordnung, die nicht der Zustimmung des Bundesrates bedarf,

1. Fallkonstellationen bestimmen, in denen insbesondere im Hinblick auf Staaten, Kunden, Produkte, Dienstleistungen, Transaktionen oder Vertriebskanäle ein potenziell höheres Risiko der Geldwäsche oder der Terrorismusfinanzierung besteht und die Verpflichteten bestimmte verstärkte Sorgfaltspflichten und Gegenmaßnahmen zu erfüllen haben,
2. für Fallkonstellationen im Sinne des Absatzes 3 Nummer 2 bestimmte verstärkte Sorgfaltspflichten und Gegenmaßnahmen anordnen sowie für die Anordnung und Ausgestaltung verstärkter Sorgfaltspflichten durch die zuständigen Aufsichtsbehörden nach Absatz 5a Regelungen treffen.

[2]Das Bundesministerium der Finanzen hat bei Erlass einer Rechtsverordnung nach dieser Vorschrift einschlägige Evaluierungen, Bewertungen oder Berichte internationaler Or-

ganisationen oder von Einrichtungen für die Festlegung von Standards mit Kompetenzen im Bereich der Verhinderung von Geldwäsche und der Bekämpfung von Terrorismusfinanzierung hinsichtlich der von einzelnen Drittstaaten ausgehenden Risiken zu berücksichtigen.

§ 16[1)] Besondere Vorschriften für das Glücksspiel im Internet

(1) [1]Für Verpflichtete nach § 2 Absatz 1 Nummer 15 gelten, soweit sie das Glücksspiel im Internet anbieten oder vermitteln, die besonderen Vorschriften der Absätze 2 bis 8. [2]Bei der Anwendung der allgemeinen Sorgfaltspflichten findet der Schwellenbetrag nach § 10 Absatz 5 keine Anwendung.

(2) Der Verpflichtete darf einen Spieler erst zu einem Glücksspiel im Internet zulassen, wenn er zuvor für den Spieler auf dessen Namen ein Spielerkonto eingerichtet hat.

(3) [1]Der Verpflichtete darf auf dem Spielerkonto weder Einlagen noch andere rückzahlbare Gelder vom Spieler entgegennehmen. [2]Das Guthaben auf dem Spielerkonto darf nicht verzinst werden. [3]Für die entgegengenommenen Geldbeträge gilt § 3 Absatz 3 Satz 3 des Zahlungsdiensteaufsichtsgesetzes entsprechend.

(4) [1]Der Verpflichtete muss sicherstellen, dass Transaktionen des Spielers auf das Spielerkonto nur erfolgen

1. durch die Ausführung eines Zahlungsvorgangs
   a) mittels einer Lastschrift nach § 1 Absatz 1 Satz 2 Nummer 3 Buchstabe a des Zahlungsdiensteaufsichtsgesetzes,
   b) mittels einer Überweisung nach § 1 Absatz 1 Satz 2 Nummer 3 Buchstabe c des Zahlungsdiensteaufsichtsgesetzes oder
   c) mittels einer auf den Namen des Spielers ausgegebenen Zahlungskarte nach § 1 Absatz 1 Satz 2 Nummer 3 Buchstabe b des Zahlungsdiensteaufsichtsgesetzes und
2. von einem Zahlungskonto nach § 1 Absatz 17 des Zahlungsdiensteaufsichtsgesetzes, das auf den Namen des Spielers bei einem Verpflichteten nach § 2 Absatz 1 Nummer 1 oder 3 errichtet worden ist.

[2]Von der Erfüllung der Verpflichtung nach Satz 1 Nummer 1 Buchstabe c und Nummer 2 kann der Verpflichtete absehen, wenn gewährleistet ist, dass die Zahlung zur Teilnahme am Spiel für eine einzelne Transaktion 25 Euro und für mehrere Transaktionen innerhalb eines Kalendermonats 100 Euro nicht überschreitet.

(5) Der Verpflichtete hat die Aufsichtsbehörde unverzüglich zu informieren über die Eröffnung und Schließung eines Zahlungskontos nach § 1 Absatz 17 des Zahlungsdiensteaufsichtsgesetzes, das auf seinen eigenen Namen bei einem Verpflichteten nach § 2 Absatz 1 Nummer 1 oder 3 eingerichtet ist und auf dem Gelder eines Spielers zur Teilnahme an Glücksspielen im Internet entgegengenommen werden.

(6) Wenn der Verpflichtete oder ein anderer Emittent einem Spieler für Transaktionen auf einem Spielerkonto monetäre Werte ausstellt, die auf einem Instrument nach § 2 Absatz 1 Nummer 10 des Zahlungsdiensteaufsichtsgesetzes gespeichert sind, hat der Verpflichtete oder der andere Emittent sicherzustellen, dass der Inhaber des monetären Werts mit dem Inhaber des Spielerkontos identisch ist.

(7) [1]Der Verpflichtete darf Transaktionen an den Spieler nur vornehmen

1. durch die Ausführung eines Zahlungsvorgangs nach Absatz 4 und

---

1) § 16 geändert durch Gesetz vom 12.12.2019 (BGBl. I S. 2602).

2. auf ein Zahlungskonto, das auf den Namen des Spielers bei einem Verpflichteten nach § 2 Absatz 1 Nummer 1 oder 3 eingerichtet worden ist.

[2]Bei der Transaktion hat der Verpflichtete den Verwendungszweck dahingehend zu spezifizieren, dass für einen Außenstehenden erkennbar ist, aus welchem Grund der Zahlungsvorgang erfolgt ist. [3]Für diesen Verwendungszweck können die Aufsichtsbehörden Standardformulierungen festlegen, die vom Verpflichteten zu verwenden sind.

(8) [1]Abweichend von § 11 kann der Verpflichtete bei einem Spieler, für den er ein Spielerkonto einrichtet, eine vorläufige Identifizierung durchführen. [2]Die vorläufige Identifizierung kann anhand einer elektronisch oder auf dem Postweg übersandten Kopie eines Dokuments nach § 12 Absatz 1 Satz 1 Nummer 1 erfolgen. [3]Eine vollständige Identifizierung ist unverzüglich nachzuholen. [4]Sowohl die vorläufige als auch die vollständige Identifizierung kann auch anhand der glücksspielrechtlichen Anforderungen an Identifizierung und Authentifizierung erfolgen.

§ 17[1)] Ausführung der Sorgfaltspflichten durch Dritte, vertragliche Auslagerung

(1) [1]Zur Erfüllung der allgemeinen Sorgfaltspflichten nach § 10 Absatz 1 Nummer 1 bis 4 kann ein Verpflichteter auf Dritte zurückgreifen. [2]Dritte dürfen nur sein

1. Verpflichtete nach § 2 Absatz 1,
2. Verpflichtete gemäß Artikel 2 Absatz 1 der Richtlinie (EU) 2015/849 in einem anderen Mitgliedstaat der Europäischen Union,
3. Mitgliedsorganisationen oder Verbände von Verpflichteten nach Nummer 2 oder in einem Drittstaat ansässige Institute und Personen, sofern diese Sorgfalts- und Aufbewahrungspflichten unterliegen,
   a) die den in der Richtlinie (EU) 2015/849 festgelegten Sorgfalts- und Aufbewahrungspflichten entsprechen und
   b) deren Einhaltung in einer mit Kapitel IV Abschnitt 2 der Richtlinie (EU) 2015/849 im Einklang stehenden Weise beaufsichtigt wird.

[3]Die Verantwortung für die Erfüllung der allgemeinen Sorgfaltspflichten bleibt bei dem Verpflichteten.

(2) [1]Verpflichtete dürfen nicht auf einen Dritten zurückgreifen, der in einem Drittstaat mit hohem Risiko niedergelassen ist. [2]Ausgenommen hiervon sind

1. Zweigstellen von in der Europäischen Union niedergelassenen Verpflichteten nach Artikel 2 Absatz 1 der Richtlinie (EU) 2015/849, wenn die Zweigstelle sich uneingeschränkt an die gruppenweit anzuwendenden Strategien und Verfahren gemäß Artikel 45 der Richtlinie (EU) 2015/849 hält, und
2. Tochterunternehmen, die sich im Mehrheitsbesitz von in der Europäischen Union niedergelassenen Verpflichteten nach Artikel 2 Absatz 1 der Richtlinie (EU) 2015/849 befinden, wenn das Tochterunternehmen sich uneingeschränkt an die gruppenweit anzuwendenden Strategien und Verfahren gemäß Artikel 45 der Richtlinie (EU) 2015/849 hält.

(3) [1]Wenn ein Verpflichteter auf Dritte zurückgreift, muss er sicherstellen, dass die Dritten

1. bei der Identifizierung von im Inland ansässigen Personen den Vorschriften dieses Gesetzes entsprechen,

---

1) § 17 geändert durch Gesetz vom 12.12.2019 (BGBl. I S. 2602).

2. die Informationen einholen, die für die Durchführung der Sorgfaltspflichten nach § 10 Absatz 1 Nummer 1 bis 4 notwendig sind, und
3. ihm diese Informationen unverzüglich und unmittelbar übermitteln.

[2]Er hat zudem angemessene Schritte zu unternehmen, um zu gewährleisten, dass die Dritten ihm auf seine Anforderung hin unverzüglich Kopien derjenigen Dokumente, die maßgeblich zur Feststellung und Überprüfung der Identität des Vertragspartners, gegebenenfalls der für diesen auftretenden Personen und eines etwaigen wirtschaftlich Berechtigten sind, einschließlich Informationen, soweit diese verfügbar sind, die mittels elektronischer Mittel für die Identitätsfeststellung nach § 12 Absatz 1 Satz 1 Nummer 4 eingeholt wurden, sowie andere maßgebliche Unterlagen vorlegen. [3]Die Dritten sind befugt, zu diesem Zweck Kopien von Ausweisdokumenten zu erstellen und weiterzuleiten.

(3a) [1]Der Dritte kann zur Identifizierung des Vertragspartners, einer gegebenenfalls für ihn auftretenden Person und eines wirtschaftlich Berechtigten auch auf anlässlich einer zu einem früheren Zeitpunkt erfolgten Identifizierung dieser Person eingeholte Informationen nach Absatz 3 Satz 1 Nummer 2 zurückgreifen, sofern

1. die Identifizierung im Rahmen der Begründung einer eigenen Geschäftsbeziehung des Dritten und nicht unter Anwendung vereinfachter Sorgfaltspflichten erfolgt ist,
2. die Identifizierung oder die letzte Aktualisierung unter Einhaltung des § 12 vor nicht mehr als 24 Monaten abgeschlossen wurde,
3. für den Verpflichteten aufgrund äußerer Umstände keine Zweifel an der Richtigkeit der ihm übermittelten Informationen bestehen und
4. das Gültigkeitsdatum eines im Rahmen der Identifizierung oder der letzten Aktualisierung unter Einhaltung des § 12 gegebenenfalls verwendeten Identifikationsdokuments noch nicht abgelaufen ist.

[2]Absatz 3 Satz 2 und 3 gilt entsprechend.

(4) Die Voraussetzungen der Absätze 1 und 3 gelten als erfüllt, wenn

1. der Verpflichtete auf Dritte zurückgreift, die derselben Gruppe angehören wie er selbst,
2. die in dieser Gruppe angewandten Sorgfaltspflichten, Aufbewahrungsvorschriften, Strategien und Verfahren zur Verhinderung von Geldwäsche und von Terrorismusfinanzierung mit den Vorschriften der Richtlinie (EU) 2015/849 oder gleichwertigen Vorschriften im Einklang stehen und
3. die effektive Umsetzung dieser Anforderungen auf Gruppenebene von einer Behörde beaufsichtigt wird.

(5) [1]Ein Verpflichteter kann die Durchführung der Maßnahmen, die zur Erfüllung der Sorgfaltspflichten nach § 10 Absatz 1 Nummer 1 bis 4 erforderlich sind, auf andere geeignete Personen und Unternehmen als die in Absatz 1 genannten Dritten übertragen. [2]Die Übertragung bedarf einer vertraglichen Vereinbarung und der Verpflichtete hat sicherzustellen, dass die anderen geeigneten Personen und Unternehmen den Vorschriften dieses Gesetzes entsprechen. [3]Die Maßnahmen der Personen oder der Unternehmen werden dem Verpflichteten als eigene Maßnahmen zugerechnet. [4]Absatz 3 gilt entsprechend.

(6) Durch die Übertragung nach Absatz 5 dürfen nicht beeinträchtigt werden

1. die Erfüllung der Pflichten nach diesem Gesetz durch den Verpflichteten,
2. die Steuerungs- oder Kontrollmöglichkeiten der Geschäftsleitung des Verpflichteten und

3. die Aufsicht der Aufsichtsbehörde über den Verpflichteten.

(7) [1]Vor der Übertragung nach Absatz 5 hat sich der Verpflichtete von der Zuverlässigkeit der Personen oder der Unternehmen, denen er Maßnahmen übertragen will, zu überzeugen. [2]Während der Zusammenarbeit muss er sich durch Stichproben von der Angemessenheit und Ordnungsmäßigkeit der Maßnahmen überzeugen, die diese Personen oder Unternehmen getroffen haben.

(8) [1]Soweit eine vertragliche Vereinbarung nach Absatz 5 mit deutschen Botschaften, Auslandshandelskammern oder Konsulaten geschlossen wird, gelten diese kraft Vereinbarung als geeignet. [2]Absatz 7 findet keine Anwendung.

(9) Bei der Übertragung nach Absatz 5 bleiben die Vorschriften über die Auslagerung von Aktivitäten und Prozessen nach § 25b des Kreditwesengesetzes unberührt.

Abschnitt 4. Transparenzregister

§ 18[1)] Einrichtung des Transparenzregisters und registerführende Stelle

(1) Es wird ein Register zur Erfassung und Zugänglichmachung von Angaben über den wirtschaftlich Berechtigten (Transparenzregister) eingerichtet.

(2) [1]Das Transparenzregister wird als hoheitliche Aufgabe des Bundes von der registerführenden Stelle elektronisch geführt. [2]Daten, die im Transparenzregister gespeichert sind, werden als chronologische Datensammlung angelegt.

(3) [1]Ist eine Mitteilung nach § 20 unvollständig, unklar oder bestehen Zweifel, welcher Vereinigung nach § 20 Absatz 1 die in der Mitteilung enthaltenen Angaben zum wirtschaftlich Berechtigten zuzuordnen sind, kann die registerführende Stelle von der in der Mitteilung genannten Vereinigung verlangen, dass diese die für eine Eintragung in das Transparenzregister erforderlichen Informationen innerhalb einer angemessenen Frist übermittelt. [2]Dies gilt entsprechend für Mitteilungen von Rechtsgestaltungen nach § 21.

(3a) Die registerführende Stelle ist im Einzelfall berechtigt, der Behörde nach § 56 Absatz 5 Satz 2 die Informationen und Unterlagen zu übermitteln, die für die Erfüllung der Aufgaben der Behörde nach § 56 Absatz 5 Satz 2 erforderlich sind.

(4) [1]Die registerführende Stelle erstellt auf Antrag Ausdrucke von Daten, die im Transparenzregister gespeichert sind, und Bestätigungen, dass im Transparenzregister keine aktuelle Eintragung aufgrund einer Mitteilung nach § 20 Absatz 1 oder § 21 vorliegt. [2]Sie beglaubigt auf Antrag, dass die übermittelten Daten mit dem Inhalt des Transparenzregisters übereinstimmen. [3]Mit der Beglaubigung ist keine Gewähr für die Richtigkeit und Vollständigkeit der Angaben zum wirtschaftlich Berechtigten verbunden. [4]Ein Antrag auf Ausdruck von Daten, die lediglich über das Transparenzregister gemäß § 22 Absatz 1 Satz 1 Nummer 4 bis 8 zugänglich gemacht werden, kann auch über das Transparenzregister an das Gericht vermittelt werden. [5]Dies gilt entsprechend für die Vermittlung eines Antrags auf Ausdruck von Daten, die gemäß § 22 Absatz 1 Satz 1 Nummer 2 und 3 zugänglich gemacht werden, an den Betreiber des Unternehmensregisters.

(5) Die registerführende Stelle erstellt ein Informationssicherheitskonzept für das Transparenzregister, aus dem sich die getroffenen technischen und organisatorischen Maßnahmen zum Datenschutz ergeben.

(6) Das Bundesministerium der Finanzen wird ermächtigt, durch Rechtsverordnung, die nicht der Zustimmung des Bundesrates bedarf, die technischen Einzelheiten zu Ein-

1) § 18 geändert durch Gesetz vom 12.12.2019 (BGBl. I S. 2602).

richtung und Führung des Transparenzregisters einschließlich der Speicherung historischer Datensätze sowie die Einhaltung von Löschungsfristen für die im Transparenzregister gespeicherten Daten zu regeln.

§ 19[1] Angaben zum wirtschaftlich Berechtigten

(1) Über das Transparenzregister sind im Hinblick auf Vereinigungen nach § 20 Absatz 1 Satz 1 und Rechtsgestaltungen nach § 21 folgende Angaben zum wirtschaftlich Berechtigten nach Maßgabe des § 23 zugänglich:

1. Vor- und Nachname,
2. Geburtsdatum,
3. Wohnort,
4. Art und Umfang des wirtschaftlichen Interesses und
5. Staatsangehörigkeit.

(2) [1]Für die Bestimmung des wirtschaftlich Berechtigten von Vereinigungen im Sinne des § 20 Absatz 1 Satz 1 mit Ausnahme der rechtsfähigen Stiftungen gilt § 3 Absatz 1 und 2 entsprechend. [2]Für die Bestimmung des wirtschaftlich Berechtigten von Rechtsgestaltungen nach § 21 und rechtsfähigen Stiftungen gilt § 3 Absatz 1 und 3 entsprechend.

(3) Die Angaben zu Art und Umfang des wirtschaftlichen Interesses nach Absatz 1 Nummer 4 zeigen, woraus die Stellung als wirtschaftlich Berechtigter folgt, und zwar

1. bei Vereinigungen nach § 20 Absatz 1 Satz 1 mit Ausnahme der rechtsfähigen Stiftungen aus
   a) der Beteiligung an der Vereinigung selbst, insbesondere der Höhe der Kapitalanteile oder der Stimmrechte,
   b) der Ausübung von Kontrolle auf sonstige Weise, insbesondere aufgrund von Absprachen zwischen einem Dritten und einem Anteilseigner oder zwischen mehreren Anteilseignern untereinander, oder aufgrund der einem Dritten eingeräumten Befugnis zur Ernennung von gesetzlichen Vertretern oder anderen Organmitgliedern oder
   c) der Funktion des gesetzlichen Vertreters, geschäftsführenden Gesellschafters oder Partners,
2. bei Rechtsgestaltungen nach § 21 und rechtsfähigen Stiftungen aus einer der in § 3 Absatz 3 aufgeführten Funktionen.

§ 20[2] Transparenzpflichten im Hinblick auf bestimmte Vereinigungen

(1) [1]Juristische Personen des Privatrechts und eingetragene Personengesellschaften haben die in § 19 Absatz 1 aufgeführten Angaben zu den wirtschaftlich Berechtigten dieser Vereinigungen einzuholen, aufzubewahren, auf aktuellem Stand zu halten und der registerführenden Stelle unverzüglich zur Eintragung in das Transparenzregister mitzuteilen. [2]Die Pflicht nach Satz 1 gilt auch für Vereinigungen mit Sitz im Ausland, wenn sie sich verpflichten, Eigentum an einer im Inland gelegenen Immobilie zu erwerben. [3]Die Pflicht nach Satz 1 gilt nicht für in Satz 2 genannte Vereinigungen, wenn sie die Angaben nach Artikel 1 Nummer 15 Buchstabe c der Richtlinie (EU) 2018/843 und nach § 19 Absatz 1 bereits an ein anderes Register eines Mitgliedstaates der Europäischen Union übermittelt haben. [4]Die Mitteilung hat elektronisch in einer Form zu erfolgen, die ihre elektronische Zugänglichmachung ermöglicht. [5]Bei den Angaben zu Art und Umfang des wirtschaftlichen Interesses nach § 19 Absatz 1 Nummer 4 ist anzugeben, woraus

1) § 19 geändert durch Gesetz vom 12.12.2019 (BGBl. I S. 2602).
2) § 20 geändert durch Gesetz vom 12.12.2019 (BGBl. I S. 2602).

nach § 19 Absatz 3 die Stellung als wirtschaftlich Berechtigter folgt, sofern nicht Absatz 2 Satz 2 einschlägig ist.

(1a) Eine juristische Person des Privatrechts oder eine eingetragene Personengesellschaft, die nach Absatz 1 Satz 1 mitteilungspflichtig ist und die nicht in einem der in Absatz 2 Satz 1 Nummer 1 bis 4 aufgeführten Register eingetragen ist, hat der registerführenden Stelle unverzüglich mitzuteilen, wenn

1. sich ihre Bezeichnung geändert hat,
2. sie verschmolzen worden ist,
3. sie aufgelöst worden ist oder
4. ihre Rechtsform geändert wurde.

(2) [1]Die Pflicht zur Mitteilung an das Transparenzregister nach Absatz 1 Satz 1 gilt als erfüllt, wenn sich die in § 19 Absatz 1 Nummer 1 bis 4 aufgeführten Angaben zum wirtschaftlich Berechtigten bereits aus den in § 22 Absatz 1 aufgeführten Dokumenten und Eintragungen ergeben, die elektronisch abrufbar sind aus:

1. dem Handelsregister (§ 8 des Handelsgesetzbuchs),
2. dem Partnerschaftsregister (§ 5 des Partnerschaftsgesellschaftsgesetzes),
3. dem Genossenschaftsregister (§ 10 des Genossenschaftsgesetzes),
4. dem Vereinsregister (§ 55 des Bürgerlichen Gesetzbuchs) oder
5. dem Unternehmensregister (§ 8b Absatz 2 des Handelsgesetzbuchs).

[2]Bei Gesellschaften, die an einem organisierten Markt nach § 2 Absatz 11 des Wertpapierhandelsgesetzes notiert sind oder dem Gemeinschaftsrecht entsprechenden Transparenzanforderungen im Hinblick auf Stimmrechtsanteile oder gleichwertigen internationalen Standards unterliegen, gilt die Pflicht zur Mitteilung an das Transparenzregister stets als erfüllt. [3]Eine gesonderte Angabe im Hinblick auf Art und Umfang des wirtschaftlichen Interesses nach § 19 Absatz 1 Nummer 4 ist nicht erforderlich, wenn sich aus den in § 22 Absatz 1 aufgeführten Dokumenten und Eintragungen ergibt, woraus nach § 19 Absatz 3 die Stellung als wirtschaftlich Berechtigter folgt. [4]Ist eine Mitteilung nach Absatz 1 Satz 1 an das Transparenzregister erfolgt und ändert sich danach der wirtschaftlich Berechtigte, so dass sich die Angaben zu ihm nun aus den in Satz 1 aufgeführten Registern ergeben, ist dies der registerführenden Stelle nach Absatz 1 Satz 1 unverzüglich zur Berücksichtigung im Transparenzregister mitzuteilen.

(3) [1]Wirtschaftlich Berechtigte von Vereinigungen nach Absatz 1 haben diesen Vereinigungen die zur Erfüllung der Pflichten nach Absatz 1 notwendigen Angaben mitzuteilen und jede Änderung dieser Angaben unverzüglich mitzuteilen. [2]Anteilseigner, die wirtschaftlich Berechtigte sind oder die von dem wirtschaftlich Berechtigten unmittelbar kontrolliert werden, haben den Vereinigungen nach Absatz 1 die zur Erfüllung der Pflichten nach Absatz 1 notwendigen Angaben mitzuteilen und jede Änderung dieser Angaben unverzüglich mitzuteilen. [3]Kontrolliert ein Mitglied eines Vereins oder einer Genossenschaft mehr als 25 Prozent der Stimmrechte, so trifft die Mitteilungspflicht nach Satz 1 dieses Mitglied. [4]Bei Stiftungen trifft die Mitteilungspflicht nach Satz 1 die Personen nach § 3 Absatz 3.

(3a) [1]Hat die Vereinigung keine Angaben der wirtschaftlich Berechtigten nach Absatz 3 erhalten, so hat sie von ihren Anteilseignern, soweit sie ihr bekannt sind, in angemessenem Umfang Auskunft zu den wirtschaftlich Berechtigten der Vereinigung zu verlangen. [2]Die Anteilseigner sind verpflichtet, das Auskunftsersuchen innerhalb angemessener Frist zu beantworten. [3]Die Pflicht, Auskunft nach Satz 1 zu verlangen, gilt nicht, wenn der Vereinigung die Angaben zum wirtschaftlich Berechtigten nach § 19 bereits anderweitig bekannt sind. [4]Die Vereinigung hat die Auskunftsersuchen sowie die eingeholten Informationen zu dokumentieren.

(3b) [1]Gelangt der Anteilseigner zu der Erkenntnis, dass sich der wirtschaftlich Berechtigte der Vereinigung geändert hat, so muss er dies der Vereinigung innerhalb einer angemessenen Frist mitteilen. [2]Satz 1 gilt nicht, wenn

1. die Angaben zu dem neuen wirtschaftlich Berechtigten bereits über das Transparenzregister zugänglich sind, oder
2. der Anteilseigner anderweitig positive Kenntnis davon hat, dass der Vereinigung der neue wirtschaftlich Berechtigte bekannt ist.

[3]Der Anteilseigner hat die Mitteilung an die Vereinigung zu dokumentieren und aufzubewahren.

(4) Die Angabepflicht nach Absatz 3 entfällt, wenn die Meldepflicht nach Absatz 1 gemäß Absatz 2 als erfüllt gilt oder wenn die Anteilseigner, Mitglieder und wirtschaftlich Berechtigten die erforderlichen Angaben bereits in anderer Form mitgeteilt haben.

(5) [1]Die Zentralstelle für Finanztransaktionsuntersuchungen und die Aufsichtsbehörden können im Rahmen ihrer Aufgaben und Befugnisse die nach Absatz 1 aufbewahrten Angaben einsehen oder sich vorlegen lassen. [2]Die Angaben sind ihnen unverzüglich zur Verfügung zu stellen.

§ 21 [1] Transparenzpflichten im Hinblick auf bestimmte Rechtsgestaltungen

(1) [1]Verwalter von Trusts (Trustees) mit Wohnsitz oder Sitz in Deutschland haben die in § 19 Absatz 1 aufgeführten Angaben zu den wirtschaftlich Berechtigten des Trusts, den sie verwalten, und die Staatsangehörigkeit der wirtschaftlich Berechtigten einzuholen, aufzubewahren, auf aktuellem Stand zu halten und der registerführenden Stelle unverzüglich zur Eintragung in das Transparenzregister mitzuteilen. [2]Die Pflicht nach Satz 1 gilt auch für Trustees, die außerhalb der Europäischen Union ihren Wohnsitz oder Sitz haben, wenn sie für den Trust eine Geschäftsbeziehung mit einem Vertragspartner mit Sitz in Deutschland aufnehmen oder sich verpflichten, Eigentum an einer im Inland gelegenen Immobilie zu erwerben. [3]Die Pflicht nach Satz 1 gilt nicht für die in Satz 2 genannten Trustees, wenn ein Trustee die Angaben nach Artikel 1 Nummer 16 Buchstabe a der Richtlinie (EU) 2018/843 und nach § 19 Absatz 1 bereits an ein anderes Register eines Mitgliedstaates der Europäischen Union übermittelt hat und

1. der Trustee in diesem Mitgliedstaat der Europäischen Union ebenfalls einen Wohnsitz oder Sitz unterhält oder
2. einer der Vertragspartner, zu dem ein Trust mit Wohnsitz oder Sitz außerhalb der Europäischen Union ebenfalls eine Geschäftsbeziehung unterhält, in diesem Mitgliedstaat seinen Sitz hat.

(1a) [1]Die Mitteilung hat elektronisch in einer Form zu erfolgen, die ihre elektronische Zugänglichmachung ermöglicht. [2]Der Trust ist in der Mitteilung eindeutig zu bezeichnen. [3]Bei den Angaben zu Art und Umfang des wirtschaftlichen Interesses nach § 19 Absatz 1 Nummer 4 ist anzugeben, woraus nach § 19 Absatz 3 Nummer 2 die Stellung als wirtschaftlich Berechtigter folgt.

(1b) Der registerführenden Stelle ist ferner durch den nach Absatz 1 zur Mitteilung Verpflichteten unverzüglich mitzuteilen, wenn der Trust

1. umbenannt wurde,

---

1) § 21 geändert durch Gesetz vom 12.12.2019 (BGBl. I S. 2602).

2. aufgelöst wurde oder
3. nicht mehr nach Absatz 1 verpflichtet ist.

(2) [1]Die Pflichten der Absätze 1, 1a und 1b gelten entsprechend auch für Treuhänder mit Wohnsitz oder Sitz in Deutschland folgender Rechtsgestaltungen:

1. nichtrechtsfähige Stiftungen, wenn der Stiftungszweck aus Sicht des Stifters eigennützig ist, und
2. Rechtsgestaltungen, die solchen Stiftungen in ihrer Struktur oder Funktion entsprechen.

[2]Die Angaben sind ihnen unverzüglich zur Verfügung zu stellen.

(3) Die Zentralstelle für Finanztransaktionsuntersuchungen und die Aufsichtsbehörden können im Rahmen ihrer Aufgaben und Befugnisse die von Trustees nach Absatz 1 und von Treuhändern nach Absatz 2 aufbewahrten Angaben einsehen oder sich vorlegen lassen.

(4) Das Bundesministerium der Finanzen wird ermächtigt, im Einvernehmen mit dem Bundesministerium der Justiz und für Verbraucherschutz durch Rechtsverordnung, die nicht der Zustimmung des Bundesrates bedarf, die Einzelheiten zu regeln, welche Trusts und trustähnlichen Rechtsgestaltungen von § 21 Absatz 1 und 2 erfasst sind und durch welche Merkmale sich diese auszeichnen.

§ 22 Zugängliche Dokumente und Datenübermittlung an das Transparenzregister, Verordnungsermächtigung

(1) [1]Über die Internetseite des Transparenzregisters sind nach Maßgabe des § 23 zugänglich:

1. Eintragungen im Transparenzregister zu Meldungen nach § 20 Absatz 1 Satz 1, Absatz 2 Satz 4 und nach § 21,
2. Bekanntmachungen des Bestehens einer Beteiligung nach § 20 Absatz 6 des Aktiengesetzes,
3. Stimmrechtsmitteilungen nach den §§ 40 und 41 des Wertpapierhandelsgesetzes,
4. Listen der Gesellschafter von Gesellschaften mit beschränkter Haftung und Unternehmergesellschaften nach § 8 Absatz 1 Nummer 3, § 40 des Gesetzes betreffend die Gesellschaften mit beschränkter Haftung sowie Gesellschafterverträge gemäß § 8 Absatz 1 Nummer 1 in Verbindung mit § 2 Absatz 1a Satz 2 des Gesetzes betreffend die Gesellschaften mit beschränkter Haftung, sofern diese als Gesellschafterliste gelten, nach § 2 Absatz 1a Satz 4 des Gesetzes betreffend die Gesellschaften mit beschränkter Haftung,
5. Eintragungen im Handelsregister,
6. Eintragungen im Partnerschaftsregister,
7. Eintragungen im Genossenschaftsregister,
8. Eintragungen im Vereinsregister.

[2]Zugänglich in dem nach den besonderen registerrechtlichen Vorschriften für die Einsicht geregelten Umfang sind nur solche Dokumente und Eintragungen nach Satz 1 Nummer 2 bis 8, die aus den in § 20 Absatz 2 Satz 1 genannten öffentlichen Registern elektronisch abrufbar sind.

(2) [1]Um die Eröffnung des Zugangs zu den Originaldaten nach Absatz 1 Satz 1 Nummer 2 bis 8 über die Internetseite des Transparenzregisters zu ermöglichen, sind dem Transparenzregister die dafür erforderlichen Daten (Indexdaten) zu übermitteln. [2]Der Betreiber des Unternehmensregisters übermittelt die Indexdaten zu den Originaldaten nach Absatz 1 Satz 1 Nummer 2 und 3 dem Transparenzregister. [3]Die Landesjustizver-

waltungen übermitteln die Indexdaten zu den Originaldaten nach Absatz 1 Satz 1 Nummer 4 bis 8 dem Transparenzregister. [4]Die Indexdaten dienen nur der Zugangsvermittlung und dürfen nicht zugänglich gemacht werden.

(3) [1]Das Bundesministerium der Finanzen wird ermächtigt, im Benehmen mit dem Bundesministerium der Justiz und für Verbraucherschutz für die Datenübermittlung nach Absatz 2 Satz 3 durch Rechtsverordnung, die der Zustimmung des Bundesrates bedarf, technische Einzelheiten der Datenübermittlung zwischen den Behörden der Länder und dem Transparenzregister einschließlich der Vorgaben für die zu verwendenden Datenformate und zur Sicherstellung von Datenschutz und Datensicherheit zu regeln. [2]Abweichungen von den Verfahrensregelungen durch Landesrecht sind ausgeschlossen.

(4) Das Bundesministerium der Finanzen wird ermächtigt, im Benehmen mit dem Bundesministerium der Justiz und für Verbraucherschutz durch Rechtsverordnung, die nicht der Zustimmung des Bundesrates bedarf, Registrierungsverfahren für die Mitteilungsverpflichteten nach den §§ 20 und 21 sowie technische Einzelheiten der Datenübermittlung nach Absatz 2 Satz 2 sowie nach den §§ 20 und 21 einschließlich der Vorgaben für die zu verwendenden Datenformate und Formulare sowie zur Sicherstellung von Datenschutz und Datensicherheit zu regeln.

§ 23 [1)] Einsichtnahme in das Transparenzregister, Verordnungsermächtigung

(1) [1]Bei Vereinigungen nach § 20 Absatz 1 Satz 1 und Rechtsgestaltungen nach § 21 ist die Einsichtnahme gestattet:

1. den folgenden Behörden, soweit sie zur Erfüllung ihrer gesetzlichen Aufgaben erforderlich ist:
   a) den Aufsichtsbehörden und der Behörde nach § 25 Absatz 6 sowie nach § 56 Absatz 5 Satz 2,
   b) der Zentralstelle für Finanztransaktionsuntersuchungen,
   c) den gemäß § 13 des Außenwirtschaftsgesetzes zuständigen Behörden,
   d) den Strafverfolgungsbehörden,
   e) dem Bundeszentralamt für Steuern sowie den örtlichen Finanzbehörden nach § 6 Absatz 2 Nummer 5 der Abgabenordnung,
   f) den für Aufklärung, Verhütung und Beseitigung von Gefahren zuständigen Behörden,
   g) den Gerichten sowie
   h) den Stellen nach § 2 Absatz 4,
2. den Verpflichteten, sofern sie der registerführenden Stelle darlegen, dass die Einsichtnahme zur Erfüllung ihrer Sorgfaltspflichten in einem der in § 10 Absatz 3 genannten Fälle erfolgt, und
3. allen Mitgliedern der Öffentlichkeit.

[2]Im Fall des Satzes 1 Nummer 3 sind neben den Angaben nach § 19 Absatz 1 Nummer 1 und 4 nur Monat und Jahr der Geburt des wirtschaftlich Berechtigten, sein Wohnsitzland und die Staatsangehörigkeit der Einsicht zugänglich, sofern sich nicht alle Angaben nach § 19 Absatz 1 bereits aus anderen öffentlichen Registern ergeben.

(2) [1]Auf Antrag des wirtschaftlich Berechtigten beschränkt die registerführende Stelle die Einsichtnahme in das Transparenzregister vollständig oder teilweise, wenn ihr der wirtschaftlich Berechtigte darlegt, dass der Einsichtnahme unter Berücksichtigung aller

1) § 23 geändert durch Gesetz vom 12.12.2019 (BGBl. I S. 2602).

Umstände des Einzelfalls überwiegende schutzwürdige Interessen des wirtschaftlich Berechtigten entgegenstehen. ²Schutzwürdige Interessen liegen vor, wenn

1. Tatsachen die Annahme rechtfertigen, dass die Einsichtnahme den wirtschaftlich Berechtigten der Gefahr aussetzen würde, Opfer einer der folgenden Straftaten zu werden:
   a) eines Betrugs (§ 263 des Strafgesetzbuchs),
   b) eines erpresserischen Menschenraubs (§ 239a des Strafgesetzbuchs),
   c) einer Geiselnahme (§ 239b des Strafgesetzbuchs),
   d) einer Erpressung oder räuberischen Erpressung (§§ 253, 255 des Strafgesetzbuchs),
   e) einer strafbaren Handlung gegen Leib oder Leben (§§ 211, 212, 223, 224, 226, 227 des Strafgesetzbuchs),
   f) einer Nötigung (§ 240 des Strafgesetzbuchs),
   g) einer Bedrohung (§ 241 des Strafgesetzbuchs) oder
2. der wirtschaftlich Berechtigte minderjährig oder geschäftsunfähig ist.

³Schutzwürdige Interessen des wirtschaftlich Berechtigten liegen nicht vor, wenn sich die Daten bereits aus den in § 22 Absatz 1 genannten Registern ergeben. ⁴Die Beschränkung der Einsichtnahme nach Satz 1 ist nicht möglich gegenüber den in Absatz 1 Satz 1 Nummer 1 aufgeführten Behörden und gegenüber Verpflichteten nach § 2 Absatz 1 Nummer 1 bis 3 und 7 sowie gegenüber Notaren. ⁵Die registerführende Stelle hat jährlich eine Statistik über die Anzahl der bewilligten Beschränkungen und darüber, ob die Beschränkungen nach Satz 1 Nummer 1 oder 2 erfolgt sind, zu erstellen, auf ihrer Internetseite zu veröffentlichen und an die Europäische Kommission zu übermitteln.

(3) ¹Die Einsichtnahme ist nur nach vorheriger Online-Registrierung des Nutzers möglich und kann zum Zweck der Kontrolle, wer Einsicht genommen hat, protokolliert werden. ²Die registerführende Stelle ist nicht befugt, gegenüber Vereinigungen nach § 20 und Rechtsgestaltungen nach § 21 offenzulegen, wer Einsicht in die Angaben genommen hat, die die Vereinigungen und Rechtsgestaltungen zu ihren wirtschaftlich Berechtigten gemacht haben.

(4) Das Transparenzregister erlaubt die Suche nach Vereinigungen nach § 20 Absatz 1 Satz 1 und Rechtsgestaltungen nach § 21 über alle eingestellten Daten sowie über sämtliche Indexdaten.

(5) Das Bundesministerium der Finanzen wird ermächtigt, durch Rechtsverordnung, die nicht der Zustimmung des Bundesrates bedarf, die Einzelheiten der Einsichtnahme und Beschränkung, insbesondere der Online-Registrierung und der Protokollierung wie die zu protokollierenden Daten und die Löschungsfrist für die protokollierten Daten nach Absatz 3, der Darlegungsanforderungen für die Einsichtnahme nach Absatz 1 Satz 1 Nummer 2 und 3 und der Darlegungsanforderungen für die Beschränkung der Einsichtnahme nach Absatz 2 zu bestimmen.

(6)[1] *¹Auf Antrag ist dem wirtschaftlich Berechtigten durch die registerführende Stelle Auskunft über die nach § 23 Absatz 1 Satz 1 Nummer 3 erfolgten Einsichtnahmen zu erteilen. ²Der wirtschaftlich Berechtigte hat bei Antragstellung die Vereinigung nach § 20 oder die Rechtsgestaltung nach § 21 anzugeben, für die eine Auskunft beantragt wird. ³Die Auskunft beinhaltet folgende Informationen:*

1. die beauskunfteten personenbezogenen Daten des wirtschaftlich Berechtigten,

1) Absatz 6 angefügt durch Gesetz vom 12.12.2019 (BGBl. I S. 2602), die Regelung tritt am 1.7.2020 in Kraft.

2. die monatsweise dargestellte Anzahl der seit der letzten Antragstellung erfolgten Einsichtnahmen,

3. der Zeitpunkt der jeweiligen Einsichtnahmen,

4. eine anonymisierte Auflistung der natürlichen Personen, die Einsicht genommen haben und

5. bei Einsichtnahme durch juristische Personen deren Bezeichnung.

[2]Die beantragte Auskunft ist mindestens einmal im Kalenderjahr, höchstens jedoch einmal im Quartal zu erteilen. [3]Der wirtschaftlich Berechtigte belegt im Rahmen der Antragstellung nach Satz 1 seine Identität und seine Stellung als wirtschaftlich Berechtigter der im Antrag in Bezug genommenen Vereinigung nach § 20 oder Rechtsgestaltung nach § 21 anhand geeigneter Nachweise. [4]Geeignete Nachweise zur Feststellung der Identität sind solche nach § 12. [5]Die Antragstellung und Auskunftserteilung nach diesem Absatz ist ausschließlich über die Internetseite des Transparenzregisters nach den Vorgaben der registerführenden Stelle möglich.

§ 23a[1)] Meldung von Unstimmigkeiten an die registerführende Stelle

(1) [1]Verpflichtete nach § 23 Absatz 1 Satz 1 Nummer 2 haben der registerführenden Stelle Unstimmigkeiten unverzüglich zu melden, die sie zwischen den Angaben über die wirtschaftlich Berechtigten, die im Transparenzregister zugänglich sind, und den ihnen zur Verfügung stehenden Angaben und Erkenntnissen über die wirtschaftlich Berechtigten feststellen. [2]§ 43 Absatz 2 gilt entsprechend. [3]Zuständige Behörden nach § 23 Absatz 1 Satz 1 Nummer 1 Buchstabe a und b trifft die Pflicht nach Satz 1, sofern dadurch die Aufgabenwahrnehmung der Behörden nicht beeinträchtigt wird. [4]Eine Unstimmigkeit nach Satz 1 besteht, wenn Eintragungen nach § 20 Absatz 1 und 2 sowie nach § 21 Absatz 1 und 2 fehlen, einzelne Angaben zu den wirtschaftlich Berechtigten nach § 19 Absatz 1 abweichen oder wenn abweichende wirtschaftlich Berechtigte ermittelt wurden. [5]Die der Unstimmigkeitsmeldung zugrunde liegende Ermittlung der wirtschaftlich Berechtigten hat nach den Vorgaben des § 3 zu erfolgen.

(2) Die registerführende Stelle hat auf der Internetseite des Transparenzregisters deutlich sichtbar eine Vorkehrung einzurichten, über die Unstimmigkeitsmeldungen nach Absatz 1 abzugeben sind.

(3) [1]Die registerführende Stelle hat die Unstimmigkeitsmeldung nach Absatz 1 unverzüglich zu prüfen. [2]Hierzu kann sie von dem Erstatter der Unstimmigkeitsmeldung, der betroffenen Vereinigung nach § 20 oder der Rechtsgestaltung nach § 21 die zur Aufklärung erforderlichen Informationen und Unterlagen verlangen.

(4) Die registerführende Stelle übergibt die Unstimmigkeitsmeldung mit allen erforderlichen Unterlagen der Behörde nach § 56 Absatz 5 Satz 2 im Rahmen ihrer Zuständigkeit für die Verfolgung von Ordnungswidrigkeiten nach § 56 Absatz 1 Satz 1 Nummer 54 bis 66, wenn

1. sie zu der Erkenntnis gelangt, dass die im Transparenzregister enthaltenen Angaben zum wirtschaftlich Berechtigten nicht zutreffend sind oder
2. sie die Prüfung der Unstimmigkeitsmeldung aufgrund unklarer Sachlage nicht abschließen konnte.

(5) [1]Nachdem das Verfahren zur Prüfung der Unstimmigkeitsmeldung abgeschlossen ist, ist der Erstatter der Unstimmigkeitsmeldung durch die registerführende Stelle über das Ergebnis der Prüfung unverzüglich zu informieren. [2]Das Verfahren zur Prüfung der Unstimmigkeitsmeldung gilt als abgeschlossen, wenn die registerführende Stelle oder

---

1) § 23a eingefügt durch Gesetz vom 12.12.2019 (BGBl. I S. 2602).

die Behörde nach § 56 Absatz 5 Satz 2 aufgrund der nach Absatz 3 erlangten Erkenntnisse oder aufgrund einer neuen Mitteilung der Vereinigung nach § 20 oder der Rechtsgestaltung nach § 21, die Gegenstand der Unstimmigkeitsmeldung ist, zu dem Ergebnis gekommen ist, dass die Unstimmigkeit ausgeräumt ist.

(6) [1]Nach Eingang der Unstimmigkeitsmeldung nach Absatz 1 hat die registerführende Stelle auf dem Registerauszug sichtbar zu vermerken, dass die Angaben zu den wirtschaftlich Berechtigten der Vereinigung nach § 20 oder der Rechtsgestaltung nach § 21 der Prüfung unterliegen. [2]Der Abschluss des Verfahrens zur Prüfung der Unstimmigkeitsmeldung ist auf dem Registerauszug zu vermerken.

§ 24[1)] Gebühren und Auslagen, Verordnungsermächtigung

(1) [1]Für die Führung des Transparenzregisters erhebt die registerführende Stelle von Vereinigungen nach § 20 und von Rechtsgestaltungen nach § 21 Gebühren. [2]Dies gilt auf Antrag nicht für Vereinigungen nach § 20, die einen steuerbegünstigten Zweck im Sinne der §§ 52 bis 54 der Abgabenordnung verfolgen und dies mittels einer Bescheinigung des zuständigen Finanzamtes gegenüber der registerführenden Stelle nachweisen.

(2) [1]Für die Einsichtnahme in die dem Transparenzregister nach § 20 Absatz 1 und § 21 mitgeteilten Daten erhebt die registerführende Stelle zur Deckung des Verwaltungsaufwands Gebühren und Auslagen. [2]Dasselbe gilt für die Erstellung von Ausdrucken, Bestätigungen und Beglaubigungen nach § 18 Absatz 4. [3]Behörden und Gerichte nach § 23 Absatz 1 Satz 1 Nummer 1 und die Behörde nach § 56 Absatz 5 Satz 2 haben keine Gebühren und Auslagen nach den Sätzen 1 und 2 zu entrichten. [4]§ 8 Absatz 2 Satz 1 des Bundesgebührengesetzes ist nicht anzuwenden. [5]Für Behörden gilt § 8 des Bundesgebührengesetzes.

(2a) Für die Registrierung und Identifizierung von wirtschaftlich Berechtigten im Zusammenhang mit einem Antrag nach § 23 Absatz 6 erhebt die registerführende Stelle zur Deckung des Verwaltungsaufwands Gebühren und Auslagen von den Antragstellern nach § 23 Absatz 6.

(3) Das Bundesministerium der Finanzen wird ermächtigt, durch Rechtsverordnung, die nicht der Zustimmung des Bundesrates bedarf, Einzelheiten zu Folgendem näher zu regeln:

1. die gebührenpflichtigen Tatbestände,
2. die Gebührenschuldner,
3. die Gebührensätze nach festen Sätzen oder als Rahmengebühren,
4. die Auslagenerstattung und
5. das Verfahren für eine Gebührenbefreiung nach Absatz 1 Satz 2.

§ 25 Übertragung der Führung des Transparenzregisters, Verordnungsermächtigung

(1) Das Bundesministerium der Finanzen wird ermächtigt, durch Rechtsverordnung, die nicht der Zustimmung des Bundesrates bedarf, eine juristische Person des Privatrechts mit den Aufgaben der registerführenden Stelle und mit den hierfür erforderlichen Befugnissen zu beleihen.

(2) [1]Eine juristische Person des Privatrechts darf nur beliehen werden, wenn sie die Gewähr für die ordnungsgemäße Erfüllung der ihr übertragenen Aufgaben, insbesondere für den langfristigen und sicheren Betrieb des Transparenzregisters, bietet. [2]Sie bietet die notwendige Gewähr, wenn

---

1) § 24 geändert durch Gesetz vom 12.12.2019 (BGBl. I S. 2602).

1. die natürlichen Personen, die nach Gesetz, dem Gesellschaftsvertrag oder der Satzung die Geschäftsführung und Vertretung ausüben, zuverlässig und fachlich geeignet sind,
2. sie grundlegende Erfahrungen mit der Zugänglichmachung von registerrechtlichen Informationen, insbesondere von Handelsregisterdaten, Gesellschaftsbekanntmachungen und kapitalmarktrechtlichen Informationen, hat,
3. sie die zur Erfüllung ihrer Aufgaben notwendige Organisation sowie technische und finanzielle Ausstattung hat und
4. sie sicherstellt, dass sie die Vorschriften zum Schutz personenbezogener Daten einhält.

(3) [1]Die Dauer der Beleihung ist zu befristen. [2]Sie soll fünf Jahre nicht unterschreiten. [3]Die Möglichkeit, bei Vorliegen eines wichtigen Grundes die Beleihung vor Ablauf der Frist zu beenden, ist vorzusehen. [4]Haben die Voraussetzungen für die Beleihung nicht vorgelegen oder sind sie nachträglich entfallen, soll die Beleihung jederzeit beendet werden können. [5]Es ist sicherzustellen, dass mit Beendigung der Beleihung dem Bundesministerium der Finanzen oder einer von ihm bestimmten Stelle alle für den ordnungsgemäßen Weiterbetrieb des Transparenzregisters erforderlichen Softwareprogramme und Daten unverzüglich zur Verfügung gestellt werden und die Rechte an diesen Softwareprogrammen und an der für das Transparenzregister genutzten Internetadresse übertragen werden.

(4) [1]Der Beliehene ist berechtigt, das kleine Bundessiegel zu führen. [2]Es wird vom Bundesministerium der Finanzen zur Verfügung gestellt. [3]Das kleine Bundessiegel darf ausschließlich zur Beglaubigung von Ausdrucken aus dem Transparenzregister und zu Bestätigungen nach § 18 Absatz 4 genutzt werden.

(5) [1]Der Beliehene ist befugt, die Gebühren nach § 24 zu erheben. [2]Das Gebührenaufkommen steht ihm zu. [3]In der Rechtsverordnung kann das Bundesministerium der Finanzen die Vollstreckung der Gebührenbescheide dem Beliehenen übertragen.

(6) [1]Der Beliehene untersteht der Rechts- und Fachaufsicht durch das Bundesverwaltungsamt. [2]Das Bundesverwaltungsamt kann sich zur Wahrnehmung seiner Aufsichtstätigkeit jederzeit über die Angelegenheiten des Beliehenen unterrichten, insbesondere durch Einholung von Auskünften und Berichten sowie durch das Verlangen nach Vorlage von Aufzeichnungen aller Art, rechtswidrige Maßnahmen beanstanden sowie entsprechende Abhilfe verlangen. [3]Der Beliehene ist verpflichtet, den Weisungen des Bundesverwaltungsamts nachzukommen. [4]Dieses kann, wenn der Beliehene den Weisungen nicht oder nicht fristgerecht nachkommt, die erforderlichen Maßnahmen an Stelle und auf Kosten des Beliehenen selbst durchführen oder durch einen anderen durchführen lassen. [5]Die Bediensteten und sonstigen Beauftragten des Bundesverwaltungsamts sind befugt, zu den Betriebs- und Geschäftszeiten Betriebsstätten, Geschäfts- und Betriebsräume des Beliehenen zu betreten, zu besichtigen und zu prüfen, soweit dies zur Erfüllung ihrer Aufgaben erforderlich ist. [6]Gegenstände oder geschäftliche Unterlagen können im erforderlichen Umfang eingesehen und in Verwahrung genommen werden.

(7) Für den Fall, dass keine juristische Person des Privatrechts beliehen wird, oder für den Fall, dass die Beleihung beendet wird, kann das Bundesministerium der Finanzen die Führung des Transparenzregisters auf eine Bundesoberbehörde in seinem Geschäftsbereich oder im Einvernehmen mit dem zuständigen Bundesministerium auf eine Bundesoberbehörde in dessen Geschäftsbereich übertragen.

§ 26[1] Europäisches System der Registervernetzung, Verordnungsermächtigung

(1) [1]Die in § 22 Absatz 1 Satz 1 aufgeführten Daten sind, sofern sie juristische Personen des Privatrechts und eingetragene Personengesellschaften nach § 20 sowie Rechtsgestaltungen nach § 21 betreffen, über die durch Artikel 22 Absatz 1 der Richtlinie (EU) 2017/1132 des Europäischen Parlaments und des Rates vom 14. Juni 2017 über bestimmte Aspekte des Gesellschaftsrechts geschaffene zentrale Europäische Plattform zugänglich. [2]§ 23 Absatz 1 bis 3 gilt entsprechend. [3]Zur Zugänglichmachung über die zentrale Europäische Plattform übermittelt die registerführende Stelle die dem Transparenzregister nach § 20 Absatz 1 und § 21 mitgeteilten Daten sowie die Indexdaten nach § 22 Absatz 2 an die zentrale Europäische Plattform nach Artikel 22 Absatz 1 der Richtlinie (EU) 2017/1132 und Artikel 4a Absatz 1 der Richtlinie 2009/101/EG des Europäischen Parlaments und des Rates vom 16. September 2009 zur Koordinierung der Schutzbestimmungen, die in den Mitgliedstaaten den Gesellschaften im Sinne des Artikels 48 Absatz 2 des Vertrags im Interesse der Gesellschafter sowie Dritter vorgeschrieben sind, um diese Bestimmungen gleichwertig zu gestalten (ABl. L 258 vom 1.10.2009, S. 11), die zuletzt durch die Richtlinie 2013/24/EU (ABl. L 158 vom 10.6.2013, S. 365) geändert worden ist, sofern die Übermittlung für die Eröffnung eines Zugangs zu den Originaldaten über den Suchdienst auf der Internetseite der zentralen Europäischen Plattform erforderlich ist.

(2) [1]Das Transparenzregister ist mit den Registern anderer Mitgliedstaaten der Europäischen Union im Sinne von Artikel 22 Absatz 2 der Richtlinie (EU) 2017/1132 über die durch Artikel 22 Absatz 1 der Richtlinie (EU) 2017/1132 geschaffene zentrale Europäische Plattform zu vernetzen. [2]Die Vernetzung der Register der Mitgliedstaaten über die Plattform erfolgt nach Maßgabe der technischen Spezifikationen und Verfahren, die durch von der Europäischen Kommission gemäß Artikel 24 der Richtlinie (EU) 2017/1132 und Artikel 1 Nummer 17 der Richtlinie (EU) 2018/843 erlassene Durchführungsrechtsakte festgelegt werden.

(3) Daten nach § 22 Absatz 1 Satz 1, soweit sie juristische Personen des Privatrechts und eingetragene Personengesellschaften nach § 20 oder Rechtsgestaltungen nach § 21 betreffen, sind nach Abschluss der Abwicklung und, soweit sie registerlich geführt sind, nach Löschung im Register der juristischen Personen des Privatrechts, eingetragenen Personengesellschaften oder Rechtsgestaltungen noch für einen Zeitraum von mindestens fünf und höchstens zehn Jahren über das Transparenzregister und die durch Artikel 22 Absatz 1 der Richtlinie (EU) 2017/1132 geschaffene zentrale Europäische Plattform zugänglich.

(4) Das Bundesministerium der Finanzen wird im Benehmen mit dem Bundesministerium der Justiz und für Verbraucherschutz ermächtigt, durch Rechtsverordnung, die der Zustimmung des Bundesrates bedarf, die erforderlichen Bestimmungen über die Einzelheiten des elektronischen Datenverkehrs und seiner Abwicklung nach Absatz 1 einschließlich Vorgaben über Datenformate und Zahlungsmodalitäten zu treffen, soweit keine Regelungen in den von der Europäischen Kommission gemäß Artikel 24 der Richtlinie (EU) 2017/1132 und Artikel 31a der Richtlinie (EU) 2018/843 erlassenen Durchführungsrechtsakten enthalten sind.

---

1) § 26 geändert durch Gesetz vom 12.12.2019 (BGBl. I S. 2602).

§ 26a[1] Abruf durch die Zentralstelle für Finanztransaktionsuntersuchungen und die Strafverfolgungsbehörden

(1) Die registerführende Stelle übermittelt der Zentralstelle für Finanztransaktionsuntersuchungen für Zwecke nach § 28 Absatz 1 Satz 2 Nummer 2, 4 und 8 und den Strafverfolgungsbehörden für ihre Aufgabenerfüllung die erforderlichen Informationen aus dem Transparenzregister.

(2) [1]Die Übermittlung erfolgt im Wege des automatisierten Abrufs. [2]Die registerführende Stelle richtet für Abfragen nach Absatz 1 einen nach den Vorgaben der registerführenden Stelle ausgestalteten automatisierten Zugriff auf die im Transparenzregister gespeicherten Daten ein, der auch die Suche nach wirtschaftlich Berechtigten einer Vereinigung nach § 20 oder einer Rechtsgestaltung nach § 21 über die Angaben Name und Vorname sowie zusätzlich Geburtsdatum, Wohnort oder Staatsangehörigkeit des wirtschaftlich Berechtigten erlaubt. [3]§ 23 bleibt hiervon unberührt.

(3) Die beteiligten Stellen haben zu gewährleisten, dass für Abfragen nach Absatz 1 dem jeweiligen Stand der Technik entsprechende Maßnahmen zur Sicherstellung von Datenschutz und Datensicherheit getroffen werden, die insbesondere die Vertraulichkeit und Unversehrtheit der Daten gewährleisten.

Abschnitt 5. Zentralstelle für Finanztransaktionsuntersuchungen

§ 27 Zentrale Meldestelle

(1) Zentrale Meldestelle zur Verhinderung, Aufdeckung und Unterstützung bei der Bekämpfung von Geldwäsche und Terrorismusfinanzierung nach Artikel 32 Absatz 1 der Richtlinie (EU) 2015/849 ist die Zentralstelle für Finanztransaktionsuntersuchungen.

(2) Die Zentralstelle für Finanztransaktionsuntersuchungen ist organisatorisch eigenständig und arbeitet im Rahmen ihrer Aufgaben und Befugnisse fachlich unabhängig.

§ 28[2] Aufgaben, Aufsicht und Zusammenarbeit

(1) [1]Die Zentralstelle für Finanztransaktionsuntersuchungen hat die Aufgabe der Erhebung und Analyse von Informationen im Zusammenhang mit Geldwäsche oder Terrorismusfinanzierung und der Weitergabe dieser Informationen an die zuständigen inländischen öffentlichen Stellen zum Zwecke der Aufklärung, Verhinderung oder Verfolgung solcher Taten. [2]Ihr obliegen in diesem Zusammenhang:

1. die Entgegennahme und Sammlung von Meldungen nach diesem Gesetz,
2. die Durchführung von operativen Analysen einschließlich der Bewertung von Meldungen und sonstigen Informationen,
3. der Informationsaustausch und die Koordinierung mit inländischen Aufsichtsbehörden,
4. die Zusammenarbeit und der Informationsaustausch mit zentralen Meldestellen anderer Staaten,
5. die Untersagung von Transaktionen und die Anordnung von sonstigen Sofortmaßnahmen,
6. die Übermittlung der sie betreffenden Ergebnisse der operativen Analyse nach Nummer 2 und zusätzlicher relevanter Informationen an die zuständigen inländischen öffentlichen Stellen,

---

1) § 26a eingefügt durch Gesetz vom 12.12.2019 (BGBl. I S. 2602); § 26a tritt am 1.1.2021 in Kraft.
2) § 28 geändert durch Gesetz vom 12.12.2019 (BGBl. I S. 2602).

7. die Rückmeldung an den Verpflichteten, der eine Meldung nach § 43 Absatz 1 abgegeben hat,
8. die Durchführung von strategischen Analysen und Erstellung von Berichten aufgrund dieser Analysen,
9. der Austausch mit den Verpflichteten sowie mit den inländischen Aufsichtsbehörden und für die Aufklärung, Verhinderung oder Verfolgung der Geldwäsche und der Terrorismusfinanzierung zuständigen inländischen öffentlichen Stellen insbesondere über entsprechende Typologien und Methoden,
10. die Erstellung von Statistiken zu den in Artikel 44 Absatz 2 der Richtlinie (EU) 2015/849 genannten Zahlen und Angaben und die Veröffentlichung einer konsolidierten Statistik auf Jahresbasis in einem Jahresbericht,
11. die Veröffentlichung eines Jahresberichts über die erfolgten operativen Analysen,
12. die Teilnahme an Treffen nationaler und internationaler Arbeitsgruppen und
13. die Wahrnehmung der Aufgaben, die ihr darüber hinaus nach anderen Bestimmungen übertragen worden sind.

(2) Die Zentralstelle für Finanztransaktionsuntersuchungen untersteht der Aufsicht des Bundesministeriums der Finanzen, die sich in den Fällen des Absatzes 1 Nummer 1, 2, 5 und 6 auf die Rechtsaufsicht beschränkt.

(3) Die Zentralstelle für Finanztransaktionsuntersuchungen sowie die sonstigen für die Aufklärung, Verhütung und Verfolgung der Geldwäsche, Terrorismusfinanzierung und sonstiger Straftaten sowie die zur Gefahrenabwehr zuständigen inländischen öffentlichen Stellen und die inländischen Aufsichtsbehörden arbeiten zur Durchführung dieses Gesetzes zusammen und unterstützen sich gegenseitig.

(4) Die Zentralstelle für Finanztransaktionsuntersuchungen informiert, soweit erforderlich, die für das Besteuerungsverfahren oder den Schutz der sozialen Sicherungssysteme zuständigen Behörden über Sachverhalte, die ihr bei der Wahrnehmung ihrer Aufgaben bekannt werden und die sie nicht an eine andere zuständige staatliche Stelle übermittelt hat.

§ 29[1] Verarbeitung personenbezogener Daten durch die Zentralstelle für Finanztransaktionsuntersuchungen

(1) Die Zentralstelle für Finanztransaktionsuntersuchungen darf personenbezogene Daten verarbeiten, soweit dies zur Erfüllung ihrer Aufgaben erforderlich ist.

(2) Die Zentralstelle für Finanztransaktionsuntersuchungen darf personenbezogene Daten, die sie zur Erfüllung ihrer Aufgaben gespeichert hat, mit anderen Daten abgleichen, wenn dies nach diesem Gesetz oder nach einem anderen Gesetz zulässig ist.

(3) Die Zentralstelle für Finanztransaktionsuntersuchungen darf personenbezogene Daten, die bei ihr vorhanden sind, zu Fortbildungszwecken oder zu statistischen Zwecken verarbeiten, soweit eine Verarbeitung anonymisierter Daten zu diesen Zwecken nicht möglich ist.

§ 30 Entgegennahme und Analyse von Meldungen

(1) Die Zentralstelle für Finanztransaktionsuntersuchungen hat zur Erfüllung ihrer Aufgaben folgende Meldungen und Informationen entgegenzunehmen und zu verarbeiten:
1. Meldungen von Verpflichteten nach § 43 sowie Meldungen von Aufsichtsbehörden nach § 44,

1) § 29 Überschrift geändert durch Gesetz vom 12.12.2019 (BGBl. I S. 2602).

2. Mitteilungen von Finanzbehörden nach § 31b der Abgabenordnung,
3. Informationen, die ihr übermittelt werden
   a) nach Artikel 5 Absatz 1 der Verordnung (EG) Nr. 1889/2005 des Europäischen Parlaments und des Rates vom 26. Oktober 2005 über die Überwachung von Barmitteln, die in die Gemeinschaft oder aus der Gemeinschaft verbracht werden (ABl. L 309 vom 25.11.2005, S. 9), und
   b) nach § 12a des Zollverwaltungsgesetzes, und
4. sonstige Informationen aus öffentlichen und nicht öffentlichen Quellen im Rahmen ihres Aufgabenbereiches.

(2) Die Zentralstelle für Finanztransaktionsuntersuchungen analysiert die Meldungen nach den §§ 43 und 44 sowie die Mitteilungen nach § 31b der Abgabenordnung, um zu prüfen, ob der gemeldete Sachverhalt im Zusammenhang mit Geldwäsche, mit Terrorismusfinanzierung oder mit einer sonstigen Straftat steht.

(3) [1]Die Zentralstelle für Finanztransaktionsuntersuchungen kann unabhängig vom Vorliegen einer Meldung Informationen von Verpflichteten einholen, soweit dies zur Erfüllung ihrer Aufgaben erforderlich ist. [2]Zur Beantwortung ihres Auskunftsverlangens gewährt sie dem Verpflichteten eine angemessene Frist. [3]Verpflichtete nach § 2 Absatz 1 Nummer 10 und 12 können die Auskunft verweigern, soweit sich das Auskunftsverlangen auf Informationen bezieht, die sie im Rahmen der Rechtsberatung oder der Prozessvertretung des Vertragspartners erhalten haben. [4]Die Auskunftspflicht bleibt jedoch bestehen, wenn der Verpflichtete weiß, dass der Vertragspartner die Rechtsberatung für den Zweck der Geldwäsche oder der Terrorismusfinanzierung in Anspruch genommen hat oder nimmt.

§ 31[1)] Auskunftsrecht gegenüber inländischen öffentlichen Stellen, Datenzugriffsrecht

(1) [1]Die Zentralstelle für Finanztransaktionsuntersuchungen kann, soweit es zur Erfüllung ihrer Aufgaben erforderlich ist, bei inländischen öffentlichen Stellen Daten erheben. [2]Die inländischen öffentlichen Stellen erteilen der Zentralstelle für Finanztransaktionsuntersuchungen zur Erfüllung von deren Aufgaben auf deren Ersuchen Auskunft, soweit der Auskunft keine Übermittlungsbeschränkungen entgegenstehen.

(2) [1]Die Anfragen sind von der inländischen öffentlichen Stelle unverzüglich zu beantworten. [2]Daten, die mit der Anfrage im Zusammenhang stehen, sind zur Verfügung zu stellen.

(3) [1]Die Zentralstelle für Finanztransaktionsuntersuchungen soll ein automatisiertes Verfahren für die Übermittlung personenbezogener Daten, die bei anderen inländischen öffentlichen Stellen gespeichert sind und zu deren Erhalt die Zentralstelle für Finanztransaktionsuntersuchungen gesetzlich berechtigt ist, durch Abruf einrichten, soweit gesetzlich nichts anderes bestimmt ist und diese Form der Datenübermittlung unter Berücksichtigung der schutzwürdigen Interessen der betroffenen Personen wegen der Vielzahl der Übermittlungen oder wegen ihrer besonderen Eilbedürftigkeit angemessen ist. [2]Zur Kontrolle der Zulässigkeit des automatisierten Abrufverfahrens hat die Zentralstelle für Finanztransaktionsuntersuchungen schriftlich festzulegen:
1. den Anlass und den Zweck des Abgleich- oder Abrufverfahrens,
2. die Dritten, an die übermittelt wird,
3. die Art der zu übermittelnden Daten und

1) § 31 geändert durch Gesetz vom 12.12.2019 (BGBl. I S. 2602).

4. die technischen und organisatorischen Maßnahmen zur Gewährleistung des Datenschutzes.

(4) [1]Die Zentralstelle für Finanztransaktionsuntersuchungen ist berechtigt, soweit dies zur Erfüllung ihrer Aufgaben nach § 28 Absatz 1 Satz 2 Nummer 2 erforderlich ist, die in ihrem Informationssystem gespeicherten, personenbezogenen Daten mit den im polizeilichen Informationsverbund nach § 29 Absatz 1 und 2 des Bundeskriminalamtgesetzes enthaltenen, personenbezogenen Daten automatisiert abzugleichen. [2]Wird im Zuge des Abgleichs nach Satz 1 eine Übereinstimmung übermittelter Daten mit im polizeilichen Informationsverbund gespeicherten Daten festgestellt, so erhält die Zentralstelle für Finanztransaktionsuntersuchungen automatisiert die Information über das Vorliegen eines Treffers und ist berechtigt, die dazu im polizeilichen Informationsverbund vorhandenen Daten automatisiert abzurufen. [3]Haben die Teilnehmer am polizeilichen Informationsverbund Daten als besonders schutzwürdig eingestuft und aus diesem Grund einen Datenabruf der Zentralstelle für Finanztransaktionsuntersuchungen nach Satz 2 ausgeschlossen, erhält der datenbesitzende Teilnehmer am polizeilichen Informationsverbund automatisiert die Information über das Vorliegen eines Treffers. [4]Zugleich erhält die Zentralstelle für Finanztransaktionsuntersuchungen in den Fällen nach Satz 3 die Information über das Vorliegen eines Treffers sowie die Information, wer datenbesitzender Teilnehmer am polizeilichen Informationsverbund ist. [5]Bei Information über das Vorliegen eines Treffers nach Satz 3 obliegt es dem jeweiligen datenbesitzenden Teilnehmer des polizeilichen Informationsverbunds, mit der Zentralstelle für Finanztransaktionsuntersuchungen unverzüglich Kontakt aufzunehmen und ihr die Daten zu übermitteln, soweit dem keine Übermittlungsbeschränkungen entgegenstehen. [6]Die Regelungen der Sätze 1 bis 5 gehen der Regelung des § 29 Absatz 8 des Bundeskriminalamtgesetzes vor. [7]Die Einrichtung eines weitergehenden automatisierten Abrufverfahrens für die Zentralstelle für Finanztransaktionsuntersuchungen ist mit Zustimmung des Bundesministeriums des Innern, des Bundesministeriums der Finanzen und der Innenministerien und Senatsinnenverwaltungen der Länder zulässig, soweit diese Form der Datenübermittlung unter Berücksichtigung der schutzwürdigen Interessen der Betroffenen wegen der Vielzahl der Übermittlungen oder wegen der besonderen Eilbedürftigkeit angemessen ist.

(4a) [1]Die Zentralstelle für Finanztransaktionsuntersuchungen ist berechtigt, soweit dies zur Erfüllung ihrer Aufgaben nach § 28 Absatz 1 Satz 2 Nummer 2 erforderlich ist, unter Angabe des Vornamens, des Nachnamens sowie zusätzlich des Geburtsdatums, des Geburtsortes oder der letzten bekannten Anschrift einer natürlichen Person Auskunft aus dem Zentralen Staatsanwaltschaftlichen Verfahrensregister automatisiert einzuholen. [2]Wird im Zuge der Auskunftseinholung nach Satz 1 eine Übereinstimmung übermittelter Daten mit den im Zentralen Staatsanwaltschaftlichen Verfahrensregister gespeicherten Daten festgestellt, so erhält die Zentralstelle für Finanztransaktionsuntersuchungen automatisiert die Information über das Vorliegen eines Treffers und ist berechtigt, die dazu im Zentralen Staatsanwaltschaftlichen Verfahrensregister vorhandenen Daten automatisiert abzurufen. [3]Die aus dem Zentralen Staatsanwaltschaftlichen Verfahrensregister erhobenen personenbezogenen Daten dürfen nur für die Zwecke der operativen Analyse verwendet werden.

(5) [1]Finanzbehörden erteilen der Zentralstelle für Finanztransaktionsuntersuchungen nach Maßgabe des § 31b Absatz 1 Nummer 5 der Abgabenordnung Auskunft und teilen ihr nach § 31b Absatz 2 der Abgabenordnung die dort genannten Informationen mit. [2]Die Zentralstelle für Finanztransaktionsuntersuchungen darf zur Vorbereitung von Auskunftsersuchen gegenüber Finanzämtern unter Angabe des Vornamens, des Nachnamens und der Anschrift oder des Geburtsdatums einer natürlichen Person aus der Datenbank nach § 139b der Abgabenordnung automatisiert abrufen, bei welchem Finanzamt und unter welcher Steuernummer diese natürliche Person geführt wird. [3]Ein automatisierter

Abruf anderer Daten, die bei den Finanzbehörden gespeichert sind und die nach § 30 der Abgabenordnung dem Steuergeheimnis unterliegen, durch die Zentralstelle für Finanztransaktionsuntersuchungen ist nur möglich, soweit dies nach der Abgabenordnung oder den Steuergesetzen zugelassen ist. [4]Abweichend von Satz 3 findet für den automatisierten Abruf von Daten, die bei den Finanzbehörden der Zollverwaltung gespeichert sind und für deren Erhalt die Zentralstelle für Finanztransaktionsuntersuchungen die gesetzliche Berechtigung hat, Absatz 3 Anwendung.

(6) [1]Die Zentralstelle für Finanztransaktionsuntersuchungen darf zur Erfüllung ihrer Aufgaben bei den Kreditinstituten nach § 2 Absatz 1 Nummer 1 und bei den Instituten nach § 2 Absatz 1 Nummer 3 Daten aus den von ihnen nach § 24c Absatz 1 des Kreditwesengesetzes zu führenden Dateisystemen im automatisierten Verfahren abrufen. [2]Für die Datenübermittlung gilt § 24c Absatz 4 bis 8 des Kreditwesengesetzes entsprechend.

(7) Soweit zur Überprüfung der Personalien des Betroffenen erforderlich, darf die Zentralstelle für Finanztransaktionsuntersuchungen im automatisierten Abrufverfahren nach § 38 des Bundesmeldegesetzes über die in § 38 Absatz 1 des Bundesmeldegesetzes aufgeführten Daten hinaus folgende Daten abrufen:

1. derzeitige Staatsangehörigkeiten,
2. frühere Anschriften, gekennzeichnet nach Haupt- und Nebenwohnung, und
3. Ausstellungsbehörde, Ausstellungsdatum, Gültigkeitsdauer, Seriennummer des Personalausweises, vorläufigen Personalausweises oder Ersatzpersonalausweises, des anerkannten und gültigen Passes oder Passersatzpapiers.

§ 32 Datenübermittlungsverpflichtung an inländische öffentliche Stellen

(1) Meldungen nach § 43 Absatz 1, § 44 sind von der Zentralstelle für Finanztransaktionsuntersuchungen unverzüglich an das Bundesamt für Verfassungsschutz zu übermitteln, soweit tatsächliche Anhaltspunkte dafür bestehen, dass die Übermittlung dieser Informationen für die Erfüllung der Aufgaben des Bundesamtes für Verfassungsschutz erforderlich ist.

(2) [1]Stellt die Zentralstelle für Finanztransaktionsuntersuchungen bei der operativen Analyse fest, dass ein Vermögensgegenstand mit Geldwäsche, mit Terrorismusfinanzierung oder mit einer sonstigen Straftat im Zusammenhang steht, übermittelt sie das Ergebnis ihrer Analyse sowie alle sachdienlichen Informationen unverzüglich an die zuständigen Strafverfolgungsbehörden. [2]Die in Satz 1 genannten Informationen sind außerdem an den Bundesnachrichtendienst zu übermitteln, soweit tatsächliche Anhaltspunkte vorliegen, dass diese Übermittlung für die Erfüllung der Aufgaben des Bundesnachrichtendienstes erforderlich ist. [3]Im Fall von Absatz 1 übermittelt die Zentralstelle für Finanztransaktionsuntersuchungen außerdem dem Bundesamt für Verfassungsschutz zu der zuvor übermittelten Meldung auch das entsprechende Ergebnis ihrer operativen Analyse sowie alle sachdienlichen Informationen.

(3) [1]Die Zentralstelle für Finanztransaktionsuntersuchungen übermittelt auf Ersuchen personenbezogene Daten an die Strafverfolgungsbehörden, das Bundesamt für Verfassungsschutz, den Bundesnachrichtendienst oder den Militärischen Abschirmdienst des Bundesministeriums der Verteidigung, soweit dies erforderlich ist für

1. die Aufklärung von Geldwäsche und Terrorismusfinanzierung oder die Durchführung von diesbezüglichen Strafverfahren oder
2. die Aufklärung sonstiger Gefahren und die Durchführung von anderen, nicht von Nummer 1 erfassten Strafverfahren.

[2]Die Zentralstelle für Finanztransaktionsuntersuchungen übermittelt von Amts wegen oder auf Ersuchen personenbezogene Daten an andere als in Satz 1 benannte, zuständige inländische öffentliche Stellen, soweit dies erforderlich ist für

1. Besteuerungsverfahren,
2. Verfahren zum Schutz der sozialen Sicherungssysteme oder
3. die Aufgabenwahrnehmung der Aufsichtsbehörden.

(4) [1]In den Fällen des Absatzes 3 Satz 1 Nummer 1 und 2 sind die Strafverfolgungsbehörden und das Bundesamt für Verfassungsschutz berechtigt, die Daten zur Erfüllung ihrer Aufgaben automatisiert bei der Zentralstelle für Finanztransaktionsuntersuchungen abzurufen, soweit dem keine Übermittlungsbeschränkungen entgegenstehen. [2]Zur Kontrolle der Zulässigkeit des automatisierten Abrufverfahrens haben die jeweiligen Strafverfolgungsbehörden und das Bundesamt für Verfassungsschutz schriftlich festzulegen:

1. den Anlass und den Zweck des Abrufverfahrens,
2. die Dritten, an die übermittelt wird,
3. die Art der zu übermittelnden Daten und
4. die technischen und organisatorischen Maßnahmen zur Gewährleistung des Datenschutzes.

(5) [1]Die Übermittlung personenbezogener Daten nach Absatz 3 unterbleibt, soweit

1. sich die Bereitstellung der Daten negativ auf den Erfolg laufender Ermittlungen der zuständigen inländischen öffentlichen Stellen auswirken könnte oder
2. die Weitergabe der Daten unverhältnismäßig wäre.

[2]Soweit ein Abruf nach Absatz 4 zu Daten erfolgt, zu denen Übermittlungsbeschränkungen dem automatisierten Abruf grundsätzlich entgegenstehen, wird die Zentralstelle für Finanztransaktionsuntersuchungen automatisiert durch Übermittlung aller Anfragedaten über die Abfrage unterrichtet. [3]Ihr obliegt es in diesem Fall, unverzüglich mit der anfragenden Behörde Kontakt aufzunehmen, um im Einzelfall zu klären, ob Erkenntnisse nach Absatz 3 übermittelt werden können.

(6) [1]Falls die Strafverfolgungsbehörde ein Strafverfahren aufgrund eines nach Absatz 2 übermittelten Sachverhalts eingeleitet hat, teilt sie den Sachverhalt zusammen mit den zugrunde liegenden Tatsachen der zuständigen Finanzbehörde mit, wenn eine Transaktion festgestellt wird, die für die Finanzverwaltung für die Einleitung oder Durchführung von Besteuerungs- oder Steuerstrafverfahren Bedeutung haben könnte. [2]Zieht die Strafverfolgungsbehörde im Strafverfahren Aufzeichnungen nach § 11 Absatz 1 heran, dürfen auch diese der Finanzbehörde übermittelt werden. [3]Die Mitteilungen und Aufzeichnungen dürfen für Besteuerungsverfahren und für Strafverfahren wegen Steuerstraftaten verwendet werden.

(7) [1]Der Empfänger darf die ihm übermittelten personenbezogenen Daten nur zu dem Zweck verwenden, zu dem sie ihm übermittelt worden sind. [2]Eine Verwendung für andere Zwecke ist zulässig, soweit die Daten auch dafür hätten übermittelt werden dürfen.

§ 33[1)] Datenaustausch mit Mitgliedstaaten der Europäischen Union

(1) [1]Der Datenaustausch mit den für die Verhinderung, Aufdeckung und Bekämpfung von Geldwäsche und von Terrorismusfinanzierung zuständigen zentralen Meldestellen anderer Mitgliedstaaten der Europäischen Union ist unabhängig von der Art der Vortat der Geldwäsche und auch dann, wenn die Art der Vortat nicht feststeht, zu gewährleisten. [2]Insbesondere steht eine im Einzelfall abweichende Definition der Steuerstraftaten, die

1) § 33 geändert durch Gesetz vom 12.12.2019 (BGBl. I S. 2602).

nach nationalem Recht eine taugliche Vortat zur Geldwäsche sein können, einem Informationsaustausch mit zentralen Meldestellen anderer Mitgliedstaaten der Europäischen Union nicht entgegen. [3]Geht bei der Zentralstelle für Finanztransaktionsuntersuchungen eine Meldung nach § 43 Absatz 1 ein, die die Zuständigkeit eines anderen Mitgliedstaates betrifft, so leitet sie diese Meldung umgehend an die zentrale Meldestelle des betreffenden Mitgliedstaates weiter. [4]Hierzu kann die Zentralstelle für Finanztransaktionsuntersuchungen mit den Zentralstellen anderer Mitgliedstaaten ein System zur verschlüsselten automatisierten Weiterleitung einrichten und betreiben.

(2) [1]Für die Übermittlung der Daten gelten die Vorschriften über die Datenübermittlung im internationalen Bereich nach § 35 Absatz 2 bis 6 entsprechend. [2]§ 35 Absatz 2 gilt mit der Maßgabe, dass die Zentralstelle für Finanztransaktionsuntersuchungen bei der Beantwortung eines Auskunftsersuchens die ihr nach diesem Gesetz zur Erhebung und Weiterleitung von Informationen zustehenden Befugnisse zu nutzen hat. [3]Die Verantwortung für die Zulässigkeit der Datenübermittlung trägt die Zentralstelle für Finanztransaktionsuntersuchungen. [4]Für den Datenaustausch mit zentralen Meldestellen anderer Mitgliedstaaten nutzt die Zentralstelle für Finanztransaktionsuntersuchungen gesicherte Kommunikationskanäle.

(3) [1]Sind zusätzliche Informationen über einen in Deutschland tätigen Verpflichteten, der in einem anderen Mitgliedstaat der Europäischen Union in einem öffentlichen Register eingetragen ist, erforderlich, richtet die Zentralstelle für Finanztransaktionsuntersuchungen ihr Ersuchen an die zentrale Meldestelle dieses anderen Mitgliedstaates der Europäischen Union. [2]Geht bei der Zentralstelle für Finanztransaktionsuntersuchungen ein Ersuchen einer zentralen Meldestelle eines anderen Mitgliedstaates um zusätzliche Informationen über einen in ihrem Hoheitsgebiet tätigen Verpflichteten ein, der in Deutschland eingetragen ist, so nutzt die Zentralstelle für Finanztransaktionsuntersuchen die ihr nach diesem Gesetz zur Erhebung und Weiterleitung von Informationen zustehenden Befugnisse. [3]Die Übermittlung von Anfragen und Antworten nach den Sätzen 1 und 2 hat unverzüglich zu erfolgen.

(4) [1]Die Zentralstelle für Finanztransaktionsuntersuchungen darf ein Ersuchen um Informationsübermittlung, das eine zentrale Meldestelle eines Mitgliedstaates der Europäischen Union im Rahmen ihrer Aufgabenerfüllung an sie gerichtet hat, nur ablehnen, wenn

1. durch die Informationsübermittlung die innere oder äußere Sicherheit oder andere wesentliche Interessen der Bundesrepublik Deutschland gefährdet werden könnten,
2. im Einzelfall die Informationsübermittlung, auch unter Berücksichtigung des öffentlichen Interesses an der Datenübermittlung, mit den Grundprinzipien des deutschen Rechts nicht in Einklang zu bringen ist,
3. durch die Informationsübermittlung strafrechtliche Ermittlungen oder die Durchführung eines Gerichtsverfahrens behindert oder gefährdet werden könnten oder
4. rechtshilferechtliche Bedingungen ausländischer Stellen entgegenstehen, die von den zuständigen Behörden zu beachten sind.

[2]Die Gründe für die Ablehnung des Informationsersuchens legt die Zentralstelle für Finanztransaktionsuntersuchungen der ersuchenden zentralen Meldestelle angemessen schriftlich dar, außer wenn die operative Analyse noch nicht abgeschlossen ist oder soweit die Ermittlungen hierdurch gefährdet werden könnten.

(5) [1]Übermittelt die Zentralstelle für Finanztransaktionsuntersuchungen einer zentralen Meldestelle eines Mitgliedstaates der Europäischen Union auf deren Ersuchen Informationen, so soll sie in der Regel umgehend und unabhängig von der Art der Vortaten, die damit in Zusammenhang stehen können, ihre Einwilligung dazu erklären, dass diese

Informationen an andere Behörden dieses Mitgliedstaates weitergeleitet werden dürfen. [2]Die Zentralstelle für Finanztransaktionsuntersuchungen darf ihre Einwilligung nur aus den in Absatz 4 genannten Gründen verweigern. [3]Die Gründe für die Verweigerung der Einwilligung legt die Zentralstelle für Finanztransaktionsuntersuchungen angemessen dar. [4]Die Verwendung der Informationen zu anderen Zwecken bedarf der vorherigen Zustimmung der Zentralstelle für Finanztransaktionsuntersuchungen.

(6) Die Zentralstelle für Finanztransaktionsuntersuchungen benennt eine zentrale Kontaktstelle, die für die Annahme von Informationsersuchen der zentralen Meldestellen anderer Mitgliedstaaten nach dieser Vorschrift zuständig ist.

§ 34 Informationsersuchen im Rahmen der internationalen Zusammenarbeit

(1) Die Zentralstelle für Finanztransaktionsuntersuchungen kann die zentralen Meldestellen anderer Staaten, die mit der Verhinderung, Aufdeckung und Bekämpfung von Geldwäsche, von Vortaten der Geldwäsche sowie von Terrorismusfinanzierung befasst sind, um die Erteilung von Auskünften einschließlich der personenbezogenen Daten oder der Übermittlung von Unterlagen ersuchen, wenn diese Informationen und Unterlagen erforderlich sind zur Erfüllung ihrer Aufgaben.

(2) Für ein Ersuchen kann die Zentralstelle für Finanztransaktionsuntersuchungen personenbezogene Daten übermitteln, soweit dies erforderlich ist, um ein berechtigtes Interesse an der begehrten Information glaubhaft zu machen und wenn überwiegende berechtigte Interessen des Betroffenen nicht entgegenstehen.

(3) [1]In dem Ersuchen muss die Zentralstelle für Finanztransaktionsuntersuchungen den Zweck der Datenerhebung offenlegen und die beabsichtigte Weitergabe der Daten an andere inländische öffentliche Stellen mitteilen. [2]Die Zentralstelle für Finanztransaktionsuntersuchungen darf die von einer zentralen Meldestelle eines anderen Staates übermittelten Daten nur verwenden

1. zu den Zwecken, zu denen um die Daten ersucht wurde, und
2. zu den Bedingungen, unter denen die Daten zur Verfügung gestellt wurden.

[3]Sollen die übermittelten Daten nachträglich an eine andere öffentliche Stelle weitergegeben werden oder für einen Zweck genutzt werden, der über die ursprünglichen Zwecke hinausgeht, so ist vorher die Zustimmung der übermittelnden zentralen Meldestelle einzuholen.

§ 35[1)] Datenübermittlung im Rahmen der internationalen Zusammenarbeit

(1) [1]Geht bei der Zentralstelle für Finanztransaktionsuntersuchungen eine Meldung nach § 43 Absatz 1 ein, die die Zuständigkeit eines anderen Staates betrifft, so kann sie diese Meldung umgehend an die zentrale Meldestelle des betreffenden Staates weiterleiten. [2]Sie weist die zentrale Meldestelle des betreffenden Staates darauf hin, dass die personenbezogenen Daten nur zu dem Zweck genutzt werden dürfen, zu dem sie übermittelt worden sind.

(2) [1]Die Zentralstelle für Finanztransaktionsuntersuchungen kann einer zentralen Meldestelle eines anderen Staates auf deren Ersuchen personenbezogene Daten übermitteln

1. für eine von der zentralen Meldestelle des anderen Staates durchzuführende operative Analyse,

1) § 35 geändert durch Gesetz vom 12.12.2019 (BGBl. I S. 2602).

2. im Rahmen einer beabsichtigten Sofortmaßnahme nach § 40, soweit Tatsachen darauf hindeuten, dass der Vermögensgegenstand
   a) sich in Deutschland befindet und
   b) im Zusammenhang steht mit einem Sachverhalt, der der zentralen Meldestelle des anderen Staates vorliegt, oder
3. zur Erfüllung der Aufgaben einer anderen ausländischen öffentlichen Stelle, die der Verhinderung, Aufdeckung und Bekämpfung von Geldwäsche oder von Vortaten der Geldwäsche oder von Terrorismusfinanzierung dient.

[2]Sie kann hierbei auf ihr vorliegende Informationen zurückgreifen. [3]Enthalten diese Informationen auch Daten, die von anderen in- oder ausländischen Behörden erhoben oder von diesen übermittelt wurden, so ist eine Weitergabe dieser Daten nur mit Zustimmung dieser Behörden zulässig, es sei denn, die Informationen stammen aus öffentlich zugänglichen Quellen. [4]Die Zentralstelle für Finanztransaktionsuntersuchungen kann nach Maßgabe der §§ 28, 30 und 31 andere inländische öffentliche Stellen um Auskunft ersuchen oder von Verpflichteten Auskunft verlangen. [5]Ersuchen um Auskunft und Verlangen nach Auskunft sind zeitnah zu beantworten.

(3) Die Übermittlung personenbezogener Daten an eine zentrale Meldestelle eines anderen Staates ist nur zulässig, wenn das Ersuchen mindestens folgende Angaben enthält:

1. die Bezeichnung, die Anschrift und sonstige Kontaktdaten der ersuchenden Behörde,
2. die Gründe des Ersuchens und die Benennung des Zwecks, zu dem die Daten verwendet werden sollen, nach Absatz 2,
3. erforderliche Einzelheiten zur Identität der betroffenen Person, sofern sich das Ersuchen auf eine bekannte Person bezieht,
4. die Beschreibung des Sachverhalts, der dem Ersuchen zugrunde liegt, sowie die Behörde, an die die Daten gegebenenfalls weitergeleitet werden sollen, und
5. die Angabe, inwieweit der Sachverhalt mit Geldwäsche oder mit Terrorismusfinanzierung im Zusammenhang steht.

(4) [1]Die Zentralstelle für Finanztransaktionsuntersuchungen kann auch ohne Ersuchen personenbezogene Daten an eine zentrale Meldestelle eines anderen Staates übermitteln, wenn Tatsachen darauf hindeuten, dass natürliche oder juristische Personen auf dem Hoheitsgebiet dieses Staates Handlungen, die wegen Geldwäsche oder Terrorismusfinanzierung strafbar sind, begangen haben. [2]Dies gilt unabhängig von der Art der Vortat der Geldwäsche und auch, wenn die Art der Vortat nicht feststeht.

(5) [1]Die Verantwortung für die Zulässigkeit der Übermittlung trägt die Zentralstelle für Finanztransaktionsuntersuchungen. [2]Sie kann bei der Übermittlung von Daten an eine ausländische zentrale Meldestelle Einschränkungen und Auflagen für die Verwendung der übermittelten Daten festlegen.

(6) [1]Der Empfänger personenbezogener Daten ist darauf hinzuweisen, dass die personenbezogenen Daten nur zu dem Zweck genutzt werden dürfen, zu dem sie übermittelt worden sind. [2]Sollen die Daten von der ersuchenden ausländischen zentralen Meldestelle an eine andere Behörde in dem Staat weitergeleitet werden, muss die Zentralstelle für Finanztransaktionsuntersuchungen dem unter Berücksichtigung des Zwecks und der schutzwürdigen Interessen des Betroffenen an den Daten zuvor zustimmen. [3]Soweit die Informationen als Beweismittel in einem Strafverfahren verwendet werden sollen, gelten die Regeln der grenzüberschreitenden Zusammenarbeit in Strafsachen.

(7) [1]Die Übermittlung personenbezogener Daten an eine ausländische zentrale Meldestelle unterbleibt, soweit

1. durch die Übermittlung die innere oder äußere Sicherheit oder andere wesentliche Interessen der Bundesrepublik Deutschland verletzt werden könnten,
2. einer Übermittlung besondere bundesgesetzliche Übermittlungsvorschriften entgegenstehen oder
3. im Einzelfall, auch unter Berücksichtigung des besonderen öffentlichen Interesses an der Datenübermittlung, die schutzwürdigen Interessen der betroffenen Person überwiegen.

[2]Zu den schutzwürdigen Interessen der betroffenen Person gehört auch das Vorhandensein eines angemessenen Datenschutzniveaus im Empfängerstaat. [3]Die schutzwürdigen Interessen der betroffenen Person können auch dadurch gewahrt werden, dass der Empfängerstaat oder die empfangende zwischen- oder überstaatliche Stelle im Einzelfall einen angemessenen Schutz der übermittelten Daten garantiert.

(8) Die Übermittlung personenbezogener Daten soll unterbleiben, wenn

1. strafrechtliche Ermittlungen oder die Durchführung eines Gerichtsverfahrens durch die Übermittlung behindert oder gefährdet werden könnten oder
2. nicht gewährleistet ist, dass die ersuchende ausländische zentrale Meldestelle einem gleichartigen deutschen Ersuchen entsprechen würde.

(9) Die Gründe für die Ablehnung eines Informationsersuchens sollen der ersuchenden zentralen Meldestelle angemessen dargelegt werden.

(10) [1]Die Zentralstelle für Finanztransaktionsuntersuchungen hat den Zeitpunkt, die übermittelten Daten sowie die empfangende zentrale Meldestelle aufzuzeichnen. [2]Unterbleibt die Datenübermittlung, so ist dies entsprechend aufzuzeichnen. [3]Sie hat diese Daten drei Jahre aufzubewahren und danach zu löschen.

§ 36 Automatisierter Datenabgleich im europäischen Verbund

[1]Die Zentralstelle für Finanztransaktionsuntersuchungen kann im Verbund mit zentralen Meldestellen anderer Mitgliedstaaten der Europäischen Union ein System zum verschlüsselten automatisierten Abgleich von dazu geeigneten Daten, die die nationalen zentralen Meldestellen im Rahmen ihrer Aufgabenerfüllung erhoben haben, einrichten und betreiben. [2]Zweck dieses Systems ist es, Kenntnis davon zu erlangen, ob zu einer betreffenden Person bereits durch zentrale Meldestellen anderer Mitgliedstaaten der Europäischen Union eine Analyse nach § 30 durchgeführt wurde oder anderweitige Informationen zu dieser Person dort vorliegen.

§ 37 Berichtigung, Einschränkung der Verarbeitung und Löschung personenbezogener Daten aus automatisierter Verarbeitung und bei Speicherung in automatisierten Dateien

(1) Die Zentralstelle für Finanztransaktionsuntersuchungen berichtigt unrichtig gespeicherte personenbezogene Daten, die sie automatisiert verarbeitet.

(2) Die Zentralstelle für Finanztransaktionsuntersuchungen löscht gespeicherte personenbezogene Daten, wenn die Speicherung dieser Daten unzulässig ist oder die Kenntnis dieser Daten für die Aufgabenerfüllung nicht mehr erforderlich ist.

(3) [1]An die Stelle einer Löschung tritt eine Einschränkung der Verarbeitung der gespeicherten personenbezogenen Daten, wenn

1. Anhaltspunkte vorliegen, dass durch die Löschung schutzwürdige Interessen eines Betroffenen beeinträchtigt würden,
2. die Daten für laufende Forschungsarbeiten benötigt werden oder
3. eine Löschung wegen der besonderen Art der Speicherung nur mit unverhältnismäßigem Aufwand möglich ist.

[2]Der eingeschränkten Verarbeitung unterliegende Daten dürfen nur für den Zweck verarbeitet werden, für den die Löschung unterblieben ist. [3]Sie dürfen auch verarbeitet werden, soweit dies zur Durchführung eines laufenden Strafverfahrens unerlässlich ist oder der Betroffene einer Verarbeitung zustimmt.

(4) Die Zentralstelle für Finanztransaktionsuntersuchungen prüft bei der Einzelfallbearbeitung und nach festgesetzten Fristen, ob gespeicherte personenbezogene Daten zu berichtigen, zu löschen oder in der Verarbeitung einzuschränken sind.

(5) Die Fristen beginnen mit dem Tag, an dem die Zentralstelle für Finanztransaktionsuntersuchungen die operative Analyse nach § 30 abgeschlossen hat.

(6) [1]Die Zentralstelle für Finanztransaktionsuntersuchungen ergreift angemessene Maßnahmen, um zu gewährleisten, dass personenbezogene Daten, die unrichtig, unvollständig oder in der Verarbeitung eingeschränkt sind, nicht übermittelt werden. [2]Zu diesem Zweck überprüft sie, soweit durchführbar, die Qualität der Daten vor ihrer Übermittlung. [3]Bei jeder Übermittlung von personenbezogenen Daten fügt sie nach Möglichkeit Informationen bei, die es dem Empfänger gestatten, die Richtigkeit, die Vollständigkeit und die Zuverlässigkeit der personenbezogenen Daten zu beurteilen.

(7) Stellt die Zentralstelle für Finanztransaktionsuntersuchungen fest, dass sie unrichtige, zu löschende oder in der Verarbeitung einzuschränkende personenbezogene Daten übermittelt hat, so teilt sie dem Empfänger dieser Daten die Berichtigung, Löschung oder Einschränkung der Verarbeitung mit, wenn eine Mitteilung erforderlich ist, um schutzwürdige Interessen des Betroffenen zu wahren.

§ 38 Berichtigung, Einschränkung der Verarbeitung und Vernichtung personenbezogener Daten, die weder automatisiert verarbeitet werden noch in einer automatisierten Datei gespeichert sind

(1) Die Zentralstelle für Finanztransaktionsuntersuchungen hält in geeigneter Weise fest, wenn

1. sie feststellt, dass personenbezogene Daten, die weder automatisiert verarbeitet werden noch in einer automatisierten Datei gespeichert sind, unrichtig sind, oder
2. die Richtigkeit der personenbezogenen Daten, die weder automatisiert verarbeitet werden noch in einer automatisierten Datei gespeichert sind, von dem Betroffenen bestritten wird.

(2) [1]Die Zentralstelle für Finanztransaktionsuntersuchungen schränkt die Verarbeitung personenbezogener Daten, die weder automatisiert verarbeitet werden noch in einer automatisierten Datei gespeichert sind, ein, wenn sie im Einzelfall feststellt, dass

1. ohne die Einschränkung der Verarbeitung schutzwürdige Interessen des Betroffenen beeinträchtigt würden und
2. die Daten für die Aufgabenerfüllung nicht mehr erforderlich sind.

[2]Die personenbezogenen Daten sind auch dann in der Verarbeitung einzuschränken, wenn für sie eine Löschungsverpflichtung nach § 37 Absatz 2 besteht.

(3) Die Zentralstelle für Finanztransaktionsuntersuchungen vernichtet die Unterlagen mit personenbezogenen Daten entsprechend den Bestimmungen über die Aufbewahrung von Akten, wenn diese Unterlagen insgesamt zur Erfüllung der Aufgaben der Zentralstelle für Finanztransaktionsuntersuchungen nicht mehr erforderlich sind.

(4) [1]Die Vernichtung unterbleibt, wenn

1. Anhaltspunkte vorliegen, dass anderenfalls schutzwürdige Interessen des Betroffenen beeinträchtigt würden, oder
2. die Daten für laufende Forschungsarbeiten benötigt werden.

[2]In diesen Fällen schränkt die Zentralstelle für Finanztransaktionsuntersuchungen die Verarbeitung der Daten ein und versieht die Unterlagen mit einem Einschränkungsvermerk. [3]Für die Einschränkung gilt § 37 Absatz 3 Satz 2 und 3 entsprechend.

(5) Anstelle der Vernichtung nach Absatz 3 sind die Unterlagen an das zuständige Archiv abzugeben, sofern diesen Unterlagen ein bleibender Wert nach § 3 des Bundesarchivgesetzes in der Fassung der Bekanntmachung vom 6. Januar 1988 (BGBl. I S. 62), das zuletzt durch das Gesetz vom 13. März 1992 (BGBl. I S. 506) geändert worden ist, in der jeweils geltenden Fassung zukommt.

(6) Für den Fall, dass unrichtige, zu löschende oder in der Verarbeitung einzuschränkende personenbezogene Daten übermittelt worden sind, gilt § 37 Absatz 7 entsprechend.

§ 39 Errichtungsanordnung

(1) [1]Die Zentralstelle für Finanztransaktionsuntersuchungen erlässt für jede automatisierte Datei mit personenbezogenen Daten, die sie zur Erfüllung ihrer Aufgaben führt, eine Errichtungsanordnung. [2]Die Errichtungsanordnung bedarf der Zustimmung des Bundesministeriums der Finanzen. [3]Vor Erlass einer Errichtungsanordnung ist die oder der Bundesbeauftragte für den Datenschutz und die Informationsfreiheit anzuhören.

(2) In der Errichtungsanordnung sind festzulegen:

1. die Bezeichnung der Datei,
2. die Rechtsgrundlage und Zweck der Verarbeitung,
3. der Personenkreis, über den Daten gespeichert werden,
4. die Art der zu speichernden personenbezogenen Daten,
5. die Arten der personenbezogenen Daten, die der Erschließung der Datei dienen,
6. die Anlieferung oder Eingabe der zu speichernden Daten,
7. die Voraussetzungen, unter denen in der Datei gespeicherte personenbezogene Daten an welche Empfänger und in welchem Verfahren übermittelt werden,
8. die Fristen für die Überprüfung der gespeicherten Daten und die Dauer der Speicherung,
9. die Protokollierung.

[4]Die Fristen für die Überprüfung der gespeicherten Daten dürfen fünf Jahre nicht überschreiten. [5]Diese richten sich nach dem Zweck der Speicherung sowie nach Art und Bedeutung des Sachverhalts, wobei nach dem Zweck der Speicherung sowie nach Art und Bedeutung des Sachverhalts zu unterscheiden ist.

(3) [1]Ist im Hinblick auf die Dringlichkeit der Aufgabenerfüllung der Zentralstelle für Finanztransaktionsuntersuchungen eine Mitwirkung der in Absatz 1 genannten Stellen nicht möglich, so kann die Generalzolldirektion eine Sofortanordnung treffen. [2]Gleichzeitig unterrichtet die Generalzolldirektion das Bundesministerium der Finanzen und legt ihm die Sofortanordnung vor. [3]Das Verfahren nach Absatz 1 ist unverzüglich nachzuholen.

(4) In angemessenen Abständen ist die Notwendigkeit der Weiterführung oder der Änderung der Errichtungsanordnung zu überprüfen.

§ 40[1] Sofortmaßnahmen

(1) [1]Liegen der Zentralstelle für Finanztransaktionsuntersuchungen Anhaltspunkte dafür vor, dass eine Transaktion im Zusammenhang mit Geldwäsche steht oder der Ter-

1) § 40 geändert durch Gesetz vom 12.12.2019 (BGBl. I S. 2602).

rorismusfinanzierung dient, oder erhält sie eine Meldung nach Artikel 23 Absatz 2 der Verordnung (EU) 2017/1509 des Rates vom 30. August 2017 über restriktive Maßnahmen gegen die Demokratische Volksrepublik Korea, so kann sie die Durchführung der Transaktion untersagen, um den Anhaltspunkten nachzugehen und die Transaktion zu analysieren. [2]Außerdem kann sie unter den Voraussetzungen des Satzes 1

1. einem Verpflichteten nach § 2 Absatz 1 Nummer 1 bis 3 untersagen,
   a) Verfügungen von einem bei ihm geführten Konto oder Depot auszuführen und
   b) sonstige Finanztransaktionen durchzuführen,
2. einen Verpflichteten nach § 2 Absatz 1 Nummer 1 anweisen, dem Vertragspartner und allen sonstigen Verfügungsberechtigten den Zugang zu einem Schließfach zu verweigern, oder
3. gegenüber einem Verpflichteten anderweitige Anordnungen in Bezug auf eine Transaktion treffen.

(2) [1]Maßnahmen nach Absatz 1 können von der Zentralstelle für Finanztransaktionsuntersuchungen aufgrund des Ersuchens einer zentralen Meldestelle eines anderen Staates getroffen werden. [2]Ein Ersuchen hat die Angaben entsprechend § 35 Absatz 3 zu enthalten. [3]Die Zentralstelle für Finanztransaktionsuntersuchungen soll die Gründe für die Ablehnung eines Ersuchens angemessen darlegen.

(3) Maßnahmen nach Absatz 1 werden von der Zentralstelle für Finanztransaktionsuntersuchungen aufgehoben, sobald oder soweit die Voraussetzungen für die Maßnahmen nicht mehr vorliegen.

(4) Maßnahmen nach Absatz 1 enden

1. spätestens mit Ablauf eines Monats nach Anordnung der Maßnahmen durch die Zentralstelle für Finanztransaktionsuntersuchungen,
2. mit Ablauf des fünften Werktages nach Abgabe des Sachverhalts an die zuständige Strafverfolgungsbehörde, wobei der Samstag nicht als Werktag gilt, oder
3. zu einem früheren Zeitpunkt, wenn ein solcher von der Zentralstelle für Finanztransaktionsuntersuchungen festgelegt wurde.

(5) Die Zentralstelle für Finanztransaktionsuntersuchungen kann Vermögensgegenstände, die einer Maßnahme nach Absatz 1 Satz 2 unterliegen, auf Antrag der betroffenen Person oder einer nichtrechtsfähigen Personenvereinigung freigeben, soweit diese Vermögensgegenstände einem der folgenden Zwecke dienen:

1. der Deckung des notwendigen Lebensunterhalts der Person oder ihrer Familienmitglieder,
2. der Bezahlung von Versorgungsleistungen oder Unterhaltsleistungen oder
3. vergleichbaren Zwecken.

(6) [1]Gegen Maßnahmen nach Absatz 1 kann der Verpflichtete oder ein anderer Beschwerter Widerspruch erheben. [2]Der Widerspruch hat keine aufschiebende Wirkung.

§ 41 Rückmeldung an den meldenden Verpflichteten

(1) Die Zentralstelle für Finanztransaktionsuntersuchungen bestätigt dem Verpflichteten, der eine Meldung nach § 43 Absatz 1 durch elektronische Datenübermittlung abgegeben hat, unverzüglich den Eingang seiner Meldung.

(2) [1]Die Zentralstelle für Finanztransaktionsuntersuchungen gibt dem Verpflichteten in angemessener Zeit Rückmeldung zur Relevanz seiner Meldung. [2]Der Verpflichtete darf hierdurch erlangte personenbezogene Daten nur zur Verbesserung seines Risikomanagements, der Erfüllung seiner Sorgfaltspflichten und seines Meldeverhaltens nut-

zen. [3]Er hat diese Daten zu löschen, wenn sie für den jeweiligen Zweck nicht mehr erforderlich sind, spätestens jedoch nach einem Jahr.

§ 42[1] Benachrichtigung von inländischen öffentlichen Stellen an die Zentralstelle für Finanztransaktionsuntersuchungen

(1) [1]In Strafverfahren, in denen die Zentralstelle für Finanztransaktionsuntersuchungen Informationen weitergeleitet hat, teilt die zuständige Staatsanwaltschaft der Zentralstelle für Finanztransaktionsuntersuchungen die Erhebung der öffentlichen Klage und den Ausgang des Verfahrens einschließlich aller Einstellungsentscheidungen mit. [2]Die Mitteilung erfolgt durch Übersendung einer Kopie der Anklageschrift, der begründeten Einstellungsentscheidung oder des Urteils.

(2) [1]Leitet die Zentralstelle für Finanztransaktionsuntersuchungen Informationen an sonstige inländische öffentliche Stellen weiter, so benachrichtigt die empfangende Stelle die Zentralstelle für Finanztransaktionsuntersuchungen über die abschließende Verwendung der bereitgestellten Informationen und über die Ergebnisse der auf Grundlage der bereitgestellten Informationen durchgeführten Maßnahmen, soweit andere Rechtsvorschriften der Benachrichtigung nicht entgegenstehen. [2]§ 30 Absatz 1 der Abgabenordnung steht dem nicht entgegen.

Abschnitt 6. Pflichten im Zusammenhang mit Meldungen von Sachverhalten

§ 43[2] Meldepflicht von Verpflichteten, Verordnungsermächtigung

(1) Liegen Tatsachen vor, die darauf hindeuten, dass

1. ein Vermögensgegenstand, der mit einer Geschäftsbeziehung, einem Maklergeschäft oder einer Transaktion im Zusammenhang steht, aus einer strafbaren Handlung stammt, die eine Vortat der Geldwäsche darstellen könnte,
2. ein Geschäftsvorfall, eine Transaktion oder ein Vermögensgegenstand im Zusammenhang mit Terrorismusfinanzierung steht oder
3. der Vertragspartner seine Pflicht nach § 11 Absatz 6 Satz 3, gegenüber dem Verpflichteten offenzulegen, ob er die Geschäftsbeziehung oder die Transaktion für einen wirtschaftlich Berechtigten begründen, fortsetzen oder durchführen will, nicht erfüllt hat,

so hat der Verpflichtete diesen Sachverhalt unabhängig vom Wert des betroffenen Vermögensgegenstandes oder der Transaktionshöhe unverzüglich der Zentralstelle für Finanztransaktionsuntersuchungen zu melden.

(2) [1]Abweichend von Absatz 1 sind Verpflichtete nach § 2 Absatz 1 Nummer 10 und 12 nicht zur Meldung verpflichtet, wenn sich der meldepflichtige Sachverhalt auf Informationen bezieht, die sie im Rahmen von Tätigkeiten der Rechtsberatung oder Prozessvertretung erhalten haben. [2]Die Meldepflicht bleibt jedoch bestehen, wenn der Verpflichtete weiß, dass der Vertragspartner die Rechtsberatung oder Prozessvertretung für den Zweck der Geldwäsche, der Terrorismusfinanzierung oder einer anderen Straftat genutzt hat oder nutzt oder ein Fall des Absatzes 6 vorliegt.

(3) Ein Mitglied der Führungsebene eines Verpflichteten hat eine Meldung nach Absatz 1 an die Zentralstelle für Finanztransaktionsuntersuchungen abzugeben, wenn

---

1) § 42 geändert durch Gesetz vom 12.12.2019 (BGBl. I S. 2602).
2) § 43 geändert durch Gesetz vom 12.12.2019 (BGBl. I S. 2602).

1. der Verpflichtete über eine Niederlassung in Deutschland verfügt und
2. der zu meldende Sachverhalt im Zusammenhang mit einer Tätigkeit der deutschen Niederlassung steht.

(4) [1]Wenn ein nach Absatz 1 gegenüber der Zentralstelle für Finanztransaktionsuntersuchungen gemeldeter Sachverhalt zugleich die für eine Anzeige nach § 261 Absatz 9 Satz 1 des Strafgesetzbuches erforderlichen Angaben enthält, gilt die Meldung zugleich als Selbstanzeige im Sinne von § 261 Absatz 9 Satz 1 des Strafgesetzbuches. [2]Die Pflicht zur Meldung nach Absatz 1 schließt die Freiwilligkeit der Anzeige nach § 261 Absatz 9 Satz 1 des Strafgesetzbuches nicht aus.

(5) Die Zentralstelle für Finanztransaktionsuntersuchungen kann im Benehmen mit den Aufsichtsbehörden typisierte Transaktionen bestimmen, die stets nach Absatz 1 zu melden sind.

(6) Das Bundesministerium der Finanzen kann im Einvernehmen mit dem Bundesministerium der Justiz und für Verbraucherschutz durch Rechtsverordnung ohne Zustimmung des Bundesrates Sachverhalte bei Erwerbsvorgängen nach § 1 des Grunderwerbsteuergesetzes bestimmen, die von Verpflichteten nach § 2 Absatz 1 Nummer 10 und 12 stets nach Absatz 1 zu melden sind.

§ 44 Meldepflicht von Aufsichtsbehörden

(1) Liegen Tatsachen vor, die darauf hindeuten, dass ein Vermögensgegenstand mit Geldwäsche oder mit Terrorismusfinanzierung im Zusammenhang steht, meldet die Aufsichtsbehörde diese Tatsachen unverzüglich der Zentralstelle für Finanztransaktionsuntersuchungen.

(2) Absatz 1 gilt entsprechend für Behörden, die für die Überwachung der Aktien-, Devisen- und Finanzderivatemärkte zuständig sind.

§ 45[1)] Form der Meldung, Registrierungspflicht, Ausführung durch Dritte, Verordnungsermächtigung

(1) [1]Die Meldung nach § 43 Absatz 1 oder § 44 hat elektronisch zu erfolgen. [2]Verpflichtete nach § 2 Absatz 1 haben sich unabhängig von der Abgabe einer Verdachtsmeldung bei der Zentralstelle für Finanztransaktionsuntersuchungen elektronisch zu registrieren. [3]Bei einer Störung der elektronischen Datenübermittlung ist die Übermittlung auf dem Postweg zulässig. [4]Meldungen nach § 44 sind aufgrund des besonderen Bedürfnisses nach einem einheitlichen Datenübermittlungsverfahren auch für die aufsichtsführenden Landesbehörden bindend.

(2) [1]Auf Antrag kann die Zentralstelle für Finanztransaktionsuntersuchungen zur Vermeidung von unbilligen Härten auf die elektronische Übermittlung einer Meldung eines Verpflichteten verzichten und die Übermittlung auf dem Postweg genehmigen. [2]Die Ausnahmegenehmigung kann befristet werden.

(3) Für die Übermittlung auf dem Postweg ist der amtliche Vordruck zu verwenden.

(4) Bei Erfüllung der Meldepflicht nach § 43 Absatz 1 kann ein Verpflichteter entsprechend § 6 Absatz 7 auf Dritte zurückgreifen.

(5) [1]Das Bundesministerium der Finanzen kann durch Rechtsverordnung ohne Zustimmung des Bundesrates nähere Bestimmungen über die Form der Meldung nach § 43 Absatz 1 oder § 44 erlassen. [2]Von Absatz 1 und den Regelungen einer Rechtsverordnung nach Satz 1 kann durch Landesrecht nicht abgewichen werden.

---

1) § 45 geändert durch Gesetz vom 12.12.2019 (BGBl. I S. 2602); zur Anwendung s. § 59 Abs. 6.

§ 46 Durchführung von Transaktionen

(1) [1]Eine Transaktion, wegen der eine Meldung nach § 43 Absatz 1 erfolgt ist, darf frühestens durchgeführt werden, wenn

1. dem Verpflichteten die Zustimmung der Zentralstelle für Finanztransaktionsuntersuchungen oder der Staatsanwaltschaft zur Durchführung übermittelt wurde oder
2. der dritte Werktag nach dem Abgangstag der Meldung verstrichen ist, ohne dass die Durchführung der Transaktion durch die Zentralstelle für Finanztransaktionsuntersuchungen oder die Staatsanwaltschaft untersagt worden ist.

[2]Für die Berechnung der Frist gilt der Samstag nicht als Werktag.

(2) [1]Ist ein Aufschub der Transaktion, bei der Tatsachen vorliegen, die auf einen Sachverhalt nach § 43 Absatz 1 hindeuten, nicht möglich oder könnte durch den Aufschub die Verfolgung einer mutmaßlichen strafbaren Handlung behindert werden, so darf die Transaktion durchgeführt werden. [2]Die Meldung nach § 43 Absatz 1 ist vom Verpflichteten unverzüglich nachzuholen.

§ 47[1)] Verbot der Informationsweitergabe, Verordnungsermächtigung

(1) Ein Verpflichteter darf den Vertragspartner, den Auftraggeber der Transaktion und sonstige Dritte nicht in Kenntnis setzen von

1. einer beabsichtigten oder erstatteten Meldung nach § 43 Absatz 1,
2. einem Ermittlungsverfahren, das aufgrund einer Meldung nach § 43 Absatz 1 eingeleitet worden ist, und
3. einem Auskunftsverlangen nach § 30 Absatz 3 Satz 1.

(2) [1]Das Verbot gilt nicht für eine Informationsweitergabe

1. an staatliche Stellen,
2. zwischen Verpflichteten nach § 2 Absatz 1 Nummer 1 bis 3 und 6 bis 8, die derselben Unternehmensgruppe angehören,
3. zwischen Verpflichteten nach § 2 Absatz 1 Nummer 1 bis 3 und 6 bis 8, die Mutterunternehmen nach § 9 Absatz 1 sind, und ihren in Drittstaaten ansässigen und dort geldwäscherechtlichen Pflichten unterliegenden Zweigstellen und gruppenangehörigen Unternehmen gemäß § 1 Absatz 16 Nummer 2, sofern diese die Maßnahmen nach § 9 Absatz 1 Satz 2 Nummer 1, 3 und 4 wirksam umgesetzt haben,
4. zwischen Verpflichteten nach § 2 Absatz 1 Nummer 10 bis 12 aus Mitgliedstaaten der Europäischen Union oder aus Drittstaaten, in denen die Anforderungen an ein System zur Verhinderung von Geldwäsche und von Terrorismusfinanzierung denen der Richtlinie (EU) 2015/849 entsprechen, sofern die betreffenden Personen ihre berufliche Tätigkeit
   a) selbständig ausüben,
   b) angestellt in derselben juristischen Person ausüben oder
   c) angestellt in einer Struktur ausüben, die einen gemeinsamen Eigentümer oder eine gemeinsame Leitung hat oder über eine gemeinsame Kontrolle in Bezug auf die Einhaltung der Vorschriften zur Verhinderung der Geldwäsche oder der Terrorismusfinanzierung verfügt,
5. zwischen Verpflichteten nach § 2 Absatz 1 Nummer 1 bis 3, 6, 7, 9, 10 und 12 in Fällen, die sich auf denselben Vertragspartner und auf dieselbe Transaktion beziehen, an der zwei oder mehr Verpflichtete beteiligt sind, wenn

---

1) § 47 geändert durch Gesetz vom 12.12.2019 (BGBl. I S. 2602).

a) die Verpflichteten ihren Sitz in einem Mitgliedstaat der Europäischen Union oder in einem Drittstaat haben, in dem die Anforderungen an ein System zur Verhinderung von Geldwäsche und Terrorismusfinanzierung den Anforderungen der Richtlinie (EU) 2015/849 entsprechen,
b) die Verpflichteten derselben Berufskategorie angehören und
c) für die Verpflichteten vergleichbare Verpflichtungen in Bezug auf das Berufsgeheimnis und auf den Schutz personenbezogener Daten gelten.

[2]Nach Satz 1 Nummer 2 bis 5 weitergegebene Informationen dürfen ausschließlich zum Zweck der Verhinderung der Geldwäsche oder der Terrorismusfinanzierung verwendet werden.

(3) [1]Soweit in diesem oder anderen Gesetzen nicht etwas anderes geregelt ist, dürfen andere staatliche Stellen als die Zentralstelle für Finanztransaktionsuntersuchungen, die Kenntnis von einer nach § 43 Absatz 1 abgegebenen Meldung erlangt haben, diese Informationen nicht weitergeben an

1. den Vertragspartner des Verpflichteten,
2. den Auftraggeber der Transaktion,
3. den wirtschaftlich Berechtigten,
4. eine Person, die von einer der in den Nummern 1 bis 3 genannten Personen als Vertreter oder Bote eingesetzt worden ist, und
5. den Rechtsbeistand, der von einer der in den Nummern 1 bis 4 genannten Personen mandatiert worden ist.

[2]Eine Weitergabe dieser Informationen an diese Personen ist nur zulässig, wenn die Zentralstelle für Finanztransaktionsuntersuchungen vorher ihr Einverständnis erklärt hat und durch die Weitergabe dieser Informationen der ursprüngliche Zweck der Verdachtsmeldung nicht verändert wird.

(4) Nicht als Informationsweitergabe gilt, wenn sich Verpflichtete nach § 2 Absatz 1 Nummer 10 bis 12 bemühen, einen Mandanten davon abzuhalten, eine rechtswidrige Handlung zu begehen.

(5) [1]Verpflichtete nach § 2 Absatz 1 Nummer 1 bis 9 dürfen einander andere als die in Absatz 1 genannten Informationen über konkrete Sachverhalte, die auf Geldwäsche, eine ihrer Vortaten oder Terrorismusfinanzierung hindeutende Auffälligkeiten oder Ungewöhnlichkeiten enthalten, zur Kenntnis geben, wenn sie davon ausgehen können, dass andere Verpflichtete diese Informationen benötigen für

1. die Risikobeurteilung einer entsprechenden oder ähnlichen Transaktion oder Geschäftsbeziehung oder
2. die Beurteilung, ob eine Meldung nach § 43 Absatz 1 oder eine Strafanzeige nach § 158 der Strafprozessordnung erstattet werden sollte.

[2]Die Informationen dürfen auch unter Verwendung von Datenbanken zur Kenntnis gegeben werden, unabhängig davon, ob diese Datenbanken von den Verpflichteten nach § 2 Absatz 1 Nummer 1 bis 9 selbst oder von Dritten betrieben werden. [3]Die weitergegebenen Informationen dürfen ausschließlich zum Zweck der Verhinderung der Geldwäsche, ihrer Vortaten oder der Terrorismusfinanzierung und nur unter den durch den übermittelnden Verpflichteten vorgegebenen Bedingungen verwendet werden.

(6) Das Bundesministerium der Finanzen kann im Einvernehmen mit dem Bundesministerium des Innern, dem Bundesministerium der Justiz und für Verbraucherschutz und dem Bundesministerium für Wirtschaft und Energie durch Rechtsverordnung ohne Zustimmung des Bundesrates weitere Regelungen treffen, nach denen in Bezug auf

Verpflichtete aus Drittstaaten mit erhöhtem Risiko nach Artikel 9 der Richtlinie (EU) 2015/849 keine Informationen weitergegeben werden dürfen.

§ 48 Freistellung von der Verantwortlichkeit

(1) Wer Sachverhalte nach § 43 Absatz 1 meldet oder eine Strafanzeige nach § 158 der Strafprozessordnung erstattet, darf wegen dieser Meldung oder Strafanzeige nicht verantwortlich gemacht werden, es sei denn, die Meldung oder Strafanzeige ist vorsätzlich oder grob fahrlässig unwahr erstattet worden.

(2) Absatz 1 gilt auch, wenn

1. ein Beschäftigter einen Sachverhalt nach § 43 Absatz 1 seinem Vorgesetzten meldet oder einer Stelle meldet, die unternehmensintern für die Entgegennahme einer solchen Meldung zuständig ist, und
2. ein Verpflichteter oder einer seiner Beschäftigten einem Auskunftsverlangen der Zentralstelle für Finanztransaktionsuntersuchungen nach § 30 Absatz 3 Satz 1 nachkommt.

§ 49 [1] Informationszugang und Schutz der meldenden Beschäftigten

(1) [1]Ist die Analyse aufgrund eines nach § 43 gemeldeten Sachverhalts noch nicht abgeschlossen, so kann die Zentralstelle für Finanztransaktionsuntersuchungen dem Betroffenen auf Anfrage Auskunft über die zu ihm vorliegenden Informationen geben, wenn dadurch der Analysezweck nicht beeinträchtigt wird. [2]Gibt sie dem Betroffenen Auskunft, so macht sie die personenbezogenen Daten der Einzelperson, die die Meldung nach § 43 Absatz 1 abgegeben hat, unkenntlich.

(2) [1]Ist die Analyse aufgrund eines nach § 43 gemeldeten Sachverhalts abgeschlossen, aber nicht an die Strafverfolgungsbehörde übermittelt worden, so kann die Zentralstelle für Finanztransaktionsuntersuchungen auf Anfrage des Betroffenen über die zu ihm vorliegenden Informationen Auskunft geben. [2]Sie verweigert die Auskunft, wenn ein Bekanntwerden dieser Informationen negative Auswirkungen hätte auf

1. internationale Beziehungen,
2. Belange der inneren oder äußeren Sicherheit der Bundesrepublik Deutschland,
3. die Durchführung eines anderen strafrechtlichen Ermittlungsverfahrens oder
4. die Durchführung eines laufenden Gerichtsverfahrens.

[3]In der Auskunft macht sie personenbezogene Daten der Einzelperson, die eine Meldung nach § 43 Absatz 1 abgegeben hat oder die einem Auskunftsverlangen der Zentralstelle für Finanztransaktionsuntersuchungen nachgekommen ist, unkenntlich. [4]Auf Antrag des Betroffenen kann sie Ausnahmen von Satz 3 zulassen, wenn schutzwürdige Interessen des Betroffenen überwiegen.

(3) [1]Die Zentralstelle für Finanztransaktionsuntersuchungen ist nicht mehr befugt, dem Betroffenen Auskunft zu geben, nachdem sie den jeweiligen Sachverhalt an die Strafverfolgungsbehörde übermittelt hat. [2]Ist das Verfahren durch die Staatsanwaltschaft oder das Gericht abgeschlossen worden, ist die Zentralstelle für Finanztransaktionsuntersuchungen wieder befugt, dem Betroffenen Auskunft zu erteilen. [3]In diesem Fall gilt Absatz 2 entsprechend.

(4) Steht die Person, die eine Meldung nach § 43 Absatz 1 abgegeben hat oder die dem Verpflichteten intern einen solchen Sachverhalt gemeldet hat, in einem Beschäftigungsverhältnis zum Verpflichteten, so darf ihr aus der Meldung keine Benachteiligung im Beschäftigungsverhältnis entstehen.

---

1) § 49 Abs. 5 angefügt durch Gesetz vom 12.12.2019 (BGBl. I S. 2602).

(5) [1]Einer Person, die aufgrund der Abgabe einer Meldung nach § 43 Absatz 1 oder aufgrund der internen Meldung eines solchen Sachverhalts an den Verpflichteten entgegen dem Benachteiligungsverbot des Absatzes 4 einer Benachteiligung im Zusammenhang mit ihrem Beschäftigungsverhältnis ausgesetzt ist, steht bei der zuständigen Aufsichtsbehörde nach § 50 das Recht der Beschwerde zu. [2]Der Rechtsweg bleibt von dem Beschwerdeverfahren unberührt. [3]Dem Beschwerdeführer steht für die Einreichung der Beschwerde nach Satz 1 das vertrauliche Informationssystem der Aufsichtsbehörde nach § 53 Absatz 1 Satz 2 zur Verfügung.

Abschnitt 7. Aufsicht, Zusammenarbeit, Bußgeldvorschriften, Datenschutz

§ 50 [1] Zuständige Aufsichtsbehörde

Zuständige Aufsichtsbehörde für die Durchführung dieses Gesetzes ist

1. die Bundesanstalt für Finanzdienstleistungsaufsicht für
   a) Kreditinstitute mit Ausnahme der Deutschen Bundesbank,
   b) Finanzdienstleistungsinstitute sowie Zahlungsinstitute nach § 1 Absatz 1 Satz 1 Nummer 1 des Zahlungsdiensteaufsichtsgesetzes und E-Geld-Institute nach § 1 Absatz 2 Satz 1 Nummer 1 des Zahlungsdiensteaufsichtsgesetzes,
   c) im Inland gelegene Zweigstellen und Zweigniederlassungen von Kreditinstituten mit Sitz im Ausland, von Finanzdienstleistungsinstituten mit Sitz im Ausland und Zahlungsinstituten mit Sitz im Ausland,
   d) Kapitalverwaltungsgesellschaften nach § 17 Absatz 1 des Kapitalanlagegesetzbuchs,
   e) im Inland gelegene Zweigniederlassungen von EU-Verwaltungsgesellschaften nach § 1 Absatz 17 des Kapitalanlagegesetzbuchs sowie von ausländischen AIF-Verwaltungsgesellschaften nach § 1 Absatz 18 des Kapitalanlagegesetzbuchs,
   f) ausländische AIF-Verwaltungsgesellschaften, für die die Bundesrepublik Deutschland Referenzmitgliedstaat ist und die der Aufsicht der Bundesanstalt für Finanzdienstleistungsaufsicht nach § 57 Absatz 1 Satz 3 des Kapitalanlagegesetzbuchs unterliegen,
   g) Zahlungsinstitute und E-Geld-Institute mit Sitz in einem anderen Vertragsstaat des Abkommens über den Europäischen Wirtschaftsraum, Agenten und E-Geld-Agenten nach § 2 Absatz 1 Nummer 4,
   h) Unternehmen und Personen nach § 2 Absatz 1 Nummer 5 und
   i) die Kreditanstalt für Wiederaufbau,
2. für Versicherungsunternehmen nach § 2 Absatz 1 Nummer 7 die jeweils zuständige Aufsichtsbehörde für das Versicherungswesen,
3. für Rechtsanwälte und Kammerrechtsbeistände nach § 2 Absatz 1 Nummer 10 die jeweils örtlich zuständige Rechtsanwaltskammer (§§ 60, 61, 163 Satz 4 der Bundesrechtsanwaltsordnung),
4. für Patentanwälte nach § 2 Absatz 1 Nummer 10 die Patentanwaltskammer (§ 53 der Patentanwaltsordnung),

---

1) § 50 geändert durch Gesetz vom 12.12.2019 (BGBl. I S. 2602).

5. für Notare nach § 2 Absatz 1 Nummer 10 der jeweilige Präsident des Landgerichts, in dessen Bezirk der Notar seinen Sitz hat (§ 92 Nummer 1 der Bundesnotarordnung),
6. für Wirtschaftsprüfer und vereidigte Buchprüfer nach § 2 Absatz 1 Nummer 12 die Wirtschaftsprüferkammer (§ 57 Absatz 2 Nummer 17 der Wirtschaftsprüferordnung),
7. für Steuerberater und Steuerbevollmächtigte nach § 2 Absatz 1 Nummer 12 die jeweils örtlich zuständige Steuerberaterkammer (§ 76 des Steuerberatungsgesetzes),

7a. für Vereine nach § 4 Nummer 11 des Steuerberatungsgesetzes die für die Aufsicht nach § 27 des Steuerberatungsgesetzes zuständige Behörde,

8. für die Veranstalter und Vermittler von Glücksspielen nach § 2 Absatz 1 Nummer 15, soweit das Landesrecht nichts anderes bestimmt, die für die glücksspielrechtliche Aufsicht zuständige Behörde und
9. im Übrigen die jeweils nach Bundes- oder Landesrecht zuständige Stelle.

§ 51 [1)] Aufsicht

(1) Die Aufsichtsbehörden üben die Aufsicht über die Verpflichteten aus.

(2) [1]Die Aufsichtsbehörden können im Rahmen der ihnen gesetzlich zugewiesenen Aufgaben die geeigneten und erforderlichen Maßnahmen und Anordnungen treffen, um die Einhaltung der in diesem Gesetz und der in aufgrund dieses Gesetzes ergangenen Rechtsverordnungen festgelegten Anforderungen sicherzustellen. [2]Insbesondere können die Aufsichtsbehörden in diesem Rahmen durch erforderliche Maßnahmen und Anordnungen sicherstellen, dass die Verpflichteten diese Anforderungen auch im Einzelfall einhalten und nicht entgegen diesen Anforderungen Geschäftsbeziehungen begründen oder fortsetzen und Transaktionen durchführen. [3]Sie können hierzu auch die ihnen für sonstige Aufsichtsaufgaben eingeräumten Befugnisse ausüben. [4]Widerspruch und Anfechtungsklage gegen diese Maßnahmen haben keine aufschiebende Wirkung.

(3) [1]Die Aufsichtsbehörde nach § 50 Nummer 1, soweit sich die Aufsichtstätigkeit auf die in § 50 Nummer 1 Buchstabe g und h genannten Verpflichteten bezieht, und die Aufsichtsbehörden nach § 50 Nummer 3 bis 9 können bei den Verpflichteten Prüfungen zur Einhaltung der in diesem Gesetz festgelegten Anforderungen durchführen. [2]Die Prüfungen können ohne besonderen Anlass vor Ort und anderswo erfolgen. [3]Die Aufsichtsbehörden können die Durchführung der Prüfungen vertraglich auf sonstige Personen und Einrichtungen übertragen. [4]Häufigkeit und Intensität der Prüfungen haben sich am Risikoprofil der Verpflichteten im Hinblick auf Geldwäsche und Terrorismusfinanzierung zu orientieren, das in regelmäßigen Abständen und bei Eintritt wichtiger Ereignisse oder Entwicklungen in deren Geschäftsleitung und Geschäftstätigkeit neu zu bewerten ist.

(4) Für Maßnahmen und Anordnungen nach dieser Vorschrift kann die Aufsichtsbehörde nach § 50 Nummer 8 und 9 zur Deckung des Verwaltungsaufwands Kosten erheben.

(5) [1]Die Aufsichtsbehörde nach § 50 Nummer 1, soweit sich die Aufsichtstätigkeit auf die in § 50 Nummer 1 Buchstabe g und h genannten Verpflichteten bezieht, und die Aufsichtsbehörden nach § 50 Nummer 3 bis 9 können einem Verpflichteten, dessen Tätigkeit einer Zulassung bedarf und durch die Aufsichtsbehörde zugelassen wurde, die Ausübung des Geschäfts oder Berufs vorübergehend untersagen oder ihm gegenüber die Zulassung widerrufen, wenn der Verpflichtete vorsätzlich oder fahrlässig

---

1) § 51 geändert durch Gesetz vom 12.12.2019 (BGBl. I S. 2602).

1. gegen die Bestimmungen dieses Gesetzes, gegen die zur Durchführung dieses Gesetzes erlassenen Verordnungen oder gegen Anordnungen der zuständigen Aufsichtsbehörde verstoßen hat,
2. trotz Verwarnung durch die zuständige Aufsichtsbehörde dieses Verhalten fortsetzt und
3. der Verstoß nachhaltig ist.

[2]Hat ein Mitglied der Führungsebene oder ein anderer Beschäftigter eines Verpflichteten vorsätzlich oder fahrlässig einen Verstoß nach Satz 1 begangen, kann die Aufsichtsbehörde nach § 50 Nummer 1, soweit sich die Aufsichtstätigkeit auf die in § 50 Nummer 1 Buchstabe g und h genannten Verpflichteten bezieht, und können die Aufsichtsbehörden nach § 50 Nummer 3 bis 9 dem Verstoßenden gegenüber ein vorübergehendes Verbot zur Ausübung einer Leitungsposition bei Verpflichteten nach § 2 Absatz 1 aussprechen. [3]Handelt es sich bei der Aufsichtsbehörde nicht um die Behörde, die dem Verpflichteten für die Ausübung seiner Tätigkeit die Zulassung erteilt hat, führt die Zulassungsbehörde auf Verlangen derjenigen Aufsichtsbehörde, die einen Verstoß nach Satz 1 festgestellt hat, das Verfahren entsprechend Satz 1 oder 2 durch.

(5a) [1]Ist die für die Aufsicht über einen Verpflichteten nach § 50 Nummer 1 Buchstabe g und h zuständige Behörde eine Behörde in einem anderen Mitgliedstaat der Europäischen Union oder in einem anderen Vertragsstaat des Abkommens über den Europäischen Wirtschaftsraum, kann die Aufsichtsbehörde nach § 50 Nummer 1, wenn die ausländische Behörde selbst keine Maßnahmen ergreift oder sich die von ihr ergriffenen Maßnahmen als unzureichend erweisen und eine sofortige Abhilfe geboten ist, nach Unterrichtung der zuständigen ausländischen Behörde die zur Behebung eines schweren Verstoßes erforderlichen Maßnahmen ergreifen. [2]Soweit erforderlich, kann sie die Durchführung neuer Geschäfte im Inland untersagen. [3]In dringenden Fällen kann die Aufsichtsbehörde nach § 50 Nummer 1 vor Unterrichtung die erforderlichen Maßnahmen ergreifen. [4]Die Maßnahmen müssen befristet und im Hinblick auf den mit ihnen verfolgten Zweck, der Abwendung schwerer Verstöße gegen die Bestimmungen dieses Gesetzes, gegen die zur Durchführung dieses Gesetzes erlassenen Verordnungen oder gegen Anordnungen der zuständigen Aufsichtsbehörden, angemessen sein. [5]Sie sind zu beenden, wenn die festgestellten schweren Verstöße abgewendet wurden. [6]In dringenden Fällen des Satzes 3 ist die ausländische Behörde über die ergriffenen Maßnahmen unverzüglich zu unterrichten.

(5b) [1]Verpflichtete nach § 2 Absatz 1 Nummer 13 haben sich unter Angabe ihrer konkreten Tätigkeit bei der Aufsichtsbehörde zu registrieren, wenn sie nicht bereits nach anderen Vorschriften einer Anmeldung, Eintragung, Erlaubnis oder Zulassung bedürfen. [2]Soweit nicht nach anderen Vorschriften die Befugnis hierzu besteht, kann die Aufsichtsbehörde Mitglieder der Führungs- und Leitungsebene des Verpflichteten abberufen, soweit begründete Tatsachen die Annahme rechtfertigen, dass diese nicht die erforderliche Eignung oder Zuverlässigkeit besitzen. [3]Die Aufsichtsbehörde kann Verpflichteten, bei denen begründete Tatsachen die Annahme rechtfertigen, dass der wirtschaftlich Berechtigte die erforderliche Eignung oder Zuverlässigkeit nicht besitzt, die Ausübung der Dienstleistung nach § 2 Absatz 1 Nummer 13 untersagen. [4]Absatz 5 Satz 1 und 2 gilt entsprechend.

(6) Die nach § 50 Nummer 9 zuständige Aufsichtsbehörde übt zudem die Aufsicht aus, die ihr übertragen ist nach Artikel 55 Absatz 1 der Verordnung (EU) Nr. 1031/2010 der Kommission vom 12. November 2010 über den zeitlichen und administrativen Ablauf sowie sonstige Aspekte der Versteigerung von Treibhausgasemissionszertifikaten gemäß der Richtlinie 2003/87/EG des Europäischen Parlaments und des Rates über ein System

für den Handel mit Treibhausgasemissionszertifikaten in der Gemeinschaft (ABl. L 302 vom 18.11.2010, S. 1).

(7) Die nach § 50 Nummer 8 und 9 zuständige Aufsichtsbehörde für Verpflichtete nach § 2 Absatz 1 Nummer 15 kann zur Erfüllung ihrer Aufgaben im Einzelfall bei einem Verpflichteten nach § 2 Absatz 1 Nummer 1 oder Nummer 3 Auskünfte einholen zu Zahlungskonten nach § 1 Absatz 17 des Zahlungsdiensteaufsichtsgesetzes und zu darüber ausgeführten Zahlungsvorgängen

1. eines Veranstalters oder Vermittlers von Glücksspielen im Internet, unabhängig davon, ob er im Besitz einer glücksspielrechtlichen Erlaubnis ist, sowie
2. eines Spielers.

(8) [1]Die Aufsichtsbehörde stellt den Verpflichteten regelmäßig aktualisierte Auslegungs- und Anwendungshinweise für die Umsetzung der Sorgfaltspflichten und der internen Sicherungsmaßnahmen nach den gesetzlichen Bestimmungen zur Verhinderung von Geldwäsche und von Terrorismusfinanzierung zur Verfügung. [2]Sie kann diese Pflicht auch dadurch erfüllen, dass sie solche Hinweise, die durch Verbände der Verpflichteten erstellt worden sind, genehmigt.

(9) [1]Die Aufsichtsbehörden haben zur Dokumentation ihrer Aufsichtstätigkeit folgende Daten in Form einer Statistik vorzuhalten:

1. Daten zur Aufsichtstätigkeit pro Kalenderjahr, insbesondere:
   a) die Anzahl der in der Aufsichtsbehörde beschäftigten Personen, gemessen in Vollzeitäquivalenten, die mit der Aufsicht über die Verpflichteten nach § 2 Absatz 1 betraut sind;
   b) die Anzahl der durchgeführten Vor-Ort-Prüfungen und der sonstigen ergriffenen Prüfungsmaßnahmen, differenziert nach den betroffenen Verpflichteten nach § 2 Absatz 1;
   c) die Anzahl der Maßnahmen nach Buchstabe b, bei denen die Aufsichtsbehörde eine Pflichtverletzung nach diesem Gesetz oder nach einer auf der Grundlage dieses Gesetzes erlassenen Rechtsverordnung festgestellt hat, sowie die Anzahl der Fälle, in denen die Aufsichtsbehörde anderweitig Kenntnis von einer solchen Pflichtverletzung erlangt hat, und
   d) Art und Umfang der daraufhin von der Aufsichts- und Verwaltungsbehörde rechtskräftig ergriffenen Maßnahmen; dazu gehören die Anzahl
      aa) der erteilten Verwarnungen,
      bb) der festgesetzten Bußgelder einschließlich der jeweiligen Höhe, differenziert danach, ob und inwieweit eine Bekanntmachung nach § 57 erfolgte,
      cc) der angeordneten Abberufungen von Geldwäschebeauftragten oder Mitgliedern der Geschäftsführung,
      dd) der angeordneten Erlaubnisentziehungen,
      ee) der sonstigen ergriffenen Maßnahmen;
   e) Art und Umfang der Maßnahmen, um die Verpflichteten nach § 2 Absatz 1 über die von ihnen einzuhaltenden Sorgfaltspflichten und internen Sicherungsmaßnahmen zu informieren;
2. die Anzahl der von der Aufsichtsbehörde nach § 44 abgegebenen Verdachtsmeldungen pro Kalenderjahr, differenziert nach den betroffenen Verpflichteten nach § 2 Absatz 1.

[2]Die Aufsichtsbehörden haben dem Bundesministerium der Finanzen und der Zentralstelle für Finanztransaktionsuntersuchungen die Daten nach Satz 1 mit Stand zum

31. Dezember des Berichtsjahres bis zum 31. März des Folgejahres in elektronischer Form zu übermitteln. [3]Das Bundesministerium der Finanzen und die Zentralstelle für Finanztransaktionsuntersuchungen können dazu einen gemeinsamen Vordruck vorsehen. [4]Die Aufsichtsbehörden teilen der Zentralstelle für Finanztransaktionsuntersuchungen ihre Kontaktdaten, ihre Angaben zu ihrem Zuständigkeitsbereich und ihre Änderungen der Daten unverzüglich mit.

(10) [1]Die zuständigen Aufsichtsbehörden unterrichten das Bundesministerium der Finanzen vor der Anordnung oder der Anwendung der in § 15 Absatz 5a genannten Maßnahmen. [2]Das Bundesministerium der Finanzen unterrichtet die Europäische Kommission vor der Anordnung oder der Anwendung der in § 15 Absatz 5a genannten Maßnahmen durch die zuständigen Aufsichtsbehörden sowie über den Erlass einer Rechtsverordnung nach § 15 Absatz 10 Satz 1 Nummer 2.

§ 51a [1)] Verarbeitung personenbezogener Daten durch Aufsichtsbehörden

(1) Die nach diesem Gesetz zuständigen Aufsichtsbehörden sind befugt, personenbezogene Daten zu verarbeiten, soweit dies zur Erfüllung ihrer gesetzlichen Aufgaben erforderlich ist.

(2) [1]Verarbeiten die nach diesem Gesetz zuständigen Aufsichtsbehörden im Zuge einer aufsichtsrechtlichen Maßnahme nach diesem Gesetz oder auf Grundlage der nach diesem Gesetz ergangenen Rechtsverordnungen personenbezogene Daten, stehen den betroffenen Personen die Rechte aus den Artikeln 15 bis 18 und 20 bis 22 der Verordnung (EU) 2016/679 nicht zu, soweit die Erfüllung der Rechte der betroffenen Personen Folgendes gefährden würde:

1. den Zweck der Maßnahme,
2. die Stabilität der Finanzmärkte der Bundesrepublik Deutschland oder eines oder mehrerer Mitgliedstaaten des Europäischen Wirtschaftsraums,
3. ein sonstiges wichtiges Ziel des allgemeinen öffentlichen Interesses der Bundesrepublik Deutschland oder eines oder mehrerer Mitgliedstaaten des Europäischen Wirtschaftsraums, insbesondere ein wichtiges wirtschaftliches oder finanzielles Interesse oder
4. die Verhütung, Ermittlung, Aufdeckung oder Verfolgung von Straftaten oder die Strafvollstreckung, einschließlich des Schutzes vor und der Abwehr von Gefahren für die öffentliche Sicherheit.

[2]Unter diesen Voraussetzungen ist die zuständige Aufsichtsbehörde auch von den Pflichten nach den Artikeln 12 bis 14, 19 und 34 sowie den Transparenzpflichten nach Artikel 5 der Verordnung (EU) 2016/679 befreit. [3]Die Sätze 1 und 2 gelten entsprechend für Personen und Einrichtungen, derer sich die zuständige Aufsichtsbehörde bei der Durchführung ihrer Aufgaben bedient sowie für die registerführende Stelle.

(3) Die betroffene Person ist über den Wegfall der Beschränkung zu informieren, sofern dies nicht dem Zweck der Beschränkung abträglich ist.

(4) [1]Wird der betroffenen Person in den Fällen des Absatzes 2 Satz 1 bis 3 keine Auskunft erteilt, so ist auf ihr Verlangen je nach Zuständigkeit dem Bundesbeauftragten für den Datenschutz und die Informationsfreiheit oder der nach Landesrecht für den Datenschutz zuständigen Aufsichtsbehörde die Auskunft zu erteilen, soweit nicht im Einzelfall festgestellt wird, dass dadurch die öffentliche Sicherheit des Bundes oder eines Landes oder die Stabilität und Integrität der Finanzmärkte gefährdet würde. [2]Die Mitteilung des Bundesbeauftragten für den Datenschutz und die Informationsfreiheit oder der nach

1) § 51a eingefügt durch Gesetz vom 12.12.2019 (BGBl. I S. 2602).

Landesrecht für den Datenschutz zuständigen Aufsichtsbehörde an die betroffene Person über das Ergebnis der datenschutzrechtlichen Prüfung darf keine Rückschlüsse auf den Erkenntnisstand der zuständigen Aufsichtsbehörde und der Personen und Einrichtungen, derer sich die zuständige Aufsichtsbehörde bei der Durchführung ihrer Aufgaben bedient, zulassen, sofern diese nicht einer weitergehenden Auskunft zustimmt.

§ 52 [1)] Mitwirkungspflichten

(1) [1]Ein Verpflichteter, die Mitglieder seiner Organe und seine Beschäftigten haben der nach § 50 Nummer 1 zuständigen Aufsichtsbehörde, soweit sich die Aufsichtstätigkeit auf die in § 50 Nummer 1 Buchstabe g und h genannten Verpflichteten bezieht, der nach § 50 Nummer 3 bis 9 zuständigen Aufsichtsbehörde sowie den Personen und Einrichtungen, derer sich diese Aufsichtsbehörden zur Durchführung ihrer Aufgaben bedienen, auf Verlangen unentgeltlich

1. Auskunft über alle Geschäftsangelegenheiten und Transaktionen zu erteilen und
2. Unterlagen vorzulegen,

die für die Einhaltung der in diesem Gesetz festgelegten Anforderungen von Bedeutung sind. [2]Im Rahmen der Pflicht nach Satz 1 Nummer 2 hat der Verpflichtete der Behörde die vorzulegenden Unterlagen im Original, in Form von Kopien oder in digitaler Form auf elektronischem Wege oder auf einem digitalen Speichermedium zur Verfügung zu stellen.

(2) Bei den Prüfungen nach § 51 Absatz 3 ist es den Bediensteten der Aufsichtsbehörde und den sonstigen Personen, derer sich die zuständige Aufsichtsbehörde bei der Durchführung der Prüfungen bedient, gestattet, die Geschäftsräume des Verpflichteten innerhalb der üblichen Betriebs- und Geschäftszeiten zu betreten und zu besichtigen.

(3) Die Betroffenen haben Maßnahmen nach Absatz 2 zu dulden.

(4) Der zur Erteilung einer Auskunft Verpflichtete kann die Auskunft auf solche Fragen verweigern, deren Beantwortung ihn selbst oder einen der in § 383 Absatz 1 Nummer 1 bis 3 der Zivilprozessordnung bezeichneten Angehörigen der Gefahr strafrechtlicher Verfolgung oder eines Verfahrens nach dem Gesetz über Ordnungswidrigkeiten aussetzen würde.

(5) [1]Verpflichtete nach § 2 Absatz 1 Nummer 10 und 12 können die Auskunft auch auf Fragen verweigern, wenn sich diese Fragen auf Informationen beziehen, die sie im Rahmen der Rechtsberatung oder der Prozessvertretung des Vertragspartners erhalten haben. [2]Die Pflicht zur Auskunft bleibt bestehen, wenn der Verpflichtete weiß, dass sein Mandant seine Rechtsberatung für den Zweck der Geldwäsche oder der Terrorismusfinanzierung in Anspruch genommen hat oder nimmt.

(6) [1]Personen, bei denen aufgrund ihrer Geschäftstätigkeit Tatsachen die Annahme rechtfertigen, dass sie Verpflichtete nach § 2 Absatz 1 sind, haben der nach § 50 zuständigen Aufsichtsbehörde auf Verlangen unentgeltlich Auskunft über alle Geschäftsangelegenheiten zu erteilen und Unterlagen vorzulegen, soweit dies für die Feststellung der Verpflichteteneigenschaft erforderlich ist. [2]Absatz 1 Satz 2 sowie die Absätze 4 und 5 gelten entsprechend.

§ 53 [2)] Hinweise auf Verstöße

(1) [1]Die Aufsichtsbehörden errichten ein System zur Annahme von Hinweisen zu potenziellen oder tatsächlichen Verstößen gegen dieses Gesetz und gegen auf Grundlage dieses Gesetzes erlassene Rechtsverordnungen und gegen andere Bestimmungen zur

1) § 52 geändert durch Gesetz vom 12.12.2019 (BGBl. I S. 2602).
2) § 53 geändert durch Gesetz vom 12.12.2019 (BGBl. I S. 2602).

Verhinderung von Geldwäsche und von Terrorismusfinanzierung, bei denen es die Aufgabe der Aufsichtsbehörde ist, die Einhaltung der genannten Rechtsvorschriften sicherzustellen oder Verstöße gegen die genannten Rechtsvorschriften zu ahnden. [2]Das System hat die Abgabe von Hinweisen über einen geschützten Kommunikationsweg zu ermöglichen. [3]Die Hinweise können auch anonym abgegeben werden.

(2) Die Aufsichtsbehörden sind zu diesem Zweck befugt, personenbezogene Daten zu verarbeiten, soweit dies zur Erfüllung ihrer Aufgaben erforderlich ist.

(3) [1]Die Aufsichtsbehörden machen die Identität einer Person, die einen Hinweis abgegeben hat, nur bekannt, wenn sie zuvor die ausdrückliche Zustimmung dieser Person eingeholt haben. [2]Sie geben die Identität einer Person, die Gegenstand eines Hinweises ist, nicht bekannt. [3]Die Sätze 1 und 2 gelten nicht, wenn

1. eine Weitergabe der Information im Kontext weiterer Ermittlungen oder nachfolgender Verwaltungs- oder Gerichtsverfahren aufgrund eines Gesetzes erforderlich ist oder
2. die Offenlegung durch einen Gerichtsbeschluss oder in einem Gerichtsverfahren angeordnet wird.

(4) Das Informationsfreiheitsgesetz findet auf die Vorgänge nach dieser Vorschrift keine Anwendung.

(5) [1]Mitarbeiter, die bei Unternehmen und Personen beschäftigt sind, die von den zuständigen Aufsichtsbehörden nach Absatz 1 beaufsichtigt werden, oder bei anderen Unternehmen oder Personen beschäftigt sind, auf die Tätigkeiten von beaufsichtigten Unternehmen oder Personen ausgelagert wurden, und die einen Hinweis nach Absatz 1 abgeben, dürfen wegen dieses Hinweises weder nach arbeitsrechtlichen oder nach strafrechtlichen Vorschriften verantwortlich gemacht noch zum Ersatz von Schäden herangezogen oder anderweitig benachteiligt werden. [2]Satz 1 gilt nicht, wenn der Hinweis vorsätzlich unwahr oder grob fahrlässig unwahr abgegeben worden ist.

(5a) [1]Mitarbeitern im Sinne des Absatzes 5, die aufgrund der Abgabe eines Hinweises nach Absatz 1 und entgegen dem Benachteiligungsverbot des Absatzes 5 einer Benachteiligung im Zusammenhang mit ihrem Beschäftigungsverhältnis ausgesetzt sind, steht bei der zuständigen Aufsichtsbehörde das Recht der Beschwerde zu. [2]Der Rechtsweg bleibt von dem Beschwerdeverfahren unberührt. [3]Dem Beschwerdeführer steht für die Einreichung der Beschwerde nach Satz 1 der geschützte Kommunikationsweg nach Absatz 1 Satz 2 zur Verfügung.

(6) [1]Nicht vertraglich eingeschränkt werden darf die Berechtigung zur Abgabe von Hinweisen nach Absatz 1 durch Mitarbeiter, die beschäftigt sind bei

1. Unternehmen und Personen, die von den Aufsichtsbehörden nach Absatz 1 beaufsichtigt werden, oder
2. anderen Unternehmen oder Personen, auf die Tätigkeiten von beaufsichtigten Unternehmen oder Personen ausgelagert wurden.

[2]Dem entgegenstehende Vereinbarungen sind unwirksam.

(7) Durch die Einrichtung und Führung des Systems zur Abgabe von Hinweisen zu Verstößen werden die Rechte einer Person, die Gegenstand eines Hinweises ist, nicht eingeschränkt, insbesondere nicht die Rechte nach den

1. §§ 28 und 29 des Verwaltungsverfahrensgesetzes,
2. §§ 68 bis 71 der Verwaltungsgerichtsordnung und
3. §§ 137, 140, 141 und 147 der Strafprozessordnung.

§ 54 [1)] Verschwiegenheitspflicht

(1) [1]Soweit Personen, die bei den zuständigen Aufsichtsbehörden nach § 50 beschäftigt sind oder für diese Aufsichtsbehörden tätig sind, Aufgaben nach § 51 Absatz 1 erfüllen, dürfen sie die ihnen bei ihrer Tätigkeit bekannt gewordenen Tatsachen nicht unbefugt offenbaren oder verwerten, wenn die Geheimhaltung dieser Tatsachen, insbesondere Geschäfts- und Betriebsgeheimnisse, im Interesse eines von ihnen beaufsichtigten Verpflichteten oder eines Dritten liegt. [2]Satz 1 gilt auch, wenn sie nicht mehr im Dienst sind oder ihre Tätigkeit beendet ist. [3]Die datenschutzrechtlichen Bestimmungen, die von den beaufsichtigten Verpflichteten zu beachten sind, bleiben unberührt.

(2) Absatz 1 gilt auch für andere Personen, die durch dienstliche Berichterstattung Kenntnis von den in Absatz 1 Satz 1 bezeichneten Tatsachen erhalten.

(3) Ein unbefugtes Offenbaren oder Verwerten liegt insbesondere nicht vor, wenn Tatsachen im Sinne von Absatz 1 weitergegeben werden, soweit der Weitergabe keine anderen Rechtsvorschriften entgegenstehen,

1. in zusammengefasster oder aggregierter Form, so dass einzelne Verpflichtete nicht identifiziert werden können, oder
2. an eine der folgenden Stellen, soweit diese Stellen die Informationen zur Erfüllung ihrer Aufgaben benötigen:
   a) an die Strafverfolgungsbehörden, an die für Straf- und Bußgeldsachen zuständigen Behörden und Gerichte,
   b) an andere Stellen, die kraft Gesetzes oder im öffentlichen Auftrag mit der Aufklärung und Verhinderung von Geldwäsche oder von Terrorismusfinanzierung oder mit der Aufsicht über Kredit- und Finanzinstitute im Sinne von Artikel 3 der Richtlinie (EU) 2015/849 betraut sind, sowie an Personen, die von diesen Stellen beauftragt werden,
   c) an die Europäische Zentralbank, soweit sie im Einklang mit der Verordnung (EU) Nr. 1024/2013 des Rates vom 15. Oktober 2013 zur Übertragung besonderer Aufgaben im Zusammenhang mit der Aufsicht über Kreditinstitute auf die Europäische Zentralbank tätig wird,
   d) an die zentralen Meldestellen im Sinne von Artikel 32 Absatz 1 der Richtlinie (EU) 2015/849 und
   e) an andere Stellen, die kraft Gesetzes oder im öffentlichen Auftrag mit der Aufsicht über das allgemeine Risikomanagement oder über die Compliance von Verpflichteten betraut sind, sowie an Personen, die von diesen Stellen beauftragt sind.

(4) [1]Befindet sich eine der in Absatz 3 genannten Stellen in einem anderen Staat oder handelt es sich um eine supranationale Stelle, so dürfen Tatsachen im Sinne von Absatz 1 nur weitergegeben werden, wenn die bei dieser Stelle beschäftigten Personen oder die im Auftrag dieser Stelle handelnden Personen einer Verschwiegenheitspflicht unterliegen, die der Verschwiegenheitspflicht nach den Absätzen 1 bis 3 weitgehend entspricht. [2]Die ausländische oder supranationale Stelle ist von der weitergebenden Stelle darauf hinzuweisen, dass sie die Tatsachen nur zu dem Zweck verwenden darf, zu dessen Erfüllung ihr diese übermittelt werden. [3]Tatsachen, die aus einem anderen Staat stammen, dürfen nur weitergegeben werden

1. mit ausdrücklicher Zustimmung der zuständigen Behörden, die diese Tatsachen mitgeteilt haben, und

1) § 54 geändert durch Gesetz vom 12.12.2019 (BGBl. I S. 2602).

2. für solche Zwecke, denen die zuständigen Behörden zugestimmt haben.

§ 55[1] Zusammenarbeit mit anderen Behörden

(1) [1]Die Aufsichtsbehörden arbeiten zur Verhinderung und zur Bekämpfung von Geldwäsche und von Terrorismusfinanzierung bei der Wahrnehmung ihrer Aufgaben nach § 51 untereinander sowie mit den in § 54 Absatz 3 genannten Stellen umfassend zusammen. [2]Im Rahmen dieser Zusammenarbeit sind die Aufsichtsbehörden verpflichtet, einander von Amts wegen und auf Ersuchen Informationen einschließlich personenbezogener Daten und die Ergebnisse der Prüfungen zu übermitteln, soweit deren Kenntnis für die Erfüllung der Aufgaben der Aufsichtsbehörden nach § 51 erforderlich ist. [3]Die zuständige Aufsichtsbehörde übermittelt im Einzelfall von Amts wegen sämtliche Informationen an die zuständige Verwaltungsbehörde, soweit diese für die Erfüllung der Aufgaben der Verwaltungsbehörde erforderlich sind. [4]Bei Anhaltspunkten für strafrechtliche Verstöße informieren die Aufsichtsbehörden unverzüglich die zuständigen Strafverfolgungsbehörden.

(2) Die nach § 155 Absatz 2 der Gewerbeordnung in Verbindung mit dem jeweiligen Landesrecht nach § 14 Absatz 1 der Gewerbeordnung zuständigen Behörden übermitteln auf Ersuchen den nach § 50 Nummer 9 zuständigen Aufsichtsbehörden kostenfrei die Daten aus der Gewerbeanzeige gemäß den Anlagen 1 bis 3 der Gewerbeanzeigenverordnung über Verpflichtete nach § 2 Absatz 1, soweit die Kenntnis dieser Daten zur Wahrnehmung der Aufgaben der Aufsichtsbehörden nach § 51 erforderlich ist.

(3) [1]Die Registerbehörde nach § 11a Absatz 1 der Gewerbeordnung übermittelt auf Ersuchen den nach § 50 Nummer 9 zuständigen Aufsichtsbehörden kostenfrei die in § 6 der Finanzanlagenvermittlungsverordnung und die in § 8 der Versicherungsvermittlungsverordnung genannten Daten, soweit die Kenntnis dieser Daten zur Wahrnehmung der Aufgaben der Aufsichtsbehörden nach § 51 erforderlich ist.

(4) Weitergehende Befugnisse der Aufsichtsbehörden zur Verarbeitung von personenbezogenen Daten nach anderen Rechtsvorschriften bleiben unberührt.

(5) [1]In grenzüberschreitenden Fällen koordinieren die zusammenarbeitenden Aufsichtsbehörden und die in § 54 Absatz 3 genannten Stellen ihre Maßnahmen. [2]Unterhält ein Verpflichteter, der seinen Sitz in einem anderen Mitgliedstaat der Europäischen Union hat, eine oder mehrere Zweigstellen oder Zweigniederlassungen in Deutschland, so arbeiten die in Satz 1 genannten Aufsichtsbehörden und Stellen mit den zuständigen Behörden des Mitgliedstaats zusammen, in dem der Verpflichtete seinen Hauptsitz hat.

(6) [1]Soweit die Aufsichtsbehörden die Aufsicht über die Verpflichteten nach § 2 Absatz 1 Nummer 1 bis 3 und 6 bis 9 ausüben, stellen sie den folgenden Behörden auf deren Verlangen alle Informationen zur Verfügung, die erforderlich sind zur Durchführung von deren Aufgaben aufgrund der Richtlinie (EU) 2015/849 sowie der Verordnung (EU) Nr. 1093/2010 des Europäischen Parlaments und des Rates vom 24. November 2010 zur Errichtung einer Europäischen Aufsichtsbehörde (Europäische Bankenaufsichtsbehörde), zur Änderung des Beschlusses Nr. 716/2009/EG und zur Aufhebung des Beschlusses 2009/78/EG der Kommission, der Verordnung (EU) Nr. 1094/2010 des Europäischen Parlaments und des Rates vom 24. November 2010 zur Errichtung einer Europäischen Aufsichtsbehörde (Europäische Aufsichtsbehörde für das Versicherungswesen und die betriebliche Altersversorgung), zur Änderung des Beschlusses Nr. 716/2009/EG und zur Aufhebung des Beschlusses 2009/79/EG der Kommission und der Verordnung (EU) Nr. 1095/2010 des Europäischen Parlaments und des Rates vom 24. November 2010 zur Errichtung einer Europäischen Aufsichtsbehörde (Europäische Wertpapier- und Markt-

---

1) § 55 geändert durch Gesetz vom 12.12.2019 (BGBl. I S. 2602).

aufsichtsbehörde), zur Änderung des Beschlusses Nr. 716/2009/EG und zur Aufhebung des Beschlusses 2009/77/EG der Kommission:

1. der Europäischen Bankenaufsichtsbehörde,
2. der Europäischen Aufsichtsbehörde für das Versicherungswesen und die betriebliche Altersversorgung sowie
3. der Europäischen Wertpapier- und Marktaufsichtsbehörde.

[2]Die Informationen sind zur Verfügung zu stellen nach Maßgabe des Artikels 35 der Verordnung (EU) Nr. 1093/2010, des Artikels 35 der Verordnung (EU) Nr. 1094/2010 und des Artikels 35 der Verordnung (EU) Nr. 1095/2010.

(7) Dem Informationsaustausch mit den zuständigen Aufsichtsbehörden anderer Mitgliedstaaten der Europäischen Union stehen nicht entgegen:

1. ein Bezug des Ersuchens zu steuerlichen Belangen,
2. Vorgaben des nationalen Rechts, nach denen die Verpflichteten die Vertraulichkeit oder Geheimhaltung zu wahren haben, außer in Fällen, in denen
   a) die einschlägigen Informationen, auf die sich das Ersuchen bezieht, durch ein Zeugnisverweigerungsrecht geschützt werden oder
   b) ein Berufsgeheimnis gemäß § 43 Absatz 2 Satz 1 greift,
3. die Anhängigkeit eines Ermittlungsverfahrens, einer Untersuchung oder eines Verfahrens in dem ersuchenden Mitgliedstaat, es sei denn, das Ermittlungsverfahren, die Untersuchung oder das Verfahren würde durch die Amtshilfe beeinträchtigt,
4. Unterschiede in der Art und Stellung der ersuchenden und der ersuchten Behörde.

(8) [1]Die zuständigen Aufsichtsbehörden gemäß § 50 Nummer 1 und 2 können mit den zuständigen Behörden von Drittstaaten, die diesen zuständigen Aufsichtsbehörden entsprechen, Kooperationsvereinbarungen zur Zusammenarbeit und zum Austausch von Tatsachen im Sinne von § 54 Absatz 1 schließen. [2]Solche Kooperationsvereinbarungen werden auf Basis der Gegenseitigkeit und nur dann geschlossen, wenn gewährleistet ist, dass die übermittelten Tatsachen zumindest den in § 54 Absatz 1 enthaltenen Anforderungen unterliegen. [3]Die gemäß diesen Kooperationsvereinbarungen weitergegebenen Tatsachen müssen der Erfüllung der aufsichtsrechtlichen Aufgaben dieser Behörden dienen. [4]§ 54 Absatz 4 gilt entsprechend.

§ 56 [1)] Bußgeldvorschriften

(1) [1]Ordnungswidrig handelt, wer vorsätzlich oder leichtfertig

1. entgegen § 5 Absatz 1 Satz 1 Risiken nicht ermittelt oder nicht bewertet,
2. entgegen § 5 Absatz 2 die Risikoanalyse nicht dokumentiert oder regelmäßig überprüft und gegebenenfalls aktualisiert,
3. entgegen § 6 Absatz 1 keine angemessenen geschäfts- und kundenbezogenen internen Sicherungsmaßnahmen schafft oder entgegen § 6 Absatz 1 Satz 3 die Funktionsfähigkeit der Sicherungsmaßnahmen nicht überwacht oder wer geschäfts- und kundenbezogene interne Sicherungsmaßnahmen nicht regelmäßig oder nicht bei Bedarf aktualisiert,
4. entgegen § 6 Absatz 4 keine Datenverarbeitungssysteme betreibt oder sie nicht aktualisiert,
5. einer vollziehbaren Anordnung nach § 6 Absatz 9 nicht nachkommt,

---

1) § 56 geändert durch Gesetz vom 12.12.2019 (BGBl. I S. 2602).

6. entgegen § 8 Absatz 1 und 2 eine Angabe, eine Information, Ergebnisse der Untersuchung, Erwägungsgründe oder eine nachvollziehbare Begründung des Bewertungsergebnisses nicht, nicht richtig oder nicht vollständig aufzeichnet oder aufbewahrt,
7. entgegen § 8 Absatz 4 Satz 1 eine Aufzeichnung oder einen sonstigen Beleg nicht fünf Jahre aufbewahrt,
8. entgegen § 9 Absatz 1 Satz 2, auch in Verbindung mit Absatz 4, keine gruppenweit einheitlichen Vorkehrungen, Verfahren und Maßnahmen schafft,
9. entgegen § 9 Absatz 1 Satz 3, auch in Verbindung mit Absatz 4, nicht die wirksame Umsetzung der gruppenweit einheitlichen Pflichten und Maßnahmen sicherstellt,
10. entgegen § 9 Absatz 2, auch in Verbindung mit Absatz 4, nicht sicherstellt, dass die in einem anderen Mitgliedstaat der Europäischen Union befindlichen gruppenangehörigen Unternehmen gemäß § 1 Absatz 16 Nummer 2 bis 4, die dort Pflichten zur Verhinderung von Geldwäsche und Terrorismusfinanzierung unterliegen, die geltenden nationalen Rechtsvorschriften zur Umsetzung der Richtlinie (EU) 2015/849 einhalten,
11. entgegen § 9 Absatz 3 Satz 2, auch in Verbindung mit Absatz 4, nicht sicherstellt, dass die in einem Drittstaat ansässigen Zweigstellen und gruppenangehörigen Unternehmen nach § 1 Absatz 16 Nummer 2 zusätzliche Maßnahmen ergreifen, um dem Risiko der Geldwäsche oder der Terrorismusfinanzierung wirksam zu begegnen, oder die nach § 50 zuständige Aufsichtsbehörde nicht über die getroffenen Maßnahmen informiert,
12. einer vollziehbaren Anordnung nach § 9 Absatz 3 Satz 3, auch in Verbindung mit Absatz 4, zuwiderhandelt,
13. entgegen § 9 Absatz 5 Satz 1 die in Absatz 1 Satz 2 Nummer 1, 3 und 4 genannten Maßnahmen nicht umsetzt,
14. entgegen § 9 Absatz 5 Satz 2 gruppenweite Pflichten nicht umsetzt,
15. entgegen § 10 Absatz 1 Nummer 1 eine Identifizierung des Vertragspartners oder einer für den Vertragspartner auftretenden Person nicht, nicht richtig, nicht vollständig oder nicht in der vorgeschriebenen Weise vornimmt oder nicht prüft, ob die für den Vertragspartner auftretende Person hierzu berechtigt ist,
16. entgegen § 10 Absatz 1 Nummer 2 nicht prüft, ob der Vertragspartner für einen wirtschaftlich Berechtigten handelt,
17. entgegen § 10 Absatz 1 Nummer 2 den wirtschaftlich Berechtigten nicht identifiziert,
18. entgegen § 10 Absatz 1 Nummer 3 keine Informationen über den Zweck und die angestrebte Art der Geschäftsbeziehung einholt oder diese Informationen nicht bewertet,
19. entgegen § 10 Absatz 1 Nummer 4 nicht oder nicht richtig feststellt, ob es sich bei dem Vertragspartner oder bei dem wirtschaftlich Berechtigten um eine politisch exponierte Person, um ein Familienmitglied oder um eine bekanntermaßen nahestehende Person handelt,
20. entgegen § 10 Absatz 1 Nummer 5 die Geschäftsbeziehung, einschließlich der in ihrem Verlauf durchgeführten Transaktionen, nicht oder nicht richtig kontinuierlich überwacht,
21. entgegen § 10 Absatz 2 Satz 1 den konkreten Umfang der allgemeinen Sorgfaltspflichten nicht entsprechend dem jeweiligen Risiko der Geldwäsche oder Terrorismusfinanzierung bestimmt,

22. entgegen § 10 Absatz 2 Satz 4 oder entgegen § 14 Absatz 1 Satz 2 nicht darlegt, dass der Umfang der von ihm getroffenen Maßnahmen im Hinblick auf die Risiken der Geldwäsche und der Terrorismusfinanzierung als angemessen anzusehen ist,
23. entgegen § 10 Absatz 6 den Sorgfaltspflichten nicht nachkommt,
24. entgegen § 10 Absatz 8 keine Mitteilung macht,
25. entgegen § 10 Absatz 9, § 14 Absatz 3 oder § 15 Absatz 9 in Verbindung mit § 15 Absatz 3 Nummer 1, 3 und 4 die Geschäftsbeziehung begründet, fortsetzt, sie nicht kündigt oder nicht auf andere Weise beendet oder die Transaktion durchführt,
26. entgegen § 11 Absatz 1 Vertragspartner, für diese auftretenden Personen oder wirtschaftlich Berechtigte nicht rechtzeitig identifiziert,
27. entgegen § 11 Absatz 2 die Vertragsparteien nicht rechtzeitig identifiziert,
28. entgegen § 11 Absatz 3 Satz 2 keine erneute Identifizierung durchführt,
29. entgegen § 11 Absatz 4 Nummer 1 oder 2 die Angaben nicht oder nicht vollständig erhebt,
30. entgegen § 11 Absatz 5 Satz 1 zur Feststellung der Identität des wirtschaftlich Berechtigten dessen Namen nicht erhebt,
31. entgegen § 14 Absatz 2 Satz 2 nicht die Überprüfung von Transaktionen und die Überwachung von Geschäftsbeziehungen in einem Umfang sicherstellt, der es ermöglicht, ungewöhnliche oder verdächtige Transaktionen zu erkennen und zu melden,
32. entgegen § 15 Absatz 2 keine verstärkten Sorgfaltspflichten erfüllt,
33. entgegen § 15 Absatz 4 Satz 1 Nummer 1 in Verbindung mit Absatz 2 oder Absatz 3 Nummer 1 vor der Begründung oder Fortführung einer Geschäftsbeziehung nicht die Zustimmung eines Mitglieds der Führungsebene einholt,
34. entgegen § 15 Absatz 4 Satz 1 Nummer 2 in Verbindung mit Absatz 2 oder Absatz 3 Nummer 1 keine Maßnahmen ergreift,
35. entgegen § 15 Absatz 4 Satz 1 Nummer 3 in Verbindung mit Absatz 2 oder Absatz 3 Nummer 1 die Geschäftsbeziehung keiner verstärkten kontinuierlichen Überwachung unterzieht,
36. entgegen § 15 Absatz 5 Nummer 1 Buchstabe a bis f in Verbindung mit Absatz 3 Nummer 2 keine Informationen einholt,
37. entgegen § 15 Absatz 5 Nummer 2 in Verbindung mit Absatz 3 Nummer 2 nicht die Zustimmung eines Mitglieds der Führungsebene einholt,
38. entgegen § 15 Absatz 5 Nummer 3 in Verbindung mit Absatz 3 Nummer 2 nicht die Geschäftsbeziehung keiner verstärkten Überwachung unterzieht,
39. entgegen § 15 Absatz 6 Nummer 1 in Verbindung mit Absatz 3 Nummer 3 die Transaktion nicht untersucht,
40. entgegen § 15 Absatz 6 Nummer 2 in Verbindung mit Absatz 3 Nummer 3 die zugrunde liegende Geschäftsbeziehung keiner verstärkten kontinuierlichen Überwachung unterzieht,
41. entgegen § 15 Absatz 7 Nummer 1 in Verbindung mit Absatz 3 Nummer 4 keine ausreichenden Informationen einholt,
42. entgegen § 15 Absatz 7 Nummer 2 in Verbindung mit Absatz 3 Nummer 4 nicht die Zustimmung eines Mitglieds der Führungsebene einholt,
43. entgegen § 15 Absatz 7 Nummer 3 in Verbindung mit Absatz 3 Nummer 4 die Verantwortlichkeiten nicht festlegt oder nicht dokumentiert,

44. entgegen § 15 Absatz 7 Nummer 4 oder Nummer 5 in Verbindung mit Absatz 3 Nummer 4 keine Maßnahmen ergreift,
45. entgegen § 15 Absatz 5a und 8 einer vollziehbaren Anordnung der Aufsichtsbehörde zuwiderhandelt,
46. entgegen § 16 Absatz 2 einen Spieler zum Glücksspiel zulässt,
47. entgegen § 16 Absatz 3 Einlagen oder andere rückzahlbare Gelder entgegennimmt,
48. entgegen § 16 Absatz 4 Transaktionen des Spielers an den Verpflichteten auf anderen als den in § 16 Absatz 4 Nummer 1 und 2 genannten Wegen zulässt,
49. entgegen § 16 Absatz 5 seinen Informationspflichten nicht nachkommt,
50. entgegen § 16 Absatz 7 Satz 1 Nummer 2 Transaktionen auf ein Zahlungskonto vornimmt,
51. entgegen § 16 Absatz 7 Satz 2 trotz Aufforderung durch die Aufsichtsbehörde den Verwendungszweck nicht hinreichend spezifiziert,
52. entgegen § 16 Absatz 8 Satz 3 die vollständige Identifizierung nicht oder nicht rechtzeitig durchführt,
53. entgegen § 17 Absatz 2 die Erfüllung der Sorgfaltspflichten durch einen Dritten ausführen lässt, der in einem Drittstaat mit hohem Risiko ansässig ist,
54. entgegen § 18 Absatz 3 Informationen nicht oder nicht rechtzeitig zur Verfügung stellt,
55. entgegen § 20 Absatz 1 Angaben zu den wirtschaftlich Berechtigten
    a) nicht einholt,
    b) nicht, nicht richtig oder nicht vollständig aufbewahrt,
    c) nicht auf aktuellem Stand hält oder
    d) nicht, nicht richtig, nicht vollständig oder nicht rechtzeitig der registerführenden Stelle mitteilt,
56. entgegen § 20 Absatz 1a seine Mitteilungspflicht nicht, nicht richtig, nicht vollständig oder nicht rechtzeitig erfüllt,
57. ohne von der mitteilungspflichtigen Vereinigung dazu ermächtigt worden zu sein, der registerführenden Stelle Angaben zu den wirtschaftlich Berechtigten zur Eintragung in das Transparenzregister elektronisch mitteilt,
58. entgegen § 20 Absatz 3 seine Mitteilungspflicht nicht, nicht richtig, nicht vollständig oder nicht rechtzeitig erfüllt,
59. entgegen § 20 Absatz 3a Satz 1 bis 3 oder Absatz 3b Satz 1 seine Mitteilungspflicht nicht, nicht richtig, nicht vollständig oder nicht rechtzeitig erfüllt,
60. entgegen § 20 Absatz 3a Satz 4 seiner Dokumentationspflicht nicht nachkommt,
61. entgegen § 21 Absatz 1 oder 2 Angaben zu den wirtschaftlich Berechtigten
    a) nicht einholt,
    b) nicht, nicht richtig oder nicht vollständig aufbewahrt,
    c) nicht auf aktuellem Stand hält oder
    d) nicht, nicht richtig, nicht vollständig oder nicht rechtzeitig der registerführenden Stelle mitteilt,
62. entgegen § 21 Absatz 1a oder 1b seine Mitteilungspflicht nicht, nicht richtig, nicht vollständig oder nicht rechtzeitig erfüllt,
63. eine unrichtige Mitteilung nach § 20 Absatz 1 oder § 21 Absatz 1 nicht berichtigt,

64. die Einsichtnahme in das Transparenzregister entgegen § 23 Absatz 1 Satz 1 Nummer 2 oder Nummer 3 unter Vorspiegelung falscher Tatsachen erschleicht oder sich auf sonstige Weise widerrechtlich Zugriff auf das Transparenzregister verschafft,
65. entgegen § 23a Absatz 1 Satz 1 seine Mitteilungspflicht nicht erfüllt,
66. als Verpflichteter entgegen § 23a Absatz 3 Informationen oder Dokumente nicht oder nicht rechtzeitig zur Verfügung stellt,
67. entgegen § 30 Absatz 3 einem Auskunftsverlangen nicht, nicht richtig, nicht vollständig oder nicht rechtzeitig nachkommt,
68. entgegen § 40 Absatz 1 Satz 1 oder 2 einer Anordnung oder Weisung nicht, nicht rechtzeitig oder nicht vollständig nachkommt,
69. entgegen § 43 Absatz 1 eine Meldung nicht, nicht richtig, nicht vollständig oder nicht rechtzeitig abgibt,
70. entgegen § 46 Absatz 2 Satz 2 die Meldung nicht unverzüglich nachholt,
71. eine Untersagung nach § 51 Absatz 5 nicht beachtet,
72. Auskünfte nach § 51 Absatz 7 nicht, nicht richtig, nicht vollständig oder nicht rechtzeitig gibt,
73. entgegen § 52 Absatz 1 und 6
    a) Auskünfte nicht, nicht richtig, nicht vollständig oder nicht rechtzeitig erteilt oder
    b) Unterlagen nicht, nicht richtig, nicht vollständig oder nicht rechtzeitig vorlegt oder
74. entgegen § 52 Absatz 3 eine Prüfung nicht duldet.

[2]Die Ordnungswidrigkeit kann bei vorsätzlicher Begehung mit einer Geldbuße bis zu einhundertfünfzigtausend Euro, im Übrigen mit einer Geldbuße bis zu einhunderttausend Euro geahndet werden.

(2) [1]Ordnungswidrig handelt, wer vorsätzlich oder fahrlässig

1. entgegen § 4 Absatz 3 Satz 1 kein Mitglied der Leitungsebene benennt,
2. entgegen § 7 Absatz 1 keinen Geldwäschebeauftragten oder keinen Stellvertreter bestellt,
3. einer vollziehbaren Anordnung nach § 7 Absatz 3 nicht oder nicht rechtzeitig nachkommt,
4. entgegen § 9 Absatz 1 Satz 2, auch in Verbindung mit Absatz 4, keinen Gruppengeldwäschebeauftragten bestellt,
5. entgegen § 15 Absatz 9 in Verbindung mit § 15 Absatz 3 Nummer 2 die Geschäftsbeziehung begründet, fortsetzt, sie nicht kündigt oder nicht auf andere Weise beendet oder die Transaktion durchführt,
6. entgegen § 46 Absatz 1 Satz 1 eine Transaktion durchführt oder
7. entgegen § 47 Absatz 1 in Verbindung mit Absatz 2 den Vertragspartner, den Auftraggeber oder einen Dritten in Kenntnis setzt.

[2]Die Ordnungswidrigkeit kann bei vorsätzlicher Begehung mit einer Geldbuße bis zu einhundertfünfzigtausend Euro, bei leichtfertiger Begehung mit einer Geldbuße bis zu einhunderttausend Euro, im Übrigen mit einer Geldbuße bis zu fünfzigtausend Euro geahndet werden.

(3) [1]Die Ordnungswidrigkeit nach Absatz 1 und bei vorsätzlicher oder leichtfertiger Begehung nach Absatz 2 kann geahndet werden mit einer

1. Geldbuße bis zu einer Million Euro oder

2. Geldbuße bis zum Zweifachen des aus dem Verstoß gezogenen wirtschaftlichen Vorteils,

wenn es sich um einen schwerwiegenden, wiederholten oder systematischen Verstoß handelt. ²Der wirtschaftliche Vorteil umfasst erzielte Gewinne und vermiedene Verluste und kann geschätzt werden. ³Gegenüber Verpflichteten gemäß § 2 Absatz 1 Nummer 1 bis 3 und 6 bis 9, die juristische Personen oder Personenvereinigungen sind, kann über Satz 1 hinaus eine höhere Geldbuße verhängt werden. ⁴In diesen Fällen darf die Geldbuße den höheren der folgenden Beträge nicht übersteigen:

1. fünf Millionen Euro oder
2. 10 Prozent des Gesamtumsatzes, den die juristische Person oder die Personenvereinigung im Geschäftsjahr, das der Behördenentscheidung vorausgegangen ist, erzielt hat.

⁵Gegenüber Verpflichteten gemäß § 2 Absatz 1 Nummer 1 bis 3 und 6 bis 9, die natürliche Personen sind, kann über Satz 1 hinaus eine Geldbuße bis zu fünf Millionen Euro verhängt werden.

(4) ¹Gesamtumsatz im Sinne des Absatzes 2 Satz 4 Nummer 2 ist

1. bei Kreditinstituten, Zahlungsinstituten und Finanzdienstleistungsinstituten nach § 340 des Handelsgesetzbuchs der Gesamtbetrag, der sich ergibt aus dem auf das Institut anwendbaren nationalen Recht im Einklang mit Artikel 27 Nummer 1, 3, 4, 6 und 7 oder Artikel 28 Abschnitt B Nummer 1 bis 4 und 7 der Richtlinie 86/635/EWG des Rates vom 8. Dezember 1986 über den Jahresabschluss und den konsolidierten Abschluss von Banken und anderen Finanzinstituten (ABl. L 372 vom 31.12.1986, S. 1), abzüglich der Umsatzsteuer und sonstiger direkt auf diese Erträge erhobener Steuern,
2. bei Versicherungsunternehmen der Gesamtbetrag, der sich ergibt aus dem auf das Versicherungsunternehmen anwendbaren nationalen Recht im Einklang mit Artikel 63 der Richtlinie 91/674/EWG des Rates vom 19. Dezember 1991 über den Jahresabschluss und den konsolidierten Abschluss von Versicherungsunternehmen (ABl. L 374 vom 31.12.1991, S. 7), abzüglich der Umsatzsteuer und sonstiger direkt auf diese Erträge erhobener Steuern,
3. im Übrigen der Betrag der Nettoumsatzerlöse nach Maßgabe des auf das Unternehmen anwendbaren nationalen Rechts im Einklang mit Artikel 2 Nummer 5 der Richtlinie 2013/34/EU.

²Handelt es sich bei der juristischen Person oder Personenvereinigung um ein Mutterunternehmen oder um ein Tochterunternehmen, so ist anstelle des Gesamtumsatzes der juristischen Person oder Personenvereinigung der jeweilige Gesamtbetrag in demjenigen Konzernabschluss des Mutterunternehmens maßgeblich, der für den größten Kreis von Unternehmen aufgestellt wird. ³Wird der Konzernabschluss für den größten Kreis von Unternehmen nicht nach den in Satz 1 genannten Vorschriften aufgestellt, ist der Gesamtumsatz nach Maßgabe der den in Satz 1 Nummer 1 bis 3 vergleichbaren Posten des Konzernabschlusses zu ermitteln. ⁴Ist ein Jahresabschluss oder Konzernabschluss für das maßgebliche Geschäftsjahr nicht verfügbar, so ist der Jahresabschluss oder Konzernabschluss für das unmittelbar vorausgehende Geschäftsjahr maßgeblich. ⁵Ist auch unmittelbar vorausgehende Geschäftsjahr nicht verfügbar, so kann der Gesamtumsatz geschätzt werden.

(5) ¹Die jeweils nach § 50 Nummer 1 und 7a bis 9 zuständige Aufsichtsbehörde ist auch Verwaltungsbehörde nach § 36 Absatz 1 Nummer 1 des Gesetzes über Ordnungswidrigkeiten. ²Für Ordnungswidrigkeiten nach Absatz 1 Satz 1 Nummer 54 bis 66 ist

Verwaltungsbehörde nach § 36 Absatz 1 Nummer 1 des Gesetzes über Ordnungswidrigkeiten das Bundesverwaltungsamt.

(6) Die zuständige Verwaltungsbehörde übermittelt, sofern sie nicht zugleich zuständige Aufsichtsbehörde ist, auf Ersuchen sämtliche Informationen einschließlich personenbezogener Daten an die zuständige Aufsichtsbehörde, soweit die Informationen für die Erfüllung der Aufgaben der Aufsichtsbehörde, insbesondere für die Vorhaltung der Statistik nach § 51 Absatz 9, erforderlich sind.

(7) Die Aufsichtsbehörden überprüfen im Bundeszentralregister, ob eine einschlägige Verurteilung der betreffenden Person vorliegt.

(8) Die zuständigen Aufsichtsbehörden nach § 50 Nummer 1, 2 und 9 informieren die jeweils zuständige Europäische Aufsichtsbehörde hinsichtlich der Verpflichteten nach § 2 Absatz 1 Nummer 1 bis 3 und 6 bis 9 über

1. die gegen diese Verpflichteten verhängten Geldbußen,
2. sonstige Maßnahmen aufgrund von Verstößen gegen Vorschriften dieses Gesetzes oder anderer Gesetze zur Verhinderung von Geldwäsche oder von Terrorismusfinanzierung und
3. diesbezügliche Rechtsmittelverfahren und deren Ergebnisse.

§ 57[1)] Bekanntmachung von bestandskräftigen Maßnahmen und von unanfechtbaren Bußgeldentscheidungen

(1) [1]Die zuständigen Aufsichts- und Verwaltungsbehörden und die Behörde nach § 56 Absatz 5 Satz 2 haben bestandskräftige Maßnahmen und unanfechtbare Bußgeldentscheidungen, die sie wegen eines Verstoßes gegen dieses Gesetz oder die auf seiner Grundlage erlassenen Rechtsverordnungen verhängt haben, nach Unterrichtung des Adressaten der Maßnahme oder Bußgeldentscheidung auf ihrer Internetseite oder auf einer gemeinsamen Internetseite bekannt zu machen. [2]Dies gilt auch für gerichtliche Entscheidungen, soweit diese unanfechtbar geworden sind und die Verhängung eines Bußgeldes zum Gegenstand haben. [3]In der Bekanntmachung sind Art und Charakter des Verstoßes und die für den Verstoß verantwortlichen natürlichen Personen und juristischen Personen oder Personenvereinigungen zu benennen.

(2) [1]Die Bekanntmachung nach Absatz 1 ist aufzuschieben, solange die Bekanntmachung

1. das Persönlichkeitsrecht natürlicher Personen verletzen würde oder eine Bekanntmachung personenbezogener Daten aus sonstigen Gründen unverhältnismäßig wäre,
2. die Stabilität der Finanzmärkte der Bundesrepublik Deutschland oder eines oder mehrerer Vertragsstaaten des Abkommens über den Europäischen Wirtschaftsraum gefährden würde oder
3. laufende Ermittlungen gefährden würde.

[2]Anstelle einer Aufschiebung kann die Bekanntmachung auf anonymisierter Basis erfolgen, wenn hierdurch ein wirksamer Schutz nach Satz 1 Nummer 1 gewährleistet ist. [3]Ist vorhersehbar, dass die Gründe der anonymisierten Bekanntmachung innerhalb eines überschaubaren Zeitraums wegfallen werden, so kann die Bekanntmachung der Informationen nach Satz 1 Nummer 1 entsprechend aufgeschoben werden. [4]Die Bekanntmachung erfolgt, wenn die Gründe für den Aufschub entfallen sind.

1) § 57 geändert durch Gesetz vom 12.12.2019 (BGBl. I S. 2602).

(3) Eine Bekanntmachung darf nicht erfolgen, wenn die Maßnahmen nach Absatz 2 nicht ausreichend sind, um eine Gefährdung der Finanzmarktstabilität auszuschließen oder die Verhältnismäßigkeit der Bekanntmachung sicherzustellen.

(4) [1]Eine Bekanntmachung muss fünf Jahre auf der Internetseite der Aufsichtsbehörde veröffentlicht bleiben. [2]Abweichend von Satz 1 sind personenbezogene Daten zu löschen, sobald die Bekanntmachung nicht mehr erforderlich ist.

§ 58[1] *(aufgehoben)*

§ 59[2] Übergangsregelung

(1) Die Mitteilungen nach § 20 Absatz 1 und § 21 haben erstmals bis zum 1. Oktober 2017 an das Transparenzregister zu erfolgen.

(2) [1]Die Eröffnung des Zugangs zu Eintragungen im Vereinsregister, welche § 22 Absatz 1 Satz 1 Nummer 8 vorsieht, erfolgt ab dem 26. Juni 2018. [2]Bis zum 25. Juni 2018 werden die technischen Voraussetzungen geschaffen, um diejenigen Indexdaten nach § 22 Absatz 2 zu übermitteln, welche für die Eröffnung des Zugangs zu den Originaldaten nach § 22 Absatz 1 Satz 1 Nummer 8 erforderlich sind. [3]Für den Übergangszeitraum vom 26. Juni 2017 bis zum 25. Juni 2018 enthält das Transparenzregister stattdessen einen Link auf das gemeinsame Registerportal der Länder.

(3) § 23 Absatz 1 bis 3 findet ab dem 27. Dezember 2017 Anwendung.

(4) Gewährte Befreiungen der Aufsichtsbehörden nach § 50 Nummer 8 gegenüber Verpflichteten nach § 2 Absatz 1 Nummer 15, soweit sie Glücksspiele im Internet veranstalten oder vermitteln, bleiben in Abweichung zu § 16 bis zum 30. Juni 2018 wirksam.

(5) Ist am 25. Juni 2015 ein Gerichtsverfahren betreffend die Verhinderung, Aufdeckung, Ermittlung oder Verfolgung von mutmaßlicher Geldwäsche oder Terrorismusfinanzierung anhängig gewesen und besitzt ein Verpflichteter Informationen oder Unterlagen im Zusammenhang mit diesem anhängigen Verfahren, so darf der Verpflichtete diese Informationen oder Unterlagen bis zum 25. Juni 2020 aufbewahren.

(6) [1]Die Pflicht zur Registrierung nach § 45 Absatz 1 Satz 2 besteht mit Inbetriebnahme des neuen Informationsverbundes der Zentralstelle für Finanztransaktionsuntersuchungen, spätestens jedoch ab dem 1. Januar 2024. [2]Das Bundesministerium der Finanzen gibt den Tag der Inbetriebnahme des neuen Informationsverbundes der Zentralstelle für Finanztransaktionsuntersuchungen im Bundesgesetzblatt bekannt.

1) § 58 aufgehoben durch Gesetz vom 12.12.2019 (BGBl. I S. 2602).
2) § 59 Abs. 6 angefügt durch Gesetz vom 12.12.2019 (BGBl. I S. 2602).

Anlage 1[1)]
(zu den §§ 5, 10, 14, 15)

Faktoren für ein potenziell geringeres Risiko

Die Liste ist eine nicht abschließende Aufzählung von Faktoren und möglichen Anzeichen für ein potenziell geringeres Risiko nach § 14:

1. Faktoren bezüglich des Kundenrisikos:
   a) öffentliche, an einer Börse notierte Unternehmen, die (aufgrund von Börsenordnungen oder von Gesetzes wegen oder aufgrund durchsetzbarer Instrumente) solchen Offenlegungspflichten unterliegen, die Anforderungen an die Gewährleistung einer angemessenen Transparenz hinsichtlich des wirtschaftlichen Eigentümers auferlegen,
   b) öffentliche Verwaltungen oder Unternehmen,
   c) Kunden mit Wohnsitz in geografischen Gebieten mit geringerem Risiko nach Nummer 3.
2. Faktoren bezüglich des Produkt-, Dienstleistungs-, Transaktions- oder Vertriebskanalrisikos:
   a) Lebensversicherungspolicen mit niedriger Prämie,
   b) Versicherungspolicen für Rentenversicherungsverträge, sofern die Verträge weder eine Rückkaufklausel enthalten noch als Sicherheit für Darlehen dienen können,
   c) Rentensysteme und Pensionspläne oder vergleichbare Systeme, die den Arbeitnehmern Altersversorgungsleistungen bieten, wobei die Beiträge vom Gehalt abgezogen werden und die Regeln des Systems den Begünstigten nicht gestatten, ihre Rechte zu übertragen,
   d) Finanzprodukte oder -dienste, die bestimmten Kunden angemessen definierte und begrenzte Dienstleistungen mit dem Ziel der Einbindung in das Finanzsystem („financial inclusion") anbieten,
   e) Produkte, bei denen die Risiken der Geldwäsche und der Terrorismusfinanzierung durch andere Faktoren wie etwa Beschränkungen der elektronischen Geldbörse oder die Transparenz der Eigentumsverhältnisse gesteuert werden (z. B. bestimmte Arten von E-Geld).
3. Faktoren bezüglich des geografischen Risikos – Registrierung, Niederlassung, Wohnsitz in:
   a) Mitgliedstaaten,
   b) Drittstaaten mit gut funktionierenden Systemen zur Verhinderung, Aufdeckung und Bekämpfung von Geldwäsche und von Terrorismusfinanzierung,
   c) Drittstaaten, in denen Korruption und andere kriminelle Tätigkeiten laut glaubwürdigen Quellen schwach ausgeprägt sind,
   d) Drittstaaten, deren Anforderungen an die Verhinderung, Aufdeckung und Bekämpfung von Geldwäsche und von Terrorismusfinanzierung laut glaubwürdigen Quellen (z. B. gegenseitige Evaluierungen, detaillierte Bewertungsberichte oder veröffentlichte Follow-up-Berichte) den überarbeiteten FATF (Financial Action Task Force)-Empfehlungen entsprechen und die diese Anforderungen wirksam umsetzen.

---

1) Anlage 1 geändert durch Gesetz vom 12.12.2019 (BGBl. I S. 2602).

Anlage 2[1]
(zu den §§ 5, 10, 14, 15)

Faktoren für ein potenziell höheres Risiko

Die Liste ist eine nicht erschöpfende Aufzählung von Faktoren und möglichen Anzeichen für ein potenziell höheres Risiko nach § 15:

1. Faktoren bezüglich des Kundenrisikos:
   a) außergewöhnliche Umstände der Geschäftsbeziehung,
   b) Kunden, die in geografischen Gebieten mit hohem Risiko gemäß Nummer 3 ansässig sind,
   c) juristische Personen oder Rechtsvereinbarungen, die als Instrumente für die private Vermögensverwaltung dienen,
   d) Unternehmen mit nominellen Anteilseignern oder als Inhaberpapiere emittierten Aktien,
   e) bargeldintensive Unternehmen,
   f) angesichts der Art der Geschäftstätigkeit als ungewöhnlich oder übermäßig kompliziert erscheinende Eigentumsstruktur des Unternehmens,
   g) der Kunde ist ein Drittstaatsangehöriger, der Aufenthaltsrechte oder die Staatsbürgerschaft eines Mitgliedstaats im Austausch gegen die Übertragung von Kapital, den Kauf von Immobilien oder Staatsanleihen oder Investitionen in Gesellschaften in diesem Mitgliedstaat beantragt;
2. Faktoren bezüglich des Produkt-, Dienstleistungs-, Transaktions- oder Vertriebskanalrisikos:
   a) Betreuung vermögender Privatkunden,
   b) Produkte oder Transaktionen, die Anonymität begünstigen könnten,
   c) Geschäftsbeziehungen oder Transaktionen ohne persönliche Kontakte und ohne bestimmte Sicherungsmaßnahmen wie elektronische Mittel für die Identitätsfeststellung, einschlägige Vertrauensdienste gemäß der Definition in der Verordnung (EU) Nr. 910/2014 oder andere von den einschlägigen nationalen Behörden regulierte, anerkannte, gebilligte oder akzeptierte sichere Verfahren zur Identifizierung aus der Ferne oder auf elektronischem Weg,
   d) Eingang von Zahlungen unbekannter oder nicht verbundener Dritter,
   e) neue Produkte und neue Geschäftsmodelle einschließlich neuer Vertriebsmechanismen sowie Nutzung neuer oder in der Entwicklung begriffener Technologien für neue oder bereits bestehende Produkte,
   f) Transaktionen in Bezug auf Öl, Waffen, Edelmetalle, Tabakerzeugnisse, Kulturgüter und andere Artikel von archäoloischer, historischer, kultureller oder religiöser Bedeutung oder von außergewöhnlichem wissenschaftlichem Wert sowie Elfenbein und geschützte Arten;
3. Faktoren bezüglich des geografischen Risikos:
   a) unbeschadet des [1]Artikels 9 der Richtlinie (EU) 2015/849 ermittelte Länder, deren Finanzsysteme laut glaubwürdigen Quellen (z. [2]B. gegenseitige Evaluierungen, detaillierte Bewertungsberichte oder veröffentlichte Follow-up-Berichte) nicht über hinreichende Systeme zur Verhinderung, Aufdeckung und Bekämpfung von Geldwäsche und Terrorismusfinanzierung verfügen,

1) Anlage 2 geändert durch Gesetz vom 12.12.2019 (BGBl. I S. 2602).

b) Drittstaaten, in denen Korruption oder andere kriminelle Tätigkeiten laut glaubwürdigen Quellen signifikant stark ausgeprägt sind,

c) Staaten, gegen die beispielsweise die Europäische Union oder die Vereinten Nationen Sanktionen, Embargos oder ähnliche Maßnahmen verhängt hat oder haben,

d) Staaten, die terroristische Aktivitäten finanziell oder anderweitig unterstützen oder in denen bekannte terroristische Organisationen aktiv sind.

7d. Gesetz zur zusätzlichen Aufsicht über beaufsichtigte Unternehmen eines Finanzkonglomerats (Finanzkonglomerate-Aufsichtsgesetz – FKAG)

Vom 27. Juni 2013 (BGBl. I S. 1862)

zuletzt geändert durch Gesetz vom 17.7.2017 (BGBl. I S. 2446)

§ 1 Zuständigkeit und Anwendungsbereich

(1) [1]Beaufsichtigte Unternehmen eines Finanzkonglomerats unterliegen einer zusätzlichen Aufsicht nach Maßgabe dieses Gesetzes. [2]Die Aufsicht wird von der Bundesanstalt für Finanzdienstleistungsaufsicht (Bundesanstalt) ausgeübt.

(2) [1]Ein Finanzkonglomerat ist eine Gruppe oder Untergruppe,

1. an deren Spitze ein beaufsichtigtes Unternehmen steht oder bei der mindestens eines der Tochterunternehmen ein beaufsichtigtes Unternehmen ist,
2. in der mindestens eines der Unternehmen der Gruppe oder Untergruppe ein Unternehmen der Versicherungsbranche ist und mindestens eines ein Unternehmen der Banken- oder der Wertpapierdienstleistungsbranche ist,
3. in der die konsolidierten oder aggregierten Tätigkeiten der in der Versicherungsbranche tätigen Unternehmen der Gruppe oder Untergruppe und der in der Banken- und Wertpapierdienstleistungsbranche tätigen Unternehmen der Gruppe oder Untergruppe jeweils als erheblich im Sinne des § 8 anzusehen sind und
4. die die Bedingungen des Satzes 2 oder 3 erfüllt.

[2]In dem Fall, dass an der Spitze der Gruppe oder Untergruppe ein beaufsichtigtes Unternehmen eines Finanzkonglomerats steht, muss dieses Unternehmen

1. ein Mutterunternehmen eines Unternehmens der Finanzbranche sein,
2. ein Unternehmen sein, das eine Beteiligung an einem Unternehmen der Finanzbranche hält, oder
3. ein Unternehmen sein, das mit einem Unternehmen der Finanzbranche eine horizontale Unternehmensgruppe bildet.

[3]In dem Fall, dass an der Spitze der Gruppe oder Untergruppe kein beaufsichtigtes Unternehmen eines Finanzkonglomerats steht, muss der Schwerpunkt der Unternehmenstätigkeit der Gruppe oder Untergruppe im Sinne des § 7 in der Finanzbranche liegen.

§ 2 Begriffsbestimmungen

(1) Beaufsichtigte Unternehmen eines Finanzkonglomerats sind konglomeratsangehörige

1. CRR-Kreditinstitute im Sinne des Kreditwesengesetzes,
2. Erst- und Rückversicherungsunternehmen mit Ausnahme der Sterbekassen im Sinne des Versicherungsaufsichtsgesetzes,
3. Versicherungs-Zweckgesellschaften im Sinne des Versicherungsaufsichtsgesetzes,
4. Wertpapierhandelsunternehmen im Sinne des Wertpapierhandelsgesetzes,
5. Verwaltungsgesellschaften im Sinne des § 1 Absatz 14 des Kapitalanlagegesetzbuchs.

(2) Branchenvorschriften im Sinne dieses Gesetzes sind die Rechtsvorschriften der Europäischen Union im Bereich der Finanzaufsicht, insbesondere die Richtlinien 2004/39/EG des Europäischen Parlaments und des Rates vom 21. April 2004 über Märkte für

Finanzinstrumente, zur Änderung der Richtlinien 85/611/EWG und 93/6/EWG des Rates und der Richtlinie 2000/12/EG des Europäischen Parlaments und des Rates und zur Aufhebung der Richtlinie 93/22/EWG des Rates, Richtlinie 2013/36/EU des Europäischen Parlaments und des Rates vom 26. Juni 2013 über den Zugang zur Tätigkeit von Kreditinstituten und die Beaufsichtigung von Kreditinstituten und Wertpapierfirmen, zur Änderung der Richtlinie 2002/87/EG und zur Aufhebung der Richtlinien 2006/48/EG und 2006/49/EG (ABl. L 176 vom 27.6.2013, S. 338), Verordnung (EU) Nr. 575/2013 des Europäischen Parlaments und des Rates vom 26. Juni 2013 über Aufsichtsanforderungen an Kreditinstitute und Wertpapierfirmen und zur Änderung der Verordnung (EU) Nr. 646/2012 (ABl. L 176 vom 27.6.2013, S. 1), Richtlinie, 2009/65/EG des Europäischen Parlaments und des Rates vom 13. Juli 2009 zur Koordinierung der Rechts- und Verwaltungsvorschriften betreffend bestimmte Organismen für gemeinsame Anlagen in Wertpapieren (OGAW) und 2009/138/EG des Europäischen Parlaments und des Rates vom 25. November 2009 betreffend die Aufnahme und Ausübung der Versicherungs- und der Rückversicherungstätigkeit (Solvabilität II), die darauf beruhenden inländischen Gesetze, einschließlich der dazu ergangenen Rechtsverordnungen sowie der sonstigen im Bereich der Finanzaufsicht erlassenen Rechts- und Verwaltungsvorschriften.

(3) Finanzbranche sind die folgenden Branchen:

1. die Banken- und Wertpapierdienstleistungsbranche; zu dieser gehören
   a) Kreditinstitute im Sinne des § 1 Absatz 1 des Kreditwesengesetzes,
   b) Finanzdienstleistungsinstitute im Sinne des § 1 Absatz 1a des Kreditwesengesetzes,
   c) Kapitalverwaltungsgesellschaften im Sinne des § 17 des Kapitalanlagesetzbuchs, extern verwaltete Investmentgesellschaften im Sinne des § 1 Absatz 13 des Kapitalanlagegesetzbuchs,
   d) Finanzunternehmen im Sinne des § 1 Absatz 3 des Kreditwesengesetzes,
   e) Anbieter von Nebendienstleistungen im Sinne des § 1 Absatz 3c des Kreditwesengesetzes,
   f) E-Geld-Institute im Sinne des § 1 Absatz 2 Satz 1 Nummer 1 des Zahlungsdiensteaufsichtsgesetzes,
   g) Zahlungsinstitute im Sinne des § 1 Absatz 1 Satz 2 Nummer 1 des Zahlungsdiensteaufsichtsgesetzes sowie
   h) den Buchstaben a bis h entsprechende Unternehmen mit Sitz im Ausland;

   für die Zwecke der §§ 6 bis 12 gelten Kapitalverwaltungsgesellschaften und extern verwaltete Investmentgesellschaften als nicht der Bank- und Wertpapierdienstleistungsbranche angehörig;
2. die Versicherungsbranche; zu dieser gehören
   a) Erst- und Rückversicherungsunternehmen im Sinne des Versicherungsaufsichtsgesetzes mit Ausnahme der Sterbekassen,
   b) Versicherungs-Holdinggesellschaften und Versicherungs-Zweckgesellschaften im Sinne des Versicherungsaufsichtsgesetzes sowie
   c) den Buchstaben a und b entsprechende Unternehmen mit Sitz im Ausland.

(4) [1]Mutterunternehmen sind: Mutterunternehmen im Sinne des § 290 des Handelsgesetzbuchs oder Unternehmen, die tatsächlich einen beherrschenden Einfluss auf ein anderes Unternehmen ausüben, ohne dass es auf die Rechtsform oder den Sitz ankommt. [2]Abweichend von Satz 1 gelten Unternehmen nach Absatz 3 Nummer 1 als Mutterunternehmen, sofern sie die Voraussetzungen des Artikels 4 Absatz 1 Nummer 15 der Verordnung (EU) Nr. 575/2013 erfüllen.

(5) [1]Tochterunternehmen sind: Tochterunternehmen im Sinne des § 290 des Handelsgesetzbuchs oder Unternehmen, auf die ein Mutterunternehmen tatsächlich einen beherrschenden Einfluss ausübt, ohne dass es auf die Rechtsform oder den Sitz ankommt; jedes Tochterunternehmen eines Tochterunternehmens ist ebenfalls Tochterunternehmen des Mutterunternehmens. [2]Abweichend von Satz 1 gelten Unternehmen nach Absatz 3 Nummer 1 als Tochterunternehmen, sofern sie die Voraussetzungen des Artikels 4 Absatz 1 Nummer 16 der Verordnung (EU) Nr. 575/2013 erfüllen.

(6) [1]Beteiligungen im Sinne dieses Gesetzes sind Anteile an anderen Unternehmen nach Maßgabe des § 271 Absatz 1 Satz 1 des Handelsgesetzbuchs oder das unmittelbare oder mittelbare Halten von mindestens 20 Prozent der Stimmrechte oder des Kapitals. [2]Abweichend von Satz 1 bestimmt sich eine Beteiligung, soweit es Unternehmen im Sinne des Absatzes 3 Nummer 1 betrifft, gemäß Artikel 4 Absatz 1 Nummer 35 der Verordnung (EU) Nr. 575/2013.

(7) Eine Gruppe im Sinne dieses Gesetzes besteht

1. aus einem Mutterunternehmen, seinen Tochterunternehmen und den Unternehmen, an denen das Mutterunternehmen oder ein Tochterunternehmen eine Beteiligung hält, oder
2. aus mindestens zwei Unternehmen, die in der Weise miteinander verbunden sind, dass
   a) sie gemeinsam auf Grund einer Satzungsbestimmung oder eines Vertrages unter einheitlicher Leitung stehen oder
   b) sich ihre Verwaltungs-, Leitungs- oder Aufsichtsorgane mehrheitlich aus denselben Personen zusammensetzen, die während des Geschäftsjahres und bis zum Ablauf der in § 290 Absatz 1 des Handelsgesetzbuchs jeweils bestimmten Zeiträume im Amt sind, wenn sie einen konsolidierten Abschluss aufzustellen haben oder hätten (horizontale Unternehmensgruppe).

(8) Eine enge Verbindung im Sinne dieses Gesetzes ist

1. ein Kontrollverhältnis oder eine Situation, in der zwei oder mehr natürliche oder juristische Personen durch ein Kontrollverhältnis dauerhaft mit derselben Person verbunden sind, oder
2. eine Verbindung eines oder mehrerer Unternehmen oder einer oder mehrerer natürlicher Personen durch das unmittelbare oder mittelbare Halten durch ein oder mehrere Tochterunternehmen oder Treuhänder von mindestens 20 Prozent der Stimmrechte oder des Kapitals.

(9) Kontrollverhältnis ist das Verhältnis zwischen Mutter- und Tochterunternehmen oder ein gleichartiges Verhältnis zwischen einer natürlichen oder juristischen Person und einem Unternehmen.

(10) Gemischte Finanzholding-Gesellschaft ist ein Mutterunternehmen, das kein beaufsichtigtes Unternehmen eines Finanzkonglomerats ist und das zusammen mit seinen Tochterunternehmen, von denen mindestens eines ein beaufsichtigtes Unternehmen eines Finanzkonglomerats mit Sitz im Inland oder in einem anderen Staat des Europäischen Wirtschaftsraums ist, und anderen Unternehmen ein Finanzkonglomerat bildet.

(11) Staaten des Europäischen Wirtschaftsraums sind die Mitgliedstaaten der Europäischen Union sowie die anderen Vertragsstaaten des Abkommens über den Europäischen Wirtschaftsraum.

(12) Drittstaaten sind alle Staaten, die keine Staaten des Europäischen Wirtschaftsraums sind.

(13) Zuständige Behörden im Sinne dieses Gesetzes sind die Behörden der anderen Staaten des Europäischen Wirtschaftsraums, die auf Grund der jeweiligen gesetzlichen Bestimmungen für die Beaufsichtigung von Unternehmen eines Finanzkonglomerats auf Einzel- oder Gruppenebene zuständig sind.

(14) [1]Jeweils zuständige Behörden

1. sind die zuständigen Behörden der anderen Staaten des Europäischen Wirtschaftsraums, die für die branchenbezogene Gruppenaufsicht der beaufsichtigten Unternehmen eines Finanzkonglomerats, insbesondere des in einer Branche an der Spitze stehenden Mutterunternehmens, verantwortlich sind,
2. ist der Koordinator, sofern es sich bei diesem nicht um eine der unter Nummer 1 genannten Behörden handelt, und
3. sind gegebenenfalls sonstige zuständige Behörden, die nach Ansicht der in den Nummern 1 und 2 genannten Behörden ebenfalls betroffen sind.

[2]Bis zum Erlass der in Artikel 21a Absatz 1 Buchstabe b der Richtlinie 2002/87/EG des Europäischen Parlaments und des Rates vom 16. Dezember 2002 über die zusätzliche Beaufsichtigung der Kreditinstitute, Versicherungsunternehmen und Wertpapierfirmen eines Finanzkonglomerats und zur Änderung der Richtlinien 73/239/EWG, 79/267/EWG, 92/49/EWG, 92/96/EWG, 93/6/EWG und 93/22/EWG des Rates und der Richtlinien 98/78/EG und 2000/12/EG des Europäischen Parlaments und des Rates (ABl. L 35 vom 11.2.2003, S. 1) genannten technischen Regulierungsstandards sind hierbei insbesondere der Marktanteil der beaufsichtigten Unternehmen des Finanzkonglomerats in anderen Staaten des Europäischen Wirtschaftsraums – insbesondere wenn dieser mehr als 5 Prozent beträgt – sowie das Gewicht der in anderen Staaten des Europäischen Wirtschaftsraums niedergelassenen beaufsichtigten Unternehmen innerhalb des Finanzkonglomerats zu berücksichtigen.

(15) Konglomeratsinterne Transaktionen sind alle Transaktionen, bei denen beaufsichtigte Unternehmen eines Finanzkonglomerats sich zur Erfüllung einer Verbindlichkeit direkt oder indirekt auf andere Unternehmen innerhalb derselben Gruppe oder auf natürliche oder juristische Personen, die enge Verbindungen mit Unternehmen der Gruppe haben, stützen, unabhängig davon, ob dies auf vertraglicher oder nicht vertraglicher und auf entgeltlicher oder unentgeltlicher Basis geschieht.

(16) Risikokonzentrationen sind alle mit einem Ausfallrisiko behafteten Engagements der Unternehmen eines Finanzkonglomerats, bei denen das Verlustpotential groß genug ist, um die Solvabilität oder die allgemeine Finanzlage eines beaufsichtigten Unternehmens eines Finanzkonglomerats zu gefährden, unabhängig davon, ob das Ausfallrisiko auf einem Adressenausfallrisiko, Kreditrisiko, Anlagerisiko, Versicherungsrisiko, Marktrisiko, sonstigen Risiko oder einer Kombination von Risiken oder einer Wechselwirkung zwischen Risiken beruht oder beruhen kann.

(17) Gemeinsamer Ausschuss ist der Gemeinsame Ausschuss der Europäischen Bankenaufsichtsbehörde, der Europäischen Aufsichtsbehörde für das Versicherungswesen und die betriebliche Altersversorgung sowie der Europäischen Wertpapier- und Marktaufsichtsbehörde.

§ 3 Zusammenarbeit mit der Deutschen Bundesbank

[1]Die Bundesanstalt und die Deutsche Bundesbank arbeiten nach Maßgabe dieses Gesetzes zusammen. [2]§ 7 des Kreditwesengesetzes gilt entsprechend.

§ 4 Zusammenarbeit mit den zuständigen Behörden und dem Gemeinsamen Ausschuss

(1) Bei der Beaufsichtigung von Finanzkonglomeraten, die grenzüberschreitend tätig sind, arbeiten die Bundesanstalt und die Deutsche Bundesbank bei der Ermittlung eines Finanzkonglomerats und bei der Beaufsichtigung auf Konglomeratsebene nach Maßgabe der Richtlinie 2002/87/EG des Europäischen Parlaments und des Rates vom 16. Dezember 2002 über die zusätzliche Beaufsichtigung der Kreditinstitute, Versicherungsunternehmen und Wertpapierfirmen eines Finanzkonglomerats und zur Änderung der Richtlinien 73/239/EWG, 79/267/EWG, 92/49/EWG, 92/96/EWG, 93/6/EWG und 93/22/EWG des Rates und der Richtlinien 98/78/EG und 2000/12/EG des Europäischen Parlaments und des Rates mit den zuständigen Behörden und dem Gemeinsamen Ausschuss zusammen; § 309 Absatz 4 und 8 Satz 4 des Versicherungsaufsichtsgesetzes und § 8 Absatz 5 und § 9 Absatz 1 Satz 8 des Kreditwesengesetzes gelten entsprechend.

(2) Die Bundesanstalt bestimmt mit den zuständigen Behörden der betroffenen Staaten des Europäischen Wirtschaftsraums, einschließlich desjenigen Staates, in dem die gemischte Finanzholding-Gesellschaft ihren Sitz hat, nach Maßgabe des Artikels 10 der Richtlinie 2002/87/EG den Koordinator.

(3) Auf Anfrage einer zuständigen Behörde übermittelt die Bundesanstalt die Informationen, die dazu dienen, die Beaufsichtigung nach der Richtlinie 2002/87/EG zu ermöglichen oder zu erleichtern.

(4) Die Bundesanstalt kann die zuständigen Behörden des Staates des Europäischen Wirtschaftsraums, in dem ein Mutterunternehmen seinen Sitz hat, ersuchen, von dem Mutterunternehmen die Informationen, die für die Wahrnehmung ihrer Aufgaben als Koordinator zweckdienlich sind, zu verlangen und diese an sie weiterzuleiten.

(5) Die nach Abschnitt 3 der Richtlinie 2002/87/EG erforderliche Zusammenarbeit und die Wahrnehmung der in Artikel 11 Absatz 1, 2 und 3 und Artikel 12 der Richtlinie 2002/87/EG genannten Aufgaben sowie gegebenenfalls die Abstimmung und Zusammenarbeit mit den jeweils zuständigen Aufsichtsbehörden in Drittstaaten in geeigneter Form und unter Einhaltung der Geheimhaltungspflichten und des Unionsrechts erfolgt durch Kollegien, die gemäß Artikel 131a der Richtlinie 2006/48/EG oder Artikel 248 Absatz 2 der Richtlinie 2009/138/EG eingesetzt wurden.

(6) [1]Die näheren Bestimmungen über die Zusammenarbeit legt die Bundesanstalt in Kooperationsvereinbarungen mit den zuständigen Behörden der betroffenen Staaten des Europäischen Wirtschaftsraums fest. [2]Diese Vereinbarungen werden gesondert in die schriftlichen Koordinierungsvereinbarungen, die nach Artikel 115 der Richtlinie 2013/36/EU oder Artikel 248 der Richtlinie 2009/138/EG geschlossen werden, aufgenommen. [3]§ 8e Absatz 7 des Kreditwesengesetzes gilt entsprechend.

§ 5 Aufgaben der Bundesanstalt als Koordinator

(1) Ist die Bundesanstalt Koordinator, hat sie folgende Aufgaben:

1. die Koordinierung der Sammlung und der Verbreitung zweckdienlicher und grundlegender Informationen bei der laufenden Beaufsichtigung sowie in Krisensituationen,
2. die Planung und Koordinierung der Tätigkeiten bei der laufenden Beaufsichtigung sowie in Krisensituationen in Zusammenarbeit mit den jeweils zuständigen Behörden,
3. die generelle Aufsicht und die Beurteilung der Finanzlage des Finanzkonglomerats,
4. die Beurteilung der Einhaltung der Vorschriften über die Eigenmittelausstattung und über Risikokonzentrationen und konglomeratsinterne Transaktionen,

5. die Beurteilung der Struktur, Organisation und internen Kontrollsysteme des Finanzkonglomerats,
6. sonstige Aufgaben, Maßnahmen und Entscheidungen, die der Bundesanstalt als Koordinator durch die Richtlinie 2002/87/EG oder in Anwendung ihrer Bestimmungen zugewiesen werden.

(2) [1]Darüber hinaus nimmt die Bundesanstalt als Koordinator folgende Aufgaben wahr:

1. Sie unterrichtet über die Bekanntgabe der Feststellung nach § 8 Absatz 1
   a) die zuständigen Behörden, die beaufsichtigte Unternehmen der Gruppe zugelassen haben,
   b) die zuständigen Behörden des Staates des Europäischen Wirtschaftsraums, in dem die gemischte Finanzholding-Gesellschaft ihren Sitz hat, und
   c) den Gemeinsamen Ausschuss.
2. Sie unterrichtet die jeweils zuständigen Behörden und die Europäische Kommission über die gewählte Vorgehensweise in den Fällen des § 15 Absatz 4.
3. Sie hört die jeweils zuständigen Behörden in den betroffenen Staaten des Europäischen Wirtschaftsraums vorab an
   a) vor Entscheidungen nach § 12 Absatz 2 Satz 3 und § 15 Absatz 4,
   b) vor Freistellungen nach § 19 Absatz 1 Nummer 3,
   c) vor Maßnahmen nach den §§ 20, 21 Absatz 1, § 23 Absatz 4 und § 28 Absatz 1, wenn dies für die Aufsichtstätigkeit dieser Behörden von Bedeutung ist.

[2]In dringenden Fällen oder bei Gefahr im Verzug kann die Bundesanstalt von der vorherigen Anhörung absehen. [3]Sie hat die jeweils zuständigen Behörden von der getroffenen Maßnahme unverzüglich zu unterrichten.

4. Sie unterbreitet den jeweils zuständigen Behörden Vorschläge für Entscheidungen zur
   a) Nichtberücksichtigung bestimmter Unternehmen oder Beteiligungen bei der Ermittlung eines Finanzkonglomerats nach § 9 Absatz 1,
   b) Aufhebung der Feststellung nach § 11 Absatz 2, dass eine Gruppe ein Finanzkonglomerat ist,
   c) Befreiung nach § 13 Absatz 1 Nummer 3.
5. Sie teilt die Ergebnisse unionsweiter Prognoserechnungen dem Gemeinsamen Ausschuss mit.
6. Sie stellt dem Gemeinsamen Ausschuss die in Artikel 9 Absatz 4 und in Artikel 12 Absatz 1 Unterabsatz 2 Buchstabe a der Richtlinie 2002/87/EG genannten Informationen zur Verfügung.

(3) Führt die Bundesanstalt als Koordinator den Vorsitz eines Kollegiums im Sinne des § 4 Absatz 5, entscheidet sie darüber, welche zuständigen Behörden an einer Sitzung oder Tätigkeit des Kollegiums teilnehmen.

§ 6 Ermittlung eines Finanzkonglomerats

(1) Die Bundesanstalt ermittelt, ob eine branchenübergreifend tätige Gruppe als Finanzkonglomerat einzustufen ist.

(2) Gelangt die Bundesanstalt zu der Auffassung, dass ein von ihr beaufsichtigtes Unternehmen im Sinne des § 2 Absatz 1 Nummer 1 bis 5 einer grenzüberschreitend tätigen Gruppe angehört, die ein Finanzkonglomerat sein könnte, teilt sie dies den zu-

ständigen Behörden in den betroffenen Staaten des Europäischen Wirtschaftsraums und dem Gemeinsamen Ausschuss mit.

§ 7 Zugehörigkeit zur Finanzbranche

Eine Gruppe ist vorwiegend in der Finanzbranche tätig, wenn der Anteil der Bilanzsumme der beaufsichtigten und unbeaufsichtigten Finanzunternehmen dieser Gruppe an der Bilanzsumme der Gruppe insgesamt mehr als 40 Prozent beträgt.

§ 8 Erheblichkeit von konsolidierten oder aggregierten Tätigkeiten

(1) Die branchenübergreifenden Tätigkeiten von Unternehmen der Gruppe oder Untergruppe sind als erheblich anzusehen, wenn

1. für jede Branche der durchschnittliche Anteil der Bilanzsumme dieser Branche an der Bilanzsumme der Finanzunternehmen der Gruppe und der Anteil der Solvabilitätsanforderungen derselben Branche an der Gesamtsolvabilitätsanforderung der Finanzunternehmen der Gruppe mehr als 10 Prozent betragen oder
2. die Bilanzsumme der in der Gruppe am schwächsten vertretenen Branche 6 Milliarden Euro übersteigt.

(2) Als die am schwächsten vertretene Branche in einem Finanzkonglomerat gilt diejenige mit dem geringsten durchschnittlichen Anteil und als die am stärksten vertretene Branche diejenige mit dem höchsten durchschnittlichen Anteil.

(3) [1]Bei der Berechnung des durchschnittlichen Anteils und der Ermittlung der im Finanzkonglomerat am schwächsten und am stärksten vertretenen Branche werden die Banken- und die Wertpapierdienstleistungsbranche gemeinsam berücksichtigt. [2]Verwaltungsgesellschaften im Sinne des § 1 Absatz 14 des Kapitalanlagegesetzbuchs werden innerhalb der Gruppe der Finanzbranche zugerechnet, der sie angehören. [3]Gehören sie nicht ausschließlich einer Branche innerhalb der Gruppe an, werden sie der kleinsten Branche zugerechnet.

§ 9 Berechnung der Zugehörigkeit zur Finanzbranche und der Erheblichkeit von konsolidierten oder aggregierten Tätigkeiten

(1) [1]Bei den Berechnungen nach den §§ 7 und 8 kann die Bundesanstalt vorbehaltlich der Sätze 2 und 3 im Einzelfall ein konglomeratsangehöriges Unternehmen unberücksichtigt lassen, wenn und solange

1. sich das Unternehmen in einem Drittstaat befindet, in dem Hindernisse der Übermittlung der notwendigen Informationen entgegenstehen;
2. das Unternehmen im Hinblick auf die Ziele der zusätzlichen Aufsicht auf Konglomeratsebene von untergeordneter Bedeutung ist;
3. die Einbeziehung des Unternehmens im Hinblick auf die Ziele der zusätzlichen Beaufsichtigung ungeeignet oder irreführend wäre.

[2]Erfüllen mehrere konglomeratsangehörige Unternehmen für sich genommen die Voraussetzungen des Satzes 1 Nummer 2, sind sie zu berücksichtigen, wenn sie insgesamt im Hinblick auf die Ziele der zusätzlichen Beaufsichtigung nicht von untergeordneter Bedeutung sind. [3]Satz 1 gilt nicht, wenn das Unternehmen von einem Staat des Europäischen Wirtschaftsraums in einen Drittstaat umgezogen ist und dieser Umzug nachweislich erfolgt ist, um sich der Beaufsichtigung zu entziehen.

(2) Bei den Berechnungen nach den §§ 7 und 8 kann die Bundesanstalt außerdem im Einzelfall eine oder mehrere Beteiligungen an der schwächer vertretenen Branche ausschließen, wenn und solange diese Beteiligungen ausschlaggebend für eine Einstufung als Finanzkonglomerat, jedoch insgesamt im Hinblick auf die Ziele der zusätzlichen Beaufsichtigung von untergeordneter Bedeutung sind.

(3) Für die Anwendung der §§ 7 und 8 kann die Bundesanstalt im Einzelfall das Kriterium der Bilanzsumme durch eines oder mehrere der folgenden Kriterien ersetzen oder ergänzen, wenn diese im Hinblick auf die Ziele der zusätzlichen Beaufsichtigung besonders aussagekräftig sind:

1. Ertragsstruktur,
2. außerbilanzielle Geschäfte,
3. Gesamtwert des verwalteten Vermögens.

(4) Bei Finanzkonglomeraten, die grenzüberschreitend tätig sind, trifft die Bundesanstalt Entscheidungen nach den Absätzen 1 bis 3 im Einvernehmen mit den jeweils zuständigen Behörden.

§ 10 Schwellenwerte für die Einstufung als Finanzkonglomerat

Werden bei einer Gruppe, deren beaufsichtigte Unternehmen im Sinne des § 2 Absatz 1 Nummer 1 bis 5 bereits einer zusätzlichen Beaufsichtigung nach diesem Gesetz unterliegen, die Schwellenwerte nach den §§ 7 und 8 während eines Geschäftsjahres unterschritten, gilt sie weiter als Finanzkonglomerat, wenn in den drei darauffolgenden Geschäftsjahren folgende Schwellenwerte überschritten werden:

1. im Fall des § 7 ein Schwellenwert von 35 Prozent,
2. im Fall des § 8 Absatz 1 Nummer 1 ein Schwellenwert von 8 Prozent oder
3. im Fall des § 8 Absatz 1 Nummer 2 ein Schwellenwert von 5 Milliarden Euro.

§ 11 Feststellung eines Finanzkonglomerats

(1) [1]Die Bundesanstalt stellt fest, dass eine branchenübergreifend tätige Gruppe ein Finanzkonglomerat ist. [2]Sie gibt die Feststellung dem Mutterunternehmen an der Spitze der Gruppe bekannt. [3]Wenn an der Spitze kein Mutterunternehmen steht, gibt sie die Feststellung dem beaufsichtigten Unternehmen mit der höchsten Bilanzsumme innerhalb der Gruppe bekannt.

(2) [1]In den Fällen des § 10 kann die Bundesanstalt während des maßgeblichen Zeitraums von drei Geschäftsjahren die Feststellung, dass eine Gruppe ein Finanzkonglomerat ist, aufheben; Absatz 1 Satz 2 und 3 gilt entsprechend. [2]Bei Finanzkonglomeraten, die grenzüberschreitend tätig sind, entscheidet die Bundesanstalt im Einvernehmen mit den jeweils zuständigen Behörden.

(3) [1]Die Bundesanstalt hat die Feststellung, dass eine Gruppe ein Finanzkonglomerat ist, aufzuheben, wenn die Voraussetzungen des § 1 Absatz 2 nicht mehr erfüllt sind. [2]Sie hat die Feststellung insbesondere aufzuheben, wenn folgende Schwellenwerte unterschritten werden:

1. im Fall des § 7 ein Schwellenwert von 35 Prozent,
2. im Fall des § 8 Absatz 1 Nummer 1 ein Schwellenwert von 8 Prozent oder
3. im Fall des § 8 Absatz 1 Nummer 2 ein Schwellenwert von 5 Milliarden Euro.

Absatz 1 Satz 2 und 3 gilt entsprechend.

§ 12 Übergeordnetes Unternehmen

(1) Übergeordnetes Unternehmen eines Finanzkonglomerats ist ein beaufsichtigtes Unternehmen des Finanzkonglomerats, das an der Spitze des Finanzkonglomerats steht und seinen Sitz im Inland hat.

(2) [1]Steht an der Spitze eines Finanzkonglomerats kein beaufsichtigtes Unternehmen mit Sitz im Inland und hat die gemischte Finanzholding-Gesellschaft ihren Sitz im Inland, bestimmt die Bundesanstalt ein beaufsichtigtes Tochterunternehmen mit Sitz im Inland als übergeordnetes Unternehmen des Finanzkonglomerats. [2]Abweichend hiervon

kann die Bundesanstalt die gemischte Finanzholding-Gesellschaft oder ein anderes beaufsichtigtes Unternehmen als übergeordnetes Unternehmen des Finanzkonglomerats bestimmen. [3]Die Bundesanstalt berücksichtigt neben der Struktur des Finanzkonglomerats auch, ob die Banken- und Wertpapierdienstleistungsbranche oder die Versicherungsbranche stärker im Sinne des § 8 Absatz 2 vertreten ist. [4]Das zu bestimmende Unternehmen ist vorab anzuhören.

§ 13 Befreiung und Freistellung von der zusätzlichen Beaufsichtigung

(1) Auf Antrag des Mutterunternehmens an der Spitze der Gruppe kann die Bundesanstalt von der Feststellung, dass eine Gruppe ein Finanzkonglomerat ist, absehen (Befreiung) oder das übergeordnete Unternehmen des Finanzkonglomerats von den Verpflichtungen nach den §§ 23 bis 25 ganz oder teilweise freistellen, wenn

1. zwar die Bilanzsumme der am schwächsten vertretenen Branche 6 Milliarden Euro übersteigt, die Gruppe aber den in § 8 Absatz 1 Nummer 1 genannten Schwellenwert nicht erreicht und die Einbeziehung der Gruppe in die zusätzliche Beaufsichtigung auf Konglomeratsebene oder die Anwendung der §§ 23 bis 25 nicht erforderlich oder im Hinblick auf die Ziele der zusätzlichen Beaufsichtigung unangebracht oder irreführend wäre;
2. zwar die Gruppe den in § 8 Absatz 1 Nummer 1 genannten Schwellenwert erreicht, die Bilanzsumme der am schwächsten vertretenen Branche aber 6 Milliarden Euro nicht übersteigt und die Einbeziehung der Gruppe in die zusätzliche Beaufsichtigung auf Konglomeratsebene oder die Anwendung der §§ 23 bis 25 nicht erforderlich oder im Hinblick auf die Ziele der zusätzlichen Beaufsichtigung unangebracht oder irreführend wäre;
3. die Überschreitung der Schwellenwerte in den §§ 7 und 8 ausschließlich auf eine erhebliche Änderung der Struktur der Gruppe zurückzuführen ist; in diesem Fall ist die Befreiung auf höchstens drei Jahre, beginnend mit dem nächstfolgenden Geschäftsjahr, zu befristen.

(2) [1]Steht an der Spitze der Gruppe kein Mutterunternehmen, kann das beaufsichtigte Unternehmen des Finanzkonglomerats mit der höchsten Bilanzsumme innerhalb der Gruppe den Antrag stellen. [2]In diesem Fall ist die Befreiung zu befristen.

(3) Die Bundesanstalt kann eine Befreiung mit Wirkung für die Zukunft ganz oder teilweise widerrufen, wenn ein Grund für die Befreiung nachträglich entfällt.

(4) Bei Finanzkonglomeraten, die grenzüberschreitend tätig sind, entscheidet die Bundesanstalt im Einvernehmen mit den jeweils zuständigen Behörden und teilt die Entscheidungen den zuständigen Behörden in den anderen betroffenen Staaten des Europäischen Wirtschaftsraums mit.

(5) Die Bundesanstalt veröffentlicht die Entscheidungen, sofern keine außergewöhnlichen Umstände vorliegen.

(6) Die Bundesanstalt bewertet jedes Jahr erneut die Befreiungen nach Absatz 1 und überprüft die quantitativen Indikatoren und die risikobasierten Einschätzungen der Gruppen.

§ 14 Ausnahme von der laufenden Beaufsichtigung

[1]Auf Antrag eines übergeordneten Unternehmens eines Finanzkonglomerats kann die Bundesanstalt von der laufenden Beaufsichtigung auf Finanzkonglomeratsebene absehen und das übergeordnete Unternehmen des Finanzkonglomerats von den Verpflichtungen nach diesem Gesetz widerruflich freistellen, wenn

1. das Finanzkonglomerat eine Untergruppe eines anderen Finanzkonglomerats ist, dessen übergeordnetes Unternehmen seinen Sitz in einem anderen Staat des Euro-

päischen Wirtschaftsraums hat, und insoweit eine zusätzliche Beaufsichtigung nach Maßgabe der Richtlinie 2002/87/EG sichergestellt ist, oder

2. dies unter Berücksichtigung der Struktur des Finanzkonglomerats und des relativen Gewichts seiner Tätigkeiten in verschiedenen Staaten des Europäischen Wirtschaftsraums angemessen ist.

[2]Dem übergeordneten Unternehmen des Finanzkonglomerats ist Gelegenheit zur Äußerung zu geben.

§ 15 Erweiterung der zusätzlichen Beaufsichtigung

(1) [1]Die Bundesanstalt kann im Einvernehmen mit den jeweils zuständigen Behörden über die Fälle des § 1 Absatz 2, § 12 Absatz 2 Satz 2 oder des Absatzes 3 hinaus nach Maßgabe des Artikels 2 Nummer 14, der Artikel 3 und 5 der Richtlinie 2002/87/EG eine branchenübergreifend tätige Gruppe als Finanzkonglomerat und ein beaufsichtigtes Unternehmen eines Finanzkonglomerats als übergeordnetes Unternehmen bestimmen. [2]Die Vorschriften dieses Gesetzes sind in diesem Fall entsprechend anzuwenden.

(2) [1]Liegt kein Finanzkonglomerat vor, bestehen jedoch Beteiligungen an mindestens einem beaufsichtigten Unternehmen eines Finanzkonglomerats oder Kapitalbeziehungen zu einem solchen Unternehmen oder kann auf ein solches Unternehmen ein beherrschender Einfluss ausgeübt werden, kann die Bundesanstalt im Einvernehmen mit den jeweils zuständigen Behörden die Vorschriften dieses Gesetzes auf diese Unternehmen ganz oder teilweise entsprechend anwenden, wenn die in § 1 Absatz 2 Satz 1 Nummer 2 und 3 genannten Bedingungen erfüllt sind; in diesem Fall bestimmt die Bundesanstalt eines dieser Unternehmen als übergeordnetes Unternehmen eines Finanzkonglomerats. [2]Die Bundesanstalt trifft ihre Entscheidung unter Berücksichtigung der Ziele der zusätzlichen Beaufsichtigung.

(3) [1]Unterliegen beaufsichtigte Unternehmen eines Finanzkonglomerats mit Sitz im Inland, die Tochterunternehmen eines beaufsichtigten Unternehmens eines Finanzkonglomerats oder einer gemischten Finanzholding-Gesellschaft mit Sitz in einem Drittstaat sind, in dem Drittstaat keiner Beaufsichtigung, die der Beaufsichtigung nach diesem Gesetz gleichwertig ist, kann die Bundesanstalt die Gruppe als Finanzkonglomerat und ein beaufsichtigtes Unternehmen eines Finanzkonglomerats als übergeordnetes Unternehmen bestimmen. [2]Die Vorschriften dieses Gesetzes sind in diesem Fall entsprechend anzuwenden. [3]Ist die Bundesanstalt nicht mit der von einer jeweils zuständigen Behörde im Sinne des Artikels 18 Absatz 1 der Richtlinie 2002/87/EG getroffenen Entscheidung einverstanden, kann sie nach Maßgabe des Artikels 19 der Verordnung (EU) Nr. 1093/2010, der Verordnung (EU) Nr. 1094/2010 oder der Verordnung (EU) Nr. 1095/2010 die Europäische Bankenaufsichtsbehörde, die Europäische Aufsichtsbehörde für das Versicherungswesen und die betriebliche Altersversorgung oder die Europäische Wertpapier- und Marktaufsichtsbehörde um Hilfe ersuchen.

(4) [1]Die Bundesanstalt kann abweichend von Absatz 3 im Einzelfall einer angemessenen Beaufsichtigung auf Konglomeratsebene in anderer Weise Rechnung tragen. [2]Sie kann insbesondere verlangen, dass eine gemischte Finanzholding-Gesellschaft mit Sitz im Inland oder in einem anderen Staat des Europäischen Wirtschaftsraums gegründet wird. [3]Die Vorschriften dieses Gesetzes sind in diesem Fall entsprechend anzuwenden.

(5) Wenn ein anderer Staat des Europäischen Wirtschaftsraums betroffen ist, trifft die Bundesanstalt Entscheidungen nach Absatz 4 im Einvernehmen mit dem Koordinator.

§ 16 Bezugnahme auf Bilanzsumme oder auf Solvabilitätsanforderungen

(1) [1]Soweit in den §§ 7 bis 13 auf die Bilanzsumme Bezug genommen wird, ist von der anhand der einzelnen Jahresabschlüsse ermittelten aggregierten Bilanzsumme der Unternehmen der Gruppe auszugehen. [2]Unternehmen, an denen eine Beteiligung gehalten

wird, werden in Höhe des Anteils ihrer Bilanzsumme berücksichtigt, der dem von der Gruppe gehaltenen aggregierten proportionalen Anteil entspricht. [3]Liegt ein konsolidierter Abschluss vor, ist abweichend von Satz 1 dieser maßgebend.

(2) [1]Soweit in § 8 auf Solvabilitätsanforderungen Bezug genommen wird, sind diese nach den §§ 89 und 250 des Versicherungsaufsichtsgesetzes sowie den Artikel 11 bis 386 der Verordnung (EU) Nr. 575/2013 zu ermitteln. [2]Ist ein Unternehmen mit Sitz in einem anderen Staat des Europäischen Wirtschaftsraums einzubeziehen, das nicht bereits von der Berechnung nach § 104g des Versicherungsaufsichtsgesetzes oder § 10a des Kreditwesengesetzes in Verbindung mit den Artikeln 11 bis 24 der Verordnung (EU) Nr. 575/2013 erfasst wird, sind die Solvabilitätsanforderungen des Sitzstaates maßgebend; dies gilt entsprechend für Unternehmen mit Sitz in einem Drittstaat, wenn dort gleichwertige Solvabilitätsanforderungen bestehen.

§ 17 Eigenmittelausstattung

(1) Ein Finanzkonglomerat muss auf Konglomeratsebene angemessene Eigenmittel haben.

(2) [1]Die Bundesanstalt überprüft, ob die Eigenmittelausstattung des Finanzkonglomerats angemessen ist. [2]Das übergeordnete Unternehmen eines Finanzkonglomerats hat der Bundesanstalt und der Deutschen Bundesbank die hierfür erforderlichen Angaben einzureichen.

§ 18 Berechnung der Eigenmittel

(1) [1]In die Berechnung der Eigenmittel auf Konglomeratsebene nach § 17 Absatz 1 sind einzubeziehen das übergeordnete Unternehmen eines Finanzkonglomerats mit Sitz im Inland und die konglomeratsangehörigen gemischten Finanzholding-Gesellschaften, Kreditinstitute, Finanzdienstleistungsinstitute, Finanzunternehmen, Anbieter von Nebendienstleistungen, Kapitalverwaltungsgesellschaften, extern verwaltete Investmentgesellschaften, E-Geld-Institute, Zahlungsinstitute, Versicherungsunternehmen, Versicherungs-Holdinggesellschaften und Versicherungs-Zweckgesellschaften (nachgeordnete Unternehmen eines Finanzkonglomerats). [2]Bei diesen Unternehmen gelten als Eigenmittel die Bestandteile, die den nach den Vorschriften des Kreditwesengesetzes der Verordnung (EU) Nr. 575/2013, des Versicherungsaufsichtsgesetzes und anderer Spezialgesetze anerkannten Bestandteilen entsprechen.

(2) [1]Die Bundesanstalt bestimmt, welche der in der Rechtsverordnung nach § 22 Absatz 1 Satz 1 Nummer 3 näher bestimmten Berechnungsmethoden das Finanzkonglomerat bei der Berechnung der Eigenmittel auf Konglomeratsebene anzuwenden hat; das übergeordnete Unternehmen des Finanzkonglomerats ist vorab anzuhören. [2]Steht eine gemischte Finanzholding-Gesellschaft an der Spitze eines Finanzkonglomerats, dessen beaufsichtigte Unternehmen des Finanzkonglomerats ihren Sitz nicht ausschließlich im Inland haben, ist die Anwendung jeder der in der Rechtsverordnung nach § 22 Absatz 1 Nummer 3 näher bestimmten Berechnungsmethoden zulässig; das übergeordnete Unternehmen des Finanzkonglomerats hat der Bundesanstalt und der Deutschen Bundesbank die Wahl der Berechnungsmethode unverzüglich anzuzeigen.

(3) [1]Das übergeordnete Unternehmen eines Finanzkonglomerats ist für eine angemessene Eigenmittelausstattung des Finanzkonglomerats verantwortlich. [2]Es darf jedoch zur Erfüllung dieser Verpflichtung auf die nachgeordneten Unternehmen des Finanzkonglomerats, die nach Absatz 1 in die Berechnung der Eigenmittel auf Konglomeratsebene einzubeziehen sind, nur einwirken, soweit dem das allgemeine Gesellschaftsrecht nicht entgegensteht.

(4) [1]Die Unternehmen, die nach Absatz 1 in die Berechnung der Eigenmittel auf Konglomeratsebene einzubeziehen sind, haben zur Sicherstellung der ordnungsgemäßen

Aufbereitung und Weiterleitung der für die zusätzliche Beaufsichtigung erforderlichen Angaben eine ordnungsgemäße Organisation und angemessene interne Kontrollverfahren einzurichten. [2]Die nachgeordneten Unternehmen eines Finanzkonglomerats sind verpflichtet, die für die zusätzliche Beaufsichtigung erforderlichen Angaben an das nach § 17 Absatz 2 Satz 1 anzeigepflichtige übergeordnete Unternehmen des Finanzkonglomerats zu übermitteln. [3]Kann das anzeigepflichtige Unternehmen für einzelne nachgeordnete Unternehmen eines Finanzkonglomerats die erforderlichen Angaben nicht beschaffen, sind die auf diese Unternehmen entfallenden Buchwerte nach Maßgabe der Rechtsverordnung nach § 22 Absatz 1 von den Eigenmitteln des übergeordneten Unternehmens des Finanzkonglomerats abzuziehen.

(5) § 17 Absatz 1, 3 und 4 gilt nicht, wenn und solange das Finanzkonglomerat eine Untergruppe eines anderen Finanzkonglomerats ist, für das § 17 Absatz 1, 3 und 4 gilt und dessen übergeordnetes Unternehmen seinen Sitz im Inland hat.

§ 19 Freistellung von den Eigenmittelanforderungen

(1) Die Bundesanstalt kann ein übergeordnetes Unternehmen eines Finanzkonglomerats auf dessen Antrag oder von Amts wegen von den Eigenmittelanforderungen der §§ 17 und 18 hinsichtlich einzelner nachgeordneter Unternehmen eines Finanzkonglomerats widerruflich freistellen, wenn

1. sich das Unternehmen in einem Drittstaat befindet, in dem der Übermittlung der notwendigen Informationen Hindernisse entgegenstehen,
2. das Unternehmen im Hinblick auf die Ziele der zusätzlichen Aufsicht auf Konglomeratsebene von untergeordneter Bedeutung ist,
3. die Einbeziehung des Unternehmens im Hinblick auf die Ziele der zusätzlichen Beaufsichtigung ungeeignet oder irreführend wäre.

(2) Erfüllen mehrere nachgeordnete Unternehmen des Finanzkonglomerats für sich genommen die Voraussetzungen von Absatz 1 Nummer 2, scheidet eine Freistellung aus, wenn die Unternehmen insgesamt im Hinblick auf die Ziele der zusätzlichen Beaufsichtigung nicht von untergeordneter Bedeutung sind.

§ 20 Festsetzung von Korrekturposten

(1) Die Bundesanstalt kann auf die Eigenmittel des Finanzkonglomerats einen Korrekturposten festsetzen, wenn

1. unbeschadet der Erfüllung der Anforderungen nach § 17 Absatz 1 in Verbindung mit der Rechtsverordnung nach § 22 Absatz 1 oder nach den §§ 23 bis 25 die Solvabilität des Finanzkonglomerats gefährdet ist oder
2. bedeutende konglomeratsinterne Transaktionen oder bedeutende Risikokonzentrationen auf Konglomeratsebene die Finanzlage des Finanzkonglomerats gefährden.

(2) [1]Die Bundesanstalt darf den Korrekturposten erst festsetzen, wenn die Gefährdung nicht innerhalb einer von der Bundesanstalt gesetzten Frist beseitigt wurde. [2]Die Bundesanstalt hat die Festsetzung auf Antrag des übergeordneten Unternehmens eines Finanzkonglomerats ganz oder zum Teil aufzuheben, wenn die Gefährdung wegfällt.

§ 21 Maßnahmen bei unzureichenden Eigenmitteln auf Konglomeratsebene

(1) Entsprechen bei einem Finanzkonglomerat die Eigenmittel nicht den Anforderungen des § 17 Absatz 1, kann die Bundesanstalt gegenüber

1. dem übergeordneten Unternehmen des Finanzkonglomerats, den in § 1 Absatz 2 Satz 1 oder § 2d Absatz 1 des Kreditwesengesetzes oder den in § 24 Absatz 2 Satz 2,

auch in Verbindung mit § 293 Absatz 1 des Versicherungsaufsichtsgesetzes genannten Personen dieses Unternehmens oder den dieses Unternehmen kontrollierenden Personen die erforderlichen und geeigneten Maßnahmen treffen; sie kann insbesondere einen Sanierungsplan oder einen Finanzierungsplan verlangen, die freie Verfügung über die Vermögensgegenstände des Unternehmens einschränken oder untersagen und bilanzielle Maßnahmen untersagen oder beschränken, die dazu dienen, einen entstandenen Jahresfehlbetrag auszugleichen oder einen Bilanzgewinn auszuweisen;

2. der gemischten Finanzholding-Gesellschaft die erforderlichen und geeigneten Maßnahmen treffen; sie kann insbesondere Entnahmen durch Inhaber oder Gesellschafter und die Ausschüttung von Gewinnen untersagen oder beschränken.

(2) [1]Die Bundesanstalt darf die in Absatz 1 bezeichneten Maßnahmen erst treffen, wenn das übergeordnete Unternehmen des Finanzkonglomerats oder die in Absatz 1 Nummer 1 genannten Personen dieses Unternehmens oder die gemischte Finanzholding-Gesellschaft den Mangel nicht innerhalb einer von der Bundesanstalt zu bestimmenden Frist behoben hat. [2]Beschlüsse über die Gewinnausschüttung sind insoweit nichtig, als sie einer Anordnung nach Absatz 1 Nummer 2 widersprechen.

§ 22 Verordnungsermächtigung für nähere Bestimmungen über die angemessene Eigenmittelausstattung

(1) Das Bundesministerium der Finanzen wird ermächtigt, im Benehmen mit der Deutschen Bundesbank durch Rechtsverordnung, die nicht der Zustimmung des Bundesrates bedarf, nähere Bestimmungen über die angemessene Eigenmittelausstattung zur Umsetzung des Artikels 6 und des Anhangs I der Richtlinie 2002/87/EG zu erlassen, insbesondere über

1. die zulässige Zusammensetzung der Eigenmittel,
2. den Umfang der zusätzlichen Eigenmittelanforderung und die Form ihrer Berechnung sowie die sonstigen technischen Grundsätze,
3. die folgenden zulässigen Berechnungsmethoden für die zusätzliche Eigenmittelanforderung:
   a) Berechnung auf Grundlage des konsolidierten Abschlusses (Methode 1),
   b) Abzugs- und Aggregationsmethode (Methode 2) oder
   c) Kombination der Methoden 1 und 2,
4. Risikomodelle,
5. Berechnungsintervalle,
6. Art, Umfang, Zeitpunkt und Form der nach § 17 Absatz 2 einzureichenden Angaben sowie über die zulässigen Datenträger und Übertragungswege.

(2) [1]Das Bundesministerium der Finanzen kann diese Ermächtigung durch Rechtsverordnung auf die Bundesanstalt mit der Maßgabe übertragen, dass die Rechtsverordnung im Einvernehmen mit der Deutschen Bundesbank ergeht. [2]Vor Erlass der Rechtsverordnung sind die Spitzenverbände der Institute im Sinne des § 1 Absatz 1b des Kreditwesengesetzes und der bei der Bundesanstalt bestehende Versicherungsbeirat nach § 325 des Versicherungsaufsichtsgesetzes anzuhören.

§ 23 Risikokonzentrationen und konglomeratsinterne Transaktionen

(1) Das übergeordnete Unternehmen eines Finanzkonglomerats hat der Bundesanstalt und der Deutschen Bundesbank bedeutende Risikokonzentrationen auf Konglomeratsebene und bedeutende konglomeratsinterne Transaktionen anzuzeigen.

(2) [1]Ein beaufsichtigtes Unternehmen eines Finanzkonglomerats darf unbeschadet der Wirksamkeit der Rechtsgeschäfte nur auf Grund eines einstimmigen Beschlusses sämtlicher Geschäftsleiter des beaufsichtigten Unternehmens bedeutende konglomeratsinterne Transaktionen durchführen. [2]Der Beschluss soll vor der Durchführung gefasst werden. [3]Ist dies im Einzelfall wegen der Eilbedürftigkeit des Geschäftes nicht möglich, ist der Beschluss unverzüglich nachzuholen. [4]Der Beschluss ist aktenkundig zu machen. [5]Ist die konglomeratsinterne Transaktion ohne vorherigen einstimmigen Beschluss sämtlicher Geschäftsleiter durchgeführt worden und wird die Beschlussfassung nicht innerhalb eines Monats nach der Durchführung nachgeholt, hat das beaufsichtigte Unternehmen eines Finanzkonglomerats dies der Bundesanstalt und der Deutschen Bundesbank unverzüglich anzuzeigen.

(3) [1]Unbeschadet der Wirksamkeit der Rechtsgeschäfte ist das übergeordnete Unternehmen eines Finanzkonglomerats dafür verantwortlich, dass bedeutende Risikokonzentrationen auf Konglomeratsebene oder bedeutende konglomeratsinterne Transaktionen ohne Zustimmung der Bundesanstalt nicht die in der Rechtsverordnung nach § 24 Absatz 1 festgelegten Obergrenzen überschreiten oder gegen die in der Rechtsverordnung festgelegten Beschränkungen hinsichtlich der Art konglomeratsinterner Transaktionen verstoßen. [2]Das übergeordnete Unternehmen darf jedoch zur Erfüllung seiner Verpflichtungen nach Satz 1 auf die konglomeratsangehörigen Unternehmen nur einwirken, soweit das allgemeine Gesellschaftsrecht dem nicht entgegensteht; § 18 Absatz 4 Satz 1 und 2 und Absatz 5 gilt entsprechend. [3]§ 18 Absatz 4 Satz 3 gilt entsprechend, wenn das nach Absatz 1 anzeigepflichtige Unternehmen für einzelne nachgeordnete Unternehmen eines Finanzkonglomerats im Sinne des § 18 Absatz 1 die für die Anzeige im Sinne des Absatzes 1 erforderlichen Angaben nicht beschaffen kann. [4]Ist dies der Fall, müssen diese nachgeordneten Unternehmen in angemessener Weise im Risikomanagementsystem des Finanzkonglomerats berücksichtigt werden. [5]Die Zustimmung nach Satz 1 steht im Ermessen der Bundesanstalt. [6]Unabhängig davon, ob die Bundesanstalt die Zustimmung erteilt, hat das nach Absatz 1 anzeigepflichtige Unternehmen der Bundesanstalt und der Deutschen Bundesbank das Überschreiten der Obergrenzen oder die Verstöße gegen die Beschränkungen hinsichtlich der Art konglomeratsinterner Transaktionen unverzüglich anzuzeigen.

(4) Die Bundesanstalt kann

1. bei einem Überschreiten der in der Rechtsverordnung nach § 24 Absatz 1 bestimmten Obergrenzen von dem übergeordneten Unternehmen eines Finanzkonglomerats die Unterlegung des Überschreitungsbetrags mit Eigenmitteln verlangen;
2. Verstöße gegen die in der Rechtsverordnung nach § 24 Absatz 1 bestimmten Beschränkungen hinsichtlich der Art konglomeratsinterner Transaktionen durch geeignete und erforderliche Maßnahmen unterbinden.

§ 24 Verordnungsermächtigung für nähere Bestimmungen zu Risikokonzentrationen und konglomeratsinternen Transaktionen

(1) Das Bundesministerium der Finanzen wird ermächtigt, im Benehmen mit der Deutschen Bundesbank durch Rechtsverordnung, die nicht der Zustimmung des Bundesrates bedarf, nähere Bestimmungen zu Risikokonzentrationen und konglomeratsinternen Transaktionen zur Durchführung der Artikel 7 und 8 und des Anhangs II der Richtlinie 2002/87/EG zu erlassen, insbesondere über

1. die Arten der anzuzeigenden Risikokonzentrationen und konglomeratsinternen Transaktionen sowie Schwellenwerte, anhand derer die Risikokonzentrationen und konglomeratsinternen Transaktionen als bedeutend anzusehen sind;

2. die Obergrenzen für bedeutende Risikokonzentrationen und bedeutende konglomeratsinterne Transaktionen sowie Beschränkungen hinsichtlich der Art konglomeratsinterner Transaktionen;
3. Art, Umfang, Zeitpunkt und Form der nach § 23 Absatz 1 bis 3 anzuzeigenden Angaben sowie über die zulässigen Datenträger und Übertragungswege.

(2) [1]Das Bundesministerium der Finanzen kann die Ermächtigung durch Rechtsverordnung mit der Maßgabe auf die Bundesanstalt übertragen, dass die Rechtsverordnung im Einvernehmen mit der Deutschen Bundesbank ergeht. [2]Vor Erlass der Rechtsverordnung sind insbesondere die Spitzenverbände der Institute im Sinne des § 1 Absatz 1b des Kreditwesengesetzes und der Versicherungsbeirat nach § 325 des Versicherungsaufsichtsgesetzes zu hören.

§ 25 Besondere organisatorische Pflichten

(1) [1]Ein Finanzkonglomerat muss über eine ordnungsgemäße Geschäftsorganisation nach Maßgabe des Artikels 9 der Richtlinie 2002/87/EG verfügen. [2]§§ 23, 26, 27, 29 und 30 des Versicherungsaufsichtsgesetzes und § 25a Absatz 1 des Kreditwesengesetzes gelten entsprechend mit der Maßgabe, dass die in § 24 Absatz 2 Satz 2, auch in Verbindung mit § 293 Absatz 1 des Versicherungsaufsichtsgesetzes oder die in § 1 Absatz 2 Satz 1 oder § 2d Absatz 1 des Kreditwesengesetzes genannten Personen des übergeordneten Unternehmens eines Finanzkonglomerats für die ordnungsgemäße Geschäftsorganisation des Finanzkonglomerats verantwortlich sind. [3]§ 18 Absatz 3 Satz 2 und Absatz 4 Satz 1 und 2 sowie § 23 Absatz 5, § 294 Absatz 4 und § 275 des Versicherungsaufsichtsgesetzes gelten entsprechend. [4]Für übergeordnete Unternehmen eines Finanzkonglomerats gelten die §§ 25 und 34 des Versicherungsaufsichtsgesetzes entsprechend. [5]Eine ordnungsgemäße Geschäftsorganisation auf Konglomeratsebene umfasst zudem geeignete Vorkehrungen, um bei Bedarf zu geeigneten Sanierungs- und Abwicklungsverfahren und -plänen beizutragen und solche Verfahren und Pläne zu entwickeln. [6]Diese Vorkehrungen sind regelmäßig zu überprüfen und anzupassen.

(2) Die Bundesanstalt kann gegenüber dem übergeordneten Unternehmen des Finanzkonglomerats, gegenüber einem beaufsichtigten nachgeordneten Unternehmen eines Finanzkonglomerats, gegenüber den in Absatz 1 Satz 2 genannten Personen dieser Unternehmen und gegenüber den diese Unternehmen kontrollierenden Personen Maßnahmen ergreifen, die geeignet und erforderlich sind, um die Beachtung der besonderen organisatorischen Pflichten im Sinne des Absatzes 1 zu schaffen.

(3) Übergeordnete Unternehmen eines Finanzkonglomerats müssen der Bundesanstalt und der Deutschen Bundesbank bis zum 15. Mai jedes Jahres Einzelheiten der rechtlichen sowie der Governance- und Organisationsstruktur des Finanzkonglomerats, einschließlich aller beaufsichtigten Unternehmen, nicht beaufsichtigten Tochtergesellschaften und bedeutenden Zweigniederlassungen, mitteilen.

(4) Übergeordnete Unternehmen eines Finanzkonglomerats müssen bis zum 15. Mai jedes Jahres entweder vollständig oder durch Verweisung auf gleichwertige Informationen eine Beschreibung der rechtlichen sowie der Governance- und Organisationsstruktur des Finanzkonglomerats veröffentlichen.

§ 26 Prognoserechnungen

(1) [1]Die Bundesanstalt kann von dem übergeordneten Unternehmen eines Finanzkonglomerats die Vorlage von Prognoserechnungen für das betreffende Finanzkonglomerat verlangen. [2]In diesem Fall legt sie die Parameter, Stichtage und Berechnungsmethoden sowie die Form und Frist, in denen die Prognoserechnung vorzulegen ist, fest.

(2) [1]Die Bundesanstalt gestattet dem übergeordneten Unternehmen eines Finanzkonglomerats die Verwendung eigener Berechnungsmethoden, soweit dies die Beur-

teilung des Finanzkonglomerats oder des entsprechenden Marktes insgesamt nicht erschwert. [2]Sie kann verlangen, dass dabei bestimmte Rechnungsannahmen zugrunde gelegt werden.

§ 27 Begründung von Unternehmensbeziehungen

(1) Ein beaufsichtigtes Unternehmen eines Finanzkonglomerats hat bei dem Erwerb einer Beteiligung an einem Unternehmen mit Sitz im Ausland oder bei der Begründung einer Unternehmensbeziehung mit einem Unternehmen, wodurch dieses Unternehmen zu einem nachgeordneten Unternehmen im Sinne des § 18 Absatz 1 wird, sicherzustellen, dass das für die Zusammenfassung verantwortliche übergeordnete Unternehmen des Finanzkonglomerats die für die Erfüllung der jeweiligen Pflichten nach den §§ 17 bis 24 erforderlichen Angaben erhält.

(2) [1]Absatz 1 ist nicht anzuwenden, wenn

1. das jeweilige beaufsichtigte Unternehmen des Finanzkonglomerats die erforderlichen Angaben für die Zusammenfassung nach den §§ 17 bis 24 nicht beschaffen und an das übergeordnete Unternehmen weiterleiten oder dem übergeordneten Unternehmen auf andere Weise zugänglich machen kann,
2. der Zusammenfassung entsprechend § 10a Absatz 6 oder 7 des Kreditwesengesetzes dem Risiko aus der Begründung der Beteiligung oder der Unternehmensbeziehung Rechnung getragen wird und
3. es der Bundesanstalt ermöglicht wird, die Einhaltung der Voraussetzung nach Nummer 2 zu überprüfen.

[2]Das beaufsichtigte Unternehmen eines Finanzkonglomerats hat die Begründung, die Veränderung oder die Aufgabe einer in Absatz 1 genannten Beteiligung oder Unternehmensbeziehung unverzüglich der Bundesanstalt und der Deutschen Bundesbank anzuzeigen.

(3) Die Bundesanstalt kann die Fortführung der Beteiligung oder der Unternehmensbeziehung untersagen, wenn das übergeordnete Unternehmen eines Finanzkonglomerats die für die Erfüllung der Pflichten nach den §§ 17 bis 24 erforderlichen Angaben nicht erhält.

§ 28 Gemischte Finanzholding-Gesellschaften

(1) Die Bundesanstalt kann einer gemischten Finanzholding-Gesellschaft an der Spitze eines Finanzkonglomerats die Ausübung ihrer Stimmrechte an dem übergeordneten Unternehmen eines Finanzkonglomerats und den nachgeordneten Unternehmen des Finanzkonglomerats untersagen, wenn

1. die gemischte Finanzholding-Gesellschaft dem nach § 17 Absatz 2 und § 23 Absatz 1 anzeigepflichtigen Unternehmen nicht die für die Beaufsichtigung auf Konglomeratsebene nach den §§ 17 bis 24 erforderlichen Angaben gemäß § 18 Absatz 4 Satz 2 oder § 18 Absatz 4 Satz 2 in Verbindung mit § 23 Absatz 3 Satz 2 zweiter Halbsatz übermittelt;
2. Tatsachen vorliegen, aus denen sich ergibt, dass eine Person, die die Geschäfte der gemischten Finanzholding-Gesellschaft tatsächlich führt, nicht zuverlässig ist oder nicht die zur Führung der Geschäfte erforderliche fachliche Eignung hat;
3. Tatsachen vorliegen, aus denen sich ergibt, dass eine Person, die dem Kontrollorgan der gemischten Finanzholding-Gesellschaft angehört, nicht zuverlässig ist oder nicht die zur Wahrnehmung der Kontrollfunktion sowie zur Beurteilung und Überwachung der Geschäfte, die das Unternehmen betreibt, erforderliche Sachkunde besitzt.

(2) [1]Im Fall der Untersagung nach Absatz 1 hat auf Antrag der Bundesanstalt das Gericht des Sitzes des übergeordneten Unternehmens des Finanzkonglomerats einen Treuhänder zu bestellen, auf den es die Ausübung der Stimmrechte überträgt. [2]Der Treuhänder hat bei der Ausübung der Stimmrechte den Interessen einer soliden und aufsichtskonformen Führung der betroffenen Unternehmen Rechnung zu tragen. [3]Die Bundesanstalt kann aus wichtigem Grund die Bestellung eines anderen Treuhänders beantragen. [4]Sind die Voraussetzungen des Absatzes 1 entfallen, hat die Bundesanstalt den Widerruf der Bestellung des Treuhänders zu beantragen. [5]Der Treuhänder hat Anspruch auf Ersatz angemessener Auslagen und auf Vergütung für seine Tätigkeit. [6]Das Gericht setzt auf Antrag des Treuhänders die Auslagen und die Vergütung fest; die Rechtsbeschwerde gegen die Vergütungsfestsetzung ist ausgeschlossen. [7]Die Bundesanstalt schießt die Auslagen und die Vergütung vor; für seine Aufwendungen haften die gemischte Finanzholding-Gesellschaft und die betroffenen Unternehmen gesamtschuldnerisch.

(3) Solange die Untersagungsverfügung nach Absatz 1 vollziehbar ist, gelten die betroffenen Unternehmen nicht als nachgeordnete Unternehmen im Sinne des § 18 Absatz 1 der gemischten Finanzholding-Gesellschaft.

(4) [1]Die Bundesanstalt kann in den Fällen des Absatzes 1 Nummer 2 auch gegenüber dem übergeordneten Unternehmen des Finanzkonglomerats anordnen, Weisungen der gemischten Finanzholding-Gesellschaft nicht zu befolgen, sofern es keine gesellschaftsrechtlichen Möglichkeiten gibt, die Personen abzuberufen, die die Geschäfte der gemischten Finanzholding-Gesellschaft tatsächlich führen. [2]Das Gleiche gilt, wenn solche Möglichkeiten zwar vorhanden sind, ihre Ausschöpfung aber erfolglos geblieben ist.

(5) [1]Eine gemischte Finanzholding-Gesellschaft, die an der Spitze eines Finanzkonglomerats steht, hat der Bundesanstalt und der Deutschen Bundesbank einmal jährlich die konglomeratsangehörigen Unternehmen anzuzeigen. [2]Veränderungen im Bestand konglomeratsangehöriger Unternehmen sind der Bundesanstalt und der Deutschen Bundesbank unverzüglich anzuzeigen.

(6) Die Vorschriften des Kreditwesengesetzes und des Versicherungsaufsichtsgesetzes für gemischte Finanzholding-Gesellschaften bleiben unberührt.

§ 29 Auskünfte und Prüfungen

(1) [1]Die Bundesanstalt und die Deutsche Bundesbank sind befugt, von beaufsichtigten Unternehmen eines Finanzkonglomerats, den Mitgliedern ihres Vorstandes sowie sonstigen Geschäftsleitern oder den diese Unternehmen kontrollierenden Personen Auskünfte und die Vorlage von Unterlagen über die Geschäftsangelegenheiten zu verlangen, die für die zusätzliche Beaufsichtigung zweckdienlich sind. [2]Übermittelt das beaufsichtigte Unternehmen des Finanzkonglomerats diese Informationen trotz Aufforderung nicht, können die Bundesanstalt und die Deutsche Bundesbank die Auskünfte und die Vorlage der Unterlagen auch von der gemischten Finanzholding-Gesellschaft verlangen. [3]Benötigt die Bundesanstalt oder die Deutsche Bundesbank Informationen, die im Einklang mit den Rechtsvorschriften, die für die in die zusätzliche Beaufsichtigung einbezogenen Unternehmen erlassen wurden, bereits einer zuständigen Behörde erteilt wurden, soll sie sich an diese Behörde wenden.

(2) [1]Im Rahmen der zusätzlichen Beaufsichtigung kann die Bundesanstalt auch ohne besonderen Anlass in den Geschäftsräumen der beaufsichtigten Unternehmen eines Finanzkonglomerats Prüfungen der Informationen nach Absatz 1 vornehmen. [2]Diese Befugnis hat sie auch gegenüber verbundenen Unternehmen und beteiligten Unternehmen und deren verbundenen Unternehmen des der zusätzlichen Beaufsichtigung unterliegenden beaufsichtigten Unternehmens eines Finanzkonglomerats sowie gegenüber der entsprechenden gemischten Finanzholding-Gesellschaft. [3]Die Bundesanstalt kann an

von ihr durchgeführten Prüfungen Abschlussprüfer im Sinne des § 319 des Handelsgesetzbuchs beteiligen oder solche Personen mit der Durchführung von Prüfungen beauftragen; für diese Personen gelten § 323 des Handelsgesetzbuchs sowie die Ausschlussgründe des § 319 Absatz 2 bis 5 und des § 319a des Handelsgesetzbuchs entsprechend. [4]Die Bundesanstalt kann der Deutschen Bundesbank die Durchführung einer Prüfung übertragen.

(3) [1]Die Bediensteten der Bundesanstalt, der Deutschen Bundesbank sowie der sonstigen Personen, derer sich die Bundesanstalt bei der Durchführung der Prüfungen bedient, können hierzu die Geschäftsräume der Unternehmen innerhalb der üblichen Betriebs- und Geschäftszeiten betreten und besichtigen. [2]Das Grundrecht des Artikels 13 des Grundgesetzes wird insoweit eingeschränkt. [3]Die Betroffenen haben Maßnahmen nach den Absätzen 2 und 3 zu dulden.

(4) Der zur Erteilung einer Auskunft Verpflichtete kann die Auskunft auf solche Fragen verweigern, deren Beantwortung ihn selbst oder einen der in § 383 Absatz 1 Nummer 1 bis 3 der Zivilprozessordnung bezeichneten Angehörigen der Gefahr strafrechtlicher Verfolgung oder eines Verfahrens nach dem Gesetz über Ordnungswidrigkeiten aussetzen würde.

§ 30 Grenzüberschreitende Auskünfte und Prüfungen

(1) [1]Rechtsvorschriften, die einer Übermittlung von Daten entgegenstehen, sind nicht anzuwenden auf die Übermittlung von Daten zwischen einem übergeordneten oder einem nachgeordneten Unternehmen eines Finanzkonglomerats im Sinne des § 18 Absatz 1 und einem anderen derartigen Unternehmen mit Sitz im Ausland oder zwischen einem konglomeratsangehörigen Unternehmen und einem Unternehmen mit Sitz im Ausland, zu dem eine enge Verbindung im Sinne des § 2 Absatz 8 besteht, wenn die Übermittlung der Daten erforderlich ist, um Bestimmungen der Aufsicht nach Maßgabe der Richtlinie 2002/87/EG über das Unternehmen mit Sitz im Ausland zu erfüllen. [2]Die Bundesanstalt kann einem übergeordneten oder nachgeordneten Unternehmen eines Finanzkonglomerats die Übermittlung von Daten in einen Drittstaat untersagen.

(2) [1]Nachgeordnete Unternehmen eines Finanzkonglomerats mit Sitz im Ausland haben der Bundesanstalt auf Verlangen die nach diesem Gesetz zulässigen Prüfungen, insbesondere die Überprüfung der Richtigkeit der nach den §§ 17 bis 24 übermittelten Daten, zu gestatten, soweit dies zur Erfüllung der Aufgaben der Bundesanstalt erforderlich und nach dem Recht des anderen Staates zulässig ist. [2]Satz 1 gilt auch für nicht einbezogene Tochterunternehmen mit Sitz im Ausland. [3]Für die Prüfung von im Rahmen der zusätzlichen Beaufsichtigung benötigten Informationen in einem anderen Staat des Europäischen Wirtschaftsraums ersucht die Bundesanstalt die zuständige Behörde des betreffenden Staates unter Mitteilung der beabsichtigten Maßnahmen um Zusammenarbeit.

(3) [1]Auf ein Ersuchen einer zuständigen Behörde (ersuchende Behörde) im Sinne des Absatzes 2 Satz 3 hat die Bundesanstalt die Richtigkeit der von einem Unternehmen mit Sitz im Inland nach Maßgabe der Richtlinie 2002/87/EG übermittelten Daten zu überprüfen oder zu gestatten, dass die ersuchende Behörde, ein Wirtschaftsprüfer oder ein Sachverständiger diese Daten überprüft. [2]Die ersuchende Behörde darf auf Wunsch zugegen sein, wenn die Bundesanstalt die Prüfung selbst vornimmt. [3]Anderenfalls kann sich die Bundesanstalt an der Prüfung beteiligen. [4]Die Bundesanstalt kann nach pflichtgemäßem Ermessen gegenüber Aufsichtsbehörden in Drittstaaten entsprechend verfahren, wenn Gegenseitigkeit gewährleistet ist. [5]§ 5 Absatz 2 des Verwaltungsverfahrensgesetzes über die Grenzen der Amtshilfe sowie § 29 Absatz 3 gelten entsprechend.

(4) Wenn eine zuständige Behörde als Koordinator ein beaufsichtigtes Unternehmen eines Finanzkonglomerats mit Sitz im Inland aus einem Grund, der § 19 Absatz 1 Num-

mer 2 und 3 entspricht, nicht in die Berechnung der zusätzlichen Eigenmittelanforderung einbezieht, kann die Bundesanstalt von dem Unternehmen an der Spitze des Finanzkonglomerats mit Sitz in dem anderen Staat des Europäischen Wirtschaftsraums Informationen verlangen, die ihr die Aufsicht über das betreffende Unternehmen erleichtern.

§ 31 Sofortige Vollziehbarkeit

Widerspruch und Anfechtungsklage gegen Maßnahmen nach den §§ 21, 23 Absatz 4, § 28 Absatz 1 und § 29 Absatz 1 und 2 haben keine aufschiebende Wirkung.

§ 32 Bußgeldvorschriften

(1) Ordnungswidrig handelt, wer vorsätzlich oder leichtfertig entgegen § 28 Absatz 5 Satz 1 eine Anzeige nicht, nicht richtig, nicht vollständig oder nicht rechtzeitig erstattet.

(2) Die Ordnungswidrigkeit kann mit einer Geldbuße bis zu zweihunderttausend Euro geahndet werden.

§ 33 Übergangsvorschriften zu § 23

[1]Bis zum Erlass der Rechtsverordnung nach § 24 Absatz 1 hat das übergeordnete Unternehmen eines Finanzkonglomerats der Bundesanstalt und der Deutschen Bundesbank

1. sämtliche während eines Kalenderjahres auftretenden bedeutenden Risikokonzentrationen bis zum 15. Mai des darauffolgenden Jahres anzuzeigen. [2]Eine Risikokonzentration ist bedeutend, wenn das Adressenausfallrisiko, Kreditrisiko oder Anlagerisiko, das entsprechend den Artikeln 387 bis 403 in Verbindung mit Artikel 10 der Verordnung (EU) Nr. 575/2013 und § 13 des Kreditwesengesetzes, jeweils auch in Verbindung mit der Rechtsverordnung nach § 13 des Kreditwesengesetzes, sowie dem § 124 des Versicherungsaufsichtsgesetzes zu ermitteln ist, gegenüber einer nach Maßgabe des Artikels 4 Absatz 1 Nummer 39 der Verordnung (EU) Nr. 575/2013 zu bestimmenden Adresse einzeln oder in der Summe 10 Prozent der Eigenkapitalanforderung auf Konglomeratsebene erreicht oder überschreitet;
2. die aus Versicherungsrisiken resultierenden, auf Basis des internen Risikomanagementsystems als bedeutend identifizierten Risikokonzentrationen, die sich aus Großrisiken und Kumulrisiken sowie Risiken mit langer Entwicklungsphase bei unsicherer Ursachenkette ergeben, unverzüglich anzuzeigen. [2]Soweit sich solche Risiken auch auf einzelne Adressen nach Nummer 1 unmittelbar auswirken, ist dies in der Anzeige, aufgeschlüsselt nach Einzeladressen, ebenfalls anzugeben. [3]Das Versicherungsrisiko besteht in der möglichen Inanspruchnahme, deren Höhe unter Berücksichtigung der vertraglichen Versicherungssumme unter Einbeziehung der Rückversicherung, der Schadenerfahrungen der Vergangenheit und mathematischer Modelle zu bestimmen ist;
3. Risiken unverzüglich anzuzeigen, die sich durch eine Kombination aus und durch Wechselwirkungen zwischen den einzelnen Risikoarten ergeben;
4. sämtliche bedeutende konglomeratsinterne Transaktionen, die während eines Kalenderjahres durchgeführt wurden, bis zum 15. Mai des darauffolgenden Jahres anzuzeigen. [2]Konglomeratsinterne Transaktionen sind insbesondere
   a) Darlehen,
   b) Bürgschaften, Garantien und andere außerbilanzielle Geschäfte,
   c) Geschäfte, die Eigenmittelbestandteile im Sinne der Artikel 11 bis 91 der Verordnung (EU) Nr. 575/2013 sowie der §§ 89 bis 95 und 250 bis 272 des Versicherungsaufsichtsgesetzes betreffen,
   d) Kapitalanlagen,
   e) Rückversicherungsgeschäfte,

f) Kostenteilungsvereinbarungen.

[2]Eine konglomeratsinterne Transaktion ist bedeutend, wenn die einzelne Transaktion mindestens 5 Prozent der Eigenkapitalanforderung auf Konglomeratsebene erreicht. [3]Mehrere Transaktionen desselben oder verschiedener konglomeratsangehöriger Unternehmen mit einem anderen konglomeratsangehörigen Unternehmen während eines Geschäftsjahres sind jeweils adressatenbezogen zusammenzufassen, auch wenn die einzelne Transaktion 5 Prozent der Eigenkapitalanforderung auf Konglomeratsebene nicht erreicht.

8. Gesetz über die Beaufsichtigung der Versicherungsunternehmen (Versicherungsaufsichtsgesetz – VAG)

in der Fassung der Bekanntmachung vom 1. April 2015 (BGBl. I S. 434)

zuletzt geändert durch Gesetz vom 12.12.2019 (BGBl. I S. 2637)

Inhaltsübersicht

Unterabschnitt 2

Solvabilitätskapitalanforderung

Unterabschnitt 3

Interne Modelle

Unterabschnitt 4

Mindestkapitalanforderung

Abschnitt 3

Anlagen; Sicherungsvermögen

Kapitel 2
Finanzlage

Abschnitt 1
Solvabilität der Gruppe

Abschnitt 2
Risikokonzentration und gruppeninterne Transaktionen

Abschnitt 3
Geschäftsorganisation, Berichtspflichten

Teil 7
Straf- und Bußgeldvorschriften

Teil 8
Übergangs- und Schlussbestimmungen

Teil 1 Allgemeine Vorschriften

§ 1 Geltungsbereich

(1) Der Aufsicht nach diesem Gesetz unterliegen

1. Versicherungsunternehmen im Sinne des § 7 Nummer 33 und 34,
2. Versicherungs-Holdinggesellschaften im Sinne des § 7 Nummer 31 sowie Unternehmen im Sinne des § 293 Absatz 4,
3. Versicherungs-Zweckgesellschaften im Sinne des § 168,
4. Sicherungsfonds im Sinne des § 223 und
5. Pensionsfonds im Sinne des § 236 Absatz 1.

(2) [1]Die in der Anlage 1 Nummer 22 bis 24 genannten Geschäfte fallen nur dann in den Anwendungsbereich dieses Gesetzes, wenn sie von Versicherungsunternehmen betrieben werden, denen die Erlaubnis für eine der in der Anlage 1 Nummer 19 bis 21 genannten Versicherungssparten erteilt wurde; in diesem Fall werden diese Geschäfte Lebensversicherungsgeschäften gleichgestellt. [2]Als Kapitalisierungsgeschäfte (Anlage 1 Nummer 23) gelten Geschäfte, bei denen unter Anwendung eines mathematischen Verfahrens die im Voraus festgesetzten einmaligen oder wiederkehrenden Prämien und die übernommenen Verpflichtungen nach Dauer und Höhe festgelegt sind. [3]Geschäfte nach der Anlage 1 Nummer 24 bestehen in der Verwaltung von Versorgungseinrichtungen, die Leistungen im Todes- oder Erlebensfall oder bei Arbeitseinstellung oder bei Minderung der Erwerbsfähigkeit vorsehen; dazu gehören auch die Anlage und Verwaltung der Vermögenswerte. [4]Bei Geschäften nach Satz 3 dürfen die Versicherungsunternehmen im Zusammenhang mit der Verwaltung auch Garantiezusagen für die Erhaltung des verwalteten Kapitals und das Erreichen einer Mindestverzinsung abgeben.

(3) Für öffentlich-rechtliche Versicherungsunternehmen des öffentlichen Dienstes oder der Kirchen, die ausschließlich die Alters-, Invaliditäts- oder Hinterbliebenenversorgung zum Gegenstand haben, gelten nur § 12 Absatz 1, die §§ 13, 37 Absatz 1, § 38 Absatz 1, die §§ 39, 47 Nummer 12 sowie die §§ 294 bis 298, 300, 302, 305 bis 307, §§ 310 bis 312 und 314. Für die nach Landesrecht errichteten und der Landesaufsicht unterliegenden Versicherungsunternehmen kann das Landesrecht Abweichendes bestimmen.

(4) [1]Für Einrichtungen der in § 140 Absatz 1 des Siebten Buches Sozialgesetzbuch bezeichneten Art gelten § 12 Absatz 1, die §§ 13, 37 Absatz 1, § 38 Absatz 1, § 39 sowie die §§ 294 bis 298, 300, 302, 305 bis 307, 310, 312 und 314 entsprechend. [2]Beschlüsse der Vertreterversammlung über diese Einrichtungen sowie über deren Satzungen und Geschäftspläne bedürfen der Genehmigung der Aufsichtsbehörde; § 8 Absatz 1, § 9 Absatz 1 bis 4 und § 11 gelten hierfür entsprechend.

§ 2 Öffentlich-rechtliche Versorgungseinrichtungen

(1) [1]Soweit öffentlich-rechtliche Einrichtungen einschließlich der rechtlich unselbständigen kommunalen und kirchlichen Zusatzversorgungskassen und der Versorgungsanstalt des Bundes und der Länder im Wege der freiwilligen Versicherung Leistungen der Altersvorsorge anbieten, ist für die diesen Geschäften entsprechenden Verbindlichkeiten und Vermögenswerte ein separater Abrechnungsverband einzurichten. [2]Die Verbindlichkeiten und Vermögenswerte werden ohne die Möglichkeit einer Übertragung getrennt von den anderen Geschäften der Einrichtung verwaltet und organisiert. [3]Auf den Abrechnungsverband sind die Vorschriften dieses Gesetzes über die Geschäfte der Pensionskassen entsprechend anzuwenden; die Einrichtungen unterliegen insoweit auch der Versicherungsaufsicht.

(2) Für die nach Landesrecht errichteten und der Landesaufsicht unterliegenden öffentlich-rechtlichen Einrichtungen kann das Landesrecht Abweichendes bestimmen.

§ 3 Ausnahmen von der Aufsichtspflicht, Verordnungsermächtigung

(1) Der Aufsicht nach diesem Gesetz unterliegen nicht

1. Personenvereinigungen, die ihren Mitgliedern, ohne dass diese einen Rechtsanspruch haben, Unterstützungen gewähren, insbesondere die Unterstützungseinrichtungen und Unterstützungsvereine der Berufsverbände;
2. die auf Grund der Handwerksordnung von Innungen errichteten Unterstützungskassen;
3. rechtsfähige Zusammenschlüsse von Industrie- und Handelskammern mit Verbänden der Wirtschaft, wenn diese Zusammenschlüsse den Zweck verfolgen, die Versorgungslasten, die ihren Mitgliedern aus Versorgungszusagen erwachsen, im Wege der Umlegung auszugleichen und wenn diese Zusammenschlüsse ihre Rechtsfähigkeit durch staatliche Verleihung erlangt haben;
4. nicht rechtsfähige Zusammenschlüsse von Gemeinden und Gemeindeverbänden, soweit sie bezwecken, durch Umlegung Schäden folgender Art aus Risiken ihrer Mitglieder und solcher zur Erfüllung öffentlicher Aufgaben betriebener Unternehmen auszugleichen, an denen ein Mitglied oder mehrere kommunale Mitglieder oder, in den Fällen des Buchstabens b, sonstige Gebietskörperschaften mit mindestens 50 Prozent beteiligt sind:
   a) Schäden, für welche die Mitglieder oder ihre Bediensteten auf Grund gesetzlicher Haftpflichtbestimmungen von Dritten verantwortlich gemacht werden können,
   b) Schäden aus der Haltung von Kraftfahrzeugen,
   c) Leistungen aus der kommunalen Unfallfürsorge;
5. Körperschaften und Anstalten des öffentlichen Rechts, bei denen Versicherungsverhältnisse unmittelbar kraft Gesetzes entstehen oder infolge eines gesetzlichen Zwangs eingegangen werden müssen;
6. die öffentlich-rechtlichen Krankenversorgungseinrichtungen des Bundeseisenbahnvermögens und die Postbeamtenkrankenkasse;
7. die Versorgungsanstalt des Bundes und der Länder, die Deutsche Rentenversicherung Knappschaft-Bahn-See und die Versorgungsanstalt der Deutschen Bundespost sowie
8. Unternehmen mit örtlich eng begrenztem Wirkungsbereich, die für den Fall eines ungewissen Ereignisses gegen Pauschalentgelt Leistungen übernehmen, sofern diese nicht in einer Geldleistung, einer Kostenübernahme oder einer Haftungsfreistellung gegenüber Dritten bestehen.

(2) Das Bundesministerium der Finanzen wird ermächtigt, durch Rechtsverordnung, die nicht der Zustimmung des Bundesrates bedarf, zu bestimmen, dass der Betrieb aller Versicherungsgeschäfte oder einzelner Arten von Versicherungsgeschäften mit dem in Artikel I Absatz 1 Buchstabe a bis c des Abkommens vom 19. Juni 1951 zwischen den Parteien des Nordatlantikvertrags über die Rechtsstellung ihrer Truppen (BGBl. 1961 II S. 1183, 1190) bezeichneten Personenkreis ganz oder teilweise nicht den Vorschriften dieses Gesetzes unterliegt, soweit hierdurch im Geltungsbereich dieses Gesetzes die Belange anderer Versicherter und die dauernde Erfüllbarkeit der sonstigen Versicherungsverträge nicht gefährdet werden.

§ 4 Feststellung der Aufsichtspflicht

[1]Ob ein Unternehmen der Aufsicht unterliegt, entscheidet die Aufsichtsbehörde. [2]Die Entscheidung bindet die Verwaltungsbehörden. [3]Eine vor dem 1. April 1931 ergangene Entscheidung eines Gerichts oder einer Verwaltungsbehörde steht einer erneuten Entscheidung der Aufsichtsbehörde nicht entgegen.

§ 5 Freistellung von der Aufsicht

(1) [1]Die Aufsichtsbehörde kann Versicherungsvereine auf Gegenseitigkeit, die nicht eingetragen zu werden brauchen, von der laufenden Aufsicht nach diesem Gesetz freistellen, wenn nach der Art der betriebenen Geschäfte und den sonstigen Umständen eine Beaufsichtigung zur Wahrung der Belange der Versicherten nicht erforderlich erscheint. [2]Diese Voraussetzungen können insbesondere bei Sterbekassen und bei Vereinen mit örtlich begrenztem Wirkungskreis, geringer Mitgliederzahl und geringem Beitragsaufkommen vorliegen. [3]Die Freistellung ist zu widerrufen, wenn der Aufsichtsbehörde bekannt wird, dass die Voraussetzungen der Freistellung entfallen sind.

(2) Hat die Aufsichtsbehörde eine Freistellung nach Absatz 1 vorgenommen, so sind nicht anzuwenden die §§ 12, 13, 178 Absatz 4, die §§ 193, 213 bis 217, 220 sowie 234j Absatz 1 und 3, die §§ 234g und 235, Teil 2 Kapitel 2, Teil 3 und Teil 6 mit Ausnahme der §§ 305, 306 und 310, soweit Nebenbestimmungen zur Freistellung oder die genannten Rechte der Aufsichtsbehörde nach den §§ 305 und 306 durchgesetzt werden sollen; eine Umwandlung nach dem Umwandlungsgesetz ist nicht zulässig.

(3) Das Bundesministerium der Finanzen wird ermächtigt, durch Rechtsverordnung, die nicht der Zustimmung des Bundesrates bedarf, öffentlich-rechtliche Versicherungsunternehmen im Sinne des § 1 Absatz 3 und Versorgungseinrichtungen im Sinne des § 2, die nicht der Landesaufsicht unterliegen, von der Aufsicht nach diesem Gesetz freizustellen, wenn nach den gesetzlichen Vorschriften über die Errichtung der Unternehmen oder den zwischen den Unternehmen und ihren Trägern bestehenden Vereinbarungen eine Beaufsichtigung zur Wahrung der Belange der Versicherten nicht erforderlich erscheint.

§ 6 Bezeichnungsschutz

(1) [1]Die Bezeichnungen „Versicherung", „Versicherer", „Assekuranz", „Rückversicherung", „Rückversicherer" und entsprechende fremdsprachliche Bezeichnungen oder eine Bezeichnung, in der eines dieser Worte enthalten ist, dürfen in der Firma, als Zusatz zur Firma, zur Bezeichnung des Geschäftszwecks oder zu Werbezwecken nur von Versicherungsunternehmen im Sinne des § 1 Absatz 1 und 3 sowie von deren Verbänden geführt werden, soweit durch Gesetz nichts anderes bestimmt ist. [2]Versicherungsvermittler dürfen die in Satz 1 genannten Bezeichnungen nur führen, wenn diese mit einem Zusatz versehen sind, der die Vermittlereigenschaft klarstellt.

(2) [1]In Zweifelsfällen entscheidet die Bundesanstalt für Finanzdienstleistungsaufsicht (Bundesanstalt), ob ein Unternehmen zur Führung der in Absatz 1 genannten Bezeichnungen befugt ist. [2]Sie hat ihre Entscheidung dem Registergericht mitzuteilen.

(3) Die Bundesanstalt ist berechtigt, in Verfahren des Registergerichts, die sich auf die Eintragung oder Änderung der Rechtsverhältnisse oder der Firma von Unternehmen beziehen, die nach Absatz 1 unzulässige Bezeichnungen verwenden, Anträge zu stellen und die nach dem Gesetz über das Verfahren in Familiensachen und in den Angelegenheiten der freiwilligen Gerichtsbarkeit zulässigen Rechtsmittel einzulegen.

(4) [1]Führt ein Unternehmen eine Firma oder einen Zusatz zur Firma, deren Gebrauch nach Absatz 1 unzulässig ist oder verwendet ein Unternehmen eine solche Bezeichnung, so hat das Registergericht die Firma, den Zusatz zur Firma oder den Unternehmensgegenstand von Amts wegen zu löschen; § 395 des Gesetzes über das Verfahren in Fa-

miliensachen und in den Angelegenheiten der freiwilligen Gerichtsbarkeit ist entsprechend anzuwenden. [2]Das Unternehmen ist zur Unterlassung des Gebrauchs der Firma, des Zusatzes zur Firma oder des Unternehmensgegenstandes durch Festsetzung von Ordnungsgeld anzuhalten; § 392 des Gesetzes über das Verfahren in Familiensachen und in den Angelegenheiten der freiwilligen Gerichtsbarkeit ist entsprechend anzuwenden.

§ 7 Begriffsbestimmungen

Für dieses Gesetz gelten die folgenden Begriffsbestimmungen:

1. Aufsichtsbehörde: diejenige Behörde oder diejenigen Behörden, die auf Grund der §§ 320 bis 322 dieses Gesetzes oder anderer Rechts- oder Verwaltungsvorschriften für die Beaufsichtigung der in § 1 Absatz 1 genannten Unternehmen zuständig sind.
2. Ausgliederung: eine Vereinbarung jeglicher Form zwischen einem Versicherungsunternehmen und einem Dienstleister, auf Grund derer der Dienstleister direkt oder durch weitere Ausgliederung einen Prozess, eine Dienstleistung oder eine Tätigkeit erbringt, die ansonsten vom Versicherungsunternehmen selbst erbracht werden würde; bei dem Dienstleister kann es sich um ein beaufsichtigtes oder nicht beaufsichtigtes Unternehmen handeln.
3. Bedeutende Beteiligung: das direkte oder indirekte Halten von mindestens 10 Prozent des Kapitals oder der Stimmrechte eines Unternehmens oder eine andere Möglichkeit der Wahrnehmung eines maßgeblichen Einflusses auf die Geschäftsführung dieses Unternehmens; bei der Berechnung des Anteils der Stimmrechte sind § 33 Absatz 1 in Verbindung mit einer Rechtsverordnung nach Absatz 5, § 34 Absatz 1 und 2, § 35 Absatz 1 bis 3 in Verbindung mit einer Rechtsverordnung nach Absatz 6 sowie § 36 des Wertpapierhandelsgesetzes entsprechend anzuwenden; unberücksichtigt bleiben die Stimmrechte oder Kapitalanteile, die Wertpapierfirmen oder Kreditinstitute im Rahmen des Emissionsgeschäfts nach § 1 Absatz 1 Satz 2 Nummer 10 des Kreditwesengesetzes halten, vorausgesetzt, diese Rechte werden nicht ausgeübt oder sie werden nicht anderweitig benutzt, um in die Geschäftsführung des Emittenten einzugreifen, und sie werden innerhalb eines Jahres nach dem Zeitpunkt des Erwerbs veräußert.
4. Beteiligtes Unternehmen: ein Mutterunternehmen oder ein anderes Unternehmen, das eine Beteiligung hält oder mit einem anderen Unternehmen durch eine in § 271 Absatz 1 des Handelsgesetzbuchs beschriebene Beziehung verbunden ist; als Beteiligung gilt das unmittelbare oder mittelbare Halten von mindestens 20 Prozent der Stimmrechte oder des Kapitals an einem Unternehmen; für die Zwecke der Aufsicht nach den §§ 245 bis 287 gilt als Beteiligung auch das unmittelbare oder mittelbare Halten von Stimmrechten oder Kapital an einem Unternehmen, auf das nach Ansicht der Aufsichtsbehörden ein maßgeblicher Einfluss tatsächlich ausgeübt wird; als beteiligtes Unternehmen gilt für die Zwecke der Aufsicht nach den §§ 245 bis 287 auch ein Unternehmen, das Bestandteil einer horizontalen Unternehmensgruppe im Sinne der Nummer 15 ist.
5. Diversifikationseffekte: eine Reduzierung des Gefährdungspotenzials von Versicherungsunternehmen und -gruppen durch die Diversifizierung ihrer Geschäftstätigkeit, die sich aus der Tatsache ergibt, dass das negative Resultat eines Risikos durch das günstigere Resultat eines anderen Risikos ausgeglichen werden kann, wenn diese Risiken nicht voll korreliert sind.
6. Drittstaat: jeder Staat, der nicht Mitglied- oder Vertragsstaat im Sinne der Nummer 22 ist; als Drittstaat gilt auch eine staatsähnliche Verwaltungseinheit mit selbständigen aufsichtsrechtlichen Befugnissen, soweit die Bestimmungen des

Rechts der Europäischen Union über die Freizügigkeit, das Niederlassungsrecht und die Dienstleistungsfreiheit nicht anzuwenden sind.

7. Enge Verbindungen: eine Situation, in der mindestens zwei natürliche oder juristische Personen durch Kontrolle oder Beteiligung verbunden sind oder eine Situation, in der mindestens zwei natürliche oder juristische Personen mit derselben Person durch ein Kontrollverhältnis dauerhaft verbunden sind.
8. Externe Ratingagentur: eine Ratingagentur, die gemäß der Verordnung (EG) Nr. 1060/2009 des Europäischen Parlaments und des Rates vom 16. September 2009 über Ratingagenturen (ABl. L 302 vom 17.11.2009, S. 1), die zuletzt durch die Verordnung (EU) Nr. 462/2013 (ABl. L 146 vom 31.5.2013, S. 1) geändert worden ist, zugelassen oder zertifiziert ist, oder eine Zentralbank, die Ratings abgibt und von der Anwendung der genannten Verordnung ausgenommen ist.
9. Funktion: eine interne Kapazität innerhalb der Geschäftsorganisation zur Übernahme praktischer Aufgaben; Schlüsselfunktionen sind dabei:
   a) unabhängige Risikocontrollingfunktion,
   b) Compliance-Funktion,
   c) interne Revisionsfunktion,
   d) versicherungsmathematische Funktion.
10. Gemischte Finanzholding-Gesellschaft: Mutterunternehmen, das kein beaufsichtigtes Unternehmen eines Finanzkonglomerats im Sinne des § 2 Absatz 1 des Finanzkonglomerate-Aufsichtsgesetzes ist und das zusammen mit seinen Tochterunternehmen, von denen mindestens eines ein beaufsichtigtes Unternehmen eines Finanzkonglomerats mit Sitz im Inland oder in einem anderen Mitglied- oder Vertragsstaat ist, und mit anderen Unternehmen ein Finanzkonglomerat bildet.
11. Gemischte Versicherungs-Holdinggesellschaft: Mutterunternehmen,
    a) das weder Versicherungsunternehmen, noch Versicherungsunternehmen eines Drittstaats, noch Versicherungs-Holdinggesellschaft im Sinne der Nummer 31, noch gemischte Finanzholding-Gesellschaft im Sinne der Nummer 10 ist und
    b) zu dessen Tochterunternehmen mindestens ein Versicherungsunternehmen zählt.
12. Grundlegender Spread: der Spread, der von der Europäischen Aufsichtsbehörde für das Versicherungswesen und die betriebliche Altersversorgung für jede maßgebliche Laufzeit, Kreditqualität und Kategorie der Vermögenswerte zur Berechnung der Matching-Anpassung gemäß Artikel 77e Absatz 1 Buchstabe b der Richtlinie 2009/138/EG des Europäischen Parlaments und des Rates vom 25. November 2009 betreffend die Aufnahme und Ausübung der Versicherungs- und der Rückversicherungstätigkeit (ABl. L 335 vom 17.12.2009, S. 1), die zuletzt durch die Richtlinie 2014/51/EU (ABl. L153 vom 22.5.2014, S. 1) geändert worden ist, mindestens einmal im Quartal beschlossen und veröffentlicht wird.
13. Gruppe: ein Zusammenschluss von Unternehmen, der
    a) aus einem beteiligten Unternehmen, dessen Tochterunternehmen und den Unternehmen, an denen das beteiligte Unternehmen oder dessen Tochterunternehmen eine Beteiligung halten, sowie Unternehmen, die Bestandteil einer horizontalen Unternehmensgruppe im Sinne der Nummer 15 sind, besteht oder
    b) auf der Einrichtung von vertraglichen oder sonstigen starken und nachhaltigen finanziellen Beziehungen zwischen allen diesen Unternehmen beruht und zu dem Versicherungsvereine auf Gegenseitigkeit oder diesen ähnliche Vereine gehören können, sofern

aa) eines dieser Unternehmen durch zentrale Koordination einen beherrschenden Einfluss auf die Entscheidungen aller der Gruppe angehörenden Unternehmen ausübt, darunter auch auf die Finanzentscheidungen, und

bb) die Einrichtung und Auflösung dieser Beziehungen für die Zwecke dieses Titels der vorherigen Genehmigung durch die Gruppenaufsichtsbehörde bedarf;

das Unternehmen, das die zentrale Koordination ausübt, wird als Mutterunternehmen und die anderen Unternehmen werden als Tochterunternehmen betrachtet.

14. Gruppeninterne Transaktionen: Transaktionen, bei denen sich ein Versicherungsunternehmen zur Erfüllung einer Verbindlichkeit direkt oder indirekt auf andere Unternehmen innerhalb derselben Gruppe oder auf natürliche oder juristische Personen stützt, die mit den Unternehmen der Gruppe durch enge Verbindungen verbunden sind, unabhängig davon, ob dies auf vertraglicher oder nicht vertraglicher oder auf entgeltlicher oder unentgeltlicher Grundlage geschieht.

15. Horizontale Unternehmensgruppe: eine Gruppe, in der ein Unternehmen mit einem oder mehreren anderen Unternehmen in der Weise verbunden ist, dass

a) sie gemeinsam auf Grund einer Satzungsbestimmung oder eines Vertrags unter einheitlicher Leitung stehen oder

b) sich ihre Verwaltungs-, Leitungs- oder Aufsichtsorgane mehrheitlich aus denselben Personen zusammensetzen, die während des Geschäftsjahres und bis zum Ablauf der in § 290 Absatz 1 des Handelsgesetzbuchs jeweils bestimmten Zeiträume im Amt sind, unabhängig davon, ob sie einen konsolidierten Abschluss aufzustellen haben oder nicht.

16. Kontrolle: die Ausübung eines beherrschenden Einflusses im Sinne des § 290 des Handelsgesetzbuchs.

17. Konzentrationsrisiko: sämtliche mit Risiken behafteten Engagements mit einem Ausfallpotenzial, das umfangreich genug ist, um die Solvabilität oder die Finanzlage der Versicherungsunternehmen zu gefährden.

18. Kreditrisiko: das Risiko eines Verlusts oder nachteiliger Veränderungen der Finanzlage, das sich aus Fluktuationen bei der Bonität von Wertpapieremittenten, Gegenparteien und anderen Schuldnern ergibt, gegenüber denen die Versicherungsunternehmen Forderungen haben, und das in Form von Gegenparteiausfallrisiken, Spread-Risiken oder Marktrisikokonzentrationen auftritt.

19. Liquiditätsrisiko: das Risiko, dass Versicherungsunternehmen nicht in der Lage sind, Anlagen und andere Vermögenswerte zu realisieren, um ihren finanziellen Verpflichtungen bei Fälligkeit nachzukommen.

20. Marktrisiko: das Risiko eines Verlusts oder nachteiliger Veränderungen der Finanzlage, das sich direkt oder indirekt aus Schwankungen in der Höhe und in der Volatilität der Marktpreise für die Vermögenswerte, Verbindlichkeiten und Finanzinstrumente ergibt.

21. Maßgebliche risikofreie Zinskurve: die Zinskurve, die von der Europäischen Aufsichtsbehörde für das Versicherungswesen und die betriebliche Altersversorgung gemäß Artikel 77e Absatz 1 Buchstabe a der Richtlinie 2009/138/EG mindestens einmal im Quartal beschlossen und veröffentlicht wird.

22. Mitglied- oder Vertragsstaat: ein Mitgliedstaat der Europäischen Union oder ein anderer Vertragsstaat des Abkommens über den Europäischen Wirtschaftsraum.

23. Mutterunternehmen: ein Mutterunternehmen im Sinne des Artikels 1 der Richtlinie 83/349/EWG; für die Zwecke der Aufsicht nach den §§ 245 bis 287 gilt als Mutterunternehmen auch jedes Unternehmen, das nach Ansicht der Aufsichtsbehörden einen beherrschenden Einfluss tatsächlich ausübt.

24. Operationelles Risiko: das Verlustrisiko, das sich aus der Unangemessenheit oder dem Versagen von internen Prozessen, Mitarbeitern oder Systemen oder durch externe Ereignisse ergibt.

25. Qualifizierte zentrale Gegenpartei: eine zentrale Gegenpartei, die entweder nach Artikel 14 der Verordnung (EU) Nr. 648/2012 des Europäischen Parlaments und des Rates vom 4. Juli 2012 über OTC-Derivate, zentrale Gegenparteien und Transaktionsregister (ABl. L 201 vom 27.7.2012, S. 1) zugelassen oder nach Artikel 25 jener Verordnung anerkannt wurde.

26. Risikokonzentrationen: alle mit einem Ausfallrisiko behafteten Engagements der Unternehmen einer Gruppe oder eines Finanzkonglomerats im Sinne des § 1 Absatz 2 des Finanzkonglomerate-Aufsichtsgesetzes, die groß genug sind, um die Solvabilität oder die allgemeine Finanzlage eines oder mehrerer der beaufsichtigten Finanzkonglomeratsunternehmen oder beaufsichtigten Gruppenunternehmen zu gefährden, wobei die Ausfallgefahr auf einem Adressenausfallrisiko, einem Kreditrisiko, einem Anlagerisiko, einem Versicherungsrisiko, einem Marktrisiko, einem sonstigen Risiko, einer Kombination dieser Risiken oder auf Wechselwirkungen zwischen diesen Risiken beruht oder beruhen kann.

27. Risikomaß: eine mathematische Funktion, die unter einer bestimmten Wahrscheinlichkeitsverteilungsprognose einen monetären Betrag bestimmt und monoton mit dem Risikopotenzial steigt, das der Wahrscheinlichkeitsverteilungsprognose zugrunde liegt.

28. Risikominderungstechniken: sämtliche Techniken, die die Versicherungsunternehmen in die Lage versetzen, einen Teil oder die Gesamtheit ihrer Risiken auf eine andere Partei zu übertragen.

29. Tochterunternehmen: ein Tochterunternehmen im Sinne des § 290 des Handelsgesetzbuchs, einschließlich seiner eigenen Tochterunternehmen; für die Zwecke der Aufsicht nach den §§ 245 bis 287 gilt als Tochterunternehmen auch jedes Unternehmen, auf das ein Mutterunternehmen nach Ansicht der betroffenen Aufsichtsbehörden einen beherrschenden Einfluss tatsächlich ausübt.

30. Verbundenes Unternehmen: ein Tochterunternehmen oder ein anderes Unternehmen, an dem eine Beteiligung gehalten wird, oder ein Unternehmen, das Bestandteil einer horizontalen Unternehmensgruppe im Sinne der Nummer 15 ist.

31. Versicherungs-Holdinggesellschaften: Mutterunternehmen, die keine gemischte Finanzholding-Gesellschaft im Sinne der Nummer 10 sind und deren Haupttätigkeit der Erwerb und das Halten von Beteiligungen an Tochterunternehmen ist; dabei sind diese Tochterunternehmen ausschließlich oder hauptsächlich Versicherungsunternehmen oder Versicherungsunternehmen eines Drittstaats; mindestens eines dieser Tochterunternehmen ist ein Versicherungsunternehmen.

32. Versicherungstechnisches Risiko: das Risiko eines Verlusts oder einer nachteiligen Veränderung des Wertes der Versicherungsverbindlichkeiten, das sich aus einer unangemessenen Preisfestlegung und nicht angemessenen Rückstellungsannahmen ergibt.

33. Versicherungsunternehmen: Erst- oder Rückversicherungsunternehmen, die den Betrieb von Versicherungsgeschäften zum Gegenstand haben und nicht Träger der

Sozialversicherung sind, wobei der Gegenstand eines Rückversicherungsunternehmens ausschließlich die Rückversicherung ist.

34. Versicherungsunternehmen eines Drittstaats: Erst- oder Rückversicherungsunternehmen, die ihren Sitz in einem Drittstaat haben und eine behördliche Zulassung gemäß Artikel 14 Absatz 1 der Richtlinie 2009/138/EG benötigen würden, wenn sie ihren Sitz in einem Staat innerhalb des Europäischen Wirtschaftsraums hätten.

34a. Versicherungsvertrieb: Versicherungsvertriebstätigkeiten und Rückversicherungsvertriebstätigkeiten im Sinne des Artikels 2 Absatz 1 Nummer 1 und 2 der Richtlinie (EU) 2016/97 des Europäischen Parlaments und des Rates vom 20. Januar 2016 über Versicherungsvertrieb (Neufassung) (ABl. L 26 vom 2.2.2016, S. 19).

34b. Vertriebsvergütung: alle Arten von Provisionen, Gebühren, Entgelten oder sonstigen Zahlungen, einschließlich wirtschaftlicher Vorteile jeglicher Art, oder finanzielle oder nichtfinanzielle Vorteile oder Anreize, die in Bezug auf Versicherungsvertriebstätigkeiten angeboten oder gewährt werden, ausgenommen solcher aus Rückversicherungsvertriebstätigkeiten.

35. Volatilitätsanpassung: Anpassung der maßgeblichen risikofreien Zinskurve, die von der Europäischen Aufsichtsbehörde für das Versicherungswesen und die betriebliche Altersversorgung gemäß Artikel 77e Absatz 1 Buchstabe c der Richtlinie 2009/138/EG mindestens einmal im Quartal beschlossen und veröffentlicht wird.

36. Wahrscheinlichkeitsverteilungsprognose: eine mathematische Funktion, die einer ausreichenden Reihe von einander ausschließenden zukünftigen Ereignissen eine Eintrittswahrscheinlichkeit zuweist.

37. Herkunftsstaat: der Mitglied- oder Vertragsstaat, in dem
    a) ein Versicherungsunternehmen, auf das die Richtlinie 2009/138/EG Anwendung findet, seinen Sitz hat,
    b) eine Einrichtung der betrieblichen Altersversorgung zugelassen oder in ein nationales Register eingetragen ist gemäß Artikel 9 Absatz 1 der Richtlinie (EU) 2016/2341 des Europäischen Parlaments und des Rates vom 14. Dezember 2016 über die Tätigkeiten und die Beaufsichtigung von Einrichtungen der betrieblichen Altersversorgung (EbAV) (Neufassung) (ABl. L 354 vom 23.12.2016, S. 37).

Teil 2 Vorschriften für die Erstversicherung und die Rückversicherung

Kapitel 1 Geschäftstätigkeit

Abschnitt 1 Zulassung und Ausübung der Geschäftstätigkeit

§ 8 Erlaubnis; Spartentrennung

(1) Versicherungsunternehmen bedürfen zum Geschäftsbetrieb der Erlaubnis der Aufsichtsbehörde.

(2) Die Erlaubnis darf nur Aktiengesellschaften einschließlich der Europäischen Gesellschaft, Versicherungsvereinen auf Gegenseitigkeit sowie Körperschaften und Anstalten des öffentlichen Rechts erteilt werden.

(3) Der Ort der Hauptverwaltung muss im Inland liegen.

(4) [1]Ein Rückversicherungsunternehmen wird nur zum Betrieb der Rückversicherung zugelassen. [2]Bei Erstversicherungsunternehmen schließen die Erlaubnis zum Betrieb der Lebensversicherung im Sinne der Anlage 1 Nummer 19 bis 24 und die Erlaubnis zum

Betrieb anderer Versicherungssparten einander aus; das Gleiche gilt für die Erlaubnis zum Betrieb der Krankenversicherung im Sinne des § 146 Absatz 1 und die Erlaubnis zum Betrieb anderer Versicherungssparten.

(5) [1]Die Aufsichtsbehörde macht die Erteilung und den Widerruf der Erlaubnis im elektronischen Informationsmedium nach § 318 Absatz 3 bekannt und meldet sie der Europäischen Aufsichtsbehörde für das Versicherungswesen und die betriebliche Altersversorgung. [2]Ist ein gemäß § 221 sicherungspflichtiges Versicherungsunternehmen betroffen, informiert sie zusätzlich den Sicherungsfonds.

§ 9 Antrag

(1) Mit dem Antrag auf Erlaubnis ist der Geschäftsplan einzureichen; er hat den Zweck und die Einrichtung des Unternehmens, das Gebiet des beabsichtigten Geschäftsbetriebs sowie die Verhältnisse darzulegen, aus denen sich die künftigen Verpflichtungen des Unternehmens als dauernd erfüllbar ergeben sollen.

(2) Als Bestandteil des Geschäftsplans sind einzureichen:

1. die Satzung, soweit sie sich nicht auf allgemeine Versicherungsbedingungen bezieht;
2. Angaben darüber, welche Versicherungssparten betrieben und welche Risiken einer Versicherungssparte gedeckt werden sollen; bei Unternehmen, die ausschließlich die Rückversicherung betreiben wollen, stattdessen Angaben darüber, welche Risiken im Wege der Rückversicherung gedeckt werden sollen, und über die Arten von Rückversicherungsverträgen, die das Rückversicherungsunternehmen mit den Vorversicherern zu schließen beabsichtigt;
3. die Grundzüge der Rückversicherung und Retrozession;
4. Angaben über die Basiseigenmittelbestandteile, die die absolute Grenze der Mindestkapitalanforderung bedecken sollen sowie
5. eine Schätzung der für den Aufbau der Verwaltung und des Vertreternetzes erforderlichen Aufwendungen; das Unternehmen hat nachzuweisen, dass die dafür erforderlichen Mittel (Organisationsfonds) zur Verfügung stehen; wenn die Erlaubnis zum Geschäftsbetrieb der in der Anlage 1 Nummer 18 genannten Versicherungssparte beantragt wird, Angaben über die Mittel, über die das Unternehmen verfügt, um die zugesagte Beistandsleistung zu erfüllen.

(3) [1]Zusätzlich hat das Versicherungsunternehmen als Bestandteil des Geschäftsplans für die ersten drei Geschäftsjahre vorzulegen:

1. eine Plan-Bilanz und eine Plan-Gewinn-und-Verlustrechnung;
2. Schätzungen der künftigen Solvabilitätskapitalanforderung auf der Grundlage der in Nummer 1 genannten Plan-Bilanz und Plan-Gewinn-und-Verlustrechnung sowie die Berechnungsmethode, aus der sich die Schätzungen ableiten;
3. Schätzungen der künftigen Mindestkapitalanforderung auf der Grundlage der in Nummer 1 genannten Plan-Bilanz und Plan-Gewinn-und-Verlustrechnung sowie die Berechnungsmethode, aus der sich die Schätzungen ableiten;
4. eine Schätzung der jeweiligen finanziellen Mittel, die voraussichtlich zur Verfügung stehen,
   a) um die versicherungstechnischen Rückstellungen zu bedecken,
   b) um die Mindestkapitalanforderung und die Solvabilitätskapitalanforderung einzuhalten;
5. für Nichtlebensversicherungen und Rückversicherungen

a) eine Übersicht über die voraussichtlichen Verwaltungskosten, insbesondere die laufenden Gemeinkosten und Provisionen, ohne die Aufwendungen für den Aufbau der Verwaltung,

b) eine Übersicht über die voraussichtlichen Beitragsaufkommen und die voraussichtliche Schadenbelastung sowie

6. für Lebensversicherungen einen Plan, aus dem die Schätzungen der Einnahmen und Ausgaben bei Erstversicherungsgeschäften wie auch im aktiven und passiven Rückversicherungsgeschäft im Einzelnen hervorgehen.

2Muss das Unternehmen eine Solvabilitätsübersicht nach Kapitel 2 Abschnitt 2 nicht erstellen, ist die Einschätzung nach Satz 1 Nummer 4 Buchstabe a ausschließlich für die versicherungstechnischen Rückstellungen nach dem Handelsgesetzbuch abzugeben.

(4) Zusätzlich sind einzureichen:

1. Angaben über Art und Umfang der Geschäftsorganisation einschließlich

a) der Angaben, die für die Beurteilung der in § 24 genannten Voraussetzungen wesentlich sind; dies gilt für Geschäftsleiter, andere Personen, die das Unternehmen tatsächlich leiten, die Mitglieder des Aufsichtsrats, den Verantwortlichen Aktuar sowie für die weiteren Personen, die für andere Schlüsselaufgaben verantwortlich sind,

b) der Angaben zu Unternehmensverträgen der in den §§ 291 und 292 des Aktiengesetzes bezeichneten Art und

c) der Angaben zu Verträgen über die Ausgliederung wichtiger Funktionen oder Tätigkeiten;

2. sofern an dem Versicherungsunternehmen bedeutende Beteiligungen gehalten werden,

a) die Angabe der Inhaber und der Höhe der Beteiligungen,

b) Angaben zu den Tatsachen, die für die Beurteilung der in § 16 genannten Anforderungen erforderlich sind,

c) sofern die Inhaber der bedeutenden Beteiligungen Jahresabschlüsse aufzustellen haben: die Jahresabschlüsse der letzten drei Geschäftsjahre nebst Prüfungsberichten von unabhängigen Abschlussprüfern, sofern solche zu erstellen sind, und

d) sofern diese Inhaber einem Konzern angehören: die Angabe der Konzernstruktur und, sofern solche Abschlüsse aufzustellen sind, die konsolidierten Konzernabschlüsse der letzten drei Geschäftsjahre nebst Prüfungsberichten von unabhängigen Abschlussprüfern, sofern solche Prüfungsberichte zu erstellen sind und der Herausgabe an den Antragsteller nach deutschem Recht keine Hindernisse entgegenstehen;

3. Angaben zu den Tatsachen, die auf eine enge Verbindung zwischen dem Versicherungsunternehmen und anderen natürlichen Personen oder Unternehmen hinweisen;

4. für Pflichtversicherungen die allgemeinen Versicherungsbedingungen;

5. für die Krankenversicherung im Sinne des § 146 Absatz 1

a) die Grundsätze für die Berechnung der Prämien und der versicherungstechnischen Rückstellungen im Sinne der §§ 341e bis 341h des Handelsgesetzbuchs einschließlich der verwendeten Rechnungsgrundlagen, mathematischen Formeln, kalkulatorischen Herleitungen und statistischen Nachweise und

b) die allgemeinen Versicherungsbedingungen sowie

6. bei Deckung der in der Anlage 1 Nummer 10 Buchstabe a genannten Risiken die Angabe von Namen und Anschriften der gemäß § 163 zu bestellenden Schadenregulierungsbeauftragten.

(5) [1]Außer bei Anträgen auf Erteilung der Erlaubnis zum Betrieb von Versicherungsgeschäften als Sterbekasse oder als eine der in § 1 Absatz 4 genannten Einrichtungen hat die Aufsichtsbehörde vor Erteilung der Erlaubnis die zuständigen Stellen der anderen Mitglied- oder Vertragsstaaten anzuhören, wenn das Unternehmen

1. Tochter- oder Schwesterunternehmen eines Versicherungsunternehmens, eines CRR-Kreditinstituts im Sinne des § 1 Absatz 3d Satz 1 des Kreditwesengesetzes, eines E-Geld-Instituts im Sinne des § 1 Absatz 3d Satz 6 des Kreditwesengesetzes oder eines Wertpapierhandelsunternehmens im Sinne des § 1 Absatz 3d Satz 4 des Kreditwesengesetzes ist und wenn das Mutterunternehmen oder das andere Schwesterunternehmen bereits in einem anderen Mitglied- oder Vertragsstaat zugelassen ist oder
2. durch dieselben natürlichen Personen oder Unternehmen kontrolliert wird, die ein Versicherungsunternehmen, CRR-Kreditinstitut, E-Geld-Institut oder Wertpapierhandelsunternehmen mit Sitz in einem anderen Mitglied- oder Vertragsstaat kontrollieren.

[2]Zuständig sind die Behörden der Mitglied- oder Vertragsstaaten, in denen das Mutterunternehmen, das Schwesterunternehmen oder das kontrollierende Unternehmen seine Hauptniederlassung hat oder die kontrollierenden Personen ihren gewöhnlichen Aufenthalt haben. [3]Schwesterunternehmen im Sinne des Satzes 1 Nummer 1 sind Unternehmen, die ein gemeinsames Mutterunternehmen haben. [4]Die Anhörung erstreckt sich insbesondere auf die Angaben, die für die Beurteilung der Zuverlässigkeit und fachlichen Eignung der in § 24 genannten Personen sowie für die Beurteilung der Zuverlässigkeit der Inhaber einer bedeutenden Beteiligung an Unternehmen derselben Gruppe im Sinne des Satzes 1 mit Sitz in dem betreffenden Mitglied- oder Vertragsstaat erforderlich sind sowie auf die Angaben zu den Eigenmitteln.

§ 10 Umfang der Erlaubnis

(1) [1]Die Aufsichtsbehörde erteilt die Erlaubnis unbefristet, wenn sich nicht aus dem Geschäftsplan etwas anderes ergibt. [2]Die Erlaubnis gilt für das Gebiet aller Mitglied- oder Vertragsstaaten.

(2) [1]Unternehmen, die nur die Erstversicherung oder die Erst- und Rückversicherung betreiben wollen, wird die Erlaubnis für jede der in der Anlage 1 genannten Versicherungssparten gesondert erteilt. [2]Sie bezieht sich jeweils auf die ganze Sparte, es sei denn, dass das Unternehmen nach seinem Geschäftsplan nur einen Teil der Risiken dieser Versicherungssparte decken will. [3]Die Erlaubnis kann auch für mehrere Versicherungssparten gemeinsam unter den in der Anlage 2 genannten Bezeichnungen erteilt werden.

(3) [1]Unternehmen, die ausschließlich die Rückversicherung betreiben wollen, wird die Erlaubnis für die Schaden- und Unfall-Rückversicherung einschließlich der Personen-Rückversicherung, soweit sie nicht Lebens-Rückversicherung ist (Nichtlebens-Rückversicherung), die Lebens-Rückversicherung oder für alle Arten der Rückversicherung erteilt. [2]Die Erlaubnis wird für alle Arten der Rückversicherung erteilt, wenn sich nicht aus Antrag oder Geschäftsplan etwas anderes ergibt.

(4) [1]Eine für eine oder mehrere Sparten erteilte Erlaubnis umfasst auch die Deckung zusätzlicher Risiken aus anderen Versicherungssparten, wenn diese Risiken im Zusammenhang mit einem Risiko einer betriebenen Versicherungssparte stehen, denselben Gegenstand betreffen und durch denselben Vertrag gedeckt werden. [2]Risiken, die unter die in der Anlage 1 Nummer 14, 15 und 17 genannten Versicherungssparten fallen, wer-

den nicht als zusätzliche Risiken von der Erlaubnis zum Betrieb anderer Sparten umfasst. [3]Risiken, die unter die in der Anlage 1 Nummer 17 genannte Versicherungssparte fallen, werden jedoch unter den Voraussetzungen des Satzes 1 von der Erlaubnis für andere Sparten umfasst, wenn sie sich auf Streitigkeiten oder Ansprüche beziehen, die aus dem Einsatz von Schiffen auf See entstehen oder mit deren Einsatz verbunden sind, oder wenn die Erlaubnis zum Betrieb der in der Anlage 1 Nummer 18 Buchstabe a genannten Sparte erteilt wird.

§ 11 Versagung und Beschränkung der Erlaubnis

(1) Die Aufsichtsbehörde versagt die Erlaubnis, wenn

1. nach dem Geschäftsplan und den nach § 9 Absatz 2 bis 4 vorgelegten Unterlagen die Verpflichtungen aus den Versicherungen nicht genügend als dauernd erfüllbar dargetan sind,
2. Tatsachen vorliegen, die die Annahme rechtfertigen, dass die Geschäftsleiter oder die Mitglieder des Aufsichtsrats die Voraussetzungen des § 24 nicht erfüllen, oder
3. Tatsachen vorliegen, die die Annahme rechtfertigen, dass der Inhaber einer bedeutenden Beteiligung an dem Versicherungsunternehmen oder, wenn der Inhaber eine juristische Person ist, auch ein gesetzlicher oder satzungsmäßiger Vertreter oder, wenn der Inhaber eine Personenhandelsgesellschaft ist, auch ein Gesellschafter des Inhabers, nicht zuverlässig ist oder aus anderen Gründen nicht den im Interesse einer soliden und umsichtigen Leitung des Unternehmens zu stellenden Ansprüchen genügt; dies gilt im Zweifel auch dann, wenn Tatsachen die Annahme rechtfertigen, dass er die von ihm aufgebrachten Mittel für den Erwerb der bedeutenden Beteiligung durch eine Handlung erbracht hat, die objektiv einen Straftatbestand erfüllt,
4. bei Erstversicherungsunternehmen über einen der in den Nummern 1 bis 3 genannten Fälle hinaus auch, wenn
   a) nach dem Geschäftsplan und den nach § 9 Absatz 2 bis 4 vorgelegten Unterlagen die Belange der Versicherten nicht ausreichend gewahrt sind,
   b) im Fall der Erteilung der Erlaubnis das Versicherungsunternehmen Tochterunternehmen einer Versicherungs-Holdinggesellschaft oder einer gemischten Finanzholding-Gesellschaft wird und Tatsachen die Annahme rechtfertigen, dass eine Person, die die Versicherungs-Holdinggesellschaft oder die gemischte Finanzholding-Gesellschaft tatsächlich leitet, nicht zuverlässig ist oder nicht die zur Führung der Geschäfte der Versicherungs-Holdinggesellschaft oder der gemischten Finanzholding-Gesellschaft erforderliche fachliche Eignung besitzt oder
   c) im Fall des Betriebs der Krankenversicherung Tatsachen vorliegen, die die Annahme rechtfertigen, dass das Unternehmen Tarife einführen wird, die im Sinne des § 204 des Versicherungsvertragsgesetzes einen gleichartigen Versicherungsschutz gewähren wie die Tarife eines anderen mit ihm konzernmäßig verbundenen Versicherungsunternehmens, sofern durch die Einführung solcher Tarife die Belange der Versicherten nicht ausreichend gewahrt werden.

(2) [1]Die Erlaubnis kann versagt werden, wenn Tatsachen die Annahme rechtfertigen, dass eine wirksame Aufsicht über das Versicherungsunternehmen beeinträchtigt wird. [2]Dies ist insbesondere der Fall, wenn

1. das Versicherungsunternehmen mit anderen Personen oder Unternehmen in einen Unternehmensverbund eingebunden ist oder in einer engen Verbindung zu einem solchen steht und dieser durch die Struktur des Beteiligungsgeflechts oder durch mangelhafte wirtschaftliche Transparenz eine wirksame Aufsicht über das Versicherungsunternehmen beeinträchtigt,

2. eine wirksame Aufsicht über das Versicherungsunternehmen auf Grund der für Personen oder Unternehmen nach Nummer 1 geltenden Rechts- oder Verwaltungsvorschriften eines Drittstaats beeinträchtigt wird oder
3. eine wirksame Aufsicht über das Versicherungsunternehmen dadurch beeinträchtigt wird, dass Personen oder Unternehmen nach Nummer 1 im Staat ihres Sitzes oder ihrer Hauptverwaltung nicht wirksam beaufsichtigt werden oder die für die Aufsicht über diese Personen oder Unternehmen zuständige Behörde nicht zu einer befriedigenden Zusammenarbeit mit der Aufsichtsbehörde bereit ist.

³Die Erlaubnis kann ferner versagt werden, wenn entgegen § 9 Absatz 4 der Antrag keine ausreichenden Angaben oder Unterlagen enthält.

(3) Aus anderen als den in den Absätzen 1 und 2 genannten Gründen darf die Erlaubnis nicht versagt werden.

§ 12[1] Änderungen des Geschäftsplans und von Unternehmensverträgen

(1) ¹Jede Änderung der in § 9 Absatz 2 Nummer 1 und 2 genannten Bestandteile des Geschäftsplans eines Erstversicherungsunternehmens, jede Erweiterung seines Geschäftsbetriebs auf ein Gebiet außerhalb der Mitglied- und Vertragsstaaten sowie die Unternehmensverträge eines Erstversicherungsunternehmens im Sinne des § 9 Absatz 4 Nummer 1 Buchstabe b und deren Änderung, Aufhebung, Kündigung oder Beendigung durch Rücktritt dürfen erst in Kraft gesetzt werden, wenn sie von der Aufsichtsbehörde genehmigt worden sind. ²Dasselbe gilt für jede Ausdehnung des Geschäftsbetriebs eines Rückversicherungsunternehmens auf ein Gebiet außerhalb der Mitglied- oder Vertragsstaaten oder auf andere Arten der Rückversicherung. ³Satz 1 gilt nicht für Satzungsänderungen, die eine Kapitalerhöhung zum Gegenstand haben. ⁴§ 11 ist entsprechend anzuwenden.

(2) Soll der Geschäftsbetrieb auf andere Versicherungssparten oder auf andere Arten der Rückversicherung ausgedehnt werden, so sind hierfür die Nachweise entsprechend § 9 Absatz 2 bis 4 vorzulegen.

(3) Soll der Geschäftsbetrieb auf ein Gebiet außerhalb der Mitglied- oder Vertragsstaaten ausgedehnt werden, ist

1. anzugeben, welche Versicherungszweige und -arten oder Arten der Rückversicherung betrieben werden sollen, und
2. nachzuweisen, dass das Versicherungsunternehmen
   a) auch nach der beabsichtigten Ausdehnung des Gebiets des Geschäftsbetriebs die Vorschriften über die Kapitalausstattung in den Mitglied- oder Vertragsstaaten erfüllt und
   b) im Falle der Errichtung einer Niederlassung in einem Gebiet außerhalb der Mitglied- und Vertragsstaaten eine dort erforderliche Erlaubnis zum Geschäftsbetrieb erhalten hat oder eine solche Erlaubnis nicht erforderlich ist.

§ 13 Bestandsübertragungen

(1) ¹Jeder Vertrag, durch den der Versicherungsbestand eines Erstversicherungsunternehmens ganz oder teilweise auf ein anderes Versicherungsunternehmen übertragen werden soll, bedarf der Genehmigung der Aufsichtsbehörden, die für die beteiligten Unternehmen zuständig sind. ²Die Genehmigung ist zu erteilen, wenn die Belange der Versicherten gewahrt sind und die Verpflichtungen aus den Versicherungen als dauernd

1) § 12 geändert durch Gesetz vom 8.7.2019 (BGBl. I S. 1002).

erfüllbar dargetan sind; § 9 Absatz 5 über die Anhörung der zuständigen Stellen eines anderen Mitglied- oder Vertragsstaats und § 8 Absatz 4 sind entsprechend anzuwenden.

(2) [1]Überträgt ein inländisches Erstversicherungsunternehmen einen Bestand an Versicherungsverträgen, die es nach § 57 durch eine Niederlassung oder im Dienstleistungsverkehr abgeschlossen hat, ganz oder teilweise auf ein Versicherungsunternehmen mit Sitz in einem Mitglied- oder Vertragsstaat, ist abweichend von Absatz 1 Satz 1 lediglich die Genehmigung der für das übertragende Versicherungsunternehmen zuständigen Aufsichtsbehörde erforderlich. [2]Die Genehmigung wird erteilt, wenn die Voraussetzungen des Absatzes 1 Satz 2 vorliegen und wenn

1. durch eine Bescheinigung der Aufsichtsbehörde des Sitzstaats des übernehmenden Versicherungsunternehmens der Nachweis geführt wird, dass dieses nach der Übertragung ausreichende anrechnungsfähige Eigenmittel zur Einhaltung der Solvabilitätskapitalanforderung hat,
2. die Aufsichtsbehörden der Mitglied- oder Vertragsstaaten, in denen die Risiken des Versicherungsbestandes belegen sind, zustimmen und
3. bei Übertragung des Versicherungsbestandes einer Niederlassung die Aufsichtsbehörde dieses Mitglied- oder Vertragsstaats angehört worden ist.

[3]Die Sätze 1 und 2 Nummer 1 gelten auch für die Übertragung eines im Inland erworbenen Versicherungsbestandes. [4]In den Fällen der Sätze 1 und 3 ist Absatz 5 entsprechend anzuwenden; die Absätze 3 und 4 bleiben unberührt.

(3) Verlieren durch die Bestandsübertragung Mitglieder eines Versicherungsvereins auf Gegenseitigkeit ganz oder zum Teil ihre Rechte als Vereinsmitglied, darf die Genehmigung nur erteilt werden, wenn der Bestandsübertragungsvertrag ein angemessenes Entgelt vorsieht, es sei denn, das übernehmende Versicherungsunternehmen ist ebenfalls ein Versicherungsverein auf Gegenseitigkeit und die von der Bestandsübertragung betroffenen Mitglieder des übertragenden Vereins werden Mitglieder des übernehmenden Vereins.

(4) [1]Sind Versicherungsverhältnisse mit Überschussbeteiligung betroffen, darf die Übertragung nur genehmigt werden, wenn der Wert der Überschussbeteiligung der Versicherten des übertragenden und des übernehmenden Versicherungsunternehmens nach der Übertragung nicht niedriger ist als vorher. [2]Dabei sind die Aktiva und Passiva des übertragenden Versicherungsunternehmens unter der Annahme, die betroffenen Versicherungsverhältnisse würden bei diesem Versicherungsunternehmen fortgesetzt, und die Aktiva und Passiva des übernehmenden Versicherungsunternehmens unter der Annahme, dass es die Versicherungsverhältnisse entsprechend dem Vertrag übernimmt, dessen Genehmigung beantragt wird, zu ihrem beizulegenden Zeitwert zu vergleichen, soweit sie Einfluss auf die Überschussbeteiligung haben können.

(5) Die Rechte und Pflichten des übertragenden Versicherungsunternehmens aus den Versicherungsverträgen gehen mit der Bestandsübertragung auch im Verhältnis zu den Versicherungsnehmern auf das übernehmende Versicherungsunternehmen über; § 415 des Bürgerlichen Gesetzbuchs ist nicht anzuwenden.

(6) Der Bestandsübertragungsvertrag bedarf der Schriftform; § 311b Absatz 3 des Bürgerlichen Gesetzbuchs ist nicht anzuwenden.

(7) [1]Die Genehmigung der Bestandsübertragung ist im Bundesanzeiger zu veröffentlichen. [2]Sobald die Bestandsübertragung wirksam geworden ist, hat das übernehmende Versicherungsunternehmen die Versicherungsnehmer über Anlass, Ausgestaltung und Folgen der Bestandsübertragung zu informieren, insbesondere über einen mit der Bestandsübertragung verbundenen Wechsel der für die Rechts- oder Finanzaufsicht zuständigen Behörde und eine Änderung hinsichtlich eines Anspruchs gegen eine Si-

cherungseinrichtung im Fall der Insolvenz des Versicherers. [3]Ändert sich die für die Finanzaufsicht zuständige Behörde, so kann der Versicherungsnehmer den Vertrag innerhalb eines Monats nach Zugang der Mitteilung des Versicherers mit sofortiger Wirkung kündigen. [4]Der Versicherer hat den Versicherungsnehmer in der Mitteilung auf das Kündigungsrecht hinzuweisen.

§ 14 Umwandlungen

(1) [1]Jede Umwandlung eines Erstversicherungsunternehmens nach den §§ 1 und 122a des Umwandlungsgesetzes bedarf der Genehmigung der Aufsichtsbehörde. [2]§ 13 Absatz 1 Satz 2 und Absatz 2, 4 und 5 ist entsprechend anzuwenden.

(2) Die Aufsichtsbehörde kann die Genehmigung auch versagen, wenn die Vorschriften über die Umwandlung nicht beachtet worden sind.

§ 15 Versicherungsfremde Geschäfte

(1) [1]Erstversicherungsunternehmen dürfen neben Versicherungsgeschäften nur solche Geschäfte betreiben, die mit Versicherungsgeschäften in unmittelbarem Zusammenhang stehen. [2]Bei Termingeschäften und Geschäften mit Optionen und ähnlichen Finanzinstrumenten ist ein solcher Zusammenhang anzunehmen, wenn sie der Absicherung gegen Kurs- oder Zinsänderungsrisiken bei vorhandenen Vermögenswerten oder dem späteren Erwerb von Wertpapieren dienen sollen oder wenn aus vorhandenen Wertpapieren ein zusätzlicher Ertrag erzielt werden soll, ohne dass bei Erfüllung von Lieferverpflichtungen eine Unterdeckung des Sicherungsvermögens eintreten kann. [3]Bei einer Aufnahme von Fremdmitteln besteht regelmäßig kein unmittelbarer Zusammenhang im Sinne des Satzes 1. [4]Bei einem anderen Geschäft ist ein solcher Zusammenhang nur anzunehmen, wenn es nicht mit einem zusätzlichen finanziellen Risiko verbunden ist.

(2) [1]Rückversicherungsunternehmen dürfen nur Rückversicherungsgeschäfte sowie damit verbundene Geschäfte und Dienstleistungen betreiben. [2]Als mit einem Rückversicherungsgeschäft verbundenes Geschäft gelten auch die Funktion und die Tätigkeiten als Holdinggesellschaft in Bezug auf Unternehmen der Finanzbranche im Sinne des § 2 Absatz 3 des Finanzkonglomerate-Aufsichtsgesetzes.

(3) Der Versicherungsvertrieb im Sinne von § 7 Nummer 34a gehört zum Geschäftsbetrieb eines Versicherungsunternehmens.

§ 15a Immobiliar-Verbraucherdarlehen; Verordnungsermächtigung

(1) [1]Für die Vergabe von Immobiliar-Verbraucherdarlehen gilt § 18a Absatz 1 bis 10 des Kreditwesengesetzes entsprechend. [2]Bei der Kreditwürdigkeitsprüfung durch Unternehmen, die nicht der Aufsicht durch die Aufsichtsbehörden der Länder unterliegen, gelten die Leitlinien der gemäß § 18a Absatz 10a des Kreditwesengesetzes erlassenen Rechtsverordnung entsprechend.

(2) [1]Das Bundesministerium der Finanzen wird ermächtigt, durch Rechtsverordnung mit Zustimmung des Bundesrates nähere Bestimmungen über die nach Absatz 1 in Verbindung mit § 18a Absatz 6 des Kreditwesengesetzes erforderlichen Kenntnisse und Fähigkeiten der mit der Vergabe von Immobiliar-Verbraucherdarlehen befassten internen und externen Mitarbeiter zu erlassen. [2]Das Bundesministerium der Finanzen kann die Ermächtigung nach Satz 1 durch Rechtsverordnung mit Zustimmung des Bundesrates auf die Bundesanstalt übertragen.

Abschnitt 2 Bedeutende Beteiligungen

§ 16 Inhaber bedeutender Beteiligungen

[1]Die Inhaber einer bedeutenden Beteiligung im Sinne des § 7 Nummer 3 am Versicherungsunternehmen müssen den Ansprüchen genügen, die im Interesse einer soliden und umsichtigen Leitung des Unternehmens zu stellen sind; insbesondere müssen sie zuverlässig sein. [2]Wird die Beteiligung von juristischen Personen oder Personenhandelsgesellschaften gehalten, gilt das Gleiche für diejenigen natürlichen Personen, die nach Gesetz, Satzung oder Gesellschaftsvertrag zur Führung der Geschäfte und zur Vertretung berufen sind, sowie für die persönlich haftenden Gesellschafter.

§ 17 Anzeige bedeutender Beteiligungen

(1) Jede natürliche oder juristische Person und jede Personenhandelsgesellschaft hat der Aufsichtsbehörde unverzüglich schriftlich anzuzeigen, wenn sie beabsichtigt,

1. allein oder im Zusammenwirken mit anderen Personen oder Unternehmen eine bedeutende Beteiligung an einem Versicherungsunternehmen zu erwerben (interessierter Erwerber); in der Anzeige hat der interessierte Erwerber die für die Höhe der Beteiligung und die für die Begründung des maßgeblichen Einflusses, die Beurteilung seiner Zuverlässigkeit und die Prüfung der weiteren Untersagungsgründe nach § 18 Absatz 1 wesentlichen Unterlagen vorzulegen und Tatsachen sowie die Personen und Unternehmen anzugeben, von denen er die entsprechenden Anteile erwerben will; ist der interessierte Erwerber eine juristische Person oder Personenhandelsgesellschaft, hat er in der Anzeige die für die Beurteilung der Zuverlässigkeit seiner gesetzlichen oder satzungsmäßigen Vertreter oder persönlich haftenden Gesellschafter wesentlichen Tatsachen anzugeben;
2. allein oder im Zusammenwirken mit anderen Personen oder Unternehmen den Betrag der bedeutenden Beteiligung so zu erhöhen, dass die Schwelle von 20 Prozent, 30 Prozent oder 50 Prozent der Stimmrechte oder des Nennkapitals erreicht oder überschritten wird oder dass über das Versicherungsunternehmen Kontrolle im Sinne des § 7 Nummer 16 ausgeübt wird oder
3. eine bedeutende Beteiligung an einem Versicherungsunternehmen aufzugeben oder den Betrag der bedeutenden Beteiligung unter die Schwelle von 20 Prozent, 30 Prozent oder 50 Prozent der Stimmrechte oder des Kapitals abzusenken oder die Beteiligung so zu verändern, dass über das Versicherungsunternehmen keine Kontrolle ausgeübt wird; dabei hat sie die verbleibende Höhe der Beteiligung anzugeben; die Aufsichtsbehörde kann eine Frist setzen, innerhalb derer ihr die Person oder Personenhandelsgesellschaft, welche die Anzeige erstattet hat, den Vollzug oder den Nichtvollzug der beabsichtigten Absenkung oder Veränderung anzuzeigen hat.

(2) Der Inhaber einer bedeutenden Beteiligung hat der Aufsichtsbehörde jeden neu bestellten gesetzlichen oder satzungsmäßigen Vertreter und jeden neuen persönlich haftenden Gesellschafter mit den für die Beurteilung von dessen Zuverlässigkeit wesentlichen Tatsachen unverzüglich schriftlich anzuzeigen.

(3) Die Aufsichtsbehörde hat den Eingang einer vollständigen Anzeige nach Absatz 1 Nummer 1 oder 2 unverzüglich, spätestens jedoch innerhalb von zwei Arbeitstagen nach deren Zugang, schriftlich gegenüber dem Anzeigepflichtigen zu bestätigen.

(4) [1]Die Aufsichtsbehörde hat die Anzeige nach Absatz 1 Nummer 1 oder 2 innerhalb von 60 Arbeitstagen ab dem Datum des Schreibens, mit dem sie den Eingang der vollständigen Anzeige schriftlich bestätigt hat (Beurteilungszeitraum), zu beurteilen. [2]In der Bestätigung nach Absatz 3 hat die Aufsichtsbehörde dem Anzeigepflichtigen den Tag mitzuteilen, an dem der Beurteilungszeitraum endet. [3]Bis zum 50. Arbeitstag innerhalb des Beurteilungszeitraums kann die Aufsichtsbehörde weitere Informationen anfordern,

die für den Abschluss der Beurteilung notwendig sind. [4]Die Anforderung ergeht schriftlich unter Angabe der zusätzlich benötigten Informationen. [5]Die Aufsichtsbehörde hat den Eingang der weiteren Informationen innerhalb von zwei Arbeitstagen nach deren Zugang schriftlich gegenüber dem Anzeigepflichtigen zu bestätigen. [6]Der Beurteilungszeitraum ist vom Zeitpunkt der Anforderung der weiteren Informationen bis zu deren Eingang bei der Aufsichtsbehörde gehemmt. [7]Der Beurteilungszeitraum beträgt im Fall der Hemmung nach Satz 6 höchstens 80 Arbeitstage. [8]Die Aufsichtsbehörde kann Ergänzungen oder Klarstellungen zu diesen Informationen anfordern; dies führt nicht zu einer erneuten Hemmung des Beurteilungszeitraums. [9]Abweichend von Satz 7 kann der Beurteilungszeitraum im Fall einer Hemmung auf höchstens 90 Arbeitstage ausgedehnt werden, wenn der Anzeigepflichtige

1. außerhalb des Europäischen Wirtschaftsraums ansässig ist oder beaufsichtigt wird oder
2. eine natürliche Person oder ein Unternehmen ist, die oder das nicht der Beaufsichtigung nach einer der folgenden Richtlinien unterliegt:
   a) 2009/65/EG des Europäischen Parlaments und des Rates vom 13. Juli 2009 zur Koordinierung der Rechts- und Verwaltungsvorschriften betreffend bestimmte Organismen für gemeinsame Anlagen in Wertpapieren (OGAW) (ABl. L 302 vom 17.11.2009, S. 32),
   b) 2004/39/EG des Europäischen Parlaments und des Rates vom 21. April 2004 über Märkte für Finanzinstrumente, zur Änderung der Richtlinien 85/611/EWG und 93/6/EWG des Rates und der Richtlinie 2000/12/EG des Europäischen Parlaments und des Rates und zur Aufhebung der Richtlinie 93/22/EWG des Rates (ABl. L 145 vom 30.4.2004, S. 1, L 45 vom 16.2.2005, S. 18),
   c) 2006/48/EG des Europäischen Parlaments und des Rates vom 14. Juni 2006 über die Aufnahme und Ausübung der Tätigkeit der Kreditinstitute (ABl. L 177 vom 30.6.2006, S.1) oder
   d) 2009/138/EG.

§ 18 Untersagung oder Beschränkung einer bedeutenden Beteiligung

(1) Die Aufsichtsbehörde kann innerhalb des Beurteilungszeitraums den beabsichtigten Erwerb der bedeutenden Beteiligung oder deren Erhöhung untersagen, wenn Tatsachen die Annahme rechtfertigen, dass

1. der Anzeigepflichtige oder, wenn es sich bei dem Anzeigepflichtigen um eine juristische Person handelt, ein gesetzlicher oder satzungsmäßiger Vertreter oder, wenn es sich um eine Personenhandelsgesellschaft handelt, ein Gesellschafter nicht zuverlässig ist oder aus anderen Gründen nicht den Ansprüchen genügt, die im Interesse einer soliden und umsichtigen Leitung des Versicherungsunternehmens zu stellen sind; dies ist auch der Fall, wenn der Erwerber der bedeutenden Beteiligung nicht darlegen kann, dass er über angemessene geschäftliche Pläne für die Fortsetzung und die Entwicklung der Geschäfte des Versicherungsunternehmens verfügt und die Belange der Versicherten oder die berechtigten Interessen der Vorversicherer ausreichend gewahrt sind; ferner gilt § 11 Absatz 1 Nummer 3 zweiter Halbsatz entsprechend;
2. das Versicherungsunternehmen nicht in der Lage ist oder bleiben wird, den Aufsichtsanforderungen zu genügen oder dass das Versicherungsunternehmen durch die Begründung oder Erhöhung der Beteiligung mit dem Inhaber der bedeutenden Beteiligung in einen Unternehmensverbund eingebunden würde, der durch die Struktur des Beteiligungsgeflechts oder durch mangelhafte wirtschaftliche Transparenz eine wirksame Aufsicht über das Versicherungsunternehmen oder einen wirksamen

Austausch von Informationen zwischen den zuständigen Stellen oder die Festlegung der Aufteilung der Zuständigkeiten zwischen diesen Stellen beeinträchtigen kann;

3. das Versicherungsunternehmen durch die Begründung oder Erhöhung der bedeutenden Beteiligung Tochterunternehmen eines Versicherungsunternehmens eines Drittstaats würde, das im Staat seines Sitzes oder seiner Hauptverwaltung nicht wirksam beaufsichtigt wird oder dessen zuständige Aufsichtsstelle zu einer befriedigenden Zusammenarbeit nicht bereit ist;
4. der künftige Geschäftsleiter nicht zuverlässig oder nicht fachlich geeignet ist;
5. im Zusammenhang mit dem beabsichtigten Erwerb oder der Erhöhung der Beteiligung Geldwäsche oder Terrorismusfinanzierung im Sinne des Artikels 1 der Richtlinie 2005/60/EG des Europäischen Parlaments und des Rates vom 26. Oktober 2005 zur Verhinderung der Nutzung des Finanzsystems zum Zwecke der Geldwäsche und der Terrorismusfinanzierung (ABl. L 309 vom 25.11.2005, S. 15) stattfindet, stattgefunden hat, diese Straftaten versucht wurden oder der beabsichtigte Erwerb oder die Erhöhung das Risiko eines solchen Verhaltens vergrößern könnte oder
6. der Anzeigepflichtige nicht über die notwendige finanzielle Solidität verfügt, insbesondere in Bezug auf die Art der tatsächlichen und geplanten Geschäfte des Versicherungsunternehmens; dies ist insbesondere dann der Fall, wenn der Anzeigepflichtige auf Grund seiner Kapitalausstattung oder Vermögenssituation nicht den besonderen Anforderungen des Versicherungsunternehmens gerecht werden kann, die sich aus dessen Kapitalausstattung oder liquiden Mitteln ergeben, um die dauernde Erfüllbarkeit der Verpflichtungen aus den Versicherungsverträgen zu gewährleisten oder um Liquiditätsengpässe zu vermeiden.

(2) Die Aufsichtsbehörde kann den Erwerb oder die Erhöhung der Beteiligung auch untersagen, wenn die Angaben nach § 17 Absatz 1 Nummer 1 und 2 oder die zusätzlich nach § 17 Absatz 4 Satz 3 angeforderten Informationen unvollständig oder nicht richtig sind; die Aufsichtsbehörde darf weder Vorbedingungen an die Höhe der zu erwerbenden Beteiligung oder der beabsichtigten Erhöhung der Beteiligung stellen, noch darf sie bei ihrer Prüfung auf die wirtschaftlichen Bedürfnisse des Marktes abstellen.

(3) [1]Entscheidet die Aufsichtsbehörde nach Abschluss der Beurteilung, den Erwerb oder die Erhöhung der Beteiligung zu untersagen, teilt sie dem Anzeigepflichtigen die Entscheidung innerhalb von zwei Arbeitstagen und unter Einhaltung des Beurteilungszeitraums schriftlich unter Angabe der Gründe mit. [2]Bemerkungen und Vorbehalte der für den Anzeigepflichtigen zuständigen Behörde sind in der Entscheidung wiederzugeben; die Untersagung darf nur auf Grund der in den Absätzen 1 und 2 genannten Gründe erfolgen. [3]Wird der Erwerb oder die Erhöhung der Beteiligung nicht innerhalb des Beurteilungszeitraums schriftlich untersagt, kann der Erwerb oder die Erhöhung vollzogen werden; die Rechte der Aufsichtsbehörde nach § 20 bleiben davon unberührt. [4]Wird der Erwerb oder die Erhöhung der Beteiligung nicht untersagt, kann die Aufsichtsbehörde eine Frist festsetzen, nach deren Ablauf der Anzeigepflichtige ihr den Vollzug oder den Nichtvollzug des beabsichtigten Erwerbs oder der Erhöhung unverzüglich anzuzeigen hat.

§ 19 Untersagung der Ausübung der Stimmrechte

(1) Die Aufsichtsbehörde kann dem Inhaber einer bedeutenden Beteiligung sowie den von ihm kontrollierten Unternehmen die Ausübung der Stimmrechte untersagen und anordnen, dass über die Anteile nur mit ihrer Zustimmung verfügt werden darf, wenn

1. die Voraussetzungen für eine Untersagungsverfügung nach § 18 Absatz 1 oder 2 vorliegen,

2. der Inhaber der bedeutenden Beteiligung seiner Pflicht nach § 17 Absatz 1 Nummer 1 oder 2 zur vorherigen Unterrichtung der Aufsichtsbehörde nicht nachgekommen ist und diese Unterrichtung innerhalb einer von der Aufsichtsbehörde gesetzten Frist nicht nachgeholt hat oder
3. die Beteiligung nicht innerhalb der gemäß § 18 Absatz 3 Satz 4 festgesetzten Frist oder trotz einer vollziehbaren Untersagung nach § 18 Absatz 1 oder 2 erworben oder erhöht worden ist.

(2) [1]Im Fall einer Untersagung nach Absatz 1 hat das Gericht am Sitz des Versicherungsunternehmens auf Antrag der Aufsichtsbehörde, des Versicherungsunternehmens oder eines an diesem Beteiligten einen Treuhänder zu bestellen, auf den es die Ausübung der Stimmrechte überträgt. [2]Der Treuhänder hat bei der Ausübung der Stimmrechte den Interessen einer soliden und umsichtigen Leitung des Versicherungsunternehmens Rechnung zu tragen. [3]Über die Maßnahmen nach Absatz 1 hinaus kann die Aufsichtsbehörde den Treuhänder mit der Veräußerung der Anteile, soweit sie eine bedeutende Beteiligung begründen, beauftragen, wenn der Inhaber der bedeutenden Beteiligung der Aufsichtsbehörde nicht innerhalb einer von dieser bestimmten angemessenen Frist einen zuverlässigen Erwerber nachweist; die Inhaber der Anteile haben bei der Veräußerung in dem erforderlichen Umfang mitzuwirken. [4]Sind die Voraussetzungen des Absatzes 1 entfallen, hat die Aufsichtsbehörde den Widerruf der Bestellung des Treuhänders zu beantragen. [5]Der Treuhänder hat Anspruch auf Ersatz angemessener Auslagen und auf Vergütung für seine Tätigkeit. [6]Das Gericht setzt auf Antrag des Treuhänders die Auslagen und die Vergütung fest; die Rechtsbeschwerde gegen die Vergütungsfestsetzung ist ausgeschlossen. [7]Für die Kosten, die durch die Bestellung des Treuhänders entstehen, und für die diesem zu gewährenden Auslagen und die Vergütung haften das Versicherungsunternehmen und der betroffene Inhaber einer bedeutenden Beteiligung als Gesamtschuldner. [8]Der Bund schießt die Auslagen und die Vergütung vor.

§ 20 Prüfung des Inhabers

Sofern Tatsachen Anlass zu Zweifeln geben, dass der Inhaber einer bedeutenden Beteiligung den in § 16 genannten Anforderungen genügt oder dass die Verbindung mit anderen Personen oder Unternehmen wegen der Struktur des Beteiligungsgeflechts oder mangelhafter wirtschaftlicher Transparenz eine wirksame Aufsicht über das Versicherungsunternehmen möglich macht, kann die Aufsichtsbehörde anordnen, dass der Inhaber die in § 9 Absatz 4 Nummer 2 Buchstabe c und d genannten Unterlagen vorzulegen und auf seine Kosten durch einen von der Aufsichtsbehörde zu bestimmenden Wirtschaftsprüfer prüfen zu lassen hat.

§ 21 Zusammenarbeit mit den zuständigen Behörden in anderen Mitglied- oder Vertragsstaaten

(1) Bei der Beurteilung des Erwerbs arbeitet die Aufsichtsbehörde mit den zuständigen Behörden in den anderen Mitglied- oder Vertragsstaaten eng zusammen, wenn der Anzeigepflichtige

1. ein CRR-Kreditinstitut, ein E-Geld-Institut oder ein Wertpapierhandelsunternehmen, ein Versicherungsunternehmen oder eine Verwaltungsgesellschaft im Sinne des Artikels 2 Absatz 1 Buchstabe b der Richtlinie 2009/65/EG ist, das oder die in einem anderen Mitgliedstaat oder anderen Sektor als dem, in dem der Erwerb beabsichtigt wird, zugelassen ist,
2. ein Mutterunternehmen eines CRR-Kreditinstituts, eines E-Geld-Instituts oder eines Wertpapierhandelsunternehmens, eines Versicherungsunternehmens oder einer Verwaltungsgesellschaft im Sinne des Artikels 2 Absatz 1 Buchstabe b der Richtlinie

2009/65/EG ist, das oder die in einem anderen Mitgliedstaat oder anderen Sektor als dem, in dem der Erwerb beabsichtigt wird, zugelassen ist, oder

3. eine natürliche oder juristische Person ist, die ein CRR-Kreditinstitut, ein E-Geld-Institut oder ein Wertpapierhandelsunternehmen, ein Versicherungsunternehmen oder eine Verwaltungsgesellschaft im Sinne des Artikels 2 Absatz 1 Buchstabe b der Richtlinie 2009/65/EG kontrolliert, das oder die in einem anderen Mitgliedstaat oder anderen Sektor als dem, in dem der Erwerb beabsichtigt wird, zugelassen ist.

(2) [1]Die zuständigen Behörden tauschen untereinander unverzüglich die Informationen aus, die für die Beurteilung wesentlich oder relevant sind. [2]Dabei teilen die zuständigen Behörden einander alle einschlägigen Informationen auf Anfrage mit und übermitteln alle wesentlichen Informationen von sich aus. [3]In der Entscheidung der zuständigen Behörde, die das Versicherungsunternehmen zugelassen hat, an dem der Erwerb beabsichtigt wird, sind alle Bemerkungen oder Vorbehalte seitens der für den interessierten Erwerber zuständigen Behörde zu vermerken.

§ 22 Verordnungsermächtigung

[1]Das Bundesministerium der Finanzen wird ermächtigt, durch Rechtsverordnung Vorschriften über Art, Umfang, Zeitpunkt und Form der gemäß § 17 Absatz 1 und 2 einzureichenden Angaben zu erlassen, soweit dies zur Erfüllung der Aufgaben der Aufsichtsbehörde erforderlich ist. [2]Für Versicherungsunternehmen, die nicht der Aufsicht der Aufsichtsbehörden der Länder unterliegen, kann in der Rechtsverordnung vorgesehen werden, dass interessierte Erwerber allgemein oder im Einzelfall die in § 9 Absatz 4 Nummer 2 Buchstabe c und d genannten Unterlagen vorzulegen haben und auf ihre Kosten durch einen von der Aufsichtsbehörde zu bestimmenden Wirtschaftsprüfer prüfen zu lassen haben. [3]Die Ermächtigung kann durch Rechtsverordnung auf die Bundesanstalt übertragen werden. [4]Rechtsverordnungen nach den Sätzen 1 bis 3 bedürfen nicht der Zustimmung des Bundesrates.

Abschnitt 3 Geschäftsorganisation

§ 23 Allgemeine Anforderungen an die Geschäftsorganisation, Produktfreigabeverfahren

(1) [1]Versicherungsunternehmen müssen über eine Geschäftsorganisation verfügen, die wirksam und ordnungsgemäß ist und die der Art, dem Umfang und der Komplexität ihrer Tätigkeiten angemessen ist. [2]Die Geschäftsorganisation muss neben der Einhaltung der von den Versicherungsunternehmen zu beachtenden Gesetze, Verordnungen und aufsichtsbehördlichen Anforderungen eine solide und umsichtige Leitung des Unternehmens gewährleisten. [3]Dazu gehören neben der Einhaltung der Anforderungen dieses Abschnitts insbesondere eine angemessene, transparente Organisationsstruktur mit einer klaren Zuweisung und einer angemessenen Trennung der Zuständigkeiten sowie ein wirksames unternehmensinternes Kommunikationssystem.

(1a) [1]Die Unternehmen, die Versicherungsprodukte zum Verkauf konzipieren, haben ein Verfahren für die interne Freigabe zum Vertrieb jedes einzelnen Versicherungsprodukts oder jeder wesentlichen Änderung bestehender Versicherungsprodukte zu unterhalten, zu betreiben und regelmäßig zu überprüfen (Produktfreigabeverfahren). [2]Das Verfahren muss gewährleisten, dass für jedes Versicherungsprodukt, bevor es an Kunden vertrieben wird, ein bestimmter Zielmarkt festgelegt wird. [3]Bei der Festlegung des Zielmarkts sind alle einschlägigen Risiken für den bestimmten Zielmarkt zu bewerten. [4]Es ist sicherzustellen, dass die beabsichtigte Vertriebsstrategie dem bestimmten Zielmarkt entspricht. [5]Die Unternehmen stellen im Rahmen einer angemessenen Geschäftsorganisation sicher, dass die Versicherungsprodukte an den bestimmten Zielmarkt vertrieben werden.

(1b) [1]Die Unternehmen haben die Versicherungsprodukte regelmäßig zu überprüfen. [2]Dabei haben sie alle Ereignisse zu berücksichtigen, die wesentlichen Einfluss auf das potenzielle Risiko für den bestimmten Zielmarkt haben könnten, und zumindest zu beurteilen, ob das Versicherungsprodukt weiterhin den Bedürfnissen des bestimmten Zielmarkts entspricht und die beabsichtigte Vertriebsstrategie immer noch geeignet ist.

(1c) [1]Unternehmen, die Versicherungsprodukte konzipieren, haben allen Vertreibern sämtliche sachgerechten Informationen zu dem Versicherungsprodukt und dem Produktfreigabeverfahren, einschließlich des bestimmten Zielmarkts des Versicherungsprodukts, zur Verfügung zu stellen. [2]Vertreibt ein Unternehmen Versicherungsprodukte, die es nicht selbst konzipiert, oder berät es über solche Versicherungsprodukte, muss es über angemessene Vorkehrungen verfügen, um sich die in Satz 1 genannten Informationen zu verschaffen und die Merkmale und den bestimmten Zielmarkt zu verstehen.

(1d) Die Absätze 1a bis 1c gelten nicht für Versicherungsprodukte, die aus einer Versicherung für Großrisiken im Sinne des § 210 Absatz 2 des Versicherungsvertragsgesetzes bestehen, und nicht für Rückversicherungsunternehmen.

(2) Der Vorstand sorgt dafür, dass die Geschäftsorganisation regelmäßig intern überprüft wird.

(3) [1]Die Unternehmen müssen schriftliche interne Leitlinien aufstellen, die der vorherigen Zustimmung durch den Vorstand unterliegen und deren Umsetzung sicherzustellen ist. [2]Die Leitlinien müssen mindestens Vorgaben zum Risikomanagement, zum internen Kontrollsystem, zur internen Revision und, soweit relevant, zur Ausgliederung von Funktionen und Tätigkeiten machen. [3]Sie sind mindestens einmal jährlich zu überprüfen. [4]Bei wesentlichen Änderungen der Bereiche oder Systeme, auf die sie sich beziehen, sind sie entsprechend anzupassen.

(4) Die Unternehmen haben angemessene Vorkehrungen, einschließlich der Entwicklung von Notfallplänen, zu treffen, um die Kontinuität und Ordnungsmäßigkeit ihrer Tätigkeiten zu gewährleisten.

(5) [1]Die aufbau- und ablauforganisatorischen Regelungen sowie das interne Kontrollsystem sind für Dritte nachvollziehbar zu dokumentieren. [2]Die Dokumentation ist sechs Jahre aufzubewahren; § 257 Absatz 3 und 5 des Handelsgesetzbuchs ist entsprechend anzuwenden.

(6) Die Unternehmen haben einen Prozess vorzusehen, der es den Mitarbeitern unter Wahrung der Vertraulichkeit ihrer Identität ermöglicht, potenzielle oder tatsächliche Verstöße

1. gegen dieses Gesetz,
2. gegen auf Grund dieses Gesetzes erlassene Rechtsverordnungen,
3. gegen die Verordnung (EU) Nr. 596/2014 des Europäischen Parlaments und des Rates vom 16. April 2014 über Marktmissbrauch (Marktmissbrauchsverordnung) und zur Aufhebung der Richtlinie 2003/6/EG des Europäischen Parlaments und des Rates und der Richtlinien 2003/124/EG, 2003/125/EG und 2004/72/EG der Kommission (ABl. L 173 vom 12.6.2014, S. 1),
4. gegen die Verordnung (EU) Nr. 1286/2014 des Europäischen Parlaments und des Rates vom 26. November 2014 über Basisinformationsblätter für verpackte Anlageprodukte für Kleinanleger und Versicherungsanlageprodukte (PRIIP) (ABl. L 352 vom 9.12.2014, S. 1, L 358 vom 13.12.2014, S. 50) in der jeweils geltenden Fassung

sowie etwaige strafbare Handlungen innerhalb des Unternehmens an eine geeignete Stelle zu melden.

§ 24 Anforderungen an Personen, die das Unternehmen tatsächlich leiten oder andere Schlüsselaufgaben wahrnehmen

(1) [1]Personen, die ein Versicherungsunternehmen tatsächlich leiten oder andere Schlüsselaufgaben wahrnehmen, müssen zuverlässig und fachlich geeignet sein. [2]Fachliche Eignung setzt berufliche Qualifikationen, Kenntnisse und Erfahrungen voraus, die eine solide und umsichtige Leitung des Unternehmens gewährleisten. [3]Dies erfordert angemessene theoretische und praktische Kenntnisse in Versicherungsgeschäften sowie im Fall der Wahrnehmung von Leitungsaufgaben ausreichende Leitungserfahrung. [4]Eine ausreichende Leitungserfahrung ist in der Regel anzunehmen, wenn eine dreijährige leitende Tätigkeit bei einem Versicherungsunternehmen von vergleichbarer Größe und Geschäftsart nachgewiesen wird.

(2) [1]Personen, die das Unternehmen tatsächlich leiten, sind neben den Geschäftsleitern solche, die für das Unternehmen wesentliche Entscheidungen zu treffen befugt sind. [2]Geschäftsleiter sind diejenigen natürlichen Personen, die nach Gesetz oder Satzung oder als Hauptbevollmächtigte einer Niederlassung in einem Mitglied- oder Vertragsstaat zur Führung der Geschäfte und zur Vertretung des Versicherungsunternehmens berufen sind.

(3) [1]Zum Geschäftsleiter kann nicht bestellt werden, wer bereits bei zwei Versicherungsunternehmen, Pensionsfonds, Versicherungs-Holdinggesellschaften oder Versicherungs-Zweckgesellschaften als Geschäftsleiter tätig ist. [2]Wenn es sich um Unternehmen derselben Versicherungs- oder Unternehmensgruppe handelt, kann die Aufsichtsbehörde mehr Mandate zulassen. [3]Die Bestellung als Geschäftsleiter hindert nicht die Ausübung einer Funktion im Sinne des § 7 Satz 1 Nummer 9.

(4) [1]Wer Geschäftsleiter eines Unternehmens war, kann nicht zum Mitglied des Verwaltungs- oder Aufsichtsorgans dieses Unternehmens bestellt werden, wenn bereits zwei ehemalige Geschäftsleiter des Unternehmens Mitglied des Verwaltungs- oder Aufsichtsorgans sind. [2]Zum Mitglied des Verwaltungs- oder Aufsichtsorgans kann auch nicht bestellt werden, wer bereits fünf Kontrollmandate bei Unternehmen ausübt, die unter der Aufsicht der Bundesanstalt stehen; Mandate bei Unternehmen derselben Versicherungs- oder Unternehmensgruppe bleiben dabei außer Betracht.

§ 25 Vergütung

(1) Die Vergütungssysteme für Geschäftsleiter, Mitarbeiter und Aufsichtsratsmitglieder von Versicherungsunternehmen müssen angemessen, transparent und auf eine nachhaltige Entwicklung des Unternehmens ausgerichtet sein.

(2) Versicherungsunternehmen dürfen Geschäftsleitern und Aufsichtsratsmitgliedern Vergütungen für andere Tätigkeiten, die sie für das jeweilige Unternehmen erbringen, nur gewähren, soweit dies mit ihren Aufgaben als Organmitglieder vereinbar ist.

(3) [1]Übergeordnete Unternehmen einer Gruppe haben sicherzustellen, dass die Vergütungssysteme für Geschäftsleiter, Mitarbeiter und Aufsichtsratsmitglieder innerhalb der gesamten Gruppe angemessen, transparent und auf eine nachhaltige Entwicklung ausgerichtet sind. [2]Übergeordnetes Unternehmen einer Gruppe im Sinne dieses Absatzes ist das an der Spitze der Gruppe stehende Unternehmen, das entweder selbst Versicherungsunternehmen oder Versicherungs-Holdinggesellschaft ist.

(4) [1]Unter den Voraussetzungen des § 134 Absatz 1 soll die Aufsichtsbehörde anordnen, dass das Versicherungsunternehmen den Jahresgesamtbetrag, den es für die variable Vergütung aller Geschäftsleiter und Mitarbeiter vorsieht (Gesamtbetrag der variablen Vergütungen), auf einen bestimmten Anteil des Jahresergebnisses beschränkt oder vollständig streicht. [2]Unter den Voraussetzungen des § 134 Absatz 1 soll die Aufsichts-

behörde ferner die Auszahlung variabler Vergütungsbestandteile untersagen oder auf einen bestimmten Anteil des Jahresergebnisses beschränken. [3]Die Versicherungsunternehmen müssen der Anordnungs-, Untersagungs- und Beschränkungsbefugnis der Sätze 1 und 2 in entsprechenden vertraglichen Vereinbarungen mit ihren Geschäftsleitern, Mitarbeitern und Aufsichtsratsmitgliedern Rechnung tragen. [4]Soweit vertragliche Vereinbarungen über die Gewährung einer variablen Vergütung einer Anordnung, Untersagung oder Beschränkung nach Satz 1 oder 2 entgegenstehen, können aus ihnen keine Rechte hergeleitet werden.

(5) Die Absätze 1, 3 und 4 gelten nicht, soweit die Vergütung durch Tarifvertrag oder in seinem Geltungsbereich durch Vereinbarung der Arbeitsvertragsparteien über die Anwendung der tarifvertraglichen Regelungen oder in einer Betriebs- oder Dienstvereinbarung auf Grund eines Tarifvertrags vereinbart ist.

(6) Für den Abschluss oder die Vermittlung von Immobiliar-Verbraucherdarlehensverträgen darf die Struktur der Vergütung der Vermittler deren Fähigkeit nicht beeinträchtigen, im besten Interesse des Verbrauchers zu handeln, insbesondere darf sie nicht an Absatzziele gekoppelt sein.

§ 26 Risikomanagement

(1) [1]Versicherungsunternehmen müssen über ein wirksames Risikomanagementsystem verfügen, das gut in die Organisationsstruktur und die Entscheidungsprozesse des Unternehmens integriert ist und dabei die Informationsbedürfnisse der Personen, die das Unternehmen tatsächlich leiten oder andere Schlüsselfunktionen innehaben, durch eine angemessene interne Berichterstattung gebührend berücksichtigt. [2]Das Risikomanagementsystem muss die Strategien, Prozesse und internen Meldeverfahren umfassen, die erforderlich sind, um Risiken, denen das Unternehmen tatsächlich oder möglicherweise ausgesetzt ist, zu identifizieren, zu bewerten, zu überwachen und zu steuern sowie aussagefähig über diese Risiken zu berichten. [3]Es muss einzeln und auf aggregierter Basis eine kontinuierliche Risikosteuerung unter Berücksichtigung der zwischen den Risiken bestehenden Interdependenzen ermöglichen. [4]Auf Verlangen der Aufsichtsbehörde haben die Versicherungsunternehmen einen Sanierungsplan (allgemeiner Sanierungsplan) aufzustellen. [5]Der allgemeine Sanierungsplan muss Szenarien beschreiben, die zu einer Gefährdung des Unternehmens führen können, und darlegen, mit welchen Maßnahmen diesen begegnet werden soll.

(2) Zu den zu entwickelnden Strategien zählt insbesondere eine auf die Steuerung des Unternehmens abgestimmte Risikostrategie, die Art, Umfang und Komplexität des betriebenen Geschäfts und der mit ihm verbundenen Risiken berücksichtigt.

(3) Wenn Versicherungsunternehmen die Matching-Anpassung gemäß § 80 oder die Volatilitätsanpassung gemäß § 82 anwenden, erstellen sie einen Liquiditätsplan, der die eingehenden und ausgehenden Zahlungsströme in Bezug auf die Vermögenswerte und Verbindlichkeiten projiziert, die diesen Anpassungen unterliegen.

(4) Wird die Volatilitätsanpassung gemäß § 82 angewendet, umfassen die schriftlich festgelegten Leitlinien für das Risikomanagement gemäß § 23 Absatz 3 Leitlinien für die Kriterien zur Anwendung der Volatilitätsanpassung.

(5) [1]Das Risikomanagementsystem hat sämtliche Risiken des Versicherungsunternehmens zu umfassen und insbesondere die folgenden Bereiche abzudecken:

1. die Zeichnung von Versicherungsrisiken und die Bildung von Rückstellungen,
2. das Aktiv-Passiv-Management,
3. die Kapitalanlagen, insbesondere Derivate und Instrumente von vergleichbarer Komplexität,

4. die Steuerung des Liquiditäts- und des Konzentrationsrisikos,
5. die Steuerung operationeller Risiken und
6. die Rückversicherung und andere Risikominderungstechniken.

[2]Die innerbetrieblichen Leitlinien zum Risikomanagement müssen mindestens Vorgaben zu den genannten Bereichen machen.

(6) In Bezug auf das Kapitalanlagerisiko müssen Versicherungsunternehmen nachweisen, dass sie die Anforderungen des § 124 einhalten.

(7) [1]In Bezug auf das Aktiv-Passiv-Management bewerten die Versicherungsunternehmen regelmäßig

1. die Sensitivität ihrer versicherungstechnischen Rückstellungen und anrechenbaren Eigenmittel in Bezug auf die Annahmen, die der Extrapolation der maßgeblichen risikofreien Zinskurve gemäß § 7 Nummer 21 zugrunde liegen;
2. wenn die Matching-Anpassung gemäß § 80 angewendet wird:
   a) die Sensitivität ihrer versicherungstechnischen Rückstellungen und anrechenbaren Eigenmittel in Bezug auf die Annahmen, die der Berechnung der Matching-Anpassung zugrunde liegen, einschließlich der Berechnung des grundlegenden Spreads gemäß § 81 Nummer 2, und die potenziellen Auswirkungen von Zwangsverkäufen von Vermögenswerten auf ihre anrechenbaren Eigenmittel;
   b) die Sensitivität ihrer versicherungstechnischen Rückstellungen und anrechenbaren Eigenmittel in Bezug auf Änderungen der Zusammensetzung des zugeordneten Vermögensportfolios;
   c) die Auswirkung einer Verringerung der Matching-Anpassung auf null;
3. wenn die Volatilitätsanpassung gemäß § 82 angewendet wird:
   a) die Sensitivität ihrer versicherungstechnischen Rückstellungen und anrechenbaren Eigenmittel in Bezug auf die Annahmen, die der Berechnung der Volatilitätsanpassung zugrunde liegen, und die potenziellen Auswirkungen einer erzwungenen Veräußerung von Vermögenswerten auf ihre anrechenbaren Eigenmittel,
   b) die Auswirkung einer Verringerung der Volatilitätsanpassung auf null.

[2]Die Versicherungsunternehmen übermitteln die in Satz 1 genannten Bewertungen der Aufsichtsbehörde jährlich im Rahmen der gemäß § 43 zu übermittelnden Informationen. [3]Falls eine Reduzierung der Matching-Anpassung oder der Volatilitätsanpassung auf null zur Nichteinhaltung der Solvabilitätskapitalanforderung führen würde, legt das Unternehmen darüber hinaus eine Analyse der Maßnahmen vor, die es in einer derartigen Situation anwenden könnte, um die anrechnungsfähigen Eigenmittel in der zur Einhaltung der Solvabilitätskapitalanforderung erforderlichen Höhe wieder aufzubringen oder das Risikoprofil zu senken, sodass die Einhaltung der Solvabilitätskapitalanforderung wiederhergestellt ist.

(8) [1]Die Versicherungsunternehmen müssen eine unabhängige Risikocontrollingfunktion einrichten, die so strukturiert ist, dass sie die Umsetzung des Risikomanagementsystems maßgeblich befördert. [2]Bei Versicherungsunternehmen, die ein internes Modell verwenden, hat die Risikocontrollingfunktion zusätzlich die Aufgabe, das interne Modell zu entwickeln, umzusetzen, zu testen, zu validieren und einschließlich späterer Änderungen zu dokumentieren. [3]Darüber hinaus analysiert sie die Leistungsfähigkeit des internen Modells und berichtet dem Vorstand in zusammengefasster Form über diese Analyse, gibt ihm Anregungen zur Verbesserung des Modells und hält ihn

über Korrekturmaßnahmen für festgestellte Schwächen oder Mängel auf dem Laufenden.

§ 27 Risiko- und Solvabilitätsbeurteilung

(1) [1]Zum Risikomanagementsystem gehört eine unternehmenseigene Risiko- und Solvabilitätsbeurteilung, die Versicherungsunternehmen regelmäßig sowie im Fall wesentlicher Änderungen in ihrem Risikoprofil unverzüglich vorzunehmen haben. [2]Die Risiko- und Solvabilitätsbeurteilung muss fester Bestandteil der Geschäftsstrategie des Unternehmens sein und kontinuierlich in die strategischen Entscheidungen einfließen. [3]Die Versicherungsunternehmen informieren die Aufsichtsbehörde innerhalb von 14 Tagen nach Abschluss jeder durchgeführten Risiko- und Solvabilitätsbeurteilung über das Ergebnis.

(2) Die Risiko- und Solvabilitätsbeurteilung umfasst mindestens

1. eine eigenständige Bewertung des Solvabilitätsbedarfs unter Berücksichtigung des spezifischen Risikoprofils, der festgelegten Risikotoleranzlimite und der Geschäftsstrategie des Unternehmens,
2. eine Beurteilung der jederzeitigen Erfüllbarkeit der aufsichtsrechtlichen Eigenmittelanforderungen, der Anforderungen an die versicherungstechnischen Rückstellungen in der Solvabilitätsübersicht und der Risikotragfähigkeit sowie
3. eine Beurteilung der Wesentlichkeit von Abweichungen des Risikoprofils des Unternehmens von den Annahmen, die der Berechnung der Solvabilitätskapitalanforderung mit der Standardformel oder mit dem internen Modell zugrunde liegen.

(3) [1]Die Unternehmen müssen für die Beurteilung nach Absatz 2 Nummer 1 über Prozesse verfügen, die der Art, dem Umfang und der Komplexität ihrer Risiken angemessen sind und es ihnen erlauben, alle Risiken, denen sie kurz- und langfristig ausgesetzt sind oder ausgesetzt sein könnten, ordnungsgemäß zu identifizieren und zu beurteilen. [2]Dazu gehört insbesondere die selbständige Durchführung von Stresstests und Szenarioanalysen.

(4) Die Versicherungsunternehmen sind für die von ihnen zur Bewertung des Solvabilitätsbedarfs nach Absatz 2 Nummer 1 verwendeten Methoden darlegungspflichtig.

(5) Sofern ein internes Modell verwendet wird, hat die Bewertung in den in Absatz 2 Nummer 3 genannten Fällen zusammen mit der Rekalibrierung zu erfolgen, mit der die Ergebnisse des internen Modells auf das Risikomaß und die Kalibrierung der Solvabilitätskapitalanforderung überführt werden.

(6) [1]Unternehmen, die langfristige Garantien geben, müssen als Teil der Beurteilung nach Absatz 2 Nummer 2 auch die langfristige Risikotragfähigkeit des Unternehmens berücksichtigen. [2]Wenn Versicherungsunternehmen die Matching-Anpassung gemäß § 80, die Volatilitätsanpassung gemäß § 82 oder die Übergangsmaßnahmen gemäß den §§ 351 und 352 anwenden, ist die Einhaltung der Kapitalanforderungen gemäß Absatz 2 Nummer 2 mit und ohne Berücksichtigung dieser Anpassungen und Übergangsmaßnahmen zu bewerten.

§ 28 Externe Ratings

(1) Damit ein übermäßiges Vertrauen auf externe Ratingagenturen vermieden wird, überprüfen die Versicherungsunternehmen bei der Nutzung externer Ratings für die Berechnung der versicherungstechnischen Rückstellungen und der Solvabilitätskapitalanforderung im Rahmen ihres Risikomanagements die Angemessenheit dieser externen Ratings, indem sie soweit praktisch möglich zusätzliche Bewertungen vornehmen, um eine automatische Abhängigkeit von externen Ratings zu verhindern.

(2) Die in den Geltungsbereich der Verordnung (EG) Nr. 1060/2009 einbezogenen Unternehmen, die der Aufsicht nach diesem Gesetz unterliegen, haben die sich aus dieser Verordnung in der jeweils geltenden Fassung ergebenden Pflichten einzuhalten.

§ 29 Internes Kontrollsystem

(1) [1]Versicherungsunternehmen müssen über ein wirksames internes Kontrollsystem verfügen, das mindestens Verwaltungs- und Rechnungslegungsverfahren, einen internen Kontrollrahmen und eine angemessene unternehmensinterne Berichterstattung auf allen Unternehmensebenen umfasst. [2]Darüber hinaus muss das interne Kontrollsystem über eine Funktion zur Überwachung der Einhaltung der Anforderungen (Compliance-Funktion) verfügen.

(2) [1]Zu den Aufgaben der Compliance-Funktion gehört die Beratung des Vorstands in Bezug auf die Einhaltung der Gesetze und Verwaltungsvorschriften, die für den Betrieb des Versicherungsgeschäfts gelten. [2]Außerdem hat die Compliance-Funktion die möglichen Auswirkungen von Änderungen des Rechtsumfeldes für das Unternehmen zu beurteilen und das mit der Verletzung der rechtlichen Vorgaben verbundene Risiko (Compliance-Risiko) zu identifizieren und zu beurteilen.

(3) Versicherungsunternehmen müssen über angemessene Systeme und Strukturen verfügen, um die in den §§ 40 bis 42 genannten Anforderungen erfüllen und die Informationen bereitstellen zu können, die den Aufsichtsbehörden nach diesem Gesetz zu übermitteln sind.

(4) Die Unternehmen legen in vom Vorstand genehmigten schriftlichen internen Leitlinien fest, wie die kontinuierliche Angemessenheit der zu veröffentlichenden und der zu übermittelnden Informationen zu gewährleisten ist.

§ 30 Interne Revision

(1) Versicherungsunternehmen müssen über eine wirksame interne Revision verfügen, welche die gesamte Geschäftsorganisation und insbesondere das interne Kontrollsystem auf deren Angemessenheit und Wirksamkeit überprüft.

(2) [1]Die interne Revision muss objektiv und unabhängig von anderen operativen Tätigkeiten sein. [2]Sie berichtet ihre Prüfungsergebnisse und Empfehlungen direkt an den Vorstand. [3]Der Vorstand beschließt, welche Maßnahmen auf Grund der Feststellungen der Revisionsberichte zu ergreifen sind und stellt die Umsetzung dieser Maßnahmen sicher.

§ 31 Versicherungsmathematische Funktion

(1) [1]Versicherungsunternehmen müssen über eine wirksame versicherungsmathematische Funktion verfügen. [2]Die Aufgabe dieser Funktion ist es, in Bezug auf die Berechnung der versicherungstechnischen Rückstellungen

1. die Berechnung zu koordinieren,
2. die Angemessenheit der verwendeten Methoden und der zugrunde liegenden Modelle sowie der getroffenen Annahmen zu gewährleisten,
3. die Hinlänglichkeit und die Qualität der zugrunde gelegten Daten zu bewerten,
4. die besten Schätzwerte mit den Erfahrungswerten zu vergleichen,
5. den Vorstand über die Verlässlichkeit und Angemessenheit der Berechnung zu unterrichten und
6. die Berechnung in den in § 79 genannten Fällen zu überwachen.

(2) [1]Darüber hinaus gibt die versicherungsmathematische Funktion eine Stellungnahme zur allgemeinen Zeichnungs- und Annahmepolitik und zur Angemessenheit der Rückversicherungsvereinbarungen ab. [2]Sie trägt zur wirksamen Umsetzung des Risiko-

managementsystems bei. [3]Dies gilt insbesondere im Hinblick auf die Entwicklung interner Modelle. [4]Außerdem trägt die versicherungsmathematische Funktion zur Risiko- und Solvabilitätsbeurteilung bei.

(3) Wer die versicherungsmathematische Funktion ausübt, muss über Kenntnisse der Versicherungs- und der Finanzmathematik verfügen, die der Art, dem Umfang und der Komplexität der Risiken des Versicherungsunternehmens angemessen sind, und einschlägige Erfahrungen mit den maßgeblichen fachlichen und sonstigen Standards darlegen können.

§ 32 Ausgliederung

(1) Ein Versicherungsunternehmen, das Funktionen oder Versicherungstätigkeiten ausgliedert, bleibt für die Erfüllung aller aufsichtsrechtlichen Vorschriften und Anforderungen verantwortlich.

(2) [1]Durch die Ausgliederung dürfen die ordnungsgemäße Ausführung der ausgegliederten Funktionen und Versicherungstätigkeiten, die Steuerungs- und Kontrollmöglichkeiten des Vorstands sowie die Prüfungs- und Kontrollrechte der Aufsichtsbehörde nicht beeinträchtigt werden. [2]Insbesondere hat das ausgliedernde Unternehmen hinsichtlich der von der Ausgliederung betroffenen Funktionen und Versicherungstätigkeiten sicherzustellen, dass

1. das Unternehmen selbst, seine Abschlussprüfer und die Aufsichtsbehörde auf alle Daten zugreifen können,
2. der Dienstleister mit der Aufsichtsbehörde zusammenarbeitet und
3. die Aufsichtsbehörde Zugangsrechte zu den Räumen des Dienstleisters erhält, die sie selbst oder durch Dritte ausüben kann.

(3) Bei der Ausgliederung wichtiger Funktionen und Versicherungstätigkeiten haben Versicherungsunternehmen außerdem sicherzustellen, dass wesentliche Beeinträchtigungen der Qualität der Geschäftsorganisation, eine übermäßige Steigerung des operationellen Risikos sowie eine Gefährdung der kontinuierlichen und zufriedenstellenden Dienstleistung für die Versicherungsnehmer vermieden werden.

(4) [1]Das ausgliedernde Versicherungsunternehmen hat sich die erforderlichen Auskunfts- und Weisungsrechte vertraglich zu sichern und die ausgegliederten Funktionen und Versicherungstätigkeiten in sein Risikomanagement einzubeziehen. [2]Ein Weisungsrecht ist dann nicht erforderlich, wenn im Rahmen einer steuerlichen Organschaft Funktionen auf eine Muttergesellschaft ausgegliedert werden und diese sich für die Wahrnehmung der Funktionen oder Versicherungstätigkeiten vertraglich den gleichen aufsichtsrechtlichen Anforderungen unterwirft, die für das ausgliedernde Unternehmen gelten.

§ 33 Entsprechende Anwendung gesellschaftsrechtlicher Vorschriften

(1) § 188 Absatz 1 Satz 1 und § 195 Absatz 3 sind entsprechend auch für Versicherungsaktiengesellschaften anzuwenden.

(2) [1]Soweit in diesem Gesetz Vorschriften für den Vorstand oder den Aufsichtsrat getroffen sind und öffentlich-rechtliche Versicherungsunternehmen Organe mit dieser Bezeichnung nicht besitzen, tritt an die Stelle des Vorstands das entsprechende Geschäftsführungsorgan und an die Stelle des Aufsichtsrats das entsprechende Überwachungsorgan. [2]Für das Geschäftsführungsorgan öffentlich-rechtlicher Versicherungsunternehmen gelten die §§ 80 und 91 Absatz 2 des Aktiengesetzes entsprechend. [3]Für das Überwachungsorgan öffentlich-rechtlicher Versicherungsunternehmen gilt § 80 des Aktiengesetzes entsprechend.

§ 34 Verordnungsermächtigung

(1) [1]Für Versicherungsunternehmen, die nicht der Aufsicht durch die Aufsichtsbehörden der Länder unterliegen, kann das Bundesministerium der Finanzen durch Rechtsverordnung nähere Bestimmungen über den Inhalt der allgemeinen Sanierungspläne nach § 26 Absatz 1 erlassen. [2]Die Ermächtigung kann durch Rechtsverordnung auf die Bundesanstalt übertragen werden. [3]Vor dem Erlass ist der Versicherungsbeirat zu hören. [4]Die Rechtsverordnungen nach den Sätzen 1 bis 3 bedürfen nicht der Zustimmung des Bundesrates.

(2) [1]Das Bundesministerium der Finanzen wird ermächtigt, durch Rechtsverordnung nähere Einzelheiten festzulegen zur Ausgestaltung, Überwachung, Weiterentwicklung und Transparenz der Vergütungssysteme im Sinne des § 25, einschließlich der Entscheidungsprozesse und Verantwortlichkeiten, der Zusammensetzung der Vergütung, der positiven und negativen Vergütungsparameter, der Leistungszeiträume und der Offenlegung der Ausgestaltung der Vergütungssysteme und der gezahlten Vergütungen, des Offenlegungsmediums und der Häufigkeit der Offenlegung sowie zur Zulässigkeit sonstiger Vergütungen im Sinne des § 25 Absatz 2. [2]Die Regelungen haben sich insbesondere an Größe und Vergütungsstruktur des Unternehmens sowie Art, Umfang, Komplexität, Risikogehalt und Internationalität der Geschäftsaktivitäten insgesamt zu orientieren. [3]Bei Unternehmen, die einer Versicherungsgruppe angehören, haben sich die Regelungen zusätzlich an der Größe der Gruppe sowie an Art, Umfang, Komplexität, Risikogehalt und Internationalität der Geschäftsaktivitäten der Gruppe zu orientieren. [4]Im Rahmen der Bestimmungen nach Satz 1 müssen die auf Offenlegung der Vergütung bezogenen handelsrechtlichen Bestimmungen nach § 341a Absatz 1 und 2 in Verbindung mit § 341l Absatz 1 Satz 1 des Handelsgesetzbuchs unberührt bleiben. [5]Die Ermächtigung kann durch Rechtsverordnung auf die Bundesanstalt übertragen werden. [6]Rechtsverordnungen nach den Sätzen 1 bis 5 bedürfen nicht der Zustimmung des Bundesrates.

Abschnitt 4 Allgemeine Berichtspflichten

Unterabschnitt 1 Abschlussprüfung

§ 35 Pflichten des Abschlussprüfers

(1) [1]Bei der Prüfung des Jahresabschlusses hat der Prüfer festzustellen, ob das Versicherungsunternehmen folgende Anzeigepflichten und Anforderungen erfüllt hat:

1. die Anzeigepflichten nach § 47 Nummer 1 bis 5 und 7 bis 9, § 58 Absatz 1 und 4 und § 59 Absatz 1 und 4,
2. die Anzeigepflichten nach § 28 Absatz 5 des Finanzkonglomerate-Aufsichtsgesetzes,
3. die Anforderungen nach Artikel 4 Absatz 1, 2 und 3 Unterabsatz 2, Artikel 9 Absatz 1 bis 4 sowie Artikel 11 Absatz 1 bis 11 Unterabsatz 1 und Absatz 12 der Verordnung (EU) Nr. 648/2012,
4. die Anforderungen nach Artikel 4 Absatz 1 Unterabsatz 1, Artikel 5a Absatz 1 sowie den Artikeln 8b bis 8d der Verordnung (EU) Nr. 1060/2009 in der jeweils geltenden Fassung,
5. die Anforderungen nach Artikel 4 Absatz 1 bis 5 und Artikel 15 der Verordnung (EU) 2015/2365 des Europäischen Parlaments und des Rates vom 25. November 2015 über die Transparenz von Wertpapierfinanzierungsgeschäften und der Weiterverwendung sowie zur Änderung der Verordnung (EU) Nr. 648/2012 (ABl. L 337 vom 23.12.2015, S. 1) in der jeweils geltenden Fassung,

6. die Anforderungen nach Artikel 16 Absatz 1 bis 4, Artikel 23 Absatz 3 Satz 1, Absatz 5, 6 und 10, Artikel 28 Absatz 2 sowie Artikel 29 der Verordnung (EU) 2016/1011 des Europäischen Parlaments und des Rates vom 8. Juni 2016 über Indizes, die bei Finanzinstrumenten und Finanzkontrakten als Referenzwert oder zur Messung der Wertentwicklung eines Investmentfonds verwendet werden, und zur Änderung der Richtlinien 2008/48/EG und 2014/17/EU sowie der Verordnung (EU) Nr. 596/2014 (ABl. L 171 vom 29.6.2016, S. 1),
7. die Anforderungen nach Artikel 28 Absatz 1 bis 3 der Verordnung (EU) Nr. 600/2014 des Europäischen Parlaments und des Rates vom 15. Mai 2014 über Märkte für Finanzinstrumente und zur Änderung der Verordnung (EU) Nr. 648/2012 (ABl. L 173 vom 12.6.2014, S. 84; L 6 vom 10.1.2015, S. 6; L 270 vom 15.10.2015, S. 4) und
8. die Anforderungen nach den Artikeln 5 bis 9, 18 bis 26, 27 Absatz 1 und 4 und nach Artikel 43 Absatz 5 und 6 der Verordnung (EU) 2017/2402 des Europäischen Parlaments und des Rates vom 12. Dezember 2017 zur Festlegung eines allgemeinen Rahmens für Verbriefungen und zur Schaffung eines spezifischen Rahmens für einfache, transparente und standardisierte Verbriefungen und zur Änderung der Richtlinien 2009/65/EG, 2009/138/EG, 2011/61/EU und der Verordnungen (EG) Nr. 1060/2009 und (EU) Nr. 648/2012 (ABl. L 347 vom 28.12.2017, S. 35).

[2]Das Ergebnis ist in den Prüfungsbericht aufzunehmen.

(2) Der Prüfer prüft die Solvabilitätsübersicht auf Einzel- und auf Gruppenebene und berichtet gesondert über das Ergebnis.

(3) Die Prüfungspflicht nach § 317 Absatz 4 des Handelsgesetzbuchs besteht bei allen Versicherungsunternehmen, auf die § 91 Absatz 2 des Aktiengesetzes anzuwenden ist.

(4) [1]Der Prüfer ist verpflichtet, der Aufsichtsbehörde unverzüglich alle Tatsachen und Entscheidungen in Bezug auf das geprüfte Unternehmen zu melden, von denen er bei der Wahrnehmung seiner Aufgaben Kenntnis erlangt und die Folgendes betreffen:

1. eine Verletzung der Rechts- und Verwaltungsvorschriften, die die Zulassungsbedingungen regeln oder auf die Ausübung der Tätigkeit der Unternehmen Anwendung finden;
2. die Beeinträchtigung der Fortsetzung der Tätigkeit des Unternehmens;
3. die Ablehnung der Bestätigung ordnungsmäßiger Rechnungslegung oder Vorbehalte;
4. die Nichtbedeckung der Solvabilitätskapitalanforderung oder
5. die Nichtbedeckung der Mindestkapitalanforderung.

[2]Satz 1 ist entsprechend anzuwenden für Tatsachen und Entscheidungen, von denen der Prüfer in Wahrnehmung seiner Aufgaben bei einem Versicherungsunternehmen Kenntnis erlangt, das mit dem geprüften Versicherungsunternehmen eine sich aus einem Kontrollverhältnis ergebende enge Verbindung unterhält. [3]Mitteilungen nach den Sätzen 1 und 2 gelten nicht als Verletzung einer vertraglich oder durch Rechts- oder Verwaltungsvorschriften festgelegten Verschwiegenheitspflicht, es sei denn, sie erfolgen nicht in gutem Glauben.

(5) [1]Bei Versicherungsunternehmen im Sinne des § 52 hat der Prüfer auch zu prüfen, ob diese ihre Pflichten nach den §§ 53 bis 56 sowie nach dem Geldwäschegesetz erfüllt haben. [2]Über die Prüfung ist gesondert zu berichten.

§ 36 Anzeige des Abschlussprüfers gegenüber der Aufsichtsbehörde; Prüfungsauftrag

(1) [1]Der Vorstand hat der Aufsichtsbehörde unverzüglich den vom Aufsichtsrat bestimmten Abschlussprüfer anzuzeigen. [2]Die Aufsichtsbehörde kann, wenn sie gegen den

Abschlussprüfer des Jahresabschlusses Bedenken hat, verlangen, dass innerhalb einer angemessenen Frist ein anderer Abschlussprüfer bestimmt wird. [3]Unterbleibt das oder hat die Aufsichtsbehörde auch gegen den neuen Abschlussprüfer Bedenken, so hat sie den Abschlussprüfer selbst zu bestimmen. [4]In diesem Fall gilt § 318 Absatz 1 Satz 4 des Handelsgesetzbuchs mit der Maßgabe, dass die gesetzlichen Vertreter den Prüfungsauftrag unverzüglich dem von der Aufsichtsbehörde bestimmten Prüfer zu erteilen haben.

(2) Absatz 1 gilt nicht für Versicherungsunternehmen, die auf Grund des § 330 Absatz 1, 3 und 4 des Handelsgesetzbuchs und der auf Grund dieser Ermächtigung erlassenen Rechtsverordnung von der Verpflichtung befreit sind, den Jahresabschluss prüfen zu lassen.

§ 37 Vorlage bei der Aufsichtsbehörde

(1) [1]Versicherungsunternehmen haben den von den gesetzlichen Vertretern aufgestellten sowie später den festgestellten Jahresabschluss und den Lagebericht der Aufsichtsbehörde jeweils unverzüglich einzureichen. [2]Versicherungsunternehmen, die einen Konzernabschluss oder einen Konzernlagebericht aufstellen, haben diese Unterlagen der Aufsichtsbehörde unverzüglich einzureichen.

(2) Versicherungsunternehmen haben der Aufsichtsbehörde die geprüfte Solvabilitätsübersicht und den Prüfungsbericht zur Solvabilitätsübersicht (§ 35 Absatz 2) jeweils unverzüglich einzureichen.

(3) Versicherungsunternehmen haben in dem Geschäftsjahr, das dem Berichtsjahr folgt, jedem Versicherten auf Verlangen den Jahresabschluss und den Lagebericht zu übersenden.

(4) Die Bestimmungen der Absätze 1 und 3 gelten auch für einen Einzelabschluss nach § 325 Absatz 2a des Handelsgesetzbuchs.

(5) [1]Der Vorstand hat der Aufsichtsbehörde eine Ausfertigung des Berichts des Abschlussprüfers mit seinen Bemerkungen und denen des Aufsichtsrats unverzüglich nach der Feststellung vorzulegen. [2]Die Aufsichtsbehörde kann den Bericht mit dem Abschlussprüfer erörtern und, wenn nötig, Ergänzungen der Prüfung und des Berichts auf Kosten des Versicherungsunternehmens veranlassen.

(6) Absatz 4 gilt nicht für die in § 36 Absatz 2 genannten Unternehmen.

§ 38 Rechnungslegung und Prüfung öffentlich-rechtlicher Versicherungsunternehmen

(1) Die Vorschriften des Zweiten Unterabschnitts des Vierten Abschnitts in Verbindung mit den Vorschriften des Ersten und Zweiten Abschnitts des Dritten Buchs des Handelsgesetzbuchs gelten für öffentlich-rechtliche Unternehmen, die den Betrieb von Versicherungsgeschäften zum Gegenstand haben und nicht Träger der Sozialversicherung sind, entsprechend.

(2) Die §§ 36 und 37 gelten nicht für nach Landesrecht errichtete und der Landesaufsicht unterliegende öffentlich-rechtliche Versicherungsunternehmen, für die zur Prüfung ihrer Jahresabschlüsse nach § 341k des Handelsgesetzbuchs zusätzliche landesrechtliche Vorschriften bestehen.

§ 39[1] Verordnungsermächtigung

(1) [1]Das Bundesministerium der Finanzen wird ermächtigt, für Versicherungsunternehmen, die nicht der Aufsicht durch die Aufsichtsbehörden der Länder unterliegen, durch Rechtsverordnung Vorschriften zu erlassen über

1. die Buchführung, den Inhalt, die Form, die Frist und die Stückzahl des bei der Aufsichtsbehörde einzureichenden internen Berichts, bestehend aus einer für Aufsichtszwecke gegliederten Bilanz und einer nach Versicherungszweigen und Versicherungsarten gegliederten Gewinn-und-Verlustrechnung sowie besonderen Erläuterungen zur Bilanz und zur Gewinn-und-Verlustrechnung, soweit dies zur Durchführung der Aufsicht nach diesem Gesetz erforderlich ist;
2. den Inhalt, die Form und die Stückzahl des bei der Aufsichtsbehörde vierteljährlich einzureichenden internen Zwischenberichts, bestehend aus einer Zusammenstellung aktueller Buchhaltungs- und Bestandsdaten sowie aus Angaben über die Anzahl der Versicherungsfälle, soweit dies zur Durchführung der Aufsicht nach diesem Gesetz erforderlich ist;
3. den Inhalt, die Form und die Frist der Prüfungsberichte nach § 35 Absatz 1 und 2 sowie § 341k des Handelsgesetzbuchs, soweit dies zur Durchführung der Aufsicht nach diesem Gesetz erforderlich ist, insbesondere, um einheitliche Unterlagen zur Beurteilung der von den Versicherungsunternehmen durchgeführten Versicherungsgeschäfte zu erhalten;

3a. den Zeitpunkt der Prüfung nach § 35 Absatz 5 sowie den Inhalt, die Form und die Frist des Berichts über diese Prüfung, soweit dies zur Erfüllung der Aufgaben der Bundesanstalt erforderlich ist;

4. die Prüfung des Jahresabschlusses und des Lageberichts von Versicherungsunternehmen, auf die § 341k des Handelsgesetzbuchs nicht anwendbar ist, durch einen unabhängigen Sachverständigen sowie über den Inhalt und die Frist für die Einreichung eines Sachverständigenberichts, soweit dies zur Durchführung der Aufsicht nach diesem Gesetz erforderlich ist;
5. den Inhalt, die Form und die Stückzahl der zu erstellenden Solvabilitätsübersicht sowie über die Frist für die Einreichung bei der Aufsichtsbehörde;
6. die Fristen für die Übermittlung von Informationen, die auf Grund von delegierten Rechtsakten gemäß Artikel 35 Absatz 9 und technischen Durchführungsstandards gemäß Artikel 35 Absatz 10 der Richtlinie 2009/138/EG zu übermitteln sind, und
7. die Art und Weise der Datenübermittlung, die zu verwendenden Datenformate, die einzuhaltende Datenqualität sowie über die anzugebende Unternehmenskennung.

[2]Vor dem Erlass ist der Versicherungsbeirat zu hören. [3]Die Ermächtigung kann durch Rechtsverordnung auf die Bundesanstalt übertragen werden. [4]Rechtsverordnungen nach den Sätzen 1 bis 3 bedürfen nicht der Zustimmung des Bundesrates. [5]Rechtsverordnungen nach Satz 1 Nummer 1, 3 und 4 und nach Satz 3, soweit sie die Ermächtigungen nach Satz 1 Nummer 1, 3 und 4 erfassen, ergehen im Einvernehmen mit dem Bundesministerium der Justiz und für Verbraucherschutz.

(2) [1]Für Versicherungsunternehmen, die der Aufsicht durch die Aufsichtsbehörden der Länder unterliegen, können die Landesregierungen im Benehmen mit der Bundesanstalt durch Rechtsverordnung Vorschriften nach Absatz 1 erlassen. [2]Sie können diese Befugnis durch Rechtsverordnung der Aufsichtsbehörde des Landes übertragen.

---

1) § 39 geändert durch Gesetz vom 12.12.2019 (BGBl. I S. 2602).

Unterabschnitt 2 Bericht über Solvabilität und Finanzlage

§ 40[1)] Solvabilitäts- und Finanzbericht

(1) [1]Versicherungsunternehmen haben mindestens einmal jährlich, spätestens 14 Wochen nach Ende des Geschäftsjahres, einen Solvabilitäts- und Finanzbericht zu veröffentlichen. [2]Für den Bericht auf Gruppenebene verlängert sich die Frist um sechs Wochen. [3]Der Bericht ist vor der Veröffentlichung von dem Geschäftsführungsorgan zu genehmigen. [4]Der Bericht ist nach der Veröffentlichung unverzüglich der Aufsichtsbehörde zu übersenden.

(2) [1]In dem Solvabilitäts- und Finanzbericht sind wesentliche Informationen über die Solvabilitäts- und Finanzlage des Versicherungsunternehmens darzulegen. [2]Die Angaben in diesem Bericht müssen sich in Bezug auf den Grad ihrer Detaillierung nach der Art, dem Umfang und der Komplexität der Geschäftstätigkeit und der Risiken des Unternehmens richten sowie allgemein verständlich sein. [3]Dabei sind zu beschreiben:

1. die Geschäftstätigkeit und die Geschäftsergebnisse des Unternehmens,
2. die Geschäftsorganisation unter Bewertung ihrer Angemessenheit für das Risikoprofil des Unternehmens,
3. für jede Risikokategorie gesondert das Gefährdungspotenzial, die Risikokonzentrationen, die Risikominderungsmaßnahmen und die Risikosensitivität,
4. für die Vermögenswerte, versicherungstechnischen Rückstellungen und sonstigen Verbindlichkeiten gemäß der Solvabilitätsübersicht jeweils gesondert die für ihre Bewertung verwendeten Grundlagen und Methoden zusammen mit einer Erklärung der wesentlichen Unterschiede zu den Grundlagen und Methoden, die zu ihrer Bewertung im Jahresabschluss herangezogen wurden, sowie
5. das Kapitalmanagement unter Angabe mindestens der Struktur und des Betrags der Eigenmittel und ihrer Qualität sowie der Beträge der Solvabilitätskapitalanforderung und der Mindestkapitalanforderung.

[4]Haben Versicherungsunternehmen die nach § 134c Absatz 1 bis 3 des Aktiengesetzes erforderlichen Informationen offenzulegen, so können diese im Solvabilitäts- und Finanzbericht bei den Angaben zum Liquiditätsrisiko unter Punkt C.4 des Anhangs XX der Delegierten Verordnung (EU) 2015/35 der Kommission vom 10. Oktober 2014 zur Ergänzung der Richtlinie 2009/138/EG des Europäischen Parlaments und des Rates betreffend die Aufnahme und Ausübung der Versicherungs- und der Rückversicherungstätigkeit (Solvabilität II) (ABl. L 12 vom 17.1.2015, S. 1; L 195 vom 1.8.2018, S. 27), die zuletzt durch die Delegierte Verordnung (EU) 2019/1865 (ABl. L 289 vom 8.11.2019, S. 3) geändert worden ist, offengelegt werden. [5]Den Informationen ist die Überschrift „Informationen nach § 134c Absatz 1 bis 3 des Aktiengesetzes" voranzustellen.

(3) [1]Kommt die in § 80 genannte Matching-Anpassung zur Anwendung, umfasst die in Absatz 2 Nummer 4 genannte Beschreibung eine Beschreibung der Matching-Anpassung, des Portfolios der Verpflichtungen und der zugeordneten Vermögenswerte, auf die die Matching-Anpassung angewendet wird, sowie eine Quantifizierung der Auswirkungen der Änderung der Matching-Anpassung auf null auf die Finanzlage eines Unternehmens. [2]Die in Absatz 2 Nummer 4 genannte Beschreibung enthält auch eine Erklärung darüber, ob die in § 82 genannte Volatilitätsanpassung vom Unternehmen verwendet wird, sowie eine Quantifizierung der Auswirkungen der Änderung der Volatilitätsanpassung auf null auf die Finanzlage eines Unternehmens.

(4) [1]Zur Beschreibung der Eigenmittel gehören

---

1) § 40 Abs. 2 Sätze 4 und 5 angefügt durch Gesetz vom 12.12.2019 (BGBl. I S. 2637).

1. eine Analyse aller wesentlichen Veränderungen im Vergleich zum Vorjahresberichtszeitraum,
2. eine Erläuterung aller größeren Unterschiede in Bezug auf den Wert der Eigenmittelbestandteile im Jahresabschluss und
3. eine kurze Darstellung der Übertragbarkeit des Kapitals.

[2]Versicherungsunternehmen, die ein internes oder partielles internes Modell für die Berechnung der Solvabilitätskapitalanforderung verwenden, haben zusätzlich ausreichende Informationen zur Erläuterung der Hauptunterschiede zu geben, die zwischen den Annahmen bestehen, die der Standardformel und ihrem Modell zugrunde liegen.

(5) Sofern während des Berichtszeitraums eine Nichteinhaltung der Mindestkapitalanforderung oder eine wesentliche Nichteinhaltung der Solvabilitätskapitalanforderung eingetreten ist, sind

1. der maximale Betrag der Unterschreitung der jeweiligen Kapitalanforderung anzugeben,
2. die Gründe und Folgen der Nichteinhaltung zu erläutern und
3. die ergriffenen sowie geplanten Abhilfemaßnahmen darzustellen.

(6) [1]Wenn ein Kapitalaufschlag festgesetzt wurde, muss dieser gesondert angegeben werden. [2]Daneben muss in diesem Fall auch der Betrag ausgewiesen werden, der nach den Vorschriften über die Berechnung der Solvabilitätskapitalanforderung ermittelt wurde. [3]Hat das Versicherungsunternehmen auf Verlangen der Aufsichtsbehörde unternehmensspezifische Parameter bei der Berechnung der Solvabilitätskapitalanforderung zu verwenden, sind deren Auswirkungen auf die Berechnung im Einzelnen zu quantifizieren und ebenfalls gesondert auszuweisen. [4]In beiden Fällen ist auf die von der Aufsichtsbehörde angegebenen Gründe für die getroffene Maßnahme einzugehen.

(7) Sofern die Aufsichtsbehörde den Endbetrag der Solvabilitätskapitalanforderung noch prüft, muss in der Veröffentlichung nach Absatz 1 darauf hingewiesen werden.

(8) [1]In dem Bericht können mit Zustimmung der Aufsichtsbehörde Angaben durch Verweise auf Informationen ersetzt werden, die im Rahmen anderer allgemeiner oder aufsichtsrechtlicher Vorschriften veröffentlicht worden sind. [2]Die Zustimmung wird erteilt, sofern die Informationen, auf die verwiesen werden soll, nach Art und Umfang gleichwertig sind.

§ 41 Nichtveröffentlichung von Informationen

(1) Mit Genehmigung der Aufsichtsbehörde kann auf Angaben im Solvabilitäts- und Finanzbericht verzichtet werden; dies gilt nicht für Angaben gemäß § 40 Absatz 2 Satz 3 Nummer 5, Absatz 4 Satz 2 und Absatz 5. In diesem Fall ist im Solvabilitäts- und Finanzbericht darzulegen, weshalb die Angaben nicht aufgenommen worden sind.

(2) Die Aufsichtsbehörde erteilt die Genehmigung nach Absatz 1, wenn durch die Veröffentlichung

1. Wettbewerber des Unternehmens einen wesentlichen ungerechtfertigten Vorteil erlangen würden oder
2. eine Verpflichtung des Unternehmens zur Geheimhaltung oder Vertraulichkeit gegenüber den Versicherungsnehmern oder auf Grund einer Beziehung zu anderen Gegenparteien verletzt würde.

§ 42 Aktualisierung des Solvabilitäts- und Finanzberichts

(1) [1]Verändert eine wichtige Entwicklung die Bedeutung der im Solvabilitäts- und Finanzbericht veröffentlichten Informationen erheblich, veröffentlicht das betroffene

Versicherungsunternehmen angemessene Angaben über Art und Auswirkungen der wichtigen Entwicklung. [2]Eine wichtige Entwicklung liegt insbesondere vor, wenn

1. eine Nichteinhaltung der Mindestkapitalanforderung festgestellt wird und entweder die Aufsichtsbehörde der Ansicht ist, dass das betroffene Versicherungsunternehmen keinen realistischen kurzfristigen Finanzierungsplan vorlegen kann oder ein solcher Plan nicht innerhalb eines Monats nach Feststellung der Nichteinhaltung der Mindestkapitalanforderung eingereicht worden ist;
2. eine wesentliche Nichteinhaltung der Solvabilitätskapitalanforderung festgestellt wird und die Aufsichtsbehörde nicht innerhalb von zwei Monaten nach der Feststellung der Nichteinhaltung einen Sanierungsplan erhält, den sie als realistisch betrachtet.

[3]Unverzüglich zu veröffentlichen sind in den Fällen des Satzes 2 mindestens jeweils der Betrag der Nichteinhaltung, die Erläuterung ihrer Gründe und Auswirkungen sowie ergriffene und geplante Abhilfemaßnahmen.

(2) [1]Eine Veröffentlichung hat auch zu erfolgen, wenn

1. die Nichteinhaltung der Mindestkapitalanforderung nicht innerhalb von drei Monaten nach ihrer Feststellung beseitigt wurde oder
2. die wesentliche Nichteinhaltung der Solvabilitätskapitalanforderung sechs Monate nach ihrer Feststellung nicht behoben wurde.

[2]In der Veröffentlichung ist anzugeben, welche Abhilfemaßnahmen bereits ergriffen wurden und welche noch geplant sind. [3]Die Veröffentlichung ist bei Nichteinhaltung der Mindestkapitalanforderung am Ende des Dreimonats- und ansonsten am Ende des Sechsmonatszeitraums vorzunehmen.

Unterabschnitt 3 Für Aufsichtszwecke beizubringende Informationen

§ 43 Informationspflichten; Berechnungen

(1) Versicherungsunternehmen haben den Aufsichtsbehörden nach Maßgabe dieses Gesetzes diejenigen Informationen zu übermitteln, die sie zur Erfüllung ihrer Aufgaben nach diesem Gesetz (§ 294 Absatz 1) benötigen.

(2) [1]Die Informationen müssen vollständig, aktuell und genau sein. [2]Sie müssen der Art, dem Umfang und der Komplexität der Geschäftstätigkeit des betreffenden Unternehmens und insbesondere den mit dieser Geschäftstätigkeit einhergehenden Risiken Rechnung tragen. [3]Die Unternehmen haben die Informationen fristgerecht und in verständlicher Form bei der Aufsichtsbehörde einzureichen.

§ 43a Berichtspflichten zum Zwecke der Finanzstabilität; Verordnungsermächtigung

(1) Die Aufsichtsbehörde kann von beaufsichtigten Unternehmen und von beaufsichtigten Gruppen Informationen verlangen,

1. die sie zur Erfüllung ihrer Aufgaben nach § 294 Absatz 2 Satz 3 und 4 benötigt oder
2. die sie gemäß Artikel 35 der Verordnung (EU) Nr. 1094/2010 des Europäischen Parlaments und des Rates vom 24. November 2010 zur Errichtung einer Europäischen Aufsichtsbehörde (Europäische Aufsichtsbehörde für das Versicherungswesen und die betriebliche Altersversorgung), zur Änderung des Beschlusses Nr. 716/2009/EG und zur Aufhebung des Beschlusses 2009/79/EG der Kommission (ABl. L 331 vom 15.12.2010, S. 48), die durch die Richtlinie 2014/51/EU (ABl. L 153 vom 22.5.2014, S. 1) geändert worden ist, der Europäischen Aufsichtsbehörde

für das Versicherungswesen und die betriebliche Altersversorgung zur Verfügung stellen muss.

(2) [1]Das Bundesministerium der Finanzen wird ermächtigt, für beaufsichtigte Unternehmen und beaufsichtigte Gruppen, die jeweils nicht der Aufsicht durch die Aufsichtsbehörden der Länder unterliegen, durch Rechtsverordnung Vorschriften zu erlassen, die Berichtspflichten nach Absatz 1 begründen und den Inhalt, die Form der zu übermittelnden Informationen sowie die Frist für die Einreichung bei der Bundesanstalt festlegen. [2]Die Ermächtigung kann durch Rechtsverordnung auf die Bundesanstalt übertragen werden. [3]Rechtsverordnungen nach den Sätzen 1 und 2 bedürfen nicht der Zustimmung des Bundesrates.

§ 44 Prognoserechnungen

[1]Die Aufsichtsbehörde kann von den beaufsichtigten Unternehmen die Durchführung von Berechnungen einschließlich Prognoserechnungen verlangen, soweit dies für die Finanzaufsicht erforderlich ist. [2]Prognoserechnungen können insbesondere Folgendes betreffen:

1. das erwartete Geschäftsergebnis zum Ende des laufenden Geschäftsjahres oder zukünftiger Geschäftsjahre, bei Lebensversicherungsunternehmen unter Angabe der für zukünftige Geschäftsjahre bereits deklarierten oder erwarteten Überschussbeteiligung,
2. die Risikotragfähigkeit des Versicherungsunternehmens in Stresssituationen.

[3]In diesem Fall bestimmt sie die Parameter, Stichtage und Berechnungsmethoden sowie Form und Frist, in der die Prognoserechnung vorzulegen ist. [4]Die Aufsichtsbehörde gestattet den Versicherungsunternehmen die Verwendung eigener Berechnungsmethoden, soweit dies die Beurteilung des Unternehmens oder des Versicherungsmarktes insgesamt nicht erschwert. [5]Sie kann verlangen, dass dabei bestimmte Rechnungsannahmen zugrunde gelegt werden.

§ 45 Befreiung von Berichtspflichten

(1) [1]Wenn Berichte auf Grund von delegierten Rechtsakten gemäß Artikel 35 Absatz 9 und technischen Durchführungsstandards gemäß Artikel 35 Absatz 10 der Richtlinie 2009/138/EG gegenüber der Aufsichtsbehörde häufiger als einmal pro Jahr zu erstatten sind, kann die Aufsichtsbehörde Versicherungsunternehmen ganz oder teilweise von dieser Berichtspflicht befreien, wenn

1. die Übermittlung dieser Informationen im Verhältnis zu Art, Umfang und Komplexität der mit dem Geschäft verbundenen Risiken mit einem übermäßigen Aufwand verbunden wäre und
2. die Informationen mindestens einmal pro Jahr eingereicht werden.

[2]Im Fall der vierteljährlichen Berichterstattung zur Berechnung der Mindestkapitalanforderung gemäß § 123 Absatz 1 Satz 1 ist eine Befreiung ausgeschlossen. [3]Eine Befreiung ist ferner ausgeschlossen, wenn das Versicherungsunternehmen zu einer Gruppe im Sinne des § 7 Nummer 13 gehört, es sei denn, das Unternehmen weist nach, dass eine regelmäßige unterjährige Berichterstattung nach Art, Umfang und Komplexität der mit dem Geschäft der Gruppe verbundenen Risiken nicht angemessen ist.

(2) [1]Die Aufsichtsbehörde kann Versicherungsunternehmen ganz oder teilweise von der regelmäßigen Berichterstattung auf Grund von delegierten Rechtsakten gemäß Artikel 35 Absatz 9 oder technischen Durchführungsstandards gemäß Artikel 35 Absatz 10 der Richtlinie 2009/138/EG befreien, wenn

1. die Übermittlung der betreffenden Informationen in Anbetracht von Art, Umfang und Komplexität der mit dem Geschäft des Unternehmens verbundenen Risiken mit einem übermäßigen Aufwand verbunden wäre,
2. die Übermittlung der betreffenden Informationen für eine wirksame Beaufsichtigung des Unternehmens nicht erforderlich ist,
3. die Befreiung nicht der Stabilität der betroffenen Finanzsysteme in der Union zuwiderläuft und
4. das Unternehmen in der Lage ist, die Informationen auf Anforderung unverzüglich zu übermitteln.

[2]Eine Befreiung ist ausgeschlossen, wenn das Versicherungsunternehmen zu einer Gruppe im Sinne des § 7 Nummer 13 gehört, es sei denn, das Unternehmen weist nach, dass eine regelmäßige unterjährige Berichterstattung nach Art, Umfang und Komplexität der mit dem Geschäft der Gruppe verbundenen Risiken unter Berücksichtigung des Ziels der Finanzstabilität nicht angemessen ist.

(3) [1]Der Anteil aller Versicherungsunternehmen innerhalb des Nichtlebensversicherungsmarktes, die von Berichtspflichten nach den Absätzen 1 und 2 befreit werden, darf jeweils einen Marktanteil von 20 Prozent nicht überschreiten. [2]Das Gleiche gilt für den Anteil aller Versicherungsunternehmen innerhalb des Lebensversicherungsmarktes. [3]Der Marktanteil ist für den Nichtlebensversicherungsmarkt auf der Basis der gebuchten Bruttoprämien und für den Lebensversicherungsmarkt auf der Basis der versicherungstechnischen Bruttorückstellungen zu ermitteln.

(4) Bei der Befreiung von Unternehmen berücksichtigt die Aufsichtsbehörde die Unternehmen mit den geringsten Marktanteilen vorrangig.

(5) Bei der Prüfung, ob der Aufwand für die Übermittlung von Informationen im Verhältnis zu Art, Umfang und Komplexität der Risiken des Unternehmens übermäßig wäre, berücksichtigt die Aufsichtsbehörde mindestens die folgenden Kriterien:

1. das Volumen der Prämien, versicherungstechnischen Rückstellungen und Vermögenswerte des Unternehmens,
2. die Volatilität der durch das Unternehmen abgedeckten Versicherungsleistungen,
3. die Marktrisiken, die durch die Investitionen des Unternehmens entstehen,
4. die Höhe der Risikokonzentrationen,
5. die Gesamtzahl der Versicherungszweige, für die eine Zulassung erteilt wurde,
6. die potenziellen Auswirkungen der Verwaltung der Vermögenswerte des Unternehmens auf die Finanzstabilität,
7. die Systeme und Strukturen des Unternehmens zur Übermittlung von Informationen für die Zwecke der Beaufsichtigung und die in § 29 Absatz 4 genannten schriftlich festgelegten Leitlinien,
8. die Angemessenheit des Governance-Systems des Unternehmens,
9. die Höhe der Eigenmittel zur Einhaltung der Solvabilitätskapitalanforderung und der Mindestkapitalanforderung und
10. ob es sich bei dem Unternehmen um ein firmeneigenes Versicherungsunternehmen handelt, das nur Risiken abdeckt, die mit dem Industrie- oder Handelskonzern verbunden sind, zu dem es gehört.

§ 46 Informationspflichten gegenüber der Bundesanstalt

(1) [1]Alle Unternehmen, die nach diesem Gesetz der Aufsicht unterliegen, haben der Bundesanstalt die von ihr angeforderten Zählnachweise über ihren Geschäftsbetrieb einzureichen. [2]Über die Art der Nachweise ist der Versicherungsbeirat zu hören.

(2) Öffentlich-rechtliche Versicherungsunternehmen, die nicht der Aufsicht nach diesem Gesetz unterliegen, haben der Bundesanstalt auf Anforderung die gleichen statistischen Angaben über ihren Geschäftsbetrieb einzureichen wie Versicherungsunternehmen, die der Aufsicht nach diesem Gesetz unterliegen.

§ 47 Anzeigepflichten

Versicherungsunternehmen haben der Aufsichtsbehörde unverzüglich Folgendes anzuzeigen:

1. die Bestellung eines Aufsichtsratsmitglieds sowie die vorgesehene Bestellung eines Geschäftsleiters und der weiteren Personen, die für Schlüsselaufgaben verantwortlich sind, unter Angabe der Tatsachen, die für die Beurteilung ihrer Qualifikation (§ 24 Absatz 1) wesentlich sind,
2. das Ausscheiden oder den Entzug der Befugnis zur Vertretung des Versicherungsunternehmens einer der in Nummer 1 genannten Personen, jeweils unter Angabe der Gründe, sofern diese für die Beurteilung ihrer Qualifikation (§ 24 Absatz 1) bedeutsam sind,
3. Satzungsänderungen, die eine Kapitalerhöhung zum Gegenstand haben,
4. wenn es sich um ein Rückversicherungsunternehmen handelt, jede Änderung der in § 9 Absatz 2 Nummer 1 und 2 genannten Teile des Geschäftsplans, jede Änderung des tatsächlichen Geschäftsgebietes, jede Änderung von Unternehmensverträgen der in den §§ 291 und 292 des Aktiengesetzes bezeichneten Art sowie die Absicht der Umwandlung nach den §§ 1 und 122a des Umwandlungsgesetzes, soweit sie nicht der Genehmigungspflicht nach § 166 Absatz 3 unterliegen,
5. den Erwerb oder die Aufgabe einer bedeutenden Beteiligung an dem eigenen Versicherungsunternehmen, das Erreichen sowie das Über- oder das Unterschreiten der Beteiligungsschwellen von 20 Prozent, 30 Prozent und 50 Prozent der Stimmrechte oder des Kapitals sowie die Tatsache, dass das Unternehmen Tochterunternehmen eines anderen Unternehmens wird, sobald das Versicherungsunternehmen von der bevorstehenden Änderung dieser Beteiligungsverhältnisse Kenntnis erlangt,
6. das Bestehen, die Änderung und die Beendigung einer engen Verbindung nach § 7 Nummer 7 zu einer anderen natürlichen Person oder einem anderen Unternehmen,
7. jährlich den Namen und die Anschrift des Inhabers einer bedeutenden Beteiligung am Versicherungsunternehmen und die Höhe dieser Beteiligung, wenn das Unternehmen hiervon Kenntnis erlangt,
8. die Absicht, wichtige Funktionen oder Versicherungstätigkeiten auszugliedern, unter Vorlage des Vertragsentwurfs,
9. nach Vertragsschluss eingetretene wesentliche Umstände in Bezug auf wichtige ausgegliederte Funktionen und Versicherungstätigkeiten,
10. die mittelbare oder unmittelbare Absicherung von Schadenrisiken oder sonstigen Risiken, sofern dies durch die Emission von Schuldtiteln oder anderer Finanzierungsmechanismen und unter Beteiligung einer ausschließlich für diese Zwecke bestehenden Gesellschaft erfolgt; dabei sind der Emissionsprospekt, die dem Risikotransfer zugrunde liegenden vertraglichen Regelungen sowie eine Aufstellung der identifizierten Risiken der Transaktion für das Versicherungsunternehmen beizufügen,
11. wenn es sich um ein Erstversicherungsunternehmen handelt, den Erwerb von Beteiligungen, bei Beteiligungen in Aktien oder sonstigen Anteilen jedoch nur, wenn die Beteiligung 10 Prozent des Nennkapitals der fremden Gesellschaft übersteigt; dabei werden Beteiligungen mehrerer zu einem Konzern im Sinne des § 18 des Ak-

tiengesetzes gehörender Versicherungsunternehmen und des herrschenden Unternehmens an einer Gesellschaft zusammengerechnet,

12. wenn es sich um ein Erstversicherungsunternehmen handelt, Anlagen bei einem im Sinne des § 15 des Aktiengesetzes verbundenen Unternehmen und
13. bei Pflichtversicherungen die beabsichtigte Verwendung neuer oder geänderter allgemeiner Versicherungsbedingungen unter deren Beifügung.

Abschnitt 5 Versicherungsvertrieb

§ 48 Anforderungen an den Versicherungsvertrieb

(1) Versicherungsunternehmen sind verpflichtet, nur mit solchen gewerbsmäßig tätigen Versicherungsvermittlern zusammenzuarbeiten, die

1. im Besitz einer Erlaubnis nach § 34d Absatz 1 der Gewerbeordnung sind, nach § 34d Absatz 6 der Gewerbeordnung von der Erlaubnispflicht befreit sind oder nach § 34d Absatz 7 Satz 1 Nummer 1 oder Absatz 8 der Gewerbeordnung nicht der Erlaubnispflicht unterliegen und
2. bevollmächtigt sind, Vermögenswerte des Versicherungsnehmers oder für diesen bestimmte Vermögenswerte entgegenzunehmen oder, soweit nach einer Rechtsverordnung nach § 34e Absatz 1 Satz 1 Nummer 2 Buchstabe b der Gewerbeordnung erforderlich, eine Sicherheitsleistung nachweisen.

(2) [1]Die Versicherungsunternehmen müssen sicherstellen, dass ihre unmittelbar oder maßgeblich am Versicherungsvertrieb beteiligten Angestellten zuverlässig sind, in geordneten Vermögensverhältnissen leben und über die zur Vermittlung der jeweiligen Versicherung angemessene Qualifikation verfügen und sich regelmäßig fortbilden. [2]Mit gewerbsmäßig tätigen Versicherungsvermittlern, die

1. nach § 34d Absatz 7 Satz 1 Nummer 1 der Gewerbeordnung nicht der Erlaubnispflicht unterliegen oder
2. nach § 34d Absatz 6 der Gewerbeordnung von der Erlaubnispflicht befreit sind und die Tätigkeit als Versicherungsvermittler im Auftrag eines Versicherungsunternehmens oder mehrerer Versicherungsunternehmen ausüben,

dürfen die Versicherungsunternehmen nur zusammenarbeiten, wenn diese Versicherungsvermittler die in Satz 1 genannten Voraussetzungen erfüllen. [3]Die Angemessenheit der Qualifikation richtet sich nach den Anforderungen im Zusammenhang mit den von ihnen vertriebenen Produkten. [4]Die Sätze 1 bis 3 gelten nicht für Personen im Sinne von § 24, soweit diese die dort genannten Anforderungen an die Zuverlässigkeit und fachliche Eignung erfüllen. [5]Inhalt, Umfang sowie Dokumentation von nachzuweisenden Qualifikationsmaßnahmen haben Abschnitt 1 der Versicherungsvermittlungsverordnung zu entsprechen.

(2a) [1]Versicherungsunternehmen stellen durch geeignete Maßnahmen der Geschäftsorganisation sicher, dass die Anforderungen nach den Absätzen 1 und 2 durch ihre Angestellten und Vermittler nach Absatz 1 Nummer 1 und 2 und deren am Versicherungsvertrieb unmittelbar oder maßgeblich beteiligten Angestellten erfüllt, überwacht und dokumentiert werden, soweit die Erfüllung dieser Anforderungen nicht bereits durch Erlaubnisverfahren nach der Gewerbeordnung gewährleistet wird. [2]Zu diesem Zweck erlassen sie entsprechende interne Leitlinien, schaffen angemessene interne Verfahren und richten hierfür eine Funktion ein, die die ordnungsgemäße Umsetzung sicherstellt.

(3) Mit gewerbsmäßig tätigen Versicherungsvermittlern aus anderen Mitglied- oder Vertragsstaaten dürfen Versicherungsunternehmen nur zusammenarbeiten, soweit die

Vermittler nach den Vorschriften ihres Herkunftsstaats befugt sind, Versicherungsverträge zu vermitteln.

(4) [1]Auf Veranlassung eines Versicherungsvermittlers nach § 34d Absatz 7 Satz 1 Nummer 1 der Gewerbeordnung haben das oder die Versicherungsunternehmen, für das oder die der Versicherungsvermittler ausschließlich tätig wird, der Registerbehörde die im Register nach § 11a Absatz 1 der Gewerbeordnung zu speichernden Angaben mitzuteilen. [2]Das oder die Versicherungsunternehmen hat beziehungsweise haben sicherzustellen, dass die Voraussetzungen nach § 34d Absatz 7 Satz 1 Nummer 1 der Gewerbeordnung vorliegen.

(5) Versicherungsunternehmen sind verpflichtet, der Registerbehörde nach § 11a Absatz 1 der Gewerbeordnung unverzüglich die Beendigung der Zusammenarbeit mit einem nach § 34d Absatz 7 Satz 1 Nummer 1 der Gewerbeordnung nicht der Erlaubnispflicht unterliegenden Versicherungsvermittler mitzuteilen und dessen Löschung aus dem Register zu veranlassen.

(6) [1]Die §§ 48a bis 50 gelten nicht für den Rückversicherungsvertrieb. [2]Für den Rückversicherungsvertrieb im Zusammenhang mit Risiken, die nicht in einem Mitglied- oder Vertragsstaat belegen sind, gelten die §§ 48 und 51 nicht.

§ 48a Vertriebsvergütung und Vermeidung von Interessenkonflikten

(1) [1]Die Vertriebsvergütung von Versicherungsunternehmen und deren Angestellten darf nicht mit ihrer Pflicht, im bestmöglichen Interesse der Kunden zu handeln, kollidieren. [2]Versicherungsunternehmen dürfen keine Vorkehrungen durch die Vertriebsvergütung, Verkaufsziele oder in anderer Weise treffen, durch die Anreize für sie selbst oder Versicherungsvermittler geschaffen werden könnten, einem Kunden ein bestimmtes Versicherungsprodukt zu empfehlen, obwohl sie ein anderes, den Bedürfnissen des Kunden besser entsprechendes Versicherungsprodukt anbieten könnten.

(2) [1]Ein Versicherungsunternehmen, das den Vertrieb von Versicherungsanlageprodukten betreibt, muss auf Dauer wirksame organisatorische und verwaltungsmäßige Vorkehrungen für angemessene Maßnahmen treffen, um zu verhindern, dass Interessenkonflikte den Kundeninteressen schaden. [2]Diese Vorkehrungen müssen den ausgeübten Tätigkeiten und den verkauften Versicherungsprodukten angemessen sein.

(3) Interessenkonflikte nach Absatz 2 sind solche, die bei Versicherungsvertriebstätigkeiten zwischen Versicherungsvermittlern und Versicherungsunternehmen selbst, einschließlich ihrer Geschäftsleitung und ihrer Angestellten, oder anderen Personen, die mit ihnen direkt oder indirekt durch Kontrolle verbunden sind, und ihren Kunden oder zwischen ihren Kunden untereinander entstehen können.

(4) Reichen die von dem Versicherungsunternehmen gemäß Absatz 2 getroffenen organisatorischen oder administrativen Vorkehrungen zur Regelung von Interessenkonflikten nicht aus, um nach vernünftigem Ermessen zu gewährleisten, dass keine Beeinträchtigung der Kundeninteressen riskiert wird, legt das Versicherungsunternehmen dem Kunden die allgemeine Art oder die Quellen von Interessenkonflikten rechtzeitig vor Abschluss eines Versicherungsvertrags eindeutig offen.

(5) Die Offenlegung der allgemeinen Art oder der Quellen von Interessenkonflikten muss

1. mittels eines dauerhaften Datenträgers erfolgen und
2. je nach Status des Kunden so ausführlich sein, dass dieser seine Entscheidung über die Versicherungsvertriebstätigkeiten, in deren Zusammenhang der Interessenkonflikt auftritt, in voller Kenntnis der Sachlage treffen kann.

(6) Versicherungsunternehmen, die eine Gebühr oder Provision zahlen oder eine Gebühr oder Provision erhalten oder einer Partei einen nichtmonetären Vorteil im Zusammenhang mit dem Vertrieb eines Versicherungsanlageprodukts oder einer Nebendienstleistung gewähren oder einen solchen von einer Partei erhalten, sofern es sich bei dieser Partei nicht um einen Kunden oder eine Person handelt, die im Auftrag des Kunden tätig wird, müssen dafür Sorge tragen, dass die Gebühr oder Provision oder der Vorteil sich nicht nachteilig auf die Qualität der entsprechenden Dienstleistung für den Kunden auswirkt und nicht die Verpflichtung des Versicherungsunternehmens beeinträchtigt, im besten Interesse seiner Kunden ehrlich, redlich und professionell zu handeln.

§ 48b Sondervergütungs- und Provisionsabgabeverbot

(1) [1]Versicherungsunternehmen und Versicherungsvermittlern im Sinne von § 59 Absatz 1 des Versicherungsvertragsgesetzes ist es untersagt, Versicherungsnehmern, versicherten Personen oder Bezugsberechtigten aus einem Versicherungsvertrag Sondervergütungen zu gewähren oder zu versprechen. [2]Dieses Verbot gilt auch für die Angestellten von Versicherungsunternehmen und Versicherungsvermittlern. [3]Eine entgegenstehende vertragliche Vereinbarung ist unwirksam.

(2) [1]Eine Sondervergütung ist jede unmittelbare oder mittelbare Zuwendung neben der im Versicherungsvertrag vereinbarten Leistung, insbesondere jede

1. vollständige oder teilweise Provisionsabgabe,
2. sonstige Sach- oder Dienstleistung, die nicht die Versicherungsleistung betrifft,
3. Rabattierung auf Waren oder Dienstleistungen,

sofern sie nicht geringwertig ist. [2]Als geringwertig gelten Belohnungen oder Geschenke zur Anbahnung oder anlässlich eines Vertragsabschlusses, soweit diese einen Gesamtwert von 15 Euro pro Versicherungsverhältnis und Kalenderjahr nicht überschreiten.

(3) Nicht als Sondervergütung gilt die Gewährung von Provisionen an Versicherungsnehmer, die gleichzeitig Vermittler des betreffenden Versicherungsunternehmens sind, es sei denn, das Vermittlerverhältnis wurde nur begründet, um diesen derartige Zuwendungen für eigene Versicherungen zukommen zu lassen.

(4) [1]Absatz 1 findet keine Anwendung, soweit die Sondervergütung zur dauerhaften Leistungserhöhung oder Prämienreduzierung des vermittelten Vertrags verwendet wird. [2]§ 138 Absatz 2, § 146 Absatz 2 Satz 1, § 161 Absatz 1 und § 177 Absatz 1 bleiben unberührt.

§ 48c Durchleitungsgebot

(1) [1]Sobald der Versicherungsberater das Versicherungsunternehmen nach § 34d Absatz 2 Satz 6 der Gewerbeordnung darüber informiert, dass er dem Versicherungsnehmer eine Versicherung vermittelt hat, die Zuwendungen enthält, die nicht dem Versicherungsvertrag zugutekommen (Bruttotarif), ist das Versicherungsunternehmen verpflichtet, diese Zuwendung unverzüglich an den Versicherungsnehmer auszukehren. [2]Die Auskehrung hat im Wege der Gutschrift auf einem für den Versicherungsnehmer für den Vertrag zu führenden Prämienkonto zu erfolgen. [3]Die Gutschrift beträgt höchstens 80 Prozent der maßgeblichen Zuwendung bis zum Gegenwert von 80 Prozent der in den ersten fünf Jahren nach Vertragsschluss zu entrichtenden Prämien. [4]Das Guthaben des Prämienkontos ist ausschließlich zur Erfüllung der Pflicht des Versicherungsnehmers zur Prämienzahlung zu verwenden und in Höhe von 80 Prozent auf die Prämie anzurechnen, die für die jeweilige Versicherungsperiode zu leisten ist. [5]Die Auskehrung kann abweichend von den Sätzen 2 bis 4 auch im Wege der Prämienreduzierung des vermittelten Vertrages nach Maßgabe des § 48b Absatz 4 erfolgen. [6]Die Sätze 1 bis 5 gelten ent-

sprechend, wenn der Versicherungsnehmer im Fall einer Beratung im Sinne des § 34d Absatz 2 Satz 2 Nummer 1 der Gewerbeordnung dem Versicherungsunternehmen vor dem Abschluss des Vertrags eine vom Versicherungsberater auszustellende Bescheinigung über eine Beratung über die Versicherung vorlegt. [7]In der Bescheinigung ist der Tag der Beratung anzugeben. [8]Zwischen dem Tag der Beratung und dem Tag des Antrags auf Abschluss des Versicherungsvertrags dürfen nicht mehr als sechs Monate verstrichen sein.

(2) Das Versicherungsunternehmen hat die Auskehrung der Zuwendung in geeigneter Weise zu dokumentieren und den Versicherungsnehmer von der Auskehrung in Kenntnis zu setzen, im Fall des Absatzes 1 Satz 2 durch mindestens jährliche Übermittlung eines Auszuges des Prämienkontos bis dessen Guthaben nach Maßgabe des Absatzes 1 Satz 4 erloschen ist.

(3) [1]Zuwendungen im Sinne dieser Vorschrift sind die Kosten für die Versicherungsvermittlung, insbesondere Provisionen, Gebühren oder sonstige Geldleistungen sowie alle geldwerten Vorteile, unabhängig vom Zeitpunkt ihrer Fälligkeit. [2]Die Zuwendungen sind mit der Sorgfalt eines ordentlichen Kaufmanns zu schätzen. [3]Soweit gesetzliche Regelungen kalkulatorische Vorgaben zur Berücksichtigung von Kosten des Vertriebs im Rahmen eines Versicherungsproduktes enthalten, können abweichend von den Sätzen 1 und 2 diese zugrunde gelegt werden.

§ 49 Stornohaftung

(1) [1]Die Versicherungsunternehmen müssen sicherstellen, dass zumindest im Fall der Kündigung eines Vertrags durch den Versicherungsnehmer, wenn es sich nicht um eine Kündigung gemäß § 205 Absatz 2 des Versicherungsvertragsgesetzes handelt, oder im Fall des Ruhendstellens der Leistungen gemäß § 193 Absatz 6 Satz 4 des Versicherungsvertragsgesetzes oder einer Prämienfreistellung gemäß § 165 Absatz 1 des Versicherungsvertragsgesetzes in den ersten fünf Jahren nach Vertragsschluss der Versicherungsvermittler die für die Vermittlung eines Vertrags der substitutiven Krankenversicherung oder der Lebensversicherung angefallene Provision nur bis zur Höhe des Betrags einbehält, der bei gleichmäßiger Verteilung der Provision über die ersten fünf Jahre seit Vertragsschluss bis zum Zeitpunkt der Beendigung, des Ruhendstellens oder der Prämienfreistellung angefallen wäre. [2]Ist die vereinbarte Prämienzahlungsdauer kürzer als fünf Jahre, so kann diese zugrunde gelegt werden.

(2) Eine entgegenstehende vertragliche Vereinbarung zwischen dem Versicherungsunternehmen und dem Versicherungsvermittler ist unwirksam.

§ 50 Entgelt bei der Vermittlung substitutiver Krankenversicherungsverträge

(1) [1]Die Versicherungsunternehmen dürfen Versicherungsvermittlern für den Abschluss von substitutiven Krankenversicherungen in einem Geschäftsjahr keine Abschlussprovisionen oder sonstigen Vergütungen gewähren, die insgesamt 3 Prozent der Bruttobeitragssumme des Neuzugangs übersteigen. [2]Die Bruttobeitragssumme entspricht der über 25 Jahre hochgerechneten Erstprämie ohne den Zuschlag gemäß § 149. [3]Die in einem Geschäftsjahr für den Abschluss von substitutiven Krankenversicherungen an einen einzelnen Versicherungsvermittler gewährten Zahlungen und sonstigen geldwerten Vorteile dürfen 3,3 Prozent der Bruttobeitragssumme des von ihm vermittelten Geschäfts nicht übersteigen. [4]Die im Einzelfall für den Abschluss gewährte Abschlussprovision und eine sonstige Vergütung dürfen zusammen 3,3 Prozent der Bruttobeitragssumme des vermittelten Vertrags nicht übersteigen.

(2) [1]Nimmt ein Versicherungsunternehmen über den Vermittlungserfolg hinausgehende Leistungen eines Versicherungsvermittlers in Zusammenhang mit Dienst-, Werk-,

Miet- oder Pachtverträgen oder sonstigen Verträgen vergleichbarer Art in Anspruch, ist das Entgelt auf den Betrag zu begrenzen, den ein ordentlicher und gewissenhafter Geschäftsleiter unter Berücksichtigung der Belange der Versicherten mit einem nicht verbundenen Unternehmen vereinbaren würde. [2]Verträge nach Satz 1 bedürfen der Schriftform. [3]Erbringt das Versicherungsunternehmen auf Grund eines solchen Vertrags einen Vorschuss, gilt dieser als sonstige Vergütung im Sinne des Absatzes 1. [4]Eine Vergütung von Leistungen oder ein sonstiger geldwerter Vorteil darf darüber hinaus nur dann gewährt werden, wenn die vereinbarten Leistungen bei dem Versicherungsunternehmen zu einer entsprechenden Ersparnis der Aufwendungen geführt haben.

(3) Eine den Vorgaben des Absatzes 1 Satz 2 bis 4 oder des Absatzes 2 entgegenstehende Vereinbarung zwischen dem Versicherungsunternehmen und dem Versicherungsvermittler ist unwirksam.

§ 51 Beschwerden über Versicherungsvermittler

[1]Versicherungsunternehmen müssen Beschwerden von Kunden über Versicherungsvermittler oder andere Versicherungsunternehmen, die ihre Versicherungen vermitteln, beantworten. [2]Das Recht zur Beschwerde steht auch Verbraucherschutzverbänden zu. [3]Bei wiederholten Beschwerden, die für die Beurteilung der Zuverlässigkeit erheblich sein können, müssen sie die für die Erlaubniserteilung nach § 34d Absatz 1 Satz 1 der Gewerbeordnung zuständige Behörde davon in Kenntnis setzen.

Abschnitt 6 Verhinderung von Geldwäsche und von Terrorismusfinanzierung

§ 52 Verpflichtete Unternehmen

Die Vorschriften dieses Abschnitts gelten für alle Versicherungsunternehmen im Sinne von § 2 Absatz 1 Nummer 7 des Geldwäschegesetzes.

§ 53 [1)] Interne Sicherungsmaßnahmen

(1) [1]Die verpflichteten Unternehmen dürfen im Einzelfall einander Informationen übermitteln, wenn tatsächliche Anhaltspunkte dafür vorliegen, dass der Empfänger der Informationen diese für die Beurteilung der Frage benötigt, ob ein Sachverhalt nach § 43 Absatz 1 des Geldwäschegesetzes der Zentralstelle für Finanztransaktionsuntersuchungen zu melden oder eine Strafanzeige nach § 158 der Strafprozessordnung zu erstatten ist. [2]Der Empfänger darf die Informationen ausschließlich verwenden, um Geldwäsche, Terrorismusfinanzierung oder sonstige strafbare Handlungen zu verhindern oder nach § 158 der Strafprozessordnung anzuzeigen. [3]Er darf die Informationen nur unter den durch das übermittelnde Versicherungsunternehmen vorgegebenen Bedingungen verwenden.

(2) Sofern die verpflichteten Unternehmen eine interne Revision vorhalten, haben sie sicherzustellen, dass ein Bericht über das Ergebnis einer Prüfung der internen Revision nach § 6 Absatz 2 Nummer 7 des Geldwäschegesetzes jeweils zeitnah der Geschäftsleitung, dem Geldwäschebeauftragten sowie auf Anforderung der Aufsichtsbehörde vorgelegt wird.

§ 54 Allgemeine Sorgfaltspflichten in Bezug auf den Bezugsberechtigten

(1) [1]Ein verpflichtetes Unternehmen ist unbeschadet des § 10 Absatz 1 Nummer 2 des Geldwäschegesetzes bei Begründung der Geschäftsbeziehung auch zur Feststellung der Identität eines vom Versicherungsnehmer abweichenden Bezugsberechtigten aus dem

1) § 53 Abs. 2 geändert durch Gesetz vom 12.12.2019 (BGBl. I S. 2602).

Versicherungsvertrag nach Maßgabe des § 11 Absatz 5 des Geldwäschegesetzes verpflichtet. ²Soweit Bezugsberechtigte nach Merkmalen oder nach Kategorien oder auf andere Weise bestimmt werden, holt das verpflichtete Unternehmen ausreichende Informationen über diese ein, um sicherzustellen, dass es zum Zeitpunkt der Auszahlung in der Lage sein wird, ihre Identität festzustellen und zu überprüfen. ³Handelt es sich bei dem Versicherungsnehmer oder bei einem vom Versicherungsnehmer abweichenden Bezugsberechtigten um eine juristische Person oder um eine Personenvereinigung, so haben die verpflichteten Unternehmen gegebenenfalls auch deren wirtschaftlich Berechtigten nach Maßgabe des § 11 Absatz 5 des Geldwäschegesetzes zu identifizieren.

(2) ¹Ein verpflichtetes Unternehmen hat die Pflicht nach § 10 Absatz 1 Nummer 4 des Geldwäschegesetzes auch in Bezug auf den vom Versicherungsnehmer abweichenden Bezugsberechtigten und gegebenenfalls in Bezug auf dessen wirtschaftlich Berechtigten zu erfüllen. ²Abweichend von § 11 Absatz 1 des Geldwäschegesetzes stellen die verpflichteten Unternehmen im Fall einer ganz oder teilweise an einen Dritten erfolgten Abtretung einer Versicherung, nachdem sie hierüber informiert wurden, die Identität des Dritten und gegebenenfalls die Identität seines wirtschaftlich Berechtigten fest, wenn die Ansprüche aus der übertragenen Police abgetreten werden. ³Die Überprüfung der Identität eines vom Versicherungsnehmer abweichenden Bezugsberechtigten und gegebenenfalls die Identität von dessen wirtschaftlich Berechtigten kann auch nach Begründung der Geschäftsbeziehung abgeschlossen werden, spätestens jedoch zu dem Zeitpunkt, zu dem die Auszahlung vorgenommen wird oder der Bezugsberechtigte seine Rechte aus dem Versicherungsvertrag in Anspruch zu nehmen beabsichtigt.

(3) ¹Die nach den Absätzen 1 und 2 erhobenen Angaben und eingeholten Informationen sind von dem verpflichteten Unternehmen nach Maßgabe des § 8 des Geldwäschegesetzes aufzuzeichnen und aufzubewahren. ²§ 43 Absatz 1 des Geldwäschegesetzes ist entsprechend anzuwenden.

§ 55 Verstärkte Sorgfaltspflichten

Handelt es sich bei einem vom Vertragspartner abweichenden Bezugsberechtigten oder, sofern vorhanden, um den wirtschaftlich Berechtigten des Bezugsberechtigten, um eine politisch exponierte Person, um deren Familienangehörigen oder um eine ihr bekanntermaßen nahestehende Person nach § 1 Absatz 12, 13 oder 14 des Geldwäschegesetzes, haben die verpflichteten Unternehmen, wenn sie ein höheres Risiko der Geldwäsche oder der Terrorismusfinanzierung feststellen, über die in § 15 Absatz 4 des Geldwäschegesetzes genannten Pflichten hinaus zusätzlich

1. vor einer Auszahlung ein Mitglied der Führungsebene zu informieren,
2. die gesamte Geschäftsbeziehung zu dem Versicherungsnehmer einer verstärkten Überprüfung zu unterziehen,
3. zu prüfen, ob die Voraussetzungen für eine Meldung nach dem Geldwäschegesetz gegeben sind.

§ 56 *(aufgehoben)*

Abschnitt 7 Grenzüberschreitende Geschäftstätigkeit

Unterabschnitt 1 Dienstleistungsverkehr, Niederlassungen

§ 57 Versicherungsgeschäfte über Niederlassungen oder im Dienstleistungsverkehr

(1) Erstversicherungsunternehmen dürfen nach Maßgabe der §§ 58 und 59 das Versicherungsgeschäft in den anderen Mitglied- oder Vertragsstaaten über Niederlassungen oder im Dienstleistungsverkehr betreiben.

(2) [1]Als Niederlassung gilt eine Agentur oder Zweigniederlassung eines Erstversicherungsunternehmens im Hoheitsgebiet eines anderen Mitglied- oder Vertragsstaats. [2]Um eine Niederlassung handelt es sich auch, wenn das Versicherungsgeschäft durch eine zwar selbständige, aber ständig damit betraute Person betrieben wird, die von einer Betriebsstätte in dem anderen Mitglied- oder Vertragsstaat aus tätig wird.

(3) [1]Dienstleistungsverkehr im Sinne dieses Gesetzes liegt vor, wenn das Erstversicherungsunternehmen mit Sitz in einem Mitglied- oder Vertragsstaat von seinem Sitz oder einer Niederlassung in einem Mitglied- oder Vertragsstaat aus Risiken deckt, die in einem anderen Mitglied- oder Vertragsstaat belegen sind, ohne dass das Unternehmen dort von einer Niederlassung Gebrauch macht. [2]Mitglied- oder Vertragsstaat, in dem das Risiko belegen ist, ist

1. bei der Versicherung von Risiken mit Bezug auf unbewegliche Sachen, insbesondere Bauwerke und Anlagen, und den darin befindlichen, durch den gleichen Vertrag gedeckten Sachen der Mitglied- oder Vertragsstaat, in dem diese Gegenstände belegen sind,
2. bei der Versicherung von Risiken mit Bezug auf Fahrzeuge aller Art, die in einem Mitglied- oder Vertragsstaat in ein amtliches oder amtlich anerkanntes Register einzutragen sind und ein Unterscheidungskennzeichen erhalten, dieser Mitglied- oder Vertragsstaat; abweichend hiervon ist bei einem Fahrzeug, das von einem Mitglied- oder Vertragsstaat in einen anderen überführt wird, während eines Zeitraums von 30 Tagen nach Abnahme des Fahrzeugs durch den Käufer der Bestimmungsmitglied- oder Bestimmungsvertragsstaat als der Mitglied- oder Vertragsstaat anzusehen, in dem das Risiko belegen ist,
3. bei der Versicherung von Reise- und Ferienrisiken in Versicherungsverträgen über eine Laufzeit von höchstens vier Monaten der Mitglied- oder Vertragsstaat, in dem der Versicherungsnehmer die zum Abschluss des Vertrags erforderlichen Rechtshandlungen vorgenommen hat, und
4. in allen anderen Fällen,
   a) wenn der Versicherungsnehmer eine natürliche Person ist, der Mitglied- oder Vertragsstaat, in dem er seinen gewöhnlichen Aufenthalt hat, und
   b) wenn der Versicherungsnehmer keine natürliche Person ist, der Mitglied- oder Vertragsstaat, in dem sich das Unternehmen, die Betriebsstätte oder die entsprechende Einrichtung befindet, auf die sich der Vertrag bezieht.

§ 58 Errichtung einer Niederlassung

(1) [1]Erstversicherungsunternehmen haben der Aufsichtsbehörde die beabsichtigte Errichtung einer Niederlassung unter Angabe des betreffenden Mitglied- oder Vertragsstaats anzuzeigen. [2]Die Anzeige muss enthalten:

1. die Angaben und Schätzungen gemäß § 9 Absatz 2 Nummer 1 und 2 und Absatz 3 Nummer 5 und 6; sofern die Krankenversicherung im Sinne des Artikels 206 Absatz 2 der Richtlinie 2009/138/EG betrieben werden soll, zusätzlich die dem § 9 Absatz 4 Nummer 5 Buchstabe a entsprechenden Angaben,
2. Angaben über die Organisationsstruktur,
3. den Namen des vorgesehenen Hauptbevollmächtigten, der mit ausreichender Vollmacht versehen ist, um das Unternehmen Dritten gegenüber zu verpflichten und es bei Verwaltungsbehörden und vor den Gerichten des anderen Mitglied- oder Vertragsstaats zu vertreten,
4. die voraussichtliche Anschrift, welche zugleich die Geschäftsanschrift des Hauptbevollmächtigten sein muss, und

5. bei Deckung der in der Anlage 1 Nummer 10 Buchstabe a genannten Risiken über die Niederlassung eine Erklärung, wonach das Unternehmen in dem anderen Mitglied- oder Vertragsstaat Mitglied des nationalen Garantiefonds zur Entschädigung der Opfer von Unfällen, die von nicht versicherten oder nicht ermittelten Fahrzeugen verursacht werden, und des nationalen Versicherungsbüros geworden ist.

(2) [1]Die Aufsichtsbehörde prüft hinsichtlich des Vorhabens innerhalb einer Frist von drei Monaten nach Eingang der in Absatz 1 Satz 2 bezeichneten Unterlagen neben der rechtlichen Zulässigkeit die Angemessenheit der Geschäftsorganisation und die Finanzlage des Unternehmens sowie die Erfüllung der in § 24 Absatz 1 genannten Voraussetzungen durch den Hauptbevollmächtigten und die für die Niederlassung zuständigen Geschäftsleiter. [2]Bei Unbedenklichkeit übersendet sie vor Ablauf der Frist der Aufsichtsbehörde des anderen Mitglied- oder Vertragsstaats

1. diese Unterlagen und
2. eine Bescheinigung darüber, dass das Unternehmen über anrechnungsfähige Eigenmittel zur Einhaltung der Solvabilitätskapitalanforderung oder des für die betriebenen Versicherungssparten erforderlichen Mindestbetrags der Mindestkapitalanforderung verfügt, falls dieser Mindestbetrag höher ist,

und benachrichtigt hierüber das Unternehmen. [3]Anderenfalls teilt sie dem Unternehmen vor Ablauf der Frist mit, dass und aus welchen Gründen die Zustimmung zur Errichtung der Niederlassung versagt wird. [4]Hat sich die finanzielle Lage des Unternehmens verschlechtert im Sinne des § 132 Absatz 2, steht dies der Ausstellung einer Bescheinigung nach Satz 2 Nummer 2 entgegen, solange die Rechte der Versicherungsnehmer gefährdet sind.

(3) Im Fall des Absatzes 2 Satz 2 kann die Niederlassung errichtet werden und ihre Tätigkeit aufnehmen, wenn seit Zugang der Benachrichtigung beim Unternehmen zwei Monate vergangen sind, es sei denn, dass die Aufsichtsbehörde des anderen Mitglied- oder Vertragsstaats dem Unternehmen einen früheren Zeitpunkt mitteilt.

(4) [1]Änderungen der nach Absatz 1 Satz 2 Nummer 1 bis 4 gemachten Angaben hat das Versicherungsunternehmen der Aufsichtsbehörde spätestens einen Monat vor der beabsichtigten Durchführung der Änderung anzuzeigen. [2]Im Übrigen gilt Absatz 2 entsprechend.

§ 59 Aufnahme des Dienstleistungsverkehrs

(1) [1]Erstversicherungsunternehmen haben der Aufsichtsbehörde die beabsichtigte Aufnahme des Dienstleistungsverkehrs unter Angabe des betreffenden Mitglied- oder Vertragsstaats anzuzeigen. [2]Zugleich ist anzugeben, welche Versicherungssparten dort betrieben und welche Risiken einer Versicherungssparte gedeckt werden sollen; sofern die Krankenversicherung im Sinne des Artikels 206 Absatz 2 der Richtlinie 2009/138/EG betrieben werden soll, sind zusätzlich die dem § 9 Absatz 4 Nummer 5 entsprechenden Angaben zu machen. [3]Bei Deckung der in der Anlage 1 Nummer 10 Buchstabe a genannten Risiken hat die Anzeige außerdem Folgendes zu enthalten:

1. eine Erklärung, wonach das Unternehmen in dem anderen Mitglied- oder Vertragsstaat Mitglied des nationalen Garantiefonds zur Entschädigung der Opfer von Unfällen, die von nicht versicherten oder nicht ermittelten Fahrzeugen verursacht werden, und des nationalen Versicherungsbüros geworden ist, und
2. den Namen und die Geschäftsanschrift eines in dem anderen Mitglied- oder Vertragsstaat ansässigen oder niedergelassenen Vertreters (Vertreter für die Schadenregulierung), für den § 24 Absatz 1 entsprechend gilt, der
   a) alle erforderlichen Informationen über Schadenfälle sammelt und die dafür notwendige Geschäftsausstattung besitzt,

b) über ausreichende Befugnisse verfügt, um das Unternehmen gegenüber Personen, die Schadenersatzansprüche geltend machen, gerichtlich oder außergerichtlich, insbesondere vor Verwaltungsbehörden, zu vertreten sowie diesbezüglich Vollmachten zu erteilen,

c) bis zur endgültigen Befriedigung der Schadenersatzansprüche über ausreichende Befugnisse verfügt, um die diesen Ansprüchen entsprechenden Beträge auszuzahlen, und

d) die Befugnis besitzt, das Unternehmen gegenüber den Behörden des anderen Mitglied- oder Vertragsstaats hinsichtlich des Bestehens und der Gültigkeit der Versicherungsverträge zu vertreten.

(2) [1]Die Aufsichtsbehörde prüft innerhalb einer Frist von einem Monat nach Eingang der in Absatz 1 Satz 2 und 3 bezeichneten Unterlagen die rechtliche Zulässigkeit des Vorhabens. [2]Bei Unbedenklichkeit übersendet sie vor Ablauf der Frist der Aufsichtsbehörde des anderen Mitglied- oder Vertragsstaats

1. diese Unterlagen,
2. eine Bescheinigung darüber, welche Versicherungssparten das Unternehmen betreiben und welche Risiken einer Versicherungssparte es decken darf, und
3. eine Bescheinigung darüber, dass das Unternehmen über anrechnungsfähige Eigenmittel zur Einhaltung der Solvabilitätskapitalanforderung oder des für die betriebenen Versicherungssparten erforderlichen Mindestbetrags der Mindestkapitalanforderung verfügt, falls dieser Mindestbetrag höher ist,

und benachrichtigt hierüber das Unternehmen. [3]Anderenfalls teilt sie dem Unternehmen vor Ablauf der Frist mit, dass und aus welchen Gründen die Zustimmung zur Aufnahme des Erstversicherungsgeschäfts im Dienstleistungsverkehr versagt wird. [4]Es gilt als Versagung, wenn sich die Aufsichtsbehörde bis zum Ablauf der Frist nicht geäußert hat. [5]Hat sich die finanzielle Lage des Unternehmens verschlechtert im Sinne des § 132 Absatz 2, steht dies der Ausstellung einer Bescheinigung nach Satz 2 Nummer 3 entgegen, solange die Rechte der Versicherungsnehmer gefährdet sind.

(3) Im Fall des Absatzes 2 Satz 2 kann das Unternehmen seine Tätigkeit ab dem Zugang der genannten Benachrichtigung aufnehmen.

(4) Die Absätze 1 bis 3 gelten auch, wenn das Unternehmen weitere Versicherungssparten betreiben oder Risiken decken oder einen anderen Vertreter für die Schadenregulierung ernennen will.

§ 60 Statistische Angaben über grenzüberschreitende Tätigkeiten

(1) [1]Jedes Erstversicherungsunternehmen muss der Aufsichtsbehörde für im Rahmen der Niederlassungsfreiheit getätigte Geschäfte und getrennt davon für im Rahmen der Dienstleistungsfreiheit getätigte Geschäfte

1. die gebuchten Prämienbeträge,
2. die Höhe der Erstattungsleistungen und
3. die Höhe der Rückstellungen – ohne Abzug der Rückversicherung –

nach Mitgliedstaaten aufgeschlüsselt mitteilen. [2]In Bezug auf die in der Anlage 1 Nummer 10 genannte Sparte – ausgenommen der Haftung des Frachtführers – teilt das Unternehmen der Aufsichtsbehörde zudem die Häufigkeit und die durchschnittlichen Kosten der Erstattungsleistungen mit.

(2) Die Aufsichtsbehörde teilt den Aufsichtsbehörden jedes betroffenen Mitgliedstaats auf Antrag innerhalb einer angemessenen Frist die in Absatz 1 genannten Angaben zusammengefasst mit.

Unterabschnitt 2 Unternehmen mit Sitz in einem Mitgliedstaat der Europäischen Union oder einem anderen Vertragsstaat des Abkommens über den Europäischen Wirtschaftsraum

§ 61 Geschäftstätigkeit durch eine Niederlassung oder im Dienstleistungsverkehr

(1) [1]Erstversicherungsunternehmen mit Sitz in einem anderen Mitglied- oder Vertragsstaat mit Ausnahme der in den §§ 65 und 66 genannten Unternehmen dürfen das Versicherungsgeschäft im Inland durch eine Niederlassung oder im Dienstleistungsverkehr nur nach Maßgabe der Absätze 2 bis 4 betreiben. [2]§ 57 Absatz 2 und 3 gilt sinngemäß.

(2) [1]Will das Unternehmen seine Tätigkeit durch eine Niederlassung ausüben, hat die Aufsichtsbehörde des Herkunftsstaats der Bundesanstalt die in Artikel 145 Absatz 2 und 3 der Richtlinie 2009/138/EG bezeichneten Angaben unter Benachrichtigung des Unternehmens zu übermitteln. [2]Die Aufnahme der Geschäftstätigkeit der Niederlassung ist erst zulässig, wenn seit Eingang dieser Benachrichtigung zwei Monate vergangen sind. [3]Dies gilt nur, wenn die Bundesanstalt dem Unternehmen keinen früheren Zeitpunkt mitteilt. [4]Änderungen des Inhalts der in Artikel 145 Absatz 2 Buchstabe b, c oder d der Richtlinie 2009/138/EG bezeichneten Angaben teilt das Unternehmen der Bundesanstalt und der Aufsichtsbehörde seines Sitzes einen Monat vor der beabsichtigten Durchführung der Änderung mit. [5]Sind Erweiterungen der Geschäftstätigkeit damit verbunden, sind diese erst zulässig, wenn seit Eingang der Mitteilung des Unternehmens an die Bundesanstalt ein Monat vergangen ist.

(3) Die Aufnahme oder Änderung der Tätigkeit des Unternehmens im Dienstleistungsverkehr ist erst zulässig, wenn die Aufsichtsbehörde des Herkunftsstaats der Bundesanstalt die in Artikel 148 Absatz 1 und 2 der Richtlinie 2009/138/EG bezeichneten Angaben übermittelt und das Unternehmen hiervon in Kenntnis gesetzt hat.

(4) Der Betrieb der Krankenversicherung im Sinne des § 146 Absatz 1 sowie von Pflichtversicherungen in den in den Absätzen 2 und 3 bezeichneten Fällen ist erst zulässig, wenn das Unternehmen der Bundesanstalt die allgemeinen Versicherungsbedingungen eingereicht hat.

(5) [1]Die Bundesanstalt unterrichtet die Aufsichtsbehörden der anderen Mitglied- oder Vertragsstaaten fortlaufend über solche Rechtsvorschriften, die Versicherungsunternehmen mit Sitz in diesen Staaten bei Ausübung einer Geschäftstätigkeit nach Absatz 1 zu beachten haben und deren Befolgung in Wahrnehmung der Aufsicht mit Ausnahme der Finanzaufsicht überwacht wird. [2]Vorschriften, die nicht gemäß Satz 1 bekannt gegeben wurden, teilt die Bundesanstalt innerhalb von zwei Monaten nach Zugang der in Absatz 2 oder 3 bezeichneten Angaben den Aufsichtsbehörden der Herkunftsstaaten mit.

§ 62 Beaufsichtigung der Geschäftstätigkeit

(1) [1]Die Finanzaufsicht über die Geschäftstätigkeit im Sinne des § 61 obliegt allein der Aufsichtsbehörde des Herkunftsstaats, die Aufsicht im Übrigen auch der Bundesanstalt. [2]Für die Aufsicht der Bundesanstalt nach Satz 1 sind neben § 61 Absatz 1 und 2 entsprechend anzuwenden:

1. von den Allgemeinen Vorschriften § 1 Absatz 1 und 2 sowie die §§ 3 und 4;
2. von den Vorschriften über grenzüberschreitende Geschäftstätigkeit § 68 Absatz 2 Satz 4;
3. von den Vorschriften über die Geschäftstätigkeit die §§ 48 bis 49 und 51 sowie für Unternehmen, die ihre Tätigkeit durch eine Niederlassung ausüben, außerdem § 15a Absatz 1, § 25 Absatz 6;

4. von den Vorschriften über die Verhinderung von Geldwäsche und Terrorismusfinanzierung § 53 Absatz 1 bis 3 sowie die §§ 54 und 55, sofern es sich um Niederlassungen im Sinne des § 57 Absatz 2 handelt, die die in § 52 genannten Geschäfte betreiben;
5. von den Vorschriften für einzelne Zweige die §§ 142, 144, 146, 147, 149 und 150 Absatz 1 bis 3, § 152 Absatz 1 bis 4, die §§ 155 und 156 Absatz 1, § 157 Absatz 1, § 159 mit Ausnahme der Verweisung auf § 160;
6. von den Vorschriften über die Aufsicht § 294 Absatz 2 Satz 2 bis 4, die §§ 298 und 299 Nummer 1, die §§ 303, 305 Absatz 1, 2 Nummer 1 und 2, Absatz 3 bis 5, § 306 Absatz 1 Satz 1 Nummer 1 bis 3, Absatz 2 Satz 1 Nummer 1 und 2, Absatz 4 bis 8 sowie die §§ 308 und 310 sowie
7. § 17 des Finanzdienstleistungsaufsichtsgesetzes.

(2) Hat die Bundesanstalt Gründe für die Annahme, dass die finanzielle Solidität eines nach § 61 Absatz 1 tätigen Unternehmens beeinträchtigt sein könnte, unterrichtet sie hierüber die für die Finanzaufsicht zuständige Behörde des Herkunftsstaats.

(3) [1]Kommt ein Erstversicherungsunternehmen bei einer Geschäftstätigkeit nach § 61 Absatz 1 Aufforderungen oder Anordnungen der Bundesanstalt, einen Missstand (§ 298 Absatz 1) zu beseitigen, nicht nach, so unterrichtet die Bundesanstalt die Aufsichtsbehörde des Herkunftsstaats über die nach Satz 2 beabsichtigten Maßnahmen und ersucht um Zusammenarbeit. [2]Bleibt dieses Ersuchen erfolglos und sind Versuche, Anordnungen mit Zwangsmitteln durchzusetzen oder wegen Zwangsgeld zu vollstrecken, aussichtslos oder erfolglos, kann die Bundesanstalt, wenn andere Maßnahmen nicht zum Ziel führen oder nicht angebracht sind, die weitere Geschäftstätigkeit im Inland ganz oder teilweise untersagen. [3]In dringenden Fällen können die in Satz 2 genannten Anordnungen ohne Unterrichtung der Aufsichtsbehörde des Herkunftsstaats ergehen. [4]Darüber hinaus kann die Bundesanstalt gemäß Artikel 19 der Verordnung (EU) Nr. 1094/2010 die Europäische Aufsichtsbehörde für das Versicherungswesen und die betriebliche Altersversorgung mit der Angelegenheit befassen und um Unterstützung bitten.

(4) Verliert ein nach § 61 Absatz 1 tätiges Unternehmen die Erlaubnis zum Geschäftsbetrieb, so trifft die Bundesanstalt nach Unterrichtung durch die Aufsichtsbehörde des Herkunftsstaats die zur Unterbindung der weiteren inländischen Geschäftstätigkeit geeigneten und erforderlichen Maßnahmen.

§ 63 Bestandsübertragungen

(1) [1]Ein Vertrag, durch den ein Erstversicherungsunternehmen mit Sitz in einem anderen Mitglied- oder Vertragsstaat ganz oder teilweise einen Bestand an Versicherungsverträgen, die es gemäß § 61 Absatz 1 durch eine Niederlassung oder im Dienstleistungsverkehr abgeschlossen hat, auf ein Unternehmen mit Sitz in einem Mitglied- oder Vertragsstaat übertragen will, bedarf zur Genehmigung durch die für das übertragende Unternehmen zuständige Aufsichtsbehörde des Herkunftsstaats der Zustimmung der Bundesanstalt. [2]Die Zustimmung ist zu erteilen, wenn die Belange der Versicherten gewahrt sind und die Verpflichtungen aus den Versicherungen als dauernd erfüllbar dargetan sind; § 13 Absatz 4, 5 und 7 Satz 1 ist entsprechend anzuwenden.

(2) Betrifft der Versicherungsbestand einer Niederlassung keine im Inland belegenen Risiken, nimmt die Bundesanstalt zum Vertrag lediglich Stellung.

(3) Äußert sich die Bundesanstalt nicht innerhalb von drei Monaten zu dem Ersuchen um Zustimmung oder Stellungnahme, gilt dies als stillschweigende Zustimmung oder positive Stellungnahme.

(4) Fordert die gemäß Absatz 1 Satz 1 für die Genehmigung zuständige Aufsichtsbehörde von der Bundesanstalt die in § 13 Absatz 2 Satz 2 Nummer 1 genannte Be-

scheinigung an, sind § 58 Absatz 2 Satz 4 und § 59 Absatz 2 Satz 5 entsprechend anzuwenden.

§ 64 Bei Lloyd's vereinigte Einzelversicherer

(1) Die bei Lloyd's vereinigten Einzelversicherer dürfen eine Geschäftstätigkeit nur ausüben, wenn die Vereinigung im Namen der Einzelversicherer für den Fall der Zwangsvollstreckung in deren im Inland belegene Vermögenswerte darauf verzichtet, Rechte daraus herzuleiten, dass die Zwangsvollstreckung auch in Vermögenswerte von Einzelversicherern erfolgt, gegen die der Titel nicht wirkt; die Verzichtserklärung muss bis zur vollständigen Abwicklung der im Inland abgeschlossenen Versicherungsverträge unwiderruflich sein.

(2) [1]Ansprüche aus dem im Inland über eine Niederlassung betriebenen Versicherungsgeschäft der bei Lloyd's vereinigten Einzelversicherer können nur durch und gegen den Hauptbevollmächtigten gerichtlich geltend gemacht werden. [2]Ein gemäß Satz 1 erzielter Titel wirkt für und gegen die an dem Versicherungsgeschäft beteiligten Einzelversicherer. [3]§ 727 der Zivilprozessordnung ist entsprechend anzuwenden. [4]Aus einem gegen den Hauptbevollmächtigten erzielten Titel kann in die von ihm verwalteten, im Inland belegenen Vermögenswerte aller in der Vereinigung zusammengeschlossenen Einzelversicherer vollstreckt werden.

§ 65 Niederlassung

(1) [1]Versicherungsunternehmen mit Sitz in einem anderen Mitglied- oder Vertragsstaat, auf die die Richtlinie 2009/138/EG keine Anwendung findet und die das Versicherungsgeschäft durch eine Niederlassung betreiben wollen, bedürfen der Erlaubnis. [2]Über den Antrag entscheidet die Bundesanstalt.

(2) Auf diese Unternehmen sind § 67 Absatz 2 und 3 sowie § 68 Absatz 2 mit den Maßgaben entsprechend anzuwenden, dass

1. zusätzlich die Satzung des Unternehmens sowie die Bilanz und die Gewinn- und Verlustrechnung für jedes der drei letzten Geschäftsjahre einzureichen sind; besteht das Unternehmen noch nicht drei Jahre, so hat es diese Unterlagen nur für die bereits abgeschlossenen Geschäftsjahre vorzulegen;
2. die Mitglieder des zur gesetzlichen Vertretung befugten Organs zu benennen sind;
3. die die Niederlassung betreffenden Geschäftsunterlagen dort zur Verfügung zu halten sind und
4. § 13 Absatz 2 nicht anzuwenden ist.

(3) Die Absätze 1 und 2 gelten auch, wenn der Betrieb im Dienstleistungsverkehr erfolgen soll; die in Absatz 2 genannten Vorschriften gelten jedoch insoweit nicht entsprechend, als sie eine Niederlassung voraussetzen.

§ 66 Dienstleistungsverkehr; Mitversicherung

(1) Erstversicherungsunternehmen, die im Dienstleistungsverkehr ausschließlich die in der Anlage 1 Nummer 4 bis 7 und 12 genannten Versicherungssparten sowie die dort in Nummer 10 Buchstabe b genannte Risikoart betreiben, unterliegen nicht den Vorschriften dieses Gesetzes.

(2) Den Vorschriften dieses Gesetzes unterliegen ferner Erstversicherungsunternehmen nicht, die sich an dem in § 210 Absatz 2 des Versicherungsvertragsgesetzes bezeichneten Versicherungsgeschäft im Wege der Mitversicherung beteiligen, wenn sie hierbei außer über den führenden Versicherer nicht über einen Sitz oder eine Niederlassung im Inland tätig sind und die Mitversicherung nicht die gesetzliche Haftpflicht-

versicherung im Zusammenhang mit Schäden durch Kernenergie oder Arzneimittel betrifft.

(3) [1]Missbraucht ein Erstversicherungsunternehmen die Möglichkeit nach Absatz 2, als führender Versicherer Versicherungsunternehmen aus anderen Mitglied- oder Vertragsstaaten an Mitversicherungen zu beteiligen, so kann die Aufsichtsbehörde gegenüber diesem Unternehmen die zur Beseitigung des Missbrauchs erforderlichen Anordnungen treffen. [2]In schwerwiegenden Fällen kann die Aufsichtsbehörde ferner dem Unternehmen den Abschluss derartiger Mitversicherungen untersagen oder die in § 304 Absatz 3 bezeichneten Maßnahmen treffen. [3]§ 304 Absatz 4 bis 6 ist entsprechend anzuwenden. [4]Als Missbrauch ist es insbesondere anzusehen, wenn ein Unternehmen die einem führenden Versicherer üblicherweise zukommenden Aufgaben nicht wahrnimmt oder an dem Vertrag Versicherungsunternehmen beteiligt, die nach Absatz 2 nicht zu einer solchen Beteiligung befugt sind.

(4) Das Bundesministerium der Finanzen wird ermächtigt, durch Rechtsverordnung, die nicht der Zustimmung des Bundesrates bedarf,

1. die Absätze 1 und 2 auf Versicherungsunternehmen eines Drittstaats für anwendbar zu erklären, wenn die Belange der Versicherten ausreichend gewahrt sind und Interessen der Bundesrepublik Deutschland nicht entgegenstehen, und
2. zu bestimmen, dass die Vorschriften über ausländische Versicherungsunternehmen mit Sitz in einem anderen Mitglied- oder Vertragsstaat auch auf Unternehmen mit Sitz in einem Drittstaat anzuwenden sind, soweit dies auf Grund von Abkommen der Europäischen Union erforderlich ist.

(5) Unter den Voraussetzungen des Absatzes 4 Nummer 1 kann die Bundesanstalt entsprechende Freistellungen auch im Einzelfall durch Verwaltungsakt gewähren.

§ 66a [1)] Entsprechende Anwendung des EU-Passregimes

(1) [1]Wird der Austritt des Vereinigten Königreichs Großbritannien und Nordirland aus der Europäischen Union wirksam, ohne dass bis zu diesem Zeitpunkt ein Austrittsabkommen im Sinne von Artikel 50 Absatz 2 Satz 2 des Vertrages über die Europäische Union in Kraft getreten ist, so kann die Bundesanstalt zum Schutz der Versicherungsnehmer und der Begünstigten von Versicherungsleistungen anordnen, dass die §§ 61 bis 66 und 169 für einen Übergangszeitraum für die Zwecke der Abwicklung der bis zum Austritt abgeschlossenen Versicherungsverträge auf Versicherungsunternehmen mit Sitz im Vereinigten Königreich Großbritannien und Nordirland, die zum Zeitpunkt des Austritts des Vereinigten Königreichs Großbritannien und Nordirland aus der Europäischen Union nach § 61 Absatz 1 Satz 1 und § 169 Absatz 1 Satz 1 über eine Niederlassung oder im Wege des grenzüberschreitenden Dienstleistungsverkehrs im Inland tätig waren, entsprechend anzuwenden sind. [2]Der im Zeitpunkt des Austritts beginnende Übergangszeitraum darf eine Dauer von 21 Monaten nicht überschreiten. [3]Die Anordnung kann auch durch Allgemeinverfügung ohne vorherige Anhörung getroffen und öffentlich bekannt gegeben werden.

(2) Absatz 1 ist auf Einrichtungen der betrieblichen Altersversorgung mit Sitz im Vereinigten Königreich Großbritannien und Nordirland, die zum Zeitpunkt des Austritts des Vereinigten Königreichs Großbritannien und Nordirland aus der Europäischen Union nach § 243 grenzüberschreitend im Inland tätig sind, mit der Maßgabe anzuwenden, dass die §§ 243 und 243a anzuwenden sind.

---

1) § 66a eingefügt durch Gesetz vom 25.3.2019 (BGBl. I S. 357).

Unterabschnitt 3 Unternehmen mit Sitz außerhalb des Europäischen Wirtschaftsraums

§ 67[1] Erlaubnis; Spartentrennung

(1) [1]Versicherungsunternehmen eines Drittstaats, die im Inland das Erst- oder Rückversicherungsgeschäft betreiben wollen, bedürfen zum Geschäftsbetrieb der Erlaubnis der Aufsichtsbehörde. [2]Satz 1 gilt nicht für Versicherungsunternehmen eines Drittstaats, die von ihrem Sitz aus im Inland ausschließlich das Rückversicherungsgeschäft betreiben, wenn

1. die Europäische Kommission gemäß Artikel 172 Absatz 2 oder 4 der Richtlinie 2009/138/EG entschieden hat, dass die Solvabilitätssysteme für Rückversicherungstätigkeiten von Unternehmen in diesem Drittstaat dem in dieser Richtlinie beschriebenen System gleichwertig sind oder
2. auf Grund eines Abkommens der Europäischen Union mit einem Drittstaat Versicherungsunternehmen aus dem jeweiligen Drittstaat ohne das Erfordernis einer Erlaubnis oder einer Niederlassung Rückversicherungsgeschäfte im Inland tätigen dürfen und die im Abkommen geregelten Voraussetzungen erfüllt sind.

[3]Im Fall des Satzes 2 Nummer 1 werden Rückversicherungsverträge mit diesen Unternehmen genauso behandelt wie Rückversicherungsverträge mit Unternehmen, die in einem Mitglied- oder Vertragsstaat zugelassen sind; im Fall des Satzes 2 Nummer 2 erfolgt die Behandlung nach Maßgabe des Abkommens.

(2) [1]Für Unternehmen nach Absatz 1 Satz 1 gelten die besonderen Vorschriften dieses Unterabschnitts sowie ergänzend entsprechend die übrigen Vorschriften dieses Gesetzes und die auf Grund der Richtlinie 2009/138/EG erlassenen delegierten Rechtsakte, technischen Regulierungsstandards und technischen Durchführungsstandards. [2]Die Vorschriften des Teils 2 Kapitel 2 Abschnitt 3 sind auf das gemäß Absatz 1 Satz 1 abgeschlossene Versicherungsgeschäft entsprechend anzuwenden.

(3) [1]Erstversicherungsunternehmen, welche die Lebensversicherung zugleich mit anderen Versicherungssparten betreiben, darf der Geschäftsbetrieb im Inland nicht für die Lebensversicherung erlaubt werden. [2]Erstversicherungsunternehmen, die die Krankenversicherung zugleich mit anderen Versicherungssparten betreiben, können keine Erlaubnis zum Betrieb der Krankenversicherung nach § 146 Absatz 1 im Inland erhalten.

(4) Für Einrichtungen der betrieblichen Altersversorgung im Sinne des Artikels 6 Nummer 1 der Richtlinie (EU) 2016/2341, die ihren Sitz in einem Drittstaat haben, gelten die Vorschriften dieses Unterabschnitts entsprechend.

§ 68 Niederlassung; Hauptbevollmächtigter

(1) [1]Die Unternehmen, für die § 67 Absatz 1 gilt, haben im Inland eine Niederlassung zu errichten und dort alle die Niederlassung betreffenden Geschäftsunterlagen zur Verfügung zu halten. [2]Die Vorschriften der §§ 13d bis 13f des Handelsgesetzbuchs über die Zweigniederlassung sind entsprechend anzuwenden. [3]Für die Geschäftstätigkeit der Niederlassung ist gesondert Rechnung zu legen. [4]§ 37, § 38 Absatz 1 und § 39 sowie § 43 Absatz 1 gelten mit der Maßgabe, dass

1. auch Jahresabschluss und Lagebericht der Hauptniederlassung in deutscher Sprache jedem Versicherten auf Verlangen übersandt werden und
2. zum internen Bericht der im Sitzland des Unternehmens veröffentlichte Jahresabschluss und Lagebericht in der Sprache des Sitzlandes und in deutscher Sprache

1) § 67 Abs. 1 neu gefasst durch Gesetz vom 12.12.2019 (BGBl. I S. 2602).

sowie auch der der Aufsichtsbehörde des Sitzlandes vorgelegte Bericht in der Sprache des Sitzlandes gehören.

(2) [1]Für die Niederlassung ist ein Hauptbevollmächtigter zu bestellen, der seinen Wohnsitz und ständigen Aufenthalt im Inland haben muss. [2]Dieser hat die Pflichten und persönlichen Voraussetzungen zu erfüllen, die dieses Gesetz dem Vorstand eines Unternehmens mit Sitz im Inland auferlegt. [3]Er gilt als ermächtigt, das Unternehmen Dritten gegenüber zu verpflichten, insbesondere Versicherungsverträge mit Versicherungsnehmern im Inland und über dort belegene Grundstücke abzuschließen sowie das Unternehmen bei Verwaltungsbehörden und vor Gerichten zu vertreten. [4]Der Hauptbevollmächtigte ist zur Eintragung in das Handelsregister anzumelden.

(3) Soweit nach den folgenden Vorschriften Sicherheiten gestellt werden müssen, kann sich die Bundesanstalt in den Bedingungen für die Rückgabe vorbehalten, über die Sicherheiten im Interesse der Versicherten zu verfügen.

§ 69 Antrag; Verfahren

(1) [1]Der Antrag nach § 67 ist bei der Bundesanstalt zu stellen. [2]Mit dem Antrag sind einzureichen:

1. der Geschäftsplan nach § 9 Absatz 2 und 3 und die in § 9 Absatz 4 genannten Angaben und Unterlagen für die Niederlassung und die Satzung des Unternehmens; zugleich sind die Mitglieder des zur gesetzlichen Vertretung befugten Organs und eines Aufsichtsorgans zu benennen;
2. eine Bescheinigung der zuständigen Behörde des Sitzlandes darüber,
   a) dass das Unternehmen an seinem Sitz unter seinem Namen Rechte erwerben und Verbindlichkeiten eingehen, vor Gericht klagen und verklagt werden kann sowie
   b) welche Versicherungssparten das Unternehmen zu betreiben befugt ist und welche Arten von Risiken es tatsächlich deckt und
3. die Bilanz sowie die Gewinn-und-Verlustrechnung für jedes der drei letzten Geschäftsjahre; besteht das Unternehmen noch nicht drei Jahre, so hat es diese Unterlagen nur für die bereits abgeschlossenen Geschäftsjahre vorzulegen.

(2) [1]Die Anforderungen an die finanzielle Ausstattung richten sich nach Teil 2 Kapitel 2 Abschnitt 1 und 2. [2]Sie bemessen sich nach dem Geschäftsumfang der Niederlassung. [3]Die Vermögenswerte, die den Gegenwert der Solvabilitätskapitalanforderung bilden, müssen mindestens in Höhe der Mindestkapitalanforderung im Inland, im Übrigen im Gebiet der Mitglied- oder Vertragsstaaten belegen sein. [4]Sie dürfen 50 Prozent der nach der Rechtsverordnung gemäß § 122 Absatz 2 festgelegten absoluten Untergrenze der Mindestkapitalanforderung nicht unterschreiten. [5]Das Unternehmen hat sich ferner zu verpflichten, eine Sicherheit (feste Kaution) zu stellen. [6]Die feste Kaution beträgt mindestens 25 Prozent der absoluten Untergrenze der Mindestkapitalanforderung. [7]Die feste Kaution wird auf die Eigenmittel angerechnet.

(3) Die Erlaubnis kann erteilt werden, wenn

1. keiner der Gründe des § 11 zum Versagen der Erlaubnis vorliegt,
2. die Voraussetzungen des § 68 Absatz 1 und 2 erfüllt sind und
3. der als feste Kaution geforderte Betrag gestellt ist.

(4) Soll der Geschäftsbetrieb auf andere Versicherungssparten oder ein anderes Gebiet im Inland ausgedehnt werden, so sind die Absätze 1 bis 3 entsprechend anzuwenden.

(5) Absatz 2 Satz 5 und 6, Absatz 3 Nummer 3, Absatz 4, § 70 Absatz 1 Satz 1 Nummer 2 und § 71 Satz 1 Nummer 2 finden keine Anwendung bei inländischen Niederlassungen von Rückversicherungsunternehmen mit Sitz in einem Drittstaat.

§ 70 Erleichterungen für Unternehmen, die bereits in einem anderen Mitglied- oder Vertragsstaat zugelassen sind

(1) [1]Einem Unternehmen, das in einem anderen Mitglied- oder Vertragsstaat die Erlaubnis zum Geschäftsbetrieb erhalten oder beantragt hat, kann auf Antrag widerruflich genehmigt werden, dass

1. die Solvabilitätskapitalanforderung auf der Grundlage seiner gesamten Geschäftstätigkeit in den Mitglied- oder Vertragsstaaten berechnet wird,
2. es von der Verpflichtung befreit wird, im Inland eine Kaution zu stellen oder
3. Vermögenswerte, die den Gegenwert der Mindestkapitalanforderung bilden, in einem anderen Mitglied- oder Vertragsstaat belegen sein können, in dem das Unternehmen seine Tätigkeit ausübt.

[2]Die Erleichterungen können nur zusammen gewährt werden. [3]Der Antrag ist bei den Aufsichtsbehörden aller Mitglied- oder Vertragsstaaten zu stellen, in denen das Versicherungsunternehmen zum Geschäftsbetrieb zugelassen ist oder eine Erlaubnis zum Geschäftsbetrieb beantragt hat. [4]In dem Antrag ist die Behörde anzugeben, die künftig die Kapitalausstattung für die gesamte Geschäftstätigkeit in den Mitglied- oder Vertragsstaaten überwachen soll (gewählte Aufsichtsbehörde); die Wahl der Aufsichtsbehörde ist zu begründen. [5]Die Kaution im Sinne des § 69 Absatz 2 Satz 5 ist in dem Mitgliedstaat der gewählten Aufsichtsbehörde zu hinterlegen. [6]Die Genehmigung kann nur erteilt werden, wenn alle Behörden zustimmen, bei denen der Antrag gestellt wurde. [7]Sie wird zu dem Zeitpunkt erteilt, zu dem sich die gewählte Aufsichtsbehörde gegenüber den anderen Aufsichtsbehörden zur Überwachung der Kapitalausstattung bereit erklärt hat. [8]Die Erleichterungen sind von allen Aufsichtsbehörden gleichzeitig zu widerrufen, wenn mindestens eine der Behörden, die dem Antrag zugestimmt haben, dies verlangt.

(2) [1]Ist die Bundesanstalt gewählte Aufsichtsbehörde, so unterrichtet sie die zuständigen Behörden der beteiligten Mitglied- oder Vertragsstaaten von den nach § 134 Absatz 7, § 135 Absatz 3 getroffenen Maßnahmen. [2]Sie kann diese Behörden ersuchen, die gleichen Maßnahmen zu treffen. [3]Ist eine andere Behörde gewählte Aufsichtsbehörde, erteilt die Bundesanstalt ihr alle zur Überwachung des Gesamtsolvabilitätsbedarfs notwendigen Auskünfte; hat sie Verfügungsbeschränkungen über Vermögensgegenstände des Unternehmens angeordnet, weil dessen Eigenmittel unzureichend sind, so trifft die Bundesanstalt auf Verlangen dieser Behörde entsprechende Maßnahmen für die im Inland belegenen Vermögensgegenstände. [4]Die §§ 133 bis 137 bleiben unberührt.

§ 71 Widerruf der Erlaubnis

[1]Die Bundesanstalt widerruft die Erlaubnis, wenn

1. das Unternehmen im Sitzland die Erlaubnis zum Geschäftsbetrieb verliert oder
2. im Fall des § 70 die gewählte Aufsichtsbehörde die Erlaubnis zum Geschäftsbetrieb widerruft, weil die nach § 70 Absatz 1 Satz 1 Nummer 1 berechneten Eigenmittel unzureichend sind.

[2]§ 304 bleibt unberührt.

§ 72 Versicherung inländischer Risiken

Erstversicherungsunternehmen eines Drittstaats, denen der Geschäftsbetrieb nach § 67 erlaubt worden ist, dürfen Versicherungsverträge mit Versicherungsnehmern, die ihren gewöhnlichen Aufenthalt im Inland haben, sowie Versicherungsverträge über dort belegene Grundstücke nur durch Bevollmächtigte abschließen, die im Inland wohnen.

§ 73 Bestandsübertragung

(1) [1]Ein Vertrag, durch den der Versicherungsbestand einer inländischen Niederlassung im Sinne des § 68 Absatz 1 ganz oder teilweise übertragen wird auf

1. ein Versicherungsunternehmen mit Sitz in einem Mitglied- oder Vertragsstaat oder
2. die inländische Niederlassung eines Versicherungsunternehmens eines Drittstaats,

bedarf der Genehmigung der Bundesanstalt. [2]Die Genehmigung darf nur erteilt werden, wenn die übernehmende Drittstaatenniederlassung oder das übernehmende Versicherungsunternehmen mit Sitz in einem Mitglied- oder Vertragsstaat nachweist, dass es nach der Übertragung genügend anrechnungsfähige Eigenmittel zur Einhaltung der Solvabilitätskapitalanforderung besitzt. [3]Der Nachweis erfolgt durch eine Bescheinigung

1. der zuständigen Behörde des anderen Mitglied- oder Vertragsstaats, wenn das übernehmende Unternehmen seinen Sitz in einem anderen Mitglied- oder Vertragsstaat hat, oder
2. der gewählten Aufsichtsbehörde im Sinne des § 70 Absatz 1 Satz 4, wenn die Kapitalausstattung der Drittstaatenniederlassung von dieser überwacht wird.

[4]Für Erstversicherungsunternehmen gilt § 63 Absatz 4 entsprechend.

(2) [1]Gehören Erstversicherungsverträge zu den von der Genehmigung erfassten Vermögensgegenständen, darf die Genehmigung nur erteilt werden, wenn die Aufsichtsbehörden der Staaten, in denen die Risiken des Versicherungsbestandes belegen sind, zustimmen. [2]Es gilt als Zustimmung, wenn diese Aufsichtsbehörden sich innerhalb von drei Monaten nach Erhalt des Antrags nicht geäußert haben.

(3) [1]Die Bestandsübertragung bedarf der Schriftform; § 311b Absatz 3 des Bürgerlichen Gesetzbuchs ist nicht anzuwenden. [2]Die Rechte und Pflichten des übertragenden Unternehmens aus den Versicherungs- oder Rückversicherungsverträgen gehen mit der Bestandsübertragung auch im Verhältnis zu den Versicherungsnehmern oder Vorversicherern auf das übernehmende Unternehmen über; § 415 des Bürgerlichen Gesetzbuchs ist nicht anzuwenden. [3]Die Genehmigung der Bestandsübertragung ist im Bundesanzeiger zu veröffentlichen. [4]Sobald die Bestandsübertragung wirksam geworden ist, hat die übernehmende Niederlassung die Versicherungsnehmer oder die Vorversicherer unverzüglich über die Bestandsübertragung schriftlich oder elektronisch zu informieren.

(4) Wird der Versicherungsbestand einer inländischen Niederlassung auf die inländische Niederlassung eines Versicherungsunternehmens eines Drittstaats übertragen und wird die Kapitalausstattung der Niederlassung des letztgenannten Unternehmens von der Aufsichtsbehörde eines anderen Mitglied- oder Vertragsstaats überwacht, so bleiben die von einer Niederlassung für den übertragenen Bestand gestellten Sicherheiten bestehen, sofern die für das übernehmende Unternehmen zuständige Aufsichtsbehörde nichts anderes bestimmt.

Kapitel 2 Finanzielle Ausstattung

Abschnitt 1 Solvabilitätsübersicht

§ 74 Bewertung der Vermögenswerte und Verbindlichkeiten

(1) [1]Versicherungsunternehmen haben nach Maßgabe der Absätze 2 und 3 sowie der §§ 75 bis 87 eine Gegenüberstellung von Aktiva und Passiva zum Zweck der Bestimmung der vorhandenen Eigenmittel zu erstellen (Solvabilitätsübersicht). [2]Die Vorschriften dieses Gesetzes über Eigenmittel sowie die handelsrechtliche Verpflichtung zur Rechnungslegung bleiben unberührt.

(2) Die Vermögenswerte werden in der Solvabilitätsübersicht mit dem Betrag bewertet, zu dem sie zwischen sachverständigen, vertragswilligen und voneinander unabhängigen Geschäftspartnern getauscht werden könnten.

(3) [1]Die Verbindlichkeiten werden mit dem Betrag bewertet, zu dem sie zwischen sachverständigen, vertragswilligen und voneinander unabhängigen Geschäftspartnern übertragen oder beglichen werden könnten. [2]Eine Berichtigung der Bewertung, um die Bonität des Versicherungsunternehmens zu berücksichtigen, findet nicht statt.

§ 75 Allgemeine Vorschriften für die Bildung versicherungstechnischer Rückstellungen

(1) [1]In der Solvabilitätsübersicht sind für sämtliche Versicherungsverpflichtungen gegenüber Versicherungsnehmern und Anspruchsberechtigten versicherungstechnische Rückstellungen zu bilden. [2]Diese sind auf vorsichtige, verlässliche und objektive Art und Weise zu berechnen.

(2) Der Wert der versicherungstechnischen Rückstellungen entspricht dem aktuellen Betrag, den Versicherungsunternehmen zahlen müssten, wenn sie ihre Versicherungsverpflichtungen unverzüglich auf ein anderes Versicherungsunternehmen übertragen würden.

(3) Bei der Berechnung der versicherungstechnischen Rückstellungen segmentieren die Versicherungsunternehmen ihre Versicherungsverpflichtungen in homogene Risikogruppen, die zumindest nach Geschäftsbereichen getrennt sind.

(4) Die Berechnung der versicherungstechnischen Rückstellungen erfolgt unter Berücksichtigung der von den Finanzmärkten bereitgestellten Informationen sowie allgemein verfügbarer Daten über versicherungstechnische Risiken und hat mit diesen konsistent zu sein (Marktkonsistenz).

(5) Bei der Berechnung der versicherungstechnischen Rückstellungen sind die in § 74 Absatz 3 genannten Grundsätze zu beachten.

§ 76 Wert der versicherungstechnischen Rückstellungen

(1) [1]Der Wert der versicherungstechnischen Rückstellungen entspricht der Summe aus

1. dem nach § 77 berechneten besten Schätzwert und
2. der nach § 78 berechneten Risikomarge.

[2]Der beste Schätzwert und die Risikomarge sind getrennt zu berechnen.

(2) [1]Können künftige Zahlungsströme in Verbindung mit Versicherungsverpflichtungen mit Finanzinstrumenten, für die ein verlässlicher Marktwert zu ermitteln ist, verlässlich nachgebildet werden, so wird der Wert der mit diesen künftigen Zahlungsströmen verbundenen versicherungstechnischen Rückstellungen auf der Grundlage des Marktwerts dieser Finanzinstrumente bestimmt. [2]Absatz 1 Satz 2 gilt in diesem Fall nicht.

§ 77 Bester Schätzwert

(1) Der beste Schätzwert entspricht dem wahrscheinlichkeitsgewichteten Durchschnitt künftiger Zahlungsströme unter Berücksichtigung des Zeitwerts des Geldes (erwarteter Barwert künftiger Zahlungsströme) und unter Verwendung der maßgeblichen risikofreien Zinskurve.

(2) [1]Die Berechnung des besten Schätzwerts hat auf der Grundlage aktueller und glaubhafter Informationen sowie realistischer Annahmen zu erfolgen. [2]Sie stützt sich auf geeignete, passende und angemessene versicherungsmathematische und statistische Methoden.

(3) Bei der Projektion der künftigen Zahlungsströme werden alle ein- und ausgehenden Zahlungsströme berücksichtigt, die zur Abrechnung der Versicherungsverbindlichkeiten während ihrer Laufzeit benötigt werden.

(4) [1]Der beste Schätzwert wird ohne Abzug der aus Rückversicherungsverträgen und von Zweckgesellschaften einforderbaren Beträge berechnet. [2]Diese Beträge werden nach § 86 gesondert berechnet.

(5) Bei Währungen und Binnenmärkten, für die die in Artikel 77e Absatz 1 Buchstabe c der Richtlinie 2009/138/EG genannte Anpassung nicht in den Durchführungsrechtsakten nach Artikel 77e Absatz 2 der Richtlinie 2009/138/EG enthalten ist, wird zur Berechnung des besten Schätzwerts keine Volatilitätsanpassung auf die maßgebliche risikofreie Zinskurve angewandt.

§ 78 Risikomarge

(1) Die Risikomarge stellt sicher, dass der Wert der versicherungstechnischen Rückstellungen dem Betrag entspricht, den die Versicherungsunternehmen fordern würden, um die Versicherungsverpflichtungen übernehmen und erfüllen zu können.

(2) [1]Die Risikomarge wird unter Bestimmung der Kosten, die für die Bereitstellung eines Betrags an anrechnungsfähigen Eigenmitteln erforderlich sind, berechnet. [2]Dieser Betrag hat der Solvabilitätskapitalanforderung zu entsprechen, die für die Bedeckung der Versicherungsverpflichtungen während deren Laufzeit erforderlich ist. [3]Legt die Europäische Kommission gemäß Artikel 86 Buchstabe d der Richtlinie 2009/138/EG einen Kapitalkostensatz für die Bereitstellung an anrechnungsfähigen Eigenmitteln fest, so ist dieser zu verwenden.

§ 79 Allgemeine Grundsätze für die Berechnung der versicherungstechnischen Rückstellungen

(1) Versicherungsunternehmen müssen über interne Prozesse und Verfahren verfügen, um die Genauigkeit, Vollständigkeit und Angemessenheit der bei der Berechnung der versicherungstechnischen Rückstellungen verwendeten Daten zu gewährleisten.

(2) Wenn den Versicherungsunternehmen Daten von angemessener Qualität nicht in genügender Menge zur Verfügung stehen, um eine verlässliche versicherungsmathematische Methode auf eine Gruppe oder Untergruppe ihrer Versicherungsverpflichtungen oder auf einforderbare Beträge aus Rückversicherungsverträgen und gegenüber Zweckgesellschaften anzuwenden, können die Versicherungsunternehmen für die Berechnung des besten Schätzwerts geeignete Näherungswerte einschließlich Einzelfallanalysen verwenden.

§ 80 Matching-Anpassung an die maßgebliche risikofreie Zinskurve

(1) [1]Mit Genehmigung der Aufsichtsbehörde können Versicherungsunternehmen eine Matching-Anpassung an die maßgebliche risikofreie Zinskurve vornehmen, um den besten Schätzwert des Portfolios der Lebensversicherungs- oder Rückversicherungsverpflichtungen zu berechnen, einschließlich der Rentenversicherungen, die aus Nichtlebensversicherungs- oder Rückversicherungsverträgen stammen. [2]Die Genehmigung wird erteilt, wenn folgende Voraussetzungen erfüllt sind:

1. das Versicherungsunternehmen hat ein Portfolio aus Vermögenswerten, bestehend aus Anleihen und sonstigen Vermögenswerten mit ähnlichen Zahlungsstrom-Eigenschaften, festgelegt, um den besten Schätzwert des Portfolios der Versicherungs- oder Rückversicherungsverpflichtungen zu bedecken und behält diese Festlegung während des Bestehens der Verpflichtungen bei, es sei denn, eine Abweichung erfolgt zu dem Zweck, die Replikation der erwarteten Zahlungsströme zwischen Ver-

mögenswerten und Verbindlichkeiten aufrechtzuerhalten, wenn sich die Zahlungsströme wesentlich verändert haben;

2. das Portfolio der Versicherungs- oder Rückversicherungsverpflichtungen, bei denen die Matching-Anpassung vorgenommen werden soll, und das zugeordnete Vermögensportfolio werden getrennt von den anderen Aktivitäten des Unternehmens identifiziert, organisiert und verwaltet und das zugeordnete Vermögensportfolio kann nicht verwendet werden, um Verluste aus anderen Aktivitäten des Unternehmens abzudecken;
3. die erwarteten Zahlungsströme des zugeordneten Vermögensportfolios replizieren sämtliche künftigen Zahlungsströme des Portfolios der Versicherungs- oder Rückversicherungsverpflichtungen in derselben Währung und Inkongruenzen ziehen keine Risiken nach sich, die im Vergleich zu den inhärenten Risiken des Versicherungs- oder Rückversicherungsgeschäfts, bei dem eine Matching-Anpassung vorgenommen wird, wesentlich sind;
4. die dem Portfolio der Verpflichtungen zugrunde liegenden Versicherungs- und Rückversicherungsverträge führen nicht zu künftigen Prämienzahlungen;
5. die einzigen versicherungstechnischen Risiken im Zusammenhang mit dem Portfolio der Versicherungs- oder Rückversicherungsverpflichtungen sind das Langlebigkeitsrisiko, das Kostenrisiko, das Revisionsrisiko und das Sterblichkeitsrisiko;
6. das Sterblichkeitsrisiko gehört zu den versicherungstechnischen Risiken im Zusammenhang mit dem Portfolio der Versicherungs- oder Rückversicherungsverpflichtungen und es erhöht sich der beste Schätzwert des Portfolios der Versicherungs- oder Rückversicherungsverpflichtungen nicht um mehr als 5 Prozent unter einem Sterblichkeitsrisikostress, der gemäß § 97 kalibriert wird;
7. die dem Portfolio der Versicherungs- oder Rückversicherungsverpflichtungen zugrunde liegenden Verträge enthalten keine Optionen für den Versicherungsnehmer oder nur eine Rückkaufoption, bei der der Rückkaufwert den Wert der gemäß § 74 bewerteten Vermögenswerte, die im Zeitpunkt der Ausübung der Rückkaufoption die Versicherungs- oder Rückversicherungsverpflichtungen abdecken, nicht übersteigt;
8. die Vermögenswerte des zugeordneten Vermögensportfolios generieren fixe Zahlungsströme, die von den Emittenten der Vermögenswerte oder Dritten nicht verändert werden können, und
9. die Versicherungs- oder Rückversicherungsverpflichtungen eines Versicherungs- oder Rückversicherungsvertrags werden bei der Zusammenstellung des Portfolios der Versicherungs- oder Rückversicherungsverpflichtungen für die Zwecke dieses Absatzes nicht in verschiedene Teile geteilt.

[3]Unbeschadet des Satzes 2 Nummer 8 können Versicherungsunternehmen Vermögenswerte verwenden, deren Zahlungsströme abgesehen von der Inflationsabhängigkeit fix sind, wenn diese Vermögenswerte die in den Zahlungsströmen des Portfolios der inflationsabhängigen Versicherungs- oder Rückversicherungsverpflichtungen enthaltene Inflation replizieren. [4]Haben Emittenten oder Dritte das Recht, Zahlungsströme von Vermögenswerten so zu ändern, dass der Anleger hinreichenden Ausgleich erhält, um den gleichen Zahlungsstrom durch Reinvestitionen in Vermögenswerte gleicher oder besserer Kreditqualität zu erhalten, schließt das Recht, Zahlungsströme zu ändern, den Vermögenswert nicht von der Zulässigkeit für das zugeordnete Portfolio gemäß Satz 2 Nummer 8 aus.

(2) [1]Versicherungs- oder Rückversicherungsunternehmen, die die Matching-Anpassung an einem Portfolio von Versicherungs- oder Rückversicherungsverpflichtungen

vornehmen, dürfen nicht zu einem Ansatz zurückkehren, der keine Matching-Anpassung umfasst. [2]Ist ein Versicherungs- oder Rückversicherungsunternehmen, das die Matching-Anpassung vornimmt, nicht mehr in der Lage, die in Absatz 1 genannten Voraussetzungen zu erfüllen, hat es die Aufsichtsbehörde unverzüglich davon in Kenntnis zu setzen und die erforderlichen Maßnahmen zu ergreifen, damit diese Voraussetzungen wieder erfüllt werden. [3]Gelingt es dem Unternehmen nicht, innerhalb von zwei Monaten ab dem Zeitpunkt der Nichteinhaltung die in Absatz 1 genannten Voraussetzungen wieder zu erfüllen, darf es bei seinen Versicherungs- oder Rückversicherungsverpflichtungen keine Matching-Anpassung mehr vornehmen und die Matching-Anpassung erst nach weiteren 24 Monaten wieder aufnehmen.

(3) Die Matching-Anpassung darf nicht auf Versicherungs- oder Rückversicherungsverpflichtungen angewandt werden, bei denen die maßgebliche risikofreie Zinskurve für die Berechnung des besten Schätzwerts dieser Verpflichtungen eine Volatilitätsanpassung nach § 82 oder eine Übergangsmaßnahme zu den risikofreien Zinssätzen gemäß § 351 enthält.

§ 81 Berechnung der Matching-Anpassung

Die Matching-Anpassung nach § 80 ist für jede Währung nach folgenden Grundsätzen zu berechnen:

1. die Matching-Anpassung entspricht der Differenz zwischen
   a) dem effektiven Jahreszinssatz, der als konstanter Abzinsungssatz berechnet wird, der angewandt auf die Zahlungsströme des Portfolios der Versicherungs- oder Rückversicherungsverpflichtungen zu einem Wert führt, der dem Wert gemäß § 74 des Portfolios der zugeordneten Vermögenswerte entspricht;
   b) dem effektiven Jahreszinssatz, der als ein konstanter Abzinsungssatz berechnet wird, der angewandt auf die Zahlungsströme des Portfolios der Versicherungs- oder Rückversicherungsverpflichtungen zu einem Wert führt, der dem besten Schätzwert des Portfolios der Versicherungs- oder Rückversicherungsverpflichtungen entspricht, wenn der Zeitwert des Geldes unter Verwendung der grundlegenden risikofreien Zinskurve berücksichtigt wird;
2. die Matching-Anpassung umfasst nicht den grundlegenden Spread, der die von dem Versicherungsunternehmen zurückbehaltenen Risiken widerspiegelt;
3. unbeschadet der Nummer 1 wird der grundlegende Spread bei Bedarf erhöht, um sicherzustellen, dass die Matching-Anpassung für Vermögenswerte, deren Kreditqualität unter dem Investment Grade liegt, nicht höher ist als die Matching-Anpassung für Vermögenswerte, deren Kreditqualität als Investment Grade eingestuft wurde, die dieselbe Duration aufweisen und die derselben Kategorie von Vermögenswerten angehören;
4. die Verwendung externer Ratings bei der Berechnung der Matching-Anpassung hat im Einklang mit den von der Europäischen Kommission gemäß Artikel 111 Absatz 1 Buchstabe n der Richtlinie 2009/138/EG erlassenen delegierten Rechtsakten zu stehen.

§ 82 Volatilitätsanpassung

(1) Versicherungsunternehmen können mit Genehmigung der Aufsichtsbehörde eine Volatilitätsanpassung der maßgeblichen risikofreien Zinskurve zur Berechnung des besten Schätzwerts nach § 77 vornehmen.

(2) Die Volatilitätsanpassung darf nicht für Versicherungsverpflichtungen vorgenommen werden, bei denen für die maßgebliche risikofreie Zinskurve zur Berechnung

des besten Schätzwerts für diese Verpflichtungen eine Matching-Anpassung nach § 80 erfolgt.

(3) Abweichend von § 97 deckt die Solvabilitätskapitalanforderung nicht das Verlustrisiko für Basiseigenmittel aus Änderungen der Volatilitätsanpassung.

§ 83 Zu berücksichtigende technische Informationen

(1) Wenn Durchführungsrechtsakte mit den in Artikel 77e Absatz 1 genannten technischen Informationen gemäß Artikel 77e Absatz 2 der Richtlinie 2009/138/EG von der Kommission erlassen werden, müssen die Versicherungsunternehmen diese technischen Informationen für die Berechnung des besten Schätzwerts nach § 77, der Matching-Anpassung nach § 80 und der Volatilitätsanpassung nach § 82 nutzen.

(2) Wenn die Kommission eine erhöhte Volatilitätsanpassung für ein Land veröffentlicht, müssen die Versicherungsunternehmen, die von § 82 Gebrauch machen, diese zur Berechnung des besten Schätzwerts für Versicherungs- und Rückversicherungsverpflichtungen aus Verträgen anwenden, die auf dem Versicherungsmarkt dieses Landes vertrieben werden.

(3) Sind technische Informationen nach Absatz 1 oder 2 nicht veröffentlicht, haben Versicherungsunternehmen für eigene Berechnungen die diesen Informationen zugrunde liegenden Herleitungen so gut wie möglich nachzubilden.

§ 84 Weitere Sachverhalte, die bei der Berechnung der versicherungstechnischen Rückstellungen zu berücksichtigen sind

(1) Bei der Berechnung der versicherungstechnischen Rückstellungen sind ferner die folgenden Sachverhalte zu berücksichtigen:

1. sämtliche bei der Bedienung der Versicherungsverpflichtungen anfallenden Aufwendungen,
2. die Inflation einschließlich der Inflation der Aufwendungen und der Versicherungsansprüche sowie
3. sämtliche Zahlungen an Versicherungsnehmer und Anspruchsberechtigte, einschließlich künftiger Überschussbeteiligungen, die die Versicherungsunternehmen erwarten vorzunehmen, unabhängig davon, ob sie vertraglich garantiert sind oder nicht.

(2) Bei Lebensversicherungen, bei nach Art der Lebensversicherung betriebenen Krankenversicherungen und bei Unfallversicherungen mit Prämienrückgewähr sind künftige Zahlungsströme an Versicherungsnehmer und Anspruchsberechtigte aus dem Teil der zum Bewertungsstichtag vorhandenen Rückstellung für Beitragsrückerstattung, der zum Ausgleich von Verlusten verwendet werden darf und nicht auf festgelegte Überschussanteile entfällt, nicht als erwartete Zahlungen im Sinne des Absatzes 1 Nummer 3 anzusehen.

§ 85 Finanzgarantien und vertragliche Optionen in den Versicherungsverträgen

(1) Bei der Berechnung der versicherungstechnischen Rückstellungen ist der Wert der Finanzgarantien und sonstiger vertraglicher Optionen zu berücksichtigen, die Gegenstand der Versicherungsverträge sind.

(2) Die Annahmen in Bezug auf die Wahrscheinlichkeit, dass die Versicherungsnehmer ihre vertraglichen Optionen einschließlich der Storno- und Rückkaufsrechte ausüben werden, sind realistisch zu wählen und müssen sich auf aktuelle und glaubhafte Informationen stützen.

(3) Die Annahmen tragen entweder explizit oder implizit den Auswirkungen Rechnung, die künftige Veränderungen der Finanz- und Nichtfinanzbedingungen auf die Ausübung dieser Optionen haben könnten.

§ 86 Einforderbare Beträge aus Rückversicherungsverträgen und gegenüber Zweckgesellschaften

(1) Die Berechnung der einforderbaren Beträge aus Rückversicherungsverträgen und gegenüber Zweckgesellschaften erfolgt nach Maßgabe der §§ 75 bis 85.

(2) Bei der Berechnung dieser einforderbaren Beträge ist die zeitliche Differenz zwischen dem Erhalt der Beträge und den Auszahlungen an die Anspruchsteller zu berücksichtigen.

(3) [1]Das Ergebnis dieser Berechnung ist anzupassen, um den im Fall des Ausfalls der Gegenpartei zu erwartenden Verlusten Rechnung zu tragen. [2]Die Anpassung gründet sich auf eine Einschätzung der Ausfallwahrscheinlichkeit der Gegenpartei und des sich daraus ergebenden durchschnittlichen Verlusts.

§ 87 Vergleich mit Erfahrungsdaten

(1) Versicherungsunternehmen haben durch geeignete Prozesse und Verfahren sicherzustellen, dass die besten Schätzwerte und die Annahmen, die deren Berechnung zugrunde liegen, regelmäßig mit Erfahrungsdaten verglichen werden.

(2) Zeigt der Vergleich eine systematische Abweichung zwischen den Berechnungen des besten Schätzwerts und den Erfahrungsdaten, hat das betreffende Unternehmen entsprechende Anpassungen der verwendeten versicherungsmathematischen Methoden oder der zugrunde liegenden Annahmen vorzunehmen.

§ 88 Befugnisse der Aufsichtsbehörde in Bezug auf versicherungstechnische Rückstellungen; Verordnungsermächtigung

(1) Auf Verlangen der Aufsichtsbehörde haben ihr die Versicherungsunternehmen Folgendes nachzuweisen:

1. die Angemessenheit der Höhe ihrer versicherungstechnischen Rückstellungen,
2. die Eignung und die Erheblichkeit der verwendeten Methoden sowie
3. die Angemessenheit der verwendeten statistischen Basisdaten.

(2) Soweit die von dem Versicherungsunternehmen vorgenommene Berechnung der versicherungstechnischen Rückstellung nicht den Vorschriften der §§ 75 bis 87 entspricht, kann die Aufsichtsbehörde eine Erhöhung des Betrags der versicherungstechnischen Rückstellungen bis zu der nach den genannten Vorschriften vorgesehenen Höhe anordnen.

(3) [1]Das Bundesministerium der Finanzen wird ermächtigt, im Einvernehmen mit dem Bundesministerium der Justiz und für Verbraucherschutz durch Rechtsverordnung zur Berechnung der Deckungsrückstellung unter Beachtung der Grundsätze ordnungsmäßiger Buchführung

1. bei Versicherungsverträgen mit Zinsgarantie einen oder mehrere Höchstwerte für den Rechnungszins festzusetzen,
2. weitere Vorgaben zur Ermittlung der Diskontierungszinssätze nach § 341f Absatz 2 des Handelsgesetzbuchs festzulegen,
3. die Höchstbeträge für die Zillmerung festzusetzen und
4. die versicherungsmathematischen Rechnungsgrundlagen und die Bewertungsmethoden für die Deckungsrückstellung festzulegen.

[2]Auf Unfallversicherungen der in § 161 genannten Art sowie für Rentenleistungen aus den in § 162 genannten Versicherungen ist Satz 1 entsprechend anzuwenden. [3]Die Ermächtigung kann durch Rechtsverordnung im Einvernehmen mit dem Bundesministerium der Justiz und für Verbraucherschutz auf die Bundesanstalt übertragen werden. [4]Rechtsverordnungen nach den Sätzen 1 bis 3 bedürfen nicht der Zustimmung des Bundesrates.

Abschnitt 2 Solvabilitätsanforderungen

Unterabschnitt 1 Bestimmung der Eigenmittel

§ 89 Eigenmittel

(1) [1]Versicherungsunternehmen haben stets über anrechnungsfähige Eigenmittel mindestens in Höhe der Solvabilitätskapitalanforderung zu verfügen. [2]In Höhe der Mindestkapitalanforderung haben sie stets über anrechnungsfähige Basiseigenmittel zu verfügen. [3]Anrechnungsfähig sind Eigenmittel, die den Anforderungen der §§ 94 und 95 entsprechen.

(2) Die Eigenmittel eines Versicherungsunternehmens umfassen die Basiseigenmittel und die ergänzenden Eigenmittel.

(3) Basiseigenmittel sind:

1. der Überschuss der Vermögenswerte über die Verbindlichkeiten abzüglich des Betrags der eigenen Aktien in der Solvabilitätsübersicht und
2. die nachrangigen Verbindlichkeiten.

(4) [1]Die ergänzenden Eigenmittel sind solche, die nicht zu den Basiseigenmitteln zählen und zum Ausgleich von Verlusten eingefordert werden können. [2]Sie können die folgenden Bestandteile umfassen:

1. denjenigen Teil des nicht eingezahlten Grundkapitals, des Gründungsstocks oder des bei öffentlichrechtlichen Versicherungsunternehmen dem Grundkapital bei Aktiengesellschaften entsprechenden Postens, der nicht eingefordert wurde,
2. bei Versicherungsvereinen auf Gegenseitigkeit mit variabler Nachschussverpflichtung die künftigen Forderungen, die der Verein gegenüber seinen Mitgliedern hat, wenn er innerhalb der folgenden zwölf Monate Nachschüsse einfordert,
3. Kreditbriefe und Garantien sowie
4. alle sonstigen rechtsverbindlichen Zahlungsverpflichtungen Dritter gegenüber dem Versicherungsunternehmen.

(5) Sobald ein Bestandteil der ergänzenden Eigenmittel eingezahlt oder eingefordert wurde, ist er für die Zwecke der Solvabilitätsübersicht als Vermögenswert zu behandeln und zählt zu den Basiseigenmitteln.

§ 90 Genehmigung ergänzender Eigenmittel

(1) Ergänzende Eigenmittel dürfen nur mit vorheriger Genehmigung der Aufsichtsbehörde angesetzt werden.

(2) [1]Die Aufsichtsbehörde genehmigt entweder einen Betrag für jeden ergänzenden Eigenmittelbestandteil oder eine Methode zur Bestimmung des Betrags eines jeden Eigenmittelbestandteils. [2]Im letztgenannten Fall wird die Genehmigung nur für einen bestimmten Zeitraum erteilt und umfasst auch den nach dieser Methode ermittelten Betrag.

(3) [1]Der den einzelnen ergänzenden Eigenmittelbestandteilen zugeschriebene Betrag spiegelt die Verlustausgleichsfähigkeit des Bestandteils wider und gründet sich auf vor-

sichtige und realistische Annahmen. [2]Hat ein Eigenmittelbestandteil einen festen Nominalwert, so entspricht der Betrag dieses Bestandteils seinem Nominalwert, wenn dieser Betrag seine Verlustausgleichsfähigkeit angemessen widerspiegelt.

(4) Bei der Entscheidung über den Antrag auf Ansetzung ergänzender Eigenmittel berücksichtigt die Aufsichtsbehörde:

1. die Fähigkeit und Bereitschaft der Gegenparteien zur Zahlung,
2. die Einforderbarkeit der Mittel unter Berücksichtigung der rechtlichen Ausgestaltung des Bestandteils und etwaiger sonstiger Umstände, die die erfolgreiche Einzahlung oder Einforderung dieses Bestandteils verhindern können, und
3. etwaige Informationen über das Ergebnis bisheriger Einforderungen des Versicherungsunternehmens für derartige ergänzende Eigenmittel, soweit diese Informationen auf verlässliche Weise verwendet werden können, um das erwartete Ergebnis künftiger Einforderungen zu bewerten.

§ 91 Einstufung der Eigenmittelbestandteile

(1) Die Versicherungsunternehmen haben ihre Eigenmittelbestandteile in drei Qualitätsklassen einzustufen.

(2) Die Einstufung der Eigenmittelbestandteile richtet sich danach, ob es sich um Basiseigenmittel oder um ergänzende Eigenmittel handelt und inwieweit sie

1. verfügbar oder einforderbar sind, um Verluste bei Unternehmensfortführung und im Fall der Liquidation vollständig aufzufangen und
2. im Fall der Liquidation nachrangig gegenüber allen anderen Verbindlichkeiten sind.

(3) [1]Bei der Beurteilung, inwieweit Eigenmittelbestandteile die in Absatz 2 genannten Merkmale gegenwärtig und in Zukunft aufweisen, ist ihre Laufzeit zu berücksichtigen. [2]Im Fall einer befristeten Laufzeit ist ein Vergleich der befristeten Laufzeit mit der durchschnittlichen Laufzeit der Versicherungsverpflichtungen des Unternehmens in die Betrachtung mit einzubeziehen.

(4) Zusätzlich ist zu berücksichtigen, ob und inwieweit ein Eigenmittelbestandteil frei ist von

1. Verpflichtungen oder Anreizen zur Rückzahlung des Nominalbetrags,
2. obligatorischen festen Kosten und
3. sonstigen Belastungen.

(5) [1]Die Einstufung bedarf der Genehmigung durch die Aufsichtsbehörde. [2]Das gilt nicht für Eigenmittelbestandteile, deren Einstufung in delegierten Rechtsakten der Europäischen Kommission bekannt gemacht wird.

§ 92 Kriterien der Einstufung

(1) Basiseigenmittel werden in die Qualitätsklasse 1 eingestuft, wenn sie die in § 91 Absatz 2 Nummer 1 und 2 genannten Merkmale unter zusätzlicher Berücksichtigung des § 91 Absatz 3 und 4 weitgehend aufweisen.

(2) Basiseigenmittel werden in die Qualitätsklasse 2 eingestuft, wenn sie das in § 91 Absatz 2 Nummer 2 genannte Merkmal unter zusätzlicher Berücksichtigung des § 91 Absatz 3 und 4 weitgehend aufweisen.

(3) Ergänzende Eigenmittel werden in die Qualitätsklasse 2 eingestuft, wenn sie die in § 91 Absatz 2 Nummer 1 und 2 genannten Merkmale unter zusätzlicher Berücksichtigung des § 91 Absatz 3 und 4 weitgehend aufweisen.

(4) Alle sonstigen Basiseigenmittel und ergänzenden Eigenmittel, die nicht unter die Absätze 1 bis 3 fallen, werden in die Qualitätsklasse 3 eingestuft.

§ 93 Einstufung bestimmter Eigenmittelbestandteile

(1) In die Qualitätsklasse 1 eingestuft wird der wahrscheinlichkeitsgewichtete Durchschnitt künftiger Zahlungsströme an Versicherungsnehmer und Anspruchsberechtigte unter Berücksichtigung des Zeitwerts des Geldes (erwarteter Barwert künftiger Zahlungsströme) und unter Verwendung der maßgeblichen risikofreien Zinskurve aus dem Teil der zum Bewertungsstichtag vorhandenen Rückstellung für Beitragsrückerstattung, der zur Deckung von Verlusten verwendet werden darf und nicht auf festgelegte Überschussanteile entfällt

1. bei der Lebensversicherung,
2. bei der Krankenversicherung, die nach Art der Lebensversicherung betrieben wird, und
3. bei der Unfallversicherung mit Prämienrückgewähr.

(2) In die Qualitätsklasse 2 werden eingestuft:

1. Kreditbriefe und Garantien, die von einem unabhängigen Treuhänder als Treuhand für die Versicherungsgläubiger gehalten und von gemäß der Richtlinie 2006/48/EG zugelassenen Kreditinstituten bereitgestellt wurden, und
2. alle künftigen Forderungen, die von durch Reeder gegründeten Versicherungsvereinen auf Gegenseitigkeit mit variablen Beitragseinnahmen, die nur die in der Anlage 1 Nummer 6, 12 und 17 genannten Risiken versichern, gegenüber ihren Mitgliedern mittels der Aufforderung zur Beitragsnachzahlung innerhalb der folgenden zwölf Monate geltend gemacht werden können.

§ 94 Eigenmittel zur Einhaltung der Solvabilitätskapitalanforderung

(1) Für die Einhaltung der Solvabilitätskapitalanforderung setzen sich die anrechnungsfähigen Eigenmittel zusammen aus Eigenmitteln der Qualitätsklasse 1 und aus anrechnungsfähigen Eigenmitteln der Qualitätsklassen 2 und 3.

(2) Die Eigenmittelbestandteile der Qualitätsklassen 2 und 3 sind nur anrechnungsfähig, soweit zumindest folgende Bedingungen erfüllt sind:

1. die Eigenmittelbestandteile der Qualitätsklasse 1 betragen mindestens ein Drittel der Solvabilitätskapitalanforderung und
2. der anrechnungsfähige Betrag der Eigenmittelbestandteile der Qualitätsklasse 3 ist kleiner als ein Drittel der Solvabilitätskapitalanforderung.

§ 95 Eigenmittel zur Einhaltung der Mindestkapitalanforderung

(1) Für die Einhaltung der Mindestkapitalanforderung setzen sich die anrechnungsfähigen Eigenmittel nur aus Eigenmitteln der Qualitätsklasse 1 und anrechnungsfähigen Basiseigenmitteln der Qualitätsklasse 2 zusammen.

(2) Die Eigenmittelbestandteile der Qualitätsklasse 1 bedecken mindestens die Hälfte der Mindestkapitalanforderung.

Unterabschnitt 2 Solvabilitätskapitalanforderung

§ 96 Ermittlung der Solvabilitätskapitalanforderung

(1) [1]Die Solvabilitätskapitalanforderung kann mit Hilfe einer Standardformel oder eines internen Modells ermittelt werden. [2]In beiden Fällen gelten für die Ermittlung der Solvabilitätskapitalanforderung die Vorschriften des § 97.

(2) Weicht das Risikoprofil des Versicherungsunternehmens wesentlich von den Annahmen ab, die der Berechnung mit der Standardformel zugrunde liegen, kann die Aufsichtsbehörde anordnen, dass das Versicherungsunternehmen ein internes Modell zur

Berechnung der Solvabilitätskapitalanforderung oder der relevanten Risikomodule dieser Anforderung innerhalb eines angemessenen Zeitraums entwickelt und verwendet.

§ 97 Berechnung der Solvabilitätskapitalanforderung

(1) Die Berechnung der Solvabilitätskapitalanforderung hat unter der Annahme der Unternehmensfortführung zu erfolgen.

(2) [1]Die Solvabilitätskapitalanforderung muss so kalibriert werden, dass alle quantifizierbaren Risiken, denen ein Versicherungsunternehmen ausgesetzt ist, widergespiegelt werden. [2]Dabei sind sowohl der aktuelle Geschäftsumfang als auch die in den nächsten zwölf Monaten erwarteten neuen Geschäfte zugrunde zu legen. [3]In Bezug auf den aktuellen Geschäftsumfang deckt die Solvabilitätskapitalanforderung nur unerwartete Verluste ab. [4]Sie entspricht dem Value-at-Risk der Basiseigenmittel eines Versicherungsunternehmens zu einem Konfidenzniveau von 99,5 Prozent über einen Zeitraum von einem Jahr.

(3) [1]Der Betrag der Solvabilitätskapitalanforderung hat mindestens die folgenden Risiken abzudecken:

1. das nichtlebensversicherungstechnische Risiko,
2. das lebensversicherungstechnische Risiko,
3. das krankenversicherungstechnische Risiko,
4. das Marktrisiko,
5. das Kreditrisiko und
6. das operationelle Risiko.

[2]Das operationelle Risiko umfasst auch Rechtsrisiken. [3]Es umfasst jedoch weder Reputationsrisiken noch Risiken, die sich aus strategischen Entscheidungen ergeben.

(4) Bei der Ermittlung der Solvabilitätskapitalanforderung sind Auswirkungen von Techniken zur Risikominderung zu berücksichtigen, sofern dem Kreditrisiko und anderen Risiken, die sich aus dem Einsatz dieser Techniken ergeben können, in der Solvabilitätskapitalanforderung angemessen Rechnung getragen wird.

§ 98 Häufigkeit der Berechnung

(1) [1]Die Versicherungsunternehmen müssen die Solvabilitätskapitalanforderung mindestens einmal im Jahr berechnen und das Ergebnis dieser Berechnung der Aufsichtsbehörde melden. [2]Die Versicherungsunternehmen überwachen laufend die Höhe der Solvabilitätskapitalanforderung und den Betrag der vorhandenen anrechnungsfähigen Eigenmittel.

(2) Weicht das Risikoprofil eines Versicherungsunternehmens wesentlich von den Annahmen ab, die Grundlage der zuletzt gemeldeten Solvabilitätskapitalanforderung waren, so hat das Unternehmen die Solvabilitätskapitalanforderung unverzüglich neu zu berechnen und der Aufsichtsbehörde zu melden.

(3) Rechtfertigen Tatsachen die Annahme, dass sich das Risikoprofil des Versicherungsunternehmens seit der letzten Meldung der Solvabilitätskapitalanforderung wesentlich verändert hat, kann die Aufsichtsbehörde von dem Unternehmen die Neuberechnung der Solvabilitätskapitalanforderung verlangen.

§ 99 Struktur der Standardformel

Wird die Solvabilitätskapitalanforderung mit der Standardformel berechnet, so setzt sie sich aus den folgenden Bestandteilen zusammen:

1. der Basissolvabilitätskapitalanforderung gemäß den §§ 100 bis 106,
2. der Kapitalanforderung für das operationelle Risiko gemäß § 107 und

3. der Anpassung für die Verlustausgleichsfähigkeit der versicherungstechnischen Rückstellungen und latenten Steuern gemäß § 108.

§ 100 Aufbau der Basissolvabilitätskapitalanforderung

(1) [1]Die Basissolvabilitätskapitalanforderung umfasst einzelne Risikomodule, die gemäß der Anlage 3 aggregiert werden. [2]Sie umfasst mindestens die folgenden Risikomodule:

1. das nichtlebensversicherungstechnische Risiko,
2. das lebensversicherungstechnische Risiko,
3. das krankenversicherungstechnische Risiko,
4. das Marktrisiko und
5. das Gegenparteiausfallrisiko.

[3]Versicherungsgeschäfte sind demjenigen versicherungstechnischen Risikomodul zuzuweisen, das der technischen Wesensart der zugrunde liegenden Risiken am besten entspricht.

(2) Die Korrelationskoeffizienten für die Aggregation der in Absatz 1 genannten Risikomodule und die Kalibrierung der Kapitalanforderungen für jedes Risikomodul müssen zu einer Gesamtsolvabilitätskapitalanforderung führen, die den in § 97 genannten Prinzipien genügt.

(3) [1]Jedes der in Absatz 1 genannten Risikomodule wird unter Verwendung des Risikomaßes Value-at-Risk zu dem Konfidenzniveau von 99,5 Prozent über den Zeitraum von einem Jahr kalibriert. [2]Gegebenenfalls sind Diversifikationseffekte beim Aufbau der Risikomodule zu berücksichtigen.

(4) Der Aufbau und die Spezifikationen für die Risikomodule müssen für alle Versicherungsunternehmen sowohl im Hinblick auf die Basissolvabilitätskapitalanforderung als auch im Hinblick auf Berechnungsvereinfachungen gemäß § 109 Absatz 1 gleich sein.

(5) Im Hinblick auf Risiken, die aus Katastrophen herrühren, können geographische Besonderheiten bei der Berechnung der lebensversicherungstechnischen, nichtlebensversicherungstechnischen und krankenversicherungstechnischen Module zugrunde gelegt werden.

§ 101 Nichtlebensversicherungstechnisches Risikomodul

(1) [1]Das nichtlebensversicherungstechnische Risikomodul gibt das sich aus Nichtlebensversicherungsverpflichtungen ergebende Risiko in Bezug auf die abgedeckten Risiken und die verwendeten Prozesse bei der Ausübung des Geschäfts wieder. [2]Das Risikomodul hat die Ungewissheit der Ergebnisse der Versicherungsunternehmen im Hinblick auf die bestehenden Versicherungsverpflichtungen und auf die in den folgenden zwölf Monaten erwarteten neuen Geschäfte zu berücksichtigen.

(2) Das nichtlebensversicherungstechnische Risikomodul wird gemäß der Anlage 3 berechnet als eine Kombination der Kapitalanforderungen für mindestens dasjenige Risiko eines Verlusts oder einer nachteiligen Veränderung des Wertes der Versicherungsverbindlichkeiten, das sich ergibt aus:

1. Schwankungen in Bezug auf das Eintreten, die Häufigkeit und die Schwere der versicherten Ereignisse und in Bezug auf die Dauer und den Betrag der Schadenabwicklung (Nichtlebensversicherungsprämienrisiko und -reserverisiko) sowie
2. einer wesentlichen Ungewissheit in Bezug auf die Preisfestlegung und die Annahmen bei der Bildung der versicherungstechnischen Rückstellungen für extreme oder außergewöhnliche Ereignisse (Nichtlebenskatastrophenrisiko).

§ 102 Lebensversicherungstechnisches Risikomodul

(1) Das lebensversicherungstechnische Risikomodul gibt das sich aus Lebensversicherungsverpflichtungen ergebende Risiko in Bezug auf die abgedeckten Risiken und die verwendeten Prozesse bei der Ausübung des Geschäfts wieder.

(2) Das lebensversicherungstechnische Risikomodul wird gemäß der Anlage 3 berechnet als eine Kombination der Kapitalanforderungen für mindestens dasjenige Risiko eines Verlusts oder einer nachteiligen Veränderung des Wertes der Versicherungsverbindlichkeiten, das sich ergibt aus:

1. Veränderungen in der Höhe, im Trend oder in der Volatilität der Sterblichkeitsraten, wenn der Anstieg der Sterblichkeitsrate zu einem Anstieg des Wertes der Versicherungsverbindlichkeiten führt (Sterblichkeitsrisiko),
2. Veränderungen in der Höhe, im Trend oder in der Volatilität der Sterblichkeitsraten, wenn der Rückgang der Sterblichkeitsrate zu einem Anstieg des Wertes der Versicherungsverbindlichkeiten führt (Langlebigkeitsrisiko),
3. Veränderungen in der Höhe, im Trend oder in der Volatilität der Invaliditäts-, Krankheits- und Morbiditätsraten (Invaliditäts-, Morbiditätsrisiko),
4. Veränderungen in der Höhe, im Trend oder in der Volatilität der bei der Verwaltung von Versicherungsverträgen anfallenden Kosten (Lebensversicherungskostenrisiko),
5. Veränderungen in der Höhe, im Trend oder in der Volatilität der Revisionsraten für Rentenversicherungen auf Grund von Rechtsänderungen oder der gesundheitlichen Verfassung des Versicherten (Revisionsrisiko),
6. Veränderungen in der Höhe oder in der Volatilität der Storno-, Kündigungs-, Verlängerungs- und Rückkaufsraten von Versicherungspolicen (Stornorisiko) und
7. einer wesentlichen Ungewissheit in Bezug auf die Annahmen über extreme oder außergewöhnliche Ereignisse bei der Preisfestlegung und bei der Bildung versicherungstechnischer Rückstellungen (Lebensversicherungskatastrophenrisiko).

§ 103 Krankenversicherungstechnisches Risikomodul

(1) [1]Das krankenversicherungstechnische Risikomodul gibt das sich aus Krankenversicherungsverpflichtungen ergebende Risiko in Bezug auf die abgedeckten Risiken und verwendeten Prozesse bei der Ausübung des Geschäfts wieder. [2]Dies gilt unabhängig davon, ob die Krankenversicherung nach Art der Lebensversicherung betrieben wird.

(2) Das krankenversicherungstechnische Risikomodul umfasst mindestens das Risiko eines Verlusts oder einer nachteiligen Veränderung des Wertes der Versicherungsverbindlichkeiten, das sich ergibt aus

1. Veränderungen in der Höhe, im Trend oder in der Volatilität der bei der Bedienung von Versicherungsverträgen angefallenen Kosten,
2. Schwankungen in Bezug auf das Eintreten, die Häufigkeit und die Schwere der versicherten Ereignisse sowie in Bezug auf die Dauer und den Betrag der Regulierungen zum Zeitpunkt der Bildung der versicherungstechnischen Rückstellungen und
3. einer wesentlichen Ungewissheit der Annahmen in Bezug auf die Preisfestlegung und die Bildung versicherungstechnischer Rückstellungen im Hinblick auf den Ausbruch größerer Epidemien sowie der ungewöhnlichen Häufung der unter diesen extremen Umständen auftretenden Risiken.

§ 104 Marktrisikomodul

(1) [1]Das Marktrisikomodul deckt das Risiko ab, das sich ergibt aus der Höhe oder der Volatilität der Marktpreise von Finanzinstrumenten, die sich auf die Bewertung des Ver-

mögens und der Verbindlichkeiten des Unternehmens auswirken. [2]Es hat die strukturelle Inkongruenz zwischen Vermögenswerten und Verbindlichkeiten, insbesondere bezüglich deren Laufzeit, angemessen widerzuspiegeln.

(2) [1]Das Marktrisikomodul wird gemäß der Anlage 3 berechnet als eine Kombination der Kapitalanforderungen im Hinblick auf die Sensitivität der Werte von Vermögensteilen, Verbindlichkeiten und Finanzinstrumenten in Bezug auf mindestens folgende Veränderungen:

1. Veränderungen der Zinskurve oder der Volatilität der Zinssätze (Zinsänderungsrisiko),
2. Veränderungen der Höhe oder der Volatilität der Marktpreise von Aktien (Aktienrisiko),
3. Veränderungen der Höhe oder der Volatilität der Marktpreise von Immobilien (Immobilienrisiko),
4. Veränderungen der Höhe oder der Volatilität der Kreditspreads über der risikofreien Zinskurve (Spread-Risiko) und
5. Veränderungen der Höhe oder der Volatilität der Wechselkurse (Wechselkursrisiko).

[2]Zusätzliche Risiken, die entweder durch eine mangelnde Diversifikation des Anlageportfolios oder durch eine hohe Exponierung gegenüber dem Ausfallrisiko eines einzelnen Wertpapieremittenten oder einer Gruppe verbundener Emittenten bedingt sind (Marktrisikokonzentrationen), sind ebenfalls zu berechnen.

§ 105 Gegenparteiausfallrisikomodul

(1) Das Gegenparteiausfallrisikomodul trägt möglichen Verlusten Rechnung, die sich aus einem unerwarteten Ausfall oder der Verschlechterung der Bonität von Gegenparteien und Schuldnern des Versicherungsunternehmens während der nächsten zwölf Monate ergeben.

(2) [1]Das Gegenparteiausfallrisikomodul umfasst

1. Verträge zur Risikominderung wie Rückversicherungsvereinbarungen, Verbriefungen und Derivate,
2. Forderungen gegenüber Vermittlern und
3. alle sonstigen Kreditrisiken, die nicht vom Spread-Risiko gemäß § 104 Absatz 2 Satz 1 Nummer 4 abgedeckt werden.

[2]Das Gegenparteiausfallrisikomodul berücksichtigt in angemessener Weise akzessorische und sonstige Sicherheiten zugunsten der Versicherungsunternehmen, einschließlich der mit diesen Sicherheiten verbundenen Risiken.

(3) Das Gegenparteiausfallrisikomodul berücksichtigt für jede Gegenpartei die Gesamtrisikoexponierung des Versicherungsunternehmens in Bezug auf diese Gegenpartei unabhängig von der rechtlichen Ausgestaltung der vertraglichen Verpflichtungen gegenüber der Gegenpartei.

§ 106 Aktienrisikountermodul

(1) Das Aktienrisikountermodul schließt eine symmetrische Anpassung des Faktors im Szenario für Aktienanlagen ein, der das Risiko aus Veränderungen des Aktienkursniveaus erfasst.

(2) [1]Die Anpassung der gemäß § 100 Absatz 3 kalibrierten Standardkapitalanforderung für Aktienanlagen wird als Funktion der aktuellen Höhe eines geeigneten Aktienindexes und eines gewichteten Durchschnitts dieses Indexes berechnet. [2]Der gewichtete Durchschnitt wird über einen angemessenen Zeitraum ermittelt, der für alle Versicherungsunternehmen gleich ist.

(3) Die Anpassung darf nicht zu einem Faktor im Szenario für Aktienanlagen führen, der mehr als 10 Prozentpunkte über oder unter dem Standardfaktor für Aktienanlagen liegt.

§ 107 Kapitalanforderung für das operationelle Risiko

(1) [1]Die Kapitalanforderung für das operationelle Risiko deckt operationelle Risiken ab, soweit diese nicht bereits in den in § 100 genannten Risikomodulen berücksichtigt werden. [2]Sie ist gemäß § 97 Absatz 2 zu kalibrieren.

(2) In Bezug auf Lebensversicherungsverträge, bei denen das Anlagerisiko von den Versicherungsnehmern getragen wird, muss die Berechnung der Kapitalanforderung für das operationelle Risiko den Betrag der Kosten berücksichtigen, die jährlich für die Verpflichtungen aus diesen Versicherungen angefallen sind.

(3) [1]In Bezug auf Versicherungsgeschäfte, die nicht unter Absatz 2 fallen, muss die Berechnung der Kapitalanforderung für das operationelle Risiko das Volumen dieser Geschäfte hinsichtlich der verdienten Prämien und der versicherungstechnischen Rückstellungen berücksichtigen, die für die Verpflichtungen aus diesen Versicherungen gehalten werden. [2]Dabei darf die Kapitalanforderung für die operationellen Risiken 30 Prozent der Basissolvabilitätskapitalanforderung für diese Versicherungsgeschäfte nicht überschreiten.

§ 108 Anpassung für die Verlustausgleichsfähigkeit der versicherungstechnischen Rückstellungen und latenten Steuern

(1) Die in § 99 Nummer 3 genannte Anpassung für die Verlustausgleichsfähigkeit der versicherungstechnischen Rückstellungen und latenten Steuern berücksichtigt den möglichen Ausgleich unerwarteter Verluste durch eine gleichzeitige Verringerung der versicherungstechnischen Rückstellungen, der latenten Steuern oder eine Kombination von beidem.

(2) [1]Diese Anpassung berücksichtigt den risikomindernden Effekt, den künftige Überschussbeteiligungen aus Versicherungsverträgen erzeugen, in dem Maße, wie Versicherungsunternehmen nachweisen können, dass eine Reduzierung dieser Überschussbeteiligungen zum Ausgleich unerwarteter Verluste verwendet werden kann. [2]Der durch künftige Überschussbeteiligungen erzeugte risikomindernde Effekt darf nicht höher sein als die Summe aus versicherungstechnischen Rückstellungen und latenten Steuern, die mit diesen künftigen Überschussbeteiligungen in Verbindung stehen.

(3) Für die Zwecke des Absatzes 2 wird der Wert der künftigen Überschussbeteiligungen unter ungünstigen Umständen mit dem Wert der Überschussbeteiligungen gemäß den Basisannahmen für die Berechnung des besten Schätzwerts verglichen.

§ 109 Abweichungen von der Standardformel

(1) [1]Versicherungsunternehmen können eine vereinfachte Berechnung für ein Untermodul oder Risikomodul verwenden, wenn Art, Umfang und Komplexität der Risiken dies rechtfertigen und es unverhältnismäßig ist, von dem Versicherungsunternehmen insoweit die Anwendung der Standardberechnung zu verlangen. [2]Die vereinfachten Berechnungen müssen gemäß § 97 Absatz 2 kalibriert werden.

(2) [1]Mit Genehmigung der Aufsichtsbehörde können Versicherungsunternehmen bei der Berechnung der versicherungstechnischen Module eine Untergruppe von Parametern durch unternehmensspezifische Parameter ersetzen. [2]Derartige Parameter werden auf der Grundlage interner Daten des Unternehmens oder auf der Grundlage von Daten, die direkt für die Geschäfte dieses Unternehmens relevant sind, unter Verwendung standardisierter Methoden kalibriert. [3]Die verwendeten Daten müssen genau, vollständig und angemessen sein.

§ 110 Wesentliche Abweichungen von den Annahmen, die der Berechnung mit der Standardformel zugrunde liegen

[1]Ist die Berechnung der Solvabilitätskapitalanforderung nach der Standardformel nicht zweckmäßig, weil das Risikoprofil des Versicherungsunternehmens wesentlich von den der Standardformel zugrunde gelegten Annahmen abweicht, kann die Aufsichtsbehörde dem Unternehmen aufgeben, bei der Berechnung der versicherungstechnischen Risikomodule eine Untergruppe der für die Standardformel verwendeten Parameter durch unternehmensspezifische Parameter zu ersetzen. [2]Bei der Berechnung dieser spezifischen Parameter hat das Unternehmen die Anforderungen des § 97 Absatz 2 und des § 109 Absatz 2 Satz 2 und 3 einzuhalten.

Unterabschnitt 3 Interne Modelle

§ 111 Verwendung interner Modelle

(1) Versicherungsunternehmen können für die Berechnung der Solvabilitätskapitalanforderung ein internes Modell in Form eines Voll- oder Partialmodells verwenden.

(2) [1]Zu dem Modell sind schriftliche interne Leitlinien zu erstellen, die bestimmen, welche Änderungen das Versicherungsunternehmen an dem internen Modell vornehmen kann. [2]Die internen Leitlinien müssen festlegen, wann eine Änderung als kleinere oder größere zu qualifizieren ist.

(3) [1]Die Verwendung eines Modells, die internen Leitlinien sowie ihre Änderungen, Änderungen des Modells sowie die Beendigung der Verwendung des Modells und die vollständige oder teilweise Rückkehr zur Standardformel müssen von der Aufsichtsbehörde genehmigt werden. [2]Satz 1 gilt nicht für kleinere Änderungen des Modells. [3]Die Aufsichtsbehörde genehmigt den Antrag, wenn die Systeme für die Risikoerkennung, die Risikomessung, die Risikoüberwachung, das Risikomanagement und die Risikoberichterstattung angemessen und insbesondere die in Absatz 4 genannten Anforderungen erfüllt sind. [4]Eine vollständige oder teilweise Rückkehr zur Standardformel darf nur genehmigt werden, wenn dafür eine hinreichende Rechtfertigung besteht.

(4) Zusammen mit dem Antrag auf Genehmigung sind die internen Leitlinien nach Absatz 2 sowie Unterlagen einzureichen, aus denen hervorgeht, dass das interne Modell den Anforderungen des § 112 Absatz 2 und der §§ 115 bis 121 genügt.

(5) Die Aufsichtsbehörde entscheidet über den Antrag auf Genehmigung innerhalb von sechs Monaten nach dem Zugang des vollständigen Antrags.

(6) Von Versicherungsunternehmen, denen die Aufsichtsbehörde die Verwendung eines internen Modells genehmigt hat, kann die Aufsichtsbehörde eine Schätzung der Solvabilitätskapitalanforderung gemäß der Standardformel nach den §§ 96 bis 110 verlangen.

§ 112 Interne Modelle in Form von Partialmodellen

(1) [1]Interne Modelle in Form von Partialmodellen werden genehmigt für die Berechnung

1. eines oder mehrerer Risikomodule oder Untermodule der Basissolvabilitätskapitalanforderung gemäß den §§ 101 bis 106,
2. der Kapitalanforderung für das operationelle Risiko gemäß § 107 und
3. der Anpassung gemäß § 108.

[2]Partialmodelle können für die gesamte Geschäftstätigkeit oder nur für einen oder mehrere Hauptgeschäftsbereiche angewendet werden.

(2) [1]Die §§ 115 bis 121 sind entsprechend anzuwenden; dem begrenzten Anwendungsbereich des Modells ist Rechnung zu tragen. [2]Darüber hinaus muss

1. die sich aus dem Modell ergebende Solvabilitätskapitalanforderung dem Risikoprofil des Versicherungsunternehmens besser Rechnung tragen als die nach der Standardformel berechnete Solvabilitätskapitalanforderung und
2. das Modell
   a) den Grundsätzen der §§ 96 bis 98 entsprechen sowie
   b) vollständig in die Standardformel für die Solvabilitätskapitalanforderung integrierbar und in seinem Aufbau mit den §§ 96 bis 98 konsistent sein.

(3) Das Versicherungsunternehmen muss in angemessenem Umfang begründen, dass der begrenzte Anwendungsbereich des Modells gerechtfertigt ist.

(4) Deckt das Partialmodell nur bestimmte Untermodule eines Risikomoduls oder einige Geschäftsbereiche eines Versicherungsunternehmens in Bezug auf ein spezielles Risikomodul oder Teile von beiden ab, kann die Aufsichtsbehörde die Ausdehnung des Anwendungsbereichs des Modells auf weitere Untermodule oder Geschäftsbereiche eines Risikomoduls im Wege eines Übergangsplans verlangen, bis der überwiegende Teil der Versicherungsgeschäfte in Bezug auf dieses Risikomodul abgedeckt ist.

§ 113 Verantwortung des Vorstands; Mitwirkung Dritter

(1) Der Vorstand ist selbst verantwortlich

1. für den Antrag auf Verwendung des internen Modells gemäß § 111 Absatz 3 und den Antrag auf Genehmigung späterer größerer Änderungen des Modells,
2. für die Einführung von Systemen, die sicherstellen, dass das interne Modell durchgehend ordnungsgemäß funktioniert,
3. für die kontinuierliche Angemessenheit des Aufbaus und der Funktionsweise des internen Modells und
4. dafür, dass das interne Modell jederzeit das Risikoprofil des Versicherungsunternehmens angemessen abbildet.

(2) Die vollständige oder teilweise Bereitstellung des Modells oder von Daten durch Dritte entbindet das Versicherungsunternehmen nicht von der Pflicht, die Anforderungen der §§ 115 bis 121 an das interne Modell zu erfüllen.

§ 114 Nichterfüllung der Anforderungen an das interne Modell

(1) Wenn Versicherungsunternehmen nach der Erteilung der aufsichtsbehördlichen Genehmigung zur Verwendung eines internen Modells nicht mehr die Anforderungen der §§ 115 bis 121 erfüllen, müssen sie der Aufsichtsbehörde unverzüglich einen Plan vorlegen, wie die Anforderungen innerhalb eines angemessenen Zeitraums wieder eingehalten werden können, oder den Nachweis erbringen, dass die Nichteinhaltung der Anforderungen sich nur unwesentlich auswirkt.

(2) Wird der Plan nach Absatz 1 nicht ordnungsgemäß umgesetzt, kann die Aufsichtsbehörde zur Berechnung der Solvabilitätskapitalanforderung die Rückkehr zur Standardformel anordnen.

§ 115 Verwendungstest

(1) Das interne Modell muss in erheblichem Maße zur Unternehmenssteuerung verwendet werden und in der Geschäftsorganisation eine wichtige Rolle spielen, insbesondere

1. im Risikomanagementsystem gemäß § 26 und in den Entscheidungsprozessen sowie

2. in der Beurteilung des ökonomischen Kapitals und Solvabilitätskapitals sowie in den Allokationsprozessen, einschließlich der Beurteilung gemäß § 27.

(2) Die Häufigkeit der Berechnung der Solvabilitätskapitalanforderung unter Verwendung des internen Modells muss mit der Häufigkeit konsistent sein, mit der das interne Modell für die nach Absatz 1 genannten Zwecke genutzt wird.

(3) Das Versicherungsunternehmen trifft die Beweislast dafür, dass die Anforderungen der Absätze 1 und 2 erfüllt sind.

§ 116 Statistische Qualitätsstandards für Wahrscheinlichkeitsverteilungsprognosen

(1) [1]Das interne Modell muss alle wesentlichen Risiken des Versicherungsunternehmens abdecken. [2]Die in § 97 Absatz 3 genannten Risiken sind stets zu berücksichtigen. [3]Ungeachtet der gewählten Berechnungsmethode muss die Risikoeinstufung ausreichend sein, um zu gewährleisten, dass das interne Modell in der Geschäftsorganisation, insbesondere im Risikomanagement, in den Entscheidungsprozessen und der Kapitalallokation in erheblichem Maße verwendet wird und eine wichtige Rolle im Sinne des § 115 Absatz 1 spielt.

(2) Die Versicherungsunternehmen müssen jederzeit in der Lage sein, die Plausibilität der dem internen Modell zugrunde liegenden Annahmen gegenüber der Aufsichtsbehörde nachzuweisen.

(3) [1]Die Methoden zur Berechnung der dem internen Modell zugrunde liegenden Wahrscheinlichkeitsverteilungsprognose sind auf geeignete, passende und angemessene versicherungsmathematische und statistische Verfahren zu stützen. [2]Sie müssen mit den Methoden konsistent sein, die für die Berechnung der versicherungstechnischen Rückstellungen verwendet werden.

(4) Die Berechnung der Wahrscheinlichkeitsverteilungsprognose muss auf aktuellen und zuverlässigen Informationen sowie auf realistischen Annahmen aufbauen.

(5) [1]Die für das interne Modell verwendeten Daten müssen genau, vollständig und angemessen sein. [2]Die für die Berechnung der Wahrscheinlichkeitsverteilungsprognose verwendeten Datenreihen sind mindestens einmal jährlich zu aktualisieren.

§ 117 Sonstige statistische Qualitätsstandards

(1) Abhängigkeiten innerhalb der Risikokategorien sowie zwischen den Risikokategorien in Bezug auf Diversifikationseffekte können im internen Modell berücksichtigt werden, wenn die Systeme zur Messung der Diversifikationseffekte angemessen sind.

(2) Effekte von Risikominderungstechniken können im internen Modell berücksichtigt werden, wenn das Kreditrisiko und andere sich aus der Anwendung der Risikominderungstechniken ergebende Risiken angemessen widergespiegelt werden.

(3) [1]Risiken von wesentlicher Bedeutung aus Finanzgarantien und vertraglichen Optionen sind exakt zu bewerten. [2]Zusätzlich sind Risiken aus Optionen zugunsten der Versicherungsnehmer und anderer Versicherungsunternehmen zu bewerten. [3]Die Auswirkungen künftiger Veränderungen der Finanz- und Nichtfinanzbedingungen auf die Ausübung dieser Optionen sind zu berücksichtigen.

(4) [1]Künftigen Maßnahmen der Geschäftsleitung, die vernünftigerweise unter bestimmten Bedingungen zu erwarten sind, kann im internen Modell Rechnung getragen werden. [2]Die Zeit, die die Umsetzung derartiger Maßnahmen erfordert, ist zu berücksichtigen.

(5) Zu erwartende Zahlungen an Versicherte sind unabhängig davon, ob sie vertraglich garantiert sind oder nicht, im internen Modell zu berücksichtigen.

§ 118 Kalibrierungsstandards

(1) Die Versicherungsunternehmen können abweichend von § 97 Absatz 2 im internen Modell einen anderen Zeitraum oder ein anderes Risikomaß verwenden, wenn sichergestellt ist, dass die Ergebnisse des internen Modells in einer Art und Weise zur Berechnung der Solvabilitätskapitalanforderung verwendet werden, die den Versicherten ein dem § 97 gleichwertiges Schutzniveau gewährt.

(2) [1]Sofern es in der Praxis möglich ist, haben Versicherungsunternehmen die Solvabilitätskapitalanforderung direkt aus der Wahrscheinlichkeitsverteilungsprognose abzuleiten, die durch das interne Modell generiert wird. [2]Das Risikomaß Value-at-Risk gemäß § 97 ist zu verwenden.

(3) Die Aufsichtsbehörde kann Annäherungen für die Berechnung der Solvabilitätskapitalanforderung zulassen, wenn die Solvabilitätskapitalanforderung nicht direkt aus der durch das interne Modell generierten Wahrscheinlichkeitsverteilungsprognose abgeleitet werden kann und die Versicherungsunternehmen der Aufsichtsbehörde nachweisen, dass den Versicherungsnehmern ein Schutzniveau entsprechend § 97 Absatz 2 gewährt wird.

(4) [1]Auf Verlangen der Aufsichtsbehörde ist das interne Modell auf einschlägige Benchmark-Portfolios anzuwenden. [2]Dabei ist auf Verlangen der Aufsichtsbehörde von Annahmen auszugehen, die sich im Wesentlichen auf externe Daten stützen, um die Kalibrierung des internen Modells zu überprüfen und zu ermitteln, ob seine Spezifizierung der allgemein anerkannten Marktpraxis entspricht.

§ 119 Zuordnung von Gewinnen und Verlusten

[1]Die Versicherungsunternehmen haben die Ursachen und Quellen von Gewinnen und Verlusten jedes Hauptgeschäftsbereichs mindestens einmal jährlich zu untersuchen. [2]Dabei prüfen sie, wie die im internen Modell gewählte Risikokategorisierung die Ursachen und Quellen der Gewinne und Verluste erklärt. [3]Die Risikokategorisierung und die Zuweisung von Gewinnen und Verlusten müssen das Risikoprofil der Versicherungsunternehmen widerspiegeln.

§ 120 Validierungsstandards

(1) Versicherungsunternehmen müssen über einen regelmäßigen Modellvalidierungszyklus verfügen, der die Kontrolle des Leistungsvermögens des internen Modells, die Überprüfung der kontinuierlichen Angemessenheit seiner Spezifikation und den Abgleich von Modellergebnissen und Erfahrungswerten umfasst.

(2) Der Modellvalidierungsprozess muss ein wirksames statistisches Verfahren für die Validierung des internen Modells umfassen, mit dem gegenüber der Aufsichtsbehörde nachgewiesen werden kann, dass die mit Hilfe des internen Modells berechneten Kapitalanforderungen angemessen sind.

(3) Die angewendeten statistischen Methoden haben die Angemessenheit der Wahrscheinlichkeitsverteilungsprognose im Vergleich zu beobachteten Verlusten und zu allen wesentlichen neuen Daten und dazugehörigen Informationen zu prüfen.

(4) [1]Der Modellvalidierungsprozess umfasst eine Analyse der Stabilität des internen Modells und insbesondere die Überprüfung der Sensitivität der Ergebnisse des internen Modells in Bezug auf Veränderungen der wichtigsten Annahmen, auf die sich das Modell stützt. [2]Er enthält auch eine Bewertung der Genauigkeit, Vollständigkeit und Angemessenheit der für das interne Modell verwendeten Daten.

§ 121 Dokumentationsstandards

(1) [1]Der Aufbau und die Funktionsweise des internen Modells sind zu dokumentieren. [2]Aus dieser Dokumentation muss hervorgehen, dass die Anforderungen der §§ 115 bis 120 eingehalten werden.

(2) Die Dokumentation enthält eine detaillierte Erläuterung der theoretischen Grundlagen, der Annahmen sowie der mathematischen und der empirischen Basis, auf die sich das interne Modell stützt, und beschreibt alle Konstellationen, in denen das interne Modell nicht wirksam funktioniert.

(3) Versicherungsunternehmen haben alle größeren Veränderungen an ihrem internen Modell (§ 111 Absatz 2) zu dokumentieren.

Unterabschnitt 4 Mindestkapitalanforderung

§ 122 Bestimmung der Mindestkapitalanforderung; Verordnungsermächtigung

(1) Die Mindestkapitalanforderung entspricht dem Betrag anrechnungsfähiger Basiseigenmittel, unterhalb dessen die Versicherungsnehmer und Anspruchsberechtigten bei einer Fortführung der Geschäftstätigkeit des Versicherungsunternehmens einem unannehmbaren Risikoniveau ausgesetzt sind.

(2) [1]Das Bundesministerium der Finanzen wird ermächtigt, durch Rechtsverordnung die Höhe der in Absatz 1 genannten Mindestkapitalanforderung festzulegen; dabei sind Artikel 129 Absatz 1 bis 3 der Richtlinie 2009/138/EG, delegierte Rechtsakte der Europäischen Kommission gemäß Artikel 130 der Richtlinie 2009/138/EG und Veröffentlichungen der Europäischen Kommission gemäß Artikel 300 der Richtlinie 2009/138/EG zu beachten. [2]Die Ermächtigung kann durch Rechtsverordnung auf die Bundesanstalt übertragen werden. [3]Rechtsverordnungen nach den Sätzen 1 und 2 bedürfen nicht der Zustimmung des Bundesrates.

§ 123 Berechnungsturnus; Meldepflichten

(1) [1]Versicherungsunternehmen haben die Mindestkapitalanforderung vierteljährlich zu berechnen und das Berechnungsergebnis der Aufsichtsbehörde zu melden. [2]Für Zwecke der Bestimmung der Grenzwerte der Mindestkapitalanforderung ist keine vierteljährliche Berechnung der Solvabilitätskapitalanforderung erforderlich.

(2) Bestimmt einer der in Artikel 129 Absatz 3 der Richtlinie 2009/138/EG genannten Grenzwerte die Mindestkapitalanforderung eines Versicherungsunternehmens, hat dieses der Aufsichtsbehörde die Gründe dafür zu erläutern.

Abschnitt 3 Anlagen; Sicherungsvermögen

§ 124 Anlagegrundsätze

(1) [1]Versicherungsunternehmen müssen ihre gesamten Vermögenswerte nach dem Grundsatz der unternehmerischen Vorsicht anlegen. [2]Dabei sind folgende Anforderungen einzuhalten:

1. Versicherungsunternehmen dürfen ausschließlich in Vermögenswerte und Instrumente investieren, deren Risiken sie
   a) hinreichend identifizieren, bewerten, überwachen, steuern, kontrollieren und in ihre Berichterstattung einbeziehen können,
   b) bei der Beurteilung ihres Solvabilitätsbedarfs gemäß § 27 Absatz 2 Nummer 1 hinreichend berücksichtigen können;

2. sämtliche Vermögenswerte sind so anzulegen, dass Sicherheit, Qualität, Liquidität und Rentabilität des Portfolios als Ganzes sichergestellt werden; außerdem muss die Belegenheit der Vermögenswerte ihre Verfügbarkeit gewährleisten;
3. Vermögenswerte, die zur Bedeckung der versicherungstechnischen Rückstellungen gehalten werden, sind außerdem in einer der Art und Laufzeit der Erstversicherungs- und Rückverbindlichkeiten des Unternehmens angemessenen Weise anzulegen; diese Vermögenswerte sind im Interesse aller Versicherungsnehmer und Anspruchsberechtigten unter Berücksichtigung der Anlagepolitik anzulegen, sofern diese offengelegt worden ist;
4. im Fall eines Interessenkonflikts muss sichergestellt werden, dass die Anlage im Interesse der Versicherungsnehmer und Anspruchsberechtigten erfolgt;
5. die Verwendung derivativer Finanzinstrumente ist nur zulässig, sofern diese zur Verringerung von Risiken oder zur Erleichterung einer effizienten Portfolioverwaltung beitragen; diese Voraussetzung wird nicht erfüllt durch Geschäfte mit derivativen Finanzinstrumenten, die lediglich den Aufbau reiner Handelspositionen (Arbitragegeschäfte) bezwecken oder bei denen entsprechende Wertpapierbestände nicht vorhanden sind (Leerverkäufe);
6. Anlagen und Vermögenswerte, die nicht zum Handel an einem geregelten Finanzmarkt zugelassen sind, sind auf einem vorsichtigen Niveau zu halten;
7. Anlagen sind in angemessener Weise so zu mischen und zu streuen, dass eine übermäßige Abhängigkeit von einem bestimmten Vermögenswert oder Emittenten oder von einer bestimmten Unternehmensgruppe oder einem geographischen Raum und eine übermäßige Risikokonzentration im Portfolio als Ganzem vermieden werden und
8. Vermögensanlagen bei demselben Emittenten oder bei Emittenten, die derselben Unternehmensgruppe angehören, dürfen nicht zu einer übermäßigen Risikokonzentration führen.

(2) [1]Absatz 1 Nummer 5 bis 8 findet auf Lebensversicherungsverträge, bei denen das Anlagerisiko vom Versicherungsnehmer getragen wird, vorbehaltlich Satz 2 Nummer 3 keine Anwendung. [2]Über Absatz 1 Nummer 1 bis 4 hinaus sind bei diesen Verträgen für die betroffenen Vermögenswerte,

1. wenn die Leistungen aus einem Vertrag direkt an den Wert von Anteilen an Organismen für gemeinschaftliche Anlagen in Wertpapieren im Sinne der Richtlinie 2009/65/EG oder an den Wert von Vermögenswerten gebunden sind, die in einem von den Versicherungsunternehmen gehaltenen und in der Regel in Anteile aufgeteilten internen Fonds enthalten sind, die versicherungstechnischen Rückstellungen für diese Leistungen so genau wie möglich durch die betreffenden Anteile oder, sofern keine Anteile gebildet wurden, durch die betreffenden Vermögenswerte abzubilden;
2. wenn die Leistungen aus einem Vertrag direkt an einen Aktienindex oder an einen anderen als den in Nummer 1 genannten Referenzwert gebunden sind, die versicherungstechnischen Rückstellungen für diese Leistungen so genau wie möglich durch die Anteile, die den Referenzwert darstellen, abzubilden; sofern keine Anteile gebildet werden, sind die Rückstellungen durch Vermögenswerte mit angemessener Sicherheit und Realisierbarkeit abzubilden, die so genau wie möglich denjenigen Werten entsprechen, auf denen der jeweilige Referenzwert beruht und
3. wenn die in den Nummern 1 und 2 genannten Leistungen eine Garantie in Bezug auf das Anlageergebnis oder eine sonstige garantierte Leistung einschließen, auf die zur Bedeckung der entsprechenden zusätzlichen versicherungstechnischen Rückstellungen gehaltenen Vermögenswerte Absatz 1 Nummer 5 bis 8 anzuwenden.

(3) Gehören Versicherungsverhältnisse zu einem selbständigen Bestand eines Versicherungsunternehmens in einem Staat außerhalb der Mitglied- oder Vertragsstaaten, sind die Absätze 1 und 2 anzuwenden, soweit nicht ausländisches Recht Abweichendes vorschreibt.

§ 125 Sicherungsvermögen

(1) [1]Der Vorstand eines Erstversicherungsunternehmens hat schon im Laufe des Geschäftsjahres Beträge in solcher Höhe dem Sicherungsvermögen zuzuführen und vorschriftsmäßig anzulegen, wie es dem voraussichtlichen Anwachsen des Mindestumfangs nach Absatz 2 entspricht. [2]Wenn Erstversicherungsunternehmen Vermögen in

1. Darlehensforderungen,
2. Schuldverschreibungen und Genussrechten,
3. Schuldbuchforderungen,
4. Aktien,
5. Beteiligungen,
6. Grundstücken und grundstücksgleichen Rechten,
7. Anteilen im Sinne des § 215 Absatz 2 Satz 1 Nummer 6 oder
8. laufenden Guthaben und Einlagen bei Kreditinstituten

anlegen, sind diese Vermögenswerte bis zur Höhe der in Absatz 2 genannten Summe der Bilanzwerte dem Sicherungsvermögen zuzuführen. [3]Die in Satz 2 genannten Vermögenswerte sollen insgesamt im Hinblick auf Sicherheit, Liquidität, Rentabilität und Qualität mindestens dem Niveau des Gesamtportfolios entsprechen.

(2) [1]Der Umfang des Sicherungsvermögens muss mindestens der Summe aus den Bilanzwerten folgender Beträge entsprechen:

1. der Beitragsüberträge,
2. der Deckungsrückstellung,
3. der Rückstellung für
   a) noch nicht abgewickelte Versicherungsfälle und Rückkäufe,
   b) erfolgsunabhängige Beitragsrückerstattung und
   c) unverbrauchte Beiträge aus ruhenden Versicherungsverträgen,
4. der Teile der Rückstellung für erfolgsabhängige Beitragsrückerstattung, die auf bereits festgelegte, aber noch nicht zugeteilte Überschussanteile entfallen,
5. der Verbindlichkeiten aus dem selbst abgeschlossenen Versicherungsgeschäft gegenüber Versicherungsnehmern sowie
6. der als Prämie eingenommenen Beträge, die ein Versicherungsunternehmen zu erstatten hat, wenn ein Versicherungsvertrag oder ein in § 2 Absatz 2 genanntes Geschäft nicht zustande gekommen ist oder aufgehoben wurde.

[2]Bilanzwerte im Sinne des Satzes 1 sind die Bruttobeträge für das selbst abgeschlossene Versicherungsgeschäft vor Abzug der Anteile für das in Rückdeckung gegebene Versicherungsgeschäft.

(3) [1]Unbelastete Grundstücke und grundstücksgleiche Rechte sind für das Sicherungsvermögen mit ihrem Bilanzwert anzusetzen. [2]Ist der Bilanzwert höher als der Verkehrswert, so ist der Verkehrswert anzusetzen. [3]Die Aufsichtsbehörde kann eine angemessene Erhöhung des Wertansatzes zulassen, wenn und soweit durch ein Sachverständigengutachten nachgewiesen ist, dass der Verkehrswert den Bilanzwert um mindestens 100 Prozent überschreitet. [4]Für belastete Grundstücke und grundstücksgleiche Rechte setzt die Aufsichtsbehörde den Wert im Einzelfall fest.

(4) [1]Das Sicherungsvermögen ist gesondert von jedem anderen Vermögen zu verwalten und im Gebiet der Mitglied- oder Vertragsstaaten aufzubewahren. [2]Die Art der Aufbewahrung ist der Aufsichtsbehörde anzuzeigen. [3]Diese kann genehmigen, dass die Werte des Sicherungsvermögens an einem anderen Ort aufbewahrt werden.

(5) Für jede Anlageart ist eine Abteilung des Sicherungsvermögens (Anlagestock) zu bilden, soweit Lebensversicherungsverträge Versicherungsleistungen

1. in Anteilen an einem offenen Investmentvermögen im Sinne von § 1 Absatz 4 des Kapitalanlagegesetzbuchs anlegen,
2. in von einer Investmentgesellschaft ausgegebenen Anteilen vorsehen,
3. in Vermögensgegenstände im Sinne von § 2 Absatz 4 des Investmentgesetzes in der bis zum 21. Juli 2013 geltenden Fassung, ausgenommen Geld, vorsehen oder
4. direkt an einen Aktienindex oder andere Bezugswerte binden.

(6) [1]Mit Genehmigung der Aufsichtsbehörde können selbständige Abteilungen des Sicherungsvermögens gebildet werden. [2]Was für das Sicherungsvermögen und die Ansprüche daran vorgeschrieben ist, gilt dann entsprechend für jede selbständige Abteilung.

§ 126 Vermögensverzeichnis

(1) [1]Das Versicherungsunternehmen hat dafür zu sorgen, dass die Bestände des Sicherungsvermögens in ein Vermögensverzeichnis einzeln eingetragen werden. [2]Die Vorschriften über das Sicherungsvermögen gelten für alle Vermögensgegenstände, die im Vermögensverzeichnis eingetragen sind. [3]Ansprüche auf Nutzungen, die die zum Sicherungsvermögen gehörenden Vermögensgegenstände gewähren, gehören auch ohne Eintragung in das Vermögensverzeichnis zum Sicherungsvermögen. [4]Forderungen aus Vorauszahlungen oder Darlehen auf die eigenen Versicherungsscheine des Unternehmens, soweit sie zu den Beständen des Sicherungsvermögens gehören, brauchen nur in einer Gesamtsumme nachgewiesen zu werden. [5]Bei Forderungen, die durch eine Grundstücksbelastung gesichert und in Teilbeträgen zurückzuzahlen sind, ist das Vermögensverzeichnis nach näherer Bestimmung der Aufsichtsbehörde zu berichtigen; dasselbe gilt für Grundstücksbelastungen, die keine persönliche Forderung sichern.

(2) [1]Am Schluss eines jeden Geschäftsjahres hat das Versicherungsunternehmen der Aufsichtsbehörde eine Abschrift der im Laufe des Geschäftsjahres vorgenommenen Eintragungen vorzulegen; der Vorstand hat die Richtigkeit der Abschrift zu bescheinigen. [2]Die Aufsichtsbehörde hat die Abschrift aufzubewahren.

(3) [1]Die Anteile der Rückversicherer sowie die Anteile der zum Geschäftsbetrieb zugelassenen Zweckgesellschaften im Sinne des Artikels 211 der Richtlinie 2009/138/EG an den versicherungstechnischen Bruttorückstellungen im Sinne der §§ 341e bis 341h des Handelsgesetzbuchs des selbst abgeschlossenen Versicherungsgeschäfts gehören auch ohne Eintragung in das Vermögensverzeichnis zum Sicherungsvermögen. [2]Für Forderungen an Versicherungs-Zweckgesellschaften mit Sitz in einem Drittstaat gilt dies nur dann, wenn die Versicherungs-Zweckgesellschaft im Sitzland entsprechend den Anforderungen des § 168 zum Geschäftsbetrieb staatlich zugelassen ist und beaufsichtigt wird sowie über eine vergleichbare Ausstattung mit Kapitalanlagen verfügt.

(4) [1]Absatz 3 gilt für die Lebensversicherung, die Krankenversicherung der in § 146 genannten Art, die private Pflegepflichtversicherung nach § 148 und die Unfallversicherung mit Prämienrückgewähr nach § 161, nur für die Beitragsüberträge nach § 341e Absatz 2 Nummer 1 des Handelsgesetzbuchs und die Rückstellung für noch nicht abgewickelte Versicherungsfälle nach § 341g des Handelsgesetzbuchs. [2]In den genannten Versicherungszweigen hat das Unternehmen die anteiligen Werte des Sicherungsvermögens mit Ausnahme der Beitragsüberträge nach § 341e Absatz 2 Nummer 1 des

Handelsgesetzbuchs und der Rückstellung für noch nicht abgewickelte Versicherungsfälle nach § 341g des Handelsgesetzbuchs auch für den in Rückdeckung gegebenen Anteil selbst aufzubewahren und zu verwalten.

§ 127 Zuführungen zum Sicherungsvermögen

(1) [1]Erreicht das Sicherungsvermögen nicht den Mindestumfang nach § 125 Absatz 2, hat der Vorstand den fehlenden Betrag unverzüglich dem Sicherungsvermögen zuzuführen. [2]Die Zuführung zum Sicherungsvermögen darf so weit unterbleiben, wie im Ausland zugunsten bestimmter Versicherungen eine besondere Sicherheit aus den eingenommenen Versicherungsentgelten gestellt werden muss.

(2) [1]Die Aufsichtsbehörde kann anordnen, dass dem Sicherungsvermögen über den Mindestumfang nach § 125 Absatz 2 hinaus Beträge zugeführt werden, wenn dies zur Wahrung der Belange der Versicherten geboten erscheint. [2]Eine Zuführung kann insbesondere unter Berücksichtigung der niedrigeren Zeitwerte der Vermögensgegenstände des Sicherungsvermögens geboten sein.

§ 128 Treuhänder für das Sicherungsvermögen

(1) [1]Zur Überwachung des Sicherungsvermögens für die Lebensversicherung, die Krankenversicherung der in § 146 genannten Art, die private Pflegepflichtversicherung nach § 148 und die Unfallversicherung mit Prämienrückgewähr nach § 161 sind ein Treuhänder und ein Stellvertreter für diesen zu bestellen. [2]Öffentlich-rechtliche Versicherungsunternehmen müssen keinen Treuhänder bestellen. [3]Kleinere Vereine im Sinne des § 210 Absatz 1 Satz 1 müssen einen Treuhänder nur bestellen, wenn es die Aufsichtsbehörde anordnet.

(2) Für den Stellvertreter gelten die Vorschriften über den Treuhänder entsprechend.

(3) [1]Den Treuhänder bestellt der Aufsichtsrat. [2]Hat ein kleinerer Verein keinen Aufsichtsrat, bestellt der Vorstand den Treuhänder.

(4) [1]Wer als Treuhänder vorgesehen ist, muss vor Bestellung der Aufsichtsbehörde benannt werden. [2]Hat diese gegen die Bestellung Bedenken, kann sie verlangen, dass innerhalb einer angemessenen Frist eine andere Person benannt wird. [3]Unterbleibt das oder hat die Aufsichtsbehörde auch gegen die Bestellung dieser neu benannten Person Bedenken, so kann sie den Treuhänder selbst bestellen. [4]Die Sätze 2 und 3 gelten auch, wenn die Aufsichtsbehörde Bedenken dagegen hat, dass ein bestellter Treuhänder sein Amt weiter verwaltet.

(5) Der Treuhänder hat, ohne dass diese Pflicht die Verantwortlichkeit der zur Vertretung des Unternehmens berufenen Stellen berührt, im Jahresabschluss unter der Bilanz zu bestätigen, dass das Sicherungsvermögen vorschriftsmäßig angelegt und aufbewahrt ist.

(6) Streitigkeiten zwischen dem Treuhänder und dem Versicherungsunternehmen über seine Obliegenheiten entscheidet die Aufsichtsbehörde.

§ 129 Sicherstellung des Sicherungsvermögens

(1) Das Sicherungsvermögen ist so sicherzustellen, dass nur mit Zustimmung des Treuhänders darüber verfügt werden kann.

(2) [1]Der Treuhänder hat insbesondere die Bestände des Sicherungsvermögens unter Mitverschluss des Versicherungsunternehmens zu verwahren. [2]Der Treuhänder darf einen Sicherungsvermögenswert nur herausgeben, wenn die übrigen Werte zur Bedeckung des Mindestumfangs des Sicherungsvermögens gemäß § 125 Absatz 2 ausreichen oder das Versicherungsunternehmen Zug um Zug eine anderweitige Bedeckung des Sicherungsvermögens stellt. [3]Ist das Versicherungsunternehmen zur Herausgabe einer Urkunde verpflichtet, muss der Treuhänder der Herausgabe zustimmen, auch wenn

die in Satz 2 genannten Voraussetzungen nicht vorliegen; § 127 Absatz 1 ist entsprechend anzuwenden. [4]Benötigt das Versicherungsunternehmen eine Urkunde zum vorübergehenden Gebrauch, so hat der Treuhänder sie herauszugeben, ohne dass das Versicherungsunternehmen verpflichtet ist, eine anderweitige Bedeckung zu stellen.

(3) Der Treuhänder kann einer Verfügung nur schriftlich zustimmen; soll ein Gegenstand im Vermögensverzeichnis gelöscht werden, so genügt es, dass der Treuhänder neben oder unter den Löschungsvermerk seinen Namen schreibt.

(4) Der Treuhänder kann jederzeit die Bücher und Schriften des Versicherungsunternehmens einsehen, soweit sie sich auf das Sicherungsvermögen beziehen.

§ 130 Entnahme aus dem Sicherungsvermögen

(1) Dem Sicherungsvermögen dürfen außer den Mitteln, die zur Vornahme und Änderung der Kapitalanlagen erforderlich sind, nur die Beträge entnommen werden, die durch Eintritt oder Regulierung des Versicherungsfalls, durch Rückkauf oder dadurch frei werden, dass sonst ein Versicherungsverhältnis beendet oder der Geschäftsplan geändert wird.

(2) [1]Durch Zwangsvollstreckung oder Arrestvollziehung darf über die Bestände des Sicherungsvermögens nur so weit verfügt werden, wie für den Anspruch, zu dessen Gunsten verfügt wird, die Zuführung zum Sicherungsvermögen gemäß § 125 Absatz 1 bis 3, § 126 Absatz 3 und § 127 vorgeschrieben und tatsächlich erfolgt ist. [2]Satz 1 ist entsprechend anzuwenden für die Aufrechnung gegen Ansprüche, die zu den Beständen des Sicherungsvermögens gehören.

§ 131 Verordnungsermächtigung

(1) Das Bundesministerium der Finanzen wird ermächtigt, für Versicherungsunternehmen, die nicht der Aufsicht durch die Aufsichtsbehörden der Länder unterliegen, durch Rechtsverordnung unter Berücksichtigung von delegierten Rechtsakten der Europäischen Kommission gemäß Artikel 135 der Richtlinie 2009/138/EG Vorschriften zu erlassen über

1. die Berichterstattung der Versicherungsunternehmen über ihre gesamten Vermögensanlagen;
2. die Identifikation, Bewertung, Überwachung, Steuerung und Berichterstattung von oder über
   a) Risiken, die aus Kapitalanlagen entstehen, und
   b) spezifische Risiken, die aus Anlagen in derivative Finanzinstrumente entstehen, sowie
3. die Festlegung von Anforderungen im Zusammenhang mit der Verbriefung von Krediten in handelbare Wertpapiere und in andere Finanzinstrumente, und zwar
   a) Anforderungen, die der Originator erfüllen muss, damit es Versicherungsunternehmen gestattet ist, in nach dem 1. Januar 2011 begebene Wertpapiere oder Finanzinstrumente dieser Art zu investieren, einschließlich solcher, die sicherstellen, dass der Originator einen ökonomischen Nettoanteil von nicht weniger als 5 Prozent zurückbehält und
   b) qualitative Anforderungen, die Versicherungsunternehmen erfüllen müssen, die in diese Wertpapiere oder Finanzinstrumente investieren.

(2) Die Ermächtigung nach Absatz 1 kann durch Rechtsverordnung auf die Bundesanstalt übertragen werden.

(3) Rechtsverordnungen nach den Absätzen 1 und 2 bedürfen nicht der Zustimmung des Bundesrates.

Abschnitt 4 Versicherungsunternehmen in besonderen Situationen

§ 132 Feststellung und Anzeige einer sich verschlechternden finanziellen Lage

(1) Ein Versicherungsunternehmen muss über geeignete Verfahren verfügen, um eine Verschlechterung seiner finanziellen Lage festzustellen.

(2) Eine Verschlechterung der finanziellen Lage, die die Erfüllbarkeit der Verpflichtungen aus Versicherungen oder die Zahlungsfähigkeit des Versicherungsunternehmens gefährden könnte, hat das Versicherungsunternehmen unverzüglich der Aufsichtsbehörde anzuzeigen.

§ 133 Unzureichende Höhe versicherungstechnischer Rückstellungen

(1) Sofern ein Versicherungsunternehmen auf Grund einer Verletzung der in den §§ 74 bis 88 geregelten Pflichten nur unzureichende versicherungstechnische Rückstellungen bildet, kann die Aufsichtsbehörde die freie Verfügung über die Vermögenswerte des Unternehmens einschränken oder untersagen.

(2) Absatz 1 ist entsprechend anzuwenden, wenn ein Versicherungsunternehmen keine ausreichenden versicherungstechnischen Rückstellungen im Sinne der §§ 341e bis 341h des Handelsgesetzbuchs bildet.

(3) Hat die Aufsichtsbehörde die Absicht, die freie Verfügung über die Vermögenswerte nach Absatz 1 zu untersagen oder einzuschränken, so hat sie zuvor die Aufsichtsbehörde des Mitglied- oder Vertragsstaats, in dem das Unternehmen eine Zweigniederlassung unterhält oder Dienstleistungen erbringt, davon zu unterrichten und die Vermögenswerte zu bezeichnen, die Gegenstand der beabsichtigten Maßnahme sein sollen.

§ 134 Nichtbedeckung der Solvabilitätskapitalanforderung

(1) Ist die Solvabilitätskapitalanforderung nicht mehr bedeckt oder droht dieser Fall innerhalb der nächsten drei Monate einzutreten, hat das Versicherungsunternehmen die Aufsichtsbehörde unverzüglich darüber zu unterrichten.

(2) Innerhalb von zwei Monaten, nachdem das Versicherungsunternehmen festgestellt hat, dass die Solvabilitätskapitalanforderung nicht bedeckt ist, hat es der Aufsichtsbehörde einen realistischen Sanierungsplan zur Genehmigung vorzulegen.

(3) [1]Das Versicherungsunternehmen hat innerhalb von sechs Monaten, nachdem es die Nichtbedeckung der Solvabilitätskapitalanforderung festgestellt hat, durch angemessene Maßnahmen die anrechnungsfähigen Eigenmittel aufzustocken oder das Risikoprofil zu senken, bis die Solvabilitätskapitalanforderung wieder bedeckt ist. [2]Die Aufsichtsbehörde kann die Frist um drei Monate verlängern.

(4) [1]Hat die Europäische Aufsichtsbehörde für das Versicherungswesen und die betriebliche Altersversorgung den Eintritt außergewöhnlicher widriger Umstände im Sinne des Artikels 138 Absatz 4 der Richtlinie 2009/138/EG festgestellt, kann die Aufsichtsbehörde, die in Absatz 3 Satz 2 genannte Frist für betroffene Unternehmen unter Berücksichtigung aller relevanten Faktoren um maximal sieben Jahre verlängern. [2]Die Möglichkeit zur Fristverlängerung endet, sobald die Europäische Aufsichtsbehörde für das Versicherungswesen und die betriebliche Altersversorgung festgestellt hat, dass außergewöhnliche widrige Umstände nicht mehr vorliegen.

(5) [1]Die Europäische Aufsichtsbehörde für das Versicherungswesen und die betriebliche Altersversorgung trifft die Feststellung für das Vorliegen außergewöhnlicher widriger Umstände auf Antrag einer Aufsichtsbehörde. [2]Die Bundesanstalt kann den Antrag stellen, wenn Versicherungsunternehmen, die einen wesentlichen Anteil am Markt oder

an den betroffenen Geschäftsbereichen ausmachen, aller Voraussicht nach eine der in Absatz 3 genannten Bedingungen nicht erfüllen werden.

(6) [1]Hat die Aufsichtsbehörde die Frist nach Absatz 3 Satz 1 um mehr als drei Monate verlängert, haben die betroffenen Versicherungsunternehmen der Aufsichtsbehörde alle drei Monate einen Fortschrittsbericht vorzulegen. [2]In diesem sind die Maßnahmen zur Aufstockung der anrechnungsfähigen Eigenmittel zur Einhaltung der Solvabilitätskapitalanforderung oder zur Senkung des Risikoprofils bis zur erneuten Einhaltung der Solvabilitätskapitalanforderung sowie der hierbei erzielte Fortschritt darzustellen. [3]Die Verlängerung der Frist ist zu widerrufen, wenn aus dem Fortschrittsbericht hervorgeht, dass zwischen dem Zeitpunkt der Feststellung der Nichtbedeckung der Solvabilitätskapitalanforderung und dem der Übermittlung des Fortschrittsberichts kein wesentlicher Fortschritt bei der Wiederherstellung der Einhaltung der Solvabilitätskapitalanforderung stattgefunden hat.

(7) Rechtfertigen Tatsachen die Annahme, dass sich die finanzielle Lage des betreffenden Versicherungsunternehmens weiter verschlechtern wird, kann die Aufsichtsbehörde die freie Verfügung über die Vermögenswerte des betreffenden Versicherungsunternehmens einschränken oder untersagen; § 133 Absatz 3 ist entsprechend anzuwenden.

(8) [1]Hat die Aufsichtsbehörde die freie Verfügung über die Vermögenswerte nach Absatz 7 eingeschränkt oder untersagt, unterrichtet sie die Aufsichtsbehörden der Mitglied- oder Vertragsstaaten, in dem das Unternehmen eine Zweigniederlassung unterhält oder Dienstleistungen erbringt, davon. [2]Sie kann diese ersuchen, die gleichen Maßnahmen zu treffen. [3]In diesem Fall bezeichnet sie die Vermögenswerte, die Gegenstand der Maßnahme sein sollen.

§ 135 Nichtbedeckung der Mindestkapitalanforderung

(1) Ist die Mindestkapitalanforderung nicht mehr bedeckt oder droht dieser Fall innerhalb der nächsten drei Monate einzutreten, hat das Versicherungsunternehmen die Aufsichtsbehörde unverzüglich darüber zu unterrichten.

(2) [1]Innerhalb eines Monats, nachdem das Versicherungsunternehmen festgestellt hat, dass die Mindestkapitalanforderung nicht bedeckt ist, legt es der Aufsichtsbehörde einen kurzfristigen und realistischen Finanzierungsplan zur Genehmigung vor. [2]Dieser Plan legt dar, wie die anrechnungsfähigen Basiseigenmittel innerhalb von drei Monaten mindestens auf die Höhe des Betrags der Mindestkapitalanforderung aufgestockt werden sollen oder das Risikoprofil so gesenkt werden soll, dass die Mindestkapitalanforderung wieder bedeckt ist.

(3) Die Aufsichtsbehörde kann die freie Verfügung über die Vermögenswerte des Versicherungsunternehmens einschränken oder untersagen; § 133 Absatz 3 und § 134 Absatz 8 sind entsprechend anzuwenden.

§ 136 Sanierungs- und Finanzierungsplan

(1) Sanierungsplan und Finanzierungsplan umfassen mindestens die folgenden Angaben:

1. Schätzungen der Betriebskosten, insbesondere laufende allgemeine Ausgaben und Provisionen,
2. die geschätzten Einnahmen und Ausgaben für das Erstversicherungsgeschäft sowie das übernommene und übertragene Rückversicherungsgeschäft,
3. eine Prognose der Solvabilitätsübersicht,

4. Schätzungen der Finanzmittel, mit denen die versicherungstechnischen Rückstellungen, die Solvabilitätskapitalanforderung und die Mindestkapitalanforderung bedeckt werden sollen, und
5. die Rückversicherungspolitik insgesamt.

(2) Ist der Aufsichtsbehörde ein Sanierungsplan oder ein Finanzierungsplan vorzulegen, so kann sie eine Bescheinigung nach § 13 Absatz 2 Nummer 1 erst ausstellen, wenn sie der Auffassung ist, dass die Rechte der Versicherungsnehmer nicht mehr gefährdet sind.

§ 137 Fortschreitende Verschlechterung der Solvabilität

(1) [1]Im Fall einer fortschreitenden Verschlechterung der Solvabilität eines Versicherungsunternehmens kann die Aufsichtsbehörde neben den in den §§ 134 und 135 genannten Maßnahmen alle Maßnahmen ergreifen, die zur Wahrung der sich aus den Versicherungsverträgen ergebenden Interessen der Versicherungsnehmer oder zur Erfüllung der Verpflichtungen aus Rückversicherungsverträgen geeignet, erforderlich und angemessen sind. [2]Bei der Auswahl der Maßnahme müssen Grad und Dauer der Verschlechterung der Solvabilitätssituation des Versicherungsunternehmens berücksichtigt werden.

(2) Insbesondere kann die Aufsichtsbehörde

1. verlangen, einen höheren Betrag an anrechungsfähigen Eigenmitteln bereitzustellen als zur Einhaltung der Solvabilitätskapitalanforderung erforderlich ist,
2. Entnahmen aus den Rücklagen sowie die Ausschüttung von Gewinnen untersagen oder beschränken,
3. Maßnahmen untersagen oder beschränken, die dazu dienen, einen Jahresfehlbetrag auszugleichen oder einen Bilanzgewinn auszuweisen.

Kapitel 3 Besondere Vorschriften für einzelne Zweige

Abschnitt 1 Lebensversicherung

§ 138 Prämienkalkulation in der Lebensversicherung; Gleichbehandlung

(1) [1]Die Prämien in der Lebensversicherung müssen unter Zugrundelegung angemessener versicherungsmathematischer Annahmen kalkuliert werden und so hoch sein, dass das Lebensversicherungsunternehmen allen seinen Verpflichtungen nachkommen und insbesondere für die einzelnen Verträge ausreichende Deckungsrückstellungen bilden kann. [2]Hierbei kann der Finanzlage des Versicherungsunternehmens Rechnung getragen werden, ohne dass planmäßig und auf Dauer Mittel eingesetzt werden dürfen, die nicht aus Prämienzahlungen stammen.

(2) Bei gleichen Voraussetzungen dürfen Prämien und Leistungen nur nach gleichen Grundsätzen bemessen werden.

§ 139 Überschussbeteiligung

(1) Die für die Überschussbeteiligung der Versicherten bestimmten Beträge sind, soweit sie den Versicherten nicht unmittelbar zugeteilt wurden, in der Bilanz in eine Rückstellung für Beitragsrückerstattung einzustellen.

(2) [1]Bei Versicherungsaktiengesellschaften bestimmt der Vorstand mit Zustimmung des Aufsichtsrats die Beträge, die für die Überschussbeteiligung der Versicherten zurückzustellen sind. [2]Jedoch dürfen Beträge, die nicht auf Grund eines Rechtsanspruchs der Versicherten zurückzustellen sind, für die Überschussbeteiligung nur bestimmt werden, soweit aus dem verbleibenden Bilanzgewinn noch ein Gewinn in Höhe von min-

destens 4 Prozent des Grundkapitals verteilt werden kann. [3]Ein Bilanzgewinn darf nur ausgeschüttet werden, soweit er einen etwaigen Sicherungsbedarf nach Absatz 4 überschreitet.

(3) Bewertungsreserven aus direkt oder indirekt vom Versicherungsunternehmen gehaltenen festverzinslichen Anlagen und Zinsabsicherungsgeschäften sind bei der Beteiligung der Versicherungsnehmer an den Bewertungsreserven gemäß § 153 des Versicherungsvertragsgesetzes nur insoweit zu berücksichtigen, als sie einen etwaigen Sicherungsbedarf aus den Versicherungsverträgen mit Zinsgarantie gemäß Absatz 4 überschreiten.

(4) [1]Der Sicherungsbedarf aus den Versicherungsverträgen mit Zinsgarantie ist die Summe der Sicherungsbedarfe der Versicherungsverträge, deren maßgeblicher Rechnungszins über dem maßgeblichen Euro-Zinsswapsatz zum Zeitpunkt der Ermittlung der Bewertungsreserven (Bezugszins) liegt. [2]Der Sicherungsbedarf eines Versicherungsvertrags ist die versicherungsmathematisch unter Berücksichtigung des Bezugszinses bewertete Zinssatzverpflichtung des Versicherungsvertrags, vermindert um die Deckungsrückstellung. [3]Sterbekassen können den Sicherungsbedarf aus den Versicherungsverträgen mit Zinsgarantie mit Genehmigung der Aufsichtsbehörde nach einem abweichenden Verfahren berechnen.

§ 140 Rückstellung für Beitragsrückerstattung

(1) [1]Die der Rückstellung für Beitragsrückerstattung zugewiesenen Beträge dürfen nur für die Überschussbeteiligung der Versicherten einschließlich der durch § 153 des Versicherungsvertragsgesetzes vorgeschriebenen Beteiligung an den Bewertungsreserven verwendet werden. [2]In Ausnahmefällen kann die Rückstellung für Beitragsrückerstattung, soweit sie nicht auf bereits festgelegte Überschussanteile entfällt, mit Zustimmung der Aufsichtsbehörde im Interesse der Versicherten herangezogen werden, um

1. einen drohenden Notstand abzuwenden,
2. unvorhersehbare Verluste aus den überschussberechtigten Versicherungsverträgen auszugleichen, die auf allgemeine Änderungen der Verhältnisse zurückzuführen sind, oder
3. die Deckungsrückstellung zu erhöhen, wenn die Rechnungsgrundlagen auf Grund einer unvorhersehbaren und nicht nur vorübergehenden Änderung der Verhältnisse angepasst werden müssen.

[3]Bei Maßnahmen nach Satz 2 Nummer 2 oder 3 sind die Versichertenbestände verursachungsorientiert zu belasten.

(2) [1]Ein die Belange der Versicherten gefährdender Missstand liegt vor, wenn bei überschussberechtigten Versicherungen

1. keine angemessene Zuführung zur Rückstellung für Beitragsrückerstattung erfolgt oder
2. keine angemessene Verwendung der Mittel in der Rückstellung für Beitragsrückerstattung erfolgt.

[2]Das ist insbesondere dann anzunehmen, wenn

1. im Fall des Satzes 1 Nummer 1 die Zuführung zur Rückstellung für Beitragsrückerstattung eines Lebensversicherungsunternehmens unter Berücksichtigung der Direktgutschrift und der rechnungsmäßigen Zinsen nicht der gemäß § 145 Absatz 2 durch Rechtsverordnung festgelegten Mindestzuführung entspricht und
2. im Fall des Satzes 1 Nummer 2 der ungebundene Teil der Rückstellung für Beitragsrückerstattung den gemäß § 145 Absatz 3 durch Rechtsverordnung festgelegten Höchstbetrag überschreitet.

(3) Die Aufsichtsbehörde kann verlangen, dass ihr

1. ein Plan zur Sicherstellung angemessener Zuführungen zur Rückstellung für Beitragsrückerstattung (Zuführungsplan) vorgelegt wird, wenn die Zuführung zur Rückstellung nicht den Mindestanforderungen der Rechtsverordnung nach § 145 Absatz 2 entspricht, oder
2. ein Plan zur angemessenen Verwendung der Mittel in der Rückstellung für Beitragsrückerstattung (Ausschüttungsplan) vorgelegt wird, wenn der ungebundene Teil der Rückstellung den Höchstbetrag der Rechtsverordnung nach § 145 Absatz 3 überschreitet.

(4) Lebensversicherungsunternehmen können innerhalb der Rückstellung für Beitragsrückerstattung einen kollektiven Teil oder mehrere kollektive Teile einrichten, der beziehungsweise die den überschussberechtigten Verträgen insgesamt zugeordnet ist beziehungsweise sind.

§ 141 Verantwortlicher Aktuar in der Lebensversicherung

(1) [1]Jedes Lebensversicherungsunternehmen hat einen Verantwortlichen Aktuar zu bestellen. [2]Er muss zuverlässig und fachlich geeignet sein. [3]Fachliche Eignung setzt ausreichende Kenntnisse in der Versicherungsmathematik und Berufserfahrung voraus. [4]Eine ausreichende Berufserfahrung ist regelmäßig anzunehmen, wenn eine mindestens dreijährige Tätigkeit als Versicherungsmathematiker nachgewiesen wird.

(2) [1]Der in Aussicht genommene Verantwortliche Aktuar muss vor Bestellung der Aufsichtsbehörde unter Angabe der Tatsachen, die für die Beurteilung seiner Zuverlässigkeit und fachlichen Eignung gemäß Absatz 1 wesentlich sind, benannt werden. [2]Wenn Tatsachen vorliegen, aus denen sich ergibt, dass der in Aussicht genommene Verantwortliche Aktuar nicht zuverlässig oder nicht fachlich geeignet ist, so kann die Aufsichtsbehörde verlangen, dass eine andere Person benannt wird. [3]Werden nach der Bestellung Umstände bekannt, die einer Bestellung entgegengestanden hätten oder erfüllt der Verantwortliche Aktuar die ihm nach diesem Gesetz obliegenden Aufgaben nicht ordnungsgemäß, so kann die Aufsichtsbehörde verlangen, dass ein anderer Verantwortlicher Aktuar bestellt wird. [4]Erfüllt in den Fällen der Sätze 2 und 3 auch der in Aussicht genommene oder der neue Verantwortliche Aktuar die Voraussetzungen nicht oder unterbleibt eine neue Bestellung, so kann die Aufsichtsbehörde den Verantwortlichen Aktuar bestellen. [5]Das Ausscheiden des Verantwortlichen Aktuars ist der Aufsichtsbehörde unverzüglich mitzuteilen. [6]Ist die Kündigung des mit dem Verantwortlichen Aktuar geschlossenen Vertrags oder dessen einvernehmliche Aufhebung beabsichtigt, so hat das in Absatz 3 genannte Organ dies der Aufsichtsbehörde vorab unter Darlegung der Gründe mitzuteilen.

(3) Der Verantwortliche Aktuar wird vom Aufsichtsrat oder, wenn ein solcher nicht vorhanden ist, von dem entsprechenden obersten Organ bestellt oder entlassen.

(4) [1]Der Verantwortliche Aktuar hat an der Sitzung des Aufsichtsrats über die Feststellung des Jahresabschlusses teilzunehmen und über die wesentlichen Ergebnisse seines Erläuterungsberichts zur versicherungsmathematischen Bestätigung zu berichten. [2]Der Aufsichtsrat hat in seinem Bericht an die Hauptversammlung zu dem Erläuterungsbericht des Verantwortlichen Aktuars Stellung zu nehmen.

(5) [1]Der Verantwortliche Aktuar

1. hat sicherzustellen, dass bei der Berechnung der Prämien und der Deckungsrückstellungen die Grundsätze des § 138 und des § 341f des Handelsgesetzbuchs sowie die Grundsätze der auf Grund des § 88 Absatz 3 erlassenen Rechtsverordnung eingehalten werden; dabei muss er die Finanzlage des Unternehmens insbesondere da-

raufhin überprüfen, ob die dauernde Erfüllbarkeit der sich aus den Versicherungsverträgen ergebenden Verpflichtungen jederzeit gewährleistet ist;

2. hat unter der Bilanz zu bestätigen, dass die Deckungsrückstellung nach § 341f des Handelsgesetzbuchs sowie der auf Grund des § 88 Absatz 3 erlassenen Rechtsverordnung gebildet ist (versicherungsmathematische Bestätigung); § 341k des Handelsgesetzbuchs über die Prüfung bleibt unberührt; in einem Bericht an den Vorstand des Unternehmens hat er zu erläutern, welche Kalkulationsansätze und weiteren Annahmen der Bestätigung zugrunde liegen;
3. hat, sobald er bei der Erfüllung der ihm obliegenden Aufgaben erkennt, dass er möglicherweise die Bestätigung gemäß Nummer 2 nicht oder nur mit Einschränkungen wird abgeben können, den Vorstand und, wenn dieser der Beanstandung nicht unverzüglich abhilft, sofort die Aufsichtsbehörde zu unterrichten; stellt er bei der Ausübung seiner Tätigkeit Tatsachen fest, die den Bestand des Unternehmens gefährden oder dessen Entwicklung wesentlich beeinträchtigen können, hat er den Vorstand und die Aufsichtsbehörde unverzüglich zu unterrichten und
4. hat für die Versicherungsverträge mit Anspruch auf Überschussbeteiligung dem Vorstand Vorschläge für eine angemessene Beteiligung am Überschuss vorzulegen; dabei hat er die dauernde Erfüllbarkeit der sich aus den Versicherungsverträgen ergebenden Verpflichtungen des Unternehmens zu berücksichtigen; in einem Bericht an den Vorstand des Unternehmens hat er zu erläutern, aus welchen Tatsachen und Annahmen sich die Angemessenheit seines Vorschlags ergibt.

[2]Für den Verantwortlichen Aktuar entfallen die Pflichten nach Satz 1 Nummer 2, wenn das Lebensversicherungsunternehmen ein kleinerer Verein im Sinne des § 210 ist.

(6) Der Vorstand des Unternehmens ist verpflichtet,

1. dem Verantwortlichen Aktuar sämtliche Informationen zugänglich zu machen, die zur ordnungsgemäßen Erledigung seiner Aufgaben gemäß Absatz 5 erforderlich sind,
2. der Aufsichtsbehörde den Erläuterungsbericht zur versicherungsmathematischen Bestätigung gemäß Absatz 5 Nummer 2 sowie den Angemessenheitsbericht nach Absatz 5 Nummer 4 vorzulegen und
3. der Aufsichtsbehörde den Vorschlag des Verantwortlichen Aktuars gemäß Absatz 5 Nummer 4 unverzüglich vorzulegen und mitzuteilen, wenn er beabsichtigt, eine vom Vorschlag des Verantwortlichen Aktuars abweichende Überschussbeteiligung festzusetzen; die Gründe für die Abweichung sind der Aufsichtsbehörde schriftlich oder elektronisch mitzuteilen.

§ 142 Treuhänder in der Lebensversicherung

[1]Soweit bei den nach dem 28. Juli 1994 geschlossenen Lebensversicherungsverträgen die Prämien mit Wirkung für bestehende Versicherungsverträge geändert werden können, dürfen entsprechende Änderungen erst in Kraft gesetzt werden, nachdem ihnen ein unabhängiger Treuhänder zugestimmt hat. [2]Für den Treuhänder gilt § 157 Absatz 1 und 2 entsprechend. [3]Die Mitwirkung des Treuhänders entfällt, wenn Änderungen nach Satz 1 der Genehmigung der Aufsichtsbehörde bedürfen.

§ 143 Besondere Anzeigepflichten in der Lebensversicherung

Nach Erteilung der Erlaubnis zum Betrieb der Lebensversicherung hat das Unternehmen unverzüglich der Aufsichtsbehörde die Grundsätze für die Berechnung der Prämien und Deckungsrückstellungen einschließlich der verwendeten Rechnungsgrundlagen, mathematischen Formeln, kalkulatorischen Herleitungen und statistischen Nachweise unter deren Beifügung anzuzeigen; dies gilt entsprechend bei der Verwendung neuer oder geänderter Grundsätze.

§ 144 Information bei betrieblicher Altersversorgung

(1) Soweit Lebensversicherungsunternehmen Leistungen der betrieblichen Altersversorgung erbringen, gelten für die Information der Versorgungsanwärter und Versorgungsempfänger die §§ 234k bis 234p und 235a entsprechend.

(2) Auf Versicherungsgeschäfte in anderen Mitglied- oder Vertragsstaaten ist Absatz 1 anzuwenden, wenn den Versicherungsverträgen deutsches Recht zugrunde liegt.

§ 145 Verordnungsermächtigung

(1) Das Bundesministerium der Finanzen kann durch Rechtsverordnung nähere Einzelheiten festlegen bezüglich

1. der in das Verfahren gemäß § 139 Absatz 3 einzubeziehenden festverzinslichen Anlagen und Zinsabsicherungsgeschäfte;
2. der Festlegung des maßgeblichen Euro-Zinsswapsatzes gemäß § 139 Absatz 4 Satz 1;
3. der Methode zur Bewertung der Zinssatzverpflichtung eines Versicherungsvertrags gemäß § 139 Absatz 4 Satz 2.

(2) [1]Das Bundesministerium der Finanzen wird ermächtigt, durch Rechtsverordnung zur Wahrung der Belange der Versicherten unter Berücksichtigung der Marktverhältnisse und des Solvabilitätsbedarfs der Lebensversicherungsunternehmen zu § 140 Absatz 2 Vorschriften zu erlassen über die Zuführung zur Rückstellung für Beitragsrückerstattung, insbesondere über die Mindestzuführung in Abhängigkeit von den Kapitalerträgen, dem Risikoergebnis und den übrigen Ergebnissen. [2]Dabei ist zu regeln, ob und wie weit negative Erträge und Ergebnisse mit positiven Erträgen und Ergebnissen verrechnet werden dürfen. [3]Für Versicherungsverhältnisse, denen genehmigte Geschäftspläne zugrunde liegen, ist die Mindestzuführung gesondert zu ermitteln. [4]Wird ein kollektiver Teil der Rückstellung für Beitragsrückerstattung im Sinne des § 140 Absatz 4 eingerichtet, ist auch für diesen die Mindestzuführung gesondert zu ermitteln.

(3) Das Bundesministerium der Finanzen wird ermächtigt, durch Rechtsverordnung einen Höchstbetrag des ungebundenen Teils der Rückstellung für Beitragsrückerstattung festzulegen.

(4) Das Bundesministerium der Finanzen wird ermächtigt, durch Rechtsverordnung den Wortlaut der versicherungsmathematischen Bestätigung und nähere Einzelheiten zum Inhalt und Umfang sowie zur Vorlagefrist des Erläuterungsberichts gemäß § 141 Absatz 5 Satz 1 Nummer 2 sowie nähere Einzelheiten zum Inhalt und Umfang und zur Vorlagefrist des Berichts gemäß § 141 Absatz 5 Satz 1 Nummer 4 festzulegen.

(5) [1]Die Ermächtigungen in den Absätzen 1 bis 4 können durch Rechtsverordnung auf die Bundesanstalt übertragen werden. [2]Rechtsverordnungen nach den Absätzen 1 bis 4 und Satz 1 bedürfen nicht der Zustimmung des Bundesrates.

(6) [1]Das Bundesministerium der Finanzen wird ermächtigt, durch Rechtsverordnung mit Zustimmung des Bundesrates zur Wahrung der Belange der Versicherten nähere Einzelheiten zur Ausgestaltung der kollektiven Teile der Rückstellung für Beitragsrückerstattung zu regeln, insbesondere zur Begrenzung der kollektiven Teile sowie zu Zuführungen zu und Rückführungen aus den kollektiven Teilen an die nichtkollektiven Teile der Rückstellung für Beitragsrückerstattung festzulegen. [2]Das Bundesministerium der Finanzen kann die Ermächtigung durch Rechtsverordnung mit Zustimmung des Bundesrates auf die Bundesanstalt übertragen. [3]Die Bundesanstalt erlässt die Rechts-

verordnung ohne Zustimmung des Bundesrates im Einvernehmen mit den Aufsichtsbehörden der Länder.

Abschnitt 2 Krankenversicherung

§ 146 Substitutive Krankenversicherung

(1) Soweit die Krankenversicherung ganz oder teilweise den im gesetzlichen Sozialversicherungssystem vorgesehenen Kranken- oder Pflegeversicherungsschutz ersetzen kann (substitutive Krankenversicherung), darf sie im Inland vorbehaltlich des Absatzes 3 nur nach Art der Lebensversicherung betrieben werden, wobei

1. die Prämien auf versicherungsmathematischer Grundlage unter Zugrundelegung von Wahrscheinlichkeitstafeln und anderen einschlägigen statistischen Daten zu berechnen sind, insbesondere unter Berücksichtigung der maßgeblichen Annahmen zur Invaliditäts- und Krankheitsgefahr, zur Sterblichkeit, zur Alters- und Geschlechtsabhängigkeit des Risikos und zur Stornowahrscheinlichkeit sowie unter Berücksichtigung von Sicherheits- und sonstigen Zuschlägen sowie eines Rechnungszinses,
2. die Alterungsrückstellung nach § 341f des Handelsgesetzbuchs zu bilden ist,
3. in dem Versicherungsvertrag das ordentliche Kündigungsrecht des Versicherungsunternehmens ausgeschlossen sein muss, in der Krankentagegeldversicherung spätestens ab dem vierten Versicherungsjahr, sowie eine Erhöhung der Prämien vorbehalten sein muss,
4. dem Versicherungsnehmer in dem Versicherungsvertrag das Recht auf Vertragsänderungen durch Wechsel in andere Tarife mit gleichartigem Versicherungsschutz unter Anrechnung der aus der Vertragslaufzeit erworbenen Rechte und der Alterungsrückstellung einzuräumen ist,
5. in dem Versicherungsvertrag die Mitgabe des Übertragungswerts desjenigen Teils der Versicherung, dessen Leistungen dem Basistarif im Sinne des § 152 Absatz 1 entsprechen, bei Wechsel des Versicherungsnehmers zu einem anderen privaten Krankenversicherungsunternehmen vorzusehen ist; dies gilt nicht für vor dem 1. Januar 2009 abgeschlossene Verträge und
6. dem Interessenten vor Abschluss des Vertrags ein amtliches Informationsblatt der Bundesanstalt auszuhändigen ist, welches über die verschiedenen Prinzipien der gesetzlichen sowie der privaten Krankenversicherung aufklärt; der Empfang des Informationsblattes ist von dem Interessenten zu bestätigen.

(2) [1]Auf die substitutive Krankenversicherung ist § 138 Absatz 2 entsprechend anzuwenden. [2]Die Prämien für das Neugeschäft dürfen nicht niedriger sein als die Prämien, die sich im Altbestand für gleichaltrige Versicherte ohne Berücksichtigung ihrer Alterungsrückstellung ergeben würden. [3]Satz 2 gilt nicht für einen Prämienunterschied, der sich daraus ergibt, dass die Prämien für das Neugeschäft geschlechtsunabhängig berechnet wurden.

(3) Substitutive Krankenversicherungen mit befristeten Vertragslaufzeiten nach § 195 Absatz 2 und 3 des Versicherungsvertragsgesetzes sowie Krankentagegeldversicherungen nach Vollendung des 65. Lebensjahres des Versicherten nach § 196 des Versicherungsvertragsgesetzes können ohne Alterungsrückstellung kalkuliert werden.

§ 147 Sonstige Krankenversicherung

Sofern die nicht-substitutive Krankenversicherung nach Art der Lebensversicherung betrieben wird, sind § 146 Absatz 1 Nummer 1 bis 4 und Absatz 2 sowie § 156 entsprechend anzuwenden.

§ 148 Pflegeversicherung

[1]Vorbehaltlich der §§ 110 und 111 des Elften Buches Sozialgesetzbuch sind § 146 Absatz 1 Nummer 1 bis 4 und Absatz 2 sowie die §§ 155 bis 157 und 160 auf die private Pflege-Pflichtversicherung und die geförderte Pflegevorsorge entsprechend anzuwenden. [2]In Versicherungsverträgen zur privaten Pflege-Pflichtversicherung ist die Mitgabe des Übertragungswerts bei Wechsel des Versicherungsnehmers zu einem anderen privaten Krankenversicherungsunternehmen vorzusehen.

§ 149 Prämienzuschlag in der substitutiven Krankenversicherung

[1]In der substitutiven Krankheitskostenversicherung ist spätestens mit Beginn des Kalenderjahres, das auf die Vollendung des 21. Lebensjahres des Versicherten folgt und endend in dem Kalenderjahr, in dem die versicherte Person das 60. Lebensjahr vollendet, für die Versicherten ein Zuschlag von 10 Prozent der jährlichen gezillmerten Bruttoprämie zu erheben. [2]Dieser ist der Alterungsrückstellung nach § 341f Absatz 3 des Handelsgesetzbuchs jährlich direkt zuzuführen und zur Prämienermäßigung im Alter nach § 150 Absatz 3 zu verwenden. [3]Für Versicherungen mit befristeten Vertragslaufzeiten nach § 195 Absatz 2 und 3 des Versicherungsvertragsgesetzes sowie bei Tarifen, die regelmäßig spätestens mit Erreichen der gesetzlichen Altersgrenze enden, sowie für den Notlagentarif nach § 153 gelten die Sätze 1 und 2 nicht.

§ 150 Gutschrift zur Alterungsrückstellung; Direktgutschrift

(1) [1]Das Versicherungsunternehmen hat den Versicherten in der nach Art der Lebensversicherung betriebenen Krankheitskosten- und freiwilligen Pflegekrankenversicherung (Pflegekosten- und Pflegetagegeldversicherung) jährlich Zinserträge gutzuschreiben, die auf die Summe der jeweiligen zum Ende des vorherigen Geschäftsjahres vorhandenen positiven Alterungsrückstellung der betroffenen Versicherungen entfallen. [2]Diese Gutschrift beträgt 90 Prozent der durchschnittlichen, über die rechnungsmäßige Verzinsung hinausgehenden Kapitalerträge (Überzins).

(2) [1]Den Versicherten, die den Beitragszuschlag nach § 149 geleistet haben, ist bis zum Ende des Geschäftsjahres, in dem sie das 65. Lebensjahr vollenden, von dem nach Absatz 1 ermittelten Betrag der Anteil, der auf den Teil der Alterungsrückstellung entfällt, der aus diesem Beitragszuschlag entstanden ist, jährlich in voller Höhe direkt gutzuschreiben. [2]Der Alterungsrückstellung aller Versicherten sind von dem verbleibenden Betrag jährlich 50 Prozent direkt gutzuschreiben. [3]Der Prozentsatz nach Satz 2 erhöht sich ab dem Geschäftsjahr des Versicherungsunternehmens, das im Jahr 2001 beginnt, jährlich um 2 Prozent, bis er 100 Prozent erreicht hat.

(3) [1]Die Beträge nach Absatz 2 sind ab der Vollendung des 65. Lebensjahres des Versicherten zur zeitlich unbefristeten Finanzierung der Mehrprämien aus Prämienerhöhungen oder eines Teils der Mehrprämien zu verwenden, soweit die vorhandenen Mittel für eine vollständige Finanzierung der Mehrprämien nicht ausreichen. [2]Nicht verbrauchte Beträge sind mit der Vollendung des 80. Lebensjahres des Versicherten zur Prämiensenkung einzusetzen. [3]Zuschreibungen nach diesem Zeitpunkt sind zur sofortigen Prämiensenkung einzusetzen. [4]In der freiwilligen Pflegetagegeldversicherung können die Versicherungsbedingungen vorsehen, dass anstelle einer Prämienermäßigung eine entsprechende Leistungserhöhung vorgenommen wird.

(4) [1]Der Teil der nach Absatz 1 ermittelten Zinserträge, der nach Abzug der nach Absatz 2 verwendeten Beträge verbleibt, ist für die Versicherten, die am Bilanzstichtag das 65. Lebensjahr vollendet haben, für eine erfolgsunabhängige Beitragsrückerstattung festzulegen und innerhalb von drei Jahren zur Vermeidung oder Begrenzung von Prämienerhöhungen oder zur Prämienermäßigung zu verwenden. [2]Die Prämienermäßigung nach Satz 1 kann so weit beschränkt werden, dass die Prämie des Versicherten nicht unter

die des ursprünglichen Eintrittsalters sinkt; der nicht verbrauchte Teil der Gutschrift ist dann zusätzlich gemäß Absatz 2 gutzuschreiben.

§ 151 Überschussbeteiligung der Versicherten

(1) § 139 Absatz 1 und 2 Satz 1 und 2 sowie § 140 Absatz 1 mit Ausnahme von § 140 Absatz 1 Satz 2 Nummer 2 und 3 sind auf Krankenversicherungsverträge, die eine erfolgsabhängige Beitragsrückerstattung der Versicherten vorsehen, entsprechend anzuwenden.

(2) [1]In der nach Art der Lebensversicherung betriebenen Krankenversicherung liegt ein die Belange der Versicherten gefährdender Missstand auch dann vor, wenn keine angemessene Zuführung zur Rückstellung für erfolgsabhängige Beitragsrückerstattung erfolgt. [2]Das ist, soweit nicht eine Überschussbeteiligung nach der Art des Geschäfts ausscheidet, insbesondere dann anzunehmen, wenn die Zuführung zur Rückstellung für erfolgsabhängige Beitragsrückerstattung eines Krankenversicherungsunternehmens nicht dem in der Rechtsverordnung nach § 160 Satz 1 Nummer 6 festgelegten Zuführungssatz entspricht.

(3) Die Aufsichtsbehörde kann verlangen, dass ihr ein Plan zur Sicherstellung angemessener Zuführungen zur Rückstellung für erfolgsabhängige Beitragsrückerstattung (Zuführungsplan) vorgelegt wird, wenn die Zuführung zur Rückstellung nicht den Mindestanforderungen der Rechtsverordnung nach § 160 Satz 1 Nummer 6 entspricht.

§ 152 Basistarif

(1) [1]Versicherungsunternehmen mit Sitz im Inland, die die substitutive Krankenversicherung betreiben, haben einen branchenweit einheitlichen Basistarif anzubieten, dessen Vertragsleistungen in Art, Umfang und Höhe jeweils den Leistungen nach dem Dritten Kapitel des Fünften Buches Sozialgesetzbuch, auf die ein Anspruch besteht, vergleichbar sind. [2]Der Basistarif muss jeweils eine Variante vorsehen für

1. Kinder und Jugendliche; bei dieser Variante werden bis zur Vollendung des 21. Lebensjahres keine Alterungsrückstellungen gebildet und
2. Personen, die nach beamtenrechtlichen Vorschriften oder Grundsätzen bei Krankheit Anspruch auf Beihilfe haben sowie für deren berücksichtigungsfähige Angehörige; bei dieser Variante sind die Vertragsleistungen auf die Ergänzung der Beihilfe beschränkt.

[3]Den Versicherten muss die Möglichkeit eingeräumt werden, Selbstbehalte von 300, 600, 900 oder 1 200 Euro zu vereinbaren und die Änderung der Selbstbehaltsstufe zum Ende des vertraglich vereinbarten Zeitraums mit einer Frist von drei Monaten zu verlangen. [4]Die vertragliche Mindestbindungsfrist für Verträge mit Selbstbehalt im Basistarif beträgt drei Jahre; führt der vereinbarte Selbstbehalt nicht zu einer angemessenen Reduzierung der Prämie, kann der Versicherungsnehmer vom Versicherer jederzeit eine Umstellung des Vertrags in den Basistarif ohne Selbstbehalt verlangen; die Umstellung muss innerhalb von drei Monaten erfolgen. [5]Für Beihilfeberechtigte ergeben sich die möglichen Selbstbehalte aus der Anwendung des durch den Beihilfesatz nicht gedeckten Prozentsatzes auf die Werte 300, 600, 900 oder 1 200 Euro. [6]Der Abschluss ergänzender Krankheitskostenversicherungen ist zulässig.

(2) [1]Der Versicherer ist verpflichtet, folgenden Personen eine Versicherung im Basistarif zu gewähren:

1. allen freiwillig in der gesetzlichen Krankenversicherung Versicherten innerhalb von sechs Monaten nach Beginn der im Fünften Buch Sozialgesetzbuch vorgesehenen Wechselmöglichkeit im Rahmen ihres freiwilligen Versicherungsverhältnisses,

2. allen Personen mit Wohnsitz in Deutschland, die nicht in der gesetzlichen Krankenversicherung versicherungspflichtig sind, nicht zum Personenkreis nach Nummer 1 oder § 193 Absatz 3 Satz 2 Nummer 3 und 4 des Versicherungsvertragsgesetzes gehören und die nicht bereits eine private Krankheitskostenversicherung mit einem in Deutschland zum Geschäftsbetrieb zugelassenen Versicherungsunternehmen vereinbart haben, die der Pflicht nach § 193 Absatz 3 des Versicherungsvertragsgesetzes genügt,
3. allen Personen, die beihilfeberechtigt sind oder vergleichbare Ansprüche haben, soweit sie zur Erfüllung der Pflicht nach § 193 Absatz 3 Satz 1 des Versicherungsvertragsgesetzes ergänzenden Versicherungsschutz benötigen, sowie
4. allen Personen mit Wohnsitz in Deutschland, die eine private Krankheitskostenversicherung mit einem in Deutschland zum Geschäftsbetrieb zugelassenen Versicherungsunternehmen vereinbart haben und deren Vertrag nach dem 31. Dezember 2008 abgeschlossen wurde.

[2]Ist der private Krankheitskostenversicherungsvertrag vor dem 1. Januar 2009 abgeschlossen, kann bei Wechsel oder Kündigung des Vertrags der Abschluss eines Vertrags im Basistarif beim eigenen oder bei einem anderen Versicherungsunternehmen unter Mitnahme der Alterungsrückstellungen gemäß § 204 Absatz 1 des Versicherungsvertragsgesetzes nicht verlangt werden. [3]Der Antrag nach Satz 1 muss bereits dann angenommen werden, wenn bei einer Kündigung eines Vertrags bei einem anderen Versicherer die Kündigung nach § 205 Absatz 1 Satz 1 des Versicherungsvertragsgesetzes noch nicht wirksam geworden ist. [4]Der Antrag darf nur abgelehnt werden, wenn der Antragsteller bereits bei dem Versicherer versichert war und der Versicherer

1. den Versicherungsvertrag wegen Drohung oder arglistiger Täuschung angefochten hat oder
2. vom Versicherungsvertrag wegen einer vorsätzlichen Verletzung der vorvertraglichen Anzeigepflicht zurückgetreten ist.

(3) [1]Der Beitrag für den Basistarif ohne Selbstbehalt und in allen Selbstbehaltsstufen darf den Höchstbeitrag der gesetzlichen Krankenversicherung nicht überschreiten. [2]Dieser Höchstbeitrag ergibt sich aus der Multiplikation des allgemeinen Beitragssatzes zuzüglich des durchschnittlichen Zusatzbeitragssatzes nach § 242a Absatz 2 des Fünften Buches Sozialgesetzbuch mit der jeweils geltenden Beitragsbemessungsgrenze in der gesetzlichen Krankenversicherung. [3]Für Personen mit Anspruch auf Beihilfe nach beamtenrechtlichen Grundsätzen gelten die Sätze 1 und 2 mit der Maßgabe, dass an die Stelle des Höchstbeitrags der gesetzlichen Krankenversicherung ein Höchstbeitrag tritt, der dem prozentualen Anteil des die Beihilfe ergänzenden Leistungsanspruchs entspricht.

(4) Besteht Hilfebedürftigkeit im Sinne des Zweiten oder des Zwölften Buches Sozialgesetzbuch oder würde allein durch die Zahlung des Beitrags nach Absatz 3 Satz 1 oder 3 Hilfebedürftigkeit entstehen, vermindert sich der Beitrag für die Dauer der Hilfebedürftigkeit oder für die Zeit, in der Hilfebedürftigkeit entstehen würde, um die Hälfte; die Hilfebedürftigkeit ist vom zuständigen Träger nach dem Zweiten oder dem Zwölften Buch Sozialgesetzbuch auf Antrag des Versicherten zu prüfen und zu bescheinigen.

(5) Die Beiträge für den Basistarif ohne die Kosten für den Versicherungsbetrieb werden auf der Basis gemeinsamer Kalkulationsgrundlagen einheitlich für alle beteiligten Unternehmen ermittelt.

§ 153 Notlagentarif

(1) [1]Nichtzahler nach § 193 Absatz 7 des Versicherungsvertragsgesetzes bilden einen Tarif im Sinne des § 155 Absatz 3 Satz 1. [2]Der Notlagentarif sieht ausschließlich die

Aufwendungserstattung für Leistungen vor, die zur Behandlung von akuten Erkrankungen und Schmerzzuständen sowie bei Schwangerschaft und Mutterschaft erforderlich sind. [3]Abweichend davon sind für versicherte Kinder und Jugendliche zudem insbesondere Aufwendungen für Vorsorgeuntersuchungen zur Früherkennung von Krankheiten nach gesetzlich eingeführten Programmen und für Schutzimpfungen, die die Ständige Impfkommission beim Robert Koch-Institut gemäß § 20 Absatz 2 des Infektionsschutzgesetzes empfiehlt, zu erstatten.

(2) [1]Für alle im Notlagentarif Versicherten ist eine einheitliche Prämie zu kalkulieren, im Übrigen gilt § 146 Absatz 1 Nummer 1 und 2. [2]Für Versicherte, deren Vertrag nur die Erstattung eines Prozentsatzes der entstandenen Aufwendungen vorsieht, gewährt der Notlagentarif Leistungen in Höhe von 20, 30 oder 50 Prozent der versicherten Behandlungskosten. [3]§ 152 Absatz 3 ist entsprechend anzuwenden. [4]Die kalkulierten Prämien aus dem Notlagentarif dürfen nicht höher sein, als es zur Deckung der Aufwendungen für Versicherungsfälle aus dem Tarif erforderlich ist. [5]Mehraufwendungen, die zur Gewährleistung der in Satz 3 genannten Begrenzungen entstehen, sind gleichmäßig auf alle Versicherungsnehmer des Versicherers mit einer Versicherung, die eine Pflicht aus § 193 Absatz 3 Satz 1 des Versicherungsvertragsgesetzes erfüllt, zu verteilen. [6]Auf die im Notlagentarif zu zahlende Prämie ist die Alterungsrückstellung in der Weise anzurechnen, dass bis zu 25 Prozent der monatlichen Prämie durch Entnahme aus der Alterungsrückstellung geleistet werden.

§ 154 Risikoausgleich

(1) [1]Die Versicherungsunternehmen, die einen Basistarif anbieten, müssen sich zur dauerhaften Erfüllbarkeit der Verpflichtungen aus den Versicherungen am Ausgleich der Versicherungsrisiken im Basistarif beteiligen und dazu ein Ausgleichssystem schaffen und erhalten, dem sie angehören. [2]Das Ausgleichssystem muss einen dauerhaften und wirksamen Ausgleich der unterschiedlichen Belastungen gewährleisten. [3]Mehraufwendungen, die im Basistarif auf Grund von Vorerkrankungen entstehen, sind auf alle im Basistarif Versicherten gleichmäßig zu verteilen; Mehraufwendungen, die zur Gewährleistung der in § 152 Absatz 3 und 4 genannten Begrenzungen entstehen, sind auf alle beteiligten Versicherungsunternehmen so zu verteilen, dass eine gleichmäßige Belastung dieser Unternehmen bewirkt wird.

(2) Die Errichtung, die Ausgestaltung, die Änderung und die Durchführung des Ausgleichs unterliegen der Aufsicht der Bundesanstalt.

§ 155 Prämienänderungen

(1) [1]Bei der nach Art der Lebensversicherung betriebenen Krankenversicherung dürfen Prämienänderungen erst in Kraft gesetzt werden, nachdem ein unabhängiger Treuhänder der Prämienänderung zugestimmt hat. [2]Der Treuhänder hat zu prüfen, ob die Berechnung der Prämien mit den dafür bestehenden Rechtsvorschriften in Einklang steht. [3]Dazu sind ihm sämtliche für die Prüfung der Prämienänderungen erforderlichen technischen Berechnungsgrundlagen einschließlich der hierfür benötigten kalkulatorischen Herleitungen und statistischen Nachweise vorzulegen. [4]In den technischen Berechnungsgrundlagen sind die Grundsätze für die Berechnung der Prämien und Alterungsrückstellung einschließlich der verwendeten Rechnungsgrundlagen und mathematischen Formeln vollständig darzustellen. [5]Die Zustimmung ist zu erteilen, wenn die Voraussetzungen des Satzes 2 erfüllt sind.

(2) [1]Der Zustimmung des Treuhänders bedürfen

1. der Zeitpunkt und die Höhe der Entnahme sowie die Verwendung von Mitteln aus der Rückstellung für erfolgsunabhängige Beitragsrückerstattung, soweit sie nach § 150 Absatz 4 zu verwenden sind, und

2. die Verwendung der Mittel aus der Rückstellung für erfolgsabhängige Beitragsrückerstattung.

[2]Der Treuhänder hat in den Fällen des Satzes 1 Nummer 1 und 2 darauf zu achten, dass die in der Satzung und den Versicherungsbedingungen bestimmten Voraussetzungen erfüllt und die Belange der Versicherten ausreichend gewahrt sind. [3]Bei der Verwendung der Mittel zur Begrenzung von Prämienerhöhungen hat er insbesondere auf die Angemessenheit der Verteilung auf die Versichertenbestände mit einem Prämienzuschlag nach § 149 und ohne einen solchen zu achten sowie dem Gesichtspunkt der Zumutbarkeit der prozentualen und absoluten Prämiensteigerungen für die älteren Versicherten ausreichend Rechnung zu tragen.

(3) [1]Das Versicherungsunternehmen hat für jeden nach Art der Lebensversicherung kalkulierten Tarif zumindest jährlich die erforderlichen mit den kalkulierten Versicherungsleistungen zu vergleichen. [2]Ergibt die der Aufsichtsbehörde und dem Treuhänder vorzulegende Gegenüberstellung für einen Tarif eine Abweichung von mehr als 10 Prozent, sofern nicht in den allgemeinen Versicherungsbedingungen ein geringerer Prozentsatz vorgesehen ist, hat das Unternehmen alle Prämien dieses Tarifs zu überprüfen und, wenn die Abweichung als nicht nur vorübergehend anzusehen ist, mit Zustimmung des Treuhänders anzupassen. [3]Dabei darf auch ein betragsmäßig festgelegter Selbstbehalt angepasst und ein vereinbarter Prämienzuschlag entsprechend geändert werden, soweit der Vertrag dies vorsieht. [4]Eine Anpassung erfolgt insoweit nicht, als die Versicherungsleistungen zum Zeitpunkt der Erst- oder einer Neukalkulation unzureichend kalkuliert waren und ein ordentlicher und gewissenhafter Aktuar dies insbesondere anhand der zu diesem Zeitpunkt verfügbaren statistischen Kalkulationsgrundlagen hätte erkennen müssen. [5]Ist nach Auffassung des Treuhänders eine Erhöhung oder eine Senkung der Prämien für einen Tarif ganz oder teilweise erforderlich und kann hierüber mit dem Unternehmen eine übereinstimmende Beurteilung nicht erzielt werden, hat der Treuhänder die Aufsichtsbehörde unverzüglich zu unterrichten.

(4) [1]Das Versicherungsunternehmen hat für jeden nach Art der Lebensversicherung kalkulierten Tarif jährlich die erforderlichen mit den kalkulierten Sterbewahrscheinlichkeiten durch Betrachtung von Barwerten zu vergleichen. [2]Ergibt die der Aufsichtsbehörde und dem Treuhänder vorzulegende Gegenüberstellung für einen Tarif eine Abweichung von mehr als 5 Prozent, hat das Unternehmen alle Prämien dieses Tarifs zu überprüfen und mit Zustimmung des Treuhänders anzupassen. [3]Absatz 3 Satz 3 bis 5 ist entsprechend anzuwenden.

§ 156 Verantwortlicher Aktuar in der Krankenversicherung

(1) [1]Versicherungsunternehmen, die die substitutive Krankenversicherung betreiben, haben einen Verantwortlichen Aktuar zu bestellen. [2]§ 141 Absatz 1 Satz 2 bis 4 und Absatz 2 und 3 ist entsprechend anzuwenden.

(2) [1]Dem Verantwortlichen Aktuar obliegt es,

1. sicherzustellen, dass bei der Berechnung der Prämien und der versicherungstechnischen Rückstellungen im Sinne der §§ 341e bis 341h des Handelsgesetzbuchs, insbesondere der Alterungsrückstellung, die versicherungsmathematischen Methoden gemäß § 146 Absatz 1 Nummer 1 und 2 eingehalten und dabei die Regelungen der nach § 160 erlassenen Rechtsverordnung beachtet werden; dabei muss er die Finanzlage des Unternehmens insbesondere daraufhin überprüfen, ob die dauernde Erfüllbarkeit der sich aus den Versicherungsverträgen ergebenden Verpflichtungen jederzeit gewährleistet ist und

2. unter der Bilanz zu bestätigen, dass die Alterungsrückstellung nach Nummer 1 berechnet ist (versicherungsmathematische Bestätigung); dies gilt nicht für kleinere Vereine im Sinne des § 210.

[2]§ 141 Absatz 5 Satz 1 Nummer 3 und Absatz 6 Nummer 1 ist entsprechend anzuwenden.

§ 157 Treuhänder in der Krankenversicherung

(1) [1]Zum Treuhänder darf nur bestellt werden, wer zuverlässig, fachlich geeignet und von dem Versicherungsunternehmen unabhängig ist, insbesondere keinen Anstellungsvertrag oder sonstigen Dienstvertrag mit dem Versicherungsunternehmen oder einem mit diesem verbundenen Unternehmen abgeschlossen hat oder aus einem solchen Vertrag noch Ansprüche gegen das Unternehmen besitzt. [2]Die fachliche Eignung setzt ausreichende Kenntnisse auf dem Gebiet der Prämienkalkulation in der Krankenversicherung voraus. [3]Zum Treuhänder kann grundsätzlich nicht bestellt werden, wer bereits bei zehn Versicherungsunternehmen oder Pensionsfonds als Treuhänder oder Verantwortlicher Aktuar tätig ist. [4]Die Aufsichtsbehörde kann eine höhere Zahl von Mandaten zulassen.

(2) [1]Der in Aussicht genommene Treuhänder muss vor seiner Bestellung der Aufsichtsbehörde unter Angabe der Tatsachen, die für die Beurteilung der Anforderungen gemäß Absatz 1 wesentlich sind, benannt werden. [2]Wenn Tatsachen vorliegen, aus denen sich ergibt, dass der in Aussicht genommene Treuhänder die Anforderungen nach Absatz 1 nicht erfüllt, kann die Aufsichtsbehörde verlangen, dass eine andere Person benannt wird. [3]Werden nach der Bestellung Umstände bekannt, die nach Absatz 1 einer Bestellung entgegenstehen würden oder erfüllt der Treuhänder die ihm nach diesem Gesetz obliegenden Aufgaben nicht ordnungsgemäß, insbesondere bei Zustimmung zu einer den Rechtsvorschriften nicht entsprechenden Prämienänderung, kann die Aufsichtsbehörde verlangen, dass ein anderer Treuhänder bestellt wird. [4]Erfüllt in den Fällen der Sätze 2 und 3 der in Aussicht genommene oder der neue Treuhänder die Voraussetzungen nicht oder unterbleibt eine Bestellung, so kann die Aufsichtsbehörde den Treuhänder selbst bestellen. [5]Das Ausscheiden des Treuhänders ist der Aufsichtsbehörde unverzüglich mitzuteilen.

(3) [1]Auf die Bestellung eines Treuhänders im Fall einer Vertragsanpassung nach § 203 Absatz 3 des Versicherungsvertragsgesetzes sind Absatz 1 Satz 1, 3 und 4 sowie Absatz 2 entsprechend anzuwenden. [2]Die fachliche Eignung setzt ausreichende Rechtskenntnisse, insbesondere auf dem Gebiet der Krankenversicherung, voraus.

§ 158 Besondere Anzeigepflichten in der Krankenversicherung; Leistungen im Basis- und Notlagentarif

(1) Krankenversicherungsunternehmen haben der Aufsichtsbehörde unverzüglich anzuzeigen:

1. in der Krankenversicherung im Sinne des § 146 Absatz 1 die beabsichtigte Verwendung neuer oder geänderter allgemeiner Versicherungsbedingungen unter deren Beifügung;
2. in der Krankenversicherung im Sinne des § 146 Absatz 1 die beabsichtigte Verwendung neuer oder geänderter Grundsätze im Sinne des § 9 Absatz 4 Nummer 5 unter Beifügung aller dort bezeichneten Unterlagen.

(2) [1]Der Verband der privaten Krankenversicherung wird damit beliehen, Art, Umfang und Höhe der Leistungen im Basistarif nach Maßgabe des § 152 Absatz 1 und im Notlagentarif nach Maßgabe des § 153 Absatz 1 festzulegen. [2]Die Fachaufsicht übt das Bundesministerium der Finanzen aus.

§ 159 Statistische Daten

(1) [1]Die Bundesanstalt veröffentlicht nicht tarifspezifische allgemeine Wahrscheinlichkeitstafeln und andere einschlägige statistische Daten für die Krankenversicherung im Sinne des § 146 Absatz 1. [2]§ 318 Absatz 3 ist entsprechend anzuwenden.

(2) [1]Erstversicherungsunternehmen mit Sitz im Inland, die die Krankenversicherung betreiben, sind verpflichtet, die für die Veröffentlichung nach Absatz 1 benötigten Daten anhand der Daten ihrer Versicherungsbestände der Bundesanstalt jährlich mitzuteilen. [2]In der in § 160 genannten Rechtsverordnung ist festzulegen, welche Versicherungsbestände und Daten hierbei zu berücksichtigen sind.

(3) Die Bundesanstalt übermittelt die gemäß Absatz 1 veröffentlichten Daten zur Krankenversicherung den Aufsichtsbehörden der Herkunftsstaaten.

§ 160 Verordnungsermächtigung

[1]Das Bundesministerium der Finanzen wird ermächtigt, durch Rechtsverordnung für die nach Art der Lebensversicherung betriebene Krankenversicherung

1. die versicherungsmathematischen Methoden zur Berechnung der Prämien einschließlich der Prämienänderungen und der versicherungstechnischen Rückstellungen im Sinne der §§ 341e bis 341h des Handelsgesetzbuchs, namentlich der Alterungsrückstellung, insbesondere zur Berücksichtigung der maßgeblichen Annahmen zur Invaliditäts- und Krankheitsgefahr, zur Pflegebedürftigkeit, zur Sterblichkeit, zur Alters- und Geschlechtsabhängigkeit des Risikos und zur Stornowahrscheinlichkeit sowie die Höhe des Sicherheitszuschlags und des Zinssatzes und die Grundsätze für die Bemessung und Begrenzung der sonstigen Zuschläge festzulegen;
2. nähere Bestimmungen zur Gleichartigkeit des Versicherungsschutzes sowie zur Anrechnung der erworbenen Rechte und der Alterungsrückstellung bei einem Tarifwechsel gemäß § 146 Absatz 1 Nummer 4 zu erlassen;
3. nähere Bestimmungen zur Berechnung des Übertragungswerts nach § 146 Absatz 1 Nummer 5 und § 148 Satz 2 zu erlassen;
4. nähere Bestimmungen zum Wechsel in den Basistarif gemäß § 152 Absatz 2 und zu einem darauf folgenden Wechsel aus dem Basistarif zu erlassen;
5. festzulegen, wie der Überzins nach § 150 Absatz 1 zu ermitteln, wie die Beträge auf die berechtigten Versicherten gemäß § 150 Absatz 2 und 4 zu verteilen sind und wie die Prämie des ursprünglichen Eintrittsalters ermittelt wird;
6. zur Wahrung der Belange der Versicherten Vorschriften über die Mindestzuführung zur Rückstellung für erfolgsabhängige Beitragsrückerstattung gemäß § 151 Absatz 2 zu erlassen, insbesondere über die Höhe und Berechnung des Zuführungssatzes; als Zuführungssatz getrennt für die Krankenversicherung im Sinne des § 146 Absatz 1 Satz 1, für die private Pflege-Pflichtversicherung im Sinne des § 148 und für die geförderte Pflegevorsorge im Sinne des § 148 ist ein Prozentsatz aus der Summe von Jahresüberschuss und den Aufwendungen für die erfolgsabhängige Beitragsrückerstattung festzulegen; hierbei sind eine Direktgutschrift und ein durchschnittlicher Solvabilitätsbedarf der Krankenversicherungsunternehmen zu berücksichtigen;
7. das Verfahren zur Gegenüberstellung der erforderlichen mit den kalkulierten Versicherungsleistungen und den zuletzt veröffentlichten Sterbewahrscheinlichkeiten nach § 155 Absatz 3 sowie die Frist für die Vorlage der Gegenüberstellung an die Aufsichtsbehörde und den Treuhänder festzulegen.

[2]Die Ermächtigung kann durch Rechtsverordnung auf die Bundesanstalt übertragen werden. [3]Rechtsverordnungen nach den Sätzen 1 und 2 bedürfen nicht der Zustimmung

des Bundesrates; sie sind, mit Ausnahme von Satz 1 Nummer 6, im Einvernehmen mit dem Bundesministerium der Justiz und für Verbraucherschutz zu erlassen.

Abschnitt 3 Sonstige Nichtlebensversicherung

§ 161 Unfallversicherung mit Prämienrückgewähr

(1) Soweit Unfallversicherungsunternehmen Versicherungen mit Rückgewähr der Prämie übernehmen, gelten die §§ 138, 139, 140 Absatz 1, die §§ 141, 142 und 145 Absatz 3 sowie § 336 entsprechend.

(2) Unverzüglich nach Aufnahme des Betriebs der Unfallversicherung mit Prämienrückgewähr hat das Versicherungsunternehmen die Grundsätze für die Berechnung der Prämien und Deckungsrückstellungen einschließlich der verwendeten Rechnungsgrundlagen, mathematischen Formeln, kalkulatorischen Herleitungen und statistischen Nachweise unter deren Beifügung der Aufsichtsbehörde anzuzeigen; dies gilt entsprechend bei der Verwendung neuer oder geänderter Grundsätze.

§ 162 Deckungsrückstellung für Haftpflicht- und Unfall-Renten

Für die Berechnung der Deckungsrückstellung von Renten in der Allgemeinen Haftpflichtversicherung, der Kraftfahrzeug-Haftpflichtversicherung, der Kraftfahrt-Unfallversicherung sowie der Allgemeinen Unfallversicherung ohne Rückgewähr der Prämie sind § 141 Absatz 1 bis 3, 5 und 6 sowie § 145 Absatz 4 entsprechend anzuwenden.

§ 163 Schadenregulierungsbeauftragte in der Kraftfahrzeug-Haftpflichtversicherung

(1) [1]Für die Erlaubnis zur Deckung der in der Anlage 1 Nummer 10 Buchstabe a genannten Risiken hat das Versicherungsunternehmen in allen anderen Mitglied- oder Vertragsstaaten einen Schadenregulierungsbeauftragten zu benennen. [2]Dieser hat im Auftrag des Versicherungsunternehmens Ansprüche auf Ersatz von Personen- und Sachschäden zu bearbeiten und zu regulieren, die wegen eines Unfalls entstanden sind, der sich in einem anderen Mitglied- oder Vertragsstaat als dem Wohnsitzmitgliedstaat des Geschädigten ereignet hat und der durch die Nutzung eines Fahrzeugs verursacht wurde, das in einem Mitglied- oder Vertragsstaat versichert ist und dort seinen gewöhnlichen Standort hat.

(2) Die Bestellung jedes Schadenregulierungsbeauftragten ist der Aufsichtsbehörde unter Beifügung der in § 9 Absatz 4 Nummer 6 genannten Unterlagen unverzüglich anzuzeigen.

(3) [1]Der Schadenregulierungsbeauftragte muss in dem Staat ansässig oder niedergelassen sein, für den er benannt ist. [2]Er kann auf Rechnung eines oder mehrerer Versicherungsunternehmen handeln. [3]Er muss über ausreichende Befugnisse verfügen, um das Versicherungsunternehmen gegenüber Geschädigten zu vertreten und um deren Schadenersatzansprüche in vollem Umfang zu befriedigen. [4]Er muss in der Lage sein, den Fall in der Amtssprache oder den Amtssprachen des Staats zu bearbeiten, für den er benannt ist.

(4) [1]Der Schadenregulierungsbeauftragte trägt im Zusammenhang mit Ansprüchen, die durch ein bei diesem Unternehmen versichertes Fahrzeug verursacht worden sind, alle zu deren Regulierung erforderlichen Informationen zusammen. [2]Hat sich der Unfall in einem Drittstaat ereignet, gilt dies nur, sofern

1. der Geschädigte seinen Wohnsitz in einem Mitglied- oder Vertragsstaat hat,
2. das Fahrzeug, das den Unfall verursacht hat, seinen gewöhnlichen Standort in einem dieser Staaten hat und

3. das nationale Versicherungsbüro im Sinne des Artikels 1 Nummer 3 der Richtlinie 2009/103/EG des Europäischen Parlaments und des Rates vom 16. September 2009 über die Kraftfahrzeug-Haftpflichtversicherung und die Kontrolle der entsprechenden Versicherungspflicht (ABl. L 263 vom 7.10.2009, S. 11) des Staats, in dem sich der Unfall ereignet hat, dem System der Grünen Karte beigetreten ist.

[3]In diesem Fall gilt § 3a Absatz 1 Nummer 1 und 2 des Pflichtversicherungsgesetzes entsprechend.

(5) Die Bestellung eines Schadenregulierungsbeauftragten durch ein ausländisches Versicherungsunternehmen im Inland stellt für sich allein keine Errichtung einer Zweigniederlassung dar; der Schadenregulierungsbeauftragte gilt nicht als Niederlassung.

§ 164 Schadenabwicklung in der Rechtsschutzversicherung

(1) [1]Ein Versicherungsunternehmen, das die Rechtsschutzversicherung zusammen mit anderen Versicherungssparten betreibt, hat die Leistungsbearbeitung in der Rechtsschutzversicherung einem anderen Unternehmen mit einer in § 8 Absatz 2 genannten Rechtsform oder der Rechtsform einer sonstigen Kapitalgesellschaft (Schadenabwicklungsunternehmen) zu übertragen. [2]Die Übertragung gilt als Ausgliederung.

(2) Das Schadenabwicklungsunternehmen darf außer der Rechtsschutzversicherung keine anderen Versicherungsgeschäfte betreiben und in anderen Versicherungssparten keine Leistungsbearbeitung durchführen.

(3) [1]Für die Geschäftsleiter des Schadenabwicklungsunternehmens gilt § 24 Absatz 1 entsprechend. [2]Sie dürfen nicht zugleich für ein Versicherungsunternehmen tätig werden, das außer der Rechtsschutzversicherung andere Versicherungsgeschäfte betreibt. [3]Beschäftigte, die mit der Leistungsbearbeitung betraut sind, dürfen eine vergleichbare Tätigkeit nicht für ein solches Versicherungsunternehmen ausüben.

(4) [1]Die Mitglieder des Vorstands und die Beschäftigten eines unter Absatz 1 fallenden Versicherungsunternehmens dürfen dem Schadenabwicklungsunternehmen keine Weisungen für die Bearbeitung einzelner Versicherungsfälle erteilen. [2]Die Geschäftsleiter und die Beschäftigten des Schadenabwicklungsunternehmens dürfen einem solchen Versicherungsunternehmen keine Angaben machen, die zu Interessenkollisionen zum Nachteil der Versicherten führen können.

(5) Die Absätze 1 bis 4 gelten nicht für die Rechtsschutzversicherung, wenn sich diese auf Streitigkeiten oder Ansprüche bezieht, die aus dem Einsatz von Schiffen auf See entstehen oder mit diesem Einsatz verbunden sind.

Abschnitt 4 Rückversicherung

§ 165 Rückversicherungsunternehmen in Abwicklung

(1) Auf Rückversicherungsunternehmen, die den Abschluss neuer Rückversicherungsverträge bis zum 10. Dezember 2007 eingestellt haben und ausschließlich ihr Portfolio mit dem Ziel verwalten, ihre Tätigkeit einzustellen, finden die nachstehenden Absätze und die für kleine Versicherungsunternehmen geltenden Vorschriften mit Ausnahme des § 215 Anwendung.

(2) [1]Zu den Vermögensbeständen, die der dauernden Erfüllbarkeit der Verpflichtungen aus den Rückversicherungsverhältnissen dienen, gehören Vermögenswerte in Höhe der versicherungstechnischen Rückstellungen im Sinne der §§ 341e bis 341h des Handelsgesetzbuchs sowie der aus Rückversicherungsverhältnissen entstandenen Verbindlichkeiten und Rechnungsabgrenzungsposten (qualifiziertes Vermögen). [2]Diese Bestände sind unter Berücksichtigung der Art des betriebenen Versicherungsgeschäfts sowie der

Unternehmensstruktur so anzulegen, dass möglichst große Sicherheit und Rentabilität bei jederzeitiger Liquidität des Rückversicherungsunternehmens unter Wahrung angemessener Mischung und Streuung erreicht wird. [3]Dies gilt mit der Maßgabe, dass eine ausreichende Währungskongruenz gewährleistet ist und die Angemessenheit der Mischung und Streuung unter Berücksichtigung der Besonderheiten des jeweiligen Rückversicherungsunternehmens zu bewerten ist. [4]Hierbei sind auch die Kapitalausstattung sowie die gesamte Finanzsituation des Unternehmens und seine Konzernstruktur zu beachten. [5]Anlagen in derivativen Finanzinstrumenten sind zulässig, sofern sie zur Verringerung von Anlagerisiken oder zur Erleichterung der Portfolioverwaltung beitragen.

(3) [1]Bei der Ermittlung der sicherzustellenden Verpflichtungen sind solche Verbindlichkeiten nicht zu berücksichtigen, bei denen die Sicherstellung durch beim Vorversicherer gestellte Bardepots erfolgt. [2]Die Anteile, die auf Retrozessionare und auf zum Geschäftsbetrieb zugelassene Zweckgesellschaften im Sinne des Artikels 13 Nummer 26 der Richtlinie 2009/138/EG entfallen, bleiben außer Betracht. [3]Anteile, die auf Zweckgesellschaften mit Sitz in einem Drittstaat entfallen, bleiben nur dann außer Betracht, wenn die Versicherungs-Zweckgesellschaft im Sitzland entsprechend den Anforderungen der nach Artikel 211 Absatz 2 der Richtlinie 2009/138/EG erlassenen delegierten Rechtsakte zum Geschäftsbetrieb staatlich zugelassen ist und beaufsichtigt wird und über eine vergleichbare Ausstattung mit Kapitalanlagen verfügt.

(4) Gehören Rückversicherungsverhältnisse zu einem selbständigen Bestand eines Rückversicherungsunternehmens in einem Drittstaat, so gelten Absatz 2 sowie § 125 Absatz 1 entsprechend auch für die aus diesen Rückversicherungsverhältnissen entstandenen Vermögensbestände, soweit das ausländische Recht nichts Abweichendes vorschreibt.

§ 166 Bestandsübertragungen; Umwandlungen

(1) [1]Jeder Vertrag, durch den ein Versicherungsbestand eines inländischen Rückversicherungsunternehmens ganz oder teilweise auf ein anderes Versicherungsunternehmen mit Sitz in einem Mitglied- oder Vertragsstaat übertragen werden soll, bedarf der Genehmigung der Bundesanstalt. [2]Der Bestandsübertragungsvertrag bedarf der Schriftform; § 311b Absatz 3 des Bürgerlichen Gesetzbuchs ist nicht anzuwenden. [3]Die Genehmigung wird erteilt, wenn durch eine Bescheinigung der zuständigen Behörde des Mitglied- oder Vertragsstaats nachgewiesen ist, dass das übernehmende Unternehmen unter Berücksichtigung der Übertragung über anrechnungsfähige Eigenmittel zur Einhaltung der Solvabilitätskapitalanforderung verfügt. [4]Die Rechte und Pflichten des übertragenden Unternehmens aus den Rückversicherungsverträgen gehen mit der Bestandsübertragung auch im Verhältnis zu den Vorversicherern auf das übernehmende Unternehmen über; § 415 des Bürgerlichen Gesetzbuchs ist nicht anzuwenden. [5]Die Genehmigung der Bestandsübertragung ist im Bundesanzeiger zu veröffentlichen. [6]Sobald die Bestandsübertragung wirksam geworden ist, hat das übernehmende Versicherungsunternehmen unverzüglich die Vorversicherer über die Bestandsübertragung schriftlich zu informieren.

(2) [1]Die vollständige oder teilweise Übertragung eines Versicherungsbestandes durch ein inländisches Rückversicherungsunternehmen auf eine Niederlassung eines Versicherungsunternehmens eines Drittstaats bedarf der Genehmigung durch die Bundesanstalt. [2]Die Genehmigung darf nur erteilt werden, wenn die übernehmende Drittstaatenniederlassung nachweist, dass sie nach der Übertragung über anrechnungsfähige Eigenmittel zur Einhaltung der Solvabilitätskapitalanforderung verfügt. [3]Wird die Kapitalausstattung der Drittstaatenniederlassung von der Aufsichtsbehörde eines anderen Mitglied- oder Vertragsstaats überwacht, hat der Nachweis durch eine Bescheinigung der

zuständigen Behörde des anderen Mitglied- oder Vertragsstaats zu erfolgen. [4]Absatz 1 Satz 2, 4 bis 6 ist entsprechend anzuwenden.

(3) [1]Jede Umwandlung eines Rückversicherungsunternehmens nach den §§ 1 und 122a des Umwandlungsgesetzes, bei der Rückversicherungsverträge zu den von der Umwandlung erfassten Vermögensgegenständen gehören, bedarf der Genehmigung der Aufsichtsbehörde. [2]Absatz 1 Satz 3 und 4 ist entsprechend anzuwenden. [3]Die Genehmigung kann auch versagt werden, wenn die Vorschriften über die Umwandlung nicht beachtet worden sind. [4]Die Absicht der Umwandlung eines Rückversicherungsunternehmens nach den §§ 1 und 122a des Umwandlungsgesetzes, soweit sie nicht der Genehmigungspflicht nach Satz 1 unterliegt, ist der Aufsichtsbehörde unverzüglich anzuzeigen.

§ 167 Finanzrückversicherung

(1) [1]Eine Finanzrückversicherung ist eine Rückversicherung, bei der das übernommene wirtschaftliche Gesamtrisiko, das sich aus der Übernahme sowohl eines erheblichen versicherungstechnischen Risikos als auch des Risikos hinsichtlich der Abwicklungsdauer ergibt, die Prämiensumme über die Gesamtlaufzeit des Versicherungsvertrags um einen begrenzten, aber erheblichen Betrag übersteigt (hinreichender Risikotransfer), wenn dabei zumindest

1. Verzinsungsfaktoren (Zeitwert des Geldes) ausdrücklich und in erheblichem Umfang berücksichtigt werden oder
2. durch vertragliche Bestimmungen sichergestellt ist, dass die wirtschaftlichen Ergebnisse zwischen den Vertragsparteien über die Gesamtlaufzeit des Vertrags ausgeglichen werden, um einen gezielten Risikotransfer zu ermöglichen.

[2]Die Vorschriften dieses Gesetzes, die an das Bestehen einer Rückversicherung anknüpfen, finden nur auf Verträge mit hinreichendem Risikotransfer Anwendung; Verträge ohne hinreichenden Risikotransfer gehören vorbehaltlich der Vorschriften über versicherungsfremde Geschäfte zum Geschäftsbetrieb.

(2) Versicherungsunternehmen, die Finanzrückversicherungsverträge schließen oder Finanzrückversicherungsgeschäfte tätigen, müssen sicherstellen, dass sie die aus diesen Verträgen oder Geschäften erwachsenden Risiken angemessen identifizieren, bewerten, überwachen, steuern, kontrollieren und über diese berichten können.

§ 168 Versicherungs-Zweckgesellschaften

(1) [1]Eine Versicherungs-Zweckgesellschaft ist eine Kapitalgesellschaft oder eine Personengesellschaft, die kein bestehendes Versicherungsunternehmen ist und Risiken von Versicherungsunternehmen übernimmt, wobei sie die Schadenrisiken vollständig über die Emission von Schuldtiteln oder einen anderen Finanzierungsmechanismus absichert, bei dem die Rückzahlungsansprüche der Darlehensgeber oder der Finanzierungsmechanismus den Rückversicherungsverpflichtungen der Gesellschaft nachgeordnet sind. [2]Die Laufzeit der Schuldtitel oder des anderen Finanzierungsmechanismus muss derjenigen des Rückversicherungsvertrags mindestens entsprechen. [3]Versicherungs-Zweckgesellschaften mit Sitz oder Hauptverwaltung im Inland bedürfen zur Aufnahme des Geschäftsbetriebs der Erlaubnis der Aufsichtsbehörde.

(2) Für Versicherungs-Zweckgesellschaften gelten die §§ 4, 8 Absatz 3, § 9 Absatz 1, § 10 Absatz 1, die §§ 11, 16, 24, 25, 47 Nummer 1, 2, 5, § 294 Absatz 2 Satz 1, 3 und 4 und Absatz 3, 6 und 7, die §§ 305, 306, 307 und 310 bis 315 mit Ausnahme des § 312 Absatz 1 entsprechend.

(3) [1]Sind die Mittel einer Versicherungs-Zweckgesellschaft nicht ausreichend im Sinne der nach Artikel 211 Absatz 2 der Richtlinie 2009/138/EG erlassenen Durch-

führungsmaßnahme der Europäischen Kommission, hat die Versicherungs-Zweckgesellschaft auf Verlangen der Aufsichtsbehörde dieser einen Plan zur Wiederherstellung gesunder Finanzverhältnisse zur Genehmigung vorzulegen. [2]Die Aufsichtsbehörde kann die Erlaubnis zum Geschäftsbetrieb widerrufen, wenn die Versicherungs-Zweckgesellschaft außerstande ist, innerhalb einer angemessenen, von der Aufsichtsbehörde gesetzten Frist wieder ausreichende Mittel vorzuweisen.

§ 169 Rückversicherungsunternehmen mit Sitz in einem anderen Mitglied- oder Vertragsstaat

(1) [1]Rückversicherungsunternehmen mit Sitz in einem anderen Mitglied- oder Vertragsstaat, die eine behördliche Zulassung nach den Rechtsvorschriften besitzen, die in dem Herkunftsstaat zur Umsetzung des Artikels 14 der Richtlinie 2009/138/EG erlassen worden sind, dürfen das Rückversicherungsgeschäft im Inland durch eine Niederlassung oder im Dienstleistungsverkehr betreiben. [2]Die Aufsicht mit Ausnahme der Finanzaufsicht obliegt der Bundesanstalt, die hierbei mit der zuständigen Aufsichtsbehörde des Herkunftsstaats zusammenzuarbeiten hat.

(2) [1]Stellt die Bundesanstalt fest, dass ein Rückversicherungsunternehmen im Sinne des Absatzes 1 die für die Ausübung seiner Tätigkeiten zu beachtenden Rechtsvorschriften nicht einhält, so fordert sie das Unternehmen auf, diese Unregelmäßigkeiten abzustellen. [2]Gleichzeitig unterrichtet sie die Aufsichtsbehörde des Herkunftsstaats. [3]Die Bundesanstalt unterrichtet die Aufsichtsbehörde des Herkunftsstaats auch, wenn sie Gründe für die Annahme hat, dass die Tätigkeiten des Rückversicherungsunternehmens zu einer Beeinträchtigung seiner finanziellen Solidität führen könnten. [4]Auf Antrag der Aufsichtsbehörde des Herkunftsstaats des Rückversicherungsunternehmens trifft die Bundesanstalt in den in den §§ 133, 134 und 135 geregelten Fällen die dort vorgesehenen Maßnahmen. [5]Die Aufsichtsbehörde des Herkunftsstaats hat die Vermögenswerte zu bezeichnen, die Gegenstand dieser Maßnahme sein sollen.

(3) [1]Verstößt das Rückversicherungsunternehmen trotz der eingeleiteten Maßnahmen nach Absatz 2 auch weiterhin gegen die zu beachtenden Rechtsvorschriften, so kann die Bundesanstalt nach erneuter Unterrichtung der zuständigen Behörde des Herkunftsstaats selbst alle erforderlichen Maßnahmen zur Beseitigung früherer und zur Verhütung künftiger Verstöße ergreifen. [2]Sind hierbei Versuche, Anordnungen mit Zwangsmitteln durchzusetzen oder wegen Zwangsgelds zu vollstrecken, aussichtslos oder erfolglos, kann die Bundesanstalt, wenn andere Maßnahmen nicht zum Ziel führen oder nicht angebracht sind, die weitere Geschäftstätigkeit im Inland ganz oder teilweise untersagen. [3]Darüber hinaus kann die Bundesanstalt gemäß Artikel 19 der Verordnung (EU) Nr. 1094/2010 die Europäische Aufsichtsbehörde für das Versicherungswesen und die betriebliche Altersversorgung mit der Angelegenheit befassen und um Unterstützung bitten.

(4) [1]Für die Aufsicht der Bundesanstalt nach Absatz 1 gelten neben den Absätzen 2 und 3 die §§ 4, 68 Absatz 2 Satz 4, die §§ 298, 299 Nummer 1, die §§ 303, 305 Absatz 1 Nummer 2, Absatz 3 und 5, § 306 Absatz 1 Satz 1 Nummer 1 bis 3, Absatz 2 Satz 1 Nummer 2, Absatz 5 bis 8, § 310 und § 17 des Finanzdienstleistungsaufsichtsgesetzes entsprechend. [2]§ 305 Absatz 1 Nummer 1 findet mit der Maßgabe entsprechende Anwendung, dass an die Stelle der Versicherungsnehmer die Vorversicherer treten.

§ 170 Verordnungsermächtigung

[1]Das Bundesministerium der Finanzen wird ermächtigt, durch Rechtsverordnung Vorschriften zu erlassen

1. über die Ausgestaltung der Pflichten nach § 167 Absatz 2, soweit der Bereich nicht durch delegierte Rechtsakte der Kommission gemäß Artikel 210 Absatz 2 der Richtlinie 2009/138/EG geregelt ist, und
2. für die Finanzrückversicherung im Sinne des § 167 Absatz 1 für Finanzrückversicherungsverträge und Verträge ohne hinreichenden Risikotransfer darüber,
   a) unter welchen Voraussetzungen ein Risikotransfer als hinreichend anzusehen ist,
   b) welche Mindestbestimmungen in jedem Finanzrückversicherungsvertrag enthalten sein müssen und
   c) wie Unternehmen durch geeignete interne Verfahren den Risikotransfer unter einem Vertrag zu ermitteln haben.

[2]Die Ermächtigung kann durch Rechtsverordnung auf die Bundesanstalt übertragen werden. [3]Rechtsverordnungen nach den Sätzen 1 und 2 bedürfen nicht der Zustimmung des Bundesrates.

Kapitel 4 Versicherungsvereine auf Gegenseitigkeit

§ 171 Rechtsfähigkeit

Ein Verein, der die Versicherung seiner Mitglieder nach dem Grundsatz der Gegenseitigkeit betreiben will, wird dadurch rechtsfähig, dass ihm die Aufsichtsbehörde erlaubt, als Versicherungsverein auf Gegenseitigkeit Geschäfte zu betreiben.

§ 172 Anwendung handelsrechtlicher Vorschriften

[1]Soweit dieses Gesetz nichts anderes vorschreibt, gelten die Vorschriften des Ersten und Vierten Buchs des Handelsgesetzbuchs über Kaufleute mit Ausnahme der §§ 1 bis 7 entsprechend auch für Versicherungsvereine auf Gegenseitigkeit. [2]Für die Rechnungslegung gelten die Vorschriften des Zweiten Unterabschnitts des Vierten Abschnitts in Verbindung mit den Vorschriften des Ersten und Zweiten Abschnitts des Dritten Buchs des Handelsgesetzbuchs entsprechend.

§ 173 Satzung

(1) Die Verfassung eines Versicherungsvereins auf Gegenseitigkeit wird durch die Satzung bestimmt, soweit sie nicht auf den folgenden Vorschriften beruht.

(2) Die Satzung muss notariell beurkundet sein.

§ 174 Firma

(1) Die Satzung hat den Namen (die Firma) und den Sitz des Vereins zu bestimmen.

(2) [1]Die Firma soll den Sitz des Vereins erkennen lassen. [2]Auch ist in der Firma oder in einem Zusatz auszudrücken, dass Versicherung auf Gegenseitigkeit betrieben wird.

§ 175 Haftung für Verbindlichkeiten

[1]Für alle Verbindlichkeiten des Vereins haftet den Vereinsgläubigern nur das Vereinsvermögen. [2]Die Mitglieder haften den Vereinsgläubigern nicht.

§ 176 Mitgliedschaft

[1]Die Satzung soll Bestimmungen über den Beginn der Mitgliedschaft enthalten. [2]Mitglied kann nur werden, wer ein Versicherungsverhältnis mit dem Verein begründet. [3]Soweit die Satzung nichts anderes bestimmt, endet die Mitgliedschaft, wenn das Versicherungsverhältnis aufhört.

§ 177 Gleichbehandlung

(1) Mitgliedsbeiträge und Vereinsleistungen an die Mitglieder dürfen bei gleichen Voraussetzungen nur nach gleichen Grundsätzen bemessen sein.

(2) Versicherungsgeschäfte gegen feste Entgelte, ohne dass die Versicherungsnehmer Mitglieder werden, darf der Verein nur betreiben, soweit es die Satzung ausdrücklich gestattet.

§ 178 Gründungsstock

(1) [1]In der Satzung ist vorzusehen, dass ein Gründungsstock gebildet wird, der die Kosten der Vereinserrichtung zu decken sowie als Gewähr- und Betriebsstock zu dienen hat. [2]Die Satzung soll die Bedingungen enthalten, unter denen der Gründungsstock dem Verein zur Verfügung steht und besonders bestimmen, wie der Gründungsstock zu tilgen ist sowie ob und in welchem Umfang die Personen, die ihn zur Verfügung gestellt haben, berechtigt sein sollen, an der Vereinsverwaltung teilzunehmen.

(2) [1]Der Gründungsstock kann nur in gesetzlichen Zahlungsmitteln, in von der Deutschen Bundesbank bestätigten Schecks, durch Gutschrift auf ein Konto im Inland bei der Deutschen Bundesbank oder einem Kreditinstitut des Vereins oder des Vorstands zu seiner freien Verfügung eingezahlt werden. [2]Forderungen des Vorstands aus diesen Einzahlungen gelten als Forderungen des Vereins. [3]Die Satzung kann statt der Einzahlung die Hingabe eigener Wechsel gestatten.

(3) [1]Den Personen, die den Gründungsstock zur Verfügung gestellt haben, darf kein Kündigungsrecht eingeräumt werden. [2]In der Satzung kann ihnen außer einer Verzinsung aus den Jahreseinnahmen eine Beteiligung an dem Überschuss nach der Jahresbilanz zugesichert werden; die Aufsichtsbehörde entscheidet, welchen Prozentsatz des bar eingezahlten Betrags die Zinsen und die gesamten Bezüge nicht überschreiten dürfen. [3]Der Gründungsstock darf in Anteile zerlegt werden, über die Anteilscheine ausgegeben werden können.

(4) Getilgt werden darf der Gründungsstock nur aus den Jahreseinnahmen und nur so weit, wie die Verlustrücklage nach § 193 angewachsen ist; die Tilgung muss beginnen, sobald die aktivierten Aufwendungen für die Ingangsetzung des Geschäftsbetriebs vollständig abgeschrieben sind.

(5) [1]Die Satzung kann zulassen, dass nach Errichtung des Vereins ein weiterer Gründungsstock gebildet wird, der den Zweck hat, die langfristige Risikotragfähigkeit des Vereins zu gewährleisten. [2]Einzahlungen in den weiteren Gründungsstock und seine Tilgung bedürfen der Zustimmung der Aufsichtsbehörde. [3]Absatz 4 findet keine Anwendung.

§ 179 Beiträge

(1) Die Satzung hat zu bestimmen, ob die Ausgaben durch einmalige oder wiederkehrende Beiträge gedeckt werden sollen, die im Voraus erhoben werden, oder durch Beiträge, die je nach Bedarf umgelegt werden.

(2) Sind Beiträge im Voraus zu erheben, so hat die Satzung ferner zu bestimmen, ob Nachschüsse vorbehalten oder ausgeschlossen sind; sollen sie ausgeschlossen sein, so ist außerdem zu bestimmen, ob die Versicherungsansprüche gekürzt werden dürfen.

(3) [1]Die Satzung kann für Nachschüsse und Umlagen einen Höchstbetrag festsetzen. [2]Eine Beschränkung, derzufolge Nachschüsse oder Umlagen nur ausgeschrieben werden dürfen, um Versicherungsansprüche der Mitglieder zu decken, ist unzulässig.

§ 180 Beitragspflicht ausgeschiedener oder eingetretener Mitglieder

(1) [1]Zu den Nachschüssen oder Umlagen haben auch die im Laufe des Geschäftsjahres ausgeschiedenen oder eingetretenen Mitglieder beizutragen. [2]Die Beitragspflicht bemisst sich danach, wie lange sie in dem Geschäftsjahr dem Verein angehört haben.

(2) Bemisst sich der Nachschuss- oder Umlagebetrag eines Mitglieds nach dem im Voraus erhobenen Beitrag oder der Versicherungssumme, so ist, wenn während des Geschäftsjahres der Beitrag oder die Versicherungssumme herauf- oder herabgesetzt worden ist, der höhere Betrag bei der Berechnung zugrunde zu legen.

(3) Die Absätze 1 und 2 gelten nur, soweit die Satzung nichts anderes bestimmt.

§ 181 Aufrechnungsverbot

Gegen eine Forderung des Vereins aus der Beitragspflicht kann das Mitglied nicht aufrechnen.

§ 182 Ausschreibung von Umlagen und Nachschüssen

(1) Die Satzung soll bestimmen, unter welchen Voraussetzungen Nachschüsse oder Umlagen ausgeschrieben werden dürfen, insbesondere, inwieweit zuvor andere Deckungsmittel wie Gründungsstock oder Rücklagen verwendet werden müssen.

(2) Die Satzung soll ferner bestimmen, wie die Nachschüsse oder Umlagen ausgeschrieben und eingezogen werden.

§ 183 Bekanntmachungen

(1) Die Satzung hat zu bestimmen, wie die Vereinsbekanntmachungen erlassen werden.

(2) Vereinsbekanntmachungen sind im Bundesanzeiger zu veröffentlichen.

§ 184 Organe

Die Satzung hat zu bestimmen, wie ein Vorstand, ein Aufsichtsrat und eine oberste Vertretung (oberstes Organ; Versammlung von Mitgliedern oder von Vertretern der Mitglieder) zu bilden sind.

§ 185 Anmeldung zum Handelsregister

(1) [1]Sämtliche Vorstands- und Aufsichtsratsmitglieder haben den Verein bei dem Gericht, in dessen Bezirk er seinen Sitz hat, zur Eintragung ins Handelsregister anzumelden. [2]In der Anmeldung ist anzugeben, welche Vertretungsbefugnis die Vorstandsmitglieder haben.

(2) Die Aufsichtsbehörde hat dem Registergericht jede Erlaubnis zum Geschäftsbetrieb im Sinne des § 171 mitzuteilen.

§ 186 Unterlagen zur Anmeldung

(1) Der Anmeldung zum Handelsregister sind beizufügen:

1. die Urkunde über die Erlaubnis zum Geschäftsbetrieb,
2. die Satzung,
3. die Urkunden über die Bestellung des Vorstands und des Aufsichtsrats,
4. eine von den Anmeldenden unterschriebene Liste der Mitglieder des Aufsichtsrats, aus welcher Name, Vorname, ausgeübter Beruf und Wohnort der Mitglieder ersichtlich sind,
5. die Urkunden über die Bildung des Gründungsstocks mit einer Erklärung des Vorstands und des Aufsichtsrats, in welchem Umfang und in welcher Weise der Grün-

dungsstock eingezahlt ist und dass der eingezahlte Betrag endgültig zur freien Verfügung des Vorstands steht sowie

6. eine Übersicht darüber, ob die Ausgaben durch im Voraus erhobene oder durch nachträglich umgelegte Beiträge gedeckt werden sollen und, wenn im Voraus Beiträge erhoben werden sollen, ob Nachschüsse vorbehalten oder ausgeschlossen sind, ob die Beitragspflicht beschränkt ist und ob die Versicherungsansprüche gekürzt werden dürfen.

(2) Für die Einreichung von Unterlagen nach diesem Gesetz gilt § 12 Absatz 2 des Handelsgesetzbuchs entsprechend.

§ 187 Eintragung

(1) [1]Bei der Eintragung ins Handelsregister sind anzugeben:

1. die Firma und der Sitz des Vereins,
2. die Versicherungszweige, auf die sich der Betrieb erstrecken soll,
3. die Höhe des Gründungsstocks,
4. der Tag, an dem der Geschäftsbetrieb erlaubt worden ist, und
5. die Vorstandsmitglieder.

[2]Ferner ist einzutragen, welche Vertretungsbefugnis die Vorstandsmitglieder haben.

(2) Bestimmt die Satzung etwas über die Dauer des Vereins, so ist auch das einzutragen.

§ 188 [1)] Vorstand

(1) [1]Der Vorstand besteht aus mindestens zwei Personen. [2]Für den Vorstand gelten § 76 Absatz 1 und 3, die §§ 77 bis 87, 88 bis 91 und 93 Absatz 1, 2 und 4 bis 6 sowie § 94 des Aktiengesetzes entsprechend mit der Maßgabe, dass an die Stelle der Beschlüsse der Hauptversammlung die Beschlüsse der obersten Vertretung treten. [3]An die Stelle des § 93 Absatz 3 des Aktiengesetzes tritt die Vorschrift des Absatzes 2.

(2) Die Vorstandsmitglieder sind insbesondere zum Ersatz verpflichtet, wenn entgegen dem Gesetz

1. der Gründungsstock verzinst oder getilgt wird,
2. das Vereinsvermögen verteilt wird,
3. Zahlungen geleistet werden, nachdem die Zahlungsunfähigkeit des Vereins eingetreten ist oder sich seine Überschuldung ergeben hat; dies gilt nicht für Zahlungen, die auch nach diesem Zeitpunkt mit der Sorgfalt eines ordentlichen und gewissenhaften Geschäftsleiters vereinbar sind oder
4. Kredit gewährt wird.

§ 189 [2)] Aufsichtsrat

(1) [1]Der Aufsichtsrat besteht aus drei Personen. [2]Die Satzung kann eine bestimmte höhere Zahl festsetzen, die durch drei teilbar sein muss. [3]Die Höchstzahl der Aufsichtsratsmitglieder beträgt 21.

(2) [1]Der Aufsichtsrat setzt sich bei Vereinen, für die nach § 1 Absatz 1 Nummer 4 des Drittelbeteiligungsgesetzes das Drittelbeteiligungsgesetz gilt, zusammen aus Aufsichtsratsmitgliedern, die von der obersten Vertretung gewählt werden, und aus Aufsichtsratsmitgliedern der Arbeitnehmer. [2]Bei den übrigen Vereinen setzt sich der Aufsichtsrat nur

---

1) § 188 Abs. 1 geändert durch Gesetz vom 12.12.2019 (BGBl. I S. 2637).
2) § 189 geändert durch Gesetz vom 12.12.2019 (BGBl. I S. 2637).

aus Aufsichtsratsmitgliedern zusammen, die von der obersten Vertretung gewählt werden.

(3) [1]Für den Aufsichtsrat gelten § 30 Absatz 2 und 3 Satz 1 und 2 erster Halbsatz, § 96 Absatz 2, die §§ 97 bis 100, 101 Absatz 1 und 3, die §§ 102 und 103 Absatz 1 und 3 bis 5 sowie die §§ 104 bis 111, 112 bis 116 des Aktiengesetzes entsprechend. [2]Die dort der Hauptversammlung übertragenen Aufgaben hat hier die oberste Vertretung wahrzunehmen. [3]Das Antragsrecht nach § 98 Absatz 2 Nummer 3 und § 104 Absatz 1 Satz 1 des Aktiengesetzes steht jedem Mitglied der obersten Vertretung zu. [4]Neben § 116 des Aktiengesetzes tritt Absatz 4.

(4) Die Aufsichtsratsmitglieder sind insbesondere zum Ersatz verpflichtet, wenn mit ihrem Wissen und ohne ihr Einschreiten die in § 188 Absatz 2 genannten Handlungen vorgenommen werden.

§ 190 Schadenersatzpflicht

§ 117 des Aktiengesetzes gilt entsprechend.

§ 191[1] Oberste Vertretung

[1]Für die oberste Vertretung gelten entsprechend die für die Hauptversammlung geltenden Vorschriften der §§ 118, 119 Absatz 1 Nummer 1, 2, 4, 6, 8 und 9 sowie Absatz 2, von § 120 Absatz 1 bis 3 und § 121 Absatz 1 bis 4, 5 Satz 1 und Absatz 6, der §§ 122 und 123 Absatz 1, der §§ 124 bis 127, 129 Absatz 1 und 4, des § 130 Absatz 1 Satz 1 und 2 sowie Absatz 2 bis 5, der §§ 131 bis 133 und 134 Absatz 4 sowie der §§ 136, 142 bis 149, 241 bis 253 und 257 bis 261 des Aktiengesetzes. [2]§ 256 des Aktiengesetzes gilt entsprechend. [3]Ist die oberste Vertretung die Mitgliederversammlung, so gilt auch § 134 Absatz 3 des Aktiengesetzes entsprechend. [4]Genussrechte im Sinne des § 214 Absatz 2 dürfen nur auf Grund eines Beschlusses der obersten Vertretung gewährt werden. [5]Der Beschluss bedarf einer Mehrheit von drei Vierteln der abgegebenen Stimmen. [6]Die Satzung kann eine andere Mehrheit und weitere Erfordernisse bestimmen.

§ 192 Rechte von Minderheiten

Soweit die Vorschriften des Aktiengesetzes, die nach den §§ 188, 190 und 191 entsprechend gelten, einer Minderheit von Aktionären Rechte gewähren (§ 93 Absatz 4 Satz 3, § 117 Absatz 4, § 120 Absatz 1, §§ 122, 142 Absatz 2 und 4, §§ 147, 258 Absatz 2 Satz 3 sowie § 260 Absatz 1 Satz 1 und Absatz 3 Satz 4 des Aktiengesetzes), hat die Satzung die erforderliche Minderheit der Mitglieder der obersten Vertretung zu bestimmen.

§ 193 Verlustrücklage

Die Satzung hat zu bestimmen, dass zur Deckung eines außergewöhnlichen Verlusts aus dem Geschäftsbetrieb eine Rücklage (Verlustrücklage, Reservefonds) zu bilden ist, welche Beträge jährlich zurückzulegen sind und welchen Mindestbetrag die Rücklage erreichen muss.

§ 194 Überschussverwendung

(1) [1]Ein sich nach der Bilanz ergebender Überschuss wird, soweit er nicht nach der Satzung der Verlustrücklage oder anderen Rücklagen zuzuführen oder zur Verteilung von Vergütungen zu verwenden oder auf das nächste Geschäftsjahr zu übertragen ist, an die in der Satzung bestimmten Mitglieder verteilt. [2]§ 214 Absatz 2 bleibt unberührt.

1) § 191 geändert durch Gesetz vom 12.12.2019 (BGBl. I S. 2637).

(2) Die Satzung hat zu bestimmen, welcher Maßstab der Verteilung zugrunde zu legen ist und ob der Überschuss nur an die am Schluss des Geschäftsjahres vorhandenen oder auch an ausgeschiedene Mitglieder verteilt werden soll.

§ 195 Änderung der Satzung

(1) Nur die oberste Vertretung kann die Satzung ändern.

(2) Die oberste Vertretung kann das Recht zu Änderungen, die nur die Fassung betreffen, dem Aufsichtsrat übertragen.

(3) Die oberste Vertretung kann den Aufsichtsrat ermächtigen, für den Fall, dass die Aufsichtsbehörde, bevor sie den Änderungsbeschluss genehmigt, Änderungen verlangt, dem zu entsprechen.

(4) [1]Ein Beschluss der obersten Vertretung, wonach ein Versicherungszweig aufgegeben oder ein neuer eingeführt werden soll, bedarf einer Mehrheit von drei Vierteln der abgegebenen Stimmen; die Satzung kann noch anderes fordern. [2]Andere Beschlüsse nach den Absätzen 1 bis 3 bedürfen einer solchen Mehrheit nur, wenn die Satzung nichts anderes vorschreibt.

§ 196 Eintragung der Satzungsänderung

(1) [1]Die Satzungsänderung ist zur Eintragung ins Handelsregister anzumelden. [2]Der Anmeldung ist die Genehmigungsurkunde beizufügen. [3]Es ist ferner der vollständige Wortlaut der Satzung beizufügen; er muss mit der Bescheinigung eines Notars versehen sein, dass die geänderten Bestimmungen der Satzung mit dem Beschluss über die Satzungsänderung und die unveränderten Bestimmungen mit dem zuletzt zum Handelsregister eingereichten vollständigen Wortlaut der Satzung übereinstimmen.

(2) Bei der Eintragung kann auf die dem Gericht eingereichten Urkunden über die Änderung verwiesen werden, es sei denn, die Änderung betrifft die Angaben nach § 187.

(3) Die Änderung wirkt nicht, bevor sie bei dem Gericht, in dessen Bezirk der Verein seinen Sitz hat, ins Handelsregister eingetragen worden ist.

§ 197 Änderung der allgemeinen Versicherungsbedingungen

(1) § 195 Absatz 1 und 2 gilt vorbehaltlich des Absatzes 2 entsprechend auch für Änderungen der allgemeinen Versicherungsbedingungen.

(2) [1]Die Satzung kann den Vorstand ermächtigen, mit Zustimmung des Aufsichtsrats allgemeine Versicherungsbedingungen einzuführen oder zu ändern. [2]Sind Vorstand und Aufsichtsrat nicht durch Satzung zur Änderung von allgemeinen Versicherungsbedingungen ermächtigt, so kann die oberste Vertretung den Aufsichtsrat ermächtigen, bei dringendem Bedarf die allgemeinen Versicherungsbedingungen vorläufig zu ändern; die Änderungen sind der obersten Vertretung bei ihrem nächsten Zusammentritt vorzulegen und außer Kraft zu setzen, wenn diese es verlangt.

(3) [1]Eine Änderung der Satzung oder der allgemeinen Versicherungsbedingungen berührt ein bestehendes Versicherungsverhältnis nur, wenn der Versicherte der Änderung ausdrücklich zustimmt. [2]Dies gilt nicht für solche Bestimmungen, für die die Satzung ausdrücklich vorsieht, dass sie auch mit Wirkung für die bestehenden Versicherungsverhältnisse geändert werden können.

§ 198 Auflösung des Vereins

Der Verein wird aufgelöst:

1. durch Ablauf der in der Satzung bestimmten Zeit,
2. durch Beschluss der obersten Vertretung,
3. durch die Eröffnung des Insolvenzverfahrens über das Vermögen des Vereins oder

4. mit der Rechtskraft des Beschlusses, durch den die Eröffnung des Insolvenzverfahrens mangels Masse abgelehnt wird.

§ 199 Auflösungsbeschluss

(1) [1]Der Beschluss nach § 198 Nummer 2 bedarf einer Mehrheit von drei Vierteln der abgegebenen Stimmen, wenn die Satzung nichts anderes bestimmt. [2]Mitglieder der obersten Vertretung, die gegen die Auflösung gestimmt haben, können dem Auflösungsbeschluss zur Niederschrift widersprechen.

(2) [1]Der Beschluss bedarf der Genehmigung der Aufsichtsbehörde. [2]Diese hat die Genehmigung dem Registergericht mitzuteilen.

(3) [1]Ist der Verein durch einen Beschluss der obersten Vertretung aufgelöst worden, so erlöschen die Versicherungsverhältnisse zwischen den Mitgliedern und dem Verein mit dem Zeitpunkt, den der Beschluss bestimmt, frühestens jedoch mit dem Ablauf von vier Wochen. [2]Versicherungsansprüche, die bis dahin entstanden sind, können geltend gemacht werden; im Übrigen können aber nur die für künftige Versicherungszeitabschnitte im Voraus gezahlten Beiträge nach Abzug der aufgewandten Kosten zurückgefordert werden. [3]Diese Vorschriften gelten nicht für Lebensversicherungsverhältnisse; diese bleiben unberührt, wenn die Satzung nichts anderes bestimmt.

§ 200 Bestandsübertragung

[1]Verträge, durch die der Versicherungsbestand des Vereins ganz oder teilweise auf ein anderes Unternehmen übertragen werden soll, bedürfen zu ihrer Wirksamkeit der Zustimmung der obersten Vertretung. [2]Der Beschluss bedarf einer Mehrheit von drei Vierteln der abgegebenen Stimmen, wenn die Satzung nichts anderes bestimmt. [3]Mit der Zustimmung ist zugleich über die Höhe einer Abfindung nach § 201 zu beschließen. [4]In dem Beschluss sind die Maßstäbe festzusetzen, nach denen die Abfindung auf die Mitglieder zu verteilen ist.

§ 201 Verlust der Mitgliedschaft

(1) [1]Verliert ein Versicherungsnehmer durch eine Bestandsübertragung ganz oder zum Teil seine Rechte als Vereinsmitglied und wird er nicht Mitglied eines übernehmenden Versicherungsvereins auf Gegenseitigkeit, so steht ihm für diesen Verlust eine angemessene Barabfindung zu. [2]Sie muss die Verhältnisse des Vereins zum Zeitpunkt der Beschlussfassung nach § 200 berücksichtigen.

(2) Der Verein kann beschließen, dass dieser Anspruch auf Mitglieder beschränkt wird, die dem Verein seit mindestens drei Monaten vor dem Beschluss angehören.

(3) [1]Jedes berechtigte Mitglied erhält eine Abfindung in gleicher Höhe. [2]Eine andere Verteilung kann nur nach einem oder mehreren der folgenden Maßstäbe festgesetzt werden:

1. der Höhe der Versicherungssumme,
2. der Höhe der Beiträge,
3. der Höhe der Deckungsrückstellung in der Lebensversicherung,
4. dem in der Satzung des Vereins bestimmten Maßstab für die Verteilung des Überschusses,
5. dem in der Satzung des Vereins bestimmten Maßstab für die Verteilung des Vermögens und
6. der Dauer der Mitgliedschaft.

§ 202 Anmeldung der Auflösung

[1]Der Vorstand hat die Auflösung des Vereins zur Eintragung in das Handelsregister anzumelden. [2]Dies gilt nicht in den Fällen des § 198 Nummer 3 und 4. In diesen Fällen hat das Gericht die Auflösung und ihren Grund von Amts wegen einzutragen; die Geschäftsstelle des Insolvenzgerichts hat dem Registergericht eine beglaubigte Abschrift des Eröffnungsbeschlusses oder eine mit der Bescheinigung der Rechtskraft versehene beglaubigte Abschrift des den Eröffnungsantrag ablehnenden Beschlusses zu übersenden.

§ 203 Abwicklung

(1) Nach der Auflösung des Vereins findet die Abwicklung statt, wenn nicht über sein Vermögen das Insolvenzverfahren eröffnet worden ist.

(2) [1]Während der Abwicklung gelten die gleichen Vorschriften wie vor der Abwicklung, soweit sich aus den folgenden Vorschriften oder aus dem Zweck der Abwicklung nichts anderes ergibt. [2]Insbesondere können Nachschüsse oder Umlagen im Sinne des § 179 ausgeschrieben und eingezogen werden. [3]Neue Versicherungen dürfen nicht mehr übernommen, die bestehenden nicht erhöht oder verlängert werden.

§ 204 Abwicklungsverfahren

(1) [1]Die Abwicklung besorgen die Vorstandsmitglieder als Abwickler, wenn nicht die Satzung oder ein Beschluss der obersten Vertretung andere Personen bestellt. [2]Auch eine juristische Person kann Abwickler sein.

(2) [1]Aus wichtigen Gründen hat das Gericht Abwickler zu bestellen und abzuberufen, wenn es der Aufsichtsrat oder eine in der Satzung zu bestimmende Minderheit von Mitgliedern beantragt. [2]§ 402 des Gesetzes über das Verfahren in Familiensachen und in den Angelegenheiten der freiwilligen Gerichtsbarkeit gilt entsprechend. [3]Abwickler, die nicht vom Gericht bestellt sind, kann die oberste Vertretung jederzeit abberufen. [4]Für die Ansprüche aus dem Anstellungsvertrag gelten die allgemeinen Vorschriften.

(3) [1]Im Übrigen gelten für die Abwicklung § 265 Absatz 4, die §§ 266 bis 269, 270 Absatz 1 und 2 Satz 1 und die §§ 272, 273 des Aktiengesetzes entsprechend. [2]Unbeschadet des entsprechend anzuwendenden § 270 Absatz 2 Satz 3 und Absatz 3 des Aktiengesetzes gelten für die Eröffnungsbilanz, den erläuternden Bericht, den Jahresabschluss und den Lagebericht die auf die Aufstellung und Prüfung des Jahresabschlusses und des Lageberichts des Vereins anzuwendenden Vorschriften sowie die §§ 175, 176 des Aktiengesetzes und die §§ 325, 328 des Handelsgesetzbuchs sinngemäß.

§ 205 Tilgung des Gründungsstocks; Vermögensverteilung

(1) [1]Der Gründungsstock darf erst getilgt werden, wenn die Ansprüche sämtlicher anderer Gläubiger, insbesondere die der Mitglieder aus Versicherungsverhältnissen, befriedigt sind oder Sicherheit geleistet ist. [2]Für die Tilgung dürfen keine Nachschüsse oder Umlagen erhoben werden.

(2) [1]Das nach der Berichtigung der Schulden verbleibende Vereinsvermögen wird an die Mitglieder verteilt, die zur Zeit der Auflösung des Vereins vorhanden waren. [2]Es wird nach demselben Maßstab verteilt, nach dem der Überschuss verteilt worden ist.

(3) Über die Verteilung des Vermögens kann die Satzung etwas anderes bestimmen; die Bestimmung anderer Anfallberechtigter kann sie der obersten Vertretung übertragen.

§ 206 Fortsetzung des Vereins

(1) [1]Ist ein Verein durch Zeitablauf oder durch Beschluss der obersten Vertretung aufgelöst worden, so kann die oberste Vertretung, solange noch nicht mit der Verteilung des Vermögens unter die Anfallberechtigten begonnen worden ist, die Fortsetzung des Ver-

eins beschließen. [2]Der Beschluss bedarf einer Mehrheit von drei Vierteln der abgegebenen Stimmen, wenn die Satzung nichts anderes bestimmt. [3]Er bedarf der Genehmigung der Aufsichtsbehörde; diese hat die Genehmigung dem Registergericht mitzuteilen.

(2) Gleiches gilt, wenn der Verein durch die Eröffnung des Insolvenzverfahrens aufgelöst, das Verfahren aber auf Antrag des Vereins eingestellt oder nach der Bestätigung eines Insolvenzplans, der den Fortbestand des Vereins vorsieht, aufgehoben worden ist.

(3) Die Abwickler haben die Fortsetzung des Vereins zur Eintragung in das Handelsregister anzumelden; sie haben bei der Anmeldung nachzuweisen, dass noch nicht mit der Verteilung des Vermögens des Vereins unter die Anfallberechtigten begonnen worden ist.

(4) Der Fortsetzungsbeschluss hat keine Wirkung, bevor er in das Handelsregister des Sitzes des Vereins eingetragen worden ist.

§ 207 Beitragspflicht im Insolvenzverfahren

(1) Soweit Mitglieder oder ausgeschiedene Mitglieder nach dem Gesetz oder der Satzung zu Beiträgen verpflichtet sind, haften sie bei Eröffnung des Insolvenzverfahrens dem Verein gegenüber für seine Schulden.

(2) Mitglieder, die im letzten Jahr vor dem Antrag auf Eröffnung des Insolvenzverfahrens oder nach diesem Antrag ausgeschieden sind, haften für die Schulden des Vereins, als ob sie ihm noch angehörten.

§ 208 Rang der Insolvenzforderungen

(1) [1]Die Ansprüche auf Tilgung des Gründungsstocks stehen allen übrigen Insolvenzforderungen nach. [2]Unter den Insolvenzforderungen werden Ansprüche aus einem Versicherungsverhältnis, die den bei Eröffnung des Insolvenzverfahrens dem Verein angehörenden oder im letzten Jahr vor dem Eröffnungsantrag oder nach diesem Antrag ausgeschiedenen Mitgliedern zustehen, im Rang nach den Ansprüchen der anderen Insolvenzgläubiger befriedigt.

(2) Zur Tilgung des Gründungsstocks dürfen keine Nachschüsse oder Umlagen erhoben werden.

§ 209 Nachschüsse und Umlagen im Insolvenzverfahren

(1) [1]Die Nachschüsse oder Umlagen, die das Insolvenzverfahren erfordert, werden vom Insolvenzverwalter festgestellt und ausgeschrieben. [2]Dieser hat sofort, nachdem die Vermögensübersicht nach § 153 der Insolvenzordnung auf der Geschäftsstelle niedergelegt ist, zu berechnen, wie viel die Mitglieder zur Deckung des aus der Vermögensübersicht ersichtlichen Fehlbetrags nach ihrer Beitragspflicht vorzuschießen haben. [3]Für diese Vorschussberechnung und für Zusatzberechnungen gelten § 106 Absatz 1 Satz 2, Absatz 2 und 3 sowie die §§ 107 bis 113 des Genossenschaftsgesetzes entsprechend.

(2) [1]Alsbald nach Beginn der Schlussverteilung nach § 196 der Insolvenzordnung hat der Insolvenzverwalter zu berechnen, welche Beiträge die Mitglieder endgültig zu leisten haben. [2]Dafür und für das weitere Verfahren gelten § 114 Absatz 2 und die §§ 115, 115a, 115c und 115d Absatz 1 sowie die §§ 115e bis 118 des Genossenschaftsgesetzes entsprechend.

§ 210 Kleinere Vereine

(1) Für Vereine, die bestimmungsgemäß einen sachlich, örtlich oder dem Personenkreis nach eng begrenzten Wirkungskreis haben (kleinere Vereine), gelten von den Vorschriften dieses Kapitels nur die §§ 171 und 172 Satz 2, § 173 Absatz 1, § 174 Absatz 1, die §§ 175, 176 und 177 Absatz 1, die §§ 178 bis 182 und 183 Absatz 1, § 188 Absatz 1 Satz 1, die §§ 193, 194 und 195 Absatz 1 bis 3, die §§ 197, 198 und 199 Absatz 1, 2 Satz 1

und Absatz 3 sowie die §§ 200, 205 und 207 bis 209. Versicherungen gegen festes Entgelt, ohne dass der Versicherungsnehmer Mitglied wird, dürfen nicht übernommen werden.

(2) [1]Soweit sich nach Absatz 1 nichts anderes ergibt, gelten für die kleineren Vereine nur die §§ 24 bis 53 des Bürgerlichen Gesetzbuchs. [2]In den Fällen der §§ 29 und 37 Absatz 2 des Bürgerlichen Gesetzbuchs tritt jedoch an die Stelle des Amtsgerichts die Aufsichtsbehörde. [3]Soll nach der Satzung ein Aufsichtsrat bestellt werden, so gelten dafür § 34 Absatz 1 und 2 Satz 1 und Absatz 6, § 36 Absatz 2 und 3 sowie die §§ 37 bis 40 des Genossenschaftsgesetzes entsprechend.

(3) [1]Die Aufsichtsbehörde kann für die Erlaubnis zum Geschäftsbetrieb und die Geschäftsführung kleinerer Vereine Abweichungen von § 39 Absatz 1 sowie von den §§ 125, 138, 141, 146, 147, 149, 152 und 156 gestatten. [2]Soweit sich die Abweichungen auf die Geschäftsführung beziehen, können sie besonders davon abhängig gemacht werden, dass im Abstand von mehreren Jahren auf Kosten des Vereins der Geschäftsbetrieb und die Vermögenslage durch einen Sachverständigen geprüft werden und der Prüfungsbericht der Aufsichtsbehörde eingereicht wird.

(4) Ob ein Verein ein kleinerer Verein ist, entscheidet die Aufsichtsbehörde.

Kapitel 5 Kleine Versicherungsunternehmen und Sterbekassen

Abschnitt 1 Kleine Versicherungsunternehmen

§ 211 Kleine Versicherungsunternehmen

(1) [1]Kleine Versicherungsunternehmen im Sinne dieses Gesetzes sind Erstversicherungsunternehmen,

1. deren jährlich gebuchte Bruttobeitragseinnahmen den in Artikel 4 Absatz 1 Buchstabe a der Richtlinie 2009/138/EG genannten Betrag nicht überschreiten,
2. deren gesamte versicherungstechnischen Rückstellungen im Sinne des § 75 ohne Abzug der einforderbaren Beträge aus Rückversicherungsverträgen und von Zweckgesellschaften den in Artikel 4 Absatz 1 Buchstabe b der Richtlinie 2009/138/EG genannten Betrag nicht überschreiten,
3. deren Geschäftstätigkeit keine Rückversicherungstätigkeiten einschließt, die
   a) die in Artikel 4 Absatz 1 Buchstabe e der Richtlinie 2009/138/EG genannten Beträge bezogen auf ihre gebuchten Bruttobeitragseinnahmen oder ihre versicherungstechnischen Rückstellungen im Sinne des § 75 ohne Abzug der einforderbaren Beträge aus Rückversicherungsverträgen und von Zweckgesellschaften oder
   b) 10 Prozent ihrer gebuchten Bruttobeitragseinnahmen oder
   c) 10 Prozent ihrer versicherungstechnischen Rückstellungen im Sinne des § 75 ohne Abzug der einforderbaren Beträge aus Rückversicherungsverträgen und von Zweckgesellschaften

   überschreiten,
4. deren Geschäftstätigkeit keine Versicherungstätigkeiten zur Abdeckung von Haftpflicht-, Kredit- und Kautionsversicherungsrisiken einschließt, es sei denn, es handelt sich um zusätzliche Risiken im Sinne des § 10 Absatz 4 Satz 1,
5. die keine grenzüberschreitende Geschäftstätigkeit gemäß den §§ 57 bis 59 ausüben und
6. die keine Pensions- oder Sterbekassen sind.

[2]Sofern das Erstversicherungsunternehmen einer Gruppe angehört, dürfen die gesamten versicherungstechnischen Bruttorückstellungen der Gruppe den in Artikel 4 Absatz 1 Buchstabe c der Richtlinie 2009/138/EG genannten Betrag nicht überschreiten. [3]Wenn eine Erlaubnis zum Geschäftsbetrieb als Erstversicherungsunternehmen beantragt wird, ist Satz 1 Nummer 1 bis 3 nicht anzuwenden, wenn zu erwarten ist, dass einer der dort genannten Beträge innerhalb der nächsten fünf Jahre überschritten wird.

(2) Wenn ein Erstversicherungsunternehmen die Voraussetzungen des Absatzes 1 erfüllt und die in Absatz 1 festgelegten Summengrenzen in den letzten drei aufeinanderfolgenden Jahren nicht überschritten wurden, stellt die Aufsichtsbehörde von Amts wegen fest, dass es als kleines Versicherungsunternehmen anzusehen ist, es sei denn, in den nächsten fünf Jahren wird voraussichtlich eine dieser Summengrenzen überschritten.

(3) [1]Wird eine der in Absatz 1 genannten Summengrenzen in drei aufeinanderfolgenden Jahren überschritten, hebt die Aufsichtsbehörde die Feststellung auf. [2]Das Erstversicherungsunternehmen gilt ab dem vierten Jahr nicht mehr als kleines Versicherungsunternehmen.

(4) Auf Antrag ist ein Erstversicherungsunternehmen, das nach den Absätzen 1 und 2 als kleines Versicherungsunternehmen anzusehen wäre, nicht als ein solches zu behandeln.

§ 212 Anzuwendende Vorschriften

(1) Für kleine Versicherungsunternehmen gelten die auf Erstversicherungsunternehmen, die keine Sterbekassen oder Pensionskassen sind, anwendbaren Vorschriften dieses Gesetzes, soweit dieses Kapitel keine abweichenden Regelungen enthält.

(2) Für kleine Versicherungsunternehmen gelten nicht:

1. von den Vorschriften über die Geschäftsorganisation § 23 Absatz 1a bis 1c, § 26 Absatz 3, 4 und 6 bis 8, die §§ 27, 28 Absatz 1 und § 29 Absatz 2 bis 4 sowie die §§ 30 und 31,
2. von den Vorschriften über die Abschlussprüfung § 35 Absatz 2 und § 37 Absatz 2,
3. die Vorschriften über den Bericht über Solvabilität und Finanzlage, §§ 40 bis 42,

3a. von den Vorschriften über den Versicherungsvertrieb § 48 Absatz 2a,

4. von den Vorschriften über den Dienstleistungs- und Niederlassungsverkehr die §§ 57 bis 59,
5. von den Vorschriften über die finanzielle Ausstattung die §§ 74 bis 124, 125 Absatz 1 Satz 2 und 3 sowie die §§ 131 und 133,
6. *(aufgehoben)*
7. von den Vorschriften über Aufgaben und allgemeine Vorschriften § 301 und
8. von den Übergangs- und Schlussbestimmungen die §§ 336 bis 352.

(3) Die folgenden Vorschriften gelten mit der allgemeinen Maßgabe, dass an die Stelle der anrechnungsfähigen Basiseigenmittel die Eigenmittel treten, und mit folgenden besonderen Maßgaben:

1. § 9 Absatz 2 Nummer 4 mit der Maßgabe, dass als Bestandteil des Geschäftsplans Angaben über die Eigenmittelbestandteile, die die absolute Grenze der Mindestkapitalanforderung darstellen, einzureichen sind,
2. *(aufgehoben)*
3. § 9 Absatz 4 Nummer 1 Buchstabe a mit der Maßgabe, dass Angaben über Art und Umfang der Geschäftsorganisation nur zu machen sind für die Geschäftsleiter, die Mitglieder des Aufsichtsrats und, falls vorhanden, für den Verantwortlichen Aktuar,

4. § 12 Absatz 1 und 3 mit der Maßgabe, dass die Regelung auf jede Ausdehnung des Geschäftsbetriebs auf ein Gebiet im Ausland anzuwenden ist,
5. § 15 Absatz 1 Satz 3 mit der Maßgabe, dass die Aufnahme von Kapital gegen Gewährung von Genussrechten oder gegen Eingehung von nachrangigen Verbindlichkeiten, die mindestens die Anforderungen an die Qualitätsklasse 2 nach § 92 Absatz 2 erfüllen, nicht als Fremdmittelaufnahme gilt,
6. § 23 Absatz 3 mit der Maßgabe, dass die Leitlinien keine Vorgaben zur internen Revision enthalten müssen,
7. § 24 Absatz 1 Satz 1 mit der Maßgabe, dass sich die Regelung nur auf Geschäftsleiter und Mitglieder des Aufsichtsrats bezieht,
8. § 26 Absatz 1 mit der Maßgabe, dass die Risiken, denen das Unternehmen tatsächlich oder möglicherweise ausgesetzt ist, regelmäßig angemessen zu dokumentieren sind,
9. § 29 Absatz 1 mit der Maßgabe, dass keine Compliance-Funktion vorzuhalten ist,
10. § 47 Nummer 1 und 2 mit der Maßgabe, dass nur die vorgesehene Einsetzung eines Geschäftsleiters oder die Bestellung eines Aufsichtsratsmitglieds und das Ausscheiden oder der Entzug der Befugnis zur Vertretung des Versicherungsunternehmens einer dieser Personen anzuzeigen ist,
11. § 141 Absatz 5 mit der Maßgabe, dass an die Stelle der Grundsätze der auf Grund des § 88 Absatz 3 erlassenen Rechtsverordnung die Grundsätze der auf Grund des § 217 Satz 1 Nummer 7 bis 10 erlassenen Rechtsverordnung treten,
12. § 303 Absatz 1 und 2 Nummer 1 mit der Maßgabe, dass die Verwarnung, die Abberufung oder die Untersagung nur hinsichtlich eines Geschäftsleiters oder eines Aufsichtsratsmitglieds möglich ist, und
13. § 304 Absatz 1 Nummer 2 mit der Maßgabe, dass die Aufsichtsbehörde die Erlaubnis widerrufen kann, wenn es dem Unternehmen nicht gelingt, innerhalb von drei Monaten nach Feststellung der Nichtbedeckung der Mindestkapitalanforderung den genehmigten Finanzierungsplan zu erfüllen, und die Erlaubnis zu widerrufen ist, wenn es dem Unternehmen nicht gelingt, innerhalb von neun Monaten nach Feststellung der Nichtbedeckung der Mindestkapitalanforderung den genehmigten Finanzierungsplan zu erfüllen.

§ 213 Solvabilitäts- und Mindestkapitalanforderung

[1]Kleine Versicherungsunternehmen müssen stets über Eigenmittel mindestens in Höhe der Solvabilitätskapitalanforderung verfügen. [2]Die Solvabilitätskapitalanforderung ist nach der Rechtsverordnung zu § 217 Satz 1 Nummer 1 zu berechnen. [3]Ein Drittel der Solvabilitätskapitalanforderung gilt als Mindestkapitalanforderung.

§ 214 Eigenmittel

(1) [1]In die Ermittlung der Eigenmittel gehen ein

1. bei Aktiengesellschaften das eingezahlte Grundkapital abzüglich des Betrags der eigenen Aktien, bei Versicherungsvereinen auf Gegenseitigkeit der eingezahlte Gründungsstock, bei öffentlich-rechtlichen Versicherungsunternehmen die dem eingezahlten Grundkapital bei Aktiengesellschaften entsprechenden Posten,
2. die Kapitalrücklage und die Gewinnrücklagen,
3. der sich nach Abzug der auszuschüttenden Dividenden ergebende Gewinnvortrag,
4. Kapital, das gegen Gewährung von Genussrechten eingezahlt ist, nach Maßgabe der Absätze 2 und 5,

5. Kapital, das auf Grund der Eingehung nachrangiger Verbindlichkeiten eingezahlt ist, nach Maßgabe der Absätze 3 und 5,
6. Kapital, das in Form von Wertpapieren mit unbestimmter Laufzeit aufgenommen worden ist, nach Maßgabe der Absätze 4 und 5,
7. bei Lebensversicherungsunternehmen und bei Krankenversicherungsunternehmen, die die Krankenversicherung nach Art der Lebensversicherung betreiben, die Rückstellung für Beitragsrückerstattung, sofern sie zur Deckung von Verlusten verwendet werden darf und soweit sie nicht auf festgelegte Überschussanteile entfällt, sowie
8. auf Antrag und mit Zustimmung der Aufsichtsbehörde sowie unter Einhaltung der Höchstgrenze nach Absatz 6
   a) die Hälfte des nicht eingezahlten Teils des Grundkapitals, des Gründungsstocks oder der bei öffentlich-rechtlichen Versicherungsunternehmen dem Grundkapital bei Aktiengesellschaften entsprechenden Posten, wenn der eingezahlte Teil 25 Prozent des Grundkapitals, des Gründungsstocks oder der bei öffentlich-rechtlichen Versicherungsunternehmen dem Grundkapital bei Aktiengesellschaften entsprechenden Posten erreicht,
   b) bei Versicherungsunternehmen, die
      aa) Versicherungsvereine auf Gegenseitigkeit oder nach dem Grundsatz der Gegenseitigkeit arbeitende öffentlich-rechtliche Versicherungsunternehmen sind und
      bb) weder die Kranken- noch die Lebensversicherung betreiben,

      die Hälfte der Differenz zwischen den nach der Satzung in einem Geschäftsjahr zulässigen Nachschüssen und den tatsächlich geforderten Nachschüssen,
   c) die stillen Nettoreserven, die sich aus der Bewertung der Aktiva ergeben, soweit diese Reserven nicht Ausnahmecharakter haben, und
   d) bei Lebensversicherungsunternehmen nach Maßgabe der auf Grund des § 217 Satz 1 erlassenen Vorschriften der Wert der in den Beitrag eingerechneten Abschlusskosten, soweit sie bei der Deckungsrückstellung nicht berücksichtigt worden sind.

[2]Die Eigenmittel ergeben sich als Summe der Beträge nach Satz 1 Nummer 1 bis 8 abzüglich

1. des um die auszuschüttende Dividende erhöhten Verlustvortrags,
2. der in der Bilanz ausgewiesenen immateriellen Werte, insbesondere eines aktivierten Geschäfts- oder Firmenwerts nach § 246 Absatz 1 Satz 4 des Handelsgesetzbuchs, und
3. der in Absatz 7 angegebenen Beteiligungen und Forderungen.

(2) [1]Kapital im Sinne des Absatzes 1 Satz 1 Nummer 4 ist den Eigenmitteln nur zuzurechnen, wenn

1. es bis zur vollen Höhe am Verlust teilnimmt und das Versicherungsunternehmen verpflichtet ist, im Fall eines Verlusts die Zinszahlungen aufzuschieben,
2. vereinbart ist, dass es im Fall der Eröffnung des Insolvenzverfahrens oder der Liquidation des Versicherungsunternehmens erst nach Befriedigung aller nicht nachrangigen Gläubiger zurückgezahlt wird,
3. es dem Versicherungsunternehmen mindestens für die Dauer von fünf Jahren zur Verfügung gestellt wird und nach den getroffenen Vereinbarungen
   a) allenfalls im Fall der Liquidation und unter keinen Umständen auf Verlangen des Gläubigers vorzeitig zurückgezahlt werden muss sowie

b) nur mit Zustimmung der Aufsichtsbehörde vorzeitig zurückgezahlt werden kann und

4. eine Änderung der getroffenen Vereinbarungen voraussetzt, dass die Aufsichtsbehörde erklärt hat, keine Einwände gegen die Änderung zu haben.

[2]Im Fall von Vereinbarungen mit fester Laufzeit haben Versicherungsunternehmen der Aufsichtsbehörde spätestens ein Jahr vor dem Ende der Laufzeit einen Plan zur Genehmigung einzureichen, aus dem hervorgeht, wie die Eigenmittelausstattung erhalten oder bis zum Ende der Laufzeit auf den dann erforderlichen Umfang erhöht wird. [3]Beabsichtigt das Versicherungsunternehmen bei einer Vereinbarung mit oder ohne feste Laufzeit eine vorzeitige Rückzahlung des Kapitals, hat es die Aufsichtsbehörde mindestens sechs Monate vor dem gewählten Rückzahlungstermin um Zustimmung zu bitten. [4]Ein Versicherungsunternehmen darf in Wertpapieren verbriefte eigene Genussrechte nicht erwerben.

(3) [1]Kapital im Sinne des Absatzes 1 Satz 1 Nummer 5 ist den Eigenmitteln nur zuzurechnen, wenn

1. vereinbart ist, dass es im Fall der Eröffnung des Insolvenzverfahrens oder der Liquidation des Versicherungsunternehmens erst nach Befriedigung aller nicht nachrangigen Gläubiger zurückerstattet wird,
2. es dem Versicherungsunternehmen mindestens für die Dauer von fünf Jahren zur Verfügung gestellt wird und nach den getroffenen Vereinbarungen
   a) allenfalls im Rahmen der Liquidation und unter keinen Umständen auf Verlangen des Gläubigers vorzeitig zurückgezahlt werden muss sowie
   b) nur mit Zustimmung der Aufsichtsbehörde vorzeitig zurückgezahlt werden kann,
3. die Aufrechnung des Rückerstattungsanspruchs gegen Forderungen des Versicherungsunternehmens ausgeschlossen ist und für die Verbindlichkeiten keine vertraglichen Sicherheiten durch das Versicherungsunternehmen oder durch Dritte gestellt werden und
4. eine Änderung der getroffenen Vereinbarungen voraussetzt, dass die Aufsichtsbehörde erklärt hat, keine Einwände gegen die Änderung zu haben.

[2]Im Fall von Vereinbarungen mit fester Laufzeit haben Versicherungsunternehmen der Aufsichtsbehörde spätestens ein Jahr vor dem Ende der Laufzeit einen Plan zur Genehmigung einzureichen, aus dem hervorgeht, wie die Eigenmittelausstattung erhalten oder bis zum Ende der Laufzeit auf den dann erforderlichen Umfang erhöht wird. [3]Beabsichtigt das Versicherungsunternehmen bei einer Vereinbarung mit oder ohne feste Laufzeit eine vorzeitige Rückzahlung des Kapitals, hat es die Aufsichtsbehörde mindestens sechs Monate vor dem gewählten Rückzahlungstermin um Zustimmung zu bitten. [4]Ein Versicherungsunternehmen darf in Wertpapieren verbriefte eigene nachrangige Verbindlichkeiten nicht erwerben. [5]Abweichend von Satz 1 Nummer 3 darf ein Versicherungsunternehmen nachrangige Sicherheiten für nachrangige Verbindlichkeiten stellen, die ein ausschließlich für den Zweck der Kapitalaufnahme gegründetes Tochterunternehmen des Versicherungsunternehmens eingegangen ist.

(4) [1]Kapital im Sinne des Absatzes 1 Satz 1 Nummer 6 ist den Eigenmitteln nur zuzurechnen, wenn

1. die Forderungen aller nicht nachrangigen Gläubiger den Forderungen des Inhabers des Wertpapiers vorgehen,
2. es unter keinen Umständen auf Verlangen des Gläubigers zurückgezahlt werden muss,
3. es nur mit Zustimmung der Aufsicht zurückgezahlt werden kann,

4. der Emissionsvertrag dem Versicherungsunternehmen jederzeit erlaubt, Zinszahlungen aufzuschieben, und
5. nach den Ausgabebedingungen neben dem eingezahlten Kapital auch nicht gezahlte Zinsen an einem Verlust teilnehmen, ohne das Versicherungsunternehmen in der Fortsetzung seiner Tätigkeit einzuschränken.

[2]Beabsichtigt das Versicherungsunternehmen die Rückzahlung des Kapitals, hat es die Aufsichtsbehörde mindestens sechs Monate vor dem gewählten Rückzahlungstermin um Zustimmung zu bitten.

(5) [1]Kapital, das eingezahlt ist

1. gegen Gewährung von Genussrechten nach Absatz 2,
2. auf Grund der Eingehung von nachrangigen Verbindlichkeiten nach Absatz 3 oder
3. in Form von Wertpapieren nach Absatz 4,

kann den Eigenmitteln nur in den Grenzen des Satzes 2 zugerechnet werden. [2]Die Zurechnung ist möglich, soweit

1. der Gesamtbetrag dieses Kapitals nach Aufnahme 50 Prozent der Eigenmittel und 50 Prozent der Solvabilitätskapitalanforderung nicht überschreitet sowie
2. der Teilbetrag des Kapitals, für das feste Laufzeiten vereinbart sind und das den Eigenmitteln zugerechnet wird, nach Aufnahme 25 Prozent der Eigenmittel und 25 Prozent der Solvabilitätskapitalanforderung nicht überschreitet.

(6) Mittel gemäß Absatz 1 Satz 1 Nummer 8 Buchstabe a und b können den Eigenmitteln nur zugerechnet werden bis zu einer Höchstgrenze von 50 Prozent des Betrags, der sich als Minimum der Eigenmittel und der Solvabilitätskapitalanforderung ergibt.

(7) [1]In den Abzugsposten nach Absatz 1 Satz 2 Nummer 3 gehen ein:

1. Beteiligungen des Versicherungsunternehmens im Sinne des § 7 Nummer 4 an
   a) Kreditinstituten im Sinne des § 1 Absatz 1 Satz 2 Nummer 1 bis 5 und 7 bis 10 des Kreditwesengesetzes,
   b) Finanzdienstleistungsinstituten im Sinne des § 1 Absatz 1a Satz 2 Nummer 1 bis 4 des Kreditwesengesetzes,
   c) Finanzunternehmen im Sinne des § 1 Absatz 3 des Kreditwesengesetzes,
   d) Versicherungsunternehmen mit Sitz in einem Mitglied- oder Vertragsstaat,
   e) Versicherungsunternehmen eines Drittstaats,
   f) Versicherungs-Holdinggesellschaften sowie
   g) Pensionsfonds und
2. Forderungen aus Genussrechten im Sinne des Absatzes 1 Satz 1 Nummer 4 und Forderungen aus nachrangigen Verbindlichkeiten im Sinne des Absatzes 1 Satz 1 Nummer 5 gegenüber den in Nummer 1 Buchstabe a bis g genannten Unternehmen, an denen das Versicherungsunternehmen eine Beteiligung hält oder mit dem zusammen es Mitglied einer horizontalen Unternehmensgruppe ist.

[2]Die Aufsichtsbehörde kann auf Antrag des Versicherungsunternehmens in Bezug auf die Abzugspositionen nach Satz 1 Ausnahmen zulassen, wenn das Versicherungsunternehmen Anteile an den in Satz 1 Nummer 1 Buchstabe a bis g genannten Unternehmen vorübergehend besitzt, um das betreffende Unternehmen zwecks Sanierung und Rettung finanziell zu stützen.

(8) [1]Auf Kapital im Sinne des Absatzes 1 Satz 1 Nummer 4 und 5, das vor dem 13. Januar 2019 eingezahlt worden ist, können die Absätze 2 und 3 in der bis zum

12. Januar 2019 geltenden Fassung weiter angewendet werden. [2]Satz 1 gilt letztmalig in dem Geschäftsjahr, das nach dem 31. Dezember 2027 beginnt.

§ 215 Anlagegrundsätze für das Sicherungsvermögen

(1) Die Bestände des Sicherungsvermögens nach § 125 sind unter Berücksichtigung der Art der betriebenen Versicherungsgeschäfte sowie der Unternehmensstruktur so anzulegen, dass möglichst große Sicherheit und Rentabilität bei jederzeitiger Liquidität des Versicherungsunternehmens unter Wahrung angemessener Mischung und Streuung erreicht werden.

(2) [1]Das Sicherungsvermögen darf nur angelegt werden in

1. Darlehensforderungen, Schuldverschreibungen und Genussrechten,
2. Schuldbuchforderungen,
3. Aktien,
4. Beteiligungen,
5. Grundstücken und grundstücksgleichen Rechten,
6. Anteilen an Organismen für gemeinschaftliche Anlagen in Wertpapieren im Sinne der Richtlinie 2009/65/EG und für andere Anlagen, die nach dem Grundsatz der Risikostreuung angelegt werden, wenn die Organismen einer wirksamen öffentlichen Aufsicht zum Schutz der Anteilinhaber unterliegen,
7. laufenden Guthaben und Einlagen bei Kreditinstituten und
8. sonstigen Anlagen, soweit sie in der auf Grund von § 217 Satz 1 Nummer 6 erlassenen Verordnung zugelassen werden.

[2]Darüber hinaus darf das Sicherungsvermögen nur angelegt werden, soweit dies die Aufsichtsbehörde bei Vorliegen außergewöhnlicher Umstände im Einzelfall auf Antrag vorübergehend gestattet.

§ 216 Anzeigepflichten

(1) Zusammen mit dem nach § 341a Absatz 1 des Handelsgesetzbuchs vorgeschriebenen Jahresabschluss und Lagebericht ist der Aufsichtsbehörde jährlich eine Berechnung der Solvabilitätskapitalanforderung vorzulegen und sind ihr die Eigenmittel nachzuweisen.

(2) [1]Die Versicherungsunternehmen haben über ihre gesamten Vermögensanlagen, aufgegliedert in Neuanlagen und Bestände, zu berichten. [2]Die Pflichten nach § 126 Absatz 2 bleiben unberührt.

§ 217 Verordnungsermächtigung

[1]Das Bundesministerium der Finanzen wird ermächtigt, durch Rechtsverordnung Vorschriften für kleine Versicherungsunternehmen zu erlassen

1. über die Berechnung und Höhe der Solvabilitätskapitalanforderung,
2. über den für die einzelnen Versicherungssparten maßgebenden Mindestbetrag der Mindestkapitalanforderung sowie über seine Berechnung,
3. darüber, wie bei Lebensversicherungsunternehmen nicht in der Bilanz ausgewiesene Eigenmittel errechnet werden und in welchem Umfang sie auf die Solvabilitätskapitalanforderung und die Mindestkapitalanforderung angerechnet werden dürfen,
4. über den Inhalt, die Form und die Stückzahl der gemäß § 216 zu erstellenden Solvabilitätsübersicht und des Berichts über die Vermögensanlagen sowie die Frist für die Einreichung bei der Aufsichtsbehörde,

5. über die Art und Weise der Datenübermittlung, die zu verwendenden Datenformate sowie die einzuhaltende Datenqualität,
6. über quantitative und qualitative Vorgaben zur Anlage des Sicherungsvermögens nach Maßgabe des § 215 Absatz 1 und 2 Satz 1; die Verordnung kann die Anlage in sonstigen Anlagen zulassen, wenn diese vergleichbare Sicherheit und Liquidität besitzen wie die in § 215 Absatz 2 Satz 1 Nummer 1 bis 7 genannten Anlagen,
7. über einen oder mehrere Höchstwerte für den Rechnungszins bei Versicherungsverträgen mit Zinsgarantie,
8. über weitere Vorgaben zur Ermittlung der Diskontierungszinssätze nach § 341f Absatz 2 des Handelsgesetzbuchs,
9. über die Höchstbeträge für die Zillmerung und
10. über die versicherungsmathematischen Rechnungsgrundlagen und die Bewertungsansätze für die Deckungsrückstellung.

[2]Das Bundesministerium der Finanzen kann die Ermächtigungen nach Satz 1 Nummer 1 bis 5 durch Rechtsverordnung auf die Bundesanstalt übertragen. [3]Rechtsverordnungen nach den Sätzen 1 und 2 bedürfen nicht der Zustimmung des Bundesrates. [4]Rechtsverordnungen nach Satz 1 Nummer 6 bis 10 sind im Einvernehmen mit dem Bundesministerium der Justiz und für Verbraucherschutz zu erlassen.

Abschnitt 2 Sterbekassen

§ 218 Sterbekassen

(1) Sterbekassen sind Lebensversicherungsunternehmen, die nach ihrem Geschäftsplan nur Todesfallrisiken im Inland versichern, soweit der Betrag ihrer Leistungen den Durchschnittswert der Bestattungskosten bei einem Todesfall nicht übersteigt oder diese Leistungen in Sachwerten erbracht werden.

(2) Sterbekassen dürfen nicht die in § 1 Absatz 2 genannten Geschäfte betreiben.

§ 219 Anzuwendende Vorschriften

(1) Auf Sterbekassen finden unabhängig von der Höhe ihrer Beitragseinnahmen und ihrer versicherungstechnischen Rückstellungen die nach den §§ 212 bis 217 auf kleine Versicherungsunternehmen anwendbaren Vorschriften dieses Gesetzes Anwendung, soweit sie Lebensversicherungsunternehmen betreffen und dieser Abschnitt keine abweichenden Regelungen enthält.

(2) [1]Von den besonderen Vorschriften über die Lebensversicherung gilt für Sterbekassen § 140 Absatz 2 bis 4 nicht. [2]Der Verantwortliche Aktuar muss die Berichte nach § 141 Absatz 5 Satz 1 Nummer 2 und 4 nicht erstellen; § 141 Absatz 6 Nummer 2 und 3 ist nicht anzuwenden.

(3) Die folgenden Vorschriften gelten für Sterbekassen jeweils mit folgender Maßgabe:

1. § 9 Absatz 2 Nummer 2 mit der Maßgabe, dass zusätzlich einzureichen sind
   a) die allgemeinen Versicherungsbedingungen sowie
   b) die fachlichen Geschäftsunterlagen, insbesondere die Tarife und die Grundsätze für die Berechnung der Prämien und der versicherungstechnischen Rückstellungen nach dem Handelsgesetzbuch einschließlich der verwendeten Rechnungsgrundlagen, mathematischen Formeln, kalkulatorischen Herleitungen und statistischen Nachweise,

2. § 141 Absatz 5 Satz 1 Nummer 1 mit der Maßgabe, dass der Verantwortliche Aktuar nur die Finanzlage des Unternehmens daraufhin überprüfen muss, ob die dauernde Erfüllbarkeit der sich aus den Versicherungsverträgen ergebenden Verpflichtungen jederzeit gewährleistet ist und das Unternehmen über ausreichende Mittel in Höhe der Solvabilitätskapitalanforderung verfügt, und
3. § 141 Absatz 5 Satz 1 Nummer 2 mit der Maßgabe, dass an die Stelle der dort genannten Bestätigung die Bestätigung tritt, dass die Deckungsrückstellung nach dem genehmigten Geschäftsplan gebildet ist (versicherungsmathematische Bestätigung).

§ 220 Verordnungsermächtigung

[1]Das Bundesministerium der Finanzen wird ermächtigt, durch Rechtsverordnung Vorschriften über die Berechnung und die Höhe der Solvabilitätskapitalanforderung von Sterbekassen zu erlassen. [2]Die Ermächtigung kann durch Rechtsverordnung auf die Bundesanstalt übertragen werden. [3]Rechtsverordnungen nach den Sätzen 1 und 2 bedürfen nicht der Zustimmung des Bundesrates.

Teil 3 Sicherungsfonds

§ 221 Pflichtmitgliedschaft

(1) Unternehmen, die gemäß § 8 Absatz 1 oder § 67 Absatz 1 zum Geschäftsbetrieb in den in der Anlage 1 genannten Versicherungssparten Nummer 19 bis 23 oder zum Betrieb der substitutiven Krankenversicherung gemäß § 146 zugelassen sind, mit Ausnahme der Pensions- und Sterbekassen, müssen einem Sicherungsfonds angehören, der dem Schutz der Ansprüche ihrer Versicherungsnehmer, der versicherten Personen, der Bezugsberechtigten und der sonstigen aus dem Versicherungsvertrag begünstigten Personen dient.

(2) [1]Pensionskassen können einem Sicherungsfonds freiwillig beitreten. [2]Zur Gewährleistung vergleichbarer Finanzverhältnisse aller Mitglieder kann der Sicherungsfonds die Aufnahme von der Erfüllung bestimmter Bedingungen abhängig machen.

§ 222 Aufrechterhaltung der Versicherungsverträge

(1) Stellt die Aufsichtsbehörde fest, dass die Voraussetzungen des § 314 Absatz 1 Satz 1 bei einem Versicherungsunternehmen erfüllt sind, welches Mitglied eines Sicherungsfonds ist, oder liegt eine Anzeige gemäß § 311 Absatz 1 Satz 1 oder 2 eines solchen Versicherungsunternehmens vor, übermittelt sie diese Feststellung dem Sicherungsfonds und informiert hierüber das betroffene Versicherungsunternehmen.

(2) Sofern andere Maßnahmen zur Wahrung der Belange der Versicherten nicht ausreichend sind, ordnet die Aufsichtsbehörde die Übertragung des gesamten Bestandes an Versicherungsverträgen mit den zur Bedeckung der Verbindlichkeiten aus diesen Verträgen erforderlichen Vermögensgegenständen auf den zuständigen Sicherungsfonds an; § 13 ist nicht anzuwenden.

(3) Die Rechte und Pflichten des übertragenden Unternehmens aus den Versicherungsverträgen gehen mit der Bestandsübertragung auch im Verhältnis zu den Versicherungsnehmern auf den Sicherungsfonds über; § 415 des Bürgerlichen Gesetzbuchs ist nicht anzuwenden.

(4) [1]Der Sicherungsfonds verwaltet die übernommenen Verträge gesondert von seinem restlichen Vermögen und legt über sie gesondert Rechnung. [2]Er ermittelt unverzüglich den für die vollständige Bedeckung der Verpflichtungen aus den Versicherungsverträgen erforderlichen Betrag und stellt geeignete qualifizierte Vermögensgegenstände bereit. [3]§ 15 Absatz 1, die §§ 39, 124, 139, 141, 142, 146 bis 158 und 336 gelten insoweit

entsprechend; § 140 Absatz 2 und 3 findet auf die von den Sicherungsfonds verwalteten Versicherungsverträge Anwendung, sobald die Aufsichtsbehörde festgestellt hat, dass die Sanierung eines übernommenen Versicherungsbestandes abgeschlossen ist und das dem Sicherungsfonds hierfür zur Verfügung gestellte Kapital an die einzahlenden Versicherungsunternehmen zurückgewährt wurde.

(5) [1]Ergibt die Prüfung nach Absatz 4, dass die Mittel des Sicherungsfonds gemäß § 226 Absatz 4 bis 6 nicht ausreichen, um die Fortführung der Verträge zu gewährleisten, setzt die Aufsichtsbehörde bei Lebensversicherungsunternehmen die Verpflichtungen aus den Verträgen um maximal 5 Prozent der vertraglich garantierten Leistungen herab. [2]Die Aufsichtsbehörde kann außerdem Anordnungen treffen, um einen außergewöhnlichen Anstieg der Zahl vorzeitiger Vertragsbeendigungen zu verhindern.

(6) [1]Der Sicherungsfonds kann den Versicherungsbestand ganz oder teilweise auf in Deutschland zum Versicherungsgeschäft zugelassene Unternehmen übertragen; auf diese Übertragung ist § 13 entsprechend anzuwenden. [2]Der Sicherungsfonds kann die Versicherungsbedingungen und die Tarifbestimmungen der zu übertragenden Verträge bei der Übertragung ändern, um sie an die Verhältnisse des übernehmenden Versicherers anzupassen, wenn es zur Fortführung der Verträge beim übernehmenden Versicherer zweckmäßig und für die versicherten Personen zumutbar ist. [3]Die Änderung wird wirksam, wenn sie unter Wahrung des Vertragsziels die Belange der Versicherten angemessen berücksichtigt und ein unabhängiger Treuhänder bestätigt, dass diese Voraussetzung erfüllt ist. [4]Für den Treuhänder gelten die §§ 142 und 157 Absatz 3 entsprechend.

(7) Mit der Anordnung der Bestandsübertragung auf den Sicherungsfonds erlischt die Erlaubnis zum Geschäftsbetrieb des übertragenden Versicherungsunternehmens.

(8) Widerspruch und Anfechtungsklage gegen die Anordnung der Aufsichtsbehörde haben keine aufschiebende Wirkung.

§ 223 Sicherungsfonds

(1) [1]Bei der Kreditanstalt für Wiederaufbau werden ein Sicherungsfonds für die Lebensversicherer und ein Sicherungsfonds für die Krankenversicherer als nicht rechtsfähige Sondervermögen des Bundes errichtet. [2]Die Sicherungsfonds können im Rechtsverkehr handeln, klagen oder verklagt werden.

(2) [1]Aufgabe der Sicherungsfonds ist der Schutz der Ansprüche der Versicherungsnehmer, der versicherten Personen, der Bezugsberechtigten und der sonstigen aus dem Versicherungsvertrag begünstigten Personen. [2]Zu diesem Zweck sorgen die Sicherungsfonds für die Weiterführung der Verträge eines betroffenen Versicherungsunternehmens.

(3) [1]Die Kreditanstalt für Wiederaufbau verwaltet die Sicherungsfonds. [2]Für die Verwaltung erhält sie eine kostendeckende Vergütung aus den Sondervermögen.

(4) Über den Widerspruch gegen Verwaltungsakte eines Sicherungsfonds entscheidet die Bundesanstalt.

§ 224 Beleihung Privater

(1) [1]Das Bundesministerium der Finanzen wird ermächtigt, durch Rechtsverordnung im Einvernehmen mit dem Bundesministerium der Justiz und für Verbraucherschutz ohne Zustimmung des Bundesrates Aufgaben und Befugnisse eines oder beider Sicherungsfonds einer juristischen Person des Privatrechts zu übertragen, wenn diese bereit ist, die Aufgaben des Sicherungsfonds zu übernehmen und hinreichende Gewähr für die Erfüllung der Ansprüche der Entschädigungsversicherten bietet. [2]Eine juristische Person bietet hinreichende Gewähr, wenn

1. die Personen, die nach Gesetz oder Satzung die Geschäftsführung und Vertretung der juristischen Person ausüben, zuverlässig und geeignet sind,
2. sie über die zur Erfüllung ihrer Aufgaben notwendige Ausstattung und Organisation, insbesondere für die Beitragseinziehung, die Leistungsbearbeitung und die Verwaltung der Mittel, verfügt und dafür eigene Mittel im Gegenwert von mindestens 1 Million Euro vorhält und
3. sie nachweist, dass sie zur Organisation insbesondere der Beitragseinziehung, der Leistungsbearbeitung und der Verwaltung der Mittel im Zeitpunkt der Bestandsübertragung gemäß § 222 Absatz 2 in der Lage ist.

[3]Auch ein nach § 8 zugelassenes Unternehmen kann beliehen werden. [4]Durch die Rechtsverordnung nach Satz 1 kann sich das Bundesministerium der Finanzen die Genehmigung der Satzung und von Satzungsänderungen der juristischen Person vorbehalten.

(2) [1]Im Fall der Beleihung nach Absatz 1 tritt die juristische Person des Privatrechts in die Rechte und Pflichten des jeweiligen Sicherungsfonds ein. [2]§ 223 Absatz 4 ist entsprechend anzuwenden. [3]Eine Übertragung der Vermögensmasse erfolgt nicht.

§ 225 Aufsicht

[1]Die Bundesanstalt hat Missständen entgegenzuwirken, welche die ordnungsgemäße Erfüllung der Aufgaben der Sicherungsfonds gefährden können. [2]Die Bundesanstalt kann Anordnungen treffen, die geeignet und erforderlich sind, diese Missstände zu beseitigen oder zu verhindern. [3]Der Bundesanstalt stehen gegenüber den Sicherungsfonds die Auskunfts- und Prüfungsrechte nach den §§ 305 und 306 zu. [4]Im Übrigen gelten für die Sicherungsfonds nur die Vorschriften dieses Kapitels sowie § 332.

§ 226 Finanzierung

(1) [1]Die Versicherungsunternehmen, die einem Sicherungsfonds angehören, sind verpflichtet, Beiträge an den Sicherungsfonds zu leisten. [2]Die Beiträge sollen die Fehlbeträge der übernommenen Versicherungsverträge, die entstehenden Verwaltungskosten und sonstige Kosten, die durch die Tätigkeit des Sicherungsfonds entstehen, decken.

(2) [1]Für die Erfüllung der Verpflichtungen aus übernommenen Versicherungsverträgen haftet der Sicherungsfonds nur mit dem auf Grund der Beitragsleistungen nach Abzug der Kosten nach Absatz 1 Satz 2 zur Verfügung stehenden Vermögen sowie den nach § 222 Absatz 2 Satz 1 übertragenen Vermögensgegenständen. [2]Dieses Vermögen haftet nicht für die sonstigen Verbindlichkeiten des Sicherungsfonds. [3]Ein Sicherungsfonds nach § 224 hat dieses Vermögen getrennt von seinem übrigen Vermögen zu halten und zu verwalten.

(3) Die für die Übernahme von Versicherungsverträgen angesammelten Mittel (Sicherungsvermögen) sind gemäß den Grundsätzen des § 124 Absatz 1 anzulegen.

(4) Der Umfang dieses Vermögens soll 1 Promille der Summe der versicherungstechnischen Netto-Rückstellungen im Sinne der §§ 341e bis 341h des Handelsgesetzbuchs aller dem Sicherungsfonds angeschlossenen Versicherungsunternehmen nicht unterschreiten.

(5) [1]Die angeschlossenen Versicherungsunternehmen sind verpflichtet, Jahresbeiträge zu leisten. [2]Die Summe der Jahresbeiträge aller dem Sicherungsfonds für die Lebensversicherer angehörenden Versicherungsunternehmen beträgt 0,2 Promille der Summe ihrer versicherungstechnischen Netto-Rückstellungen im Sinne der §§ 341e bis 341h des Handelsgesetzbuchs. [3]Der individuelle Jahresbeitrag jedes Versicherungsunternehmens wird vom Sicherungsfonds nach dem in der Verordnung nach Absatz 7 festgelegten Verfahren jährlich ermittelt. [4]Erträge des Sicherungsfonds werden an die dem Siche-

rungsfonds angehörenden Versicherungsunternehmen im Verhältnis ihrer Beiträge ausgeschüttet. [5]Der Sicherungsfonds hat Sonderbeiträge bis zur Höhe von maximal 1 Promille der Summe der versicherungstechnischen Netto-Rückstellungen im Sinne der §§ 341e bis 341h des Handelsgesetzbuchs der angeschlossenen Versicherungsunternehmen zu erheben, wenn dies zur Durchführung seiner Aufgaben erforderlich ist. [6]Der Anteil eines Versicherungsunternehmens am Fondsvermögen ist zur Bedeckung seiner versicherungstechnischen Rückstellungen im Sinne der §§ 341e bis 341h des Handelsgesetzbuchs geeignet.

(6) [1]Auf den Sicherungsfonds für die Krankenversicherer sind die Absätze 2 bis 5 nicht anzuwenden. [2]Der Sicherungsfonds erhebt nach der Übernahme der Versicherungsverträge zur Erfüllung seiner Aufgaben Sonderbeiträge bis zur Höhe von maximal 2 Promille der Summe der versicherungstechnischen Netto-Rückstellungen im Sinne der §§ 341e bis 341h des Handelsgesetzbuchs der angeschlossenen Krankenversicherungsunternehmen.

(7) [1]Das Nähere über den Mindestbetrag des Sicherungsvermögens, die Jahres- und Sonderbeiträge sowie die Obergrenze für die Zahlungen pro Kalenderjahr regelt das Bundesministerium der Finanzen im Benehmen mit dem Bundesministerium der Justiz und für Verbraucherschutz durch Rechtsverordnung, die nicht der Zustimmung des Bundesrates bedarf. [2]Hinsichtlich der Jahresbeiträge sind Art und Umfang der gesicherten Geschäfte sowie die Anzahl, Größe und Geschäftsstruktur der dem Sicherungsfonds angehörenden Versicherungsunternehmen zu berücksichtigen. [3]Die Höhe der Beiträge soll auch die Finanz- und Risikolage der Beitragszahler berücksichtigen. [4]Die Rechtsverordnung kann auch Bestimmungen zur Anlage der Mittel enthalten.

(8) [1]Aus den Beitragsbescheiden des Sicherungsfonds findet die Vollstreckung nach den Bestimmungen des Verwaltungs-Vollstreckungsgesetzes statt. [2]Die vollstreckbare Ausfertigung erteilt der Sicherungsfonds.

§ 227 Rechnungslegung des Sicherungsfonds

(1) [1]Die Sicherungsfonds haben für den Schluss eines jeden Kalenderjahres jeweils einen Geschäftsbericht aufzustellen und einen unabhängigen Wirtschaftsprüfer oder eine unabhängige Wirtschaftsprüfungsgesellschaft mit der Prüfung der Vollständigkeit des Geschäftsberichts und der Richtigkeit der Angaben zu beauftragen. [2]Die Sicherungsfonds haben der Bundesanstalt den von ihnen bestellten Prüfer unverzüglich nach der Bestellung anzuzeigen. [3]Die Bundesanstalt kann innerhalb eines Monats nach Zugang der Anzeige die Bestellung eines anderen Prüfers verlangen, wenn dies zur Erreichung des Prüfungszwecks geboten ist; Widerspruch und Anfechtungsklage hiergegen haben keine aufschiebende Wirkung. [4]Der Geschäftsbericht muss Angaben zur Tätigkeit und zu den finanziellen Verhältnissen des Sicherungsfonds, insbesondere zur Höhe und Anlage der Mittel, zur Verwendung der Mittel für Entschädigungsfälle, zur Höhe der Beiträge sowie zu den Kosten der Verwaltung, enthalten.

(2) [1]Die Sicherungsfonds haben der Bundesanstalt den festgestellten Geschäftsbericht jeweils bis zum 31. Mai einzureichen. [2]Der Prüfer hat der Bundesanstalt den Bericht über die Prüfung des Geschäftsberichts unverzüglich nach Beendigung der Prüfung einzureichen. [3]Die Bundesanstalt ist auf Anforderung auch über die Angaben nach Absatz 1 Satz 4 näher zu unterrichten.

§ 228 Mitwirkungspflichten

(1) Die Versicherungsunternehmen sind verpflichtet, dem Sicherungsfonds, dem sie angehören, auf Verlangen alle Auskünfte zu erteilen und alle Unterlagen vorzulegen, welche der Sicherungsfonds zur Wahrnehmung seines Auftrags nach diesem Gesetz benötigt.

(2) [1]Der zur Erteilung einer Auskunft Verpflichtete kann die Auskunft zu solchen Fragen verweigern, deren Beantwortung ihn selbst oder einen der in § 383 Absatz 1 Nummer 1 bis 3 der Zivilprozessordnung bezeichneten Angehörigen der Gefahr strafgerichtlicher Verfolgung oder eines Verfahrens nach dem Gesetz über Ordnungswidrigkeiten aussetzen würde. [2]Der Verpflichtete ist über sein Recht zur Verweigerung der Auskunft zu belehren.

(3) [1]Die Mitarbeiter der Sicherungsfonds sowie die Personen, derer sie sich bedienen, können die Geschäftsräume eines Versicherungsunternehmens innerhalb der üblichen Betriebs- und Geschäftszeiten betreten, sobald die Aufsichtsbehörde die Feststellung gemäß § 222 Absatz 1 getroffen hat. [2]Ihnen sind sämtliche Unterlagen vorzulegen, die sie benötigen, um eine Bestandsübertragung vorzubereiten. [3]Sofern Funktionen des Versicherungsunternehmens auf ein anderes Unternehmen ausgegliedert worden sind, gelten die Sätze 1 und 2 gegenüber diesem Unternehmen entsprechend.

(4) [1]Hat das Unternehmen, dessen Bestand übertragen wird, Verträge über eine Ausgliederung, die der Verwaltung des Bestandes dient, abgeschlossen, kann der Sicherungsfonds anstelle des Unternehmens in den Vertrag eintreten. [2]§ 415 des Bürgerlichen Gesetzbuchs ist nicht anzuwenden. [3]Eine ordentliche Kündigung des Vertrags durch den Dienstleister ist frühestens zum letzten Tag des zwölften Monats nach dem Eintritt des Sicherungsfonds möglich. [4]Fordert der andere Teil den Sicherungsfonds zur Ausübung seines Wahlrechts auf, so hat der Sicherungsfonds unverzüglich zu erklären, ob er in den Vertrag eintreten will. [5]Unterlässt er dies, kann er auf Erfüllung nicht bestehen.

§ 229 Ausschluss

(1) [1]Erfüllt ein Versicherungsunternehmen die Beitrags- oder Mitwirkungspflichten nach § 226 oder § 228 nicht, nicht richtig, nicht vollständig oder nicht rechtzeitig, so hat der Sicherungsfonds die Bundesanstalt zu unterrichten. [2]Ist die Bundesanstalt nicht die zuständige Aufsichtsbehörde, unterrichtet sie diese unverzüglich. [3]Erfüllt das Versicherungsunternehmen auch innerhalb eines Monats nach Aufforderung durch die Bundesanstalt seine Verpflichtungen nicht, kann der Sicherungsfonds dem Versicherungsunternehmen mit einer Frist von zwölf Monaten den Ausschluss aus dem Sicherungsfonds ankündigen. [4]Nach Ablauf dieser Frist kann der Sicherungsfonds mit Zustimmung der Bundesanstalt das Versicherungsunternehmen von dem Sicherungsfonds ausschließen, wenn die Verpflichtungen von dem Versicherungsunternehmen weiterhin nicht erfüllt werden. [5]Nach dem Ausschluss haftet der Sicherungsfonds nur noch für Verbindlichkeiten des Versicherungsunternehmens, die vor Ablauf dieser Frist begründet wurden.

(2) Für Verbindlichkeiten eines Versicherungsunternehmens, die entstanden sind, nachdem seine Erlaubnis zum Geschäftsbetrieb erloschen ist, haftet der Sicherungsfonds nicht.

§ 230 Verschwiegenheitspflicht

[1]Personen, die bei einem Sicherungsfonds beschäftigt oder für ihn tätig sind, dürfen fremde Geheimnisse, insbesondere Betriebs- oder Geschäftsgeheimnisse, nicht unbefugt offenbaren oder verwerten. [2]Sie sind nach dem Verpflichtungsgesetz vom 2. März 1974 (BGBl. I S. 469, 547) von der Bundesanstalt auf eine gewissenhafte Erfüllung ihrer Obliegenheiten zu verpflichten. [3]Ein unbefugtes Offenbaren oder Verwerten liegt nicht vor, wenn Tatsachen an die Bundesanstalt weitergegeben werden.

§ 231 Zwangsmittel

(1) Der Sicherungsfonds kann seine Anordnungen nach den Bestimmungen des Verwaltungs-Vollstreckungsgesetzes durchsetzen.

(2) Die Höhe des Zwangsgeldes beträgt bei Maßnahmen gemäß § 226 Absatz 1 und 5 Satz 1 sowie § 228 Absatz 1 bis zu fünfzigtausend Euro.

Teil 4 Einrichtungen der betrieblichen Altersversorgung

Kapitel 1 Pensionskassen

Abschnitt 1 Abgrenzung zu anderen Lebensversicherungsunternehmen

§ 232 Pensionskassen

(1) Eine Pensionskasse ist ein rechtlich selbständiges Lebensversicherungsunternehmen, dessen Zweck die Absicherung wegfallender Erwerbseinkommens wegen Alters, Invalidität oder Todes ist und das

1. das Versicherungsgeschäft im Wege des Kapitaldeckungsverfahrens betreibt,
2. Leistungen grundsätzlich erst ab dem Zeitpunkt des Wegfalls des Erwerbseinkommens vorsieht; soweit das Erwerbseinkommen teilweise wegfällt, können die allgemeinen Versicherungsbedingungen anteilige Leistungen vorsehen,
3. Leistungen im Todesfall nur an Hinterbliebene erbringen darf, wobei für Dritte ein Sterbegeld begrenzt auf die Höhe der gewöhnlichen Bestattungskosten vereinbart werden kann, und
4. der versicherten Person einen eigenen Anspruch auf Leistung gegen die Pensionskasse einräumt oder Leistungen als Rückdeckungsversicherung erbringt.

(2) [1]Pensionskassen dürfen nur Erstversicherungsgeschäft betreiben. [2]Ihnen kann die Erlaubnis ausschließlich in den Versicherungssparten nach Anlage 1 Nummer 19, 21 und 24 erteilt werden.

§ 233 Regulierte Pensionskassen

(1) [1]Pensionskassen können mit Genehmigung der Bundesanstalt reguliert werden (regulierte Pensionskassen). [2]Den Antrag, reguliert zu werden, können stellen

1. Pensionskassen in der Rechtsform des Versicherungsvereins auf Gegenseitigkeit, wenn
   a) die Satzung vorsieht, dass Versicherungsansprüche gekürzt werden dürfen,
   b) nach der Satzung mindestens 50 Prozent der Mitglieder der obersten Vertretung Versicherte oder ihre Vertreter sein sollen oder, wenn nur das Rückdeckungsgeschäft betrieben wird, nach der Satzung ein solches Recht den Versicherungsnehmern eingeräumt wird,
   c) ausschließlich die unter § 17 des Betriebsrentengesetzes fallenden Personen, die Geschäftsleiter oder die Inhaber der Trägerunternehmen versichert werden sowie solche Personen, die der Pensionskasse durch Gesetz zugewiesen werden oder die nach Beendigung des Arbeitsverhältnisses das Versicherungsverhältnis mit der Pensionskasse fortführen, und
   d) keine rechnungsmäßigen Abschlusskosten für die Vermittlung von Versicherungsverträgen erhoben und keine Vergütung für die Vermittlung oder den Abschluss von Versicherungsverträgen gewährt werden und
2. Pensionskassen, bei denen die Bundesanstalt festgestellt hat, dass sie die Voraussetzungen des § 156a Absatz 3 Satz 1 des Versicherungsaufsichtsgesetzes in der Fassung vom 15. Dezember 2004 erfüllen.

[3]Die Bundesanstalt genehmigt den Antrag, wenn die Voraussetzungen des Satzes 2 Nummer 1 oder 2 erfüllt sind.

(2) Separate Abrechnungsverbände nach § 2 Absatz 1, Pensionskassen unter Landesaufsicht und Pensionskassen, die auf Grund eines allgemeinverbindlichen Tarifvertrags errichtete gemeinsame Einrichtungen im Sinne des § 4 Absatz 2 des Tarifvertragsgesetzes sind, gelten immer als regulierte Pensionskassen.

(3) [1]Für regulierte Pensionskassen gelten nicht § 140 Absatz 2 Satz 2 und Absatz 4, § 145 Absatz 2 und 3 sowie § 234 Absatz 2 Satz 2 und 3 und Absatz 6. [2]Entsprechend anzuwenden sind § 210 Absatz 3 Satz 1, § 219 Absatz 2 Satz 2 und Absatz 3 Nummer 1 Buchstabe b und Nummer 2. [3]Soweit Versicherungsverhältnisse vor der Regulierung der Pensionskassen abgeschlossen worden sind und ihnen kein von der Aufsichtsbehörde genehmigter Geschäftsplan zugrunde liegt, gehören die fachlichen Geschäftsunterlagen im Sinne des § 219 Absatz 3 Nummer 1 Buchstabe b abweichend von Satz 2 nicht zum Geschäftsplan. [4]Entgegen Satz 1 wird in diesem Fall auf die allgemeinen Versicherungsbedingungen § 234 Absatz 2 Satz 2 und 3 weiterhin angewendet.

(4) [1]Auf regulierte Pensionskassen, die mit Genehmigung der Aufsichtsbehörde nach Maßgabe des § 211 Absatz 2 Nummer 2 des Versicherungsvertragsgesetzes von § 153 des Versicherungsvertragsgesetzes abweichende Bestimmungen getroffen haben, findet § 139 Absatz 3 und 4 keine Anwendung. [2]Regulierte Pensionskassen, die nicht nach Maßgabe des § 211 Absatz 2 Nummer 2 des Versicherungsvertragsgesetzes von § 153 des Versicherungsvertragsgesetzes abweichende Bestimmungen getroffen haben, können mit Genehmigung der Aufsichtsbehörde den Sicherungsbedarf aus den Versicherungsverträgen mit Zinsgarantie gemäß § 139 Absatz 4 nach einem abweichenden Verfahren berechnen.

(5) [1]Erfüllt eine regulierte Pensionskasse nicht mehr die Voraussetzungen des Absatzes 1 oder 2, stellt die Bundesanstalt durch Bescheid fest, dass es sich nicht mehr um eine regulierte Pensionskasse handelt. [2]Auf Versicherungsverhältnisse, die vor dem im Bescheid genannten Zeitpunkt in Kraft getreten sind, ist § 234 Absatz 6 entsprechend anzuwenden.

§ 234 Besonderheiten der Geschäftstätigkeit, die nicht die Geschäftsorganisation betreffen

(1) [1]Für Pensionskassen gilt § 341k des Handelsgesetzbuchs; § 36 Absatz 2 findet keine Anwendung. [2]§ 1 Absatz 2 Satz 4, § 35 Absatz 2, § 37 Absatz 2, die §§ 40 bis 42 und 48 Absatz 2a, die §§ 52 bis 56, 141 Absatz 5 Satz 2 und § 144 gelten nicht.

(2) [1]Die allgemeinen Versicherungsbedingungen gehören zum Geschäftsplan als Bestandteil nach § 9 Absatz 2 Nummer 2. [2]Das Genehmigungserfordernis nach § 12 Absatz 1 Satz 1 gilt für sie nicht. [3]Änderungen und die Einführung neuer allgemeiner Versicherungsbedingungen werden erst drei Monate nach Vorlage bei der Aufsichtsbehörde wirksam, falls die Aufsichtsbehörde nicht vorher die Unbedenklichkeit feststellt.

(3) [1]Von § 138 können Pensionskassen mit Genehmigung der Aufsichtsbehörde abweichen. [2]In § 141 Absatz 5 Satz 1 Nummer 1 und 2 treten die Grundsätze der auf Grund des § 235 Absatz 1 Nummer 4 bis 7 erlassenen Rechtsverordnung an die Stelle der Grundsätze der auf Grund des § 88 Absatz 3 erlassenen Rechtsverordnung. [3]Der Treuhänder nach § 142 muss auch über ausreichende Kenntnisse im Bereich der betrieblichen Altersversorgung verfügen. [4]Ist die Pensionskasse ein kleinerer Verein, hat der Verantwortliche Aktuar zu bestätigen, dass die Voraussetzungen der nach § 235 Absatz 1 Satz 1 Nummer 8 oder 9 erlassenen Rechtsverordnung erfüllt sind.

(4) Hängt die Höhe der Versorgungsleistungen von der Wertentwicklung eines nach Maßgabe des Geschäftsplans gebildeten Investmentvermögens ab, ist für dieses Investmentvermögen entsprechend den §§ 67, 101, 120, 135, 148 und 158 des Kapitalanlagegesetzbuchs oder entsprechend § 44 des Investmentgesetzes in der bis zum 21. Juli 2013

geltenden Fassung gesondert Rechnung zu legen; § 101 Absatz 2 des Kapitalanlagegesetzbuchs oder § 44 Absatz 2 des Investmentgesetzes in der bis zum 21. Juli 2013 geltenden Fassung ist nicht anzuwenden.

(5) [1]Abweichend von § 210 Absatz 1 Satz 1 ist § 184 auch dann anzuwenden, wenn die Pensionskasse ein kleinerer Verein ist. [2]Dabei hat die Satzung zu bestimmen, dass der Vorstand vom Aufsichtsrat oder vom obersten Organ zu bestellen ist.

(6) [1]Auf Versicherungsverhältnisse, die vor dem 1. Januar 2006 in Kraft getreten sind, ist § 336 entsprechend anzuwenden, soweit ihnen ein von der Aufsichtsbehörde genehmigter Geschäftsplan zugrunde liegt. [2]§ 142 gilt in diesen Fällen nicht.

Abschnitt 2 Besonderheiten der Geschäftsorganisation

§ 234a Besonderheiten der Geschäftsorganisation

(1) [1]Die Geschäftsorganisation einer Pensionskasse muss über § 23 Absatz 1 hinaus auch der Größenordnung ihrer Tätigkeiten angemessen sein. [2]Die Geschäftsorganisation ist darauf abzustimmen, ob und auf welche Weise ökologische, soziale und die Unternehmensführung betreffende Faktoren in Bezug auf die Vermögenswerte bei Anlageentscheidungen berücksichtigt werden.

(2) Für Pensionskassen gilt § 23 Absatz 1a bis 1c nicht.

(3) [1]Die internen Leitlinien nach § 23 Absatz 3 haben auch Vorgaben zu einer bestehenden versicherungsmathematischen Funktion zu machen. [2]Abweichend von § 23 Absatz 3 Satz 3 genügt es, wenn Pensionskassen die Leitlinien mindestens alle drei Jahre überprüfen.

(4) Besonderheiten im Hinblick auf eine Besetzung des Aufsichtsrats durch Vertreter der Arbeitgeber und der Arbeitnehmer der Trägerunternehmen sind zu berücksichtigen.

(5) Die Vergütungssysteme im Sinne des § 25 müssen der Größe und der internen Organisation der Pensionskasse sowie der Größenordnung, der Art, dem Umfang und der Komplexität ihrer Geschäftstätigkeiten angemessen sein.

(6) § 28 Absatz 1 ist nicht anzuwenden.

(7) Für das interne Kontrollsystem gilt § 29 Absatz 1 Satz 2 und Absatz 2 bis 4 nicht.

§ 234b Besondere Vorschriften zu Schlüsselfunktionen

(1) Pensionskassen ermöglichen der verantwortlichen Person für eine Schlüsselfunktion, ihre Aufgaben effektiv, objektiv, sachgemäß und unabhängig ausüben zu können.

(2) Die für die interne Revisionsfunktion verantwortliche Person darf keine andere Schlüsselfunktion innerhalb der Pensionskasse ausüben.

(3) [1]Die verantwortliche Person für eine Schlüsselfunktion darf im Trägerunternehmen nur dann eine ähnliche Aufgabe ausüben, wenn

1. dies der Größenordnung, der Art, dem Umfang und der Komplexität der Tätigkeiten der Pensionskasse angemessen ist und
2. die Pensionskasse gegenüber der Aufsichtsbehörde darlegt, wie sie Interessenkonflikte mit dem Trägerunternhmen verhindert oder mit ihnen verfährt.

[2]Die Pensionskasse übermittelt der Aufsichtsbehörde unverzüglich eine Stellungnahme nach Satz 1 Nummer 2, wenn die verantwortliche Person für eine Schlüsselfunktion eine ähnliche Aufgabe im Trägerunternehmen ausübt oder übernehmen soll.

(4) [1]Die für eine Schlüsselfunktion verantwortliche Person hat dem Vorstand alle wesentlichen Feststellungen und Empfehlungen aus ihrem Verantwortungsbereich mitzuteilen. [2]Der Vorstand entscheidet, welche Maßnahmen zu treffen sind. [3]Die verantwort-

liche Person für die Schlüsselfunktion ist verpflichtet, der Aufsichtsbehörde zu melden, dass der Vorstand nicht rechtzeitig geeignete Maßnahmen getroffen hat, wenn die Pensionskasse

1. dem erheblichen Risiko ausgesetzt ist, wesentliche gesetzliche Anforderungen nicht zu erfüllen, und dies
   a) dem Vorstand mitgeteilt wurde sowie
   b) wesentliche Auswirkungen auf die Interessen von Versorgungsanwärtern und Versorgungsempfängern haben könnte, oder
2. in einem der Verantwortung der Schlüsselfunktion unterfallenden Bereich in erheblicher Weise gegen geltende Rechts- oder Verwaltungsvorschriften verstößt und dem Vorstand dies mitgeteilt wurde.

4Die Pflicht zur Meldung besteht nicht, wenn die verantwortliche Person für die Schlüsselfunktion sich selbst oder einen der in § 383 Absatz 1 Nummer 1 bis 3 der Zivilprozessordnung bezeichneten Angehörigen der Gefahr strafgerichtlicher Verfolgung oder eines Verfahrens nach dem Gesetz über Ordnungswidrigkeiten aussetzen würde. 5Wegen einer Meldung nach Satz 3 darf die verantwortliche Person für die Schlüsselfunktion weder nach arbeitsrechtlichen noch nach strafrechtlichen Vorschriften verantwortlich gemacht werden. 6Sie darf nicht zum Ersatz von Schäden herangezogen werden, es sei denn, die Meldung ist vorsätzlich oder grob fahrlässig unwahr abgegeben worden. 7Ihre Berechtigung zur Abgabe von Meldungen nach Satz 3 darf vertraglich nicht eingeschränkt werden. 8Entgegenstehende Vereinbarungen sind unwirksam.

(5) 1Die versicherungsmathematische Funktion hat die Berechnung der versicherungstechnischen Rückstellungen auch zu überwachen. 2Abweichend von § 31 Absatz 1 Satz 2 Nummer 2 und 4 hat sie

1. die Angemessenheit der für die Berechnung der versicherungstechnischen Rückstellungen verwendeten Methoden und Basismodelle sowie der zu diesem Zweck zugrunde gelegten Annahmen zu beurteilen,
2. die bei der Berechnung der versicherungstechnischen Rückstellungen zugrunde gelegten Annahmen mit den Erfahrungswerten zu vergleichen.

3Außerdem trägt die versicherungsmathematische Funktion zur eigenen Risikobeurteilung nach § 234d bei. 4§ 31 Absatz 1 Satz 2 Nummer 6 sowie Absatz 2 Satz 3 und 4 ist nicht anzuwenden.

(6) Die versicherungsmathematische Funktion kann entfallen, wenn die Pensionskasse

1. keine biometrischen Risiken selbst abdeckt und
2. weder Anlageergebnisse noch eine bestimmte Höhe der Leistungen garantiert.

(7) Personen oder Stellen, an die eine Schlüsselfunktion ausgegliedert wird, müssen die Anforderungen des § 24 Absatz 1 entsprechend erfüllen.

§ 234c Risikomanagement

(1) 1Das Risikomanagementsystem einer Pensionskasse muss über § 26 Absatz 5 hinaus auch ökologische und soziale Risiken sowie die Unternehmensführung betreffende Risiken abdecken, soweit diese Risiken mit dem Anlageportfolio und dessen Verwaltung in Verbindung stehen. 2Die vom Risikomanagementsystem erfassten Risiken werden auf eine Weise behandelt, die der Größe und der internen Organisation der Pensionskasse sowie der Größenordnung, der Art, dem Umfang und der Komplexität ihrer Geschäftstätigkeiten angemessen ist.

(2) Das Risikomanagementsystem hat außerdem die Risiken, die die Versorgungsanwärter und Versorgungsempfänger gemäß den Bedingungen eines Altersversorgungssystems tragen, aus der Sicht der Versorgungsanwärter und Versorgungsempfänger zu berücksichtigen.

(3) [1]Pensionskassen haben die Berichterstattung nach § 26 Absatz 1 Satz 1 und 2, die gegenüber dem Vorstand erfolgt, innerhalb eines Monats nach Vorlage beim Vorstand der Aufsichtsbehörde einzureichen. [2]Diese Pflicht entfällt für die Berichterstattung, die dem Vorstand vorgelegt wird im Zeitraum von sechs Monaten vor und nach dem Abschluss einer eigenen Risikobeurteilung nach § 234d, die für das gesamte Risikoprofil durchgeführt wird. [3]Die Aufsichtsbehörde kann Pensionskassen von der Pflicht nach Satz 1 auch ganz oder teilweise befreien, wenn dies mit den Aufsichtszielen vereinbar ist.

(4) § 26 Absatz 3, 4, 6, 7 sowie 8 Satz 2 und 3 ist nicht anzuwenden.

(5) [1]Zum Risikomanagementsystem der Pensionskasse gehört die eigene Risikobeurteilung nach § 234d. [2]§ 27 ist nicht anzuwenden.

§ 234d Eigene Risikobeurteilung

(1) [1]Zum Risikomanagementsystem einer Pensionskasse gehört eine eigene Risikobeurteilung, die zu dokumentieren ist. [2]Die eigene Risikobeurteilung ist mindestens alle drei Jahre für das gesamte Risikoprofil durchzuführen, auf Verlangen der Aufsichtsbehörde auch häufiger. [3]Die Pensionskasse hat unverzüglich eine eigene Risikobeurteilung vorzunehmen, wenn eine wesentliche Änderung

1. in ihrem Risikoprofil oder
2. im Risikoprofil der von ihr betriebenen Altersversorgungssysteme

eingetreten ist. [4]Ist im Fall des Satzes 3 Nummer 2 nur ein Altersversorgungssystem betroffen, kann die eigene Risikobeurteilung auf dieses Altersversorgungssystem beschränkt werden. [5]Die Pensionskassen informieren die Aufsichtsbehörde innerhalb von 14 Tagen nach Abschluss jeder durchgeführten eigenen Risikobeurteilung über das Ergebnis.

(2) [1]Im Rahmen der eigenen Risikobeurteilung hat die Pensionskasse

1. darzustellen, wie die eigene Risikobeurteilung in die Leitungs- und Entscheidungsprozesse der Pensionskasse einbezogen wird;
2. die Wirksamkeit des Risikomanagementsystems zu beurteilen;
3. darzustellen, wie sie Interessenkonflikte mit dem Trägerunternehmen verhindert oder mit ihnen verfährt, wenn die verantwortliche Person für eine Schlüsselfunktion zugleich eine ähnliche Aufgabe im Trägerunternehmen ausübt;
4. den gesamten Finanzierungsbedarf zu beurteilen und gegebenenfalls Maßnahmen zur Deckung des Finanzierungsbedarfs zu beschreiben;
5. die Risiken zu beurteilen, die für die Versorgungsanwärter und Versorgungsempfänger in Bezug auf die Auszahlung ihrer Altersversorgungsleistungen bestehen, sowie die Wirksamkeit von Gegenmaßnahmen einzuschätzen, wobei in die Betrachtung einzubeziehen sind die gegebenenfalls bestehenden
   a) Indexierungsmechanismen,
   b) Mechanismen zur Minderung der Anwartschaften und Ansprüche auf Versorgungsleistungen, wobei auch anzugeben ist, unter welchen Voraussetzungen und in welchem Umfang die Anwartschaften und Ansprüche gemindert werden können und wer die Minderung vornimmt;
6. eine qualitative Beurteilung der Mechanismen vorzunehmen, die zum Schutz der Anwartschaften und Ansprüche auf Versorgungsleistungen bestehen, einschließlich

der zugunsten der Pensionskasse oder zugunsten der Versorgungsanwärter und Versorgungsempfänger gegebenenfalls bestehenden

a) Garantien, bindenden Verpflichtungen oder finanziellen Unterstützung jeglicher anderer Art durch das Trägerunternehmen,

b) Versicherungs- oder Rückversicherungsvereinbarungen mit einem Unternehmen, das unter die Richtlinie 2009/138/EG fällt, oder

c) Abdeckung durch ein Altersversorgungssicherungssystem;

7. die operationellen Risiken qualitativ zu beurteilen;

8. die neu hinzugekommenen und die voraussichtlich hinzukommenden Risiken zu beurteilen, die dadurch bedingt sind, dass die Pensionskasse ökologische, soziale und die Unternehmensführung betreffende Faktoren bei ihren Anlageentscheidungen berücksichtigt.

[2]In die Beurteilung nach Satz 1 Nummer 8 sind unter anderem einzubeziehen Risiken im Zusammenhang mit dem Klimawandel, der Verwendung von Ressourcen und der Umwelt sowie soziale Risiken und Risiken im Zusammenhang mit der durch eine geänderte Regulierung bedingten Wertminderung von Vermögenswerten.

(3) [1]Für die Durchführung der Risikobeurteilung nach Absatz 2 hat die Pensionskasse Methoden zu verwenden, anhand deren sie diejenigen Risiken erkennen und beurteilen kann, die

1. sie kurz- oder langfristig betreffen oder betreffen könnten und

2. sich auf die Fähigkeit der Pensionskasse auswirken könnten, die Verpflichtungen zu erfüllen.

[2]Die Methoden müssen der Größenordnung, der Art, dem Umfang und der Komplexität der Tätigkeiten der Pensionskasse angemessen sein und auch die in Absatz 2 Satz 2 genannten Risiken erfassen. [3]Sie sind in der eigenen Risikobeurteilung darzustellen.

(4) Die eigene Risikobeurteilung fließt in die strategischen Entscheidungen der Pensionskasse ein.

§ 234e Ergänzende Vorschriften zur Ausgliederung

(1) Werden Tätigkeiten ausgegliedert, müssen Pensionskassen einen geeigneten Dienstleister auswählen und kontinuierlich überwachen, dass der Dienstleister die ausgegliederten Tätigkeiten ordnungsgemäß durchführt.

(2) Pensionskassen haben mit dem Dienstleister eine schriftliche, rechtlich bindende Vereinbarung über eine Ausgliederung zu schließen, die die Rechte und Pflichten der Beteiligten festlegt.

(3) § 32 Absatz 3 und § 47 Nummer 8 und 9 sind auch auf die Ausgliederung sonstiger Tätigkeiten, die diesem Gesetz unterliegen, anzuwenden.

Abschnitt 3 Besonderheiten in Bezug auf die finanzielle Ausstattung

§ 234f Allgemeines

(1) Für Pensionskassen gelten nicht die §§ 74 bis 88 und 133, 134 Absatz 4 und 5, die §§ 301 und 304 Absatz 1 Nummer 2 sowie die §§ 341 bis 352.

(2) [1]An die Stelle der §§ 89 bis 123 tritt § 234g Absatz 1 bis 3. [2]Soweit in den auf Pensionskassen anwendbaren Vorschriften auf Basiseigenmittel oder anrechnungsfähige Eigenmittel Bezug genommen wird, treten an deren Stelle die Eigenmittel nach § 234g Absatz 3.

(3) [1]Abweichend von § 134 Absatz 3 Satz 2 kann die Aufsichtsbehörde die Frist nach § 134 Absatz 3 Satz 1 um einen angemessenen Zeitraum verlängern. [2]Sie kann auf Antrag der Pensionskasse die Frist nach § 134 Absatz 2 um einen Monat verlängern. [3]Die Aufsichtsbehörde kann die Frist nach § 135 Absatz 2 Satz 1 um höchstens zwei Monate und die Frist nach § 135 Absatz 2 Satz 2 auf höchstens zwölf Monate verlängern.

(4) [1]Die Aufsichtsbehörde kann die Erlaubnis widerrufen, wenn es der Pensionskasse nicht gelingt, innerhalb von drei Monaten nach Feststellung der Nichtbedeckung der Mindestkapitalanforderung den genehmigten Finanzierungsplan zu erfüllen. [2]Die Aufsichtsbehörde hat die Erlaubnis zu widerrufen, wenn sie der Auffassung ist, dass der vorgelegte Finanzierungsplan offensichtlich unzureichend ist, oder wenn es der Pensionskasse nicht gelingt, innerhalb von zwölf Monaten nach Feststellung der Nichtbedeckung der Mindestkapitalanforderung den genehmigten Finanzierungsplan zu erfüllen.

§ 234g Solvabilitätskapitalanforderung, Mindestkapitalanforderung und Eigenmittel

(1) Pensionskassen müssen stets über Eigenmittel mindestens in Höhe der Solvabilitätskapitalanforderung verfügen.

(2) [1]Die Solvabilitätskapitalanforderung wird durch die Rechtsverordnung zu § 235 Absatz 1 Nummer 1 bestimmt. [2]Ein Drittel der Solvabilitätskapitalanforderung gilt als Mindestkapitalanforderung.

(3) [1]Zur Ermittlung der Eigenmittel ist § 214 mit Ausnahme von Absatz 1 Satz 1 Nummer 8 Buchstabe b anzuwenden. [2]In § 214 Absatz 1 Satz 1 Nummer 8 Buchstabe d treten dabei die nach § 235 Absatz 1 erlassenen Vorschriften an die Stelle der nach § 217 Satz 1 erlassenen Vorschriften.

(4) Pensionskassen haben der Aufsichtsbehörde jährlich eine Berechnung der Solvabilitätskapitalanforderung vorzulegen und ihr die Eigenmittel nachzuweisen.

§ 234h Ergänzende allgemeine Anlagegrundsätze

(1) [1]Pensionskassen haben die Vermögenswerte zum größtmöglichen langfristigen Nutzen der Versorgungsanwärter und Versorgungsempfänger insgesamt anzulegen. [2]Im Fall eines Interessenkonflikts sorgt die Pensionskasse oder die Stelle, die ihr Vermögen verwaltet, dafür, dass die Anlage ausschließlich im Interesse der Versorgungsanwärter und Versorgungsempfänger erfolgt.

(2) Bei Anlagen in derivative Finanzinstrumente ist eine übermäßige Risikokonzentration in Bezug auf eine einzelne Gegenpartei und in Bezug auf andere Derivatgeschäfte zu vermeiden.

(3) Bei ihren Anlageentscheidungen können Pensionskassen im Rahmen des Grundsatzes der unternehmerischen Vorsicht den möglichen langfristigen Auswirkungen auf ökologische, soziale und die Unternehmensführung betreffende Belange Rechnung tragen.

(4) § 124 Absatz 1 Satz 2 Nummer 1 Buchstabe b und Nummer 4 sowie Absatz 2 Satz 1 ist nicht anzuwenden.

§ 234i Anlagepolitik

[1]Pensionskassen haben der Aufsichtsbehörde eine Erklärung zu den Grundsätzen ihrer Anlagepolitik vorzulegen

1. spätestens vier Monate nach Ende eines Geschäftsjahres und
2. unverzüglich nach einer wesentlichen Änderung der Anlagepolitik.

[2]In der Erklärung ist zumindest einzugehen auf das Verfahren der Risikobewertung und der Risikosteuerung, auf die Strategie sowie auf die Frage, wie die Anlagepolitik ökologischen, sozialen und die Unternehmensführung betreffenden Belangen Rechnung trägt. [3]Pensionskassen müssen die Erklärung öffentlich zugänglich machen. [4]Spätestens nach drei Jahren ist die Erklärung zu überprüfen.

§ 234j Besondere Vorschriften zum Sicherungsvermögen

(1) [1]Das Sicherungsvermögen darf nur angelegt werden in

1. den Anlageformen, die in § 215 Absatz 2 Satz 1 Nummer 1 bis 7 genannt sind, und
2. sonstigen Anlagen, die nach der Rechtsverordnung zu § 235 Absatz 1 Nummer 10 zugelassen sind.

[2]Darüber hinaus darf das Sicherungsvermögen nur angelegt werden, soweit dies die Aufsichtsbehörde bei Vorliegen außergewöhnlicher Umstände im Einzelfall auf Antrag vorübergehend gestattet.

(2) § 125 Absatz 1 Satz 2 und 3 und § 131 sind nicht anzuwenden.

(3) [1]Pensionskassen haben über ihre gesamten Vermögensanlagen, aufgegliedert in Neuanlagen und Bestände, zu berichten. [2]Die Pflichten nach § 126 Absatz 2 bleiben unberührt.

Abschnitt 4 Informationspflichten gegenüber Versorgungsanwärtern und Versorgungsempfängern

§ 234k Anforderungen an zu erteilende Informationen

(1) Die nach diesem Abschnitt vorgeschriebenen Informationen über ein Altersversorgungssystem müssen

1. in deutscher Sprache gefasst sein;
2. klar, prägnant und verständlich formuliert sein, wobei fachsprachliche Begriffe oder Wendungen nicht verwendet werden, wenn der Sachverhalt auch in Allgemeinsprache dargestellt werden kann;
3. schlüssig sein, wobei Begriffe und Bezeichnungen einheitlich verwendet und beibehalten werden;
4. in lesefreundlicher Form aufgemacht werden;
5. regelmäßig aktualisiert werden.

(2) Die Informationen dürfen nicht irreführend sein.

(3) Die vorgeschriebenen Informationen werden kostenlos zur Verfügung gestellt.

(4) Die Vorschriften dieses Abschnitts sind nicht anzuwenden auf Altersversorgungssysteme, die von der Pensionskasse grenzüberschreitend im Sinne des § 241 betrieben werden.

§ 234l Allgemeine Informationen zu einem Altersversorgungssystem

(1) Für jedes betriebene Altersversorgungssystem stellt die Pensionskasse den Versorgungsanwärtern und Versorgungsempfängern allgemeine Informationen über das Altersversorgungssystem zur Verfügung.

(2) Die Pensionskasse teilt den Versorgungsanwärtern und Versorgungsempfängern innerhalb einer angemessenen Frist alle für sie maßgeblichen Informationen zu geänderten Bestimmungen des Altersversorgungssystems mit.

(3) Werden die Methoden und Annahmen zur Berechnung der versicherungstechnischen Rückstellungen wesentlich geändert, stellt die Pensionskasse eine Erläuterung

zu den damit verbundenen Auswirkungen auf die Versorgungsanwärter und Versorgungsempfänger innerhalb einer angemessenen Frist zur Verfügung.

§ 234m Information der Versorgungsanwärter bei Beginn des Versorgungsverhältnisses

(1) Die Pensionskasse stellt dem Versorgungsanwärter bei Beginn des Versorgungsverhältnisses folgende Informationen zur Verfügung:

1. Name, Anschrift, Rechtsform und Sitz der Pensionskasse,
2. die Vertragsbedingungen einschließlich der Tarifbestimmungen, soweit sie für das Versorgungsverhältnis gelten, sowie die Angabe des auf den Vertrag anwendbaren Rechts,
3. Angaben zur Laufzeit des Versorgungsverhältnisses,
4. allgemeine Angaben über die für das Versorgungsverhältnis geltenden Steuerregeln,
5. die mit dem Altersversorgungssystem verbundenen finanziellen, versicherungstechnischen und sonstigen Risiken sowie die Art und Aufteilung der Risiken,
6. allgemeine Angaben darüber, inwieweit die Leistungen im Versorgungsfall der Beitragspflicht in der gesetzlichen Kranken- und Pflegeversicherung unterliegen.

(2) Wurde der Versorgungsanwärter automatisch in das Altersversorgungssystem aufgenommen, erhält er außerdem folgende Informationen:

1. die ihm zustehenden Wahlmöglichkeiten einschließlich der Anlageoptionen,
2. die wesentlichen Merkmale des Altersversorgungssystems einschließlich der Art der Leistungen,
3. Angaben dazu, ob und inwieweit die Anlagepolitik Belangen aus den Bereichen Umwelt, Klima, Soziales und Unternehmensführung Rechnung trägt,
4. Angaben dazu, wo weitere Informationen erhältlich sind.

§ 234n Information vor dem Beitritt zu einem Altersversorgungssystem

Die Pensionskasse stellt sicher, dass Versorgungsanwärtern, die nicht automatisch in das Altersversorgungssystem aufgenommen werden, die in § 234m Absatz 2 bezeichneten Informationen zur Verfügung gestellt werden, bevor sie dem Altersversorgungssystem beitreten.

§ 234o Information der Versorgungsanwärter während der Anwartschaftsphase

(1) [1]Pensionskassen stellen dem Versorgungsanwärter mindestens alle zwölf Monate die für ihn wesentlichen Informationen über den Stand seines Versorgungsverhältnisses zur Verfügung. [2]Die Informationen werden in knapper, präziser Form zusammengestellt und die Überschrift „Renteninformation" vorangestellt.

(2) Die Renteninformation muss den Besonderheiten der gesetzlichen Altersversorgungssysteme und dem Arbeits-, Sozial- und Steuerrecht Rechnung tragen.

(3) [1]Die Pensionskasse hat in die Renteninformation eine Projektion der Altersversorgungsleistungen bis zum voraussichtlichen Renteneintrittsalter aufzunehmen. [2]Sie muss in deutlicher Form darauf hinweisen, dass

1. die Angaben in der Projektion nicht garantiert sind und die endgültige Höhe der Altersversorgungsleistungen von der Projektion abweichen kann sowie
2. der Versorgungsanwärter aus der Projektion keine Ansprüche gegen die Pensionskasse ableiten kann.

(4) Enthält die Renteninformation wesentliche Änderungen gegenüber den Informationen der vorherigen Renteninformation, werden diese deutlich kenntlich gemacht.

(5) [1]Darüber, in welcher Form die Altersversorgungsleistungen bezogen werden können, informiert die Pensionskasse den Versorgungsanwärter rechtzeitig vor Erreichen des Termins, ab dem voraussichtlich Altersversorgungsleistungen bezogen werden. [2]Sie hat die Informationen auch auf Anfrage des Versorgungsanwärters mitzuteilen.

§ 234p Information der Versorgungsempfänger

(1) Die Pensionskasse unterrichtet den Versorgungsempfänger regelmäßig über die ihm zustehenden Leistungen und über etwaige Wahlrechte, in welcher Form die Leistungen bezogen werden können.

(2) Die Pensionskasse informiert die Versorgungsempfänger über eine Kürzung der ihnen zustehenden Leistungen

1. unverzüglich nach der endgültigen Entscheidung über die Kürzung und
2. drei Monate vor dem Stichtag, an dem die Kürzung wirksam wird.

(3) Tragen die Versorgungsempfänger in der Auszahlungsphase ein wesentliches Anlagerisiko, werden sie von der Pensionskasse regelmäßig angemessen informiert.

Abschnitt 5 Verordnungsermächtigungen

§ 235 Verordnungsermächtigungen zur Finanzaufsicht

(1) Das Bundesministerium der Finanzen wird ermächtigt, für Pensionskassen durch Rechtsverordnung Vorschriften zu erlassen

1. über die Berechnung und die Höhe der Solvabilitätskapitalanforderung;
2. über den maßgebenden Mindestbetrag der Mindestkapitalanforderung sowie über seine Berechnung;
3. darüber, wie nicht in der Bilanz ausgewiesene Eigenmittel errechnet werden und in welchem Umfang sie auf die Solvabilitätskapitalanforderung und die Mindestkapitalanforderung angerechnet werden dürfen;
4. über einen oder mehrere Höchstwerte für den Rechnungszins bei Versicherungsverträgen mit Zinsgarantie;
5. über weitere Vorgaben zur Ermittlung der Diskontierungszinssätze nach § 341f Absatz 2 des Handelsgesetzbuchs;
6. über die Höchstbeträge für die Zillmerung;
7. über die versicherungsmathematischen Rechnungsgrundlagen und die Bewertungsansätze für die Deckungsrückstellung;
8. darüber, wie bei Pensionskassen, bei denen vertraglich sowohl Arbeitnehmer als auch Arbeitgeber zur Prämienzahlung verpflichtet sind, für Lebensversicherungsverträge, denen kein genehmigter Geschäftsplan zugrunde liegt, der auf die Arbeitnehmer entfallende Teil der überrechnungsmäßigen Erträge zu bestimmen ist und welche Beteiligung der Arbeitnehmer an diesen Erträgen angemessen im Sinne des § 140 Absatz 2 ist;
9. über die versicherungsmathematischen Methoden zur Berechnung der Prämien einschließlich der Prämienänderungen und der versicherungstechnischen Rückstellungen im Sinne der §§ 341e bis 341h des Handelsgesetzbuchs, insbesondere der Deckungsrückstellung, bei Pensionskassen mit kollektiven Finanzierungssystemen für Lebensversicherungsverträge, denen kein genehmigter Geschäftsplan zugrunde liegt, insbesondere darüber wie die maßgeblichen Annahmen zur Sterblichkeit, zur

Alters- und Geschlechtsabhängigkeit des Risikos und zur Stornowahrscheinlichkeit, die Annahmen über die Zusammensetzung des Bestandes und des Neuzugangs, der Zinssatz einschließlich der Höhe der Sicherheitszuschläge und die Grundsätze für die Bemessung der sonstigen Zuschläge zu berücksichtigen sind;

10. über Anlagegrundsätze qualitativer und quantitativer Art für das Sicherungsvermögen ergänzend zu § 124 Absatz 1 Satz 1 und 2 Nummer 1 Buchstabe a, Nummer 2, 3, 5 bis 8 sowie § 234h Absatz 1 bis 3, um die Kongruenz sowie die dauernde Erfüllbarkeit des jeweiligen Geschäftsplans sicherzustellen, wobei die Anlageformen des § 215 Absatz 2 Satz 1 Nummer 1 bis 7 und weitere durch diese Verordnung zugelassene Anlageformen sowie die Festlegungen im Geschäftsplan hinsichtlich des Anlagerisikos und des Trägers dieses Risikos zu berücksichtigen sind, sowie über Beschränkungen von Anlagen beim Trägerunternehmen;
11. über den Inhalt der Prüfungsberichte gemäß § 35 Absatz 1, soweit dies zur Erfüllung der Aufgaben der Aufsichtsbehörde erforderlich ist, insbesondere, um einheitliche Unterlagen zur Beurteilung der von den Pensionskassen durchgeführten Versicherungsgeschäfte zu erhalten;
12. über den Inhalt, die Form und die Stückzahl der gemäß § 234g Absatz 4 zu erstellenden Solvabilitätsübersicht und des Berichts über die Vermögensanlagen sowie die Frist für die Einreichung bei der Aufsichtsbehörde und
13. über die Art und Weise der Datenübermittlung, die zu verwendenden Datenformate sowie die einzuhaltende Datenqualität.

(2) [1]Die Ermächtigung kann durch Rechtsverordnung auf die Bundesanstalt übertragen werden. [2]Rechtsverordnungen nach Absatz 1 Satz 1 und nach Satz 1 bedürfen nicht der Zustimmung des Bundesrates. [3]Rechtsverordnungen nach Absatz 1 Satz 1 Nummer 9 und 11 und nach Satz 1, soweit sie die Ermächtigung nach Absatz 1 Satz 1 Nummer 9 und 11 erfassen, ergehen im Einvernehmen mit dem Bundesministerium der Justiz und für Verbraucherschutz.

§ 235a Verordnungsermächtigung zu den Informationspflichten

[1]Das Bundesministerium der Finanzen wird ermächtigt, im Einvernehmen mit dem Bundesministerium für Arbeit und Soziales für Pensionskassen, die nicht der Aufsicht durch die Aufsichtsbehörden der Länder unterliegen, durch Rechtsverordnung Vorschriften zu erlassen

1. über Inhalt, Aufbau und Gestaltung der Informationen nach § 234l Absatz 1,
2. über Inhalt, Aufbau und Gestaltung der Renteninformation nach § 234o Absatz 1 bis 3,
3. über Inhalt und Frequenz der Unterrichtung nach § 234p Absatz 1 und 3,
4. darüber, welche Informationen über § 234m Absatz 1 oder 2 hinaus bei Beginn des Versorgungsverhältnisses zu erteilen sind,
5. darüber, welche Informationen dem Versorgungsanwärter im Fall des § 234n zusätzlich vor dem Beitritt zum Altersversorgungssystem zu erteilen sind,
6. darüber, welche weiteren Informationen die Pensionskasse dem Versorgungsanwärter oder dem Versorgungsempfänger auf Anfrage zu erteilen hat,
7. darüber, wie Informationen dem Versorgungsanwärter oder dem Versorgungsempfänger zur Verfügung zu stellen sind, und
8. über die Festlegung der Annahmen, die den Projektionen nach § 234o Absatz 3 zugrunde zu legen sind.

[2]Rechtsverordnungen nach Satz 1 bedürfen nicht der Zustimmung des Bundesrates.

Kapitel 2 Pensionsfonds

§ 236 Pensionsfonds

(1) [1]Ein Pensionsfonds im Sinne dieses Gesetzes ist eine rechtsfähige Versorgungseinrichtung, die

1. im Wege des Kapitaldeckungsverfahrens Leistungen der betrieblichen Altersversorgung für einen oder mehrere Arbeitgeber zugunsten von Arbeitnehmern erbringt,
2. die Höhe der Leistungen oder die Höhe der für diese Leistungen zu entrichtenden künftigen Beiträge nicht für alle vorgesehenen Leistungsfälle durch versicherungsförmige Garantien zusagen darf,
3. den Arbeitnehmern einen eigenen Anspruch auf Leistung gegen den Pensionsfonds einräumt und
4. verpflichtet ist, die Altersversorgungsleistung als lebenslange Zahlung oder als Einmalkapitalzahlung zu erbringen.

[2]Eine lebenslange Zahlung im Sinne des Satzes 1 Nummer 4 kann mit einem teilweisen oder vollständigen Kapitalwahlrecht verbunden werden. [3]Pensionsfonds dürfen auch Sterbegeldzahlungen an Hinterbliebene erbringen, wobei das Sterbegeld begrenzt ist auf die Höhe der gewöhnlichen Bestattungskosten.

(2) [1]Pensionsfonds können Altersversorgungsleistungen abweichend von Absatz 1 Satz 1 Nummer 4 erbringen, solange Beitragszahlungen durch den Arbeitgeber auch in der Rentenbezugszeit vorgesehen sind. [2]Ein fester Termin für das Zahlungsende darf nicht vorgesehen werden. [3]Satz 1 gilt nicht für Zusagen im Sinne des § 1 Absatz 2 Nummer 2 des Betriebsrentengesetzes.

(3) [1]Bei Zusagen im Sinne des § 1 Absatz 2 Nummer 2 des Betriebsrentengesetzes können Pensionsfonds lebenslange Zahlungen als Altersversorgungsleistungen abweichend von Absatz 1 Satz 1 Nummer 4 erbringen, wenn

1. die zuständigen Tarifvertragsparteien zustimmen,
2. der Pensionsplan eine lebenslange Zahlung sowie eine Mindesthöhe dieser lebenslangen Zahlung (Mindesthöhe) zur Auszahlung des nach § 1 Absatz 2 Nummer 2 des Betriebsrentengesetzes zur Verfügung zu stellenden Versorgungskapitals vorsieht,
3. eine planmäßige Verwendung dieses Versorgungskapitals sowie der darauf entfallenden Zinsen und Erträge für laufende Leistungen festgelegt ist und
4. der Pensionsfonds die Zusage des Arbeitgebers nachweist, selbst für die Erbringung der Mindesthöhe einzustehen, und die Zustimmung der Tarifvertragsparteien nach Nummer 1 der Aufsichtsbehörde vorlegt.

[2]Absatz 2 Satz 2 gilt entsprechend.

(4) Als Arbeitnehmer im Sinne dieser Vorschrift gelten auch ehemalige Arbeitnehmer sowie die unter § 17 Absatz 1 Satz 2 des Betriebsrentengesetzes fallenden Personen.

(5) Pensionsfonds bedürfen zum Geschäftsbetrieb der Erlaubnis der Aufsichtsbehörde.

(6) [1]Das Bundesministerium der Finanzen wird ermächtigt, durch Rechtsverordnung im Fall des Absatzes 3 nähere Bestimmungen zu erlassen zu

1. einer Auszahlungsbegrenzung des Pensionsfonds für den Fall, dass der Arbeitgeber die Mindesthöhe zu erbringen hat,
2. Vorschriften für die Ermittlung und Anpassung der lebenslangen Zahlung sowie für die Ermittlung der Mindesthöhe,

3. Form und Inhalt der Zusage des Arbeitgebers, selbst für die Erbringung der Mindesthöhe einzustehen, sowie des Nachweises dieser Zusage.

[2]Die Ermächtigung kann durch Rechtsverordnung auf die Bundesanstalt übertragen werden. [3]Diese erlässt die Vorschriften im Benehmen mit den Versicherungsaufsichtsbehörden der Länder. [4]Rechtsverordnungen nach den Sätzen 1 bis 3 bedürfen nicht der Zustimmung des Bundesrates.

§ 237 Anzuwendende Vorschriften

(1) [1]Für Pensionsfonds gelten die auf Lebensversicherungsunternehmen, die Pensionskassen sind, anwendbaren Vorschriften entsprechend, soweit dieser Teil keine abweichenden Regelungen enthält. [2]Dabei treten

1. die Pensionspläne an die Stelle der allgemeinen Versicherungsbedingungen,
2. die Belange der Versorgungsanwärter und Versorgungsempfänger an die Stelle der Belange der Versicherten,
3. die Versorgungsverhältnisse an die Stelle der Versicherungsverhältnisse.

[3]Pensionspläne sind die im Rahmen des Geschäftsplans ausgestalteten Bedingungen zur planmäßigen Leistungserbringung im Versorgungsfall.

(2) Nicht anwendbar sind § 8 Absatz 2, § 10 Absatz 4, § 13 Absatz 2, § 125 Absatz 5 und 6, § 139 Absatz 3 und 4, die §§ 210, 232 und 233, 234 Absatz 3 Satz 1, 2 und 4 sowie Absatz 5 und 6, die §§ 234i und 234j Absatz 1, die §§ 235 und 312 Absatz 4 Satz 1, 3 und 4 sowie Absatz 5 Satz 2 und § 313.

(3) [1]Die Erlaubnis zum Geschäftsbetrieb darf nur Aktiengesellschaften einschließlich der Europäischen Gesellschaft und Pensionsfondsvereinen auf Gegenseitigkeit erteilt werden. [2]Auf Pensionsfondsvereine sind die Vorschriften über Versicherungsvereine auf Gegenseitigkeit entsprechend anzuwenden, soweit nichts anderes bestimmt ist.

(4) [1]In § 140 Absatz 2 tritt die auf Grund des § 240 Satz 1 Nummer 7 erlassene Rechtsverordnung an die Stelle der auf Grund des § 145 Absatz 2 erlassenen Rechtsverordnung. [2]In § 141 Absatz 5 Satz 1 Nummer 1 und 2 treten die Grundsätze der auf Grund des § 240 Satz 1 Nummer 10 bis 12 erlassenen Rechtsverordnung an die Stelle der Grundsätze der auf Grund des § 88 Absatz 3 erlassenen Rechtsverordnung.

§ 238 Finanzielle Ausstattung

(1) [1]Für Pensionsfonds treten die Absätze 2 bis 5 an die Stelle des § 234g. [2]In § 234f Absatz 2 Satz 2 tritt Absatz 4 an die Stelle von § 234g Absatz 3.

(2) Pensionsfonds müssen stets über Eigenmittel mindestens in Höhe der Solvabilitätskapitalanforderung verfügen, die sich nach dem gesamten Geschäftsumfang bemisst.

(3) [1]Die Solvabilitätskapitalanforderung wird durch die Rechtsverordnung zu § 240 Satz 1 Nummer 9 bestimmt. [2]Ein Drittel der Solvabilitätskapitalanforderung gilt als Mindestkapitalanforderung.

(4) Für die Ermittlung der Eigenmittel ist die auf Grund des § 240 Satz 1 Nummer 9 erlassene Rechtsverordnung maßgebend.

(5) Pensionsfonds haben der Aufsichtsbehörde jährlich eine Berechnung der Solvabilitätskapitalanforderung vorzulegen und ihr die Eigenmittel nachzuweisen.

§ 239 Vermögensanlage

(1) [1]Pensionsfonds haben unter Berücksichtigung der jeweiligen Pensionspläne Sicherungsvermögen zu bilden. [2]Sie haben dafür zu sorgen, dass die Bestände der Sicherungsvermögen in einer der Art und Dauer der zu erbringenden Altersversorgung ent-

sprechenden Weise unter Berücksichtigung der Festlegungen des jeweiligen Pensionsplans angelegt werden.

(2) [1]Pensionsfonds haben der Aufsichtsbehörde eine Erklärung zu den Grundsätzen ihrer Anlagepolitik vorzulegen

1. spätestens vier Monate nach Ende eines Geschäftsjahres und
2. unverzüglich nach einer wesentlichen Änderung der Anlagepolitik.

[2]Die Erklärung muss Angaben enthalten über das Verfahren zur Risikobewertung und zur Risikosteuerung sowie zur Strategie in Bezug auf den jeweiligen Pensionsplan, insbesondere die Aufteilung der Vermögenswerte je nach Art und Dauer der Altersversorgungsleistungen. [3]Außerdem ist auf die Frage einzugehen, wie die Anlagepolitik ökologischen, sozialen und die Unternehmensführung betreffenden Belangen Rechnung trägt. [4]Pensionsfonds müssen die Erklärung öffentlich zugänglich machen. [5]Spätestens nach drei Jahren ist die Erklärung zu überprüfen.

(3) [1]Die dauernde Erfüllbarkeit eines Pensionsplans kann auch bei einer vorübergehenden Unterdeckung als gewährleistet angesehen werden, wenn die Unterdeckung 5 Prozent des Betrags der versicherungstechnischen Rückstellungen im Sinne der §§ 341e bis 341h des Handelsgesetzbuchs nicht übersteigt und die Belange der Versorgungsanwärter und Versorgungsempfänger gewahrt sind. [2]In diesem Fall ist ein zwischen Arbeitgeber und Pensionsfonds vereinbarter Plan zur Wiederherstellung der Bedeckung des Sicherungsvermögens (Bedeckungsplan) erforderlich, der der Genehmigung der Aufsichtsbehörde bedarf. [3]Der Plan muss folgende Bedingungen erfüllen:

1. aus dem Plan muss hervorgehen, wie die zur vollständigen Bedeckung der versicherungstechnischen Rückstellungen im Sinne der §§ 341e bis 341h des Handelsgesetzbuchs erforderliche Höhe der Vermögenswerte innerhalb eines angemessenen Zeitraums erreicht werden soll; der Zeitraum darf drei Jahre nicht überschreiten, und
2. bei der Erstellung des Plans ist die besondere Situation des Pensionsfonds zu berücksichtigen, insbesondere die Struktur seiner Aktiva und Passiva, sein Risikoprofil, sein Liquiditätsplan, das Altersprofil der Versorgungsberechtigten sowie gegebenenfalls die Tatsache, dass es sich um ein neu geschaffenes System handelt.

[4]Die Genehmigung ist zu erteilen, wenn durch den Arbeitgeber die Erfüllung der Nachschusspflicht zur vollständigen Bedeckung der versicherungstechnischen Rückstellungen im Sinne der §§ 341e bis 341h des Handelsgesetzbuchs durch Bürgschaft oder Garantie eines geeigneten Kreditinstituts oder in anderer geeigneter Weise sichergestellt ist. [5]Der Pensionsfonds hat dem Pensionssicherungsverein die Vereinbarung unverzüglich zur Kenntnis zu geben.

(4) [1]Für Pensionspläne nach § 236 Absatz 2 ist Absatz 3 mit der Maßgabe anzuwenden, dass die Unterdeckung 10 Prozent des Betrags der versicherungstechnischen Rückstellungen im Sinne der §§ 341e bis 341h des Handelsgesetzbuchs nicht übersteigt. [2]Die Frist, bis zu der die vollständige Bedeckung wieder erreicht werden muss, kann von der Aufsichtsbehörde verlängert werden; sie darf insgesamt zehn Jahre nicht überschreiten.

§ 240 Verordnungsermächtigung

[1]Das Bundesministerium der Finanzen wird ermächtigt, für Pensionsfonds, die nicht der Aufsicht durch die Aufsichtsbehörden der Länder unterliegen, durch Rechtsverordnung Vorschriften zu erlassen über

1. den Wortlaut der versicherungsmathematischen Bestätigung, den Inhalt, den Umfang und die Vorlagefrist des Erläuterungsberichts gemäß § 141 Absatz 5 Satz 1

Nummer 2 sowie über den Inhalt, den Umfang und die Vorlagefrist des Berichts gemäß § 141 Absatz 5 Satz 1 Nummer 4, jeweils in Verbindung mit § 237 Absatz 1;

2. die Buchführung, den Inhalt, die Form und die Stückzahl des bei der Aufsichtsbehörde einzureichenden internen Berichts, bestehend aus einer für Aufsichtszwecke gegliederten Bilanz und einer Gewinn-und-Verlustrechnung sowie besonderen Erläuterungen zur Bilanz und zur Gewinn-und-Verlustrechnung, soweit dies zur Durchführung der Aufsicht nach diesem Gesetz erforderlich ist;
3. den Inhalt, die Form und die Stückzahl des bei der Aufsichtsbehörde vierteljährlich einzureichenden internen Zwischenberichts, bestehend aus einer Zusammenstellung von aktuellen Buchhaltungs- und Bestandsdaten sowie aus Angaben über die Anzahl der Versorgungsfälle, soweit dies zur Durchführung der Aufsicht nach diesem Gesetz erforderlich ist;
4. den Inhalt des Prüfungsberichts nach § 341k des Handelsgesetzbuchs, soweit dies zur Durchführung der Aufsicht nach diesem Gesetz erforderlich ist, insbesondere, um einheitliche Unterlagen zur Beurteilung der von den Pensionsfonds durchgeführten Geschäfte zu erhalten;
5. den Inhalt des Prüfungsberichts gemäß § 35 Absatz 1 Satz 1, soweit dies zur Erfüllung der Aufgaben der Aufsichtsbehörde erforderlich ist, insbesondere, um einheitliche Unterlagen zur Beurteilung der von den Pensionsfonds durchgeführten Geschäfte zu erhalten;
6. die Art und Weise der Datenübermittlung, die zu verwendenden Datenformate sowie die einzuhaltende Datenqualität;
7. die Zuführung zur Rückstellung für Beitragsrückerstattung gemäß § 145 Absatz 2 in Verbindung mit § 237 Absatz 1;
8. Anlagegrundsätze qualitativer und quantitativer Art für das Sicherungsvermögen ergänzend zu § 124 Absatz 1 Satz 1 und 2 Nummer 1 Buchstabe a, Nummer 2, 3, 5 bis 8 sowie § 234h Absatz 1 bis 3, um die Kongruenz und die dauernde Erfüllbarkeit des jeweiligen Pensionsplans sicherzustellen, wobei die Anlageformen des § 215 Absatz 2 Satz 1 Nummer 1 bis 7 sowie weitere durch diese Verordnung zugelassene Anlageformen sowie die Festlegungen im Pensionsplan hinsichtlich des Anlagerisikos und des Trägers dieses Risikos zu berücksichtigen sind, sowie über Beschränkungen von Anlagen beim Trägerunternehmen; Artikel 18 der Richtlinie 2003/41/EG ist zu beachten;
9. die Berechnung und die Höhe der Solvabilitätskapitalanforderung, den für Pensionsfonds maßgeblichen Mindestbetrag der Mindestkapitalanforderung sowie damit zusammenhängende Genehmigungsbefugnisse einschließlich des Verfahrens, darüber, was als Eigenmittel im Sinne des § 238 Absatz 2 anzusehen ist, darüber, dass der Aufsichtsbehörde über die Solvabilitätskapitalanforderung und die Eigenmittel zu berichten ist sowie über die Form und den Inhalt und die Frist für die Einreichung dieses Berichts bei der Aufsichtsbehörde;
10. Höchstwerte für den Rechnungszins bei Verträgen mit Zinsgarantie;
11. weitere Vorgaben zur Ermittlung der Diskontierungszinssätze nach § 341f Absatz 2 des Handelsgesetzbuchs sowie
12. die versicherungsmathematischen Rechnungsgrundlagen und die Bewertungsansätze für die Deckungsrückstellung.

[2]Die Ermächtigung kann durch Rechtsverordnung auf die Bundesanstalt übertragen werden. [3]Rechtsverordnungen nach den Sätzen 1 und 2 bedürfen nicht der Zustimmung des Bundesrates. [4]Rechtsverordnungen nach Satz 1 Nummer 4 und 10 bis 12 und nach Satz 2, soweit sie die Ermächtigungen nach Satz 1 Nummer 4 und 10 bis 12 erfassen,

ergehen im Einvernehmen mit dem Bundesministerium der Justiz und für Verbraucherschutz.

Kapitel 3 Grenzüberschreitende Geschäftstätigkeit von Einrichtungen der betrieblichen Altersversorgung und grenzüberschreitende Übertragung von Beständen

§ 241 Grenzüberschreitende Geschäftstätigkeit

(1) [1]Grenzüberschreitende Geschäftstätigkeit einer Einrichtung der betrieblichen Altersversorgung liegt vor, wenn sie ein Altersversorgungssystem betreibt, bei dem der Tätigkeitsstaat ein anderer Mitglied- oder Vertragsstaat als der Herkunftsstaat der Einrichtung ist. [2]Tätigkeitsstaat ist der Mitglied- oder Vertragsstaat, dessen sozial- und arbeitsrechtliche Vorschriften im Bereich der betrieblichen Altersversorgung auf die Beziehung zwischen dem Trägerunternehmen und seinen Versorgungsanwärtern und Versorgungsempfängern angewendet werden.

(2) [1]Auf Pensionskassen und Pensionsfonds sind die §§ 57 bis 60 nicht anwendbar. [2]Für Einrichtungen der betrieblichen Altersversorgung, deren Herkunftsstaat ein anderer Mitglied- oder Vertragsstaat ist, sind die §§ 61 bis 66 nicht anwendbar.

§ 242 Grenzüberschreitende Geschäftstätigkeit von Pensionskassen und Pensionsfonds

(1) [1]Pensionskassen und Pensionsfonds haben ihre Absicht, für ein Trägerunternehmen die betriebliche Altersversorgung im Wege der grenzüberschreitenden Geschäftstätigkeit durchzuführen, der Aufsichtsbehörde anzuzeigen. [2]Dabei haben sie anzugeben

1. den Tätigkeitsstaat,
2. Name und Standort der Hauptverwaltung des Trägerunternehmens und
3. die Hauptmerkmale des Altersversorgungssystems, das für das Trägerunternehmen betrieben werden soll.

[3]Die Aufsichtsbehörde prüft, ob die beabsichtigte Geschäftstätigkeit rechtlich zulässig ist und ob die Verwaltungsstruktur, die Finanzlage sowie die Zuverlässigkeit und die fachliche Eignung der Geschäftsleiter der beabsichtigten grenzüberschreitenden Geschäftstätigkeit angemessen sind. [4]Sie kann verlangen, dass für das zu betreibende Altersversorgungssystem ein gesondertes Sicherungsvermögen einzurichten ist. [5]Auf die grenzüberschreitende Geschäftstätigkeit einer Pensionskasse ist § 232 Absatz 1 Nummer 2 und 3 nicht anzuwenden. [6]Im Fall eines Pensionsfonds sind § 236 Absatz 1 Satz 1 Nummer 2 bis 4 und Satz 2 sowie Absatz 2 und § 239 Absatz 3 und 4 nicht anzuwenden.

(2) [1]Sobald die Anzeige nach Absatz 1 Satz 1 und 2 vollständig vorliegt, entscheidet die Aufsichtsbehörde innerhalb von drei Monaten, ob die Anforderungen nach Absatz 1 Satz 3 erfüllt sind. [2]Sind die Anforderungen erfüllt, übermittelt sie die Angaben nach Absatz 1 Satz 2 den zuständigen Behörden des Tätigkeitsstaats und teilt der Pensionskasse oder dem Pensionsfonds mit, dass diese Behörden informiert wurden. [3]Andernfalls untersagt sie der Pensionskasse oder dem Pensionsfonds die Aufnahme der grenzüberschreitenden Geschäftstätigkeit.

(3) [1]Im Fall des Absatzes 2 Satz 2 übermittelt die Aufsichtsbehörde der Pensionskasse oder dem Pensionsfonds die von den zuständigen Behörden des Tätigkeitsstaats erteilten Informationen über

1. die einschlägigen arbeits- und sozialrechtlichen Vorschriften im Bereich der betrieblichen Altersversorgung, die bei der Durchführung des für das Trägerunternehmen betriebenen Altersversorgungssystems einzuhalten sind, sowie

2. die Vorschriften des Tätigkeitsstaats, die nach Titel IV der Richtlinie (EU) 2016/2341 erlassen worden sind.

[2]Pensionskassen und Pensionsfonds sind berechtigt, die grenzüberschreitende Geschäftstätigkeit im Einklang mit den in Satz 1 Nummer 1 und 2 genannten Vorschriften aufzunehmen, sobald ihnen die Mitteilung der Aufsichtsbehörde nach Satz 1 vorliegt, spätestens aber sechs Wochen, nachdem sie die Mitteilung nach Absatz 2 Satz 2 erhalten haben.

(4) Wird die Aufsichtsbehörde von den zuständigen Behörden des Tätigkeitsstaats über wesentliche Änderungen der in Absatz 3 Satz 1 Nummer 1 und 2 genannten Vorschriften benachrichtigt, hat sie diese Informationen an die Pensionskasse oder an den Pensionsfonds weiterzuleiten.

(5) [1]Die Aufsichtsbehörde trifft in Abstimmung mit den zuständigen Behörden des Tätigkeitsstaats die erforderlichen Maßnahmen, um sicherzustellen, dass die Pensionskasse oder der Pensionsfonds die von den zuständigen Behörden des Tätigkeitsstaats festgestellten Verstöße gegen die in Absatz 3 Satz 1 Nummer 1 und 2 genannten Vorschriften unterbindet. [2]Die Aufsichtsbehörde kann die grenzüberschreitende Geschäftstätigkeit untersagen oder einschränken, wenn die Pensionskasse oder der Pensionsfonds die Anforderungen nach Absatz 3 Satz 1 Nummer 1 nicht einhält.

(6) [1]Bei Pensionskassen und Pensionsfonds, die der Landesaufsicht unterliegen, informiert die zuständige Landesaufsichtsbehörde die Bundesanstalt über eine Anzeige nach Absatz 1 Satz 1 und 2. [2]Die Bundesanstalt unterstützt die Landesaufsichtsbehörde auf Anforderung bei der Durchführung des Verfahrens nach den Absätzen 2 und 3 und bei der Durchführung von Maßnahmen nach Absatz 5.

(7) [1]Die Aufsichtsbehörde informiert die Europäische Aufsichtsbehörde für das Versicherungswesen und die betriebliche Altersversorgung darüber, in welchen Mitglied- und Vertragsstaaten die Pensionskasse oder der Pensionsfonds grenzüberschreitend tätig ist. [2]Sie teilt ihr Änderungen dieser Angaben laufend mit.

§ 243 Grenzüberschreitende Geschäftstätigkeit von Einrichtungen, deren Herkunftsstaat ein anderer Mitglied- oder Vertragsstaat ist

(1) Die Absätze 2 bis 6 sind anzuwenden auf Altersversorgungssysteme,

1. die von einer Einrichtung, deren Herkunftsstaat ein anderer Mitglied- oder Vertragsstaat ist und eine Zulassung im Sinne des Artikels 9 Absatz 1 der Richtlinie (EU) 2016/2341 hat, im Rahmen einer grenzüberschreitenden Geschäftstätigkeit für das Trägerunternehmen betrieben werden und
2. bei denen der Tätigkeitsstaat Deutschland ist.

(2) [1]Hat die Bundesanstalt von den zuständigen Behörden des Herkunftsstaats der Einrichtung die in Artikel 11 Absatz 3 Satz 2 der Richtlinie (EU) 2016/2341 genannten Angaben erhalten, informiert sie innerhalb von sechs Wochen diese Behörden über

1. die einschlägigen arbeits- und sozialrechtlichen Vorschriften im Bereich der betrieblichen Altersversorgung, die einzuhalten sind, wenn in Deutschland Altersversorgungssysteme für ein Trägerunternehmen durchgeführt werden, sowie
2. die Vorschriften, die nach Titel IV der Richtlinie (EU) 2016/2341 erlassen worden sind.

[2]Die Einrichtung ist berechtigt, die grenzüberschreitende Geschäftstätigkeit im Einklang mit den in Satz 1 Nummer 1 und 2 genannten Vorschriften aufzunehmen, sobald sie von den zuständigen Behörden des Herkunftsstaats die von der Bundesanstalt übermittelten Informationen erhalten hat, spätestens aber nach Ablauf der in Satz 1 genannten Frist.

(3) Die Bundesanstalt stellt fest, welchem Durchführungsweg im Sinne des § 1b Absatz 2 bis 4 des Betriebsrentengesetzes die Einrichtung zuzuordnen ist, und übermittelt die Feststellung an die Einrichtung und den Pensions-Sicherungs-Verein Versicherungsverein auf Gegenseitigkeit.

(4) Die Bundesanstalt benachrichtigt die zuständigen Behörden des Herkunftsstaats über wesentliche Änderungen der in Absatz 2 Satz 1 Nummer 1 und 2 genannten Vorschriften.

(5) [1]Die Bundesanstalt überwacht laufend, ob die Einrichtung die in Absatz 2 Satz 1 Nummer 1 und 2 genannten Vorschriften einhält. [2]Bei Verstößen gegen diese Vorschriften unterrichtet sie unverzüglich die zuständigen Behörden des Herkunftsstaats. [3]Verstößt die Einrichtung weiterhin gegen die Vorschriften, kann die Bundesanstalt nach Unterrichtung der zuständigen Behörden des Herkunftsstaats selbst geeignete Maßnahmen ergreifen, um die Verstöße zu beenden oder zu ahnden. [4]Kommt eine andere Lösung nicht in Betracht, kann sie der Einrichtung untersagen, weiter im Inland für das Trägerunternehmen tätig zu sein.

(6) Für die Zwecke des Absatzes 5 Satz 1 ist § 305 Absatz 1 Nummer 1, Absatz 2 Nummer 1 und 2 sowie Absatz 5 entsprechend anwendbar.

(7) Auf Antrag der Aufsichtsbehörde des Herkunftsstaats kann die Bundesanstalt die freie Verfügung über Vermögenswerte untersagen, die sich im Besitz eines Verwahrers oder einer Verwahrstelle mit Standort im Inland befinden.

§ 243a Übertragung von Beständen auf eine Pensionskasse oder einen Pensionsfonds

(1) [1]Jeder Vertrag, durch den der Bestand an Versorgungsverhältnissen eines Altersversorgungssystems, das eine Einrichtung der betrieblichen Altersversorgung mit einem anderen Herkunftsstaat als Deutschland betreibt, ganz oder teilweise auf eine Pensionskasse oder einen Pensionsfonds übertragen werden soll, bedarf der Genehmigung der Aufsichtsbehörde. [2]Der Antrag auf Genehmigung wird von der Pensionskasse oder dem Pensionsfonds gestellt. [3]Die Aufsichtsbehörde leitet den Antrag unverzüglich an die zuständige Behörde im Herkunftsstaat der Einrichtung weiter.

(2) Der Vertrag nach Absatz 1 Satz 1 muss sicherstellen, dass die Kosten der Übertragung weder von den bisherigen Versorgungsanwärtern und Versorgungsempfängern der Pensionskasse oder des Pensionsfonds noch von den verbleibenden Versorgungsanwärtern und Versorgungsempfängern der Einrichtung getragen werden.

(3) Die Übertragung bedarf der Zustimmung

1. der Mehrheit der betroffenen Versorgungsanwärter und der Mehrheit der betroffenen Versorgungsempfänger des Altersversorgungssystems oder der Mehrheit ihrer Vertreter, wobei die jeweilige Mehrheit nach den maßgebenden nationalen Regelungen ermittelt wird, und
2. des Trägerunternehmens der Einrichtung, sofern dessen Zustimmung erforderlich ist.

(4) Der Antrag nach Absatz 1 Satz 2 muss enthalten

1. die schriftliche Vereinbarung zwischen der Einrichtung und der Pensionskasse oder dem Pensionsfonds, in der die Bedingungen für die Übertragung festgelegt sind;
2. eine Beschreibung der Hauptmerkmale des Altersversorgungssystems des zu übertragenden Bestandes;
3. eine Beschreibung der zu übertragenden Verbindlichkeiten oder versicherungstechnischen Rückstellungen und der anderen Rechte und Pflichten sowie die zugehörigen Vermögenswerte oder die flüssigen Mittel, die ihnen entsprechen;

4. für die Einrichtung und die Pensionskasse oder den Pensionsfonds jeweils Angaben zum
   a) Namen,
   b) Ort der Hauptverwaltung,
   c) Herkunftsstaat;
5. den Namen und den Hauptstandort der betroffenen Trägerunternehmen der Einrichtung;
6. den Nachweis der Zustimmung nach Absatz 3;
7. die Angabe der Mitglied- und Vertragsstaaten, deren sozial- und arbeitsrechtliche Vorschriften im Bereich der betrieblichen Altersversorgung für das Altersversorgungssystem des zu übertragenden Bestands maßgeblich sind.

(5) [1]Hat die Aufsichtsbehörde den Antrag nach Absatz 1 Satz 2 erhalten, prüft sie, ob

1. die nach Absatz 4 vorgeschriebenen Informationen enthalten sind,
2. der beantragten Übertragung angemessen sind
   a) die Verwaltungsstruktur und die Finanzlage der Pensionskasse oder des Pensionsfonds,
   b) die Zuverlässigkeit und die fachliche Eignung der Geschäftsleiter der Pensionskasse oder des Pensionsfonds,
3. die langfristigen Interessen der Versorgungsanwärter und Versorgungsempfänger
   a) der Pensionskasse oder des Pensionsfonds,
   b) des zu übertragenden Bestands

   während und nach der Übertragung angemessen geschützt sind,
4. in dem Fall, dass die Übertragung eine grenzüberschreitende Geschäftstätigkeit der Pensionskasse oder des Pensionsfonds zur Folge hat, die versicherungstechnischen Rückstellungen der Pensionskasse oder des Pensionsfonds im Übertragungszeitpunkt vollständig kapitalgedeckt sind, und
5. die zu übertragenden Vermögenswerte ausreichend und angemessen sind, um die Verbindlichkeiten, die versicherungstechnischen Rückstellungen und die sonstigen zu übertragenden Verpflichtungen und Ansprüche nach den für Pensionskassen und Pensionsfonds geltenden Bestimmungen zu decken.

[2]Die Prüfung nach Satz 1 erfolgt auch mit Blick darauf, ob die Belange der Versorgungsanwärter und Versorgungsempfänger gewahrt sind.

(6) [1]Die Aufsichtsbehörde entscheidet auf Grund der Prüfung nach Absatz 5 innerhalb von drei Monaten über einen Antrag nach Absatz 1 Satz 2. [2]Sie unterrichtet die zuständige Behörde im Herkunftsstaat der Einrichtung über die getroffene Entscheidung innerhalb von zwei Wochen. [3]Eine Genehmigung ist ausgeschlossen, wenn diese Behörde der Übertragung nicht zugestimmt hat.

(7) Wird der Antrag nach Absatz 1 Satz 2 genehmigt, findet § 13 Absatz 5 sowie 7 Satz 1 und 2 Anwendung.

(8) [1]Hat die Übertragung eine grenzüberschreitende Geschäftstätigkeit der Pensionskasse oder des Pensionsfonds zur Folge, ist § 242 Absatz 1 bis 3 nicht anzuwenden. [2]Die Aufsichtsbehörde übermittelt die Informationen über die in § 242 Absatz 3 Satz 1 Nummer 1 und 2 genannten Vorschriften, die sie aus Anlass der Übertragung von der zuständigen Behörde im Herkunftsstaat der Einrichtung erhalten hat, innerhalb von einer Woche der Pensionskasse oder dem Pensionsfonds.

(9) Pensionskassen und Pensionsfonds können das übernommene Altersversorgungssystem betreiben,

1. sobald sie die Genehmigung nach Absatz 1 Satz 1 erhalten haben, es sei denn, die Übertragung hat eine grenzüberschreitende Geschäftstätigkeit zur Folge,
2. sobald sie die Genehmigung nach Absatz 1 Satz 1 und die in Absatz 8 Satz 2 genannten Informationen von der Aufsichtsbehörde erhalten haben, spätestens aber sieben Wochen nach Erhalt der Genehmigung.

§ 243b Übertragung von Beständen auf eine Einrichtung, deren Herkunftsstaat ein anderer Mitglied- oder Vertragsstaat ist

(1) [1]Jeder Vertrag, durch den der Bestand an Versorgungsverhältnissen eines von einer Pensionskasse oder einem Pensionsfonds betriebenen Altersversorgungssystems ganz oder teilweise auf eine Einrichtung, deren Herkunftsstaat ein anderer Mitglied- oder Vertragsstaat ist, übertragen werden soll, bedarf der Genehmigung der zuständigen Behörde im Herkunftsstaat der Einrichtung. [2]Der Antrag auf Genehmigung wird von der Einrichtung gestellt.

(2) Die Pensionskasse oder der Pensionsfonds stellt sicher, dass die Versorgungsanwärter und Versorgungsempfänger, die bei der Pensionskasse oder beim Pensionsfonds verbleiben, nicht an den Kosten der Übertragung beteiligt werden.

(3) [1]Die Übertragung bedarf der Zustimmung

1. einer Mehrheit von
   a) jeweils drei Vierteln der betroffenen Versorgungsanwärter und der betroffenen Versorgungsempfänger des Altersversorgungssystems oder
   b) drei Vierteln der Mitglieder der Interessenvertretung der Versorgungsanwärter und Versorgungsempfänger, wenn eine Interessenvertretung nach der Satzung der Pensionskasse oder des Pensionsfonds vorgesehen ist, und
2. des Trägerunternehmens der Pensionskasse oder des Pensionsfonds, sofern dessen Interessen berührt sind.

[2]Die Pensionskasse oder der Pensionsfonds hat den betroffenen Versorgungsanwärtern und den betroffenen Versorgungsempfängern oder den Mitgliedern der in Satz 1 Nummer 1 Buchstabe b genannten Interessenvertretung Informationen zu den Bedingungen der Übertragung rechtzeitig zugänglich zu machen, bevor die Einrichtung den Antrag nach Absatz 1 Satz 2 stellt.

(4) [1]Hat die Aufsichtsbehörde von der zuständigen Behörde im Herkunftsstaat der Einrichtung den Antrag nach Absatz 1 Satz 2 erhalten, prüft sie, ob

1. die langfristigen Interessen der Versorgungsanwärter und Versorgungsempfänger, die bei der Pensionskasse oder beim Pensionsfonds verbleiben, angemessen geschützt sind;
2. die individuellen Ansprüche der Versorgungsanwärter und Versorgungsempfänger des zu übertragenden Bestands und des verbleibenden Bestands der Pensionskasse oder des Pensionsfonds nach der Übertragung mindestens so hoch sind wie vorher;
3. die zu übertragenden Vermögenswerte ausreichend und angemessen sind, um die Verbindlichkeiten, die versicherungstechnischen Rückstellungen und die sonstigen Verpflichtungen und Ansprüche nach den inländischen Bestimmungen zu decken.

[2]Die Prüfung nach Satz 1 erfolgt auch mit Blick darauf, ob die Belange der Versorgungsanwärter und Versorgungsempfänger gewahrt sind. [3]Die Aufsichtsbehörde hat innerhalb von acht Wochen der zuständigen Behörde im Herkunftsstaat der Einrichtung

mitzuteilen, ob sie auf Grund der Prüfung nach Satz 1 der Übertragung zustimmt oder nicht.

(5) [1]Hat die Übertragung eine grenzüberschreitende Geschäftstätigkeit der Einrichtung zur Folge, informiert die Aufsichtsbehörde die zuständige Behörde im Herkunftsstaat der Einrichtung über die in § 243 Absatz 2 Satz 1 Nummer 1 und 2 genannten Vorschriften. [2]Sie hat die Informationen innerhalb von vier Wochen zu übermitteln, nachdem sie von der zuständigen Behörde über die Genehmigung nach Absatz 1 Satz 1 unterrichtet worden ist. [3]§ 243 Absatz 2 ist nicht anzuwenden.

§ 244 *(weggefallen)*

Teil 4a Reine Beitragszusagen in der betrieblichen Altersversorgung

§ 244a Geltungsbereich

(1) Bei der Durchführung reiner Beitragszusagen nach § 1 Absatz 2 Nummer 2a des Betriebsrentengesetzes haben Pensionsfonds, Pensionskassen und andere Lebensversicherungsunternehmen die Vorschriften dieses Teils einzuhalten.

(2) Die auf Pensionsfonds, Pensionskassen und andere Lebensversicherungsunternehmen anwendbaren Vorschriften dieses Gesetzes gelten nur insoweit, als dieser Teil keine abweichenden Regelungen enthält.

§ 244b Verpflichtungen

(1) Pensionsfonds, Pensionskassen und andere Lebensversicherungsunternehmen dürfen reine Beitragszusagen nur dann durchführen, wenn

1. sie dafür keine Verpflichtungen eingehen, die garantierte Leistungen beinhalten,
2. die allgemeinen Versicherungsbedingungen oder die Pensionspläne eine lebenslange Zahlung als Altersversorgungsleistung vorsehen und
3. festgelegt ist, dass das planmäßig zuzurechnende Versorgungskapital sowie die darauf entfallenden Zinsen und Erträge planmäßig für laufende Leistungen verwendet werden.

(2) Pensionskassen und andere Lebensversicherungsunternehmen bedürfen der Erlaubnis für die in Nummer 21 der Anlage 1 genannte Sparte.

§ 244c Sicherungsvermögen

Unter Berücksichtigung der jeweiligen Tarifverträge ist

1. im Fall eines Pensionsfonds ein gesondertes Sicherungsvermögen einzurichten und
2. im Fall einer Pensionskasse oder eines anderen Lebensversicherungsunternehmens ein gesonderter Anlagestock im Sinne des § 125 Absatz 5 einzurichten.

§ 244d Verordnungsermächtigung

[1]Das Bundesministerium der Finanzen wird ermächtigt, im Einvernehmen mit dem Bundesministerium für Arbeit und Soziales durch Rechtsverordnung nähere Bestimmungen zu erlassen bezüglich

1. der Ermittlung und Anpassung der lebenslangen Zahlung,
2. der Anforderungen an das Risikomanagement, insbesondere mit dem Ziel, die Volatilität der Höhe der lebenslangen Zahlungen zu begrenzen,
3. der Informationspflichten gegenüber den Versorgungsanwärtern und Rentenempfängern und

4. der Berichterstattung gegenüber der Aufsichtsbehörde.

[2]Die Ermächtigung kann durch Rechtsverordnung im Einvernehmen mit dem Bundesministerium für Arbeit und Soziales auf die Bundesanstalt übertragen werden. [3]Rechtsverordnungen nach den Sätzen 1 und 2 bedürfen nicht der Zustimmung des Bundesrates.

Teil 5 Gruppen

Kapitel 1 Beaufsichtigung von Versicherungsunternehmen in einer Gruppe

§ 245 Anwendungsbereich der Gruppenaufsicht

(1) [1]Versicherungsunternehmen einer Gruppe unterliegen neben der Einzelaufsicht einer Aufsicht auf Ebene der Gruppe nach Maßgabe der Vorschriften dieses Teils. [2]Sofern in diesem Teil nichts anderes bestimmt ist, sind auf diese Unternehmen die Vorschriften für die Einzelbeaufsichtigung von Versicherungsunternehmen weiterhin anwendbar.

(2) Der Gruppenaufsicht unterliegen

1. Versicherungsunternehmen, die bei mindestens einem Versicherungsunternehmen oder mindestens einem Versicherungsunternehmen eines Drittstaats beteiligte Unternehmen sind,
2. Versicherungsunternehmen, deren Mutterunternehmen
   a) eine Versicherungs-Holdinggesellschaft oder
   b) eine gemischte Finanzholding-Gesellschaft

   mit Sitz in einem Mitglied- oder Vertragsstaat ist,
3. Versicherungsunternehmen, deren Mutterunternehmen
   a) eine Versicherungs-Holdinggesellschaft oder
   b) eine gemischte Finanzholding-Gesellschaft oder
   c) ein Versicherungsunternehmen

   mit Sitz in einem Drittstaat ist, und
4. Versicherungsunternehmen, deren Mutterunternehmen eine gemischte Versicherungs-Holdinggesellschaft ist.

(3) Ist das beteiligte Versicherungsunternehmen oder die Versicherungs-Holdinggesellschaft oder die gemischte Finanzholding-Gesellschaft mit Sitz in einem Mitglied- oder Vertragsstaat verbundenes Unternehmen eines beaufsichtigten Unternehmens oder einer gemischten Finanzholding-Gesellschaft, die gemäß Artikel 5 Absatz 2 der Richtlinie 2002/87/EG des Europäischen Parlaments und des Rates vom 16. Dezember 2002 über die zusätzliche Beaufsichtigung der Kreditinstitute, Versicherungsunternehmen und Wertpapierfirmen eines Finanzkonglomerats und zur Änderung der Richtlinien 73/239/EWG, 79/267/EWG, 92/49/EWG, 92/96/EWG, 93/6/EWG und 93/22/EWG des Rates und der Richtlinien 98/78/EG und 2000/12/EG des Europäischen Parlaments und des Rates (ABl. L 35 vom 11.2.2003, S. 1) einer zusätzlichen Beaufsichtigung unterliegt oder selbst ein solches Unternehmen oder eine solche Gesellschaft, kann die Gruppenaufsichtsbehörde in den in Absatz 2 Nummer 1 und 2 genannten Fällen nach Anhörung der anderen betroffenen Aufsichtsbehörden auf der Ebene des beteiligten Versicherungsunternehmens oder der Versicherungs-Holdinggesellschaft oder gemischten Finanzholding-Gesellschaft von der Überwachung der Risikokonzentration gemäß § 273,

der Überwachung der gruppeninternen Transaktionen gemäß § 274 oder von beidem absehen.

(4) [1]Unterliegt eine gemischte Finanzholding-Gesellschaft, insbesondere im Hinblick auf die risikobasierte Beaufsichtigung, gleichwertigen Bestimmungen nach Maßgabe der Richtlinie 2009/138/EG und der Richtlinie 2002/87/EG, kann die Gruppenaufsichtsbehörde, nach Anhörung der anderen betroffenen Aufsichtsbehörden, auf der Ebene der gemischten Finanzholding-Gesellschaft nur die entsprechenden Bestimmungen der Richtlinie 2002/87/EG anwenden. [2]Unterliegt die gemischte Finanzholding-Gesellschaft gleichwertigen Bestimmungen nach Maßgabe der Richtlinie 2009/138/EG und der Richtlinie 2006/48/EG, kann die Grupenaufsichtsbehörde im Einvernehmen mit der konsolidierenden Aufsichtsbehörde für die Banken- und Wertpapierbranche nur die Bestimmungen der Richtlinie zu der am stärksten vertretenen Finanzbranche nach Artikel 3 Absatz 2 der Richtlinie 2002/87/EG anwenden.

(5) Die Vorschriften dieses Teils finden keine Anwendung, wenn eine Gruppe von Unternehmen, die der Versicherungsaufsicht unterliegen, ausschließlich durch die Einbeziehung von kleinen Versicherungsunternehmen, Sterbekassen, Pensionskassen oder Pensionsfonds entsteht.

§ 246 Umfang der Gruppenaufsicht

(1) [1]Eine gruppenweite Beaufsichtigung gemäß § 245 umfasst nicht die Beaufsichtigung auf Einzelebene des Versicherungsunternehmens eines Drittstaats, der Versicherungs-Holdinggesellschaft, der gemischten Finanzholding-Gesellschaft oder der gemischten Versicherungs-Holdinggesellschaft. [2]§ 293 bleibt unberührt.

(2) [1]Die Gruppenaufsichtsbehörde kann bestimmen, dass ein Unternehmen nicht in die Gruppenaufsicht gemäß § 245 einbezogen wird, wenn

1. sich das Unternehmen in einem Drittstaat befindet, in dem der Übermittlung der notwendigen Informationen rechtliche Hindernisse entgegenstehen; § 260 bleibt unberührt,
2. das einzubeziehende Unternehmen im Verhältnis zu den mit der Gruppenaufsicht verfolgten Zielen nur von untergeordneter Bedeutung ist oder
3. die Einbeziehung des Unternehmens im Verhältnis zu den mit der Gruppenaufsicht verfolgten Zielen unangemessen oder irreführend wäre.

[2]Können mehrere Unternehmen derselben Gruppe einzeln betrachtet nach Satz 1 Nummer 2 von der Gruppenaufsicht ausgeschlossen werden, so sind sie dennoch einzubeziehen, wenn sie in der Gesamtbetrachtung nicht von untergeordneter Bedeutung sind. [3]Ist die Gruppenaufsichtsbehörde der Auffassung, dass ein Versicherungsunternehmen gemäß Satz 1 Nummer 2 oder 3 nicht in die Gruppenaufsicht einbezogen werden soll, hört sie vor einer Entscheidung die anderen betroffenen Aufsichtsbehörden an.

(3) Für die Einhaltung der Anforderungen nach Teil 5 dieses Gesetzes sind alle der Gruppenaufsicht unterworfenen Unternehmen der Gruppe verantwortlich, sofern dieses Gesetz nichts anderes bestimmt.

(4) Das an der Spitze einer Gruppe stehende Unternehmen ist verpflichtet, auf Ersuchen der Aufsichtsbehörde, die in dem jeweiligen Mitglied- oder Vertragsstaat für ein gemäß Absatz 2 Satz 1 Nummer 2 oder 3 nicht in die Gruppenaufsicht einbezogenes Versicherungsunternehmen zuständig ist, alle zur Erleichterung der Beaufsichtigung angeforderten Informationen zu geben.

§ 247 Oberstes Mutterunternehmen auf Ebene der Mitglied- oder Vertragsstaaten

(1) Ist das in § 245 Absatz 2 Nummer 1 genannte beteiligte Versicherungsunternehmen oder die in § 245 Absatz 2 Nummer 2 genannte Versicherungs-Holdinggesellschaft oder gemischte Finanzholding-Gesellschaft selbst Tochterunternehmen eines anderen Versicherungsunternehmens oder einer anderen Versicherungs-Holdinggesellschaft oder gemischten Finanzholding-Gesellschaft mit Sitz in einem Mitglied- oder Vertragsstaat, so sind die §§ 250 bis 287 sowie 293 Absatz 1, § 298 Absatz 1 und 2, § 305 Absatz 1 Nummer 1 und § 306 Absatz 1 Nummer 1 nur auf Ebene der obersten Muttergesellschaft anzuwenden, die ein Versicherungsunternehmen oder eine Versicherungs-Holdinggesellschaft oder eine gemischte Finanzholding-Gesellschaft mit Sitz in einem Mitglied- oder Vertragsstaat ist.

(2) Ist die in Absatz 1 genannte oberste Muttergesellschaft, die ein Versicherungsunternehmen oder eine Versicherungs-Holdinggesellschaft oder eine gemischte Finanzholding-Gesellschaft mit Sitz in einem Mitglied- oder Vertragsstaat ist, Tochterunternehmen eines Unternehmens, das nach Artikel 5 Absatz 2 der Richtlinie 2002/87/EG einer zusätzlichen Beaufsichtigung unterliegt, so kann die Gruppenaufsichtsbehörde nach Konsultation der anderen betroffenen Aufsichtsbehörden auf der Ebene dieses obersten Mutterunternehmens von der Überwachung der Risikokonzentration gemäß § 273, der Überwachung der gruppeninternen Transaktionen gemäß § 274 oder von beidem absehen.

§ 248 Oberstes Mutterunternehmen auf nationaler Ebene

(1) [1]Hat das in § 245 Absatz 2 Nummer 1 genannte beteiligte Versicherungsunternehmen oder die in § 245 Absatz 2 Nummer 2 genannte Versicherungs-Holdinggesellschaft oder gemischte Finanzholding-Gesellschaft seinen oder ihren Sitz im Inland und hat das in § 247 genannte oberste Mutterunternehmen seinen Sitz in einem anderen Mitglied- oder Vertragsstaat, so kann die Aufsichtsbehörde nach Konsultation der Gruppenaufsichtsbehörde und dieses obersten Mutterunternehmens anordnen, dass das auf nationaler Ebene oberste Mutterversicherungsunternehmen oder die auf nationaler Ebene oberste Muttergesellschaft, die eine Versicherungs-Holdinggesellschaft oder eine gemischte Finanzholding-Gesellschaft ist, der Gruppenaufsicht unterliegt. [2]Die Aufsichtsbehörde begründet ihre Entscheidung in diesem Fall sowohl gegenüber der Gruppenaufsichtsbehörde als auch gegenüber dem obersten Mutterunternehmen auf Ebene der Mitglied- oder Vertragsstaaten. [3]Die Gruppenaufsichtsbehörde unterrichtet das Aufsichtskollegium (§ 283) gemäß Artikel 248 Absatz 1 Buchstabe a der Richtlinie 2009/138/EG. [4]Vorbehaltlich der Absätze 2 bis 6 sind die §§ 250 bis 287 sowie § 293 Absatz 1, § 298 Absatz 1 und 2, § 305 Absatz 1 Nummer 1 und § 306 Absatz 1 Nummer 1 entsprechend anzuwenden.

(2) Die Aufsichtsbehörde kann eine Beschränkung der Gruppenaufsicht auf einzelne Vorschriften der §§ 250 bis 275 bei dem obersten Mutterunternehmen auf nationaler Ebene feststellen.

(3) Sofern die Aufsichtsbehörde auf das oberste Mutterunternehmen auf nationaler Ebene die §§ 250 bis 272 anwendet, wird die Methode, die von der Gruppenaufsichtsbehörde gemäß § 252 für das in § 247 genannte oberste Mutterunternehmen auf Ebene der Mitglied- oder Vertragsstaaten gewählt worden ist, von der Aufsichtsbehörde als verbindlich anerkannt und angewendet.

(4) [1]Sofern die Aufsichtsbehörde auf das oberste Mutterunternehmen auf nationaler Ebene die §§ 250 bis 272 anwendet und das in § 247 genannte oberste Mutterunternehmen auf Ebene der Mitglied- oder Vertragsstaaten gemäß § 262 oder § 265 Absatz 5

die Erlaubnis erhalten hat, die Solvabilitätskapitalanforderung für die Gruppe sowie die Solvabilitätskapitalanforderung für die Versicherungsunternehmen der Gruppe anhand eines internen Modells zu berechnen, so wird diese Entscheidung von der Aufsichtsbehörde als verbindlich anerkannt und umgesetzt. [2]Ist die Aufsichtsbehörde in einem solchen Fall der Auffassung, dass das auf Ebene der Mitglied- oder Vertragsstaaten genehmigte interne Modell erheblich vom Risikoprofil des obersten Mutterunternehmens auf nationaler Ebene abweicht, so kann sie, wenn das Unternehmen ihre Bedenken nicht angemessen ausräumt, für dieses einen Aufschlag auf die anhand eines solchen Modells berechnete Gruppensolvabilitätskapitalanforderung verlangen. [3]Ist ein solcher Kapitalaufschlag ausnahmsweise nicht angemessen, kann die Aufsichtsbehörde von dem Unternehmen verlangen, seine Gruppensolvabilitätskapitalanforderung anhand der Standardformel zu berechnen. [4]Die Aufsichtsbehörde begründet solche Entscheidungen sowohl gegenüber dem Unternehmen als auch gegenüber der Gruppenaufsichtsbehörde. [5]Die Gruppenaufsichtsbehörde unterrichtet das Aufsichtskollegium gemäß Artikel 248 Absatz 1 Buchstabe a der Richtlinie 2009/138/EG.

(5) Sofern die Aufsichtsbehörde auf das oberste Mutterunternehmen auf nationaler Ebene die Bestimmungen der §§ 250 bis 272 anwendet, kann nach der Vorschrift des § 267 oder des § 272 diesem Unternehmen nicht die Erlaubnis erteilt werden, auf eines seiner Tochterunternehmen die §§ 269 und 270 anzuwenden.

(6) Eine Anordnung gemäß Absatz 1 kann nicht getroffen oder aufrechterhalten werden, wenn das oberste Mutterunternehmen auf nationaler Ebene ein Tochterunternehmen des in § 247 genannten obersten Mutterunternehmens auf Ebene der Mitglied- oder Vertragsstaaten ist und dieses gemäß der Vorschrift des § 268 oder des § 270 die Erlaubnis erhalten hat, die §§ 269 und 270 auf das Tochterunternehmen anzuwenden.

§ 249 Mutterunternehmen, die mehrere Mitglied- oder Vertragsstaaten umfassen

(1) [1]Die Aufsichtsbehörde kann mit den Aufsichtsbehörden anderer Mitglied- oder Vertragsstaaten, in denen sich ein verbundenes Unternehmen befindet, das ebenfalls oberstes Mutterunternehmen auf nationaler Ebene ist, vereinbaren, auf Ebene einer mehrere Mitglied- oder Vertragsstaaten umspannenden Teilgruppe eine Gruppenaufsicht durchzuführen. [2]Haben die betroffenen Aufsichtsbehörden eine solche Vereinbarung geschlossen, findet auf Ebene eines in einem anderen Mitglied- oder Vertragsstaat als der Teilgruppe gelegenen obersten Mutterunternehmens im Sinne des § 248 keine Gruppenaufsicht statt.

(2) § 248 Absatz 2 bis 6 gilt entsprechend.

Kapitel 2 Finanzlage

Abschnitt 1 Solvabilität der Gruppe

§ 250 Überwachung der Gruppensolvabilität

(1) [1]Die Solvabilität der Gruppe wird nach Maßgabe der Absätze 2 und 3, der §§ 275 bis 287 sowie 293 Absatz 1, § 298 Absatz 1 und 2, § 305 Absatz 1 Nummer 1 und § 306 Absatz 1 Nummer 1 überwacht. [2]Vermögenswerte und Verbindlichkeiten werden nach § 74 bewertet.

(2) In dem in § 245 Absatz 2 Nummer 1 genannten Fall haben die beteiligten Versicherungsunternehmen auf Gruppenebene stets über anrechnungsfähige Eigenmittel mindestens in Höhe der nach den §§ 252 bis 265 berechneten Solvabilitätskapitalanforderung zu verfügen.

(3) In dem in § 245 Absatz 2 Nummer 2 genannten Fall haben die Versicherungsunternehmen einer Gruppe auf Gruppenebene stets über anrechnungsfähige Eigenmittel mindestens in Höhe der nach § 266 berechneten Solvabilitätskapitalanforderung zu verfügen.

(4) Die §§ 132 und 134 Absatz 1 bis 6 gelten entsprechend.

§ 251 Häufigkeit der Berechnung

(1) [1]Die Solvabilitätskapitalanforderung auf Gruppenebene ist von den beteiligten Versicherungsunternehmen, der Versicherungs-Holdinggesellschaft oder der gemischten Finanzholding-Gesellschaft mindestens einmal im Jahr zu berechnen. [2]Sofern das oberste beteiligte Unternehmen ein Versicherungsunternehmen ist, meldet dieses der Gruppenaufsichtsbehörde die für diese Berechnung maßgeblichen Daten und Ergebnisse. [3]Sofern das oberste beteiligte Unternehmen eine Versicherungs-Holdinggesellschaft oder gemischte Finanzholding-Gesellschaft ist, meldet diese die Informationen gemäß Satz 2, sofern nicht die Gruppenaufsichtsbehörde nach Anhörung der anderen betroffenen Aufsichtsbehörden und der Gruppe ein Versicherungsunternehmen als zur Meldung verpflichtetes Unternehmen bestimmt hat.

(2) [1]Die Versicherungsunternehmen, die Versicherungs-Holdinggesellschaft und die gemischte Finanzholding-Gesellschaft im Sinne des Absatzes 1 haben die Solvabilitätskapitalanforderung der Gruppe laufend zu überwachen. [2]Weicht das Risikoprofil der Gruppe erheblich von den Annahmen ab, die der zuletzt gemeldeten Solvabilitätskapitalanforderung für die Gruppe zugrunde liegen, ist die Solvabilitätskapitalanforderung unverzüglich neu zu berechnen und der Gruppenaufsichtsbehörde zu melden. [3]Rechtfertigen Tatsachen die Annahme, dass sich das Risikoprofil der Gruppe seit der letzten Meldung der Solvabilitätskapitalanforderung erheblich geändert hat, so kann die Gruppenaufsichtsbehörde eine Neuberechnung der Solvabilitätskapitalanforderung verlangen.

§ 252 Bestimmung der Methode

(1) Die Solvabilität der Gruppe, an deren Spitze ein beteiligtes Versicherungsunternehmen steht, ist auf der Grundlage eines konsolidierten Abschlusses gemäß den §§ 261 bis 264 (Konsolidierungsmethode) zu berechnen.

(2) Die Gruppenaufsichtsbehörde kann nach Anhörung der anderen betroffenen Aufsichtsbehörden und der Gruppe die Verwendung der in § 265 beschriebenen Methode (Abzugs- und Aggregationsmethode) oder, wenn die Verwendung der Konsolidierungsmethode allein nicht angemessen wäre, eine kombinierte Anwendung beider Methoden festlegen.

§ 253 Berücksichtigung des verhältnismäßigen Anteils

(1) Bei der Berechnung der Gruppensolvabilität ist der verhältnismäßige Anteil, den das beteiligte Unternehmen an seinen verbundenen Unternehmen hält, zu berücksichtigen.

(2) Der verhältnismäßige Anteil im Sinne des Absatzes 1 bezeichnet

1. bei Anwendung der Konsolidierungsmethode die bei Erstellung des konsolidierten Abschlusses zugrunde gelegten Prozentsätze und
2. bei Anwendung der Abzugs- und Aggregationsmethode den Anteil am gezeichneten Kapital, der direkt oder indirekt vom beteiligten Unternehmen gehalten wird.

(3) [1]Ist das verbundene Unternehmen ein Tochterunternehmen, dessen Eigenmittel zur Einhaltung seiner Solvabilitätskapitalanforderung nicht ausreichen, ist diese Solvabilitätslücke unabhängig von der verwendeten Methode bei der Berechnung in voller Höhe zu berücksichtigen. [2]Abweichend von Satz 1 kann die Gruppenaufsichtsbehörde zulas-

sen, dass die Solvabilitätslücke nur anteilig berücksichtigt wird, wenn sich die Haftung des Mutterunternehmens nach Auffassung der betroffenen Aufsichtsbehörden ausschließlich auf den gehaltenen Kapitalanteil beschränkt.

(4) Die Gruppenaufsichtsbehörde legt nach Anhörung der anderen betroffenen Aufsichtsbehörden und der Gruppe den verhältnismäßigen Anteil fest, der zu berücksichtigen ist, wenn

1. zwischen einigen Unternehmen einer Gruppe keine Kapitalbeziehungen bestehen,
2. eine Aufsichtsbehörde entschieden hat, dass auch das direkte oder indirekte Halten von Stimmrechten oder Kapital an einem Unternehmen als Beteiligung anzusehen ist, weil nach Auffassung der Aufsichtsbehörde tatsächlich ein maßgeblicher Einfluss auf dieses Unternehmen ausgeübt wird, oder
3. eine Aufsichtsbehörde entschieden hat, dass ein Unternehmen Mutterunternehmen eines anderen Unternehmens ist, weil es nach Auffassung der Aufsichtsbehörde tatsächlich einen beherrschenden Einfluss auf das andere Unternehmen ausübt.

§ 254 Ausschluss der Mehrfachberücksichtigung anrechnungsfähiger Eigenmittel

(1) [1]Auf die Solvabilitätskapitalanforderung anrechnungsfähige Eigenmittel dürfen bei mehreren in die Berechnung der Gruppensolvabilität einbezogenen Versicherungsunternehmen nicht mehrfach berücksichtigt werden. [2]Bei der Berechnung der Gruppensolvabilität bleiben, sofern die in den §§ 261 bis 265 beschriebenen Methoden nicht etwas anderes vorsehen, die folgenden Beträge unberücksichtigt:

1. der Wert aller Vermögenswerte des beteiligten Versicherungsunternehmens, mit denen Eigenmittel finanziert werden, die auf die Solvabilitätskapitalanforderung eines seiner verbundenen Versicherungsunternehmen angerechnet werden dürfen,
2. der Wert aller Vermögenswerte eines mit dem beteiligten Versicherungsunternehmen verbundenen Versicherungsunternehmens, mit denen Eigenmittel finanziert werden, die auf die Solvabilitätskapitalanforderung dieses beteiligten Versicherungsunternehmens angerechnet werden dürfen, und
3. der Wert aller Vermögenswerte eines mit dem beteiligten Versicherungsunternehmen verbundenen Versicherungsunternehmens, mit denen Eigenmittel finanziert werden, die auf die Solvabilitätskapitalanforderung eines anderen mit diesem beteiligten Versicherungsunternehmen verbundenen Versicherungsunternehmens angerechnet werden dürfen.

(2) Folgende Bestandteile dürfen nur insoweit in die Berechnung einbezogen werden, als sie auf die Solvabilitätskapitalanforderung des betreffenden verbundenen Unternehmens angerechnet werden dürfen:

1. Überschussfonds nach Artikel 91 Absatz 2 der Richtlinie 2009/138/EG eines verbundenen Lebensversicherungsunternehmens des beteiligten Versicherungsunternehmens, für das die Solvabilität auf Gruppenebene berechnet wird, und
2. nicht eingezahltes gezeichnetes Kapital eines verbundenen Versicherungsunternehmens des beteiligten Versicherungsunternehmens, für das die Solvabilität auf Gruppenebene berechnet wird.

(3) Abweichend von Absatz 2 Nummer 2 sind die folgenden Bestandteile von der Berechnung auszunehmen:

1. nicht eingezahltes gezeichnetes Kapital, das für das beteiligte Versicherungsunternehmen zu einer Verbindlichkeit werden kann,

2. nicht eingezahltes gezeichnetes Kapital des beteiligten Versicherungsunternehmens, das für ein verbundenes Versicherungsunternehmen zu einer Verbindlichkeit werden kann, und
3. nicht eingezahltes gezeichnetes Kapital eines verbundenen Versicherungsunternehmens, das für ein anderes mit demselben beteiligten Versicherungsunternehmen verbundenes Versicherungsunternehmen zu einer Verbindlichkeit werden kann.

(4) Sind die betroffenen Aufsichtsbehörden der Auffassung, dass über die in den Absätzen 2 und 3 genannten Bestandteile hinaus bestimmte auf die Solvabilitätskapitalanforderung eines verbundenen Versicherungsunternehmens anrechnungsfähige Eigenmittel zur Einhaltung der Solvabilitätskapitalanforderung des beteiligten Versicherungsunternehmens, für das die Gruppensolvabilität berechnet wird, tatsächlich nicht bereitgestellt werden können, so dürfen diese nur insoweit in die Berechnung einbezogen werden, als sie zur Einhaltung der Solvabilitätskapitalanforderung des verbundenen Unternehmens angerechnet werden dürfen.

(5) Die Summe der Eigenmittel nach den Absätzen 2 bis 4 darf die Solvabilitätskapitalanforderung des verbundenen Versicherungsunternehmens nicht überschreiten.

(6) Wird die Gruppensolvabilität berechnet, sind die anrechnungsfähigen ergänzenden Eigenmittel eines verbundenen Versicherungsunternehmens des beteiligten Versicherungsunternehmens nur in die Berechnung einzubeziehen, wenn die zuständige Aufsichtsbehörde dieses verbundenen Versicherungsunternehmens diese Eigenmittel genehmigt hat.

§ 255 Ausschluss der gruppeninternen Kapitalschöpfung

(1) Bei der Berechnung der Gruppensolvabilität bleiben anrechnungsfähige Eigenmittel unberücksichtigt, die aus einer Gegenfinanzierung stammen zwischen dem beteiligten Versicherungsunternehmen und

1. einem verbundenen Unternehmen,
2. einem beteiligten Unternehmen oder
3. einem anderen verbundenen Unternehmen eines seiner beteiligten Unternehmen.

(2) Darüber hinaus bleiben bei der Berechnung der Gruppensolvabilität die Eigenmittel unberücksichtigt, die für die Solvabilitätskapitalanforderung eines verbundenen Versicherungsunternehmens des beteiligten Versicherungsunternehmens herangezogen werden können, wenn diese Eigenmittel aus einer Gegenfinanzierung mit einem anderen verbundenen Unternehmen dieses beteiligten Versicherungsunternehmens stammen.

(3) Eine Gegenfinanzierung liegt insbesondere vor, wenn ein Versicherungsunternehmen oder eines seiner verbundenen Unternehmen Anteile an einem anderen Unternehmen hält oder einem anderen Unternehmen Darlehen gewährt, das seinerseits direkt oder indirekt Eigenmittel hält, die auf die Solvabilitätskapitalanforderung des Versicherungsunternehmens oder eines seiner verbundenen Unternehmen angerechnet werden können.

§ 256 Verbundene Versicherungsunternehmen

(1) Hat das Versicherungsunternehmen mehr als ein verbundenes Versicherungsunternehmen, umfasst die Berechnung der Gruppensolvabilität sämtliche verbundene Versicherungsunternehmen.

(2) Bei der Berechnung der Gruppensolvabilität werden für ein verbundenes Versicherungsunternehmen, das seinen Sitz in einem anderen Mitglied- oder Vertragsstaat hat als das Versicherungsunternehmen, für das die Gruppensolvabilität berechnet wird, die Solvabilitätskapitalanforderung dieses anderen Mitglied- oder Vertragsstaats und die dort anrechnungsfähigen Eigenmittel berücksichtigt.

§ 257 Zwischengeschaltete Versicherungs-Holdinggesellschaften

(1) [1]Hält ein Versicherungsunternehmen über eine Versicherungs-Holdinggesellschaft oder eine gemischte Finanzholding-Gesellschaft eine Beteiligung an einem verbundenen Versicherungsunternehmen oder einem Versicherungsunternehmen eines Drittstaats, wird die Versicherungs-Holdinggesellschaft oder gemischte Finanzholding-Gesellschaft in die Berechnung der Gruppensolvabilität einbezogen. [2]Ausschließlich für diese Berechnung wird die zwischengeschaltete Versicherungs-Holdinggesellschaft oder zwischengeschaltete gemischte Finanzholding-Gesellschaft wie ein Versicherungsunternehmen behandelt, für das in Bezug auf die Solvabilitätskapitalanforderung die §§ 96 bis 121 und in Bezug auf die anrechnungsfähigen Eigenmittel die §§ 89 bis 95 gelten.

(2) [1]Nachrangige Verbindlichkeiten und andere nach § 94 nur begrenzt anrechnungsfähige Eigenmittel einer zwischengeschalteten Versicherungs-Holdinggesellschaft oder einer zwischengeschalteten gemischten Finanzholding-Gesellschaft werden nur bis zu der Höhe als anrechnungsfähige Eigenmittel anerkannt, bis zu der sie die auf Gruppenebene geltenden Begrenzungen nicht überschreiten. [2]In die Berechnung der Gruppensolvabilität dürfen anrechnungsfähige ergänzende Eigenmittel einer zwischengeschalteten Versicherungs-Holdinggesellschaft oder zwischengeschalteten gemischten Finanzholding-Gesellschaft nur einbezogen werden, wenn sie zuvor von der Gruppenaufsichtsbehörde genehmigt worden sind.

§ 258 Verbundene Versicherungsunternehmen eines Drittstaats

(1) [1]Ist ein Versicherungsunternehmen beteiligtes Unternehmen eines Versicherungsunternehmens eines Drittstaats und wird die Gruppensolvabilität nach der Abzugs- und Aggregationsmethode berechnet, ist das Versicherungsunternehmen des Drittstaats für diese Berechnung wie ein verbundenes Versicherungsunternehmen zu behandeln. [2]Unterliegt das Versicherungsunternehmen des Drittstaats in seinem Sitzland der Zulassungspflicht und Solvabilitätsvorschriften, die denen in Titel I Kapitel VI der Richtlinie 2009/138/EG festgelegten zumindest gleichwertig sind, so wird die Berechnung der Solvabilitätskapitalanforderung und der anrechnungsfähigen Eigenmittel nach den Vorschriften dieses Drittstaats vorgenommen.

(2) [1]Jedes beteiligte Unternehmen kann eine Gleichwertigkeitsprüfung nach Absatz 1 Satz 2 beantragen. [2]Die Gruppenaufsichtsbehörde entscheidet über die Gleichwertigkeit nach Anhörung der anderen betroffenen Aufsichtsbehörden und Beteiligung der Europäischen Aufsichtsbehörde für das Versicherungswesen und die betriebliche Altersversorgung. [3]Die Entscheidung wird anhand der durch die Kommission in delegierten Rechtsakten nach Artikel 227 Absatz 3 der Richtlinie 2009/138/EG festgelegten Kriterien getroffen. [4]Die Gruppenaufsichtsbehörde ist an eine zuvor gegenüber einem Drittstaat getroffene Entscheidung gebunden. [5]Dies gilt nicht, wenn eine erneute Prüfung erforderlich ist, weil sich das in Titel I Kapitel VI der Richtlinie 2009/138/EG beschriebene Aufsichtssystem oder das Aufsichtssystem des Drittstaats wesentlich geändert hat. [6]Sind die anderen betroffenen Aufsichtsbehörden mit der von der Gruppenaufsichtsbehörde getroffenen Entscheidung nicht einverstanden, können sie gemäß Artikel 19 der Verordnung (EU) Nr. 1094/2010 innerhalb von drei Monaten nach Mitteilung der Entscheidung durch die Gruppenaufsichtsbehörde die Europäische Aufsichtsbehörde für das Versicherungswesen und die betriebliche Altersversorgung mit der Angelegenheit befassen und um Unterstützung bitten.

(3) [1]Ein delegierter Rechtsakt der Europäischen Kommission gemäß Artikel 227 Absatz 4 der Richtlinie 2009/138/EG darüber, ob die Solvabilitätsvorschriften eines Drittstaats gleichwertig sind oder nicht, ist für die Gruppenaufsichtsbehörde verbindlich und schließt eine Prüfung nach Absatz 2 aus. [2]Das Gleiche gilt, wenn und solange ein dele-

gierter Rechtsakt der Europäischen Kommission gemäß Artikel 227 Absatz 5 der Richtlinie 2009/138/EG über die vorläufige Gleichwertigkeit vorliegt.

§ 259 Verbundene Kreditinstitute, Wertpapierfirmen und Finanzinstitute

(1) [1]Bei der Berechnung der Gruppensolvabilität eines Versicherungsunternehmens, das an einem Kreditinstitut, einem Wertpapierhandelsunternehmen oder einem Finanzinstitut beteiligt ist, können die beteiligten Versicherungsunternehmen die in Anhang I der Richtlinie 2002/87/EG festgelegte Methode 1 oder 2 entsprechend anwenden. [2]Die Konsolidierungsmethode darf nur angewendet werden, wenn das integrierte Management und die interne Kontrolle in Bezug auf die in den Konsolidierungskreis einbezogenen Unternehmen nach Auffassung der Gruppenaufsichtsbehörde angemessen sind. [3]Die gewählte Methode ist auf Dauer einheitlich anzuwenden.

(2) [1]Die Aufsichtsbehörde kann anordnen, dass eine in Absatz 1 genannte Beteiligung von den Eigenmitteln, die auf die Gruppensolvabilität des beteiligten Unternehmens angerechnet werden können, abgezogen wird, wenn sie Gruppenaufsichtsbehörde ist. [2]Das beteiligte Unternehmen kann dies beantragen.

§ 260 Nichtverfügbarkeit der notwendigen Informationen

[1]Sind die für die Berechnung der Gruppensolvabilität eines Versicherungsunternehmens notwendigen Informationen über ein verbundenes Unternehmen mit Sitz in einem Mitglied- oder Vertragsstaat oder Drittstaat nicht verfügbar, wird der Buchwert, den dieses Unternehmen in dem beteiligten Versicherungsunternehmen hat, von den auf die Gruppensolvabilität anrechnungsfähigen Eigenmitteln abgezogen. [2]Die mit dieser Beteiligung verbundenen nicht realisierten Gewinne dürfen nicht als Eigenmittel zur Bedeckung der Gruppensolvabilität herangezogen werden.

§ 261 Konsolidierungsmethode

(1) [1]Nach der Konsolidierungsmethode wird die Gruppensolvabilität des beteiligten Versicherungsunternehmens auf der Grundlage des konsolidierten Abschlusses berechnet. [2]Die Gruppensolvabilität des beteiligten Versicherungsunternehmens ist die Differenz zwischen den auf der Grundlage des konsolidierten Abschlusses errechneten, zur Einhaltung der Solvabilitätskapitalanforderung anrechnungsfähigen Eigenmitteln und der auf der Grundlage des konsolidierten Abschlusses errechneten Gruppensolvabilitätskapitalanforderung. [3]Teil 2 Kapitel 2 Abschnitt 2 gilt für die Berechnung der auf die Solvabilitätskapitalanforderung anrechnungsfähigen Eigenmittel und der Gruppensolvabilitätskapitalanforderung unter Anwendung der Konsolidierungsmethode entsprechend.

(2) Die konsolidierte Gruppensolvabilitätskapitalanforderung wird entweder mit der Standardformel oder mit einem genehmigten internen Modell berechnet.

(3) [1]Der Mindestbetrag der konsolidierten Gruppensolvabilitätskapitalanforderung ist die Summe aus der Mindestkapitalanforderung des beteiligten Versicherungsunternehmens und den der Beteiligungsquote entsprechenden anteiligen Mindestkapitalanforderungen der verbundenen Versicherungsunternehmen. [2]Dieser Mindestbetrag ist mit anrechnungsfähigen Basiseigenmitteln gemäß § 95 zu bedecken. [3]§ 250 Absatz 1 Satz 2, die §§ 253 bis 260 und 135 Absatz 1 und 2 sind entsprechend anzuwenden.

§ 262 Internes Modell für die Gruppe

(1) [1]Ein Versicherungsunternehmen und seine verbundenen Unternehmen oder gemeinsam die verbundenen Unternehmen einer Versicherungs-Holdinggesellschaft oder gemischten Finanzholding-Gesellschaft können beantragen, die konsolidierte Solvabilitätskapitalanforderung auf Gruppenebene sowie die Solvabilitätskapitalanforderungen

der Versicherungsunternehmen der Gruppe mit einem internen Modell zu berechnen. [2]Der Antrag ist an die Gruppenaufsichtsbehörde zu richten.

(2) [1]Die Gruppenaufsichtsbehörde informiert unverzüglich die anderen Mitglieder des Aufsichtskollegiums (§ 283) über den Eingang des Antrags. [2]Sobald die Antragsunterlagen vollständig vorliegen, leitet sie diese unverzüglich an die anderen betroffenen Aufsichtsbehörden weiter. [3]Die betroffenen Aufsichtsbehörden arbeiten bei der Entscheidung über die Erteilung der Erlaubnis und bei der Festlegung der Bedingungen, an die die Erteilung der Erlaubnis geknüpft ist, zusammen. [4]Die Entscheidung soll einvernehmlich getroffen werden. [5]Die Aufsichtsbehörden wirken im Rahmen ihrer Befugnisse darauf hin, dass die Entscheidung innerhalb von sechs Monaten nach Eingang des vollständigen Antrags getroffen wird.

(3) Sind die Aufsichtsbehörden einvernehmlich zu einer Entscheidung im Sinne des Absatzes 2 gelangt, erteilt die Gruppenaufsichtsbehörde dem Antragsteller den Bescheid.

(4) [1]Wird innerhalb von sechs Monaten nach Eingang des vollständigen Antrags der Gruppe keine einvernehmliche Entscheidung erzielt, entscheidet die Gruppenaufsichtsbehörde über den Antrag. [2]Die Gruppenaufsichtsbehörde trägt allen Auffassungen und Vorbehalten, die die anderen betroffenen Aufsichtsbehörden innerhalb der Sechsmonatsfrist geäußert haben, angemessen Rechnung. [3]Die Gruppenaufsichtsbehörde erteilt dem Antragsteller den Bescheid und übermittelt diesen den anderen betroffenen Aufsichtsbehörden. [4]Die Entscheidung der Gruppenaufsichtsbehörde wird von den betroffenen Aufsichtsbehörden als verbindlich anerkannt und umgesetzt.

(5) [1]Hat vor Ablauf der in Absatz 2 genannten Sechsmonatsfrist eine der betroffenen Aufsichtsbehörden gemäß Artikel 19 der Verordnung (EU) Nr. 1094/2010 die Europäische Aufsichtsbehörde für das Versicherungswesen und die betriebliche Altersversorgung mit der Angelegenheit befasst, ruht das Verfahren bei der Gruppenaufsichtsbehörde, bis die Europäische Aufsichtsbehörde für das Versicherungswesen und die betriebliche Altersversorgung gemäß Artikel 19 Absatz 3 der Verordnung entscheidet. [2]Die Gruppenaufsichtsbehörde trifft ihre Entscheidung im Einklang mit der Entscheidung der Europäischen Aufsichtsbehörde für das Versicherungswesen und die betriebliche Altersversorgung. [3]Die Entscheidung der Gruppenaufsichtsbehörde wird von den betroffenen Aufsichtsbehörden als verbindlich anerkannt und umgesetzt.

(6) Die Europäische Aufsichtsbehörde für das Versicherungswesen und die betriebliche Altersversorgung wird nicht mit der Angelegenheit befasst, wenn eine gemeinsame Entscheidung erzielt wurde oder die Sechsmonatsfrist verstrichen ist.

(7) [1]Lehnt die Europäische Aufsichtsbehörde für das Versicherungswesen und die betriebliche Altersversorgung die gemäß Artikel 41 Absatz 3 sowie Artikel 44 Absatz 1 der Verordnung (EU) Nr. 1094/2010 vom Gremium vorgeschlagene Entscheidung ab, trifft die Gruppenaufsichtsbehörde die Entscheidung. [2]Diese wird von den betroffenen Aufsichtsbehörden als verbindlich anerkannt und umgesetzt. [3]Die Sechsmonatsfrist des Absatzes 2 gilt als Frist für die Beilegung der Meinungsverschiedenheiten im Sinne von Artikel 19 Absatz 2 der Verordnung (EU) Nr. 1094/2010.

§ 263 Kapitalaufschlag für ein Gruppenunternehmen

(1) [1]Wenn ein Versicherungsunternehmen seine Solvabilitätskapitalanforderung auf Grundlage eines auf Gruppenebene genehmigten internen Modells berechnet und das Risikoprofil dieses Unternehmens nach Auffassung der Aufsichtsbehörde erheblich von den Annahmen abweicht, die diesem internen Modell zugrunde liegen, kann die Aufsichtsbehörde gemäß § 301 einen Kapitalaufschlag auf die anhand des internen Modells ermittelte Solvabilitätskapitalanforderung festsetzen. [2]Der Kapitalaufschlag wird aufge-

hoben, sobald das betroffene Versicherungsunternehmen die Bedenken der Aufsichtsbehörde ausgeräumt hat.

(2) [1]Ist ein Kapitalaufschlag nach Absatz 1 ausnahmsweise nicht angemessen, kann die Aufsichtsbehörde von dem betreffenden Unternehmen verlangen, dessen Solvabilitätskapitalanforderung nach der Standardformel zu berechnen. [2]Unter den in § 301 Absatz 1 Nummer 1 oder 3 genannten Voraussetzungen kann die Aufsichtsbehörde zusätzlich einen Kapitalaufschlag auf die anhand der Standardformel ermittelte Solvabilitätskapitalanforderung festsetzen. [3]Die Aufsichtsbehörde begründet jede nach Absatz 1 und den Sätzen 1 und 2 getroffene Entscheidung sowohl gegenüber dem Versicherungsunternehmen als auch gegenüber den anderen Mitgliedern des Aufsichtskollegiums.

§ 264 Kapitalaufschlag für die Gruppe

(1) [1]Die Gruppenaufsichtsbehörde kann einen Kapitalaufschlag auf die konsolidierte Solvabilitätskapitalanforderung für die Gruppe festsetzen, wenn die konsolidierte Solvabilitätskapitalanforderung das Risikoprofil der Gruppe nicht angemessen abbildet. [2]Dies ist insbesondere der Fall, wenn

1. ein auf Gruppenebene spezifisches Risiko wegen seiner schweren Quantifizierbarkeit durch die Standardformel oder das verwendete interne Modell nicht hinreichend abgedeckt werden kann oder
2. Kapitalaufschläge für die verbundenen Versicherungsunternehmen nach den §§ 301 und 263 vorgeschrieben werden.

(2) § 301 und die zu Artikel 37 der Richtlinie 2009/138/EG erlassenen delegierten Rechtsakte sind entsprechend anzuwenden.

§ 265 Abzugs- und Aggregationsmethode

(1) Nach der Abzugs- und Aggregationsmethode ist die Gruppensolvabilität des beteiligten Versicherungsunternehmens die Differenz zwischen

1. den aggregierten anrechnungsfähigen Eigenmitteln der Gruppe gemäß Absatz 2 und
2. dem Wert des verbundenen Versicherungsunternehmens beim beteiligten Versicherungsunternehmen zuzüglich der aggregierten Solvabilitätskapitalanforderung der Gruppe gemäß Absatz 3.

(2) Die aggregierten anrechnungsfähigen Eigenmittel der Gruppe setzen sich zusammen aus

1. den auf die Solvabilitätskapitalanforderung des beteiligten Versicherungsunternehmens anrechnungsfähigen Eigenmitteln und
2. den verhältnismäßigen Anteilen des beteiligten Versicherungsunternehmens an den auf die Solvabilitätskapitalanforderungen der verbundenen Versicherungsunternehmen anrechnungsfähigen Eigenmitteln.

(3) Die aggregierte Solvabilitätskapitalanforderung der Gruppe setzt sich zusammen aus

1. der Solvabilitätskapitalanforderung des beteiligten Versicherungsunternehmens und
2. den verhältnismäßigen Anteilen an den Solvabilitätskapitalanforderungen der verbundenen Versicherungsunternehmen.

(4) [1]Im Fall einer teilweisen oder vollständigen indirekten Beteiligung wird der Wert der indirekten Beteiligung durch Ermittlung des durchgerechneten Anteils zugrunde gelegt. [2]Die in Absatz 2 Nummer 2 und Absatz 3 Nummer 2 genannten Anteile werden entsprechend ermittelt.

(5) Auf den Antrag, die Solvabilitätskapitalanforderung für die Versicherungsunternehmen der Gruppe anhand eines internen Modells zu berechnen, sind die §§ 262 und 263 entsprechend anzuwenden.

(6) [1]Die aggregierte Solvabilitätskapitalanforderung der Gruppe muss das Risikoprofil der Gruppe angemessen abbilden. [2]Dabei müssen insbesondere auf Gruppenebene spezifische Risiken, die schwer quantifizierbar sind, angemessen berücksichtigt werden. [3]Weicht das Risikoprofil der Gruppe erheblich von den Annahmen für die aggregierte Solvabilitätskapitalanforderung der Gruppe ab, kann die Gruppenaufsichtsbehörde einen Kapitalaufschlag auf die aggregierte Solvabilitätskapitalanforderung für die Gruppe vorschreiben. [4]§ 301 und die zu Artikel 37 der Richtlinie 2009/138/EG erlassenen delegierten Rechtsakte sind entsprechend anzuwenden.

§ 266 Gruppensolvabilität bei einer Versicherungs-Holdinggesellschaft oder einer gemischten Finanzholding-Gesellschaft

[1]Sind Versicherungsunternehmen Tochterunternehmen einer Versicherungs-Holdinggesellschaft oder einer gemischten Finanzholding-Gesellschaft, ist die Solvabilität der Gruppe gemäß § 250 Absatz 1 Satz 2 und den §§ 252 bis 265 auf Ebene der Versicherungs-Holdinggesellschaft oder der gemischten Finanzholding-Gesellschaft zu berechnen. [2]Für diese Berechnung wird die Versicherungs-Holdinggesellschaft oder die gemischte Finanzholding-Gesellschaft wie ein Versicherungsunternehmen behandelt. [3]Ihre Solvabilitätskapitalanforderung muss gemäß Teil 2 Kapitel 2 Abschnitt 2 Unterabschnitt 2 und 3 und unter der Annahme ermittelt werden, dass sie in Bezug auf die anrechnungsfähigen Eigenmittel den in Teil 2 Kapitel 2 Abschnitt 2 Unterabschnitt 1 festgelegten Bestimmungen unterliegt.

§ 267 Bedingungen für Tochterunternehmen eines Versicherungsunternehmens

Die Bestimmungen der §§ 269 und 270 gelten für jedes Versicherungsunternehmen, das Tochterunternehmen eines Versicherungsunternehmens ist, wenn

1. das Tochterunternehmen in die Gruppenaufsicht auf Ebene des Mutterunternehmens einbezogen ist,
2. das Risikomanagement und die internen Kontrollmechanismen des Mutterunternehmens das Tochterunternehmen einschließen und das Mutterunternehmen die betroffenen Aufsichtsbehörden von der umsichtigen Führung des Tochterunternehmens überzeugt hat,
3. das Mutterunternehmen die Zustimmung gemäß § 275 Absatz 4 erhalten hat,
4. das Mutterunternehmen die Zustimmung gemäß § 277 Absatz 2 erhalten hat und
5. das Mutterunternehmen die Inanspruchnahme der Bestimmungen der §§ 269 und 270 beantragt hat und dieser Antrag gemäß § 268 genehmigt worden ist.

§ 268 Beaufsichtigung bei zentralisiertem Risikomanagement

(1) [1]Bei der Entscheidung über die Genehmigung eines Antrags auf Beaufsichtigung der Solvabilität einer Gruppe mit zentralisiertem Risikomanagement gemäß den Bestimmungen der §§ 269 und 270 und bei der Entscheidung über etwaige Bedingungen, unter denen die Genehmigung erteilt wird, arbeiten alle betroffenen Aufsichtsbehörden im Aufsichtskollegium (§ 283) zusammen. [2]Der Antrag ist an die für das Tochterunternehmen zuständige Aufsichtsbehörde zu richten. [3]Diese unterrichtet hiervon unverzüglich die anderen Aufsichtsbehörden im Aufsichtskollegium und leitet den vollständigen Antrag an diese weiter.

(2) Die betroffenen Aufsichtsbehörden sollen über den Antrag innerhalb von drei Monaten nach Eingang des vollständigen Antrags bei allen Aufsichtsbehörden einvernehmlich entscheiden.

(3) Sind die Aufsichtsbehörden zu einer einvernehmlichen Entscheidung im Sinne des Absatzes 2 gelangt, übermittelt die für das Tochterunternehmen zuständige Aufsichtsbehörde dem Antragsteller den Bescheid.

(4) [1]Wird innerhalb von drei Monaten nach Eingang des vollständigen Antrags der Gruppe keine einvernehmliche Entscheidung erzielt, entscheidet die Gruppenaufsichtsbehörde über den Antrag. [2]Die Gruppenaufsichtsbehörde trägt allen Auffassungen und Vorbehalten, die die anderen im Aufsichtskollegium vertretenen Aufsichtsbehörden innerhalb der Dreimonatsfrist geäußert haben, angemessen Rechnung. [3]Die Gruppenaufsichtsbehörde erteilt dem Antragsteller den Bescheid und übermittelt diesen den anderen betroffenen Aufsichtsbehörden. [4]Die Entscheidung der Gruppenaufsichtsbehörde wird von den betroffenen Aufsichtsbehörden als verbindlich anerkannt und umgesetzt.

(5) [1]Hat vor Ablauf der in Absatz 2 genannten Dreimonatsfrist eine der betroffenen Aufsichtsbehörden gemäß Artikel 19 der Verordnung (EU) Nr. 1094/2010 die Europäische Aufsichtsbehörde für das Versicherungswesen und die betriebliche Altersversorgung mit der Angelegenheit befasst, wartet die Gruppenaufsichtsbehörde deren Entscheidung ab. [2]Die Gruppenaufsichtsbehörde ist bei ihrer Entscheidung inhaltlich an die Entscheidung der Europäischen Aufsichtsbehörde für das Versicherungswesen und die betriebliche Altersversorgung gebunden. [3]Die Entscheidung der Gruppenaufsichtsbehörde wird von den betroffenen Aufsichtsbehörden als verbindlich anerkannt und umgesetzt.

(6) Die Europäische Aufsichtsbehörde für das Versicherungswesen und die betriebliche Altersversorgung wird nicht mit der Angelegenheit befasst, wenn eine gemeinsame Entscheidung erzielt wurde oder die Dreimonatsfrist verstrichen ist.

(7) [1]Lehnt die Europäische Aufsichtsbehörde für das Versicherungswesen und die betriebliche Altersversorgung die gemäß Artikel 41 Absatz 3 sowie Artikel 44 Absatz 1 der Verordnung (EU) Nr. 1094/2010 vom Gremium vorgeschlagene Entscheidung ab, trifft die Gruppenaufsichtsbehörde die Entscheidung. [2]Die Entscheidung der Gruppenaufsichtsbehörde wird von den betroffenen Aufsichtsbehörden als verbindlich anerkannt und umgesetzt.

§ 269 Bestimmung der Solvabilitätskapitalanforderung des Tochterunternehmens

(1) [1]Die Solvabilitätskapitalanforderung eines Tochterunternehmens wird gemäß den Absätzen 2, 4 und 5 berechnet. [2]§ 262 bleibt unberührt.

(2) [1]Wird die Solvabilitätskapitalanforderung des Tochterunternehmens mit einem auf Gruppenebene gemäß § 262 genehmigten internen Modell berechnet, kann die Aufsichtsbehörde einen Kapitalaufschlag auf die Solvabilitätskapitalanforderung dieses Unternehmens festsetzen, wenn sie der Auffassung ist, dass das Risikoprofil erheblich von dem internen Modell abweicht und die Voraussetzungen des § 301 erfüllt sind. [2]Ist ein Kapitalaufschlag im Einzelfall unangemessen, kann die Aufsichtsbehörde, die das Tochterunternehmen zugelassen hat, verlangen, dass das Unternehmen seine Solvabilitätskapitalanforderung mit der Standardformel berechnet. [3]Die Aufsichtsbehörde hört vor der Entscheidung sowohl das Tochterunternehmen als auch die anderen im Aufsichtskollegium nach § 283 vertretenen Aufsichtsbehörden an.

(3) [1]Wird die Solvabilitätskapitalanforderung des Tochterunternehmens mit der Standardformel berechnet und ist die Aufsichtsbehörde der Auffassung, dass das Risikoprofil des Unternehmens wesentlich von den Annahmen der Standardformel abweicht, so kann

sie, solange ihre Bedenken nicht ausgeräumt sind, im Einzelfall verlangen, dass das Unternehmen eine Untergruppe der bei der Berechnung der Standardformel verwendeten Parameter durch unternehmensspezifische Parameter bei der Berechnung der versicherungstechnischen Risikomodule ersetzt oder einen Kapitalaufschlag in den in § 301 genannten Fällen festsetzen. [2]Vor der Entscheidung hört die Aufsichtsbehörde sowohl das Tochterunternehmen als auch die anderen im Aufsichtskollegium nach § 283 vertretenen Aufsichtsbehörden an.

(4) [1]Das Aufsichtskollegium unternimmt im Rahmen seiner Befugnisse alles, um eine Einigung über den Vorschlag der Aufsichtsbehörde, die das Tochterunternehmen zugelassen hat, oder über andere mögliche Maßnahmen zu erreichen. [2]Eine Entscheidung wird von den betroffenen Aufsichtsbehörden als verbindlich anerkannt und umgesetzt.

(5) [1]Gehen die Meinungen der Aufsichtsbehörde, die das Tochterunternehmen zugelassen hat, und der Gruppenaufsichtsbehörde auseinander, kann jede der beiden Stellen innerhalb eines Monats nach dem Vorschlag der Aufsichtsbehörde gemäß Artikel 19 der Verordnung (EU) Nr. 1094/2010 die Europäische Aufsichtsbehörde für das Versicherungswesen und die betriebliche Altersversorgung mit der Angelegenheit befassen und um Unterstützung bitten. [2]Die Europäische Aufsichtsbehörde für das Versicherungswesen und die betriebliche Altersversorgung wird nicht mit der Angelegenheit befasst, wenn innerhalb des Aufsichtskollegiums eine einvernehmliche Entscheidung erzielt wurde oder die Einmonatsfrist verstrichen ist.

(6) [1]Die Aufsichtsbehörde, die das Tochterunternehmen zugelassen hat, wartet die Entscheidung der Europäischen Aufsichtsbehörde für das Versicherungswesen und die betriebliche Altersversorgung ab. [2]Sie trifft ihre Entscheidung im Einklang mit der Entscheidung der Europäischen Aufsichtsbehörde für das Versicherungswesen und die betriebliche Altersversorgung. [3]Die Aufsichtsbehörde erteilt dem Tochterunternehmen den Bescheid und übermittelt diesen dem Aufsichtskollegium. [4]Die Entscheidung der Aufsichtsbehörde wird von den betroffenen Aufsichtsbehörden als verbindlich anerkannt und umgesetzt.

§ 270 Nichtbedeckung der Kapitalanforderungen des Tochterunternehmens

(1) [1]Innerhalb von sechs Monaten nach Feststellung der Nichtbedeckung der Solvabilitätskapitalanforderung hat das Tochterunternehmen die anrechnungsfähigen Eigenmittel aufzustocken oder seine Risiken so zu reduzieren, dass die Solvabilitätskapitalanforderung wieder bedeckt ist. [2]Die Aufsichtsbehörde, die das Tochterunternehmen zugelassen hat, übermittelt allen Aufsichtsbehörden im Aufsichtskollegium unverzüglich den vom Tochterunternehmen vorgelegten Sanierungsplan. [3]Die Aufsichtsbehörden im Aufsichtskollegium entscheiden einvernehmlich innerhalb von vier Monaten nach Feststellung der Nichteinhaltung der Solvabilitätskapitalanforderung über die Genehmigung des Sanierungsplans. [4]Können sich die Aufsichtsbehörden innerhalb dieser Frist nicht einigen, entscheidet die Aufsichtsbehörde unter Berücksichtigung der Auffassungen der anderen Aufsichtsbehörden über die Genehmigung des Sanierungsplans.

(2) [1]Stellt die Aufsichtsbehörde eine Verschlechterung der finanziellen Lage des Tochterunternehmens gemäß § 132 Absatz 2 fest, teilt sie den Aufsichtsbehörden im Aufsichtskollegium unverzüglich mit, welche Maßnahmen ihrer Ansicht nach zu ergreifen sind. [2]Handelt es sich nicht um eine Krisensituation, werden die vorgeschlagenen Maßnahmen im Aufsichtskollegium erörtert. [3]Das Kollegium der Aufsichtsbehörden unternimmt im Rahmen seiner Befugnisse alles, um eine Einigung über die vorgeschlagenen zu ergreifenden Maßnahmen zu erzielen. [4]Können sich die Aufsichtsbehörden innerhalb eines Monats nach der Mitteilung nach Satz 1 nicht einigen, entscheidet die Aufsichtsbehörde, die das Tochterunternehmen zugelassen hat, unter ge-

bührender Berücksichtigung der Auffassungen der anderen Aufsichtsbehörden im Aufsichtskollegium über die Maßnahmen.

(3) [1]Bei Nichtbedeckung der Mindestkapitalanforderung übermittelt die Aufsichtsbehörde dem Aufsichtskollegium unverzüglich den vom Tochterunternehmen vorgelegten kurzfristigen Finanzierungsplan, damit innerhalb von drei Monaten nach der Feststellung der Nichtbedeckung der Mindestkapitalanforderung die anrechnungsfähigen Eigenmittel aufgestockt werden oder das Risikoprofil so gesenkt wird, dass die Mindestkapitalanforderung wieder bedeckt ist. [2]Die Aufsichtsbehörde informiert das Aufsichtskollegium auch über die Maßnahmen, die sie eingeleitet hat, um die Einhaltung der Mindestkapitalanforderung durchzusetzen.

(4) Wenn die Aufsichtsbehörde, die das Tochterunternehmen zugelassen hat, und die Gruppenaufsichtsbehörde uneinig sind hinsichtlich

1. der Genehmigung des Sanierungsplans, einschließlich einer etwaigen Verlängerung der Frist für die Wiederherstellung, innerhalb der in Absatz 1 genannten Viermonatsfrist oder
2. der Genehmigung der vorgeschlagenen Maßnahmen innerhalb der in Absatz 2 genannten Einmonatsfrist,

können sie die Europäische Aufsichtsbehörde für das Versicherungswesen und die betriebliche Altersversorgung mit der Angelegenheit befassen und um ihre Unterstützung gemäß Artikel 19 der Verordnung (EU) Nr. 1094/2010 ersuchen.

(5) Die Europäische Aufsichtsbehörde für das Versicherungswesen und die betriebliche Altersversorgung wird nicht mit der Angelegenheit befasst, wenn

1. innerhalb des Aufsichtskollegiums eine Einigung über die Genehmigung des Sanierungsplans gemäß Absatz 1 oder über die vorgeschlagene Maßnahme gemäß Absatz 2 erzielt wurde,
2. die in Absatz 4 genannten Fristen verstrichen sind oder
3. eine Krisensituation gemäß Absatz 2 Satz 2 eingetreten ist.

(6) [1]Die Aufsichtsbehörde, die das Tochterunternehmen zugelassen hat, wartet die Entscheidung der Europäischen Aufsichtsbehörde für das Versicherungswesen und die betriebliche Altersversorgung ab. [2]Sie trifft ihre Entscheidung im Einklang mit der Entscheidung der Europäischen Aufsichtsbehörde für das Versicherungswesen und die betriebliche Altersversorgung. [3]Die Aufsichtsbehörde erteilt dem Tochterunternehmen den Bescheid und übermittelt diesen dem Aufsichtskollegium. [4]Die Entscheidung der Aufsichtsbehörde wird von den betroffenen Aufsichtsbehörden als verbindlich anerkannt und umgesetzt.

§ 271 Ende der Ausnahmeregelung für ein Tochterunternehmen

(1) [1]Die in den §§ 269 und 270 vorgesehenen Regelungen sind nicht anwendbar, wenn

1. die in § 267 Nummer 1 genannte Bedingung nicht mehr erfüllt ist,
2. die in § 267 Nummer 2 genannte Bedingung nicht mehr erfüllt ist und die Gruppe nicht innerhalb einer angemessenen Frist für erneute Einhaltung sorgt oder
3. die in § 267 Nummer 3 und 4 genannten Bedingungen nicht mehr erfüllt sind.

[2]Entscheidet die Gruppenaufsichtsbehörde in dem in Satz 1 Nummer 1 genannten Fall nach Anhörung des Aufsichtskollegiums, das Tochterunternehmen nicht mehr in die Gruppenaufsicht einzubeziehen, teilt sie dies der für das Tochterunternehmen zuständigen Aufsichtsbehörde und dem Mutterunternehmen unverzüglich mit.

(2) [1]Das Mutterunternehmen ist dafür verantwortlich, dass die in § 267 Nummer 2, 3 und 4 genannten Bedingungen jederzeit erfüllt werden. [2]Ist eine Bedingung nicht erfüllt,

teilt das Mutterunternehmen dies der Gruppenaufsichtsbehörde sowie der für die Beaufsichtigung des betreffenden Tochterunternehmens zuständigen Aufsichtsbehörde unverzüglich mit. [3]Das Mutterunternehmen hat einen Plan vorzulegen, um innerhalb einer angemessenen Frist für die erneute Einhaltung der Bedingungen zu sorgen. [4]Die Gruppenaufsichtsbehörde überprüft mindestens einmal jährlich, ob die Bedingungen nach wie vor erfüllt sind. [5]Eine solche Überprüfung nimmt sie auch auf Antrag der betroffenen Aufsichtsbehörde vor, wenn diese erhebliche Zweifel an der kontinuierlichen Erfüllung dieser Bedingungen hat. [6]Werden bei dieser Überprüfung Schwächen oder Mängel festgestellt, verlangt die Gruppenaufsichtsbehörde von dem Mutterunternehmen einen Plan, der die Beseitigung dieser Schwächen oder Mängel innerhalb einer angemessenen Frist vorsieht. [7]Stellt die Gruppenaufsichtsbehörde nach Anhörung des Aufsichtskollegiums fest, dass der in den Sätzen 3 und 6 genannte Plan unzureichend ist oder nicht fristgerecht umgesetzt wird, gelten die in § 267 Nummer 2 bis 4 genannten Bedingungen als nicht mehr erfüllt. [8]Die Gruppenaufsichtsbehörde teilt dies unverzüglich der betroffenen Aufsichtsbehörde mit.

(3) Stellt das Mutterunternehmen einen neuen Antrag und wird dieser genehmigt, richtet sich das Verfahren erneut nach den §§ 269 und 270.

§ 272 Tochterunternehmen einer Versicherungs-Holdinggesellschaft oder gemischten Finanzholding-Gesellschaft

Für Versicherungsunternehmen, die Tochterunternehmen einer Versicherungs-Holdinggesellschaft oder einer gemischten Finanzholding-Gesellschaft sind, gelten die §§ 267 bis 271 entsprechend.

Abschnitt 2 Risikokonzentration und gruppeninterne Transaktionen

§ 273 Überwachung der Risikokonzentration

(1) Der Gruppenaufsichtsbehörde sind mindestens einmal jährlich alle wesentlichen Risikokonzentrationen auf Gruppenebene zu melden.

(2) [1]Sofern das oberste beteiligte Unternehmen ein Versicherungsunternehmen ist, meldet dieses die Informationen der Gruppenaufsichtsbehörde. [2]Sofern das oberste beteiligte Unternehmen eine Versicherungs-Holdinggesellschaft oder eine gemischte Finanzholding-Gesellschaft ist, meldet diese die Informationen, sofern nicht die Aufsichtsbehörde nach Anhörung der anderen betroffenen Aufsichtsbehörden und der Gruppe ein Versicherungsunternehmen als zur Meldung verpflichtetes Unternehmen bestimmt hat.

(3) [1]Nach Anhörung der anderen betroffenen Aufsichtsbehörden und der Gruppe bestimmt die Gruppenaufsichtsbehörde

1. die Arten von Risiken, über die Versicherungsunternehmen einer bestimmten Gruppe auf jeden Fall berichten müssen, sowie
2. angemessene Schwellenwerte für Berichtspflichten über wesentliche Risikokonzentrationen.

[2]Bei der Bestimmung der Risiken ist der individuellen Struktur der Gruppe und der Struktur ihres Risikomanagements Rechnung zu tragen. [3]Die Schwellenwerte orientieren sich an den Solvabilitätskapitalanforderungen, den versicherungstechnischen Rückstellungen oder beiden Größen.

(4) Bei der Beaufsichtigung der Risikokonzentrationen überwacht die Gruppenaufsichtsbehörde Höhe und Eintrittswahrscheinlichkeit der Risiken, insbesondere das mögliche Ansteckungsrisiko innerhalb der Gruppe und das Risiko eines Interessenkonflikts.

§ 274 Überwachung gruppeninterner Transaktionen

(1) [1]Der Gruppenaufsichtsbehörde ist mindestens einmal jährlich über alle wesentlichen gruppeninternen Transaktionen der Versicherungsunternehmen der Gruppe zu berichten, einschließlich der Transaktionen mit natürlichen Personen, die zu einem Unternehmen der Gruppe enge Verbindungen unterhalten. [2]Die Gruppenaufsichtsbehörde kann einen unterjährigen Berichtsturnus festlegen, um die Überwachung der gruppeninternen Transaktionen zu erleichtern.

(2) [1]Sofern das oberste beteiligte Unternehmen ein Versicherungsunternehmen ist, meldet dieses die wesentlichen gruppeninternen Transaktionen der Gruppenaufsichtsbehörde. [2]Sofern das oberste beteiligte Unternehmen eine Versicherungs-Holdinggesellschaft oder eine gemischte Finanzholding-Gesellschaft ist, meldet diese die Informationen, sofern nicht die Gruppenaufsichtsbehörde nach Anhörung der anderen betroffenen Aufsichtsbehörden und der Gruppe ein Versicherungsunternehmen als zur Meldung verpflichtetes Unternehmen bestimmt hat.

(3) Über besonders wesentliche Transaktionen nach Absatz 1 hat das zur Meldung verpflichtete Unternehmen der Gruppenaufsichtsbehörde unverzüglich Bericht zu erstatten.

(4) [1]Die Gruppenaufsichtsbehörde bestimmt nach Anhörung der Gruppe und der anderen betroffenen Aufsichtsbehörden, über welche Arten von gruppeninternen Transaktionen die Versicherungsunternehmen der Gruppe auf jeden Fall berichten müssen. [2]Bei grenzüberschreitend tätigen Gruppen erfolgt diese Festlegung nach Konsultation der anderen betroffenen Aufsichtsbehörden. [3]§ 273 Absatz 3 Satz 2 und 3, Absatz 4 ist entsprechend anzuwenden.

Abschnitt 3 Geschäftsorganisation, Berichtspflichten

§ 275 Überwachung des Governance-Systems

(1) [1]Teil 2 Kapitel 1 Abschnitt 3 und § 47 Nummer 1, 2, 8 und 9 gelten auf Gruppenebene entsprechend. [2]Dessen ungeachtet sind das Risikomanagementsystem und das interne Kontrollsystem sowie das Berichtswesen aller in die Gruppenaufsicht nach § 245 Absatz 2 Nummer 1 und 2 einbezogenen Unternehmen so umzusetzen, dass diese Systeme und das Berichtswesen auf der Ebene der Gruppe gesteuert und kontrolliert werden können.

(2) Unbeschadet des Absatzes 1 umfassen die internen Kontrollmechanismen zumindest

1. angemessene Mechanismen in Bezug auf die Gruppensolvabilität, die eine Identifizierung und Messung aller wesentlichen Risiken sowie deren Bedeckung mit anrechnungsfähigen Eigenmitteln ermöglichen, und
2. ein ordnungsgemäßes Berichtswesen und ordnungsgemäße Rechnungslegungsverfahren zur Überwachung und Steuerung der gruppeninternen Transaktionen und der Risikokonzentration.

(3) [1]Das beteiligte Versicherungsunternehmen oder die Versicherungs-Holdinggesellschaft oder die gemischte Finanzholding-Gesellschaft muss auf Gruppenebene eine Risiko- und Solvabilitätsbeurteilung entsprechend § 27 vornehmen. [2]Bei einer Berechnung der Gruppensolvabilität nach der Konsolidierungsmethode muss das beteiligte Versicherungsunternehmen oder die Versicherungs-Holdinggesellschaft oder die gemischte Finanzholding-Gesellschaft der Gruppenaufsichtsbehörde die Differenz zwischen der Summe der Solvabilitätskapitalanforderungen aller verbundenen Versicherungsunter-

nehmen der Gruppe und der konsolidierten Solvabilitätskapitalanforderung der Gruppe nachvollziehbar darlegen.

(4) [1]Mit Zustimmung der Gruppenaufsichtsbehörde kann das beteiligte Versicherungsunternehmen oder die Versicherungs-Holdinggesellschaft oder die gemischte Finanzholding-Gesellschaft die Risiko- und Solvabilitätsbeurteilung auf Gruppenebene und auf Ebene der Tochterunternehmen zeitgleich vornehmen und die Ergebnisse für die Berichterstattung gegenüber den Aufsichtsbehörden in einem Bericht darstellen. [2]In diesem Fall übermittelt das beteiligte Versicherungsunternehmen oder die Versicherungs-Holdinggesellschaft oder die gemischte Finanzholding-Gesellschaft den Bericht allen betroffenen Aufsichtsbehörden gleichzeitig. [3]Die Verpflichtung der Tochterunternehmen, für die Einhaltung der Anforderungen des § 27 zu sorgen, bleibt unberührt. [4]Vor Erteilung der Zustimmung nach Satz 1 konsultiert die Aufsichtsbehörde die Mitglieder des Aufsichtskollegiums und trägt deren Auffassungen angemessen Rechnung.

§ 276 [1)] Gegenseitiger Informationsaustausch

(1) Die in die Gruppenaufsicht einbezogenen natürlichen und juristischen Personen einschließlich ihrer verbundenen und beteiligten Unternehmen sind befugt, alle Informationen auszutauschen, die für die Anwendung der Vorschriften dieses Teils notwendig sind.

(2) Das oberste beteiligte Unternehmen kann von jedem anderen Unternehmen der Gruppe alle Aufklärungen und Nachweise verlangen, welche es zur Erfüllung seiner Pflichten nach diesem Kapitel benötigt.

(3) Die allgemeinen datenschutzrechtlichen Vorschriften bleiben unberührt.

§ 277 Bericht über Solvabilität und Finanzlage der Gruppe

(1) [1]Das oberste Mutterunternehmen auf Ebene der Mitglied- oder Vertragsstaaten im Sinne des § 247 hat jährlich einen Solvabilitäts- und Finanzbericht auf Gruppenebene zu veröffentlichen. [2]§ 29 Absatz 3 und die §§ 40 bis 42 sind entsprechend anzuwenden.

(2) [1]Mit Genehmigung der Gruppenaufsichtsbehörde ist dieses Unternehmen berechtigt, für die gesamte Gruppe nur einen einzigen Solvabilitäts- und Finanzbericht zu veröffentlichen, der neben den nach Absatz 1 zu veröffentlichenden Informationen auf Gruppenebene auch die nach den §§ 40 bis 42 für jedes Tochterunternehmen der Gruppe zu veröffentlichenden Informationen, die einzeln identifizierbar sein müssen, enthält. [2]In diesem Fall entfallen die Verpflichtungen aus den vorgenannten Vorschriften für die einzelnen Tochterunternehmen.

(3) Vor Erteilung der Genehmigung nach Absatz 2 hört die Gruppenaufsichtsbehörde die Aufsichtsbehörden des Aufsichtskollegiums an und trägt deren Auffassungen angemessen Rechnung.

(4) Ist die Aufsichtsbehörde für ein Tochterunternehmen der Gruppe zuständig und fehlen in dem nach Maßgabe des Absatzes 2 erstellten Solvabilitäts- und Finanzbericht wesentliche Informationen hinsichtlich dieses Tochterunternehmens, kann sie das Tochterunternehmen zur Offenlegung der erforderlichen Zusatzinformationen verpflichten.

§ 278 Gruppenstruktur

Versicherungsunternehmen, Versicherungs-Holdinggesellschaften und gemischte Finanzholding-Gesellschaften veröffentlichen jährlich die rechtliche Struktur und die Governance- und Organisationsstruktur auf Gruppenebene einschließlich einer Beschrei-

1) § 276 Abs. 3 neu gefasst durch Gesetz vom 20.11.2019 (BGBl. I S. 1626).

bung der zu der Gruppe gehörenden Tochtergesellschaften, wichtigen verbundenen Unternehmen und bedeutenden Zweigniederlassungen.

Kapitel 3 Maßnahmen zur Erleichterung der Gruppenaufsicht

§ 279 Zuständigkeit für die Gruppenaufsicht

(1) [1]Zuständig für die Koordinierung und Wahrnehmung der Gruppenaufsicht ist die Gruppenaufsichtsbehörde. [2]Gruppenaufsichtsbehörde ist die Aufsichtsbehörde der betroffenen Mitglied- oder Vertragsstaaten, die die in Absatz 2 genannten Kriterien erfüllt, sofern nicht nach § 280 eine abweichende Bestimmung erfolgt.

(2) [1]Fallen alle Versicherungsunternehmen einer Gruppe in den Zuständigkeitsbereich einer Aufsichtsbehörde, so ist diese die Gruppenaufsichtsbehörde. [2]In allen anderen Fällen ist Gruppenaufsichtsbehörde,

1. wenn an der Spitze der Gruppe ein Versicherungsunternehmen steht, die Aufsichtsbehörde, die für dieses Unternehmen zuständig ist,
2. wenn an der Spitze der Gruppe kein Versicherungsunternehmen steht,
   a) wenn das Mutterunternehmen eines Versicherungsunternehmens eine Versicherungs-Holdinggesellschaft oder eine gemischte Finanzholding-Gesellschaft ist, die Aufsichtsbehörde, die für dieses Versicherungsunternehmen zuständig ist,
   b) wenn mindestens zwei Versicherungsunternehmen mit Sitz in einem Mitglied- oder Vertragsstaat als Mutterunternehmen ein und dieselbe Versicherungs-Holdinggesellschaft oder gemischte Finanzholding-Gesellschaft haben und eines dieser Unternehmen in dem Mitglied- oder Vertragsstaat zugelassen wurde, in dem die Versicherungs-Holdinggesellschaft oder gemischte Finanzholding-Gesellschaft ihren Sitz hat, die Aufsichtsbehörde des in diesem Mitglied- oder Vertragsstaat zugelassenen Versicherungsunternehmens,
   c) wenn an der Spitze der Gruppe mindestens zwei Versicherungs-Holdinggesellschaften oder gemischte Finanzholding-Gesellschaften mit Sitz in unterschiedlichen Mitglied- oder Vertragsstaaten stehen und sich in jedem dieser Mitglied- oder Vertragsstaaten ein Versicherungsunternehmen befindet, die für das Versicherungsunternehmen mit der höchsten Bilanzsumme zuständige Aufsichtsbehörde,
   d) wenn mindestens zwei Versicherungsunternehmen mit Sitz in einem Mitglied- oder Vertragsstaat als Mutterunternehmen ein und dieselbe Versicherungs-Holdinggesellschaft oder gemischte Finanzholding-Gesellschaft haben und keines dieser Unternehmen in dem Mitglied- oder Vertragsstaat zugelassen wurde, in dem die Versicherungs-Holdinggesellschaft ihren Sitz hat, die Aufsichtsbehörde, die für das Versicherungsunternehmen mit der höchsten Bilanzsumme zuständig ist, und
   e) wenn die Gruppe kein Mutterunternehmen hat oder ein anderer nicht in den Buchstaben a bis d genannter Fall vorliegt, die Aufsichtsbehörde, die das Versicherungsunternehmen mit der höchsten Bilanzsumme zugelassen hat.

§ 280 Bestimmung der Gruppenaufsichtsbehörde

(1) [1]Wäre die Anwendung der in § 279 Absatz 2 genannten Kriterien auf Grund der Struktur der Gruppe und der relativen Bedeutung der Geschäfte des Versicherungsunternehmens in den verschiedenen Mitglied- oder Vertragsstaaten unangemessen, können die betroffenen Aufsichtsbehörden in besonderen Fällen gemeinsam eine andere

Aufsichtsbehörde zur Gruppenaufsichtsbehörde bestimmen. [2]Die Gruppenaufsichtsbehörde soll nicht häufiger als einmal jährlich bestimmt werden.

(2) [1]Die Bestimmung nach Absatz 1 erfolgt auf Antrag einer der betroffenen Aufsichtsbehörden nach Anhörung der betroffenen Gruppe im Einvernehmen aller betroffenen Aufsichtsbehörden innerhalb von drei Monaten nach Antragstellung. [2]Die betroffenen Aufsichtsbehörden unternehmen im Rahmen ihrer Befugnisse alles, um innerhalb von drei Monaten nach Antragstellung zu einer gemeinsamen Entscheidung über die Gruppenaufsichtsbehörde zu gelangen. [3]Vor ihrer Entscheidung geben die betroffenen Aufsichtsbehörden der Gruppe Gelegenheit zur Stellungnahme. [4]Die designierte Gruppenaufsichtsbehörde erteilt der Gruppe einen Bescheid über die gemeinsame Entscheidung.

(3) [1]Hat vor Ablauf der in Absatz 2 genannten Dreimonatsfrist eine der betroffenen Aufsichtsbehörden gemäß Artikel 19 der Verordnung (EU) Nr. 1094/2010 die Europäische Aufsichtsbehörde für das Versicherungswesen und die betriebliche Altersversorgung mit der Angelegenheit befasst, ruht das Verfahren, bis die Europäische Aufsichtsbehörde für das Versicherungswesen und die betriebliche Altersversorgung gemäß Artikel 19 Absatz 3 der Verordnung entscheidet. [2]Die betroffenen Aufsichtsbehörden treffen ihre Entscheidung gemeinsam im Einklang mit der Entscheidung der Europäischen Aufsichtsbehörde für das Versicherungswesen und die betriebliche Altersversorgung. [3]Die gemeinsame Entscheidung wird von den betroffenen Aufsichtsbehörden als verbindlich anerkannt und umgesetzt. [4]Die designierte Gruppenaufsichtsbehörde erteilt der Gruppe einen Bescheid über die gemeinsame Entscheidung und informiert das Aufsichtskollegium.

(4) Nach Ablauf der Dreimonatsfrist oder nach Einigung auf eine gemeinsame Entscheidung wird die Europäische Aufsichtsbehörde für das Versicherungswesen und die betriebliche Altersversorgung nicht befasst.

(5) Wird keine gemeinsame Entscheidung nach Absatz 2 oder 3 erzielt, wird die Aufgabe der Gruppenaufsichtsbehörde von der gemäß § 279 Absatz 2 ermittelten Aufsichtsbehörde wahrgenommen.

§ 281 Aufgaben und Befugnisse der Gruppenaufsichtsbehörde

(1) Die Aufgaben und Befugnisse der Gruppenaufsichtsbehörde umfassen

1. die Überprüfung und Beurteilung der Finanzlage der Gruppe,
2. die Beurteilung der Einhaltung der Vorschriften über die Gruppensolvabilität, über Risikokonzentrationen und über gruppeninterne Transaktionen,
3. die aufsichtsbehördliche Überprüfung des in § 275 genannten Risikomanagement- und des internen Kontrollsystems sowie des Berichtswesens,
4. die Beurteilung der Geschäftsorganisation und der Qualifikation der Geschäftsleiter von beteiligten Unternehmen nach den §§ 275, 24 und 293,
5. die aufsichtsbehördliche Überprüfung der auf Gruppenebene durchgeführten unternehmenseigenen Risiko- und Solvabilitätsbeurteilung nach § 27,
6. die Koordinierung des Informationsaustausches zwischen den betroffenen Aufsichtsbehörden im Rahmen der laufenden Aufsicht und in Krisensituationen in Bezug auf sachdienliche, notwendige und für die Erfüllung von Aufsichtspflichten wichtige Informationen,
7. die Planung und Koordinierung der Aufsichtstätigkeiten bei der laufenden Beaufsichtigung sowie in Krisensituationen in Zusammenarbeit mit den betroffenen Aufsichtsbehörden, die in Form mindestens einmal jährlich abzuhaltender Sitzungen oder auf einem anderen angemessenen Weg erfolgt,

8. die Federführung bei der Validierung interner Modelle oder Partialmodelle auf Gruppenebene,
9. die Federführung bei der Entscheidung über den Antrag auf Anwendung der Bestimmungen zum zentralisierten Risikomanagement und
10. den Vorsitz im Aufsichtskollegium.

(2) [1]Für Informationen, die die Gruppenaufsichtsbehörde zur Erfüllung ihrer Aufgaben benötigt, gelten die §§ 43, 44 und 305 entsprechend. [2]Benötigt die Gruppenaufsichtsbehörde die in § 305 Absatz 1 Nummer 1 genannten Informationen und wurden diese bereits einer anderen Aufsichtsbehörde erteilt, wendet die Gruppenaufsichtsbehörde sich, soweit dies möglich ist, an die andere Aufsichtsbehörde, um eine mehrfache Übermittlung zu vermeiden.

(3) Nimmt die Gruppenaufsichtsbehörde die in Absatz 1 genannten Aufgaben nicht wahr oder arbeiten die Mitglieder des Aufsichtskollegiums nicht in dem gemäß Absatz 1 erforderlichen Umfang zusammen, kann die Aufsichtsbehörde gemäß Artikel 19 der Verordnung (EU) Nr. 1094/2010 die Europäische Aufsichtsbehörde für das Versicherungswesen und die betriebliche Altersversorgung mit der Angelegenheit befassen und um Unterstützung bitten.

§ 282 Befreiung von der Berichterstattung auf Gruppenebene

(1) Sind die Intervalle für die regelmäßige aufsichtliche Berichterstattung kürzer als ein Jahr, kann die Gruppenaufsichtsbehörde die Häufigkeit der Berichterstattung auf Gruppenebene begrenzen, sofern alle Versicherungsunternehmen der Gruppe von dieser Begrenzung gemäß § 45 Absatz 1 profitieren, wobei der Wesensart, dem Umfang und der Komplexität der mit der Geschäftstätigkeit der Gruppe verbundenen Risiken Rechnung zu tragen ist.

(2) Die Gruppenaufsichtsbehörde kann auf Gruppenebene von der Einzelpostenberichterstattung befreien, sofern alle Versicherungsunternehmen der Gruppe von der Freistellung gemäß § 45 Absatz 2 profitieren, wobei der Wesensart, dem Umfang und der Komplexität der mit der Geschäftstätigkeit der Gruppe verbundenen Risiken und dem Ziel der finanziellen Stabilität Rechnung zu tragen ist.

§ 283 Aufsichtskollegium

(1) [1]In Bezug auf Gruppen, die nicht ausschließlich im Inland tätig sind, ist die Aufsichtsbehörde Mitglied eines Aufsichtskollegiums unter dem Vorsitz der Gruppenaufsichtsbehörde. [2]Mitglieder des Aufsichtskollegiums sind die Gruppenaufsichtsbehörde, die Aufsichtsbehörden aller Mitgliedstaaten, in denen Tochterunternehmen ihren Sitz haben, und gemäß Artikel 21 der Verordnung (EU) Nr. 1094/2010 die Europäische Aufsichtsbehörde für das Versicherungswesen und die betriebliche Altersversorgung. [3]Die Aufsichtsbehörden von bedeutenden Zweigniederlassungen und verbundenen Unternehmen dürfen im Aufsichtskollegium mitwirken. [4]Ihre Teilnahme ist jedoch darauf beschränkt, einen effizienten Informationsaustausch zu gewährleisten.

(2) Aufgabe des Aufsichtskollegiums ist es sicherzustellen, dass die Verfahren für die Zusammenarbeit, den Informationsaustausch und die Konsultation zwischen den dem Aufsichtskollegium angehörenden Aufsichtsbehörden wirksam angewendet werden, um die Konvergenz ihrer Maßnahmen und Entscheidungen zu fördern.

(3) Um eine wirksame Funktionsweise des Aufsichtskollegiums sicherzustellen, kann dieses festlegen, dass bestimmte Tätigkeiten von einer verringerten Anzahl der Mitglieder des Aufsichtskollegiums ausgeführt werden.

(4) Die Errichtung und die Funktionsweise des Aufsichtskollegiums werden durch Koordinierungsvereinbarungen zwischen der Gruppenaufsichtsbehörde und den anderen betroffenen Aufsichtsbehörden geregelt.

(5) [1]Bei Meinungsverschiedenheiten über Koordinierungsvereinbarungen entscheidet die Gruppenaufsichtsbehörde. [2]Jedes Mitglied des Aufsichtskollegiums kann gemäß Artikel 19 der Verordnung (EU) Nr. 1094/2010 die Europäische Aufsichtsbehörde für das Versicherungswesen und die betriebliche Altersversorgung mit der Angelegenheit befassen und um Unterstützung bitten. [3]Die Gruppenaufsichtsbehörde trifft ihre Entscheidung im Einklang mit der Entscheidung der Europäischen Aufsichtsbehörde für das Versicherungswesen und die betriebliche Altersversorgung. [4]Die Gruppenaufsichtsbehörde übermittelt den anderen zuständigen Aufsichtsbehörden ihre Entscheidung.

(6) In den Koordinierungsvereinbarungen nach Absatz 4 sind Verfahren festzulegen für

1. die Entscheidungsfindung zwischen den betroffenen Aufsichtsbehörden nach den §§ 262 bis 264 und den §§ 279 und 280 sowie
2. die Konsultation gemäß Absatz 5 und § 284 Absatz 4.

(7) Zusätzlich können die Koordinierungsvereinbarungen Verfahren zur Anhörung der betroffenen Aufsichtsbehörden insbesondere gemäß den §§ 245 bis 249, 251 bis 253, 258, 273 bis 275, 277, 285, 288 und 290 sowie die Zusammenarbeit mit anderen Aufsichtsbehörden festlegen.

(8) In den Koordinierungsvereinbarungen können der Gruppenaufsichtsbehörde, den übrigen betroffenen Aufsichtsbehörden oder der Europäischen Aufsichtsbehörde für das Versicherungswesen und die betriebliche Altersversorgung zusätzliche Aufgaben übertragen werden, sofern dadurch die Aufsicht über eine Gruppe effizienter gestaltet wird und die Aufsichtstätigkeiten der Mitglieder des Aufsichtskollegiums im Hinblick auf ihre individuellen Zuständigkeiten nicht beeinträchtigt werden.

§ 284 Zusammenarbeit bei der Gruppenaufsicht

(1) [1]Die für die Beaufsichtigung der Versicherungsunternehmen einer Gruppe zuständigen Aufsichtsbehörden und die Gruppenaufsichtsbehörde arbeiten eng zusammen, insbesondere in Fällen, in denen sich ein Versicherungsunternehmen in finanziellen Schwierigkeiten befindet. [2]Ist ein Versicherungsunternehmen direkt oder indirekt mit einem Kreditinstitut oder einem Wertpapierhandelsunternehmen verbunden oder haben diese Unternehmen ein gemeinsames beteiligtes Unternehmen, so arbeiten die Aufsichtsbehörden im Sinne des Satzes 1 und die für die Beaufsichtigung dieser anderen Unternehmen zuständigen Behörden eng zusammen.

(2) [1]Die Aufsichtsbehörden übermitteln sich untereinander unverzüglich alle Informationen, die ihnen die Erfüllung ihrer Aufsichtspflichten im Rahmen der Richtlinie 2009/138/EG erleichtern. [2]Die Gruppenaufsichtsbehörde übermittelt den betroffenen Aufsichtsbehörden und der Europäischen Aufsichtsbehörde für das Versicherungswesen und die betriebliche Altersversorgung alle Informationen gemäß § 11 Absatz 2, den §§ 40, 47 Nummer 6 und § 282 Absatz 2 hinsichtlich der Gruppe, insbesondere hinsichtlich der Rechts-, Governance- und Organisationsstruktur der Gruppe.

(3) Hat eine Aufsichtsbehörde relevante Informationen nicht übermittelt, ein Ersuchen um Zusammenarbeit abgelehnt oder innerhalb von zwei Wochen nicht reagiert, können die betroffenen Aufsichtsbehörden die Europäische Aufsichtsbehörde für das Versicherungswesen und die betriebliche Altersversorgung mit der Angelegenheit befassen.

(4) Hat ein beteiligtes Unternehmen gemäß § 250 Absatz 4 der Gruppenaufsichtsbehörde mitgeteilt, dass die Solvabilitätskapitalanforderung der Gruppe nicht mehr bedeckt ist oder die Gefahr besteht, dass dieser Fall innerhalb der nächsten drei Monate

eintritt, informiert die Gruppenaufsichtsbehörde die übrigen Aufsichtsbehörden des Aufsichtskollegiums.

(5) Treten außergewöhnliche Umstände ein oder sind sie bereits eingetreten, beruft die Aufsichtsbehörde als für die Beaufsichtigung eines einzelnen Versicherungsunternehmens einer Gruppe zuständige Aufsichtsbehörde oder als Gruppenaufsichtsbehörde unverzüglich eine Sitzung aller Aufsichtsbehörden im Sinne des Absatzes 1 Satz 1 ein, insbesondere, wenn sie

1. einen wesentlichen Verstoß gegen die Solvabilitätskapitalanforderung oder einen Verstoß gegen die Mindestkapitalanforderung eines Versicherungsunternehmens feststellt oder
2. einen wesentlichen Verstoß gegen die Solvabilitätskapitalanforderung der Gruppe feststellt.

§ 285 Gegenseitige Konsultation der Aufsichtsbehörden

(1) [1]Vor jeder Entscheidung, die für die Aufsichtstätigkeit anderer Aufsichtsbehörden von Bedeutung ist, hört die Aufsichtsbehörde im Rahmen des Aufsichtskollegiums die anderen betroffenen Aufsichtsbehörden an über

1. die Genehmigung von Veränderungen in der Aktionärs-, Organisations- oder Leitungsstruktur eines Versicherungsunternehmens der Gruppe;
2. die Entscheidung über die Verlängerung der Frist für die Sanierung nach § 134 Absatz 3 bis 6;
3. bedeutende Sanktionen oder außergewöhnliche aufsichtsbehördliche Maßnahmen hinsichtlich eines Versicherungsunternehmens der Gruppe.

[2]Als außergewöhnliche Maßnahmen im Sinne des Satzes 1 Nummer 3 sind insbesondere die Festsetzung eines Kapitalaufschlags auf die Solvabilitätskapitalanforderung und eine Beschränkung der Verwendung des internen Modells anzusehen.

(2) [1]Für die Zwecke des Absatzes 1 Satz 1 Nummer 2 und 3 wird stets die Gruppenaufsichtsbehörde angehört. [2]Beruht eine Entscheidung auf Informationen, die von anderen Aufsichtsbehörden übermittelt wurden, so hören die betroffenen Aufsichtsbehörden einander ebenfalls vor dieser Entscheidung an.

(3) [1]Die Aufsichtsbehörde kann von der Anhörung anderer Aufsichtsbehörden absehen, wenn Eile geboten ist oder eine solche Anhörung die Wirksamkeit der Entscheidung beeinträchtigen könnte. [2]In diesem Fall setzt die Aufsichtsbehörde die anderen betroffenen Aufsichtsbehörden unverzüglich von ihrer Entscheidung in Kenntnis.

§ 286 Zusammenarbeit bei verbundenen Unternehmen

(1) [1]Ist ein Versicherungsunternehmen mit Sitz im Inland mit einem Versicherungsunternehmen, einem Kreditinstitut im Sinne der Richtlinie 2006/48/EG oder einer Wertpapierfirma im Sinne der Richtlinie 2004/39/EG in einem anderen Mitglied- oder Vertragsstaat unmittelbar oder mittelbar verbunden oder hat es mit einem solchen Unternehmen ein gemeinsames beteiligtes Unternehmen, übermittelt die Aufsichtsbehörde der Aufsichtsbehörde des anderen Mitglied- oder Vertragsstaats unverzüglich die Informationen, die dieser die Erfüllung der Aufsichtspflichten im Rahmen der Richtlinie 2009/138/EG ermöglichen oder erleichtern. [2]Zu den Informationen nach Satz 1 gehören insbesondere Informationen über Maßnahmen der Gruppe und der Aufsichtsbehörden sowie Informationen, die von der Gruppe bereitgestellt werden. [3]Auf Anfrage der Aufsichtsbehörde des anderen Mitglied- oder Vertragsstaats übermittelt die Aufsichtsbehörde darüber hinaus Informationen, die geeignet sind, die Beaufsichtigung nach den Richtlinien 2009/138/EG und 2002/87/EG zu ermöglichen oder zu erleichtern. [4]Die Aufsichtsbehörde übermittelt außerdem Informationen, soweit dies in delegierten

Rechtsakten der Europäischen Kommission gemäß Artikel 249 Absatz 3 der Richtlinie 2009/138/EG verlangt wird.

(2) Hat das Mutterunternehmen einer Gruppe seinen Sitz in Deutschland und ist die Aufsichtsbehörde nicht die Gruppenaufsichtsbehörde, so ist die Aufsichtsbehörde auf Ersuchen der Gruppenaufsichtsbehörde hin befugt, von dem Mutterunternehmen Auskünfte über alle Geschäftsangelegenheiten der Gruppe sowie Vorlage und Übersendung aller die Gruppe betreffenden Geschäftsunterlagen, die für die Wahrnehmung der in § 281 genannten Aufgaben und Befugnisse der Gruppenaufsichtsbehörde zweckdienlich sind, zu verlangen und an die Gruppenaufsichtsbehörde weiterzuleiten.

(3) Die Aufsichtsbehörde erkennt Entscheidungen gemäß Artikel 231 Absatz 3 oder 6 und gemäß Artikel 237 Absatz 3 der Richtlinie 2009/138/EG einer Aufsichtsbehörde eines anderen Mitglied- oder Vertragsstaats als Gruppenaufsichtsbehörde an und wendet diese an.

§ 287 Zwangsmaßnahmen

(1) [1]Erfüllt ein Versicherungsunternehmen einer Gruppe die Anforderungen der §§ 250 bis 272 an die Solvabilität der Gruppe nicht oder ist die Solvabilität der Gruppe gefährdet, obwohl es die Anforderungen einhält, oder gefährden gruppeninterne Transaktionen oder Risikokonzentrationen die Finanzlage des Versicherungsunternehmens, fordert die Aufsichtsbehörde das Versicherungsunternehmen auf, Maßnahmen zur unverzüglichen Bereinigung der Situation zu ergreifen. [2]Gleichzeitig verlangt die Gruppenaufsichtsbehörde entsprechende Maßnahmen von der Versicherungs-Holdinggesellschaft oder der gemischten Finanzholding-Gesellschaft.

(2) Ist die Aufsichtsbehörde Gruppenaufsichtsbehörde und befindet sich der Sitz der Versicherungs-Holdinggesellschaft, der gemischten Finanzholding-Gesellschaft oder des Versicherungsunternehmens in einem anderen Mitglied- oder Vertragsstaat, teilt sie der Aufsichtsbehörde des anderen Staats ihre Erkenntnisse mit, damit diese die notwendigen Maßnahmen einleiten kann.

(3) [1]Die Aufsichtsbehörde koordiniert ihre Zwangsmaßnahmen mit den anderen betroffenen Aufsichtsbehörden und der Gruppenaufsichtsbehörde, insbesondere in Fällen, in denen sich die Hauptverwaltung oder Hauptniederlassung einer Versicherungs-Holdinggesellschaft oder einer gemischten Finanzholding-Gesellschaft nicht am Ort ihres Sitzes befindet. [2]Dies gilt auch, wenn die Aufsichtsbehörde Gruppenaufsichtsbehörde ist.

Kapitel 4 Drittstaaten

§ 288 Mutterunternehmen mit Sitz in einem Drittstaat

(1) [1]Für ein Versicherungsunternehmen einer Gruppe, dessen Mutterunternehmen eine Versicherungs-Holdinggesellschaft, eine gemischte Finanzholding-Gesellschaft oder ein Versicherungsunternehmen mit Sitz in einem Drittstaat ist, muss festgestellt werden, ob es von der Aufsichtsbehörde des betreffenden Drittstaats in einer der Gruppenaufsicht in den Mitglied- oder Vertragsstaaten gleichwertigen Weise beaufsichtigt wird. [2]Die Feststellung erfolgt von Amts wegen oder auf Antrag eines der betroffenen Unternehmen. [3]Hat die Europäische Kommission einen delegierten Rechtsakt nach Artikel 260 Absatz 3 der Richtlinie 2009/138/EG in Bezug auf einen Drittstaat erlassen, wird dieser als verbindlich anerkannt.

(2) [1]Hat die Europäische Kommission keinen delegierten Rechtsakt über die Gleichwertigkeit des Aufsichtssystems des betreffenden Drittstaats erlassen, so trifft die Aufsichtsbehörde, wenn sie bei Anwendung der in § 279 Absatz 2 genannten Kriterien für

die Gruppenaufsicht zuständig wäre, die Feststellung im Sinne des Absatzes 1. [2]Sie hat vor ihrer Entscheidung die anderen betroffenen Aufsichtsbehörden und die Europäische Aufsichtsbehörde für das Versicherungswesen und die betriebliche Altersversorgung zu beteiligen.

(3) [1]Die Feststellung wird anhand der durch die Europäische Kommission nach Artikel 260 Absatz 2 der Richtlinie 2009/138/EG festgelegten Kriterien getroffen. [2]Die Gruppenaufsichtsbehörde ist an eine zuvor gegenüber einem Drittstaat getroffene Feststellung gebunden. [3]Dies gilt nicht, wenn eine erneute Prüfung erforderlich ist, weil sich das in Titel I Kapitel VI der Richtlinie 2009/138/EG beschriebene Aufsichtssystem oder das Aufsichtssystem des Drittstaats erheblich geändert hat.

(4) Ist die Aufsichtsbehörde betroffene Aufsichtsbehörde und ist sie mit der Feststellung nicht einverstanden, kann sie gemäß Artikel 19 der Verordnung (EU) Nr. 1094/2010 innerhalb von drei Monaten nach Mitteilung der Entscheidung durch die als Gruppenaufsichtsbehörde handelnde Behörde die Europäische Aufsichtsbehörde für das Versicherungswesen und die betriebliche Altersversorgung mit der Angelegenheit befassen und um Unterstützung bitten.

(5) [1]Wenn die Europäische Kommission in einem delegierten Rechtsakt nach Artikel 260 Absatz 5 der Richtlinie 2009/138/EG festgestellt hat, dass die Aufsichtsvorschriften eines Drittstaats vorläufig als gleichwertig gelten, ist während des in dem Rechtsakt genannten Zeitraums § 289 anzuwenden. [2]Dies gilt nicht, wenn ein Versicherungsunternehmen mit Sitz im Inland eine Bilanzsumme aufweist, die über der Bilanzsumme des Mutterunternehmens mit Sitz in einem Drittstaat liegt. [3]In diesem Fall übernimmt die als Gruppenaufsichtsbehörde handelnde Behörde die Aufgabe der Gruppenaufsichtsbehörde.

§ 289 Gleichwertigkeit

(1) Ist im Überprüfungsverfahren nach § 288 die gleichwertige Beaufsichtigung festgestellt worden, erkennt die Aufsichtsbehörde die im Drittstaat durchgeführte Gruppenaufsicht als verbindlich an.

(2) Die §§ 279 bis 287, 293 Absatz 1, § 298 Absatz 1, § 305 Absatz 1 Nummer 1, § 306 Absatz 1 Nummer 1 und § 309 gelten bei der Zusammenarbeit mit den Aufsichtsbehörden des Drittstaats entsprechend.

§ 290 Fehlende Gleichwertigkeit

(1) [1]Findet keine gleichwertige Beaufsichtigung im Sinne des § 288 statt, sind die §§ 250 bis 265 und 271 bis 285 sowie 309 entsprechend anzuwenden; Absatz 4 bleibt unberührt. [2]Die in den §§ 250 bis 265 und 271 bis 285 festgelegten allgemeinen Grundsätze und Berechnungsmethoden sind auf der Ebene der Versicherungs-Holdinggesellschaft, der gemischten Finanzholding-Gesellschaft oder des Drittstaats-Versicherungsunternehmens anzuwenden.

(2) [1]Handelt es sich bei dem Mutterunternehmen um eine Versicherungs-Holdinggesellschaft oder eine gemischte Finanzholding-Gesellschaft, wird diese ausschließlich für die Berechnung der Solvabilität der Gruppe wie ein Versicherungsunternehmen behandelt. [2]Die Solvabilitätskapitalanforderung wird nach Maßgabe des § 257 berechnet; die Eigenmittel, die zur Einhaltung der Solvabilitätskapitalanforderung herangezogen werden können, werden gemäß Teil 2 Kapitel 2 Abschnitt 2 Unterabschnitt 1 bestimmt.

(3) [1]Handelt es sich bei dem Mutterunternehmen um ein Versicherungsunternehmen eines Drittstaats, wird dieses ausschließlich für die Berechnung der Solvabilität der Gruppe wie ein Versicherungsunternehmen behandelt. [2]Die Solvabilitätskapitalanforderung wird nach Maßgabe des § 258 berechnet; die Eigenmittel, die zur Einhaltung der

Solvabilitätskapitalanforderung herangezogen werden können, werden gemäß Teil 2 Kapitel 2 Abschnitt 2 Unterabschnitt 1 bestimmt.

(4) [1]Die Aufsichtsbehörde kann nach Konsultation der anderen betroffenen Aufsichtsbehörden mit Zustimmung der Gruppenaufsichtsbehörde andere Methoden als die in den §§ 250 bis 265 und 271 bis 285 geregelten verwenden, wenn diese eine angemessene Beaufsichtigung der Versicherungsunternehmen der Gruppe gewährleisten. [2]Sie kann insbesondere die Gründung einer Versicherungs-Holdinggesellschaft oder einer gemischten Finanzholding-Gesellschaft mit Sitz in der Europäischen Gemeinschaft verlangen und die Vorschriften über die Beaufsichtigung von Gruppen auf die Versicherungsunternehmen der Gruppe anwenden, an deren Spitze diese Versicherungs-Holdinggesellschaft oder gemischte Finanzholding-Gesellschaft steht. [3]Es können nur Methoden gewählt werden, die der Erreichung der Ziele der Gruppenaufsicht dienlich sind. [4]Die Aufsichtsbehörde hat die anderen betroffenen Aufsichtsbehörden und die Europäische Kommission über die gewählten Methoden zu unterrichten.

(5) Für die Zusammenarbeit mit den Aufsichtsbehörden des Drittstaats gilt § 289 Absatz 2.

§ 291 Ebene der Beaufsichtigung

(1) Ist ein Mutterunternehmen mit Sitz in einem Drittstaat selbst Tochterunternehmen einer Versicherungs-Holdinggesellschaft oder gemischten Finanzholding-Gesellschaft mit Sitz außerhalb des Europäischen Wirtschaftsraums oder eines Drittstaats-Versicherungsunternehmens, wird die in § 288 genannte Überprüfung nur auf der Ebene des obersten Mutterunternehmens, das eine Drittstaats-Versicherungs-Holdinggesellschaft, eine gemischte Drittstaats-Finanzholding-Gesellschaft oder ein Drittstaats-Versicherungsunternehmen ist, vorgenommen.

(2) [1]Die Aufsichtsbehörde kann bei fehlender gleichwertiger Beaufsichtigung auf einer niedrigeren Ebene bei einem Mutterunternehmen von Versicherungsunternehmen eine erneute Überprüfung vornehmen, unabhängig davon, ob es sich dabei um eine Drittstaats-Versicherungs-Holdinggesellschaft, eine gemischte Drittstaats-Finanzholding-Gesellschaft oder ein Drittstaats-Versicherungsunternehmen handelt. [2]In diesem Fall erläutert die in § 288 Absatz 2 genannte Aufsichtsbehörde der Gruppe die Entscheidung. [3]§ 290 ist entsprechend anzuwenden.

Kapitel 5 Versicherungs-Holdinggesellschaften und gemischte Finanzholding-Gesellschaften

§ 292 Gruppeninterne Transaktionen

[1]Haben ein oder mehrere Versicherungsunternehmen eine gemischte Versicherungs-Holdinggesellschaft als Mutterunternehmen, unterliegen die gruppeninternen Transaktionen zwischen diesen Versicherungsunternehmen und der gemischten Versicherungs-Holdinggesellschaft der allgemeinen Aufsicht. [2]Die §§ 274, 284 bis 287, § 298 Absatz 1, § 305 Absatz 1 Nummer 1 und § 328 sind entsprechend anzuwenden.

§ 293 Aufsicht

(1) [1]Für Versicherungs-Holdinggesellschaften und gemischte Finanzholding-Gesellschaften gelten neben dem Absatz 3 die §§ 4, 16 bis 18, 23 bis 26, 29, 30, 32, 47 Nummer 1, 2 und 5 bis 7 sowie die §§ 303, 305, 306, 310 und 333 entsprechend; § 299 bleibt unberührt. [2]Für Unternehmen, die auch das Erst- oder Rückversicherungsgeschäft betreiben, gelten neben Absatz 2 nur die Vorschriften über die Beaufsichtigung von Erst- oder Rückversicherungsunternehmen.

(2) In den Fällen des § 287 kann die Aufsichtsbehörde die erforderlichen Maßnahmen auch gegenüber der jeweiligen Versicherungs-Holdinggesellschaft oder gemischten Finanzholding-Gesellschaft anordnen.

(3) [1]Die Aufsichtsbehörde kann Befugnisse, die Organen einer Versicherungs-Holdinggesellschaft oder gemischten Finanzholding-Gesellschaft nach Gesetz, Satzung oder Geschäftsordnung zustehen, ganz oder teilweise auf einen Sonderbeauftragten übertragen, wenn

1. Tatsachen vorliegen, aus denen sich ergibt, dass ein oder mehrere Geschäftsleiter oder ein oder mehrere Aufsichtsratsmitglieder die Voraussetzungen des § 24 nicht erfüllen, oder
2. die Versicherungs-Holdinggesellschaft oder gemischte Finanzholding-Gesellschaft nachhaltig gegen Bestimmungen dieses Gesetzes, des Versicherungsvertragsgesetzes, des Geldwäschegesetzes, der Verordnung (EU) Nr. 648/2012 oder gegen die zur Durchführung dieses Gesetzes erlassenen Rechtsverordnungen, die zur Durchführung der Verordnung (EU) Nr. 648/2012 oder der Richtlinie 2009/138/EG erlassenen Rechtsakte oder gegen Anordnungen der Aufsichtsbehörde verstoßen hat.

[2]§ 307 Absatz 1 Satz 2 und 3, Absatz 2 bis 4 ist entsprechend anzuwenden.

(4) Für Unternehmen mit Sitz im Inland, deren Haupttätigkeit der Erwerb und das Halten unmittelbarer oder mittelbarer Beteiligungen an Erst- oder Rückversicherungsunternehmen oder Pensionsfonds ist und die nicht bereits der Aufsicht nach diesem Gesetz unterliegen, gelten die Absätze 1 bis 3 entsprechend.

Teil 6 Aufsicht: Aufgaben und allgemeine Befugnisse, Organisation

Kapitel 1 Aufgaben und allgemeine Vorschriften

§ 294 Aufgaben

(1) Hauptziel der Beaufsichtigung ist der Schutz der Versicherungsnehmer und der Begünstigten von Versicherungsleistungen.

(2) [1]Die Aufsichtsbehörde überwacht den gesamten Geschäftsbetrieb der Versicherungsunternehmen im Rahmen einer rechtlichen Aufsicht im Allgemeinen und einer Finanzaufsicht im Besonderen. [2]Sie achtet dabei auf die Einhaltung der Gesetze, die für den Betrieb des Versicherungsgeschäfts gelten, und bei Erstversicherungsunternehmen zusätzlich auf die ausreichende Wahrung der Belange der Versicherten. [3]Dabei berücksichtigt sie in angemessener Weise die möglichen Auswirkungen ihrer Entscheidungen auf die Stabilität des Finanzsystems in den jeweils betroffenen Staaten des Europäischen Wirtschaftsraums. [4]Im Fall außergewöhnlicher Bewegungen an den Finanzmärkten berücksichtigt sie die potenziellen prozyklischen Effekte ihrer Maßnahmen.

(3) [1]Gegenstand der rechtlichen Aufsicht ist die ordnungsgemäße Durchführung des Geschäftsbetriebs einschließlich der Einhaltung der aufsichtsrechtlichen, der das Versicherungsverhältnis betreffenden und aller sonstigen die Versicherten betreffenden Vorschriften sowie der rechtlichen Grundlagen des Geschäftsplans. [2]Die rechtliche Aufsicht erstreckt sich auch auf die Einhaltung der im Bereich der betrieblichen Altersversorgung von Pensionskassen zu beachtenden arbeits- und sozialrechtlichen Vorschriften.

(4) Im Rahmen der Finanzaufsicht hat die Aufsichtsbehörde für die gesamte Geschäftstätigkeit auf die dauernde Erfüllbarkeit der Verpflichtungen aus den Versicherungen und hierbei insbesondere auf die Solvabilität sowie die langfristige Risikotrag-

fähigkeit des Versicherungsunternehmens, die Bildung ausreichender versicherungstechnischer Rückstellungen, die Anlage in entsprechenden geeigneten Vermögenswerten und die Einhaltung der kaufmännischen Grundsätze einschließlich einer ordnungsgemäßen Geschäftsorganisation und die Einhaltung der übrigen finanziellen Grundlagen des Geschäftsbetriebs zu achten.

(5) [1]Die Aufsichtsbehörde prüft und beurteilt regelmäßig die Strategien, Prozesse und Meldeverfahren, die ein Versicherungsunternehmen festgelegt hat, um die gemäß der Richtlinie 2009/138/EG oder gemäß der Richtlinie (EU) 2016/2341 erlassenen Rechts- und Verwaltungsvorschriften einzuhalten (aufsichtliches Überprüfungsverfahren). [2]Das aufsichtliche Überprüfungsverfahren umfasst die Bewertung

1. der qualitativen Anforderungen hinsichtlich der Geschäftsorganisation,
2. der Risiken, denen das Unternehmen ausgesetzt ist oder sein könnte, und
3. der Fähigkeit des Unternehmens, diese Risiken unter Berücksichtigung des jeweiligen Geschäftsumfelds zu beurteilen und ihnen standzuhalten.

[3]Die Aufsichtsbehörde legt die Mindesthäufigkeit und den Anwendungsbereich dieser Überprüfungen, Beurteilungen und Bewertungen unter Berücksichtigung von Art, Umfang und Komplexität der Tätigkeiten des betreffenden Versicherungsunternehmens fest. [4]Bei Pensionskassen berücksichtigt sie auch die Größenordnung der Tätigkeiten.

(6) [1]Die Aufsicht erstreckt sich über das Inland hinaus auf die in anderen Mitglied- oder Vertragsstaaten über Niederlassungen oder im Dienstleistungsverkehr ausgeübte Geschäftstätigkeit. [2]Dabei wird die Finanzaufsicht in alleiniger Zuständigkeit, die Aufsicht im Übrigen im Zusammenwirken mit der Aufsichtsbehörde des anderen Mitglied- oder Vertragsstaats wahrgenommen.

(7) Die Aufsicht hat sich auch auf die Liquidation eines Unternehmens und auf die Abwicklung der bestehenden Versicherungen zu erstrecken, wenn der Geschäftsbetrieb untersagt oder freiwillig eingestellt oder die Erlaubnis zum Geschäftsbetrieb widerrufen wird.

(8) Die Aufsichtsbehörden nimmt ihre Aufgaben und Befugnisse nur im öffentlichen Interesse wahr.

§ 295 Zuständige Behörde in Bezug auf EU-Verordnungen

(1) Die nach diesem Gesetz zuständige Aufsichtsbehörde ist für die der Aufsicht nach diesem Gesetz unterliegenden Unternehmen auch

1. sektoral zuständige Behörde im Sinne der Verordnung (EG) Nr. 1060/2009, in der jeweils geltenden Fassung, für die in den Geltungsbereich der Verordnung (EG) Nr. 1060/2009 einbezogenen Unternehmen,
2. zuständige Behörde im Sinne der Verordnung (EU) Nr. 1286/2014, in der jeweils geltenden Fassung, für die in den Geltungsbereich der Verordnung (EU) Nr. 1286/2014 einbezogenen Unternehmen,
3. zuständige Behörde im Sinne der Verordnung (EU) 2016/1011 in der jeweils geltenden Fassung, für die in den Geltungsbereich der Verordnung (EU) 2016/1011 einbezogenen Unternehmen,
4. zuständige Behörde im Sinne des Artikels 29 Absatz 4 und 5 der Verordnung (EU) 2017/2402 für die in den Geltungsbereich der Verordnung (EU) 2017/2402 einbezogenen Unternehmen.

(2) Die Aufsichtsbehörde ist zuständige Stelle nach Artikel 5 Absatz 1 der Richtlinie 2014/17/EU des Europäischen Parlaments und des Rates vom 4. Februar 2014 über Wohnimmobilienkreditverträge für Verbraucher und zur Änderung der Richtlinien 2008/48/EG und 2013/36/EU und der Verordnung (EU) Nr. 1093/2010 (ABl. L 60 vom

28.2.2014, S. 34; L 47 vom 20.2.2015, S. 34; L 246 vom 23.9.2015, S. 11) für die von ihr beaufsichtigten Unternehmen.

§ 296 Grundsatz der Verhältnismäßigkeit

(1) [1]Auf Versicherungsunternehmen, die keine Pensionskassen sind, wendet die Aufsichtsbehörde die Vorschriften dieses Gesetzes in einer Art und Weise an, die der Art, dem Umfang und der Komplexität der Risiken angemessen ist, die mit der Tätigkeit des jeweiligen Versicherungsunternehmens einhergehen. [2]Auf Pensionskassen wendet die Aufsichtsbehörde die Vorschriften dieses Gesetzes in einer Art und Weise an, die der Größenordnung, der Art, dem Umfang und der Komplexität der Tätigkeiten der jeweiligen Pensionskasse angemessen ist.

(2) Absatz 1 gilt für den Verordnungsgeber entsprechend, soweit dieses Gesetz zum Erlass von Rechtsverordnungen ermächtigt.

§ 297 Ermessen

(1) Die Aufsichtsbehörde trifft ihre Maßnahmen nach pflichtgemäßem Ermessen.

(2) [1]Kommen zur Abwehr einer Gefahr mehrere Mittel in Betracht, so genügt es, wenn eines davon bestimmt wird. [2]Dem Betroffenen ist auf Antrag zu gestatten, ein anderes ebenso wirksames Mittel anzuwenden, sofern die Belange der Versicherten dadurch nicht stärker beeinträchtigt werden.

§ 298 Allgemeine Aufsichtsbefugnisse

(1) [1]Gegenüber Erstversicherungsunternehmen, den Mitgliedern ihres Vorstands sowie sonstigen Geschäftsleitern und den die Erstversicherungsunternehmen kontrollierenden Personen kann die Aufsichtsbehörde alle Maßnahmen ergreifen, die geeignet und erforderlich sind, um Missstände zu vermeiden oder zu beseitigen. [2]Ein Missstand ist jedes Verhalten eines Versicherungsunternehmens, das den Aufsichtszielen des § 294 Absatz 2 widerspricht. [3]Missstände sind auch Schwächen oder Mängel, die die Aufsichtsbehörde im Rahmen des aufsichtlichen Überprüfungsverfahrens festgestellt hat.

(2) Gegenüber Rückversicherungsunternehmen, den Mitgliedern ihres Vorstands sowie sonstigen Geschäftsleitern oder den die Rückversicherungsunternehmen kontrollierenden Personen kann die Aufsichtsbehörde alle Maßnahmen ergreifen, die geeignet und erforderlich sind, um sicherzustellen, dass

1. die Gesetze, die für den Betrieb des Rückversicherungsgeschäfts gelten, und die aufsichtsbehördlichen Anordnungen eingehalten werden,
2. insbesondere die Rückversicherungsunternehmen jederzeit in der Lage sind, ihre Verpflichtungen aus den Rückversicherungsverhältnissen zu erfüllen, und
3. Schwächen oder Mängel beseitigt werden, die die Aufsichtsbehörde im Rahmen des aufsichtlichen Überprüfungsverfahrens festgestellt hat.

(3) Die Aufsichtsbehörde darf einen Rückversicherungs- oder Retrozessionsvertrag, den ein Versicherungsunternehmen mit einem Rückversicherungsunternehmen oder einem nach Artikel 14 der Richtlinie 2009/138/EG zugelassenen Erstversicherungsunternehmen geschlossen hat, nur aus Gründen zurückweisen, die sich nicht unmittelbar auf die finanzielle Solidität des anderen Unternehmens beziehen.

(4) *(aufgehoben)*

§ 299 Erweiterung der Aufsichtsbefugnisse

Die Aufsichtsbehörde kann Maßnahmen nach § 298 Absatz 1 oder 2 auch unmittelbar ergreifen gegenüber

1. anderen Unternehmen, auf die ein Versicherungsunternehmen Tätigkeiten ausgegliedert hat, und
2. Versicherungs-Holdinggesellschaften im Sinne des § 7 Nummer 31, gemischten Versicherungs-Holdinggesellschaften im Sinne des § 7 Nummer 11 und gemischten Finanzholding-Gesellschaften im Sinne des § 7 Nummer 10 sowie gegenüber den Personen, die die Geschäfte dieser Holdinggesellschaften tatsächlich führen.

§ 300 Änderung des Geschäftsplans

[1]Die Aufsichtsbehörde kann verlangen, dass ein Geschäftsplan vor Abschluss neuer Versicherungsverträge geändert wird. [2]Wenn es zur Wahrung der Belange der Versicherten notwendig erscheint, kann die Aufsichtsbehörde einen Geschäftsplan mit Wirkung für bestehende sowie für noch nicht abgewickelte Versicherungsverhältnisse ändern oder aufheben. [3]Die Sätze 1 und 2 gelten nicht für Rückversicherungsunternehmen.

§ 301 Kapitalaufschlag

(1) Die Aufsichtsbehörde kann einen Kapitalaufschlag auf die Solvabilitätskapitalanforderung für ein Versicherungsunternehmen nur festsetzen, wenn

1. das Risikoprofil des Versicherungsunternehmens erheblich von den Annahmen abweicht, die der Solvabilitätskapitalanforderung zugrunde liegen, die unter Verwendung der Standardformel berechnet wurde, und wenn die Forderung gemäß § 96 Absatz 2, ein internes Modell zu verwenden, unangemessen ist oder erfolglos war oder ein gemäß § 96 Absatz 2 gefordertes internes Voll- oder Partialmodell noch entwickelt wird,
2. das Risikoprofil des Versicherungsunternehmens erheblich von den Annahmen abweicht, die der Solvabilitätskapitalanforderung zugrunde liegen, die gemäß einem als Voll- oder Partialmodell verwendeten internen Modell berechnet wurde, weil bestimmte quantifizierbare Risiken nur unzureichend erfasst wurden und die Anpassung des Modells zwecks einer besseren Abbildung des tatsächlichen Risikoprofils innerhalb eines angemessenen Zeitrahmens fehlgeschlagen ist,
3. die Geschäftsorganisation eines Versicherungsunternehmens erheblich von den in Teil 2 Kapitel 1 Abschnitt 3 festgelegten Standards abweicht und wenn
   a) diese Abweichungen das Unternehmen daran hindern, die Risiken, denen es ausgesetzt ist oder ausgesetzt sein könnte, angemessen zu erkennen, zu messen, zu überwachen, zu steuern und über sie Bericht zu erstatten, und
   b) die Anwendung anderer Maßnahmen die Mängel wahrscheinlich nicht innerhalb eines angemessenen Zeitrahmens ausreichend beheben wird

   oder
4. das Versicherungsunternehmen die Matching-Anpassung gemäß § 80, die Volatilitätsanpassung gemäß § 82 oder die Übergangsmaßnahmen gemäß § 351 oder § 352 anwendet und die Aufsichtsbehörde zu dem Schluss gelangt, dass das Risikoprofil dieses Unternehmens erheblich von den Annahmen abweicht, die dieser Anpassung oder Übergangsmaßnahme zugrunde liegen.

(2) [1]In den in Absatz 1 Nummer 1 und 2 genannten Fällen wird der Kapitalaufschlag so berechnet, dass die Erfüllung der Anforderungen des § 97 Absatz 2 durch das Unternehmen sichergestellt ist. [2]In den in Absatz 1 Nummer 3 genannten Fällen muss der Kapitalaufschlag proportional zu den wesentlichen Risiken sein, die mit den Mängeln einhergehen und die zu der Entscheidung der Aufsichtsbehörde geführt haben, den Kapitalaufschlag festzusetzen. [3]In den in Absatz 1 Nummer 4 genannten Fällen muss der Kapitalaufschlag proportional zu den wesentlichen Risiken sein, die sich aus den dort bezeichneten Abweichungen ergeben.

(3) Die Festsetzung eines Kapitalaufschlags entbindet in den in Absatz 1 Nummer 2 und 3 genannten Fällen das Versicherungsunternehmen nicht davon, die festgestellten Mängel zu beheben; die Aufsichtsbehörde ergreift, soweit erforderlich, weitere Maßnahmen zur Beseitigung des Missstands.

(4) Der Kapitalaufschlag wird von der Aufsichtsbehörde mindestens einmal jährlich überprüft; er wird aufgehoben, sobald das Unternehmen die ihm zugrunde liegenden Mängel beseitigt hat.

(5) [1]Die Solvabilitätskapitalanforderung einschließlich des vorgeschriebenen Kapitalaufschlags ersetzt die unzureichende Solvabilitätskapitalanforderung. [2]Bei der Berechnung der Risikomarge nach § 78 bleibt ein gemäß Absatz 1 Nummer 3 festgesetzter Kapitalaufschlag außer Betracht.

§ 302 Untersagung einer Beteiligung

(1) [1]Ist ein Erstversicherungsunternehmen an einem anderen Unternehmen, das nicht der Aufsicht unterliegt, beteiligt und ist die Beteiligung nach ihrer Art oder ihrem Umfang geeignet, das Versicherungsunternehmen zu gefährden, so kann die Aufsichtsbehörde dem Versicherungsunternehmen die Fortsetzung der Beteiligung untersagen oder nur unter der Bedingung gestatten, dass sich das Unternehmen nach § 341k des Handelsgesetzbuchs sowie nach den §§ 35 und 36 dieses Gesetzes auf seine Kosten oder auf Kosten des Versicherungsunternehmens prüfen lässt. [2]Verweigert das Unternehmen dies oder ergeben sich bei der Prüfung Bedenken gegen die Beteiligung, so hat die Aufsichtsbehörde dem Versicherungsunternehmen die Fortsetzung zu untersagen.

(2) Als Beteiligung im Sinne des Absatzes 1 gilt es auch, wenn ein Vorstands- oder Aufsichtsratsmitglied des Versicherungsunternehmens auf die Geschäftsführung eines anderen Unternehmens maßgebenden Einfluss ausübt oder auszuüben in der Lage ist.

§ 303 Abberufung von Personen mit Schlüsselaufgaben, Verwarnung

(1) [1]Die Aufsichtsbehörde kann eine Person, die ein Versicherungsunternehmen tatsächlich leitet oder für andere Schlüsselaufgaben in einem Versicherungsunternehmen verantwortlich ist, verwarnen, wenn das Versicherungsunternehmen gegen Bestimmungen dieses Gesetzes, des Versicherungsvertragsgesetzes, des Geldwäschegesetzes, der Verordnung (EU) Nr. 648/2012, gegen Artikel 4 Absatz 1 bis 5 oder Artikel 15 der Verordnung (EU) 2015/2365, gegen Artikel 16 Absatz 1 bis 4, Artikel 23 Absatz 3 Satz 1, Absatz 5, 6 oder 10, Artikel 28 Absatz 2 oder Artikel 29 der Verordnung (EU) 2016/1011, gegen die Artikel 6, 7, 9, 18 bis 26 oder 27 Absatz 1 oder 4 der Verordnung (EU) 2017/2402, gegen die zur Durchführung dieses Gesetzes erlassenen Rechtsverordnungen, die zur Durchführung der Verordnung (EU) Nr. 648/2012, des Artikels 4 Absatz 1 bis 5 der Verordnungen (EU) 2015/2365, (EU) 2016/1011, (EU) 2017/2402 oder der Richtlinie 2009/138/EG erlassenen Rechtsakte oder gegen Anordnungen der Aufsichtsbehörde verstößt. [2]Gegenstand der Verwarnung ist die Feststellung des entscheidungsrelevanten Sachverhalts und des hierdurch begründeten Verstoßes.

(2) Die Aufsichtsbehörde kann die Abberufung einer Person, die ein Versicherungsunternehmen tatsächlich leitet oder für andere Schlüsselaufgaben in einem Versicherungsunternehmen verantwortlich ist, verlangen und dieser Person die Ausübung ihrer Tätigkeit untersagen, wenn

1. Tatsachen vorliegen, aus denen sich ergibt, dass die Person die Voraussetzungen des § 24 nicht erfüllt,
2. die Person als Geschäftsleiter vorsätzlich oder leichtfertig gegen die Bestimmungen dieses Gesetzes, mit Ausnahme der Vorschriften des Teils 2 Kapitel 1 Abschnitt 6, des Versicherungsvertragsgesetzes, der Verordnung (EU) Nr. 648/2012, gegen Artikel 4 Absatz 1 bis 5 oder Artikel 15 der Verordnung (EU) 2015/2365, gegen Arti-

kel 16 Absatz 1 bis 4, Artikel 23 Absatz 3 Satz 1, Absatz 5, 6 oder 10, Artikel 28 Absatz 2 oder Artikel 29 der Verordnung (EU) 2016/1011, gegen die Artikel 6, 7, 9, 18 bis 26 oder 27 Absatz 1 oder 4 der Verordnung (EU) 2017/2402, gegen die zur Durchführung dieses Gesetzes erlassenen Rechtsverordnungen, die zur Durchführung der Verordnung (EU) Nr. 648/2012, des Artikels 4 Absatz 1 bis 5 der Verordnungen (EU) 2015/2365, (EU) 2016/1011, (EU) 2017/2402 oder der Richtlinie 2009/138/EG erlassenen Rechtsakte oder gegen Anordnungen der Aufsichtsbehörde verstoßen hat und sie trotz Verwarnung durch die Aufsichtsbehörde dieses Verhalten fortsetzt,

3. der Person als Aufsichtsratsmitglied wesentliche Verstöße des Unternehmens gegen die Grundsätze einer ordnungsgemäßen Geschäftsführung wegen sorgfaltswidriger Ausübung ihrer Überwachungs- und Kontrollfunktion verborgen geblieben sind oder sie nicht alles Erforderliche zur Beseitigung festgestellter Verstöße veranlasst hat und sie dieses Verhalten trotz Verwarnung durch die Aufsichtsbehörde fortsetzt oder
4. die Person vorsätzlich oder fahrlässig gegen die Bestimmungen des Teils 2 Kapitel 1 Abschnitt 6 dieses Gesetzes, gegen das Geldwäschegesetz oder gegen die zur Durchführung dieser Vorschriften erlassenen Verordnungen oder vollziehbaren Anordnungen verstoßen hat, sofern die Verstöße schwerwiegend, wiederholt oder systematisch sind.

(3) Wenn das Gericht auf Antrag des Aufsichtsrats ein Aufsichtsratsmitglied abzuberufen hat, kann dieser Antrag bei Vorliegen der Voraussetzungen nach Absatz 2 Nummer 1 oder 2 auch von der Aufsichtsbehörde gestellt werden, wenn der Aufsichtsrat dem Abberufungsverlangen der Aufsichtsbehörde nicht nachgekommen ist.

§ 303a Tätigkeitsverbot für natürliche Personen

In den Fällen des § 304 Absatz 3 Nummer 3 oder des § 308 c Absatz 1 kann die Aufsichtsbehörde auch einer für den Verstoß verantwortlichen natürlichen Person, die zum Zeitpunkt des Verstoßes nicht Geschäftsleiter ist, vorübergehend für einen Zeitraum von bis zu zwei Jahren eine künftige Tätigkeit als Geschäftsleiter bei Versicherungsunternehmen und Pensionsfonds untersagen.

§ 304 Widerruf der Erlaubnis

(1) [1]Die Erlaubnis zum Geschäftsbetrieb ist zu widerrufen,

1. soweit das Versicherungsunternehmen ausdrücklich auf sie verzichtet,
2. wenn das Versicherungsunternehmen die Mindestkapitalanforderung nicht erfüllt und die Aufsichtsbehörde der Auffassung ist, dass der vorgelegte Finanzierungsplan offensichtlich unzureichend ist oder es dem Unternehmen nicht gelingt, innerhalb von drei Monaten nach Feststellung der Nichtbedeckung der Mindestkapitalanforderung den genehmigten Finanzierungsplan zu erfüllen,
3. wenn das Versicherungsunternehmen gemäß § 229 von dem Sicherungsfonds ausgeschlossen wurde oder
4. wenn das Insolvenzverfahren eröffnet ist.

[2]Der Widerruf der Erlaubnis steht den im Rahmen des Insolvenzverfahrens erforderlichen Rechtshandlungen des Versicherungsunternehmens nicht entgegen.

(2) Die Erlaubnis soll widerrufen werden, wenn das Versicherungsunternehmen seit der Erteilung innerhalb von zwölf Monaten von ihr keinen Gebrauch gemacht hat oder seit mehr als sechs Monaten den Geschäftsbetrieb eingestellt hat.

(3) Die Aufsichtsbehörde kann die Erlaubnis ganz oder teilweise widerrufen, wenn

1. das Unternehmen die Voraussetzungen für die Erteilung der Erlaubnis nicht mehr erfüllt,
2. das Unternehmen in schwerwiegender Weise Verpflichtungen verletzt, die ihm nach dem Gesetz, mit Ausnahme der Vorschriften des Teils 2 Kapitel 1 Abschnitt 6, oder dem Geschäftsplan obliegen,
3. das Unternehmen nachhaltig gegen Artikel 4 oder Artikel 15 der Verordnung (EU) 2015/2365 oder sich auf diese Bestimmungen beziehende Anordnungen der Aufsichtsbehörde verstößt oder
4. das Unternehmen schwerwiegend, wiederholt oder systematisch gegen die Bestimmungen des Teils 2 Kapitel 1 Abschnitt 6 dieses Gesetzes oder gegen das Geldwäschegesetz oder gegen die zur Durchführung dieser Vorschriften erlassenen Verordnungen oder vollziehbaren Anordnungen der Aufsichtsbehörde verstößt.

(4) [1]Die Aufsichtsbehörde unterrichtet die Aufsichtsbehörden aller übrigen Mitglied- oder Vertragsstaaten, in denen das Unternehmen seine Geschäftstätigkeit ausübt, und die Europäische Aufsichtsbehörde für das Versicherungswesen und die betriebliche Altersversorgung über den Widerruf der Erlaubnis. [2]Allein oder zusammen mit diesen Behörden trifft sie alle Maßnahmen, die geeignet sind, die Belange der Versicherten eines Erstversicherungsunternehmens oder die Interessen der Vorversicherer eines Rückversicherungsunternehmens zu wahren. [3]Insbesondere kann sie die freie Verfügung über die Vermögensgegenstände des Unternehmens einschränken oder untersagen sowie die Vermögensverwaltung geeigneten Personen übertragen.

(5) Nach dem Widerruf der Erlaubnis dürfen keine neuen Versicherungsverträge mehr abgeschlossen und früher abgeschlossene weder erhöht noch verlängert werden.

(6) [1]Bei Versicherungsvereinen auf Gegenseitigkeit wirkt der Widerruf der Erlaubnis für den gesamten Geschäftsbetrieb wie ein Auflösungsbeschluss. [2]Auf Anzeige der Aufsichtsbehörde wird der Widerruf in das Handelsregister eingetragen.

(7) § 48 Absatz 4 Satz 1 und § 49 Absatz 2 Satz 2 des Verwaltungsverfahrensgesetzes über die Jahresfrist sind nicht anzuwenden.

§ 305[1)] Befragung, Auskunftspflicht

(1) Die Aufsichtsbehörde ist befugt,

1. von den Versicherungsunternehmen, den Mitgliedern ihrer Organe, ihren Beschäftigten sowie den die Unternehmen kontrollierenden Personen Auskünfte über alle Geschäftsangelegenheiten sowie Vorlage oder Übersendung aller Geschäftsunterlagen, im Einzelfall insbesondere der allgemeinen Versicherungsbedingungen, der Tarife, der Formblätter und sonstigen Druckstücke, die das Versicherungsunternehmen im Verkehr mit den Versicherungsnehmern oder den abgebenden Versicherungsunternehmen (Vorversicherern) verwendet, sowie der Unternehmensverträge und der Verträge über Ausgliederungen zu verlangen und
2. von einem in die Gruppenaufsicht nach Teil 5 einbezogenen Versicherungsunternehmen und den in Nummer 1 genannten Personen Auskünfte und die Vorlage von Unterlagen über die Geschäftsangelegenheiten zu verlangen, die der Gruppenaufsicht dienlich sind; übermittelt das Versicherungsunternehmen diese Informationen trotz Aufforderung nicht innerhalb einer angemessenen Frist, so kann die Aufsichtsbehörde auch von allen anderen der Gruppe angehörigen Unternehmen die Auskünfte sowie Übersendung oder Vorlage der Unterlagen verlangen.

(2) Die Aufsichtsbehörde hat die Rechte nach Absatz 1 Nummer 1 auch gegenüber

---

1) § 305 Abs. 7 angefügt durch Gesetz vom 12.12.2019 (BGBl. I S. 2602).

1. Personen und Unternehmen, die als Versicherungsvertreter oder Versicherungsmakler an ein Versicherungsunternehmen Versicherungsverträge vermitteln oder vermittelt haben, soweit es für die Beurteilung des Geschäftsbetriebs und der Vermögenslage des Versicherungsunternehmens oder der Erfüllung der Pflichten nach den §§ 53 bis 56 oder den Vorschriften des Geldwäschegesetzes durch ein Versicherungsunternehmen im Sinne des § 52 bedeutsam ist;
2. Personen und Unternehmen, auf die ein Versicherungsunternehmen Funktionen oder Tätigkeiten ausgegliedert hat sowie seinen Abschlussprüfern und unabhängigen Treuhändern im Sinne dieses Gesetzes oder des Versicherungsvertragsgesetzes; die Auskunftspflicht der Abschlussprüfer beschränkt sich auf Tatsachen, die ihnen im Rahmen der Abschlussprüfung bekannt geworden sind;
3. Personen und Unternehmen, die eine Beteiligungsabsicht nach § 17 Absatz 1 Nummer 1 angezeigt haben oder die im Rahmen eines Erlaubnisantrags nach § 9 als Inhaber bedeutender Beteiligungen angegeben werden;
4. den Inhabern einer bedeutenden Beteiligung an einem Versicherungsunternehmen und den von ihnen kontrollierten Unternehmen;
5. Personen und Unternehmen, bei denen Tatsachen die Annahme rechtfertigen, dass es sich um Personen oder Unternehmen im Sinne der Nummer 4 handelt, und
6. Personen und Unternehmen, die mit einer Person oder einem Unternehmen im Sinne der Nummern 3 bis 5 nach § 15 des Aktiengesetzes verbunden sind.

(3) [1]Ein Unternehmen, bei dem feststeht oder Tatsachen die Annahme rechtfertigen, dass es unerlaubte Versicherungsgeschäfte (§ 308 Absatz 1 Satz 1) betreibt oder dass es in die Anbahnung, den Abschluss oder die Abwicklung unerlaubter Versicherungsgeschäfte einbezogen ist oder war, sowie die Mitglieder der Organe und die Gesellschafter und Beschäftigten eines solchen Unternehmens haben der Aufsichtsbehörde auf Verlangen Auskünfte über alle Geschäftsangelegenheiten zu erteilen und Unterlagen vorzulegen. [2]Mitglieder eines Organs, Gesellschafter sowie Beschäftigte haben auf Verlangen auch nach Ausscheiden aus dem Organ oder dem Unternehmen Auskunft zu erteilen und Unterlagen vorzulegen.

(4) Absatz 3 ist entsprechend anzuwenden, soweit

1. feststeht oder Tatsachen die Annahme rechtfertigen, dass Unternehmen oder Personen in die Anbahnung, den Abschluss oder die Abwicklung von Versicherungsgeschäften einbezogen sind, die in einem anderen Mitglied- oder Vertragsstaat oder in einem Drittstaat entgegen einem entsprechenden Verbot in diesem Staat erbracht werden, und
2. die zuständige Behörde des anderen Staats ein entsprechendes Ersuchen an die Aufsichtsbehörde stellt.

(5) Wer nach den Absätzen 1 bis 3 zur Erteilung einer Auskunft verpflichtet ist, kann die Auskunft auf solche Fragen verweigern, deren Beantwortung ihn selbst oder einen der in § 383 Absatz 1 Nummer 1 bis 3 der Zivilprozessordnung bezeichneten Angehörigen der Gefahr strafrechtlicher Verfolgung oder eines Verfahrens nach dem Gesetz über Ordnungswidrigkeiten aussetzen würde.

(6) [1]Die Aufsichtsbehörde darf einzelne Daten aus der Datei nach § 24c Absatz 1 Satz 1 des Kreditwesengesetzes abrufen, soweit dies zur Erfüllung ihrer aufsichtlichen Aufgaben nach diesem Gesetz, insbesondere im Hinblick auf unerlaubt betriebene Versicherungsgeschäfte, erforderlich ist und besondere Eilbedürftigkeit im Einzelfall vorliegt. [2]§ 24c Absatz 4 des Kreditwesengesetzes ist entsprechend anzuwenden.

(7) [1]Soweit es zur Erteilung von Auskünften und zur Vorlage von Unterlagen erforderlich ist, dürfen die gemäß den Absätzen 1 bis 3 auskunfts- und vorlagepflichtigen

Personen und Unternehmen Gesundheitsdaten im Sinne des Artikels 4 Nummer 15 der Verordnung (EU) 2016/679 verarbeiten. [2]Die allgemeinen datenschutzrechtlichen Vorschriften bleiben unberührt. [3]§ 22 Absatz 2 des Bundesdatenschutzgesetzes gilt entsprechend.

§ 305a Befugnisse und Maßnahmen gegen beaufsichtigte Kontributoren und Verwender von Indizes im Sinne der Verordnung (EU) 2016/1011

(1) [1]Die Aufsichtsbehörde kann Personen, die an der Bereitstellung eines Referenzwerts im Sinne der Verordnung (EU) 2016/1011 beteiligt sind oder dazu beitragen, laden und vernehmen, soweit dies auf Grund von Anhaltspunkten für die Überwachung der Einhaltung eines Verbots oder Gebots der Verordnung (EU) 2016/1011 erforderlich ist. [2]Gesetzliche Auskunfts- oder Aussageverweigerungsrechte sowie gesetzliche Verschwiegenheitspflichten bleiben unberührt.

(2) [1]Die Aufsichtsbehörde kann von beaufsichtigten Unternehmen im Sinne des Artikels 3 Absatz 1 Nummer 17 der Verordnung (EU) 2016/1011 die Herausgabe von in deren Besitz befindlichen, bereits existierenden

1. Aufzeichnungen von Telefongesprächen,
2. elektronischen Mitteilungen oder
3. Verkehrsdaten im Sinne des § 3 Nummer 30 des Telekommunikationsgesetzes

verlangen, soweit dies auf Grund von Anhaltspunkten für die Überwachung der Einhaltung eines Verbots oder Gebots nach Artikel 16 Absatz 1 bis 4, Artikel 23 Absatz 3 Satz 1, Absatz 5, 6 und 10, Artikel 28 Absatz 2 und Artikel 29 der Verordnung (EU) 2016/1011 erforderlich ist. [2]Das Briefgeheimnis sowie das Post- und Fernmeldegeheimnis nach Artikel 10 des Grundgesetzes werden insoweit eingeschränkt.

(3) Im Falle eines Verstoßes gegen Vorschriften der Verordnung (EU) 2016/1011 sowie gegen auf deren Grundlage erlassene delegierte Rechtsakte und Durchführungsrechtsakte der Europäischen Kommission kann die Aufsichtsbehörde zur Verhinderung weiterer Verstöße für einen Zeitraum von bis zu zwei Jahren die Einstellung der den Verstoß begründenden Handlungen oder Verhaltensweisen verlangen.

(4) [1]Die Aufsichtsbehörde kann die Beschlagnahme von Vermögenswerten beantragen, soweit dies zur Durchsetzung der Verbote und Gebote der Verordnung (EU) 2016/1011 geboten ist. [2]Maßnahmen nach Satz 1 sind durch den Richter anzuordnen. [3]Zuständig ist das Amtsgericht Frankfurt am Main. [4]Gegen eine richterliche Entscheidung ist die Beschwerde zulässig; die §§ 306 bis 310 und 311a der Strafprozessordnung gelten entsprechend.

(5) [1]Die Aufsichtsbehörde kann Anordnungen treffen, die zur Durchsetzung der Verbote und Gebote der Verordnung (EU) 2016/1011 sowie der auf deren Grundlage erlassenen delegierten Rechtsakte und Durchführungsrechtakte der Europäischen Kommission geeignet und erforderlich sind. [2]Insbesondere kann sie

1. von Kontributoren, die an Spotmärkten tätig sind und dabei Daten zur Erstellung eines Rohstoff-Referenzwertes bereitstellen, Auskünfte und die Meldung von Geschäften verlangen, soweit dies zur Überwachung der Einhaltung der Gebote und Verbote der Verordnung (EU) 2016/1011 in Bezug auf diese Rohstoff-Referenzwerte erforderlich ist;
2. bei einem Verstoß gegen die Artikel 16, 23 Absatz 3 Satz 1, Absatz 5, 6 und 10, Artikel 28 Absatz 2 und Artikel 29 der Verordnung (EU) 2016/1011 oder gegen eine Anordnung der Aufsichtsbehörde, die im Zusammenhang mit einer Untersuchung

betreffend die Einhaltung der Pflichten nach dieser Verordnung gemäß Absatz 1 oder 2 ergangen und vollziehbar ist,

a) von einem beaufsichtigten Unternehmen im Sinne des Artikels 3 Absatz 1 Nummer 17 dieser Verordnung eine dauerhafte Einstellung der den Verstoß begründenden Handlungen oder Verhaltensweisen sowie eine Verhinderung von deren Wiederholung verlangen;

b) bezüglich eines beaufsichtigten Unternehmens im Sinne des Artikels 3 Absatz 1 Nummer 17 dieser Verordnung eine Warnung unter Nennung der natürlichen oder juristischen Person oder der Personenvereinigung, die den Verstoß begangen hat, sowie der Art des Verstoßes veröffentlichen; § 319a Absatz 3 und 5 gilt entsprechend;

c) einer Person für einen Zeitraum von bis zu zwei Jahren die Wahrnehmung von Führungsaufgaben bei einem Administrator oder beaufsichtigten Kontributor untersagen, wenn diese den Verstoß vorsätzlich begangen hat und das Verhalten trotz Verwarnung durch die Aufsichtsbehörde fortsetzt.

§ 306 Betreten und Durchsuchen von Räumen; Beschlagnahme

(1) [1]Die Aufsichtsbehörde ist befugt,

1. auch ohne besonderen Anlass in den Geschäftsräumen der Versicherungsunternehmen Prüfungen des Geschäftsbetriebs vorzunehmen; dabei darf sie im Rahmen der Gruppenaufsicht nach Teil 5 Prüfungen der Informationen nach § 305 Absatz 1 Nummer 2 und § 284 auch bei dem Versicherungsunternehmen, das der Gruppenaufsicht unterliegt, bei verbundenen Unternehmen dieses Versicherungsunternehmens, bei Mutterunternehmen dieses Versicherungsunternehmens und bei verbundenen Unternehmen eines Mutterunternehmens dieses Versicherungsunternehmens vornehmen;
2. Prüfungen auch so vorzunehmen, dass sie an einer von dem Versicherungsunternehmen nach § 341k des Handelsgesetzbuchs veranlassten Prüfung teilnimmt und selbst die Feststellungen trifft, die sie für nötig hält; dies gilt nicht für Versicherungsunternehmen, die als kleinere Vereine anerkannt sind;
3. an von ihr durchgeführten Prüfungen nach den Nummern 1 und 2 Personen zu beteiligen, die nach § 341k in Verbindung mit § 319 des Handelsgesetzbuchs zu Abschlussprüfern bestimmt werden können, oder diese Personen mit der Durchführung von Prüfungen nach den Nummern 1 und 2 zu beauftragen; für diese Personen gilt die Bestimmung des § 323 des Handelsgesetzbuchs für Abschlussprüfer sinngemäß;
4. zu Sitzungen des Aufsichtsrats und Tagungen der Hauptversammlung oder der obersten Vertretung Vertreter zu entsenden, denen auf Verlangen das Wort zu erteilen ist und
5. die Einberufung der in Nummer 4 bezeichneten Sitzungen und Tagungen sowie die Ankündigung von Gegenständen zur Beschlussfassung zu verlangen.

[2]Im Hinblick auf eine Angleichung der bewährten Aufsichtspraktiken haben die Mitarbeiter der Europäischen Aufsichtsbehörde für das Versicherungswesen und die betriebliche Altersversorgung gemäß Artikel 21 Absatz 1 der Verordnung (EU) Nr. 1094/2010 des Europäischen Parlaments und des Rates vom 24. November 2010 zur Errichtung einer Europäischen Aufsichtsbehörde (Europäische Aufsichtsbehörde für das Versicherungswesen und die betriebliche Altersversorgung), zur Änderung des Beschlusses Nr. 716/2009/EG und zur Aufhebung des Beschlusses 2009/79/EG der Kommission (ABl. L 331 vom 15.12.2010, S. 48) das Recht, sich an Prüfungen der in der Richtlinie 2009/138/EG genannten Aufsichtskollegien in den Geschäftsräumen der Versicherungsunternehmen zu beteiligen, die gemeinsam von der Aufsichtsbehörde und

mindestens einer zuständigen Behörde eines anderen Mitglied- oder Vertragsstaats durchgeführt werden.

(2) [1]Die Aufsichtsbehörde hat die Rechte nach Absatz 1 Satz 1 Nummer 1 und 3 auch gegenüber

1. Personen und Unternehmen, die als Versicherungsvertreter oder Versicherungsmakler an ein Versicherungsunternehmen Versicherungsverträge vermitteln oder vermittelt haben,
2. Personen und Unternehmen, auf die ein Versicherungsunternehmen Funktionen oder Tätigkeiten ausgegliedert hat,
3. Personen und Unternehmen, die eine Beteiligungsabsicht nach § 17 Absatz 1 Nummer 1 angezeigt haben oder die im Rahmen eines Erlaubnisantrags nach § 9 als Inhaber bedeutender Beteiligungen angegeben werden,
4. den Inhabern einer bedeutenden Beteiligung an einem Versicherungsunternehmen und den von ihnen kontrollierten Unternehmen,
5. Personen und Unternehmen, bei denen Tatsachen die Annahme rechtfertigen, dass es sich um Personen oder Unternehmen im Sinne der Nummer 4 handelt, und
6. Personen und Unternehmen, die mit einer Person oder einem Unternehmen im Sinne der Nummern 3 bis 5 nach § 15 des Aktiengesetzes verbunden sind.

[2]Für die Fälle des Satzes 1 Nummer 1 gilt dies nur insoweit, als es für die Beurteilung des Geschäftsbetriebs und der Vermögenslage des Versicherungsunternehmens oder der Erfüllung der Pflichten nach den §§ 53 bis 56 oder den Vorschriften des Geldwäschegesetzes durch ein Versicherungsunternehmen im Sinne des § 52 bedeutsam ist. [3]Gegenüber den in Satz 1 Nummer 3 bis 6 genannten Personen und Unternehmen kann die Aufsichtsbehörde Maßnahmen nach Absatz 1 Satz 1 Nummer 4 und 5 ergreifen, wenn Anhaltspunkte für einen Untersagungsgrund nach § 18 Absatz 1 Nummer 1 bis 6 und Absatz 2 vorliegen.

(3) [1]Beabsichtigt die Aufsichtsbehörde in Wahrnehmung der Finanzaufsicht in den Geschäftsräumen einer Niederlassung nach § 58, einer Niederlassung eines Rückversicherungsunternehmens oder in den Geschäftsräumen eines Dienstleisters, auf den ein Versicherungsunternehmen Tätigkeiten ausgegliedert hat, durch eigenes Personal oder durch Beauftragte Prüfungen vorzunehmen, so unterrichtet sie hiervon die Aufsichtsbehörde des anderen Mitglied- oder Vertragsstaats. [2]Wird der Aufsichtsbehörde untersagt, ihr Recht auf Durchführung dieser Prüfungen vor Ort wahrzunehmen oder ist es ihr tatsächlich nicht möglich, an der Prüfung teilzunehmen, kann sie gemäß Artikel 19 der Verordnung (EU) Nr. 1094/2010 die Europäische Aufsichtsbehörde für das Versicherungswesen und die betriebliche Altersversorgung mit der Angelegenheit befassen und um Unterstützung bitten. [3]Die Aufsichtsbehörde kann die Prüfung eines Dienstleisters an die Aufsichtsbehörde des Mitglied- oder Vertragsstaats delegieren, in dem der Dienstleister ansässig ist.

(4) Soweit es zur Feststellung der Art oder des Umfangs der Geschäfte oder Tätigkeiten erforderlich ist, darf die Aufsichtsbehörde Prüfungen in den Räumen der gemäß § 305 Absatz 3 und 4 auskunfts- und vorlagepflichtigen Personen und Unternehmen vornehmen.

(5) [1]Die Bediensteten der Aufsichtsbehörde und die nach Absatz 1 Satz 1 Nummer 3 beteiligten oder beauftragten Personen dürfen für Prüfungen nach Absatz 1 Satz 1 Nummer 1 und 2 in den Fällen des Absatzes 1 Satz 1 Nummer 4 und des Absatzes 4 die Geschäftsräume des geprüften Unternehmens innerhalb der üblichen Betriebs- und Geschäftszeiten betreten und besichtigen, im Fall des Absatzes 4 auch durchsuchen. [2]Zur Verhütung dringender Gefahren für die öffentliche Sicherheit und Ordnung dürfen sie

diese Räume auch außerhalb der üblichen Betriebs- und Geschäftszeiten betreten und besichtigen; unter dieser Voraussetzung dürfen sie auch Räume betreten und besichtigen, die zugleich als Wohnung dienen.

(6) [1]Durchsuchungen

1. von Geschäftsräumen, außer bei Gefahr im Verzug, und
2. von Räumen, die zugleich als Wohnung dienen,

sind durch den Richter anzuordnen. [2]Zuständig ist das Amtsgericht, in dessen Bezirk sich die Räume befinden. [3]Gegen die richterliche Entscheidung ist die Beschwerde zulässig; die §§ 306 bis 310 und 311a der Strafprozessordnung sind entsprechend anzuwenden. [4]Über die Durchsuchung ist eine Niederschrift zu fertigen. [5]Sie muss die verantwortliche Dienststelle, den Grund, die Zeit und den Ort der Durchsuchung und ihr Ergebnis sowie, falls keine richterliche Anordnung ergangen ist, auch die Tatsachen enthalten, welche die Annahme einer Gefahr im Verzug begründet haben.

(7) Die Bediensteten der Aufsichtsbehörde können Gegenstände beschlagnahmen, die als Beweismittel für die Ermittlung des Sachverhalts von Bedeutung sein können.

(8) [1]Die Betroffenen haben Maßnahmen nach Absatz 1 Satz 1 Nummer 1 bis 3, Satz 2 sowie nach den Absätzen 2, 4, 5 und 7 zu dulden. [2]Das Grundrecht auf Unverletzlichkeit der Wohnung (Artikel 13 Absatz 1 des Grundgesetzes) wird insoweit eingeschränkt.

§ 307 Sonderbeauftragter

(1) [1]Die Aufsichtsbehörde kann Befugnisse eines Organs ganz oder teilweise auf einen Sonderbeauftragten übertragen. [2]Sie bestimmt, in welchem Umfang der Sonderbeauftragte anstelle der Organe des beaufsichtigten Unternehmens handeln darf. [3]Der Sonderbeauftragte muss unabhängig, zuverlässig und fachlich geeignet sein.

(2) [1]Der Sonderbeauftragte ist im Rahmen seiner Aufgaben berechtigt, von den Mitgliedern der Organe und den Beschäftigten des Unternehmens Auskünfte und die Vorlage von Unterlagen zu verlangen, an allen Sitzungen und Versammlungen der Organe und sonstiger Gremien des Unternehmens in beratender Funktion teilzunehmen, die Geschäftsräume des Unternehmens zu betreten, Einsicht in dessen Geschäftspapiere und Bücher zu nehmen und Nachforschungen anzustellen. [2]Die Organe und Organmitglieder haben den Sonderbeauftragten bei der Wahrnehmung seiner Aufgaben zu unterstützen. [3]Er ist gegenüber der Aufsichtsbehörde zur Auskunft über alle Erkenntnisse im Rahmen seiner Tätigkeit verpflichtet.

(3) [1]Die durch die Bestellung des Sonderbeauftragten entstehenden Kosten einschließlich der diesem zu gewährenden angemessenen Auslagen und der Vergütung trägt das beaufsichtigte Unternehmen. [2]Die Höhe der Vergütung setzt die Aufsichtsbehörde fest. [3]Die Aufsichtsbehörde schießt die Auslagen und die Vergütung auf Antrag des Sonderbeauftragten vor.

(4) [1]Bei fahrlässigem Handeln beschränkt sich die Ersatzpflicht des Sonderbeauftragten auf 1 Million Euro für eine Tätigkeit bei einem Versicherungsunternehmen. [2]Handelt es sich um eine Aktiengesellschaft, deren Aktien zum Handel im regulierten Markt zugelassen sind, beschränkt sich die Ersatzpflicht im Sinne des Satzes 1 auf 4 Millionen Euro. [3]Die Beschränkungen nach den Sätzen 1 und 2 gelten auch, wenn dem Sonderbeauftragten die Befugnisse mehrerer Organe übertragen worden sind oder er mehrere zum Ersatz verpflichtende Handlungen begangen hat.

§ 308 Unerlaubte Versicherungsgeschäfte

(1) [1]Werden ohne die nach § 8 Absatz 1 erforderliche Erlaubnis Versicherungsgeschäfte betrieben, wird die Geschäftstätigkeit entgegen § 61 Absatz 1 oder § 67 Absatz 1 aufgenommen oder entgegen § 62 Absatz 3 Satz 2 oder 3 oder § 169 Absatz 3

Satz 2 fortgeführt (unerlaubte Versicherungsgeschäfte), kann die Aufsichtsbehörde die sofortige Einstellung des Geschäftsbetriebs und die unverzügliche Abwicklung dieser Geschäfte gegenüber dem Unternehmen anordnen. [2]Sie kann für die Abwicklung Weisungen erlassen und eine geeignete Person als Abwickler bestellen.

(2) Die Aufsichtsbehörde kann ihre Maßnahmen nach Absatz 1 veröffentlichen, sofern diese unanfechtbar oder sofort vollziehbar sind; personenbezogene Daten dürfen nur veröffentlicht werden, soweit dies zur Gefahrenabwehr erforderlich ist.

(2a) [1]Ordnet die Bundesanstalt die Einstellung des Geschäftsbetriebs oder die Abwicklung der unerlaubten Geschäfte an, so stehen ihr bei juristischen Personen und Personenhandelsgesellschaften die in § 38 Absatz 1 und 2 des Kreditwesengesetzes genannten Rechte entsprechend zu. [2]Absatz 2 gilt entsprechend.

(3) Die Absätze 1 und 2 sind für Maßnahmen gegenüber den Mitgliedern der Organe und den Gesellschaftern des Unternehmens entsprechend anzuwenden.

(4) Die Befugnisse der Aufsichtsbehörde nach den Absätzen 1 bis 3 bestehen auch gegenüber dem Unternehmen und den in Absatz 3 genannten Personen, bei dem oder denen feststeht oder Tatsachen die Annahme rechtfertigen, dass das Unternehmen oder die Personen in die Anbahnung, den Abschluss oder die Abwicklung dieser Geschäfte einbezogen ist oder sind; dies gilt insbesondere gegenüber

1. Unternehmen, die für ein Unternehmen im Sinne des Absatzes 1 Verträge abschließen oder vermitteln, und
2. Unternehmen, die für ein solches Unternehmen Funktionen oder Tätigkeiten wahrnehmen.

(5) Der Abwickler ist zum Antrag auf Eröffnung eines Insolvenzverfahrens über das Vermögen des Unternehmens berechtigt.

(6) [1]Der Abwickler, den die Bundesanstalt bestellt, erhält von dieser eine angemessene Vergütung und Ersatz seiner Aufwendungen. [2]Die gezahlten Beträge sind der Bundesanstalt von dem betroffenen Unternehmen gesondert zu erstatten und auf Verlangen der Bundesanstalt vorzuschießen. [3]Die Bundesanstalt kann das betroffene Unternehmen anweisen, den von der Bundesanstalt festgesetzten Betrag im Namen der Bundesanstalt unmittelbar an den Abwickler zu leisten, wenn dadurch keine Beeinflussung der Unabhängigkeit des Abwicklers zu besorgen ist.

(7) [1]Soweit und solange Tatsachen die Annahme rechtfertigen, dass ein Unternehmen unerlaubte Versicherungsgeschäfte betreibt, kann die Aufsichtsbehörde die Öffentlichkeit unter Nennung des Namens oder der Firma des Unternehmens über den Verdacht informieren. [2]Satz 1 ist entsprechend anzuwenden, wenn ein Unternehmen unerlaubte Versicherungsgeschäfte zwar nicht betreibt, aber in der Öffentlichkeit einen entsprechenden Anschein erweckt. [3]Vor der Entscheidung über die Veröffentlichung der Information ist das Unternehmen anzuhören. [4]Stellen sich die von der Aufsichtsbehörde veröffentlichten Informationen als falsch oder die zugrunde liegenden Umstände als unrichtig wiedergegeben heraus, so informiert die Aufsichtsbehörde die Öffentlichkeit hierüber in der gleichen Art und Weise, in der sie die betreffende Information zuvor bekannt gegeben hat.

§ 308a Maßnahmen gegenüber PRIIP-Herstellern und PRIIP-Verkäufern

[1]Die Aufsichtsbehörde kann gegenüber jedem Versicherungsunternehmen, das über ein PRIIP im Sinne des Artikels 4 Nummer 3 der Verordnung (EU) Nr. 1286/2014 berät oder es verkauft oder das Hersteller von PRIIP im Sinne des Artikels 4 Nummer 4 der Verordnung (EU) Nr. 1286/2014 ist, alle Maßnahmen treffen, die geeignet und erforderlich sind, um die Einhaltung der Anforderungen der Verordnung (EU) Nr. 1286/2014

und der auf Grundlage dieser Verordnung erlassenen delegierten Rechtsakte der Europäischen Kommission und technischen Regulierungsstandards zu überwachen. [2]Insbesondere kann sie

1. bei einem Verstoß gegen Artikel 5 Absatz 1, die Artikel 6, 7 und 8 Absatz 1 bis 3, die Artikel 9, 10 Absatz 1, Artikel 13 Absatz 1, 3 und 4, die Artikel 14 und 19 der Verordnung (EU) Nr. 1286/2014 die Vermarktung, den Vertrieb oder den Verkauf des PRIIP vorübergehend oder dauerhaft untersagen,
2. die Bereitstellung eines Basisinformationsblattes untersagen, das nicht den Anforderungen der Artikel 6 bis 8 oder 10 der Verordnung (EU) Nr. 1286/2014 genügt, und
3. den Hersteller von PRIIP verpflichten, eine neue Fassung des Basisinformationsblattes zu veröffentlichen, sofern die veröffentlichte Fassung nicht den Anforderungen der Artikel 6 bis 8 oder 10 der Verordnung (EU) Nr. 1286/2014 genügt, und
4. bei einem Verstoß gegen eine der in Nummer 1 genannten Vorschriften auf ihrer Internetseite eine Warnung unter Nennung des verantwortlichen Versicherungsunternehmens sowie der Art des Verstoßes veröffentlichen.

§ 308b Maßnahmen hinsichtlich der Vergabe von Wohnimmobilien-Darlehen; Verordnungsermächtigung

[1]Die Aufsichtsbehörde kann nach Anhörung der Spitzenverbände der Unternehmen im Wege der Allgemeinverfügung Beschränkungen bei der Vergabe von Darlehen zum Bau oder zum Erwerb von im Inland belegenen Wohnimmobilien festlegen, wenn und soweit dies erforderlich ist, um einer Störung der Funktionsfähigkeit des inländischen Finanzsystems oder einer Gefährdung der Finanzstabilität im Inland entgegenzuwirken. [2]§ 48u Absatz 1 Satz 2 bis 5 und Absatz 2 bis 4 des Kreditwesengesetzes gilt entsprechend. [3]Das Bundesministerium der Finanzen wird ermächtigt, für Unternehmen, die nicht der Aufsicht durch die Aufsichtsbehörden der Länder unterliegen, nach Anhörung der Spitzenverbände der Unternehmen durch Rechtsverordnung, die nicht der Zustimmung des Bundesrates bedarf, nähere Regelungen nach Maßgabe des entsprechend anzuwendenden § 48u Absatz 5 Nummer 1 bis 5 des Kreditwesengesetzes zu erlassen.

§ 308c Maßnahmen bei Verstößen gegen die Verordnung (EU) 2017/2402

(1) Verstößt ein nach diesem Gesetz beaufsichtigtes Unternehmen als Originator oder ursprünglicher Kreditgeber gegen die Anforderungen der Artikel 6, 7, 9, 18 bis 26 oder 27 Absatz 1 oder 4 der Verordnung (EU) 2017/2402, kann die Aufsichtsbehörde anordnen, dass die den Verstoß begründenden Handlungen oder Verhaltensweisen dauerhaft eingestellt werden, sowie verlangen, dass deren Wiederholung verhindert wird.

(2) Wird eine Verbriefung als STS-Verbriefung im Sinne des Artikels 18 der Verordnung (EU) 2017/2402 bezeichnet und hat ein Originator, Sponsor oder eine Verbriefungszweckgesellschaft gegen eine der Anforderungen der Artikel 19 bis 26 der Verordnung (EU) 2017/2402 verstoßen oder macht ein Originator eine irreführende Meldung nach Artikel 27 Absatz 1 dieser Verordnung, kann die Aufsichtsbehörde vorübergehend verbieten, dass ein beaufsichtigtes Unternehmen als Originator gemäß Artikel 27 Absatz 1 dieser Verordnung meldet, dass seine Verbriefungen die Anforderungen der Artikel 19 bis 22 oder der Artikel 23 bis 26 dieser Verordnung erfüllen.

§ 309[1] Verschwiegenheitspflicht

(1) [1]Die bei den Versicherungsaufsichtsbehörden beschäftigten oder von ihnen beauftragten Personen sowie die Mitglieder des Versicherungsbeirats dürfen bei ihrer Tä-

1) § 309 Abs. 11 neu gefasst durch Gesetz vom 20.11.2019 (BGBl. I S. 1626).

tigkeit erhaltene vertrauliche Informationen an keine andere Person oder Behörde weitergeben. [2]Dies gilt auch für andere Personen, die durch dienstliche Berichterstattung Kenntnis von den in Satz 1 genannten Informationen erhalten. [3]Die Sätze 1 und 2 gelten nicht für die Weitergabe von Informationen in zusammengefasster oder allgemeiner Form, bei der die einzelnen Versicherungsunternehmen nicht zu erkennen sind.

(2) [1]Die Schweigepflicht nach Absatz 1 Satz 1 verbietet nicht den Informationsaustausch mit den zuständigen Behörden anderer Mitglied- oder Vertragsstaaten. [2]Für die dabei erhaltenen Informationen gilt die Schweigepflicht nach Absatz 1 Satz 1.

(3) [1]Ein Austausch von Informationen mit zuständigen Behörden von Drittstaaten ist nur zulässig, wenn der Schutz der mitzuteilenden Informationen durch das Berufsgeheimnis mindestens ebenso gewährleistet ist wie nach dieser Vorschrift. [2]Dieser Informationsaustausch muss der Erfüllung der aufsichtsrechtlichen Aufgaben dieser Behörden dienen. [3]Wenn die Informationen, die ein Mitgliedstaat einem Drittstaat mitzuteilen hat, aus einem anderen Mitgliedstaat stammen, dürfen sie nur mit ausdrücklicher Zustimmung der Aufsichtsbehörde dieses Mitgliedstaats und dann nur für die Zwecke weitergegeben werden, denen diese Behörde zugestimmt hat.

(4) Die Aufsichtsbehörden dürfen Informationen, die sie auf Grund der Absätze 1 und 2 erhalten, nur verwenden

1. zur Prüfung des Antrags eines Versicherungsunternehmens auf Erteilung der Erlaubnis,
2. zur Überwachung der Tätigkeit eines Versicherungsunternehmens, einer Gruppe oder eines Finanzkonglomerats,
3. für Anordnungen der Aufsichtsbehörde sowie zur Verfolgung und Ahndung von Ordnungswidrigkeiten durch die Aufsichtsbehörde,
4. im Rahmen eines Verwaltungsverfahrens über Rechtsbehelfe gegen eine Entscheidung der Aufsichtsbehörde und
5. im Rahmen von Verfahren vor Verwaltungsgerichten, Insolvenzgerichten, Strafverfolgungsbehörden oder für Straf- und Bußgeldsachen zuständigen Gerichten.

(5) Die Schweigepflicht nach Absatz 1 Satz 1 verbietet insbesondere nicht die Weitergabe von Informationen an

1. Strafverfolgungsbehörden oder für Straf- und Bußgeldsachen zuständige Gerichte,
2. kraft Gesetzes oder im öffentlichen Auftrag mit der Überwachung von Versicherungsunternehmen, Versicherungsvermittlern, Kreditinstituten, Kapitalverwaltungsgesellschaften, extern verwalteten Investmentgesellschaften, EU-Verwaltungsgesellschaften oder ausländischen AIF-Verwaltungsgesellschaften, Finanzunternehmen, der Finanzmärkte oder des Zahlungsverkehrs oder mit der Geldwäscheprävention betraute Stellen sowie von diesen beauftragte Personen,
3. mit der Liquidation oder Insolvenz eines Versicherungsunternehmens, eines Kreditinstituts, eines Finanzdienstleistungsinstituts, einer Investmentgesellschaft oder eines anderen Finanzinstituts befasste Stellen,
4. mit der gesetzlichen Prüfung der Rechnungslegung von Versicherungsunternehmen, Kreditinstituten, Kapitalverwaltungsgesellschaften, extern verwalteten Investmentgesellschaften, EU-Verwaltungsgesellschaften oder ausländischen AIF-Verwaltungsgesellschaften oder Finanzunternehmen betraute Personen sowie Stellen, welche die vorgenannten Personen beaufsichtigen,
5. Zentralbanken,
6. die Europäische Zentralbank, die Zentralbanken des Europäischen Systems der Zentralbanken und andere Stellen mit einer ähnlichen Funktion in ihrer Eigenschaft

als Währungsinstitutionen, die Europäische Aufsichtsbehörde für das Versicherungswesen und die betriebliche Altersversorgung, die Europäische Bankenaufsichtsbehörde, die Europäische Wertpapier- und Marktaufsichtsbehörde, den Gemeinsamen Ausschuss der Europäischen Aufsichtsbehörden, den Europäischen Ausschuss für Systemrisiken oder die Europäische Kommission,

7. Behörden, die für die Aufsicht über Zahlungs- und Abwicklungssysteme zuständig sind,
8. Einrichtungen zur Verwaltung von Sicherungsfonds,
9. parlamentarische Untersuchungsausschüsse nach § 1 des Untersuchungsausschussgesetzes auf Grund einer Entscheidung über ein Ersuchen nach § 18 Absatz 2 des Untersuchungsausschussgesetzes,
10. das Bundesverfassungsgericht,
11. den Bundesrechnungshof, sofern sich sein Untersuchungsauftrag auf die Entscheidungen und sonstigen Tätigkeiten der Bundesanstalt nach diesem Gesetz oder delegierten Rechtsakten auf Grund der Richtlinie 2009/138/EG bezieht,
12. Verwaltungsgerichte in verwaltungsrechtlichen Streitigkeiten, in denen die Bundesanstalt Beklagte ist, mit Ausnahme von Klagen nach dem Informationsfreiheitsgesetz,

soweit diese Stellen die Informationen zur Erfüllung ihrer Aufgaben benötigen.

(6) In einer Krisensituation, insbesondere einer Krisensituation, wie sie in Artikel 18 der Verordnung (EU) Nr. 1094/2010 beschrieben ist, können Informationen unverzüglich an die Europäische Zentralbank, an die Zentralbanken des Europäischen Systems der Zentralbanken und an den Europäischen Ausschuss für Systemrisiken weitergegeben werden, soweit diese Stellen die Informationen zur Erfüllung ihrer Aufgaben benötigen.

(7) Die Schweigepflicht nach Absatz 1 Satz 1 verbietet nicht den Informationsaustausch mit allen Unternehmen, die einer Gruppe im Sinne des § 7 Nummer 13 angehören, auch wenn es sich um Informationen von anderen gruppenangehörigen Unternehmen handelt.

(8) [1]Für die bei den in Absatz 5 Nummer 1 bis 8 und 10 bis 12 genannten Stellen beschäftigten Personen, die von diesen Stellen beauftragten Personen und die Mitglieder der in Absatz 5 Nummer 9 genannten Ausschüsse gilt die Schweigepflicht nach Absatz 1 Satz 1 entsprechend. [2]Befindet sich eine in Absatz 5 Nummer 1 bis 8 und 12 genannte Stelle in einem anderen Staat, so dürfen die Informationen nur weitergegeben werden, wenn die bei dieser Stelle beschäftigten und von dieser Stelle beauftragten Personen einer dem Absatz 1 Satz 1 entsprechenden Schweigepflicht unterliegen. [3]Die Stelle eines Drittstaats ist darauf hinzuweisen, dass die übermittelten Informationen zu keinem anderen Zweck verwendet werden dürfen. [4]Informationen, die aus einem anderen Staat stammen, dürfen nur mit ausdrücklicher Zustimmung der zuständigen Stellen, die diese Informationen mitgeteilt haben, und nur für solche Zwecke weitergegeben werden, denen diese Stellen zugestimmt haben.

(9) [1]Die §§ 93, 97, 105 Absatz 1, § 111 Absatz 5 in Verbindung mit § 105 Absatz 1 sowie § 116 Absatz 1 der Abgabenordnung gelten nicht für die in Absatz 1 bezeichneten Personen, soweit diese zur Durchführung dieses Gesetzes tätig werden. [2]Dies gilt nicht, soweit die Finanzbehörden die Kenntnisse für die Durchführung eines Verfahrens wegen einer Straftat sowie eines damit zusammenhängenden Besteuerungsverfahrens benötigen.

(10) [1]Vertrauliche Informationen, die die Aufsichtsbehörde von den in Absatz 2 Satz 1 und Absatz 5 Nummer 2 bis 7 genannten Stellen erhalten hat, dürfen im Wege der dienstlichen Berichterstattung nach Absatz 1 Satz 2 nur dann weitergegeben werden,

wenn das Einverständnis der zuständigen Behörde vorliegt, die die Informationen erteilt hat. [2]Gleiches gilt für Informationen, die bei der Durchführung einer örtlichen Prüfung einer Niederlassung in einem anderen Mitglied- oder Vertragsstaat erlangt wurden; in diesem Fall ist das Einverständnis der zuständigen Behörde des Mitglied- oder Vertragsstaats, in dem die örtliche Prüfung durchgeführt wurde, erforderlich.

(11) Die allgemeinen datenschutzrechtlichen Vorschriften bleiben unberührt.

§ 310[1)] Nebenbestimmungen; Ausschluss der aufschiebenden Wirkung

(1) Verwaltungsakte nach diesem Gesetz oder nach einer auf Grund dieses Gesetzes erlassenen Rechtsverordnung können mit Nebenbestimmungen versehen werden.

(2) Widerspruch und Anfechtungsklage gegen Maßnahmen und Entscheidungen der Aufsichtsbehörde einschließlich der Androhung und Festsetzung von Zwangsmitteln nach § 18 Absatz 1 und 2, den §§ 20, 36, 66a, 134 Absatz 7, § 135 Absatz 3 sowie den §§ 264 und 298 in Verbindung mit den §§ 15, 294 Absatz 6 und § 295 sowie den §§ 301, 305 Absatz 3 und 6, § 306 Absatz 4, 5 und 7, den §§ 308, 312 sowie 314 haben keine aufschiebende Wirkung.

Kapitel 2 Sichernde Maßnahmen

§ 311 Anzeige der Zahlungsunfähigkeit

(1) [1]Sobald das Versicherungsunternehmen zahlungsunfähig wird, hat sein Vorstand dies der Aufsichtsbehörde anzuzeigen. [2]Dies gilt sinngemäß, wenn das Vermögen des Versicherungsunternehmens nicht mehr die Schulden deckt. [3]Diese Anzeigepflicht tritt an die Stelle der dem Vorstand durch andere gesetzliche Vorschriften auferlegten Pflicht, bei Zahlungsunfähigkeit oder Überschuldung die Eröffnung des Insolvenzverfahrens zu beantragen.

(2) [1]Bleiben bei Versicherungsvereinen auf Gegenseitigkeit und nach dem Gegenseitigkeitsgrundsatz arbeitenden öffentlich-rechtlichen Versicherungsunternehmen, bei denen Nachschüsse oder Umlagen zu leisten sind, ausgeschriebene Nachschüsse oder Umlagen fünf Monate über die Fälligkeit rückständig, so hat der Vorstand zu prüfen, ob sich, wenn die nicht bar eingegangenen Nachschüsse oder Umlagen außer Betracht bleiben, Überschuldung ergibt; ist dies der Fall, so hat er dies innerhalb eines Monats nach Ablauf der bezeichneten Frist der Aufsichtsbehörde anzuzeigen. [2]Die gleichen Pflichten haben die Liquidatoren.

§ 312 Eröffnung des Insolvenzverfahrens

(1) [1]Der Antrag auf Eröffnung des Insolvenzverfahrens über das Vermögen eines Versicherungsunternehmens kann nur von der Aufsichtsbehörde gestellt werden. [2]Die Antragsrechte nach § 3a Absatz 1, § 3d Absatz 2 und § 269d Absatz 2 der Insolvenzordnung stehen ausschließlich der Aufsichtsbehörde zu. [3]Die Einleitung eines Koordinationsverfahrens (§§ 269d bis 269i der Insolvenzordnung) entfaltet für die gruppenangehörigen Versicherungsunternehmen nur dann Wirkung, wenn die Aufsichtsbehörde sie beantragt oder ihr zugestimmt hat.

(2) [1]Zuständig für die Eröffnung eines Insolvenzverfahrens über das Vermögen eines Versicherungsunternehmens sind im Bereich des Europäischen Wirtschaftsraums allein die jeweiligen Behörden des Herkunftsstaats. [2]Wird in einem Mitglied- oder Vertragsstaat ein Insolvenzverfahren über das Vermögen eines Versicherungsunternehmens

1) § 310 Abs. 2 geändert durch Gesetz vom 25.3.2019 (BGBl. I S. 357).

eröffnet, so wird das Verfahren ohne Rücksicht auf die Voraussetzungen des § 343 Absatz 1 der Insolvenzordnung anerkannt.

(3) [1]Sekundärinsolvenzverfahren oder sonstige Partikularverfahren bezüglich der Versicherungsunternehmen, die ihren Sitz in einem anderen Mitglied- oder Vertragsstaat haben, sind nicht zulässig. [2]Dies gilt nicht in den Fällen des § 65 und nicht hinsichtlich der Niederlassungen von Versicherungsunternehmen eines Drittstaats gemäß § 68.

(4) [1]Das Insolvenzgericht hat den Eröffnungsbeschluss unverzüglich der Aufsichtsbehörde zu übermitteln, die unverzüglich die Aufsichtsbehörden der anderen Mitglied- oder Vertragsstaaten unterrichtet. [2]Erhält die Aufsichtsbehörde eine entsprechende Mitteilung der Aufsichtsbehörden eines Mitglied- oder Vertragsstaats, kann sie diese Entscheidung bekannt machen. [3]Unbeschadet der in § 30 der Insolvenzordnung vorgesehenen Bekanntmachung hat das Insolvenzgericht den Eröffnungsbeschluss auszugsweise im Amtsblatt der Europäischen Union zu veröffentlichen. [4]In den Bekanntmachungen gemäß § 30 der Insolvenzordnung und in der Veröffentlichung im Amtsblatt der Europäischen Union sind das zuständige Gericht, das maßgebliche Recht und der bestellte Insolvenzverwalter anzugeben.

(5) [1]Die Aufsichtsbehörde kann jederzeit vom Insolvenzgericht und vom Insolvenzverwalter Auskünfte über den Stand des Verfahrens verlangen. [2]Die Aufsichtsbehörde ist verpflichtet, die Aufsichtsbehörde eines anderen Mitglied- oder Vertragsstaats auf deren Verlangen über den Stand des Insolvenzverfahrens zu informieren.

(6) [1]Stellt die Aufsichtsbehörde den Antrag auf Eröffnung eines Insolvenzverfahrens über das Vermögen der Niederlassung eines Versicherungsunternehmens eines Drittstaats, so unterrichtet sie unverzüglich die Aufsichtsbehörden der Mitglied- oder Vertragsstaaten, in denen das Versicherungsunternehmen auch eine Niederlassung hat. [2]Die beteiligten Personen und Stellen bemühen sich um ein abgestimmtes Vorgehen.

§ 313 Unterrichtung der Gläubiger

(1) [1]Mit dem Eröffnungsbeschluss ist den Gläubigern ein Formblatt zu übersenden, das mit den Worten „Aufforderung zur Anmeldung und Erläuterung einer Forderung. [2]Fristen beachten!" und den entsprechenden Übersetzungen in sämtlichen Amtssprachen der Mitglied- oder Vertragsstaaten überschrieben ist. [3]Das Formblatt wird vom Bundesministerium der Justiz und für Verbraucherschutz im Bundesanzeiger veröffentlicht und enthält insbesondere folgende Angaben:

1. welche Fristen einzuhalten sind und welche Folgen deren Versäumung hat;
2. wer für die Entgegennahme der Anmeldung und Erläuterung einer Forderung zuständig ist;
3. welche weiteren Maßnahmen vorgeschrieben sind;
4. welche Bedeutung die Anmeldung der Forderung für bevorrechtigte oder dinglich gesicherte Gläubiger hat und inwieweit diese ihre Forderungen anmelden müssen;
5. die allgemeinen Wirkungen des Insolvenzverfahrens auf die Versicherungsverträge;
6. den Zeitpunkt, ab dem Versicherungsverträge oder -geschäfte keine Rechtswirkung mehr entfalten, und
7. die Rechte und Pflichten der Versicherten in Bezug auf den betreffenden Vertrag oder das entsprechende Geschäft.

(2) Ist ein bekannter Gläubiger mit gewöhnlichem Aufenthalt, Wohnsitz oder Sitz in einem anderen Mitglied- oder Vertragsstaat Inhaber einer Forderung als Versicherungsnehmer, Versicherter, Begünstigter oder geschädigter Dritter mit Direktanspruch gegen den Versicherer, so ist er in einer Amtssprache des Mitglied- oder Vertragsstaats zu unterrichten, in dem er seinen gewöhnlichen Aufenthalt oder seinen Wohnsitz oder Sitz hat.

(3) [1]Gläubiger mit gewöhnlichem Aufenthalt, Wohnsitz oder Sitz in einem anderen Mitglied- oder Vertragsstaat können ihre Forderung in einer Amtssprache dieses anderen Staats anmelden. [2]In diesem Fall muss die Anmeldung in deutscher Sprache mit den Worten „Anmeldung und Erläuterung einer Forderung" überschrieben sein.

(4) Der Insolvenzverwalter hat die Gläubiger regelmäßig in geeigneter Form über den Fortgang des Insolvenzverfahrens zu unterrichten.

§ 314 Zahlungsverbot; Herabsetzung von Leistungen

(1) [1]Ergibt sich bei der Prüfung der Geschäftsführung und der Vermögenslage eines Unternehmens, dass dieses dauerhaft nicht mehr imstande ist, seine Verpflichtungen zu erfüllen, die Vermeidung des Insolvenzverfahrens aber zum Besten der Versicherten geboten erscheint, so kann die Aufsichtsbehörde das hierzu Erforderliche anordnen, auch die Vertreter des Unternehmens auffordern, innerhalb bestimmter Fristen eine Änderung der Geschäftsgrundlagen oder sonst die Beseitigung der Mängel herbeizuführen. [2]Alle Arten von Zahlungen, besonders Versicherungsleistungen, Gewinnverteilungen und bei Lebensversicherungen der Rückkauf oder die Beleihung des Versicherungsscheins sowie Vorauszahlungen darauf, können zeitweilig verboten werden. [3]Die Vorschriften der Insolvenzordnung zum Schutz von Zahlungsabrechnungssystemen, Wertpapierliefersystemen und Wertpapierabrechnungssystemen sowie von dinglichen Sicherheiten der Zentralbanken und von Finanzsicherheiten sind entsprechend anzuwenden.

(2) [1]Unter der Voraussetzung nach Absatz 1 Satz 1 kann die Aufsichtsbehörde, wenn nötig, die Verpflichtungen eines Lebensversicherungsunternehmens aus seinen Versicherungen dem Vermögensstand entsprechend herabsetzen. [2]Dabei kann die Aufsichtsbehörde ungleichmäßig verfahren, wenn besondere Umstände dies rechtfertigen, insbesondere, wenn bei mehreren Gruppen von Versicherungen die Notlage des Unternehmens mehr in einer Gruppe als in einer anderen Gruppe begründet ist. [3]Bei der Herabsetzung werden, soweit Deckungsrückstellungen der einzelnen Versicherungsverträge bestehen, zunächst die Deckungsrückstellungen herabgesetzt und danach die Versicherungssummen neu festgestellt; ist dies nicht möglich, werden die Versicherungssummen unmittelbar herabgesetzt. [4]Die Pflicht der Versicherungsnehmer, die Versicherungsentgelte in der bisherigen Höhe weiterzuzahlen, wird durch die Herabsetzung nicht berührt.

(3) Die Maßnahmen nach den Absätzen 1 und 2 können auf eine selbständige Abteilung des Sicherungsvermögens (§ 125 Absatz 6) beschränkt werden.

§ 315 Behandlung von Versicherungsforderungen

(1) [1]Bei Befriedigung aus den Werten des Sicherungsvermögens nach § 126 Absatz 1 bis 3 haben

1. die Forderungen der Versicherten, Begünstigten oder geschädigten Dritten, die einen Direktanspruch gegen das Versicherungsunternehmen haben, und
2. Prämienrückzahlungsansprüche, wenn der Versicherungsvertrag vor der Eröffnung des Insolvenzverfahrens nicht zustande gekommen ist oder aufgehoben wurde,

in Höhe des Anteils am Sicherungsvermögen gemäß § 125 Absatz 2 Vorrang vor den Forderungen aller übrigen Insolvenzgläubiger. [2]Dabei sind die Bestände des Sicherungsvermögens nur so weit zu berücksichtigen, wie für sie die Zuführung zum Sicherungsvermögen nach § 125 Absatz 1 und 2, § 126 Absatz 3 sowie § 127 vorgeschrieben ist.

(2) Untereinander haben die gemäß Absatz 1 bevorrechtigten Forderungen denselben Rang.

§ 316 Erlöschen bestimmter Versicherungsverträge

[1]Durch die Eröffnung des Insolvenzverfahrens erlöschen

1. Lebensversicherungen,
2. Krankenversicherungen der in § 146 genannten Art,
3. private Pflegepflichtversicherungen nach § 148,
4. Unfallversicherungen der in § 161 genannten Art und
5. Rentenansprüche aus den in § 162 genannten Versicherungen.

[2]Die Anspruchsberechtigten können den auf sie zum Zeitpunkt der Eröffnung des Insolvenzverfahrens entfallenden Anteil an dem Mindestumfang des Sicherungsvermögens nach § 125 Absatz 2 fordern. [3]§ 315 Absatz 1 Satz 2 und Absatz 2 ist entsprechend anzuwenden.

§ 317 Pfleger im Insolvenzfall

(1) [1]Das Insolvenzgericht hat den Versicherten zur Wahrung ihrer Rechte nach den §§ 315 und 316 einen Pfleger zu bestellen. [2]Für die Pflegschaft tritt an die Stelle des Betreuungsgerichts das Insolvenzgericht.

(2) Der Pfleger hat den Umfang des vorhandenen Sicherungsvermögens festzustellen sowie die Ansprüche der Versicherten zu ermitteln und anzumelden.

(3) [1]Der Pfleger hat die Versicherten, soweit möglich, vor der Anmeldung anzuhören, sie nach der Anmeldung von dieser zu benachrichtigen und ihnen auf Verlangen auch sonst Auskunft über die Tatsachen zu geben, die für ihre Ansprüche erheblich sind. [2]Das Recht des einzelnen Versicherten, seinen Anspruch selbst anzumelden, bleibt unberührt. [3]Soweit die Anmeldung des Versicherten von der des Pflegers abweicht, gilt, bis die Abweichung beseitigt ist, die Anmeldung, die für den Versicherten günstiger ist.

(4) Der Insolvenzverwalter hat dem Pfleger die Einsicht in alle Bücher und Schriften des Schuldners zu gestatten und ihm auf Verlangen den Bestand des Sicherungsvermögens nachzuweisen.

(5) [1]Der Pfleger kann für die Führung seines Amts eine angemessene Vergütung verlangen. [2]Die ihm zu erstattenden Auslagen und die Vergütung fallen dem Sicherungsvermögen zur Last.

(6) Vor Bestellung des Pflegers und vor Festsetzung der Vergütung ist die Aufsichtsbehörde anzuhören.

Kapitel 3 Veröffentlichungen

§ 318 Veröffentlichungen

(1) Die Bundesanstalt veröffentlicht jährlich Mitteilungen über den Stand der ihrer Aufsicht unterstellten Versicherungsunternehmen sowie über ihre Wahrnehmungen auf dem Gebiet des Versicherungswesens.

(2) [1]Ebenso veröffentlicht sie

1. die Texte der Rechts- und Verwaltungsvorschriften auf dem Gebiet der Versicherungsaufsicht;
2. ihre Rechts- und Verwaltungsgrundsätze, insbesondere die Kriterien und Methoden des aufsichtlichen Überprüfungsverfahrens gemäß § 294 Absatz 5 und der Prognoserechnungen gemäß § 44;
3. die Art und Weise der Ausübung der in der Richtlinie 2009/138/EG vorgesehenen Optionen sowie

4. die Ziele der Beaufsichtigung und ihre Hauptfunktionen und -tätigkeiten.

[2]Die Angaben müssen ausreichend sein, um einen Vergleich der von den Aufsichtsbehörden in den verschiedenen Mitglied- oder Vertragsstaaten gewählten Aufsichtsansätze zu ermöglichen.

(3) Die Veröffentlichungen nach den Absätzen 1 und 2 müssen unter einer einzigen elektronischen Adresse abrufbar sein.

§ 319 Bekanntmachung von Maßnahmen

(1) [1]Die Bundesanstalt soll jede gegen ein ihrer Aufsicht unterstehendes Unternehmen oder gegen einen Geschäftsleiter eines Unternehmens verhängte und bestandskräftig gewordene Maßnahme, die sie wegen eines Verstoßes gegen dieses Gesetz oder den dazu erlassenen Rechtsverordnungen verhängt hat, und jede unanfechtbar gewordene Bußgeldentscheidung nach Maßgabe der Absätze 2 und 3 unverzüglich auf ihren Internetseiten öffentlich bekannt machen und dabei auch Informationen zu Art und Charakter des Verstoßes mitteilen, soweit dies unter Abwägung der betroffenen Interessen zur Beseitigung oder Verhinderung von Missständen geboten ist. [2]Die Rechte der Bundesanstalt nach § 308 Absatz 2 bleiben unberührt.

(2) [1]Die Bundesanstalt hat eine bestandskräftig gewordene Maßnahme oder eine unanfechtbar gewordene Bußgeldentscheidung auf anonymer Basis bekannt zu machen, wenn eine Bekanntmachung nach Absatz 1

1. das Persönlichkeitsrecht natürlicher Personen verletzt oder eine Bekanntmachung personenbezogener Daten aus sonstigen Gründen unverhältnismäßig wäre,
2. die Stabilität der Finanzmärkte der Bundesrepublik Deutschland oder eines oder mehrerer Mitgliedstaaten des Europäischen Wirtschaftsraums oder den Fortgang einer strafrechtlichen Ermittlung erheblich gefährden würde oder
3. den beteiligten Unternehmen oder natürlichen Personen einen unverhältnismäßig großen Schaden zufügen würde.

[2]Abweichend von Satz 1 kann die Bundesanstalt in den Fällen von Satz 1 Nummer 2 und 3 so lange von der Bekanntmachung nach Absatz 1 absehen, bis die Gründe für eine Bekanntmachung auf anonymer Basis weggefallen sind. [3]Eine Bekanntmachung darf nicht erfolgen, wenn die Maßnahmen nach Satz 1 nicht ausreichend sind, um eine Gefährdung der Finanzmarktstabilität auszuschließen oder um die Verhältnismäßigkeit der Bekanntmachung sicherzustellen.

(3) [1]Eine Bekanntmachung soll fünf Jahre auf der Internetseite der Bundesanstalt veröffentlicht bleiben. [2]Abweichend von Satz 1 sind personenbezogene Daten zu löschen, sobald die Bekanntmachung nicht mehr erforderlich ist.

§ 319a Bekanntmachung von Maßnahmen und Sanktionen wegen Verstößen gegen die Verordnung (EU) 2015/2365, die Verordnung (EU) 2016/1011 oder die Verordnung (EU) 2017/2402

(1) Die Aufsichtsbehörde macht Entscheidungen über Maßnahmen und Sanktionen, die wegen Verstößen gegen die Verordnung (EU) 2015/2365 oder die Verordnung (EU) 2016/1011 oder auf diesen Verordnungen basierende delegierte Rechtsakte erlassen wurden, auf ihrer Internetseite unverzüglich nach Unterrichtung der natürlichen oder juristischen Person, gegen die die Maßnahme oder Sanktion verhängt wurde, bekannt.

(2) In der Bekanntmachung benennt die Aufsichtsbehörde die Vorschrift, gegen die verstoßen wurde, und die für den Verstoß verantwortliche natürliche oder juristische Person oder Personenvereinigung.

(3) Ist die Bekanntmachung der Identität einer von der Entscheidung betroffenen juristischen Person oder der personenbezogenen Daten einer natürlichen Person unverhältnismäßig oder würde die Bekanntmachung laufende Ermittlungen oder die Stabilität der Finanzmärkte gefährden, so

1. schiebt die Aufsichtsbehörde die Bekanntmachung der Entscheidung auf, bis die Gründe für das Aufschieben weggefallen sind,
2. macht die Aufsichtsbehörde die Entscheidung ohne Nennung der Identität oder der personenbezogenen Daten bekannt, wenn hierdurch ein wirksamer Schutz der Identität oder der betreffenden personenbezogenen Daten gewährleistet ist, oder
3. macht die Aufsichtsbehörde die Entscheidung nicht bekannt, wenn eine Bekanntmachung gemäß den Nummern 1 und 2 nicht ausreichend wäre, um sicherzustellen, dass
   a) die Stabilität der Finanzmärkte nicht gefährdet wird oder
   b) die Verhältnismäßigkeit der Bekanntmachung gewahrt bleibt.

(4) [1]Bei nicht bestands- oder nicht rechtskräftigen Entscheidungen fügt die Aufsichtsbehörde einen entsprechenden Hinweis hinzu. [2]Wird gegen die bekannt zu machende Entscheidung ein Rechtsbehelf eingelegt, so ergänzt die Aufsichtsbehörde die Bekanntmachung unverzüglich um einen Hinweis auf den Rechtsbehelf sowie um alle weiteren Informationen über das Ergebnis des Rechtsbehelfsverfahrens.

(5) [1]Eine Bekanntmachung nach Absatz 1 ist fünf Jahre nach ihrer Bekanntmachung zu löschen. [2]Abweichend von Satz 1 sind personenbezogene Daten zu löschen, sobald ihre Bekanntmachung nicht mehr erforderlich ist.

(6) Bei bestandskräftigen Maßnahmen und unanfechtbar gewordenen Bußgeldentscheidungen, die wegen eines Verstoßes gegen die Artikel 6, 7, 9 oder 27 Absatz 1 der Verordnung (EU) 2017/2402 erlassen wurden, gelten die Absätze 1 bis 3 und 5 mit der Maßgabe entsprechend, dass die Bekanntmachung auch die verhängten Maßnahmen und Bußgeldentscheidungen umfasst und in der Verhältnismäßigkeitsprüfung nach Absatz 3 geprüft wird, ob die Bekanntmachung den beteiligten Personen einen unverhältnismäßigen Schaden zufügen würde.

Kapitel 4 Zuständigkeit

Abschnitt 1 Bundesaufsicht

§ 320 Bundesanstalt für Finanzdienstleistungsaufsicht

(1) Die Bundesanstalt beaufsichtigt

1. die privaten Versicherungsunternehmen und Pensionsfonds, die im Inland ihren Sitz oder eine Niederlassung haben oder auf andere Weise das Versicherungs- oder das Pensionsfondsgeschäft betreiben,
2. die Versicherungs-Holdinggesellschaften im Sinne des § 7 Nummer 31, die Versicherungs-Zweckgesellschaften im Sinne des § 168 und die Sicherungsfonds im Sinne des § 223 sowie
3. die öffentlich-rechtlichen Wettbewerbs-Versicherungsunternehmen, die über das Gebiet eines Landes hinaus tätig sind.

(2) [1]Gehört ein unter Aufsicht eines Landes stehendes Erstversicherungsunternehmen einem Finanzkonglomerat im Sinne des § 1 Absatz 2 des Finanzkonglomerate-Aufsichtsgesetzes an, geht mit Eintritt der Bestandskraft der Feststellung nach § 11 Absatz 1 Satz 1 des Finanzkonglomerate-Aufsichtsgesetzes, dass die Unternehmensgruppe, der dieses Erstversicherungsunternehmen angehört, ein Finanzkonglomerat ist, die Aufsicht

über dieses Erstversicherungsunternehmen auf die Bundesanstalt über; die zuständige Landesbehörde ist rechtzeitig über die Feststellung zu unterrichten. [2]Hebt die Bundesanstalt die Feststellung auf oder gehört das betreffende Erstversicherungsunternehmen dem Finanzkonglomerat nicht mehr an, kann die Bundesanstalt die Aufsicht über dieses Erstversicherungsunternehmen mit Zustimmung der zuständigen Landesbehörde wieder auf diese übertragen.

(3) Die Bundesanstalt führt die Fachaufsicht über die Einrichtungen der in § 140 Absatz 1 des Siebten Buches Sozialgesetzbuch genannten Art, wenn diese Einrichtungen über das Gebiet eines Landes hinaus tätig sind.

§ 321 Übertragung der Aufsicht auf eine Landesaufsichtsbehörde

(1) Das Bundesministerium der Finanzen kann auf Antrag der Bundesanstalt die Aufsicht über private Versicherungsunternehmen von geringerer wirtschaftlicher Bedeutung, über Pensionsfonds und über öffentlichrechtliche Wettbewerbs-Versicherungsunternehmen mit Zustimmung der zuständigen Landesaufsichtsbehörde auf diese übertragen.

(2) Auch nach Übertragung der Aufsicht kann das Bundesministerium der Finanzen die Aufsicht über Unternehmen im Sinne des Absatzes 1 wieder der Bundesanstalt übertragen, insbesondere, wenn die Unternehmen größere wirtschaftliche Bedeutung erlangt haben.

§ 322 Übertragung der Aufsicht auf die Bundesanstalt

(1) Die Fachaufsicht über ein öffentlich-rechtliches Wettbewerbs-Versicherungsunternehmen, dessen Tätigkeit sich auf das Gebiet eines Landes beschränkt, kann auf Antrag der zuständigen Landesbehörden von der Bundesanstalt übernommen werden.

(2) Bei anderen öffentlich-rechtlichen Versicherungsunternehmen, die nicht Wettbewerbs-Versicherungsunternehmen sind, kann die Bundesanstalt die Aufsicht übernehmen, wenn die beteiligten Landesregierungen dies beantragen.

§ 323 Verfahren

(1) Ein nach § 322 Absatz 1 gestellter Antrag kann jederzeit von der früher aufsichtsführenden Landesbehörde zum 1. Januar mit Wirkung zum 1. Januar des folgenden Jahres zurückgenommen werden.

(2) Hat die Bundesanstalt die Aufsicht gemäß § 322 Absatz 2 übernommen, so kann der Antrag mit der Wirkung nach Absatz 1 nur von allen beteiligten Landesregierungen gemeinsam zurückgenommen werden.

(3) Bei dem Übergang von Aufsichtsbefugnissen nach den §§ 321 und 322 hat die Bundesanstalt den Zeitpunkt der Übernahme oder der Übertragung der Aufsicht im Bundesanzeiger mindestens zwei Wochen vorher bekannt zu geben.

§ 324 Zusammenarbeit der Aufsichtsbehörden

(1) [1]Die Bundesanstalt und die aufsichtsführenden Landesbehörden sind verpflichtet, einander ihre Rechts- und Verwaltungsgrundsätze mitzuteilen. [2]Dies gilt auch für die Grundsätze, die die Landesbehörden bei der Beaufsichtigung der öffentlich-rechtlichen Versicherungsunternehmen aufstellen sowie die Entwürfe von Rechtsverordnungen, Allgemeinverfügungen und Richtlinien, wenn Belange der anderen Aufsichtsbehörden berührt sein können.

(2) Die Landesaufsichtsbehörden arbeiten mit der Bundesanstalt zusammen, wann immer dies erforderlich ist, um ihre Aufgaben gemäß der Richtlinie 2014/17/EU wahrzunehmen, einschließlich für die Zwecke der Zusammenarbeit mit der Europäischen Bankenaufsichtsbehörde gemäß dieser Richtlinie.

§ 325 Versicherungsbeirat

(1) Zur Mitwirkung bei der Aufsicht besteht bei der Bundesanstalt ein Beirat aus Sachverständigen des Versicherungswesens.

(2) [1]Der Versicherungsbeirat besteht aus acht die verschiedenen Versicherungszweige ausgeglichen repräsentierenden Vertretern der Versicherungswirtschaft, davon zwei des Versicherungsvertriebs, aus acht Vertretern der Versicherungsnehmer und aus acht Vertretern der Versicherungswissenschaft sowie fachwissenschaftlicher Vereinigungen. [2]Die Vertreter der Versicherungsnehmer setzen sich zusammen aus vier Vertretern von Verbraucherschutzorganisationen sowie je einem Vertreter der Versicherungsmakler, der Industrie, der mittelständischen Vereinigungen und der Gewerkschaften.

(3) [1]Die Mitglieder des Beirats werden für die Dauer von fünf Jahren berufen. [2]Eine einmalige Wiederbestellung ist zulässig.

(4) Die Mitglieder verwalten ihr Amt als unentgeltliches Ehrenamt; für ihre Teilnahme an Sitzungen erhalten sie Tagegeld und die Vergütung der Reisekosten.

Abschnitt 2 Aufsicht im Europäischen Wirtschaftsraum

§ 326 Allgemeine Grundsätze für die Zusammenarbeit der Aufsichtsbehörden

(1) Die Aufsichtsbehörde arbeitet mit der Europäischen Kommission und den Aufsichtsbehörden der Mitglied- oder Vertragsstaaten eng zusammen, um die Aufsicht auf Gemeinschaftsebene zu erleichtern.

(2) Ersucht die Aufsichtsbehörde eines anderen Mitglied- oder Vertragsstaats um Zusammenarbeit bei der Ausübung der Aufsicht, so trifft die Bundesanstalt die zweckdienlichen Maßnahmen unter Anwendung der §§ 298, 305, 306 und 309 und unterrichtet davon die ersuchende Behörde.

(3) Erlässt die Aufsichtsbehörde des Herkunftsstaats gegenüber einem Unternehmen Verfügungsbeschränkungen gemäß Artikel 137 oder 138 Absatz 5, Artikel 139 Absatz 3 oder Artikel 144 Absatz 2 Unterabsatz 2 der Richtlinie 2009/138/EG, so trifft die Bundesanstalt auf Ersuchen dieser Behörde hinsichtlich der im Inland belegenen und in dem Ersuchen bezeichneten Vermögenswerte des Unternehmens in dem Umfang, wie es in dem Ersuchen bezeichnet ist, die gleichen Maßnahmen.

(4) [1]Die Bundesanstalt arbeitet mit den Aufsichtsbehörden des Herkunftsmitgliedstaates zusammen, wann immer dies erforderlich ist, um ihre Aufgaben gemäß der Richtlinie 2014/17/EU auszuüben. [2]Zu diesem Zweck kann die Bundesanstalt Aufgaben und Zuständigkeiten an die Aufsichtsbehörde des Herkunftsmitgliedstaates übertragen und Aufgaben und Zuständigkeiten der Aufsichtsbehörde des Herkunftsmitgliedstaates übernehmen, die Dienstleistungen im Sinne dieser Richtlinie im Inland betreffen. [3]Bei Meinungsverschiedenheiten zwischen den Aufsichtsbehörden bei der Zusammenarbeit nach Satz 1 gilt Artikel 19 der Verordnung (EU) Nr. 1093/2010 des Europäischen Parlaments und des Rates vom 24. November 2010 zur Errichtung einer Europäischen Aufsichtsbehörde (Europäische Bankenaufsichtsbehörde), zur Änderung des Beschlusses Nr. 716/2009/EG und zur Aufhebung des Beschlusses 2009/78/EG der Kommission (ABl. L 331 vom 15.12.2010, S. 12), die zuletzt durch die Richtlinie 2014/17/EU (ABl. L 60 vom 28.2.2014, S. 34) geändert worden ist, entsprechend.

§ 327 Zusammenarbeit bei örtlichen Prüfungen

(1) [1]Soweit es zur Ausübung der Finanzaufsicht nach § 62 Absatz 1 oder § 169 Absatz 1 oder zur Prüfung eines im Inland ansässigen Dienstleisters erforderlich ist, ist die Aufsichtsbehörde des Herkunftsstaats in Begleitung der mit der Aufsicht beauftragten

Bediensteten der Aufsichtsbehörde befugt, in den Geschäftsräumen der Niederlassung durch eigenes Personal oder durch Beauftragte Prüfungen des Geschäftsbetriebs vorzunehmen; § 305 Absatz 5 und § 306 Absatz 5 sind entsprechend anzuwenden. [2]Die Bundesanstalt leistet auf Verlangen Amtshilfe. [3]Die Bediensteten der Aufsichtsbehörde und von ihr entsprechend § 306 Absatz 1 Nummer 3 an der Prüfung beteiligte Personen dürfen die Geschäftsräume des Versicherungsunternehmens betreten. [4]Das Grundrecht auf Unverletzlichkeit der Wohnung (Artikel 13 Absatz 1 des Grundgesetzes) wird insoweit eingeschränkt.

(2) Die Aufsichtsbehörde kann die Aufsichtsbehörden eines anderen Mitgliedstaats der Europäischen Union ersuchen, Informationen über ein beaufsichtigtes Gruppenunternehmen oder ein nicht der Aufsicht unterliegendes Unternehmen aus dem anderen Mitgliedstaat zu überprüfen.

(3) [1]Stellt im Rahmen der Zusammenarbeit bei der Gruppenaufsicht (§ 284) die zuständige Behörde eines anderen Mitglied- oder Vertragsstaats (ersuchende Behörde) ein Prüfungsersuchen im Sinne des Absatzes 2 für ein entsprechendes Unternehmen mit Sitz im Inland, so leistet die Aufsichtsbehörde Amtshilfe. [2]Wenn die Aufsichtsbehörde die Prüfung selbst vornimmt, kann sich die ersuchende Behörde an der Prüfung beteiligen oder dabei zugegen sein. [3]§ 305 Absatz 5 und § 306 Absatz 5 sind entsprechend anzuwenden. [4]Die Aufsichtsbehörde unterrichtet die Gruppenaufsichtsbehörde über die getroffenen Maßnahmen.

§ 328 Zustellungen

[1]Will die Aufsichtsbehörde eines anderen Mitglied- oder Vertragsstaats in einem Verfahren nach dessen Vorschriften über die Versicherungsaufsicht einem dort tätigen Versicherungsunternehmen mit Sitz im Inland ein Schriftstück übermitteln, ist die unmittelbare Übermittlung durch die Post nach den für den Postverkehr mit diesem anderen Mitglied- oder Vertragsstaat geltenden Vorschriften zulässig. [2]Zum Nachweis der Zustellung genügt die Versendung des Schriftstücks als eingeschriebener Brief mit den besonderen Versendungsformen „eigenhändig" und „Rückschein". [3]Kann eine Zustellung nicht unmittelbar durch die Post bewirkt werden oder ist dies nach Art oder Inhalt des Schriftstücks nicht zweckmäßig, wird die Zustellung durch die Bundesanstalt bewirkt.

§ 329 Zusammenarbeit mit der Europäischen Aufsichtsbehörde für das Versicherungswesen und die betriebliche Altersversorgung

(1) [1]Die Aufsichtsbehörde arbeitet gemäß der Verordnung (EU) Nr. 1094/2010 für die Zwecke der Richtlinien 2009/138/EG und 2003/41/EG mit der Europäischen Aufsichtsbehörde für das Versicherungswesen und die betriebliche Altersversorgung zusammen. [2]Sie berücksichtigt so weit wie möglich deren Leitlinien und Empfehlungen und begründet eventuelle Abweichungen.

(2) Die Aufsichtsbehörde übermittelt jährlich folgende Angaben an die Europäische Aufsichtsbehörde für das Versicherungswesen und die betriebliche Altersversorgung:

1. den durchschnittlichen Kapitalaufschlag je Unternehmen und die Verteilung der von der Aufsichtsbehörde während des Vorjahres festgesetzten Kapitalaufschläge, gemessen in Prozent der Solvabilitätskapitalanforderung und wie folgt gesondert ausgewiesen:
   a) für alle Versicherungsunternehmen,
   b) für Lebensversicherungsunternehmen,
   c) für Nichtlebensversicherungsunternehmen,
   d) für Versicherungsunternehmen, die sowohl in der Lebensversicherung als auch in der Nichtlebensversicherung tätig sind, und

e) für Rückversicherungsunternehmen;

2. für jede Mitteilung im Sinne der Nummer 1 den Anteil der Kapitalaufschläge, die jeweils nach § 301 Absatz 1 Nummer 1, 2 und 3 festgesetzt wurden;
3. die Zahl der Versicherungsunternehmen, die teilweise von der regelmäßigen aufsichtlichen Berichterstattung befreit sind, und die Zahl der Versicherungsunternehmen, die ganz oder teilweise von der Einzelpostenberichterstattung befreit sind, zusammen mit dem Volumen ihrer Kapitalanforderungen, Beiträge, versicherungstechnischen Rückstellungen und Vermögenswerte, jeweils gemessen als prozentualer Anteil am Gesamtvolumen der Kapitalanforderungen, Beiträge, versicherungstechnischen Rückstellungen und Vermögenswerte der Versicherungsunternehmen, und
4. die Zahl der Gruppen, die teilweise von der regelmäßigen Berichterstattung befreit sind, und die Zahl der Gruppen, die ganz oder teilweise von der Einzelpostenberichterstattung befreit sind, zusammen mit dem Volumen ihrer Kapitalanforderungen, Beiträge, versicherungstechnischen Rückstellungen und Vermögenswerte, jeweils gemessen als prozentualer Anteil am Gesamtvolumen der Kapitalanforderungen, Beiträge, versicherungstechnischen Rückstellungen und Vermögenswerte aller Gruppen.

(3) [1]Die Aufsichtsbehörde unterrichtet die Europäische Aufsichtsbehörde für das Versicherungswesen und die betriebliche Altersversorgung über nationale Aufsichtsvorschriften, die für den Bereich der betrieblichen Altersversorgungssysteme relevant sind, soweit es sich nicht um nationale sozial- oder arbeitsrechtliche Vorschriften handelt. [2]Änderungen des Inhalts von Angaben, die gemäß Satz 1 übermittelt werden, teilt die Aufsichtsbehörde regelmäßig, mindestens alle zwei Jahre, der Behörde mit.

(4) Die Aufsichtsbehörde stellt der Europäischen Aufsichtsbehörde für das Versicherungswesen und die betriebliche Altersversorgung gemäß Artikel 35 der Verordnung (EU) Nr. 1094/2010 auf Verlangen unverzüglich alle für die Erfüllung ihrer Aufgaben auf Grund der Richtlinie 2003/41/EG und der Verordnung (EU) Nr. 1094/2010 erforderlichen Informationen zur Verfügung.

(5) Die Aufsichtsbehörde unterrichtet die Europäische Aufsichtsbehörde für das Versicherungswesen und die betriebliche Altersversorgung über alle Verwaltungssanktionen und andere Maßnahmen nach Maßgabe von Artikel 32 Absatz 3 und Artikel 36 der Richtlinie (EU) 2016/97.

§ 330 Europäische Kommission

(1) Die Aufsichtsbehörde meldet der Europäischen Kommission

1. die Erteilung einer Erlaubnis nach § 8 Absatz 1 an ein Unternehmen, das Tochterunternehmen eines Mutterunternehmens mit Sitz in einem Drittstaat ist; die Struktur des Konzerns ist in der Mitteilung anzugeben;
2. den Erwerb einer Beteiligung an einem Versicherungsunternehmen, durch den das Versicherungsunternehmen zu einem Tochterunternehmen eines Mutterunternehmens mit Sitz in einem Drittstaat wird;
3. die Anzahl und die Art der Fälle, in denen die Errichtung einer Niederlassung oder der Betrieb des Erstversicherungsgeschäfts im Dienstleistungsverkehr in einem anderen Mitglied- oder Vertragsstaat nicht zustande gekommen ist, weil die Aufsichtsbehörde die Unterlagen nach § 58 Absatz 1 Satz 2 oder § 59 Absatz 1 Satz 2 und 3 nicht an die Aufsichtsbehörde des anderen Mitglied- oder Vertragsstaats weitergeleitet hat;

4. die Anzahl und die Art der Fälle, in denen Maßnahmen nach § 62 Absatz 3 Satz 2 und 3 ergriffen wurden;
5. allgemeine Schwierigkeiten, die Versicherungsunternehmen bei der Errichtung von Niederlassungen, der Gründung von Tochterunternehmen oder in sonstiger Weise beim Betrieb von Versicherungsgeschäften in einem Drittstaat haben;
6. auf Verlangen der Kommission den Erlaubnisantrag eines Unternehmens, das Tochterunternehmen eines Mutterunternehmens mit Sitz in einem Drittstaat ist;
7. auf Verlangen der Kommission die nach § 17 gemeldete Absicht des Erwerbs einer Beteiligung an einem Versicherungsunternehmen, durch den das Versicherungsunternehmen Tochterunternehmen eines Unternehmens mit Sitz in einem Drittstaat wird;
8. die gewählte Vorgehensweise in den Fällen des § 288;
9. die in § 309 Absatz 5 Nummer 3 und 4 genannten Personen und Stellen;
10. die nach § 170 Absatz 1 erlassenen Vorschriften;
11. die für Versicherungs-Zweckgesellschaften im Sinne des § 168 geltenden Vorschriften und
12. eine Liste aller Rückversicherungsunternehmen, die den Abschluss neuer Rückversicherungsverträge bis zum 10. Dezember 2007 eingestellt haben und ausschließlich ihr Portfolio mit dem Ziel verwalten, ihre Tätigkeit einzustellen.

(2) [1]Die Meldepflichten nach Absatz 1 Nummer 6 und 7 bestehen nur, wenn die Europäische Kommission feststellt, dass in dem Drittstaat Versicherungsunternehmen mit Sitz in einem Mitglied- oder Vertragsstaat kein effektiver Marktzugang gestattet wird, der demjenigen vergleichbar ist, den die Europäische Union den Unternehmen dieses Staats gewährt, oder wenn die Kommission feststellt, dass die Versicherungsunternehmen mit Sitz in einem Mitglied- oder Vertragsstaat in diesem Staat keine Inländerbehandlung erfahren. [2]Die Meldepflichten nach Absatz 1 Nummer 6 und 7 in Verbindung mit Satz 1 bestehen nicht mehr, wenn mit dem Staat ein Abkommen über den effektiven Marktzugang und die Inländerbehandlung der Versicherungsunternehmen mit Sitz in einem Mitglied- oder Vertragsstaat abgeschlossen worden ist.

(3) Die Meldepflichten nach Absatz 1 Nummer 1, 2 und 10 bestehen auch gegenüber den zuständigen Behörden der anderen Mitglied- oder Vertragsstaaten.

(4) Die Meldepflichten nach Absatz 1 Nummer 1, 2, 3 und 5 bestehen auch gegenüber der Europäischen Aufsichtsbehörde für das Versicherungswesen und die betriebliche Altersversorgung.

Teil 7 Straf- und Bußgeldvorschriften

§ 331 Strafvorschriften

(1) Mit Freiheitsstrafe bis zu fünf Jahren oder mit Geldstrafe wird bestraft, wer

1. ohne Erlaubnis nach § 8 Absatz 1, § 65 Absatz 1 Satz 1, § 67 Absatz 1 Satz 1, § 168 Absatz 1 Satz 3 oder § 236 Absatz 4 ein Versicherungs- oder ein Rückversicherungsgeschäft oder einen Pensionsfonds betreibt oder einen dort genannten Geschäftsbetrieb aufnimmt oder
2. entgegen § 61 Absatz 2 Satz 2 oder Satz 5, Absatz 3 oder Absatz 4 eine dort genannte Geschäftstätigkeit aufnimmt, erweitert oder ändert oder eine Krankenversicherung oder eine Pflichtversicherung betreibt.

(2) Mit Freiheitsstrafe bis zu drei Jahren oder mit Geldstrafe wird bestraft, wer

1. einer vollziehbaren Anordnung nach § 62 Absatz 3 Satz 2 zuwiderhandelt,
2. entgegen
   a) § 128 Absatz 5 oder
   b) § 141 Absatz 5 Satz 1 Nummer 2 erster Halbsatz, auch in Verbindung mit § 161 Absatz 1 oder § 162, eine dort genannte Bestätigung nicht richtig abgibt oder
3. entgegen § 311 Absatz 1 Satz 1, auch in Verbindung mit Satz 2 oder Absatz 2 Satz 1 zweiter Halbsatz, auch in Verbindung mit Satz 2, eine Anzeige nicht, nicht richtig oder nicht rechtzeitig erstattet.

(2a) Mit Freiheitsstrafe bis zu einem Jahr oder mit Geldstrafe wird bestraft, wer als Mitglied des Aufsichtsrats im Sinne des § 189 oder als Mitglied eines nach § 189 Absatz 3 Satz 1 in Verbindung mit § 107 Absatz 3 Satz 2 des Aktiengesetzes bestellten Prüfungsausschusses eines Versicherungsvereins auf Gegenseitigkeit, der Versicherungsunternehmen ist im Sinne des Artikels 2 Absatz 1 der Richtlinie 91/674/EWG des Rates vom 19. Dezember 1991 über den Jahresabschluß und den konsolidierten Abschluß von Versicherungsunternehmen (ABl. L 374 vom 31.12.1991, S. 7), die zuletzt durch die Richtlinie 2006/46/EG (ABl. L 224 vom 16.8.2006, S. 1) geändert worden ist,

1. eine in § 332 Absatz 4a bezeichnete Handlung begeht und dafür einen Vermögensvorteil erhält oder sich versprechen lässt oder
2. eine in § 332 Absatz 4a bezeichnete Handlung beharrlich wiederholt.

(3) Handelt der Täter fahrlässig, so ist die Strafe in den Fällen des Absatzes 1 Freiheitsstrafe bis zu drei Jahren oder Geldstrafe und in den Fällen des Absatzes 2 Freiheitsstrafe bis zu einem Jahr oder Geldstrafe.

§ 332[1] Bußgeldvorschriften

(1) Ordnungswidrig handelt, wer

1. ohne Genehmigung nach § 12 Absatz 1 Satz 1, auch in Verbindung mit Satz 2, jeweils auch in Verbindung mit § 212 Absatz 3 Nummer 4 oder § 237 Absatz 1 Satz 1 eine dort genannte Änderung, eine dort genannte Erweiterung oder einen dort genannten Unternehmensvertrag, dessen Änderung, Aufhebung, Kündigung oder Beendigung in Kraft setzt oder den Geschäftsbetrieb eines Rückversicherungsunternehmens ausdehnt,
2. einer vollziehbaren Anordnung nach
   a) § 43a Absatz 1, § 44 Satz 1, § 293 Absatz 2 oder § 306 Absatz 1 Satz 1 Nummer 4 oder Nummer 5 oder
   b) § 303 Absatz 2 Nummer 2 oder Nummer 3 zuwiderhandelt,

2a. entgegen § 48b Absatz 1 Satz 1 oder 2 eine Sondervergütung gewährt oder verspricht,

2b. entgegen § 48c Absatz 1 Satz 1 die Auskehrung einer Zuwendung nicht, nicht vollständig oder nicht rechtzeitig veranlasst,

3. entgegen § 125 Absatz 1 Satz 2 einen Vermögenswert nicht, nicht richtig oder nicht rechtzeitig dem Sicherungsvermögen zuführt,
4. entgegen § 126 Absatz 1 Satz 1 nicht dafür sorgt, dass die Bestände des Sicherungsvermögens in ein Vermögensverzeichnis einzeln eingetragen werden,
5. entgegen § 130 Absatz 1 einen Betrag aus dem Sicherungsvermögen entnimmt,

1) § 332 Abs. 1 geändert durch Gesetz vom 8.7.2019 (BGBl. I S. 1002).

6. entgegen § 134 Absatz 1 eine Unterrichtung nicht, nicht richtig, nicht vollständig oder nicht rechtzeitig vornimmt,
7. entgegen § 164 Absatz 3 Satz 2 zugleich für ein Versicherungsunternehmen tätig wird,
8. entgegen § 164 Absatz 3 Satz 3 eine vergleichbare Tätigkeit für ein Versicherungsunternehmen ausübt,
9. entgegen
   a) § 215 Absatz 2 Satz 1, auch in Verbindung mit einer Rechtsverordnung nach § 217 Satz 1 Nummer 6, oder
   b) § 234j Absatz 1 Satz 1, auch in Verbindung mit einer Rechtsverordnung nach § 235 Absatz 1 Nummer 10,

   ein Sicherungsvermögen anlegt,
10. entgegen § 239 Absatz 1 Satz 2 nicht dafür sorgt, dass die Bestände der Sicherungsvermögen in der dort genannten Weise angelegt werden oder
11. einer Rechtsverordnung nach § 240 Satz 1 Nummer 8 erster Halbsatz oder einer vollziehbaren Anordnung auf Grund einer solchen Rechtsverordnung zuwiderhandelt, soweit die Rechtsverordnung für einen bestimmten Tatbestand auf diese Bußgeldvorschrift verweist.

(2) Ordnungswidrig handelt, wer vorsätzlich oder leichtfertig

1. entgegen § 37 Absatz 1 oder § 227 Absatz 2 Satz 1 ein dort genanntes Dokument nicht oder nicht rechtzeitig einreicht,
2. einer Rechtsverordnung nach § 39 Absatz 1 Satz 1, auch in Verbindung mit § 68 Absatz 1 Satz 4, oder einer vollziehbaren Anordnung auf Grund einer solchen Rechtsverordnung zuwiderhandelt, soweit die Rechtsverordnung für einen bestimmten Tatbestand auf diese Bußgeldvorschrift verweist,
3. entgegen § 40 Absatz 1 Satz 1 eine Veröffentlichung nicht, nicht richtig, nicht vollständig oder nicht rechtzeitig vornimmt oder
4. einer Rechtsverordnung nach § 43a Absatz 2 Satz 1 oder 2 oder einer vollziehbaren Anordnung auf Grund einer solchen Rechtsverordnung zuwiderhandelt, soweit die Rechtsverordnung für einen bestimmten Tatbestand auf diese Bußgeldvorschrift verweist.

(3) Ordnungswidrig handelt, wer vorsätzlich oder fahrlässig

1. entgegen § 17 Absatz 1 oder Absatz 2, § 36 Absatz 1 Satz 1 oder § 59 Absatz 1, auch in Verbindung mit Absatz 4, eine Anzeige nicht, nicht richtig, nicht vollständig, nicht in der vorgeschriebenen Weise oder oder nicht rechtzeitig erstattet,
2. einer vollziehbaren Anordnung nach
   a) § 18 Absatz 1, 2 erster Halbsatz oder Absatz 3 Satz 4, § 19 Absatz 1, § 133 Absatz 1, § 134 Absatz 7 erster Halbsatz, § 135 Absatz 3 erster Halbsatz oder § 305 Absatz 3, auch in Verbindung mit Absatz 4, oder
   b) § 305 Absatz 1, auch in Verbindung mit Absatz 2, § 308 Absatz 4 Nummer 1, auch in Verbindung mit § 62 Absatz 1 Nummer 6, oder § 314 Absatz 1 Satz 1 oder Satz 2 zuwiderhandelt,
3. entgegen § 48 Absatz 1 oder Absatz 2 Satz 2 mit einem Versicherungsvermittler zusammenarbeitet,

3a. entgegen § 1a Absatz 3 des Versicherungsvertragsgesetzes Informationen an Versicherungsnehmer oder potentielle Versicherungsnehmer richtet,

3b. bei der Vermittlung eines Versicherungsanlageproduktes im Sinne von Artikel 2 Absatz 1 Nummer 17 der Richtlinie (EU) 2016/97 des Europäischen Parlaments und des Rates vom 20. Januar 2016 über Versicherungsvertrieb (Neufassung) (ABl. L 26 vom 2.2.2016, S. 19; L 222 vom 17.8.2016, S. 114)
   a) entgegen § 7b Absatz 1 Satz 1 des Versicherungsvertragsgesetzes angemessene Informationen nicht rechtzeitig vor Abschluss des Vertrags zur Verfügung stellt,
   b) entgegen § 7c Absatz 1 Satz 1 des Versicherungsvertragsgesetzes eine Information nicht, nicht richtig, nicht vollständig oder nicht rechtzeitig erfragt,
   c) entgegen § 7c Absatz 1 Satz 2 des Versicherungsvertragsgesetzes ein Versicherungsanlageprodukt empfiehlt oder
   d) entgegen § 7c Absatz 5 Satz 3 des Versicherungsvertragsgesetzes eine Erklärung vor Vertragsabschluss nicht zur Verfügung stellt,

3c. entgegen § 7c Absatz 4 Satz 1 des Versicherungsvertragsgesetzes eine Aufzeichnung nicht erstellt,

4. entgegen § 135 Absatz 1 eine Unterrichtung nicht, nicht richtig, nicht vollständig oder nicht rechtzeitig vornimmt,
5. einer Rechtsverordnung nach § 160 Satz 1 oder einer vollziehbaren Anordnung auf Grund einer solchen Rechtsverordnung zuwiderhandelt, soweit die Rechtsverordnung für einen bestimmten Tatbestand auf diese Bußgeldvorschrift verweist,
6. entgegen § 306 Absatz 8 Satz 1 eine Maßnahme nicht duldet oder
7. einer vollziehbaren Anordnung nach § 308b Satz 1 zuwiderhandelt.

(4) Ordnungswidrig handelt, wer als Person, die für ein Unternehmen handelt, das der Aufsicht nach diesem Gesetz unterliegt, gegen die Verordnung (EG) Nr. 1060/2009 des Europäischen Parlaments und des Rates vom 16. September 2009 über Ratingagenturen (ABl. L 302 vom 17.11.2009, S. 1), die zuletzt durch die Richtlinie 2014/51/EU (ABl. L 153 vom 22.5.2014, S. 1) geändert worden ist, verstößt, indem sie vorsätzlich oder leichtfertig

1. entgegen Artikel 4 Absatz 1 Unterabsatz 1 ein Rating verwendet,
2. entgegen Artikel 5a Absatz 1 nicht dafür Sorge trägt, dass ein Unternehmen, das der Aufsicht nach diesem Gesetz unterliegt, eigene Kreditrisikobewertungen vornimmt,
3. entgegen Artikel 8c Absatz 1 einen Auftrag nicht richtig erteilt,
4. entgegen Artikel 8c Absatz 2 nicht dafür Sorge trägt, dass eine beauftragte Ratingagentur eine dort genannte Voraussetzung erfüllt, oder
5. entgegen Artikel 8d Absatz 1 Satz 2 die dort genannte Dokumentation nicht richtig vornimmt.

(4a) Ordnungswidrig handelt, wer als Mitglied des Aufsichtsrats im Sinne des § 189 oder als Mitglied eines nach § 189 Absatz 3 Satz 1 in Verbindung mit § 107 Absatz 3 Satz 2 des Aktiengesetzes bestellten Prüfungsausschusses eines Versicherungsvereins auf Gegenseitigkeit, der Versicherungsunternehmen ist im Sinne des Artikels 2 Absatz 1 der Richtlinie 91/674/EWG des Rates vom 19. Dezember 1991 über den Jahresabschluß und den konsolidierten Abschluß von Versicherungsunternehmen (ABl. L 374 vom 31.12.1991, S. 7), die zuletzt durch die Richtlinie 2006/46/EG (ABl. L 224 vom 16.8.2006, S. 1) geändert worden ist,

1. die Unabhängigkeit des Abschlussprüfers oder der Prüfungsgesellschaft nicht nach Maßgabe des Artikels 4 Absatz 3 Unterabsatz 2, des Artikels 5 Absatz 4 Unterabsatz 1 Satz 1 oder des Artikels 6 Absatz 2 der Verordnung (EU) Nr. 537/2014 des Europäischen Parlaments und des Rates vom 16. April 2014 über spezifische An-

forderungen an die Abschlussprüfung bei Unternehmen von öffentlichem Interesse und zur Aufhebung des Beschlusses 2005/909/EG der Kommission (ABl. L 158 vom 27.5.2014, S. 77, L 170 vom 11.6.2014, S. 66) überwacht oder

2. eine Empfehlung für die Bestellung eines Abschlussprüfers oder einer Prüfungsgesellschaft vorlegt, die nicht auf einem Verlangen der Aufsichtsbehörde nach § 36 Absatz 1 Satz 2 beruht und
   a) die den Anforderungen nach Artikel 16 Absatz 2 Unterabsatz 2 oder 3 der Verordnung (EU) Nr. 537/2014 nicht entspricht oder
   b) der ein Auswahlverfahren nach Artikel 16 Absatz 3 Unterabsatz 1 der Verordnung (EU) Nr. 537/2014 nicht vorangegangen ist.

(4b) *(aufgehoben)*

(4c) *(aufgehoben)*

(4d) Ordnungswidrig handelt, wer gegen die Verordnung (EU) Nr. 1286/2014 des Europäischen Parlaments und des Rates vom 26. November 2014 über Basisinformationsblätter für verpackte Anlageprodukte für Kleinanleger und Versicherungsanlageprodukte (PRIIP) (ABl. L 352 vom 9.12.2014, S. 1, L 358 vom 13.12.2014, S. 50) verstößt, indem er vorsätzlich oder leichtfertig

1. entgegen
   a) Artikel 5 Absatz 1,
   b) Artikel 5 Absatz 1 in Verbindung mit Artikel 6,
   c) Artikel 5 Absatz 1 in Verbindung mit Artikel 7 Absatz 2,
   d) Artikel 5 Absatz 1 in Verbindung mit Artikel 8 Absatz 1 bis 3

   ein Basisinformationsblatt nicht, nicht richtig, nicht vollständig, nicht rechtzeitig oder nicht in der vorgeschriebenen Weise abfasst oder veröffentlicht,
2. entgegen Artikel 5 Absatz 1 in Verbindung mit Artikel 7 Absatz 1 ein Basisinformationsblatt nicht in der vorgeschriebenen Weise abfasst oder übersetzt,
3. entgegen Artikel 10 Absatz 1 Satz 1 ein Basisinformationsblatt nicht oder nicht rechtzeitig überprüft,
4. entgegen Artikel 10 Absatz 1 Satz 1 ein Basisinformationsblatt nicht oder nicht vollständig überarbeitet,
5. entgegen Artikel 10 Absatz 1 Satz 2 ein Basisinformationsblatt nicht oder nicht rechtzeitig zur Verfügung stellt,
6. entgegen Artikel 9 Satz 1 in Werbematerialien Aussagen trifft, die im Widerspruch zu den Informationen des Basisinformationsblattes stehen oder dessen Bedeutung herabstufen,
7. entgegen Artikel 9 Satz 2 die erforderlichen Hinweise in Werbematerialien nicht, nicht richtig oder nicht vollständig aufnimmt,
8. entgegen Artikel 13 Absatz 1, 3 und 4 oder Artikel 14 ein Basisinformationsblatt nicht oder nicht rechtzeitig oder nicht in der vorgeschriebenen Weise zur Verfügung stellt,
9. entgegen Artikel 19 Buchstabe a und b nicht, nicht richtig oder nicht in der vorgeschriebenen Weise geeignete Verfahren und Vorkehrungen zur Einreichung und Beantwortung von Beschwerden vorsieht,
10. entgegen Artikel 19 Buchstabe c nicht, nicht richtig oder nicht in der vorgeschriebenen Weise geeignete Verfahren und Vorkehrungen vorsieht, durch die gewähr-

leistet wird, dass Kleinanlegern wirksame Beschwerdeverfahren im Fall von grenzüberschreitenden Streitigkeiten zur Verfügung stehen.

(4e) Ordnungswidrig handelt, wer gegen die Verordnung (EU) 2015/2365 des Europäischen Parlaments und des Rates vom 25. November 2015 über die Transparenz von Wertpapierfinanzierungsgeschäften und der Weiterverwendung sowie zur Änderung der Verordnung (EU) Nr. 648/2012 (ABl. L 337 vom 23.12.2015, S. 1) verstößt, indem er vorsätzlich oder leichtfertig

1. entgegen Artikel 4 Absatz 1 eine Meldung nicht, nicht richtig, nicht vollständig, nicht in der vorgeschriebenen Weise oder nicht rechtzeitig vornimmt,
2. entgegen Artikel 4 Absatz 4 Aufzeichnungen nicht, nicht vollständig oder nicht mindestens für die vorgeschriebene Dauer aufbewahrt,
3. entgegen Artikel 15 Absatz 1 Finanzinstrumente weiterverwendet, ohne dass die dort genannten Voraussetzungen erfüllt sind, oder
4. entgegen Artikel 15 Absatz 2 ein Recht auf Weiterverwendung ausübt, ohne dass die dort genannten Voraussetzungen erfüllt sind.

(4f) Ordnungswidrig handelt, wer vorsätzlich oder leichtfertig

1. entgegen § 54 Absatz 1 Satz 1 die Identität eines vom Versicherungsnehmer abweichenden Bezugsberechtigten nicht oder nicht richtig feststellt,
2. entgegen § 54 Absatz 1 Satz 2 keine ausreichenden Informationen über die von Versicherungsnehmern abweichenden Bezugsberechtigten einholt,
3. entgegen § 54 Absatz 1 Satz 3 den wirtschaftlich Berechtigten nicht identifiziert,
4. entgegen § 54 Absatz 2 Satz 1 in Verbindung mit § 10 Absatz 1 Nummer 4 des Geldwäschegesetzes nicht abklärt, ob es sich bei einem vom Versicherungsnehmer abweichenden Bezugsberechtigten und gegebenenfalls bei dessen wirtschaftlich Berechtigtem um eine politisch exponierte Person, um deren Familienangehörigen oder um eine dieser bekanntermaßen nahestehende Person handelt,
5. entgegen § 54 Absatz 2 Satz 2 die Identität des Dritten und die seines wirtschaftlich Berechtigten nicht feststellt,
6. entgegen § 54 Absatz 2 Satz 3 die Überprüfung der Identität nicht oder nicht rechtzeitig vornimmt,
7. entgegen § 55 Nummer 1 vor einer Auszahlung ein Mitglied der Führungsebene nicht informiert.

(4g) Ordnungswidrig handelt, wer gegen die Verordnung (EU) 2016/1011 des Europäischen Parlaments und des Rates vom 8. Juni 2016 über Indizes, die bei Finanzinstrumenten und Finanzkontrakten als Referenzwert oder zur Messung der Wertentwicklung eines Investmentfonds verwendet werden, und zur Änderung der Richtlinien 2008/48/EG und 2014/17/EU sowie der Verordnung (EU) Nr. 596/2014 (ABl. L 171 vom 29.6.2016, S. 1; L 306 vom 15.11.2016, S. 43) verstößt, indem er vorsätzlich oder leichtfertig

1. entgegen Artikel 16 Absatz 1 als beaufsichtigter Kontributor die dort genannten Anforderungen an die Unternehmensführung und Kontrolle nicht erfüllt,
2. entgegen Artikel 16 Absatz 2 oder Absatz 3 als beaufsichtigter Kontributor nicht über wirksame Systeme, Kontrollen und Strategien zur Wahrung der Integrität und Zuverlässigkeit aller Beiträge von Eingabedaten oder Expertenschätzungen nach Absatz 3 für den Administrator verfügt,

3. entgegen Artikel 16 Absatz 3 Satz 1 als beaufsichtigter Kontributor Aufzeichnungen nicht, nicht richtig, nicht vollständig oder nicht für die vorgeschriebene Dauer aufbewahrt,
4. entgegen Artikel 16 Absatz 4 als beaufsichtigter Kontributor bei der Prüfung und Beaufsichtigung der Bereitstellung eines Referenzwertes Informationen oder Aufzeichnungen nicht, nicht richtig oder nicht vollständig zur Verfügung stellt oder nicht uneingeschränkt mit dem Administrator und der Aufsichtsbehörde zusammenarbeitet,
5. entgegen Artikel 23 Absatz 3 Satz 1 als beaufsichtigter Kontributor eine Benachrichtigung nicht, nicht richtig, nicht in der vorgeschriebenen Weise oder nicht rechtzeitig dem Administrator mitteilt,
6. einer ergangenen und vollziehbaren Anordnung der Aufsichtsbehörde als Kontributor nach Artikel 23 Absatz 5, als beaufsichtigtes Unternehmen nach Artikel 23 Absatz 6 oder als beaufsichtigter Kontributor nach Artikel 23 Absatz 10 zuwiderhandelt,
7. entgegen Artikel 28 Absatz 2 als beaufsichtigtes Unternehmen einen den dort genannten Anforderungen genügenden Plan nicht, nicht richtig, nicht vollständig oder nicht in der vorgeschriebenen Weise aufstellt, nicht aktualisiert, der Aufsichtsbehörde nicht, nicht vollständig oder nicht rechtzeitig vorlegt oder sich daran nicht orientiert,
8. entgegen Artikel 29 Absatz 1 als beaufsichtigtes Unternehmen einen Referenzwert verwendet, der die dort genannten Anforderungen nicht erfüllt, oder
9. entgegen Artikel 29 Absatz 2 nicht sicherstellt, dass ein Prospekt die dort genannten Informationen enthält.

(4h) Ordnungswidrig handelt, wer im Anwendungsbereich dieses Gesetzes entgegen Artikel 6 Absatz 2 Satz 1 der Verordnung (EU) 2017/2402 des Europäischen Parlaments und des Rates vom 12. Dezember 2017 zur Festlegung eines allgemeinen Rahmens für Verbriefungen und zur Schaffung eines spezifischen Rahmens für einfach, transparente und standardisierte Verbriefung und zur Änderung der Richtlinien 2009/65/EG, 2009/138/EG, 2011/61/EU und der Verordnungen (EG) Nr. 1060/2009 und (EU) Nr. 648/2012 (ABl. L 347 vom 28.12.2017, S. 35) Vermögenswerte auswählt.

(4i) Ordnungswidrig handelt, wer im Anwendungsbereich dieses Gesetzes gegen die Verordnung (EU) 2017/2402 verstößt, indem er vorsätzlich oder fahrlässig

1. entgegen Artikel 6 Absatz 1 Satz 1 einen dort genannten Anteil nicht hält,
2. entgegen Artikel 7 Absatz 1 Unterabsatz 1 bis 4 oder 5 eine Information nicht, nicht richtig, nicht vollständig, nicht in der vorgeschriebenen Weise oder nicht rechtzeitig zur Verfügung stellt,
3. entgegen Artikel 9 Absatz 1 Satz 1 oder 2 ein anderes Kriterium oder Verfahren anwendet,
4. entgegen Artikel 18 Satz 1 eine dort genannte Bezeichnung verwendet oder
5. entgegen Artikel 27 Absatz 4 die Europäische Wertpapier- und Marktaufsichtsbehörde nicht, nicht richtig, nicht vollständig oder nicht rechtzeitig unterrichtet oder die Aufsichtsbehörde nicht, nicht richtig, nicht vollständig oder nicht rechtzeitig benachrichtigt.

(4j) Ordnungswidrig handelt, wer im Anwendungsbereich dieses Gesetzes vorsätzlich oder fahrlässig

1. nicht sicherstellt, dass er über ein wirksames System nach Artikel 9 Absatz 1 Satz 3 der Verordnung (EU) 2017/2402 verfügt,

2. eine in Artikel 9 Absatz 3 der Verordnung (EU) 2017/2402 genannte Risikoposition verbrieft, ohne eine dort genannte Prüfung vorgenommen zu haben, oder
3. eine Meldung nach Artikel 27 Absatz 1 Unterabsatz 1, 2 oder 3 Satz 2 der Verordnung (EU) 2017/2402 mit irreführendem Inhalt macht.

(5) Die Ordnungswidrigkeit kann in den Fällen der Absätze 4e, 4h, 4i und 4j mit einer Geldbuße bis zu fünf Millionen Euro, in den Fällen des Absatzes 4d mit einer Geldbuße bis zu siebenhunderttausend Euro, in den Fällen des Absatzes 1 Nummer 2 Buchstabe b, des Absatzes 2 Nummer 3 und des Absatzes 4g mit einer Geldbuße bis zu fünfhunderttausend Euro, in den Fällen des Absatzes 2 Nummer 2, des Absatzes 3 Nummer 2 Buchstabe a und Nummer 3, der Absätze 4 und 4f mit einer Geldbuße bis zu zweihunderttausend Euro, in den Fällen des Absatzes 3 Nummer 7 mit einer Geldbuße bis zu hunderttausend Euro, in den übrigen Fällen mit einer Geldbuße bis zu fünfzigtausend Euro geahndet werden.

(6) Gegenüber einer juristischen Person oder einer Personenvereinigung kann in den Fällen des Absatzes 4d über Absatz 5 hinaus eine höhere Geldbuße verhängt werden; diese darf den höheren der Beträge von fünf Millionen Euro oder 3 Prozent des Gesamtumsatzes, den die juristische Person oder die Personenvereinigung im der Behördenentscheidung vorausgegangenen Geschäftsjahr erzielt hat, nicht übersteigen.

(6a) Gegenüber einer juristischen Person oder Personenvereinigung kann in den Fällen der Absätze 4e, 4h, 4i und 4j über Absatz 5 hinaus eine höhere Geldbuße verhängt werden; diese darf

1. in den Fällen des Absatzes 4e Nummer 1 und 2 und der Absätze 4h, 4i und 4j den höheren der Beträge von fünf Millionen Euro und 10 Prozent des Gesamtumsatzes, den die juristische Person oder Personenvereinigung im der Behördenentscheidung vorausgegangenen Geschäftsjahr erzielt hat,
2. in den Fällen des Absatzes 4e Nummer 3 den höheren der Beträge von fünfzehn Millionen Euro und 10 Prozent des Gesamtumsatzes, den die juristische Person oder Personenvereinigung im der Behördenentscheidung vorangegangenen Geschäftsjahr erzielt hat,

nicht überschreiten.

(6b) Gegenüber einer juristischen Person oder einer Personenvereinigung kann in den Fällen des Absatzes 4f, sofern es sich um schwerwiegende, wiederholte oder systematische Verstöße handelt, über Absatz 5 hinaus eine höhere Geldbuße verhängt werden; diese darf den höheren der Beträge von fünf Millionen Euro oder 10 Prozent des Gesamtumsatzes, den die juristische Person oder Personenvereinigung im der Behördenentscheidung vorausgegangenen Geschäftsjahr erzielt hat, nicht übersteigen.

(6c) Gegenüber einer juristischen Person oder Personenvereinigung kann in den Fällen des Absatzes 4g über Absatz 5 hinaus eine höhere Geldbuße verhängt werden; diese darf den höheren der Beträge von einer Million Euro und 10 Prozent des Gesamtumsatzes, den die juristische Person oder Personenvereinigung im der Behördenentscheidung vorausgegangenen Geschäftsjahr erzielt hat, nicht überschreiten.

(6d) Gegenüber einer juristischen Person oder Personenvereinigung kann in den Fällen des Absatzes 3 Nummer 3, 3a, 3b und 3c über Absatz 5 hinaus eine höhere Geldbuße verhängt werden; diese darf den höheren der Beträge von fünf Millionen Euro oder 5 Prozent des Gesamtumsatzes, den die juristische Person oder Personenvereinigung im der Behördenentscheidung vorausgegangenen Geschäftsjahr erzielt hat, nicht übersteigen.

(7) [1]Über die in den Absätzen 5, 6, 6a, 6b, 6c und 6d genannten Beträge hinaus kann die Ordnungswidrigkeit in den Fällen des Absatzes 3 Nummer 3, 3a, 3b, 3c, 4d, 4f, 4h, 4i

und 4j mit einer Geldbuße bis zum Zweifachen, in den Fällen des Absatzes 4e und 4g mit einer Geldbuße bis zum Dreifachen des aus dem Verstoß gezogenen wirtschaftlichen Vorteils geahndet werden. [2]Der wirtschaftliche Vorteil umfasst erzielte Gewinne und vermiedene Verluste und kann geschätzt werden.

(8) [1]Gesamtumsatz im Sinne der Absätze 6, 6a, 6b, 6c und 6d ist

1. im Falle von Versicherungsunternehmen der sich aus dem auf das Versicherungsunternehmen anwendbaren nationalen Recht im Einklang mit Artikel 63 der Richtlinie 91/674/EWG des Rates vom 19. Dezember 1991 über den Jahresabschluss und den konsolidierten Abschluss von Versicherungsunternehmen (ABl. L 374 vom 31.12.1991, S. 7), die zuletzt durch die Richtlinie 2006/46/EG (ABl. L 224 vom 16.8.2006, S. 1) geändert worden ist, ergebende Gesamtbetrag abzüglich der Umsatzsteuer und sonstiger direkt auf diese Erträge erhobener Steuern,
2. im Übrigen der Betrag der Nettoumsätze nach Maßgabe des auf das Unternehmen anwendbaren nationalen Rechts im Einklang mit Artikel 2 Nummer 5 der Richtlinie 2013/34/EU des Europäischen Parlaments und des Rates vom 26. Juni 2013 über den Jahresabschluss, den konsolidierten Abschluss und damit verbundene Berichte von Unternehmen bestimmter Rechtsformen und zur Änderung der Richtlinie 2006/43/EG des Europäischen Parlaments und des Rates und zur Aufhebung der Richtlinien 78/660/EWG und 83/349/EWG des Rates (ABl. L 182 vom 29.6.2013, S. 19, L 369 vom 24.12.2014, S. 79), die zuletzt durch die Richtlinie 2014/102/EU (ABl. L 334 vom 21.11.2014, S. 86) geändert worden ist.

[2]Handelt es sich bei der juristischen Person oder der Personenvereinigung um das Mutterunternehmen oder um eine Tochtergesellschaft, so ist anstelle des Gesamtumsatzes der juristischen Person oder der Personenvereinigung der jeweilige Gesamtbetrag in dem Konzernabschluss des Mutterunternehmens maßgeblich, der für den größten Kreis von Unternehmen aufgestellt wird. [3]Wird der Konzernabschluss für den größten Kreis von Unternehmen nicht nach den in Satz 1 genannten Vorschriften aufgestellt, ist der Gesamtumsatz nach Maßgabe der den in Satz 1 Nummer 1 und 2 vergleichbaren Posten des Konzernabschlusses zu ermitteln. [4]Ist ein Jahresabschluss oder Konzernabschluss für das maßgebliche Geschäftsjahr nicht verfügbar, ist der Jahres- oder Konzernabschluss für das unmittelbar vorangegangene Geschäftsjahr maßgeblich; ist auch dieser nicht verfügbar, kann der Gesamtumsatz geschätzt werden.

(9) [1]§ 17 Absatz 2 des Gesetzes über Ordnungswidrigkeiten ist nicht anzuwenden bei Verstößen gegen Gebote und Verbote, die in Absatz 3 Nummer 3, 3a, 3b, 3c und den Absätzen 4d, 4e, 4f, 4g, 4h, 4i und 4j in Bezug genommen werden. [2]§ 30 des Gesetzes über Ordnungswidrigkeiten gilt auch für juristische Personen oder für Personenvereinigungen, die über eine Niederlassung oder im Wege des grenzüberschreitenden Dienstleistungsverkehrs im Inland tätig sind. [3]Die Verfolgung der Ordnungswidrigkeiten nach Absatz 3 Nummer 3, 3a, 3b, 3c und den Absätzen 4d, 4e, 4f, 4g, 4h, 4i und 4j verjährt in drei Jahren.

§ 333 Zuständige Verwaltungsbehörde

Verwaltungsbehörde im Sinne des § 36 Absatz 1 Nummer 1 des Gesetzes über Ordnungswidrigkeiten ist die Bundesanstalt, soweit die Aufsicht über Versicherungsunternehmen der Bundesanstalt zusteht.

§ 334 Beteiligung der Aufsichtsbehörde und Mitteilungen in Strafsachen

(1) [1]Das Gericht, die Strafverfolgungs- oder die Strafvollstreckungsbehörde übermittelt der Bundesanstalt in Strafverfahren gegen Geschäftsleiter von Versicherungsunternehmen oder Pensionsfonds, Mitglieder der Verwaltungs- oder Aufsichtsorgane von Versicherungsunternehmen oder Pensionsfonds sowie gegen Inhaber bedeutender

Beteiligungen an Versicherungsunternehmen oder Pensionsfonds oder deren gesetzliche Vertreter oder persönlich haftende Gesellschafter wegen Verletzung ihrer Berufspflichten oder anderer Straftaten bei oder im Zusammenhang mit der Ausübung eines Gewerbes oder dem Betrieb einer sonstigen wirtschaftlichen Unternehmung, ferner in Strafverfahren, die Straftaten nach § 331 zum Gegenstand haben, im Fall der Erhebung der öffentlichen Klage

1. die Anklageschrift oder eine an ihre Stelle tretende Antragsschrift,
2. den Antrag auf Erlass eines Strafbefehls, wenn diesem nicht umgehend entsprochen wird, und
3. die das Verfahren abschließende Entscheidung mit Begründung.

[2]Ist gegen die Entscheidung ein Rechtsmittel eingelegt worden, so ist die Entscheidung unter Hinweis auf das eingelegte Rechtsmittel zu übermitteln. [3]In Verfahren wegen fahrlässig begangener Straftaten werden die in Satz 1 Nummer 1 und 2 bestimmten Übermittlungen nur vorgenommen, wenn aus der Sicht der übermittelnden Stelle unverzüglich Entscheidungen oder andere Maßnahmen der Bundesanstalt geboten sind.

(2) [1]In Strafverfahren, die Straftaten nach § 331 Absatz 1 und 2 Nummer 1 zum Gegenstand haben, hat die Staatsanwaltschaft die Aufsichtsbehörde bereits über die Einleitung des Ermittlungsverfahrens zu unterrichten, soweit dadurch eine Gefährdung des Ermittlungszwecks nicht zu erwarten ist. [2]Erwägt die Staatsanwaltschaft das Verfahren einzustellen, so hat sie die Aufsichtsbehörde zu hören.

(2a) [1]In Strafverfahren, die eine Straftat nach § 331 Absatz 2a zum Gegenstand haben, übermittelt die Staatsanwaltschaft im Falle der Erhebung der öffentlichen Klage der Abschlussprüferaufsichtsstelle beim Bundesamt für Wirtschaft und Ausfuhrkontrolle die das Verfahren abschließende Entscheidung. [2]Ist gegen die Entscheidung ein Rechtsmittel eingelegt worden, ist die Entscheidung unter Hinweis auf das eingelegte Rechtsmittel zu übermitteln.

(3) [1]Werden sonst in einem Strafverfahren Tatsachen bekannt, die auf Missstände in dem Geschäftsbetrieb eines Versicherungsunternehmens oder eines Pensionsfonds einschließlich des Außendienstes hindeuten und ist deren Kenntnis aus der Sicht der übermittelnden Stelle für Maßnahmen der Versicherungsaufsicht erforderlich, so soll das Gericht, die Strafverfolgungs- oder die Strafvollstreckungsbehörde diese Tatsachen ebenfalls mitteilen, soweit nicht für die übermittelnde Stelle erkennbar ist, dass schutzwürdige Interessen des Betroffenen überwiegen. [2]Dabei ist zu berücksichtigen, wie gesichert die zu übermittelnden Erkenntnisse sind. [3]Tatsachen, die auf die Unzuverlässigkeit eines Aufsichtsratsmitglieds, eines Geschäftsleiters, eines Verantwortlichen Aktuars oder eines Inhabers einer bedeutenden Beteiligung schließen lassen, deuten in der Regel auf Missstände im Geschäftsbetrieb hin.

(3a) Die nach § 333 zuständige Verwaltungsbehörde übermittelt der Abschlussprüferaufsichtsstelle beim Bundesamt für Wirtschaft und Ausfuhrkontrolle alle Bußgeldentscheidungen nach § 332 Absatz 4a.

(4) Betrifft eine Mitteilung nach Absatz 1 oder 2 ein Versicherungsunternehmen oder einen Pensionsfonds, über das oder den die Aufsicht nach diesem Gesetz durch eine Landesbehörde ausgeübt wird, leitet die Bundesanstalt die Mitteilung unverzüglich an diese Behörde weiter.

Teil 8 Übergangs- und Schlussbestimmungen

§ 335 Fortsetzung des Geschäftsbetriebs

Die Versicherungsunternehmen, die am 1. Januar 1902 in einem oder in mehreren Ländern landesgesetzlich zum Geschäftsbetrieb befugt gewesen sind, bedürfen keiner Erlaubnis nach diesem Gesetz, wenn sie ihren Geschäftsbetrieb in den Grenzen fortsetzen, die sie bis zum 1. Januar 1902 eingehalten haben oder die ihnen, wenn ihre Befugnis zum Geschäftsbetrieb auf besonderer Erlaubnis beruht hat, durch die Erlaubnis gezogen waren.

§ 336 Weitergeltung genehmigter Geschäftspläne in der Lebensversicherung

[1]Für die vor dem 29. Juli 1994 abgeschlossenen Lebensversicherungsverträge (Altbestand) gilt der von der Aufsichtsbehörde bis zu diesem Zeitpunkt genehmigte Geschäftsplan in vollem Umfang weiter. [2]Auf Änderungen dieses Geschäftsplans findet § 12 Absatz 1 Anwendung. [3]Von den Bestimmungen des § 141 sind die Absätze 1, 2, 3 und 6 entsprechend sowie Absatz 5 mit der Maßgabe anzuwenden, dass die Deckungsrückstellung nach dem geltenden Geschäftsplan zu berechnen ist.

§ 337 Treuhänder in der Krankenversicherung

Soweit bei der nach Art der Lebensversicherung betriebenen Krankenversicherung die Prämien für die vor dem 29. Juli 1994 abgeschlossenen Versicherungsverträge auf Grund einer Anpassungsklausel mit Genehmigung der Aufsichtsbehörde geändert werden dürfen, tritt an die Stelle der Genehmigung der Aufsichtsbehörde die Zustimmung des Treuhänders (§ 155 Absatz 1 und 2).

§ 338 Zuschlag in der Krankenversicherung

Ist ein Vertrag über eine substitutive Krankenversicherung vor dem 1. Januar 2000 geschlossen, gilt § 149 mit der Maßgabe, dass

1. der Zuschlag erstmals am 1. Januar des Kalenderjahres, das dem 1. Januar 2000 folgt, zu erheben ist,
2. der Zuschlag im ersten Jahr 2 Prozent der Bruttoprämie beträgt und an jedem 1. Januar der darauf folgenden Jahre um 2 Prozent, jedoch auf nicht mehr als 10 Prozent der Bruttoprämie, steigt, soweit er nicht wegen Vollendung des 60. Lebensjahres entfällt,
3. das Versicherungsunternehmen verpflichtet ist, dem Versicherungsnehmer rechtzeitig vor der erstmaligen Erhebung des Zuschlags dessen Höhe und die jährlichen Steigerungen mitzuteilen, und
4. der Zuschlag nur zu erheben ist, wenn der Versicherungsnehmer nicht innerhalb von drei Monaten nach dem Zugang der Mitteilung nach Nummer 3 schriftlich oder elektronisch widerspricht.

§ 339 Teilbestandsvorschriften in der Unfallversicherung

[1]Unternehmen, die im Rahmen eines einheitlichen Vertrags Risiken decken, die den in der Anlage 1 Nummer 1 und 19 genannten Versicherungssparten zuzuordnen sind, dürfen den Unfallversicherungsteil dieser Verträge auf ein anderes Unternehmen übertragen. [2]§ 13 ist entsprechend anzuwenden.

§ 340 Bestandsschutz für Rückversicherungsunternehmen

(1) [1]Für Unternehmen, die ausschließlich die Rückversicherung betreiben, dieses Geschäft bereits vor dem 21. Dezember 2004 ausgeübt haben und als Rückversicherungsunternehmen bei der Aufsichtsbehörde registriert sind, gilt die Erlaubnis nach § 8 Ab-

satz 1 im Umfang des bisherigen Geschäftsbetriebs als erteilt. [2]Diese Unternehmen unterliegen jedoch ohne Einschränkung der laufenden Aufsicht.

(2) [1]Für Rückversicherungsunternehmen eines Drittstaats, die bestehende Zweigniederlassungen fortführen und dies der Bundesanstalt bis zum 31. Dezember 2007 angezeigt haben, gilt die notwendige Erlaubnis im Umfang des angezeigten Geschäftsbetriebs als erteilt, soweit sie befugt sind, in ihrem Sitzland Rückversicherungsgeschäfte zu betreiben, dort ihre Hauptverwaltung haben, dort nach international anerkannten Grundsätzen beaufsichtigt werden und eine befriedigende Zusammenarbeit der zuständigen Behörden des Sitzlandes mit der Bundesanstalt gewährleistet ist. [2]Diese Unternehmen unterliegen jedoch ohne Einschränkung der laufenden Aufsicht.

§ 341 Bericht über die Solvabilität und die Finanzlage

[1]Versicherungsunternehmen, für die ein Kapitalaufschlag festgesetzt wurde oder die unternehmensspezifische Parameter bei der Berechnung der Solvabilitätskapitalanforderung zu verwenden haben, müssen bis zum 31. Dezember 2020 nur den Gesamtbetrag der Solvabilitätskapitalanforderung ohne gesonderte Nennung des Betrags des Kapitalaufschlags und der quantitativen Auswirkungen der unternehmensspezifischen Parameter veröffentlichen. [2]Die Verpflichtung, die aufsichtsrechtliche Maßnahme und ihre Hintergründe dem Grunde nach offenzulegen, bleibt unberührt.

§ 342 Einhaltung der Mindestkapitalanforderung

(1) Versicherungsunternehmen, die die am 31. Dezember 2015 geltenden Solvabilitätsanforderungen erfüllen, deren anrechnungsfähige Basiseigenmittel aber nicht zur Bedeckung der Mindestkapitalanforderung ausreichen, müssen spätestens am 31. Dezember 2016 über anrechnungsfähige Basiseigenmittel in Höhe der Mindestkapitalanforderung verfügen.

(2) Verfügt ein unter Absatz 1 fallendes Versicherungsunternehmen am 31. Dezember 2016 nicht über anrechnungsfähige Eigenmittel in Höhe der Mindestkapitalanforderung, wird ihm die Erlaubnis zum Geschäftsbetrieb entzogen.

(3) Bis zum 31. Dezember 2017 kann die Aufsichtsbehörde von einem Versicherungsunternehmen, für das ein Kapitalaufschlag festgelegt wurde, verlangen, die in Artikel 129 Absatz 3 Satz 1 der Richtlinie 2009/138/EG genannten Prozentsätze ausschließlich auf die ohne den Kapitalaufschlag berechnete Solvabilitätskapitalanforderung anzuwenden.

§ 343 Einstellung des Geschäftsbetriebs

(1) Unbeschadet des § 165 Absatz 1 gilt, dass für Versicherungsunternehmen, die den Abschluss neuer Versicherungsverträge bis zum 1. Januar 2016 einstellen und ihren Versicherungsbestand ausschließlich mit dem Ziel verwalten, ihre Tätigkeit einzustellen, bis zu den in Absatz 2 genannten Zeitpunkten auf Antrag die für kleine Versicherungsunternehmen im Sinne des § 211 geltenden Vorschriften dieses Gesetzes Anwendung finden, wenn

1. das Unternehmen gegenüber der Aufsichtsbehörde nachweisen konnte, dass es seine Tätigkeit vor dem 1. Januar 2019 einstellen wird, oder
2. das Unternehmen Sanierungsmaßnahmen nach den §§ 312 und 313 durchläuft und ein Verwalter ernannt wurde.

(2) [1]Für Versicherungsunternehmen, die unter

1. Absatz 1 Nummer 1 fallen, gilt ab dem 1. Januar 2019 Absatz 1 nicht mehr,
2. Absatz 1 Nummer 2 fallen, gilt ab dem 1. Januar 2021 Absatz 1 nicht mehr.

²Die Aufsichtsbehörde kann in den Fällen des Satzes 1 einen früheren Zeitpunkt bestimmen, wenn voraussichtlich die Tätigkeit des Versicherungsunternehmens nicht zu den in Satz 1 genannten Zeitpunkten eingestellt sein wird.

(3) Versicherungsunternehmen unterliegen den Absätzen 1 und 2 nur unter den folgenden Bedingungen:

1. das Unternehmen gehört nicht zu einer Gruppe oder es gehört zu einer Gruppe, deren sämtliche Unternehmen den Abschluss neuer Versicherungsverträge einstellen, und
2. das Unternehmen legt der zuständigen Aufsichtsbehörde jährlich einen Bericht über die Fortschritte im Hinblick auf die Einstellung seiner Tätigkeit vor.

(4) Die Aufsichtsbehörde hat eine Liste der betroffenen Versicherungsunternehmen den Aufsichtsbehörden aller Mitglied- oder Vertragsstaaten zu übermitteln.

§ 344 Fristen für Berichts- und Offenlegungspflichten

(1) ¹Die Frist, in der Versicherungsunternehmen die Informationen nach Artikel 304 Absatz 1 der Delegierten Verordnung (EU) 2015/35 der Kommission vom 10. Oktober 2014 zur Ergänzung der Richtlinie 2009/138/EG des Europäischen Parlaments und des Rates betreffend die Aufnahme und Ausübung der Versicherungs- und der Rückversicherungstätigkeit (Solvabilität II) (ABl. L 12 vom 17.1.2015, S. 1), die durch die Delegierte Verordnung (EU) 2016/467 (ABl. L 85 vom 1.4.2016, S. 6) geändert worden ist, jährlich einzureichen haben, beträgt

1. für das am oder nach dem 30. Juni 2016, aber vor dem 1. Januar 2017 endende Geschäftsjahr 20 Wochen nach dem Ende des Geschäftsjahres des Unternehmens,
2. für das am oder nach dem 30. Juni 2017, aber vor dem 1. Januar 2018 endende Geschäftsjahr 18 Wochen nach dem Ende des Geschäftsjahres des Unternehmens,
3. für das am oder nach dem 30. Juni 2018, aber vor dem 1. Januar 2019 endende Geschäftsjahr 16 Wochen nach dem Ende des Geschäftsjahres des Unternehmens und
4. für das am oder nach dem 30. Juni 2019, aber vor dem 1. Januar 2020 endende Geschäftsjahr 14 Wochen nach dem Ende des Geschäftsjahres des Unternehmens.

²Für Versicherungsunternehmen, deren Geschäftsjahr am oder nach dem 1. Januar 2016, aber vor dem 1. Juli 2017 endet, beträgt die Frist 20 Wochen nach dem Ende des Geschäftsjahres. ³In diesem Fall verkürzt sich die Frist in den folgenden drei Geschäftsjahren jeweils um zwei Wochen. ⁴Für Informationen, die halbjährlich einzureichen sind, gelten die Sätze 1 bis 3 entsprechend.

(2) ¹Die Frist, in der Versicherungsunternehmen die Informationen nach Artikel 304 Absatz 1 der Delegierten Verordnung (EU) 2015/35 vierteljährlich einzureichen haben, beträgt

1. für das am oder nach dem 30. Juni 2016, aber vor dem 1. Januar 2017 endende Geschäftsjahr 8 Wochen nach dem Ende des Quartals des Geschäftsjahres,
2. für das am oder nach dem 30. Juni 2017, aber vor dem 1. Januar 2018 endende Geschäftsjahr 7 Wochen nach dem Ende des Quartals des Geschäftsjahres,
3. für das am oder nach dem 30. Juni 2018, aber vor dem 1. Januar 2019 endende Geschäftsjahr 6 Wochen nach dem Ende des Quartals des Geschäftsjahres und
4. für das am oder nach dem 30. Juni 2019, aber vor dem 1. Januar 2020 endende Geschäftsjahr 5 Wochen nach dem Ende des Quartals des Geschäftsjahres.

²Für Versicherungsunternehmen, deren Geschäftsjahr am oder nach dem 1. Januar 2016, aber vor dem 1. Juli 2017 endet, beträgt die Frist acht Wochen nach dem Ende des Quartals des Geschäftsjahres. ³Die Frist verkürzt sich in den folgenden drei Geschäftsjahren jeweils um eine Woche.

(3) [1]Die Frist, in der Versicherungsunternehmen den Solvabilitäts- und Finanzbericht nach § 40 zu veröffentlichen haben, beträgt

1. für das am oder nach dem 30. Juni 2016, aber vor dem 1. Januar 2017 endende Geschäftsjahr 20 Wochen nach dem Ende des Geschäftsjahres des Unternehmens,
2. für das am oder nach dem 30. Juni 2017, aber vor dem 1. Januar 2018 endende Geschäftsjahr 18 Wochen nach dem Ende des Geschäftsjahres des Unternehmens,
3. für das am oder nach dem 30. Juni 2018, aber vor dem 1. Januar 2019 endende Geschäftsjahr 16 Wochen nach dem Ende des Geschäftsjahres des Unternehmens und
4. für das am oder nach dem 30. Juni 2019, aber vor dem 1. Januar 2020 endende Geschäftsjahr 14 Wochen nach dem Ende des Geschäftsjahres des Unternehmens.

[2]Für Versicherungsunternehmen, deren Geschäftsjahr am oder nach dem 1. Januar 2016, aber vor dem 1. Juli 2017 endet, beträgt die Frist 20 Wochen nach dem Ende des Geschäftsjahres. [3]Die Frist verkürzt sich in den folgenden drei Geschäftsjahren jeweils um zwei Wochen.

(4) Die Absätze 1 bis 3 sind in Verbindung mit den §§ 276 und 277 auf Gruppenebene entsprechend für beteiligte Versicherungsunternehmen, Versicherungs-Holdinggesellschaften, gemischte Versicherungs-Holdinggesellschaften und gemischte Finanzholding-Gesellschaften anzuwenden, wobei sich die genannten Fristen jeweils um sechs Wochen verlängern.

§ 345 Eigenmittel

(1) [1]Unbeschadet des § 92 dürfen Basiseigenmittelbestandteile für bis zu zehn Jahre nach dem 1. Januar 2016 als Eigenmittel der Qualitätsklasse 1 angesetzt werden. [2]Dies setzt voraus, dass diese Bestandteile

1. vor dem 1. Januar 2016 und vor dem Inkrafttreten des delegierten Rechtsakts nach Artikel 97 der Richtlinie 2009/138/EG ausgegeben wurden,
2. am 31. Dezember 2015 gemäß § 53c des Versicherungsaufsichtsgesetzes in der am 31. Dezember 2015 geltenden Fassung auch in Verbindung mit § 121a Absatz 1 Satz 2 des Versicherungsaufsichtsgesetzes in der am 31. Dezember 2015 geltenden Fassung verwendet werden konnten, um als Eigenmittel bis zu mindestens 50 Prozent auf die geforderte Solvabilitätsspanne angerechnet zu werden, und
3. andernfalls nicht als Eigenmittel der Qualitätsklasse 1 oder 2 gemäß § 92 eingestuft würden.

(2) [1]Unbeschadet des § 92 dürfen Basiseigenmittelbestandteile für bis zu zehn Jahre nach dem 1. Januar 2016 als Basiseigenmittel der Qualitätsklasse 2 angesetzt werden. [2]Dies setzt voraus, dass diese Bestandteile

1. vor dem 1. Januar 2016 und vor dem Inkrafttreten des delegierten Rechtsakts nach Artikel 97 der Richtlinie 2009/138/EG ausgegeben wurden und
2. am 31. Dezember 2015 gemäß § 53c des Versicherungsaufsichtsgesetzes in der am 31. Dezember 2015 geltenden Fassung auch in Verbindung mit § 121a Absatz 1 Satz 2 des Versicherungsaufsichtsgesetzes in der am 31. Dezember 2015 geltenden Fassung verwendet werden konnten, um als Eigenmittel bis zu mindestens 25 Prozent auf die geforderte Solvabilitätsspanne angerechnet zu werden.

§ 346 Anlagen in Kreditverbriefungen

Für Versicherungsunternehmen, die in handelbare Wertpapiere oder andere Finanzinstrumente auf der Grundlage von neu gebündelten, verbrieften und vor dem 1. Januar 2011 ausgegebenen Krediten investieren, gelten die in von der Kommission nach Artikel 135 Absatz 2 der Richtlinie 2009/138/EG erlassenen delegierten Rechtsakten genannten Anforderungen nur, wenn nach dem 31. Dezember 2014 zugrunde liegende Forderungen neu hinzugefügt oder ersetzt werden.

§ 347 Standardparameter

(1) Unbeschadet von § 89 Absatz 1 Satz 1, § 96 Absatz 1, § 97 Absatz 3 und der §§ 100, 109 Absatz 2 gilt im Hinblick auf die zu verwendenden Standardparameter Folgendes:

1. bis zum 31. Dezember 2017 werden bei der Berechnung der Untermodule für das Konzentrationsrisiko und das Spread-Risiko nach der Standardformel für Forderungen an die Mitglied- oder Vertragsstaaten oder deren Zentralbanken, die auf die Landeswährung eines anderen Mitglied- oder Vertragsstaats lauten und in dieser Währung refinanziert sind, dieselben Standardparameter verwendet wie für Forderungen, die auf die eigene Landeswährung lauten und in dieser Währung refinanziert sind;
2. 2018 werden die Standardparameter, die bei der Berechnung der Untermodule für das Konzentrationsrisiko und das Spread-Risiko nach der Standardformel verwendet werden, gegenüber Forderungen an die Mitglied- oder Vertragsstaaten oder deren Zentralbanken, die auf die Landeswährung eines anderen Mitglied- oder Vertragsstaats lauten und in dieser Währung refinanziert sind, um 80 Prozent gesenkt;
3. 2019 werden die Standardparameter, die bei der Berechnung der Untermodule für das Konzentrationsrisiko und das Spread-Risiko nach der Standardformel verwendet werden, gegenüber Forderungen an die Mitglied- oder Vertragsstaaten oder deren Zentralbanken, die auf die Landeswährung eines anderen Mitglied- oder Vertragsstaats lauten und in dieser Währung refinanziert sind, um 50 Prozent gesenkt;
4. ab dem 1. Januar 2020 werden die Standardparameter, die bei der Berechnung der Untermodule für das Konzentrationsrisiko und das Spread-Risiko nach der Standardformel verwendet werden, nicht mehr gegenüber Forderungen an die Mitglied- oder Vertragsstaaten oder deren Zentralbanken, die auf die Landeswährung eines anderen Mitglied- oder Vertragsstaats lauten und in dieser Währung refinanziert sind, gesenkt.

(2) [1]Für Aktien, die das Unternehmen am oder vor dem 1. Januar 2016 erworben hat, werden unbeschadet von § 89 Absatz 1 Satz 1, § 97 Absatz 3, § 98 Absatz 1 und der §§ 100, 109 Absatz 2 die Standardparameter, die bei der Berechnung des Aktienrisiko-Untermoduls gemäß der Standardformel zu verwenden sind, als gewichtete Mittelwerte berechnet, und zwar aus

1. dem Standardparameter, der bei der Berechnung des Aktienrisiko-Untermoduls gemäß Artikel 304 der Richtlinie 2009/138/EG zu verwenden ist, und
2. dem Standardparameter, der bei der Berechnung des Aktienrisiko-Untermoduls gemäß § 106 zu verwenden ist.

[2]Das Gewicht des in Satz 1 Nummer 2 genannten Parameters steigt zumindest linear am Ende jedes Jahres von 0 Prozent während des am 1. Januar 2016 beginnenden Jahres auf 100 Prozent am 1. Januar 2023.

§ 348 Solvabilitätskapitalanforderung

(1) Erfüllt ein Versicherungsunternehmen abweichend von § 134 die Solvabiltätskapitalanforderung im Jahr 2016 nicht, hätte aber die geforderte Solvabilitätsspanne nach dem bis zum 31. Dezember 2015 geltenden Recht erfüllt, gewährt die Aufsichtsbehörde auf Antrag eine Fristverlängerung für die Erfüllung der Solvabilitätskapitalanforderungen bis zum 31. Dezember 2017, wenn das Versicherungsunternehmen sich verpflichtet,

1. Maßnahmen zu treffen, die zur Aufbringung der anrechnungsfähigen Eigenmittel oder zur Senkung des Risikoprofils notwendig sind, sodass die Einhaltung der Solvabilitätskapitalanforderung bis zum 31. Dezember 2017 sichergestellt ist, und
2. der Aufsichtsbehörde alle drei Monate einen Fortschrittsbericht einzureichen, in dem die getroffenen Maßnahmen sowie der bei der Herstellung der Einhaltung der Solvabilitätskapitalanforderung erzielte Fortschritt dargestellt werden.

(2) Die Fristverlängerung nach Absatz 1 ist zu widerrufen, wenn aus dem Fortschrittsbericht hervorgeht, dass zwischen dem Zeitpunkt der Feststellung der Nichtbedeckung der Solvabilitätskapitalanforderung und dem der Übermittlung des Fortschrittsberichts kein wesentlicher Fortschritt bei der Herstellung der Einhaltung der Solvabilitätskapitalanforderung stattgefunden hat.

§ 349 Internes Teilgruppenmodell

[1]Auf Antrag kann die Aufsichtsbehörde dem obersten beteiligten Versicherungsunternehmen die Verwendung eines nur auf einen Teil der Gruppe anwendbaren internen Gruppenmodells genehmigen. [2]Dies setzt voraus, dass sowohl das oberste beteiligte Versicherungsunternehmen als auch das oberste beteiligte Versicherungsunternehmen der Teilgruppe, im Inland ansässig sind und die Teilgruppe einen abgrenzbaren Teil bildet, dessen Risikoprofil sich deutlich von dem der übrigen Gruppe unterscheidet. [3]Die Genehmigung darf nur befristet erteilt werden; die Befristung endet spätestens am 31. März 2022.

§ 350 Gruppenvorschriften

[1]Unbeschadet des § 250 sind auf Gruppenebene die §§ 345 bis 347 und 351 und 352 entsprechend anzuwenden. [2]Wenn das oberste beteiligte Versicherungsunternehmen die für die bereinigte Solvabilität nach Artikel 9 der Richtlinie 98/78/EG des Europäischen Parlaments und des Rates vom 27. Oktober 1998 über die zusätzliche Beaufsichtigung von Versicherungs- und Rückversicherungsunternehmen in einer Versicherungs- oder Rückversicherungsgruppe (ABl. L 330 vom 5.12.1998, S. 1), die zuletzt durch die Richtlinie 2011/89/EU (ABl. L 326 vom 8.12.2011, S. 113) geändert worden ist, geltenden Bestimmungen erfüllt, das beteiligte Versicherungsunternehmen, die beteiligte Versicherungs-Holdinggesellschaft, die beteiligte gemischte Versicherungs-Holdinggesellschaft oder die beteiligte gemischte Finanzholding-Gesellschaft, aber nicht die Solvabilitätskapitalanforderung für die Gruppe, ist unbeschadet des § 250 der § 348 entsprechend anzuwenden.

§ 351 Risikofreie Zinssätze

(1) Versicherungsunternehmen dürfen mit Genehmigung der Aufsichtsbehörde unter Berücksichtigung der zulässigen Versicherungsverpflichtungen eine vorübergehende Anpassung der maßgeblichen risikofreien Zinskurve vornehmen.

(2) [1]Die Anpassung wird für jede Währung berechnet als Anteil der Differenz zwischen

1. dem Zinssatz, der vom Versicherungsunternehmen im Einklang mit § 65 des Versicherungsaufsichtsgesetzes und der dazu erlassenen Rechtsverordnung in den jeweils maßgeblichen bis zum 31. Dezember 2015 geltenden Fassungen festgelegt wurde, und
2. dem effektiven Jahreszinssatz, der als derjenige konstante Abzinsungssatz berechnet wird, der im Fall einer Anwendung auf die Zahlungsströme des Portfolios zulässiger Versicherungsverpflichtungen zu einem Wert führt, der dem besten Schätzwert des Portfolios zulässiger Versicherungs- oder Rückversicherungsverpflichtungen ent-

spricht, wenn der Zeitwert unter Verwendung der maßgeblichen risikofreien Zinskurve nach § 77 Absatz 1 berücksichtigt wird.

[2]Der in Satz 1 genannte Anteil sinkt am Ende jedes Kalenderjahres linear von 100 Prozent ab 2016 auf 0 Prozent am 1. Januar 2032. [3]Wenn Versicherungsunternehmen die Volatilitätsanpassung nach § 82 anwenden, muss die maßgebliche risikofreie Zinskurve nach Satz 1 Nummer 2 die Volatilitätsanpassung nach § 82 enthalten.

(3) Als zulässige Versicherungsverpflichtungen im Sinne des Absatzes 1 gelten nur die Versicherungsverpflichtungen, die den folgenden Anforderungen entsprechen:

1. die Verträge, aus denen sich die Versicherungsverpflichtungen ergeben, wurden vor dem 1. Januar 2016 geschlossen, Vertragsverlängerungen dieser Verträge zu oder nach diesem Zeitpunkt führen nicht zu zulässigen Versicherungsverpflichtungen,
2. die versicherungstechnischen Rückstellungen wurden für die Versicherungsverpflichtungen entsprechend § 65 des Versicherungsaufsichtsgesetzes und der dazu erlassenen Rechtsverordnung in den jeweils maßgeblichen bis zum 31. Dezember 2015 geltenden Fassungen festgelegt und
3. für die Versicherungsverpflichtungen erfolgt keine Matching-Anpassung nach § 80.

(4) Wenn Versicherungsunternehmen Absatz 1 anwenden, gilt, dass sie

1. die zulässigen Versicherungsverpflichtungen nicht in die Berechnung der Volatilitätsanpassung nach § 82 einfließen lassen dürfen,
2. § 352 nicht anwenden dürfen,
3. im Rahmen ihres Solvabilitäts- und Finanzberichts nach § 40 offenlegen müssen, dass sie eine vorübergehende Anpassung der maßgeblichen risikofreien Zinskurve vornehmen und die Folgen der Nichtanwendung dieser Übergangsmaßnahme für ihre Finanzlage quantifizieren müssen.

§ 352 Versicherungstechnische Rückstellungen

(1) [1]Versicherungsunternehmen dürfen mit Genehmigung der Aufsichtsbehörde bei versicherungstechnischen Rückstellungen vorübergehend einen Abzug im Sinne des Absatzes 2 geltend machen. [2]Der Abzug kann auf der Ebene homogener Risikogruppen nach § 75 Absatz 3 zur Anwendung kommen.

(2) [1]Der vorübergehende Abzug entspricht einem Anteil der Differenz zwischen den beiden folgenden Beträgen:

1. den versicherungstechnischen Rückstellungen nach Abzug der einforderbaren Beträge aus Rückversicherungsverträgen und gegenüber Zweckgesellschaften, die nach § 75 zum 1. Januar 2016 berechnet wurden;
2. den versicherungstechnischen Rückstellungen nach Abzug der einforderbaren Beträge aus Rückversicherungsverträgen, die nach den Rechts- und Verwaltungsvorschriften berechnet wurden, die nach den §§ 341e bis 341h des Handelsgesetzbuchs und § 65 des Versicherungsaufsichtsgesetzes in den jeweils bis zum 31. Dezember 2015 geltenden Fassungen sowie den gemäß § 330 des Handelsgesetzbuchs und § 65 des Versicherungsaufsichtsgesetzes erlassenen Rechtsverordnungen in den jeweils bis zum 31. Dezember 2015 geltenden Fassungen gebildet wurden.

[2]Der maximal abzugsfähige Anteil sinkt am Ende jedes Kalenderjahres linear von 100 Prozent während des Jahres ab 2016 auf 0 Prozent am 1. Januar 2032. [3]Wenn Versicherungsunternehmen die Volatilitätsanpassung nach § 82 am 1. Januar 2016 anwenden, wird der in Nummer 1 genannte Betrag mit der an diesem Tag geltenden Volatilitätsanpassung berechnet.

(3) Die Beträge der versicherungstechnischen Rückstellungen sowie gegebenenfalls der Betrag der Volatilitätsanpassung, die zur Berechnung des vorübergehenden Abzugs nach Absatz 2 Satz 1 Nummer 1 und 2 verwendet werden, dürfen mit Genehmigung oder müssen auf Verlangen der Aufsichtsbehörde alle 24 Monate oder, wenn sich das Risikoprofil des Unternehmens wesentlich verändert, häufiger neu berechnet werden.

(4) Der Abzug nach Absatz 2 kann von der Aufsichtsbehörde begrenzt werden, wenn seine Anwendung dazu führen könnte, dass die für das Unternehmen geltenden Finanzmittelanforderungen im Vergleich zu den Anforderungen sinken, die gemäß dem Handelsgesetzbuch, dem Versicherungsaufsichtsgesetz und den dazu erlassenen Rechtsverordnungen in den jeweils bis zum 31. Dezember 2015 geltenden Fassungen berechnet wurden.

(5) Wenn Versicherungsunternehmen Absatz 1 anwenden, dürfen sie § 351 nicht anwenden und müssen

1. wenn sie die Solvabilitätskapitalanforderung nur bei Anwendung des vorübergehenden Abzugs erfüllen können, der zuständigen Aufsichtsbehörde jährlich einen Bericht vorlegen, in dem die Maßnahmen, die zur Aufbringung der anrechnungsfähigen Eigenmittel oder zur Senkung des Risikoprofils notwendig sind, sodass die Einhaltung der Solvabilitätskapitalanforderung hergestellt ist, sowie der hierbei erzielte Fortschritt dargestellt werden, und
2. im Rahmen ihres Solvabilitäts- und Finanzberichts offenlegen, dass sie den vorübergehenden Abzug im Sinne des Absatzes 2 auf die versicherungstechnischen Rückstellungen anwenden, und die Folgen einer Nichtanwendung dieses vorübergehenden Abzugs für ihre Finanzlage quantifizieren.

§ 353 Plan betreffend die schrittweise Einführung von Übergangsmaßnahmen für risikofreie Zinssätze und versicherungstechnische Rückstellungen

(1) [1]Versicherungsunternehmen, die die Übergangsmaßnahmen nach § 351 oder § 352 anwenden, melden der Aufsichtsbehörde unverzüglich, wenn sie feststellen, dass der Fall einzutreten droht, dass die Solvabilitätskapitalanforderung am Ende des Übergangszeitraums ohne diese Übergangsmaßnahmen nicht mehr bedeckt sein würde. [2]Die Aufsichtsbehörde verpflichtet das betroffene Versicherungsunternehmen in diesem Fall, Maßnahmen zu treffen, die zur Einhaltung der Solvabilitätskapitalanforderung am Ende des Übergangszeitraums notwendig und geeignet sind.

(2) [1]Stellt ein Versicherungsunternehmen fest, dass es die Solvabilitätskapitalanforderung ohne die Übergangsmaßnahmen nach § 351 oder § 352 nicht einhalten würde, so legt es innerhalb von zwei Monaten nach dieser Feststellung der Aufsichtsbehörde einen Plan vor, in dem die schrittweise Einführung der Maßnahmen dargelegt wird, die zur Aufbringung der anrechnungsfähigen Eigenmittel oder zur Senkung des Risikoprofils geplant sind, sodass die Einhaltung der Solvabilitätskapitalanforderung am Ende des Übergangszeitraums wiederhergestellt ist. [2]Das betroffene Versicherungsunternehmen kann diesen Plan während des Übergangszeitraums aktualisieren.

(3) [1]Das betroffene Versicherungsunternehmen legt der Aufsichtsbehörde alle zwölf Monate einen Bericht vor, in dem die Maßnahmen zur Einhaltung der Solvabilitätskapitalanforderung am Ende des Übergangszeitraums sowie der hierbei erzielte Fortschritt dargestellt sind. [2]Wenn aus dem Fortschrittsbericht deutlich wird, dass eine erneute Einhaltung der Solvabilitätskapitalanforderung am Ende des Übergangszeitraums unrealistisch ist, widerruft die Aufsichtsbehörde die Genehmigung für die Anwendung der Übergangsmaßnahme nach § 351 oder § 352.

§ 354 Überprüfung der langfristigen Garantien und der Maßnahmen gegen Aktienrisiken

Die Bundesanstalt informiert die Europäische Aufsichtsbehörde für das Versicherungswesen und die betriebliche Altersversorgung bis zum 1. Januar 2021 jedes Jahr über Folgendes:

1. die Verfügbarkeit von langfristigen Garantien bei Versicherungsverträgen auf ihren Binnenmärkten und das Verhalten von Versicherungsunternehmen als langfristige Investoren;
2. die Zahl der Versicherungsunternehmen, welche die Matching-Anpassung, die Volatilitätsanpassung, die Verlängerung der Frist für die Wiederherstellung gesunder Finanzverhältnisse nach § 134 Absatz 4, das durationsbasierte Untermodul „Aktienrisiko" und die Übergangsmaßnahmen nach den §§ 351 und 352 anwenden;
3. die Auswirkungen der Matching-Anpassung, der Volatilitätsanpassung, der symmetrischen Anpassung der Kapitalanforderung für Aktienanlagen gemäß § 106 Absatz 1, des durationsbasierten Untermoduls „Aktienrisiko" und der Übergangsmaßnahmen nach den §§ 351 und 352 auf die Finanzlage der Versicherungsunternehmen auf nationaler Ebene und anonymisiert für jedes Unternehmen;
4. die Auswirkungen der Matching-Anpassung, der Volatilitätsanpassung, der symmetrischen Anpassung der Kapitalanforderungen für Aktienanlagen gemäß § 106 Absatz 1 und des durationsbasierten Untermoduls „Aktienrisiko" auf das Investitionsverhalten von Versicherungsunternehmen und darauf, ob dies zu einer unangemessenen Kapitalentlastung führt;
5. die Auswirkungen einer Verlängerung der Frist für die Wiederherstellung gesunder Finanzverhältnisse nach § 134 Absatz 4 auf die Bemühungen der Versicherungsunternehmen zur Aufbringung der anrechnungsfähigen Eigenmittel oder zur Senkung des Risikoprofils zur Einhaltung der Solvabilitätskapitalanforderung;
6. die Erfüllung oder Nichterfüllung der Pläne betreffend Übergangsmaßnahmen nach § 353 durch Versicherungsunternehmen, die diese Übergangsmaßnahmen nach den §§ 351 und 352 anwenden und die Wahrscheinlichkeit einer geringeren Abhängigkeit von diesen Übergangsmaßnahmen, einschließlich Maßnahmen, die von den Unternehmen und den Aufsichtsbehörden ergriffen wurden oder voraussichtlich ergriffen werden, wobei dem anwendbaren Regelungsumfeld Rechnung zu tragen ist.

§ 355 Entscheidungen der Aufsichtsbehörde aus Anlass des Inkrafttretens dieses Gesetzes

(1) Ab dem 11. April 2015 ist die Aufsichtsbehörde befugt, zu entscheiden über die Genehmigung

1. ergänzender Eigenmittel gemäß § 90,
2. der Einstufung von Eigenmittelbestandteilen nach § 91 Absatz 5,
3. von unternehmensspezifischen Parametern gemäß § 109 Absatz 2,
4. von internen Voll- oder Partialmodellen gemäß den §§ 111 und 112,
5. ergänzender Eigenmittel einer zwischengeschalteten Versicherungs-Holdinggesellschaft oder einer zwischengeschalteten gemischten Finanzholding-Gesellschaft gemäß § 257 Absatz 2,
6. eines internen Modells für die Gruppe gemäß den §§ 261 und 262 sowie 265 Absatz 5,
7. der Verwendung der Matching-Anpassung für die maßgebliche risikofreie Zinskurve gemäß den §§ 80 und 81,

8. der Verwendung der Volatilitätsanpassung für die maßgebliche risikofreie Zinskurve gemäß § 82,
9. der Anwendung der Übergangsmaßnahme bei risikofreien Zinssätzen nach § 351,
10. der Anwendung der Übergangsmaßnahme bei versicherungstechnischen Rückstellungen nach § 352.

(2) Ab dem 1. April 2015 ist die Aufsichtsbehörde befugt,

1. die Ebene und den Umfang der Gruppenaufsicht gemäß den §§ 245 bis 249 festzulegen,
2. die für die Gruppenaufsicht zuständige Behörde gemäß den §§ 279 und 280 festzulegen,
3. ein Aufsichtskollegium gemäß § 283 einzusetzen.

(3) Ab dem 1. Juli 2015 ist die Aufsichtsbehörde befugt,

1. über den Abzug einer Beteiligung gemäß § 259 Absatz 2 zu entscheiden,
2. die Methode zur Berechnung der Solvabilität der Gruppe gemäß § 252 auszuwählen,
3. im Einklang mit den §§ 258 und 288 über die Gleichwertigkeit zu entscheiden,
4. zu gestatten, dass Versicherungsunternehmen gemäß § 268 unter die §§ 269 und 270 fallen,
5. die Festlegungen gemäß den §§ 289 und 290 zu treffen,
6. zu entscheiden, dass Übergangsmaßnahmen nach den §§ 343 bis 350 zur Anwendung kommen.

(4) Entscheidungen nach den Absätzen 1 bis 3 werden zum 1. Januar 2016 wirksam, wenn in der Entscheidung kein späteres Datum genannt wird.

§ 356 Übergangsvorschrift zu § 35 Absatz 1 Satz 1 Nummer 5 bis 8

[1]§ 35 Absatz 1 Satz 1 Nummer 5, 6 und 7 ist erstmals auf die Abschlussprüfung des Jahresabschlusses für das Geschäftsjahr anzuwenden, das nach dem 31. Dezember 2017 beginnt. [2]§ 35 Absatz 1 Satz 1 Nummer 8 ist erstmals auf die Abschlussprüfung des Jahresabschlusses für das Geschäftsjahr anzuwenden, das nach dem 31. Dezember 2018 beginnt.

Anlage 1 Einteilung der Risiken nach Sparten

1. Unfall
   a) Summenversicherung
   b) Kostenversicherung
   c) kombinierte Leistungen
   d) Personenbeförderung
2. Krankheit
   a) Tagegeld
   b) Kostenversicherung
   c) kombinierte Leistungen
3. Landfahrzeug-Kasko (ohne Schienenfahrzeuge)
   Sämtliche Schäden an:
   a) Kraftfahrzeugen
   b) Landfahrzeugen ohne eigenen Antrieb
4. Schienenfahrzeug-Kasko
   Sämtliche Schäden an Schienenfahrzeugen
5. Luftfahrzeug-Kasko
   Sämtliche Schäden an Luftfahrzeugen
6. See-, Binnensee- und Flussschifffahrts-Kasko
   Sämtliche Schäden an:
   a) Flussschiffen
   b) Binnenseeschiffen
   c) Seeschiffen
7. Transportgüter
   Sämtliche Schäden an transportierten Gütern, unabhängig von dem jeweils verwendeten Transportmittel
8. Feuer- und Elementarschäden
   Sämtliche Sachschäden (soweit sie nicht unter die Nummern 3 bis 7 fallen), die verursacht werden durch:
   a) Feuer
   b) Explosion
   c) Sturm
   d) andere Elementarschäden außer Sturm
   e) Kernenergie
   f) Bodensenkungen und Erdrutsch
9. Hagel-, Frost- und sonstige Sachschäden
   Sämtliche Sachschäden (soweit sie nicht unter die Nummern 3 bis 7 fallen), die außer durch Hagel oder Frost durch Ursachen aller Art (wie beispielsweise Diebstahl) hervorgerufen werden, soweit diese Ursachen nicht von Nummer 8 erfasst sind
10. Haftpflicht für Landfahrzeuge mit eigenem Antrieb
   a) Kraftfahrzeughaftpflicht
   b) Haftpflicht aus Landtransporten

c) sonstige

11. Luftfahrzeughaftpflicht

Haftpflicht aller Art (einschließlich derjenigen des Frachtführers), die sich aus der Verwendung von Luftfahrzeugen ergibt

12. See-, Binnensee- und Flussschifffahrtshaftpflicht

Haftpflicht aller Art (einschließlich derjenigen des Frachtführers), die sich aus der Verwendung von Flussschiffen, Binnenseeschiffen und Seeschiffen ergibt

13. Allgemeine Haftpflicht

Alle sonstigen Haftpflichtfälle, die nicht unter die Nummern 10 bis 12 fallen

14. Kredit
    a) allgemeine Zahlungsunfähigkeit
    b) Ausfuhrkredit
    c) Abzahlungsgeschäfte
    d) Hypothekendarlehen
    e) landwirtschaftliche Darlehen

15. Kaution

16. Verschiedene finanzielle Verluste
    a) Berufsrisiken
    b) ungenügende Einkommen (allgemein)
    c) Schlechtwetter
    d) Gewinnausfall
    e) laufende Unkosten allgemeiner Art
    f) unvorhergesehene Geschäftsunkosten
    g) Wertverluste
    h) Miet- oder Einkommensausfall
    i) indirekte kommerzielle Verluste außer den bereits erwähnten
    j) nichtkommerzielle Geldverluste
    k) sonstige finanzielle Verluste

17. Rechtsschutz

18. Beistandsleistungen zugunsten von Personen, die sich in Schwierigkeiten befinden
    a) auf Reisen oder während der Abwesenheit von ihrem Wohnsitz oder ständigem Aufenthaltsort
    b) unter anderen Bedingungen, sofern die Risiken nicht unter andere Versicherungssparten fallen

19. Leben

(soweit nicht unter den Nummern 20 bis 24 aufgeführt)

20. Heirats- und Geburtenversicherung

21. Fondsgebundene Lebensversicherung

22. Tontinengeschäfte

23. Kapitalisierungsgeschäfte

24. Geschäfte der Verwaltung von Versorgungseinrichtungen

25. Pensionsfondsgeschäfte

Anlage 2 Bezeichnung der Zulassung, die gleichzeitig für mehrere Sparten erteilt wird

Umfasst die Zulassung zugleich

1. Nummer 1 Buchstabe d, die Nummern 3, 7 und 10 Buchstabe a, so wird sie unter der Bezeichnung „Kraftfahrtversicherung“ erteilt;
2. Nummer 1 Buchstabe d, die Nummern 4, 6, 7 und 12, so wird sie unter der Bezeichnung „See- und Transportversicherung“ erteilt;
3. Nummer 1 Buchstabe d, die Nummern 5, 7 und 11, so wird sie unter der Bezeichnung „Luftfahrtversicherung“ erteilt;
4. die Nummern 8 und 9, so wird sie unter der Bezeichnung „Feuer- und andere Sachschäden“ erteilt;
5. die Nummern 10 bis 13, so wird sie unter der Bezeichnung „Haftpflicht“ erteilt;
6. die Nummern 14 und 15, so wird sie unter der Bezeichnung „Kredit und Kaution“ erteilt;
7. die Nummern 1, 3 bis 13 und 16, so wird sie unter der Bezeichnung „Schaden- und Unfallversicherung“ erteilt.

Anlage 3 Standardformel zur Berechnung der Solvabilitätskapitalanforderung (SCR)

1. Berechnung der Basissolvabilitätskapitalanforderung (BSCR)

Die in § 100 dargelegte Basissolvabilitätskapitalanforderung wird wie folgt ermittelt:

$$\text{Basis SCR} = \sqrt{\sum_{i,j} \text{Corr}_{i,j} \times \text{SCR}_i \times \text{SCR}_j}$$

wobei SCR_i das Risikomodul i und SCR_j das Risikomodul j bezeichnet; „i, j“ bedeutet, dass in der Summe alle möglichen Kombinationen von i und j erfasst sein sollten. Bei der Berechnung treten an die Stelle von SCR_i und SCR_j:

$SCR_{Nichtleben}$: Nichtlebensversicherungstechnisches Risikomodul;

SCR_{Leben}: Lebensversicherungstechnisches Risikomodul;

$SCR_{Kranken}$: Krankenversicherungstechnisches Risikomodul;

SCR_{Markt}: Risikomodul Marktrisiken;

$SCR_{Ausfall}$: Risikomodul Gegenparteiausfall.

Der Faktor „Corr i, j" steht für die Angaben in Zeile i und Spalte j der folgenden Korrelationsmatrix:

j i	Markt	Gegen-partei-ausfall	Lebens-versiche-rung	Kranken-versiche-rung	Nicht-Lebensver-sicherung
Markt	1	0.25	0.25	0.25	0.25
Gegenparteiausfall	0.25	1	0.25	0.25	0.5
Lebensversicherung	0.25	0.25	1	0.25	0
Krankenversicherung	0.25	0.25	0.25	1	0
Nicht-Lebensversicherung	0.25	0.5	0	0	1

2. Berechnung des nichtlebensversicherungstechnischen Risikomoduls

Das in § 101 genannte nichtlebensversicherungstechnische Risikomodul errechnet sich wie folgt:

$$SCR_{Nichtleben} = \sqrt{\sum_{i,j} Corr_{i,j} \times SCR_i \times SCR_j}$$

wobei SCR_i das Untermodul i und SCR_j das Untermodul j bezeichnet; „i, j" bedeutet, dass in der Summe alle möglichen Kombinationen von i und j erfasst sein sollten. Bei der Berechnung treten an die Stelle von SCR_i und SCR_j:

$SCR_{NL\text{-}Prämien/Rückstellung}$: Untermodul Nichtlebensversicherungprämien- und -reserverisiko;

$SCR_{NL\text{-}Katastrophen}$: Untermodul Nichtlebenskatastrophenrisiko.

3. Berechnung des lebensversicherungstechnischen Risikomoduls

Das in § 102 genannte lebensversicherungstechnische Risikomodul errechnet sich wie folgt:

$$SCR_{Leben} = \sqrt{\sum_{i,j} Corr_{i,j} \times SCR_i \times SCR_j}$$

wobei SCR_i das Untermodul i und SCR_j das Untermodul j bezeichnet; „i, j" bedeutet, dass in der Summe alle möglichen Kombinationen von i und j erfasst sein sollten. Bei der Berechnung treten an die Stelle von SCR_i und SCR_j:

$SCR_{Sterblichkeit}$: Untermodul Sterblichkeitsrisiko;

$SCR_{Langlebigkeit}$: Untermodul Langlebigkeitsrisiko;

$SCR_{Invalidität}$: Untermodul Invaliditäts-/Morbiditätsrisiko;

$SCR_{LV\text{-}Kosten}$: Untermodul Lebensversicherungskostenrisiko;

$SCR_{Revision}$: Untermodul Revisionsrisiko;

SCR_{Storno}: Untermodul Stornorisiko;

$SCR_{LV\text{-}Katastrophen}$: Untermodul Lebensversicherungskatastrophenrisiko.

4. Berechnung des Risikomoduls Marktrisiken

Struktur des Risikomoduls Marktrisiken

Das in § 104 genannte Marktrisikomodul errechnet sich wie folgt:

$$SCR_{Markt} = \sqrt{\sum_{i,j} Corr_{i,j} \text{ x } SCR_i \text{ x } SCR_j}$$

wobei SCR_i das Untermodul i und SCR_j das Untermodul j bezeichnet; „i, j" bedeutet, dass in der Summe alle möglichen Kombinationen von i und j erfasst sein sollten. Bei der Berechnung treten an die Stelle von SCR_i und SCR_j:

SCR_{Zins}: Untermodul Zinsänderungsrisiko;

SCR_{Aktien}: Untermodul Aktienrisiko;

$SCR_{Immobilien}$: Untermodul Immobilienrisiko;

SCR_{Spread}: Untermodul Spread-Risiko;

$SCR_{Konzentration}$: Untermodul Marktrisikokonzentrationen;

$SCR_{Wechselkurs}$: Untermodul Wechselkursrisiko.

9. Umwandlungsgesetz (UmwG)

Vom 28. Oktober 1994 (BGBl. I S. 3210; 1995 S. 428)

zuletzt geändert durch Gesetz vom 19.12.2018 (BGBl. I S. 2694)

Inhaltsübersicht

Erstes Buch. Möglichkeiten von Umwandlungen

§ 1 Arten der Umwandlung; gesetzliche Beschränkungen

(1) Rechtsträger mit Sitz im Inland können umgewandelt werden

1. durch Verschmelzung;
2. durch Spaltung (Aufspaltung, Abspaltung, Ausgliederung);
3. durch Vermögensübertragung;
4. durch Formwechsel.

(2) Eine Umwandlung im Sinne des Absatzes 1 ist außer in den in diesem Gesetz geregelten Fällen nur möglich, wenn sie durch ein anderes Bundesgesetz oder ein Landesgesetz ausdrücklich vorgesehen ist.

(3) [1]Von den Vorschriften dieses Gesetzes kann nur abgewichen werden, wenn dies ausdrücklich zugelassen ist. [2]Ergänzende Bestimmungen in Verträgen, Satzungen oder Willenserklärungen sind zulässig, es sei denn, daß dieses Gesetz eine abschließende Regelung enthält.

Zweites Buch. Verschmelzung

Erster Teil Allgemeine Vorschriften

Erster Abschnitt. Möglichkeit der Verschmelzung

§ 2 Arten der Verschmelzung

Rechtsträger können unter Auflösung ohne Abwicklung verschmolzen werden

1. im Wege der Aufnahme durch Übertragung des Vermögens eines Rechtsträgers oder mehrerer Rechtsträger (übertragende Rechtsträger) als Ganzes auf einen anderen bestehenden Rechtsträger (übernehmender Rechtsträger) oder
2. im Wege der Neugründung durch Übertragung der Vermögen zweier oder mehrerer Rechtsträger (übertragende Rechtsträger) jeweils als Ganzes auf einen neuen, von ihnen dadurch gegründeten Rechtsträger

gegen Gewährung von Anteilen oder Mitgliedschaften des übernehmenden oder neuen Rechtsträgers an die Anteilsinhaber (Gesellschafter, Partner, Aktionäre oder Mitglieder) der übertragenden Rechtsträger.

§ 3 Verschmelzungsfähige Rechtsträger

(1) An Verschmelzungen können als übertragende, übernehmende oder neue Rechtsträger beteiligt sein:

1. Personenhandelsgesellschaften (offene Handelsgesellschaften, Kommanditgesellschaften) und Partnerschaftsgesellschaften;
2. Kapitalgesellschaften (Gesellschaften mit beschränkter Haftung, Aktiengesellschaften, Kommanditgesellschaften auf Aktien);
3. eingetragene Genossenschaften;
4. eingetragene Vereine (§ 21 des Bürgerlichen Gesetzbuchs);
5. genossenschaftliche Prüfungsverbände;
6. Versicherungsvereine auf Gegenseitigkeit.

(2) An einer Verschmelzung können ferner beteiligt sein:

1. wirtschaftliche Vereine (§ 22 des Bürgerlichen Gesetzbuchs), soweit sie übertragender Rechtsträger sind;
2. natürliche Personen, die als Alleingesellschafter einer Kapitalgesellschaft deren Vermögen übernehmen.

(3) An der Verschmelzung können als übertragende Rechtsträger auch aufgelöste Rechtsträger beteiligt sein, wenn die Fortsetzung dieser Rechtsträger beschlossen werden könnte.

(4) Die Verschmelzung kann sowohl unter gleichzeitiger Beteiligung von Rechtsträgern derselben Rechtsform als auch von Rechtsträgern unterschiedlicher Rechtsform erfolgen, soweit nicht etwas anderes bestimmt ist.

Zweiter Abschnitt. Verschmelzung durch Aufnahme

§ 4 Verschmelzungsvertrag

(1) [1]Die Vertretungsorgane der an der Verschmelzung beteiligten Rechtsträger schließen einen Verschmelzungsvertrag. [2]§ 311b Abs. 2 des Bürgerlichen Gesetzbuchs gilt für ihn nicht.

(2) Soll der Vertrag nach einem der nach § 13 erforderlichen Beschlüsse geschlossen werden, so ist vor diesem Beschluß ein schriftlicher Entwurf des Vertrags aufzustellen.

§ 5 Inhalt des Verschmelzungsvertrags

(1) Der Vertrag oder sein Entwurf muß mindestens folgende Angaben enthalten:

1. den Namen oder die Firma und den Sitz der an der Verschmelzung beteiligten Rechtsträger;
2. die Vereinbarung über die Übertragung des Vermögens jedes übertragenden Rechtsträgers als Ganzes gegen Gewährung von Anteilen oder Mitgliedschaften an dem übernehmenden Rechtsträger;
3. das Umtauschverhältnis der Anteile und gegebenenfalls die Höhe der baren Zuzahlung oder Angaben über die Mitgliedschaft bei dem übernehmenden Rechtsträger;
4. die Einzelheiten für die Übertragung der Anteile des übernehmenden Rechtsträgers oder über den Erwerb der Mitgliedschaft bei dem übernehmenden Rechtsträger;
5. den Zeitpunkt, von dem an diese Anteile oder die Mitgliedschaften einen Anspruch auf einen Anteil am Bilanzgewinn gewähren, sowie alle Besonderheiten in bezug auf diesen Anspruch;
6. den Zeitpunkt, von dem an die Handlungen der übertragenden Rechtsträger als für Rechnung des übernehmenden Rechtsträgers vorgenommen gelten (Verschmelzungsstichtag);
7. die Rechte, die der übernehmende Rechtsträger einzelnen Anteilsinhabern sowie den Inhabern besonderer Rechte wie Anteile ohne Stimmrecht, Vorzugsaktien, Mehrstimmrechtsaktien, Schuldverschreibungen und Genußrechte gewährt, oder die für diese Personen vorgesehenen Maßnahmen;
8. jeden besonderen Vorteil, der einem Mitglied eines Vertretungsorgans oder eines Aufsichtsorgans der an der Verschmelzung beteiligten Rechtsträger, einem geschäftsführenden Gesellschafter, einem Partner, einem Abschlußprüfer oder einem Verschmelzungsprüfer gewährt wird;
9. die Folgen der Verschmelzung für die Arbeitnehmer und ihre Vertretungen sowie die insoweit vorgesehenen Maßnahmen.

(2) Befinden sich alle Anteile eines übertragenden Rechtsträgers in der Hand des übernehmenden Rechtsträgers, so entfallen die Angaben über den Umtausch der Anteile (Absatz 1 Nr. 2 bis 5), soweit sie die Aufnahme dieses Rechtsträgers betreffen.

(3) Der Vertrag oder sein Entwurf ist spätestens einen Monat vor dem Tage der Versammlung der Anteilsinhaber jedes beteiligten Rechtsträgers, die gemäß § 13 Abs. 1 über die Zustimmung zum Verschmelzungsvertrag beschließen soll, dem zuständigen Betriebsrat dieses Rechtsträgers zuzuleiten.

§ 6 Form des Verschmelzungsvertrags

Der Verschmelzungsvertrag muß notariell beurkundet werden.

§ 7 Kündigung des Verschmelzungsvertrags

[1]Ist der Verschmelzungsvertrag unter einer Bedingung geschlossen worden und ist diese binnen fünf Jahren nach Abschluß des Vertrags nicht eingetreten, so kann jeder Teil den Vertrag nach fünf Jahren mit halbjähriger Frist kündigen; im Verschmelzungsvertrag kann eine kürzere Zeit als fünf Jahre vereinbart werden. [2]Die Kündigung kann stets nur für den Schluß des Geschäftsjahres des Rechtsträgers, demgegenüber sie erklärt wird, ausgesprochen werden.

§ 8 Verschmelzungsbericht

(1) [1]Die Vertretungsorgane jedes der an der Verschmelzung beteiligten Rechtsträger haben einen ausführlichen schriftlichen Bericht zu erstatten, in dem die Verschmelzung, der Verschmelzungsvertrag oder sein Entwurf im einzelnen und insbesondere das Umtauschverhältnis der Anteile oder die Angaben über die Mitgliedschaft bei dem übernehmenden Rechtsträger sowie die Höhe einer anzubietenden Barabfindung rechtlich und wirtschaftlich erläutert und begründet werden (Verschmelzungsbericht); der Bericht kann von den Vertretungsorganen auch gemeinsam erstattet werden. [2]Auf besondere Schwierigkeiten bei der Bewertung der Rechtsträger sowie auf die Folgen für die Beteiligung der Anteilsinhaber ist hinzuweisen. [3]Ist ein an der Verschmelzung beteiligter Rechtsträger ein verbundenes Unternehmen im Sinne des § 15 des Aktiengesetzes, so sind in dem Bericht auch Angaben über alle für die Verschmelzung wesentlichen Angelegenheiten der anderen verbundenen Unternehmen zu machen. [4]Auskunftspflichten der Vertretungsorgane erstrecken sich auch auf diese Angelegenheiten.

(2) [1]In den Bericht brauchen Tatsachen nicht aufgenommen zu werden, deren Bekanntwerden geeignet ist, einem der beteiligten Rechtsträger oder einem verbundenen Unternehmen einen nicht unerheblichen Nachteil zuzufügen. [2]In diesem Falle sind in dem Bericht die Gründe, aus denen die Tatsachen nicht aufgenommen worden sind, darzulegen.

(3) [1]Der Bericht ist nicht erforderlich, wenn alle Anteilsinhaber aller beteiligten Rechtsträger auf seine Erstattung verzichten oder sich alle Anteile des übertragenden Rechtsträgers in der Hand des übernehmenden Rechtsträgers befinden. [2]Die Verzichtserklärungen sind notariell zu beurkunden.

§ 9 Prüfung der Verschmelzung

(1) Soweit in diesem Gesetz vorgeschrieben, ist der Verschmelzungsvertrag oder sein Entwurf durch einen oder mehrere sachverständige Prüfer (Verschmelzungsprüfer) zu prüfen.

(2) Befinden sich alle Anteile eines übertragenden Rechtsträgers in der Hand des übernehmenden Rechtsträgers, so ist eine Verschmelzungsprüfung nach Absatz 1 nicht erforderlich, soweit sie die Aufnahme dieses Rechtsträgers betrifft.

(3) § 8 Abs. 3 ist entsprechend anzuwenden.

§ 10 Bestellung der Verschmelzungsprüfer

(1) [1]Die Verschmelzungsprüfer werden auf Antrag des Vertretungsorgans vom Gericht ausgewählt und bestellt. [2]Sie können auf gemeinsamen Antrag der Vertretungsorgane für mehrere oder alle beteiligten Rechtsträger gemeinsam bestellt werden. [3]Für den Ersatz von Auslagen und für die Vergütung der vom Gericht bestellten Prüfer gilt § 318 Abs. 5 des Handelsgesetzbuchs.

(2) [1]Zuständig ist jedes Landgericht, in dessen Bezirk ein übertragender Rechtsträger seinen Sitz hat. [2]Ist bei dem Landgericht eine Kammer für Handelssachen gebildet, so entscheidet deren Vorsitzender an Stelle der Zivilkammer.

(3) Auf das Verfahren ist das Gesetz über das Verfahren in Familiensachen und in den Angelegenheiten der freiwilligen Gerichtsbarkeit anzuwenden, soweit in den folgenden Absätzen nichts anderes bestimmt ist.

(4) [1]Gegen die Entscheidung findet die Beschwerde statt. [2]Sie kann nur durch Einreichung einer von einem Rechtsanwalt unterzeichneten Beschwerdeschrift eingelegt werden.

(5) [1]Die Landesregierung kann die Entscheidung über die Beschwerde durch Rechtsverordnung für die Bezirke mehrerer Oberlandesgerichte einem der Oberlandesgerichte oder dem Obersten Landesgericht übertragen, wenn dies der Sicherung einer einheitlichen Rechtsprechung dient. [2]Die Landesregierung kann die Ermächtigung auf die Landesjustizverwaltung übertragen.

§ 11 Stellung und Verantwortlichkeit der Verschmelzungsprüfer

(1) [1]Für die Auswahl und das Auskunftsrecht der Verschmelzungsprüfer gelten § 319 Abs. 1 bis 4, § 319a Abs. 1, § 319b Abs. 1, § 320 Abs. 1 Satz 2 und Absatz 2 Satz 1 und 2 des Handelsgesetzbuchs entsprechend. [2]Soweit Rechtsträger betroffen sind, für die keine Pflicht zur Prüfung des Jahresabschlusses besteht, gilt Satz 1 entsprechend. [3]Dabei findet § 267 Abs. 1 bis 3 des Handelsgesetzbuchs für die Umschreibung der Größenklassen entsprechende Anwendung. [4]Das Auskunftsrecht besteht gegenüber allen an der Verschmelzung beteiligten Rechtsträgern und gegenüber einem Konzernunternehmen sowie einem abhängigen und einem herrschenden Unternehmen.

(2) [1]Für die Verantwortlichkeit der Verschmelzungsprüfer, ihrer Gehilfen und der bei der Prüfung mitwirkenden gesetzlichen Vertreter einer Prüfungsgesellschaft gilt § 323 des Handelsgesetzbuchs entsprechend. [2]Die Verantwortlichkeit besteht gegenüber den an der Verschmelzung beteiligten Rechtsträgern und deren Anteilsinhabern.

§ 12 Prüfungsbericht

(1) [1]Die Verschmelzungsprüfer haben über das Ergebnis der Prüfung schriftlich zu berichten. [2]Der Prüfungsbericht kann auch gemeinsam erstattet werden.

(2) [1]Der Prüfungsbericht ist mit einer Erklärung darüber abzuschließen, ob das vorgeschlagene Umtauschverhältnis der Anteile, gegebenenfalls die Höhe der baren Zuzahlung oder die Mitgliedschaft bei dem übernehmenden Rechtsträger als Gegenwert angemessen ist. [2]Dabei ist anzugeben,

1. nach welchen Methoden das vorgeschlagene Umtauschverhältnis ermittelt worden ist;
2. aus welchen Gründen die Anwendung dieser Methoden angemessen ist;
3. welches Umtauschverhältnis oder welcher Gegenwert sich bei der Anwendung verschiedener Methoden, sofern mehrere angewandt worden sind, jeweils ergeben würde; zugleich ist darzulegen, welches Gewicht den verschiedenen Methoden bei der Bestimmung des vorgeschlagenen Umtauschverhältnisses oder des Gegenwerts

und der ihnen zugrundeliegenden Werte beigemessen worden ist und welche besonderen Schwierigkeiten bei der Bewertung der Rechtsträger aufgetreten sind.

(3) § 8 Abs. 2 und 3 ist entsprechend anzuwenden.

§ 13 Beschlüsse über den Verschmelzungsvertrag

(1) [1]Der Verschmelzungsvertrag wird nur wirksam, wenn die Anteilsinhaber der beteiligten Rechtsträger ihm durch Beschluß (Verschmelzungsbeschluß) zustimmen. [2]Der Beschluß kann nur in einer Versammlung der Anteilsinhaber gefaßt werden.

(2) Ist die Abtretung der Anteile eines übertragenden Rechtsträgers von der Genehmigung bestimmter einzelner Anteilsinhaber abhängig, so bedarf der Verschmelzungsbeschluß dieses Rechtsträgers zu seiner Wirksamkeit ihrer Zustimmung.

(3) [1]Der Verschmelzungsbeschluß und die nach diesem Gesetz erforderlichen Zustimmungserklärungen einzelner Anteilsinhaber einschließlich der erforderlichen Zustimmungserklärungen nicht erschienener Anteilsinhaber müssen notariell beurkundet werden. [2]Der Vertrag oder sein Entwurf ist dem Beschluß als Anlage beizufügen. [3]Auf Verlangen hat der Rechtsträger jedem Anteilsinhaber auf dessen Kosten unverzüglich eine Abschrift des Vertrages oder seines Entwurfs und der Niederschrift des Beschlusses zu erteilen.

§ 14 Befristung und Ausschluß von Klagen gegen den Verschmelzungsbeschluß

(1) Eine Klage gegen die Wirksamkeit eines Verschmelzungsbeschlusses muß binnen eines Monats nach der Beschlußfassung erhoben werden.

(2) Eine Klage gegen die Wirksamkeit des Verschmelzungsbeschlusses eines übertragenden Rechtsträgers kann nicht darauf gestützt werden, daß das Umtauschverhältnis der Anteile zu niedrig bemessen ist oder daß die Mitgliedschaft bei dem übernehmenden Rechtsträger kein ausreichender Gegenwert für die Anteile oder die Mitgliedschaft bei dem übertragenden Rechtsträger ist.

§ 15 Verbesserung des Umtauschverhältnisses

(1) [1]Ist das Umtauschverhältnis der Anteile zu niedrig bemessen oder ist die Mitgliedschaft bei dem übernehmenden Rechtsträger kein ausreichender Gegenwert für den Anteil oder die Mitgliedschaft bei einem übertragenden Rechtsträger, so kann jeder Anteilsinhaber dieses übertragenden Rechtsträgers, dessen Recht, gegen die Wirksamkeit des Verschmelzungsbeschlusses Klage zu erheben, nach § 14 Abs. 2 ausgeschlossen ist, von dem übernehmenden Rechtsträger einen Ausgleich durch bare Zuzahlung verlangen; die Zuzahlungen können den zehnten Teil des auf die gewährten Anteile entfallenden Betrags des Grund- oder Stammkapitals übersteigen. [2]Die angemessene Zuzahlung wird auf Antrag durch das Gericht nach den Vorschriften des Spruchverfahrensgesetzes bestimmt.

(2) [1]Die bare Zuzahlung ist nach Ablauf des Tages, an dem die Eintragung der Verschmelzung in das Register des Sitzes des übernehmenden Rechtsträgers nach § 19 Abs. 3 bekannt gemacht worden ist, mit jährlich 5 Prozentpunkten über dem jeweiligen Basiszinssatz nach § 247 des Bürgerlichen Gesetzbuchs zu verzinsen. [2]Die Geltendmachung eines weiteren Schadens ist nicht ausgeschlossen.

§ 16 Anmeldung der Verschmelzung

(1) [1]Die Vertretungsorgane jedes der an der Verschmelzung beteiligten Rechtsträger haben die Verschmelzung zur Eintragung in das Register (Handelsregister, Partnerschaftsregister, Genossenschaftsregister oder Vereinsregister) des Sitzes ihres Rechtsträgers anzumelden. [2]Das Vertretungsorgan des übernehmenden Rechtsträgers ist be-

rechtigt, die Verschmelzung auch zur Eintragung in das Register des Sitzes der übertragenden Rechtsträger anzumelden.

(2) [1]Bei der Anmeldung haben die Vertretungsorgane zu erklären, daß eine Klage gegen die Wirksamkeit eines Verschmelzungsbeschlusses nicht oder nicht fristgemäß erhoben oder eine solche Klage rechtskräftig abgewiesen oder zurückgenommen worden ist; hierüber haben die Vertretungsorgane dem Registergericht auch nach der Anmeldung Mitteilung zu machen. [2]Liegt die Erklärung nicht vor, so darf die Verschmelzung nicht eingetragen werden, es sei denn, daß die klageberechtigten Anteilsinhaber durch notariell beurkundete Verzichtserklärung auf die Klage gegen die Wirksamkeit des Verschmelzungsbeschlusses verzichten.

(3) [1]Der Erklärung nach Absatz 2 Satz 1 steht es gleich, wenn nach Erhebung einer Klage gegen die Wirksamkeit eines Verschmelzungsbeschlusses das Gericht auf Antrag des Rechtsträgers, gegen dessen Verschmelzungsbeschluß sich die Klage richtet, durch Beschluß festgestellt hat, daß die Erhebung der Klage der Eintragung nicht entgegensteht. [2]Auf das Verfahren sind § 247 des Aktiengesetzes, die §§ 82, 83 Abs. 1 und § 84 der Zivilprozessordnung sowie die im ersten Rechtszug für das Verfahren vor den Landgerichten geltenden Vorschriften der Zivilprozessordnung entsprechend anzuwenden, soweit nichts Abweichendes bestimmt ist. [3]Ein Beschluss nach Satz 1 ergeht, wenn

1. die Klage unzulässig oder offensichtlich unbegründet ist oder
2. der Kläger nicht binnen einer Woche nach Zustellung des Antrags durch Urkunden nachgewiesen hat, dass er seit Bekanntmachung der Einberufung einen anteiligen Betrag von mindestens 1 000 Euro hält oder
3. das alsbaldige Wirksamwerden der Verschmelzung vorrangig erscheint, weil die vom Antragsteller dargelegten wesentlichen Nachteile für die an der Verschmelzung beteiligten Rechtsträger und ihre Anteilsinhaber nach freier Überzeugung des Gerichts die Nachteile für den Antragsgegner überwiegen, es sei denn, es liegt eine besondere Schwere des Rechtsverstoßes vor.

[4]Der Beschluß kann in dringenden Fällen ohne mündliche Verhandlung ergehen. [5]Der Beschluss soll spätestens drei Monate nach Antragstellung ergehen; Verzögerungen der Entscheidung sind durch unanfechtbaren Beschluss zu begründen. [6]Die vorgebrachten Tatsachen, aufgrund derer der Beschluß nach Satz 3 ergehen kann, sind glaubhaft zu machen. [7]Über den Antrag entscheidet ein Senat des Oberlandesgerichts, in dessen Bezirk die Gesellschaft ihren Sitz hat. [8]Eine Übertragung auf den Einzelrichter ist ausgeschlossen; einer Güteverhandlung bedarf es nicht. [9]Der Beschluss ist unanfechtbar. [10]Erweist sich die Klage als begründet, so ist der Rechtsträger, der den Beschluß erwirkt hat, verpflichtet, dem Antragsgegner den Schaden zu ersetzen, der ihm aus einer auf dem Beschluß beruhenden Eintragung der Verschmelzung entstanden ist; als Ersatz des Schadens kann nicht die Beseitigung der Wirkungen der Eintragung der Verschmelzung im Register des Sitzes des übernehmenden Rechtsträgers verlangt werden.

§ 17 Anlagen der Anmeldung

(1) Der Anmeldung sind in Ausfertigung oder öffentlich beglaubigter Abschrift oder, soweit sie nicht notariell zu beurkunden sind, in Urschrift oder Abschrift der Verschmelzungsvertrag, die Niederschriften der Verschmelzungsbeschlüsse, die nach diesem Gesetz erforderlichen Zustimmungserklärungen einzelner Anteilsinhaber einschließlich der Zustimmungserklärungen nicht erschienener Anteilsinhaber, der Verschmelzungsbericht, der Prüfungsbericht oder die Verzichtserklärungen nach § 8 Abs. 3, § 9 Abs. 3, § 12 Abs. 3, § 54 Abs. 1 Satz 3 oder § 68 Abs. 1 Satz 3, ein Nachweis über die rechtzeitige Zuleitung des Verschmelzungsvertrages oder seines Entwurfs an den zuständigen Betriebsrat beizufügen.

(2) [1]Der Anmeldung zum Register des Sitzes jedes der übertragenden Rechtsträger ist ferner eine Bilanz dieses Rechtsträgers beizufügen (Schlußbilanz). [2]Für diese Bilanz gelten die Vorschriften über die Jahresbilanz und deren Prüfung entsprechend. [3]Sie braucht nicht bekanntgemacht zu werden. [4]Das Registergericht darf die Verschmelzung nur eintragen, wenn die Bilanz auf einen höchstens acht Monate vor der Anmeldung liegenden Stichtag aufgestellt worden ist.

§ 18 Firma oder Name des übernehmenden Rechtsträgers

(1) Der übernehmende Rechtsträger darf die Firma eines der übertragenden Rechtsträger, dessen Handelsgeschäft er durch die Verschmelzung erwirbt, mit oder ohne Beifügung eines das Nachfolgeverhältnis andeutenden Zusatzes fortführen.

(2) Ist an einem der übertragenden Rechtsträger eine natürliche Person beteiligt, die an dem übernehmenden Rechtsträger nicht beteiligt wird, so darf der übernehmende Rechtsträger den Namen dieses Anteilsinhabers nur dann in der nach Absatz 1 fortgeführten oder in der neu gebildeten Firma verwenden, wenn der betroffene Anteilsinhaber oder dessen Erben ausdrücklich in die Verwendung einwilligen.

(3) [1]Ist eine Partnerschaftsgesellschaft an der Verschmelzung beteiligt, gelten für die Fortführung der Firma oder des Namens die Absätze 1 und 2 entprechend. [2]Eine Firma darf als Name einer Partnerschaftsgesellschaft nur unter den Voraussetzungen des § 2 Abs. 1 des Partnerschaftsgesellschaftsgesetzes fortgeführt werden. [3]§ 1 Abs. 3 und § 11 des Partnerschaftsgesellschaftsgesetzes sind entsprechend anzuwenden.

§ 19 Eintragung und Bekanntmachung der Verschmelzung

(1) [1]Die Verschmelzung darf in das Register des Sitzes des übernehmenden Rechtsträgers erst eingetragen werden, nachdem sie im Register des Sitzes jedes der übertragenden Rechtsträger eingetragen worden ist. [2]Die Eintragung im Register des Sitzes jedes der übertragenden Rechtsträger ist mit dem Vermerk zu versehen, daß die Verschmelzung erst mit der Eintragung im Register des Sitzes des übernehmenden Rechtsträgers wirksam wird, sofern die Eintragungen in den Registern aller beteiligten Rechtsträger nicht am selben Tag erfolgen.

(2) [1]Das Gericht des Sitzes des übernehmenden Rechtsträgers hat von Amts wegen dem Gericht des Sitzes jedes der übertragenden Rechtsträger den Tag der Eintragung der Verschmelzung mitzuteilen. [2]Nach Eingang der Mitteilung hat das Gericht des Sitzes jedes der übertragenden Rechtsträger von Amts wegen den Tag der Eintragung der Verschmelzung im Register des Sitzes des übernehmenden Rechtsträgers im Register des Sitzes des übertragenden Rechtsträgers zu vermerken und die bei ihm aufbewahrten Dokumente dem Gericht des Sitzes des übernehmenden Rechtsträgers zur Aufbewahrung zu übermitteln.

(3) [1]Das Gericht des Sitzes jedes der an der Verschmelzung beteiligten Rechtsträger hat jeweils die von ihm vorgenommene Eintragung der Verschmelzung von Amts wegen nach § 10 des Handelsgesetzbuchs ihrem ganzen Inhalt nach bekanntzumachen.

§ 20 Wirkungen der Eintragung

(1) Die Eintragung der Verschmelzung in das Register des Sitzes des übernehmenden Rechtsträgers hat folgende Wirkungen:

1. Das Vermögen der übertragenden Rechtsträger geht einschließlich der Verbindlichkeiten auf den übernehmenden Rechtsträger über.
2. [1]Die übertragenden Rechtsträger erlöschen. [2]Einer besonderen Löschung bedarf es nicht.
3. [1]Die Anteilsinhaber der übertragenden Rechtsträger werden Anteilsinhaber des übernehmenden Rechtsträgers; dies gilt nicht, soweit der übernehmende Rechts-

träger oder ein Dritter, der im eigenen Namen, jedoch für Rechnung dieses Rechtsträgers handelt, Anteilsinhaber des übertragenden Rechtsträgers ist oder der übertragende Rechtsträger eigene Anteile innehat oder ein Dritter, der im eigenen Namen, jedoch für Rechnung dieses Rechtsträgers handelt, dessen Anteilsinhaber ist. [2]Rechte Dritter an den Anteilen oder Mitgliedschaften der übertragenden Rechtsträger bestehen an den an ihre Stelle tretenden Anteilen oder Mitgliedschaften des übernehmenden Rechtsträgers weiter.

4. Der Mangel der notariellen Beurkundung des Verschmelzungsvertrags und gegebenenfalls erforderlicher Zustimmungs- oder Verzichtserklärungen einzelner Anteilsinhaber wird geheilt.

(2) Mängel der Verschmelzung lassen die Wirkungen der Eintragung nach Absatz 1 unberührt.

§ 21 Wirkung auf gegenseitige Verträge

Treffen bei einer Verschmelzung aus gegenseitigen Verträgen, die zur Zeit der Verschmelzung von keiner Seite vollständig erfüllt sind, Abnahme-, Lieferungs- oder ähnliche Verpflichtungen zusammen, die miteinander unvereinbar sind oder die beide zu erfüllen eine schwere Unbilligkeit für den übernehmenden Rechtsträger bedeuten würde, so bestimmt sich der Umfang der Verpflichtungen nach Billigkeit unter Würdigung der vertraglichen Rechte aller Beteiligten.

§ 22 Gläubigerschutz

(1) [1]Den Gläubigern der an der Verschmelzung beteiligten Rechtsträger ist, wenn sie binnen sechs Monaten nach dem Tag, an dem die Eintragung der Verschmelzung in das Register des Sitzes desjenigen Rechtsträgers, dessen Gläubiger sie sind, nach § 19 Abs. 3 bekannt gemacht worden ist, ihren Anspruch nach Grund und Höhe schriftlich anmelden, Sicherheit zu leisten, soweit sie nicht Befriedigung verlangen können. [2]Dieses Recht steht den Gläubigern jedoch nur zu, wenn sie glaubhaft machen, daß durch die Verschmelzung die Erfüllung ihrer Forderung gefährdet wird. [3]Die Gläubiger sind in der Bekanntmachung der jeweiligen Eintragung auf dieses Recht hinzuweisen.

(2) Das Recht, Sicherheitsleistung zu verlangen, steht Gläubigern nicht zu, die im Falle der Insolvenz ein Recht auf vorzugsweise Befriedigung aus einer Deckungsmasse haben, die nach gesetzlicher Vorschrift zu ihrem Schutz errichtet und staatlich überwacht ist.

§ 23 Schutz der Inhaber von Sonderrechten

Den Inhabern von Rechten in einem übertragenden Rechtsträger, die kein Stimmrecht gewähren, insbesondere den Inhabern von Anteilen ohne Stimmrecht, von Wandelschuldverschreibungen, von Gewinnschuldverschreibungen und von Genußrechten, sind gleichwertige Rechte in dem übernehmenden Rechtsträger zu gewähren.

§ 24 Wertansätze des übernehmenden Rechtsträgers

In den Jahresbilanzen des übernehmenden Rechtsträgers können als Anschaffungskosten im Sinne des § 253 Abs. 1 des Handelsgesetzbuchs auch die in der Schlußbilanz eines übertragenden Rechtsträgers angesetzten Werte angesetzt werden.

§ 25 Schadenersatzpflicht der Verwaltungsträger der übertragenden Rechtsträger

(1) [1]Die Mitglieder des Vertretungsorgans und, wenn ein Aufsichtsorgan vorhanden ist, des Aufsichtsorgans eines übertragenden Rechtsträgers sind als Gesamtschuldner zum Ersatz des Schadens verpflichtet, den dieser Rechtsträger, seine Anteilsinhaber oder seine Gläubiger durch die Verschmelzung erleiden. [2]Mitglieder der Organe, die bei der

Prüfung der Vermögenslage der Rechtsträger und beim Abschluß des Verschmelzungsvertrags ihre Sorgfaltspflicht beachtet haben, sind von der Ersatzpflicht befreit.

(2) [1]Für diese Ansprüche sowie weitere Ansprüche, die sich für und gegen den übertragenden Rechtsträger nach den allgemeinen Vorschriften aufgrund der Verschmelzung ergeben, gilt dieser Rechtsträger als fortbestehend. [2]Forderungen und Verbindlichkeiten vereinigen sich insoweit durch die Verschmelzung nicht.

(3) Die Ansprüche aus Absatz 1 verjähren in fünf Jahren seit dem Tage, an dem die Eintragung der Verschmelzung in das Register des Sitzes des übernehmenden Rechtsträgers nach § 19 Abs. 3 bekannt gemacht worden ist.

§ 26 Geltendmachung des Schadenersatzanspruchs

(1) [1]Die Ansprüche nach § 25 Abs. 1 und 2 können nur durch einen besonderen Vertreter geltend gemacht werden. [2]Das Gericht des Sitzes eines übertragenden Rechtsträgers hat einen solchen Vertreter auf Antrag eines Anteilsinhabers oder eines Gläubigers dieses Rechtsträgers zu bestellen. [3]Gläubiger sind nur antragsberechtigt, wenn sie von dem übernehmenden Rechtsträger keine Befriedigung erlangen können. [4]Gegen die Entscheidung findet die Beschwerde statt.

(2) [1]Der Vertreter hat unter Hinweis auf den Zweck seiner Bestellung die Anteilsinhaber und Gläubiger des betroffenen übertragenden Rechtsträgers aufzufordern, die Ansprüche nach § 25 Abs. 1 und 2 binnen einer angemessenen Frist, die mindestens einen Monat betragen soll, anzumelden. [2]Die Aufforderung ist im Bundesanzeiger und, wenn der Gesellschaftsvertrag, der Partnerschaftsvertrag oder die Satzung andere Blätter für die öffentlichen Bekanntmachungen des übertragenden Rechtsträgers bestimmt hatte, auch in diesen Blättern bekanntzumachen.

(3) [1]Der Vertreter hat den Betrag, der aus der Geltendmachung der Ansprüche eines übertragenden Rechtsträgers erzielt wird, zur Befriedigung der Gläubiger dieses Rechtsträgers zu verwenden, soweit die Gläubiger nicht durch den übernehmenden Rechtsträger befriedigt oder sichergestellt sind. [2]Für die Verteilung gelten die Vorschriften über die Verteilung, die im Falle der Abwicklung eines Rechtsträgers in der Rechtsform des übertragenden Rechtsträgers anzuwenden sind, entsprechend. [3]Gläubiger und Anteilsinhaber, die sich nicht fristgemäß gemeldet haben, werden bei der Verteilung nicht berücksichtigt.

(4) [1]Der Vertreter hat Anspruch auf Ersatz angemessener barer Auslagen und auf Vergütung für seine Tätigkeit. [2]Die Auslagen und die Vergütung setzt das Gericht fest. [3]Es bestimmt nach den gesamten Verhältnissen des einzelnen Falles nach freiem Ermessen, in welchem Umfange die Auslagen und die Vergütung von beteiligten Anteilsinhabern und Gläubigern zu tragen sind. [4]Gegen die Entscheidung findet die Beschwerde statt; die Rechtsbeschwerde ist ausgeschlossen. [5]Aus der rechtskräftigen Entscheidung findet die Zwangsvollstreckung nach der Zivilprozeßordnung statt.

§ 27 Schadenersatzpflicht der Verwaltungsträger des übernehmenden Rechtsträgers

Ansprüche auf Schadenersatz, die sich aufgrund der Verschmelzung gegen ein Mitglied des Vertretungsorgans oder, wenn ein Aufsichtsorgan vorhanden ist, des Aufsichtsorgans des übernehmenden Rechtsträgers ergeben, verjähren in fünf Jahren seit dem Tage, an dem die Eintragung der Verschmelzung in das Register des Sitzes des übernehmenden Rechtsträgers nach § 19 Abs. 3 bekannt gemacht worden ist.

§ 28 Unwirksamkeit des Verschmelzungsbeschlusses eines übertragenden Rechtsträgers

Nach Eintragung der Verschmelzung in das Register des Sitzes des übernehmenden Rechtsträgers ist eine Klage gegen die Wirksamkeit des Verschmelzungsbeschlusses eines übertragenden Rechtsträgers gegen den übernehmenden Rechtsträger zu richten.

§ 29 Abfindungsangebot im Verschmelzungsvertrag

(1) [1]Bei der Verschmelzung eines Rechtsträgers im Wege der Aufnahme durch einen Rechtsträger anderer Rechtsform oder bei der Verschmelzung einer börsennotierten Aktiengesellschaft auf eine nicht börsennotierte Aktiengesellschaft hat der übernehmende Rechtsträger im Verschmelzungsvertrag oder in seinem Entwurf jedem Anteilsinhaber, der gegen den Verschmelzungsbeschluß des übertragenden Rechtsträgers Widerspruch zur Niederschrift erklärt, den Erwerb seiner Anteile oder Mitgliedschaften gegen eine angemessene Barabfindung anzubieten; § 71 Abs. 4 Satz 2 des Aktiengesetzes und § 33 Abs. 2 Satz 3 zweiter Halbsatz erste Alternative des Gesetzes betreffend die Gesellschaften mit beschränkter Haftung sind insoweit nicht anzuwenden. [2]Das gleiche gilt, wenn bei einer Verschmelzung von Rechtsträgern derselben Rechtsform die Anteile oder Mitgliedschaften an dem übernehmenden Rechtsträger Verfügungsbeschränkungen unterworfen sind. [3]Kann der übernehmende Rechtsträger aufgrund seiner Rechtsform eigene Anteile oder Mitgliedschaften nicht erwerben, so ist die Barabfindung für den Fall anzubieten, daß der Anteilsinhaber sein Ausscheiden aus dem Rechtsträger erklärt. [4]Eine erforderliche Bekanntmachung des Verschmelzungsvertrags oder seines Entwurfs als Gegenstand der Beschlußfassung muß den Wortlaut dieses Angebots enthalten. [5]Der übernehmende Rechtsträger hat die Kosten für eine Übertragung zu tragen.

(2) Dem Widerspruch zur Niederschrift im Sinne des Absatzes 1 steht es gleich, wenn ein nicht erschienener Anteilsinhaber zu der Versammlung der Anteilsinhaber zu Unrecht nicht zugelassen worden ist oder die Versammlung nicht ordnungsgemäß einberufen oder der Gegenstand der Beschlußfassung nicht ordnungsgemäß bekanntgemacht worden ist.

§ 30 Inhalt des Anspruchs auf Barabfindung und Prüfung der Barabfindung

(1) [1]Die Barabfindung muß die Verhältnisse des übertragenden Rechtsträgers im Zeitpunkt der Beschlußfassung über die Verschmelzung berücksichtigen. [2]§ 15 Abs. 2 ist auf die Barabfindung entsprechend anzuwenden.

(2) [1]Die Angemessenheit einer anzubietenden Barabfindung ist stets durch Verschmelzungsprüfer zu prüfen. [2]Die §§ 10 bis 12 sind entsprechend anzuwenden. [3]Die Berechtigten können auf die Prüfung oder den Prüfungsbericht verzichten; die Verzichtserklärungen sind notariell zu beurkunden.

§ 31 Annahme des Angebots

[1]Das Angebot nach § 29 kann nur binnen zwei Monaten nach dem Tage angenommen werden, an dem die Eintragung der Verschmelzung in das Register des Sitzes des übernehmenden Rechtsträgers nach § 19 Abs. 3 bekannt gemacht worden ist. [2]Ist nach § 34 ein Antrag auf Bestimmung der Barabfindung durch das Gericht gestellt worden, so kann das Angebot binnen zwei Monaten nach dem Tage angenommen werden, an dem die Entscheidung im Bundesanzeiger bekanntgemacht worden ist.

§ 32 Ausschluß von Klagen gegen den Verschmelzungsbeschluß

Eine Klage gegen die Wirksamkeit des Verschmelzungsbeschlusses eines übertragenden Rechtsträgers kann nicht darauf gestützt werden, daß das Angebot nach § 29 zu niedrig bemessen oder daß die Barabfindung im Verschmelzungsvertrag nicht oder nicht ordnungsgemäß angeboten worden ist.

§ 33 Anderweitige Veräußerung

Einer anderweitigen Veräußerung des Anteils durch den Anteilsinhaber stehen nach Fassung des Verschmelzungsbeschlusses bis zum Ablauf der in § 31 bestimmten Frist Verfügungsbeschränkungen bei den beteiligten Rechtsträgern nicht entgegen.

§ 34 Gerichtliche Nachprüfung der Abfindung

[1]Macht ein Anteilsinhaber geltend, daß eine im Verschmelzungsvertrag oder in seinem Entwurf bestimmte Barabfindung, die ihm nach § 29 anzubieten war, zu niedrig bemessen sei, so hat auf seinen Antrag das Gericht nach den Vorschriften des Spruchverfahrensgesetzes die angemessene Barabfindung zu bestimmen. [2]Das gleiche gilt, wenn die Barabfindung nicht oder nicht ordnungsgemäß angeboten worden ist.

§ 35 Bezeichnung unbekannter Aktionäre; Ruhen des Stimmrechts

[1]Unbekannte Aktionäre einer übertragenden Aktiengesellschaft oder Kommanditgesellschaft auf Aktien sind im Verschmelzungsvertrag, bei Anmeldungen zur Eintragung in ein Register oder bei der Eintragung in eine Liste von Anteilsinhabern durch die Angabe des insgesamt auf sie entfallenden Teils des Grundkapitals der Gesellschaft und der auf sie nach der Verschmelzung entfallenden Anteile zu bezeichnen, soweit eine Benennung der Anteilsinhaber für den übernehmenden Rechtsträger gesetzlich vorgeschrieben ist; eine Bezeichnung in dieser Form ist nur zulässig für Anteilsinhaber, deren Anteile zusammen den zwanzigsten Teil des Grundkapitals der übertragenden Gesellschaft nicht überschreiten. [2]Werden solche Anteilsinhaber später bekannt, so sind Register oder Listen von Amts wegen zu berichtigen. [3]Bis zu diesem Zeitpunkt kann das Stimmrecht aus den betreffenden Anteilen in dem übernehmenden Rechtsträger nicht ausgeübt werden.

Dritter Abschnitt. Verschmelzung durch Neugründung

§ 36 Anzuwendende Vorschriften

(1) [1]Auf die Verschmelzung durch Neugründung sind die Vorschriften des Zweiten Abschnitts mit Ausnahme des § 16 Abs. 1 und des § 27 entsprechend anzuwenden. [2]An die Stelle des übernehmenden Rechtsträgers tritt der neue Rechtsträger, an die Stelle der Eintragung der Verschmelzung in das Register des Sitzes des übernehmenden Rechtsträgers tritt die Eintragung des neuen Rechtsträgers in das Register.

(2) [1]Auf die Gründung des neuen Rechtsträgers sind die für dessen Rechtsform geltenden Gründungsvorschriften anzuwenden, soweit sich aus diesem Buch nichts anderes ergibt. [2]Den Gründern stehen die übertragenden Rechtsträger gleich. [3]Vorschriften, die für die Gründung eine Mindestzahl der Gründer vorschreiben, sind nicht anzuwenden.

§ 37 Inhalt des Verschmelzungsvertrags

In dem Verschmelzungsvertrag muß der Gesellschaftsvertrag, der Partnerschaftsvertrag oder die Satzung des neuen Rechtsträgers enthalten sein oder festgestellt werden.

§ 38 Anmeldung der Verschmelzung und des neuen Rechtsträgers

(1) Die Vertretungsorgane jedes der übertragenden Rechtsträger haben die Verschmelzung zur Eintragung in das Register des Sitzes ihres Rechtsträgers anzumelden.

(2) Die Vertretungsorgane aller übertragenden Rechtsträger haben den neuen Rechtsträger bei dem Gericht, in dessen Bezirk er seinen Sitz haben soll, zur Eintragung in das Register anzumelden.

Zweiter Teil. Besondere Vorschriften

Erster Abschnitt. Verschmelzung unter Beteiligung von Personengesellschaften

Erster Unterabschnitt. Verschmelzung unter Beteiligung von Personenhandelsgesellschaften

§ 39 Ausschluß der Verschmelzung

Eine aufgelöste Personenhandelsgesellschaft kann sich nicht als übertragender Rechtsträger an einer Verschmelzung beteiligen, wenn die Gesellschafter nach § 145 des Handelsgesetzbuchs eine andere Art der Auseinandersetzung als die Abwicklung oder als die Verschmelzung vereinbart haben.

§ 40 Inhalt des Verschmelzungsvertrags

(1) [1]Der Verschmelzungsvertrag oder sein Entwurf hat zusätzlich für jeden Anteilsinhaber eines übertragenden Rechtsträgers zu bestimmen, ob ihm in der übernehmenden oder der neuen Personenhandelsgesellschaft die Stellung eines persönlich haftenden Gesellschafters oder eines Kommanditisten gewährt wird. [2]Dabei ist der Betrag der Einlage jedes Gesellschafters festzusetzen.

(2) Anteilsinhabern eines übertragenden Rechtsträgers, die für dessen Verbindlichkeiten nicht als Gesamtschuldner persönlich unbeschränkt haften, ist die Stellung eines Kommanditisten zu gewähren. [2]Abweichende Bestimmungen sind nur wirksam, wenn die betroffenen Anteilsinhaber dem Verschmelzungsbeschluß des übertragenden Rechtsträgers zustimmen.

§ 41 Verschmelzungsbericht

Ein Verschmelzungsbericht ist für eine an der Verschmelzung beteiligte Personenhandelsgesellschaft nicht erforderlich, wenn alle Gesellschafter dieser Gesellschaft zur Geschäftsführung berechtigt sind.

§ 42 Unterrichtung der Gesellschafter

Der Verschmelzungsvertrag oder sein Entwurf und der Verschmelzungsbericht sind den Gesellschaftern, die von der Geschäftsführung ausgeschlossen sind, spätestens zusammen mit der Einberufung der Gesellschafterversammlung, die gemäß § 13 Abs. 1 über die Zustimmung zum Verschmelzungsvertrag beschließen soll, zu übersenden.

§ 43 Beschluß der Gesellschafterversammlung

(1) Der Verschmelzungsbeschluß der Gesellschafterversammlung bedarf der Zustimmung aller anwesenden Gesellschafter; ihm müssen auch die nicht erschienenen Gesellschafter zustimmen.

(2) [1]Der Gesellschaftsvertrag kann eine Mehrheitsentscheidung der Gesellschafter vorsehen. [2]Die Mehrheit muß mindestens drei Viertel der abgegebenen Stimmen betragen. [3]Widerspricht ein Anteilsinhaber eines übertragenden Rechtsträgers, der für dessen Verbindlichkeiten persönlich unbeschränkt haftet, der Verschmelzung, so ist ihm in der übernehmenden oder der neuen Personenhandelsgesellschaft die Stellung eines Kommanditisten zu gewähren; das gleiche gilt für einen Anteilsinhaber der übernehmenden Personenhandelsgesellschaft, der für deren Verbindlichkeiten persönlich unbeschränkt haftet, wenn er der Verschmelzung widerspricht.

§ 44 Prüfung der Verschmelzung

[1]Im Fall des § 43 Abs. 2 ist der Verschmelzungsvertrag oder sein Entwurf für eine Personenhandelsgesellschaft nach den §§ 9 bis 12 zu prüfen, wenn dies einer ihrer Ge-

sellschafter innerhalb einer Frist von einer Woche verlangt, nachdem er die in § 42 genannten Unterlagen erhalten hat. [2]Die Kosten der Prüfung trägt die Gesellschaft.

§ 45 Zeitliche Begrenzung der Haftung persönlich haftender Gesellschafter

(1) Überträgt eine Personenhandelsgesellschaft ihr Vermögen durch Verschmelzung auf einen Rechtsträger anderer Rechtsform, dessen Anteilsinhaber für die Verbindlichkeiten dieses Rechtsträgers nicht unbeschränkt haften, so haftet ein Gesellschafter der Personenhandelsgesellschaft für ihre Verbindlichkeiten, wenn sie vor Ablauf von fünf Jahren nach der Verschmelzung fällig und daraus Ansprüche gegen ihn in einer in § 197 Abs. 1 Nr. 3 bis 5 des Bürgerlichen Gesetzbuchs bezeichneten Art festgestellt sind oder eine gerichtliche oder behördliche Vollstreckungshandlung vorgenommen oder beantragt wird; bei öffentlich-rechtlichen Verbindlichkeiten genügt der Erlass eines Verwaltungsakts.

(2) [1]Die Frist beginnt mit dem Tage, an dem die Eintragung der Verschmelzung in das Register des Sitzes des übernehmenden Rechtsträgers nach § 19 Abs. 3 bekannt gemacht worden ist. [2]Die für die Verjährung geltenden §§ 204, 206, 210, 211 und 212 Abs. 2 und 3 des Bürgerlichen Gesetzbuchs sind entsprechend anzuwenden.

(3) Einer Feststellung in einer in § 197 Abs. 1 Nr. 3 bis 5 des Bürgerlichen Gesetzbuchs bezeichneten Art bedarf es nicht, soweit der Gesellschafter den Anspruch schriftlich anerkannt hat.

(4) Die Absätze 1 bis 3 sind auch anzuwenden, wenn der Gesellschafter in dem Rechtsträger anderer Rechtsform geschäftsführend tätig wird.

Zweiter Unterabschnitt. Verschmelzung unter Beteiligung von Partnerschaftsgesellschaften

§ 45a Möglichkeit der Verschmelzung

[1]Eine Verschmelzung auf eine Partnerschaftsgesellschaft ist nur möglich, wenn im Zeitpunkt ihres Wirksamwerdens alle Anteilsinhaber übertragender Rechtsträger natürliche Personen sind, die einen Freien Beruf ausüben (§ 1 Abs. 1 und 2 des Partnerschaftsgesellschaftsgesetzes). [2]§ 1 Abs. 3 des Partnerschaftsgesellschaftsgesetzes bleibt unberührt.

§ 45b Inhalt des Verschmelzungsvertrages

(1) [1]Der Verschmelzungsvertrag oder sein Entwurf hat zusätzlich für jeden Anteilsinhaber eines übertragenden Rechtsträgers den Namen und den Vornamen sowie den in der übernehmenden Partnerschaftsgesellschaft ausgeübten Beruf und den Wohnort jedes Partners zu enthalten.

(2) § 35 ist nicht anzuwenden.

§ 45c Verschmelzungsbericht und Unterrichtung der Partner

[1]Ein Verschmelzungsbericht ist für eine an der Verschmelzung beteiligte Partnerschaftsgesellschaft nur erforderlich, wenn ein Partner gemäß § 6 Abs. 2 des Partnerschaftsgesellschaftsgesetzes von der Geschäftsführung ausgeschlossen ist. [2]Von der Geschäftsführung ausgeschlossene Partner sind entsprechend § 42 zu unterrichten.

§ 45d Beschluß der Gesellschafterversammlung

(1) Der Verschmelzungsbeschluß der Gesellschafterversammlung bedarf der Zustimmung aller anwesenden Partner; ihm müssen auch die nicht erschienenen Partner zustimmen.

(2) [1]Der Partnerschaftsvertrag kann eine Mehrheitsentscheidung der Partner vorsehen. [2]Die Mehrheit muß mindestens drei Viertel der abgegebenen Stimmen betragen.

§ 45e Anzuwendende Vorschriften

[1]Die §§ 39 und 45 sind entsprechend anzuwenden. [2]In den Fällen des § 45d Abs. 2 ist auch § 44 entsprechend anzuwenden.

Zweiter Abschnitt. Verschmelzung unter Beteiligung von Gesellschaften mit beschränkter Haftung

Erster Unterabschnitt. Verschmelzung durch Aufnahme

§ 46 Inhalt des Verschmelzungsvertrags

(1) [1]Der Verschmelzungsvertrag oder sein Entwurf hat zusätzlich für jeden Anteilsinhaber eines übertragenden Rechtsträgers den Nennbetrag des Geschäftsanteils zu bestimmen, den die übernehmende Gesellschaft mit beschränkter Haftung ihm zu gewähren hat. [2]Der Nennbetrag kann abweichend von dem Betrag festgesetzt werden, der auf die Aktien einer übertragenden Aktiengesellschaft oder Kommanditgesellschaft auf Aktien als anteiliger Betrag ihres Grundkapitals entfällt. [3]Er muss auf volle Euro lauten.

(2) Sollen die zu gewährenden Geschäftsanteile im Wege der Kapitalerhöhung geschaffen und mit anderen Rechten und Pflichten als sonstige Geschäftsanteile der übernehmenden Gesellschaft mit beschränkter Haftung ausgestattet werden, so sind auch die Abweichungen im Verschmelzungsvertrag oder in seinem Entwurf festzusetzen.

(3) Sollen Anteilsinhaber eines übertragenden Rechtsträgers schon vorhandene Geschäftsanteile der übernehmenden Gesellschaft erhalten, so müssen die Anteilsinhaber und die Nennbeträge der Geschäftsanteile, die sie erhalten sollen, im Verschmelzungsvertrag oder in seinem Entwurf besonders bestimmt werden.

§ 47 Unterrichtung der Gesellschafter

Der Verschmelzungsvertrag oder sein Entwurf und der Verschmelzungsbericht sind den Gesellschaftern spätestens zusammen mit der Einberufung der Gesellschafterversammlung, die gemäß § 13 Abs. 1 über die Zustimmung beschließen soll, zu übersenden.

§ 48 Prüfung der Verschmelzung

[1]Der Verschmelzungsvertrag oder sein Entwurf ist für eine Gesellschaft mit beschränkter Haftung nach den §§ 9 bis 12 zu prüfen, wenn dies einer ihrer Gesellschafter innerhalb einer Frist von einer Woche verlangt, nachdem er die in § 47 genannten Unterlagen erhalten hat. [2]Die Kosten der Prüfung trägt die Gesellschaft.

§ 49 Vorbereitung der Gesellschafterversammlung

(1) Die Geschäftsführer haben in der Einberufung der Gesellschafterversammlung, die gemäß § 13 Abs. 1 über die Zustimmung zum Verschmelzungsvertrag beschließen soll, die Verschmelzung als Gegenstand der Beschlußfassung anzukündigen.

(2) Von der Einberufung an sind in dem Geschäftsraum der Gesellschaft die Jahresabschlüsse und die Lageberichte der an der Verschmelzung beteiligten Rechtsträger für die letzten drei Geschäftsjahre zur Einsicht durch die Gesellschafter auszulegen.

(3) Die Geschäftsführer haben jedem Gesellschafter auf Verlangen jederzeit Auskunft auch über alle für die Verschmelzung wesentlichen Angelegenheiten der anderen beteiligten Rechtsträger zu geben.

§ 50 Beschluß der Gesellschafterversammlung

(1) [1]Der Verschmelzungsbeschluß der Gesellschafterversammlung bedarf einer Mehrheit von mindestens drei Vierteln der abgegebenen Stimmen. [2]Der Gesellschaftsvertrag kann eine größere Mehrheit und weitere Erfordernisse bestimmen.

(2) Werden durch die Verschmelzung auf dem Gesellschaftsvertrag beruhende Minderheitsrechte eines einzelnen Gesellschafters einer übertragenden Gesellschaft oder die einzelnen Gesellschaftern einer solchen Gesellschaft nach dem Gesellschaftsvertrag zustehenden besonderen Rechte in der Geschäftsführung der Gesellschaft, bei der Bestellung der Geschäftsführer oder hinsichtlich eines Vorschlagsrechts für die Geschäftsführung beeinträchtigt, so bedarf der Verschmelzungsbeschluß dieser übertragenden Gesellschaft der Zustimmung dieser Gesellschafter.

§ 51 Zustimmungserfordernisse in Sonderfällen

(1) [1]Ist an der Verschmelzung eine Gesellschaft mit beschränkter Haftung, auf deren Geschäftsanteile nicht alle zu leistenden Einlagen in voller Höhe bewirkt sind, als übernehmender Rechtsträger beteiligt, so bedarf der Verschmelzungsbeschluß eines übertragenden Rechtsträgers der Zustimmung aller bei Beschlußfassung anwesenden Anteilsinhaber dieses Rechtsträgers. [2]Ist der übertragende Rechtsträger eine Personenhandelsgesellschaft, eine Partnerschaftsgesellschaft oder eine Gesellschaft mit beschränkter Haftung, so bedarf der Verschmelzungsbeschluß auch der Zustimmung der nicht erschienenen Gesellschafter. [3]Wird eine Gesellschaft mit beschränkter Haftung, auf deren Geschäftsanteile nicht alle zu leistenden Einlagen in voller Höhe bewirkt sind, von einer Gesellschaft mit beschränkter Haftung durch Verschmelzung aufgenommen, bedarf der Verschmelzungsbeschluss der Zustimmung aller Gesellschafter der übernehmenden Gesellschaft.

(2) Wird der Nennbetrag der Geschäftsanteile nach § 46 Abs. 1 Satz 2 abweichend vom Betrag der Aktien festgesetzt, so muss der Festsetzung jeder Aktionär zustimmen, der sich nicht mit seinem gesamten Anteil beteiligen kann.

§ 52 Anmeldung der Verschmelzung

[1]Bei der Anmeldung der Verschmelzung zur Eintragung in das Register haben die Vertretungsorgane der an der Verschmelzung beteiligten Rechtsträger im Falle des § 51 Abs. 1 auch zu erklären, daß dem Verschmelzungsbeschluß jedes der übertragenden Rechtsträger alle bei der Beschlußfassung anwesenden Anteilsinhaber dieses Rechtsträgers und, sofern der übertragende Rechtsträger eine Personenhandelsgesellschaft, eine Partnerschaftsgesellschaft oder eine Gesellschaft mit beschränkter Haftung ist, auch die nicht erschienenen Gesellschafter dieser Gesellschaft zugestimmt haben. [2]Wird eine Gesellschaft mit beschränkter Haftung, auf deren Geschäftsanteile nicht alle zu leistenden Einlagen in voller Höhe bewirkt sind, von einer Gesellschaft mit beschränkter Haftung durch Verschmelzung aufgenommen, so ist auch zu erklären, dass alle Gesellschafter dieser Gesellschaft dem Verschmelzungsbeschluss zugestimmt haben.

§ 53 Eintragung bei Erhöhung des Stammkapitals

Erhöht die übernehmende Gesellschaft zur Durchführung der Verschmelzung ihr Stammkapital, so darf die Verschmelzung erst eingetragen werden, nachdem die Erhöhung des Stammkapitals im Register eingetragen worden ist.

§ 54 Verschmelzung ohne Kapitalerhöhung

(1) [1]Die übernehmende Gesellschaft darf zur Durchführung der Verschmelzung ihr Stammkapital nicht erhöhen, soweit

1. sie Anteile eines übertragenden Rechtsträgers innehat;

2. ein übertragender Rechtsträger eigene Anteile innehat oder
3. ein übertragender Rechtsträger Geschäftsanteile dieser Gesellschaft innehat, auf welche die Einlagen nicht in voller Höhe bewirkt sind.

[2]Die übernehmende Gesellschaft braucht ihr Stammkapital nicht zu erhöhen, soweit

1. sie eigene Geschäftsanteile innehat oder
2. ein übertragender Rechtsträger Geschäftsanteile dieser Gesellschaft innehat, auf welche die Einlagen bereits in voller Höhe bewirkt sind.

[3]Die übernehmende Gesellschaft darf von der Gewährung von Geschäftsanteilen absehen, wenn alle Anteilsinhaber eines übertragenden Rechtsträgers darauf verzichten; die Verzichtserklärungen sind notariell zu beurkunden.

(2) Absatz 1 gilt entsprechend, wenn Inhaber der dort bezeichneten Anteile ein Dritter ist, der im eigenen Namen, jedoch in einem Fall des Absatzes 1 Satz 1 Nr. 1 oder des Absatzes 1 Satz 2 Nr. 1 für Rechnung der übernehmenden Gesellschaft oder in einem der anderen Fälle des Absatzes 1 für Rechnung des übertragenden Rechtsträgers handelt.

(3) [1]Soweit zur Durchführung der Verschmelzung Geschäftsanteile der übernehmenden Gesellschaft, die sie selbst oder ein übertragender Rechtsträger innehat, geteilt werden müssen, um sie den Anteilsinhabern eines übertragenden Rechtsträgers gewähren zu können, sind Bestimmungen des Gesellschaftsvertrags, welche die Teilung der Geschäftsanteile der übernehmenden Gesellschaft ausschließen oder erschweren, nicht anzuwenden; jedoch muss der Nennbetrag jedes Teils der Geschäftsanteile auf volle Euro lauten. [2]Satz 1 gilt entsprechend, wenn Inhaber der Geschäftsanteile ein Dritter ist, der im eigenen Namen, jedoch für Rechnung der übernehmenden Gesellschaft oder eines übertragenden Rechtsträgers handelt.

(4) Im Verschmelzungsvertrag festgesetzte bare Zuzahlungen dürfen nicht den zehnten Teil des Gesamtnennbetrags der gewährten Geschäftsanteile der übernehmenden Gesellschaft übersteigen.

§ 55 Verschmelzung mit Kapitalerhöhung

(1) Erhöht die übernehmende Gesellschaft zur Durchführung der Verschmelzung ihr Stammkapital, so sind § 55 Abs. 1, §§ 56a, 57 Abs. 2, Abs. 3 Nr. 1 des Gesetzes betreffend die Gesellschaften mit beschränkter Haftung nicht anzuwenden.

(2) Der Anmeldung der Kapitalerhöhung zum Register sind außer den in § 57 Abs. 3 Nr. 2 und 3 des Gesetzes betreffend die Gesellschaften mit beschränkter Haftung bezeichneten Schriftstücken der Verschmelzungsvertrag und die Niederschriften der Verschmelzungsbeschlüsse in Ausfertigung oder öffentlich beglaubigter Abschrift beizufügen.

Zweiter Unterabschnitt. Verschmelzung durch Neugründung

§ 56 Anzuwendende Vorschriften

Auf die Verschmelzung durch Neugründung sind die Vorschriften des Ersten Unterabschnitts mit Ausnahme der §§ 51 bis 53, 54 Absatz 1 bis 3 sowie des § 55 entsprechend anzuwenden.

§ 57 Inhalt des Gesellschaftsvertrags

In den Gesellschaftsvertrag sind Festsetzungen über Sondervorteile, Gründungsaufwand, Sacheinlagen und Sachübernahmen, die in den Gesellschaftsverträgen, Partnerschaftsverträgen oder Satzungen übertragender Rechtsträger enthalten waren, zu übernehmen.

§ 58 Sachgründungsbericht

(1) In dem Sachgründungsbericht (§ 5 Abs. 4 des Gesetzes betreffend die Gesellschaften mit beschränkter Haftung) sind auch der Geschäftsverlauf und die Lage der übertragenden Rechtsträger darzulegen.

(2) Ein Sachgründungsbericht ist nicht erforderlich, soweit eine Kapitalgesellschaft oder eine eingetragene Genossenschaft übertragender Rechtsträger ist.

§ 59 Verschmelzungsbeschlüsse

[1]Der Gesellschaftsvertrag der neuen Gesellschaft wird nur wirksam, wenn ihm die Anteilsinhaber jedes der übertragenden Rechtsträger durch Verschmelzungsbeschluß zustimmen. [2]Dies gilt entsprechend für die Bestellung der Geschäftsführer und der Mitglieder des Aufsichtsrats der neuen Gesellschaft, soweit sie von den Anteilsinhabern der übertragenden Rechtsträger zu wählen sind.

Dritter Abschnitt. Verschmelzung unter Beteiligung von Aktiengesellschaften

Erster Unterabschnitt. Verschmelzung durch Aufnahme

§ 60 Prüfung der Verschmelzung; Bestellung der Verschmelzungsprüfer

Der Verschmelzungsvertrag oder sein Entwurf ist für jede Aktiengesellschaft nach den §§ 9 bis 12 zu prüfen.

§ 61 Bekanntmachung des Verschmelzungsvertrags

[1]Der Verschmelzungsvertrag oder sein Entwurf ist vor der Einberufung der Hauptversammlung, die gemäß § 13 Abs. 1 über die Zustimmung beschließen soll, zum Register einzureichen. [2]Das Gericht hat in der Bekanntmachung nach § 10 des Handelsgesetzbuchs einen Hinweis darauf bekanntzumachen, daß der Vertrag oder sein Entwurf beim Handelsregister eingereicht worden ist.

§ 62 Konzernverschmelzungen

(1) [1]Befinden sich mindestens neun Zehntel des Stammkapitals oder des Grundkapitals einer übertragenden Kapitalgesellschaft in der Hand einer übernehmenden Aktiengesellschaft, so ist ein Verschmelzungsbeschluß der übernehmenden Aktiengesellschaft zur Aufnahme dieser übertragenden Gesellschaft nicht erforderlich. [2]Eigene Anteile der übertragenden Gesellschaft und Anteile, die einem anderen für Rechnung dieser Gesellschaft gehören, sind vom Stammkapital oder Grundkapital abzusetzen.

(2) [1]Absatz 1 gilt nicht, wenn Aktionäre der übernehmenden Gesellschaft, deren Anteile zusammen den zwanzigsten Teil des Grundkapitals dieser Gesellschaft erreichen, die Einberufung einer Hauptversammlung verlangen, in der über die Zustimmung zu der Verschmelzung beschlossen wird. [2]Die Satzung kann das Recht, die Einberufung der Hauptversammlung zu verlangen, an den Besitz eines geringeren Teils am Grundkapital der übernehmenden Gesellschaft knüpfen.

(3) [1]Einen Monat vor dem Tage der Gesellschafterversammlung oder der Hauptversammlung der übertragenden Gesellschaft, die gemäß § 13 Abs. 1 über die Zustimmung zum Verschmelzungsvertrag beschließen soll, sind in dem Geschäftsraum der übernehmenden Gesellschaft zur Einsicht der Aktionäre die in § 63 Abs. 1 bezeichneten Unterlagen auszulegen. [2]Gleichzeitig hat der Vorstand der übernehmenden Gesellschaft einen Hinweis auf die bevorstehende Verschmelzung in den Gesellschaftsblättern der übernehmenden Gesellschaft bekanntzumachen und den Verschmelzungsvertrag oder seinen Entwurf zum Register der übernehmenden Gesellschaft einzureichen; § 61 Satz 2

ist entsprechend anzuwenden. [3]Die Aktionäre sind in der Bekanntmachung nach Satz 2 erster Halbsatz auf ihr Recht nach Absatz 2 hinzuweisen. [4]Der Anmeldung der Verschmelzung zur Eintragung in das Handelsregister ist der Nachweis der Bekanntmachung beizufügen. [5]Der Vorstand hat bei der Anmeldung zu erklären, ob ein Antrag nach Absatz 2 gestellt worden ist. [6]Auf Verlangen ist jedem Aktionär der übernehmenden Gesellschaft unverzüglich und kostenlos eine Abschrift der in Satz 1 bezeichneten Unterlagen zu erteilen. [7]Die Unterlagen können dem Aktionär mit dessen Einwilligung auf dem Wege elektronischer Kommunikation übermittelt werden. [8]Die Verpflichtungen nach den Sätzen 1 und 6 entfallen, wenn die in Satz 1 bezeichneten Unterlagen für denselben Zeitraum über die Internetseite der Gesellschaft zugänglich sind.

(4) [1]Befindet sich das gesamte Stamm- oder Grundkapital einer übertragenden Kapitalgesellschaft in der Hand einer übernehmenden Aktiengesellschaft, so ist ein Verschmelzungsbeschluss des Anteilsinhabers der übertragenden Kapitalgesellschaft nicht erforderlich. [2]Ein solcher Beschluss ist auch nicht erforderlich in Fällen, in denen nach Absatz 5 Satz 1 ein Übertragungsbeschluss gefasst und mit einem Vermerk nach Absatz 5 Satz 7 in das Handelsregister eingetragen wurde. [3]Absatz 3 gilt mit der Maßgabe, dass die dort genannten Verpflichtungen nach Abschluss des Verschmelzungsvertrages für die Dauer eines Monats zu erfüllen sind. [4]Spätestens bei Beginn dieser Frist ist die in § 5 Absatz 3 genannte Zuleitungsverpflichtung zu erfüllen.

(5) [1]In Fällen des Absatzes 1 kann die Hauptversammlung einer übertragenden Aktiengesellschaft innerhalb von drei Monaten nach Abschluss des Verschmelzungsvertrages einen Beschluss nach § 327a Absatz 1 Satz 1 des Aktiengesetzes fassen, wenn der übernehmenden Gesellschaft (Hauptaktionär) Aktien in Höhe von neun Zehnteln des Grundkapitals gehören. [2]Der Verschmelzungsvertrag oder sein Entwurf muss die Angabe enthalten, dass im Zusammenhang mit der Verschmelzung ein Ausschluss der Minderheitsaktionäre der übertragenden Gesellschaft erfolgen soll. [3]Absatz 3 gilt mit der Maßgabe, dass die dort genannten Verpflichtungen nach Abschluss des Verschmelzungsvertrages für die Dauer eines Monats zu erfüllen sind. [4]Spätestens bei Beginn dieser Frist ist die in § 5 Absatz 3 genannte Zuleitungsverpflichtung zu erfüllen. [5]Der Verschmelzungsvertrag oder sein Entwurf ist gemäß § 327c Absatz 3 des Aktiengesetzes zur Einsicht der Aktionäre auszulegen. [6]Der Anmeldung des Übertragungsbeschlusses (§ 327e Absatz 1 des Aktiengesetzes) ist der Verschmelzungsvertrag in Ausfertigung oder öffentlich beglaubigter Abschrift oder sein Entwurf beizufügen. [7]Die Eintragung des Übertragungsbeschlusses ist mit dem Vermerk zu versehen, dass er erst gleichzeitig mit der Eintragung der Verschmelzung im Register des Sitzes der übernehmenden Aktiengesellschaft wirksam wird. [8]Im Übrigen bleiben die §§ 327a bis 327f des Aktiengesetzes unberührt.

§ 63 Vorbereitung der Hauptversammlung

(1) Von der Einberufung der Hauptversammlung an, die gemäß § 13 Abs. 1 über die Zustimmung zum Verschmelzungsvertrag beschließen soll, sind in dem Geschäftsraum der Gesellschaft zur Einsicht der Aktionäre auszulegen

1. der Verschmelzungsvertrag oder sein Entwurf;
2. die Jahresabschlüsse und die Lageberichte der an der Verschmelzung beteiligten Rechtsträger für die letzten drei Geschäftsjahre;
3. falls sich der letzte Jahresabschluß auf ein Geschäftsjahr bezieht, das mehr als sechs Monate vor dem Abschluß des Verschmelzungsvertrags oder der Aufstellung des Entwurfs abgelaufen ist, eine Bilanz auf einen Stichtag, der nicht vor dem ersten Tag des dritten Monats liegt, der dem Abschluß oder der Aufstellung vorausgeht (Zwischenbilanz);

4. die nach § 8 erstatteten Verschmelzungsberichte;
5. die nach § 60 in Verbindung mit § 12 erstatteten Prüfungsberichte.

(2) [1]Die Zwischenbilanz (Absatz 1 Nr. 3) ist nach den Vorschriften aufzustellen, die auf die letzte Jahresbilanz des Rechtsträgers angewendet worden sind. [2]Eine körperliche Bestandsaufnahme ist nicht erforderlich. [3]Die Wertansätze der letzten Jahresbilanz dürfen übernommen werden. [4]Dabei sind jedoch Abschreibungen, Wertberichtigungen und Rückstellungen sowie wesentliche, aus den Büchern nicht ersichtliche Veränderungen der wirklichen Werte von Vermögensgegenständen bis zum Stichtag der Zwischenbilanz zu berücksichtigen. [5]§ 8 Absatz 3 Satz 1 erste Alternative und Satz 2 ist entsprechend anzuwenden. [6]Die Zwischenbilanz muss auch dann nicht aufgestellt werden, wenn die Gesellschaft seit dem letzten Jahresabschluss einen Halbjahresfinanzbericht gemäß § 115 des Wertpapierhandelsgesetzes veröffentlicht hat. [7]Der Halbjahresfinanzbericht tritt zum Zwecke der Vorbereitung der Hauptversammlung an die Stelle der Zwischenbilanz.

(3) [1]Auf Verlangen ist jedem Aktionär unverzüglich und kostenlos eine Abschrift der in Absatz 1 bezeichneten Unterlagen zu erteilen. [2]Die Unterlagen können dem Aktionär mit dessen Einwilligung auf dem Wege elektronischer Kommunikation übermittelt werden.

(4) Die Verpflichtungen nach den Absätzen 1 und 3 entfallen, wenn die in Absatz 1 bezeichneten Unterlagen für denselben Zeitraum über die Internetseite der Gesellschaft zugänglich sind.

§ 64 Durchführung der Hauptversammlung

(1) [1]In der Hauptversammlung sind die in § 63 Absatz 1 bezeichneten Unterlagen zugänglich zu machen. [2]Der Vorstand hat den Verschmelzungsvertrag oder seinen Entwurf zu Beginn der Verhandlung mündlich zu erläutern und über jede wesentliche Veränderung des Vermögens der Gesellschaft zu unterrichten, die seit dem Abschluss des Verschmelzungsvertrages oder der Aufstellung des Entwurfs eingetreten ist. [3]Der Vorstand hat über solche Veränderungen auch die Vertretungsorgane der anderen beteiligten Rechtsträger zu unterrichten; diese haben ihrerseits die Anteilsinhaber des von ihnen vertretenen Rechtsträgers vor der Beschlussfassung zu unterrichten. [4]§ 8 Absatz 3 Satz 1 erste Alternative und Satz 2 ist entsprechend anzuwenden.

(2) Jedem Aktionär ist auf Verlangen in der Hauptversammlung Auskunft auch über alle für die Verschmelzung wesentlichen Angelegenheiten der anderen beteiligten Rechtsträger zu geben.

§ 65 Beschluß der Hauptversammlung

(1) [1]Der Verschmelzungsbeschluß der Hauptversammlung bedarf einer Mehrheit, die mindestens drei Viertel des bei der Beschlußfassung vertretenen Grundkapitals umfaßt. [2]Die Satzung kann eine größere Kapitalmehrheit und weitere Erfordernisse bestimmen.

(2) [1]Sind mehrere Gattungen von Aktien vorhanden, so bedarf der Beschluß der Hauptversammlung zu seiner Wirksamkeit der Zustimmung der stimmberechtigten Aktionäre jeder Gattung. [2]Über die Zustimmung haben die Aktionäre jeder Gattung einen Sonderbeschluß zu fassen. [3]Für diesen gilt Absatz 1.

§ 66 Eintragung bei Erhöhung des Grundkapitals

Erhöht die übernehmende Gesellschaft zur Durchführung der Verschmelzung ihr Grundkapital, so darf die Verschmelzung erst eingetragen werden, nachdem die Durchführung der Erhöhung des Grundkapitals im Register eingetragen worden ist.

§ 67 Anwendung der Vorschriften über die Nachgründung

[1]Wird der Verschmelzungsvertrag in den ersten zwei Jahren seit Eintragung der übernehmenden Gesellschaft in das Register geschlossen, so ist § 52 Abs. 3, 4, 6 bis 9 des Aktiengesetzes über die Nachgründung entsprechend anzuwenden. [2]Dies gilt nicht, wenn auf die zu gewährenden Aktien nicht mehr als der zehnte Teil des Grundkapitals dieser Gesellschaft entfällt oder wenn diese Gesellschaft ihre Rechtsform durch Formwechsel einer Gesellschaft mit beschränkter Haftung erlangt hat, die zuvor bereits seit mindestens zwei Jahren im Handelsregister eingetragen war. [3]Wird zur Durchführung der Verschmelzung das Grundkapital erhöht, so ist der Berechnung das erhöhte Grundkapital zugrunde zu legen.

§ 68 Verschmelzung ohne Kapitalerhöhung

(1) [1]Die übernehmende Gesellschaft darf zur Durchführung der Verschmelzung ihr Grundkapital nicht erhöhen, soweit

1. sie Anteile eines übertragenden Rechtsträgers innehat;
2. ein übertragender Rechtsträger eigene Anteile innehat oder
3. ein übertragender Rechtsträger Aktien dieser Gesellschaft besitzt, auf die der Ausgabebetrag nicht voll geleistet ist.

[2]Die übernehmende Gesellschaft braucht ihr Grundkapital nicht zu erhöhen, soweit

1. sie eigene Aktien besitzt oder
2. ein übertragender Rechtsträger Aktien dieser Gesellschaft besitzt, auf die der Ausgabebetrag bereits voll geleistet ist.

[3]Die übernehmende Gesellschaft darf von der Gewährung von Aktien absehen, wenn alle Anteilsinhaber eines übertragenden Rechtsträgers darauf verzichten; die Verzichtserklärungen sind notariell zu beurkunden.

(2) Absatz 1 gilt entsprechend, wenn Inhaber der dort bezeichneten Anteile ein Dritter ist, der im eigenen Namen, jedoch in einem Fall des Absatzes 1 Satz 1 Nr. 1 oder des Absatzes 1 Satz 2 Nr. 1 für Rechnung der übernehmenden Gesellschaft oder in einem der anderen Fälle des Absatzes 1 für Rechnung des übertragenden Rechtsträgers handelt.

(3) Im Verschmelzungsvertrag festgesetzte bare Zuzahlungen dürfen nicht den zehnten Teil des auf die gewährten Aktien der übernehmenden Gesellschaft entfallenden anteiligen Betrags ihres Grundkapitals übersteigen.

§ 69 Verschmelzung mit Kapitalerhöhung

(1) [1]Erhöht die übernehmende Gesellschaft zur Durchführung der Verschmelzung ihr Grundkapital, so sind § 182 Abs. 4, § 184 Abs. 1 Satz 2, §§ 185, 186, 187 Abs. 1, § 188 Abs. 2 und 3 Nr. 1 des Aktiengesetzes nicht anzuwenden; eine Prüfung der Sacheinlage nach § 183 Abs. 3 des Aktiengesetzes findet nur statt, soweit übertragende Rechtsträger die Rechtsform einer Personenhandelsgesellschaft, einer Partnerschaftsgesellschaft oder eines rechtsfähigen Vereins haben, wenn Vermögensgegenstände in der Schlußbilanz eines übertragenden Rechtsträgers höher bewertet worden sind als in dessen letzter Jahresbilanz, wenn die in einer Schlußbilanz angesetzten Werte nicht als Anschaffungskosten in den Jahresbilanzen der übernehmenden Gesellschaft angesetzt werden oder wenn das Gericht Zweifel hat, ob der Wert der Sacheinlagen den geringsten Ausgabebetrag der dafür zu gewährenden Aktien erreicht. [2]Dies gilt auch dann, wenn das Grundkapital durch Ausgabe neuer Aktien aufgrund der Ermächtigung nach § 202 des Aktiengesetzes erhöht wird. [3]In diesem Fall ist außerdem § 203 Abs. 3 des Aktiengesetzes nicht anzuwenden. [4]Zum Prüfer kann der Verschmelzungsprüfer bestellt werden.

(2) Der Anmeldung der Kapitalerhöhung zum Register sind außer den in § 188 Abs. 3 Nr. 2 und 3 des Aktiengesetzes bezeichneten Schriftstücken der Verschmelzungsvertrag und die Niederschriften der Verschmelzungsbeschlüsse in Ausfertigung oder öffentlich beglaubigter Abschrift beizufügen.

§ 70 Geltendmachung eines Schadenersatzanspruchs

Die Bestellung eines besonderen Vertreters nach § 26 Abs. 1 Satz 2 können nur solche Aktionäre einer übertragenden Gesellschaft beantragen, die ihre Aktien bereits gegen Anteile des übernehmenden Rechtsträgers umgetauscht haben.

§ 71 Bestellung eines Treuhänders

(1) [1]Jeder übertragende Rechtsträger hat für den Empfang der zu gewährenden Aktien und der baren Zuzahlungen einen Treuhänder zu bestellen. [2]Die Verschmelzung darf erst eingetragen werden, wenn der Treuhänder dem Gericht angezeigt hat, daß er im Besitz der Aktien und der im Verschmelzungsvertrag festgesetzten baren Zuzahlungen ist.

(2) § 26 Abs. 4 ist entsprechend anzuwenden.

§ 72 Umtausch von Aktien

(1) [1]Für den Umtausch der Aktien einer übertragenden Gesellschaft gilt § 73 Abs. 1 und 2 des Aktiengesetzes, bei Zusammenlegung von Aktien dieser Gesellschaft § 226 Abs. 1 und 2 des Aktiengesetzes über die Kraftloserklärung von Aktien entsprechend. [2]Einer Genehmigung des Gerichts bedarf es nicht.

(2) Ist der übernehmende Rechtsträger ebenfalls eine Aktiengesellschaft, so gelten ferner § 73 Abs. 3 des Aktiengesetzes sowie bei Zusammenlegung von Aktien § 73 Abs. 4 und § 226 Abs. 3 des Aktiengesetzes entsprechend.

Zweiter Unterabschnitt. Verschmelzung durch Neugründung

§ 73 Anzuwendende Vorschriften

Auf die Verschmelzung durch Neugründung sind die Vorschriften des Ersten Unterabschnitts mit Ausnahme der §§ 66, 67, 68 Abs. 1 und 2 und des § 69 entsprechend anzuwenden.

§ 74 Inhalt der Satzung

[1]In die Satzung sind Festsetzungen über Sondervorteile, Gründungsaufwand, Sacheinlagen und Sachübernahmen, die in den Gesellschaftsverträgen, Partnerschaftsverträgen oder Satzungen übertragender Rechtsträger enthalten waren, zu übernehmen. [2]§ 26 Abs. 4 und 5 des Aktiengesetzes bleibt unberührt.

§ 75 Gründungsbericht und Gründungsprüfung

(1) [1]In dem Gründungsbericht (§ 32 des Aktiengesetzes) sind auch der Geschäftsverlauf und die Lage der übertragenden Rechtsträger darzustellen. [2]Zum Gründungsprüfer (§ 33 Absatz 2 des Aktiengesetzes) kann der Verschmelzungsprüfer bestellt werden.

(2) Ein Gründungsbericht und eine Gründungsprüfung sind nicht erforderlich, soweit eine Kapitalgesellschaft oder eine eingetragene Genossenschaft übertragender Rechtsträger ist.

§ 76 Verschmelzungssbeschlüsse

(1) Eine übertragende Aktiengesellschaft darf die Verschmelzung erst beschließen, wenn sie und jede andere übertragende Aktiengesellschaft bereits zwei Jahre im Register eingetragen sind.

(2) [1]Die Satzung der neuen Gesellschaft wird nur wirksam, wenn ihr die Anteilsinhaber jedes der übertragenden Rechtsträger durch Verschmelzungsbeschluß zustimmen. [2]Dies gilt entsprechend für die Bestellung der Mitglieder des Aufsichtsrats der neuen Gesellschaft, soweit diese nach § 31 des Aktiengesetzes zu wählen sind. [3]Auf eine übertragende Aktiengesellschaft ist § 124 Abs. 2 Satz 3, Abs. 3 Satz 1 und 3 des Aktiengesetzes entsprechend anzuwenden.

§ 77 *(aufgehoben)*

Vierter Abschnitt. Verschmelzung unter Beteiligung von Kommanditgesellschaften auf Aktien

§ 78 Anzuwendende Vorschriften

[1]Auf Verschmelzungen unter Beteiligung von Kommanditgesellschaften auf Aktien sind die Vorschriften des Dritten Abschnitts entsprechend anzuwenden. [2]An die Stelle der Aktiengesellschaft und ihres Vorstands treten die Kommanditgesellschaft auf Aktien und die zu ihrer Vertretung ermächtigten persönlich haftenden Gesellschafter. [3]Der Verschmelzungsbeschluß bedarf auch der Zustimmung der persönlich haftenden Gesellschafter; die Satzung der Kommanditgesellschaft auf Aktien kann eine Mehrheitsentscheidung dieser Gesellschafter vorsehen. [4]Im Verhältnis zueinander gelten Aktiengesellschaften und Kommanditgesellschaften auf Aktien nicht als Rechtsträger anderer Rechtsform im Sinne der §§ 29 und 34.

Fünfter Abschnitt. Verschmelzung unter Beteiligung eingetragener Genossenschaften

Erster Unterabschnitt. Verschmelzung durch Aufnahme

§ 79 Möglichkeit der Verschmelzung

Ein Rechtsträger anderer Rechtsform kann im Wege der Aufnahme mit einer eingetragenen Genossenschaft nur verschmolzen werden, wenn eine erforderliche Änderung der Satzung der übernehmenden Genossenschaft gleichzeitig mit der Verschmelzung beschlossen wird.

§ 80 Inhalt des Verschmelzungsvertrags bei Aufnahme durch eine Genossenschaft

(1) [1]Der Verschmelzungsvertrag oder sein Entwurf hat bei Verschmelzungen im Wege der Aufnahme durch eine eingetragene Genossenschaft für die Festlegung des Umtauschverhältnisses der Anteile (§ 5 Abs. 1 Nr. 3) die Angabe zu enthalten,

1. daß jedes Mitglied einer übertragenden Genossenschaft mit einem Geschäftsanteil bei der übernehmenden Genossenschaft beteiligt wird, sofern die Satzung dieser Genossenschaft die Beteiligung mit mehr als einem Geschäftsanteil nicht zuläßt, oder
2. daß jedes Mitglied einer übertragenden Genossenschaft mit mindestens einem und im übrigen mit so vielen Geschäftsanteilen bei der übernehmenden Genossenschaft beteiligt wird, wie durch Anrechnung seines Geschäftsguthabens bei der übertragenden Genossenschaft als voll eingezahlt anzusehen sind, sofern die Satzung der

übernehmenden Genossenschaft die Beteiligung eines Mitglieds mit mehreren Geschäftsanteilen zuläßt oder die Mitglieder zur Übernahme mehrerer Geschäftsanteile verpflichtet; der Verschmelzungsvertrag oder sein Entwurf kann eine andere Berechnung der Zahl der zu gewährenden Geschäftsanteile vorsehen.

[2]Bei Verschmelzungen im Wege der Aufnahme eines Rechtsträgers anderer Rechtsform durch eine eingetragene Genossenschaft hat der Verschmelzungsvertrag oder sein Entwurf zusätzlich für jeden Anteilsinhaber eines solchen Rechtsträgers den Betrag des Geschäftsanteils und die Zahl der Geschäftsanteile anzugeben, mit denen er bei der neuen Genossenschaft beteiligt wird.

(2) Der Verschmelzungsvertrag oder sein Entwurf hat für jede übertragende Genossenschaft den Stichtag der Schlußbilanz anzugeben.

§ 81 Gutachten des Prüfungsverbandes

(1) [1]Vor der Einberufung der Generalversammlung, die gemäß § 13 Abs. 1 über die Zustimmung zum Verschmelzungsvertrag beschließen soll, ist für jede beteiligte Genossenschaft eine gutachtliche Äußerung des Prüfungsverbandes einzuholen, ob die Verschmelzung mit den Belangen der Mitglieder und der Gläubiger der Genossenschaft vereinbar ist (Prüfungsgutachten). [2]Das Prüfungsgutachten kann für mehrere beteiligte Genossenschaften auch gemeinsam erstattet werden.

(2) Liegen die Voraussetzungen des Artikels 25 Abs. 1 des Einführungsgesetzes zum Handelsgesetzbuch in der Fassung des Artikels 21 § 5 Abs. 2 des Gesetzes vom 25. Juli 1988 (BGBl. I S. 1093) vor, so kann die Prüfung der Verschmelzung (§§ 9 bis 12) für die dort bezeichneten Rechtsträger auch von dem zuständigen Prüfungsverband durchgeführt werden.

§ 82 Vorbereitung der Generalversammlung

(1) [1]Von der Einberufung der Generalversammlung an, die gemäß § 13 Abs. 1 über die Zustimmung zum Verschmelzungsvertrag beschließen soll, sind auch in dem Geschäftsraum jeder beteiligten Genossenschaft die in § 63 Abs. 1 Nr. 1 bis 4 bezeichneten Unterlagen sowie die nach § 81 erstatteten Prüfungsgutachten zur Einsicht der Mitglieder auszulegen. [2]Dazu erforderliche Zwischenbilanzen sind gemäß § 63 Absatz 2 Satz 1 bis 4 aufzustellen.

(2) Auf Verlangen ist jedem Mitglied unverzüglich und kostenlos eine Abschrift der in Absatz 1 bezeichneten Unterlagen zu erteilen.

(3) Die Verpflichtungen nach Absatz 1 Satz 1 und Absatz 2 entfallen, wenn die in Absatz 1 Satz 1 bezeichneten Unterlagen für denselben Zeitraum über die Internetseite der Genossenschaft zugänglich sind.

§ 83 Durchführung der Generalversammlung

(1) [1]In der Generalversammlung sind die in § 63 Abs. 1 Nr. 1 bis 4 bezeichneten Unterlagen sowie die nach § 81 erstatteten Prüfungsgutachten auszulegen. [2]Der Vorstand hat den Verschmelzungsvertrag oder seinen Entwurf zu Beginn der Verhandlung mündlich zu erläutern. [3]§ 64 Abs. 2 ist entsprechend anzuwenden.

(2) [1]Das für die beschließende Genossenschaft erstattete Prüfungsgutachten ist in der Generalversammlung zu verlesen. [2]Der Prüfungsverband ist berechtigt, an der Generalversammlung beratend teilzunehmen.

§ 84 Beschluß der Generalversammlung

[1]Der Verschmelzungsbeschluß der Generalversammlung bedarf einer Mehrheit von drei Vierteln der abgegebenen Stimmen. [2]Die Satzung kann eine größere Mehrheit und weitere Erfordernisse bestimmen.

§ 85 Verbesserung des Umtauschverhältnisses

(1) Bei der Verschmelzung von Genossenschaften miteinander ist § 15 nur anzuwenden, wenn und soweit das Geschäftsguthaben eines Mitglieds in der übernehmenden Genossenschaft niedriger als das Geschäftsguthaben in der übertragenden Genossenschaft ist.

(2) Der Anspruch nach § 15 kann auch durch Zuschreibung auf das Geschäftsguthaben erfüllt werden, soweit nicht der Gesamtbetrag der Geschäftsanteile des Mitglieds bei der übernehmenden Genossenschaft überschritten wird.

§ 86 Anlagen der Anmeldung

(1) Der Anmeldung der Verschmelzung ist außer den sonst erforderlichen Unterlagen auch das für die anmeldende Genossenschaft erstattete Prüfungsgutachten in Urschrift oder in öffentlich beglaubigter Abschrift beizufügen.

(2) Der Anmeldung zur Eintragung in das Register des Sitzes des übernehmenden Rechtsträgers ist ferner jedes andere für eine übertragende Genossenschaft erstattete Prüfungsgutachten in Urschrift oder in öffentlich beglaubigter Abschrift beizufügen.

§ 87 Anteilstausch

(1) [1]Aufgrund der Verschmelzung ist jedes Mitglied einer übertragenden Genossenschaft entsprechend dem Verschmelzungsvertrag an dem übernehmenden Rechtsträger beteiligt. [2]Eine Verpflichtung, bei einer übernehmenden Genossenschaft weitere Geschäftsanteile zu übernehmen, bleibt unberührt. [3]Rechte Dritter an den Geschäftsguthaben bei einer übertragenden Genossenschaft bestehen an den Anteilen oder Mitgliedschaften des übernehmenden Rechtsträgers anderer Rechtsform weiter, die an die Stelle der Geschäftsanteile der übertragenden Genossenschaft treten. [4]Rechte Dritter an den Anteilen oder Mitgliedschaften des übertragenden Rechtsträgers bestehen an den bei der übernehmenden Genossenschaft erlangten Geschäftsguthaben weiter.

(2) [1]Übersteigt das Geschäftsguthaben, das das Mitglied bei einer übertragenden Genossenschaft hatte, den Gesamtbetrag der Geschäftsanteile, mit denen es nach Absatz 1 bei einer übernehmenden Genossenschaft beteiligt ist, so ist der übersteigende Betrag nach Ablauf von sechs Monaten seit dem Tage, an dem die Eintragung der Verschmelzung in das Register des Sitzes der übernehmenden Genossenschaft nach § 19 Abs. 3 bekannt gemacht worden ist, an das Mitglied auszuzahlen; die Auszahlung darf jedoch nicht erfolgen, bevor die Gläubiger, die sich nach § 22 gemeldet haben, befriedigt oder sichergestellt sind. [2]Im Verschmelzungsvertrag festgesetzte bare Zuzahlungen dürfen nicht den zehnten Teil des Gesamtnennbetrags der gewährten Geschäftsanteile der übernehmenden Genossenschaft übersteigen.

(3) Für die Berechnung des Geschäftsguthabens, das dem Mitglied bei einer übertragenden Genossenschaft zugestanden hat, ist deren Schlußbilanz maßgebend.

§ 88 Geschäftsguthaben bei der Aufnahme von Kapitalgesellschaften und rechtsfähigen Vereinen

(1) [1]Ist an der Verschmelzung eine Kapitalgesellschaft als übertragender Rechtsträger beteiligt, so ist jedem Anteilsinhaber dieser Gesellschaft als Geschäftsguthaben bei der übernehmenden Genossenschaft der Wert der Geschäftsanteile oder der Aktien gutzuschreiben, mit denen er an der übertragenden Gesellschaft beteiligt war. [2]Für die Feststellung des Wertes dieser Beteiligung ist die Schlußbilanz der übertragenden Gesellschaft maßgebend. [3]Übersteigt das durch die Verschmelzung erlangte Geschäftsguthaben eines Mitglieds den Gesamtbetrag der Geschäftsanteile, mit denen es bei der übernehmenden Genossenschaft beteiligt ist, so ist der übersteigende Betrag nach Ablauf von sechs Monaten seit dem Tage, an dem die Eintragung der Verschmelzung in das

Register des Sitzes der übernehmenden Genossenschaft nach § 19 Abs. 3 bekannt gemacht worden ist, an das Mitglied auszuzahlen; die Auszahlung darf jedoch nicht erfolgen, bevor die Gläubiger, die sich nach § 22 gemeldet haben, befriedigt oder sichergestellt sind.

(2) Ist an der Verschmelzung ein rechtsfähiger Verein als übertragender Rechtsträger beteiligt, so kann jedem Mitglied dieses Vereins als Geschäftsguthaben bei der übernehmenden Genossenschaft höchstens der Nennbetrag der Geschäftsanteile gutgeschrieben werden, mit denen es an der übernehmenden Genossenschaft beteiligt ist.

§ 89 Eintragung der Genossen in die Mitgliederliste; Benachrichtigung

(1) [1]Die übernehmende Genossenschaft hat jedes neuen Mitglied nach der Eintragung der Verschmelzung in das Register des Sitzes der übernehmenden Genossenschaft unverzüglich in die Mitgliederliste einzutragen und hiervon unverzüglich zu benachrichtigen. [2]Sie hat ferner die Zahl der Geschäftsanteile des Genossen einzutragen, sofern das Mitglied mit mehr als einem Geschäftsanteil beteiligt ist.

(2) Die übernehmende Genossenschaft hat jedem Anteilsinhaber eines übertragenden Rechtsträgers, bei unbekannten Aktionären dem Treuhänder der übertragenden Gesellschaft, unverzüglich in Textform mitzuteilen:

1. den Betrag des Geschäftsguthabens bei der übernehmenden Genossenschaft;
2. den Betrag des Geschäftsanteils bei der übernehmenden Genossenschaft;
3. die Zahl der Geschäftsanteile, mit denen der Anteilsinhaber bei der übernehmenden Genossenschaft beteiligt ist;
4. den Betrag der von dem Mitglied nach Anrechnung seines Geschäftsguthabens noch zu leistenden Einzahlung oder den Betrag, der ihm nach § 87 Abs. 2 oder nach § 88 Abs. 1 auszuzahlen ist, sowie
5. den Betrag der Haftsumme der übernehmenden Genossenschaft, sofern deren Mitglied Nachschüsse bis zu einer Haftsumme zu leisten haben.

§ 90 Ausschlagung durch einzelne Anteilsinhaber

(1) [1]Die §§ 29 bis 34 sind auf die Mitglied einer übertragenden Genossenschaft nicht anzuwenden.

(2) Auf der Verschmelzungswirkung beruhende Anteile und Mitgliedschaften an dem übernehmenden Rechtsträger gelten als nicht erworben, wenn sie ausgeschlagen werden.

(3) Das Recht zur Ausschlagung hat jedes Mitglied einer übertragenden Genossenschaft, wenn es in der Generalversammlung oder als Vertreter in der Vertreterversammlung, die gemäß § 13 Abs. 1 über die Zustimmung zum Verschmelzungsvertrag beschließen soll,

1. erscheint und gegen den Verschmelzungsbeschluß Widerspruch zur Niederschrift erklärt oder
2. nicht erscheint, sofern es zu der Versammlung zu Unrecht nicht zugelassen worden ist oder die Versammlung nicht ordnungsgemäß einberufen oder der Gegenstand der Beschlußfassung nicht ordnungsgemäß bekanntgemacht worden ist.

[2]Wird der Verschmelzungsbeschluß einer übertragenden Genossenschaft von einer Vertreterversammlung gefaßt, so steht das Recht zur Ausschlagung auch jedem anderen Mitglied dieser Genossenschaft zu, das im Zeitpunkt der Beschlußfassung nicht Vertreter ist.

§ 91 Form und Frist der Ausschlagung

(1) Die Ausschlagung ist gegenüber dem übernehmenden Rechtsträger schriftlich zu erklären.

(2) Die Ausschlagung kann nur binnen sechs Monaten nach dem Tage erklärt werden, an dem die Eintragung der Verschmelzung in das Register des Sitzes des übernehmenden Rechtsträgers nach § 19 Abs. 3 bekannt gemacht worden ist.

(3) Die Ausschlagung kann nicht unter einer Bedingung oder einer Zeitbestimmung erklärt werden.

§ 92 Eintragung der Ausschlagung in die Mitgliederliste

(1) Die übernehmende Genossenschaft hat jede Ausschlagung unverzüglich in die Mitgliederliste einzutragen und das Mitglied von der Eintragung unverzüglich zu benachrichtigen.

(2) Die Ausschlagung wird in dem Zeitpunkt wirksam, in dem die Ausschlagungserklärung dem übernehmenden Rechtsträger zugeht.

§ 93 Auseinandersetzung

(1) [1]Mit einem früheren Mitglied, dessen Beteiligung an dem übernehmenden Rechtsträger nach § 90 Abs. 2 als nicht erworben gilt, hat der übernehmende Rechtsträger sich auseinanderzusetzen. [2]Maßgebend ist die Schlußbilanz der übertragenden Genossenschaft.

(2) Dieses Mitglied kann die Auszahlung des Geschäftsguthabens, das es bei der übertragenden Genossenschaft hatte, verlangen; an den Rücklagen und dem sonstigen Vermögen der übertragenden Genossenschaft hat es vorbehaltlich des § 73 Abs. 3 des Genossenschaftsgesetzes keinen Anteil, auch wenn sie bei der Verschmelzung den Geschäftsguthaben anderer Mitglieder, die von dem Recht zur Ausschlagung keinen Gebrauch machen, zugerechnet werden.

(3) [1]Reichen die Geschäftsguthaben und die in der Schlußbilanz einer übertragenden Genossenschaft ausgewiesenen Rücklagen zur Deckung eines in dieser Bilanz ausgewiesenen Verlustes nicht aus, so kann der übernehmende Rechtsträger von dem früheren Mitglied, dessen Beteiligung als nicht erworben gilt, die Zahlung des anteiligen Fehlbetrags verlangen, wenn und soweit dieses Mitglied im Falle der Insolvenz Nachschüsse an die übertragende Genossenschaft zu leisten gehabt hätte. [2]Der anteilige Fehlbetrag wird, falls die Satzung der übertragenden Genossenschaft nichts anderes bestimmt, nach der Zahl ihrer Mitglieder berechnet.

(4) *(aufgehoben)*

§ 94 Auszahlung des Auseinandersetzungsguthabens

Ansprüche auf Auszahlung des Geschäftsguthabens nach § 93 Abs. 2 sind binnen sechs Monaten seit der Ausschlagung zu befriedigen; die Auszahlung darf jedoch nicht erfolgen, bevor die Gläubiger, die sich nach § 22 gemeldet haben, befriedigt oder sichergestellt sind, und nicht vor Ablauf von sechs Monaten seit dem Tag, an dem die Eintragung der Verschmelzung in das Register des Sitzes des übernehmenden Rechtsträgers nach § 19 Abs. 3 bekannt gemacht worden ist.

§ 95 Fortdauer der Nachschußpflicht

(1) [1]Ist die Haftsumme bei der übernehmenden Genossenschaft geringer, als sie bei einer übertragenden Genossenschaft war, oder haften den Gläubigern eines übernehmenden Rechtsträgers nicht alle Anteilsinhaber dieses Rechtsträgers unbeschränkt, so haben zur Befriedigung der Gläubiger der übertragenden Genossenschaft diejenigen Anteilsinhaber, die Mitglieder der übertragenden Genossenschaft waren, weitere Nach-

schüsse bis zur Höhe der Haftsumme bei der übertragenden Genossenschaft zu leisten, sofern die Gläubiger, die sich nach § 22 gemeldet haben, wegen ihrer Forderung Befriedigung oder Sicherstellung auch nicht aus den von den Mitgliedern eingezogenen Nachschüssen erlangen können. [2]Für die Einziehung der Nachschüsse gelten die §§ 105 bis 115a des Genossenschaftsgesetzes entsprechend.

(2) Absatz 1 ist nur anzuwenden, wenn das Insolvenzverfahren über das Vermögen des übernehmenden Rechtsträgers binnen zwei Jahren nach dem Tage eröffnet wird, an dem die Eintragung der Verschmelzung in das Register des Sitzes dieses Rechtsträgers nach § 19 Abs. 3 bekannt gemacht worden ist.

Zweiter Unterabschnitt. Verschmelzung durch Neugründung

§ 96 Anzuwendende Vorschriften

Auf die Verschmelzung durch Neugründung sind die Vorschriften des Ersten Unterabschnitts entsprechend anzuwenden.

§ 97 Pflichten der Vertretungsorgane der übertragenden Rechtsträger

(1) Die Satzung der neuen Genossenschaft ist durch sämtliche Mitglieder des Vertretungsorgans jedes der übertragenden Rechtsträger aufzustellen und zu unterzeichnen.

(2) [1]Die Vertretungsorgane aller übertragenden Rechtsträger haben den ersten Aufsichtsrat der neuen Genossenschaft zu bestellen. [2]Das gleiche gilt für die Bestellung des ersten Vorstands, sofern nicht durch die Satzung der neuen Genossenschaft anstelle der Wahl durch die Generalversammlung eine andere Art der Bestellung des Vorstands festgesetzt ist.

§ 98 Verschmelzungsbeschlüsse

[1]Die Satzung der neuen Genossenschaft wird nur wirksam, wenn ihm die Anteilsinhaber jedes der übertragenden Rechtsträger durch Verschmelzungsbeschluß zustimmen. [2]Dies gilt entsprechend für die Bestellung der Mitglieder des Vorstands und des Aufsichtsrats der neuen Genossenschaft, für die Bestellung des Vorstands jedoch nur, wenn dieser von den Vertretungsorganen aller übertragenden Rechtsträger bestellt worden ist.

Sechster Abschnitt. Verschmelzung unter Beteiligung rechtsfähiger Vereine

§ 99 Möglichkeit der Verschmelzung

(1) Ein rechtsfähiger Verein kann sich an einer Verschmelzung nur beteiligen, wenn die Satzung des Vereins oder Vorschriften des Landesrechts nicht entgegenstehen.

(2) Ein eingetragener Verein darf im Wege der Verschmelzung Rechtsträger anderer Rechtsform nicht aufnehmen und durch die Verschmelzung solcher Rechtsträger nicht gegründet werden.

§ 100 Prüfung der Verschmelzung

[1]Der Verschmelzungsvertrag oder sein Entwurf ist für einen wirtschaftlichen Verein nach den §§ 9 bis 12 zu prüfen. [2]Bei einem eingetragenen Verein ist diese Prüfung nur erforderlich, wenn mindestens zehn vom Hundert der Mitglieder sie schriftlich verlangen.

§ 101 Vorbereitung der Mitgliederversammlung

(1) [1]Von der Einberufung der Mitgliederversammlung an, die gemäß § 13 Abs. 1 über die Zustimmung zum Verschmelzungsvertrag beschließen soll, sind in dem Geschäftsraum des Vereins die in § 63 Abs. 1 Nr. 1 bis 4 bezeichneten Unterlagen sowie ein nach § 100 erforderlicher Prüfungsbericht zur Einsicht der Mitglieder auszulegen. [2]Dazu erforderliche Zwischenbilanzen sind gemäß § 63 Absatz 2 Satz 1 bis 4 aufzustellen.

(2) Auf Verlangen ist jedem Mitglied unverzüglich und kostenlos eine Abschrift der in Absatz 1 bezeichneten Unterlagen zu erteilen.

§ 102 Durchführung der Mitgliederversammlung

[1]In der Mitgliederversammlung sind die in § 63 Abs. 1 Nr. 1 bis 4 bezeichneten Unterlagen sowie ein nach § 100 erforderlicher Prüfungsbericht auszulegen. [2]§ 64 Abs. 1 Satz 2 und Abs. 2 ist entsprechend anzuwenden.

§ 103 Beschluß der Mitgliederversammlung

[1]Der Verschmelzungsbeschluß der Mitgliederversammlung bedarf einer Mehrheit von drei Vierteln der abgegebenen Stimmen. [2]Die Satzung kann eine größere Mehrheit und weitere Erfordernisse bestimmen.

§ 104 Bekanntmachung der Verschmelzung

(1) [1]Ist ein übertragender wirtschaftlicher Verein nicht in ein Handelsregister eingetragen, so hat sein Vorstand die bevorstehende Verschmelzung durch den Bundesanzeiger bekanntzumachen. [2]Die Bekanntmachung im Bundesanzeiger tritt an die Stelle der Eintragung im Register. [3]Sie ist mit einem Vermerk zu versehen, daß die Verschmelzung erst mit der Eintragung im Register des Sitzes des übernehmenden Rechtsträgers wirksam wird. [4]Die §§ 16, 17 Abs. 1, § 19 Abs. 1 Satz 2, Abs. 2 und Abs. 3 sind nicht anzuwenden, soweit sie sich auf die Anmeldung und Eintragung dieses übertragenden Vereins beziehen.

(2) Die Schlußbilanz eines solchen übertragenden Vereins ist der Anmeldung zum Register des Sitzes des übernehmenden Rechtsträgers beizufügen.

§ 104a Ausschluß der Barabfindung in bestimmten Fällen

Die §§ 29 bis 34 sind auf die Verschmelzung eines eingetragenen Vereins, der nach § 5 Abs. 1 Nr. 9 des Körperschaftsteuergesetzes von der Körperschaftsteuer befreit ist, nicht anzuwenden.

Siebenter Abschnitt. Verschmelzung genossenschaftlicher Prüfungsverbände

§ 105 Möglichkeit der Verschmelzung

[1]Genossenschaftliche Prüfungsverbände können nur miteinander verschmolzen werden. [2]Ein genossenschaftlicher Prüfungsverband kann ferner als übernehmender Verband einen rechtsfähigen Verein aufnehmen, wenn bei diesem die Voraussetzungen des § 63b Absatz 2 des Genossenschaftsgesetzes bestehen und die in § 107 Abs. 2 genannte Behörde dem Verschmelzungsvertrag zugestimmt hat.

§ 106 Vorbereitung, Durchführung und Beschluß der Mitgliederversammlung

Auf die Vorbereitung, die Durchführung und den Beschluß der Mitgliederversammlung sind die §§ 101 bis 103 entsprechend anzuwenden.

§ 107 Pflichten der Vorstände

(1) [1]Die Vorstände beider Verbände haben die Verschmelzung gemeinschaftlich unverzüglich zur Eintragung in die Register des Sitzes jedes Verbandes anzumelden, soweit der Verband eingetragen ist. [2]Ist der übertragende Verband nicht eingetragen, so ist § 104 entsprechend anzuwenden.

(2) Die Vorstände haben ferner gemeinschaftlich den für die Verleihung des Prüfungsrechts zuständigen obersten Landesbehörden die Eintragung unverzüglich mitzuteilen.

(3) Der Vorstand des übernehmenden Verbandes hat die Mitglieder unverzüglich von der Eintragung zu benachrichtigen.

§ 108 Austritt von Mitgliedern des übertragenden Verbandes

Tritt ein ehemaliges Mitglied des übertragenden Verbandes gemäß § 39 des Bürgerlichen Gesetzbuchs aus dem übernehmenden Verband aus, so sind Bestimmungen der Satzung des übernehmenden Verbandes, die gemäß § 39 Abs. 2 des Bürgerlichen Gesetzbuchs eine längere Kündigungsfrist als zum Schlusse des Geschäftsjahres vorsehen, nicht anzuwenden.

Achter Abschnitt. Verschmelzung von Versicherungsvereinen auf Gegenseitigkeit

Erster Unterabschnitt. Möglichkeit der Verschmelzung

§ 109 Verschmelzungsfähige Rechtsträger

[1]Versicherungsvereine auf Gegenseitigkeit können nur miteinander verschmolzen werden. [2]Sie können ferner im Wege der Verschmelzung durch eine Aktiengesellschaft, die den Betrieb von Versicherungsgeschäften zum Gegenstand hat (Versicherungs-Aktiengesellschaft), aufgenommen werden.

Zweiter Unterabschnitt. Verschmelzung durch Aufnahme

§ 110 Inhalt des Verschmelzungsvertrags

Sind nur Versicherungsvereine auf Gegenseitigkeit an der Verschmelzung beteiligt, braucht der Verschmelzungsvertrag oder sein Entwurf die Angaben nach § 5 Abs. 1 Nr. 3 bis 5 und 7 nicht zu enthalten.

§ 111 Bekanntmachung des Verschmelzungsvertrags

[1]Der Verschmelzungsvertrag oder sein Entwurf ist vor der Einberufung der obersten Vertretung, die gemäß § 13 Abs. 1 über die Zustimmung zum Verschmelzungsvertrag beschließen soll, zum Register einzureichen. [2]Das Gericht hat in der Bekanntmachung nach § 10 des Handelsgesetzbuchs einen Hinweis darauf bekanntzumachen, daß der Vertrag oder sein Entwurf beim Handelsregister eingereicht worden ist.

§ 112 Vorbereitung, Durchführung und Beschluß der Versammlung der obersten Vertretung

(1) [1]Von der Einberufung der Versammlung der obersten Vertretung an, die gemäß § 13 Abs. 1 über die Zustimmung zum Verschmelzungsvertrag beschließen soll, sind in dem Geschäftsraum des Vereins die in § 63 Abs. 1 bezeichneten Unterlagen zur Einsicht der Mitglieder auszulegen. [2]Dazu erforderliche Zwischenbilanzen sind gemäß § 63 Absatz 2 Satz 1 bis 4 aufzustellen.

(2) [1]In der Versammlung der obersten Vertretung sind die in § 63 Abs. 1 bezeichneten Unterlagen auszulegen. [2]§ 64 Abs. 1 Satz 2 und Abs. 2 ist entsprechend anzuwenden.

(3) [1]Der Verschmelzungsbeschluß der obersten Vertretung bedarf einer Mehrheit von drei Vierteln der abgegebenen Stimmen. [2]Die Satzung kann eine größere Mehrheit und weitere Erfordernisse bestimmen.

§ 113 Keine gerichtliche Nachprüfung

Sind nur Versicherungsvereine auf Gegenseitigkeit an der Verschmelzung beteiligt, findet eine gerichtliche Nachprüfung des Umtauschverhältnisses der Mitgliedschaften nicht statt.

Dritter Unterabschnitt. Verschmelzung durch Neugründung

§ 114 Anzuwendende Vorschriften

Auf die Verschmelzung durch Neugründung sind die Vorschriften des Zweiten Unterabschnitts entsprechend anzuwenden, soweit sich aus den folgenden Vorschriften nichts ergibt.

§ 115 Bestellung der Vereinsorgane

[1]Die Vorstände der übertragenden Vereine haben den ersten Aufsichtsrat des neuen Rechtsträgers und den Abschlußprüfer für das erste Voll- oder Rumpfgeschäftsjahr zu bestellen. [2]Die Bestellung bedarf notarieller Beurkundung. [3]Der Aufsichtsrat bestellt den ersten Vorstand.

§ 116 Beschlüsse der obersten Vertretungen

(1) [1]Die Satzung des neuen Rechtsträgers und die Bestellung seiner Aufsichtsratsmitglieder bedürfen der Zustimmung der übertragenden Vereine durch Verschmelzungsbeschlüsse. [2]§ 76 Abs. 2 und § 112 Abs. 3 sind entsprechend anzuwenden.

(2) [1]In der Bekanntmachung der Tagesordnung eines Vereins ist der wesentliche Inhalt des Verschmelzungsvertrags bekanntzumachen. [2]In der Bekanntmachung haben der Vorstand und der Aufsichtsrat, zur Wahl von Aufsichtsratsmitgliedern und Prüfern nur der Aufsichtsrat, Vorschläge zur Beschlußfassung zu machen. [3]Hat der Aufsichtsrat auch aus Aufsichtsratsmitgliedern der Arbeitnehmer zu bestehen, so bedürfen Beschlüsse des Aufsichtsrats über Vorschläge zur Wahl von Aufsichtsratsmitgliedern nur der Mehrheit der Stimmen der Aufsichtsratsmitglieder der Mitglieder des Vereins.

§ 117 Entstehung und Bekanntmachung des neuen Vereins

[1]Vor der Eintragung in das Register besteht ein neuer Verein als solcher nicht. [2]Wer vor der Eintragung des Vereins in seinem Namen handelt, haftet persönlich; handeln mehrere, so haften sie als Gesamtschuldner.

Vierter Unterabschnitt. Verschmelzung kleinerer Vereine

§ 118 Anzuwendende Vorschriften

[1]Auf die Verschmelzung kleinerer Vereine im Sinne des § 210 des Versicherungsaufsichtsgesetzes sind die Vorschriften des Zweiten und des Dritten Unterabschnitts entsprechend anzuwenden. [2]Dabei treten bei kleineren Vereinen an die Stelle der Anmeldung zur Eintragung in das Register der Antrag an die Aufsichtsbehörde auf Genehmigung, an die Stelle der Eintragung in das Register und ihrer Bekanntmachung die Bekanntmachung im Bundesanzeiger nach § 119.

§ 119 Bekanntmachung der Verschmelzung

Sobald die Verschmelzung von allen beteiligten Aufsichtsbehörden genehmigt worden ist, macht die für den übernehmenden kleineren Verein zuständige Aufsichtsbehörde, bei einer Verschmelzung durch Neugründung eines kleineren Vereins die für den neuen Verein zuständige Aufsichtsbehörde die Verschmelzung und ihre Genehmigung im Bundesanzeiger bekannt.

Neunter Abschnitt. Verschmelzung von Kapitalgesellschaften mit dem Vermögen eines Alleingesellschafters

§ 120 Möglichkeit der Verschmelzung

(1) Ist eine Verschmelzung nach den Vorschriften des Ersten bis Achten Abschnittes nicht möglich, so kann eine Kapitalgesellschaft im Wege der Aufnahme mit dem Vermögen eines Gesellschafters oder eines Aktionärs verschmolzen werden, sofern sich alle Geschäftsanteile oder alle Aktien der Gesellschaft in der Hand des Gesellschafters oder Aktionärs befinden.

(2) Befinden sich eigene Anteile in der Hand der Kapitalgesellschaft, so werden sie bei der Feststellung der Voraussetzungen der Verschmelzung dem Gesellschafter oder Aktionär zugerechnet.

§ 121 Anzuwendende Vorschriften

Auf die Kapitalgesellschaft sind die für ihre Rechtsform geltenden Vorschriften des Ersten und Zweiten Teils anzuwenden.

§ 122 Eintragung in das Handelsregister

(1) Ein noch nicht in das Handelsregister eingetragener Alleingesellschafter oder Alleinaktionär ist nach den Vorschriften des Handelsgesetzbuchs in das Handelsregister einzutragen; § 18 Abs. 1 bleibt unberührt.

(2) Kommt eine Eintragung nicht in Betracht, treten die in § 20 genannten Wirkungen durch die Eintragung der Verschmelzung in das Register des Sitzes der übertragenden Kapitalgesellschaft ein.

Zehnter Abschnitt. Grenzüberschreitende Verschmelzung

§ 122a Grenzüberschreitende Verschmelzung

(1) Eine grenzüberschreitende Verschmelzung ist eine Verschmelzung, bei der mindestens eine der beteiligten Gesellschaften dem Recht eines anderen Mitgliedstaats der Europäischen Union oder eines anderen Vertragsstaats des Abkommens über den Europäischen Wirtschaftsraum unterliegt.

(2) [1]Auf die Beteiligung einer Kapitalgesellschaft (§ 3 Abs. 1 Nr. 2) an einer grenzüberschreitenden Verschmelzung sind die Vorschriften des Ersten Teils und des Zweiten, Dritten und Vierten Abschnitts des Zweiten Teils entsprechend anzuwenden, soweit sich aus diesem Abschnitt nichts anderes ergibt. [2]Auf die Beteiligung einer Personenhandelsgesellschaft (§ 3 Absatz 1 Nummer 1) an einer grenzüberschreitenden Verschmelzung sind die Vorschriften des Ersten Teils und des Ersten Unterabschnitts des Ersten Abschnitts des Zweiten Teils entsprechend anzuwenden, soweit sich aus diesem Abschnitt nichts anderes ergibt.

§ 122b Verschmelzungsfähige Gesellschaften

(1) An einer grenzüberschreitenden Verschmelzung können beteiligt sein

1. als übertragende, übernehmende oder neue Gesellschaften Kapitalgesellschaften im Sinne des Artikels 119 Nummer 1 der Richtlinie (EU) 2017/1132 des Europäischen Parlaments und des Rates vom 14. Juni 2017 über bestimmte Aspekte des Gesellschaftsrechts (ABl. L 169 vom 30.6.2017, S. 46), die nach dem Recht eines Mitgliedstaats der Europäischen Union oder eines anderen Vertragsstaats des Abkommens über den Europäischen Wirtschaftsraum gegründet worden sind und ihren satzungsmäßigen Sitz, ihre Hauptverwaltung oder ihre Hauptniederlassung in einem Mitgliedstaat der Europäischen Union oder einem anderen Vertragsstaat des Abkommens über den Europäischen Wirtschaftsraum haben,
2. als übernehmende oder neue Gesellschaften Personenhandelsgesellschaften im Sinne des § 3 Absatz 1 Nummer 1 mit in der Regel nicht mehr als 500 Arbeitnehmern.

(2) [1]An einer grenzüberschreitenden Verschmelzung können nicht beteiligt sein:

1. Genossenschaften, selbst wenn sie nach dem Recht eines anderen Mitgliedstaats der Europäischen Union oder eines anderen Vertragsstaats des Abkommens über den Europäischen Wirtschaftsraum unter die Definition des Artikels 2 Nr. 1 der Richtlinie fallen;
2. Gesellschaften, deren Zweck es ist, die vom Publikum bei ihnen eingelegten Gelder nach dem Grundsatz der Risikostreuung gemeinsam anzulegen und deren Anteile auf Verlangen der Anteilsinhaber unmittelbar oder mittelbar zulasten des Vermögens dieser Gesellschaft zurückgenommen oder ausgezahlt werden. [2]Diesen Rücknahmen oder Auszahlungen gleichgestellt sind Handlungen, mit denen eine solche Gesellschaft sicherstellen will, dass der Börsenwert ihrer Anteile nicht erheblich von deren Nettoinventarwert abweicht.

§ 122c Verschmelzungsplan

(1) Das Vertretungsorgan einer beteiligten Gesellschaft stellt zusammen mit den Vertretungsorganen der übrigen beteiligten Gesellschaften einen gemeinsamen Verschmelzungsplan auf.

(2) Der Verschmelzungsplan oder sein Entwurf muss mindestens folgende Angaben enthalten:

1. Rechtsform, Firma und Sitz der übertragenden und übernehmenden oder neuen Gesellschaft,
2. das Umtauschverhältnis der Gesellschaftsanteile und gegebenenfalls die Höhe der baren Zuzahlungen,
3. die Einzelheiten hinsichtlich der Übertragung der Gesellschaftsanteile der übernehmenden oder neuen Gesellschaft,
4. die voraussichtlichen Auswirkungen der Verschmelzung auf die Beschäftigung,
5. den Zeitpunkt, von dem an die Gesellschaftsanteile deren Inhabern das Recht auf Beteiligung am Gewinn gewähren, sowie alle Besonderheiten, die eine Auswirkung auf dieses Recht haben,
6. den Zeitpunkt, von dem an die Handlungen der übertragenden Gesellschaften unter dem Gesichtspunkt der Rechnungslegung als für Rechnung der übernehmenden oder neuen Gesellschaft vorgenommen gelten (Verschmelzungsstichtag),
7. die Rechte, die die übernehmende oder neue Gesellschaft den mit Sonderrechten ausgestatteten Gesellschaftern und den Inhabern von anderen Wertpapieren als Gesellschaftsanteilen gewährt, oder die für diese Personen vorgeschlagenen Maßnahmen,

8. etwaige besondere Vorteile, die den Sachverständigen, die den Verschmelzungsplan prüfen, oder den Mitgliedern der Verwaltungs-, Leitungs-, Aufsichts- oder Kontrollorgane der an der Verschmelzung beteiligten Gesellschaften gewährt werden,
9. die Satzung oder den Gesellschaftsvertrag der übernehmenden oder neuen Gesellschaft,
10. gegebenenfalls Angaben zu dem Verfahren, nach dem die Einzelheiten über die Beteiligung der Arbeitnehmer an der Festlegung ihrer Mitbestimmungsrechte in der aus der grenzüberschreitenden Verschmelzung hervorgehenden Gesellschaft geregelt werden,
11. Angaben zur Bewertung des Aktiv- und Passivvermögens, das auf die übernehmende oder neue Gesellschaft übertragen wird,
12. den Stichtag der Bilanzen der an der Verschmelzung beteiligten Gesellschaften, die zur Festlegung der Bedingungen der Verschmelzung verwendet werden,
13. im Fall der Verschmelzung auf eine Personenhandelsgesellschaft gemäß § 122b Absatz 1 Nummer 2
    a) für jeden Anteilsinhaber eines übertragenden Rechtsträgers die Bestimmung, ob ihm in der übernehmenden oder der neuen Personenhandelsgesellschaft die Stellung eines persönlich haftenden Gesellschafters oder eines Kommanditisten gewährt wird,
    b) der festgesetzte Betrag der Einlage jedes Gesellschafters.

(3) Befinden sich alle Anteile einer übertragenden Gesellschaft in der Hand der übernehmenden Gesellschaft, so entfallen die Angaben über den Umtausch der Anteile (Absatz 2 Nr. 2, 3 und 5), soweit sie die Aufnahme dieser Gesellschaft betreffen.

(4) Der Verschmelzungsplan muss notariell beurkundet werden.

§ 122d Bekanntmachung des Verschmelzungsplans

[1]Der Verschmelzungsplan oder sein Entwurf ist spätestens einen Monat vor der Versammlung der Anteilsinhaber, die nach § 13 über die Zustimmung zum Verschmelzungsplan beschließen soll, zum Register einzureichen. [2]Das Gericht hat in der Bekanntmachung nach § 10 des Handelsgesetzbuchs unverzüglich die folgenden Angaben bekannt zu machen:

1. einen Hinweis darauf, dass der Verschmelzungsplan oder sein Entwurf beim Handelsregister eingereicht worden ist,
2. Rechtsform, Firma und Sitz der an der grenzüberschreitenden Verschmelzung beteiligten Gesellschaften,
3. die Register, bei denen die an der grenzüberschreitenden Verschmelzung beteiligten Gesellschaften eingetragen sind, sowie die jeweilige Nummer der Eintragung,
4. einen Hinweis auf die Modalitäten für die Ausübung der Rechte der Gläubiger und der Minderheitsgesellschafter der an der grenzüberschreitenden Verschmelzung beteiligten Gesellschaften sowie die Anschrift, unter der vollständige Auskünfte über diese Modalitäten kostenlos eingeholt werden können.

[3]Die bekannt zu machenden Angaben sind dem Register bei Einreichung des Verschmelzungsplans oder seines Entwurfs mitzuteilen.

§ 122e Verschmelzungsbericht

[1]Im Verschmelzungsbericht nach § 8 sind auch die Auswirkungen der grenzüberschreitenden Verschmelzung auf die Gläubiger und Arbeitnehmer der an der Verschmelzung beteiligten Gesellschaft zu erläutern. [2]Der Verschmelzungsbericht ist den Anteilsinhabern sowie dem zuständigen Betriebsrat oder, falls es keinen Betriebsrat gibt,

den Arbeitnehmern der an der grenzüberschreitenden Verschmelzung beteiligten Gesellschaft spätestens einen Monat vor der Versammlung der Anteilsinhaber, die nach § 13 über die Zustimmung zum Verschmelzungsplan beschließen soll, nach § 63 Abs. 1 Nr. 4 zugänglich zumachen. [3]§ 8 Abs. 3 ist nicht anzuwenden, es sei denn, an der Verschmelzung ist als übernehmende oder neue Gesellschaft eine Personenhandelsgesellschaft gemäß § 122b Absatz 1 Nummer 2 beteiligt.

§ 122f Verschmelzungsprüfung

[1]Der Verschmelzungsplan oder sein Entwurf ist nach den §§ 9 bis 12 zu prüfen; die §§ 44 und 48 sind nicht anzuwenden. [2]Der Prüfungsbericht muss spätestens einen Monat vor der Versammlung der Anteilsinhaber, die nach § 13 über die Zustimmung zum Verschmelzungsplan beschließen soll, vorliegen.

§ 122g Zustimmung der Anteilsinhaber

(1) Die Anteilsinhaber können ihre Zustimmung nach § 13 davon abhängig machen, dass die Art und Weise der Mitbestimmung der Arbeitnehmer der übernehmenden oder neuen Gesellschaft ausdrücklich von ihnen bestätigt wird.

(2) Befinden sich alle Anteile einer übertragenden Gesellschaft in der Hand der übernehmenden Gesellschaft, so ist ein Verschmelzungsbeschluss der Anteilsinhaber der übertragenden Gesellschaft nicht erforderlich.

§ 122h Verbesserung des Umtauschverhältnisses

(1) § 14 Abs. 2 und § 15 gelten für die Anteilsinhaber einer übertragenden Gesellschaft nur, sofern die Anteilsinhaber der an der grenzüberschreitenden Verschmelzung beteiligten Gesellschaften, die dem Recht eines anderen Mitgliedstaats der Europäischen Union oder eines anderen Vertragsstaats des Abkommens über den Europäischen Wirtschaftsraum unterliegen, dessen Rechtsvorschriften ein Verfahren zur Kontrolle und Änderung des Umtauschverhältnisses der Anteile nicht vorsehen, im Verschmelzungsbeschluss ausdrücklich zustimmen.

(2) § 15 gilt auch für Anteilsinhaber einer übertragenden Gesellschaft, die dem Recht eines anderen Mitgliedstaats der Europäischen Union oder eines anderen Vertragsstaats des Abkommens über den Europäischen Wirtschaftsraum unterliegt, wenn nach dem Recht dieses Staates ein Verfahren zur Kontrolle und Änderung des Umtauschverhältnisses der Anteile vorgesehen ist und deutsche Gerichte für die Durchführung eines solchen Verfahrens international zuständig sind.

§ 122i Abfindungsangebot im Verschmelzungsplan

(1) [1]Unterliegt die übernehmende oder neue Gesellschaft nicht dem deutschen Recht, hat die übertragende Gesellschaft im Verschmelzungsplan oder in seinem Entwurf jedem Anteilsinhaber, der gegen den Verschmelzungsbeschluss der Gesellschaft Widerspruch zur Niederschrift erklärt, den Erwerb seiner Anteile gegen eine angemessene Barabfindung anzubieten. [2]Die Vorschriften des Aktiengesetzes über den Erwerb eigener Aktien sowie des Gesetzes betreffend die Gesellschaften mit beschränkter Haftung über den Erwerb eigener Geschäftsanteile gelten entsprechend, jedoch sind § 71 Abs. 4 Satz 2 des Aktiengesetzes und § 33 Abs. 2 Satz 3 zweiter Halbsatz erste Alternative des Gesetzes betreffend die Gesellschaften mit beschränkter Haftung insoweit nicht anzuwenden. [3]§ 29 Abs. 1 Satz 4 und 5 sowie Abs. 2 und die §§ 30, 31 und 33 gelten entsprechend.

(2) [1]Die §§ 32 und 34 gelten für die Anteilsinhaber einer übertragenden Gesellschaft nur, sofern die Anteilsinhaber der an der grenzüberschreitenden Verschmelzung beteiligten Gesellschaften, die dem Recht eines anderen Mitgliedstaats der Europäischen Union oder eines anderen Vertragsstaats des Abkommens über den Europäischen Wirt-

schaftsraum unterliegen, dessen Rechtsvorschriften ein Verfahren zur Abfindung von Minderheitsgesellschaftern nicht vorsehen, im Verschmelzungsbeschluss ausdrücklich zustimmen. [2]§ 34 gilt auch für Anteilsinhaber einer übertragenden Gesellschaft, die dem Recht eines anderen Mitgliedstaats der Europäischen Union oder eines anderen Vertragsstaats des Abkommens über den Europäischen Wirtschaftsraum unterliegt, wenn nach dem Recht dieses Staates ein Verfahren zur Abfindung von Minderheitsgesellschaftern vorgesehen ist und deutsche Gerichte für die Durchführung eines solchen Verfahrens international zuständig sind.

§ 122j Schutz der Gläubiger der übertragenden Gesellschaft

(1) [1]Unterliegt die übernehmende oder neue Gesellschaft nicht dem deutschen Recht, ist den Gläubigern einer übertragenden Gesellschaft Sicherheit zu leisten, soweit sie nicht Befriedigung verlangen können. [2]Dieses Recht steht den Gläubigern jedoch nur zu, wenn sie binnen zwei Monaten nach dem Tag, an dem der Verschmelzungsplan oder sein Entwurf bekannt gemacht worden ist, ihren Anspruch nach Grund und Höhe schriftlich anmelden und glaubhaft machen, dass durch die Verschmelzung die Erfüllung ihrer Forderung gefährdet wird.

(2) Das Recht auf Sicherheitsleistung nach Absatz 1 steht Gläubigern nur im Hinblick auf solche Forderungen zu, die vor oder bis zu 15 Tage nach Bekanntmachung des Verschmelzungsplans oder seines Entwurfs entstanden sind.

§ 122k Verschmelzungsbescheinigung

(1) [1]Das Vertretungsorgan einer übertragenden Gesellschaft hat das Vorliegen der sie betreffenden Voraussetzungen für die grenzüberschreitende Verschmelzung zur Eintragung bei dem Register des Sitzes der Gesellschaft anzumelden. [2]§ 16 Abs. 2 und 3 und § 17 gelten entsprechend. [3]Die Mitglieder des Vertretungsorgans haben eine Versicherung abzugeben, dass allen Gläubigern, die nach § 122j einen Anspruch auf Sicherheitsleistung haben, eine angemessene Sicherheit geleistet wurde.

(2) [1]Das Gericht prüft, ob für die Gesellschaft die Voraussetzungen für die grenzüberschreitende Verschmelzung vorliegen, und stellt hierüber unverzüglich eine Bescheinigung (Verschmelzungsbescheinigung) aus. [2]Als Verschmelzungsbescheinigung gilt die Nachricht über die Eintragung der Verschmelzung im Register. [3]Die Eintragung ist mit dem Vermerk zu versehen, dass die grenzüberschreitende Verschmelzung unter den Voraussetzungen des Rechts des Staates, dem die übernehmende oder neue Gesellschaft unterliegt, wirksam wird. [4]Die Verschmelzungsbescheinigung darf nur ausgestellt werden, wenn eine Versicherung nach Absatz 1 Satz 3 vorliegt. [5]Ist ein Spruchverfahren anhängig, ist dies in der Verschmelzungsbescheinigung anzugeben.

(3) Das Vertretungsorgan der Gesellschaft hat die Verschmelzungsbescheinigung innerhalb von sechs Monaten nach ihrer Ausstellung zusammen mit dem Verschmelzungsplan der zuständigen Stelle des Staates vorzulegen, dessen Recht die übernehmende oder neue Gesellschaft unterliegt.

(4) Nach Eingang einer Mitteilung des Registers, in dem die übernehmende oder neue Gesellschaft eingetragen ist, über das Wirksamwerden der Verschmelzung hat das Gericht des Sitzes der übertragenden Gesellschaft den Tag des Wirksamwerdens zu vermerken und die bei ihm aufbewahrten elektronischen Dokumente diesem Register zu übermitteln.

§ 122l Eintragung der grenzüberschreitenden Verschmelzung

(1) [1]Bei einer Verschmelzung durch Aufnahme hat das Vertretungsorgan der übernehmenden Gesellschaft die Verschmelzung und bei einer Verschmelzung durch Neugründung haben die Vertretungsorgane der übertragenden Gesellschaften die neue Ge-

sellschaft zur Eintragung in das Register des Sitzes der Gesellschaft anzumelden. [2]Der Anmeldung sind die Verschmelzungsbescheinigungen aller übertragenden Gesellschaften, der gemeinsame Verschmelzungsplan und gegebenenfalls die Vereinbarung über die Beteiligung der Arbeitnehmer beizufügen. [3]Die Verschmelzungsbescheinigungen dürfen nicht älter als sechs Monate sein; § 16 Abs. 2 und 3 und § 17 finden auf die übertragenden Gesellschaften keine Anwendung.

(2) Die Prüfung der Eintragungsvoraussetzungen erstreckt sich insbesondere darauf, ob die Anteilsinhaber aller an der grenzüberschreitenden Verschmelzung beteiligten Gesellschaften einem gemeinsamen, gleichlautenden Verschmelzungsplan zugestimmt haben und ob gegebenenfalls eine Vereinbarung über die Beteiligung der Arbeitnehmer geschlossen worden ist.

(3) Das Gericht des Sitzes der übernehmenden oder neuen Gesellschaft hat den Tag der Eintragung der Verschmelzung von Amts wegen jedem Register mitzuteilen, bei dem eine der übertragenden Gesellschaften ihre Unterlagen zu hinterlegen hatte.

§ 122m Austritt des Vereinigten Königreichs Großbritannien und Nordirland aus der Europäischen Union

Unterliegt die übernehmende oder die neue Gesellschaft dem deutschen Recht, gilt als grenzüberschreitende Verschmelzung im Sinne dieses Abschnitts auch eine solche, an der eine übertragende Gesellschaft beteiligt ist, die dem Recht des Vereinigten Königreichs Großbritannien und Nordirland (Vereinigtes Königreich) unterliegt, sofern der Verschmelzungsplan nach § 122c Absatz 4 vor dem Ausscheiden des Vereinigten Königreichs aus der Europäischen Union oder vor dem Ablauf eines Übergangszeitraums, innerhalb dessen das Vereinigte Königreich in der Bundesrepublik Deutschland weiterhin als Mitgliedstaat der Europäischen Union gilt, notariell beurkundet worden ist, und die Verschmelzung unverzüglich, spätestens aber zwei Jahre nach diesem Zeitpunkt mit den erforderlichen Unterlagen zur Registereintragung angemeldet wird.

Drittes Buch. Spaltung

Erster Teil. Allgemeine Vorschriften

Erster Abschnitt. Möglichkeit der Spaltung

§ 123 Arten der Spaltung

(1) Ein Rechtsträger (übertragender Rechtsträger) kann unter Auflösung ohne Abwicklung sein Vermögen aufspalten

1. zur Aufnahme durch gleichzeitige Übertragung der Vermögensteile jeweils als Gesamtheit auf andere bestehende Rechtsträger (übernehmende Rechtsträger) oder
2. zur Neugründung durch gleichzeitige Übertragung der Vermögensteile jeweils als Gesamtheit auf andere, von ihm dadurch gegründete neue Rechtsträger

gegen Gewährung von Anteilen oder Mitgliedschaften dieser Rechtsträger an die Anteilsinhaber des übertragenden Rechtsträgers (Aufspaltung).

(2) Ein Rechtsträger (übertragender Rechtsträger) kann von seinem Vermögen einen Teil oder mehrere Teile abspalten

1. zur Aufnahme durch Übertragung dieses Teils oder dieser Teile jeweils als Gesamtheit auf einen bestehenden oder mehrere bestehende Rechtsträger (übernehmende Rechtsträger) oder

2. zur Neugründung durch Übertragung dieses Teils oder dieser Teile jeweils als Gesamtheit auf einen oder mehrere, von ihm dadurch gegründeten neuen oder gegründete neue Rechtsträger

gegen Gewährung von Anteilen oder Mitgliedschaften dieses Rechtsträgers oder dieser Rechtsträger an die Anteilsinhaber des übertragenden Rechtsträgers (Abspaltung).

(3) Ein Rechtsträger (übertragender Rechtsträger) kann aus seinem Vermögen einen Teil oder mehrere Teile ausgliedern

1. zur Aufnahme durch Übertragung dieses Teils oder dieser Teile jeweils als Gesamtheit auf einen bestehenden oder mehrere bestehende Rechtsträger (übernehmende Rechtsträger) oder
2. zur Neugründung durch Übertragung dieses Teils oder dieser Teile jeweils als Gesamtheit auf einen oder mehrere, von ihm dadurch gegründeten neuen oder gegründete neue Rechtsträger

gegen Gewährung von Anteilen oder Mitgliedschaften dieses Rechtsträgers oder dieser Rechtsträger an den übertragenden Rechtsträger (Ausgliederung).

(4) Die Spaltung kann auch durch gleichzeitige Übertragung auf bestehende und neue Rechtsträger erfolgen.

§ 124 Spaltungsfähige Rechtsträger

(1) An einer Aufspaltung oder einer Abspaltung können als übertragende, übernehmende oder neue Rechtsträger die in § 3 Abs. 1 genannten Rechtsträger sowie als übertragende Rechtsträger wirtschaftliche Vereine, an einer Ausgliederung können als übertragende, übernehmende oder neue Rechtsträger die in § 3 Abs. 1 genannten Rechtsträger sowie als übertragende Rechtsträger wirtschaftliche Vereine, Einzelkaufleute, Stiftungen sowie Gebietskörperschaften oder Zusammenschlüsse von Gebietskörperschaften, die nicht Gebietskörperschaften sind, beteiligt sein.

(2) § 3 Abs. 3 und 4 ist auf die Spaltung entsprechend anzuwenden.

§ 125 Anzuwendende Vorschriften

[1]Auf die Spaltung sind die Vorschriften des Ersten Teils und des Ersten bis Neunten Abschnitts des Zweiten Teils des Zweiten Buches mit Ausnahme des § 9 Absatz 2 und des § 62 Absatz 5, bei Abspaltung und Ausgliederung mit Ausnahme des § 18 sowie bei Ausgliederung mit Ausnahme des § 14 Abs. 2 und der §§ 15, 29 bis 34, 54, 68 und 71 entsprechend anzuwenden, soweit sich aus diesem Buch nichts anderes ergibt. [2]Eine Prüfung im Sinne der §§ 9 bis 12 findet bei Ausgliederung nicht statt. [3]An die Stelle der übertragenden Rechtsträger tritt der übertragende Rechtsträger, an die Stelle des übernehmenden oder neuen Rechtsträgers treten gegebenenfalls die übernehmenden oder neuen Rechtsträger.

Zweiter Abschnitt. Spaltung zur Aufnahme

§ 126 Inhalt des Spaltungs- und Übernahmevertrags

(1) Der Spaltungs- und Übernahmevertrag oder sein Entwurf muß mindestens folgende Angaben enthalten:

1. den Namen oder die Firma und den Sitz der an der Spaltung beteiligten Rechtsträger;
2. die Vereinbarung über die Übertragung der Teile des Vermögens des übertragenden Rechtsträgers jeweils als Gesamtheit gegen Gewährung von Anteilen oder Mitgliedschaften an den übernehmenden Rechtsträgern;

3. bei Aufspaltung und Abspaltung das Umtauschverhältnis der Anteile und gegebenenfalls die Höhe der baren Zuzahlung oder Angaben über die Mitgliedschaft bei den übernehmenden Rechtsträgern;
4. bei Aufspaltung und Abspaltung die Einzelheiten für die Übertragung der Anteile der übernehmenden Rechtsträger oder über den Erwerb der Mitgliedschaft bei den übernehmenden Rechtsträgern;
5. den Zeitpunkt, von dem an diese Anteile oder die Mitgliedschaft einen Anspruch auf einen Anteil am Bilanzgewinn gewähren, sowie alle Besonderheiten in bezug auf diesen Anspruch;
6. den Zeitpunkt, von dem an die Handlungen des übertragenden Rechtsträgers als für Rechnung jedes der übernehmenden Rechtsträger vorgenommen gelten (Spaltungsstichtag);
7. die Rechte, welche die übernehmenden Rechtsträger einzelnen Anteilsinhabern sowie den Inhabern besonderer Rechte wie Anteile ohne Stimmrecht, Vorzugsaktien, Mehrstimmrechtsaktien, Schuldverschreibungen und Genußrechte gewähren, oder die für diese Personen vorgesehenen Maßnahmen;
8. jeden besonderen Vorteil, der einem Mitglied eines Vertretungsorgans oder eines Aufsichtsorgans der an der Spaltung beteiligten Rechtsträger, einem geschäftsführenden Gesellschafter, einem Partner, einem Abschlußprüfer oder einem Spaltungsprüfer gewährt wird;
9. die genaue Bezeichnung und Aufteilung der Gegenstände des Aktiv- und Passivvermögens, die an jeden der übernehmenden Rechtsträger übertragen werden, sowie der übergehenden Betriebe und Betriebsteile unter Zuordnung zu den übernehmenden Rechtsträgern;
10. bei Aufspaltung und Abspaltung die Aufteilung der Anteile oder Mitgliedschaften jedes der beteiligten Rechtsträger auf die Anteilsinhaber des übertragenden Rechtsträgers sowie den Maßstab für die Aufteilung;
11. die Folgen der Spaltung für die Arbeitnehmer und ihre Vertretungen sowie die insoweit vorgesehenen Maßnahmen.

(2) Soweit für die Übertragung von Gegenständen im Falle der Einzelrechtsnachfolge in den allgemeinen Vorschriften eine besondere Art der Bezeichnung bestimmt ist, sind diese Regelungen auch für die Bezeichnung der Gegenstände des Aktiv- und Passivvermögens (Absatz 1 Nr. 9) anzuwenden. [2]§ 28 der Grundbuchordnung ist zu beachten. [3]Im übrigen kann auf Urkunden wie Bilanzen und Inventare Bezug genommen werden, deren Inhalt eine Zuweisung des einzelnen Gegenstandes ermöglicht; die Urkunden sind dem Spaltungs- und Übernahmevertrag als Anlagen beizufügen.

(3) Der Vertrag oder sein Entwurf ist spätestens einen Monat vor dem Tage der Versammlung der Anteilsinhaber jedes beteiligten Rechtsträgers, die gemäß § 125 in Verbindung mit § 13 Abs. 1 über die Zustimmung zum Spaltungs- und Übernahmevertrag beschließen soll, dem zuständigen Betriebsrat dieses Rechtsträgers zuzuleiten.

§ 127 Spaltungsbericht

[1]Die Vertretungsorgane jedes der an der Spaltung beteiligten Rechtsträger haben einen ausführlichen schriftlichen Bericht zu erstatten, in dem die Spaltung, der Vertrag oder sein Entwurf im einzelnen und bei Aufspaltung und Abspaltung insbesondere das Umtauschverhältnis der Anteile oder die Angaben über die Mitgliedschaften bei den übernehmenden Rechtsträgern, der Maßstab für ihre Aufteilung sowie die Höhe der anzubietenden Barabfindung rechtlich und wirtschaftlich erläutert und begründet werden

(Spaltungsbericht); der Bericht kann von den Vertretungsorganen auch gemeinsam erstattet werden. [2]§ 8 Abs. 1 Satz 2 bis 4, Abs. 2 und 3 ist entsprechend anzuwenden.

§ 128 Zustimmung zur Spaltung in Sonderfällen

[1]Werden bei Aufspaltung oder Abspaltung die Anteile oder Mitgliedschaften der übernehmenden Rechtsträger den Anteilsinhabern des übertragenden Rechtsträgers nicht in dem Verhältnis zugeteilt, das ihrer Beteiligung an dem übertragenden Rechtsträger entspricht, so wird der Spaltungs- und Übernahmevertrag nur wirksam, wenn ihm alle Anteilsinhaber des übertragenden Rechtsträgers zustimmen. [2]Bei einer Spaltung zur Aufnahme ist der Berechnung des Beteiligungsverhältnisses der jeweils zu übertragende Teil des Vermögens zugrunde zu legen.

§ 129 Anmeldung der Spaltung

Zur Anmeldung der Spaltung ist auch das Vertretungsorgan jedes der übernehmenden Rechtsträger berechtigt.

§ 130 Eintragung der Spaltung

(1) [1]Die Spaltung darf in das Register des Sitzes des übertragenden Rechtsträgers erst eingetragen werden, nachdem sie im Register des Sitzes jedes der übernehmenden Rechtsträger eingetragen worden ist. [2]Die Eintragung im Register des Sitzes jedes der übernehmenden Rechtsträger ist mit dem Vermerk zu versehen, daß die Spaltung erst mit der Eintragung im Register des Sitzes des übertragenden Rechtsträgers wirksam wird, sofern die Eintragungen in den Registern aller beteiligten Rechtsträger nicht am selben Tag erfolgen.

(2) [1]Das Gericht des Sitzes des übertragenden Rechtsträgers hat von Amts wegen dem Gericht des Sitzes jedes der übernehmenden Rechtsträger den Tag der Eintragung der Spaltung mitzuteilen sowie einen Registerauszug und den Gesellschaftsvertrag, den Partnerschaftsvertrag oder die Satzung des übertragenden Rechtsträgers in Abschrift, als Ausdruck oder elektronisch zu übermitteln. [2]Nach Eingang der Mitteilung hat das Gericht des Sitzes jedes der übernehmenden Rechtsträger von Amts wegen den Tag der Eintragung der Spaltung im Register des Sitzes des übertragenden Rechtsträgers zu vermerken.

§ 131 Wirkungen der Eintragung

(1) Die Eintragung der Spaltung in das Register des Sitzes des übertragenden Rechtsträgers hat folgende Wirkungen:

1. Das Vermögen des übertragenden Rechtsträgers, bei Abspaltung und Ausgliederung der abgespaltene oder ausgegliederte Teil oder die abgespaltenen oder ausgegliederten Teile des Vermögens einschließlich der Verbindlichkeiten gehen entsprechend der im Spaltungs- und Übernahmevertrag vorgesehenen Aufteilung jeweils als Gesamtheit auf die übernehmenden Rechtsträger über.
2. [1]Bei der Aufspaltung erlischt der übertragende Rechtsträger. [2]Einer besonderen Löschung bedarf es nicht.
3. [1]Bei Aufspaltung und Abspaltung werden die Anteilsinhaber des übertragenden Rechtsträgers entsprechend der im Spaltungs- und Übernahmevertrag vorgesehenen Aufteilung Anteilsinhaber der beteiligten Rechtsträger; dies gilt nicht, soweit der übernehmende Rechtsträger oder ein Dritter, der im eigenen Namen, jedoch für Rechnung dieses Rechtsträgers handelt, Anteilsinhaber des übertragenden Rechtsträgers ist oder der übertragende Rechtsträger eigene Anteile innehat oder ein Dritter, der im eigenen Namen, jedoch für Rechnung dieses Rechtsträgers handelt, dessen Anteilsinhaber ist. [2]Rechte Dritter an den Anteilen oder Mitgliedschaften des übertragenden Rechtsträgers bestehen an den an ihre Stelle tretenden Anteilen oder

Mitgliedschaften der übernehmenden Rechtsträger weiter. [3]Bei Ausgliederung wird der übertragende Rechtsträger entsprechend dem Ausgliederungs- und Übernahmevertrag Anteilsinhaber der übernehmenden Rechtsträger.

4. Der Mangel der notariellen Beurkundung des Spaltungs- und Übernahmevertrags und gegebenenfalls erforderlicher Zustimmungs- oder Verzichtserklärungen einzelner Anteilsinhaber wird geheilt.

(2) Mängel der Spaltung lassen die Wirkungen der Eintragung nach Absatz 1 unberührt.

(3) Ist bei einer Aufspaltung ein Gegenstand im Vertrag keinem der übernehmenden Rechtsträger zugeteilt worden und läßt sich die Zuteilung auch nicht durch Auslegung des Vertrags ermitteln, so geht der Gegenstand auf alle übernehmenden Rechtsträger in dem Verhältnis über, das sich aus dem Vertrag für die Aufteilung des Überschusses der Aktivseite der Schlußbilanz über deren Passivseite ergibt; ist eine Zuteilung des Gegenstandes an mehrere Rechtsträger nicht möglich, so ist sein Gegenwert in dem bezeichneten Verhältnis zu verteilen.

§ 132 *(aufgehoben)*

§ 133 Schutz der Gläubiger und der Inhaber von Sonderrechten

(1) [1]Für die Verbindlichkeiten des übertragenden Rechtsträgers, die vor dem Wirksamwerden der Spaltung begründet worden sind, haften die an der Spaltung beteiligten Rechtsträger als Gesamtschuldner. [2]Die §§ 25, 26 und 28 des Handelsgesetzbuchs sowie § 125 in Verbindung mit § 22 bleiben unberührt; zur Sicherheitsleistung ist nur der an der Spaltung beteiligte Rechtsträger verpflichtet, gegen den sich der Anspruch richtet.

(2) [1]Für die Erfüllung der Verpflichtung nach § 125 in Verbindung mit § 23 haften die an der Spaltung beteiligten Rechtsträger als Gesamtschuldner. [2]Bei Abspaltung und Ausgliederung können die gleichwertigen Rechte im Sinne des § 125 in Verbindung mit § 23 auch in dem übertragenden Rechtsträger gewährt werden.

(3) [1]Diejenigen Rechtsträger, denen die Verbindlichkeiten nach Absatz 1 Satz 1 im Spaltungs- und Übernahmevertrag nicht zugewiesen worden sind, haften für diese Verbindlichkeiten, wenn sie vor Ablauf von fünf Jahren nach der Spaltung fällig und daraus Ansprüche gegen sie in einer in § 197 Abs. 1 Nr. 3 bis 5 des Bürgerlichen Gesetzbuchs bezeichneten Art festgestellt sind oder eine gerichtliche oder behördliche Vollstreckungshandlung vorgenommen oder beantragt wird; bei öffentlich-rechtlichen Verbindlichkeiten genügt der Erlass eines Verwaltungsakts. [2]Für vor dem Wirksamwerden der Spaltung begründete Versorgungsverpflichtungen auf Grund des Betriebsrentengesetzes beträgt die in Satz 1 genannte Frist zehn Jahre.

(4) [1]Die Frist beginnt mit dem Tage, an dem die Eintragung der Spaltung in das Register des Sitzes des übertragenden Rechtsträgers nach § 125 in Verbindung mit § 19 Abs. 3 bekannt gemacht worden ist. [2]Die für die Verjährung geltenden §§ 204, 206, 210, 211 und 212 Abs. 2 und 3 des Bürgerlichen Gesetzbuchs sind entsprechend anzuwenden.

(5) Einer Feststellung in einer in § 197 Abs. 1 Nr. 3 bis 5 des Bürgerlichen Gesetzbuchs bezeichneten Art bedarf es nicht, soweit die in Absatz 3 bezeichneten Rechtsträger den Anspruch schriftlich anerkannt haben.

(6) [1]Die Ansprüche nach Absatz 2 verjähren in fünf Jahren. [2]Für den Beginn der Verjährung gilt Absatz 4 Satz 1 entsprechend.

§ 134 Schutz der Gläubiger in besonderen Fällen

(1) [1]Spaltet ein Rechtsträger sein Vermögen in der Weise, daß die zur Führung eines Betriebes notwendigen Vermögensteile im wesentlichen auf einen übernehmenden oder mehrere übernehmende oder auf einen neuen oder mehrere neue Rechtsträger übertragen

werden und die Tätigkeit dieses Rechtsträgers oder dieser Rechtsträger sich im wesentlichen auf die Verwaltung dieser Vermögensteile beschränkt (Anlagegesellschaft), während dem übertragenden Rechtsträger diese Vermögensteile bei der Führung seines Betriebes zur Nutzung überlassen werden (Betriebsgesellschaft), und sind an den an der Spaltung beteiligten Rechtsträgern im wesentlichen dieselben Personen beteiligt, so haftet die Anlagegesellschaft auch für die Forderungen der Arbeitnehmer der Betriebsgesellschaft als Gesamtschuldner, die binnen fünf Jahren nach dem Wirksamwerden der Spaltung aufgrund der §§ 111 bis 113 des Betriebsverfassungsgesetzes begründet werden. [2]Dies gilt auch dann, wenn die Vermögensteile bei dem übertragenden Rechtsträger verbleiben und dem übernehmenden oder neuen Rechtsträger oder den übernehmenden oder neuen Rechtsträgern zur Nutzung überlassen werden.

(2) Die gesamtschuldnerische Haftung nach Absatz 1 gilt auch für vor dem Wirksamwerden der Spaltung begründeten Versorgungsverpflichtungen aufgrund des Betriebsrentengesetzes.

(3) Für die Ansprüche gegen die Anlagegesellschaft nach den Absätzen 1 und 2 gilt § 133 Abs. 3 Satz 1, Abs. 4 und 5 entsprechend mit der Maßgabe, daß die Frist fünf Jahre nach dem in § 133 Abs. 4 Satz 1 bezeichneten Tage beginnt.

Dritter Abschnitt. Spaltung zur Neugründung

§ 135 Anzuwendende Vorschriften

(1) [1]Auf die Spaltung eines Rechtsträgers zur Neugründung sind die Vorschriften des Zweiten Abschnitts entsprechend anzuwenden, jedoch mit Ausnahme der §§ 129, 130 Abs. 2 sowie der nach § 125 entsprechend anzuwendenden §§ 4, 7, 16 Abs. 1 und des § 27. [2]An die Stelle der übernehmenden Rechtsträger treten die neuen Rechtsträger, an die Stelle der Eintragung der Spaltung im Register des Sitzes jeder der übernehmenden Rechtsträger tritt die Eintragung jedes der neuen Rechtsträger in das Register.

(2) [1]Auf die Gründung der neuen Rechtsträger sind die für die jeweilige Rechtsform des neuen Rechtsträgers geltenden Gründungsvorschriften anzuwenden, soweit sich aus diesem Buch nichts anderes ergibt. [2]Den Gründern steht der übertragende Rechtsträger gleich. [3]Vorschriften, die für die Gründung eine Mindestzahl der Gründer vorschreiben, sind nicht anzuwenden.

§ 136 Spaltungsplan

[1]Das Vertretungsorgan des übertragenden Rechtsträgers hat einen Spaltungsplan aufzustellen. [2]Der Spaltungsplan tritt an die Stelle des Spaltungs- und Übernahmevertrags.

§ 137 Anmeldung und Eintragung der neuen Rechtsträger und der Spaltung

(1) Das Vertretungsorgan des übertragenden Rechtsträgers hat jeden der neuen Rechtsträger bei dem Gericht, in dessen Bezirk er seinen Sitz haben soll, zur Eintragung in das Register anzumelden.

(2) Das Vertretungsorgan des übertragenden Rechtsträgers hat die Spaltung zur Eintragung in das Register des Sitzes des übertragenden Rechtsträgers anzumelden.

(3) [1]Das Gericht des Sitzes jedes der neuen Rechtsträger hat von Amts wegen dem Gericht des Sitzes des übertragenden Rechtsträgers den Tag der Eintragung des neuen Rechtsträgers mitzuteilen. [2]Nach Eingang der Mitteilungen für alle neuen Rechtsträger hat das Gericht des Sitzes des übertragenden Rechtsträgers die Spaltung einzutragen sowie von Amts wegen den Zeitpunkt der Eintragung den Gerichten des Sitzes jedes der neuen Rechtsträger mitzuteilen sowie ihnen einen Registerauszug und den Gesellschaftsvertrag, den Partnerschaftsvertrag oder die Satzung des übertragenden Rechts-

trägers in Abschrift, als Ausdruck oder elektronisch zu übermitteln. [3]Der Zeitpunkt der Eintragung der Spaltung ist in den Registern des Sitzes jedes der neuen Rechtsträger von Amts wegen einzutragen; gesetzlich vorgesehene Bekanntmachungen über die Eintragung der neuen Rechtsträger sind erst danach zulässig.

Zweiter Teil. Besondere Vorschriften

Erster Abschnitt. Spaltung unter Beteiligung von Gesellschaften mit beschränkter Haftung

§ 138 Sachgründungsbericht

Ein Sachgründungsbericht (§ 5 Abs. 4 des Gesetzes betreffend die Gesellschaften mit beschränkter Haftung) ist stets erforderlich.

§ 139 Herabsetzung des Stammkapitals

[1]Ist zur Durchführung der Abspaltung oder der Ausgliederung eine Herabsetzung des Stammkapitals einer übertragenden Gesellschaft mit beschränkter Haftung erforderlich, so kann diese auch in vereinfachter Form vorgenommen werden. [2]Wird das Stammkapital herabgesetzt, so darf die Abspaltung oder die Ausgliederung erst eingetragen werden, nachdem die Herabsetzung des Stammkapitals im Register eingetragen worden ist.

§ 140 Anmeldung der Abspaltung oder der Ausgliederung

Bei der Anmeldung der Abspaltung oder der Ausgliederung zur Eintragung in das Register des Sitzes einer übertragenden Gesellschaft mit beschränkter Haftung haben deren Geschäftsführer auch zu erklären, daß die durch Gesetz und Gesellschaftsvertrag vorgesehenen Voraussetzungen für die Gründung dieser Gesellschaft unter Berücksichtigung der Abspaltung oder der Ausgliederung im Zeitpunkt der Anmeldung vorliegen.

Zweiter Abschnitt. Spaltung unter Beteiligung von Aktiengesellschaften und Kommanditgesellschaften auf Aktien

§ 141 Ausschluß der Spaltung

Eine Aktiengesellschaft oder eine Kommanditgesellschaft auf Aktien, die noch nicht zwei Jahre im Register eingetragen ist, kann außer durch Ausgliederung zur Neugründung nicht gespalten werden.

§ 142 Spaltung mit Kapitalerhöhung; Spaltungsbericht

(1) § 69 ist mit der Maßgabe anzuwenden, daß eine Prüfung der Sacheinlage nach § 183 Abs. 3 des Aktiengesetzes stets stattzufinden hat.

(2) In dem Spaltungsbericht ist gegebenenfalls auf den Bericht über die Prüfung von Sacheinlagen bei einer übernehmenden Aktiengesellschaft nach § 183 Abs. 3 des Aktiengesetzes sowie auf das Register, bei dem dieser Bericht zu hinterlegen ist, hinzuweisen.

§ 143 Verhältniswahrende Spaltung zur Neugründung

Erfolgt die Gewährung von Aktien an der neu gegründeten Aktiengesellschaft oder an den neu gegründeten Aktiengesellschaften (§ 123 Absatz 1 Nummer 2, Absatz 2 Nummer 2) im Verhältnis zur Beteiligung der Aktionäre an der übertragenden Aktiengesellschaft, so sind die §§ 8 bis 12 sowie 63 Absatz 1 Nummer 3 bis 5 nicht anzuwenden.

§ 144 Gründungsbericht und Gründungsprüfung

Ein Gründungsbericht (§ 32 des Aktiengesetzes) und eine Gründungsprüfung (§ 33 Abs. 2 des Aktiengesetzes) sind stets erforderlich.

§ 145 Herabsetzung des Grundkapitals

[1]Ist zur Durchführung der Abspaltung oder der Ausgliederung eine Herabsetzung des Grundkapitals einer übertragenden Aktiengesellschaft oder Kommanditgesellschaft auf Aktien erforderlich, so kann diese auch in vereinfachter Form vorgenommen werden. [2]Wird das Grundkapital herabgesetzt, so darf die Abspaltung oder die Ausgliederung erst eingetragen werden, nachdem die Durchführung der Herabsetzung des Grundkapitals im Register eingetragen worden ist.

§ 146 Anmeldung der Abspaltung oder der Ausgliederung

(1) Bei der Anmeldung der Abspaltung oder der Ausgliederung zur Eintragung in das Register des Sitzes einer übertragenden Aktiengesellschaft hat deren Vorstand oder einer Kommanditgesellschaft auf Aktien haben deren zu ihrer Vertretung ermächtigte persönlich haftende Gesellschafter auch zu erklären, daß die durch Gesetz und Satzung vorgesehenen Voraussetzungen für die Gründung dieser Gesellschaft unter Berücksichtigung der Abspaltung oder der Ausgliederung im Zeitpunkt der Anmeldung vorliegen.

(2) Der Anmeldung der Abspaltung oder der Ausgliederung sind außer den sonst erforderlichen Unterlagen auch beizufügen:

1. der Spaltungsbericht nach § 127;
2. bei Abspaltung der Prüfungsbericht nach § 125 in Verbindung mit § 12.

Dritter Abschnitt. Spaltung unter Beteiligung eingetragener Genossenschaften

§ 147 Möglichkeiten einer Spaltung

Die Spaltung eines Rechtsträgers anderer Rechtsform zur Aufnahme von Teilen seines Vermögens durch eine eingetragene Genossenschaft kann nur erfolgen, wenn eine erforderliche Änderung die Satzung der übernehmenden Genossenschaft gleichzeitig mit der Spaltung beschlossen wird.

§ 148 Anmeldung der Abspaltung oder der Ausgliederung

(1) Bei der Anmeldung der Abspaltung oder der Ausgliederung zur Eintragung in das Register des Sitzes einer übertragenden Genossenschaft hat deren Vorstand auch zu erklären, daß die durch Gesetz und Satzung vorgesehenen Voraussetzungen für die Gründung dieser Genossenschaft unter Berücksichtigung der Abspaltung oder der Ausgliederung im Zeitpunkt der Anmeldung vorliegen.

(2) Der Anmeldung der Abspaltung oder der Ausgliederung sind außer den sonst erforderlichen Unterlagen auch beizufügen:

1. der Spaltungsbericht nach § 127;
2. das Prüfungsgutachten nach § 125 in Verbindung mit § 81.

Vierter Abschnitt. Spaltung unter Beteiligung rechtsfähiger Vereine

§ 149 Möglichkeit der Spaltung

(1) Ein rechtsfähiger Verein kann sich an einer Spaltung nur beteiligen, wenn die Satzung des Vereins oder Vorschriften des Landesrechts nicht entgegenstehen.

(2) Ein eingetragener Verein kann als übernehmender Rechtsträger im Wege der Spaltung nur andere eingetragene Vereine aufnehmen oder mit ihnen einen eingetragenen Verein gründen.

Fünfter Abschnitt. Spaltung unter Beteiligung genossenschaftlicher Prüfungsverbände

§ 150 Möglichkeit der Spaltung

Die Aufspaltung genossenschaftlicher Prüfungsverbände oder die Abspaltung oder Ausgliederung von Teilen eines solchen Verbandes kann nur zur Aufnahme der Teile eines Verbandes (übertragender Verband) durch einen anderen Verband (übernehmender Verband), die Ausgliederung auch zur Aufnahme von Teilen des Verbandes durch eine oder zur Neugründung einer Kapitalgesellschaft erfolgen.

Sechster Abschnitt. Spaltung unter Beteiligung von Versicherungsvereinen auf Gegenseitigkeit

§ 151 Möglichkeit der Spaltung

[1]Die Spaltung unter Beteiligung von Versicherungsvereinen auf Gegenseitigkeit kann nur durch Aufspaltung oder Abspaltung und nur in der Weise erfolgen, daß die Teile eines übertragenden Vereins auf andere bestehende oder neue Versicherungsvereine auf Gegenseitigkeit oder auf Versicherungs-Aktiengesellschaften übergehen. [2]Ein Versicherungsverein auf Gegenseitigkeit kann ferner im Wege der Ausgliederung einen Vermögensteil auf eine bestehende oder neue Gesellschaft mit beschränkter Haftung oder eine bestehende oder neue Aktiengesellschaft übertragen, sofern damit keine Übertragung von Versicherungsverträgen verbunden ist.

Siebenter Abschnitt. Ausgliederung aus dem Vermögen eines Einzelkaufmanns

Erster Unterabschnitt. Möglichkeit der Ausgliederung

§ 152 Übernehmende oder neue Rechtsträger

[1]Die Ausgliederung des von einem Einzelkaufmann betriebenen Unternehmens, dessen Firma im Handelsregister eingetragen ist, oder von Teilen desselben aus dem Vermögen dieses Kaufmanns kann nur zur Aufnahme dieses Unternehmens oder von Teilen dieses Unternehmens durch Personenhandelsgesellschaften, Kapitalgesellschaften oder eingetragene Genossenschaften oder zur Neugründung von Kapitalgesellschaften erfolgen. [2]Sie kann nicht erfolgen, wenn die Verbindlichkeiten des Einzelkaufmanns sein Vermögen übersteigen.

Zweiter Unterabschnitt. Ausgliederung zur Aufnahme

§ 153 Ausgliederungsbericht

Ein Ausgliederungsbericht ist für den Einzelkaufmann nicht erforderlich.

§ 154 Eintragung der Ausgliederung

Das Gericht des Sitzes des Einzelkaufmanns hat die Eintragung der Ausgliederung auch dann abzulehnen, wenn offensichtlich ist, daß die Verbindlichkeiten des Einzelkaufmanns sein Vermögen übersteigen.

§ 155 Wirkungen der Ausgliederung

[1]Erfaßt die Ausgliederung das gesamte Unternehmen des Einzelkaufmanns, so bewirkt die Eintragung der Ausgliederung nach § 131 das Erlöschen der von dem Einzelkaufmann geführten Firma. [2]Das Erlöschen der Firma ist von Amts wegen in das Register einzutragen.

§ 156 Haftung des Einzelkaufmanns

[1]Durch den Übergang der Verbindlichkeiten auf übernehmende oder neue Gesellschaften wird der Einzelkaufmann von der Haftung für die Verbindlichkeiten nicht befreit. [2]§ 418 des Bürgerlichen Gesetzbuchs ist nicht anzuwenden.

§ 157 Zeitliche Begrenzung der Haftung für übertragene Verbindlichkeiten

(1) [1]Der Einzelkaufmann haftet für die im Ausgliederungs- und Übernahmevertrag aufgeführten Verbindlichkeiten, wenn sie vor Ablauf von fünf Jahren nach der Ausgliederung fällig und daraus Ansprüche gegen ihn in einer in § 197 Abs. 1 Nr. 3 bis 5 des Bürgerlichen Gesetzbuchs bezeichneten Art festgestellt sind oder eine gerichtliche oder behördliche Vollstreckungshandlung vorgenommen oder beantragt wird; bei öffentlich-rechtlichen Verbindlichkeiten genügt der Erlass eines Verwaltungsakts. [2]Eine Haftung des Einzelkaufmanns als Gesellschafter des aufnehmenden Rechtsträgers nach § 128 des Handelsgesetzbuches bleibt unberührt.

(2) [1]Die Frist beginnt an dem Tage, an dem die Eintragung der Ausgliederung in das Register des Sitzes des Einzelkaufmanns nach § 125 in Verbindung mit § 19 Abs. 3 bekannt gemacht worden ist. [2]Die für die Verjährung geltenden §§ 204, 206, 210, 211 und 212 Abs. 2 und 3 des Bürgerlichen Gesetzbuchs sind entsprechend anzuwenden.

(3) Einer Feststellung in einer in § 197 Abs. 1 Nr. 3 bis 5 des Bürgerlichen Gesetzbuchs bezeichneten Art bedarf es nicht, soweit der Einzelkaufmann den Anspruch schriftlich anerkannt hat.

(4) Die Absätze 1 bis 3 sind auch anzuwenden, wenn der Einzelkaufmann in dem Rechtsträger anderer Rechtsformen geschäftsführend tätig wird.

Dritter Unterabschnitt. Ausgliederung zur Neugründung

§ 158 Anzuwendende Vorschriften

Auf die Ausgliederung zur Neugründung sind die Vorschriften des Zweiten Unterabschnitts entsprechend anzuwenden, soweit sich aus diesem Unterabschnitt nichts anderes ergibt.

§ 159 Sachgründungsbericht, Gründungsbericht und Gründungsprüfung

(1) Auf den Sachgründungsbericht (§ 5 Abs. 4 des Gesetzes betreffend die Gesellschaften mit beschränkter Haftung) ist § 58 Abs. 1, auf den Gründungsbericht (§ 32 des Aktiengesetzes) § 75 Abs. 1 entsprechend anzuwenden.

(2) Im Falle der Gründung einer Aktiengesellschaft oder einer Kommanditgesellschaft auf Aktien haben die Prüfung durch die Mitglieder des Vorstands und des Aufsichtsrats (§ 33 Abs. 1 des Aktiengesetzes) sowie die Prüfung durch einen oder mehrere Prüfer (§ 33 Abs. 2 des Aktiengesetzes) sich auch darauf zu erstrecken, ob die Verbindlichkeiten des Einzelkaufmanns sein Vermögen übersteigen.

(3) [1]Zur Prüfung, ob die Verbindlichkeiten des Einzelkaufmanns sein Vermögen übersteigen, hat der Einzelkaufmann den Prüfern eine Aufstellung vorzulegen, in der

sein Vermögen seinen Verbindlichkeiten gegenübergestellt ist. [2]Die Aufstellung ist zu gliedern, soweit das für die Prüfung notwendig ist. [3]§ 320 Abs. 1 Satz 2 und Abs. 2 Satz 1 des Handelsgesetzbuchs gilt entsprechend, wenn Anlaß für die Annahme besteht, daß in der Aufstellung aufgeführte Vermögensgegenstände überbewertet oder Verbindlichkeiten nicht oder nicht vollständig aufgeführt worden sind.

§ 160 Anmeldung und Eintragung

(1) Die Anmeldung nach § 137 Abs. 1 ist von dem Einzelkaufmann und den Geschäftsführern oder den Mitgliedern des Vorstands und des Aufsichtsrats einer neuen Gesellschaft vorzunehmen.

(2) Die Eintragung der Gesellschaft ist abzulehnen, wenn die Verbindlichkeiten des Einzelkaufmanns sein Vermögen übersteigen.

Achter Abschnitt. Ausgliederung aus dem Vermögen rechtsfähiger Stiftungen

§ 161 Möglichkeit der Ausgliederung

Die Ausgliederung des von einer rechtsfähigen Stiftung (§ 80 des Bürgerlichen Gesetzbuchs) betriebenen Unternehmens oder von Teilen desselben aus dem Vermögen dieser Stiftung kann nur zur Aufnahme dieses Unternehmens oder von Teilen dieses Unternehmens durch Personenhandelsgesellschaften oder Kapitalgesellschaften oder zur Neugründung von Kapitalgesellschaften erfolgen.

§ 162 Ausgliederungsbericht

(1) Ein Ausgliederungsbericht ist nur erforderlich, wenn die Ausgliederung nach § 164 Abs. 1 der staatlichen Genehmigung bedarf oder wenn sie bei Lebzeiten des Stifters von dessen Zustimmung abhängig ist.

(2) Soweit nach § 164 Absatz 1 die Ausgliederung der staatlichen Genehmigung oder der Zustimmung des Stifters bedarf, ist der Ausgliederungsbericht der zuständigen Behörde und dem Stifter zu übermitteln.

§ 163 Beschluß über den Vertrag

(1) Auf den Ausgliederungsbeschluß sind die Vorschriften des Stiftungsrechts für die Beschlußfassung über Satzungsänderungen entsprechend anzuwenden.

(2) Sofern das nach Absatz 1 anzuwendende Stiftungsrecht nicht etwas anderes bestimmt, muß der Ausgliederungsbeschluß von dem für die Beschlußfassung über Satzungsänderungen nach der Satzung zuständigen Organ oder, wenn ein solches Organ nicht bestimmt ist, vom Vorstand der Stiftung einstimmig gefaßt werden.

(3) Der Beschluß und die Zustimmungen nach Absatz 1 und 2 müssen notariell beurkundet werden.

§ 164 Genehmigung der Ausgliederung

(1) Die Ausgliederung bedarf der staatlichen Genehmigung, sofern das Stiftungsrecht dies vorsieht.

(2) Soweit die Ausgliederung nach Absatz 1 der staatlichen Genehmigung nicht bedarf, hat das Gericht des Sitzes der Stiftung die Eintragung der Ausgliederung auch dann abzulehnen, wenn offensichtlich ist, daß die Verbindlichkeiten der Stiftung ihr Vermögen übersteigen.

§ 165 Sachgründungsbericht und Gründungsbericht

Auf den Sachgründungsbericht (§ 5 Abs. 4 des Gesetzes betreffend die Gesellschaften mit beschränkter Haftung) ist § 58 Abs. 1, auf den Gründungsbericht (§ 32 des Aktiengesetzes) § 75 Abs. 1 entsprechend anzuwenden.

§ 166 Haftung der Stiftung

[1]Durch den Übergang der Verbindlichkeiten auf übernehmende oder neue Gesellschaften wird die Stiftung von der Haftung für die Verbindlichkeiten nicht befreit. [2]§ 418 des Bürgerlichen Gesetzbuchs ist nicht anzuwenden.

§ 167 Zeitliche Begrenzung der Haftung für übertragene Verbindlichkeiten

Auf die zeitliche Begrenzung der Haftung der Stiftung für die im Ausgliederungs- und Übernahmevertrag aufgeführten Verbindlichkeiten ist § 157 entsprechend anzuwenden.

Neunter Abschnitt. Ausgliederung aus dem Vermögen von Gebietskörperschaften oder Zusammenschlüssen von Gebietskörperschaften

§ 168 Möglichkeit der Ausgliederung

Die Ausgliederung eines Unternehmens, das von einer Gebietskörperschaft oder von einem Zusammenschluß von Gebietskörperschaften, der nicht Gebietskörperschaft ist, betrieben wird, aus dem Vermögen dieser Körperschaft oder dieses Zusammenschlusses kann nur zur Aufnahme dieses Unternehmens durch eine Personenhandelsgesellschaft, eine Kapitalgesellschaft oder eine eingetragene Genossenschaft oder zur Neugründung einer Kapitalgesellschaft oder einer eingetragenen Genossenschaft sowie nur dann erfolgen, wenn das für die Körperschaft oder den Zusammenschluß maßgebende Bundes- oder Landesrecht einer Ausgliederung nicht entgegensteht.

§ 169 Ausgliederungsbericht; Ausgliederungsbeschluß

[1]Ein Ausgliederungsbericht ist für die Körperschaft oder den Zusammenschluß nicht erforderlich. [2]Das Organisationsrecht der Körperschaft oder des Zusammenschlusses bestimmt, ob und unter welchen Voraussetzungen ein Ausgliederungsbeschluß erforderlich ist.

§ 170 Sachgründungsbericht und Gründungsbericht

Auf den Sachgründungsbericht (§ 5 Abs. 4 des Gesetzes betreffend die Gesellschaften mit beschränkter Haftung) ist § 58 Abs. 1, auf den Gründungsbericht (§ 32 des Aktiengesetzes) § 75 Abs. 1 entsprechend anzuwenden.

§ 171 Wirksamwerden der Ausgliederung

Die Wirkungen der Ausgliederung nach § 131 treten mit deren Eintragung in das Register des Sitzes des übernehmenden Rechtsträgers oder mit der Eintragung des neuen Rechtsträgers ein.

§ 172 Haftung der Körperschaft oder des Zusammenschlusses

[1]Durch den Übergang der Verbindlichkeien auf den übernehmenden oder neuen Rechtsträger wird die Körperschaft oder der Zusammenschluß von der Haftung für die Verbindlichkeiten nicht befreit. [2]§ 418 des Bürgerlichen Gesetzbuchs ist nicht anzuwenden.

§ 173 Zeitliche Begrenzung der Haftung für übertragene Verbindlichkeiten

Auf die zeitliche Begrenzung der Haftung für die im Ausgliederungs- und Übernahmevertrag aufgeführten Verbindlichkeiten ist § 157 entsprechend anzuwenden.

Viertes Buch. Vermögensübertragung

Erster Teil. Möglichkeit der Vermögensübertragung

§ 174 Arten der Vermögensübertragung

(1) Ein Rechtsträger (übertragender Rechtsträger) kann unter Auflösung ohne Abwicklung sein Vermögen als Ganzes auf einen anderen bestehenden Rechtsträger (übernehmender Rechtsträger) gegen Gewährung einer Gegenleistung an die Anteilsinhaber des übertragenden Rechtsträgers, die nicht in Anteilen oder Mitgliedschaften besteht, übertragen (Vollübertragung).

(2) Ein Rechtsträger (übertragender Rechtsträger) kann

1. unter Auflösung ohne Abwicklung sein Vermögen aufspalten durch gleichzeitige Übertragung der Vermögensteile jeweils als Gesamtheit auf andere bestehende Rechtsträger,
2. von seinem Vermögen einen Teil oder mehrere Teile abspalten durch Übertragung dieses Teils oder dieser Teile jeweils als Gesamtheit auf einen oder mehrere bestehende Rechtsträger oder
3. aus seinem Vermögen einen Teil oder mehrere Teile ausgliedern durch Übertragung dieses Teils oder dieser Teile jeweils als Gesamtheit auf einen oder mehrere bestehende Rechtsträger

gegen Gewährung der in Absatz 1 bezeichneten Gegenleistung in den Fällen der Nummern 1 und 2 an die Anteilsinhaber des übertragenden Rechtsträgers, im Falle der Nummer 3 an den übertragenden Rechtsträger (Teilübertragung).

§ 175 Beteiligte Rechtsträger

Eine Vollübertragung oder Teilübertragungen sind jeweils nur möglich

1. von einer Kapitalgesellschaft auf den Bund, ein Land, eine Gebietskörperschaft oder einen Zusammenschluß von Gebietskörperschaften;
2. a) von einer Versicherungs-Aktiengesellschaft auf Versicherungsvereine auf Gegenseitigkeit oder auf öffentlich-rechtliche Versicherungsunternehmen;
   b) von einem Versicherungsverein auf Gegenseitigkeit auf Versicherungs-Aktiengesellschaften oder auf öffentlich-rechtliche Versicherungsunternehmen;
   c) von einem öffentlich-rechtlichen Versicherungsunternehmen auf Versicherungs-Aktiengesellschaften oder auf Versicherungsvereine auf Gegenseitigkeit.

Zweiter Teil. Übertragung des Vermögens oder von Vermögensteilen einer Kapitalgesellschaft auf die öffentliche Hand

Erster Abschnitt. Vollübertragung

§ 176 Anwendung der Verschmelzungsvorschriften

(1) Bei einer Vollübertragung nach § 175 Nr. 1 sind auf die übertragende Kapitalgesellschaft die für die Verschmelzung durch Aufnahme einer solchen übertragenden

Gesellschaft jeweils geltenden Vorschriften des Zweiten Buches entsprechend anzuwenden, soweit sich aus den folgenden Vorschriften nichts anderes ergibt.

(2) [1]Die Angaben im Übertragungsvertrag nach § 5 Abs. 1 Nr. 4, 5 und 7 entfallen. [2]An die Stelle des Registers des Sitzes des übernehmenden Rechtsträgers tritt das Register des Sitzes der übertragenen Gesellschaft. [3]An die Stelle des Umtauschverhältnisses der Anteile treten Art und Höhe der Gegenleistung. [4]An die Stelle des Anspruchs nach § 23 tritt ein Anspruch auf Barabfindung; auf diesen sind § 29 Abs. 1, § 30 und § 34 entsprechend anzuwenden.

(3) [1]Mit der Eintragung der Vermögensübertragung in das Handelsregister des Sitzes der übertragenden Gesellschaft geht deren Vermögen einschließlich der Verbindlichkeiten auf den übernehmenden Rechtsträger über. [2]Die übertragende Gesellschaft erlischt; einer besonderen Löschung bedarf es nicht.

(4) Die Beteiligung des übernehmenden Rechtsträgers an der Vermögensübertragung richtet sich nach den für ihn geltenden Vorschriften.

Zweiter Abschnitt. Teilübertragung

§ 177 Anwendung der Spaltungsvorschriften

(1) Bei einer Teilübertragung nach § 175 Nr. 1 sind auf die übertragende Kapitalgesellschaft die für die Aufspaltung, Abspaltung oder Ausgliederung zur Aufnahme von Teilen einer solchen übertragenden Gesellschaft geltenden Vorschriften des Dritten Buches sowie die dort für entsprechend anwendbar erklärten Vorschriften des Zweiten Buches auf den vergleichbaren Vorgang entsprechend anzuwenden, soweit sich aus den folgenden Vorschriften nichts anderes ergibt.

(2) [1]§ 176 Abs. 2 bis 4 ist entsprechend anzuwenden. [2]An die Stelle des § 5 Abs. 1 Nr. 4, 5 und 7 tritt § 126 Abs. 1 Nr. 4, 5, 7 und 10.

Dritter Teil. Vermögensübertragung unter Versicherungsunternehmen

Erster Abschnitt. Übertragung des Vermögens einer Aktiengesellschaft auf Versicherungsvereine auf Gegenseitigkeit oder öffentlich-rechtliche Versicherungsunternehmen

Erster Unterabschnitt. Vollübertragung

§ 178 Anwendung der Verschmelzungsvorschriften

(1) Bei einer Vollübertragung nach § 175 Nr. 2 Buchstabe a sind auf die beteiligten Rechtsträger die für die Verschmelzung durch Aufnahme einer Aktiengesellschaft und die für einen übernehmenden Versicherungsverein im Falle der Verschmelzung jeweils geltenden Vorschriften des Zweiten Buches entsprechend anzuwenden, soweit sich aus den folgenden Vorschriften nichts anderes ergibt.

(2) § 176 Abs. 2 bis 4 ist entsprechend anzuwenden.

(3) Das für ein übernehmendes öffentlich-rechtliches Versicherungsunternehmen maßgebende Bundes- oder Landesrecht bestimmt, ob der Vertrag über die Vermögensübertragung zu seiner Wirksamkeit auch der Zustimmung eines anderes als des zur Vertretung befugten Organs des öffentlich-rechtlichen Versicherungsunternehmens oder einer anderen Stelle und welcher Erfordernisse die Zustimmung bedarf.

Zweiter Unterabschnitt. Teilübertragung

§ 179 Anwendung der Spaltungsvorschriften

(1) Bei einer Teilübertragung nach § 175 Nr. 2 Buchstabe a sind auf die beteiligten Rechtsträger die für die Aufspaltung, Abspaltung oder Ausgliederung zur Aufnahme von Teilen einer Aktiengesellschaft und die für übernehmende Versicherungsvereine auf Gegenseitigkeit im Falle der Aufspaltung, Abspaltung oder Ausgliederung von Vermögensteilen geltenden Vorschriften des Dritten Buches und die dort für entsprechend anwendbar erklärten Vorschriften des Zweiten Buches auf den vergleichbaren Vorgang entsprechend anzuwenden, soweit sich aus den folgenden Vorschriften nichts anderes ergibt.

(2) § 176 Abs. 2 bis 4 sowie § 178 Abs. 3 sind entsprechend anzuwenden.

Zweiter Abschnitt. Übertragung des Vermögens eines Versicherungsvereins auf Gegenseitigkeit auf Aktiengesellschaften oder öffentlich-rechtliche Versicherungsunternehmen

Erster Unterabschnitt. Vollübertragung

§ 180 Anwendung der Verschmelzungsvorschriften

(1) Bei einer Vollübertragung nach § 175 Nr. 2 Buchstabe b sind auf die beteiligten Rechtsträger die für die Verschmelzung durch Aufnahme eines Versicherungsvereins und die für eine übernehmende Aktiengesellschaft im Falle der Verschmelzung jeweils geltenden Vorschriften des Zweiten Buches entsprechend anzuwenden, soweit sich aus den folgenden Vorschriften nichts anderes ergibt.

(2) § 176 Abs. 2 bis 4 sowie § 178 Abs. 3 sind anzuwenden.

(3) Hat ein Mitglied oder ein Dritter nach der Satzung des Vereins ein unentziehbares Recht auf den Abwicklungsüberschuß oder einen Teil davon, so bedarf der Beschluß über die Vermögensübertragung der Zustimmung des Mitglieds oder des Dritten; die Zustimmung muß notariell beurkundet werden.

§ 181 Gewährung der Gegenleistung

(1) Der übernehmende Rechtsträger ist zur Gewährung einer angemessenen Gegenleistung verpflichtet, wenn dies unter Berücksichtigung der Vermögens- und Ertragslage des übertragenden Vereins im Zeitpunkt der Beschlußfassung der obersten Vertretung gerechtfertigt ist.

(2) [1]In dem Beschluß, durch den dem Übertragungsvertrag zugestimmt wird, ist zu bestimmen, daß bei der Verteilung der Gegenleistung jedes Mitglied zu berücksichtigen ist, das dem Verein seit mindestens drei Monaten vor dem Beschluß angehört hat. [2]Ferner sind in dem Beschluß die Maßstäbe festzusetzen, nach denen die Gegenleistung auf die Mitglieder zu verteilen ist.

(3) [1]Jedes berechtigte Mitglied erhält eine Gegenleistung in gleichen Höhe. [2]Eine andere Verteilung kann nur nach einem oder mehreren der folgenden Maßstäbe festgesetzt werden:

1. die Höhe der Versicherungssumme,
2. die Höhe der Beiträge,
3. die Höhe der Deckungsrückstellung in der Lebensversicherung,
4. der in der Satzung des Vereins bestimmte Maßstab für die Verteilung des Überschusses,
5. der in der Satzung des Vereins bestimmte Maßstab für die Verteilung des Vermögens,

6. die Dauer der Mitgliedschaft.

(4) Ist eine Gegenleistung entgegen Absatz 1 nicht vereinbart worden, so ist sie auf Antrag vom Gericht zu bestimmen; § 30 Abs. 1 und § 34 sind entsprechend anzuwenden.

§ 182 Unterrichtung der Mitglieder

[1]Sobald die Vermögensübertragung wirksam geworden ist, hat das Vertretungsorgan des übernehmenden Rechtsträgers allen Mitgliedern, die dem Verein seit mindestens drei Monaten vor dem Beschluß der obersten Vertretung über die Vermögensübertragung angehört haben, den Wortlaut des Vertrags in Textform mitzuteilen. [2]In der Mitteilung ist auf die Möglichkeit hinzuweisen, die gerichtliche Bestimmung der angemessenen Gegenleistung zu verlangen.

§ 183 Bestellung eines Treuhänders

(1) [1]Ist für die Vermögensübertragung eine Gegenleistung vereinbart worden, so hat der übertragende Verein einen Treuhänder für deren Empfang zu bestellen. [2]Die Vermögensübertragung darf erst eingetragen werden, wenn der Treuhänder dem Gericht angezeigt hat, daß er im Besitz der Gegenleistung ist.

(2) [1]Bestimmt das Gericht nach § 181 Abs. 4 die Gegenleistung, so hat es von Amts wegen einen Treuhänder für deren Empfang zu bestellen. [2]Die Gegenleistung steht zu gleichen Teilen den Mitgliedern zu, die dem Verein seit mindestens drei Monaten vor dem Beschluß der obersten Vertretung über die Vermögensübertragung angehört haben. [3]§ 26 Abs. 4 ist entsprechend anzuwenden.

Zweiter Unterabschnitt. Teilübertragung

§ 184 Anwendung der Spaltungsvorschriften

(1) Bei einer Teilübertragung nach § 175 Nr. 2 Buchstabe b sind auf die beteiligten Rechtsträger die für die Aufspaltung, Abspaltung oder Ausgliederung zur Aufnahme von Teilen eines Versicherungsvereins auf Gegenseitigkeit und die für übernehmende Aktiengesellschaften im Falle der Aufspaltung, Abspaltung oder Ausgliederung geltenden Vorschriften des Dritten Buches und die dort für entsprechend anwendbar erklärten Vorschriften des Zweiten Buches auf den vergleichbaren Vorgang entsprechend anzuwenden, soweit sich aus den folgenden Vorschriften nichts anderes ergibt.

(2) § 176 Abs. 2 bis 4 sowie § 178 Abs. 3 sind entsprechend anzuwenden.

Dritter Abschnitt. Übertragung des Vermögens eines kleineren Versicherungsvereins auf Gegenseitigkeit auf eine Aktiengesellschaft oder auf ein öffentlich-rechtliches Versicherungsunternehmen

§ 185 Möglichkeit der Vermögensübertragung

Ein kleinerer Versicherungsverein auf Gegenseitigkeit kann sein Vermögen nur im Wege der Vollübertragung auf eine Versicherungs-Aktiengesellschaft oder auf ein öffentlich-rechtliches Versicherungsunternehmen übertragen.

§ 186 Anzuwendende Vorschriften

[1]Auf die Vermögensübertragung sind die Vorschriften des Zweiten Abschnitts entsprechend anzuwenden. [2]Dabei treten bei kleineren Vereinen an die Stelle der Anmeldung zur Eintragung in das Register der Antrag an die Aufsichtsbehörde auf Genehmigung, an die Stelle der Eintragung in das Register und ihrer Bekanntmachung die Bekanntmachung im Bundesanzeiger nach § 187.

§ 187 Bekanntmachung der Vermögensbildung

Sobald die Vermögensübertragung von allen beteiligten Aufsichtsbehörden genehmigt worden ist, macht bei einer Vermögensübertragung auf ein öffentlich-rechtliches Versicherungsunternehmen die für den übertragenden kleineren Verein zuständige Aufsichtsbehörde die Vermögensübertragung und ihre Genehmigung im Bundesanzeiger bekannt.

Vierter Abschnitt. Übertragung des Vermögens eines öffentlich-rechtlichen Versicherungsunternehmens auf Aktiengesellschaften oder Versicherungsvereine auf Gegenseitigkeit

Erster Unterabschnitt. Vollübertragung

§ 188 Anwendung der Verschmelzungsvorschriften

(1) Bei einer Vollübertragung nach § 175 Nr. 2 Buchstabe c sind auf die übernehmenden Rechtsträger die für die Verschmelzung durch Aufnahme geltenden Vorschriften des Zweiten Buchs sowie auf das übertragende Versicherungsunternehmen § 176 Abs. 3 entsprechend anzuwenden, soweit sich aus den folgenden Vorschriften nichts anderes ergibt.

(2) § 176 Abs. 2 und 4 sowie § 178 Abs. 3 sind entsprechend anzuwenden.

(3) [1]An die Stelle der Anmeldung zur Eintragung in das Register treten bei den öffentlich-rechtlichen Versicherungsunternehmen der Antrag an die Aufsichtsbehörde auf Genehmigung, an die Stelle der Eintragung in das Register und ihrer Bekanntmachung die Bekanntmachung nach Satz 2. [2]Die für das öffentlich-rechtliche Versicherungsunternehmen zuständige Aufsichtsbehörde macht, sobald die Vermögensübertragung von allen beteiligten Aufsichtsbehörden genehmigt worden ist, die Übertragung und ihre Genehmigung im Bundesanzeiger bekannt.

Zweiter Unterabschnitt. Teilübertragung

§ 189 Anwendung der Spaltungsvorschriften

(1) Bei einer Teilübertragung nach § 175 Nr. 2 Buchstabe c sind auf die übernehmenden Rechtsträger die für die Aufspaltung, Abspaltung oder Ausgliederung zur Aufnahme geltenden Vorschriften des Dritten Buches und die dort für entsprechend anwendbar erklärten Vorschriften des Zweiten Buches auf den vergleichbaren Vorgang sowie auf das übertragende Versicherungsunternehmen § 176 Abs. 3 entsprechend anzuwenden, soweit sich aus den folgenden Vorschriften nichts anderes ergibt.

(2) § 176 Abs. 2 und 4, § 178 Abs. 3 sowie § 188 Abs. 3 sind entsprechend anzuwenden.

Fünftes Buch Formwechsel

Erster Teil Allgemeine Vorschriften

§ 190 Allgemeiner Anwendungsbereich

(1) Ein Rechtsträger kann durch Formwechsel eine andere Rechtsform erhalten.

(2) Soweit nicht in diesem Buch etwas anderes bestimmt ist, gelten die Vorschriften über den Formwechsel nicht für Änderungen der Rechtsform, die in anderen Gesetzen vorgesehen oder zugelassen sind.

§ 191 Einbezogene Rechtsträger

(1) Formwechselnde Rechtsträger können sein:

1. Personenhandelsgesellschaften (§ 3 Abs. 1 Nr. 1) und Partnerschaftsgesellschaften;
2. Kapitalgesellschaften (§ 3 Abs. 1 Nr. 2);
3. eingetragene Genossenschaften;
4. rechtsfähige Vereine;
5. Versicherungsvereine auf Gegenseitigkeit;
6. Körperschaften und Anstalten des öffentlichen Rechts.

(2) Rechtsträger neuer Rechtsform können sein:

1. Gesellschaften des bürgerlichen Rechts;
2. Personenhandelsgesellschaften und Partnerschaftsgesellschaften;
3. Kapitalgesellschaften;
4. eingetragene Genossenschaften.

(3) Der Formwechsel ist auch bei aufgelösten Rechtsträgern möglich, wenn ihre Fortsetzung in der bisherigen Rechtsform beschlossen werden könnte.

§ 192 Umwandlungsbericht

(1) [1]Das Vertretungsorgan des formwechselnden Rechtsträgers hat einen ausführlichen schriftlichen Bericht zu erstatten, in dem der Formwechsel und insbesondere die künftige Beteiligung der Anteilsinhaber an dem Rechtsträger rechtlich und wirtschaftlich erläutert und begründet werden (Umwandlungsbericht). [2]§ 8 Abs. 1 Satz 2 bis 4 und Abs. 2 ist entsprechend anzuwenden. [3]Der Umwandlungsbericht muß einen Entwurf des Umwandlungsbeschlusses enthalten.

(2) [1]Ein Umwandlungsbericht ist nicht erforderlich, wenn an dem formwechselnden Rechtsträger nur ein Anteilsinhaber beteiligt ist oder wenn alle Anteilsinhaber auf seine Erstattung verzichten. [2]Die Verzichtserklärungen sind notariell zu beurkunden.

§ 193 Umwandlungsbeschluß

(1) [1]Für den Formwechsel ist ein Beschluß der Anteilsinhaber des formwechselnden Rechtsträgers (Umwandlungsbeschluß) erforderlich. [2]Der Beschluß kann nur in einer Versammlung der Anteilseigner gefaßt werden.

(2) Ist die Abtretung der Anteile des formwechselnden Rechtsträgers von der Genehmigung einzelner Anteilsinhaber abhängig, so bedarf der Umwandlungsbeschluß zu seiner Wirksamkeit ihrer Zustimmung.

(3) [1]Der Umwandlungsbeschluß und die nach diesem Gesetz erforderlichen Zustimmungserklärungen einzelner Anteilsinhaber einschließlich der erforderlichen Zustimmungserklärungen nicht erschienener Anteilsinhaber müssen notariell beurkundet werden. [2]Auf Verlangen ist jedem Anteilsinhaber auf seine Kosten unverzüglich eine Abschrift der Niederschrift des Beschlusses zu erteilen.

§ 194 Inhalt des Umwandlungsbeschlusses

(1) In dem Umwandlungsbeschluß müssen mindestens bestimmt werden:

1. die Rechtsform, die der Rechtsträger durch den Formwechsel erlangen soll;
2. der Name oder die Firma des Rechtsträgers neuer Rechtsform;
3. eine Beteiligung der bisherigen Anteilsinhaber an dem Rechtsträger nach den für die neue Rechtsform geltenden Vorschriften, soweit ihre Beteiligung nicht nach diesem Buch entfällt;

4. Zahl, Art und Umfang der Anteile oder der Mitgliedschaften, welche die Anteilsinhaber durch den Formwechsel erlangen sollen oder die einem beitretenden persönlich haftenden Gesellschafter eingeräumt werden sollen;
5. die Rechte, die einzelnen Anteilsinhabern sowie den Inhabern besonderer Rechte wie Anteile ohne Stimmrecht, Vorzugsaktien, Mehrstimmrechtsaktien, Schuldverschreibungen und Genußrechte in dem Rechtsträger gewährt werden sollen, oder die Maßnahmen, die für diese Personen vorgesehen sind;
6. ein Abfindungsangebot nach § 207, sofern nicht der Umwandlungsbeschluß zu seiner Wirksamkeit der Zustimmung aller Anteilsinhaber bedarf oder an dem formwechselnden Rechtsträger nur ein Anteilsinhaber beteiligt ist;
7. die Folgen des Formwechsels für die Arbeitnehmer und ihre Vertretungen sowie die insoweit vorgesehenen Maßnahmen.

(2) Der Entwurf des Umwandlungsbeschlusses ist spätestens einen Monat vor dem Tage der Versammlung der Anteilsinhaber, die den Formwechsel beschließen soll, dem zuständigen Betriebsrat des formwechselnden Rechtsträgers zuzuleiten.

§ 195 Befristung und Ausschluß von Klagen gegen den Umwandlungsbeschluß

(1) Eine Klage gegen die Wirksamkeit des Umwandlungsbeschlusses muß binnen eines Monats nach der Beschlußfassung erhoben werden.

(2) Eine Klage gegen die Wirksamkeit des Umwandlungsbeschlusses kann nicht darauf gestützt werden, daß die in dem Beschluß bestimmten Anteile an dem Rechtsträger neuer Rechtsform zu niedrig bemessen sind oder daß die Mitgliedschaft kein ausreichender Gegenwert für die Anteile oder die Mitgliedschaft bei dem formwechselnden Rechtsträger ist.

§ 196 Verbesserung des Beteiligungsverhältnisses

[1]Sind die in dem Umwandlungsbeschluß bestimmten Anteile an dem Rechtsträger neuer Rechtsform zu niedrig bemessen oder ist die Mitgliedschaft bei diesem kein ausreichender Gegenwert für die Anteile oder die Mitgliedschaft bei dem formwechselnden Rechtsträger, so kann jeder Anteilsinhaber, dessen Recht, gegen die Wirksamkeit des Umwandlungsbeschlusses Klage zu erheben, nach § 195 Abs. 2 ausgeschlossen ist, von dem Rechtsträger einen Ausgleich durch bare Zuzahlung verlangen. [2]Die angemessene Zuzahlung wird auf Antrag durch das Gericht nach den Vorschriften des Spruchverfahrensgesetzes bestimmt. [3]§ 15 Abs. 2 ist entsprechend anzuwenden.

§ 197 Anzuwendende Gründungsvorschriften

[1]Auf den Formwechsel sind die für die neue Rechtsform geltenden Gründungsvorschriften anzuwenden, soweit sich aus diesem Buch nicht anderes ergibt. [2]Vorschriften, die für die Gründung eine Mindestzahl der Gründer vorschreiben, sowie die Vorschriften über die Bildung und Zusammensetzung des ersten Aufsichtsrats sind nicht anzuwenden. [3]Beim Formwechsel eines Rechtsträgers in eine Aktiengesellschaft ist § 31 des Aktiengesetzes anwendbar.

§ 198 Anmeldung des Formwechsels

(1) Die neue Rechtsform des Rechtsträgers ist zur Eintragung in das Register, in dem der formwechselnde Rechtsträger eingetragen ist, anzumelden.

(2) [1]Ist der formwechselnde Rechtsträger nicht in einem Register eingetragen, so ist der Rechtsträger neuer Rechtsform bei dem zuständigen Gericht zur Eintragung in das für die neue Rechtsform maßgebende Register anzumelden. [2]Das gleiche gilt, wenn sich durch den Formwechsel die Art des für den Rechtsträger maßgebenden Registers ändert

oder durch eine mit dem Formwechsel verbundene Sitzverlegung die Zuständigkeit eines anderen Registergerichts begründet wird. [3]Im Falle des Satzes 2 ist die Umwandlung auch zur Eintragung in das Register anzumelden, in dem der formwechselnde Rechtsträger eingetragen ist. [4]Diese Eintragung ist mit dem Vermerk zu versehen, daß die Umwandlung erst mit der Eintragung des Rechtsträgers neuer Rechtsform in das für diese maßgebende Register wirksam wird, sofern die Eintragungen in den Registern aller beteiligten Rechtsträger nicht am selben Tag erfolgen. [5]Der Rechtsträger neuer Rechtsform darf erst eingetragen werden, nachdem die Umwandlung nach Satz 3 und 4 eingetragen worden ist.

(3) § 16 Abs. 2 und 3 ist entsprechend anzuwenden.

§ 199 Anlagen der Anmeldung

Der Anmeldung der neuen Rechtsform oder des Rechtsträgers neuer Rechtsform sind in Ausfertigung oder öffentlich beglaubigter Abschrift oder, soweit sie nicht notariell zu beurkunden sind, in Urschrift oder Abschrift außer den sonst erforderlichen Unterlagen auch die Niederschrift des Umwandlungsbeschlusses, die nach diesem Gesetz erforderlichen Zustimmungserklärungen einzelner Anteilsinhaber einschließlich der Zustimmungserklärungen nicht erschienener Anteilsinhaber, der Umwandlungsbericht oder die Erklärungen über den Verzicht auf seine Erstellung, ein Nachweis über die Zuleitung nach § 194 Abs. 2 beizufügen.

§ 200 Firma oder Name des Rechtsträgers

(1) [1]Der Rechtsträger neuer Rechtsform darf seine bisher geführte Firma beibehalten, soweit sich aus diesem Buch nichts anderes ergibt. [2]Zusätzliche Bezeichnungen, die auf die Rechtsform der formwechselnden Gesellschaft hinweisen, dürfen auch dann nicht verwendet werden, wenn der Rechtsträger die bisher geführte Firma beibehält.

(2) Auf eine nach dem Formwechsel beibehaltene Firma ist § 19 des Handelsgesetzbuchs, § 4 des Gesetzes betreffend die Gesellschaften mit beschränkter Haftung, §§ 4, 279 des Aktiengesetzes oder § 3 des Genossenschaftsgesetzes entsprechend anzuwenden.

(3) War an dem formwechselnden Rechtsträger eine natürliche Person beteiligt, deren Beteiligung an dem Rechtsträger neuer Rechtsform entfällt, so darf der Name dieses Anteilsinhabers nur dann in der beibehaltenen bisherigen oder in der neu gebildeten Firma verwendet werden, wenn der betroffene Anteilsinhaber oder dessen Erben ausdrücklich in die Verwendung des Namens einwilligen.

(4) [1]Ist formwechselnder Rechtsträger oder Rechtsträger neuer Rechtsform eine Partnerschaftsgesellschaft, gelten für die Beibehaltung oder Bildung der Firma oder des Namens die Absätze 1 und 3 entsprechend. [2]Eine Firma darf als Namen einer Partnerschaftsgesellschaft nur unter den Voraussetzungen des § 2 Abs. 1 des Partnerschaftsgesellschaftsgesetzes beibehalten werden. [3]§ 1 Abs. 3 und § 11 des Partnerschaftsgesellschaftsgesetzes sind entsprechend anzuwenden.

(5) Durch den Formwechsel in eine Gesellschaft des bürgerlichen Rechts erlischt die Firma der formwechselnden Gesellschaft.

§ 201 Bekanntmachung des Formwechsels

Das für die Anmeldung der neuen Rechtsform oder des Rechtsträgers neuer Rechtsform zuständige Gericht hat die Eintragung der neuen Rechtsform oder des Rechtsträgers neuer Rechtsform nach § 10 des Handelsgesetzbuchs ihrem ganzen Inhalt nach bekanntzumachen.

§ 202 Wirkungen der Eintragung

(1) Die Eintragung der neuen Rechtsform in das Register hat folgende Wirkungen:

1. Der formwechselnde Rechtsträger besteht in der in dem Umwandlungsbeschluß bestimmten Rechtsform weiter.
2. [1]Die Anteilsinhaber des formwechselnden Rechtsträgers sind an dem Rechtsträger nach den für die neue Rechtsform geltenden Vorschriften beteiligt, soweit ihre Beteiligung nicht nach diesem Buch entfällt. [2]Rechte Dritter an den Anteilen oder Mitgliedschaften des formwechselnden Rechtsträgers bestehen an den an ihre Stelle tretenden Anteilen oder Mitgliedschaften des Rechtsträgers neuer Rechtsform weiter.
3. Der Mangel der notariellen Beurkundung des Umwandlungsbeschlusses und gegebenenfalls erforderlicher Zustimmungs- oder Verzichtserklärungen einzelner Anteilsinhaber wird geheilt.

(2) Die in Absatz 1 bestimmten Wirkungen treten in den Fällen des § 198 Abs. 2 mit der Eintragung des Rechtsträgers neuer Rechtsform in das Register ein.

(3) Mängel des Formwechsels lassen die Wirkungen der Eintragung der neuen Rechtsform oder des Rechtsträgers neuer Rechtsform in das Register unberührt.

§ 203 Amtsdauer von Aufsichtsratsmitgliedern

[1]Wird bei einem Formwechsel bei dem Rechtsträger neuer Rechtsform in gleicher Weise wie bei dem formwechselnden Rechtsträger ein Aufsichtsrat gebildet und zusammengesetzt, so bleiben die Mitglieder des Aufsichtsrats für den Rest ihrer Wahlzeit als Mitglieder des Aufsichtsrats des Rechtsträgers neuer Rechtsform im Amt. [2]Die Anteilsinhaber des formwechselnden Rechtsträgers können im Umwandlungsbeschluß für ihre Aufsichtsratsmitglieder die Beendigung des Amtes bestimmen.

§ 204 Schutz der Gläubiger und der Inhaber von Sonderrechten

Auf den Schutz der Gläubiger ist § 22, auf den Schutz der Inhaber von Sonderrechten § 23 entsprechend anzuwenden.

§ 205 Schadenersatzpflicht der Verwaltungsträger des formwechselnden Rechtsträgers

(1) [1]Die Mitglieder des Vertretungsorgans und, wenn ein Aufsichtsrat vorhanden ist, des Aufsichtsorgans des formwechselnden Rechtsträgers sind als Gesamtschuldner zum Ersatz des Schadens verpflichtet, den der Rechtsträger, seine Anteilsinhaber oder seine Gläubiger durch den Formwechsel erleiden. [2]§ 25 Abs. 1 Satz 2 ist entsprechend anzuwenden.

(2) Die Ansprüche nach Absatz 1 verjähren in fünf Jahren seit dem Tage, an dem die anzumeldende Eintragung der neuen Rechtsform oder des Rechtsträgers neuer Rechtsform in das Register bekanntgemacht worden ist.

§ 206 Geltendmachung des Schadenersatzanspruchs

[1]Die Ansprüche nach § 205 Abs. 1 können nur durch einen besonderen Vertreter geltend gemacht werden. [2]Das Gericht des Sitzes des Rechtsträgers neuer Rechtsform hat einen solchen Vertreter auf Antrag eines Anteilsinhabers oder eines Gläubigers des formwechselnden Rechtsträgers zu bestellen. [3]§ 26 Abs. 1 Satz 3 und 4, Abs. 2, Abs. 3 Satz 2 und 4 und Abs. 4 ist entsprechend anzuwenden; an die Stelle der Blätter für die öffentliche Bekanntmachungen des übertragenden Rechtsträgers treten die entsprechenden Blätter des Rechtsträgers neuer Rechtsform.

§ 207 Angebot der Barabfindung

(1) [1]Der formwechselnde Rechtsträger hat jedem Anteilsinhaber, der gegen den Umwandlungsbeschluß Widerspruch zur Niederschrift erklärt, den Erwerb seiner umgewandelten Anteile oder Mitgliedschaften gegen eine angemessene Barabfindung anzubieten; § 71 Abs. 4 Satz 2 des Aktiengesetzes ist insoweit nicht anzuwenden. [2]Kann der Rechtsträger aufgrund seiner neuen Rechtsform eigene Anteile oder Mitgliedschaften nicht erwerben, so ist die Barabfindung für den Fall anzubieten, daß der Anteilsinhaber sein Ausscheiden aus dem Rechtsträger erklärt. [3]Der Rechtsträger hat die Kosten für eine Übertragung zu tragen.

(2) § 29 Abs. 2 ist entsprechend anzuwenden.

§ 208 Inhalt des Anspruchs auf Barabfindung und Prüfung der Barabfindung

Auf den Anspruch auf Barabfindung ist § 30 entsprechend anzuwenden.

§ 209 Annahme des Angebots

[1]Das Angebot nach § 207 kann nur binnen zwei Monaten nach dem Tage angenommen werden, an dem die Eintragung der neuen Rechtsform oder des Rechtsträgers neuer Rechtsform in das Register bekannt gemacht worden ist. [2]Ist nach § 212 ein Antrag auf Bestimmung der Barabfindung durch das Gericht gestellt worden, so kann das Angebot binnen zwei Monaten nach dem Tage angenommen werden, an dem die Entscheidung im Bundesanzeiger bekannt gemacht worden ist.

§ 210 Ausschluß von Klagen gegen den Umwandlungsbeschluß

Eine Klage gegen die Wirksamkeit des Umwandlungsbeschlusses kann nicht darauf gestützt werden, daß das Angebot nach § 207 zu niedrig bemessen oder daß die Barabfindung im Umwandlungsbeschluß nicht oder nicht ordnungsgemäß angeboten worden ist.

§ 211 Anderweitige Veräußerung

Einer anderweitigen Veräußerung des Anteils durch den Anteilsinhaber stehen nach Fassung des Umwandlungsbeschlusses bis zum Ablauf der in § 209 bestimmten Frist Verfügungsbeschränkungen nicht entgegen.

§ 212 Gerichtliche Nachprüfung der Abfindung

[1]Macht ein Anteilsinhaber geltend, daß eine im Umwandlungsbeschluß bestimmte Barabfindung, die ihm nach § 207 Abs. 1 anzubieten war, zu niedrig bemessen sei, so hat auf seinen Antrag das Gericht nach den Vorschriften des Spruchverfahrensgesetzes die angemessene Barabfindung zu bestimmen. [2]Das gleiche gilt, wenn die Barabfindung nicht oder nicht ordnungsgemäß angeboten worden ist.

§ 213 Unbekannte Aktionäre

Auf unbekannte Aktionäre ist § 35 entsprechend anzuwenden.

Zweiter Teil. Besondere Vorschriften

Erster Abschnitt. Formwechsel von Personengesellschaften

Erster Unterabschnitt. Formwechsel von Personenhandelsgesellschaften

§ 214 Möglichkeit des Formwechsels

(1) Eine Personenhandelsgesellschaft kann auf Grund eines Umwandlungsbeschlusses nach diesem Gesetz nur die Rechtsform einer Kapitalgesellschaft oder einer eingetragenen Genossenschaft erlangen.

(2) Eine aufgelöste Personenhandelsgesellschaft kann die Rechtsform nicht wechseln, wenn die Gesellschafter nach § 145 des Handelsgesetzbuchs eine andere Art der Auseinandersetzung als die Abwicklung oder als den Formwechsel vereinbart haben.

§ 215 Umwandlungsbericht

Ein Umwandlungsbericht ist nicht erforderlich, wenn alle Gesellschafter der formwechselnden Gesellschaft zur Geschäftsführung berechtigt sind.

§ 216 Unterrichtung der Gesellschafter

Das Vertretungsorgan der formwechselnden Gesellschaft hat allen von der Geschäftsführung ausgeschlossenen Gesellschaftern spätestens zusammen mit der Einberufung der Gesellschafterversammlung, die den Formwechsel beschließen soll, diesen Formwechsel als Gegenstand der Beschlußfassung in Textform anzukündigen und einen nach diesem Buch erforderlichen Umwandlungsbericht sowie ein Abfindungsangebot nach § 207 zu übersenden.

§ 217 Beschluß der Gesellschafterversammlung

(1) [1]Der Umwandlungsbeschluß der Gesellschafterversammlung bedarf der Zustimmung aller anwesenden Gesellschafter; ihm müssen auch die nicht erschienenen Gesellschafter zustimmen. [2]Der Gesellschaftsvertrag der formwechselnden Gesellschaft kann eine Mehrheitsentscheidung der Gesellschafter vorsehen. [3]Die Mehrheit muß mindestens drei Viertel der abgegebenen Stimmen betragen.

(2) Die Gesellschafter, die im Falle einer Mehrheitsentscheidung für den Formwechsel gestimmt haben, sind in der Niederschrift über den Umwandlungsbeschluß namentlich aufzuführen.

(3) Dem Formwechsel in eine Kommanditgesellschaft auf Aktien müssen alle Gesellschafter zustimmen, die in dieser Gesellschaft die Stellung eines persönlich haftenden Gesellschafters haben sollen.

§ 218 Inhalt des Umwandlungsbeschlusses

(1) [1]In dem Umwandlungsbeschluß muß auch der Gesellschaftsvertrag der Gesellschaft mit beschränkter Haftung oder die Satzung der Genossenschaft enthalten sein oder die Satzung der Aktiengesellschaft oder der Kommanditgesellschaft auf Aktien festgestellt werden. [2]Eine Unterzeichnung der Satzung durch die Mitglieder ist nicht erforderlich.

(2) Der Beschluß zur Umwandlung in eine Kommanditgesellschaft auf Aktien muß vorsehen, daß sich an dieser Gesellschaft mindestens ein Gesellschafter der formwechselnden Gesellschaft als persönlich haftender Gesellschafter beteiligt oder daß der Gesellschaft mindestens ein persönlich haftender Gesellschafter beitritt.

(3) [1]Der Beschluß zur Umwandlung in eine Genossenschaft muß die Beteiligung jedes Mitglieds mit mindestens einem Geschäftsanteil vorsehen. [2]In dem Beschluß kann auch bestimmt werden, daß jedes Mitglieds bei der Genossenschaft mit mindestens einem und

im übrigen mit so vielen Geschäftsanteilen, wie sie durch Anrechnung seines Geschäftsguthabens bei dieser Genossenschaft als voll eingezahlt anzusehen sind, beteiligt wird.

§ 219 Rechtsstellung als Gründer

[1]Bei der Anwendung der Gründungsvorschriften stehen den Gründern die Gesellschafter der formwechselnden Gesellschaft gleich. [2]Im Falle einer Mehrheitsentscheidung treten an die Stelle der Gründer die Gesellschafter, die für den Formwechsel gestimmt haben, sowie beim Formwechsel in eine Kommanditgesellschaft auf Aktien auch beitretende persönlich haftende Gesellschafter.

§ 220 Kapitalschutz

(1) Der Nennbetrag des Stammkapitals einer Gesellschaft mit beschränkter Haftung oder des Grundkapitals einer Aktiengesellschaft oder einer Kommanditgesellschaft auf Aktien darf das nach Abzug der Schulden verbleibende Vermögen der formwechselnden Gesellschaft nicht übersteigen.

(2) In dem Sachgründungsbericht beim Formwechsel in eine Gesellschaft mit beschränkter Haftung oder in dem Gründungsbericht beim Formwechsel in eine Aktiengesellschaft oder in eine Kommanditgesellschaft auf Aktien sind auch der bisherige Geschäftsverlauf und die Lage der formwechselnden Gesellschaft darzulegen.

(3) [1]Beim Formwechsel in eine Aktiengesellschaft oder in eine Kommanditgesellschaft auf Aktien hat die Gründungsprüfung durch einen oder mehrere Prüfer (§ 33 Abs. 2 des Aktiengesetzes) in jedem Fall stattzufinden. [2]Die für Nachgründungen in § 52 Abs. 1 des Aktiengesetzes bestimmte Frist von zwei Jahren beginnt mit dem Wirksamwerden des Formwechsels.

§ 221 Beitritt persönlich haftender Gesellschafter

[1]Der in einem Beschluß zur Umwandlung in eine Kommanditgesellschaft auf Aktien vorgesehene Beitritt eines Gesellschafters, welcher der formwechselnden Gesellschaft nicht angehört hat, muß notariell beurkundet werden. [2]Die Satzung der Kommanditgesellschaft auf Aktien ist von jedem beitretenden persönlich haftenden Gesellschafter zu genehmigen.

§ 222 Anmeldung des Formwechsels

(1) [1]Die Anmeldung nach § 198 einschließlich der Anmeldung der Satzung der Genossenschaft ist durch alle Mitglieder des künftigen Vertretungsorgans sowie, wenn der Rechtsträger nach den für die neue Rechtsform geltenden Vorschriften einen Aufsichtsrat haben muß, auch durch alle Mitglieder dieses Aufsichtsrats vorzunehmen. [2]Zugleich mit der Genossenschaft sind die Mitglieder ihres Vorstandes zur Eintragung in das Register anzumelden.

(2) Ist der Rechtsträger neuer Rechtsform eine Aktiengesellschaft oder eine Kommanditgesellschaft auf Aktien, so haben die Anmeldung nach Absatz 1 auch alle Gesellschafter vorzunehmen, die nach § 219 den Gründern dieser Gesellschaft gleichstehen.

(3) Die Anmeldung der Umwandlung zur Eintragung in das Register nach § 198 Abs. 2 Satz 3 kann auch von den zur Vertretung der formwechselnden Gesellschaft ermächtigten Gesellschaftern vorgenommen werden.

§ 223 Anlagen zur Anmeldung

Der Anmeldung der neuen Rechtsform oder des Rechtsträgers neuer Rechtsform sind beim Formwechsel in eine Kommanditgesellschaft auf Aktien außer den sonst erforderlichen Unterlagen auch die Urkunden über den Beitritt aller beitretenden persönlich haftenden Gesellschafter in Ausfertigung oder öffentlich beglaubigter Abschrift beizufügen.

§ 224 Fortdauer und zeitliche Begrenzung der persönlichen Haftung

(1) Der Formwechsel berührt nicht die Ansprüche der Gläubiger der Gesellschaft gegen einen ihrer Gesellschafter aus Verbindlichkeiten der formwechselnden Gesellschaft, für die dieser im Zeitpunkt des Formwechsels nach § 128 des Handelsgesetzesbuchs persönlich haftet.

(2) Der Gesellschafter haftet für diese Verbindlichkeiten, wenn sie vor Ablauf von fünf Jahren nach dem Formwechsel fällig und daraus Ansprüche gegen ihn in einer in § 197 Abs. 1 Nr. 3 bis 5 des Bürgerlichen Gesetzbuchs bezeichneten Art festgestellt sind oder eine gerichtliche oder behördliche Vollstreckungshandlung vorgenommen oder beantragt wird; bei öffentlich-rechtlichen Verbindlichkeiten genügt der Erlass eines Verwaltungsakts.

(3) [1]Die Frist beginnt mit dem Tage, an dem die Eintragung der neuen Rechtsform oder des Rechtsträgers neuer Rechtsform in das Register bekannt gemacht worden ist. [2]Die für die Verjährung geltenden §§ 204, 206, 210, 211 und 212 Abs. 2 und 3 des Bürgerlichen Gesetzbuchs sind entsprechend anzuwenden.

(4) Einer Feststellung in einer in § 197 Abs. 1 Nr. 3 bis 5 des Bürgerlichen Gesetzbuchs bezeichneten Art bedarf es nicht, soweit der Gesellschafter den Anspruch schriftlich anerkannt hat.

(5) Die Absätze 1 bis 4 sind auch anzuwenden, wenn der Gesellschafter in dem Rechtsträger anderer Rechtsform geschäftsführend tätig wird.

§ 225 Prüfung des Abfindungsangebots

Im Falle des § 217 Abs. 1 Satz 2 ist die Angemessenheit der angebotenen Barabfindung nach § 208 in Verbindung mit § 30 Abs. 2 nur auf Verlangen eines Gesellschafters zu prüfen. [2]Die Kosten trägt die Gesellschaft.

Zweiter Unterabschnitt. Formwechsel von Partnerschaftsgesellschaften

§ 225a Möglichkeit des Formwechsels

Eine Partnerschaftsgesellschaft kann auf Grund eines Umwandlungsbeschlusses nach diesem Gesetz nur die Rechtsform einer Kapitalgesellschaft oder einer eingetragenen Genossenschaft erlangen.

§ 225b Umwandlungsbericht und Unterrichtung der Partner

[1]Ein Umwandlungsbericht ist nur erforderlich, wenn ein Partner der formwechselnden Partnerschaft gemäß § 6 Abs. 2 des Partnerschaftsgesellschaftsgesetzes von der Geschäftsführung ausgeschlossen ist. [2]Von der Geschäftsführung ausgeschlossene Partner sind entsprechend § 216 zu unterrichten.

§ 225c Anzuwendende Vorschriften

Auf den Formwechsel einer Partnerschaftsgesellschaft sind § 214 Abs. 2 und die §§ 217 bis 225 entsprechend anzuwenden.

Zweiter Abschnitt. Formwechsel von Kapitalgesellschaften

Erster Unterabschnitt. Allgemeine Vorschriften

§ 226 Möglichkeit des Formwechsels

Eine Kapitalgesellschaft kann auf Grund eines Umwandlungsbeschlusses nach diesem Gesetz nur die Rechtsform einer Gesellschaft des bürgerlichen Rechts, einer Personenhandelsgesellschaft, einer Partnerschaftsgesellschaft, einer anderen Kapitalgesellschaft oder einer eingetragenen Genossenschaft erlangen.

§ 227 Nicht anzuwendende Vorschriften

Die §§ 207 bis 212 sind beim Formwechsel einer Kommanditgesellschaft auf Aktien nicht auf deren persönlich haftende Gesellschafter anzuwenden.

Zweiter Unterabschnitt. Formwechsel in eine Personengesellschaft

§ 228 Möglichkeit des Formwechsels

(1) Durch den Formwechsel kann eine Kapitalgesellschaft die Rechtsform einer Personenhandelsgesellschaft nur erlangen, wenn der Unternehmensgegenstand im Zeitpunkt des Wirksamwerdens des Formwechsels den Vorschriften über die Gründung einer offenen Handelsgesellschaft (§ 105 Abs. 1 und 2 des Handelsgesetzbuchs) genügt.

(2) [1]Ein Formwechsel in eine Partnerschaftsgesellschaft ist nur möglich, wenn im Zeitpunkt seines Wirksamwerdens alle Anteilsinhaber des formwechselnden Rechtsträgers natürliche Personen sind, die einen Freien Beruf ausüben (§ 1 Abs. 1 und 2 des Partnerschaftsgesellschaftsgesetzes). [2]§ 1 Abs. 3 des Partnerschaftsgesellschaftsgesetzes bleibt unberührt.

§ 229 *(aufgehoben)*

§ 230 Vorbereitung der Versammlung der Anteilsinhaber

(1) Die Geschäftsführer einer formwechselnden Gesellschaft mit beschränkter Haftung haben allen Gesellschaftern spätestens zusammen mit der Einberufung der Gesellschafterversammlung, die den Formwechsel beschließen soll, diesen Formwechsel als Gegenstand der Beschlußfassung in Textform anzukündigen und den Umwandlungsbericht zu übersenden.

(2) [1]Der Umwandlungsbericht einer Aktiengesellschaft oder einer Kommanditgesellschaft auf Aktien ist von der Einberufung der Hauptversammlung an, die den Formwechsel beschließen soll, in dem Geschäftsraum der Gesellschaft zur Einsicht der Aktionäre auszulegen. [2]Auf Verlangen ist jedem Aktionär und jedem von der Geschäftsführung ausgeschlossenen persönlich haftenden Gesellschafter unverzüglich und kostenlos eine Abschrift des Umwandlungsberichts zu erteilen. [3]Der Umwandlungsbericht kann dem Aktionär und dem von der Geschäftsführung ausgeschlossenen persönlich haftenden Gesellschafter mit seiner Einwilligung auf dem Wege elektronischer Kommunikation übermittelt werden. [4]Die Verpflichtungen nach den Sätzen 1 und 2 entfallen, wenn der Umwandlungsbericht für denselben Zeitraum über die Internetseite der Gesellschaft zugänglich ist.

§ 231 Mitteilung des Abfindungsangebots

[1]Das Vertretungsorgan der formwechselnden Gesellschaft hat den Gesellschaftern oder Aktionären spätestens zusammen mit der Einberufung der Gesellschafterversammlung oder der Hauptversammlung, die den Formwechsel beschließen soll, das Abfindungsangebot nach § 207 zu übersenden. [2]Der Übersendung steht es gleich, wenn

das Abfindungsangebot im Bundesanzeiger und den sonst bestimmten Gesellschaftsblättern bekanntgemacht wird.

§ 232 Durchführung der Versammlung der Anteilsinhaber

(1) [1]In der Gesellschafterversammlung oder in der Hauptversammlung, die den Formwechsel beschließen soll, ist der Umwandlungsbericht auszulegen. [2]In der Hauptversammlung kann der Umwandlungsbericht auch auf andere Weise zugänglich gemacht werden.

(2) Der Entwurf des Umwandlungsbeschlusses einer Aktiengesellschaft oder einer Kommanditgesellschaft auf Aktien ist von deren Vertretungsorgan zu Beginn der Verhandlung mündlich zu erläutern.

§ 233 Beschluß der Versammlung der Anteilsinhaber

(1) Der Umwandlungsbeschluß der Gesellschafterversammlung oder der Hauptversammlung bedarf, wenn die formwechselnde Gesellschaft die Rechtsform einer Gesellschaft des bürgerlichen Rechts, einer offenen Handelsgesellschaft oder einer Partnerschaftsgesellschaft erlangen soll, der Zustimmung aller anwesenden Gesellschafter oder Aktionäre; ihm müssen auch die nicht erschienenen Anteilsinhaber zustimmen.

(2) [1]Soll die formwechselnde Gesellschaft in eine Kommanditgesellschaft umgewandelt werden, so bedarf der Umwandlungsbeschluß einer Mehrheit von mindestens drei Vierteln der bei der Gesellschafterversammlung einer Gesellschaft mit beschränkter Haftung abgegebenen Stimmen oder des bei der Beschlußfassung einer Aktiengesellschaft oder einer Kommanditgesellschaft auf Aktien vertretenen Grundkapitals; § 50 Abs. 2 und § 65 Abs. 2 sind entsprechend anzuwenden. [2]Der Gesellschaftsvertrag oder die Satzung der formwechselnden Gesellschaft kann eine größere Mehrheit und weitere Erfordernisse bestimmen. [3]Dem Formwechsel müssen alle Gesellschafter oder Aktionäre zustimmen, die in der Kommanditgesellschaft die Stellung eines persönlich haftenden Gesellschafters haben sollen.

(3) [1]Dem Formwechsel einer Kommanditgesellschaft auf Aktien müssen ferner deren persönlich haftende Gesellschafter zustimmen. [2]Die Satzung der formwechselnden Gesellschaft kann für den Fall des Formwechsels in eine Kommanditgesellschaft eine Mehrheitsentscheidung dieser Gesellschafter vorsehen. [3]Jeder dieser Gesellschafter kann sein Ausscheiden aus dem Rechtsträger für den Zeitpunkt erklären, in dem der Formwechsel wirksam wird.

§ 234 Inhalt des Umwandlungsbeschlusses

In dem Umwandlungsbeschluß müssen auch enthalten sein:

1. die Bestimmung des Sitzes der Personengesellschaft;
2. beim Formwechsel in eine Kommanditgesellschaft die Angabe der Kommanditisten sowie des Betrages der Einlage eines jeden von ihnen;
3. der Gesellschaftsvertrag der Personengesellschaft. [2]Beim Formwechsel in eine Partnerschaftsgesellschaft ist § 213 auf den Partnerschaftsvertrag nicht anzuwenden.

§ 235 Anmeldung des Formwechsels

(1) [1]Beim Formwechsel in eine Gesellschaft des bürgerlichen Rechts ist statt der neuen Rechtsform die Umwandlung der Gesellschaft zur Eintragung in das Register, in dem die formwechselnde Gesellschaft eingetragen ist, anzumelden. [2]§ 198 Abs. 2 ist nicht anzuwenden.

(2) Die Anmeldung nach Absatz 1 oder nach § 198 ist durch das Vertretungsorgan der formwechselnden Gesellschaft vorzunehmen.

§ 236 Wirkungen des Formwechsels

Mit dem Wirksamwerden des Formwechsels einer Kommanditgesellschaft auf Aktien scheiden persönlich haftende Gesellschafter, die nach § 233 Abs. 3 Satz 3 ihr Ausscheiden aus dem Rechtsträger erklärt haben, aus der Gesellschaft aus.

§ 237 Fortdauer und zeitliche Begrenzung der persönlichen Haftung

Erlangt ein persönlich haftender Gesellschafter einer formwechselnden Kommanditgesellschaft auf Aktien beim Formwechsel in eine Kommanditgesellschaft die Rechtsstellung eines Kommanditisten, so ist auf seine Haftung für die im Zeitpunkt des Formwechsels begründeten Verbindlichkeiten der formwechselnden Gesellschaft § 224 entsprechend anzuwenden.

Dritter Unterabschnitt. Formwechsel in eine Kapitalgesellschaft anderer Rechtsform

§ 238 Vorbereitung der Versammlung der Anteilsinhaber

[1]Auf die Vorbereitung der Gesellschafterversammlung oder der Hauptversammlung, die den Formwechsel beschließen soll, sind die §§ 230 und 231 entsprechend anzuwenden. [2]§ 192 Abs. 2 bleibt unberührt.

§ 239 Durchführung der Versammlung der Anteilsinhaber

(1) [1]In der Gesellschafterversammlung oder in der Hauptversammlung, die den Formwechsel beschließen soll, ist der Umwandlungsbericht auszulegen. [2]In der Hauptversammlung kann der Umwandlungsbericht auch auf andere Weise zugänglich gemacht werden.

(2) Der Entwurf des Umwandlungsbeschlusses einer Aktiengesellschaft oder einer Kommanditgesellschaft auf Aktien ist von deren Vertretungsorgan zu Beginn der Verhandlung mündlich zu erläutern.

§ 240 Beschluß der Versammlung der Anteilsinhaber

(1) [1]Der Umwandlungsbeschluß bedarf einer Mehrheit von mindestens drei Vierteln der bei der Gesellschafterversammlung einer Gesellschaft mit beschränkter Haftung abgegebenen Stimmen oder des bei der Beschlußfassung einer Aktiengesellschaft oder einer Kommanditgesellschaft auf Aktien vertretenen Grundkapitals; § 65 Abs. 2 ist entsprechend anzuwenden. [2]Der Gesellschaftsvertrag oder die Satzung der formwechselnden Gesellschaft kann eine größere Mehrheit und weitere Erfordernisse, beim Formwechsel einer Kommanditgesellschaft auf Aktien in eine Aktiengesellschaft auch eine geringere Mehrheit bestimmen.

(2) Dem Formwechsel einer Gesellschaft mit beschränkter Haftung oder einer Aktiengesellschaft in eine Kommanditgesellschaft auf Aktien müssen alle Gesellschafter oder Aktionäre zustimmen, die in der Gesellschaft neuer Rechtsform die Stellung eines persönlich haftenden Gesellschafters haben sollen. [2]Auf den Beitritt persönlich haftender Gesellschafter ist § 221 entsprechend anzuwenden.

(3) [1]Dem Formwechsel einer Kommanditgesellschaft auf Aktien müssen ferner deren persönlich haftende Gesellschafter zustimmen. [2]Die Satzung der formwechselnden Gesellschaft kann eine Mehrheitsentscheidung dieser Gesellschafter vorsehen.

§ 241 Zustimmungserfordernisse beim Formwechsel einer Gesellschaft mit beschränkter Haftung

(1) Werden durch den Umwandlungsbeschluß einer formwechselnden Gesellschaft mit beschränkter Haftung die Aktien in der Satzung der Aktiengesellschaft oder der

Kommanditgesellschaft auf Aktien auf einen höheren Mindestbetrag nach § 8 Abs. 2 oder 3 des Aktiengesetzes und abweichend vom Nennbetrag der Geschäftsanteile der formwechselnden Gesellschaft gestellt, so muß dem jeder Gesellschafter zustimmen, der sich nicht dem Gesamtnennbetrag seiner Geschäftsanteile entsprechend beteiligen kann.

(2) Auf das Erfordernis der Zustimmung einzelner Gesellschafter ist ferner § 50 Abs. 2 entsprechend anzuwenden.

(3) Sind einzelnen Gesellschaftern außer der Leistung von Kapitaleinlagen noch andere Verpflichtungen gegenüber der Gesellschaft auferlegt und können diese wegen der einschränkenden Bestimmung des § 55 des Aktiengesetzes bei dem Formwechsel nicht aufrechterhalten werden, so bedarf der Formwechsel auch der Zustimmung dieser Gesellschafter.

§ 242 Zustimmungserfordernis beim Formwechsel einer Aktiengesellschaft oder einer Kommanditgesellschaft auf Aktien

Wird durch den Umwandlungsbeschluß einer formwechselnden Aktiengesellschaft oder Kommanditgesellschaft auf Aktien der Nennbetrag der Geschäftsanteile in dem Gesellschaftsvertrag der Gesellschaft mit beschränkter Haftung abweichend vom Betrag der Aktien festgesetzt, so muß der Festsetzung jeder Aktionär zustimmen, der sich nicht mit seinem gesamten Anteil beteiligen kann.

§ 243 Inhalt des Umwandlungsbeschlusses

(1) [1]Auf den Umwandlungsbeschluß ist § 218 entsprechend anzuwenden. [2]Festsetzungen über Sondervorteile, Gründungsaufwand, Sacheinlagen und Sachübernahmen, die in dem Gesellschaftsvertrag oder in der Satzung der formwechselnden Gesellschaft enthalten sind, sind in den Gesellschaftsvertrag oder in die Satzung der Gesellschaft neuer Rechtsform zu übernehmen. [3]§ 26 Abs. 4 und 5 des Aktiengesetzes bleibt unberührt.

(2) Vorschriften anderer Gesetze über die Änderung des Stammkapitals oder des Grundkapitals bleiben unberührt.

(3) [1]In dem Gesellschaftsvertrag oder in der Satzung der Gesellschaft neuer Rechtsform kann der auf die Anteile entfallende Betrag des Stamm- oder Grundkapitals abweichend vom Betrag der Anteile der formwechselnden Gesellschaft festgesetzt werden. [2]Bei einer Gesellschaft mit beschränkter Haftung muss er auf volle Euro lauten.

§ 244 Niederschrift über den Umwandlungsbeschluß, Gesellschaftsvertrag

(1) In der Niederschrift über den Umwandlungsbeschluß sind die Personen, die nach § 245 Abs. 1 bis 3 den Gründern der Gesellschaft gleichstehen, namentlich aufzuführen.

(2) Beim Formwechsel einer Aktiengesellschaft oder einer Kommanditgesellschaft auf Aktien in eine Gesellschaft mit beschränkter Haftung braucht der Gesellschaftsvertrag von den Gesellschaftern nicht unterzeichnet zu werden.

§ 245 Rechtsstellung als Gründer; Kapitalschutz

(1) [1]Bei einem Formwechsel einer Gesellschaft mit beschränkter Haftung in eine Aktiengesellschaft oder in eine Kommanditgesellschaft auf Aktien treten bei der Anwendung der Gründungsvorschriften des Aktiengesetzes an die Stelle der Gründer die Gesellschafter, die für den Formwechsel gestimmt haben, sowie beim Formwechsel einer Gesellschaft mit beschränkter Haftung in eine Kommanditgesellschaft auf Aktien auch beitretende persönlich haftende Gesellschafter. [2]§ 220 ist entsprechend anzuwenden. [3]§ 52 des Aktiengesetzes ist nicht anzuwenden, wenn die Gesellschaft mit beschränkter

Haftung vor dem Wirksamwerden des Formwechsels bereits länger als zwei Jahre in das Register eingetragen war.

(2) [1]Beim Formwechsel einer Aktiengesellschaft in eine Kommanditgesellschaft auf Aktien treten bei der Anwendung der Gründungsvorschriften des Aktiengesetzes an die Stelle der Gründer die persönlich haftenden Gesellschafter der Gesellschaft neuer Rechtsform. [2]§ 220 ist entsprechend anzuwenden. [3]§ 52 des Aktiengesetzes ist nicht anzuwenden.

(3) [1]Beim Formwechsel einer Kommanditgesellschaft auf Aktien in eine Aktiengesellschaft treten bei der Anwendung der Gründungsvorschriften des Aktiengesetzes an die Stelle der Gründer die persönlich haftenden Gesellschafter der formwechselnden Gesellschaft. [2]§ 220 ist entsprechend anzuwenden. [3]§ 52 des Aktiengesetzes ist nicht anzuwenden.

(4) Beim Formwechsel einer Aktiengesellschaft oder einer Kommanditgesellschaft auf Aktien in eine Gesellschaft mit beschränkter Haftung ist ein Sachgründungsbericht nicht erforderlich.

§ 246 Anmeldung des Formwechsels

(1) Die Anmeldung nach § 198 ist durch das Vertretungsorgan der formwechselnden Gesellschaft vorzunehmen.

(2) Zugleich mit der neuen Rechtsform oder mit dem Rechtsträger neuer Rechtsform sind die Geschäftsführer der Gesellschaft mit beschränkter Haftung, die Vorstandsmitglieder der Aktiengesellschaft oder die persönlich haftenden Gesellschafter der Kommanditgesellschaft auf Aktien zur Eintragung in das Register anzumelden.

(3) § 8 Abs. 2 des Gesetzes betreffend die Gesellschaften mit beschränkter Haftung und § 37 Abs. 1 des Aktiengesetzes sind auf die Anmeldung nach § 198 nicht anzuwenden.

§ 247 Wirkungen des Formwechsels

(1) Durch den Formwechsel wird das bisherige Stammkapital einer formwechselnden Gesellschaft mit beschränkter Haftung zum Grundkapital der Gesellschaft neuer Rechtsform oder das bisherige Grundkapital einer formwechselnden Aktiengesellschaft oder Kommanditgesellschaft auf Aktien zum Stammkapital der Gesellschaft neuer Rechtsform.

(2) Durch den Formwechsel einer Kommanditgesellschaft auf Aktien scheiden deren persönlich haftende Gesellschafter als solche aus der Gesellschaft aus.

§ 248 Umtausch der Anteile

(1) Auf den Umtausch der Geschäftsanteile einer formwechselnden Gesellschaft mit beschränkter Haftung gegen Aktien ist § 73 des Aktiengesetzes, bei Zusammenlegung von Geschäftsanteilen § 226 des Aktiengesetzes über die Kraftloserklärung von Aktien entsprechend anzuwenden.

(2) Auf den Umtausch der Aktien einer formwechselnden Aktiengesellschaft oder Kommanditgesellschaft auf Aktien gegen Geschäftsanteile einer Gesellschaft mit beschränkter Haftung ist § 73 Abs. 1 und 2 des Aktiengesetzes, bei Zusammenlegung von Aktien § 226 Abs. 1 und 2 des Aktiengesetzes über die Kraftloserklärung von Aktien entsprechend anzuwenden.

(3) Einer Genehmigung des Gerichts bedarf es nicht.

§ 249 Gläubigerschutz

Auf den Formwechsel einer Kommanditgesellschaft auf Aktien in eine Gesellschaft mit beschränkter Haftung oder in eine Aktiengesellschaft ist auch § 224 entsprechend anzuwenden.

§ 250 Nicht anzuwendende Vorschriften

Die §§ 207 bis 212 sind auf den Formwechsel einer Aktiengesellschaft in eine Kommanditgesellschaft auf Aktien oder einer Kommanditgesellschaft auf Aktien in eine Aktiengesellschaft nicht anzuwenden.

Vierter Unterabschnitt. Formwechsel in eine eingetragene Genossenschaft

§ 251 Vorbereitung und Durchführung der Versammlung der Anteilsinhaber

(1) [1]Auf die Vorbereitung der Gesellschafterversammlung oder der Hauptversammlung, die den Formwechsel beschließen soll, sind die §§ 229 bis 231 entsprechend anzuwenden. [2]§ 192 Abs. 2 bleibt unberührt.

(2) Auf die Gesellschafterversammlung oder die Hauptversammlung, die den Formwechsel beschließen soll, ist § 239 Abs. 1 Satz 1, auf die Hauptversammlung auch § 239 Abs. 1 Satz 2 und Abs. 2 entsprechend anzuwenden.

§ 252 Beschluß der Versammlung der Anteilsinhaber

(1) Der Umwandlungsbeschluß der Gesellschafterversammlung oder der Hauptversammlung bedarf, wenn die Satzung der Genossenschaft eine Verpflichtung der Mitglieder zur Leistung von Nachschüssen vorsieht, der Zustimmung aller anwesenden Gesellschafter oder Aktionäre; ihm müssen auch die nicht erschienenen Anteilsinhaber zustimmen.

(2) [1]Sollen die Mitglieder nicht zur Leistung von Nachschüssen verpflichtet werden, so bedarf der Umwandlungsbeschluß einer Mehrheit von mindestens drei Vierteln der bei der Gesellschafterversammlung einer Gesellschaft mit beschränkter Haftung abgegebenen Stimmen oder des bei der Beschlußfassung einer Aktiengesellschaft oder einer Kommanditgesellschaft auf Aktien vertretenen Grundkapitals; § 50 Abs. 2 und § 65 Abs. 2 sind entsprechend anzuwenden. [2]Der Gesellschaftsvertrag oder die Satzung der formwechselnden Gesellschaft kann eine größere Mehrheit und weitere Erfordernisse bestimmen.

(3) Auf den Formwechsel einer Kommanditgesellschaft auf Aktien ist § 240 Abs. 3 entsprechend anzuwenden.

§ 253 Inhalt des Umwandlungsbeschlusses

(1) [1]In dem Umwandlungsbeschluß muß auch die Satzung der Genossenschaft enthalten sein. [2]Eine Unterzeichnung der Satzung durch die Mitglieder ist nicht erforderlich.

(2) [1]Der Umwandlungsbeschluß muß die Beteiligung jedes Mitglieds mit mindestens einem Geschäftsanteil vorsehen. [2]In dem Beschluß kann auch bestimmt werden, daß jedes Mitglied bei der Genossenschaft mit mindestens einem und im übrigen mit so vielen Geschäftsanteilen, wie sie durch Anrechnung seines Geschäftsguthabens bei dieser Genossenschaft als voll eingezahlt anzusehen sind, beteiligt wird.

§ 254 Anmeldung des Formwechsels

(1) Die Anmeldung nach § 198 einschließlich der Anmeldung der Satzung der Genossenschaft ist durch das Vertretungsorgan der formwechselnden Gesellschaft vorzunehmen.

(2) Zugleich mit der Genossenschaft sind die Mitglieder ihres Vorstands zur Eintragung in das Register anzumelden.

§ 255 Wirkungen des Formwechsels

(1) [1]Jeder Anteilsinhaber, der die Rechtsstellung eines Mitglieds erlangt, ist bei der Genossenschaft nach Maßgabe des Umwandlungsbeschlusses beteiligt. [2]Eine Verpflichtung zur Übernahme weiterer Geschäftsanteile bleibt unberührt. [3]§ 202 Abs. 1 Nr. 2 Satz 2 ist mit der Maßgabe anzuwenden, daß die an den bisherigen Anteilen bestehenden Rechte Dritter an den durch den Formwechsel erlangten Geschäftsguthaben weiterbestehen.

(2) Das Gericht darf eine Auflösung der Genossenschaft von Amts wegen nach § 80 des Genossenschaftsgesetzes nicht vor Ablauf eines Jahres seit dem Wirksamwerden des Formwechsels aussprechen.

(3) Durch den Formwechsel einer Kommanditgesellschaft auf Aktien scheiden deren persönlich haftenden Gesellschafter als solche aus dem Rechtsträger aus.

§ 256 Geschäftsguthaben; Benachrichtigung der Mitglieder

(1) Jedem Mitglied ist als Geschäftsguthaben der Wert der Geschäftsanteile oder der Aktien gutzuschreiben, mit denen es an der formwechselnden Gesellschaft beteiligt war.

(2) [1]Übersteigt das durch den Formwechsel erlangte Geschäftsguthaben eines Mitglieds den Gesamtbetrag der Geschäftsanteile, mit denen es bei der Genossenschaft beteiligt ist, so ist der übersteigende Betrag nach Ablauf von sechs Monaten seit dem Tage, an dem die Eintragung der Genossenschaft in das Register bekannt gemacht worden ist, an das Mitglied auszuzahlen. [2]Die Auszahlung darf jedoch nicht erfolgen, bevor die Gläubiger, die sich nach § 204 in Verbindung mit § 22 gemeldet haben, befriedigt oder sichergestellt sind.

(3) Die Genossenschaft hat jedem Mitglied unverzüglich nach der Bekanntmachung der Eintragung der Genossenschaft in das Register in Textform mitzuteilen:

1. den Betrag seines Geschäftsguthabens;
2. den Betrag und die Zahl der Geschäftsanteile, mit denen es bei der Genossenschaft beteiligt ist;
3. den Betrag der von dem Genossen nach Anrechnung seines Geschäftsguthabens noch zu leistenden Einzahlung oder den Betrag, der nach Absatz 2 an das Mitglied auszuzahlen ist;
4. den Betrag der Haftsumme der Genossenschaft, sofern die Mitglieder Nachschüsse bis zu einer Haftsumme zu leisten haben.

§ 257 Gläubigerschutz

Auf den Formwechsel einer Kommanditgesellschaft auf Aktien ist auch § 224 entsprechend anzuwenden.

Dritter Abschnitt. Formwechsel eingetragener Genossenschaften

§ 258 Möglichkeit des Formwechsels

(1) Eine eingetragene Genossenschaft kann auf Grund eines Umwandlungsbeschlusses nach diesem Gesetz nur die Rechtsform einer Kapitalgesellschaft erlangen.

(2) Der Formwechsel ist nur möglich, wenn auf jedes Mitglied, das an der Gesellschaft neuer Rechtsform beteiligt wird, als beschränkt haftender Gesellschafter ein Geschäftsanteil, dessen Nennbetrag auf volle Euro lautet, oder als Aktionär mindestens eine volle Aktie entfällt.

§ 259 Gutachten des Prüfungsverbandes

Vor der Einberufung der Generalversammlung, die den Formwechsel beschließen soll, ist eine gutachtliche Äußerung des Prüfungsverbandes einzuholen, ob der Formwechsel mit den Belangen der Mitglieder und der Gläubiger der Genossenschaft vereinbar ist, insbesondere ob bei der Festsetzung des Stammkapitals oder des Grundkapitals § 263 Abs. 2 Satz 2 und § 264 Abs. 1 beachtet sind (Prüfungsgutachten).

§ 260 Vorbereitung der Generalversammlung

(1) [1]Der Vorstand der formwechselnden Genossenschaft hat allen Mitgliedern spätestens zusammen mit der Einberufung der Generalversammlung, die den Formwechsel beschließen soll, diesen Formwechsel als Gegenstand der Beschlußfassung in Textform anzukündigen. [2]In der Ankündigung ist auf die für die Beschlußfassung nach § 262 Abs. 1 erforderlichen Mehrheiten sowie auf die Möglichkeit der Erhebung eines Widerspruchs und die sich daraus ergebenden Rechte hinzuweisen.

(2) [1]Auf die Vorbereitung der Generalversammlung sind § 230 Absatz 2 und § 231 Satz 1 entsprechend anzuwenden. [2]§ 192 Abs. 2 bleibt unberührt.

(3) [1]In dem Geschäftsraum der formwechselnden Genossenschaft ist von der Einberufung der Generalversammlung an, die den Formwechsel beschließen soll, außer den sonst erforderlichen Unterlagen auch das nach § 259 erstattete Prüfungsgutachten zur Einsicht der Mitglieder auszulegen. [2]Auf Verlangen ist jedem Mitglied unverzüglich und kostenlos eine Abschrift dieses Prüfungsgutachtens zu erteilen. [3]Die Verpflichtungen nach den Sätzen 1 und 2 entfallen, wenn das Prüfungsgutachten für denselben Zeitraum über die Internetseite der Genossenschaft zugänglich ist.

§ 261 Durchführung der Generalversammlung

(1) [1]In der Generalversammlung, die den Formwechsel beschließen soll, ist der Umwandlungsbericht, sofern er nach diesem Buch erforderlich ist, und das nach § 259 erstattete Prüfungsgutachten auszulegen. [2]Der Vorstand hat den Umwandlungsbeschluß zu Beginn der Verhandlung mündlich zu erläutern.

(2) [1]Das Prüfungsgutachten ist in der Generalversammlung zu verlesen. [2]Der Prüfungsverband ist berechtigt, an der Generalversammlung beratend teilzunehmen.

§ 262 Beschluß der Generalversammlung

(1) [1]Der Umwandlungsbeschluß der Generalversammlung bedarf einer Mehrheit von mindestens drei Vierteln der abgegebenen Stimmen. [2]Er bedarf einer Mehrheit von neun Zehnteln der abgegebenen Stimmen, wenn spätestens bis zum Ablauf des dritten Tages vor der Generalversammlung mindestens 100 Mitglieder, bei Genossenschaften mit weniger als 1 000 Mitgliedern ein Zehntel der Mitglieder, durch eingeschriebenen Brief Widerspruch gegen den Formwechsel erhoben haben. [3]Die Satzung kann größere Mehrheiten und weitere Erfordernisse bestimmen.

(2) Auf den Formwechsel in eine Kommanditgesellschaft auf Aktien ist § 240 Abs. 2 entsprechend anzuwenden.

§ 263 Inhalt des Umwandlungsbeschlusses

(1) Auf den Umwandlungsbeschluß sind auch die §§ 218, 243 Abs. 3 und § 244 Abs. 2 entsprechend anzuwenden.

(2) [1]In dem Beschluß ist bei der Festlegung von Zahl, Art und Umfang der Anteile (§ 194 Abs. 1 Nr. 4) zu bestimmen, daß an dem Stammkapital oder an dem Grundkapital der Gesellschaft neuer Rechtsform jedes Mitglied, das die Rechtsstellung eines beschränkt haftenden Gesellschafters oder eines Aktionärs erlangt, in dem Verhältnis beteiligt wird, in dem am Ende des letzten vor der Beschlußfassung über den Formwechsel abgelaufenen Geschäftsjahres sein Geschäftsguthaben zur Summe der Geschäftsguthaben aller Mitglieder gestanden hat, die durch den Formwechsel Gesellschafter oder Aktionäre geworden sind. [2]Der Nennbetrag des Grundkapitals ist so zu bemessen, daß auf jedes Mitglied möglichst volle Aktien entfallen.

(3) [1]Die Geschäftsanteile einer Gesellschaft mit beschränkter Haftung sollen auf einen höheren Nennbetrag als hundert Euro nur gestellt werden, soweit auf die Mitglieder der formwechselnden Genossenschaft volle Geschäftsanteile mit dem höheren Nennbetrag entfallen. [2]Aktien können auf einen höheren Betrag als den Mindestbetrag nach § 8 Abs. 2 und 3 des Aktiengesetzes nur gestellt werden, soweit volle Aktien mit dem höheren Betrag auf die Mitglieder entfallen. [3]Wird das Vertretungsorgan der Aktiengesellschaft oder der Kommanditgesellschaft auf Aktien in der Satzung ermächtigt, das Grundkapital bis zu einem bestimmten Nennbetrag durch Ausgabe neuer Aktien gegen Einlagen zu erhöhen, so darf die Ermächtigung nicht vorsehen, daß das Vertretungsorgan über den Ausschluß des Bezugsrechts entscheidet.

§ 264 Kapitalschutz

(1) Der Nennbetrag des Stammkapitals einer Gesellschaft mit beschränkter Haftung oder des Grundkapitals einer Aktiengesellschaft oder einer Kommanditgesellschaft auf Aktien darf das nach Abzug der Schulden verbleibende Vermögen der formwechselnden Genossenschaft nicht übersteigen.

(2) Beim Formwechsel in eine Gesellschaft mit beschränkter Haftung sind die Mitglider der formwechselnden Genossenschaft nicht verpflichtet, einen Sachgründungsbericht zu erstatten.

(3) [1]Beim Formwechsel in eine Aktiengesellschaft oder in eine Kommanditgesellschaft auf Aktien hat die Gründungsprüfung durch einen oder mehrere Prüfer (§ 33 Abs. 2 des Aktiengesetzes) in jedem Fall stattzufinden. [2]Jedoch sind die Mitglieder der formwechselnden Genossenschaft nicht verpflichtet, einen Gründungsbericht zu erstatten; die §§ 32, 35 Abs. 1 und 2 und § 46 des Aktiengesetzes sind nicht anzuwenden. [3]Die für Nachgründungen in § 52 Abs. 1 des Aktiengesetzes bestimmte Frist von zwei Jahren beginnt mit dem Wirksamwerden des Formwechsels.

§ 265 Anmeldung des Formwechsels

(1) [1]Auf die Anmeldung nach § 198 ist § 222 Abs. 1 Satz 1 und Abs. 3 entsprechend anzuwenden. [2]Der Anmeldung ist das nach § 259 erstattete Prüfungsgutachten in Urschrift oder in öffentlich beglaubigter Abschrift beizufügen.

§ 266 Wirkungen des Formwechsels

(1) [1]Durch den Formwechsel werden die bisherigen Geschäftsanteile zu Anteilen an der Gesellschaft neuer Rechtsform und zu Teilrechten. [2]§ 202 Abs. 1 Nr. 2 Satz 2 ist mit der Maßgabe anzuwenden, daß die an den bisherigen Geschäftsguthaben bestehenden Rechte Dritter an den durch den Formwechsel erlangten Anteilen und Teilrechten weiterbestehen.

(2) Teilrechte, die durch den Formwechsel entstehen, sind selbständig veräußerlich und vererblich.

(3) [1]Die Rechte aus einer Akte einschließlich des Anspruchs auf Ausstellung einer Aktienurkunde können nur ausgeübt werden, wenn Teilrechte, die zusammen eine volle

Aktie ergeben, in einer Hand vereinigt sind oder wenn mehrere Berechtigte, deren Teilrechte zusammen eine volle Aktie ergeben, sich zur Ausübung der Rechte zusammenschließen. [2]Der Rechtsträger soll die Zusammenführung von Teilrechten zu vollen Aktien vermitteln.

§ 267 Benachrichtigung der Anteilsinhaber

(1) [1]Das Vertretungsorgan der Gesellschaft neuer Rechtsform hat jedem Anteilsinhaber unverzüglich nach der Bekanntmachung der Eintragung der Gesellschaft in das Register deren Inhalt sowie die Zahl und, mit Ausnahme von Stückaktien, den Nennbetrag der Anteile und des Teilrechts, die auf ihn entfallen sind, in Textform mitzuteilen. [2]Dabei soll auf die Vorschriften über Teilrechte in § 266 hingewiesen werden.

(2) [1]Zugleich mit der Mitteilung ist deren wesentlicher Inhalt in den Gesellschaftsblättern bekanntzumachen. [2]Der Hinweis nach Absatz 1 Satz 2 braucht in die Bekanntmachung nicht aufgenommen zu werden.

§ 268 Aufforderung an die Aktionäre; Veräußerung von Aktien

(1) [1]In der Mitteilung nach § 267 sind Aktionäre aufzufordern, die ihnen zustehenden Aktien abzuholen. [2]Dabei ist darauf hinzuweisen, daß die Gesellschaft berechtigt ist, Aktien, die nicht binnen sechs Monaten seit der Bekanntmachung der Aufforderung in den Gesellschaftsblättern abgeholt werden, nach dreimaliger Androhung für Rechnung der Beteiligten zu veräußern. [3]Dieser Hinweis braucht nicht in die Bekanntmachung der Aufforderung in den Gesellschaftsblättern aufgenommen zu werden.

(2) [1]Nach Ablauf von sechs Monaten seit der Bekanntmachung der Aufforderung in den Gesellschaftsblättern hat die Gesellschaft neuer Rechtsform die Veräußerung der nicht abgeholten Aktien anzudrohen. [2]Die Androhung ist dreimal in Abständen von mindestens einem Monat in den Gesellschaftsblättern bekanntzumachen. [3]Die letzte Bekanntmachung muß vor dem Ablauf von einem Jahr seit der Bekanntmachung der Aufforderung ergehen.

(3) [1]Nach Ablauf von sechs Monaten seit der letzten Bekanntmachung der Androhung hat die Gesellschaft die nicht abgeholten Aktien für Rechnung der Beteiligten zum amtlichen Börsenpreis durch Vermittlung eines Kursmaklers und beim Fehlen eines Börsenpreises durch öffentliche Versteigerung zu veräußern. [2]§ 226 Abs. 3 Satz 2 bis 6 des Aktiengesetzes ist entsprechend anzuwenden.

§ 269 Hauptversammlungsbeschlüsse; genehmigtes Kapital

[1]Solange beim Formwechsel in eine Aktiengesellschaft oder in eine Kommanditgesellschaft auf Aktien der abgeholten oder nach § 268 Abs. 3 veräußerten Aktien nicht insgesamt mindestens sechs Zehntel des Grundkapitals erreichen, kann die Hauptversammlung der Gesellschaft neuer Rechtsform keine Beschlüsse fassen, die nach Gesetz oder Satzung einer Kapitalmehrheit bedürfen. [2]Das Vertretungsorgan der Gesellschaft darf während dieses Zeitraums von einer Ermächtigung zu einer Erhöhung des Grundkapitals keinen Gebrauch machen.

§ 270 Abfindungsangebot

(1) Das Abfindungsangebot nach § 207 Abs. 1 Satz 1 gilt auch für jedes Mitglied, das dem Formwechsel bis zum Ablauf des dritten Tages vor dem Tage, an dem der Umwandlungsbeschluß gefaßt worden ist, durch eingeschriebenen Brief widersprochen hat.

(2) [1]Zu dem Abfindungsangebot ist eine gutachtliche Äußerung des Prüfungsverbandes einzuholen. [2]§ 30 Abs. 2 Satz 2 und 3 ist nicht anzuwenden.

§ 271 Fortdauer der Nachschußpflicht

[1]Wird über das Vermögen der Gesellschaft neuer Rechtsform binnen zwei Jahren nach dem Tage, an dem ihre Eintragung in das Register bekannt gemacht worden ist, das Insolvenzverfahren eröffnet, so ist jedes Mitglied, das durch den Formwechsel die Rechtsstellung eines beschränkt haftenden Gesellschafters oder eines Aktionärs erlangt hat, im Rahmen der Satzung der formwechselnden Genossenschaft (§ 6 Nr. 3 des Genossenschaftsgesetzes) zu Nachschüssen verpflichtet, auch wenn es seinen Geschäftsanteil oder seine Aktie veräußert hat. [2]Die §§ 105 bis 115a des Genossenschaftsgesetzes sind mit der Maßgabe entsprechend anzuwenden, daß nur solche Verbindlichkeiten der Gesellschaft zu berücksichtigen sind, die bereits im Zeitpunkt des Formwechsels begründet waren.

Vierter Abschnitt. Formwechsel rechtsfähiger Vereine

Erster Unterabschnitt. Allgemeine Vorschriften

§ 272 Möglichkeit des Formwechsels

(1) Ein rechtsfähigher Verein kann auf Grund eines Umwandlungsbeschlusses nur die Rechtsform einer Kapitalgesellschaft oder einer eingetragenen Genossenschaft erlangen.

(2) Ein Verein kann die Rechtsform nur wechseln, wenn seine Satzung oder Vorschriften des Landesrechts nicht entgegenstehen.

Zweiter Unterabschnitt. Formwechsel in eine Kapitalgesellschaft

§ 273 Möglichkeit des Formwechsels

Der Formwechsel ist nur möglich, wenn auf jedes Mitglied, das an der Gesellschaft neuer Rechtsform beteiligt wird, als beschränkt haftender Gesellschafter ein Geschäftsanteil, dessen Nennbetrag auf volle Euro lautet, oder als Aktionär mindestens eine volle Aktie entfällt.

§ 274 Vorbereitung und Durchführung der Mitgliederversammlung

(1) [1]Auf die Vorbereitung der Mitgliederversammlung, die den Formwechsel beschließen soll, sind die §§ 229, 230 Abs. 2 Satz 1 und 2, § 231 Satz 1 und § 260 Abs. 1 entsprechend anzuwenden. [2]§ 192 Abs. 2 bleibt unberührt.

(2) Auf die Mitgliederversammlung, die den Formwechsel beschließen soll, ist § 239 Abs. 1 Satz 1 und Abs. 2 entsprechend anzuwenden.

§ 275 Beschluß der Mitgliederversammlung

(1) Der Umwandlungsbeschluß der Mitgliederversammlung bedarf, wenn der Zweck des Rechtsträgers geändert werden soll (§ 33 Abs. 1 Satz 2 des Bürgerlichen Gesetzbuchs), der Zustimmung aller anwesenden Mitglieder; ihm müssen auch die nicht erschienenen Mitglieder zustimmen.

(2) [1]In anderen Fällen bedarf der Umwandlungsbeschluß einer Mehrheit von mindestens drei Vierteln der abgegebenen Stimmen. [2]Er bedarf einer Mehrheit von mindestens neun Zehnteln der abgegebenen Stimmen, wenn spätestens bis zum Ablauf des dritten Tages vor der Mitgliederversammlung wenigstens hundert Mitglieder, bei Vereinen mit weniger als tausend Mitgliedern ein Zehntel der Mitglieder, durch eingeschriebenen Brief Widerspruch gegen den Formwechsel erhoben haben. [3]Die Satzung kann größere Mehrheiten und weitere Erfordernisse bestimmen.

(3) Auf den Formwechsel in eine Kommanditgesellschaft auf Aktien ist § 240 Abs. 2 entsprechend anzuwenden.

§ 276 Inhalt des Umwandlungsbeschlusses

(1) Auf den Umwandlungsbeschluß sind auch die §§ 218, 243 Abs. 3, § 244 Abs. 2 und § 263 Abs. 2 Satz 2, Abs. 3 entsprechend anzuwenden.

(2) Die Beteiligung der Mitglieder am Stammkapital oder am Grundkapital der Gesellschaft neuer Rechtsform darf, wenn nicht alle Mitglieder einen gleich hohen Anteil erhalten sollen, nur nach einem oder mehreren der folgenden Maßstäbe festgesetzt werden:

1. bei Vereinen, deren Vermögen in übertragbare Anteile zerlegt ist, der Nennbetrag oder der Wert dieser Anteile;
2. die Höhe der Beiträge;
3. bei Vereinen, die zu ihren Mitgliedern oder einem Teil der Mitglieder in vertraglichen Geschäftsbeziehungen stehen, der Umfang der Inanspruchnahme von Leistungen des Vereins durch die Mitglieder oder der Umfang der Inanspruchnahme von Leistungen der Mitglieder durch den Verein;
4. ein in der Satzung bestimmter Maßstab für die Verteilung des Überschusses;
5. ein in der Satzung bestimmter Maßstab für die Verteilung des Vermögens;
6. die Dauer der Mitgliedschaft.

§ 277 Kapitalschutz

Bei der Anwendung der für die neue Rechtsform maßgebenden Gründungsvorschriften ist auch § 264 entsprechend anzuwenden.

§ 278 Anmeldung des Formwechsels

(1) Auf die Anmeldung nach § 198 ist § 222 Abs. 1 und 3 entsprechend anzuwenden.

(2) [1]Ist der formwechselnde Verein nicht in ein Handelsregister eingetragen, so hat sein Vorstand den bevorstehenden Formwechsel durch das in der Vereinssatzung für Veröffentlichungen bestimmte Blatt, in Ermangelung eines solchen durch dasjenige Blatt bekanntzumachen, das für Bekanntmachungen des Amtsgerichts bestimmt ist, in dessen Bezirk der formwechselnde Verein seinen Sitz hat. [2]Die Bekanntmachung tritt an die Stelle der Eintragung der Umwandlung in das Register nach § 198 Abs. 2 Satz 3. [3]§ 50 Abs. 1 Satz 4 des Bürgerlichen Gesetzbuchs ist entsprechend anzuwenden.

§ 279 *(aufgehoben)*

§ 280 Wirkungen des Formwechsels

[1]Durch den Formwechsel werden die bisherigen Mitgliedschaften zu Anteilen an der Gesellschaft neuer Rechtsform und zu Teilrechten. [2]§ 266 Abs. 1 Satz 2, Abs. 2 und 3 ist entsprechend anzuwenden.

§ 281 Benachrichtigung der Anteilsinhaber; Veräußerung von Aktien; Hauptversammlungsbeschlüsse

(1) Auf die Benachrichtigung der Anteilsinhaber durch die Gesellschaft, auf die Aufforderung von Aktionären zur Abholung der ihnen zustehenden Aktien und auf die Veräußerung nicht abgeholter Aktien sind die §§ 267 und 268 entsprechend anzuwenden.

(2) Auf Beschlüsse der Hauptversammlung der Gesellschaft neuer Rechtsform sowie auf eine Ermächtigung des Vertretungsorgans zur Erhöhung des Grundkapitals ist § 269 entsprechend anzuwenden.

§ 282 Abfindungsangebot

(1) Auf das Abfindungsangebot nach § 207 Abs. 1 Satz 1 ist § 270 Abs. 1 entsprechend anzuwenden.

(2) Abs. 1 und die §§ 207 bis 212 sind auf den Formwechsel eines eingetragenen Vereins, der nach § 5 Abs. 1 Nr. 9 des Körperschaftsteuergesetzes von der Körperschaftsteuer befreit ist, nicht anzuwenden.

Dritter Unterabschnitt. Formwechsel in eine eingetragene Genossenschaft

§ 283 Vorbereitung und Durchführung der Mitgliederversammlung

(1) [1]Auf die Vorbereitung der Mitgliederversammlung, die den Formwechsel beschließen soll, sind §§ 229, 230 Abs. 2 Satz 1 und 2, § 231 Satz 1 und § 260 Abs. 1 entsprechend anzuwenden. [2]§ 192 Abs. 2 bleibt unberührt.

(2) Auf die Mitgliederversammlung, die den Formwechsel beschließen soll, ist § 239 Abs. 1 Satz 1 und Abs. 2 entsprechend anzuwenden.

§ 284 Beschluß der Mitgliederversammlung

[1]Der Umwandlungsbeschluß der Mitgliederversammlung bedarf, wenn der Zweck des Rechtsträgers geändert werden soll (§ 33 Abs. 1 Satz 2 des Bürgerlichen Gesetzbuchs) oder wenn die Sitzung der Genossenschaft eine Verpflichtung der Mitglieder der Genossenschaft zur Leistung von Nachschüssen vorsieht, der Zustimmung aller anwesenden Mitglieder; ihm müssen auch die nicht erschienenen Mitglieder zustimmen. [2]Im übrigen ist § 275 Abs. 2 entsprechend anzuwenden.

§ 285 Inhalt des Umwandlungsbeschlusses

(1) Auf den Umwandlungsbeschluß ist auch § 253 Abs. 1, Abs. 2 Satz 1 entsprechend anzuwenden.

(2) Sollen bei der Genossenschaft nicht alle Mitglieder mit der gleichen Zahl von Geschäftsanteilen beteiligt werden, so darf die unterschiedlich hohe Beteiligung nur nach einem oder mehreren der in § 276 Abs. 2 Satz 1 bezeichneten Maßstäbe festgesetzt werden.

§ 286 Anmeldung des Formwechsels

Auf die Anmeldung nach § 198 sind die §§ 254, 278 Abs. 2 entsprechend anzuwenden.

§ 287 *(aufgehoben)*

§ 288 Wirkungen des Formwechsels

(1) [1]Jedes Mitglied, das die Rechtsstellung eines Mitglieds der Genossenschaft erlangt, ist bei der Genossenschaft nach Maßgabe des Umwandlungsbeschlusses beteiligt. [2]Eine Verpflichtung zur Übernahme weiterer Geschäftsanteile bleibt unberührt. [3]§ 255 Abs. 1 Satz 3 ist entsprechend anzuwenden.

(2) Das Gericht darf eine Auflösung der Genossenschaft von Amts wegen nach § 80 des Genossenschaftsgesetzes nicht vor Ablauf eines Jahres seit dem Wirksamwerden des Formwechsels aussprechen.

§ 289 Geschäftsguthaben; Benachrichtigung der Mitglieder

(1) Jedem Mitglied der Genossenschaft kann als Geschäftsguthaben aufgrund des Formwechsels höchstens der Nennbetrag der Geschäftsanteile gutgeschrieben werden, mit denen es bei der Genossenschaft beteiligt ist.

(2) § 256 Abs. 3 ist entsprechend anzuwenden.

§ 290 Abfindungsangebot

Auf das Abfindungsangebot nach § 207 Abs. 1 Satz 2 sind § 270 Abs. 1 sowie § 282 Abs. 2 entsprechend anzuwenden.

Fünfter Abschnitt. Formwechsel von Versicherungsvereinen auf Gegenseitigkeit

§ 291 Möglichkeit des Formwechsels

(1) Ein Versicherungsverein auf Gegenseitigkeit, der kein kleinerer Verein im Sinne des § 210 des Versicherungsaufsichtsgesetzes ist, kann auf Grund eines Umwandlungsbeschlusses nur die Rechtsform einer Aktiengesellschaft erlangen.

(2) Der Formwechsel ist nur möglich, wenn auf jedes Mitglied des Vereins, das an der Aktiengesellschaft beteiligt wird, mindestens eine volle Aktie entfällt.

§ 292 Vorbereitung und Durchführung der Versammlung der obersten Vertretung

(1) Auf die Vorbereitung der Versammlung der obersten Vertretung, die den Formwechsel beschließen soll, sind die §§ 229, 230 Abs. 2 Satz 1 und 2, § 231 Satz 1 und § 260 Abs. 1 entsprechend anzuwenden.

(2) Auf die Durchführung der Versammlung der obersten Vertretung, die den Formwechsel beschließen soll, ist § 239 Abs. 1 Satz 1 und Abs. 2 entsprechend anzuwenden.

§ 293 Beschluß der obersten Vertretung

[1]Der Umwandlungsbeschluß der obersten Vertretung bedarf einer Mehrheit von mindestens drei Vierteln der abgegebenen Stimmen. [2]Er bedarf einer Mehrheit von neun Zehnteln der abgegebenen Stimmen, wenn spätestens bis zum Ablauf des dritten Tages vor der Versammlung der obersten Vertretung wenigstens hundert Mitglieder des Vereins durch eingeschriebenen Brief Widerspruch gegen den Formwechsel erhoben haben. [3]Die Satzung kann größere Mehrheiten und weitere Erfordernisse bestimmen.

§ 294 Inhalt des Umwandlungsbeschlusses

(1) [1]Auf den Umwandlungsbeschluß sind auch § 218 Abs. 1 und § 263 Abs. 3 Satz 2 und 3 entsprechend anzuwenden. [2]In dem Umwandlungsbeschluß kann bestimmt werden, daß Mitglieder, die dem formwechselnden Verein weniger als drei Jahre vor der Beschlußfassung über den Formwechsel angehören, von der Beteiligung an der Aktiengesellschaft ausgeschlossen sind.

(2) [1]Das Grundkapital der Aktiengesellschaft ist in der Höhe des Grundkapitals vergleichbarer Versicherungsunternehmen in der Rechtsform der Aktiengesellschaft festzusetzen. [2]Würde die Aufsichtsbehörde einer neu zu gründenden Versicherungsaktiengesellschaft die Erlaubnis zum Geschäftsbetrieb nur bei Festsetzung eines höheren Grundkapitals erteilen, so ist das Grundkapital auf diesen Betrag festzusetzen, soweit dies nach den Vermögensverhältnissen des formwechselnden Vereins möglich ist. [3]Ist eine solche Festsetzung nach den Vermögensverhältnissen des Vereins nicht möglich, so ist der Nennbetrag des Grundkapitals so zu bemessen, daß auf jedes Mitglied, das die Rechtsstellung eines Aktionärs erlangt, möglichst volle Aktien entfallen.

(3) Die Beteiligung der Mitglieder am Grundkapital der Aktiengesellschaft darf, wenn nicht alle Mitglieder einen gleich hohen Anteil erhalten sollen, nur nach einem oder mehreren der folgenden Maßstäbe festgesetzt werden:

1. die Höhe der Versicherungssumme;
2. die Höhe der Beiträge;

3. die Höhe der Deckungsrückstellung in der Lebensversicherung;
4. der in der Satzung bestimmte Maßstab für die Verteilung des Überschusses;
5. ein in der Satzung bestimmter Maßstab für die Verteilung des Vermögens;
6. die Dauer der Mitgliedschaft.

§ 295 Kapitalschutz

Bei der Anwendung der Gründungsvorschriften des Aktiengesetzes ist auch § 264 Abs. 1 und 3 entsprechend anzuwenden.

§ 296 Anmeldung des Formwechsels

Auf die Anmeldung nach § 198 ist § 246 Abs. 1 und 2 entsprechend anzuwenden.

§ 297 *(aufgehoben)*

§ 298 Wirkungen des Formwechsels

[1]Durch den Formwechsel werden die bisherigen Mitgliedschaften zu Aktien und Teilrechten. [2]§ 266 Abs. 1 Satz 2, Abs. 2 und 3 ist entsprechend anzuwenden.

§ 299 Benachrichtigung der Aktionäre; Veräußerung von Aktien; Hauptversammlungsbeschlüsse

(1) Auf die Benachrichtigung der Aktionäre durch die Gesellschaft ist § 267, auf die Aufforderung zur Abholung der ihnen zustehenden Aktien und auf die Veräußerung nicht abgeholter Aktien ist § 268 entsprechend anzuwenden.

(2) [1]Auf Beschlüsse der Hauptversammlung der Aktiengesellschaft sowie auf eine Ermächtigung des Vorstandes zur Erhöhung des Grundkapitals ist § 269 entsprechend anzuwenden. [2]Die Aufsichtsbehörde kann Ausnahmen von der entsprechenden Anwendung des § 269 Satz 1 zulassen, wenn dies erforderlich ist, um zu verhindern, daß der Aktiengesellschaft erhebliche Nachteile entstehen.

§ 300 Abfindungsangebot

Auf das Abfindungsangebot nach § 207 Abs. 1 Satz 1 ist § 270 Abs. 1 entsprechend anzuwenden.

Sechster Abschnitt. Formwechsel von Körperschaften und Anstalten des öffentlichen Rechts

§ 301 Möglichkeit des Formwechsels

(1) Soweit gesetzlich nichts anderes bestimmt ist, kann eine Körperschaft oder Anstalt des öffentlichen Rechts durch Formwechsel nur die Rechtsform einer Kapitalgesellschaft erlangen.

(2) Der Formwechsel ist nur möglich, wenn die Körperschaft oder Anstalt rechtsfähig ist und das für sie maßgebende Bundes- oder Landesrecht einen Formwechsel vorsieht oder zuläßt.

§ 302 Anzuwendende Vorschriften

[1]Die Vorschriften des Ersten Teils sind auf den Formwechsel nur anzuwenden, soweit sich aus dem für die formwechselnde Körperschaft oder Anstalt maßgebenden Bundes- oder Landesrecht nichts anderes ergibt. [2]Nach diesem Recht richtet es sich insbesondere, auf welche Weise der Gesellschaftsvertrag oder die Satzung der Gesellschaft neuer Rechtsform abgeschlossen oder festgestellt wird, wer an dieser Gesellschaft als Anteilsinhaber beteiligt wird und welche Person oder welche Personen den Gründern der Gesellschaft gleichstehen; die §§ 28 und 29 des Aktiengesetzes sind nicht anzuwenden.

§ 303 Kapitalschutz; Zustimmungserfordernisse

(1) Außer den für die neue Rechtsform maßgebenden Gründungsvorschriften ist auch § 220 entsprechend anzuwenden.

(2) [1]Ein Formwechsel in eine Kommanditgesellschaft auf Aktien bedarf der Zustimmung aller Anteilsinhaber, die in dieser Gesellschaft die Stellung eines persönlich haftenden Gesellschafters haben sollen. [2]Auf den Beitritt persönlich haftender Gesellschafter ist § 221 entsprechend anzuwenden.

§ 304 Wirksamwerden des Formwechsels

[1]Der Formwechsel wird mit der Eintragung der Kapitalgesellschaft in das Handelsregister wirksam. [2]Mängel des Formwechsels lassen die Wirkungen der Eintragung unberührt.

§ 305 – § 312 *(weggefallen)*

Sechstes Buch. Strafvorschriften und Zwangsgelder

§ 313 Unrichtige Darstellung

(1) Mit Freiheitsstrafe bis zu drei Jahren oder mit Geldstrafe wird bestraft, wer als Mitglied eines Vertretungsorgans, als vertretungsberechtigter Gesellschafter oder Partner, als Mitglied eines Aufsichtsrats oder als Abwickler eines an einer Umwandlung beteiligten Rechtsträgers bei dieser Umwandlung

1. die Verhältnisse des Rechtsträgers einschließlich seiner Beziehungen zu verbundenen Unternehmen in einem in diesem Gesetz vorgesehenen Bericht (Verschmelzungsbericht, Spaltungsbericht, Übertragungsbericht, Umwandlungsbericht), in Darstellungen oder Übersichten über den Vermögensstand, in Vorträgen oder Auskünften in der Versammlung der Anteilsinhaber unrichtig wiedergibt oder verschleiert, wenn die Tat nicht in § 331 Nr. 1 oder Nr. 1a des Handelsgesetzbuchs mit Strafe bedroht ist, oder
2. in Aufklärungen und Nachweisen, die nach den Vorschriften dieses Gesetzes einem Verschmelzungs-, Spaltungs- oder Übertragungsprüfer zu geben sind, unrichtige Angaben macht oder die Verhältnisse des Rechtsträgers einschließlich seiner Beziehungen zu verbundenen Unternehmen unrichtig wiedergibt oder verschleiert.

(2) Ebenso wird bestraft, wer als Geschäftsführer einer Gesellschaft mit beschränkter Haftung, als Mitglied des Vorstands einer Aktiengesellschaft, als zur Vertretung ermächtigter persönlich haftender Gesellschafter einer Kommanditgesellschaft auf Aktien oder als Abwickler einer solchen Gesellschaft in einer Erklärung nach § 52 über die Zustimmung der Anteilsinhaber dieses Rechtsträgers oder in einer Erklärung nach § 140 oder § 146 Abs. 1 über die Deckung des Stammkapitals oder Grundkapitals der übertragenden Gesellschaft unrichtige Angaben macht oder seiner Erklärung zugrunde legt.

§ 314 Verletzung der Berichtspflicht

(1) Mit Freiheitsstrafe bis zu drei Jahren oder mit Geldstrafe wird bestraft, wer als Verschmelzungs-, Spaltungs- oder Übertragungsprüfer oder als Gehilfe eines solchen Prüfers über das Ergebnis einer aus Anlaß einer Umwandlung erforderlichen Prüfung falsch berichtet oder erhebliche Umstände in dem Prüfungsbericht verschweigt.

(2) Handelt der Täter gegen Entgelt oder in der Absicht, sich oder einen anderen zu bereichern oder einen anderen zu schädigen, so ist die Strafe Freiheitsstrafe bis zu fünf Jahren oder Geldstrafe.

§ 314a Falsche Angaben

Mit Freiheitsstrafe bis zu drei Jahren oder mit Geldstrafe wird bestraft, wer entgegen § 122k Abs. 1 Satz 3 eine Versicherung nicht richtig abgibt.

§ 315 Verletzung der Geheimhaltungspflicht

(1) Mit Freiheitsstrafe bis zu einem Jahr oder mit Geldstrafe wird bestraft, wer ein Geheimnis eines an einer Umwandlung beteiligten Rechtsträgers, namentlich ein Betriebs- oder Geschäftsgeheimnis, das ihm in seiner Eigenschaft als

1. Mitglied des Vertretungsorgans, vertretungsberechtigter Gesellschafter oder Partner, Mitglied eines Aufsichtsrats oder Abwickler dieses oder eines anderen an der Umwandlung beteiligten Rechtsträgers,
2. Verschmelzungs-, Spaltungs- oder Übertragungsprüfer oder Gehilfe eines solchen Prüfers

bekannt geworden ist, unbefugt offenbart, wenn die Tat im Falle der Nummer 1 nicht in § 85 des Gesetzes betreffend die Gesellschaften mit beschränkter Haftung, § 404 des Aktiengesetzes oder § 151 des Genossenschaftsgesetzes, im Falle der Nummer 2 nicht in § 333 des Handelsgesetzbuchs mit Strafe bedroht ist.

(2) [1]Handelt der Täter gegen Entgelt oder in der Absicht, sich oder einen anderen zu bereichern oder einen anderen zu schädigen, so ist die Strafe Freiheitsstrafe bis zu zwei Jahren oder Geldstrafe. [2]Ebenso wird bestraft, wer ein Geheimnis der in Absatz 1 bezeichneten Art, namentlich ein Betriebs- oder Geschäftsgeheimnis, das ihm unter den Voraussetzungen des Absatzes 1 bekannt geworden ist, unbefugt verwertet.

(3) [1]Die Tat wird nur auf Antrag eines der an der Umwandlung beteiligten Rechtsträgers verfolgt. [2]Hat ein Mitglied eines Vertretungsorgans, ein vertretungsberechtigter Gesellschafter oder Partner oder ein Abwickler die Tat begangen, so sind auch ein Aufsichtsrat oder ein nicht vertretungsberechtigter Gesellschafter oder Partner antragsberechtigt. [3]Hat ein Mitglied eines Aufsichtsrats die Tat begangen, sind auch die Mitglieder des Vorstands, die vertretungsberechtigten Gesellschafter oder Partner oder die Abwickler antragsberechtigt.

§ 316 Zwangsgelder

(1) [1]Mitglieder eines Vertretungsorgans, vertretungsberechtigte Gesellschafter, vertretungsberechtigte Partner oder Abwickler, die § 13 Abs. 3 Satz 3 sowie § 125 Satz 1, § 176 Abs. 1, § 177 Abs. 1, § 178 Abs. 1, § 179 Abs. 1, § 180 Abs. 1, § 184 Abs. 1, § 186 Satz 1, § 188 Abs. 1 und § 189 Abs. 1, jeweils in Verbindung mit § 13 Abs. 3 Satz 3, sowie § 193 Abs. 3 Satz 2 nicht befolgen, sind hierzu von dem zuständigen Registergericht durch Festsetzung von Zwangsgeld anzuhalten; § 14 des Handelsgesetzbuchs bleibt unberührt. [2]Das einzelne Zwangsgeld darf den Betrag von fünftausend Euro nicht übersteigen.

(2) Die Anmeldungen einer Umwandlung zu dem zuständigen Register nach § 16 Abs. 1, §§ 38, 122k Abs. 1, § 122l Abs. 1, §§ 129, 137 Abs. 1 und 2, § 176 Abs. 1, § 177 Abs. 1, § 178 Abs. 1, § 179 Abs. 1, § 180 Abs. 1, § 184 Abs. 1, §§ 186, 188 Abs. 1, § 189 Abs. 1, §§ 198, 222, 235, 246, 254, 265, 278 Abs. 1, §§ 286 und 296 werden durch Festsetzung von Zwangsgeld nicht erzwungen.

Siebentes Buch Übergangs- und Schlußvorschriften

§ 317 Umwandlung alter juristischer Personen

[1]Eine juristische Person im Sinne des Artikels 163 des Einführungsgesetzes zum Bürgerlichen Gesetzbuch kann nach den für wirtschaftliche Vereine geltenden Vor-

schriften dieses Gesetzes umgewandelt werden. [2]Hat eine solche juristische Person keine Mitglieder, so kann sie nach den für Stiftungen geltenden Vorschriften dieses Gesetzes umgewandelt werden.

§ 318 Eingeleitete Umwandlungen; Umstellung auf den Euro

(1) [1]Die Vorschriften dieses Gesetzes sind nicht auf solche Umwandlungen anzuwenden, zu deren Vorbereitung bereits vor dem 1. Januar 1995 ein Vertrag oder eine Erklärung beurkundet oder notariell beglaubigt oder eine Versammlung der Anteilsinhaber einberufen worden ist. [2]Für diese Umwandlungen bleibt es bei der Anwendung der bis zu diesem Tage geltenden Vorschriften.

(2) [1]Wird eine Umwandlung nach dem 31. Dezember 1998 in das Handelsregister eingetragen, so erfolgt eine Neufestsetzung der Nennbeträge von Anteilen einer Kapitalgesellschaft als übernehmendem Rechtsträger, deren Anteile noch der bis dahin gültigen Nennbetragsregelung entsprechen, nach den bis zu diesem Zeitpunkt geltenden Vorschriften. [2]Wo dieses Gesetz für einen neuen Rechtsträger oder einen Rechtsträger neuer Rechtsform auf die jeweils geltenden Gründungsvorschriften verweist oder bei dem Formwechsel in eine Kapitalgesellschaft anderer Rechtsform die Vorschriften anderer Gesetze über die Änderung des Stammkapitals oder des Grundkapitals unberührt läßt, gilt dies jeweils auch für die entsprechenden Überleitungsvorschriften zur Einführung des Euro im Einführungsgesetz zum Aktiengesetz und im Gesetz betreffend die Gesellschaften mit beschränkter Haftung; ist ein neuer Rechtsträger oder ein Rechtsträger neuer Rechtsform bis zum 31. Dezember 1998 zur Eintragung in das Handelsregister angemeldet worden, bleibt es bei der Anwendung der bis zu diesem Tage geltenden Gründungsvorschriften.

§ 319 Enthaftung bei Altverbindlichkeiten

[1]Die §§ 45, 133 Abs. 1, 3 bis 5, §§ 157, 167, 173, 224, 237, 249 und 257 sind auch auf vor dem 1. Januar 1995 entstandene Verbindlichkeiten anzuwenden, wenn

1. die Umwandlung danach in das Register eingetragen wird und
2. die Verbindlichkeiten nicht später als vier Jahre nach dem Zeitpunkt, an dem die Eintragung der Umwandlung in das Register bekannt gemacht worden ist, fällig werden oder nach Inkrafttreten des Gesetzes zur zeitlichen Begrenzung der Nachhaftung von Gesellschaftern vom 18. März 1994 (BGBl. I S. 560) begründet worden sind.

[2]Auf später fällig werdende und vor Inkrafttreten des Gesetzes zur zeitlichen Begrenzung der Nachhaftung von Gesellschaftern vom 18. März 1994 (BGBl. I S. 560) entstandene Verbindlichkeiten sind die §§ 45, 49 Abs. 4, §§ 56, 56 f. Abs. 2, § 57 Abs. 2 und § 58 Abs. 2 des Umwandlungsgesetzes in der durch Artikel 10 Abs. 8 des Gesetzes vom 19. Dezember 1985 (BGBl. I S. 2355) geänderten Fassung der Bekanntmachung vom 6. November 1969 (BGBl. I S. 2081) mit der Maßgabe anwendbar, daß die Verjährungsfrist ein Jahr beträgt. [3]In den Fällen, in denen das bisher geltende Recht eine Umwandlungsmöglichkeit nicht vorsah, verjähren die in Satz 2 genannten Verbindlichkeiten entsprechend den dort genannten Vorschriften.

§ 320 Aufhebung des Umwandlungsgesetzes 1969

Das Umwandlungsgesetz in der Fassung der Bekanntmachung vom 6. November 1969 (BGBl. I S. 2081), zuletzt geändert durch Artikel 2 des Gesetzes vom 18. März 1994 (BGBl. I S. 560), wird aufgehoben.

§ 321 Übergangsvorschrift zum Gesetz zur Umsetzung der Aktionärsrechterichtlinie und zum Dritten Gesetz zur Änderung des Umwandlungsgesetzes

(1) Im Fall des § 15 Abs. 2 Satz 1 bleibt es für die Zeit vor dem 1. September 2009 bei dem bis dahin geltenden Zinssatz.

(2) § 16 Abs. 3 Satz 3 Nr. 2 in der Fassung des Gesetzes zur Umsetzung der Aktionärsrechterichtlinie vom 30. Juli 2009 (BGBl. I S. 2479) ist nicht auf Freigabeverfahren und Beschwerdeverfahren anzuwenden, die vor dem 1. September 2009 anhängig waren.

(3) § 62 Absatz 4 und 5, § 63 Absatz 2 Satz 5 bis 7, § 64 Absatz 1 sowie § 143 in der Fassung des Dritten Gesetzes zur Änderung des Umwandlungsgesetzes vom 11. Juli 2011 (BGBl. I S. 1338) sind erstmals auf Umwandlungen anzuwenden, bei denen der Verschmelzungs- oder Spaltungsvertrag nach dem 14. Juli 2011 geschlossen worden ist.

§ 322 Gemeinsamer Betrieb

Führen an einer Spaltung oder an einer Teilübertragung nach dem Dritten oder Vierten Buch beteiligte Rechtsträger nach dem Wirksamwerden der Spaltung oder der Teilübertragung einen Betrieb gemeinsam, gilt dieser als Betrieb im Sinne des Kündigungsschutzrechts.

§ 323 Kündigungsrechtliche Stellung

(1) Die kündigungsrechtliche Stellung eines Arbeitnehmers, der vor dem Wirksamwerden einer Spaltung oder Teilübertragung nach dem Dritten oder Vierten Buch zu dem übertragenden Rechtsträger in einem Arbeitsverhältnis steht, verschlechtert sich aufgrund der Spaltung oder Teilübertragung für die Dauer von zwei Jahren ab dem Zeitpunkt ihres Wirksamwerdens nicht.

(2) Kommt bei einer Verschmelzung, Spaltung oder Vermögensübertragung ein Interessenausgleich zustande, in dem diejenigen Arbeitnehmer namentlich bezeichnet werden, die nach der Umwandlung einem bestimmten Betrieb oder Betriebsteil zugeordnet werden, so kann die Zuordnung der Arbeitnehmer durch das Arbeitsgericht nur auf grobe Fehlerhaftigkeit überprüft werden.

§ 324 Rechte und Pflichten bei Betriebsübergang

§ 613a Abs. 1, 4 bis 6 des Bürgerlichen Gesetzbuchs bleibt durch die Wirkungen der Eintragung einer Verschmelzung, Spaltung oder Vermögensübertragung unberührt.

§ 325 Mitbestimmungsbeibehaltung

(1) [1]Entfallen durch Abspaltung oder Ausgliederung im Sinne des § 123 Abs. 2 und 3 bei einem übertragenden Rechtsträger die gesetzlichen Voraussetzungen für die Beteiligung der Arbeitnehmer im Aufsichtsrat, so finden die vor der Spaltung geltenden Vorschriften noch für einen Zeitraum von fünf Jahren nach dem Wirksamwerden der Abspaltung oder Ausgliederung Anwendung. [2]Dies gilt nicht, wenn die betreffenden Vorschriften eine Mindestzahl von Arbeitnehmern voraussetzen und die danach berechnete Zahl der Arbeitnehmer des übertragenden Rechtsträgers auf weniger als in der Regel ein Viertel dieser Mindestzahl sinkt.

(2) [1]Hat die Spaltung oder Teilübertragung eines Rechtsträgers die Spaltung eines Betriebes zur Folge und entfallen für die aus der Spaltung hervorgegangenen Betriebe Rechte oder Beteiligungsrechte des Betriebsrats, so kann durch Betriebsvereinbarung oder Tarifvertrag die Fortgeltung dieser Rechte und Beteiligungsrechte vereinbart werden. [2]Die §§ 9 und 27 des Betriebsverfassungsgesetzes bleiben unberührt.

9a. Umwandlungssteuergesetz (UmwStG)

In der Fassung der Bekanntmachung vom 7. Dezember 2006 (BGBl. I S. 2791)

zuletzt geändert durch Gesetz vom 25.3.2019 (BGBl. I S. 357)

Inhaltsübersicht

Erster Teil Allgemeine Vorschriften

§ 1[1] Anwendungsbereich und Begriffsbestimmungen

(1) [1]Der Zweite bis Fünfte Teil gilt nur für

1. die Verschmelzung, Aufspaltung und Abspaltung im Sinne der §§ 2, 123 Abs. 1 und 2 des Umwandlungsgesetzes von Körperschaften oder vergleichbare ausländische Vorgänge sowie des Artikels 17 der Verordnung (EG) Nr. 2157/2001 und des Artikels 19 der Verordnung (EG) Nr. 1435/2003;
2. den Formwechsel einer Kapitalgesellschaft in eine Personengesellschaft im Sinne des § 190 Abs. 1 des Umwandlungsgesetzes oder vergleichbare ausländische Vorgänge;
3. die Umwandlung im Sinne des § 1 Abs. 2 des Umwandlungsgesetzes, soweit sie einer Umwandlung im Sinne des § 1 Abs. 1 des Umwandlungsgesetzes entspricht sowie
4. die Vermögensübertragung im Sinne des § 174 des Umwandlungsgesetzes vom 28. Oktober 1994 (BGBl. I S. 3210, 1995 I S. 428), das zuletzt durch Artikel 10 des Gesetzes vom 9. Dezember 2004 (BGBl. I S. 3214) geändert worden ist, in der jeweils geltenden Fassung.

---

1) § 1 Abs. 2 Satz 3 angefügt durch Gesetz vom 25.3.2019 (BGBl. I S. 357).

[2]Diese Teile gelten nicht für die Ausgliederung im Sinne des § 123 Abs. 3 des Umwandlungsgesetzes.

(2) [1]Absatz 1 findet nur Anwendung, wenn

1. beim Formwechsel der umwandelnde Rechtsträger oder bei den anderen Umwandlungen die übertragenden und die übernehmenden Rechtsträger nach den Rechtsvorschriften eines Mitgliedstaats der Europäischen Union oder eines Staates, auf den das Abkommen über den Europäischen Wirtschaftsraum Anwendung findet, gegründete Gesellschaften im Sinne des Artikels 54 des Vertrags über die Arbeitsweise der Europäischen Union oder des Artikels 34 des Abkommens über den Europäischen Wirtschaftsraum sind, deren Sitz und Ort der Geschäftsleitung sich innerhalb des Hoheitsgebiets eines dieser Staaten befinden oder
2. übertragender Rechtsträger eine Gesellschaft im Sinne der Nummer 1 und übernehmender Rechtsträger eine natürliche Person ist, deren Wohnsitz oder gewöhnlicher Aufenthalt sich innerhalb des Hoheitsgebiets eines der Staaten im Sinne der Nummer 1 befindet und die nicht auf Grund eines Abkommens zur Vermeidung der Doppelbesteuerung mit einem dritten Staat als außerhalb des Hoheitsgebiets dieser Staaten ansässig angesehen wird.

[2]Eine Europäische Gesellschaft im Sinne der Verordnung (EG) Nr. 2157/2001 und eine Europäische Genossenschaft im Sinne der Verordnung (EG) Nr. 1435/2003 gelten für die Anwendung des Satzes 1 als eine nach den Rechtsvorschriften des Staates gegründete Gesellschaft, in dessen Hoheitsgebiet sich der Sitz der Gesellschaft befindet. [3]Eine übertragende Gesellschaft, auf die § 122m des Umwandlungsgesetzes Anwendung findet, gilt als Gesellschaft mit Sitz und Ort der Geschäftsleitung innerhalb des Hoheitsgebiets eines Mitgliedstaats der Europäischen Union.

(3) Der Sechste bis Achte Teil gilt nur für

1. die Verschmelzung, Aufspaltung und Abspaltung im Sinne der §§ 2 und 123 Abs. 1 und 2 des Umwandlungsgesetzes von Personenhandelsgesellschaften und Partnerschaftsgesellschaften oder vergleichbare ausländische Vorgänge;
2. die Ausgliederung von Vermögensteilen im Sinne des § 123 Abs. 3 des Umwandlungsgesetzes oder vergleichbare ausländische Vorgänge;
3. den Formwechsel einer Personengesellschaft in eine Kapitalgesellschaft oder Genossenschaft im Sinne des § 190 Abs. 1 des Umwandlungsgesetzes oder vergleichbare ausländische Vorgänge;
4. die Einbringung von Betriebsvermögen durch Einzelrechtsnachfolge in eine Kapitalgesellschaft, eine Genossenschaft oder Personengesellschaft sowie
5. den Austausch von Anteilen.

(4) [1]Absatz 3 gilt nur, wenn

1. der übernehmende Rechtsträger eine Gesellschaft im Sinne von Absatz 2 Satz 1 Nr. 1 ist und
2. in den Fällen des Absatzes 3 Nr. 1 bis 4
   a) beim Formwechsel der umwandelnde Rechtsträger, bei der Einbringung durch Einzelrechtsnachfolge der einbringende Rechtsträger oder bei den anderen Umwandlungen der übertragende Rechtsträger
      aa) eine Gesellschaft im Sinne von Absatz 2 Satz 1 Nr. 1 ist und, wenn es sich um eine Personengesellschaft handelt, soweit an dieser Körperschaften, Personenvereinigungen, Vermögensmassen oder natürliche Personen unmittelbar oder mittelbar über eine oder mehrere Personengesellschaften be-

teiligt sind, die die Voraussetzungen im Sinne von Absatz 2 Satz 1 Nr. 1 und 2 erfüllen, oder

bb) eine natürliche Person im Sinne von Absatz 2 Satz 1 Nr. 2 ist

oder

b) das Recht der Bundesrepublik Deutschland hinsichtlich der Besteuerung des Gewinns aus der Veräußerung der erhaltenen Anteile nicht ausgeschlossen oder beschränkt ist.

[2]Satz 1 ist in den Fällen der Einbringung eines Betriebs, Teilbetriebs oder Mitunternehmeranteils in eine Personengesellschaft nach § 24 nicht anzuwenden.

(5) Soweit dieses Gesetz nichts anderes bestimmt, ist

1. Richtlinie 2009/133/EG

   die Richtlinie 2009/133/EG des Rates vom 19. Oktober 2009 über das gemeinsame Steuersystem für Fusionen, Spaltungen, Abspaltungen, die Einbringung von Unternehmensteilen und den Austausch von Anteilen, die Gesellschaften verschiedener Mitgliedstaaten betreffen, sowie für die Verlegung des Sitzes einer Europäischen Gesellschaft oder einer Europäischen Genossenschaft von einem Mitgliedstaat in einen anderen Mitgliedstaat (ABl. L 310 vom 25.11.2009, S. 34), die zuletzt durch die Richtlinie 2013/13/EU (ABl. L 141 vom 28.5.2013, S. 30) geändert worden ist, in der zum Zeitpunkt des steuerlichen Übertragungsstichtags jeweils geltenden Fassung;

2. Verordnung (EG) Nr. 2157/2001

   die Verordnung (EG) Nr. 2157/2001 des Rates vom 8. Oktober 2001 über das Statut der Europäischen Gesellschaft (SE) (ABl. EG Nr. L 294 S. 1), zuletzt geändert durch die Verordnung (EG) Nr. 885/2004 des Rates vom 26. April 2004 (ABl. EU Nr. L 168 S. 1), in der zum Zeitpunkt des steuerlichen Übertragungsstichtags jeweils geltenden Fassung;

3. Verordnung (EG) Nr. 1435/2003

   die Verordnung (EG) Nr. 1435/2003 des Rates vom 22. Juli 2003 über das Statut der Europäischen Genossenschaften (SCE) (ABl. EU Nr. L 207 S. 1) in der zum Zeitpunkt des steuerlichen Übertragungsstichtags jeweils geltenden Fassung;

4. Buchwert

   der Wert, der sich nach den steuerrechtlichen Vorschriften über die Gewinnermittlung in einer für den steuerlichen Übertragungsstichtag aufzustellenden Steuerbilanz ergibt oder ergäbe.

§ 2 Steuerliche Rückwirkung

(1) [1]Das Einkommen und das Vermögen der übertragenden Körperschaft sowie des übernehmenden Rechtsträgers sind so zu ermitteln, als ob das Vermögen der Körperschaft mit Ablauf des Stichtags der Bilanz, die dem Vermögensübergang zu Grunde liegt (steuerlicher Übertragungsstichtag), ganz oder teilweise auf den übernehmenden Rechtsträger übergegangen wäre. [2]Das Gleiche gilt für die Ermittlung der Bemessungsgrundlagen bei der Gewerbesteuer.

(2) Ist die Übernehmerin eine Personengesellschaft, gilt Absatz 1 Satz 1 für das Einkommen und das Vermögen der Gesellschafter.

(3) Die Absätze 1 und 2 sind nicht anzuwenden, soweit Einkünfte auf Grund abweichender Regelungen zur Rückbeziehung eines in § 1 Abs. 1 bezeichneten Vorgangs in einem anderen Staat der Besteuerung entzogen werden.

(4) [1]Der Ausgleich oder die Verrechnung eines Übertragungsgewinns mit verrechenbaren Verlusten, verbleibenden Verlustvorträgen, nicht ausgeglichenen negativen Einkünften, einem Zinsvortrag nach § 4h Absatz 1 Satz 5 des Einkommensteuergesetzes und einem EBITDA-Vortrag nach § 4h Absatz 1 Satz 3 des Einkommensteuergesetzes (Verlustnutzung) des übertragenden Rechtsträgers ist nur zulässig, wenn dem übertragenden Rechtsträger die Verlustnutzung auch ohne Anwendung der Absätze 1 und 2 möglich gewesen wäre. [2]Satz 1 gilt für negative Einkünfte des übertragenden Rechtsträgers im Rückwirkungszeitraum entsprechend. [3]Der Ausgleich oder die Verrechnung von positiven Einkünften des übertragenden Rechtsträgers im Rückwirkungszeitraum mit verrechenbaren Verlusten, verbleibenden Verlustvorträgen, nicht ausgeglichenen negativen Einkünften und einem Zinsvortrag nach § 4h Absatz 1 Satz 5 des Einkommensteuergesetzes des übernehmenden Rechtsträgers ist nicht zulässig. [4]Ist übernehmender Rechtsträger eine Organgesellschaft, gilt Satz 3 auch für einen Ausgleich oder eine Verrechnung beim Organträger entsprechend. [5]Ist übernehmender Rechtsträger eine Personengesellschaft, gilt Satz 3 auch für einen Ausgleich oder eine Verrechnung bei den Gesellschaftern entsprechend. [6]Die Sätze 3 bis 5 gelten nicht, wenn übertragender Rechtsträger und übernehmender Rechtsträger vor Ablauf des steuerlichen Übertragungsstichtags verbundene Unternehmen im Sinne des § 271 Absatz 2 des Handelsgesetzbuches sind.

Zweiter Teil Vermögensübergang bei Verschmelzung auf eine Personengesellschaft oder auf eine natürliche Person und Formwechsel einer Kapitalgesellschaft in eine Personengesellschaft

§ 3 Wertansätze in der steuerlichen Schlussbilanz der übertragenden Körperschaft

(1) [1]Bei einer Verschmelzung auf eine Personengesellschaft oder natürliche Person sind die übergehenden Wirtschaftsgüter, einschließlich nicht entgeltlich erworbener und selbst geschaffener immaterieller Wirtschaftsgüter, in der steuerlichen Schlussbilanz der übertragenden Körperschaft mit dem gemeinen Wert anzusetzen. [2]Für die Bewertung von Pensionsrückstellungen gilt § 6a des Einkommensteuergesetzes.

(2) [1]Auf Antrag können die übergehenden Wirtschaftsgüter abweichend von Absatz 1 einheitlich mit dem Buchwert oder einem höheren Wert, höchstens jedoch mit dem Wert nach Absatz 1, angesetzt werden, soweit

1. sie Betriebsvermögen der übernehmenden Personengesellschaft oder natürlichen Person werden und sichergestellt ist, dass sie später der Besteuerung mit Einkommensteuer oder Körperschaftsteuer unterliegen, und
2. das Recht der Bundesrepublik Deutschland hinsichtlich der Besteuerung des Gewinns aus der Veräußerung der übertragenen Wirtschaftsgüter bei den Gesellschaftern der übernehmenden Personengesellschaft oder bei der natürlichen Person nicht ausgeschlossen oder beschränkt wird und
3. eine Gegenleistung nicht gewährt wird oder in Gesellschaftsrechten besteht.

[2]Der Antrag ist spätestens bis zur erstmaligen Abgabe der steuerlichen Schlussbilanz bei dem für die Besteuerung der übertragenden Körperschaft zuständigen Finanzamt zu stellen.

(3) [1]Haben die Mitgliedstaaten der Europäischen Union bei Verschmelzung einer unbeschränkt steuerpflichtigen Körperschaft Artikel 10 der Richtlinie 2009/133/EG anzuwenden, ist die Körperschaftsteuer auf den Übertragungsgewinn gemäß § 26 des Körperschaftsteuergesetzes um den Betrag ausländischer Steuer zu ermäßigen, der nach den Rechtsvorschriften eines anderen Mitgliedstaats der Europäischen Union erhoben

worden wäre, wenn die übertragenen Wirtschaftsgüter zum gemeinen Wert veräußert worden wären. [2]Satz 1 gilt nur, soweit die übertragenen Wirtschaftsgüter einer Betriebsstätte der übertragenden Körperschaft in einem anderen Mitgliedstaat der Europäischen Union zuzurechnen sind und die Bundesrepublik Deutschland die Doppelbesteuerung bei der übertragenden Körperschaft nicht durch Freistellung vermeidet.

§ 4 Auswirkungen auf den Gewinn der übernehmenden Rechtsträger

(1) [1]Der übernehmende Rechtsträger hat die auf ihn übergegangenen Wirtschaftsgüter mit dem in der steuerlichen Schlussbilanz der übertragenden Körperschaft enthaltenen Wert im Sinne des § 3 zu übernehmen. [2]Die Anteile an der übertragenden Körperschaft sind bei dem übernehmenden Rechtsträger zum steuerlichen Übertragungsstichtag mit dem Buchwert, erhöht um Abschreibungen, die in früheren Jahren steuerwirksam vorgenommen worden sind, sowie um Abzüge nach § 6b des Einkommensteuergesetzes und ähnliche Abzüge, höchstens mit dem gemeinen Wert, anzusetzen. [3]Auf einen sich daraus ergebenden Gewinn finden § 8b Abs. 2 Satz 4 und 5 des Körperschaftsteuergesetzes sowie § 3 Nr. 40 Satz 1 Buchstabe a Satz 2 und 3 des Einkommensteuergesetzes Anwendung.

(2) [1]Der übernehmende Rechtsträger tritt in die steuerliche Rechtsstellung der übertragenden Körperschaft ein, insbesondere bezüglich der Bewertung der übernommenen Wirtschaftsgüter, der Absetzungen für Abnutzung und der den steuerlichen Gewinn mindernden Rücklagen. [2]Verrechenbare Verluste, verbleibende Verlustvorträge, vom übertragenden Rechtsträger nicht ausgeglichene negative Einkünfte, ein Zinsvortrag nach § 4h Absatz 1 Satz 5 des Einkommensteuergesetzes und ein EBITDA-Vortrag nach § 4h Absatz 1 Satz 3 des Einkommensteuergesetzes gehen nicht über. [3]Ist die Dauer der Zugehörigkeit eines Wirtschaftsguts zum Betriebsvermögen für die Besteuerung bedeutsam, so ist der Zeitraum seiner Zugehörigkeit zum Betriebsvermögen der übertragenden Körperschaft dem übernehmenden Rechtsträger anzurechnen. [4]Ist die übertragende Körperschaft eine Unterstützungskasse, erhöht sich der laufende Gewinn des übernehmenden Rechtsträgers in dem Wirtschaftsjahr, in das der Umwandlungsstichtag fällt, um die von ihm, seinen Gesellschaftern oder seinen Rechtsvorgängern an die Unterstützungskasse geleisteten Zuwendungen nach § 4d des Einkommensteuergesetzes; § 15 Abs. 1 Satz 1 Nr. 2 Satz 2 des Einkommensteuergesetzes gilt sinngemäß. [5]In Höhe der nach Satz 4 hinzugerechneten Zuwendungen erhöht sich der Buchwert der Anteile an der Unterstützungskasse.

(3) Sind die übergegangenen Wirtschaftsgüter in der steuerlichen Schlussbilanz der übertragenden Körperschaft mit einem über dem Buchwert liegenden Wert angesetzt, sind die Absetzungen für Abnutzung bei dem übernehmenden Rechtsträger in den Fällen des § 7 Abs. 4 Satz 1 und Abs. 5 des Einkommensteuergesetzes nach der bisherigen Bemessungsgrundlage, in allen anderen Fällen nach dem Buchwert, jeweils vermehrt um den Unterschiedsbetrag zwischen dem Buchwert der einzelnen Wirtschaftsgüter und dem Wert, mit dem die Körperschaft die Wirtschaftsgüter in der steuerlichen Schlussbilanz angesetzt hat, zu bemessen.

(4) [1]Infolge des Vermögensübergangs ergibt sich ein Übernahmegewinn oder Übernahmeverlust in Höhe des Unterschiedsbetrags zwischen dem Wert, mit dem die übergegangenen Wirtschaftsgüter zu übernehmen sind, abzüglich der Kosten für den Vermögensübergang und dem Wert der Anteile an der übertragenden Körperschaft (Absätze 1 und 2, § 5 Abs. 2 und 3). [2]Für die Ermittlung des Übernahmegewinns oder Übernahmeverlusts sind abweichend von Satz 1 die übergegangenen Wirtschaftsgüter der übertragenden Körperschaft mit dem Wert nach § 3 Abs. 1 anzusetzen, soweit an ihnen kein Recht der Bundesrepublik Deutschland zur Besteuerung des Gewinns aus einer Veräußerung bestand. [3]Bei der Ermittlung des Übernahmegewinns oder des Über-

nahmeverlusts bleibt der Wert der übergegangenen Wirtschaftsgüter außer Ansatz, soweit er auf Anteile an der übertragenden Körperschaft entfällt, die am steuerlichen Übertragungsstichtag nicht zum Betriebsvermögen des übernehmenden Rechtsträgers gehören.

(5) [1]Ein Übernahmegewinn erhöht sich und ein Übernahmeverlust verringert sich um einen Sperrbetrag im Sinne des § 50c des Einkommensteuergesetzes, soweit die Anteile an der übertragenden Körperschaft am steuerlichen Übertragungsstichtag zum Betriebsvermögen des übernehmenden Rechtsträgers gehören. [2]Ein Übernahmegewinn vermindert sich oder ein Übernahmeverlust erhöht sich um die Bezüge, die nach § 7 zu den Einkünften aus Kapitalvermögen im Sinne des § 20 Abs. 1 Nr. 1 des Einkommensteuergesetzes gehören.

(6) [1]Ein Übernahmeverlust bleibt außer Ansatz, soweit er auf eine Körperschaft, Personenvereinigung oder Vermögensmasse als Mitunternehmerin der Personengesellschaft entfällt. [2]Satz 1 gilt nicht für Anteile an der übertragenden Gesellschaft, die die Voraussetzungen des § 8b Abs. 7 oder des Abs. 8 Satz 1 des Körperschaftsteuergesetzes erfüllen. [3]In den Fällen des Satzes 2 ist der Übernahmeverlust bis zur Höhe der Bezüge im Sinne des § 7 zu berücksichtigen. [4]In den übrigen Fällen ist er in Höhe von 60 Prozent, höchstens jedoch in Höhe von 60 Prozent der Bezüge im Sinne des § 7 zu berücksichtigen; ein danach verbleibender Übernahmeverlust bleibt außer Ansatz. [5]Satz 4 gilt nicht für Anteile an der übertragenden Gesellschaft, die die Voraussetzungen des § 3 Nr. 40 Satz 3 und 4 des Einkommensteuergesetzes erfüllen; in diesen Fällen gilt Satz 3 entsprechend. [6]Ein Übernahmeverlust bleibt abweichend von den Sätzen 2 bis 5 außer Ansatz, soweit bei Veräußerung der Anteile an der übertragenden Körperschaft ein Veräußerungsverlust nach § 17 Abs. 2 Satz 6 des Einkommensteuergesetzes nicht zu berücksichtigen wäre oder soweit die Anteile an der übertragenden Körperschaft innerhalb der letzten fünf Jahre vor dem steuerlichen Übertragungsstichtag entgeltlich erworben wurden.

(7) [1]Soweit der Übernahmegewinn auf eine Körperschaft, Personenvereinigung oder Vermögensmasse als Mitunternehmerin der Personengesellschaft entfällt, ist § 8b des Körperschaftsteuergesetzes anzuwenden. [2]In den übrigen Fällen ist § 3 Nr. 40 sowie § 3c des Einkommensteuergesetzes anzuwenden.

§ 5 Besteuerung der Anteilseigner der übertragenden Körperschaft

(1) Hat der übernehmende Rechtsträger Anteile an der übertragenden Körperschaft nach dem steuerlichen Übertragungsstichtag angeschafft oder findet er einen Anteilseigner ab, so ist sein Gewinn so zu ermitteln, als hätte er die Anteile an diesem Stichtag angeschafft.

(2) Anteile an der übertragenden Körperschaft im Sinne des § 17 des Einkommensteuergesetzes, die an dem steuerlichen Übertragungsstichtag nicht zu einem Betriebsvermögen eines Gesellschafters der übernehmenden Personengesellschaft oder einer natürlichen Person gehören, gelten für die Ermittlung des Gewinns als an diesem Stichtag in das Betriebsvermögen des übernehmenden Rechtsträgers mit den Anschaffungskosten eingelegt.

(3) [1]Gehören an dem steuerlichen Übertragungsstichtag Anteile an der übertragenden Körperschaft zum Betriebsvermögen eines Anteilseigners, ist der Gewinn so zu ermitteln, als seien die Anteile an diesem Stichtag zum Buchwert, erhöht um Abschreibungen sowie um Abzüge nach § 6b des Einkommensteuergesetzes und ähnliche Abzüge, die in früheren Jahren steuerwirksam vorgenommen worden sind, höchstens mit dem gemeinen Wert, in das Betriebsvermögen des übernehmenden Rechtsträgers überführt worden. [2]§ 4 Abs. 1 Satz 3 gilt entsprechend.

§ 6 Gewinnerhöhung durch Vereinigung von Forderungen und Verbindlichkeiten

(1) [1]Erhöht sich der Gewinn des übernehmenden Rechtsträgers dadurch, dass der Vermögensübergang zum Erlöschen von Forderungen und Verbindlichkeiten zwischen der übertragenden Körperschaft und dem übernehmenden Rechtsträger oder zur Auflösung von Rückstellungen führt, so darf der übernehmende Rechtsträger insoweit eine den steuerlichen Gewinn mindernde Rücklage bilden. [2]Die Rücklage ist in den auf ihre Bildung folgenden drei Wirtschaftsjahren mit mindestens je einem Drittel gewinnerhöhend aufzulösen.

(2) [1]Absatz 1 gilt entsprechend, wenn sich der Gewinn eines Gesellschafters des übernehmenden Rechtsträgers dadurch erhöht, dass eine Forderung oder Verbindlichkeit der übertragenden Körperschaft auf den übernehmenden Rechtsträger übergeht oder dass infolge des Vermögensübergangs eine Rückstellung aufzulösen ist. [2]Satz 1 gilt nur für Gesellschafter, die im Zeitpunkt der Eintragung des Umwandlungsbeschlusses in das öffentliche Register an dem übernehmenden Rechtsträger beteiligt sind.

(3) [1]Die Anwendung der Absätze 1 und 2 entfällt rückwirkend, wenn der übernehmende Rechtsträger den auf ihn übergegangenen Betrieb innerhalb von fünf Jahren nach dem steuerlichen Übertragungsstichtag in eine Kapitalgesellschaft einbringt oder ohne triftigen Grund veräußert oder aufgibt. [2]Bereits erteilte Steuerbescheide, Steuermessbescheide, Freistellungsbescheide oder Feststellungsbescheide sind zu ändern, soweit sie auf der Anwendung der Absätze 1 und 2 beruhen.

§ 7 Besteuerung offener Rücklagen

[1]Dem Anteilseigner ist der Teil des in der Steuerbilanz ausgewiesenen Eigenkapitals abzüglich des Bestands des steuerlichen Einlagekontos im Sinne des § 27 des Körperschaftsteuergesetzes, der sich nach Anwendung des § 29 Abs. 1 des Körperschaftsteuergesetzes ergibt, in dem Verhältnis der Anteile zum Nennkapital der übertragenden Körperschaft als Einnahmen aus Kapitalvermögen im Sinne des § 20 Abs. 1 Nr. 1 des Einkommensteuergesetzes zuzurechnen. [2]Dies gilt unabhängig davon, ob für den Anteilseigner ein Übernahmegewinn oder Übernahmeverlust nach § 4 oder § 5 ermittelt wird.

§ 8 Vermögensübergang auf einen Rechsträger ohne Betriebsvermögen

(1) [1]Wird das übertragene Vermögen nicht Betriebsvermögen des übernehmenden Rechtsträgers, sind die infolge des Vermögensübergangs entstehenden Einkünfte bei diesem oder den Gesellschaftern des übernehmenden Rechtsträgers zu ermitteln. [2]Die §§ 4, 5 und 7 gelten entsprechend.

(2) In den Fällen des Absatzes 1 sind § 17 Abs. 3 und § 22 Nr. 2 des Einkommensteuergesetzes nicht anzuwenden.

§ 9 Formwechsel in eine Personengesellschaft

[1]Im Falle des Formwechsels einer Kapitalgesellschaft in eine Personengesellschaft sind die §§ 3 bis 8 und 10 entsprechend anzuwenden. [2]Die Kapitalgesellschaft hat für steuerliche Zwecke auf den Zeitpunkt, in dem der Formwechsel wirksam wird, eine Übertragungsbilanz, die Personengesellschaft eine Eröffnungsbilanz aufzustellen. [3]Die Bilanzen nach Satz 2 können auch für einen Stichtag aufgestellt werden, der höchstens acht Monate vor der Anmeldung des Formwechsels zur Eintragung in ein öffentliches Register liegt (Übertragungsstichtag); § 2 Absatz 3 und 4 gilt entsprechend.

§ 10 *(aufgehoben)*

Dritter Teil Verschmelzung oder Vermögensübertragung (Vollübertragung) auf eine andere Körperschaft

§ 11 Wertansätze in der steuerlichen Schlussbilanz der übertragenden Körperschaft

(1) [1]Bei einer Verschmelzung oder Vermögensübertragung (Vollübertragung) auf eine andere Körperschaft sind die übergehenden Wirtschaftsgüter, einschließlich nicht entgeltlich erworbener oder selbst geschaffener immaterieller Wirtschaftsgüter, in der steuerlichen Schlussbilanz der übertragenden Körperschaft mit dem gemeinen Wert anzusetzen. [2]Für die Bewertung von Pensionsrückstellungen gilt § 6a des Einkommensteuergesetzes.

(2) [1]Auf Antrag können die übergehenden Wirtschaftsgüter abweichend von Absatz 1 einheitlich mit dem Buchwert oder einem höheren Wert, höchstens jedoch mit dem Wert nach Absatz 1, angesetzt werden, soweit

1. sichergestellt ist, dass sie später bei der übernehmenden Körperschaft der Besteuerung mit Körperschaftsteuer unterliegen und
2. das Recht der Bundesrepublik Deutschland hinsichtlich der Besteuerung des Gewinns aus der Veräußerung der übertragenen Wirtschaftsgüter bei der übernehmenden Körperschaft nicht ausgeschlossen oder beschränkt wird und
3. eine Gegenleistung nicht gewährt wird oder in Gesellschaftsrechten besteht.

[2]Anteile an der übernehmenden Körperschaft sind mindestens mit dem Buchwert, erhöht um Abschreibungen sowie um Abzüge nach § 6b des Einkommensteuergesetzes und ähnliche Abzüge, die in früheren Jahren steuerwirksam vorgenommen worden sind, höchstens mit dem gemeinen Wert, anzusetzen. [3]Auf einen sich daraus ergebenden Gewinn findet § 8b Abs. 2 Satz 4 und 5 des Körperschaftsteuergesetzes Anwendung.

(3) § 3 Abs. 2 Satz 2 und Abs. 3 gilt entsprechend.

§ 12 Auswirkungen auf den Gewinn der übernehmenden Körperschaft

(1) [1]Die übernehmende Körperschaft hat die auf sie übergegangenen Wirtschaftsgüter mit dem in der steuerlichen Schlussbilanz der übertragenden Körperschaft enthaltenen Wert im Sinne des § 11 zu übernehmen. [2]§ 4 Abs. 1 Satz 2 und 3 gilt entsprechend.

(2) [1]Bei der übernehmenden Körperschaft bleibt ein Gewinn oder ein Verlust in Höhe des Unterschieds zwischen dem Buchwert der Anteile an der übertragenden Körperschaft und dem Wert, mit dem die übergegangenen Wirtschaftsgüter zu übernehmen sind, abzüglich der Kosten für den Vermögensübergang, außer Ansatz. [2]§ 8b des Körperschaftsteuergesetzes ist anzuwenden, soweit der Gewinn im Sinne des Satzes 1 abzüglich der anteilig darauf entfallenden Kosten für den Vermögensübergang, dem Anteil der übernehmenden Körperschaft an der übertragenden Körperschaft entspricht. [3]§ 5 Abs. 1 gilt entsprechend.

(3) Die übernehmende Körperschaft tritt in die steuerliche Rechtsstellung der übertragenden Körperschaft ein; § 4 Abs. 2 und 3 gilt entsprechend.

(4) § 6 gilt sinngemäß für den Teil des Gewinns aus der Vereinigung von Forderungen und Verbindlichkeiten, der der Beteiligung der übernehmenden Körperschaft am Grund- oder Stammkapital der übertragenden Körperschaft entspricht.

(5) Im Falle des Vermögensübergangs in den nicht steuerpflichtigen oder steuerbefreiten Bereich der übernehmenden Körperschaft gilt das in der Steuerbilanz aus-

gewiesene Eigenkapital abzüglich des Bestands des steuerlichen Einlagekontos im Sinne des § 27 des Körperschaftsteuergesetzes, der sich nach Anwendung des § 29 Abs. 1 des Körperschaftsteuergesetzes ergibt, als Einnahme im Sinne des § 20 Abs. 1 Nr. 1 des Einkommensteuergesetzes.

§ 13 Besteuerung der Anteilseigner der übertragenden Körperschaft

(1) Die Anteile an der übertragenden Körperschaft gelten als zum gemeinen Wert veräußert und die an ihre Stelle tretenden Anteile an der übernehmenden Körperschaft gelten als mit diesem Wert angeschafft.

(2) [1]Abweichend von Absatz 1 sind auf Antrag die Anteile an der übernehmenden Körperschaft mit dem Buchwert der Anteile an der übertragenden Körperschaft anzusetzen, wenn

1. das Recht der Bundesrepublik Deutschland hinsichtlich der Besteuerung des Gewinns aus der Veräußerung der Anteile an der übernehmenden Körperschaft nicht ausgeschlossen oder beschränkt wird oder
2. die Mitgliedstaaten der Europäischen Union bei einer Verschmelzung Artikel 8 der Richtlinie 2009/133/EG anzuwenden haben; in diesem Fall ist der Gewinn aus einer späteren Veräußerung der erworbenen Anteile ungeachtet der Bestimmungen eines Abkommens zur Vermeidung der Doppelbesteuerung in der gleichen Art und Weise zu besteuern, wie die Veräußerung der Anteile an der übertragenden Körperschaft zu besteuern wäre. [2]§ 15 Abs. 1a Satz 2 des Einkommensteuergesetzes ist entsprechend anzuwenden.

[2]Die Anteile an der übernehmenden Körperschaft treten steuerlich an die Stelle der Anteile an der übertragenden Körperschaft. [3]Gehören die Anteile an der übertragenden Körperschaft nicht zu einem Betriebsvermögen, treten an die Stelle des Buchwerts die Anschaffungskosten.

§ 14 *(weggefallen)*

Vierter Teil Aufspaltung, Abspaltung und Vermögensübertragung (Teilübertragung)

§ 15 Aufspaltung, Abspaltung und Teilübertragung auf andere Körperschaften

(1) [1]Geht Vermögen einer Körperschaft durch Aufspaltung oder Abspaltung oder durch Teilübertragung auf andere Körperschaften über, gelten die §§ 11 bis 13 vorbehaltlich des Satzes 2 und des § 16 entsprechend. [2]§ 11 Abs. 2 und § 13 Abs. 2 sind nur anzuwenden, wenn auf die Übernehmerinnen ein Teilbetrieb übertragen wird und im Falle der Abspaltung oder Teilübertragung bei der übertragenden Körperschaft ein Teilbetrieb verbleibt. [3]Als Teilbetrieb gilt auch ein Mitunternehmeranteil oder die Beteiligung an einer Kapitalgesellschaft, die das gesamte Nennkapital der Gesellschaft umfasst.

(2) [1]§ 11 Abs. 2 ist auf Mitunternehmeranteile und Beteiligungen im Sinne des Absatzes 1 nicht anzuwenden, wenn sie innerhalb eines Zeitraums von drei Jahren vor dem steuerlichen Übertragungsstichtag durch Übertragung von Wirtschaftsgütern, die kein Teilbetrieb sind, erworben oder aufgestockt worden sind. [2]§ 11 Abs. 2 ist ebenfalls nicht anzuwenden, wenn durch die Spaltung die Veräußerung an außenstehende Personen vollzogen wird. [3]Das Gleiche gilt, wenn durch die Spaltung die Voraussetzungen für eine Veräußerung geschaffen werden. [4]Davon ist auszugehen, wenn innerhalb von fünf Jahren nach dem steuerlichen Übertragungsstichtag Anteile an einer an der Spaltung beteiligten Körperschaft, die mehr als 20 Prozent der vor Wirksamwerden der Spaltung an der

Körperschaft bestehenden Anteile ausmachen, veräußert werden. [5]Bei der Trennung von Gesellschafterstämmen setzt die Anwendung des § 11 Abs. 2 außerdem voraus, dass die Beteiligungen an der übertragenden Körperschaft mindestens fünf Jahre vor dem steuerlichen Übertragungsstichtag bestanden haben.

(3) Bei einer Abspaltung mindern sich verrechenbare Verluste, verbleibende Verlustvorträge, nicht ausgeglichene negative Einkünfte, ein Zinsvortrag nach § 4h Absatz 1 Satz 5 des Einkommensteuergesetzes und ein EBITDA-Vortrag nach § 4h Absatz 1 Satz 3 des Einkommensteuergesetzes der übertragenden Körperschaft in dem Verhältnis, in dem bei Zugrundelegung des gemeinen Werts das Vermögen auf eine andere Körperschaft übergeht.

§ 16 Aufspaltung oder Abspaltung auf eine Personengesellschaft

[1]Soweit Vermögen einer Körperschaft durch Aufspaltung oder Abspaltung auf eine Personengesellschaft übergeht, gelten die §§ 3 bis 8, 10 und 15 entsprechend. [2]§ 10 ist für den in § 40 Abs. 2 Satz 3 des Körperschaftsteuergesetzes bezeichneten Teil des Betrags im Sinne des § 38 des Körperschaftsteuergesetzes anzuwenden.

Fünfter Teil Gewerbesteuer

§ 17 *(weggefallen)*

§ 18 Gewerbesteuer bei Vermögensübergang auf eine Personengesellschaft oder auf eine natürliche Person sowie bei Formwechsel in eine Personengesellschaft

(1) [1]Die §§ 3 bis 9 und 16 gelten bei Vermögensübergang auf eine Personengesellschaft oder auf eine natürliche Person sowie bei Formwechsel in eine Personengesellschaft auch für die Ermittlung des Gewerbeertrags. [2]Der maßgebende Gewerbeertrag der übernehmenden Personengesellschaft oder natürlichen Person kann nicht um Fehlbeträge des laufenden Erhebungszeitraums und die vortragsfähigen Fehlbeträge der übertragenden Körperschaft im Sinne des § 10a des Gewerbesteuergesetzes gekürzt werden.

(2) [1]Ein Übernahmegewinn oder Übernahmeverlust ist nicht zu erfassen. [2]In Fällen des § 5 Abs. 2 ist ein Gewinn nach § 7 nicht zu erfassen.

(3) [1]Wird der Betrieb der Personengesellschaft oder der natürlichen Person innerhalb von fünf Jahren nach der Umwandlung aufgegeben oder veräußert, unterliegt ein Aufgabe- oder Veräußerungsgewinn der Gewerbesteuer, auch soweit er auf das Betriebsvermögen entfällt, das bereits vor der Umwandlung im Betrieb der übernehmenden Personengesellschaft oder der natürlichen Person vorhanden war. [2]Satz 1 gilt entsprechend, soweit ein Teilbetrieb oder ein Anteil an der Personengesellschaft aufgegeben oder veräußert wird. [3]Der auf den Aufgabe- oder Veräußerungsgewinnen im Sinne der Sätze 1 und 2 beruhende Teil des Gewerbesteuer-Messbetrags ist bei der Ermäßigung der Einkommensteuer nach § 35 des Einkommensteuergesetzes nicht zu berücksichtigen.

§ 19 Gewerbesteuer bei Vermögensübergang auf eine andere Körperschaft

(1) Geht das Vermögen der übertragenden Körperschaft auf eine andere Körperschaft über, gelten die §§ 11 bis 15 auch für die Ermittlung des Gewerbeertrags.

(2) Für die vortragsfähigen Fehlbeträge der übertragenden Körperschaft im Sinne des § 10a des Gewerbesteuergesetzes gelten § 12 Abs. 3 und § 15 Abs. 3 entsprechend.

Sechster Teil Einbringung von Unternehmensteilen in eine Kapitalgesellschaft oder Genossenschaft und Anteilstausch

§ 20 Einbringung von Unternehmensteilen in eine Kapitalgesellschaft oder Genossenschaft

(1) Wird ein Betrieb oder Teilbetrieb oder ein Mitunternehmeranteil in eine Kapitalgesellschaft oder eine Genossenschaft (übernehmende Gesellschaft) eingebracht und erhält der Einbringende dafür neue Anteile an der Gesellschaft (Sacheinlage), gelten für die Bewertung des eingebrachten Betriebsvermögens und der neuen Gesellschaftsanteile die nachfolgenden Absätze.

(2) [1]Die übernehmende Gesellschaft hat das eingebrachte Betriebsvermögen mit dem gemeinen Wert anzusetzen; für die Bewertung von Pensionsrückstellungen gilt § 6a des Einkommensteuergesetzes. [2]Abweichend von Satz 1 kann das übernommene Betriebsvermögen auf Antrag einheitlich mit dem Buchwert oder einem höheren Wert, höchstens jedoch mit dem Wert im Sinne des Satzes 1, angesetzt werden, soweit

1. sichergestellt ist, dass es später bei der übernehmenden Körperschaft der Besteuerung mit Körperschaftsteuer unterliegt,
2. die Passivposten des eingebrachten Betriebsvermögens die Aktivposten nicht übersteigen; dabei ist das Eigenkapital nicht zu berücksichtigen,
3. das Recht der Bundesrepublik Deutschland hinsichtlich der Besteuerung des Gewinns aus der Veräußerung des eingebrachten Betriebsvermögens bei der übernehmenden Gesellschaft nicht ausgeschlossen oder beschränkt wird und
4. der gemeine Wert von sonstigen Gegenleistungen, die neben den neuen Gesellschaftsanteilen gewährt werden, nicht mehr beträgt als
   a) 25 Prozent des Buchwerts des eingebrachten Betriebsvermögens oder
   b) 500 000 Euro, höchstens jedoch den Buchwert des eingebrachten Betriebsvermögens.

[3]Der Antrag ist spätestens bis zur erstmaligen Abgabe der steuerlichen Schlussbilanz bei dem für die Besteuerung der übernehmenden Gesellschaft zuständigen Finanzamt zu stellen. [4]Erhält der Einbringende neben den neuen Gesellschaftsanteilen auch sonstige Gegenleistungen, ist das eingebrachte Betriebsvermögen abweichend von Satz 2 mindestens mit dem gemeinen Wert der sonstigen Gegenleistungen anzusetzen, wenn dieser den sich nach Satz 2 ergebenden Wert übersteigt.

(3) [1]Der Wert, mit dem die übernehmende Gesellschaft das eingebrachte Betriebsvermögen ansetzt, gilt für den Einbringenden als Veräußerungspreis und als Anschaffungskosten der Gesellschaftsanteile. [2]Ist das Recht der Bundesrepublik Deutschland hinsichtlich der Besteuerung des Gewinns aus der Veräußerung des eingebrachten Betriebsvermögens im Zeitpunkt der Einbringung ausgeschlossen und wird dieses auch nicht durch die Einbringung begründet, gilt für den Einbringenden insoweit der gemeine Wert des Betriebsvermögens im Zeitpunkt der Einbringung als Anschaffungskosten der Anteile. [3]Soweit neben den Gesellschaftsanteilen auch andere Wirtschaftsgüter gewährt werden, ist deren gemeiner Wert bei der Bemessung der Anschaffungskosten der Gesellschaftsanteile von dem sich nach den Sätzen 1 und 2 ergebenden Wert abzuziehen. [4]Umfasst das eingebrachte Betriebsvermögen auch einbringungsgeborene Anteile im Sinne von § 21 Abs. 1 in der Fassung der Bekanntmachung vom 15. Oktober 2002 (BGBl. I S. 4133, 2003 I S. 738), geändert durch Artikel 3 des Gesetzes vom 16. Mai 2003 (BGBl. I S. 660), gelten die erhaltenen Anteile insoweit auch als einbringungsgeboren im Sinne von § 21 Abs. 1 in der Fassung der Bekanntmachung vom 15. Oktober

2002 (BGBl. I S. 4133, 2003 I S. 738), geändert durch Artikel 3 des Gesetzes vom 16. Mai 2003 (BGBl. I S. 660).

(4) [1]Auf einen bei der Sacheinlage entstehenden Veräußerungsgewinn ist § 16 Abs. 4 des Einkommensteuergesetzes nur anzuwenden, wenn der Einbringende eine natürliche Person ist, es sich nicht um die Einbringung von Teilen eines Mitunternehmeranteils handelt und die übernehmende Gesellschaft das eingebrachte Betriebsvermögen mit dem gemeinen Wert ansetzt. [2]In diesen Fällen ist § 34 Abs. 1 und 3 des Einkommensteuergesetzes nur anzuwenden, soweit der Veräußerungsgewinn nicht nach § 3 Nr. 40 Satz 1 in Verbindung mit § 3c Abs. 2 des Einkommensteuergesetzes teilweise steuerbefreit ist.

(5) [1]Das Einkommen und das Vermögen des Einbringenden und der übernehmenden Gesellschaft sind auf Antrag so zu ermitteln, als ob das eingebrachte Betriebsvermögen mit Ablauf des steuerlichen Übertragungsstichtags (Absatz 6) auf die Übernehmerin übergegangen wäre. [2]Dies gilt hinsichtlich des Einkommens und des Gewerbeertrags nicht für Entnahmen und Einlagen, die nach dem steuerlichen Übertragungsstichtag erfolgen. [3]Die Anschaffungskosten der Anteile (Absatz 3) sind um den Buchwert der Entnahmen zu vermindern und um den sich nach § 6 Abs. 1 Nr. 5 des Einkommensteuergesetzes ergebenden Wert der Einlagen zu erhöhen.

(6) [1]Als steuerlicher Übertragungsstichtag (Einbringungszeitpunkt) darf in den Fällen der Sacheinlage durch Verschmelzung im Sinne des § 2 des Umwandlungsgesetzes der Stichtag angesehen werden, für den die Schlussbilanz jedes der übertragenden Unternehmen im Sinne des § 17 Abs. 2 des Umwandlungsgesetzes aufgestellt ist; dieser Stichtag darf höchstens acht Monate vor der Anmeldung der Verschmelzung zur Eintragung in das Handelsregister liegen. [2]Entsprechendes gilt, wenn Vermögen im Wege der Sacheinlage durch Aufspaltung, Abspaltung oder Ausgliederung nach § 123 des Umwandlungsgesetzes auf die übernehmende Gesellschaft übergeht. [3]In anderen Fällen der Sacheinlage darf die Einbringung auf einen Tag zurückbezogen werden, der höchstens acht Monate vor dem Tag des Abschlusses des Einbringungsvertrags liegt und höchstens acht Monate vor dem Zeitpunkt liegt, an dem das eingebrachte Betriebsvermögen auf die übernehmende Gesellschaft übergeht. [4]§ 2 Abs. 3 und 4 gilt entsprechend.

(7) § 3 Abs. 3 ist entsprechend anzuwenden.

(8) Ist eine gebietsfremde einbringende oder erworbene Gesellschaft im Sinne von Artikel 3 der Richtlinie 2009/133/EG als steuerlich transparent anzusehen, ist auf Grund Artikel 11 der Richtlinie 2009/133/EG die ausländische Steuer, die nach den Rechtsvorschriften des anderen Mitgliedstaats der Europäischen Union erhoben worden wäre, wenn die einer in einem anderen Mitgliedstaat belegenen Betriebsstätte zuzurechnenden eingebrachten Wirtschaftsgüter zum gemeinen Wert veräußert worden wären, auf die auf den Einbringungsgewinn entfallende Körperschaftsteuer oder Einkommensteuer unter entsprechender Anwendung von § 26 des Körperschaftsteuergesetzes und von den §§ 34c und 50 Absatz 3 des Einkommensteuergesetzes anzurechnen.

(9) Ein Zinsvortrag nach § 4h Absatz 1 Satz 5 des Einkommensteuergesetzes und ein EBITDA-Vortrag nach § 4h Absatz 1 Satz 3 des Einkommensteuergesetzes des eingebrachten Betriebs gehen nicht auf die übernehmende Gesellschaft über.

§ 21 Bewertung der Anteile beim Anteilstausch

(1) [1]Werden Anteile an einer Kapitalgesellschaft oder einer Genossenschaft (erworbene Gesellschaft) in eine Kapitalgesellschaft oder Genossenschaft (übernehmende Gesellschaft) gegen Gewährung neuer Anteile an der übernehmenden Gesellschaft eingebracht (Anteilstausch), hat die übernehmende Gesellschaft die eingebrachten Anteile mit dem gemeinen Wert anzusetzen. [2]Abweichend von Satz 1 können die eingebrachten

Anteile auf Antrag mit dem Buchwert oder einem höheren Wert, höchstens jedoch mit dem gemeinen Wert, angesetzt werden, wenn

1. die übernehmende Gesellschaft nach der Einbringung auf Grund ihrer Beteiligung einschließlich der eingebrachten Anteile nachweisbar unmittelbar die Mehrheit der Stimmrechte an der erworbenen Gesellschaft hat (qualifizierter Anteilstausch) und soweit
2. der gemeine Wert von sonstigen Gegenleistungen, die neben den neuen Anteilen gewährt werden, nicht mehr beträgt als
   a) 25 Prozent des Buchwerts der eingebrachten Anteile oder
   b) 500 000 Euro, höchstens jedoch den Buchwert der eingebrachten Anteile.

[3]§ 20 Absatz 2 Satz 3 gilt entsprechend. [4]Erhält der Einbringende neben den neuen Gesellschaftsanteilen auch sonstige Gegenleistungen, sind die eingebrachten Anteile abweichend von Satz 2 mindestens mit dem gemeinen Wert der sonstigen Gegenleistungen anzusetzen, wenn dieser den sich nach Satz 2 ergebenden Wert übersteigt.

(2) [1]Der Wert, mit dem die übernehmende Gesellschaft die eingebrachten Anteile ansetzt, gilt für den Einbringenden als Veräußerungspreis der eingebrachten Anteile und als Anschaffungskosten der erhaltenen Anteile. [2]Abweichend von Satz 1 gilt für den Einbringenden der gemeine Wert der eingebrachten Anteile als Veräußerungspreis und als Anschaffungskosten der erhaltenen Anteile, wenn für die eingebrachten Anteile nach der Einbringung das Recht der Bundesrepublik Deutschland hinsichtlich der Besteuerung des Gewinns aus der Veräußerung dieser Anteile ausgeschlossen oder beschränkt ist; dies gilt auch, wenn das Recht der Bundesrepublik Deutschland hinsichtlich der Besteuerung des Gewinns aus der Veräußerung der erhaltenen Anteile ausgeschlossen oder beschränkt ist. [3]Auf Antrag gilt in den Fällen des Satzes 2 unter den Voraussetzungen des Absatzes 1 Satz 2 der Buchwert oder ein höherer Wert, höchstens der gemeine Wert, als Veräußerungspreis der eingebrachten Anteile und als Anschaffungskosten der erhaltenen Anteile, wenn

1. das Recht der Bundesrepublik Deutschland hinsichtlich der Besteuerung des Gewinns aus der Veräußerung der erhaltenen Anteile nicht ausgeschlossen oder beschränkt ist oder
2. der Gewinn aus dem Anteilstausch auf Grund Artikel 8 der Richtlinie 2009/133/EG nicht besteuert werden darf; in diesem Fall ist der Gewinn aus einer späteren Veräußerung der erhaltenen Anteile ungeachtet der Bestimmungen eines Abkommens zur Vermeidung der Doppelbesteuerung in der gleichen Art und Weise zu besteuern, wie die Veräußerung der Anteile an der erworbenen Gesellschaft zu besteuern gewesen wäre; § 15 Abs. 1a Satz 2 des Einkommensteuergesetzes ist entsprechend anzuwenden.

[4]Der Antrag ist spätestens bis zur erstmaligen Abgabe der Steuererklärung bei dem für die Besteuerung des Einbringenden zuständigen Finanzamt zu stellen. [5]Haben die eingebrachten Anteile beim Einbringenden nicht zu einem Betriebsvermögen gehört, treten an die Stelle des Buchwerts die Anschaffungskosten. [6]§ 20 Abs. 3 Satz 3 und 4 gilt entsprechend.

(3) [1]Auf den beim Anteilstausch entstehenden Veräußerungsgewinn ist § 17 Abs. 3 des Einkommensteuergesetzes nur anzuwenden, wenn der Einbringende eine natürliche Person ist und die übernehmende Gesellschaft die eingebrachten Anteile nach Absatz 1 Satz 1 oder in den Fällen des Absatzes 2 Satz 2 der Einbringende mit dem gemeinen Wert ansetzt; dies gilt für die Anwendung von § 16 Abs. 4 des Einkommensteuergesetzes unter der Voraussetzung, dass eine im Betriebsvermögen gehaltene Beteiligung an einer Ka-

pitalgesellschaft eingebracht wird, die das gesamte Nennkapital der Kapitalgesellschaft umfasst. [2]§ 34 Abs. 1 des Einkommensteuergesetzes findet keine Anwendung.

§ 22 [1)] Besteuerung des Anteilseigners

(1) [1]Soweit in den Fällen einer Sacheinlage unter dem gemeinen Wert (§ 20 Abs. 2 Satz 2) der Einbringende die erhaltenen Anteile innerhalb eines Zeitraums von sieben Jahren nach dem Einbringungszeitpunkt veräußert, ist der Gewinn aus der Einbringung rückwirkend im Wirtschaftsjahr der Einbringung als Gewinn des Einbringenden im Sinne von § 16 des Einkommensteuergesetzes zu versteuern (Einbringungsgewinn I); § 16 Abs. 4 und § 34 des Einkommensteuergesetzes sind nicht anzuwenden. [2]Die Veräußerung der erhaltenen Anteile gilt insoweit als rückwirkendes Ereignis im Sinne von § 175 Abs. 1 Satz 1 Nr. 2 der Abgabenordnung. [3]Einbringungsgewinn I ist der Betrag, um den der gemeine Wert des eingebrachten Betriebsvermögens im Einbringungszeitpunkt nach Abzug der Kosten für den Vermögensübergang den Wert, mit dem die übernehmende Gesellschaft dieses eingebrachte Betriebsvermögen angesetzt hat, übersteigt, vermindert um jeweils ein Siebtel für jedes seit dem Einbringungszeitpunkt abgelaufene Zeitjahr. [4]Der Einbringungsgewinn I gilt als nachträgliche Anschaffungskosten der erhaltenen Anteile. [5]Umfasst das eingebrachte Betriebsvermögen auch Anteile an Kapitalgesellschaften oder Genossenschaften, ist insoweit § 22 Abs. 2 anzuwenden; ist in diesen Fällen das Recht der Bundesrepublik Deutschland hinsichtlich der Besteuerung des Gewinns aus der Veräußerung der erhaltenen Anteile ausgeschlossen oder beschränkt, sind daneben auch die Sätze 1 bis 4 anzuwenden. [6]Die Sätze 1 bis 5 gelten entsprechend, wenn

1. der Einbringende die erhaltenen Anteile unmittelbar oder mittelbar unentgeltlich auf eine Kapitalgesellschaft oder eine Genossenschaft überträgt,
2. der Einbringende die erhaltenen Anteile entgeltlich überträgt, es sei denn, er weist nach, dass die Übertragung durch einen Vorgang im Sinne des § 20 Absatz 1 oder § 21 Absatz 1 oder auf Grund vergleichbarer ausländischer Vorgänge zu Buchwerten erfolgte und keine sonstigen Gegenleistungen erbracht wurden, die die Grenze des § 20 Absatz 2 Satz 2 Nummer 4 oder die Grenze des § 21 Absatz 1 Satz 2 Nummer 2 übersteigen,
3. die Kapitalgesellschaft, an der die Anteile bestehen, aufgelöst und abgewickelt wird oder das Kapital dieser Gesellschaft herabgesetzt und an die Anteilseigner zurückgezahlt wird oder Beträge aus dem steuerlichen Einlagekonto im Sinne des § 27 des Körperschaftsteuergesetzes ausgeschüttet oder zurückgezahlt werden,
4. der Einbringende die erhaltenen Anteile durch einen Vorgang im Sinne des § 21 Absatz 1 oder einen Vorgang im Sinne des § 20 Absatz 1 oder auf Grund vergleichbarer ausländischer Vorgänge zum Buchwert in eine Kapitalgesellschaft oder eine Genossenschaft eingebracht hat und diese Anteile anschließend unmittelbar oder mittelbar veräußert oder durch einen Vorgang im Sinne der Nummern 1 oder 2 unmittelbar oder mittelbar übertragen werden, es sei denn, er weist nach, dass diese Anteile zu Buchwerten übertragen wurden und keine sonstigen Gegenleistungen erbracht wurden, die die Grenze des § 20 Absatz 2 Satz 2 Nummer 4 oder die Grenze des § 21 Absatz 1 Satz 2 Nummer 2 übersteigen (Ketteneinbringung),
5. der Einbringende die erhaltenen Anteile in eine Kapitalgesellschaft oder eine Genossenschaft durch einen Vorgang im Sinne des § 20 Absatz 1 oder einen Vorgang im Sinne des § 21 Absatz 1 oder auf Grund vergleichbarer ausländischer Vorgänge zu Buchwerten einbringt und die aus dieser Einbringung erhaltenen Anteile an-

1) § 22 Abs. 8 angefügt durch Gesetz vom 25.3.2019 (BGBl. I S. 357).

schließend unmittelbar oder mittelbar veräußert oder durch einen Vorgang im Sinne der Nummern 1 oder 2 unmittelbar oder mittelbar übertragen werden, es sei denn, er weist nach, dass die Einbringung zu Buchwerten erfolgte und keine sonstigen Gegenleistungen erbracht wurden, die die Grenze des § 20 Absatz 2 Satz 2 Nummer 4 oder die Grenze des § 21 Absatz 1 Satz 2 Nummer 2 übersteigen, oder

6. für den Einbringenden oder die übernehmende Gesellschaft im Sinne der Nummer 4 die Voraussetzungen im Sinne von § 1 Abs. 4 nicht mehr erfüllt sind.

[7]Satz 4 gilt in den Fällen des Satzes 6 Nr. 4 und 5 auch hinsichtlich der Anschaffungskosten der auf einer Weitereinbringung dieser Anteile (§ 20 Abs. 1 und § 21 Abs. 1 Satz 2) zum Buchwert beruhenden Anteile.

(2) [1]Soweit im Rahmen einer Sacheinlage (§ 20 Abs. 1) oder eines Anteilstausches (§ 21 Abs. 1) unter dem gemeinen Wert eingebrachte Anteile innerhalb eines Zeitraums von sieben Jahren nach dem Einbringungszeitpunkt durch die übernehmende Gesellschaft unmittelbar oder mittelbar veräußert werden und soweit beim Einbringenden der Gewinn aus der Veräußerung dieser Anteile im Einbringungszeitpunkt nicht nach § 8b Abs. 2 des Körperschaftsteuergesetzes steuerfrei gewesen wäre, ist der Gewinn aus der Einbringung im Wirtschaftsjahr der Einbringung rückwirkend als Gewinn des Einbringenden aus der Veräußerung von Anteilen zu versteuern (Einbringungsgewinn II); § 16 Abs. 4 und § 34 des Einkommensteuergesetzes sind nicht anzuwenden. [2]Absatz 1 Satz 2 gilt entsprechend. [3]Einbringungsgewinn II ist der Betrag, um den der gemeine Wert der eingebrachten Anteile im Einbringungszeitpunkt nach Abzug der Kosten für den Vermögensübergang den Wert, mit dem der Einbringende die erhaltenen Anteile angesetzt hat, übersteigt, vermindert um jeweils ein Siebtel für jedes seit dem Einbringungszeitpunkt abgelaufene Zeitjahr. [4]Der Einbringungsgewinn II gilt als nachträgliche Anschaffungskosten der erhaltenen Anteile. [5]Sätze 1 bis 4 sind nicht anzuwenden, soweit der Einbringende die erhaltenen Anteile veräußert hat; dies gilt auch in den Fällen von § 6 des Außensteuergesetzes vom 8. September 1972 (BGBl. I S. 1713), das zuletzt durch Artikel 7 des Gesetzes vom 7. Dezember 2006 (BGBl. I S. 2782) geändert worden ist, in der jeweils geltenden Fassung, wenn und soweit die Steuer nicht gestundet wird. [6]Sätze 1 bis 5 gelten entsprechend, wenn die übernehmende Gesellschaft die eingebrachten Anteile ihrerseits durch einen Vorgang nach Absatz 1 Satz 6 Nr. 1 bis 5 weiter überträgt oder für diese die Voraussetzungen nach § 1 Abs. 4 nicht mehr erfüllt sind. [7]Absatz 1 Satz 7 ist entsprechend anzuwenden.

(3) [1]Der Einbringende hat in den dem Einbringungszeitpunkt folgenden sieben Jahren jährlich spätestens bis zum 31. Mai den Nachweis darüber zu erbringen, wem mit Ablauf des Tages, der dem maßgebenden Einbringungszeitpunkt entspricht,

1. in den Fällen des Absatzes 1 die erhaltenen Anteile und die auf diesen Anteilen beruhenden Anteile und
2. in den Fällen des Absatzes 2 die eingebrachten Anteile und die auf diesen Anteilen beruhenden Anteile

zuzurechnen sind. [2]Erbringt er den Nachweis nicht, gelten die Anteile im Sinne des Absatzes 1 oder des Absatzes 2 an dem Tag, der dem Einbringungszeitpunkt folgt oder der in den Folgejahren diesem Kalendertag entspricht, als veräußert.

(4) Ist der Veräußerer von Anteilen nach Absatz 1

1. eine juristische Person des öffentlichen Rechts, gilt in den Fällen des Absatzes 1 der Gewinn aus der Veräußerung der erhaltenen Anteile als in einem Betrieb gewerblicher Art dieser Körperschaft entstanden,

2. von der Körperschaftsteuer befreit, gilt in den Fällen des Absatzes 1 der Gewinn aus der Veräußerung der erhaltenen Anteile als in einem wirtschaftlichen Geschäftsbetrieb dieser Körperschaft entstanden.

(5) Das für den Einbringenden zuständige Finanzamt bescheinigt der übernehmenden Gesellschaft auf deren Antrag die Höhe des zu versteuernden Einbringungsgewinns, die darauf entfallende festgesetzte Steuer und den darauf entrichteten Betrag; nachträgliche Minderungen des versteuerten Einbringungsgewinns sowie die darauf entfallende festgesetzte Steuer und der darauf entrichtete Betrag sind dem für die übernehmende Gesellschaft zuständigen Finanzamt von Amts wegen mitzuteilen.

(6) In den Fällen der unentgeltlichen Rechtsnachfolge gilt der Rechtsnachfolger des Einbringenden als Einbringender im Sinne der Absätze 1 bis 5 und der Rechtsnachfolger der übernehmenden Gesellschaft als übernehmende Gesellschaft im Sinne des Absatzes 2.

(7) Werden in den Fällen einer Sacheinlage (§ 20 Abs. 1) oder eines Anteilstauschs (§ 21 Abs. 1) unter dem gemeinen Wert stille Reserven auf Grund einer Gesellschaftsgründung oder Kapitalerhöhung von den erhaltenen oder eingebrachten Anteilen oder von auf diesen Anteilen beruhenden Anteilen auf andere Anteile verlagert, gelten diese Anteile insoweit auch als erhaltene oder eingebrachte Anteile oder als auf diesen Anteilen beruhende Anteile im Sinne des Absatzes 1 oder 2 (Mitverstrickung von Anteilen).

(8) [1]Absatz 1 Satz 6 Nummer 6 und Absatz 2 Satz 6 sind mit der Maßgabe anzuwenden, dass allein der Austritt des Vereinigten Königreichs Großbritannien und Nordirland aus der Europäischen Union nicht dazu führt, dass die Voraussetzungen des § 1 Absatz 4 nicht mehr erfüllt sind. [2]Satz 1 gilt nur für Einbringungen, bei denen in den Fällen der Gesamtrechtsnachfolge der Umwandlungsbeschluss vor dem Zeitpunkt, ab dem das Vereinigte Königreich Großbritannien und Nordirland nicht mehr Mitgliedstaat der Europäischen Union ist und auch nicht wie ein solcher zu behandeln ist, erfolgt oder in den anderen Fällen, in denen die Einbringung nicht im Wege der Gesamtrechtsnachfolge erfolgt, der Einbringungsvertrag vor diesem Zeitpunkt geschlossen worden ist.

§ 23 Auswirkungen bei der übernehmenden Gesellschaft

(1) Setzt die übernehmende Gesellschaft das eingebrachte Betriebsvermögen mit einem unter dem gemeinen Wert liegenden Wert (§ 20 Abs. 2 Satz 2, § 21 Abs. 1 Satz 2) an, gelten § 4 Abs. 2 Satz 3 und § 12 Abs. 3 erster Halbsatz entsprechend.

(2) [1]In den Fällen des § 22 Abs. 1 kann die übernehmende Gesellschaft auf Antrag den versteuerten Einbringungsgewinn im Wirtschaftsjahr der Veräußerung der Anteile oder eines gleichgestellten Ereignisses (§ 22 Abs. 1 Satz 1 und Satz 6 Nr. 1 bis 6) als Erhöhungsbetrag ansetzen, soweit der Einbringende die auf den Einbringungsgewinn entfallende Steuer entrichtet hat und dies durch Vorlage einer Bescheinigung des zuständigen Finanzamts im Sinne von § 22 Abs. 5 nachgewiesen wurde; der Ansatz des Erhöhungsbetrags bleibt ohne Auswirkung auf den Gewinn. [2]Satz 1 ist nur anzuwenden, soweit das eingebrachte Betriebsvermögen in den Fällen des § 22 Abs. 1 noch zum Betriebsvermögen der übernehmenden Gesellschaft gehört, es sei denn, dieses wurde zum gemeinen Wert übertragen. [3]Wurden die veräußerten Anteile auf Grund einer Einbringung von Anteilen nach § 20 Abs. 1 oder § 21 Abs. 1 (§ 22 Abs. 2) erworben, erhöhen sich die Anschaffungskosten der eingebrachten Anteile in Höhe des versteuerten Einbringungsgewinns, soweit der Einbringende die auf den Einbringungsgewinn entfallende Steuer entrichtet hat; Satz 1 und § 22 Abs. 1 Satz 7 gelten entsprechend.

(3) [1]Setzt die übernehmende Gesellschaft das eingebrachte Betriebsvermögen mit einem über dem Buchwert, aber unter dem gemeinen Wert liegenden Wert an, gilt § 12 Abs. 3 erster Halbsatz entsprechend mit der folgenden Maßgabe:

1. Die Absetzungen für Abnutzung oder Substanzverringerung nach § 7 Abs. 1, 4, 5 und 6 des Einkommensteuergesetzes sind vom Zeitpunkt der Einbringung an nach den Anschaffungs- oder Herstellungskosten des Einbringenden, vermehrt um den Unterschiedsbetrag zwischen dem Buchwert der einzelnen Wirtschaftsgüter und dem Wert, mit dem die Kapitalgesellschaft die Wirtschaftsgüter ansetzt, zu bemessen.
2. Bei den Absetzungen für Abnutzung nach § 7 Abs. 2 des Einkommensteuergesetzes tritt im Zeitpunkt der Einbringung an die Stelle des Buchwerts der einzelnen Wirtschaftsgüter der Wert, mit dem die Kapitalgesellschaft die Wirtschaftsgüter ansetzt.

[2]Bei einer Erhöhung der Anschaffungskosten oder Herstellungskosten auf Grund rückwirkender Besteuerung des Einbringungsgewinns (Absatz 2) gilt dies mit der Maßgabe, dass an die Stelle des Zeitpunkts der Einbringung der Beginn des Wirtschaftsjahrs tritt, in welches das die Besteuerung des Einbringungsgewinns auslösende Ereignis fällt.

(4) Setzt die übernehmende Gesellschaft das eingebrachte Betriebsvermögen mit dem gemeinen Wert an, gelten die eingebrachten Wirtschaftsgüter als im Zeitpunkt der Einbringung von der Kapitalgesellschaft angeschafft, wenn die Einbringung des Betriebsvermögens im Wege der Einzelrechtsnachfolge erfolgt; erfolgt die Einbringung des Betriebsvermögens im Wege der Gesamtrechtsnachfolge nach den Vorschriften des Umwandlungsgesetzes, gilt Absatz 3 entsprechend.

(5) Der maßgebende Gewerbeertrag der übernehmenden Gesellschaft kann nicht um die vortragsfähigen Fehlbeträge des Einbringenden im Sinne des § 10a des Gewerbesteuergesetzes gekürzt werden.

(6) § 6 Abs. 1 und 3 gilt entsprechend.

Siebter Teil Einbringung eines Betriebs, Teilbetriebs oder Mitunternehmeranteils in eine Personengesellschaft

§ 24 Einbringung von Betriebsvermögen in eine Personengesellschaft

(1) Wird ein Betrieb oder Teilbetrieb oder ein Mitunternehmeranteil in eine Personengesellschaft eingebracht und wird der Einbringende Mitunternehmer der Gesellschaft, gelten für die Bewertung des eingebrachten Betriebsvermögens die Absätze 2 bis 4.

(2) [1]Die Personengesellschaft hat das eingebrachte Betriebsvermögen in ihrer Bilanz einschließlich der Ergänzungsbilanzen für ihre Gesellschafter mit dem gemeinen Wert anzusetzen; für die Bewertung von Pensionsrückstellungen gilt § 6a des Einkommensteuergesetzes. [2]Abweichend von Satz 1 kann das übernommene Betriebsvermögen auf Antrag mit dem Buchwert oder einem höheren Wert, höchstens jedoch mit dem Wert im Sinne des Satzes 1, angesetzt werden, soweit

1. das Recht der Bundesrepublik Deutschland hinsichtlich der Besteuerung des eingebrachten Betriebsvermögens nicht ausgeschlossen oder beschränkt wird und
2. der gemeine Wert von sonstigen Gegenleistungen, die neben den neuen Gesellschaftsanteilen gewährt werden, nicht mehr beträgt als
   a) 25 Prozent des Buchwerts des eingebrachten Betriebsvermögens oder
   b) 500 000 Euro, höchstens jedoch den Buchwert des eingebrachten Betriebsvermögens.

[3]§ 20 Abs. 2 Satz 3 gilt entsprechend. [4]Erhält der Einbringende neben den neuen Gesellschaftsanteilen auch sonstige Gegenleistungen, ist das eingebrachte Betriebsvermögen abweichend von Satz 2 mindestens mit dem gemeinen Wert der sonstigen Gegenleistungen anzusetzen, wenn dieser den sich nach Satz 2 ergebenden Wert übersteigt.

(3) [1]Der Wert, mit dem das eingebrachte Betriebsvermögen in der Bilanz der Personengesellschaft einschließlich der Ergänzungsbilanzen für ihre Gesellschafter angesetzt wird, gilt für den Einbringenden als Veräußerungspreis. [2]§ 16 Abs. 4 des Einkommensteuergesetzes ist nur anzuwenden, wenn das eingebrachte Betriebsvermögen mit dem gemeinen Wert angesetzt wird und es sich nicht um die Einbringung von Teilen eines Mitunternehmeranteils handelt; in diesen Fällen ist § 34 Abs. 1 und 3 des Einkommensteuergesetzes anzuwenden, soweit der Veräußerungsgewinn nicht nach § 3 Nr. 40 Satz 1 Buchstabe b in Verbindung mit § 3c Abs. 2 des Einkommensteuergesetzes teilweise steuerbefreit ist. [3]In den Fällen des Satzes 2 gilt § 16 Abs. 2 Satz 3 des Einkommensteuergesetzes entsprechend.

(4) § 23 Abs. 1, 3, 4 und 6 gilt entsprechend; in den Fällen der Einbringung in eine Personengesellschaft im Wege der Gesamtrechtsnachfolge gilt auch § 20 Abs. 5 und 6 entsprechend.

(5) Soweit im Rahmen einer Einbringung nach Absatz 1 unter dem gemeinen Wert eingebrachte Anteile an einer Körperschaft, Personenvereinigung oder Vermögensmasse innerhalb eines Zeitraums von sieben Jahren nach dem Einbringungszeitpunkt durch die übernehmende Personengesellschaft veräußert oder durch einen Vorgang nach § 22 Absatz 1 Satz 6 Nummer 1 bis 5 weiter übertragen werden und soweit beim Einbringenden der Gewinn aus der Veräußerung dieser Anteile im Einbringungszeitpunkt nicht nach § 8b Absatz 2 des Körperschaftsteuergesetzes steuerfrei gewesen wäre, ist § 22 Absatz 2, 3 und 5 bis 7 insoweit entsprechend anzuwenden, als der Gewinn aus der Veräußerung der eingebrachten Anteile auf einen Mitunternehmer entfällt, für den insoweit § 8b Absatz 2 des Körperschaftsteuergesetzes Anwendung findet.

(6) § 20 Abs. 9 gilt entsprechend.

Achter Teil Formwechsel einer Personengesellschaft in eine Kapitalgesellschaft oder Genossenschaft

§ 25 Entsprechende Anwendung des Sechsten Teils

In den Fällen des Formwechsels einer Personengesellschaft in eine Kapitalgesellschaft oder Genossenschaft im Sinne des § 190 des Umwandlungsgesetzes vom 28. Oktober 1994 (BGBl. I S. 3210, 1995 I S. 428), das zuletzt durch Artikel 10 des Gesetzes vom 9. Dezember 2004 (BGBl. I S. 3214) geändert worden ist, in der jeweils geltenden Fassung oder auf Grund vergleichbarer ausländischer Vorgänge gelten §§ 20 bis 23 entsprechend. § 9 Satz 2 und 3 ist entsprechend anzuwenden.

Neunter Teil Verhinderung von Missbräuchen

§ 26 *(weggefallen)*

Zehnter Teil Anwendungsvorschriften und Ermächtigung

§ 27 Anwendungsvorschriften

(1) [1]Diese Fassung des Gesetzes ist erstmals auf Umwandlungen und Einbringungen anzuwenden, bei denen die Anmeldung zur Eintragung in das für die Wirksamkeit des jeweiligen Vorgangs maßgebende öffentliche Register nach dem 12. Dezember 2006 erfolgt ist. [2]Für Einbringungen, deren Wirksamkeit keine Eintragung in ein öffentliches Register voraussetzt, ist diese Fassung des Gesetzes erstmals anzuwenden, wenn das

wirtschaftliche Eigentum an den eingebrachten Wirtschaftsgütern nach dem 12. Dezember 2006 übergegangen ist.

(2) [1]Das Umwandlungssteuergesetz in der Fassung der Bekanntmachung vom 15. Oktober 2002 (BGBl. I S. 4133, 2003 I S. 738), geändert durch Artikel 3 des Gesetzes vom 16. Mai 2003 (BGBl. I S. 660), ist letztmals auf Umwandlungen und Einbringungen anzuwenden, bei denen die Anmeldung zur Eintragung in das für die Wirksamkeit des jeweiligen Vorgangs maßgebende öffentliche Register bis zum 12. Dezember 2006 erfolgt ist. [2]Für Einbringungen, deren Wirksamkeit keine Eintragung in ein öffentliches Register voraussetzt, ist diese Fassung letztmals anzuwenden, wenn das wirtschaftliche Eigentum an den eingebrachten Wirtschaftsgütern bis zum 12. Dezember 2006 übergegangen ist.

(3) Abweichend von Absatz 2 ist

1. § 5 Abs. 4 für einbringungsgeborene Anteile im Sinne von § 21 Abs. 1 mit der Maßgabe weiterhin anzuwenden, dass die Anteile zu dem Wert im Sinne von § 5 Abs. 2 oder Abs. 3 in der Fassung des Absatzes 1 als zum steuerlichen Übertragungsstichtag in das Betriebsvermögen des übernehmenden Rechtsträgers überführt gelten,
2. § 20 Abs. 6 in der am 21. Mai 2003 geltenden Fassung für die Fälle des Ausschlusses des Besteuerungsrechts (§ 20 Abs. 3) weiterhin anwendbar, wenn auf die Einbringung Absatz 2 anzuwenden war,
3. § 21 in der am 21. Mai 2003 geltenden Fassung ist für einbringungsgeborene Anteile im Sinne von § 21 Abs. 1, die auf einem Einbringungsvorgang beruhen, auf den Absatz 2 anwendbar war, weiterhin anzuwenden. [2]Für § 21 Abs. 2 Satz 1 Nr. 2 in der am 21. Mai 2003 geltenden Fassung gilt dies mit der Maßgabe, dass eine Stundung der Steuer gemäß § 6 Abs. 5 des Außensteuergesetzes in der Fassung des Gesetzes vom 7. Dezember 2006 (BGBl. I S. 2782) unter den dort genannten Voraussetzungen erfolgt, wenn die Einkommensteuer noch nicht bestandskräftig festgesetzt ist; § 6 Abs. 6 und 7 des Außensteuergesetzes ist entsprechend anzuwenden.

(4) Abweichend von Absatz 1 sind §§ 22, 23 und 24 Abs. 5 nicht anzuwenden, soweit hinsichtlich des Gewinns aus der Veräußerung der Anteile oder einem gleichgestellten Ereignis im Sinne von § 22 Abs. 1 die Steuerfreistellung nach § 8b Abs. 4 des Körperschaftsteuergesetzes in der am 12. Dezember 2006 geltenden Fassung oder nach § 3 Nr. 40 Satz 3 und 4 des Einkommensteuergesetzes in der am 12. Dezember 2006 geltenden Fassung ausgeschlossen ist.

(5) [1]§ 4 Abs. 2 Satz 2, § 15 Abs. 3, § 20 Abs. 9 und § 24 Abs. 6 in der Fassung des Artikels 5 des Gesetzes vom 14. August 2007 (BGBl 2007 I S. 1912) sind erstmals auf Umwandlungen und Einbringungen anzuwenden, bei denen die Anmeldung zur Eintragung in das für die Wirksamkeit des jeweiligen Vorgangs maßgebende öffentliche Register nach dem 31. Dezember 2007 erfolgt ist. [2]Für Einbringungen, deren Wirksamkeit keine Eintragung in ein öffentliches Register voraussetzt, ist diese Fassung des Gesetzes erstmals anzuwenden, wenn das wirtschaftliche Eigentum an den eingebrachten Wirtschaftsgütern nach dem 31. Dezember 2007 übergegangen ist.

(6) § 10 ist letztmals auf Umwandlungen anzuwenden, bei denen der steuerliche Übertragungsstichtag vor dem 1. Januar 2007 liegt. § 10 ist abweichend von Satz 1 weiter anzuwenden in den Fällen, in denen ein Antrag nach § 34 Abs. 16 des Körperschaftsteuergesetzes in der Fassung des Artikels 3 des Gesetzes vom 20. Dezember 2007 (BGBl. I S. 3150) gestellt wurde.

(7) § 18 Abs. 3 Satz 1 in der Fassung des Artikels 4 des Gesetzes vom 20. Dezember 2007 (BGBl. I S. 3150) ist erstmals auf Umwandlungen anzuwenden, bei denen die An-

meldung zur Eintragung in das für die Wirksamkeit der Umwandlung maßgebende öffentliche Register nach dem 31. Dezember 2007 erfolgt ist.

(8) § 4 Abs. 6 Satz 4 bis 6 sowie § 4 Abs. 7 Satz 2 in der Fassung des Artikels 6 des Gesetzes vom 19. Dezember 2008 (BGBl. I S. 2794) sind erstmals auf Umwandlungen anzuwenden, bei denen § 3 Nr. 40 des Einkommensteuergesetzes in der durch Artikel 1 Nr. 3 des Gesetzes vom 14. August 2007 (BGBl. I S. 1912) geänderten Fassung für die Bezüge im Sinne des § 7 anzuwenden ist.

(9) [1]§ 2 Abs. 4 und § 20 Abs. 6 Satz 4 in der Fassung des Artikels 6 des Gesetzes vom 19. Dezember 2008 (BGBl. I S. 2794) sind erstmals auf Umwandlungen und Einbringungen anzuwenden, bei denen der schädliche Beteiligungserwerb oder ein anderes die Verlustnutzung ausschließendes Ereignis nach dem 28. November 2008 eintritt. [2]§ 2 Abs. 4 und § 20 Abs. 6 Satz 4 in der Fassung des Artikels 6 des Gesetzes vom 19. Dezember 2008 (BGBl. I S. 2794) gelten nicht, wenn sich der Veräußerer und der Erwerber am 28. November 2008 über den später vollzogenen schädlichen Beteiligungserwerb oder ein anderes die Verlustnutzung ausschließendes Ereignis einig sind, der übernehmende Rechtsträger dies anhand schriftlicher Unterlagen nachweist und die Anmeldung zur Eintragung in das für die Wirksamkeit des Vorgangs maßgebende öffentliche Register bzw. bei Einbringungen der Übergang des wirtschaftlichen Eigentums bis zum 31. Dezember 2009 erfolgt.

(10) § 2 Absatz 4 Satz 1, § 4 Absatz 2 Satz 2, § 9 Satz 3, § 15 Absatz 3 und § 20 Absatz 9 in der Fassung des Artikels 4 des Gesetzes vom 22. Dezember 2009 (BGBl. I S. 3950) sind erstmals auf Umwandlungen und Einbringungen anzuwenden, deren steuerlicher Übertragungsstichtag in einem Wirtschaftsjahr liegt, für das § 4h Absatz 1, 4 Satz 1 und Absatz 5 Satz 1 und 2 des Einkommensteuergesetzes in der Fassung des Artikels 1 des Gesetzes vom 22. Dezember 2009 (BGBl. I S. 3950) erstmals anzuwenden ist.

(11) Für Bezüge im Sinne des § 8b Absatz 1 des Körperschaftsteuergesetzes aufgrund einer Umwandlung ist § 8b Absatz 4 des Körperschaftsteuergesetzes in der Fassung des Artikels 1 des Gesetzes vom 21. März 2013 (BGBl. I S. 561) abweichend von § 34 Absatz 7a Satz 2 des Körperschaftsteuergesetzes bereits erstmals vor dem 1. März 2013 anzuwenden, wenn die Anmeldung zur Eintragung in das für die Wirksamkeit des jeweiligen Vorgangs maßgebende öffentliche Register nach dem 28. Februar 2013 erfolgt.

(12) [1]§ 2 Absatz 4 Satz 3 bis 6 in der Fassung des Artikels 9 des Gesetzes vom 26. Juni 2013 (BGBl. I S. 1809) ist erstmals auf Umwandlungen und Einbringungen anzuwenden, bei denen die Anmeldung zur Eintragung in das für die Wirksamkeit des jeweiligen Vorgangs maßgebende öffentliche Register nach dem 6. Juni 2013 erfolgt. [2]Für Einbringungen, deren Wirksamkeit keine Eintragung in ein öffentliches Register voraussetzt, ist § 2 in der Fassung des Artikels 9 des Gesetzes vom 26. Juni 2013 (BGBl. I S. 1809) erstmals anzuwenden, wenn das wirtschaftliche Eigentum an den eingebrachten Wirtschaftsgütern nach dem 6. Juni 2013 übergegangen ist.

(13) § 20 Absatz 8 in der am 31. Juli 2014 geltenden Fassung ist erstmals bei steuerlichen Übertragungsstichtagen nach dem 31. Dezember 2013 anzuwenden.

(14) § 20 Absatz 2, § 21 Absatz 1, § 22 Absatz 1 Satz 6 Nummer 2, 4 und 5 sowie § 24 Absatz 2 in der am 6. November 2015 geltenden Fassung sind erstmals auf Einbringungen anzuwenden, wenn in den Fällen der Gesamtrechtsnachfolge der Umwandlungsbeschluss nach dem 31. Dezember 2014 erfolgt ist oder in den anderen Fällen der Einbringungsvertrag nach dem 31. Dezember 2014 geschlossen worden ist.

§ 28 Bekanntmachungserlaubnis

Das Bundesministerium der Finanzen wird ermächtigt, den Wortlaut dieses Gesetzes und der zu diesem Gesetz erlassenen Rechtsverordnungen in der jeweils geltenden Fassung satzweise nummeriert mit neuem Datum und in neuer Paragraphenfolge bekannt zu machen und dabei Unstimmigkeiten im Wortlaut zu beseitigen.

10. Gesetz über den Wertpapierhandel (Wertpapierhandelsgesetz – WpHG)

In der Fassung der Bekanntmachung vom 9. September 1998 (BGBl. I S. 2708)

zuletzt geändert durch Gesetz vom 12.12.2019 (BGBl. I S. 2637)

Inhaltsübersicht

Abschnitt 1

Anwendungsbereich, Begriffsbestimmungen

Abschnitt 2

Bundesanstalt für Finanzdienstleistungsaufsicht

Abschnitt 1. Anwendungsbereich, Begriffsbestimmungen

§ 1 Anwendungsbereich

(1) Dieses Gesetz enthält Regelungen in Bezug auf

1. die Erbringung von Wertpapierdienstleistungen und Wertpapiernebendienstleistungen,
2. die Erbringung von Datenbereitstellungsdiensten und die Organisation von Datenbereitstellungsdienstleistern,
3. das marktmissbräuchliche Verhalten im börslichen und außerbörslichen Handel mit Finanzinstrumenten,
4. die Vermarktung, den Vertrieb und den Verkauf von Finanzinstrumenten und strukturierten Einlagen,
5. die Konzeption von Finanzinstrumenten zum Vertrieb,
6. die Überwachung von Unternehmensabschlüssen und die Veröffentlichung von Finanzberichten, die den Vorschriften dieses Gesetzes unterliegen,
7. die Veränderungen der Stimmrechtsanteile von Aktionären an börsennotierten Gesellschaften sowie
8. die Zuständigkeiten und Befugnisse der Bundesanstalt für Finanzdienstleistungsaufsicht (Bundesanstalt) und die Ahndung von Verstößen hinsichtlich
   a) der Vorschriften dieses Gesetzes,
   b) der Verordnung (EG) Nr. 1060/2009 des Europäischen Parlaments und des Rates vom 16. September 2009 über Ratingagenturen (ABl. L 302 vom 17.11.2009, S. 1; L 350 vom 29.12.2009, S. 59; L 145 vom 31.5.2011, S. 57; L 267 vom 6.9.2014, S. 30), die zuletzt durch die Richtlinie 2014/51/EU (ABl. L 153 vom 22.5.2014, S. 1; L 108 vom 28.4.2015, S. 8) geändert worden ist, in der jeweils geltenden Fassung,

c) der Verordnung (EU) Nr. 236/2012 des Europäischen Parlaments und des Rates vom 14. März 2012 über Leerverkäufe und bestimmte Aspekte von Credit Default Swaps (ABl. L 86 vom 24.3.2012, S. 1), die zuletzt durch die Verordnung (EU) Nr. 909/2014 (ABl. L 257 vom 28.8.2014, S. 1) geändert worden ist, in der jeweils geltenden Fassung,

d) der Verordnung (EU) Nr. 648/2012 des Europäischen Parlaments und des Rates vom 4. Juli 2012 über OTC-Derivate, zentrale Gegenparteien und Transaktionsregister (ABl. L 201 vom 27.7.2012, S. 1; L 321 vom 30.11.2013, S. 6), die zuletzt durch die Verordnung (EU) 2015/2365 (ABl. L 337 vom 23.12.2015, S. 1) geändert worden ist, in der jeweils geltenden Fassung,

e) der Verordnung (EU) Nr. 596/2014 des Europäischen Parlaments und des Rates vom 16. April 2014 über Marktmissbrauch (Marktmissbrauchsverordnung) und zur Aufhebung der Richtlinie 2003/6/EG des Europäischen Parlaments und des Rates und der Richtlinien 2003/124/EG, 2003/125/EG und 2004/72/EG der Kommission (ABl. L 173 vom 12.6.2014, S. 1; L 287 vom 21.10.2016, S. 320; L 306 vom 15.11.2016, S. 43; L 348 vom 21.12.2016, S. 83), die zuletzt durch die Verordnung (EU) 2016/1033 (ABl. L 175 vom 30.6.2016, S. 1) geändert worden ist, in der jeweils geltenden Fassung,

f) der Verordnung (EU) Nr. 600/2014 des Europäischen Parlaments und des Rats vom 15. Mai 2014 über Märkte für Finanzinstrumente und zur Änderung der Verordnung (EU) Nr. 648/2012 (ABl. L 173 vom 12.6.2014, S. 84; L 6 vom 10.1.2015, S. 6; L 270 vom 15.10.2015, S. 4) in der jeweils geltenden Fassung,

g) der Verordnung (EU) Nr. 909/2014 des Europäischen Parlaments und des Rates vom 23. Juli 2014 zur Verbesserung der Wertpapierlieferungen und -abrechnungen in der Europäischen Union und über Zentralverwahrer sowie zur Änderung der Richtlinien 98/26/EG und 2014/65/EU und der Verordnung (EU) Nr. 236/2012 (ABl. L 257 vom 28.8.2014, S. 1; L 349 vom 21.12.2016, S. 5), die zuletzt durch die Verordnung (EU) 2016/1033 (ABl. L 175 vom 30.6.2016, S. 1) geändert worden ist, in der jeweils geltenden Fassung,

h) der Verordnung (EU) Nr. 1286/2014 des Europäischen Parlaments und des Rates vom 26. November 2014 über Basisinformationsblätter für verpackte Anlageprodukte für Kleinanleger und Versicherungsanlageprodukte (PRIIP) (ABl. L 352 vom 9.12.2014, S. 1; L 358 vom 13.12.2014, S. 50), in der jeweils geltenden Fassung,

i) der Verordnung (EU) 2015/2365 des Europäischen Parlaments und des Rates vom 25. November 2015 über die Transparenz von Wertpapierfinanzierungsgeschäften und der Weiterverwendung sowie zur Änderung der Verordnung (EU) Nr. 648/2012 (ABl. L 337 vom 23.12.2015, S. 1), in der jeweils geltenden Fassung,

j) der Verordnung (EU) 2016/1011 des Europäischen Parlaments und des Rates vom 8. Juni 2016 über Indizes, die bei Finanzinstrumenten und Finanzkontrakten als Referenzwert oder zur Messung der Wertentwicklung eines Investmentfonds verwendet werden, und zur Änderung der Richtlinien 2008/48/EG und 2014/17/EU sowie der Verordnung (EU) Nr. 596/2014 (ABl. L 171 vom 29.6.2016, S. 1), in der jeweils geltenden Fassung.

(2) [1]Soweit nicht abweichend geregelt, sind die Vorschriften des Abschnitts 11 sowie die §§ 54 bis 57 auch anzuwenden auf Handlungen und Unterlassungen, die im Ausland vorgenommen werden, sofern sie

1. einen Emittenten mit Sitz im Inland,

2. Finanzinstrumente, die an einem inländischen organisierten Markt, einem inländischen multilateralen Handelssystem oder einem inländischen organisierten Handelssystem gehandelt werden oder
3. Wertpapierdienstleistungen oder Wertpapiernebendienstleistungen, die im Inland angeboten werden,

betreffen. [2]Die §§ 54 bis 57 gelten auch für im Ausland außerhalb eines Handelsplatzes gehandelte Warenderivate, die wirtschaftlich gleichwertig mit Warenderivaten sind, die an Handelsplätzen im Inland gehandelt werden.

(3) [1]Bei Anwendung der Vorschriften der Abschnitte 6, 7 und 16 unberücksichtigt bleiben Anteile und Aktien an offenen Investmentvermögen im Sinne des § 1 Absatz 4 des Kapitalanlagegesetzbuchs. [2]Für Abschnitt 6 gilt dies nur, soweit es sich nicht um Spezial-AIF im Sinne des § 1 Absatz 6 des Kapitalanlagegesetzbuchs handelt.

§ 2 [1)] Begriffsbestimmungen

(1) Wertpapiere im Sinne dieses Gesetzes sind, auch wenn keine Urkunden über sie ausgestellt sind, alle Gattungen von übertragbaren Wertpapieren mit Ausnahme von Zahlungsinstrumenten, die ihrer Art nach auf den Finanzmärkten handelbar sind, insbesondere

1. Aktien,
2. andere Anteile an in- oder ausländischen juristischen Personen, Personengesellschaften und sonstigen Unternehmen, soweit sie Aktien vergleichbar sind, sowie Hinterlegungsscheine, die Aktien vertreten,
3. Schuldtitel,
   a) insbesondere Genussscheine und Inhaberschuldverschreibungen und Orderschuldverschreibungen sowie Hinterlegungsscheine, die Schuldtitel vertreten,
   b) sonstige Wertpapiere, die zum Erwerb oder zur Veräußerung von Wertpapieren nach den Nummern 1 und 2 berechtigen oder zu einer Barzahlung führen, die in Abhängigkeit von Wertpapieren, von Währungen, Zinssätzen oder anderen Erträgen, von Waren, Indices oder Messgrößen bestimmt wird; nähere Bestimmungen enthält die Delegierte Verordnung (EU) 2017/565 der Kommission vom 25. April 2016 zur Ergänzung der Richtlinie 2014/65/EU des Europäischen Parlaments und des Rates in Bezug auf die organisatorischen Anforderungen an Wertpapierfirmen und die Bedingungen für die Ausübung ihrer Tätigkeit sowie in Bezug auf die Definition bestimmter Begriffe für die Zwecke der genannten Richtlinie (ABl. L 87 vom 31.3.2017, S. 1), in der jeweils geltenden Fassung.

(2) Geldmarktinstrumente im Sinne dieses Gesetzes sind Instrumente, die üblicherweise auf dem Geldmarkt gehandelt werden, insbesondere Schatzanweisungen, Einlagenzertifikate, Commercial Papers und sonstige vergleichbare Instrumente, sofern im Einklang mit Artikel 11 der Delegierten Verordnung (EU) 2017/565

1. ihr Wert jederzeit bestimmt werden kann,
2. es sich nicht um Derivate handelt und
3. ihre Fälligkeit bei Emission höchstens 397 Tage beträgt,

es sei denn, es handelt sich um Zahlungsinstrumente.

(3) Derivative Geschäfte im Sinne dieses Gesetzes sind

1. als Kauf, Tausch oder anderweitig ausgestaltete Festgeschäfte oder Optionsgeschäfte, die zeitlich verzögert zu erfüllen sind und deren Wert sich unmittelbar oder

---

1) § 2 Abs. 3 Nr. 1 Buchst. f neu gefasst durch Gesetz vom 18.1.2019 (BGBl. I S. 37).

mittelbar vom Preis oder Maß eines Basiswertes ableitet (Termingeschäfte) mit Bezug auf die folgenden Basiswerte:

a) Wertpapiere oder Geldmarktinstrumente,

b) Devisen, soweit das Geschäft nicht die in Artikel 10 der Delegierten Verordnung (EU) 2017/565 genannten Voraussetzungen erfüllt, oder Rechnungseinheiten,

c) Zinssätze oder andere Erträge,

d) Indices der Basiswerte der Buchstaben a, b c oder f, andere Finanzindizes oder Finanzmessgrößen,

e) derivative Geschäfte oder

f) Berechtigungen nach § 3 Nummer 3 des Treibhausgas-Emissionshandelsgesetzes, Emissionsreduktionseinheiten nach § 2 Nummer 20 des Projekt-Mechanismen-Gesetzes und zertifizierte Emissionsreduktionen nach § 2 Nummer 21 des Projekt-Mechanismen-Gesetzes, soweit diese jeweils im Emissionshandelsregister gehalten werden dürfen (Emissionszertifikate);

2. Termingeschäfte mit Bezug auf Waren, Frachtsätze, Klima- oder andere physikalische Variablen, Inflationsraten oder andere volkswirtschaftliche Variablen oder sonstige Vermögenswerte, Indices oder Messwerte als Basiswerte, sofern sie

   a) durch Barausgleich zu erfüllen sind oder einer Vertragspartei das Recht geben, einen Barausgleich zu verlangen, ohne dass dieses Recht durch Ausfall oder ein anderes Beendigungsereignis begründet ist,

   b) auf einem organisierten Markt oder in einem multilateralen oder organisierten Handelssystem geschlossen werden und nicht über ein organisiertes Handelssystem gehandelte Energiegroßhandelsprodukte im Sinne von Absatz 20 sind, die effektiv geliefert werden müssen, oder

   c) die Merkmale anderer Derivatekontrakte im Sinne des Artikels 7 der Delegierten Verordnung (EU) 2017/565 aufweisen und nichtkommerziellen Zwecken dienen,

   und sofern sie keine Kassageschäfte im Sinne des Artikels 7 der Delegierten Verordnung (EU) 2017/565 sind;

3. finanzielle Differenzgeschäfte;

4. als Kauf, Tausch oder anderweitig ausgestaltete Festgeschäfte oder Optionsgeschäfte, die zeitlich verzögert zu erfüllen sind und dem Transfer von Kreditrisiken dienen (Kreditderivate);

5. Termingeschäfte mit Bezug auf die in Artikel 8 der Delegierten Verordnung (EU) 2017/565 genannten Basiswerte, sofern sie die Bedingungen der Nummer 2 erfüllen.

(4) Finanzinstrumente im Sinne dieses Gesetzes sind

1. Wertpapiere im Sinne des Absatzes 1,
2. Anteile an Investmentvermögen im Sinne des § 1 Absatz 1 des Kapitalanlagegesetzbuchs,
3. Geldmarktinstrumente im Sinne des Absatzes 2,
4. derivative Geschäfte im Sinne des Absatzes 3,
5. Emissionszertifikate,
6. Rechte auf Zeichnung von Wertpapieren und
7. Vermögensanlagen im Sinne des § 1 Absatz 2 des Vermögensanlagengesetzes mit Ausnahme von Anteilen an einer Genossenschaft im Sinne des § 1 des Genossenschaftsgesetzes sowie Namensschuldverschreibungen, die mit einer vereinbarten

festen Laufzeit, einem unveränderlich vereinbarten festen positiven Zinssatz ausgestattet sind, bei denen das investierte Kapital ohne Anrechnung von Zinsen ungemindert zum Zeitpunkt der Fälligkeit zum vollen Nennwert zurückgezahlt wird, und die von einem CRR-Kreditinstitut im Sinne des § 1 Absatz 3d Satz 1 des Kreditwesengesetzes, dem eine Erlaubnis nach § 32 Absatz 1 des Kreditwesengesetzes erteilt worden ist, ausgegeben werden, wenn das darauf eingezahlte Kapital im Falle des Insolvenzverfahrens über das Vermögen des Instituts oder der Liquidation des Instituts nicht erst nach Befriedigung aller nicht nachrangigen Gläubiger zurückgezahlt wird.

(5) Waren im Sinne dieses Gesetzes sind fungible Wirtschaftsgüter, die geliefert werden können; dazu zählen auch Metalle, Erze und Legierungen, landwirtschaftliche Produkte und Energien wie Strom.

(6) Waren-Spot-Kontrakt im Sinne dieses Gesetzes ist ein Vertrag im Sinne des Artikels 3 Absatz 1 Nummer 15 der Verordnung (EU) Nr. 596/2014.

(7) Referenzwert im Sinne dieses Gesetzes ist ein Kurs, Index oder Wert im Sinne des Artikels 3 Absatz 1 Nummer 29 der Verordnung (EU) Nr. 596/2014.

(8) [1]Wertpapierdienstleistungen im Sinne dieses Gesetzes sind

1. die Anschaffung oder Veräußerung von Finanzinstrumenten im eigenen Namen für fremde Rechnung (Finanzkommissionsgeschäft),
2. das
   a) kontinuierliche Anbieten des An- und Verkaufs von Finanzinstrumenten an den Finanzmärkten zu selbst gestellten Preisen für eigene Rechnung unter Einsatz des eigenen Kapitals (Market-Making),
   b) häufige organisierte und systematische Betreiben von Handel für eigene Rechnung in erheblichem Umfang außerhalb eines organisierten Marktes oder eines multilateralen oder organisierten Handelssystems, wenn Kundenaufträge außerhalb eines geregelten Marktes oder eines multilateralen oder organisierten Handelssystems ausgeführt werden, ohne dass ein multilaterales Handelssystem betrieben wird (systematische Internalisierung),
   c) Anschaffen oder Veräußern von Finanzinstrumenten für eigene Rechnung als Dienstleistung für andere (Eigenhandel) oder
   d) Kaufen oder Verkaufen von Finanzinstrumenten für eigene Rechnung als unmittelbarer oder mittelbarer Teilnehmer eines inländischen organisierten Marktes oder eines multilateralen oder organisierten Handelssystems mittels einer hochfrequenten algorithmischen Handelstechnik im Sinne von Absatz 44, auch ohne Dienstleistung für andere (Hochfrequenzhandel),
3. die Anschaffung oder Veräußerung von Finanzinstrumenten in fremdem Namen für fremde Rechnung (Abschlussvermittlung),
4. die Vermittlung von Geschäften über die Anschaffung und die Veräußerung von Finanzinstrumenten (Anlagevermittlung),
5. die Übernahme von Finanzinstrumenten für eigenes Risiko zur Platzierung oder die Übernahme gleichwertiger Garantien (Emissionsgeschäft),
6. die Platzierung von Finanzinstrumenten ohne feste Übernahmeverpflichtung (Platzierungsgeschäft),
7. die Verwaltung einzelner oder mehrerer in Finanzinstrumenten angelegter Vermögen für andere mit Entscheidungsspielraum (Finanzportfolioverwaltung),
8. der Betrieb eines multilateralen Systems, das die Interessen einer Vielzahl von Personen am Kauf und Verkauf von Finanzinstrumenten innerhalb des Systems und

nach nichtdiskretionären Bestimmungen in einer Weise zusammenbringt, die zu einem Vertrag über den Kauf dieser Finanzinstrumente führt (Betrieb eines multilateralen Handelssystems),

9. der Betrieb eines multilateralen Systems, bei dem es sich nicht um einen organisierten Markt oder ein multilaterales Handelssystem handelt und das die Interessen einer Vielzahl Dritter am Kauf und Verkauf von Schuldverschreibungen, strukturierten Finanzprodukten, Emissionszertifikaten oder Derivaten innerhalb des Systems auf eine Weise zusammenführt, die zu einem Vertrag über den Kauf dieser Finanzinstrumente führt (Betrieb eines organisierten Handelssystems),

10. die Abgabe von persönlichen Empfehlungen im Sinne des Artikels 9 der Delegierten Verordnung (EU) 2017/565 an Kunden oder deren Vertreter, die sich auf Geschäfte mit bestimmten Finanzinstrumenten beziehen, sofern die Empfehlung auf eine Prüfung der persönlichen Umstände des Anlegers gestützt oder als für ihn geeignet dargestellt wird und nicht ausschließlich über Informationsverbreitungskanäle oder für die Öffentlichkeit bekannt gegeben wird (Anlageberatung).

[2]Das Finanzkommissionsgeschäft, der Eigenhandel und die Abschlussvermittlung umfassen den Abschluss von Vereinbarungen über den Verkauf von Finanzinstrumenten, die von einem Wertpapierdienstleistungsunternehmen oder einem Kreditinstitut ausgegeben werden, im Zeitpunkt ihrer Emission. [3]Ob ein häufiger systematischer Handel vorliegt, bemisst sich nach der Zahl der Geschäfte außerhalb eines Handelsplatzes (OTC-Handel) mit einem Finanzinstrument zur Ausführung von Kundenaufträgen, die von dem Wertpapierdienstleistungsunternehmen für eigene Rechnung durchgeführt werden. [4]Ob ein Handel in erheblichem Umfang vorliegt, bemisst sich entweder nach dem Anteil des OTC-Handels an dem Gesamthandelsvolumen des Wertpapierdienstleistungsunternehmens in einem bestimmten Finanzinstrument oder nach dem Verhältnis des OTC-Handels des Wertpapierdienstleistungsunternehmens zum Gesamthandelsvolumen in einem bestimmten Finanzinstrument in der Europäischen Union; nähere Bestimmungen enthalten die Artikel 12 bis 17 der Delegierten Verordnung (EU) 2017/565. [5]Die Voraussetzungen der systematischen Internalisierung sind erst dann erfüllt, wenn sowohl die Obergrenze für den häufigen systematischen Handel als auch die Obergrenze für den Handel in erheblichem Umfang überschritten werden oder wenn ein Unternehmen sich freiwillig den für die systematische Internalisierung geltenden Regelungen unterworfen und eine Erlaubnis zum Betreiben der systematischen Internalisierung bei der Bundesanstalt beantragt hat. [6]Als Wertpapierdienstleistung gilt auch die Anschaffung und Veräußerung von Finanzinstrumenten für eigene Rechnung, die keine Dienstleistung für andere im Sinne des Satzes 1 Nr. 2 darstellt (Eigengeschäft). [7]Der Finanzportfolioverwaltung gleichgestellt ist hinsichtlich der §§ 22, 63 bis 83 und 85 bis 92 dieses Gesetzes sowie des Artikels 20 Absatz 1 der Verordnung (EU) Nr. 596/2014 und der Artikel 72 bis 76 der Delegierten Verordnung (EU) 2017/565 die erlaubnispflichtige Anlageverwaltung nach § 1 Abs. 1a Satz 2 Nr. 11 des Kreditwesengesetzes.

(9) Wertpapiernebendienstleistungen im Sinne dieses Gesetzes sind

1. die Verwahrung und die Verwaltung von Finanzinstrumenten für andere, einschließlich Depotverwahrung und verbundener Dienstleistungen wie Cash-Management oder die Verwaltung von Sicherheiten mit Ausnahme der Bereitstellung und Führung von Wertpapierkonten auf oberster Ebene (zentrale Kontenführung) gemäß Abschnitt A Nummer 2 des Anhangs zur Verordnung (EU) Nr. 909/2014 (Depotgeschäft),

2. die Gewährung von Krediten oder Darlehen an andere für die Durchführung von Wertpapierdienstleistungen, sofern das Unternehmen, das den Kredit oder das Darlehen gewährt, an diesen Geschäften beteiligt ist,

3. die Beratung von Unternehmen über die Kapitalstruktur, die industrielle Strategie sowie die Beratung und das Angebot von Dienstleistungen bei Unternehmenskäufen und Unternehmenszusammenschlüssen,
4. Devisengeschäfte, die in Zusammenhang mit Wertpapierdienstleistungen stehen,
5. das Erstellen oder Verbreiten von Empfehlungen oder Vorschlägen von Anlagestrategien im Sinne des Artikels 3 Absatz 1 Nummer 34 der Verordnung (EU) Nr. 596/2014 (Anlagestrategieempfehlung) oder von Anlageempfehlungen im Sinne des Artikels 3 Absatz 1 Nummer 35 der Verordnung (EU) Nr. 596/2014 (Anlageempfehlung),
6. Dienstleistungen, die im Zusammenhang mit dem Emissionsgeschäft stehen,
7. Dienstleistungen, die sich auf einen Basiswert im Sinne des Absatzes 2 Nr. 2 oder Nr. 5 beziehen und im Zusammenhang mit Wertpapierdienstleistungen oder Wertpapiernebendienstleistungen stehen.

(10) Wertpapierdienstleistungsunternehmen im Sinne dieses Gesetzes sind Kreditinstitute, Finanzdienstleistungsinstitute und nach § 53 Abs. 1 Satz 1 des Kreditwesengesetzes tätige Unternehmen, die Wertpapierdienstleistungen allein oder zusammen mit Wertpapiernebendienstleistungen gewerbsmäßig oder in einem Umfang erbringen, der einen in kaufmännischer Weise eingerichteten Geschäftsbetrieb erfordert.

(11) Organisierter Markt im Sinne dieses Gesetzes ist ein im Inland, in einem anderen Mitgliedstaat der Europäischen Union oder einem anderen Vertragsstaat des Abkommens über den Europäischen Wirtschaftsraum betriebenes oder verwaltetes, durch staatliche Stellen genehmigtes, geregeltes und überwachtes multilaterales System, das die Interessen einer Vielzahl von Personen am Kauf und Verkauf von dort zum Handel zugelassenen Finanzinstrumenten innerhalb des Systems und nach nichtdiskretionären Bestimmungen in einer Weise zusammenbringt oder das Zusammenbringen fördert, die zu einem Vertrag über den Kauf dieser Finanzinstrumente führt.

(12) Drittstaat im Sinne dieses Gesetzes ist ein Staat, der weder Mitgliedstaat der Europäischen Union (Mitgliedstaat) noch Vertragsstaat des Abkommens über den Europäischen Wirtschaftsraum ist.

(13) Emittenten, für die die Bundesrepublik Deutschland der Herkunftsstaat ist, sind

1. Emittenten von Schuldtiteln mit einer Stückelung von weniger als 1 000 Euro oder dem am Ausgabetag entsprechenden Gegenwert in einer anderen Währung oder von Aktien,
   a) die ihren Sitz im Inland haben und deren Wertpapiere zum Handel an einem organisierten Markt im Inland oder in einem anderen Mitgliedstaat der Europäischen Union oder einem anderen Vertragsstaat des Abkommens über den Europäischen Wirtschaftsraum zugelassen sind oder
   b) die ihren Sitz in einem Drittstaat haben, deren Wertpapiere zum Handel an einem organisierten Markt im Inland zugelassen sind und die die Bundesrepublik Deutschland als Herkunftsstaat nach § 4 Absatz 1 gewählt haben,
2. Emittenten, die andere als die in Nummer 1 genannten Finanzinstrumente begeben und
   a) die ihren Sitz im Inland haben und deren Finanzinstrumente zum Handel an einem organisierten Markt im Inland oder in anderen Mitgliedstaaten der Europäischen Union oder in anderen Vertragsstaaten des Abkommens über den Europäischen Wirtschaftsraum zugelassen sind oder
   b) die ihren Sitz nicht im Inland haben und deren Finanzinstrumente zum Handel an einem organisierten Markt im Inland zugelassen sind

und die die Bundesrepublik Deutschland nach Maßgabe des § 4 Absatz 2 als Herkunftsstaat gewählt haben,

3. Emittenten, die nach Nummer 1 Buchstabe b oder Nummer 2 die Bundesrepublik Deutschland als Herkunftsstaat wählen können und deren Finanzinstrumente zum Handel an einem organisierten Markt im Inland zugelassen sind, solange sie nicht wirksam einen Herkunftsmitgliedstaat gewählt haben nach § 4 in Verbindung mit § 5 oder nach entsprechenden Vorschriften anderer Mitgliedstaaten der Europäischen Union oder anderer Vertragsstaaten des Abkommens über den Europäischen Wirtschaftsraum.

(14) Inlandsemittenten sind

1. Emittenten, für die die Bundesrepublik Deutschland der Herkunftsstaat ist, mit Ausnahme solcher Emittenten, deren Wertpapiere nicht im Inland, sondern lediglich in einem anderen Mitgliedstaat der Europäischen Union oder einem anderen Vertragsstaat des Abkommens über den Europäischen Wirtschaftsraum zugelassen sind, soweit sie in diesem anderen Staat Veröffentlichungs- und Mitteilungspflichten nach Maßgabe der Richtlinie 2004/109/EG des Europäischen Parlaments und des Rates vom 15. Dezember 2004 zur Harmonisierung der Transparenzanforderungen in Bezug auf Informationen über Emittenten, deren Wertpapiere zum Handel auf einem geregelten Markt zugelassen sind, und zur Änderung der Richtlinie 2001/34/EG (ABl. EU Nr. L 390 S. 38) unterliegen, und

2. Emittenten, für die nicht die Bundesrepublik Deutschland, sondern ein anderer Mitgliedstaat der Europäischen Union oder ein anderer Vertragsstaat des Abkommens über den Europäischen Wirtschaftsraum der Herkunftsstaat ist, deren Wertpapiere aber nur im Inland zum Handel an einem organisierten Markt zugelassen sind.

(15) MTF-Emittenten im Sinne dieses Gesetzes sind Emittenten von Finanzinstrumenten,

1. die ihren Sitz im Inland haben und die für ihre Finanzinstrumente eine Zulassung zum Handel an einem multilateralen Handelssystem im Inland oder in einem anderen Mitgliedstaat der Europäischen Union (Mitgliedstaat) oder einem anderen Vertragsstaat des Abkommens über den Europäischen Wirtschaftsraum beantragt oder genehmigt haben, wenn diese Finanzinstrumente nur auf multilateralen Handelssystemen gehandelt werden, mit Ausnahme solcher Emittenten, deren Finanzinstrumente nicht im Inland, sondern lediglich in einem anderen Mitgliedstaat oder einem anderen Vertragsstaat des Abkommens über den Europäischen Wirtschaftsraum zugelassen sind, wenn sie in diesem anderen Staat den Anforderungen des Artikels 21 der Richtlinie 2004/109/EG unterliegen, oder

2. die ihren Sitz nicht im Inland haben und die für ihre Finanzinstrumente eine Zulassung zum Handel auf einem multilateralen Handelssystem im Inland beantragt oder genehmigt haben, wenn diese Finanzinstrumente nur an multilateralen Handelssystemen im Inland gehandelt werden.

(16) OTF-Emittenten im Sinne dieses Gesetzes sind Emittenten von Finanzinstrumenten,

1. die ihren Sitz im Inland haben und die für ihre Finanzinstrumente eine Zulassung zum Handel an einem organisierten Handelssystem im Inland oder in einem anderen Mitgliedstaat oder einem anderen Vertragsstaat des Abkommens über den Europäischen Wirtschaftsraum beantragt oder genehmigt haben, wenn diese Finanzinstrumente nur auf organisierten Handelssystemen gehandelt werden, mit Ausnahme solcher Emittenten, deren Finanzinstrumente nicht im Inland, sondern lediglich in einem anderen Mitgliedstaat oder einem anderen Vertragsstaat des Abkom-

mens über den Europäischen Wirtschaftsraum zugelassen sind, soweit sie in diesem Staat den Anforderungen des Artikels 21 der Richtlinie 2004/109/EG unterliegen, oder

2. die ihren Sitz nicht im Inland haben und die für ihre Finanzinstrumente nur eine Zulassung zum Handel an einem organisierten Handelssystem im Inland beantragt oder genehmigt haben.

(17) Herkunftsmitgliedstaat im Sinne dieses Gesetzes ist

1. im Falle eines Wertpapierdienstleistungsunternehmens,
   a) sofern es sich um eine natürliche Person handelt, der Mitgliedstaat, in dem sich die Hauptverwaltung des Wertpapierdienstleistungsunternehmens befindet;
   b) sofern es sich um eine juristische Person handelt, der Mitgliedstaat, in dem sich ihr Sitz befindet;
   c) sofern es sich um eine juristische Person handelt, für die nach dem nationalen Recht, das für das Wertpapierdienstleistungsunternehmen maßgeblich ist, kein Sitz bestimmt ist, der Mitgliedstaat, in dem sich die Hauptverwaltung befindet;
2. im Falle eines organisierten Marktes der Mitgliedstaat, in dem dieser registriert oder zugelassen ist, oder, sofern für ihn nach dem Recht dieses Mitgliedstaats kein Sitz bestimmt ist, der Mitgliedstaat, in dem sich die Hauptverwaltung befindet;
3. im Falle eines Datenbereitstellungsdienstes,
   a) sofern es sich um eine natürliche Person handelt, der Mitgliedstaat, in dem sich die Hauptverwaltung des Datenbereitstellungsdienstes befindet;
   b) sofern es sich um eine juristische Person handelt, der Mitgliedstaat, in dem sich der Sitz des Datenbereitstellungsdienstes befindet;
   c) sofern es sich um eine juristische Person handelt, für die nach dem nationalen Recht, das für den Datenbereitstellungsdienst maßgeblich ist, kein Sitz bestimmt ist, der Mitgliedstaat, in dem sich die Hauptverwaltung befindet.

(18) Aufnahmemitgliedstaat im Sinne dieses Gesetzes ist

1. für ein Wertpapierdienstleistungsunternehmen der Mitgliedstaat, in dem es eine Zweigniederlassung unterhält oder Wertpapierdienstleistungen im Wege des grenzüberschreitenden Dienstleistungsverkehrs erbringt;
2. für einen organisierten Markt der Mitgliedstaat, in dem er geeignete Vorkehrungen bietet, um in diesem Mitgliedstaat niedergelassenen Marktteilnehmern den Zugang zum Handel über sein System zu erleichtern.

(19) [1]Eine strukturierte Einlage ist eine Einlage im Sinne des § 2 Absatz 3 Satz 1 und 2 des Einlagensicherungsgesetzes, die bei Fälligkeit in voller Höhe zurückzuzahlen ist, wobei sich die Zahlung von Zinsen oder einer Prämie, das Zinsrisiko oder das Prämienrisiko aus einer Formel ergibt, die insbesondere abhängig ist von

1. einem Index oder einer Indexkombination,
2. einem Finanzinstrument oder einer Kombination von Finanzinstrumenten,
3. einer Ware oder einer Kombination von Waren oder anderen körperlichen oder nicht körperlichen nicht übertragbaren Vermögenswerten oder
4. einem Wechselkurs oder einer Kombination von Wechselkursen.

[2]Keine strukturierten Einlagen stellen variabel verzinsliche Einlagen dar, deren Ertrag unmittelbar an einen Zinsindex, insbesondere den Euribor oder den Libor, gebunden ist.

(20) Energiegroßhandelsprodukt im Sinne dieses Gesetzes ist ein Energiegroßhandelsprodukt im Sinne des Artikels 2 Nummer 4 der Verordnung (EU) Nr. 1227/2011 des

Europäischen Parlaments und des Rates vom 25. Oktober 2011 über die Integrität und Transparenz des Energiegroßhandelsmarkts (ABl. L 326 vom 8.12.2011, S. 1), sowie der Artikel 5 und 6 der Delegierten Verordnung (EU) 2017/565.

(21) Multilaterales System im Sinne dieses Gesetzes ist ein System oder ein Mechanismus, der die Interessen einer Vielzahl Dritter am Kauf und Verkauf von Finanzinstrumenten innerhalb des Systems zusammenführt.

(22) Handelsplatz im Sinne dieses Gesetzes ist ein organisierter Markt, ein multilaterales Handelssystem oder ein organisiertes Handelssystem.

(23) [1]Liquider Markt im Sinne dieses Gesetzes ist ein Markt für ein Finanzinstrument oder für eine Kategorie von Finanzinstrumenten,

1. auf dem kontinuierlich kauf- oder verkaufsbereite vertragswillige Käufer oder Verkäufer verfügbar sind und
2. der unter Berücksichtigung der speziellen Marktstrukturen des betreffenden Finanzinstruments oder der betreffenden Kategorie von Finanzinstrumenten nach den folgenden Kriterien bewertet wird:
   a) Durchschnittsfrequenz und -volumen der Geschäfte bei einer bestimmten Bandbreite von Marktbedingungen unter Berücksichtigung der Art und des Lebenszyklus von Produkten innerhalb der Kategorie von Finanzinstrumenten;
   b) Zahl und Art der Marktteilnehmer, einschließlich des Verhältnisses der Marktteilnehmer zu den gehandelten Finanzinstrumenten in Bezug auf ein bestimmtes Finanzinstrument;
   c) durchschnittlicher Spread, sofern verfügbar.

[2]Nähere Bestimmungen enthalten die Artikel 1 bis 4 der Delegierten Verordnung (EU) 2017/567 der Kommission vom 18. Mai 2016 zur Ergänzung der Verordnung (EU) Nr. 600/2014 des Europäischen Parlaments und des Rates im Hinblick auf Begriffsbestimmungen, Transparenz, Portfoliokomprimierung und Aufsichtsmaßnahmen zur Produktintervention und zu den Positionen (ABl. L 87 vom 31.3.2017, S. 90), in der jeweils geltenden Fassung.

(24) [1]Zweigniederlassung im Sinne dieses Gesetzes ist eine Betriebsstelle, die

1. nicht die Hauptverwaltung ist,
2. einen rechtlich unselbstständigen Teil eines Wertpapierdienstleistungsunternehmens bildet und
3. Wertpapierdienstleistungen, gegebenenfalls auch Wertpapiernebendienstleistungen, erbringt, für die dem Wertpapierdienstleistungsunternehmen eine Zulassung erteilt wurde.

[2]Alle Betriebsstellen eines Wertpapierdienstleistungsunternehmens mit Hauptverwaltung in einem anderen Mitgliedstaat, die sich in demselben Mitgliedstaat befinden, gelten als eine einzige Zweigniederlassung.

(25) Mutterunternehmen im Sinne dieses Gesetzes ist, sofern nicht die Abschnitte 6 und 16 besondere Regelungen enthalten, ein Mutterunternehmen im Sinne des Artikels 2 Nummer 9 und des Artikels 22 der Richtlinie 2013/34/EU des Europäischen Parlaments und des Rates vom 26. Juni 2013 über den Jahresabschluss, den konsolidierten Abschluss und damit verbundene Berichte von Unternehmen bestimmter Rechtsformen und zur Änderung der Richtlinie 2006/43/EG des Europäischen Parlaments und des Rates und zur Aufhebung der Richtlinien 78/660/EWG und 83/349/EWG des Rates (ABl. L 182 vom 29.6.2013, S. 19), die zuletzt durch die Richtlinie 2014/102/EU (ABl. L 334 vom 21.11.2014, S. 86) geändert worden ist.

(26) Tochterunternehmen im Sinne dieses Gesetzes ist, sofern nicht die Abschnitte 6 und 16 besondere Regelungen enthalten, ein Tochterunternehmen im Sinne des Artikels 2 Nummer 10 und des Artikels 22 der Richtlinie 2013/34/EU, einschließlich aller Tochterunternehmen eines Tochterunternehmens des an der Spitze stehenden Mutterunternehmens.

(27) Gruppe im Sinne dieses Gesetzes ist eine Gruppe im Sinne des Artikels 2 Nummer 11 der Richtlinie 2013/34/EU.

(28) Eine enge Verbindung im Sinne dieses Gesetzes liegt vor, wenn zwei oder mehr natürliche oder juristische Personen wie folgt miteinander verbunden sind:

1. durch eine Beteiligung in Form des direkten Haltens oder des Haltens im Wege der Kontrolle von mindestens 20 Prozent der Stimmrechte oder der Anteile an einem Unternehmen,
2. durch Kontrolle in Form eines Verhältnisses zwischen Mutter- und Tochterunternehmen, wie in allen Fällen des Artikels 22 Absatz 1 und 2 der Richtlinie 2013/34/EU oder einem vergleichbaren Verhältnis zwischen einer natürlichen oder juristischen Person und einem Unternehmen; Tochterunternehmen von Tochterunternehmen gelten ebenfalls als Tochterunternehmen des Mutterunternehmens, das an der Spitze dieser Unternehmen steht oder
3. durch ein dauerhaftes Kontrollverhältnis beider oder aller Personen, das zu derselben dritten Person besteht.

(29) Zusammenführung sich deckender Kundenaufträge (Matched Principal Trading) im Sinne dieses Gesetzes ist ein Geschäft, bei dem

1. zwischen Käufer und Verkäufer ein Vermittler zwischengeschaltet ist, der während der gesamten Ausführung des Geschäfts zu keiner Zeit einem Marktrisiko ausgesetzt ist,
2. Kauf- und Verkaufsgeschäfte gleichzeitig ausgeführt werden und
3. das zu Preisen abgeschlossen wird, durch die der Vermittler abgesehen von einer vorab offengelegten Provision, Gebühr oder sonstigen Vergütung weder Gewinn noch Verlust macht.

(30) [1]Direkter elektronischer Zugang im Sinne dieses Gesetzes ist eine Vereinbarung, in deren Rahmen ein Mitglied, ein Teilnehmer oder ein Kunde eines Handelsplatzes einer anderen Person die Nutzung seines Handelscodes gestattet, damit diese Person Aufträge in Bezug auf Finanzinstrumente elektronisch direkt an den Handelsplatz übermitteln kann, mit Ausnahme der in Artikel 20 der Delegierten Verordnung (EU) 2017/565 genannten Fälle. [2]Der direkte elektronische Zugang umfasst auch Vereinbarungen, die die Nutzung der Infrastruktur oder eines anderweitigen Verbindungssystems des Mitglieds, des Teilnehmers oder des Kunden durch diese Person zur Übermittlung von Aufträgen beinhalten (direkter Marktzugang), sowie diejenigen Vereinbarungen, bei denen eine solche Infrastruktur nicht durch diese Person genutzt wird (geförderter Zugang).

(31) Hinterlegungsscheine im Sinne dieses Gesetzes sind Wertpapiere, die auf dem Kapitalmarkt handelbar sind und die ein Eigentumsrecht an Wertpapieren von Emittenten mit Sitz im Ausland verbriefen, zum Handel auf einem organisierten Markt zugelassen sind und unabhängig von den Wertpapieren des jeweiligen Emittenten mit Sitz im Ausland gehandelt werden können.

(32) Börsengehandeltes Investmentvermögen im Sinne dieses Gesetzes ist ein Investmentvermögen im Sinne des Kapitalanlagegesetzbuchs, bei dem mindestens eine Anteilsklasse oder Aktiengattung ganztägig an mindestens einem Handelsplatz und mit mindestens einem Market Maker, der tätig wird, um sicherzustellen, dass der Preis seiner Anteile oder Aktien an diesem Handelsplatz nicht wesentlich von ihrem Nettoinventar-

wert und, sofern einschlägig, von ihrem indikativen Nettoinventarwert abweicht, gehandelt wird.

(33) Zertifikat im Sinne dieses Gesetzes ist ein Wertpapier, das auf dem Kapitalmarkt handelbar ist und das im Falle der durch den Emittenten vorgenommenen Rückzahlung einer Anlage bei dem Emittenten Vorrang vor Aktien hat, aber nicht besicherten Anleiheinstrumenten und anderen vergleichbaren Instrumenten nachgeordnet ist.

(34) Strukturiertes Finanzprodukt im Sinne dieses Gesetzes ist ein Wertpapier, das zur Verbriefung und Übertragung des mit einer ausgewählten Palette an finanziellen Vermögenswerten einhergehenden Kreditrisikos geschaffen wurde und das den Wertpapierinhaber zum Empfang regelmäßiger Zahlungen berechtigt, die vom Geldfluss der Basisvermögenswerte abhängen.

(35) Derivate im Sinne dieses Gesetzes sind derivative Geschäfte im Sinne des Absatzes 3 sowie Wertpapiere im Sinne des Absatzes 1 Nummer 3 Buchstabe b.

(36) Warenderivate im Sinne dieses Gesetzes sind Finanzinstrumente im Sinne des Artikels 2 Absatz 1 Nummer 30 der Verordnung (EU) Nr. 600/2014.

(37) Genehmigtes Veröffentlichungssystem im Sinne dieses Gesetzes ist ein Unternehmen, das im Namen von Wertpapierdienstleistungsunternehmen Handelsveröffentlichungen im Sinne der Artikel 20 und 21 der Verordnung (EU) Nr. 600/2014 vornimmt.

(38) Bereitsteller konsolidierter Datenticker im Sinne dieses Gesetzes ist ein Unternehmen, das zur Einholung von Handelsveröffentlichungen nach den Artikeln 6, 7, 10, 12, 13, 20 und 21 der Verordnung (EU) Nr. 600/2014 auf geregelten Märkten, multilateralen und organisierten Handelssystemen und bei genehmigten Veröffentlichungssystemen berechtigt ist und diese Handelsveröffentlichungen in einem kontinuierlichen elektronischen Echtzeitdatenstrom konsolidiert, über den Preis- und Handelsvolumendaten für jedes einzelne Finanzinstrument abrufbar sind.

(39) Genehmigter Meldemechanismus im Sinne dieses Gesetzes ist ein Unternehmen, das dazu berechtigt ist, im Namen des Wertpapierdienstleistungsunternehmens Einzelheiten zu Geschäften an die zuständigen Behörden oder die Europäische Wertpapier- und Marktaufsichtsbehörde zu melden.

(40) Datenbereitstellungsdienst im Sinne dieses Gesetzes ist

1. ein genehmigtes Veröffentlichungssystem,
2. ein Bereitsteller konsolidierter Datenticker oder
3. ein genehmigter Meldemechanismus.

(41) Drittlandunternehmen im Sinne dieses Gesetzes ist ein Unternehmen, das ein Wertpapierdienstleistungsunternehmen wäre, wenn es seinen Sitz im Europäischen Wirtschaftsraum hätte.

(42) Öffentliche Emittenten im Sinne dieses Gesetzes sind folgende Emittenten von Schuldtiteln:

1. die Europäische Union,
2. ein Mitgliedstaat einschließlich eines Ministeriums, einer Behörde oder einer Zweckgesellschaft dieses Mitgliedstaats,
3. im Falle eines bundesstaatlich organisierten Mitgliedstaats einer seiner Gliedstaaten,
4. eine für mehrere Mitgliedstaaten tätige Zweckgesellschaft,
5. ein von mehreren Mitgliedstaaten gegründetes internationales Finanzinstitut, das dem Zweck dient, Finanzmittel zu mobilisieren und seinen Mitgliedern Finanzhilfen zu gewähren, sofern diese von schwerwiegenden Finanzierungsproblemen betroffen oder bedroht sind,

6. die Europäische Investitionsbank.

(43) [1]Ein dauerhafter Datenträger ist jedes Medium, das

1. es dem Kunden gestattet, an ihn persönlich gerichtete Informationen derart zu speichern, dass er sie in der Folge für eine Dauer, die für die Zwecke der Informationen angemessen ist, einsehen kann, und
2. die unveränderte Wiedergabe der gespeicherten Informationen ermöglicht.

[2]Nähere Bestimmungen enthält Artikel 3 der Delegierten Verordnung (EU) 2017/565.

(44) Hochfrequente algorithmische Handelstechnik im Sinne dieses Gesetzes ist ein algorithmischer Handel im Sinne des § 80 Absatz 2 Satz 1, der gekennzeichnet ist durch

1. eine Infrastruktur zur Minimierung von Netzwerklatenzen und anderen Verzögerungen bei der Orderübertragung (Latenzen), die mindestens eine der folgenden Vorrichtungen für die Eingabe algorithmischer Aufträge aufweist: Kollokation, Proximity Hosting oder einen direkten elektronischen Hochgeschwindigkeitszugang,
2. die Fähigkeit des Systems, einen Auftrag ohne menschliche Intervention im Sinne des Artikels 18 der Delegierten Verordnung (EU) 2017/565 einzuleiten, zu erzeugen, weiterzuleiten oder auszuführen und
3. ein hohes untertägiges Mitteilungsaufkommen im Sinne des Artikels 19 der Delegierten Verordnung (EU) 2017/565 in Form von Aufträgen, Kursangaben oder Stornierungen.

(45) Zentrale Gegenpartei im Sinne dieses Gesetzes ist ein Unternehmen im Sinne des Artikels 2 Nummer 1 der Verordnung (EU) Nr. 648/2012 in der jeweils geltenden Fassung.

(46) [1]Kleine und mittlere Unternehmen im Sinne dieses Gesetzes sind Unternehmen, deren durchschnittliche Marktkapitalisierung auf der Grundlage der Notierungen zum Jahresende in den letzten drei Kalenderjahren weniger als 200 Millionen Euro betrug. [2]Nähere Bestimmungen enthalten die Artikel 77 bis 79 der Delegierten Verordnung (EU) 2017/565.

(47) Öffentlicher Schuldtitel im Sinne dieses Gesetzes ist ein Schuldtitel, der von einem öffentlichen Emittenten begeben wird.

(48) PRIP im Sinne dieses Gesetzes ist ein Produkt im Sinne des Artikels 4 Nummer 1 der Verordnung (EU) Nr. 1286/2014.

(49) PRIIP im Sinne dieses Gesetzes ist ein Produkt im Sinne des Artikels 4 Nummer 3 der Verordnung (EU) Nr. 1286/2014.

§ 3 Ausnahmen; Verordnungsermächtigung

(1) [1]Als Wertpapierdienstleistungsunternehmen gelten nicht

1. Unternehmen, die Wertpapierdienstleistungen im Sinne des § 2 Absatz 8 Satz 1 ausschließlich für ihr Mutterunternehmen oder ihre Tochter- oder Schwesterunternehmen im Sinne des Artikels 4 Absatz 1 Nummer 15 und 16 der Verordnung (EU) Nr. 575/2013 des Europäischen Parlaments und des Rates vom 26. Juni 2013 über Aufsichtsanforderungen an Kreditinstitute und Wertpapierfirmen und zur Änderung der Verordnung (EU) Nr. 646/2012 (ABl. L 176 vom 27.6.2013, S. 1) und des § 1 Absatz 7 des Kreditwesengesetzes erbringen,
2. Unternehmen, deren Wertpaperdienstleistung für andere ausschließlich in der Verwaltung eines Systems von Arbeitnehmerbeteiligungen an den eigenen oder an mit ihnen verbundenen Unternehmen besteht,
3. Unternehmen, die ausschließlich Wertpapierdienstleistungen sowohl nach Nummer 1 als auch nach Nummer 2 erbringen,

4. private und öffentlich-rechtliche Versicherungsunternehmen, soweit sie die Tätigkeiten ausüben, die in der Richtlinie 2009/138/EG des Europäischen Parlaments und des Rates vom 25. November 2009 betreffend die Aufnahme und Ausübung der Versicherungs- und der Rückversicherungstätigkeit (Solvabilität II) (ABl. L 335 vom 17.12.2009, S. 1; L 219 vom 25.7.2014, S. 66; L 108 vom 28.4.2015, S. 8), die zuletzt durch die Richtlinie 2014/51/EU (ABl. L 153 vom 22.5.2014, S. 1; L 108 vom 28.4.2015, S. 8) geändert worden ist, genannt sind,
5. die öffentliche Schuldenverwaltung des Bundes, eines seiner Sondervermögen, eines Landes, eines anderen Mitgliedstaates der Europäischen Union oder eines anderen Vertragsstaates des Abkommens über den Europäischen Wirtschaftsraum, die Deutsche Bundesbank und andere Mitglieder des Europäischen Systems der Zentralbanken sowie die Zentralbanken der anderen Vertragsstaaten und internationale Finanzinstitute, die von zwei oder mehreren Staaten gemeinsam errichtet werden, um zugunsten dieser Staaten Finanzierungsmittel zu beschaffen und Finanzhilfen zu geben, wenn Mitgliedstaaten von schwerwiegenden Finanzierungsproblemen betroffen oder bedroht sind,
6. Angehörige freier Berufe, die Wertpapierdienstleistungen nur gelegentlich im Sinne des Artikels 4 der Delegierten Verordnung (EU) 2017/565 und im Rahmen eines Mandatsverhältnisses als Freiberufler erbringen und einer Berufskammer in der Form der Körperschaft des öffentlichen Rechts angehören, deren Berufsrecht die Erbringung von Wertpapierdienstleistungen nicht ausschließt,
7. Unternehmen, die als Wertpapierdienstleistung für andere ausschließlich die Anlageberatung und die Anlagevermittlung zwischen Kunden und
   a) Instituten im Sinne des Kreditwesengesetzes,
   b) Instituten oder Finanzunternehmen mit Sitz in einem anderen Staat des Europäischen Wirtschaftsraums, die die Voraussetzungen nach § 53b Abs. 1 Satz 1 oder Abs. 7 des Kreditwesengesetzes erfüllen,
   c) Unternehmen, die aufgrund einer Rechtsverordnung nach § 53c des Kreditwesengesetzes gleichgestellt oder freigestellt sind,
   d) Kapitalverwaltungsgesellschaften, extern verwalteten Investmentgesellschaften, EU-Verwaltungsgesellschaften oder ausländischen AIF-Verwaltungsgesellschaften oder
   e) Anbietern oder Emittenten von Vermögensanlagen im Sinne des § 1 Absatz 2 des Vermögensanlagengesetzes

   betreiben, sofern sich diese Wertpapierdienstleistungen auf Anteile oder Aktien von inländischen Investmentvermögen, die von einer Kapitalverwaltungsgesellschaft ausgegeben werden, die eine Erlaubnis nach § 7 oder § 97 Absatz 1 des Investmentgesetzes in der bis zum 21. Juli 2013 geltenden Fassung hat, die für den in § 345 Absatz 2 Satz 1, Absatz 3 Satz 2, in Verbindung mit Absatz 2 Satz 1, oder Absatz 4 Satz 1 des Kapitalanlagegesetzbuchs vorgesehenen Zeitraum noch fortbesteht, oder die eine Erlaubnis nach den §§ 20, 21 oder den §§ 20, 22 des Kapitalanlagegesetzbuchs hat, oder die von einer EU-Verwaltungsgesellschaft ausgegeben werden, die eine Erlaubnis nach Artikel 6 der Richtlinie 2009/65/EG des Europäischen Parlaments und des Rates vom 13. Juli 2009 zur Koordinierung der Rechts- und Verwaltungsvorschriften betreffend bestimmte Organismen für gemeinsame Anlagen in Wertpapieren (OGAW) (ABl. L 302 vom 17.11.2009, S. 32, L 269 vom 13.10.2010, S. 27), die zuletzt durch die Richtlinie 2014/91/EU (ABl. L 257 vom 28.8.2014, S. 186) geändert worden ist, oder nach Artikel 6 der Richtlinie 2011/61/EU des Europäischen Parlaments und des Rates vom 8. Juni 2011 über die Verwalter alternativer Investmentfonds und zur Änderung der Richtlinien 2003/41/EG und 2009/65/EG und der Verordnungen (EG) Nr. 1060/2009 und (EU) Nr. 1095/2010 (ABl. L 174 vom 1.7.2011, S. 1, L 115 vom 27.4.2012, S. 35), die zuletzt durch die Richtlinie 2014/65/EU (ABl. L 173 vom 12.6.2014, S. 349, L 74 vom 18.3.2015, S. 38) geändert worden ist, hat, oder auf Anteile oder Aktien an EU-Investmentvermögen oder ausländischen AIF, die nach dem Kapitalanlagegesetzbuch vertrieben werden dürfen, mit Ausnahme solcher AIF, die nach § 330a des Kapitalanlagegesetzbuchs vertrieben werden dürfen, oder auf Vermögensanlagen im Sinne des § 1 Absatz 2 des Vermögensanlagengesetzes, die erstmals öffentlich angeboten werden, beschränken und die Unternehmen nicht befugt sind, sich bei der Erbringung dieser Finanzdienstleistungen Eigentum oder Besitz an Geldern oder Anteilen von Kunden zu verschaffen, es sei denn, das Unternehmen beantragt und erhält eine entsprechende Erlaubnis nach § 32 Abs. 1 des Kreditwesengesetzes; Anteile oder Aktien an Hedgefonds im Sinne des § 283 des Kapitalanlagegesetzbuchs gelten nicht als Anteile an Investmentvermögen im Sinne dieser Vorschrift,

8. Unternehmen, die bezüglich Warenderivaten, Emissionszertifikaten oder Derivaten auf Emissionszertifikate Eigengeschäft oder Market-Making betreiben oder ausschließlich Wertpapierdienstleistungen im Sinne des § 2 Absatz 8 Nummer 1 und 3 bis 10 gegenüber den Kunden und Zulieferern ihrer Haupttätigkeit erbringen, sofern
   a) diese Tätigkeiten in jedem dieser Fälle auf sowohl individueller als auch aggregierter Basis auf der Ebene der Unternehmensgruppe eine Nebentätigkeit im Sinne der Delegierten Verordnung (EU) 2017/592 der Kommission vom 1. Dezember 2016 zur Ergänzung der Richtlinie 2014/65/EU des Europäischen Parlaments und des Rates durch technische Regulierungsstandards zur Festlegung der Kriterien, nach denen eine Tätigkeit als Nebentätigkeit zur Haupttätigkeit gilt (ABl. L 87 vom 31.3.2017, S. 492), in der jeweils geltenden Fassung, darstellen,
   b) die Haupttätigkeit des Unternehmens weder in der Erbringung von Wertpapierdienstleistungen im Sinne des § 2 Absatz 8 Satz 1 Nummer 1, 2 Buchstabe b bis d, Nummer 3 bis 10 oder Satz 2, noch in der Tätigkeit als Market Maker in Bezug auf Warenderivate noch in der Erbringung von Bankgeschäften im Sinne des § 1 Absatz 1 Satz 2 des Kreditwesengesetzes besteht,
   c) das Unternehmen keine hochfrequente algorithmische Handelstechnik anwendet und
   d) das Unternehmen der Bundesanstalt gemäß § 2 Absatz 1 Satz 3 und 4 oder Absatz 6 Satz 3 und 4 des Kreditwesengesetzes angezeigt hat, dass es von der Ausnahme nach dieser Nummer Gebrauch macht,
9. Unternehmen, die Wertpapierdienstleistungen ausschließlich in Bezug auf Warenderivate, Emissionszertifikate oder Derivate auf Emissionszertifikate mit dem alleinigen Ziel der Absicherung der Geschäftsrisiken ihrer Kunden erbringen, sofern diese Kunden
   a) ausschließlich lokale Elektrizitätsunternehmen im Sinne des Artikels 2 Nummer 35 der Richtlinie 2009/72/EG des Europäischen Parlaments und des Rates vom 13. Juli 2009 über gemeinsame Vorschriften für den Elektrizitätsbinnenmarkt und zur Aufhebung der Richtlinie 2003/54/EG (ABl. L 211 vom 14.8.2009, S. 55) oder Erdgasunternehmen im Sinne des Artikels 2 Nummer 1 der Richtlinie 2009/73/EG des Europäischen Parlaments und des Rates vom 13. Juli 2009 über gemeinsame Vorschriften für den Erdgasbinnenmarkt und zur Aufhebung der Richtlinie 2003/55/EG (ABl. L 211 vom 14.8.2009, S. 94) sind,

b) zusammen 100 Prozent des Kapitals oder der Stimmrechte der betreffenden Unternehmen halten und dieses gemeinsam kontrollieren und

c) nach Nummer 8 ausgenommen wären, wenn sie die betreffenden Wertpapierdienstleistungen selbst erbrächten,

10. Unternehmen, die Wertpapierdienstleistungen ausschließlich in Bezug auf Emissionszertifikate oder Derivate auf Emissionszertifikate mit dem alleinigen Ziel der Absicherung der Geschäftsrisiken ihrer Kunden erbringen, sofern diese Kunden

a) ausschließlich Anlagenbetreiber im Sinne des § 3 Nummer 2 des Treibhausgas-Emissionshandelsgesetzes sind,

b) zusammen 100 Prozent des Kapitals oder der Stimmrechte der betreffenden Unternehmen halten und dieses gemeinsam kontrollieren und

c) nach Nummer 8 ausgenommen wären, wenn sie die betreffenden Wertpapierdienstleistungen selbst erbrächten,

11. Unternehmen, die ausschließlich Eigengeschäft mit anderen Finanzinstrumenten als Warenderivaten, Emissionszertifikaten oder Derivaten auf Emissionszertifikate betreiben, die keine anderen Wertpapierdienstleistungen erbringen, einschließlich keiner anderen Anlagetätigkeiten, in anderen Finanzinstrumenten als Warenderivaten, Emissionszertifikaten oder Derivaten auf Emissionszertifikate, es sei denn,

a) es handelt sich bei diesen Unternehmen um Market Maker,

b) die Unternehmen sind entweder Mitglied oder Teilnehmer eines organisierten Marktes oder multilateralen Handelssystems oder haben einen direkten elektronischen Zugang zu einem Handelsplatz, mit Ausnahme von nichtfinanziellen Stellen, die an einem Handelsplatz Geschäfte tätigen, die in objektiv messbarer Weise die direkt mit der Geschäftstätigkeit oder dem Liquiditäts- und Finanzmanagement verbundenen Risiken dieser nichtfinanziellen Stellen oder ihrer Gruppen verringern,

c) die Unternehmen wenden eine hochfrequente algorithmische Handelstechnik an oder

d) die Unternehmen betreiben Eigengeschäft bei der Ausführung von Kundenaufträgen,

12. Unternehmen, die als Wertpapierdienstleistung ausschließlich die Anlageberatung im Rahmen einer anderen beruflichen Tätigkeit erbringen, ohne sich die Anlageberatung gesondert vergüten zu lassen,

13. Börsenträger oder Betreiber organisierter Märkte, die neben dem Betrieb eines multilateralen oder organisierten Handelssystems keine anderen Wertpapierdienstleistungen im Sinne des § 2 Absatz 8 Satz 1 erbringen,

14. Unternehmen, die das Platzierungsgeschäft ausschließlich für Anbieter oder für Emittenten von Vermögensanlagen im Sinne des § 1 Absatz 2 des Vermögensanlagengesetzes erbringen,

15. Betreiber im Sinne des § 3 Nummer 4 des Treibhausgas-Emissionshandelsgesetzes, wenn sie beim Handel mit Emissionszertifikaten

a) ausschließlich Eigengeschäft betreiben,

b) keine Anlagevermittlung und keine Abschlussvermittlung betreiben,

c) keine hochfrequente algorithmische Handelstechnik anwenden und

d) keine anderen Wertpapierdienstleistungen erbringen,

16. Übertragungsnetzbetreiber im Sinne des Artikels 2 Nummer 4 der Richtlinie 2009/72/EG oder des Artikels 2 Nummer 4 der Richtlinie 2009/73/EG, wenn sie ihre

Aufgaben gemäß diesen Richtlinien, gemäß der Verordnung (EG) Nr. 714/2009 des Europäischen Parlaments und des Rates vom 13. Juli 2009 über die Netzzugangsbedingungen für den grenzüberschreitenden Stromhandel und zur Aufhebung der Verordnung (EG) Nr. 1228/2003 (ABl. L 211 vom 14.8.2009, S. 15), die zuletzt durch die Verordnung (EU) Nr. 543/2013 (ABl. L 163 vom 15.6.2013, S. 1) geändert worden ist, gemäß der Verordnung (EG) Nr. 715/2009 des Europäischen Parlaments und des Rates vom 13. Juli 2009 über die Bedingungen für den Zugang zu den Erdgasfernleitungsnetzen und zur Aufhebung der Verordnung (EG) Nr. 1775/2005 (ABl. L 211 vom 14.8.2009, S. 36; L 229 vom 1.9.2009, S. 29; L 309 vom 24.11.2009, S. 87), die zuletzt durch den Beschluss (EU) 2015/715 (ABl. L 114 vom 5.5.2015, S. 9) geändert worden ist, sowie gemäß den nach diesen Verordnungen erlassenen Netzcodes oder Leitlinien wahrnehmen, Personen, die in ihrem Namen als Dienstleister handeln, um die Aufgaben eines Übertragungsnetzbetreibers gemäß diesen Gesetzgebungsakten sowie gemäß den nach diesen Verordnungen erlassenen Netzcodes oder Leitlinien wahrzunehmen, sowie Betreiber oder Verwalter eines Energieausgleichssystems, eines Rohrleitungsnetzes oder eines Systems zum Ausgleich von Energieangebot und -verbrauch bei der Wahrnehmung solcher Aufgaben, sofern sie die Wertpapierdienstleistung in Bezug auf Warenderivate, die mit dieser Tätigkeit in Zusammenhang stehen, erbringen und sofern sie weder einen Sekundärmarkt noch eine Plattform für den Sekundärhandel mit finanziellen Übertragungsrechten betreiben,

17. Zentralverwahrer im Sinne des Artikels 2 Absatz 1 Nummer 1 der Verordnung (EU) Nr. 909/2014, soweit sie die in den Abschnitten A und B des Anhangs dieser Verordnung genannten Dienstleistungen erbringen und

18. Kapitalverwaltungsgesellschaften, EU-Verwaltungsgesellschaften und extern verwaltete Investmentgesellschaften, sofern sie nur die kollektive Vermögensverwaltung oder neben der kollektiven Vermögensverwaltung ausschließlich die in § 20 Absatz 2 und 3 des Kapitalanlagegesetzbuchs aufgeführten Dienstleistungen oder Nebendienstleistungen erbringen.

[2]Unternehmen, die die Voraussetzungen des Satzes 1 Nummer 8 bis 10 erfüllen, haben dies der Bundesanstalt jährlich anzuzeigen.

(2) [1]Ein Unternehmen, das als vertraglich gebundener Vermittler im Sinne des § 2 Absatz 10 Satz 1 des Kreditwesengesetzes als Wertpapierdienstleistung nur die Anlagevermittlung, das Platzieren von Finanzinstrumenten ohne feste Übernahmeverpflichtung oder Anlageberatung erbringt, gilt nicht als Wertpapierdienstleistungsunternehmen. [2]Seine Tätigkeit wird dem Institut oder Unternehmen zugerechnet, für dessen Rechnung und unter dessen Haftung es seine Tätigkeit erbringt.

(3) [1]Für Unternehmen, die Mitglieder oder Teilnehmer von organisierten Märkten oder multilateralen Handelssystemen sind und die von der Ausnahme nach Absatz 1 Nummer 4, 8 oder 15 Gebrauch machen, gelten die §§ 77, 78 und 80 Absatz 2 und 3 entsprechend. [2]Für Unternehmen, die von einer Ausnahme nach Absatz 1 Nummer 9 oder 10 Gebrauch machen, gelten die §§ 22, 63 bis 83 und 85 bis 92 entsprechend.

(4) [1]Das Bundesministerium der Finanzen kann durch Rechtsverordnung nähere Bestimmungen über Zeitpunkt, Inhalt und Form der Einreichung der Anzeige nach Absatz 1 Satz 2 sowie die Führung eines öffentlichen Registers über die anzeigenden Unternehmen erlassen. [2]Das Bundesministerium der Finanzen kann die Ermächtigung durch Rechtsverordnung auf die Bundesanstalt übertragen.

§ 4 Wahl des Herkunftsstaates; Verordnungsermächtigung

(1) [1]Ein Emittent im Sinne des § 2 Absatz 13 Nummer 1 Buchstabe b kann die Bundesrepublik Deutschland als Herkunftsstaat wählen, wenn

1. er nicht bereits einen anderen Staat als Herkunftsstaat gewählt hat oder
2. er zwar zuvor einen anderen Staat als Herkunftsstaat gewählt hatte, aber seine Wertpapiere in diesem Staat an keinem organisierten Markt mehr zum Handel zugelassen sind.

[2]Die Wahl gilt so lange, bis

1. die Wertpapiere des Emittenten an keinem inländischen organisierten Markt mehr zugelassen sind, sondern stattdessen in einem anderen Mitgliedstaat der Europäischen Union oder in einem anderen Vertragsstaat des Abkommens über den Europäischen Wirtschaftsraum zum Handel an einem organisierten Markt zugelassen sind und der Emittent einen neuen Herkunftsstaat wählt, oder
2. die Wertpapiere des Emittenten an keinem organisierten Markt in einem Mitgliedstaat der Europäischen Union oder in einem anderen Vertragsstaat des Abkommens über den Europäischen Wirtschaftsraum mehr zum Handel zugelassen sind.

(2) [1]Ein Emittent im Sinne des § 2 Absatz 13 Nummer 2 kann die Bundesrepublik Deutschland als Herkunftsstaat wählen, wenn

1. er nicht innerhalb der letzten drei Jahre einen anderen Staat als Herkunftsstaat gewählt hat oder
2. er zwar bereits einen anderen Staat als Herkunftsstaat gewählt hatte, aber seine Finanzinstrumente in diesem Staat an keinem organisierten Markt mehr zum Handel zugelassen sind.

[2]Die Wahl gilt so lange, bis

1. der Emittent Wertpapiere im Sinne des § 2 Absatz 6 Nummer 1, die zum Handel an einem organisierten Markt in einem Mitgliedstaat der Europäischen Union oder in einem anderen Vertragsstaat des Abkommens über den Europäischen Wirtschaftsraum zugelassen sind, begibt,
2. die Finanzinstrumente des Emittenten an keinem organisierten Markt in einem Mitgliedstaat der Europäischen Union oder in einem anderen Vertragsstaat des Abkommens über den Europäischen Wirtschaftsraum mehr zum Handel zugelassen sind oder
3. der Emittent nach Satz 3 einen neuen Herkunftsstaat wählt.

[3]Ein Emittent im Sinne des § 2 Absatz 6 Nummer 2, der die Bundesrepublik Deutschland als Herkunftsstaat gewählt hat, kann einen neuen Herkunftsstaat wählen, wenn

1. die Finanzinstrumente des Emittenten an keinem inländischen organisierten Markt mehr zugelassen sind, aber stattdessen in einem anderen Mitgliedstaat der Europäischen Union oder in einem anderen Vertragsstaat des Abkommens über den Europäischen Wirtschaftsraum zum Handel an einem organisierten Markt zugelassen sind, oder
2. die Finanzinstrumente des Emittenten zum Handel an einem organisierten Markt in einem anderen Mitgliedstaat der Europäischen Union oder in einem anderen Vertragsstaat des Abkommens über den Europäischen Wirtschaftsraum zugelassen sind und seit der Wahl der Bundesrepublik Deutschland als Herkunftsstaat mindestens drei Jahre vergangen sind.

(3) Die Wahl des Herkunftsstaates wird mit der Veröffentlichung nach § 5 wirksam.

(4) Das Bundesministerium der Finanzen kann durch Rechtsverordnung, die nicht der Zustimmung des Bundesrates bedarf, nähere Bestimmungen zur Wahl des Herkunftsstaates erlassen.

§ 5 Veröffentlichung des Herkunftsstaates; Verordnungsermächtigung

(1) [1]Ein Emittent, dessen Herkunftsstaat nach § 2 Absatz 11 Nummer 1 Buchstabe a die Bundesrepublik Deutschland ist oder der nach § 4 Absatz 1 oder Absatz 2 die Bundesrepublik Deutschland als Herkunftsstaat wählt, hat dies unverzüglich zu veröffentlichen. [2]Außerdem muss er die Information, dass die Bundesrepublik Deutschland sein Herkunftsstaat ist,

1. unverzüglich dem Unternehmensregister gemäß § 8b des Handelsgesetzbuchs zur Speicherung übermitteln und
2. unverzüglich den folgenden Behörden mitteilen:
   a) der Bundesanstalt für Finanzdienstleistungsaufsicht (Bundesanstalt),
   b) wenn er seinen Sitz in einem anderen Mitgliedstaat der Europäischen Union oder einem anderen Vertragsstaat des Abkommens über den Europäischen Wirtschaftsraum hat, auch der dort zuständigen Behörde im Sinne des Artikels 24 der Richtlinie 2004/109/EG des Europäischen Parlaments und des Rates vom 15. Dezember 2004 zur Harmonisierung der Transparenzanforderungen in Bezug auf Informationen über Emittenten, deren Wertpapiere zum Handel auf einem geregelten Markt zugelassen sind, und zur Änderung der Richtlinie 2001/34/EG (ABl. L 390 vom 31.12.2004, S. 38), die durch die Richtlinie 2013/50/EU (ABl. L 294 vom 6.11.2013, S. 13) geändert worden ist, und,
   c) wenn seine Finanzinstrumente zum Handel an einem organisierten Markt in einem anderen Mitgliedstaat der Europäischen Union oder einem anderen Vertragsstaat des Abkommens über den Europäischen Wirtschaftsraum zugelassen sind, auch der dort zuständigen Behörde im Sinne des Artikels 24 der Richtlinie 2004/109/EG.

(2) Das Bundesministerium der Finanzen kann durch Rechtsverordnung, die nicht der Zustimmung des Bundesrates bedarf, nähere Bestimmungen zur Veröffentlichung des Herkunftsstaates erlassen.

Abschnitt 2. Bundesanstalt für Finanzdienstleistungsausicht

§ 6[1] Aufgaben und allgemeine Befugnisse der Bundesanstalt

(1) [1]Die Bundesanstalt übt die Aufsicht nach den Vorschriften dieses Gesetzes aus. [2]Sie hat im Rahmen der ihr zugewiesenen Aufgaben Missständen entgegenzuwirken, welche die ordnungsgemäße Durchführung des Handels mit Finanzinstrumenten oder von Wertpapierdienstleistungen, Wertpapiernebendienstleistungen oder Datenbereitstellungsdienstleistungen beeinträchtigen oder erhebliche Nachteile für den Finanzmarkt bewirken können. [3]Sie kann Anordnungen treffen, die geeignet und erforderlich sind, diese Missstände zu beseitigen oder zu verhindern.

(2) [1]Die Bundesanstalt überwacht im Rahmen der ihr jeweils zugewiesenen Zuständigkeit die Einhaltung der Verbote und Gebote dieses Gesetzes, der auf Grund dieses Gesetzes erlassenen Rechtsverordnungen, der in § 1 Absatz 1 Nummer 8 aufgeführten europäischen Verordnungen einschließlich der auf Grund dieser Verordnungen erlassenen delegierten Rechtsakte und Durchführungsrechtsakte der Europäischen Kommis-

1) § 6 geändert durch Gesetz vom 8.7.2019 (BGBl. I S. 1002).

sion. [2]Sie kann Anordnungen treffen, die zu ihrer Durchsetzung geeignet und erforderlich sind. [3]Sie kann insbesondere auf ihrer Internetseite öffentlich Warnungen aussprechen, soweit dies für die Erfüllung ihrer Aufgaben nach diesem Gesetz erforderlich ist. [4]Sie kann den Handel mit einzelnen oder mehreren Finanzinstrumenten vorübergehend untersagen oder die Aussetzung des Handels in einzelnen oder mehreren Finanzinstrumenten an Märkten, an denen Finanzinstrumente gehandelt werden, anordnen, soweit dies zur Durchsetzung der Verbote und Gebote dieses Gesetzes, der Verordnung (EU) Nr. 596/2014 oder der Verordnung (EU) Nr. 600/2014 oder zur Beseitigung oder Verhinderung von Missständen nach Absatz 1 geboten ist.

(2a) [1]Hat die Bundesanstalt einen hinreichend begründeten Verdacht, dass gegen Bestimmungen der Verordnung (EU) 2017/1129 des Europäischen Parlaments und des Rates vom 14. Juni 2017 über den Prospekt, der beim öffentlichen Angebot von Wertpapieren oder bei deren Zulassung zum Handel an einem geregelten Markt zu veröffentlichen ist und zur Aufhebung der Richtlinie 2003/71/EG (ABl. L 168 vom 30.6.2017, S. 12), insbesondere Artikel 3, auch in Verbindung mit Artikel 5, sowie die Artikel 12, 20, 23, 25 oder 27 verstoßen wurde, kann sie

1. die Zulassung zum Handel an einem geregelten Markt oder
2. den Handel
   a) an einem geregelten Markt,
   b) an einem multilateralen Handelssystem oder
   c) an einem organisierten Handelssystem

für jeweils höchstens zehn aufeinander folgende Arbeitstage aussetzen oder gegenüber den Betreibern der betreffenden geregelten Märkte oder Handelssysteme die Aussetzung des Handels für einen entsprechenden Zeitraum anordnen. [2]Wurde gegen die in Satz 1 genannten Bestimmungen verstoßen, so kann die Bundesanstalt den Handel an dem betreffenden geregelten Markt, multilateralen Handelssystem oder organisierten Handelssystem untersagen. [3]Wurde gegen die in Satz 1 genannten Bestimmungen verstoßen oder besteht ein hinreichend begründeter Verdacht, dass dagegen verstoßen würde, so kann die Bundesanstalt eine Zulassung zum Handel an einem geregelten Markt untersagen. [4]Die Bundesanstalt kann ferner den Handel der Wertpapiere aussetzen oder von dem Betreiber des betreffenden multilateralen Handelssystems oder organisierten Handelssystems die Aussetzung des Handels verlangen, wenn der Handel angesichts der Lage des Emittenten den Anlegerinteressen abträglich wäre.

(2b) Verhängt die Bundesanstalt nach Artikel 42 der Verordnung (EU) Nr. 600/2014 oder die Europäische Wertpapier- und Marktaufsichtsbehörde nach Artikel 40 der Verordnung (EU) Nr. 600/2014 ein Verbot oder eine Beschränkung, so kann die Bundesanstalt zudem anordnen, dass die Zulassung zum Handel an einem geregelten Markt ausgesetzt oder eingeschränkt wird, solange dieses Verbot oder diese Beschränkungen gelten.

(2c) In Ausübung der in Absatz 2 Satz 4 und den Absätzen 2a und 2b genannten Befugnisse kann sie Anordnungen auch gegenüber einem öffentlich-rechtlichen Rechtsträger oder gegenüber einer Börse erlassen.

(2d) Die Bundesanstalt kann den Vertrieb oder Verkauf von Finanzinstrumenten oder strukturierten Einlagen aussetzen, wenn ein Wertpapierdienstleistungsunternehmen kein wirksames Produktfreigabeverfahren nach § 80 Absatz 9 entwickelt hat oder anwendet oder in anderer Weise gegen § 80 Absatz 1 Satz 2 Nummer 2 oder Absatz 9 bis 11 verstoßen hat.

(3) [1]Die Bundesanstalt kann, um zu überwachen, ob die Verbote oder Gebote dieses Gesetzes oder der Verordnung (EU) Nr. 596/2014, der Verordnung (EU) Nr. 600/2014,

der Verordnung (EU) Nr. 1286/2014, der Verordnung (EU) 2015/2365, der Verordnung (EU) 2016/1011 eingehalten werden, oder um zu prüfen, ob die Voraussetzungen für eine Maßnahme nach § 15 oder nach Artikel 42 der Verordnung (EU) Nr. 600/2014 vorliegen, von jedermann Auskünfte, die Vorlage von Unterlagen oder sonstigen Daten und die Überlassung von Kopien verlangen sowie Personen laden und vernehmen. [2]Sie kann insbesondere folgende Angaben verlangen:

1. über Veränderungen im Bestand in Finanzinstrumenten,
2. über die Identität weiterer Personen, insbesondere der Auftraggeber und der aus Geschäften berechtigten oder verpflichteten Personen,
3. über Volumen und Zweck einer mittels eines Warenderivats eingegangenen Position oder offenen Forderung sowie
4. über alle Vermögenswerte oder Verbindlichkeiten am Basismarkt.

[3]Gesetzliche Auskunfts- oder Aussageverweigerungsrechte sowie gesetzliche Verschwiegenheitspflichten bleiben unberührt. [4]Im Hinblick auf die Verbote und Gebote der Verordnung (EU) 2016/1011 gelten die Sätze 1 und 3 bezüglich der Erteilung von Auskünften der Vorladung und der Vernehmung jedoch nur gegenüber solchen Personen, die an der Bereitstellung eines Referenzwertes im Sinne der Verordnung (EU) 2016/1011 beteiligt sind oder die dazu beitragen.

(4) [1]Von einem Wertpapierdienstleistungsunternehmen, das algorithmischen Handel im Sinne des § 80 Absatz 2 Satz 1 betreibt, kann die Bundesanstalt insbesondere jederzeit Informationen über seinen algorithmischen Handel und die für diesen Handel eingesetzten Systeme anfordern, soweit dies auf Grund von Anhaltspunkten für die Überwachung der Einhaltung eines Verbots oder Gebots dieses Gesetzes erforderlich ist. [2]Die Bundesanstalt kann insbesondere eine Beschreibung der algorithmischen Handelsstrategien, von Einzelheiten der Handelsparameter oder Handelsobergrenzen, denen das System unterliegt, von den wichtigsten Verfahren zur Überprüfung der Risiken und Einhaltung der Vorgaben des § 80 sowie von Einzelheiten über seine Systemprüfung verlangen.

(5) [1]Die Bundesanstalt ist unbeschadet des § 3 Absatz 5, 11 und 12 sowie des § 15 Absatz 7 des Börsengesetzes zuständige Behörde im Sinne des Artikels 22 der Verordnung (EU) Nr. 596/2014 und im Sinne des Artikels 2 Absatz 1 Nummer 18 der Verordnung (EU) Nr. 600/2014. [2]Die Bundesanstalt ist zuständige Behörde für die Zwecke des Artikels 25 Absatz 4 Unterabsatz 3 der Richtlinie 2014/65/EU des Europäischen Parlaments und des Rates vom 15. Mai 2014 über Märkte für Finanzinstrumente sowie zur Änderung der Richtlinien 2002/92/EG und 2011/61/EU (ABl. L 173 vom 12.6.2014, S. 349; L 74 vom 18.3.2015, S. 38; L 188 vom 13.7.2016, S. 28; L 273 vom 8.10.2016, S. 35; L 64 vom 10.3.2017, S. 116), die zuletzt durch die Richtlinie (EU) 2016/1034 (ABl. L 175 vom 30.6.2016, S. 8) geändert worden ist, in der jeweils geltenden Fassung.

(6) [1]Im Falle eines Verstoßes gegen

1. Vorschriften des Abschnitts 3 dieses Gesetzes sowie die zur Durchführung dieser Vorschriften erlassenen Rechtsverordnungen,
2. Vorschriften der Verordnung (EU) Nr. 596/2014, insbesondere gegen deren Artikel 4 und 14 bis 21, sowie die auf Grundlage dieser Artikel erlassenen delegierten Rechtsakte und Durchführungsrechtsakte der Europäischen Kommission,
3. Vorschriften der Abschnitte 9 bis 11 dieses Gesetzes sowie die zur Durchführung dieser Vorschriften erlassenen Rechtsverordnungen,
4. Vorschriften der Verordnung (EU) Nr. 600/2014, insbesondere die in den Titeln II bis VI enthaltenen Artikel sowie die auf Grundlage dieser Artikel erlassenen delegierten Rechtsakte und Durchführungsrechtsakte der Europäischen Kommission,

5. die Artikel 4 und 15 der Verordnung (EU) 2015/2365 sowie die auf Grundlage des Artikels 4 erlassenen delegierten Rechtsakte und Durchführungsrechtsakte der Europäischen Kommission,
6. Vorschriften der Verordnung (EU) 2016/1011 sowie die auf deren Grundlage erlassenen delegierten Rechtsakte und Durchführungsrechtsakte der Europäischen Kommission oder
7. eine Anordnung der Bundesanstalt, die sich auf eine der in den Nummern 1 bis 6 genannte Vorschrift bezieht,

kann die Bundesanstalt zur Verhinderung weiterer Verstöße für einen Zeitraum von bis zu zwei Jahren die Einstellung der den Verstoß begründenden Handlungen oder Verhaltensweisen verlangen. [2]Bei Verstößen gegen die in Satz 1 Nummer 3 und 4 genannten Vorschriften sowie gegen Anordnungen der Bundesanstalt, die sich hierauf beziehen, kann sie verlangen, dass die den Verstoß begründenden Handlungen oder Verhaltensweisen dauerhaft eingestellt werden sowie deren Wiederholung verhindern.

(7) Die Bundesanstalt kann es einer natürlichen Person, die verantwortlich ist für einen Verstoß gegen die Artikel 14, 15, 16 Absatz 1 und 2, Artikel 17 Absatz 1, 2, 4, 5 und 8, Artikel 18 Absatz 1 bis 6, Artikel 19 Absatz 1 bis 3, 5 bis 7 und 11 sowie Artikel 20 Absatz 1 der Verordnung (EU) Nr. 596/2014 oder gegen eine Anordnung der Bundesanstalt, die sich auf diese Vorschriften bezieht, für einen Zeitraum von bis zu zwei Jahren untersagen, Geschäfte für eigene Rechnung in den in Artikel 2 Absatz 1 der Verordnung (EU) Nr. 596/2014 genannten Finanzinstrumenten und Produkten zu tätigen.

(8) [1]Die Bundesanstalt kann einer Person, die bei einem von der Bundesanstalt beaufsichtigten Unternehmen tätig ist, für einen Zeitraum von bis zu zwei Jahren die Ausübung der Berufstätigkeit untersagen, wenn diese Person vorsätzlich gegen eine der in Absatz 6 Satz 1 Nummer 1 bis 4 und 6 genannten Vorschriften oder gegen eine Anordnung der Bundesanstalt, die sich auf diese Vorschriften bezieht, verstoßen hat und dieses Verhalten trotz Verwarnung durch die Bundesanstalt fortsetzt. [2]Bei einem Verstoß gegen eine der in Absatz 6 Satz 1 Nummer 5 genannten Vorschriften oder eine sich auf diese Vorschriften beziehende Anordnung der Bundesanstalt kann die Bundesanstalt einer Person für einen Zeitraum von bis zu zwei Jahren die Wahrnehmung von Führungsaufgaben untersagen, wenn diese den Verstoß vorsätzlich begangen hat und das Verhalten trotz Verwarnung durch die Bundesanstalt fortsetzt.

(9) [1]Bei einem Verstoß gegen eine der in Absatz 6 Satz 1 Nummer 1 bis 5 genannten Vorschriften oder eine vollziehbare Anordnung der Bundesanstalt, die sich auf diese Vorschriften bezieht, kann die Bundesanstalt auf ihrer Internetseite eine Warnung unter Nennung der natürlichen oder juristischen Person oder der Personenvereinigung, die den Verstoß begangen hat, sowie der Art des Verstoßes veröffentlichen. [2]§ 125 Absatz 3 und 5 gilt entsprechend.

(10) Die Bundesanstalt kann es einem Wertpapierdienstleistungsunternehmen, das gegen eine der in Absatz 6 Satz 1 Nummer 3 und 4 genannten Vorschriften oder gegen eine vollziehbare Anordnung der Bundesanstalt, die sich auf diese Vorschriften bezieht, verstoßen hat, für einen Zeitraum von bis zu drei Monaten untersagen, am Handel eines Handelsplatzes teilzunehmen.

(11) [1]Während der üblichen Arbeitszeit ist Bediensteten der Bundesanstalt und den von ihr beauftragten Personen, soweit dies zur Wahrnehmung ihrer Aufgaben erforderlich ist, das Betreten der Grundstücke und Geschäftsräume der nach Absatz 3 auskunftspflichtigen Personen zu gestatten. [2]Das Betreten außerhalb dieser Zeit oder wenn die Geschäftsräume sich in einer Wohnung befinden, ist ohne Einverständnis nur zulässig und insoweit zu dulden, wie dies zur Verhütung von dringenden Gefahren für die öffentliche Sicherheit und Ordnung erforderlich ist und Anhaltspunkte vorliegen, dass

die auskunftspflichtige Person gegen ein Verbot oder Gebot dieses Gesetzes verstoßen hat. [3]Das Grundrecht des Artikels 13 des Grundgesetzes wird insoweit eingeschränkt.

(12) [1]Bedienstete der Bundesanstalt dürfen Geschäfts- und Wohnräume durchsuchen, soweit dies zur Verfolgung von Verstößen gegen die Artikel 14 und 15 der Verordnung (EU) Nr. 596/2014 geboten ist. [2]Das Grundrecht des Artikels 13 des Grundgesetzes wird insoweit eingeschränkt. [3]Im Rahmen der Durchsuchung dürfen Bedienstete der Bundesanstalt Gegenstände sicherstellen, die als Beweismittel für die Ermittlung des Sachverhalts von Bedeutung sein können. [4]Befinden sich die Gegenstände im Gewahrsam einer Person und werden sie nicht freiwillig herausgegeben, können Bedienstete der Bundesanstalt die Gegenstände beschlagnahmen. [5]Durchsuchungen und Beschlagnahmen sind, außer bei Gefahr im Verzug, durch den Richter anzuordnen. [6]Zuständig ist das Amtsgericht Frankfurt am Main. [7]Gegen die richterliche Entscheidung ist die Beschwerde zulässig. [8]Die §§ 306 bis 310 und 311a der Strafprozessordnung gelten entsprechend. [9]Bei Beschlagnahmen ohne gerichtliche Anordnung gilt § 98 Absatz 2 der Strafprozessordnung entsprechend. [10]Zuständiges Gericht für die nachträglich eingeholte gerichtliche Entscheidung ist das Amtsgericht Frankfurt am Main. [11]Über die Durchsuchung ist eine Niederschrift zu fertigen. [12]Sie muss die verantwortliche Dienststelle, Grund, Zeit und Ort der Durchsuchung und ihr Ergebnis enthalten. [13]Die Sätze 1 bis 11 gelten für die Räumlichkeiten juristischer Personen entsprechend, soweit dies zur Verfolgung von Verstößen gegen die Verordnung (EU) 2016/1011 geboten ist.

(13) [1]Die Bundesanstalt kann die Beschlagnahme von Vermögenswerten beantragen, soweit dies zur Durchsetzung der Verbote und Gebote der in Absatz 6 Satz 1 Nummer 3, 4 und 6 genannten Vorschriften und der Verordnung (EU) Nr. 596/2014 geboten ist. [2]Maßnahmen nach Satz 1 sind durch den Richter anzuordnen. [3]Zuständig ist das Amtsgericht Frankfurt am Main. [4]Gegen eine richterliche Entscheidung ist die Beschwerde zulässig; die §§ 306 bis 310 und 311a der Strafprozessordnung gelten entsprechend.

(14) Die Bundesanstalt kann eine nach den Vorschriften dieses Gesetzes oder nach der Verordnung (EU) Nr. 596/2014 gebotene Veröffentlichung oder Mitteilung auf Kosten des Pflichtigen vornehmen, wenn die Veröffentlichungs- oder Mitteilungspflicht nicht, nicht richtig, nicht vollständig oder nicht in der vorgeschriebenen Weise erfüllt wird.

(15) [1]Der zur Erteilung einer Auskunft Verpflichtete kann die Auskunft auf solche Fragen verweigern, deren Beantwortung ihn selbst oder einen der in § 383 Absatz 1 Nummer 1 bis 3 der Zivilprozessordnung bezeichneten Angehörigen der Gefahr strafgerichtlicher Verfolgung oder eines Verfahrens nach dem Gesetz über Ordnungswidrigkeiten aussetzen würde. [2]Der Verpflichtete ist über sein Recht zur Verweigerung der Auskunft oder Aussage zu belehren und darauf hinzuweisen, dass es ihm nach dem Gesetz freisteht, jederzeit, auch schon vor seiner Vernehmung, einen von ihm zu wählenden Verteidiger zu befragen.

(16) Die Bundesanstalt darf ihr mitgeteilte personenbezogene Daten nur zur Erfüllung ihrer aufsichtlichen Aufgaben und für Zwecke der internationalen Zusammenarbeit nach Maßgabe des § 18 speichern, verändern und nutzen.

(17) Die Bundesanstalt kann zur Erfüllung ihrer Aufgaben auch Wirtschaftsprüfer oder Sachverständige bei Ermittlungen oder Überprüfungen einsetzen.

§ 7[1)] Herausgabe von Kommunikationsdaten

(1) [1]Die Bundesanstalt kann von einem Telekommunikationsbetreiber die Herausgabe von in dessen Besitz befindlichen bereits existierenden Verkehrsdaten im Sinne des § 96 Absatz 1 des Telekommunikationsgesetzes verlangen, wenn bestimmte Tatsachen den

1) § 7 geändert durch Gesetz vom 8.7.2019 (BGBl. I S. 1002).

Verdacht begründen, dass jemand gegen Artikel 14 oder 15 der Verordnung (EU) Nr. 596/2014 oder eine der in § 6 Absatz 6 Satz 1 Nummer 3 und 4 genannten Vorschriften verstoßen hat, soweit dies zur Erforschung des Sachverhalts erforderlich ist. [2]§ 100a Absatz 3 und 4, § 100e Absatz 1, 3 und 5 Satz 1 der Strafprozessordnung gelten entsprechend mit der Maßgabe, dass die Bundesanstalt antragsberechtigt ist. [3]Zuständig ist das Amtsgericht Frankfurt am Main. [4]Gegen die richterliche Entscheidung ist die Beschwerde zulässig; die §§ 306 bis 310 und 311a der Strafprozessordnung gelten entsprechend. [5]Das Briefgeheimnis sowie das Post- und Fernmeldegeheimnis nach Artikel 10 des Grundgesetzes werden insoweit eingeschränkt.

(2) [1]Die Bundesanstalt kann von Wertpapierdienstleistungsunternehmen, Datenbereitstellungsdiensten, Kreditinstituten im Sinne des Artikels 4 Absatz 1 Nummer 1 der Verordnung (EU) Nr. 575/2013, beaufsichtigten Unternehmen im Sinne des Artikels 3 Absatz 1 Nummer 17 der Verordnung (EU) 2016/1011 und Finanzinstituten im Sinne des Artikels 4 Absatz 1 Nummer 26 der Verordnung (EU) Nr. 575/2013 die Herausgabe von bereits existierenden

1. Aufzeichnungen von Telefongesprächen,
2. elektronischen Mitteilungen oder
3. Verkehrsdaten im Sinne des § 96 Absatz 1 des Telekommunikationsgesetzes,

die sich im Besitz dieser Unternehmen befinden, verlangen, soweit dies auf Grund von Anhaltspunkten für die Überwachung der Einhaltung eines Verbots nach den Artikeln 14 und 15 der Verordnung (EU) Nr. 596/2014 oder einer in § 6 Absatz 6 Satz 1 Nummer 3 und 4 genannten Vorschriften oder eines Verbots oder Gebots nach der Verordnung (EU) 2016/1011 erforderlich ist. [2]Das Briefgeheimnis sowie das Post- und Fernmeldegeheimnis nach Artikel 10 des Grundgesetzes werden insoweit eingeschränkt.

§ 8 Übermittlung und Herausgabe marktbezogener Daten; Verordnungsermächtigung

(1) [1]Von Börsen und Betreibern von Märkten, an denen Finanzinstrumente gehandelt werden, kann die Bundesanstalt insbesondere verlangen, dass die Daten, die zur Erfüllung der Aufgaben der Bundesanstalt nach § 54, nach Artikel 4 der Verordnung (EU) Nr. 596/2014, nach Artikel 27 der Verordnung (EU) Nr. 600/2014 und den auf Grundlage dieser Artikel sowie den auf Grundlage von Artikel 57 der Richtlinie 2014/65/EU erlassenen delegierten Rechtsakten und Durchführungsrechtsakten erforderlich sind, in standardisierter und elektronischer Form übermittelt werden. [2]Die Bundesanstalt kann, insbesondere auf Grund der Meldungen, die sie nach Artikel 4 der Verordnung (EU) Nr. 596/2014 erhält, auf ihrer Internetseite Informationen dazu veröffentlichen, welcher Emittent beantragt oder genehmigt hat, dass seine Finanzinstrumente auf einem Handelsplatz gehandelt oder zum Handel zugelassen werden und welche Finanzinstrumente dies betrifft.

(2) [1]Von Marktteilnehmern, die an Spotmärkten im Sinne des Artikels 3 Absatz 1 Nummer 16 der Verordnung (EU) Nr. 596/2014 tätig sind, kann die Bundesanstalt insbesondere Auskünfte und die Meldung von Geschäften in Warenderivaten verlangen, soweit dies auf Grund von Anhaltspunkten für die Überwachung der Einhaltung eines Verbots nach den Artikeln 14 und 15 der Verordnung (EU) Nr. 596/2014 in Bezug auf Warenderivate erforderlich ist. [2]Der Bundesanstalt ist unter den Voraussetzungen des Satzes 1 ferner der direkte Zugriff auf die Handelssysteme von Händlern zu gewähren. [3]Die Bundesanstalt kann verlangen, dass die Informationen nach Satz 1 in standardisierter Form übermittelt werden. [4]§ 6 Absatz 15 gilt entsprechend.

(3) [1]Das Bundesministerium der Finanzen kann durch Rechtsverordnung, die nicht der Zustimmung des Bundesrates bedarf, nähere Bestimmungen über Inhalt, Art, Umfang

und Form der nach Absatz 1 Satz 1 und Absatz 2 zu übermittelnden Mitteilungen und über die zulässigen Datenträger und Übertragungswege sowie zu Form, Inhalt, Umfang und Darstellung der Veröffentlichung nach Absatz 1 Satz 2 erlassen. [2]Das Bundesministerium der Finanzen kann die Ermächtigung durch Rechtsverordnung auf die Bundesanstalt übertragen.

§ 9 Verringerung und Einschränkung von Positionen oder offenen Forderungen

(1) Die Bundesanstalt kann von jedermann verlangen, die Größe der Positionen oder offenen Forderungen in Finanzinstrumenten zu verringern, soweit dies zur Durchsetzung der Verbote und Gebote der in § 6 Absatz 6 Satz 1 Nummer 3 und 4 genannten Vorschriften geboten ist.

(2) Die Bundesanstalt kann für jedermann die Möglichkeit einschränken, eine Position in Warenderivaten einzugehen, soweit dies zur Durchsetzung der Verbote und Gebote der in § 6 Absatz 6 Satz 1 Nummer 3 und 4 genannten Vorschriften erforderlich ist.

§ 10 Besondere Befugnisse nach der Verordnung (EU) Nr. 1286/2014 und der Verordnung (EU) 2016/1011

(1) [1]Die Bundesanstalt überwacht die Einhaltung der Verbote und Gebote der Verordnung (EU) Nr. 1286/2014 sowie der auf deren Grundlage erlassenen delegierten Rechtsakte und Durchführungsrechtsakte der Europäischen Kommission. [2]Gegenüber einem Wertpapierdienstleistungsunternehmen, das über ein PRIIP berät, es verkauft oder Hersteller von PRIIP ist, kann sie Anordnungen treffen, die zur Durchsetzung der in Satz 1 genannten Verbote und Gebote geeignet und erforderlich sind. [3]Insbesondere kann sie

1. die Vermarktung, den Vertrieb oder den Verkauf des PRIIP vorübergehend oder dauerhaft untersagen, wenn ein Verstoß gegen Artikel 5 Absatz 1, die Artikel 6, 7 und 8 Absatz 1 bis 3, die Artikel 9, 10 Absatz 1, Artikel 13 Absatz 1, 3 und 4 oder die Artikel 14 oder 19 der Verordnung (EU) Nr. 1286/2014 vorliegt,
2. die Bereitstellung eines Basisinformationsblattes untersagen, das nicht den Anforderungen der Artikel 6 bis 8 oder 10 der Verordnung (EU) Nr. 1286/2014 genügt,
3. den Hersteller eines PRIIP verpflichten, eine neue Fassung des Basisinformationsblattes zu veröffentlichen, sofern die veröffentlichte Fassung nicht den Anforderungen der Artikel 6 bis 8 oder 10 der Verordnung (EU) Nr. 1286/2014 genügt, und
4. bei einem Verstoß gegen eine der in Nummer 1 genannten Vorschriften auf ihrer Internetseite eine Warnung unter Nennung des verantwortlichen Wertpapierdienstleistungsunternehmens sowie der Art des Verstoßes veröffentlichen; § 114 Absatz 3 und 5 gilt entsprechend.

[4]Die in Satz 2 genannten Befugnisse stehen der Bundesanstalt vorbehaltlich von § 34d Absatz 8 Nummer 5, § 34e Absatz 2 und § 34g Absatz 1 Satz 2 Nummer 5 der Gewerbeordnung, jeweils in Verbindung mit einer hierzu erlassenen Rechtsverordnung, § 5 Absatz 6a des Kapitalanlagegesetzbuchs, § 308a des Versicherungsaufsichtsgesetzes und § 47 des Kreditwesengesetzes auch gegenüber sonstigen Personen oder Personenvereinigungen zu, die über ein PRIIP beraten, es verkaufen oder Hersteller von PRIIP sind.

(2) [1]Außer für Versicherungsunternehmen unter Landesaufsicht ist die Bundesanstalt zuständige Behörde im Sinne des Artikels 40 Absatz 1 der Verordnung (EU) 2016/1011. Sie überwacht die Einhaltung der Verbote und Gebote der Verordnung (EU) 2016/1011 sowie der delegierten Rechtsakte und Durchführungsrechtsakte der Europäischen Kommission, die auf der Grundlage dieser Verordnung erlassen worden sind, und kann An-

ordnungen treffen, die zu ihrer Durchsetzung geeignet und erforderlich sind. [2]Insbesondere kann sie

1. Maßnahmen zur korrekten Information der Öffentlichkeit über die Bereitstellung eines Referenzwertes treffen und Richtigstellungen verlangen,
2. von Kontributoren, die an Spotmärkten tätig sind und dabei Daten zur Erstellung eines Rohstoff-Referenzwertes bereitstellen, Auskünfte und die Meldung von Geschäften verlangen, soweit dies erforderlich ist, um die Einhaltung der Gebote und Verbote der Verordnung (EU) 2016/1011 in Bezug auf diese Rohstoff-Referenzwerte zu überwachen; hierbei gilt § 8 Absatz 1 Satz 2 und 3 und Absatz 2 entsprechend,
3. bei einem Verstoß gegen die Artikel 4 bis 16, 21, 23 bis 29 und 34 der Verordnung (EU) 2016/1011 oder gegen eine vollziehbare Anordnung der Bundesanstalt, die im Zusammenhang mit einer Untersuchung betreffend die Einhaltung der Pflichten nach dieser Verordnung gemäß Nummer 1 oder 2, § 6 Absatz 3 Satz 4, Absatz 6 Satz 1, Absatz 8, 11 bis 13, § 7 Absatz 2 ergangen ist
   a) von einem beaufsichtigten Unternehmen im Sinne des Artikels 3 Absatz 1 Nummer 17 dieser Verordnung eine dauerhafte Einstellung der den Verstoß begründenden Handlungen oder Verhaltensweisen verlangen,
   b) bezüglich eines beaufsichtigten Unternehmens im Sinne des Artikels 3 Absatz 1 Nummer 17 dieser Verordnung eine Warnung gemäß § 6 Absatz 9 unter Nennung der natürlichen oder juristischen Person oder Personenvereinigung, die den Verstoß begangen hat, veröffentlichen,
   c) die Zulassung oder Registrierung eines Administrators entziehen oder aussetzen,
   d) einer Person für einen Zeitraum von bis zu zwei Jahren die Wahrnehmung von Führungsaufgaben bei einem Administrator oder beaufsichtigten Kontributor untersagen, wenn die Person den Verstoß vorsätzlich oder grob fahrlässig begangen hat und dieses Verhalten trotz Verwarnung durch die Bundesanstalt fortsetzt.

§ 11[1)] Anzeige straftatbegründender Tatsachen

[1]Die Bundesanstalt hat Tatsachen, die den Verdacht einer Straftat nach § 119 begründen, der zuständigen Staatsanwaltschaft unverzüglich anzuzeigen. [2]Sie kann die personenbezogenen Daten der betroffenen Personen, gegen die sich der Verdacht richtet oder die als Zeugen in Betracht kommen, der Staatsanwaltschaft übermitteln, soweit dies für Zwecke der Strafverfolgung erforderlich ist. [3]Die Staatsanwaltschaft entscheidet über die Vornahme der erforderlichen Ermittlungsmaßnahmen, insbesondere über Durchsuchungen, nach den Vorschriften der Strafprozessordnung. [4]Die Befugnisse der Bundesanstalt nach § 6 Absatz 2 bis 13 sowie den §§ 7 bis 9 und 10 Absatz 2 bleiben hiervon unberührt, soweit dies für die Vornahme von Verwaltungsmaßnahmen oder zur Erfüllung von Ersuchen ausländischer Stellen nach § 18 Absatz 2, 4 Satz 1 oder Absatz 10 erforderlich ist und soweit eine Gefährdung des Untersuchungszwecks von Ermittlungen der Strafverfolgungsbehörden oder der für Strafsachen zuständigen Gerichte nicht zu besorgen ist.

§ 12 Adressaten einer Maßnahme wegen möglichen Verstoßes gegen Artikel 14 oder 15 der Verordnung (EU) Nr. 596/2014

Die Adressaten von Maßnahmen nach § 6 Absatz 2 bis 13 sowie den §§ 7 bis 9, die von der Bundesanstalt wegen eines möglichen Verstoßes gegen ein Verbot nach Artikel 14 oder 15 der Verordnung (EU) Nr. 596/2014 ergriffen werden, dürfen andere Personen als

1) § 11 geändert durch Gesetz vom 20.11.2019 (BGBl. I S. 1626).

Mitarbeiter staatlicher Stellen und solche, die auf Grund ihres Berufs einer gesetzlichen Verschwiegenheitspflicht unterliegen, von diesen Maßnahmen oder von einem daraufhin eingeleiteten Ermittlungsverfahren nicht in Kenntnis setzen.

§ 13 Sofortiger Vollzug

Widerspruch und Anfechtungsklage gegen Maßnahmen nach § 6 Absatz 1 bis 14 und den §§ 7 bis 10 haben keine aufschiebende Wirkung.

§ 14 Befugnisse zur Sicherung des Finanzsystems

(1) [1]Die Bundesanstalt kann im Benehmen mit der Deutschen Bundesbank Anordnungen treffen, die geeignet und erforderlich sind, Missstände, die Nachteile für die Stabilität der Finanzmärkte bewirken oder das Vertrauen in die Funktionsfähigkeit der Finanzmärkte erschüttern können, zu beseitigen oder zu verhindern. [2]Insbesondere kann die Bundesanstalt vorübergehend

1. den Handel mit einzelnen oder mehreren Finanzinstrumenten untersagen, insbesondere ein Verbot des Erwerbs von Rechten aus Währungsderivaten im Sinne des § 2 Absatz 2 Nummer 1 Buchstabe b, d oder e anordnen, deren Wert sich unmittelbar oder mittelbar vom Devisenpreis des Euro ableitet, soweit zu erwarten ist, dass der Marktwert dieser Rechte bei einem Kursrückgang des Euro steigt, und wenn der Erwerb der Rechte nicht der Absicherung eigener bestehender oder erwarteter Währungsrisiken dient, wobei das Verbot auch auf den rechtsgeschäftlichen Eintritt in solche Geschäfte erstreckt werden kann,
2. die Aussetzung des Handels mit einzelnen oder mehreren Finanzinstrumenten an Märkten, an denen Finanzinstrumente gehandelt werden, anordnen oder
3. anordnen, dass Märkte, an denen Finanzinstrumente gehandelt werden, mit Ausnahme von Börsen im Sinne des § 2 des Börsengesetzes, schließen oder geschlossen bleiben oder die Tätigkeit der systematischen Internalisierung eingestellt wird.

[3]Die Bundesanstalt kann Anordnungen nach Satz 2 Nummer 1 und 2 auch gegenüber einem öffentlich-rechtlichen Rechtsträger oder gegenüber einer Börse erlassen.

(2) [1]Die Bundesanstalt kann anordnen, dass Personen, die Geschäfte in Finanzinstrumenten tätigen, ihre Positionen in diesen Finanzinstrumenten veröffentlichen und gleichzeitig der Bundesanstalt mitteilen müssen. [2]Die Bundesanstalt kann Mitteilungen nach Satz 1 auf ihrer Internetseite öffentlich bekannt machen.

(3) § 6 Absatz 3, 11, 14 und 16 ist entsprechend anzuwenden.

(4) [1]Maßnahmen nach den Absätzen 1 bis 3 sind auf höchstens zwölf Monate zu befristen. [2]Eine Verlängerung über diesen Zeitraum hinaus um bis zu zwölf weitere Monate ist zulässig. [3]In diesem Falle legt das Bundesministerium der Finanzen dem Deutschen Bundestag innerhalb eines Monates nach erfolgter Verlängerung einen Bericht vor. [4]Widerspruch und Anfechtungsklage gegen Maßnahmen nach den Absätzen 1 bis 3 haben keine aufschiebende Wirkung.

§ 15 Produktintervention

(1) [1]Der Bundesanstalt stehen die Befugnisse nach Artikel 42 der Verordnung (EU) Nr. 600/2014 unter den dort genannten Voraussetzungen, mit Ausnahme der Voraussetzungen nach Artikel 42 Absatz 3 und 4 der Verordnung (EU) Nr. 600/2014, entsprechend für Vermögensanlagen im Sinne des § 1 Absatz 2 des Vermögensanlagengesetzes zu. [2]Die Bundesanstalt kann Maßnahmen nach Satz 1 und Artikel 42 der Verordnung (EU) Nr. 600/2014 gegenüber jedermann treffen, soweit die Verordnung nicht unmittelbar anwendbar ist.

(2) Widerspruch und Anfechtungsklage gegen Maßnahmen nach Absatz 1 und Artikel 42 der Verordnung (EU) Nr. 600/2014 haben keine aufschiebende Wirkung.

§ 16 Wertpapierrat

(1) [1]Bei der Bundesanstalt wird ein Wertpapierrat gebildet. [2]Er besteht aus Vertretern der Länder. [3]Die Mitgliedschaft ist nicht personengebunden. [4]Jedes Land entsendet einen Vertreter. [5]An den Sitzungen können Vertreter der Bundesministerien der Finanzen, der Justiz und für Verbraucherschutz und für Wirtschaft und Energie sowie der Deutschen Bundesbank teilnehmen. [6]Der Wertpapierrat kann Sachverständige insbesondere aus dem Bereich der Börsen, der Marktteilnehmer, der Wirtschaft und der Wissenschaft anhören. [7]Der Wertpapierrat gibt sich eine Geschäftsordnung.

(2) [1]Der Wertpapierrat wirkt bei der Aufsicht mit. Er berät die Bundesanstalt, insbesondere

1. bei dem Erlass von Rechtsverordnungen und der Aufstellung von Richtlinien für die Aufsichtstätigkeit der Bundesanstalt,
2. hinsichtlich der Auswirkungen von Aufsichtsfragen auf die Börsen- und Marktstrukturen sowie den Wettbewerb im Handel mit Finanzinstrumenten,
3. bei der Abgrenzung von Zuständigkeiten zwischen der Bundesanstalt und den Börsenaufsichtsbehörden sowie bei Fragen der Zusammenarbeit.

[2]Der Wertpapierrat kann bei der Bundesanstalt Vorschläge zur allgemeinen Weiterentwicklung der Aufsichtspraxis einbringen. [3]Die Bundesanstalt berichtet dem Wertpapierrat mindestens einmal jährlich über die Aufsichtstätigkeit, die Weiterentwicklung der Aufsichtspraxis sowie über die internationale Zusammenarbeit.

(3) [1]Der Wertpapierrat wird mindestens einmal jährlich vom Präsidenten der Bundesanstalt einberufen. [2]Er ist ferner auf Verlangen von einem Drittel seiner Mitglieder einzuberufen. [3]Jedes Mitglied hat das Recht, Beratungsvorschläge einzubringen.

§ 17[1)] Zusammenarbeit mit anderen Behörden im Inland

(1) [1]Die Börsenaufsichtsbehörden werden im Wege der Organleihe für die Bundesanstalt bei der Durchführung von eilbedürftigen Maßnahmen im Rahmen der Überwachung der Verbote von Insidergeschäften nach Artikel 14 der Verordnung (EU) Nr. 596/2014 und des Verbots der Marktmanipulation nach Artikel 15 der Verordnung (EU) Nr. 596/2014 an den ihrer Aufsicht unterliegenden Börsen tätig. [2]Das Nähere regelt ein Verwaltungsabkommen zwischen dem Bund und den börsenaufsichtsführenden Ländern.

(2) Die Bundesanstalt, die Deutsche Bundesbank im Rahmen ihrer Tätigkeit nach Maßgabe des Kreditwesengesetzes, das Bundeskartellamt, die Börsenaufsichtsbehörden, die Handelsüberwachungsstellen, die zuständigen Behörden für die Durchführung der Verordnung (EU) Nr. 1308/2013 des Europäischen Parlaments und des Rates vom 17. Dezember 2013 über eine gemeinsame Marktorganisation für landwirtschaftliche Erzeugnisse und zur Aufhebung der Verordnungen (EWG) Nr. 922/72, (EWG) Nr. 234/79, (EG) Nr. 1037/2001 und (EG) Nr. 1234/2007 (ABl. L 347 vom 20.12.2013, S. 671; L 189 vom 27.6.2014, S. 261; L 130 vom 19.5.2016, S. 18; L 34 vom 9.2.2017, S. 41), die zuletzt durch die Delegierte Verordnung (EU) 2016/1226 (ABl. L 202 vom 28.7.2016, S. 5) geändert worden ist, im Rahmen ihrer Tätigkeiten nach Maßgabe des Energiewirtschaftsgesetzes die Bundesnetzagentur und die Landeskartellbehörden sowie die für die Aufsicht über Versicherungsvermittler und die Vermittler von Anteilen an Unternehmen im Sinne des § 3 Absatz 1 Nummer 7 zuständigen Stellen haben einander

1) § 17 Abs. 4 geändert durch Gesetz vom 20.11.2019 (BGBl. I S. 1626).

Beobachtungen und Feststellungen einschließlich personenbezogener Daten mitzuteilen, die für die Erfüllung ihrer Aufgaben erforderlich sind.

(3) Die Bundesanstalt arbeitet mit den Börsenaufsichtsbehörden, den Handelsüberwachungsstellen sowie mit den nach § 19 Absatz 1 des Treibhausgas-Emissionshandelsgesetzes zuständigen Behörden zusammen, um sicherzustellen, dass sie sich einen Gesamtüberblick über die Emissionszertifikatemärkte verschaffen kann.

(4) [1]Die Bundesanstalt darf zur Erfüllung ihrer Aufgaben die nach § 2 Abs. 10, §§ 2c, 24 Abs. 1 Nr. 1, 2, 5, 7 und 10 und Abs. 3, § 25b Absatz 1 bis 3, § 32 Abs. 1 Satz 1 und 2 Nr. 2 und 6 Buchstabe a und b des Kreditwesengesetzes bei der Deutschen Bundesbank gespeicherten Daten im automatisierten Verfahren abrufen. [2]Die Deutsche Bundesbank hat für Zwecke der Datenschutzkontrolle den Zeitpunkt, die Angaben, welche die Feststellung der aufgerufenen Datensätze ermöglichen, sowie die für den Abruf verantwortliche Person zu protokollieren. [3]Die protokollierten Daten dürfen nur für Zwecke der Datenschutzkontrolle, der Datensicherung oder zur Sicherstellung eines ordnungsmäßigen Betriebs der Datenverarbeitungsanlage verarbeitet werden. [4]Die Protokolldaten sind am Ende des auf die Speicherung folgenden Kalenderjahres zu löschen.

(4) *(aufgehoben)*

§ 18[1)] Zusammenarbeit mit zuständigen Stellen im Ausland; Verordnungsermächtigung

(1) [1]Der Bundesanstalt obliegt die Zusammenarbeit mit den für die Überwachung von Verhaltens- und Organisationspflichten von Unternehmen, die Wertpapierdienstleistungen erbringen, von Finanzinstrumenten und von Märkten, an denen Finanzinstrumente oder Waren gehandelt werden, zuständigen Stellen der Europäischen Union der anderen Mitgliedstaaten der Europäischen Union und der anderen Vertragsstaaten des Abkommens über den Europäischen Wirtschaftsraum. [2]Die Bundesanstalt kann im Rahmen ihrer Zusammenarbeit zum Zwecke der Überwachung der Einhaltung der Verbote und Gebote dieses Gesetzes und der Verordnung (EU) Nr. 600/2014 sowie der Verbote und Gebote der in Satz 1 genannten Staaten, die denen dieses Gesetzes, des Börsengesetzes oder der genannten Verordnungen entsprechen, von allen ihr nach diesem Gesetz und der Verordnung (EU) Nr. 600/2014 zustehenden Befugnissen Gebrauch machen, soweit dies geeignet und erforderlich ist, um den Ersuchen der in Satz 1 genannten Stellen nachzukommen. [3]Sie kann auf ein Ersuchen der in Satz 1 genannten Stellen die Untersagung oder Aussetzung des Handels nach § 6 Absatz 2 Satz 4 an einem inländischen Markt nur anordnen, sofern die Interessen der Anleger oder der ordnungsgemäße Handel an dem betreffenden Markt nicht erheblich gefährdet werden. [4]Die Vorschriften des Börsengesetzes über die Zusammenarbeit der Handelsüberwachungsstellen mit entsprechenden Stellen oder Börsengeschäftsführungen anderer Staaten bleiben hiervon unberührt.

(2) [1]Auf Ersuchen der in Absatz 1 Satz 1 genannten zuständigen Stellen führt die Bundesanstalt nach Maßgabe der auf Grundlage von Artikel 80 Absatz 4 und Artikel 81 Absatz 4 der Richtlinie 2014/65/EU erlassenen Durchführungsverordnung Untersuchungen durch und übermittelt unverzüglich alle Informationen, soweit dies für die Überwachung von organisierten Märkten oder anderen Märkten für Finanzinstrumente, von Kreditinstituten, Finanzdienstleistungsinstituten, Kapitalverwaltungsgesellschaften, extern verwaltete Investmentgesellschaften, EU-Verwaltungsgesellschaften, ausländische AIF-Verwaltungsgesellschaften, Finanzunternehmen oder Versicherungsunternehmen oder damit zusammenhängender Verwaltungs- oder Gerichtsverfahren erforderlich

1) § 18 geändert durch Gesetz vom 20.11.2019 (BGBl. I S. 1626).

ist. ²Bei der Übermittlung von Informationen hat die Bundesanstalt den Empfänger darauf hinzuweisen, dass er unbeschadet seiner Verpflichtungen im Rahmen von Strafverfahren die übermittelten Informationen einschließlich personenbezogener Daten nur zur Erfüllung von Überwachungsaufgaben nach Satz 1 und für damit zusammenhängende Verwaltungs- und Gerichtsverfahren verarbeiten darf.

(3) Die Bundesanstalt trifft angemessene Vorkehrungen für eine wirksame Zusammenarbeit insbesondere gegenüber solchen Mitgliedstaaten, in denen die Geschäfte eines inländischen Handelsplatzes eine wesentliche Bedeutung für das Funktionieren der Finanzmärkte und den Anlegerschutz nach Maßgabe des Artikels 90 der Delegierten Verordnung (EU) 2017/565 haben oder deren Handelsplätze eine solche Bedeutung im Inland haben.

(4) ¹Die Bundesanstalt kann Bediensteten der zuständigen Stellen anderer Staaten auf Ersuchen die Teilnahme an den von der Bundesanstalt durchgeführten Untersuchungen gestatten. ²Nach vorheriger Unterrichtung der Bundesanstalt sind die zuständigen Stellen im Sinne des Absatzes 1 Satz 1 befugt, selbst oder durch ihre Beauftragten die Informationen, die für eine Überwachung der Einhaltung der Meldepflichten nach Artikel 26 der Verordnung (EU) Nr. 600/2014, der Verhaltens-, Organisations- und Transparenzpflichten nach den §§ 63 bis 83 oder entsprechender ausländischer Vorschriften durch eine Zweigniederlassung im Sinne des § 53b Absatz 1 Satz 1 des Kreditwesengesetzes erforderlich sind, bei dieser Zweigniederlassung zu prüfen. ³Bedienstete der Europäischen Wertpapier- und Marktaufsichtsbehörde können an Untersuchungen nach Satz 1 teilnehmen.

(5) Die Bundesanstalt kann in Bezug auf die Erleichterung der Einziehung von Geldbußen mit den in Absatz 1 Satz 1 genannten Stellen zusammenarbeiten.

(6) ¹Die Bundesanstalt kann eine Untersuchung, die Übermittlung von Informationen oder die Teilnahme von Bediensteten zuständiger ausländischer Stellen im Sinne von Absatz 1 Satz 1 verweigern, wenn auf Grund desselben Sachverhalts gegen die betreffenden Personen bereits ein gerichtliches Verfahren eingeleitet worden oder eine unanfechtbare Entscheidung ergangen ist. ²Kommt die Bundesanstalt einem Ersuchen nicht nach oder macht sie von ihrem Recht nach Satz 1 Gebrauch, so teilt sie ihre Entscheidung einschließlich ihrer Gründe der ersuchenden Stelle und der Europäischen Wertpapier- und Marktaufsichtsbehörde unverzüglich mit und übermittelt diesen genaue Informationen über das gerichtliche Verfahren oder die unanfechtbare Entscheidung.

(7) ¹Die Bundesanstalt ersucht die in Absatz 1 genannten zuständigen Stellen nach Maßgabe der auf Grundlage von Artikel 80 Absatz 4 und Artikel 81 Absatz 4 der Richtlinie 2014/65/EU erlassenen Durchführungsverordnung um die Durchführung von Untersuchungen und die Übermittlung von Informationen, die für die Erfüllung ihrer Aufgaben nach den Vorschriften dieses Gesetzes geeignet und erforderlich sind. ²Sie kann die zuständigen Stellen ersuchen, Bediensteten der Bundesanstalt die Teilnahme an den Untersuchungen zu gestatten. ³Mit Einverständnis der zuständigen Stellen kann die Bundesanstalt Untersuchungen im Ausland durchführen und hierfür Wirtschaftsprüfer oder Sachverständige beauftragen; bei Untersuchung eine Zweigniederlassung eines inländischen Wertpapierdienstleistungsunternehmens in einem Aufnahmemitgliedstaat durch die Bundesanstalt genügt eine vorherige Unterrichtung der zuständigen Stelle im Ausland. ⁴Trifft die Bundesanstalt Anordnungen gegenüber Unternehmen mit Sitz im Ausland, die Mitglieder inländischer organisierter Märkte sind, unterrichtet sie die für die Überwachung dieser Unternehmen zuständigen Stellen. ⁵Werden der Bundesanstalt von einer Stelle eines anderen Staates Informationen mitgeteilt, so darf sie diese unbeschadet ihrer Verpflichtungen in strafrechtlichen Angelegenheiten, die den Verdacht einer Straftat nach den Strafvorschriften dieses Gesetzes zum Gegenstand haben, nur zur Erfüllung

von Überwachungsaufgaben nach Absatz 2 Satz 1 und für damit zusammenhängende Verwaltungs- und Gerichtsverfahren verarbeiten. [6]Die Bundesanstalt darf diese Informationen unter Beachtung der Zweckbestimmung der übermittelnden Stelle den in § 17 Absatz 2 genannten Stellen mitteilen, sofern dies für die Erfüllung ihrer Aufgaben erforderlich ist. [7]Eine anderweitige Verarbeitung der Informationen ist nur mit Zustimmung der übermittelnden Stelle zulässig. [8]Außer bei Informationen im Zusammenhang mit Insiderhandel oder Marktmanipulation kann in begründeten Ausnahmefällen auf diese Zustimmung verzichtet werden, sofern dieses der übermittelnden Stelle unverzüglich unter Angabe der Gründe mitgeteilt wird. [9]Wird einem Ersuchen der Bundesanstalt nach den Sätzen 1 bis 3 nicht innerhalb angemessener Frist Folge geleistet oder wird es ohne hinreichende Gründe abgelehnt, kann die Bundesanstalt die Europäische Wertpapier- und Marktaufsichtsbehörde nach Maßgabe des Artikels 19 der Verordnung (EU) Nr. 1095/2010 des Europäischen Parlaments und des Rates vom 24. November 2010 zur Errichtung einer Europäischen Aufsichtsbehörde (Europäische Wertpapier- und Marktaufsichtsbehörde), zur Änderung des Beschlusses Nr. 716/2009/EG und zur Aufhebung des Beschlusses 2009/77/EG der Kommission (ABl. L 331 vom 15.12.2010, S. 84) um Hilfe ersuchen.

(8) [1]Hat die Bundesanstalt hinreichende Anhaltspunkte für einen Verstoß gegen Verbote oder Gebote nach den Vorschriften dieses Gesetzes oder nach entsprechenden ausländischen Vorschriften der in Absatz 1 Satz 1 genannten Staaten, teilt sie diese Anhaltspunkte der Europäischen Wertpapier- und Marktaufsichtsbehörde und den nach Absatz 1 Satz 1 zuständigen Stellen des Staates mit, auf dessen Gebiet die vorschriftswidrige Handlung stattfindet oder stattgefunden hat oder auf dessen Gebiet die betroffenen Finanzinstrumente an einem organisierten Markt gehandelt werden oder der nach dem Recht der Europäischen Union für die Verfolgung des Verstoßes zuständig ist. [2]Sind die daraufhin getroffenen Maßnahmen der zuständigen ausländischen Stellen unzureichend oder wird weiterhin gegen die Vorschriften dieses Gesetzes oder gegen die entsprechenden ausländischen Vorschriften verstoßen, ergreift die Bundesanstalt nach vorheriger Unterrichtung der zuständigen Stellen alle für den Schutz der Anleger erforderlichen Maßnahmen und unterrichtet davon die Europäische Kommission und die Europäische Wertpapier- und Marktaufsichtsbehörde. [3]Erhält die Bundesanstalt eine entsprechende Mitteilung von zuständigen ausländischen Stellen, unterrichtet sie diese sowie die Europäische Wertpapier- und Marktaufsichtsbehörde über Ergebnisse daraufhin eingeleiteter Untersuchungen. [4]Die Bundesanstalt unterrichtet ferner

1. die zuständigen Stellen nach Satz 1 und die Europäische Wertpapier- und Marktaufsichtsbehörde über Anordnungen zur Aussetzung, Untersagung oder Einstellung des Handels nach § 6 Absatz 2 Satz 4 dieses Gesetzes sowie § 3 Absatz 5 Satz 3 Nummer 1 und § 25 Absatz 1 des Börsengesetzes,
2. die zuständigen Stellen nach Satz 1 innerhalb eines Monats nach Erhalt einer Mitteilung nach § 19 Absatz 10 des Börsengesetzes von der Absicht der Geschäftsführung einer Börse, Handelsteilnehmern aus den betreffenden Staaten einen unmittelbaren Zugang zu ihrem Handelssystem zu gewähren,
3. die zuständigen Stellen nach Satz 1 und die Europäische Wertpapier- und Marktaufsichtsbehörde über Anordnungen nach § 9 Absatz 1 zur Verringerung von Positionsgrößen oder offenen Forderungen sowie
4. die zuständigen Stellen nach Satz 1 und die Europäische Wertpapier- und Marktaufsichtsbehörde über Anordnungen nach § 9 Absatz 2 zur Beschränkung von Positionen in Warenderivaten.

[5]Die Unterrichtung nach Satz 4 Nummer 3 und 4 muss mindestens 24 Stunden vor Bekanntgabe der Anordnung erfolgen; wenn dies im Ausnahmefall nicht möglich ist, muss

die Unterrichtung spätestens vor der Bekanntgabe erfolgen. [6]Die Unterrichtung nach Satz 4 Nummer 3 und 4 umfasst Angaben über Auskunfts- und Vorlageersuchen gemäß § 6 Absatz 3 Satz 2 Nummer 1 einschließlich ihrer Begründung und den Adressaten sowie über den Umfang von Anordnungen gemäß § 9 Absatz 2 einschließlich ihres Adressatenkreises, der betroffenen Finanzinstrumente, Positionsschranken und Ausnahmen, die nach § 56 Absatz 3 gewährt wurden. [7]Betrifft eine in Satz 4 Nummer 3 und 4 genannte Maßnahme Energiegroßhandelsprodukte, so unterrichtet die Bundesanstalt auch die durch die Verordnung (EG) Nr. 713/2009 gegründete Agentur für die Zusammenarbeit der Energieregulierungsbehörden.

(9) Die Regelungen über die internationale Rechtshilfe in Strafsachen bleiben unberührt.

(10) [1]Die Bundesanstalt kann mit den zuständigen Stellen anderer als der in Absatz 1 genannten Staaten entsprechend den Absätzen 1 bis 9 zusammenarbeiten und Vereinbarungen über den Informationsaustausch abschließen. [2]Absatz 7 Satz 5 und 6 findet mit der Maßgabe Anwendung, dass Informationen, die von diesen Stellen übermittelt werden, nur unter Beachtung einer Zweckbestimmung der übermittelnden Stelle verarbeitet und nur mit ausdrücklicher Zustimmung der übermittelnden Stelle der Deutschen Bundesbank oder dem Bundeskartellamt mitgeteilt werden dürfen, sofern dies für die Erfüllung ihrer Aufgaben erforderlich ist. [3]Absatz 7 Satz 8 findet keine Anwendung. [4]Die Übermittlung personenbezogener Daten muss im Einklang mit Kapitel V der Verordnung (EU) 2016/679 des Europäischen Parlaments und des Rates vom 27. April 2016 zum Schutz natürlicher Personen bei der Verarbeitung personenbezogener Daten, zum freien Datenverkehr und zur Aufhebung der Richtlinie 95/46/EG (Datenschutz-Grundverordnung) (ABl. L 119 vom 4.5.2016, S. 1; L 314 vom 22.11.2016, S. 72; L 127 vom 23.5.2018, S. 2) in der jeweils geltenden Fassung und mit den sonstigen allgemeinen datenschutzrechtlichen Vorschriften stehen. [5]Die Bundesanstalt unterrichtet die Europäische Wertpapier- und Marktaufsichtsbehörde über den Abschluss von Vereinbarungen nach Satz 1.

(11) Die Bundesanstalt kann im Rahmen der Zusammenarbeit zum Zwecke der Überwachung der Einhaltung der Verbote und Gebote nach der Verordnung (EU) Nr. 596/2014 sowie der Verbote und Gebote entsprechender ausländischer Bestimmungen anderer Vertragsstaaten des Abkommens über den Europäischen Wirtschaftsraum oder von Drittstaaten von allen ihr nach diesem Gesetz zustehenden Befugnissen Gebrauch machen, um den einschlägigen Ersuchen der zuständigen Behörden der jeweiligen Staaten nachzukommen.

(12) [1]Das Bundesministerium der Finanzen kann durch Rechtsverordnung, die nicht der Zustimmung des Bundesrates bedarf, zu den in den Absätzen 2, 3 und 7 genannten Zwecken nähere Bestimmungen über die Übermittlung von Informationen an ausländische Stellen, die Durchführung von Untersuchungen auf Ersuchen ausländischer Stellen sowie Ersuchen der Bundesanstalt an ausländische Stellen erlassen. [2]Das Bundesministerium der Finanzen kann die Ermächtigung durch Rechtsverordnung auf die Bundesanstalt für Finanzdienstleistungsaufsicht übertragen.

§ 19 Zusammenarbeit mit der Europäischen Wertpapier- und Marktaufsichtsbehörde

(1) Die Bundesanstalt stellt der Europäischen Wertpapier- und Marktaufsichtsbehörde gemäß den Artikeln 35 und 36 der Verordnung (EU) Nr. 1095/2010 auf Verlangen unverzüglich alle für die Erfüllung ihrer Aufgaben erforderlichen Informationen zur Verfügung.

(2) Die Bundesanstalt übermittelt der Europäischen Wertpapier- und Marktaufsichtsbehörde jährlich eine Zusammenfassung von Informationen zu allen im Zusammenhang

mit der Überwachung nach den Abschnitten 9 bis 11 ergriffenen Verwaltungsmaßnahmen und verhängten Sanktionen.

(3) Die Bundesanstalt unterrichtet die Europäische Wertpapier- und Marktaufsichtsbehörde über das Erlöschen einer Erlaubnis nach § 4 Absatz 4 des Börsengesetzes und die Aufhebung einer Erlaubnis nach § 4 Absatz 5 des Börsengesetzes oder nach den Vorschriften der Verwaltungsverfahrensgesetze der Länder.

§ 20 Zusammenarbeit mit der Europäischen Kommission im Rahmen des Energiewirtschaftsgesetzes

Die Bundesanstalt übermittelt der Europäischen Kommission auf Verlangen diejenigen Angaben zu Geschäften in Finanzinstrumenten einschließlich personenbezogenen Daten, die ihr nach Artikel 26 der Verordnung (EU) Nr. 600/2014 mitgeteilt worden sind, soweit die Europäische Kommission deren Überlassung gemäß § 5a Absatz 1 des Energiewirtschaftsgesetzes auch unmittelbar von den mitteilungspflichtigen Unternehmen verlangen könnte und die Europäische Kommission diese Informationen zur Erfüllung ihrer im Energiewirtschaftsgesetz näher beschriebenen Aufgaben benötigt.

§ 21 Verschwiegenheitspflicht

(1) [1]Die bei der Bundesanstalt Beschäftigten und die nach § 4 Abs. 3 des Finanzdienstleistungsaufsichtsgesetzes beauftragten Personen dürfen die ihnen bei ihrer Tätigkeit bekannt gewordenen Tatsachen, deren Geheimhaltung im Interesse eines nach diesem Gesetz Verpflichteten oder eines Dritten liegt, insbesondere Geschäfts- und Betriebsgeheimnisse sowie personenbezogene Daten, nicht unbefugt offenbaren oder verwenden, auch wenn sie nicht mehr im Dienst sind oder ihre Tätigkeit beendet ist. [2]Dies gilt auch für andere Personen, die durch dienstliche Berichterstattung Kenntnis von den in Satz 1 bezeichneten Tatsachen erhalten. [3]Ein unbefugtes Offenbaren oder Verwenden im Sinne des Satzes 1 liegt insbesondere nicht vor, wenn Tatsachen weitergegeben werden an

1. Strafverfolgungsbehörden oder für Straf- und Bußgeldsachen zuständige Gerichte,
2. kraft Gesetzes oder im öffentlichen Auftrag mit der Überwachung von Börsen oder anderen Märkten, an denen Finanzinstrumente gehandelt werden, des Handels mit Finanzinstrumenten oder Devisen, von Kreditinstituten, Finanzdienstleistungsinstituten, Kapitalverwaltungsgesellschaften, extern verwaltete Investmentgesellschaften, EU-Verwaltungsgesellschaften oder ausländische AIF-Verwaltungsgesellschaften, Finanzunternehmen, Versicherungsunternehmen, Versicherungsvermittlern, Vermittler von Anteilen an Unternehmen im Sinne von § 3 Absatz 1 Nummer 7 oder Mitarbeitern im Sinne des § 87 Absatz 1 bis 5 betraute Stellen sowie von diesen beauftragte Personen,
3. Zentralbanken in ihrer Eigenschaft als Währungsbehörden sowie an andere staatliche Behörden, die mit der Überwachung der Zahlungssysteme betraut sind,
4. mit der Liquidation oder dem Insolvenzverfahren über das Vermögen eines Wertpapierdienstleistungsunternehmens, eines organisierten Marktes oder des Betreibers eines organisierten Marktes befasste Stellen,
5. die Europäische Zentralbank, das Europäische System der Zentralbanken, die Europäische Wertpapier- und Marktaufsichtsbehörde, die Europäische Aufsichtsbehörde für das Versicherungswesen und die betriebliche Altersversorgung, die Europäische Bankenaufsichtsbehörde, den Gemeinsamen Ausschuss der Europäischen Finanzaufsichtsbehörden, den Europäischen Ausschuss für Systemrisiken oder die Europäische Kommission,

soweit diese Stellen die Informationen zur Erfüllung ihrer Aufgaben benötigen. [4]Für die bei den in Satz 3 Nummer 1 bis 4 genannten Stellen beschäftigten Personen sowie von diesen Stellen beauftragten Personen gilt die Verschwiegenheitspflicht nach Satz 1 entsprechend. [5]Befindet sich eine in Satz 3 Nummer 1 bis 4 genannte Stelle in einem anderen Staat, so dürfen die Tatsachen nur weitergegeben werden, wenn die bei dieser Stelle beschäftigten und die von dieser Stelle beauftragten Personen einer dem Satz 1 entsprechenden Verschwiegenheitspflicht unterliegen.

(2) [1]Die §§ 93, 97 und 105 Absatz 1, § 111 Absatz 5 in Verbindung mit § 105 Absatz 1 sowie § 116 Absatz 1 der Abgabenordnung gelten für die in Absatz 1 Satz 1 und 2 bezeichneten Personen nur, soweit die Finanzbehörden die Kenntnisse für die Durchführung eines Verfahrens wegen einer Steuerstraftat sowie eines damit zusammenhängenden Besteuerungsverfahrens benötigen. [2]Die in Satz 1 genannten Vorschriften sind jedoch nicht anzuwenden, soweit Tatsachen betroffen sind,

1. die den in Absatz 1 Satz 1 oder Satz 2 bezeichneten Personen durch eine Stelle eines anderen Staates im Sinne von Absatz 1 Satz 3 Nummer 2 oder durch von dieser Stelle beauftragte Personen mitgeteilt worden sind oder
2. von denen bei der Bundesanstalt beschäftigte Personen dadurch Kenntnis erlangen, dass sie an der Aufsicht über direkt von der Europäischen Zentralbank beaufsichtigte Institute mitwirken, insbesondere in gemeinsamen Aufsichtsteams nach Artikel 2 Nummer 6 der Verordnung (EU) Nr. 468/2014 der Europäischen Zentralbank vom 16. April 2014 zur Einrichtung eines Rahmenwerks für die Zusammenarbeit zwischen der Europäischen Zentralbank und den nationalen zuständigen Behörden und den nationalen benannten Behörden innerhalb des einheitlichen Aufsichtsmechanismus (SSM-Rahmenverordnung) (EZB/2014/17) (ABl. L 141 vom 14.5.2014, S. 1), und die nach den Regeln der Europäischen Zentralbank geheim sind.

§ 22 Meldepflichten

(1) [1]Die Bundesanstalt ist zuständige Behörde im Sinne der Artikel 26 und 27 der Verordnung (EU) Nr. 600/2014. Dies gilt insbesondere auch für die Mitteilung von Referenzdaten, die von Handelsplätzen nach Artikel 27 Absatz 1 der Verordnung (EU) Nr. 600/2014 zu übermitteln sind. [2]Sie ist zuständig für die Übermittlung von Mitteilungen nach Artikel 26 Absatz 1 der Verordnung (EU) Nr. 600/2014 an die zuständige Behörde eines anderen Mitgliedstaates oder eines anderen Vertragsstaates des Abkommens über den Europäischen Wirtschaftsraum, wenn sich in diesem Staat der unter Liquiditätsaspekten relevanteste Markt für das gemeldete Finanzinstrument im Sinne des Artikels 26 Absatz 1 der Verordnung (EU) Nr. 600/2014 befindet.

(2) [1]Ein inländischer Handelsplatz, der im Namen eines Wertpapierdienstleistungsunternehmens Meldungen nach Artikel 26 Absatz 1 der Verordnung (EU) Nr. 600/2014 vornimmt, muss Sicherheitsmechanismen einrichten, die die Sicherheit und Authentifizierung der Informationsübermittlungswege gewährleisten sowie eine Verfälschung der Daten und einen unberechtigten Zugriff und ein Bekanntwerden von Informationen verhindern und so jederzeit die Vertraulichkeit der Daten wahren. [2]Der Handelsplatz muss ausreichende Mittel vorhalten und Notfallsysteme einrichten, um seine diesbezüglichen Dienste jederzeit anbieten und aufrechterhalten zu können.

(3) [1]Die Verpflichtung nach Artikel 26 Absatz 1 bis 3 sowie 6 und 7 der Verordnung (EU) Nr. 600/2014 in Verbindung mit der Delegierten Verordnung (EU) 2017/590 der Kommission vom 28. Juli 2016 zur Ergänzung der Verordnung (EU) Nr. 600/2014 des Europäischen Parlaments und des Rates durch technische Regulierungsstandards für die Meldung von Geschäften an die zuständigen Behörden (ABl. L 87 vom 31.3.2017, S. 449), in der jeweils geltenden Fassung, gilt entsprechend für inländische zentrale Gegenparteien im Sinne des § 1 Absatz 31 des Kreditwesengesetzes hinsichtlich der Infor-

mationen, über die sie auf Grund der von ihnen abgeschlossenen Geschäfte verfügen. [2]Diese Informationen umfassen Inhalte, die gemäß Anhang 1 Tabelle 2 Meldefelder Nummer 1 bis 4, 6, 7, 16, 28 bis 31, 33 bis 36 und 38 bis 56 der Delegierten Verordnung (EU) 2017/590 anzugeben sind. [3]Die übrigen Meldefelder sind so zu befüllen, dass sie den technischen Validierungsregeln, die von der Europäischen Wertpapier- und Marktaufsichtsbehörde vorgegeben sind, entsprechen.

§ 23 Anzeige von Verdachtsfällen

(1) [1]Wertpapierdienstleistungsunternehmen, andere Kreditinstitute, Kapitalverwaltungsgesellschaften und Betreiber von außerbörslichen Märkten, an denen Finanzinstrumente gehandelt werden, haben bei der Feststellung von Tatsachen, die den Verdacht begründen, dass mit einem Geschäft über Finanzinstrumente, für die die Bundesanstalt die zuständige Behörde im Sinne des Artikels 2 Absatz 1 Buchstabe j der Verordnung (EU) Nr. 236/2012 ist, gegen die Artikel 12, 13 oder 14 der Verordnung (EU) Nr. 236/2012 verstoßen wird, diese unverzüglich der Bundesanstalt mitzuteilen. [2]Sie dürfen andere Personen als staatliche Stellen und solche, die auf Grund ihres Berufs einer gesetzlichen Verschwiegenheitspflicht unterliegen, von der Anzeige oder von einer daraufhin eingeleiteten Untersuchung nicht in Kenntnis setzen.

(2) [1]Der Inhalt einer Anzeige nach Absatz 1 darf von der Bundesanstalt nur zur Erfüllung ihrer Aufgaben verwendet werden. [2]Die Bundesanstalt darf die Identität einer anzeigenden Person nach Absatz 1 anderen als staatlichen Stellen nicht zugänglich machen. [3]Das Recht der Bundesanstalt nach § 123 bleibt unberührt.

(3) Wer eine Anzeige nach Absatz 1 erstattet, darf wegen dieser Anzeige nicht verantwortlich gemacht werden, es sei denn, die Anzeige ist vorsätzlich oder grob fahrlässig unwahr erstattet worden.

(4) [1]Das Bundesministerium der Finanzen kann durch Rechtsverordnung, die nicht der Zustimmung des Bundesrates bedarf, nähere Bestimmungen erlassen über

1. die Form und den Inhalt einer Anzeige nach Absatz 1 und
2. die Art und Weise der Übermittlung einer Mitteilung nach Artikel 16 Absatz 1 und 2 der Verordnung (EU) Nr. 596/2014.

[2]Das Bundesministerium der Finanzen kann die Ermächtigung durch Rechtsverordnung auf die Bundesanstalt übertragen.

§ 24 Verpflichtung des Insolvenzverwalters

(1) Wird über das Vermögen eines nach diesem Gesetz zu einer Handlung Verpflichteten ein Insolvenzverfahren eröffnet, hat der Insolvenzverwalter den Schuldner bei der Erfüllung der Pflichten nach diesem Gesetz zu unterstützen, insbesondere indem er aus der Insolvenzmasse die hierfür erforderlichen Mittel bereitstellt.

(2) Wird vor Eröffnung des Insolvenzverfahrens ein vorläufiger Insolvenzverwalter bestellt, hat dieser den Schuldner bei der Erfüllung seiner Pflichten zu unterstützen, insbesondere indem er der Verwendung der Mittel durch den Verpflichteten zustimmt oder, wenn dem Verpflichteten ein allgemeines Verfügungsverbot auferlegt wurde, indem er die Mittel aus dem von ihm verwalteten Vermögen zur Verfügung stellt.

Abschnitt 3. Marktmissbrauchsüberwachung

§ 25 Anwendung der Verordnung (EU) Nr. 596/2014 auf Waren und ausländische Zahlungsmittel

Artikel 15 in Verbindung mit Artikel 12 Absatz 1 bis 4 der Verordnung (EU) Nr. 596/2014 gilt entsprechend für

1. Waren im Sinne des § 2 Absatz 5 und
2. ausländische Zahlungsmittel im Sinne des § 51 des Börsengesetzes,

die an einer inländischen Börse oder einem vergleichbaren Markt in einem anderen Mitgliedstaat der Europäischen Union oder in einem anderen Vertragsstaat des Abkommens über den Europäischen Wirtschaftsraum gehandelt werden.

§ 26 Übermittlung von Insiderinformationen und von Eigengeschäften; Verordnungsermächtigung

(1) Ein Inlandsemittent, ein MTF-Emittent oder ein OTF-Emittent, der gemäß Artikel 17 Absatz 1, 7 oder 8 der Verordnung (EU) Nr. 596/2014 verpflichtet ist, Insiderinformationen zu veröffentlichen, hat diese vor ihrer Veröffentlichung der Bundesanstalt und den Geschäftsführungen der Handelsplätze, an denen seine Finanzinstrumente zum Handel zugelassen oder in den Handel einbezogen sind, mitzuteilen sowie unverzüglich nach ihrer Veröffentlichung dem Unternehmensregister im Sinne des § 8b des Handelsgesetzbuchs zur Speicherung zu übermitteln.

(2) Ein Inlandsemittent, ein MTF-Emittent oder ein OTF-Emittent, der gemäß Artikel 19 Absatz 3 der Verordnung (EU) Nr. 596/2014 verpflichtet ist, Informationen zu Eigengeschäften von Führungskräften zu veröffentlichen, hat diese Informationen unverzüglich, jedoch nicht vor ihrer Veröffentlichung, dem Unternehmensregister im Sinne des § 8b des Handelsgesetzbuchs zur Speicherung zu übermitteln sowie die Veröffentlichung der Bundesanstalt mitzuteilen.

(3) [1]Verstößt der Emittent gegen die Verpflichtungen nach Absatz 1 oder nach Artikel 17 Absatz 1, 7 oder 8 der Verordnung (EU) Nr. 596/2014, so ist er einem anderen nur unter den Voraussetzungen der §§ 97 und 98 zum Ersatz des daraus entstehenden Schadens verpflichtet. [2]Schadensersatzansprüche, die auf anderen Rechtsgrundlagen beruhen, bleiben unberührt.

(4) [1]Das Bundesministerium der Finanzen kann durch Rechtsverordnung, die nicht der Zustimmung des Bundesrates bedarf, nähere Bestimmungen erlassen über

1. den Mindestinhalt, die Art, die Sprache, den Umfang und die Form einer Mitteilung nach Absatz 1 oder Absatz 2,
2. den Mindestinhalt, die Art, die Sprache, den Umfang und die Form einer Veröffentlichung nach Artikel 17 Absatz 1, 2 und 6 bis 9 der Verordnung (EU) Nr. 596/2014,
3. die Bedingungen, die ein Emittent oder Teilnehmer am Markt für Emissionszertifikate nach Artikel 17 Absatz 4 Unterabsatz 1 der Verordnung (EU) Nr. 596/2014 erfüllen muss, um die Offenlegung von Insiderinformationen aufzuschieben,
4. die Art und Weise der Übermittlung sowie den Mindestinhalt einer Mitteilung nach Artikel 17 Absatz 4 Unterabsatz 3 Satz 1 und Absatz 6 Unterabsatz 1 Satz 1 der Verordnung (EU) Nr. 596/2014,
5. die Art und Weise der Übermittlung einer Insiderliste nach Artikel 18 Absatz 1 Buchstabe c der Verordnung (EU) Nr. 596/2014,
6. die Art und Weise der Übermittlung sowie der Sprache einer Meldung nach Artikel 19 Absatz 1 der Verordnung (EU) Nr. 596/2014 und
7. den Inhalt, die Art, den Umfang und die Form einer zusätzlichen Veröffentlichung der Informationen nach Artikel 19 Absatz 3 der Verordnung (EU) Nr. 596/2014 durch die Bundesanstalt gemäß Artikel 19 Absatz 3 Unterabsatz 3 der Verordnung (EU) Nr. 596/2014.

[2]Das Bundesministerium der Finanzen kann die Ermächtigung durch Rechtsverordnung auf die Bundesanstalt übertragen.

§ 27 Aufzeichnungspflichten

[1]Wertpapierdienstleistungsunternehmen sowie Unternehmen mit Sitz im Inland, die an einer inländischen Börse zur Teilnahme am Handel zugelassen sind, haben vor Durchführung von Aufträgen, die Finanzinstrumente im Sinne des Artikels 2 Absatz 1 Unterabsatz 1 der Verordnung (EU) Nr. 596/2014 oder Handlungen oder Geschäfte im Sinne des Artikels 2 Absatz 1 Unterabsatz 2 Satz 1 der Verordnung (EU) Nr. 596/2014 zum Gegenstand haben, bei natürlichen Personen den Namen, das Geburtsdatum und die Anschrift, bei Unternehmen die Firma und die Anschrift der Auftraggeber und der berechtigten oder verpflichteten Personen oder Unternehmen festzustellen und diese Angaben aufzuzeichnen. [2]Die Aufzeichnungen nach Satz 1 sind mindestens sechs Jahre aufzubewahren. [3]Für die Aufbewahrung gilt § 257 Abs. 3 und 5 des Handelsgesetzbuchs entsprechend.

§ 28 Überwachung der Geschäfte der bei der Bundesanstalt Beschäftigten

(1) Die Bundesanstalt muss über angemessene interne Kontrollverfahren verfügen, die geeignet sind, Verstößen der bei der Bundesanstalt Beschäftigten gegen die Verbote nach Artikel 14 der Verordnung (EU) Nr. 596/2014 entgegenzuwirken.

(2) [1]Der Dienstvorgesetzte oder die von ihm beauftragte Person kann von den bei der Bundesanstalt Beschäftigten die Erteilung von Auskünften und die Vorlage von Unterlagen über Geschäfte in Finanzinstrumenten im Sinne des Artikels 2 Absatz 1 Unterabsatz 1 der Verordnung (EU) Nr. 596/2014 und Handlungen und Geschäfte im Sinne des Artikels 2 Absatz 1 Unterabsatz 2 Satz 1 der Verordnung (EU) Nr. 596/2014 verlangen, die sie für eigene oder fremde Rechnung oder für einen anderen abgeschlossen haben. [2]§ 6 Absatz 15 ist anzuwenden. [3]Beschäftigte, die bei ihren Dienstgeschäften bestimmungsgemäß Kenntnis von Insiderinformationen haben oder haben können, sind verpflichtet, Geschäfte in Finanzinstrumenten im Sinne des Artikels 2 Absatz 1 Unterabsatz 1 der Verordnung (EU) Nr. 596/2014 und Handlungen und Geschäfte im Sinne des Artikels 2 Absatz 1 Unterabsatz 2 Satz 1 der Verordnung (EU) Nr. 596/2014, die sie für eigene oder fremde Rechnung oder für einen anderen abgeschlossen haben, unverzüglich dem Dienstvorgesetzten oder der von ihm beauftragten Person schriftlich anzuzeigen. [4]Der Dienstvorgesetzte oder die von ihm beauftragte Person bestimmt die in Satz 3 genannten Beschäftigten.

Abschnitt 4. Ratingagenturen

§ 29[1)] Zuständigkeit im Sinne der Verordnung (EG) Nr. 1060/2009

(1) Die Bundesanstalt ist zuständige Behörde im Sinne des Artikels 22 der Verordnung (EG) Nr. 1060/2009 des Europäischen Parlaments und des Rates vom 16. September 2009 über Ratingagenturen (ABl. L 302 vom 17.11.2009, S. 1), die zuletzt durch die Verordnung (EU) Nr. 462/2013 (ABl. L 146 vom 31.5.2013, S. 1) geändert worden ist, in der jeweils geltenden Fassung.

(2) Für Wertpapierdienstleistungsunternehmen ist die Bundesanstalt nach diesem Gesetz sektoral zuständige Behörde im Sinne des Artikels 25a der Verordnung (EG) Nr. 1060/2009 in der jeweils geltenden Fassung, soweit diese Unternehmen bei der Erbringung von Wertpapierdienstleistungen oder Wertpapiernebendienstleistungen Ratings verwenden.

(3) Soweit in der Verordnung (EG) Nr. 1060/2009 in der jeweils geltenden Fassung oder den auf ihrer Grundlage erlassenen Rechtsakten nichts Abweichendes geregelt ist,

1) § 29 geändert durch Gesetz vom 8.7.2019 (BGBl. I S. 1002).

sind die §§ 2, 3, 6 bis 13, 17 Absatz 2, § 18 mit Ausnahme von Absatz 7 Satz 5 bis 8, § 21 mit Ausnahme von Absatz 1 Satz 3 bis 5 für die Ausübung der Aufsicht durch die Bundesanstalt nach den Absätzen 1, 2 und 5 entsprechend anzuwenden.

(4) Widerspruch und Anfechtungsklage gegen Maßnahmen der Bundesanstalt nach den Absätzen 1 und 2, auch aufgrund oder in Verbindung mit der Verordnung (EG) Nr. 1060/2009 in der jeweils geltenden Fassung oder den auf ihrer Grundlage erlassenen Rechtsakten, haben keine aufschiebende Wirkung.

(5) [1]Zulassungsantragsteller im Sinne von § 2 Nummer 7 und Anbieter im Sinne von § 2 Nummer 6 des Wertpapierprospektgesetzes, die einen Antrag auf Billigung eines Prospekts im Sinne der Verordnung (EU) 2017/1129 für ein öffentliches Angebot oder die Zulassung zum Handel von strukturierten Finanzinstrumenten im Sinne der Artikel 8b oder Artikel 8c der Verordnung (EG) Nr. 1060/2009 in der jeweils geltenden Fassung oder einer Emission im Sinne des Artikels 8d der Verordnung (EG) Nr. 1060/2009 in der jeweils geltenden Fassung bei der Bundesanstalt stellen und zugleich Emittent dieses strukturierten Finanzinstruments oder dieser Emission sind, haben der Bundesanstalt mit der Stellung des Billigungsantrags eine Erklärung beizufügen, dass sie die auf sie anwendbaren Pflichten aus den Artikeln 8b, 8c oder Artikel 8d der Verordnung (EG) Nr. 1060/2009 in der jeweils geltenden Fassung erfüllen. [2]Die Wirksamkeit des Billigungsantrags bleibt von der ordnungsgemäßen Abgabe dieser Erklärung unberührt.

Abschnitt 5. OTC-Derivate und Transaktionsregister

§ 30 Überwachung des Clearings von OTC-Derivaten und Aufsicht über Transaktionsregister

(1) [1]Die Bundesanstalt ist unbeschadet des § 6 des Kreditwesengesetzes nach diesem Gesetz zuständig für die Einhaltung der Vorschriften nach den Artikeln 4, 5 und 7 bis 13 der Verordnung (EU) Nr. 648/2012 des Europäischen Parlaments und des Rates vom 4. Juli 2012 über OTC-Derivate, zentrale Gegenparteien und Transaktionsregister (ABl. L 201 vom 27.7.2012, S. 1), soweit sich nicht aus § 3 Absatz 5 oder § 5 Absatz 6 des Börsengesetzes etwas anderes ergibt. [2]Die Bundesanstalt ist zuständige Behörde im Sinne des Artikels 62 Absatz 4, des Artikels 63 Absatz 3 bis 7, des Artikels 68 Absatz 3 und des Artikels 74 Absatz 1 bis 3 der Verordnung (EU) Nr. 648/2012. [3]Soweit in der Verordnung (EU) Nr. 648/2012 nichts Abweichendes geregelt ist, gelten die Vorschriften der Abschnitte 1 und 2 dieses Gesetzes, mit Ausnahme der §§ 22 und 23, entsprechend.

(2) Eine inländische finanzielle Gegenpartei im Sinne des Artikels 2 Nummer 8 der Verordnung (EU) Nr. 648/2012 hat, wenn sie eine Garantie im Sinne der Artikel 1 und 2 Absatz 1 der Delegierten Verordnung (EU) Nr. 285/2014 der Kommission vom 13. Februar 2014 zur Ergänzung der Verordnung (EU) Nr. 648/2012 des Europäischen Parlaments und des Rates im Hinblick auf technische Regulierungsstandards in Bezug auf unmittelbare, wesentliche und vorhersehbare Auswirkungen von Kontrakten innerhalb der Union und die Verhinderung der Umgehung von Vorschriften und Pflichten (ABl. L 85 vom 21.3.2014, S. 1) in der jeweils geltenden Fassung gewährt oder erweitert, durch geeignete Maßnahmen, insbesondere durch Vertragsgestaltung und Kontrollen, sicherzustellen, dass die an garantierten OTC-Derivatekontrakten beteiligten, in einem Drittstaat ansässigen Einrichtungen nicht gegen auf diese garantierten OTC-Derivatekontrakte anwendbare Bestimmungen der Verordnung (EU) Nr. 648/2012 verstoßen.

(3) Inländische Clearingmitglieder im Sinne des Artikels 2 Nummer 14 der Verordnung (EU) Nr. 648/2012 sowie Handelsplätze im Sinne des Artikels 2 Nummer 4 der Verordnung (EU) Nr. 648/2012 dürfen Clearingdienste einer in einem Drittstaat ansässigen zentralen Gegenpartei im Sinne des Artikels 25 Absatz 1 der Verordnung (EU)

Nr. 648/2012 nur nutzen, wenn diese von der Europäischen Wertpapier- und Marktaufsichtsbehörde anerkannt wurde.

(4) Die Bundesanstalt übt die ihr nach Absatz 1 in Verbindung mit der Verordnung (EU) Nr. 648/2012 übertragenen Befugnisse aus, soweit dies für die Wahrnehmung ihrer Aufgaben und die Überwachung der Einhaltung der in der Verordnung (EU) Nr. 648/2012 geregelten Pflichten erforderlich ist.

(5) [1]Sofern die Bundesanstalt als zuständige Behörde nach Absatz 1 tätig wird oder Befugnisse nach Absatz 4 ausübt, sind die vorzulegenden Unterlagen in deutscher Sprache und auf Verlangen der Bundesanstalt zusätzlich in englischer Sprache zu erstellen und vorzulegen. [2]Die Bundesanstalt kann gestatten, dass die Unterlagen ausschließlich in englischer Sprache erstellt und vorgelegt werden.

(6) [1]Die Bundesanstalt kann von Unternehmen Auskünfte, die Vorlage von Unterlagen und die Überlassung von Kopien verlangen, soweit dies für die Überwachung der Einhaltung der Vorschriften nach Absatz 1 erforderlich ist. [2]Gesetzliche Auskunfts- oder Aussageverweigerungsrechte sowie gesetzliche Verschwiegenheitspflichten bleiben unberührt.

(7) Widerspruch und Anfechtungsklage gegen Maßnahmen der Bundesanstalt nach den Absätzen 4 und 6, auch in Verbindung mit der Verordnung (EU) Nr. 648/2012, haben keine aufschiebende Wirkung.

§ 31 Mitteilungspflichten nichtfinanzieller Gegenparteien

(1) Eine Mitteilung nach Artikel 10 Absatz 1 Buchstabe a der Verordnung (EU) Nr. 648/2012 gegenüber der Bundesanstalt bedarf der Schriftform.

(2) Wird eine nichtfinanzielle Gegenpartei im Sinne des Artikels 2 Absatz 9 der Verordnung (EU) Nr. 648/2012 clearingpflichtig, weil die Voraussetzungen des Artikels 10 Absatz 1 Buchstabe b der Verordnung (EU) Nr. 648/2012 erfüllt sind, hat sie dies unverzüglich schriftlich der Bundesanstalt mitzuteilen.

(3) Als Nachweis im Sinne des Artikels 10 Absatz 2 der Verordnung (EU) Nr. 648/2012 gilt die Bescheinigung eines Wirtschaftsprüfers, eines vereidigten Buchprüfers oder einer Wirtschaftsprüfungs- und Buchprüfungsgesellschaft.

§ 32 Prüfung der Einhaltung bestimmter Pflichten der Verordnung (EU) Nr. 648/2012 und der Verordnung (EU) Nr. 600/2014

(1) [1]Kapitalgesellschaften, die weder kleine Kapitalgesellschaften im Sinne des § 267 Absatz 1 des Handelsgesetzbuchs noch finanzielle Gegenparteien im Sinne des Artikels 2 Nummer 8 der Verordnung (EU) Nr. 648/2012 sind und die im abgelaufenen Geschäftsjahr entweder

1. OTC-Derivate im Sinne des Artikels 2 Nummer 7 der Verordnung (EU) Nr. 648/2012 mit einem Gesamtnominalvolumen von mehr als 100 Millionen Euro oder
2. mehr als 100 OTC-Derivatekontrakte im Sinne des Artikels 2 Nummer 7 der Verordnung (EU) Nr. 648/2012

eingegangen sind, haben durch einen geeigneten Prüfer innerhalb von neun Monaten nach Ablauf des Geschäftsjahres prüfen und bescheinigen zu lassen, dass sie über geeignete Systeme verfügen, die die Einhaltung der Anforderungen nach Artikel 4 Absatz 1, 2 und 3 Unterabsatz 2, Artikel 9 Absatz 1 bis 3, Artikel 10 Absatz 1 bis 3 sowie Artikel 11 Absatz 1, 2 und 3 Satz 2 und Absatz 5 bis 11 Unterabsatz 1 der Verordnung (EU) Nr. 648/2012, nach Artikel 28 Absatz 1 bis 3 der Verordnung (EU) Nr. 600/2014 sowie nach § 31 Absatz 1 und 2 dieses Gesetzes sicherstellen. [2]Für die Zwecke der Berechnung der Schwelle nach Satz 1 Nummer 1 und 2 sind solche Geschäfte nicht zu berücksichtigen, die als gruppeninterne Geschäfte der Ausnahme des Artikels 4 Absatz 2 der Verordnung (EU) Nr. 648/2012 unterliegen oder von den Anforderungen des Artikels 11 Absatz 3 der Verordnung (EU) Nr. 648/2012 befreit sind. [3]Die Pflichten nach Satz 1 gelten nicht für solche Unternehmen, die den Prüfungspflichten nach § 35 des Versicherungsaufsichtsgesetzes oder den Prüfungspflichten nach § 29 des Kreditwesengesetzes unterliegen.

(2) [1]Geeignete Prüfer im Sinne des Absatzes 1 Satz 1 sind Wirtschaftsprüfer, vereidigte Buchprüfer sowie Wirtschaftsprüfungs- und Buchprüfungsgesellschaften, die hinsichtlich des Prüfungsgegenstandes über ausreichende Kenntnisse verfügen. [2]Die Kapitalgesellschaft hat den Prüfer spätestens 15 Monate nach Beginn des Geschäftsjahres, auf das sich die Prüfung erstreckt, zu bestellen.

(3) [1]Der Prüfer hat die Bescheinigung zu unterzeichnen und innerhalb von neun Monaten nach Ablauf des Geschäftsjahres, auf das sich die Prüfung erstreckt, den gesetzlichen Vertretern und dem Aufsichtsrat vorzulegen, falls die Kapitalgesellschaft über einen solchen verfügt. [2]Vor der Zuleitung der Bescheinigung an den Aufsichtsrat ist der Geschäftsleitung Gelegenheit zur Stellungnahme zu geben. [3]In der Bescheinigung hat der Prüfer über die Ergebnisse der Prüfung schriftlich zu berichten. [4]Werden dem Prüfer bei der Prüfung schwerwiegende Verstöße gegen die Anforderungen des Absatzes 1 bekannt, hat er die Bundesanstalt unverzüglich zu unterrichten. [5]§ 323 des Handelsgesetzbuchs gilt entsprechend.

(4) [1]Enthält die Bescheinigung des Prüfers die Feststellung von Mängeln, hat die Kapitalgesellschaft die Bescheinigung unverzüglich der Bundesanstalt zu übermitteln. [2]Stellt ein Prüfer fest, dass die Geschäftsleitung eine entsprechende Übermittlung an die Bundesanstalt in einem Geschäftsjahr, das vor dem Prüfungszeitraum liegt, unterlassen hat, hat er dies der Bundesanstalt unverzüglich mitzuteilen. [3]Tatsachen, die auf das Vorliegen einer Berufspflichtverletzung durch den Prüfer schließen lassen, übermittelt die Bundesanstalt der Wirtschaftsprüferkammer. [4]§ 110 Absatz 1 Satz 2 gilt entsprechend.

(5) [1]Die Pflichten nach Absatz 1 in Verbindung mit den Absätzen 2 bis 4 gelten auch für offene Handelsgesellschaften und Kommanditgesellschaften im Sinne des § 264a Absatz 1 des Handelsgesetzbuchs. [2]§ 264a Absatz 2 des Handelsgesetzbuchs gilt entsprechend.

(6) [1]Das Bundesministerium der Finanzen kann durch Rechtsverordnung, die nicht der Zustimmung des Bundesrates bedarf, im Einvernehmen mit dem Bundesministerium der Justiz und für Verbraucherschutz nähere Bestimmungen über Art, Umfang und Zeitpunkt der Prüfung nach Absatz 1 sowie über Art und Umfang der Bescheinigungen nach Absatz 3 erlassen, soweit dies zur Erfüllung der Aufgaben der Bundesanstalt erforderlich ist, insbesondere um auf die Einhaltung der in Absatz 1 Satz 1 genannten Pflichten und Anforderungen hinzuwirken und um einheitliche Unterlagen zu erhalten. [2]Das Bundesministerium der Finanzen kann die Ermächtigung durch Rechtsverordnung im Einvernehmen mit dem Bundesministerium der Justiz und für Verbraucherschutz auf die Bundesanstalt übertragen.

Abschnitt 6. Mitteilung, Veröffentlichung und Übermittlung von Veränderungen des Stimmrechtsanteils an das Unternehmensregister

§ 33 Mitteilungspflichten des Meldepflichtigen; Verordnungsermächtigung

(1) [1]Wer durch Erwerb, Veräußerung oder auf sonstige Weise 3 Prozent, 5 Prozent, 10 Prozent, 15 Prozent, 20 Prozent, 25 Prozent, 30 Prozent, 50 Prozent oder 75 Prozent der Stimmrechte aus ihm gehörenden Aktien an einem Emittenten, für den die Bundesrepublik Deutschland der Herkunftsstaat ist, erreicht, überschreitet oder unterschreitet

(Meldepflichtiger), hat dies unverzüglich dem Emittenten und gleichzeitig der Bundesanstalt, spätestens innerhalb von vier Handelstagen unter Beachtung von § 34 Absatz 1 und 2 mitzuteilen. [2]Bei Hinterlegungsscheinen, die Aktien vertreten, trifft die Mitteilungspflicht ausschließlich den Inhaber der Hinterlegungsscheine. [3]Die Frist des Satzes 1 beginnt mit dem Zeitpunkt, zu dem der Meldepflichtige Kenntnis davon hat oder nach den Umständen haben mußte, daß sein Stimmrechtsanteil die genannten Schwellen erreicht, überschreitet oder unterschreitet. [4]Hinsichtlich des Fristbeginns wird unwiderleglich vermutet, dass der Meldepflichtige spätestens zwei Handelstage nach dem Erreichen, Überschreiten oder Unterschreiten der genannten Schwellen Kenntnis hat. [5]Kommt es infolge von Ereignissen, die die Gesamtzahl der Stimmrechte verändern, zu einer Schwellenberührung, so beginnt die Frist abweichend von Satz 3, sobald der Meldepflichtige von der Schwellenberührung Kenntnis erlangt, spätestens jedoch mit der Veröffentlichung des Emittenten nach § 41 Absatz 1.

(2) Wem im Zeitpunkt der erstmaligen Zulassung der Aktien zum Handel an einem organisierten Markt 3 Prozent oder mehr der Stimmrechte an einem Emittenten zustehen, für den die Bundesrepublik Deutschland der Herkunftsstaat ist, hat diesem Emittenten sowie der Bundesanstalt eine Mitteilung entsprechend Absatz 1 Satz 1 zu machen. Absatz 1 Satz 2 gilt entsprechend.

(3) Als Gehören im Sinne dieses Abschnitts gilt bereits das Bestehen eines auf die Übertragung von Aktien gerichteten unbedingten und ohne zeitliche Verzögerung zu erfüllenden Anspruchs oder einer entsprechenden Verpflichtung.

(4) Inlandsemittenten und Emittenten, für die die Bundesrepublik Deutschland der Herkunftsstaat ist, sind im Sinne dieses Abschnitts nur solche, deren Aktien zum Handel an einem organisierten Markt zugelassen sind.

(5) [1]Das Bundesministerium der Finanzen kann durch Rechtsverordnung, die nicht der Zustimmung des Bundesrates bedarf, nähere Bestimmungen erlassen über den Inhalt, die Art, die Sprache, den Umfang und die Form der Mitteilung nach Absatz 1 Satz 1 und Absatz 2. [2]Das Bundesministerium der Finanzen kann die Ermächtigung durch Rechtsverordnung auf die Bundesanstalt übertragen, soweit die Art und die Form der Mitteilung nach Absatz 1 oder Absatz 2, insbesondere die Nutzung eines elektronischen Verfahrens, betroffen sind.

§ 34 Zurechnung von Stimmrechten

(1) [1]Für die Mitteilungspflichten nach § 33 Absatz 1 und 2 stehen den Stimmrechten des Meldepflichtigen Stimmrechte aus Aktien des Emittenten, für den die Bundesrepublik Deutschland der Herkunftsstaat ist, gleich,

1. die einem Tochterunternehmen des Meldepflichtigen gehören,
2. die einem Dritten gehören und von ihm für Rechnung des Meldepflichtigen gehalten werden,
3. die der Meldepflichtige einem Dritten als Sicherheit übertragen hat, es sei denn, der Dritte ist zur Ausübung der Stimmrechte aus diesen Aktien befugt und bekundet die Absicht, die Stimmrechte unabhängig von den Weisungen des Meldepflichtigen auszuüben,
4. an denen zugunsten des Meldepflichtigen ein Nießbrauch bestellt ist,
5. die der Meldepflichtige durch eine Willenserklärung erwerben kann,
6. die dem Meldepflichtigen anvertraut sind oder aus denen er die Stimmrechte als Bevollmächtigter ausüben kann, sofern er die Stimmrechte aus diesen Aktien nach eigenem Ermessen ausüben kann, wenn keine besonderen Weisungen des Aktionärs vorliegen,

7. aus denen der Meldepflichtige die Stimmrechte ausüben kann auf Grund einer Vereinbarung, die eine zeitweilige Übertragung der Stimmrechte ohne die damit verbundenen Aktien gegen Gegenleistung vorsieht,
8. die bei dem Meldepflichtigen als Sicherheit verwahrt werden, sofern der Meldepflichtige die Stimmrechte hält und die Absicht bekundet, diese Stimmrechte auszuüben.

[2]Für die Zurechnung nach Satz 1 Nummer 2 bis 8 stehen dem Meldepflichtigen Tochterunternehmen des Meldepflichtigen gleich. [3]Stimmrechte des Tochterunternehmens werden dem Meldepflichtigen in voller Höhe zugerechnet.

(2) [1]Dem Meldepflichtigen werden auch Stimmrechte eines Dritten aus Aktien des Emittenten, für den die Bundesrepublik Deutschland der Herkunftsstaat ist, in voller Höhe zugerechnet, mit dem der Meldepflichtige oder sein Tochterunternehmen sein Verhalten in Bezug auf diesen Emittenten auf Grund einer Vereinbarung oder in sonstiger Weise abstimmt; ausgenommen sind Vereinbarungen in Einzelfällen. [2]Ein abgestimmtes Verhalten setzt voraus, dass der Meldepflichtige oder sein Tochterunternehmen und der Dritte sich über die Ausübung von Stimmrechten verständigen oder mit dem Ziel einer dauerhaften und erheblichen Änderung der unternehmerischen Ausrichtung des Emittenten in sonstiger Weise zusammenwirken. [3]Für die Berechnung des Stimmrechtsanteils des Dritten gilt Absatz 1 entsprechend.

(3) [1]Wird eine Vollmacht im Falle des Absatzes 1 Satz 1 Nummer 6 nur zur Ausübung der Stimmrechte für eine Hauptversammlung erteilt, ist es für die Erfüllung der Mitteilungspflicht nach § 33 Absatz 1 und 2 in Verbindung mit Absatz 1 Satz 1 Nummer 6 ausreichend, wenn die Mitteilung lediglich bei Erteilung der Vollmacht abgegeben wird. [2]Die Mitteilung muss die Angabe enthalten, wann die Hauptversammlung stattfindet und wie hoch nach Erlöschen der Vollmacht oder des Ausübungsermessens der Stimmrechtsanteil sein wird, der dem Bevollmächtigten zugerechnet wird.

§ 35 Tochterunternehmenseigenschaft; Verordnungsermächtigung

(1) Vorbehaltlich der Absätze 2 bis 4 sind Tochterunternehmen im Sinne dieses Abschnitts Unternehmen,

1. die als Tochterunternehmen im Sinne des § 290 des Handelsgesetzbuchs gelten oder
2. auf die ein beherrschender Einfluss ausgeübt werden kann,

ohne dass es auf die Rechtsform oder den Sitz ankommt.

(2) Nicht als Tochterunternehmen im Sinne dieses Abschnitts gilt ein Wertpapierdienstleistungsunternehmen hinsichtlich der Beteiligungen, die von ihm im Rahmen einer Wertpapierdienstleistung nach § 2 Absatz 3 Satz 1 Nummer 7 verwaltet werden, wenn

1. das Wertpapierdienstleistungsunternehmen die Stimmrechte, die mit den betreffenden Aktien verbunden sind, unabhängig vom Mutterunternehmen ausübt,
2. das Wertpapierdienstleistungsunternehmen
   a) die Stimmrechte nur auf Grund von in schriftlicher Form oder über elektronische Hilfsmittel erteilten Weisungen ausüben darf oder
   b) durch geeignete Vorkehrungen sicherstellt, dass die Finanzportfolioverwaltung unabhängig von anderen Dienstleistungen und unter Bedingungen erfolgt, die gleichwertig sind denen der Richtlinie 2009/65/EG des Europäischen Parlaments und des Rates vom 13. Juli 2009 zur Koordinierung der Rechts- und Verwaltungsvorschriften betreffend bestimmte Organismen für gemeinsame Anlagen in Wertpapieren (OGAW) (ABl. L 302 vom 17.11.2009, S. 32) in der jeweils geltenden Fassung,

3. das Mutterunternehmen der Bundesanstalt den Namen des Wertpapierdienstleistungsunternehmens und die für dessen Überwachung zuständige Behörde oder das Fehlen einer solchen Behörde mitteilt und
4. das Mutterunternehmen gegenüber der Bundesanstalt erklärt, dass die Voraussetzungen der Nummer 1 erfüllt sind.

(3) Nicht als Tochterunternehmen im Sinne dieses Abschnitts gelten Kapitalverwaltungsgesellschaften im Sinne des § 17 Absatz 1 des Kapitalanlagegesetzbuchs und EU-Verwaltungsgesellschaften im Sinne des § 1 Absatz 17 des Kapitalanlagegesetzbuchs hinsichtlich der Beteiligungen, die zu den von ihnen verwalteten Investmentvermögen gehören, wenn

1. die Verwaltungsgesellschaft die Stimmrechte, die mit den betreffenden Aktien verbunden sind, unabhängig vom Mutterunternehmen ausübt,
2. die Verwaltungsgesellschaft die zu dem Investmentvermögen gehörenden Beteiligungen im Sinne der §§ 33 und 34 nach Maßgabe der Richtlinie 2009/65/EG verwaltet,
3. das Mutterunternehmen der Bundesanstalt den Namen der Verwaltungsgesellschaft und die für deren Überwachung zuständige Behörde oder das Fehlen einer solchen Behörde mitteilt und
4. das Mutterunternehmen gegenüber der Bundesanstalt erklärt, dass die Voraussetzungen der Nummer 1 erfüllt sind.

(4) Ein Unternehmen mit Sitz in einem Drittstaat, das nach § 32 Absatz 1 Satz 1 in Verbindung mit § 1 Absatz 1a Satz 2 Nummer 3 des Kreditwesengesetzes einer Zulassung für die Finanzportfolioverwaltung oder einer Erlaubnis nach § 20 oder § 113 des Kapitalanlagegesetzbuchs bedürfte, wenn es seinen Sitz oder seine Hauptverwaltung im Inland hätte, gilt nicht als Tochterunternehmen im Sinne dieses Abschnitts, wenn

1. das Unternehmen bezüglich seiner Unabhängigkeit Anforderungen genügt, die denen nach Absatz 2 oder Absatz 3, auch in Verbindung mit einer Rechtsverordnung nach Absatz 6, jeweils gleichwertig sind,
2. das Mutterunternehmen der Bundesanstalt den Namen dieses Unternehmens und die für dessen Überwachung zuständige Behörde oder das Fehlen einer solchen Behörde mitteilt und
3. das Mutterunternehmen gegenüber der Bundesanstalt erklärt, dass die Voraussetzungen der Nummer 1 erfüllt sind.

(5) Abweichend von den Absätzen 2 bis 4 gelten Wertpapierdienstleistungsunternehmen und Verwaltungsgesellschaften jedoch dann als Tochterunternehmen im Sinne dieses Abschnitts, wenn

1. das Mutterunternehmen oder ein anderes Tochterunternehmen des Mutterunternehmens seinerseits Anteile an der von dem Unternehmen verwalteten Beteiligung hält und
2. das Unternehmen die Stimmrechte, die mit diesen Beteiligungen verbunden sind, nicht nach freiem Ermessen, sondern nur auf Grund unmittelbarer oder mittelbarer Weisungen ausüben kann, die ihm vom Mutterunternehmen oder von einem anderen Tochterunternehmen des Mutterunternehmens erteilt werden.

(6) Das Bundesministerium der Finanzen wird ermächtigt, durch Rechtsverordnung, die nicht der Zustimmung des Bundesrates bedarf, nähere Bestimmungen zu erlassen über die Umstände, unter denen in den Fällen der Absätze 2 bis 5 eine Unabhängigkeit vom Mutterunternehmen gegeben ist.

§ 36 Nichtberücksichtigung von Stimmrechten

(1) Stimmrechte aus Aktien eines Emittenten, für den die Bundesrepublik Deutschland der Herkunftsstaat ist, bleiben bei der Berechnung des Stimmrechtsanteils unberücksichtigt, wenn ihr Inhaber

1. ein Kreditinstitut oder ein Wertpapierdienstleistungsunternehmen mit Sitz in einem Mitgliedstaat der Europäischen Union oder in einem anderen Vertragsstaat des Abkommens über den Europäischen Wirtschaftsraum ist,
2. die betreffenden Aktien im Handelsbuch hält und dieser Anteil nicht mehr als 5 Prozent der Stimmrechte beträgt und
3. sicherstellt, dass die Stimmrechte aus den betreffenden Aktien nicht ausgeübt und nicht anderweitig genutzt werden, um auf die Geschäftsführung des Emittenten Einfluss zu nehmen.

(2) Unberücksichtigt bei der Berechnung des Stimmrechtsanteils bleiben Stimmrechte aus Aktien, die gemäß der Verordnung (EG) Nr. 2273/2003 zu Stabilisierungszwecken erworben wurden, wenn der Aktieninhaber sicherstellt, dass die Stimmrechte aus den betreffenden Aktien nicht ausgeübt und nicht anderweitig genutzt werden, um auf die Geschäftsführung des Emittenten Einfluss zu nehmen.

(3) Stimmrechte aus Aktien eines Emittenten, für den die Bundesrepublik Deutschland der Herkunftsstaat ist, bleiben bei der Berechnung des Stimmrechtsanteils unberücksichtigt, sofern

1. die betreffenden Aktien ausschließlich für den Zweck der Abrechnung und Abwicklung von Geschäften für höchstens drei Handelstage gehalten werden, selbst wenn die Aktien auch außerhalb eines organisierten Marktes gehandelt werden, oder
2. eine mit der Verwahrung von Aktien betraute Stelle die Stimmrechte aus den verwahrten Aktien nur aufgrund von Weisungen, die schriftlich oder über elektronische Hilfsmittel erteilt wurden, ausüben darf.

(4) [1]Stimmrechte aus Aktien, die die Mitglieder des Europäischen Systems der Zentralbanken bei der Wahrnehmung ihrer Aufgaben als Währungsbehörden zur Verfügung gestellt bekommen oder die sie bereitstellen, bleiben bei der Berechnung des Stimmrechtsanteils am Emittenten, für den die Bundesrepublik Deutschland der Herkunftsstaat ist, unberücksichtigt, soweit es sich bei den Transaktionen um kurzfristige Geschäfte handelt und die Stimmrechte aus den betreffenden Aktien nicht ausgeübt werden. [2]Satz 1 gilt insbesondere für Stimmrechte aus Aktien, die einem oder von einem Mitglied im Sinne des Satzes 1 zur Sicherheit übertragen werden, und für Stimmrechte aus Aktien, die dem Mitglied als Pfand oder im Rahmen eines Pensionsgeschäfts oder einer ähnlichen Vereinbarung gegen Liquidität für geldpolitische Zwecke oder innerhalb eines Zahlungssystems zur Verfügung gestellt oder von diesem bereitgestellt werden.

(5) [1]Für die Meldeschwellen von 3 Prozent und 5 Prozent bleiben Stimmrechte aus solchen Aktien eines Emittenten, für den die Bundesrepublik Deutschland der Herkunftsstaat ist, unberücksichtigt, die von einer Person erworben oder veräußert werden, die an einem Markt dauerhaft anbietet, Finanzinstrumente im Wege des Eigenhandels zu selbst gestellten Preisen zu kaufen oder zu verkaufen, wenn

1. diese Person dabei in ihrer Eigenschaft als Market Maker handelt,
2. sie eine Zulassung nach der Richtlinie 2004/39/EG hat,
3. sie nicht in die Geschäftsführung des Emittenten eingreift und keinen Einfluss auf ihn dahingehend ausübt, die betreffenden Aktien zu kaufen oder den Preis der Aktien zu stützen und

4. sie der Bundesanstalt unverzüglich, spätestens innerhalb von vier Handelstagen mitteilt, dass sie hinsichtlich der betreffenden Aktien als Market Maker tätig ist; für den Beginn der Frist gilt § 33 Absatz 1 Satz 3 und 4 entsprechend.

[2]Die Person kann die Mitteilung auch schon zu dem Zeitpunkt abgeben, an dem sie beabsichtigt, hinsichtlich der betreffenden Aktien als Market Maker tätig zu werden.

(6) Stimmrechte aus Aktien, die nach den Absätzen 1 bis 5 bei der Berechnung des Stimmrechtsanteils unberücksichtigt bleiben, können mit Ausnahme von Absatz 3 Nummer 2 nicht ausgeübt werden.

(7) Das Bundesministerium der Finanzen kann durch Rechtsverordnung, die nicht der Zustimmung des Bundesrates bedarf,

1. eine geringere Höchstdauer für das Halten der Aktien nach Absatz 3 Nummer 1 festlegen,
2. nähere Bestimmungen erlassen über die Nichtberücksichtigung der Stimmrechte eines Market Maker nach Absatz 5 und
3. nähere Bestimmungen erlassen über elektronische Hilfsmittel, mit denen Weisungen nach Absatz 3 Nummer 2 erteilt werden können.

(8) Die Berechnung der Stimmrechte, die nach den Absätzen 1 und 5 nicht zu berücksichtigen sind, bestimmt sich nach den in Artikel 9 Absatz 6b und Artikel 13 Absatz 4 der Richtlinie 2004/109/EG des Europäischen Parlaments und des Rates vom 15. Dezember 2004 zur Harmonisierung der Transparenzanforderungen in Bezug auf Informationen über Emittenten, deren Wertpapiere zum Handel auf einem geregelten Markt zugelassen sind, und zur Änderung der Richtlinie 2001/34/EG (ABl. L 390 vom 31.12.2004, S. 38) benannten technischen Regulierungsstandards.

§ 37 Mitteilung durch Mutterunternehmen; Verordnungsermächtigung

(1) Ein Meldepflichtiger ist von den Meldepflichten nach § 33 Absatz 1 und 2, § 38 Absatz 1 und § 39 Absatz 1 befreit, wenn die Mitteilung von seinem Mutterunternehmen erfolgt oder, falls das Mutterunternehmen selbst ein Tochterunternehmen ist, durch dessen Mutterunternehmen erfolgt.

(2) Das Bundesministerium der Finanzen kann durch Rechtsverordnung, die nicht der Zustimmung des Bundesrates bedarf, nähere Bestimmungen erlassen über den Inhalt, die Art, die Sprache, den Umfang und die Form der Mitteilung nach Absatz 1.

§ 38 Mitteilungspflichten beim Halten von Instrumenten; Verordnungsermächtigung

(1) [1]Die Mitteilungspflicht nach § 33 Absatz 1 und 2 gilt bei Erreichen, Überschreiten oder Unterschreiten der in § 33 Absatz 1 Satz 1 genannten Schwellen mit Ausnahme der Schwelle von 3 Prozent entsprechend für unmittelbare oder mittelbare Inhaber von Instrumenten, die

1. dem Inhaber entweder
   a) bei Fälligkeit ein unbedingtes Recht auf Erwerb mit Stimmrechten verbundener und bereits ausgegebener Aktien eines Emittenten, für den die Bundesrepublik Deutschland der Herkunftsstaat ist, oder
   b) ein Ermessen in Bezug auf sein Recht auf Erwerb dieser Aktien

   verleihen, oder
2. sich auf Aktien im Sinne der Nummer 1 beziehen und eine vergleichbare wirtschaftliche Wirkung haben wie die in Nummer 1 genannten Instrumente, unabhängig davon, ob sie einen Anspruch auf physische Lieferung einräumen oder nicht.

[2]Die §§ 36 und 37 gelten entsprechend.

(2) Instrumente im Sinne des Absatzes 1 können insbesondere sein:

1. übertragbare Wertpapiere,
2. Optionen,
3. Terminkontrakte,
4. Swaps,
5. Zinsausgleichsvereinbarungen und
6. Differenzgeschäfte.

(3) [1]Die Anzahl der für die Mitteilungspflicht nach Absatz 1 maßgeblichen Stimmrechte ist anhand der vollen nominalen Anzahl der dem Instrument zugrunde liegenden Aktien zu berechnen. [2]Sieht das Instrument ausschließlich einen Barausgleich vor, ist die Anzahl der Stimmrechte abweichend von Satz 1 auf einer Delta-angepassten Basis zu berechnen, wobei die nominale Anzahl der zugrunde liegenden Aktien mit dem Delta des Instruments zu multiplizieren ist. [3]Die Einzelheiten der Berechnung bestimmen sich nach den in Artikel 13 Absatz 1a der Richtlinie 2004/109/EG des Europäischen Parlaments und des Rates vom 15. Dezember 2004 zur Harmonisierung der Transparenzanforderungen in Bezug auf Informationen über Emittenten, deren Wertpapiere zum Handel auf einem geregelten Markt zugelassen sind, und zur Änderung der Richtlinie 2001/34/EG (ABl. L 390 vom 31.12.2004, S. 38) benannten technischen Regulierungsstandards. [4]Bei Instrumenten, die sich auf einen Aktienkorb oder einen Index beziehen, bestimmt sich die Berechnung ebenfalls nach den technischen Regulierungsstandards gemäß Satz 2.

(4) [1]Beziehen sich verschiedene der in Absatz 1 genannten Instrumente auf Aktien desselben Emittenten, sind die Stimmrechte aus diesen Aktien zusammenzurechnen. [2]Erwerbspositionen dürfen nicht mit Veräußerungspositionen verrechnet werden.

(5) [1]Das Bundesministerium der Finanzen kann durch Rechtsverordnung, die nicht der Zustimmung des Bundesrates bedarf, nähere Bestimmungen erlassen über den Inhalt, die Art, die Sprache, den Umfang und die Form der Mitteilung nach Absatz 1. [2]Das Bundesministerium der Finanzen kann die Ermächtigung durch Rechtsverordnung auf die Bundesanstalt übertragen, soweit die Art und die Form der Mitteilung nach Absatz 1, insbesondere die Nutzung eines elektronischen Verfahrens, betroffen sind.

§ 39 Mitteilungspflichten bei Zusammenrechnung; Verordnungsermächtigung

(1) Die Mitteilungspflicht nach § 33 Absatz 1 und 2 gilt entsprechend für Inhaber von Stimmrechten im Sinne des § 33 und Instrumenten im Sinne des § 38, wenn die Summe der nach § 33 Absatz 1 Satz 1 oder Absatz 2 und § 38 Absatz 1 Satz 1 zu berücksichtigenden Stimmrechte an demselben Emittenten die in § 33 Absatz 1 Satz 1 genannten Schwellen mit Ausnahme der Schwelle von 3 Prozent erreicht, überschreitet oder unterschreitet.

(2) [1]Das Bundesministerium der Finanzen kann durch Rechtsverordnung, die nicht der Zustimmung des Bundesrates bedarf, nähere Bestimmungen erlassen über den Inhalt, die Art, die Sprache, den Umfang und die Form der Mitteilung nach Absatz 1. [2]Das Bundesministerium der Finanzen kann die Ermächtigung durch Rechtsverordnung auf die Bundesanstalt übertragen, soweit die Art und die Form der Mitteilung nach Absatz 1, insbesondere die Nutzung eines elektronischen Verfahrens, betroffen sind.

§ 40 Veröffentlichungspflichten des Emittenten und Übermittlung an das Unternehmensregister

(1) [1]Ein Inlandsemittent hat Informationen nach § 33 Absatz 1 Satz 1, Absatz 2 und § 38 Absatz 1 Satz 1 sowie § 39 Absatz 1 Satz 1 oder nach entsprechenden Vorschriften anderer Mitgliedstaaten der Europäischen Union oder anderer Vertragsstaaten des Abkommens über den Europäischen Wirtschaftsraum unverzüglich, spätestens drei Handelstage nach Zugang der Mitteilung zu veröffentlichen; er übermittelt sie außerdem unverzüglich, jedoch nicht vor ihrer Veröffentlichung dem Unternehmensregister im Sinne des § 8b des Handelsgesetzbuchs zur Speicherung. [2]Erreicht, überschreitet oder unterschreitet ein Inlandsemittent in Bezug auf eigene Aktien entweder selbst, über ein Tochterunternehmen oder über eine in eigenem Namen, aber für Rechnung dieses Emittenten handelnde Person die Schwellen von 5 Prozent oder 10 Prozent durch Erwerb, Veräußerung oder auf sonstige Weise, gilt Satz 1 entsprechend mit der Maßgabe, dass abweichend von Satz 1 eine Erklärung zu veröffentlichen ist, deren Inhalt sich nach § 33 Absatz 1 Satz 1, auch in Verbindung mit einer Rechtsverordnung nach § 33 Absatz 5 bestimmt, und die Veröffentlichung spätestens vier Handelstage nach Erreichen, Überschreiten oder Unterschreiten der genannten Schwellen zu erfolgen hat; wenn für den Emittenten die Bundesrepublik Deutschland der Herkunftsstaat ist, ist außerdem die Schwelle von 3 Prozent maßgeblich.

(2) Der Inlandsemittent hat gleichzeitig mit der Veröffentlichung nach Absatz 1 Satz 1 und 2 diese der Bundesanstalt mitzuteilen.

(3) Das Bundesministerium der Finanzen kann durch Rechtsverordnung, die nicht der Zustimmung des Bundesrates bedarf, nähere Bestimmungen erlassen über

1. den Inhalt, die Art, die Sprache, den Umfang und die Form sowie die elektronische Verarbeitung der Angaben der Veröffentlichung nach Absatz 1 Satz 1 einschließlich enthaltener personenbezogener Daten und
2. den Inhalt, die Art, die Sprache, den Umfang, die Form sowie die elektronische Verarbeitung der Angaben der Mitteilung nach Absatz 2 einschließlich enthaltener personenbezogener Daten.

§ 41 Veröffentlichung der Gesamtzahl der Stimmrechte und Übermittlung an das Unternehmensregister

(1) [1]Ist es bei einem Inlandsemittenten zu einer Zu- oder Abnahme von Stimmrechten gekommen, so ist er verpflichtet, die Gesamtzahl der Stimmrechte und das Datum der Wirksamkeit der Zu- oder Abnahme in der in § 40 Absatz 1 Satz 1, auch in Verbindung mit einer Rechtsverordnung nach Absatz 3 Nummer 1, vorgesehenen Weise unverzüglich, spätestens innerhalb von zwei Handelstagen zu veröffentlichen. [2]Er hat die Veröffentlichung gleichzeitig der Bundesanstalt entsprechend § 40 Absatz 2, auch in Verbindung mit einer Rechtsverordnung nach Absatz 3 Nummer 2, mitzuteilen. [3]Er übermittelt die Informationen außerdem unverzüglich, jedoch nicht vor ihrer Veröffentlichung, dem Unternehmensregister nach § 8b des Handelsgesetzbuchs zur Speicherung.

(2) [1]Bei der Ausgabe von Bezugsaktien ist die Gesamtzahl der Stimmrechte abweichend von Absatz 1 Satz 1 nur im Zusammenhang mit einer ohnehin erforderlichen Veröffentlichung nach Absatz 1, spätestens jedoch am Ende des Kalendermonats, in dem es zu einer Zu- oder Abnahme von Stimmrechten gekommen ist, zu veröffentlichen. [2]Der Veröffentlichung des Datums der Wirksamkeit der Zu- oder Abnahme bedarf es nicht.

§ 42 Nachweis mitgeteilter Beteiligungen

Wer eine Mitteilung nach § 33 Absatz 1 oder 2, § 38 Absatz 1 oder § 39 Absatz 1 abgegeben hat, muß auf Verlangen der Bundesanstalt oder des Emittenten, für den die Bundesrepublik Deutschland der Herkunftsstaat ist, das Bestehen der mitgeteilten Beteiligung nachweisen.

§ 43 Mitteilungspflichten für Inhaber wesentlicher Beteiligungen

(1) [1]Ein Meldepflichtiger im Sinne der §§ 33 und 34, der die Schwelle von 10 Prozent der Stimmrechte aus Aktien oder eine höhere Schwelle erreicht oder überschreitet, muss dem Emittenten, für den die Bundesrepublik Deutschland Herkunftsstaat ist, die mit dem Erwerb der Stimmrechte verfolgten Ziele und die Herkunft der für den Erwerb verwendeten Mittel innerhalb von 20 Handelstagen nach Erreichen oder Überschreiten dieser Schwellen mitteilen. [2]Eine Änderung der Ziele im Sinne des Satzes 1 ist innerhalb von 20 Handelstagen mitzuteilen. [3]Hinsichtlich der mit dem Erwerb der Stimmrechte verfolgten Ziele hat der Meldepflichtige anzugeben, ob

1. die Investition der Umsetzung strategischer Ziele oder der Erzielung von Handelsgewinnen dient,
2. er innerhalb der nächsten zwölf Monate weitere Stimmrechte durch Erwerb oder auf sonstige Weise zu erlangen beabsichtigt,
3. er eine Einflussnahme auf die Besetzung von Verwaltungs-, Leitungs- und Aufsichtsorganen des Emittenten anstrebt und
4. er eine wesentliche Änderung der Kapitalstruktur der Gesellschaft, insbesondere im Hinblick auf das Verhältnis von Eigen- und Fremdfinanzierung und die Dividendenpolitik anstrebt.

[4]Hinsichtlich der Herkunft der verwendeten Mittel hat der Meldepflichtige anzugeben, ob es sich um Eigen- oder Fremdmittel handelt, die der Meldepflichtige zur Finanzierung des Erwerbs der Stimmrechte aufgenommen hat. [5]Eine Mitteilungspflicht nach Satz 1 besteht nicht, wenn der Schwellenwert auf Grund eines Angebots im Sinne des § 2 Absatz 1 des Wertpapiererwerbs- und Übernahmegesetzes erreicht oder überschritten wurde. [6]Die Mitteilungspflicht besteht ferner nicht für Kapitalverwaltungsgesellschaften sowie ausländische Verwaltungsgesellschaften und Investmentgesellschaften im Sinne der Richtlinie 2009/65/EG, die einem Artikel 56 Absatz 1 Satz 1 der Richtlinie 2009/65/EG entsprechenden Verbot unterliegen, sofern eine Anlagegrenze von 10 Prozent oder weniger festgelegt worden ist; eine Mitteilungspflicht besteht auch dann nicht, wenn eine Artikel 57 Absatz 1 Satz 1 und Absatz 2 der Richtlinie 2009/65/EG entsprechende zulässige Ausnahme bei der Überschreitung von Anlagegrenzen vorliegt.

(2) Der Emittent hat die erhaltene Information oder die Tatsache, dass die Mitteilungspflicht nach Absatz 1 nicht erfüllt wurde, entsprechend § 40 Absatz 1 Satz 1 in Verbindung mit der Rechtsverordnung nach § 40 Absatz 3 Nummer 1 zu veröffentlichen; er übermittelt diese Informationen außerdem unverzüglich, jedoch nicht vor ihrer Veröffentlichung dem Unternehmensregister nach § 8b des Handelsgesetzbuchs zur Speicherung.

(3) [1]Die Satzung eines Emittenten mit Sitz im Inland kann vorsehen, dass Absatz 1 keine Anwendung findet. [2]Absatz 1 findet auch keine Anwendung auf Emittenten mit Sitz im Ausland, deren Satzung oder sonstige Bestimmungen eine Nichtanwendung vorsehen.

(4) Das Bundesministerium der Finanzen kann durch Rechtsverordnung, die nicht der Zustimmung des Bundesrates bedarf, nähere Bestimmungen über den Inhalt, die Art, die Sprache, den Umfang und die Form der Mitteilungen nach Absatz 1 erlassen.

§ 44 Rechtsverlust

(1) [1]Rechte aus Aktien, die einem Meldepflichtigen gehören oder aus denen ihm Stimmrechte gemäß § 34 zugerechnet werden, bestehen nicht für die Zeit, für welche die Mitteilungspflichten nach § 33 Absatz 1 oder 2 nicht erfüllt werden. [2]Dies gilt nicht für Ansprüche nach § 58 Abs. 4 des Aktiengesetzes und § 271 des Aktiengesetzes, wenn die Mitteilung nicht vorsätzlich unterlassen wurde und nachgeholt worden ist. [3]Sofern die Höhe des Stimmrechtsanteils betroffen ist, verlängert sich die Frist nach Satz 1 bei vorsätzlicher oder grob fahrlässiger Verletzung der Mitteilungspflichten um sechs Monate. [4]Satz 3 gilt nicht, wenn die Abweichung bei der Höhe der in der vorangegangenen unrichtigen Mitteilung angegebenen Stimmrechte weniger als 10 Prozent des tatsächlichen Stimmrechtsanteils beträgt und keine Mitteilung über das Erreichen, Überschreiten oder Unterschreiten einer der in § 33 genannten Schwellen unterlassen wird.

(2) Kommt der Meldepflichtige seinen Mitteilungspflichten nach § 38 Absatz 1 oder § 39 Absatz 1 nicht nach, so ist Absatz 1 auf Aktien desselben Emittenten anzuwenden, die dem Meldepflichtigen gehören.

§ 45 Richtlinien der Bundesanstalt

[1]Die Bundesanstalt kann Richtlinien aufstellen, nach denen sie für den Regelfall beurteilt, ob die Voraussetzungen für einen mitteilungspflichtigen Vorgang oder eine Befreiung von den Mitteilungspflichten nach § 33 Absatz 1 gegeben sind. [2]Die Richtlinien sind im Bundesanzeiger zu veröffentlichen.

§ 46 Befreiungen; Verordnungsermächtigung

(1) [1]Die Bundesanstalt kann Inlandsemittenten mit Sitz in einem Drittstaat von den Pflichten nach § 40 Absatz 1 und § 41 freistellen, soweit diese Emittenten gleichwertigen Regeln eines Drittstaates unterliegen oder sich solchen Regeln unterwerfen. [2]Satz 1 gilt nicht für Pflichten dieser Emittenten nach § 40 Absatz 1 und § 41 auf Grund von Mitteilungen nach § 39. [3]Die Bundesanstalt unterrichtet die Europäische Wertpapier- und Marktaufsichtsbehörde über die erteilte Freistellung.

(2) [1]Emittenten, denen die Bundesanstalt eine Befreiung nach Absatz 1 erteilt hat, müssen Informationen über Umstände, die denen des § 33 Absatz 1 Satz 1 und Absatz 2, § 38 Absatz 1 Satz 1, § 40 Absatz 1 Satz 1 und 2 sowie § 41 entsprechen und die nach den gleichwertigen Regeln eines Drittstaates der Öffentlichkeit zur Verfügung zu stellen sind, in der in § 40 Absatz 1 Satz 1, auch in Verbindung mit einer Rechtsverordnung nach Absatz 3, geregelten Weise veröffentlichen und gleichzeitig der Bundesanstalt mitteilen. [2]Die Informationen sind außerdem unverzüglich, jedoch nicht vor ihrer Veröffentlichung dem Unternehmensregister im Sinne des § 8b des Handelsgesetzbuchs zur Speicherung zu übermitteln.

(3) Das Bundesministerium der Finanzen wird ermächtigt, durch Rechtsverordnung, die nicht der Zustimmung des Bundesrates bedarf, nähere Bestimmungen über die Gleichwertigkeit von Regeln eines Drittstaates und die Freistellung von Emittenten nach Absatz 1 zu erlassen.

§ 47 Handelstage

(1) Für die Berechnung der Mitteilungs- und Veröffentlichungsfristen nach diesem Abschnitt gelten als Handelstage alle Kalendertage, die nicht Sonnabende, Sonntage oder zumindest in einem Land landeseinheitliche gesetzlich anerkannte Feiertage sind.

(2) Die Bundesanstalt stellt im Internet unter ihrer Adresse einen Kalender der Handelstage zur Verfügung.

Abschnitt 7. Notwendige Informationen für die Wahrnehmung von Rechten aus Wertpapieren

§ 48 Pflichten der Emittenten gegenüber Wertpapierinhabern

(1) Emittenten, für die die Bundesrepublik Deutschland der Herkunftsstaat ist, müssen sicherstellen, dass

1. alle Inhaber der zugelassenen Wertpapiere unter gleichen Voraussetzungen gleich behandelt werden;
2. alle Einrichtungen und Informationen, die die Inhaber der zugelassenen Wertpapiere zur Ausübung ihrer Rechte benötigen, im Inland öffentlich zur Verfügung stehen;
3. Daten zu Inhabern zugelassener Wertpapiere vor einer Kenntnisnahme durch Unbefugte geschützt sind;
4. für die gesamte Dauer der Zulassung der Wertpapiere mindestens ein Finanzinstitut als Zahlstelle im Inland bestimmt ist, bei der alle erforderlichen Maßnahmen hinsichtlich der Wertpapiere, im Falle der Vorlegung der Wertpapiere bei dieser Stelle kostenfrei, bewirkt werden können;
5. im Falle zugelassener Aktien jeder stimmberechtigten Person zusammen mit der Einladung zur Hauptversammlung oder nach deren Anberaumung auf Verlangen in Textform ein Formular für die Erteilung einer Vollmacht für die Hauptversammlung übermittelt wird;
6. im Falle zugelassener Schuldtitel im Sinne des § 2 Absatz 1 Nummer 3 mit Ausnahme von Wertpapieren, die zugleich unter § 2 Absatz 1 Nummer 2 fallen oder die ein zumindest bedingtes Recht auf den Erwerb von Wertpapieren nach § 2 Absatz 1 Nummer 1 oder Nummer 2 begründen, jeder stimmberechtigten Person zusammen mit der Einladung zur Gläubigerversammlung oder nach deren Anberaumung auf Verlangen rechtzeitig in Textform ein Formular für die Erteilung einer Vollmacht für die Gläubigerversammlung übermittelt wird.

(2) [1]Ein Emittent von zugelassenen Schuldtiteln im Sinne des Absatzes 1 Nummer 6, für den die Bundesrepublik Deutschland der Herkunftsstaat ist, kann die Gläubigerversammlung in jedem Mitgliedstaat der Europäischen Union oder in jedem anderen Vertragsstaat des Abkommens über den Europäischen Wirtschaftsraum abhalten. [2]Das setzt voraus, dass in dem Staat alle für die Ausübung der Rechte erforderlichen Einrichtungen und Informationen für die Schuldtitelinhaber verfügbar sind und zur Gläubigerversammlung ausschließlich Inhaber von folgenden Schuldtiteln eingeladen werden:

1. Schuldtiteln mit einer Mindeststückelung von 100 000 Euro oder dem am Ausgabetag entsprechenden Gegenwert in einer anderen Währung oder
2. noch ausstehenden Schuldtiteln mit einer Mindeststückelung von 50 000 Euro oder dem am Ausgabetag entsprechenden Gegenwert in einer anderen Währung, wenn die Schuldtitel bereits vor dem 31. Dezember 2010 zum Handel an einem organisierten Markt im Inland oder in einem anderen Mitgliedstaat der Europäischen Union oder einem anderen Vertragsstaat des Abkommens über den Europäischen Wirtschaftsraum zugelassen worden sind.

(3) Für die Bestimmungen nach Absatz 1 Nr. 1 bis 5 sowie nach § 49 Absatz 3 Nummer 1 stehen die Inhaber Aktien vertretender Hinterlegungsscheine den Inhabern der vertretenen Aktien gleich.

§ 49 Veröffentlichung von Mitteilungen und Übermittlung im Wege der Datenfernübertragung

(1) [1]Der Emittent von zugelassenen Aktien, für den die Bundesrepublik Deutschland der Herkunftsstaat ist, muss

1. die Einberufung der Hauptversammlung einschließlich der Tagesordnung, die Gesamtzahl der Aktien und Stimmrechte im Zeitpunkt der Einberufung der Hauptversammlung und die Rechte der Aktionäre bezüglich der Teilnahme an der Hauptversammlung sowie
2. Mitteilungen über die Ausschüttung und Auszahlung von Dividenden, die Ankündigung der Ausgabe neuer Aktien und die Vereinbarung oder Ausübung von Umtausch-, Bezugs-, Einziehungs- und Zeichnungsrechten sowie die Beschlussfassung über diese Rechte

unverzüglich im Bundesanzeiger veröffentlichen. [2]Soweit eine entsprechende Veröffentlichung im Bundesanzeiger auch durch sonstige Vorschriften vorgeschrieben wird, ist eine einmalige Veröffentlichung ausreichend.

(2) [1]Der Emittent zugelassener Schuldtitel im Sinne von § 48 Absatz 1 Nummer 6, für den die Bundesrepublik Deutschland der Herkunftsstaat ist, muss

1. den Ort, den Zeitpunkt und die Tagesordnung der Gläubigerversammlung und Mitteilungen über das Recht der Schuldtitelinhaber zur Teilnahme daran sowie
2. Mitteilungen über die Ausübung von Umtausch-, Zeichnungs- und Kündigungsrechten sowie über die Zinszahlungen, die Rückzahlungen, die Auslosungen und die bisher gekündigten oder ausgelosten, noch nicht eingelösten Stücke

unverzüglich im Bundesanzeiger veröffentlichen. [2]Absatz 1 Satz 2 gilt entsprechend.

(3) [1]Unbeschadet der Veröffentlichungspflichten nach den Absätzen 1 und 2 dürfen Emittenten, für die die Bundesrepublik Deutschland der Herkunftsstaat ist, Informationen an die Inhaber zugelassener Wertpapiere im Wege der Datenfernübertragung übermitteln, wenn die dadurch entstehenden Kosten nicht unter Verletzung des Gleichbehandlungsgrundsatzes nach § 48 Absatz 1 Nummer 1 den Wertpapierinhabern auferlegt werden und

1. im Falle zugelassener Aktien
   a) die Hauptversammlung zugestimmt hat,
   b) die Wahl der Art der Datenfernübertragung nicht vom Sitz oder Wohnsitz der Aktionäre oder der Personen, denen Stimmrechte in den Fällen des § 34 zugerechnet werden, abhängt,
   c) Vorkehrungen zur sicheren Identifizierung und Adressierung der Aktionäre oder derjenigen, die Stimmrechte ausüben oder Weisungen zu deren Ausübung erteilen dürfen, getroffen worden sind und
   d) die Aktionäre oder in Fällen des § 34 Absatz 1 Satz 1 Nummer 1, 3, 4 und Absatz 2 die zur Ausübung von Stimmrechten Berechtigten in die Übermittlung im Wege der Datenfernübertragung ausdrücklich eingewilligt haben oder einer Bitte in Textform um Zustimmung nicht innerhalb eines angemessenen Zeitraums widersprochen und die dadurch als erteilt geltende Zustimmung nicht zu einem späteren Zeitpunkt widerrufen haben,
2. im Falle zugelassener Schuldtitel im Sinne von § 48 Absatz 1 Nummer 6
   a) eine Gläubigerversammlung zugestimmt hat,
   b) die Wahl der Art der Datenfernübertragung nicht vom Sitz oder Wohnsitz der Schuldtitelinhaber oder deren Bevollmächtigten abhängt,

c) Vorkehrungen zur sicheren Identifizierung und Adressierung der Schuldtitelinhaber getroffen worden sind,

d) die Schuldtitelinhaber in die Übermittlung im Wege der Datenfernübertragung ausdrücklich eingewilligt haben oder einer Bitte in Textform um Zustimmung nicht innerhalb eines angemessenen Zeitraums widersprochen und die dadurch als erteilt geltende Zustimmung nicht zu einem späteren Zeitpunkt widerrufen haben.

[2]Ist eine Datenfernübertragung unter diesen Voraussetzungen nicht möglich, erfolgt die Übermittlung ohne Rücksicht auf anderweitige Satzungsregelungen des Emittenten auf schriftlichem Wege.

§ 50 Veröffentlichung zusätzlicher Angaben und Übermittlung an das Unternehmensregister; Verordnungsermächtigung

(1) [1]Ein Inlandsemittent muss

1. jede Änderung der mit den zugelassenen Wertpapieren verbundenen Rechte sowie
   a) im Falle zugelassener Aktien der Rechte, die mit derivativen vom Emittenten selbst begebenen Wertpapieren verbunden sind, sofern sie ein Umtausch- oder Erwerbsrecht auf die zugelassenen Aktien des Emittenten verschaffen,
   b) im Falle anderer Wertpapiere als Aktien Änderungen der Ausstattung dieser Wertpapiere, insbesondere von Zinssätzen, oder der damit verbundenen Bedingungen, soweit die mit den Wertpapieren verbundenen Rechte hiervon indirekt betroffen sind, und
2. Informationen, die er in einem Drittstaat veröffentlicht und die für die Öffentlichkeit in der Europäischen Union und dem Europäischen Wirtschaftsraum Bedeutung haben können,

unverzüglich veröffentlichen und gleichzeitig der Bundesanstalt diese Veröffentlichung mitteilen. [2]Er übermittelt diese Informationen außerdem unverzüglich, jedoch nicht vor ihrer Veröffentlichung dem Unternehmensregister im Sinne des § 8b des Handelsgesetzbuchs zur Speicherung.

(2) Das Bundesministerium der Finanzen wird ermächtigt, durch Rechtsverordnung, die nicht der Zustimmung des Bundesrates bedarf, nähere Bestimmungen zu erlassen über den Mindestinhalt, die Art, die Sprache, den Umfang und die Form der Veröffentlichung und der Mitteilung nach Absatz 1 Satz 1.

§ 51 Befreiung

(1) [1]Die Bundesanstalt kann Inlandsemittenten mit Sitz in einem Drittstaat von den Pflichten nach den §§ 48, 49 und 50 Absatz 1 Satz 1 Nummer 1 und 2 freistellen, soweit diese Emittenten gleichwertigen Regeln eines Drittstaates unterliegen oder sich solchen Regeln unterwerfen. [2]Die Bundesanstalt unterrichtet die Europäische Wertpapier- und Marktaufsichtsbehörde über die erteilte Freistellung.

(2) Emittenten, denen die Bundesanstalt eine Befreiung nach Absatz 1 erteilt hat, müssen Informationen über Umstände im Sinne des § 50 Absatz 1 Satz 1 Nummer 1 und 2, die nach den gleichwertigen Regeln eines Drittstaates der Öffentlichkeit zur Verfügung zu stellen sind, nach Maßgabe des § 50 Absatz 1 in Verbindung mit einer Rechtsverordnung nach § 50 Absatz 2 veröffentlichen und die Veröffentlichung gleichzeitig der Bundesanstalt mitteilen; sie müssen die Informationen außerdem unverzüglich, jedoch nicht vor der Veröffentlichung dem Unternehmensregister im Sinne des § 8b des Handelsgesetzbuchs zur Speicherung übermitteln.

(3) Das Bundesministerium der Finanzen wird ermächtigt, durch Rechtsverordnung, die nicht der Zustimmung des Bundesrates bedarf, nähere Bestimmungen über die

Gleichwertigkeit von Regeln eines Drittstaates und die Freistellung von Emittenten nach Absatz 1 zu erlassen.

§ 52 Ausschluss der Anfechtung

Die Anfechtung eines Hauptversammlungsbeschlusses kann nicht auf eine Verletzung der Vorschriften dieses Abschnitts gestützt werden.

Abschnitt 8. Leerverkäufe und Geschäfte in Derivaten

§ 53 Überwachung von Leerverkäufen; Verordnungsermächtigung

(1) [1]Die Bundesanstalt ist zuständige Behörde im Sinne der Verordnung (EU) Nr. 236/2012. [2]§ 15 Absatz 5a des Börsengesetzes bleibt unberührt. [3]Soweit in der Verordnung (EU) Nr. 236/2012 nichts Abweichendes geregelt ist, gelten die Vorschriften der Abschnitte 1 und 2 dieses Gesetzes, mit Ausnahme des § 18 Absatz 7 Satz 5 bis 8, des § 21 Absatz 1 Satz 3 und des § 22, entsprechend.

(2) [1]Die Bundesanstalt übt die ihr nach Absatz 1 Satz 1 in Verbindung mit der Verordnung (EU) Nr. 236/2012 übertragenen Befugnisse aus, soweit dies für die Wahrnehmung ihrer Aufgaben und die Überwachung der Einhaltung der in der Verordnung (EU) Nr. 236/2012 geregelten Pflichten erforderlich ist. [2]Für die Zwecke des Artikels 9 Absatz 4 Satz 2 der Verordnung (EU) Nr. 236/2012 beaufsichtigt die Bundesanstalt die entsprechenden Internetseiten des Bundesanzeigers.

(3) Widerspruch und Anfechtungsklage gegen Maßnahmen der Bundesanstalt nach Absatz 2, auch in Verbindung mit der Verordnung (EU) Nr. 236/2012, haben keine aufschiebende Wirkung.

(4) [1]Das Bundesministerium der Finanzen kann durch Rechtsverordnung, die nicht der Zustimmung des Bundesrates bedarf, nähere Bestimmungen über

1. Art, Umfang und Form von Mitteilungen und Veröffentlichungen von Netto-Leerverkaufspositionen nach den Artikeln 5 bis 8 der Verordnung (EU) Nr. 236/2012,
2. die Beaufsichtigung der Internetseiten des Bundesanzeigers für die Zwecke des Artikels 9 Absatz 4 Satz 2 der Verordnung (EU) Nr. 236/2012 sowie
3. Art, Umfang und Form der Mitteilungen, Übermittlungen und Benachrichtigungen gemäß Artikel 17 Absatz 5, 6 und 8 bis 10 der Verordnung (EU) Nr. 236/2012

erlassen.

[2]Das Bundesministerium der Finanzen kann die Ermächtigung des Satzes 1 durch Rechtsverordnung ohne Zustimmung des Bundesrates auf die Bundesanstalt übertragen.

Abschnitt 9. Positionslimits und Positionsmanagementkontrollen bei Warenderivaten und Positionsmeldungen

§ 54 Positionslimits und Positionsmanagementkontrollen

(1) Die Bundesanstalt legt vorbehaltlich des § 55 für jedes Warenderivat, das an einem inländischen Handelsplatz gehandelt wird, einen quantitativen Schwellenwert für die maximale Größe einer Position in diesem Derivat, die eine Person halten darf (Positionslimit), fest.

(2) [1]Das Positionslimit ist so festzulegen, dass es

1. Marktmissbrauch im Sinne des Artikels 1 der Verordnung (EU) Nr. 596/2014 verhindert und
2. zu geordneten Preisbildungs- und Abwicklungsbedingungen beiträgt.

²Insbesondere trägt das Positionslimit zu Preisbildungs- und Abwicklungsbedingungen im Sinne des Satzes 1 Nummer 2 bei, wenn es

1. marktverzerrende Positionen verhindert und
2. eine Konvergenz zwischen dem Preis des Derivats im Monat der Lieferung und dem Preis für die zugrunde liegende Ware an den entsprechenden Spotmärkten sicherstellt, ohne dass die Preisbildung am Markt für die zugrunde liegende Ware davon berührt wird.

(3) ¹Die Bundesanstalt kann in Ausnahmefällen Positionslimits festlegen, die strenger sind als die nach den Absätzen 1 und 2 berechneten, wenn dies unter Berücksichtigung der Liquidität in dem betreffenden Derivat und im Interesse einer geordneten Funktionsweise des betreffenden Marktes geboten und verhältnismäßig ist. ²Eine Festlegung nach Satz 1 ist auf der Internetseite der Bundesanstalt zu veröffentlichen und auf höchstens sechs Monate ab dem Zeitpunkt der Veröffentlichung befristet. ³Liegen die Gründe nach Satz 1 auch nach Ablauf dieser Frist weiter vor, kann die Festlegung jeweils für einen Zeitraum von höchstens sechs Monaten verlängert werden. ⁴Absatz 4 gilt entsprechend.

(4) ¹Vor Festlegung eines Positionslimits nach Absatz 1 teilt die Bundesanstalt der Europäischen Wertpapier- und Marktaufsichtsbehörde das beabsichtigte Positionslimit mit. ²Verlangt diese binnen zwei Monaten nach Erhalt der Mitteilung nach Satz 1 eine Änderung an dem Positionslimit und kommt die Bundesanstalt diesem Verlangen nicht nach, teilt sie ihre Entscheidung einschließlich ihrer Gründe der Europäischen Wertpapier- und Marktaufsichtsbehörde mit und veröffentlicht ihre begründete Entscheidung auf ihrer Internetseite. ³Die Bundesanstalt übermittelt die Einzelheiten der von ihr festgelegten Positionslimits an die Europäische Wertpapier- und Marktaufsichtsbehörde.

(5) ¹Ändert sich die lieferbare Menge eines Derivats oder die Anzahl oder das Volumen offener Kontraktpositionen in einem Derivat in erheblichem Umfang oder treten sonstige erhebliche Änderungen auf dem Markt auf, legt die Bundesanstalt die Positionslimits nach Maßgabe der Absätze 1 bis 4 neu fest. ²Die Betreiber von Handelsplätzen unterrichten die Bundesanstalt über nach Satz 1 erhebliche Änderungen an ihrem Handelsplatz.

(6) ¹Der Betreiber eines multilateralen oder organisierten Handelssystems, an dem Warenderivate gehandelt werden, muss Verfahren zur Überwachung der Einhaltung der nach den Absätzen 1 bis 5 und § 55 festgelegten Positionslimits (Positionsmanagementkontrollen) einrichten. ²Diese müssen transparent und diskriminierungsfrei ausgestaltet werden, festlegen, wie sie anzuwenden sind und der Art und Zusammensetzung der Marktteilnehmer sowie deren Nutzung der zum Handel zugelassenen Kontrakte Rechnung tragen. ³Im Rahmen von Kontrollen nach den Sätzen1 und 2 hat der Betreiber eines Handelsplatzes insbesondere sicherzustellen, dass er das Recht hat,

1. die offenen Kontraktpositionen jeder Person zu überwachen,
2. von jeder Person Zugang zu Informationen, einschließlich aller einschlägigen Unterlagen, über Größe und Zweck einer von ihr eingegangenen Position oder offenen Forderung, über wirtschaftliche oder tatsächliche Eigentümer, etwaige Absprachen sowie über alle zugehörigen Vermögenswerte oder Verbindlichkeiten am Basismarkt zu erhalten,
3. von jeder Person die zeitweilige oder dauerhafte Auflösung oder Reduzierung einer von ihr eingegangenen Position zu verlangen und, falls der Betreffende dem nicht nachkommt, einseitig geeignete Maßnahmen zu ergreifen, um die Auflösung oder Reduzierung sicherzustellen, und

4. von jeder Person zu verlangen, zeitweilig Liquidität zu einem vereinbarten Preis und in vereinbartem Umfang eigens zu dem Zweck in den Markt zurückfließen zu lassen, die Auswirkungen einer großen oder marktbeherrschenden Position abzumildern.

[4]Der Betreiber unterrichtet die Bundesanstalt über Einzelheiten der Positionsmanagementkontrollen nach den Sätzen 1 bis 3. [5]Die Bundesanstalt übermittelt diese Informationen an die Europäische Wertpapier- und Marktaufsichtsbehörde.

§ 55 Positionslimits bei europaweit gehandelten Derivaten

(1) [1]Wird dasselbe Warenderivat auch an einem Handelsplatz in einem anderen Mitgliedstaat oder einem anderen Vertragsstaat des Abkommens über den Europäischen Wirtschaftsraum in erheblichem Volumen gehandelt, legt die Bundesanstalt ein Positionslimit nach § 54 Absatz 1 nur dann fest, wenn sie für dieses Derivat zentrale zuständige Behörde ist. [2]Die Bundesanstalt ist für ein Derivat zentrale zuständige Behörde, wenn das größte Volumen dieses Derivats an einem inländischen Handelsplatz gehandelt wird. [3]Nähere Bestimmungen dazu, wann es sich um dasselbe Warenderivat im Sinne des Satzes 1 handelt und wie Volumina im Sinne der Sätze 1 und 2 berechnet werden, ergeben sich aus Artikel 5 der Delegierten Verordnung (EU) 2017/591 der Kommission vom 1. Dezember 2016 zur Ergänzung der Richtlinie 2014/65/EU des Europäischen Parlaments und des Rates durch technische Regulierungsstandards für die Anwendung von Positionslimits für Warenderivate (ABl. L 87 vom 31.3.2017, S. 479), in der jeweils geltenden Fassung.

(2) [1]Ist die Bundesanstalt im Falle des Absatzes 1 Satz 1 zentrale zuständige Behörde für das betreffende Derivat, teilt sie ein beabsichtigtes Positionslimit für dieses Derivat vor seiner Festlegung auch den zuständigen Behörden der anderen Handelsplätze, an denen große Volumina dieses Derivats gehandelt werden, mit. [2]Verlangt eine dieser Behörden binnen zwei Monaten nach Erhalt der Mitteilung nach Satz 1 eine Änderung an dem Positionslimit und kommt die Bundesanstalt diesem Verlangen nicht nach, teilt sie ihre Entscheidung einschließlich ihrer Gründe der Europäischen Wertpapier- und Marktaufsichtsbehörde mit.

(3) [1]Ist die Bundesanstalt im Falle des Absatzes 1 Satz 1 nicht zentrale zuständige Behörde für das betreffende Derivat, ist das von der zentralen zuständigen Behörde für dieses Derivat festgelegte Positionslimit auch im Inland maßgeblich. [2]Die Bundesanstalt teilt in diesem Fall der zentralen zuständigen Behörde für dieses Derivat binnen zwei Monaten nach Erhalt der Mitteilung über ein von dieser Behörde beabsichtigtes Positionslimit mit, ob sie mit dem beabsichtigten Positionslimit einverstanden ist. [3]Kommt die zentrale zuständige Behörde einem Verlangen der Bundesanstalt zur Änderung des Positionslimits nicht nach, teilt die Bundesanstalt ihr Verlangen einschließlich ihrer Gründe der Europäischen Wertpapier- und Marktaufsichtsbehörde mit.

§ 56 Anwendung von Positionslimits

(1) [1]Bei der Anwendung der nach den §§ 54 und 55 festgelegten Positionslimits werden alle Positionen berücksichtigt, die von einer natürlichen oder juristischen Person oder einer Personenvereinigung selbst oder aggregiert auf Gruppenebene gehalten werden. [2]Nähere Bestimmungen zur Berechnung der Position ergeben sich aus den Artikeln 3, 4 und 9 bis 20 der Delegierten Verordnung (EU) 2017/591.

(2) [1]Die nach den §§ 54 und 55 festgelegten Positionslimits gelten auch für OTC-Kontrakte, die wirtschaftlich gleichwertig mit Warenderivaten im Sinne des Absatzes 1 sind. [2]Nähere Bestimmungen zur wirtschaftlichen Gleichwertigkeit ergeben sich aus Artikel 6 der Delegierten Verordnung (EU) 2017/591.

(3) [1]Die nach den §§ 54 und 55 festgelegten Positionslimits gelten nicht für Positionen, für die die Bundesanstalt oder die zuständige Behörde eines anderen Mitgliedstaats auf

Antrag festgestellt hat, dass sie von einer oder für eine nichtfinanzielle Partei gehalten werden und die die Risiken, die mit deren Geschäftstätigkeit verbunden sind, objektiv messbar verringern. [2]Nähere Bestimmungen zu risikoverringernden Positionen und dem Verfahren nach Satz 1 ergeben sich aus den Artikeln 7 und 8 der Delegierten Verordnung (EU) 2017/591.

§ 57 Positionsmeldungen; Verordnungsermächtigung

(1) [1]Mitglieder und Teilnehmer von Handelsplätzen sind verpflichtet, dem jeweiligen Betreiber des Handelsplatzes einmal täglich die Einzelheiten ihrer eigenen Positionen in Warenderivaten, die an diesem Handelsplatz gehandelt werden, wie auch die Positionen ihrer Kunden und der Kunden dieser Kunden bis zum Endkunden zu melden. [2]Kunden und deren Kunden bis zum Endkunden haben den zur Meldung verpflichteten Teilnehmern an Handelsplätzen die für die Meldung notwendigen Informationen zur Verfügung zu stellen.

(2) [1]Der Betreiber eines Handelsplatzes, an dem Warenderivate, Emissionszertifikate oder Derivate davon gehandelt werden, muss wöchentlich eine Aufstellung der aggregierten Positionen in den verschiedenen an dem Handelsplatz gehandelten Warenderivaten oder Emissionszertifikaten oder Derivaten davon, die von Personenkategorien nach Satz 4 in diesen Finanzinstrumenten gehalten werden, veröffentlichen und der Bundesanstalt sowie der Europäischen Wertpapier- und Marktaufsichtsbehörde übermitteln. [2]Die Aufstellung muss enthalten:

1. die Zahl der Kauf- und Verkaufspositionen, aufgeteilt nach den in den Sätzen 4 und 5 genannten Kategorien,
2. diesbezügliche Änderungen seit dem letzten Bericht,
3. den prozentualen Anteil der gesamten offenen Kontraktpositionen in jeder Kategorie sowie
4. die Anzahl der Positionsinhaber in jeder Kategorie.

[3]Bei den Angaben nach Satz 2 sind jeweils Positionen getrennt darzustellen, die objektiv messbar die unmittelbar mit einer Geschäftstätigkeit in Zusammenhang stehenden Risiken verringern, und andere Positionen. [4]Für die Zwecke des Satzes 1 hat der Betreiber des Handelsplatzes die Inhaber einer Position entsprechend ihrer Haupttätigkeit, für die sie zugelassen sind, einer der folgenden Kategorien zuzuordnen:

1. Wertpapierdienstleistungsunternehmen und Kreditinstitute,
2. Investmentvermögen im Sinne des § 1 Absatz 1 des Kapitalanlagegesetzbuchs,
3. sonstige Finanzinstitute, einschließlich Versicherungsunternehmen oder Rückversicherungsunternehmen im Sinne der Richtlinie 2009/138/EG und Einrichtungen der betrieblichen Altersversorgung im Sinne der Richtlinie 2003/41/EG,
4. sonstige kommerzielle Unternehmen.

[5]Im Falle eines Emissionszertifikats oder eines Derivats davon ist ergänzend zu Satz 4 eine weitere Kategorie für Betreiber mit der Verpflichtung zur Einhaltung der Anforderungen der Richtlinie 2003/87/EG bei Emissionszertifikaten oder Derivaten davon zu bilden. [6]Die Pflicht nach Satz 1 gilt nur für Warenderivate, Emissionszertifikate und Derivate davon, bei denen die in Artikel 83 der Delegierten Verordnung (EU) 2017/565 festgelegten Mindestschwellen überschritten werden.

(3) Betreiber eines Handelsplatzes, an dem Warenderivate, Emissionszertifikate oder Derivate davon gehandelt werden, müssen der Bundesanstalt darüber hinaus einmal täglich eine vollständige Aufstellung der Positionen aller Mitglieder oder Teilnehmer an diesem Handelsplatz sowie deren Kunden in Warenderivaten, Emissionszertifikaten oder Derivaten davon übermitteln.

(4) [1]Wertpapierdienstleistungsunternehmen, die außerhalb eines Handelsplatzes mit Warenderivaten, Emissionszertifikaten oder Derivaten davon handeln, die auch an einem Handelsplatz gehandelt werden, sind verpflichtet, der in Satz 2 genannten Behörde mindestens einmal täglich eine vollständige Aufstellung ihrer Positionen in diesen Finanzinstrumenten und in wirtschaftlich gleichwertigen OTC-Kontrakten sowie der entsprechenden Positionen ihrer Kunden und der Kunden dieser Kunden bis zum Endkunden gemäß Artikel 26 der Verordnung (EU) Nr. 600/2014 oder Artikel 8 der Verordnung (EU) Nr. 1227/2011 zu übermitteln. [2]Die Aufstellung nach Satz 1 ist zu übermitteln

1. bei Warenderivaten, Emissionszertifikaten oder Derivaten davon, die in erheblichem Volumen nur an inländischen Handelsplätzen gehandelt werden, an die Bundesanstalt,
2. bei Warenderivaten, Emissionszertifikaten oder Derivaten davon, die in erheblichem Volumen nur vollständig oder teilweise an einem Handelsplatz in einem anderen Mitgliedstaat oder einem Vertragsstaat des Abkommens über den Europäischen Wirtschaftsraum gehandelt werden, an die zuständige Behörde der entsprechenden Handelsplätze und
3. bei Warenderivaten, Emissionszertifikaten oder Derivaten davon, die in erheblichem Volumen an Handelsplätzen in mehr als einem Mitgliedstaat oder Vertragsstaat des Abkommens über den Europäischen Wirtschaftsraum gehandelt werden, der entsprechenden zentralen zuständigen Behörde im Sinne des § 55.

[3]Kunden und deren Kunden bis zum Endkunden haben den zur Übermittlung verpflichteten Wertpapierdienstleistungsunternehmen die für die Übermittlung notwendigen Informationen zur Verfügung zu stellen.

(5) Die Bundesanstalt kann in kritischen Marktsituationen verlangen, dass die Mitteilungen nach den Absätzen 1, 3 und 4 mehrfach innerhalb eines Tages erfolgen müssen.

(6) [1]Das Bundesministerium der Finanzen kann durch Rechtsverordnung, die nicht der Zustimmung des Bundesrates bedarf,

1. nähere Bestimmungen über Inhalt, Art, Umfang, Form und Häufigkeit der Mitteilungen nach den Absätzen 1 und 3 bis 5 und über die zulässigen Datenträger und Übertragungswege erlassen sowie
2. vorschreiben, dass in den in den Absätzen 1, 3 und 4 genannten Fällen über die dort genannten Angaben hinaus zusätzliche Angaben zu übermitteln sind, wenn die zusätzlichen Angaben auf Grund der besonderen Eigenschaften des Finanzinstruments, das Gegenstand der Mitteilung ist, oder der besonderen Bedingungen an dem Handelsplatz, an dem das Geschäft ausgeführt wurde, zur Überwachung der Positionslimits nach § 54 durch die Bundesanstalt erforderlich sind.

[2]Das Bundesministerium der Finanzen kann die Ermächtigung durch Rechtsverordnung auf die Bundesanstalt übertragen.

Abschnitt 10. Organisationspflichten von Datenbereitstellungsdiensten

§ 58 Organisationspflichten für genehmigte Veröffentlichungssysteme

(1) [1]Ein genehmigtes Veröffentlichungssystem muss angemessene Grundsätze aufstellen und Vorkehrungen treffen, um mindestens die nachfolgenden Informationen über Geschäfte in Finanzinstrumenten zu angemessenen kaufmännischen Bedingungen und, soweit technisch möglich, auf Echtzeitbasis veröffentlichen zu können:

1. Kennung des Finanzinstruments;

2. Kurs, zu dem das Geschäft abgeschlossen wurde;
3. Volumen des Geschäfts;
4. Zeitpunkt des Geschäfts;
5. Zeitpunkt, zu dem das Geschäft gemeldet wurde;
6. Kurszusatz des Geschäfts;
7. Code für den Handelsplatz, an dem das Geschäft ausgeführt wurde, oder, wenn das Geschäft über einen systematischen Internalisierer ausgeführt wurde, den Code „SI" oder andernfalls den Code „OTC";
8. sofern anwendbar, einen Hinweis, dass das Geschäft besonderen Bedingungen unterlag.

[2]Die Informationen nach Satz 1 sind spätestens 15 Minuten nach der Veröffentlichung kostenlos zur Verfügung zu stellen.

(2) [1]Ein genehmigtes Veröffentlichungssystem muss die Informationen effizient und konsistent in einer Weise verbreiten, die einen raschen diskriminierungsfreien Zugang zu den betreffenden Informationen sicherstellt. [2]Die Informationen sind in einem Format zu veröffentlichen, das die Konsolidierung der Daten mit vergleichbaren Daten aus anderen Quellen erleichtert.

(3) [1]Ein genehmigtes Veröffentlichungssystem muss organisatorische Vorkehrungen treffen, um Interessenkonflikte mit seinen Kunden zu vermeiden. [2]Insbesondere muss es, wenn es zugleich auch Börsenbetreiber oder Wertpapierdienstleistungsunternehmen ist, alle erhobenen Informationen in nichtdiskriminierender Weise behandeln und auf Dauer geeignete Vorkehrungen treffen, um diese unterschiedlichen Unternehmensfunktionen voneinander zu trennen.

(4) [1]Ein genehmigtes Veröffentlichungssystem muss Mechanismen einrichten, die die Sicherheit der Informationsübermittlungswege gewährleisten, das Risiko der unbefugten Datenveränderung und des unberechtigten Zugriffs minimieren und ein Bekanntwerden noch nicht veröffentlichter Informationen verhindern. [2]Es muss über ausreichende Mittel und Notfallsysteme verfügen, um seine Dienste jederzeit anbieten und aufrechterhalten zu können.

(5) Ein genehmigtes Veröffentlichungssystem muss über wirksame Mechanismen verfügen, um die zu veröffentlichenden Informationen auf Vollständigkeit prüfen zu können, Lücken und offensichtliche Fehler zu erkennen und es zu ermöglichen, bei fehlerhaften Auskünften eine Neuübermittlung anfordern zu können.

(6) Ein genehmigtes Veröffentlichungssystem muss über ein Hinweisgeberverfahren in entsprechender Anwendung von § 25a Absatz 1 Satz 6 Nummer 3 des Kreditwesengesetzes verfügen.

(7) Näheres zu den Organisationspflichten nach den Absätzen 1 bis 6 regelt die Delegierte Verordnung (EU) 2017/571 der Kommission vom 2. Juni 2016 zur Ergänzung der Richtlinie 2014/65/EU des Europäischen Parlaments und des Rates durch technische Regulierungsstandards für die Zulassung, die organisatorischen Anforderungen und die Veröffentlichung von Geschäften für Datenbereitstellungsdienste (ABl. L 87 vom 31.3.2017, S. 126), in der jeweils geltenden Fassung.

§ 59 Organisationspflichten für Bereitsteller konsolidierter Datenticker

(1) [1]Ein Bereitsteller konsolidierter Datenticker ist dazu verpflichtet, die bereitgestellten Daten von allen Handelsplätzen und genehmigten Veröffentlichungssystemen zu konsolidieren. [2]Er muss angemessene Grundsätze aufstellen und Vorkehrungen treffen, um mindestens die folgenden Informationen über Geschäfte in Finanzinstrumenten zu erheben, zu einem kontinuierlichen elektronischen Datenstrom zu konsolidieren und

diesen der Öffentlichkeit zu angemessenen kaufmännischen Bedingungen und, soweit technisch möglich, auf Echtzeitbasis zur Verfügung zu stellen:

1. Kennung des Finanzinstruments;
2. Kurs, zu dem das Geschäft abgeschlossen wurde;
3. Volumen des Geschäfts;
4. Zeitpunkt des Geschäfts;
5. Zeitpunkt, zu dem das Geschäft gemeldet wurde;
6. Kurszusatz des Geschäfts;
7. den Code für den Handelsplatz, an dem das Geschäft ausgeführt wurde, oder, wenn das Geschäft über einen systematischen Internalisierer ausgeführt wurde, den Code „SI“ oder andernfalls den Code „OTC“;
8. sofern anwendbar, einen Hinweis, dass die Anlageentscheidung und Ausführung des Geschäfts durch das Wertpapierdienstleistungsunternehmen auf einem Computeralgorithmus beruhte;
9. sofern anwendbar, einen Hinweis, dass das Geschäft besonderen Bedingungen unterlag;
10. falls für die Pflicht zur Veröffentlichung der Informationen gemäß Artikel 3 Absatz 1 der Verordnung (EU) Nr. 600/2014 eine Ausnahme gemäß Artikel 4 Absatz 1 Buchstabe a oder b der Verordnung (EU) Nr. 600/2014 gewährt wurde, eine Kennzeichnung dieser Ausnahme.

[3]Die Informationen nach Satz 2 sind binnen 15 Minuten nach der Veröffentlichung kostenlos zur Verfügung zu stellen.

(2) [1]Ein Bereitsteller konsolidierter Datenticker muss die Informationen nach Absatz 1 effizient und konsistent in einer Weise verbreiten, die einen raschen diskriminierungsfreien Zugang zu den betreffenden Informationen sicherstellt. [2]Die Informationen sind in einem Format zu veröffentlichen, das für die Marktteilnehmer leicht zugänglich und nutzbar ist.

(3) [1]Ein Bereitsteller konsolidierter Datenticker muss organisatorische Vorkehrungen treffen, um Interessenkonflikte mit seinen Kunden zu vermeiden. [2]Insbesondere muss er, wenn er zugleich auch ein Börsenbetreiber oder ein genehmigtes Veröffentlichungssystem ist, alle erhobenen Informationen in nichtdiskriminierender Weise behandeln und auf Dauer geeignete Vorkehrungen treffen, um die unterschiedlichen Unternehmensfunktionen voneinander zu trennen.

(4) [1]Ein Bereitsteller konsolidierter Datenticker muss Mechanismen einrichten, die die Sicherheit der Informationsübermittlungswege gewährleisten und das Risiko der unbefugten Datenveränderung und des unberechtigten Zugriffs minimieren. [2]Es muss über ausreichende Mittel und über Notfallsysteme verfügen, um seine Dienste jederzeit anbieten und aufrechterhalten zu können.

(5) Ein Bereitsteller muss über ein Hinweisgeberverfahren in entsprechender Anwendung des § 25a Absatz 1 Satz 6 Nummer 3 des Kreditwesengesetzes verfügen.

(6) Näheres zu den Organisationspflichten nach den Absätzen 1 bis 5 regelt die Delegierte Verordnung (EU) 2017/571.

§ 60 Organisationspflichten für genehmigte Meldemechanismen

(1) [1]Ein genehmigter Meldemechanismus muss angemessene Grundsätze aufstellen und Vorkehrungen treffen, um die nach Artikel 26 der Verordnung (EU) Nr. 600/2014 zu meldenden Informationen für die meldepflichtigen Wertpapierdienstleistungsunternehmen so schnell wie möglich, spätestens jedoch bei Geschäftsschluss des auf den Ver-

tragsabschluss des Geschäfts über das Finanzinstrument folgenden Arbeitstages, zu melden. [2]Näheres zur Meldung dieser Informationen regelt Artikel 26 der Verordnung (EU) Nr. 600/2014.

(2) [1]Ein genehmigter Meldemechanismus muss organisatorische Vorkehrungen treffen, um Interessenkonflikte mit seinen Kunden zu vermeiden. [2]Insbesondere muss er, wenn er zugleich auch Börsenbetreiber oder ein Wertpapierdienstleistungsunternehmen ist, alle erhobenen Informationen in nichtdiskriminierender Weise behandeln und auf Dauer geeignete Vorkehrungen treffen, um die unterschiedlichen Unternehmensfunktionen voneinander zu trennen.

(3) [1]Ein genehmigter Meldemechanismus muss wirksame Mechanismen einrichten, die die Sicherheit der Informationsübermittlungswege gewährleisten, um das Risiko der unbefugten Datenveränderung und des unberechtigten Zugriffs zu minimieren und ein Bekanntwerden noch nicht veröffentlichter Informationen zu verhindern. [2]Er muss über ausreichende Mittel und Notfallsysteme verfügen, um seine Dienste jederzeit anbieten und aufrechterhalten zu können.

(4) Ein genehmigter Meldemechanismus muss Vorkehrungen treffen, um

1. die Meldungen von Geschäften auf Vollständigkeit prüfen zu können, durch das Wertpapierdienstleistungsunternehmen verschuldete Lücken und offensichtliche Fehler zu erkennen und diesem in diesen Fällen genaue Angaben hierzu zu übermitteln und eine Neuübermittlung anzufordern und
2. selbst verschuldete Fehler oder Lücken zu erkennen, diese zu berichtigen und der Bundesanstalt korrigierte und vollständige Meldungen der Geschäfte zu übermitteln.

(5) Ein genehmigter Meldemechanismus muss über ein Hinweisgeberverfahren in entsprechender Anwendung des § 25a Absatz 1 Satz 6 Nummer 3 des Kreditwesengesetzes verfügen.

(6) Das Nähere zu den Organisationspflichten nach den Absätzen 1 bis 5 regelt die Delegierte Verordnung (EU) 2017/571.

§ 61 Überwachung der Organisationspflichten

[1]Die Bundesanstalt kann zur Überwachung der in diesem Abschnitt geregelten Pflichten bei den Datenbereitstellungsdiensten auch ohne besonderen Anlass Prüfungen vornehmen. [2]§ 88 Absatz 3 gilt entsprechend. [3]Hinsichtlich des Umfangs der Prüfungen gilt § 88 Absatz 2 entsprechend. [4]Widerspruch und Anfechtungsklage gegen Maßnahmen nach Satz 1 haben keine aufschiebende Wirkung.

§ 62 Prüfung der Organisationspflichten; Verordnungsermächtigung

(1) [1]Unbeschadet des § 61 ist die Einhaltung der in diesem Abschnitt geregelten Pflichten sowie der sich aus der Delegierten Verordnung (EU) 2017/565, der Delegierten Verordnung (EU) 2017/571 und der gemäß Artikel 61 Absatz 5 der Richtlinie 2014/65/EU erlassenen Durchführungsverordnung, in der jeweils geltenden Fassung, ergebenden Pflichten einmal jährlich durch einen geeigneten Prüfer zu prüfen. [2]§ 89 Absatz 1 Satz 4 und 6, Absatz 2 Satz 1 und 2, Absatz 3 und 4 gilt entsprechend.

(2) [1]Das Bundesministerium der Finanzen kann durch Rechtsverordnung, die nicht der Zustimmung des Bundesrates bedarf, nähere Bestimmungen über Art, Umfang und Zeitpunkt der Prüfung nach Absatz 1 sowie den Inhalt der Prüfungsberichte erlassen. [2]Das Bundesministerium der Finanzen kann die Ermächtigung durch Rechtsverordnung auf die Bundesanstalt übertragen.

Abschnitt 11. Verhaltenspflichten, Organisationspflichten, Transparenzpflichten

§ 63[1] Allgemeine Verhaltensregeln; Verordnungsermächtigung

(1) Ein Wertpapierdienstleistungsunternehmen ist verpflichtet, Wertpapierdienstleistungen und Wertpapiernebendienstleistungen ehrlich, redlich und professionell im bestmöglichen Interesse seiner Kunden zu erbringen.

(2) [1]Ein Wertpapierdienstleistungsunternehmen hat einem Kunden, bevor es Geschäfte für ihn durchführt, die allgemeine Art und Herkunft von Interessenkonflikten und die zur Begrenzung der Risiken der Beeinträchtigung der Kundeninteressen unternommenen Schritte eindeutig darzulegen, soweit die organisatorischen Vorkehrungen nach § 80 Absatz 1 Satz 2 Nummer 2 nicht ausreichen, um nach vernünftigem Ermessen zu gewährleisten, dass das Risiko der Beeinträchtigung von Kundeninteressen vermieden wird. [2]Die Darlegung nach Satz 1 muss

1. mittels eines dauerhaften Datenträgers erfolgen und
2. unter Berücksichtigung der Einstufung des Kunden im Sinne des § 67 so detailliert sein, dass der Kunde in die Lage versetzt wird, seine Entscheidung über die Wertpapierdienstleistung oder Wertpapiernebendienstleistung, in deren Zusammenhang der Interessenkonflikt auftritt, in Kenntnis der Sachlage zu treffen.

(3) [1]Ein Wertpapierdienstleistungsunternehmen muss sicherstellen, dass es die Leistung seiner Mitarbeiter nicht in einer Weise vergütet oder bewertet, die mit seiner Pflicht, im bestmöglichen Interesse der Kunden zu handeln, kollidiert. [2]Insbesondere darf es bei seinen Mitarbeitern weder durch Vergütungsvereinbarungen noch durch Verkaufsziele oder in sonstiger Weise Anreize dafür setzen, einem Privatkunden ein bestimmtes Finanzinstrument zu empfehlen, obwohl das Wertpapierdienstleistungsunternehmen dem Privatkunden ein anderes Finanzinstrument anbieten könnte, das den Bedürfnissen des Privatkunden besser entspricht.

(4) [1]Ein Wertpapierdienstleistungsunternehmen, das Finanzinstrumente zum Verkauf an Kunden konzipiert, muss sicherstellen, dass diese Finanzinstrumente so ausgestaltet sind, dass

1. sie den Bedürfnissen eines bestimmten Zielmarktes im Sinne des § 80 Absatz 9 entsprechen und
2. die Strategie für den Vertrieb der Finanzinstrumente mit diesem Zielmarkt vereinbar ist.

[2]Das Wertpapierdienstleistungsunternehmen muss zumutbare Schritte unternehmen, um zu gewährleisten, dass das Finanzinstrument an den bestimmten Zielmarkt vertrieben wird.

(5) [1]Ein Wertpapierdienstleistungsunternehmen muss die von ihm angebotenen oder empfohlenen Finanzinstrumente verstehen. [2]Es muss deren Vereinbarkeit mit den Bedürfnissen der Kunden, denen gegenüber es Wertpapierdienstleistungen erbringt, beurteilen, auch unter Berücksichtigung des in § 80 Absatz 9 genannten Zielmarktes, und sicherstellen, dass es Finanzinstrumente nur anbietet oder empfiehlt, wenn dies im Interesse der Kunden liegt.

(6) [1]Alle Informationen, die Wertpapierdienstleistungsunternehmen Kunden zugänglich machen, einschließlich Marketingmitteilungen, müssen redlich und eindeutig sein und dürfen nicht irreführend sein. [2]Marketingmitteilungen müssen eindeutig als solche

1) § 63 Abs. 6 Satz 3 neu gefasst durch Gesetz vom 8.7.2019 (BGBl. I S. 1002).

erkennbar sein. [3]§ 302 des Kapitalanlagegesetzbuchs, Artikel 22 der Verordnung (EU) 2017/1129 und § 7 des Wertpapierprospektgesetzes bleiben unberührt.

(7) [1]Wertpapierdienstleistungsunternehmen sind verpflichtet, ihren Kunden rechtzeitig und in verständlicher Form angemessene Informationen über das Wertpapierdienstleistungsunternehmen und seine Dienstleistungen, über die Finanzinstrumente und die vorgeschlagenen Anlagestrategien, über Ausführungsplätze und alle Kosten und Nebenkosten zur Verfügung zu stellen, die erforderlich sind, damit die Kunden nach vernünftigem Ermessen die Art und die Risiken der ihnen angebotenen oder von ihnen nachgefragten Arten von Finanzinstrumenten oder Wertpapierdienstleistungen verstehen und auf dieser Grundlage ihre Anlageentscheidung treffen können. [2]Die Informationen können auch in standardisierter Form zur Verfügung gestellt werden. [3]Die Informationen nach Satz 1 müssen folgende Angaben enthalten:

1. hinsichtlich der Arten von Finanzinstrumenten und der vorgeschlagenen Anlagestrategie unter Berücksichtigung des Zielmarktes im Sinne des Absatzes 3 oder 4:
   a) geeignete Leitlinien zur Anlage in solche Arten von Finanzinstrumenten oder zu den einzelnen Anlagestrategien,
   b) geeignete Warnhinweise zu den Risiken, die mit dieser Art von Finanzinstrumenten oder den einzelnen Anlagestrategien verbunden sind, und
   c) ob die Art des Finanzinstruments für Privatkunden oder professionelle Kunden bestimmt ist;
2. hinsichtlich aller Kosten und Nebenkosten:
   a) Informationen in Bezug auf Kosten und Nebenkosten sowohl der Wertpapierdienstleistungen als auch der Wertpapiernebendienstleistungen, einschließlich eventueller Beratungskosten,
   b) Kosten der Finanzinstrumente, die dem Kunden empfohlen oder an ihn vermarktet werden sowie
   c) Zahlungsmöglichkeiten des Kunden einschließlich etwaiger Zahlungen durch Dritte.

[4]Informationen zu Kosten und Nebenkosten, einschließlich solchen Kosten und Nebenkosten im Zusammenhang mit der Wertpapierdienstleistung und dem Finanzinstrument, die nicht durch ein zugrunde liegendes Marktrisiko verursacht werden, muss das Wertpapierdienstleistungsunternehmen in zusammengefasster Weise darstellen, damit der Kunde sowohl die Gesamtkosten als auch die kumulative Wirkung der Kosten auf die Rendite der Anlage verstehen kann. [5]Auf Verlangen des Kunden muss das Wertpapierdienstleistungsunternehmen eine Aufstellung, die nach den einzelnen Posten aufgegliedert ist, zur Verfügung stellen. [6]Solche Informationen sollen dem Kunden unter den in Artikel 50 Absatz 9 der Delegierten Verordnung (EU) 2017/565 genannten Voraussetzungen regelmäßig, mindestens jedoch jährlich während der Laufzeit der Anlage zur Verfügung gestellt werden. [7]Die §§ 293 bis 297, 303 bis 307 des Kapitalanlagegesetzbuchs bleiben unberührt. [8]Bei zertifizierten Altersvorsorge- und Basisrentenverträgen im Sinne des Altersvorsorgeverträge-Zertifizierungsgesetzes gilt die Informationspflicht nach diesem Absatz durch Bereitstellung des individuellen Produktinformationsblattes nach § 7 des Altersvorsorgeverträge-Zertifizierungsgesetzes als erfüllt. [9]Dem Kunden sind auf Nachfrage die nach diesem Absatz erforderlichen Informationen über Kosten und Nebenkosten zur Verfügung zu stellen. [10]Der Kunde ist bei Bereitstellung des individuellen Produktinformationsblattes nach § 7 des Altersvorsorgeverträge-Zertifizierungsgesetzes ausdrücklich auf dieses Recht hinzuweisen. [11]Wird einem Kunden ein standardisiertes Informationsblatt nach § 64 Absatz 2 Satz 3 zur Verfügung gestellt, sind dem Kunden die Informationen hinsichtlich aller Kosten und

Nebenkosten nach den Sätzen 4 und 5 unverlangt unter Verwendung einer formalisierten Kostenaufstellung zur Verfügung zu stellen.

(8) Die Absätze 6 und 7 gelten nicht für Wertpapierdienstleistungen, die als Teil eines Finanzprodukts angeboten werden, das in Bezug auf die Informationspflichten bereits anderen Bestimmungen des Europäischen Gemeinschaftsrechts, die Kreditinstitute und Verbraucherkredite betreffen, unterliegt.

(9) [1]Bietet ein Wertpapierdienstleistungsunternehmen Wertpapierdienstleistungen verbunden mit anderen Dienstleistungen oder anderen Produkten als Gesamtpaket oder in der Form an, dass die Erbringung der Wertpapierdienstleistungen, der anderen Dienstleistungen oder der Geschäfte über die anderen Produkte Bedingung für die Durchführung der jeweils anderen Bestandteile oder des Abschlusses der anderen Vereinbarungen ist, muss es den Kunden darüber informieren, ob die einzelnen Bestandteile auch getrennt voneinander bezogen werden können und dem Kunden für jeden Bestandteil getrennt Kosten und Gebühren nachweisen. [2]Besteht die Wahrscheinlichkeit, dass die mit dem Gesamtpaket oder der Gesamtvereinbarung verknüpften Risiken von den mit den einzelnen Bestandteilen verknüpften Risiken abweichen, hat es Privatkunden in angemessener Weise über die einzelnen Bestandteile, die mit ihnen verknüpften Risiken und die Art und Weise, wie ihre Wechselwirkung das Risiko beeinflusst, zu informieren.

(10) [1]Vor der Erbringung anderer Wertpapierdienstleistungen als der Anlageberatung oder der Finanzportfolioverwaltung hat ein Wertpapierdienstleistungsunternehmen von den Kunden Informationen einzuholen über Kenntnisse und Erfahrungen der Kunden in Bezug auf Geschäfte mit bestimmten Arten von Finanzinstrumenten oder Wertpapierdienstleistungen, soweit diese Informationen erforderlich sind, um die Angemessenheit der Finanzinstrumente oder Wertpapierdienstleistungen für die Kunden beurteilen zu können. [2]Sind verbundene Dienstleistungen oder Produkte im Sinne des Absatzes 9 Gegenstand des Kundenauftrages, muss das Wertpapierdienstleistungsunternehmen beurteilen, ob das gesamte verbundene Geschäft für den Kunden angemessen ist. [3]Gelangt ein Wertpapierdienstleistungsunternehmen auf Grund der nach Satz 1 erhaltenen Informationen zu der Auffassung, dass das vom Kunden gewünschte Finanzinstrument oder die Wertpapierdienstleistung für den Kunden nicht angemessen ist, hat es den Kunden darauf hinzuweisen. [4]Erlangt das Wertpapierdienstleistungsunternehmen nicht die erforderlichen Informationen, hat es den Kunden darüber zu informieren, dass eine Beurteilung der Angemessenheit im Sinne des Satzes 1 nicht möglich ist. [5]Näheres zur Angemessenheit und zu den Pflichten, die im Zusammenhang mit der Beurteilung der Angemessenheit geltenden Pflichten regeln die Artikel 55 und 56 der Delegierten Verordnung (EU) 2017/565. [6]Der Hinweis nach Satz 3 und die Information nach Satz 4 können in standardisierter Form erfolgen.

(11) Die Pflichten nach Absatz 10 gelten nicht, soweit das Wertpapierdienstleistungsunternehmen

1. auf Veranlassung des Kunden Finanzkommissionsgeschäft, Eigenhandel, Abschlussvermittlung oder Anlagevermittlung erbringt in Bezug auf
   a) Aktien, die zum Handel an einem organisierten Markt, an einem diesem gleichwertigen Markt eines Drittlandes oder an einem multilateralen Handelssystem zugelassen sind, mit Ausnahme von Aktien an AIF im Sinne von § 1 Absatz 3 des Kapitalanlagegesetzbuchs, und von Aktien, in die ein Derivat eingebettet ist,
   b) Schuldverschreibungen und andere verbriefte Schuldtitel, die zum Handel an einem organisierten Markt, einem diesem gleichwertigen Markt eines Drittlandes oder einem multilateralen Handelssystem zugelassen sind, mit Ausnahme solcher, in die ein Derivat eingebettet ist und solcher, die eine Struktur aufweisen,

die es dem Kunden erschwert, die mit ihnen einhergehenden Risiken zu verstehen,

c) Geldmarktinstrumente, mit Ausnahme solcher, in die ein Derivat eingebettet ist, und solcher, die eine Struktur aufweisen, die es dem Kunden erschwert, die mit ihnen einhergehenden Risiken zu verstehen,

d) Anteile oder Aktien an OGAW im Sinne von § 1 Absatz 2 des Kapitalanlagegesetzbuchs, mit Ausnahme der in Artikel 36 Absatz 1 Unterabsatz 2 der Verordnung (EU) Nr. 583/2010 genannten strukturierten OGAW,

e) strukturierte Einlagen, mit Ausnahme solcher, die eine Struktur aufweisen, die es dem Kunden erschwert, das Ertragsrisiko oder die Kosten des Verkaufs des Produkts vor Fälligkeit zu verstehen oder

f) andere nicht komplexe Finanzinstrumente für Zwecke dieses Absatzes, die die in Artikel 57 der Delegierten Verordnung (EU) 2017/565 genannten Kriterien erfüllen,

2. diese Wertpapierdienstleistung nicht gemeinsam mit der Gewährung eines Darlehens als Wertpapiernebendienstleistung im Sinne des § 2 Absatz 7 Nummer 2 erbringt, außer sie besteht in der Ausnutzung einer Kreditobergrenze eines bereits bestehenden Darlehens oder eines bereits bestehenden Darlehens, das in der Weise gewährt wurde, dass der Darlehensgeber in einem Vertragsverhältnis über ein laufendes Konto dem Darlehensnehmer das Recht einräumt, sein Konto in bestimmter Höhe zu überziehen (Überziehungsmöglichkeit) oder darin, dass der Darlehensgeber im Rahmen eines Vertrages über ein laufendes Konto, ohne eingeräumte Überziehungsmöglichkeit die Überziehung des Kontos durch den Darlehensnehmer duldet und hierfür vereinbarungsgemäß ein Entgelt verlangt, und

3. den Kunden ausdrücklich darüber informiert, dass keine Angemessenheitsprüfung im Sinne des Absatzes 10 vorgenommen wird, wobei diese Information in standardisierter Form erfolgen kann.

(12) [1]Wertpapierdienstleistungsunternehmen müssen ihren Kunden in geeigneter Weise auf einem dauerhaften Datenträger über die erbrachten Wertpapierdienstleistungen berichten; insbesondere müssen sie nach Ausführung eines Geschäftes mitteilen, wo sie den Auftrag ausgeführt haben. [2]Die Pflicht nach Satz 1 beinhaltet einerseits nach den in den Artikeln 59 bis 63 der Delegierten Verordnung (EU) 2017/565 näher bestimmten Fällen regelmäßige Berichte an den Kunden, wobei die Art und Komplexität der jeweiligen Finanzinstrumente sowie die Art der erbrachten Wertpapierdienstleistungen zu berücksichtigen ist, und andererseits, sofern relevant, Informationen zu den angefallenen Kosten. [3]Bei zertifizierten Altersvorsorge- und Basisrentenverträgen im Sinne des Altersvorsorgeverträge-Zertifizierungsgesetzes gilt die Informationspflicht gemäß Satz 1 bei Beachtung der jährlichen Informationspflicht nach § 7a des Altersvorsorgeverträge-Zertifizierungsgesetzes als erfüllt. [4]Dem Kunden sind auf Nachfrage die nach diesem Absatz erforderlichen Informationen über Kosten und Nebenkosten zur Verfügung zu stellen. [5]Der Kunde ist bei Bereitstellung der jährlichen Information nach § 7a des Altersvorsorgeverträge-Zertifizierungsgesetzes ausdrücklich auf dieses Recht hinzuweisen.

(13) Nähere Bestimmungen zu den Absätzen 1 bis 3, 6, 7, 10 und 12 ergeben sich aus der Delegierten Verordnung (EU) 2017/565, insbesondere zu

1. der Verpflichtung nach Absatz 1 aus den Artikeln 58, 64, 65 und 67 bis 69,
2. Art, Umfang und Form der Offenlegung nach Absatz 2 aus den Artikeln 34 und 41 bis 43,
3. der Vergütung oder Bewertung nach Absatz 3 aus Artikel 27,

4. den Voraussetzungen, unter denen Informationen im Sinne von Absatz 6 Satz 1 als redlich, eindeutig und nicht irreführend angesehen werden aus den Artikeln 36 und 44,
5. Art, Inhalt, Gestaltung und Zeitpunkt der nach Absatz 7 notwendigen Informationen für die Kunden aus den Artikeln 38, 39, 41, 45 bis 53, 61 und 65,
6. Art, Umfang und Kriterien der nach Absatz 10 von den Kunden einzuholenden Informationen aus den Artikeln 54 bis 56,
7. Art, Inhalt und Zeitpunkt der Berichtspflichten nach Absatz 12 aus den Artikeln 59 bis 63.

(14) [1]Das Bundesministerium der Finanzen kann im Einvernehmen mit dem Bundesministerium der Justiz und für Verbraucherschutz durch Rechtsverordnung, die nicht der Zustimmung des Bundesrates bedarf, nähere Bestimmungen zu Inhalt und Aufbau der formalisierten Kostenaufstellung nach Absatz 7 Satz 11 erlassen. [2]Das Bundesministerium der Finanzen kann die Ermächtigung durch Rechtsverordnung auf die Bundesanstalt übertragen.

§ 64[1)] Besondere Verhaltensregeln bei der Erbringung von Anlageberatung und Finanzportfolioverwaltung; Verordnungsermächtigung

(1) [1]Erbringt ein Wertpapierdienstleistungsunternehmen Anlageberatung, muss es den Kunden zusätzlich zu den Informationen nach § 63 Absatz 7 rechtzeitig vor der Beratung und in verständlicher Form darüber informieren

1. ob die Anlageberatung unabhängig erbracht wird (Unabhängige Honorar-Anlageberatung) oder nicht;
2. ob sich die Anlageberatung auf eine umfangreiche oder eine eher beschränkte Analyse verschiedener Arten von Finanzinstrumenten stützt, insbesondere, ob die Palette an Finanzinstrumenten auf Finanzinstrumente beschränkt ist, die von Anbietern oder Emittenten stammen, die in einer engen Verbindung zum Wertpapierdienstleistungsunternehmen stehen oder zu denen in sonstiger Weise rechtliche oder wirtschaftliche Verbindungen bestehen, die so eng sind, dass das Risiko besteht, dass die Unabhängigkeit der Anlageberatung beeinträchtigt wird, und
3. ob das Wertpapierdienstleistungsunternehmen dem Kunden regelmäßig eine Beurteilung der Geeignetheit der empfohlenen Finanzinstrumente zur Verfügung stellt.

[2]§ 63 Absatz 7 Satz 2 und bei Vorliegen der dort genannten Voraussetzungen die Ausnahme nach § 63 Absatz 8 gelten entsprechend.

(2) [1]Im Falle einer Anlageberatung hat das Wertpapierdienstleistungsunternehmen einem Privatkunden rechtzeitig vor dem Abschluss eines Geschäfts über Finanzinstrumente, für die kein Basisinformationsblatt nach der Verordnung (EU) Nr. 1286/2014 erstellt werden muss,

1. über jedes Finanzinstrument, auf das sich eine Kaufempfehlung bezieht, ein kurzes und leicht verständliches Informationsblatt,
2. in den Fällen des Satzes 3 ein in Nummer 1 genanntes Informationsblatt oder wahlweise ein standardisiertes Informationsblatt oder
3. in den Fällen des Satzes 4 ein dort genanntes Dokument anstelle des in Nummer 1 genannten Informationsblatts

1) § 64 Abs. 2 geändert durch Gesetz vom 8.7.2019 (BGBl. I S. 1002).

zur Verfügung zu stellen. ²Die Angaben in den Informationsblättern nach Satz 1 dürfen weder unrichtig noch irreführend sein und müssen mit den Angaben des Prospekts vereinbar sein. ³Für Aktien, die zum Zeitpunkt der Anlageberatung an einem organisierten Markt gehandelt werden, kann anstelle des Informationsblattes nach Satz 1 Nummer 1 ein standardisiertes Informationsblatt verwendet werden. ⁴An die Stelle des Informationsblattes treten

1. bei Anteilen oder Aktien an OGAW oder an offenen Publikums-AIF die wesentlichen Anlegerinformationen nach den §§ 164 und 166 des Kapitalanlagegesetzbuchs,
2. bei Anteilen oder Aktien an geschlossenen Publikums-AIF die wesentlichen Anlegerinformationen nach den §§ 268 und 270 des Kapitalanlagegesetzbuchs,
3. bei Anteilen oder Aktien an Spezial-AIF die wesentlichen Anlegerinformationen nach § 166 oder § 270 des Kapitalanlagegesetzbuchs, sofern die AIF-Kapitalverwaltungsgesellschaft solche gemäß § 307 Absatz 5 des Kapitalanlagegesetzbuchs erstellt hat,
4. bei EU-AIF und ausländischen AIF die wesentlichen Anlegerinformationen nach § 318 Absatz 5 des Kapitalanlagegesetzbuchs,
5. bei EU-OGAW die wesentlichen Anlegerinformationen, die nach § 298 Absatz 1 Satz 2 des Kapitalanlagegesetzbuchs in deutscher Sprache veröffentlicht worden sind,
6. bei inländischen Investmentvermögen im Sinne des Investmentgesetzes in der bis zum 21. Juli 2013 geltenden Fassung, die für den in § 345 Absatz 6 Satz 1 des Kapitalanlagegesetzbuchs genannten Zeitraum noch weiter vertrieben werden dürfen, die wesentlichen Anlegerinformationen, die nach § 42 Absatz 2 des Investmentgesetzes in der bis zum 21. Juli 2013 geltenden Fassung erstellt worden sind,
7. bei ausländischen Investmentvermögen im Sinne des Investmentgesetzes in der bis zum 21. Juli 2013 geltenden Fassung, die für den in § 345 Absatz 8 Satz 2 oder § 355 Absatz 2 Satz 10 des Kapitalanlagegesetzbuchs genannten Zeitraum noch weiter vertrieben werden dürfen, die wesentlichen Anlegerinformationen, die nach § 137 Absatz 2 des Investmentgesetzes in der bis zum 21. Juli 2013 geltenden Fassung erstellt worden sind,
8. bei Vermögensanlagen im Sinne des § 1 Absatz 2 des Vermögensanlagengesetzes das Vermögensanlagen-Informationsblatt nach § 13 des Vermögensanlagengesetzes, soweit der Anbieter der Vermögensanlagen zur Erstellung eines solchen Vermögensanlagen-Informationsblatts verpflichtet ist,
9. bei zertifizierten Altersvorsorge- und Basisrentenverträgen im Sinne des Altersvorsorgeverträge-Zertifizierungsgesetzes das individuelle Produktinformationsblatt nach § 7 Absatz 1 des Altersvorsorgeverträge-Zertifizierungsgesetzes sowie zusätzlich die wesentlichen Anlegerinformationen nach Nummer 1, 3 oder Nummer 4, sofern es sich um Anteile an den in Nummer 1, 3 oder Nummer 4 genannten Organismen für gemeinsame Anlagen handelt und
10. bei Wertpapieren im Sinne des § 2 Nummer 1 des Wertpapierprospektgesetzes das Wertpapier-Informationsblatt nach § 4 des Wertpapierprospektgesetzes, soweit der Anbieter der Wertpapiere zur Erstellung eines solchen Wertpapier-Informationsblatts verpflichtet ist.

(3) ¹Das Wertpapierdienstleistungsunternehmen muss von einem Kunden alle Informationen

1. über Kenntnisse und Erfahrungen des Kunden in Bezug auf Geschäfte mit bestimmten Arten von Finanzinstrumenten oder Wertpapierdienstleistungen,

2. über die finanziellen Verhältnisse des Kunden, einschließlich seiner Fähigkeit, Verluste zu tragen, und
3. über seine Anlageziele, einschließlich seiner Risikotoleranz,

einholen, die erforderlich sind, um dem Kunden ein Finanzinstrument oder eine Wertpapierdienstleistung empfehlen zu können, das oder die für ihn geeignet ist und insbesondere seiner Risikotoleranz und seiner Fähigkeit, Verluste zu tragen, entspricht. [2]Ein Wertpapierdienstleistungsunternehmen darf seinen Kunden nur Finanzinstrumente und Wertpapierdienstleistungen empfehlen oder Geschäfte im Rahmen der Finanzportfolioverwaltung tätigen, die nach den eingeholten Informationen für den Kunden geeignet sind. [3]Näheres zur Geeignetheit und den im Zusammenhang mit der Beurteilung der Geeignetheit geltenden Pflichten regeln die Artikel 54 und 55 der Delegierten Verordnung (EU) 2017/565. [4]Näheres zur Geeignetheit von Verbriefungen und den im Zusammenhang mit der Beurteilung der Geeignetheit geltenden Pflichten regelt Artikel 3 der Verordnung (EU) 2017/2402 des Europäischen Parlaments und des Rates vom 12. Dezember 2017 zur Festlegung eines allgemeinen Rahmens für Verbriefungen und zur Schaffung eines spezifischen Rahmens für einfache, transparente und standardisierte Verbriefung und zur Änderung der Richtlinien 2009/65/EG, 2009/138/EG, 2011/61/EU und der Verordnungen (EG) Nr. 1060/2009 und (EU) Nr. 648/2012 (ABl. L 347 vom 28.12.2017, S. 35). [5]Erbringt ein Wertpapierdienstleistungsunternehmen eine Anlageberatung, bei der verbundene Produkte oder Dienstleistungen im Sinne des § 63 Absatz 9 empfohlen werden, gilt Satz 2 für das gesamte verbundene Geschäft entsprechend.

(4) [1]Ein Wertpapierdienstleistungsunternehmen, das Anlageberatung erbringt, muss dem Privatkunden auf einem dauerhaften Datenträger vor Vertragsschluss eine Erklärung über die Geeignetheit der Empfehlung (Geeignetheitserklärung) zur Verfügung stellen. [2]Die Geeignetheitserklärung muss die erbrachte Beratung nennen sowie erläutern, wie sie auf die Präferenzen, Anlageziele und die sonstigen Merkmale des Kunden abgestimmt wurde. [3]Näheres regelt Artikel 54 Absatz 12 der Delegierten Verordnung (EU) 2017/565. [4]Wird die Vereinbarung über den Kauf oder Verkauf eines Finanzinstruments mittels eines Fernkommunikationsmittels geschlossen, das die vorherige Übermittlung der Geeignetheitserklärung nicht erlaubt, darf das Wertpapierdienstleistungsunternehmen die Geeignetheitserklärung ausnahmsweise unmittelbar nach dem Vertragsschluss zur Verfügung stellen, wenn der Kunde zugestimmt hat, dass ihm die Geeignetheitserklärung unverzüglich nach Vertragsschluss zur Verfügung gestellt wird und das Wertpapierdienstleistungsunternehmen dem Kunden angeboten hat, die Ausführung des Geschäfts zu verschieben, damit der Kunde die Möglichkeit hat, die Geeignetheitserklärung zuvor zu erhalten.

(5) [1]Ein Wertpapierdienstleistungsunternehmen, das Unabhängige Honorar-Anlageberatung erbringt,

1. muss bei der Beratung eine ausreichende Palette von auf dem Markt angebotenen Finanzinstrumenten berücksichtigen, die
   a) hinsichtlich ihrer Art und des Emittenten oder Anbieters hinreichend gestreut sind und
   b) nicht beschränkt sind auf Finanzinstrumente, die das Wertpapierdienstleistungsunternehmen selbst emittiert oder anbietet oder deren Anbieter oder Emittenten in einer engen Verbindung zum Wertpapierdienstleistungsunternehmen stehen oder in sonstiger Weise so enge rechtliche oder wirtschaftliche Verbindung zu diesem unterhalten, dass die Unabhängigkeit der Beratung dadurch gefährdet werden könnte;
2. darf sich die Unabhängige Honorar-Anlageberatung allein durch den Kunden vergüten lassen.

[2]Es dürfen nach Satz 1 Nummer 2 im Zusammenhang mit der Unabhängigen Honorar-Anlageberatung keinerlei nichtmonetäre Zuwendungen von einem Dritten, der nicht Kunde dieser Dienstleistung ist oder von dem Kunden dazu beauftragt worden ist, angenommen werden. [3]Monetäre Zuwendungen dürfen nur dann angenommen werden, wenn das empfohlene Finanzinstrument oder ein in gleicher Weise geeignetes Finanzinstrument ohne Zuwendung nicht erhältlich ist. [4]In diesem Fall sind die monetären Zuwendungen so schnell wie nach vernünftigem Ermessen möglich, nach Erhalt und in vollem Umfang an den Kunden auszukehren. [5]Vorschriften über die Entrichtung von Steuern und Abgaben bleiben davon unberührt. [6]Das Wertpapierdienstleistungsunternehmen muss Kunden über die ausgekehrten monetären Zuwendungen unterrichten. [7]Im Übrigen gelten die allgemeinen Anforderungen für die Anlageberatung.

(6) [1]Bei der Empfehlung von Geschäftsabschlüssen in Finanzinstrumenten, die auf einer Unabhängigen Honorar-Anlageberatung beruhen, deren Anbieter oder Emittent das Wertpapierdienstleistungsunternehmen selbst ist oder zu deren Anbieter oder Emittenten eine enge Verbindung oder sonstige wirtschaftliche Verflechtung besteht, muss das Wertpapierdienstleistungsunternehmen den Kunden rechtzeitig vor der Empfehlung und in verständlicher Form informieren über

1. die Tatsache, dass es selbst Anbieter oder Emittent der Finanzinstrumente ist,
2. das Bestehen einer engen Verbindung oder einer sonstigen wirtschaftlichen Verflechtung zum Anbieter oder Emittenten sowie
3. das Bestehen eines eigenen Gewinninteresses oder des Interesses eines mit ihm verbundenen oder wirtschaftlich verflochtenen Emittenten oder Anbieters an dem Geschäftsabschluss.

[2]Ein Wertpapierdienstleistungsunternehmen darf einen auf seiner Unabhängigen Honorar-Anlageberatung beruhenden Geschäftsabschluss nicht als Geschäft mit dem Kunden zu einem festen oder bestimmbaren Preis für eigene Rechnung (Festpreisgeschäft) ausführen. [3]Ausgenommen sind Festpreisgeschäfte in Finanzinstrumenten, deren Anbieter oder Emittent das Wertpapierdienstleistungsunternehmen selbst ist.

(7) [1]Ein Wertpapierdienstleistungsunternehmen, das Finanzportfolioverwaltung erbringt, darf im Zusammenhang mit der Finanzportfolioverwaltung keine Zuwendungen von Dritten oder für Dritte handelnder Personen annehmen und behalten. [2]Abweichend von Satz 1 dürfen nichtmonetäre Vorteile nur angenommen werden, wenn es sich um geringfügige nichtmonetäre Vorteile handelt,

1. die geeignet sind, die Qualität der für den Kunden erbrachten Wertpapierdienstleistung und Wertpapiernebendienstleistungen zu verbessern und
2. die hinsichtlich ihres Umfangs, wobei die Gesamthöhe der von einem einzelnen Unternehmen oder einer einzelnen Unternehmensgruppe gewährten Vorteile zu berücksichtigen ist, und ihrer Art vertretbar und verhältnismäßig sind und daher nicht vermuten lassen, dass sie die Pflicht des Wertpapierdienstleistungsunternehmens, im bestmöglichen Interesse ihrer Kunden zu handeln, beeinträchtigen,

wenn diese Zuwendungen dem Kunden unmissverständlich offengelegt werden, bevor die betreffende Wertpapierdienstleistung oder Wertpapiernebendienstleistung für die Kunden erbracht wird. [3]Die Offenlegung kann in Form einer generischen Beschreibung erfolgen. [4]Monetäre Zuwendungen, die im Zusammenhang mit der Finanzportfolioverwaltung angenommen werden, sind so schnell wie nach vernünftigem Ermessen möglich nach Erhalt und in vollem Umfang an den Kunden auszukehren. [5]Vorschriften über die Entrichtung von Steuern und Abgaben bleiben davon unberührt. [6]Das Wertpapierdienstleistungsunternehmen muss den Kunden über die ausgekehrten monetären Zuwendungen unterrichten.

(8) Erbringt ein Wertpapierdienstleistungsunternehmen Finanzportfolioverwaltung oder hat es den Kunden nach Absatz 1 Satz 1 Nummer 3 darüber informiert, dass es die Geeignetheit der empfohlenen Finanzinstrumente regelmäßig beurteilt, so müssen die regelmäßigen Berichte gegenüber Privatkunden nach § 63 Absatz 12 insbesondere eine Erklärung darüber enthalten, wie die Anlage den Präferenzen, den Anlagezielen und den sonstigen Merkmalen des Kunden entspricht.

(9) Nähere Bestimmungen zu den Absätzen 1, 3, 5 und 8 ergeben sich aus der Delegierten Verordnung (EU) 2017/565, insbesondere zu

1. Art, Inhalt, Gestaltung und Zeitpunkt der nach den Absätzen 1 und 5, auch in Verbindung mit § 63 Absatz 7, notwendigen Informationen für die Kunden aus den Artikeln 52 und 53,
2. der Geeignetheit nach Absatz 3, den im Zusammenhang mit der Beurteilung der Geeignetheit geltenden Pflichten sowie zu Art, Umfang und Kriterien der nach Absatz 3 von den Kunden einzuholenden Informationen aus den Artikeln 54 und 55,
3. der Erklärung nach Absatz 4 aus Artikel 54 Absatz 12,
4. der Anlageberatung nach Absatz 5 aus Artikel 53,
5. Art, Inhalt und Zeitpunkt der Berichtspflichten nach Absatz 8, auch in Verbindung mit § 63 Absatz 12, aus den Artikeln 60 und 62.

(10) [1]Das Bundesministerium der Finanzen kann durch Rechtsverordnung, die nicht der Zustimmung des Bundesrates bedarf, nähere Bestimmungen erlassen

1. im Einvernehmen mit dem Bundesministerium der Justiz und für Verbraucherschutz zu Inhalt und Aufbau sowie zu Art und Weise der Zurverfügungstellung der Informationsblätter im Sinne des Absatzes 2 Satz 1 und zu Inhalt und Aufbau sowie Art und Weise der Zurverfügungstellung des standardisierten Informationsblattes im Sinne des Absatzes 2 Satz 3,
2. zu Art, inhaltlicher Gestaltung, Zeitpunkt und Datenträger der nach Absatz 6 notwendigen Informationen für die Kunden,
3. zu Kriterien dazu, wann geringfügige nichtmonetäre Vorteile im Sinne des Absatzes 7 vorliegen.

[2]Das Bundesministerium der Finanzen kann die Ermächtigung durch Rechtsverordnung auf die Bundesanstalt übertragen.

§ 65[1)] Selbstauskunft bei der Vermittlung des Vertragsschlusses über eine Vermögensanlage im Sinne des § 2a des Vermögensanlagengesetzes

(1) [1]Ein Wertpapierdienstleistungsunternehmen hat vor der Vermittlung des Vertragsschlusses über eine Vermögensanlage im Sinne des § 2a des Vermögensanlagengesetzes von dem Kunden insoweit eine Selbstauskunft über dessen Vermögen oder dessen Einkommen einzuholen, wie dies erforderlich ist, um prüfen zu können, ob der Gesamtbetrag der Vermögensanlagen desselben Emittenten, die von dem Kunden erworben werden, folgende Beträge nicht übersteigt:

1. 10 000 Euro, sofern der jeweilige Anleger nach seiner Selbstauskunft über ein frei verfügbares Vermögen in Form von Bankguthaben und Finanzinstrumenten von mindestens 100 000 Euro verfügt, oder
2. den zweifachen Betrag des durchschnittlichen monatlichen Nettoeinkommens des jeweiligen Anlegers, höchstens jedoch 25 000 Euro.

1) § 65 geändert durch Gesetz vom 8.7.2019 (BGBl. I S. 1002).

[2]Satz 1 gilt nicht, wenn der Gesamtbetrag der Vermögensanlagen desselben Emittenten, die von dem Kunden erworben werden, 1 000 Euro nicht überschreitet. [3]Ein Wertpapierdienstleistungsunternehmen darf einen Vertragsschluss über eine Vermögensanlage im Sinne des § 2a des Vermögensanlagengesetzes nur vermitteln, wenn es geprüft hat, dass der Gesamtbetrag der Vermögensanlagen desselben Emittenten, die von dem Kunden erworben werden, 1 000 Euro oder die in Satz 1 Nummer 1 und 2 genannten Beträge nicht übersteigt. [3]Die Sätze 1 und 3 gelten nicht, wenn der Anleger eine Kapitalgesellschaft ist oder eine GmbH & Co. KG, deren Kommanditisten gleichzeitig Gesellschafter der GmbH oder an der Entscheidungsfindung der GmbH beteiligt sind, sofern die GmbH & Co. KG kein Investmentvermögen und keine Verwaltungsgesellschaft nach dem Kapitalanlagegesetzbuch ist.

(2) Soweit die in Absatz 1 genannten Informationen auf Angaben des Kunden beruhen, hat das Wertpapierdienstleistungsunternehmen die Fehlerhaftigkeit oder Unvollständigkeit der Angaben seines Kunden nicht zu vertreten, es sei denn, die Unvollständigkeit oder Unrichtigkeit der Kundenangaben ist ihm bekannt oder infolge grober Fahrlässigkeit unbekannt.

§ 65a[1)] Selbstauskunft bei der Vermittlung des Vertragsschlusses über Wertpapiere im Sinne des § 6 des Wertpapierprospektgesetzes

(1) [1]Ein Wertpapierdienstleistungsunternehmen hat vor der Vermittlung des Vertragsschlusses über Wertpapiere im Sinne des § 6 des Wertpapierprospektgesetzes von dem nicht qualifizierten Anleger eine Selbstauskunft über dessen Vermögen oder dessen Einkommen in dem Umfang einzuholen, wie dies erforderlich ist, um prüfen zu können, ob der Gesamtbetrag der Wertpapiere, die von dem nicht qualifizierten Anleger erworben werden, folgende Beträge nicht übersteigt:

1. 10 000 Euro, sofern der jeweilige nicht qualifizierte Anleger nach seiner Selbstauskunft über ein frei verfügbares Vermögen in Form von Bankguthaben und Finanzinstrumenten von mindestens 100 000 Euro verfügt, oder
2. den zweifachen Betrag des durchschnittlichen monatlichen Nettoeinkommens des jeweiligen nicht qualifizierten Anlegers, höchstens jedoch 25 000 Euro.

[2]Satz 1 gilt nicht, wenn der Gesamtbetrag der Wertpapiere, die von dem nicht qualifizierten Anleger erworben werden, 1 000 Euro nicht überschreitet. [3]Ein Wertpapierdienstleistungsunternehmen darf einen Vertragsschluss über Wertpapiere im Sinne des § 6 des Wertpapierprospektgesetzes nur vermitteln, wenn es geprüft hat, dass der Gesamtbetrag der Wertpapiere, die von dem nicht qualifizierten Anleger erworben werden, 1 000 Euro oder die in Satz 1 genannten Beträge nicht übersteigt.

(2) Soweit die in Absatz 1 genannten Informationen auf Angaben des nicht qualifizierten Anlegers beruhen, hat das Wertpapierdienstleistungsunternehmen die Fehlerhaftigkeit oder Unvollständigkeit der Angaben seines nicht qualifizierten Anlegers nicht zu vertreten, es sei denn, die Unvollständigkeit oder Unrichtigkeit der Angaben des nicht qualifizierten Anlegers ist ihm bekannt oder infolge grober Fahrlässigkeit unbekannt.

§ 66 Ausnahmen für Immobiliar-Verbraucherdarlehensverträge

§ 63 Absatz 10 und 12 sowie § 64 Absatz 3, 4 und 8 gelten nicht für Immobiliar-Verbraucherdarlehensverträge, die an die Vorbedingung geknüpft sind, dass dem Verbraucher eine Wertpapierdienstleistung in Bezug auf gedeckte Schuldverschreibungen, die zur Besicherung der Finanzierung des Kredits begeben worden sind und denen dieselben Konditionen wie dem Immobiliar-Verbraucherdarlehensvertrag zugrunde liegen,

1) § 65a geändert durch Gesetz vom 8.7.2019 (BGBl. I S. 1002).

erbracht wird, und wenn damit das Darlehen ausgezahlt, refinanziert oder abgelöst werden kann.

§ 67 Kunden; Verordnungsermächtigung

(1) Kunden im Sinne dieses Gesetzes sind alle natürlichen oder juristischen Personen, für die Wertpapierdienstleistungsunternehmen Wertpapierdienstleistungen oder Wertpapiernebendienstleistungen erbringen oder anbahnen.

(2) [1]Professionelle Kunden im Sinne dieses Gesetzes sind Kunden, die über ausreichende Erfahrungen, Kenntnisse und Sachverstand verfügen, um ihre Anlageentscheidungen zu treffen und die damit verbundenen Risiken angemessen beurteilen zu können. [2]Professionelle Kunden im Sinne des Satzes 1 sind

1. Unternehmen, die als
   a) Wertpapierdienstleistungsunternehmen,
   b) sonstige zugelassene oder beaufsichtigte Finanzinstitute,
   c) Versicherungsunternehmen,
   d) Organismen für gemeinsame Anlagen und ihre Verwaltungsgesellschaften,
   e) Pensionsfonds und ihre Verwaltungsgesellschaften,
   f) Börsenhändler und Warenderivatehändler,
   g) sonstige institutionelle Anleger, deren Haupttätigkeit nicht von den Buchstaben a bis f erfasst wird,

   im Inland oder Ausland zulassungs- oder aufsichtspflichtig sind, um auf den Finanzmärkten tätig werden zu können;
2. nicht im Sinne der Nummer 1 zulassungs- oder aufsichtspflichtige Unternehmen, die mindestens zwei der drei nachfolgenden Merkmale überschreiten:
   a) 20 000 000 Euro Bilanzsumme,
   b) 40 000 000 Euro Umsatzerlöse,
   c) 2 000 000 Euro Eigenmittel;
3. nationale und regionale Regierungen sowie Stellen der öffentlichen Schuldenverwaltung auf nationaler oder regionaler Ebene;
4. Zentralbanken, internationale und überstaatliche Einrichtungen wie die Weltbank, der Internationale Währungsfonds, die Europäische Zentralbank, die Europäische Investmentbank und andere vergleichbare internationale Organisationen;
5. andere nicht im Sinne der Nummer 1 zulassungs- oder aufsichtspflichtige institutionelle Anleger, deren Haupttätigkeit in der Investition in Finanzinstrumente besteht, und Einrichtungen, die die Verbriefung von Vermögenswerten und andere Finanzierungsgeschäfte betreiben.

[3]Sie werden in Bezug auf alle Finanzinstrumente, Wertpapierdienstleistungen und Wertpapiernebendienstleistungen als professionelle Kunden angesehen.

(3) Privatkunden im Sinne dieses Gesetzes sind Kunden, die keine professionellen Kunden sind.

(4) [1]Geeignete Gegenparteien sind Unternehmen im Sinne des Absatzes 2 Satz 2 Nummer 1 Buchstabe a bis e sowie Einrichtungen nach Absatz 2 Nummer 3 und 4. [2]Den geeigneten Gegenparteien stehen gleich

1. Unternehmen im Sinne des Absatzes 2 Nummer 2 mit Sitz im In- oder Ausland,
2. Unternehmen mit Sitz in einem anderen Mitgliedstaat der Europäischen Union oder einem anderen Vertragsstaat des Abkommens über den Europäischen Wirtschafts-

raum, die nach dem Recht des Herkunftsmitgliedstaates als geeignete Gegenparteien im Sinne des Artikels 30 Absatz 3 Satz 1 der Richtlinie 2014/65/EU anzusehen sind,

wenn diese zugestimmt haben, für alle oder einzelne Geschäfte als geeignete Gegenpartei behandelt zu werden.

(5) [1]Ein professioneller Kunde kann mit dem Wertpapierdienstleistungsunternehmen eine Einstufung als Privatkunde vereinbaren. [2]Die Vereinbarung über die Änderung der Einstufung bedarf der Schriftform. [3]Soll die Änderung nicht alle Wertpapierdienstleistungen, Wertpapiernebendienstleistungen und Finanzinstrumente betreffen, ist dies ausdrücklich festzulegen. [4]Ein Wertpapierdienstleistungsunternehmen muss professionelle Kunden im Sinne des Absatzes 2 Satz 2 Nummer 2 und des Absatzes 6 am Anfang einer Geschäftsbeziehung darauf hinweisen, dass sie als professionelle Kunden eingestuft sind und die Möglichkeit einer Änderung der Einstufung nach Satz 1 besteht. [5]Hat ein Wertpapierdienstleistungsunternehmen Kunden vor dem 1. November 2007 auf der Grundlage eines Bewertungsverfahrens, das auf den Sachverstand, die Erfahrungen und Kenntnisse der Kunden abstellt, im Sinne des Absatzes 2 Satz 1 eingestuft, hat die Einstufung nach dem 1. November 2007 Bestand. [6]Diese Kunden sind über die Voraussetzungen der Einstufung nach den Absätzen 2 und 5 und die Möglichkeit der Änderung der Einstufung nach Absatz 5 Satz 4 zu informieren.

(6) [1]Ein Privatkunde kann auf Antrag oder durch Festlegung des Wertpapierdienstleistungsunternehmens als professioneller Kunde eingestuft werden. [2]Der Änderung der Einstufung hat eine Bewertung durch das Wertpapierdienstleistungsunternehmen vorauszugehen, ob der Kunde aufgrund seiner Erfahrungen, Kenntnisse und seines Sachverstandes in der Lage ist, generell oder für eine bestimmte Art von Geschäften eine Anlageentscheidung zu treffen und die damit verbundenen Risiken angemessen zu beurteilen. [3]Eine Änderung der Einstufung kommt nur in Betracht, wenn der Privatkunde mindestens zwei der drei folgenden Kriterien erfüllt:

1. der Kunde hat an dem Markt, an dem die Finanzinstrumente gehandelt werden, für die er als professioneller Kunde eingestuft werden soll, während des letzten Jahres durchschnittlich zehn Geschäfte von erheblichem Umfang im Quartal getätigt;
2. der Kunde verfügt über Bankguthaben und Finanzinstrumente im Wert von mehr als 500 000 Euro;
3. der Kunde hat mindestens für ein Jahr einen Beruf am Kapitalmarkt ausgeübt, der Kenntnisse über die in Betracht kommenden Geschäfte, Wertpapierdienstleistungen und Wertpapiernebendienstleistungen voraussetzt.

[4]Das Wertpapierdienstleistungsunternehmen muss den Privatkunden schriftlich darauf hinweisen, dass mit der Änderung der Einstufung die Schutzvorschriften dieses Gesetzes für Privatkunden nicht mehr gelten. [5]Der Kunde muss schriftlich bestätigen, dass er diesen Hinweis zur Kenntnis genommen hat. [6]Informiert ein professioneller Kunde im Sinne des Satzes 1 oder des Absatzes 2 Satz 2 Nr. 2 das Wertpapierdienstleistungsunternehmen nicht über alle Änderungen, die seine Einstufung als professioneller Kunde beeinflussen können, begründet eine darauf beruhende fehlerhafte Einstufung keinen Pflichtverstoß des Wertpapierdienstleistungsunternehmens.

(7) [1]Das Bundesministerium der Finanzen kann durch Rechtsverordnung, die nicht der Zustimmung des Bundesrates bedarf, nähere Bestimmungen erlassen zu den Vorgaben an eine Einstufung gemäß Absatz 2 Satz 2 Nummer 2 und zu den Kriterien, dem Verfahren und den organisatorischen Vorkehrungen bei einer Änderung oder Beibehaltung der Einstufung nach den Absätzen 5 und 6. [2]Das Bundesministerium der Finanzen kann die Ermächtigung durch Rechtsverordnung auf die Bundesanstalt übertragen.

§ 68 Geschäfte mit geeigneten Gegenparteien; Verordnungsermächtigung

(1) [1]Wertpapierdienstleistungsunternehmen, die das Finanzkommissionsgeschäft, die Anlage- und Abschlussvermittlung und den Eigenhandel sowie damit in direktem Zusammenhang stehende Wertpapiernebendienstleistungen gegenüber geeigneten Gegenparteien erbringen, sind nicht an die Vorgaben von § 63 Absatz 1, 3 bis 7, 9, 10, § 64 Absatz 3, 5 und 7, § 69 Absatz 1, der §§ 70, 82, 83 Absatz 2 und § 87 Absatz 1 und 2 gebunden. [2]Satz 1 ist nicht anwendbar, sofern die geeignete Gegenpartei mit dem Wertpapierdienstleistungsunternehmen für alle oder für einzelne Geschäfte vereinbart hat, als professioneller Kunde oder als Privatkunde behandelt zu werden. [3]Wertpapierdienstleistungsunternehmen müssen in ihrer Beziehung mit geeigneten Gegenparteien auf eine Art und Weise kommunizieren, die redlich, eindeutig und nicht irreführend ist und müssen dabei der Form der geeigneten Gegenpartei und deren Geschäftstätigkeit Rechnung tragen.

(2) Nähere Bestimmungen zu Absatz 1, insbesondere zu der Form und dem Inhalt einer Vereinbarung nach Absatz 1 Satz 2 und zur Art und Weise der Zustimmung nach § 67 Absatz 4 Satz 2 ergeben sich aus Artikel 71 der Delegierten Verordnung (EU) 2017/565.

§ 69 Bearbeitung von Kundenaufträgen; Verordnungsermächtigung

(1) Ein Wertpapierdienstleistungsunternehmen muss geeignete Vorkehrungen treffen, um

1. Kundenaufträge unverzüglich und redlich im Verhältnis zu anderen Kundenaufträgen und den Handelsinteressen des Wertpapierdienstleistungsunternehmens auszuführen oder an Dritte weiterzuleiten und
2. vergleichbare Kundenaufträge der Reihenfolge ihres Eingangs nach auszuführen oder an Dritte zum Zwecke der Ausführung weiterzuleiten.

(2) [1]Können limitierte Kundenaufträge in Bezug auf Aktien, die zum Handel an einem organisierten Markt zugelassen sind oder die an einem Handelsplatz gehandelt werden, aufgrund der Marktbedingungen nicht unverzüglich ausgeführt werden, muss das Wertpapierdienstleistungsunternehmen diese Aufträge unverzüglich so bekannt machen, dass sie anderen Marktteilnehmern leicht zugänglich sind, soweit der Kunde keine andere Weisung erteilt. [2]Die Verpflichtung nach Satz 1 gilt als erfüllt, wenn die Aufträge an einen Handelsplatz weitergeleitet worden sind oder werden, der den Vorgaben des Artikels 70 Absatz 1 der Delegierten Verordnung (EU) 2017/565 entspricht. [3]Die Bundesanstalt kann die Pflicht nach Satz 1 in Bezug auf solche Aufträge, die den marktüblichen Geschäftsumfang erheblich überschreiten, aufheben.

(3) Nähere Bestimmungen zu den Verpflichtungen nach den Absätzen 1 und 2 ergeben sich aus den Artikeln 67 bis 70 der Delegierten Verordnung (EU) 2017/565.

(4) [1]Das Bundesministerium der Finanzen kann durch Rechtsverordnung, die nicht der Zustimmung des Bundesrates bedarf, nähere Bestimmungen zu den Voraussetzungen erlassen, unter denen die Bundesanstalt nach Absatz 2 Satz 3 die Pflicht nach Absatz 2 Satz 1 aufheben kann. [2]Das Bundesministerium der Finanzen kann die Ermächtigung durch Rechtsverordnung auf die Bundesanstalt übertragen.

§ 70 Zuwendungen und Gebühren; Verordnungsermächtigung

(1) [1]Ein Wertpapierdienstleistungsunternehmen darf im Zusammenhang mit der Erbringung von Wertpapierdienstleistungen oder Wertpapiernebendienstleistungen keine Zuwendungen von Dritten annehmen oder an Dritte gewähren, die nicht Kunden dieser Dienstleistung sind oder nicht im Auftrag des Kunden tätig werden, es sei denn,

1. die Zuwendung ist darauf ausgelegt, die Qualität der für den Kunden erbrachten Dienstleistung zu verbessern und steht der ordnungsgemäßen Erbringung der Dienstleistung im bestmöglichen Interesse des Kunden im Sinne des § 63 Absatz 1 nicht entgegen und
2. Existenz, Art und Umfang der Zuwendung oder, soweit sich der Umfang noch nicht bestimmen lässt, die Art und Weise seiner Berechnung, wird dem Kunden vor der Erbringung der Wertpapierdienstleistung oder Wertpapiernebendienstleistung in umfassender, zutreffender und verständlicher Weise unmissverständlich offen gelegt.

[2]Wertpapierdienstleistungsunternehmen müssen nachweisen können, dass jegliche von ihnen erhaltenen oder gewährten Zuwendungen dazu bestimmt sind, die Qualität der jeweiligen Dienstleistung für den Kunden zu verbessern. [3]Konnte ein Wertpapierdienstleistungsunternehmen den Umfang der Zuwendung noch nicht bestimmen und hat es dem Kunden statt dessen die Art und Weise der Berechnung offengelegt, so muss es den Kunden nachträglich auch über den genauen Betrag der Zuwendung, die es erhalten oder gewährt hat, unterrichten. [4]Solange das Wertpapierdienstleistungsunternehmen im Zusammenhang mit den für die betreffenden Kunden erbrachten Wertpapierdienstleistungen fortlaufend Zuwendungen erhält, muss es seine Kunden mindestens einmal jährlich individuell über die tatsächliche Höhe der angenommenen oder gewährten Zuwendungen unterrichten.

(2) [1]Zuwendungen im Sinne dieser Vorschrift sind Provisionen, Gebühren oder sonstige Geldleistungen sowie alle nichtmonetären Vorteile. [2]Die Bereitstellung von Analysen durch Dritte an das Wertpapierdienstleistungsunternehmen stellt keine Zuwendung dar, wenn sie die Gegenleistung ist für

1. eine direkte Zahlung des Wertpapierdienstleistungsunternehmens aus seinen eigenen Mitteln oder
2. Zahlungen von einem durch das Wertpapierdienstleistungsunternehmen kontrollierten separaten Analysekonto, wenn
   a) auf diesem vom Kunden entrichtete spezielle Analysegebühren verbucht werden,
   b) das Wertpapierdienstleistungsunternehmen ein Analysebudget als Bestandteil der Einrichtung eines Analysekontos festlegt und dieses einer regelmäßigen Bewertung unterzieht,
   c) das Wertpapierdienstleistungsunternehmen für das Analysekonto haftbar ist und
   d) das Wertpapierdienstleistungsunternehmen die Analysen regelmäßig anhand belastbarer Qualitätskriterien und dahingehend bewertet, ob sie zu besseren Anlageentscheidungen beitragen können.

[3]Hat ein Wertpapierdienstleistungsunternehmen ein Analysekonto eingerichtet, muss es den jeweiligen Kunden vor der Erbringung einer Wertpapierdienstleistung Informationen über die für Analysen veranschlagten Mittel und die Höhe der geschätzten Gebühren sowie jährlich Informationen über die Gesamtkosten, die auf jeden Kunden für die Analysen Dritter entfallen, übermitteln. [4]Für die Bewertung nach Satz 2 Nummer 2 Buchstabe d müssen Wertpapierdienstleistungsunternehmen über alle erforderlichen Bestandteile schriftliche Grundsätze aufstellen und diese ihren Kunden übermitteln.

(3) Führt ein Wertpapierdienstleistungsunternehmen ein Analysekonto, ist es verpflichtet, auf Verlangen des Kunden oder der Bundesanstalt eine Zusammenstellung vorzulegen, die Folgendes beinhaltet:

1. die von einem Analysekonto im Sinne des Absatzes 2 Satz 2 Nummer 2 vergüteten Anbieter,

2. den an die Anbieter von Analysen in einem bestimmten Zeitraum gezahlten Gesamtbetrag,
3. die von dem Wertpapierdienstleistungsunternehmen erhaltenen Vorteile und Dienstleistungen und
4. eine Gegenüberstellung des von dem Analysekonto gezahlten Gesamtbetrages mit dem von dem Unternehmen für diesen Zeitraum veranschlagten Analysebudget,

wobei jede Rückerstattung oder jeder Übertrag, falls Mittel auf dem Konto verbleiben, auszuweisen ist.

(4) [1]Die Offenlegung nach Absatz 1 Satz 1 Nummer 2 und Satz 4 kann im Falle geringfügiger nichtmonetärer Vorteile in Form einer generischen Beschreibung erfolgen. [2]Andere nichtmonetäre Vorteile, die das Wertpapierdienstleistungsunternehmen im Zusammenhang mit der für einen Kunden erbrachten Wertpapierdienstleistung oder Wertpapiernebendienstleistung annimmt oder gewährt, sind der Höhe nach anzugeben und separat offenzulegen. [3]Nähere Einzelheiten zu den Anforderungen nach diesem Absatz sowie nach Absatz 1 Satz 1 Nummer 2 und Satz 3 und 4 ergeben sich aus Artikel 50 der Delegierten Verordnung (EU) 2017/565; darüber hinaus haben Wertpapierdienstleistungsunternehmen den Vorgaben des § 63 Absatz 7 Satz 3 Nummer 2 Rechnung zu tragen.

(5) Ist ein Wertpapierdienstleistungsunternehmen dazu verpflichtet, Zuwendungen, die es im Zusammenhang mit der Erbringung von Wertpapierdienstleistungen oder Wertpapiernebendienstleistungen erhält, an den Kunden auszukehren, muss es ihn über die diesbezüglichen Verfahren informieren.

(6) [1]Ein Wertpapierdienstleistungsunternehmen muss für jede Wertpapierdienstleistung, durch die Aufträge von Kunden ausgeführt werden, separate Gebühren ausweisen, die nur den Kosten für die Ausführung des Geschäfts entsprechen. [2]Die Gewährung jedes anderen Vorteils oder die Erbringung jeder anderen Dienstleistung durch dasselbe Wertpapierdienstleistungsunternehmen für ein anderes Wertpapierdienstleistungsunternehmen, das seinen Sitz in der Europäischen Union hat, wird mit einer separat erkennbaren Gebühr ausgewiesen. [3]Die Gewährung eines anderen Vorteils oder die Erbringung einer anderen Dienstleistung nach Satz 2 und die dafür verlangten Gebühren dürfen nicht beeinflusst sein oder abhängig gemacht werden von der Höhe der Zahlungen für Wertpapierdienstleistungen, durch die Aufträge von Kunden ausgeführt werden.

(7) Gebühren und Entgelte, die die Erbringung von Wertpapierdienstleistungen erst ermöglichen oder dafür notwendig sind, und die ihrer Art nach nicht geeignet sind, die Erfüllung der Pflicht nach § 63 Absatz 1 zu gefährden, sind von dem Verbot nach Absatz 1 ausgenommen.

(8) Nähere Bestimmungen betreffend die Annahme von Zuwendungen nach Absatz 1 ergeben sich aus Artikel 40 der Delegierten Verordnung (EU) 2017/565.

(9) [1]Das Bundesministerium der Finanzen kann durch Rechtsverordnung, die nicht der Zustimmung des Bundesrates bedarf, nähere Bestimmungen erlassen zu

1. Kriterien für die Art und Bestimmung einer Verbesserung der Qualität im Sinne des Absatzes 1 Satz 1 Nummer 1,
2. Art und Inhalt des Nachweises nach Absatz 1 Satz 2,
3. Art, Inhalt und Verfahren zur Erhebung einer Analysegebühr sowie der Festlegung, Verwaltung und Verwendung des Analysebudgets nach Absatz 2 Satz 2 Nummer 2 Buchstabe a und b,

4. Art, Inhalt und Verfahren betreffend die Verwaltung und Verwendung des von Wertpapierdienstleistungsunternehmen geführten Analysekontos nach Absatz 2 Nummer 2,
5. Art und Inhalt der schriftlichen Grundsätze nach Absatz 2 Satz 4.

[2]Das Bundesministerium der Finanzen kann die Ermächtigung durch Rechtsverordnung auf die Bundesanstalt übertragen.

§ 71 Erbringung von Wertpapierdienstleistungen und Wertpapiernebendienstleistungen über ein anderes Wertpapierdienstleistungsunternehmen

Erhält ein Wertpapierdienstleistungsunternehmen über ein anderes Wertpapierdienstleistungsunternehmen einen Auftrag, Wertpapierdienstleistungen oder Wertpapiernebendienstleistungen für einen Kunden zu erbringen, ist das entgegennehmende Unternehmen mit folgenden Maßgaben verantwortlich für die Durchführung der Wertpapierdienstleistung oder Wertpapiernebendienstleistung im Einklang mit den Bestimmungen dieses Abschnitts:

1. das entgegennehmende Wertpapierdienstleistungsunternehmen ist nicht verpflichtet, Kundenangaben und Kundenanweisungen, die ihm von dem anderen Wertpapierdienstleistungsunternehmen übermittelt werden, auf ihre Vollständigkeit und Richtigkeit zu überprüfen,
2. das entgegennehmende Wertpapierdienstleistungsunternehmen darf sich darauf verlassen, dass Empfehlungen in Bezug auf die Wertpapierdienstleistung oder Wertpapiernebendienstleistung dem Kunden von dem anderen Wertpapierdienstleistungsunternehmen im Einklang mit den gesetzlichen Vorschriften gegeben wurden.

§ 72 Betrieb eines multilateralen Handelssystems oder eines organisierten Handelssystems

(1) [1]Der Betreiber eines multilateralen oder organisierten Handelssystems ist dazu verpflichtet,

1. nichtdiskriminierende Regelungen für den Zugang zu dem multilateralen oder organisierten Handelssystem festzulegen, die kein Ermessen des Betreibers vorsehen;
2. Regelungen für die Einbeziehung von Finanzinstrumenten in den Handel, für die ordnungsgemäße Durchführung des Handels und der Preisermittlung, für die Verwendung von einbezogenen Referenzpreisen und für die vertragsgemäße Abwicklung der abgeschlossenen Geschäfte festzulegen;
3. über angemessene Verfahren zur Überwachung der Einhaltung der Regelungen nach Nummer 2 und der Verordnung (EU) Nr. 596/2014 zu verfügen;
4. alle Informationen zu veröffentlichen, die unter Berücksichtigung der Art der Nutzer und der gehandelten Finanzinstrumente für die Nutzung des multilateralen oder organisierten Handelssystems erforderlich und zweckdienlich sind;
5. separate Entgelte zu verlangen für die übermäßige Nutzung des multilateralen oder organisierten Handelssystems, insbesondere durch unverhältnismäßig viele Auftragseingaben, -änderungen und -löschungen; die Höhe dieser Entgelte ist so zu bemessen, dass einer übermäßigen Nutzung und den damit verbundenen negativen Auswirkungen auf die Systemstabilität oder die Marktintegrität wirksam begegnet wird;
6. geeignete Vorkehrungen zu treffen, um auch bei erheblichen Preisschwankungen eine ordnungsgemäße Preisermittlung sicherzustellen; geeignete Vorkehrungen sind insbesondere kurzfristige Änderungen des Marktmodells, kurzzeitige Volatilitäts-

unterbrechungen unter Berücksichtigung statischer oder dynamischer Preiskorridore und Limitsysteme der mit der Preisfeststellung betrauten Handelsteilnehmer, wobei es dem Betreiber in Ausnahmefällen möglich sein muss, jedes Geschäft aufzuheben, zu ändern oder zu berichtigen; die Parameter für solche Volatilitätsunterbrechungen müssen der Liquidität der einzelnen Kategorien und Teilkategorien der betreffenden Finanzinstrumente, der Art des Marktmodells und der Art der Nutzer Rechnung tragen und ermöglichen, dass wesentliche Störungen eines ordnungsgemäßen Handels unterbunden werden; der Betreiber hat der Bundesanstalt diese Parameter mitzuteilen;

7. sicherzustellen, dass ein angemessenes Verhältnis zwischen Auftragseingaben, -änderungen und -löschungen und den tatsächlich ausgeführten Geschäften (Order-Transaktions-Verhältnis) besteht, um Risiken für den ordnungsgemäßen Handel im multilateralen oder organisierten Handelssystem zu vermeiden; das Order-Transaktions-Verhältnis ist dabei jeweils für ein Finanzinstrument und anhand des zahlenmäßigen Volumens der Aufträge und Geschäfte innerhalb eines Tages zu bestimmen; ein Order-Transaktions-Verhältnis ist insbesondere angemessen, wenn es auf Grund der Liquidität des betroffenen Finanzinstruments, der konkreten Marktlage oder der Funktion des Handelsteilnehmers wirtschaftlich nachvollziehbar ist;
8. eine angemessene Größe der kleinstmöglichen Preisänderung bei den gehandelten Aktien, Aktienzertifikaten, Exchange Traded Funds, Zertifikaten und anderen vergleichbaren Finanzinstrumenten sowie allen anderen Finanzinstrumenten, die von dem auf der Grundlage von Artikel 49 Absatz 4 der Richtlinie 2014/65/EU erlassenen delegierten Rechtsakt der Europäischen Kommission erfasst werden, festzulegen, um negative Auswirkungen auf die Marktintegrität und -liquidität zu verringern; dabei ist insbesondere zu berücksichtigen, dass diese den Preisfindungsmechanismus und das Ziel eines angemessenen Order-Transaktions-Verhältnisses nicht beeinträchtigt; wegen der einzelnen Anforderungen an die Festlegung der Mindestpreisänderungsgröße wird auf die Delegierte Verordnung (EU) 2017/588 der Kommission vom 14. Juli 2016 zur Ergänzung der Richtlinie 2014/65/EU des Europäischen Parlaments und des Rates durch technische Regulierungsstandards für das Tick-Größen-System für Aktien, Aktienzertifikate und börsengehandelte Fonds (ABl. L 87 vom 31.3.2017, S. 411), in der jeweils geltenden Fassung, verwiesen;
9. angemessene Risikokontrollen und Schwellen für den Handel über den direkten elektronischen Zugang festzulegen, insbesondere Regelungen festzulegen über
   a) die Kennzeichnung von Aufträgen, die über einen direkten elektronischen Zugang erteilt werden, und
   b) die Möglichkeit einer jederzeitigen Sperrung oder Beendigung eines direkten elektronischen Zugangs bei Verstößen des Inhabers des direkten Zugangs gegen geltende Rechtsvorschriften;
10. Regelungen festzulegen für die Kennzeichnung aller Aufträge, die durch den algorithmischen Handel im Sinne des § 80 Absatz 2 Satz 1 erzeugt werden, durch die Handelsteilnehmer und für die Offenlegung der hierfür jeweils verwendeten Handelsalgorithmen sowie der Personen, die diese Aufträge initiiert haben;
11. eine zuverlässige Verwaltung der technischen Abläufe des Handelssystems sicherzustellen, insbesondere
    a) wirksame Notfallmaßnahmen bei einem Systemausfall oder bei Störungen in seinen Handelssystemen vorzusehen, um die Kontinuität des Geschäftsbetriebs gewährleisten zu können,

b) sicherzustellen, dass die Handelssysteme belastbar sind und über ausreichende Kapazitäten für Spitzenvolumina an Aufträgen und Mitteilungen verfügen und

c) sicherzustellen, dass die Systeme in der Lage sind, auch unter extremen Stressbedingungen auf den Märkten einen ordnungsgemäßen Handel zu gewährleisten, und dass sie für diese Zwecke vollständig geprüft sind;

12. Vorkehrungen zu treffen, mit denen sich mögliche nachteilige Auswirkungen von Interessenkonflikten zwischen dem multilateralen oder organisierten Handelssystem und seinem Eigentümer oder Betreiber einerseits und dem einwandfreien Funktionieren des multilateralen oder organisierten Handelssystems andererseits auf dessen Betrieb oder auf seine Handelsteilnehmer klar erkennen und regeln lassen;
13. sicherzustellen, dass das multilaterale oder organisierte Handelssystem über mindestens drei aktive Mitglieder oder Nutzer verfügt, denen es jeweils möglich ist, mit allen übrigen Mitgliedern und Nutzern zum Zwecke der Preisbildung zu interagieren.

[2]§ 5 Absatz 4a, die §§ 22a, 26c und 26d des Börsengesetzes gelten entsprechend.

(2) [1]Die Gebührenstrukturen, einschließlich der Ausführungsgebühren, Nebengebühren und möglichen Rabatte, müssen transparent und diskriminierungsfrei ausgestaltet sein. [2]Die Gebühren dürfen keine Anreize schaffen, Aufträge so zu platzieren, zu ändern oder zu stornieren oder Geschäfte so zu tätigen, dass dies zu marktstörenden Handelsbedingungen oder Marktmissbrauch beiträgt. [3]Insbesondere dürfen Rabatte in Bezug auf einzelne Aktien oder Aktienportfolios nur als Gegenleistung für die Übernahme von Market-Making-Pflichten gewährt werden.

(3) [1]Der Betreiber eines multilateralen oder organisierten Handelssystems hat der Bundesanstalt eine ausführliche Beschreibung der Funktionsweise des Handelssystems vorzulegen. [2]Diese hat auch etwaige Verbindungen des Handelssystems zu Börsen, anderen multilateralen oder organisierten Handelssystemen oder systematischen Internalisierern, deren Träger oder Betreiber im Eigentum des Betreibers des Handelssystems stehen, sowie eine Liste der Mitglieder, Teilnehmer und Nutzer des Handelssystems zu umfassen. [3]Die Bundesanstalt stellt diese Informationen auf Verlangen der Europäischen Wertpapier- und Marktaufsichtsbehörde zur Verfügung. [4]Sie hat der Europäischen Wertpapier- und Marktaufsichtsbehörde jede Erteilung einer Erlaubnis zum Betrieb eines multilateralen oder organisierten Handelssystems mitzuteilen.

(4) Emittenten, deren Finanzinstrumente ohne ihre Zustimmung in den Handel in einem multilateralen oder organisierten Handelssystem einbezogen worden sind, können nicht dazu verpflichtet werden, Informationen in Bezug auf diese Finanzinstrumente für dieses multilaterale oder organisierte Handelssystem zu veröffentlichen.

(5) Der Betreiber eines multilateralen oder organisierten Handelssystems kann von einem Emittenten die Übermittlung von Referenzdaten in Bezug auf dessen Finanzinstrumente verlangen, soweit dies zur Erfüllung der Anforderungen aus Artikel 4 der Verordnung (EU) Nr. 596/2014 erforderlich ist.

(6) [1]Der Betreiber eines multilateralen oder organisierten Handelssystems hat der Bundesanstalt schwerwiegende Verstöße gegen die Handelsregeln, Störungen der Marktintegrität und Anhaltspunkte für einen Verstoß gegen die Vorschriften der Verordnung (EU) Nr. 596/2014 unverzüglich mitzuteilen und diese bei ihren Untersuchungen umfassend zu unterstützen. [2]Die Bundesanstalt hat die Informationen nach Satz 1 der Europäischen Wertpapier- und Marktaufsichtsbehörde und den zuständigen Behörden der anderen Mitgliedstaaten und der Vertragsstaaten des Abkommens über den Europäischen Wirtschaftsraum zu übermitteln. [3]Im Falle von Anhaltspunkten für Verstöße

gegen die Vorschriften der Verordnung (EU) Nr. 596/2014 übermittelt die Bundesanstalt Informationen erst dann, wenn sie von einem Verstoß überzeugt ist.

(7) Darüber hinaus hat der Betreiber eines multilateralen oder organisierten Handelssystems der Bundesanstalt unverzüglich mitzuteilen, wenn bei einem an seinem Handelssystem gehandelten Finanzinstrument ein signifikanter Kursverfall im Sinne des Artikels 23 der Verordnung (EU) Nr. 236/2012 eintritt.

(8) [1]Der Betreiber eines multilateralen oder organisierten Handelssystems hat die Bundesanstalt über den Eingang von Anträgen auf Zugang nach den Artikeln 7 und 8 der Verordnung (EU) Nr. 648/2012 unverzüglich schriftlich zu unterrichten. [2]Die Bundesanstalt kann

1. unter den in Artikel 7 Absatz 4 der Verordnung (EU) Nr. 648/2012 genannten Voraussetzungen dem Betreiber eines multilateralen oder organisierten Handelssystems den Zugang zu einer zentralen Gegenpartei im Sinne der genannten Verordnung untersagen sowie
2. unter den in Artikel 8 Absatz 4 der Verordnung (EU) Nr. 648/2012 genannten Voraussetzungen dem Betreiber eines multilateralen oder organisierten Handelssystems untersagen, einer zentralen Gegenpartei im Sinne der genannten Verordnung Zugang zu gewähren.

§ 73 Aussetzung des Handels und Ausschluss von Finanzinstrumenten

(1) [1]Der Betreiber eines multilateralen oder organisierten Handelssystems kann den Handel mit einem Finanzinstrument aussetzen oder dieses Instrument vom Handel ausschließen, wenn dies zur Sicherung eines ordnungsgemäßen Handels oder zum Schutz des Publikums geboten erscheint, insbesondere, wenn

1. das Finanzinstrument den Regeln des Handelssystems nicht mehr entspricht,
2. der Verdacht eines Marktmissbrauchs im Sinne des Artikels 1 der Verordnung (EU) Nr. 596/2014 oder einer Nichtveröffentlichung von Insiderinformationen entgegen Artikel 17 der Verordnung (EU) Nr. 596/2014 in Bezug auf das Finanzinstrument besteht oder
3. ein Übernahmeangebot in Bezug auf den Emittenten des Finanzinstruments veröffentlicht wurde.

[2]Im Falle einer Maßnahme nach Satz 1 setzt der Betreiber auch den Handel mit Derivaten, die mit diesem Finanzinstrument verbunden sind oder sich auf dieses beziehen, aus oder stellt den Handel mit diesen Finanzinstrumenten ein, wenn dies zur Verwirklichung der Ziele der Maßnahme nach Satz 1 erforderlich ist. [3]Eine Maßnahme nach Satz 1 oder Satz 2 unterbleibt, wenn sie die Interessen der betroffenen Anleger oder das ordnungsgemäße Funktionieren des Marktes erheblich beeinträchtigen könnte. [4]Der Betreiber veröffentlicht Entscheidungen nach den Sätzen 1 und 2 und teilt sie unverzüglich der Bundesanstalt mit.

(2) [1]Wird ein Finanzinstrument, das in den in Absatz 1 Satz 1 Nummer 2 oder Nummer 3 genannten Fällen Gegenstand einer Maßnahme nach Absatz 1 Satz 1 oder Satz 2 ist, oder ein Derivat, das mit einem solchen Finanzinstrument verbunden ist oder sich auf dieses bezieht, auch an einem anderen inländischen multilateralen oder organisierten Handelssystem oder durch einen systematischen Internalisierer gehandelt, so ordnet die Bundesanstalt ebenfalls Maßnahmen nach Absatz 1 Satz 1 oder Satz 2 an. [2]Absatz 1 Satz 3 gilt entsprechend.

(3) [1]Die Bundesanstalt veröffentlicht Maßnahmen nach den Absätzen 1 und 2 unverzüglich und übermittelt diese der Europäischen Wertpapier- und Marktaufsichtsbehörde sowie den zuständigen Behörden der anderen Mitgliedstaaten der Europäischen Union

und der Vertragsstaaten des Abkommens über den Europäischen Wirtschaftsraum. [2]Erhält die Bundesanstalt ihrerseits eine solche Mitteilung von einer zuständigen Behörde eines anderen Mitgliedstaats der Europäischen Union oder eines Vertragsstaats des Abkommens über den Europäischen Wirtschaftsraum, teilt sie dies den Geschäftsführungen der Börsen, an denen die betreffenden Finanzinstrumente gehandelt werden und der jeweiligen Börsenaufsichtsbehörde mit. [3]Sie ordnet gegenüber den Betreibern inländischer multilateraler und organisierter Handelssysteme sowie gegenüber systematischen Internalisierern, die die betreffenden Finanzinstrumente handeln, ebenfalls Maßnahmen nach Absatz 1 Satz 1 oder Satz 2 an. [4]Absatz 1 Satz 3 gilt entsprechend. [5]Die Bundesanstalt informiert die Europäische Wertpapier- und Marktaufsichtsbehörde und die zuständigen Behörden der anderen Mitgliedstaaten der Europäischen Union und der Vertragsstaaten des Abkommens über den Europäischen Wirtschaftsraum über Maßnahmen, die sie nach Satz 3 angeordnet hat, einschließlich einer Erläuterung, falls keine Handelsaussetzung oder Handelseinstellung erfolgt ist. [6]Die Sätze 1 bis 5 gelten entsprechend für die Aufhebung einer Handelsaussetzung.

§ 74 Besondere Anforderungen an multilaterale Handelssysteme

(1) Die Regeln für den Zugang zu einem multilateralen Handelssystem müssen mindestens den Anforderungen nach § 19 Absatz 2 und 4 Satz 1 und 2 des Börsengesetzes entsprechen.

(2) Die Regeln für den Handel und die Preisermittlung dürfen dem Betreiber eines multilateralen Handelssystems keinen Ermessensspielraum einräumen; dabei müssen die Preise im multilateralen Handelssystem entsprechend den Regelungen des § 24 Absatz 2 des Börsengesetzes zustande kommen.

(3) Der Betreiber eines multilateralen Handelssystems hat Vorkehrungen zu treffen, um

1. die Risiken, denen das System ausgesetzt ist, angemessen steuern zu können, insbesondere alle für den Betrieb des Handelssystems wesentlichen Risiken ermitteln und wirksam begrenzen zu können, und
2. einen reibungslosen und rechtzeitigen Abschluss der innerhalb seiner Systeme ausgeführten Geschäfte zu erleichtern.

(4) Der Betreiber eines multilateralen Handelssystems muss fortlaufend über ausreichende Finanzmittel verfügen, um ein ordnungsgemäßes Funktionieren des Systems sicherzustellen, wobei der Art und dem Umfang der an dem Handelssystem abgeschlossenen Geschäfte sowie der Art und der Höhe der Risiken, denen es ausgesetzt ist, Rechnung zu tragen ist.

(5) Dem Betreiber eines multilateralen Handelssystems ist es nicht gestattet, an einem multilateralen Handelssystem Kundenaufträge unter Einsatz seines eigenen Kapitals auszuführen oder auf die Zusammenführung sich deckender Kundenaufträge im Sinne von § 2 Absatz 29 zurückzugreifen.

§ 75 Besondere Anforderungen an multilaterale Handelssysteme

(1) Der Betreiber eines organisierten Handelssystems hat geeignete Vorkehrungen zu treffen, durch die die Ausführung von Kundenaufträgen in dem organisierten Handelssystem unter Einsatz des eigenen Kapitals des Betreibers oder eines Mitglieds derselben Unternehmensgruppe verhindert wird.

(2) [1]Der Betreiber eines organisierten Handelssystems darf auf die Zusammenführung sich deckender Kundenaufträge im Sinne von § 2 Absatz 29 für Schuldverschreibungen, strukturierte Finanzprodukte, Emissionszertifikate und bestimmte Derivate zurückgreifen, wenn der Kunde dem zugestimmt hat. [2]Er darf auf die Zusammenführung sich

deckender Kundenaufträge über Derivate nicht zurückgreifen, wenn diese der Verpflichtung zum Clearing nach Artikel 4 der Verordnung (EU) Nr. 648/2012 unterliegen.

(3) Der Handel für eigene Rechnung ist einem Betreiber eines organisierten Handelssystems nur gestattet, soweit es sich nicht um die Zusammenführung sich deckender Kundenaufträge im Sinne von § 2 Absatz 29 handelt und nur in Bezug auf öffentliche Schuldtitel, für die kein liquider Markt besteht.

(4) [1]Ein organisiertes Handelssystem darf nicht innerhalb derselben rechtlichen Einheit mit einer systematischen Internalisierung betrieben werden. [2]Ein organisiertes Handelssystem darf keine Verbindung zu einem systematischen Internalisierer oder einem anderen organisierten Handelssystem in einer Weise herstellen, die eine Interaktion von Aufträgen in dem organisierten Handelssystem mit den Aufträgen oder Angeboten des systematischen Internalisierers oder in dem organisierten Handelssystem ermöglicht.

(5) [1]Der Betreiber eines organisierten Handelssystems kann ein anderes Wertpapierdienstleistungsunternehmen beauftragen, unabhängig von dem Betreiber an dem organisierten Handelssystem Market-Making zu betreiben. [2]Ein unabhängiges Betreiben liegt nur dann vor, wenn keine enge Verbindung des Wertpapierdienstleistungsunternehmens zu dem Betreiber des organisierten Handelssystems besteht.

(6) [1]Der Betreiber eines organisierten Handelssystems hat die Entscheidung über die Ausführung eines Auftrags in dem organisierten Handelssystem nach Ermessen zu treffen, wenn er darüber entscheidet,

1. einen Auftrag zu platzieren oder zurückzunehmen oder
2. einen bestimmten Kundenauftrag nicht mit anderen zu einem bestimmten Zeitpunkt im System vorhandenen Aufträgen zusammenzuführen.

[2]Im Falle des Satzes 1 Nummer 2 darf eine Zusammenführung nur dann unterbleiben, wenn dies mit etwaigen Anweisungen des Kunden sowie der Verpflichtung zur bestmöglichen Ausführung von Kundenaufträgen im Sinne von § 82 vereinbar ist. [3]Bei einem System, bei dem gegenläufige Kundenaufträge eingehen, kann der Betreiber entscheiden, ob, wann und in welchem Umfang er zwei oder mehr Aufträge innerhalb des Systems zusammenführt. [4]Im Einklang mit den Absätzen 1, 2, 4 und 5 und unbeschadet des Absatzes 3 kann der Betreiber bei einem System, über das Geschäfte mit Nichteigenkapitalinstrumenten in die Wege geleitet werden, die Verhandlungen zwischen den Kunden erleichtern, um so zwei oder mehr möglicherweise kompatible Handelsinteressen in einem Geschäft zusammenzuführen. [5]Diese Verpflichtung gilt unbeschadet der §§ 72 und 82 dieses Gesetzes.

(7) [1]Die Bundesanstalt kann von dem Betreiber eines organisierten Handelssystems jederzeit, insbesondere bei Antrag auf Zulassung des Betriebs, eine ausführliche Erklärung darüber verlangen, warum das organisierte Handelssystem keinem regulierten Markt, multilateralen Handelssystem oder systematischen Internalisierer entspricht und nicht in dieser Form betrieben werden kann. [2]Die Erklärung hat eine ausführliche Beschreibung zu enthalten, wie der Ermessensspielraum genutzt wird, insbesondere, wann ein Auftrag im organisierten Handelssystem zurückgezogen werden kann und wann und wie zwei oder mehr sich deckende Kundenaufträge innerhalb des organisierten Handelssystems zusammengeführt werden. [3]Außerdem hat der Betreiber eines organisierten Handelssystems der Bundesanstalt Informationen zur Verfügung zu stellen, mit denen der Rückgriff auf die Zusammenführung sich deckender Kundenaufträge erklärt wird.

(8) Die Bundesanstalt überwacht den Handel durch Zusammenführung sich deckender Aufträge durch den Betreiber des organisierten Handelssystems, damit sichergestellt ist, dass dieser die hierfür geltenden Anforderungen einhält und dass der von ihm betriebene

Handel durch Zusammenführung sich deckender Aufträge nicht zu Interessenkonflikten zwischen dem Betreiber und seinen Kunden führt.

(9) § 63 Absatz 1, 3 bis 7 und 9, § 64 Absatz 1 sowie die §§ 69, 70 und 82 gelten entsprechend für Geschäfte, die über ein organisiertes Handelssystem abgeschlossen wurden.

§ 76[1)] KMU-Wachstumsmärkte; Verordnungsermächtigung

(1) [1]Der Betreiber eines multilateralen Handelssystems kann dieses bei der Bundesanstalt als Wachstumsmarkt für kleine und mittlere Unternehmen (KMU-Wachstumsmarkt) registrieren lassen, sofern folgende Anforderungen erfüllt sind:

1. bei mindestens 50 Prozent der Emittenten, deren Finanzinstrumente zum Handel auf dem multilateralen Handelssystem zugelassen sind, handelt es sich um kleine und mittlere Unternehmen;
2. der Betreiber hat geeignete Kriterien für die Zulassung der Finanzinstrumente zum Handel an dem Markt festgelegt;
3. der Betreiber macht die Zulassung von Finanzinstrumenten zum Handel an dem Markt davon abhängig, dass bei der Zulassung ausreichende Informationen veröffentlicht werden, um dem Publikum eine zutreffende Beurteilung des Emittenten und der Finanzinstrumente zu ermöglichen; bei diesen Informationen handelt es sich entweder um ein Zulassungsdokument oder einen Prospekt, falls auf Basis der Verordnung (EU) 2017/1129 festgelegte Anforderungen im Hinblick auf ein öffentliches Angebot im Zusammenhang mit der ursprünglichen Zulassung des Finanzinstruments zum Handel auf dem multilateralen Handelssystem Anwendung finden;
4. der Betreiber stellt sicher, dass eine geeignete regelmäßige Finanzberichterstattung durch den Emittenten am Markt stattfindet, dessen Finanzinstrumente zum Handel an dem multilateralen Handelssystem zugelassen sind, insbesondere durch geprüfte Jahresberichte;
5. die in Artikel 3 Absatz 1 Nummer 21 der Verordnung (EU) Nr. 596/2014 definierten Emittenten und die in Artikel 3 Absatz 1 Nummer 25 der Verordnung (EU) Nr. 596/2014 definierten Personen, die bei einem Emittenten Führungsaufgaben wahrnehmen, sowie die in Artikel 3 Absatz 1 Nummer 26 der Verordnung (EU) Nr. 596/2014 definierten Personen, die in enger Beziehung zu diesen stehen, erfüllen die jeweiligen Anforderungen, die für sie gemäß der Verordnung (EU) Nr. 596/2014 gelten;
6. der Betreiber erfasst Informationen, die von einem Emittenten auf Grund einer rechtlichen Verpflichtung veröffentlicht wurden, und stellt diese öffentlich zur Verfügung und
7. der Betreiber richtet wirksame Systeme und Kontrollen ein, die geeignet sind, einen Marktmissbrauch an dem betreffenden Markt gemäß der Verordnung (EU) Nr. 596/2014 zu erkennen und zu verhindern.

[2]Die Möglichkeit des Betreibers, zusätzliche Anforderungen festzulegen, bleibt unberührt.

(2) [1]Die Bundesanstalt hebt die Registrierung eines KMU-Wachstumsmarktes auf, wenn dessen Betreiber dies beantragt oder wenn die Voraussetzungen für eine Registrierung nach Absatz 1 nicht mehr vorliegen. [2]Die Bundesanstalt unterrichtet die Europäische Wertpapier- und Marktaufsichtsbehörde unverzüglich über die Registrierung eines KMU-Wachstumsmarktes und über deren Aufhebung.

---

1) § 76 Abs. 1 geändert durch Gesetz vom 8.7.2019 (BGBl. I S. 1002); s. dazu § 139.

(3) [1]Ein Finanzinstrument, das zum Handel an einem KMU-Wachstumsmarkt zugelassen ist, kann nur dann in einem anderen KMU-Wachstumsmarkt gehandelt werden, wenn der Emittent des Finanzinstruments hierüber unterrichtet wurde und dem nicht widersprochen hat. [2]In einem solchen Fall entstehen dem Emittenten im Hinblick auf diesen anderen KMU-Wachstumsmarkt keine Verpflichtungen in Bezug auf die Unternehmensführung und -kontrolle oder erstmalige, laufende oder punktuelle Veröffentlichungspflichten.

(4) [1]Das Bundesministerium der Finanzen kann durch Rechtsverordnung, die nicht der Zustimmung des Bundesrates bedarf, nähere Bestimmungen treffen

1. zur Art der Kriterien nach Absatz 1 Nummer 2,
2. zu Inhalt, Art, Umfang und Form der bei Zulassung zu veröffentlichenden Informationen nach Absatz 1 Nummer 3 und
3. zu Inhalt, Art, Umfang und Form der Berichterstattung nach Absatz 1 Nummer 4.

[2]Das Bundesministerium der Finanzen kann die Ermächtigung durch Rechtsverordnung auf die Bundesanstalt übertragen.

§ 77 Direkter elektronischer Zugang

(1) Ein Wertpapierdienstleistungsunternehmen, das einen direkten elektronischen Zugang zu einem Handelsplatz anbietet, muss

1. die Eignung der Kunden, die diesen Dienst nutzen, vor Gewährung des Zugangs beurteilen und regelmäßig überprüfen,
2. die im Zusammenhang mit diesem Dienst bestehenden Rechte und Pflichten des Kunden und des Wertpapierdienstleistungsunternehmens in einem schriftlichen Vertrag festlegen, wobei die Verantwortlichkeit des Wertpapierdienstleistungsunternehmens nach diesem Gesetz nicht auf den Kunden übertragen werden darf,
3. angemessene Handels- und Kreditschwellen für den Handel dieser Kunden festlegen,
4. den Handel dieser Kunden überwachen, um
   a) sicherzustellen, dass die Kunden die nach Nummer 3 festgelegten Schwellen nicht überschreiten,
   b) sicherzustellen, dass der Handel den Anforderungen der Verordnung (EU) Nr. 596/2014, dieses Gesetzes sowie der Vorschriften des Handelsplatzes entspricht,
   c) marktstörende Handelsbedingungen oder auf Marktmissbrauch hindeutende Verhaltensweisen, die an die zuständige Behörde zu melden sind, erkennen zu können und
   d) sicherzustellen, dass durch den Handel keine Risiken für das Wertpapierdienstleistungsunternehmen selbst entstehen.

(2) [1]Ein Wertpapierdienstleistungsunternehmen, das einen direkten elektronischen Zugang zu einem Handelsplatz anbietet, teilt dies der Bundesanstalt und den zuständigen Behörden des Handelsplatzes, an dem sie den direkten elektronischen Zugang anbietet, mit. [2]Die Bundesanstalt kann dem Wertpapierdienstleistungsunternehmen vorschreiben, regelmäßig oder jederzeit auf Anforderung eine Beschreibung der in Absatz 1 genannten Systeme und Kontrollen sowie Nachweise für ihre Anwendung vorzulegen. [3]Auf Ersuchen einer zuständigen Behörde des Handelsplatzes, zu dem ein Wertpapierdienstleistungsunternehmen direkten elektronischen Zugang bietet, leitet die Bundesanstalt diese Informationen unverzüglich an diese Behörde weiter.

(3) Das Wertpapierdienstleistungsunternehmen sorgt dafür, dass Aufzeichnungen zu den in diesem Paragrafen genannten Angelegenheiten mindestens für fünf Jahre auf-

bewahrt werden, und stellt sicher, dass diese ausreichend sind, um der Bundesanstalt zu ermöglichen, die Einhaltung der Anforderungen dieses Gesetzes zu überprüfen.

§ 78 Handeln als General-Clearing-Mitglied

[1]Ein Wertpapierdienstleistungsunternehmen, das als General-Clearing-Mitglied für andere Personen handelt, muss über wirksame Systeme und Kontrollen verfügen, um sicherzustellen, dass die Clearing-Dienste nur für solche Personen erbracht werden, die dafür geeignet sind und die von dem Wertpapierdienstleistungsunternehmen vorher festgelegte eindeutige Kriterien erfüllen. [2]Es muss diesen Personen geeignete Anforderungen auferlegen, die dafür sorgen, dass die Risiken für das Wertpapierdienstleistungsunternehmen und den Markt verringert werden. [3]Es muss ein schriftlicher Vertrag zwischen dem Wertpapierdienstleistungsunternehmen und der jeweiligen Person bestehen, der die im Zusammenhang mit diesem Dienst bestehenden Rechte und Pflichten regelt.

§ 79 Mitteilungspflicht von systematischen Internalisierern

[1]Wertpapierdienstleistungsunternehmen, die als systematischer Internalisierer tätig sind, haben dies der Bundesanstalt unverzüglich mitzuteilen. [2]Die Bundesanstalt übermittelt diese Information an die Europäische Wertpapier- und Marktaufsichtsbehörde.

§ 80 Organisationspflichten; Verordnungsermächtigung

(1) [1]Ein Wertpapierdienstleistungsunternehmen muss die organisatorischen Pflichten nach § 25a Absatz 1 und § 25e des Kreditwesengesetzes einhalten. [2]Darüber hinaus muss es

1. angemessene Vorkehrungen treffen, um die Kontinuität und Regelmäßigkeit der Wertpapierdienstleistungen und Wertpapiernebendienstleistungen zu gewährleisten;
2. auf Dauer wirksame Vorkehrungen für angemessene Maßnahmen treffen, um Interessenkonflikte bei der Erbringung von Wertpapierdienstleistungen und Wertpapiernebendienstleistungen oder einer Kombination davon zwischen einerseits ihm selbst einschließlich seiner Geschäftsleitung, seiner Mitarbeiter, seiner vertraglich gebundenen Vermittler und der mit ihm direkt oder indirekt durch Kontrolle im Sinne des Artikels 4 Absatz 1 Nummer 37 der Verordnung (EU) Nr. 575/2013 verbundenen Personen und Unternehmen und andererseits seinen Kunden oder zwischen seinen Kunden untereinander zu erkennen und zu vermeiden oder zu regeln; dies umfasst auch solche Interessenkonflikte, die durch die Annahme von Zuwendungen Dritter sowie durch die eigene Vergütungsstruktur oder sonstige Anreizstrukturen des Wertpapierdienstleistungsunternehmens verursacht werden;
3. im Rahmen der Vorkehrungen nach Nummer 2 Grundsätze oder Ziele, die den Umsatz, das Volumen oder den Ertrag der im Rahmen der Anlageberatung empfohlenen Geschäfte unmittelbar oder mittelbar betreffen (Vertriebsvorgaben), derart ausgestalten, umsetzen und überwachen, dass Kundeninteressen nicht beeinträchtigt werden;
4. über solide Sicherheitsmechanismen verfügen, die die Sicherheit und Authentifizierung der Informationsübermittlungswege gewährleisten, das Risiko der Datenverfälschung und des unberechtigten Zugriffs minimieren und verhindern, dass Informationen bekannt werden, so dass die Vertraulichkeit der Daten jederzeit gewährleistet ist.

[3]Nähere Bestimmungen zur Organisation der Wertpapierdienstleistungsunternehmen enthalten die Artikel 21 bis 26 der Delegierten Verordnung (EU) 2017/565.

(2) [1]Ein Wertpapierdienstleistungsunternehmen muss zusätzlich die in diesem Absatz genannten Bestimmungen einhalten, wenn es in der Weise Handel mit Finanzinstrumenten betreibt, dass ein Computeralgorithmus die einzelnen Auftragsparameter automatisch bestimmt, ohne dass es sich um ein System handelt, das nur zur Weiterleitung von Aufträgen zu einem oder mehreren Handelsplätzen, zur Bearbeitung von Aufträgen ohne die Bestimmung von Auftragsparametern, zur Bestätigung von Aufträgen oder zur Nachhandelsbearbeitung ausgeführter Aufträge verwendet wird (algorithmischer Handel). [2]Auftragsparameter im Sinne des Satzes 1 sind insbesondere Entscheidungen, ob der Auftrag eingeleitet werden soll, über Zeitpunkt, Preis oder Quantität des Auftrags oder wie der Auftrag nach seiner Einreichung mit eingeschränkter oder überhaupt keiner menschlichen Beteiligung bearbeitet wird. [3]Ein Wertpapierdienstleistungsunternehmen, das algorithmischen Handel betreibt, muss über Systeme und Risikokontrollen verfügen, die sicherstellen, dass

1. seine Handelssysteme belastbar sind, über ausreichende Kapazitäten verfügen und angemessenen Handelsschwellen und Handelsobergrenzen unterliegen;
2. die Übermittlung von fehlerhaften Aufträgen oder eine Funktionsweise des Systems vermieden wird, durch die Störungen auf dem Markt verursacht oder ein Beitrag zu diesen geleistet werden könnten;
3. seine Handelssysteme nicht für einen Zweck verwendet werden können, der gegen die europäischen und nationalen Vorschriften gegen Marktmissbrauch oder die Vorschriften des Handelsplatzes verstößt, mit dem es verbunden ist.

[4]Wertpapierdienstleistungsunternehmen, das algorithmischen Handel betreibt, muss ferner über wirksame Notfallvorkehrungen verfügen, um mit unvorgesehenen Störungen in seinen Handelssystemen umzugehen, und sicherstellen, dass seine Systeme vollständig geprüft sind und ordnungsgemäß überwacht werden. [5]Das Wertpapierdienstleistungsunternehmen zeigt der Bundesanstalt und den zuständigen Behörden des Handelsplatzes, dessen Mitglied oder Teilnehmer es ist, an, dass es algorithmischen Handel betreibt.

(3) [1]Ein Wertpapierdienstleistungsunternehmen, das algorithmischen Handel im Sinne des Artikels 18 der Delegierten Verordnung (EU) 2017/565 betreibt, hat ausreichende Aufzeichnungen zu den in Absatz 2 genannten Angelegenheiten für mindestens fünf Jahre aufzubewahren. [2]Nutzt das Wertpapierdienstleistungsunternehmen eine hochfrequente algorithmische Handelstechnik, müssen diese Aufzeichnungen insbesondere alle von ihm platzierten Aufträge einschließlich Auftragsstornierungen, ausgeführten Aufträge und Kursnotierungen an Handelsplätzen umfassen und chronologisch geordnet aufbewahrt werden. [3]Auf Verlangen der Bundesanstalt sind diese Aufzeichnungen herauszugeben.

(4) Betreibt ein Wertpapierdienstleistungsunternehmen algorithmischen Handel im Sinne des Absatzes 2 unter Verfolgung einer Market-Making-Strategie, hat es unter Berücksichtigung der Liquidität, des Umfangs und der Art des konkreten Marktes und der konkreten Merkmale des gehandelten Instruments

1. dieses Market-Making während eines festgelegten Teils der Handelszeiten des Handelsplatzes kontinuierlich zu betreiben, abgesehen von außergewöhnlichen Umständen, so dass der Handelsplatz regelmäßig und verlässlich mit Liquidität versorgt wird,
2. einen schriftlichen Vertrag mit dem Handelsplatz zu schließen, in dem zumindest die Verpflichtungen nach Nummer 1 festgelegt werden, sofern es nicht den Vorschriften des § 26c des Börsengesetzes unterliegt, und
3. über wirksame Systeme und Kontrollen zu verfügen, durch die gewährleistet wird, dass es jederzeit diesen Verpflichtungen nachkommt.

(5) Ein Wertpapierdienstleistungsunternehmen, das algorithmischen Handel betreibt, verfolgt eine Market-Making-Strategie im Sinne des Absatzes 4, wenn es Mitglied oder Teilnehmer eines oder mehrerer Handelsplätze ist und seine Strategie beim Handel auf eigene Rechnung beinhaltet, dass es in Bezug auf ein oder mehrere Finanzinstrumente an einem einzelnen Handelsplatz oder an verschiedenen Handelsplätzen feste, zeitgleiche Geld- und Briefkurse vergleichbarer Höhe zu wettbewerbsfähigen Preisen stellt.

(6) [1]Ein Wertpapierdienstleistungsunternehmen muss bei einer Auslagerung von Aktivitäten und Prozessen sowie von Finanzdienstleistungen die Anforderungen nach § 25b des Kreditwesengesetzes einhalten. [2]Die Auslagerung darf nicht die Rechtsverhältnisse des Unternehmens zu seinen Kunden und seine Pflichten, die nach diesem Abschnitt gegenüber den Kunden bestehen, verändern. [3]Die Auslagerung darf die Voraussetzungen, unter denen dem Wertpapierdienstleistungsunternehmen eine Erlaubnis nach § 32 des Kreditwesengesetzes erteilt worden ist, nicht verändern. [4]Nähere Bestimmungen zu den Anforderungen an die Auslagerung ergeben sich aus den Artikeln 30 bis 32 der Delegierten Verordnung (EU) 2017/565.

(7) [1]Ein Wertpapierdienstleistungsunternehmen darf die Anlageberatung nur dann als Unabhängige Honorar-Anlageberatung erbringen, wenn es ausschließlich Unabhängige Honorar-Anlageberatung erbringt oder wenn es die Unabhängige Honorar-Anlageberatung organisatorisch, funktional und personell von der übrigen Anlageberatung trennt. [2]Wertpapierdienstleistungsunternehmen müssen Vertriebsvorgaben im Sinne des Absatzes 1 Nummer 3 für die Unabhängige Honorar-Anlageberatung so ausgestalten, dass in keinem Falle Interessenkonflikte mit Kundeninteressen entstehen können. [3]Ein Wertpapierdienstleistungsunternehmen, das Unabhängige Honorar-Anlageberatung erbringt, muss auf seiner Internetseite angeben, ob die Unabhängige Honorar-Anlageberatung in der Hauptniederlassung und in welchen inländischen Zweigniederlassungen angeboten wird.

(8) Ein Wertpapierdienstleistungsunternehmen, das Finanzportfolioverwaltung oder Unabhängige Honorar-Anlageberatung erbringt, muss durch entsprechende Grundsätze sicherstellen, dass alle monetären Zuwendungen, die im Zusammenhang mit der Finanzportfolioverwaltung oder Unabhängigen Honorar-Anlageberatung von Dritten oder von für Dritte handelnden Personen angenommen werden, dem jeweiligen Kunden zugewiesen und an diesen weitergegeben werden.

(9) [1]Ein Wertpapierdienstleistungsunternehmen, das Finanzinstrumente zum Verkauf konzipiert, hat ein Verfahren für die Freigabe jedes einzelnen Finanzinstruments und jeder wesentlichen Anpassung bestehender Finanzinstrumente zu unterhalten, zu betreiben und zu überprüfen, bevor das Finanzinstrument an Kunden vermarktet oder vertrieben wird (Produktfreigabeverfahren). [2]Das Verfahren muss sicherstellen, dass für jedes Finanzinstrument für Endkunden innerhalb der jeweiligen Kundengattung ein bestimmter Zielmarkt festgelegt wird. [3]Dabei sind alle einschlägigen Risiken für den Zielmarkt zu bewerten. [4]Darüber hinaus ist sicherzustellen, dass die beabsichtigte Vertriebsstrategie dem nach Satz 2 bestimmten Zielmarkt entspricht.

(10) [1]Ein Wertpapierdienstleistungsunternehmen hat von ihm angebotene oder vermarktete Finanzinstrumente regelmäßig zu überprüfen und dabei alle Ereignisse zu berücksichtigen, die wesentlichen Einfluss auf das potentielle Risiko für den bestimmten Zielmarkt haben könnten. [2]Zumindest ist regelmäßig zu beurteilen, ob das Finanzinstrument den Bedürfnissen des nach Absatz 9 Satz 2 bestimmten Zielmarkts weiterhin entspricht und ob die beabsichtigte Vertriebsstrategie zur Erreichung dieses Zielmarkts weiterhin geeignet ist.

(11) [1]Ein Wertpapierdienstleistungsunternehmen, das Finanzinstrumente konzipiert, hat allen Vertriebsunternehmen sämtliche erforderlichen und sachdienlichen Informationen zu dem Finanzinstrument und dem Produktfreigabeverfahren nach Absatz 9

Satz 1, einschließlich des nach Absatz 9 Satz 2 bestimmten Zielmarkts, zur Verfügung zu stellen. [2]Vertreibt ein Wertpapierdienstleistungsunternehmen Finanzinstrumente oder empfiehlt es diese, ohne sie zu konzipieren, muss es über angemessene Vorkehrungen verfügen, um sich die in Satz 1 genannten Informationen vom konzipierenden Wertpapierdienstleistungsunternehmen oder vom Emittenten zu verschaffen und die Merkmale sowie den Zielmarkt des Finanzinstruments zu verstehen.

(12) [1]Ein Wertpapierdienstleistungsunternehmen, das Finanzinstrumente anzubieten oder zu empfehlen beabsichtigt und das von einem anderen Wertpapierdienstleistungsunternehmen konzipierte Finanzinstrumente vertreibt, hat geeignete Verfahren aufrechtzuerhalten und Maßnahmen zu treffen, um sicherzustellen, dass die Anforderungen nach diesem Gesetz eingehalten werden. [2]Dies umfasst auch solche Anforderungen, die für die Offenlegung, für die Bewertung der Eignung und der Angemessenheit, für Anreize und für den ordnungsgemäßen Umgang mit Interessenkonflikten gelten. [3]Das Wertpapierdienstleistungsunternehmen ist zu besonderer Sorgfalt verpflichtet, wenn es als Vertriebsunternehmen ein neues Finanzprodukt anzubieten oder zu empfehlen beabsichtigt oder wenn sich die Dienstleistungen ändern, die es als Vertriebsunternehmen anzubieten oder zu empfehlen beabsichtigt.

(13) [1]Das Wertpapierdienstleistungsunternehmen hat seine Produktfreigabevorkehrungen regelmäßig zu überprüfen, um sicherzustellen, dass diese belastbar und zweckmäßig sind und zur Umsetzung erforderlicher Änderungen geeignete Maßnahmen zu treffen. [2]Es hat sicherzustellen, dass seine gemäß Artikel 22 Absatz 2 der Delegierten Verordnung (EU) 2017/565 eingerichtete Compliance-Funktion die Entwicklung und regelmäßige Überprüfung der Produktfreigabevorkehrungen überwacht und etwaige Risiken, dass Anforderungen an den Produktüberwachungsprozess nicht erfüllt werden, frühzeitig erkennt.

(14) [1]Das Bundesministerium der Finanzen kann durch Rechtsverordnung, die nicht der Zustimmung des Bundesrates bedarf, nähere Bestimmungen zur Anwendung der Delegierten Verordnung (EU) 2017/565 sowie zur Umsetzung der Delegierten Richtlinie (EU) 2017/593 der Kommission vom 7. April 2016 zur Ergänzung der Richtlinie 2014/65/EU des Europäischen Parlaments und des Rates im Hinblick auf den Schutz der Finanzinstrumente und Gelder von Kunden, Produktüberwachungspflichten und Vorschriften für die Entrichtung beziehungsweise Gewährung oder Entgegennahme von Gebühren, Provisionen oder anderen monetären oder nicht-monetären Vorteilen (ABl. L 87 vom 31.3.2017, S. 500), in der jeweils geltenden Fassung, und den organisatorischen Anforderungen nach Absatz 1 Satz 2 und Absatz 7, den Anforderungen an das Produktfreigabeverfahren und den Produktvertrieb nach Absatz 9 und das Überprüfungsverfahren nach Absatz 10 sowie den nach Absatz 11 zur Verfügung zu stellenden Informationen und damit zusammenhängenden Pflichten der Wertpapierdienstleistungsunternehmen erlassen. [2]Das Bundesministerium der Finanzen kann die Ermächtigung durch Rechtsverordnung auf die Bundesanstalt übertragen.

§ 81 Geschäftsleiter

(1) [1]Die Geschäftsleiter eines Wertpapierdienstleistungsunternehmens haben im Rahmen der Pflichten aus § 25c Absatz 3 des Kreditwesengesetzes ihre Aufgaben in einer Art und Weise wahrzunehmen, die die Integrität des Marktes wahrt und durch die die Interessen der Kunden gefördert werden. [2]Insbesondere müssen die Geschäftsleiter Folgendes festlegen, umsetzen und überwachen:

1. unter Berücksichtigung von Art, Umfang und Komplexität der Geschäftstätigkeit des Wertpapierdienstleistungsunternehmens sowie aller von dem Wertpapierdienstleistungsunternehmen einzuhaltenden Anforderungen

a) die Organisation zur Erbringung von Wertpapierdienstleistungen und Wertpapiernebendienstleistungen, einschließlich der hierfür erforderlichen Mittel, und organisatorischen Regelungen sowie

b) ob das Personal über die erforderlichen Fähigkeiten, Kenntnisse und Erfahrungen verfügt,

2. die Geschäftspolitik hinsichtlich

a) der angebotenen oder erbrachten Wertpapierdienstleistungen und Wertpapiernebendienstleistungen und

b) der angebotenen oder vertriebenen Produkte,

die in Einklang stehen muss mit der Risikotoleranz des Wertpapierdienstleistungsunternehmens und etwaigen Besonderheiten und Bedürfnissen seiner Kunden, wobei erforderlichenfalls geeignete Stresstests durchzuführen sind, sowie

3. die Vergütungsregelungen für Personen, die an der Erbringung von Wertpapierdienstleistungen oder Wertpapiernebendienstleistungen für Kunden beteiligt sind, und die ausgerichtet sein müssen auf

a) eine verantwortungsvolle Unternehmensführung,

b) die faire Behandlung der Kunden und

c) die Vermeidung von Interessenkonflikten im Verhältnis zu den Kunden.

(2) [1]Die Geschäftsleiter eines Wertpapierdienstleistungsunternehmens müssen regelmäßig Folgendes überwachen und überprüfen:

1. die Eignung und die Umsetzung der strategischen Ziele des Wertpapierdienstleistungsunternehmens bei der Erbringung von Wertpapierdienstleistungen und Wertpapiernebendienstleistungen,
2. die Wirksamkeit der Unternehmensführungsregelungen des Wertpapierdienstleistungsunternehmens und
3. die Angemessenheit der Unternehmensstrategie hinsichtlich der Erbringung von Wertpapierdienstleistungen und Wertpapiernebendienstleistungen an die Kunden.

[2]Bestehen Mängel, müssen die Geschäftsleiter unverzüglich die erforderlichen Schritte unternehmen, um diese zu beseitigen.

(3) Das Wertpapierdienstleistungsunternehmen hat sicherzustellen, dass die Geschäftsleiter einen angemessenen Zugang zu den Informationen und Dokumenten haben, die für die Beaufsichtigung und Überwachung erforderlich sind.

(4) [1]Die Geschäftsleiter haben den Produktfreigabeprozess wirksam zu überwachen. [2]Sie haben sicherzustellen, dass die Compliance-Berichte an die Geschäftsleiter systematisch Informationen über die von dem Wertpapierdienstleistungsunternehmen konzipierten und empfohlenen Finanzinstrumente enthalten, insbesondere über die jeweilige Vertriebsstrategie. [3]Auf Verlangen sind die Compliance-Berichte der Bundesanstalt zur Verfügung zu stellen.

(5) [1]Das Wertpapierdienstleistungsunternehmen hat einen Beauftragten zu ernennen, der die Verantwortung dafür trägt, dass das Wertpapierdienstleistungsunternehmen seine Verpflichtungen in Bezug auf den Schutz von Finanzinstrumenten und Geldern von Kunden einhält. [2]Der Beauftragte kann daneben auch weitere Aufgaben wahrnehmen.

§ 82 Bestmögliche Ausführung von Kundenaufträgen

(1) Ein Wertpapierdienstleistungsunternehmen, das Aufträge seiner Kunden für den Kauf oder Verkauf von Finanzinstrumenten im Sinne des § 2 Absatz 8 Satz 1 Nummer 1 bis 3 ausführt, muss

1. alle hinreichenden Vorkehrungen treffen, insbesondere Grundsätze zur Auftragsausführung festlegen und regelmäßig, insbesondere unter Berücksichtigung der nach den Absätzen 9 bis 12 und § 26e des Börsengesetzes veröffentlichten Informationen, überprüfen, um das bestmögliche Ergebnis für seine Kunden zu erreichen und
2. sicherstellen, dass die Ausführung jedes einzelnen Kundenauftrags nach Maßgabe dieser Grundsätze vorgenommen wird.

(2) Das Wertpapierdienstleistungsunternehmen muss bei der Aufstellung der Ausführungsgrundsätze alle relevanten Kriterien zur Erzielung des bestmöglichen Ergebnisses, insbesondere die Preise der Finanzinstrumente, die mit der Auftragsausführung verbundenen Kosten, die Geschwindigkeit, die Wahrscheinlichkeit der Ausführung und die Abwicklung des Auftrags sowie den Umfang und die Art des Auftrags berücksichtigen und die Kriterien unter Berücksichtigung der Merkmale des Kunden, des Kundenauftrags, des Finanzinstrumentes und des Ausführungsplatzes gewichten.

(3) [1]Führt das Wertpapierdienstleistungsunternehmen Aufträge von Privatkunden aus, müssen die Ausführungsgrundsätze Vorkehrungen dafür enthalten, dass sich das bestmögliche Ergebnis am Gesamtentgelt orientiert. [2]Das Gesamtentgelt ergibt sich aus dem Preis für das Finanzinstrument und sämtlichen mit der Auftragsausführung verbundenen Kosten. [3]Kann ein Auftrag über ein Finanzinstrument nach Maßgabe der Ausführungsgrundsätze des Wertpapierdienstleistungsunternehmens an mehreren konkurrierenden Plätzen ausgeführt werden, zählen zu den Kosten auch die eigenen Provisionen oder Gebühren, die das Wertpapierdienstleistungsunternehmen dem Kunden für eine Wertpapierdienstleistung in Rechnung stellt. [4]Zu den bei der Berechnung des Gesamtentgelts zu berücksichtigenden Kosten zählen Gebühren und Entgelte des Ausführungsplatzes, an dem das Geschäft ausgeführt wird, Kosten für Clearing und Abwicklung und alle sonstigen Entgelte, die an Dritte gezahlt werden, die an der Auftragsausführung beteiligt sind.

(4) Führt das Wertpapierdienstleistungsunternehmen einen Auftrag gemäß einer ausdrücklichen Kundenweisung aus, gilt die Pflicht zur Erzielung des bestmöglichen Ergebnisses entsprechend dem Umfang der Weisung als erfüllt.

(5) [1]Die Grundsätze zur Auftragsausführung müssen

1. Angaben zu den verschiedenen Ausführungsplätzen in Bezug auf jede Gattung von Finanzinstrumenten und die ausschlaggebenden Faktoren für die Auswahl eines Ausführungsplatzes,
2. mindestens die Ausführungsplätze, an denen das Wertpapierdienstleistungsunternehmen gleichbleibend die bestmöglichen Ergebnisse bei der Ausführung von Kundenaufträgen erzielen kann,

enthalten. [2]Lassen die Ausführungsgrundsätze im Sinne des Absatzes 1 Nummer 1 auch eine Auftragsausführung außerhalb von Handelsplätzen im Sinne von § 2 Absatz 22 zu, muss das Wertpapierdienstleistungsunternehmen seine Kunden auf diesen Umstand gesondert hinweisen und deren ausdrückliche Einwilligung generell oder in Bezug auf jedes Geschäft einholen, bevor die Kundenaufträge an diesen Ausführungsplätzen ausgeführt werden.

(6) [1]Das Wertpapierdienstleistungsunternehmen muss

1. seine Kunden vor der erstmaligen Erbringung von Wertpapierdienstleistungen über seine Ausführungsgrundsätze informieren und ihre Zustimmung zu diesen Grundsätzen einholen und
2. seinen Kunden wesentliche Änderungen der Vorkehrungen nach Absatz 1 Nummer 1 unverzüglich mitteilen.

[2]Die Informationen über die Ausführungsgrundsätze müssen klar, ausführlich und auf eine für den Kunden verständliche Weise erläutern, wie das Wertpapierdienstleistungsunternehmen die Kundenaufträge ausführt.

(7) Das Wertpapierdienstleistungsunternehmen muss in der Lage sein, einem Kunden auf Anfrage darzulegen, dass sein Auftrag entsprechend den Ausführungsgrundsätzen ausgeführt wurde.

(8) Ein Wertpapierdienstleistungsunternehmen darf sowohl für die Ausführung von Kundenaufträgen an einem bestimmten Handelsplatz oder Ausführungsplatz als auch für die Weiterleitung von Kundenaufträgen an einen bestimmten Handelsplatz oder Ausführungsplatz weder eine Vergütung noch einen Rabatt oder einen nichtmonetären Vorteil annehmen, wenn dies einen Verstoß gegen die Anforderungen nach § 63 Absatz 1 bis 7 und 9, § 64 Absatz 1 und 5, den §§ 70, 80 Absatz 1 Satz 2 Nummer 2, Absatz 9 bis 11 oder die Absätze 1 bis 4 darstellen würde.

(9) Das Wertpapierdienstleistungsunternehmen muss einmal jährlich für jede Gattung von Finanzinstrumenten die fünf Ausführungsplätze, die ausgehend vom Handelsvolumen am wichtigsten sind, auf denen es Kundenaufträge im Vorjahr ausgeführt hat, und Informationen über die erreichte Ausführungsqualität zusammenfassen und nach den Vorgaben der Delegierten Verordnung (EU) 2017/576 der Kommission vom 8. Juni 2016 zur Ergänzung der Richtlinie 2014/65/EU des Europäischen Parlaments und des Rates durch technische Regulierungsstandards für die jährliche Veröffentlichung von Informationen durch Wertpapierfirmen zur Identität von Handelsplätzen und zur Qualität der Ausführung (ABl. L 87 vom 31.3.2017, S. 166), in der jeweils geltenden Fassung, veröffentlichen.

(10) Vorbehaltlich des § 26e des Börsengesetzes müssen Handelsplätze und systematische Internalisierer für jedes Finanzinstrument, das der Handelspflicht nach Artikel 23 oder Artikel 28 der Verordnung (EU) Nr. 600/2014 unterliegt, mindestens einmal jährlich gebührenfrei Informationen über die Ausführungsqualität von Aufträgen veröffentlichen.

(11) Vorbehaltlich des § 26e des Börsengesetzes müssen Ausführungsplätze für jedes Finanzinstrument, das nicht von Absatz 10 erfasst wird, mindestens einmal jährlich gebührenfrei Informationen über die Ausführungsqualität von Aufträgen veröffentlichen.

(12) [1]Die Veröffentlichungen nach den Absätzen 10 und 11 müssen ausführliche Angaben zum Preis, zu den mit einer Auftragsausführung verbundenen Kosten, der Geschwindigkeit und der Wahrscheinlichkeit der Ausführung sowie der Abwicklung eines Auftrags in den einzelnen Finanzinstrumenten enthalten. [2]Das Nähere regelt die Delegierte Verordnung (EU) 2017/575 der Kommission vom 8. Juni 2016 zur Ergänzung der Richtlinie 2014/65/EU des Europäischen Parlaments und des Rates über Märkte für Finanzinstrumente durch technische Regulierungsstandards bezüglich der Daten, die Ausführungsplätze zur Qualität der Ausführung von Geschäften veröffentlichen müssen (ABl. L 87 vom 31.3.2017, S. 152), in der jeweils geltenden Fassung.

(13) Nähere Bestimmungen ergeben sich aus der Delegierten Verordnung (EU) 2017/565, insbesondere zu

1. der Aufstellung der Ausführungsgrundsätze nach den Absätzen 1 bis 5 aus Artikel 64,
2. der Überprüfung der Vorkehrungen nach Absatz 1 aus Artikel 66,
3. Art, Umfang und Datenträger der Informationen über die Ausführungsgrundsätze nach Absatz 6 aus Artikel 66 und
4. den Pflichten von Wertpapierdienstleistungsunternehmen, die Aufträge ihrer Kunden an Dritte zur Ausführung weiterleiten oder die Finanzportfolioverwaltung be-

treiben, ohne die Aufträge oder Entscheidungen selbst auszuführen, im bestmöglichen Interesse ihrer Kunden zu handeln, aus Artikel 65.

§ 83[1)] Aufzeichnungs- und Aufbewahrungspflichten

(1) Ein Wertpapierdienstleistungsunternehmen muss, unbeschadet der Aufzeichnungspflichten nach den Artikeln 74 und 75 der Delegierten Verordnung (EU) 2017/565, über die von ihm erbrachten Wertpapierdienstleistungen und Wertpapiernebendienstleistungen sowie die von ihm getätigten Geschäfte Aufzeichnungen erstellen, die es der Bundesanstalt ermöglichen, die Einhaltung der in diesem Abschnitt, in der Verordnung (EU) Nr. 600/2014 und der Verordnung (EU) Nr. 596/2014 geregelten Pflichten zu prüfen und durchzusetzen.

(2) [1]Das Wertpapierdienstleistungsunternehmen hat Aufzeichnungen zu erstellen über Vereinbarungen mit Kunden, die die Rechte und Pflichten der Vertragsparteien sowie die sonstigen Bedingungen festlegen, zu denen das Wertpapierdienstleistungsunternehmen Wertpapierdienstleistungen oder Wertpapiernebendienstleistungen für den Kunden erbringt. [2]In anderen Dokumenten oder Rechtstexten normierte oder vereinbarte Rechte und Pflichten können durch Verweis in die Vereinbarungen einbezogen werden. [3]Nähere Bestimmungen zur Aufzeichnungspflicht nach Satz 1 ergeben sich aus Artikel 58 der Delegierten Verordnung (EU) 2017/565.

(3) [1]Hinsichtlich der beim Handel für eigene Rechnung getätigten Geschäfte und der Erbringung von Dienstleistungen, die sich auf die Annahme, Übermittlung und Ausführung von Kundenaufträgen beziehen, hat das Wertpapierdienstleistungsunternehmen für Zwecke der Beweissicherung die Inhalte der Telefongespräche und der elektronischen Kommunikation aufzuzeichnen. [2]Die Aufzeichnung hat insbesondere diejenigen Teile der Telefongespräche und der elektronischen Kommunikation zu beinhalten, in welchen die Risiken, die Ertragschancen oder die Ausgestaltung von Finanzinstrumenten oder Wertpapierdienstleistungen erörtert werden. [3]Hierzu darf das Wertpapierdienstleistungsunternehmen personenbezogene Daten verarbeiten. [4]Dies gilt auch, wenn das Telefongespräch oder die elektronische Kommunikation nicht zum Abschluss eines solchen Geschäftes oder zur Erbringung einer solchen Dienstleistung führt.

(4) [1]Das Wertpapierdienstleistungsunternehmen hat alle angemessenen Maßnahmen zu ergreifen, um einschlägige Telefongespräche und elektronische Kommunikation aufzuzeichnen, die über Geräte erstellt oder von Geräten gesendet oder empfangen werden, die das Wertpapierdienstleistungsunternehmen seinen Mitarbeitern oder beauftragten Personen zur Verfügung stellt oder deren Nutzung das Wertpapierdienstleistungsunternehmen billigt oder gestattet. [2]Telefongespräche und elektronische Kommunikation, die nach Absatz 3 Satz 1 aufzuzeichnen sind, dürfen über private Geräte oder private elektronische Kommunikation der Mitarbeiter nur geführt werden, wenn das Wertpapierdienstleistungsunternehmen diese mit Zustimmung der Mitarbeiter aufzeichnen oder nach Abschluss des Gesprächs auf einen eigenen Datenspeicher kopieren kann.

(5) [1]Das Wertpapierdienstleistungsunternehmen hat Neu- und Altkunden sowie seine Mitarbeiter und beauftragten Personen vorab in geeigneter Weise über die Aufzeichnung von Telefongesprächen nach Absatz 3 Satz 1 zu informieren. [2]Hat ein Wertpapierdienstleistungsunternehmen seine Kunden nicht vorab über die Aufzeichnung der Telefongespräche oder der elektronischen Kommunikation informiert oder hat der Kunde einer Aufzeichnung widersprochen, darf das Wertpapierdienstleistungsunternehmen für den Kunden keine telefonisch oder mittels elektronischer Kommunikation veranlassten Wertpapierdienstleistungen erbringen, wenn sich diese auf die Annahme, Übermittlung

1) § 83 Abs. 3 geändert durch Gesetz vom 20.11.2019 (BGBl. I S. 1626).

und Ausführung von Kundenaufträgen beziehen. [3]Näheres regelt Artikel 76 der Delegierten Verordnung (EU) 2017/565.

(6) [1]Erteilt der Kunde dem Wertpapierdienstleistungsunternehmen seinen Auftrag im Rahmen eines persönlichen Gesprächs, hat das Wertpapierdienstleistungsunternehmen die Erteilung des Auftrags mittels eines dauerhaften Datenträgers zu dokumentieren. [2]Zu diesem Zweck dürfen auch schriftliche Protokolle oder Vermerke über den Inhalt des persönlichen Gesprächs angefertigt werden. [3]Erteilt der Kunde seinen Auftrag auf andere Art und Weise, müssen solche Mitteilungen auf einem dauerhaften Datenträger erfolgen. [4]Näheres regelt Artikel 76 Absatz 9 der Delegierten Verordnung (EU) 2017/565.

(7) Der Kunde kann von dem Wertpapierdienstleistungsunternehmen bis zur Löschung oder Vernichtung nach Absatz 8 jederzeit verlangen, dass ihm die Aufzeichnungen nach Absatz 3 Satz 1 und der Dokumentation nach Absatz 6 Satz 1 oder eine Kopie zur Verfügung gestellt werden.

(8) [1]Die Aufzeichnungen nach den Absätzen 3 und 6 sind für fünf Jahre aufzubewahren, soweit sie für die dort genannten Zwecke erforderlich sind. [2]Sie sind nach Ablauf der in Satz 1 genannten Frist zu löschen oder zu vernichten. [3]Die Löschung oder Vernichtung ist zu dokumentieren. [4]Erhält die Bundesanstalt vor Ablauf der in Satz 1 genannten Frist Kenntnis von Umständen, die eine über die in Satz 1 genannte Höchstfrist hinausgehende Speicherung der Aufzeichnung insbesondere zur Beweissicherung erfordern, kann die Bundesanstalt die in Satz 1 genannte Höchstfrist zur Speicherung der Aufzeichnung um zwei Jahre verlängern.

(9) [1]Die nach den Absätzen 3 und 6 erstellten Aufzeichnungen sind gegen nachträgliche Verfälschung und unbefugte Verwendung zu sichern und dürfen nicht für andere Zwecke genutzt werden, insbesondere nicht zur Überwachung der Mitarbeiter durch das Wertpapierdienstleistungsunternehmen. [2]Sie dürfen nur unter bestimmten Voraussetzungen, insbesondere zur Erfüllung eines Kundenauftrags, der Anforderung durch die Bundesanstalt oder eine andere Aufsichts- oder eine Strafverfolgungsbehörde und nur durch einen oder mehrere vom Wertpapierdienstleistungsunternehmen gesondert zu benennende Mitarbeiter ausgewertet werden.

(10) [1]Das Bundesministerium der Finanzen kann durch Rechtsverordnung, die nicht der Zustimmung des Bundesrates bedarf, nähere Bestimmungen zu den Aufzeichnungspflichten und zu der Geeignetheit von Datenträgern nach den Absätzen 1 bis 7 erlassen. [2]Das Bundesministerium der Finanzen kann die Ermächtigung durch Rechtsverordnung auf die Bundesanstalt übertragen.

(11) Die Bundesanstalt veröffentlicht auf ihrer Internetseite ein Verzeichnis der Mindestaufzeichnungen, die die Wertpapierdienstleistungsunternehmen nach diesem Gesetz in Verbindung mit einer Rechtsverordnung nach Absatz 11 vorzunehmen haben.

(12) Absatz 2 gilt nicht für Immobiliar-Verbraucherdarlehensverträge nach § 491 Absatz 3 des Bürgerlichen Gesetzbuchs, die an die Vorbedingung geknüpft sind, dass dem Verbraucher eine Wertpapierdienstleistung in Bezug auf gedeckte Schuldverschreibungen, die zur Besicherung der Finanzierung des Kredits begeben worden sind und denen dieselben Konditionen wie dem Immobiliar-Verbraucherdarlehensvertrag zugrunde liegen, erbracht wird, und wenn damit das Darlehen ausgezahlt, refinanziert oder abgelöst werden kann.

§ 84 Vermögensverwahrung und Finanzsicherheiten; Verordnungsermächtigung

(1) Ein Wertpapierdienstleistungsunternehmen, das nicht über eine Erlaubnis für das Einlagengeschäft nach § 1 Absatz 1 Satz 2 Nummer 1 des Kreditwesengesetzes verfügt und das Gelder von Kunden hält, hat geeignete Vorkehrungen zu treffen, um die Rechte

der Kunden zu schützen und zu verhindern, dass die Gelder des Kunden ohne dessen ausdrückliche Zustimmung für eigene Rechnung oder für Rechnung einer anderen Person verwendet werden.

(2) [1]Ein Wertpapierdienstleistungsunternehmen, das über keine Erlaubnis für das Einlagengeschäft im Sinne des § 1 Abs. 1 Satz 2 Nr. 1 des Kreditwesengesetzes verfügt, hat Kundengelder, die es im Zusammenhang mit einer Wertpapierdienstleistung oder einer Wertpapiernebendienstleistung entgegennimmt, unverzüglich getrennt von den Geldern des Unternehmens und von anderen Kundengeldern auf Treuhandkonten bei solchen Kreditinstituten, Unternehmen im Sinne des § 53b Abs. 1 Satz 1 des Kreditwesengesetzes oder vergleichbaren Instituten mit Sitz in einem Drittstaat, welche zum Betreiben des Einlagengeschäftes befugt sind, einer Zentralbank oder einem qualifizierten Geldmarktfonds zu verwahren, bis die Gelder zum vereinbarten Zweck verwendet werden. [2]Der Kunde kann im Wege individueller Vertragsabrede hinsichtlich der Trennung der Kundengelder voneinander anderweitige Weisung erteilen, wenn er über den mit der Trennung der Kundengelder verfolgten Schutzweck informiert wurde. [3]Zur Verwahrung bei einem qualifizierten Geldmarktfonds hat das Wertpapierdienstleistungsunternehmen die vorherige Zustimmung des Kunden einzuholen. [4]Die Zustimmung ist nur dann wirksam, wenn das Wertpapierdienstleistungsunternehmen den Kunden vor Erteilung der Zustimmung darüber unterrichtet hat, dass die bei dem qualifizierten Geldmarktfonds verwahrten Gelder nicht entsprechend den Schutzstandards dieses Gesetzes und nicht entsprechend der Verordnung zur Konkretisierung der Verhaltensregeln und Organisationsanforderungen für Wertpapierdienstleistungsunternehmen gehalten werden. [5]Das Wertpapierdienstleistungsunternehmen hat dem verwahrenden Institut vor der Verwahrung offen zu legen, dass die Gelder treuhänderisch eingelegt werden. [6]Es hat den Kunden unverzüglich darüber zu unterrichten, bei welchem Institut und auf welchem Konto die Kundengelder verwahrt werden und ob das Institut, bei dem die Kundengelder verwahrt werden, einer Einrichtung zur Sicherung der Ansprüche von Einlegern und Anlegern angehört und in welchem Umfang die Kundengelder durch diese Einrichtung gesichert sind.

(3) [1]Werden die Kundengelder bei einem Kreditinstitut, einem vergleichbaren Institut mit Sitz in einem Drittstaat oder einem Geldmarktfonds, die zur Unternehmensgruppe des Wertpapierdienstleistungsunternehmens gehören, gehalten, dürfen die bei einem solchen Unternehmen oder einer Gemeinschaft von solchen Unternehmen verwahrten Gelder 20 Prozent aller Kundengelder des Wertpapierdienstleistungsunternehmens nicht übersteigen. [2]Die Bundesanstalt kann dem Wertpapierdienstleistungsunternehmen auf Antrag erlauben, die Obergrenze nach Satz 1 zu überschreiten, wenn es nachweist, dass die gemäß Satz 1 geltende Anforderung angesichts der Art, des Umfangs und der Komplexität seiner Tätigkeit sowie angesichts der Sicherheit, die die Verwahrstellen nach Satz 1 bieten sowie angesichts des geringen Saldos an Kundengeldern, das das Wertpapierdienstleistungsunternehmen hält, unverhältnismäßig ist. [3]Das Wertpapierdienstleistungsunternehmen überprüft die nach Satz 2 durchgeführte Bewertung jährlich und leitet der Bundesanstalt seine Ausgangsbewertung sowie die überprüften Bewertungen zur Prüfung zu.

(4) [1]Ein Wertpapierdienstleistungsunternehmen, das Finanzinstrumente von Kunden hält, hat geeignete Vorkehrungen zu treffen, um die Eigentumsrechte der Kunden an diesen Finanzinstrumenten zu schützen. [2]Dies gilt insbesondere für den Fall der Insolvenz des Wertpapierdienstleistungsunternehmens. [3]Das Wertpapierdienstleistungsunternehmen hat durch geeignete Vorkehrungen zu verhindern, dass die Finanzinstrumente eines Kunden ohne dessen ausdrückliche Zustimmung für eigene Rechnung oder für Rechnung einer anderen Person verwendet werden.

(5) [1]Ein Wertpapierdienstleistungsunternehmen ohne eine Erlaubnis zum Betreiben des Depotgeschäftes im Sinne des § 1 Absatz 1 Satz 2 Nummer 5 des Kreditwesengesetzes hat Wertpapiere, die es im Zusammenhang mit einer Wertpapierdienstleistung oder einer Wertpapiernebendienstleistung entgegennimmt, unverzüglich einem Kreditinstitut, das im Inland zum Betreiben des Depotgeschäftes befugt ist, oder einem Institut mit Sitz im Ausland, das zum Betreiben des Depotgeschäftes befugt ist und bei welchem dem Kunden eine Rechtsstellung eingeräumt wird, die derjenigen nach dem Depotgesetz gleichwertig ist, zur Verwahrung weiterzuleiten. [2]Absatz 2 Satz 6 gilt entsprechend.

(6) [1]Das Wertpapierdienstleistungsunternehmen darf die Finanzinstrumente eines Kunden nur unter genau festgelegten Bedingungen für eigene Rechnung oder für Rechnung einer anderen Person verwenden und hat geeignete Vorkehrungen zu treffen, um die unbefugte Verwendung der Finanzinstrumente des Kunden für eigene Rechnung oder für Rechnung einer anderen Person zu verhindern. [2]Der Kunde muss den Bedingungen im Voraus ausdrücklich zugestimmt haben und seine Zustimmung muss durch seine Unterschrift oder eine gleichwertige schriftliche Bestätigung eindeutig dokumentiert sein. [3]Werden die Finanzinstrumente auf Sammeldepots bei einem Dritten verwahrt, sind für eine Verwendung nach Satz 1 zusätzlich die ausdrückliche Zustimmung aller anderen Kunden des Sammeldepots oder Systeme und Kontrolleinrichtungen erforderlich, mit denen die Beschränkung der Verwendung auf Finanzinstrumente gewährleistet ist, für die eine Zustimmung nach Satz 2 vorliegt. [4]In den Fällen des Satzes 3 muss das Wertpapierdienstleistungsunternehmen über Kunden, auf deren Weisung hin eine Nutzung der Finanzinstrumente erfolgt, und über die Zahl der von jedem einzelnen Kunden mit dessen Zustimmung verwendeten Finanzinstrumente Aufzeichnungen führen, die eine eindeutige und zutreffende Zuordnung der im Rahmen der Verwendung eingetretenen Verluste ermöglichen.

(7) Ein Wertpapierdienstleistungsunternehmen darf sich von Privatkunden zur Besicherung oder Deckung von Verpflichtungen der Kunden, auch soweit diese noch nicht bestehen, keine Finanzsicherheiten in Form von Vollrechtsübertragungen im Sinne des Artikels 2 Absatz 1 Buchstabe b der Richtlinie 2002/47/EG des Europäischen Parlaments und des Rates vom 6. Juni 2002 über Finanzsicherheiten (ABl. L 168 vom 27.6.2002, S. 43), die zuletzt durch die Richtlinie 2014/59/EU (ABl. L 173 vom 12.6.2014, S. 190) geändert worden ist, in der jeweils geltenden Fassung, gewähren lassen.

(8) [1]Soweit eine Vollrechtsübertragung zulässig ist, hat das Wertpapierdienstleistungsunternehmen die Angemessenheit der Verwendung eines Finanzinstruments als Finanzsicherheit ordnungsgemäß vor dem Hintergrund der Vertragsbeziehung des Kunden mit dem Wertpapierdienstleistungsunternehmen und den Vermögensgegenständen des Kunden zu prüfen und diese Prüfung zu dokumentieren. [2]Professionelle Kunden und geeignete Gegenparteien sind auf die Risiken und die Folgen der Stellung einer Finanzsicherheit in Form der Vollrechtsübertragung hinzuweisen.

(9) [1]Ein Wertpapierdienstleistungsunternehmen hat im Rahmen von Wertpapierleihgeschäften mit Dritten, die Finanzinstrumente von Kunden zum Gegenstand haben, durch entsprechende Vereinbarungen sicherzustellen, dass der Entleiher der Kundenfinanzinstrumente angemessene Sicherheiten stellt. [2]Das Wertpapierdienstleistungsunternehmen hat die Angemessenheit der gestellten Sicherheiten durch geeignete Vorkehrungen sicherzustellen sowie fortlaufend zu überwachen und das Gleichgewicht zwischen dem Wert der Sicherheit und dem Wert des Finanzinstruments des Kunden aufrechtzuerhalten.

(10) [1]Das Bundesministerium der Finanzen kann durch Rechtsverordnung, die nicht der Zustimmung des Bundesrates bedarf, zum Schutz der einem Wertpapierdienstleistungsunternehmen anvertrauten Gelder oder Wertpapiere der Kunden nähere Be-

stimmungen über den Umfang der Verpflichtungen nach den Absätzen 1 bis 9 sowie zu den Anforderungen an qualifizierte Geldmarktfonds im Sinne des Absatzes 2 erlassen. [2]Das Bundesministerium der Finanzen kann die Ermächtigung durch Rechtsverordnung auf die Bundesanstalt übertragen.

§ 85 Anlagestrategieempfehlungen und Anlageempfehlungen; Verordnungsermächtigung

(1) [1]Unternehmen, die Anlagestrategieempfehlungen im Sinne des Artikels 3 Absatz 1 Nummer 34 der Verordnung (EU) Nr. 596/2014 oder Anlageempfehlungen im Sinne des Artikels 3 Absatz 1 Nummer 35 der Verordnung (EU) Nr. 596/2014 erstellen oder verbreiten, müssen so organisiert sein, dass Interessenkonflikte im Sinne des Artikels 20 Absatz 1 der Verordnung (EU) Nr. 596/2014 möglichst gering sind. [2]Sie müssen insbesondere über angemessene Kontrollverfahren verfügen, die geeignet sind, Verstößen gegen die Verpflichtungen nach Artikel 20 Absatz 1 der Verordnung (EU) Nr. 596/2014 entgegenzuwirken.

(2) Die Befugnisse der Bundesanstalt nach § 88 gelten hinsichtlich der Einhaltung der in Absatz 1 genannten Pflichten und der Pflichten, die sich aus Artikel 20 Absatz 1 der Verordnung (EU) Nr. 596/2014 in Verbindung mit einem auf der Grundlage von Artikel 20 Absatz 3 der Verordnung (EU) Nr. 596/2014 erlassenen delegierten Rechtsakt ergeben, entsprechend.

(3) [1]Das Bundesministerium der Finanzen kann durch Rechtsverordnung, die nicht der Zustimmung des Bundesrates bedarf, nähere Bestimmungen über die angemessene Organisation nach Absatz 1 Satz 1 erlassen. [2]Das Bundesministerium der Finanzen kann die Ermächtigung durch Rechtsverordnung auf die Bundesanstalt übertragen.

§ 86 Anzeigepflicht

(1) [1]Andere Personen als Wertpapierdienstleistungsunternehmen, Kapitalverwaltungsgesellschaften, EU-Verwaltungsgesellschaften oder Investmentgesellschaften, die in Ausübung ihres Berufes oder im Rahmen ihrer Geschäftstätigkeit für die Erstellung von Anlagestrategieempfehlungen im Sinne des Artikels 3 Absatz 1 Nummer 34 der Verordnung (EU) Nr. 596/2014 oder von Anlageempfehlungen im Sinne des Artikels 3 Absatz 1 Nummer 35 der Verordnung (EU) Nr. 596/2014 oder deren Weitergabe verantwortlich sind, haben dies der Bundesanstalt vor Erstellung oder Weitergabe der Empfehlungen anzuzeigen. [2]Die Anzeige muss folgende Angaben enthalten:

1. bei einer natürlichen Person Name, Geburtsort, Geburtsdatum, Wohn- und Geschäftsanschrift sowie telefonische und elektronische Kontaktdaten,
2. bei einer juristischen Person oder einer Personenvereinigung Firma, Name oder Bezeichnung, Rechtsform, Registernummer wenn vorhanden, Anschrift des Sitzes oder der Hauptniederlassung, Namen der Mitglieder des Vertretungsorgans oder der gesetzlichen Vertreter und telefonische und elektronische Kontaktdaten; ist ein Mitglied des Vertretungsorgans oder der gesetzliche Vertreter eine juristische Person, so sind deren Firma, Name oder Bezeichnung, Rechtsform, Registernummer wenn vorhanden und Anschrift des Sitzes oder der Hauptniederlassung ebenfalls anzugeben.

[3]Die Angaben nach Satz 2 sind glaubhaft zu machen. [4]Beabsichtigt der Anzeigepflichtige die Verbreitung der Empfehlungen, muss die Anzeige auch eine detaillierte Beschreibung der beabsichtigten Verbreitungswege enthalten. [5]Der Anzeigepflichtige hat weiterhin anzuzeigen, inwiefern bei mit ihm verbundenen Unternehmen Tatsachen vorliegen, die Interessenkonflikte begründen können. [6]Veränderungen der angezeigten Daten und Sachverhalte sowie die Einstellung der in Satz 1 genannten Tätigkeiten sind der Bundesanstalt innerhalb von vier Wochen anzuzeigen.

(2) Die Bundesanstalt veröffentlicht auf ihrer Internetseite den Namen, die Firma oder die Bezeichnung der nach Absatz 1 Satz 2 Nummer 2 ordnungsgemäß angezeigten Personen und Personenvereinigungen sowie den Ort und das Land der Wohn- und Geschäftsanschrift oder des Sitzes oder der Hauptniederlassung.

§ 87 Einsatz von Mitarbeitern in der Anlageberatung, als Vertriebsbeauftragte, in der Finanzportfolioverwaltung oder als Compliance-Beauftragte; Verordnungsermächtigung

(1) [1]Ein Wertpapierdienstleistungsunternehmen darf einen Mitarbeiter nur dann mit der Anlageberatung betrauen, wenn dieser sachkundig ist und über die für die Tätigkeit erforderliche Zuverlässigkeit verfügt. [2]Das Wertpapierdienstleistungsunternehmen muss der Bundesanstalt

1. den Mitarbeiter und,
2. sofern das Wertpapierdienstleistungsunternehmen über Vertriebsbeauftragte im Sinne des Absatzes 4 verfügt, den auf Grund der Organisation des Wertpapierdienstleistungsunternehmens für den Mitarbeiter unmittelbar zuständigen Vertriebsbeauftragten

anzeigen, bevor der Mitarbeiter die Tätigkeit nach Satz 1 aufnimmt. [3]Ändern sich die von dem Wertpapierdienstleistungsunternehmen nach Satz 2 angezeigten Verhältnisse, sind die neuen Verhältnisse unverzüglich der Bundesanstalt anzuzeigen. [4]Ferner sind der Bundesanstalt, wenn auf Grund der Tätigkeit des Mitarbeiters eine oder mehrere Beschwerden im Sinne des Artikels 26 der Delegierten Verordnung (EU) 2017/565 durch Privatkunden gegenüber dem Wertpapierdienstleistungsunternehmen erhoben werden,

1. jede Beschwerde,
2. der Name des Mitarbeiters, auf Grund dessen Tätigkeit die Beschwerde erhoben wird, sowie,
3. sofern das Wertpapierdienstleistungsunternehmen mehrere Zweigstellen, Zweigniederlassungen oder sonstige Organisationseinheiten hat, die Zweigstelle, Zweigniederlassung oder Organisationseinheit, welcher der Mitarbeiter zugeordnet ist oder für welche er überwiegend oder in der Regel die nach Satz 1 anzuzeigende Tätigkeit ausübt,

anzuzeigen.

(2) Ein Wertpapierdienstleistungsunternehmen darf einen Mitarbeiter nur dann damit betrauen, Kunden über Finanzinstrumente, strukturierte Einlagen, Wertpapierdienstleistungen oder Wertpapiernebendienstleistungen zu informieren (Vertriebsmitarbeiter), wenn dieser sachkundig ist und über die für die Tätigkeit erforderliche Zuverlässigkeit verfügt.

(3) Ein Wertpapierdienstleistungsunternehmen darf einen Mitarbeiter nur dann mit der Finanzportfolioverwaltung betrauen, wenn dieser sachkundig ist und über die für die Tätigkeit erforderliche Zuverlässigkeit verfügt.

(4) [1]Ein Wertpapierdienstleistungsunternehmen darf einen Mitarbeiter mit der Ausgestaltung, Umsetzung oder Überwachung von Vertriebsvorgaben im Sinne des § 80 Absatz 1 Satz 2 Nummer 3 nur dann betrauen (Vertriebsbeauftragter), wenn dieser sachkundig ist und über die für die Tätigkeit erforderliche Zuverlässigkeit verfügt. [2]Das Wertpapierdienstleistungsunternehmen muss der Bundesanstalt den Mitarbeiter anzeigen, bevor dieser die Tätigkeit nach Satz 1 aufnimmt. [3]Ändern sich die von dem Wertpapierdienstleistungsunternehmen nach Satz 2 angezeigten Verhältnisse, sind die neuen Verhältnisse unverzüglich der Bundesanstalt anzuzeigen.

(5) [1]Ein Wertpapierdienstleistungsunternehmen darf einen Mitarbeiter nur dann mit der Verantwortlichkeit für die Compliance-Funktion im Sinne des Artikels 22 Absatz 2 der Delegierten Verordnung (EU) 2017/565 und für die Berichte an die Geschäftsleitung nach Artikel 25 Absatz 2 der Delegierten Verordnung (EU) 2017/565 betrauen (Compliance-Beauftragter), wenn dieser sachkundig ist und über die für die Tätigkeit erforderliche Zuverlässigkeit verfügt. [2]Das Wertpapierdienstleistungsunternehmen muss der Bundesanstalt den Mitarbeiter anzeigen, bevor der Mitarbeiter die Tätigkeit nach Satz 1 aufnimmt. [3]Ändern sich die von dem Wertpapierdienstleistungsunternehmen nach Satz 2 angezeigten Verhältnisse, sind die neuen Verhältnisse unverzüglich der Bundesanstalt anzuzeigen.

(6) [1]Liegen Tatsachen vor, aus denen sich ergibt, dass ein Mitarbeiter

1. nicht oder nicht mehr die Anforderungen nach Absatz 1 Satz 1, Absatz 2, 3, 4 Satz 1, jeweils auch in Verbindung mit § 96, oder Absatz 5 Satz 1 erfüllt, kann die Bundesanstalt unbeschadet ihrer Befugnisse nach § 4 dem Wertpapierdienstleistungsunternehmen untersagen, den Mitarbeiter in der angezeigten Tätigkeit einzusetzen, solange dieser die gesetzlichen Anforderungen nicht erfüllt, oder
2. gegen Bestimmungen dieses Abschnittes verstoßen hat, deren Einhaltung bei der Durchführung seiner Tätigkeit zu beachten sind, kann die Bundesanstalt unbeschadet ihrer Befugnisse nach § 6
   a) das Wertpapierdienstleistungsunternehmen und den Mitarbeiter verwarnen oder
   b) dem Wertpapierdienstleistungsunternehmen für eine Dauer von bis zu zwei Jahren untersagen, den Mitarbeiter in der angezeigten Tätigkeit einzusetzen.

[2]Die Bundesanstalt kann unanfechtbar gewordene Anordnungen im Sinne des Satzes 1 auf ihrer Internetseite öffentlich bekannt machen, es sei denn, diese Veröffentlichung wäre geeignet, den berechtigten Interessen des Unternehmens zu schaden. [3]Die öffentliche Bekanntmachung nach Satz 2 hat ohne Nennung des Namens des betroffenen Mitarbeiters zu erfolgen. [4]Widerspruch und Anfechtungsklage gegen Maßnahmen nach Satz 1 haben keine aufschiebende Wirkung.

(7) Die Bundesanstalt führt über die nach den Absätzen 1, 4 und 5 anzuzeigenden Mitarbeiter sowie die ihnen zugeordneten Beschwerdeanzeigen nach Absatz 1 und die ihre Tätigkeit betreffenden Anordnungen nach Absatz 6 eine interne Datenbank.

(8) Die Absätze 1 bis 7 sind nicht anzuwenden auf diejenigen Mitarbeiter eines Wertpapierdienstleistungsunternehmens, die ausschließlich in einer Zweigniederlassung im Sinne des § 24a des Kreditwesengesetzes oder in mehreren solcher Zweigniederlassungen tätig sind.

(9) [1]Das Bundesministerium der Finanzen kann durch Rechtsverordnung, die nicht der Zustimmung des Bundesrates bedarf, die näheren Anforderungen an

1. den Inhalt, die Art, die Sprache, den Umfang und die Form der Anzeigen nach den Absätzen 1, 4 oder 5,
2. die Sachkunde und die Zuverlässigkeit nach Absatz 1 Satz 1, den Absätzen 2, 3, 4 Satz 1, jeweils auch in Verbindung mit § 96, sowie Absatz 5 Satz 1 sowie
3. den Inhalt der Datenbank nach Absatz 7 und die Dauer der Speicherung der Einträge

einschließlich des jeweiligen Verfahrens regeln. [2]In der Rechtsverordnung nach Satz 1 kann insbesondere bestimmt werden, dass dem jeweiligen Wertpapierdienstleistungsunternehmen ein schreibender Zugriff auf die für das Unternehmen einzurichtenden Einträge in die Datenbank nach Absatz 7 eingeräumt und ihm die Verantwortlichkeit für die Richtigkeit und Aktualität dieser Einträge übertragen wird. [3]Das Bundesministerium der Finanzen kann die Ermächtigung durch Rechtsverordnung ohne Zustimmung des Bundesrates auf die Bundesanstalt übertragen.

(10) Die Absätze 1 bis 3 gelten nicht für Immobiliar-Verbraucherdarlehensverträge, die an die Vorbedingung geknüpft sind, dass dem Verbraucher eine Wertpapierdienstleistung in Bezug auf gedeckte Schuldverschreibungen, die zur Besicherung der Finanzierung des Kredits begeben worden sind und denen dieselben Konditionen wie dem Immobiliar-Verbraucherdarlehensvertrag zugrunde liegen, erbracht wird, und wenn damit das Darlehen ausgezahlt, refinanziert oder abgelöst werden kann.

§ 88 Überwachung der Meldepflichten und Verhaltensregeln

(1) Die Bundesanstalt kann zur Überwachung der Einhaltung

1. der Meldepflichten nach Artikel 26 der Verordnung (EU) Nr. 600/2014, auch in Verbindung mit gemäß den diesen Artikeln erlassenen technischen Regulierungsstandards,
2. der Verpflichtung zu Positionsmeldungen nach § 57 Absatz 1 bis 4,
3. der Anzeigepflichten nach § 23,
4. der in diesem Abschnitt geregelten Pflichten, auch in Verbindung mit technischen Regulierungsstandards, die gemäß Artikel 17 Absatz 7, Artikel 27 Absatz 10 und Artikel 32 Absatz 2 der Richtlinie 2014/65/EU erlassen wurden, sowie
5. der Pflichten aus
   a) den Artikeln 4, 16 und 20 der Verordnung (EU) Nr. 596/2014, auch in Verbindung mit gemäß diesen Artikeln erlassenen technischen Regulierungsstandards,
   b) den Artikeln 3 bis 15, 17, 18, 20 bis 23, 25, 27 und 31 der Verordnung (EU) Nr. 600/2014, auch in Verbindung mit gemäß diesen Artikeln erlassenen technischen Regulierungsstandards,
   c) der Delegierten Verordnung (EU) 2017/565,
   d) der Delegierten Verordnung (EU) 2017/567,
   e) § 29 Absatz 2 in Verbindung mit Artikel 4 Absatz 1 Unterabsatz 1 sowie Artikel 5a Absatz 1 der Verordnung (EG) Nr. 1060/2009

in der jeweils geltenden Fassung, auch ohne besonderen Anlass Prüfungen vornehmen bei den Wertpapierdienstleistungsunternehmen, den mit diesen verbundenen Unternehmen, den Zweigniederlassungen im Sinne des § 53b des Kreditwesengesetzes, den Unternehmen, mit denen eine Auslagerungsvereinbarung im Sinne des § 25b des Kreditwesengesetzes besteht oder bestand, und sonstigen zur Durchführung eingeschalteten dritten Personen oder Unternehmen.

(2) Die Bundesanstalt kann zur Überwachung der Einhaltung der in diesem Abschnitt geregelten Pflichten Auskünfte und die Vorlage von Unterlagen auch von Unternehmen mit Sitz in einem Drittstaat verlangen, die Wertpapierdienstleistungen gegenüber Kunden erbringen, die ihren gewöhnlichen Aufenthalt oder ihre Geschäftsleitung im Inland haben, sofern nicht die Wertpapierdienstleistung einschließlich der damit im Zusammenhang stehenden Wertpapiernebendienstleistungen ausschließlich in einem Drittstaat erbracht wird.

(3) Widerspruch und Anfechtungsklage gegen Maßnahmen nach den Absätzen 1 und 2 haben keine aufschiebende Wirkung.

(4) [1]Die Bundesanstalt kann Richtlinien aufstellen, nach denen sie nach Maßgabe der Richtlinie 2014/65/EU und der Delegierten Richtlinie (EU) 2017/593 für den Regelfall beurteilt, ob die Anforderungen dieses Abschnitts erfüllt sind. [2]Die Deutsche Bundes-

bank sowie die Spitzenverbände der betroffenen Wirtschaftskreise sind vor dem Erlass der Richtlinien anzuhören. [3]Die Richtlinien sind im Bundesanzeiger zu veröffentlichen.

§ 89[1)] Prüfung der Meldepflichten und Verhaltensregeln; Verordnungsermächtigung

(1) [1]Unbeschadet des § 88 ist einmal jährlich durch einen geeigneten Prüfer zu prüfen, ob die folgenden Pflichten eingehalten werden:

1. die Meldepflichten nach Artikel 26 der Verordnung (EU) Nr. 600/2014, auch in Verbindung mit den gemäß diesen Artikeln erlassenen technischen Regulierungsstandards,
2. die Verpflichtung zu Positionsmeldungen nach § 57 Absatz 1 bis 4,
3. die Anzeigepflichten nach § 23,
4. die in diesem Abschnitt geregelten Pflichten, auch in Verbindung mit technischen Regulierungsstandards, die gemäß Artikel 17 Absatz 7, Artikel 27 Absatz 10 und Artikel 32 Absatz 2 der Richtlinie 2014/65/EU erlassen wurden, sowie
5. die Pflichten aus
   a) den Artikeln 4, 16 und 20 der Verordnung (EU) Nr. 596/2014, auch in Verbindung mit den gemäß diesen Artikeln erlassenen technischen Regulierungsstandards,
   b) den Artikeln 3 bis 15, 17, 18, 20 bis 23, 25, 27 und 31 der Verordnung (EU) Nr. 600/2014, auch in Verbindung mit den gemäß diesen Artikeln erlassenen technischen Regulierungsstandards,
   c) der Delegierten Verordnung (EU) 2017/565,
   d) der Delegierten Verordnung (EU) 2017/567,
   e) § 29 Absatz 2 in Verbindung mit Artikel 4 Absatz 1 Unterabsatz 1 sowie Artikel 5a Absatz 1 der Verordnung (EG) Nr. 1060/2009

in der jeweils geltenden Fassung. [2]Bei Kreditinstituten, die das Depotgeschäft im Sinne von § 1 Absatz 1 Satz 2 Nummer 5 des Kreditwesengesetzes betreiben und bei Finanzdienstleistungsinstituten, die das eingeschränkte Verwahrgeschäft im Sinne des § 1 Absatz 1a Satz 2 Nummer 12 des Kreditwesengesetzes erbringen, hat der Prüfer auch diese Geschäfte besonders zu prüfen; diese Prüfung hat sich auch auf die Einhaltung des § 67a Absatz 3 und des § 67b, jeweils auch in Verbindung mit § 125 Absatz 1, 2 und 5 des Aktiengesetzes über Mitteilungspflichten und des § 135 des Aktiengesetzes über die Ausübung des Stimmrechts zu erstrecken. [3]Die Bundesanstalt kann auf Antrag von der jährlichen Prüfung, mit Ausnahme der Prüfung der Einhaltung der Anforderungen nach § 84, auch in Verbindung mit einer Rechtsverordnung nach § 84 Abs. 5, ganz oder teilweise absehen, soweit dies aus besonderen Gründen, insbesondere wegen der Art und des Umfangs der betriebenen Geschäfte angezeigt ist. [4]Das Wertpapierdienstleistungsunternehmen hat den Prüfer jeweils spätestens zum Ablauf des Geschäftsjahres zu bestellen, auf das sich die Prüfung erstreckt. [5]Bei Kreditinstituten, die einem genossenschaftlichen Prüfungsverband angehören oder durch die Prüfungsstelle eines Sparkassen- und Giroverbandes geprüft werden, wird die Prüfung durch den zuständigen Prüfungsverband oder die zuständige Prüfungsstelle, soweit hinsichtlich letzterer das Landesrecht dies vorsieht, vorgenommen. [6]Geeignete Prüfer sind darüber hinaus Wirtschaftsprüfer, vereidigte Buchprüfer sowie Wirtschaftsprüfungs- und Buchprüfungsgesellschaften, die hinsichtlich des Prüfungsgegenstandes über ausreichende Kenntnisse verfügen.

---

1) § 89 Abs. 1 geändert durch Gesetz vom 12.12.2019 (BGBl. I S. 2637).

(2) [1]Der Prüfer oder die Prüfungsverbände oder Prüfungsstellen, soweit Prüfungen nach Absatz 1 Satz 5 von genossenschaftlichen Prüfungsverbänden oder Prüfungsstellen von Sparkassen- und Giroverbänden durchgeführt werden, haben über die Prüfung nach Absatz 1 einen Prüfungsbericht zu erstellen und auf Anforderung der Bundesanstalt oder der Deutschen Bundesbank der Bundesanstalt und der Deutschen Bundesbank einzureichen. [2]Die wesentlichen Prüfungsergebnisse sind in einem Fragebogen zusammenzufassen, der dem Prüfungsbericht beizufügen ist. [3]Der Fragebogen ist auch dann bei der Bundesanstalt und der zuständigen Hauptverwaltung der Deutschen Bundesbank einzureichen, wenn ein Prüfungsbericht nach Satz 1 nicht angefordert wird. [4]Der Prüfer hat den Fragebogen unverzüglich nach Beendigung der Prüfung einzureichen.

(3) [1]Das Wertpapierdienstleistungsunternehmen hat vor Erteilung des Prüfungsauftrags der Bundesanstalt den Prüfer anzuzeigen. [2]Die Bundesanstalt kann innerhalb eines Monats nach Zugang der Anzeige die Bestellung eines anderen Prüfers verlangen, wenn dies zur Erreichung des Prüfungszweckes geboten ist; Widerspruch und Anfechtungsklage hiergegen haben keine aufschiebende Wirkung. [3]Die Sätze 1 und 2 gelten nicht für Kreditinstitute, die einem genossenschaftlichen Prüfungsverband angehören oder durch die Prüfungsstelle eines Sparkassen- und Giroverbandes geprüft werden.

(4) [1]Die Bundesanstalt kann gegenüber dem Wertpapierdienstleistungsunternehmen Bestimmungen über den Inhalt der Prüfung treffen, die vom Prüfer zu berücksichtigen sind. [2]Sie kann insbesondere Schwerpunkte für die Prüfungen festlegen. [3]Bei schwerwiegenden Verstößen gegen die Pflichten, deren Einhaltung nach Absatz 1 Satz 1 zu prüfen ist, hat der Prüfer die Bundesanstalt unverzüglich zu unterrichten. [4]Die Bundesanstalt kann an den Prüfungen teilnehmen. [5]Hierfür ist der Bundesanstalt der Beginn der Prüfung rechtzeitig mitzuteilen.

(5) [1]Die Bundesanstalt kann die Prüfung nach Absatz 1 auch ohne besonderen Anlass anstelle des Prüfers selbst oder durch Beauftragte durchführen. [2]Das Wertpapierdienstleistungsunternehmen ist hierüber rechtzeitig zu informieren.

(6) [1]Das Bundesministerium der Finanzen kann durch Rechtsverordnung, die nicht der Zustimmung des Bundesrates bedarf, nähere Bestimmungen über Aufbau, Inhalt und Art und Weise der Einreichung der Prüfungsberichte nach Absatz 2 sowie nähere Bestimmungen über Art, Umfang und Zeitpunkt der Prüfung nach den Absätzen 1 und 2 erlassen, soweit dies zur Erfüllung der Aufgaben der Bundesanstalt erforderlich ist, insbesondere, um Missständen im Handel mit Finanzinstrumenten entgegenzuwirken, um auf die Einhaltung der der Prüfung nach Absatz 1 Satz 1 unterliegenden Pflichten hinzuwirken und um zu diesem Zweck einheitliche Unterlagen zu erhalten. [2]Das Bundesministerium der Finanzen kann die Ermächtigung durch Rechtsverordnung auf die Bundesanstalt übertragen.

§ 90 Unternehmen, organisierte Märkte und multilaterale Handelssysteme mit Sitz in einem anderen Mitgliedstaat der Europäischen Union oder in einem anderen Vertragsstaat des Abkommens über den Europäischen Wirtschaftsraum

(1) [1]Die in diesem Abschnitt und den Artikeln 14 bis 26 der Verordnung (EU) Nr. 600/2014 geregelten Rechte und Pflichten sind mit Ausnahme von § 63 Absatz 2, den §§ 72 bis 78, 80 Absatz 1 bis 6 und 9 bis 13, den §§ 81, 84 bis § 87 Absatz 1 Satz 2 bis 4 und Absatz 3 bis 8 entsprechend anzuwenden auf Zweigniederlassungen und vertraglich gebundene Vermittler mit Sitz oder gewöhnlichem Aufenthalt im Inland im Sinne des § 53b des Kreditwesengesetzes, die Wertpapierdienstleistungen erbringen. [2]Ein Unternehmen mit Sitz in einem anderen Mitgliedstaat der Europäischen Union oder in einem anderen Vertragsstaat des Abkommens über den Europäischen Wirtschaftsraum, das Wertpapierdienstleistungen allein oder zusammen mit Wertpapiernebendienstleistungen er-

bringt und das beabsichtigt, im Inland eine Zweigniederlassung im Sinne des § 53b des Kreditwesengesetzes zu errichten, ist von der Bundesanstalt innerhalb der in § 53b Absatz 2 Satz 1 des Kreditwesengesetzes bestimmten Frist auf die Meldepflichten nach § 22 und die nach Satz 1 für die Zweigniederlassung geltenden Rechte und Pflichten hinzuweisen.

(2) [1]Die Bundesanstalt kann von der Zweigniederlassung Änderungen der getroffenen Vorkehrungen zur Einhaltung der für sie geltenden Pflichten verlangen, soweit die Änderungen notwendig und verhältnismäßig sind, um der Bundesanstalt die Prüfung der Einhaltung der Pflichten zu ermöglichen. [2]Stellt die Bundesanstalt fest, dass das Unternehmen die nach Absatz 1 Satz 1 für seine Zweigniederlassung geltenden Pflichten nicht beachtet, fordert es das Unternehmen auf, seine Verpflichtungen innerhalb einer von der Bundesanstalt zu bestimmenden Frist zu erfüllen. [3]Kommt das Unternehmen der Aufforderung nicht nach, trifft die Bundesanstalt alle geeigneten Maßnahmen, um die Erfüllung der Verpflichtungen sicherzustellen und unterrichtet die zuständigen Behörden des Herkunftsmitgliedstaates über die Art der getroffenen Maßnahmen. [4]Falls das betroffene Unternehmen den Mangel nicht behebt, kann die Bundesanstalt nach Unterrichtung der zuständigen Behörde des Herkunftsmitgliedstaates alle Maßnahmen ergreifen, um weitere Verstöße zu verhindern oder zu ahnden. [5]Soweit erforderlich, kann die Bundesanstalt dem betroffenen Unternehmen die Durchführung neuer Geschäfte im Inland untersagen. [6]Die Bundesanstalt unterrichtet die Europäische Kommission und die Europäische Wertpapier- und Marktaufsichtsbehörde unverzüglich von Maßnahmen nach den Sätzen 4 und 5.

(3) [1]Stellt die Bundesanstalt fest, dass ein Unternehmen im Sinne des Absatzes 1 Satz 2, das im Inland eine Zweigniederlassung errichtet hat, gegen andere als die in Absatz 1 Satz 1 genannten Bestimmungen dieses Gesetzes oder entsprechende ausländische Vorschriften verstößt, so teilt sie dies der zuständigen Stelle des Herkunftsmitgliedstaates nach Maßgabe des § 18 Absatz 8 Satz 1 mit. [2]Sind die daraufhin getroffenen Maßnahmen der zuständigen Behörde des Herkunftsmitgliedstaates unzureichend oder verstößt das Unternehmen aus anderen Gründen weiter gegen die sonstigen Bestimmungen dieses Abschnitts und sind dadurch Anlegerinteressen oder die ordnungsgemäße Funktion des Marktes gefährdet, ergreift die Bundesanstalt nach vorheriger Unterrichtung der zuständigen Behörde des Herkunftsmitgliedstaates alle erforderlichen Maßnahmen, um den Anlegerschutz und die ordnungsgemäße Funktion der Märkte zu gewährleisten. [3]Absatz 2 Satz 4 bis 6 gilt entsprechend.

(4) Absatz 3 gilt entsprechend für ein Unternehmen mit Sitz in einem anderen Mitgliedstaat der Europäischen Union oder in einem anderen Vertragsstaat des Abkommens über den Europäischen Wirtschaftsraum, das Wertpapierdienstleistungen oder Wertpapiernebendienstleistungen im Wege des grenzüberschreitenden Dienstleistungsverkehrs gegenüber Kunden erbringt, die ihren gewöhnlichen Aufenthalt oder ihre Geschäftsleitung im Inland haben, wenn das Unternehmen gegen Bestimmungen dieses Abschnitts oder entsprechende ausländische Vorschriften verstößt.

(5) Absatz 3 gilt für Betreiber organisierter Märkte, multilateraler Handelssysteme und organisierter Handelssysteme entsprechend mit der Maßgabe, dass für Maßnahmen der Bundesanstalt gegenüber einem solchen Betreiber Verstöße gegen Bestimmungen dieses Abschnitts, des Börsengesetzes oder gegen entsprechende ausländische Vorschriften vorliegen müssen und dass zu den Maßnahmen nach Absatz 3 Satz 2 insbesondere auch gehören kann, dem Betreiber des organisierten Marktes, des multilateralen Handelssystems oder des organisierten Handelssystems zu untersagen, sein System Mitgliedern im Inland zugänglich zu machen.

(6) Die Bundesanstalt unterrichtet die betroffenen Unternehmen oder Märkte von den jeweils nach den Absätzen 2 bis 5 getroffenen Maßnahmen unter Nennung der Gründe.

(7) Die Bundesanstalt kann in den Fällen des Absatzes 2 Satz 2, des Absatzes 3 Satz 1 und des Absatzes 5 die Europäische Wertpapier- und Marktaufsichtsbehörde nach Maßgabe des Artikels 19 der Verordnung (EU) Nr. 1095/2010 um Hilfe ersuchen.

§ 91 Unternehmen mit Sitz in einem Drittstaat

[1]Vorbehaltlich der Regelungen in Titel VIII der Verordnung (EU) Nr. 600/2014 kann die Bundesanstalt im Einzelfall bestimmen, dass auf ein Unternehmen mit Sitz in einem Drittstaat, das im Inland im Wege des grenzüberschreitenden Dienstleistungsverkehrs gewerbsmäßig oder in einem Umfang, der einen in kaufmännischer Weise eingerichteten Geschäftsbetrieb erfordert, Wertpapierdienstleistungen erbringen will, § 63 Absatz 2, die §§ 72 bis 78, 80 Absatz 1 bis 6 sowie 9 bis 13, die §§ 81, 84 bis 87 Absatz 1 Satz 2 bis 4 und Absatz 3 bis 8 dieses Gesetzes nicht anzuwenden sind, solange das Unternehmen im Hinblick auf seine im Inland betriebenen Wertpapierdienstleistungen wegen seiner Aufsicht durch die zuständige Herkunftsstaatsbehörde insoweit nicht zusätzlich der Aufsicht durch die Bundesanstalt bedarf. [2]Die Befreiung kann mit Auflagen verbunden werden, insbesondere mit der Auflage, dass das Unternehmen eine Überwachung und Prüfung der Einhaltung der Vorschriften ermöglicht, die den §§ 6 bis 15, 88 und 89 gleichwertig ist.

§ 92 Werbung der Wertpapierdienstleistungsunternehmen

(1) [1]Um Mißständen bei der Werbung für Wertpapierdienstleistungen und Wertpapiernebendienstleistungen zu begegnen, kann die Bundesanstalt den Wertpapierdienstleistungsunternehmen bestimmte Arten der Werbung untersagen. [2]Ein Missstand liegt insbesondere vor, wenn das Wertpapierdienstleistungsunternehmen

1. nicht oder nicht ausreichend auf die mit der von ihm erbrachten Wertpapierdienstleistung verbundenen Risiken hinweist,
2. mit der Sicherheit einer Anlage wirbt, obwohl die Rückzahlung der Anlage nicht oder nicht vollständig gesichert ist,
3. die Werbung mit Angaben insbesondere zu Kosten und Ertrag sowie zur Abhängigkeit vom Verhalten Dritter versieht, durch die in irreführender Weise der Anschein eines besonders günstigen Angebots entsteht,
4. die Werbung mit irreführenden Angaben über die Befugnisse der Bundesanstalt nach diesem Gesetz oder über die Befugnisse der für die Aufsicht zuständigen Stellen in anderen Mitgliedstaaten des Europäischen Wirtschaftsraums oder Drittstaaten versieht.

(2) Vor allgemeinen Maßnahmen nach Absatz 1 sind die Spitzenverbände der betroffenen Wirtschaftskreise und des Verbraucherschutzes anzuhören.

§ 93 Register Unabhängiger Honorar-Anlageberater; Verordnungsermächtigung

(1) Die Bundesanstalt führt auf ihrer Internetseite ein öffentliches Register Unabhängiger Honorar-Anlageberater über alle Wertpapierdienstleistungsunternehmen, die die Unabhängige Anlageberatung erbringen wollen.

(2) [1]Die Bundesanstalt hat ein Wertpapierdienstleistungsunternehmen auf Antrag in das Register Unabhängiger Honorar-Anlageberater einzutragen, wenn es

1. eine Erlaubnis nach § 32 des Kreditwesengesetzes besitzt oder Zweigniederlassung eines Unternehmens nach § 53b Absatz 1 Satz 1 und 2 oder Absatz 7 des Kreditwesengesetzes ist,

2. die Anlageberatung im Sinne des § 2 Absatz 8 Satz 1 Nummer 10 erbringen darf und
3. der Bundesanstalt durch Bescheinigung eines geeigneten Prüfers nachweist, dass es in der Lage ist, die Anforderungen nach § 80 Absatz 7 zu erfüllen.

[2]Die Prüfung nach Absatz 2 Nummer 3 wird bei Kreditinstituten, die einem genossenschaftlichen Prüfungsverband angehören oder durch die Prüfungsstelle eines Sparkassen- und Giroverbandes geprüft werden, durch den zuständigen Prüfungsverband oder die zuständige Prüfungsstelle, soweit hinsichtlich Letzterer das Landesrecht dies vorsieht, vorgenommen. [3]Geeignete Prüfer sind darüber hinaus Wirtschaftsprüfer, vereidigte Buchprüfer sowie Wirtschaftsprüfungs- und Buchprüfungsgesellschaften, die hinsichtlich des Prüfungsgegenstandes über ausreichende Kenntnisse verfügen.

(3) Die Bundesanstalt hat die Eintragung im Register Unabhängiger Honorar-Anlageberater zu löschen, wenn

1. das Wertpapierdienstleistungsunternehmen gegenüber der Bundesanstalt auf die Eintragung verzichtet oder
2. die Erlaubnis eines Wertpapierdienstleistungsunternehmens nach § 32 des Kreditwesengesetzes insgesamt oder die Erlaubnis zum Erbringen der Anlageberatung erlischt oder aufgehoben wird.

(4) Ein Wertpapierdienstleistungsunternehmen, das die Unabhängige Honorar-Anlageberatung nicht mehr erbringen will, muss dies der Bundesanstalt anzeigen.

(5) Das Bundesministerium der Finanzen wird ermächtigt, durch Rechtsverordnung, die nicht der Zustimmung des Bundesrates bedarf, nähere Bestimmungen zu erlassen

1. zum Inhalt des Registers Unabhängiger Honorar-Anlageberater,
2. zu den Mitwirkungspflichten der Institute bei der Führung des Registers Unabhängiger Honorar-Anlageberater und
3. zum Nachweis nach Absatz 2 Satz 1 Nummer 3.

(6) Das Bundesministerium der Finanzen kann die Ermächtigung durch Rechtsverordnung auf die Bundesanstalt übertragen.

§ 94 Bezeichnungen zur Unabhängigen Honorar-Anlageberatung

(1) Die Bezeichnungen „Unabhängiger Honorar-Anlageberater“, „Unabhängige Honorar-Anlageberaterin“, „Unabhängige Honorar-Anlageberatung“ oder „Unabhängiger Honoraranlageberater“, „Unabhängige Honoraranlageberaterin“, „Unabhängige Honoraranlageberatung“ auch in abweichender Schreibweise oder eine Bezeichnung, in der diese Wörter enthalten sind, dürfen, soweit durch Gesetz nichts anderes bestimmt ist, in der Firma, als Zusatz zur Firma, zur Bezeichnung des Geschäftszwecks oder zu Werbezwecken nur Wertpapierdienstleistungsunternehmen führen, die im Register Unabhängiger Anlageberater nach § 93 eingetragen sind.

(2) [1]Absatz 1 gilt nicht für Unternehmen, die die dort genannten Bezeichnungen in einem Zusammenhang führen, der den Anschein ausschließt, dass sie Wertpapierdienstleistungen erbringen. [2]Wertpapierdienstleistungsunternehmen mit Sitz im Ausland dürfen bei ihrer Tätigkeit im Inland die in Absatz 1 genannten Bezeichnungen in der Firma, als Zusatz zur Firma, zur Bezeichnung des Geschäftszwecks oder zu Werbezwecken führen, wenn sie zur Führung dieser Bezeichnung in ihrem Sitzstaat berechtigt sind und sie die Bezeichnung um einen auf ihren Sitzstaat hinweisenden Zusatz ergänzen.

(3) [1]Die Bundesanstalt entscheidet in Zweifelsfällen, ob ein Wertpapierdienstleistungsunternehmen zur Führung der in Absatz 1 genannten Bezeichnungen befugt ist. [2]Sie hat ihre Entscheidungen dem Registergericht mitzuteilen.

(4) Die Vorschrift des § 43 des Kreditwesengesetzes ist entsprechend anzuwenden mit der Maßgabe, dass an die Stelle der Erlaubnis nach § 32 des Kreditwesengesetzes die Eintragung in das Register Unabhängiger Honorar-Anlageberater nach § 93 tritt.

§ 95 Ausnahmen

[1]§ 63 Absatz 1 und 3 bis 7 und 9, § 56 Absatz 1 sowie der §§ 69, 70 und 82 gelten nicht für Geschäfte, die an organisierten Märkten oder in multilateralen Handelssystemen zwischen Wertpapierdienstleistungsunternehmen oder zwischen diesen und sonstigen Mitgliedern oder Teilnehmern dieser Märkte oder Systeme geschlossen werden. [2]Wird ein Geschäft im Sinne des Satzes 1 in Ausführung eines Kundenauftrags abgeschlossen, muss das Wertpapierdienstleistungsunternehmen jedoch den Verpflichtungen des § 63 Absatz 1 und 3 bis 7 und 9, § 56 Absatz 1 sowie der §§ 69, 70 und 82 gegenüber dem Kunden nachkommen.

§ 96 Strukturierte Einlagen

Die §§ 63 und 64, mit Ausnahme von § 64 Absatz 2, § 67 Absatz 4, die §§ 68 bis 71, 80 Absatz 1 Satz 2 Nummer 2 und 3 und Absatz 7 bis 13, § 81 Absatz 1 bis 4, § 83 Absatz 1 und 2, § 87 Absatz 1 Satz 1, Absatz 2, 3, 4 Satz 1 und Absatz 6 sind auf Wertpapierdienstleistungsunternehmen und Kreditinstitute entsprechend anzuwenden, wenn sie strukturierte Einlagen verkaufen oder über diese beraten.

Abschnitt 12. Haftung für falsche und unterlassene Kapitalmarktinformationen

§ 97 Schadenersatz wegen unterlassener unverzüglicher Veröffentlichung von Insiderinformationen

(1) Unterlässt es ein Emittent, der für seine Finanzinstrumente die Zulassung zum Handel an einem inländischen Handelsplatz genehmigt oder an einem inländischen regulierten Markt oder multilateralen Handelssystem beantragt hat, unverzüglich eine Insiderinformation, die ihn unmittelbar betrifft, nach Artikel 17 der Verordnung (EU) Nr. 596/2014 zu veröffentlichen, ist er einem Dritten zum Ersatz des durch die Unterlassung entstandenen Schadens verpflichtet, wenn der Dritte

1. die Finanzinstrumente nach der Unterlassung erwirbt und er bei Bekanntwerden der Insiderinformation noch Inhaber der Finanzinstrumente ist oder
2. die Finanzinstrumente vor dem Entstehen der Insiderinformation erwirbt und nach der Unterlassung veräußert.

(2) Nach Absatz 1 kann nicht in Anspruch genommen werden, wer nachweist, dass die Unterlassung nicht auf Vorsatz oder grober Fahrlässigkeit beruht.

(3) Der Anspruch nach Absatz 1 besteht nicht, wenn der Dritte die Insiderinformation im Falle des Absatzes 1 Nr. 1 bei dem Erwerb oder im Falle des Absatzes 1 Nr. 2 bei der Veräußerung kannte.

(4) Weitergehende Ansprüche, die nach Vorschriften des bürgerlichen Rechts auf Grund von Verträgen oder vorsätzlichen unerlaubten Handlungen erhoben werden können, bleiben unberührt.

(5) Eine Vereinbarung, durch die Ansprüche des Emittenten gegen Vorstandsmitglieder wegen der Inanspruchnahme des Emittenten nach Absatz 1 im Voraus ermäßigt oder erlassen werden, ist unwirksam.

§ 98 Schadenersatz wegen Veröffentlichung unwahrer Insiderinformationen

(1) Veröffentlicht ein Emittent, der für seine Finanzinstrumente die Zulassung zum Handel an einem inländischen Handelsplatz genehmigt oder an einem inländischen regulierten Markt oder multilateralen Handelssystem beantragt hat, in einer Mitteilung nach Artikel 17 der Verordnung (EU) Nr. 596/2014 eine unwahre Insiderinformation, die ihn unmittelbar betrifft, ist er einem Dritten zum Ersatz des Schadens verpflichtet, der dadurch entsteht, dass der Dritte auf die Richtigkeit der Insiderinformation vertraut, wenn der Dritte

1. die Finanzinstrumente nach der Veröffentlichung erwirbt und er bei dem Bekanntwerden der Unrichtigkeit der Insiderinformation noch Inhaber der Finanzinstrumente ist oder
2. die Finanzinstrumente vor der Veröffentlichung erwirbt und vor dem Bekanntwerden der Unrichtigkeit der Insiderinformation veräußert.

(2) Nach Absatz 1 kann nicht in Anspruch genommen werden, wer nachweist, dass er die Unrichtigkeit der Insiderinformation nicht gekannt hat und die Unkenntnis nicht auf grober Fahrlässigkeit beruht.

(3) Der Anspruch nach Absatz 1 besteht nicht, wenn der Dritte die Unrichtigkeit der Insiderinformation im Falle des Absatzes 1 Nr. 1 bei dem Erwerb oder im Falle des Absatzes 1 Nr. 2 bei der Veräußerung kannte.

(4) Weitergehende Ansprüche, die nach Vorschriften des bürgerlichen Rechts auf Grund von Verträgen oder vorsätzlichen unerlaubten Handlungen erhoben werden können, bleiben unberührt.

(5) Eine Vereinbarung, durch die Ansprüche des Emittenten gegen Vorstandsmitglieder wegen der Inanspruchnahme des Emittenten nach Absatz 1 im Voraus ermäßigt oder erlassen werden, ist unwirksam.

Abschnitt 13. Finanztermingeschäfte

§ 99 Ausschluss des Einwands nach § 762 des Bürgerlichen Gesetzbuchs

[1]Gegen Ansprüche aus Finanztermingeschäften, bei denen mindestens ein Vertragsteil ein Unternehmen ist, das gewerbsmäßig oder in einem Umfang, der einen in kaufmännischer Weise eingerichteten Geschäftsbetrieb erfordert, Finanztermingeschäfte abschließt oder deren Abschluss vermittelt oder die Anschaffung, Veräußerung oder Vermittlung von Finanztermingeschäften betreibt, kann der Einwand des § 762 des Bürgerlichen Gesetzbuchs nicht erhoben werden. [2]Finanztermingeschäfte im Sinne des Satzes 1 und der §§ 100 und 101 sind die derivativen Geschäfte im Sinne des § 2 Absatz 3 und Optionsscheine.

§ 100 Verbotene Finanztermingeschäfte

(1) Unbeschadet der Befugnisse der Bundesanstalt nach § 15 kann das Bundesministerium der Finanzen durch Rechtsverordnung Finanztermingeschäfte verbieten oder beschränken, soweit dies zum Schutz der Anleger erforderlich ist.

(2) [1]Ein Finanztermingeschäft, das einer Rechtsverordnung nach Absatz 1 widerspricht (verbotenes Finanztermingeschäft), ist nichtig. [2]Satz 1 gilt entsprechend für

1. die Bestellung einer Sicherheit für ein verbotenes Finanztermingeschäft,
2. eine Vereinbarung, durch die der eine Teil zum Zwecke der Erfüllung einer Schuld aus einem verbotenen Finanztermingeschäft dem anderen Teil gegenüber eine Verbindlichkeit eingeht, insbesondere für ein Schuldanerkenntnis,

3. die Erteilung und Übernahme von Aufträgen zum Zwecke des Abschlusses von verbotenen Finanztermingeschäften,
4. Vereinigungen zum Zwecke des Abschlusses von verbotenen Finanztermingeschäften.

Abschnitt 14. Schiedsvereinbarungen

§ 101 Schiedsvereinbarungen

Schiedsvereinbarungen über künftige Rechtsstreitigkeiten aus Wertpapierdienstleistungen, Wertpapiernebendienstleistungen oder Finanztermingeschäften sind nur verbindlich, wenn beide Vertragsteile Kaufleute oder juristische Personen des öffentlichen Rechts sind.

Abschnitt 15. Märkte für Finanzinstrumente mit Sitz außerhalb der Europäischen Union

§ 102 [1)] Erlaubnis; Verordnungsermächtigung

(1) [1]Vorbehaltlich der Regelungen in Titel VIII der Verordnung (EU) Nr. 600/2014 sowie von Beschlüssen der Europäischen Kommission gemäß Artikel 25 Absatz 4 Unterabsatz 3 der Richtlinie 2014/65/EU und Artikel 28 Absatz 4 Unterabsatz 1 der Verordnung (EU) Nr. 600/2014 bedürfen Märkte für Finanzinstrumente mit Sitz im Ausland, die keine Handelsplätze im Sinne dieses Gesetzes sind, oder ihre Betreiber der schriftlichen Erlaubnis der Bundesanstalt, wenn sie Handelsteilnehmern mit Sitz im Inland über ein elektronisches Handelssystem einen unmittelbaren Marktzugang gewähren. [2]Der Erlaubnisantrag muss enthalten:

1. Name und Anschrift der Geschäftsleitung des Marktes oder des Betreibers,
2. Angaben, die für die Beurteilung der Zuverlässigkeit der Geschäftsleitung erforderlich sind,
3. einen Geschäftsplan, aus dem die Art des geplanten Marktzugangs für die Handelsteilnehmer, der organisatorische Aufbau und die internen Kontrollverfahren des Marktes hervorgehen,
4. Name und Anschrift eines Zustellungsbevollmächtigten im Inland,
5. die Angabe der für die Überwachung des Marktes und seiner Handelsteilnehmer zuständigen Stellen des Herkunftsstaates und deren Überwachungs- und Eingriffskompetenzen,
6. die Angabe der Art der Finanzinstrumente, die von den Handelsteilnehmern über den unmittelbaren Marktzugang gehandelt werden sollen, sowie
7. Namen und Anschrift der Handelsteilnehmer mit Sitz im Inland, denen der unmittelbare Marktzugang gewährt werden soll.

[3]Das Nähere über die nach Satz 2 erforderlichen Angaben und vorzulegenden Unterlagen bestimmt das Bundesministerium der Finanzen durch Rechtsverordnung, die nicht der Zustimmung des Bundesrates bedarf. [4]Das Bundesministerium der Finanzen kann die Ermächtigung durch Rechtsverordnung auf die Bundesanstalt für Finanzdienstleistungsaufsicht übertragen.

---

1) § 102 Abs. 1 geändert und Abs. 4 angefügt durch Gesetz vom 25.3.2019 (BGBl. I S. 357).

(2) [1]Die Bundesanstalt kann die Erlaubnis unter Auflagen erteilen, die sich im Rahmen des mit diesem Gesetz verfolgten Zweckes halten müssen. [2]Vor Erteilung der Erlaubnis gibt die Bundesanstalt den Börsenaufsichtsbehörden der Länder Gelegenheit, innerhalb von vier Wochen zum Antrag Stellung zu nehmen.

(3) Die Bundesanstalt hat die Erlaubnis im Bundesanzeiger bekannt zu machen.

(4) [1]Wird der Austritt des Vereinigten Königreichs Großbritannien und Nordirland aus der Europäischen Union wirksam, ohne dass bis zu diesem Zeitpunkt ein Austrittsabkommen im Sinne von Artikel 50 Absatz 2 Satz 2 des Vertrages über die Europäische Union in Kraft getreten ist, so kann die Bundesanstalt zur Vermeidung von Nachteilen für die Funktionsfähigkeit oder die Stabilität der Finanzmärkte anordnen, dass Märkte für Finanzinstrumente mit Sitz im Vereinigten Königreich Großbritannien und Nordirland, die zum Zeitpunkt des Austritts des Vereinigten Königreichs Großbritannien und Nordirland aus der Europäischen Union als Handelsplätze im Register der Europäischen Wertpapier- und Marktaufsichtsbehörde verzeichnet sind, für einen Übergangszeitraum nach dem Austritt als Handelsplätze im Sinne dieses Gesetzes gelten. [2]Der im Zeitpunkt des Austritts beginnende Übergangszeitraum darf eine Dauer von 21 Monaten nicht überschreiten. [3]Die Anordnung kann auch durch Allgemeinverfügung ohne vorherige Anhörung getroffen und öffentlich bekannt gegeben werden.

§ 103 Versagung der Erlaubnis

Die Erlaubnis ist zu versagen, wenn

1. Tatsachen vorliegen, aus denen sich ergibt, dass die Geschäftsleitung nicht zuverlässig ist,
2. Handelsteilnehmern mit Sitz im Inland der unmittelbare Marktzugang gewährt werden soll, die nicht die Voraussetzungen des § 19 Abs. 2 des Börsengesetzes erfüllen,
3. die Überwachung des Marktes oder der Anlegerschutz im Herkunftsstaat nicht dem deutschen Recht gleichwertig ist oder
4. der Informationsaustausch mit den für die Überwachung des Marktes zuständigen Stellen des Herkunftsstaates nicht gewährleistet erscheint.

§ 104 Aufhebung der Erlaubnis

(1) Die Bundesanstalt kann die Erlaubnis außer nach den Vorschriften des Verwaltungsverfahrensgesetzes aufheben, wenn

1. ihr Tatsachen bekannt werden, welche die Versagung der Erlaubnis nach § 103 rechtfertigen würden, oder
2. der Markt oder sein Betreiber nachhaltig gegen Bestimmungen dieses Gesetzes oder die zur Durchführung dieses Gesetzes erlassenen Verordnungen oder Anordnungen verstoßen hat.

(2) Die Bundesanstalt hat die Aufhebung der Erlaubnis im Bundesanzeiger bekannt zu machen.

§ 105 Untersagung

Die Bundesanstalt kann Handelsteilnehmern mit Sitz im Inland, die Wertpapierdienstleistungen im Inland erbringen, untersagen, Aufträge für Kunden über ein elektronisches Handelssystem eines ausländischen Marktes auszuführen, wenn diese Märkte oder ihre Betreiber Handelsteilnehmern im Inland einen unmittelbaren Marktzugang über dieses elektronische Handelssystem ohne Erlaubnis gewähren.

Abschnitt 16. Überwachung von Unternehmensabschlüssen, Veröffentlichung von Finanzberichten

Unterabschnitt 1. Überwachung von Unternehmensabschlüssen

§ 106 Prüfung von Unternehmensabschlüssen und -berichten

Die Bundesanstalt hat die Aufgabe, nach den Vorschriften dieses Abschnitts und vorbehaltlich § 342b Absatz 2 Satz 3 Nummer 1 und 3 des Handelsgesetzbuchs zu prüfen, ob folgende Abschlüsse und Berichte, jeweils einschließlich der zugrunde liegenden Buchführung, von Unternehmen, für die als Emittenten von zugelassenen Wertpapieren die Bundesrepublik Deutschland der Herkunftsstaat ist, den gesetzlichen Vorschriften einschließlich der Grundsätze ordnungsmäßiger Buchführung oder den sonstigen durch Gesetz zugelassenen Rechnungslegungsstandards entsprechen:

1. festgestellte Jahresabschlüsse und zugehörige Lageberichte oder gebilligte Konzernabschlüsse und zugehörige Konzernlageberichte,
2. veröffentlichte verkürzte Abschlüsse und zugehörige Zwischenlageberichte sowie
3. veröffentlichte Zahlungs- oder Konzernzahlungsberichte.

§ 107 Anordnung einer Prüfung der Rechnungslegung und Ermittlungsbefugnisse der Bundesanstalt

(1) [1]Die Bundesanstalt ordnet eine Prüfung der Rechnungslegung an, soweit konkrete Anhaltspunkte für einen Verstoß gegen Rechnungslegungsvorschriften vorliegen; die Anordnung unterbleibt, wenn ein öffentliches Interesse an der Klärung offensichtlich nicht besteht. [2]Die Bundesanstalt kann eine Prüfung der Rechnungslegung auch ohne besonderen Anlass anordnen (stichprobenartige Prüfung). [3]Der Umfang der einzelnen Prüfung soll in der Prüfungsanordnung festgelegt werden. [4]Geprüft wird nur der zuletzt festgestellte Jahresabschluss und der zugehörige Lagebericht oder der zuletzt gebilligte Konzernabschluss und der zugehörige Konzernlagebericht, der zuletzt veröffentlichte verkürzte Abschluss und der zugehörige Zwischenlagebericht sowie der zuletzt veröffentlichte Zahlungsbericht oder Konzernzahlungsbericht; unbeschadet dessen darf die Bundesanstalt im Fall von § 108 Absatz 1 Satz 2 den Abschluss prüfen, der Gegenstand der Prüfung durch die Prüfstelle im Sinne von § 342b Abs. 1 des Handelsgesetzbuchs (Prüfstelle) gewesen ist. [5]Ordnet die Bundesanstalt eine Prüfung der Rechnungslegung an, nachdem sie von der Prüfstelle einen Bericht gemäß § 108 Absatz 1 Satz 2 Nummer 1 erhalten hat, so kann sie ihre Anordnung und den Grund nach § 108 Absatz 1 Satz 2 Nummer 1 im Bundesanzeiger bekannt machen. [6]Auf die Prüfung des verkürzten Abschlusses und des zugehörigen Zwischenlageberichts sowie des Zahlungsberichts und Konzernzahlungsberichts ist Satz 2 nicht anzuwenden. [7]Die Prüfung kann trotz Wegfalls der Zulassung der Wertpapiere zum Handel im organisierten Markt fortgesetzt werden, insbesondere dann, wenn Gegenstand der Prüfung ein Fehler ist, an dessen Bekanntmachung ein öffentliches Interesse besteht.

(2) [1]Prüfungsgegenstand nach Absatz 1 können auch die Abschlüsse und Berichte sein, die dasjenige Geschäftsjahr zum Gegenstand haben, das demjenigen Geschäftsjahr vorausgeht, auf das Absatz 1 Satz 4 erster Halbsatz Bezug nimmt. [2]Eine stichprobenartige Prüfung ist hierbei nicht zulässig.

(3) [1]Eine Prüfung des Jahresabschlusses und des zugehörigen Lageberichts durch die Bundesanstalt findet nicht statt, solange eine Klage auf Nichtigkeit gemäß § 256 Abs. 7 des Aktiengesetzes anhängig ist. [2]Wenn nach § 142 Abs. 1 oder 2 oder § 258 Abs. 1 des Aktiengesetzes ein Sonderprüfer bestellt worden ist, findet eine Prüfung ebenfalls nicht statt, soweit der Gegenstand der Sonderprüfung, der Prüfungsbericht oder eine gericht-

liche Entscheidung über die abschließenden Feststellungen der Sonderprüfer nach § 260 des Aktiengesetzes reichen.

(4) Bei der Durchführung der Prüfung kann sich die Bundesanstalt der Prüfstelle sowie anderer Einrichtungen und Personen bedienen.

(5) [1]Das Unternehmen im Sinne des § 106, die Mitglieder seiner Organe, seine Beschäftigten sowie seine Abschlussprüfer haben der Bundesanstalt und den Personen, derer sich die Bundesanstalt bei der Durchführung ihrer Aufgaben bedient, auf Verlangen Auskünfte zu erteilen und Unterlagen vorzulegen, soweit dies zur Prüfung erforderlich ist; die Auskunftspflicht der Abschlussprüfer beschränkt sich auf Tatsachen, die ihnen im Rahmen der Abschlussprüfung bekannt geworden sind. [2]Satz 1 gilt auch für die nach den Vorschriften des Handelsgesetzbuchs in den Konzernabschluss einzubeziehenden Tochterunternehmen. [3]Für das Recht zur Auskunftsverweigerung und die Belehrungspflicht gilt § 6 Absatz 15 entsprechend.

(6) [1]Die zur Auskunft und Vorlage von Unterlagen nach Absatz 5 Verpflichteten haben den Bediensteten der Bundesanstalt oder den von ihr beauftragten Personen, soweit dies zur Wahrnehmung ihrer Aufgaben erforderlich ist, während der üblichen Arbeitszeit das Betreten ihrer Grundstücke und Geschäftsräume zu gestatten. [2]§ 6 Absatz 11 Satz 2 gilt entsprechend. [3]Das Grundrecht der Unverletzlichkeit der Wohnung (Artikel 13 des Grundgesetzes) wird insoweit eingeschränkt.

§ 108 Befugnisse der Bundesanstalt im Falle der Anerkennung einer Prüfstelle

(1) [1]Ist nach § 342b Abs. 1 des Handelsgesetzbuchs eine Prüfstelle anerkannt, so finden stichprobenartige Prüfungen nur auf Veranlassung der Prüfstelle statt. [2]Im Übrigen stehen der Bundesanstalt die Befugnisse nach § 107 erst zu, wenn

1. ihr die Prüfstelle berichtet dass ein Unternehmen seine Mitwirkung bei einer Prüfung verweigert oder mit dem Ergebnis der Prüfung nicht einverstanden ist oder
2. erhebliche Zweifel an der Richtigkeit des Prüfungsergebnisses der Prüfstelle oder an der ordnungsgemäßen Durchführung der Prüfung durch die Prüfstelle bestehen.

[3]Auf Verlangen der Bundesanstalt hat die Prüfstelle das Ergebnis und die Durchführung der Prüfung zu erläutern und einen Prüfbericht vorzulegen. [4]Unbeschadet von Satz 2 kann die Bundesanstalt die Prüfung jederzeit an sich ziehen, wenn sie auch eine Prüfung nach § 44 Abs. 1 Satz 2 des Kreditwesengesetzes, § 14 Satz 2 des Kapitalanlagegesetzbuchs oder § 306 Absatz 1 Nummer 1 des Versicherungsaufsichtsgesetzes durchführt oder durchgeführt hat und die Prüfungen denselben Gegenstand betreffen.

(2) Die Bundesanstalt kann von der Prüfstelle unter den Voraussetzungen des § 107 Absatz 1 Satz 1 die Einleitung einer Prüfung verlangen.

(3) Die Bundesanstalt setzt die Prüfstelle von Mitteilungen nach § 142 Abs. 7, § 256 Abs. 7 Satz 2 und § 261a des Aktiengesetzes in Kenntnis, wenn die Prüfstelle die Prüfung eines von der Mitteilung betroffenen Unternehmens beabsichtigt oder eingeleitet hat.

§ 109 Ergebnis der Prüfung von Bundesanstalt oder Prüfstelle

(1) Ergibt die Prüfung durch die Bundesanstalt, dass die Rechnungslegung fehlerhaft ist, so stellt die Bundesanstalt den Fehler fest.

(2) [1]Die Bundesanstalt ordnet an, dass das Unternehmen den von der Bundesanstalt oder den von der Prüfstelle im Einvernehmen mit dem Unternehmen festgestellten Fehler samt den wesentlichen Teilen der Begründung der Feststellung bekannt zu machen hat. [2]Die Bundesanstalt sieht von einer Anordnung nach Satz 1 ab, wenn kein öffentliches Interesse an der Veröffentlichung besteht. [3]Auf Antrag des Unternehmens kann die Bundesanstalt von einer Anordnung nach Satz 1 absehen, wenn die Veröffentlichung

geeignet ist, den berechtigten Interessen des Unternehmens zu schaden. [4]Die Bekanntmachung hat unverzüglich im Bundesanzeiger sowie entweder in einem überregionalen Börsenpflichtblatt oder über ein elektronisch betriebenes Informationsverbreitungssystem, das bei Kreditinstituten, nach § 53 Abs. 1 Satz 1 des Gesetzes über das Kreditwesen tätigen Unternehmen, anderen Unternehmen, die ihren Sitz im Inland haben und die an einer inländischen Börse zur Teilnahme am Handel zugelassen sind, und Versicherungsunternehmen weit verbreitet ist, zu erfolgen.

(3) Ergibt die Prüfung durch die Bundesanstalt keine Beanstandungen, so teilt die Bundesanstalt dies dem Unternehmen mit.

§ 110 [1)] Mitteilungen an andere Stellen

(1) [1]Die Bundesanstalt hat Tatsachen, die den Verdacht einer Straftat im Zusammenhang mit der Rechnungslegung eines Unternehmens begründen, der für die Verfolgung zuständigen Behörde anzuzeigen. [2]Sie darf diesen Behörden personenbezogene Daten der betroffenen Personen, gegen die sich der Verdacht richtet oder die als Zeugen in Betracht kommen, übermitteln.

(2) [1]Tatsachen, die auf das Vorliegen einer Berufspflichtverletzung durch den Abschlussprüfer schließen lassen, übermittelt die Bundesanstalt der Abschlussprüferaufsichtsstelle beim Bundesamt für Wirtschaft und Ausfuhrkontrolle. [2]Tatsachen, die auf das Vorliegen eines Verstoßes des Unternehmens gegen börsenrechtliche Vorschriften schließen lassen, übermittelt sie der zuständigen Börsenaufsichtsbehörde. [3]Absatz 1 Satz 2 gilt entsprechend.

§ 111 Internationale Zusammenarbeit

(1) [1]Der Bundesanstalt obliegt die Zusammenarbeit mit den Stellen im Ausland, die zuständig sind für die Untersuchung möglicher Verstöße gegen Rechnungslegungsvorschriften durch Unternehmen, deren Wertpapiere zum Handel an einem organisierten Markt zugelassen sind. [2]Sie kann diesen Stellen zur Erfüllung dieser Aufgabe Informationen nach Maßgabe des § 18 Absatz 2 Satz 1 und 2, auch in Verbindung mit Absatz 10 übermitteln. [3]§ 107 Absatz 5 und 6 findet mit der Maßgabe entsprechende Anwendung, dass die dort geregelten Befugnisse sich auf alle Unternehmen, die von der Zusammenarbeit nach Satz 1 umfasst sind, sowie auf alle Unternehmen, die in den Konzernabschluss eines solchen Unternehmens einbezogen sind, erstrecken.

(2) [1]Die Bundesanstalt kann mit den zuständigen Stellen von Mitgliedstaaten der Europäischen Union oder von Vertragsstaaten des Abkommens über den Europäischen Wirtschaftsraum zusammenarbeiten, um eine einheitliche Durchsetzung internationaler Rechnungslegungsvorschriften grenzüberschreitend gewährleisten zu können. [2]Dazu kann sie diesen Stellen auch den Wortlaut von Entscheidungen zur Verfügung stellen, die sie oder die Prüfstelle in Einzelfällen getroffen haben. [3]Der Wortlaut der Entscheidungen darf nur in anonymisierter Form zur Verfügung gestellt werden.

(3) Die internationale Zusammenarbeit durch die Bundesanstalt nach den Absätzen 1 und 2 erfolgt im Benehmen mit der Prüfstelle.

§ 112 Widerspruchsverfahren

(1) [1]Vor Einlegung der Beschwerde sind Rechtmäßigkeit und Zweckmäßigkeit der Verfügungen, welche die Bundesanstalt nach den Vorschriften dieses Abschnitts erlässt, in einem Widerspruchsverfahren nachzuprüfen. [2]Einer solchen Nachprüfung bedarf es nicht, wenn der Abhilfebescheid oder der Widerspruchsbescheid erstmalig eine Beschwer enthält. [3]Für das Widerspruchsverfahren gelten die §§ 68 bis 73 und 80 Abs. 1 der

1) § 110 Abs. 1 geändert durch Gesetz vom 20.11.2019 (BGBl. I S. 1626).

Verwaltungsgerichtsordnung entsprechend, soweit in diesem Abschnitt nichts abweichendes geregelt ist.

(2) Der Widerspruch gegen Maßnahmen der Bundesanstalt nach § 107 Absatz 1 Satz 1, 3 und 6 sowie Absatz 5 und 6, § 108 Absatz 1 Satz 3 und 4, Absatz 2 und § 109 Absatz 1 und 2 Satz 1 hat keine aufschiebende Wirkung.

§ 113 Beschwerde

(1) [1]Gegen Verfügungen der Bundesanstalt nach diesem Abschnitt ist die Beschwerde statthaft. [2]Die Beschwerde hat keine aufschiebende Wirkung.

(2) Die §§ 43 und 48 Abs. 2 bis 4, § 50 Abs. 3 bis 5 sowie die §§ 51 bis 58 des Wertpapiererwerbs- und Übernahmegesetzes gelten entsprechend.

Unterabschnitt 2. Veröffentlichung und Übermittlung von Finanzberichten an das Unternehmensregister

§ 114 Jahresfinanzbericht; Verordnungsermächtigung

(1) [1]Ein Unternehmen, das als Inlandsemittent Wertpapiere begibt, hat für den Schluss eines jeden Geschäftsjahrs einen Jahresfinanzbericht zu erstellen und spätestens vier Monate nach Ablauf eines jeden Geschäftsjahrs der Öffentlichkeit zur Verfügung zu stellen, wenn es nicht nach den handelsrechtlichen Vorschriften zur Offenlegung der in Absatz 2 genannten Rechnungslegungsunterlagen verpflichtet ist. [2]Außerdem muss jedes Unternehmen, das als Inlandsemittent Wertpapiere begibt, spätestens vier Monate nach Ablauf eines jeden Geschäftsjahres und vor dem Zeitpunkt, zu dem die in Absatz 2 genannten Rechnungslegungsunterlagen erstmals der Öffentlichkeit zur Verfügung stehen, eine Bekanntmachung darüber veröffentlichen, ab welchem Zeitpunkt und unter welcher Internetadresse die in Absatz 2 genannten Rechnungslegungsunterlagen zusätzlich zu ihrer Verfügbarkeit im Unternehmensregister öffentlich zugänglich sind. [3]Das Unternehmen teilt die Bekanntmachung gleichzeitig mit ihrer Veröffentlichung der Bundesanstalt mit und übermittelt sie unverzüglich, jedoch nicht vor ihrer Veröffentlichung dem Unternehmensregister im Sinne des § 8b des Handelsgesetzbuchs zur Speicherung. [4]Es hat außerdem unverzüglich, jedoch nicht vor Veröffentlichung der Bekanntmachung nach Satz 2 die in Absatz 2 genannten Rechnungslegungsunterlagen an das Unternehmensregister zur Speicherung zu übermitteln, es sei denn, die Übermittlung erfolgt nach § 8b Abs. 2 Nr. 4 in Verbindung mit Abs. 3 Satz 1 Nr. 1 des Handelsgesetzbuchs.

(2) Der Jahresfinanzbericht hat mindestens zu enthalten

1. den Jahresabschluss, der
   a) im Falle eines Unternehmens, das seinen Sitz in einem Mitgliedstaat der Europäischen Union oder einem Vertragsstaat des Abkommens über den Europäischen Wirtschaftsraum hat, gemäß dem nationalen Recht des Sitzstaats des Unternehmens aufgestellt und geprüft wurde oder
   b) im Falle eines Unternehmens, das seinen Sitz in einem Drittstaat hat, nach den Vorgaben des Handelsgesetzbuchs aufgestellt und geprüft wurde und mit dem Bestätigungsvermerk oder dem Vermerk über dessen Versagung versehen ist,
2. den Lagebericht, der
   a) im Falle eines Unternehmens, das seinen Sitz in einem Mitgliedstaat der Europäischen Union oder einem Vertragsstaat des Abkommens über den Europäischen Wirtschaftsraum hat, gemäß dem nationalen Recht des Sitzstaats des Unternehmens aufgestellt und geprüft wurde oder

b) im Falle eines Unternehmens, das seinen Sitz in einem Drittstaat hat, nach den Vorgaben des Handelsgesetzbuchs aufgestellt und geprüft wurde,

3. eine den Vorgaben von § 264 Absatz 2 Satz 3, § 289 Absatz 1 Satz 5 des Handelsgesetzbuchs entsprechende Erklärung und

4. eine Bescheinigung der Wirtschaftsprüferkammer gemäß § 134 Absatz 2a der Wirtschaftsprüferordnung über die Eintragung des Abschlussprüfers oder eine Bestätigung der Wirtschaftsprüferkammer gemäß § 134 Absatz 4 Satz 8 der Wirtschaftsprüferordnung über die Befreiung von der Eintragungspflicht.

(3) Das Bundesministerium der Finanzen kann im Einvernehmen mit dem Bundesministerium der Justiz und für Verbraucherschutz durch Rechtsverordnung, die nicht der Zustimmung des Bundesrates bedarf, nähere Bestimmungen erlassen über

1. den Mindestinhalt, die Art, die Sprache, den Umfang und die Form der Veröffentlichung nach Absatz 1 Satz 2,

2. den Mindestinhalt, die Art, die Sprache, den Umfang und die Form der Mitteilung nach Absatz 1 Satz 3,

3. die Sprache, in der die Informationen nach Absatz 2 abzufassen sind, sowie den Zeitraum, für den diese Informationen im Unternehmensregister allgemein zugänglich bleiben müssen und den Zeitpunkt, zu dem diese Informationen zu löschen sind.

§ 115 Halbjahresfinanzbericht; Verordnungsermächtigung

(1) [1]Ein Unternehmen, das als Inlandsemittent Aktien oder Schuldtitel im Sinne des § 2 Absatz 1 begibt, hat für die ersten sechs Monate eines jeden Geschäftsjahrs einen Halbjahresfinanzbericht zu erstellen und diesen unverzüglich, spätestens drei Monate nach Ablauf des Berichtszeitraums der Öffentlichkeit zur Verfügung zu stellen, es sei denn, es handelt sich bei den zugelassenen Wertpapieren um Schuldtitel, die unter § 2 Absatz 1 Nummer 2 fallen oder die ein zumindest bedingtes Recht auf den Erwerb von Wertpapieren nach § 2 Absatz 1 Nummer 1 oder Nummer 2 begründen. [2]Außerdem muss das Unternehmen spätestens drei Monate nach Ablauf des Berichtszeitraums und vor dem Zeitpunkt, zu dem der Halbjahresfinanzbericht erstmals der Öffentlichkeit zur Verfügung steht, eine Bekanntmachung darüber veröffentlichen, ab welchem Zeitpunkt und unter welcher Internetadresse der Bericht zusätzlich zu seiner Verfügbarkeit im Unternehmensregister öffentlich zugänglich ist. [3]Das Unternehmen teilt die Bekanntmachung gleichzeitig mit ihrer Veröffentlichung der Bundesanstalt mit und übermittelt sie unverzüglich, jedoch nicht vor ihrer Veröffentlichung dem Unternehmensregister im Sinne des § 8b des Handelsgesetzbuchs zur Speicherung. [4]Es hat außerdem unverzüglich, jedoch nicht vor Veröffentlichung der Bekanntmachung nach Satz 2 den Halbjahresfinanzbericht an das Unternehmensregister zur Speicherung zu übermitteln.

(2) Der Halbjahresfinanzbericht hat mindestens

1. einen verkürzten Abschluss,

2. einen Zwischenlagebericht und

3. eine den Vorgaben des § 264 Abs. 2 Satz 3, § 289 Abs. 1 Satz 5 des Handelsgesetzbuchs entsprechende Erklärung

zu enthalten.

(3) [1]Der verkürzte Abschluss hat mindestens eine verkürzte Bilanz, eine verkürzte Gewinn- und Verlustrechnung und einen Anhang zu enthalten. [2]Auf den verkürzten Abschluss sind die für den Jahresabschluss geltenden Rechnungslegungsgrundsätze anzuwenden. [3]Tritt bei der Offenlegung an die Stelle des Jahresabschlusses ein Einzelabschluss im Sinne des § 325 Abs. 2a des Handelsgesetzbuchs, sind auf den verkürzten

Abschluss die in § 315e Absatz 1 des Handelsgesetzbuchs bezeichneten internationalen Rechnungslegungsstandards und Vorschriften anzuwenden.

(4) [1]Im Zwischenlagebericht sind mindestens die wichtigen Ereignisse des Berichtszeitraums im Unternehmen des Emittenten und ihre Auswirkungen auf den verkürzten Abschluss anzugeben sowie die wesentlichen Chancen und Risiken für die dem Berichtszeitraum folgenden sechs Monate des Geschäftsjahrs zu beschreiben. [2]Ferner sind bei einem Unternehmen, das als Inlandsemittent Aktien begibt, die wesentlichen Geschäfte des Emittenten mit nahe stehenden Personen anzugeben; die Angaben können stattdessen im Anhang des Halbjahresfinanzberichts gemacht werden.

(5) [1]Der verkürzte Abschluss und der Zwischenlagebericht kann einer prüferischen Durchsicht durch einen Abschlussprüfer unterzogen werden. [2]Die Vorschriften über die Bestellung des Abschlussprüfers sind auf die prüferische Durchsicht entsprechend anzuwenden. [3]Die prüferische Durchsicht ist so anzulegen, dass bei gewissenhafter Berufsausübung ausgeschlossen werden kann, dass der verkürzte Abschluss und der Zwischenlagebericht in wesentlichen Belangen den anzuwendenden Rechnungslegungsgrundsätzen widersprechen. [4]Der Abschlussprüfer hat das Ergebnis der prüferischen Durchsicht in einer Bescheinigung zum Halbjahresfinanzbericht zusammenzufassen, die mit dem Halbjahresfinanzbericht zu veröffentlichen ist. [5]Sind der verkürzte Abschluss und der Zwischenlagebericht entsprechend § 317 des Handelsgesetzbuchs geprüft worden, ist der Bestätigungsvermerk oder der Vermerk über seine Versagung vollständig wiederzugeben und mit dem Halbjahresfinanzbericht zu veröffentlichen. [6]Sind der verkürzte Abschluss und der Zwischenlagebericht weder einer prüferischen Durchsicht unterzogen noch entsprechend § 317 des Handelsgesetzbuchs geprüft worden, ist dies im Halbjahresfinanzbericht anzugeben. [7]§ 320 und § 323 des Handelsgesetzbuchs gelten entsprechend.

(6) Das Bundesministerium der Finanzen kann im Einvernehmen mit dem Bundesministerium der Justiz und für Verbraucherschutz durch Rechtsverordnung, die nicht der Zustimmung des Bundesrates bedarf, nähere Bestimmungen erlassen über

1. den Inhalt und die prüferische Durchsicht des Halbjahresfinanzberichts,
2. den Mindestinhalt, die Art, die Sprache, den Umfang und die Form der Veröffentlichung nach Absatz 1 Satz 2,
3. den Mindestinhalt, die Art, die Sprache, den Umfang und die Form der Mitteilung nach Absatz 1 Satz 3 und
4. die Sprache, in der der Halbjahresfinanzbericht abzufassen ist, sowie den Zeitraum, für den der Halbjahresfinanzbericht im Unternehmensregister allgemein zugänglich bleiben muss, und den Zeitpunkt, zu dem er zu löschen ist.

(7) Erstellt und veröffentlicht ein Unternehmen zusätzliche unterjährige Finanzinformationen, die den Vorgaben des Absatzes 2 Nummer 1 und 2 und der Absätze 3 und 4 entsprechen, gilt für die Prüfung oder prüferische Durchsicht dieser Finanzinformationen durch einen Abschlussprüfer Absatz 5 entsprechend.

§ 116 Zahlungsbericht; Verordnungsermächtigung

(1) [1]Ein Unternehmen, das als Inlandsemittent Wertpapiere begibt, hat unter entsprechender Anwendung der §§ 341r bis 341v des Handelsgesetzbuchs einen Zahlungsbericht beziehungsweise Konzernzahlungsbericht zu erstellen und diesen spätestens sechs Monate nach Ablauf des Berichtszeitraums der Öffentlichkeit zur Verfügung zu stellen, wenn

1. das Unternehmen oder eines seiner Tochterunternehmen im Sinne des § 341r Nummer 1 des Handelsgesetzbuchs in der mineralgewinnenden Industrie tätig ist oder

Holzeinschlag in Primärwäldern im Sinne des § 341r Nummer 2 des Handelsgesetzbuchs betreibt und

2. auf das Unternehmen § 341q des Handelsgesetzbuchs nicht anzuwenden ist.

[2]Im Falle eines Unternehmens im Sinne des Satzes 1 mit Sitz in einem anderen Mitgliedstaat der Europäischen Union oder in einem anderen Vertragsstaat des Abkommens über den Europäischen Wirtschaftsraum treten anstelle der entsprechenden Anwendung der §§ 341s bis 341v des Handelsgesetzbuchs die in Umsetzung von Kapitel 10 der Richtlinie 2013/34/EU des Europäischen Parlaments und des Rates vom 26. Juni 2013 über den Jahresabschluss, den konsolidierten Abschluss und damit verbundene Berichte von Unternehmen bestimmter Rechtsformen und zur Änderung der Richtlinie 2006/43/EG des Europäischen Parlaments und des Rates und zur Aufhebung der Richtlinien 78/660/EWG und 83/349/EWG des Rates (ABl. L 182 vom 29.6.2013, S. 19) erlassenen nationalen Rechtsvorschriften des Sitzstaats.

(2) [1]Außerdem muss jedes Unternehmen im Sinne des Absatzes 1 Satz 1 Nummer 1 spätestens sechs Monate nach Ablauf des Berichtszeitraums und vor dem Zeitpunkt, zu dem der Zahlungsbericht oder Konzernzahlungsbericht erstmals der Öffentlichkeit zur Verfügung steht, eine Bekanntmachung darüber veröffentlichen, ab welchem Zeitpunkt und unter welcher Internetadresse der Zahlungsbericht oder Konzernzahlungsbericht zusätzlich zu seiner Verfügbarkeit im Unternehmensregister öffentlich zugänglich ist. [2]Das Unternehmen teilt die Bekanntmachung gleichzeitig mit ihrer Veröffentlichung der Bundesanstalt mit und übermittelt sie unverzüglich, jedoch nicht vor ihrer Veröffentlichung dem Unternehmensregister im Sinne des § 8b des Handelsgesetzbuchs zur Speicherung. [3]Ein Unternehmen im Sinne von Satz 1 hat außerdem unverzüglich, jedoch nicht vor Veröffentlichung der Bekanntmachung nach Satz 2 den Zahlungsbericht oder Konzernzahlungsbericht an das Unternehmensregister zur Speicherung zu übermitteln, es sei denn, die Übermittlung erfolgt nach § 8b Absatz 2 Nummer 4 in Verbindung mit Absatz 3 Satz 1 Nummer 1 des Handelsgesetzbuchs.

(3) [1]Die Bundesanstalt kann ein Unternehmen zur Erklärung auffordern, ob es im Sinne des § 341r des Handelsgesetzbuchs in der mineralgewinnenden Industrie tätig ist oder Holzeinschlag in Primärwäldern betreibt, und eine angemessene Frist setzen. [2]Die Aufforderung ist zu begründen. [3]Gibt das Unternehmen innerhalb der Frist keine Erklärung ab, so wird vermutet, dass das Unternehmen in den Anwendungsbereich des Absatzes 1 Satz 1 Nummer 1 fällt. [4]Die Sätze 1 und 2 sind entsprechend anzuwenden, wenn die Bundesanstalt Anlass zur Annahme hat, dass ein Tochterunternehmen des Unternehmens in der mineralgewinnenden Industrie tätig ist oder Holzeinschlag in Primärwäldern betreibt.

(4) Das Bundesministerium der Finanzen kann im Einvernehmen mit dem Bundesministerium der Justiz und für Verbraucherschutz durch Rechtsverordnung, die nicht der Zustimmung des Bundesrates bedarf, nähere Bestimmungen erlassen über

1. den Mindestinhalt, die Art, die Sprache, den Umfang und die Form der Veröffentlichung nach Absatz 2 Satz 1,
2. den Mindestinhalt, die Art, die Sprache, den Umfang und die Form der Bekanntmachung nach Absatz 2 Satz 2,
3. die Sprache, in der der Zahlungsbericht oder Konzernzahlungsbericht abzufassen ist, sowie den Zeitraum, für den der Zahlungsbericht oder Konzernzahlungsbericht im Unternehmensregister allgemein zugänglich bleiben muss, und den Zeitpunkt, zu dem er zu löschen ist.

§ 117 Konzernabschluss

Ist ein Mutterunternehmen verpflichtet, einen Konzernabschluss und einen Konzernlagebericht aufzustellen, gelten die §§ 114 und 115 mit der folgenden Maßgabe:

1. Der Jahresfinanzbericht hat auch den geprüften, im Einklang mit der Verordnung (EG) Nr. 1606/ 2002 des Europäischen Parlaments und des Rates vom 19. Juli 2002 betreffend die Anwendung internationaler Rechnungslegungsstandards (ABl. EG Nr. L 243 S. 1) aufgestellten Konzernabschluss, den Konzernlagebericht, eine den Vorgaben des § 297 Absatz 2 Satz 4, § 315 Absatz 1 Satz 5 des Handelsgesetzbuchs entsprechende Erklärung und eine Bescheinigung der Wirtschaftsprüferkammer gemäß § 134 Abs. 2a der Wirtschaftsprüferordnung über die Eintragung des Abschlussprüfers oder eine Bestätigung der Wirtschaftsprüferkammer gemäß § 134 Abs. 4 Satz 8 der Wirtschaftsprüferordnung über die Befreiung von der Eintragungspflicht zu enthalten.
2. Die gesetzlichen Vertreter des Mutterunternehmens haben den Halbjahresfinanzbericht für das Mutterunternehmen und die Gesamtheit der einzubeziehenden Tochterunternehmen zu erstellen und zu veröffentlichen. [2]§ 115 Absatz 3 gilt entsprechend, wenn das Mutterunternehmen verpflichtet ist, den Konzernabschluss nach den in § 315e Absatz 1 des Handelsgesetzbuchs bezeichneten internationalen Rechnungslegungsstandards und Vorschriften aufzustellen.

§ 118[1)] Ausnahmen; Verordnungsermächtigung

(1) [1]Die §§ 114, 115 und 117 sind nicht anzuwenden auf Unternehmen, die ausschließlich

1. zum Handel an einem organisierten Markt zugelassene Schuldtitel mit einer Mindeststückelung von 100 000 Euro oder dem am Ausgabetag entsprechenden Gegenwert einer anderen Währung begeben oder
2. noch ausstehende bereits vor dem 31. Dezember 2010 zum Handel an einem organisierten Markt im Inland oder in einem anderen Mitgliedstaat der Europäischen Union oder einem anderen Vertragsstaat des Abkommens über den Europäischen Wirtschaftsraum zugelassene Schuldtitel mit einer Mindeststückelung von 50 000 Euro oder dem am Ausgabetag entsprechenden Gegenwert einer anderen Währung begeben haben.

[2]Die Ausnahmen nach Satz 1 sind auf Emittenten von Wertpapieren im Sinne des § 2 Absatz 1 Nummer 2 nicht anzuwenden.

(2) § 115 findet keine Anwendung auf Kreditinstitute, die als Inlandsemittenten Wertpapiere begeben, wenn ihre Aktien nicht an einem organisierten Markt zugelassen sind und sie dauernd oder wiederholt ausschließlich Schuldtitel begeben haben, deren Gesamtnennbetrag 100 Millionen Euro nicht erreicht und für die kein Prospekt nach der Verordnung (EU) 2017/1129 veröffentlicht wurde.

(3) § 115 findet ebenfalls keine Anwendung auf Unternehmen, die als Inlandsemittenten Wertpapiere begeben, wenn sie zum 31. Dezember 2003 bereits existiert haben und ausschließlich zum Handel an einem organisierten Markt zugelassene Schuldtitel begeben, die vom Bund, von einem Land oder von einer seiner Gebietskörperschaften unbedingt und unwiderruflich garantiert werden.

(4) [1]Die Bundesanstalt kann ein Unternehmen mit Sitz in einem Drittstaat, das als Inlandsemittent Wertpapiere begibt, von den Anforderungen der §§ 114, 115 und 117, auch in Verbindung mit einer Rechtsverordnung nach § 114 Absatz 3 oder § 115 Absatz 6,

1) § 118 Abs. 2 geändert durch Gesetz vom 8.7.2019 (BGBl. I S. 1002); s. dazu § 139.

ausnehmen, soweit diese Emittenten gleichwertigen Regeln eines Drittstaates unterliegen oder sich solchen Regeln unterwerfen. [2]Die Bundesanstalt unterrichtet die Europäische Wertpapier- und Marktaufsichtsbehörde über die erteilte Freistellung. [3]Die nach den Vorschriften des Drittstaates zu erstellenden Informationen sind jedoch in der in § 114 Absatz 1 Satz 1 und 2 und § 115 Absatz 1 Satz 1 und 2, jeweils auch in Verbindung mit einer Rechtsverordnung nach 114 Absatz 3 oder 115 Absatz 6, geregelten Weise der Öffentlichkeit zur Verfügung zu stellen, zu veröffentlichen und gleichzeitig der Bundesanstalt mitzuteilen. [4]Die Informationen sind außerdem unverzüglich, jedoch nicht vor ihrer Veröffentlichung dem Unternehmensregister im Sinne des § 8b des Handelsgesetzbuchs zur Speicherung zu übermitteln. [5]Das Bundesministerium der Finanzen kann durch Rechtsverordnung, die nicht der Zustimmung des Bundesrates bedarf, nähere Bestimmungen über die Gleichwertigkeit von Regeln eines Drittstaates und die Freistellung von Unternehmen nach Satz 1 erlassen.

Abschnitt 17. Straf- und Bußgeldvorschriften

§ 119 Strafvorschriften

(1) Mit Freiheitsstrafe bis zu fünf Jahren oder mit Geldstrafe wird bestraft, wer eine in § 120 Absatz 2 Nummer 3 oder Absatz 15 Nummer 2 bezeichnete vorsätzliche Handlung begeht und dadurch einwirkt auf

1. den inländischen Börsen- oder Marktpreis eines Finanzinstruments, eines damit verbundenen Waren-Spot-Kontrakts, einer Ware im Sinne des § 2 Absatz 5 oder eines ausländischen Zahlungsmittels im Sinne des § 51 des Börsengesetzes,
2. den Preis eines Finanzinstruments oder eines damit verbundenen Waren-Spot-Kontrakts an einem organisierten Markt, einem multilateralen oder organisierten Handelssystem in einem anderen Mitgliedstaat oder in einem anderen Vertragsstaat des Abkommens über den Europäischen Wirtschaftsraum,
3. den Preis einer Ware im Sinne des § 2 Absatz 5 oder eines ausländischen Zahlungsmittels im Sinne des § 51 des Börsengesetzes an einem mit einer inländischen Börse vergleichbaren Markt in einem anderen Mitgliedstaat oder in einem anderen Vertragsstaat des Abkommens über den Europäischen Wirtschaftsraum oder
4. die Berechnung eines Referenzwertes im Inland oder in einem anderen Mitgliedstaat oder in einem anderen Vertragsstaat des Abkommens über den Europäischen Wirtschaftsraum.

(2) Ebenso wird bestraft, wer gegen die Verordnung (EU) Nr. 1031/2010 der Kommission vom 12. November 2010 über den zeitlichen und administrativen Ablauf sowie sonstige Aspekte der Versteigerung von Treibhausgasemissionszertifikaten gemäß der Richtlinie 2003/87/EG des Europäischen Parlaments und des Rates über ein System für den Handel mit Treibhausgasemissionszertifikaten in der Gemeinschaft (ABl. L 302 vom 18.11.2010, S. 1), die zuletzt durch die Verordnung (EU) Nr. 176/2014 (ABl. L 56 vom 26.2.2014, S. 11) geändert worden ist, verstößt, indem er

1. entgegen Artikel 38 Absatz 1 Unterabsatz 1, auch in Verbindung mit Absatz 2 oder Artikel 40, ein Gebot einstellt, ändert oder zurückzieht oder
2. als Person nach Artikel 38 Absatz 1 Unterabsatz 2, auch in Verbindung mit Absatz 2,
   a) entgegen Artikel 39 Buchstabe a eine Insiderinformation weitergibt oder
   b) entgegen Artikel 39 Buchstabe b die Einstellung, Änderung oder Zurückziehung eines Gebotes empfiehlt oder eine andere Person hierzu verleitet.

(3) Ebenso wird bestraft, wer gegen die Verordnung (EU) Nr. 596/2014 des Europäischen Parlaments und des Rates vom 16. April 2014 über Marktmissbrauch (Marktmissbrauchsverordnung) und zur Aufhebung der Richtlinie 2003/6/EG des Europäischen Parlaments und des Rates und der Richtlinien 2003/124/EG, 2003/125/EG und 2004/72/EG der Kommission (ABl. L 173 vom 12.6.2014, S. 1; L 287 vom 21.10.2016, S. 320; L 306 vom 15.11.2016, S. 43; L 348 vom 21.12.2016, S. 83), die zuletzt durch die Verordnung (EU) 2016/1033 (ABl. L 175 vom 30.6.2016, S. 1) geändert worden ist, verstößt, indem er

1. entgegen Artikel 14 Buchstabe a ein Insidergeschäft tätigt,
2. entgegen Artikel 14 Buchstabe b einem Dritten empfiehlt, ein Insidergeschäft zu tätigen, oder einen Dritten dazu verleitet oder
3. entgegen Artikel 14 Buchstabe c eine Insiderinformation offenlegt.

(4) Der Versuch ist strafbar.

(5) Mit Freiheitsstrafe von einem Jahr bis zu zehn Jahren wird bestraft, wer in den Fällen des Absatzes 1

1. gewerbsmäßig oder als Mitglied einer Bande, die sich zur fortgesetzten Begehung solcher Taten verbunden hat, handelt oder
2. in Ausübung seiner Tätigkeit für eine inländische Finanzaufsichtsbehörde, ein Wertpapierdienstleistungsunternehmen, eine Börse oder einen Betreiber eines Handelsplatzes handelt.

(6) In minder schweren Fällen des Absatzes 5 Nummer 2 ist die Strafe Freiheitsstrafe von sechs Monaten bis zu fünf Jahren.

(7) Handelt der Täter in den Fällen des Absatzes 2 Nummer 1 leichtfertig, so ist die Strafe Freiheitsstrafe bis zu einem Jahr oder Geldstrafe.

§ 120[1] Bußgeldvorschriften; Verordnungsermächtigung

(1) Ordnungswidrig handelt, wer

1. einer vollziehbaren Anordnung nach § 8 Absatz 2 Satz 1 oder Satz 2 zuwiderhandelt,
2. eine Information entgegen § 26 Absatz 1 oder Absatz 2 nicht oder nicht rechtzeitig übermittelt,
3. eine Mitteilung entgegen § 26 Absatz 1 nicht, nicht richtig, nicht vollständig oder nicht rechtzeitig macht,
4. eine Mitteilung entgegen § 26 Absatz 2 nicht oder nicht rechtzeitig macht oder
5. entgegen § 30 Absatz 3 Clearing-Dienste nutzt.

(2) Ordnungswidrig handelt, wer vorsätzlich oder leichtfertig

1. eine Information entgegen § 5 Absatz 1 Satz 2 nicht oder nicht rechtzeitig übermittelt,
2. entgegen
   a) § 5 Absatz 1 Satz 2,
   b) § 22 Absatz 3,
   c) § 23 Absatz 1 Satz 1, auch in Verbindung mit einer Rechtsverordnung nach Absatz 4 Satz 1,
   d) § 33 Absatz 1 Satz 1 oder 2 oder Absatz 2, jeweils auch in Verbindung mit einer Rechtsverordnung nach § 33 Absatz 5,

1) § 120 geändert durch Gesetz vom 8.7.2019 (BGBl. I S. 1002).

e) § 38 Absatz 1 Satz 1, auch in Verbindung mit einer Rechtsverordnung nach § 38 Absatz 5, oder § 39 Absatz 1, auch in Verbindung mit einer Rechtsverordnung nach § 39 Absatz 2,

f) § 40 Absatz 2, auch in Verbindung mit einer Rechtsverordnung nach § 40 Absatz 3 Nummer 2,

g) § 41 Absatz 1 Satz 2, auch in Verbindung mit § 41 Absatz 2,

h) § 46 Absatz 2 Satz 1,

i) § 50 Absatz 1 Satz 1, auch in Verbindung mit einer Rechtsverordnung nach § 50 Absatz 2,

j) § 51 Absatz 2,

k) § 114 Absatz 1 Satz 3, auch in Verbindung mit § 117, jeweils auch in Verbindung mit einer Rechtsverordnung nach § 114 Absatz 3 Nummer 2,

l) § 115 Absatz 1 Satz 3, auch in Verbindung mit § 117, jeweils auch in Verbindung mit einer Rechtsverordnung nach § 115 Absatz 6 Nummer 3,

m) § 116 Absatz 2 Satz 2, auch in Verbindung mit einer Rechtsverordnung nach § 116 Absatz 4 Nummer 2 oder

n) § 118 Absatz 4 Satz 3

eine Mitteilung nicht, nicht richtig, nicht vollständig, nicht in der vorgeschriebenen Weise oder nicht rechtzeitig macht,

2a. entgegen § 12 oder § 23 Absatz 1 Satz 2 eine Person über eine Anzeige, eine eingeleitete Untersuchung oder eine Maßnahme in Kenntnis setzt,

2b. einer vollziehbaren Anordnung nach § 15 Absatz 1 zuwiderhandelt,

3. entgegen § 25 in Verbindung mit Artikel 15 der Verordnung (EU) Nr. 596/2014 eine Marktmanipulation begeht,

4. entgegen

a) § 40 Absatz 1 Satz 1, auch in Verbindung mit einer Rechtsverordnung nach § 40 Absatz 3 Nummer 1, oder entgegen § 41 Absatz 1 Satz 1, auch in Verbindung mit § 41 Absatz 2, oder § 46 Absatz 2 Satz 1,

b) § 40 Absatz 1 Satz 2, in Verbindung mit § 40 Absatz 1 Satz 1, auch in Verbindung mit einer Rechtsverordnung nach § 40 Absatz 3,

c) § 49 Absatz 1 oder 2,

d) § 50 Absatz 1 Satz 1 in Verbindung mit einer Rechtsverordnung nach § 50 Absatz 2 oder entgegen § 51 Absatz 2,

e) § 114 Absatz 1 Satz 2 in Verbindung mit einer Rechtsverordnung nach § 114 Absatz 3 Nummer 1, jeweils auch in Verbindung mit § 117, oder entgegen § 118 Absatz 4 Satz 3,

f) § 115 Absatz 1 Satz 2 in Verbindung mit einer Rechtsverordnung nach § 115 Absatz 6 Nummer 2, jeweils auch in Verbindung mit § 117, oder

g) § 116 Absatz 2 Satz 1 in Verbindung mit einer Rechtsverordnung nach § 116 Absatz 4 Nummer 1

eine Veröffentlichung nicht, nicht richtig, nicht vollständig, nicht in der vorgeschriebenen Weise oder nicht rechtzeitig vornimmt oder nicht oder nicht rechtzeitig nachholt,

5. entgegen § 27 Satz 1 eine Aufzeichnung nicht, nicht richtig, nicht vollständig oder nicht rechtzeitig erstellt,

6. entgegen § 29 Absatz 5 Satz 1 der Stellung eines Billigungsantrags nicht eine dort genannte Erklärung beifügt,
7. entgegen § 31 Absatz 2 eine Mitteilung nicht oder nicht rechtzeitig macht,
8. entgegen § 32 Absatz 1 Satz 1 die dort genannten Tatsachen nicht oder nicht rechtzeitig prüfen und bescheinigen lässt,
9. entgegen § 32 Absatz 4 Satz 1 eine Bescheinigung nicht oder nicht rechtzeitig übermittelt,
10. entgegen § 40 Absatz 1 Satz 1, § 41 Absatz 1 Satz 3, § 46 Absatz 2 Satz 2, § 50 Absatz 1 Satz 2, § 51 Absatz 2, § 114 Absatz 1 Satz 3, § 115 Absatz 1 Satz 3, § 116 Absatz 2 Satz 2 oder § 118 Absatz 4 Satz 3 eine Information oder eine Bekanntmachung nicht oder nicht rechtzeitig übermittelt,
11. entgegen § 48 Absatz 1 Nummer 2, auch in Verbindung mit § 48 Absatz 3, nicht sicherstellt, dass Einrichtungen und Informationen im Inland öffentlich zur Verfügung stehen,
12. entgegen § 48 Absatz 1 Nummer 3, auch in Verbindung mit § 48 Absatz 3, nicht sicherstellt, dass Daten vor der Kenntnisnahme durch Unbefugte geschützt sind,
13. entgegen § 48 Absatz 1 Nummer 4, auch in Verbindung mit § 48 Absatz 3, nicht sicherstellt, dass eine dort genannte Stelle bestimmt ist,
14. entgegen § 86 Satz 1, 2 oder 4 eine Anzeige nicht, nicht richtig, nicht vollständig oder nicht rechtzeitig erstattet,
15. entgegen § 114 Absatz 1 Satz 4, § 115 Absatz 1 Satz 4, jeweils auch in Verbindung mit § 117, einen Jahresfinanzbericht einschließlich der Erklärung gemäß § 114 Absatz 2 Nummer 3 und der Eintragungsbescheinigung oder Bestätigung gemäß § 114 Absatz 2 Nummer 4 oder einen Halbjahresfinanzbericht einschließlich der Erklärung gemäß § 115 Absatz 2 Nummer 3 oder entgegen § 116 Absatz 2 Satz 3 einen Zahlungs- oder Konzernzahlungsbericht nicht oder nicht rechtzeitig übermittelt oder
16. einer unmittelbar geltenden Vorschrift in delegierten Rechtsakten der Europäischen Union, die die Verordnung (EG) Nr. 1060/2009 des Europäischen Parlaments und des Rates vom 16. September 2009 über Ratingagenturen (ABl. L 302 vom 17.11.2009, S. 1; L 350 vom 29.12.2009, S. 59, L 145 vom 31.5.2011, S. 57, L 267 vom 6.9.2014, S. 30), die zuletzt durch die Richtlinie 2014/51/EU (ABl. L 153 vom 22.5.2014, S. 1) geändert worden ist, ergänzen, im Anwendungsbereich dieses Gesetzes zuwiderhandelt, soweit eine Rechtsverordnung nach Absatz 28 für einen bestimmten Tatbestand auf diese Bußgeldvorschrift verweist.

(3) Ordnungswidrig handelt, wer vorsätzlich oder leichtfertig entgegen Artikel 74 oder Artikel 75 der Delegierten Verordnung (EU) 2017/565 der Kommission vom 25. April 2016 zur Ergänzung der Richtlinie 2014/65/EU des Europäischen Parlaments und des Rates in Bezug auf die organisatorischen Anforderungen an Wertpapierfirmen und die Bedingungen für die Ausübung ihrer Tätigkeit sowie in Bezug auf die Definition bestimmter Begriffe für die Zwecke der genannten Richtlinie (ABl. L 87 vom 31.3.2017, S. 1) eine Aufzeichnung nicht, nicht richtig, nicht vollständig oder nicht rechtzeitig erstellt.

(4) Ordnungswidrig handelt, wer als Person, die für ein Wertpapierdienstleistungsunternehmen handelt, gegen die Verordnung (EG) Nr. 1060/2009 verstößt, indem er vorsätzlich oder leichtfertig

1. entgegen Artikel 4 Absatz 1 Unterabsatz 1 ein Rating verwendet,
2. entgegen Artikel 5a Absatz 1 nicht dafür Sorge trägt, dass das Wertpapierdienstleistungsunternehmen eigene Kreditrisikobewertungen vornimmt,

3. entgegen Artikel 8c Absatz 1 einen Auftrag nicht richtig erteilt,
4. entgegen Artikel 8c Absatz 2 nicht dafür Sorge trägt, dass die beauftragten Ratingagenturen die dort genannten Voraussetzungen erfüllen oder
5. entgegen Artikel 8d Absatz 1 Satz 2 eine dort genannte Dokumentation nicht richtig vornimmt.

(5) Ordnungswidrig handelt, wer gegen die Verordnung (EU) Nr. 1031/2010 verstößt, indem er vorsätzlich oder leichtfertig

1. als Person nach Artikel 40
   a) entgegen Artikel 39 Buchstabe a eine Insiderinformation weitergibt oder
   b) entgegen Artikel 39 Buchstabe b die Einstellung, Änderung oder Zurückziehung eines Gebotes empfiehlt oder eine andere Person hierzu verleitet,
2. entgegen Artikel 42 Absatz 1 Satz 2 oder Satz 3 das Verzeichnis nicht, nicht richtig, nicht vollständig oder nicht rechtzeitig übermittelt,
3. entgegen Artikel 42 Absatz 2 eine Unterrichtung nicht, nicht richtig oder nicht innerhalb von fünf Werktagen vornimmt oder
4. entgegen Artikel 42 Absatz 5 die Behörde nicht, nicht richtig, nicht vollständig oder nicht rechtzeitig informiert.

(6) Ordnungswidrig handelt, wer gegen die Verordnung (EU) Nr. 236/2012 des Europäischen Parlaments und des Rates vom 14. März 2012 über Leerverkäufe und bestimmte Aspekte von Credit Default Swaps (ABl. L 86 vom 24.3.2012, S. 1), die durch die Verordnung (EU) Nr. 909/2014 (ABl. L 257 vom 28.8.2014, S. 1) geändert worden ist, verstößt, indem er vorsätzlich oder leichtfertig

1. entgegen Artikel 5 Absatz 1, Artikel 7 Absatz 1 oder Artikel 8 Absatz 1, jeweils auch in Verbindung mit Artikel 9 Absatz 1 Unterabsatz 1 oder Artikel 10, eine Meldung nicht, nicht richtig, nicht vollständig oder nicht rechtzeitig macht,
2. entgegen Artikel 6 Absatz 1, auch in Verbindung mit Artikel 9 Absatz 1 Unterabsatz 1 oder Artikel 10, eine Einzelheit nicht, nicht richtig, nicht vollständig oder nicht rechtzeitig offenlegt,
3. entgegen Artikel 12 Absatz 1 oder Artikel 13 Absatz 1 eine Aktie oder einen öffentlichen Schuldtitel leer verkauft,
4. entgegen Artikel 14 Absatz 1 eine Transaktion vornimmt oder
5. entgegen Artikel 15 Absatz 1 nicht sicherstellt, dass er über ein dort genanntes Verfahren verfügt.

(7) Ordnungswidrig handelt, wer gegen die Verordnung (EU) Nr. 648/2012 des Europäischen Parlaments und des Rates vom 4. Juli 2012 über OTC-Derivate, zentrale Gegenparteien und Transaktionsregister (ABl. L 201 vom 27.7.2012, S. 1; L 321 vom 30.11.2013, S. 6), die zuletzt durch die Verordnung (EU) 2015/2365 (ABl. L 337 vom 23.12.2015, S.1) geändert worden ist, verstößt, indem er vorsätzlich oder leichtfertig

1. entgegen Artikel 4 Absatz 1 und 3 einen OTC-Derivatekontrakt nicht oder nicht in der vorgeschriebenen Weise cleart,
2. als Betreiber eines multilateralen Handelssystems im Sinne des § 72 Absatz 1 entgegen Artikel 8 Absatz 1 in Verbindung mit Absatz 4 Unterabsatz 1 Handelsdaten nicht, nicht richtig, nicht vollständig, nicht in der vorgeschriebenen Weise oder nicht rechtzeitig zur Verfügung stellt,
3. entgegen Artikel 9 Absatz 1 Satz 2 eine Meldung nicht, nicht richtig, nicht vollständig oder nicht rechtzeitig macht,

4. entgegen Artikel 9 Absatz 2 eine Aufzeichnung nicht oder nicht mindestens fünf Jahre aufbewahrt,
5. entgegen Artikel 10 Absatz 1 Buchstabe a eine Mitteilung nicht oder nicht rechtzeitig macht,
6. entgegen Artikel 11 Absatz 1 nicht gewährleistet, dass ein dort genanntes Verfahren oder eine dort genannte Vorkehrung besteht,
7. entgegen Artikel 11 Absatz 2 Satz 1 den Wert ausstehender Kontrakte nicht, nicht richtig oder nicht rechtzeitig ermittelt,
8. entgegen Artikel 11 Absatz 3 kein dort beschriebenes Risikomanagement betreibt,
9. entgegen Artikel 11 Absatz 4 nicht gewährleistet, dass zur Abdeckung der dort genannten Risiken eine geeignete und angemessene Eigenkapitalausstattung vorgehalten wird, oder
10. entgegen Artikel 11 Absatz 11 Satz 1 die Information über eine Befreiung von den Anforderungen des Artikels 11 Absatz 3 nicht oder nicht richtig veröffentlicht.

(8) Ordnungswidrig handelt, wer vorsätzlich oder leichtfertig

1. im Zusammenhang mit einer Untersuchung betreffend die Einhaltung der Pflichten nach den Abschnitten 9 bis 11 einer vollziehbaren Anordnung der Bundesanstalt nach den §§ 6 bis 9 zuwiderhandelt,
2. einer vollziehbaren Anordnung der Bundesanstalt nach § 9 Absatz 2 zuwiderhandelt, auch wenn im Ausland gehandelt wird,
3. als Betreiber eines inländischen Handelsplatzes, der im Namen eines Wertpapierdienstleistungsunternehmens Meldungen nach Artikel 26 Absatz 1 der Verordnung (EU) Nr. 600/2014 des Europäischen Parlaments und des Rates vom 15. Mai 2014 über Märkte für Finanzinstrumente und zur Änderung der Verordnung (EU) Nr. 648/2012 (ABl. L 173 vom 12.6.2014, S. 84; L 6 vom 10.1.2015, S. 6; L 270 vom 15.10.2015, S. 4), die zuletzt durch die Verordnung (EU) 2016/1033 (ABl. L 175 vom 30.6.2016, S. 1) geändert worden ist, vornimmt,
   a) entgegen § 22 Absatz 2 Satz 1 dort genannte Sicherheitsmaßnahmen nicht einrichtet oder
   b) entgegen § 22 Absatz 2 Satz 2 dort genannte Mittel nicht vorhält oder dort genannte Notfallsysteme nicht einrichtet,
4. ein von der Bundesanstalt für ein Warenderivat gemäß § 54 Absatz 1, 3, 5 festgelegtes Positionslimit überschreitet,
5. ein von einer ausländischen zuständigen Behörde eines Mitgliedstaates für ein Warenderivat festgelegtes Positionslimit überschreitet,
6. entgegen § 54 Absatz 6 Satz 1 nicht über angemessene Kontrollverfahren zur Überwachung des Positionsmanagements verfügt,
7. entgegen § 54 Absatz 6 Satz 4 eine Unterrichtung nicht, nicht richtig oder nicht vollständig vornimmt,
8. entgegen § 57 Absatz 2, 3 und 4 eine Übermittlung nicht, nicht richtig oder nicht vollständig vornimmt,
9. entgegen § 57 Absatz 1 eine Meldung nicht, nicht richtig, nicht vollständig oder nicht rechtzeitig vornimmt,
10. entgegen § 58 Absatz 1 Satz 1 nicht über die dort genannten Grundsätze und Vorkehrungen verfügt,

11. entgegen § 58 Absatz 2 Satz 1 eine Information nicht, nicht richtig, nicht vollständig, nicht in der vorgeschriebenen Weise oder nicht rechtzeitig zur Verfügung stellt,
12. entgegen § 58 Absatz 2 Satz 2 nicht in der Lage ist, Informationen in der vorgeschriebenen Weise zu verbreiten,
13. entgegen § 58 Absatz 3 Satz 1 nicht die dort genannten Vorkehrungen trifft,
14. entgegen § 58 Absatz 3 Satz 2, § 59 Absatz 3 Satz 2 oder § 60 Absatz 2 Satz 2 Informationen in diskriminierender Weise behandelt oder keine geeigneten Vorkehrungen zur Trennung unterschiedlicher Unternehmensfunktionen trifft,
15. entgegen § 58 Absatz 4 Satz 1 oder § 60 Absatz 3 Satz 1 dort genannte Mechanismen nicht einrichtet,
16. entgegen § 58 Absatz 4 Satz 2 oder § 60 Absatz 3 Satz 2 nicht über dort genannte Mittel und Notfallsysteme verfügt,
17. entgegen § 58 Absatz 5 nicht über dort genannte Systeme verfügt,
18. entgegen § 59 Absatz 1 Satz 2 nicht über dort genannte Grundsätze oder Vorkehrungen verfügt,
19. entgegen § 59 Absatz 1 Satz 2 nicht die genannten Grundsätze und Vorkehrungen trifft,
20. entgegen § 59 Absatz 1 Satz 3 nicht in der Lage ist, Informationen in der vorgeschriebenen Weise zur Verfügung zu stellen,
21. entgegen § 59 Absatz 2 Informationen nicht in der vorgeschriebenen Weise verbreitet,
22. entgegen § 59 Absatz 3 Satz 1 dort genannte Vorkehrungen nicht trifft,
23. entgegen § 59 Absatz 4 Satz 1 dort genannte Mechanismen nicht einrichtet,
24. entgegen § 59 Absatz 4 Satz 2 nicht über die dort genannten Mittel und Notfallsysteme verfügt,
25. entgegen § 60 Absatz 1 Satz 1 nicht über die dort genannten Grundsätze und Vorkehrungen verfügt,
26. entgegen§ 60 Absatz2 Satz 1 oder Absatz4 keine Vorkehrungen trifft,
27. entgegen § 63 Absatz 2 Satz 1 in Verbindung mit Satz 2, auch in Verbindung mit dem auf Grundlage von Artikel 23 Absatz 4 in Verbindung mit Artikel 89 der Richtlinie 2014/65/EU des Europäischen Parlaments und des Rates vom 15. Mai 2014 über Märkte für Finanzinstrumente sowie zur Änderung der Richtlinien 2002/92/EG und 2011/61/EU (ABl. L 173 vom 12.6.2014, S. 349; L 74 vom 18.3.2015, S. 38; L 188 vom 13.7.2016, S. 28; L 273 vom 8.10.2016, S. 35; L 64 vom 10.3.2017, S. 116), die zuletzt durch die Richtlinie (EU) 2016/1034 (ABl. L 175 vom 30.6.2016, S. 8) geändert worden ist, erlassenen delegierten Rechtsakt der Europäischen Kommission, eine Darlegung nicht, nicht richtig, nicht vollständig, nicht in der vorgeschriebenen Weise oder nicht rechtzeitig vornimmt,
28. als Wertpapierdienstleistungsunternehmen entgegen § 63 Absatz 3 Satz 1, auch in Verbindung mit dem auf Grundlage von Artikel 24 Absatz 13 in Verbindung mit Artikel 89 der Richtlinie 2014/65/EU erlassenen delegierten Rechtsakt der Europäischen Kommission, keine Sicherstellung trifft,
29. als Wertpapierdienstleistungsunternehmen entgegen § 63 Absatz 3 Satz 2, auch in Verbindung mit dem auf Grundlage von Artikel 24 Absatz 13 in Verbindung mit Artikel 89 der Richtlinie 2014/65/EU erlassenen delegierten Rechtsakt der Europäischen Kommission, einen Anreiz setzt,

30. als Wertpapierdienstleistungsunternehmen ein Finanzinstrument vertreibt, das nicht gemäß den Anforderungen des § 63 Absatz 4, auch in Verbindung mit einer Rechtsverordnung nach § 80 Absatz 14 sowie dem auf Grundlage von Artikel 24 Absatz 13 in Verbindung mit Artikel 89 der Richtlinie 2014/65/EU erlassenen delegierten Rechtsakt der Europäischen Kommission, konzipiert wurde,
31. als Wertpapierdienstleistungsunternehmen entgegen § 63 Absatz 6 Satz 1, auch in Verbindung mit dem auf Grundlage von Artikel 24 Absatz 13 in Verbindung mit Artikel 89 der Richtlinie 2014/65/EU erlassenen delegierten Rechtsakt der Europäischen Kommission, Informationen zugänglich macht, die nicht redlich, nicht eindeutig oder irreführend sind,
32. als Wertpapierdienstleistungsunternehmen einer anderen Person eine Marketingmitteilung zugänglich macht, die entgegen § 63 Absatz 6 Satz 2 nicht eindeutig als solche erkennbar ist,
33. entgegen § 63 Absatz 7 Satz 1 in Verbindung mit den Sätzen 3 und 4, auch in Verbindung mit Satz 11, auch in Verbindung mit einer Rechtsverordnung nach Absatz 14 und auch in Verbindung mit dem auf Grundlage von Artikel 24 Absatz 13 in Verbindung mit Artikel 89 der Richtlinie 2014/65/EU erlassenen delegierten Rechtsakt der Europäischen Kommission, Informationen nicht, nicht richtig, nicht vollständig, nicht in der vorgeschriebenen Weise oder nicht rechtzeitig zur Verfügung stellt,
34. entgegen § 63 Absatz 7 Satz 5, auch in Verbindung mit dem auf Grundlage von Artikel 24 Absatz 13 in Verbindung mit Artikel 89 der Richtlinie 2014/65/EU erlassenen delegierten Rechtsakt der Europäischen Kommission, eine Aufstellung nicht, nicht richtig oder nicht vollständig zur Verfügung stellt,
35. entgegen § 64 Absatz 1, auch in Verbindung mit dem auf Grundlage von Artikel 24 Absatz 3 in Verbindung mit Artikel 89 der Richtlinie 2014/65/EU erlassenen delegierten Rechtsakt der Europäischen Kommission, einen Kunden nicht, nicht richtig, nicht vollständig, nicht in der vorgeschriebenen Weise oder nicht rechtzeitig informiert,
36. entgegen § 63 Absatz 9 Satz 1, auch in Verbindung mit dem auf Grundlage von Artikel 24 Absatz 3 in Verbindung mit Artikel 89 der Richtlinie 2014/65/EU erlassenen delegierten Rechtsakt der Europäischen Kommission, einen Kunden nicht oder nicht richtig informiert oder ihm nicht für jeden Bestandteil getrennt Kosten und Gebühren nachweist,
37. entgegen § 63 Absatz 9 Satz 2, auch in Verbindung mit dem auf Grundlage von Artikel 24 Absatz 3 in Verbindung mit Artikel 89 der Richtlinie 2014/65/EU erlassenen delegierten Rechtsakt der Europäischen Kommission, einen Privatkunden nicht oder nicht in angemessener Weise informiert,
38. entgegen § 64 Absatz 2 Satz 1 in Verbindung mit einer Rechtsverordnung nach § 64 Absatz 10 Satz 1 Nummer 1 ein dort genanntes Dokument nicht, nicht richtig, nicht vollständig oder nicht rechtzeitig zur Verfügung stellt,
39. entgegen § 64 Absatz 3 Satz 1, auch in Verbindung mit dem auf Grundlage von Artikel 25 Absatz 8 in Verbindung mit Artikel 89 der Richtlinie 2014/65/EU erlassenen delegierten Rechtsakt der Europäischen Kommission, die dort genannten Informationen nicht oder nicht vollständig einholt,
40. entgegen § 64 Absatz 3 Satz 2 bis 4 ein Finanzinstrument oder eine Wertpapierdienstleistung empfiehlt oder ein Geschäft tätigt,
41. entgegen § 64 Absatz 4 Satz 1 in Verbindung mit Satz 2, auch in Verbindung mit dem auf Grundlage von Artikel 25 Absatz 8 in Verbindung mit Artikel 89 der

Richtlinie 2014/65/EU erlassenen delegierten Rechtsakt der Europäischen Kommission, eine Geeignetheitserklärung nicht, nicht richtig, nicht vollständig, nicht in der vorgeschriebenen Weise oder nicht rechtzeitig zur Verfügung stellt,

42. als Wertpapierdienstleistungsunternehmen, das einem Kunden im Verlauf einer Anlageberatung mitgeteilt hat, dass eine Unabhängige Honorar-Anlageberatung erbracht wird, dem Kunden gegenüber eine Empfehlung eines Finanzinstruments ausspricht, der nicht eine im Sinne von § 64 Absatz 5 Nummer 1, auch in Verbindung mit dem auf Grundlage von Artikel 24 Absatz 3 in Verbindung mit Artikel 89 der Richtlinie 2014/65/EU erlassenen delegierten Rechtsakt der Europäischen Kommission, ausreichende Palette von Finanzinstrumenten zugrunde liegt,

43. entgegen § 64 Absatz 6 Satz 1, auch in Verbindung mit einer Rechtsverordnung nach § 64 Absatz 10 Nummer 2, eine Information nicht, nicht richtig oder nicht vollständig oder nicht rechtzeitig gibt,

44. entgegen § 64 Absatz 6 Satz 2 einen Vertragsschluss als Festpreisgeschäft ausführt,

45. entgegen § 64 Absatz 7, auch in Verbindung mit einer Rechtsverordnung nach § 64 Absatz 10 Nummer 3, eine Zuwendung annimmt oder behält,

45a. entgegen § 65 Absatz 1 Satz 3 oder § 65a Absatz 1 Satz 3 einen Vertragsschluss vermittelt,

46. entgegen § 63 Absatz 10 Satz 1, auch in Verbindung mit Satz 2, jeweils auch in Verbindung mit dem auf Grundlage von Artikel 25 Absatz 8 in Verbindung mit Artikel 89 der Richtlinie 2014/65/EU erlassenen delegierten Rechtsakt der Europäischen Kommission, die dort genannten Informationen nicht oder nicht vollständig einholt,

47. entgegen § 63 Absatz 10 Satz 3 oder 4, auch in Verbindung mit dem auf Grundlage von Artikel 25 Absatz 8 in Verbindung mit Artikel 89 der Richtlinie 2014/65/EU erlassenen delegierten Rechtsakt der Europäischen Kommission, einen Hinweis oder eine Information nicht oder nicht rechtzeitig gibt,

48. entgegen § 63 Absatz 12 Satz 1 in Verbindung mit Satz 2, auch in Verbindung mit § 64 Absatz 8, jeweils auch in Verbindung mit dem auf Grundlage von Artikel 25 Absatz 8 in Verbindung mit Artikel 89 der Richtlinie 2014/65/EU erlassenen delegierten Rechtsakt der Europäischen Kommission, einem Kunden nicht regelmäßig berichtet oder nicht den Ausführungsort eines Auftrags mitteilt,

49. entgegen § 68 Absatz 1 Satz 2 mit einer geeigneten Gegenpartei nicht in der dort beschriebenen Weise kommuniziert,

50. entgegen § 69 Absatz 1 Nummer 1 oder Nummer 2, auch in Verbindung mit dem auf Grundlage von Artikel 28 Absatz 3 in Verbindung mit Artikel 89 der Richtlinie 2014/65/EU erlassenen delegierten Rechtsakt der Europäischen Kommission, keine geeigneten Vorkehrungen in Bezug auf die Ausführung und Weiterleitung von Kundenaufträgen trifft,

51. entgegen § 69 Absatz 2 Satz 1, auch in Verbindung mit dem auf Grundlage von Artikel 28 Absatz 3 in Verbindung mit Artikel 89 der Richtlinie 2014/65/EU erlassenen delegierten Rechtsakt der Europäischen Kommission, einen Auftrag nicht, nicht in der vorgeschriebenen Weise oder nicht rechtzeitig bekannt macht,

52. entgegen § 70 Absatz 1 Satz 1, auch in Verbindung mit einer Rechtsverordnung nach § 70 Absatz 9 Nummer 1, eine Zuwendung annimmt oder gewährt,

53. entgegen § 70 Absatz 5, auch in Verbindung mit dem auf Grundlage von Artikel 24 Absatz 13 in Verbindung mit Artikel 89 der Richtlinie 2014/65/EU erlassenen de-

legierten Rechtsakt der Europäischen Kommission, einen Kunden nicht über Verfahren betreffend die Auskehrung von Zuwendungen an Kunden informiert,

54. entgegen § 72 Absatz 1 Nummer 1 die dort genannten Regelungen nicht oder nicht im vorgeschriebenen Umfang festlegt,
55. entgegen § 72 Absatz 1 Nummer 2 die dort genannten Regelungen nicht oder nicht im vorgeschriebenen Umfang festlegt,
56. entgegen § 72 Absatz 1 Nummer 3 nicht über angemessene Verfahren verfügt,
57. entgegen § 72 Absatz 1 Nummer 4 eine Veröffentlichung nicht, nicht richtig oder nicht vollständig vornimmt,
58. entgegen § 72 Absatz 1 Nummer 5 Entgelte nicht oder nicht im vorgeschriebenen Umfang verlangt,
59. entgegen § 72 Absatz 1 Nummer 6 die dort benannten Vorkehrungen nicht oder nicht im vorgeschriebenen Umfang trifft,
60. entgegen § 72 Absatz 1 Nummer 7 kein angemessenes Order-Transaktions-Verhältnis sicherstellt,
61. entgegen § 72 Absatz 1 Nummer 8 keine Festlegung über die angemessene Größe der kleinstmöglichen Preisänderung trifft,
62. entgegen § 72 Absatz 1 Nummer 9 die dort genannten Risikokontrollen, Schwellen und Regelungen nicht festlegt,
63. entgegen § 72 Absatz 1 Nummer 10 die dort genannten Regelungen nicht festlegt,
64. entgegen § 72 Absatz 1 Nummer 11 keine zuverlässige Verwaltung der technischen Abläufe des Handelssystems sicherstellt,
65. entgegen § 72 Absatz 1 Nummer 12 die dort genannten Vorkehrungen nicht trifft,
66. entgegen § 72 Absatz 1 Nummer 13 ein multilaterales oder organisiertes Handelssystem betreibt, ohne über mindestens drei Nutzer zu verfügen, die mit allen übrigen Nutzern zum Zwecke der Preisbildung in Verbindung treten können,
67. ein multilaterales oder organisiertes Handelssystem betreibt, ohne über die Systeme im Sinne von § 5 Absatz 4a des Börsengesetzes in Verbindung mit § 72 Absatz 1 zu verfügen,
68. als Betreiber eines multilateralen oder eines organisierten Handelssystems entgegen § 26c Absatz 2 Satz 1 des Börsengesetzes in Verbindung mit § 72 Absatz 1 nicht eine ausreichende Teilnehmerzahl sicherstellt,
69. als Betreiber eines multilateralen oder organisierten Handelssystems einen Vertrag im Sinne des § 26c Absatz 1 des Börsengesetzes in Verbindung mit § 72 Absatz 1 schließt, der nicht sämtliche in § 26c Absatz 3 des Börsengesetzes genannten Bestandteile enthält,
70. entgegen § 72 Absatz 2 Gebührenstrukturen nicht gemäß den dort genannten Anforderungen gestaltet,
71. entgegen § 72 Absatz 3 eine Beschreibung nicht, nicht richtig oder nicht vollständig vorlegt,
72. entgegen § 72 Absatz 6 Satz 1 eine Mitteilung an die Bundesanstalt über schwerwiegende Verstöße gegen Handelsregeln, über Störungen der Marktintegrität und über Anhaltspunkte für einen Verstoß gegen die Vorschriften der Verordnung (EU) Nr. 596/2014 nicht oder nicht rechtzeitig macht,
73. entgegen § 73 Absatz 1 Satz 2 den Handel mit einem Finanzinstrument nicht aussetzt oder einstellt,

74. entgegen § 73 Absatz 1 Satz 4 eine Entscheidung nicht oder nicht richtig veröffentlicht oder die Bundesanstalt über eine Veröffentlichung nicht oder nicht rechtzeitig informiert,
74a. einer vollziehbaren Anordnung nach § 73 Absatz 2 Satz 1 oder Absatz 3 Satz 3 zuwiderhandelt,
75. entgegen § 74 Absatz 1 und 2 als Betreiber eines multilateralen Systems nicht dort genannte Regeln vorhält,
76. entgegen § 74 Absatz 3 die dort genannten Vorkehrungen nicht oder nicht im vorgeschriebenen Umfang trifft,
77. entgegen § 74 Absatz 5 einen Kundenauftrag unter Einsatz des Eigenkapitals ausführt,
78. entgegen § 75 Absatz 1 die dort genannten Vorkehrungen nicht trifft,
79. entgegen § 75 Absatz 2 Satz 1 ohne Zustimmung des Kunden auf die Zusammenführung sich deckender Kundenaufträge zurückgreift,
80. entgegen § 75 Absatz 2 Satz 2 Kundenaufträge zusammenführt,
81. entgegen § 75 Absatz 2 Satz 3 bei der Ausführung eines Geschäfts nicht sicherstellt, dass
    a) er während der gesamten Ausführung eines Geschäfts zu keiner Zeit einem Marktrisiko ausgesetzt ist,
    b) beide Vorgänge gleichzeitig ausgeführt werden oder
    c) das Geschäft zu einem Preis abgeschlossen wird, bei dem er, abgesehen von einer vorab offengelegten Provision, Gebühr oder sonstigen Vergütung, weder Gewinn noch Verlust macht,
82. entgegen § 75 Absatz 3 als Betreiber eines organisierten Handelssystems bei dessen Betrieb ein Geschäft für eigene Rechnung abschließt, das nicht in der Zusammenführung von Kundenaufträgen besteht und das ein Finanzinstrument zum Gegenstand hat, bei dem es sich nicht um einen öffentlichen Schuldtitel handelt, für den es keinen liquiden Markt gibt,
83. entgegen § 75 Absatz 4 Satz 1 innerhalb derselben rechtlichen Einheit ein organisiertes Handelssystem und die systematische Internalisierung betreibt,
84. entgegen § 75 Absatz 4 Satz 2 ein organisiertes Handelssystem betreibt, das eine Verbindung zu einem systematischen Internalisierer in einer Weise herstellt, dass die Interaktion von Aufträgen in dem organisierten Handelssystem und Aufträgen oder Offerten in dem systematischen Internalisierer ermöglicht wird,
85. als Betreiber eines organisierten Handelssystems beim Umgang mit Aufträgen in anderen als den in § 75 Absatz 6 Satz 2 genannten Fällen ein Ermessen ausübt,
86. einem vollziehbaren Erklärungsverlangen nach § 75 Absatz 7 Satz 1 zuwiderhandelt,
87. entgegen § 75 Absatz 7 Satz 3 die dort genannten Informationen nicht, nicht richtig oder nicht vollständig zur Verfügung stellt,
88. entgegen § 77 Absatz 1 einen direkten elektronischen Zugang zu einem Handelsplatz anbietet, ohne über die dort genannten Systeme und Kontrollen zu verfügen,
89. entgegen § 77 Absatz 1 nicht sicherstellt, dass seine Kunden die dort genannten Anforderungen erfüllen oder die dort genannten Vorschriften einhalten,
90. entgegen § 77 Absatz 1 Nummer 4 Buchstabe c Geschäfte nicht überwacht, um Verstöße gegen die Regeln des Handelsplatzes, marktstörende Handelsbedingungen oder auf Marktmissbrauch hindeutende Verhaltensweisen zu erkennen,

91. als Wertpapierdienstleistungsunternehmen einem Kunden einen direkten elektronischen Zugang zu einem Handelsplatz anbietet, ohne zuvor einen schriftlichen Vertrag mit dem Kunden geschlossen zu haben, der den inhaltlichen Anforderungen des § 77 Absatz 1 Nummer 2 entspricht,
92. entgegen § 77 Absatz 2 Satz 1 eine Mitteilung nicht oder nicht richtig macht,
93. einer vollziehbaren Anordnung nach § 77 Absatz 2 Satz 2 zuwiderhandelt,
94. entgegen § 77 Absatz 3 nicht für die Aufbewahrung von Aufzeichnungen sorgt oder nicht sicherstellt, dass die Aufzeichnungen ausreichend sind,
95. als Wertpapierdienstleistungsunternehmen als allgemeines Clearing-Mitglied für andere Personen handelt, ohne über die in § 78 Satz 1 genannten Systeme und Kontrollen zu verfügen,
96. als Wertpapierdienstleistungsunternehmen als allgemeines Clearing-Mitglied für eine andere Person handelt, ohne zuvor mit dieser Person eine nach § 78 Satz 3 erforderliche schriftliche Vereinbarung hinsichtlich der wesentlichen Rechte und Pflichten geschlossen zu haben,
97. entgegen § 80 Absatz 1 Satz 2 Nummer 1, auch in Verbindung mit dem auf Grundlage von Artikel 23 Absatz 4 in Verbindung mit Artikel 89 der Richtlinie 2014/65/EU erlassenen delegierten Rechtsakt der Europäischen Kommission, keine Vorkehrungen trifft,
98. als Wertpapierdienstleistungsunternehmen algorithmischen Handel betreibt, ohne über die in § 80 Absatz 2 Satz 3 genannten Systeme und Risikokontrollen zu verfügen,
99. als Wertpapierdienstleistungsunternehmen algorithmischen Handel betreibt, ohne über die in § 80 Absatz 2 Satz 4 genannten Notfallvorkehrungen zu verfügen,
100. entgegen § 80 Absatz 2 Satz 5 eine Anzeige nicht macht,
101. einer vollziehbaren Anordnung nach § 80 Absatz 3 Satz 3 zuwiderhandelt,
102. entgegen § 80 Absatz 3 Satz 1 in Verbindung mit Satz 2 eine Aufzeichnung nicht, nicht richtig, nicht vollständig oder nicht in der vorgeschriebenen Weise macht oder nicht für die Dauer von fünf Jahren aufbewahrt,
103. entgegen § 80 Absatz 4 Nummer 1 das Market-Making nicht im dort vorgeschriebenen Umfang betreibt,
104. als Wertpapierdienstleistungsunternehmen algorithmischen Handel unter Verfolgung einer Market-Making-Strategie im Sinne des § 80 Absatz 5 betreibt, ohne zuvor einen schriftlichen Vertrag mit dem Handelsplatz geschlossen zu haben, der zumindest die Verpflichtungen im Sinne des § 80 Absatz 4 Nummer 1 beinhaltet,
105. als Wertpapierdienstleistungsunternehmen algorithmischen Handel unter Verfolgung einer Market-Making-Strategie im Sinne des § 80 Absatz 5 betreibt, ohne über die in § 80 Absatz 4 Nummer 3 genannten Systeme und Kontrollen zu verfügen,
106. entgegen § 80 Absatz 9 Satz 1, auch in Verbindung mit einer Rechtsverordnung nach § 80 Absatz 14 Satz 1, ein Produktfreigabeverfahren nicht oder nicht in der vorgeschriebenen Weise unterhält oder betreibt oder nicht regelmäßig überprüft,
107. entgegen § 80 Absatz 10 Satz 1, auch in Verbindung mit einer Rechtsverordnung nach § 80 Absatz 14 Satz 1, die Festlegung eines Zielmarkts nicht regelmäßig überprüft,

108. entgegen § 80 Absatz 11 Satz 1, auch in Verbindung mit einer Rechtsverordnung nach § 80 Absatz 14 Satz 1, die dort genannten Informationen nicht, nicht richtig, nicht vollständig oder nicht in der vorgeschriebenen Weise zur Verfügung stellt,
109. entgegen § 80 Absatz 11 Satz 2, auch in Verbindung mit einer Rechtsverordnung nach § 80 Absatz 14 Satz 1, nicht über angemessene Vorkehrungen verfügt, um sich die in § 80 Absatz 11 Satz 1 genannten Informationen vom konzipierenden Wertpapierdienstleistungsunternehmen oder vom Emittenten zu verschaffen und die Merkmale und den Zielmarkt des Finanzinstruments zu verstehen,
110. entgegen § 81 Absatz 1 nicht die Organisation, Eignung des Personals, Mittel und Regelungen zur Erbringung von Wertpapierdienstleistungen und Wertpapiernebendienstleistungen, die Firmenpolitik und die Vergütungspolitik festlegt, umsetzt und überwacht,
111. entgegen § 81 Absatz 2 nicht die Eignung und die Umsetzung der strategischen Ziele des Wertpapierdienstleistungsunternehmens, die Wirksamkeit der Unternehmensführungsregelungen und die Angemessenheit der Firmenpolitik überwacht und überprüft oder nicht unverzüglich Schritte einleitet, um bestehende Mängel zu beseitigen,
112. entgegen § 81 Absatz 3 keinen angemessenen Zugang sicherstellt,
113. entgegen § 82 Absatz 1, auch in Verbindung mit dem auf Grundlage von Artikel 27 Absatz 9 in Verbindung mit Artikel 89 der Richtlinie 2014/65/EU erlassenen delegierten Rechtsakt der Europäischen Kommission, nicht sicherstellt, dass ein Kundenauftrag nach den dort benannten Grundsätzen ausgeführt wird,
114. entgegen § 82 Absatz 1 Nummer 1, auch in Verbindung mit dem auf Grundlage von Artikel 27 Absatz 9 in Verbindung mit Artikel 89 der Richtlinie 2014/65/EU erlassenen delegierten Rechtsakt der Europäischen Kommission, keine regelmäßige Überprüfung vornimmt,
115. entgegen § 82 Absatz 5 Satz 2, auch in Verbindung mit dem auf Grundlage von Artikel 27 Absatz 9 in Verbindung mit Artikel 89 der Richtlinie 2014/65/EU erlassenen delegierten Rechtsakt der Europäischen Kommission, einen dort genannten Hinweis nicht oder nicht rechtzeitig gibt oder eine dort genannte Einwilligung nicht oder nicht rechtzeitig einholt,
116. entgegen § 82 Absatz 6 Nummer 1, auch in Verbindung mit dem auf Grundlage von Artikel 27 Absatz 9 in Verbindung mit Artikel 89 der Richtlinie 2014/65/EU erlassenen delegierten Rechtsakt der Europäischen Kommission, einen Kunden nicht, nicht richtig, nicht in der vorgeschriebenen Weise oder nicht rechtzeitig informiert,
117. entgegen § 82 Absatz 6 Nummer 1 eine dort genannte Zustimmung nicht oder nicht rechtzeitig einholt,
118. entgegen § 82 Absatz 6 Nummer 2, auch in Verbindung mit dem auf Grundlage von Artikel 27 Absatz 9 in Verbindung mit Artikel 89 der Richtlinie 2014/65/EU erlassenen delegierten Rechtsakt der Europäischen Kommission, eine dort genannte Mitteilung nicht, nicht richtig, nicht in der vorgeschriebenen Weise oder nicht rechtzeitig macht,
119. entgegen § 82 Absatz 8 eine Vergütung, einen Rabatt oder einen nicht monetären Vorteil annimmt,
120. entgegen § 82 Absatz 9, auch in Verbindung mit einem technischen Regulierungsstandard nach Artikel 27 Absatz 10 Buchstabe b der Richtlinie 2014/65/EU, eine dort genannte Veröffentlichung nicht mindestens einmal jährlich vornimmt,

121. als Betreiber eines Handelsplatzes oder als systematischer Internalisierer, vorbehaltlich der Regelung zu § 26e des Börsengesetzes, entgegen § 82 Absatz 10, auch in Verbindung mit einer delegierten Verordnung nach Artikel 27 Absatz 9 sowie einem technischen Regulierungsstandard nach Artikel 27 Absatz 10 Buchstabe a der Richtlinie 2014/65/EU, eine dort genannte Veröffentlichung nicht mindestens einmal jährlich vornimmt,
122. als Betreiber eines Ausführungsplatzes, vorbehaltlich der Regelung zu § 26e des Börsengesetzes, entgegen § 82 Absatz 11, auch in Verbindung mit einer delegierten Verordnung nach Artikel 27 Absatz 9 sowie einem technischen Regulierungsstandard nach Artikel 27 Absatz 10 Buchstabe a der Richtlinie 2014/65/EU, eine Veröffentlichung nicht mindestens einmal jährlich vornimmt,
123. entgegen § 83 Absatz 1 oder Absatz 2 Satz 1, auch in Verbindung mit einer Rechtsverordnung nach § 83 Absatz 10 Satz 1 und den Artikeln 58 sowie 72 bis 74 der Delegierten Verordnung (EU) 2017/565, eine dort genannte Aufzeichnung nicht, nicht richtig oder nicht vollständig erstellt,
124. entgegen § 83 Absatz 3 Satz 1, auch in Verbindung mit einer Rechtsverordnung nach § 83 Absatz 10 Satz 1 und Artikel 76 der Delegierten Verordnung (EU) 2017/565, ein Telefongespräch oder eine elektronische Kommunikation nicht, nicht richtig, nicht vollständig oder nicht in der vorgeschriebenen Weise aufzeichnet,
125. entgegen § 83 Absatz 4 Satz 1, auch in Verbindung mit einer Rechtsverordnung nach § 83 Absatz 10 Satz 1, nicht alle angemessenen Maßnahmen ergreift, um einschlägige Telefongespräche und elektronische Kommunikation aufzuzeichnen,
126. entgegen § 83 Absatz 5, auch in Verbindung mit einer Rechtsverordnung nach § 83 Absatz 10 Satz 1 und Artikel 76 Absatz 8 der Delegierten Verordnung (EU) 2017/565, einen Kunden nicht oder nicht rechtzeitig vorab in geeigneter Weise über die Aufzeichnung von Telefongesprächen nach § 83 Absatz 3 Satz 1 informiert,
127. entgegen § 84 Absatz 1 Satz 1 oder Absatz 4 Satz 1 keine geeigneten Vorkehrungen trifft, um die Rechte der Kunden an ihnen gehörenden Finanzinstrumenten oder Geldern zu schützen und zu verhindern, dass diese ohne ausdrückliche Zustimmung für eigene Rechnung verwendet werden,
128. entgegen § 84 Absatz 2 Satz 3 die Zustimmung des Kunden zur Verwahrung seiner Vermögensgegenstände bei einem qualifizierten Geldmarktfonds nicht oder nicht rechtzeitig einholt,
129. entgegen § 84 Absatz 2 Satz 5 eine treuhänderische Einlage nicht offenlegt,
130. entgegen § 84 Absatz 2 Satz 6 den Kunden nicht, nicht richtig oder nicht rechtzeitig darüber unterrichtet, bei welchem Institut und auf welchem Konto seine Gelder verwahrt werden,
131. entgegen § 84 Absatz 5 Satz 1 ein Wertpapier nicht oder nicht rechtzeitig zur Verwahrung weiterleitet,
132. entgegen § 84 Absatz 7 mit einem Privatkunden eine Finanzsicherheit in Form einer Vollrechtsübertragung nach Artikel 2 Absatz 1 Buchstabe b der Richtlinie 2002/47/EG abschließt,
133. entgegen § 84 Absatz 6 Satz 1, auch in Verbindung mit § 84 Absatz 6 Satz 2, ein Wertpapier für eigene Rechnung oder für Rechnung eines anderen Kunden nutzt,
134. entgegen § 87 Absatz 1 Satz 1, Absatz 2, 3, 4 Satz 1 oder Absatz 5 Satz 1, jeweils auch in Verbindung mit einer Rechtsverordnung nach § 87 Absatz 9 Satz 1 Nummer 2, einen Mitarbeiter mit einer dort genannten Tätigkeit betraut,
135. entgegen

a) § 87 Absatz 1 Satz 2 oder Satz 3, Absatz 4 Satz 2 oder Satz 3 oder Absatz 5 Satz 2 oder Satz 3, jeweils auch in Verbindung mit einer Rechtsverordnung nach § 87 Absatz 9 Satz 1 Nummer 1, oder

b) § 87 Absatz 1 Satz 4 in Verbindung mit einer Rechtsverordnung nach § 87 Absatz 9 Satz 1 Nummer 1 eine Anzeige nicht, nicht richtig, nicht vollständig oder nicht rechtzeitig erstattet,

136. einer vollziehbaren Anordnung nach § 87 Absatz 6 Satz 1 Nummer 1 oder Nummer 2 Buchstabe b zuwiderhandelt oder

137. entgegen § 94 Absatz 1 eine dort genannte Bezeichnung führt.

(9) Ordnungswidrig handelt, wer gegen die Verordnung (EU) Nr. 600/2014 des Europäischen Parlaments und des Rates vom 15. Mai 2014 über Märkte für Finanzinstrumente und zur Änderung der Verordnung (EU) Nr. 648/2012 (ABl. L 173 vom 12.6.2014, S. 84) verstößt, indem er vorsätzlich oder leichtfertig

1. als Wertpapierdienstleistungsunternehmen im Sinne dieses Gesetzes entgegen
   a) Artikel 3 Absatz 1,
   b) Artikel 6 Absatz 1,
   c) Artikel 8 Absatz 1 Satz 2,
   d) Artikel 8 Absatz 4 Satz 2,
   e) Artikel 10 Absatz 1,
   f) Artikel 11 Absatz 3 Unterabsatz 3 in Verbindung mit Artikel 10 Absatz 1,
   g) Artikel 31 Absatz 2

   eine Veröffentlichung nicht, nicht richtig, nicht vollständig, nicht in der vorgeschriebenen Weise oder nicht rechtzeitig vornimmt,
2. als Wertpapierdienstleistungsunternehmen im Sinne dieses Gesetzes entgegen
   a) Artikel 3 Absatz 3,
   b) Artikel 6 Absatz 2

   nicht in der dort beschriebenen Weise Zugang zu den betreffenden Systemen gewährt,
3. als Wertpapierdienstleistungsunternehmen im Sinne dieses Gesetzes entgegen
   a) Artikel 8 Absatz 3,
   b) Artikel 10 Absatz 2

   nicht in der dort beschriebenen Weise Zugang zu den betreffenden Einrichtungen gewährt,
4. als Wertpapierdienstleistungsunternehmen im Sinne dieses Gesetzes entgegen
   a) Artikel 7 Absatz 1 Unterabsatz 3 Satz 1 eine Genehmigung nicht rechtzeitig einholt oder auf geplante Regelungen für eine Veröffentlichung nicht, nicht richtig, nicht vollständig, nicht in der vorgeschriebenen Weise oder nicht rechtzeitig hinweist,
   b) Artikel 11 Absatz 1 Unterabsatz 3 Satz 1 auf geplante Regelungen für eine Veröffentlichung nicht, nicht richtig, nicht vollständig, nicht in der vorgeschriebenen Weise oder nicht rechtzeitig hinweist,
   c) Artikel 12 Absatz 1 eine Information nicht, nicht richtig, nicht vollständig, nicht in der vorgeschriebenen Weise oder nicht rechtzeitig offenlegt,
   d) Artikel 13 Absatz 1 Satz 1 in Verbindung mit Satz 2 eine Angabe oder Information nicht, nicht richtig, nicht in der vorgeschriebenen Weise oder nicht

rechtzeitig offenlegt oder bereitstellt oder keinen diskriminierungsfreien Zugang zu den Informationen sicherstellt,

e) Artikel 14 Absatz 1 Unterabsatz 1 in Verbindung mit Artikel 14 Absatz 3, 4, 5 und Artikel 15 Absatz 1 Unterabsatz 1 eine Kursofferte nicht, nicht vollständig, nicht in der vorgeschriebenen Weise, nicht rechtzeitig oder nicht im vorgeschriebenen Umfang offenlegt,

f) Artikel 25 Absatz 2 Satz 1 die betreffenden Daten eines Auftrags nicht, nicht richtig, nicht vollständig oder nicht in der vorgeschriebenen Weise aufzeichnet oder die aufgezeichneten Daten nicht für mindestens fünf Jahre zur Verfügung der zuständigen Behörde hält,

g) Artikel 26 Absatz 5 eine Meldung nicht, nicht richtig, nicht vollständig, nicht in der vorgeschriebenen Weise oder nicht rechtzeitig vornimmt,

h) Artikel 31 Absatz 3 Satz 1 eine Aufzeichnung nicht, nicht richtig, nicht vollständig oder nicht in der vorgeschriebenen Weise führt,

i) Artikel 31 Absatz 3 Satz 2 der Europäischen Wertpapier- und Marktaufsichtsbehörde eine Aufzeichnung nicht, nicht vollständig oder nicht rechtzeitig zur Verfügung stellt,

j) Artikel 35 Absatz 1 Unterabsatz 1 Satz 1 das Clearen nicht oder nicht auf nichtdiskriminierender und transparenter Basis übernimmt,

k) Artikel 35 Absatz 2 Satz 1 einen Antrag nicht in der vorgeschriebenen Form übermittelt,

l) Artikel 35 Absatz 3 Satz 1 dem Handelsplatz nicht, nicht in der vorgeschriebenen Weise oder nicht rechtzeitig antwortet,

m) Artikel 35 Absatz 3 Satz 2 einen Antrag ablehnt,

n) Artikel 35 Absatz 3 Satz 3, auch in Verbindung mit Satz 4, eine Untersagung nicht ausführlich begründet oder eine Unterrichtung oder Mitteilung nicht oder nicht in der vorgeschriebenen Weise vornimmt,

o) Artikel 35 Absatz 3 Satz 5 einen Zugang nicht oder nicht rechtzeitig ermöglicht,

p) Artikel 36 Absatz 1 Unterabsatz 1 Satz 1 Handelsdaten nicht auf nichtdiskriminierender und transparenter Basis bereitstellt,

q) Artikel 36 Absatz 3 Satz 1 einer zentralen Gegenpartei nicht, nicht in der vorgeschriebenen Weise oder nicht rechtzeitig antwortet,

r) Artikel 36 Absatz 3 Satz 2 einen Zugang verweigert, ohne dass die dort genannten Voraussetzungen für eine Zugangsverweigerung vorliegen,

s) Artikel 36 Absatz 3 Satz 5 einen Zugang nicht oder nicht rechtzeitig ermöglicht,

5. als Wertpapierdienstleistungsunternehmen im Sinne dieses Gesetzes im Zuge des Betriebs eines multilateralen Handelssystems oder eines organisierten Handelssystems ein System zur Formalisierung ausgehandelter Geschäfte betreibt, das nicht oder nicht vollständig den in Artikel 4 Absatz 3 Unterabsatz 1 beschriebenen Anforderungen entspricht,

6. entgegen Artikel 14 Absatz 1 Unterabsatz 2 in Verbindung mit Artikel 14 Absatz 3, 4 und 5 eine Kursofferte nicht, nicht vollständig, nicht in der vorgeschriebenen Weise oder nicht im vorgeschriebenen Umfang macht,

7. entgegen Artikel 15 Absatz 4 Satz 2 einen Auftrag nicht in der vorgeschriebenen Weise ausführt,

8. als systematischer Internalisierer entgegen Artikel 17 Absatz 1 Satz 2 in Verbindung mit Artikel 17 Absatz 1 Satz 1 nicht über eindeutige Standards für den Zugang zu Kursofferten verfügt,
9. entgegen Artikel 18 Absatz 1 in Verbindung mit Artikel 18 Absatz 9 eine dort genannte Kursofferte nicht veröffentlicht,
10. entgegen Artikel 18 Absatz 2 Satz 1 in Verbindung mit Artikel 18 Absatz 9 keine Kursofferte macht,
11. entgegen Artikel 18 Absatz 5 Satz 1 eine Kursofferte nicht zugänglich macht,
12. entgegen Artikel 18 Absatz 6 Unterabsatz 1 nicht eine Verpflichtung zum Abschluss eines Geschäfts mit einem anderen Kunden eingeht,
13. als systematischer Internalisierer entgegen Artikel 18 Absatz 8 die dort vorgeschriebene Bekanntmachung nicht oder nicht in der dort vorgeschriebenen Weise vornimmt,
14. entgegen
    a) Artikel 20 Absatz 1 Satz 1 in Verbindung mit Artikel 20 Absatz 1 Satz 2 und Absatz 2,
    b) Artikel 21 Absatz 1 Satz 1 in Verbindung mit Artikel 21 Absatz 1 Satz 2, Absatz 2, 3 und Artikel 10

    eine dort vorgeschriebene Veröffentlichung nicht, nicht richtig, nicht vollständig, nicht rechtzeitig oder nicht in der vorgeschriebenen Weise vornimmt,
15. als Wertpapierdienstleistungsunternehmen, als genehmigtes Veröffentlichungssystem oder als Bereitsteller konsolidierter Datenträger entgegen Artikel 22 Absatz 2 erforderliche Daten nicht während eines ausreichenden Zeitraums speichert,
16. entgegen Artikel 23 Absatz 1 ein Handelsgeschäft außerhalb der dort genannten Handelssysteme tätigt,
17. entgegen Artikel 25 Absatz 1 Satz 1 die betreffenden Daten eines Auftrags oder eines Geschäfts nicht, nicht richtig, nicht vollständig oder nicht in der vorgeschriebenen Weise aufzeichnet oder aufgezeichnete Daten nicht für mindestens fünf Jahre zur Verfügung der zuständigen Behörde hält,
18. entgegen Artikel 26 Absatz 1 Unterabsatz 1, auch in Verbindung mit Artikel 26 Absatz 4 Satz 2, eine Meldung nicht, nicht richtig, nicht vollständig, nicht in der vorgeschriebenen Weise oder nicht rechtzeitig vornimmt,
19. entgegen Artikel 26 Absatz 4 Satz 1 einem übermittelten Auftrag nicht sämtliche Einzelheiten beifügt,
20. als genehmigter Meldemechanismus oder als Betreiber eines Handelsplatzes entgegen Artikel 26 Absatz 7 Unterabsatz 1 eine Meldung nicht, nicht richtig oder nicht vollständig übermittelt,
21. als Betreiber eines Handelsplatzes im Sinne des Artikels 4 Absatz 1 Nummer 24 entgegen Artikel 26 Absatz 5 eine Meldung nicht, nicht richtig, nicht vollständig, nicht in der vorgeschriebenen Weise oder nicht rechtzeitig vornimmt,
22. als Wertpapierdienstleistungsunternehmen, systematischer Internalisierer oder Betreiber eines Handelsplatzes entgegen Artikel 27 Absatz 1 Unterabsatz 1, 2 oder 3 Satz 2 identifizierende Referenzdaten in Bezug auf ein Finanzinstrument nicht, nicht richtig, nicht vollständig, nicht in der vorgeschriebenen Weise oder nicht rechtzeitig zur Verfügung stellt oder aktualisiert,

23. entgegen Artikel 28 Absatz 1, auch in Verbindung mit Artikel 28 Absatz 2 Unterabsatz 1, ein Geschäft an einem anderen als den dort bezeichneten Plätzen abschließt,
24. als zentrale Gegenpartei im Sinne des Artikels 2 Absatz 1 der Verordnung (EU) Nr. 648/2012 oder als Wertpapierdienstleistungsunternehmen im Sinne dieses Gesetzes entgegen Artikel 29 Absatz 2 Unterabsatz 1 nicht über die dort bezeichneten Systeme, Verfahren und Vorkehrungen verfügt,
25. entgegen Artikel 36 Absatz 2 einen Antrag nicht oder nicht in der vorgeschriebenen Weise übermittelt,
26. entgegen Artikel 37 Absatz 1 einen Zugang nicht, nicht in der vorgeschriebenen Weise oder nicht rechtzeitig gewährt,
27. als zentrale Gegenpartei im Sinne des Artikels 2 Absatz 1 der Verordnung (EU) Nr. 648/2012 oder als Wertpapierdienstleistungsunternehmen im Sinne dieses Gesetzes oder als mit einem der beiden Erstgenannten verbundenes Unternehmen entgegen Artikel 37 Absatz 3 eine dort genannte Vereinbarung trifft,
28. einem vollziehbaren Beschluss der Europäischen Wertpapier- und Marktaufsichtsbehörde nach Artikel 40 Absatz 1 zuwiderhandelt,
29. einem vollziehbaren Beschluss der Europäischen Bankenaufsichtsbehörde nach Artikel 41 Absatz 1 zuwiderhandelt oder
30. einer vollziehbaren Anordnung der Bundesanstalt nach Artikel 42 Absatz 1 zuwiderhandelt.

(10) Ordnungswidrig handelt, wer gegen die Verordnung (EU) 2015/2365 des Europäischen Parlaments und des Rates vom 25. November 2015 über die Transparenz von Wertpapierfinanzierungsgeschäften und der Weiterverwendung sowie zur Änderung der Verordnung (EU) Nr. 648/2012 (ABl. L 337 vom 23.12.2015, S. 1) verstößt, indem er vorsätzlich oder leichtfertig

1. entgegen Artikel 4 Absatz 1 eine Meldung nicht, nicht richtig, nicht vollständig, nicht in der vorgeschriebenen Weise oder nicht rechtzeitig vornimmt,
2. entgegen Artikel 4 Absatz 4 Aufzeichnungen nicht, nicht vollständig oder nicht mindestens für die vorgeschriebene Dauer aufbewahrt,
3. entgegen Artikel 15 Absatz 1 Finanzinstrumente weiterverwendet, ohne dass die dort genannten Voraussetzungen erfüllt sind oder
4. entgegen Artikel 15 Absatz 2 ein Recht auf Weiterverwendung ausübt, ohne dass die dort genannten Voraussetzungen erfüllt sind.

(11) Ordnungswidrig handelt, wer gegen die Verordnung (EU) 2016/1011 des Europäischen Parlaments und des Rates vom 8. Juni 2016 über Indizes, die bei Finanzinstrumenten und Finanzkontrakten als Referenzwert oder zur Messung der Wertentwicklung eines Investmentfonds verwendet werden, und zur Änderung der Richtlinien 2008/48/EG und 2014/17/EU sowie der Verordnung (EU) Nr. 596/2014 (ABl. L 171 vom 29.6.2016, S. 1) verstößt, indem er vorsätzlich oder leichtfertig

1. als Administrator entgegen Artikel 4 Absatz 1 Unterabsatz 1 über keine Regelungen für die Unternehmensführung verfügt oder nur über solche, die nicht den dort genannten Anforderungen entsprechen,
2. als Administrator entgegen Artikel 4 Absatz 1 Unterabsatz 2 keine angemessenen Schritte unternimmt, um Interessenkonflikte zu erkennen, zu vermeiden oder zu regeln,
3. als Administrator entgegen Artikel 4 Absatz 1 Unterabsatz 2 nicht dafür sorgt, dass Beurteilungs- oder Ermessensspielräume unabhängig und redlich ausgeübt werden,

4. als Administrator einen Referenzwert entgegen Artikel 4 Absatz 2 nicht organisatorisch getrennt von den übrigen Geschäftsbereichen bereitstellt,
5. als Administrator einer vollziehbaren Anordnung der Bundesanstalt nach Artikel 4 Absatz 3 oder Absatz 4 zuwiderhandelt,
6. als Administrator Interessenkonflikte entgegen Artikel 4 Absatz 5 nicht, nicht richtig, nicht vollständig oder nicht unverzüglich veröffentlicht oder offenlegt, nachdem er von deren Bestehen Kenntnis erlangt hat,
7. als Administrator entgegen Artikel 4 Absatz 6 die dort genannten Maßnahmen nicht festlegt, nicht anwendet oder nicht regelmäßig überprüft oder aktualisiert,
8. als Administrator entgegen Artikel 4 Absatz 7 nicht dafür sorgt, dass Mitarbeiter und die dort genannten anderen natürlichen Personen die in Artikel 4 Absatz 7 Buchstabe a bis e genannten Anforderungen erfüllen,
9. als Administrator entgegen Artikel 4 Absatz 8 keine spezifischen Verfahren der internen Kontrolle zur Sicherstellung der Integrität und Zuverlässigkeit der Mitarbeiter oder Personen, die den Referenzwert bestimmen, festlegt oder den Referenzwert vor seiner Verbreitung nicht durch die Geschäftsleitung abzeichnen lässt,
10. als Administrator entgegen Artikel 5 Absatz 1 keine ständige und wirksame Aufsichtsfunktion schafft und unterhält,
11. als Administrator entgegen Artikel 5 Absatz 2 keine soliden Verfahren zur Sicherung der Aufsichtsfunktion entwickelt und unterhält oder diese der Bundesanstalt nicht, nicht richtig, nicht vollständig oder nicht unverzüglich nach Fertigstellung der Entwicklung zur Verfügung stellt,
12. als Administrator die Aufsichtsfunktion entgegen Artikel 5 Absatz 3 nicht mit den dort genannten Zuständigkeiten ausstattet oder diese nicht an die Komplexität, Verwendung und Anfälligkeit des Referenzwerts anpasst,
13. als Administrator entgegen Artikel 5 Absatz 4 die Aufsichtsfunktion nicht einem gesonderten Ausschuss überträgt oder durch andere geeignete Regelungen zur Unternehmensführung die Integrität der Funktion sicherstellt und das Auftreten von Interessenkonflikten verhindert,
14. als Administrator entgegen Artikel 6 Absatz 1, 2 oder 3 keinen oder keinen den dort genannten Anforderungen genügenden Kontrollrahmen vorhält,
15. als Administrator entgegen Artikel 6 Absatz 4 die dort genannten Maßnahmen nicht, nicht vollständig oder nicht wirksam trifft,
16. als Administrator entgegen Artikel 6 Absatz 5 den Kontrollrahmen nicht oder nicht vollständig dokumentiert, überprüft oder aktualisiert oder der Bundesanstalt oder seinen Nutzern nicht, nicht richtig, nicht vollständig oder nicht rechtzeitig zur Verfügung stellt,
17. als Administrator entgegen Artikel 7 Absatz 1 nicht über einen den dort genannten Anforderungen genügenden Rahmen für die Rechenschaftslegung verfügt,
18. als Administrator entgegen Artikel 7 Absatz 2 keine interne Stelle benennt, die ausreichend befähigt ist, die Einhaltung der Referenzwert-Methodik und dieser Verordnung durch den Administrator zu überprüfen und darüber Bericht zu erstatten,
19. als Administrator entgegen Artikel 7 Absatz 3 keinen unabhängigen externen Prüfer benennt,
20. als Administrator entgegen Artikel 7 Absatz 4 die dort bestimmten Informationen nicht, nicht richtig, nicht vollständig oder nicht rechtzeitig zur Verfügung stellt oder veröffentlicht,

21. als Administrator entgegen Artikel 8 Absatz 1 eine dort genannte Aufzeichnung nicht oder nicht vollständig führt,
22. als Administrator entgegen Artikel 8 Absatz 2 Satz 1 eine dort genannte Aufzeichnung nicht, nicht vollständig oder nicht mindestens für die Dauer von fünf Jahren aufbewahrt,
23. als Administrator entgegen Artikel 8 Absatz 2 Satz 2 eine dort genannte Aufzeichnung nicht, nicht richtig, nicht vollständig oder nicht rechtzeitig zur Verfügung stellt oder nicht mindestens für die Dauer von drei Jahren aufbewahrt,
24. als Administrator entgegen Artikel 9 Absatz 1 keine geeigneten Beschwerdeverfahren unterhält und diese nicht unverzüglich nach ihrer Bereitstellung veröffentlicht,
25. als Administrator entgegen Artikel 10 Absatz 1 Aufgaben in einer Weise auslagert, die seine Kontrolle über die Bereitstellung des Referenzwertes oder die Möglichkeit der zuständigen Behörde zur Beaufsichtigung des Referenzwertes wesentlich beeinträchtigt,
26. als Administrator entgegen Artikel 10 Absatz 3 Aufgaben auslagert, ohne dafür zu sorgen, dass die in Artikel 10 Absatz 3 Buchstabe a bis h genannten Bedingungen erfüllt sind,
27. als Administrator entgegen Artikel 11 Absatz 1 einen Referenzwert bereitstellt, ohne dass die in Artikel 11 Absatz 1 Buchstabe a bis c und e genannten Anforderungen erfüllt sind,
28. als Administrator entgegen Artikel 11 Absatz 1 einen Referenzwert bereitstellt, ohne dass die in Artikel 11 Absatz 1 Buchstabe d genannten Anforderungen erfüllt sind,
29. als Administrator entgegen Artikel 11 Absatz 2 nicht für Kontrollen im dort genannten Umfang sorgt,
30. als Administrator entgegen Artikel 11 Absatz 3 nicht auch aus anderen Quellen Daten einholt oder die Einrichtung von Aufsichts- und Verifizierungsverfahren bei den Kontributoren nicht sicherstellt,
31. als Administrator entgegen Artikel 11 Absatz 4 nicht die nach seiner Ansicht erforderlichen Änderungen der Eingabedaten oder der Methoden zur Abbildung des Marktes oder der wirtschaftlichen Realität vornimmt oder die Bereitstellung des Referenzwertes nicht einstellt,
32. als Administrator bei der Bestimmung eines Referenzwertes entgegen Artikel 12 Absatz 1 eine Methodik anwendet, die die dort genannten Anforderungen nicht erfüllt,
33. als Administrator bei der Entwicklung einer Referenzwert-Methodik entgegen Artikel 12 Absatz 2 die dort genannten Anforderungen nicht erfüllt,
34. als Administrator entgegen Artikel 12 Absatz 3 nicht über eindeutige, veröffentlichte Regelungen verfügt, die festlegen, wann Menge oder Qualität der Eingabedaten nicht mehr den festgelegten Standards entspricht und keine zuverlässige Bestimmung des Referenzwertes mehr zulässt,
35. als Administrator entgegen Artikel 13 Absatz 1 Satz 2 oder Absatz 2 die dort genannten Informationen zur Entwicklung, Verwendung, Verwaltung und Änderung des Referenzwertes und der Referenzwert-Methodik nicht, nicht richtig, nicht vollständig oder nicht rechtzeitig veröffentlicht oder zur Verfügung stellt,
36. als Administrator entgegen Artikel 14 Absatz 1 keine angemessenen Systeme und wirksamen Kontrollen zur Sicherstellung der Integrität der Eingabedaten schafft,

37. als Administrator Eingabedaten und Kontributoren entgegen Artikel 14 Absatz 2 Unterabsatz 1 nicht oder nicht wirksam überwacht, damit er die zuständige Behörde benachrichtigen und ihr alle relevanten Informationen mitteilen kann,
38. als Administrator der Bundesanstalt entgegen Artikel 14 Absatz 2 Unterabsatz 1 die dort genannten Informationen nicht, nicht richtig, nicht vollständig oder nicht unverzüglich nach dem Auftreten eines Manipulationsverdachts mitteilt,
39. als Administrator entgegen Artikel 14 Absatz 3 nicht über Verfahren verfügt, um Verstöße seiner Führungskräfte, Mitarbeiter sowie aller anderen natürlichen Personen, von denen er Leistungen in Anspruch nehmen kann, gegen die Verordnung (EU) 2016/1011 intern zu melden,
40. als Administrator einen Verhaltenskodex für auf Eingabedaten von Kontributoren beruhende Referenzwerte entgegen Artikel 15 Absatz 1 Satz 1 in Verbindung mit Absatz 2 nicht oder nicht den dort genannten Anforderungen genügend ausarbeitet,
41. als Administrator die Einhaltung eines Verhaltenskodex entgegen Artikel 15 Absatz 1 Satz 2 nicht oder nicht ausreichend überprüft,
42. als Administrator einen Verhaltenskodex entgegen Artikel 15 Absatz 4 Satz 2 oder Absatz 5 Satz 3 in Verbindung mit Absatz 4 nicht rechtzeitig anpasst,
43. als Administrator die Bundesanstalt entgegen Artikel 15 Absatz 5 Satz 1 nicht, nicht richtig, nicht vollständig oder nicht rechtzeitig von dem Verhaltenskodex in Kenntnis setzt,
44. als beaufsichtigter Kontributor entgegen Artikel 16 Absatz 1 die dort genannten Anforderungen an die Unternehmensführung und Kontrolle nicht erfüllt,
45. als beaufsichtigter Kontributor entgegen Artikel 16 Absatz 2 oder Absatz 3 nicht über wirksame Systeme, Kontrollen und Strategien zur Wahrung der Integrität und Zuverlässigkeit aller Beiträge von Eingabedaten oder Expertenschätzungen nach Absatz 3 für den Administrator verfügt,
46. als beaufsichtigter Kontributor entgegen Artikel 16 Absatz 3 Satz 1 Aufzeichnungen nicht, nicht richtig, nicht vollständig oder nicht für die vorgeschriebene Dauer aufbewahrt,
47. als beaufsichtigter Kontributor entgegen Artikel 16 Absatz 4 bei der Prüfung und Beaufsichtigung der Bereitstellung eines Referenzwertes Informationen oder Aufzeichnungen nicht, nicht richtig oder nicht vollständig zur Verfügung stellt oder nicht uneingeschränkt mit dem Administrator und der Bundesanstalt zusammenarbeitet,
48. als Administrator die Bundesanstalt entgegen Artikel 21 Absatz 1 Unterabsatz 1 Buchstabe a nicht oder nicht rechtzeitig über die Absicht der Einstellung eines kritischen Referenzwertes benachrichtigt oder nicht oder nicht rechtzeitig eine in Buchstabe b genannte Einschätzung vorlegt,
49. als Administrator entgegen Artikel 21 Absatz 1 Unterabsatz 2 in dem dort genannten Zeitraum die Bereitstellung des Referenzwertes einstellt,
50. als Administrator einer vollziehbaren Anordnung der Bundesanstalt nach Artikel 21 Absatz 3 zuwiderhandelt,
51. als Administrator entgegen Artikel 23 Absatz 2 eine Einschätzung nicht, nicht richtig, nicht in der vorgeschriebenen Weise oder nicht rechtzeitig bei der Bundesanstalt einreicht,
52. als beaufsichtigter Kontributor dem Administrator eine Benachrichtigung entgegen Artikel 23 Absatz 3 Satz 1 nicht, nicht richtig, nicht in der vorgeschriebenen Weise oder nicht rechtzeitig mitteilt,

53. als Administrator die Bundesanstalt entgegen Artikel 23 Absatz 3 Satz 1 nicht oder nicht rechtzeitig unterrichtet,
54. als Administrator der Bundesanstalt entgegen Artikel 23 Absatz 3 Satz 3 eine dort bestimmte Einschätzung nicht oder nicht rechtzeitig unterbreitet,
55. als Kontributor einer vollziehbaren Anordnung der Bundesanstalt nach Artikel 23 Absatz 5, als beaufsichtigtes Unternehmen nach Artikel 23 Absatz 6 oder als beaufsichtigter Kontributor nach Artikel 23 Absatz 10 zuwiderhandelt,
56. als Kontributor eine Benachrichtigung entgegen Artikel 23 Absatz 11 nicht oder nicht rechtzeitig vornimmt,
57. als Administrator eine Benachrichtigung entgegen Artikel 24 Absatz 3 nicht oder nicht rechtzeitig vornimmt,
58. als Administrator der Bundesanstalt entgegen Artikel 25 Absatz 2 eine Entscheidung oder Informationen nicht, nicht richtig, nicht vollständig oder nicht rechtzeitig mitteilt,
59. als Administrator einer vollziehbaren Anordnung der Bundesanstalt nach Artikel 25 Absatz 3 Satz 1 zuwiderhandelt,
60. als Administrator eine Konformitätserklärung entgegen Artikel 25 Absatz 7 nicht, nicht richtig, nicht vollständig, nicht in der vorgeschriebenen Weise oder nicht rechtzeitig veröffentlicht oder diese nicht aktualisiert,
61. als Administrator entgegen Artikel 26 Absatz 2 Satz 1 die Bundesanstalt nicht, nicht richtig, nicht vollständig oder nicht rechtzeitig von der Überschreitung des in Artikel 24 Absatz 1 Buchstabe a genannten Schwellenwertes unterrichtet oder die in Satz 2 genannte Frist nicht einhält,
62. als Administrator eine Konformitätserklärung entgegen Artikel 26 Absatz 3
    a) nach der Entscheidung, eine oder mehrere in Artikel 26 Absatz 1 genannte Bestimmungen nicht anzuwenden, nicht, nicht richtig, nicht vollständig oder nicht unverzüglich veröffentlicht oder
    b) nach der Entscheidung, eine oder mehrere in Artikel 26 Absatz 1 genannte Bestimmungen nicht anzuwenden, der Bundesanstalt nicht, nicht vollständig oder nicht unverzüglich vorlegt oder diese nicht aktualisiert,
63. als Administrator einer vollziehbaren Anordnung der Bundesanstalt nach Artikel 26 Absatz 4 zuwiderhandelt,
64. als Administrator eine Referenzwert-Erklärung entgegen Artikel 27 Absatz 1 nicht, nicht richtig, nicht vollständig, nicht in der vorgeschriebenen Weise oder nicht rechtzeitig veröffentlicht,
65. als Administrator eine Referenzwert-Erklärung entgegen Artikel 27 Absatz 1 Unterabsatz 3 nicht oder nicht rechtzeitig überprüft und aktualisiert,
66. als Administrator entgegen Artikel 28 Absatz 1 dort genannte Maßnahmen nicht, nicht richtig, nicht vollständig, nicht in der vorgeschriebenen Weise oder nicht rechtzeitig veröffentlicht oder nicht oder nicht rechtzeitig aktualisiert,
67. als beaufsichtigtes Unternehmen entgegen Artikel 28 Absatz 2 einen den dort genannten Anforderungen genügenden Plan nicht, nicht richtig, nicht vollständig oder nicht in der vorgeschriebenen Weise aufstellt, nicht aktualisiert, ihn der Bundesanstalt nicht, nicht vollständig oder nicht rechtzeitig vorlegt oder sich daran nicht orientiert,
68. als beaufsichtigtes Unternehmen entgegen Artikel 29 Absatz 1 einen Referenzwert verwendet, der die dort genannten Anforderungen nicht erfüllt,

69. als Emittent, Anbieter oder Person, die die Zulassung eines Wertpapiers zum Handel an einem geregelten Markt beantragt, entgegen Artikel 29 Absatz 2 nicht sicherstellt, dass ein Prospekt Informationen enthält, aus denen hervorgeht, ob der Referenzwert von einem in das Register nach Artikel 36 eingetragenen Administrator bereitgestellt wird,
70. als Administrator entgegen Artikel 34 Absatz 1 tätig wird, ohne zuvor eine Zulassung oder Registrierung nach Absatz 6 erhalten zu haben,
71. als Administrator entgegen Artikel 34 Absatz 2 weiterhin tätig ist, obwohl die Zulassungsvoraussetzungen der Verordnung (EU) 2016/1011 nicht mehr erfüllt sind,
72. als Administrator der Bundesanstalt entgegen Artikel 34 Absatz 2 wesentliche Änderungen nicht, nicht richtig, nicht vollständig oder nicht unverzüglich nach ihrem Auftreten mitteilt,
73. einen Antrag entgegen Artikel 34 Absatz 3 nicht oder nicht rechtzeitig stellt,
74. entgegen Artikel 34 Absatz 4 unrichtige Angaben zu den zum Nachweis der Einhaltung der Anforderungen der Verordnung (EU) 2016/1011 erforderlichen Informationen macht oder
75. im Zusammenhang mit einer Untersuchung hinsichtlich der Einhaltung der Pflichten nach der Verordnung (EU) 2016/1011 einer vollziehbaren Anordnung der Bundesanstalt nach den §§ 6 bis 10 zuwiderhandelt.

(12) Ordnungswidrig handelt, wer vorsätzlich oder fahrlässig

1. einer vollziehbaren Anordnung nach
   a) § 6 Absatz 2a oder 2b,
   b) § 6 Absatz 3 Satz 1,
   c) § 87 Absatz 6 Satz 1 Nummer 1 oder Nummer 2 Buchstabe b,
   d) § 92 Absatz 1,
   e) § 107 Absatz 5 Satz 1 oder § 109 Absatz 2 Satz 1

   zuwiderhandelt,
2. entgegen § 6 Absatz 11 Satz 1 oder 2 oder § 107 Absatz 6 Satz 1 ein Betreten nicht gestattet oder nicht duldet,
3. entgegen § 89 Absatz 1 Satz 4 einen Prüfer nicht oder nicht rechtzeitig bestellt,
4. entgegen § 89 Absatz 3 Satz 1 eine Anzeige nicht, nicht richtig, nicht vollständig oder nicht rechtzeitig erstattet oder
5. entgegen § 114 Absatz 1 Satz 1, § 115 Absatz 1 Satz 1, jeweils auch in Verbindung mit § 117, einen Jahresfinanzbericht, einen Halbjahresfinanzbericht oder entgegen § 116 Absatz 1 in Verbindung mit § 341w des Handelsgesetzbuchs einen Zahlungs- oder Konzernzahlungsbericht nicht oder nicht rechtzeitig zur Verfügung stellt.

(13) Ordnungswidrig handelt, wer gegen die Verordnung (EU) Nr. 236/2012 des Europäischen Parlaments und des Rates vom 14. März 2012 über Leerverkäufe und bestimmte Aspekte von Credit Default Swaps (ABl. L 86 vom 24.3.2012, S. 1), die zuletzt durch die Verordnung (EU) Nr. 909/2014 des Europäischen Parlaments und des Rates vom 23. Juli 2014 zur Verbesserung der Wertpapierlieferungen und -abrechnungen in der Europäischen Union und über Zentralverwahrer sowie zur Änderung der Richtlinien 98/26/EG und 2014/65/EU und der Verordnung (EU) Nr. 236/2012 (ABl. L 257 vom 28.8.2014, S. 1) geändert worden ist, verstößt, indem er vorsätzlich oder fahrlässig einer vollziehbaren Anordnung nach Artikel 18 Absatz 2 Satz 2 oder Satz 3, Artikel 19 Absatz 2, Artikel 20 Absatz 2 oder Artikel 21 Absatz 1 oder Artikel 23 Absatz 1 zuwiderhandelt.

(14) Ordnungswidrig handelt, wer eine in § 119 Absatz 3 Nummer 1 bis 3 bezeichnete Handlung leichtfertig begeht.

(15) Ordnungswidrig handelt, wer gegen die Verordnung (EU) Nr. 596/2014 verstößt, indem er vorsätzlich oder leichtfertig

1. als Handelsplatzbetreiber entgegen Artikel 4 identifizierende Referenzdaten in Bezug auf ein Finanzinstrument nicht, nicht richtig, nicht vollständig, nicht in der vorgeschriebenen Weise oder nicht rechtzeitig zur Verfügung stellt oder aktualisiert,
2. entgegen Artikel 15 eine Marktmanipulation begeht,
3. entgegen Artikel 16 Absatz 1 Unterabsatz 1 oder Absatz 2 Satz 1 wirksame Regelungen, Systeme und Verfahren nicht schafft oder nicht aufrechterhält,
4. entgegen Artikel 16 Absatz 1 Unterabsatz 2 eine Meldung nicht, nicht richtig, nicht vollständig, nicht in der vorgeschriebenen Weise oder nicht rechtzeitig vornimmt,
5. entgegen Artikel 16 Absatz 2 Satz 2 eine Unterrichtung nicht, nicht richtig, nicht vollständig, nicht in der vorgeschriebenen Weise oder nicht rechtzeitig vornimmt,
6. entgegen Artikel 17 Absatz 1 Unterabsatz 1 oder Artikel 17 Absatz 2 Unterabsatz 1 Satz 1 eine Insiderinformation nicht, nicht richtig, nicht vollständig, nicht in der vorgeschriebenen Weise oder nicht rechtzeitig bekannt gibt,
7. entgegen Artikel 17 Absatz 1 Unterabsatz 2 Satz 1 eine Veröffentlichung nicht sicherstellt,
8. entgegen Artikel 17 Absatz 1 Unterabsatz 2 Satz 2 die Veröffentlichung einer Insiderinformation mit einer Vermarktung seiner Tätigkeiten verbindet,
9. entgegen Artikel 17 Absatz 1 Unterabsatz 2 Satz 3 eine Insiderinformation nicht, nicht richtig, nicht vollständig, nicht in der vorgeschriebenen Weise oder nicht rechtzeitig veröffentlicht oder nicht mindestens fünf Jahre lang auf der betreffenden Website anzeigt,
10. entgegen Artikel 17 Absatz 4 Unterabsatz 3 Satz 1 die zuständige Behörde nicht, nicht richtig, nicht vollständig, nicht in der vorgeschriebenen Weise oder nicht rechtzeitig über den Aufschub einer Offenlegung informiert oder den Aufschub einer Offenlegung nicht, nicht richtig, nicht vollständig, nicht in der vorgeschriebenen Weise oder nicht rechtzeitig erläutert,
11. entgegen Artikel 17 Absatz 8 Satz 1 eine Insiderinformation nicht, nicht richtig, nicht vollständig, nicht in der vorgeschriebenen Weise oder nicht rechtzeitig veröffentlicht,
12. entgegen Artikel 18 Absatz 1 Buchstabe a eine Liste nicht, nicht richtig, nicht vollständig, nicht in der vorgeschriebenen Weise oder nicht rechtzeitig aufstellt,
13. entgegen Artikel 18 Absatz 1 Buchstabe b in Verbindung mit Artikel 18 Absatz 4 eine Insiderliste nicht, nicht richtig, nicht vollständig, nicht in der vorgeschriebenen Weise oder nicht rechtzeitig aktualisiert,
14. entgegen Artikel 18 Absatz 1 Buchstabe c eine Insiderliste nicht, nicht richtig, nicht vollständig, nicht in der vorgeschriebenen Weise oder nicht rechtzeitig zur Verfügung stellt,
15. entgegen Artikel 18 Absatz 2 Unterabsatz 1 nicht die dort genannten Vorkehrungen trifft,
16. entgegen Artikel 18 Absatz 5 eine Insiderliste nach einer Erstellung oder Aktualisierung nicht oder nicht mindestens fünf Jahre aufbewahrt,
17. entgegen Artikel 19 Absatz 1 Unterabsatz 1, auch in Verbindung mit Artikel 19 Absatz 7 Unterabsatz 1, jeweils auch in Verbindung mit einem technischen Durch-

führungsstandard nach Artikel 19 Absatz 15, eine Meldung nicht, nicht richtig, nicht vollständig, nicht in der vorgeschriebenen Weise oder nicht rechtzeitig vornimmt,

18. entgegen Artikel 19 Absatz 3 Unterabsatz 1 in Verbindung mit Artikel 19 Absatz 4, auch in Verbindung mit einem technischen Durchführungsstandard nach Artikel 19 Absatz 15, eine Veröffentlichung nicht, nicht richtig, nicht vollständig, nicht in der vorgeschriebenen Weise oder nicht rechtzeitig sicherstellt,
19. entgegen Artikel 19 Absatz 5 Unterabsatz 1 Satz 1 oder Unterabsatz 2 eine dort genannte Person nicht, nicht richtig, nicht vollständig oder nicht in der vorgeschriebenen Weise in Kenntnis setzt,
20. entgegen Artikel 19 Absatz 5 Unterabsatz 1 Satz 2 eine Liste nicht, nicht richtig oder nicht vollständig erstellt,
21. entgegen Artikel 19 Absatz 5 Unterabsatz 2 eine Kopie nicht oder nicht mindestens fünf Jahre aufbewahrt,
22. entgegen Artikel 19 Absatz 11 ein Eigengeschäft oder ein Geschäft für Dritte tätigt oder
23. entgegen Artikel 20 Absatz 1, auch in Verbindung mit einem technischen Regulierungsstandard nach Artikel 20 Absatz 3, nicht oder nicht in der vorgeschriebenen Weise dafür Sorge trägt, dass Informationen objektiv dargestellt oder Interessen oder Interessenkonflikte offengelegt werden.

(15a) Ordnungswidrig handelt, wer vorsätzlich oder leichtfertig entgegen Artikel 5 Absatz 5 der Delegierten Verordnung (EU) 2016/957 der Kommission vom 9. März 2016 zur Ergänzung der Verordnung (EU) Nr. 596/2014 des Europäischen Parlaments und des Rates im Hinblick auf technische Regulierungsstandards für die geeigneten Regelungen, Systeme und Verfahren sowie Mitteilungsmuster zur Vorbeugung, Aufdeckung und Meldung von Missbrauchspraktiken oder verdächtigen Aufträgen oder Geschäften (ABl. L 160 vom 17.6.2016, S. 1) eine Verdachtsmeldung nicht richtig ausfüllt.

(16) Ordnungswidrig handelt, wer gegen die Verordnung (EU) Nr. 1286/2014 des Europäischen Parlaments und des Rates vom 26. November 2014 über Basisinformationsblätter für verpackte Anlageprodukte für Kleinanleger und Versicherungsanlageprodukte (PRIIP) (ABl. L 352 vom 9.12.2014, S. 1; L 358 vom 13.12.2014, S. 50) verstößt, indem er vorsätzlich oder leichtfertig

1. entgegen
   a) Artikel 5 Absatz 1,
   b) Artikel 5 Absatz 1 in Verbindung mit Artikel 6,
   c) Artikel 5 Absatz 1 in Verbindung mit Artikel 7 Absatz 2,
   d) Artikel 5 Absatz 1 in Verbindung mit Artikel 8 Absatz 1 bis 3

   ein Basisinformationsblatt nicht, nicht richtig, nicht vollständig, nicht rechtzeitig oder nicht in der vorgeschriebenen Weise abfasst oder veröffentlicht,
2. entgegen Artikel 5 Absatz 1 in Verbindung mit Artikel 7 Absatz 1 ein Basisinformationsblatt nicht in der vorgeschriebenen Weise abfasst oder übersetzt,
3. entgegen Artikel 10 Absatz 1 Satz 1 ein Basisinformationsblatt nicht oder nicht rechtzeitig überprüft,
4. entgegen Artikel 10 Absatz 1 Satz 1 ein Basisinformationsblatt nicht oder nicht vollständig überarbeitet,
5. entgegen Artikel 10 Absatz 1 Satz 2 ein Basisinformationsblatt nicht oder nicht rechtzeitig zur Verfügung stellt,

6. entgegen Artikel 9 Satz 1 in Werbematerialien Aussagen trifft, die im Widerspruch zu den Informationen des Basisinformationsblattes stehen oder dessen Bedeutung herabstufen,
7. entgegen Artikel 9 Satz 2 die erforderlichen Hinweise in Werbematerialien nicht, nicht richtig oder nicht vollständig aufnimmt,
8. entgegen
   a) Artikel 13 Absatz 1, 3 und 4 oder
   b) Artikel 14

   ein Basisinformationsblatt nicht oder nicht rechtzeitig oder nicht in der vorgeschriebenen Weise zur Verfügung stellt,
9. entgegen Artikel 19 Buchstabe a und b nicht oder nicht in der vorgeschriebenen Weise geeignete Verfahren und Vorkehrungen zur Einreichung und Beantwortung von Beschwerden vorsieht oder
10. entgegen Artikel 19 Buchstabe c nicht oder nicht in der vorgeschriebenen Weise geeignete Verfahren und Vorkehrungen vorsieht, durch die gewährleistet wird, dass Kleinanlegern wirksame Beschwerdeverfahren im Falle von grenzüberschreitenden Streitigkeiten zur Verfügung stehen.

(17) [1]Die Ordnungswidrigkeit kann in den Fällen des Absatzes 2 Nummer 2 Buchstabe d und e, Nummer 4 Buchstabe a, b und e bis g und des Absatzes 12 Nummer 5 mit einer Geldbuße bis zu zwei Millionen Euro geahndet werden. [2]Gegenüber einer juristischen Person oder Personenvereinigung kann über Satz 1 hinaus eine höhere Geldbuße verhängt werden; die Geldbuße darf den höheren der folgenden Beträge nicht übersteigen:

1. zehn Millionen Euro oder
2. 5 Prozent des Gesamtumsatzes, den die juristische Person oder Personenvereinigung im der Behördenentscheidung vorangegangenen Geschäftsjahr erzielt hat.

[3]Über die in den Sätzen 1 und 2 genannten Beträge hinaus kann die Ordnungswidrigkeit mit einer Geldbuße bis zum Zweifachen des aus dem Verstoß gezogenen wirtschaftlichen Vorteils geahndet werden. [4]Der wirtschaftliche Vorteil umfasst erzielte Gewinne und vermiedene Verluste und kann geschätzt werden.

(18) [1]Die Ordnungswidrigkeit kann in den Fällen der Absätze 14 und 15 Nummer 2 mit einer Geldbuße bis zu fünf Millionen Euro, in den Fällen des Absatzes 2 Nummer 3, des Absatzes 15 Nummer 3 bis 11 sowie des Absatzes 15a mit einer Geldbuße bis zu einer Million Euro und in den Fällen des Absatzes 15 Nummer 1 und 12 bis 23 mit einer Geldbuße bis zu fünfhunderttausend Euro geahndet werden. [2]Gegenüber einer juristischen Person oder Personenvereinigung kann über Satz 1 hinaus eine höhere Geldbuße verhängt werden; diese darf

1. in den Fällen der Absätze 14 und 15 Nummer 2 den höheren der Beträge von fünfzehn Millionen Euro und 15 Prozent des Gesamtumsatzes, den die juristische Person oder Personenvereinigung im der Behördenentscheidung vorangegangenen Geschäftsjahr erzielt hat,
2. in den Fällen des Absatzes 15 Nummer 3 bis 11 und des Absatzes 15a den höheren der Beträge von zweieinhalb Millionen Euro und 2 Prozent des Gesamtumsatzes, den die juristische Person oder Personenvereinigung im der Behördenentscheidung vorangegangenen Geschäftsjahr erzielt hat und
3. in den Fällen des Absatzes 15 Nummer 1 und 12 bis 23 eine Million Euro

nicht überschreiten. [3]Über die in den Sätzen 1 und 2 genannten Beträge hinaus kann die Ordnungswidrigkeit mit einer Geldbuße bis zum Dreifachen des aus dem Verstoß gezogenen wirtschaftlichen Vorteils geahndet werden. [4]Der wirtschaftliche Vorteil umfasst erzielte Gewinne und vermiedene Verluste und kann geschätzt werden.

(19) [1]Die Ordnungswidrigkeit kann in den Fällen des Absatzes 16 mit einer Geldbuße von bis zu siebenhunderttausend Euro geahndet werden. [2]Gegenüber einer juristischen Person oder einer Personenvereinigung kann über Satz 1 hinaus eine höhere Geldbuße verhängt werden; diese darf den höheren der Beträge von fünf Millionen Euro und 3 Prozent des Gesamtumsatzes, den die juristische Person oder Personenvereinigung im der Behördenentscheidung vorangegangenen Geschäftsjahr erzielt hat, nicht überschreiten. [3]Über die in den Sätzen 1 und 2 genannten Beträge hinaus kann die Ordnungswidrigkeit mit einer Geldbuße bis zum Zweifachen des aus dem Verstoß gezogenen wirtschaftlichen Vorteils geahndet werden. [4]Der wirtschaftliche Vorteil umfasst erzielte Gewinne und vermiedene Verluste und kann geschätzt werden.

(20) [1]Die Ordnungswidrigkeit kann in den Fällen der Absätze 8 und 9 mit einer Geldbuße bis zu fünf Millionen Euro geahndet werden. [2]Gegenüber einer juristischen Person oder Personenvereinigung kann über Satz 1 hinaus eine höhere Geldbuße in Höhe von bis zu 10 Prozent des Gesamtumsatzes, den die juristische Person oder Personenvereinigung im der Behördenentscheidung vorangegangenen Geschäftsjahr erzielt hat, verhängt werden. [3]Über die in den Sätzen 1 und 2 genannten Beträge hinaus kann die Ordnungswidrigkeit mit einer Geldbuße bis zum Zweifachen des aus dem Verstoß gezogenen wirtschaftlichen Vorteils geahndet werden. [4]Der wirtschaftliche Vorteil umfasst erzielte Gewinne und vermiedene Verluste und kann geschätzt werden.

(21) [1]Die Ordnungswidrigkeit kann in den Fällen des Absatzes 10 mit einer Geldbuße bis zu fünf Millionen Euro geahndet werden. [2]Gegenüber einer juristischen Person oder Personenvereinigung kann über Satz 1 hinaus eine höhere Geldbuße verhängt werden; diese darf

1. in den Fällen des Absatzes 10 Satz 1 Nummer 1 und 2 den höheren der Beträge von fünf Millionen Euro und 10 Prozent des Gesamtumsatzes, den die juristische Person oder Personenvereinigung im der Behördenentscheidung vorangegangenen Geschäftsjahr erzielt hat,
2. in den Fällen des Absatzes 10 Satz 1 Nummer 3 und 4 den höheren der Beträge von fünfzehn Millionen Euro und 10 Prozent des Gesamtumsatzes, den die juristische Person oder Personenvereinigung im der Behördenentscheidung vorangegangenen Geschäftsjahr erzielt hat,

nicht überschreiten. [3]Über die in den Sätzen 1 und 2 genannten Beträge hinaus kann die Ordnungswidrigkeit mit einer Geldbuße bis zum Dreifachen des aus dem Verstoß gezogenen wirtschaftlichen Vorteils geahndet werden. [4]Der wirtschaftliche Vorteil umfasst erzielte Gewinne und vermiedene Verluste und kann geschätzt werden.

(22) [1]Die Ordnungswidrigkeit kann in den Fällen des Absatzes 11 Satz 1 Nummer 1 bis 27, 29, 30 und 32 bis 74 mit einer Geldbuße bis zu fünfhunderttausend Euro und in den Fällen des Absatzes 11 Satz 1 Nummer 28, 31 und 75 mit einer Geldbuße bis zu einhunderttausend Euro geahndet werden. [2]Gegenüber einer juristischen Person oder Personenvereinigung kann über Satz 1 hinaus eine höhere Geldbuße verhängt werden; diese darf

1. in den Fällen des Absatzes 11 Satz 1 Nummer 27, 29, 30 und 32 bis 74 den höheren der Beträge von einer Million Euro und 10 Prozent des Gesamtumsatzes, den die juristische Person oder Personenvereinigung im der Behördenentscheidung vorangegangenen Geschäftsjahr erzielt hat,
2. in den Fällen des Absatzes 11 Satz 1 Nummer 28, 31 und 75 den höheren der Beträge von zweihundertfünfzigtausend Euro und 2 Prozent des Gesamtumsatzes, den die

juristische Person oder Personenvereinigung im der Behördenentscheidung vorangegangenen Geschäftsjahr erzielt hat,

nicht überschreiten. [3]Über die in den Sätzen 1 und 2 genannten Beträge hinaus kann die Ordnungswidrigkeit mit einer Geldbuße bis zum Dreifachen des aus dem Verstoß gezogenen wirtschaftlichen Vorteils geahndet werden. [4]Der wirtschaftliche Vorteil umfasst erzielte Gewinne und vermiedene Verluste und kann geschätzt werden. [5]Die Sätze 1 bis 4 gelten für sonstige Vereinigungen entsprechend mit der Maßgabe, dass der maßgebliche Gesamtumsatz 10 Prozent des aggregierten Umsatzes der Anteilseigner beträgt, wenn es sich bei der sonstigen Vereinigung um ein Mutterunternehmen oder ein Tochterunternehmen handelt.

(22a) [1]Die Ordnungswidrigkeit kann in den Fällen des Absatzes 12 Nummer 1 Buchstabe a mit einer Geldbuße bis zu siebenhunderttausend Euro geahndet werden. [2]Gegenüber einer juristischen Person oder Personenvereinigung kann über Satz 1 hinaus eine höhere Geldbuße verhängt werden; diese darf den höheren der Beträge von fünf Millionen Euro und 3 Prozent des Gesamtumsatzes, den die juristische Person oder Personenvereinigung im der Behördenentscheidung vorangegangenen Geschäftsjahr erzielt hat, nicht überschreiten. [3]Über die in den Sätzen 1 und 2 genannten Beträge hinaus kann die Ordnungswidrigkeit mit einer Geldbuße bis zum Zweifachen des aus dem Verstoß gezogenen wirtschaftlichen Vorteils geahndet werden. [4]Der wirtschaftliche Vorteil umfasst erzielte Gewinne und vermiedene Verluste und kann geschätzt werden.

(23) [1]Gesamtumsatz im Sinne des Absatzes 17 Satz 2 Nummer 2, des Absatzes 18 Satz 2 Nummer 1 und 2, des Absatzes 19 Satz 2, des Absatzes 20 Satz 2, des Absatzes 21 Satz 2, des Absatzes 22 Satz 2 und des Absatzes 22a Satz 2 ist

1. im Falle von Kreditinstituten, Zahlungsinstituten und Finanzdienstleistungsinstituten im Sinne des § 340 des Handelsgesetzbuchs der sich aus dem auf das Institut anwendbaren nationalen Recht im Einklang mit Artikel 27 Nummer 1, 3, 4, 6 und 7 oder Artikel 28 Nummer B1, B2, B3, B4 und B7 der Richtlinie 86/635/EWG des Rates vom 8. Dezember 1986 über den Jahresabschluss und den konsolidierten Abschluss von Banken und anderen Finanzinstituten (ABl. L 372 vom 31.12.1986, S. 1) ergebende Gesamtbetrag, abzüglich der Umsatzsteuer und sonstiger direkt auf diese Erträge erhobener Steuern,
2. im Falle von Versicherungsunternehmen der sich aus dem auf das Versicherungsunternehmen anwendbaren nationalen Recht im Einklang mit Artikel 63 der Richtlinie 91/674/EWG des Rates vom 19. Dezember 1991 über den Jahresabschluss und den konsolidierten Abschluss von Versicherungsunternehmen (ABl. L 374 vom 31.12.1991, S. 7) ergebende Gesamtbetrag, abzüglich der Umsatzsteuer und sonstiger direkt auf diese Erträge erhobener Steuern,
3. im Übrigen der Betrag der Nettoumsatzerlöse nach Maßgabe des auf das Unternehmen anwendbaren nationalen Rechts im Einklang mit Artikel 2 Nummer 5 der Richtlinie 2013/34/EU.

[2]Handelt es sich bei der juristischen Person oder Personenvereinigung um ein Mutterunternehmen oder um eine Tochtergesellschaft, so ist anstelle des Gesamtumsatzes der juristischen Person oder Personenvereinigung der jeweilige Gesamtbetrag in dem Konzernabschluss des Mutterunternehmens maßgeblich, der für den größten Kreis von Unternehmen aufgestellt wird. [3]Wird der Konzernabschluss für den größten Kreis von Unternehmen nicht nach den in Satz 1 genannten Vorschriften aufgestellt, ist der Gesamtumsatz nach Maßgabe der den in Satz 1 Nummer 1 bis 3 vergleichbaren Posten des Konzernabschlusses zu ermitteln. [4]Ist ein Jahresabschluss oder Konzernabschluss für das maßgebliche Geschäftsjahr nicht verfügbar, ist der Jahres- oder Konzernabschluss für

das unmittelbar vorausgehende Geschäftsjahr maßgeblich; ist auch dieser nicht verfügbar, kann der Gesamtumsatz geschätzt werden.

(24) Die Ordnungswidrigkeit kann in den Fällen des Absatzes 2 Nummer 2 Buchstabe f bis h, Nummer 2b und 4 Buchstabe c, Nummer 10 und 15 sowie des Absatzes 6 Nummer 3 bis 5 sowie des Absatzes 7 Nummer 5, 8 und 9 mit einer Geldbuße bis zu fünfhunderttausend Euro, in den Fällen des Absatzes 1 Nummer 2 und 3, des Absatzes 2 Nummer 1, 2 Buchstabe a, b und k bis n, Nummer 2a, und 16, des Absatzes 4 Nummer 5, des Absatzes 6 Nummer 1 und 2, des Absatzes 7 Nummer 1, 3 und 4 und des Absatzes 12 Nummer 1 Buchstabe b mit einer Geldbuße bis zu zweihunderttausend Euro, in den Fällen des Absatzes 1 Nummer 4, des Absatzes 2 Nummer 6 bis 8, 11 bis 13, des Absatzes 7 Nummer 2, 6 und 7 und des Absatzes 12 Nummer 1 Buchstabe c mit einer Geldbuße bis zu hunderttausend Euro, in den übrigen Fällen mit einer Geldbuße bis zu fünfzigtausend Euro geahndet werden.

(25) [1]§ 17 Absatz 2 des Gesetzes über Ordnungswidrigkeiten ist nicht anzuwenden bei Verstößen gegen Gebote und Verbote, die in den Absätzen 17 bis 22 in Bezug genommen werden. [2]Dies gilt nicht für Ordnungswidrigkeiten nach Absatz 2 Nummer 4 Buchstabe a, Absatz 8 Nummer 43 und 44, 134 bis 137 und Absatz 15 Nummer 1. [3]§ 30 des Gesetzes über Ordnungswidrigkeiten gilt auch für juristische Personen oder Personenvereinigungen, die über eine Zweigniederlassung oder im Wege des grenzüberschreitenden Dienstleistungsverkehrs im Inland tätig sind.

(26) Die Verfolgung der Ordnungswidrigkeiten nach den Absätzen 17 bis 22 verjährt in drei Jahren.

(27) [1]Absatz 2 Nummer 5 und 14, Absatz 3 sowie Absatz 12 Nummer 1 Buchstabe c, Nummer 3 und 4, jeweils in Verbindung mit Absatz 24, gelten auch für die erlaubnispflichtige Anlageverwaltung im Sinne des § 2 Absatz 13 Satz 3. Absatz 8 Nummer 27 bis 37, 39 bis 53, 97 bis 100, 103 bis 112 und 123, jeweils in Verbindung mit Absatz 20, gilt auch für Wertpapierdienstleistungsunternehmen und Kreditinstitute, wenn sie im Sinne des § 96 strukturierte Einlagen verkaufen oder über diese beraten. [2]Absatz 8 Nummer 88 bis 96 und 98 bis 102, jeweils in Verbindung mit Absatz 20, gilt auch für Unternehmen im Sinne des § 3 Satz 1. Absatz 8 Nummer 2, 27 bis 126 und 134 bis 136, jeweils in Verbindung mit Absatz 20, gilt auch für Unternehmen im Sinne des § 3 Absatz 3 Satz 1 und 2.

(28) Das Bundesministerium der Finanzen wird ermächtigt, soweit dies zur Durchsetzung der Rechtsakte der Europäischen Union erforderlich ist, durch Rechtsverordnung ohne Zustimmung des Bundesrates die Tatbestände zu bezeichnen, die als Ordnungswidrigkeit nach Absatz 2 Nummer 16 geahndet werden können.

§ 121 Zuständige Verwaltungsbehörde

Verwaltungsbehörde im Sinne des § 36 Abs. 1 Nr. 1 des Gesetzes über Ordnungswidrigkeiten ist die Bundesanstalt.

§ 122 [1)] Beteiligung der Bundesanstalt und Mitteilungen in Strafsachen

(1) [1]Die Staatsanwaltschaft informiert die Bundesanstalt über die Einleitung eines Ermittlungsverfahrens, welches Straftaten nach § 119 betrifft. [2]Werden im Ermittlungsverfahren Sachverständige benötigt, können fachkundige Angehörige der Bundesanstalt herangezogen werden. [3]Der Bundesanstalt sind die Anklageschrift, der Antrag auf Erlass eines Strafbefehls und die Einstellung des Verfahrens mitzuteilen. [4]Erwägt die Staatsanwaltschaft, das Verfahren einzustellen, so hat sie die Bundesanstalt zuvor anzuhören.

1) § 122 Abs. 1 geändert durch Gesetz vom 8.7.2019 (BGBl. I S. 1002).

(2) Das Gericht teilt der Bundesanstalt in einem Verfahren, welches Straftaten nach § 119 betrifft, den Termin der Hauptverhandlung und die Entscheidung, mit der das Verfahren abgeschlossen wird, mit.

(3) Der Bundesanstalt ist auf Antrag Akteneinsicht zu gewähren, sofern nicht schutzwürdige Interessen des Betroffenen entgegenstehen oder der Untersuchungserfolg der Ermittlungen gefährdet wird.

(4) [1]In Strafverfahren gegen Inhaber oder Geschäftsleiter von Wertpapierdienstleistungsunternehmen oder deren gesetzliche Vertreter oder persönlich haftende Gesellschafter wegen Straftaten zum Nachteil von Kunden bei oder im Zusammenhang mit dem Betrieb des Wertpapierdienstleistungsunternehmens, ferner in Strafverfahren, die Straftaten nach § 119 zum Gegenstand haben, sind im Falle der Erhebung der öffentlichen Klage der Bundesanstalt

1. die Anklageschrift oder eine an ihre Stelle tretende Antragsschrift,
2. der Antrag auf Erlass eines Strafbefehls und
3. die das Verfahren abschließende Entscheidung mit Begründung

zu übermitteln; ist gegen die Entscheidung ein Rechtsmittel eingelegt worden, ist die Entscheidung unter Hinweis auf das eingelegte Rechtsmittel zu übermitteln. [2]In Verfahren wegen fahrlässig begangener Straftaten werden die in den Nummern 1 und 2 bestimmten Übermittlungen nur vorgenommen, wenn aus der Sicht der übermittelnden Stelle unverzüglich Entscheidungen oder andere Maßnahmen der Bundesanstalt geboten sind.

(5) [1]Werden sonst in einem Strafverfahren Tatsachen bekannt, die auf Missstände in dem Geschäftsbetrieb eines Wertpapierdienstleistungsunternehmens hindeuten, und ist deren Kenntnis aus der Sicht der übermittelnden Stelle für Maßnahmen der Bundesanstalt nach diesem Gesetz erforderlich, soll das Gericht, die Strafverfolgungs- oder die Strafvollstreckungsbehörde diese Tatsachen ebenfalls mitteilen, soweit nicht für die übermittelnde Stelle erkennbar ist, dass schutzwürdige Interessen des Betroffenen überwiegen. [2]Dabei ist zu berücksichtigen, wie gesichert die zu übermittelnden Erkenntnisse sind.

§ 123 Bekanntmachung von Maßnahmen

(1) [1]Die Bundesanstalt kann unanfechtbare Maßnahmen, die sie wegen Verstößen gegen Verbote oder Gebote dieses Gesetzes getroffen hat, auf ihrer Internetseite öffentlich bekannt machen, soweit dies zur Beseitigung oder Verhinderung von Missständen nach § 6 Absatz 1 Satz 2 geeignet und erforderlich ist, es sei denn, diese Veröffentlichung würde die Finanzmärkte erheblich gefährden oder zu einem unverhältnismäßigen Schaden bei den Beteiligten führen. [2]Anordnungen nach § 6 Absatz 2 Satz 4 hat die Bundesanstalt unverzüglich auf ihrer Internetseite zu veröffentlichen.

(2) Zeitgleich mit der Veröffentlichung nach Absatz 1 Satz 1 oder Satz 2 hat die Bundesanstalt die Europäische Wertpapier- und Marktaufsichtsbehörde über die Veröffentlichung zu unterrichten.

(3) Die Bundesanstalt hat unanfechtbare Maßnahmen, die sie wegen Verstößen gegen Artikel 4 Absatz 1 der Verordnung (EG) Nr. 1060/2009 getroffen hat, unverzüglich auf ihrer Internetseite öffentlich bekannt zu machen, es sei denn, diese Veröffentlichung würde die Finanzmärkte erheblich gefährden oder zu einem unverhältnismäßigen Schaden bei den Beteiligten führen.

(4) [1]Die Bundesanstalt hat jede unanfechtbar gewordene Bußgeldentscheidung nach § 120 Absatz 7 unverzüglich auf ihrer Internetseite öffentlich bekannt zu machen, es sei denn, diese Veröffentlichung würde die Finanzmärkte erheblich gefährden oder zu einem

unverhältnismäßigen Schaden bei den Beteiligten führen. [2]Die Bekanntmachung darf keine personenbezogenen Daten enthalten.

(5) [1]Eine Bekanntmachung nach den Absätzen 1, 3 und 4 ist fünf Jahre nach ihrer Veröffentlichung zu löschen. [2]Abweichend von Satz 1 sind personenbezogene Daten zu löschen, sobald ihre Bekanntmachung nicht mehr erforderlich ist.

§ 124 Bekanntmachung von Maßnahmen und Sanktionen wegen Verstößen gegen Transparenzpflichten

(1) Die Bundesanstalt macht Entscheidungen über Maßnahmen und Sanktionen, die wegen Verstößen gegen Verbote oder Gebote nach den Abschnitten 6, 7 und 16 Unterabschnitt 2 dieses Gesetzes erlassen oder der Bundesanstalt gemäß § 335 Absatz 1d des Handelsgesetzbuchs mitgeteilt wurden, auf ihrer Internetseite unverzüglich bekannt.

(2) [1]In der Bekanntmachung benennt die Bundesanstalt die Vorschrift, gegen die verstoßen wurde, und die für den Verstoß verantwortliche natürliche oder juristische Person oder Personenvereinigung. [2]Bei nicht bestands- oder nicht rechtskräftigen Entscheidungen fügt sie einen Hinweis darauf, dass die Entscheidung noch nicht bestandskräftig oder nicht rechtskräftig ist, hinzu. [3]Die Bundesanstalt ergänzt die Bekanntmachung unverzüglich um einen Hinweis auf die Einlegung eines Rechtsbehelfes gegen die Maßnahme oder Sanktion sowie auf das Ergebnis des Rechtsbehelfsverfahrens.

(3) Die Bundesanstalt macht die Entscheidung ohne Nennung personenbezogener Daten bekannt oder schiebt die Bekanntmachung der Entscheidung auf, wenn

1. die Bekanntmachung der personenbezogenen Daten unverhältnismäßig wäre,
2. die Bekanntmachung die Stabilität des Finanzsystems ernsthaft gefährden würde,
3. die Bekanntmachung eine laufende Ermittlung ernsthaft gefährden würde oder
4. die Bekanntmachung den Beteiligten einen unverhältnismäßigen Schaden zufügen würde.

(4) [1]Eine Bekanntmachung nach Absatz 1 ist fünf Jahre nach ihrer Veröffentlichung zu löschen. [2]Abweichend von Satz 1 sind personenbezogene Daten zu löschen, sobald ihre Bekanntmachung nicht mehr erforderlich ist.

§ 125 Bekanntmachung von Maßnahmen und Sanktionen wegen Verstößen gegen die Verordnung (EU) Nr. 596/2014, die Verordnung (EU) 2015/2365 und die Verordnung (EU) 2016/1011

(1) [1]Die Bundesanstalt macht Entscheidungen über Maßnahmen und Sanktionen, die wegen Verstößen nach den Artikeln 14, 15, 16 Absatz 1 und 2, Artikel 17 Absatz 1, 2, 4, 5 und 8, Artikel 18 Absatz 1 bis 6, Artikel 19 Absatz 1, 2, 3, 5, 6, 7 und 11 und Artikel 20 Absatz 1 der Verordnung (EU) Nr. 596/2014 sowie den Artikeln 4 und 15 der Verordnung (EU) 2015/2365 erlassen wurden, unverzüglich nach Unterrichtung der natürlichen oder juristischen Person, gegen die die Maßnahme oder Sanktion verhängt wurde, auf ihrer Internetseite bekannt. [2]Dies gilt nicht für Entscheidungen über Ermittlungsmaßnahmen.

(2) In der Bekanntmachung benennt die Bundesanstalt die Vorschrift, gegen die verstoßen wurde, und die für den Verstoß verantwortliche natürliche oder juristische Person oder Personenvereinigung.

(3) [1]Ist die Bekanntmachung der Identität einer von der Entscheidung betroffenen juristischen Person oder der personenbezogenen Daten einer natürlichen Person unverhältnismäßig oder würde die Bekanntmachung laufende Ermittlungen oder die Stabilität der Finanzmärkte gefährden, so

1. schiebt die Bundesanstalt die Bekanntmachung der Entscheidung auf, bis die Gründe für das Aufschieben weggefallen sind,

2. macht die Bundesanstalt die Entscheidung ohne Nennung der Identität oder der personenbezogenen Daten bekannt, wenn hierdurch ein wirksamer Schutz der Identität oder der betreffenden personenbezogenen Daten gewährleistet ist oder
3. macht die Bundesanstalt die Entscheidung nicht bekannt, wenn eine Bekanntmachung gemäß den Nummern 1 und 2 nicht ausreichend wäre, um sicherzustellen, dass
   a) die Stabilität der Finanzmärkte nicht gefährdet wird oder
   b) die Verhältnismäßigkeit der Bekanntmachung gewahrt bleibt.

[2]Im Falle des Satzes 1 Nummer 2 kann die Bundesanstalt die Bekanntmachung der Identität oder der personenbezogenen Daten nachholen, wenn die Gründe für die anonymisierte Bekanntmachung entfallen sind.

(4) [1]Bei nicht bestands- oder nicht rechtskräftigen Entscheidungen fügt die Bundesanstalt einen entsprechenden Hinweis hinzu. [2]Wird gegen die bekanntzumachende Entscheidung ein Rechtsbehelf eingelegt, so ergänzt die Bundesanstalt die Bekanntmachung unverzüglich um einen Hinweis auf den Rechtsbehelf sowie um alle weiteren Informationen über das Ergebnis des Rechtsbehelfsverfahrens.

(5) [1]Eine Bekanntmachung nach Absatz 1 ist fünf Jahre nach ihrer Bekanntmachung zu löschen. [2]Abweichend von Satz 1 sind personenbezogene Daten zu löschen, sobald ihre Bekanntmachung nicht mehr erforderlich ist.

(6) Bei Entscheidungen über Maßnahmen und Sanktionen, die erlassen wurden wegen eines Verstoßes gegen die Artikel 4 bis 16, 21, 23 bis 29 und 34 der Verordnung (EU) 2016/1011 oder wegen eines Verstoßes gegen eine vollziehbare Anordnung, die die Bundesanstalt im Zusammenhang mit einer Untersuchung betreffend die Pflichten nach dieser Verordnung gemäß § 6 Absatz 3 Satz 4 und Absatz 6, 8, 11 bis 13, § 7 Absatz 2, § 10 Absatz 2 Satz 2 Nummer 1 oder 2 erlassen hat, gelten die Absätze 1 bis 5 entsprechend mit der Maßgabe, dass die Aufhebung einer Entscheidung auch dann veröffentlicht wird, wenn sie nicht auf Grund eines Rechtsbehelfs erfolgt ist.

§ 126 Bekanntmachung von Maßnahmen und Sanktionen wegen Verstößen gegen Vorschriften der Abschnitte 9 bis 11 und gegen die Verordnung (EU) Nr. 600/2014

(1) [1]Die Bundesanstalt macht Entscheidungen über Maßnahmen und Sanktionen, die erlassen wurden wegen Verstößen gegen

1. die Verbote oder Gebote der Abschnitte 9 bis 11 dieses Gesetzes,
2. die Rechtsverordnungen, die zur Durchführung dieser Vorschriften erlassen wurden, oder
3. die Verbote oder Gebote der in den Titeln II bis VI enthaltenen Artikel der Verordnung (EU) Nr. 600/2014

auf ihrer Internetseite unverzüglich nach Unterrichtung der natürlichen oder juristischen Person, gegen die die Maßnahme oder Sanktion verhängt wurde, bekannt. [2]Dies gilt nicht für

1. Entscheidungen über Maßnahmen und Sanktionen, die wegen Verstößen gegen § 64 Absatz 6, die §§ 86, 87, 89 oder § 94 verhängt wurden,
2. Entscheidungen, mit denen Maßnahmen mit Ermittlungscharakter verhängt werden sowie
3. Entscheidungen, die gemäß § 50a des Börsengesetzes von den Börsenaufsichtsbehörden bekannt zu machen sind.

(2) Die Bundesanstalt hat in der Bekanntmachung die Vorschrift, gegen die verstoßen wurde, und die für den Verstoß verantwortliche natürliche oder juristische Person oder Personenvereinigung zu benennen.

(3) [1]Ist die Bekanntmachung der Identität der juristischen Person oder der personenbezogenen Daten der natürlichen Person unverhältnismäßig oder gefährdet die Bekanntmachung die Stabilität der Finanzmärkte oder laufende Ermittlungen, so kann die Bundesanstalt

1. die Entscheidung, mit der die Maßnahme oder Sanktion verhängt wird, erst dann bekannt machen, wenn die Gründe für einen Verzicht auf ihre Bekanntmachung nicht mehr bestehen, oder
2. die Entscheidung, mit der die Maßnahme oder Sanktion verhängt wird, ohne Nennung personenbezogener Daten bekannt machen, wenn eine anonymisierte Bekanntmachung einen wirksamen Schutz der betreffenden personenbezogenen Daten gewährleistet, oder
3. gänzlich von der Bekanntmachung der Entscheidung, mit der die Maßnahme oder Sanktion verhängt wird, absehen, wenn die in den Nummern 1 und 2 genannten Möglichkeiten nicht ausreichend gewährleisten, dass
   a) die Stabilität der Finanzmärkte nicht gefährdet wird,
   b) die Bekanntmachung von Entscheidungen über Maßnahmen oder Sanktionen, die als geringfügiger eingestuft werden, verhältnismäßig ist.

[2]Liegen die Voraussetzungen vor, unter denen eine Bekanntmachung nur auf anonymisierter Basis zulässig wäre, kann die Bundesanstalt die Bekanntmachung der einschlägigen Daten auch um einen angemessenen Zeitraum aufschieben, wenn vorhersehbar ist, dass die Gründe für die anonyme Bekanntmachung innerhalb dieses Zeitraums wegfallen werden.

(4) [1]Wird gegen die Entscheidung, mit der die Maßnahme oder Sanktion verhängt wird, ein Rechtsbehelf eingelegt, so macht die Bundesanstalt auch diesen Sachverhalt und alle weiteren Informationen über das Ergebnis des Rechtsbehelfsverfahrens umgehend auf ihrer Internetseite bekannt. [2]Ferner wird jede Entscheidung, mit der eine frühere Entscheidung über die Verhängung einer Sanktion oder Maßnahme aufgehoben oder geändert wird, ebenfalls bekannt gemacht.

(5) [1]Eine Bekanntmachung nach Absatz 1 ist fünf Jahre nach ihrer Veröffentlichung zu löschen. [2]Abweichend von Satz 1 sind personenbezogene Daten zu löschen, sobald ihre Bekanntmachung nicht mehr erforderlich ist.

(6) [1]Die Bundesanstalt unterrichtet die Europäische Wertpapier- und Marktaufsichtsbehörde über alle Maßnahmen und Sanktionen, die nach Absatz 3 Satz 1 Nummer 3 nicht bekannt gemacht wurden, sowie über alle Rechtsbehelfsmittel in Verbindung mit diesen Maßnahmen und Sanktionen und über die Ergebnisse der Rechtsmittelverfahren. [2]Hat die Bundesanstalt eine Maßnahme oder Sanktion bekannt gemacht, so unterrichtet sie die Europäische Wertpapier- und Marktaufsichtsbehörde gleichzeitig darüber.

Abschnitt 18. Übergangsbestimmungen

§ 127 Erstmalige Mitteilungs- und Veröffentlichungspflichten

(1) Ein Unternehmen im Sinne des § 9 Absatz 1 Satz 1 in der Fassung dieses Gesetzes vom 26. Juli 1994 (BGBl. I S. 1749), das am 1. August 1997 besteht und nicht bereits vor diesem Zeitpunkt der Meldepflicht nach § 9 Absatz 1 in der Fassung dieses Gesetzes vom 26. Juli 1994 (BGBl. I S. 1749) unterlag, muss Mitteilungen nach § 9 Absatz 1 in der

Fassung dieses Gesetzes vom 22. Oktober 1997 (BGBl. I S. 2518) erstmals am 1. Februar 1998 abgeben.

(2) [1]Wem am 1. April 2002 unter Berücksichtigung des § 22 Absatz 1 und 2 in der Fassung dieses Gesetzes vom 20. Dezember 2001 (BGBl. I S. 3822) 5 Prozent oder mehr der Stimmrechte einer börsennotierten Gesellschaft zustehen, hat der Gesellschaft und der Bundesanstalt unverzüglich, spätestens innerhalb von sieben Kalendertagen, die Höhe seines Stimmrechtsanteils unter Angabe seiner Anschrift schriftlich mitzuteilen; in der Mitteilung sind die zuzurechnenden Stimmrechte für jeden Zurechnungstatbestand getrennt anzugeben. [2]Eine Verpflichtung nach Satz 1 besteht nicht, sofern nach dem 1. Januar 2002 und vor dem 1. April 2002 bereits eine Mitteilung gemäß § 21 Absatz 1 oder 1a in der Fassung dieses Gesetzes vom 24. März 1998 (BGBl. I S. 529) abgegeben worden ist.

(3) Die Gesellschaft hat Mitteilungen nach Absatz 2 innerhalb von einem Monat nach Zugang nach Maßgabe des § 25 Absatz 1 Satz 1 in der Fassung dieses Gesetzes vom 24. März 1998 (BGBl. I S. 529) und Satz 2 in der Fassung dieses Gesetzes vom 22. Oktober 1997 (BGBl. I S. 2518) sowie Absatz 2 in der Fassung dieses Gesetzes vom 20. Dezember 2001 (BGBl. I S. 3822) zu veröffentlichen und der Bundesanstalt unverzüglich einen Beleg über die Veröffentlichung zu übersenden.

(4) Auf die Pflichten nach den Absätzen 2 und 3 sind die §§ 23 und 24 in der Fassung dieses Gesetzes vom 24. März 1998 (BGBl. I S. 529), § 25 Absatz 3 Satz 2 und Absatz 4 in der Fassung dieses Gesetzes vom 26. Juli 1994 (BGBl. I S. 1749), § 27 in der Fassung dieses Gesetzes vom 24. März 1998 (BGBl. I S. 529) und § 28 in der Fassung dieses Gesetzes vom 20. Dezember 2001 (BGBl. I S. 3822) sowie die §§ 29 und 30 in der Fassung dieses Gesetzes vom 26. Juli 1994 (BGBl. I S. 1749) entsprechend anzuwenden.

(5) [1]Wer am 20. Januar 2007, auch unter Berücksichtigung des § 22 in der Fassung dieses Gesetzes vom 5. Januar 2007 (BGBl. I S. 10), einen mit Aktien verbundenen Stimmrechtsanteil hält, der die Schwelle von 15, 20 oder 30 Prozent erreicht, überschreitet oder unterschreitet, hat dem Emittenten, für den die Bundesrepublik Deutschland der Herkunftsstaat ist, spätestens am 20. März 2007 seinen Stimmrechtsanteil mitzuteilen. [2]Das gilt nicht, wenn er bereits vor dem 20. Januar 2007 eine Mitteilung mit gleichwertigen Informationen an diesen Emittenten gerichtet hat; der Inhalt der Mitteilung richtet sich nach § 21 Absatz 1 in der Fassung dieses Gesetzes vom 5. Januar 2007 (BGBl. I S. 10), auch in Verbindung mit einer Rechtsverordnung nach § 21 Absatz 2. [3]Wem am 20. Januar 2007 auf Grund einer Zurechnung nach § 22 Absatz 1 Satz 1 Nummer 6 in der Fassung dieses Gesetzes vom 5. Januar 2007 (BGBl. I S. 10) ein Stimmrechtsanteil an einem Emittenten, für den die Bundesrepublik Deutschland der Herkunftsstaat ist, von 5 Prozent oder mehr zusteht, muss diesen dem Emittenten spätestens am 20. März 2007 mitteilen. [4]Dies gilt nicht, wenn er bereits vor dem 20. Januar 2007 eine Mitteilung mit gleichwertigen Informationen an diesen Emittenten gerichtet hat und ihm die Stimmrechtsanteile nicht bereits nach § 22 Absatz 1 Satz 1 Nummer 6 in der Fassung dieses Gesetzes vom 20. Dezember 2001 (BGBl. I S. 3822) zugerechnet werden konnten; der Inhalt der Mitteilung richtet sich nach § 21 Absatz 1 in der Fassung dieses Gesetzes vom 5. Januar 2007 (BGBl. I S. 10), auch in Verbindung mit einer Rechtsverordnung nach § 21 Absatz 2. [5]Wer am 20. Januar 2007 Finanzinstrumente im Sinne des § 25 in der Fassung dieses Gesetzes vom 5. Januar 2007 (BGBl. I S. 10) hält, muss dem Emittenten, für den die Bundesrepublik Deutschland der Herkunftsstaat ist, spätestens am 20. März 2007 mitteilen, wie hoch sein Stimmrechtsanteil wäre, wenn er statt der Finanzinstrumente die Aktien hielte, die auf Grund der rechtlich bindenden Vereinbarung erworben werden können, es sei denn, sein Stimmrechtsanteil läge unter 5 Prozent. [6]Dies gilt nicht, wenn er bereits vor dem 20. Januar 2007 eine Mitteilung mit gleichwertigen Informationen an diesen Emittenten gerichtet hat; der Inhalt der Mittei-

lung richtet sich nach § 25 Absatz 1 in der Fassung dieses Gesetzes vom 5. Januar 2007 (BGBl. I S. 10), auch in Verbindung mit den §§ 17 und 18 der Wertpapierhandelsanzeige- und Insiderverzeichnisverordnung in der Fassung vom 5. Januar 2007 (BGBl. I S. 10). [7]Erhält ein Inlandsemittent eine Mitteilung nach Satz 1, 3 oder 5, so muss er diese bis spätestens zum 20. April 2007 nach § 26 Absatz 1 Satz 1 in der Fassung dieses Gesetzes vom 5. Januar 2007 (BGBl. I S. 10), auch in Verbindung mit einer Rechtsverordnung nach § 26 Absatz 3, veröffentlichen. [8]Er übermittelt die Information außerdem unverzüglich, jedoch nicht vor ihrer Veröffentlichung dem Unternehmensregister im Sinne des § 8b des Handelsgesetzbuchs zur Speicherung. [9]Er hat gleichzeitig mit der Veröffentlichung nach Satz 7 diese der Bundesanstalt nach § 26 Absatz 2 in der Fassung dieses Gesetzes vom 5. Januar 2007 (BGBl. I S. 10), auch in Verbindung mit einer Rechtsverordnung nach § 26 Absatz 3 Nummer 2, mitzuteilen. [10]Auf die Pflichten nach den Sätzen 1 bis 9 sind § 23 in der Fassung dieses Gesetzes vom 5. Januar 2007 (BGBl. I S. 10), § 24 in der Fassung dieses Gesetzes vom 24. März 1998 (BGBl. I S. 529), § 27 in der Fassung dieses Gesetzes vom 5. Januar 2007 (BGBl. I S. 10), § 28 in der Fassung dieses Gesetzes vom 20. Dezember 2001 (BGBl. I S. 3822), § 29 in der Fassung dieses Gesetzes vom 28. Oktober 2004 (BGBl. I S. 2630) und § 29a Absatz 3 in der Fassung dieses Gesetzes vom 5. Januar 2007 (BGBl. I S. 10) entsprechend anzuwenden. [11]Auf die Pflichten nach Satz 4 ist § 29a Absatz 1 und 2 in der Fassung dieses Gesetzes vom 5. Januar 2007 (BGBl. I S. 10) entsprechend anzuwenden.

(6) [1]Wer, auch unter Berücksichtigung des § 22 in der Fassung dieses Gesetzes vom 12. August 2008 (BGBl. I S. 1666), einen mit Aktien verbundenen Stimmrechtsanteil sowie Finanzinstrumente im Sinne des § 25 in der Fassung dieses Gesetzes vom 12. August 2008 (BGBl. I S. 1666) hält, muss das Erreichen oder Überschreiten der für § 25 in der Fassung dieses Gesetzes vom 12. August 2008 (BGBl. I S. 1666) geltenden Schwellen, die er am 1. März 2009 ausschließlich auf Grund der Änderung des § 25 in der Fassung dieses Gesetzes vom 12. August 2008 (BGBl. I S. 1666) mit Wirkung vom 1. März 2009 durch Zusammenrechnung nach § 25 Absatz 1 Satz 3 in der Fassung dieses Gesetzes vom 12. August 2008 (BGBl. I S. 1666) erreicht oder überschreitet, nicht mitteilen. [2]Eine solche Mitteilung ist erst dann abzugeben, wenn erneut eine der für § 25 in der Fassung dieses Gesetzes vom 12. August 2008 (BGBl. I S. 1666) geltenden Schwellen erreicht, überschritten oder unterschritten wird. [3]Mitteilungspflichten nach § 25 in der Fassung dieses Gesetzes vom 5. Januar 2007 (BGBl. I S. 10), die nicht, nicht richtig, nicht vollständig oder nicht in der vorgeschriebenen Weise erfüllt wurden, sind unter Berücksichtigung von § 25 Absatz 1 Satz 3 in der Fassung dieses Gesetzes vom 12. August 2008 (BGBl. I S. 1666) zu erfüllen.

(7) [1]Wer, auch unter Berücksichtigung des § 22 in der Fassung dieses Gesetzes vom 12. August 2008 (BGBl. I S. 1666), einen mit Aktien verbundenen Stimmrechtsanteil hält, muss das Erreichen oder Überschreiten der für § 21 in der Fassung dieses Gesetzes vom 21. Dezember 2007 (BGBl. I S. 3089) geltenden Schwellen, die er am 19. August 2008 ausschließlich durch Zurechnung von Stimmrechten auf Grund der Neufassung des § 22 Absatz 2 in der Fassung dieses Gesetzes vom 12. August 2008 (BGBl. I S. 1666) mit Wirkung vom 19. August 2008 erreicht oder überschreitet, nicht mitteilen. [2]Eine solche Mitteilung ist erst dann abzugeben, wenn erneut eine der für § 21 in der Fassung dieses Gesetzes vom 21. Dezember 2007 (BGBl. I S. 3089) geltenden Schwellen erreicht, überschritten oder unterschritten wird. [3]Die Sätze 1 und 2 gelten für die Mitteilungspflicht nach § 25 in der Fassung dieses Gesetzes vom 12. August 2008 (BGBl. I S. 1666) entsprechend mit der Maßgabe, dass die für § 25 in der Fassung dieses Gesetzes vom 12. August 2008 (BGBl. I S. 1666) geltenden Schwellen maßgebend sind.

(8) [1]Wer am 1. Februar 2012 Finanzinstrumente oder sonstige Instrumente im Sinne des § 25a Absatz 1 in der Fassung dieses Gesetzes vom 5. April 2011 (BGBl. I S. 538)

hält, die es ihrem Inhaber auf Grund ihrer Ausgestaltung ermöglichen, 5 Prozent oder mehr der mit Stimmrechten verbundenen und bereits ausgegebenen Aktien eines Emittenten, für den die Bundesrepublik Deutschland der Herkunftsstaat ist, zu erwerben, hat dem Emittenten und gleichzeitig der Bundesanstalt unverzüglich, spätestens jedoch innerhalb von 30 Handelstagen, die Höhe seines Stimmrechtsanteils nach § 25a Absatz 2 entsprechend § 25a Absatz 1, auch in Verbindung mit einer Rechtsverordnung nach § 25a Absatz 4, jeweils in der Fassung dieses Gesetzes vom 5. April 2011 (BGBl. I S. 538), mitzuteilen. [2]§ 24 in der Fassung dieses Gesetzes vom 24. März 1998 (BGBl. I S. 529) gilt entsprechend. [3]Eine Zusammenrechnung mit den Beteiligungen nach § 21 in der Fassung dieses Gesetzes vom 21. Dezember 2007 (BGBl. I S. 3089), § 22 in der Fassung dieses Gesetzes vom 12. August 2008 (BGBl. I S. 1666) und § 25 in der Fassung dieses Gesetzes vom 5. April 2011 (BGBl. I S. 538) findet statt.

(9) [1]Der Inlandsemittent hat die Informationen nach Absatz 8 unverzüglich, spätestens jedoch drei Handelstage nach ihrem Zugang gemäß § 26 Absatz 1 Satz 1 Halbsatz 1 in der Fassung dieses Gesetzes vom 5. April 2011 (BGBl. I S. 538) zu veröffentlichen und dem Unternehmensregister im Sinne des § 8b des Handelsgesetzbuchs unverzüglich, jedoch nicht vor ihrer Veröffentlichung zur Speicherung zu übermitteln. [2]Gleichzeitig mit der Veröffentlichung hat der Inlandsemittent diese der Bundesanstalt mitzuteilen.

(10) [1]Wer, auch unter Berücksichtigung des § 22 in der Fassung dieses Gesetzes vom 20. November 2015 (BGBl. I S. 2029), am 26. November 2015 Stimmrechte im Sinne des § 21 in der Fassung dieses Gesetzes vom 20. November 2015 (BGBl. I S. 2029) hält und ausschließlich auf Grund der Änderung des § 21 mit Wirkung zum 26. November 2015 an einem Emittenten, für den die Bundesrepublik Deutschland der Herkunftsstaat ist, eine der für § 21 in der Fassung dieses Gesetzes vom 20. November 2015 (BGBl. I S. 2029) geltenden Schwellen erreicht, überschreitet oder unterschreitet, hat dies bis zum 15. Januar 2016 nach Maßgabe des § 21 in der Fassung dieses Gesetzes vom 20. November 2015 (BGBl. I S. 2029) mitzuteilen. [2]Wer am 26. November 2015 Instrumente im Sinne des § 25 in der Fassung dieses Gesetzes vom 20. November 2015 (BGBl. I S. 2029) hält, die sich nach Maßgabe des § 25 Absatz 3 und 4 in der Fassung dieses Gesetzes vom 20. November 2015 (BGBl. I S. 2029) auf mindestens 5 Prozent der Stimmrechte an einem Emittenten, für den die Bundesrepublik Deutschland der Herkunftsstaat ist, beziehen, hat dies bis zum 15. Januar 2016 nach Maßgabe des § 25 in der Fassung dieses Gesetzes vom 20. November 2015 (BGBl. I S. 2029) mitzuteilen. [3]Wer eine der für § 25a in der Fassung dieses Gesetzes vom 20. November 2015 (BGBl. I S. 2029) geltenden Schwellen ausschließlich auf Grund der Änderung des § 25a mit Wirkung zum 26. November 2015 erreicht, überschreitet oder unterschreitet, hat dies bis zum 15. Januar 2016 nach Maßgabe des § 25a in der Fassung dieses Gesetzes vom 20. November 2015 (BGBl. I S. 2029) mitzuteilen. [4]Absatz 9 gilt entsprechend.

(11) [1]Wer an einem Emittenten, für den die Bundesrepublik Deutschland der Herkunftsstaat ist, eine der für die §§ 21, 25 oder 25a, jeweils in der Fassung dieses Gesetzes vom 20. November 2015 (BGBl. I S. 2029), geltenden Schwellen ausschließlich auf Grund der Änderung des § 1 Absatz 3 mit Wirkung zum 2. Juli 2016 erreicht, überschreitet oder unterschreitet, hat dies bis zum 23. Juli 2016 nach Maßgabe der §§ 21, 25 und 25a, jeweils in der Fassung dieses Gesetzes vom 20. November 2015 (BGBl. I S. 2029), mitzuteilen. [2]Absatz 10 gilt entsprechend.

(12) Ordnungswidrig handelt, wer vorsätzlich oder leichtfertig

1. entgegen Absatz 5 Satz 7 eine Veröffentlichung nicht, nicht richtig, nicht vollständig, nicht in der vorgeschriebenen Weise oder nicht rechtzeitig vornimmt,
2. entgegen Absatz 5 Satz 8 eine Information nicht oder nicht rechtzeitig übermittelt,

3. entgegen Absatz 5 Satz 1, 3, 5 oder 9, Absatz 8 Satz 1 oder Absatz 10 Satz 1, 2 oder Satz 3 eine Mitteilung nicht, nicht richtig, nicht vollständig, nicht in der vorgeschriebenen Weise oder nicht rechtzeitig macht,
4. entgegen Absatz 9 Satz 1 eine Veröffentlichung nicht, nicht richtig, nicht vollständig, nicht in der vorgeschriebenen Weise oder nicht rechtzeitig vornimmt.

(13) Die Ordnungswidrigkeit kann in den Fällen des Absatzes 12 mit einer Geldbuße bis zu zweihunderttausend Euro geahndet werden.

§ 128 Übergangsregelung für die Mitteilungs- und Veröffentlichungspflichten zur Wahl des Herkunftsstaats

Auf einen Emittenten im Sinne des § 2 Absatz 11 Satz 1 Nummer 1 Buchstabe b oder Nummer 2, für den die Bundesrepublik Deutschland am 27. November 2015 Herkunftsstaat ist und der seine Wahl der Bundesanstalt mitgeteilt hat, ist § 5 nicht anzuwenden.

§ 129 Übergangsregelung für die Kostenerstattungspflicht nach § 11 der bis zum 2. Januar 2018 gültigen Fassung dieses Gesetzes

(1) Die nach § 11 Abs. 1 Satz 1 in der Fassung des Gesetzes vom 26. Juli 1994 (BGBl. I S. 1749) zur Erstattung der Kosten der Bundesanstalt Verpflichteten können für die Zeit bis Ende 1996 den Nachweis über den Umfang der Geschäfte in Wertpapieren und Derivaten auch anhand der im Jahre 1996 und für 1997 anhand der Zahl der im Jahre 1997 gemäß § 9 mitgeteilten Geschäfte führen.

(2) § 11 ist für den Zeitraum bis zum 30. April 2002 in der bis zum Tag vor dem Inkrafttreten des Gesetzes über die integrierte Finanzdienstleistungsaufsicht vom 22. April 2002 (BGBl. I S. 1310) geltenden Fassung auf die angefallenen Kosten des Bundesaufsichtsamtes für den Wertpapierhandel anzuwenden.

§ 130 Übergangsregelung für die Mitteilungs- und Veröffentlichungspflichten für Inhaber von Netto-Leerverkaufspositionen nach § 30i in der Fassung dieses Gesetzes vom 6. Dezember 2011 (BGBl. I S. 2481)

(1) [1]Wer am 26. März 2012 Inhaber einer Netto-Leerverkaufsposition nach § 30i Absatz 1 Satz 1 in der Fassung dieses Gesetzes vom 6. Dezember 2011 (BGBl. I S. 2481) in Höhe von 0,2 Prozent oder mehr ist, hat diese zum Ablauf des nächsten Handelstages der Bundesanstalt nach § 30i Absatz 3 der vorgenannten Fassung dieses Gesetzes, auch in Verbindung mit einer Rechtsverordnung nach § 30i Absatz 5 der vorgenannten Fassung dieses Gesetzes, mitzuteilen. [2]Der Inhaber einer Netto-Leerverkaufsposition nach § 30i Absatz 1 Satz 2 der vorgenannten Fassung dieses Gesetzes in Höhe von 0,5 Prozent oder mehr hat diese zusätzlich zu ihrer Mitteilung nach Satz 1 innerhalb der Frist des Satzes 1 nach § 30i Absatz 3 der vorgenannten Fassung dieses Gesetzes, auch in Verbindung mit einer Rechtsverordnung nach § 30i Absatz 5 der vorgenannten Fassung dieses Gesetzes, im Bundesanzeiger zu veröffentlichen; eine solche Verpflichtung besteht nicht, sofern vor dem 26. März 2012 bereits eine gleichartige Mitteilung abgegeben worden ist.

(2) Ordnungswidrig handelt, wer vorsätzlich oder leichtfertig
1. entgegen Absatz 1 Satz 1 eine Mitteilung nicht, nicht richtig, nicht vollständig, nicht in der vorgeschriebenen Weise oder nicht rechtzeitig macht oder
2. entgegen Absatz 1 Satz 2 erster Halbsatz eine Veröffentlichung nicht, nicht richtig, nicht vollständig, nicht in der vorgeschriebenen Weise oder nicht rechtzeitig vornimmt.

(3) Die Ordnungswidrigkeit kann in den Fällen des Absatzes 2 mit einer Geldbuße bis zu zweihunderttausend Euro geahndet werden.

§ 131 Übergangsregelung für die Verjährung von Ersatzansprüchen nach § 37a der bis zum 4. August 2009 gültigen Fassung dieses Gesetzes

§ 37a in der bis zum 4. August 2009 geltenden Fassung ist auf Ansprüche anzuwenden, die in der Zeit vom 1. April 1998 bis zum Ablauf des 4. August 2009 entstanden sind.

§ 132 Anwendungsbestimmung für das Transparenzrichtlinie-Umsetzungsgesetz

(1) § 37n und § 37o Abs. 1 Satz 4 sowie die Bestimmungen des Abschnitts 11 Unterabschnitt 2 in der Fassung des Gesetzes vom 5. Januar 2007 (BGBl. I S. 10) finden erstmals auf Finanzberichte des Geschäftsjahrs Anwendung, das nach dem 31. Dezember 2006 beginnt.

(2) Auf Emittenten, von denen lediglich Schuldtitel zum Handel an einem organisierten Markt im Sinne des Artikels 4 Abs. 1 Nr. 14 der Richtlinie 2004/39/EG des Europäischen Parlaments und des Rates vom 21. April 2004 über Märkte für Finanzinstrumente (ABl. EU Nr. L 145 S. 1) in einem Mitgliedstaat der Europäischen Union oder in einem anderen Vertragsstaat des Abkommens über den Europäischen Wirtschaftsraum zugelassen sind, sowie auf Emittenten, deren Wertpapiere zum Handel in einem Drittstaat zugelassen sind und die zu diesem Zweck seit dem Geschäftsjahr, das vor dem 11. September 2002 begann, international anerkannte Rechnungslegungsstandards anwenden, finden § 37w Abs. 3 Satz 2 und § 37y Nr. 2 in der Fassung des Gesetzes vom 5. Januar 2007 (BGBl. I S. 10) mit der Maßgabe Anwendung, dass der Emittent für vor dem 31. Dezember 2007 beginnende Geschäftsjahre die Rechnungslegungsgrundsätze des jeweiligen Vorjahresabschlusses anwenden kann.

(3) § 30b Abs. 3 Nr. 1 Buchstabe a in der Fassung des Gesetzes vom 5. Januar 2007 (BGBl. I S. 10) findet erstmals auf Informationen Anwendung, die nach dem 31. Dezember 2007 übermittelt werden.

§ 133 Anwendungsbestimmung für § 34 der bis zum 2. Januar 2018 gültigen Fassung dieses Gesetzes

Auf Ansprüche auf Herausgabe einer Ausfertigung des Protokolls nach § 34 Absatz 2a der bis zum 2. Januar 2018 gültigen Fassung dieses Gesetzes, die bis zum Ablauf des 2. Januar 2018 entstanden sind, findet § 34 Absatz 2b in der bis zum 2. Januar 2018 gültigen Fassung dieses Gesetzes weiterhin Anwendung.

§ 134 Anwendungsbestimmung für das Gesetz zur Umsetzung der Transparenzrichtlinie-Änderungsrichtlinie

(1) Die §§ 37n, 37o und 37p in der Fassung des Gesetzes vom 20. November 2015 (BGBl. I S. 2029) sind ab dem 1. Januar 2016 anzuwenden.

(2) § 37x in der Fassung des Gesetzes vom 20. November 2015 (BGBl. I S. 2029) ist erstmals auf Zahlungsberichte und Konzernzahlungsberichte für ein nach dem 26. November 2015 beginnendes Geschäftsjahr anzuwenden.

§ 135 Übergangsvorschriften zur Verordnung (EU) Nr. 596/2014

[1] § 39 Absatz 3d Nummer 1 in der Fassung dieses Gesetzes vom 30. Juni 2016 (BGBl. I S. 1514) ist bis zu dem Tag, ab dem die Richtlinie 2014/65/EU des Europäischen Parlaments und des Rates vom 15. Mai 2014 über Märkte für Finanzinstrumente sowie zur Änderung der Richtlinien 2002/92/EG und 2011/61/EU (ABl. L 173 vom 12.6.2014, S. 349, L 74 vom 18.3.2015, S. 38), die durch die Verordnung (EU) Nr. 909/2014 (ABl. L

257 vom 28.8.2014, S. 1) geändert worden ist, nach ihrem Artikel 93 angewendet wird, nicht anzuwenden. [2]Bis zum Ablauf des 2. Januar 2018, ist für die Vorschriften dieses Gesetzes die Verordnung (EU) Nr. 596/2014 mit folgender Maßgabe anwendbar:

1. Handelsplatz im Sinne des Artikels 3 Absatz 1 Nummer 10 dieser Verordnung ist ein geregelter Markt im Sinne des Artikels 4 Absatz 1 Nummer 14 der Richtlinie 2004/39/EG sowie ein multilaterales Handelssystem im Sinne des Artikels 4 Absatz 1 Nummer 15 der Richtlinie 2004/39/EG;
2. algorithmischer Handel im Sinne des Artikels 3 Absatz 1 Nummer 18 dieser Verordnung ist der Handel mit Finanzinstrumenten in der Weise, dass ein Computeralgorithmus die einzelnen Auftragsparameter automatisch bestimmt, ohne dass es sich um ein System handelt, das nur zur Weiterleitung von Aufträgen zu einem oder mehreren Handelsplätzen oder zur Bestätigung von Aufträgen verwendet wird;
3. Hochfrequenzhandel im Sinne des Artikels 3 Absatz 1 Nummer 33 dieser Verordnung ist eine hochfrequente algorithmische Handelstechnik, die gekennzeichnet ist durch die Nutzung von Infrastrukturen, die darauf abzielen, Latenzzeiten zu minimieren, durch die Entscheidung des Systems über die Einleitung, das Erzeugen, das Weiterleiten oder die Ausführung eines Auftrags ohne menschliche Intervention für einzelne Geschäfte oder Aufträge und durch ein hohes untertägiges Mitteilungsaufkommen in Form von Aufträgen, Quotes oder Stornierungen.

§ 136 Übergangsregelung zum CSR-Richtlinie-Umsetzungsgesetz

[1]Die §§ 37w und 37y in der Fassung des CSR-Richtlinie-Umsetzungsgesetzes vom 11. April 2017 (BGBl. I S. 802) sind erstmals auf Lageberichte und Konzernlageberichte anzuwenden, die sich auf ein nach dem 31. Dezember 2016 beginnendes Geschäftsjahr beziehen. [2]Auf Lage- und Konzernlageberichte, die sich auf vor dem 1. Januar 2017 beginnende Geschäftsjahre beziehen, bleiben die §§ 37w und 37y in der bis zum 18. April 2017 geltenden Fassung anwendbar.

§ 137 Übergangsvorschrift für Verstöße gegen die §§ 38 und 39 in der bis zum Ablauf des 1. Juli 2016 geltenden Fassung dieses Gesetzes

(1) Straftaten nach § 38 in der bis zum Ablauf des 1. Juli 2016 geltenden Fassung werden abweichend von § 2 Absatz 3 des Strafgesetzbuches nach den zum Zeitpunkt der Tat geltenden Bestimmungen geahndet.

(2) Ordnungswidrigkeiten nach § 39 in der bis zum Ablauf des 1. Juli 2016 geltenden Fassung können abweichend von § 4 Absatz 3 des Gesetzes über Ordnungswidrigkeiten nach den zum Zeitpunkt der Tat geltenden Bestimmungen geahndet werden.

§ 138 Übergangsvorschrift zur Richtlinie 2014/65/EU über Märkte für Finanzinstrumente

(1) C.6-Energiederivatkontrakte, die von einer nichtfinanziellen Gegenpartei im Sinne von Artikel 10 Absatz 1 der Verordnung (EU) Nr. 648/2012 oder von nichtfinanziellen Gegenparteien, die nach dem 3. Januar 2018 erstmals als Wertpapierdienstleistungsunternehmen zugelassen worden sind, eingegangen werden, unterliegen bis zum 3. Januar 2021 weder der Clearing-Pflicht nach Artikel 4 der Verordnung (EU) Nr. 648/2012 noch den Risikominderungstechniken nach Artikel 11 Absatz 3 der vorgenannten Verordnung.

(2) C.6-Energiederivatkontrakte gelten bis zum 3. Januar 2021 nicht als OTC-Derivatkontrakte für die Zwecke des Clearing-Schwellenwerts nach Artikel 10 Absatz 1 der Verordnung (EU) Nr. 648/2012.

(3) C.6-Energiederivatkontrakte unterliegen allen übrigen Anforderungen der Verordnung (EU) Nr. 648/2012.

(4) C.6-Energiederivatkontrakt im Sinne dieser Vorschrift ist eine Option, ein Terminkontrakt (Future), ein Swap oder ein anderer in Anhang I Abschnitt C Nummer 6 der Richtlinie 2014/65/EU, in der jeweils geltenden Fassung, genannter Derivatkontrakt in Bezug auf Kohle oder Öl, der an einem organisierten Handelssystem gehandelt werden und effektiv geliefert werden muss.

(5) [1]Die Ausnahmen nach den Absätzen 1 und 2 sind bei der Bundesanstalt zu beantragen. [2]Die Bundesanstalt teilt der Europäischen Wertpapier- und Marktaufsichtsbehörde mit, für welche C.6-Energiederivatkontrakte Ausnahmen nach den Absätzen 1 und 2 gewährt worden sind.

§ 139 [1)] Übergangsvorschriften zum Gesetz zur weiteren Ausführung der EU-Prospektverordnung und zur Änderung von Finanzmarktgesetzen

(1) § 76 Absatz 1 Satz 1 Nummer 3 in der bis zum 20. Juli 2019 geltenden Fassung findet weiterhin Anwendung für den Fall eines Prospekts, der nach dem Wertpapierprospektgesetz in der bis zum 20. Juli 2019 geltenden Fassung gebilligt wurde, solange dieser Prospekt Gültigkeit hat.

(2) Hat ein Kreditinstitut vor dem 21. Juli 2019 Schuldtitel begeben, bei denen es nach dem Wertpapierprospektgesetz in der bis zum 20. Juli 2019 geltenden Fassung nicht zur Veröffentlichung eines Prospekts verpflichtet war, findet insoweit § 118 Absatz 2 in der bis zum 20. Juli 2019 geltenden Fassung weiterhin Anwendung.

1) § 139 angefügt durch Gesetz vom 8.7.2019 (BGBl. I S. 1002).

10a. Wertpapiererwerbs- und Übernahmegesetz (WpÜG)

Vom 20. Dezember 2001
(BGBl. I S. 3822)

zuletzt geändert durch Gesetz vom 12.12.2019 (BGBl. I S. 2602)

Abschnitt 1 Allgemeine Vorschriften

§ 1 Anwendungsbereich

(1) Dieses Gesetz ist anzuwenden auf Angebote zum Erwerb von Wertpapieren, die von einer Zielgesellschaft ausgegeben wurden und zum Handel an einem organisierten Markt zugelassen sind.

(2) Auf Übernahme- und Pflichtangebote zum Erwerb von Aktien einer Zielgesellschaft im Sinne des § 2 Abs. 3 Nr. 1, deren stimmberechtigte Aktien nicht im Inland, jedoch in einem anderen Staat des Europäischen Wirtschaftsraums zum Handel an einem organisierten Markt zugelassen sind, ist dieses Gesetz nur anzuwenden, soweit es die Kontrolle, die Verpflichtung zur Abgabe eines Angebots und hiervon abweichende Regelungen, die Unterrichtung der Arbeitnehmer der Zielgesellschaft oder des Bieters, Handlungen des Vorstands der Zielgesellschaft, durch die der Erfolg eines Angebots verhindert werden könnte, oder andere gesellschaftsrechtliche Fragen regelt.

(3) [1]Auf Angebote zum Erwerb von Wertpapieren einer Zielgesellschaft im Sinne des § 2 Abs. 3 Nr. 2 ist dieses Gesetz vorbehaltlich § 11a nur unter folgenden Voraussetzungen anzuwenden:

1. es handelt sich um ein europäisches Angebot zum Erwerb stimmberechtigter Wertpapiere, und
2. a) die stimmberechtigten Wertpapiere sind nur im Inland zum Handel an einem organisierten Markt zugelassen, oder
   b) die stimmberechtigten Wertpapiere sind sowohl im Inland als auch in einem anderen Staat des Europäischen Wirtschaftsraums, jedoch nicht in dem Staat, in dem die Zielgesellschaft ihren Sitz hat, zum Handel an einem organisierten Markt zugelassen, und
      aa) die Zulassung erfolgte zuerst zum Handel an einem organisierten Markt im Inland, oder
      bb) die Zulassungen erfolgten gleichzeitig, und die Zielgesellschaft hat sich für die Bundesanstalt für Finanzdienstleistungsaufsicht (Bundesanstalt) als zuständige Aufsichtsbehörde entschieden.

[2]Liegen die in Satz 1 genannten Voraussetzungen vor, ist dieses Gesetz nur anzuwenden, soweit es Fragen der Gegenleistung, des Inhalts der Angebotsunterlage und des Angebotsverfahrens regelt.

(4) Das Bundesministerium der Finanzen wird ermächtigt, durch Rechtverordnung, die nicht der Zustimmung des Bundesrates bedarf, nähere Bestimmungen darüber, in welchem Umfang Vorschriften dieses Gesetzes in den Fällen des Absatzes 2 und des Absatzes 3 anwendbar sind, zu erlassen.

(5) [1]Eine Zielgesellschaft im Sinne des § 2 Abs. 3 Nr. 2, deren stimmberechtigte Wertpapiere gleichzeitig im Inland und in einem anderen Staat des Europäischen Wirtschaftsraums, jedoch nicht in dem Staat, in dem sie ihren Sitz hat, zum Handel an einem organisierten Markt zugelassen worden sind, hat zu entscheiden, welche der betroffenen

Aufsichtsstellen für die Beaufsichtigung eines europäischen Angebots zum Erwerb stimmberechtigter Wertpapiere zuständig sein soll. [2]Sie hat ihre Entscheidung der Bundesanstalt mitzuteilen und zu veröffentlichen. [3]Das Bundesministerium der Finanzen wird ermächtigt, durch Rechtsverordnung, die nicht der Zustimmung des Bundesrates bedarf, nähere Bestimmungen über den Zeitpunkt sowie Inhalt und Form der Mitteilung und der Veröffentlichung nach Satz 2 zu erlassen. [4]Das Bundesministerium der Finanzen kann die Ermächtigung durch Rechtsverordnung auf die Bundesanstalt übertragen.

§ 2 Begriffsbestimmungen

(1) Angebote sind freiwillige oder auf Grund einer Verpflichtung nach diesem Gesetz erfolgende öffentliche Kauf- oder Tauschangebote zum Erwerb von Wertpapieren einer Zielgesellschaft.

(1a) Europäische Angebote sind Angebote zum Erwerb von Wertpapieren einer Zielgesellschaft im Sinne des Absatzes 3 Nr. 2, die nach dem Recht des Staates des Europäischen Wirtschaftsraums, in dem die Zielgesellschaft ihren Sitz hat, als Angebote im Sinne des Artikels 2 Abs. 1 Buchstabe a der Richtlinie 2004/ 25/EG des Europäischen Parlaments und des Rates vom 21. April 2004 betreffend Übernahmeangebote (ABl. EU Nr. L 142 S. 12) gelten.

(2) Wertpapiere sind, auch wenn für sie keine Urkunden ausgestellt sind,

1. Aktien, mit diesen vergleichbare Wertpapiere und Zertifikate, die Aktien vertreten,
2. andere Wertpapiere, die den Erwerb von Aktien, mit diesen vergleichbaren Wertpapieren oder Zertifikaten, die Aktien vertreten, zum Gegenstand haben.

(3) Zielgesellschaften sind

1. Aktiengesellschaften oder Kommanditgesellschaften auf Aktien mit Sitz im Inland und
2. Gesellschaften mit Sitz in einem anderen Staat des Europäischen Wirtschaftsraums.

(4) Bieter sind natürliche oder juristische Personen oder Personengesellschaften, die allein oder gemeinsam mit anderen Personen ein Angebot abgeben, ein solches beabsichtigen oder zur Abgabe verpflichtet sind.

(5) [1]Gemeinsam handelnde Personen sind natürliche oder juristische Personen, die ihr Verhalten im Hinblick auf ihren Erwerb von Wertpapieren der Zielgesellschaft oder ihre Ausübung von Stimmrechten aus Aktien der Zielgesellschaft mit dem Bieter auf Grund einer Vereinbarung oder in sonstiger Weise abstimmen. [2]Mit der Zielgesellschaft gemeinsam handelnde Personen sind natürliche oder juristische Personen, die Handlungen zur Verhinderung eines Übernahme- oder Pflichtangebots mit der Zielgesellschaft auf Grund einer Vereinbarung oder in sonstiger Weise abstimmen. [3]Tochterunternehmen gelten mit der sie kontrollierenden Person und untereinander als gemeinsam handelnde Personen.

(6) Tochterunternehmen sind Unternehmen, die als Tochterunternehmen im Sinne des § 290 des Handelsgesetzbuchs gelten oder auf die ein beherrschender Einfluss ausgeübt werden kann, ohne dass es auf die Rechtsform oder den Sitz ankommt.

(7) Organisierter Markt sind der regulierte Markt an einer Börse im Inland und der geregelte Markt im Sinne des Artikels 4 Abs. 1 Nr. 14 der Richtlinie 2004/39/EG des Europäischen Parlaments und des Rates vom 21. April 2004 über Märkte für Finanzinstrumente, zur Änderung der Richtlinien 85/611/EWG und 93/6/EWG des Rates und der Richtlinie 2000/12/EG des Europäischen Parlaments und des Rates und zur Aufhebung der Richtlinie 93/22/EWG des Rates (ABl. EU Nr. L 145 S. 1) in einem anderen Staat des Europäischen Wirtschaftsraums.

(8) Der Europäische Wirtschaftsraum umfasst die Staaten der Europäischen Gemeinschaften sowie die Staaten des Abkommens über den Europäischen Wirtschaftsraum.

§ 3 Allgemeine Grundsätze

(1) Inhaber von Wertpapieren der Zielgesellschaft, die derselben Gattung angehören, sind gleich zu behandeln.

(2) Inhaber von Wertpapieren der Zielgesellschaft müssen über genügend Zeit und ausreichende Informationen verfügen, um in Kenntnis der Sachlage über das Angebot entscheiden zu können.

(3) Vorstand und Aufsichtsrat der Zielgesellschaft müssen im Interesse der Zielgesellschaft handeln.

(4) [1]Der Bieter und die Zielgesellschaft haben das Verfahren rasch durchzuführen. [2]Die Zielgesellschaft darf nicht über einen angemessenen Zeitraum hinaus in ihrer Geschäftstätigkeit behindert werden.

(5) Beim Handel mit Wertpapieren der Zielgesellschaft, der Bietergesellschaft oder anderer durch das Angebot betroffener Gesellschaften dürfen keine Marktverzerrungen geschaffen werden.

Abschnitt 2 Zuständigkeit der Bundesanstalt für Finanzdienstleistungsaufsicht

§ 4 Aufgaben und Befugnisse

(1) [1]Die Bundesanstalt übt die Aufsicht bei Angeboten nach den Vorschriften dieses Gesetzes aus. [2]Sie hat im Rahmen der ihr zugewiesenen Aufgaben Missständen entgegenzuwirken, welche die ordnungsmäßige Durchführung des Verfahrens beeinträchtigen oder erhebliche Nachteile für den Wertpapiermarkt bewirken können. [3]Die Bundesanstalt kann Anordnungen treffen, die geeignet und erforderlich sind, diese Missstände zu beseitigen oder zu verhindern.

(2) Die Bundesanstalt nimmt die ihr nach diesem Gesetz zugewiesenen Aufgaben und Befugnisse nur im öffentlichen Interesse wahr.

§ 5 Beirat

(1) [1]Bei der Bundesanstalt wird ein Beirat gebildet. [2]Der Beirat besteht aus

1. vier Vertretern der Emittenten,
2. je zwei Vertretern der institutionellen und der privaten Anleger,
3. drei Vertretern der Wertpapierdienstleistungsunternehmen im Sinne des § 2 Absatz 10 des Wertpapierhandelsgesetzes,
4. zwei Vertretern der Arbeitnehmer,
5. zwei Vertretern der Wissenschaft.

[3]Die Mitglieder des Beirates werden vom Bundesministerium der Finanzen für jeweils fünf Jahre bestellt; die Bestellung der in Satz 2 Nr. 1 bis 4 genannten Mitglieder erfolgt nach Anhörung der betroffenen Kreise. [4]Die Mitglieder des Beirates müssen fachlich besonders geeignet sein; insbesondere müssen sie über Kenntnisse über die Funktionsweise der Kapitalmärkte sowie über Kenntnisse auf dem Gebiet des Gesellschaftsrechts, des Bilanzwesens oder des Arbeitsrechts verfügen. [5]Die Mitglieder des Beirates verwalten ihr Amt als unentgeltliches Ehrenamt. [6]Für ihre Teilnahme an Sitzungen erhalten sie Tagegelder und Vergütung der Reisekosten nach festen Sätzen, die das Bundes-

ministerium der Finanzen bestimmt. [7]An den Sitzungen können Vertreter der Bundesministerien der Finanzen, der Justiz und für Verbraucherschutz sowie für Wirtschaft und Energie teilnehmen.

(2) [1]Das Bundesministerium der Finanzen kann durch Rechtsverordnung, die nicht der Zustimmung des Bundesrates bedarf, nähere Bestimmungen über die Zusammensetzung des Beirates, die Einzelheiten der Bestellung seiner Mitglieder, die vorzeitige Beendigung der Mitgliedschaft, das Verfahren und die Kosten erlassen. [2]Das Bundesministerium der Finanzen kann die Ermächtigung durch Rechtsverordnung auf die Bundesanstalt übertragen.

(3) [1]Der Beirat wirkt bei der Aufsicht mit. [2]Er berät die Bundesanstalt, insbesondere bei dem Erlass von Rechtsverordnungen für die Aufsichtstätigkeit der Bundesanstalt. [3]Er unterbreitet mit Zustimmung von zwei Dritteln seiner Mitglieder Vorschläge für die ehrenamtlichen Beisitzer des Widerspruchausschusses und deren Vertreter.

(4) Der Präsident der Bundesanstalt lädt zu den Sitzungen des Beirates ein. Die Sitzungen werden vom Präsidenten der Bundesanstalt oder einem von ihm beauftragten Exekutivdirektor oder Beamten geleitet.

(5) Der Beirat gibt sich eine Geschäftsordnung.

§ 6 Widerspruchsausschuss

(1) [1]Bei der Bundesanstalt wird ein Widerspruchsausschuss gebildet. [2]Dieser entscheidet über Widersprüche gegen Verfügungen der Bundesanstalt nach § 4 Abs. 1 Satz 3, § 10 Abs. 1 Satz 3, Abs. 2 Satz 3, § 15 Abs. 1 und 2, § 20 Abs. 1, § 24, § 28 Abs. 1, § 36 und § 37.

(2) Der Widerspruchsausschuss besteht aus

1. dem Präsidenten der Bundesanstalt oder einem von ihm beauftragten Exekutivdirektor oder Beamten, der die Befähigung zum Richteramt hat, als Vorsitzendem,
2. zwei vom Präsidenten der Bundesanstalt beauftragten Beamten als Beisitzern,
3. drei vom Präsidenten der Bundesanstalt bestellten ehrenamtlichen Beisitzern.

[2]Bei Stimmengleichheit entscheidet der Vorsitzende.

(3) Die ehrenamtlichen Beisitzer werden vom Präsidenten der Bundesanstalt für fünf Jahre als Mitglieder des Widerspruchsausschusses bestellt.

(4) [1]Das Bundesministerium der Finanzen kann durch Rechtsverordnung, die nicht der Zustimmung des Bundesrates bedarf, nähere Bestimmungen über das Verfahren, die Einzelheiten der Bestellung der ehrenamtlichen Beisitzer, die vorzeitige Beendigung und die Vertretung erlassen. [2]Das Bundesministerium der Finanzen kann die Ermächtigung durch Rechtsverordnung auf die Bundesanstalt übertragen.

§ 7[1)] Zusammenarbeit mit Aufsichtsbehörden im Inland

(1) [1]Das Bundeskartellamt und die Bundesanstalt haben einander die für die Erfüllung ihrer Aufgaben erforderlichen Informationen mitzuteilen. [2]Die Bundesanstalt übermittelt dem Bundesministerium für Wirtschaft und Energie die ihr nach § 10 Abs. 2 Satz 1 Nr. 3 und § 35 Abs. 1 Satz 4 mitgeteilten Informationen und auf Ersuchen dieser Behörde die ihr nach § 14 Abs. 1 Satz 1 oder § 35 Abs. 2 Satz 1 übermittelte Angebotsunterlage. [3]Bei der Übermittlung personenbezogener Daten ist § 25 Absatz 1 und 3 des Bundesdatenschutzgesetzes anzuwenden.

(2) Die Bundesanstalt kann sich bei der Durchführung ihrer Aufgaben nach diesem Gesetz privater Personen und Einrichtungen bedienen.

1) § 7 Abs. 1 Satz 3 neu gefasst durch Gesetz vom 20.11.2019 (BGBl. I S. 1626).

§ 8[1] Zusammenarbeit mit zuständigen Stellen im Ausland

(1) Der Bundesanstalt obliegt die Zusammenarbeit mit den für die Überwachung von Angeboten zum Erwerb von Wertpapieren, Börsen oder anderen Wertpapier- oder Derivatemärkten sowie den Handel in Wertpapieren und Derivaten zuständigen Stellen anderer Staaten.

(2) [1]Im Rahmen der Zusammenarbeit nach Absatz 1 darf die Bundesanstalt Tatsachen übermitteln, die für die Überwachung von Angeboten zum Erwerb von Wertpapieren oder damit zusammenhängender Verwaltungs- oder Gerichtsverfahren erforderlich sind; hierbei kann sie von ihren Befugnissen nach § 40 Abs. 1 und 2 Gebrauch machen. [2]Bei der Übermittlung personenbezogener Daten hat die Bundesanstalt den Zweck zu bestimmen, für den diese verarbeitet werden dürfen. [3]Der Empfänger ist darauf hinzuweisen, dass die Daten nur zu dem Zweck verarbeitet werden dürfen, zu dessen Erfüllung sie übermittelt wurden. [4]Eine Übermittlung unterbleibt, soweit Grund zu der Annahme besteht, dass durch sie gegen den Zweck eines deutschen Gesetzes verstoßen wird. [5]Die Übermittlung unterbleibt außerdem, wenn durch sie schutzwürdige Interessen der betroffenen Person beeinträchtigt würden, insbesondere wenn im Empfängerland ein angemessener Datenschutzstandard nicht gewährleistet wäre. [6]Die Übermittlung personenbezogener Daten an Drittländer und internationale Organisationen muss im Einklang mit Kapitel V der Verordnung (EU) 2016/679 des Europäischen Parlaments und des Rates vom 27. April 2016 zum Schutz natürlicher Personen bei der Verarbeitung personenbezogener Daten, zum freien Datenverkehr und zur Aufhebung der Richtlinie 95/46/EG (Datenschutz-Grundverordnung) (ABl. L 119 vom 4.5.2016, S. 1; L 314 vom 22.11.2016, S. 72; L 127 vom 23.5.2018, S. 2) in der jeweils geltenden Fassung und mit den sonstigen allgemeinen datenschutzrechtlichen Vorschriften stehen.

(3) [1]Werden der Bundesanstalt von einer Stelle eines anderen Staates personenbezogene Daten mitgeteilt, so dürfen diese nur unter Beachtung der Zweckbestimmung durch diese Stelle verarbeitet werden. [2]Die Bundesanstalt darf die Daten unter Beachtung der Zweckbestimmung den Börsenaufsichtsbehörden und den Handelsüberwachungsstellen der Börsen mitteilen.

(4) Die Regelungen über die internationale Rechtshilfe in Strafsachen bleiben unberührt.

§ 9 Verschwiegenheitspflicht

(1) [1]Die bei der Bundesanstalt und bei Einrichtungen nach § 7 Abs. 2 Beschäftigten, die Personen, derer sich die Bundesanstalt nach § 7 Abs. 2 bedient, sowie die Mitglieder des Beirates und Beisitzer des Widerspruchausschusses dürfen ihnen bei ihrer Tätigkeit bekannt gewordene Tatsachen, deren Geheimhaltung im Interesse eines nach diesem Gesetz Verpflichteten oder eines Dritten liegt, insbesondere Geschäfts- und Betriebsgeheimnisse, sowie personenbezogene Daten auch nach Beendigung ihres Dienstverhältnisses oder ihrer Tätigkeit nicht unbefugt offenbaren oder verwerten. [2]Dies gilt auch für andere Personen, die durch dienstliche Berichterstattung Kenntnis von den in Satz 1 bezeichneten Tatsachen erhalten. [3]Ein unbefugtes Offenbaren oder Verwerten im Sinne des Satzes 1 liegt insbesondere nicht vor, wenn Tatsachen weitergegeben werden an

1. Strafverfolgungsbehörden oder für Straf- und Bußgeldsachen zuständige Gerichte,
2. Stellen, die kraft Gesetzes oder im öffentlichen Auftrag mit der Bekämpfung von Wettbewerbsbeschränkungen, der Überwachung von Angeboten zum Erwerb von Wertpapieren oder der Überwachung von Börsen oder anderen Wertpapier- oder

---

1) § 8 geändert durch Gesetz vom 20.11.2019 (BGBl. I S. 1626).

Derivatemärkten, des Wertpapier- oder Derivatehandels, von Kreditinstituten, Finanzdienstleistungsinstituten, Investmentgesellschaften, Finanzunternehmen oder Versicherungsunternehmen betraut sind, sowie von solchen Stellen beauftragte Personen,

3. das Bundesministerium für Wirtschaft und Energie,

soweit die Tatsachen für die Erfüllung der Aufgaben dieser Stellen oder Personen erforderlich sind. [4]Für die bei den in Satz 3 genannten Stellen beschäftigten oder von ihnen beauftragten Personen gilt die Verschwiegenheitspflicht nach den Sätzen 1 bis 3 entsprechend. [5]An eine ausländische Stelle dürfen die Tatsachen nur weitergegeben werden, wenn diese Stelle und die von ihr beauftragten Personen einer den Sätzen 1 bis 3 entsprechenden Verschwiegenheitspflicht unterliegen.

(2) [1]Die §§ 93, 97 und 105 Absatz 1, § 111 Absatz 5 in Verbindung mit § 105 Absatz 1 sowie § 116 Absatz 1 der Abgabenordnung gelten für die in Absatz 1 Satz 1 und 2 bezeichneten Personen nur, soweit die Finanzbehörden die Kenntnisse für die Durchführung eines Verfahrens wegen einer Steuerstraftat sowie eines damit zusammenhängenden Besteuerungsverfahrens benötigen. [2]Die in Satz 1 genannten Vorschriften sind jedoch nicht anzuwenden, soweit Tatsachen betroffen sind,

1. die den in Absatz 1 Satz 1 oder Satz 2 bezeichneten Personen durch eine Stelle eines anderen Staates im Sinne von Absatz 1 Satz 3 Nummer 2 oder durch von dieser Stelle beauftragte Personen mitgeteilt worden sind oder
2. von denen bei der Bundesanstalt beschäftigte Personen dadurch Kenntnis erlangen, dass sie an der Aufsicht über direkt von der Europäischen Zentralbank beaufsichtigte Institute mitwirken, insbesondere in gemeinsamen Aufsichtsteams nach Artikel 2 Nummer 6 der Verordnung (EU) Nr. 468/2014 der Europäischen Zentralbank vom 16. April 2014 zur Einrichtung eines Rahmenwerks für die Zusammenarbeit zwischen der Europäischen Zentralbank und den nationalen zuständigen Behörden und den nationalen benannten Behörden innerhalb des einheitlichen Aufsichtsmechanismus (SSM-Rahmenverordnung) (EZB/2014/17) (ABl. L 141 vom 14.5.2014, S. 1), und die nach den Regeln der Europäischen Zentralbank geheim sind.

(3) Die Mitglieder des Beirates und die ehrenamtlichen Beisitzer des Widerspruchsausschusses sind nach dem Verpflichtungsgesetz vom 2. März 1974 (BGBl. I S. 469, 547), geändert durch § 1 Nr. 4 des Gesetzes vom 15. August 1974 (BGBl. I S. 1942), in der jeweils geltenden Fassung von der Bundesanstalt auf eine gewissenhafte Erfüllung ihrer Obliegenheiten zu verpflichten.

Abschnitt 3 Angebote zum Erwerb von Wertpapieren

§ 10 Veröffentlichung der Entscheidung zur Abgabe eines Angebots

(1) [1]Der Bieter hat seine Entscheidung zur Abgabe eines Angebots unverzüglich gemäß Absatz 3 Satz 1 zu veröffentlichen. [2]Die Verpflichtung nach Satz 1 besteht auch, wenn für die Entscheidung nach Satz 1 der Beschluss der Gesellschafterversammlung des Bieters erforderlich ist und ein solcher Beschluss noch nicht erfolgt ist. [3]Die Bundesanstalt kann dem Bieter auf Antrag abweichend von Satz 2 gestatten, eine Veröffentlichung erst nach dem Beschluss der Gesellschafterversammlung vorzunehmen, wenn der Bieter durch geeignete Vorkehrungen sicherstellt, dass dadurch Marktverzerrungen nicht zu befürchten sind.

(2) [1]Der Bieter hat die Entscheidung nach Absatz 1 Satz 1 vor der Veröffentlichung

1. den Geschäftsführungen der Börsen, an denen Wertpapiere des Bieters, der Zielgesellschaft und anderer durch das Angebot unmittelbar betroffener Gesellschaften zum Handel zugelassen sind,
2. den Geschäftsführungen der Börsen, an denen Derivate im Sinne des § 2 Absatz 3 des Wertpapierhandelsgesetzes gehandelt werden, sofern die Wertpapiere Gegenstand der Derivate sind,
3. der Bundesanstalt

mitzuteilen. [2]Die Geschäftsführungen dürfen die ihnen nach Satz 1 mitgeteilten Entscheidungen vor der Veröffentlichung nur zum Zwecke der Entscheidung verwenden, ob die Feststellung des Börsenpreises auszusetzen oder einzustellen ist. [3]Die Bundesanstalt kann gestatten, dass Bieter mit Wohnort oder Sitz im Ausland die Mitteilung nach Satz 1 gleichzeitig mit der Veröffentlichung vornehmen, wenn dadurch die Entscheidungen der Geschäftsführungen über die Aussetzung oder Einstellung der Feststellung des Börsenpreises nicht beeinträchtigt werden.

(3) [1]Die Veröffentlichung der Entscheidung nach Absatz 1 Satz 1 ist

1. durch Bekanntgabe im Internet und
2. über ein elektronisch betriebenes Informationsverbreitungssystem, das bei Kreditinstituten, Finanzdienstleistungsinstituten, nach § 53 Abs. 1 des Gesetzes über das Kreditwesen tätigen Unternehmen, anderen Unternehmen, die ihren Sitz im Inland haben und an einer inländischen Börse zur Teilnahme am Handel zugelassen sind, und Versicherungsunternehmen weit verbreitet ist,

in deutscher Sprache vorzunehmen. [2]Dabei hat der Bieter auch die Adresse anzugeben, unter der die Veröffentlichung der Angebotsunterlage im Internet nach § 14 Abs. 3 Satz 1 Nr. 1 erfolgen wird. [3]Eine Veröffentlichung in anderer Weise darf nicht vor der Veröffentlichung nach Satz 1 vorgenommen werden.

(4) [1]Der Bieter hat die Veröffentlichung nach Absatz 3 Satz 1 unverzüglich den Geschäftsführungen der in Absatz 2 Satz 1 Nr. 1 und 2 erfassten Börsen und der Bundesanstalt zu übersenden. [2]Dies gilt nicht, soweit die Bundesanstalt nach Absatz 2 Satz 3 gestattet hat, die Mitteilung nach Absatz 2 Satz 1 gleichzeitig mit der Veröffentlichung vorzunehmen.

(5) [1]Der Bieter hat dem Vorstand der Zielgesellschaft unverzüglich nach der Veröffentlichung nach Absatz 3 Satz 1 die Entscheidung zur Abgabe eines Angebots schriftlich mitzuteilen. [2]Der Vorstand der Zielgesellschaft unterrichtet den zuständigen Betriebsrat oder, sofern ein solcher nicht besteht, unmittelbar die Arbeitnehmer, unverzüglich über die Mitteilung nach Satz 1. [3]Der Bieter hat die Entscheidung zur Abgabe eines Angebots ebenso seinem zuständigen Betriebsrat oder, sofern ein solcher nicht besteht, unmittelbar den Arbeitnehmern unverzüglich nach der Veröffentlichung nach Absatz 3 Satz 1 mitzuteilen.

(6) Artikel 17 der Verordnung (EU) Nr. 596/2014 des Europäischen Parlaments und des Rates vom 16. April 2014 über Marktmissbrauch (Marktmissbrauchsverordnung) und zur Aufhebung der Richtlinie 2003/6/EG des Europäischen Parlaments und des Rates und der Richtlinien 2003/124/EG, 2003/125/EG und 2004/72/EG der Kommission (ABl. L 173 vom 12.6.2014, S. 1) in der jeweils geltenden Fassung gilt nicht für Entscheidungen zur Abgabe eines Angebots.

§ 11 Angebotsunterlage

(1) [1]Der Bieter hat eine Unterlage über das Angebot (Angebotsunterlage) zu erstellen und zu veröffentlichen. [2]Die Angebotsunterlage muss die Angaben enthalten, die notwendig sind, um in Kenntnis der Sachlage über das Angebot entscheiden zu können. [3]Die

Angaben müssen richtig und vollständig sein. [4]Die Angebotsunterlage ist in deutscher Sprache und in einer Form abzufassen, die ihr Verständnis und ihre Auswertung erleichtert. [5]Sie ist von dem Bieter zu unterzeichnen.

(2) [1]Die Angebotsunterlage hat den Inhalt des Angebots und ergänzende Angaben zu enthalten.

[2]Angaben über den Inhalt des Angebots sind

1. Name oder Firma und Anschrift oder Sitz sowie, wenn es sich um eine Gesellschaft handelt, die Rechtsform des Bieters,
2. Firma, Sitz und Rechtsform der Zielgesellschaft,
3. die Wertpapiere, die Gegenstand des Angebots sind,
4. Art und Höhe der für die Wertpapiere der Zielgesellschaft gebotenen Gegenleistung,

4a. die Höhe der für den Entzug von Rechten gebotenen Entschädigung nach § 33b Abs. 4,

5. die Bedingungen, von denen die Wirksamkeit des Angebots abhängt,
6. der Beginn und das Ende der Annahmefrist.

[3]Ergänzende Angaben sind

1. Angaben zu den notwendigen Maßnahmen, die sicherstellen, dass dem Bieter die zur vollständigen Erfüllung des Angebots notwendigen Mittel zu Verfügung stehen, und zu den erwarteten Auswirkungen eines erfolgreichen Angebots auf die Vermögens-, Finanz- und Ertragslage des Bieters,
2. Angaben über die Absichten des Bieters im Hinblick auf die künftige Geschäftstätigkeit der Zielgesellschaft sowie, soweit von dem Angebot betroffen, des Bieters, insbesondere den Sitz und den Standort wesentlicher Unternehmensteile, die Verwendung des Vermögens, künftige Verpflichtungen, die Arbeitnehmer und deren Vertretungen, die Mitglieder der Geschäftsführungsorgane und wesentliche Änderungen der Beschäftigungsbedingungen einschließlich der insoweit vorgesehenen Maßnahmen,
3. Angaben über Geldleistungen oder andere geldwerte Vorteile, die Vorstands- oder Aufsichtsratsmitgliedern der Zielgesellschaft gewährt oder in Aussicht gestellt werden,
4. die Bestätigung nach § 13 Abs. 1 Satz 2 unter Angabe von Firma, Sitz und Rechtsform des Wertpapierdienstleistungsunternehmens.

(3) Die Angebotsunterlage muss Namen und Anschrift, bei juristischen Personen oder Gesellschaften Firma, Sitz und Rechtsform, der Personen oder Gesellschaften aufführen, die für den Inhalt der Angebotsunterlage die Verantwortung übernehmen; sie muss eine Erklärung dieser Personen oder Gesellschaften enthalten, dass ihres Wissens die Angaben richtig und keine wesentlichen Umstände ausgelassen sind.

(4) Das Bundesministerium der Finanzen kann durch Rechtsverordnung, die nicht der Zustimmung des Bundesrates bedarf,

1. nähere Bestimmungen über die Gestaltung und die in die Angebotsunterlage aufzunehmenden Angaben erlassen und
2. weitere ergänzende Angaben vorschreiben, soweit dies notwendig ist, um den Empfängern des Angebots ein zutreffendes und vollständiges Urteil über den Bieter, die mit ihm gemeinsam handelnden Personen und das Angebot zu ermöglichen.

(5) Das Bundesministerium der Finanzen kann die Ermächtigung nach Absatz 4 durch Rechtsverordnung auf die Bundesanstalt übertragen.

§ 11a Europäischer Pass

Die von der zuständigen Aufsichtsstelle eines anderen Staates des Europäischen Wirtschaftsraums gebilligte Angebotsunterlage über ein europäisches Angebot zum Erwerb von Wertpapieren einer Zielgesellschaft im Sinne des § 2 Abs. 3 Nr. 2, deren Wertpapiere auch im Inland zum Handel an einem organisierten Markt zugelassen sind, wird im Inland ohne zusätzliches Billigungsverfahren anerkannt.

§ 12 Haftung für die Angebotsunterlage

(1) Sind für die Beurteilung des Angebots wesentliche Angaben der Angebotsunterlage unrichtig oder unvollständig, so kann derjenige, der das Angebot angenommen hat oder dessen Aktien dem Bieter nach § 39a übertragen worden sind,

1. von denjenigen, die für die Angebotsunterlage die Verantwortung übernommen haben, und
2. von denjenigen, von denen der Erlass der Angebotsunterlage ausgeht,

als Gesamtschuldnern den Ersatz des ihm aus der Annahme des Angebots oder Übertragung der Aktien entstandenen Schadens verlangen.

(2) Nach Absatz 1 kann nicht in Anspruch genommen werden, wer nachweist, dass er die Unrichtigkeit oder Unvollständigkeit der Angaben der Angebotsunterlage nicht gekannt hat und die Unkenntnis nicht auf grober Fahrlässigkeit beruht.

(3) Der Anspruch nach Absatz 1 besteht nicht, sofern

1. die Annahme des Angebots nicht auf Grund der Angebotsunterlage erfolgt ist,
2. derjenige, der das Angebot angenommen hat, die Unrichtigkeit oder Unvollständigkeit der Angaben der Angebotsunterlage bei der Abgabe der Annahmeerklärung kannte oder
3. vor der Annahme des Angebots in einer Veröffentlichung nach Artikel 17 der Verordnung (EU) Nr. 596/2014 oder einer vergleichbaren Bekanntmachung eine deutlich gestaltete Berichtigung der unrichtigen oder unvollständigen Angaben im Inland veröffentlicht wurde.

(4) Der Anspruch nach Absatz 1 verjährt in einem Jahr seit dem Zeitpunkt, zu dem derjenige, der das Angebot angenommen hat oder dessen Aktien dem Bieter nach § 39a übertragen worden sind, von der Unrichtigkeit oder Unvollständigkeit der Angaben der Angebotsunterlage Kenntnis erlangt hat, spätestens jedoch in drei Jahren seit der Veröffentlichung der Angebotsunterlage.

(5) Eine Vereinbarung, durch die der Anspruch nach Absatz 1 im Voraus ermäßigt oder erlassen wird, ist unwirksam.

(6) Weitergehende Ansprüche, die nach den Vorschriften des bürgerlichen Rechts auf Grund von Verträgen oder vorsätzlichen unerlaubten Handlungen erhoben werden können, bleiben unberührt.

§ 13 Finanzierung des Angebots

(1) [1]Der Bieter hat vor der Veröffentlichung der Angebotsunterlage die notwendigen Maßnahmen zu treffen, um sicherzustellen, dass ihm die zur vollständigen Erfüllung des Angebots notwendigen Mittel zum Zeitpunkt der Fälligkeit des Anspruchs auf die Gegenleistung zur Verfügung stehen. [2]Für den Fall, dass das Angebot als Gegenleistung die Zahlung einer Geldleistung vorsieht, ist durch ein vom Bieter unabhängiges Wertpapierdienstleistungsunternehmen schriftlich zu bestätigen, dass der Bieter die notwendigen Maßnahmen getroffen hat, um sicherzustellen, dass die zur vollständigen Erfüllung des Angebots notwendigen Mittel zum Zeitpunkt der Fälligkeit des Anspruchs auf die Geldleistung zur Verfügung stehen.

(2) Hat der Bieter die nach Absatz 1 Satz 2 notwendigen Maßnahmen nicht getroffen und stehen ihm zum Zeitpunkt der Fälligkeit des Anspruchs auf die Geldleistung aus diesem Grunde die notwendigen Mittel nicht zur Verfügung, so kann derjenige, der das Angebot angenommen hat, von dem Wertpapierdienstleistungsunternehmen, das die schriftliche Bestätigung erteilt hat, den Ersatz des ihm aus der nicht vollständigen Erfüllung entstandenen Schadens verlangen.

(3) § 12 Abs. 2 bis 6 gilt entsprechend.

§ 14 Übermittlung und Veröffentlichung der Angebotsunterlage

(1) [1]Der Bieter hat die Angebotsunterlage innerhalb von vier Wochen nach der Veröffentlichung der Entscheidung zur Abgabe eines Angebots der Bundesanstalt zu übermitteln. [2]Die Bundesanstalt bestätigt dem Bieter den Tag des Eingangs der Angebotsunterlage. [3]Die Bundesanstalt kann die Frist nach Satz 1 auf Antrag um bis zu vier Wochen verlängern, wenn dem Bieter die Einhaltung der Frist nach Satz 1 auf Grund eines grenzüberschreitenden Angebots oder erforderlicher Kapitalmaßnahmen nicht möglich ist.

(2) [1]Die Angebotsunterlage ist gemäß Absatz 3 Satz 1 unverzüglich zu veröffentlichen, wenn die Bundesanstalt die Veröffentlichung gestattet hat oder wenn seit dem Eingang der Angebotsunterlage zehn Werktage verstrichen sind, ohne dass die Bundesanstalt das Angebot untersagt hat. [2]Vor der Veröffentlichung nach Satz 1 darf die Angebotsunterlage nicht bekannt gegeben werden. [3]Die Bundesanstalt kann vor einer Untersagung des Angebots die Frist nach Satz 1 um bis zu fünf Werktage verlängern, wenn die Angebotsunterlage nicht vollständig ist oder sonst den Vorschriften dieses Gesetzes oder einer auf Grund dieses Gesetzes erlassenen Rechtsverordnung nicht entspricht.

(3) [1]Die Angebotsunterlage ist zu veröffentlichen durch

1. Bekanntgabe im Internet und
2. Bekanntgabe im Bundesanzeiger oder durch Bereithalten zur kostenlosen Ausgabe bei einer geeigneten Stelle im Inland; im letzteren Fall ist im Bundesanzeiger bekannt zu machen, bei welcher Stelle die Angebotsunterlage bereit gehalten wird und unter welcher Adresse die Veröffentlichung der Angebotsunterlage im Internet nach Nummer 1 erfolgt ist .

[2]Der Bieter hat der Bundesanstalt die Veröffentlichung nach Satz 1 Nr. 2 unverzüglich mitzuteilen.

(4) [1]Der Bieter hat die Angebotsunterlage dem Vorstand der Zielgesellschaft unverzüglich nach der Veröffentlichung nach Absatz 3 Satz 1 zu übermitteln. [2]Der Vorstand der Zielgesellschaft hat die Angebotsunterlage unverzüglich dem zuständigen Betriebsrat oder, sofern ein solcher nicht besteht, unmittelbar den Arbeitnehmern zu übermitteln. [3]Der Bieter hat die Angebotsunterlage ebenso seinem zuständigen Betriebsrat oder, sofern ein solcher nicht besteht, unmittelbar den Arbeitnehmern unverzüglich nach der Veröffentlichung nach Absatz 3 Satz 1 zu übermitteln.

§ 15[1)] Untersagung des Angebots

(1) Die Bundesanstalt untersagt das Angebot, wenn

1. die Angebotsunterlage nicht die Angaben enthält, die nach § 11 Abs. 2 oder einer auf Grund des § 11 Abs. 4 erlassenen Rechtsverordnung erforderlich sind,

1) § 15 geändert durch Gesetz vom 12.12.2019 (BGBl. I S. 2602).

2. die in der Angebotsunterlage enthaltenen Angaben offensichtlich gegen Vorschriften dieses Gesetzes oder einer auf Grund dieses Gesetzes erlassenen Rechtsverordnung verstoßen,
3. der Bieter entgegen § 14 Abs. 1 Satz 1 der Bundesanstalt keine Angebotsunterlage übermittelt,
4. der Bieter entgegen § 14 Abs. 2 Satz 1 die Angebotsunterlage nicht veröffentlicht hat oder
5. die Veröffentlichung der Angebotsunterlage gegen die Sperrfristen nach § 26 Absatz 1 oder 2 verstößt oder der Bieter entgegen § 26 Absatz 1 oder 2 die Entscheidung zur Veröffentlichung eines Angebots nach § 10 Absatz 3 Satz 1 veröffentlicht hat.

(2) Die Bundesanstalt kann das Angebot untersagen, wenn der Bieter die Veröffentlichung nicht in der in § 14 Abs. 3 Satz 1 vorgeschriebenen Form vornimmt.

(3) [1]Ist das Angebot nach Absatz 1 oder 2 untersagt worden, so ist die Veröffentlichung der Angebotsunterlage verboten. [2]Ein Rechtsgeschäft auf Grund eines nach Absatz 1 oder 2 untersagten Angebots ist nichtig.

§ 16 Annahmefristen; Einberufung der Hauptversammlung

(1) [1]Die Frist für die Annahme des Angebots (Annahmefrist) darf nicht weniger als vier Wochen und unbeschadet der Vorschriften des § 21 Abs. 5 und § 22 Abs. 2 nicht mehr als zehn Wochen betragen. [2]Die Annahmefrist beginnt mit der Veröffentlichung der Angebotsunterlage gemäß § 14 Abs. 3 Satz 1.

(2) [1]Bei einem Übernahmeangebot können die Aktionäre der Zielgesellschaft, die das Angebot nicht angenommen haben, das Angebot innerhalb von zwei Wochen nach der in § 23 Abs. 1 Satz 1 Nr. 2 genannten Veröffentlichung (weitere Annahmefrist) annehmen. [2]Satz 1 gilt nicht, wenn der Bieter das Angebot von dem Erwerb eines Mindestanteils der Aktien abhängig gemacht hat und dieser Mindestanteil nach Ablauf der Annahmefrist nicht erreicht wurde.

(3) [1]Wird im Zusammenhang mit dem Angebot nach der Veröffentlichung der Angebotsunterlage eine Hauptversammlung der Zielgesellschaft einberufen, beträgt die Annahmefrist unbeschadet der Vorschriften des § 21 Abs. 5 und § 22 Abs. 2 zehn Wochen ab der Veröffentlichung der Angebotsunterlage. [2]Der Vorstand der Zielgesellschaft hat die Einberufung der Hauptversammlung der Zielgesellschaft unverzüglich dem Bieter und der Bundesanstalt mitzuteilen. [3]Der Bieter hat die Mitteilung nach Satz 2 unter Angabe des Ablaufs der Annahmefrist unverzüglich im Bundesanzeiger zu veröffentlichen. [4]Er hat der Bundesanstalt unverzüglich die Veröffentlichung mitzuteilen.

(4) [1]Die Hauptversammlung nach Absatz 3 ist mindestens 14 Tage vor der Versammlung einzuberufen. [2]Der Tag der Einberufung ist nicht mitzurechnen. [3]§ 121 Abs. 7 des Aktiengesetzes gilt entsprechend. [4]Abweichend von § 121 Abs. 5 des Aktiengesetzes und etwaigen Bestimmungen der Satzung ist die Gesellschaft bei der Wahl des Versammlungsortes frei. [5]Wird die Frist des § 123 Abs. 1 des Aktiengesetzes unterschritten, so müssen zwischen Anmeldung und Versammlung mindestens vier Tage liegen und sind Mitteilungen nach § 125 Abs. 1 Satz 1 des Aktiengesetzes unverzüglich zu machen; § 121 Abs. 7, § 123 Abs. 2 Satz 4 und § 125 Abs. 1 Satz 2 des Aktiengesetzes gelten entsprechend. [6]Die Gesellschaft hat den Aktionären die Erteilung von Stimmrechtsvollmachten soweit nach Gesetz und Satzung möglich zu erleichtern. [7]Mitteilungen an die Aktionäre, ein Bericht nach § 186 Abs. 4 Satz 2 des Aktiengesetzes und fristgerecht eingereichte Anträge von Aktionären sind allen Aktionären zugänglich und in Kurzfassung bekannt zu machen. [8]Die Zusendung von Mitteilungen kann unterbleiben, wenn zur Überzeugung des Vorstands mit Zustimmung des Aufsichtsrats der rechtzeitige Eingang bei den Aktionären nicht wahrscheinlich ist.

§ 17 Unzulässigkeit der öffentlichen Aufforderung zur Abgabe von Angeboten

Eine öffentliche auf den Erwerb von Wertpapieren der Zielgesellschaft gerichtete Aufforderung des Bieters zur Abgabe von Angeboten durch die Inhaber der Wertpapiere ist unzulässig.

§ 18 Bedingungen; Unzulässigkeit des Vorbehalts des Rücktritts und des Widerrufs

(1) Ein Angebot darf vorbehaltlich § 25 nicht von Bedingungen abhängig gemacht werden, deren Eintritt der Bieter, mit ihm gemeinsam handelnde Personen oder deren Tochterunternehmen oder im Zusammenhang mit dem Angebot für diese Personen oder Unternehmen tätige Berater ausschließlich selbst herbeiführen können.

(2) Ein Angebot, das unter dem Vorbehalt des Widerrufs oder des Rücktritts abgegeben wird, ist unzulässig.

§ 19 Zuteilung bei einem Teilangebot

Ist bei einem Angebot, das auf den Erwerb nur eines bestimmten Anteils oder einer bestimmten Anzahl der Wertpapiere gerichtet ist, der Anteil oder die Anzahl der Wertpapiere, die der Bieter erwerben kann, höher als der Anteil oder die Anzahl der Wertpapiere, die der Bieter zu erwerben sich verpflichtet hat, so sind die Annahmeerklärungen grundsätzlich verhältnismäßig zu berücksichtigen.

§ 20 Handelsbestand

(1) Die Bundesanstalt lässt auf schriftlichen Antrag des Bieters zu, dass Wertpapiere der Zielgesellschaft bei den ergänzenden Angaben nach § 11 Abs. 4 Nr. 2, den Veröffentlichungspflichten nach § 23, der Berechnung des Stimmrechtsanteils nach § 29 Abs. 2 und der Bestimmung der Gegenleistung nach § 31 Abs. 1, 3 und 4 und der Geldleistung nach § 31 Abs. 5 unberücksichtigt bleiben.

(2) Ein Befreiungsantrag nach Absatz 1 kann gestellt werden, wenn der Bieter, die mit ihm gemeinsam handelnden Personen oder deren Tochterunternehmen

1. die betreffenden Wertpapiere halten oder zu halten beabsichtigen, um bestehende oder erwartete Unterschiede zwischen Erwerbspreis und dem Veräußerungspreis kurzfristig zu nutzen und
2. darlegen, dass mit dem Erwerb der Wertpapiere, soweit es sich um stimmberechtigte Aktien handelt, nicht beabsichtigt ist, auf die Geschäftsführung der Gesellschaft Einfluss zu nehmen.

(3) Stimmrechte aus Aktien, die auf Grund einer Befreiung nach Absatz 1 unberücksichtigt bleiben, können nicht ausgeübt werden, wenn im Falle ihrer Berücksichtigung ein Angebot als Übernahmeangebot abzugeben wäre oder eine Verpflichtung nach § 35 Abs. 1 Satz 1 und Abs. 2 Satz 1 bestünde.

(4) [1]Beabsichtigt der Bieter Wertpapiere, für die eine Befreiung nach Absatz 1 erteilt worden ist, nicht mehr zu den in Absatz 1 Nr. 1 genannten Zwecken zu halten oder auf die Geschäftsführung der Gesellschaft Einfluss zu nehmen, ist dies der Bundesanstalt unverzüglich mitzuteilen. [2]Die Bundesanstalt kann die Befreiung nach Absatz 1 außer nach den Vorschriften des Verwaltungsverfahrensgesetzes widerrufen, wenn die Verpflichtung nach Satz 1 nicht erfüllt worden ist.

§ 21 Änderung des Angebots

(1) [1]Der Bieter kann bis zu einem Werktag vor Ablauf der Annahmefrist

1. die Gegenleistung erhöhen,

2. wahlweise eine andere Gegenleistung anbieten,
3. den Mindestanteil oder die Mindestzahl der Wertpapiere oder den Mindestanteil der Stimmrechte, von dessen Erwerb der Bieter die Wirksamkeit seines Angebots abhängig gemacht hat, verringern oder
4. auf Bedingungen verzichten.

[2]Für die Wahrung der Frist nach Satz 1 ist auf die Veröffentlichung der Änderung nach Absatz 2 abzustellen.

(2) [1]Der Bieter hat die Änderung des Angebots unter Hinweis auf das Rücktrittsrecht nach Absatz 4 unverzüglich gemäß § 14 Abs. 3 Satz 1 zu veröffentlichen. [2]§ 14 Abs. 3 Satz 2 und Abs. 4 gilt entsprechend.

(3) § 11 Abs. 1 Satz 2 bis 5, Abs. 3, §§ 12, 13 und § 15 Abs. 1 Nr. 2 gelten entsprechend.

(4) Im Falle einer Änderung des Angebots können die Inhaber von Wertpapieren der Zielgesellschaft, die das Angebot vor Veröffentlichung der Änderung nach Absatz 2 angenommen haben, von dem Vertrag bis zum Ablauf der Annahmefrist zurücktreten.

(5) [1]Im Falle einer Änderung des Angebots verlängert sich die Annahmefrist um zwei Wochen, sofern die Veröffentlichung der Änderung innerhalb der letzten zwei Wochen vor Ablauf der Angebotsfrist erfolgt. [2]Dies gilt auch, falls das geänderte Angebot gegen Rechtsvorschriften verstößt.

(6) Eine erneute Änderung des Angebots innerhalb der in Absatz 5 genannten Frist von zwei Wochen ist unzulässig.

§ 22 Konkurrierende Angebote

(1) Konkurrierende Angebote sind Angebote, die während der Annahmefrist eines Angebots von einem Dritten abgegeben werden.

(2) [1]Läuft im Falle konkurrierender Angebote die Annahmefrist für das Angebot vor Ablauf der Annahmefrist für das konkurrierende Angebot ab, bestimmt sich der Ablauf der Annahmefrist für das Angebot nach dem Ablauf der Annahmefrist für das konkurrierende Angebot. [2]Dies gilt auch, falls das konkurrierende Angebot geändert oder untersagt wird oder gegen Rechtsvorschriften verstößt.

(3) Inhaber von Wertpapieren der Zielgesellschaft, die das Angebot angenommen haben, können bis zum Ablauf der Annahmefrist vom Vertrag zurücktreten, sofern der Vertragsschluss vor Veröffentlichung der Angebotsunterlage des konkurrierenden Angebots erfolgte.

§ 23 Veröffentlichungspflichten des Bieters nach Abgabe des Angebots

(1) [1]Der Bieter ist verpflichtet, die Anzahl sämtlicher ihm, den mit ihm gemeinsam handelnden Personen und deren Tochterunternehmen zustehenden Wertpapiere der Zielgesellschaft einschließlich der Höhe der jeweiligen Anteile und der ihm zustehenden und nach § 30 zuzurechnenden Stimmrechtsanteile und die Höhe der nach den §§ 38 und 39 des Wertpapierhandelsgesetzes mitzuteilenden Stimmrechtsanteile sowie die sich aus den ihm zugegangenen Annahmeerklärungen ergebende Anzahl der Wertpapiere, die Gegenstand des Angebots sind, einschließlich der Höhe der Wertpapier- und Stimmrechtsanteile

1. nach Veröffentlichung der Angebotsunterlage wöchentlich sowie in der letzten Woche vor Ablauf der Annahmefrist täglich,
2. unverzüglich nach Ablauf der Annahmefrist,
3. unverzüglich nach Ablauf der weiteren Annahmefrist und

4. unverzüglich nach Erreichen der für einen Ausschluss nach § 39a Abs. 1 und 2 erforderlichen Beteiligungshöhe

gemäß § 14 Abs. 3 Satz 1 zu veröffentlichen und der Bundesanstalt mitzuteilen. [2]§ 14 Abs. 3 Satz 2 und § 31 Abs. 6 gelten entsprechend.

(2) [1]Erwerben bei Übernahmeangeboten, bei denen der Bieter die Kontrolle über die Zielgesellschaft erlangt hat, und bei Pflichtangeboten der Bieter, mit ihm gemeinsam handelnde Personen oder deren Tochterunternehmen nach der Veröffentlichung der Angebotsunterlage und vor Ablauf eines Jahres nach der Veröffentlichung gemäß Absatz 1 Nr. 2 außerhalb des Angebotsverfahrens Aktien der Zielgesellschaft, so hat der Bieter die Höhe der erworbenen Aktien- und Stimmrechtsanteile unter Angabe der Art und Höhe der für jeden Anteil gewährten Gegenleistung unverzüglich gemäß § 14 Abs. 3 Satz 1 zu veröffentlichen und der Bundesanstalt mitzuteilen. [2]§ 31 Abs. 6 gilt entsprechend.

§ 24 Grenzüberschreitende Angebote

Hat der Bieter bei grenzüberschreitenden Angeboten zugleich die Vorschriften eines anderen Staates außerhalb des Europäischen Wirtschaftsraums einzuhalten und ist dem Bieter deshalb ein Angebot an alle Inhaber von Wertpapieren unzumutbar, kann die Bundesanstalt dem Bieter auf Antrag gestatten, bestimmte Inhaber von Wertpapieren mit Wohnsitz, Sitz oder gewöhnlichem Aufenthalt in dem Staat von dem Angebot auszunehmen.

§ 25 Beschluss der Gesellschafterversammlung des Bieters

Hat der Bieter das Angebot unter der Bedingung eines Beschlusses seiner Gesellschafterversammlung abgegeben, hat er den Beschluss unverzüglich, spätestens bis zum fünften Werktag vor Ablauf der Annahmefrist, herbeizuführen.

§ 26[1] Sperrfrist

(1) Ist ein Angebot nach § 15 Absatz 1 oder 2 untersagt worden, ist ein weiteres Angebot an die Aktionäre der Zielgesellschaft sowie die Veröffentlichung einer Entscheidung zur Abgabe eines solchen Angebots gemäß § 10 Absatz 3 Satz 1 vor Ablauf eines Jahres durch folgende Personen unzulässig:

1. den Bieter (des untersagten Angebots),
2. eine zum Zeitpunkt der Untersagung mit dem Bieter gemeinsam handelnde Person oder
3. eine Person, die zum Zeitpunkt der Veröffentlichung nach § 10 Absatz 3 Satz 1 gemeinsam mit dem Bieter oder einer Person nach Nummer 2 gemeinsam handelt.

(2) Hat der Bieter ein Angebot von dem Erwerb eines Mindestanteils der Wertpapiere abhängig gemacht und scheitert dieses Angebot, weil dieser Mindestanteil nach Ablauf der Annahmefrist nicht erreicht wurde, ist ein weiteres Angebot an die Aktionäre der Zielgesellschaft sowie die Veröffentlichung einer Entscheidung zur Abgabe eines solchen Angebots gemäß § 10 Absatz 3 Satz 1 vor Ablauf eines Jahres durch folgende Personen unzulässig:

1. den Bieter (des gescheiterten Angebots),
2. eine Person, die zwischen der Veröffentlichung des gescheiterten Angebots nach § 10 Absatz 3 Satz 1 und dem Ablauf der Annahmefrist mit dem Bieter gemeinsam handelte, oder
3. eine Person, die zum Zeitpunkt der Veröffentlichung nach § 10 Absatz 3 Satz 1 gemeinsam mit dem Bieter oder einer Person nach Nummer 2 gemeinsam handelt.

---

1) § 26 neu gefasst durch Gesetz vom 12.12.2019 (BGBl. I S. 2602).

(3) [1]Die Jahresfrist nach Absatz 1 beginnt mit dem Tag der Bekanntgabe des Untersagungsbescheides. [2]Die Jahresfrist nach Absatz 2 beginnt mit dem Tag nach Ablauf der Annahmefrist des gescheiterten Angebots.

(4) Die Absätze 1 und 2 gelten nicht, wenn der jeweilige Bieter zur Veröffentlichung nach § 35 Absatz 1 Satz 1 und zur Abgabe eines Angebots nach § 35 Absatz 2 Satz 1 verpflichtet ist.

(5) Die Bundesanstalt kann den jeweiligen Bieter auf schriftlichen Antrag von dem Verbot nach den Absätzen 1 oder 2 befreien, wenn die Zielgesellschaft der Befreiung zustimmt.

§ 27 Stellungnahme des Vorstands und Aufsichtsrats der Zielgesellschaft

(1) [1]Der Vorstand und der Aufsichtsrat der Zielgesellschaft haben eine begründete Stellungnahme zu dem Angebot sowie zu jeder seiner Änderungen abzugeben. [2]Die Stellungnahme muss insbesondere eingehen auf

1. die Art und Höhe der angebotenen Gegenleistung,
2. die voraussichtlichen Folgen eines erfolgreichen Angebots für die Zielgesellschaft, die Arbeitnehmer und ihre Vertretungen, die Beschäftigungsbedingungen und die Standorte der Zielgesellschaft,
3. die vom Bieter mit dem Angebot verfolgten Ziele,
4. die Absicht der Mitglieder des Vorstands und des Aufsichtsrats, soweit sie Inhaber von Wertpapieren der Zielgesellschaft sind, das Angebot anzunehmen.

(2) Übermitteln der zuständige Betriebsrat oder, sofern ein solcher nicht besteht, unmittelbar die Arbeitnehmer der Zielgesellschaft dem Vorstand eine Stellungnahme zu dem Angebot, hat der Vorstand unbeschadet seiner Verpflichtung nach Absatz 3 Satz 1 diese seiner Stellungnahme beizufügen.

(3) [1]Der Vorstand und der Aufsichtsrat der Zielgesellschaft haben die Stellungnahme unverzüglich nach Übermittlung der Angebotsunterlage und deren Änderungen durch den Bieter gemäß § 14 Abs. 3 Satz 1 zu veröffentlichen. [2]Sie haben die Stellungnahme gleichzeitig dem zuständigen Betriebsrat oder, sofern ein solcher nicht besteht, unmittelbar den Arbeitnehmern zu übermitteln. [3]Der Vorstand und der Aufsichtsrat der Zielgesellschaft haben der Bundesanstalt unverzüglich die Veröffentlichung gemäß § 14 Abs. 3 Satz 1 Nr. 2 mitzuteilen.

§ 28 Werbung

(1) Um Missständen bei der Werbung im Zusammenhang mit Angeboten zum Erwerb von Wertpapieren zu begegnen, kann die Bundesanstalt bestimmte Arten der Werbung untersagen.

(2) Vor allgemeinen Maßnahmen nach Absatz 1 ist der Beirat zu hören.

Abschnitt 4 Übernahmeangebote

§ 29 Begriffsbestimmungen

(1) Übernahmeangebote sind Angebote, die auf den Erwerb der Kontrolle gerichtet sind.

(2) [1]Kontrolle ist das Halten von mindestens 30 Prozent der Stimmrechte an der Zielgesellschaft aus dem Bieter gehörenden Aktien der Zielgesellschaft oder dem Bieter nach § 30 zugerechneten Stimmrechten an der Zielgesellschaft. [2]Stimmrechte aus Aktien, die zu einem von einer Kapitalverwaltungsgesellschaft verwalteten Sondervermögen gehören, das kein Spezialsondervermögen ist und dessen Vermögensgegenstände im Mit-

eigentum der Anleger stehen, gelten für die Anwendung von Satz 1 als Stimmrechte der Kapitalverwaltungsgesellschaft.

§ 30 Zurechnung von Stimmrechten; Verordnungsermächtigung

(1) [1]Stimmrechten des Bieters stehen Stimmrechte aus Aktien der Zielgesellschaft gleich,

1. die einem Tochterunternehmen des Bieters gehören,
2. die einem Dritten gehören und von ihm für Rechnung des Bieters gehalten werden,
3. die der Bieter einem Dritten als Sicherheit übertragen hat, es sei denn, der Dritte ist zur Ausübung der Stimmrechte aus diesen Aktien befugt und bekundet die Absicht, die Stimmrechte unabhängig von den Weisungen des Bieters auszuüben,
4. an denen zugunsten des Bieters ein Nießbrauch bestellt ist,
5. die der Bieter durch eine Willenserklärung erwerben kann,
6. die dem Bieter anvertraut sind oder aus denen er die Stimmrechte als Bevollmächtigter ausüben kann, sofern er die Stimmrechte aus diesen Aktien nach eigenem Ermessen ausüben kann, wenn keine besonderen Weisungen des Aktionärs vorliegen,
7. aus denen der Bieter die Stimmrechte auf Grund einer Vereinbarung, die eine zeitweilige Übertragung der Stimmrechte ohne die damit verbundenen Aktien gegen Gegenleistung vorsieht, ausüben kann,
8. die bei dem Bieter als Sicherheit verwahrt werden, sofern dieser die Stimmrechte hält und die Absicht bekundet, sie auszuüben.

[2]Für die Zurechnung nach Satz 1 Nummer 2 bis 8 stehen dem Bieter Tochterunternehmen des Bieters gleich. [3]Stimmrechte des Tochterunternehmens werden dem Bieter in voller Höhe zugerechnet.

(2) [1]Dem Bieter werden auch Stimmrechte eines Dritten aus Aktien der Zielgesellschaft in voller Höhe zugerechnet, mit dem der Bieter oder sein Tochterunternehmen sein Verhalten in Bezug auf die Zielgesellschaft auf Grund einer Vereinbarung oder in sonstiger Weise abstimmt; ausgenommen sind Vereinbarungen in Einzelfällen. [2]Ein abgestimmtes Verhalten setzt voraus, dass der Bieter oder sein Tochterunternehmen und der Dritte sich über die Ausübung von Stimmrechten verständigen oder mit dem Ziel einer dauerhaften und erheblichen Änderung der unternehmerischen Ausrichtung der Zielgesellschaft in sonstiger Weise zusammenwirken. [3]Für die Berechnung des Stimmrechtsanteils des Dritten gilt Absatz 1 entsprechend.

(3) Für die Zurechnung nach dieser Vorschrift gilt ein Wertpapierdienstleistungsunternehmen hinsichtlich der Beteiligungen, die von ihm im Rahmen einer Wertpapierdienstleistung nach § 2 Absatz 8 Satz 1 Nummer 7 des Wertpapierhandelsgesetzes verwaltet werden, unter den folgenden Voraussetzungen nicht als Tochterunternehmen im Sinne des § 2 Absatz 6:

1. das Wertpapierdienstleistungsunternehmen übt die Stimmrechte, die mit den betreffenden Aktien verbunden sind, unabhängig vom Bieter aus,
2. das Wertpapierdienstleistungsunternehmen
   a) darf die Stimmrechte nur aufgrund von in schriftlicher Form oder über elektronische Hilfsmittel erteilten Weisungen ausüben oder
   b) stellt durch geeignete Vorkehrungen sicher, dass die Finanzportfolioverwaltung unabhängig von anderen Dienstleistungen und unter Bedingungen erfolgt, die gleichwertig sind denen der Richtlinie 2009/65/EG des Europäischen Parlaments und des Rates vom 13. Juli 2009 zur Koordinierung der Rechts- und Verwal-

tungsvorschriften betreffend bestimmte Organismen für gemeinsame Anlagen in Wertpapieren (OGAW) (ABl. L 302 vom 17.11.2009, S. 32) in der jeweils geltenden Fassung,

3. der Bieter teilt der Bundesanstalt den Namen des Wertpapierdienstleistungsunternehmens und die für dessen Überwachung zuständige Behörde oder das Fehlen einer solchen Behörde mit und
4. der Bieter erklärt gegenüber der Bundesanstalt, dass die Voraussetzungen der Nummer 1 erfüllt sind.

(4) Für die Zurechnung nach dieser Vorschrift gelten Kapitalverwaltungsgesellschaften im Sinne des § 17 Absatz 1 des Kapitalanlagegesetzbuchs und EU-Verwaltungsgesellschaften im Sinne des § 1 Absatz 17 des Kapitalanlagegesetzbuchs hinsichtlich der Beteiligungen, die zu den von ihnen verwalteten Investmentvermögen gehören, unter den folgenden Voraussetzungen nicht als Tochterunternehmen im Sinne des § 2 Absatz 6:

1. die Verwaltungsgesellschaft übt ihre Stimmrechte unabhängig vom Bieter aus,
2. die zum verwalteten Investmentvermögen gehörenden Beteiligungen im Sinne der §§ 29 und 30 werden nach Maßgabe der Richtlinie 2009/65/EG des Europäischen Parlaments und des Rates vom 13. Juli 2009 zur Koordinierung der Rechts- und Verwaltungsvorschriften betreffend bestimmte Organismen für gemeinsame Anlagen in Wertpapieren (OGAW) (ABl. L 302 vom 17.11.2009, S. 32), die zuletzt durch die Richtlinie 2014/91/EU (ABl. L 257 vom 28.8.2014, S. 186) geändert worden ist, verwaltet,
3. das Mutterunternehmen teilt der Bundesanstalt den Namen dieser Verwaltungsgesellschaft und die für deren Überwachung zuständige Behörde oder das Fehlen einer solchen mit und
4. das Mutterunternehmen erklärt gegenüber der Bundesanstalt, dass die Voraussetzungen der Nummer 1 erfüllt sind.

(5) Ein Unternehmen mit Sitz in einem Drittstaat, das nach § 32 Absatz 1 Satz 1 in Verbindung mit § 1 Absatz 1a Satz 2 Nummer 3 des Kreditwesengesetzes einer Zulassung für die Finanzportfolioverwaltung oder einer Erlaubnis nach § 20 oder § 113 des Kapitalanlagegesetzbuchs bedürfte, wenn es seinen Sitz oder seine Hauptverwaltung im Inland hätte, gilt nicht als Tochterunternehmen im Sinne dieses Abschnitts, wenn

1. das Unternehmen bezüglich seiner Unabhängigkeit Anforderungen genügt, die denen nach Absatz 3 oder Absatz 4, auch in Verbindung mit einer Rechtsverordnung nach Absatz 7, jeweils gleichwertig sind,
2. der Bieter der Bundesanstalt den Namen dieses Unternehmens und die für dessen Überwachung zuständige Behörde oder das Fehlen einer solchen Behörde mitteilt und
3. der Bieter gegenüber der Bundesanstalt erklärt, dass die Voraussetzungen der Nummer 1 erfüllt sind.

(6) Abweichend von den Absätzen 3 bis 5 gelten Wertpapierdienstleistungsunternehmen und Verwaltungsgesellschaften jedoch dann als Tochterunternehmen im Sinne des § 2 Absatz 6, wenn

1. der Bieter oder ein anderes Tochterunternehmen des Bieters seinerseits Anteile an der von dem Unternehmen verwalteten Beteiligung hält und
2. das Unternehmen die Stimmrechte, die mit diesen Beteiligungen verbunden sind, nicht nach freiem Ermessen, sondern nur auf Grund unmittelbarer oder mittelbarer Weisungen ausüben kann, die ihm vom Bieter oder von einem anderen Tochterunternehmen des Bieters erteilt werden.

(7) Das Bundesministerium der Finanzen kann durch Rechtsverordnung, die nicht der Zustimmung des Bundesrates bedarf, nähere Bestimmungen erlassen über die Umstände, unter denen in den Fällen der Absätze 3 bis 6 eine Unabhängigkeit des Unternehmens vom Bieter gegeben ist.

§ 31 Gegenleistung

(1) [1]Der Bieter hat den Aktionären der Zielgesellschaft eine angemessene Gegenleistung anzubieten. [2]Bei der Bestimmung der angemessenen Gegenleistung sind grundsätzlich der durchschnittliche Börsenkurs der Aktien der Zielgesellschaft und Erwerbe von Aktien der Zielgesellschaft durch den Bieter, mit ihm gemeinsam handelnder Personen oder deren Tochterunternehmen zu berücksichtigen.

(2) [1]Die Gegenleistung hat in einer Geldleistung in Euro oder in liquiden Aktien zu bestehen, die zum Handel an einem organisierten Markt zugelassen sind. [2]Werden Inhabern stimmberechtigter Aktien als Gegenleistung Aktien angeboten, müssen diese Aktien ebenfalls ein Stimmrecht gewähren.

(3) Der Bieter hat den Aktionären der Zielgesellschaft eine Geldleistung in Euro anzubieten, wenn er, mit ihm gemeinsam handelnde Personen oder deren Tochterunternehmen in den sechs Monaten vor der Veröffentlichung gemäß § 10 Abs. 3 Satz 1 bis zum Ablauf der Annahmefrist insgesamt mindestens 5 Prozent der Aktien oder Stimmrechte an der Zielgesellschaft gegen Zahlung einer Geldleistung erworben haben.

(4) Erwerben der Bieter, mit ihm gemeinsam handelnde Personen oder deren Tochterunternehmen nach Veröffentlichung der Angebotsunterlage und vor der Veröffentlichung gemäß § 23 Abs. 1 Satz 1 Nr. 2 Aktien der Zielgesellschaft und wird hierfür wertmäßig eine höhere als die im Angebot genannte Gegenleistung gewährt oder vereinbart, erhöht sich die den Angebotsempfängern der jeweiligen Aktiengattung geschuldete Gegenleistung wertmäßig um den Unterschiedsbetrag.

(5) [1]Erwerben der Bieter, mit ihm gemeinsam handelnde Personen oder deren Tochterunternehmen innerhalb eines Jahres nach der Veröffentlichung gemäß § 23 Abs. 1 Satz 1 Nr. 2 außerhalb der Börse Aktien der Zielgesellschaft und wird hierfür wertmäßig eine höhere als die im Angebot genannte Gegenleistung gewährt oder vereinbart, ist der Bieter gegenüber den Inhabern der Aktien, die das Angebot angenommen haben, zur Zahlung einer Geldleistung in Euro in Höhe des Unterschiedsbetrages verpflichtet. [2]Satz 1 gilt nicht für den Erwerb von Aktien im Zusammenhang mit einer gesetzlichen Verpflichtung zur Gewährung einer Abfindung an Aktionäre der Zielgesellschaft und für den Erwerb des Vermögens oder von Teilen des Vermögens der Zielgesellschaft durch Verschmelzung, Spaltung oder Vermögensübertragung.

(6) [1]Dem Erwerb im Sinne der Absätze 3 bis 5 gleichgestellt sind Vereinbarungen, auf Grund derer die Übereignung von Aktien verlangt werden kann. [2]Als Erwerb gilt nicht die Ausübung eines gesetzlichen Bezugsrechts auf Grund einer Erhöhung des Grundkapitals der Zielgesellschaft.

(7) [1]Das Bundesministerium der Finanzen kann durch Rechtsverordnung, die nicht der Zustimmung des Bundesrates bedarf, nähere Bestimmungen über die Angemessenheit der Gegenleistung nach Absatz 1, insbesondere die Berücksichtigung des durchschnittlichen Börsenkurses der Aktien der Zielgesellschaft und der Erwerbe von Aktien der Zielgesellschaft durch den Bieter, mit ihm gemeinsam handelnder Personen oder deren Tochterunternehmen und die hierbei maßgeblichen Zeiträume sowie über Ausnahmen von dem in Absatz 1 Satz 2 genannten Grundsatz und die Ermittlung des Unterschiedsbetrages nach Absatz 4 und 5 erlassen. [2]Das Bundesministerium der Finanzen kann die Ermächtigung durch Rechtsverordnung auf die Bundesanstalt übertragen.

§ 32 Unzulässigkeit von Teilangeboten

Ein Übernahmeangebot, das sich nur auf einen Teil der Aktien der Zielgesellschaft erstreckt, ist unbeschadet der Vorschrift des § 24 unzulässig.

§ 33 Handlungen des Vorstands der Zielgesellschaft

(1) [1]Nach Veröffentlichung der Entscheidung zur Abgabe eines Angebots bis zur Veröffentlichung des Ergebnisses nach § 23 Abs. 1 Satz 1 Nr. 2 darf der Vorstand der Zielgesellschaft keine Handlungen vornehmen, durch die der Erfolg des Angebots verhindert werden könnte. [2]Dies gilt nicht für Handlungen, die auch ein ordentlicher und gewissenhafter Geschäftsleiter einer Gesellschaft, die nicht von einem Übernahmeangebot betroffen ist, vorgenommen hätte, für die Suche nach einem konkurrierenden Angebot sowie für Handlungen, denen der Aufsichtsrat der Zielgesellschaft zugestimmt hat.

(2) [1]Ermächtigt die Hauptversammlung den Vorstand vor dem in Absatz 1 Satz 1 genannten Zeitraum zur Vornahme von Handlungen, die in die Zuständigkeit der Hauptversammlung fallen, um den Erfolg von Übernahmeangeboten zu verhindern, sind diese Handlungen in der Ermächtigung der Art nach zu bestimmen. [2]Die Ermächtigung kann für höchstens 18 Monate erteilt werden. [3]Der Beschluss der Hauptversammlung bedarf einer Mehrheit, die mindestens drei Viertel des bei der Beschlussfassung vertretenen Grundkapitals umfasst; die Satzung kann eine größere Kapitalmehrheit und weitere Erfordernisse bestimmen. [4]Handlungen des Vorstands auf Grund einer Ermächtigung nach Satz 1 bedürfen der Zustimmung des Aufsichtsrats.

(3) *(aufgehoben)*

§ 33a Europäisches Verhinderungsverbot

(1) [1]Die Satzung einer Zielgesellschaft kann vorsehen, dass § 33 keine Anwendung findet. [2]In diesem Fall gelten die Bestimmungen des Absatzes 2.

(2) [1]Nach Veröffentlichung der Entscheidung zur Abgabe eines Angebots bis zur Veröffentlichung des Ergebnisses nach § 23 Abs. 1 Satz 1 Nr. 2 dürfen Vorstand und Aufsichtsrat der Zielgesellschaft keine Handlungen vornehmen, durch die der Erfolg des Angebots verhindert werden könnte. [2]Dies gilt nicht für

1. Handlungen, zu denen die Hauptversammlung den Vorstand oder Aufsichtsrat nach Veröffentlichung der Entscheidung zur Abgabe eines Angebots ermächtigt hat,
2. Handlungen innerhalb des normalen Geschäftsbetriebs,
3. Handlungen außerhalb des normalen Geschäftsbetriebs, sofern sie der Umsetzung von Entscheidungen dienen, die vor der Veröffentlichung der Entscheidung zur Abgabe eines Angebots gefasst und teilweise umgesetzt wurden, und
4. die Suche nach einem konkurrierenden Angebot.

(3) Der Vorstand der Zielgesellschaft hat die Bundesanstalt sowie die Aufsichtsstellen der Staaten des Europäischen Wirtschaftsraums, in denen Wertpapiere der Gesellschaft zum Handel an einem organisierten Markt zugelassen sind, unverzüglich davon zu unterrichten, dass die Zielgesellschaft eine Satzungsbestimmung nach Absatz 1 Satz 1 beschlossen hat.

§ 33b Europäische Durchbrechungsregel

(1) Die Satzung einer Zielgesellschaft kann vorsehen, dass Absatz 2 Anwendung findet.

(2) [1]Nach Veröffentlichung der Angebotsunterlage nach §14 Abs. 3 Satz 1 gelten die folgenden Bestimmungen:

1. während der Annahmefrist eines Übernahmeangebots gelten satzungsmäßige, zwischen der Zielgesellschaft und Aktionären oder zwischen Aktionären vereinbarte Übertragungsbeschränkungen von Aktien nicht gegenüber dem Bieter,
2. während der Annahmefrist eines Übernahmeangebots entfalten in einer Hauptversammlung, die über Abwehrmaßnahmen beschließt, Stimmbindungsverträge keine Wirkung und Mehrstimmrechtsaktien berechtigen zu nur einer Stimme und
3. in der ersten Hauptversammlung, die auf Verlangen des Bieters einberufen wird, um die Satzung zu ändern oder über die Besetzung der Leitungsorgane der Gesellschaft zu entscheiden, entfalten, sofern der Bieter nach dem Angebot über mindestens 75 Prozent der Stimmrechte der Zielgesellschaft verfügt, Stimmbindungsverträge sowie Entsendungsrechte keine Wirkung und Mehrstimmrechtsaktien berechtigen zu nur einer Stimme.

[2]Satz 1 gilt nicht für Vorzugsaktien ohne Stimmrecht sowie für vor dem 22. April 2004 zwischen der Zielgesellschaft und Aktionären oder zwischen Aktionären vereinbarten Übertragungsbeschränkungen und Stimmbindungen.

(3) Der Vorstand der Zielgesellschaft hat die Bundesanstalt sowie die Aufsichtsstellen der Staaten des Europäischen Wirtschaftsraums, in denen Wertpapiere der Gesellschaft zum Handel an einem organisierten Markt zugelassen sind, unverzüglich davon zu unterrichten, dass die Zielgesellschaft eine Satzungsbestimmung nach Absatz 1 beschlossen hat.

(4) Für die Einberufung und Durchführung der Hauptversammlung im Sinne des Absatzes 2 Satz 1 Nr. 3 gilt § 16 Abs. 4 entsprechend.

(5) [1]Werden Rechte auf der Grundlage des Absatzes 1 entzogen, ist der Bieter zu einer angemessenen Entschädigung in Geld verpflichtet, soweit diese Rechte vor der Veröffentlichung der Entscheidung zur Abgabe des Angebots nach § 10 Abs. 1 Satz 1 begründet wurden und der Zielgesellschaft bekannt sind. [2]Der Anspruch auf Entschädigung nach Satz 1 kann nur bis zum Ablauf von zwei Monaten seit dem Entzug der Rechte gerichtlich geltend gemacht werden.

§ 33c Vorbehalt der Gegenseitigkeit

(1) Die Hauptversammlung einer Zielgesellschaft, deren Satzung die Anwendbarkeit des § 33 ausschließt, kann beschließen, dass § 33 gilt, wenn der Bieter oder ein ihn beherrschendes Unternehmen einer dem § 33a Abs. 2 entsprechenden Regelung nicht unterliegt.

(2) Die Hauptversammlung einer Zielgesellschaft, deren Satzung eine Bestimmung nach § 33b Abs. 1 enthält, kann beschließen, dass diese Bestimmung keine Anwendung findet, wenn der Bieter oder ein ihn beherrschendes Unternehmen einer dieser Bestimmung entsprechenden Regelung nicht unterliegt.

(3) [1]Der Vorbehalt der Gegenseitigkeit gemäß den Absätzen 1 und 2 kann in einem Beschluss gefasst werden. [2]Der Beschluss der Hauptversammlung gilt für höchstens 18 Monate. [3]Der Vorstand der Zielgesellschaft hat die Bundesanstalt und die Aufsichtsstellen der Staaten des Europäischen Wirtschaftsraums, in denen stimmberechtigte Aktien der Gesellschaft zum Handel an einem organisierten Markt zugelassen sind, unverzüglich von der Ermächtigung zu unterrichten. [4]Die Ermächtigung ist unverzüglich auf der Internetseite der Zielgesellschaft zu veröffentlichen.

§ 33d Verbot der Gewährung ungerechtfertigter Leistungen

Dem Bieter und mit ihm gemeinsam handelnden Personen ist es verboten, Vorstands- oder Aufsichtsratsmitgliedern der Zielgesellschaft im Zusammenhang mit dem Angebot ungerechtfertigte Geldleistungen oder andere ungerechtfertigte geldwerte Vorteile zu gewähren oder in Aussicht zu stellen.

§ 34 Anwendung der Vorschriften des Abschnitts 3

Für Übernahmeangebote gelten die Vorschriften des Abschnitts 3, soweit sich aus den vorstehenden Vorschriften nichts anderes ergibt.

Abschnitt 5 Pflichtangebote

§ 35 Verpflichtung zur Veröffentlichung und zur Abgabe eines Angebots

(1) [1]Wer unmittelbar oder mittelbar die Kontrolle über eine Zielgesellschaft erlangt, hat dies unter Angabe der Höhe seines Stimmrechtsanteils unverzüglich, spätestens innerhalb von sieben Kalendertagen, gemäß § 10 Abs. 3 Satz 1 und 2 zu veröffentlichen. [2]Die Frist beginnt mit dem Zeitpunkt, zu dem der Bieter Kenntnis davon hat, oder nach den Umständen haben musste, dass er die Kontrolle über die Zielgesellschaft erlangt hat. [3]In der Veröffentlichung sind die nach § 30 zuzurechnenden Stimmrechte für jeden Zurechnungstatbestand getrennt anzugeben. [4]§ 10 Abs. 2, 3 Satz 3 und Abs. 4 bis 6 gilt entsprechend.

(2) [1]Der Bieter hat innerhalb von vier Wochen nach der Veröffentlichung der Erlangung der Kontrolle über eine Zielgesellschaft der Bundesanstalt eine Angebotsunterlage zu übermitteln und nach § 14 Abs. 2 Satz 1 ein Angebot zu veröffentlichen. [2]§ 14 Abs. 2 Satz 2, Abs. 3 und 4 gilt entsprechend. [3]Ausgenommen von der Verpflichtung nach Satz 1 sind eigene Aktien der Zielgesellschaft, Aktien der Zielgesellschaft, die einem abhängigen oder im Mehrheitsbesitz stehenden Unternehmen der Zielgesellschaft gehören, und Aktien der Zielgesellschaft, die einem Dritten gehören, jedoch für Rechnung der Zielgesellschaft, eines abhängigen oder eines im Mehrheitsbesitz stehenden Unternehmen der Zielgesellschaft gehalten werden.

(3) Wird die Kontrolle über die Zielgesellschaft auf Grund eines Übernahmeangebots erworben, besteht keine Verpflichtung nach Absatz 1 Satz 1 und Absatz 2 Satz 1.

§ 36 Nichtberücksichtigung von Stimmrechten

Die Bundesanstalt lässt auf schriftlichen Antrag zu, dass Stimmrechte aus Aktien der Zielgesellschaft bei der Berechnung des Stimmrechtsanteils unberücksichtigt bleiben, wenn die Aktien erlangt wurden durch

1. Erbgang, Erbauseinandersetzung oder unentgeltliche Zuwendung unter Ehegatten, Lebenspartnern oder Verwandten in gerader Linie und bis zum dritten Grade oder durch Vermögensauseinandersetzung aus Anlass der Auflösung einer Ehe oder Lebenspartnerschaft,
2. Rechtsformwechsel oder
3. Umstrukturierungen innerhalb eines Konzerns.

§ 37 Befreiung von der Verpflichtung zur Veröffentlichung und zur Abgabe eines Angebots

(1) Die Bundesanstalt kann auf schriftlichen Antrag den Bieter von den Verpflichtungen nach § 35 Abs. 1 Satz 1 und Abs. 2 Satz 1 befreien, sofern dies im Hinblick auf die Art der Erlangung, die mit der Erlangung der Kontrolle beabsichtigte Zielsetzung, ein nach der Erlangung der Kontrolle erfolgendes Unterschreiten der Kontrollschwelle, die Beteiligungsverhältnisse an der Zielgesellschaft oder die tatsächliche Möglichkeit zur Ausübung der Kontrolle unter Berücksichtigung der Interessen des Antragstellers und der Inhaber der Aktien der Zielgesellschaft gerechtfertigt erscheint.

(2) [1]Das Bundesministerium der Finanzen kann durch Rechtsverordnung, die nicht der Zustimmung des Bundesrates bedarf, nähere Bestimmungen über die Befreiung von den Verpflichtungen nach § 35 Abs. 1 Satz 1, Abs. 2 Satz 1 erlassen. [2]Das Bundesministerium der Finanzen kann die Ermächtigung durch Rechtsverordnung auf die Bundesanstalt übertragen.

§ 38 Anspruch auf Zinsen

Der Bieter ist den Aktionären der Zielgesellschaft für die Dauer des Verstoßes zur Zahlung von Zinsen auf die Gegenleistung in Höhe von fünf Prozentpunkten auf das Jahr über dem jeweiligen Basiszinssatz nach § 247 des Bürgerlichen Gesetzbuchs verpflichtet, wenn

1. er entgegen § 35 Abs. 1 Satz 1 keine Veröffentlichung gemäß § 10 Abs. 3 Satz 1 vornimmt,
2. er entgegen § 35 Abs. 2 Satz 1 kein Angebot gemäß § 14 Abs. 3 Satz 1 abgibt oder
3. ihm ein Angebot im Sinne des § 35 Abs. 2 Satz 1 nach § 15 Abs. 1 Nr. 1, 2 oder 3 untersagt worden ist.

§ 39 Anwendung der Vorschriften des Abschnitts 3 und 4

Für Angebote nach § 35 Abs. 2 Satz 1 gelten mit Ausnahme von § 10 Abs. 1 Satz 1, § 14 Abs. 1 Satz 1, § 16 Abs. 2, § 18 Abs. 1, §§ 19, 25, 26 und 34 die Vorschriften der Abschnitte 3 und 4 sinngemäß.

Abschnitt 5a Ausschluss, Andienungsrecht

§ 39a Ausschluss der übrigen Aktionäre

(1) [1]Nach einem Übernahme- oder Pflichtangebot sind dem Bieter, dem Aktien der Zielgesellschaft in Höhe von mindestens 95 Prozent des stimmberechtigten Grundkapitals gehören, auf seinen Antrag die übrigen stimmberechtigten Aktien gegen Gewährung einer angemessenen Abfindung durch Gerichtsbeschluss zu übertragen. [2]Gehören dem Bieter zugleich Aktien in Höhe von 95 Prozent des Grundkapitals der Zielgesellschaft, sind ihm auf Antrag auch die übrigen Vorzugsaktien ohne Stimmrecht zu übertragen.

(2) Für die Feststellung der erforderlichen Beteiligungshöhe nach Absatz 1 gilt § 16 Abs. 2 und 4 des Aktiengesetzes entsprechend.

(3) [1]Die Art der Abfindung hat der Gegenleistung des Übernahme- oder Pflichtangebots zu entsprechen. [2]Eine Geldleistung ist stets wahlweise anzubieten. [3]Die im Rahmen des Übernahme- oder Pflichtangebots gewährte Gegenleistung ist als angemessene Abfindung anzusehen, wenn der Bieter auf Grund des Angebots Aktien in Höhe von mindestens 90 Prozent des vom Angebot betroffenen Grundkapitals erworben hat. [4]Die Annahmequote ist für stimmberechtigte Aktien und stimmrechtslose Aktien getrennt zu ermitteln.

(4) [1]Ein Antrag auf Übertragung der Aktien nach Absatz 1 muss innerhalb von drei Monaten nach Ablauf der Annahmefrist gestellt werden. [2]Der Bieter kann den Antrag stellen, wenn das Übernahme- oder Pflichtangebot in einem Umfang angenommen worden ist, dass ihm beim späteren Vollzug des Angebots Aktien in Höhe des zum Ausschluss mindestens erforderlichen Anteils am stimmberechtigten oder am gesamten Grundkapital der Zielgesellschaft gehören werden.

(5) Über den Antrag entscheidet ausschließlich das Landgericht Frankfurt am Main.

(6) Die §§ 327a bis 327f des Aktiengesetzes finden nach Stellung eines Antrags bis zum rechtskräftigen Abschluss des Ausschlussverfahrens keine Anwendung.

§ 39b Ausschlussverfahren

(1) Auf das Verfahren für den Ausschluss nach § 39a ist das Gesetz über das Verfahren in Familiensachen und in den Angelegenheiten der freiwilligen Gerichtsbarkeit anzuwenden, soweit in den nachfolgenden Absätzen nichts anderes bestimmt ist.

(2) Das Landgericht hat den Antrag auf Ausschluss nach § 39a in den Gesellschaftsblättern bekannt zu machen.

(3) [1]Das Landgericht entscheidet durch einen mit Gründen versehenen Beschluss. [2]Der Beschluss darf frühestens einen Monat seit Bekanntmachung der Antragstellung im Bundesanzeiger und erst dann ergehen, wenn der Bieter glaubhaft gemacht hat, dass ihm Aktien in Höhe des zum Ausschluss mindestens erforderlichen Anteils am stimmberechtigten oder am gesamten Grundkapital der Zielgesellschaft gehören. [3]Gegen die Entscheidung des Landgerichts findet die Beschwerde statt; sie hat aufschiebende Wirkung.

(4) [1]Das Landgericht hat seine Entscheidung dem Antragsteller und der Zielgesellschaft sowie den übrigen Aktionären der Gesellschaft, sofern diese im Beschlussverfahren angehört wurden, zuzustellen. [2]Es hat die Entscheidung ferner ohne Gründe in den Gesellschaftsblättern bekannt zu geben. [3]Die Beschwerde steht dem Antragsteller und den übrigen Aktionären der Zielgesellschaft zu. [4]Die Beschwerdefrist beginnt mit der Bekanntmachung im Bundesanzeiger, für den Antragsteller und für die übrigen Aktionäre, denen die Entscheidung zugestellt wurde, jedoch nicht vor Zustellung der Entscheidung.

(5) [1]Die Entscheidung ist erst mit Rechtskraft wirksam. [2]Sie wirkt für und gegen alle Aktionäre. [3]Mit rechtskräftiger Entscheidung gehen alle Aktien der übrigen Aktionäre auf den zum Ausschluss berechtigten Aktionär über. [4]Sind über diese Aktien Aktienurkunden ausgegeben, so verbriefen sie bis zu ihrer Aushändigung nur den Anspruch auf eine angemessene Abfindung. [5]Der Vorstand der Zielgesellschaft hat die rechtskräftige Entscheidung unverzüglich zum Handelsregister einzureichen.

(6) [1]Das Gericht ordnet an, dass die Kosten der Antragsgegner, die zur zweckentsprechenden Erledigung der Angelegenheit notwendig waren, ganz oder zum Teil vom Antragsteller zu erstatten sind, wenn dies der Billigkeit entspricht. [2]Gerichtskosten für das Verfahren erster Instanz können dem Antragsgegner nicht auferlegt werden.

§ 39c Andienungsrecht

[1]Nach einem Übernahme- oder Pflichtangebot können die Aktionäre einer Zielgesellschaft, die das Angebot nicht angenommen haben, das Angebot innerhalb von drei Monaten nach Ablauf der Annahmefrist annehmen, sofern der Bieter berechtigt ist, einen Antrag nach § 39a zu stellen. [2]Erfüllt der Bieter seine Verpflichtungen nach § 23 Abs. 1 Satz 1 Nr. 4 oder Satz 2 nicht, beginnt die in Satz 1 genannte Dreimonatsfrist erst mit der Erfüllung der Verpflichtungen zu laufen.

Abschnitt 6 Verfahren

§ 40 Ermittlungsbefugnisse der Bundesanstalt

(1) [1]Die Bundesanstalt kann von jedermann Auskünfte, die Vorlage von Unterlagen und die Überlassung von Kopien verlangen sowie Personen laden und vernehmen, so-

weit dies auf Grund von Anhaltspunkten für die Überwachung der Einhaltung eines Gebots oder Verbots dieses Gesetzes erforderlich ist. [2]Sie kann insbesondere die Angabe von Bestandsveränderungen in Finanzinstrumenten sowie Auskünfte über die Identität weiterer Personen, insbesondere der Auftraggeber und der aus Geschäften berechtigten oder verpflichteten Personen, verlangen. [3]Gesetzliche Auskunfts- oder Aussageverweigerungsrechte sowie gesetzliche Verschwiegenheitspflichten bleiben unberührt.

(2) [1]Während der üblichen Arbeitszeit ist Bediensteten der Bundesanstalt und den von ihr beauftragten Personen, soweit dies zur Wahrnehmung ihrer Aufgaben nach diesem Gesetz erforderlich ist, das Betreten der Grundstücke und Geschäftsräume der nach Absatz 1 auskunftspflichtigen Personen zu gestatten. [2]Das Betreten außerhalb dieser Zeit oder das Betreten von Geschäftsräumen, die sich in einer Wohnung befinden, ist ohne Einverständnis nur zulässig und insoweit zu dulden, wie dies zur Verhütung von dringenden Gefahren für die öffentliche Sicherheit und Ordnung erforderlich ist und bei der auskunftspflichtigen Person Anhaltspunkte für einen Verstoß gegen ein Verbot oder Gebot dieses Gesetzes vorliegen. [3]Das Grundrecht des Artikels 13 des Grundgesetzes wird insoweit eingeschränkt.

(3) [1]Der zur Erteilung einer Auskunft Verpflichtete kann die Auskunft auf solche Fragen verweigern, deren Beantwortung ihn selbst oder einen der in § 383 Abs. 1 Nr. 1 bis 3 der Zivilprozessordnung bezeichneten Angehörigen der Gefahr strafgerichtlicher Verfolgung oder eines Verfahrens nach dem Gesetz über Ordnungswidrigkeiten aussetzen würde. [2]Der Verpflichtete ist über sein Recht zur Verweigerung der Auskunft zu belehren.

§ 41 Widerspruchsverfahren

(1) [1]Vor Einlegung der Beschwerde sind Rechtmäßigkeit und Zweckmäßigkeit der Verfügungen der Bundesanstalt in einem Widerspruchsverfahren nachzuprüfen. [2]Einer solchen Nachprüfung bedarf es nicht, wenn der Abhilfebescheid oder der Widerspruchsbescheid erstmalig eine Beschwer enthält. [3]Für das Widerspruchsverfahren gelten die §§ 68 bis 73 der Verwaltungsgerichtsordnung, soweit in diesem Gesetz nichts Abweichendes geregelt ist.

(2) [1]Die Bundesanstalt trifft ihre Entscheidung innerhalb einer Frist von zwei Wochen ab Eingang des Widerspruchs. [2]Bei besonderen tatsächlichen oder rechtlichen Schwierigkeiten oder bei einer Vielzahl von Widerspruchsverfahren kann die Bundesanstalt die Frist durch unanfechtbaren Beschluss verlängern.

(3) [1]Die Beteiligten haben an der Aufklärung des Sachverhaltes mitzuwirken, wie es einem auf Förderung und raschen Abschluss des Verfahrens bedachten Vorgehen entspricht. [2]Den Beteiligten können Fristen gesetzt werden, nach deren Ablauf weiterer Vortrag unbeachtet bleibt.

(4) [1]Der Widerspruchsausschuss kann das Verfahren ohne mündliche Verhandlung dem Vorsitzenden durch unanfechtbaren Beschluss zur alleinigen Entscheidung übertragen. [2]Diese Übertragung ist nur zulässig, sofern die Sache keine wesentlichen Schwierigkeiten in tatsächlicher und rechtlicher Hinsicht aufweist und die Entscheidung nicht von grundsätzlicher Bedeutung sein wird.

§ 42 Sofortige Vollziehbarkeit

Der Widerspruch gegen Maßnahmen der Bundesanstalt nach § 4 Abs. 1 Satz 3, § 15 Abs. 1 oder 2 , § 28 Abs. 1 oder § 40 Abs. 1 und 2 hat keine aufschiebende Wirkung.

§ 43 Bekanntgabe und Zustellung

(1) [1]Verfügungen, die gegenüber einer Person mit Wohnsitz oder einem Unternehmen mit Sitz außerhalb des Geltungsbereichs dieses Gesetzes ergehen, gibt die Bundesanstalt

der Person bekannt, die als Bevollmächtigte benannt wurde. [2]Ist kein Bevollmächtigter benannt, so erfolgt die Bekanntgabe durch öffentliche Bekanntmachung im Bundesanzeiger.

(2) [1]Ist die Verfügung zuzustellen, so erfolgt die Zustellung bei Personen mit Wohnsitz oder Unternehmen mit Sitz außerhalb des Geltungsbereichs dieses Gesetzes an die Person, die als Bevollmächtigte benannt wurde. [2]Ist kein Bevollmächtigter benannt, so erfolgt die Zustellung durch öffentliche Bekanntmachung im Bundesanzeiger.

§ 44 Veröffentlichungsrecht der Bundesanstalt

Die Bundesanstalt kann ihre Verfügungen nach § 4 Abs. 1 Satz 3, § 10 Abs. 2 Satz 3, § 15 Abs. 1 und 2, § 20 Abs. 1, § 28 Abs. 1, § 36 oder § 37 Abs. 1, auch in Verbindung mit einer Rechtsverordnung nach Abs. 2, auf Kosten des Adressaten der Verfügung im Bundesanzeiger veröffentlichen.

§ 45 Mitteilungen an die Bundesanstalt

[1]Anträge und Mitteilungen an die Bundesanstalt haben in schriftlicher Form zu erfolgen. [2]Eine Übermittlung im Wege der elektronischen Datenfernübertragung ist zulässig, sofern der Absender zweifelsfrei zu erkennen ist.

§ 46 Zwangsmittel

[1]Die Bundesanstalt kann Verfügungen, die nach diesem Gesetz ergehen, mit Zwangsmitteln nach den Bestimmungen des Verwaltungs-Vollstreckungsgesetzes durchsetzen. [2]Sie kann auch Zwangsmittel gegen juristische Personen des öffentlichen Rechts anwenden. [3]Widerspruch und Beschwerde gegen die Androhung und Festsetzung der Zwangsmittel nach §§ 13 und 14 des Verwaltungs-Vollstreckungsgesetzes haben keine aufschiebende Wirkung. [4]Die Höhe des Zwangsgeldes beträgt abweichend von § 11 des Verwaltungs-Vollstreckungsgesetzes bis zu 500.000 Euro.

§ 47 Gebühren und Auslagen

[1]Die Bundesanstalt erhebt für individuell zurechenbare öffentliche Leistungen auf Grund des § 10 Absatz 2 Satz 3, der §§ 14 und 15 Absatz 1 oder 2, der §§ 20, 24, 28 Absatz 1, der §§ 36, 37 Absatz 1, auch in Verbindung mit einer Rechtsverordnung nach Absatz 2, oder des § 41 in Verbindung mit § 6 Gebühren und Auslagen. [2]Das Bundesministerium der Finanzen bestimmt die Gebührentatbestände im Einzelnen und die Höhe der Gebühren durch Rechtsverordnung, die nicht der Zustimmung des Bundesrates bedarf. [3]Das Bundesministerium der Finanzen kann die Ermächtigung durch Rechtsverordnung auf die Bundesanstalt übertragen.

Abschnitt 7 Rechtsmittel

§ 48 Statthaftigkeit, Zuständigkeit

(1) [1]Gegen Verfügungen der Bundesanstalt ist die Beschwerde statthaft. [2]Sie kann auch auf neue Tatsachen und Beweismittel gestützt werden.

(2) Die Beschwerde steht den am Verfahren vor der Bundesanstalt Beteiligten zu.

(3) [1]Die Beschwerde ist auch gegen die Unterlassung einer beantragten Verfügung der Bundesanstalt statthaft, auf deren Vornahme der Antragsteller ein Recht zu haben behauptet. [2]Als Unterlassung gilt es auch, wenn die Bundesanstalt den Antrag auf Vornahme der Verfügung ohne zureichenden Grund in angemessener Frist nicht beschieden hat. [3]Die Unterlassung ist dann einer Ablehnung gleich zu erachten.

(4) Über die Beschwerde entscheidet ausschließlich das für den Sitz der Bundesanstalt in Frankfurt am Main zuständige Oberlandesgericht.

§ 49 Aufschiebende Wirkung

Die Beschwerde hat aufschiebende Wirkung, soweit durch die angefochtene Verfügung eine Befreiung nach § 10 Abs. 1 Satz 3 oder § 37 Abs. 1, auch in Verbindung mit einer Rechtsverordnung nach Abs. 2, oder eine Nichtberücksichtigung von Stimmrechtsanteilen nach § 36 widerrufen wird.

§ 50 Anordnung der sofortigen Vollziehung

(1) Die Bundesanstalt kann in den Fällen des § 50 die sofortige Vollziehung der Verfügung anordnen, wenn dies im öffentlichen Interesse oder im überwiegenden Interesse eines Beteiligten geboten ist.

(2) Die Anordnung nach Absatz 1 kann bereits vor der Einreichung der Beschwerde getroffen werden.

(3) Auf Antrag kann das Beschwerdegericht die aufschiebende Wirkung von Widerspruch oder Beschwerde ganz oder teilweise anordnen oder wiederherstellen,

1. wenn die Voraussetzungen für die Anordnung nach Absatz 1 nicht vorgelegen haben oder nicht mehr vorliegen,
2. ernstliche Zweifel an der Rechtmäßigkeit der angefochtenen Verfügung bestehen
3. oder die Vollziehung für den Betroffenen eine unbillige, nicht durch überwiegende öffentliche Interessen gebotene Härte zur Folge hätte.

(4) [1]Der Antrag nach Absatz 3 ist schon vor Einreichung der Beschwerde zulässig. [2]Die Tatsachen, auf die der Antrag gestützt wird, sind vom Antragsteller glaubhaft zu machen. [3]Ist die Verfügung im Zeitpunkt der Entscheidung schon vollzogen, kann das Gericht auch die Aufhebung der Vollziehung anordnen. [4]Die Anordnung der aufschiebenden Wirkung kann von der Leistung einer Sicherheit oder von anderen Auflagen abhängig gemacht werden. [5]Sie kann auch befristet werden.

(5) Beschlüsse über Anträge nach Absatz 3 können jederzeit geändert oder aufgehoben werden. Soweit durch sie den Anträgen entsprochen ist, sind sie unanfechtbar.

§ 51 Frist und Form

(1) [1]Die Beschwerde ist binnen einer Notfrist von einem Monat bei dem Beschwerdegericht schriftlich einzureichen. [2]Die Frist beginnt mit der Bekanntgabe oder der Zustellung des Widerspruchsbescheides der Bundesanstalt.

(2) Ergeht auf einen Antrag keine Verfügung, so ist die Beschwerde an keine Frist gebunden.

(3) [1]Die Beschwerde ist zu begründen. [2]Die Frist für die Beschwerdebegründung beträgt einen Monat; sie beginnt mit der Einlegung der Beschwerde und kann auf Antrag von dem Vorsitzenden des Beschwerdegerichts verlängert werden.

(4) Die Beschwerdebegründung muss enthalten die Erklärung,

1. inwieweit die Verfügung angefochten und ihre Abänderung oder Aufhebung beantragt wird, und
2. die Angabe der Tatsachen und Beweismittel, auf die sich die Beschwerde stützt.

§ 52 Beteiligte am Beschwerdeverfahren

An dem Verfahren vor dem Beschwerdegericht sind der Beschwerdeführer und die Bundesanstalt beteiligt.

§ 53 Anwaltszwang

[1]Vor dem Beschwerdegericht müssen die Beteiligten sich durch einen Rechtsanwalt oder Rechtslehrer an einer deutschen Hochschule im Sinne des Hochschulrahmenge-

setzes mit Befähigung zum Richteramt als Bevollmächtigten vertreten lassen. [2]Die Bundesanstalt kann sich durch einen Beamten auf Lebenszeit mit Befähigung zum Richteramt vertreten lassen.

§ 54 Mündliche Verhandlung

(1) Das Beschwerdegericht entscheidet über die Beschwerde auf Grund mündlicher Verhandlung; mit Einverständnis der Beteiligten kann ohne mündliche Verhandlung entschieden werden.

(2) Sind die Beteiligten in dem Verhandlungstermin trotz rechtzeitiger Benachrichtigung nicht erschienen oder gehörig vertreten, so kann gleichwohl in der Sache verhandelt und entschieden werden.

§ 55 Untersuchungsgrundsatz

(1) Das Beschwerdegericht erforscht den Sachverhalt von Amts wegen.

(2) Das Gericht hat darauf hinzuwirken, dass Formfehler beseitigt, unklare Anträge erläutert, sachdienliche Anträge gestellt, ungenügende tatsächliche Angaben ergänzt, ferner alle für die Feststellung und Beurteilung des Sachverhalts wesentlichen Erklärungen abgegeben werden.

(3) [1]Das Beschwerdegericht kann den Beteiligten aufgeben, sich innerhalb einer zu bestimmenden Frist über aufklärungsbedürftige Punkte zu äußern, Beweismittel zu bezeichnen und in ihren Händen befindliche Urkunden sowie andere Beweismittel vorzulegen. [2]Bei Versäumung der Frist kann nach Lage der Sache ohne Berücksichtigung der nicht beigebrachten Beweismittel entschieden werden.

§ 56 Beschwerdeentscheidung; Vorlagepflicht

(1) [1]Das Beschwerdegericht entscheidet durch Beschluss nach seiner freien, aus dem Gesamtergebnis des Verfahrens gewonnenen Überzeugung. [2]Der Beschluss darf nur auf Tatsachen und Beweismittel gestützt werden, zu denen die Beteiligten sich äußern konnten. [3]Das Beschwerdegericht kann hiervon abweichen, soweit Beigeladenen aus berechtigten Interessen der Beteiligten oder dritter Personen Akteneinsicht nicht gewährt und der Akteninhalt aus diesen Gründen auch nicht vorgetragen worden ist. [4]Dies gilt nicht für solche Beigeladene, die an dem streitigen Rechtsverhältnis derart beteiligt sind, dass die Entscheidung auch ihnen gegenüber nur einheitlich ergehen kann.

(2) [1]Hält das Beschwerdegericht die Verfügung der Bundesanstalt für unzulässig oder unbegründet, so hebt es die Verfügung auf. [2]Hat sich die Verfügung vorher durch Zurücknahme oder auf andere Weise erledigt, so spricht das Beschwerdegericht auf Antrag aus, dass die Verfügung der Bundesanstalt unzulässig oder unbegründet gewesen ist, wenn der Beschwerdeführer ein berechtigtes Interesse an dieser Feststellung hat.

(3) Hält das Beschwerdegericht die Ablehnung oder Unterlassung der Verfügung für unzulässig oder unbegründet, so spricht es die Verpflichtung der Bundesanstalt aus, die beantragte Verfügung vorzunehmen.

(4) Die Verfügung ist auch dann unzulässig oder unbegründet, wenn die Bundesanstalt von ihrem Ermessen fehlerhaft Gebrauch gemacht hat, insbesondere wenn sie die gesetzlichen Grenzen des Ermessens überschritten oder durch die Ermessensentscheidung Sinn und Zweck dieses Gesetzes verletzt hat.

(5) Der Beschluss ist zu begründen und den Beteiligten zuzustellen.

(6) [1]Will das Beschwerdegericht von einer Entscheidung eines Oberlandesgerichts oder des Bundesgerichtshofs abweichen, so legt es die Sache dem Bundesgerichtshof vor. [2]Der Bundesgerichtshof entscheidet anstelle des Oberlandesgerichts.

§ 57 Akteneinsicht

(1) [1]Die in § 53 bezeichneten Beteiligten können die Akten des Beschwerdegerichts einsehen und sich durch die Geschäftsstelle auf ihre Kosten Ausfertigungen, Auszüge und Abschriften erteilen lassen. [2]§ 299 Abs. 3 der Zivilprozessordnung gilt entsprechend.

(2) [1]Einsicht in Vorakten, Beiakten, Gutachten und Unterlagen über Auskünfte ist nur mit Zustimmung der Stellen zulässig, denen die Akten gehören oder die die Äußerung eingeholt haben. [2]Die Bundesanstalt hat die Zustimmung zur Einsicht in die ihr gehörigen Unterlagen zu versagen, soweit dies aus wichtigen Gründen, insbesondere zur Wahrung von berechtigten Interessen Beteiligter oder dritter Personen, geboten ist. [3]Wird die Einsicht abgelehnt oder ist sie unzulässig, dürfen diese Unterlagen der Entscheidung nur insoweit zugrunde gelegt werden, als ihr Inhalt vorgetragen worden ist. [4]Das Beschwerdegericht kann die Offenlegung von Tatsachen oder Beweismitteln, deren Geheimhaltung aus wichtigen Gründen, insbesondere zur Wahrung von berechtigten Interessen Beteiligter oder Dritter verlangt wird, nach Anhörung des von der Offenlegung Betroffenen durch Beschluss anordnen, soweit es für die Entscheidung auf diese Tatsachen oder Beweismittel ankommt, andere Möglichkeiten der Sachaufklärung nicht bestehen und nach Abwägung aller Umstände des Einzelfalles die Bedeutung der Sache für die Sicherung eines ordnungsgemäßen Verfahrens das Interesse des Betroffenen an der Geheimhaltung überwiegt. [5]Der Beschluss ist zu begründen. [6]In dem Verfahren nach Satz 4 muss sich der Betroffene nicht anwaltlich vertreten lassen.

§ 58 Geltung von Vorschriften des Gerichtsverfassungsgesetzes und der Zivilprozessordnung

Im Verfahren vor dem Beschwerdegericht gelten, soweit nichts anderes bestimmt ist, entsprechend

1. die Vorschriften der §§ 169 bis 197 des Gerichtsverfassungsgesetzes über Öffentlichkeit, Sitzungspolizei, Gerichtssprache, Beratung und Abstimmung und
2. die Vorschriften der Zivilprozessordnung über Ausschließung und Ablehnung eines Richters, über Prozessbevollmächtigte und Beistände, über die Zustellung von Amts wegen, über Ladungen, Termine und Fristen, über die Anordnung des persönlichen Erscheinens der Parteien, über die Verbindung mehrerer Prozesse, über die Erledigung des Zeugen- und Sachverständigenbeweises sowie über die sonstigen Arten des Beweisverfahrens, über die Wiedereinsetzung in den vorigen Stand gegen die Versäumung einer Frist.

Abschnitt 8 Sanktionen

§ 59 Rechtsverlust

[1]Rechte aus Aktien, die dem Bieter, mit ihm gemeinsam handelnden Personen oder deren Tochterunternehmen gehören oder aus denen ihm, mit ihm gemeinsam handelnden Personen oder deren Tochterunternehmen Stimmrechte gemäß § 30 Absatz 1 und 2 zugerechnet werden, bestehen nicht für die Zeit, für welche die Pflichten nach § 35 Abs. 1 oder 2 nicht erfüllt werden. [2]Dies gilt nicht für Ansprüche nach § 58 Abs. 4 des Aktiengesetzes und § 271 des Aktiengesetzes, wenn die Veröffentlichung oder das Angebot nach § 35 Abs. 1 Satz 1 oder Abs. 2 Satz 1 nicht vorsätzlich unterlassen wurde und nachgeholt worden ist.

§ 60 [1] Bußgeldvorschriften

(1) Ordnungswidrig handelt, wer vorsätzlich oder leichtfertig

1. entgegen
   a) § 10 Abs. 1 Satz 1, § 14 Abs. 2 Satz 1 oder § 35 Abs. 1 Satz 1 oder Abs. 2 Satz 11,
   b) § 21 Abs. 2 Satz 1, § 23 Abs. 1 Satz 1 oder Abs. 2 Satz 1 oder § 27 Abs. 3 Satz 1 oder
   c) §1 Abs. 5 Satz 2 in Verbindung mit einer Rechtsverordnung nach § 1 Abs. 5 Satz 3

eine Veröffentlichung nicht, nicht richtig, nicht vollständig, nicht in der vorgeschriebenen Weise oder nicht rechtzeitig vornimmt,

2. entgegen
   a) § 10 Abs. 2 Satz 1, auch in Verbindung mit § 35 Abs. 1 Satz 4, § 14 Abs. 1 Satz 1 oder § 35 Abs. 2 Satz 1,
   b) § 10 Abs. 5, auch in Verbindung mit § 35 Abs. 1 Satz 4, oder § 14 Abs. 4, auch in Verbindung mit § 21 Abs. 2 Satz 2 oder § 35 Abs. 2 Satz 2 oder
   c) § 27 Abs. 3 Satz 2

eine Mitteilung, Unterrichtung oder Übermittlung nicht, nicht richtig, nicht vollständig, nicht in der vorgeschriebenen Weise oder nicht rechtzeitig vornimmt,

3. entgegen § 10 Abs. 3 Satz 3, auch in Verbindung mit § 35 Abs. 1 Satz 4, oder § 14 Abs. 2 Satz 2, auch in Verbindung mit § 35 Abs. 2 Satz 2, eine Veröffentlichung vornimmt oder eine Angebotsunterlage bekannt gibt,
4. entgegen § 10 Abs. 4 Satz 1, auch in Verbindung mit § 35 Abs. 1 Satz 4, eine Veröffentlichung nicht, nicht richtig, nicht vollständig oder nicht rechtzeitig übersendet,
5. entgegen § 14 Abs. 3 Satz 2, auch in Verbindung mit § 21 Abs. 2 Satz 2, § 23 Abs. 1 Satz 2 oder § 35 Abs. 2 Satz 2, oder entgegen § 27 Abs. 3 Satz 3 eine Mitteilung nicht, nicht richtig oder nicht rechtzeitig macht,
6. entgegen § 15 Abs. 3 eine Veröffentlichung vornimmt,
7. entgegen § 26 Absatz 1 oder 2 ein Angebot abgibt,

7a. entgegen § 26 Absatz 1 oder 2 seine Absicht, ein Angebot abzugeben, gemäß § 10 Absatz 3 Satz 1 veröffentlicht,

8. entgegen § 33 Abs. 1 Satz 1 oder § 33a Abs. 1 Satz 1 eine dort genannte Handlung ohne Ermächtigung der Hauptversammlung vornimmt,
9. entgegen § 33a Abs. 3, § 33b Abs. 3 oder § 33c Abs. 3 Satz 3 eine Unterrichtung nicht, nicht richtig, nicht vollständig oder nicht rechtzeitig vornimmt oder
10. entgegen § 33c Abs. 3 Satz 4 eine Veröffentlichung nicht, nicht richtig, nicht vollständig, nicht in der vorgeschriebenen Weise oder nicht rechtzeitig vornimmt.

(2) Ordnungswidrig handelt, wer vorsätzlich oder fahrlässig

1. einer vollziehbaren Anordnung nach § 28 Abs. 1 oder § 40 Abs. 1 Satz 1 zuwiderhandelt oder
2. entgegen § 40 Abs. 2 Satz 1 oder 2 ein Betreten nicht gestattet oder nicht duldet.

(3) Die Ordnungswidrigkeit kann in den Fällen des Absatzes 1 Nummer 1 Buchstabe a, Nummer 3, 6 bis 8 mit einer Geldbuße bis zu fünf Millionen Euro, in den Fällen des Absatzes 1 Nummer 1 Buchstabe b, Nummer 2 Buchstabe a und Nummer 4 mit einer

1) § 60 Abs. 1 geändert durch Gesetz vom 12.12.2019 (BGBl. I S. 2602).

Geldbuße bis zu zweieinhalb Millionen Euro und in den übrigen Fällen mit einer Geldbuße bis zu einer Million Euro geahndet werden.

(4) Gegenüber einer juristischen Person oder Personenvereinigung kann über Absatz 3 hinaus eine höhere Geldbuße verhängt werden; diese darf

1. in den Fällen des Absatzes 1 Nummer 1 Buchstabe a, Nummer 3, 6 bis 8 den höheren der Beträge von zehn Millionen Euro und 5 Prozent des Gesamtumsatzes, den die juristische Person oder Personenvereinigung im der Behördenentscheidung vorausgegangenen Geschäftsjahr erzielt hat,
2. in den Fällen des Absatzes 1 Nummer 1 Buchstabe b, Nummer 2 Buchstabe a und Nummer 4 den höheren der Beträge von fünf Millionen Euro und 2 Prozent des Gesamtumsatzes, den die juristische Person oder Personenvereinigung im der Behördenentscheidung vorangegangenen Geschäftsjahr erzielt hat, und
3. in den übrigen Fällen zwei Millionen Euro

nicht überschreiten.

(5) [1]Über die in den Absätzen 3 und 4 genannten Beträge hinaus kann die Ordnungswidrigkeit mit einer Geldbuße bis zum Zweifachen des aus dem Verstoß gezogenen wirtschaftlichen Vorteils geahndet werden. [2]Der wirtschaftliche Vorteil umfasst erzielte Gewinne und vermiedene Verluste und kann geschätzt werden.

(6) Gesamtumsatz im Sinne des Absatzes 4 ist

1. im Falle von Kreditinstituten, Zahlungsinstituten und Finanzdienstleistungsinstituten im Sinne des § 340 des Handelsgesetzbuchs der Gesamtbetrag, der sich aus dem auf das Institut anwendbaren nationalen Recht im Einklang mit Artikel 27 Nummer 1, 3, 4, 6 und 7 oder Artikel 28 Nummer B1, B2, B3, B4 und B7 der Richtlinie 86/635/EWG des Rates vom 8. Dezember 1986 über den Jahresabschluss und den konsolidierten Abschluss von Banken und anderen Finanzinstituten (ABl. L 372 vom 31.12.1986, S. 1; L 316 vom 23.11.1988, S. 51), die zuletzt durch die Richtlinie 2006/46/EG (ABl. L 224 vom 16.8.2006, S. 1) geändert worden ist, ergibt, abzüglich der Umsatzsteuer und sonstiger direkt auf diese Erträge erhobener Steuern,
2. im Falle von Versicherungsunternehmen der Gesamtbetrag, der sich aus dem auf das Versicherungsunternehmen anwendbaren nationalen Recht im Einklang mit Artikel 63 der Richtlinie 91/674/EWG des Rates vom 19. Dezember 1991 über den Jahresabschluss und den konsolidierten Abschluss von Versicherungsunternehmen (ABl. L 374 vom 31.12.1991, S. 7), die zuletzt durch die Richtlinie 2006/46/EG (ABl. L 224 vom 16.8.2006, S. 1) geändert worden ist, ergibt, abzüglich der Umsatzsteuer und sonstiger direkt auf diese Erträge erhobener Steuern,
3. im Übrigen der Betrag der Nettoumsatzerlöse nach Maßgabe des auf das Unternehmen anwendbaren nationalen Rechts im Einklang mit Artikel 2 Nummer 5 der Richtlinie 2013/34/EU des Europäischen Parlaments und des Rates vom 26. Juni 2013 über den Jahresabschluss, den konsolidierten Abschluss und damit verbundene Berichte von Unternehmen bestimmter Rechtsformen und zur Änderung der Richtlinie 2006/43/EG des Europäischen Parlaments und des Rates und zur Aufhebung der Richtlinien 78/660/EWG und 83/349/EWG des Rates (ABl. L 182 vom 29.6.2013, S. 19; L 369 vom 24.12.2014, S. 79), die zuletzt durch die Richtlinie 2014/102/EU (ABl. L 334 vom 21.11.2014, S. 86) geändert worden ist.

(7) [1]Handelt es sich bei der juristischen Person oder Personenvereinigung nach Absatz 4 um ein Mutterunternehmen oder um eine Tochtergesellschaft, so ist anstelle des Gesamtumsatzes der juristischen Person oder Personenvereinigung der jeweilige Gesamtbetrag in dem Konzernabschluss des Mutterunternehmens maßgeblich, der für den größten Kreis von Unternehmen aufgestellt wird. [2]Wird der Konzernabschluss für den

größten Kreis von Unternehmen nicht nach den in Absatz 6 genannten Vorschriften aufgestellt, ist der Gesamtumsatz nach Maßgabe der den in Absatz 6 Nummer 1 bis 3 vergleichbaren Posten des Konzernabschlusses zu ermitteln. [3]Ist ein Jahresabschluss oder Konzernabschluss für das maßgebliche Geschäftsjahr nicht verfügbar, ist der Jahres- oder Konzernabschluss für das unmittelbar vorausgehende Geschäftsjahr maßgeblich; ist auch dieser nicht verfügbar, kann der Gesamtumsatz geschätzt werden.

§ 61 Zuständige Verwaltungsbehörde

Verwaltungsbehörde im Sinne des § 36 Abs. 1 Nr. 1 des Gesetzes über Ordnungswidrigkeiten ist die Bundesanstalt.

§ 62 Zuständigkeit des Oberlandesgerichtes im gerichtlichen Verfahren

(1) [1]Im gerichtlichen Verfahren wegen einer Ordnungswidrigkeit nach § 60 entscheidet das für den Sitz der Bundesanstalt in Frankfurt am Main zuständige Oberlandesgericht; es entscheidet auch über einen Antrag auf gerichtliche Entscheidung (§ 62 des Gesetzes über Ordnungswidrigkeiten) in den Fällen des § 52 Abs. 2 Satz 3 und des § 69 Abs. 1 Satz 2 des Gesetzes über Ordnungswidrigkeiten. [2]§ 140 Abs. 1 Nr. 1 der Strafprozessordnung in Verbindung mit § 46 Abs. 1 des Gesetzes über Ordnungswidrigkeiten findet keine Anwendung.

(2) Das Oberlandesgericht entscheidet in der Besetzung von drei Mitgliedern mit Einschluss des vorsitzenden Mitglieds.

§ 63 Rechtsbeschwerde zum Bundesgerichtshof

[1]Über die Rechtsbeschwerde (§ 79 des Gesetzes über Ordnungswidrigkeiten) entscheidet der Bundesgerichtshof. [2]Hebt er die angefochtene Entscheidung auf, ohne in der Sache selbst zu entscheiden, so verweist er die Sache an das Oberlandesgericht, dessen Entscheidung aufgehoben wird, zurück.

§ 64 Wiederaufnahme gegen Bußgeldbescheid

Im Wiederaufnahmeverfahren gegen den Bußgeldbescheid der Bundesanstalt (§ 85 Abs. 4 des Gesetzes über Ordnungswidrigkeiten) entscheidet das nach § 62 Abs. 1 zuständige Gericht.

§ 65 Gerichtliche Entscheidung bei der Vollstreckung

Die bei der Vollstreckung notwendig werdenden gerichtlichen Entscheidungen (§ 104 des Gesetzes über Ordnungswidrigkeiten) werden von dem nach § 62 Abs. 1 zuständigen Gericht erlassen.

Abschnitt 9 Gerichtliche Zuständigkeit; Übergangsregelungen

§ 66 Gerichte für Wertpapiererwerbs- und Übernahmesachen

(1) [1]Für bürgerliche Rechtsstreitigkeiten, die sich aus diesem Gesetz ergeben, sind ohne Rücksicht auf den Wert des Streitgegenstandes die Landgerichte ausschließlich zuständig. [2]Satz 1 gilt auch für die in § 12 Abs. 6 genannten Ansprüche und für den Fall, dass die Entscheidung eines Rechtsstreits ganz oder teilweise von einer Entscheidung abhängt, die nach diesem Gesetz zu treffen ist. [3]Für Klagen, die auf Grund dieses Gesetzes oder wegen der in § 12 Abs. 6 genannten Ansprüche erhoben werden, ist auch das Landgericht zuständig, in dessen Bezirk die Zielgesellschaft ihren Sitz hat.

(2) Die Rechtsstreitigkeiten sind Handelssachen im Sinne der §§ 93 bis 114 des Gerichtsverfassungsgesetzes.

(3) [1]Die Landesregierungen werden ermächtigt, durch Rechtsverordnung bürgerliche Rechtsstreitigkeiten, für die nach Absatz 1 ausschließlich die Landgerichte zuständig sind, einem Landgericht für die Bezirke mehrerer Landgerichte zuzuweisen, wenn eine solche Zusammenfassung der Rechtspflege in Wertpapiererwerbs- und Übernahmesachen dienlich ist. [2]Sie werden ferner ermächtigt, die Entscheidungen über Berufungen und Beschwerden gegen Entscheidungen der nach Absatz 1 zuständigen Landgerichte in bürgerlichen Rechtsstreitigkeiten einem oder einigen der Oberlandesgerichte zuzuweisen, wenn in einem Land mehrere Oberlandesgerichte errichtet sind. [3]Die Landesregierungen können die Ermächtigungen auf die Landesjustizverwaltungen übertragen. [4]Durch Staatsverträge zwischen den Ländern kann die Zuständigkeit eines Landgerichts für einzelne Bezirke oder das gesamte Gebiet mehrerer Länder begründet werden.

§ 67 Senat für Wertpapiererwerbs- und Übernahmesachen beim Oberlandesgericht

In den ihm nach § 48 Abs. 4, § 62 Abs. 1, §§ 64 und 65 zugewiesenen Rechtssachen entscheidet das Oberlandesgericht durch einen Wertpapiererwerbs- und Übernahmesenat.

§ 68 Übergangsregelungen

(1) Auf Angebote, die vor dem 14. Juli 2006 veröffentlicht worden sind, findet dieses Gesetz in der vor dem 14. Juli 2006 geltenden Fassung Anwendung.

(2) Für Zielgesellschaften im Sinne des § 2 Abs. 3 Nr. 2, deren stimmberechtigte Wertpapiere am 20. Mai 2006 zum Handel an einem organisierten Markt zugelassen waren, ist § 1 Abs. 3 mit der Maßgabe anzuwenden, dass in Nummer 2 Buchstabe b Doppelbuchstabe bb an die Stelle der Entscheidung der Zielgesellschaft die Entscheidung der betroffenen Aufsichtsstellen tritt.

(3) Wird die Kontrolle über die Zielgesellschaft dadurch erlangt, dass ein vor dem 19. August 2008 abgestimmtes Verhalten auf Grund der Neufassung des § 30 Abs. 2 ab dem 19. August 2008 zu einer Zurechnung von Stimmrechten führt, besteht keine Verpflichtung nach § 35 Abs. 1 Satz 1 und Abs. 2 Satz 1.

(4) Auf Angebote, die vor dem 19. August 2008 nach § 14 Abs. 2 Satz 1 veröffentlicht worden sind, findet dieses Gesetz in der vor dem 19. August 2008 geltenden Fassung Anwendung.

(5) § 16 Abs. 4 in der Fassung des Gesetzes zur Umsetzung der Aktionärsrechterichtlinie vom 30. Juli 2009 (BGBl. I S. 2479) ist nicht auf Hauptversammlungen anzuwenden, zu denen vor dem 1. September 2009 einberufen wurde.

10b. Gesetz über die Erstellung, Billigung und Veröffentlichung des Prospekts, der beim öffentlichen Angebot von Wertpapieren oder bei der Zulassung von Wertpapieren zum Handel an einem organisierten Markt zu veröffentlichen ist (Wertpapierprospektgesetz – WpPG)

Vom 22. Juli 2005 (BGBl. I S. 1698)

zuletzt geändert durch Gesetz vom 20.11.2019 (BGBl. I S. 1626)

Inhaltsübersicht

Abschnitt 1. Anwendungsbereich und Begriffsbestimmungen

§ 1[1] Anwendungsbereich

Dieses Gesetz enthält ergänzende Regelungen zu den Vorschriften der Verordnung (EU) 2017/1129 des Europäischen Parlaments und des Rates vom 14. Juni 2017 über den Prospekt, der beim öffentlichen Angebot von Wertpapieren oder bei deren Zulassung zum Handel an einem geregelten Markt zu veröffentlichen ist und zur Aufhebung der Richtlinie 2003/71/EG (ABl. L 168 vom 30.6.2017, S. 12) in Bezug auf

1. Ausnahmen von der Verpflichtung zur Veröffentlichung eines Prospekts;
2. das Wertpapier-Informationsblatt;
3. die Prospekthaftung und die Haftung bei Wertpapier-Informationsblättern;
4. die Zuständigkeiten und Befugnisse der Bundesanstalt für Finanzdienstleistungsaufsicht (Bundesanstalt) und
5. die Ahndung von Verstößen hinsichtlich
   a) der Vorschriften dieses Gesetzes;
   b) der Verordnung (EU) 2017/1129.

§ 2[2] Begriffsbestimmungen

Im Sinne dieses Gesetzes ist oder sind

1. Wertpapiere solche im Sinne des Artikels 2 Buchstabe a der Verordnung (EU) 2017/1129;
2. öffentliches Angebot von Wertpapieren eine Mitteilung im Sinne des Artikels 2 Buchstabe d der Verordnung (EU) 2017/1129;
3. qualifizierte Anleger Personen oder Einrichtungen im Sinne des Artikels 2 Buchstabe e der Verordnung (EU) 2017/1129;
4. Kreditinstitut ein solches im Sinne des Artikels 2 Buchstabe g der Verordnung (EU) 2017/1129;
5. Emittent eine Rechtspersönlichkeit im Sinne des Artikels 2 Buchstabe h der Verordnung (EU) 2017/1129;

1) § 1 neu gefasst durch Gesetz vom 8.7.2019 (BGBl. I S. 1002).
2) § 2 neu gefasst durch Gesetz vom 8.7.2019 (BGBl. I S. 1002).

6. Anbieter eine Rechtspersönlichkeit oder natürliche Person im Sinne des Artikels 2 Buchstabe i der Verordnung (EU) 2017/1129;
7. Zulassungsantragsteller die Personen, die die Zulassung zum Handel an einem geregelten Markt beantragen;
8. geregelter Markt ein solcher im Sinne des Artikels 2 Buchstabe j der Verordnung (EU) 2017/1129;
9. Werbung eine Mitteilung im Sinne des Artikels 2 Buchstabe k der Verordnung (EU) 2017/1129;
10. Bundesanstalt die Bundesanstalt für Finanzdienstleistungsaufsicht.

Abschnitt 2. Ausnahmen von der Prospektpflicht und Regelungen zum Wertpapier-Informationsblatt

§ 3[1] Ausnahmen von der Verpflichtung zur Veröffentlichung eines Prospekts

Die Verpflichtung zur Veröffentlichung eines Prospekts gemäß Artikel 3 Absatz 1 der Verordnung (EU) 2017/1129 gilt nicht für ein Angebot von Wertpapieren,

1. die von Kreditinstituten oder von Emittenten, deren Aktien bereits zum Handel an einem geregelten Markt zugelassen sind, ausgegeben werden, wenn der Gesamtgegenwert für alle im Europäischen Wirtschaftsraum angebotenen Wertpapiere nicht mehr als 8 Millionen Euro, berechnet über einen Zeitraum von zwölf Monaten, beträgt, oder
2. deren Gesamtgegenwert im Europäischen Wirtschaftsraum nicht mehr als 8 Millionen Euro, berechnet über einen Zeitraum von zwölf Monaten, beträgt.

§ 4[2] Wertpapier-Informationsblatt; Verordnungsermächtigung

(1) [1]Ein Anbieter, der die Ausnahme nach § 3 Nummer 2 in Anspruch nimmt, darf die Wertpapiere im Inland erst dann öffentlich anbieten, wenn er zuvor ein Wertpapier-Informationsblatt nach den Absätzen 3 bis 5 und 6 Satz 2 sowie Absatz 7 Satz 4 erstellt, bei der Bundesanstalt hinterlegt und veröffentlicht hat. [2]Dies gilt entsprechend für ein öffentliches Angebot im Inland von Wertpapieren mit einem Gesamtgegenwert im Europäischen Wirtschaftsraum von 100 000 Euro bis weniger als 1 Million Euro, für die gemäß Artikel 1 Absatz 3 Unterabsatz 1 der Verordnung (EU) 2017/1129 kein Prospekt zu veröffentlichen ist. [3]Die Untergrenze von 100 000 Euro gemäß Satz 2 ist über einen Zeitraum von zwölf Monaten zu berechnen. [4]Die Verpflichtungen nach den Sätzen 1 und 2 gelten nicht, wenn für die Wertpapiere ein Basisinformationsblatt nach der Verordnung (EU) Nr. 1286/2014 des Europäischen Parlaments und des Rates vom 26. November 2014 über Basisinformationsblätter für verpackte Anlageprodukte für Kleinanleger und Versicherungsanlageprodukte (PRIIP) (ABl. L 352 vom 9.12.2014, S. 1; L 358 vom 13.12.2014, S. 50), die durch die Verordnung (EU) 2016/2340 (ABl. L 354 vom 23.12.2016, S. 35) geändert worden ist, veröffentlicht werden muss oder wesentliche Anlegerinformationen nach § 301 des Kapitalanlagegesetzbuches veröffentlicht werden müssen.

(2) [1]Das Wertpapier-Informationsblatt darf erst veröffentlicht werden, wenn die Bundesanstalt die Veröffentlichung gestattet. [2]Die Gestattung ist zu erteilen, wenn

---

1) § 3 neu gefasst durch Gesetz vom 8.7.2019 (BGBl. I S. 1002).
2) Bisheriger § 3a wird § 4 und geändert durch Gesetz vom 8.7.2019 (BGBl. I S. 1002).

1. das Wertpapier-Informationsblatt vollständig alle Angaben, Hinweise und Anlagen enthält, die nach den folgenden Absätzen, auch in Verbindung mit der nach Absatz 9 zu erlassenden Rechtsverordnung, erforderlich sind, und diese Angaben, Hinweise und Anlagen in der vorgeschriebenen Reihenfolge erfolgen und
2. das Feststellungsdatum des letzten Jahresabschlusses des Emittenten und im Falle eines Garantiegebers zusätzlich das Feststellungsdatum des letzten Jahresabschlusses des Garantiegebers zum Zeitpunkt der Gestattung nicht länger als 18 Monate zurückliegt.

[3]Die Bundesanstalt hat dem Anbieter innerhalb von zehn Arbeitstagen nach Eingang des Wertpapier-Informationsblatts mitzuteilen, ob sie die Veröffentlichung gestattet. [4]Gelangt die Bundesanstalt zu der Auffassung, dass das ihr zur Gestattung vorgelegte Wertpapier-Informationsblatt unvollständig ist oder die erforderlichen Angaben, Hinweise und Anlagen nicht in der vorgeschriebenen Reihenfolge erfolgen, beginnt die Frist nach Satz 3 erst ab dem Zeitpunkt zu laufen, zu welchem die erforderlichen Angaben, Hinweise und Anlagen vollständig und in der vorgeschriebenen Reihenfolge eingehen. [5]Die Bundesanstalt soll den Anbieter innerhalb von fünf Arbeitstagen nach Eingang des Wertpapier-Informationsblatts unterrichten, wenn sie nach Satz 4 weitere Informationen für erforderlich hält. [6]Dies gilt auch, wenn sie zu dem Ergebnis kommt, dass die erforderlichen Angaben, Hinweise und Anlagen nicht in der vorgeschriebenen Reihenfolge erfolgt sind.

(3) [1]Das Wertpapier-Informationsblatt darf nicht mehr als drei DIN-A4-Seiten umfassen. [2]Es muss mindestens die wesentlichen Informationen über die Wertpapiere, den Anbieter, den Emittenten und etwaige Garantiegeber in übersichtlicher und leicht verständlicher Weise in der nachfolgenden Reihenfolge enthalten, so dass das Publikum

1. die Art, die genaue Bezeichnung und die internationale Wertpapier-Identifikationsnummer (ISIN) des Wertpapiers,
2. die Funktionsweise des Wertpapiers einschließlich der mit dem Wertpapier verbundenen Rechte,
3. Angaben zur Identität des Anbieters, des Emittenten einschließlich seiner Geschäftstätigkeit und eines etwaigen Garantiegebers,
4. die mit dem Wertpapier, dem Emittenten und einem etwaigen Garantiegeber verbundenen Risiken,
5. den auf Grundlage des letzten aufgestellten Jahresabschlusses berechneten Verschuldungsgrad des Emittenten und eines etwaigen Garantiegebers,
6. die Aussichten für die Kapitalrückzahlung und Erträge unter verschiedenen Marktbedingungen,
7. die mit dem Wertpapier verbundenen Kosten und Provisionen,
8. die Angebotskonditionen einschließlich des Emissionsvolumens sowie
9. die geplante Verwendung des voraussichtlichen Nettoemissionserlöses

einschätzen und bestmöglich mit den Merkmalen anderer Wertpapiere vergleichen kann.

(4) Das Wertpapier-Informationsblatt muss den drucktechnisch hervorgehobenen Warnhinweis „Der Erwerb dieses Wertpapiers ist mit erheblichen Risiken verbunden und kann zum vollständigen Verlust des eingesetzten Vermögens führen." auf der ersten Seite, unmittelbar unterhalb der ersten Überschrift enthalten.

(5) Das Wertpapier-Informationsblatt muss im Anschluss an die Angaben nach Absatz 3 dieser Vorschrift zudem in folgender Reihenfolge enthalten:

1. einen Hinweis darauf, dass die inhaltliche Richtigkeit des Wertpapier-Informationsblatts nicht der Prüfung durch die Bundesanstalt unterliegt,

2. einen Hinweis darauf, dass für das Wertpapier kein von der Bundesanstalt gebilligter Wertpapierprospekt hinterlegt wurde und der Anleger weitergehende Informationen unmittelbar vom Anbieter oder Emittenten des Wertpapiers erhält,
3. einen Hinweis auf den letzten Jahresabschluss des Emittenten und im Falle eines Garantiegebers zusätzlich auf den letzten Jahresabschluss des Garantiegebers sowie darauf, wo und wie diese Jahresabschlüsse erhältlich sind,
4. einen Hinweis darauf, dass Ansprüche auf der Grundlage einer in dem Wertpapier-Informationsblatt enthaltenen Angabe nur dann bestehen können, wenn die Angabe irreführend oder unrichtig ist oder der Warnhinweis des Absatzes 4 nicht enthalten ist und wenn das Erwerbsgeschäft nach Veröffentlichung des Wertpapier-Informationsblatts und während der Dauer des öffentlichen Angebots, spätestens jedoch innerhalb von sechs Monaten nach dem ersten öffentlichen Angebot der Wertpapiere im Inland, abgeschlossen wurde.

(6) [1]Während der Dauer des öffentlichen Angebots ist der letzte Jahresabschluss des Emittenten den Anlegern auf Anforderung kostenlos in Textform zur Verfügung zu stellen. [2]Ist der Emittent nach den handelsrechtlichen Vorschriften nicht verpflichtet, einen Jahresabschluss offenzulegen, ist der Jahresabschluss dem Wertpapier-Informationsblatt als Anlage beizufügen und mit diesem gemäß Absatz 1 Satz 1 zu hinterlegen und zu veröffentlichen. [3]Im Falle eines Garantiegebers gelten die Sätze 1 und 2 entsprechend.

(7) [1]Der Anleger muss die in Absatz 3 dieser Vorschrift aufgezählten Informationen verstehen können, ohne hierfür zusätzliche Dokumente heranziehen zu müssen. [2]Die Angaben in dem Wertpapier-Informationsblatt sind kurz zu halten und in allgemein verständlicher Sprache abzufassen. [3]Sie müssen redlich und eindeutig und dürfen nicht irreführend sein. [4]Das Wertpapier-Informationsblatt darf sich jeweils nur auf ein bestimmtes Wertpapier beziehen und keine werbenden oder sonstigen Informationen enthalten, die nicht dem in Absatz 3 genannten Zweck dienen.

(8) [1]Tritt nach der Gestattung und vor dem endgültigen Schluss des öffentlichen Angebots ein wichtiger neuer Umstand ein oder wird eine wesentliche Unrichtigkeit in Bezug auf die im Wertpapier-Informationsblatt enthaltenen Angaben festgestellt, die die Beurteilung des Wertpapiers beeinflussen könnten, so sind die in dem Wertpapier-Informationsblatt enthaltenen Angaben während der Dauer des öffentlichen Angebots unverzüglich zu aktualisieren und ist der Bundesanstalt die aktualisierte Fassung des Wertpapier-Informationsblatts zum Zweck der Hinterlegung unverzüglich zu übermitteln. [2]Das Datum der letzten Aktualisierung sowie die Zahl der seit der erstmaligen Erstellung des Wertpapier-Informationsblatts vorgenommenen Aktualisierungen sind im Wertpapier-Informationsblatt zu nennen. [3]Das aktualisierte Wertpapier-Informationsblatt ist unverzüglich entsprechend Artikel 21 Absatz 2 und 3 Unterabsatz 1 der Verordnung (EU) 2017/1129 zu veröffentlichen. [4]§ 5 Absatz 1 und 3 Satz 2 gilt entsprechend.

(9) [1]Das Bundesministerium der Finanzen kann durch Rechtsverordnung, die nicht der Zustimmung des Bundesrates bedarf, im Einvernehmen mit dem Bundesministerium der Justiz und für Verbraucherschutz nähere Bestimmungen zu Inhalt und Aufbau der Wertpapier-Informationsblätter erlassen. [2]Das Bundesministerium der Finanzen kann die Ermächtigung durch Rechtsverordnung auf die Bundesanstalt übertragen.

§ 5[1] Übermittlung des Wertpapier-Informationsblatts an die Bundesanstalt; Frist und Form der Veröffentlichung

(1) Das Wertpapier-Informationsblatt ist der Bundesanstalt in elektronischer Form und in elektronisch durchsuchbarem Format über ihr Melde- und Veröffentlichungssystem zu übermitteln.

(2) Hinsichtlich der Aufbewahrung des Wertpapier-Informationsblatts und der aktualisierten Fassungen gilt § 22 Absatz 3 entsprechend.

(3) [1]Das hinterlegte Wertpapier-Informationsblatt muss mindestens einen Werktag vor dem öffentlichen Angebot entsprechend Artikel 21 Absatz 2 und 3 Unterabsatz 1 der Verordnung (EU) 2017/1129 veröffentlicht werden. [2]Der Anbieter hat sicherzustellen, dass das Wertpapier-Informationsblatt ohne Zugangsbeschränkung für jedermann zugänglich ist; die Regelungen des Artikels 21 Absatz 4 der Verordnung (EU) 2017/1129 gelten entsprechend.

§ 6[2] Einzelanlageschwellen für nicht qualifizierte Anleger

[1]Unbeschadet der Vorgaben in den §§ 4 und 5 ist die Befreiung von der Pflicht zur Veröffentlichung eines Prospekts nach § 3 Nummer 2 auf ein Angebot von Wertpapieren nur anwendbar, wenn die angebotenen Wertpapiere ausschließlich im Wege der Anlageberatung oder Anlagevermittlung über ein Wertpapierdienstleistungsunternehmen vermittelt werden, das rechtlich verpflichtet ist, zu prüfen, ob der Gesamtbetrag der Wertpapiere, die von einem nicht qualifizierten Anleger erworben werden können, folgende Beträge nicht übersteigt:

1. 1 000 Euro,
2. 10 000 Euro, sofern der jeweilige nicht qualifizierte Anleger nach einer von ihm zu erteilenden Selbstauskunft über ein frei verfügbares Vermögen in Form von Bankguthaben und Finanzinstrumenten von mindestens 100 000 Euro verfügt, oder
3. den zweifachen Betrag des durchschnittlichen monatlichen Nettoeinkommens des jeweiligen nicht qualifizierten Anlegers nach einer von ihm zu erteilenden Selbstauskunft, höchstens jedoch 25 000 Euro.

[2]Die Einschränkungen nach Satz 1 gelten nicht für Wertpapiere, die den Aktionären im Rahmen einer Bezugsrechtsemission angeboten werden.

§ 7[3] Werbung für Angebote, für die ein Wertpapier-Informationsblatt zu veröffentlichen ist

(1) Der Anbieter hat bei Angeboten gemäß § 4 Absatz 1 Satz 1 und 2 dafür zu sorgen, dass in der Werbung für diese Angebote darauf hingewiesen wird, dass ein Wertpapier-Informationsblatt veröffentlicht wurde oder zur Veröffentlichung ansteht und wo das Wertpapier-Informationsblatt zu erhalten ist.

(2) Der Anbieter hat bei Angeboten nach Absatz 1 dafür zu sorgen, dass die Werbung für diese Angebote klar als solche erkennbar ist.

(3) Der Anbieter hat bei Angeboten nach Absatz 1 dafür zu sorgen, dass die in der Werbung für diese Angebote enthaltenen Informationen weder unrichtig noch irreführend sind und mit den Informationen übereinstimmen, die in einem bereits veröffentlichten Wertpapier-Informationsblatt enthalten sind oder in einem noch zu veröffentlichenden Wertpapier-Informationsblatt enthalten sein müssen.

---

1) Bisheriger § 3b wird § 5 und geändert durch Gesetz vom 8.7.2019 (BGBl. I S. 1002).
2) Bisheriger § 3c wird § 6 und geändert durch Gesetz vom 8.7.2019 (BGBl. I S. 1002).
3) Bisheriger § 4 wird § 7 und neu gefasst durch Gesetz vom 8.7.2019 (BGBl. I S. 1002).

(4) Der Anbieter hat bei Angeboten nach Absatz 1 dafür zu sorgen, dass alle mündlich oder schriftlich verbreiteten Informationen über diese Angebote, auch wenn sie nicht zu Werbezwecken dienen, mit den im Wertpapier-Informationsblatt enthaltenen Informationen übereinstimmen.

(5) Falls bei Angeboten nach Absatz 1 wesentliche Informationen vom Anbieter oder vom Emittenten offengelegt und mündlich oder schriftlich an einen oder mehrere ausgewählte Anleger gerichtet werden, müssen diese vom Anbieter in das Wertpapier-Informationsblatt oder in eine Aktualisierung des Wertpapier-Informationsblatts gemäß § 4 Absatz 8 aufgenommen werden.

(6) Die Vorgaben in Kapitel IV der Delegierten Verordnung (EU) 2019/979 der Kommission vom 14. März 2019 zur Ergänzung der Verordnung (EU) 2017/1129 des Europäischen Parlaments und des Rates durch technische Regulierungsstandards für wesentliche Finanzinformationen in der Zusammenfassung des Prospekts, die Veröffentlichung und Klassifizierung von Prospekten, die Werbung für Wertpapiere, Nachträge zum Prospekt und das Notifizierungsportal und zur Aufhebung der Delegierten Verordnung (EU) Nr. 382/2014 der Kommission und der Delegierten Verordnung (EU) 2016/301 der Kommission (ABl. L 166 vom 21.6.2019, S. 1) sind auch auf Werbung für Angebote anzuwenden, für die nach § 4 Absatz 1 Satz 1 und 2 ein Wertpapier-Informationsblatt zu veröffentlichen ist.

Abschnitt 3.[1] Prospekthaftung und Haftung bei Wertpapier-Informationsblättern

§ 8[2] Prospektverantwortliche

[1]Die Verantwortung für den Inhalt des Prospekts haben zumindest der Anbieter, der Emittent, der Zulassungsantragsteller oder der Garantiegeber ausdrücklich zu übernehmen. [2]Bei einem Prospekt für das öffentliche Angebot von Wertpapieren nach Artikel 3 Absatz 1 der Verordnung (EU) 2017/1129 hat in jedem Fall der Anbieter die Verantwortung für den Inhalt des Prospekts zu übernehmen. [3]Sollen auf Grund des Prospekts Wertpapiere zum Handel an einem geregelten Markt zugelassen werden, hat neben dem Emittenten stets auch das Kreditinstitut, das Finanzdienstleistungsinstitut oder das nach § 53 Absatz 1 Satz 1 oder § 53b Absatz 1 Satz 1 des Kreditwesengesetzes tätige Unternehmen, mit dem der Emittent zusammen die Zulassung der Wertpapiere beantragt, die Verantwortung für den Prospekt zu übernehmen. [4]Wenn eine Garantie für die Wertpapiere gestellt wird, hat auch der Garantiegeber die Verantwortung für den Inhalt des Prospekts zu übernehmen.

§ 9[3] Haftung bei fehlerhaftem Börsenzulassungsprospekt

(1) [1]Der Erwerber von Wertpapieren, die auf Grund eines Prospekts zum Börsenhandel zugelassen sind, in dem für die Beurteilung der Wertpapiere wesentliche Angaben unrichtig oder unvollständig sind, kann

1. von denjenigen, die für den Prospekt die Verantwortung übernommen haben, und
2. von denjenigen, von denen der Erlass des Prospekts ausgeht,

als Gesamtschuldnern die Übernahme der Wertpapiere gegen Erstattung des Erwerbspreises, soweit dieser den ersten Ausgabepreis der Wertpapiere nicht überschreitet, und

1) Bisheriger Abschnitt 6 wird Abschnitt 3 durch Gesetz vom 8.7.2019 (BGBl. I S. 1002).
2) § 8 eingefügt durch Gesetz vom 8.7.2019 (BGBl. I S. 1002).
3) Bisheriger § 21 wird § 9 und Abs. 4 neu gefasst durch Gesetz vom 8.7.2019 (BGBl. I S. 1002).

der mit dem Erwerb verbundenen üblichen Kosten verlangen, sofern das Erwerbsgeschäft nach Veröffentlichung des Prospekts und innerhalb von sechs Monaten nach erstmaliger Einführung der Wertpapiere abgeschlossen wurde. [2]Ist kein Ausgabepreis festgelegt, gilt als Ausgabepreis der erste nach Einführung der Wertpapiere festgestellte oder gebildete Börsenpreis, im Falle gleichzeitiger Feststellung oder Bildung an mehreren inländischen Börsen der höchste erste Börsenpreis. [3]Auf den Erwerb von Wertpapieren desselben Emittenten, die von den in Satz 1 genannten Wertpapieren nicht nach Ausstattungsmerkmalen oder in sonstiger Weise unterschieden werden können, sind die Sätze 1 und 2 entsprechend anzuwenden.

(2) [1]Ist der Erwerber nicht mehr Inhaber der Wertpapiere, so kann er die Zahlung des Unterschiedsbetrags zwischen dem Erwerbspreis, soweit dieser den ersten Ausgabepreis nicht überschreitet, und dem Veräußerungspreis der Wertpapiere sowie der mit dem Erwerb und der Veräußerung verbundenen üblichen Kosten verlangen. [2]Absatz 1 Satz 2 und 3 ist anzuwenden.

(3) Sind Wertpapiere eines Emittenten mit Sitz im Ausland auch im Ausland zum Börsenhandel zugelassen, besteht ein Anspruch nach Absatz 1 oder 2 nur, sofern die Wertpapiere auf Grund eines im Inland abgeschlossenen Geschäfts oder einer ganz oder teilweise im Inland erbrachten Wertpapierdienstleistung erworben wurden.

(4) Einem Prospekt stehen Dokumente gleich, welche gemäß Artikel 1 Absatz 5 Buchstabe e, f, g, h oder j Ziffer v und vi der Verordnung (EU) 2017/1129 zur Verfügung gestellt wurden.

§ 10 [1)] Haftung bei sonstigem fehlerhaften Prospekt

Sind in einem nach Artikel 3 Absatz 1 der Verordnung (EU) 2017/1129 veröffentlichten Prospekt, der nicht Grundlage für die Zulassung von Wertpapieren zum Handel an einer inländischen Börse ist, für die Beurteilung der Wertpapiere wesentliche Angaben unrichtig oder unvollständig, ist § 9 entsprechend anzuwenden mit der Maßgabe, dass

1. bei der Anwendung des § 9 Absatz 1 Satz 1 für die Bemessung des Zeitraums von sechs Monaten anstelle der Einführung der Wertpapiere der Zeitpunkt des ersten öffentlichen Angebots im Inland maßgeblich ist und
2. § 9 Absatz 3 auf diejenigen Emittenten mit Sitz im Ausland anzuwenden ist, deren Wertpapiere auch im Ausland öffentlich angeboten werden.

§ 11 [2)] Haftung bei fehlerhaftem Wertpapier-Informationsblatt

(1) Sind in einem veröffentlichten Wertpapier-Informationsblatt nach § 4 Absatz 1 Satz 1 für die Beurteilung der Wertpapiere wesentliche Angaben unrichtig oder irreführend oder ist der Warnhinweis nach § 4 Absatz 4 nicht enthalten, kann der Erwerber dieser Wertpapiere von denjenigen, von denen der Erlass des Wertpapier-Informationsblatts ausgeht, und vom Anbieter als Gesamtschuldnern die Übernahme der Wertpapiere gegen Erstattung des Erwerbspreises, soweit dieser den ersten Ausgabepreis der Wertpapiere nicht überschreitet, und der mit dem Erwerb verbundenen üblichen Kosten verlangen, sofern das Erwerbsgeschäft nach Veröffentlichung des Wertpapier-Informationsblatts und während der Dauer des öffentlichen Angebots, spätestens jedoch innerhalb von sechs Monaten nach dem ersten öffentlichen Angebot der Wertpapiere im Inland abgeschlossen wurde.

---

1) Bisheriger § 22 wird § 10 und geändert durch Gesetz vom 8.7.2019 (BGBl. I S. 1002).
2) Bisheriger § 22a wird § 11 und geändert durch Gesetz vom 8.7.2019 (BGBl. I S. 1002).

(2) Ist der Erwerber nicht mehr Inhaber der Wertpapiere, so kann er die Zahlung des Unterschiedsbetrags zwischen dem Erwerbspreis, soweit dieser den ersten Ausgabepreis nicht überschreitet, und dem Veräußerungspreis der Wertpapiere sowie der mit dem Erwerb und der Veräußerung verbundenen üblichen Kosten verlangen.

(3) Werden Wertpapiere eines Emittenten mit Sitz im Ausland auch im Ausland öffentlich angeboten, besteht ein Anspruch nach Absatz 1 oder Absatz 2 nur, sofern die Wertpapiere auf Grund eines im Inland abgeschlossenen Geschäfts oder einer ganz oder teilweise im Inland erbrachten Wertpapierdienstleistung erworben wurden.

§ 12 [1] Haftungsausschluss bei fehlerhaftem Prospekt

(1) Nach den §§ 9 oder 10 kann nicht in Anspruch genommen werden, wer nachweist, dass er die Unrichtigkeit oder Unvollständigkeit der Angaben des Prospekts nicht gekannt hat und dass die Unkenntnis nicht auf grober Fahrlässigkeit beruht.

(2) Ein Anspruch nach den §§ 9 oder 10 besteht nicht, sofern

1. die Wertpapiere nicht auf Grund des Prospekts erworben wurden,
2. der Sachverhalt, über den unrichtige oder unvollständige Angaben im Prospekt enthalten sind, nicht zu einer Minderung des Börsenpreises der Wertpapiere beigetragen hat,
3. der Erwerber die Unrichtigkeit oder Unvollständigkeit der Angaben des Prospekts bei dem Erwerb kannte,
4. vor dem Abschluss des Erwerbsgeschäfts im Rahmen des Jahresabschlusses oder Zwischenberichts des Emittenten, einer Veröffentlichung nach Artikel 17 der Verordnung (EU) Nr. 596/2014 des Europäischen Parlaments und des Rates vom 16. April 2014 über Marktmissbrauch (Marktmissbrauchsverordnung) und zur Aufhebung der Richtlinie 2003/6/EG des Europäischen Parlaments und des Rates und der Richtlinien 2003/124/EG, 2003/125/EG und 2004/72/EG der Kommission (ABl. L 173 vom 12.6.2014, S. 1) in der jeweils geltenden Fassung oder einer vergleichbaren Bekanntmachung eine deutlich gestaltete Berichtigung der unrichtigen oder unvollständigen Angaben im Inland veröffentlicht wurde oder
5. er sich ausschließlich auf Grund von Angaben in der Zusammenfassung nach Artikel 7 der Verordnung (EU) 2017/1129 oder in der speziellen Zusammenfassung eines EU-Wachstumsprospekts im Sinne des Artikels 15 Absatz 1 Unterabsatz 2 Satz 2 der Verordnung (EU) 2017/1129 samt etwaiger Übersetzungen ergibt, es sei denn, die Zusammenfassung ist irreführend, unrichtig oder widersprüchlich, wenn sie zusammen mit den anderen Teilen des Prospekts gelesen wird, oder sie enthält, wenn sie zusammen mit den anderen Teilen des Prospekts gelesen wird, nicht alle gemäß Artikel 7 Absatz 1 Unterabsatz 1 in Verbindung mit den Absätzen 5 bis 7 Buchstabe a bis d und Absatz 8 der Verordnung (EU) 2017/1129 erforderlichen Basisinformationen; im Falle der speziellen Zusammenfassung eines EU-Wachstumsprospekts richtet sich die Vollständigkeit der relevanten Informationen nach den Vorgaben in Artikel 33 der Delegierten Verordnung (EU) 2019/980 der Kommission vom 14. März 2019 zur Ergänzung der Verordnung (EU) 2017/1129 des Europäischen Parlaments und des Rates hinsichtlich der Aufmachung, des Inhalts, der Prüfung und der Billigung des Prospekts, der beim öffentlichen Angebot von Wertpapieren oder bei deren Zulassung zum Handel an einem geregelten Markt zu veröffentlichen ist, und zur Aufhebung der Verordnung (EG) Nr. 809/2004 der Kommission (ABl. L 166 vom 21.6.2019, S. 26).

---

1) Bisheriger § 23 wird § 12 und geändert durch Gesetz vom 8.7.2019 (BGBl. I S. 1002).

§ 13[1] Haftungsausschluss bei fehlerhaftem Wertpapier-Informationsblatt

(1) Nach § 11 kann nicht in Anspruch genommen werden, wer nachweist, dass er die Unrichtigkeit der Angaben des Wertpapier-Informationsblatts oder die Irreführung durch diese Angaben nicht gekannt hat und dass die Unkenntnis nicht auf grober Fahrlässigkeit beruht.

(2) Ein Anspruch nach § 11 besteht nicht, sofern

1. die Wertpapiere nicht auf Grund des Wertpapier-Informationsblatts erworben wurden,
2. der Sachverhalt, über den unrichtige oder irreführende Angaben im Wertpapier-Informationsblatt enthalten sind, nicht zu einer Minderung des Börsenpreises der Wertpapiere beigetragen hat,
3. der Erwerber die Unrichtigkeit der Angaben des Wertpapier-Informationsblatts oder die Irreführung durch diese Angaben bei dem Erwerb kannte oder
4. vor dem Abschluss des Erwerbsgeschäfts im Rahmen des Jahresabschlusses oder Zwischenberichts des Emittenten, im Rahmen einer Veröffentlichung nach Artikel 17 der Verordnung (EU) Nr. 596/2014 des Europäischen Parlaments und des Rates vom 16. April 2014 über Marktmissbrauch (Marktmissbrauchsverordnung) und zur Aufhebung der Richtlinie 2003/6/EG des Europäischen Parlaments und des Rates und der Richtlinien 2003/124/EG, 2003/125/EG und 2004/72/EG der Kommission (ABl. L 173 vom 12.6.2014, S. 1; L 287 vom 21.10.2016, S. 320; L 306 vom 15.11.2016, S. 43; L 348 vom 21.12.2016, S. 83), die zuletzt durch die Verordnung (EU) 2016/1033 (ABl. L 175 vom 30.6.2016, S. 1) geändert worden ist, in der jeweils geltenden Fassung oder einer vergleichbaren Bekanntmachung eine deutlich gestaltete Berichtigung der unrichtigen oder irreführenden Angaben im Inland veröffentlicht wurde.

§ 14[2] Haftung bei fehlendem Prospekt

(1) [1]Ist ein Prospekt entgegen Artikel 3 Absatz 1 der Verordnung (EU) 2017/1129 nicht veröffentlicht worden, kann der Erwerber von Wertpapieren von dem Emittenten und dem Anbieter als Gesamtschuldnern die Übernahme der Wertpapiere gegen Erstattung des Erwerbspreises, soweit dieser den ersten Erwerbspreis nicht überschreitet, und der mit dem Erwerb verbundenen üblichen Kosten verlangen, sofern das Erwerbsgeschäft vor Veröffentlichung eines Prospekts und innerhalb von sechs Monaten nach dem ersten öffentlichen Angebot im Inland abgeschlossen wurde. [2]Auf den Erwerb von Wertpapieren desselben Emittenten, die von den in Satz 1 genannten Wertpapieren nicht nach Ausstattungsmerkmalen oder in sonstiger Weise unterschieden werden können, ist Satz 1 entsprechend anzuwenden.

(2) [1]Ist der Erwerber nicht mehr Inhaber der Wertpapiere, so kann er die Zahlung des Unterschiedsbetrags zwischen dem Erwerbspreis und dem Veräußerungspreis der Wertpapiere sowie der mit dem Erwerb und der Veräußerung verbundenen üblichen Kosten verlangen. [2]Absatz 1 Satz 1 gilt entsprechend.

(3) Werden Wertpapiere eines Emittenten mit Sitz im Ausland auch im Ausland öffentlich angeboten, besteht ein Anspruch nach Absatz 1 oder Absatz 2 nur, sofern die Wertpapiere auf Grund eines im Inland abgeschlossenen Geschäfts oder einer ganz oder teilweise im Inland erbrachten Wertpapierdienstleistung erworben wurden.

---

1) Bisheriger § 23a wird § 13 und geändert durch Gesetz vom 8.7.2019 (BGBl. I S. 1002).
2) Bisheriger § 24 wird § 14 und geändert durch Gesetz vom 8.7.2019 (BGBl. I S. 1002).

(4) Der Anspruch nach den Absätzen 1 bis 3 besteht nicht, sofern der Erwerber die Pflicht, einen Prospekt zu veröffentlichen, beim Erwerb kannte.

§ 15[1] Haftung bei fehlendem Wertpapier-Informationsblatt

(1) Ist ein Wertpapier-Informationsblatt entgegen § 4 Absatz 1 Satz 1 oder Satz 2 nicht veröffentlicht worden, kann der Erwerber von Wertpapieren von dem Emittenten und dem Anbieter als Gesamtschuldnern die Übernahme der Wertpapiere gegen Erstattung des Erwerbspreises, soweit dieser den ersten Erwerbspreis nicht überschreitet, und der mit dem Erwerb verbundenen üblichen Kosten verlangen, sofern das Erwerbsgeschäft vor Veröffentlichung eines Wertpapier-Informationsblatts und während der Dauer des öffentlichen Angebots, spätestens jedoch innerhalb von sechs Monaten nach dem ersten öffentlichen Angebot der Wertpapiere im Inland abgeschlossen wurde.

(2) [1]Ist der Erwerber nicht mehr Inhaber der Wertpapiere, so kann er die Zahlung des Unterschiedsbetrags zwischen dem Erwerbspreis, soweit dieser den ersten Erwerbspreis nicht überschreitet, und dem Veräußerungspreis der Wertpapiere sowie der mit dem Erwerb und der Veräußerung verbundenen üblichen Kosten verlangen. [2]Absatz 1 gilt entsprechend.

(3) Werden Wertpapiere eines Emittenten mit Sitz im Ausland auch im Ausland öffentlich angeboten, besteht ein Anspruch nach Absatz 1 oder Absatz 2 nur, sofern die Wertpapiere auf Grund eines im Inland abgeschlossenen Geschäfts oder einer ganz oder teilweise im Inland erbrachten Wertpapierdienstleistung erworben wurden.

(4) Der Anspruch nach den Absätzen 1 bis 3 besteht nicht, sofern der Erwerber die Pflicht, ein Wertpapier-Informationsblatt zu veröffentlichen, beim Erwerb kannte.

§ 16[2] Unwirksame Haftungsbeschränkung; sonstige Ansprüche

(1) Eine Vereinbarung, durch die Ansprüche nach den §§ 9, 10, 11, 14 oder 15 im Voraus ermäßigt oder erlassen werden, ist unwirksam.

(2) Weitergehende Ansprüche, die nach den Vorschriften des bürgerlichen Rechts auf Grund von Verträgen oder unerlaubten Handlungen erhoben werden können, bleiben unberührt.

Abschnitt 4.[3] Zuständige Behörde und Verfahren

§ 17[4] Zuständige Behörde

Die Bundesanstalt ist zuständige Behörde im Sinne des Artikels 31 Absatz 1 Satz 1 der Verordnung (EU) 2017/1129 in der jeweils geltenden Fassung.

§ 18[5] Befugnisse der Bundesanstalt

(1) Ist bei der Bundesanstalt ein Prospekt zur Billigung eingereicht worden, kann sie vom Emittenten, Anbieter oder Zulassungsantragsteller die Aufnahme zusätzlicher Angaben in den Prospekt verlangen, wenn dies zum Schutz des Publikums geboten erscheint.

---

1) Bisheriger § 24a wird § 15 und geändert durch Gesetz vom 8.7.2019 (BGBl. I S. 1002).
2) Bisheriger § 25 wird § 16 und geändert durch Gesetz vom 8.7.2019 (BGBl. I S. 1002).
3) Bisheriger Abschnitt 7 wird Abschnitt 4 durch Gesetz vom 8.7.2019 (BGBl. I S. 1002).
4) § 17 eingefügt durch Gesetz vom 8.7.2019 (BGBl. I S. 1002).
5) Bisheriger § 26 wird § 18 und geändert durch Gesetz vom 8.7.2019 (BGBl. I S. 1002).

(2) Die Bundesanstalt kann von jedermann Auskünfte, die Vorlage von Informationen und Unterlagen und die Überlassung von Kopien verlangen, soweit dies zur Überwachung der Einhaltung der Bestimmungen

1. dieses Gesetzes oder
2. der Verordnung (EU) 2017/1129

erforderlich ist.

(3) [1]Die Bundesanstalt kann auf ihrer Internetseite öffentlich bekannt machen, dass ein Emittent, Anbieter oder Zulassungsantragsteller seinen Verpflichtungen nach diesem Gesetz oder der Verordnung (EU) 2017/1129 nicht oder nur unvollständig nachkommt oder diesbezüglich ein hinreichend begründeter Verdacht besteht. [2]Dies gilt insbesondere, wenn

1. entgegen Artikel 3, auch in Verbindung mit Artikel 5 der Verordnung (EU) 2017/1129, kein Prospekt veröffentlicht wurde,
2. entgegen Artikel 20 der Verordnung (EU) 2017/1129 in Verbindung mit den Vorgaben in Kapitel V der Delegierten Verordnung (EU) 2019/980 ein Prospekt veröffentlicht wird,
3. der Prospekt nicht mehr nach Artikel 12 der Verordnung (EU) 2017/1129 gültig ist,
4. entgegen den in Artikel 18 der Delegierten Verordnung (EU) 2019/979 bestimmten Fällen kein Nachtrag veröffentlicht wurde,
5. entgegen § 4 Absatz 1 kein Wertpapier-Informationsblatt veröffentlicht wurde,
6. entgegen § 4 Absatz 2 ein Wertpapier-Informationsblatt veröffentlicht wird oder
7. das Wertpapier-Informationsblatt nicht nach § 4 Absatz 8 aktualisiert wurde.

[3]In einem Auskunfts- und Vorlegungsersuchen nach Absatz 2 ist auf die Befugnis nach Satz 1 hinzuweisen. [4]Die Bekanntmachung darf nur diejenigen personenbezogenen Daten enthalten, die zur Identifizierung des Anbieters, Zulassungsantragstellers oder Emittenten erforderlich sind. [5]Bei nicht bestandskräftigen Maßnahmen ist folgender Hinweis hinzuzufügen: „Diese Maßnahme ist noch nicht bestandskräftig." [6]Wurde gegen die Maßnahme ein Rechtsmittel eingelegt, sind der Stand und der Ausgang des Rechtsmittelverfahrens bekannt zu machen. [7]Die Bekanntmachung ist spätestens nach fünf Jahren zu löschen. [8]Die Bundesanstalt sieht von einer Bekanntmachung ab, wenn die Bekanntmachung die Finanzmärkte der Bundesrepublik Deutschland oder eines oder mehrerer Staaten des Europäischen Wirtschaftsraums erheblich gefährden würde. [9]Sie kann von einer Bekanntmachung außerdem absehen, wenn eine Bekanntmachung nachteilige Auswirkungen auf die Durchführung strafrechtlicher, bußgeldrechtlicher oder disziplinarischer Ermittlungen haben kann.

(4) [1]Die Bundesanstalt hat ein öffentliches Angebot zu untersagen, wenn

1. entgegen Artikel 3, auch in Verbindung mit Artikel 5 der Verordnung (EU) 2017/1129, kein Prospekt veröffentlicht wurde,
2. entgegen Artikel 20 der Verordnung (EU) 2017/1129 in Verbindung mit den Vorgaben in Kapitel V der Delegierten Verordnung (EU) 2019/980 ein Prospekt veröffentlicht wird,
3. der Prospekt nicht mehr nach Artikel 12 der Verordnung (EU) 2017/1129 gültig ist,
4. entgegen den in Artikel 18 der Delegierten Verordnung (EU) 2019/979 bestimmten Fällen kein Nachtrag veröffentlicht wurde,
5. entgegen § 4 Absatz 1 kein Wertpapier-Informationsblatt hinterlegt und veröffentlicht wurde oder
6. entgegen § 4 Absatz 2 ein Wertpapier-Informationsblatt veröffentlicht wird.

[2]Die Bundesanstalt kann ein öffentliches Angebot auch untersagen, wenn gegen andere als die in Satz 1 genannten Bestimmungen

1. der Verordnung (EU) 2017/1129 oder
2. dieses Gesetzes

verstoßen wurde. [3]Sie kann ein öffentliches Angebot ebenfalls untersagen, wenn ein hinreichend begründeter Verdacht besteht, dass gegen Bestimmungen

1. der Verordnung (EU) 2017/1129 oder
2. dieses Gesetzes

verstoßen würde. [4]Hat die Bundesanstalt einen hinreichend begründeten Verdacht, dass gegen

1. dieses Gesetz, insbesondere § 4 Absatz 1, 2 oder 8, oder
2. Bestimmungen der Verordnung (EU) 2017/1129, insbesondere die Artikel 3 bis 5, 12, 20, 23, 25 oder 27,

verstoßen wurde, kann sie anordnen, dass ein öffentliches Angebot für höchstens zehn aufeinander folgende Arbeitstage auszusetzen ist. [5]Die nach Satz 4 gesetzte Frist beginnt mit der Bekanntgabe der Entscheidung.

(5) [1]Die Bundesanstalt ist befugt zu kontrollieren, ob bei der Werbung für ein öffentliches Angebot von Wertpapieren oder eine Zulassung zum Handel an einem geregelten Markt die Regelungen in Artikel 22 Absatz 2 bis 5 und in Kapitel IV der Delegierten Verordnung (EU) 2019/979 sowie diejenigen in § 7 beachtet werden. [2]Besteht ein hinreichend begründeter Verdacht für einen Verstoß gegen die Bestimmungen

1. der Verordnung (EU) 2017/1129 oder
2. dieses Gesetzes,

so kann die Bundesanstalt die Werbung untersagen oder für jeweils höchstens zehn aufeinander folgende Arbeitstage aussetzen oder anordnen, dass sie zu unterlassen oder für jeweils höchstens zehn aufeinander folgende Arbeitstage auszusetzen ist. [2]Dies gilt insbesondere bei hinreichend begründetem Verdacht auf Verstöße gegen § 7 oder gegen Artikel 3, auch in Verbindung mit Artikel 5, oder Artikel 22 Absatz 2 bis 5 und Kapitel IV der Delegierten Verordnung (EU) 2019/979.

(6) Die Bundesanstalt kann der Geschäftsführung der Börse und der Zulassungsstelle Daten einschließlich personenbezogener Daten übermitteln, wenn Tatsachen den Verdacht begründen, dass gegen Bestimmungen dieses Gesetzes oder der Verordnung (EU) 2017/1129 verstoßen worden ist und die Daten zur Erfüllung der in der Zuständigkeit der Geschäftsführung der Börse oder der Zulassungsstelle liegenden Aufgaben erforderlich sind.

(7) Verhängt die Bundesanstalt nach Artikel 42 der Verordnung (EU) Nr. 600/2014 des Europäischen Parlaments und des Rates vom 15. Mai 2014 über Märkte für Finanzinstrumente und zur Änderung der Verordnung (EU) Nr. 648/2012 (ABl. L 173 vom 12.6.2014, S. 84) oder die Europäische Wertpapier- und Marktaufsichtsbehörde nach Artikel 40 der Verordnung (EU) Nr. 600/2014 ein Verbot oder eine Beschränkung, so kann die Bundesanstalt die Prüfung eines zur Billigung vorgelegten Prospekts oder zwecks Gestattung der Veröffentlichung vorgelegten Wertpapier-Informationsblatts aussetzen oder ein öffentliches Angebot von Wertpapieren aussetzen oder einschränken, solange dieses Verbot oder diese Beschränkungen gelten.

(8) Die Bundesanstalt kann die Billigung eines Prospekts oder die Gestattung eines Wertpapier-Informationsblatts, der oder das von einem bestimmten Emittenten, Anbieter oder Zulassungsantragsteller erstellt wurde, während höchstens fünf Jahren verweigern, wenn dieser Emittent, Anbieter oder Zulassungsantragsteller wiederholt und schwer-

wiegend gegen die Verordnung (EU) 2017/1129, insbesondere deren Artikel 3 bis 5, 12 oder 20, oder gegen dieses Gesetz, insbesondere gegen § 4, verstoßen hat.

(9) [1]Der zur Erteilung einer Auskunft Verpflichtete kann die Auskunft auf solche Fragen verweigern, deren Beantwortung ihn selbst oder einen der in § 383 Abs. 1 Nr. 1 bis 3 der Zivilprozessordnung bezeichneten Angehörigen der Gefahr strafgerichtlicher Verfolgung oder eines Verfahrens nach dem Gesetz über Ordnungswidrigkeiten aussetzen würde. [2]Der Verpflichtete ist über sein Recht zur Verweigerung der Auskunft zu belehren.

(10) [1]Die Bundesanstalt kann zur Gewährleistung des Anlegerschutzes oder des reibungslosen Funktionierens des Marktes anordnen, dass der Emittent alle wesentlichen Informationen, welche die Bewertung der öffentlich angebotenen oder zum Handel an einem geregelten Markt zugelassenen Wertpapiere beeinflussen können, bekannt macht. [2]Die Bundesanstalt kann die gebotene Bekanntmachung auch auf Kosten des Emittenten selbst vornehmen.

(11) [1]Bedienstete der Bundesanstalt dürfen Geschäftsräume durchsuchen, soweit dies zur Verfolgung von Verstößen gegen die Verordnung (EU) 2017/1129, insbesondere in Fällen eines öffentlichen Angebots ohne Veröffentlichung eines Prospekts nach Artikel 3 Absatz 1 der Verordnung (EU) 2017/1129, geboten ist und der begründete Verdacht besteht, dass in Zusammenhang mit dem Gegenstand der entsprechenden Überprüfung oder Ermittlung Dokumente und andere Daten vorhanden sind, die als Nachweis für den Verstoß dienen können. [2]Das Grundrecht des Artikels 13 des Grundgesetzes wird insoweit eingeschränkt. [3]Im Rahmen der Durchsuchung dürfen Bedienstete der Bundesanstalt Gegenstände sicherstellen, die als Beweismittel für die Ermittlung des Sachverhalts von Bedeutung sein können. [4]Befinden sich die Gegenstände im Gewahrsam einer Person und werden sie nicht freiwillig herausgegeben, können Bedienstete der Bundesanstalt sie beschlagnahmen. [5]Durchsuchungen und Beschlagnahmen sind, außer bei Gefahr im Verzug, durch den Richter anzuordnen. [6]Zuständig ist das Amtsgericht Frankfurt am Main. [7]Gegen die richterliche Entscheidung ist die Beschwerde zulässig. [8]Die §§ 306 bis 310 und 311a der Strafprozessordnung gelten entsprechend. [9]Bei Beschlagnahmen ohne gerichtliche Anordnung gilt § 98 Absatz 2 der Strafprozessordnung entsprechend. [10]Zuständiges Gericht für die nachträglich eingeholte gerichtliche Entscheidung ist das Amtsgericht Frankfurt am Main. [11]Über die Durchsuchung ist eine Niederschrift zu fertigen. [12]Sie muss insbesondere die verantwortliche Dienststelle, Grund, Zeit und Ort der Durchsuchung und ihr Ergebnis enthalten.

§ 19[1)] Verschwiegenheitspflicht

(1) [1]Die bei der Bundesanstalt Beschäftigten und die nach § 4 Abs. 3 des Finanzdienstleistungsaufsichtsgesetzes beauftragten Personen dürfen die ihnen bei ihrer Tätigkeit bekannt gewordenen Tatsachen, deren Geheimhaltung im Interesse eines nach diesem Gesetz Verpflichteten oder eines Dritten liegt, insbesondere Geschäfts- und Betriebsgeheimnisse sowie personenbezogene Daten, nicht unbefugt offenbaren oder verwerten, auch wenn sie nicht mehr im Dienst sind oder ihre Tätigkeit beendet ist. [2]Dies gilt auch für andere Personen, die durch dienstliche Berichterstattung Kenntnis von den in Satz 1 bezeichneten Tatsachen erhalten. [3]Ein unbefugtes Offenbaren oder Verwerten im Sinne des Satzes 1 liegt insbesondere nicht vor, wenn Tatsachen weitergegeben werden an

1. Strafverfolgungsbehörden oder für Straf- und Bußgeldsachen zuständige Gerichte,

1) Bisheriger § 27 wird § 19 durch Gesetz vom 8.7.2019 (BGBl. I S. 1002).

2. kraft Gesetzes oder im öffentlichen Auftrag mit der Überwachung von Börsen oder anderen Märkten, an denen Finanzinstrumente gehandelt werden, des Handels mit Finanzinstrumenten oder Devisen, von Kreditinstituten, Finanzdienstleistungsinstituten, Investmentgesellschaften, Finanzunternehmen oder Versicherungsunternehmen betraute Stellen sowie von diesen beauftragte Personen,

3. die Europäische Wertpapier- und Marktaufsichtsbehörde, die Europäische Aufsichtsbehörde für das Versicherungswesen und die betriebliche Altersversorgung, die Europäische Bankenaufsichtsbehörde, den Gemeinsamen Ausschuss der Europäischen Finanzaufsichtsbehörden, den Europäischen Ausschuss für Systemrisiken oder die Europäische Kommission,

soweit diese Stellen die Informationen zur Erfüllung ihrer Aufgaben benötigen. [4]Für die bei den in Satz 3 Nummer 1 und 2 genannten Stellen beschäftigten Personen sowie von diesen Stellen beauftragten Personen gilt die Verschwiegenheitspflicht nach Satz 1 entsprechend. [5]Befindet sich eine in Satz 3 Nummer 1 oder 2 genannte Stelle in einem anderen Staat, so dürfen die Tatsachen nur weitergegeben werden, wenn die bei dieser Stelle beschäftigten und die von dieser Stelle beauftragten Personen einer dem Satz 1 entsprechenden Verschwiegenheitspflicht unterliegen.

(2) [1]Die §§ 93, 97 und 105 Absatz 1, § 111 Absatz 5 in Verbindung mit § 105 Absatz 1 sowie § 116 Absatz 1 der Abgabenordnung gelten für die in Absatz 1 Satz 1 und 2 bezeichneten Personen nur, soweit die Finanzbehörden die Kenntnisse für die Durchführung eines Verfahrens wegen einer Steuerstraftat sowie eines damit zusammenhängenden Besteuerungsverfahrens benötigen. [2]Die in Satz 1 genannten Vorschriften sind jedoch nicht anzuwenden, soweit Tatsachen betroffen sind,

1. die den in Absatz 1 Satz 1 oder Satz 2 bezeichneten Personen durch eine Stelle eines anderen Staates im Sinne von Absatz 1 Satz 3 Nummer 2 oder durch von dieser Stelle beauftragte Personen mitgeteilt worden sind oder

2. von denen bei der Bundesanstalt beschäftigte Personen dadurch Kenntnis erlangen, dass sie an der Aufsicht über direkt von der Europäischen Zentralbank beaufsichtigte Institute mitwirken, insbesondere in gemeinsamen Aufsichtsteams nach Artikel 2 Nummer 6 der Verordnung (EU) Nr. 468/2014 der Europäischen Zentralbank vom 16. April 2014 zur Einrichtung eines Rahmenwerks für die Zusammenarbeit zwischen der Europäischen Zentralbank und den nationalen zuständigen Behörden und den nationalen benannten Behörden innerhalb des einheitlichen Aufsichtsmechanismus (SSM-Rahmenverordnung) (EZB/2014/17) (ABl. L 141 vom 14.5.2014, S. 1), und die nach den Regeln der Europäischen Zentralbank geheim sind.

§ 20 [1)] Sofortige Vollziehung

Keine aufschiebende Wirkung haben

1. Widerspruch und Anfechtungsklage gegen Maßnahmen nach den §§ 18 und 25 sowie

2. Widerspruch und Anfechtungsklage gegen die Androhung oder Festsetzung von Zwangsmitteln.

---

1) Bisheriger § 31 wird § 20 und geändert durch Gesetz vom 8.7.2019 (BGBl. I S. 1002).

Abschnitt 5.[1] Sonstige Vorschriften

§ 21[2] Anerkannte Sprache

(1) Anerkannte Sprache im Sinne des Artikels 27 der Verordnung (EU) 2017/1129 ist die deutsche Sprache.

(2) [1]Die englische Sprache wird im Falle des Artikels 27 Absatz 1 und 3 der Verordnung (EU) 2017/1129 anerkannt, sofern der Prospekt auch eine Übersetzung der in Artikel 7 dieser Verordnung genannten Zusammenfassung, oder, im Falle eines EU-Wachstumsprospekts, der speziellen Zusammenfassung gemäß Artikel 15 Absatz 2 dieser Verordnung in die deutsche Sprache enthält. [2]Im Falle von Basisprospekten ist die Zusammenfassung für die einzelne Emission in die deutsche Sprache zu übersetzen. [3]Die englische Sprache wird ohne Übersetzung der Zusammenfassung anerkannt, wenn gemäß Artikel 7 Absatz 1 Unterabsatz 2 der Verordnung (EU) 2017/1129 eine Zusammenfassung nicht erforderlich ist.

§ 22[3] Elektronische Einreichung, Aufbewahrung

(1) [1]Der Prospekt einschließlich der Übersetzung der Zusammenfassung ist der Bundesanstalt ausschließlich elektronisch über das Melde- und Veröffentlichungssystem der Bundesanstalt zu übermitteln. [2]Dies gilt entsprechend für die Übermittlung von Nachträgen und für die Hinterlegung von einheitlichen Registrierungsformularen einschließlich deren Änderungen.

(2) Die endgültigen Bedingungen des Angebots sind ausschließlich elektronisch über das Melde- und Veröffentlichungssystem der Bundesanstalt zu hinterlegen.

(3) [1]Der gebilligte Prospekt wird von der Bundesanstalt zehn Jahre aufbewahrt. [2]Die Aufbewahrungsfrist beginnt mit dem Ablauf des 31. Dezembers des Kalenderjahres, in dem der Prospekt gebilligt wurde. [3]Dies gilt entsprechend für gebilligte Nachträge und einheitliche Registrierungsformulare einschließlich deren Änderungen.

§ 23[4] Gebühren und Auslagen

(1) Für individuell zurechenbare öffentliche Leistungen, nach den auf diesem Gesetz beruhenden Rechtsvorschriften und nach Rechtsakten der Europäischen Union kann die Bundesanstalt Gebühren und Auslagen erheben.

(2) [1]Das Bundesministerium der Finanzen wird ermächtigt, durch Rechtsverordnung, die nicht der Zustimmung des Bundesrates bedarf, die gebührenpflichtigen Tatbestände und die Gebühren nach festen Sätzen oder als Rahmengebühren näher zu bestimmen. [2]Die Gebührensätze und die Rahmengebühren sind so zu bemessen, dass zwischen der den Verwaltungsaufwand berücksichtigenden Höhe und der Bedeutung, dem wirtschaftlichen Wert oder dem sonstigen Nutzen der individuell zurechenbaren öffentlichen Leistung ein angemessenes Verhältnis besteht. [3]Das Bundesministerium der Finanzen kann die Ermächtigung durch Rechtsverordnung auf die Bundesanstalt für Finanzdienstleistungsaufsicht übertragen.

§ 24[5] Bußgeldvorschriften

(1) Ordnungswidrig handelt, wer vorsätzlich oder leichtfertig

1. entgegen § 4 Absatz 1 Satz 1 ein Wertpapier anbietet,

---

1) Bisheriger Abschnitt 8 wird Abschnitt 5 durch Gesetz vom 8.7.2019 (BGBl. I S. 1002).
2) § 21 eingefügt durch Gesetz vom 8.7.2019 (BGBl. I S. 1002).
3) § 22 eingefügt durch Gesetz vom 8.7.2019 (BGBl. I S. 1002).
4) Bisheriger § 33 wird § 23 durch Gesetz vom 8.7.2019 (BGBl. I S. 1002).
5) Bisheriger § 35 wird § 24 und neu gefasst durch Gesetz vom 8.7.2019 (BGBl. I S. 1002).

2. entgegen § 4 Absatz 2 Satz 1 ein Wertpapier-Informationsblatt veröffentlicht,
3. entgegen § 4 Absatz 8 Satz 1
   a) eine Angabe nicht, nicht richtig, nicht vollständig oder nicht rechtzeitig aktualisiert oder
   b) eine aktualisierte Fassung des Wertpapier-Informationsblatts nicht oder nicht rechtzeitig übermittelt,
4. entgegen § 4 Absatz 8 Satz 2 das dort genannte Datum nicht oder nicht richtig nennt,
5. entgegen § 4 Absatz 8 Satz 3 oder § 5 Absatz 3 Satz 1 ein Wertpapier-Informationsblatt nicht, nicht richtig, nicht vollständig, nicht in der vorgeschriebenen Weise oder nicht rechtzeitig veröffentlicht,
6. entgegen § 5 Absatz 3 Satz 2, auch in Verbindung mit § 4 Absatz 8 Satz 4, nicht sicherstellt, dass ein Wertpapier-Informationsblatt zugänglich ist,
7. entgegen § 7 Absatz 1 nicht dafür sorgt, dass ein dort genannter Hinweis erfolgt,
8. entgegen § 7 Absatz 2 nicht dafür sorgt, dass die Werbung klar als solche erkennbar ist,
9. entgegen § 7 Absatz 3 nicht dafür sorgt, dass eine Information weder unrichtig noch irreführend ist oder eine Übereinstimmung mit einer dort genannten Information vorliegt,
10. entgegen § 7 Absatz 4 nicht dafür sorgt, dass eine Information mit der im Wertpapier-Informationsblatt enthaltenen Information übereinstimmt, oder
11. entgegen § 7 Absatz 5 eine Information in das Wertpapier-Informationsblatt oder in eine Aktualisierung nicht, nicht richtig, nicht vollständig oder nicht rechtzeitig aufnimmt.

(2) Ordnungswidrig handelt, wer vorsätzlich oder fahrlässig einer vollziehbaren Anordnung nach

1. § 18 Absatz 2 Nummer 1, Absatz 4 Satz 1 Nummer 5 oder 6, Satz 2 Nummer 2, Satz 3 Nummer 2 oder Satz 4 Nummer 1, Absatz 5 Satz 2 Nummer 2 oder Absatz 10 Satz 1 oder
2. § 18 Absatz 2 Nummer 2, Absatz 4 Satz 1 Nummer 1 bis 3 oder 4, Satz 2 Nummer 1, Satz 3 Nummer 1 oder Satz 4 Nummer 2 oder Absatz 5 Satz 2 Nummer 1

zuwiderhandelt.

(3) Ordnungswidrig handelt, wer gegen die Verordnung (EU) 2017/1129 des Europäischen Parlaments und des Rates vom 14. Juni 2017 über den Prospekt, der beim öffentlichen Angebot von Wertpapieren oder bei deren Zulassung zum Handel an einem geregelten Markt zu veröffentlichen ist und zur Aufhebung der Richtlinie 2003/71/EG (ABl. L 168 vom 30.6.2017, S. 12) verstößt, indem er vorsätzlich oder leichtfertig

1. entgegen Artikel 3 Absatz 1 ein Wertpapier öffentlich anbietet,
2. entgegen Artikel 5 Absatz 2 ein Wertpapier an nicht qualifizierte Anleger weiterveräußert,
3. entgegen Artikel 8 Absatz 5 Unterabsatz 1 die endgültigen Bedingungen nicht, nicht in der vorgeschriebenen Weise oder nicht rechtzeitig der Öffentlichkeit zur Verfügung stellt oder sie nicht oder nicht rechtzeitig bei der Bundesanstalt hinterlegt,
4. entgegen Artikel 9 Absatz 4 das einheitliche Registrierungsformular oder eine Änderung der Öffentlichkeit nicht oder nicht rechtzeitig zur Verfügung stellt,

5. entgegen Artikel 9 Absatz 9 Unterabsatz 2 Satz 2 oder Unterabsatz 3 eine Änderung des einheitlichen Registrierungsformulars bei der Bundesanstalt nicht oder nicht rechtzeitig hinterlegt,
6. einer vollziehbaren Anordnung nach Artikel 9 Absatz 9 Unterabsatz 4 Satz 1 zuwiderhandelt,
7. entgegen Artikel 9 Absatz 12 Unterabsatz 3 Buchstabe b das einheitliche Registrierungsformular nicht oder nicht rechtzeitig bei der Bundesanstalt hinterlegt oder es nicht oder nicht rechtzeitig dem Handelsregister nach § 8b des Handelsgesetzbuches zur Verfügung stellt,
8. entgegen Artikel 10 Absatz 1 Unterabsatz 2 bei der Bundesanstalt einen Nachtrag nicht, nicht richtig, nicht vollständig oder nicht rechtzeitig zur Billigung vorlegt,
9. entgegen Artikel 10 Absatz 2 das gebilligte Registrierungsformular der Öffentlichkeit nicht, nicht in der vorgeschriebenen Weise oder nicht rechtzeitig zur Verfügung stellt,
10. entgegen Artikel 19 Absatz 2 Satz 1 die Zugänglichkeit einer mittels Verweis in den Prospekt aufgenommenen Information nicht gewährleistet,
11. entgegen Artikel 19 Absatz 3 der Bundesanstalt eine dort genannte Information nicht, nicht richtig, nicht vollständig, nicht in der vorgeschriebenen Weise oder nicht rechtzeitig vorlegt,
12. entgegen Artikel 20 Absatz 1 einen Prospekt veröffentlicht,
13. entgegen Artikel 21 Absatz 1 oder 3 Unterabsatz 1 einen Prospekt nicht, nicht richtig, nicht vollständig, nicht in der vorgeschriebenen Weise oder nicht rechtzeitig der Öffentlichkeit zur Verfügung stellt,
14. entgegen Artikel 21 Absatz 3 Unterabsatz 2 ein dort genanntes Dokument, einen Nachtrag, eine endgültige Bedingung oder eine Kopie der Zusammenfassung nicht oder nicht rechtzeitig zur Verfügung stellt,
15. entgegen Artikel 21 Absatz 11 Satz 1 oder 2 eine kostenlose Version des Prospekts oder eine gedruckte Fassung nicht oder nicht rechtzeitig zur Verfügung stellt,
16. entgegen Artikel 22 Absatz 5 eine Mitteilung nicht oder nicht rechtzeitig macht oder eine Information nicht oder nicht rechtzeitig aufnimmt oder
17. entgegen Artikel 23 Absatz 1, auch in Verbindung mit Artikel 8 Absatz 10, einen Nachtrag nicht, nicht richtig, nicht vollständig, nicht in der vorgeschriebenen Weise oder nicht rechtzeitig veröffentlicht.

(4) Ordnungswidrig handelt, wer vorsätzlich oder leichtfertig

1. ohne Prospekt Wertpapiere später weiterveräußert oder als Finanzintermediär endgültig platziert, ohne dass die Voraussetzungen für eine prospektfreie Weiterveräußerung oder Platzierung nach Artikel 5 Absatz 1 Unterabsatz 1 Satz 2 oder Unterabsatz 2 der Verordnung (EU) 2017/1129 vorliegen,
2. einen Prospekt veröffentlicht, der die Informationen und Angaben nach Artikel 6 der Verordnung (EU) 2017/1129 nicht oder nicht in der vorgeschriebenen Weise enthält,
3. einen Prospekt veröffentlicht, dessen Zusammenfassung die Informationen und Warnhinweise nach Artikel 7 Absatz 1 bis 8, 10 und 11 der Verordnung (EU) 2017/1129 nicht oder nicht in der vorgeschriebenen Weise enthält,
4. endgültige Bedingungen, auch als Teil eines Basisprospekts oder Nachtrags, der Öffentlichkeit zur Verfügung stellt, die nicht oder nicht in der vorgeschriebenen Weise nach Artikel 8 Absatz 3 der Verordnung (EU) 2017/1129 festlegen, welche der in dem Basisprospekt enthaltenen Optionen in Bezug auf die Angaben, die nach

der entsprechenden Wertpapierbeschreibung erforderlich sind, für die einzelne Emission gelten,

5. endgültige Bedingungen der Öffentlichkeit zur Verfügung stellt, die nicht den Anforderungen nach Artikel 8 Absatz 4 Unterabsatz 1 der Verordnung (EU) 2017/1129 an die Präsentationsform oder an die Darlegung entsprechen,
6. endgültige Bedingungen, auch als Teil eines Basisprospekts oder Nachtrags, der Öffentlichkeit zur Verfügung stellt, die nicht den Anforderungen des Artikels 8 Absatz 4 Unterabsatz 2 der Verordnung (EU) 2017/1129 entsprechen, indem sie Angaben enthalten, die nicht die Wertpapierbeschreibung betreffen, oder als Nachtrag zum Basisprospekt dienen,
7. endgültige Bedingungen, auch als Teil eines Basisprospekts oder Nachtrags, der Öffentlichkeit zur Verfügung stellt, die eine eindeutige und deutlich sichtbare Erklärung nach Artikel 8 Absatz 5 Unterabsatz 2 der Verordnung (EU) 2017/1129 nicht oder nicht vollständig enthalten,
8. eine Zusammenfassung für die einzelne Emission veröffentlicht, die nicht nach Artikel 8 Absatz 9 Unterabsatz 1 erster Teilsatz der Verordnung (EU) 2017/1129 den Anforderungen des Artikels 8 der Verordnung (EU) 2017/1129 an endgültige Bedingungen entspricht,
9. endgültige Bedingungen, auch als Teil eines Basisprospekts oder Nachtrags, der Öffentlichkeit zur Verfügung stellt, denen nicht nach Artikel 8 Absatz 9 Unterabsatz 1 zweiter Teilsatz der Verordnung (EU) 2017/1129 die Zusammenfassung für die einzelne Emission angefügt ist,
10. endgültige Bedingungen, auch als Teil eines Basisprospekts oder Nachtrags, der Öffentlichkeit zur Verfügung stellt, denen eine Zusammenfassung für die einzelne Emission angefügt ist, die nicht den in Artikel 8 Absatz 9 Unterabsatz 2 der Verordnung (EU) 2017/1129 genannten Anforderungen entspricht,
11. endgültige Bedingungen, auch als Teil eines Basisprospekts oder Nachtrags, der Öffentlichkeit zur Verfügung stellt, die auf der ersten Seite nicht den in Artikel 8 Absatz 11 Satz 2 der Verordnung (EU) 2017/1129 genannten Warnhinweis enthalten,
12. ein einheitliches Registrierungsformular ohne vorherige Billigung durch die Bundesanstalt veröffentlicht, ohne dass die Voraussetzungen nach Artikel 9 Absatz 2 der Verordnung (EU) 2017/1129 für die Möglichkeit einer Hinterlegung ohne vorherige Billigung vorliegen,
13. einen Prospekt, auch unter Verwendung eines Registrierungsformulars oder eines einheitlichen Registrierungsformulars als Prospektbestandteil, veröffentlicht, der die nach Artikel 11 Absatz 1 der Verordnung (EU) 2017/1129 vorgeschriebenen Angaben und Erklärungen nicht oder nicht in der vorgeschriebenen Weise enthält,
14. einen vereinfachten Prospekt nach Artikel 14 der Verordnung (EU) 2017/1129 veröffentlicht, ohne zu den in Artikel 14 Absatz 1 der Verordnung (EU) 2017/1129 genannten Personen zu gehören, oder einen vereinfachten Prospekt veröffentlicht, der nicht aus den in Artikel 14 Absatz 1 der Verordnung (EU) 2017/1129 genannten Bestandteilen besteht oder die verkürzten Angaben nach Artikel 14 Absatz 2 der Verordnung (EU) 2017/1129 nicht oder nicht in der vorgeschriebenen Weise enthält,
15. einen EU-Wachstumsprospekt veröffentlicht, ohne zu den in Artikel 15 Absatz 1 der Verordnung (EU) 2017/1129 genannten Personen zu gehören, oder einen EU-Wachstumsprospekt veröffentlicht, der die in Artikel 15 Absatz 1 der Verordnung (EU) 2017/1129 genannten Bestandteile und Informationen nicht oder nicht in der vorgeschriebenen Weise enthält,

16. einen Prospekt veröffentlicht, der die Risikofaktoren nach Artikel 16 Absatz 1 bis 3 der Verordnung (EU) 2017/1129 nicht oder nicht in der vorgeschriebenen Weise darstellt,
17. einen Prospekt veröffentlicht, der die nach Artikel 17 Absatz 1 Buchstabe b der Verordnung (EU) 2017/1129 anzugebenden Informationen nicht enthält,
18. als Anbieter oder Zulassungsantragsteller den endgültigen Emissionspreis oder das endgültige Emissionsvolumen nicht spätestens am Tag der Veröffentlichung bei der Bundesanstalt nach Artikel 17 Absatz 2 erste Alternative der Verordnung (EU) 2017/1129 hinterlegt,
19. als Anbieter den endgültigen Emissionspreis oder das endgültige Emissionsvolumen nicht, nicht richtig, nicht in der nach Artikel 17 Absatz 2 zweite Alternative in Verbindung mit Artikel 21 Absatz 2 der Verordnung (EU) 2017/1129 vorgeschriebenen Weise oder nicht unverzüglich nach der Festlegung des endgültigen Emissionspreises und Emissionsvolumens der Öffentlichkeit zur Verfügung stellt,
20. nach der Verordnung (EU) 2017/1129 für einen Prospekt oder seine Bestandteile vorgeschriebene Informationen und Angaben nicht in den Prospekt aufnimmt, ohne dass die Voraussetzungen nach Artikel 18 der Verordnung (EU) 2017/1129 für eine Nichtaufnahme vorliegen,
21. eine Information mittels Verweis in den Prospekt aufnimmt, die einer der in Artikel 19 Absatz 1 der Verordnung (EU) 2017/1129 genannten Anforderungen nicht entspricht,
22. als Emittent, Anbieter oder Zulassungsantragsteller eine gesonderte Kopie der Zusammenfassung zur Verfügung stellt, die nicht nach Artikel 21 Absatz 3 Unterabsatz 3 der Verordnung (EU) 2017/1129 klar angibt, auf welchen Prospekt sie sich bezieht,
23. als Emittent, Anbieter oder Zulassungsantragsteller für den Zugang zu einem gebilligten Prospekt eine Zugangsbeschränkung nach Artikel 21 Absatz 4 der Verordnung (EU) 2017/1129 vorsieht,
24. als Emittent, Anbieter oder Zulassungsantragsteller einen gebilligten Prospekt nach seiner Veröffentlichung gemäß Artikel 21 Absatz 7 Unterabsatz 1 der Verordnung (EU) 2017/1129 nicht mindestens zehn Jahre lang auf den in Artikel 21 Absatz 2 der Verordnung (EU) 2017/1129 genannten Websites in elektronischer Form öffentlich zugänglich macht,
25. als Emittent, Anbieter oder Zulassungsantragsteller Hyperlinks für die mittels Verweis in den Prospekt aufgenommenen Informationen, Nachträge und/oder endgültigen Bedingungen für den Prospekt verwendet und diese nicht gemäß Artikel 21 Absatz 7 Unterabsatz 2 der Verordnung (EU) 2017/1129 funktionsfähig hält,
26. einen gebilligten Prospekt der Öffentlichkeit zur Verfügung stellt, der den Warnhinweis dazu, ab wann der Prospekt nicht mehr gültig ist, nach Artikel 21 Absatz 8 der Verordnung (EU) 2017/1129 nicht, nicht vollständig oder nicht in der vorgeschriebenen Weise enthält,
27. Einzeldokumente eines aus mehreren Einzeldokumenten bestehenden Prospekts im Sinne des Artikels 10 der Verordnung (EU) 2017/1129 veröffentlicht, die den Hinweis darauf, dass es sich bei jedem dieser Einzeldokumente lediglich um einen Teil des Prospekts handelt und wo die übrigen Einzeldokumente erhältlich sind, nach Artikel 21 Absatz 9 Satz 2 der Verordnung (EU) 2017/1129 nicht oder nicht vollständig enthalten,
28. einen Prospekt oder einen Nachtrag der Öffentlichkeit zur Verfügung stellt, dessen Wortlaut und Aufmachung nicht mit der von der zuständigen Behörde gebilligten

Fassung des Prospekts oder Nachtrags nach Artikel 21 Absatz 10 der Verordnung (EU) 2017/1129 identisch ist,

29. sich in Werbung auf ein öffentliches Angebot von Wertpapieren oder auf eine Zulassung zum Handel an einem geregelten Markt bezieht, die den nach Artikel 22 Absatz 2 der Verordnung (EU) 2017/1129 vorzusehenden Hinweis nicht oder nicht vollständig enthält,
30. sich in Werbung auf ein öffentliches Angebot von Wertpapieren oder auf eine Zulassung zum Handel an einem geregelten Markt bezieht, ohne sie klar als Werbung erkennbar zu machen oder ohne dass die darin enthaltenen Informationen den Anforderungen nach Artikel 22 Absatz 3 der Verordnung (EU) 2017/1129 entsprechen,
31. nicht nach Artikel 22 Absatz 4 der Verordnung (EU) 2017/1129 sicherstellt, dass mündlich oder schriftlich verbreitete Informationen über das öffentliche Angebot von Wertpapieren oder die Zulassung zum Handel an einem geregelten Markt mit den im Prospekt enthaltenen Informationen übereinstimmen,
32. einen Nachtrag veröffentlicht, in dem die Frist für das Widerrufsrecht des Anlegers und die Erklärung nach Artikel 23 Absatz 2 der Verordnung (EU) 2017/1129, auch in Verbindung mit Artikel 8 Absatz 10 der Verordnung (EU) 2017/1129, nicht oder nicht in der vorgeschriebenen Weise angegeben ist,
33. als Finanzintermediär, über den die Wertpapiere erworben oder gezeichnet werden, oder als Emittent, über den die Wertpapiere unmittelbar erworben oder gezeichnet werden, die Anleger nicht oder nicht rechtzeitig nach Artikel 23 Absatz 3 der Verordnung (EU) 2017/1129 informiert,
34. als Emittent, Anbieter oder Zulassungsantragsteller einen Nachtrag zu einem Registrierungsformular oder zu einem einheitlichen Registrierungsformular, das gleichzeitig als Bestandteil mehrerer Prospekte verwendet wird, veröffentlicht, ohne nach Artikel 23 Absatz 5 der Verordnung (EU) 2017/1129, auch in Verbindung mit Artikel 8 Absatz 10 der Verordnung (EU) 2017/1129, im Nachtrag alle Prospekte zu nennen, auf die er sich bezieht,
35. Wertpapiere nur in seinem Herkunftsmitgliedstaat öffentlich anbietet oder nur dort die Zulassung zum Handel an einem geregelten Markt beantragt und zu diesem Zweck einen Prospekt veröffentlicht, der nicht in einer nach § 21 in Verbindung mit Artikel 27 der Verordnung (EU) 2017/1129 anerkannten Sprache erstellt wurde,
36. Wertpapiere in einem oder mehreren anderen Mitgliedstaaten als seinem Herkunftsmitgliedstaat öffentlich anbietet oder dort die Zulassung zum Handel an einem geregelten Markt beantragt und zu diesem Zweck einen Prospekt veröffentlicht, der nicht in einer nach § 21 in Verbindung mit Artikel 27 Absatz 2 Unterabsatz 1 der Verordnung (EU) 2017/1129 anerkannten oder in einer in internationalen Finanzkreisen gebräuchlichen Sprache erstellt wurde,
37. Wertpapiere in mehr als einem Mitgliedstaat einschließlich des Herkunftsmitgliedstaats öffentlich anbietet oder dort die Zulassung zum Handel an einem geregelten Markt beantragt und zu diesem Zweck einen Prospekt veröffentlicht, der nicht in einer nach § 21 in Verbindung mit Artikel 27 Absatz 3 Unterabsatz 1 der Verordnung (EU) 2017/1129 anerkannten Sprache oder in einer von den zuständigen Behörden der einzelnen Aufnahmemitgliedstaaten anerkannten Sprache oder in einer in internationalen Finanzkreisen gebräuchlichen Sprache erstellt wurde,
38. einen in englischer Sprache erstellten Prospekt veröffentlicht, der keine Übersetzung der in Artikel 7 der Verordnung (EU) 2017/1129 genannten Zusammenfassung oder im Falle eines EU-Wachstumsprospekts der speziellen Zusammenfassung gemäß Artikel 15 Absatz 2 der Verordnung (EU) 2017/1129 oder im Falle eines Basis-

prospekts der Zusammenfassung für die einzelne Emission in die deutsche Sprache enthält, oder

39. endgültige Bedingungen oder die Zusammenfassung für die einzelne Emission veröffentlicht, ohne dabei der für die endgültigen Bedingungen und die ihnen angefügte Zusammenfassung nach Artikel 27 Absatz 4 Unterabsatz 1 der Verordnung (EU) 2017/1129 geltenden Sprachregelung zu entsprechen.

(5) Die Ordnungswidrigkeit kann in den Fällen des Absatzes 1 Nummer 1 und 2 mit einer Geldbuße bis zu siebenhunderttausend Euro, in den Fällen des Absatzes 1 Nummer 3 Buchstabe a und Nummer 4 bis 6 und des Absatzes 2 Nummer 1 mit einer Geldbuße bis zu zweihunderttausend Euro und in den übrigen Fällen des Absatzes 1 mit einer Geldbuße bis zu hunderttausend Euro geahndet werden.

(6) [1]Die Ordnungswidrigkeit kann in den Fällen des Absatzes 2 Nummer 2, der Absätze 3 und 4 mit einer Geldbuße bis zu siebenhunderttausend Euro geahndet werden. [2]Gegenüber einer juristischen Person oder Personenvereinigung kann über Satz 1 hinaus eine höhere Geldbuße verhängt werden; diese darf den höheren der Beträge von fünf Millionen Euro und 3 Prozent des Gesamtumsatzes, den die juristische Person oder Personenvereinigung im der Behördenentscheidung vorangegangenen Geschäftsjahr erzielt hat, nicht überschreiten. [3]Über die in den Sätzen 1 und 2 genannten Beträge hinaus kann die Ordnungswidrigkeit mit einer Geldbuße bis zum Zweifachen des aus dem Verstoß gezogenen wirtschaftlichen Vorteils geahndet werden. [4]Der wirtschaftliche Vorteil umfasst erzielte Gewinne und vermiedene Verluste und kann geschätzt werden.

(7) Zur Ermittlung des Gesamtumsatzes im Sinne des Absatzes 6 Satz 2 gilt § 120 Absatz 23 Satz 1 des Wertpapierhandelsgesetzes entsprechend.

(8) § 17 Absatz 2 des Gesetzes über Ordnungswidrigkeiten ist nicht anzuwenden bei Sanktionstatbeständen, die in Absatz 6 in Bezug genommen werden.

(9) Verwaltungsbehörde im Sinne des § 36 Absatz 1 Nummer 1 des Gesetzes über Ordnungswidrigkeiten ist die Bundesanstalt.

§ 25[1] Maßnahmen bei Verstößen

(1) Im Falle eines Verstoßes gegen die in § 24 Absatz 1, 3 oder 4 genannten Vorschriften kann die Bundesanstalt zur Verhinderung weiterer Verstöße

1. auf ihrer Internetseite gemäß den Vorgaben des Artikels 42 der Verordnung (EU) 2017/1129 eine Bekanntgabe des Verstoßes unter Nennung der natürlichen oder juristischen Person oder der Personenvereinigung, die den Verstoß begangen hat, sowie der Art des Verstoßes veröffentlichen und
2. gegenüber der für den Verstoß verantwortlichen natürlichen oder juristischen Person oder Personenvereinigung anordnen, dass die den Verstoß begründenden Handlungen oder Verhaltensweisen dauerhaft einzustellen sind.

(2) Die Bekanntmachung nach Absatz 1 Nummer 1 darf nur diejenigen personenbezogenen Daten enthalten, die zur Identifizierung des Anbieters oder Emittenten erforderlich sind.

§ 26[2] Datenschutz

Die Bundesanstalt darf personenbezogene Daten nur zur Erfüllung ihrer aufsichtlichen Aufgaben und für Zwecke der Zusammenarbeit nach Maßgabe der Artikel 33 und 34 der Verordnung (EU) 2017/1129 verarbeiten.

---

1) § 25 eingefügt durch Gesetz vom 8.7.2019 (BGBl. I S. 1002).
2) § 26 eingefügt durch Gesetz vom 8.7.2019 (BGBl. I S. 1002).

§ 27[1] Übergangsbestimmungen zur Aufhebung des Verkaufsprospektgesetzes

[1]Für Ansprüche wegen fehlerhafter Prospekte, die nicht Grundlage für die Zulassung von Wertpapieren zum Handel an einer inländischen Börse sind und die vor dem 1. Juni 2012 im Inland veröffentlicht worden sind, sind das Verkaufsprospektgesetz und die §§ 44 bis 47 des Börsengesetzes jeweils in der bis zum 31. Mai 2012 geltenden Fassung weiterhin anzuwenden. [2]Wurden Prospekte entgegen § 3 Absatz 1 Satz 1 in der bis zum 20. Juli 2019 geltenden Fassung nicht veröffentlicht, ist für daraus resultierende Ansprüche, die bis zum Ablauf des 31. Mai 2012 entstanden sind, das Verkaufsprospektgesetz in der bis zum 31. Mai 2012 geltenden Fassung weiterhin anzuwenden.

§ 28[2] Übergangsbestimmungen zum Gesetz zur weiteren Ausführung der EU-Prospektverordnung und zur Änderung von Finanzmarktgesetzen

(1) Prospekte, die vor dem 21. Juli 2019 gebilligt wurden, unterliegen bis zum Ablauf ihrer Gültigkeit weiterhin dem Wertpapierprospektgesetz in der bis zum 20. Juli 2019 geltenden Fassung.

(2) [1]Wertpapier-Informationsblätter, deren Veröffentlichung vor dem 21. Juli 2019 gestattet wurde, unterliegen weiterhin dem Wertpapierprospektgesetz in der bis zum 20. Juli 2019 geltenden Fassung. [2]Anträge auf Gestattung der Veröffentlichung von Wertpapier-Informationsblättern, die vor dem 21. Juli 2019 gestellt wurden und bis zum 20. Juli 2019 einschließlich nicht beschieden sind, gelten als Anträge auf Gestattung der Veröffentlichung nach § 4 in der nach dem 21. Juli 2019 geltenden Fassung.

---

1) Bisheriger § 37 wird § 27 und geändert durch Gesetz vom 8.7.2019 (BGBl. I S. 1002).
2) § 28 angefügt durch Gesetz vom 8.7.2019 (BGBl. I S. 1002).

10c. Gesetz über Vermögensanlagen (Vermögensanlagengesetz – VermAnlG)

Vom 6. Dezember 2011
(BGBl. I S. 2481)

zuletzt geändert durch Gesetz vom 8.7.2019 (BGBl. I S. 1002)

Inhaltsübersicht

Abschnitt 1 Allgemeine Bestimmungen

§ 1 Anwendungsbereich und Begriffsbestimmungen

(1) Dieses Gesetz ist auf Vermögensanlagen anzuwenden, die im Inland öffentlich angeboten werden.

(2) Vermögensanlagen im Sinne dieses Gesetzes sind nicht in Wertpapieren im Sinne des Wertpapierprospektgesetzes verbriefte und nicht als Anteile an Investmentvermögen im Sinne des § 1 Absatz 1 des Kapitalanlagegesetzbuchs ausgestaltete

1. Anteile, die eine Beteiligung am Ergebnis eines Unternehmens gewähren,
2. Anteile an einem Vermögen, das der Emittent oder ein Dritter in eigenem Namen für fremde Rechnung hält oder verwaltet (Treuhandvermögen),
3. partiarische Darlehen,
4. Nachrangdarlehen,
5. Genussrechte,
6. Namensschuldverschreibungen und
7. sonstige Anlagen, die eine Verzinsung und Rückzahlung oder einen vermögenswerten Barausgleich im Austausch für die zeitweise Überlassung von Geld gewähren oder in Aussicht stellen,

sofern die Annahme der Gelder nicht als Einlagengeschäft im Sinne des § 1 Absatz 1 Satz 2 Nummer 1 des Kreditwesengesetzes zu qualifizieren ist.

(3) Emittent im Sinne dieses Gesetzes ist die Person oder die Gesellschaft, deren Vermögensanlagen auf Grund eines öffentlichen Angebots im Inland ausgegeben sind.

§ 2 Ausnahmen für einzelne Arten von Vermögensanlagen

(1) Die §§ 5a bis 26 mit Ausnahme von § 18 Absatz 2 und 3 sowie § 19 Absatz 1 Nummer 3 und 4 dieses Gesetzes sind nicht anzuwenden auf

1. Anteile an einer Genossenschaft im Sinne des § 1 des Genossenschaftsgesetzes, wenn für den Vertrieb der Anteile keine erfolgsabhängige Vergütung gezahlt wird,

1a. Vermögensanlagen im Sinne von § 1 Absatz 2 Nummer 3, 4 und 7, deren Emittent eine Genossenschaft im Sinne des § 1 des Genossenschaftsgesetzes ist und die ausschließlich den Mitgliedern der Genossenschaft angeboten werden, wenn für den Vertrieb der Vermögensanlagen keine erfolgsabhängige Vergütung gezahlt wird,

2. Vermögensanlagen, die von Versicherungsunternehmen oder Pensionsfonds im Sinne der §§ 1 und 236 des Versicherungsaufsichtsgesetzes emittiert werden,
3. Angebote, bei denen
   a) von derselben Vermögensanlage im Sinne von § 1 Absatz 2 nicht mehr als 20 Anteile angeboten werden,
   b) der Verkaufspreis der im Zeitraum von zwölf Monaten angebotenen Anteile einer Vermögensanlage im Sinne von § 1 Absatz 2 insgesamt 100 000 Euro nicht übersteigt oder
   c) der Preis jedes angebotenen Anteils einer Vermögensanlage im Sinne von § 1 Absatz 2 mindestens 200 000 Euro je Anleger beträgt,
4. Angebote, die sich nur an Personen richten, die beruflich oder gewerblich für eigene oder fremde Rechnung Wertpapiere oder Vermögensanlagen erwerben oder veräußern,
5. Vermögensanlagen, die Teil eines Angebots sind, für das bereits im Inland ein gültiger Verkaufsprospekt veröffentlicht worden ist,
6. Vermögensanlagen, die einem begrenzten Personenkreis oder nur den Arbeitnehmern von ihrem Arbeitgeber oder von einem mit dessen Unternehmen verbundenen Unternehmen angeboten werden,
7. Vermögensanlagen, die ausgegeben werden
   a) von einem Mitgliedstaat der Europäischen Union, einem anderen Vertragsstaat des Abkommens über den Europäischen Wirtschaftsraum, einem Vollmitgliedstaat der Organisation für wirtschaftliche Zusammenarbeit und Entwicklung, sofern dieser nicht innerhalb der letzten fünf Jahre seine Auslandsschulden um-

geschuldet oder vor vergleichbaren Zahlungsschwierigkeiten gestanden hat, oder einem Staat, der mit dem Internationalen Währungsfonds besondere Kreditabkommen im Zusammenhang mit dessen Allgemeinen Kreditvereinbarungen getroffen hat,

b) von einer Gebietskörperschaft der in Buchstabe a genannten Staaten,

c) von einer internationalen Organisation des öffentlichen Rechts, der mindestens ein Mitgliedstaat der Europäischen Union oder ein anderer Vertragsstaat des Abkommens über den Europäischen Wirtschaftsraum angehört,

d) von einem Kreditinstitut im Sinne des § 1 Absatz 1 des Kreditwesengesetzes, von einem Finanzdienstleistungsinstitut, das Finanzdienstleistungen im Sinne des § 1 Absatz 1a Satz 2 Nummer 1 bis 4 des Kreditwesengesetzes erbringt, von der Kreditanstalt für Wiederaufbau oder von einem nach § 53b Absatz 1 Satz 1 oder Absatz 7 des Kreditwesengesetzes tätigen Unternehmen, das regelmäßig seinen Jahresabschluss offenlegt, sofern die Ausgabe außer im Falle der Ausgabe von Namensschuldverschreibungen dauerhaft oder wiederholt erfolgt; eine wiederholte Ausgabe liegt vor, wenn in den zwölf Kalendermonaten vor dem öffentlichen Angebot mindestens eine Emission innerhalb der Europäischen Union oder innerhalb eines anderen Vertragsstaates des Abkommens über den Europäischen Wirtschaftsraum ausgegeben worden ist, oder

e) von einer Gesellschaft oder juristischen Person mit Sitz in einem Mitgliedstaat der Europäischen Union oder in einem anderen Vertragsstaat des Abkommens über den Europäischen Wirtschaftsraum, die ihre Tätigkeit unter einem Staatsmonopol ausübt und die durch ein besonderes Gesetz oder auf Grund eines besonderen Gesetzes geschaffen worden ist oder geregelt wird oder für deren Vermögensanlagen ein Mitgliedstaat der Europäischen Union oder eines seiner Bundesländer oder ein anderer Vertragsstaat des Abkommens über den Europäischen Wirtschaftsraum oder eines seiner Bundesländer die unbedingte und unwiderrufliche Gewährleistung für ihre Verzinsung und Rückzahlung übernommen hat,

8. Vermögensanlagen, die bei einer Umwandlung von Unternehmen nach den Vorschriften des Umwandlungsgesetzes angeboten werden oder die als Gegenleistung im Rahmen eines Angebots nach dem Wertpapiererwerbs- und Übernahmegesetz angeboten werden, und

9. Vermögensanlagen, die vor dem 1. Juli 2005 erstmals veräußert worden sind und nach dem 1. Juli 2005 öffentlich auf einem Markt angeboten werden, der regelmäßig stattfindet, geregelte Funktions- und Zugangsbedingungen hat, für das Publikum unmittelbar oder mittelbar zugänglich ist und unter der Verantwortung seines Betreibers steht.

(2) [1]In den Angeboten nach Absatz 1 Nummer 1a und 3 ist darauf hinzuweisen, dass eine Prospektpflicht nicht besteht. [2]Bei Angeboten nach Absatz 1 Nummer 1a hat der Vorstand der Genossenschaft dafür zu sorgen, dass den Mitgliedern der Genossenschaft vor Vertragsschluss die wesentlichen Informationen über die Vermögensanlage zur Verfügung gestellt werden.

§ 2a [1] Befreiungen für Schwarmfinanzierungen

(1) Die §§ 5a, 6 bis 11a, 12 Absatz 1, § 14 Absatz 1 Satz 1 und Absatz 3 Satz 1, die §§ 15a, 17, 18 Absatz 1 Nummer 2 bis 6, § 19 Absatz 1 Nummer 2, die §§ 20, 21, 23 Absatz 2 Nummer 2 und 4, § 24 Absatz 5 bis 8 und § 25 sind nicht anzuwenden auf

1) § 2a geändert durch Gesetz vom 8.7.2019 (BGBl. I S. 1002).

Vermögensanlagen im Sinne von § 1 Absatz 2 Nummer 3 bis 5 und 7, wenn der Verkaufspreis sämtlicher in einem Zeitraum von zwölf Monaten angebotenen Vermögensanlagen desselben Emittenten 6 Millionen Euro nicht übersteigt; nicht verkaufte oder vollständig getilgte Vermögensanlagen werden nicht angerechnet.

(2) [1]§ 23 Absatz 2 Nummer 1 ist im Fall des Absatzes 1 mit der Maßgabe anzuwenden, dass der Jahresabschluss nicht von einem Abschlussprüfer geprüft werden muss. [2]§ 24 Absatz 1 bis 4 ist im Fall des Absatzes 1 mit der Maßgabe anzuwenden, dass nach diesem Gesetz kein Lagebericht erstellt werden muss.

(3) [1]Die Befreiung nach den Absätzen 1 und 2 ist nur auf Vermögensanlagen anwendbar, die ausschließlich im Wege der Anlageberatung oder Anlagevermittlung über eine Internet-Dienstleistungsplattform vermittelt werden, die durch Gesetz oder Verordnung verpflichtet ist, zu prüfen, ob der Gesamtbetrag der Vermögensanlagen desselben Emittenten, die von einem Anleger erworben werden können, folgende Beträge nicht übersteigt:

1. 1 000 Euro,
2. 10 000 Euro, sofern der jeweilige Anleger nach einer von ihm zu erteilenden Selbstauskunft über ein frei verfügbares Vermögen in Form von Bankguthaben und Finanzinstrumenten von mindestens 100 000 Euro verfügt, oder
3. den zweifachen Betrag des durchschnittlichen monatlichen Nettoeinkommens des jeweiligen Anlegers nach einer von ihm zu erteilenden Selbstauskunft, höchstens jedoch 25 000 Euro.

[2]Die in Satz 1 genannten Beträge gelten nicht für einen Anleger, der eine Kapitalgesellschaft ist oder eine GmbH & Co. KG, deren Kommanditisten gleichzeitig Gesellschafter der GmbH oder an der Entscheidungsfindung der GmbH beteiligt sind, sofern die GmbH & Co. KG kein Investmentvermögen und keine Verwaltungsgesellschaft nach dem Kapitalanlagegesetzbuch ist.

(4) Die Befreiung nach den Absätzen 1 und 2 kann nicht in Anspruch genommen werden, solange eine Vermögensanlage des Emittenten nach § 2 Absatz 1 Nummer 3 öffentlich angeboten wird oder eine auf diese Weise angebotene Vermögensanlage des Emittenten nicht vollständig getilgt ist.

(5) [1]Vermögensanlagen sind zum öffentlichen Angebot nicht zugelassen, wenn maßgebliche Interessenverflechtungen zwischen dem jeweiligen Emittenten und dem Unternehmen, das die Internet-Dienstleistungsplattform betreibt, bestehen. [2]Eine maßgebliche Interessenverflechtung liegt insbesondere vor, wenn

1. ein Mitglied der Geschäftsführung des Emittenten oder seines Vorstands oder deren Angehöriger im Sinne des § 15 der Abgabenordnung auch Mitglied der Geschäftsführung oder des Vorstands des Unternehmens ist, das die Internet-Dienstleistungsplattform betreibt, oder
2. der Emittent mit dem Unternehmen, das die Internet-Dienstleistungsplattform betreibt, gemäß § 15 des Aktiengesetzes verbunden ist.

§ 2b Befreiungen für soziale Projekte

(1) [1]Auf Vermögensanlagen im Sinne von § 1 Absatz 2 Nummer 3 und 4 sind die §§ 5a, 6 bis 11a, 12 Absatz 1, § 14 Absatz 1 Satz 1 und Absatz 3 Satz 1, die §§ 15a, 17, 18 Absatz 1 Nummer 2 bis 6, § 19 Absatz 1 Nummer 2, die §§ 20, 21, 23 Absatz 2 Nummer 2 und 4, § 24 Absatz 5 bis 8 und § 25 nicht anzuwenden, wenn

1. für den Vertrieb der Vermögensanlagen keine erfolgsabhängige Vergütung gezahlt wird,

2. der Verkaufspreis sämtlicher angebotenen Vermögensanlagen desselben Emittenten 2,5 Millionen Euro nicht übersteigt und
3. der vereinbarte jährliche Sollzinssatz nicht über dem höheren der folgenden beiden Werte liegt:
   a) 1,5 Prozent,
   b) der marktüblichen Emissionsrendite für Anlagen am Kapitalmarkt in Hypothekenpfandbriefen mit gleicher Laufzeit.

[2]§ 2a Absatz 2 gilt entsprechend.

(2) [1]Die Befreiung nach Absatz 1 ist nur auf Vermögensanlagen anwendbar, die von Emittenten mit einer in der Satzung festgelegten sozialen Zielsetzung ausgegeben werden, die die folgenden Merkmale aufweisen:
1. höchstens 10 000 000 Euro Bilanzsumme und
2. höchstens 10 000 000 Euro Umsatzerlöse in den zwölf Monaten vor dem Abschlussstichtag.

[2]§ 267a Absatz 1 Satz 2 und 3 des Handelsgesetzbuchs ist entsprechend anzuwenden.

§ 2c Befreiungen für gemeinnützige Projekte und Religionsgemeinschaften

(1) [1]Auf Vermögensanlagen im Sinne von § 1 Absatz 2 Nummer 3 und 4 sind die §§ 5a, 6 bis 11a, 12 Absatz 1, die §§ 13 bis 15a, 17, 18 Absatz 1 Nummer 2 bis 7, § 19 Absatz 1 Nummer 2, die §§ 20 bis 22, 23 Absatz 2 Nummer 2 und 4, § 24 Absatz 5 bis 8 und § 25 nicht anzuwenden, wenn
1. für den Vertrieb der Vermögensanlagen keine erfolgsabhängige Vergütung gezahlt wird,
2. der Verkaufspreis sämtlicher angebotenen Vermögensanlagen desselben Emittenten 2,5 Millionen Euro nicht übersteigt und
3. der vereinbarte jährliche Sollzinssatz nicht über dem höheren der folgenden beiden Werte liegt:
   a) 1,5 Prozent,
   b) der marktüblichen Emissionsrendite für Anlagen am Kapitalmarkt in Hypothekenpfandbriefen mit gleicher Laufzeit.

[2]§ 2a Absatz 2 gilt entsprechend. [3]Darüber hinaus sind unter den in Satz 1 Nummer 1 und 3 genannten Voraussetzungen auch die §§ 23 bis 25 nicht anzuwenden, wenn der Verkaufspreis sämtlicher von dem Anbieter angebotenen Vermögensanlagen desselben Emittenten 250 000 Euro nicht übersteigt.

(2) Die Befreiung nach Absatz 1 ist nur auf Vermögensanlagen anwendbar, die ausgegeben werden von
1. Körperschaften, die nach § 52 Absatz 2 Satz 1 der Abgabenordnung als gemeinnützig anerkannt sind, oder
2. inländischen Kirchen oder Religionsgemeinschaften, die in der Rechtsform einer Körperschaft des öffentlichen Rechts verfasst sind und auf Grund des Artikels 140 des Grundgesetzes in Verbindung mit Artikel 137 Absatz 6 der Weimarer Reichsverfassung vom 11. August 1919 (RGBl. S. 1383) Steuern erheben oder am Steueraufkommen der steuererhebenden kirchlichen Körperschaften teilhaben.

§ 2d Widerrufsrecht

(1) [1]Der Anleger ist an seine Willenserklärung, die auf den Abschluss eines Vertrags über eine Vermögensanlage im Sinne der §§ 2a bis 2c gerichtet ist, nicht mehr gebunden,

wenn er sie fristgerecht in Textform widerrufen hat. [2]Zur Fristwahrung genügt die rechtzeitige Absendung des Widerrufs.

(2) [1]Der Widerruf erfolgt durch Erklärung gegenüber dem Anbieter. [2]Aus der Erklärung muss der Entschluss des Anlegers zum Widerruf des Vertrags eindeutig hervorgehen. [3]Der Widerruf muss keine Begründung enthalten.

(3) [1]Die Widerrufsfrist beträgt 14 Tage. [2]Sie beginnt mit Vertragsschluss, wenn der Vertrag über die Vermögensanlage einen deutlichen Hinweis auf das Widerrufsrecht enthält, einschließlich Name und Anschrift desjenigen, gegenüber dem der Widerruf zu erklären ist; sonst beginnt die Widerrufsfrist zu dem Zeitpunkt, zu dem der Anleger einen solchen Hinweis in Textform erhält. [3]Ist der Beginn der Widerrufsfrist streitig, so trifft die Beweislast den Emittenten. [4]Das Widerrufsrecht erlischt spätestens zwölf Monate nach dem Vertragsschluss.

(4) [1]Im Fall des Widerrufs sind die empfangenen Leistungen unverzüglich zurückzugewähren. [2]Für den Zeitraum zwischen der Auszahlung und der Rückzahlung des Anlagebetrags hat der Emittent die vereinbarte Gegenleistung gegenüber dem Anleger zu erbringen.

(5) Von den Vorschriften dieses Paragraphen darf nicht zum Nachteil des Anlegers abgewichen werden.

§ 3 Aufsicht, Anordnungsbefugnis

[1]Die Bundesanstalt für Finanzdienstleistungsaufsicht (Bundesanstalt) übt die Aufsicht über das Angebot von Vermögensanlagen nach den Vorschriften dieses Gesetzes aus. [2]Die Bundesanstalt ist befugt, im Rahmen der Aufsicht alle Anordnungen zu treffen, die erforderlich und geeignet sind, um das Angebot von Vermögensanlagen mit diesem Gesetz und den auf Grund dieses Gesetzes erlassenen Bestimmungen im Einklang zu erhalten.

§ 4 Verschwiegenheitspflicht

(1) [1]Die bei der Bundesanstalt Beschäftigten und die nach § 4 Absatz 3 des Finanzdienstleistungsaufsichtsgesetzes beauftragten Personen dürfen die ihnen bei ihrer Tätigkeit bekannt gewordenen Tatsachen, deren Geheimhaltung im Interesse eines nach diesem Gesetz Verpflichteten oder eines Dritten liegt, insbesondere Geschäfts- und Betriebsgeheimnisse sowie personenbezogene Daten, nicht unbefugt offenbaren oder verwerten, auch wenn sie nicht mehr im Dienst sind oder ihre Tätigkeit beendet ist. [2]Dies gilt auch für andere Personen, die durch dienstliche Berichterstattung Kenntnis von den in Satz 1 bezeichneten Tatsachen erhalten. [3]Ein unbefugtes Offenbaren oder Verwerten im Sinne des Satzes 1 liegt insbesondere nicht vor, wenn Tatsachen weitergegeben werden an

1. Strafverfolgungsbehörden oder für Straf- und Bußgeldsachen zuständige Gerichte,
2. kraft Gesetzes oder im öffentlichen Auftrag mit der Überwachung von Börsen oder anderen Märkten, an denen Finanzinstrumente gehandelt werden, des Handels mit Finanzinstrumenten oder Devisen, von Kreditinstituten, Finanzdienstleistungsinstituten, Investmentgesellschaften, Finanzunternehmen, Finanzanlagenvermittlern oder Versicherungsunternehmen betraute Stellen sowie von diesen beauftragte Personen,

soweit diese Stellen die Informationen zur Erfüllung ihrer Aufgaben benötigen. [4]Für die bei diesen Stellen beschäftigten Personen gilt die Verschwiegenheitspflicht nach Satz 1 entsprechend. [5]An eine Stelle eines anderen Staates dürfen die Tatsachen nur weitergegeben werden, wenn diese Stelle und die von ihr beauftragten Personen einer dem Satz 1 entsprechenden Verschwiegenheitspflicht unterliegen.

(2) [1]Die §§ 93, 97 und 105 Absatz 1, § 111 Absatz 5 in Verbindung mit § 105 Absatz 1 sowie § 116 Absatz 1 der Abgabenordnung gelten für die in Absatz 1 Satz 1 und 2 bezeichneten Personen nur, soweit die Finanzbehörden die Kenntnisse für die Durchführung eines Verfahrens wegen einer Steuerstraftat sowie eines damit zusammenhängenden Besteuerungsverfahrens benötigen. [2]Die in Satz 1 genannten Vorschriften sind jedoch nicht anzuwenden, soweit Tatsachen betroffen sind,

1. die den in Absatz 1 Satz 1 oder Satz 2 bezeichneten Personen durch eine Stelle eines anderen Staates im Sinne von Absatz 1 Satz 3 Nummer 2 oder durch von dieser Stelle beauftragte Personen mitgeteilt worden sind oder
2. von denen bei der Bundesanstalt beschäftigte Personen dadurch Kenntnis erlangen, dass sie an der Aufsicht über direkt von der Europäischen Zentralbank beaufsichtigte Institute mitwirken, insbesondere in gemeinsamen Aufsichtsteams nach Artikel 2 Nummer 6 der Verordnung (EU) Nr. 468/2014 der Europäischen Zentralbank vom 16. April 2014 zur Einrichtung eines Rahmenwerks für die Zusammenarbeit zwischen der Europäischen Zentralbank und den nationalen zuständigen Behörden und den nationalen benannten Behörden innerhalb des einheitlichen Aufsichtsmechanismus (SSM-Rahmenverordnung) (EZB/2014/17) (ABl. L 141 vom 14.5.2014, S. 1), und die nach den Regeln der Europäischen Zentralbank geheim sind.

§ 5 Bekanntgabe und Zustellung

(1) [1]Verfügungen, die gegenüber einer Person mit Wohnsitz im Ausland oder einem Unternehmen mit Sitz im Ausland ergehen, hat die Bundesanstalt derjenigen Person bekannt zu geben, die als Bevollmächtigte benannt wurde. [2]Ist keine bevollmächtigte Person mit Sitz im Inland benannt, erfolgt die Bekanntgabe durch öffentliche Bekanntmachung im Bundesanzeiger.

(2) [1]Ist die Verfügung zuzustellen, erfolgt die Zustellung bei Personen mit Wohnsitz im Ausland oder Unternehmen mit Sitz im Ausland an diejenige Person, die als Bevollmächtigte benannt wurde. [2]Ist keine bevollmächtigte Person mit Sitz im Inland benannt, erfolgt die Zustellung durch öffentliche Bekanntmachung im Bundesanzeiger.

(3) [1]Ein Emittent von Vermögensanlagen mit Sitz im Ausland hat der Bundesanstalt eine bevollmächtigte Person mit Sitz im Inland zu benennen, an die Bekanntgaben nach Absatz 1 und Zustellungen nach Absatz 2 erfolgen können. [2]Die Benennung hat gleichzeitig mit der Einreichung des Verkaufsprospekts zur Billigung nach § 8 zu erfolgen.

§ 5a Laufzeit von Vermögensanlagen

[1]Vermögensanlagen müssen eine Laufzeit von mindestens 24 Monaten ab dem Zeitpunkt des erstmaligen Erwerbs und eine ordentliche Kündigungsfrist von mindestens sechs Monaten vorsehen. [2]Bei Vermögensanlagen nach § 1 Absatz 2 Nummer 1 und 2 ist eine Kündigung nur zum Schluss eines Geschäftsjahres zulässig, sofern der Gesellschaftsvertrag oder die Anlagebedingungen nichts Abweichendes vorsehen.

§ 5b Nicht zugelassene Vermögensanlagen

Vermögensanlagen, die eine Nachschusspflicht vorsehen, sind zum öffentlichen Angebot oder Vertrieb im Inland nicht zugelassen.

Abschnitt 2 Verkaufsprospekt, Vermögensanlagen-Informationsblatt und Information der Anleger

Unterabschnitt 1 Pflichten des Anbieters

§ 6 Pflicht zur Veröffentlichung eines Verkaufsprospekts

Ein Anbieter, der im Inland Vermögensanlagen öffentlich anbietet, muss einen Verkaufsprospekt nach diesem Gesetz veröffentlichen, sofern nicht bereits nach anderen Vorschriften eine Prospektpflicht besteht oder ein gültiger Verkaufsprospekt nach den Vorschriften dieses Gesetzes bereits veröffentlicht worden ist.

§ 7 Inhalt des Verkaufsprospekts; Verordnungsermächtigung

(1) [1]Der Verkaufsprospekt muss alle tatsächlichen und rechtlichen Angaben enthalten, die notwendig sind, um dem Publikum eine zutreffende Beurteilung des Emittenten der Vermögensanlagen und der Vermögensanlagen selbst einschließlich der Anlegergruppe, auf die die Vermögensanlage abzielt, zu ermöglichen. [2]Bestehen die Vermögensanlagen aus Anteilen an einem Treuhandvermögen und besteht dieses ganz oder teilweise aus einem Anteil an einer Gesellschaft, so muss der Verkaufsprospekt auch die entsprechenden Angaben zu dieser Gesellschaft enthalten.

(2) [1]Der Verkaufsprospekt hat mit einem Deckblatt zu beginnen, das einen deutlichen Hinweis darauf enthalten muss, dass die inhaltliche Richtigkeit der Angaben im Verkaufsprospekt nicht Gegenstand der Prüfung des Verkaufsprospekts durch die Bundesanstalt ist. [2]Ferner ist an hervorgehobener Stelle im Verkaufsprospekt ein ausdrücklicher Hinweis darauf aufzunehmen, dass bei fehlerhaftem Verkaufsprospekt Haftungsansprüche nur dann bestehen können, wenn die Vermögensanlage während der Dauer des öffentlichen Angebots, spätestens jedoch innerhalb von zwei Jahren nach dem ersten öffentlichen Angebot der Vermögensanlagen im Inland, erworben wird. [3]Im Verkaufsprospekt darf weder der Begriff „Fonds" noch ein Begriff, der diesen Begriff enthält, zur Bezeichnung des Emittenten oder der Vermögensanlage verwendet werden.

(3) [1]Das Bundesministerium der Finanzen wird ermächtigt, durch Rechtsverordnung, die nicht der Zustimmung des Bundesrates bedarf, im Einvernehmen mit dem Bundesministerium der Justiz und für Verbraucherschutz die zum Schutz des Publikums erforderlichen Vorschriften über die Sprache, den Inhalt und den Aufbau des Verkaufsprospekts zu erlassen, insbesondere über

1. die erforderlichen Angaben zu den Personen oder Gesellschaften, die die Verantwortung für den Inhalt des Verkaufsprospekts insgesamt oder für bestimmte Angaben übernehmen,
2. die Beschreibung der angebotenen Vermögensanlagen und ihre Hauptmerkmale sowie die verfolgten Anlageziele der Vermögensanlage einschließlich der finanziellen Ziele und der Anlagepolitik,

2a. die erforderlichen Angaben zu der Anlegergruppe, auf die die Vermögensanlage abzielt, vor allem im Hinblick auf den Anlagehorizont des Anlegers und zu möglichen Verlusten, die sich aus der Anlage ergeben können,

3. die erforderlichen Angaben über die Gesellschaft im Sinne des Absatzes 1 Satz 2,
4. die erforderlichen Angaben zu dem Emittenten der Vermögensanlagen, zu seinem Kapital und seiner Geschäftstätigkeit, seiner Vermögens-, Finanz- und Ertragslage, einschließlich des Jahresabschlusses und des Lageberichts sowie deren Offenlegung,
5. die erforderlichen Angaben zu den Geschäftsaussichten des Emittenten der Vermögensanlagen und über seine Geschäftsführungs- und Aufsichtsorgane und

6. die beizufügenden Unterlagen.

[2]In der Rechtsverordnung nach Satz 1 können auch Ausnahmen bestimmt werden, in denen von der Aufnahme einzelner Angaben in den Verkaufsprospekt abgesehen werden kann,

1. wenn beim Emittenten der Vermögensanlagen, bei den angebotenen Vermögensanlagen oder bei dem Kreis der mit dem Angebot angesprochenen Anleger besondere Umstände vorliegen und den Interessen des Publikums durch eine anderweitige Unterrichtung ausreichend Rechnung getragen ist oder
2. wenn diese Angaben von geringer Bedeutung sind oder durch ihre Aufnahme in den Verkaufsprospekt ein erheblicher Schaden beim Emittenten der Vermögensanlagen zu befürchten wäre.

§ 8 Billigung des Verkaufsprospekts

(1) [1]Ein Verkaufsprospekt darf vor seiner Billigung nicht veröffentlicht werden. [2]Die Bundesanstalt entscheidet über die Billigung nach Abschluss einer Vollständigkeitsprüfung des Verkaufsprospekts einschließlich einer Prüfung der Kohärenz und Verständlichkeit seines Inhalts. [3]Bei der Prüfung der Kohärenz prüft die Bundesanstalt insbesondere, ob für das laufende und das folgende Geschäftsjahr die Vermögens-, Finanz- und Ertragslage des Emittenten, die Geschäftsaussichten sowie ihre Auswirkungen auf die Fähigkeit des Emittenten, seinen Verpflichtungen gegenüber dem Anleger nachzukommen, im Verkaufsprospekt widerspruchsfrei dargestellt werden.

(2) Die Bundesanstalt teilt dem Anbieter innerhalb von 20 Werktagen nach Eingang des Verkaufsprospekts ihre Entscheidung mit.

(3) [1]Hat die Bundesanstalt Anhaltspunkte dafür, dass der Verkaufsprospekt unvollständig ist oder es ergänzender Informationen bedarf, gilt die in Absatz 2 genannte Frist erst ab dem Zeitpunkt, zu dem diese Informationen eingehen. [2]Die Bundesanstalt soll den Anbieter über die nach ihrer Auffassung vorliegende Unvollständigkeit des Verkaufsprospekts oder über die Notwendigkeit ergänzender Informationen innerhalb von zehn Werktagen ab Eingang des Verkaufsprospekts informieren.

§ 8a Gültigkeit des Verkaufsprospekts

Ein Verkaufsprospekt ist nach seiner Billigung zwölf Monate lang für öffentliche Angebote gültig, sofern er um die nach § 11 erforderlichen Nachträge ergänzt wird.

§ 9 Frist und Form der Veröffentlichung

(1) Der Verkaufsprospekt muss mindestens einen Werktag vor dem öffentlichen Angebot nach Maßgabe des Absatzes 2 Satz 1 und 2 veröffentlicht werden.

(2) [1]Der Verkaufsprospekt ist in der Form zu veröffentlichen, dass er

1. auf der Internetseite des Anbieters und im Bundesanzeiger veröffentlicht wird oder
2. auf der Internetseite des Anbieters veröffentlicht und bei den im Verkaufsprospekt benannten Zahlstellen zur kostenlosen Ausgabe bereitgehalten wird; dies ist im Bundesanzeiger bekannt zu machen.

[2]Werden Vermögensanlagen über ein elektronisches Informationsverbreitungssystem angeboten, ist der Verkaufsprospekt auch in diesem zu veröffentlichen; in dem Angebot ist auf die Fundstelle im elektronischen Informationsverbreitungssystem hinzuweisen. [3]Der Anbieter hat der Bundesanstalt Datum und Ort der Veröffentlichung unverzüglich schriftlich mitzuteilen.

§ 10[1] Mitteilung der Beendigung des öffentlichen Angebots und der vollständigen Tilgung

(1) [1]Der Anbieter hat der Bundesanstalt die Beendigung des öffentlichen Angebots sowie die vollständige Tilgung der Vermögensanlage unter Angabe des jeweiligen Datums, der konkreten Bezeichnung der Vermögensanlage und des Emittenten unverzüglich schriftlich oder elektronisch mitzuteilen. [2]Die vollständige Tilgung der Vermögensanlage ist erfolgt, wenn die Hauptforderung sowie alle Nebenleistungen gezahlt sind.

(2) [1]Bis zum Eingang der betreffenden Mitteilung nach Absatz 1 Satz 1 bei der Bundesanstalt gilt das öffentliche Angebot oder die Tilgung der Vermögensanlage als fortdauernd. [2]Unterlässt der Anbieter die Mitteilung nach Absatz 1 Satz 1, gilt das öffentliche Angebot im Hinblick auf die Pflichten nach den §§ 11 und 11a mit dem Ablauf der Gültigkeit des Verkaufsprospekts als beendet.

§ 11 Veröffentlichung ergänzender Angaben

(1) [1]Jeder wichtige neue Umstand oder jede wesentliche Unrichtigkeit in Bezug auf die im Verkaufsprospekt enthaltenen Angaben, die die Beurteilung der Vermögensanlagen oder des Emittenten beeinflussen könnten und die nach der Billigung des Prospekts und während der Dauer des öffentlichen Angebots auftreten oder festgestellt werden, ist in einem Nachtrag zum Verkaufsprospekt gemäß Satz 5 zu veröffentlichen. [2]Ein wichtiger neuer Umstand im Sinne von Satz 1 ist insbesondere

1. jeder neu offengelegte Jahresabschluss und Lagebericht des Emittenten,
2. jeder neu offengelegte Konzernabschluss des Emittenten sowie
3. jeder Umstand, der sich auf die Geschäftsaussichten des Emittenten mindestens für das laufende Geschäftsjahr erheblich auswirkt und geeignet ist, die Fähigkeiten des Emittenten zur Erfüllung seiner Verpflichtungen gegenüber dem Anleger erheblich zu beeinträchtigen.

[3]Der Anbieter hat den Nachtrag vor seiner Veröffentlichung bei der Bundesanstalt zur Billigung einzureichen. [4]Die Bundesanstalt hat den Nachtrag nach Eingang binnen einer Frist von zehn Werktagen entsprechend § 8 Absatz 1 Satz 2 und Absatz 3 zu billigen. [5]Die Veröffentlichung muss nach der Billigung unverzüglich in entsprechender Anwendung des § 9 Absatz 2 Satz 1 und 2 vorgenommen werden.

(2) [1]Anleger, die vor der Veröffentlichung des Nachtrags eine auf den Erwerb oder die Zeichnung der Vermögensanlagen gerichtete Willenserklärung abgegeben haben, können diese innerhalb einer Frist von zwei Werktagen nach Veröffentlichung des Nachtrags widerrufen, sofern noch keine Erfüllung eingetreten ist. [2]Der Widerruf muss keine Begründung enthalten und ist in Textform gegenüber der im Nachtrag als Empfänger des Widerrufs bezeichneten Person zu erklären; zur Fristwahrung genügt die rechtzeitige Absendung. [3]Auf die Rechtsfolgen des Widerrufs ist § 357a des Bürgerlichen Gesetzbuchs entsprechend anzuwenden. [4]Der Nachtrag muss an hervorgehobener Stelle eine Belehrung über das Widerrufsrecht enthalten.

(3) [1]Der Anbieter hat neben dem von der Bundesanstalt gebilligten Verkaufsprospekt eine um sämtliche Nachträge ergänzte Fassung des Verkaufsprospekts zu veröffentlichen. [2]Dabei ist der nachtragspflichtige Umstand jeweils an der Stelle einzufügen, an der der Verkaufsprospekt geändert wird. [3]Die jeweiligen Änderungen gegenüber dem von der Bundesanstalt gebilligten Verkaufsprospekt sind kenntlich zu machen. [4]§ 9 Absatz 2 Satz 1 und 2 gilt entsprechend. [5]Der von der Bundesanstalt gebilligte Verkaufs-

1) Bisheriger § 10a wird § 10 und geändert durch Gesetz vom 8.7.2019 (BGBl. I S. 1002).

prospekt und die einzelnen Nachträge sind bis zur vollständigen Tilgung der Vermögensanlage nach § 9 Absatz 2 Satz 1 und 2 zugänglich zu machen.

§ 11a Veröffentlichungspflichten nach Beendigung des öffentlichen Angebots; Verordnungsermächtigung

(1) [1]Der Emittent einer Vermögensanlage ist nach Beendigung des öffentlichen Angebots einer Vermögensanlage verpflichtet, jede Tatsache, die sich auf ihn oder die von ihm emittierte Vermögensanlage unmittelbar bezieht und nicht öffentlich bekannt ist, unverzüglich gemäß Absatz 3 Satz 1 zu veröffentlichen, wenn sie geeignet ist, die Fähigkeit des Emittenten zur Erfüllung seiner Verpflichtungen gegenüber dem Anleger erheblich zu beeinträchtigen. [2]Die Verpflichtung entfällt mit der vollständigen Tilgung der Vermögensanlage.

(2) [1]Der Emittent hat die Tatsache vor der Zuleitung nach Absatz 3 der Bundesanstalt mitzuteilen. [2]Die Bundesanstalt macht die Tatsache spätestens am dritten Werktag nach Eingang auf ihrer Internetseite bekannt.

(3) [1]Die betreffenden Tatsachen sind zur Veröffentlichung Medien zuzuleiten, einschließlich solcher, bei denen davon ausgegangen werden kann, dass sie die Information im Inland verbreiten und jederzeit zugänglich sind. [2]Der Bundesanstalt ist die Veröffentlichung unter Angabe des Textes der Veröffentlichung, der Medien, an die die Information gesandt wurde, sowie des genauen Zeitpunkts der Versendung an die Medien mitzuteilen.

(4) [1]Das Bundesministerium der Finanzen kann durch Rechtsverordnung, die nicht der Zustimmung des Bundesrates bedarf, nähere Bestimmungen erlassen über den Mindestinhalt, die Art, die Sprache, den Umfang und die Form

1. der Veröffentlichung nach Absatz 3 Satz 1 und
2. der Mitteilung nach Absatz 2 Satz 1 und Absatz 3 Satz 2.

[2]Das Bundesministerium der Finanzen kann die Ermächtigung durch Rechtsverordnung auf die Bundesanstalt übertragen.

§ 12 Werbung für Vermögensanlagen

(1) Der Anbieter hat dafür zu sorgen, dass in Werbung für öffentlich angebotene Vermögensanlagen, in der auf die wesentlichen Merkmale der Vermögensanlage hingewiesen wird, ein Hinweis auf den Verkaufsprospekt und dessen Veröffentlichung aufgenommen wird.

(2) [1]Der Anbieter hat dafür zu sorgen, dass in Werbung für öffentlich angebotene Vermögensanlagen der folgende deutlich hervorgehobene Warnhinweis aufgenommen wird: „Der Erwerb dieser Vermögensanlage ist mit erheblichen Risiken verbunden und kann zum vollständigen Verlust des eingesetzten Vermögens führen.“ [2]Bei einer Werbung in elektronischen Medien, in der ausschließlich Schriftzeichen verwendet werden, kann der Hinweis in einem separaten Dokument erfolgen, wenn die Werbung

1. weniger als 210 Schriftzeichen umfasst und
2. einen deutlich hervorgehobenen Link auf dieses Dokument enthält, der mit „Warnhinweis“ gekennzeichnet ist.

(3) Der Anbieter hat dafür zu sorgen, dass in Werbung für öffentlich angebotene Vermögensanlagen, die eine Angabe zu einer Rendite der Vermögensanlage enthält, die nicht lediglich eine vertragliche feste Verzinsung der Vermögensanlage wiedergibt, der folgende deutlich hervorgehobene Hinweis aufgenommen wird: „Der in Aussicht gestellte Ertrag ist nicht gewährleistet und kann auch niedriger ausfallen.“

(4) Eine Werbung für öffentlich angebotene Vermögensanlagen darf keinen Hinweis auf die Befugnisse der Bundesanstalt nach diesem Gesetz enthalten.

(5) In einer Werbung für öffentlich angebotene Vermögensanlagen darf weder der Begriff „Fonds" noch ein Begriff, der diesen Begriff enthält, zur Bezeichnung des Emittenten oder der Vermögensanlage verwendet werden.

§ 13[1)] Vermögensanlagen-Informationsblatt

(1) Ein Anbieter, der im Inland Vermögensanlagen öffentlich anbietet, muss vor dem Beginn des öffentlichen Angebots neben dem Verkaufsprospekt oder im Fall der §§ 2a und 2b ein Vermögensanlagen-Informationsblatt erstellen und bei der Bundesanstalt hinterlegen, sofern für die Vermögensanlagen kein Basisinformationsblatt nach der Verordnung (EU) Nr. 1286/2014 des Europäischen Parlaments und des Rates vom 26. November 2014 über Basisinformationsblätter für verpackte Anlageprodukte für Kleinanleger und Versicherungsanlageprodukte (PRIIP) (ABl. L 352 vom 9.12.2014, S. 1; L 358 vom 13.12.2014, S. 50), die durch die Verordnung (EU) 2016/2340 (ABl. L 354 vom 23.12.2016, S. 35) geändert worden ist, veröffentlicht werden muss.

(2) [1]Das Vermögensanlagen-Informationsblatt darf erst veröffentlicht werden, wenn die Bundesanstalt die Veröffentlichung gestattet. [2]Die Gestattung ist zu erteilen, wenn das Vermögensanlagen-Informationsblatt vollständig alle Angaben und Hinweise enthält, die nach den folgenden Absätzen, auch in Verbindung mit der nach Absatz 8 zu erlassenden Rechtsverordnung, erforderlich sind, und diese Angaben und Hinweise in der vorgeschriebenen Reihenfolge erfolgen. [3]Wird die Prospektausnahme nach § 2a oder § 2b in Anspruch genommen, hat die Bundesanstalt dem Anbieter innerhalb von zehn Werktagen nach Eingang des Vermögensanlagen-Informationsblatts mitzuteilen, ob sie die Veröffentlichung gestattet. [4]Gelangt die Bundesanstalt zu der Auffassung, dass die ihr zur Gestattung übermittelten Unterlagen unvollständig sind oder die erforderlichen Angaben und Hinweise nicht in der vorgeschriebenen Reihenfolge erfolgt sind, beginnt die Frist nach Satz 3 erst ab dem Zeitpunkt zu laufen, zu dem die fehlenden Unterlagen und die erforderlichen Angaben und Hinweise in der vorgeschriebenen Reihenfolge eingehen. [5]Die Bundesanstalt soll dem Anbieter im Fall des Satzes 3 innerhalb von fünf Werktagen nach Eingang des Vermögensanlagen-Informationsblatts mitteilen, wenn sie nach Satz 4 weitere Unterlagen für erforderlich hält. [6]Dies gilt auch, wenn sie zu dem Ergebnis kommt, dass die erforderlichen Angaben und Hinweise nicht in der vorgeschriebenen Reihenfolge erfolgen. [7]Wird das Vermögensanlagen-Informationsblatt neben einem Verkaufsprospekt hinterlegt, gelten die Fristen des § 8 Absatz 2 und 3 oder des § 11 Absatz 1 Satz 4.

(3) [1]Das Vermögensanlagen-Informationsblatt darf nicht mehr als drei DIN-A4-Seiten umfassen. [2]Es muss mindestens die wesentlichen Informationen über die Vermögensanlagen in übersichtlicher und leicht verständlicher Weise in der nachfolgenden Reihenfolge jeweils in einer Form enthalten, dass das Publikum

1. die Art und die genaue Bezeichnung der Vermögensanlage,
2. Angaben zur Identität des Anbieters, des Emittenten einschließlich seiner Geschäftstätigkeit und in dem Fall, dass die Prospektausnahme nach § 2a in Anspruch genommen wird, Angaben zur Identität der Internet-Dienstleistungsplattform,
3. die Anlagestrategie, Anlagepolitik und die Anlageobjekte,
4. die Laufzeit, die Kündigungsfrist der Vermögensanlage und die Konditionen der Zinszahlung und Rückzahlung,

---

1) § 13 geändert durch Gesetz vom 8.7.2019 (BGBl. I S. 1002).

5. die mit der Vermögensanlage verbundenen Risiken,
6. das Emissionsvolumen, die Art und Anzahl der Anteile,
7. den auf der Grundlage des letzten aufgestellten Jahresabschlusses berechneten Verschuldungsgrad des Emittenten,
8. die Aussichten für die vertragsgemäße Zinszahlung und Rückzahlung unter verschiedenen Marktbedingungen,
9. die mit der Vermögensanlage verbundenen Kosten und Provisionen, im Fall der Inanspruchnahme der Prospektausnahme nach § 2a einschließlich sämtlicher Entgelte und sonstigen Leistungen, die die Internet-Dienstleistungsplattform von dem Emittenten für die Vermittlung der Vermögensanlage erhält,
10. das Nichtvorliegen von maßgeblichen Interessenverflechtungen im Sinne von § 2a Absatz 5 zwischen dem Emittenten und dem Unternehmen, das die Internet-Dienstleistungsplattform betreibt, wenn die Prospektausnahme nach § 2a in Anspruch genommen wird,
11. die Anlegergruppe, auf die die Vermögensanlage abzielt,
12. Angaben zur schuldrechtlichen oder dinglichen Besicherung der Rückzahlungsansprüche von zur Immobilienfinanzierung veräußerten Vermögensanlagen sowie
13. den Verkaufspreis sämtlicher in einem Zeitraum von zwölf Monaten angebotenen, verkauften und vollständig getilgten Vermögensanlagen des Emittenten, sofern die Prospektausnahme nach § 2a in Anspruch genommen wird,

einschätzen und mit den Merkmalen anderer Finanzinstrumente bestmöglich vergleichen kann.

(4) [1]Das Vermögensanlagen-Informationsblatt muss folgenden drucktechnisch hervorgehobenen Warnhinweis auf der ersten Seite, unmittelbar unterhalb der ersten Überschrift enthalten: „Der Erwerb dieser Vermögensanlage ist mit erheblichen Risiken verbunden und kann zum vollständigen Verlust des eingesetzten Vermögens führen." [2]Das Vermögensanlagen-Informationsblatt muss im Anschluss an die Angaben nach § 13 Absatz 3 zudem in folgender Reihenfolge enthalten:

1. einen Hinweis darauf, dass die inhaltliche Richtigkeit des Vermögensanlagen-Informationsblatts nicht der Prüfung durch die Bundesanstalt unterliegt,
2. einen Hinweis auf den Verkaufsprospekt und darauf, wo und wie dieser erhältlich ist und dass er kostenlos angefordert werden kann,
3. einen Hinweis auf den letzten offengelegten Jahresabschluss und darauf, wo und wie dieser erhältlich ist,
4. einen Hinweis darauf, dass der Anleger eine etwaige Anlageentscheidung bezüglich der betroffenen Vermögensanlagen auf die Prüfung des gesamten Verkaufsprospekts stützen sollte, und
5. einen Hinweis darauf, dass Ansprüche auf der Grundlage einer in dem Vermögensanlagen-Informationsblatt enthaltenen Angabe nur dann bestehen können, wenn die Angabe irreführend, unrichtig oder nicht mit den einschlägigen Teilen des Verkaufsprospekts vereinbar ist und wenn die Vermögensanlage während der Dauer des öffentlichen Angebots, spätestens jedoch innerhalb von zwei Jahren nach dem ersten öffentlichen Angebot der Vermögensanlagen im Inland, erworben wird.

(5) [1]Abweichend von Absatz 4 Nummer 2 und 4 muss das Vermögensanlagen-Informationsblatt in dem Fall, dass die Erstellung eines Verkaufsprospekts nach § 2a oder § 2b entbehrlich ist, folgenden Hinweis enthalten: „Für die Vermögensanlage wurde kein von der Bundesanstalt gebilligter Verkaufsprospekt hinterlegt. [2]Weitergehende Informationen erhält der Anleger unmittelbar vom Anbieter oder Emittenten der Vermögensan-

lage.“ [3]Abweichend von Absatz 4 Nummer 5 muss das Vermögensanlagen-Informationsblatt in den in Satz 1 genannten Fällen einen Hinweis darauf enthalten, dass Ansprüche auf der Grundlage einer in dem Vermögensanlagen-Informationsblatt enthaltenen Angabe nur dann bestehen können, wenn die Angabe irreführend oder unrichtig ist und wenn die Vermögensanlage während der Dauer des öffentlichen Angebots, spätestens jedoch innerhalb von zwei Jahren nach dem ersten öffentlichen Angebot der Vermögensanlagen im Inland, erworben wird.

(6) [1]Der Anleger muss die in Absatz 3 aufgezählten Informationen verstehen können, ohne hierfür zusätzliche Dokumente heranziehen zu müssen. [2]Die Angaben in dem Vermögensanlagen-Informationsblatt sind kurz zu halten und in allgemein verständlicher Sprache abzufassen. [3]Sie müssen redlich und eindeutig und dürfen nicht irreführend sein und müssen mit den einschlägigen Teilen des Verkaufsprospekts übereinstimmen. [4]Das Vermögensanlagen-Informationsblatt darf sich jeweils nur auf eine bestimmte Vermögensanlage beziehen und keine werbenden oder sonstigen Informationen enthalten, die nicht dem genannten Zweck dienen. [5]Im Vermögensanlagen-Informationsblatt ist die Verwendung des Begriffs „Fonds“ oder eines Begriffs, der diesen Begriff enthält, zur Bezeichnung des Emittenten oder der Vermögensanlage unzulässig. [6]Das Vermögensanlagen-Informationsblatt darf keinen Hinweis auf die Befugnisse der Bundesanstalt nach diesem Gesetz enthalten.

(7) [1]Die in dem Vermögensanlagen-Informationsblatt enthaltenen Angaben sind nach der Gestattung der Veröffentlichung und während der Dauer des öffentlichen Angebots nach Maßgabe des Satzes 3 unverzüglich zu aktualisieren, wenn sie unrichtig oder unvereinbar mit den Angaben im Verkaufsprospekt sind oder wenn ergänzende Angaben in einem Nachtrag zum Verkaufsprospekt nach § 11 veröffentlicht werden. [2]Die aktualisierte Fassung des Vermögensanlagen-Informationsblatts ist der Bundesanstalt unverzüglich zum Zweck der Hinterlegung zu übermitteln und gemäß § 13a zu veröffentlichen und bereitzuhalten. [3]Das Datum der letzten Aktualisierung sowie die Zahl der seit der erstmaligen Erstellung des Vermögensanlagen-Informationsblatts vorgenommenen Aktualisierungen sind im Vermögensanlagen-Informationsblatt zu nennen. [4]Ist die Erstellung eines Verkaufsprospektes nach § 2a oder § 2b entbehrlich, gelten die Sätze 1 bis 3 entsprechend für jeden wichtigen neuen Umstand oder jede wesentliche Unrichtigkeit in Bezug auf die im Vermögensanlagen-Informationsblatt enthaltenen Angaben, die die Beurteilung der Vermögensanlagen oder des Emittenten beeinflussen könnten und die nach der Gestattung der Veröffentlichung und während der Dauer des öffentlichen Angebots auftreten oder festgestellt werden; Absatz 2 findet in diesem Fall jedoch keine Anwendung.

(8) [1]Das Bundesministerium der Finanzen kann durch Rechtsverordnung, die nicht der Zustimmung des Bundesrates bedarf, im Einvernehmen mit dem Bundesministerium der Justiz und für Verbraucherschutz nähere Bestimmungen zu Inhalt und Aufbau der Informationsblätter erlassen. [2]Das Bundesministerium der Finanzen kann diese Ermächtigung durch Rechtsverordnung auf die Bundesanstalt übertragen.

§ 13a Frist und Form der Veröffentlichung eines Vermögensanlagen-Informationsblatts

(1) [1]Das hinterlegte Vermögensanlagen-Informationsblatt muss mindestens einen Werktag vor dem öffentlichen Angebot auf der Internetseite des Anbieters veröffentlicht und bei den im Verkaufsprospekt angegebenen Stellen zur kostenlosen Ausgabe bereitgehalten werden. [2]Die aktuelle Fassung des Vermögensanlagen-Informationsblatts muss für die Dauer des öffentlichen Angebots nach Satz 1 zugänglich sein und bereitgehalten werden.

(2) Ist die Erstellung eines Verkaufsprospekts nach § 2a oder § 2b entbehrlich, muss das Vermögensanlagen-Informationsblatt entsprechend den Vorgaben des Absatzes 1 auf der Internetseite der Internet-Dienstleistungsplattform und des Anbieters ohne Zugriffsbeschränkungen für jedermann zugänglich sein.

§ 14 Hinterlegung des Verkaufsprospekts und des Vermögensanlagen-Informationsblatts

(1) [1]Der Anbieter muss den für die Vermögensanlagen zu erstellenden Verkaufsprospekt vor dessen Veröffentlichung der Bundesanstalt als Hinterlegungsstelle übermitteln. [2]Zeitgleich mit der Hinterlegung nach Satz 1 hat der Anbieter zudem das nach § 13 erstellte Vermögensanlagen-Informationsblatt bei der Bundesanstalt zu hinterlegen.

(2) [1]Die Bundesanstalt bestätigt dem Anbieter den Tag des Eingangs des Verkaufsprospekts und des Vermögensanlagen-Informationsblatts. [2]Der hinterlegte Verkaufsprospekt und das nach Absatz 1 hinterlegte Vermögensanlagen-Informationsblatt werden von der Bundesanstalt zehn Jahre aufbewahrt. [3]Die Aufbewahrungsfrist beginnt mit dem Schluss des Kalenderjahres, in dem der Verkaufsprospekt und das Vermögensanlagen-Informationsblatt hinterlegt worden sind.

(3) [1]Der Anbieter hat der Bundesanstalt im Falle einer Veröffentlichung ergänzender Angaben nach § 11 den Nachtrag zum Verkaufsprospekt zum Zweck der Hinterlegung zu übermitteln. [2]Im Falle einer Aktualisierung des Vermögensanlagen-Informationsblatts nach § 13 Absatz 7 hat der Anbieter der Bundesanstalt eine aktualisierte Fassung des Vermögensanlagen-Informationsblatts zum Zweck der Hinterlegung zu übermitteln.

§ 15 Anlegerinformation

(1) [1]Der Anbieter hat einem Anleger oder einem am Erwerb einer Vermögensanlage Interessierten auf dessen Verlangen während der Dauer des öffentlichen Angebots nach § 11 Satz 1 jederzeit den Verkaufsprospekt und eine aktuelle Fassung des nach § 13 erstellten Vermögensanlagen-Informationsblatts in Textform, auf Verlangen in Papierform zu übermitteln. [2]Der Emittent hat einem Anleger oder einem am Erwerb einer Vermögensanlage Interessierten auf dessen Verlangen jederzeit den letzten veröffentlichten Jahresabschluss und Lagebericht in Textform, auf Verlangen in Papierform, zu übermitteln. [3]Auf Antrag einer Person, die in Bezug auf Vermögensanlagen Anlageberatung, Anlage- oder Abschlussvermittlung erbringt oder Vermögensanlagen verkauft, hat der Anbieter dieser Person das nach § 13 erstellte Vermögensanlagen-Informationsblatt in Textform zu übermitteln.

(2) [1]Im Falle des Eigenvertriebs hat der Anbieter rechtzeitig vor Vertragsschluss dem am Erwerb einer Vermögensanlage Interessierten das nach § 13 erstellte Vermögensanlagen-Informationsblatt in der jeweils aktuellen Fassung und auf Verlangen den Verkaufsprospekt zur Verfügung zu stellen. [2]Der am Erwerb einer Vermögensanlage Interessierte ist darauf hinzuweisen, wo im Geltungsbereich des Gesetzes und auf welche Weise er die Unterlagen nach Satz 1 erhalten kann. [3]Erbringt der Anbieter im Falle des Eigenvertriebs keine Anlageberatung, hat er den am Erwerb einer Vermögensanlage Interessierten rechtzeitig vor Vertragsschluss in Textform darauf hinzuweisen, dass er nicht beurteilt, ob

1. die Vermögensanlage den Anlagezielen des Interessierten entspricht,
2. die hieraus erwachsenden Anlagerisiken für den Anleger dessen Anlagezielen entsprechend finanziell tragbar sind und
3. der Anleger mit seinen Kenntnissen und Erfahrungen die hieraus erwachsenden Anlagerisiken verstehen kann.

(3) [1]Die Kenntnisnahme des Warnhinweises nach § 13 Absatz 4 Satz 1 ist von jedem Anleger vor Vertragsschluss unter Nennung von Ort und Datum durch seine Unterschrift mit Vor- und Familienname auf dem nach § 13 erstellten Vermögensanlagen-Informationsblatt zu bestätigen. [2]Der Anbieter und der Anleger erhalten je eine Ausfertigung des gezeichneten Vermögensanlagen-Informationsblatts.

(4) [1]Werden für die Vertragsverhandlungen und den Vertragsschluss über eine Vermögensanlage ausschließlich Fernkommunikationsmittel verwendet, hat der Anleger die Kenntnisnahme des Warnhinweises nach § 13 Absatz 4 Satz 1 in einer der Unterschriftsleistung nach Absatz 3 gleichwertigen Art und Weise zu bestätigen. [2]Eine Bestätigung ist dann gleichwertig, wenn sie vom Anleger durch eigenständige Texteingabe vorgenommen wird, die zweifelsfrei seine Identität erkennen lässt.

(5) Das Bundesministerium der Finanzen wird ermächtigt, durch Rechtsverordnung, die nicht der Zustimmung des Bundesrates bedarf, im Einvernehmen mit dem Bundesministerium der Justiz und für Verbraucherschutz nähere Bestimmungen darüber zu erlassen, unter welchen Voraussetzungen eine Bestätigung im Sinne des Absatzes 4 einer Unterschriftsleistung nach Absatz 3 gleichwertig ist.

Unterabschnitt 2 Befugnisse der Bundesanstalt

§ 15a Zusätzliche Angaben

Ist bei der Bundesanstalt ein Verkaufsprospekt zur Billigung eingereicht worden, kann sie vom Anbieter die Aufnahme zusätzlicher Angaben in den Prospekt verlangen, wenn dies zum Schutz des Publikums geboten erscheint.

§ 16 Untersagung von Werbung

(1) [1]Um Missständen bei der Werbung für Vermögensanlagen zu begegnen, kann die Bundesanstalt Emittenten und Anbietern bestimmte Arten der Werbung untersagen. [2]Ein Missstand liegt insbesondere vor, wenn

1. eine Werbung nicht die nach § 12 Absatz 1 bis 3 vorgeschriebenen Hinweise enthält,
2. eine Werbung einen nach § 12 Absatz 4 unzulässigen Hinweis enthält,
3. eine Werbung eine nach § 12 Absatz 5 unzulässige Begriffsverwendung enthält,
4. mit der Sicherheit der Vermögensanlage geworben wird, obwohl die Rückzahlung der Vermögensanlage nicht oder nicht vollständig gesichert ist,
5. die Werbung mit Angaben insbesondere zu Kosten, Rendite und Ertrag sowie zur Abhängigkeit vom Verhalten Dritter erfolgt, durch die in irreführender Weise der Anschein eines besonders günstigen Angebots entsteht,
6. die Werbung mit Angaben erfolgt, die geeignet sind, über den Umfang der Prüfung nach § 8 Absatz 1 irrezuführen.

(2) Vor allgemeinen Maßnahmen nach Absatz 1 sind die Spitzenverbände der betroffenen Wirtschaftskreise und des Verbraucherschutzes zu hören.

§ 17[1)] Untersagung der Veröffentlichung

(1) Die Bundesanstalt untersagt die Veröffentlichung des Verkaufsprospekts, wenn er nicht die Angaben enthält, die nach § 7 Absatz 1 und 2, auch in Verbindung mit der nach § 7 Absatz 3 zu erlassenden Rechtsverordnung, erforderlich sind, oder wenn diese Angaben nicht kohärent oder nicht verständlich sind.

1) § 17 Abs. 1 Satz 2 aufgehoben durch Gesetz vom 8.7.2019 (BGBl. I S. 1002).

(2) Die Bundesanstalt untersagt die Veröffentlichung des Verkaufsprospekts, wenn sie Anhaltspunkte dafür hat, dass der Anbieter entgegen § 14 Absatz 1 Satz 2 in Verbindung mit § 13 Absatz 1 kein Vermögensanlagen-Informationsblatt bei der Bundesanstalt hinterlegt hat.

(3) Die Bundesanstalt untersagt die Veröffentlichung des Vermögensanlagen-Informationsblatts, wenn es nicht die Angaben und Hinweise enthält, die nach § 13, auch in Verbindung mit der nach § 13 Absatz 8 zu erlassenden Rechtsverordnung, erforderlich sind, oder die Angaben und Hinweise nicht in der vorgeschriebenen Reihenfolge enthalten sind.

§ 18[1] Untersagung des öffentlichen Angebots

(1) Die Bundesanstalt untersagt das öffentliche Angebot von Vermögensanlagen, wenn sie Anhaltspunkte dafür hat, dass

1. die Vermögensanlagen entgegen § 5a Satz 1 eine kürzere Laufzeit als 24 Monate oder eine kürzere Kündigungsfrist als sechs Monate oder entgegen § 5b eine Nachschusspflicht vorsehen,

1a. die Vermögensanlagen entgegen § 2a Absatz 5 von einem Emittenten ausgegeben werden, der auf das Unternehmen, das die vermittelnde Internet-Dienstleistungsplattform betreibt, unmittelbar oder mittelbar maßgeblichen Einfluss ausüben kann,

2. der Anbieter entgegen § 6 keinen Verkaufsprospekt veröffentlicht hat oder dieser nach § 8a nicht mehr gültig ist,

3. der Verkaufsprospekt nicht die Angaben enthält, die nach § 7 Absatz 1 und 2, auch in Verbindung mit einer auf Grund des § 7 Absatz 3 erlassenen Rechtsverordnung, erforderlich sind oder die die Bundesanstalt nach § 15a zusätzlich verlangt hat,

4. der Verkaufsprospekt eine nach § 7 Absatz 2 Satz 3 unzulässige Begriffsverwendung enthält,

5. der Anbieter einen nach § 11 Absatz 1 erforderlichen Nachtrag nicht veröffentlicht hat,

6. der Anbieter entgegen § 8 einen Verkaufsprospekt oder entgegen § 11 Absatz 1 Satz 2 bis 4 einen Nachtrag vor der Billigung veröffentlicht oder

7. der Anbieter entgegen § 13 oder § 13a kein Vermögensanlagen-Informationsblatt hinterlegt und veröffentlicht hat.

(2) Der Bundesanstalt stehen die in § 15 des Wertpapierhandelsgesetzes genannten Befugnisse unter den dort genannten Voraussetzungen auch im Hinblick auf Vermögensanlagen zu.

(3) Der Bundesanstalt stehen die in § 10 Absatz 1 Satz 2 und 3 des Wertpapierhandelsgesetzes genannten Befugnisse unter den dort genannten Voraussetzungen auch gegenüber Anbietern und Emittenten von Vermögensanlagen zu.

§ 19 Auskünfte des Anbieters

(1) [1]Die Bundesanstalt kann von einem Emittenten oder Anbieter Auskünfte, die Vorlage von Unterlagen und die Überlassung von Kopien verlangen, um

1. die Einhaltung der Pflichten und Verbote nach den §§ 2a, 2b, 5a, 5b, 6 und 8 Absatz 1, den §§ 8a bis 13 und 14 Absatz 1 und § 15 zu überwachen,

---

1) § 18 geändert durch Gesetz vom 8.7.2019 (BGBl. I S. 1002).

2. zu prüfen, ob der Verkaufsprospekt die Angaben enthält, die nach § 7 Absatz 1 und 2, auch in Verbindung mit einer auf Grund des § 7 Absatz 3 erlassenen Rechtsverordnung, erforderlich sind, oder ob diese Angaben kohärent und verständlich sind,
3. zu prüfen, ob die Voraussetzungen für eine Maßnahme nach § 18 Absatz 2 vorliegen oder
4. zu prüfen, ob die Voraussetzungen für das Ergreifen von Maßnahmen nach § 18 Absatz 3 vorliegen.

[2]Die Befugnis nach Satz 1 besteht auch gegenüber einem mit dem Emittenten oder dem Anbieter verbundenen Unternehmen sowie im Fall des § 2a gegenüber der Internet-Dienstleistungsplattform. [3]In dem Verlangen ist auf die Befugnis nach § 26b hinzuweisen.

(2) Die Bundesanstalt kann die Erteilung von Auskünften und die Vorlage von Unterlagen auch von demjenigen verlangen, bei dem Tatsachen die Annahme rechtfertigen, dass er Anbieter im Sinne dieses Gesetzes ist.

(3) [1]Der zur Erteilung einer Auskunft Verpflichtete kann die Auskunft auf solche Fragen verweigern, deren Beantwortung ihn selbst oder einen der in § 52 Absatz 1 der Strafprozessordnung bezeichneten Angehörigen der Gefahr strafrechtlicher Verfolgung oder eines Verfahrens nach dem Gesetz über Ordnungswidrigkeiten aussetzen würde. [2]Der Verpflichtete ist über sein Recht zu belehren, die Auskunft zu verweigern.

Unterabschnitt 3 Haftung

§ 20 Haftung bei fehlerhaftem Verkaufsprospekt

(1) [1]Sind für die Beurteilung der Vermögensanlagen wesentliche Angaben in einem Verkaufsprospekt unrichtig oder unvollständig, kann der Erwerber der Vermögensanlagen von denjenigen, die für den Verkaufsprospekt die Verantwortung übernommen haben, und denjenigen, von denen der Erlass des Verkaufsprospekts ausgeht, als Gesamtschuldnern die Übernahme der Vermögensanlagen gegen Erstattung des Erwerbspreises, soweit dieser den ersten Erwerbspreis der Vermögensanlagen nicht überschreitet, und der mit dem Erwerb verbundenen üblichen Kosten verlangen, sofern das Erwerbsgeschäft nach Veröffentlichung des Verkaufsprospekts und während der Dauer des öffentlichen Angebots nach § 11, spätestens jedoch innerhalb von zwei Jahren nach dem ersten öffentlichen Angebot der Vermögensanlagen im Inland, abgeschlossen wurde. [2]Auf den Erwerb von Vermögensanlagen desselben Emittenten, die von den in Satz 1 genannten Vermögensanlagen nicht nach Ausstattungsmerkmalen oder in sonstiger Weise unterschieden werden können, ist Satz 1 entsprechend anzuwenden.

(2) [1]Ist der Erwerber nicht mehr Inhaber der Vermögensanlagen, so kann er die Zahlung des Unterschiedsbetrags zwischen dem Erwerbspreis, soweit dieser den ersten Erwerbspreis nicht überschreitet, und dem Veräußerungspreis der Vermögensanlagen sowie der mit dem Erwerb und der Veräußerung verbundenen üblichen Kosten verlangen. [2]Absatz 1 Satz 2 ist anzuwenden.

(3) Nach Absatz 1 oder Absatz 2 kann nicht in Anspruch genommen werden, wer nachweist, dass er die Unrichtigkeit oder Unvollständigkeit der Angaben des Verkaufsprospekts nicht gekannt hat und dass die Unkenntnis nicht auf grober Fahrlässigkeit beruht.

(4) Der Anspruch nach Absatz 1 oder Absatz 2 besteht nicht, sofern

1. die Vermögensanlagen nicht auf Grund des Verkaufsprospekts erworben wurden,

2. der Sachverhalt, über den unrichtige oder unvollständige Angaben im Verkaufsprospekt enthalten sind, nicht zu einer Minderung des Erwerbspreises der Vermögensanlagen beigetragen hat oder
3. der Erwerber die Unrichtigkeit oder Unvollständigkeit der Angaben des Verkaufsprospekts beim Erwerb kannte.

(5) Werden Vermögensanlangen eines Emittenten mit Sitz im Ausland auch im Ausland öffentlich angeboten, besteht der Anspruch nach Absatz 1 oder Absatz 2 nur, sofern die Vermögensanlagen auf Grund eines im Inland abgeschlossenen Geschäfts oder einer ganz oder teilweise im Inland erbrachten Wertpapierdienstleistung erworben wurden.

(6) [1]Eine Vereinbarung, durch die der Anspruch nach Absatz 1 oder Absatz 2 im Voraus ermäßigt oder erlassen wird, ist unwirksam. [2]Weiter gehende Ansprüche, die nach den Vorschriften des bürgerlichen Rechts auf Grund von Verträgen oder unerlaubten Handlungen erhoben werden können, bleiben unberührt.

§ 21 Haftung bei fehlendem Verkaufsprospekt

(1) [1]Der Erwerber von Vermögensanlagen kann, wenn ein Verkaufsprospekt entgegen § 6 nicht veröffentlicht wurde, von dem Emittenten der Vermögensanlagen und dem Anbieter als Gesamtschuldnern die Übernahme der Vermögensanlagen gegen Erstattung des Erwerbspreises, soweit dieser den ersten Erwerbspreis nicht überschreitet, und der mit dem Erwerb verbundenen üblichen Kosten verlangen, sofern das Erwerbsgeschäft vor Veröffentlichung eines Verkaufsprospekts und innerhalb von zwei Jahren nach dem ersten öffentlichen Angebot der Vermögensanlagen im Inland abgeschlossen wurde. [2]Auf den Erwerb von Vermögensanlagen desselben Emittenten, die von den in Satz 1 genannten Vermögensanlagen nicht nach Ausstattungsmerkmalen oder in sonstiger Weise unterschieden werden können, ist Satz 1 entsprechend anzuwenden.

(2) [1]Ist der Erwerber nicht mehr Inhaber der Vermögensanlagen, kann er die Zahlung des Unterschiedsbetrags zwischen dem Erwerbspreis und dem Veräußerungspreis der Vermögensanlagen sowie der mit dem Erwerb und der Veräußerung verbundenen üblichen Kosten verlangen. [2]Absatz 1 Satz 1 gilt entsprechend.

(3) Werden Vermögensanlagen eines Emittenten von Vermögensanlagen mit Sitz im Ausland auch im Ausland öffentlich angeboten, besteht ein Anspruch nach Absatz 1 oder Absatz 2 nur, sofern die Vermögensanlagen auf Grund eines im Inland abgeschlossenen Geschäfts oder einer ganz oder teilweise im Inland erbrachten Wertpapierdienstleistung erworben wurden.

(4) Der Anspruch nach den Absätzen 1 bis 3 besteht nicht, sofern der Erwerber die Pflicht, einen Verkaufsprospekt zu veröffentlichen, beim Erwerb kannte.

(5) [1]Eine Vereinbarung, durch die ein Anspruch nach den Absätzen 1 bis 3 im Voraus ermäßigt oder erlassen wird, ist unwirksam. [2]Weiter gehende Ansprüche, die nach den Vorschriften des bürgerlichen Rechts auf Grund von Verträgen oder unerlaubten Handlungen erhoben werden können, bleiben unberührt.

§ 22 Haftung bei unrichtigem oder fehlendem Vermögensanlagen-Informationsblatt

(1) Wer Vermögensanlagen auf Grund von Angaben in einem Vermögensanlagen-Informationsblatt erworben hat, kann von dem Anbieter die Übernahme der Vermögensanlagen gegen Erstattung des Erwerbspreises, soweit dieser den ersten Erwerbspreis der Vermögensanlagen nicht überschreitet, und der mit dem Erwerb verbundenen üblichen Kosten verlangen, wenn

1. die in dem Vermögensanlagen-Informationsblatt enthaltenen Angaben irreführend, unrichtig oder nicht mit den einschlägigen Teilen des Verkaufsprospekts vereinbar sind und
2. das Erwerbsgeschäft nach Veröffentlichung des Verkaufsprospekts und während der Dauer des öffentlichen Angebots nach § 11, spätestens jedoch innerhalb von zwei Jahren nach dem ersten öffentlichen Angebot der Vermögensanlagen im Inland abgeschlossen wurde.

(1a) Sofern die Erstellung eines Verkaufsprospekts nach § 2a oder § 2b entbehrlich ist, besteht der Anspruch nach Absatz 1 unter der Voraussetzung, dass
1. die in dem Vermögensanlagen-Informationsblatt enthaltenen Angaben irreführend oder unrichtig sind und
2. das Erwerbsgeschäft während der Dauer des öffentlichen Angebots nach § 11, spätestens jedoch innerhalb von zwei Jahren nach dem ersten öffentlichen Angebot der Vermögensanlagen im Inland abgeschlossen wurde.

(2) Ist der Erwerber nicht mehr Inhaber der Vermögensanlagen, kann er die Zahlung des Unterschiedsbetrags zwischen dem Erwerbspreis, soweit dieser den ersten Erwerbspreis nicht überschreitet, und dem Veräußerungspreis der Vermögensanlagen sowie der mit dem Erwerb und der Veräußerung verbundenen üblichen Kosten verlangen.

(3) Nach Absatz 1 oder Absatz 2 kann nicht in Anspruch genommen werden, wer nachweist, dass er die Unrichtigkeit des Vermögensanlagen-Informationsblatts nicht gekannt hat und dass die Unkenntnis nicht auf grober Fahrlässigkeit beruht.

(4) Der Anspruch nach Absatz 1, Absatz 1a oder Absatz 2 besteht nicht, sofern
1. der Erwerber die Unrichtigkeit der Angaben des Vermögensanlagen-Informationsblatts beim Erwerb kannte oder
2. der Sachverhalt, über den unrichtige Angaben im Vermögensanlagen-Informationsblatt enthalten sind, nicht zu einer Minderung des Erwerbspreises der Vermögensanlagen beigetragen hat.

(4a) [1]Der Erwerber kann von dem Anbieter die Übernahme der Vermögensanlage gegen Erstattung des Erwerbspreises, soweit dieser den ersten Erwerbspreis der Vermögensanlage nicht überschreitet, und der mit dem Erwerb verbundenen üblichen Kosten verlangen, wenn
1. ihm das Vermögensanlagen-Informationsblatt entgegen § 15 nicht zur Verfügung gestellt wurde,
2. das Vermögensanlagen-Informationsblatt den Hinweis nach § 13 Absatz 4 Satz 1 nicht enthalten hat oder
3. er die Kenntnisnahme des Warnhinweises nach § 13 Absatz 4 Satz 1 nicht nach § 15 Absatz 3 oder Absatz 4, auch in Verbindung mit einer Rechtsverordnung nach § 15 Absatz 6, bestätigt hat.

[2]Absatz 2 gilt entsprechend.

(5) Werden Vermögensanlagen eines Emittenten mit Sitz im Ausland auch im Ausland öffentlich angeboten, besteht der Anspruch nach Absatz 1, Absatz 1a, Absatz 2 oder Absatz 4a nur, sofern die Vermögensanlagen auf Grund eines im Inland abgeschlossenen Geschäfts oder einer ganz oder teilweise im Inland erbrachten Wertpapierdienstleistung erworben wurden.

(6) [1]Eine Vereinbarung, durch die der Anspruch nach Absatz 1, Absatz 1a, Absatz 2 oder Absatz 4a im Voraus ermäßigt oder erlassen wird, ist unwirksam. [2]Weiter gehende Ansprüche, die nach den Vorschriften des bürgerlichen Rechts auf Grund von Verträgen oder unerlaubten Handlungen erhoben werden können, bleiben unberührt.

Abschnitt 3 Rechnungslegung und Prüfung

§ 23 Erstellung und Bekanntmachung von Jahresberichten

(1) [1]Ein Emittent von Vermögensanlagen, der nicht verpflichtet ist, nach den Vorschriften des Handelsgesetzbuchs einen Jahresabschluss offenzulegen, hat für den Schluss eines jeden Geschäftsjahres einen Jahresbericht zu erstellen und spätestens sechs Monate nach Ablauf des Geschäftsjahres beim Betreiber des Bundesanzeigers elektronisch einzureichen sowie den Anlegern auf Anforderung zur Verfügung zu stellen. [2]Ist die Feststellung des Jahresabschlusses oder dessen Prüfung oder die Prüfung des Lageberichts binnen dieser Frist nicht möglich, ist § 328 Absatz 1 Nummer 1 Satz 2 und Nummer 2 des Handelsgesetzbuchs entsprechend anzuwenden; die fehlenden Angaben zur Feststellung oder der Bestätigungsvermerk oder der Vermerk über dessen Versagung sind spätestens neun Monate nach Ablauf des Geschäftsjahres nachzureichen und nach Absatz 3 bekannt machen zu lassen.

(2) Der Jahresbericht besteht mindestens aus

1. dem nach Maßgabe des § 24 aufgestellten und von einem Abschlussprüfer geprüften Jahresabschluss,
2. dem nach Maßgabe des § 24 aufgestellten und von einem Abschlussprüfer geprüften Lagebericht,
3. einer den Vorgaben des § 264 Absatz 2 Satz 3 beziehungsweise des § 289 Absatz 1 Satz 5 des Handelsgesetzbuchs entsprechenden Erklärung der gesetzlichen Vertreter des Emittenten der Vermögensanlagen sowie
4. den Bestätigungen des Abschlussprüfers nach § 25.

(3) [1]Der Emittent der Vermögensanlagen hat den Jahresbericht unverzüglich nach der elektronischen Einreichung im Bundesanzeiger bekannt machen zu lassen. [2]§ 325 Absatz 1 Satz 2, Absatz 2 bis 2b, 5 und 6 sowie die §§ 328 und 329 Absatz 1, 2 und 4 des Handelsgesetzbuchs gelten entsprechend.

(4) Die Bekanntmachung ist über die Internetseite des Unternehmensregisters zugänglich zu machen; die Unterlagen sind in entsprechender Anwendung des § 8b Absatz 3 Satz 1 Nummer 1 des Handelsgesetzbuchs vom Betreiber des Bundesanzeigers zu übermitteln.

§ 24 Inhalt von Jahresabschlüssen und Lageberichten

(1) [1]Alle Emittenten von Vermögensanlagen mit Sitz im Inland haben für den Jahresabschluss die Bestimmungen des Ersten Unterabschnitts des Zweiten Abschnitts des Dritten Buches des Handelsgesetzbuchs und für den Lagebericht die Bestimmungen des § 289 des Handelsgesetzbuchs einzuhalten; Emittenten von Vermögensanlagen haben den Jahresabschluss um eine Kapitalflussrechnung zu erweitern; dies gilt nicht für Emittenten, die die Einstufung als klein im Sinne des § 267 des Handelsgesetzbuchs erfüllen. [2]§ 264 Absatz 1 Satz 4 Halbsatz 1, Absatz 3, 4 und § 264b des Handelsgesetzbuchs sind nicht anzuwenden. [3]Der Lagebericht hat zusätzlich die folgenden Angaben zu enthalten:

1. die Gesamtsumme der im abgelaufenen Geschäftsjahr gezahlten Vergütungen, aufgeteilt in feste und variable vom Emittenten von Vermögensanlagen gezahlte Vergütungen, die Zahl der Begünstigten und gegebenenfalls die vom Emittenten der Vermögensanlagen gezahlten besonderen Gewinnbeteiligungen sowie
2. die Gesamtsumme der im abgelaufenen Geschäftsjahr gezahlten Vergütungen, aufgeteilt nach Führungskräften und Mitarbeitern, deren berufliche Tätigkeit sich wesentlich auf das Risikoprofil des Emittenten von Vermögensanlagen auswirkt.

[4]Für den letzten Jahresabschluss und Lagebericht des Emittenten von Vermögensanlagen vor dem öffentlichen Angebot von Vermögensanlagen sind die Sätze 1 bis 3 und § 23 entsprechend anzuwenden. [5]Wurde der Emittent weniger als 18 Monate vor der Einreichung eines Verkaufsprospekts zur Billigung nach § 8 gegründet und hat er noch keinen Jahresabschluss und keinen Lagebericht erstellt, sind in den Verkaufsprospekt aktuelle und zukünftige Finanzinformationen nach Maßgabe der nach § 7 Absatz 3 erlassenen Rechtsverordnung aufzunehmen.

(2) Handelt es sich bei dem Emittenten der Vermögensanlagen um eine Personenhandelsgesellschaft oder das Unternehmen eines Einzelkaufmanns, dürfen das sonstige Vermögen der Gesellschafter oder des Einzelkaufmanns (Privatvermögen) nicht in die Bilanz und die auf das Privatvermögen entfallenden Aufwendungen und Erträge nicht in die Gewinn- und Verlustrechnung aufgenommen werden.

(3) [1]Emittenten von Vermögensanlagen mit Sitz in einem anderen Mitgliedstaat der Europäischen Union oder in einem anderen Vertragsstaat des Abkommens über den Europäischen Wirtschaftsraum haben für den Jahresabschluss die gleichwertigen, dort jeweils für Kapitalgesellschaften geltenden Rechnungslegungsvorschriften anzuwenden. [2]Hat der Emittent nach den dortigen Vorschriften einen Lagebericht zu erstellen, sind auch insoweit die dort jeweils für Kapitalgesellschaften geltenden Vorschriften anzuwenden. [3]Der Lagebericht muss zusätzlich die in Absatz 1 Satz 3 genannten Angaben enthalten. [4]Sieht das dortige Recht keine Erstellung eines Lageberichts vor, können die Angaben nach Absatz 1 Satz 3 auch in den Jahresabschluss aufgenommen oder in einer gesonderten Erklärung beigefügt werden. [5]Absatz 1 Satz 4 und 5 ist entsprechend anzuwenden. [6]Ist der Jahresabschluss oder der Lagebericht, den ein Emittent gemäß den nach Satz 1 bis 4 anwendbaren Vorschriften zu erstellen hat, nicht in deutscher Sprache verfasst, ist eine Übersetzung in die deutsche Sprache beizufügen.

(4) [1]Emittenten von Vermögensanlagen mit Sitz außerhalb der Mitgliedstaaten der Europäischen Union und der anderen Vertragsstaaten des Abkommens über den Europäischen Wirtschaftsraum haben einen Jahresabschluss und einen Lagebericht nach den in Deutschland geltenden, auf Kapitalgesellschaften anzuwendenden Rechnungslegungsvorschriften in deutscher Sprache zu erstellen. [2]Die Absätze 1 und 2 sind entsprechend anzuwenden.

(5) [1]Die Bundesanstalt kann eine Prüfung der Rechnungslegung von Emittenten von Vermögensanlagen anordnen, soweit konkrete Anhaltspunkte, insbesondere auf Grund von Eingaben Dritter, für einen Verstoß gegen Rechnungslegungsvorschriften vorliegen. [2]Die Bundesanstalt kann Schwerpunkte für die einzelne Prüfung festlegen; der Umfang der einzelnen Prüfung soll in der jeweiligen Prüfungsanordnung festgelegt werden. [3]Zur Durchführung der Prüfung bestellt die Bundesanstalt andere Einrichtungen und Personen; sie kann an der Prüfung teilnehmen. [4]§ 107 Absatz 2 des Wertpapierhandelsgesetzes findet entsprechende Anwendung. [5]Eine Prüfung findet auch dann nicht statt, wenn ein Verfahren nach § 342b Absatz 2 des Handelsgesetzbuchs oder nach § 107 des Wertpapierhandelsgesetzes anhängig ist, soweit der Gegenstand des Bilanzkontrollverfahrens reicht.

(6) [1]Der Emittent einer Vermögensanlage, die Mitglieder seiner Organe, seine Beschäftigten sowie seine Abschlussprüfer haben den Einrichtungen und Personen, derer sich die Bundesanstalt bei der Durchführung ihrer Aufgaben bedient, und der Bundesanstalt auf Verlangen Auskünfte zu erteilen und Unterlagen vorzulegen, soweit dies zur Prüfung erforderlich ist; die Auskunftspflicht der Abschlussprüfer beschränkt sich auf Tatsachen, die ihnen im Rahmen der Abschlussprüfung bekannt geworden sind. [2]Satz 1 gilt auch hinsichtlich Konzernunternehmen sowie abhängigen oder herrschenden Unternehmen. [3]Für das Recht zur Auskunftsverweigerung und die Belehrungspflicht gilt

§ 19 Absatz 3 entsprechend. [4]Die zur Auskunft und Vorlage von Unterlagen Verpflichteten haben den Bediensteten der Bundesanstalt oder den von ihr beauftragten Personen, soweit dies zur Wahrnehmung ihrer Aufgaben erforderlich ist, während der üblichen Arbeitszeit das Betreten ihrer Grundstücke und Geschäftsräume zu gestatten. [5]§ 6 Absatz 11 Satz 2 des Wertpapierhandelsgesetzes gilt entsprechend. [6]Das Grundrecht der Unverletzlichkeit der Wohnung (Artikel 13 des Grundgesetzes) wird insoweit eingeschränkt.

(7) [1]Die Einrichtungen und Personen, derer sich die Bundesanstalt bei der Durchführung der Prüfung bedient, haben der Bundesanstalt unverzüglich nach Abschluss der Prüfung schriftlich oder elektronisch über das Ergebnis der Prüfung zu berichten. [2]In den Bericht sind alle Tatsachen aufzunehmen, deren Kenntnis zur Beurteilung des zu prüfenden Vorgangs durch die Bundesanstalt erforderlich ist. [3]Der Bericht ist zu unterzeichnen. [4]Die von der Bundesanstalt zur Durchführung der Prüfung bestellten Einrichtungen und Personen haben Anspruch auf Ersatz angemessener barer Auslagen und auf Vergütung ihrer Tätigkeit. [5]Die Bundesanstalt kann gegenüber dem Emittenten die Auslagen und die Vergütung des Prüfers festsetzen. [6]§ 323 des Handelsgesetzbuchs gilt entsprechend.

(8) [1]Die Bundesanstalt hat Tatsachen, die den Verdacht einer Ordnungswidrigkeit oder einer Straftat im Zusammenhang mit der Rechnungslegung eines Emittenten von Vermögensanlagen begründen, den für die Verfolgung zuständigen Behörden anzuzeigen. [2]Tatsachen, die auf das Vorliegen einer Berufspflichtverletzung durch den Abschlussprüfer schließen lassen, übermittelt die Bundesanstalt der Wirtschaftsprüferkammer.

§ 25 Prüfung und Bestätigung des Abschlussprüfers

(1) [1]Der Jahresabschluss und der Lagebericht des inländischen Emittenten von Vermögensanlagen und des Emittenten von Vermögensanlagen mit Sitz außerhalb der Mitgliedstaaten der Europäischen Union und der anderen Vertragsstaaten des Abkommens über den Europäischen Wirtschaftsraum sind durch einen Abschlussprüfer nach Maßgabe der Bestimmungen des Dritten Unterabschnitts des Zweiten Abschnitts des Dritten Buches des Handelsgesetzbuchs zu prüfen. [2]Der Jahresabschluss und der Lagebericht müssen mit dem Bestätigungsvermerk oder einem Vermerk über die Versagung der Bestätigung versehen sein. [3]Der Jahresabschluss und der Lagebericht von Emittenten von Vermögensanlagen mit Sitz in einem anderen Mitgliedstaat der Europäischen Union oder in einem anderen Vertragsstaat des Abkommens über den Europäischen Wirtschaftsraum sind durch einen Abschlussprüfer nach den gleichwertigen dort jeweils für Kapitalgesellschaften geltenden Prüfungsvorschriften zu prüfen.

(2) Der Abschlussprüfer hat bei seiner Prüfung auch festzustellen, ob der Emittent der Vermögensanlagen die Bestimmungen eines den Vermögensanlagen zugrunde liegenden Gesellschaftsvertrags oder eines Treuhandverhältnisses beachtet hat.

(3) [1]Bei Vermögensanlagen im Sinne des § 1 Absatz 2 Nummer 1 und 2 ist die Zuweisung von Gewinnen, Verlusten, Einnahmen und Entnahmen zu den einzelnen Kapitalkonten vom Abschlussprüfer zu prüfen und deren Ordnungsmäßigkeit zu bestätigen. [2]Dies gilt auch für den Fall, dass die Vermögensanlage für den Anleger durch einen Treuhänder gehalten wird.

(4) Hat der Emittent der Vermögensanlagen seinen Sitz in einem anderen Mitgliedstaat der Europäischen Union oder einem anderen Vertragsstaat des Abkommens über den Europäischen Wirtschaftsraum, hat dieser dem Jahresbericht eine zusätzliche Bestätigung des Abschlussprüfers in deutscher Sprache beizufügen (§ 23 Absatz 2 Nummer 4), wonach

1. es sich bei den Unterlagen nach § 23 Absatz 2 Nummer 1 und 2 um einen für Kapitalgesellschaften geltenden, nach dem nationalen Recht des Sitzstaates aufgestellten und von einem Abschlussprüfer geprüften Jahresabschluss und Lagebericht handelt,
2. die Anforderungen des § 24 Absatz 3 Satz 3 in Verbindung mit Absatz 1 Satz 3 oder die Anforderungen des § 24 Absatz 3 Satz 4 erfüllt sind und
3. die Unterlagen gemäß § 23 Absatz 2 insgesamt vollständig sind.

§ 26 Verkürzung der handelsrechtlichen Offenlegungsfrist

(1) Ist der Emittent der Vermögensanlagen nach den Vorschriften des Handelsgesetzbuchs zur Offenlegung des Jahresabschlusses verpflichtet, tritt an die Stelle des Ablaufs des zwölften Monats des dem Abschlussstichtag nachfolgenden Geschäftsjahres im Sinne des § 325 Absatz 1a des Handelsgesetzbuchs der Ablauf des sechsten Monats.

(2) § 326 des Handelsgesetzbuchs über die größenabhängigen Erleichterungen für kleine Kapitalgesellschaften ist nicht anzuwenden.

Abschnitt 4 Sofortiger Vollzug und Bekanntmachung

§ 26a Sofortiger Vollzug

Widerspruch und Anfechtungsklage gegen Maßnahmen der Bundesanstalt nach den §§ 15a bis 19 haben keine aufschiebende Wirkung.

§ 26b Bekanntmachung von Maßnahmen

(1) [1]Die Bundesanstalt macht sofort vollziehbare Maßnahmen, die sie nach den §§ 15a bis 19 getroffen hat, auf ihrer Internetseite öffentlich bekannt, soweit dies bei Abwägung der betroffenen Interessen zur Beseitigung oder Verhinderung von Missständen geboten ist. [2]Bei nicht bestandskräftigen Maßnahmen ist folgender Hinweis hinzuzufügen: „Diese Maßnahme ist noch nicht bestandskräftig." [3]Wurde gegen die Maßnahme ein Rechtsmittel eingelegt, sind der Stand und der Ausgang des Rechtsmittelverfahrens bekannt zu machen.

(2) Liegen der Bundesanstalt Anhaltspunkte dafür vor, dass
1. ein Anbieter Vermögensanlagen öffentlich anbietet, obwohl
   a) diese entgegen § 5b eine Nachschusspflicht vorsehen,
   b) entgegen § 6 kein Verkaufsprospekt veröffentlicht wurde oder
   c) der Verkaufsprospekt nach § 8a nicht mehr gültig ist oder
2. entgegen § 8 ein Verkaufsprospekt vor dessen Billigung veröffentlicht wurde,

so kann die Bundesanstalt diesen Umstand auf ihrer Internetseite öffentlich bekannt machen.

(3) [1]Die Bundesanstalt sieht von einer Bekanntmachung nach Absatz 1 oder Absatz 2 ab, wenn die Bekanntmachung die Finanzmärkte der Bundesrepublik Deutschland oder eines oder mehrerer Staaten des Europäischen Wirtschaftsraums erheblich gefährden würde. [2]Die Bundesanstalt kann von einer Bekanntmachung außerdem absehen, wenn eine Bekanntmachung nachteilige Auswirkungen auf die Durchführung strafrechtlicher, ordnungswidrigkeitenrechtlicher oder disziplinarischer Ermittlungen haben kann.

(4) [1]Die Bekanntmachung nach den Absätzen 1 und 2 darf nur diejenigen personenbezogenen Daten enthalten, die zur Identifizierung des Anbieters oder Emittenten erforderlich sind. [2]Die Bekanntmachung ist spätestens nach fünf Jahren zu löschen.

§ 26c Bekanntmachung von Bußgeldentscheidungen

(1) [1]Die Bundesanstalt macht Bußgeldentscheidungen nach § 29 unverzüglich nach Rechtskraft auf ihrer Internetseite bekannt, wenn dies unter Abwägung der betroffenen Interessen zur Beseitigung oder Verhinderung von Missständen geboten ist. [2]Die Bundesanstalt sieht von einer Veröffentlichung insbesondere dann ab, wenn eine Bekanntmachung auf Grund der geringfügigen Bedeutung des der Bußgeldentscheidung zugrunde liegenden Verstoßes unverhältnismäßig wäre.

(2) [1]In der Bekanntmachung sind die Vorschrift, gegen die verstoßen wurde, und ermittelte und verantwortliche natürliche oder juristische Personen zu benennen. [2]Die Bundesanstalt nimmt die Bekanntmachung auf anonymer Basis vor, wenn eine nicht anonymisierte Bekanntmachung das Persönlichkeitsrecht einer natürlichen Person verletzen würde oder aus sonstigen Gründen unverhältnismäßig wäre. [3]Die Bundesanstalt nimmt die Bekanntmachung unverzüglich unter Benennung der natürlichen oder juristischen Personen erneut vor, wenn die Gründe für die Bekanntmachung auf anonymer Basis entfallen sind.

(3) Die Bundesanstalt schiebt die Bekanntmachung so lange auf, wie eine Bekanntmachung die Durchführung strafrechtlicher, ordnungswidrigkeitenrechtlicher oder disziplinarischer Ermittlungen oder die Stabilität der Finanzmärkte der Bundesrepublik Deutschland oder eines oder mehrerer Staaten des Europäischen Wirtschaftsraums gefährden würde.

(4) Die Bekanntmachung ist spätestens nach fünf Jahren zu löschen.

Abschnitt 5 Gebühren, Straf-, Bußgeld- und Ordnungsgeldbestimmungen sowie Übergangsvorschriften

§ 27 Gebühren und Auslagen

(1) Für individuell zurechenbare öffentliche Leistungen nach diesem Gesetz und nach den auf Grundlage dieses Gesetzes erlassenen Rechtsverordnungen kann die Bundesanstalt Gebühren und Auslagen erheben.

(2) [1]Das Bundesministerium der Finanzen wird ermächtigt, durch Rechtsverordnung, die nicht der Zustimmung des Bundesrates bedarf, die gebührenpflichtigen Tatbestände und die Gebührensätze näher zu bestimmen und dabei feste Sätze und Rahmensätze vorzusehen. [2]Das Bundesministerium der Finanzen kann die Ermächtigung durch Rechtsverordnung auf die Bundesanstalt für Finanzdienstleistungsaufsicht übertragen.

§ 28 Strafvorschriften

Mit Freiheitsstrafe bis zu drei Jahren oder mit Geldstrafe wird bestraft, wer

1. entgegen § 24 Absatz 1 Satz 1 in Verbindung mit § 264 Absatz 2 Satz 3 des Handelsgesetzbuchs oder
2. entgegen § 24 Absatz 1 Satz 1 in Verbindung mit § 289 Absatz 1 Satz 5 des Handelsgesetzbuchs

eine Versicherung nicht richtig abgibt.

§ 29 [1)] Allgemeine Bußgeldvorschriften

(1) Ordnungswidrig handelt, wer vorsätzlich oder leichtfertig

1. entgegen § 2a Absatz 5 Satz 1 eine Vermögensanlage öffentlich anbietet,

1) § 29 geändert durch Gesetz vom 8.7.2019 (BGBl. I S. 1002).

1a. entgegen § 5b eine dort genannte Vermögensanlage anbietet,

1b. entgegen § 6 in Verbindung mit einer Rechtsverordnung nach § 7 Absatz 3 Satz 1 einen Verkaufsprospekt nicht, nicht richtig oder nicht vollständig veröffentlicht,

2. entgegen § 8 Absatz 1 Satz 1 einen Verkaufsprospekt veröffentlicht,

3. entgegen § 9 Absatz 1 oder § 11 Absatz 1 Satz 1 einen Verkaufsprospekt, einen neuen Umstand oder eine Unrichtigkeit nicht, nicht richtig, nicht vollständig, nicht in der vorgeschriebenen Weise oder nicht rechtzeitig veröffentlicht,

4. entgegen § 9 Absatz 2 Satz 3 oder § 10 Absatz 1 Satz 1 eine Mitteilung nicht, nicht richtig, nicht vollständig, nicht in der vorgeschriebenen Weise oder nicht rechtzeitig macht,

4a. entgegen § 11a Absatz 1 Satz 1 eine Tatsache nicht, nicht richtig, nicht vollständig, nicht in der vorgeschriebenen Weise oder nicht rechtzeitig veröffentlicht,

5. entgegen § 12 Absatz 1, 2 oder Absatz 3 nicht dafür sorgt, dass ein Hinweis aufgenommen wird,

6. entgegen § 13 Absatz 1 in Verbindung mit einer Rechtsverordnung nach § 13 Absatz 8 Satz 1 ein Vermögensanlagen-Informationsblatt nicht, nicht richtig, nicht vollständig oder nicht rechtzeitig erstellt,

7. entgegen § 13 Absatz 7 Satz 1 eine dort gemachte Angabe nicht, nicht richtig, nicht vollständig oder nicht rechtzeitig aktualisiert oder entgegen § 13 Absatz 7 Satz 3 das Datum der Aktualisierung im Vermögensanlagen-Informationsblatt nicht nennt,

8. entgegen § 14 Absatz 1 Satz 1 oder § 14 Absatz 3 einen Verkaufsprospekt, einen Nachtrag oder eine aktualisierte Fassung des Vermögensanlagen-Informationsblatts nicht oder nicht rechtzeitig übermittelt,

9. entgegen § 14 Absatz 1 Satz 2 ein Vermögensanlagen- Informationsblatt nicht oder nicht rechtzeitig hinterlegt oder

10. einer vollziehbaren Anordnung nach § 17 Absatz 1 Satz 1 oder § 18 Absatz 1 oder Absatz 2 zuwiderhandelt.

(2) Ordnungswidrig handelt, wer vorsätzlich oder fahrlässig

1. einer vollziehbaren Anordnung nach § 16 Absatz 1 zuwiderhandelt oder
2. entgegen § 19 Absatz 1 eine Auskunft nicht, nicht richtig, nicht vollständig oder nicht rechtzeitig erteilt oder eine Unterlage nicht, nicht richtig, nicht vollständig oder nicht rechtzeitig vorlegt.

(3) Die Ordnungswidrigkeit kann in den Fällen des Absatzes 1 Nummer 1a, 1b, 2, 6 und 10 mit einer Geldbuße bis zu fünfhunderttausend Euro, in den Fällen des Absatzes 1 Nummer 1, 3, 4a und 5 mit einer Geldbuße bis zu hunderttausend Euro und in den übrigen Fällen mit einer Geldbuße bis zu fünfzigtausend Euro geahndet werden.

(4) Verwaltungsbehörde im Sinne des § 36 Absatz 1 Nummer 1 des Gesetzes über Ordnungswidrigkeiten ist die Bundesanstalt.

§ 30 Bußgeldvorschriften zur Rechnungslegung

(1) Ordnungswidrig handelt, wer einer Vorschrift des § 24 Absatz 1 Satz 1 in Verbindung mit

1. § 264 Absatz 2 Satz 1 oder Satz 2, § 265 Absatz 2 bis 4 oder Absatz 6, § 266, § 268 Absatz 3 bis 6 oder Absatz 7, § 272, § 274, § 275, § 277, § 284 oder § 285 des Handelsgesetzbuchs über den Jahresabschluss oder
2. § 289 Absatz 1 Satz 1, 2 oder Satz 3 des Handelsgesetzbuchs über den Lagebericht

zuwiderhandelt.

(2) Die Ordnungswidrigkeit kann mit einer Geldbuße bis zu fünfzigtausend Euro geahndet werden.

(3) Verwaltungsbehörde im Sinne des § 36 Absatz 1 Nummer 1 des Gesetzes über Ordnungswidrigkeiten ist das Bundesamt für Justiz.

§ 31 [1] Ordnungsgeldvorschriften

(1) [1]Die Ordnungsgeldvorschriften der §§ 335 bis 335b des Handelsgesetzbuchs sind auch auf die Verletzung von Pflichten des vertretungsberechtigten Organs des Emittenten von Vermögensanlagen sowie auch auf den Emittenten von Vermögensanlagen selbst entsprechend anzuwenden, und zwar auch dann, wenn es sich bei diesem nicht um eine Kapitalgesellschaft oder eine Gesellschaft im Sinne des § 264a des Handelsgesetzbuchs handelt; der Höchstbetrag des § 335 Absatz 1a des Handelsgesetzbuchs ist unabhängig davon anzuwenden, ob die Gesellschaft kapitalmarktorientiert im Sinne des § 264d des Handelsgesetzbuchs ist. [2]An die Stelle der Pflichten nach § 335 Absatz 1 Satz 1 Nummer 1 und 2 des Handelsgesetzbuchs treten im Falle der Erstellung eines Jahresberichts die Pflichten nach § 23 Absatz 1 und 3 dieses Gesetzes. [3]Offenlegung im Sinne des § 325 Absatz 1 des Handelsgesetzbuchs sind die Einreichung und Bekanntmachung des Jahresberichts gemäß § 23 Absatz 1 und 3 dieses Gesetzes.

(2) Die Bundesanstalt übermittelt dem Betreiber des Bundesanzeigers einmal pro Halbjahr, soweit ihr diese Informationen bekannt sind,

1. Name und Anschrift der Emittenten von Vermögensanlagen sowie im Fall mehrerer Vermögensanlagen desselben Emittenten auch die konkrete Bezeichnung der jeweiligen Vermögensanlage,
2. Name und Anschrift des Bevollmächtigten nach § 5 Absatz 3 Satz 1,
3. das sich aus der Mitteilung nach § 9 Absatz 2 Satz 3 in Verbindung mit § 9 Absatz 1 ergebende Datum, zu dem das öffentliche Angebot der Vermögensanlage des jeweiligen Emittenten frühestens beginnen darf, sowie
4. das in der Mitteilung nach § 10 genannte Datum der vollständigen Tilgung der Vermögensanlage.

Abweichend von Satz 1 übermittelt die Bundesanstalt bei Vermögensanlagen, für die eine Befreiung nach § 2a oder § 2b in Anspruch genommen werden kann, einmal pro Halbjahr Name und Anschrift der ihr jeweils bekannt werdenden Emittenten, Name und Anschrift des Bevollmächtigten nach § 5 Absatz 3 Satz 1 sowie die in Anspruch genommene Befreiungsvorschrift.

(3) Das Bundesamt für Justiz teilt der Bundesanstalt diejenigen Emittenten von Vermögensanlagen mit einem Sitz außerhalb des Geltungsbereichs dieses Gesetzes mit, die entgegen § 23 ihrer Pflicht zur Einreichung eines Jahresberichts nicht nachgekommen sind und gegen die aus diesem Grund unanfechtbare Ordnungsgelder nach den Absätzen 1 und 2 verhängt worden sind.

(4) Die Bundesanstalt kann die der Verhängung eines unanfechtbaren Ordnungsgeldes nach den Absätzen 1 und 2 gegen einen Emittenten von Vermögensanlagen im Sinne des Satzes 1 zugrunde liegenden Tatsachen im Bundesanzeiger öffentlich bekannt machen, soweit dies zur Beseitigung oder Verhinderung von Missständen geboten ist.

§ 32 [2] Übergangsvorschriften

(1) Auf Verkaufsprospekte, die vor dem 1. Juni 2012 bei der Bundesanstalt zur Gestattung ihrer Veröffentlichung nach § 8i Absatz 2 Satz 1 des Verkaufsprospektgesetzes

---

1) § 31 Abs. 2 neu gefasst durch Gesetz vom 8.7.2019 (BGBl. I S. 1002).
2) § 32 geändert durch Gesetz vom 8.7.2019 (BGBl. I S. 1002).

in der Fassung der Bekanntmachung vom 9. September 1998 (BGBl. I S. 2701), das zuletzt durch Artikel 8 des Gesetzes vom 16. Juli 2007 (BGBl. I S. 1330) geändert worden ist, eingereicht wurden, ist das Verkaufsprospektgesetz in der bis zum 31. Mai 2012 geltenden Fassung weiterhin anzuwenden.

(1a) [1]Auf Vermögensanlagen, die vor dem 10. Juli 2015 auf der Grundlage eines von der Bundesanstalt nach diesem Gesetz gebilligten Verkaufsprospekts öffentlich angeboten wurden und nach dem 10. Juli 2015 weiter öffentlich angeboten werden, ist vorbehaltlich der Absätze 11 und 13 das Vermögensanlagengesetz in der bis zum 9. Juli 2015 geltenden Fassung bis zum 10. Juli 2016 weiterhin anzuwenden. [2]Abweichend von Satz 1 ist auf Vermögensanlagen, die vor dem 10. Juli 2015 auf der Grundlage eines von der Bundesanstalt nach diesem Gesetz gebilligten Verkaufsprospekts letztmalig öffentlich angeboten wurden, das Vermögensanlagengesetz in der bis zum 9. Juli 2015 geltenden Fassung weiterhin anzuwenden. [3]Für Vermögensanlagen im Sinne des Satzes 1 gilt § 10a Absatz 2 in der bis zum 15. Juli 2019 geltenden Fassung mit der Maßgabe, dass das öffentliche Angebot spätestens ab dem 10. Juli 2016 als beendet gilt, sofern nicht vor diesem Zeitpunkt ein Verkaufsprospekt nach Maßgabe dieses Gesetzes in seiner ab dem 10. Juli 2015 geltenden Fassung veröffentlicht wird.

(2) [1]Für Ansprüche wegen fehlerhafter Verkaufsprospekte, die vor dem 1. Juni 2012 im Inland veröffentlicht worden sind, sind das Verkaufsprospektgesetz und die §§ 44 bis 47 des Börsengesetzes jeweils in der bis zum 31. Mai 2012 geltenden Fassung weiterhin anzuwenden. [2]Wurden Verkaufsprospekte entgegen § 8f Absatz 1 Satz 1 des Verkaufsprospektgesetzes in der bis zum 31. Mai 2012 geltenden Fassung nicht veröffentlicht, ist für die daraus resultierenden Ansprüche, die bis zum 31. Mai 2012 entstanden sind, das Verkaufsprospektgesetz in der bis zum 31. Mai 2012 geltenden Fassung weiterhin anzuwenden.

(3) Die §§ 23 bis 26 gelten für sämtliche Emittenten von Vermögensanlagen, deren Vermögensanlagen nach dem 1. Juni 2012 im Inland öffentlich angeboten werden, und sind erstmals auf Jahresabschlüsse und Lageberichte für das nach dem 31. Dezember 2013 beginnende Geschäftsjahr anzuwenden.

(4) Veröffentlichungen und Bekanntmachungen nach § 9 Absatz 2 Satz 1 Nummer 1 und 2 sind bis zum 31. Dezember 2014 zusätzlich zu der Veröffentlichung oder Bekanntmachung im Bundesanzeiger auch in einem überregionalen Börsenpflichtblatt vorzunehmen.

(5) Auf Vermögensanlagen, die durch die Änderung des § 1 Absatz 2 und das Inkrafttreten des Kapitalanlagegesetzbuchs als Anteile an Investmentvermögen im Sinne des § 1 Absatz 1 des Kapitalanlagegesetzbuchs gelten und die die Voraussetzungen von § 353 Absatz 1 oder 2 des Kapitalanlagegesetzbuchs erfüllen, ist dieses Gesetz in der bis zum 21. Juli 2013 geltenden Fassung weiterhin anzuwenden.

(6) Auf Vermögensanlagen, die durch die Änderung des § 1 Absatz 2 und das Inkrafttreten des Kapitalanlagegesetzbuchs als Anteile an Investmentvermögen im Sinne des § 1 Absatz 1 des Kapitalanlagegesetzbuchs gelten und die die Voraussetzungen von § 353 Absatz 3 des Kapitalanlagegesetzbuchs erfüllen, ist dieses Gesetz in der bis zum 21. Juli 2013 geltenden Fassung mit Ausnahme von Abschnitt 3 weiterhin anzuwenden.

(7) [1]Auf Vermögensanlagen, die durch die Änderung des § 1 Absatz 2 und das Inkrafttreten des Kapitalanlagegesetzbuchs als Anteile an Investmentvermögen im Sinne des § 1 Absatz 1 des Kapitalanlagegesetzbuchs gelten und die die Voraussetzungen von § 353 Absatz 4 oder 5 des Kapitalanlagegesetzbuchs erfüllen, ist dieses Gesetz in der bis zum 21. Juli 2013 geltenden Fassung bis zur Stellung des Erlaubnisantrags gemäß § 22 oder des Registrierungsantrags gemäß § 44 des Kapitalanlagegesetzbuchs bei der Bundesanstalt weiterhin anzuwenden. [2]Ab Eingang des Erlaubnisantrags nach § 22 oder des

Registrierungsantrags gemäß § 44 des Kapitalanlagesetzbuchs ist für Vermögensanlagen im Sinne des Satzes 1 dieses Gesetz in der bis zum 21. Juli 2013 geltenden Fassung neben den in § 353 Absatz 4 oder 5 des Kapitalanlagegesetzbuchs genannten Vorschriften weiterhin anzuwenden.

(8) [1]Auf Vermögensanlagen, die vor dem 22. Juli 2013 von mindestens einem Anleger gezeichnet wurden und die durch die Änderung des § 1 Absatz 2 und das Inkrafttreten des Kapitalanlagegesetzbuchs als Anteile an Investmentvermögen im Sinne des § 1 Absatz 1 des Kapitalanlagegesetzbuchs gelten und die nicht die Voraussetzungen von § 353 Absatz 1, 2, 3, 4 oder 5 des Kapitalanlagegesetzbuchs erfüllen, ist dieses Gesetz in der bis zum 21. Juli 2013 geltenden Fassung bis zum Ende des Vertriebsrechts für den gemäß § 353 Absatz 6 in Verbindung mit den § 351 Absatz 3 und 4 und § 345 Absatz 6 und 7 oder den § 351 Absatz 6 und § 345 Absatz 8 des Kapitalanlagegesetzbuchs genannten Zeitraum weiterhin mit der Maßgabe anzuwenden, dass eine Billigung des Verkaufsprospekts nach § 8 nach dem 21. Juli 2013 nicht mehr erfolgen kann. [2]Zeichnung im Sinne dieser Übergangsvorschrift ist der unbedingte und unbefristete Abschluss des schuldrechtlichen Verpflichtungsgeschäfts, das darauf gerichtet ist, Gesellschafter an einer Publikumsgesellschaft zu werden.

(9) [1]Anträge, die auf eine Billigung des Verkaufsprospekts von Vermögensanlagen, die durch die Änderung des § 1 Absatz 2 und das Inkrafttreten des Kapitalanlagegesetzbuchs als Anteile an Investmentvermögen im Sinne des § 1 Absatz 1 des Kapitalanlagegesetzbuchs gelten, durch die Bundesanstalt gerichtet und am 21. Juli 2013 noch nicht beschieden waren, erlöschen gebührenfrei mit Ablauf des 21. Juli 2013. [2]Die Bundesanstalt weist den Antragsteller auf diesen Umstand und auf die Geltung des Kapitalanlagegesetzbuchs hin. [3]Die vor dem 22. Juli 2013 erteilte Billigung des Verkaufsprospekts von Vermögensanlagen im Sinne von Satz 1 erlischt am 22. Juli 2013, wenn die Vermögensanlage vor dem 22. Juli 2013 noch nicht von mindestens einem Anleger gezeichnet ist. [4]Absatz 8 Satz 3 gilt entsprechend.

(10) [1]Auf Vermögensanlagen im Sinne von § 1 Absatz 2 Nummer 3, 4 und 7 in der ab dem 10. Juli 2015 geltenden Fassung, die erstmals nach dem 9. Juli 2015 öffentlich angeboten werden, ist dieses Gesetz ab dem 1. Juli 2015 anzuwenden. [2]Auf Vermögensanlagen im Sinne von § 1 Absatz 2 Nummer 3, 4 und 7 in der ab dem 10. Juli 2015 geltenden Fassung, die vor dem 10. Juli 2015 öffentlich angeboten wurden, ist dieses Gesetz ab dem 1. Januar 2016 anzuwenden. [3]In öffentlichen Angeboten von Vermögensanlagen nach Satz 2 ist bis zum 1. Januar 2016 auf den Umstand des Satzes 2 hinzuweisen. [4]Im Hinblick auf die Pflichten nach den §§ 11 und 11a gilt das öffentliche Angebot für Vermögensanlagen im Sinne des Satzes 2 ab dem 1. Januar 2016 als beendet, sofern nicht vor diesem Zeitpunkt ein Verkaufsprospekt nach Maßgabe dieses Gesetzes in seiner ab dem 10. Juli 2015 geltenden Fassung veröffentlicht wird.

(11) § 31 Absatz 1 Satz 1 in der Fassung des Kleinanlegerschutzgesetzes vom 3. Juli 2015 (BGBl. I S. 1114) ist erstmals auf Jahres- und Konzernabschlüsse für Geschäftsjahre anzuwenden, die nach dem 31. Dezember 2014 beginnen.

(12) Auf Vermögensanlagen im Sinne von § 1 Absatz 2 in der ab dem 10. Juli 2015 geltenden Fassung, die vor dem 1. Juli 2005 letztmals öffentlich angeboten wurden, ist dieses Gesetz nicht anzuwenden.

(13) [1]Die §§ 23, 26, 30 und 31 in der Fassung des Bilanzrichtlinie-Umsetzungsgesetzes vom 17. Juli 2015 (BGBl. I S. 1245) sind erstmals auf Jahresabschlüsse und Lageberichte für nach dem 31. Dezember 2015 beginnende Geschäftsjahre anzuwenden. [2]Auf Jahresabschlüsse und Lageberichte für vor dem 1. Januar 2015 beginnende Geschäftsjahre bleiben die §§ 23, 26, 30 und 31 in der bis zum 9. Juli 2015 geltenden Fassung anwendbar. [3]Auf Jahresabschlüsse und Lageberichte für nach dem 31. Dezember

2014 und vor dem 1. Januar 2016 beginnende Geschäftsjahre bleiben die §§ 23, 26 und 30 in der bis zum 9. Juli 2015 geltenden Fassung und § 31 in der bis zum 22. Juli 2015 geltenden Fassung anwendbar.

(14) [1]§ 23 in der Fassung des CSR-Richtlinie-Umsetzungsgesetzes vom 11. April 2017 (BGBl. I S. 802) sind erstmals auf Jahres- und Konzernabschlüsse, Lage- und Konzernlageberichte für das nach dem 31. Dezember 2016 beginnende Geschäftsjahr anzuwenden. [2]§ 23 in der bis zum 18. April 2017 geltenden Fassung ist unbeschadet des Absatzes 13 letztmals anzuwenden auf Lage- und Konzernlageberichte für das vor dem 1. Januar 2017 beginnende Geschäftsjahr.

(15) Unvollständige Verkaufsprospekte, die vor dem 16. Juli 2019 gebilligt wurden, unterliegen bis zum Ablauf ihrer Gültigkeit weiterhin dem Vermögensanlagengesetz in der bis zum 15. Juli 2019 geltenden Fassung.

10d. Kapitalanlagegesetzbuch (KAGB)

Vom 4. Juli 2013 (BGBl. I S. 1981)

zuletzt geändert durch Gesetz vom 12.12.2019 (BGBl. I S. 2637)

Inhaltsübersicht

Kapitel 1
Allgemeine Bestimmungen für Investmentvermögen und Verwaltungsgesellschaften

Abschnitt 1
Allgemeine Vorschriften

Abschnitt 2
Verwaltungsgesellschaften

Unterabschnitt 1
Erlaubnis

Unterabschnitt 5
Grenzüberschreitender Dienstleistungsverkehr bei OGAW-Verwaltungsgesellschaften

Unterabschnitt 6
Grenzüberschreitender Dienstleistungsverkehr und Drittstaatenbezug bei AIF-Verwaltungsgesellschaften

Kapitel 2
Publikumsinvestmentvermögen
Abschnitt 1
Allgemeine Vorschriften für offene Publikumsinvestmentvermögen
Unterabschnitt 1
Allgemeines

Unterabschnitt 2
Master-Feeder-Strukturen

Unterabschnitt 3
Verschmelzung von offenen Publikumsinvestmentvermögen

Abschnitt 2

Investmentvermögen gemäß der OGAW-Richtlinie

Abschnitt 3

Offene inländische Publikums-AIF

Unterabschnitt 1

Allgemeine Vorschriften für offene inländische Publikums-AIF

Unterabschnitt 2

Gemischte Investmentvermögen

Unterabschnitt 3

Sonstige Investmentvermögen

Abschnitt 3
Vorschriften für geschlossene inländische Spezial-AIF
Unterabschnitt 1
Allgemeine Vorschriften für geschlossene inländische Spezial-AIF

Unterabschnitt 2
Besondere Vorschriften für AIF, die die Kontrolle über nicht börsennotierte Unternehmen und Emittenten erlangen

Kapitel 4
Vorschriften für den Vertrieb und den Erwerb von Investmentvermögen
Abschnitt 1
Vorschriften für den Vertrieb und den Erwerb von Investmentvermögen
Unterabschnitt 1
Allgemeine Vorschriften für den Vertrieb und den Erwerb von Investmentvermögen

Unterabschnitt 2
Vorschriften für den Vertrieb und den Erwerb von AIF in Bezug auf Privatanleger und für den Vertrieb und den Erwerb von OGAW

Abschnitt 2
Übergangsvorschriften
Unterabschnitt 1
Allgemeine Übergangsvorschriften für AIF-Verwaltungsgesellschaften

Unterabschnitt 2
Besondere Übergangsvorschriften für offene AIF und für AIF-Verwaltungsgesellschaften, die offene AIF verwalten

Unterabschnitt 3
Besondere Übergangsvorschriften für AIF-Verwaltungsgesellschaften, die geschlossene AIF verwalten, und für geschlossene AIF

Unterabschnitt 4
Übergangsvorschriften für OGAW-Verwaltungsgesellschaften und OGAW

Unterabschnitt 5
Sonstige Übergangsvorschriften

Kapitel 1. Allgemeine Bestimmungen für Investmentvermögen und Verwaltungsgesellschaften

Abschnitt 1. Allgemeine Vorschriften

§ 1 Begriffsbestimmungen

(1) [1]Investmentvermögen ist jeder Organismus für gemeinsame Anlagen, der von einer Anzahl von Anlegern Kapital einsammelt, um es gemäß einer festgelegten Anlagestrategie zum Nutzen dieser Anleger zu investieren und der kein operativ tätiges Unternehmen außerhalb des Finanzsektors ist. [2]Eine Anzahl von Anlegern im Sinne des Satzes 1 ist gegeben, wenn die Anlagebedingungen, die Satzung oder der Gesellschaftsvertrag des Organismus für gemeinsame Anlagen die Anzahl möglicher Anleger nicht auf einen Anleger begrenzen.

(2) Organismen für gemeinsame Anlagen in Wertpapieren (OGAW) sind Investmentvermögen, die die Anforderungen der Richtlinie 2009/65/EG des Europäischen Parlaments und des Rates vom 13. Juli 2009 zur Koordinierung der Rechts- und Verwaltungsvorschriften betreffend bestimmte Organismen für gemeinsame Anlagen in Wertpapieren (OGAW) (ABl. L 302 vom 17.11.2009, S. 1), die zuletzt durch die Richtlinie 2014/91/EU (ABl. L 257 vom 28.8.2014, S. 186) geändert worden ist, erfüllen.

(3) Alternative Investmentfonds (AIF) sind alle Investmentvermögen, die keine OGAW sind.

(4) Offene Investmentvermögen sind

1. OGAW und
2. AIF, die die Voraussetzungen von Artikel 1 Absatz 2 der Delegierten Verordnung (EU) Nr. 694/2014 der Kommission vom 17. Dezember 2013 zur Ergänzung der Richtlinie 2011/61/EU des Europäischen Parlaments und des Rates im Hinblick auf technische Regulierungsstandards zur Bestimmung der Arten von Verwaltern alternativer Investmentfonds (ABl. L 183 vom 24.6.2014, S. 18) erfüllen.

(5) Geschlossene AIF sind alle AIF, die keine offenen AIF sind.

(6) [1]Spezial-AIF sind AIF, deren Anteile auf Grund von schriftlichen Vereinbarungen mit der Verwaltungsgesellschaft oder auf Grund der konstituierenden Dokumente des AIF nur erworben werden dürfen von

1. professionellen Anlegern im Sinne des Absatzes 19 Nummer 32 und
2. semiprofessionellen Anlegern im Sinne des Absatzes 19 Nummer 33; ein Anleger, der kraft Gesetzes Anteile an einem Spezial-AIF erwirbt, gilt als semiprofessioneller Anleger im Sinne des Absatzes 19 Nummer 33.

[2]Alle übrigen Investmentvermögen sind Publikumsinvestmentvermögen.

(7) Inländische Investmentvermögen sind Investmentvermögen, die dem inländischen Recht unterliegen.

(8) EU-Investmentvermögen sind Investmentvermögen, die dem Recht eines anderen Mitgliedstaates der Europäischen Union oder eines anderen Vertragsstaates des Abkommens über den Europäischen Wirtschaftsraum unterliegen.

(9) Ausländische AIF sind AIF, die dem Recht eines Drittstaates unterliegen.

(10) Sondervermögen sind inländische offene Investmentvermögen in Vertragsform, die von einer Verwaltungsgesellschaft für Rechnung der Anleger nach Maßgabe dieses Gesetzes und den Anlagebedingungen, nach denen sich das Rechtsverhältnis der Verwaltungsgesellschaft zu den Anlegern bestimmt, verwaltet werden.

(11) Investmentgesellschaften sind Investmentvermögen in der Rechtsform einer Investmentaktiengesellschaft oder Investmentkommanditgesellschaft.

(12) Intern verwaltete Investmentgesellschaften sind Investmentgesellschaften, die keine externe Verwaltungsgesellschaft bestellt haben.

(13) Extern verwaltete Investmentgesellschaften sind Investmentgesellschaften, die eine externe Verwaltungsgesellschaft bestellt haben.

(14) [1]Verwaltungsgesellschaften sind AIF-Verwaltungsgesellschaften und OGAW-Verwaltungsgesellschaften. [2]AIF-Verwaltungsgesellschaften sind AIF-Kapitalverwaltungsgesellschaften, EU-AIF-Verwaltungsgesellschaften und ausländische AIF-Verwaltungsgesellschaften. [3]OGAW-Verwaltungsgesellschaften sind OGAW-Kapitalverwaltungsgesellschaften und EU-OGAW-Verwaltungsgesellschaften.

(15) OGAW-Kapitalverwaltungsgesellschaften sind Kapitalverwaltungsgesellschaften gemäß § 17, die mindestens einen OGAW verwalten oder zu verwalten beabsichtigen.

(16) AIF-Kapitalverwaltungsgesellschaften sind Kapitalverwaltungsgesellschaften gemäß § 17, die mindestens einen AIF verwalten oder zu verwalten beabsichtigen.

(17) EU-Verwaltungsgesellschaften sind Unternehmen mit Sitz in einem anderen Mitgliedstaat der Europäischen Union oder einem anderen Vertragsstaat des Abkommens über den Europäischen Wirtschaftsraum, die den Anforderungen

1. an eine Verwaltungsgesellschaft oder an eine intern verwaltete Investmentgesellschaft im Sinne der Richtlinie 2009/65/EG oder
2. an einen Verwalter alternativer Investmentfonds im Sinne der Richtlinie 2011/61/EU des Europäischen Parlaments und des Rates vom 8. Juni 2011 über die Verwalter alternativer Investmentfonds und zur Änderung der Richtlinien 2003/41/EG und 2009/65/EG und der Verordnungen (EG) Nr. 1060/2009 und (EU) Nr. 1095/2010 (ABl. L 174 vom 1.7.2011, S. 1)

entsprechen.

(18) Ausländische AIF-Verwaltungsgesellschaften sind Unternehmen mit Sitz in einem Drittstaat, die den Anforderungen an einen Verwalter alternativer Investmentfonds im Sinne der Richtlinie 2011/61/EU entsprechen.

(19) [1]Die folgenden Begriffe werden für die Zwecke dieses Gesetzes wie folgt bestimmt:

1. Anfangskapital sind
   a) bei Aktiengesellschaften das eingezahlte Grundkapital ohne die Aktien, die mit einem nachzuzahlenden Vorzug bei der Verteilung des Gewinns ausgestattet sind (Vorzugsaktien), und die Rücklagen,
   b) bei Gesellschaften mit beschränkter Haftung das eingezahlte Stammkapital und die Rücklagen,
   c) bei Kommanditgesellschaften das eingezahlte Geschäftskapital und die Rücklagen nach Abzug der Entnahmen der persönlich haftenden Gesellschafter und der diesen gewährten Kredite.

   [2]Als Rücklagen im Sinne der Buchstaben a bis c gelten die Posten im Sinne des Artikels 26 Absatz 1 Buchstabe b bis d in Verbindung mit Artikel 26 Absatz 2 bis 4 der

Verordnung (EU) Nr. 575/2013 des Europäischen Parlaments und des Rates vom 26. Juni 2013 über Aufsichtsanforderungen an Kreditinstitute und Wertpapierfirmen und zur Änderung der Verordnung (EU) Nr. 646/2012 (ABl. [2]L 176 vom 27.6.2013, S. 1).

2. Arbeitnehmervertreter sind Vertreter der Arbeitnehmer im Sinne von Artikel 2 Buchstabe e der Richtlinie 2002/14/EG des Europäischen Parlaments und des Rates vom 11. März 2002 zur Festlegung eines allgemeinen Rahmens für die Unterrichtung und Anhörung der Arbeitnehmer in der Europäischen Gemeinschaft (ABl. L 80 vom 23.3.2002, S. 29).

3. Aufnahmemitgliedstaat einer OGAW-Kapitalverwaltungsgesellschaft ist ein anderer Mitgliedstaat der Europäischen Union oder ein anderer Vertragsstaat des Abkommens über den Europäischen Wirtschaftsraum, in dem eine OGAW-Kapitalverwaltungsgesellschaft
   a) eine Zweigniederlassung unterhält oder im Wege des grenzüberschreitenden Dienstleistungsverkehrs tätig wird, oder
   b) die Absicht anzeigt, Anteile oder Aktien an einem inländischen OGAW-Investmentvermögen zu vertreiben.

4. Aufnahmemitgliedstaat einer AIF-Kapitalverwaltungsgesellschaft ist ein anderer Mitgliedstaat der Europäischen Union oder ein anderer Vertragsstaat des Abkommens über den Europäischen Wirtschaftsraum, in dem eine AIF-Kapitalverwaltungsgesellschaft
   a) einen EU-AIF verwaltet oder Dienstleistungen- und Nebendienstleistungen nach Artikel 6 Absatz 4 der Richtlinie 2011/61/EU erbringt oder
   b) Anteile oder Aktien an einem AIF vertreibt.

5. Drittstaaten sind alle Staaten, die nicht Mitgliedstaat der Europäischen Union oder anderer Vertragsstaat des Abkommens über den Europäischen Wirtschaftsraum sind.

6. Eine bedeutende Beteiligung besteht, wenn unmittelbar oder mittelbar oder im Zusammenwirken mit anderen Personen oder Unternehmen mindestens 10 Prozent des Kapitals oder der Stimmrechte einer Verwaltungsgesellschaft im Eigen- oder Fremdinteresse gehalten werden oder wenn auf die Geschäftsführung einer Verwaltungsgesellschaft ein maßgeblicher Einfluss ausgeübt werden kann. [2]Für die Berechnung des Anteils der Stimmrechte gelten § 34 Absatz 1 und 2, § 35 Absatz 1 und 2 in Verbindung mit der Rechtsverordnung nach Absatz 6 und § 36 des Wertpapierhandelsgesetzes entsprechend. [3]Die mittelbar gehaltenen Beteiligungen sind den mittelbar beteiligten Personen und Unternehmen in vollem Umfang zuzurechnen.

7. Carried interest ist der Anteil an den Gewinnen des AIF, den eine AIF-Verwaltungsgesellschaft als Vergütung für die Verwaltung des AIF erhält; der carried interest umfasst nicht den Anteil der AIF-Verwaltungsgesellschaft an den Gewinnen des AIF, den die AIF-Verwaltungsgesellschaft als Gewinn für Anlagen der AIF-Verwaltungsgesellschaft in den AIF bezieht.

8. Dauerhafter Datenträger ist jedes Medium, das den Anlegern gestattet, Informationen für eine den Zwecken der Informationen angemessene Dauer zu speichern, einzusehen und unverändert wiederzugeben.

9. Eigenmittel sind Eigenmittel gemäß Artikel 72 der Verordnung (EU) Nr. 575/2013.

10. Eine enge Verbindung besteht, wenn eine Kapitalverwaltungsgesellschaft oder eine extern verwaltete Investmentgesellschaft und eine andere natürliche oder juristische Person verbunden sind

    a) durch das unmittelbare oder mittelbare Halten durch ein oder mehrere Tochterunternehmen oder Treuhänder von mindestens 20 Prozent des Kapitals oder der Stimmrechte oder

    b) als Mutter- und Tochterunternehmen, durch ein gleichartiges Verhältnis oder als Schwesterunternehmen.

11. Feederfonds sind Sondervermögen, Investmentaktiengesellschaften mit veränderlichem Kapital, Teilgesellschaftsvermögen einer Investmentaktiengesellschaft mit veränderlichem Kapital oder EU-OGAW, die mindestens 85 Prozent ihres Vermögens in einem Masterfonds anlegen.

12. Masterfonds sind OGAW oder Sonstige Investmentvermögen gemäß § 220, die Anteile an mindestens einen Feederfonds ausgegeben haben, selbst keine Feederfonds sind und keine Anteile eines Feederfonds halten.

13. Feeder-AIF bezeichnet einen AIF, der

    a) mindestens 85 Prozent seines Wertes in Anteilen eines Master-AIF anlegt, oder

    b) mindestens 85 Prozent seines Wertes in mehr als einem Master-AIF anlegt, die jeweils identische Anlagestrategien verfolgen, oder

    c) anderweitig ein Engagement von mindestens 85 Prozent seines Wertes in einem Master-AIF hat.

14. Master-AIF sind AIF, an dem ein Feeder-AIF Anteile hält.

15. Geschäftsleiter sind diejenigen natürlichen Personen, die nach Gesetz, Satzung oder Gesellschaftsvertrag zur Führung der Geschäfte und zur Vertretung einer Kapitalverwaltungsgesellschaft berufen sind sowie diejenigen natürlichen Personen, die die Geschäfte der Kapitalverwaltungsgesellschaft tatsächlich leiten.

16. Gesetzlicher Vertreter einer ausländischen AIF-Verwaltungsgesellschaft ist jede natürliche Person mit Wohnsitz in der Europäischen Union oder in einem anderen Vertragsstaat des Abkommens über den Europäischen Wirtschaftsraum oder jede juristische Person mit satzungsmäßigem Sitz oder satzungsmäßiger Zweigniederlassung in der Europäischen Union oder in einem anderen Vertragsstaat des Abkommens über den Europäischen Wirtschaftsraum, die von einer ausländischen AIF-Verwaltungsgesellschaft ausdrücklich dazu ernannt worden ist, im Namen dieser ausländischen AIF-Verwaltungsgesellschaft gegenüber Behörden, Kunden, Einrichtungen und Gegenparteien der ausländischen AIF-Verwaltungsgesellschaft in der Europäischen Union oder in einem anderen Vertragsstaat des Abkommens über den Europäischen Wirtschaftsraum hinsichtlich der Verpflichtungen der ausländischen AIF-Verwaltungsgesellschaft nach der Richtlinie 2011/61/EU zu handeln.

17. Herkunftsmitgliedstaat des OGAW ist der Mitgliedsstaat der Europäischen Union oder der Vertragsstaat des Abkommens über den Europäischen Wirtschaftsraum, in dem der OGAW zugelassen wurde.

18. Herkunftsmitgliedstaat des AIF ist

    a) der Mitgliedstaat der Europäischen Union oder der Vertragsstaat des Abkommens über den Europäischen Wirtschaftsraum, in dem der AIF zugelassen oder registriert ist, oder im Fall der mehrfachen Zulassung oder Registrierung der Mitgliedstaat oder der Vertragsstaat, in dem der AIF zum ersten Mal zugelassen oder registriert wurde, oder

b) für den Fall, dass der AIF in keinem Mitgliedstaat der Europäischen Union oder keinem Vertragsstaat des Abkommens über den Europäischen Wirtschaftsraum zugelassen oder registriert ist, der Mitgliedstaat der Europäischen Union oder der Vertragsstaat des Abkommens über den Europäischen Wirtschaftsraum, in dem der AIF seinen Sitz oder seine Hauptverwaltung hat.

19. Herkunftsmitgliedstaat der OGAW-Verwaltungsgesellschaft ist der Mitgliedstaat der Europäischen Union oder der Vertragsstaat des Abkommens über den Europäischen Wirtschaftsraum, in dem die OGAW-Verwaltungsgesellschaft ihren Sitz hat.

20. Herkunftsmitgliedstaat der AIF-Verwaltungsgesellschaft ist,
  a) im Fall einer EU-AIF-Verwaltungsgesellschaft oder einer AIF-Kapitalverwaltungsgesellschaft der Mitgliedstaat der Europäischen Union oder der Vertragsstaat des Abkommens über den Europäischen Wirtschaftsraum, in dem diese AIF-Verwaltungsgesellschaft ihren satzungsmäßigen Sitz hat,
  b) im Fall einer ausländischen AIF-Verwaltungsgesellschaft der Referenzmitgliedstaat im Sinne von Artikel 37 der Richtlinie 2011/61/EU.

21. [1]Immobilien sind Grundstücke, grundstücksgleiche Rechte und vergleichbare Rechte nach dem Recht anderer Staaten. [2]Als grundstücksgleiche Rechte im Sinne von Satz 1 gelten auch Nießbrauchrechte im Sinne des § 231 Absatz 1 Satz 1 Nummer 6.

22. Immobilien-Gesellschaften sind Gesellschaften, die nach dem Gesellschaftsvertrag oder der Satzung nur Immobilien sowie die zur Bewirtschaftung der Immobilien erforderlichen Gegenstände erwerben dürfen.

23. Immobilien-Sondervermögen sind Sondervermögen, die nach den Anlagebedingungen das bei ihnen eingelegte Geld in Immobilien anlegen.

24. Kollektive Vermögensverwaltung umfasst die Portfolioverwaltung, das Risikomanagement, administrative Tätigkeiten, den Vertrieb von eigenen Investmentanteilen sowie bei AIF Tätigkeiten im Zusammenhang mit den Vermögensgegenständen des AIF.

25. Leverage ist jede Methode, mit der die Verwaltungsgesellschaft den Investitionsgrad eines von ihr verwalteten Investmentvermögens durch Kreditaufnahme, Wertpapier-Darlehen, in Derivate eingebettete Hebelfinanzierungen oder auf andere Weise erhöht. [2]Kriterien
  a) zur Festlegung der Methoden für Leverage von AIF, einschließlich jeglicher Finanz- oder Rechtsstrukturen, an denen Dritte beteiligt sind, die von dem betreffenden AIF kontrolliert werden, und
  b) darüber, wie Leverage von AIF zu berechnen ist,

  ergeben sich aus den Artikeln 6 bis 11 der Delegierten Verordnung (EU) Nr. 231/2013 der Kommission vom 19. Dezember 2012 zur Ergänzung der Richtlinie 2011/61/EU des Europäischen Parlaments und des Rates im Hinblick auf Ausnahmen, die Bedingungen für die Ausübung der Tätigkeit, Verwahrstellen, Hebelfinanzierung, Transparenz und Beaufsichtigung (ABl. L 83 vom 22.3.2013, S. 1).

26. Mutterunternehmen sind Unternehmen, die Mutterunternehmen im Sinne des § 290 des Handelsgesetzbuchs sind.

27. Nicht börsennotiertes Unternehmen ist ein Unternehmen, das seinen satzungsmäßigen Sitz in der Europäischen Union oder in einem anderen Vertragsstaat des Abkommens über den Europäischen Wirtschaftsraum hat und dessen Anteile nicht zum Handel auf einem geregelten Markt im Sinne des Artikels 4 Absatz 1 Nummer

21 der Richtlinie 2014/65/EU des Europäischen Parlaments und des Rates vom 15. Mai 2014 über Märkte für Finanzinstrumente sowie zur Änderung der Richtlinien 2002/92/EG und 2011/61/EU (ABl. L 173 vom 12.6.2014, S. 349; L 74 vom 18.3.2015, S. 38; L 188 vom 13.7.2016, S. 28; L 273 vom 8.10.2016, S. 35; L 64 vom 10.3.2017, S. 116), die zuletzt durch die Richtlinie (EU) 2016/1034 (ABl. L 175 vom 30.6.2016, S. 8) geändert worden ist, zugelassen sind.

28. ÖPP-Projektgesellschaften sind im Rahmen Öffentlich-Privater Partnerschaften tätige Gesellschaften, die nach dem Gesellschaftsvertrag oder der Satzung zu dem Zweck gegründet wurden, Anlagen oder Bauwerke zu errichten, zu sanieren, zu betreiben oder zu bewirtschaften, die der Erfüllung öffentlicher Aufgaben dienen.

29. Organisierter Markt ist ein Markt, der anerkannt und für das Publikum offen ist und dessen Funktionsweise ordnungsgemäß ist, sofern nicht ausdrücklich etwas anderes bestimmt ist.

30. Primebroker ist ein Kreditinstitut im Sinne des Artikels 4 Absatz 1 Nummer 1 der Verordnung (EU) Nr. 575/2013, eine Wertpapierfirma im Sinne des Artikels 4 Absatz 1 Nummer 1 der Richtlinie 2014/65/EU oder eine andere Einheit, die einer Regulierungsaufsicht und ständigen Überwachung unterliegt und professionellen Anlegern Dienstleistungen anbietet, in erster Linie, um als Gegenpartei Geschäfte mit Finanzinstrumenten im Sinne der Richtlinie 2011/61/EU zu finanzieren oder durchzuführen, und die möglicherweise auch andere Dienstleistungen wie Clearing und Abwicklung von Geschäften, Verwahrungsdienstleistungen, Wertpapier-Darlehen und individuell angepasste Technologien und Einrichtungen zur betrieblichen Unterstützung anbietet.

31. Privatanleger sind alle Anleger, die weder professionelle noch semiprofessionelle Anleger sind.

32. Professioneller Anleger ist jeder Anleger, der im Sinne von Anhang II der Richtlinie 2014/65/EU als professioneller Kunde angesehen wird oder auf Antrag als ein professioneller Kunde behandelt werden kann.

33. Semiprofessioneller Anleger ist
    a) jeder Anleger,
        aa) der sich verpflichtet, mindestens 200 000 Euro zu investieren,
        bb) der schriftlich in einem vom Vertrag über die Investitionsverpflichtung getrennten Dokument angibt, dass er sich der Risiken im Zusammenhang mit der beabsichtigten Verpflichtung oder Investition bewusst ist,
        cc) dessen Sachverstand, Erfahrungen und Kenntnisse die AIF-Verwaltungsgesellschaft oder die von ihr beauftragte Vertriebsgesellschaft bewertet, ohne von der Annahme auszugehen, dass der Anleger über die Marktkenntnisse und -erfahrungen der in Anhang II Abschnitt I der Richtlinie 2014/65/EU genannten Anleger verfügt,
        dd) bei dem die AIF-Verwaltungsgesellschaft oder die von ihr beauftragte Vertriebsgesellschaft unter Berücksichtigung der Art der beabsichtigten Verpflichtung oder Investition hinreichend davon überzeugt ist, dass er in der Lage ist, seine Anlageentscheidungen selbst zu treffen und die damit einhergehenden Risiken versteht und dass eine solche Verpflichtung für den betreffenden Anleger angemessen ist, und
        ee) dem die AIF-Verwaltungsgesellschaft oder die von ihr beauftragte Vertriebsgesellschaft schriftlich bestätigt, dass sie die unter Doppelbuchstabe cc genannte Bewertung vorgenommen hat und die unter Doppelbuchstabe dd genannten Voraussetzungen gegeben sind,

b) ein in § 37 Absatz 1 genannter Geschäftsleiter oder Mitarbeiter der AIF-Verwaltungsgesellschaft, sofern er in von der AIF-Verwaltungsgesellschaft verwaltete AIF investiert, oder ein Mitglied der Geschäftsführung oder des Vorstands einer extern verwalteten Investmentgesellschaft, sofern es in die extern verwaltete Investmentgesellschaft investiert,

c) jeder Anleger, der sich verpflichtet, mindestens 10 Millionen Euro in ein Investmentvermögen zu investieren,

d) jeder Anleger in der Rechtsform

aa) einer Anstalt des öffentlichen Rechts,

bb) einer Stiftung des öffentlichen Rechts oder

cc) einer Gesellschaft, an der der Bund oder ein Land mehrheitlich beteiligt ist,

wenn der Bund oder das Land zum Zeitpunkt der Investition der Anstalt, der Stiftung oder der Gesellschaft in den betreffenden Spezial-AIF investiert oder investiert ist.

34. Sitz eines

a) AIF ist der satzungsmäßige Sitz oder, falls der AIF keine eigene Rechtspersönlichkeit hat, der Staat, dessen Recht der AIF unterliegt;

b) gesetzlichen Vertreters, der eine juristische Person ist, ist der satzungsmäßige Sitz oder die Zweigniederlassung der juristischen Person;

c) gesetzlichen Vertreters, der eine natürliche Person ist, ist sein Wohnsitz.

35. Tochterunternehmen sind Unternehmen, die Tochterunternehmen im Sinne des § 290 des Handelsgesetzbuchs sind.

36. Verbriefungszweckgesellschaften im Sinne des § 2 Absatz 1 Nummer 7 sind Gesellschaften, deren einziger Zweck darin besteht, eine oder mehrere Verbriefungen im Sinne von Artikel 1 Absatz 2 der Verordnung (EG) Nr. 24/2009 der Europäischen Zentralbank vom 19. Dezember 2008 über die Statistik über die Aktiva und Passiva von finanziellen Mantelkapitalgesellschaften, die Verbriefungsgeschäfte betreiben (ABl. L 15 vom 20.1.2009, S. 1), und weitere zur Erfüllung dieses Zwecks geeignete Tätigkeiten durchzuführen.

37. Verschmelzungen im Sinne dieses Gesetzes sind Auflösungen ohne Abwicklung eines Sondervermögens, einer Investmentaktiengesellschaft mit veränderlichem Kapital oder einer offenen Investmentkommanditgesellschaft

a) durch Übertragung sämtlicher Vermögensgegenstände und Verbindlichkeiten eines oder mehrerer übertragender offener Investmentvermögen auf ein anderes bestehendes übernehmendes Sondervermögen, auf einen anderen bestehenden übernehmenden EU-OGAW, auf eine andere bestehende übernehmende Investmentaktiengesellschaft mit veränderlichem Kapital oder auf eine andere bestehende übernehmende offene Investmentkommanditgesellschaft (Verschmelzung durch Aufnahme) oder

b) durch Übertragung sämtlicher Vermögensgegenstände und Verbindlichkeiten zweier oder mehrerer übertragender offener Investmentvermögen auf ein neues, dadurch gegründetes übernehmendes Sondervermögen, auf einen neuen, dadurch gegründeten übernehmenden EU-OGAW, auf eine neue, dadurch gegründete übernehmende Investmentaktiengesellschaft mit veränderlichem Kapital oder auf eine neue, dadurch gegründete übernehmende offene Investmentkommanditgesellschaft (Verschmelzung durch Neugründung)

jeweils gegen Gewährung von Anteilen oder Aktien des übernehmenden Investmentvermögens an die Anleger oder Aktionäre des übertragenden Investmentvermögens sowie gegebenenfalls einer Barzahlung in Höhe von nicht mehr als 10 Prozent des Wertes eines Anteils oder einer Aktie am übertragenden Investmentvermögen.

38. Zweigniederlassung ist in Bezug auf eine Verwaltungsgesellschaft eine Betriebsstelle, die einen rechtlich unselbstständigen Teil der Verwaltungsgesellschaft bildet und die die Dienstleistungen erbringt, für die der Verwaltungsgesellschaft eine Zulassung oder Genehmigung erteilt wurde; alle Betriebsstellen einer Verwaltungsgesellschaft mit satzungsmäßigem Sitz in einem anderen Mitgliedstaat der Europäischen Union, einem anderen Vertragsstaat des Abkommens über den Europäischen Wirtschaftsraum oder einem Drittstaat, die sich in ein und demselben Mitgliedstaat oder Vertragsstaat befinden, gelten als eine einzige Zweigniederlassung.

§ 2 Ausnahmebestimmungen

(1) Dieses Gesetz ist nicht anzuwenden auf

1. Holdinggesellschaften, die eine Beteiligung an einem oder mehreren anderen Unternehmen halten,
   a) deren Unternehmensgegenstand darin besteht, durch ihre Tochterunternehmen oder verbundenen Unternehmen oder Beteiligungen jeweils eine Geschäftsstrategie zu verfolgen, den langfristigen Wert der Tochterunternehmen, der verbundenen Unternehmen oder der Beteiligungen zu fördern, und
   b) die
      aa) entweder auf eigene Rechnung tätig sind und deren Anteile zum Handel auf einem organisierten Markt im Sinne des § 2 Absatz 11 des Wertpapierhandelsgesetzes in der Europäischen Union oder in einem anderen Vertragsstaat des Abkommens über den Europäischen Wirtschaftsraum zugelassen sind, oder
      bb) ausweislich ihres Jahresberichts oder anderer amtlicher Unterlagen nicht mit dem Hauptzweck gegründet wurden, ihren Anlegern durch Veräußerung ihrer Tochterunternehmen oder verbundenen Unternehmen eine Rendite zu verschaffen;
2. Einrichtungen der betrieblichen Altersversorgung, die unter die Richtlinie 2003/41/EG des Europäischen Parlaments und des Rates vom 3. Juni 2003 über die Tätigkeiten und die Beaufsichtigung von Einrichtungen der betrieblichen Altersversorgung (ABl. L 235 vom 23.9.2003, S. 10) fallen, gegebenenfalls einschließlich
   a) der in Artikel 2 Absatz 1 der Richtlinie 2003/41/EG aufgeführten zugelassenen Stellen, die für die Verwaltung solcher Einrichtungen verantwortlich und in ihrem Namen tätig sind, oder
   b) der nach Artikel 19 Absatz 1 der Richtlinie 2003/41/EG bestellten Vermögensverwalter, sofern sie nicht Investmentvermögen verwalten;
3. die Europäische Zentralbank, die Europäische Investitionsbank, der Europäische Investitionsfonds, die europäischen Entwicklungsfinanzierungsinstitute und bilaterale Entwicklungsbanken, die Weltbank, den Internationalen Währungsfonds und sonstige supranationale Einrichtungen und vergleichbare internationale Organisationen, soweit diese Einrichtungen oder Organisationen jeweils
   a) Investmentvermögen verwalten und
   b) diese Investmentvermögen im öffentlichen Interesse handeln;
4. nationale Zentralbanken;

5. staatliche Stellen und Gebietskörperschaften oder andere Einrichtungen, die Gelder zur Unterstützung von Sozialversicherungs- und Pensionssystemen verwalten;
6. Arbeitnehmerbeteiligungssysteme oder Arbeitnehmersparpläne;
7. Verbriefungszweckgesellschaften.

(2) Finanzdienstleistungsinstitute und Kreditinstitute, die über eine Erlaubnis nach dem Kreditwesengesetz verfügen, bedürfen für die Erbringung von Wertpapierdienstleistungen im Sinne von § 2 Absatz 3 des Wertpapierhandelsgesetzes für AIF keiner Erlaubnis nach diesem Gesetz.

(3) Dieses Gesetz ist nicht anzuwenden auf AIF-Kapitalverwaltungsgesellschaften, soweit sie einen oder mehrere AIF verwalten, deren Anleger

1. ausschließlich eine der folgenden Gesellschaften sind:
   a) die AIF-Kapitalverwaltungsgesellschaft selbst,
   b) eine Muttergesellschaft der AIF-Kapitalverwaltungsgesellschaft,
   c) eine Tochtergesellschaft der AIF-Kapitalverwaltungsgesellschaft oder
   d) eine andere Tochtergesellschaft einer Muttergesellschaft der AIF-Kapitalverwaltungsgesellschaft und
2. selbst keine AIF sind.

(4) [1]Auf eine AIF-Kapitalverwaltungsgesellschaft sind nur

1. die §§ 1 bis 17, 42,
2. § 20 Absatz 10 entsprechend,
3. § 44 Absatz 1, 4 bis 9 und
4. im Hinblick auf eine Vergabe von Gelddarlehen für Rechnung eines AIF § 20 Absatz 9 entsprechend, § 34 Absatz 6, § 282 Absatz 2 Satz 3 und § 285 Absatz 2 und 3 sowie im Hinblick auf eine Vergabe von Gelddarlehen nach § 285 Absatz 2 die § 26 Absatz 1, 2 und 7 Satz 1, § 27 Absatz 1, 2 und 5, § 29 Absatz 1, 2, 5 und 5a und § 30 Absatz 1 bis 4

anzuwenden, wenn sie die Voraussetzungen des Satzes 2 erfüllt. [2]Die Voraussetzungen sind:

1. die AIF-Kapitalverwaltungsgesellschaft verwaltet entweder direkt oder indirekt über eine Gesellschaft, mit der die AIF-Kapitalverwaltungsgesellschaft über eine gemeinsame Geschäftsführung, ein gemeinsames Kontrollverhältnis oder durch eine wesentliche unmittelbare oder mittelbare Beteiligung verbunden ist, ausschließlich Spezial-AIF,
2. die verwalteten Vermögensgegenstände der verwalteten Spezial-AIF
   a) überschreiten einschließlich der durch den Einsatz von Leverage erworbenen Vermögensgegenstände insgesamt nicht den Wert von 100 Millionen Euro oder
   b) überschreiten insgesamt nicht den Wert von 500 Millionen Euro, sofern für die Spezial-AIF kein Leverage eingesetzt wird und die Anleger für die Spezial-AIF keine Rücknahmerechte innerhalb von fünf Jahren nach Tätigung der ersten Anlage ausüben können, und
3. die AIF-Kapitalverwaltungsgesellschaft hat nicht beschlossen, sich diesem Gesetz in seiner Gesamtheit zu unterwerfen.

[3]Die Berechnung der in Satz 2 Nummer 2 Buchstabe a und b genannten Schwellenwerte und die Behandlung von AIF-Kapitalverwaltungsgesellschaften im Sinne des Satzes 1, deren verwaltete Vermögensgegenstände innerhalb eines Kalenderjahres gelegentlich den betreffenden Schwellenwert über- oder unterschreiten, bestimmen sich nach den

Artikeln 2 bis 5 der Delegierten Verordnung (EU) Nr. 231/2013. [4]Ist die AIF-Kapitalverwaltungsgesellschaft zugleich nach Absatz 6 oder Absatz 7 registriert, darf sie abweichend von Satz 2 Nummer 1 außer Spezial-AIF auch die entsprechenden AIF verwalten.

(4a) [1]Auf eine interne AIF-Kapitalverwaltungsgesellschaft sind nur die §§ 1 bis 17, § 20 Absatz 9 entsprechend, die §§ 42, 44 Absatz 1, 4 bis 9 und § 261 Absatz 1 Nummer 8 anzuwenden, wenn

1. die Vermögensgegenstände des von ihr verwalteten inländischen geschlossenen Publikums-AIF einschließlich der durch den Einsatz von Leverage erworbenen Vermögensgegenstände insgesamt nicht den Wert von 5 Millionen Euro überschreiten,
2. die Anteile des von ihr verwalteten inländischen geschlossenen Publikums-AIF von nicht mehr als fünf natürlichen Personen gehalten werden und
3. die interne AIF-Kapitalverwaltungsgesellschaft nicht beschlossen hat, sich diesem Gesetz in seiner Gesamtheit zu unterwerfen.

[2]Für die Berechnung des in Satz 1 Nummer 1 genannten Schwellenwerts und die Behandlung von AIF-Kapitalverwaltungsgesellschaften im Sinne des Satzes 1, deren verwaltete Vermögensgegenstände innerhalb eines Kalenderjahres gelegentlich den betreffenden Schwellenwert über- oder unterschreiten, gelten die Artikel 2 bis 5 der Delegierten Verordnung (EU) Nr. 231/2013 entsprechend.

(4b) *(aufgehoben)*

(5) [1]Auf eine AIF-Kapitalverwaltungsgesellschaft sind nur

1. die §§ 1 bis 17, 42,
2. § 20 Absatz 10 entsprechend,
3. die §§ 26 bis 28,
4. § 44 Absatz 1, 4 bis 9, die §§ 45 bis 48,
5. die §§ 80 bis 90,
6. § 169 entsprechend, die §§ 261 bis 270, 271 Absatz 1 und 4, § 272,
7. die §§ 293, 295 bis 297, 300 bis 306, 314 und 316 mit der Maßgabe, dass in dem Verkaufsprospekt und den wesentlichen Anlegerinformationen die Anleger drucktechnisch herausgestellt an hervorgehobener Stelle darauf hinzuweisen sind, dass die AIF-Kapitalverwaltungsgesellschaft nicht über eine Erlaubnis nach diesem Gesetz verfügt und daher bestimmte Anforderungen dieses Gesetzes nicht eingehalten werden müssen und
8. im Hinblick auf eine Vergabe von Gelddarlehen für Rechnung eines AIF § 20 Absatz 9 entsprechend, § 34 Absatz 6, § 261 Absatz 1 Nummer 8, § 285 Absatz 2 und 3 sowie im Hinblick auf eine Vergabe von Gelddarlehen nach § 285 Absatz 2 die § 29 Absatz 1, 2, 5 und 5a und § 30 Absatz 1 bis 4

anzuwenden, wenn sie die Voraussetzungen des Satzes 2 erfüllt. [2]Die Voraussetzungen sind:

1. die AIF-Kapitalverwaltungsgesellschaft verwaltet entweder direkt oder indirekt über eine Gesellschaft, mit der die AIF-Kapitalverwaltungsgesellschaft über eine gemeinsame Geschäftsführung, ein gemeinsames Kontrollverhältnis oder durch eine wesentliche unmittelbare oder mittelbare Beteiligung verbunden ist, ausschließlich inländische geschlossene AIF, bei denen es sich nicht ausschließlich um Spezial-AIF handelt,

2. die verwalteten Vermögensgegenstände der verwalteten inländischen geschlossenen AIF einschließlich der durch den Einsatz von Leverage erworbenen Vermögensgegenstände überschreiten insgesamt nicht den Wert von 100 Millionen Euro, und
3. die AIF-Kapitalverwaltungsgesellschaft hat nicht beschlossen, sich diesem Gesetz in seiner Gesamtheit zu unterwerfen.

[3]Die Berechnung des in Satz 2 Nummer 2 genannten Schwellenwertes und die Behandlung von AIF-Kapitalverwaltungsgesellschaften im Sinne des Satzes 2, deren verwaltete Vermögensgegenstände innerhalb eines Kalenderjahres gelegentlich den betreffenden Schwellenwert über- oder unterschreiten, bestimmen sich nach den Artikeln 2 bis 5 der Delegierten Verordnung (EU) Nr. 231/2013.

(6) [1]Auf eine AIF-Kapitalverwaltungsgesellschaft ist nur Kapitel 5 anzuwenden, wenn sie

1. gemäß Artikel 14 der Verordnung (EU) Nr. 345/2013 des Europäischen Parlaments und des Rates vom 17. April 2013 über Europäische Risikokapitalfonds (ABl. L 115 vom 25.4.2013, S. 1) registriert ist und
2. nicht Artikel 2 Absatz 2 der Verordnung (EU) Nr. 345/2013 unterfällt.

[2]Ist eine AIF-Kapitalverwaltungsgesellschaft im Sinne des Satzes 1 eine externe Kapitalverwaltungsgesellschaft und hat sie zugleich eine Erlaubnis als externe OGAW-Kapitalverwaltungsgesellschaft nach den §§ 20 und 21, kann sie abweichend von Satz 1 neben Portfolios qualifizierter Risikokapitalfonds auch OGAW verwalten; in diesem Fall sind auf die AIF-Kapitalverwaltungsgesellschaft neben Kapitel 5 auch die für die Verwaltung von OGAW geltenden Vorschriften dieses Gesetzes anzuwenden.

(7) [1]Auf eine AIF-Kapitalverwaltungsgesellschaft ist nur Kapitel 6 anzuwenden, wenn sie

1. gemäß Artikel 15 der Verordnung (EU) Nr. 346/2013 des Europäischen Parlaments und des Rates vom 17. April 2013 über Europäische Fonds für soziales Unternehmertum (ABl. L 115 vom 25.4.2013, S. 18) registriert ist und
2. nicht Artikel 2 Absatz 2 der Verordnung (EU) Nr. 346/2013 unterfällt.

[2]Ist eine AIF-Kapitalverwaltungsgesellschaft im Sinne des Satzes 1 eine externe Kapitalverwaltungsgesellschaft und hat sie zugleich eine Erlaubnis als externe OGAW-Kapitalverwaltungsgesellschaft nach den §§ 20 und 21, kann sie abweichend von Satz 1 neben Portfolios Europäischer Fonds für soziales Unternehmertum auch OGAW verwalten; in diesem Fall sind auf die AIF-Kapitalverwaltungsgesellschaft neben Kapitel 6 auch die für die Verwaltung von OGAW geltenden Vorschriften dieses Gesetzes anzuwenden.

§ 3 Bezeichnungsschutz

(1) [1]Die Bezeichnungen „Kapitalverwaltungsgesellschaft", „Investmentvermögen", „Investmentfonds" oder „Investmentgesellschaft" oder eine Bezeichnung, in der diese Begriffe enthalten sind, darf in der Firma, als Zusatz zur Firma, zur Bezeichnung des Geschäftszwecks oder zu Werbezwecken nur von Verwaltungsgesellschaften im Sinne dieses Gesetzes geführt werden. [2]Die Bezeichnungen „Investmentfonds" und „Investmentvermögen" dürfen auch von Vertriebsgesellschaften geführt werden, die Anteile an Investmentvermögen vertreiben, die nach Maßgabe dieses Gesetzes vertrieben werden dürfen. [3]Die Bezeichnungen „Investmentfonds", „Investmentvermögen" und „Investmentgesellschaft" dürfen auch von extern verwalteten Investmentgesellschaften geführt werden.

(2) Die Bezeichnung „Investmentaktiengesellschaft" darf nur von Investmentaktiengesellschaften im Sinne der §§ 108 bis 123 oder der §§ 140 bis 148 geführt werden.

(3) Die Bezeichnung „Investmentkommanditgesellschaft“ darf nur von Investmentkommanditgesellschaften im Sinne der §§ 124 bis 138 oder der §§ 149 bis 161 geführt werden.

(4) [1]EU-Verwaltungsgesellschaften dürfen für die Ausübung ihrer Tätigkeit im Geltungsbereich dieses Gesetzes dieselben allgemeinen Bezeichnungen verwenden, die sie in ihrem Herkunftsmitgliedstaat führen. [2]Die Bundesanstalt für Finanzdienstleistungsaufsicht (Bundesanstalt) kann einen erläuternden Zusatz zu der Bezeichnung vorschreiben, wenn die Gefahr einer Verwechslung besteht.

(5) Die §§ 42 und 43 des Kreditwesengesetzes sind entsprechend anzuwenden.

§ 4 Namensgebung; Fondskategorien

(1) Die Bezeichnung des Sondervermögens, der Investmentaktiengesellschaft oder der Investmentkommanditgesellschaft darf nicht irreführen.

(2) Die Bundesanstalt kann über Richtlinien für den Regelfall festlegen, welcher Fondskategorie das Investmentvermögen nach den Anlagebedingungen, insbesondere nach den dort genannten Anlagegrenzen, der Satzung oder dem Gesellschaftsvertrag entspricht.

§ 5 Zuständige Behörde; Aufsicht; Anordnungsbefugnis; Verordnungsermächtigung

(1) Die Bundesanstalt übt die Aufsicht nach den Vorschriften dieses Gesetzes aus.

(2) Soweit die externe Kapitalverwaltungsgesellschaft Dienst- und Nebendienstleistungen im Sinne des § 20 Absatz 2 Nummer 1 bis 3 und Absatz 3 Nummer 2 bis 5 erbringt, gelten die §§ 63 bis 68, 70, 80, 82 Absatz 1 bis 9 und 13, die §§ 83 und 84 des Wertpapierhandelsgesetzes entsprechend.

(3) [1]Die Bundesanstalt entscheidet in Zweifelsfällen, ob ein inländisches Unternehmen den Vorschriften dieses Gesetzes unterliegt oder ob ein Investmentvermögen im Sinne des § 1 Absatz 1 vorliegt. [2]Ihre Entscheidung bindet die Verwaltungsbehörden.

(4) Die Bundesanstalt überwacht die Einhaltung der Bestimmungen des § 26 Absatz 2 bis 8, des § 27, des § 51 Absatz 8, des § 54 Absatz 4 Satz 1 in Verbindung mit § 28 Absatz 1 Satz 4 und des § 66 Absatz 4 Satz 1 in Verbindung mit § 28 Absatz 1 Satz 4 durch ausländische AIF-Verwaltungsgesellschaften, deren Referenzmitgliedstaat nicht die Bundesrepublik Deutschland ist, oder EU-Verwaltungsgesellschaften, wenn die ausländische AIF-Verwaltungsgesellschaft oder die EU-Verwaltungsgesellschaft Investmentvermögen im Inland über eine Zweigniederlassung verwaltet oder vertreibt.

(5) Die Bundesanstalt überwacht ferner

1. die Einhaltung der §§ 293 bis 311, 314 bis 321, 323 und 330a sowie der sonstigen beim Vertrieb zu beachtenden Vorschriften des deutschen Rechts,
2. vor dem Zeitpunkt, der in dem auf Grundlage des Artikels 66 Absatz 3 in Verbindung mit Artikel 67 Absatz 6 der Richtlinie 2011/61/EU erlassenen delegierten Rechtsakt genannt ist, die Einhaltung der §§ 329 und 330 und
3. nach dem Zeitpunkt nach Nummer 2 die Einhaltung der §§ 322 und 324 bis 328

durch die Verwaltungsgesellschaften und durch andere von der Bundesanstalt beaufsichtigte Unternehmen.

(5a) [1]Für Kapitalverwaltungsgesellschaften ist die Bundesanstalt sektoral zuständige Behörde im Sinne des Artikels 25a der Verordnung (EG) Nr. 1060/2009 des Europäischen Parlaments und des Rates vom 16. September 2009 über Ratingagenturen (ABl. L 302 vom 17.11.2009, S. 1), die zuletzt durch die Verordnung (EU) Nr. 462/2013 (ABl. L 146 vom 31.5.2013, S. 1) geändert worden ist, in der jeweils geltenden Fassung. [2]Soweit in der Verordnung (EG) Nr. 1060/2009 oder den auf ihrer Grundlage erlassenen Rechtsakten nichts Abweichendes geregelt ist, sind für die Ausübung ihrer diesbezüglichen Aufsicht die §§ 1 bis 16, mit Ausnahme von § 8 Satz 2 dieses Gesetzes in Verbindung mit § 9 Absatz 1 Satz 4 des Kreditwesengesetzes, entsprechend anzuwenden.

(6) [1]Die Bundesanstalt überwacht die Einhaltung der Verbote und Gebote dieses Gesetzes und der auf Grund dieses Gesetzes erlassenen Bestimmungen und kann Anordnungen treffen, die zu ihrer Durchsetzung geeignet und erforderlich sind. [2]Die Bundesanstalt ist ferner befugt, im Rahmen der Aufsicht alle Anordnungen zu treffen, die erforderlich und geeignet sind, um die Einhaltung der in den Anlagebedingungen, der Satzung oder dem Gesellschaftsvertrag vorgesehenen Regelungen sicherzustellen. [3]Soweit Anhaltspunkte dafür vorliegen, dass dies für die Überwachung eines Verbots oder Gebots dieses Gesetzes erforderlich ist, kann die Bundesanstalt dabei insbesondere

1. von jedermann Auskünfte einholen, die Vorlage von Unterlagen und die Überlassung von Kopien verlangen, Personen laden und vernehmen sowie
2. bereits existierende Aufzeichnungen von Telefongesprächen und Datenübermittlungen anfordern; das Grundrecht des Artikels 10 des Grundgesetzes wird insoweit eingeschränkt.

[4]Sofern aus Aufzeichnungen von Telefongesprächen Daten aus dem Kernbereich privater Lebensgestaltung erlangt werden, dürfen diese nicht gespeichert, verwertet oder weitergegeben werden und sind unverzüglich zu löschen. [5]Die Wirtschaftsprüfer haben der Bundesanstalt auf Verlangen Auskünfte zu erteilen und Unterlagen vorzulegen, soweit dies zur Prüfung erforderlich ist; die Auskunftspflicht der Abschlussprüfer beschränkt sich auf Tatsachen, die ihnen im Rahmen der Prüfung bekannt geworden sind. [6]Für das Recht zur Auskunftsverweigerung und die Belehrungspflicht gilt § 6 Absatz 15 des Wertpapierhandelsgesetzes entsprechend. [7]Die Bundesanstalt hat im Rahmen der ihr zugewiesenen Aufgaben Missständen entgegenzuwirken, welche die ordnungsgemäße Verwaltung von Investmentvermögen, den Vertrieb von Investmentvermögen, die ordnungsgemäße Erbringung von Dienstleistungen oder Nebendienstleistungen nach § 20 Absatz 2 und 3 oder die Tätigkeit einer Verwahrstelle nach diesem Gesetz beeinträchtigen oder erhebliche Nachteile für den Finanzmarkt oder den Markt für ein Finanzinstrument bewirken können. [8]Die Bundesanstalt kann Anordnungen treffen, die geeignet und erforderlich sind, diese Missstände zu beseitigen oder zu verhindern.

(6a) [1]Die Bundesanstalt ist die nach diesem Gesetz zuständige Behörde im Sinne der Verordnung (EU) Nr. 1286/2014 des Europäischen Parlaments und des Rates vom 26. November 2014 über Basisinformationsblätter für verpackte Anlageprodukte für Kleinanleger und Versicherungsanlageprodukte (PRIIP) (ABl. L 352 vom 9.12.2014, S. 1, L 358 vom 13.12.2014, S. 50) für Verwaltungsgesellschaften, die PRIIP im Sinne des Artikels 4 Nummer 3 dieser Verordnung herstellen, verkaufen oder über diese beraten, sofern es sich bei diesen PRIIP zugleich um Investmentvermögen handelt. [2]Die Bundesanstalt kann gegenüber jeder Verwaltungsgesellschaft, die über ein PRIIP im Sinne des Artikels 4 Nummer 3 der Verordnung (EU) Nr. 1286/2014 berät oder es verkauft oder die Hersteller von PRIIP im Sinne des Artikels 4 Nummer 4 der Verordnung (EU) Nr. 1286/2014 ist, alle Maßnahmen treffen, die geeignet und erforderlich sind, um die Einhaltung der Anforderungen der Verordnung (EU) Nr. 1286/2014 und der auf Grundlage dieser Verordnung erlassenen delegierten Rechtsakte der Europäischen Kommission und technischen Regulierungsstandards zu überwachen. [3]Insbesondere kann sie

1. bei einem Verstoß gegen Artikel 5 Absatz 1, die Artikel 6, 7 und 8 Absatz 1 bis 3, die Artikel 9, 10 Absatz 1, Artikel 13 Absatz 1, 3 und 4, die Artikel 14 und 19 der Ver-

ordnung (EU) Nr. 1286/2014 die Vermarktung, den Vertrieb oder den Verkauf des PRIIP vorübergehend oder dauerhaft untersagen,

2. die Bereitstellung eines Basisinformationsblattes untersagen, das nicht den Anforderungen der Artikel 6 bis 8 oder 10 der Verordnung (EU) Nr. 1286/2014 genügt, und

3. den Hersteller von PRIIP verpflichten, eine neue Fassung des Basisinformationsblattes zu veröffentlichen, sofern die veröffentlichte Fassung nicht den Anforderungen der Artikel 6 bis 8 oder 10 der Verordnung (EU) Nr. 1286/2014 genügt, und

4. bei einem Verstoß gegen eine der in Nummer 1 genannten Vorschriften auf ihrer Internetseite eine Warnung unter Nennung der verantwortlichen Verwaltungsgesellschaft sowie der Art des Verstoßes veröffentlichen.

(7) Die Bundesanstalt kann insbesondere auch Auskünfte über die Geschäftsangelegenheiten und die Vorlage der Unterlagen von Personen und Unternehmen verlangen, bei denen Tatsachen die Annahme rechtfertigen, dass sie Investmentvermögen vertreiben, ohne dass die folgenden Anzeigen erstattet worden sind:

1. die nach § 310 Absatz 1, § 316 Absatz 1, § 320 Absatz 1, § 321 Absatz 1, § 323 Absatz 1 oder § 330a Absatz 2 erforderliche Anzeige sowie

2. vor dem Zeitpunkt, der in dem auf Grundlage des Artikels 66 Absatz 3 in Verbindung mit Artikel 67 Absatz 6 der Richtlinie 2011/61/EU erlassenen delegierten Rechtsakt genannt ist, die nach § 329 Absatz 2 oder § 330 Absatz 2 erforderliche Anzeige und

3. nach dem Zeitpunkt nach Nummer 2 die nach § 322 Absatz 2, § 324 Absatz 2, § 325 Absatz 1, § 326 Absatz 2, § 327 Absatz 1 oder § 328 Absatz 2 erforderliche Anzeige.

(8) [1]Von einer EU-AIF-Verwaltungsgesellschaft oder einer ausländischen AIF-Verwaltungsgesellschaft, die im Inland AIF verwaltet oder vertreibt, kann die Bundesanstalt die Vorlage der Informationen verlangen, die erforderlich sind, um zu überprüfen, ob die maßgeblichen Bestimmungen, für deren Überwachung die Bundesanstalt verantwortlich ist, durch die EU-AIF-Verwaltungsgesellschaft oder die ausländische AIF-Verwaltungsgesellschaft eingehalten werden. [2]Satz 1 gilt für EU-OGAW-Verwaltungsgesellschaften, die im Inland OGAW verwalten, entsprechend.

(8a) [1]Die Bundesanstalt kann gegenüber Kapitalverwaltungsgesellschaften, die für Rechnung eines AIF Gelddarlehen gewähren, im Wege der Allgemeinverfügung Beschränkungen bei der Vergabe von Darlehen zum Bau oder zum Erwerb von im Inland belegenen Wohnimmobilien festlegen, wenn und soweit dies erforderlich ist, um einer Störung der Funktionsfähigkeit des inländischen Finanzsystems oder einer Gefährdung der Finanzstabilität im Inland entgegenzuwirken. [2]§ 48u Absatz 1 Satz 2 bis 5 und Absatz 2 bis 4 und 6 des Kreditwesengesetzes gilt entsprechend. [3]Das Bundesministerium der Finanzen wird ermächtigt, durch Rechtsverordnung, die nicht der Zustimmung des Bundesrates bedarf, nähere Regelungen nach Maßgabe des entsprechend anzuwendenden § 48u Absatz 5 Nummer 1 bis 5 des Kreditwesengesetzes zu erlassen.

(9) [1]Die Bundesanstalt ist zuständige Behörde im Sinne der Verordnung (EU) 2015/2365 des Europäischen Parlaments und des Rates vom 25. November 2015 über die Transparenz von Wertpapierfinanzierungsgeschäften und der Weiterverwendung sowie zur Änderung der Verordnung (EU) Nr. 648/2012 (ABl. L 337 vom 23.12.2015, S. 1), soweit diese Verordnung Rechte und Pflichten enthält, die die Verwaltungsgesellschaften und Investmentvermögen im Sinne dieses Gesetzes betreffen. [2]Die Bundesanstalt ist befugt, alle Maßnahmen zu treffen, die geeignet und erforderlich sind, um zu überwachen, ob die Verordnung (EU) 2015/2365 und die auf ihrer Grundlage erlassenen delegierten Rechtsakte und technischen Regulierungsstandards der Europäischen Kommission eingehalten werden. [3]Insbesondere kann sie die in den Artikeln 22 und 28 der Ver-

ordnung (EU) 2015/2365 genannten Befugnisse und die Befugnisse, auf die dort verwiesen wird, ausüben.

(10) [1]Die Bundesanstalt ist zuständige Behörde im Sinne der Verordnung (EU) 2016/1011 des Europäischen Parlaments und des Rates vom 8. Juni 2016 über Indizes, die bei Finanzinstrumenten und Finanzkontrakten als Referenzwert oder zur Messung der Wertentwicklung eines Investmentfonds verwendet werden, und zur Änderung der Richtlinien 2008/48/EG und 2014/17/EU sowie der Verordnung (EU) Nr. 596/2014 (ABl. L 171 vom 29.6.2016, S. 1), soweit diese Verordnung Rechte und Pflichten enthält, die die Verwaltungsgesellschaften und Investmentvermögen im Sinne dieses Gesetzes betreffen. [2]Die Bundesanstalt ist befugt, alle Maßnahmen zu treffen, die geeignet und erforderlich sind, um zu überwachen, ob die Verordnung (EU) 2016/1011 und die auf ihrer Grundlage erlassenen delegierten Rechtsakte und technischen Regulierungsstandards der Europäischen Kommission eingehalten werden. [3]Insbesondere kann sie die in den Artikeln 41 und 42 der Verordnung (EU) 2016/1011 genannten Befugnisse ausüben.

(11) [1]Die Bundesanstalt ist befugt, alle Maßnahmen zu treffen, die geeignet und erforderlich sind, um zu überwachen, ob die Verordnung (EU) 2017/1131 des Europäischen Parlaments und des Rates vom 14. Juni 2017 über Geldmarktfonds (ABl. L 169 vom 30.6.2017, S. 8) und die auf der Grundlage dieser Verordnung erlassenen delegierten Rechtsakte der Europäischen Kommission und technischen Durchführungs- und Regulierungsstandards eingehalten werden. [2]Insbesondere kann sie die in den Artikeln 39 und 41 der Verordnung (EU) 2017/1131 genannten Befugnisse ausüben.

(12) [1]Die Bundesanstalt ist zuständige Behörde im Sinne von Artikel 29 Absatz 1 Buchstabe b und c sowie der Absätze 3 und 5 der Verordnung (EU) 2017/2402, soweit diese Verordnung Rechte und Pflichten enthält, die die Verwaltungsgesellschaften und Investmentvermögen im Sinne dieses Gesetzes betreffen. [2]Die Bundesanstalt ist befugt, alle Maßnahmen zu treffen, die geeignet und erforderlich sind, um zu überwachen, ob die Verordnung (EU) 2017/2402 und die auf ihrer Grundlage erlassenen delegierten Rechtsakte und technischen Durchführungs- und Regulierungsstandards der Europäischen Kommission eingehalten werden. [3]Insbesondere kann sie die in den Artikeln 30, 32 und 33 der Verordnung (EU) 2017/2402 genannten Befugnisse ausüben.

§ 6 Besondere Aufgaben

§ 6a des Kreditwesengesetzes ist entsprechend anzuwenden, wenn Tatsachen vorliegen, die darauf schließen lassen, dass die Vermögensgegenstände, die der Kapitalverwaltungsgesellschaft oder dem Investmentvermögen anvertraut sind, oder eine Finanztransaktion der Finanzierung einer terroristischen Vereinigung nach § 129a auch in Verbindung mit § 129b des Strafgesetzbuchs dienen oder im Fall der Durchführung einer Finanztransaktion dienen würden.

§ 7 Sofortige Vollziehbarkeit

(1) Widerspruch und Anfechtungsklage gegen Maßnahmen der Bundesanstalt einschließlich der Androhung und Festsetzung von Zwangsmitteln auf Grundlage von § 5 Absatz 5a, der §§ 6, 14, 15, 16, 19 Absatz 2 und 3, §§ 39, 40, 41, 42, 44 Absatz 5, § 68 Absatz 7, § 113 Absatz 2 und 3, § 311 Absatz 1 und 3 Satz 1 Nummer 1, § 314 Absatz 1 und 2, § 329 Absatz 2 Satz 3 Nummer 2 Buchstabe c und § 330 Absatz 2 Satz 3 Nummer 2 Buchstabe c haben keine aufschiebende Wirkung.

(2) Ergreift die Bundesanstalt gemäß den §§ 5, 11 Absatz 4 oder 6, § 311 Absatz 1 und 3 Satz 1 Nummer 1, § 314, § 316 Absatz 3 Satz 2 auch in Verbindung mit § 320 Absatz 2 oder § 330 Absatz 4, oder gemäß § 321 Absatz 3 Satz 2 auch in Verbindung mit § 322 Absatz 4, § 325 Absatz 2, § 326 Absatz 3 oder § 329 Absatz 4 zum Schutz der Anleger Maßnahmen, einschließlich einer Untersagung des Vertriebs von Anteilen oder Aktien

an AIF, die im Geltungsbereich dieses Gesetzes vertrieben werden, haben Widerspruch und Anfechtungsklage gegen diese Maßnahmen einschließlich der Androhung und Festsetzung von Zwangsmitteln ebenfalls keine aufschiebende Wirkung.

§ 7a Bekanntmachung von sofort vollziehbaren Maßnahmen

(1) [1]Die Bundesanstalt macht Maßnahmen, die nach § 7 sofort vollziehbar sind, auf ihrer Internetseite öffentlich bekannt, soweit dies bei Abwägung der betroffenen Interessen zur Beseitigung oder Verhinderung von Missständen geboten ist. [2]Bei nicht bestandskräftigen Maßnahmen ist folgender Hinweis hinzuzufügen: „Diese Maßnahme ist noch nicht bestandskräftig." [3]Wurde gegen die Maßnahme ein Rechtsmittel eingelegt, sind der Stand und der Ausgang des Rechtsmittelverfahrens bekannt zu machen.

(2) Die Bundesanstalt sieht von einer Bekanntmachung ab, wenn die Bekanntmachung die Stabilität der Finanzmärkte oder laufende Ermittlungen gefährden würde.

(3) [1]Die Bekanntmachung darf personenbezogene Daten nur in dem Umfang enthalten, der für den Zweck der Beseitigung oder Verhinderung von Missständen erforderlich ist. [2]Die Bekanntmachung ist zu löschen, sobald sie nicht mehr erforderlich ist, spätestens aber nach fünf Jahren.

§ 8 Verschwiegenheitspflicht

[1]Die bei der Bundesanstalt beschäftigten und von ihr beauftragten Personen sowie die im Dienst der Deutschen Bundesbank stehenden Personen dürfen die ihnen bei ihrer Tätigkeit nach diesem Gesetz bekannt gewordenen Tatsachen, deren Geheimhaltung im Interesse einer Verwaltungsgesellschaft im Sinne dieses Gesetzes, eines Investmentvermögens oder eines Dritten liegt, insbesondere Geschäfts- und Betriebsgeheimnisse, nicht unbefugt offenbaren oder verwerten, auch wenn ihre Tätigkeit beendet ist. [2]§ 9 des Kreditwesengesetzes ist entsprechend anzuwenden.

§ 9[1)] Zusammenarbeit mit anderen Stellen

(1) [1]Die Bundesanstalt arbeitet eng mit der Europäischen Wertpapier- und Marktaufsichtsbehörde, dem Europäischen Ausschuss für Systemrisiken und den zuständigen Stellen der Europäischen Union, der anderen Mitgliedstaaten der Europäischen Union und der anderen Vertragsstaaten des Abkommens über den Europäischen Wirtschaftsraum zusammen. [2]Sie übermittelt ihnen unverzüglich Auskünfte und Informationen, wenn dies zur Wahrnehmung der in der Richtlinie 2009/65/EG oder der in der Richtlinie 2011/61/EU festgelegten Aufgaben und Befugnisse oder der durch nationale Rechtsvorschriften übertragenen Befugnisse erforderlich ist. [3]Für die Übermittlung personenbezogener Daten an die zuständigen Stellen durch die Bundesanstalt gelten die allgemeinen datenschutzrechtlichen Vorschriften. [4]Personenbezogene Daten, die automatisiert verarbeitet oder in nicht automatisierten Dateien gespeichert sind, sind zu löschen, wenn ihre Kenntnis für die Bundesanstalt zur Erfüllung der in ihrer Zuständigkeit liegenden Aufgaben nicht mehr erforderlich ist, spätestens jedoch nach fünf Jahren.

(2) [1]Mitteilungen der zuständigen Stellen eines anderen Mitgliedstaates der Europäischen Union, eines anderen Vertragsstaates des Abkommens über den Europäischen Wirtschaftsraum oder der Europäischen Wertpapier- und Marktaufsichtsbehörde dürfen nur für folgende Zwecke verwendet werden:

1. zur Erfüllung der der Bundesanstalt obliegenden Aufgaben,
2. für Anordnungen der Bundesanstalt sowie zur Verfolgung und Ahndung von Ordnungswidrigkeiten durch die Bundesanstalt,

---

1) § 9 geändert durch Gesetz vom 20.11.2019 (BGBl. I S. 1626).

3. im Rahmen eines Verwaltungsverfahrens über Rechtsbehelfe gegen eine Entscheidung der Bundesanstalt oder
4. im Rahmen von Verfahren vor Verwaltungsgerichten, Insolvenzgerichten, Staatsanwaltschaften oder vor Gerichten, die für Straf- und Bußgeldsachen zuständig sind.

[2]Die Bundesanstalt darf diese Informationen unter Beachtung der Zweckbestimmung der übermittelnden Stelle der Deutschen Bundesbank mitteilen, sofern dies für die Erfüllung der Aufgaben der Deutschen Bundesbank erforderlich ist. [3]Eine anderweitige Verwendung der Informationen ist nur mit Zustimmung der übermittelnden Stelle zulässig.

(3) [1]Die Bundesanstalt übermittelt Informationen an die zuständigen Stellen der anderen Mitgliedstaaten der Europäischen Union oder der anderen Vertragsstaaten des Abkommens über den Europäischen Wirtschaftsraum, die Europäische Wertpapier- und Marktaufsichtsbehörde und den Europäischen Ausschuss für Systemrisiken, soweit dies erforderlich ist, um

1. die Geschäfte einzelner oder aller AIF-Kapitalverwaltungsgesellschaften, EU-AIF-Verwaltungsgesellschaften oder ausländischen AIF-Verwaltungsgesellschaften zu überwachen und
2. auf mögliche Auswirkungen dieser Geschäfte auf die Stabilität systemrelevanter Finanzinstitute und das ordnungsgemäße Funktionieren der Märkte, auf denen diese tätig sind, zu reagieren.

[2]Der Inhalt der nach Satz 1 auszutauschenden Informationen bestimmt sich nach Artikel 116 der Delegierten Verordnung (EU) Nr. 231/2013.

(4) [1]Die Bundesanstalt übermittelt der Europäischen Wertpapier- und Marktaufsichtsbehörde und dem Europäischen Ausschuss für Systemrisiken zusammengefasste Informationen über die Geschäfte von AIF-Kapitalverwaltungsgesellschaften und ausländischen AIF-Verwaltungsgesellschaften, deren Referenzstaat nach § 56 die Bundesrepublik Deutschland ist. [2]Die Übermittlung erfolgt nach Maßgabe des Artikels 35 der Verordnung (EU) Nr. 1095/2010 des Europäischen Parlaments und des Rates vom 24. November 2010 zur Errichtung einer Europäischen Aufsichtsbehörde (Europäische Wertpapier- und Marktaufsichtsbehörde), zur Änderung des Beschlusses Nr. 716/2009/EG und zur Aufhebung des Beschlusses 2009/77/EG der Kommission (ABl. L 331 vom 15.12.2010, S. 84).

(5) [1]Die Bundesanstalt übermittelt die Informationen, die sie gemäß den §§ 22 und 35 erhoben hat, den zuständigen Stellen anderer Mitgliedstaaten der Europäischen Union oder der anderen Vertragsstaaten des Abkommens über den Europäischen Wirtschaftsraum, der Europäischen Wertpapier- und Marktaufsichtsbehörde und dem Europäischen Ausschuss für Systemrisiken. [2]Sie informiert die Stellen nach Satz 1 auch unverzüglich, wenn von einer AIF-Kapitalverwaltungsgesellschaft, einer ausländischen AIF-Verwaltungsgesellschaft, deren Referenzstaat die Bundesrepublik Deutschland ist, oder einem von diesen verwalteten AIF ein erhebliches Kontrahentenrisiko für ein Kreditinstitut im Sinne des Artikels 4 Absatz 1 Nummer 1 der Verordnung (EU) Nr. 575/2013 oder sonstige systemrelevante Institute in anderen Mitgliedstaaten der Europäischen Union oder anderen Vertragsstaaten des Abkommens über den Europäischen Wirtschaftsraum ausgeht.

(6) [1]Die Bundesanstalt unterrichtet die zuständigen Stellen der anderen Mitgliedstaaten der Europäischen Union oder der anderen Vertragsstaaten des Abkommens über den Europäischen Wirtschaftsraum, in denen die OGAW-Kapitalverwaltungsgesellschaft Zweigniederlassungen errichtet hat oder im Wege des grenzüberschreitenden Dienstleistungsverkehrs tätig ist oder war, über eine Aufhebung der Erlaubnis. [2]Maßnahmen, die in Bezug auf einen inländischen OGAW getroffen wurden, insbesondere

eine Anordnung der Aussetzung einer Rücknahme von Anteilen oder Aktien, hat die Bundesanstalt unverzüglich den zuständigen Stellen der anderen Mitgliedstaaten der Europäischen Union oder der anderen Vertragsstaaten des Abkommens über den Europäischen Wirtschaftsraum, in denen jeweils Anteile oder Aktien an einem inländischen OGAW gemäß den Vorschriften der Richtlinie 2009/65/EG vertrieben werden, mitzuteilen. [3]Betrifft die Maßnahme einen inländischen OGAW, der von einer EU-OGAW-Verwaltungsgesellschaft verwaltet wird, hat die Bundesanstalt die Mitteilung nach Satz 2 auch gegenüber den zuständigen Stellen des Herkunftsstaates der EU-OGAW-Verwaltungsgesellschaft abzugeben.

(7) [1]Die Bundesanstalt übermittelt den zuständigen Stellen der Aufnahmemitgliedstaaten einer AIF-Kapitalverwaltungsgesellschaft oder einer ausländischen AIF-Verwaltungsgesellschaft, deren Referenzmitgliedstaat nach § 56 die Bundesrepublik Deutschland ist, eine Abschrift der von ihr gemäß § 58 Absatz 7 Nummer 4, § 317 Absatz 2 Nummer 1 und § 322 Absatz 1 Nummer 1 geschlossenen Vereinbarungen über die Zusammenarbeit. [2]Die Informationen, die die Bundesanstalt auf Grundlage einer geschlossenen Vereinbarung über die Zusammenarbeit oder nach Maßgabe des § 11 Absatz 4 und 5 von zuständigen Stellen eines Drittstaates über die AIF-Kapitalverwaltungsgesellschaft oder die ausländische AIF-Verwaltungsgesellschaft erhalten hat, leitet sie an die zuständigen Stellen der Aufnahmemitgliedstaaten nach Satz 1 weiter. [3]Ist die Bundesanstalt der Auffassung, dass der Inhalt der gemäß den Artikeln 35, 37 oder 40 der Richtlinie 2011/61/EU vom Herkunftsmitgliedstaat einer EU-AIF-Verwaltungsgesellschaft oder einer ausländische AIF-Verwaltungsgesellschaft geschlossenen Vereinbarung über die Zusammenarbeit nicht mit dem übereinstimmt, was nach den auf Grundlage von Artikel 35 Absatz 14, Artikel 37 Absatz 17 und Artikel 40 Absatz 14 der Richtlinie 2011/61/EU von der Europäischen Kommission erlassenen technischen Regulierungsstandards erforderlich ist, kann die Bundesanstalt nach Maßgabe des Artikels 19 der Verordnung (EU) Nr. 1095/2010 die Europäische Wertpapier- und Marktaufsichtsbehörde um Hilfe ersuchen.

(8) [1]Die Bundesanstalt kann Vereinbarungen über die Weitergabe von Informationen mit den zuständigen Stellen in Drittstaaten schließen, soweit diese Stellen die Informationen zur Erfüllung ihrer Aufgaben benötigen. [2]Für die Zwecke der Richtlinie 2011/61/EU kann die Bundesanstalt Daten und Datenauswertungen an zuständige Stellen in Drittstaaten übermitteln, soweit die Anforderungen des Kapitels V der Verordnung (EU) 2016/679 des Europäischen Parlaments und des Rates vom 27. April 2016 zum Schutz natürlicher Personen bei der Verarbeitung personenbezogener Daten, zum freien Datenverkehr und zur Aufhebung der Richtlinie 95/46/EG (Datenschutz-Grundverordnung) (ABl. L 119 vom 4.5.2016, S. 1; L 314 vom 22.11.2016, S. 72; L 127 vom 23.5.2018, S. 2) in der jeweils geltenden Fassung und die sonstigen allgemeinen datenschutzrechtlichen Vorschriften erfüllt sind. [3]Der Drittstaat darf die Daten nicht ohne ausdrückliche schriftliche Zustimmung der Bundesanstalt an andere Drittstaaten weitergeben. [4]Absatz 2 Satz 2 sowie § 9 Absatz 1 Satz 6 bis 8 des Kreditwesengesetzes gelten für die Zwecke der Sätze 1 und 2 entsprechend.

(9) Hat die Bundesanstalt hinreichende Anhaltspunkte für einen Verstoß gegen Bestimmungen der Richtlinie 2009/65/EG durch ein Unternehmen, das nicht ihrer Aufsicht unterliegt, teilt sie dies den zuständigen Stellen des Mitgliedstaates der Europäischen Union oder des Vertragsstaates des Abkommens über den Europäischen Wirtschaftsraum mit, auf dessen Gebiet die vorschriftswidrige Handlung stattfindet oder stattgefunden hat oder der nach dem Recht der Europäischen Union für die Verfolgung des Verstoßes zuständig ist.

(10) Hat die Bundesanstalt hinreichende Anhaltspunkte für einen Verstoß gegen Bestimmungen der Richtlinie 2011/61/EU durch eine AIF-Verwaltungsgesellschaft, die

nicht ihrer Aufsicht unterliegt, teilt sie dies der Europäischen Wertpapier- und Marktaufsichtsbehörde und den zuständigen Stellen des Herkunftsmitgliedstaates und des Aufnahmemitgliedstaates der betreffenden AIF-Verwaltungsgesellschaft mit.

(11) [1]Die Bundesanstalt ergreift ihrerseits geeignete Maßnahmen, wenn sie eine Mitteilung nach Artikel 50 Absatz 5 Satz 1 der Richtlinie 2011/61/EU von einer anderen zuständigen Stelle erhalten hat, und unterrichtet diese Stelle über die Wirkung dieser Maßnahmen und so weit wie möglich über wesentliche zwischenzeitlich eingetretene Entwicklungen. [2]Im Fall von Mitteilungen in Bezug auf eine AIF-Verwaltungsgesellschaft unterrichtet sie auch die Europäische Wertpapier- und Marktaufsichtsbehörde. [3]Die Bundesanstalt teilt den zuständigen Stellen eines Aufnahmemitgliedstaates einer OGAW-Kapitalverwaltungsgesellschaft auch Maßnahmen mit, die sie ergreifen wird, um Verstöße der OGAW-Kapitalverwaltungsgesellschaft gegen Rechtsvorschriften des Aufnahmemitgliedstaates zu beenden, über die sie durch die zuständigen Stellen des Aufnahmemitgliedstaates unterrichtet worden ist.

(12) [1]Das nähere Verfahren für den Informationsaustausch richtet sich nach den Artikeln 12 und 13 der Verordnung (EU) Nr. 584/2010 der Kommission vom 1. Juli 2010 zur Durchführung der Richtlinie 2009/65/EG des Europäischen Parlaments und des Rates im Hinblick auf Form und Inhalt des Standardmodells für das Anzeigeschreiben und die OGAW-Bescheinigung, die Nutzung elektronischer Kommunikationsmittel durch die zuständigen Behörden für die Anzeige und die Verfahren für Überprüfungen vor Ort und Ermittlungen sowie für den Informationsaustausch zwischen zuständigen Behörden (ABl. L 176 vom 10.7.2010, S. 16). [2]Die Verfahren für die Koordinierung und den Informationsaustausch zwischen der zuständigen Behörde des Herkunftsmitgliedstaates und den zuständigen Behörden der Aufnahmemitgliedstaaten der AIF-Verwaltungsgesellschaft bestimmen sich nach den auf Grundlage von Artikel 50 Absatz 6 der Richtlinie 2011/61/EU von der Europäischen Kommission erlassenen technischen Durchführungsstandards. [3]Der Mindestinhalt der in der gemäß § 58 Absatz 7 Nummer 4, § 317 Absatz 2 Nummer 1 und § 322 Absatz 1 Nummer 1 geschlossenen Vereinbarungen über Zusammenarbeit bestimmt sich nach den auf Grundlage von Artikel 35 Absatz 14, Artikel 37 Absatz 17 und Artikel 40 Absatz 14 der Richtlinie 2011/61/EU von der Europäischen Kommission erlassenen technischen Regulierungsstandards.

(13) [1]Hat die Bundesanstalt hinreichende Anhaltspunkte für einen Verstoß gegen die Artikel 6 bis 27 der Verordnung (EU) 2017/2402, so unterrichtet sie die gemäß dieser Verordnung zuständigen Stellen entsprechend. [2]Handelt es sich dabei um eine unrichtige oder irreführende Meldung im Sinne des Artikels 27 Absatz 1 dieser Verordnung, unterrichtet die Bundesanstalt unverzüglich die zuständige Behörde der insoweit gemäß Artikel 27 Absatz 1 der Verordnung (EU) 2017/2402 benannten ersten Anlaufstelle. [3]Wird die Bundesanstalt als zuständige Stelle über einen möglichen Verstoß gegen die Artikel 6 bis 27 der Verordnung (EU) 2017/2402 informiert, handelt sie unter Beachtung des Verfahrens nach Artikel 36 Absatz 6 dieser Verordnung.

§ 10 Allgemeine Vorschriften für die Zusammenarbeit bei der Aufsicht

(1) [1]Die Bundesanstalt kann bei der Ausübung der Aufgaben und Befugnisse, die ihr nach diesem Gesetz übertragen werden, die zuständigen Stellen der anderen Mitgliedstaaten der Europäischen Union oder der anderen Vertragsstaaten des Abkommens über den Europäischen Wirtschaftsraum ersuchen um

1. Informationsaustausch,
2. Zusammenarbeit bei Überwachungstätigkeiten,
3. eine Überprüfung vor Ort oder
4. eine Ermittlung im Hoheitsgebiet dieses anderen Staates.

[2]Erfolgt die Überprüfung vor Ort oder die Ermittlung durch die zuständigen ausländischen Stellen, kann die Bundesanstalt beantragen, dass ihre Bediensteten an den Untersuchungen teilnehmen. [3]Mit Einverständnis der zuständigen ausländischen Stellen kann sie die Überprüfung vor Ort oder die Ermittlung selbst vornehmen oder mit der Überprüfung vor Ort oder der Ermittlung Wirtschaftsprüfer oder Sachverständige beauftragen; die zuständigen ausländischen Stellen, auf deren Hoheitsgebiet die Überprüfung vor Ort oder die Ermittlung erfolgen soll, können verlangen, dass ihre eigenen Bediensteten an den Untersuchungen teilnehmen. [4]Bei Untersuchungen einer Zweigniederlassung einer Kapitalverwaltungsgesellschaft in einem Aufnahmemitgliedstaat durch die Bundesanstalt genügt eine vorherige Unterrichtung der zuständigen Stellen dieses Staates.

(2) [1]Wird die Bundesanstalt von den zuständigen Stellen eines anderen Mitgliedstaates der Europäischen Union oder eines anderen Vertragsstaates des Abkommens über den Europäischen Wirtschaftsraum um eine Überprüfung vor Ort oder eine Ermittlung ersucht,

1. führt sie die Überprüfung vor Ort oder die Ermittlung selbst durch,
2. gestattet sie den ersuchenden Stellen, die Überprüfung vor Ort oder die Ermittlung durchzuführen, oder
3. gestattet sie Wirtschaftsprüfern oder Sachverständigen, die Überprüfung vor Ort oder die Ermittlung durchzuführen.

[2]Im Fall einer Überprüfung vor Ort oder einer Ermittlung nach Satz 1 Nummer 1 kann die ersuchende Stelle beantragen, dass ihre eigenen Bediensteten an den von der Bundesanstalt durchgeführten Untersuchungen teilnehmen. [3]Erfolgt die Überprüfung vor Ort oder die Ermittlung nach Satz 1 Nummer 2, kann die Bundesanstalt verlangen, dass ihre eigenen Bediensteten an den Untersuchungen teilnehmen.

(3) [1]Die Bundesanstalt kann den Informationsaustausch und ein Ersuchen um Überprüfung oder Ermittlung nach Absatz 2 Satz 1 oder um eine Teilnahme nach Absatz 2 Satz 2 nur verweigern, wenn

1. hierdurch die Souveränität, die Sicherheit oder die öffentliche Ordnung der Bundesrepublik Deutschland beeinträchtigt werden könnten,
2. auf Grund desselben Sachverhalts gegen die betreffenden Personen bereits ein gerichtliches Verfahren eingeleitet worden ist oder eine unanfechtbare Entscheidung ergangen ist oder
3. hierdurch bei Ersuchen im Zusammenhang mit OGAW wahrscheinlich ihre eigenen Ermittlungen oder Durchsetzungsmaßnahmen oder strafrechtliche Ermittlungen beeinträchtigt würden.

[2]Kommt die Bundesanstalt einem Ersuchen nicht nach oder macht sie von ihrem Verweigerungsrecht nach Satz 1 Gebrauch, teilt sie dies der ersuchenden Stelle unverzüglich mit und legt die Gründe dar; bei einer Verweigerung nach Satz 1 Nummer 2 sind genaue Informationen über das gerichtliche Verfahren oder die unanfechtbare Entscheidung zu übermitteln.

(4) Die Bundesanstalt kann nach Maßgabe des Artikels 19 der Verordnung (EU) Nr. 1095/2010 die Europäische Wertpapier- und Marktaufsichtsbehörde um Hilfe ersuchen, wenn

1. ihrem Ersuchen nach Absatz 1 nicht innerhalb einer angemessenen Frist Folge geleistet wird,
2. ihr Ersuchen nach Absatz 1 ohne hinreichenden Grund abgelehnt wird oder

3. eine sonstige Uneinigkeit zwischen der Bundesanstalt und den zuständigen Stellen der anderen Mitgliedstaaten der Europäischen Union oder der anderen Vertragsstaaten des Abkommens über den Europäischen Wirtschaftsraum bezüglich einer Bewertung, Maßnahme oder Unterlassung in einem Bereich besteht, in dem die Richtlinie 2011/61/EU eine Zusammenarbeit oder Koordinierung vorschreibt.

(5) Das nähere Verfahren für die Überprüfungen vor Ort oder die Ermittlungen im Rahmen der Richtlinie 2009/65/EG richtet sich nach den Artikeln 6 bis 11 der Verordnung (EU) Nr. 584/2010 und im Rahmen der Richtlinie 2011/61/EU nach den auf Grundlage von Artikel 54 Absatz 4 der Richtlinie 2011/61/EU von der Europäischen Kommission erlassenen technischen Durchführungsstandards.

§ 11 Besondere Vorschriften für die Zusammenarbeit bei grenzüberschreitender Verwaltung und grenzüberschreitendem Vertrieb von AIF

(1) [1]Stellt die Bundesanstalt fest, dass eine EU-AIF-Verwaltungsgesellschaft oder eine ausländische AIF-Verwaltungsgesellschaft, die im Inland AIF verwaltet oder vertreibt, gegen eine der Bestimmungen verstößt, deren Einhaltung die Bundesanstalt zu überwachen hat, fordert sie die betreffende EU-AIF-Verwaltungsgesellschaft oder ausländische AIF-Verwaltungsgesellschaft auf, den Verstoß zu beenden. [2]Die Bundesanstalt unterrichtet die zuständigen Stellen des Herkunftsmitgliedstaates der EU-AIF-Verwaltungsgesellschaft oder des Referenzmitgliedstaates der ausländischen AIF-Verwaltungsgesellschaft entsprechend.

(2) Weigert sich die EU-AIF-Verwaltungsgesellschaft oder die ausländische AIF-Verwaltungsgesellschaft, der Bundesanstalt die für die Erfüllung ihrer Aufgaben erforderlichen Informationen zukommen zu lassen oder unternimmt sie nicht die erforderlichen Schritte, um den Verstoß gemäß Absatz 1 zu beenden, setzt die Bundesanstalt die zuständigen Stellen des Herkunftsmitgliedstaates oder des Referenzmitgliedstaates hiervon in Kenntnis.

(3) [1]Erhält die Bundesanstalt die Mitteilung von einer zuständigen Stelle eines Aufnahmemitgliedstaates, dass eine AIF-Kapitalverwaltungsgesellschaft oder eine ausländische AIF-Verwaltungsgesellschaft, deren Referenzmitgliedstaat die Bundesrepublik Deutschland ist, die Herausgabe der zur Erfüllung der Aufgaben der zuständigen Stelle des Aufnahmemitgliedstaates erforderlichen Informationen verweigert,

1. trifft sie unverzüglich alle geeigneten Maßnahmen, um sicherzustellen, dass die betreffende AIF-Kapitalverwaltungsgesellschaft oder die ausländische AIF-Verwaltungsgesellschaft, deren Referenzmitgliedstaat die Bundesrepublik Deutschland ist, die von den zuständigen Stellen ihres Aufnahmemitgliedstaates gemäß Artikel 45 Absatz 3 der Richtlinie 2011/61/EU geforderten Informationen vorlegt oder den Verstoß gemäß Artikel 45 Absatz 4 der Richtlinie 2011/61/EU beendet,
2. ersucht sie die betreffenden zuständigen Stellen in Drittstaaten unverzüglich um Übermittlung der erforderlichen Informationen.

[2]Die Art der Maßnahmen gemäß Nummer 1 ist den zuständigen Stellen des Aufnahmemitgliedstaates der AIF-Kapitalverwaltungsgesellschaft oder der ausländischen AIF-Verwaltungsgesellschaft, deren Referenzmitgliedstaat die Bundesrepublik Deutschland ist, mitzuteilen.

(4) [1]Weigert sich die EU-AIF-Verwaltungsgesellschaft oder die ausländische AIF-Verwaltungsgesellschaft weiterhin, die von der Bundesanstalt gemäß § 5 Absatz 9 geforderten Informationen vorzulegen oder verstößt sie weiterhin gegen die in Absatz 1 genannten Bestimmungen,

1. obwohl eine Maßnahme gemäß Artikel 45 Absatz 5 Satz 2 der Richtlinie 2011/61/EU von den zuständigen Stellen ihres Herkunftsmitgliedstaates oder Referenzmitgliedstaates getroffen worden ist, oder
2. weil sich eine Maßnahme nach Nummer 1 als unzureichend erweist oder
3. weil eine Maßnahme nach Nummer 1 in dem fraglichen Mitgliedstaat der Europäischen Union oder Vertragsstaat des Abkommens über den Europäischen Wirtschaftsraum nicht verfügbar ist,

kann die Bundesanstalt nach Unterrichtung der zuständigen Stellen des Herkunftsmitgliedstaates der EU-AIF-Verwaltungsgesellschaft oder des Referenzmitgliedstaates der ausländischen AIF-Verwaltungsgesellschaft geeignete Maßnahmen, einschließlich der Maßnahmen nach den §§ 5, 40 bis 42, 339 und 340, ergreifen, um die Verstöße zu ahnden oder weitere Verstöße zu verhindern. [2]Soweit erforderlich, kann sie dieser EU-AIF-Verwaltungsgesellschaft oder ausländischen AIF-Verwaltungsgesellschaft auch neue Geschäfte im Inland untersagen. [3]Verwaltet die EU-AIF-Verwaltungsgesellschaft oder die ausländische AIF-Verwaltungsgesellschaft AIF im Inland, kann die Bundesanstalt die Einstellung der Verwaltung verlangen.

(5) [1]Hat die Bundesanstalt hinreichende Anhaltspunkte für einen Verstoß einer EU-AIF-Verwaltungsgesellschaft oder einer ausländischen AIF-Verwaltungsgesellschaft gegen die Verpflichtungen nach diesem Gesetz, teilt sie ihre Erkenntnisse der zuständigen Stelle des Herkunftsmitgliedstaates der EU-AIF-Verwaltungsgesellschaft oder des Referenzmitgliedstaates der ausländischen AIF-Verwaltungsgesellschaft mit. [2]Wenn die Bundesanstalt eine Mitteilung nach Satz 1 von einer anderen zuständigen Stelle erhalten hat,

1. ergreift sie geeignete Maßnahmen und
2. fordert sie gegebenenfalls Informationen von zuständigen Stellen in Drittstaaten an.

(6) Verhält sich die EU-AIF-Verwaltungsgesellschaft oder eine ausländische AIF-Verwaltungsgesellschaft weiterhin in einer Art und Weise, die den Interessen der Anleger der betreffenden AIF, der Finanzstabilität oder der Integrität des Marktes in der Bundesrepublik Deutschland eindeutig abträglich ist,

1. obwohl von den zuständigen Stellen ihres Herkunftsmitgliedstaates oder Referenzmitgliedstaates eine Maßnahme gemäß Artikel 45 Absatz 7 der Richtlinie 2011/61/EU getroffen worden ist,
2. weil sich eine Maßnahme nach Nummer 1 als unzureichend erweist oder
3. weil der Herkunftsmitgliedstaat der AIF-Verwaltungsgesellschaft nicht rechtzeitig handelt,

kann die Bundesanstalt nach Unterrichtung der zuständigen Stellen des Herkunftsmitgliedstaates der EU-AIF-Verwaltungsgesellschaft oder des Referenzmitgliedsstaates der ausländischen AIF-Verwaltungsgesellschaft alle erforderlichen Maßnahmen ergreifen, um die Anleger des betreffenden AIF, die Finanzstabilität und die Integrität des Marktes in der Bundesrepublik Deutschland zu schützen; sie hat auch die Möglichkeit, der EU-AIF-Verwaltungsgesellschaft oder der ausländischen AIF-Verwaltungsgesellschaft den weiteren Vertrieb von Anteilen des betreffenden AIF im Inland zu untersagen.

(7) Das Verfahren nach den Absätzen 5 und 6 wird ferner angewendet, wenn die Bundesanstalt klare und belegbare Einwände gegen die Erlaubnis einer ausländischen AIF-Verwaltungsgesellschaft durch den Referenzmitgliedstaat hat.

(8) Besteht zwischen der Bundesanstalt und den betreffenden zuständigen Stellen keine Einigkeit in Bezug auf eine von der Bundesanstalt oder einer zuständigen Stelle nach den Absätzen 1 bis 7 getroffene Maßnahme, kann die Bundesanstalt nach Maßgabe

des Artikels 19 der Verordnung (EU) Nr. 1095/2010 die Europäische Wertpapier- und Marktaufsichtsbehörde um Hilfe ersuchen.

(9) Auf Verlangen der Europäischen Wertpapier- und Marktaufsichtsbehörde gemäß Artikel 47 Absatz 4 der Richtlinie 2011/61/EU ergreift die Bundesanstalt nach Maßgabe des Absatzes 10 eine der folgenden Maßnahmen:

1. Untersagung des Vertriebs von Anteilen an AIF, die von ausländischen AIF-Verwaltungsgesellschaften verwaltet werden, oder von Anteilen an ausländischen AIF, die von AIF-Kapitalverwaltungsgesellschaften oder EU-AIF-Verwaltungsgesellschaften verwaltet werden, ohne dass
   a) eine Erlaubnis nach § 57 erteilt wurde oder
   b) die Anzeige nach § 320 Absatz 1, § 322 Absatz 2, § 324 Absatz 2, § 325 Absatz 1, § 326 Absatz 2, § 327 Absatz 1, § 328 Absatz 2, § 330 Absatz 2, § 332 Absatz 2, § 333 Absatz 1 oder § 334 Absatz 2 erstattet worden ist.
2. Beschränkungen für die Verwaltung eines AIF durch eine ausländische AIF-Verwaltungsgesellschaft, wenn
   a) übermäßige Risikokonzentrationen in einem Markt auf grenzüberschreitender Grundlage vorliegen oder
   b) ein erhebliches Kontrahentenrisiko für ein Kreditinstitut im Sinne des Artikels 4 Absatz 1 Nummer 1 der Verordnung (EU) Nr. 575/2013 oder sonstige systemrelevante Institute von der ausländischen AIF-Verwaltungsgesellschaft den oder dem AIF ausgeht.

(10) Die Maßnahmen nach Absatz 9 können nur ergriffen werden, sofern sie die folgenden Voraussetzungen erfüllen:

1. sie begegnen wirksam den Risiken für die ordnungsgemäße Funktionsweise und die Integrität des Finanzmarktes oder die Stabilität des gesamten oder eines Teils des Finanzsystems in der Europäischen Union oder in einem anderen Vertragsstaat des Abkommens über den Europäischen Wirtschaftsraum oder sie verbessern die Möglichkeit der Bundesanstalt zur Überwachung dieser Risiken wesentlich;
2. sie bergen nicht das Risiko der Aufsichtsarbitrage;
3. sie haben keine unverhältnismäßigen negativen Auswirkungen auf die Funktionsfähigkeit des Finanzmarktes, einschließlich der Verringerung der Liquidität der Märkte, oder führen nicht in unverhältnismäßiger Weise zur Unsicherheit für Marktteilnehmer.

(11) [1]Die Bundesanstalt kann die Europäische Wertpapier- und Marktaufsichtsbehörde auffordern, ihren Beschluss zu überprüfen. [2]Dabei kommt das in Artikel 44 Absatz 1 Unterabsatz 2 der Verordnung (EU) Nr. 1095/2010 vorgesehene Verfahren zur Anwendung.

§ 12 Meldungen der Bundesanstalt an die Europäische Kommission, an die europäischen Aufsichtsbehörden und an den Betreiber des Bundesanzeigers

(1) Die Bundesanstalt meldet der Europäischen Kommission auf deren Verlangen

1. jede nach § 19 angezeigte Absicht von einem Unternehmen mit Sitz in einem Drittstaat, eine bedeutende Beteiligung an einer OGAW-Kapitalverwaltungsgesellschaft zu erwerben,
2. jeden Antrag auf Erteilung einer Erlaubnis nach § 21 durch ein Tochterunternehmen eines Unternehmens mit Sitz in einem Drittstaat.

(2) Die Bundesanstalt meldet der Europäischen Kommission unverzüglich

1. die Zahl und die Art der Fälle, in denen eine Zweigniederlassung in einem anderen Mitgliedstaat der Europäischen Union oder einem anderen Vertragsstaat des Abkommens über den Europäischen Wirtschaftsraum nicht errichtet worden ist, weil die Bundesanstalt die Weiterleitung der Anzeige nach § 49 Absatz 2 Satz 3 abgelehnt hat,
2. die Zahl und die Art der Fälle, in denen Maßnahmen nach § 51 Absatz 5 Satz 3 und Absatz 6 Satz 1 ergriffen wurden,
3. allgemeine Schwierigkeiten, auf die OGAW-Kapitalverwaltungsgesellschaften bei der Errichtung von Zweigniederlassungen, der Gründung von Tochterunternehmen oder beim Betreiben von Dienstleistungen und Nebendienstleistungen nach § 20 Absatz 2 Nummer 1 bis 3 in einem Drittstaat gestoßen sind,
4. jede nach § 311 Absatz 3 Satz 1 Nummer 1 ergriffene Maßnahme,
5. allgemeine Schwierigkeiten, die die OGAW-Kapitalverwaltungsgesellschaften beim Vertrieb von Anteilen in einem Drittstaat haben.

(3) Die Bundesanstalt stellt der Europäischen Kommission jährlich folgende Informationen über AIF-Verwaltungsgesellschaften zur Verfügung, die AIF unter ihrer Aufsicht verwalten oder vertreiben:

1. Angaben zum Sitz der betreffenden AIF-Verwaltungsgesellschaft,
2. gegebenenfalls die Angabe der inländischen AIF oder der EU-AIF, die von den betreffenden AIF-Verwaltungsgesellschaften verwaltet oder vertrieben werden,
3. gegebenenfalls die Angabe der ausländischen AIF, die von AIF-Kapitalverwaltungsgesellschaften verwaltet, aber nicht in der Europäischen Union oder in einem anderen Vertragsstaat des Abkommens über den Europäischen Wirtschaftsraum vertrieben werden,
4. gegebenenfalls die Angabe der in der Europäischen Union oder in einem anderen Vertragsstaat des Abkommens über den Europäischen Wirtschaftsraum vertriebenen ausländischen AIF,
5. Angaben zu der anwendbaren nationalen oder unionsrechtlichen Regelung, in deren Rahmen die betreffenden AIF-Verwaltungsgesellschaften ihre Tätigkeiten ausüben,
6. sonstige Informationen, die wichtig sind, um zu verstehen, wie die Verwaltung und der Vertrieb von AIF durch AIF-Verwaltungsgesellschaften in der Europäischen Union oder in einem anderen Vertragsstaat des Abkommens über den Europäischen Wirtschaftsraum in der Praxis funktionieren, und
7. der Zeitpunkt, ab dem die Passregelung nach den §§ 57, 58, 65, 66, 322, 324 bis 328 und 331 bis 334 angewendet wurde.

(4) Die Bundesanstalt meldet der Europäischen Wertpapier- und Marktaufsichtsbehörde unverzüglich

1. die Angaben nach Absatz 2 Satz 1 Nummer 1, 2, 4 und 5,
2. die Befreiung einer ausländischen AIF-Verwaltungsgesellschaft, deren Referenzmitgliedstaat die Bundesrepublik Deutschland ist, nach § 59 Absatz 1, bestimmte Vorschriften der Richtlinie 2011/61/EU einzuhalten,
3. das Ergebnis des Erlaubnisverfahrens, Änderungen hinsichtlich der Erlaubnis und die Aufhebung der Erlaubnis einer ausländischen AIF-Verwaltungsgesellschaft, deren Referenzmitgliedstaat die Bundesrepublik Deutschland ist, nach § 60 Absatz 1,
4. die Änderungen in Bezug auf die Beendigung des Vertriebs oder des zusätzlichen Vertriebs von AIF gemäß § 322 Absatz 1 Satz 1 durch AIF-Kapitalverwaltungsgesellschaften
   a) im Inland nach § 322 Absatz 5 Satz 3 und

b) in anderen Mitgliedstaaten der Europäischen Union und anderen Vertragsstaaten des Abkommens über den Europäischen Wirtschaftsraum nach § 332 Absatz 3 Nummer 2,

5. die Änderungen in Bezug auf die Beendigung des Vertriebs oder des zusätzlichen Vertriebs von EU-AIF oder inländischen AIF durch AIF-Verwaltungsgesellschaften, deren Referenzmitgliedstaat die Bundesrepublik Deutschland ist,

a) im Inland nach § 325 Absatz 2 Nummer 3 und

b) in anderen Mitgliedstaaten der Europäischen Union und anderen Vertragsstaaten des Abkommens über den Europäischen Wirtschaftsraum nach § 333 Absatz 2 Nummer 3,

6. die Änderungen in Bezug auf die Beendigung des Vertriebs oder des zusätzlichen Vertriebs von ausländischen AIF durch AIF-Verwaltungsgesellschaften, deren Referenzmitgliedstaat die Bundesrepublik Deutschland ist,

a) im Inland nach § 326 Absatz 3 in Verbindung mit § 322 Absatz 5 und

b) in anderen Mitgliedstaaten der Europäischen Union und anderen Vertragsstaaten des Abkommens über den Europäischen Wirtschaftsraum nach § 334 Absatz 3 Nummer 3.

(5) Die Bundesanstalt meldet der Europäischen Wertpapier- und Marktaufsichtsbehörde vierteljährlich

1. die nach § 22 erteilten Erlaubnisse und nach § 39 aufgehobenen Erlaubnisse,
2. Informationen zu AIF-Verwaltungsgesellschaften, die der Aufsicht der Bundesanstalt unterliegende AIF entweder gemäß der unionsrechtlich vorgesehenen Passregelung oder den nationalen Regelungen verwalten oder vertreiben.

(6) [1]Ferner informiert die Bundesanstalt die Europäische Wertpapier- und Marktaufsichtsbehörde über

1. jede erteilte Erlaubnis nach § 21,
2. die Informationen nach § 35 Absatz 5, die zusätzlich von AIF-Kapitalverwaltungsgesellschaften und ausländischen AIF-Verwaltungsgesellschaften, deren Referenzmitgliedstaat die Bundesrepublik Deutschland ist, gefordert worden sind,
3. den Vorschlag zur Erteilung der Erlaubnis für eine ausländische AIF-Verwaltungsgesellschaft, deren Referenzmitgliedstaat die Bundesrepublik Deutschland ist, entgegen der Empfehlung der Europäischen Wertpapier- und Marktaufsichtsbehörde gemäß § 58 Absatz 5 und § 59 Absatz 3,
4. abgelehnte Erlaubnisanträge mit Angaben zu der ausländischen AIF-Verwaltungsgesellschaft unter Angabe der Gründe für die Ablehnung gemäß § 60 Absatz 2,
5. die Beurteilung zur Festlegung der ausländischen AIF-Verwaltungsgesellschaft, deren ursprünglicher Referenzmitgliedstaat die Bundesrepublik Deutschland ist, gemäß § 61 Absatz 1 einschließlich der Begründung der ausländischen AIF-Verwaltungsgesellschaft für ihre Beurteilung hinsichtlich des Referenzmitgliedstaates und Informationen über die neue Vertriebsstrategie der ausländischen AIF-Verwaltungsgesellschaft gemäß § 61 Absatz 2,
6. die Entscheidung nach Erhalt der Empfehlung der Europäischen Wertpapier- und Marktaufsichtsbehörde unter Angabe der Gründe gemäß § 61 Absatz 4,
7. die abschließende Entscheidung unter Angabe der Gründe, sofern diese in Widerspruch zu der Empfehlung der Europäischen Wertpapier- und Marktaufsichtsbehörde steht, gemäß § 61 Absatz 5 Nummer 1,

8. den möglichen Beginn des Vertriebs von AIF gemäß § 322 Absatz 1 Satz 1 durch AIF-Kapitalverwaltungsgesellschaften
   a) im Inland nach § 322 Absatz 4 und
   b) in anderen Mitgliedstaaten der Europäischen Union und Vertragsstaaten des Abkommens über den Europäischen Wirtschaftsraum nach § 332 Absatz 3 Nummer 1,
9. den möglichen Beginn des Vertriebs von EU-AIF oder inländischen AIF durch eine ausländische AIF-Verwaltungsgesellschaft, deren Referenzmitgliedstaat die Bundesrepublik Deutschland ist,
   a) im Inland nach § 325 Absatz 2 Nummer 3 und
   b) in anderen Mitgliedstaaten der Europäischen Union und Vertragsstaaten des Abkommens über den Europäischen Wirtschaftsraum nach § 333 Absatz 2 Nummer 2,
10. den möglichen Beginn des Vertriebs von ausländischen AIF durch eine ausländische AIF-Verwaltungsgesellschaft, deren Referenzmitgliedstaat die Bundesrepublik Deutschland ist,
    a) im Inland nach § 326 Absatz 3 in Verbindung mit § 322 Absatz 4 und
    b) in anderen Mitgliedstaaten der Europäischen Union und Vertragsstaaten des Abkommens über den Europäischen Wirtschaftsraum nach § 334 Absatz 3 Nummer 2,
11. die Möglichkeit des Beginns der Verwaltung von EU-AIF durch eine ausländische AIF-Verwaltungsgesellschaft, deren Referenzmitgliedstaat die Bundesrepublik Deutschland ist, in anderen Mitgliedstaaten der Europäischen Union und Vertragsstaaten des Abkommens über den Europäischen Wirtschaftsraum nach § 65 Absatz 4,
12. die Auffassung, dass eine ausländische AIF-Verwaltungsgesellschaft, deren Referenzmitgliedstaat die Bundesrepublik Deutschland ist, nicht den Pflichten der Richtlinie 2011/61/EU nachkommt, unter Angabe der Gründe,
13. hinreichende Anhaltspunkte für einen Verstoß einer AIF-Verwaltungsgesellschaft, die nicht der Aufsicht der Bundesanstalt unterliegt, gegen Bestimmungen der Richtlinie 2011/61/EU gemäß § 9 Absatz 10,
14. vorgenommene Maßnahmen und Sanktionen gegenüber AIF-Verwaltungsgesellschaften,
15. die Geschäfte von AIF-Kapitalverwaltungsgesellschaften und ausländischen AIF-Verwaltungsgesellschaften, deren Referenzmitgliedstaat die Bundesrepublik Deutschland ist, entsprechend § 9 Absatz 4 sowie Informationen, die gemäß den §§ 22 und 35 erhoben wurden, in zusammengefasster Form gemäß § 9 Absatz 5,
16. jede Änderung in Bezug auf die Arten von Publikums-AIF und die zusätzlich vorgesehenen Vorgaben für Publikums-AIF,
17. die Absicht, den Umfang des Leverage gemäß § 215 Absatz 2 Satz 1 auch in Verbindung mit § 274 zu beschränken und die eingeleiteten Schritte bezüglich sonstiger Beschränkungen der Verwaltung des AIF gemäß § 215 Absatz 2 Satz 2 und 3, auch in Verbindung mit § 274,
18. Maßnahmen entsprechend Nummer 17 entgegen der Empfehlung der Europäischen Wertpapier- und Marktaufsichtsbehörde unter Angabe der Gründe nach § 215 Absatz 4 Satz 2, auch in Verbindung mit § 274,

19. alle nach § 341a Absatz 1 Satz 1 Nummer 1 und 3, soweit sie auf die Richtlinie 2009/65/EG zurückgehen, oder die in § 120 Absatz 21 des Wertpapierhandelsgesetzes in Bezug genommen werden und auf die Verordnung (EU) 2015/2365 zurückgehen sowie die in § 120 Absatz 22 des Wertpapierhandelsgesetzes in Bezug genommen werden und auf die Artikel 16, 23, 28 und 29 der Verordnung (EU) 2016/1011 zurückgehen, bekannt gemachten oder in Verbindung mit § 341a Absatz 3 nicht bekannt gemachten bestandskräftigen Maßnahmen und unanfechtbar gewordenen Bußgeldentscheidungen; die Bundesanstalt übermittelt der Europäischen Wertpapier- und Marktaufsichtsbehörde die verfahrensabschließenden letztinstanzlichen Entscheidungen zu Strafverfahren, die Straftaten nach § 339 Absatz 1 Nummer 1 bezüglich des Betreibens des Geschäfts einer OGAW-Kapitalverwaltungsgesellschaft zum Gegenstand haben, sowie die Begründung; die Bundesanstalt übermittelt der Europäischen Wertpapier- und Marktaufsichtsbehörde jährlich eine Zusammenfassung von Informationen über Maßnahmen und Bußgeldentscheidungen wegen Verstößen gegen Gebote und Verbote, die in § 340 Absatz 7 Nummer 1 in Bezug genommen werden und auf die Richtlinie 2009/65/EG oder die Verordnung (EU) 2017/2402 zurückgehen,
20. jede Erlaubnis zur Wiederverbriefung gemäß Artikel 8 Absatz 2 der Verordnung (EU) 2017/2402,
21. alle verhängten verwaltungsrechtlichen Sanktionen sowie gegebenenfalls diesbezüglich Rechtsbehelfsverfahren und deren Ausgang, sofern sie auf die Verordnung (EU) 2017/2402 gestützt werden.

[2]Die Bundesanstalt hat die Informationen nach Satz 1 Nummer 15 und 17 zusätzlich dem Europäischen Ausschuss für Systemrisiken und die Informationen nach Satz 1 Nummer 16 zusätzlich der Europäischen Kommission zu übermitteln.

(7) Ferner übermittelt die Bundesanstalt der Europäischen Kommission und der Europäischen Wertpapier- und Marktaufsichtsbehörde

1. ein Verzeichnis der in § 206 Absatz 3 Satz 1 genannten Kategorien von Schuldverschreibungen und Emittenten,
2. bis zum 22. Juli 2014 die Arten von Publikums-AIF und die zusätzlich vorgesehenen Vorgaben für den Vertrieb von Publikums-AIF.

(7a) Die Bundesanstalt meldet der Europäischen Bankenaufsichtsbehörde, der Europäischen Wertpapier- und Marktaufsichtsbehörde und der Europäischen Aufsichtsbehörde für das Versicherungswesen und die betriebliche Altersversorgung unter Beachtung des Verfahrens nach Artikel 36 Absatz 6 der Verordnung (EU) 2017/2402, wenn sie als zuständige Behörde der gemäß Artikel 27 Absatz 1 dieser Verordnung benannten ersten Anlaufstelle von einem Verstoß gegen die Anforderungen des Artikels 27 Absatz 1 erfährt.

(8) [1]Die Bundesanstalt übermittelt dem Betreiber des Bundesanzeigers einmal jährlich Name und Anschrift folgender, ihr bekannt werdender Kapitalverwaltungsgesellschaften und Investmentgesellschaften:

1. externer Kapitalverwaltungsgesellschaften,
2. offener OGAW-Investmentaktiengesellschaften,
3. offener AIF-Investmentaktiengesellschaften,
4. geschlossener Publikumsinvestmentaktiengesellschaften,
5. geschlossener Publikumsinvestmentkommanditgesellschaften sowie
6. registrierter Kapitalverwaltungsgesellschaften nach § 2 Absatz 5 einschließlich der von ihr verwalteten geschlossenen inländischen Publikums-AIF.

[2]Ein Bekanntwerden im Sinne des Satzes 1 ist gegeben:

1. bei Kapitalverwaltungsgesellschaften mit Erteilung der Erlaubnis oder Bestätigung der Registrierung,
2. bei Publikumsinvestmentvermögen mit Genehmigung der Anlagebedingungen,
3. bei Spezialinvestmentvermögen mit der Vorlage der Anlagebedingungen bei der Bundesanstalt.

§ 13 Informationsaustausch mit der Deutschen Bundesbank

(1) Die Bundesanstalt und die Deutsche Bundesbank haben einander Beobachtungen und Feststellungen mitzuteilen, die für die Erfüllung ihrer jeweiligen Aufgaben erforderlich sind.

(2) Die Bundesanstalt hat der Deutschen Bundesbank insbesondere die Informationen und Unterlagen gemäß

1. § 19 Absatz 1 Satz 1 und 2 und Absatz 5 auch in Verbindung mit § 108 Absatz 3,
2. § 34 Absatz 3 Nummer 3, 4 und 6 bis 11 und Absatz 4, den §§ 35, 38 Absatz 1 Satz 2 und Absatz 4 Satz 2,
3. § 49 Absatz 1 und 4 Satz 1, § 53 Absatz 2 und, soweit es sich um eine Änderung der in § 53 Absatz 2 genannten Angaben handelt, § 53 Absatz 5,
4. § 68 Absatz 7 Satz 4,
5. § 98 Absatz 2 Satz 3 auch in Verbindung mit § 116 Absatz 2 Satz 6 und § 133 Absatz 1 Satz 5,
6. § 107 Absatz 3, § 123 Absatz 5 auch in Verbindung mit § 148 Absatz 1, § 160 Absatz 4,
7. § 114 Satz 1, § 130 Satz 1, § 145 Satz 1, § 155 Satz 1,
8. § 200 Absatz 4

zur Verfügung zu stellen.

(3) [1]Die Deutsche Bundesbank hat der Bundesanstalt insbesondere die Angaben zur Verfügung zu stellen, die sie auf Grund statistischer Erhebungen nach § 18 des Gesetzes über die Deutsche Bundesbank erlangt. [2]Sie hat vor Anordnung einer solchen Erhebung die Bundesanstalt zu hören; § 18 Satz 5 des Gesetzes über die Deutsche Bundesbank gilt entsprechend.

(4) Die Bundesanstalt und die Deutsche Bundesbank regeln einvernehmlich die Einzelheiten der Weiterleitung der Beobachtungen, Feststellungen, Informationen, Unterlagen und Angaben im Sinne der Absätze 1 bis 3.

(5) [1]Der Informationsaustausch nach den Absätzen 1 bis 3 schließt die Übermittlung der personenbezogenen Daten ein, die zur Erfüllung der Aufgaben der empfangenden Stelle erforderlich sind. [2]Zur Erfüllung ihrer Aufgabe dürfen die Bundesanstalt und die Deutsche Bundesbank vereinbaren, dass gegenseitig die bei der anderen Stelle jeweils gespeicherten Daten im automatisierten Verfahren abgerufen werden dürfen. [3]Im Übrigen gilt § 7 Absatz 4 und 5 des Kreditwesengesetzes entsprechend.

§ 14 Auskünfte und Prüfungen

[1]Kapitalverwaltungsgesellschaften, extern verwaltete Investmentgesellschaften, Gesellschaften in den sonstigen nach diesem Gesetz zulässigen Rechtsformen für Investmentvermögen, die an ihnen jeweils bedeutend beteiligten Inhaber und Verwahrstellen haben der Bundesanstalt Auskünfte entsprechend § 44 Absatz 1 und 6 und § 44b des Kreditwesengesetzes zu erteilen. [2]Der Bundesanstalt stehen die in § 44 Absatz 1 und § 44b des Kreditwesengesetzes genannten Prüfungsbefugnisse entsprechend zu.

§ 15 Einschreiten gegen unerlaubte Investmentgeschäfte

(1) Wird die kollektive Vermögensverwaltung ohne die erforderliche Registrierung nach § 44 oder ohne die erforderliche Erlaubnis nach §§ 20, 21 oder 22 oder nach Artikel 6 der Richtlinie 2009/65/EG oder der Richtlinie 2011/61/EU betrieben oder werden neben der kollektiven Vermögensverwaltung die in § 20 Absatz 2 oder 3 aufgeführten Dienstleistungen oder Nebendienstleistungen ohne die Erlaubnis nach §§ 20, 21 oder 22 oder nach Artikel 6 der Richtlinie 2009/65/EG erbracht (unerlaubtes Investmentgeschäft), kann die Bundesanstalt hiergegen einschreiten.

(2) [1]Im Fall des Absatzes 1 kann die Bundesanstalt

1. die sofortige Einstellung des Geschäftsbetriebs und die unverzügliche Abwicklung dieser Geschäfte gegenüber dem Unternehmen sowie gegenüber seinen Gesellschaftern und den Mitgliedern seiner Organe anordnen; bei juristischen Personen und Personenhandelsgesellschaften stehen ihr auch die in § 38 Absatz 1 und 2 des Kreditwesengesetzes genannten Rechte zu;
2. für die Abwicklung Weisungen erlassen und
3. eine geeignete Person als Abwickler bestellen.

[2]Die Bundesanstalt kann ihre Maßnahmen nach den Nummern 1 bis 3 bekannt machen; personenbezogene Daten dürfen nur veröffentlicht werden, soweit dies zur Gefahrenabwehr erforderlich ist.

(3) Die Befugnisse der Bundesanstalt nach den Absätzen 1 und 2 bestehen auch gegenüber einem Unternehmen, das in die Anbahnung, den Abschluss oder die Abwicklung dieser Geschäfte einbezogen ist, sowie gegenüber seinen Gesellschaftern und den Mitgliedern seiner Organe.

(4) Der Abwickler ist zum Antrag auf Eröffnung eines Insolvenzverfahrens über das Vermögen des Unternehmens berechtigt.

(5) [1]Der Abwickler erhält von der Bundesanstalt eine angemessene Vergütung sowie Ersatz seiner Aufwendungen. [2]Das betroffene Unternehmen hat der Bundesanstalt die gezahlten Beträge gesondert zu erstatten; auf Verlangen der Bundesanstalt hat es für die nach Satz 1 erforderlichen Beträge einen Vorschuss zu leisten. [3]Die Bundesanstalt kann das betroffene Unternehmen anweisen, den von der Bundesanstalt festgesetzten Betrag im Namen der Bundesanstalt unmittelbar an den Abwickler zu leisten, wenn dadurch keine Beeinflussung der Unabhängigkeit des Abwicklers zu besorgen ist.

§ 16 Verfolgung unerlaubter Investmentgeschäfte

(1) [1]Ein Unternehmen, bei dem feststeht oder Tatsachen die Annahme rechtfertigen, dass es unerlaubte Investmentgeschäfte betreibt oder dass es in die Anbahnung, den Abschluss oder die Abwicklung unerlaubter Investmentgeschäfte einbezogen ist oder war, sowie die Mitglieder der Organe, die Gesellschafter und die Beschäftigten eines solchen Unternehmens haben der Bundesanstalt auf Verlangen Auskünfte über alle Geschäftsangelegenheiten zu erteilen und sämtliche Unterlagen vorzulegen. [2]Ein Mitglied eines Organs, ein Gesellschafter oder ein Beschäftigter hat auf Verlangen auch nach seinem Ausscheiden aus dem Organ oder dem Unternehmen Auskunft zu erteilen und Unterlagen vorzulegen.

(2) [1]Soweit dies zur Feststellung der Art oder des Umfangs der Geschäfte oder Tätigkeiten erforderlich ist, kann die Bundesanstalt Prüfungen in Räumen des Unternehmens sowie in den Räumen der nach Absatz 1 auskunfts- und vorlegungspflichtigen Personen und Unternehmen vornehmen. [2]Die Bediensteten der Bundesanstalt dürfen hierzu

1. Räume nach Satz 1 innerhalb der üblichen Betriebs- und Geschäftszeiten betreten und besichtigen,

2. Räume nach Satz 1 auch außerhalb der üblichen Betriebs- und Geschäftszeiten betreten und besichtigen, um dringende Gefahren für die öffentliche Ordnung und Sicherheit zu verhüten und
3. Räume, die auch als Wohnung dienen, betreten und besichtigen, um dringende Gefahren für die öffentliche Ordnung und Sicherheit zu verhüten;

das Grundrecht des Artikels 13 des Grundgesetzes wird insoweit eingeschränkt.

(3) [1]Die Bediensteten der Bundesanstalt dürfen die Räume des Unternehmens sowie die Räume der nach Absatz 1 auskunfts- und vorlegungspflichtigen Personen durchsuchen. [2]Im Rahmen der Durchsuchung dürfen die Bediensteten auch die auskunfts- und vorlegungspflichtigen Personen zum Zwecke der Sicherstellung von Gegenständen im Sinne des Absatzes 4 durchsuchen. [3]Das Grundrecht des Artikels 13 des Grundgesetzes wird insoweit eingeschränkt. [4]Durchsuchungen von Geschäftsräumen und Personen sind, außer bei Gefahr im Verzug, durch den Richter anzuordnen. [5]Durchsuchungen von Räumen, die als Wohnung dienen, sind durch den Richter anzuordnen. [6]Zuständig ist das Amtsgericht, in dessen Bezirk sich die Räume befinden. [7]Gegen die gerichtliche Entscheidung ist die Beschwerde zulässig; die §§ 306 bis 310 und 311a der Strafprozessordnung gelten entsprechend. [8]Über die Durchsuchung ist eine Niederschrift zu fertigen. [9]Sie muss die verantwortliche Dienststelle, Grund, Zeit und Ort der Durchsuchung und ihr Ergebnis und, falls keine gerichtliche Anordnung ergangen ist, auch Tatsachen, welche die Annahme einer Gefahr im Verzug begründet haben, enthalten.

(4) Die Bediensteten der Bundesanstalt können Gegenstände sicherstellen, die als Beweismittel für die Ermittlung des Sachverhaltes von Bedeutung sein können.

(5) [1]Die Betroffenen haben Maßnahmen nach den Absätzen 2 und 3 Satz 1 sowie Absatz 4 zu dulden. [2]Der zur Erteilung einer Auskunft Verpflichtete kann die Auskunft auf solche Fragen verweigern, deren Beantwortung ihn selbst oder einen der in § 383 Absatz 1 Nummer 1 bis 3 der Zivilprozessordnung bezeichneten Angehörigen der Gefahr strafgerichtlicher Verfolgung oder eines Verfahrens nach dem Gesetz über Ordnungswidrigkeiten aussetzen würde.

(6) [1]Die Bundesanstalt darf einzelne Daten aus der Datei nach § 24c Absatz 1 Satz 1 des Kreditwesengesetzes abrufen, soweit dies erforderlich ist zur Erfüllung ihrer aufsichtlichen Aufgaben nach diesem Gesetz, insbesondere im Hinblick auf unerlaubt betriebene Investmentgeschäfte, und sofern besondere Eilbedürftigkeit im Einzelfall vorliegt. [2]§ 24c Absatz 4 des Kreditwesengesetzes ist entsprechend anzuwenden.

(7) Die Absätze 1 bis 6 gelten entsprechend für andere Unternehmen und Personen, sofern

1. Tatsachen die Annahme rechtfertigen, dass sie in die Anlage oder Verwaltung von Investmentvermögen einbezogen sind, die in einem anderen Staat entgegen einem dort bestehenden Verbot erbracht werden und
2. die zuständige Behörde des anderen Staates ein entsprechendes Ersuchen an die Bundesanstalt stellt.

Abschnitt 2. Verwaltungsgesellschaften

Unterabschnitt 1. Erlaubnis

§ 17 Kapitalverwaltungsgesellschaften

(1) [1]Kapitalverwaltungsgesellschaften sind Unternehmen mit satzungsmäßigem Sitz und Hauptverwaltung im Inland, deren Geschäftsbetrieb darauf gerichtet ist, inländische Investmentvermögen, EU-Investmentvermögen oder ausländische AIF zu verwalten.

[2]Verwaltung eines Investmentvermögens liegt vor, wenn mindestens die Portfolioverwaltung oder das Risikomanagement für ein oder mehrere Investmentvermögen erbracht wird.

(2) [1]Die Kapitalverwaltungsgesellschaft ist entweder

1. eine externe Kapitalverwaltungsgesellschaft, die vom Investmentvermögen oder im Namen des Investmentvermögens bestellt ist und auf Grund dieser Bestellung für die Verwaltung des Investmentvermögens verantwortlich ist (externe Kapitalverwaltungsgesellschaft), oder
2. das Investmentvermögen selbst, wenn die Rechtsform des Investmentvermögens eine interne Verwaltung zulässt und der Vorstand oder die Geschäftsführung des Investmentvermögens entscheidet, keine externe Kapitalverwaltungsgesellschaft zu bestellen (interne Kapitalverwaltungsgesellschaft). [2]In diesem Fall wird das Investmentvermögen als Kapitalverwaltungsgesellschaft zugelassen.

(3) Für jedes Investmentvermögen kann nur eine Kapitalverwaltungsgesellschaft zuständig sein, die für die Einhaltung der Anforderungen dieses Gesetzes verantwortlich ist.

§ 18 Externe Kapitalverwaltungsgesellschaften

(1) Externe Kapitalverwaltungsgesellschaften dürfen nur in der Rechtsform der Aktiengesellschaft, der Gesellschaft mit beschränkter Haftung oder der Kommanditgesellschaft, bei der persönlich haftender Gesellschafter ausschließlich eine Gesellschaft mit beschränkter Haftung ist, betrieben werden.

(2) [1]Ein Aufsichtsrat ist auch dann zu bilden, wenn die externe Kapitalverwaltungsgesellschaft in der Rechtsform einer Gesellschaft mit beschränkter Haftung betrieben wird. [2]Die externe Kapitalverwaltungsgesellschaft in der Rechtsform der Kommanditgesellschaft, bei der persönlich haftender Gesellschafter ausschließlich eine Gesellschaft mit beschränkter Haftung ist, hat einen Beirat zu bilden. [3]Die Zusammensetzung sowie Rechte und Pflichten des Aufsichtsrats nach Satz 1 bestimmen sich, vorbehaltlich des Absatzes 3 Satz 2, nach § 90 Absatz 3 bis 5 Satz 2, den §§ 95 bis 114, 116, 118 Absatz 3, § 125 Absatz 3 sowie den §§ 171 und 268 Absatz 2 des Aktiengesetzes. [4]Die Zusammensetzung sowie Rechte und Pflichten des Beirats nach Satz 2 bestimmen sich, vorbehaltlich des Absatzes 3 Satz 2, nach § 90 Absatz 3 bis 5 Satz 2, den §§ 95, 100, 101, 103, 105, 107 bis 114, 116, 118 Absatz 3, § 125 Absatz 3 sowie den §§ 171 und 268 Absatz 2 des Aktiengesetzes.

(3) [1]§ 101 Absatz 1 Satz 1 Halbsatz 1 des Aktiengesetzes ist auf eine externe Kapitalverwaltungsgesellschaft in der Rechtsform der Aktiengesellschaft mit der Maßgabe anzuwenden, dass die Hauptversammlung mindestens ein Mitglied des Aufsichtsrats zu wählen hat, das von den Aktionären, den mit ihnen verbundenen Unternehmen und den Geschäftspartnern der externen Kapitalverwaltungsgesellschaft unabhängig ist. [2]Wird die externe Kapitalverwaltungsgesellschaft in der Rechtsform einer Gesellschaft mit beschränkter Haftung oder als Kommanditgesellschaft, bei der persönlich haftender Gesellschafter ausschließlich eine Gesellschaft mit beschränkter Haftung ist, betrieben, so gilt Satz 1 entsprechend. [3]Für nähere Einzelheiten der Anforderungen an die Unabhängigkeit eines Mitglieds des Aufsichtsrats der externen OGAW-Kapitalverwaltungsgesellschaft von der Verwahrstelle im Sinne der Sätze 1 und 2 wird auf Artikel 21 Buchstabe d und Artikel 24 Absatz 1 Buchstabe b und Absatz 2 der Delegierten Verordnung (EU) 2016/438 der Kommission vom 17. Dezember 2015 zur Ergänzung der Richtlinie 2009/65/EG des Europäischen Parlaments und des Rates in Bezug auf die Pflichten der Verwahrstellen (ABl. L 78 vom 24.3.2016, S. 11) verwiesen. [4]Artikel 21 Buchstabe d und Artikel 24 Absatz 1 Buchstabe b und Absatz 2 der Delegierten Verord-

nung (EU) 2016/438 gelten entsprechend für externe AIF-Kapitalverwaltungsgesellschaften. [5]Die Sätze 1, 2 und 4 gelten nicht für externe Kapitalverwaltungsgesellschaften, die ausschließlich Spezial-AIF verwalten.

(4) [1]Die Mitglieder des Aufsichtsrats oder eines Beirats sollen ihrer Persönlichkeit und ihrer Sachkunde nach die Wahrung der Interessen der Anleger gewährleisten. [2]Die Bestellung und das Ausscheiden von Mitgliedern des Aufsichtsrats oder eines Beirats ist der Bundesanstalt unverzüglich anzuzeigen.

(5) Absatz 4 findet keine Anwendung, soweit die Aufsichtsratsmitglieder als Vertreter der Arbeitnehmer nach den Vorschriften der Mitbestimmungsgesetze gewählt werden.

(6) [1]In den Fällen, in denen eine externe AIF-Kapitalverwaltungsgesellschaft nicht in der Lage ist, die Einhaltung der Anforderungen dieses Gesetzes sicherzustellen, für die der AIF oder eine andere in seinem Namen handelnde Stelle verantwortlich ist, unterrichtet die externe AIF-Kapitalverwaltungsgesellschaft unverzüglich die Bundesanstalt und, sofern anwendbar, die zuständigen Behörden des betreffenden EU-AIF. [2]Die Bundesanstalt kann die externe AIF-Kapitalverwaltungsgesellschaft verpflichten, notwendige Abhilfemaßnahmen zu treffen.

(7) [1]Falls die Anforderungen trotz der in Absatz 6 Satz 2 genannten Maßnahmen weiterhin nicht eingehalten werden, fordert die Bundesanstalt, dass die externe AIF-Kapitalverwaltungsgesellschaft ihre Bestellung als externe AIF-Kapitalverwaltungsgesellschaft für diesen AIF kündigt, sofern es sich um einen inländischen AIF oder einen EU-AIF handelt. [2]In diesem Fall darf der AIF nicht mehr in den Mitgliedstaaten der Europäischen Union und den anderen Vertragsstaaten des Europäischen Wirtschaftsraums vertrieben werden. [3]Die Bundesanstalt setzt hiervon unverzüglich die zuständigen Behörden der Aufnahmemitgliedstaaten der externen AIF-Kapitalverwaltungsgesellschaft in Kenntnis.

§ 19 Inhaber bedeutender Beteiligungen; Verordnungsermächtigung

(1) [1]Wer beabsichtigt, allein oder im Zusammenwirken mit anderen Personen oder Unternehmen eine bedeutende Beteiligung an einer externen OGAW-Kapitalverwaltungsgesellschaft zu erwerben (interessierter Erwerber), hat dies der Bundesanstalt unverzüglich schriftlich anzuzeigen. [2]§ 2c Absatz 1 Satz 2 bis 7 des Kreditwesengesetzes gilt entsprechend; § 2c Absatz 1 Satz 5 und 6 des Kreditwesengesetzes ist entsprechend anzuwenden mit der Maßgabe, dass die Anzeigen jeweils nur gegenüber der Bundesanstalt abzugeben sind.

(2) [1]Die Bundesanstalt hat eine Anzeige nach Absatz 1 innerhalb von 60 Arbeitstagen ab dem Datum des Schreibens, mit dem sie den Eingang der vollständigen Anzeige schriftlich bestätigt hat, zu beurteilen (Beurteilungszeitraum); im Übrigen gilt § 2c Absatz 1a des Kreditwesengesetzes entsprechend. [2]Die Bundesanstalt kann innerhalb des Beurteilungszeitraums den beabsichtigten Erwerb der bedeutenden Beteiligung oder deren Erhöhung untersagen, wenn Tatsachen die Annahme rechtfertigen, dass

1. die externe OGAW-Kapitalverwaltungsgesellschaft nicht in der Lage sein oder bleiben wird, den Aufsichtsanforderungen, insbesondere nach der Richtlinie 2009/65/EG, zu genügen, oder
2. die externe OGAW-Kapitalverwaltungsgesellschaft durch die Begründung oder Erhöhung der bedeutenden Beteiligung mit dem Inhaber der bedeutenden Beteiligung in einen Unternehmensverbund eingebunden würde, der durch die Struktur des Beteiligungsgeflechts oder mangelhafte wirtschaftliche Transparenz eine wirksame Aufsicht über die externe OGAW-Kapitalverwaltungsgesellschaft, einen wirksamen Informationsaustausch zwischen den zuständigen Stellen oder die Aufteilung der Zuständigkeiten zwischen diesen beeinträchtigt, oder

3. einer der in § 2c Absatz 1b Satz 1 Nummer 1 und 3 bis 6 des Kreditwesengesetzes genannten Fälle, die entsprechend gelten, vorliegt.

[3]§ 2c Absatz 1b Satz 2 bis 8 des Kreditwesengesetzes ist entsprechend anzuwenden.

(3) [1]In den in § 2c Absatz 2 Satz 1 Nummer 1 bis 3 des Kreditwesengesetzes genannten Fällen kann die Bundesanstalt dem Inhaber der bedeutenden Beteiligung und den von ihm kontrollierten Unternehmen die Ausübung des Stimmrechts untersagen und anordnen, dass über die Anteile nur mit ihrer Zustimmung verfügt werden darf. [2]Im Fall einer Verfügung nach Satz 1 hat das Gericht am Sitz der externen OGAW-Kapitalverwaltungsgesellschaft auf Antrag der Bundesanstalt, der externen OGAW-Kapitalverwaltungsgesellschaft oder eines an ihr Beteiligten einen Treuhänder zu bestellen, auf den es die Ausübung des Stimmrechts überträgt. [3]§ 2c Absatz 2 Satz 3 bis 9 des Kreditwesengesetzes ist entsprechend anzuwenden.

(4) [1]Bei der Beurteilung nach Absatz 2 arbeitet die Bundesanstalt mit den zuständigen Stellen der anderen Mitgliedstaaten der Europäischen Union und der anderen Vertragsstaaten des Abkommens über den Europäischen Wirtschaftsraum zusammen, wenn der Anzeigepflichtige eine der in § 8 Absatz 3 Satz 1 Nummer 1 bis 3 des Kreditwesengesetzes aufgeführten natürlichen oder juristischen Personen ist. [2]§ 8 Absatz 3 Satz 3 und 4 des Kreditwesengesetzes gilt entsprechend. [3]Die Bundesanstalt hat in ihrer Entscheidung alle Bemerkungen oder Vorbehalte der für den Anzeigepflichtigen zuständigen Stelle anzugeben.

(5) Wer beabsichtigt, eine bedeutende Beteiligung an einer externen OGAW-Kapitalverwaltungsgesellschaft aufzugeben oder den Betrag seiner bedeutenden Beteiligung unter die Schwellen von 20 Prozent, 30 Prozent oder 50 Prozent der Stimmrechte oder des Kapitals abzusenken oder die Beteiligung so zu verändern, dass die externe OGAW-Kapitalverwaltungsgesellschaft nicht mehr kontrolliertes Unternehmen ist, hat dies der Bundesanstalt unverzüglich schriftlich anzuzeigen.

(6) [1]Das Bundesministerium der Finanzen wird ermächtigt, durch Rechtsverordnung, die nicht der Zustimmung des Bundesrates bedarf, nähere Bestimmungen zu erlassen über Art, Umfang, Zeitpunkt, Form und Übertragungsweg der nach den Absätzen 1 und 5 zu erstattenden Anzeigen sowie über die Unterlagen, die mit der Anzeige vorzulegen sind. [2]Das Bundesministerium der Finanzen kann diese Ermächtigung durch Rechtsverordnung auf die Bundesanstalt übertragen.

§ 20 Erlaubnis zum Geschäftsbetrieb

(1) [1]Der Geschäftsbetrieb einer Kapitalverwaltungsgesellschaft bedarf der schriftlichen Erlaubnis der Bundesanstalt. [2]Die Bundesanstalt kann die Erlaubnis auf die Verwaltung bestimmter Arten von Investmentvermögen beschränken. [3]Die Bundesanstalt kann die Erlaubnis mit Nebenbestimmungen verbinden.

(2) Externe OGAW-Kapitalverwaltungsgesellschaften dürfen neben der kollektiven Vermögensverwaltung von OGAW folgende Dienstleistungen und Nebendienstleistungen erbringen:

1. die Verwaltung einzelner in Finanzinstrumenten im Sinne des § 1 Absatz 11 des Kreditwesengesetzes angelegter Vermögen für andere mit Entscheidungsspielraum einschließlich der Portfolioverwaltung fremder Investmentvermögen (Finanzportfolioverwaltung),
2. soweit die Erlaubnis die Dienstleistung nach Nummer 1 umfasst, die Anlageberatung,
3. soweit die Erlaubnis die Dienstleistung nach Nummer 1 umfasst, die Verwahrung und Verwaltung von Anteilen an inländischen Investmentvermögen, EU-Investmentvermögen oder ausländischen AIF für andere,

4. den Vertrieb von Anteilen oder Aktien an fremden Investmentvermögen,
5. soweit der externen OGAW-Kapitalverwaltungsgesellschaft zusätzlich eine Erlaubnis als externe AIF-Kapitalverwaltungsgesellschaft erteilt wurde, die Verwaltung von AIF sowie Dienstleistungen und Nebendienstleistungen nach Absatz 3,
6. den Abschluss von Altersvorsorgeverträgen gemäß § 1 Absatz 1 des Altersvorsorgeverträge-Zertifizierungsgesetzes sowie von Verträgen zum Aufbau einer eigenen kapitalgedeckten Altersversorgung im Sinne des § 10 Absatz 1 Nummer 2 Buchstabe b des Einkommensteuergesetzes,
7. die Abgabe einer Zusage gegenüber dem Anleger, dass bei Rücknahme von Anteilen, bei Beendigung der Verwaltung von Vermögen im Sinne der Nummer 1 und der Beendigung der Verwahrung und Verwaltung von Anteilen im Sinne der Nummer 3 mindestens ein bestimmter oder bestimmbarer Betrag an den Anleger gezahlt wird (Mindestzahlungszusage),
8. sonstige Tätigkeiten, die mit den in diesem Absatz genannten Dienstleistungen und Nebendienstleistungen unmittelbar verbunden sind.

(3) Externe AIF-Kapitalverwaltungsgesellschaften dürfen neben der kollektiven Vermögensverwaltung von AIF folgende Dienstleistungen und Nebendienstleistungen erbringen:

1. die Verwaltung einzelner nicht in Finanzinstrumenten im Sinne des § 1 Absatz 11 des Kreditwesengesetzes angelegter Vermögen für andere mit Entscheidungsspielraum sowie die Anlageberatung (individuelle Vermögensverwaltung und Anlageberatung),
2. die Verwaltung einzelner in Finanzinstrumenten im Sinne des § 1 Absatz 11 des Kreditwesengesetzes angelegter Vermögen für andere mit Entscheidungsspielraum einschließlich der Portfolioverwaltung fremder Investmentvermögen (Finanzportfolioverwaltung),
3. soweit die Erlaubnis die Dienstleistung nach Nummer 2 umfasst, die Anlageberatung,
4. soweit die Erlaubnis die Dienstleistung nach Nummer 2 umfasst, die Verwahrung und Verwaltung von Anteilen an inländischen Investmentvermögen, EU-Investmentvermögen oder ausländischen AIF für andere,
5. soweit die Erlaubnis die Dienstleistung nach Nummer 2 umfasst, die Vermittlung von Geschäften über die Anschaffung und Veräußerung von Finanzinstrumenten (Anlagevermittlung),
6. den Vertrieb von Anteilen oder Aktien an fremden Investmentvermögen,
7. soweit der externen AIF-Kapitalverwaltungsgesellschaft zusätzlich eine Erlaubnis als externe OGAW-Kapitalverwaltungsgesellschaft erteilt wurde, die Verwaltung von OGAW sowie Dienstleistungen und Nebendienstleistungen nach Absatz 2,
8. den Abschluss von Altersvorsorgeverträgen gemäß § 1 Absatz 1 des Altersvorsorgeverträge-Zertifizierungsgesetzes sowie von Verträgen zum Aufbau einer eigenen kapitalgedeckten Altersversorgung im Sinne des § 10 Absatz 1 Nummer 2 Buchstabe b des Einkommensteuergesetzes,
9. sonstige Tätigkeiten, die mit den in diesem Absatz genannten Dienstleistungen und Nebendienstleistungen unmittelbar verbunden sind.

(4) Externe OGAW-Kapitalverwaltungsgesellschaften und externe AIF-Kapitalverwaltungsgesellschaften dürfen nicht ausschließlich die in Absatz 2 Nummer 1 bis 4 und in Absatz 3 Nummer 1 bis 6 genannten Dienstleistungen und Nebendienstleistungen erbringen, ohne auch die kollektive Vermögensverwaltung zu erbringen.

(5) [1]In der Satzung oder dem Gesellschaftsvertrag der externen OGAW-Kapitalverwaltungsgesellschaft muss bestimmt sein, dass außer den Geschäften, die zur Anlage ihres eigenen Vermögens erforderlich sind, nur die in Absatz 2 genannten Geschäfte und Tätigkeiten betrieben werden. [2]In der Satzung oder dem Gesellschaftsvertrag der externen AIF-Kapitalverwaltungsgesellschaft muss bestimmt sein, dass außer den Geschäften, die zur Anlage ihres eigenen Vermögens erforderlich sind, nur die in Absatz 3 genannten Geschäfte und Tätigkeiten betrieben werden.

(6) Externe Kapitalverwaltungsgesellschaften dürfen sich an Unternehmen beteiligen, wenn der Geschäftszweck des Unternehmens gesetzlich oder satzungsmäßig im Wesentlichen auf die Geschäfte ausgerichtet ist, welche die externe Kapitalverwaltungsgesellschaft selbst betreiben darf und eine Haftung der externen Kapitalverwaltungsgesellschaft aus der Beteiligung durch die Rechtsform des Unternehmens beschränkt ist.

(7) Intern verwaltete OGAW-Kapitalverwaltungsgesellschaften dürfen keine andere Tätigkeit ausüben als die Verwaltung des eigenen OGAW; intern verwaltete AIF-Kapitalverwaltungsgesellschaften dürfen keine andere Tätigkeit ausüben als die Verwaltung des eigenen AIF.

(8) OGAW-Kapitalverwaltungsgesellschaften dürfen für Rechnung des OGAW weder Gelddarlehen gewähren noch Verpflichtungen aus einem Bürgschafts- oder einem Garantievertrag eingehen.

(9) [1]AIF-Kapitalverwaltungsgesellschaften dürfen im Rahmen der kollektiven Vermögensverwaltung ein Gelddarlehen nur gewähren, wenn dies auf Grund der Verordnung (EU) Nr. 345/2013, der Verordnung (EU) Nr. 346/2013, der Verordnung (EU) 2015/760 des Europäischen Parlaments und des Rates vom 29. April 2015 über europäische langfristige Investmentfonds (ABl. L 123 vom 19.5.2015, S. 98), § 3 Absatz 2 in Verbindung mit § 4 Absatz 7 des Gesetzes über Unternehmensbeteiligungsgesellschaften, §§ 240, 261 Absatz 1 Nummer 8, § 282 Absatz 2 Satz 3, § 284 Absatz 5 oder § 285 Absatz 2 oder Absatz 3 erlaubt ist. [2]Die Gewährung eines Gelddarlehens im Sinne des Satzes 1 liegt nicht vor bei einer der Darlehensgewährung nachfolgenden Änderung der Darlehensbedingungen.

(10) Externe Kapitalverwaltungsgesellschaften dürfen ihren Mutter-, Tochter- und Schwesterunternehmen Gelddarlehen für eigene Rechnung gewähren.

§ 21 Erlaubnisantrag für eine OGAW-Kapitalverwaltungsgesellschaft und Erlaubniserteilung

(1) Der Erlaubnisantrag für eine OGAW-Kapitalverwaltungsgesellschaft muss enthalten:

1. einen geeigneten Nachweis der zum Geschäftsbetrieb erforderlichen Mittel nach § 25,
2. die Angabe der Geschäftsleiter,
3. Angaben zur Beurteilung der Zuverlässigkeit der Geschäftsleiter,
4. Angaben zur Beurteilung der fachlichen Eignung der Geschäftsleiter,
5. die Namen der an der OGAW-Kapitalverwaltungsgesellschaft bedeutend beteiligten Inhaber sowie Angaben zur Beurteilung ihrer Zuverlässigkeit und zur Höhe ihrer jeweiligen Beteiligung,
6. die Angaben der Tatsachen, die auf eine enge Verbindung zwischen der OGAW-Kapitalverwaltungsgesellschaft und anderen natürlichen oder juristischen Personen hinweisen,

7. einen tragfähigen Geschäftsplan, aus dem die Art der geplanten Geschäfte sowie der organisatorische Aufbau und die geplanten internen Kontrollverfahren der OGAW-Kapitalverwaltungsgesellschaft hervorgehen und
8. die Satzung oder den Gesellschaftsvertrag, die den Anforderungen dieses Gesetzes entsprechen.

(2) Die Bundesanstalt hat über die Erteilung der Erlaubnis innerhalb von sechs Monaten nach Einreichung des vollständigen Antrags zu entscheiden.

(3) Sofern der OGAW-Kapitalverwaltungsgesellschaft auch die Erlaubnis zum Erbringen der Finanzportfolioverwaltung nach § 20 Absatz 2 Nummer 1 erteilt wird, ist ihr mit der Erteilung der Erlaubnis die Entschädigungseinrichtung mitzuteilen, der sie zugeordnet ist.

(4) Die Bundesanstalt hat die Erteilung der Erlaubnis im Bundesanzeiger bekannt zu machen.

(5) Beantragt eine OGAW-Kapitalverwaltungsgesellschaft zusätzlich die Erlaubnis zur Verwaltung von AIF nach § 22, muss sie diejenigen Angaben und Unterlagen, die sie bereits mit dem Erlaubnisantrag nach Absatz 1 eingereicht hat, nicht erneut einreichen, sofern diese Angaben und Unterlagen noch aktuell sind.

§ 22 Erlaubnisantrag für eine AIF-Kapitalverwaltungsgesellschaft und Erlaubniserteilung

(1) Der Erlaubnisantrag für eine AIF-Kapitalverwaltungsgesellschaft muss enthalten:

1. einen geeigneten Nachweis der zum Geschäftsbetrieb erforderlichen Mittel nach § 25,
2. die Angabe der Geschäftsleiter,
3. Angaben zur Beurteilung der Zuverlässigkeit der Geschäftsleiter,
4. Angaben zur Beurteilung der fachlichen Eignung der Geschäftsleiter,
5. die Namen der an der AIF-Kapitalverwaltungsgesellschaft bedeutend beteiligten Inhaber sowie Angaben zur Beurteilung ihrer Zuverlässigkeit und zur Höhe ihrer jeweiligen Beteiligung,
6. die Angaben der Tatsachen, die auf eine enge Verbindung zwischen der AIF-Kapitalverwaltungsgesellschaft und anderen natürlichen oder juristischen Personen hinweisen,
7. einen Geschäftsplan, der neben der Organisationsstruktur der AIF-Kapitalverwaltungsgesellschaft auch Angaben darüber enthält, wie die AIF-Kapitalverwaltungsgesellschaft ihren Pflichten nach diesem Gesetz nachkommen will,
8. Angaben über die Vergütungspolitik und Vergütungspraxis nach § 37,
9. Angaben über Auslagerungsvereinbarungen nach § 36,
10. Angaben zu den Anlagestrategien, einschließlich
    a) der Arten der Zielfonds, falls es sich bei dem AIF um einen Dachfonds handelt,
    b) der Grundsätze, die die AIF-Kapitalverwaltungsgesellschaft im Zusammenhang mit dem Einsatz von Leverage anwendet sowie
    c) der Risikoprofile und sonstiger Eigenschaften der AIF, die die AIF-Kapitalverwaltungsgesellschaft verwaltet oder zu verwalten beabsichtigt, einschließlich Angaben zu den Mitgliedstaaten der Europäischen Union, Vertragsstaaten des Abkommens über den Europäischen Wirtschaftsraum oder Drittstaaten, in denen sich der Sitz solcher AIF befindet oder voraussichtlich befinden wird,

11. wenn es sich bei dem AIF um einen Feederfonds oder einen Feeder-AIF handelt, Angaben zum Sitz des Masterfonds oder des Master-AIF,
12. die Anlagebedingungen, Satzungen oder Gesellschaftsverträge aller AIF, die die AIF-Kapitalverwaltungsgesellschaft zu verwalten beabsichtigt, sowie die Satzung oder den Gesellschaftsvertrag der AIF-Kapitalverwaltungsgesellschaft selbst, wenn sie als externe Kapitalverwaltungsgesellschaft die Verwaltung von Publikums-AIF beabsichtigt,
13. Angaben zu den Vereinbarungen zur Beauftragung der Verwahrstelle nach § 80 für jeden AIF, den die AIF-Kapitalverwaltungsgesellschaft zu verwalten beabsichtigt, und
14. alle in den §§ 165, 269 und 307 Absatz 1 genannten weiteren Informationen für jeden AIF, den die AIF-Kapitalverwaltungsgesellschaft verwaltet oder zu verwalten beabsichtigt.

(2) [1]Die Bundesanstalt hat über die Erteilung der Erlaubnis innerhalb von drei Monaten nach Einreichung des vollständigen Antrags zu entscheiden. [2]Die Bundesanstalt kann diesen Zeitraum um bis zu drei Monate verlängern, wenn sie dies auf Grund der besonderen Umstände des Einzelfalls für notwendig erachtet. [3]Sie hat den Antragsteller über die Verlängerung der Frist nach Satz 2 zu informieren.

(3) Für die Zwecke des Absatzes 2 gilt ein Antrag als vollständig, wenn die AIF-Kapitalverwaltungsgesellschaft mindestens die in Absatz 1 Nummer 1 bis 5, 7, 8, 10 und 11 genannten Angaben und Nachweise eingereicht hat.

(4) Die AIF-Kapitalverwaltungsgesellschaft kann mit der Verwaltung von AIF unter Verwendung der gemäß Absatz 1 Nummer 10 im Erlaubnisantrag beschriebenen Anlagestrategien beginnen, sobald die Erlaubnis erteilt ist, frühestens jedoch einen Monat nachdem sie etwaige fehlende in Absatz 1 Nummer 6, 9, 12, 13 und 14 genannte Angaben nachgereicht hat.

(5) § 21 Absatz 3 und 4 gilt entsprechend.

§ 23 Versagung der Erlaubnis einer Kapitalverwaltungsgesellschaft

Einer Kapitalverwaltungsgesellschaft ist die Erlaubnis zu versagen, wenn

1. das Anfangskapital und die zusätzlichen Eigenmittel nach § 25 nicht zur Verfügung stehen;
2. die Kapitalverwaltungsgesellschaft nicht mindestens zwei Geschäftsleiter hat;
3. Tatsachen vorliegen, aus denen sich ergibt, dass die Geschäftsleiter der Kapitalverwaltungsgesellschaft nicht zuverlässig sind oder die zur Leitung erforderliche fachliche Eignung im Sinne von § 25c Absatz 1 des Kreditwesengesetzes nicht haben;
4. Tatsachen die Annahme rechtfertigen, dass der Inhaber einer bedeutenden Beteiligung nicht zuverlässig ist oder aus anderen Gründen nicht den im Interesse einer soliden und umsichtigen Führung der Kapitalverwaltungsgesellschaft zu stellenden Ansprüchen genügt;
5. enge Verbindungen zwischen der Kapitalverwaltungsgesellschaft und anderen natürlichen oder juristischen Personen bestehen, die die Bundesanstalt bei der ordnungsgemäßen Erfüllung ihrer Aufsichtsfunktionen behindern;
6. enge Verbindungen zwischen der Kapitalverwaltungsgesellschaft und anderen natürlichen oder juristischen Personen bestehen, die den Rechts- und Verwaltungsvorschriften eines Drittstaates unterstehen, deren Anwendung die Bundesanstalt bei der ordnungsgemäßen Erfüllung ihrer Aufsichtsfunktionen behindern;

7. die Hauptverwaltung oder der satzungsmäßige Sitz der Kapitalverwaltungsgesellschaft sich nicht im Inland befindet;
8. die Kapitalverwaltungsgesellschaft nicht bereit oder in der Lage ist, die erforderlichen organisatorischen Vorkehrungen zum ordnungsgemäßen Betreiben der Geschäfte, für die sie die Erlaubnis beantragt, zu schaffen, und nicht in der Lage ist, die in diesem Gesetz festgelegten Anforderungen einzuhalten;
9. die Kapitalverwaltungsgesellschaft ausschließlich administrative Tätigkeiten, den Vertrieb von eigenen Investmentanteilen oder Tätigkeiten im Zusammenhang mit den Vermögensgegenständen des AIF erbringt, ohne auch die Portfolioverwaltung und das Risikomanagement zu erbringen;
10. die Kapitalverwaltungsgesellschaft die Portfolioverwaltung erbringt, ohne auch das Risikomanagement zu erbringen; dasselbe gilt im umgekehrten Fall;
11. andere als die in den Nummern 1 bis 10 aufgeführten Voraussetzungen für die Erlaubniserteilung nach diesem Gesetz nicht erfüllt sind.

§ 24 Anhörung der zuständigen Stellen eines anderen Mitgliedstaates der Europäischen Union oder eines anderen Vertragsstaates des Abkommens über den Europäischen Wirtschaftsraum; Aussetzung oder Beschränkung der Erlaubnis bei Unternehmen mit Sitz in einem Drittstaat

(1) Soll eine Erlaubnis einer OGAW-Kapitalverwaltungsgesellschaft oder einer AIF-Kapitalverwaltungsgesellschaft erteilt werden, die

1. Tochter- oder Schwesterunternehmen einer anderen EU-Verwaltungsgesellschaft oder einer ausländischen AIF-Verwaltungsgesellschaft, einer Wertpapierfirma im Sinne des Artikels 4 Absatz 1 Nummer 1 der Richtlinie 2014/65/EU, eines Kreditinstituts im Sinne des Artikels 4 Absatz 1 Nummer 1 der Verordnung (EU) Nr. 575/2013 oder eines Versicherungsunternehmens ist, das in einem anderen Mitgliedstaat der Europäischen Union oder einem anderen Vertragsstaat des Abkommens über den Europäischen Wirtschaftsraum zugelassen ist, oder
2. durch dieselben natürlichen oder juristischen Personen kontrolliert wird, die eine in einem anderen Mitgliedstaat der Europäischen Union oder einem anderen Vertragsstaats des Abkommens über den Europäischen Wirtschaftsraum zugelassene EU-Verwaltungsgesellschaft oder eine ausländische AIF-Verwaltungsgesellschaft, eine Wertpapierfirma im Sinne des Artikels 4 Absatz 1 Nummer 1 der Richtlinie 2014/65/EU, ein Kreditinstitut im Sinne des Artikels 4 Absatz 1 Nummer 1 der Verordnung (EU) Nr. 575/2013 oder ein Versicherungsunternehmen kontrollieren,

hat die Bundesanstalt vor Erteilung der Erlaubnis die zuständigen Stellen des Herkunftsstaates anzuhören.

(2) [1]Auf die Beziehungen zwischen OGAW-Kapitalverwaltungsgesellschaften und Drittstaaten sind die Bestimmungen des Artikels 15 der Richtlinie 2004/39/EG entsprechend anzuwenden. [2]Für diesen Zweck sind die in Artikel 15 der Richtlinie 2004/39/EG genannten Ausdrücke „Wertpapierfirma" und „Wertpapierfirmen" als „OGAW-Kapitalverwaltungsgesellschaft" beziehungsweise „OGAW-Kapitalverwaltungsgesellschaften" zu verstehen; der in Artikel 15 der Richtlinie 2004/39/EG genannte Ausdruck „Erbringung von Wertpapierdienstleistungen" ist als „Erbringung von Dienstleistungen" zu verstehen.

§ 25 Kapitalanforderungen

(1) Eine Kapitalverwaltungsgesellschaft muss

1. mit einem Anfangskapital von
   a) mindestens 300 000 Euro ausgestattet sein, sofern es sich um eine interne Kapitalverwaltungsgesellschaft handelt,
   b) mindestens 125 000 Euro ausgestattet sein, sofern es sich um eine externe Kapitalverwaltungsgesellschaft handelt,
2. über zusätzliche Eigenmittel in Höhe von wenigstens 0,02 Prozent des Betrages, um den der Wert der verwalteten Investmentvermögen 250 Millionen Euro übersteigt, verfügen, wenn der Wert der von der AIF-Kapitalverwaltungsgesellschaft oder von der externen OGAW-Kapitalverwaltungsgesellschaft verwalteten Investmentvermögen 250 Millionen Euro überschreitet; die geforderte Gesamtsumme des Anfangskapitals und der zusätzlichen Eigenmittel darf jedoch 10 Millionen Euro nicht überschreiten.

(2) Eine AIF-Kapitalverwaltungsgesellschaft oder eine externe OGAW-Kapitalverwaltungsgesellschaft braucht die Anforderung, zusätzliche Eigenmittel nach Absatz 1 Satz 1 Nummer 2 in Höhe von bis zu 50 Prozent aufzubringen, nicht zu erfüllen, wenn sie über eine Garantie in derselben Höhe verfügt, die von einem der folgenden Institute oder Unternehmen gestellt wird:

1. Kreditinstitut im Sinne des Artikels 4 Absatz 1 Nummer 1 der Verordnung (EU) Nr. 575/2013 oder Versicherungsunternehmen, die ihren Sitz in einem Mitgliedstaat der Europäischen Union oder in einem anderen Vertragsstaat des Abkommens über den Europäischen Wirtschaftsraum haben, oder
2. Kreditinstitut oder Versicherungsunternehmen mit Sitz in einem Drittstaat, wenn diese Aufsichtsbestimmungen unterliegen, die nach Auffassung der Bundesanstalt denen des Unionsrechts gleichwertig sind.

(3) [1]Für die Zwecke des Absatzes 1 gelten die von der Kapitalverwaltungsgesellschaft verwalteten Investmentvermögen, einschließlich der Investmentvermögen, mit deren Verwaltung sie Dritte beauftragt hat, als Investmentvermögen der Kapitalverwaltungsgesellschaft; Investmentvermögen, die die externe Kapitalverwaltungsgesellschaft im Auftrag Dritter verwaltet, werden nicht berücksichtigt. [2]Für die Zwecke der Absätze 1 und 4 gelten für eine externe AIF-Kapitalverwaltungsgesellschaft, die ebenfalls eine externe OGAW-Kapitalverwaltungsgesellschaft ist, ausschließlich die Vorschriften für die externe OGAW-Kapitalverwaltungsgesellschaft.

(4) [1]Unabhängig von der Eigenmittelanforderung in Absatz 1 muss die AIF-Kapitalverwaltungsgesellschaft zu jeder Zeit Eigenmittel in Höhe von mindestens dem in Artikel 9 Absatz 5 der Richtlinie 2011/61/EU geforderten Betrag und muss die externe OGAW-Kapitalverwaltungsgesellschaft zu jeder Zeit Eigenmittel in Höhe von mindestens dem in Artikel 7 Absatz 1 Buchstabe a Ziffer iii der Richtlinie 2009/65/EG geforderten Betrag aufweisen. [2]Liegt für das erste abgelaufene Geschäftsjahr noch kein Jahresabschluss vor, sind die Aufwendungen auszuweisen, die im Geschäftsplan für das laufende Jahr für die entsprechenden Posten vorgesehen sind. [3]Die Bundesanstalt kann

1. die Anforderungen nach den Sätzen 1 und 2 heraufsetzen, wenn dies durch eine Ausweitung der Geschäftstätigkeit der AIF-Kapitalverwaltungsgesellschaft oder der externen OGAW-Kapitalverwaltungsgesellschaft angezeigt ist oder
2. die bei der Berechnung der Relation nach den Sätzen 1 und 2 anzusetzenden Kosten für das laufende Geschäftsjahr auf Antrag der Kapitalverwaltungsgesellschaft herabsetzen, wenn dies durch eine gegenüber dem Vorjahr nachweislich erhebliche Reduzierung der Geschäftstätigkeit der AIF-Kapitalverwaltungsgesellschaft oder der externen OGAW-Kapitalverwaltungsgesellschaft im laufenden Geschäftsjahr angezeigt ist.

[4]AIF-Kapitalverwaltungsgesellschaften und externe OGAW-Kapitalverwaltungsgesellschaften haben der Bundesanstalt die Angaben und Nachweise zu übermitteln, die für die Überprüfung der Relation und der Erfüllung der Anforderungen nach den Sätzen 1 und 3 erforderlich sind.

(5) Werden Altersvorsorgeverträge nach § 20 Absatz 2 Nummer 6 oder § 20 Absatz 3 Nummer 8 abgeschlossen oder Mindestzahlungszusagen nach § 20 Absatz 2 Nummer 7 abgegeben, müssen externe Kapitalverwaltungsgesellschaften im Interesse der Erfüllung ihrer Verpflichtungen gegenüber Anlegern und Aktionären, insbesondere im Interesse der Sicherheit der ihnen anvertrauten Vermögenswerte, über angemessene Eigenmittel verfügen.

(6) [1]Um die potenziellen Berufshaftungsrisiken aus den Geschäftstätigkeiten, denen die AIF-Kapitalverwaltungsgesellschaften nach der Richtlinie 2011/61/EU nachgehen können, abzudecken, müssen AIF-Kapitalverwaltungsgesellschaften über

1. zusätzliche Eigenmittel, um potenzielle Haftungsrisiken aus beruflicher Fahrlässigkeit angemessen abzudecken, oder
2. eine bezüglich der abgedeckten Risiken geeignete Versicherung für die sich aus beruflicher Fahrlässigkeit ergebende Haftung

verfügen. [2]Im Fall von Satz 1 Nummer 2 ist der Versicherer im Versicherungsvertrag zu verpflichten, der Bundesanstalt den Beginn und die Beendigung oder Kündigung des Versicherungsvertrages sowie Umstände, die den vorgeschriebenen Versicherungsschutz beeinträchtigen, unverzüglich mitzuteilen.

(7) Eigenmittel, einschließlich der zusätzlichen Eigenmittel gemäß Absatz 6 Nummer 1, sind entweder in liquiden Mitteln zu halten oder in Vermögensgegenstände zu investieren, die kurzfristig unmittelbar in Bankguthaben umgewandelt werden können und keine spekulativen Positionen enthalten.

(8) Für AIF-Kapitalverwaltungsgesellschaften bestimmen sich die Kriterien zu den Risiken, die durch die zusätzlichen Eigenmittel oder die Berufshaftpflichtversicherung gedeckt werden müssen, die Voraussetzungen für die Bestimmung der Angemessenheit der zusätzlichen Eigenmittel oder der Deckung durch die Berufshaftpflichtversicherung und die Vorgehensweise bei der Bestimmung fortlaufender Anpassungen der Eigenmittel oder der Deckung nach den Artikeln 12 bis 15 der Delegierten Verordnung (EU) Nr. 231/2013.

Unterabschnitt 2. Allgemeine Verhaltens- und Organisationspflichten

§ 26 Allgemeine Verhaltensregeln; Verordnungsermächtigung

(1) Die Kapitalverwaltungsgesellschaft handelt bei der Wahrnehmung ihrer Aufgaben unabhängig von der Verwahrstelle und ausschließlich im Interesse der Anleger.

(2) Die Kapitalverwaltungsgesellschaft ist verpflichtet,

1. ihrer Tätigkeit ehrlich, mit der gebotenen Sachkenntnis, Sorgfalt und Gewissenhaftigkeit und redlich nachzugehen,
2. im besten Interesse der von ihr verwalteten Investmentvermögen oder der Anleger dieser Investmentvermögen und der Integrität des Marktes zu handeln,
3. alle angemessenen Maßnahmen zur Vermeidung von Interessenkonflikten und, wo diese nicht vermieden werden können, zur Ermittlung, Beilegung, Beobachtung und gegebenenfalls Offenlegung dieser Interessenkonflikte zu treffen, um
   a) zu vermeiden, dass sich diese nachteilig auf die Interessen der Investmentvermögen und der Anleger auswirken und

b) sicherzustellen, dass den von ihr verwalteten Investmentvermögen eine faire Behandlung zukommt,

4. über die für eine ordnungsgemäße Geschäftstätigkeit erforderlichen Mittel und Verfahren zu verfügen und diese wirksam einzusetzen,
5. alle auf die Ausübung ihrer Geschäftstätigkeit anwendbaren regulatorischen Anforderungen zu erfüllen, um das beste Interesse der von ihr verwalteten Investmentvermögen oder der Anleger dieser Investmentvermögen und die Integrität des Marktes zu fördern und
6. alle Anleger der Investmentvermögen fair zu behandeln.

(3) Die AIF-Kapitalverwaltungsgesellschaft darf keinem Anleger in einem AIF eine Vorzugsbehandlung gewähren, es sei denn, eine solche Vorzugsbehandlung ist in den Anlagebedingungen, in der Satzung oder dem Gesellschaftsvertrag des entsprechenden AIF vorgesehen.

(4) Eine Kapitalverwaltungsgesellschaft, deren Erlaubnis auch die in § 20 Absatz 2 Nummer 1 (Finanzportfolioverwaltung) oder die in § 20 Absatz 3 Nummer 1 (individuelle Vermögensverwaltung) oder Nummer 2 (Finanzportfolioverwaltung) genannte Dienstleistung umfasst, darf das Vermögen des Kunden weder ganz noch teilweise in Anteile der von ihr verwalteten Investmentvermögen anlegen, es sei denn, der Kunde hat zuvor eine allgemeine Zustimmung hierzu gegeben.

(5) Die Kapitalverwaltungsgesellschaft muss insbesondere über geeignete Verfahren verfügen, um bei Investmentvermögen unter Berücksichtigung des Wertes des Investmentvermögens und der Anlegerstruktur eine Beeinträchtigung von Anlegerinteressen durch unangemessene Kosten, Gebühren und Praktiken zu vermeiden.

(6) [1]Die Kapitalverwaltungsgesellschaft hat angemessene Grundsätze und Verfahren anzuwenden, um eine Beeinträchtigung der Marktstabilität und Marktintegrität zu verhindern. [2]Missbräuchliche Marktpraktiken sind zu verhindern, insbesondere die kurzfristige, systematische Spekulation mit Investmentanteilen durch Ausnutzung von Kursdifferenzen an Börsen und anderen organisierten Märkten und damit verbundene Möglichkeiten, Arbitragegewinne zu erzielen.

(7) [1]Für AIF-Kapitalverwaltungsgesellschaften bestimmen sich die Kriterien, nach welchen die Bundesanstalt beurteilt, ob AIF-Kapitalverwaltungsgesellschaften ihren in den Absätzen 1 und 2 genannten Pflichten nachkommen, nach den Artikeln 16 bis 29 der Delegierten Verordnung (EU) Nr. 231/2013. [2]Für nähere Einzelheiten der Anforderungen an OGAW-Kapitalverwaltungsgesellschaften zur Erfüllung ihrer Pflicht, im Sinne des Absatzes 1 bei der Wahrnehmung ihrer Aufgaben unabhängig von der Verwahrstelle zu handeln, wird auf Artikel 21 Buchstabe a bis c, Artikel 22 Absatz 1 bis 4 und Artikel 23 der Delegierten Verordnung (EU) 2016/438 verwiesen. [3]Für AIF-Kapitalverwaltungsgesellschaften, die nicht ausschließlich Spezial-AIF verwalten, gelten Artikel 21 Buchstabe a bis c, Artikel 22 Absatz 1 bis 4 und Artikel 23 der Delegierten Verordnung (EU) 2016/438 entsprechend.

(8) [1]Das Bundesministerium der Finanzen wird ermächtigt, durch Rechtsverordnung, die nicht der Zustimmung des Bundesrates bedarf, für Kapitalverwaltungsgesellschaften in Bezug auf Publikums-AIF zusätzliche Bestimmungen zu den in den Artikeln 16 bis 29 der Delegierten Verordnung (EU) Nr. 231/2013 aufgeführten Kriterien nach Absatz 7 und in Bezug auf OGAW nähere Bestimmungen zu erlassen

1. zu Verhaltensregeln, die den Anforderungen nach den Absätzen 1 und 2 Nummer 1 und 2 entsprechen und
2. über die Mittel und Verfahren, die für eine ordnungsgemäße Geschäftstätigkeit solcher Kapitalverwaltungsgesellschaften erforderlich sind.

[2]Das Bundesministerium der Finanzen kann die Ermächtigung durch Rechtsverordnung auf die Bundesanstalt übertragen.

§ 27 Interessenkonflikte; Verordnungsermächtigung

(1) Eine Kapitalverwaltungsgesellschaft hat alle angemessenen Maßnahmen zu treffen, um Interessenkonflikte zu ermitteln, die im Zusammenhang mit der Verwaltung von Investmentvermögen auftreten zwischen

1. der Kapitalverwaltungsgesellschaft sowie ihren Führungskräften, Mitarbeitern oder jeder anderen Person, die über ein Kontrollverhältnis direkt oder indirekt mit der Kapitalverwaltungsgesellschaft verbunden ist, und dem von ihr verwalteten Investmentvermögen oder den Anlegern dieses Investmentvermögens,
2. dem Investmentvermögen oder den Anlegern dieses Investmentvermögens und einem anderen Investmentvermögen oder den Anlegern jenes Investmentvermögens,
3. dem Investmentvermögen oder den Anlegern dieses Investmentvermögens und einem anderen Kunden der Kapitalverwaltungsgesellschaft,
4. zwei Kunden der Kapitalverwaltungsgesellschaft.

(2) Eine Kapitalverwaltungsgesellschaft muss wirksame organisatorische und administrative Vorkehrungen, die es ermöglichen, alle angemessenen Maßnahmen zur Ermittlung, Vorbeugung, Beilegung und Beobachtung von Interessenkonflikten zu ergreifen, treffen und beibehalten, um zu verhindern, dass Interessenkonflikte den Interessen der Investmentvermögen und ihrer Anleger schaden.

(3) [1]Innerhalb ihrer eigenen Betriebsabläufe haben AIF-Kapitalverwaltungsgesellschaften Aufgaben und Verantwortungsbereiche, die als miteinander unvereinbar angesehen werden könnten oder potenziell systematische Interessenkonflikte hervorrufen könnten, zu trennen. [2]AIF-Kapitalverwaltungsgesellschaften haben zu prüfen, ob die Bedingungen der Ausübung ihrer Tätigkeit wesentliche andere Interessenkonflikte nach sich ziehen könnten und legen diese den Anlegern der AIF gegenüber offen.

(4) Reichen die von der AIF-Kapitalverwaltungsgesellschaft zur Ermittlung, Vorbeugung, Beilegung und Beobachtung von Interessenkonflikten getroffenen organisatorischen Vorkehrungen nicht aus, um nach vernünftigem Ermessen zu gewährleisten, dass das Risiko einer Beeinträchtigung von Anlegerinteressen vermieden wird, so setzt die AIF-Kapitalverwaltungsgesellschaft die Anleger, bevor sie in ihrem Auftrag Geschäfte tätigt, unmissverständlich über die allgemeine Art und die Quellen der Interessenkonflikte in Kenntnis und entwickelt angemessene Strategien und Verfahren.

(5) Im Hinblick auf AIF-Kapitalverwaltungsgesellschaften bestimmen sich die Arten der in Absatz 1 genannten Interessenkonflikte und die angemessenen Maßnahmen, die hinsichtlich der Strukturen und der organisatorischen und administrativen Verfahren von einer AIF-Kapitalverwaltungsgesellschaft erwartet werden, um Interessenkonflikte zu ermitteln, ihnen vorzubeugen, sie zu steuern, zu beobachten und offenzulegen nach den Artikeln 30 bis 37 der Delegierten Verordnung (EU) Nr. 231/2013.

(6) [1]Das Bundesministerium der Finanzen wird ermächtigt, durch Rechtsverordnung, die nicht der Zustimmung des Bundesrates bedarf, für Kapitalverwaltungsgesellschaften in Bezug auf Publikums-AIF zusätzliche Bestimmungen zu den in den Artikeln 30 bis 37 der Delegierten Verordnung (EU) Nr. 231/2013 aufgeführten Maßnahmen und Verfahren nach Absatz 5 und in Bezug auf OGAW jeweils nähere Bestimmungen zu erlassen

1. über die Maßnahmen, die eine solche Kapitalverwaltungsgesellschaft zu ergreifen hat, um
   a) Interessenkonflikte zu erkennen, ihnen vorzubeugen, mit ihnen umzugehen und sie offenzulegen sowie

b) geeignete Kriterien zur Abgrenzung der Arten von Interessenkonflikten festzulegen, die den Interessen des Investmentvermögens schaden könnten und

2. über die Strukturen und organisatorischen Anforderungen, die zur Verringerung von Interessenkonflikten nach Absatz 1 erforderlich sind.

[2]Das Bundesministerium der Finanzen kann die Ermächtigung durch Rechtsverordnung auf die Bundesanstalt übertragen.

§ 28[1] Allgemeine Organisationspflichten; Verordnungsermächtigung

(1) [1]Die Kapitalverwaltungsgesellschaft muss über eine ordnungsgemäße Geschäftsorganisation verfügen, die die Einhaltung der von der Kapitalverwaltungsgesellschaft zu beachtenden gesetzlichen Bestimmungen gewährleistet. [2]Eine ordnungsgemäße Geschäftsorganisation umfasst insbesondere

1. ein angemessenes Risikomanagementsystem;
2. angemessene und geeignete personelle und technische Ressourcen;
3. geeignete Regelungen für die persönlichen Geschäfte der Mitarbeiter;
4. geeignete Regelungen für die Anlage des eigenen Vermögens der Kapitalverwaltungsgesellschaft;
5. angemessene Kontrollund Sicherheitsvorkehrungen für den Einsatz der elektronischen Datenverarbeitung; für die Verarbeitung personenbezogener Daten sind dies insbesondere technische und organisatorische Maßnahmen nach den Artikeln 24, 25 und 32 der Verordnung (EU) 2016/679;
6. eine vollständige Dokumentation der ausgeführten Geschäfte, die insbesondere gewährleistet, dass jedes das Investmentvermögen betreffende Geschäft nach Herkunft, Kontrahent sowie Art und Abschlusszeitpunkt und -ort rekonstruiert werden kann;
7. angemessene Kontrollverfahren, die insbesondere das Bestehen einer internen Revision voraussetzen und gewährleisten, dass das Vermögen der von der Kapitalverwaltungsgesellschaft verwalteten Investmentvermögen in Übereinstimmung mit den Anlagebedingungen, der Satzung oder dem Gesellschaftsvertrag des Investmentvermögens sowie den jeweils geltenden rechtlichen Bestimmungen angelegt wird;
8. eine ordnungsgemäße Verwaltung und Buchhaltung und
9. einen Prozess, der es den Mitarbeitern unter Wahrung der Vertraulichkeit ihrer Identität ermöglicht, potenzielle oder tatsächliche Verstöße gegen dieses Gesetz, gegen auf Grund dieses Gesetzes erlassene Rechtsverordnungen oder gegen unmittelbar geltende Vorschriften in Rechtsakten der Europäischen Union über Europäische Risikokapitalfonds, Europäische Fonds für soziales Unternehmertum, europäische langfristige Investmentfonds oder Geldmarktfonds, Marktmissbrauch oder über Basisinformationsblätter für verpackte Anlageprodukte für Kleinanleger und Versicherungsanlageprodukte sowie etwaige strafbare Handlungen innerhalb der Kapitalverwaltungsgesellschaft an geeignete Stellen zu melden.

[3]Die §§ 77, 78 und 80 Absatz 2 und 3 des Wertpapierhandelsgesetzes gelten entsprechend. [4]Die §§ 24c und 25h bis 25m des Kreditwesengesetzes sowie § 93 Absatz 7 und 8 in Verbindung mit § 93b der Abgabenordnung gelten entsprechend.

(2) [1]Eine ordnungsgemäße Geschäftsorganisation von OGAW-Kapitalverwaltungsgesellschaften umfasst zusätzlich zu den in Absatz 1 genannten Kriterien insbesondere

1) § 28 Abs. 1 Satz 2 Nr. 5 neu gefasst durch Gesetz vom 20.11.2019 (BGBl. I S. 1626).

1. geeignete Verfahren und Vorkehrungen, die gewährleisten, dass die OGAW-Kapitalverwaltungsgesellschaft ordnungsgemäß mit Anlegerbeschwerden umgeht und dass Anleger und Aktionäre der von ihr verwalteten OGAW ihre Rechte uneingeschränkt wahrnehmen können; dies gilt insbesondere, falls die OGAW-Kapitalverwaltungsgesellschaft EU-OGAW verwaltet; Anleger und Aktionäre eines von ihr verwalteten EU-OGAW müssen die Möglichkeit erhalten, Beschwerde in der Amtssprache oder einer der Amtssprachen des Herkunftsstaates des EU-OGAW einzureichen und
2. geeignete Verfahren und Vorkehrungen, die gewährleisten, dass die OGAW-Kapitalverwaltungsgesellschaft ihren Informationspflichten gegenüber den Anlegern, Aktionären der von ihr verwalteten OGAW und Kunden, ihren Vertriebsgesellschaften sowie der Bundesanstalt oder den zuständigen Stellen des Herkunftsstaates des EU-OGAW nachkommt.

[2]Für AIF-Kapitalverwaltungsgesellschaften, die inländische Publikums-AIF verwalten, gilt Satz 1 Nummer 1 Halbsatz 1 und Satz 1 Nummer 2 entsprechend.

(3) Im Hinblick auf AIF-Kapitalverwaltungsgesellschaften bestimmen sich die in Absatz 1 Satz 2 Nummer 1 bis 8 genannten Verfahren und Regelungen nach den Artikeln 57 bis 66 der Delegierten Verordnung (EU) Nr. 231/2013.

(4) [1]Das Bundesministerium der Finanzen wird ermächtigt, durch Rechtsverordnung, die nicht der Zustimmung des Bundesrates bedarf, nähere Bestimmungen für Kapitalverwaltungsgesellschaften, die OGAW oder Publikums-AIF verwalten, zu den Verfahren und Vorkehrungen für eine ordnungsgemäße Geschäftsorganisation nach den Absätzen 1 und 2 zu erlassen. [2]Das Bundesministerium der Finanzen kann die Ermächtigung durch Rechtsverordnung auf die Bundesanstalt übertragen.

§ 29 Risikomanagement; Verordnungsermächtigung

(1) [1]Die Kapitalverwaltungsgesellschaft hat eine dauerhafte Risikocontrollingfunktion einzurichten und aufrechtzuerhalten, die von den operativen Bereichen hierarchisch und funktionell unabhängig ist (Funktionstrennung). [2]Die Bundesanstalt überwacht die Funktionstrennung nach dem Prinzip der Verhältnismäßigkeit. [3]Die Kapitalverwaltungsgesellschaften, bei denen auf Grund der Art, des Umfangs und der Komplexität ihrer Geschäfte und der von ihnen verwalteten Investmentvermögen die Einrichtung einer hierarchisch und funktionell unabhängigen Risikocontrollingfunktion unverhältnismäßig ist, müssen zumindest in der Lage sein nachzuweisen, dass besondere Schutzvorkehrungen gegen Interessenkonflikte ein unabhängiges Risikocontrolling ermöglichen und dass der Risikomanagementprozess den Anforderungen der Absätze 1 bis 6 genügt und durchgehend wirksam ist.

(2) [1]Die Kapitalverwaltungsgesellschaft muss über angemessene Risikomanagementsysteme verfügen, die insbesondere gewährleisten, dass die für die jeweiligen Anlagestrategien wesentlichen Risiken der Investmentvermögen jederzeit erfasst, gemessen, gesteuert und überwacht werden können. [2]Die Kapitalverwaltungsgesellschaft hat die Risikomanagementsysteme regelmäßig, mindestens jedoch einmal jährlich, zu überprüfen und erforderlichenfalls anzupassen.

(2a) [1]Die Kapitalverwaltungsgesellschaft stützt sich bei der Bewertung der Kreditqualität der Vermögensgegenstände der Investmentvermögen nicht ausschließlich oder automatisch auf Ratings, die von einer Ratingagentur gemäß Artikel 3 Absatz 1 Buchstabe b der Verordnung (EG) Nr. 1060/2009 in der jeweils geltenden Fassung abgegeben wurden. [2]Die Risikomanagementsysteme nach Absatz 2 haben dies sicherzustellen. [3]Die Bundesanstalt überwacht die Angemessenheit der Prozesse der Kapitalverwaltungsgesellschaften zur Beurteilung der Kreditqualität und die Nutzung von Referenzen auf

Ratings im Sinne von Satz 1 im Rahmen der Anlagestrategie der Investmentvermögen; bei der Überwachung berücksichtigt die Bundesanstalt Art, Umfang und Komplexität der Investmentvermögen. [4]Soweit angemessen, wirkt die Bundesanstalt auf die Verminderung des Einflusses solcher Referenzen hin, um eine ausschließliche oder automatische Reaktion auf solche Ratings zu reduzieren.

(3) Die Kapitalverwaltungsgesellschaft unterliegt zumindest den folgenden Verpflichtungen:

1. sie tätigt Anlagen für Rechnung des Investmentvermögens entsprechend der Anlagestrategie, den Zielen und dem Risikoprofil des Investmentvermögens auf Basis angemessener, dokumentierter und regelmäßig aktualisierter Sorgfaltsprüfungsprozesse;
2. sie gewährleistet, dass die mit den einzelnen Anlagepositionen des Investmentvermögens verbundenen Risiken sowie deren jeweilige Wirkung auf das Gesamtrisikoprofil des Investmentvermögens laufend ordnungsgemäß erfasst, gemessen, gesteuert und überwacht werden können; sie nutzt hierzu unter anderem angemessene Stresstests;
3. sie gewährleistet, dass die Risikoprofile der Investmentvermögen der Größe, der Zusammensetzung sowie den Anlagestrategien und Anlagezielen entsprechen, wie sie in den Anlagebedingungen, dem Verkaufsprospekt und den sonstigen Verkaufsunterlagen des Investmentvermögens festgelegt sind.

(4) Die Kapitalverwaltungsgesellschaft legt ein Höchstmaß an Leverage fest, den sie für jedes der von ihr verwalteten Investmentvermögen einsetzen kann, sowie den Umfang des Rechts der Wiederverwendung von Sicherheiten oder sonstigen Garantien, die im Rahmen der Vereinbarung über den Leverage gewährt werden könnten, wobei sie Folgendes berücksichtigt:

1. die Art des Investmentvermögens,
2. die Anlagestrategie des Investmentvermögens,
3. die Herkunft des Leverage des Investmentvermögens,
4. jede andere Verbindung oder relevante Beziehung zu anderen Finanzdienstleistungsinstituten, die potenziell ein Systemrisiko darstellen,
5. die Notwendigkeit, das Risiko gegenüber jedem einzelnen Kontrahenten zu begrenzen,
6. das Ausmaß, bis zu dem das Leverage abgesichert ist,
7. das Verhältnis von Aktiva und Passiva,
8. Umfang, Art und Ausmaß der Geschäftstätigkeiten der Kapitalverwaltungsgesellschaft auf den betreffenden Märkten.

(5) Für AIF-Kapitalverwaltungsgesellschaften bestimmen sich für die von ihnen verwalteten AIF die Kriterien für

1. die Risikomanagementsysteme,
2. die angemessenen zeitlichen Abstände zwischen den Überprüfungen des Risikomanagementsystems,
3. die Art und Weise, in der die funktionale und hierarchische Trennung zwischen der Risikocontrollingfunktion und den operativen Abteilungen, einschließlich der Portfolioverwaltung, zu erfolgen hat,
4. die besonderen Schutzvorkehrungen gegen Interessenkonflikte gemäß Absatz 1 Satz 3 und

5. die Anforderungen nach Absatz 3 nach den Artikeln 38 bis 45 der Delegierten Verordnung (EU) Nr. 231/2013.
6. *(aufgehoben)*
7. *(aufgehoben)*

(5a) [1]AIF-Kapitalverwaltungsgesellschaften, die für Rechnung des AIF Gelddarlehen gewähren oder in unverbriefte Darlehensforderungen investieren, haben darüber hinaus über eine diesen Geschäften und deren Umfang angemessene Aufbau- und Ablauforganisation zu verfügen, die insbesondere Prozesse für die Kreditbearbeitung, die Kreditbearbeitungskontrolle und die Behandlung von Problemkrediten sowie Verfahren zur Früherkennung von Risiken vorsieht. [2]Satz 1 ist nicht anzuwenden, wenn die Darlehensvergabe zulässig ist nach § 3 Absatz 2 in Verbindung mit § 4 Absatz 7 des Gesetzes über Unternehmensbeteiligungsgesellschaften, §§ 240, 261 Absatz 1 Nummer 8, § 282 Absatz 2 Satz 3, § 284 Absatz 5 oder § 285 Absatz 3.

(5b) [1]Die Kriterien für die Anforderungen, die ein Originator, ein Sponsor oder ein ursprünglicher Kreditgeber erfüllen muss, damit eine Kapitalverwaltungsgesellschaft im Namen von durch sie verwaltete Investmentvermögen in Verbriefungen investieren darf, bestimmen sich nach der Verordnung (EU) 2017/2402. Für OGAW-Kapitalverwaltungsgesellschaften gilt Artikel 43 Absatz 5 und 6 der Verordnung (EU) 2017/2402 entsprechend. [2]Sind Kapitalverwaltungsgesellschaften eine Verbriefung eingegangen, die die Anforderungen der Verordnung (EU) 2017/2402 nicht mehr erfüllt, so handeln sie im besten Interesse der Anleger in den einschlägigen Investmentvermögen und ergreifen gegebenenfalls Korrekturmaßnahmen.

(6) [1]Das Bundesministerium der Finanzen wird ermächtigt, durch Rechtsverordnung, die nicht der Zustimmung des Bundesrates bedarf, nähere Bestimmungen für Kapitalverwaltungsgesellschaften, die OGAW oder Publikums-AIF verwalten, zu den Risikomanagementsystemen und -verfahren zu erlassen. [2]Das Bundesministerium der Finanzen kann die Ermächtigung durch Rechtsverordnung auf die Bundesanstalt übertragen.

§ 30 Liquiditätsmanagement; Verordnungsermächtigung

(1) [1]Die Kapitalverwaltungsgesellschaft muss über ein angemessenes Liquiditätsmanagementsystem für jedes von ihr verwaltete Investmentvermögen verfügen, es sei denn, es handelt sich um ein geschlossenes Investmentvermögen, für das kein Leverage eingesetzt wird. [2]Die Kapitalverwaltungsgesellschaft hat Verfahren festzulegen, die es ihr ermöglichen, die Liquiditätsrisiken der Investmentvermögen zu überwachen und hat zu gewährleisten, dass sich das Liquiditätsprofil der Anlagen des Investmentvermögens mit den zugrunde liegenden Verbindlichkeiten des Investmentvermögens deckt.

(2) Die Kapitalverwaltungsgesellschaft hat regelmäßig Stresstests durchzuführen und dabei sowohl normale als auch außergewöhnliche Liquiditätsbedingungen zugrunde zu legen, die die Bewertung und Überwachung der Liquiditätsrisiken der Investmentvermögen ermöglichen.

(3) Die Kapitalverwaltungsgesellschaft hat zu gewährleisten, dass die Anlagestrategie, das Liquiditätsprofil und die Rücknahmegrundsätze eines jeden von ihr verwalteten Investmentvermögens übereinstimmen.

(4) Für AIF-Kapitalverwaltungsgesellschaften bestimmen sich für die von ihnen verwalteten AIF die Kriterien für die Liquiditätsmanagementsysteme und -verfahren und die Übereinstimmung von Anlagestrategie, Liquiditätsprofil und Rücknahmegrundsätzen nach Absatz 3 nach den Artikeln 46 bis 49 der Delegierten Verordnung (EU) Nr. 231/2013.

(5) [1]Das Bundesministerium der Finanzen wird ermächtigt, durch Rechtsverordnung, die nicht der Zustimmung des Bundesrates bedarf, für Kapitalverwaltungsgesellschaften

in Bezug auf Publikums-AIF zusätzliche Bestimmungen zu den in den Artikeln 46 bis 49 der Delegierten Verordnung (EU) Nr. 231/2013 aufgeführten Kriterien nach Absatz 4 und in Bezug auf OGAW nähere Bestimmungen zu den Liquiditätsmanagementsystemen und -verfahren zu erlassen. [2]Das Bundesministerium der Finanzen kann die Ermächtigung durch Rechtsverordnung auf die Bundesanstalt übertragen.

§ 31 Primebroker

(1) [1]Nimmt die AIF-Kapitalverwaltungsgesellschaft für Rechnung des AIF die Dienstleistungen eines Primebrokers in Anspruch, müssen die Bedingungen in einem schriftlichen Vertrag vereinbart werden. [2]Insbesondere muss die Möglichkeit einer Übertragung und Wiederverwendung von Vermögensgegenständen des AIF in diesem Vertrag vereinbart werden und den Anlagebedingungen, der Satzung oder des Gesellschaftsvertrages des AIF entsprechen. [3]In dem Vertrag muss festgelegt werden, dass die Verwahrstelle über den Vertrag in Kenntnis gesetzt wird.

(2) Die AIF-Kapitalverwaltungsgesellschaft hat die Auswahl und Benennung der Primebroker, mit denen ein Vertrag geschlossen wird, mit der gebotenen Sachkenntnis, Sorgfalt und Gewissenhaftigkeit vorzunehmen.

§ 32 Entschädigungseinrichtung

Sofern die Kapitalverwaltungsgesellschaft die Erlaubnis zur Erbringung der Finanzportfolioverwaltung im Sinne des § 20 Absatz 2 Nummer 1 oder Absatz 3 Nummer 2 hat, hat sie die betroffenen Kunden, die nicht Institute im Sinne des Kreditwesengesetzes sind, über die Zugehörigkeit zu einer Einrichtung zur Sicherung der Ansprüche der Kunden (Entschädigungseinrichtung) in geeigneter Weise zu informieren; § 23a Absatz 1 Satz 2 und 12 sowie Absatz 2 des Kreditwesengesetzes findet entsprechend Anwendung.

§ 33 Werbung

Auf die Werbung von Kapitalverwaltungsgesellschaften und extern verwalteten Investmentgesellschaften findet § 23 des Kreditwesengesetzes entsprechend Anwendung.

§ 34 Anzeigepflichten von Verwaltungsgesellschaften gegenüber der Bundesanstalt und der Bundesbank

(1) Eine Kapitalverwaltungsgesellschaft hat der Bundesanstalt alle wesentlichen Änderungen der Voraussetzungen für die Erlaubnis, insbesondere wesentliche Änderungen der nach § 21 Absatz 1 und § 22 Absatz 1 vorgelegten Angaben, vor Umsetzung der Änderung mitzuteilen.

(2) [1]Beschließt die Bundesanstalt, Beschränkungen vorzuschreiben oder eine nach Absatz 1 mitgeteilte Änderung abzulehnen, so setzt sie eine Kapitalverwaltungsgesellschaft innerhalb eines Monats nach Erhalt der Mitteilung davon in Kenntnis. [2]Die Bundesanstalt kann diesen Zeitraum um bis zu einen Monat verlängern, wenn sie dies auf Grund der besonderen Umstände des Einzelfalls der Kapitalverwaltungsgesellschaft für notwendig erachtet. [3]Sie hat die Kapitalverwaltungsgesellschaft über die Verlängerung der Frist nach Satz 2 zu informieren.

(3) Unbeschadet der Bestimmungen des Absatzes 1 hat eine Kapitalverwaltungsgesellschaft der Bundesanstalt unverzüglich anzuzeigen:

1. den Vollzug der Bestellung einer Person zum Geschäftsleiter;
2. das Ausscheiden eines Geschäftsleiters;
3. die Übernahme und die Aufgabe einer unmittelbaren oder mittelbaren Beteiligung an einem anderen Unternehmen; als Beteiligung gilt das unmittelbare oder mittel-

bare Halten von mindestens 25 Prozent der Anteile am Kapital oder Stimmrechte des anderen Unternehmens;

4. die Änderung der Rechtsform und der Firma;
5. bei externen OGAW-Kapitalverwaltungsgesellschaften und AIF-Kapitalverwaltungsgesellschaften, die Publikums-AIF verwalten, sowie bei extern verwalteten Investmentgesellschaften, die Publikums-AIF sind, jede Änderung ihrer Satzung oder ihres Gesellschaftsvertrages;
6. die Absenkung der Eigenmittel unter die in § 25 vorgesehenen Schwellen;
7. die Verlegung der Niederlassung oder des Sitzes, die Errichtung, Verlegung oder Schließung einer Zweigstelle in einem Drittstaat sowie die Aufnahme oder Beendigung der Erbringung grenzüberschreitender Dienstleistungen ohne Errichtung einer Zweigstelle;
8. die Einstellung des Geschäftsbetriebes;
9. die Absicht ihrer Geschäftsleiter, eine Entscheidung über die Auflösung der Kapitalverwaltungsgesellschaft herbeizuführen;
10. den Erwerb oder die Aufgabe einer bedeutenden Beteiligung an der eigenen Gesellschaft, das Erreichen, das Über- und Unterschreiten der Beteiligungsschwellen von 20 Prozent, 30 Prozent und 50 Prozent der Stimmrechte oder des Kapitals sowie die Tatsache, dass die Kapitalverwaltungsgesellschaft Tochterunternehmen eines anderen Unternehmens wird oder nicht mehr ist, soweit die Kapitalverwaltungsgesellschaft von der bevorstehenden Änderung dieser Beteiligungsverhältnisse Kenntnis erlangt;
11. die Absicht der Vereinigung mit einer anderen Kapitalverwaltungsgesellschaft.

(4) Die Kapitalverwaltungsgesellschaft hat der Bundesanstalt jährlich anzuzeigen:

1. den Namen und die Anschrift der an ihr bedeutend beteiligten Inhaber sowie die Höhe ihrer Beteiligung,
2. die Errichtung, Verlegung oder Schließung einer inländischen Zweigstelle und
3. die Begründung, Änderung oder die Beendigung einer engen Verbindung.

(5) [1]Die Geschäftsleiter der Kapitalverwaltungsgesellschaft haben der Bundesanstalt unverzüglich anzuzeigen:

1. die Aufnahme und die Beendigung einer Tätigkeit als Geschäftsleiter oder als Aufsichtsrats- oder Verwaltungsratsmitglied eines anderen Unternehmens und
2. die Übernahme und die Aufgabe einer unmittelbaren Beteiligung an einem Unternehmen sowie Veränderungen in der Höhe der Beteiligung.

[2]Als unmittelbare Beteiligung im Sinne des Satzes 1 Nummer 2 gilt das Halten von mindestens 25 Prozent der Anteile am Kapital des Unternehmens.

(6) Für AIF-Kapitalverwaltungsgesellschaften, die für Rechnung eines AIF Gelddarlehen gewähren oder unverbriefte Darlehensforderungen erwerben, gilt § 14 des Kreditwesengesetzes entsprechend.

§ 35 Meldepflichten von AIF-Verwaltungsgesellschaften

(1) [1]Eine AIF-Kapitalverwaltungsgesellschaft unterrichtet die Bundesanstalt regelmäßig über die wichtigsten Märkte und Instrumente, auf beziehungsweise mit denen sie für Rechnung der von ihr verwalteten AIF handelt. [2]Sie legt Informationen zu den wichtigsten Instrumenten, mit denen sie handelt, zu den Märkten, in denen sie Mitglied ist oder am Handel aktiv teilnimmt, sowie zu den größten Risiken und Konzentrationen jedes von ihr verwalteten AIF vor.

(2) Die AIF-Kapitalverwaltungsgesellschaft legt der Bundesanstalt für jeden von ihr verwalteten inländischen AIF und EU-AIF sowie für jeden AIF, der von ihr in einem Mitgliedstaat der Europäischen Union oder einem anderen Vertragsstaat des Abkommens über den Europäischen Wirtschaftsraum vertrieben wird, die folgenden Informationen vor:

1. den prozentualen Anteil der Vermögensgegenstände des AIF, die schwer zu liquidieren sind und für die deshalb besondere Regelungen gelten;
2. jegliche neuen Vorkehrungen zum Liquiditätsmanagement des AIF;
3. das aktuelle Risikoprofil des AIF und Angaben zu den Risikomanagementsystemen, die von der AIF-Kapitalverwaltungsgesellschaft zur Steuerung des Marktrisikos, des Liquiditätsrisikos, des Kontrahentenrisikos sowie sonstiger Risiken, einschließlich des operationellen Risikos, eingesetzt werden;
4. Angaben zu den wichtigsten Kategorien von Vermögensgegenständen, in die der AIF investiert hat, und
5. die Ergebnisse der nach § 29 Absatz 3 Nummer 2 und § 30 Absatz 2 durchgeführten Stresstests.

(3) Eine AIF-Kapitalverwaltungsgesellschaft legt der Bundesanstalt auf Verlangen die folgenden Unterlagen vor:

1. einen Jahresbericht über jeden von der AIF-Kapitalverwaltungsgesellschaft verwalteten inländischen Spezial-AIF und EU-AIF sowie für jeden AIF, der von ihr in einem Mitgliedstaat der Europäischen Union oder Vertragsstaat des Abkommens über den Europäischen Wirtschaftsraum vertrieben wird, für jedes Geschäftsjahr gemäß § 67 Absatz 1 Satz 1, § 101 Absatz 1 Satz 1, § 120 Absatz 1, § 135 Absatz 1 Satz 1, § 148 Absatz 1 oder § 158,
2. zum Ende jedes Quartals eine detaillierte Aufstellung sämtlicher von der AIF-Kapitalverwaltungsgesellschaft verwalteten AIF.

(4) [1]Eine AIF-Kapitalverwaltungsgesellschaft, die mindestens einen AIF verwaltet, der in beträchtlichem Umfang Leverage einsetzt, stellt der Bundesanstalt für jeden von ihr verwalteten AIF Folgendes zur Verfügung:

1. den Gesamtumfang des eingesetzten Leverage sowie eine Aufschlüsselung nach Leverage, der durch Kreditaufnahme oder Wertpapier-Darlehen begründet wird, und Leverage, der durch den Einsatz von Derivaten oder auf andere Weise zustande kommt,
2. den Umfang, in dem Vermögensgegenstände des Investmentvermögens in Zusammenhang mit dem Einsatz von Leverage wieder verwendet wurden,
3. die Identität der fünf größten Finanzierungsgeber, von denen Kredite oder Wertpapier-Darlehen aufgenommen wurden, sowie den Umfang dieser jeweils aufgenommenen Kredite oder Wertpapier-Darlehen.

[2]Die Kriterien zur Bestimmung, wann davon auszugehen ist, dass für die Zwecke des Satzes 1 Leverage in beträchtlichem Umfang eingesetzt wird, bestimmt sich nach Artikel 111 der Delegierten Verordnung (EU) Nr. 231/2013. [3]Die Bundesanstalt nutzt die Informationen nach Satz 1, um festzustellen, inwieweit die Nutzung von Leverage zur Entstehung von Systemrisiken im Finanzsystem, zur Entstehung des Risikos von Marktstörungen oder zur Entstehung von Risiken für das langfristige Wirtschaftswachstum beiträgt. [4]Die Bundesanstalt leitet die Informationen gemäß § 9 weiter.

(5) [1]Die Bundesanstalt kann für AIF-Kapitalverwaltungsgesellschaften regelmäßig oder ad hoc zusätzliche Meldepflichten festlegen, sofern dies für die wirksame Überwachung von Systemrisiken erforderlich ist oder die Bundesanstalt durch die Europäische

Wertpapier- und Marktaufsichtsbehörde ersucht wurde, solche zusätzlichen Meldepflichten aufzuerlegen. [2]Die Bundesanstalt informiert die Europäische Wertpapier- und Marktaufsichtsbehörde über die zusätzlichen Meldepflichten nach Satz 1 Halbsatz 2 erste Alternative.

(6) Für eine ausländische AIF-Verwaltungsgesellschaft,

1. die, vor dem Zeitpunkt, der in dem auf Grundlage des Artikels 66 Absatz 3 in Verbindung mit Artikel 67 Absatz 6 der Richtlinie 2011/61/EU erlassenen delegierten Rechtsakt genannt ist, nach § 317 oder § 330 ausländische AIF im Geltungsbereich dieses Gesetzes vertreibt oder

2. deren Referenzmitgliedstaat die Bundesrepublik Deutschland gemäß § 56 ist,

gelten die Absätze 1 bis 5 gemäß § 58 Absatz 11, § 317 Absatz 1 Nummer 3 und § 330 Absatz 1 Satz 1 Nummer 1 Buchstabe a und Nummer 2 entsprechend mit der Maßgabe, dass die Angaben gemäß Absatz 4 auf die von ihr verwalteten inländischen Spezial-AIF, EU-AIF und die von ihr in einem Mitgliedstaat der Europäischen Union oder Vertragsstaat des Abkommens über den Europäischen Wirtschaftsraum vertriebenen AIF beschränkt sind.

(7) Eine EU-AIF-Verwaltungsgesellschaft und eine ausländische AIF-Verwaltungsgesellschaft legen der Bundesanstalt auf Verlangen einen Jahresbericht über jeden von ihr verwalteten inländischen Spezial-AIF für jedes Geschäftsjahr gemäß § 101 Absatz 1 Satz 1, § 120 Absatz 1, § 135 Absatz 1 Satz 1, § 148 Absatz 1 oder § 158 vor.

(8) Die Kriterien zur Konkretisierung der Meldepflichten nach dieser Vorschrift bestimmen sich nach Artikel 110 der Delegierten Verordnung (EU) Nr. 231/2013.

(9) AIF-Verwaltungsgesellschaften haben die Meldungen nach den Absätzen 1, 2 und 3 Nummer 2 und den Absätzen 4 bis 6 elektronisch über das Melde- und Veröffentlichungssystem der Bundesanstalt zu übermitteln.

(10) Die Bundesanstalt kann durch Allgemeinverfügung nähere Bestimmungen über Art, Umfang, Form und Turnus der einzureichenden Meldungen nach Absatz 9 und über die zulässigen Datenträger, Datenstrukturen und Übertragungswege festlegen.

§ 36 Auslagerung

(1) [1]Die Kapitalverwaltungsgesellschaft kann Aufgaben auf ein anderes Unternehmen (Auslagerungsunternehmen) unter den folgenden Bedingungen auslagern:

1. die Kapitalverwaltungsgesellschaft muss in der Lage sein, ihre gesamte Auslagerungsstruktur anhand von objektiven Gründen zu rechtfertigen;

2. das Auslagerungsunternehmen muss über ausreichende Ressourcen für die Ausführung der ihm übertragenen Aufgaben verfügen und die Personen, die die Geschäfte des Auslagerungsunternehmens tatsächlich leiten, müssen zuverlässig sein und über ausreichende Erfahrung verfügen;

3. sofern die Auslagerung bei einer OGAW-Kapitalverwaltungsgesellschaft die Portfolioverwaltung und bei einer AIF-Kapitalverwaltungsgesellschaft die Portfolioverwaltung oder das Risikomanagement betrifft, dürfen damit nur Auslagerungsunternehmen beauftragt werden, die für die Zwecke der Vermögensverwaltung oder Finanzportfolioverwaltung zugelassen oder registriert sind und einer Aufsicht unterliegen; § 2 Absatz 6 Satz 1 Nummer 5 des Kreditwesengesetzes findet insoweit keine Anwendung; kann diese Bedingung bei AIF-Kapitalverwaltungsgesellschaften nicht erfüllt werden, kann eine Auslagerung nach Genehmigung durch die Bundesanstalt erfolgen;

4. wird die Portfolioverwaltung oder das Risikomanagement auf ein Unternehmen mit Sitz in einem Drittstaat ausgelagert, muss die Zusammenarbeit zwischen der Bundesanstalt und der zuständigen Aufsichtsbehörde des Drittstaates sichergestellt sein;
5. die Auslagerung darf die Wirksamkeit der Beaufsichtigung der Kapitalverwaltungsgesellschaft nicht beeinträchtigen; insbesondere darf sie weder die Kapitalverwaltungsgesellschaft daran hindern, im Interesse ihrer Anleger zu handeln, noch darf sie verhindern, dass das Investmentvermögen im Interesse der Anleger verwaltet wird;
6. die Kapitalverwaltungsgesellschaft muss darlegen können, dass das Auslagerungsunternehmen
   a) unter Berücksichtigung der ihm übertragenen Aufgaben über die erforderliche Qualifikation verfügt,
   b) in der Lage ist, die übernommenen Aufgaben ordnungsgemäß wahrzunehmen und
   c) sorgfältig ausgewählt wurde;
7. die Kapitalverwaltungsgesellschaft muss in der Lage sein, die ausgelagerten Aufgaben jederzeit wirksam zu überwachen; sie hat sich insbesondere die erforderlichen Weisungsbefugnisse und die Kündigungsrechte vertraglich zu sichern und
8. die Kapitalverwaltungsgesellschaft überprüft fortwährend die vom Auslagerungsunternehmen erbrachten Dienstleistungen.

[2]Die Genehmigung der Auslagerung nach Satz 1 Nummer 3 durch die Bundesanstalt ist innerhalb einer Frist von vier Wochen nach Eingang des Genehmigungsantrags zu erteilen, wenn die Voraussetzungen für die Genehmigung erfüllt sind. [3]Sind die Voraussetzungen für die Genehmigung nicht erfüllt, hat die Bundesanstalt dies dem Antragsteller innerhalb der Frist nach Satz 2 unter Angabe der Gründe mitzuteilen und fehlende oder geänderte Angaben oder Unterlagen anzufordern. [4]Mit dem Eingang der angeforderten Angaben oder Unterlagen beginnt der Lauf der in Satz 2 genannten Frist erneut.

(2) Die Kapitalverwaltungsgesellschaft hat der Bundesanstalt eine Auslagerung anzuzeigen, bevor die Auslagerungsvereinbarung in Kraft tritt.

(3) Die Portfolioverwaltung oder das Risikomanagement darf nicht ausgelagert werden auf
1. die Verwahrstelle oder einen Unterverwahrer oder
2. ein anderes Unternehmen, dessen Interessen mit denen der Kapitalverwaltungsgesellschaft oder der Anleger des Investmentvermögens im Konflikt stehen könnten, außer wenn ein solches Unternehmen
   a) die Ausführung seiner Aufgaben bei der Portfolioverwaltung oder dem Risikomanagement funktional und hierarchisch von seinen anderen potenziell dazu im Interessenkonflikt stehenden Aufgaben trennt und
   b) die potenziellen Interessenkonflikte ordnungsgemäß ermittelt, steuert, beobachtet und den Anlegern des Investmentvermögens gegenüber offenlegt.

(4) Die Kapitalverwaltungsgesellschaft hat ein Verschulden des Auslagerungsunternehmens in gleichem Umfang zu vertreten wie eigenes Verschulden.

(5) Die Kapitalverwaltungsgesellschaft darf Aufgaben nicht in einem Umfang übertragen, der dazu führt, dass sie nicht länger als Verwaltungsgesellschaft angesehen werden kann und zu einer Briefkastenfirma wird.

(6) [1]Das Auslagerungsunternehmen darf die auf ihn ausgelagerten Aufgaben unter den folgenden Bedingungen weiter übertragen (Unterauslagerung):

1. die Kapitalverwaltungsgesellschaft hat der Unterauslagerung vorher zuzustimmen,
2. die Kapitalverwaltungsgesellschaft hat der Bundesanstalt die Unterauslagerung anzuzeigen, bevor die Unterauslagerungsvereinbarung in Kraft tritt,
3. die in Absatz 1 Nummer 2 bis 8 festgelegten Bedingungen werden auf das Verhältnis zwischen Auslagerungsunternehmen und Unterauslagerungsunternehmen entsprechend angewendet.

[2]Satz 1 gilt entsprechend bei jeder weiteren Unterauslagerung.

(7) Absatz 3 gilt entsprechend bei jeder Unterauslagerung der Portfolioverwaltung oder des Risikomanagements.

(8) Bei OGAW-Kapitalverwaltungsgesellschaften muss die Auslagerung mit den von der OGAW-Kapitalverwaltungsgesellschaft regelmäßig festgesetzten Vorgaben für die Verteilung der Anlagen in Einklang stehen.

(9) Die Kapitalverwaltungsgesellschaft hat im Verkaufsprospekt nach § 165 oder § 269 die Aufgaben aufzulisten, die sie ausgelagert hat.

(10) Im Hinblick auf AIF-Kapitalverwaltungsgesellschaften bestimmen sich die Bedingungen zur Erfüllung der Anforderungen nach den Absätzen 1 bis 3 und 6 und 7 sowie die Umstände, unter denen angenommen wird, dass die AIF-Kapitalverwaltungsgesellschaft im Sinne von Absatz 5 ihre Funktionen in einem Umfang übertragen hat, der sie zu einer Briefkastenfirma werden lässt, so dass sie nicht länger als Verwalter des AIF angesehen werden kann, nach den Artikeln 75 bis 82 der Delegierten Verordnung (EU) Nr. 231/2013. Für OGAW-Kapitalverwaltungsgesellschaften sind die Artikel 75 bis 82 der Delegierten Verordnung (EU) Nr. 231/2013 hinsichtlich der Bedingungen zur Erfüllung der Anforderungen nach den Absätzen 1 bis 3 und 6 und 7 sowie der Umstände, unter denen angenommen wird, dass die OGAW-Kapitalverwaltungsgesellschaft im Sinne von Absatz 5 ihre Funktionen in einem Umfang übertragen hat, der sie zu einer Briefkastenfirma werden lässt, so dass sie nicht länger als Verwalter des OGAW angesehen werden kann, entsprechend anzuwenden.

§ 37 Vergütungssysteme; Verordnungsermächtigung

(1) [1]Kapitalverwaltungsgesellschaften legen jeweils für Geschäftsleiter, Mitarbeiter, deren Tätigkeiten einen wesentlichen Einfluss auf das Risikoprofil der Verwaltungsgesellschaft oder der verwalteten Investmentvermögen haben (Risikoträger), Mitarbeiter mit Kontrollfunktionen und alle Mitarbeiter, die eine Gesamtvergütung erhalten, auf Grund derer sie sich in derselben Einkommensstufe befinden wie Geschäftsleiter und Risikoträger, ein Vergütungssystem fest, das mit einem soliden und wirksamen Risikomanagementsystem vereinbar und diesem förderlich ist, keine Anreize setzt zur Eingehung von Risiken, die nicht mit dem Risikoprofil, den Anlagebedingungen, der Satzung oder dem Gesellschaftsvertrag der von ihnen verwalteten Investmentvermögen vereinbar sind, und das die Kapitalverwaltungsgesellschaft nicht daran hindert, pflichtgemäß im besten Interesse des Investmentvermögens zu handeln. [2]Die Kapitalverwaltungsgesellschaften wenden das Vergütungssystem an.

(2) Die Anforderungen an das Vergütungssystem bestimmen sich für AIF-Kapitalverwaltungsgesellschaften näher nach Anhang II der Richtlinie 2011/61/EU und für OGAW-Kapitalverwaltungsgesellschaften näher nach Artikel 14a Absatz 2 und Artikel 14b Absatz 1, 3 und 4 der Richtlinie 2009/65/EG.

(3) [1]Das Bundesministerium der Finanzen wird ermächtigt, durch Rechtsverordnung, die nicht der Zustimmung des Bundesrates bedarf, zur Ausgestaltung und Ergänzung der Vorgaben nach Anhang II der Richtlinie 2011/61/EU sowie nach Artikel 14a Absatz 2 und Artikel 14b der Richtlinie 2009/65/EG nähere Bestimmungen zu erlassen über

1. die Ausgestaltung der Vergütungssysteme, einschließlich der Entscheidungsprozesse und Verantwortlichkeiten, der Zusammensetzung der Vergütung, der Ausgestaltung positiver und negativer Vergütungsparameter, der Leistungszeiträume sowie der Berücksichtigung der Anlagestrategie, der Ziele, der Werte und der langfristigen Interessen der Kapitalverwaltungsgesellschaften und der verwalteten Investmentvermögen,
2. die Überwachung der Angemessenheit und Transparenz der Vergütungssysteme durch die Kapitalverwaltungsgesellschaft und die Weiterentwicklung der Vergütungssysteme,
3. die Möglichkeit, die Auszahlung variabler Vergütungsbestandteile zu untersagen oder auf einen bestimmten Anteil des Jahresergebnisses zu beschränken,
4. die Offenlegung der Ausgestaltung der Vergütungssysteme und der Zusammensetzung der Vergütung sowie das Offenlegungsmedium und die Häufigkeit der Offenlegung.

[2]Die Regelungen haben sich insbesondere an Größe und Vergütungsstruktur der Kapitalverwaltungsgesellschaft und der von ihr verwalteten Investmentvermögen sowie ihrer internen Organisation und der Art, des Umfangs, der Komplexität, des Risikogehalts und der Internationalität ihrer Geschäfte zu orientieren. [3]Im Rahmen der Bestimmungen nach Satz 1 Nummer 4 müssen die auf Offenlegung der Vergütung bezogenen handelsrechtlichen Bestimmungen nach § 340a Absatz 1 und 2 in Verbindung mit § 340l Absatz 1 Satz 1 des Handelsgesetzbuchs unberührt bleiben. [4]Das Bundesministerium der Finanzen kann die Ermächtigung durch Rechtsverordnung auf die Bundesanstalt übertragen.

§ 38 Jahresabschluss, Lagebericht, Prüfungsbericht und Abschlussprüfer der externen Kapitalverwaltungsgesellschaft; Verordnungsermächtigung

(1) [1]Für den Jahresabschluss, den Lagebericht und den Prüfungsbericht einer externen Kapitalverwaltungsgesellschaft gelten die §§ 340a bis 340o des Handelsgesetzbuchs entsprechend. [2]§ 26 des Kreditwesengesetzes ist mit der Maßgabe entsprechend anzuwenden, dass die dort geregelten Pflichten gegenüber der Deutschen Bundesbank nicht gelten.

(2) Auf die Bestellung eines Abschlussprüfers ist § 28 des Kreditwesengesetzes mit der Maßgabe entsprechend anzuwenden, dass die dort geregelten Pflichten gegenüber der Deutschen Bundesbank nicht gelten.

(3) [1]Bei der Prüfung des Jahresabschlusses hat der Abschlussprüfer auch die wirtschaftlichen Verhältnisse der externen Kapitalverwaltungsgesellschaft zu prüfen. [2]Er hat insbesondere festzustellen, ob die externe Kapitalverwaltungsgesellschaft die Anzeigepflichten nach den §§ 34, 35, 49 und 53 und die Anforderungen nach den §§ 25 bis 30, 36 und 37 sowie die Anforderungen nach Artikel 4 Absatz 1, 2 und 3 Unterabsatz 2, Artikel 9 Absatz 1 bis 4 sowie Artikel 11 Absatz 1 bis 10, 11 Unterabsatz 1 und Absatz 12 der Verordnung (EU) Nr. 648/2012 des Europäischen Parlaments und des Rates vom 4. Juli 2012 über OTC-Derivate, zentrale Gegenparteien und Transaktionsregister (ABl. L 201 vom 27.7.2012, S. 1; L 321 vom 30.11.2013, S. 6), die zuletzt durch die Verordnung (EU) 2015/2365 geändert worden ist, sowie die Anforderungen nach den Artikeln 4 und 15 der Verordnung (EU) 2015/2365 und nach Artikel 16 Absatz 1 bis 4, Artikel 23 Absatz 3 und 10 und Artikel 28 Absatz 2 der Verordnung (EU) 2016/1011, nach Artikel 28 Absatz 1 bis 3 der Verordnung (EU) Nr. 600/2014 sowie nach den Artikeln 4 bis 6, 9 bis 21, 23 bis 34 und 36 der Verordnung (EU) 2017/1131 und nach den Artikeln 6 bis 9 und 18 bis 27 der Verordnung (EU) 2017/2402 erfüllt hat.

(4) [1]Der Abschlussprüfer hat zu prüfen, ob die externe Kapitalverwaltungsgesellschaft ihren Verpflichtungen nach dem Geldwäschegesetz nachgekommen ist. [2]Soweit die externe Kapitalverwaltungsgesellschaft Nebendienstleistungen nach § 20 Absatz 2 oder 3 erbringt, hat der Abschlussprüfer diese Nebendienstleistungen besonders zu prüfen. [3]Werden Nebendienstleistungen im Sinne des § 20 Absatz 2 Nummer 1 bis 3 oder Absatz 3 Nummer 2 bis 5 erbracht, umfasst die Prüfung auch die Einhaltung der in § 5 Absatz 2 genannten Vorschriften des Wertpapierhandelsgesetzes. [4]Die Prüfung kann auch ein geeigneter Prüfer im Sinne des § 89 Absatz 1 Satz 6 des Wertpapierhandelsgesetzes vornehmen. [5]§ 89 Absatz 4 und 5 des Wertpapierhandelsgesetzes gilt entsprechend. [6]Die Bundesanstalt kann auf Antrag von der gesonderten Prüfung der in § 5 Absatz 2 genannten Vorschriften des Wertpapierhandelsgesetzes ganz oder teilweise absehen, soweit dies aus besonderen Gründen, insbesondere wegen der Art und des Umfangs der betriebenen Geschäfte, angezeigt ist. [7]§ 29 Absatz 3 des Kreditwesengesetzes ist mit der Maßgabe entsprechend anzuwenden, dass die dort geregelten Pflichten gegenüber der Deutschen Bundesbank nicht gelten.

(5) [1]Das Bundesministerium der Finanzen wird ermächtigt, im Einvernehmen mit dem Bundesministerium der Justiz und für Verbraucherschutz durch Rechtsverordnung, die nicht der Zustimmung des Bundesrates bedarf, nähere Bestimmungen über den Zeitpunkt der Prüfung, weitere Inhalte, Umfang und Darstellungen des Prüfungsberichts zu erlassen, soweit dies zur Erfüllung der Aufgaben der Bundesanstalt erforderlich ist, insbesondere um einheitliche Unterlagen zur Beurteilung der Tätigkeit der externen Kapitalverwaltungsgesellschaft zu erhalten. [2]Das Bundesministerium der Finanzen kann die Ermächtigung durch Rechtsverordnung auf die Bundesanstalt übertragen.

Unterabschnitt 3. Weitere Maßnahmen der Aufsichtsbehörde

§ 39 Erlöschen und Aufhebung der Erlaubnis

(1) [1]Die Erlaubnis erlischt, wenn die Kapitalverwaltungsgesellschaft

1. von ihr nicht innerhalb eines Jahres seit ihrer Erteilung Gebrauch macht,
2. den Geschäftsbetrieb, auf den sich die Erlaubnis bezieht, seit mehr als sechs Monaten nicht mehr ausübt oder
3. ausdrücklich auf sie verzichtet.

[2]Bei Investmentaktiengesellschaften mit veränderlichem Kapital, bei Investmentaktiengesellschaften mit fixem Kapital, bei offenen Investmentkommanditgesellschaften oder bei geschlossenen Investmentkommanditgesellschaften muss der Verzicht im Sinne von Satz 1 Nummer 3 gegenüber der Bundesanstalt durch Vorlage eines Handelsregisterauszuges nachgewiesen werden, aus dem sich die entsprechende Änderung des Unternehmensgegenstandes wie auch die Änderung der Firma ergibt.

(2) Soweit die externe Kapitalverwaltungsgesellschaft auch über die Erlaubnis zur Finanzportfolioverwaltung nach § 20 Absatz 2 Nummer 1 oder Absatz 3 Nummer 2 verfügt, erlischt diese Erlaubnis, wenn die Kapitalverwaltungsgesellschaft nach § 11 des Anlegerentschädigungsgesetzes von der Entschädigungseinrichtung ausgeschlossen wird.

(3) Die Bundesanstalt kann die Erlaubnis außer nach den Vorschriften des Verwaltungsverfahrensgesetzes aufheben oder, soweit dies im Einzelfall ausreichend ist, aussetzen, wenn

1. die Kapitalverwaltungsgesellschaft die Erlaubnis auf Grund falscher Erklärungen oder auf sonstige rechtswidrige Weise erwirkt hat,

2. die Eigenmittel der Kapitalverwaltungsgesellschaft unter die in § 25 vorgesehenen Schwellen absinken und die Gesellschaft nicht innerhalb einer von der Bundesanstalt zu bestimmenden Frist diesen Mangel behoben hat,
3. der Bundesanstalt Tatsachen bekannt werden, die eine Versagung der Erlaubnis nach § 23 Nummer 2 bis 11 rechtfertigen würden,
4. die externe Kapitalverwaltungsgesellschaft auch über die Erlaubnis zur Finanzportfolioverwaltung nach § 20 Absatz 2 Nummer 1 oder Absatz 3 Nummer 2 verfügt und die Verordnung (EU) Nr. 575/2013 nicht mehr erfüllt,
5. gegen die Kapitalverwaltungsgesellschaft auf Grund einer Ordnungswidrigkeit nach § 340 Absatz 1 Nummer 1, 4 oder 5 oder Absatz 2 Nummer 1 Buchstabe a, d, e oder f, Nummer 3 bis 7, 9, 10, 13, 35, 76, 77 oder 81 oder auf Grund einer wiederholten Ordnungswidrigkeit nach § 340 Absatz 1 Nummer 2 oder 3 oder Absatz 2 Nummer 24, 31, 32, 37, 38, 40, 41, 49, 50 bis 63, 65, 72, 73, 78 oder 79 oder auf Grund einer Ordnungswidrigkeit oder auf Grund einer wiederholten Ordnungswidrigkeit nach § 120 Absatz 10 des Wertpapierhandelsgesetzes eine Geldbuße festgesetzt werden kann,
6. die Kapitalverwaltungsgesellschaft nachhaltig gegen die Bestimmungen dieses Gesetzes verstößt,
7. die Kapitalverwaltungsgesellschaft schwerwiegend, wiederholt oder systematisch gegen die Bestimmungen des Geldwäschegesetzes verstoßen hat.

(4) § 38 des Kreditwesengesetzes ist entsprechend anzuwenden, wenn die Bundesanstalt die Erlaubnis der Kapitalverwaltungsgesellschaft aufhebt oder die Erlaubnis erlischt.

§ 40 Abberufung von Geschäftsleitern; Tätigkeitsverbot

(1) In den Fällen des § 39 Absatz 3 kann die Bundesanstalt statt der Aufhebung der Erlaubnis die Abberufung der verantwortlichen Geschäftsleiter verlangen und ihnen oder einer anderen verantwortlichen natürlichen Person, die in der Kapitalverwaltungsgesellschaft tätig ist, die Ausübung ihrer Tätigkeit untersagen.

(2) [1]Die Bundesanstalt kann die Organbefugnisse abberufener Geschäftsleiter so lange auf einen geeigneten Sonderbeauftragten übertragen, bis die Kapitalverwaltungsgesellschaft über neue Geschäftsleiter verfügt, die den in § 23 Nummer 3 genannten Anforderungen genügen. [2]§ 45c Absatz 6 und 7 des Kreditwesengesetzes ist entsprechend anzuwenden.

§ 41 Maßnahmen bei unzureichenden Eigenmitteln

[1]Entsprechen bei einer Kapitalverwaltungsgesellschaft die Eigenmittel nicht den Anforderungen des § 25, kann die Bundesanstalt Anordnungen treffen, die geeignet und erforderlich sind, um Verstöße gegen § 25 zu unterbinden. [2]Sie kann insbesondere Entnahmen durch Gesellschafter und die Ausschüttung von Gewinnen untersagen oder beschränken. [3]Beschlüsse über die Gewinnausschüttung sind insoweit nichtig, als sie einer Anordnung nach Satz 1 widersprechen. [4]§ 45 Absatz 5 Satz 1 des Kreditwesengesetzes ist entsprechend anzuwenden.

§ 42 Maßnahmen bei Gefahr

Die Bundesanstalt kann zur Abwendung einer Gefahr in folgenden Fällen geeignete und erforderliche Maßnahmen ergreifen:

1. bei einer Gefahr für die Erfüllung der Verpflichtungen einer Kapitalverwaltungsgesellschaft gegenüber ihren Gläubigern,
2. bei einer Gefahr für die Sicherheit der Vermögensgegenstände, die der Kapitalverwaltungsgesellschaft anvertraut sind, oder

3. beim begründeten Verdacht, dass eine wirksame Aufsicht über die Kapitalverwaltungsgesellschaft nach den Bestimmungen dieses Gesetzes nicht möglich ist.

§ 43 Insolvenzantrag, Unterrichtung der Gläubiger im Insolvenzverfahren

(1) Auf den Fall der Zahlungsunfähigkeit, der Überschuldung oder der drohenden Zahlungsunfähigkeit einer Kapitalverwaltungsgesellschaft ist § 46b Absatz 1, 1a und 3 des Kreditwesengesetzes entsprechend anzuwenden.

(2) Die Gläubiger sind über die Eröffnung des Insolvenzverfahrens in entsprechender Anwendung des § 46f des Kreditwesengesetzes zu unterrichten.

Unterabschnitt 4. Pflichten für registrierungspflichtige AIF-Kapitalverwaltungsgesellschaften

§ 44 Registrierung und Berichtspflichten

(1) [1]AIF-Kapitalverwaltungsgesellschaften, die die Bedingungen nach § 2 Absatz 4, 4a oder 5 erfüllen,

1. sind zur Registrierung bei der Bundesanstalt verpflichtet,
2. weisen sich und die von ihnen zum Zeitpunkt der Registrierung verwalteten AIF gegenüber der Bundesanstalt aus,
3. legen der Bundesanstalt zum Zeitpunkt ihrer Registrierung Informationen zu den Anlagestrategien der von ihnen verwalteten AIF vor,
4. unterrichten die Bundesanstalt regelmäßig über
   a) die wichtigsten Instrumente, mit denen sie handeln und
   b) die größten Risiken und die Konzentrationen der von ihnen verwalteten AIF,

   um der Bundesanstalt eine effektive Überwachung der Systemrisiken zu ermöglichen,
5. teilen der Bundesanstalt unverzüglich mit, wenn die in § 2 Absatz 4, 4a oder 5 genannten Voraussetzungen nicht mehr erfüllt sind,
6. müssen juristische Personen oder Personenhandelsgesellschaften sein und
7. dürfen nur AIF in der Rechtsform
   a) einer juristischen Person oder
   b) einer Personenhandelsgesellschaft, bei der persönlich haftender Gesellschafter ausschließlich eine Aktiengesellschaft, eine Gesellschaft mit beschränkter Haftung oder eine Kommanditgesellschaft ist, bei der persönlich haftender Gesellschafter ausschließlich eine Gesellschaft mit beschränkter Haftung ist, und

bei der die Nachschusspflicht der Anleger ausgeschlossen ist, verwalten. [2]Wird der AIF im Fall von § 2 Absatz 4 als offener AIF in der Rechtsform der Investmentaktiengesellschaft mit veränderlichem Kapital oder der offenen Investmentkommanditgesellschaft aufgelegt, gelten die §§ 108 bis 123 oder die §§ 124 bis 138. [3]Wird der AIF im Fall von § 2 Absatz 4 als geschlossener AIF in der Rechtsform der Investmentaktiengesellschaft mit fixem Kapital oder als geschlossene Investmentkommanditgesellschaft aufgelegt, gelten die §§ 140 bis 148 oder die §§ 149 bis 161. [4]Wird der AIF im Fall von § 2 Absatz 4a oder Absatz 5 in der Rechtsform der Investmentaktiengesellschaft mit fixem Kapital oder der geschlossenen Investmentkommanditgesellschaft aufgelegt, gelten die §§ 140 bis 148 oder die §§ 149 bis 161.

(2) *(aufgehoben)*

(3) AIF-Kapitalverwaltungsgesellschaften, die die Bedingungen nach § 2 Absatz 5 erfüllen, legen der Bundesanstalt mit dem Antrag auf Registrierung zusätzlich zu den in Absatz 1 genannten Angaben folgende Informationen vor:

1. die Angabe der Geschäftsleiter,
2. Angaben zur Beurteilung der Zuverlässigkeit der Geschäftsleiter,
3. Angaben zur Beurteilung der fachlichen Eignung der Geschäftsleiter.

(4) [1]Die Bundesanstalt bestätigt der AIF-Kapitalverwaltungsgesellschaft die Registrierung innerhalb einer Frist von zwei Wochen nach Eingang des vollständigen Registrierungsantrags, wenn die Voraussetzungen für die Registrierung erfüllt sind. [2]Bei Registrierungsanträgen von AIF-Kapitalverwaltungsgesellschaften, die die Bedingungen nach § 2 Absatz 5 erfüllen, kann die Bundesanstalt diesen Zeitraum um bis zu zwei Wochen verlängern, wenn sie dies auf Grund der besonderen Umstände des Einzelfalls für notwendig erachtet. [3]Die Registrierung gilt als bestätigt, wenn über den Registrierungsantrag nicht innerhalb der Frist nach Satz 1 entschieden worden ist und die Bundesanstalt die Frist nicht gemäß Satz 2 verlängert hat. [4]Die Bundesanstalt versagt der AIF-Kapitalverwaltungsgesellschaft die Registrierung, wenn

1. die Bedingungen des § 2 Absatz 4, 4a oder 5 nicht erfüllt sind,
2. nicht alle zum Zeitpunkt der Registrierung erforderlichen Informationen gemäß Absatz 1, 3 und 7 vorgelegt wurden,
3. die AIF-Kapitalverwaltungsgesellschaft, die die Bedingungen nach § 2 Absatz 4, 4a oder 5 erfüllt, keine juristische Person oder Personenhandelsgesellschaft ist,
4. die AIF-Kapitalverwaltungsgesellschaft, die die Bedingungen nach § 2 Absatz 4, 4a oder 5 erfüllt, AIF in einer anderen als den in Absatz 1 Nummer 7 genannten Rechtsformen verwaltet,
5. die Hauptverwaltung oder der satzungsmäßige Sitz der AIF-Kapitalverwaltungsgesellschaft sich nicht im Inland befindet,
6. bei AIF-Kapitalverwaltungsgesellschaften, die die Bedingungen nach § 2 Absatz 5 erfüllen, Tatsachen vorliegen, aus denen sich ergibt, dass die Geschäftsleiter der AIF-Kapitalverwaltungsgesellschaft nicht zuverlässig sind oder die zur Leitung erforderliche fachliche Eignung nicht haben.

(5) [1]Die Bundesanstalt kann die Registrierung außer nach den Vorschriften des Verwaltungsverfahrensgesetzes aufheben, wenn

1. die AIF-Kapitalverwaltungsgesellschaft die Registrierung auf Grund falscher Erklärungen oder auf sonstige rechtswidrige Weise erwirkt hat,
2. der Bundesanstalt Tatsachen bekannt werden, die eine Versagung der Registrierung nach Absatz 4 rechtfertigen würden,
3. die AIF-Kapitalverwaltungsgesellschaft nachhaltig gegen die Bestimmungen dieser Vorschrift oder die weiteren gemäß § 2 Absatz 4, 4a oder 5 anzuwendenden Bestimmungen dieses Gesetzes verstößt,
4. die AIF-Kapitalverwaltungsgesellschaft schwerwiegend, wiederholt oder systematisch gegen die Bestimmungen des Geldwäschegesetzes verstoßen hat.

[2]Statt der Aufhebung der Registrierung kann die Bundesanstalt die Abberufung der verantwortlichen Geschäftsleiter verlangen und ihnen die Ausübung ihrer Tätigkeit untersagen. [3]§ 40 Absatz 2 findet entsprechend Anwendung.

(5a) [1]Die Registrierung erlischt, wenn die AIF-Kapitalverwaltungsgesellschaft

1. von ihr nicht innerhalb eines Jahres seit ihrer Erteilung Gebrauch macht,

2. den Geschäftsbetrieb, auf den sich die Registrierung bezieht, seit mehr als sechs Monaten nicht mehr ausübt oder
3. ausdrücklich auf sie verzichtet.

[2]§ 39 Absatz 1 Satz 2 findet entsprechend Anwendung.

(6) [1]Sind die in § 2 Absatz 4 oder 5 genannten Voraussetzungen nicht mehr erfüllt, hat die AIF-Kapitalverwaltungsgesellschaft die Erlaubnis nach den §§ 20 und 22 innerhalb von 30 Kalendertagen zu beantragen. [2]Sind die in § 2 Absatz 4a genannten Voraussetzungen nicht mehr erfüllt, hat die AIF-Kapitalverwaltungsgesellschaft innerhalb von 30 Kalendertagen

1. eine Registrierung nach Absatz 1 Nummer 1 und den Absätzen 3 und 4 zu beantragen, wenn sie die Voraussetzungen nach § 2 Absatz 5 Satz 1 erfüllt, oder
2. die Erlaubnis nach den §§ 20 und 22 zu beantragen, wenn sie nicht die in Nummer 1 genannten Voraussetzungen erfüllt.

(7) Nähere Bestimmungen zu den Pflichten der AIF-Kapitalverwaltungsgesellschaften zur Registrierung und zur Vorlage von Informationen, um eine effektive Überwachung von Systemrisiken zu ermöglichen und zur Mitteilungspflicht gegenüber den zuständigen Behörden nach Absatz 1 ergeben sich aus den Artikeln 2 bis 5 der Delegierten Verordnung (EU) Nr. 231/2013.

(8) AIF-Kapitalverwaltungsgesellschaften haben die Meldungen nach Absatz 1 Nummer 4 elektronisch über das Melde- und Veröffentlichungssystem der Bundesanstalt zu übermitteln.

(9) Die Bundesanstalt kann durch Allgemeinverfügung nähere Bestimmungen über Art, Umfang, Form und Turnus der einzureichenden Meldungen nach Absatz 8 und über die zulässigen Datenträger, Datenstrukturen und Übertragungswege festlegen.

§ 45 Erstellung und Bekanntmachung von Jahresberichten

(1) Eine AIF-Kapitalverwaltungsgesellschaft, die die Voraussetzungen von § 2 Absatz 5 erfüllt, hat für jeden von ihr verwalteten geschlossenen inländischen Publikums-AIF, der nicht verpflichtet ist, nach den Vorschriften des Handelsgesetzbuchs einen Jahresabschluss offenzulegen, für den Schluss eines jeden Geschäftsjahres einen Jahresbericht zu erstellen und spätestens sechs Monate nach Ablauf des Geschäftsjahres beim Betreiber des Bundesanzeigers elektronisch einzureichen sowie den Anlegern auf Anforderung auch in Papierform zur Verfügung zu stellen.

(2) Der Jahresbericht im Sinne des Absatzes 1 besteht mindestens aus

1. dem nach Maßgabe des § 46 aufgestellten und von einem Abschlussprüfer geprüften Jahresabschluss,
2. dem nach Maßgabe des § 46 aufgestellten und von einem Abschlussprüfer geprüften Lagebericht,
3. einer den Vorgaben des § 264 Absatz 2 Satz 3 beziehungsweise des § 289 Absatz 1 Satz 5 des Handelsgesetzbuchs entsprechenden Erklärung der gesetzlichen Vertreter des geschlossenen inländischen Publikums-AIF sowie
4. den Bestätigungen des Abschlussprüfers nach § 47.

(3) [1]Der Jahresbericht im Sinne des Absatzes 1 ist unverzüglich nach der elektronischen Einreichung im Bundesanzeiger bekannt zu machen. [2]§ 325 Absatz 1 Satz 2, Absatz 2 bis 2b, 5 und 6 sowie die §§ 328 und 329 Absatz 1, 2 und 4 des Handelsgesetzbuchs gelten entsprechend. [3]Die Ordnungsgeldvorschriften der §§ 335 bis 335b des Handelsgesetzbuchs sind auf die Verletzung von Pflichten des vertretungsberechtigten Organs der AIF-Kapitalverwaltungsgesellschaft im Sinne des Absatzes 1 entsprechend an-

zuwenden. [4]An die Stelle der Pflichten nach § 335 Absatz 1 Satz 1 Nummer 1 und 2 des Handelsgesetzbuchs treten im Falle der Erstellung eines Jahresberichts die Pflichten nach Absatz 1. [5]Offenlegung im Sinne des § 325 Absatz 1 Satz 1 des Handelsgesetzbuchs sind die Einreichung und Bekanntmachung des Jahresberichts gemäß den Absätzen 1 und 2.

(4) Die Bekanntmachung ist über die Internetseite des Unternehmensregisters zugänglich zu machen; die Unterlagen sind in entsprechender Anwendung des § 8b Absatz 3 Satz 1 Nummer 1 des Handelsgesetzbuchs vom Betreiber des Bundesanzeigers zu übermitteln.

§ 46 Inhalt von Jahresabschlüssen und Lageberichten

[1]Bei einem geschlossenen inländischen Publikums-AIF, der von einer AIF-Kapitalverwaltungsgesellschaft verwaltet wird, die die Voraussetzungen des § 2 Absatz 5 erfüllt, sind für den Jahresabschluss die Bestimmungen des Ersten Unterabschnitts des Zweiten Abschnitts des Dritten Buches des Handelsgesetzbuchs und für den Lagebericht die Bestimmungen des § 289 des Handelsgesetzbuchs einzuhalten, soweit sich aus dem entsprechend anwendbaren § 135 Absatz 3 bis 11 nichts anderes ergibt. [2]§ 264 Absatz 1 Satz 4 Halbsatz 1, Absatz 3, 4 und § 264b des Handelsgesetzbuchs sind nicht anzuwenden.

§ 47 Prüfung und Bestätigung des Abschlussprüfers

(1) [1]Der Jahresabschluss und der Lagebericht eines geschlossenen inländischen Publikums-AIF im Sinne des § 46 sind durch einen Abschlussprüfer nach Maßgabe der Bestimmungen des Dritten Unterabschnitts des Zweiten Abschnitts des Dritten Buches des Handelsgesetzbuchs zu prüfen. [2]Der Jahresabschluss und der Lagebericht müssen mit dem Bestätigungsvermerk oder einem Vermerk über die Versagung der Bestätigung versehen sein.

(2) Der Abschlussprüfer hat bei seiner Prüfung auch festzustellen, ob die AIF-Kapitalverwaltungsgesellschaft, die die Voraussetzungen von § 2 Absatz 5 erfüllt, die Bestimmungen eines dem AIF zugrunde liegenden Gesellschaftsvertrags, eines Treuhandverhältnisses oder einer Satzung sowie der Anlagebedingungen beachtet hat.

(3) [1]Die Zuweisung von Gewinnen, Verlusten, Einnahmen, Ausgaben, Einlagen und Entnahmen zu den einzelnen Kapitalkonten ist vom Abschlussprüfer zu prüfen und deren Ordnungsmäßigkeit zu bestätigen. [2]Dies gilt auch für den Fall, dass der Anteil oder die Aktie am AIF für den Anleger durch einen Treuhänder gehalten wird.

§ 48 Verkürzung der handelsrechtlichen Offenlegungsfrist

(1) Ist der geschlossene inländische Publikums-AIF im Sinne des § 46 nach den Vorschriften des Handelsgesetzbuchs zur Offenlegung des Jahresabschlusses verpflichtet, tritt an die Stelle des Ablaufs des zwölften Monats des dem Abschlussstichtag nachfolgenden Geschäftsjahres im Sinne des § 325 Absatz 1a des Handelsgesetzbuchs der Ablauf des sechsten Monats.

(2) § 326 des Handelsgesetzbuchs über die größenabhängigen Erleichterungen für kleine Kapitalgesellschaften ist nicht anzuwenden.

§ 48a Jahresbericht, Lagebericht und Prüfung von Spezial-AIF, die Darlehen nach § 285 Absatz 2 vergeben; Verordnungsermächtigung

(1) [1]Für die Erstellung, den Inhalt und die Prüfung und Bestätigung des Jahresberichts und des Lageberichts eines geschlossenen inländischen Spezial-AIF, für dessen Rechnung eine AIF-Kapitalverwaltungsgesellschaft, die die Voraussetzungen des § 2 Absatz 4 erfüllt, Gelddarlehen gemäß § 285 Absatz 2 vergibt, gelten § 45 Absatz 2 sowie die §§ 46, 47 und 48 Absatz 2 entsprechend. [2]Der Abschlussprüfer hat bei seiner Prüfung

auch festzustellen, ob die AIF-Kapitalverwaltungsgesellschaft die Bestimmungen dieses Gesetzes beachtet hat. [3]Der Prüfungsbericht ist der Bundesanstalt auf Verlangen vom Abschlussprüfer einzureichen.

(2) [1]Das Bundesministerium der Finanzen wird ermächtigt, im Einvernehmen mit dem Bundesministerium der Justiz und für Verbraucherschutz durch Rechtsverordnung, die nicht der Zustimmung des Bundesrates bedarf, nähere Bestimmungen über weitere Inhalte, Umfang und Darstellung des Prüfungsberichts des Abschlussprüfers zu erlassen, soweit dies zur Erfüllung der Aufgaben der Bundesanstalt erforderlich ist, insbesondere um einheitliche Unterlagen zur Beurteilung der Tätigkeit von AIF-Kapitalverwaltungsgesellschaften, die Gelddarlehen gemäß § 285 Absatz 2 für Rechnung von inländischen geschlossenen Spezial-AIF vergeben, zu erhalten. [2]Das Bundesministerium der Finanzen kann die Ermächtigung durch Rechtsverordnung auf die Bundesanstalt übertragen.

Unterabschnitt 5. Grenzüberschreitender Dienstleistungsverkehr bei OGAW-Verwaltungsgesellschaften

§ 49 Zweigniederlassung und grenzüberschreitender Dienstleistungsverkehr durch OGAW-Kapitalverwaltungsgesellschaften; Verordnungsermächtigung

(1) [1]Eine OGAW-Kapitalverwaltungsgesellschaft hat der Bundesanstalt die Absicht, eine Zweigniederlassung in einem anderen Mitgliedstaat der Europäischen Union oder in einem anderen Vertragsstaat des Abkommens über den Europäischen Wirtschaftsraum zu errichten, um die kollektive Vermögensverwaltung oder Tätigkeiten nach § 20 Absatz 2 Nummer 1, 2, 3 oder 4 auszuüben, unverzüglich anzuzeigen. [2]Das Anzeigeschreiben muss neben der Erklärung der Absicht nach Satz 1 Folgendes enthalten:

1. die Bezeichnung des Staates, in dem die Zweigniederlassung errichtet werden soll,
2. einen Geschäftsplan,
   a) aus dem die geplanten Dienstleistungen und Nebendienstleistungen gemäß Artikel 6 Absatz 2 und 3 der Richtlinie 2009/65/EG und der organisatorische Aufbau der Zweigniederlassung hervorgehen,
   b) der eine Beschreibung des Risikomanagementverfahrens umfasst, das von der OGAW-Kapitalverwaltungsgesellschaft erarbeitet wurde und
   c) der eine Beschreibung der Verfahren und Vereinbarungen zur Einhaltung von Artikel 15 der Richtlinie 2009/65/EG enthält,
3. die Anschrift, unter der Unterlagen der OGAW-Kapitalverwaltungsgesellschaft im Aufnahmemitgliedstaat angefordert und Schriftstücke zugestellt werden können und
4. die Namen der Personen, die die Zweigniederlassung leiten werden.

(2) [1]Besteht in Anbetracht der geplanten Tätigkeiten kein Grund, die Angemessenheit der Organisationsstruktur und der Finanzlage der OGAW-Kapitalverwaltungsgesellschaft anzuzweifeln, übermittelt die Bundesanstalt die Angaben nach Absatz 1 Satz 2 innerhalb von zwei Monaten nach Eingang der vollständigen Unterlagen den zuständigen Stellen des Aufnahmemitgliedstaates der OGAW-Kapitalverwaltungsgesellschaft und teilt dies der anzeigenden OGAW-Kapitalverwaltungsgesellschaft unverzüglich mit. [2]Sie unterrichtet die zuständigen Stellen des Aufnahmemitgliedstaates der OGAW-Kapitalverwaltungsgesellschaft gegebenenfalls über die Sicherungseinrichtung, der die OGAW-Kapitalverwaltungsgesellschaft angehört. [3]Lehnt die Bundesanstalt es ab, die Anzeige nach Absatz 1 an die zuständigen Stellen des Aufnahmemitgliedstaates der OGAW-Kapitalverwaltungsgesellschaft weiterzuleiten, teilt sie dies der OGAW-Kapitalverwaltungsgesellschaft unverzüglich, spätestens jedoch innerhalb von zwei Mo-

naten nach Eingang der vollständigen Anzeige nach Absatz 1 Satz 2 unter Angabe der Gründe mit.

(3) Die OGAW-Kapitalverwaltungsgesellschaft darf erst die Zweigniederlassung errichten und ihre Tätigkeit aufnehmen, wenn ihr eine Mitteilung der zuständigen Stelle des Aufnahmemitgliedstaates über die Meldepflichten und die anzuwendenden Bestimmungen zugegangen ist oder, sofern diese Stelle sich nicht äußert, wenn seit der Übermittlung der Angaben durch die Bundesanstalt an die zuständige Stelle des Aufnahmemitgliedstaates der OGAW-Kapitalverwaltungsgesellschaft nach Absatz 2 Satz 1 zwei Monate vergangen sind.

(4) [1]Ändern sich die Verhältnisse, die nach Absatz 1 Satz 2 Nummer 2 bis 4 angezeigt wurden, hat die OGAW-Kapitalverwaltungsgesellschaft der Bundesanstalt und den zuständigen Stellen des Aufnahmemitgliedstaates der OGAW-Kapitalverwaltungsgesellschaft die Änderungen mindestens einen Monat vor dem Wirksamwerden der Änderungen schriftlich anzuzeigen. [2]Die Bundesanstalt entscheidet innerhalb eines Monats nach Eingang der Änderungsanzeige, ob hinsichtlich der Änderungen nach Satz 1 Gründe bestehen, die Angemessenheit der Organisationsstruktur und der Finanzlage der OGAW-Kapitalverwaltungsgesellschaft anzuzweifeln. [3]Die Bundesanstalt teilt den zuständigen Stellen des Aufnahmemitgliedstaates der OGAW-Kapitalverwaltungsgesellschaft Änderungen ihrer Einschätzung an der Angemessenheit der Organisationsstruktur und der Finanzlage der OGAW-Kapitalverwaltungsgesellschaft sowie Änderungen der Sicherungseinrichtung unverzüglich mit.

(5) [1]Absatz 1 Satz 1 gilt entsprechend für die Absicht, im Wege des grenzüberschreitenden Dienstleistungsverkehrs in einem anderen Mitgliedstaat der Europäischen Union oder einem anderen Vertragsstaat des Abkommens über den Europäischen Wirtschaftsraum die kollektive Vermögensverwaltung oder Tätigkeiten nach § 20 Absatz 2 Nummer 1, 2, 3 oder 4 auszuüben. [2]Die Anzeige muss neben der Erklärung der Absicht nach Satz 1 Folgendes enthalten:

1. die Bezeichnung des Staates, in dem die grenzüberschreitende Dienstleistung ausgeübt werden soll und
2. einen Geschäftsplan,
   a) aus dem die geplanten Dienstleistungen und Nebendienstleistungen gemäß Artikel 6 Absatz 2 und 3 der Richtlinie 2009/65/EG hervorgehen,
   b) der eine Beschreibung des Risikomanagementverfahrens umfasst, das von der OGAW-Kapitalverwaltungsgesellschaft erarbeitet wurde und
   c) der eine Beschreibung der Verfahren und Vereinbarungen zur Einhaltung von Artikel 15 der Richtlinie 2009/65/EG enthält.

(6) [1]Die Bundesanstalt übermittelt die Angaben nach Absatz 5 Satz 2 innerhalb eines Monats nach Eingang der vollständigen Unterlagen den zuständigen Stellen des Aufnahmemitgliedstaates der OGAW-Kapitalverwaltungsgesellschaft und teilt dies der anzeigenden OGAW-Kapitalverwaltungsgesellschaft unverzüglich mit. [2]Die Bundesanstalt unterrichtet die zuständigen Stellen des Aufnahmemitgliedstaates der OGAW-Kapitalverwaltungsgesellschaft gegebenenfalls über die Sicherungseinrichtung, der die OGAW-Kapitalverwaltungsgesellschaft angehört. [3]Unmittelbar nachdem die Bundesanstalt die zuständigen Stellen des Aufnahmemitgliedstaates der OGAW-Kapitalverwaltungsgesellschaft unterrichtet hat, kann die OGAW-Kapitalverwaltungsgesellschaft ihre Tätigkeit im Aufnahmemitgliedstaat aufnehmen. [4]Ändern sich die Verhältnisse, die nach Absatz 5 Satz 2 Nummer 2 angezeigt wurden, hat die OGAW-Kapitalverwaltungsgesellschaft der Bundesanstalt und den zuständigen Stellen des

Aufnahmemitgliedstaates der OGAW-Kapitalverwaltungsgesellschaft die Änderungen vor dem Wirksamwerden der Änderungen schriftlich anzuzeigen.

(7) OGAW-Kapitalverwaltungsgesellschaften, die beabsichtigen, gemäß Absatz 1 eine Zweigniederlassung zu errichten oder gemäß Absatz 5 im Wege des grenzüberschreitenden Dienstleistungsverkehrs Tätigkeiten nach § 20 Absatz 2 Nummer 1, 2, 3 oder 4 auszuüben, müssen mindestens einen OGAW verwalten.

(8) Das Bundesministerium der Finanzen wird ermächtigt, durch Rechtsverordnung, die nicht der Zustimmung des Bundesrates bedarf, zu bestimmen, dass die Absätze 1 bis 4 für die Errichtung einer Zweigniederlassung in einem Drittstaat entsprechend anzuwenden sind, soweit dies im Bereich des Niederlassungsrechts auf Grund von Abkommen der Europäischen Union mit Drittstaaten erforderlich ist.

§ 50 Besonderheiten für die Verwaltung von EU-OGAW durch OGAW-Kapitalverwaltungsgesellschaften

(1) [1]Beabsichtigt eine OGAW-Kapitalverwaltungsgesellschaft, über eine Zweigniederlassung oder im Wege des grenzüberschreitenden Dienstleistungsverkehrs EU-OGAW zu verwalten, fügt die Bundesanstalt der Anzeige nach § 49 Absatz 1 Satz 2 oder § 49 Absatz 5 Satz 2 eine Bescheinigung darüber bei, dass die OGAW-Kapitalverwaltungsgesellschaft eine Erlaubnis zum Geschäftsbetrieb erhalten hat, die einer Zulassung gemäß der Richtlinie 2009/65/EG entspricht, sowie eine Beschreibung des Umfangs dieser Erlaubnis. [2]In diesem Fall hat die OGAW-Kapitalverwaltungsgesellschaft den zuständigen Stellen des Aufnahmemitgliedstaates darüber hinaus folgende Unterlagen zu übermitteln:

1. den schriftlichen Vertrag mit der Verwahrstelle im Sinne des § 68 Absatz 1 Satz 2 und
2. Angaben über die Auslagerung von Aufgaben nach § 36 bezüglich der Aufgaben der Portfolioverwaltung und der administrativen Tätigkeiten im Sinne des Anhangs II der Richtlinie 2009/65/EG.

[3]Verwaltet die OGAW-Kapitalverwaltungsgesellschaft in diesem Aufnahmemitgliedstaat bereits EU-OGAW der gleichen Art, ist ein Hinweis auf die bereits übermittelten Unterlagen ausreichend, sofern sich keine Änderungen ergeben.

(2) [1]Die Bundesanstalt unterrichtet die zuständigen Stellen des Aufnahmemitgliedstaates der OGAW-Kapitalverwaltungsgesellschaft über jede Änderung des Umfangs der Erlaubnis der OGAW-Kapitalverwaltungsgesellschaft. [2]Sie aktualisiert die Informationen, die in der Bescheinigung nach Absatz 1 Satz 1 enthalten sind. [3]Alle nachfolgenden inhaltlichen Änderungen zu den Unterlagen nach Absatz 1 Satz 2 hat die OGAW-Kapitalverwaltungsgesellschaft den zuständigen Stellen des Aufnahmemitgliedstaates unmittelbar mitzuteilen.

(3) Fordert die zuständige Stelle des Aufnahmemitgliedstaates der OGAW-Kapitalverwaltungsgesellschaft von der Bundesanstalt auf Grundlage der Bescheinigung nach Absatz 1 Satz 1 Auskünfte darüber an, ob die Art des EU-OGAW, dessen Verwaltung beabsichtigt ist, von der Erlaubnis der OGAW-Kapitalverwaltungsgesellschaft erfasst ist oder fordert sie Erläuterungen zu den nach Absatz 1 Satz 2 übermittelten Unterlagen an, gibt die Bundesanstalt ihre Stellungnahme binnen zehn Arbeitstagen ab.

(4) [1]Auf die Tätigkeit einer OGAW-Kapitalverwaltungsgesellschaft, die EU-OGAW verwaltet, sind die §§ 1 bis 43 sowie die im Herkunftsmitgliedstaat des EU-OGAW anzuwendenden Vorschriften, die Artikel 19 Absatz 3 und 4 der Richtlinie 2009/65/EG umsetzen, entsprechend anzuwenden. [2]Soweit diese Tätigkeit über eine Zweigniederlassung ausgeübt wird, sind § 26 Absatz 2 in Verbindung mit einer Rechtsverordnung nach § 26 Absatz 8 sowie § 27 Absatz 1 in Verbindung mit einer Rechtsverordnung nach § 27 Absatz 6 nicht anzuwenden.

§ 51 Inländische Zweigniederlassungen und grenzüberschreitender Dienstleistungsverkehr von EU-OGAW-Verwaltungsgesellschaften

(1) [1]Eine EU-OGAW-Verwaltungsgesellschaft darf ohne Erlaubnis der Bundesanstalt über eine inländische Zweigniederlassung oder im Wege des grenzüberschreitenden Dienstleistungsverkehrs im Inland die kollektive Vermögensverwaltung von inländischen OGAW sowie Dienstleistungen und Nebendienstleistungen nach § 20 Absatz 2 Nummer 1, 2, 3 oder 4 erbringen, wenn die zuständigen Stellen des Herkunftsmitgliedstaates der EU-OGAW-Verwaltungsgesellschaft

1. durch ihre Erlaubnis die im Inland beabsichtigten Tätigkeiten abgedeckt haben und
2. der Bundesanstalt eine Anzeige über die Absicht der EU-OGAW-Verwaltungsgesellschaft übermittelt haben,
   a) eine inländische Zweigniederlassung im Sinne des Artikels 17 Absatz 3 Unterabsatz 1 der Richtlinie 2009/65/EG zu errichten oder
   b) Tätigkeiten im Wege des grenzüberschreitenden Dienstleistungsverkehrs im Sinne des Artikels 18 Absatz 2 Unterabsatz 1 der Richtlinie 2009/65/EG zu erbringen.

[2]Beabsichtigt eine EU-OGAW-Verwaltungsgesellschaft, die Anteile eines von ihr verwalteten EU-OGAW im Inland zu vertreiben, ohne eine inländische Zweigniederlassung zu errichten oder im Wege des grenzüberschreitenden Dienstleistungsverkehrs über diesen Vertrieb hinaus weitere Tätigkeiten zu erbringen, unterliegt dieser Vertrieb lediglich den §§ 293, 294, 297, 298, 301 bis 306 sowie 309 bis 311. § 53 des Kreditwesengesetzes ist im Fall des Satzes 1 nicht anzuwenden.

(2) [1]Die Bundesanstalt hat eine EU-OGAW-Verwaltungsgesellschaft, die beabsichtigt, eine Zweigniederlassung im Inland zu errichten, innerhalb von zwei Monaten nach Eingang der Anzeige gemäß Absatz 1 Satz 1 auf Folgendes hinzuweisen:

1. die Meldungen an die Bundesanstalt, die für ihre geplanten Tätigkeiten vorgeschrieben sind und
2. die nach Absatz 4 Satz 1 anzuwendenden Bestimmungen.

[2]Nach Eingang der Mitteilung der Bundesanstalt, spätestens nach Ablauf der in Satz 1 genannten Frist, kann die Zweigniederlassung errichtet werden und ihre Tätigkeit aufnehmen. [3]Ändern sich die Verhältnisse, die die EU-OGAW-Verwaltungsgesellschaft entsprechend Artikel 17 Absatz 2 Buchstabe b bis d der Richtlinie 2009/65/EG der zuständigen Stelle ihres Herkunftsmitgliedstaates angezeigt hat, hat die EU-OGAW-Verwaltungsgesellschaft dies der Bundesanstalt mindestens einen Monat vor dem Wirksamwerden der Änderungen schriftlich anzuzeigen. [4]§ 35 Absatz 3 und 5 des Wertpapierhandelsgesetzes sowie die §§ 293, 294, 309 bis 311 bleiben unberührt.

(3) [1]Die Bundesanstalt hat eine EU-OGAW-Verwaltungsgesellschaft, die beabsichtigt, im Inland im Wege des grenzüberschreitenden Dienstleistungsverkehrs tätig zu werden, innerhalb eines Monats nach Eingang der Anzeige gemäß Absatz 1 Satz 1 auf Folgendes hinzuweisen:

1. die Meldungen an die Bundesanstalt, die für ihre geplanten Tätigkeiten vorgeschriebenen sind, und
2. die nach Absatz 4 Satz 3 anzuwendenden Bestimmungen.

[2]Die EU-OGAW-Verwaltungsgesellschaft kann ihre Tätigkeit unmittelbar nach Unterrichtung der Bundesanstalt durch die zuständigen Stellen des Herkunftsmitgliedstaates der EU-OGAW-Verwaltungsgesellschaft aufnehmen. [3]Ändern sich die Verhältnisse, die die EU-OGAW-Verwaltungsgesellschaft entsprechend Artikel 18 Absatz 1 Buchstabe b der Richtlinie 2009/65/EG der zuständigen Stelle ihres Herkunftsmitgliedstaates ange-

zeigt hat, hat die EU-OGAW-Verwaltungsgesellschaft dies der Bundesanstalt vor dem Wirksamwerden der Änderungen schriftlich anzuzeigen. [4]§ 35 Absatz 3 und 5 des Wertpapierhandelsgesetzes sowie die §§ 293, 294 und die §§ 309 bis 311 bleiben unberührt.

(4) [1]Auf die Zweigniederlassungen im Sinne des Absatzes 1 Satz 1 sind § 3 Absatz 1, 4 und 5, die §§ 14, 26 Absatz 2, auch in Verbindung mit einer Rechtsverordnung nach § 26 Absatz 8, und § 27 Absatz 1, auch in Verbindung mit einer Rechtsverordnung nach § 27 Absatz 6, die §§ 33, 34 Absatz 3 Nummer 8 sowie die §§ 293, 294 Absatz 1, § 295 Absatz 1 bis 5 und 8, die §§ 297, 301 bis 306, 312 und 313 dieses Gesetzes anzuwenden. [2]Soweit diese Zweigniederlassungen Dienst- und Nebendienstleistungen im Sinne des § 20 Absatz 2 Nummer 1, 2, 3 oder 4, erbringen, sind darüber hinaus §§ 63 bis 68, 70, 82 Absatz 1 bis 9 und 13 und § 83 des Wertpapierhandelsgesetzes sowie § 18 des Gesetzes über die Deutsche Bundesbank mit der Maßgabe entsprechend anzuwenden, dass mehrere Niederlassungen derselben EU-OGAW-Verwaltungsgesellschaft als eine Zweigniederlassung gelten. [3]Soweit diese Zweigniederlassungen Dienst- und Nebendienstleistungen im Sinne des § 20 Absatz 2 Nummer 1, 2, 3 oder 4 erbringen, hat ein geeigneter Prüfer mindestens einmal jährlich zu prüfen, ob sie die in Satz 2 genannten Vorschriften des Wertpapierhandelsgesetzes einhalten; § 38 Absatz 4 Satz 4 bis 6 und Absatz 5 gilt entsprechend. [4]Auf die Tätigkeiten im Wege des grenzüberschreitenden Dienstleistungsverkehrs nach Absatz 1 Satz 1 sind die §§ 14, 293, 294 Absatz 1, § 295 Absatz 1 bis 5 und 8, die §§ 297, 301 bis 306, 312 und 313 dieses Gesetzes entsprechend anzuwenden.

(5) [1]Kommt eine EU-OGAW-Verwaltungsgesellschaft ihren Verpflichtungen nach Absatz 4 und § 52 Absatz 4 nicht nach, fordert die Bundesanstalt diese auf, den Mangel innerhalb einer bestimmten Frist zu beheben. [2]Kommt die EU-OGAW-Verwaltungsgesellschaft der Aufforderung nicht nach, unterrichtet die Bundesanstalt die zuständigen Stellen des Herkunftsmitgliedstaates der EU-OGAW-Verwaltungsgesellschaft. [3]Ergreift der Herkunftsmitgliedstaat keine Maßnahmen oder erweisen sich die Maßnahmen als unzureichend, kann die Bundesanstalt

1. nach der Unterrichtung der zuständigen Stellen des Herkunftsmitgliedstaates der EU-OGAW-Verwaltungsgesellschaft die erforderlichen Maßnahmen selbst ergreifen und falls erforderlich die Durchführung neuer Geschäfte im Inland untersagen sowie

2. die Europäische Wertpapier- und Marktaufsichtsbehörde unterrichten, wenn die zuständige Stelle des Herkunftsmitgliedstaates der EU-OGAW-Verwaltungsgesellschaft nach Ansicht der Bundesanstalt nicht in angemessener Weise tätig geworden ist.

(6) [1]In dringenden Fällen kann die Bundesanstalt vor Einleitung des in Absatz 5 vorgesehenen Verfahrens die erforderlichen Maßnahmen ergreifen. [2]Sie hat die Europäische Kommission und die zuständigen Stellen des Herkunftsmitgliedstaates der EU-OGAW-Verwaltungsgesellschaft hiervon unverzüglich zu unterrichten. [3]Die Bundesanstalt hat die Maßnahmen zu ändern oder aufzuheben, wenn die Europäische Kommission dies nach Anhörung der zuständigen Stellen des Herkunftsmitgliedstaates der EU-OGAW-Verwaltungsgesellschaft und der Bundesanstalt beschließt.

(7) [1]Die zuständigen Stellen des Herkunftsmitgliedstaates der EU-OGAW-Verwaltungsgesellschaft können nach vorheriger Unterrichtung der Bundesanstalt selbst oder durch ihre Beauftragten die Informationen, die für die aufsichtliche Überwachung der Zweigniederlassung erforderlich sind, bei der Zweigniederlassung prüfen. [2]Auf Ersuchen der zuständigen Stellen des Herkunftsmitgliedstaates der EU-OGAW-Verwaltungsgesellschaft hat die Bundesanstalt

1. die Richtigkeit der Daten zu überprüfen, die von der EU-OGAW-Verwaltungsgesellschaft für die zuständigen Stellen des Herkunftsmitgliedstaates der EU-OGAW-Verwaltungsgesellschaft zu aufsichtlichen Zwecken übermittelt wurden, oder
2. zu gestatten, dass die ersuchende Stelle, ein Wirtschaftsprüfer oder ein Sachverständiger diese Daten überprüft.

[3]Die Bundesanstalt kann nach pflichtgemäßem Ermessen gegenüber Aufsichtsstellen in Drittstaaten entsprechend verfahren, wenn Gegenseitigkeit gewährleistet ist. [4]§ 5 Absatz 2 des Verwaltungsverfahrensgesetzes über die Grenzen der Amtshilfe gilt entsprechend. [5]Die EU-OGAW-Verwaltungsgesellschaften im Sinne des Absatzes 1 Satz 1 haben die Prüfung zu dulden.

(8) Die §§ 24c und 25h bis 25m des Kreditwesengesetzes sowie § 93 Absatz 7 und 8 in Verbindung mit § 93b der Abgabenordnung gelten für die Zweigniederlassungen im Sinne des Absatzes 1 Satz 1 entsprechend.

§ 52 Besonderheiten für die Verwaltung inländischer OGAW durch EU-OGAW-Verwaltungsgesellschaften

(1) [1]Die Verwaltung eines inländischen OGAW durch eine EU-OGAW-Verwaltungsgesellschaft über eine Zweigniederlassung oder im Wege des grenzüberschreitenden Dienstleistungsverkehrs setzt voraus, dass die zuständigen Stellen des Herkunftsmitgliedstaates der EU-OGAW-Verwaltungsgesellschaft der Anzeige nach § 51 Absatz 1 Satz 1 eine Bescheinigung darüber beigefügt haben, dass die EU-OGAW-Verwaltungsgesellschaft in ihrem Herkunftsmitgliedstaat eine Zulassung gemäß der Richtlinie 2009/65/EG erhalten hat, eine Beschreibung des Umfangs dieser Zulassung sowie Einzelheiten darüber, auf welche Arten von OGAW diese Zulassung beschränkt ist. [2]Die EU-OGAW-Verwaltungsgesellschaft hat der Bundesanstalt darüber hinaus folgende Unterlagen zu übermitteln:

1. die schriftliche Vereinbarung mit der Verwahrstelle im Sinne des Artikels 22 Absatz 2 der Richtlinie 2009/65/EG und
2. Angaben über die Auslagerung von Aufgaben bezüglich der Portfolioverwaltung und der administrativen Tätigkeiten im Sinne des Anhangs II der Richtlinie 2009/65/EG.

[3]Verwaltet die EU-OGAW-Verwaltungsgesellschaft bereits inländische OGAW der gleichen Art, ist ein Hinweis auf die bereits übermittelten Unterlagen ausreichend, sofern sich keine Änderungen ergeben. [4]Die §§ 162 und 163 bleiben unberührt. [5]Satz 2 findet keine Anwendung, sofern die EU-OGAW-Verwaltungsgesellschaft im Inland lediglich EU-OGAW vertreiben will.

(2) Soweit es die Ausübung der Aufsicht über die EU-OGAW-Verwaltungsgesellschaft bei der Verwaltung eines inländischen OGAW erfordert, kann die Bundesanstalt von den zuständigen Stellen des Herkunftsmitgliedstaates der EU-OGAW-Verwaltungsgesellschaft Erläuterungen zu den Unterlagen nach Absatz 1 anfordern sowie auf Grundlage der Bescheinigung nach Absatz 1 Satz 1 Auskünfte darüber anfordern, ob die Art des inländischen OGAW, dessen Verwaltung beabsichtigt ist, von der Zulassung der EU-OGAW-Verwaltungsgesellschaft erfasst ist.

(3) Die EU-OGAW-Verwaltungsgesellschaft hat der Bundesanstalt alle nachfolgenden inhaltlichen Änderungen zu den Unterlagen nach Absatz 1 Satz 2 unmittelbar mitzuteilen.

(4) [1]Die Bundesanstalt kann die Verwaltung eines inländischen OGAW untersagen, wenn

1. die EU-OGAW-Verwaltungsgesellschaft den Anforderungen des Artikels 19 Absatz 3 und 4 der Richtlinie 2009/65/EG nicht entspricht,
2. die EU-OGAW-Verwaltungsgesellschaft von den zuständigen Stellen ihres Herkunftsmitgliedstaates keine Zulassung zur Verwaltung der Art von OGAW erhalten hat, deren Verwaltung im Inland beabsichtigt wird, oder
3. die EU-OGAW-Verwaltungsgesellschaft die Unterlagen nach Absatz 1 nicht eingereicht hat.

[2]Vor einer Untersagung hat die Bundesanstalt die zuständigen Stellen des Herkunftsmitgliedstaates der EU-OGAW-Verwaltungsgesellschaft anzuhören.

(5) Auf die Tätigkeit einer EU-OGAW-Verwaltungsgesellschaft, die inländische OGAW verwaltet, sind ungeachtet der Anforderungen nach § 51 Absatz 4 die §§ 68 bis 79, 91 bis 123, 162 bis 213, 293, 294 Absatz 1, die §§ 301 bis 306, 312 und 313 entsprechend anzuwenden.

Unterabschnitt 6. Grenzüberschreitender Dienstleistungsverkehr und Drittstaatenbezug bei AIF-Verwaltungsgesellschaften

§ 53 Verwaltung von EU-AIF durch AIF-Kapitalverwaltungsgesellschaften

(1) Beabsichtigt eine AIF-Kapitalverwaltungsgesellschaft, die über eine Erlaubnis nach den §§ 20, 22 verfügt, erstmals im Wege des grenzüberschreitenden Dienstleistungsverkehrs oder über eine Zweigniederlassung EU-AIF zu verwalten oder Dienst- und Nebendienstleistungen nach § 20 Absatz 3 Nummer 2 bis 5 zu erbringen, so übermittelt sie der Bundesanstalt folgende Angaben:

1. den Mitgliedstaat der Europäischen Union oder den Vertragsstaat des Abkommens über den Europäischen Wirtschaftsraum, in dem sie EU-AIF im Wege des grenzüberschreitenden Dienstleistungsverkehrs oder über eine Zweigniederlassung zu verwalten oder Dienst- und Nebendienstleistungen nach § 20 Absatz 3 Nummer 2 bis 5 zu erbringen beabsichtigt,
2. einen Geschäftsplan, aus dem insbesondere hervorgeht, welche EU-AIF sie zu verwalten oder welche Dienst- und Nebendienstleistungen sie zu erbringen beabsichtigt.

(2) Beabsichtigt die AIF-Kapitalverwaltungsgesellschaft, eine Zweigniederlassung in einem anderen Mitgliedstaat der Europäischen Union oder in einem anderen Vertragsstaat des Abkommens über den Europäischen Wirtschaftsraum zu errichten, so hat sie der Bundesanstalt zusätzlich zu den Angaben nach Absatz 1 folgende Informationen zu übermitteln:

1. den organisatorischen Aufbau der Zweigniederlassung,
2. die Anschrift, unter der im Herkunftsmitgliedstaat des EU-AIF Unterlagen angefordert werden können, sowie
3. die Namen und Kontaktangaben der Geschäftsführer der Zweigniederlassung.

(3) Besteht kein Grund zur Annahme, dass die Verwaltung des EU-AIF durch die AIF-Kapitalverwaltungsgesellschaft oder die Erbringung von Dienst- und Nebendienstleistungen nach § 20 Absatz 3 Nummer 2 bis 5 gegen dieses Gesetz verstößt oder verstoßen wird, übermittelt die Bundesanstalt binnen eines Monats nach dem Eingang der vollständigen Unterlagen nach Absatz 1 oder binnen zwei Monaten nach dem Eingang der vollständigen Unterlagen nach Absatz 2 diese zusammen mit einer Bescheinigung über die Erlaubnis der betreffenden AIF-Kapitalverwaltungsgesellschaft an die zuständigen Behörden des Aufnahmemitgliedstaates der AIF-Kapitalverwaltungsgesellschaft.

(4) [1]Die Bundesanstalt unterrichtet die AIF-Kapitalverwaltungsgesellschaft unverzüglich über die Übermittlung der Unterlagen. [2]Die AIF-Kapitalverwaltungsgesellschaft darf erst unmittelbar nach dem Eingang der Übermittlungsmeldung in dem jeweiligen Aufnahmemitgliedstaat mit der Verwaltung von EU-AIF oder der Erbringung von Dienst- und Nebendienstleistungen beginnen.

(5) [1]Eine Änderung der nach Absatz 1 oder Absatz 2 übermittelten Angaben hat die AIF-Kapitalverwaltungsgesellschaft der Bundesanstalt mindestens einen Monat vor der Durchführung der geplanten Änderungen schriftlich anzuzeigen. [2]Im Fall von ungeplanten Änderungen hat die AIF-Kapitalverwaltungsgesellschaft die Änderung der Bundesanstalt unmittelbar nach dem Eintritt der Änderung schriftlich anzuzeigen.

(6) Würde die geplante Änderung dazu führen, dass die AIF-Kapitalverwaltungsgesellschaft, die Verwaltung des EU-AIF oder die Erbringung der Dienst- und Nebendienstleistungen durch diese nunmehr gegen dieses Gesetz verstößt, untersagt die Bundesanstalt der AIF-Kapitalverwaltungsgesellschaft unverzüglich die Änderung.

(7) Wird eine geplante Änderung ungeachtet der Absätze 5 und 6 durchgeführt oder würde eine durch einen unvorhersehbaren Umstand ausgelöste Änderung dazu führen, dass die AIF-Kapitalverwaltungsgesellschaft oder die Verwaltung des EU-AIF, die Verwaltung des EU-AIF oder die Erbringung der Dienst- und Nebendienstleistungen durch diese nunmehr gegen dieses Gesetz verstößt, ergreift die Bundesanstalt alle erforderlichen Maßnahmen.

(8) Über Änderungen, die im Einklang mit diesem Gesetz stehen, unterrichtet die Bundesanstalt unverzüglich die zuständigen Stellen des Aufnahmemitgliedstaates der AIF-Kapitalverwaltungsgesellschaft.

§ 54 Zweigniederlassung und grenzüberschreitender Dienstleistungsverkehr von EU-AIF-Verwaltungsgesellschaften im Inland

(1) Die Verwaltung eines inländischen Spezial-AIF oder die Erbringung von Dienst- und Nebendienstleistungen nach Artikel 6 Absatz 4 der Richtlinie 2011/61/EU durch eine EU-AIF-Verwaltungsgesellschaft im Inland über eine Zweigniederlassung oder im Wege des grenzüberschreitenden Dienstleistungsverkehrs setzt voraus, dass die zuständigen Stellen des Herkunftsmitgliedstaates der EU-AIF-Verwaltungsgesellschaft der Bundesanstalt folgende Angaben und Unterlagen übermittelt haben:

1. eine Bescheinigung darüber, dass die EU-AIF-Verwaltungsgesellschaft eine Zulassung gemäß der Richtlinie 2011/61/EU erhalten hat, durch die die im Inland beabsichtigten Tätigkeiten abgedeckt sind,
2. die Anzeige der Absicht der EU-AIF-Verwaltungsgesellschaft, in der Bundesrepublik Deutschland über eine Zweigniederlassung oder im Wege des grenzüberschreitenden Dienstleistungsverkehrs inländische Spezial-AIF zu verwalten oder Dienst- und Nebendienstleistungen nach Artikel 6 Absatz 4 der Richtlinie 2011/61/EU zu erbringen sowie
3. einen Geschäftsplan, aus dem insbesondere hervorgeht, welche inländischen Spezial-AIF die EU-AIF-Verwaltungsgesellschaft zu verwalten und welche Dienst- und Nebendienstleistungen nach Artikel 6 Absatz 4 der Richtlinie 2011/61/EU sie zu erbringen beabsichtigt.

(2) Die Errichtung einer Zweigniederlassung durch eine EU-AIF-Verwaltungsgesellschaft setzt voraus, dass die zuständigen Stellen des Herkunftsmitgliedstaates der EU-AIF-Verwaltungsgesellschaft der Bundesanstalt zusätzlich zu den Angaben nach Absatz 1 folgende Informationen übermittelt haben:

1. den organisatorischen Aufbau der Zweigniederlassung,

2. die Anschrift, unter der im Inland Unterlagen angefordert werden können, sowie
3. die Namen und Kontaktangaben der Geschäftsführer der Zweigniederlassung.

(3) Die EU-AIF-Verwaltungsgesellschaft kann unmittelbar nach dem Erhalt der Übermittlungsmeldung durch ihren Herkunftsmitgliedstaat gemäß Artikel 33 Absatz 4 der Richtlinie 2011/61/EU mit der Verwaltung von inländischen Spezial-AIF oder der Erbringung von Dienst- und Nebendienstleistungen nach Artikel 6 Absatz 4 der Richtlinie 2011/61/EU im Inland beginnen.

(4) [1]Auf die Zweigniederlassungen im Sinne des Absatzes 1 sind § 3 Absatz 1, 4 und 5, die §§ 14, 26 Absatz 2, 3 und 7, § 27 Absatz 1 bis 4, § 28 Absatz 1 Satz 4, die §§ 31, 33, 34 Absatz 3 Nummer 8 sowie die §§ 293, 294 Absatz 1, § 295 Absatz 1 bis 5 und 8, die §§ 297, 302 bis 308 entsprechend anzuwenden. [2]Soweit diese Zweigniederlassungen Dienst- und Nebendienstleistungen im Sinne des Artikels 6 Absatz 4 der Richtlinie 2011/61/EU erbringen, sind darüber hinaus §§ 63 bis 68, 70, 82 Absatz 1 bis 9 und 13 und § 83 des Wertpapierhandelsgesetzes sowie § 18 des Gesetzes über die Deutsche Bundesbank mit der Maßgabe entsprechend anzuwenden, dass mehrere Niederlassungen derselben EU-AIF-Verwaltungsgesellschaft als eine Zweigniederlassung gelten. [3]Soweit diese Zweigniederlassungen Dienst- und Nebendienstleistungen im Sinne des Artikels 6 Absatz 4 der Richtlinie 2011/61/EU erbringen, hat ein geeigneter Prüfer mindestens einmal jährlich zu prüfen, ob sie die in Satz 2 genannten Vorschriften des Wertpapierhandelsgesetzes einhalten; § 38 Absatz 4 Satz 4 bis 6 und Absatz 5 gilt entsprechend. [4]Auf die Tätigkeiten im Wege des grenzüberschreitenden Dienstleistungsverkehrs nach Absatz 1 Satz 1 sind die §§ 14, 294 Absatz 1, § 295 Absatz 1 bis 5 und 8, die §§ 297, 302 bis 308 entsprechend anzuwenden.

(5) Auf die Tätigkeit einer EU-AIF-Verwaltungsgesellschaft, die inländische Spezial-AIF verwaltet, sind ungeachtet der Anforderungen nach Absatz 4 die §§ 80 bis 161, 273 Satz 1 und §§ 274 bis 292 entsprechend anzuwenden.

§ 55 Bedingungen für AIF-Kapitalverwaltungsgesellschaften, welche ausländische AIF verwalten, die weder in den Mitgliedstaaten der Europäischen Union noch in den Vertragsstaaten des Abkommens über den Europäischen Wirtschaftsraum vertrieben werden

(1) Die Verwaltung von ausländischen AIF, die weder in den Mitgliedstaaten der Europäischen Union noch in den Vertragsstaaten des Abkommens über den Europäischen Wirtschaftsraum vertrieben werden, durch eine nach diesem Gesetz zugelassene AIF-Kapitalverwaltungsgesellschaft ist zulässig, wenn

1. die AIF-Kapitalverwaltungsgesellschaft alle in der Richtlinie 2011/61/EU für diese AIF festgelegten Anforderungen mit Ausnahme der Anforderungen der §§ 67 und 80 bis 90 erfüllt und
2. geeignete Vereinbarungen über die Zusammenarbeit zwischen der Bundesanstalt und den Aufsichtsbehörden des Drittstaates bestehen, in dem der ausländische AIF seinen Sitz hat, durch die ein effizienter Informationsaustausch gewährleistet wird, der es der Bundesanstalt ermöglicht, ihre Aufgaben nach diesem Gesetz wahrzunehmen.

(2) Nähere Bestimmungen zu den in Absatz 1 Nummer 2 genannten Vereinbarungen über die Zusammenarbeit richten sich nach den Artikeln 113 bis 115 der Delegierten Verordnung (EU) Nr. 231/2013 sowie nach den Leitlinien der Europäischen Wertpapier- und Marktaufsichtsbehörde.

§ 56 Bestimmung der Bundesrepublik Deutschland als Referenzmitgliedstaat einer ausländischen AIF-Verwaltungsgesellschaft

(1) Die Bundesrepublik Deutschland ist Referenzmitgliedstaat einer ausländischen AIF-Verwaltungsgesellschaft,

1. wenn sie gemäß den in Artikel 37 Absatz 4 der Richtlinie 2011/61/EU genannten Kriterien Referenzmitgliedstaat sein kann und kein anderer Mitgliedstaat der Europäischen Union oder Vertragsstaat des Abkommens über den Europäischen Wirtschaftsraum als Referenzmitgliedstaat in Betracht kommt oder
2. falls gemäß den in Artikel 37 Absatz 4 der Richtlinie 2011/61/EU genannten Kriterien sowohl die Bundesrepublik Deutschland als auch ein anderer Mitgliedstaat der Europäischen Union oder ein anderer Vertragsstaat des Abkommens über den Europäischen Wirtschaftsraum als Referenzmitgliedstaat in Betracht kommt, wenn die Bundesrepublik Deutschland gemäß dem Verfahren nach Absatz 2 oder durch Entscheidung der ausländischen AIF-Verwaltungsgesellschaft nach Absatz 4 als Referenzmitgliedstaat festgelegt worden ist.

(2) [1]In den Fällen, in denen gemäß Artikel 37 Absatz 4 der Richtlinie 2011/61/EU neben der Bundesrepublik Deutschland weitere Mitgliedstaaten der Europäischen Union oder weitere Vertragsstaaten des Abkommens über den Europäischen Wirtschaftsraum als Referenzmitgliedstaat in Betracht kommen, hat die ausländische AIF-Verwaltungsgesellschaft bei der Bundesanstalt zu beantragen, dass diese sich mit den zuständigen Stellen aller in Betracht kommenden Mitgliedstaaten der Europäischen Union oder Vertragsstaaten des Abkommens über den Europäischen Wirtschaftsraum über die Festlegung des Referenzmitgliedstaates für die ausländische AIF-Verwaltungsgesellschaft einigt. [2]Die Bundesanstalt und die anderen zuständigen Stellen legen innerhalb eines Monats nach Eingang eines Antrags nach Satz 1 gemeinsam den Referenzmitgliedstaat für die ausländische AIF-Verwaltungsgesellschaft fest.

(3) Wird die Bundesrepublik Deutschland nach Absatz 2 als Referenzmitgliedstaat festgelegt, setzt die Bundesanstalt die ausländische AIF-Verwaltungsgesellschaft unverzüglich von dieser Festlegung in Kenntnis.

(4) Wird die ausländische AIF-Verwaltungsgesellschaft nicht innerhalb von sieben Tagen nach Erlass der Entscheidung gemäß Absatz 2 Satz 2 ordnungsgemäß über die Entscheidung der zuständigen Stellen informiert oder haben die betreffenden zuständigen Stellen innerhalb der in Absatz 2 Satz 2 genannten Monatsfrist keine Entscheidung getroffen, kann die ausländische AIF-Verwaltungsgesellschaft selbst ihren Referenzmitgliedstaat gemäß den in Artikel 37 Absatz 4 der Richtlinie 2011/61/EU aufgeführten Kriterien festlegen.

(5) Die ausländische AIF-Verwaltungsgesellschaft muss in der Lage sein, ihre Absicht zu belegen, in einem bestimmten Mitgliedstaat der Europäischen Union oder einem bestimmten Vertragsstaat des Abkommens über den Europäischen Wirtschaftsraum einen leistungsfähigen Vertrieb aufzubauen, indem sie gegenüber den zuständigen Stellen des von ihr angegebenen Mitgliedstaates der Europäischen Union oder Vertragsstaates des Abkommens über den Europäischen Wirtschaftsraum ihre Vertriebsstrategie offenlegt.

§ 57 Zulässigkeit der Verwaltung von inländischen Spezial-AIF und EU-AIF sowie des Vertriebs von AIF gemäß den §§ 325, 326, 333 oder 334 durch ausländische AIF-Verwaltungsgesellschaften

(1) [1]Eine ausländische AIF-Verwaltungsgesellschaft, für die die Bundesrepublik Deutschland Referenzmitgliedstaat nach § 56 ist und die beabsichtigt, inländische Spezial-AIF oder EU-AIF zu verwalten oder von ihr verwaltete AIF gemäß Artikel 39 oder 40 der Richtlinie 2011/61/EU in den Mitgliedstaaten der Europäischen Union oder Ver-

tragsstaaten des Abkommens über den Europäischen Wirtschaftsraum zu vertreiben, bedarf der Erlaubnis der Bundesanstalt. [2]Die Bundesanstalt hat gegenüber ausländischen AIF-Verwaltungsgesellschaften, für die die Bundesrepublik Deutschland Referenzmitgliedstaat nach § 56 ist, die Befugnisse, die ihr nach diesem Gesetz gegenüber AIF-Kapitalverwaltungsgesellschaften zustehen. [3]Ausländische AIF-Verwaltungsgesellschaften, denen die Bundesanstalt eine Erlaubnis nach § 58 erteilt hat, unterliegen der Aufsicht der Bundesanstalt nach dem vorliegenden Gesetz.

(2) Eine ausländische AIF-Verwaltungsgesellschaft, die beabsichtigt, eine Erlaubnis gemäß Absatz 1 einzuholen, ist verpflichtet, die gleichen Bestimmungen nach diesem Gesetz einzuhalten wie AIF-Kapitalverwaltungsgesellschaften, die Spezial-AIF verwalten, mit Ausnahme der §§ 53, 54, 321, 323 und 331. Soweit die Einhaltung einer der in Satz 1 genannten Bestimmungen dieses Gesetzes mit der Einhaltung der Rechtsvorschriften des Drittstaates unvereinbar ist, denen die ausländische AIF-Verwaltungsgesellschaft oder der in den Mitgliedstaaten der Europäischen Union oder Vertragsstaaten des Abkommens über den Europäischen Wirtschaftsraum vertriebene ausländische AIF unterliegt, besteht für die ausländische AIF-Verwaltungsgesellschaft keine Verpflichtung, sich an die Bestimmungen dieses Gesetzes zu halten, wenn sie belegen kann, dass

1. es nicht möglich ist, die Einhaltung der Bestimmungen dieses Gesetzes mit der Einhaltung einer verpflichtenden Rechtsvorschrift, der die ausländische AIF-Verwaltungsgesellschaft oder der in den Mitgliedstaaten der Europäischen Union oder den Vertragsstaaten des Abkommens über den Europäischen Wirtschaftsraum vertriebene ausländische AIF unterliegt, zu verbinden,
2. die Rechtsvorschriften des Drittstaates, denen die ausländische AIF-Verwaltungsgesellschaft oder der ausländische AIF unterliegt, eine gleichwertige Bestimmung mit dem gleichen Regelungszweck und dem gleichen Schutzniveau für die Anleger des betreffenden AIF enthalten und
3. die ausländische AIF-Verwaltungsgesellschaft oder der ausländische AIF die in Nummer 2 genannte gleichwertige Bestimmung erfüllt.

(3) [1]Eine ausländische AIF-Verwaltungsgesellschaft, die beabsichtigt, eine Erlaubnis gemäß Absatz 1 einzuholen, muss über einen gesetzlichen Vertreter mit Sitz in der Bundesrepublik Deutschland verfügen. [2]Der gesetzliche Vertreter ist die Kontaktstelle für die ausländische AIF-Verwaltungsgesellschaft in den Mitgliedstaaten der Europäischen Union oder den Vertragsstaaten des Abkommens über den Europäischen Wirtschaftsraum. [3]Sämtliche Korrespondenz zwischen den zuständigen Stellen und der ausländischen AIF-Verwaltungsgesellschaft und zwischen den EU-Anlegern des betreffenden AIF und der ausländische AIF-Verwaltungsgesellschaft gemäß der Richtlinie 2011/61/EU erfolgt über diesen gesetzlichen Vertreter. [4]Der gesetzliche Vertreter nimmt gemeinsam mit der ausländischen AIF-Verwaltungsgesellschaft die Compliance-Funktion in Bezug auf die von der ausländischen AIF-Verwaltungsgesellschaft gemäß der Richtlinie 2011/61/EU ausgeführten Verwaltungs- und Vertriebstätigkeiten wahr.

§ 58 Erteilung der Erlaubnis für eine ausländische AIF-Verwaltungsgesellschaft

(1) Beabsichtigt eine ausländische AIF-Verwaltungsgesellschaft, inländische Spezial-AIF oder EU-AIF zu verwalten oder von ihr verwaltete AIF gemäß Artikel 39 oder 40 der Richtlinie 2011/61/EU in den Mitgliedstaaten der Europäischen Union oder Vertragsstaaten des Abkommens über den Europäischen Wirtschaftsraum zu vertreiben und gibt sie die Bundesrepublik Deutschland als Referenzmitgliedstaat an, hat sie bei der Bundesanstalt einen Antrag auf Erteilung einer Erlaubnis zu stellen.

(2) [1]Nach Eingang eines Antrags auf Erteilung einer Erlaubnis gemäß Absatz 1 beurteilt die Bundesanstalt, ob die Entscheidung der ausländischen AIF-Verwaltungsgesellschaft hinsichtlich ihres Referenzmitgliedstaates die Kriterien gemäß § 56 einhält. [2]Ist dies nicht der Fall, lehnt sie den Antrag der ausländischen AIF-Verwaltungsgesellschaft auf Erteilung einer Erlaubnis unter Angabe der Gründe für die Ablehnung ab. [3]Sind die Kriterien gemäß § 56 eingehalten worden, führt die Bundesanstalt das Verfahren nach den Absätzen 3 bis 6 durch.

(3) [1]Ist die Bundesanstalt der Auffassung, dass die Entscheidung einer ausländischen AIF-Verwaltungsgesellschaft hinsichtlich ihres Referenzmitgliedstaates die Kriterien gemäß Artikel 37 Absatz 4 der Richtlinie 2011/61/EU einhält, setzt sie die Europäische Wertpapier- und Marktaufsichtsbehörde von diesem Umstand in Kenntnis und ersucht sie, eine Empfehlung zu ihrer Beurteilung auszusprechen. [2]In ihrer Mitteilung an die Europäische Wertpapier- und Marktaufsichtsbehörde legt die Bundesanstalt der Europäischen Wertpapier- und Marktaufsichtsbehörde die Begründung der ausländischen AIF-Verwaltungsgesellschaft für deren Entscheidung hinsichtlich des Referenzmitgliedstaates und Informationen über die Vertriebsstrategie der ausländischen AIF-Verwaltungsgesellschaft vor.

(4) [1]Innerhalb eines Monats nach Eingang der Mitteilung gemäß Absatz 3 spricht die Europäische Wertpapier- und Marktaufsichtsbehörde eine an die Bundesanstalt gerichtete Empfehlung zu deren Beurteilung hinsichtlich des Referenzmitgliedstaates gemäß den in Artikel 37 Absatz 4 der Richtlinie 2011/61/EU genannten Kriterien aus. [2]Während die Europäische Wertpapier- und Marktaufsichtsbehörde gemäß Artikel 37 Absatz 5 Unterabsatz 3 der Richtlinie 2011/61/EU die Beurteilung der Bundesanstalt prüft, wird die Frist nach § 22 Absatz 2 Satz 1 oder 2 gehemmt.

(5) Schlägt die Bundesanstalt entgegen der Empfehlung der Europäischen Wertpapier- und Marktaufsichtsbehörde gemäß Absatz 4 vor, die Erlaubnis als Referenzmitgliedstaat zu erteilen, setzt sie die Europäische Wertpapier- und Marktaufsichtsbehörde davon unter Angabe ihrer Gründe in Kenntnis.

(6) [1]Wenn die Bundesanstalt entgegen der Empfehlung der Europäischen Wertpapier- und Marktaufsichtsbehörde gemäß Absatz 4 vorschlägt, die Erlaubnis als Referenzmitgliedstaat zu erteilen und die ausländische AIF-Verwaltungsgesellschaft beabsichtigt, Anteile von durch sie verwalteten AIF in anderen Mitgliedstaaten der Europäischen Union oder in anderen Vertragsstaaten des Abkommens über den Europäischen Wirtschaftsraum als der Bundesrepublik Deutschland zu vertreiben, setzt die Bundesanstalt davon auch die zuständigen Stellen der betreffenden Mitgliedstaaten der Europäischen Union und der betreffenden Vertragsstaaten des Abkommens über den Europäischen Wirtschaftsraum unter Angabe ihrer Gründe in Kenntnis. [2]Gegebenenfalls setzt die Bundesanstalt davon auch die zuständigen Stellen der Herkunftsmitgliedstaaten der von der ausländischen AIF-Verwaltungsgesellschaft verwalteten AIF unter Angabe ihrer Gründe in Kenntnis.

(7) Unbeschadet des Absatzes 9 erteilt die Bundesanstalt die Erlaubnis erst dann, wenn die folgenden zusätzlichen Bedingungen eingehalten sind:

1. die Bundesrepublik Deutschland wird als Referenzmitgliedstaat von der ausländischen AIF-Verwaltungsgesellschaft gemäß den Kriterien nach § 56 angegeben und durch die Offenlegung der Vertriebsstrategie bestätigt und das Verfahren gemäß den Absätzen 3 bis 6 wurde von der Bundesanstalt durchgeführt;
2. die ausländische AIF-Verwaltungsgesellschaft hat einen gesetzlichen Vertreter mit Sitz in der Bundesrepublik Deutschland ernannt;
3. der gesetzliche Vertreter ist, zusammen mit der ausländischen AIF-Verwaltungsgesellschaft, die Kontaktperson der ausländischen AIF-Verwaltungsgesellschaft für

die Anleger der betreffenden AIF, für die Europäische Wertpapier- und Marktaufsichtsbehörde und für die zuständigen Stellen im Hinblick auf die Tätigkeiten, für die die ausländische AIF-Verwaltungsgesellschaft in den Mitgliedstaaten der Europäischen Union oder Vertragsstaaten des Abkommens über den Europäischen Wirtschaftsraum eine Erlaubnis hat und er ist zumindest hinreichend ausgestattet, um die Compliance-Funktion gemäß der Richtlinie 2011/61/EU wahrnehmen zu können;

4. es bestehen geeignete Vereinbarungen über die Zusammenarbeit zwischen der Bundesanstalt, den zuständigen Stellen des Herkunftsmitgliedstaates der betreffenden EU-AIF und den Aufsichtsbehörden des Drittstaates, in dem die ausländische AIF-Verwaltungsgesellschaft ihren satzungsmäßigen Sitz hat, damit zumindest ein effizienter Informationsaustausch gewährleistet ist, der es den zuständigen Stellen ermöglicht, ihre Aufgaben gemäß der Richtlinie 2011/61/EU wahrzunehmen;
5. der Drittstaat, in dem die ausländische AIF-Verwaltungsgesellschaft ihren satzungsmäßigen Sitz hat, steht nicht auf der Liste der nicht kooperativen Länder und Gebiete, die von der Arbeitsgruppe „Finanzielle Maßnahmen gegen die Geldwäsche und die Terrorismusfinanzierung" aufgestellt wurde;
6. der Drittstaat, in dem die ausländische AIF-Verwaltungsgesellschaft ihren satzungsmäßigen Sitz hat, hat mit der Bundesrepublik Deutschland eine Vereinbarung unterzeichnet, die den Standards gemäß Artikel 26 des OECD-Musterabkommens zur Vermeidung der Doppelbesteuerung von Einkommen und Vermögen vollständig entspricht und einen wirksamen Informationsaustausch in Steuerangelegenheiten, gegebenenfalls einschließlich multilateraler Abkommen über die Besteuerung, gewährleistet;
7. die auf ausländische AIF-Verwaltungsgesellschaften anwendbaren Rechts- und Verwaltungsvorschriften eines Drittstaates oder die Beschränkungen der Aufsichts- und Ermittlungsbefugnisse der Aufsichtsbehörden dieses Drittstaates hindern die zuständigen Stellen nicht an der effektiven Wahrnehmung ihrer Aufsichtsfunktionen gemäß der Richtlinie 2011/61/EU.

(8) Die in Absatz 7 Nummer 4 genannten Vereinbarungen über Zusammenarbeit werden durch die Artikel 113 bis 115 der Delegierten Verordnung (EU) Nr. 231/2013 sowie durch die Leitlinien der Europäischen Wertpapier- und Marktaufsichtsbehörde konkretisiert.

(9) [1]Die Erlaubnis durch die Bundesanstalt wird im Einklang mit den für die Erlaubnis von AIF-Kapitalverwaltungsgesellschaften geltenden Vorschriften dieses Gesetzes erteilt. [2]Diese gelten vorbehaltlich folgender Kriterien entsprechend:

1. die Angaben gemäß § 22 Absatz 1 Nummer 1 bis 9 werden durch folgende Angaben und Unterlagen ergänzt:
   a) eine Begründung der ausländischen AIF-Verwaltungsgesellschaft für die von ihr vorgenommene Beurteilung bezüglich des Referenzmitgliedstaates gemäß den Kriterien nach Artikel 37 Absatz 4 der Richtlinie 2011/61/EU sowie Angaben zur Vertriebsstrategie;
   b) eine Liste der Bestimmungen der Richtlinie 2011/61/EU, deren Einhaltung der ausländischen AIF-Verwaltungsgesellschaft unmöglich ist, da ihre Einhaltung durch die ausländische AIF-Verwaltungsgesellschaft gemäß § 57 Absatz 2 Satz 2 nicht vereinbar ist mit der Einhaltung einer zwingenden Rechtsvorschrift des Drittstaates, der die ausländische AIF-Verwaltungsgesellschaft oder der in den Mitgliedstaaten der Europäischen Union oder Vertragsstaaten des Abkommens über den Europäischen Wirtschaftsraum vertriebene ausländische AIF unterliegt;

c) schriftliche Belege auf der Grundlage der von der Europäischen Wertpapier- und Marktaufsichtsbehörde ausgearbeiteten technischen Regulierungsstandards gemäß Artikel 37 Absatz 23 Buchstabe b der Richtlinie 2011/61/EU, dass die betreffenden Rechtsvorschriften des Drittstaates Vorschriften enthalten, die den Vorschriften, die nicht eingehalten werden können, gleichwertig sind, denselben regulatorischen Zweck verfolgen und den Anlegern der betreffenden AIF dasselbe Maß an Schutz bieten und dass die ausländische AIF-Verwaltungsgesellschaft sich an diese gleichwertigen Vorschriften hält; diese schriftlichen Belege werden durch ein Rechtsgutachten zum Bestehen der betreffenden inkompatiblen zwingenden Vorschrift im Recht des Drittstaates untermauert, das auch eine Beschreibung des Regulierungszwecks und der Merkmale des Anlegerschutzes enthält, die mit der Vorschrift angestrebt werden, und

d) den Namen des gesetzlichen Vertreters der ausländischen AIF-Verwaltungsgesellschaft und den Ort, an dem er seinen Sitz hat;

2. die Angaben gemäß § 22 Absatz 1 Nummer 10 bis 14 können beschränkt werden auf die inländischen Spezial-AIF oder EU-AIF, die die ausländische AIF-Verwaltungsgesellschaft zu verwalten beabsichtigt, und auf die von der ausländischen AIF-Verwaltungsgesellschaft verwalteten AIF, die sie mit einem Pass in den Mitgliedstaaten der Europäischen Union oder Vertragsstaaten des Abkommens über den Europäischen Wirtschaftsraum zu vertreiben beabsichtigt;
3. § 23 Nummer 7 findet keine Anwendung;
4. ein Erlaubnisantrag gilt als vollständig, wenn zusätzlich zu den in § 22 Absatz 3 genannten Angaben und Verweisen die Angaben gemäß Nummer 1 vorgelegt wurden;
5. die Bundesanstalt beschränkt die Erlaubnis in Bezug auf die Verwaltung von inländischen AIF auf die Verwaltung von inländischen Spezial-AIF; in Bezug auf die Verwaltung von EU-AIF kann die Bundesanstalt die Erlaubnis auf die Verwaltung von bestimmten Arten von EU-AIF und auf Spezial-EU-AIF beschränken.

(10) Hinsichtlich des Erlöschens oder der Aufhebung der Erlaubnis einer ausländischen AIF-Verwaltungsgesellschaft gilt § 39 entsprechend.

(11) Ausländische AIF-Verwaltungsgesellschaften, denen die Bundesanstalt die Erlaubnis nach den Vorschriften dieses Gesetzes erteilt hat, haben die für AIF-Kapitalverwaltungsgesellschaften, die Spezial-AIF verwalten, geltenden Vorschriften entsprechend einzuhalten, soweit sich aus diesem Gesetz nichts anderes ergibt.

§ 59 Befreiung einer ausländischen AIF-Verwaltungsgesellschaft von Bestimmungen der Richtlinie 2011/61/EU

(1) [1]Ist die Bundesanstalt der Auffassung, dass die ausländische AIF-Verwaltungsgesellschaft gemäß § 57 Absatz 2 Satz 2 von der Einhaltung bestimmter Vorschriften der Richtlinie 2011/61/EU befreit werden kann, so setzt sie die Europäische Wertpapier-und Marktaufsichtsbehörde hiervon unverzüglich in Kenntnis. [2]Zur Begründung dieser Beurteilung zieht sie die von der ausländischen AIF-Verwaltungsgesellschaft gemäß § 58 Absatz 9 Nummer 1 Buchstabe b und c vorgelegten Angaben heran.

(2) [1]Innerhalb eines Monats nach Eingang der Mitteilung nach Absatz 1 spricht die Europäische Wertpapier- und Marktaufsichtsbehörde eine an die Bundesanstalt gerichtete Empfehlung hinsichtlich der Anwendung der Ausnahme von der Einhaltung der Richtlinie 2011/61/EU auf Grund der Unvereinbarkeit gemäß § 57 Absatz 2 Satz 2 aus. [2]Während der Überprüfung durch die Europäische Wertpapier- und Marktaufsichtsbehörde gemäß Artikel 37 Absatz 9 Unterabsatz 2 der Richtlinie 2011/61/EU wird die Frist nach § 22 Absatz 2 Satz 1 oder 2 gehemmt.

(3) Wenn die Bundesanstalt entgegen der Empfehlung der Europäischen Wertpapier- und Marktaufsichtsbehörde gemäß Absatz 2 vorschlägt, die Erlaubnis zu erteilen, setzt sie die Europäische Wertpapier- und Marktaufsichtsbehörde davon unter Angabe ihrer Gründe in Kenntnis.

(4) Wenn die Bundesanstalt entgegen der Empfehlung der Europäischen Wertpapier- und Marktaufsichtsbehörde gemäß Absatz 2 vorschlägt, die Erlaubnis zu erteilen und die ausländische AIF-Verwaltungsgesellschaft beabsichtigt, Anteile von durch sie verwalteten AIF in anderen Mitgliedstaaten der Europäischen Union oder Vertragsstaaten des Abkommens über den Europäischen Wirtschaftsraum als der Bundesrepublik Deutschland zu vertreiben, setzt die Bundesanstalt davon auch die zuständigen Stellen der betreffenden Mitgliedstaaten der Europäischen Union oder Vertragsstaaten des Abkommens über den Europäischen Wirtschaftsraum unter Angabe ihrer Gründe in Kenntnis.

§ 60 Unterrichtung der Europäischen Wertpapier- und Marktaufsichtsbehörde im Hinblick auf die Erlaubnis einer ausländischen AIF-Verwaltungsgesellschaft durch die Bundesanstalt

(1) Die Bundesanstalt unterrichtet die Europäische Wertpapier- und Marktaufsichtsbehörde unverzüglich über das Ergebnis des Erlaubnisverfahrens, über Änderungen hinsichtlich der Erlaubnis der ausländischen AIF-Verwaltungsgesellschaft und über einen Entzug der Erlaubnis.

(2) [1]Die Bundesanstalt unterrichtet die Europäische Wertpapier- und Marktaufsichtsbehörde von den Erlaubnisanträgen, die sie abgelehnt hat und legt dabei Angaben zu den ausländischen AIF-Verwaltungsgesellschaften, die eine Erlaubnis beantragt haben sowie die Gründe für die Ablehnung vor. [2]Wenn die Europäische Wertpapier- und Marktaufsichtsbehörde, die ein zentrales Verzeichnis dieser Angaben führt, Informationen aus diesem Verzeichnis der Bundesanstalt auf Anfrage zur Verfügung gestellt hat, behandelt die Bundesanstalt diese Informationen vertraulich.

§ 61 Änderung des Referenzmitgliedstaates einer ausländischen AIF-Verwaltungsgesellschaft

(1) [1]Die weitere Geschäftsentwicklung einer ausländischen AIF-Verwaltungsgesellschaft in den Mitgliedstaaten der Europäischen Union und den Vertragsstaaten des Abkommens über den Europäischen Wirtschaftsraum hat keine Auswirkungen auf die Bestimmung des Referenzmitgliedstaates. [2]Wenn eine durch die Bundesanstalt zugelassene ausländische AIF-Verwaltungsgesellschaft jedoch innerhalb von zwei Jahren nach ihrer Erstzulassung ihre Vertriebsstrategie ändert und wenn diese Änderung, falls die geänderte Vertriebsstrategie die ursprüngliche Vertriebsstrategie gewesen wäre, die Festlegung des Referenzmitgliedstaates beeinflusst hätte, hat die ausländische AIF-Verwaltungsgesellschaft die Bundesanstalt von dieser Änderung vor ihrer Durchführung in Kenntnis zu setzen und ihren neuen Referenzmitgliedstaat gemäß den Kriterien nach Artikel 37 Absatz 4 der Richtlinie 2011/61/EU und entsprechend der neuen Strategie anzugeben. [3]Die ausländische AIF-Verwaltungsgesellschaft hat ihre Beurteilung zu begründen, indem sie ihre neue Vertriebsstrategie der Bundesanstalt gegenüber offenlegt. [4]Zugleich hat die ausländische AIF-Verwaltungsgesellschaft Angaben zu ihrem gesetzlichen Vertreter, einschließlich zu dessen Name und dem Ort, an dem er seinen Sitz hat, vorzulegen. [5]Der gesetzliche Vertreter muss seinen Sitz in dem neuen Referenzmitgliedstaat haben.

(2) [1]Die Bundesanstalt beurteilt, ob die Festlegung durch die ausländische AIF-Verwaltungsgesellschaft gemäß Absatz 1 zutreffend ist und setzt die Europäische Wertpapier- und Marktaufsichtsbehörde von dieser Beurteilung in Kenntnis. [2]In ihrer Mel-

dung an die Europäische Wertpapier- und Marktaufsichtsbehörde legt die Bundesanstalt die Begründung der ausländischen AIF-Verwaltungsgesellschaft für ihre Beurteilung hinsichtlich des Referenzmitgliedstaates und Informationen über die neue Vertriebsstrategie der ausländischen AIF-Verwaltungsgesellschaft vor.

(3) Nachdem die Bundesanstalt die Empfehlung der Europäischen Wertpapier- und Marktaufsichtsbehörde im Hinblick auf ihre Beurteilung gemäß Absatz 2 erhalten hat, setzt sie die ausländische AIF-Verwaltungsgesellschaft, deren ursprünglichen gesetzlichen Vertreter und die Europäische Wertpapier- und Marktaufsichtsbehörde von ihrer Entscheidung in Kenntnis.

(4) [1]Ist die Bundesanstalt mit der von der ausländischen AIF-Verwaltungsgesellschaft vorgenommenen Beurteilung einverstanden, so setzt sie auch die zuständigen Stellen des neuen Referenzmitgliedstaates von der Änderung in Kenntnis. [2]Die Bundesanstalt übermittelt den zuständigen Stellen des neuen Referenzmitgliedstaates unverzüglich eine Abschrift der Erlaubnis- und Aufsichtsunterlagen der ausländischen AIF-Verwaltungsgesellschaft. [3]Ab dem Zeitpunkt des Zugangs der Zulassungs- und Aufsichtsunterlagen sind die zuständigen Stellen des neuen Referenzmitgliedstaates für Zulassung und Aufsicht der ausländischen AIF-Verwaltungsgesellschaft zuständig.

(5) [1]Wenn die abschließende Entscheidung der Bundesanstalt im Widerspruch zu den Empfehlungen der Europäischen Wertpapier- und Marktaufsichtsbehörde gemäß Absatz 3 steht, gilt Folgendes:

1. die Bundesanstalt setzt die Europäische Wertpapier- und Marktaufsichtsbehörde davon unter Angabe ihrer Gründe in Kenntnis;
2. wenn die ausländische AIF-Verwaltungsgesellschaft Anteile von durch sie verwalteten AIF in anderen Mitgliedstaaten der Europäischen Union oder Vertragsstaaten des Abkommens über den Europäischen Wirtschaftsraum als der Bundesrepublik Deutschland vertreibt, setzt die Bundesanstalt davon auch die zuständigen Stellen dieser anderen Mitgliedstaaten der Europäischen Union oder Vertragsstaaten des Abkommens über den Europäischen Wirtschaftsraum unter Angabe ihrer Gründe in Kenntnis. [2]Gegebenenfalls setzt die Bundesanstalt davon auch die zuständigen Stellen der Herkunftsmitgliedstaaten der von der ausländischen AIF-Verwaltungsgesellschaft verwalteten AIF unter Angabe ihrer Gründe in Kenntnis.

(6) [1]Erweist sich anhand des tatsächlichen Verlaufs der Geschäftsentwicklung der ausländischen AIF-Verwaltungsgesellschaft in den Mitgliedstaaten der Europäischen Union oder Vertragsstaaten des Abkommens über den Europäischen Wirtschaftsraum innerhalb von zwei Jahren nach Erteilung ihrer Erlaubnis, dass der von der ausländischen AIF-Verwaltungsgesellschaft zum Zeitpunkt ihrer Erlaubnis vorgelegten Vertriebsstrategie nicht gefolgt worden ist, die ausländische AIF-Verwaltungsgesellschaft diesbezüglich falsche Angaben gemacht hat oder die ausländische AIF-Verwaltungsgesellschaft sich bei der Änderung ihrer Vertriebsstrategie nicht an die Absätze 1 bis 5 gehalten hat, so fordert die Bundesanstalt die ausländische Verwaltungsgesellschaft auf, den Referenzmitgliedstaat gemäß ihrer tatsächlichen Vertriebsstrategie anzugeben. [2]Das Verfahren nach den Absätzen 1 bis 5 ist entsprechend anzuwenden. [3]Kommt die ausländische AIF-Verwaltungsgesellschaft der Aufforderung der Bundesanstalt nicht nach, so entzieht sie ihr die Erlaubnis.

(7) [1]Ändert die ausländische AIF-Verwaltungsgesellschaft ihre Vertriebsstrategie nach Ablauf der in Absatz 1 genannten Zeitspanne und will sie ihren Referenzmitgliedstaat entsprechend ihrer neuen Vertriebsstrategie ändern, so kann sie bei der Bundesanstalt einen Antrag auf Änderung ihres Referenzmitgliedstaates stellen. [2]Das Verfahren nach den Absätzen 1 bis 5 gilt entsprechend.

(8) Sofern die Bundesrepublik Deutschland gemäß den Absätzen 1 bis 7 als neuer Referenzmitgliedstaat festgelegt wird, gilt die Zulassung des bisherigen Referenzmitgliedstaates als Erlaubnis im Sinne des § 58. § 39 ist entsprechend anzuwenden.

§ 62 Rechtsstreitigkeiten

(1) Sofern die Bundesrepublik Deutschland Referenzmitgliedstaat einer ausländischen AIF-Verwaltungsgesellschaft ist oder als solcher in Betracht kommt, werden alle zwischen der Bundesanstalt und der ausländischen AIF-Verwaltungsgesellschaft auftretenden Streitigkeiten nach deutschem Recht beigelegt und unterliegen deutscher Gerichtsbarkeit.

(2) Alle Streitigkeiten, die zwischen der ausländischen AIF-Verwaltungsgesellschaft oder dem AIF einerseits und Anlegern des jeweiligen AIF, die ihren Sitz in der Europäischen Union oder in einem Vertragsstaat des Abkommens über den Europäischen Wirtschaftsraum haben, andererseits auftreten, werden nach dem Recht des jeweiligen Mitgliedstaates der Europäischen Union oder des Vertragsstaates des Abkommens über den Europäischen Wirtschaftsraum beigelegt, in dem der Anleger seinen Sitz hat und unterliegen dessen Gerichtsbarkeit.

§ 63 Verweismöglichkeiten der Bundesanstalt an die Europäische Wertpapier- und Marktaufsichtsbehörde

Die Bundesanstalt kann die folgenden Angelegenheiten der Europäischen Wertpapier- und Marktaufsichtsbehörde zur Kenntnis bringen, die im Rahmen der ihr durch Artikel 19 der Verordnung (EU) Nr. 1095/2010 übertragenen Befugnisse tätig werden kann:

1. wenn die Bundesanstalt nicht mit der Entscheidung einer ausländischen AIF-Verwaltungsgesellschaft hinsichtlich ihres Referenzmitgliedstaates einverstanden ist,
2. wenn die Bundesanstalt nicht mit der Bewertung der Anwendung von Artikel 37 Absatz 7 Unterabsatz 1 Buchstabe a bis e und g der Richtlinie 2011/61/EU durch die zuständigen Stellen des Referenzmitgliedstaates einer ausländischen AIF-Verwaltungsgesellschaft einverstanden ist,
3. wenn eine für einen EU-AIF zuständige Stelle die gemäß Artikel 37 Absatz 7 Unterabsatz 1 Buchstabe d der Richtlinie 2011/61/EU geforderten Vereinbarungen über Zusammenarbeit nicht innerhalb eines angemessenen Zeitraums abschließt,
4. wenn die Bundesanstalt nicht mit einer von den zuständigen Stellen des Referenzmitgliedstaates einer ausländischen AIF-Verwaltungsgesellschaft erteilten Zulassung einverstanden ist,
5. wenn die Bundesanstalt nicht mit der Bewertung der Anwendung von Artikel 37 Absatz 9 der Richtlinie 2011/61/EU durch die zuständigen Stellen des Referenzmitgliedstaates einer ausländischen AIF-Verwaltungsgesellschaft einverstanden ist,
6. wenn die Bundesanstalt nicht mit der Beurteilung hinsichtlich der Festlegung des Referenzmitgliedstaates nach Artikel 37 Absatz 11 oder Absatz 12 der Richtlinie 2011/61/EU einverstanden ist,
7. wenn eine zuständige Stelle einen Antrag auf Informationsaustausch gemäß den auf Grundlage von Artikel 37 Absatz 17 der Richtlinie 2011/61/EU von der Europäischen Kommission erlassenen technischen Regulierungsstandards ablehnt.

§ 64 Vergleichende Analyse der Zulassung von und der Aufsicht über ausländische AIF-Verwaltungsgesellschaften

(1) Sofern die Europäische Wertpapier- und Marktaufsichtsbehörde nach Artikel 38 Absatz 4 der Richtlinie 2011/61/EU Leitlinien und Empfehlungen herausgibt, um einheitliche, effiziente und wirksame Praktiken für die Aufsicht über ausländische AIF-

Verwaltungsgesellschaften zu schaffen, unternimmt die Bundesanstalt alle erforderlichen Anstrengungen, um diesen Leitlinien und Empfehlungen nachzukommen.

(2) [1]Die Bundesanstalt bestätigt binnen zwei Monaten nach der Herausgabe einer Leitlinie oder Empfehlung, ob sie dieser Leitlinie oder Empfehlung nachkommt oder nachzukommen beabsichtigt. [2]Wenn sie der Leitlinie oder Empfehlung nicht nachkommt oder nachzukommen beabsichtigt, teilt sie dies der Europäischen Wertpapier- und Marktaufsichtsbehörde unter Angabe der Gründe mit.

§ 65 Verwaltung von EU-AIF durch ausländische AIF-Verwaltungsgesellschaften, für die die Bundesrepublik Deutschland Referenzmitgliedstaat ist

(1) Die Verwaltung eines EU-AIF durch eine ausländische AIF-Verwaltungsgesellschaft, für die die Bundesrepublik Deutschland gemäß § 56 Referenzmitgliedsstaat ist und die über eine Erlaubnis nach § 58 verfügt, im Wege des grenzüberschreitenden Dienstleistungsverkehrs oder über eine Zweigniederlassung setzt voraus, dass sie der Bundesanstalt folgende Angaben übermittelt hat:

1. den Mitgliedstaat der Europäischen Union oder den Vertragsstaat des Abkommens über den Europäischen Wirtschaftsraum, in dem sie EU-AIF im Wege des grenzüberschreitenden Dienstleistungsverkehrs oder über eine Zweigniederlassung zu verwalten beabsichtigt;
2. einen Geschäftsplan, aus dem insbesondere hervorgeht, welche Arten von EU-AIF sie zu verwalten beabsichtigt.

(2) Die Errichtung einer Zweigniederlassung durch eine ausländische AIF-Verwaltungsgesellschaft in einem anderen Mitgliedstaat der Europäischen Union oder einem anderen Vertragsstaat des Abkommens über den Europäischen Wirtschaftsraum setzt voraus, dass sie der Bundesanstalt zusätzlich zu den Angaben nach Absatz 1 folgende Informationen übermittelt hat:

1. den organisatorischen Aufbau der Zweigniederlassung,
2. die Anschrift, unter der im Herkunftsmitgliedstaat des EU-AIF Unterlagen angefordert werden können sowie
3. die Namen und Kontaktangaben der Geschäftsführer der Zweigniederlassung.

(3) Besteht kein Grund zur Annahme, dass die ausländische AIF-Verwaltungsgesellschaft oder die Verwaltung des EU-AIF durch diese gegen dieses Gesetz verstößt oder verstoßen wird, übermittelt die Bundesanstalt die vollständigen Unterlagen binnen eines Monats nach dem Eingang der vollständigen Unterlagen nach Absatz 1 oder gegebenenfalls binnen zwei Monaten nach dem Eingang der vollständigen Unterlagen nach Absatz 2 zusammen mit einer Bescheinigung über die Erlaubnis der betreffenden ausländischen AIF-Verwaltungsgesellschaft an die zuständigen Stellen des Aufnahmemitgliedstaates der ausländischen AIF-Verwaltungsgesellschaft.

(4) [1]Die Bundesanstalt unterrichtet die ausländische AIF-Verwaltungsgesellschaft unverzüglich über die Übermittlung der Unterlagen. [2]Die ausländische AIF-Verwaltungsgesellschaft darf erst nach Eingang der Übermittlungsmeldung mit der Verwaltung von EU-AIF im jeweiligen Aufnahmemitgliedstaat beginnen. [3]Die Bundesanstalt teilt zudem der Europäischen Wertpapier- und Marktaufsichtsbehörde mit, dass die ausländische AIF-Verwaltungsgesellschaft in den jeweiligen Aufnahmemitgliedstaaten mit der Verwaltung des EU-AIF beginnen kann.

(5) Eine Änderung der nach Absatz 1 oder gegebenenfalls nach Absatz 2 übermittelten Angaben hat die ausländische AIF-Verwaltungsgesellschaft der Bundesanstalt mindes-

tens einen Monat vor der Durchführung der Änderung, oder, bei ungeplanten Änderungen, unverzüglich nach Eintreten der Änderung, schriftlich anzuzeigen.

(6) Sollte die geplante Änderung dazu führen, dass die ausländische AIF-Verwaltungsgesellschaft oder die Verwaltung des EU-AIF durch diese nunmehr gegen dieses Gesetz verstößt, untersagt die Bundesanstalt der ausländischen AIF-Verwaltungsgesellschaft unverzüglich die Änderung.

(7) Wird eine geplante Änderung ungeachtet der Absätze 5 und 6 durchgeführt oder führt eine durch einen ungeplanten Umstand ausgelöste Änderung dazu, dass die ausländische AIF-Verwaltungsgesellschaft oder die Verwaltung des EU-AIF durch diese nunmehr gegen dieses Gesetz verstößt, so ergreift die Bundesanstalt alle erforderlichen Maßnahmen.

(8) Über Änderungen, die im Einklang mit diesem Gesetz stehen, unterrichtet die Bundesanstalt unverzüglich die zuständigen Behörden des Aufnahmemitgliedstaates der ausländischen AIF-Verwaltungsgesellschaft von diesen Änderungen.

§ 66 Inländische Zweigniederlassung und grenzüberschreitender Dienstleistungsverkehr von ausländischen AIF-Verwaltungsgesellschaften, deren Referenzmitgliedstaat nicht die Bundesrepublik Deutschland ist

(1) Beabsichtigt eine ausländische AIF-Verwaltungsgesellschaft, deren Referenzmitgliedstaat nicht die Bundesrepublik Deutschland ist, erstmals im Wege des grenzüberschreitenden Dienstleistungsverkehrs oder über eine Zweigniederlassung inländische Spezial-AIF zu verwalten, so ist dies nur zulässig, wenn die zuständigen Stellen des Referenzmitgliedstaates der ausländischen AIF-Verwaltungsgesellschaft der Bundesanstalt folgende Angaben und Unterlagen übermittelt haben:

1. eine Bescheinigung darüber, dass die ausländische AIF-Verwaltungsgesellschaft eine Zulassung gemäß der Richtlinie 2011/61/EU erhalten hat, durch die die im Inland beabsichtigten Tätigkeiten abgedeckt sind,
2. die Anzeige der Absicht der ausländischen AIF-Verwaltungsgesellschaft, in der Bundesrepublik Deutschland im Wege des grenzüberschreitenden Dienstleistungsverkehrs oder über eine Zweigniederlassung inländische Spezial-AIF zu verwalten sowie
3. einen Geschäftsplan, aus dem insbesondere hervorgeht, welche inländischen Spezial-AIF die ausländische AIF-Verwaltungsgesellschaft zu verwalten beabsichtigt.

(2) Beabsichtigt die ausländische AIF-Verwaltungsgesellschaft die Errichtung einer Zweigniederlassung, so ist dies nur zulässig, wenn die zuständigen Stellen des Referenzmitgliedsstaates der Bundesanstalt zusätzlich zu den Angaben nach Absatz 1 folgende Informationen übermittelt haben:

1. den organisatorischen Aufbau der Zweigniederlassung,
2. die Anschrift, unter der im Inland Unterlagen angefordert werden können sowie
3. die Namen und Kontaktangaben der Geschäftsführer der Zweigniederlassung.

(3) Die ausländische AIF-Verwaltungsgesellschaft kann unmittelbar nach dem Erhalt der Übermittlungsmeldung durch ihren Referenzmitgliedstaat gemäß Artikel 41 Absatz 4 der Richtlinie 2011/61/EU mit der Verwaltung von inländischen Spezial-AIF im Inland beginnen.

(4) [1]Auf die Zweigniederlassungen im Sinne des Absatzes 1 sind § 3 Absatz 1, 4 und 5, die §§ 14, 26 Absatz 2, 3 und 7, § 27 Absatz 1 bis 4, § 28 Absatz 1 Satz 4, die §§ 33, 34 Absatz 3 Nummer 8 sowie die §§ 293, 295 Absatz 5, §§ 307 und 308 entsprechend anzuwenden. [2]Auf die Tätigkeiten im Wege des grenzüberschreitenden Dienstleistungs-

verkehrs nach Absatz 1 Satz 1 sind die §§ 14, 293, 295 Absatz 5, §§ 307 und 308 entsprechend anzuwenden.

(5) Auf die Tätigkeit einer ausländischen AIF-Verwaltungsgesellschaft, deren Referenzmitgliedstaat nicht die Bundesrepublik Deutschland ist und die inländische Spezial-AIF verwaltet, sind ungeachtet der Anforderungen nach Absatz 4 die §§ 80 bis 161, 273 Satz 1 und §§ 274 bis 292 entsprechend anzuwenden.

§ 67 Jahresbericht für EU-AIF und ausländische AIF

(1) [1]Jede AIF-Kapitalverwaltungsgesellschaft ist verpflichtet, für jeden von ihr verwalteten EU-AIF und für jeden von ihr in der Europäischen Union oder in einem anderen Vertragsstaat des Abkommens über den Europäischen Wirtschaftsraum vertriebenen EU-AIF oder ausländischen AIF für jedes Geschäftsjahr spätestens sechs Monate nach Ende des Geschäftsjahres einen Jahresbericht gemäß Absatz 3 zu erstellen. [2]Dieser Jahresbericht ist den Anlegern auf Anfrage vorzulegen.

(2) [1]Ist der EU-AIF oder ausländische AIF nach der Richtlinie 2004/109/EG des Europäischen Parlaments und des Rates vom 15. Dezember 2004 zur Harmonisierung der Transparenzanforderungen in Bezug auf Informationen über Emittenten, deren Wertpapiere zum Handel auf einem geregelten Markt zugelassen sind (ABl. L 390 vom 31.12.2004, S. 38), verpflichtet, Jahresfinanzberichte zu veröffentlichen, so sind Anlegern auf Anfrage lediglich die Angaben nach Absatz 3 Nummer 4 bis 6 zusätzlich vorzulegen. [2]Die Vorlage kann gesondert spätestens vier Monate nach Ende des Geschäftsjahres oder in Form einer Ergänzung bei der Veröffentlichung des Jahresfinanzberichts erfolgen.

(3) [1]Der Jahresbericht muss mindestens Folgendes enthalten:

1. eine Bilanz oder eine Vermögensübersicht;
2. eine Aufstellung der Erträge und Aufwendungen des Geschäftsjahres;
3. einen Bericht über die Tätigkeiten im abgelaufenen Geschäftsjahr;
4. jede während des abgelaufenen Geschäftsjahres eingetretene wesentliche Änderung hinsichtlich der nach § 307 Absatz 1 oder Absatz 2 Satz 1 und § 308 Absatz 1 bis 4 zur Verfügung zu stellenden Informationen;
5. die Gesamtsumme der im abgelaufenen Geschäftsjahr gezahlten Vergütungen, gegliedert in feste und variable von der Kapitalverwaltungsgesellschaft an ihre Mitarbeiter gezahlte Vergütungen, die Zahl der Begünstigten und gegebenenfalls die vom AIF gezahlten Carried Interest;
6. die Gesamtsumme der im abgelaufenen Geschäftsjahr gezahlten Vergütungen, aufgegliedert nach Führungskräften und Mitarbeitern der Kapitalverwaltungsgesellschaft, deren Tätigkeit sich wesentlich auf das Risikoprofil des AIF auswirkt.

[2]Inhalt und Form des Jahresberichts bestimmen sich im Übrigen nach den Artikeln 103 bis 107 der Delegierten Verordnung (EU) Nr. 231/2013.

(4) [1]Die im Jahresbericht enthaltenen Zahlenangaben werden gemäß den Rechnungslegungsstandards des Herkunftsmitgliedstaates des AIF oder gemäß den Rechnungslegungsstandards des Drittstaates, in dem der ausländische AIF seinen Sitz hat, oder gemäß den in den Anlagebedingungen, der Satzung oder dem Gesellschaftsvertrag des AIF festgelegten Rechnungslegungsstandards erstellt. [2]Dies gilt nicht im Fall des Absatzes 2.

(5) [1]Die im Jahresbericht enthaltenen Zahlenangaben werden von einer oder mehreren Personen geprüft, die gemäß der Richtlinie 2006/43/EG des Europäischen Parlaments und des Rates vom 17. Mai 2006 über Abschlussprüfungen von Jahresabschlüssen und konsolidierten Abschlüssen (ABl. L 157 vom 9.6.2006, S. 87) gesetzlich zur Abschlussprüfung zugelassen sind. [2]Der Abschlussprüfer hat das Ergebnis der Prüfung in einem

Bestätigungsvermerk zusammenzufassen. [3]Der Bestätigungsvermerk des Abschlussprüfers einschließlich etwaiger Einschränkungen ist in jedem Jahresbericht vollständig wiederzugeben. [4]Abweichend von den Sätzen 1 und 2 können AIF-Kapitalverwaltungsgesellschaften, die ausländische AIF verwalten, die Jahresberichte dieser AIF einer Prüfung entsprechend den internationalen Prüfungsstandards unterziehen, die in dem Staat verbindlich vorgeschrieben oder zugelassen sind, in dem der ausländische AIF seinen satzungsmäßigen Sitz hat.

Abschnitt 3. Verwahrstelle

Unterabschnitt 1. Verwahrstelle

§ 68 Beauftragung und jährliche Prüfung; Verordnungsermächtigung

(1) [1]Die OGAW-Kapitalverwaltungsgesellschaft hat sicherzustellen, dass für jeden von ihr verwalteten OGAW eine Verwahrstelle im Sinne des Absatzes 2 beauftragt wird. [2]Die Beauftragung der Verwahrstelle ist in einem schriftlichen Vertrag zu vereinbaren. [3]Der Vertrag regelt unter anderem den Informationsaustausch, der für erforderlich erachtet wird, damit die Verwahrstelle nach den Vorschriften dieses Gesetzes und gemäß den anderen einschlägigen Rechts- und Verwaltungsvorschriften ihren Aufgaben für den OGAW, für den sie als Verwahrstelle beauftragt wurde, nachkommen kann.

(2) Die Verwahrstelle ist ein Kreditinstitut im Sinne des Artikels 4 Absatz 1 Nummer 1 der Verordnung (EU) Nr. 575/2013 mit satzungsmäßigem Sitz in der Europäischen Union oder in einem anderen Vertragsstaat des Abkommens über den Europäischen Wirtschaftsraum, das gemäß § 32 des Kreditwesengesetzes oder den im Herkunftsmitgliedstaat des EU-OGAW anzuwendenden Vorschriften, die die Richtlinie 2013/36/EU des Europäischen Parlaments und des Rates vom 26. Juni 2013 über den Zugang zur Tätigkeit von Kreditinstituten und die Beaufsichtigung von Kreditinstituten und Wertpapierfirmen, zur Änderung der Richtlinie 2002/87/EG und zur Aufhebung der Richtlinien 2006/48/EG und 2006/49/EG (ABl. L 176 vom 27.6.2013, S. 338) umsetzen, zugelassen ist.

(3) [1]Verwaltet die OGAW-Kapitalverwaltungsgesellschaft inländische OGAW, muss die Verwahrstelle ihren Sitz im Geltungsbereich dieses Gesetzes haben. [2]Bei der Verwahrstelle für einen inländischen OGAW muss es sich um ein CRR-Kreditinstitut im Sinne des § 1 Absatz 3d des Kreditwesengesetzes handeln, das über die Erlaubnis zum Betreiben des Depotgeschäfts nach § 1 Absatz 1 Satz 2 Nummer 5 des Kreditwesengesetzes verfügt. [3]Als Verwahrstelle für inländische OGAW kann auch eine Zweigniederlassung eines CRR-Kreditinstitut im Sinne des § 53b Absatz 1 Satz 1 des Kreditwesengesetzes im Geltungsbereich dieses Gesetzes beauftragt werden.

(4) [1]Mindestens ein Geschäftsleiter des Kreditinstituts, das als Verwahrstelle beauftragt werden soll, muss über die für die Verwahrstellenaufgaben erforderliche Erfahrung verfügen. [2]Das Kreditinstitut muss bereit und in der Lage sein, die für die Erfüllung der Verwahrstellenaufgaben erforderlichen organisatorischen Vorkehrungen zu schaffen. [3]Diese umfassen einen Prozess, der es den Mitarbeitern unter Wahrung der Vertraulichkeit ihrer Identität ermöglicht, potenzielle oder tatsächliche Verstöße gegen dieses Gesetz oder gegen auf Grund dieses Gesetzes erlassene Rechtsverordnungen sowie etwaige strafbare Handlungen innerhalb der Verwahrstelle an geeignete Stellen im Sinne des § 25a Absatz 1 Satz 6 Nummer 3 des Kreditwesengesetzes zu melden.

(5) [1]Die Verwahrstelle muss ein Anfangskapital von mindestens 5 Millionen Euro haben. [2]Hiervon unberührt bleiben etwaige Eigenmittelanforderungen nach dem Kreditwesengesetz.

(6) [1]Für nähere Einzelheiten zum Mindestinhalt des Vertrags nach Absatz 1 wird auf Artikel 2 der Delegierten Verordnung (EU) 2016/438 verwiesen. [2]Der Vertrag unterliegt dem Recht des Herkunftsmitgliedstaates des OGAW.

(7) [1]Die ordnungsgemäße Erfüllung der gesetzlichen oder vertraglichen Pflichten als Verwahrstelle durch das Kreditinstitut oder die Zweigniederlassung ist durch einen geeigneten Abschlussprüfer einmal jährlich zu prüfen. [2]Geeignete Prüfer sind Wirtschaftsprüfer, die hinsichtlich des Prüfungsgegenstandes über ausreichende Erfahrung verfügen. [3]Die Verwahrstelle hat den Prüfer spätestens zwei Monate nach Ablauf des Kalenderjahres zu bestellen, auf das sich die Prüfung erstreckt. [4]Die Verwahrstelle hat den Prüfer vor der Erteilung des Prüfungsauftrags der Bundesanstalt anzuzeigen. [5]Die Bundesanstalt kann innerhalb eines Monats nach Zugang der Anzeige die Bestellung eines anderen Prüfers verlangen, wenn dies zur Erreichung des Prüfungszwecks geboten ist. [6]Der Prüfer hat den Prüfungsbericht unverzüglich nach Beendigung der Prüfung der Bundesanstalt einzureichen.

(7a) [1]Die Prüfung nach Absatz 7 ist insbesondere auf die ordnungsgemäße Erfüllung der in den §§ 70 bis 79 genannten Pflichten zu erstrecken. [2]Die für diese Aufgaben vorgehaltene Organisation ist in Grundzügen zu beschreiben und auf ihre Angemessenheit zu beurteilen. [3]Die beauftragenden Kapitalverwaltungsgesellschaften sowie die Anzahl der für diese verwahrten inländischen Investmentvermögen und das Netto-Fondsvermögen sind zu nennen. [4]Über wesentliche Vorkommnisse, insbesondere bei der Ausgabe und Rücknahme von Anteilen eines Investmentvermögens, bei aufgetretenen Interessenkollisionen im Sinne des § 70, der Ausübung der Kontrollfunktionen nach § 76 und der Belastung der Investmentvermögen mit Vergütungen und Aufwendungsersatz nach § 79 ist zu berichten. [5]Sofern Anleger gegenüber der Verwahrstelle oder durch die Verwahrstelle gegenüber einer Kapitalverwaltungsgesellschaft Ansprüche nach § 78 geltend gemacht haben, ist auch hierüber zu berichten.

(8) [1]Das Bundesministerium der Finanzen wird ermächtigt, durch Rechtsverordnung, die nicht der Zustimmung des Bundesrates bedarf, nähere Bestimmungen über Art, Umfang und Zeitpunkt der Prüfung nach Absatz 7 Satz 1 zu erlassen, soweit dies zur Erfüllung der Aufgaben der Bundesanstalt erforderlich ist, insbesondere um einheitliche Unterlagen zur Beurteilung der Tätigkeit als Verwahrstelle zu erhalten. [2]Das Bundesministerium der Finanzen kann die Ermächtigung durch Rechtsverordnung auf die Bundesanstalt übertragen.

§ 69 Aufsicht

(1) [1]Die Auswahl sowie jeder Wechsel der Verwahrstelle bedürfen der Genehmigung der Bundesanstalt. [2]Die Bundesanstalt kann die Genehmigung mit Nebenbestimmungen verbinden. [3]Erlässt die Bundesanstalt eine Übertragungsanordnung nach § 107 Absatz 1 des Sanierungs- und Abwicklungsgesetzes gegenüber einer Verwahrstelle mit der Folge, dass deren Verwahrstellenaufgaben auf einen übernehmenden Rechtsträger übergehen, gilt der durch die Anordnung herbeigeführte Verwahrstellenwechsel als genehmigt, sobald der Verwahrstelle die Anordnung gemäß § 114 Absatz 1 des Sanierungs- und Abwicklungsgesetzes bekannt gegeben wird. [4]Die Bundesanstalt hat die OGAW-Verwaltungsgesellschaften, die die Verwahrstelle beauftragt haben, unverzüglich nach Bekanntgabe der Übertragungsanordnung über den Wechsel der Verwahrstelle zu unterrichten.

(2) [1]Die Bundesanstalt kann der OGAW-Kapitalverwaltungsgesellschaft jederzeit einen Wechsel der Verwahrstelle auferlegen. [2]Dies gilt insbesondere dann, wenn die Verwahrstelle ihre gesetzlichen oder vertraglichen Pflichten nicht ordnungsgemäß erfüllt oder ihr Anfangskapital die nach § 68 Absatz 5 vorgeschriebene Mindesthöhe unterschreitet. [3]Für nähere Einzelheiten zu den Meldepflichten der OGAW-Kapitalver-

waltungsgesellschaft gegenüber der Bundesanstalt oder der EU-OGAW-Verwaltungsgesellschaft gegenüber der zuständigen Behörde in Bezug auf die Vorgaben des § 73 Absatz 1 Nummer 4 Buchstabe d sowie zu den Pflichten der OGAW-Kapitalverwaltungsgesellschaft oder der EU-OGAW-Verwaltungsgesellschaft zur Prüfung angemessener Maßnahmen zum Schutz der Vermögenswerte des inländischen OGAW wird auf Artikel 15 Absatz 9 der Delegierten Verordnung (EU) 2016/438 verwiesen.

(3) [1]Die Verwahrstelle stellt der Bundesanstalt auf Anfrage alle Informationen zur Verfügung, welche die Verwahrstelle im Rahmen der Erfüllung ihrer Aufgaben erhalten hat und die die Bundesanstalt oder die zuständigen Behörden des Herkunftsmitgliedstaates des OGAW oder der OGAW-Verwaltungsgesellschaft benötigen können. [2]Im Fall eines EU-OGAW oder einer EU-OGAW-Verwaltungsgesellschaft stellt die Bundesanstalt den zuständigen Behörden des Herkunftsmitgliedstaates des EU-OGAW oder der EU-OGAW-Verwaltungsgesellschaft die erhaltenen Informationen unverzüglich zur Verfügung.

(4) [1]Erlässt die Bundesanstalt gegenüber der Verwahrstelle Maßnahmen auf Grundlage des § 46 Absatz 1 Satz 2 Nummer 4 bis 6 des Kreditwesengesetzes oder wird ein Moratorium nach § 46g des Kreditwesengesetzes erlassen, hat die OGAW-Kapitalverwaltungsgesellschaft unverzüglich eine neue Verwahrstelle zu beauftragen; Absatz 1 bleibt unberührt. [2]Bis zur Beauftragung der neuen Verwahrstelle kann die OGAW-Kapitalverwaltungsgesellschaft mit Genehmigung der Bundesanstalt bei einem anderen Kreditinstitut im Sinne des § 68 Absatz 3 ein Sperrkonto errichten, über das die OGAW-Kapitalverwaltungsgesellschaft Zahlungen für Rechnung des inländischen OGAW tätigen oder entgegennehmen kann.

§ 70 Interessenkollision

(1) Die Verwahrstelle handelt bei der Wahrnehmung ihrer Aufgaben ehrlich, redlich, professionell, unabhängig und ausschließlich im Interesse des inländischen OGAW und seiner Anleger.

(2) [1]Die Verwahrstelle darf keine Aufgaben in Bezug auf den inländischen OGAW oder die für Rechnung des inländischen OGAW tätige OGAW-Verwaltungsgesellschaft wahrnehmen, die Interessenkonflikte zwischen dem inländischen OGAW, den Anlegern des inländischen OGAW, der OGAW-Verwaltungsgesellschaft und ihr selbst schaffen könnten. [2]Dies gilt nicht, wenn eine funktionale und hierarchische Trennung der Ausführung ihrer Aufgaben als Verwahrstelle von ihren potenziell dazu in Konflikt stehenden Aufgaben vorgenommen wurde und die potenziellen Interessenkonflikte ordnungsgemäß ermittelt, gesteuert, beobachtet und den Anlegern des inländischen OGAW gegenüber offengelegt werden. [3]Die Verwahrstelle hat durch Vorschriften zu Organisation und Verfahren sicherzustellen, dass bei der Wahrnehmung ihrer Aufgaben Interessenkonflikte zwischen der Verwahrstelle und der OGAW-Verwaltungsgesellschaft vermieden werden. [4]Die Einhaltung dieser Vorschriften ist von einer bis auf Ebene der Geschäftsführung unabhängigen Stelle zu überwachen.

(3) Zur Vermeidung von Interessenkonflikten zwischen der Verwahrstelle, der OGAW-Kapitalverwaltungsgesellschaft oder dem inländischen OGAW oder seinen Anlegern darf eine OGAW-Kapitalverwaltungsgesellschaft nicht die Aufgaben einer Verwahrstelle und eine Verwahrstelle nicht die Aufgaben einer OGAW-Kapitalverwaltungsgesellschaft wahrnehmen.

(4) Für nähere Einzelheiten zu den Anforderungen an Verwahrstellen zur Erfüllung ihrer Pflicht, im Sinne des Absatzes 1 bei der Wahrnehmung ihrer Aufgaben unabhängig von der OGAW-Kapitalverwaltungsgesellschaft zu handeln, wird auf Artikel 21 Buchstabe a bis c und e, Artikel 22 Absatz 5, die Artikel 23 und 24 der Delegierten Verordnung (EU) 2016/438 verwiesen.

(5) [1]Die von der Verwahrstelle verwahrten Vermögensgegenstände dürfen nur wiederverwendet werden, sofern die Verwahrstelle sicherstellt, dass

1. die Wiederverwendung der Vermögensgegenstände für Rechnung des inländischen OGAW erfolgt,
2. die Verwahrstelle den Weisungen der im Namen des inländischen OGAW handelnden OGAW-Verwaltungsgesellschaft Folge leistet,
3. die Wiederverwendung dem inländischen OGAW zugutekommt sowie im Interesse der Anleger liegt und
4. die Transaktion durch liquide Sicherheiten hoher Qualität gedeckt ist,
   a) die der inländische OGAW gemäß einer Vereinbarung über eine Vollrechtsübertragung erhalten hat und
   b) deren Verkehrswert jederzeit mindestens so hoch ist wie der Verkehrswert der wiederverwendeten Vermögensgegenstände zuzüglich eines Zuschlags.

[2]Als Wiederverwendung gilt jede Transaktion verwahrter Vermögensgegenstände, einschließlich Übertragung, Verpfändung, Verkauf und Leihe; hinsichtlich der Weiterverwendung von als Sicherheit erhaltenen Finanzinstrumenten wird auf Artikel 15 der Verordnung (EU) 2015/2365 verwiesen.

§ 71 Ausgabe und Rücknahme von Anteilen oder Aktien eines inländischen OGAW

(1) [1]Die Verwahrstelle hat die Anteile oder Aktien eines inländischen OGAW auszugeben und zurückzunehmen. [2]Anteile oder Aktien dürfen nur gegen volle Leistung des Ausgabepreises ausgegeben werden. [3]Sacheinlagen sind vorbehaltlich von § 180 Absatz 4 sowie § 190 Absatz 1 und 2 unzulässig.

(2) [1]Der Preis für die Ausgabe von Anteilen oder Aktien (Ausgabepreis) muss dem Nettoinventarwert des Anteils oder der Aktie am inländischen OGAW zuzüglich eines in den Anlagebedingungen festzusetzenden Aufschlags gemäß § 165 Absatz 2 Nummer 8 entsprechen. [2]Der Ausgabepreis ist an die Verwahrstelle zu entrichten und von dieser abzüglich des Aufschlags unverzüglich auf einem für den inländischen OGAW eingerichteten gesperrten Konto zu verbuchen.

(3) [1]Der Preis für die Rücknahme von Anteilen oder Aktien (Rücknahmepreis) muss dem Nettoinventarwert des Anteils oder der Aktie am inländischen OGAW abzüglich eines in den Anlagebedingungen festzusetzenden Abschlags gemäß § 165 Absatz 2 Nummer 8 entsprechen. [2]Der Rücknahmepreis ist, abzüglich des Abschlags, von dem gesperrten Konto an den Anleger zu zahlen.

(4) Der Ausgabeaufschlag nach Maßgabe von Absatz 2 Satz 1 und der Rücknahmeabschlag nach Maßgabe von Absatz 3 Satz 1 können an die OGAW-Verwaltungsgesellschaft ausgezahlt werden.

§ 72 Verwahrung

(1) Die Verwahrstelle hat die Vermögensgegenstände des inländischen OGAW oder der für Rechnung des inländischen OGAW handelnden OGAW-Verwaltungsgesellschaft wie folgt zu verwahren:

1. für Finanzinstrumente im Sinne des Anhangs I Abschnitt C der Richtlinie 2014/65/EU des Europäischen Parlaments und des Rates vom 15. Mai 2014 über Märkte für Finanzinstrumente sowie zur Änderung der Richtlinien 2002/92/EG und 2011/61/EU (ABl. L 173 vom 12.6.2014, S. 349), die in Verwahrung genommen werden können, gilt:

a) die Verwahrstelle verwahrt sämtliche Finanzinstrumente, die im Depot auf einem Konto für Finanzinstrumente verbucht werden können, und sämtliche Finanzinstrumente, die der Verwahrstelle physisch übergeben werden können;

b) die Verwahrstelle stellt sicher, dass alle Finanzinstrumente, die im Depot auf einem Konto für Finanzinstrumente verbucht werden können, nach den in Artikel 16 der Richtlinie 2006/73/EG der Kommission vom 10. August 2006 zur Durchführung der Richtlinie 2014/65/EU des Europäischen Parlaments und des Rates in Bezug auf die organisatorischen Anforderungen an Wertpapierfirmen und die Bedingungen für die Ausübung ihrer Tätigkeit sowie in Bezug auf die Definition bestimmter Begriffe für die Zwecke der genannten Richtlinie (ABl. L 241 vom 2.9.2006, S. 26) festgelegten Grundsätzen in den Büchern der Verwahrstelle auf gesonderten Konten, die im Namen des inländischen OGAW oder der für ihn tätigen OGAW-Verwaltungsgesellschaft eröffnet wurden, registriert werden, sodass die Finanzinstrumente jederzeit nach geltendem Recht eindeutig als zum inländischen OGAW gehörend identifiziert werden können;

2. für sonstige Vermögensgegenstände gilt:

a) die Verwahrstelle prüft das Eigentum des inländischen OGAW oder der für Rechnung des inländischen OGAW tätigen OGAW-Verwaltungsgesellschaft an solchen Vermögensgegenständen und führt Aufzeichnungen derjenigen Vermögensgegenstände, bei denen sie sich vergewissert hat, dass der inländische OGAW oder die für Rechnung des inländischen OGAW tätige OGAW-Verwaltungsgesellschaft an diesen Vermögensgegenständen das Eigentum hat;

b) die Beurteilung, ob der inländische OGAW oder die für Rechnung des inländischen OGAW tätige OGAW-Verwaltungsgesellschaft Eigentümer ist, beruht auf Informationen oder Unterlagen, die vom inländischen OGAW oder von der OGAW-Verwaltungsgesellschaft vorgelegt werden und, soweit verfügbar, auf externen Nachweisen;

c) die Verwahrstelle hält ihre Aufzeichnungen auf dem neuesten Stand;

3. die Verwahrstelle übermittelt der OGAW-Verwaltungsgesellschaft regelmäßig eine umfassende Aufstellung sämtlicher Vermögensgegenstände des inländischen OGAW.

(2) [1]Die zum inländischen OGAW gehörenden Guthaben nach § 195 sind auf Sperrkonten zu verwahren. [2]Die Verwahrstelle ist berechtigt und verpflichtet, auf Anweisung der OGAW-Verwaltungsgesellschaft auf den Sperrkonten vorhandene Guthaben nach § 195

1. auf andere Sperrkonten bei Kreditinstituten mit Sitz in einem Mitgliedstaat der Europäischen Union oder einem anderen Vertragsstaat des Abkommens über den Europäischen Wirtschaftsraum oder

2. auf andere Sperrkonten bei Kreditinstituten mit Sitz in Drittstaaten, deren Aufsichtsbestimmungen nach Auffassung der Bundesanstalt denjenigen des Rechts der Europäischen Union gleichwertig sind,

zu übertragen.

(3) Für nähere Einzelheiten zu den Verwahrpflichten nach Absatz 1 wird auf die Artikel 12 bis 14 der Delegierten Verordnung (EU) 2016/438 verwiesen.

§ 73 Unterverwahrung

(1) Die Verwahrstelle kann die Verwahraufgaben nach § 72 unter den folgenden Bedingungen auf ein anderes Unternehmen (Unterverwahrer) auslagern:

1. die Aufgaben werden nicht in der Absicht übertragen, die Vorschriften dieses Gesetzes zu umgehen;
2. die Verwahrstelle kann darlegen, dass es einen objektiven Grund für die Unterverwahrung gibt;
3. die Verwahrstelle geht mit der gebotenen Sachkenntnis, Sorgfalt und Gewissenhaftigkeit vor
   a) bei der Auswahl und Bestellung eines Unterverwahrers, dem sie Teile ihrer Aufgaben übertragen möchte, und
   b) bei der laufenden Kontrolle und regelmäßigen Überprüfung von Unterverwahrern, denen sie Teile ihrer Aufgaben übertragen hat, und von Vorkehrungen des Unterverwahrers hinsichtlich der ihm übertragenen Aufgaben;
4. die Verwahrstelle stellt sicher, dass der Unterverwahrer jederzeit bei der Ausführung der ihm übertragenen Aufgaben die folgenden Bedingungen einhält:
   a) der Unterverwahrer verfügt über eine Organisationsstruktur und die Fachkenntnisse, die für die Art und die Komplexität der ihm anvertrauten Vermögensgegenstände des inländischen OGAW oder der für dessen Rechnung handelnden OGAW-Verwaltungsgesellschaft angemessen und geeignet sind,
   b) in Bezug auf die Verwahraufgaben nach § 72 Absatz 1 Nummer 1 unterliegt der Unterverwahrer einer wirksamen Regulierung der Aufsichtsanforderungen, einschließlich Mindesteigenkapitalanforderungen, und einer Aufsicht in der betreffenden Jurisdiktion sowie einer regelmäßigen externen Rechnungsprüfung durch die sichergestellt wird, dass sich die Finanzinstrumente in seinem Besitz befinden,
   c) der Unterverwahrer trennt die Vermögensgegenstände der Kunden der Verwahrstelle von seinen eigenen Vermögensgegenständen und von den Vermögensgegenständen der Verwahrstelle in einer solchen Weise, dass sie zu jeder Zeit eindeutig den Kunden einer bestimmten Verwahrstelle zugeordnet werden können,
   d) der Unterverwahrer unternimmt alle notwendigen Schritte, um zu gewährleisten, dass im Fall seiner Insolvenz die von ihm unterverwahrten Vermögensgegenstände des inländischen OGAW nicht an seine Gläubiger ausgeschüttet oder zu deren Gunsten verwendet werden können,
   e) der Unterverwahrer hält die Pflichten und Verbote nach § 68 Absatz 1 Satz 2 und 3 und nach den §§ 70 und 72 ein.

(2) Wenn nach den Rechtsvorschriften eines Drittstaates vorgeschrieben ist, dass bestimmte Finanzinstrumente von einer ortsansässigen Einrichtung verwahrt werden müssen und wenn es keine ortsansässigen Einrichtungen gibt, die die Anforderungen für eine Beauftragung nach Absatz 1 Nummer 4 Buchstabe b erfüllen, dass der Unterverwahrer in Bezug auf die Verwahraufgaben nach § 72 Absatz 1 Nummer 1 einer wirksamen Regulierung der Aufsichtsanforderungen, einschließlich Mindesteigenkapitalanforderungen, und einer Aufsicht in der betreffenden Jurisdiktion unterliegt, darf die Verwahrstelle ihre Verwahraufgaben an eine solche ortsansässige Einrichtung nur insoweit und so lange übertragen, als es von dem Recht des Drittstaates gefordert wird und es keine ortsansässigen Einrichtungen gibt, die die Anforderungen für eine Unterverwahrung erfüllen; der erste Halbsatz gilt vorbehaltlich der folgenden Bedingungen:

1. die OGAW-Verwaltungsgesellschaft hat die Anleger des jeweiligen inländischen OGAW vor Tätigung ihrer Anlage ordnungsgemäß unterrichtet

a) darüber, dass eine solche Unterverwahrung auf Grund rechtlicher Vorgaben im Recht des Drittstaates erforderlich ist,

b) über die Risiken, die mit einer solchen Übertragung verbunden sind, und

c) über die Umstände, die die Übertragung rechtfertigen und

2. der inländische OGAW oder die für Rechnung des inländischen OGAW tätige OGAW-Verwaltungsgesellschaft muss die Verwahrstelle anweisen, die Verwahrung dieser Finanzinstrumente einer solchen ortsansässigen Einrichtung zu übertragen.

(3) [1]Der Unterverwahrer kann unter den Voraussetzungen nach den Absätzen 1 und 2 die Verwahraufgaben nach § 72 auf ein anderes Unternehmen unterauslagern. [2]§ 77 Absatz 3 und 4 gilt entsprechend für die jeweils Beteiligten.

(4) Mit Ausnahme der Verwahraufgaben nach § 72 darf die Verwahrstelle ihre nach diesem Unterabschnitt festgelegten Aufgaben nicht auslagern.

(5) Die Erbringung von Dienstleistungen nach der Richtlinie 98/26/EG durch Wertpapierliefer- und Abrechnungssysteme, wie es für die Zwecke jener Richtlinie vorgesehen ist, oder die Erbringung ähnlicher Dienstleistungen durch Wertpapierliefer- und Abrechnungssysteme von Drittstaaten wird für Zwecke dieser Vorschrift nicht als Auslagerung von Verwahraufgaben angesehen.

(6) [1]Für nähere Einzelheiten zu den Pflichten einer Verwahrstelle nach Absatz 1 Nummer 3 sowie zu der Trennungspflicht nach Absatz 1 Nummer 4 Buchstabe c wird auf Artikel 15 Absatz 1 bis 8 und Artikel 16 der Delegierten Verordnung (EU) 2016/438 verwiesen. [2]Für nähere Einzelheiten zu den notwendigen Schritten, die der Unterverwahrer sowie die ein Unternehmen, auf das der Unterverwahrer Verwahraufgaben nach Absatz 3 unterausgelagert hat, nach Absatz 1 Nummer 4 Buchstabe d unternehmen muss, wird auf Artikel 17 der Delegierten Verordnung (EU) 2016/438 verwiesen. [3]Für nähere Einzelheiten zu den Pflichten der Verwahrstelle zur Sicherstellung, dass der Unterverwahrer die Bedingungen nach Absatz 1 Nummer 4 Buchstabe d einhält, wird auf Artikel 15 Absatz 1 bis 8, die Artikel 16 und 17 der Delegierten Verordnung (EU) 2016/438 verwiesen.

§ 74 Zahlung und Lieferung

(1) Die Verwahrstelle hat folgende Geldbeträge auf einem für den inländischen OGAW eingerichteten gesperrten Konto zu verbuchen:

1. den Kaufpreis aus dem Verkauf von Vermögensgegenständen des inländischen OGAW,
2. die anfallenden Erträge,
3. Entgelte für Wertpapier-Darlehen und
4. den Optionspreis, den ein Dritter für das ihm eingeräumte Optionsrecht zahlt, sowie
5. sonstige dem inländischen OGAW zustehende Geldbeträge.

(2) Aus den gesperrten Konten oder Depots führt die Verwahrstelle auf Weisung der OGAW-Verwaltungsgesellschaft oder eines Unternehmens, das die Aufgaben der OGAW-Verwaltungsgesellschaft nach Maßgabe von § 36 Absatz 1 Satz 1 Nummer 3 oder 4 wahrnimmt, folgende Tätigkeiten durch:

1. die Bezahlung des Kaufpreises beim Erwerb von Wertpapieren oder sonstigen Vermögensgegenständen, die Leistung und Rückgewähr von Sicherheiten für Derivate, Wertpapier-Darlehen und Pensionsgeschäfte, Zahlungen von Transaktionskosten und sonstigen Gebühren sowie die Begleichung sonstiger durch die Verwaltung des inländischen OGAW bedingter Verpflichtungen,

2. die Lieferung beim Verkauf von Vermögensgegenständen sowie die Lieferung bei der darlehensweisen Übertragung von Wertpapieren sowie etwaiger weiterer Lieferpflichten,
3. die Ausschüttung der Gewinnanteile an die Anleger.

(3) [1]Die gesperrten Konten sind auf den Namen des inländischen OGAW, auf den Namen der OGAW-Verwaltungsgesellschaft, die für Rechnung des inländischen OGAW tätig ist, oder auf den Namen der Verwahrstelle, die für Rechnung des inländischen OGAW tätig ist, zu eröffnen und gemäß den in Artikel 16 der Richtlinie 2006/73/EG festgelegten Grundsätzen zu führen. [2]Sofern Geldkonten auf den Namen der Verwahrstelle, die für Rechnung des inländischen OGAW handelt, eröffnet werden, sind keine Geldmittel der Verwahrstelle selbst auf solchen Konten zu verbuchen.

(4) Für nähere Einzelheiten zu den Anforderungen an die Überwachung der Zahlungsströme des OGAW wird auf Artikel 10 Absatz 1 der Delegierten Verordnung (EU) 2016/438 verwiesen.

§ 75 Zustimmungspflichtige Geschäfte

(1) Die OGAW-Kapitalverwaltungsgesellschaft darf die nachstehenden Geschäfte nur mit Zustimmung der Verwahrstelle durchführen:
1. die Aufnahme von Krediten nach Maßgabe des § 199, soweit es sich nicht um valutarische Überziehungen handelt,
2. die Anlage von Mitteln des inländischen OGAW in Bankguthaben bei anderen Kreditinstituten sowie Verfügungen über solche Bankguthaben.

(2) [1]Die Verwahrstelle hat den Geschäften nach Absatz 1 zuzustimmen, wenn diese den dort genannten Anforderungen entsprechen und mit den weiteren Vorschriften dieses Gesetzes und mit den Anlagebedingungen übereinstimmen. [2]Stimmt sie einer Verfügung zu, obwohl die Bedingungen von Satz 1 nicht erfüllt sind, berührt dies nicht die Wirksamkeit der Verfügung. [3]Eine Verfügung ohne Zustimmung der Verwahrstelle ist gegenüber den Anlegern unwirksam. Die Vorschriften zugunsten derjenigen, welche Rechte von einem Nichtberechtigten herleiten, sind entsprechend anzuwenden.

§ 76 Kontrollfunktion

(1) Die Verwahrstelle hat sicherzustellen, dass
1. die Ausgabe und Rücknahme von Anteilen oder Aktien des inländischen OGAW und die Ermittlung des Wertes der Anteile oder Aktien des inländischen OGAW den Vorschriften dieses Gesetzes und den Anlagebedingungen oder der Satzung entsprechen,
2. bei den für gemeinschaftliche Rechnung der Anleger getätigten Geschäften mit Vermögenswerten des inländischen OGAW der Gegenwert innerhalb der üblichen Fristen an den inländischen OGAW oder für Rechnung des inländischen OGAW überwiesen wird,
3. die Erträge des inländischen OGAW gemäß den Vorschriften dieses Gesetzes und den Anlagebedingungen oder der Satzung verwendet werden und
4. die erforderlichen Sicherheiten für Wertpapier-Darlehen nach Maßgabe des § 200 Absatz 2 rechtswirksam bestellt und jederzeit vorhanden sind.

(2) Die Verwahrstelle hat die Weisungen der OGAW-Verwaltungsgesellschaft auszuführen, sofern diese nicht gegen gesetzliche Vorschriften, die Anlagebedingungen oder die Satzung verstoßen.

(3) Für nähere Einzelheiten zu den Pflichten der Verwahrstelle nach den Absätzen 1 und 2 wird auf die Artikel 3 bis 8 der Delegierten Verordnung (EU) 2016/438 verwiesen.

§ 77 Haftung

(1) [1]Die Verwahrstelle haftet gegenüber dem inländischen OGAW oder gegenüber den Anlegern des inländischen OGAW für das Abhandenkommen eines verwahrten Finanzinstrumentes durch die Verwahrstelle oder durch einen Unterverwahrer, dem die Verwahrung von Finanzinstrumenten nach § 72 Absatz 1 Nummer 1 übertragen wurde. [2]Im Fall eines solchen Abhandenkommens hat die Verwahrstelle dem inländischen OGAW oder der für Rechnung des inländischen OGAW handelnden OGAW-Verwaltungsgesellschaft unverzüglich ein Finanzinstrument gleicher Art zurückzugeben oder einen entsprechenden Betrag zu erstatten. [3]Die Verwahrstelle haftet nicht, wenn sie nachweisen kann, dass das Abhandenkommen auf äußere Ereignisse zurückzuführen ist, deren Konsequenzen trotz aller angemessenen Gegenmaßnahmen unabwendbar waren. [4]Weitergehende Ansprüche, die sich aus den Vorschriften des bürgerlichen Rechts auf Grund von Verträgen oder unerlaubten Handlungen ergeben, bleiben unberührt.

(2) Die Verwahrstelle haftet auch gegenüber dem inländischen OGAW oder den Anlegern des inländischen OGAW für sämtliche sonstigen Verluste, die diese dadurch erleiden, dass die Verwahrstelle fahrlässig oder vorsätzlich ihre Verpflichtungen nach diesem Gesetz nicht erfüllt.

(3) Die Haftung der Verwahrstelle bleibt von einer etwaigen Übertragung gemäß § 73 unberührt.

(4) Eine Vereinbarung, mit der die Haftung der Verwahrstelle nach den Absätzen 1, 2 oder 3 aufgehoben oder begrenzt werden soll, ist nichtig.

(5) [1]Für nähere Einzelheiten zu den Voraussetzungen, unter denen verwahrte Finanzinstrumente als abhandengekommen anzusehen sind, wird auf Artikel 18 der Delegierten Verordnung (EU) 2016/438 verwiesen. [2]Für nähere Einzelheiten zu Voraussetzungen, unter denen die Verwahrstelle nach Absatz 1 Satz 3 von einer Haftung befreit ist, wird auf Artikel 19 der Delegierten Verordnung (EU) 2016/438 verwiesen.

§ 78 Geltendmachung von Ansprüchen der Anleger; Verordnungsermächtigung

(1) [1]Die Verwahrstelle ist berechtigt und verpflichtet, im eigenen Namen

1. Ansprüche der Anleger wegen Verletzung der Vorschriften dieses Gesetzes oder der Anlagebedingungen gegen die OGAW-Kapitalverwaltungsgesellschaft geltend zu machen und
2. im Wege einer Klage nach § 771 der Zivilprozessordnung Widerspruch zu erheben, wenn in einen inländischen OGAW wegen eines Anspruchs vollstreckt wird, für den der inländische OGAW nicht haftet; die Anleger können nicht selbst Widerspruch gegen die Zwangsvollstreckung erheben.

[2]Satz 1 Nummer 1 schließt die Geltendmachung von Ansprüchen gegen die OGAW-Kapitalverwaltungsgesellschaft durch die Anleger nicht aus.

(2) [1]Die OGAW-Kapitalverwaltungsgesellschaft ist berechtigt und verpflichtet, im eigenen Namen Ansprüche der Anleger gegen die Verwahrstelle geltend zu machen. [2]Satz 1 schließt die Geltendmachung von Ansprüchen gegen die Verwahrstelle durch die Anleger nicht aus.

(3) [1]Die OGAW-Kapitalverwaltungsgesellschaft hat unter Beteiligung der Verwahrstelle für die Fälle einer fehlerhaften Berechnung von Anteilswerten und ohne Beteiligung der Verwahrstelle für die Fälle einer Verletzung von Anlagegrenzen oder Erwerbsvorgaben bei einem inländischen OGAW geeignete Entschädigungsverfahren für die betroffenen Anleger vorzusehen. [2]Die Verfahren müssen insbesondere die Erstellung eines Entschädigungsplans umfassen sowie die Prüfung des Entschädigungsplans und

der Entschädigungsmaßnahmen durch einen Wirtschaftsprüfer vorsehen. [3]Das Bundesministerium der Finanzen wird ermächtigt, durch Rechtsverordnung, die nicht der Zustimmung des Bundesrates bedarf, nähere Bestimmungen zu den Entschädigungsverfahren und deren Durchführung zu erlassen, insbesondere zu

1. Einzelheiten des Verfahrens einschließlich der Beteiligung der depotführenden Stellen des Anlegers und einer Mindesthöhe der fehlerhaften Berechnung des Anteilswertes, ab der das Entschädigungsverfahren durchzuführen ist, sowie gegebenenfalls zu den Einzelheiten eines vereinfachten Entschädigungsverfahrens bei Unterschreitung einer bestimmten Gesamtschadenshöhe,
2. den gegenüber einem betroffenen Anleger oder inländischen OGAW vorzunehmenden Entschädigungsmaßnahmen sowie gegebenenfalls zu Bagatellgrenzen, bei denen solche Entschädigungsmaßnahmen einen unverhältnismäßigen Aufwand verursachen würden,
3. Meldepflichten gegenüber der Bundesanstalt und gegebenenfalls gegenüber den zuständigen Stellen des Herkunftsstaates der einen inländischen OGAW verwaltenden EU-OGAW-Verwaltungsgesellschaft,
4. Informationspflichten gegenüber den betroffenen Anlegern,
5. Inhalt und Aufbau des zu erstellenden Entschädigungsplans und Einzelheiten der Entschädigungsmaßnahmen sowie
6. Inhalt und Umfang der Prüfung des Entschädigungsplans und der Entschädigungsmaßnahmen durch einen Wirtschaftsprüfer.

[4]Das Bundesministerium der Finanzen kann diese Ermächtigung durch Rechtsverordnung auf die Bundesanstalt übertragen.

§ 79 Vergütung, Aufwendungsersatz

(1) Die Verwahrstelle darf der OGAW-Verwaltungsgesellschaft aus den zu einem inländischen OGAW gehörenden Konten nur die für die Verwaltung des inländischen OGAW zustehende Vergütung und den ihr zustehenden Ersatz von Aufwendungen auszahlen.

(2) Die Verwahrstelle darf die Vergütung, die ihr für die Verwahrung des inländischen OGAW und die Wahrnehmung der Aufgaben nach Maßgabe dieses Gesetzes zusteht, nur mit Zustimmung der OGAW-Verwaltungsgesellschaft entnehmen.

Unterabschnitt 2. Vorschriften für AIF-Verwahrstellen

§ 80 Beauftragung

(1) [1]Die AIF-Kapitalverwaltungsgesellschaft hat sicherzustellen, dass für jeden von ihr verwalteten AIF eine Verwahrstelle im Sinne des Absatzes 2 oder, sofern die Voraussetzungen nach den Absätzen 3 und 4 erfüllt sind, eine Verwahrstelle im Sinne des Absatzes 3 beauftragt wird; § 55 bleibt unberührt. [2]Die Beauftragung der Verwahrstelle ist in einem schriftlichen Vertrag zu vereinbaren. [3]Der Vertrag regelt unter anderem den Informationsaustausch, der für erforderlich erachtet wird, damit die Verwahrstelle nach den Vorschriften dieses Gesetzes und gemäß den anderen einschlägigen Rechts- und Verwaltungsvorschriften ihren Aufgaben für den AIF, für den sie als Verwahrstelle beauftragt wurde, nachkommen kann.

(2) Die Verwahrstelle ist

1. ein Kreditinstitut im Sinne des Artikels 4 Absatz 1 Nummer 1 der Verordnung (EU) Nr. 575/2013 mit satzungsmäßigem Sitz in der Europäischen Union oder in einem anderen Vertragsstaat des Abkommens über den Europäischen Wirtschaftsraum, das

gemäß § 32 des Kreditwesengesetzes oder den im Herkunftsmitgliedstaat des EU-AIF anzuwendenden Vorschriften, die die Richtlinie 2013/36/EU umsetzen, zugelassen ist;

2. eine Wertpapierfirma im Sinne des Artikels 4 Absatz 1 Nummer 2 der Verordnung (EU) Nr. 575/2013 mit satzungsmäßigem Sitz in der Europäischen Union oder in einem anderen Vertragsstaat des Abkommens über den Europäischen Wirtschaftsraum, für die die Eigenkapitalanforderungen gemäß Artikel 92 der Verordnung (EU) Nr. 575/2013, einschließlich der Kapitalanforderungen für operationelle Risiken, gelten, die gemäß den Vorschriften, die die Richtlinie 2014/65/EU umsetzen, zugelassen ist und die auch die Nebendienstleistungen wie Verwahrung und Verwaltung von Finanzinstrumenten für Rechnung von Kunden gemäß Anhang I Abschnitt B Nummer 1 der Richtlinie 2004/39/EG erbringt; solche Wertpapierfirmen müssen in jedem Fall über Eigenmittel verfügen, die den in Artikel 28 Absatz 2 der Richtlinie 2013/36/EU genannten Betrag des Anfangskapitals nicht unterschreiten oder

3. eine andere Kategorie von Einrichtungen, die einer Beaufsichtigung und ständigen Überwachung unterliegen und die am 21. Juli 2011 unter eine der von den Mitgliedstaaten der Europäischen Union oder den anderen Vertragsstaaten des Abkommens über den Europäischen Wirtschaftsraum gemäß Artikel 23 Absatz 3 der Richtlinie 2009/65/EG festgelegten Kategorien von Einrichtungen fallen, aus denen eine Verwahrstelle gewählt werden kann.

(3) [1]Abweichend von Absatz 2 kann die Verwahrstelle für geschlossene AIF anstelle der in § 80 Absatz 2 Nummer 1 bis 3 genannten Einrichtungen auch ein Treuhänder sein, der die Aufgaben einer Verwahrstelle im Rahmen seiner beruflichen oder geschäftlichen Tätigkeit wahrnimmt, wenn

1. bei den geschlossenen AIF innerhalb von fünf Jahren nach Tätigung der ersten Anlagen keine Rücknahmerechte ausgeübt werden können,
2. die geschlossenen AIF im Einklang mit ihrer Hauptanlagestrategie in der Regel
   a) nicht in Vermögensgegenstände investieren, die nach § 81 Absatz 1 Nummer 1 verwahrt werden müssen, oder
   b) in Emittenten oder nicht börsennotierte Unternehmen investieren, um nach § 261 Absatz 7, den §§ 287, 288 möglicherweise die Kontrolle über solche Unternehmen zu erlangen.

[2]In Bezug auf die berufliche oder geschäftliche Tätigkeit muss der Treuhänder

1. einer gesetzlich anerkannten obligatorischen berufsmäßigen Registrierung oder
2. Rechts- und Verwaltungsvorschriften oder berufsständischen Regeln unterliegen,

die ausreichend finanzielle und berufliche Garantien bieten können, um es ihm zu ermöglichen, die relevanten Aufgaben einer Verwahrstelle wirksam auszuführen und die mit diesen Funktionen einhergehenden Verpflichtungen zu erfüllen. [3]Die ausreichende finanzielle und berufliche Garantie ist laufend zu gewährleisten. [4]Der Treuhänder hat Änderungen, die seine finanziellen und beruflichen Garantien betreffen, der Bundesanstalt unverzüglich anzuzeigen. [5]Sofern der Treuhänder zum Zwecke der finanziellen Garantie eine Versicherung abschließt, ist das Versicherungsunternehmen im Versicherungsvertrag zu verpflichten, der Bundesanstalt den Beginn und die Beendigung oder Kündigung des Versicherungsvertrages sowie Umstände, die den vorgeschriebenen Versicherungsschutz beeinträchtigen, unverzüglich mitzuteilen.

(4) [1]Der Treuhänder im Sinne von Absatz 3 muss der Bundesanstalt vor Beauftragung benannt werden. [2]Hat die Bundesanstalt gegen die Beauftragung Bedenken, kann sie verlangen, dass binnen angemessener Frist ein anderer Treuhänder benannt wird. [3]Un-

terbleibt dies oder hat die Bundesanstalt auch gegen die Beauftragung des neu vorgeschlagenen Treuhänders Bedenken, so hat die AIF-Kapitalverwaltungsgesellschaft eine Verwahrstelle im Sinne von Absatz 2 zu beauftragen.

(5) Unbeschadet von Absatz 6 Satz 3 kann die Verwahrstelle für ausländische AIF auch ein Kreditinstitut oder ein Unternehmen sein, das den in Absatz 2 Satz 1 Nummer 1 und 2 genannten Unternehmen vergleichbar ist, sofern die Bedingungen des Absatzes 8 Satz 1 Nummer 2 eingehalten sind.

(6) [1]Verwaltet die AIF-Kapitalverwaltungsgesellschaft einen inländischen AIF, muss die Verwahrstelle ihren satzungsmäßigen Sitz oder ihre satzungsmäßige Zweigniederlassung im Geltungsbereich dieses Gesetzes haben. [2]Verwaltet die AIF-Kapitalverwaltungsgesellschaft einen EU-AIF, muss die Verwahrstelle ihren satzungsmäßigen Sitz oder ihre satzungsmäßige Zweigniederlassung im Herkunftsmitgliedstaat des EU-AIF haben. [3]Bei ausländischen AIF kann die Verwahrstelle ihren satzungsmäßigen Sitz oder ihre satzungsmäßige Zweigniederlassung in dem Drittstaat haben, in dem der ausländische AIF seinen Sitz hat oder im Geltungsbereich dieses Gesetzes, wenn die AIF-Kapitalverwaltungsgesellschaft einen ausländischen AIF verwaltet oder in dem Referenzmitgliedstaat der ausländischen AIF-Verwaltungsgesellschaft, die den ausländischen AIF verwaltet; § 55 bleibt unberührt.

(7) [1]Wird für den inländischen AIF eine Verwahrstelle im Sinne des Absatzes 2 Nummer 1 beauftragt, muss es sich um ein CRR-Kreditinstitut im Sinne des § 1 Absatz 3d des Kreditwesengesetzes handeln, das über die Erlaubnis zum Betreiben des Depotgeschäfts nach § 1 Absatz 1 Satz 2 Nummer 5 des Kreditwesengesetzes oder zur Erbringung des eingeschränkten Verwahrgeschäfts nach § 1 Absatz 1a Satz 2 Nummer 12 des Kreditwesengesetzes verfügt. [2]Wird für den inländischen AIF eine Verwahrstelle im Sinne des Absatzes 2 Nummer 2 beauftragt, muss es sich um ein Finanzdienstleistungsinstitut handeln, das über die Erlaubnis zum eingeschränkten Verwahrgeschäft nach § 1 Absatz 1a Satz 2 Nummer 12 des Kreditwesengesetzes verfügt; wird das in § 83 Absatz 6 Satz 2 aufgeführte Geldkonto bei der Verwahrstelle eröffnet, muss es sich bei der Verwahrstelle um ein Kreditinstitut handeln, das über die Erlaubnis zum Betreiben des Einlagengeschäfts nach § 1 Absatz 1 Satz 2 Nummer 1 des Kreditwesengesetzes verfügt.

(8) [1]Unbeschadet der Anforderungen der Absätze 2 bis 5 unterliegt die Beauftragung einer Verwahrstelle mit Sitz in einem Drittstaat den folgenden Bedingungen:

1. zwischen den zuständigen Behörden des Mitgliedstaates der Europäischen Union oder des anderen Vertragsstaates des Abkommens über den Europäischen Wirtschaftsraum, in dem die Anteile des ausländischen AIF gehandelt werden sollen, und, falls es sich um unterschiedliche Behörden handelt, den Behörden des Herkunftsmitgliedstaates der AIF-Kapitalverwaltungsgesellschaft oder der EU-AIF-Verwaltungsgesellschaft bestehen Vereinbarungen über die Zusammenarbeit und den Informationsaustausch mit den zuständigen Behörden der Verwahrstelle,
2. die Verwahrstelle unterliegt einer wirksamen Regulierung der Aufsichtsanforderungen, einschließlich Mindesteigenkapitalanforderungen, und einer Aufsicht, die jeweils den Rechtsvorschriften der Europäischen Union entsprechen und die wirksam durchgesetzt werden,
3. der Drittstaat, in dem die Verwahrstelle ihren Sitz hat, steht nicht auf der Liste der nicht kooperativen Länder und Gebiete, die von der Arbeitsgruppe „Finanzielle Maßnahmen gegen die Geldwäsche und die Terrorismusfinanzierung“ aufgestellt wurde,
4. die Mitgliedstaaten der Europäischen Union oder die anderen Vertragsstaaten des Abkommens über den Europäischen Wirtschaftsraum, in denen die Anteile des ausländischen AIF vertrieben werden sollen, und, soweit verschieden, der Herkunfts-

mitgliedstaat der AIF-Kapitalverwaltungsgesellschaft oder EU-AIF-Verwaltungsgesellschaft haben mit dem Drittstaat, in dem die Verwahrstelle ihren Sitz hat, eine Vereinbarung abgeschlossen, die den Standards des Artikels 26 des OECD-Musterabkommens zur Vermeidung der Doppelbesteuerung von Einkommen und Vermögen vollständig entspricht und einen wirksamen Informationsaustausch in Steuerangelegenheiten, einschließlich multilateraler Steuerabkommen, gewährleistet,

5. die Verwahrstelle haftet vertraglich gegenüber dem ausländischen AIF oder gegenüber den Anlegern des ausländischen AIF entsprechend § 88 Absatz 1 bis 4 und erklärt sich ausdrücklich zur Einhaltung von § 82 bereit.

[2]Ist eine zuständige Behörde eines anderen Mitgliedstaates der Europäischen Union oder eines anderen Vertragsstaates des Abkommens über den Europäischen Wirtschaftsraum nicht mit der Bewertung der Anwendung von Satz 1 Nummer 1, 3 oder 5 durch die zuständigen Behörden des Herkunftsmitgliedstaates der AIF-Kapitalverwaltungsgesellschaft oder EU-AIF-Verwaltungsgesellschaft einverstanden, kann die betreffende zuständige Behörde die Angelegenheit der Europäischen Wertpapier- und Marktaufsichtsbehörde zur Kenntnis bringen; diese kann nach den ihr durch Artikel 19 der Verordnung (EU) Nr. 1095/2010 übertragenen Befugnisse tätig werden.

(9) [1]Mindestens ein Geschäftsleiter der Einrichtung, die als Verwahrstelle beauftragt werden soll, muss über die für die Verwahrstellenaufgaben erforderliche Erfahrung verfügen. [2]Diese Einrichtung muss bereit und in der Lage sein, die für die Erfüllung der Verwahrstellenaufgaben erforderlichen organisatorischen Vorkehrungen zu schaffen. [3]Wird eine natürliche Person als Treuhänder nach den Absätzen 3 und 4 mit der Verwahrstellenfunktion beauftragt, muss dieser über die für die Verwahrstellenaufgaben erforderliche Erfahrung verfügen sowie die für die Erfüllung der Verwahrstellenaufgaben notwendigen organisatorischen Vorkehrungen schaffen.

(10) Die in den in Absatz 1 genannten schriftlichen Vertrag aufzunehmenden Einzelheiten und die allgemeinen Kriterien zur Bewertung, ob die Anforderungen an die aufsichtliche Regulierung und an die Aufsicht in Drittstaaten nach Absatz 8 Satz 1 Nummer 2 den Rechtsvorschriften der Europäischen Union entsprechen und wirksam durchgesetzt werden, bestimmen sich nach den Artikeln 83 und 84 der Delegierten Verordnung (EU) Nr. 231/2013.

§ 81 Verwahrung

(1) Die Verwahrstelle hat die Vermögensgegenstände des inländischen AIF oder der für Rechnung des inländischen AIF handelnden AIF-Verwaltungsgesellschaft wie folgt zu verwahren:

1. für Finanzinstrumente im Sinne der Richtlinie 2011/61/EU, die in Verwahrung genommen werden können, gilt:
   a) die Verwahrstelle verwahrt sämtliche Finanzinstrumente, die im Depot auf einem Konto für Finanzinstrumente verbucht werden können, und sämtliche Finanzinstrumente, die der Verwahrstelle physisch übergeben werden können;
   b) zu diesem Zweck stellt die Verwahrstelle sicher, dass alle Finanzinstrumente, die im Depot auf einem Konto für Finanzinstrumente verbucht werden können, nach den in Artikel 16 der Richtlinie 2006/73/EG festgelegten Grundsätzen in den Büchern der Verwahrstelle auf gesonderten Konten, die im Namen des inländischen AIF oder der für ihn tätigen AIF-Verwaltungsgesellschaft eröffnet wurden, registriert werden, so dass die Finanzinstrumente jederzeit nach geltendem Recht eindeutig als zum inländischen AIF gehörend identifiziert werden können;
2. für sonstige Vermögensgegenstände gilt:

a) die Verwahrstelle prüft das Eigentum des inländischen AIF oder der für Rechnung des inländischen AIF tätigen AIF-Verwaltungsgesellschaft an solchen Vermögensgegenständen und führt Aufzeichnungen derjenigen Vermögensgegenstände, bei denen sie sich vergewissert hat, dass der inländische AIF oder die für Rechnung des inländischen AIF tätige AIF-Verwaltungsgesellschaft an diesen Vermögensgegenständen das Eigentum hat;

b) die Beurteilung, ob der inländische AIF oder die für Rechnung des inländischen AIF tätige AIF-Verwaltungsgesellschaft Eigentümer oder Eigentümerin ist, beruht auf Informationen oder Unterlagen, die vom inländischen AIF oder von der AIF-Verwaltungsgesellschaft vorgelegt werden und, soweit verfügbar, auf externen Nachweisen;

c) die Verwahrstelle hält ihre Aufzeichnungen auf dem neuesten Stand.

(2) Die Bedingungen für die Ausübung der Aufgaben einer Verwahrstelle nach Absatz 1, einschließlich

1. der Art der Finanzinstrumente, die nach Absatz 1 Nummer 1 von der Verwahrstelle verwahrt werden sollen,

2. der Bedingungen, unter denen die Verwahrstelle ihre Verwahraufgaben über bei einem Zentralverwahrer registrierte Finanzinstrumente ausüben kann, und

3. der Bedingungen, unter denen die Verwahrstelle in nominativer Form emittierte und beim Emittenten oder bei einer Registrierstelle registrierte Finanzinstrumente nach Absatz 1 Nummer 2 zu verwahren hat,

bestimmen sich nach den Artikeln 85 bis 97 der Delegierten Verordnung (EU) Nr. 231/2013.

§ 82 Unterverwahrung

(1) Die Verwahrstelle kann die Verwahraufgaben nach § 81 auf ein anderes Unternehmen (Unterverwahrer) unter den folgenden Bedingungen auslagern:

1. die Aufgaben werden nicht in der Absicht übertragen, die Vorschriften dieses Gesetzes zu umgehen;

2. die Verwahrstelle kann darlegen, dass es einen objektiven Grund für die Unterverwahrung gibt;

3. die Verwahrstelle geht mit der gebotenen Sachkenntnis, Sorgfalt und Gewissenhaftigkeit vor

   a) bei der Auswahl und Bestellung eines Unterverwahrers, dem sie Teile ihrer Aufgaben übertragen möchte, und

   b) bei der laufenden Kontrolle und regelmäßigen Überprüfung von Unterverwahrern, denen sie Teile ihrer Aufgaben übertragen hat, und von Vorkehrungen des Unterverwahrers hinsichtlich der ihm übertragenen Aufgaben;

4. die Verwahrstelle stellt sicher, dass der Unterverwahrer jederzeit bei der Ausführung der ihm übertragenen Aufgaben die folgenden Bedingungen einhält:

   a) der Unterverwahrer verfügt über eine Organisationsstruktur und die Fachkenntnisse, die für die Art und die Komplexität der ihm anvertrauten Vermögensgegenstände des inländischen AIF oder der für dessen Rechnung handelnden AIF-Verwaltungsgesellschaft angemessen und geeignet sind,

   b) in Bezug auf die Verwahraufgaben nach § 81 Absatz 1 Nummer 1 unterliegt der Unterverwahrer einer wirksamen aufsichtlichen Regulierung, einschließlich Mindesteigenkapitalanforderungen, und einer Aufsicht in der betreffenden Jurisdiktion sowie einer regelmäßigen externen Rechnungsprüfung, durch die sichergestellt wird, dass sich die Finanzinstrumente in seinem Besitz befinden,

c) der Unterverwahrer trennt die Vermögensgegenstände der Kunden der Verwahrstelle von seinen eigenen Vermögensgegenständen und von den Vermögensgegenständen der Verwahrstelle in einer solchen Weise, dass sie zu jeder Zeit eindeutig den Kunden einer bestimmten Verwahrstelle zugeordnet werden können,

d) im Hinblick auf Spezial-AIF darf der Unterverwahrer die Vermögensgegenstände nicht ohne vorherige Zustimmung des inländischen Spezial-AIF oder der für Rechnung des inländischen Spezial-AIF tätigen AIF-Verwaltungsgesellschaft und vorherige Mitteilung an die Verwahrstelle verwenden; bei Publikums-AIF ist eine Wiederverwendung nur unter den Voraussetzungen des § 70 Absatz 5 zulässig; hinsichtlich der Weiterverwendung von als Sicherheit erhaltenen Finanzinstrumenten wird auf Artikel 15 der Verordnung (EU) 2015/2365 sowohl für Spezial-AIF als auch für Publikums-AIF verwiesen und

e) der Unterverwahrer hält die Pflichten und Verbote nach den §§ 81 und 85 Absatz 1, 2 und 5 ein.

(2) Wenn es nach den Rechtsvorschriften eines Drittstaates vorgeschrieben ist, dass bestimmte Finanzinstrumente von einer ortsansässigen Einrichtung verwahrt werden müssen und wenn es keine ortsansässigen Einrichtungen gibt, die die Anforderungen für eine Beauftragung nach Absatz 1 Nummer 4 Buchstabe b erfüllen, darf die Verwahrstelle ihre Verwahrstellenaufgaben an eine solche ortsansässige Einrichtung nur insoweit und so lange übertragen, als es von dem Recht des Drittstaates gefordert wird und es keine ortsansässigen Einrichtungen gibt, die die Anforderungen für eine Unterverwahrung erfüllen; der erste Halbsatz gilt vorbehaltlich der folgenden Bedingungen:

1. die AIF-Verwaltungsgesellschaft hat die Anleger des jeweiligen inländischen AIF vor Tätigung ihrer Anlage ordnungsgemäß unterrichtet
   a) darüber, dass eine solche Unterverwahrung auf Grund rechtlicher Vorgaben im Recht des Drittstaates erforderlich ist, und
   b) über die Umstände, die die Übertragung rechtfertigen, und
2. der inländische AIF oder die für Rechnung des inländischen AIF tätige AIF-Verwaltungsgesellschaft muss die Verwahrstelle anweisen, die Verwahrung dieser Finanzinstrumente einer solchen ortsansässigen Einrichtung zu übertragen.

(3) [1]Der Unterverwahrer kann unter den Voraussetzungen nach den Absätzen 1 und 2 die Verwahraufgaben nach § 81 auf ein anderes Unternehmen unterauslagern. [2]§ 88 Absatz 3 und 4 gilt entsprechend für die jeweils Beteiligten.

(4) Mit Ausnahme der Verwahraufgaben nach § 81 darf die Verwahrstelle ihre nach diesem Unterabschnitt festgelegten Aufgaben nicht auslagern.

(5) Die Erbringung von Dienstleistungen nach der Richtlinie 98/26/EG durch Wertpapierliefer- und Abrechnungssysteme, wie es für die Zwecke jener Richtlinie vorgesehen ist, oder die Erbringung ähnlicher Dienstleistungen durch Wertpapierliefer- und Abrechnungssysteme von Drittstaaten wird für Zwecke dieser Vorschrift nicht als Auslagerung von Verwahraufgaben angesehen.

(6) [1]Die Sorgfaltspflichten von Verwahrstellen nach Absatz 1 Nummer 3 sowie die Trennungspflicht nach Absatz 1 Nummer 4 Buchstabe c bestimmen sich nach den Artikeln 98 und 99 der Delegierten Verordnung (EU) Nr. 231/2013. [2]Für Verwahrstellen, die Vermögenswerte von Publikums-AIF verwahren, gelten zudem § 73 Absatz 1 Nummer 4 Buchstabe d, Artikel 15 Absatz 1 bis 8 und die Artikel 16 und 17 der Delegierten Verordnung (EU) 2016/438 entsprechend.

§ 83 Kontrollfunktion

(1) Die Verwahrstelle hat sicherzustellen, dass

1. die Ausgabe und Rücknahme von Anteilen oder Aktien des inländischen AIF und die Ermittlung des Wertes der Anteile oder Aktien des inländischen AIF den Vorschriften dieses Gesetzes und den Anlagebedingungen, der Satzung oder dem Gesellschaftsvertrag des inländischen AIF entsprechen,
2. bei den für gemeinschaftliche Rechnung der Anleger getätigten Geschäften der Gegenwert innerhalb der üblichen Fristen an den inländischen AIF oder für Rechnung des inländischen AIF überwiesen wird,
3. die Erträge des inländischen AIF nach den Vorschriften dieses Gesetzes und nach den Anlagebedingungen, der Satzung oder dem Gesellschaftsvertrag des inländischen AIF verwendet werden.

(2) Verwahrt die Verwahrstelle Vermögenswerte von Publikums-AIF, hat sie zusätzlich zu den Kontrollpflichten nach Absatz 1 sicherzustellen, dass die erforderlichen Sicherheiten für Wertpapier-Darlehen nach Maßgabe des § 200 Absatz 2 rechtswirksam bestellt und jederzeit vorhanden sind.

(3) [1]Hält der Publikums-AIF Anteile oder Aktien an einer Gesellschaft im Sinne des § 1 Absatz 19 Nummer 22 oder des § 261 Absatz 1 Nummer 3, hat die Verwahrstelle die Vermögensaufstellung dieser Gesellschaft zum Bewertungszeitpunkt zu überprüfen. [2]Bei einem offenen Publikums-AIF, der Beteiligungen an einer Immobilien-Gesellschaft hält, hat die Verwahrstelle zudem zu überwachen, dass der Erwerb einer Beteiligung unter Beachtung der §§ 234 bis 238 erfolgt.

(4) Um die Verfügungsbeschränkung nach § 84 Absatz 1 Nummer 3 sicherzustellen, hat die Verwahrstelle Folgendes zu überwachen:

1. bei inländischen Immobilien die Eintragung der Verfügungsbeschränkung in das Grundbuch,
2. bei EU- oder ausländischen Immobilien die Sicherstellung der Wirksamkeit der Verfügungsbeschränkung,
3. bei den sonstigen Vermögensgegenständen im Sinne des § 261 Absatz 2 Nummer 2 bis 8,
   a) sofern ein Register für den jeweiligen Vermögensgegenstand besteht, die Eintragung der Verfügungsbeschränkung in dieses Register oder,
   b) wenn kein Register besteht, die Sicherstellung der Wirksamkeit der Verfügungsbeschränkung.

(5) Die Verwahrstelle hat die Weisungen der AIF-Verwaltungsgesellschaft auszuführen, sofern diese nicht gegen gesetzliche Vorschriften oder die Anlagebedingungen verstoßen.

(6) [1]Die Verwahrstelle hat sicherzustellen, dass die Zahlungsströme der inländischen AIF ordnungsgemäß überwacht werden und sorgt insbesondere dafür, dass sämtliche Zahlungen von Anlegern oder im Namen von Anlegern bei der Zeichnung von Anteilen eines inländischen AIF geleistet wurden. [2]Die Verwahrstelle hat dafür zu sorgen, dass die gesamten Geldmittel des inländischen AIF auf einem Geldkonto verbucht wurden, das für Rechnung des inländischen AIF, im Namen der AIF-Verwaltungsgesellschaft, die für Rechnung des inländischen AIF tätig ist, oder im Namen der Verwahrstelle, die für Rechnung des inländischen AIF tätig ist, bei einer der folgenden Stellen eröffnet wurde:

1. einer Stelle nach Artikel 18 Absatz 1 Buchstabe a, b und c der Richtlinie 2006/73/EG oder

2. einer Stelle der gleichen Art in dem entsprechenden Markt, in dem Geldkonten verlangt werden, solange eine solche Stelle einer wirksamen Regulierung der Aufsichtsanforderungen und einer Aufsicht unterliegt, die jeweils den Rechtsvorschriften der Europäischen Union entsprechen, wirksam durchgesetzt werden und insbesondere mit den Grundsätzen nach Artikel 16 der Richtlinie 2006/73/EG übereinstimmen.

[3]Sofern Geldkonten im Namen der Verwahrstelle, die für Rechnung des inländischen AIF handelt, eröffnet werden, sind keine Geldmittel der in Satz 2 genannten Stelle und keine Geldmittel der Verwahrstelle selbst auf solchen Konten zu verbuchen.

(7) Die Bedingungen für die Ausübung der Aufgaben einer Verwahrstelle nach den Absätzen 1, 5 und 6 bestimmen sich nach den Artikeln 85 bis 97 der Delegierten Verordnung (EU) Nr. 231/2013.

§ 84 Zustimmungspflichtige Geschäfte

(1) Die AIF-Kapitalverwaltungsgesellschaft darf die nachstehenden Geschäfte im Hinblick auf Publikums-AIF nur mit Zustimmung der Verwahrstelle durchführen:

1. die Aufnahme von Krediten nach Maßgabe der §§ 199, 221 Absatz 6, der §§ 254 und 263 Absatz 1, soweit es sich nicht um valutarische Überziehungen handelt,
2. die Anlage von Mitteln des Publikums-AIF in Bankguthaben bei anderen Kreditinstituten sowie Verfügungen über solche Bankguthaben,
3. die Verfügung über zum Immobilien-Sondervermögen gehörende Immobilien und zum geschlossenen Publikums-AIF gehörende Vermögensgegenstände im Sinne des § 261 Absatz 1 Nummer 1,
4. die Belastung von in Nummer 3 genannten Vermögensgegenständen sowie die Abtretung von Forderungen aus Rechtsverhältnissen, die sich auf diese Vermögensgegenstände beziehen und
5. Verfügungen über Beteiligungen an Gesellschaften im Sinne des § 1 Absatz 19 Nummer 22 oder des § 261 Absatz 1 Nummer 3 oder, wenn es sich nicht um eine Minderheitsbeteiligung handelt, die Verfügung über zum Vermögen dieser Gesellschaften gehörende Vermögensgegenstände im Sinne des § 231 Absatz 1 oder des § 261 Absatz 1 Nummer 1 sowie Änderungen des Gesellschaftsvertrages oder der Satzung.

(2) [1]Die Verwahrstelle hat den Geschäften nach Absatz 1 zuzustimmen, wenn diese den dort genannten Anforderungen entsprechen und mit den weiteren Vorschriften dieses Gesetzes und mit den Anlagebedingungen übereinstimmen. [2]Stimmt sie einer Verfügung zu, obwohl die Bedingungen von Satz 1 nicht erfüllt sind, berührt dies nicht die Wirksamkeit der Verfügung. [3]Eine Verfügung ohne Zustimmung der Verwahrstelle ist gegenüber den Anlegern unwirksam. Die Vorschriften zugunsten derjenigen, welche Rechte von einem Nichtberechtigten herleiten, sind entsprechend anzuwenden.

§ 85 Interessenkollision

(1) Bei der Wahrnehmung ihrer Aufgaben handelt die Verwahrstelle ehrlich, redlich, professionell, unabhängig und im Interesse des inländischen AIF und seiner Anleger.

(2) [1]Die Verwahrstelle darf keine Aufgaben in Bezug auf den inländischen AIF oder die für Rechnung des inländischen AIF tätige AIF-Verwaltungsgesellschaft wahrnehmen, die Interessenkonflikte zwischen dem inländischen AIF, den Anlegern des inländischen AIF, der AIF-Verwaltungsgesellschaft und ihr selbst schaffen könnten. [2]Dies gilt nicht, wenn eine funktionale und hierarchische Trennung der Ausführung ihrer Aufgaben als Verwahrstelle von ihren potenziell dazu in Konflikt stehenden Aufgaben vorgenommen wurde und die potenziellen Interessenkonflikte ordnungsgemäß ermittelt,

gesteuert, beobachtet und den Anlegern des inländischen AIF gegenüber offengelegt werden. [3]Die Verwahrstelle hat durch Vorschriften zu Organisation und Verfahren sicherzustellen, dass bei der Wahrnehmung ihrer Aufgaben Interessenkonflikte zwischen der Verwahrstelle und der AIF-Verwaltungsgesellschaft vermieden werden. [4]Die Einhaltung dieser Vorschriften ist von einer bis einschließlich der Ebene der Geschäftsführung unabhängigen Stelle zu überwachen. [5]Wird eine natürliche Person als Treuhänder nach § 80 Absatz 3 und 4 mit der Verwahrstellenfunktion beauftragt, gilt nur Satz 1.

(3) Im Hinblick auf Spezial-AIF darf die Verwahrstelle die in § 81 genannten Vermögensgegenstände nicht ohne vorherige Zustimmung des inländischen Spezial-AIF oder der für Rechnung des inländischen Spezial-AIF tätigen AIF-Verwaltungsgesellschaft wiederverwenden; bei Publikums-AIF ist eine Wiederverwendung nur unter den Voraussetzungen des § 70 Absatz 5 zulässig; hinsichtlich der Weiterverwendung von als Sicherheit erhaltenen Finanzinstrumenten wird auf Artikel 15 der Verordnung (EU) 2015/2365 sowohl für Spezial-AIF als auch für Publikums-AIF verwiesen.

(4) [1]Zur Vermeidung von Interessenkonflikten zwischen der Verwahrstelle und der AIF-Kapitalverwaltungsgesellschaft oder dem inländischen AIF oder seinen Anlegern

1. darf eine AIF-Kapitalverwaltungsgesellschaft nicht die Aufgaben einer Verwahrstelle wahrnehmen,
2. darf ein Primebroker, der als Kontrahent bei Geschäften für Rechnung des inländischen AIF auftritt, nicht die Aufgaben einer Verwahrstelle für diesen inländischen AIF wahrnehmen; dies gilt nicht, wenn eine funktionale und hierarchische Trennung der Ausführung seiner Aufgaben als Verwahrstelle von seinen Aufgaben als Primebroker vorliegt und die potenziellen Interessenkonflikte ordnungsgemäß ermittelt, gesteuert, beobachtet und den Anlegern des inländischen AIF offengelegt werden. [2]Unter Einhaltung der Bedingungen nach § 82 ist es zulässig, dass die Verwahrstelle einem solchen Primebroker ihre Verwahraufgaben überträgt.

(5) [1]Geschäftsleiter, Prokuristen und die zum gesamten Geschäftsbetrieb ermächtigten Handlungsbevollmächtigten der Verwahrstelle dürfen nicht gleichzeitig Angestellte der AIF-Kapitalverwaltungsgesellschaft sein. [2]Geschäftsleiter, Prokuristen und die zum gesamten Geschäftsbetrieb ermächtigten Handlungsbevollmächtigten der AIF-Kapitalverwaltungsgesellschaft dürfen nicht gleichzeitig Angestellte der Verwahrstelle sein. [3]Wird eine natürliche Person als Treuhänder nach § 80 Absatz 3 und 4 mit der Verwahrstellenfunktion beauftragt, darf dieser nicht gleichzeitig Mitglied des Vorstands oder des Aufsichtsrats, Gesellschafter oder Angestellter der AIF-Kapitalverwaltungsgesellschaft oder eines mit ihr verbundenen Unternehmens sein. [4]Für die Anforderungen an die Verwahrstelle, die Vermögenswerte von Publikums-AIF verwahrt, zur Erfüllung ihrer Pflicht, im Sinne des Absatzes 1 bei der Wahrnehmung ihrer Aufgaben unabhängig von der AIF-Kapitalverwaltungsgesellschaft zu handeln, gelten Artikel 21 Buchstabe a bis c und e, Artikel 22 Absatz 5, die Artikel 23 und 24 der Delegierten Verordnung (EU) 2016/438 entsprechend.

§ 86 Informationspflichten gegenüber der Bundesanstalt

[1]Die Verwahrstelle stellt der Bundesanstalt auf Anfrage alle Informationen zur Verfügung, die sie im Rahmen der Erfüllung ihrer Aufgaben erhalten hat und die die zuständigen Behörden des AIF oder der AIF-Verwaltungsgesellschaft benötigen können. [2]Ist die Bundesanstalt nicht die zuständige Behörde des AIF oder der AIF-Verwaltungsgesellschaft, stellt sie den zuständigen Behörden des AIF und der AIF-Verwaltungsgesellschaft die erhaltenen Informationen unverzüglich zur Verfügung.

§ 87 Anwendbare Vorschriften für Publikums-AIF

Für Verwahrstellen, die mit der Verwahrung von Publikums-AIF beauftragt sind, gelten zusätzlich zu den Vorschriften dieses Unterabschnitts die Regelungen des § 69 Absatz 1, 2 und 4 entsprechend.

§ 88 Haftung

(1) [1]Die Verwahrstelle haftet gegenüber dem inländischen AIF oder gegenüber den Anlegern des inländischen AIF für das Abhandenkommen eines verwahrten Finanzinstrumentes durch die Verwahrstelle oder durch einen Unterverwahrer, dem die Verwahrung von Finanzinstrumenten nach § 81 Absatz 1 Nummer 1 übertragen wurde. [2]Im Fall eines solchen Abhandenkommens hat die Verwahrstelle dem inländischen AIF oder der für Rechnung des inländischen AIF handelnden AIF-Verwaltungsgesellschaft unverzüglich ein Finanzinstrument gleicher Art zurückzugeben oder einen entsprechenden Betrag zu erstatten. [3]Die Verwahrstelle haftet nicht, wenn sie nachweisen kann, dass das Abhandenkommen auf äußere Ereignisse zurückzuführen ist, deren Konsequenzen trotz aller angemessenen Gegenmaßnahmen unabwendbar waren. [4]Weitergehende Ansprüche, die sich aus den Vorschriften des bürgerlichen Rechts auf Grund von Verträgen oder unerlaubten Handlungen ergeben, bleiben unberührt.

(2) Die Verwahrstelle haftet auch gegenüber dem inländischen AIF oder den Anlegern des inländischen AIF für sämtliche sonstigen Verluste, die diese dadurch erleiden, dass die Verwahrstelle ihre Verpflichtungen nach diesem Gesetz fahrlässig oder vorsätzlich nicht erfüllt.

(3) Die Haftung der Verwahrstelle bleibt von einer etwaigen Übertragung gemäß § 82 unberührt.

(4) Unbeschadet des Absatzes 3 kann sich die Verwahrstelle bei einem Abhandenkommen von Finanzinstrumenten eines inländischen Spezial-AIF, die von einem Unterverwahrer nach § 82 verwahrt wurden, von der Haftung befreien, wenn sie nachweisen kann, dass

1. alle Bedingungen für die Auslagerung ihrer Verwahraufgaben nach § 82 erfüllt sind,
2. es einen schriftlichen Vertrag zwischen der Verwahrstelle und dem Unterverwahrer gibt,
   a) in dem die Haftung der Verwahrstelle ausdrücklich auf diesen Unterverwahrer übertragen wird und
   b) der es dem inländischen AIF oder der für Rechnung des inländischen Spezial-AIF handelnden AIF-Verwaltungsgesellschaft ermöglicht, seinen oder ihren Anspruch wegen des Abhandenkommens von Finanzinstrumenten gegenüber dem Unterverwahrer geltend zu machen oder der es der Verwahrstelle ermöglicht, solch einen Anspruch für sie geltend zu machen und
3. es einen schriftlichen Vertrag zwischen der Verwahrstelle und dem inländischen Spezial-AIF oder der für Rechnung des inländischen Spezial-AIF handelnden AIF-Verwaltungsgesellschaft gibt, in dem eine Haftungsbefreiung der Verwahrstelle ausdrücklich gestattet ist und ein objektiver Grund für die vertragliche Vereinbarung einer solchen Haftungsbefreiung angegeben wird.

(5) Wenn nach den Rechtsvorschriften eines Drittstaates vorgeschrieben ist, dass bestimmte Finanzinstrumente von einer ortsansässigen Einrichtung verwahrt werden müssen und es keine ortsansässigen Einrichtungen gibt, die die Anforderungen für eine Auslagerung nach § 82 Absatz 1 Nummer 4 Buchstabe b erfüllen, kann die Verwahrstelle sich bei der Verwahrung von Vermögenswerten von Spezial-AIF von der Haftung befreien, sofern die folgenden Bedingungen eingehalten sind:

1. die Anlagebedingungen, die Satzung oder der Gesellschaftsvertrag des betreffenden inländischen Spezial-AIF erlauben ausdrücklich eine Haftungsbefreiung unter den in diesem Absatz genannten Voraussetzungen,
2. die AIF-Verwaltungsgesellschaft hat die Anleger des entsprechenden inländischen Spezial-AIF vor Tätigung ihrer Anlage ordnungsgemäß über diese Haftungsbefreiung und die Umstände, die diese Haftungsbefreiung rechtfertigen, unterrichtet,
3. der inländische Spezial-AIF oder die für Rechnung des inländischen Spezial-AIF tätige AIF-Verwaltungsgesellschaft hat die Verwahrstelle angewiesen, die Verwahrung dieser Finanzinstrumente einer ortsansässigen Einrichtung zu übertragen,
4. es gibt einen schriftlichen Vertrag zwischen der Verwahrstelle und dem inländischen Spezial-AIF oder der für Rechnung des inländischen Spezial-AIF tätigen AIF-Verwaltungsgesellschaft, in dem solch eine Haftungsbefreiung ausdrücklich gestattet ist und
5. es gibt einen schriftlichen Vertrag zwischen der Verwahrstelle und dem Unterverwahrer,
   a) in dem die Haftung der Verwahrstelle ausdrücklich auf den Unterverwahrer übertragen wird und
   b) der es dem inländischen Spezial-AIF oder der für Rechnung des inländischen Spezial-AIF tätigen AIF-Verwaltungsgesellschaft ermöglicht, seinen oder ihren Anspruch wegen des Abhandenkommens von Finanzinstrumenten gegenüber dem Unterverwahrer geltend zu machen oder der es der Verwahrstelle ermöglicht, solch einen Anspruch für sie geltend zu machen.

(6) Die Artikel 100 bis 102 der Delegierten Verordnung (EU) Nr. 231/2013 bestimmen näher
1. die Bedingungen und Umstände, unter denen verwahrte Finanzinstrumente als abhandengekommen anzusehen sind,
2. was unter äußeren Ereignissen, deren Konsequenzen trotz aller angemessenen Gegenmaßnahmen nach Absatz 1 unabwendbar gewesen wären, zu verstehen ist sowie
3. die Bedingungen und Umstände, unter denen ein objektiver Grund für die vertragliche Vereinbarung einer Haftungsbefreiung nach Absatz 4 vorliegt.

§ 89 Geltendmachung von Ansprüchen der Anleger; Verordnungsermächtigung

(1) [1]Die Verwahrstelle ist berechtigt und verpflichtet, im eigenen Namen
1. Ansprüche der Anleger wegen Verletzung der Vorschriften dieses Gesetzes oder der Anlagebedingungen gegen die AIF-Kapitalverwaltungsgesellschaft geltend zu machen,
2. im Fall von Verfügungen nach Maßgabe des § 84 Absatz 2 Satz 3 und 4 Ansprüche der Anleger gegen den Erwerber eines Gegenstandes des Publikums-AIF im eigenen Namen geltend zu machen und
3. im Wege einer Klage nach § 771 der Zivilprozessordnung Widerspruch zu erheben, wenn in einen inländischen AIF wegen eines Anspruchs vollstreckt wird, für den der inländische AIF nicht haftet; die Anleger können nicht selbst Widerspruch gegen die Zwangsvollstreckung erheben.

[2]Satz 1 Nummer 1 schließt die Geltendmachung von Ansprüchen gegen die AIF-Kapitalverwaltungsgesellschaft durch die Anleger nicht aus.

(2) [1]Die AIF-Kapitalverwaltungsgesellschaft ist berechtigt und verpflichtet, im eigenen Namen Ansprüche der Anleger gegen die Verwahrstelle geltend zu machen. [2]Satz 1

schließt die Geltendmachung von Ansprüchen gegen die Verwahrstelle durch die Anleger nicht aus.

(3) [1]Die AIF-Kapitalverwaltungsgesellschaft hat für die Fälle einer fehlerhaften Berechnung von Anteilswerten oder einer Verletzung von Anlagegrenzen oder Erwerbsvorgaben bei einem inländischen AIF geeignete Entschädigungsverfahren für die betroffenen Anleger vorzusehen. [2]Die Verfahren müssen insbesondere die Erstellung eines Entschädigungsplans umfassen sowie die Prüfung des Entschädigungsplans und der Entschädigungsmaßnahmen durch einen Wirtschaftsprüfer vorsehen. [3]Das Bundesministerium der Finanzen wird ermächtigt, durch Rechtsverordnung, die nicht der Zustimmung des Bundesrates bedarf, nähere Bestimmungen zu den Entschädigungsverfahren und deren Durchführung zu erlassen, insbesondere zu

1. Einzelheiten des Verfahrens einschließlich, soweit erforderlich, der Beteiligung der depotführenden Stellen des Anlegers und einer Mindesthöhe der fehlerhaften Berechnung des Anteilswertes, ab der das Entschädigungsverfahren durchzuführen ist sowie gegebenenfalls zu den Einzelheiten eines vereinfachten Entschädigungsverfahrens bei Unterschreitung einer bestimmten Gesamtschadenshöhe,
2. den gegenüber einem betroffenen Anleger oder inländischen AIF vorzunehmenden Entschädigungsmaßnahmen sowie gegebenenfalls zu Bagatellgrenzen, bei denen solche Entschädigungsmaßnahmen einen unverhältnismäßigen Aufwand verursachen würden,
3. Meldepflichten gegenüber der Bundesanstalt und gegebenenfalls gegenüber den zuständigen Stellen des Herkunftsstaates der einen inländischen AIF verwaltenden EU-AIF-Verwaltungsgesellschaft,
4. Informationspflichten gegenüber den betroffenen Anlegern,
5. Inhalt und Aufbau des zu erstellenden Entschädigungsplans und zu den Einzelheiten der Entschädigungsmaßnahmen sowie
6. Inhalt und Umfang der Prüfung des Entschädigungsplans und der Entschädigungsmaßnahmen durch einen Wirtschaftsprüfer.

[4]Das Bundesministerium der Finanzen kann diese Ermächtigung durch Rechtsverordnung auf die Bundesanstalt übertragen.

§ 89a Vergütung, Aufwendungsersatz

(1) [1]Die Verwahrstelle darf der AIF-Verwaltungsgesellschaft aus den zu einem inländischen AIF gehörenden Konten nur die für die Verwaltung des inländischen AIF zustehende Vergütung und den ihr zustehenden Ersatz von Aufwendungen auszahlen. [2]Werden die Konten bei einer anderen Stelle nach § 83 Absatz 6 Satz 2 geführt, bedarf die Auszahlung der der AIF-Verwaltungsgesellschaft für die Verwaltung des inländischen AIF zustehenden Vergütung und des ihr zustehenden Ersatzes von Aufwendungen der Zustimmung der Verwahrstelle.

(2) [1]Die Verwahrstelle darf die Vergütung, die ihr für die Verwahrung des inländischen AIF und die Wahrnehmung der Aufgaben nach Maßgabe dieses Gesetzes zusteht, nur mit Zustimmung der AIF-Verwaltungsgesellschaft entnehmen. [2]Entsprechendes gilt, wenn die zu einem inländischen AIF gehörenden Konten bei einer anderen Stelle nach § 83 Absatz 6 Satz 2 geführt werden.

§ 90 Anwendbare Vorschriften für ausländische AIF

Verwaltet eine AIF-Kapitalverwaltungsgesellschaft einen ausländischen AIF und beauftragt sie eine Verwahrstelle mit Sitz in der Bundesrepublik Deutschland oder verwaltet eine ausländische AIF-Verwaltungsgesellschaft, deren Referenzmitgliedstaat die Bundesrepublik Deutschland nach § 56 ist, einen ausländischen AIF und beauftragt eine

Verwahrstelle mit Sitz in der Bundesrepublik Deutschland, gelten die Vorschriften dieses Unterabschnitts entsprechend; § 55 bleibt unberührt.

Abschnitt 4. Offene inländische Investmentvermögen

Unterabschnitt 1. Allgemeine Vorschriften für offene inländische Investmentvermögen

§ 91 Rechtsform

(1) Offene inländische Investmentvermögen dürfen nur als Sondervermögen gemäß den Vorschriften des Unterabschnitts 2 oder als Investmentaktiengesellschaft mit veränderlichem Kapital gemäß den Vorschriften des Unterabschnitts 3 aufgelegt werden.

(2) Abweichend von Absatz 1 dürfen offene inländische Investmentvermögen, die nicht inländische OGAW sind und deren Anteile nach dem Gesellschaftsvertrag ausschließlich von professionellen und semiprofessionellen Anlegern erworben werden dürfen, zusätzlich als offene Investmentkommanditgesellschaft gemäß den Vorschriften des Unterabschnitts 4 aufgelegt werden.

(3) Abweichend von den Absätzen 1 und 2 dürfen offene inländische Investmentvermögen, die nach den Anlagebedingungen das bei ihnen eingelegte Geld in Immobilien anlegen, nur als Sondervermögen aufgelegt werden.

Unterabschnitt 2. Allgemeine Vorschriften für Sondervermögen

§ 92 Sondervermögen

(1) [1]Die zum Sondervermögen gehörenden Vermögensgegenstände können nach Maßgabe der Anlagebedingungen im Eigentum der Kapitalverwaltungsgesellschaft oder im Miteigentum der Anleger stehen. [2]Das Sondervermögen ist von dem eigenen Vermögen der Kapitalverwaltungsgesellschaft getrennt zu halten.

(2) Zum Sondervermögen gehört auch alles, was die Kapitalverwaltungsgesellschaft auf Grund eines zum Sondervermögen gehörenden Rechts oder durch ein Rechtsgeschäft erwirbt, das sich auf das Sondervermögen bezieht, oder was derjenige, dem das Sondervermögen zusteht, als Ersatz für ein zum Sondervermögen gehörendes Recht erwirbt.

(3) [1]Die Kapitalverwaltungsgesellschaft darf mehrere Sondervermögen bilden. [2]Diese haben sich durch ihre Bezeichnung zu unterscheiden und sind getrennt zu halten.

(4) Auf das Rechtsverhältnis zwischen den Anlegern und der Kapitalverwaltungsgesellschaft ist das Depotgesetz nicht anzuwenden.

(5) Vermögen, die von der Kapitalverwaltungsgesellschaft gemäß § 20 Absatz 2 Nummer 1 oder gemäß § 20 Absatz 3 Nummer 1 oder 2 verwaltet werden, bilden keine Sondervermögen.

§ 93 Verfügungsbefugnis, Treuhänderschaft, Sicherheitsvorschriften

(1) Die Kapitalverwaltungsgesellschaft ist berechtigt, im eigenen Namen über die zu einem Sondervermögen gehörenden Gegenstände nach Maßgabe dieses Gesetzes und der Anlagebedingungen zu verfügen und alle Rechte aus ihnen auszuüben.

(2) [1]Das Sondervermögen haftet nicht für Verbindlichkeiten der Kapitalverwaltungsgesellschaft; dies gilt auch für Verbindlichkeiten der Kapitalverwaltungsgesellschaft aus Rechtsgeschäften, die sie für gemeinschaftliche Rechnung der Anleger tätigt. [2]Die Kapitalverwaltungsgesellschaft ist nicht berechtigt, im Namen der Anleger Verbindlichkeiten einzugehen. [3]Von den Vorschriften dieses Absatzes abweichende Vereinbarungen sind unwirksam.

(3) Die Kapitalverwaltungsgesellschaft kann sich wegen ihrer Ansprüche auf Vergütung und auf Ersatz von Aufwendungen aus den für gemeinschaftliche Rechnung der Anleger getätigten Geschäften nur aus dem Sondervermögen befriedigen; die Anleger haften ihr nicht persönlich.

(4) [1]Gegenstände, die zu einem Sondervermögen gehören, dürfen nicht verpfändet oder sonst belastet, zur Sicherung übereignet oder zur Sicherung abgetreten werden; eine unter Verstoß gegen diese Vorschrift vorgenommene Verfügung ist gegenüber den Anlegern unwirksam. [2]Satz 1 ist nicht anzuwenden, wenn für Rechnung eines Sondervermögens nach den §§ 199, 221 Absatz 6, §§ 254, 274, 283 Absatz 1 Satz 1 Nummer 1, § 284 Absatz 4 Kredite aufgenommen, einem Dritten Optionsrechte eingeräumt oder Wertpapier-Pensionsgeschäfte nach § 203 oder Finanzterminkontrakte, Devisenterminkontrakte, Swaps oder ähnliche Geschäfte nach Maßgabe des § 197 abgeschlossen werden oder wenn für Rechnung eines Sondervermögens nach § 283 Absatz 1 Satz 1 Nummer 2 Leerverkäufe getätigt oder einem Sondervermögen im Sinne des § 283 Absatz 1 Wertpapier-Darlehen gewährt werden; hinsichtlich der Weiterverwendung von als Sicherheit erhaltenen Finanzinstrumenten wird auf Artikel 15 der Verordnung (EU) 2015/2365 verwiesen.

(5) [1]Forderungen gegen die Kapitalverwaltungsgesellschaft und Forderungen, die zu einem Sondervermögen gehören, können nicht gegeneinander aufgerechnet werden. [2]Dies gilt nicht für Rahmenverträge über Geschäfte nach § 197 Absatz 1 Satz 1, nach den §§ 200 und 203 oder mit Primebrokern, für die vereinbart ist, dass die auf Grund dieser Geschäfte oder des Rahmenvertrages für Rechnung des Sondervermögens begründeten Ansprüche und Forderungen selbsttätig oder durch Erklärung einer Partei aufgerechnet oder im Fall der Beendigung des Rahmenvertrages wegen Nichterfüllung oder Insolvenz durch eine einheitliche Ausgleichsforderung ersetzt werden.

(6) Werden nicht voll eingezahlte Aktien in ein Sondervermögen aufgenommen, so haftet die Kapitalverwaltungsgesellschaft für die Leistung der ausstehenden Einlagen nur mit dem eigenen Vermögen.

(7) Sind Anteile in den Verkehr gelangt, ohne dass der Anteilswert dem Sondervermögen zugeflossen ist, so hat die Kapitalverwaltungsgesellschaft aus ihrem eigenen Vermögen den fehlenden Betrag in das Sondervermögen einzulegen.

§ 94 Stimmrechtsausübung

[1]Die Kapitalverwaltungsgesellschaft bedarf zur Ausübung des Stimmrechts aus den zu einem Sondervermögen gehörenden Aktien keiner schriftlichen Vollmacht der Anleger. [2]§ 129 Absatz 3 des Aktiengesetzes ist entsprechend anzuwenden. [3]Die Kapitalverwaltungsgesellschaft soll das Stimmrecht aus Aktien von Gesellschaften, die ihren Sitz im Geltungsbereich dieses Gesetzes haben, im Regelfall selbst ausüben. [4]Das Stimmrecht kann für den Einzelfall durch einen Bevollmächtigten ausgeübt werden; dabei sollen ihm Weisungen für die Ausübung erteilt werden. [5]Ein unabhängiger Stimmrechtsvertreter kann auf Dauer und ohne Weisungen für die Stimmrechtsausübungen bevollmächtigt werden.

§ 95 Anteilscheine

(1) [1]Die Anteile an Sondervermögen werden in Anteilscheinen verbrieft. [2]Die Anteilscheine können auf den Inhaber oder auf Namen lauten. [3]Lauten sie auf den Inhaber, sind sie in einer Sammelurkunde zu verbriefen und ist der Anspruch auf Einzelverbriefung auszuschließen; lauten sie auf den Namen, so gelten für sie die §§ 67 und 68 des Aktiengesetzes entsprechend. [4]Die Anteilscheine können über einen oder mehrere Anteile desselben Sondervermögens ausgestellt werden. [5]Die Anteilscheine sind von der Ka-

pitalverwaltungsgesellschaft und von der Verwahrstelle zu unterzeichnen. [6]Die Unterzeichnung kann durch mechanische Vervielfältigung geschehen.

(2) [1]Stehen die zum Sondervermögen gehörenden Gegenstände den Anlegern gemeinschaftlich zu, so geht mit der Übertragung der in dem Anteilschein verbrieften Ansprüche auch der Anteil des Veräußerers an den zum Sondervermögen gehörenden Gegenständen auf den Erwerber über. [2]Entsprechendes gilt für sonstige rechtsgeschäftliche Verfügungen sowie für Verfügungen, die im Wege der Zwangsvollstreckung oder Arrestvollziehung erfolgen. [3]Über den Anteil an den zum Sondervermögen gehörenden Gegenständen kann in keiner anderen Weise verfügt werden.

§ 96 Anteilklassen und Teilsondervermögen; Verordnungsermächtigung

(1) [1]Die Anteile an einem Sondervermögen können unter Berücksichtigung der Festlegungen in der Rechtsverordnung nach Absatz 4 nach verschiedenen Ausgestaltungsmerkmalen, insbesondere hinsichtlich der Ertragsverwendung, des Ausgabeaufschlags, des Rücknahmeabschlags, der Währung des Anteilswertes, der Verwaltungsvergütung, der Mindestanlagesumme oder einer Kombination dieser Merkmale unterteilt werden (Anteilklassen). [2]Anteile einer Anteilklasse haben gleiche Ausgestaltungsmerkmale. [3]Die Kosten bei Einführung neuer Anteilklassen für bestehende Sondervermögen müssen zulasten der Anteilpreise der neuen Anteilklasse in Rechnung gestellt werden. [4]Der Wert des Anteils ist für jede Anteilklasse gesondert zu errechnen.

(2) [1]Unter Berücksichtigung der Festlegung in der Rechtsverordnung nach Absatz 4 können mehrere Sondervermögen, die sich hinsichtlich der Anlagepolitik oder eines anderen Ausstattungsmerkmals unterscheiden (Teilsondervermögen), zusammengefasst werden (Umbrella-Konstruktion). [2]Die Kosten für die Auflegung neuer Teilsondervermögen dürfen nur zulasten der Anteilpreise der neuen Teilsondervermögen in Rechnung gestellt werden. [3]Bei Publikumsteilsondervermögen sind die Anlagebedingungen und deren Änderungen durch die Bundesanstalt nach Maßgabe der §§ 162 und 163 zu genehmigen. [4]Bei Spezialteilsondervermögen sind die Anlagebedingungen und deren wesentliche Änderungen bei der Bundesanstalt gemäß § 273 vorzulegen.

(3) [1]Die jeweiligen Teilsondervermögen einer Umbrella-Konstruktion sind von den übrigen Teilsondervermögen der Umbrella-Konstruktion vermögensrechtlich und haftungsrechtlich getrennt. [2]Im Verhältnis der Anleger untereinander wird jedes Teilsondervermögen als eigenständiges Zweckvermögen behandelt. [3]Die Rechte von Anlegern und Gläubigern im Hinblick auf ein Teilsondervermögen, insbesondere dessen Auflegung, Verwaltung, Übertragung und Auflösung, beschränken sich auf die Vermögensgegenstände dieses Teilsondervermögens. [4]Für die auf das einzelne Teilsondervermögen entfallenden Verbindlichkeiten haftet nur das betreffende Teilsondervermögen. [5]Absatz 1 Satz 4 gilt entsprechend.

(4) [1]Das Bundesministerium der Finanzen wird ermächtigt, durch Rechtsverordnung, die nicht der Zustimmung des Bundesrates bedarf, nähere Bestimmungen zur buchhalterischen Darstellung, Rechnungslegung und Ermittlung des Wertes jeder Anteilklasse oder jedes Teilsondervermögens zu erlassen. [2]Das Bundesministerium der Finanzen kann die Ermächtigung durch Rechtsverordnung auf die Bundesanstalt übertragen.

§ 97 Sammelverwahrung, Verlust von Anteilscheinen

(1) [1]Namensanteilscheine sowie dem jeweiligen Namensanteilschein zugehörige, noch nicht fällige Gewinnanteilscheine dürfen in Sammelverwahrung im Sinne des Depotgesetzes nur genommen werden, wenn sie blanko indossiert sind. [2]Inhaberanteilscheine sowie dem jeweiligen Inhaberanteilschein zugehörige, noch nicht fällige Gewinnanteilscheine sind einer der folgenden Stellen zur Sammelverwahrung anzuvertrauen:

1. einer Wertpapiersammelbank im Sinne des § 1 Absatz 3 Satz 1 des Depotgesetzes,
2. einem zugelassenen Zentralverwahrer oder einem anerkannten Drittland-Zentralverwahrer gemäß der Verordnung (EU) Nr. 909/2014 des Europäischen Parlaments und des Rates vom 23. Juli 2014 zur Verbesserung der Wertpapierlieferungen und -abrechnungen in der Europäischen Union und über Zentralverwahrer sowie zur Änderung der Richtlinien 98/26/EG und 2014/65/EU und der Verordnung (EU) Nr. 236/2012 (ABl. L 257 vom 28.8.2014, S. 1) oder
3. einem sonstigen ausländischen Verwahrer, der die Voraussetzungen des § 5 Absatz 4 Satz 1 des Depotgesetzes erfüllt.

(2) [1]Ist ein Anteilschein abhanden gekommen oder vernichtet, so kann die Urkunde, wenn nicht das Gegenteil darin bestimmt ist, im Aufgebotsverfahren für kraftlos erklärt werden. [2]§ 799 Absatz 2 und § 800 des Bürgerlichen Gesetzbuchs gelten sinngemäß. [3]Sind Gewinnanteilscheine auf den Inhaber ausgegeben, so erlischt mit der Kraftloserklärung des Anteilscheins auch der Anspruch aus den noch nicht fälligen Gewinnanteilscheinen.

(3) [1]Ist ein Anteilschein infolge einer Beschädigung oder einer Verunstaltung nicht mehr zum Umlauf geeignet, so kann der Berechtigte, wenn der wesentliche Inhalt und die Unterscheidungsmerkmale der Urkunde noch mit Sicherheit erkennbar sind, von der Gesellschaft die Erteilung einer neuen Urkunde gegen Aushändigung der alten verlangen. [2]Die Kosten hat er zu tragen und vorzuschießen.

(4) [1]Neue Gewinnanteilscheine dürfen an den Inhaber des Erneuerungsscheins nicht ausgeben werden, wenn der Besitzer des Anteilscheins der Ausgabe widerspricht. [2]In diesem Fall sind die Scheine dem Besitzer des Anteilscheins auszuhändigen, wenn er die Haupturkunde vorlegt.

§ 98 Rücknahme von Anteilen, Aussetzung

(1) [1]Jeder Anleger kann mindestens zweimal im Monat verlangen, dass ihm gegen Rückgabe des Anteils sein Anteil an dem Sondervermögen aus diesem ausgezahlt wird; die Einzelheiten sind in den Anlagebedingungen festzulegen. [2]Für ein Spezialsondervermögen kann abweichend von Satz 1 vereinbart werden, dass die Rücknahme von Anteilen nur zu bestimmten Rücknahmeterminen, erfolgt.

(2) [1]In den Anlagebedingungen kann vorgesehen werden, dass die Kapitalverwaltungsgesellschaft die Rücknahme der Anteile aussetzen darf, wenn außergewöhnliche Umstände vorliegen, die eine Aussetzung unter Berücksichtigung der Interessen der Anleger erforderlich erscheinen lassen. [2]Solange die Rücknahme ausgesetzt ist, dürfen keine Anteile ausgegeben werden. [3]Die Kapitalverwaltungsgesellschaft hat der Bundesanstalt und den zuständigen Stellen der anderen Mitgliedstaaten der Europäischen Union oder der anderen Vertragsstaaten des Abkommens über den Europäischen Wirtschaftsraum, in denen sie Anteile des Sondervermögens vertreibt, die Entscheidung zur Aussetzung der Rücknahme unverzüglich anzuzeigen. [4]Die Kapitalverwaltungsgesellschaft hat die Aussetzung und die Wiederaufnahme der Rücknahme der Anteile im Bundesanzeiger und darüber hinaus in einer hinreichend verbreiteten Wirtschafts- oder Tageszeitung oder in den in dem Verkaufsprospekt bezeichneten elektronischen Informationsmedien bekannt zu machen. [5]Die Anleger sind über die Aussetzung und Wiederaufnahme der Rücknahme der Anteile unverzüglich nach der Bekanntmachung im Bundesanzeiger mittels eines dauerhaften Datenträgers zu unterrichten. [6]Satz 4 findet auf Spezial-AIF keine Anwendung.

(3) [1]Die Bundesanstalt kann anordnen, dass die Kapitalverwaltungsgesellschaft die Rücknahme der Anteile auszusetzen hat, wenn dies im Interesse der Anleger oder der Öffentlichkeit erforderlich ist; die Bundesanstalt soll die Aussetzung der Rücknahme

anordnen, wenn die AIF-Kapitalverwaltungsgesellschaft bei einem Immobilien-Sondervermögen im Fall des Absatzes 2 Satz 1 die Aussetzung nicht vornimmt oder im Fall des § 257 der Verpflichtung zur Aussetzung nicht nachkommt. [2]Absatz 2 Satz 2 und 4 bis 6 ist entsprechend anzuwenden.

§ 99 Kündigung und Verlust des Verwaltungsrechts

(1) [1]Die Kapitalverwaltungsgesellschaft ist berechtigt, die Verwaltung eines Sondervermögens unter Einhaltung einer Kündigungsfrist von sechs Monaten durch Bekanntmachung im Bundesanzeiger und darüber hinaus im Jahresbericht oder Halbjahresbericht zu kündigen. [2]Die Anlagebedingungen können eine längere Kündigungsfrist vorsehen. [3]Die Anleger sind über eine nach Satz 1 bekannt gemachte Kündigung mittels eines dauerhaften Datenträgers unverzüglich zu unterrichten. [4]Abweichend von Satz 1 kann für ein Spezialsondervermögen in den Anlagebedingungen auch eine kürzere Kündigungsfrist vereinbart werden; bei Spezialsondervermögen ist eine Bekanntmachung der Kündigung im Bundesanzeiger und im Jahresbericht nicht erforderlich.

(2) Die Kapitalverwaltungsgesellschaft kann ihre Auflösung nicht für einen früheren als den Zeitpunkt beschließen, in dem ihr Recht zur Verwaltung aller Sondervermögen erlischt.

(3) [1]Das Recht der Kapitalverwaltungsgesellschaft, die Sondervermögen zu verwalten, erlischt ferner mit der Eröffnung des Insolvenzverfahrens über das Vermögen der Kapitalverwaltungsgesellschaft oder mit der Rechtskraft des Gerichtsbeschlusses, durch den der Antrag auf die Eröffnung des Insolvenzverfahrens mangels Masse nach § 26 der Insolvenzordnung abgewiesen wird. [2]Die Sondervermögen gehören nicht zur Insolvenzmasse der Kapitalverwaltungsgesellschaft.

(4) Wird die Kapitalverwaltungsgesellschaft aus einem in den Absätzen 2 und 3 nicht genannten Grund aufgelöst oder wird gegen sie ein allgemeines Verfügungsverbot erlassen, so hat die Verwahrstelle das Recht, hinsichtlich eines bei ihr verwahrten Sondervermögens für die Anleger deren Vertragsverhältnis mit der Kapitalverwaltungsgesellschaft ohne Einhaltung einer Kündigungsfrist zu kündigen.

(5) Kein Anleger kann die Aufhebung der in Ansehung des Sondervermögens bestehenden Gemeinschaft der Anleger verlangen; ein solches Recht steht auch nicht einem Gläubiger, Pfandgläubiger, Pfändungsgläubiger oder dem Insolvenzverwalter über das Vermögen eines Anlegers zu.

§ 100 Abwicklung des Sondervermögens

(1) Erlischt das Recht der Kapitalverwaltungsgesellschaft, ein Sondervermögen zu verwalten, so geht,

1. wenn das Sondervermögen im Eigentum der Kapitalverwaltungsgesellschaft steht, das Sondervermögen auf die Verwahrstelle über,
2. wenn es im Miteigentum der Anleger steht, das Verwaltungs- und Verfügungsrecht über das Sondervermögen auf die Verwahrstelle über.

(2) Die Verwahrstelle hat das Sondervermögen abzuwickeln und an die Anleger zu verteilen.

(3) [1]Mit Genehmigung der Bundesanstalt kann die Verwahrstelle von der Abwicklung und Verteilung absehen und einer anderen Kapitalverwaltungsgesellschaft die Verwaltung des Sondervermögens nach Maßgabe der bisherigen Anlagebedingungen übertragen. [2]Die Bundesanstalt kann die Genehmigung mit Nebenbestimmungen verbinden. [3]§ 415 des Bürgerlichen Gesetzbuchs ist nicht anzuwenden. [4]Abweichend von Satz 1 bedarf die Übertragung der Verwaltung eines Spezialsondervermögens auf eine andere AIF-Kapitalverwaltungsgesellschaft keiner Genehmigung der Bundesanstalt; die Über-

tragung ist der Bundesanstalt anzuzeigen. [5]Die Bundesanstalt hat der Kapitalverwaltungsgesellschaft das Datum des Eingangs der Anzeige zu bestätigen.

§ 100a Grunderwerbsteuer bei Übergang eines Immobilien-Sondervermögens

[1]Erwerbsvorgänge im Sinne des § 1 des Grunderwerbsteuergesetzes, die sich aus dem Übergang eines Immobilien-Sondervermögens auf die Verwahrstelle gemäß § 100 Absatz 1 Nummer 1 ergeben, sind von der Grunderwerbsteuer befreit, wenn sie fristgerecht und vollständig im Sinne der §§ 18 bis 20 des Grunderwerbsteuergesetzes angezeigt werden. [2]Für Erwerbsvorgänge im Sinne des Satzes 1 findet die Vorschrift des § 17 Absatz 3 des Grunderwerbsteuergesetzes entsprechende Anwendung. [3]Satz 1 gilt nur, wenn der Übergang des Immobilien-Sondervermögens auf die Verwahrstelle gemäß § 100 Absatz 1 Nummer 1 erfolgt, weil das Recht der AIF-Kapitalverwaltungsgesellschaft, das Immobilien-Sondervermögen zu verwalten,

1. gemäß § 99 Absatz 1 aufgrund der Kündigung des Verwaltungsrechts während einer Aussetzung der Rücknahme gemäß § 257 oder
2. gemäß § 257 Absatz 4

erloschen ist, und das Immobilien-Sondervermögen gemäß § 100 Absatz 2 abgewickelt und an die Anleger verteilt wird. [4]Die Befreiung von der Grunderwerbsteuer entfällt rückwirkend für die Grundstücke bzw. die Anteile an Immobilien-Gesellschaften oder Beteiligungen am Gesellschaftsvermögen von Immobilien-Gesellschaften, die von der Verwahrstelle nicht innerhalb von drei Jahren durch einen der Grunderwerbsteuer unterliegenden Erwerbsvorgang veräußert oder übertragen werden. [5]Die Verwahrstelle hat innerhalb von zwei Wochen nach Ablauf der Frist nach Satz 4 den Verbleib aller inländischen erhaltenen Grundstücke sowie der Anteile an Immobilien-Gesellschaften oder Beteiligungen am Gesellschaftsvermögen von Immobilien-Gesellschaften dem zuständigen Finanzamt nachzuweisen. [6]Wird die Nachweispflicht nach Satz 5 nicht erfüllt, entfällt die Befreiung rückwirkend.

§ 100b Übertragung auf eine andere Kapitalverwaltungsgesellschaft

(1) [1]Anstelle der Kündigung des Verwaltungsrechts und Abwicklung des Sondervermögens durch die Verwahrstelle nach den §§ 99 und 100 kann die Kapitalverwaltungsgesellschaft mit Genehmigung der Bundesanstalt das Sondervermögen, wenn dieses im Eigentum der Kapitalverwaltungsgesellschaft steht, oder das Verwaltungs- und Verfügungsrecht über das Sondervermögen, wenn dieses im Miteigentum der Anleger steht, nach Maßgabe der bisherigen Anlagebedingungen auf eine andere Kapitalverwaltungsgesellschaft (aufnehmende Kapitalverwaltungsgesellschaft) übertragen. [2]Die aufnehmende Kapitalverwaltungsgesellschaft muss über eine Erlaubnis zur Verwaltung solcher Arten von Investmentvermögen verfügen. [3]§ 100 Absatz 3 Satz 2 bis 5 gilt entsprechend. [4]Die Genehmigung nach Satz 1 ist innerhalb einer Frist von acht Wochen nach Eingang des Genehmigungsantrags zu erteilen, wenn die gesetzlichen Voraussetzungen für die Genehmigung vorliegen und der Antrag von der übertragenden Kapitalverwaltungsgesellschaft gestellt wurde. [5]§ 163 Absatz 2 Satz 2 und 4 gilt entsprechend.

(2) [1]Die Kapitalverwaltungsgesellschaft hat die Übertragung im Bundesanzeiger und darüber hinaus im Jahresbericht oder Halbjahresbericht bekannt zu machen. [2]Die Bekanntmachung darf erst erfolgen, wenn die Bundesanstalt die Genehmigung nach Absatz 1 erteilt hat. [3]§ 99 Absatz 1 Satz 3 und 4 zweiter Teilsatz gilt entsprechend.

(3) [1]Der Zeitpunkt, zu dem die Übertragung wirksam wird, bestimmt sich nach der vertraglichen Vereinbarung zwischen der Kapitalverwaltungsgesellschaft und der aufnehmenden Kapitalverwaltungsgesellschaft. [2]Die Übertragung darf bei Publikumssondervermögen frühestens mit Ablauf von drei Monaten nach der Bekanntmachung im

Bundesanzeiger nach Absatz 2 Satz 1 und bei Spezialsondervermögen frühestens mit der Anzeige der Übertragung bei der Bundesanstalt wirksam werden.

(4) Ein Wechsel der Verwahrstelle bedarf bei Publikumssondervermögen der Genehmigung der Bundesanstalt.

§ 101[1)] Jahresbericht

(1) [1]Die Kapitalverwaltungsgesellschaft hat für jedes OGAW-Sondervermögen für den Schluss eines jeden Geschäftsjahres spätestens vier Monate nach Ende des Geschäftsjahres und für jedes AIF-Sondervermögen für den Schluss eines jeden Geschäftsjahres spätestens sechs Monate nach Ende des Geschäftsjahres einen Jahresbericht nach den Sätzen 2 und 3 zu erstellen. [2]Der Jahresbericht muss einen Bericht über die Tätigkeit der Kapitalverwaltungsgesellschaft im abgelaufenen Geschäftsjahr und alle wesentlichen Angaben enthalten, die es den Anlegern ermöglichen, sich ein Urteil über diese Tätigkeit und die Ergebnisse des Sondervermögens zu bilden. [3]Der Jahresbericht muss enthalten:

1. eine Vermögensaufstellung der zum Sondervermögen gehörenden Vermögensgegenstände sowie der Verbindlichkeiten aus Kreditaufnahmen, Pensionsgeschäften, Wertpapier-Darlehensgeschäften und der sonstigen Verbindlichkeiten. [2]Die Vermögensgegenstände sind nach Art, Nennbetrag oder Zahl, Kurs und Kurswert aufzuführen. [3]Der Wertpapierbestand ist zu untergliedern in Wertpapiere mit einer Zulassung zum Handel an einer Börse, an einem organisierten Markt zugelassene oder in diesen einbezogene Wertpapiere, Wertpapiere aus Neuemissionen, die an einer Börse zum Handel zugelassen oder an einem organisierten Markt zugelassen oder in diesen einbezogen werden sollen, sonstige Wertpapiere gemäß § 198 Absatz 1 Nummer 1 und 3 und verbriefte Geldmarktinstrumente sowie Schuldscheindarlehen, wobei eine weitere Gliederung nach geeigneten Kriterien unter Berücksichtigung der Anlagepolitik nach prozentualen Anteilen am Wert des Sondervermögens vorzunehmen ist. [4]Für jeden Posten der Vermögensaufstellung ist sein Anteil am Wert des Sondervermögens anzugeben. [5]Für jeden Posten der Wertpapiere, Geldmarktinstrumente und Investmentanteile sind auch die während des Berichtszeitraums getätigten Käufe und Verkäufe nach Nennbetrag oder Zahl aufzuführen. [6]Der Wert des Sondervermögens ist anzugeben. [7]Es ist anzugeben, inwieweit zum Sondervermögen gehörende Vermögensgegenstände Gegenstand von Rechten Dritter sind;
2. die während des Berichtszeitraums abgeschlossenen Geschäfte, die Finanzinstrumente zum Gegenstand haben, Pensionsgeschäfte und Wertpapier-Darlehen, soweit sie nicht mehr in der Vermögensaufstellung erscheinen. [2]Die während des Berichtszeitraums von Spezialsondervermögen nach § 283 getätigten Leerverkäufe in Wertpapieren sind unter Nennung von Art, Nennbetrag oder Zahl, Zeitpunkt der Verkäufe und Nennung der erzielten Erlöse anzugeben;
3. die Anzahl der am Berichtsstichtag umlaufenden Anteile und der Wert eines Anteils gemäß § 168 Absatz 1;
4. eine nach Art der Erträge und Aufwendungen gegliederte Ertrags- und Aufwandsrechnung. [2]Sie ist so zu gestalten, dass aus ihr die Erträge aus Anlagen, sonstige Erträge, Aufwendungen für die Verwaltung des Sondervermögens und für die Verwahrstelle, sonstige Aufwendungen und Gebühren und der Nettoertrag sowie Erhöhungen und Verminderungen des Sondervermögens durch Veräußerungsgeschäfte ersichtlich sind. [3]Außerdem ist eine Übersicht über die Entwicklung des Sondervermögens während des Berichtszeitraums zu erstellen, die auch Angaben über aus-

---

1) § 101 Abs. 2 Nr. 5 angefügt durch Gesetz vom 12.12.2019 (BGBl. I S. 2637).

geschüttete und wieder angelegte Erträge, Mehr- oder Minderwerte bei den ausgewiesenen Vermögensgegenständen sowie Angaben über Mittelzuflüsse aus Anteilverkäufen und Mittelabflüsse durch Anteilrücknahmen enthalten muss;

5. die von der Kapitalverwaltungsgesellschaft beschlossene Verwendung der Erträge des Sondervermögens;
6. bei Publikumssondervermögen eine vergleichende Übersicht der letzten drei Geschäftsjahre, wobei zum Ende jedes Geschäftsjahres der Wert des Publikumssondervermögens und der Wert eines Anteils anzugeben sind;
7. die in Artikel 13 Absatz 2 in Verbindung mit Anhang Abschnitt A der Verordnung (EU) 2015/2365 genannten Informationen.

(2) Im Jahresbericht eines Publikumssondervermögens sind ferner anzugeben:

1. eine als Prozentsatz auszuweisende Gesamtkostenquote im Sinne des § 166 Absatz 5 Satz 1; sofern in den Anlagebedingungen eine erfolgsabhängige Verwaltungsvergütung oder eine zusätzliche Verwaltungsvergütung für den Erwerb, die Veräußerung oder die Verwaltung von Vermögensgegenständen nach § 231 Absatz 1 und § 234 vereinbart wurde, ist diese darüber hinaus gesondert als Prozentsatz des durchschnittlichen Nettoinventarwertes des Publikumssondervermögens anzugeben;
2. die an die Kapitalverwaltungsgesellschaft, die Verwahrstelle oder an Dritte geleisteten Vergütungen, falls in den Anlagebedingungen für die Vergütungen und Kosten eine Pauschalgebühr vereinbart wird; der Anleger ist darauf hinzuweisen, ob und welche Kosten dem Publikumssondervermögen gesondert in Rechnung gestellt werden;
3. eine Beschreibung, ob der Kapitalverwaltungsgesellschaft Rückvergütungen der aus dem Sondervermögen an die Verwahrstelle und an Dritte geleisteten Vergütungen und Aufwendungserstattungen zufließen und ob je nach Vertriebsweg ein wesentlicher Teil der aus dem Sondervermögen an die Kapitalverwaltungsgesellschaft geleisteten Vergütungen für Vergütungen an Vermittler von Anteilen des Sondervermögens auf den Bestand von vermittelten Anteilen verwendet werden;
4. der Betrag der Ausgabeaufschläge und Rücknahmeabschläge, die dem Sondervermögen im Berichtszeitraum für den Erwerb und die Rücknahme von Anteilen im Sinne der §§ 196 und 230 berechnet worden sind sowie die Vergütung, die dem Sondervermögen von der Kapitalverwaltungsgesellschaft selbst, einer anderen Kapitalverwaltungsgesellschaft oder einer Gesellschaft, mit der die Kapitalverwaltungsgesellschaft durch eine wesentliche unmittelbare oder mittelbare Beteiligung verbunden ist oder einer EU-Verwaltungsgesellschaft oder ausländischen AIF-Verwaltungsgesellschaft als Verwaltungsvergütung für die im Sondervermögen gehaltenen Anteile berechnet wurde;
5. die Angaben nach § 134c Absatz 4 des Aktiengesetzes oder ein Verweis auf die Internetseite, auf der diese Angaben veröffentlicht sind.

(3) [1]Der Jahresbericht eines AIF muss zusätzlich folgende Angaben enthalten:

1. die Gesamtsumme der im abgelaufenen Geschäftsjahr gezahlten Vergütungen, gegliedert in feste und variable von der Kapitalverwaltungsgesellschaft an ihre Mitarbeiter gezahlte Vergütungen, die Zahl der Begünstigten und gegebenenfalls der vom inländischen AIF gezahlten Carried Interest;
2. die Gesamtsumme der im abgelaufenen Geschäftsjahr gezahlten Vergütungen, aufgeteilt nach Führungskräften und Mitarbeitern der Kapitalverwaltungsgesellschaft, deren berufliche Tätigkeit sich wesentlich auf das Risikoprofil des inländischen AIF ausgewirkt hat;

3. bei Publikumssondervermögen jede während des abgelaufenen Geschäftsjahres eingetretene wesentliche Änderung der im Verkaufsprospekt aufgeführten Informationen und bei Spezialsondervermögen jede während des abgelaufenen Geschäftsjahres eingetretene wesentliche Änderung hinsichtlich der nach § 307 Absatz 1 oder Absatz 2 Satz 1 und § 308 Absatz 4 zur Verfügung zu stellenden Informationen.

[2]Die näheren Anforderungen zu Inhalt und Form des Jahresberichts bestimmen sich für AIF nach den Artikeln 103 bis 107 der Delegierten Verordnung (EU) Nr. 231/2013.

(4) Der Jahresbericht eines inländischen OGAW-Sondervermögens muss zusätzlich folgende Angaben enthalten:

1. die Gesamtsumme der im abgelaufenen Geschäftsjahr gezahlten Vergütungen, gegliedert in feste und variable von der Kapitalverwaltungsgesellschaft an ihre Mitarbeiter gezahlte Vergütungen und gegebenenfalls alle direkt von dem inländischen OGAW-Sondervermögen selbst gezahlte Beträge, einschließlich Anlageerfolgsprämien unter Angabe der Zahl der Begünstigten;
2. die Gesamtsumme der im abgelaufenen Geschäftsjahr gezahlten Vergütungen, aufgeteilt nach Geschäftsleitern, Mitarbeitern oder anderen Beschäftigten, deren Tätigkeiten einen wesentlichen Einfluss auf das Risikoprofil der Verwaltungsgesellschaft oder der verwalteten Investmentvermögen haben (Risikoträger), Mitarbeitern oder anderen Beschäftigten mit Kontrollfunktionen sowie Mitarbeitern oder anderen Beschäftigten, die eine Gesamtvergütung erhalten, auf Grund derer sie sich in derselben Einkommensstufe befinden wie Geschäftsleiter und Risikoträger;
3. eine Beschreibung darüber, wie die Vergütung und die sonstigen Zuwendungen berechnet wurden;
4. das Ergebnis der in Artikel 14b Absatz 1 Buchstabe c und d der Richtlinie 2009/65/EG genannten Überprüfungen, einschließlich aller festgestellten Unregelmäßigkeiten;
5. wesentliche Änderungen an der festgelegten Vergütungspolitik.

§ 102 Abschlussprüfung

[1]Der Jahresbericht des Sondervermögens ist durch einen Abschlussprüfer zu prüfen. [2]Der Abschlussprüfer wird von den Gesellschaftern der Kapitalverwaltungsgesellschaft gewählt und von den gesetzlichen Vertretern, bei Zuständigkeit des Aufsichtsrats oder des Beirats von diesem, beauftragt; § 318 Absatz 1 Satz 2, 4 und 5 des Handelsgesetzbuchs bleibt unberührt. [3]§ 318 Absatz 3 bis 8 sowie die §§ 319, 319b und 323 des Handelsgesetzbuchs gelten entsprechend. [4]Das Ergebnis der Prüfung hat der Abschlussprüfer in einem besonderen Vermerk zusammenzufassen; der Vermerk ist in vollem Wortlaut im Jahresbericht wiederzugeben. [5]Bei der Prüfung hat der Abschlussprüfer auch festzustellen, ob bei der Verwaltung des Sondervermögens die Vorschriften dieses Gesetzes sowie die Bestimmungen der Anlagebedingungen beachtet worden sind. [6]Der Abschlussprüfer hat den Bericht über die Prüfung des Publikumssondervermögens unverzüglich nach Beendigung der Prüfung der Bundesanstalt einzureichen, der Bericht über die Prüfung des Spezialsondervermögens ist der Bundesanstalt auf Verlangen einzureichen.

§ 103 Halbjahresbericht

[1]Die Kapitalverwaltungsgesellschaft hat für die Publikumssondervermögen für die Mitte des Geschäftsjahres einen Halbjahresbericht zu erstellen, der die Angaben nach § 101 Absatz 1 Satz 3 Nummer 1 bis 3 sowie für OGAW die in Artikel 13 Absatz 2 in Verbindung mit Anhang Abschnitt A der Verordnung (EU) 2015/2365 genannten Informationen enthalten muss. [2]Sind für das Halbjahr Zwischenausschüttungen erfolgt oder

vorgesehen, sind außerdem die Angaben nach § 101 Absatz 1 Satz 3 Nummer 4 aufzunehmen.

§ 104 Zwischenbericht

(1) [1]Wird das Recht zur Verwaltung eines Sondervermögens während des Geschäftsjahres von der Kapitalverwaltungsgesellschaft auf eine andere Kapitalverwaltungsgesellschaft übertragen oder ein Sondervermögen während des Geschäftsjahres auf ein anderes Sondervermögen oder einen EU-OGAW verschmolzen, so hat die übertragende Gesellschaft auf den Übertragungsstichtag einen Zwischenbericht zu erstellen, der den Anforderungen an einen Jahresbericht gemäß § 101 entspricht. [2]Der Zwischenbericht ist der übernehmenden Kapitalverwaltungsgesellschaft oder der Kapitalverwaltungsgesellschaft des übernehmenden Sondervermögens oder EU-OGAW unverzüglich auszuhändigen.

(2) [1]Zwischenberichte sind ebenfalls durch einen Abschlussprüfer zu prüfen. [2]Auf die Prüfung nach Satz 1 ist § 102 entsprechend anzuwenden.

§ 105 Auflösungs- und Abwicklungsbericht

(1) Wird ein Sondervermögen aufgelöst, so hat die Kapitalverwaltungsgesellschaft auf den Tag, an dem ihr Verwaltungsrecht nach Maßgabe des § 99 erlischt, einen Auflösungsbericht zu erstellen, der den Anforderungen an einen Jahresbericht entspricht.

(2) Wird ein Sondervermögen abgewickelt, hat die Verwahrstelle jährlich sowie auf den Tag, an dem die Abwicklung beendet ist, einen Abwicklungsbericht zu erstellen, der den Anforderungen an einen Jahresbericht nach § 101 entspricht.

(3) [1]Auflösungs- und Abwicklungsberichte nach den Absätzen 1 und 2 sind ebenfalls durch einen Abschlussprüfer zu prüfen. [2]Auf die Prüfung nach Satz 1 ist § 102 entsprechend anzuwenden.

§ 106 Verordnungsermächtigung

[1]Das Bundesministerium der Finanzen wird ermächtigt, im Einvernehmen mit dem Bundesministerium der Justiz und für Verbraucherschutz durch Rechtsverordnung, die nicht der Zustimmung des Bundesrates bedarf, nähere Bestimmungen über weitere Inhalte, Umfang und Darstellung der Berichte nach den §§ 101, 103, 104 und 105 sowie über den Inhalt der Prüfungsberichte für Sondervermögen zu erlassen, soweit dies zur Erfüllung der Aufgaben der Bundesanstalt erforderlich ist, insbesondere um einheitliche Unterlagen zur Beurteilung der Tätigkeit der Kapitalverwaltungsgesellschaften bei der Verwaltung von Sondervermögen zu erhalten. [2]Das Bundesministerium der Finanzen kann die Ermächtigung durch Rechtsverordnung auf die Bundesanstalt übertragen.

§ 107 Veröffentlichung der Jahres-, Halbjahres-, Zwischen-, Auflösungs- und Abwicklungsberichte

(1) [1]Der Jahresbericht

1. eines OGAW-Sondervermögens ist spätestens vier Monate nach Ablauf des Geschäftsjahres,
2. eines AIF-Publikumssondervermögens spätestens sechs Monate nach Ablauf des Geschäftsjahres

im Bundesanzeiger bekannt zu machen. [2]Der Halbjahresbericht eines Publikumssondervermögens ist spätestens zwei Monate nach dem Stichtag im Bundesanzeiger bekannt zu machen.

(2) Der Auflösungs- und der Abwicklungsbericht eines Publikumssondervermögens sind spätestens drei Monate nach dem Stichtag im Bundesanzeiger bekannt zu machen.

(3) [1]Für die Publikumssondervermögen sind der Bundesanstalt jeweils der nach den §§ 101, 103, 104 und 105 zu erstellende Jahresbericht, Halbjahresbericht, Zwischenbe-

richt, Auflösungsbericht sowie Abwicklungsbericht unverzüglich nach erstmaliger Verwendung einzureichen. [2]Auf Anfrage der Bundesanstalt sind ihr auch für die EU-OGAW, die von einer OGAW-Kapitalverwaltungsgesellschaft nach den §§ 51 und 52 verwaltet werden, die Berichte nach Satz 1 zur Verfügung zu stellen.

(4) Die Berichte nach den Absätzen 1 und 2 müssen dem Publikum an den Stellen zugänglich sein, die im Verkaufsprospekt und in den wesentlichen Anlegerinformationen angegeben sind.

(5) Einem Anleger des Sondervermögens wird der Jahresbericht auf Anfrage vorgelegt.

Unterabschnitt 3. Allgemeine Vorschriften für Investmentaktiengesellschaften mit veränderlichem Kapital

§ 108 Rechtsform, anwendbare Vorschriften

(1) Investmentaktiengesellschaften mit veränderlichem Kapital dürfen nur in der Rechtsform der Aktiengesellschaft betrieben werden.

(2) [1]Die Investmentaktiengesellschaften mit veränderlichem Kapital unterliegen den Vorschriften des Aktiengesetzes mit Ausnahme des § 23 Absatz 5, der §§ 150 bis 158, 161, 182 bis 240 und 278 bis 290 des Aktiengesetzes, soweit sich aus den Vorschriften dieses Unterabschnitts nichts anderes ergibt. [2]§ 3 Absatz 2 des Aktiengesetzes und § 264d des Handelsgesetzbuchs sind auf Anlageaktien einer extern verwalteten Investmentaktiengesellschaft mit veränderlichem Kapital nicht anzuwenden.

(3) Auf OGAW-Investmentaktiengesellschaften ist § 19 dieses Gesetzes mit der Maßgabe anzuwenden, dass

1. der beabsichtigte Erwerb einer Beteiligung nach § 19 Absatz 1 nur anzuzeigen ist, wenn die Schwelle von 50 Prozent der Stimmrechte oder des Kapitals erreicht oder überschritten wird oder die Gesellschaft unter die Kontrolle des Erwerbers der Beteiligung gerät und
2. die beabsichtigte Aufgabe einer Beteiligung nach § 19 Absatz 5 nur anzuzeigen ist, wenn diese Beteiligung die Schwelle von 50 Prozent der Stimmrechte oder des Kapitals erreicht oder überschritten hat oder die Gesellschaft kontrolliertes Unternehmen ist.

(4) Auf die Investmentaktiengesellschaft mit veränderlichem Kapital sind § 93 Absatz 7 und § 96 entsprechend anwendbar.

(5) Auf die Tätigkeit der Investmentaktiengesellschaft mit veränderlichem Kapital ist das Wertpapiererwerbs- und Übernahmegesetz nicht anzuwenden.

§ 109 Aktien

(1) [1]Die Aktien einer Investmentaktiengesellschaft mit veränderlichem Kapital bestehen aus Unternehmensaktien und Anlageaktien; eine Investmentaktiengesellschaft, die als Spezialinvestmentaktiengesellschaft mit veränderlichem Kapital errichtet wurde, kann auf die Begebung von Anlageaktien verzichten. [2]Die Aktien der Investmentaktiengesellschaft mit veränderlichem Kapital lauten auf keinen Nennbetrag. [3]Sie müssen als Stückaktien begeben werden und am Vermögen der Investmentaktiengesellschaft mit veränderlichem Kapital (Gesellschaftskapital) in gleichem Umfang beteiligt sein, es sei denn, die Investmentaktiengesellschaft lässt in der Satzung auch eine Beteiligung nach Bruchteilen zu.

(2) [1]Die Personen, die die Investmentaktiengesellschaft mit veränderlichem Kapital unter Leistung der erforderlichen Einlagen gründen, müssen die Unternehmensaktien

übernehmen. [2]Nach der Gründung können weitere Personen gegen Leistung von Einlagen und Übernahme von Unternehmensaktien beteiligt werden. [3]Die Unternehmensaktien müssen auf Namen lauten. [4]Die Unternehmensaktionäre sind zur Teilnahme an der Hauptversammlung der Investmentaktiengesellschaft mit veränderlichem Kapital berechtigt und haben ein Stimmrecht. [5]Eine Übertragung der Unternehmensaktien ist nur zulässig, wenn der Erwerber sämtliche Rechte und Pflichten aus diesen Aktien übernimmt. [6]Die Unternehmensaktionäre und jeder Wechsel in ihrer Person sind der Bundesanstalt anzuzeigen, es sei denn, die Investmentaktiengesellschaft ist eine Spezialinvestmentaktiengesellschaft mit veränderlichem Kapital.

(3) [1]Anlageaktien können erst nach Eintragung der Investmentaktiengesellschaft mit veränderlichem Kapital in das Handelsregister begeben werden. [2]Sie berechtigen nicht zur Teilnahme an der Hauptversammlung der Investmentaktiengesellschaft und gewähren kein Stimmrecht, es sei denn, die Satzung der Investmentaktiengesellschaft sieht dies ausdrücklich vor. [3]Auf Anlageaktien findet § 139 Absatz 2 des Aktiengesetzes keine Anwendung.

(4) Aktien dürfen nur gegen volle Leistung des Ausgabepreises ausgegeben werden.

(5) Bei Publikumsinvestmentaktiengesellschaften mit veränderlichem Kapital sind Sacheinlagen unzulässig.

§ 110 Satzung

(1) [1]Die Satzung der Investmentaktiengesellschaft mit veränderlichem Kapital muss die Bestimmung enthalten, dass der Betrag des Gesellschaftskapitals dem Wert des Gesellschaftsvermögens entspricht. [2]Der Wert des Gesellschaftsvermögens entspricht der Summe der jeweiligen Verkehrswerte der zum Gesellschaftsvermögen gehörenden Vermögensgegenstände abzüglich der aufgenommenen Kredite und sonstigen Verbindlichkeiten.

(2) [1]Satzungsmäßig festgelegter Unternehmensgegenstand der Investmentaktiengesellschaft mit veränderlichem Kapital muss ausschließlich die Anlage und Verwaltung ihrer Mittel nach einer festen Anlagestrategie und dem Grundsatz der Risikomischung zur gemeinschaftlichen Kapitalanlage

1. bei OGAW-Investmentaktiengesellschaften mit veränderlichem Kapital nach Kapitel 2 Abschnitt 1 und 2,
2. bei AIF-Publikumsinvestmentaktiengesellschaften mit veränderlichem Kapital nach Kapitel 2 Abschnitt 1 und 3 und
3. bei Spezialinvestmentaktiengesellschaften mit veränderlichem Kapital gemäß Kapitel 3 Abschnitt 1 und 2

zum Nutzen ihrer Aktionäre sein. [2]Die Satzung hat vorzusehen, dass die Aktionäre ein Recht zur Rückgabe ihrer Aktien nach den Vorgaben dieses Gesetzes haben.

(3) Die Satzung von Spezialinvestmentaktiengesellschaften mit veränderlichem Kapital muss zusätzlich festlegen, dass die Aktien ausschließlich von professionellen Anlegern und semiprofessionellen Anlegern erworben werden dürfen.

(4) [1]Die Änderungen der Satzung einer OGAW-Investmentaktiengesellschaft bedürfen der Genehmigung. [2]§ 163 Absatz 2 Satz 1, 2 und 4 bis 8 gilt entsprechend.

§ 111 Anlagebedingungen

[1]Die Anlagebedingungen der Investmentaktiengesellschaft mit veränderlichem Kapital sind zusätzlich zur Satzung zu erstellen. [2]Die Anlagebedingungen sind nicht Bestandteil der Satzung; eine notarielle Beurkundung ist nicht erforderlich. [3]In allen Fällen, in denen die Satzung veröffentlicht, ausgehändigt oder in anderer Weise zur Verfügung

gestellt werden muss, ist auf die jeweiligen Anlagebedingungen zu verweisen und sind diese ebenfalls zu veröffentlichen oder zur Verfügung zu stellen.

§ 112 Verwaltung und Anlage

(1) [1]Die Investmentaktiengesellschaft mit veränderlichem Kapital kann eine ihrem Unternehmensgegenstand entsprechende externe Kapitalverwaltungsgesellschaft bestellen. [2]Dieser obliegt neben der Ausführung der allgemeinen Verwaltungstätigkeit insbesondere auch die Anlage und Verwaltung der Mittel der Investmentaktiengesellschaft mit veränderlichem Kapital. [3]Die Bestellung einer externen Kapitalverwaltungsgesellschaft ist kein Fall des § 36 und auch nicht als Unternehmensvertrag im Sinne des Aktiengesetzes anzusehen. [4]§ 99 ist entsprechend anzuwenden. [5]§ 100 ist entsprechend anzuwenden mit der Maßgabe, dass das Verwaltungs- und Verfügungsrecht über das Gesellschaftsvermögen nur dann auf die Verwahrstelle zur Abwicklung übergeht, wenn

1. die Investmentaktiengesellschaft mit veränderlichem Kapital
   a) sich nicht in eine intern verwaltete Investmentaktiengesellschaft mit veränderlichem Kapital umwandelt oder
   b) keine andere Kapitalverwaltungsgesellschaft bestellt und
2. dies
   a) bei Publikumsinvestmentaktiengesellschaften mit veränderlichem Kapital jeweils von der Bundesanstalt genehmigt wird und
   b) bei Spezialinvestmentaktiengesellschaften mit veränderlichem Kapital jeweils der Bundesanstalt angezeigt wird.

[6]Im Fall der Bestellung einer anderen Kapitalverwaltungsgesellschaft ist § 100b entsprechend anzuwenden.

(2) [1]Eine intern verwaltete Investmentaktiengesellschaft mit veränderlichem Kapital darf bewegliches und unbewegliches Vermögen erwerben, das für den Betrieb der Investmentaktiengesellschaft notwendig ist (Investmentbetriebsvermögen). [2]Den Erwerb darf sie nicht mit Kapital aus der Begebung von Anlageaktien bestreiten. [3]Als Publikumsinvestmentaktiengesellschaft mit veränderlichem Kapital darf sie maximal Kredite in Höhe von bis zu 10 Prozent ihres Gesellschaftsvermögens aufnehmen, soweit dies den Erwerb von unbeweglichem Vermögen ermöglichen soll, das für die Ausübung ihrer Tätigkeit notwendig ist; die Kreditaufnahme darf jedoch zusammen mit der Kreditaufnahme gemäß § 199 nicht mehr als 15 Prozent oder zusammen mit der Kreditaufnahme gemäß § 221 Absatz 6 nicht mehr als 25 Prozent des Gesellschaftsvermögens betragen.

§ 113 Erlaubnisantrag und Erlaubniserteilung bei der extern verwalteten OGAW-Investmentaktiengesellschaft

(1) [1]Eine extern verwaltete OGAW-Investmentaktiengesellschaft bedarf zum Geschäftsbetrieb der schriftlichen Erlaubnis durch die Bundesanstalt. [2]Die Erlaubnis darf der extern verwalteten OGAW-Investmentaktiengesellschaft nur erteilt werden, wenn

1. sie eine externe OGAW-Kapitalverwaltungsgesellschaft benannt hat,
2. die Geschäftsleiter der OGAW-Investmentaktiengesellschaft zuverlässig sind und die zur Leitung der OGAW-Investmentaktiengesellschaft erforderliche fachliche Eignung haben, auch in Bezug auf die Art des Unternehmensgegenstandes der OGAW-Investmentaktiengesellschaft, und
3. die Satzung der OGAW-Investmentaktiengesellschaft den Anforderungen dieses Gesetzes entspricht.

[3]Dem Antragsteller ist binnen zwei Monaten nach Einreichung eines vollständigen Antrags mitzuteilen, ob eine Erlaubnis erteilt wird. [4]Die Ablehnung des Antrags ist zu begründen.

(2) [1]Die Bundesanstalt kann die Erlaubnis außer nach den Vorschriften des Verwaltungsverfahrensgesetzes insbesondere dann aufheben oder, soweit dies im Einzelfall ausreichend ist, aussetzen, wenn

1. die OGAW-Investmentaktiengesellschaft die Erlaubnis auf Grund falscher Erklärungen oder auf sonstige rechtswidrige Weise erhalten hat,
2. die Voraussetzungen nach Absatz 1 nicht mehr erfüllt sind,
3. gegen die OGAW-Investmentgesellschaft auf Grund einer Ordnungswidrigkeit nach § 340 Absatz 1 Nummer 1 oder Absatz 2 Nummer 1 Buchstabe a oder Nummer 3 oder auf Grund einer wiederholten Ordnungswidrigkeit nach § 340 Absatz 2 Nummer 24 Buchstabe c oder Nummer 32 eine Geldbuße festgesetzt werden kann oder
4. die OGAW-Investmentaktiengesellschaft nachhaltig gegen die Bestimmungen dieses Gesetzes verstößt.

[2]Die §§ 15, 16 und 39 Absatz 4 gelten entsprechend.

(3) In den Fällen des Absatzes 2 kann die Bundesanstalt statt der Aufhebung der Erlaubnis die Abberufung der verantwortlichen Geschäftsleiter verlangen und ihnen oder einer anderen verantwortlichen natürlichen Person, die in der OGAW-Investmentaktiengesellschaft tätig ist, die Ausübung ihrer Tätigkeit untersagen.

§ 114 Unterschreitung des Anfangskapitals oder der Eigenmittel

[1]Die intern verwaltete Investmentaktiengesellschaft mit veränderlichem Kapital hat der Bundesanstalt und den Aktionären unverzüglich anzuzeigen, wenn das Gesellschaftsvermögen den Wert des Anfangskapitals oder den Wert der zusätzlich erforderlichen Eigenmittel gemäß § 25 unterschreitet. [2]Mit der Anzeige gegenüber den Aktionären ist durch den Vorstand eine Hauptversammlung einzuberufen.

§ 115 Gesellschaftskapital

[1]Der Vorstand einer Investmentaktiengesellschaft mit veränderlichem Kapital ist ermächtigt, das Gesellschaftskapital wiederholt durch Ausgabe neuer Anlageaktien gegen Einlagen zu erhöhen. [2]Unternehmensaktionäre und Anlageaktionäre haben ein Bezugsrecht entsprechend § 186 des Aktiengesetzes; Anlageaktionäre haben jedoch nur dann ein Bezugsrecht, wenn ihnen nach Maßgabe des § 109 Absatz 3 Satz 2 ein Stimmrecht zusteht. [3]Mit der Ausgabe der Aktien ist das Gesellschaftskapital erhöht.

§ 116 Veränderliches Kapital, Rücknahme von Aktien

(1) Die Investmentaktiengesellschaft mit veränderlichem Kapital kann in den Grenzen eines in der Satzung festzulegenden Mindestkapitals und Höchstkapitals nach Maßgabe der folgenden Bestimmungen jederzeit ihre Aktien ausgeben und zurücknehmen.

(2) [1]Aktionäre können von der Investmentaktiengesellschaft mit veränderlichem Kapital verlangen, dass ihnen gegen Rückgabe von Aktien ihr Anteil am Gesellschaftskapital ausgezahlt wird; bei einer Publikumsinvestmentaktiengesellschaft besteht dieses Recht mindestens zweimal im Monat. [2]Die Verpflichtung zur Rücknahme besteht bei einer intern verwalteten Investmentaktiengesellschaft mit veränderlichem Kapital nur, wenn durch die Erfüllung des Rücknahmeanspruchs das Gesellschaftsvermögen den Betrag des Anfangskapitals und der zusätzlich erforderlichen Eigenmittel gemäß § 25 nicht unterschreitet. [3]Unternehmensaktionäre können die Rücknahme ihrer Aktien ferner nur verlangen, wenn alle Unternehmensaktionäre zustimmen und bezogen auf alle Einlagen der Unternehmensaktionäre der Betrag des Anfangskapitals und der zusätzlich

erforderlichen Eigenmittel gemäß § 25 nicht unterschritten wird; bei einer extern verwalteten Investmentaktiengesellschaft mit veränderlichem Kapital darf bezogen auf alle Einlagen der Unternehmensaktionäre ein Betrag von 50 000 Euro nicht unterschritten werden. [4]Die Einzelheiten der Rücknahme regelt die Satzung. [5]Die Zahlung des Erwerbspreises bei der Rücknahme von Aktien gilt nicht als Rückgewähr von Einlagen. [6]Für die Beschränkung des Rechts der Aktionäre auf Rückgabe der Aktien in der Satzung gelten § 98 Absatz 2 und 3, die §§ 223, 227 oder 283 Absatz 3 entsprechend.

(3) Mit der Rücknahme der Aktien ist das Gesellschaftskapital herabgesetzt.

§ 117 Teilgesellschaftsvermögen; Verordnungsermächtigung

(1) [1]Die Investmentaktiengesellschaft mit veränderlichem Kapital kann Teilgesellschaftsvermögen bilden. [2]Die Bildung neuer Teilgesellschaftsvermögen durch den Vorstand bedarf der Zustimmung des Aufsichtsrats; die Zustimmung der Hauptversammlung ist nicht erforderlich.

(2) [1]Die Teilgesellschaftsvermögen sind haftungs- und vermögensrechtlich voneinander getrennt. [2]Im Verhältnis der Aktionäre untereinander wird jedes Teilgesellschaftsvermögen als eigenständiges Gesellschaftsvermögen behandelt. [3]Die Rechte von Aktionären und Gläubigern im Hinblick auf ein Teilgesellschaftsvermögen, insbesondere dessen Bildung, Verwaltung und Auflösung, beschränken sich auf die Vermögensgegenstände dieses Teilgesellschaftsvermögens. [4]Für die auf das einzelne Teilgesellschaftsvermögen entfallenden Verbindlichkeiten haftet nur das betreffende Teilgesellschaftsvermögen. [5]Die haftungs- und vermögensrechtliche Trennung gilt auch für den Fall der Insolvenz der Investmentaktiengesellschaft mit veränderlichem Kapital und die Abwicklung eines Teilgesellschaftsvermögens.

(3) § 109 Absatz 1 Satz 3 gilt bei der Investmentaktiengesellschaft mit Teilgesellschaftsvermögen mit der Maßgabe, dass die Aktien eines Teilgesellschaftsvermögens denselben Anteil an dem jeweiligen Teilgesellschaftsvermögen oder Bruchteile davon verkörpern.

(4) [1]Die Kosten für die Auflegung neuer Teilgesellschaftsvermögen dürfen nur zulasten der Anteilpreise der neuen Teilgesellschaftsvermögen in Rechnung gestellt werden. [2]Der Wert des Anteils ist für jedes Teilgesellschaftsvermögen gesondert zu errechnen.

(5) [1]Für jedes Teilgesellschaftsvermögen sind Anlagebedingungen zu erstellen. [2]Bei Publikumsteilgesellschaftsvermögen müssen diese Anlagebedingungen mindestens die Angaben nach § 162 enthalten. [3]Die Anlagebedingungen sowie deren Änderungen sind gemäß § 163 von der Bundesanstalt zu genehmigen. [4]Bei Spezialteilgesellschaftsvermögen sind die Anlagebedingungen sowie wesentliche Änderungen der Anlagebedingungen gemäß § 273 der Bundesanstalt vorzulegen.

(6) Für jedes Teilgesellschaftsvermögen ist eine Verwahrstelle zu benennen.

(7) [1]Eine Investmentaktiengesellschaft mit veränderlichem Kapital, die Teilgesellschaftsvermögen bildet, hat in ihre Satzung einen Hinweis aufzunehmen, dass für die Teilgesellschaftsvermögen besondere Anlagebedingungen gelten. [2]In allen Fällen, in denen die Satzung veröffentlicht, ausgehändigt oder in anderer Weise zur Verfügung gestellt werden muss, sind die jeweiligen Anlagebedingungen ebenfalls zu veröffentlichen, auszuhändigen oder in anderer Weise zur Verfügung zu stellen.

(8) [1]Die Satzung der Investmentaktiengesellschaft mit veränderlichem Kapital, die Teilgesellschaftsvermögen bildet, kann vorsehen, dass der Vorstand mit Zustimmung des Aufsichtsrats oder der Verwahrstelle die Auflösung eines Teilgesellschaftsvermögens beschließen kann. [2]Der Auflösungsbeschluss des Vorstands wird sechs Monate nach seiner Bekanntgabe im Bundesanzeiger wirksam. [3]Der Auflösungsbeschluss ist in den

nächsten Jahresbericht oder Halbjahresbericht aufzunehmen. [4]Für die Abwicklung des Teilgesellschaftsvermögens gilt § 100 Absatz 1 und 2 entsprechend.

(9) [1]Das Bundesministerium der Finanzen wird ermächtigt, durch Rechtsverordnung, die nicht der Zustimmung des Bundesrates bedarf, nähere Bestimmungen zur buchhalterischen Darstellung, Rechnungslegung und Ermittlung des Wertes jedes Teilgesellschaftsvermögens zu erlassen. [2]Das Bundesministerium der Finanzen kann die Ermächtigung durch Rechtsverordnung auf die Bundesanstalt übertragen.

§ 118 Firma und zusätzliche Hinweise im Rechtsverkehr

(1) [1]Die Firma einer Investmentaktiengesellschaft mit veränderlichem Kapital muss abweichend von § 4 des Aktiengesetzes die Bezeichnung „Investmentaktiengesellschaft" oder eine allgemein verständliche Abkürzung dieser Bezeichnung enthalten; auf allen Geschäftsbriefen im Sinne des § 80 des Aktiengesetzes muss zudem ein Hinweis auf die Veränderlichkeit des Gesellschaftskapitals gegeben werden. [2]Die Firma einer Investmentaktiengesellschaft mit Teilgesellschaftsvermögen muss darüber hinaus den Zusatz „mit Teilgesellschaftsvermögen" oder eine allgemein verständliche Abkürzung dieser Bezeichnungen enthalten.

(2) Wird die Investmentaktiengesellschaft mit Teilgesellschaftsvermögen im Rechtsverkehr lediglich für ein oder mehrere Teilgesellschaftsvermögen tätig, so ist sie verpflichtet, dies offenzulegen und auf die haftungsrechtliche Trennung der Teilgesellschaftsvermögen hinzuweisen.

§ 119 Vorstand, Aufsichtsrat

(1) [1]Der Vorstand einer Investmentaktiengesellschaft mit veränderlichem Kapital besteht aus mindestens zwei Personen. [2]Er ist verpflichtet,

1. bei der Ausübung seiner Tätigkeit im ausschließlichen Interesse der Aktionäre und der Integrität des Marktes zu handeln,
2. seine Tätigkeit mit der gebotenen Sachkenntnis, Sorgfalt und Gewissenhaftigkeit im besten Interesse des von ihm verwalteten Vermögens und der Integrität des Marktes auszuüben und
3. sich um die Vermeidung von Interessenkonflikten zu bemühen und, wenn diese sich nicht vermeiden lassen, dafür zu sorgen, dass unvermeidbare Konflikte unter der gebotenen Wahrung der Interessen der Aktionäre gelöst werden.

[3]Der Vorstand hat bei der Wahrnehmung seiner Aufgaben unabhängig von der Verwahrstelle zu handeln.

(2) [1]Die Mitglieder des Vorstands der Investmentaktiengesellschaft mit veränderlichem Kapital müssen zuverlässig sein und die zur Leitung der Investmentaktiengesellschaft mit veränderlichem Kapital erforderliche fachliche Eignung haben, auch in Bezug auf die Art des Unternehmensgegenstandes der Investmentaktiengesellschaft mit veränderlichem Kapital. [2]Die Bestellung und das Ausscheiden von Mitgliedern des Vorstands ist der Bundesanstalt unverzüglich anzuzeigen.

(3) [1]Die Persönlichkeit und die Sachkunde der Mitglieder des Aufsichtsrats müssen Gewähr dafür bieten, dass die Interessen der Aktionäre gewahrt werden. [2]Für die Zusammensetzung des Aufsichtsrats gilt § 18 Absatz 3 entsprechend. [3]Die Bestellung und das Ausscheiden von Mitgliedern des Aufsichtsrats ist der Bundesanstalt unverzüglich anzuzeigen. [4]Auf Aufsichtsratsmitglieder, die als Vertreter der Arbeitnehmer nach den Vorschriften der Mitbestimmungsgesetze gewählt werden, sind die Sätze 1 und 3 nicht anzuwenden.

(4) [1]Mitglieder des Vorstands oder des Aufsichtsrats der Investmentaktiengesellschaft mit veränderlichem Kapital dürfen Vermögensgegenstände weder an die Investment-

aktiengesellschaft veräußern noch von dieser erwerben. [2]Erwerb und Veräußerung von Aktien der Investmentaktiengesellschaft durch die Mitglieder des Vorstands und des Aufsichtsrats sind davon nicht erfasst.

(5) Die Bundesanstalt kann die Abberufung des Vorstands oder von Mitgliedern des Vorstands verlangen und ihnen die Ausübung ihrer Tätigkeit untersagen, wenn

1. Tatsachen vorliegen, aus denen sich ergibt, dass der Vorstand oder Mitglieder des Vorstands nicht zuverlässig sind oder die zur Leitung erforderliche fachliche Eignung gemäß Absatz 2 nicht haben oder
2. der Vorstand oder Mitglieder des Vorstands nachhaltig gegen die Bestimmungen dieses Gesetzes oder des Geldwäschegesetzes verstoßen.

(6) Der Vorstand einer OGAW-Investmentaktiengesellschaft mit veränderlichem Kapital hat einen angemessenen Prozess einzurichten, der es den Mitarbeitern unter Wahrung der Vertraulichkeit ihrer Identität ermöglicht, potenzielle oder tatsächliche Verstöße gegen dieses Gesetz oder gegen auf Grund dieses Gesetzes erlassene Rechtsverordnungen sowie etwaige strafbare Handlungen innerhalb der Gesellschaft an eine geeignete Stelle zu melden.

§ 120 Jahresabschluss und Lagebericht; Verordnungsermächtigung

(1) [1]Auf den Jahresabschluss und den Lagebericht einer Investmentaktiengesellschaft mit veränderlichem Kapital sind die Vorschriften des Dritten Buches des Handelsgesetzbuchs anzuwenden, soweit sich aus den folgenden Vorschriften nichts anderes ergibt. [2]Die gesetzlichen Vertreter einer OGAW-Investmentaktiengesellschaft mit veränderlichem Kapital haben den Jahresabschluss und den Lagebericht spätestens vier Monate und die gesetzlichen Vertreter einer AIF-Publikumsinvestmentaktiengesellschaft mit veränderlichem Kapital und einer Spezialinvestmentaktiengesellschaft mit veränderlichem Kapital spätestens sechs Monate nach Ende des Geschäftsjahres aufzustellen.

(2) [1]Die Bilanz ist in Staffelform aufzustellen. [2]Auf Gliederung, Ansatz und Bewertung von dem Sondervermögen vergleichbaren Vermögensgegenständen und Schulden (Investmentanlagevermögen) ist § 101 Absatz 1 Satz 3 Nummer 1 anzuwenden.

(3) Auf die Gliederung und den Ausweis der Aufwendungen und Erträge in der Gewinn- und Verlustrechnung ist § 101 Absatz 1 Satz 3 Nummer 4 anzuwenden.

(4) [1]Der Anhang ist um die Angaben nach § 101 Absatz 1, bei Spezialinvestmentaktiengesellschaften mit veränderlichem Kapital ohne die Angabe nach § 101 Absatz 1 Satz 3 Nummer 6, zu ergänzen, die nicht bereits nach den Absätzen 3, 6 und 7 zu machen sind. [2]Bei Publikumsinvestmentaktiengesellschaften mit veränderlichem Kapital sind in den Anhang die Angaben nach § 101 Absatz 2 aufzunehmen.

(5) [1]Der Lagebericht ist um die Angaben nach § 101 Absatz 1 Satz 2 zu ergänzen. [2]Die Tätigkeiten einer Kapitalverwaltungsgesellschaft, die diese als externe Kapitalverwaltungsgesellschaft ausübt, sind gesondert aufzuführen.

(6) [1]Zusätzlich zu den in den Absätzen 1 bis 5 genannten Angaben sind im Anhang des Jahresabschlusses einer AIF-Investmentaktiengesellschaft mit veränderlichem Kapital noch die Angaben nach § 101 Absatz 3 zu machen. [2]§ 101 Absatz 3 Satz 2 ist anzuwenden. [3]Zusätzlich zu den in den Absätzen 1 bis 5 genannten Angaben sind im Anhang des Jahresabschlusses einer OGAW-Investmentaktiengesellschaft mit veränderlichem Kapital noch die Angaben nach § 101 Absatz 4 zu machen mit der Maßgabe, dass an die Stelle des inländischen OGAW-Sondervermögens in § 101 Absatz 4 Nummer 1 die OGAW-Investmentaktiengesellschaft mit veränderlichem Kapital tritt.

(7) [1]Soweit die AIF-Investmentaktiengesellschaft mit veränderlichem Kapital nach § 114 des Wertpapierhandelsgesetzes verpflichtet ist, einen Jahresfinanzbericht zu erstellen, sind den Anlegern auf Antrag lediglich die Angaben nach den Absätzen 3 bis 7 zusätzlich vorzulegen. [2]Die Übermittlung dieser Angaben kann gesondert oder in Form einer Ergänzung zum Jahresfinanzbericht erfolgen. [3]Im letzteren Fall ist der Jahresfinanzbericht spätestens vier Monate nach Ende des Geschäftsjahres zu veröffentlichen.

(8) [1]Das Bundesministerium der Finanzen wird ermächtigt, im Einvernehmen mit dem Bundesministerium der Justiz und für Verbraucherschutz durch Rechtsverordnung, die nicht der Zustimmung des Bundesrates bedarf, nähere Bestimmungen über weitere Inhalte, Umfang und Darstellung des Jahresabschlusses und des Lageberichts zu erlassen, soweit dies zur Erfüllung der Aufgaben der Bundesanstalt erforderlich ist, insbesondere, um einheitliche Unterlagen zur Beurteilung der Tätigkeit der Investmentaktiengesellschaft mit veränderlichem Kapital zu erhalten. [2]Das Bundesministerium der Finanzen kann die Ermächtigung durch Rechtsverordnung auf die Bundesanstalt übertragen.

§ 121 Prüfung des Jahresabschlusses und des Lageberichts; Verordnungsermächtigung

(1) [1]Der Aufsichtsrat hat den Jahresabschluss und den Lagebericht der Investmentaktiengesellschaft mit veränderlichem Kapital zu prüfen und über das Ergebnis seiner Prüfung einen schriftlichen Bericht zu erstatten. [2]Er hat seinen Bericht innerhalb eines Monats, nachdem ihm der Jahresabschluss und der Lagebericht zugegangen sind, dem Vorstand und dem Abschlussprüfer zuzuleiten. Billigt der Aufsichtsrat den Jahresabschluss und den Lagebericht, so ist dieser festgestellt.

(2) [1]Der Jahresabschluss und der Lagebericht der Investmentaktiengesellschaft mit veränderlichem Kapital sind durch den Abschlussprüfer zu prüfen. [2]Das Ergebnis der Prüfung hat der Abschlussprüfer in einem besonderen Vermerk zusammenzufassen; der Vermerk ist in vollem Wortlaut im Jahresabschluss wiederzugeben. [3]Bei einer Investmentaktiengesellschaft mit veränderlichem Kapital mit Teilgesellschaftsvermögen darf der besondere Vermerk nur erteilt werden, wenn für jedes einzelne Teilgesellschaftsvermögen der besondere Vermerk erteilt worden ist. [4]Bei Investmentaktiengesellschaften mit veränderlichem Kapital wird der Abschlussprüfer auf Vorschlag des Aufsichtsrats von der Hauptversammlung gewählt und vom Aufsichtsrat beauftragt. [5]§ 28 des Kreditwesengesetzes gilt entsprechend mit der Maßgabe, dass die Anzeige nur gegenüber der Bundesanstalt zu erfolgen hat. [6]§ 318 Absatz 3 bis 8 sowie die §§ 319, 319b und 323 des Handelsgesetzbuchs gelten entsprechend.

(3) [1]Die Prüfung durch den Abschlussprüfer hat sich bei Investmentaktiengesellschaften mit veränderlichem Kapital auch darauf zu erstrecken, ob bei der Verwaltung des Vermögens der Investmentaktiengesellschaft mit veränderlichem Kapital die Vorschriften dieses Gesetzes und die Anforderungen nach Artikel 4 Absatz 1, 2 und 3 Unterabsatz 2, Artikel 9 Absatz 1 bis 4 sowie Artikel 11 Absatz 1 bis 10, 11 Unterabsatz 1 und Absatz 12 der Verordnung (EU) Nr. 648/2012 sowie die Anforderungen nach den Artikeln 4 und 15 der Verordnung (EU) 2015/2365 und nach Artikel 16 Absatz 1 bis 4, Artikel 23 Absatz 3 und 10 und Artikel 28 Absatz 2 der Verordnung (EU) 2016/1011 sowie nach Artikel 28 Absatz 1 bis 3 der Verordnung (EU) Nr. 600/2014 und nach den Artikeln 5 bis 9, 18 bis 27 und 43 Absatz 5 und 6 der Verordnung (EU) 2017/2402 sowie die Bestimmungen der Satzung und der Anlagebedingungen beachtet worden sind. [2]Bei der Prüfung hat er insbesondere festzustellen, ob die Investmentaktiengesellschaft mit veränderlichem Kapital die Anzeigepflicht nach § 34 Absatz 1, 3 Nummer 1 bis 3, 5, 7 bis 11, Absatz 4, 5 und § 35 sowie die Anforderungen nach den §§ 36 und 37 erfüllt hat und ihren Verpflichtungen nach dem Geldwäschegesetz nachgekommen ist. [3]Das Ergebnis dieser Prüfung hat der Abschlussprüfer im Prüfungsbericht gesondert wiederzugeben.

[4]Der Abschlussprüfer hat den Bericht über die Prüfung der Publikumsinvestmentaktiengesellschaft mit veränderlichem Kapital unverzüglich nach Beendigung der Prüfung der Bundesanstalt einzureichen, der Bericht über die Prüfung der Spezialinvestmentaktiengesellschaft mit veränderlichem Kapital ist der Bundesanstalt auf Verlangen einzureichen.

(4) [1]Das Bundesministerium der Finanzen wird ermächtigt, im Einvernehmen mit dem Bundesministerium der Justiz und für Verbraucherschutz durch Rechtsverordnung, die nicht der Zustimmung des Bundesrates bedarf, nähere Bestimmungen über weitere Inhalte, Umfang und Darstellungen des Prüfungsberichts des Abschlussprüfers zu erlassen, soweit dies zur Erfüllung der Aufgaben der Bundesanstalt erforderlich ist, insbesondere, um einheitliche Unterlagen zur Beurteilung der Tätigkeit der Investmentaktiengesellschaften mit veränderlichem Kapital zu erhalten. [2]Das Bundesministerium der Finanzen kann die Ermächtigung durch Rechtsverordnung auf die Bundesanstalt übertragen.

§ 122 Halbjahres- und Liquidationsbericht

(1) [1]Soweit die Publikumsinvestmentaktiengesellschaft mit veränderlichem Kapital zur Aufstellung eines Halbjahresfinanzberichts nach § 115 des Wertpapierhandelsgesetzes verpflichtet ist, ist § 120 entsprechend anzuwenden. [2]Dabei gelten die Verweise in § 120 Absatz 3 bis 6 auf § 101 nur in dem für den Halbjahresbericht gemäß § 103 erforderlichen Umfang. [3]Soweit eine Prüfung oder prüferische Durchsicht durch den Abschlussprüfer erfolgt, gilt § 121 Absatz 2 und 3 entsprechend. [4]Anderenfalls hat die Halbjahresberichterstattung nach Maßgabe der §§ 103 und 107 zu erfolgen.

(2) Im Fall der Auflösung und Liquidation der Publikumsinvestmentaktiengesellschaft mit veränderlichem Kapital sind die §§ 120 und 121 entsprechend anzuwenden.

§ 123 Offenlegung und Vorlage von Berichten

(1) [1]Die Offenlegung des Jahresabschlusses und des Lageberichts hat unverzüglich nach seiner Vorlage an die Gesellschafter, jedoch bei

1. einer OGAW-Investmentaktiengesellschaft spätestens vier Monate nach Ablauf des Geschäftsjahres,
2. einer AIF-Publikumsinvestmentaktiengesellschaft mit veränderlichem Kapital spätestens sechs Monate nach Ablauf des Geschäftsjahres

nach Maßgabe der Vorschriften des Vierten Unterabschnitts des Zweiten Abschnitts des Dritten Buches des Handelsgesetzbuchs zu erfolgen. [2]Die Ordnungsgeldvorschriften der §§ 335 bis 335b des Handelsgesetzbuchs sind auf die Verletzung von Pflichten des vertretungsberechtigten Organs der Investmentaktiengesellschaft mit veränderlichem Kapital entsprechend anzuwenden.

(2) [1]Die Offenlegung des Halbjahresberichts erfolgt nach Maßgabe des § 115 des Wertpapierhandelsgesetzes. [2]Der Halbjahresbericht ist unverzüglich im Bundesanzeiger zu veröffentlichen.

(3) Die Berichte nach den Absätzen 1 und 2 müssen dem Publikum an den Stellen zugänglich sein, die im Verkaufsprospekt und in den wesentlichen Anlegerinformationen angegebenen sind.

(4) Einem Anleger der Investmentaktiengesellschaft mit veränderlichem Kapital sind der Jahresabschluss und der Lagebericht auf Anfrage vorzulegen.

(5) Die Publikumsinvestmentaktiengesellschaft mit veränderlichem Kapital hat der Bundesanstalt den Jahresabschluss und den Lagebericht unverzüglich nach der Feststellung und den Halbjahresbericht unverzüglich nach der Erstellung einzureichen.

Unterabschnitt 4. Allgemeine Vorschriften für offene Investmentkommanditgesellschaften

§ 124 Rechtsform, anwendbare Vorschriften

(1) [1]Offene Investmentkommanditgesellschaften dürfen nur in der Rechtsform der Kommanditgesellschaft betrieben werden. [2]Die Bestimmungen des Handelsgesetzbuchs sind anzuwenden, soweit sich aus den Vorschriften dieses Unterabschnitts nichts anderes ergibt.

(2) Auf die offene Investmentkommanditgesellschaft sind § 93 Absatz 7 und § 96 Absatz 1 entsprechend anwendbar.

§ 125 Gesellschaftsvertrag

(1) Der Gesellschaftsvertrag einer offenen Investmentkommanditgesellschaft bedarf der Schriftform.

(2) [1]Gesellschaftsvertraglich festgelegter Unternehmensgegenstand der offenen Investmentkommanditgesellschaft muss ausschließlich die Anlage und Verwaltung ihrer Mittel nach einer festgelegten Anlagestrategie und dem Grundsatz der Risikomischung zur gemeinschaftlichen Kapitalanlage nach den §§ 273 bis 284 zum Nutzen ihrer Anleger sein. [2]Der Gesellschaftsvertrag muss festlegen, dass die Kommanditisten das Recht zur Rückgabe ihrer Anteile im Wege der Kündigung nach § 133 haben und dass die Anteile der Gesellschaft ausschließlich von professionellen Anlegern und semiprofessionellen Anlegern erworben werden dürfen.

(3) Der Gesellschaftsvertrag hat vorzusehen, dass

1. Ladungen zu Gesellschafterversammlungen unter vollständiger Angabe der Beschlussgegenstände in Textform erfolgen und
2. über die Ergebnisse der Gesellschafterversammlung ein schriftliches Protokoll anzufertigen ist, von dem die offene Investmentkommanditgesellschaft den Anlegern eine Kopie zu übersenden hat.

(4) Im Gesellschaftsvertrag darf nicht von § 131 Absatz 3 Nummer 2 und 4 des Handelsgesetzbuchs abgewichen werden.

§ 126 Anlagebedingungen

[1]Die Anlagebedingungen der offenen Investmentkommanditgesellschaft sind zusätzlich zum Gesellschaftsvertrag zu erstellen. [2]Die Anlagebedingungen sind nicht Bestandteil des Gesellschaftsvertrags. [3]In allen Fällen, in denen der Gesellschaftsvertrag veröffentlicht, ausgehändigt oder in anderer Weise zur Verfügung gestellt werden muss, ist auf die jeweiligen Anlagebedingungen zu verweisen und sind diese ebenfalls zu veröffentlichen oder zur Verfügung zu stellen.

§ 127 Anleger

(1) [1]Anteile an offenen Investmentkommanditgesellschaften und an Teilgesellschaftsvermögen von offenen Investmentkommanditgesellschaften dürfen ausschließlich von professionellen und semiprofessionellen Anlegern erworben werden. [2]Die Anleger dürfen sich an offenen Investmentkommanditgesellschaften nur unmittelbar als Kommanditisten beteiligen.

(2) [1]Eine Rückgewähr der Einlage oder eine Ausschüttung, die den Wert der Kommanditeinlage unter den Betrag der Einlage herabmindert, darf nur mit Zustimmung des betroffenen Kommanditisten erfolgen. [2]Vor der Zustimmung ist der Kommanditist darauf hinzuweisen, dass er den Gläubigern der Gesellschaft unmittelbar haftet, soweit die Einlage durch die Rückgewähr oder Ausschüttung zurückbezahlt wird.

(3) [1]Der Anspruch der offenen Investmentkommanditgesellschaft gegen einen Kommanditisten auf Leistung der Einlage erlischt, sobald er seine Kommanditeinlage erbracht hat. [2]Die Kommanditisten sind nicht verpflichtet, entstandene Verluste auszugleichen. [3]Eine Nachschusspflicht der Kommanditisten ist ausgeschlossen. [4]§ 707 des Bürgerlichen Gesetzbuchs ist nicht abdingbar. [5]Entgegenstehende Vereinbarungen sind unwirksam.

(4) Der Eintritt eines Kommanditisten in eine bestehende offene Investmentkommanditgesellschaft wird erst mit der Eintragung des Eintritts des Kommanditisten im Handelsregister wirksam.

§ 128 Geschäftsführung

(1) [1]Die Geschäftsführung der offenen Investmentkommanditgesellschaft besteht aus mindestens zwei Personen. [2]Die Voraussetzung nach Satz 1 ist auch dann erfüllt, wenn Geschäftsführer der offenen Investmentkommanditgesellschaft eine juristische Person ist, deren Geschäftsführung ihrerseits von zwei Personen wahrgenommen wird. [3]Die Geschäftsführung ist verpflichtet,

1. bei der Ausübung ihrer Tätigkeit im ausschließlichen Interesse der Gesellschafter und der Integrität des Marktes zu handeln,
2. ihre Tätigkeit mit der gebotenen Sachkenntnis, Sorgfalt und Gewissenhaftigkeit im besten Interesse des von ihr verwalteten Vermögens und der Integrität des Marktes auszuüben und
3. sich um die Vermeidung von Interessenkonflikten zu bemühen und, wenn diese sich nicht vermeiden lassen, dafür zu sorgen, dass unvermeidbare Konflikte unter der gebotenen Wahrung der Interessen der Gesellschafter gelöst werden.

[4]Die Geschäftsführung hat bei der Wahrnehmung ihrer Aufgaben unabhängig von der Verwahrstelle zu handeln.

(2) [1]Die Mitglieder der Geschäftsführung der offenen Investmentkommanditgesellschaft müssen zuverlässig sein und die zur Leitung der offenen Investmentkommanditgesellschaft erforderliche fachliche Eignung haben, auch in Bezug auf die Art des Unternehmensgegenstandes der offenen Investmentkommanditgesellschaft. [2]Die Bestellung und das Ausscheiden von Mitgliedern der Geschäftsführung sind der Bundesanstalt unverzüglich anzuzeigen.

(3) [1]Mitglieder der Geschäftsführung der offenen Investmentkommanditgesellschaft dürfen Vermögensgegenstände weder an die offene Investmentkommanditgesellschaft veräußern noch von dieser erwerben. [2]Erwerb und Veräußerung von Kommanditanteilen durch die Mitglieder der Geschäftsführung sind davon nicht erfasst.

(4) Die Bundesanstalt kann die Abberufung der Geschäftsführung oder von Mitgliedern der Geschäftsführung verlangen und ihnen die Ausübung ihrer Tätigkeit untersagen, wenn

1. Tatsachen vorliegen, aus denen sich ergibt, dass die Geschäftsführung oder Mitglieder der Geschäftsführung nicht zuverlässig sind oder die zur Leitung erforderliche fachliche Eignung gemäß Absatz 3 nicht haben oder
2. die Geschäftsführung oder Mitglieder der Geschäftsführung nachhaltig gegen die Bestimmungen dieses Gesetzes oder des Geldwäschegesetzes verstoßen.

§ 129 Verwaltung und Anlage

(1) [1]Die offene Investmentkommanditgesellschaft kann eine ihrem Unternehmensgegenstand entsprechende externe Kapitalverwaltungsgesellschaft bestellen. [2]Dieser obliegt insbesondere die Anlage und Verwaltung des Kommanditanlagevermögens. [3]Die Bestellung der externen AIF-Kapitalverwaltungsgesellschaft ist kein Fall des § 36. Die

externe AIF-Kapitalverwaltungsgesellschaft ist berechtigt, die Verwaltung der Mittel der offenen Investmentkommanditgesellschaft zu kündigen. [4]§ 99 Absatz 1 bis 4 gilt entsprechend.

(2) [1]§ 100 ist entsprechend anzuwenden mit der Maßgabe, dass das Verwaltungs- und Verfügungsrecht über das Gesellschaftsvermögen nur dann auf die Verwahrstelle zur Abwicklung übergeht, wenn die offene Investmentkommanditgesellschaft sich nicht in eine intern verwaltete offene Investmentkommanditgesellschaft umwandelt oder keine andere externe AIF-Kapitalverwaltungsgesellschaft benennt und dies jeweils der Bundesanstalt angezeigt wurde. [2]Im Fall der Bestellung einer anderen externen AIF-Kapitalverwaltungsgesellschaft ist § 100b Absatz 1 Satz 1 bis 3, Absatz 2 und 3 entsprechend anzuwenden. [3]§ 147 des Handelsgesetzbuchs findet keine Anwendung.

§ 130 Unterschreitung des Anfangskapitals oder der Eigenmittel

[1]Eine intern verwaltete offene Investmentkommanditgesellschaft hat der Bundesanstalt und den Anlegern unverzüglich anzuzeigen, wenn das Gesellschaftsvermögen den Wert des Anfangskapitals oder den Wert der zusätzlich erforderlichen Eigenmittel gemäß § 25 unterschreitet. [2]Mit der Anzeige gegenüber den Anlegern ist durch die Geschäftsführung eine Gesellschafterversammlung einzuberufen.

§ 131 Gesellschaftsvermögen

(1) [1]Eine intern verwaltete offene Investmentkommanditgesellschaft darf bewegliches und unbewegliches Vermögen erwerben, das für den Betrieb der Investmentkommanditgesellschaft notwendig ist. [2]Hierfür hat sie ein Betriebsvermögen zu bilden, das rechnerisch bei den Kapitalanteilen der geschäftsführenden Gesellschafter zu erfassen ist. [3]Den Erwerb darf sie nicht mit Kapital aus der Begebung von Kommanditanteilen an Anleger bestreiten.

(2) [1]Die Einlagen der Anleger, die sich als Kommanditisten beteiligen, die im Zusammenhang mit der Anlagetätigkeit erhaltenen und verwalteten Vermögensgegenstände, für die Vermögensgegenstände erhaltene Sicherheiten sowie liquide Mittel werden rechnerisch dem Kommanditkapital zugeordnet. [2]Sie bilden das Kommanditanlagevermögen.

§ 132 Teilgesellschaftsvermögen; Verordnungsermächtigung

(1) [1]Der Gesellschaftsvertrag kann die Bildung von Teilgesellschaftsvermögen vorsehen. [2]Die Teilgesellschaftsvermögen sind haftungs- und vermögensrechtlich voneinander getrennt. [3]Im Verhältnis der Anleger untereinander wird jedes Teilgesellschaftsvermögen als eigenständiges Gesellschaftsvermögen behandelt. [4]Die Rechte von Anlegern und Gläubigern im Hinblick auf ein Teilgesellschaftsvermögen, insbesondere auf dessen Bildung, Verwaltung und Auflösung, beschränken sich auf die Vermögensgegenstände dieses Teilgesellschaftsvermögens. [5]Für die auf das einzelne Teilgesellschaftsvermögen entfallenden Verbindlichkeiten haftet nur das betreffende Teilgesellschaftsvermögen. [6]Die haftungs- und vermögensrechtliche Trennung gilt auch für den Fall der Insolvenz der offenen Investmentkommanditgesellschaft und die Abwicklung eines Teilgesellschaftsvermögens.

(2) [1]Für jedes Teilgesellschaftsvermögen sind Anlagebedingungen zu erstellen. [2]Die Anlagebedingungen eines Teilgesellschaftsvermögens und deren wesentliche Änderungen sind der Bundesanstalt nach Maßgabe von § 273 vorzulegen.

(3) [1]Die Kosten für die Auflegung neuer Teilgesellschaftsvermögen dürfen nur zulasten der Anteilspreise der neuen Teilgesellschaftsvermögen in Rechnung gestellt werden. [2]Der Wert des Anteils ist für jedes Teilgesellschaftsvermögen gesondert zu errechnen.

(4) Für jedes Teilgesellschaftsvermögen ist eine Verwahrstelle zu benennen.

(5) [1]Die persönlich haftenden Gesellschafter haften für die Verbindlichkeiten sämtlicher Teilgesellschaftsvermögen. [2]Die Kommanditisten haften gemäß den §§ 171 bis 176 des Handelsgesetzbuchs in Verbindung mit den Vorschriften dieses Unterabschnitts nur für Verbindlichkeiten des sie betreffenden Teilgesellschaftsvermögens.

(6) Der Gesellschaftsvertrag muss vorsehen, dass über Angelegenheiten, die die offene Investmentkommanditgesellschaft insgesamt betreffen, in einer Gesellschafterversammlung entschieden wird, zu der Anleger sämtlicher Teilgesellschaftsvermögen geladen werden.

(7) [1]Der Gesellschaftsvertrag kann vorsehen, dass die Geschäftsführung die Auflösung eines Teilgesellschaftsvermögens mit Zustimmung der Verwahrstelle beschließen kann. [2]Der Auflösungsbeschluss wird sechs Monate nach Mitteilung des Beschlusses an die Anleger des betreffenden Teilgesellschaftsvermögens wirksam, es sei denn, die Anleger stimmen einer früheren Auflösung zu. [3]Der Auflösungsbeschluss ist in den nächsten Jahresbericht aufzunehmen. [4]Für die Abwicklung des Teilgesellschaftsvermögens gilt § 100 Absatz 1 und 2 entsprechend.

(8) [1]Das Bundesministerium der Finanzen wird ermächtigt, durch Rechtsverordnung, die nicht der Zustimmung des Bundesrates bedarf, nähere Bestimmungen zur buchhalterischen Darstellung, Rechnungslegung und Ermittlung des Wertes jedes Teilgesellschaftsvermögens zu erlassen. [2]Das Bundesministerium der Finanzen kann die Ermächtigung durch Rechtsverordnung auf die Bundesanstalt übertragen.

§ 133 Veränderliches Kapital, Kündigung von Kommanditanteilen

(1) [1]Kommanditisten können ihre Kommanditbeteiligung in voller Höhe oder zu einem Teilbetrag kündigen. [2]Kündigt ein Kommanditist, erhält er einen Abfindungsanspruch gegen die offene Investmentkommanditgesellschaft in Höhe seines gekündigten Anteils am Wert des Gesellschaftsvermögens, gegebenenfalls abzüglich der Aufwendungen, die der offenen Investmentkommanditgesellschaft entstanden sind. [3]Das Recht zur Kündigung nach Satz 1 besteht bei der intern verwalteten offenen Investmentkommanditgesellschaft nur, wenn durch die Erfüllung des Abfindungsanspruchs das Gesellschaftsvermögen den Betrag des Anfangskapitals und der zusätzlich erforderlichen Eigenmittel gemäß § 25 nicht unterschreitet. [4]Die Einzelheiten der Kündigung regelt der Gesellschaftsvertrag. [5]Für die Beschränkung des Rechts der Anleger auf Kündigung nach Satz 1 im Gesellschaftsvertrag gelten § 98 Absatz 2 und 3 und § 283 Absatz 3 entsprechend.

(2) [1]Die Erfüllung des Abfindungsanspruchs gilt nicht als Rückzahlung der Einlage des Kommanditisten. [2]Ab dem Zeitpunkt des Ausscheidens haftet der ausgeschiedene Kommanditist nicht für Verbindlichkeiten der offenen Investmentkommanditgesellschaft.

§ 134 Firma und zusätzliche Hinweise im Rechtsverkehr

(1) Die Firma der offenen Investmentkommanditgesellschaft muss abweichend von § 19 Absatz 1 Nummer 3 des Handelsgesetzbuchs die Bezeichnung „offene Investmentkommanditgesellschaft" oder eine allgemein verständliche Abkürzung dieser Bezeichnung enthalten.

(2) [1]Die Firma einer offenen Investmentkommanditgesellschaft mit Teilgesellschaftsvermögen muss darüber hinaus den Zusatz „mit Teilgesellschaftsvermögen" oder eine allgemein verständliche Abkürzung dieser Bezeichnung enthalten. [2]Wird die Investmentkommanditgesellschaft im Rechtsverkehr lediglich für ein oder mehrere Teilgesellschaftsvermögen tätig, ist sie verpflichtet, dies offenzulegen und auf die haftungsrechtliche Trennung der Teilgesellschaftsvermögen hinzuweisen.

§ 135 Jahresbericht; Verordnungsermächtigung

(1) [1]Die Kapitalverwaltungsgesellschaft hat für die offene Investmentkommanditgesellschaft, auch wenn auf diese § 264a des Handelsgesetzbuchs nicht anzuwenden ist, für den Schluss eines jeden Geschäftsjahres spätestens sechs Monate nach Ende des Geschäftsjahres einen Jahresbericht nach Maßgabe der folgenden Absätze zu erstellen. [2]Der Jahresbericht besteht mindestens aus

1. dem nach Maßgabe der folgenden Absätze aufgestellten und von einem Abschlussprüfer geprüften Jahresabschluss,
2. dem nach Maßgabe der folgenden Absätze aufgestellten und von einem Abschlussprüfer geprüften Lagebericht,
3. einer den Vorgaben von § 264 Absatz 2 Satz 3, § 289 Absatz 1 Satz 5 des Handelsgesetzbuchs entsprechenden Erklärung der gesetzlichen Vertreter der offenen Investmentkommanditgesellschaft sowie
4. den Bestätigungen des Abschlussprüfers nach § 136.

(2) [1]Auf den Jahresabschluss der offenen Investmentkommanditgesellschaft sind die Bestimmungen des Ersten Unterabschnitts des Zweiten Abschnitts des Dritten Buches des Handelsgesetzbuchs und für den Lagebericht die Bestimmungen des § 289 des Handelsgesetzbuchs anzuwenden, soweit sich aus den folgenden Vorschriften nichts anderes ergibt. [2]§ 264 Absatz 1 Satz 4, Absatz 3, 4 und § 264b des Handelsgesetzbuchs sind nicht anzuwenden.

(3) [1]Die Bilanz ist in Staffelform aufzustellen. [2]Auf Gliederung, Ansatz und Bewertung der dem Sondervermögen vergleichbaren Vermögensgegenstände und Schulden ist § 101 Absatz 1 Satz 3 Nummer 1 anzuwenden.

(4) Auf die Gliederung und den Ausweis der Aufwendungen und Erträge in der Gewinn- und Verlustrechnung ist § 101 Absatz 1 Satz 3 Nummer 4 anzuwenden.

(5) Der Anhang ist um die Angaben nach § 101 Absatz 1, ohne die Angabe nach § 101 Absatz 1 Satz 3 Nummer 6, zu ergänzen, die nicht bereits nach den Absätzen 3, 4, 6 und 7 zu machen sind.

(6) [1]Der Lagebericht ist um die Angaben nach § 101 Absatz 1 Satz 2 zu ergänzen. [2]Die Tätigkeiten einer Kapitalverwaltungsgesellschaft, die diese als externe Kapitalverwaltungsgesellschaft ausübt, sind gesondert aufzuführen.

(7) [1]Der Lagebericht hat zusätzlich die Angaben nach § 101 Absatz 3 zu enthalten. [2]§ 101 Absatz 3 Satz 2 ist anzuwenden.

(8) [1]Soweit die offene Investmentkommanditgesellschaft nach § 114 des Wertpapierhandelsgesetzes verpflichtet ist, einen Jahresfinanzbericht zu erstellen, sind den Anlegern auf Antrag lediglich die ergänzenden Angaben nach den Absätzen 5 bis 7 zusätzlich vorzulegen. [2]Die Übermittlung dieser Angaben kann gesondert spätestens vier Monate nach Ende des Geschäftsjahres oder in Form einer Ergänzung zum Jahresfinanzbericht erfolgen.

(9) Das sonstige Vermögen der Gesellschafter (Privatvermögen) darf nicht in die Bilanz und die auf das Privatvermögen entfallenden Aufwendungen und Erträge dürfen nicht in die Gewinn- und Verlustrechnung aufgenommen werden.

(10) Bei der intern verwalteten offenen Investmentkommanditgesellschaft im Sinne des Absatzes 1 Satz 1 hat in der Bilanz und in der Gewinn- und Verlustrechnung ein gesonderter Ausweis des Investmentbetriebsvermögens und des Investmentanlagevermögens sowie der diesen zuzuordnenden Aufwendungen und Erträge zu erfolgen.

(11) [1]Das Bundesministerium der Finanzen wird ermächtigt, im Einvernehmen mit dem Bundesministerium der Justiz und für Verbraucherschutz durch Rechtsverordnung,

die nicht der Zustimmung des Bundesrates bedarf, nähere Bestimmungen über weitere Inhalte, Umfang und Darstellung des Jahresabschlusses und des Lageberichts zu erlassen, soweit dies zur Erfüllung der Aufgaben der Bundesanstalt erforderlich ist, insbesondere, um einheitliche Unterlagen zur Beurteilung der Tätigkeit der offenen Investmentkommanditgesellschaft zu erhalten. [2]Das Bundesministerium der Finanzen kann die Ermächtigung durch Rechtsverordnung auf die Bundesanstalt übertragen.

§ 136 Abschlussprüfung; Verordnungsermächtigung

(1) [1]Der Jahresabschluss und der Lagebericht der offenen Investmentkommanditgesellschaft sind durch einen Abschlussprüfer nach Maßgabe der Bestimmungen des Dritten Unterabschnitts des Zweiten Abschnitts des Dritten Buches des Handelsgesetzbuchs zu prüfen. [2]Das Ergebnis der Prüfung hat der Abschlussprüfer in einem besonderen Vermerk zusammenzufassen; der Vermerk ist in vollem Wortlaut im Jahresabschluss wiederzugeben.

(2) Die Zuweisung von Gewinnen, Verlusten, Einnahmen, Ausgaben, Einlagen und Entnahmen zu den einzelnen Kapitalkonten ist vom Abschlussprüfer zu prüfen und deren Ordnungsmäßigkeit zu bestätigen.

(3) [1]Der Abschlussprüfer hat bei seiner Prüfung auch festzustellen, ob die offene Investmentkommanditgesellschaft die Bestimmungen dieses Gesetzes und des zugrunde liegenden Gesellschaftsvertrags beachtet hat. [2]Bei der Prüfung hat er insbesondere festzustellen, ob die offene Investmentkommanditgesellschaft die Anzeigepflichten nach § 34 Absatz 1, 3 Nummer 1 bis 3, 5, 7 bis 11, Absatz 4 und 5, § 35 und die Anforderungen nach den §§ 36 und 37 sowie die Anforderungen nach Artikel 4 Absatz 1, 2 und 3 Unterabsatz 2, Artikel 9 Absatz 1 bis 4 sowie Artikel 11 Absatz 1 bis 10, 11 Unterabsatz 1 und Absatz 12 der Verordnung (EU) Nr. 648/2012 sowie die Anforderungen nach den Artikeln 4 und 15 der Verordnung (EU) 2015/2365 und nach Artikel 16 Absatz 1 bis 4, Artikel 23 Absatz 3 und 10 und Artikel 28 Absatz 2 der Verordnung (EU) 2016/1011 sowie nach Artikel 28 Absatz 1 bis 3 der Verordnung (EU) Nr. 600/2014 und nach den Artikeln 5 bis 9, 18 bis 27 und 43 Absatz 5 und 6 der Verordnung (EU) 2017/2402 erfüllt hat und ihren Verpflichtungen nach dem Geldwäschegesetz nachgekommen ist. [3]Das Ergebnis dieser Prüfung hat der Abschlussprüfer im Prüfungsbericht gesondert wiederzugeben. [4]Der Bericht über die Prüfung der offenen Investmentkommanditgesellschaft ist der Bundesanstalt auf Verlangen vom Abschlussprüfer einzureichen.

(4) [1]Das Bundesministerium der Finanzen wird ermächtigt, im Einvernehmen mit dem Bundesministerium der Justiz und für Verbraucherschutz durch Rechtsverordnung, die nicht der Zustimmung des Bundesrates bedarf, nähere Bestimmungen über weitere Inhalte, Umfang und Darstellungen des Prüfungsberichts des Abschlussprüfers zu erlassen, soweit dies zur Erfüllung der Aufgaben der Bundesanstalt erforderlich ist, insbesondere, um einheitliche Unterlagen zur Beurteilung der Tätigkeit der offenen Investmentkommanditgesellschaft zu erhalten. [2]Das Bundesministerium der Finanzen kann die Ermächtigung durch Rechtsverordnung auf die Bundesanstalt übertragen.

§ 137 Vorlage von Berichten

Einem Anleger wird der Jahresbericht auf Anfrage vorgelegt.

§ 138 Auflösung und Liquidation

(1) [1]§ 133 Absatz 1 des Handelsgesetzbuchs gilt nicht. [2]Ein Gesellschafter der offenen Investmentkommanditgesellschaft kann die Gesellschaft vor dem Ablauf der für ihre Dauer bestimmten Zeit oder bei einer für unbestimmte Zeit eingegangenen Gesellschaft außerordentlich kündigen und aus ihr ausscheiden, wenn ein wichtiger Grund vorliegt. [3]§ 133 Absatz 2 und 3 des Handelsgesetzbuchs ist entsprechend anzuwenden.

(2) Die Kommanditisten haften nach Beendigung der Liquidation nicht für die Verbindlichkeiten der offenen Investmentkommanditgesellschaft.

Abschnitt 5. Geschlossene inländische Investmentvermögen

Unterabschnitt 1. Allgemeine Vorschriften für geschlossene inländische Investmentvermögen

§ 139 Rechtsform

Geschlossene inländische Investmentvermögen dürfen nur als Investmentaktiengesellschaft mit fixem Kapital gemäß den Vorschriften des Unterabschnitts 2 oder als geschlossene Investmentkommanditgesellschaft gemäß den Vorschriften des Unterabschnitts 3 aufgelegt werden.

Unterabschnitt 2. Allgemeine Vorschriften für Investmentaktiengesellschaften mit fixem Kapital

§ 140 Rechtsform, anwendbare Vorschriften

(1) [1]Investmentaktiengesellschaften mit fixem Kapital dürfen nur in der Rechtsform der Aktiengesellschaft betrieben werden. [2]Die Vorschriften des Aktiengesetzes sind anzuwenden, soweit sich aus den Vorschriften dieses Unterabschnitts nichts anderes ergibt.

(2) § 23 Absatz 5, die §§ 150 bis 158, 161 und 278 bis 290 des Aktiengesetzes sind nicht anzuwenden.

(3) Auf die Investmentaktiengesellschaft mit fixem Kapital sind § 93 Absatz 7 und § 96 Absatz 1 entsprechend anwendbar.

§ 141 Aktien

(1) Aktien dürfen nur gegen volle Leistung des Ausgabepreises ausgegeben werden.

(2) Bei Publikumsinvestmentaktiengesellschaften mit fixem Kapital sind Sacheinlagen unzulässig.

§ 142 Satzung

[1]Satzungsmäßig festgelegter Unternehmensgegenstand der Investmentaktiengesellschaft mit fixem Kapital muss ausschließlich die Anlage und Verwaltung ihrer Mittel nach einer festgelegten Anlagestrategie zur gemeinschaftlichen Kapitalanlage

1. bei Publikumsinvestmentaktiengesellschaften mit fixem Kapital nach den §§ 261 bis 272 und
2. bei Spezialinvestmentaktiengesellschaften mit fixem Kapital nach den §§ 273 bis 277 und 285 bis 292

zum Nutzen der Aktionäre sein. [2]Die Satzung von Spezialinvestmentaktiengesellschaften mit fixem Kapital muss zusätzlich festlegen, dass die Aktien der Gesellschaft ausschließlich von professionellen Anlegern und semiprofessionellen Anlegern erworben werden dürfen.

§ 143 Anlagebedingungen

[1]Die Anlagebedingungen der Investmentaktiengesellschaft mit fixem Kapital sind zusätzlich zur Satzung zu erstellen. [2]Die Anlagebedingungen sind nicht Bestandteil der Satzung; eine notarielle Beurkundung ist nicht erforderlich. [3]In allen Fällen, in denen die Satzung veröffentlicht, ausgehändigt oder in anderer Weise zur Verfügung gestellt wer-

den muss, ist auf die jeweiligen Anlagebedingungen zu verweisen und sind diese ebenfalls zu veröffentlichen, auszuhändigen oder in anderer Weise zur Verfügung zu stellen.

§ 144 Verwaltung und Anlage

[1]Die Investmentaktiengesellschaft mit fixem Kapital kann eine ihrem Unternehmensgegenstand entsprechende externe Kapitalverwaltungsgesellschaft bestellen. [2]Dieser obliegt neben der Ausführung der allgemeinen Verwaltungstätigkeit insbesondere auch die Anlage und Verwaltung der Mittel der Investmentaktiengesellschaft mit fixem Kapital. [3]Die Bestellung einer externen AIF-Kapitalverwaltungsgesellschaft als Verwaltungsgesellschaft ist kein Fall des § 36 und auch nicht als Unternehmensvertrag im Sinne des Aktiengesetzes anzusehen. [4]§ 99 ist mit den folgenden Maßgaben entsprechend anzuwenden:

1. eine Kündigung kann nur aus wichtigem Grund erfolgen;
2. die Kündigungsfrist muss im angemessenen Verhältnis zu dem Zeitraum stehen, der erforderlich ist, um die zum Investmentvermögen gehörenden Vermögensgegenstände zu liquidieren; bei Publikumsinvestmentaktiengesellschaften muss die Kündigungsfrist jedoch mindestens sechs Monate betragen.

[5]§ 100 ist entsprechend anzuwenden mit der Maßgabe, dass das Verwaltungs- und Verfügungsrecht über das Gesellschaftsvermögen nur dann auf die Verwahrstelle zur Abwicklung übergeht, wenn

1. die Investmentaktiengesellschaft mit fixem Kapital
   a) sich nicht in eine intern verwaltete Investmentaktiengesellschaft mit fixem Kapital umwandelt oder
   b) keine andere externe AIF-Kapitalverwaltungsgesellschaft bestellt und
2. dies
   a) bei Publikumsinvestmentaktiengesellschaften mit fixem Kapital jeweils von der Bundesanstalt genehmigt wird und
   b) bei Spezialinvestmentaktiengesellschaften mit fixem Kapital jeweils der Bundesanstalt angezeigt wird.

[6]Im Fall der Bestellung einer anderen externen AIF-Kapitalverwaltungsgesellschaft ist § 100b Absatz 1, 3 und 4 entsprechend anzuwenden mit der Maßgabe, dass die Übertragung bei Publikumsinvestmentaktiengesellschaften frühestens mit Erteilung der Genehmigung wirksam wird.

§ 145 Unterschreitung des Anfangskapitals oder der Eigenmittel

[1]Die intern verwaltete Investmentaktiengesellschaft mit fixem Kapital hat der Bundesanstalt und den Aktionären unverzüglich anzuzeigen, wenn das Gesellschaftsvermögen den Wert des Anfangskapitals oder den Wert der zusätzlich erforderlichen Eigenmittel gemäß § 25 unterschreitet. [2]Mit der Anzeige gegenüber den Aktionären ist durch den Vorstand eine Hauptversammlung einzuberufen.

§ 146 Firma

Die Firma einer Investmentaktiengesellschaft mit fixem Kapital muss abweichend von § 4 des Aktiengesetzes die Bezeichnung „Investmentaktiengesellschaft“ oder eine allgemein verständliche Abkürzung dieser Bezeichnung enthalten.

§ 147 Vorstand, Aufsichtsrat

(1) [1]Der Vorstand einer Investmentaktiengesellschaft mit fixem Kapital besteht aus mindestens zwei Personen. [2]Er ist verpflichtet,

1. bei der Ausübung seiner Tätigkeit im ausschließlichen Interesse der Aktionäre und der Integrität des Marktes zu handeln,
2. seine Tätigkeit mit der gebotenen Sachkenntnis, Sorgfalt und Gewissenhaftigkeit im besten Interesse des von ihm verwalteten Vermögens und der Integrität des Marktes auszuüben und
3. sich um die Vermeidung von Interessenkonflikten zu bemühen und, wenn diese sich nicht vermeiden lassen, dafür zu sorgen, dass unvermeidbare Konflikte unter der gebotenen Wahrung der Interessen der Aktionäre gelöst werden.

[3]Der Vorstand hat bei der Wahrnehmung seiner Aufgaben unabhängig von der Verwahrstelle zu handeln.

(2) [1]Die Mitglieder des Vorstands der Investmentaktiengesellschaft mit fixem Kapital müssen zuverlässig sein und die zur Leitung der Investmentaktiengesellschaft erforderliche fachliche Eignung haben, auch in Bezug auf die Art des Unternehmensgegenstandes der Investmentaktiengesellschaft mit fixem Kapital. [2]Die Bestellung und das Ausscheiden von Mitgliedern des Vorstands sind der Bundesanstalt unverzüglich anzuzeigen.

(3) [1]Die Persönlichkeit und die Sachkunde der Mitglieder des Aufsichtsrats müssen Gewähr dafür bieten, dass die Interessen der Aktionäre gewahrt werden. [2]Für die Zusammensetzung des Aufsichtsrats gilt § 18 Absatz 3 entsprechend. [3]Die Bestellung und das Ausscheiden von Mitgliedern des Aufsichtsrats ist der Bundesanstalt unverzüglich anzuzeigen. [4]Auf Aufsichtsratsmitglieder, die als Vertreter der Arbeitnehmer nach den Vorschriften der Mitbestimmungsgesetze gewählt werden, sind die Sätze 1 und 3 nicht anzuwenden.

(4) [1]Mitglieder des Vorstands oder des Aufsichtsrats der Investmentaktiengesellschaft mit fixem Kapital dürfen Vermögensgegenstände weder an die Investmentaktiengesellschaft veräußern noch von dieser erwerben. [2]Erwerb und Veräußerung von Aktien der Investmentaktiengesellschaft mit fixem Kapital durch die Mitglieder des Vorstands und des Aufsichtsrats sind davon nicht erfasst.

(5) Die Bundesanstalt kann die Abberufung des Vorstands oder von Mitgliedern des Vorstands verlangen und ihnen die Ausübung ihrer Tätigkeit untersagen, wenn

1. Tatsachen vorliegen, aus denen sich ergibt, dass der Vorstand oder Mitglieder des Vorstands nicht zuverlässig sind oder die zur Leitung erforderliche fachliche Eignung gemäß Absatz 2 nicht haben oder
2. der Vorstand oder Mitglieder des Vorstands nachhaltig gegen die Bestimmungen dieses Gesetzes oder des Geldwäschegesetzes verstoßen.

§ 148 Rechnungslegung

(1) Auf den Jahresabschluss und den Lagebericht einer Investmentaktiengesellschaft mit fixem Kapital sind die §§ 120 bis 123 entsprechend anzuwenden.

(2) [1]Zusätzlich zu den Angaben nach Absatz 1 sind bei einer Publikumsinvestmentaktiengesellschaft mit fixem Kapital bei einer Beteiligung nach § 261 Absatz 1 Nummer 2 bis 6 im Anhang des Jahresabschlusses anzugeben:

1. die Firma, die Rechtsform und der Sitz der Gesellschaften im Sinne des § 261 Absatz 1 Nummer 2 bis 6,
2. das jeweilige Gesellschaftskapital dieser Gesellschaften,
3. die Höhe der Beteiligung und der Zeitpunkt ihres Erwerbs durch die AIF-Kapitalverwaltungsgesellschaft.

[2]Als Verkehrswert der Beteiligung ist der nach § 271 Absatz 3 Satz 3 ermittelte Wert anzusetzen.

Unterabschnitt 3. Allgemeine Vorschriften für geschlossene Investmentkommanditgesellschaften

§ 149 Rechtsform, anwendbare Vorschriften

(1) [1]Geschlossene Investmentkommanditgesellschaften dürfen nur in der Rechtsform der Kommanditgesellschaft betrieben werden. [2]Die Bestimmungen des Handelsgesetzbuchs sind anzuwenden, soweit sich aus den Vorschriften dieses Unterabschnitts nichts anderes ergibt.

(2) Auf die geschlossene Investmentkommanditgesellschaft sind § 93 Absatz 7 und § 96 Absatz 1 entsprechend anzuwenden.

§ 150 Gesellschaftsvertrag

(1) Der Gesellschaftsvertrag einer geschlossenen Investmentkommanditgesellschaft bedarf der Schriftform.

(2) [1]Gesellschaftsvertraglich festgelegter Unternehmensgegenstand der geschlossenen Investmentkommanditgesellschaft muss ausschließlich die Anlage und Verwaltung ihrer Mittel nach einer festgelegten Anlagestrategie zur gemeinschaftlichen Kapitalanlage

1. bei geschlossenen Publikumsinvestmentkommanditgesellschaften nach den §§ 261 bis 272 und
2. bei geschlossenen Spezialinvestmentkommanditgesellschaften nach den §§ 273 bis 277 und 285 bis 292

zum Nutzen der Anleger sein. [2]Der Gesellschaftsvertrag von geschlossenen Spezialinvestmentkommanditgesellschaften muss zusätzlich festlegen, dass die Anteile der Gesellschaft ausschließlich von professionellen Anlegern und semiprofessionellen Anlegern erworben werden dürfen.

(3) Der Gesellschaftsvertrag hat vorzusehen, dass

1. Ladungen zu Gesellschafterversammlungen unter vollständiger Angabe der Beschlussgegenstände in Textform erfolgen und
2. über die Ergebnisse der Gesellschafterversammlung ein schriftliches Protokoll anzufertigen ist, von dem die geschlossene Investmentkommanditgesellschaft den Anlegern eine Kopie zu übersenden hat.

(4) Im Gesellschaftsvertrag darf nicht von § 131 Absatz 3 Nummer 2 und 4 des Handelsgesetzbuchs abgewichen werden.

§ 151 Anlagebedingungen

[1]Die Anlagebedingungen der geschlossenen Investmentkommanditgesellschaft sind zusätzlich zum Gesellschaftsvertrag zu erstellen. [2]Die Anlagebedingungen sind nicht Bestandteil des Gesellschaftsvertrages. [3]In allen Fällen, in denen der Gesellschaftsvertrag veröffentlicht, ausgehändigt oder in anderer Weise zur Verfügung gestellt werden muss, ist auf die jeweiligen Anlagebedingungen zu verweisen und sind diese ebenfalls zu veröffentlichen, auszuhändigen oder in anderer Weise zur Verfügung zu stellen.

§ 152 Anleger

(1) [1]Anleger dürfen sich an der geschlossenen Investmentkommanditgesellschaft nur unmittelbar als Kommanditisten beteiligen. [2]Abweichend von Satz 1 dürfen sich Anleger an der geschlossenen Publikumsinvestmentkommanditgesellschaft auch mittelbar über

einen Kommanditisten (Treuhandkommanditisten) beteiligen. [3]Bei mittelbarer Beteiligung über einen Treuhandkommanditisten hat der mittelbar beteiligte Anleger im Innenverhältnis der Gesellschaft und der Gesellschafter zueinander die gleiche Rechtsstellung wie ein Kommanditist. [4]Der mittelbar beteiligte Anleger oder der am Erwerb einer mittelbaren Beteiligung Interessierte gilt als Anleger oder am Erwerb eines Anteils Interessierter im Sinne dieses Gesetzes.

(2) [1]Eine Rückgewähr der Einlage oder eine Ausschüttung, die den Wert der Kommanditeinlage unter den Betrag der Einlage herabmindert, darf nur mit Zustimmung des betroffenen Kommanditisten erfolgen. [2]Vor der Zustimmung ist der Kommanditist darauf hinzuweisen, dass er den Gläubigern der Gesellschaft unmittelbar haftet, soweit die Einlage durch die Rückgewähr oder Ausschüttung zurückbezahlt wird. [3]Bei mittelbarer Beteiligung über einen Treuhandkommanditisten bedarf die Rückgewähr der Einlage oder eine Ausschüttung, die den Wert der Kommanditeinlage unter den Betrag der Einlage herabmindert, zusätzlich der Zustimmung des betroffenen mittelbar beteiligten Anlegers; Satz 2 gilt entsprechend.

(3) [1]Der Anspruch der geschlossenen Investmentkommanditgesellschaft gegen einen Kommanditisten auf Leistung der Einlage erlischt, sobald er seine Kommanditeinlage erbracht hat. [2]Die Kommanditisten sind nicht verpflichtet, entstandene Verluste auszugleichen. [3]Eine Nachschusspflicht der Kommanditisten ist ausgeschlossen. [4]§ 707 des Bürgerlichen Gesetzbuchs ist nicht abdingbar. [5]Entgegenstehende Vereinbarungen sind unwirksam.

(4) Der Eintritt eines Kommanditisten in eine bestehende geschlossene Investmentkommanditgesellschaft wird erst mit der Eintragung des Eintritts des Kommanditisten im Handelsregister wirksam.

(5) Bei geschlossenen Publikumsinvestmentkommanditgesellschaften können die Kommanditisten dem Geschäftsbeginn nicht zustimmen, bevor die Gesellschaft in das Handelsregister eingetragen ist.

(6) [1]Scheidet ein Kommanditist während der Laufzeit der Investmentkommanditgesellschaft aus der Investmentkommanditgesellschaft aus, gilt die Erfüllung des Abfindungsanspruchs nicht als Rückzahlung der Einlage des Kommanditisten. [2]Ab dem Zeitpunkt des Ausscheidens haftet der ausgeschiedene Kommanditist nicht für Verbindlichkeiten der Investmentkommanditgesellschaft.

(7) Bei geschlossenen Publikumsinvestmentkommanditgesellschaften sind Sacheinlagen unzulässig.

§ 153 Geschäftsführung, Beirat

(1) [1]Die Geschäftsführung der geschlossenen Investmentkommanditgesellschaft besteht aus mindestens zwei Personen. [2]Die Voraussetzung nach Satz 1 ist auch dann erfüllt, wenn Geschäftsführer der geschlossenen Investmentkommanditgesellschaft eine juristische Person ist, deren Geschäftsführung ihrerseits von zwei Personen wahrgenommen wird. [3]Die Geschäftsführung ist verpflichtet,

1. bei der Ausübung ihrer Tätigkeit im ausschließlichen Interesse der Gesellschafter und der Integrität des Marktes zu handeln,
2. ihre Tätigkeit mit der gebotenen Sachkenntnis, Sorgfalt und Gewissenhaftigkeit im besten Interesse des von ihr verwalteten Vermögens und der Integrität des Marktes auszuüben und
3. sich um die Vermeidung von Interessenkonflikten zu bemühen und, wenn diese sich nicht vermeiden lassen, dafür zu sorgen, dass unvermeidbare Konflikte unter der gebotenen Wahrung der Interessen der Gesellschafter gelöst werden.

[4]Die Geschäftsführung hat bei der Wahrnehmung ihrer Aufgaben unabhängig von der Verwahrstelle zu handeln.

(2) [1]Die Mitglieder der Geschäftsführung müssen zuverlässig sein und die zur Leitung der geschlossenen Investmentkommanditgesellschaft erforderliche fachliche Eignung haben, auch in Bezug auf die Art des Unternehmensgegenstandes der geschlossenen Investmentkommanditgesellschaft. [2]Die Bestellung und das Ausscheiden von Mitgliedern der Geschäftsführung sind der Bundesanstalt unverzüglich anzuzeigen.

(3) [1]Die intern verwaltete geschlossene Publikumsinvestmentkommanditgesellschaft hat einen Beirat zu bilden, der die Geschäftsführung bei der Umsetzung der Anlagebedingungen überwacht. [2]§ 18 Absatz 2 Satz 4 und Absatz 3 Satz 2 und 4 gilt entsprechend. [3]Die Persönlichkeit und die Sachkunde der Mitglieder des Beirats müssen Gewähr dafür bieten, dass die Interessen der Anleger gewahrt werden. [4]Die Bestellung und das Ausscheiden von Mitgliedern des Beirats ist der Bundesanstalt unverzüglich anzuzeigen.

(4) [1]Mitglieder der Geschäftsführung oder des Beirats der geschlossenen Investmentkommanditgesellschaft dürfen Vermögensgegenstände weder an die Investmentkommanditgesellschaft veräußern noch von dieser erwerben. [2]Erwerb und Veräußerung von Kommanditanteilen durch die Mitglieder der Geschäftsführung sind davon nicht erfasst.

(5) Die Bundesanstalt kann die Abberufung der Geschäftsführung oder von Mitgliedern der Geschäftsführung verlangen und ihnen die Ausübung ihrer Tätigkeit untersagen, wenn

1. Tatsachen vorliegen, aus denen sich ergibt, dass die Geschäftsführung oder Mitglieder der Geschäftsführung nicht zuverlässig sind oder die zur Leitung erforderliche fachliche Eignung gemäß Absatz 3 nicht haben oder
2. die Geschäftsführung oder Mitglieder der Geschäftsführung nachhaltig gegen die Bestimmungen dieses Gesetzes oder des Geldwäschegesetzes verstoßen.

§ 154 Verwaltung und Anlage

(1) [1]Die geschlossene Investmentkommanditgesellschaft kann eine ihrem Unternehmensgegenstand entsprechende externe AIF-Kapitalverwaltungsgesellschaft bestellen. [2]Dieser obliegt insbesondere die Anlage und Verwaltung des Kommanditanlagevermögens. [3]Die Bestellung der externen AIF-Kapitalverwaltungsgesellschaft ist kein Fall des § 36. Die AIF-Kapitalverwaltungsgesellschaft ist berechtigt, die Verwaltung der Mittel der geschlossenen Investmentkommanditgesellschaft zu kündigen. [4]§ 99 Absatz 1 bis 4 ist mit den folgenden Maßgaben entsprechend anzuwenden:

1. eine Kündigung kann nur aus wichtigem Grund erfolgen;
2. die Kündigungsfrist muss im angemessenen Verhältnis zu dem Zeitraum stehen, der erforderlich ist, um die zum Investmentvermögen gehörenden Vermögensgegenstände zu liquidieren; bei Publikumsinvestmentkommanditgesellschaften muss die Kündigungsfrist jedoch mindestens sechs Monate betragen.

(2) [1]§ 100 ist entsprechend anzuwenden mit den Maßgaben, dass

1. das Verwaltungs- und Verfügungsrecht über das Gesellschaftsvermögen nur dann auf die Verwahrstelle zur Abwicklung übergeht, wenn die geschlossene Investmentkommanditgesellschaft sich nicht in eine intern verwaltete geschlossene Investmentkommanditgesellschaft umwandelt oder keine andere externe AIF-Kapitalverwaltungsgesellschaft benennt und dies bei geschlossenen Publikumsinvestmentkommanditgesellschaften jeweils von der Bundesanstalt genehmigt wird und bei geschlossenen Spezialinvestmentkommanditgesellschaften jeweils der Bundesanstalt angezeigt wird;

2. die Gesellschafter die Bestellung eines anderen Liquidators als der Verwahrstelle beschließen können; § 147 des Handelsgesetzbuchs findet keine Anwendung, wenn die Liquidation durch die Verwahrstelle als Liquidator erfolgt.

[2]Im Fall der Bestellung einer anderen externen AIF-Kapitalverwaltungsgesellschaft ist § 100b Absatz 1, 3 und 4 entsprechend anzuwenden mit der Maßgabe, dass die Übertragung bei Publikumsinvestmentkommanditgesellschaften frühestens mit Erteilung der Genehmigung der Bundesanstalt wirksam wird.

(3) Wird eine geschlossene Publikumsinvestmentkommanditgesellschaft aufgelöst, hat sie auf den Tag, an dem das Recht der AIF-Kapitalverwaltungsgesellschaft zur Verwaltung des Gesellschaftsvermögens erlischt, einen Auflösungsbericht zu erstellen, der den Anforderungen nach § 158 entspricht.

§ 155 Unterschreitung des Anfangskapitals oder der Eigenmittel

[1]Eine intern verwaltete geschlossene Investmentkommanditgesellschaft hat der Bundesanstalt und den Anlegern unverzüglich anzuzeigen, wenn das Gesellschaftsvermögen den Wert des Anfangskapitals oder den Wert der zusätzlich erforderlichen Eigenmittel gemäß § 25 unterschreitet. [2]Mit der Anzeige gegenüber den Anlegern ist durch die Geschäftsführung eine Gesellschafterversammlung einzuberufen.

§ 156 Gesellschaftsvermögen

(1) [1]Eine intern verwaltete geschlossene Investmentkommanditgesellschaft darf bewegliches und unbewegliches Vermögen erwerben, das für den Betrieb der Investmentkommanditgesellschaft notwendig ist. [2]Hierfür hat sie ein Betriebsvermögen zu bilden, das rechnerisch bei den Kapitalanteilen der geschäftsführenden Gesellschafter zu erfassen ist. [3]Den Erwerb darf sie nicht mit Kapital aus der Begebung von Kommanditanteilen an Anleger bestreiten.

(2) [1]Die Einlagen der Anleger, die im Zusammenhang mit der Anlagetätigkeit erhaltenen und verwalteten Vermögensgegenstände, für die Vermögensgegenstände erhaltene Sicherheiten sowie liquide Mittel werden rechnerisch dem Kommanditkapital zugeordnet. [2]Sie bilden das Kommanditanlagevermögen.

§ 157 Firma

Die Firma der geschlossenen Investmentkommanditgesellschaft muss abweichend von § 19 Absatz 1 Nummer 3 des Handelsgesetzbuchs die Bezeichnung „geschlossene Investmentkommanditgesellschaft" oder eine allgemein verständliche Abkürzung dieser Bezeichnung enthalten.

§ 158 Jahresbericht

[1]Auf den Jahresbericht einer geschlossenen Investmentkommanditgesellschaft ist § 135 anzuwenden. [2]Zusätzlich zu Satz 1 sind bei geschlossenen Publikumsinvestmentkommanditgesellschaften die in § 101 Absatz 2 genannten Angaben und bei einer Beteiligung nach § 261 Absatz 1 Nummer 2 bis 6 die in § 148 Absatz 2 genannten Angaben im Anhang zu machen.

§ 159 Abschlussprüfung

[1]§ 136 ist auf die geschlossene Investmentkommanditgesellschaft anzuwenden. [2]§ 136 Absatz 3 Satz 4 ist auf die geschlossene Publikumsinvestmentkommanditgesellschaft jedoch mit der Maßgabe anzuwenden, dass der Bericht über die Prüfung der geschlossenen Publikumsinvestmentkommanditgesellschaft unverzüglich nach Beendigung der Prüfung der Bundesanstalt einzureichen ist.

§ 160 Offenlegung und Vorlage von Berichten

(1) Die Offenlegung des Jahresberichts einer geschlossenen Publikumsinvestmentkommanditgesellschaft erfolgt, auch wenn auf diese § 264a des Handelsgesetzbuchs nicht anzuwenden ist, spätestens sechs Monate nach Ende des Geschäftsjahres nach Maßgabe des insoweit entsprechend anzuwendenden § 325 Absatz 1, Absatz 2 bis 2b, 5 und 6 des Handelsgesetzbuchs; die §§ 328, 329 Absatz 1, 2 und 4 und die §§ 335 bis 335b des Handelsgesetzbuchs sind entsprechend anzuwenden.

(2) Der Bericht einer geschlossenen Publikumsinvestmentkommanditgesellschaft nach Absatz 1 muss dem Publikum an den Stellen zugänglich sein, die im Verkaufsprospekt und in den wesentlichen Anlegerinformationen angegeben sind.

(3) Einem Anleger der geschlossenen Investmentkommanditgesellschaft wird der Jahresbericht auf Anfrage vorgelegt.

(4) Die geschlossene Publikumsinvestmentkommanditgesellschaft hat der Bundesanstalt den Jahresbericht unverzüglich nach der Erstellung einzureichen.

§ 161 Auflösung und Liquidation

(1) Das Recht zur ordentlichen Kündigung besteht bei der geschlossenen Investmentkommanditgesellschaft nicht.

(2) [1]§ 133 Absatz 1 des Handelsgesetzbuchs gilt nicht. [2]Ein Gesellschafter der geschlossenen Investmentkommanditgesellschaft kann die Gesellschaft vor dem Ablauf der für ihre Dauer bestimmten Zeit außerordentlich kündigen und aus ihr ausscheiden, wenn ein wichtiger Grund vorliegt. [3]§ 133 Absatz 2 und 3 des Handelsgesetzbuchs ist entsprechend anzuwenden.

(3) Wird eine geschlossene Publikumsinvestmentkommanditgesellschaft abgewickelt, hat der Liquidator jährlich sowie auf den Tag, an dem die Abwicklung beendet ist, einen Abwicklungsbericht zu erstellen, der den Anforderungen nach § 158 entspricht.

(4) Die Kommanditisten haften nach Beendigung der Liquidation nicht für die Verbindlichkeiten der geschlossenen Investmentkommanditgesellschaft.

Kapitel 2. Publikumsinvestmentvermögen

Abschnitt 1. Allgemeine Vorschriften für offene Publikumsinvestmentvermögen

Unterabschnitt 1. Allgemeines

§ 162 Anlagebedingungen

(1) Die Anlagebedingungen, nach denen sich

1. das vertragliche Rechtsverhältnis der Kapitalverwaltungsgesellschaft zu den Anlegern eines Publikumssondervermögens oder der EU-OGAW-Verwaltungsgesellschaft zu den Anlegern eines inländischen OGAW-Sondervermögens bestimmt oder
2. in Verbindung mit der Satzung der Publikumsinvestmentaktiengesellschaft mit veränderlichem Kapital das Rechtsverhältnis dieser Investmentaktiengesellschaft zu ihren Anlegern oder der EU-OGAW-Verwaltungsgesellschaft zu den Anlegern einer inländischen OGAW-Investmentaktiengesellschaft bestimmt,

sind vor Ausgabe der Anteile oder Aktien schriftlich festzuhalten.

(2) Die Anlagebedingungen müssen neben der Bezeichnung des Investmentvermögens sowie der Angabe des Namens und des Sitzes der Verwaltungsgesellschaft mindestens folgende Angaben enthalten:

1. nach welchen Grundsätzen die Auswahl der zu beschaffenden Vermögensgegenstände erfolgt, insbesondere, welche Vermögensgegenstände in welchem Umfang erworben werden dürfen, die Arten der Investmentvermögen, deren Anteile oder Aktien für das Investmentvermögen erworben werden dürfen sowie der Anteil des Investmentvermögens, der höchstens in Anteilen oder Aktien der jeweiligen Art gehalten werden darf; ob, in welchem Umfang und mit welchem Zweck Geschäfte mit Derivaten getätigt werden dürfen und welcher Anteil in Bankguthaben und Geldmarktinstrumenten gehalten wird; Techniken und Instrumente, von denen bei der Verwaltung des Investmentvermögens Gebrauch gemacht werden kann; Zulässigkeit von Kreditaufnahmen für Rechnung des Investmentvermögens;
2. wenn die Auswahl der für das Investmentvermögen zu erwerbenden Wertpapiere darauf gerichtet ist, einen Wertpapierindex im Sinne von § 209 nachzubilden, welcher Wertpapierindex nachgebildet werden soll und dass die in § 206 genannten Grenzen überschritten werden dürfen;
3. ob die zum Sondervermögen gehörenden Gegenstände im Eigentum der Verwaltungsgesellschaft oder im Miteigentum der Anleger stehen;
4. unter welchen Voraussetzungen, zu welchen Bedingungen und bei welchen Stellen die Anleger die Rücknahme, gegebenenfalls den Umtausch der Anteile oder Aktien von der Verwaltungsgesellschaft verlangen können; Voraussetzungen, unter denen die Rücknahme und gegebenenfalls der Umtausch der Anteile oder Aktien ausgesetzt werden kann;
5. in welcher Weise und zu welchen Stichtagen der Jahresbericht und der Halbjahresbericht über die Entwicklung des Investmentvermögens und seine Zusammensetzung erstellt und dem Publikum zugänglich gemacht werden;
6. ob Erträge des Investmentvermögens auszuschütten oder wieder anzulegen sind und ob auf Erträge entfallende Teile des Ausgabepreises für ausgegebene Anteile oder Aktien zur Ausschüttung herangezogen werden können (Ertragsausgleichsverfahren); ob die Ausschüttung von Veräußerungsgewinnen vorgesehen ist;
7. wann und in welcher Weise das Investmentvermögen, sofern es nur für eine begrenzte Dauer gebildet wird, abgewickelt und an die Anleger verteilt wird;
8. ob das Investmentvermögen verschiedene Teilinvestmentvermögen umfasst, unter welchen Voraussetzungen Anteile oder Aktien an verschiedenen Teilinvestmentvermögen ausgegeben werden, nach welchen Grundsätzen die Teilinvestmentvermögen gebildet und welche Ausstattungsmerkmale ihnen gemäß § 96 Absatz 2 Satz 1 zugeordnet werden sowie das Verfahren gemäß § 96 Absatz 3 Satz 5 in Verbindung mit Absatz 4 oder § 117 Absatz 9 für die Errechnung des Wertes der Anteile oder Aktien der Teilinvestmentvermögen;
9. ob und unter welchen Voraussetzungen Anteile oder Aktien mit unterschiedlichen Ausgestaltungsmerkmalen ausgegeben werden und das Verfahren gemäß § 96 Absatz 1 Satz 4 in Verbindung mit Absatz 4 Satz 1 für die Errechnung des Wertes der Anteile oder Aktien jeder Anteil- oder Aktienklasse;
10. ob und unter welchen Voraussetzungen das Investmentvermögen in ein anderes Investmentvermögen aufgenommen werden darf und ob und unter welchen Voraussetzungen ein anderes Investmentvermögen aufgenommen werden darf;
11. nach welcher Methode, in welcher Höhe und auf Grund welcher Berechnung die Vergütungen und Aufwendungserstattungen aus dem Investmentvermögen an die Verwaltungsgesellschaft, die Verwahrstelle und Dritte zu leisten sind;

12. Höhe des Aufschlags bei der Ausgabe der Anteile oder Aktien oder der Abschlag bei der Rücknahme sowie sonstige vom Anleger zu entrichtende Kosten einschließlich deren Berechnung;

13. falls in den Anlagebedingungen für die Vergütungen und Kosten eine Pauschalgebühr vereinbart wird, die Angabe, aus welchen Vergütungen und Kosten sich die Pauschalgebühr zusammensetzt und den Hinweis, ob und welche Kosten dem Investmentvermögen gesondert in Rechnung gestellt werden;

14. dass im Jahresbericht und im Halbjahresbericht der Betrag der Ausgabeaufschläge und Rücknahmeabschläge offenzulegen ist, die dem Investmentvermögen im Berichtszeitraum für den Erwerb und die Rücknahme von Anteilen und Aktien im Sinne der §§ 196 und 230 berechnet worden sind, sowie die Vergütung offenzulegen ist, die dem Investmentvermögen von der Verwaltungsgesellschaft selbst, einer anderen Verwaltungsgesellschaft oder einer Gesellschaft, mit der die Verwaltungsgesellschaft durch eine wesentliche unmittelbare oder mittelbare Beteiligung verbunden ist, als Verwaltungsvergütung für die im Investmentvermögen gehaltenen Anteile oder Aktien berechnet wurde;

15. die Voraussetzungen für eine Übertragung der Verwaltung auf eine andere Kapitalverwaltungsgesellschaft und für einen Wechsel der Verwahrstelle.

§ 163 Genehmigung der Anlagebedingungen

(1) [1]Die Anlagebedingungen sowie deren Änderung bedürfen der Genehmigung der Bundesanstalt. [2]Die Genehmigung kann nur von folgenden Verwaltungsgesellschaften beantragt werden:

1. von Kapitalverwaltungsgesellschaften, die die betroffene Art von Investmentvermögen verwalten dürfen und

2. in Bezug auf inländische OGAW von EU-OGAW-Verwaltungsgesellschaften, die von den zuständigen Stellen ihres Herkunftsmitgliedstaates eine Zulassung zur Verwaltung von OGAW erhalten haben, deren Verwaltung im Inland beabsichtigt wird, die den Anforderungen des Artikels 19 Absatz 3 und 4 der Richtlinie 2009/65/EG entsprechen, das Anzeigeverfahren nach den §§ 51 und 52 erfolgreich durchlaufen und der Bundesanstalt darüber hinaus die in § 52 Absatz 1 Satz 2 aufgeführten Unterlagen für das betroffene Investmentvermögen vorgelegt oder auf diese gemäß § 52 Absatz 1 Satz 3 verwiesen haben.

(2) [1]Die Genehmigung ist innerhalb einer Frist von vier Wochen nach Eingang des Genehmigungsantrags zu erteilen, wenn die Anlagebedingungen den gesetzlichen Anforderungen entsprechen und der Antrag von einer Verwaltungsgesellschaft im Sinne von Absatz 1 Satz 2 gestellt wurde. [2]Sind die Voraussetzungen für die Genehmigung nicht erfüllt, hat die Bundesanstalt dies dem Antragsteller innerhalb der Frist nach Satz 1 unter Angabe der Gründe mitzuteilen und fehlende oder geänderte Angaben oder Unterlagen anzufordern. [3]Ist die Antragstellerin eine EU-OGAW-Verwaltungsgesellschaft, hört die Bundesanstalt vor einer Mitteilung nach Satz 2 die zuständigen Stellen des Herkunftsstaates der EU-OGAW-Verwaltungsgesellschaft an. [4]Mit dem Eingang der angeforderten Angaben oder Unterlagen beginnt der Lauf der in Satz 1 genannten Frist erneut. [5]Die Genehmigung gilt als erteilt, wenn über den Genehmigungsantrag nicht innerhalb der Frist nach Satz 1 entschieden worden und eine Mitteilung nach Satz 2 nicht erfolgt ist. [6]Auf Antrag der Verwaltungsgesellschaft hat die Bundesanstalt die Genehmigung nach Satz 5 schriftlich zu bestätigen. [7]Die Bundesanstalt kann die Genehmigung mit Nebenbestimmungen versehen. [8]Die Verwaltungsgesellschaft darf die Anlagebedingungen dem Verkaufsprospekt nur beifügen, wenn die Genehmigung nach Absatz 1 Satz 1 erteilt worden ist. [9]Die von der Bundesanstalt genehmigten Anlagebedingungen sind dem

Publikum in der jeweils geltenden Fassung auf der Internetseite der Kapitalverwaltungsgesellschaft oder der EU-OGAW-Verwaltungsgesellschaft zugänglich zu machen. [10]Bei offenen Publikums-AIF dürfen die Anlagebedingungen erst veröffentlicht werden, wenn die Verwaltungsgesellschaft mit dem Vertrieb des Investmentvermögens gemäß § 316 beginnen darf.

(3) [1]Wenn die Änderungen der Anlagebedingungen mit den bisherigen Anlagegrundsätzen des Investmentvermögens nicht vereinbar sind, erteilt die Bundesanstalt die Genehmigung nur, wenn die Verwaltungsgesellschaft die Änderungen der Anlagebedingungen mindestens drei Monate vor dem Inkrafttreten nach Absatz 4 bekannt macht und den Anlegern anbietet,

1. entweder die Rücknahme ihrer Anteile oder Aktien ohne weitere Kosten zu verlangen oder
2. soweit möglich, den Umtausch ihrer Anteile oder Aktien ohne weitere Kosten zu verlangen in Anteile oder Aktien eines anderen Investmentvermögens, das mit den bisherigen Anlagegrundsätzen vereinbar ist und von derselben Verwaltungsgesellschaft oder von einem Unternehmen, das zu der Verwaltungsgesellschaft in einer Verbindung im Sinne des § 290 des Handelsgesetzbuchs steht, verwaltet wird.

[2]Dieses Recht nach Satz 1 Nummer 1 oder 2 besteht spätestens ab dem Zeitpunkt, in dem die Anleger über die geplante Änderung der Anlagebedingungen nach Absatz 4 unterrichtet werden. [3]Sind die Änderungen genehmigt oder gelten diese als genehmigt, dürfen sie frühestens drei Monate nach der in Absatz 4 Satz 1 bestimmten Bekanntmachung in Kraft treten. [4]Die Änderung der Anlagebedingungen von Immobilien-Sondervermögen ist nur zulässig, wenn diese entweder nach Änderung der Anlagebedingungen mit den bisherigen Anlagegrundsätzen vereinbar sind oder dem Anleger ein Umtauschrecht nach Satz 1 Nummer 2 angeboten wird.

(4) [1]Vorgesehene Änderungen der Anlagebedingungen, die von der Bundesanstalt genehmigt sind, sind im Bundesanzeiger und, sofern die Anteile oder Aktien des betreffenden Investmentvermögens im Geltungsbereich dieses Gesetzes vertrieben werden dürfen, darüber hinaus in einer hinreichend verbreiteten Wirtschafts- oder Tageszeitung oder in den in dem Verkaufsprospekt bezeichneten elektronischen Informationsmedien bekannt zu machen. [2]Im Fall von Änderungen der Angaben nach § 162 Absatz 2 Nummer 11, Änderungen im Sinne des Absatzes 3 Satz 1 oder Änderungen in Bezug auf wesentliche Anlegerrechte sind den Anlegern zeitgleich mit der Bekanntmachung nach Satz 1 die wesentlichen Inhalte der vorgesehenen Änderungen der Anlagebedingungen und ihre Hintergründe sowie eine Information über ihre Rechte nach Absatz 3 in einer verständlichen Art und Weise mittels eines dauerhaften Datenträgers zu übermitteln. [3]Dabei ist mitzuteilen, wo und auf welche Weise weitere Informationen über die Änderung der Anlagebedingungen erlangt werden können. [4]Die Übermittlung gilt drei Tage nach der Aufgabe zur Post oder Absendung als erfolgt. [5]Dies gilt nicht, wenn feststeht, dass der dauerhafte Datenträger den Empfänger nicht oder zu einem späteren Zeitpunkt erreicht hat. [6]Die Änderungen dürfen frühestens am Tag nach der Bekanntmachung im Bundesanzeiger in Kraft treten, im Fall von Änderungen der Angaben nach § 162 Absatz 2 Nummer 11 jedoch nicht vor Ablauf von drei Monaten nach der entsprechenden Bekanntmachung. [7]Mit Zustimmung der Bundesanstalt kann ein früherer Zeitpunkt bestimmt werden, soweit es sich um eine Änderung handelt, die den Anleger begünstigt.

§ 164 Erstellung von Verkaufsprospekt und wesentlichen Anlegerinformationen

(1) [1]Die Kapitalverwaltungsgesellschaft oder die EU-OGAW-Verwaltungsgesellschaft hat für die von ihr verwalteten offenen Publikumsinvestmentvermögen den Verkaufsprospekt und die wesentlichen Anlegerinformationen zu erstellen und dem Publi-

kum die jeweils aktuelle Fassung auf der Internetseite der Kapitalverwaltungsgesellschaft oder der EU-OGAW-Verwaltungsgesellschaft zugänglich zu machen. [2]Bei offenen AIF-Publikumsinvestmentvermögen dürfen Verkaufsprospekt und wesentliche Anlegerinformationen dem Publikum erst zugänglich gemacht werden, sobald die Verwaltungsgesellschaft mit dem Vertrieb des Investmentvermögens gemäß § 316 beginnen darf.

(2) Für die einzelnen Teilinvestmentvermögen eines Umbrella-Investmentvermögens kann ein gemeinsamer Verkaufsprospekt erstellt werden, in dem die folgenden Angaben in klarer und übersichtlicher Art und Weise darzustellen sind:

1. für alle Teilinvestmentvermögen gemeinsam die in § 165 genannten Angaben, die bei allen Teilinvestmentvermögen identisch sind und
2. für jedes Teilinvestmentvermögen gesondert alle Angaben, bei denen sich für einzelne Teilinvestmentvermögen Unterschiede auf Grund einer besonderen Anlagepolitik oder anderer Ausstattungsmerkmale ergeben.

(3) Die Angaben in den wesentlichen Anlegerinformationen sowie die Angaben von wesentlicher Bedeutung im Verkaufsprospekt sind auf dem neusten Stand zu halten.

(4) [1]Die OGAW-Kapitalverwaltungsgesellschaft oder die EU-OGAW-Verwaltungsgesellschaft hat der Bundesanstalt für die von ihr verwalteten inländischen OGAW den Verkaufsprospekt und die wesentlichen Anlegerinformationen unverzüglich nach erstmaliger Verwendung einzureichen. [2]Auf Anfrage hat die OGAW-Kapitalverwaltungsgesellschaft der Bundesanstalt auch den Verkaufsprospekt für die von ihr nach den §§ 49 und 50 verwalteten EU-OGAW zur Verfügung zu stellen.

(5) Die OGAW-Kapitalverwaltungsgesellschaft oder die EU-OGAW-Verwaltungsgesellschaft hat der Bundesanstalt für die von ihr verwalteten inländischen OGAW alle Änderungen des Verkaufsprospekts und der wesentlichen Anlegerinformationen unverzüglich nach erstmaliger Verwendung einzureichen.

§ 165 Mindestangaben im Verkaufsprospekt

(1) [1]Der Verkaufsprospekt eines offenen Publikumsinvestmentvermögens muss mit einem Datum versehen sein und die Angaben enthalten, die erforderlich sind, damit sich die Anleger über die ihnen angebotene Anlage und insbesondere über die damit verbundenen Risiken ein begründetes Urteil bilden können. [2]Der Verkaufsprospekt muss redlich und eindeutig und darf nicht irreführend sein.

(2) Der Verkaufsprospekt muss neben dem Namen des Investmentvermögens, auf das er sich bezieht, mindestens folgende Angaben enthalten:

1. Zeitpunkt der Auflegung des Investmentvermögens sowie Angabe der Laufzeit;
2. an hervorgehobener Stelle eine Beschreibung der Anlageziele des Investmentvermögens einschließlich der finanziellen Ziele und Beschreibung der Anlagepolitik und -strategie, einschließlich etwaiger Konkretisierungen und Beschränkungen bezüglich dieser Anlagepolitik und -strategie; eine Beschreibung der Art der Vermögensgegenstände, in die das Investmentvermögen investieren darf sowie die Angabe etwaiger Techniken und Instrumente, von denen bei der Verwaltung des Investmentvermögens Gebrauch gemacht werden kann und aller damit verbundenen Risiken, Interessenkonflikte und Auswirkungen auf die Wertentwicklung des Investmentvermögens; Beschreibung der wesentlichen Merkmale der für das Investmentvermögen erwerbbaren Anteile oder Aktien an Investmentvermögen einschließlich der maßgeblichen Anlagegrundsätze und -grenzen und des Sitzes der Zielinvestmentvermögen;

3. eindeutige und leicht verständliche Erläuterung des Risikoprofils des Investmentvermögens;
4. Hinweis, dass der am Erwerb eines Anteils oder einer Aktie Interessierte Informationen über die Anlagegrenzen des Risikomanagements, die Risikomanagementmethoden und die jüngsten Entwicklungen bei den Risiken und Renditen der wichtigsten Kategorien von Vermögensgegenständen des Investmentvermögens verlangen kann und Angabe der Stellen, wo der am Erwerb eines Anteils oder einer Aktie Interessierte diese Informationen in welcher Form erhalten kann;
5. Zulässigkeit von Kreditaufnahmen für Rechnung des Investmentvermögens;
6. Umstände, unter denen das Investmentvermögen Leverage einsetzen kann, Art und Herkunft des zulässigen Leverage und die damit verbundenen Risiken, sonstige Beschränkungen für den Einsatz von Leverage sowie den maximalen Umfang des Leverage, die die Verwaltungsgesellschaft für Rechnung des Investmentvermögens einsetzen dürfen; bei inländischen OGAW kann die Angabe des maximalen Umfangs des Leverage durch die Angabe des maximalen Marktrisikopotenzials, gegebenenfalls ergänzt um die Angabe des erwarteten Leverage, ersetzt werden;
7. Handhabung von Sicherheiten, insbesondere Art und Umfang der geforderten Sicherheiten und die Wiederverwendung von Sicherheiten und Vermögensgegenständen, sowie die sich daraus ergebenden Risiken;
8. Angaben zu den Kosten einschließlich Ausgabeaufschlag und Rückgabeabschlag nach Maßgabe von Absatz 3;
9. gegebenenfalls bisherige Wertentwicklung des Investmentvermögens und gegebenenfalls der Anteil- oder Aktienklassen zusammen mit einem Warnhinweis, dass die bisherige Wertentwicklung kein Indikator für die zukünftige Wertentwicklung ist;
10. Profil des typischen Anlegers, für den das Investmentvermögen konzipiert ist;
11. Beschreibung der Verfahren, nach denen das Investmentvermögen seine Anlagestrategie oder seine Anlagepolitik oder beides ändern kann;
12. Voraussetzungen für die Auflösung und Übertragung des Investmentvermögens unter Angabe von Einzelheiten insbesondere bezüglich der Rechte der Anleger;
13. Beschreibung, in welcher Weise und zu welchem Zeitpunkt die gemäß § 300 erforderlichen Informationen offengelegt werden;
14. Beschreibung der Regeln für die Ermittlung und Verwendung der Erträge;
15. Kurzangaben über die für die Anleger bedeutsamen Steuervorschriften einschließlich der Angabe, ob ausgeschüttete Erträge des Investmentvermögens einem Quellensteuerabzug unterliegen;
16. Ende des Geschäftsjahres des Investmentvermögens; Häufigkeit der Ausschüttung von Erträgen;
17. Angabe der Stellen, bei denen die Jahresberichte und Halbjahresberichte über das Investmentvermögen erhältlich sind;
18. Name des Abschlussprüfers, der mit der Prüfung des Investmentvermögens einschließlich des Jahresberichtes beauftragt ist;
19. Regeln für die Vermögensbewertung, insbesondere eine Beschreibung des Verfahrens zur Bewertung des Investmentvermögens und der Kalkulationsmethoden für die Bewertung von Vermögenswerten, einschließlich der Verfahren für die Bewertung schwer zu bewertender Vermögenswerte nach den §§ 168 bis 170, 212, 216 und 217; bei offenen Publikums-AIF Nennung des externen Bewerters;

20. gegebenenfalls Angabe der Börsen oder Märkte, an denen Anteile oder Aktien notiert oder gehandelt werden; Angabe, dass der Anteilswert vom Börsenpreis abweichen kann;
21. Verfahren und Bedingungen für die Ausgabe und die Rücknahme sowie gegebenenfalls den Umtausch von Anteilen oder Aktien;
22. Beschreibung des Liquiditätsmanagements des Investmentvermögens, einschließlich der Rückgaberechte unter normalen und außergewöhnlichen Umständen, und der bestehenden Rücknahmevereinbarungen mit den Anlegern einschließlich der Voraussetzungen, unter denen die Rücknahme und gegebenenfalls auch der Umtausch von Anteilen oder Aktien ausgesetzt werden kann;
23. die getroffenen Maßnahmen, um die Zahlungen an die Anleger, die Rücknahme der Anteile oder Aktien sowie die Verbreitung der Berichte und sonstigen Informationen über das Investmentvermögen vorzunehmen; falls Anteile oder Aktien in einem anderen Mitgliedstaat der Europäischen Union oder in einem anderen Vertragsstaat des Abkommens über den Europäischen Wirtschaftsraum vertrieben werden, sind Angaben über die in diesem Staat getroffenen Maßnahmen zu machen und in den dort bekannt zu machenden Verkaufsprospekt aufzunehmen;
24. eine Beschreibung der wichtigsten rechtlichen Auswirkungen der für die Tätigung der Anlage eingegangenen Vertragsbeziehung, einschließlich Informationen über die zuständigen Gerichte, das anwendbare Recht und das Vorhandensein oder Nichtvorhandensein von Rechtsinstrumenten, die die Anerkennung und Vollstreckung von Urteilen in dem Gebiet vorsehen, in dem das Investmentvermögen seinen Sitz hat;
25. Art und Hauptmerkmale der Anteile oder Aktien, insbesondere Art der durch die Anteile oder Aktien verbrieften oder verbundenen Rechte oder Ansprüche; Angaben, ob die Anteile oder Aktien durch Globalurkunden verbrieft oder ob Anteilscheine oder Einzelurkunden ausgegeben werden; Angaben, ob die Anteile auf den Inhaber oder auf den Namen lauten und Angabe der Stückelung;
26. gegebenenfalls Angabe des Investmentvermögens und seiner einzelnen Teilinvestmentvermögen und unter welchen Voraussetzungen Anteile an verschiedenen Teilinvestmentvermögen ausgegeben werden, einschließlich einer Beschreibung der Anlageziele und der Anlagepolitik der Teilinvestmentvermögen;
27. eine Beschreibung der Art und Weise, wie die Verwaltungsgesellschaft eine faire Behandlung der Anleger gewährleistet sowie Angaben darüber, ob und unter welchen Voraussetzungen Anteile oder Aktien mit unterschiedlichen Rechten ausgegeben werden und eine Erläuterung, welche Ausgestaltungsmerkmale gemäß § 96 Absatz 1 und 2 oder § 108 Absatz 4 den Anteil- oder Aktienklassen zugeordnet werden; eine Beschreibung des Verfahrens gemäß § 96 Absatz 1 Satz 4 oder § 108 Absatz 4 für die Errechnung des Wertes der Anteile oder Aktien jeder Anteil- oder Aktienklasse, einschließlich der Angaben, wenn ein Anleger eine Vorzugsbehandlung oder einen Anspruch auf eine solche Behandlung erhält, eine Erläuterung dieser Behandlung, der Art der Anleger, die eine solche Vorzugsbehandlung erhalten, sowie gegebenenfalls der rechtlichen oder wirtschaftlichen Verbindungen zwischen diesen Anlegern und dem Investmentvermögen oder der Verwaltungsgesellschaft;
28. Firma, Rechtsform, Sitz und, wenn sich die Hauptverwaltung nicht am Sitz befindet, Ort der Hauptverwaltung der Verwaltungsgesellschaft; Zeitpunkt ihrer Gründung;
29. Namen der Mitglieder des Vorstands oder der Geschäftsführung und des Aufsichtsrats oder gegebenenfalls des Beirats, jeweils unter Angabe der außerhalb der Ver-

waltungsgesellschaft ausgeübten Hauptfunktionen, wenn diese für die Verwaltungsgesellschaft von Bedeutung sind;

30. Höhe des gezeichneten und eingezahlten Kapitals;
31. Angabe der weiteren Investmentvermögen, die von der Verwaltungsgesellschaft verwaltet werden;
32. Identität der Verwahrstelle und Beschreibung ihrer Pflichten sowie der Interessenkonflikte, die entstehen können;
33. Beschreibung sämtlicher von der Verwahrstelle ausgelagerter Verwahrungsaufgaben, Liste der Auslagerungen und Unterauslagerungen und Angabe sämtlicher Interessenkonflikte, die sich aus den Auslagerungen ergeben können;
34. Erklärung, dass den Anlegern auf Antrag Informationen auf dem neuesten Stand hinsichtlich der Nummern 32 und 33 übermittelt werden.
35. die Namen von Beratungsfirmen, Anlageberatern oder sonstigen Dienstleistern, wenn ihre Dienste auf Vertragsbasis in Anspruch genommen werden; Einzelheiten dieser Verträge, die für die Anleger von Interesse sind, insbesondere Erläuterung der Pflichten der Dienstleister und der Rechte der Anleger; andere Tätigkeiten der Beratungsfirma, des Anlageberaters oder des sonstigen Dienstleistungsanbieters von Bedeutung;
36. eine Beschreibung sämtlicher von der Verwaltungsgesellschaft übertragener Verwaltungsfunktionen sowie sämtlicher von der Verwahrstelle übertragener Verwahrungsfunktionen, Bezeichnung des Beauftragten sowie sämtlicher Interessenkonflikte, die sich aus der Aufgabenübertragung ergeben könnten;
37. eine Beschreibung, in welcher Weise die AIF-Verwaltungsgesellschaft den Anforderungen des § 25 Absatz 6 gerecht wird;
38. Umstände oder Beziehungen, die Interessenkonflikte begründen können;
39. bei Investmentvermögen mit mindestens einem Teilinvestmentvermögen, dessen Anteile oder Aktien im Geltungsbereich dieses Gesetzes an eine, mehrere oder alle Anlegergruppen im Sinne des § 1 Absatz 19 Nummer 31 bis 33 vertrieben werden dürfen, und mit weiteren Teilinvestmentvermögen desselben Investmentvermögens, die im Geltungsbereich dieses Gesetzes nicht oder nur an eine oder mehrere andere Anlegergruppen vertrieben werden dürfen, den drucktechnisch an hervorgehobener Stelle herausgestellten Hinweis, dass die Anteile oder Aktien der weiteren Teilinvestmentvermögen im Geltungsbereich dieses Gesetzes nicht vertrieben werden dürfen oder, sofern sie an einzelne Anlegergruppen vertrieben werden dürfen, an welche Anlegergruppe im Sinne des § 1 Absatz 19 Nummer 31 bis 33 sie nicht vertrieben werden dürfen; diese weiteren Teilinvestmentvermögen sind namentlich zu bezeichnen;
40. die in Artikel 14 der Verordnung (EU) 2015/2365 sowie für OGAW die in Artikel 29 Absatz 2 der Verordnung (EU) 2016/1011 genannten Informationen.

(3) Der Verkaufsprospekt hat in Bezug auf die Kosten einschließlich Ausgabeaufschlag und Rücknahmeabschlag folgende Angaben zu enthalten:

1. Berechnung der Ausgabe- und Rücknahmepreise der Anteile oder Aktien unter Berücksichtigung der Methode und Häufigkeit der Berechnung dieser Preise und der mit der Ausgabe und der Rücknahme der Anteile oder Aktien verbundenen Kosten;
2. Angaben über Art, Ort und Häufigkeit der Veröffentlichung der Ausgabe- und Rücknahmepreise der Anteile oder Aktien;

3. etwaige sonstige Kosten oder Gebühren, aufgeschlüsselt nach denjenigen, die vom Anleger zu zahlen sind und denjenigen, die aus dem Investmentvermögen zu zahlen sind;
4. Verwendung des Aufschlags bei der Ausgabe der Anteile oder Aktien oder des Abschlags bei der Rücknahme der Anteile oder Aktien;
5. Angabe, dass eine Gesamtkostenquote in Form einer einzigen Zahl, die auf den Zahlen des vorangegangenen Geschäftsjahres basiert, zu berechnen ist und welche Kosten einbezogen werden;
6. Erläuterung, dass Transaktionskosten aus dem Investmentvermögen gezahlt werden und dass die Gesamtkostenquote keine Transaktionskosten enthält;
7. Angabe, aus welchen Vergütungen und Kosten sich die Pauschalgebühr zusammensetzt und Hinweis, ob und welche Kosten dem Investmentvermögen gesondert in Rechnung gestellt werden, falls in den Anlagebedingungen für die Vergütungen und Kosten eine Pauschalgebühr vereinbart wurde; die Nummern 5 und 6 bleiben unberührt;
8. Beschreibung, ob der Verwaltungsgesellschaft Rückvergütungen der aus dem Investmentvermögen an die Verwahrstelle und an Dritte geleisteten Vergütungen und Aufwendungserstattungen zufließen und ob je nach Vertriebsweg ein wesentlicher Teil der Vergütungen, die aus dem Investmentvermögen an die Verwaltungsgesellschaft geleistet werden, für Vergütungen an Vermittler von Anteilen oder Aktien des Investmentvermögens auf den Bestand von vermittelten Anteilen oder Aktien verwendet wird;
9. Angabe gemäß § 162 Absatz 2 Nummer 14; Art der möglichen Gebühren, Kosten, Steuern, Provisionen und sonstigen Aufwendungen unter Angabe der jeweiligen Höchstbeträge, die mittelbar oder unmittelbar von den Anlegern des Investmentvermögens zu tragen sind; Hinweis, dass dem Investmentvermögen neben der Vergütung zur Verwaltung des Investmentvermögens eine Verwaltungsvergütung für die im Investmentvermögen gehaltenen Anteile oder Aktien berechnet wird;
10. hinsichtlich der Vergütungspolitik der Verwaltungsgesellschaft:
    a) die Einzelheiten der aktuellen Vergütungspolitik, darunter eine Beschreibung darüber, wie die Vergütung und die sonstigen Zuwendungen berechnet werden, und die Identität der für die Zuteilung der Vergütung und sonstigen Zuwendungen zuständigen Personen, einschließlich der Zusammensetzung des Vergütungsausschusses, falls es einen solchen Ausschuss gibt, oder
    b) eine Zusammenfassung der Vergütungspolitik und eine Erklärung darüber, dass die Einzelheiten der aktuellen Vergütungspolitik auf einer Internetseite veröffentlicht sind, wie die Internetseite lautet und dass auf Anfrage kostenlos eine Papierversion der Internetseite zur Verfügung gestellt wird; die Erklärung umfasst auch, dass zu den auf der Internetseite einsehbaren Einzelheiten der aktuellen Vergütungspolitik eine Beschreibung der Berechnung der Vergütung und der sonstigen Zuwendungen sowie die Identität der für die Zuteilung der Vergütung und sonstigen Zuwendungen zuständigen Personen, einschließlich der Zusammensetzung des Vergütungsausschusses, falls es einen solchen Ausschuss gibt, gehört.

(4) Sofern die Verwaltungsgesellschaft für Rechnung des Investmentvermögens Geschäfte mit Derivaten tätigen darf, muss der Verkaufsprospekt an hervorgehobener Stelle erläutern, ob diese Geschäfte zu Absicherungszwecken oder als Teil der Anlagestrategie getätigt werden dürfen und wie sich die Verwendung von Derivaten möglicherweise auf das Risikoprofil des Investmentvermögens auswirkt.

(5) Weist ein Investmentvermögen durch seine Zusammensetzung oder durch die für die Fondsverwaltung verwendeten Techniken eine erhöhte Volatilität auf, muss im Verkaufsprospekt an hervorgehobener Stelle darauf hingewiesen werden.

(6) [1]Im Verkaufsprospekt eines Investmentvermögens, das einen anerkannten Wertpapierindex nachbildet, muss an hervorgehobener Stelle darauf hingewiesen werden, dass der Grundsatz der Risikomischung für dieses Investmentvermögen nur eingeschränkt gilt. [2]Zudem muss der Verkaufsprospekt die Angabe enthalten, welche Wertpapiere Bestandteile des Wertpapierindexes sind und wie hoch der Anteil der jeweiligen Wertpapiere am Wertpapierindex ist. [3]Die Angaben über die Zusammensetzung des Wertpapierindexes können unterbleiben, wenn sie für den Schluss oder für die Mitte des jeweiligen Geschäftsjahres im letzten bekannt gemachten Jahres- oder Halbjahresbericht enthalten sind.

(7) Der Verkaufsprospekt von AIF hat zusätzlich mindestens folgende weitere Angaben zu enthalten:

1. Identität des Primebrokers, Beschreibung jeder wesentlichen Vereinbarung zwischen dem Investmentvermögen und seinen Primebrokern, Art und Weise der Beilegung diesbezüglicher Interessenkonflikte;
2. Angaben über jede eventuell bestehende Haftungsübertragung auf den Primebroker.

(8) Die Bundesanstalt kann verlangen, dass in den Verkaufsprospekt weitere Angaben aufgenommen werden, wenn sie Grund zu der Annahme hat, dass die Angaben für die Erwerber erforderlich sind.

(9) Etwaige Prognosen im Verkaufsprospekt sind deutlich als solche zu kennzeichnen.

§ 166 Inhalt, Form und Gestaltung der wesentlichen Anlegerinformationen; Verordnungsermächtigung

(1) Die wesentlichen Anlegerinformationen sollen den Anleger in die Lage versetzen, Art und Risiken des angebotenen Anlageproduktes zu verstehen und auf dieser Grundlage eine fundierte Anlageentscheidung zu treffen.

(2) Die wesentlichen Anlegerinformationen müssen folgende Angaben zu den wesentlichen Merkmalen des betreffenden Investmentvermögens enthalten:

1. Identität des Investmentvermögens und der für das Investmentvermögen zuständigen Behörde,
2. kurze Beschreibung der Anlageziele und der Anlagepolitik,
3. Risiko- und Ertragsprofil der Anlage,
4. Kosten und Gebühren,
5. bisherige Wertentwicklung und gegebenenfalls Performance-Szenarien,
6. eine Erklärung darüber, dass die Einzelheiten der aktuellen Vergütungspolitik auf einer Internetseite veröffentlicht sind, wie die Internetseite lautet und dass auf Anfrage kostenlos eine Papierversion der Internetseite zur Verfügung gestellt wird; die Erklärung umfasst auch, dass zu den auf der Internetseite einsehbaren Einzelheiten der aktuellen Vergütungspolitik eine Beschreibung der Berechnung der Vergütung und der sonstigen Zuwendungen sowie die Identität der für die Zuteilung der Vergütung und sonstigen Zuwendungen zuständigen Personen, einschließlich der Zusammensetzung des Vergütungsausschusses, falls es einen solchen Ausschuss gibt, gehört und
7. praktische Informationen und Querverweise.

(3) [1]Diese wesentlichen Merkmale muss der Anleger verstehen können, ohne dass hierfür zusätzliche Dokumente herangezogen werden müssen. [2]Die wesentlichen Anlegerinformationen müssen redlich und eindeutig und dürfen nicht irreführend sein. [3]Sie

müssen mit den einschlägigen Teilen des Verkaufsprospekts übereinstimmen. [4]Sie sind kurz zu halten und in allgemein verständlicher Sprache abzufassen. [5]Sie sind in einem einheitlichen Format zu erstellen, um Vergleiche zu ermöglichen.

(4) [1]Für die inländischen OGAW bestimmen sich die näheren Inhalte, Form und Gestaltung der wesentlichen Anlegerinformationen nach der Verordnung (EU) Nr. 583/2010 der Kommission vom 1. Juli 2010 zur Durchführung der Richtlinie 2009/65/EG des Europäischen Parlaments und des Rates im Hinblick auf die wesentlichen Informationen für den Anleger und die Bedingungen, die einzuhalten sind, wenn die wesentlichen Informationen für den Anleger oder der Prospekt auf einem anderen dauerhaften Datenträger als Papier oder auf einer Website zur Verfügung gestellt werden (ABl. L 176 vom 10.7.2010, S. 1). [2]Für offene AIF-Publikumsinvestmentvermögen ist die Verordnung (EU) Nr. 583/2010 hinsichtlich der näheren Inhalte, der Form und Gestaltung der wesentlichen Anlegerinformationen entsprechend anzuwenden, soweit sich aus den nachfolgenden Vorschriften nichts anderes ergibt.

(5) [1]Die Verwaltungsgesellschaft weist in den wesentlichen Anlegerinformationen eine Gesamtkostenquote aus. [2]Die Gesamtkostenquote stellt eine einzige Zahl dar, die auf den Zahlen des vorangegangenen Geschäftsjahres basiert. [3]Sie umfasst sämtliche vom Investmentvermögen im Jahresverlauf getragenen Kosten und Zahlungen im Verhältnis zum durchschnittlichen Nettoinventarwert des Investmentvermögens und wird in den wesentlichen Anlegerinformationen unter der Bezeichnung „laufende Kosten" im Sinne von Artikel 10 Absatz 2 Buchstabe b der Verordnung (EU) Nr. 583/2010 zusammengefasst; sie ist als Prozentsatz auszuweisen. [4]Sofern in den Anlagebedingungen eine erfolgsabhängige Verwaltungsvergütung oder eine zusätzliche Verwaltungsvergütung für den Erwerb, die Veräußerung oder die Verwaltung von Vermögensgegenständen nach § 231 Absatz 1 und § 234 vereinbart wurde, ist diese darüber hinaus gesondert als Prozentsatz des durchschnittlichen Nettoinventarwertes des Investmentvermögens anzugeben. [5]Das Bundesministerium der Finanzen wird ermächtigt, durch Rechtsverordnung, die nicht der Zustimmung des Bundesrates bedarf, nähere Bestimmungen zu Methoden und Grundlagen der Berechnung der Gesamtkostenquote zu erlassen. [6]Das Bundesministerium der Finanzen kann die Ermächtigung durch Rechtsverordnung auf die Bundesanstalt übertragen.

(6) [1]Für die Immobilien-Sondervermögen nach § 230 sind Artikel 4 Absatz 8 und die Artikel 8 und 9 der Verordnung (EU) Nr. 583/2010 nicht anzuwenden. [2]Die Darstellung des Risiko- und Ertragsprofils nach Absatz 2 Satz 1 Nummer 3 für Immobilien-Sondervermögen hat eine Bezeichnung der wesentlichen Risiken und Chancen zu enthalten, die mit einer Anlage in den Immobilien-Sondervermögen verbunden sind. [3]Dabei ist auf die wesentlichen Risiken, die Einfluss auf das Risikoprofil des Sondervermögens haben, hinzuweisen; insbesondere sind die Risiken der Immobilieninvestitionen und der Beteiligung an den Immobilien-Gesellschaften zu bezeichnen. [4]Daneben ist ein Hinweis auf die Beschreibung der wesentlichen Risiken im Verkaufsprospekt aufzunehmen. [5]Die Darstellung muss den Anleger in die Lage versetzen, die Bedeutung und die Wirkung der verschiedenen Risikofaktoren zu verstehen. [6]Die Beschreibung ist in Textform zu erstellen und darf keine grafischen Elemente aufweisen. [7]Daneben sind folgende Angaben aufzunehmen:

1. ein genereller Hinweis, dass mit der Investition in das Sondervermögen neben den Chancen auf Wertsteigerungen auch Risiken verbunden sein können und
2. anstelle der Angaben nach Artikel 7 Absatz 1 Satz 2 Buchstabe b der Verordnung (EU) Nr. 583/2010 ein Hinweis auf die Einschränkung der Rückgabemöglichkeiten für den Anleger nach § 256 Absatz 1 Nummer 1 sowie ein Hinweis auf die Möglichkeit der Aussetzung der Rücknahme von Anteilen und deren Folgen nach § 257.

(7) [1]Für Dach-Hedgefonds gemäß den §§ 225 bis 229 sind Artikel 4 Absatz 8 und die Artikel 8 und 9 der Verordnung (EU) Nr. 583/2010 nicht anzuwenden. [2]Die Darstellung des Risiko- und Ertragsprofils nach Absatz 2 Satz 1 Nummer 3 hat für Dach-Hedgefonds eine Bezeichnung der wesentlichen Risiken und Chancen, die mit einer Anlage in diesen Investmentvermögen verbunden sind, zu enthalten. [3]Dabei ist auf die wesentlichen Risiken hinzuweisen, die Einfluss auf das Risikoprofil des Investmentvermögens haben; dabei sind auch die Risiken der Zielinvestmentvermögen einzubeziehen, wenn diese einen wesentlichen Einfluss auf das Risikoprofil des Investmentvermögens haben. [4]Absatz 6 Satz 4 bis 6 gilt entsprechend. [5]Daneben sind folgende Angaben aufzunehmen:

1. anstelle der Angaben nach Artikel 7 Absatz 1 Buchstabe b der Verordnung (EU) Nr. 583/2010 der Hinweis auf die Möglichkeit zur Einschränkung der Rücknahme nach § 227,
2. im Abschnitt „Risiko- und Ertragsprofil" zusätzlich der Warnhinweis nach § 228 Absatz 2,
3. zusätzlich zu den Angaben nach Artikel 28 der Verordnung (EU) Nr. 583/2010 auch Angaben zum Erwerb ausländischer nicht beaufsichtigter Zielinvestmentvermögen nach § 228 Absatz 1 Nummer 2,
4. zusätzlich zu den Angaben nach Artikel 29 der Verordnung (EU) Nr. 583/2010 auch Angaben zu Krediten und Leerverkäufen nach § 228 Absatz 1 Nummer 4.

(8) [1]Die Ermittlung und Erläuterung der Risiken im Rahmen des Risiko- und Ertragsprofils nach den Absätzen 6 und 7 müssen mit dem internen Verfahren zur Ermittlung, Messung und Überwachung von Risiken übereinstimmen, das die Verwaltungsgesellschaft im Sinne der Artikel 38 bis 40 der Richtlinie 2010/43/EU oder der Artikel 38 bis 56 der Verordnung (EU) Nr. 231/2013 angewendet hat. [2]Verwaltet eine Verwaltungsgesellschaft mehr als ein Investmentvermögen, sind die hiermit verbundenen Risiken einheitlich zu ermitteln und widerspruchsfrei zu erläutern.

§ 167 [1)] Information mittels eines dauerhaften Datenträgers

(1) Ist für die Übermittlung von Informationen nach diesem Gesetz die Verwendung eines dauerhaften Datenträgers vorgesehen, ist die Verwendung eines anderen dauerhaften Datenträgers als Papier nur zulässig, wenn dies auf Grund der Rahmenbedingungen, unter denen das Geschäft ausgeführt wird, angemessen ist und der Anleger sich ausdrücklich für diese andere Form der Übermittlung von Informationen entschieden hat.

(2) [1]Eine elektronische Übermittlung von Informationen gilt im Hinblick auf die Rahmenbedingungen, unter denen das Geschäft zwischen der Kapitalverwaltungsgesellschaft und dem Anleger ausgeführt wird oder werden soll, als angemessen, wenn der Anleger nachweislich einen regelmäßigen Zugang zum Internet hat. [2]Dies gilt als nachgewiesen, wenn der Anleger für die Ausführung dieser Geschäfte eine E-Mail-Adresse angegeben hat.

(3) [1]Soweit die Kapitalverwaltungsgesellschaft Anteile oder Aktien nicht selbst verwahrt oder die Übermittlung von Informationen nicht selbst vornehmen kann, hat sie den depotführenden Stellen der Anleger die Informationen in angemessener Weise für eine Übermittlung an die Anleger bereitzustellen. [2]Die depotführenden Stellen haben den Anlegern die Informationen unverzüglich nach der Bereitstellung zu übermitteln. [3]Die Kapitalverwaltungsgesellschaft hat der depotführenden Stelle die Aufwendungen zu erstatten, die diese für die Vervielfältigung von Mitteilungen und für die Verwendung des dauerhaften Datenträgers an die Anleger erbracht hat. [4]Für die Höhe des Aufwendungs-

1) § 167 Abs. 3 geändert durch Gesetz vom 12.12.2019 (BGBl. I S. 2637).

ersatzanspruchs gilt § 67f Absatz 1 des Aktiengesetzes und eine auf Grund der Ermächtigung in § 67f Absatz 3 des Aktiengesetzes erlassene Verordnung. [5]Bis zum Inkrafttreten einer solchen Verordnung, jedoch längstens bis einschließlich 3. September 2025, ist die Verordnung über den Ersatz von Aufwendungen der Kreditinstitute vom 17. Juni 2003 (BGBl. I S. 885), die durch Artikel 15 des Gesetzes vom 30. Juli 2009 (BGBl. I S. 2479) geändert worden ist, in der bis einschließlich 2. September 2020 geltenden Fassung weiter sinngemäß anwendbar.

§ 168 Bewertung; Verordnungsermächtigung

(1) [1]Der Nettoinventarwert je Anteil oder je Aktie ergibt sich aus der Teilung des Wertes des offenen Publikumsinvestmentvermögens durch die Zahl der in den Verkehr gelangten Anteile oder Aktien. [2]Der Wert eines offenen Publikumsinvestmentvermögens ist auf Grund der jeweiligen Verkehrswerte der zu ihm gehörenden Vermögensgegenstände abzüglich der aufgenommenen Kredite und sonstigen Verbindlichkeiten zu ermitteln. [3]Zur Bestimmung des Verkehrswertes des Vermögensgegenstandes ist das jeweilige gesetzliche oder marktübliche Verfahren zugrunde zu legen.

(2) Bei Vermögensgegenständen, die zum Handel an einer Börse zugelassen oder an einem anderen organisierten Markt zugelassen oder in diesen einbezogen sind, ist als Verkehrswert der Kurswert der Vermögensgegenstände anzusetzen, sofern dieser eine verlässliche Bewertung gewährleistet.

(3) Bei Vermögensgegenständen, für die die Voraussetzungen nach Absatz 2 nicht vorliegen oder für die kein handelbarer Kurs verfügbar ist, ist der Verkehrswert, der bei sorgfältiger Einschätzung nach geeigneten Bewertungsmodellen unter Berücksichtigung der aktuellen Marktgegebenheiten angemessen ist, zugrunde zu legen.

(4) Für die Bewertung von Schuldverschreibungen, die nicht zum Handel an einer Börse zugelassen oder nicht an einem anderen organisierten Markt zugelassen oder in diesen einbezogen sind, sowie für die Bewertung von Schuldscheindarlehen sind die für vergleichbare Schuldverschreibungen und Schuldscheindarlehen vereinbarten Preise und gegebenenfalls die Kurswerte von Anleihen vergleichbarer Emittenten und entsprechender Laufzeit und Verzinsung, erforderlichenfalls mit einem Abschlag zum Ausgleich der geringeren Veräußerbarkeit, zugrunde zu legen.

(5) Auf Derivate geleistete Einschüsse unter Einbeziehung der am Börsentag festgestellten Bewertungsgewinne und Bewertungsverluste sind dem Investmentvermögen zuzurechnen.

(6) [1]Bei schwebenden Verpflichtungsgeschäften ist anstelle des von der Kapitalverwaltungsgesellschaft zu liefernden Vermögensgegenstandes die von ihr zu fordernde Gegenleistung unmittelbar nach Abschluss des Geschäfts zu berücksichtigen. [2]Für die Rückerstattungsansprüche aus Wertpapier-Darlehen ist der jeweilige Kurswert der als Darlehen übertragenen Wertpapiere maßgebend.

(7) [1]Die Kapitalverwaltungsgesellschaft hat alle angemessenen Maßnahmen zu ergreifen, um bei Erwerb und Veräußerung von Vermögensgegenständen das bestmögliche Ergebnis für das offene Publikumsinvestmentvermögen zu erzielen. [2]Dabei hat sie den Kurs oder den Preis, die Kosten, die Geschwindigkeit und Wahrscheinlichkeit der Ausführung und Abrechnung, den Umfang und die Art des Auftrags sowie alle sonstigen, für die Auftragsausführung relevanten Aspekte zu berücksichtigen. [3]Die Gewichtung dieser Faktoren bestimmt sich nach folgenden Kriterien:

1. Ziele, Anlagepolitik und spezifische Risiken des offenen Publikumsinvestmentvermögens, wie sie im Verkaufsprospekt oder gegebenenfalls in den Anlagebedingungen dargelegt sind,
2. Merkmale des Auftrags,

3. Merkmale der Vermögensgegenstände und
4. Merkmale der Ausführungsplätze, an die der Auftrag weitergeleitet werden kann.

[4]Geschäftsabschlüsse für das offene Publikumsinvestmentvermögen zu nicht marktgerechten Bedingungen sind unzulässig, wenn sie für das offene Publikumsinvestmentvermögen nachteilig sind.

(8) [1]Das Bundesministerium der Finanzen wird ermächtigt, durch Rechtsverordnung, die nicht der Zustimmung des Bundesrates bedarf, weitere Bestimmungen über die Bewertung der Vermögensgegenstände und die Anteil- oder Aktienwertermittlung sowie über die Berücksichtigung ungewisser Steuerverpflichtungen bei der Anteil- oder Aktienwertermittlung zu erlassen. [2]Das Bundesministerium der Finanzen kann diese Ermächtigung durch Rechtsverordnung auf die Bundesanstalt übertragen.

§ 169 Bewertungsverfahren

(1) [1]Die Kapitalverwaltungsgesellschaft hat eine interne Bewertungsrichtlinie zu erstellen. [2]Die Bewertungsrichtlinie legt geeignete und kohärente Verfahren für die ordnungsgemäße, transparente und unabhängige Bewertung der Vermögensgegenstände des Investmentvermögens fest. [3]Die Bewertungsrichtlinie soll vorsehen, dass für jeden Vermögensgegenstand ein geeignetes, am jeweiligen Markt anerkanntes Wertermittlungsverfahren zugrunde zu legen ist und dass die Auswahl des Verfahrens zu begründen ist.

(2) Die Bewertung der Vermögensgegenstände hat unparteiisch und mit der gebotenen Sachkenntnis, Sorgfalt und Gewissenhaftigkeit zu erfolgen.

(3) Die Kriterien für die Verfahren für die ordnungsgemäße Bewertung der Vermögensgegenstände und für die Berechnung des Nettoinventarwertes pro Anteil oder Aktie sowie deren konsistente Anwendung und die Überprüfung der Verfahren, Methoden und für Berechnungen bestimmen sich nach den Artikeln 67 bis 74 der Delegierten Verordnung (EU) Nr. 231/2013. Für das Bewertungsverfahren bei inländischen OGAW sind die Artikel 67 bis 74 der Delegierten Verordnung (EU) Nr. 231/2013 entsprechend anzuwenden.

§ 170 Veröffentlichung des Ausgabe- und Rücknahmepreises und des Nettoinventarwertes

[1]Gibt die Kapitalverwaltungsgesellschaft oder die Verwahrstelle den Ausgabepreis bekannt, so ist sie verpflichtet, auch den Rücknahmepreis bekannt zu geben; wird der Rücknahmepreis bekannt gegeben, so ist auch der Ausgabepreis bekannt zu geben. [2]Ausgabe- und Rücknahmepreis sowie der Nettoinventarwert je Anteil oder Aktie sind bei jeder Möglichkeit zur Ausgabe oder Rücknahme von Anteilen oder Aktien, für OGAW mindestens jedoch zweimal im Monat, in einer hinreichend verbreiteten Wirtschafts- oder Tageszeitung oder im Verkaufsprospekt oder in den in den wesentlichen Anlegerinformationen bezeichneten elektronischen Informationsmedien zu veröffentlichen.

Unterabschnitt 2. Master-Feeder-Strukturen

§ 171 Genehmigung des Feederfonds

(1) [1]Die Anlage eines Feederfonds in einem Masterfonds bedarf der vorherigen Genehmigung durch die Bundesanstalt. [2]Die Anlage eines inländischen OGAW als Feederfonds in einem Masterfonds ist nur genehmigungsfähig, soweit es sich bei dem Masterfonds um einen OGAW handelt. [3]Die Anlage eines Sonstigen Investmentvermögens als Feederfonds in einem Masterfonds ist nur genehmigungsfähig, soweit es sich auch bei dem Masterfonds um ein Sonstiges Investmentvermögen handelt.

(2) Spezial-AIF dürfen nicht Masterfonds oder Feederfonds einer Master-Feeder-Struktur sein, wenn Publikumsinvestmentvermögen Masterfonds oder Feederfonds derselben Master-Feeder-Struktur sind.

(3) [1]Die Kapitalverwaltungsgesellschaft, die den Feederfonds verwaltet, hat dem Genehmigungsantrag folgende Angaben und Unterlagen beizufügen:

1. die Anlagebedingungen oder die Satzung des Feederfonds und des Masterfonds,
2. den Verkaufsprospekt und die wesentlichen Anlegerinformationen des Feederfonds und des Masterfonds gemäß den §§ 164, 166 oder gemäß Artikel 78 der Richtlinie 2009/65/EG,
3. die Master-Feeder-Vereinbarung oder die entsprechenden internen Regelungen für Geschäftstätigkeiten gemäß § 175 Absatz 1 Satz 2 oder Artikel 60 Absatz 1 Unterabsatz 3 der Richtlinie 2009/65/EG,
4. die Verwahrstellenvereinbarung im Sinne des § 175 Absatz 2, wenn für den Masterfonds und den Feederfonds verschiedene Verwahrstellen beauftragt wurden,
5. die Abschlussprüfervereinbarung, wenn für den Masterfonds und den Feederfonds verschiedene Abschlussprüfer bestellt wurden und
6. gegebenenfalls die Informationen für die Anleger nach § 180 Absatz 1.

[2]Bei einem EU-OGAW, der Anteile an mindestens einen OGAW-Feederfonds ausgegeben hat, selbst kein Feederfonds ist und keine Anteile eines Feederfonds hält (EU-Master-OGAW) hat die Kapitalverwaltungsgesellschaft, die den Feederfonds verwaltet, außerdem eine Bestätigung der zuständigen Stelle des Herkunftsstaates des Masterfonds beizufügen, dass dieser ein EU-OGAW ist, selbst nicht Feederfonds ist und keine Anteile an einem anderen Feederfonds hält. [3]Die Unterlagen sind in einer in internationalen Finanzkreisen üblichen Sprache beizufügen. [4]Fremdsprachige Unterlagen sind mit einer deutschen Übersetzung vorzulegen.

(4) Der beabsichtigte Wechsel der Anlage in einen anderen Masterfonds bedarf der vorherigen Genehmigung durch die Bundesanstalt gemäß Absatz 1. Dem Antrag auf Genehmigung sind folgende Angaben und Unterlagen beizufügen:

1. der Antrag auf Genehmigung der Änderung der Anlagebedingungen unter Bezeichnung des Masterfonds,
2. die vorgenommenen Änderungen des Verkaufsprospekts und der wesentlichen Anlegerinformationen und
3. die Unterlagen gemäß Absatz 3.

(5) [1]Die Bundesanstalt hat die Genehmigung nach Absatz 1 oder Absatz 4 abweichend von § 163 Absatz 2 Satz 1 innerhalb einer Frist von 15 Arbeitstagen zu erteilen, wenn alle in Absatz 3 oder Absatz 4 genannten Unterlagen vollständig vorliegen und der Feederfonds, seine Verwahrstelle und sein Abschlussprüfer sowie der Masterfonds die Anforderungen nach diesem Abschnitt erfüllen. [2]Liegen die Voraussetzungen für die Genehmigung nicht vor, hat die Bundesanstalt dies dem Antragsteller innerhalb der Frist nach Satz 1 unter Angabe der Gründe mitzuteilen und fehlende oder geänderte Angaben oder Unterlagen anzufordern. [3]Mit dem Eingang der angeforderten Angaben oder Unterlagen beginnt der Lauf der in Satz 1 genannten Frist erneut. [4]Die Genehmigung gilt als erteilt, wenn über den Genehmigungsantrag nicht innerhalb der Frist nach Satz 1 entschieden worden ist und eine Mitteilung nach Satz 2 nicht erfolgt ist. [5]Auf Antrag der Kapitalverwaltungsgesellschaft hat die Bundesanstalt die Genehmigung nach Satz 4 schriftlich zu bestätigen.

(6) [1]Wird beabsichtigt, einen EU-OGAW, der mindestens 85 Prozent seines Vermögens in einem Masterfonds anlegt (EU-Feeder-OGAW), in einem inländischen OGAW

als Masterfonds anzulegen, stellt die Bundesanstalt auf Antrag der EU-OGAW-Verwaltungsgesellschaft oder der Kapitalverwaltungsgesellschaft, die den Feederfonds verwaltet, eine Bescheinigung aus, mit der bestätigt wird, dass es sich bei diesem Masterfonds um einen inländischen OGAW handelt, der inländische OGAW selbst nicht ebenfalls Feederfonds ist und keine Anteile an einem Feederfonds hält. [2]Die Bescheinigung dient zur Vorlage bei den zuständigen Stellen des Herkunftsstaates eines EU-Feeder-OGAW und als Nachweis, dass es sich bei dem Masterfonds um einen inländischen OGAW handelt, dieser selbst nicht ebenfalls Feederfonds ist und keine Anteile an einem Feederfonds hält. [3]Zum Nachweis, dass keine Anteile an einem Feederfonds gehalten werden, hat die Verwahrstelle eine entsprechende Bestätigung auszustellen, die bei Antragstellung nicht älter als zwei Wochen sein darf.

§ 172 Besondere Anforderungen an Kapitalverwaltungsgesellschaften

(1) [1]Verwaltet eine Kapitalverwaltungsgesellschaft Masterfonds und Feederfonds, muss sie so organisiert sein, dass das Risiko von Interessenkonflikten zwischen Feederfonds und Masterfonds oder zwischen Feederfonds und anderen Anlegern des Masterfonds möglichst gering ist. [2]Die Kapitalverwaltungsgesellschaft muss insbesondere geeignete Regelungen zu den Kosten und Gebühren festlegen, die der Feederfonds zu tragen hat. [3]Sie muss gegebenenfalls geeignete Regelungen festlegen zu Rückerstattungen des Masterfonds an den Feederfonds sowie zu den Anteil- oder Aktienklassen des Masterfonds, die von Feederfonds erworben werden können.

(2) Bei der Anwendung von angemessenen Grundsätzen und Verfahren gemäß § 26 Absatz 6 zur Verhinderung von Beeinträchtigungen der Marktstabilität und Marktintegrität sind insbesondere angemessene Maßnahmen zur Abstimmung der Zeitpläne für die Berechnung und Veröffentlichung des Wertes von Investmentvermögen, insbesondere von Masterfonds und Feederfonds, zu treffen.

§ 173 Verkaufsprospekt, Anlagebedingungen, Jahresbericht

(1) Der Verkaufsprospekt eines Feederfonds hat über die Angaben nach § 165 hinaus mindestens folgende Angaben zu enthalten:

1. eine Erläuterung, dass es sich um den Feederfonds eines bestimmten Masterfonds handelt und er als solcher dauerhaft mindestens 85 Prozent seines Wertes in Anteile dieses Masterfonds anlegt,
2. die Angabe des Risikoprofils und die Angabe, ob die Wertentwicklung von Feederfonds und Masterfonds identisch ist oder in welchem Ausmaß und aus welchen Gründen sie sich unterscheiden sowie eine Beschreibung der gemäß § 174 Absatz 1 getätigten Anlagen,
3. eine kurze Beschreibung des Masterfonds, seiner Struktur, seines Anlageziels und seiner Anlagestrategie einschließlich des Risikoprofils und Angaben dazu, wo und wie der aktuelle Verkaufsprospekt des Masterfonds erhältlich ist sowie Angaben über den Sitz des Masterfonds,
4. eine Zusammenfassung der Master-Feeder-Vereinbarung nach § 175 Absatz 1 Satz 2 oder der entsprechenden internen Regelungen für Geschäftstätigkeiten nach § 175 Absatz 1 Satz 3,
5. die Möglichkeiten für die Anleger, weitere Informationen über den Masterfonds und die Master-Feeder-Vereinbarung einzuholen,
6. eine Beschreibung sämtlicher Vergütungen und Kosten, die der Feederfonds auf Grund der Anlage in Anteilen des Masterfonds zu zahlen hat, sowie der gesamten Gebühren von Feederfonds und Masterfonds und

7. eine Beschreibung der steuerlichen Auswirkungen der Anlage in den Masterfonds für den Feederfonds.

(2) [1]Handelt es sich bei dem Feederfonds um einen OGAW, hat die den Feederfonds verwaltende Kapitalverwaltungsgesellschaft der Bundesanstalt vorbehaltlich der Einreichungspflicht nach § 171 Absatz 3 auch Änderungen des Verkaufsprospekts und der wesentlichen Anlegerinformationen des Masterfonds unverzüglich nach erstmaliger Verwendung einzureichen. [2]Handelt es sich bei dem Feederfonds um ein Sonstiges Investmentvermögen, sind der Bundesanstalt auch die Änderungen des Verkaufsprospekts und der wesentlichen Anlegerinformationen des Masterfonds gemäß § 316 Absatz 4 mitzuteilen.

(3) Die Anlagebedingungen des Feederfonds müssen die Bezeichnung des Masterfonds enthalten.

(4) [1]Der Jahresbericht eines Feederfonds muss zusätzlich zu den in § 101 Absatz 1 vorgesehenen Informationen eine Erklärung zu den zusammengefassten Gebühren von Feederfonds und Masterfonds enthalten. [2]Er muss ferner darüber informieren, wo der Jahresbericht des Masterfonds erhältlich ist. [3]Der Halbjahresbericht eines Feederfonds muss auch darüber informieren, wo der Halbjahresbericht des Masterfonds erhältlich ist.

(5) Kapitalverwaltungsgesellschaften, die einen Feederfonds verwalten, haben der Bundesanstalt auch für den Masterfonds den Jahres- und Halbjahresbericht unverzüglich nach erstmaliger Verwendung einzureichen.

(6) [1]Der Abschlussprüfer des Feederfonds hat in seinem Prüfungsbericht den Prüfungsvermerk und weitere Informationen nach Artikel 27 Absatz 1 Buchstabe a der Richtlinie 2010/44/EU der Kommission vom 1. Juli 2010 zur Durchführung der Richtlinie 2009/65/EG des Europäischen Parlaments und des Rates in Bezug auf Bestimmungen über Fondsverschmelzungen, Master-Feeder-Strukturen und das Anzeigeverfahren (ABl. L 176 vom 10.7.2010, S. 28, L 179 vom 14.7.2010, S. 16) des Abschlussprüfers des Masterfonds zu berücksichtigen. [2]Haben der Feederfonds und der Masterfonds unterschiedliche Geschäftsjahre, hat der Abschlussprüfer des Masterfonds einen Bericht über die Prüfung der von der Verwaltungsgesellschaft des Masterfonds zu erstellenden Informationen nach Artikel 12 Buchstabe b der Richtlinie 2010/44/EU für den Masterfonds zum Geschäftsjahresende des Feederfonds zu erstellen. [3]Der Abschlussprüfer des Feederfonds hat in seinem Prüfungsbericht insbesondere jegliche in den vom Abschlussprüfer des Masterfonds übermittelten Unterlagen festgestellten Unregelmäßigkeiten sowie deren Auswirkungen auf den Feederfonds zu nennen. [4]Weder der Abschlussprüfer des Masterfonds noch der Abschlussprüfer des Feederfonds verletzt durch Befolgung dieser Vorschrift vertragliche oder durch Rechts- oder Verwaltungsvorschrift vorgesehene Bestimmungen, die die Offenlegung von Informationen einschränken oder die den Datenschutz betreffen. [5]Eine Haftung des Abschlussprüfers oder einer für ihn handelnden Person aus diesem Grund ist ausgeschlossen.

§ 174 Anlagegrenzen, Anlagebeschränkungen, Aussetzung der Anteile

(1) [1]Die Kapitalverwaltungsgesellschaft hat für einen Feederfonds ungeachtet der Anlagegrenzen nach § 207 Absatz 1, § 210 Absatz 3 und § 221 Absatz 3 mindestens 85 Prozent des Wertes des Feederfonds in Anteile eines Masterfonds anzulegen. [2]Der Feederfonds darf erst dann über die Anlagegrenzen nach § 207 Absatz 1, § 210 Absatz 3 und § 221 Absatz 3 hinaus in Anteile eines Masterfonds anlegen, wenn die Genehmigung nach § 171 erteilt worden ist und die Master-Feeder-Vereinbarung nach § 175 Absatz 1 und, falls erforderlich, die Verwahrstellenvereinbarung nach § 175 Absatz 2 und die Abschlussprüfervereinbarung nach § 175 Absatz 3 wirksam geworden sind. Die Kapitalverwaltungsgesellschaft darf bis zu 15 Prozent des Wertes des Feederfonds anlegen in

1. Bankguthaben nach § 195, sofern diese täglich verfügbar sind, und
2. Derivate nach § 197 Absatz 1, sofern diese ausschließlich für Absicherungszwecke verwendet werden.

[3]§ 112 Absatz 2 Satz 1 und 2 bleibt unberührt.

(2) Die Kapitalverwaltungsgesellschaft darf für Rechnung eines Masterfonds keine Anteile an einem Feederfonds halten.

(3) Die Kapitalverwaltungsgesellschaft muss für die Zwecke der Einhaltung des § 197 Absatz 2 das Marktrisikopotenzial eines Feederfonds berechnen aus der Kombination seines Marktrisikopotenzials durch den Einsatz von Derivaten nach Absatz 1 Satz 3 Nummer 2 mit

1. dem tatsächlichen Marktrisikopotenzial des Masterfonds durch den Einsatz von Derivaten im Verhältnis zur Anlage des Feederfonds in dem Masterfonds oder
2. dem höchstmöglichen Marktrisikopotenzial des Masterfonds durch den Einsatz von Derivaten gemäß seiner Anlagebedingungen oder seiner Satzung im Verhältnis zur Anlage des Feederfonds in dem Masterfonds.

(4) Wird die Rücknahme der Anteile eines Masterfonds zeitweilig ausgesetzt, ist die den Feederfonds verwaltende Kapitalverwaltungsgesellschaft abweichend von § 98 Absatz 2 Satz 1 oder § 116 Absatz 2 Satz 6 dazu berechtigt, die Rücknahme der Anteile des Feederfonds während des gleichen Zeitraums auszusetzen.

§ 175 Vereinbarungen bei Master-Feeder-Strukturen

(1) [1]Die Kapitalverwaltungsgesellschaft des inländischen Masterfonds hat der Verwaltungsgesellschaft des Feederfonds alle Unterlagen und Informationen zur Verfügung zu stellen, die diese benötigt, um die Anforderungen an einen Feederfonds nach diesem Gesetz oder der zur Umsetzung der Richtlinie 2009/65/EG erlassenen Vorschriften des Herkunftsstaates des Feederfonds zu erfüllen. [2]Beide Verwaltungsgesellschaften haben hierüber eine Vereinbarung gemäß den Artikeln 8 bis 14 der Richtlinie 2010/44/EU abzuschließen (Master-Feeder-Vereinbarung). [3]Werden Masterfonds und Feederfonds von der gleichen Kapitalverwaltungsgesellschaft verwaltet, kann die Vereinbarung durch interne Regelungen für Geschäftstätigkeiten unter Berücksichtigung der in den Artikeln 15 bis 19 der Richtlinie 2010/44/EU genannten Inhalte ersetzt werden.

(2) Wenn für Masterfonds und Feederfonds unterschiedliche Verwahrstellen beauftragt wurden, haben diese eine Vereinbarung gemäß den Artikeln 24 bis 26 der Richtlinie 2010/44/EU über den Informationsaustausch abzuschließen, um sicherzustellen, dass beide ihre Pflichten erfüllen (Verwahrstellenvereinbarung).

(3) Wurden für Masterfonds und Feederfonds unterschiedliche Abschlussprüfer bestellt, haben diese eine Vereinbarung gemäß den Artikeln 27 und 28 der Richtlinie 2010/44/EU über den Informationsaustausch und die Pflichten nach § 173 Absatz 6 Satz 1 bis 3 abzuschließen, um sicherzustellen, dass beide Abschlussprüfer ihre Pflichten erfüllen (Abschlussprüfervereinbarung).

§ 176 Pflichten der Kapitalverwaltungsgesellschaft und der Verwahrstelle

(1) [1]Die Kapitalverwaltungsgesellschaft hat für einen von ihr verwalteten Feederfonds die Anlagen des Masterfonds wirksam zu überwachen. [2]Zur Erfüllung dieser Verpflichtung kann sie sich auf Informationen und Unterlagen der Verwaltungsgesellschaft des Masterfonds, seiner Verwahrstelle oder seines Abschlussprüfers stützen, es sei denn, es liegen Gründe vor, an der Richtigkeit dieser Informationen und Unterlagen zu zweifeln.

(2) [1]Die Kapitalverwaltungsgesellschaft, die einen Masterfonds verwaltet, darf weder für die Anlage des Feederfonds in den Anteilen des Masterfonds einen Ausgabe-

aufschlag noch für die Rücknahme einen Rücknahmeabschlag erheben. [2]Erhält die Kapitalverwaltungsgesellschaft, die einen Feederfonds verwaltet, oder eine in ihrem Namen handelnde Person im Zusammenhang mit einer Anlage in Anteilen des Masterfonds eine Vertriebsgebühr, eine Vertriebsprovision oder einen sonstigen geldwerten Vorteil, sind diese in das Vermögen des Feederfonds einzuzahlen.

(3) [1]Die Kapitalverwaltungsgesellschaft hat die Bundesanstalt unverzüglich über jeden Feederfonds zu unterrichten, der in Anteile des von ihr verwalteten Masterfonds anlegt. [2]Haben auch ausländische Feederfonds in Anteile des Masterfonds angelegt, hat die Bundesanstalt unverzüglich die zuständigen Stellen im Herkunftsstaat des Feederfonds über solche Anlagen zu unterrichten.

(4) Die Kapitalverwaltungsgesellschaft hat für einen von ihr verwalteten Masterfonds sicherzustellen, dass sämtliche Informationen, die infolge der Umsetzung der Richtlinie 2009/65/EG, nach anderen Rechtsvorschriften der Europäischen Union, nach den geltenden inländischen Vorschriften, den Anlagebedingungen oder der Satzung erforderlich sind, den folgenden Stellen rechtzeitig zur Verfügung gestellt werden:

1. der Verwaltungsgesellschaft des Feederfonds,
2. der Bundesanstalt und den zuständigen Stellen des Herkunftsstaates des Feederfonds,
3. der Verwahrstelle des Feederfonds und
4. dem Abschlussprüfer des Feederfonds.

(5) Eine Kapitalverwaltungsgesellschaft muss Anteile an einem Masterfonds, in den mindestens zwei Feederfonds angelegt sind, nicht dem Publikum anbieten.

(6) [1]Die Kapitalverwaltungsgesellschaft eines Feederfonds hat der Verwahrstelle des Feederfonds alle Informationen über den Masterfonds mitzuteilen, die für die Erfüllung der Pflichten der Verwahrstelle erforderlich sind. [2]Die Verwahrstelle eines inländischen Masterfonds hat die Bundesanstalt, die Verwaltungsgesellschaft des Feederfonds und die Verwahrstelle des Feederfonds unmittelbar über alle Unregelmäßigkeiten zu unterrichten, die sie in Bezug auf den Masterfonds feststellt und die eine negative Auswirkung auf den Feederfonds haben könnten. [3]Weder die Verwahrstelle des Masterfonds noch die Verwahrstelle des Feederfonds verletzt durch Befolgung dieser Vorschrift vertragliche oder durch Rechts- oder Verwaltungsvorschrift vorgesehene Bestimmungen, die die Offenlegung von Informationen einschränken oder die den Datenschutz betreffen. [4]Eine Haftung der Verwahrstelle oder einer für sie handelnden Person aus diesem Grund ist ausgeschlossen.

§ 177 Mitteilungspflichten der Bundesanstalt

(1) Sind die Anlagebedingungen sowohl des Masterfonds als auch des Feederfonds nach den Vorschriften dieses Gesetzes genehmigt worden, unterrichtet die Bundesanstalt die Kapitalverwaltungsgesellschaft, die den Feederfonds verwaltet, unverzüglich über

1. jede Entscheidung,
2. jede Maßnahme,
3. jede Feststellung von Zuwiderhandlungen gegen die Bestimmungen dieses Unterabschnitts sowie
4. alle nach § 38 Absatz 4 Satz 2 in Verbindung mit § 29 Absatz 3 des Kreditwesengesetzes mitgeteilten Tatsachen,

die den Masterfonds, seine Verwahrstelle oder seinen Abschlussprüfer betreffen.

(2) Sind nur die Anlagebedingungen des Masterfonds nach den Vorschriften dieses Gesetzes genehmigt worden, unterrichtet die Bundesanstalt die zuständigen Stellen des Herkunftsstaates des EU-Feeder-OGAW unverzüglich über

1. jede Entscheidung,
2. jede Maßnahme,
3. jede Feststellung von Zuwiderhandlungen gegen die Bestimmungen dieses Unterabschnitts sowie
4. alle nach § 38 Absatz 4 Satz 2 in Verbindung mit § 29 Absatz 3 des Kreditwesengesetzes mitgeteilten Tatsachen,

die den Masterfonds, seine Verwahrstelle oder seinen Abschlussprüfer betreffen.

(3) Sind nur die Anlagebedingungen des Feederfonds nach den Vorschriften dieses Gesetzes genehmigt worden und erhält die Bundesanstalt Informationen entsprechend Absatz 2 von den zuständigen Stellen des Herkunftsstaates des EU-Master-OGAW, unterrichtet sie die Kapitalverwaltungsgesellschaft, die den Feederfonds verwaltet, unverzüglich darüber.

§ 178 Abwicklung eines Masterfonds

(1) Die Abwicklung eines inländischen Masterfonds darf frühestens drei Monate nach dem Zeitpunkt beginnen, zu dem alle Anleger des Masterfonds, bei einem inländischen Feederfonds die Bundesanstalt und bei einem EU-Feeder-OGAW die zuständige Stelle des Herkunftsstaates über die verbindliche Entscheidung der Abwicklung informiert worden sind.

(2) [1]Bei der Abwicklung eines inländischen Masterfonds ist auch der inländische Feederfonds abzuwickeln, es sei denn, die Bundesanstalt genehmigt ein Weiterbestehen als Feederfonds durch Anlage in einem anderen Masterfonds oder eine Umwandlung des Feederfonds in ein inländisches Investmentvermögen, das kein Feederfonds ist. [2]Für die Genehmigung nach Satz 1 hat die Kapitalverwaltungsgesellschaft folgende Angaben und Unterlagen spätestens zwei Monate nach Kenntnis der verbindlichen Entscheidung über die Abwicklung des Masterfonds bei der Bundesanstalt einzureichen:

1. bei Anlage in einem anderen Masterfonds
   a) den Antrag auf Genehmigung des Weiterbestehens,
   b) den Antrag auf Genehmigung der Änderung der Anlagebedingungen mit der Bezeichnung des Masterfonds, in dessen Anteile mindestens 85 Prozent des Wertes des Investmentvermögens angelegt werden sollen,
   c) die vorgenommenen Änderungen des Verkaufsprospekts und der wesentlichen Anlegerinformationen und
   d) die Angaben und Unterlagen nach § 171 Absatz 3;
2. bei Umwandlung des inländischen Feederfonds in ein inländisches Investmentvermögen, das kein Feederfonds ist,
   a) den Antrag auf Genehmigung der Änderung der Anlagebedingungen,
   b) die vorgenommenen Änderungen des Verkaufsprospekts und der wesentlichen Anlegerinformationen.

[3]Wenn die Verwaltungsgesellschaft des Masterfonds die Kapitalverwaltungsgesellschaft des Feederfonds mehr als fünf Monate vor dem Beginn der Abwicklung des Masterfonds über ihre verbindliche Entscheidung zur Abwicklung informiert hat, hat die Kapitalverwaltungsgesellschaft des Feederfonds abweichend von der Frist nach Satz 2 den Genehmigungsantrag und die Angaben und Unterlagen nach Satz 2 spätestens drei Monate vor der Abwicklung des Masterfonds bei der Bundesanstalt einzureichen.

(3) [1]Die Bundesanstalt hat die Genehmigung innerhalb einer Frist von 15 Arbeitstagen zu erteilen, wenn alle in Absatz 2 genannten Angaben und Unterlagen vollständig vorliegen und die Anforderungen nach diesem Abschnitt erfüllen. [2]Liegen die Voraussetzungen für die Genehmigung nicht vor, hat die Bundesanstalt dies der Kapitalverwaltungsgesellschaft innerhalb der Frist nach Satz 1 unter Angabe der Gründe mitzuteilen und fehlende oder geänderte Angaben oder Unterlagen anzufordern. [3]Mit dem Eingang der angeforderten Angaben oder Unterlagen beginnt der Lauf der in Satz 1 genannten Frist erneut. [4]Die Genehmigung gilt als erteilt, wenn über den Genehmigungsantrag nicht innerhalb der Frist nach Satz 1 entschieden worden ist und eine Mitteilung nach Satz 2 nicht erfolgt ist. [5]Auf Antrag der Kapitalverwaltungsgesellschaft hat die Bundesanstalt die Genehmigung nach Satz 4 schriftlich zu bestätigen.

(4) Die Kapitalverwaltungsgesellschaft des Feederfonds hat die Verwaltungsgesellschaft des Masterfonds unverzüglich über die erteilte Genehmigung zu unterrichten und alle erforderlichen Maßnahmen zu ergreifen, um die Anforderungen nach § 180 zu erfüllen.

(5) [1]Die Kapitalverwaltungsgesellschaft des Feederfonds hat eine beabsichtigte Abwicklung des Feederfonds der Bundesanstalt spätestens zwei Monate nach Kenntnisnahme der geplanten Abwicklung des Masterfonds mitzuteilen; die Anleger des Feederfonds sind hiervon unverzüglich durch eine Bekanntmachung im Bundesanzeiger und mittels eines dauerhaften Datenträgers zu unterrichten. [2]Absatz 2 Satz 3 gilt entsprechend.

(6) [1]Sollen Abwicklungserlöse des Masterfonds an den Feederfonds ausgezahlt werden, bevor der Feederfonds in einen neuen Masterfonds gemäß Absatz 2 Satz 2 Nummer 1 anlegt oder seine Anlagegrundsätze gemäß Absatz 2 Satz 2 Nummer 2 ändert, versieht die Bundesanstalt ihre Genehmigung mit einer Nebenbestimmung, dass der Feederfonds die Abwicklungserlöse zu erhalten hat entweder

1. als Barzahlung oder
2. ganz oder neben einer Barzahlung zumindest teilweise in Form einer Übertragung von Vermögensgegenständen, wenn die Kapitalverwaltungsgesellschaft des Feederfonds damit einverstanden ist und die Master-Feeder-Vereinbarung oder die internen Regelungen für Geschäftstätigkeiten und die verbindliche Entscheidung zur Abwicklung des Masterfonds dies vorsehen.

[2]Bankguthaben, die der Feederfonds vor Genehmigung nach Absatz 2 als Abwicklungserlöse erhalten hat, dürfen vor einer Wiederanlage gemäß Absatz 2 Satz 2 Nummer 1 oder Nummer 2 lediglich für ein effizientes Liquiditätsmanagement angelegt werden. [3]Die Kapitalverwaltungsgesellschaft darf erhaltene Vermögensgegenstände nach Satz 1 Nummer 2 jederzeit gegen Barzahlung veräußern.

§ 179 Verschmelzung oder Spaltung des Masterfonds

(1) [1]Eine Verschmelzung eines inländischen Masterfonds kann nur dann wirksam werden, wenn die Kapitalverwaltungsgesellschaft die Verschmelzungsinformationen nach § 177 mindestens 60 Tage vor dem geplanten Übertragungsstichtag allen Anlegern des Masterfonds auf einem dauerhaften Datenträger übermittelt. [2]Im Fall eines inländischen Feederfonds sind die Verschmelzungsinformationen darüber hinaus auch der Bundesanstalt und im Fall eines ausländischen Feederfonds den zuständigen Stellen des Herkunftsstaates zu übermitteln.

(2) [1]Bei der Verschmelzung eines Masterfonds oder der Spaltung eines ausländischen Masterfonds ist der Feederfonds abzuwickeln, es sei denn, die Bundesanstalt genehmigt auf Antrag der Kapitalverwaltungsgesellschaft ein Weiterbestehen des Investmentvermögens. [2]Eine solche Genehmigung ist nur zulässig, wenn der Feederfonds

1. Feederfonds desselben Masterfonds bleibt und der Masterfonds übernehmendes Investmentvermögen einer Verschmelzung ist oder ohne wesentliche Veränderungen aus einer Spaltung hervorgeht,
2. Feederfonds eines anderen aus der Verschmelzung oder Spaltung hervorgegangenen Masterfonds wird und
   a) der Masterfonds übertragendes Investmentvermögen einer Verschmelzung ist und der Feederfonds Anteile am übernehmenden Masterfonds erhält oder
   b) der Feederfonds nach einer Spaltung eines Masterfonds Anteile am Investmentvermögen erhält und dieses sich nicht wesentlich vom Masterfonds unterscheidet,
3. Feederfonds eines anderen nicht aus der Verschmelzung oder Spaltung hervorgegangenen Masterfonds wird oder
4. in ein inländisches Investmentvermögen umgewandelt wird, das kein Feederfonds ist.

(3) [1]Dem Antrag gemäß Absatz 2 sind folgende Angaben und Unterlagen spätestens einen Monat nach Kenntnis der Verschmelzung oder Spaltung des Masterfonds bei der Bundesanstalt einzureichen:

1. bei einem Antrag nach Absatz 2 Satz 2 Nummer 1
   a) gegebenenfalls der Antrag auf Genehmigung der Änderung der Anlagebedingungen und
   b) gegebenenfalls die vorgenommenen Änderungen des Verkaufsprospekts und der wesentlichen Anlegerinformationen;
2. bei einem Antrag nach Absatz 2 Satz 2 Nummer 2 oder Nummer 3
   a) der Antrag auf Genehmigung der Änderung der Anlagebedingungen unter Bezeichnung des Masterfonds,
   b) die vorgenommenen Änderungen des Verkaufsprospekts und der wesentlichen Anlegerinformationen und
   c) die Angaben und Unterlagen nach § 171 Absatz 3;
3. bei einem Antrag nach Absatz 2 Satz 2 Nummer 4
   a) der Antrag auf Genehmigung der Änderung der Anlagebedingungen und
   b) die vorgenommenen Änderungen des Verkaufsprospekts und der wesentlichen Anlegerinformationen.

[2]Hat die Verwaltungsgesellschaft des Masterfonds der Kapitalverwaltungsgesellschaft des Feederfonds die Verschmelzungsinformationen nach § 177 mehr als vier Monate vor der geplanten Verschmelzung oder Spaltung übermittelt, hat die Kapitalverwaltungsgesellschaft des Feederfonds abweichend von der Frist nach Satz 1 den Genehmigungsantrag und die Angaben und Unterlagen nach Satz 1 spätestens drei Monate vor dem Wirksamwerden der Verschmelzung eines Masterfonds oder der Spaltung eines ausländischen Masterfonds bei der Bundesanstalt einzureichen.

(4) [1]Die Bundesanstalt hat die Genehmigung innerhalb einer Frist von 15 Arbeitstagen zu erteilen, wenn alle in Absatz 3 genannten Angaben und Unterlagen vollständig vorliegen und die Anforderungen nach diesem Abschnitt erfüllen. [2]Liegen die Voraussetzungen für die Genehmigung nicht vor, hat die Bundesanstalt dies der Kapitalverwaltungsgesellschaft innerhalb der Frist nach Satz 1 unter Angabe der Gründe mitzuteilen und fehlende oder geänderte Angaben oder Unterlagen anzufordern. [3]Mit dem Eingang der angeforderten Angaben oder Unterlagen beginnt der Lauf der in Satz 1 genannten Frist erneut. [4]Die Genehmigung gilt als erteilt, wenn über den Genehmigungsantrag nicht

innerhalb der Frist nach Satz 1 entschieden worden ist und eine Mitteilung nach Satz 2 nicht erfolgt ist. [5]Auf Antrag der Kapitalverwaltungsgesellschaft hat die Bundesanstalt die Genehmigung nach Satz 4 schriftlich zu bestätigen.

(5) Die Kapitalverwaltungsgesellschaft des Feederfonds hat die Verwaltungsgesellschaft des Masterfonds unverzüglich über die erteilte Genehmigung zu unterrichten und die Maßnahmen nach § 180 zu ergreifen.

(6) [1]Die Kapitalverwaltungsgesellschaft des Feederfonds hat der Bundesanstalt eine beabsichtigte Abwicklung des Feederfonds spätestens einen Monat nach Kenntnis der geplanten Verschmelzung oder Spaltung des Masterfonds mitzuteilen; die Anleger des Feederfonds sind hiervon unverzüglich durch eine Bekanntmachung im Bundesanzeiger und mittels eines dauerhaften Datenträgers zu unterrichten. [2]Absatz 3 Satz 2 gilt entsprechend.

(7) [1]Die Kapitalverwaltungsgesellschaft des Masterfonds muss der Verwaltungsgesellschaft des Feederfonds vor dem Wirksamwerden einer Verschmelzung die Möglichkeit zur Rückgabe sämtlicher Anteile einräumen, es sei denn, die Bundesanstalt oder die zuständigen Stellen des Herkunftsmitgliedstaates des Feederfonds haben ein Weiterbestehen des Feederfonds genehmigt. [2]Die Kapitalverwaltungsgesellschaft des Feederfonds kann ihr Rückgaberecht entsprechend den Vorgaben des § 187 Absatz 1 auch ausüben, wenn die Bundesanstalt in den Fällen des Absatzes 2 Satz 2 Nummer 2, 3 und 4 ihre Genehmigung nicht spätestens einen Arbeitstag vor dem Wirksamwerden der Verschmelzung oder Spaltung erteilt hat. [3]Die Kapitalverwaltungsgesellschaft des Feederfonds kann dieses Rückgaberecht ferner ausüben, um das Rückgaberecht der Anleger des Feederfonds nach § 180 Absatz 1 Satz 1 Nummer 4 zu wahren. [4]Bevor die Kapitalverwaltungsgesellschaft des Feederfonds das Rückgaberecht ausübt, hat sie andere zur Verfügung stehende Möglichkeiten in Erwägung zu ziehen, durch die Transaktionskosten oder andere negative Auswirkungen auf die Anleger des Feederfonds vermieden oder verringert werden können.

(8) [1]Übt die Kapitalverwaltungsgesellschaft des Feederfonds ihr Rückgaberecht an Anteilen des Masterfonds aus, erhält sie den Rücknahmebetrag entweder

1. als Barzahlung oder
2. ganz oder neben einer Barzahlung zumindest teilweise in Form einer Übertragung von Vermögensgegenständen, wenn sie damit einverstanden ist und die Master-Feeder-Vereinbarung dies vorsieht.

[2]Die Kapitalverwaltungsgesellschaft des Feederfonds darf erhaltene Vermögensgegenstände, die sie nach Satz 1 Nummer 2 erhalten hat, jederzeit gegen Barzahlung veräußern. [3]Sie darf Barzahlungen, die sie nach Satz 1 Nummer 1 erhalten hat, vor einer Wiederanlage gemäß Absatz 2 Satz 2 Nummer 2 oder Nummer 3 lediglich für ein effizientes Liquiditätsmanagement anlegen.

§ 180 Umwandlung in Feederfonds oder Änderung des Masterfonds

(1) [1]Werden die Anlagebedingungen eines inländischen OGAW oder eines Sonstigen Investmentvermögens im Rahmen der Umwandlung in einen Feederfonds erstmals als Anlagebedingungen dieses Feederfonds genehmigt oder wird die Anlage eines Feederfonds in Anteile eines Masterfonds bei einem beabsichtigten Wechsel des Masterfonds gemäß § 171 Absatz 1 erneut genehmigt, hat die Kapitalverwaltungsgesellschaft den Anlegern folgende Informationen zur Verfügung zu stellen:

1. den Hinweis, dass die Bundesanstalt die Anlage des Feederfonds in Anteile des Masterfonds genehmigt hat,
2. die wesentlichen Anlegerinformationen nach den §§ 164 und 166 oder nach Artikel 78 der Richtlinie 2009/65/EG über Feederfonds und Masterfonds,

3. das Datum der ersten Anlage des Feederfonds in dem Masterfonds oder, wenn er bereits in dem Masterfonds angelegt hat, das Datum des Tages, an dem seine Anlagen die bisher für ihn geltenden Anlagegrenzen übersteigen werden, und
4. den Hinweis, dass die Anleger das Recht haben, innerhalb von 30 Tagen die kostenlose Rücknahme ihrer Anteile zu verlangen, gegebenenfalls unter Anrechnung der Gebühren, die zur Abdeckung der Rücknahmekosten entstanden sind.

[2]Diese Informationen müssen spätestens 30 Tage vor dem in Satz 1 Nummer 3 genannten Datum auf einem dauerhaften Datenträger zur Verfügung gestellt werden. [3]Die in Satz 1 Nummer 4 genannte Frist beginnt mit dem Zugang der Informationen.

(2) [1]Wurde ein EU-OGAW in einen EU-Feeder-OGAW umgewandelt oder ändert ein EU-OGAW als Feederfonds seinen Masterfonds und wurde der EU-OGAW oder der EU-Feeder-OGAW bereits gemäß § 310 zum Vertrieb angezeigt, sind die in Artikel 64 Absatz 1 der Richtlinie 2009/65/EG genannten Informationen den Anlegern in deutscher Sprache auf einem dauerhaften Datenträger zur Verfügung zu stellen. [2]Die EU-OGAW-Verwaltungsgesellschaft oder die Kapitalverwaltungsgesellschaft, die den EU-Feeder-OGAW verwaltet, ist für die Erstellung der Übersetzung verantwortlich. [3]Die Übersetzung muss den Inhalt des Originals richtig und vollständig wiedergeben.

(3) Die Kapitalverwaltungsgesellschaft darf für Rechnung des Feederfonds vor Ablauf der in Absatz 1 Satz 2 genannten Frist nur Anteile des Masterfonds unter Berücksichtigung der bisher geltenden Anlagegrenzen erwerben.

(4) In den Fällen der Umwandlung in einen Feederfonds nach Absatz 1 ist die Übertragung aller Vermögensgegenstände des in den Feederfonds umgewandelten Investmentvermögens an den Masterfonds gegen Ausgabe von Anteilen am Masterfonds zulässig.

Unterabschnitt 3. Verschmelzung von offenen Publikumsinvestmentvermögen

§ 181 Gegenstand der Verschmelzung; Verschmelzungsarten

(1) [1]Spezial-AIF dürfen nicht auf Publikumsinvestmentvermögen verschmolzen werden, Publikumsinvestmentvermögen dürfen nicht auf Spezial-AIF verschmolzen werden. [2]OGAW dürfen nur mit AIF verschmolzen werden, wenn das übernehmende oder neu gegründete Investmentvermögen weiterhin ein OGAW ist.

(2) Neben der Verschmelzung durch Aufnahme und der Verschmelzung durch Neugründung im Sinne von § 1 Absatz 19 Nummer 37 können Verschmelzungen eines EU-OGAW auf ein OGAW-Sondervermögen, eine OGAW-Investmentaktiengesellschaft oder ein Teilgesellschaftsvermögen einer OGAW-Investmentaktiengesellschaft gemäß den Vorgaben des Artikels 2 Absatz 1 Buchstabe p Ziffer iii der Richtlinie 2009/65/EG erfolgen.

§ 182 Genehmigung der Verschmelzung

(1) Die Verschmelzung von Sondervermögen auf ein anderes bestehendes oder ein neues, dadurch gegründetes übernehmendes Sondervermögen (inländische Verschmelzung) oder eines OGAW-Sondervermögens auf ein anderes bestehendes oder einen neuen, dadurch gegründeten übernehmenden EU-OGAW (grenzüberschreitende Verschmelzung) bedarf der Genehmigung der Bundesanstalt.

(2) [1]Bei einer Verschmelzung durch Aufnahme hat die Kapitalverwaltungsgesellschaft des übertragenden Sondervermögens dem Antrag auf Genehmigung folgende Angaben und Unterlagen beizufügen:

1. den Verschmelzungsplan nach § 184,

2. bei grenzüberschreitender Verschmelzung eine aktuelle Fassung des Verkaufsprospekts gemäß Artikel 69 Absatz 1 und 2 der Richtlinie 2009/65/EG und der wesentlichen Anlegerinformationen gemäß Artikel 78 der Richtlinie 2009/65/EG des übernehmenden EU-OGAW,
3. eine Erklärung der Verwahrstellen des übertragenden Sondervermögens und des übernehmenden Sondervermögens oder des EU-OGAW zu ihrer Prüfung nach § 185 Absatz 1 oder bei einer grenzüberschreitenden Verschmelzung gemäß Artikel 41 der Richtlinie 2009/65/EG und
4. die Verschmelzungsinformationen nach § 186 Absatz 1 oder bei einer grenzüberschreitenden Verschmelzung gemäß Artikel 43 der Richtlinie 2009/65/EG, die den Anlegern des übertragenden Sondervermögens und des übernehmenden Sondervermögens oder des EU-OGAW zu der geplanten Verschmelzung übermittelt werden sollen.

[2]Bei einer Verschmelzung durch Neugründung eines Sondervermögens ist dem Antrag auf Genehmigung zusätzlich zu den in Satz 1 genannten Angaben und Unterlagen ein Antrag auf Genehmigung der Anlagebedingungen des neu zu gründenden Sondervermögens nach den §§ 162 und 163 beizufügen. [3]Bei einer Verschmelzung durch Neugründung eines EU-OGAW ist dem Antrag auf Genehmigung zusätzlich zu den in Satz 1 genannten Angaben und Unterlagen ein Nachweis darüber beizufügen, dass die Genehmigung der Anlagebedingungen des neu zu gründenden EU-OGAW bei der zuständigen Stelle des Herkunftsmitgliedstaates beantragt wurde. [4]Die Angaben und Unterlagen nach Satz 1 Nummer 1 bis 4 sind in deutscher Sprache und bei einer grenzüberschreitenden Verschmelzung auch in der Amtssprache oder in einer der Amtssprachen der zuständigen Stellen des Herkunftsmitgliedstaates des übernehmenden EU-OGAW oder einer von diesen gebilligten Sprache einzureichen.

(3) [1]Fehlende Angaben und Unterlagen fordert die Bundesanstalt innerhalb von zehn Arbeitstagen nach Eingang des Genehmigungsantrags an. [2]Liegt der vollständige Antrag vor, übermittelt die Bundesanstalt bei einer grenzüberschreitenden Verschmelzung den zuständigen Stellen des Herkunftsstaates des übernehmenden EU-OGAW unverzüglich Abschriften der Angaben und Unterlagen nach Absatz 2.

(4) [1]Die Bundesanstalt prüft, ob den Anlegern angemessene Verschmelzungsinformationen zur Verfügung gestellt werden; dabei berücksichtigt sie die potenziellen Auswirkungen der geplanten Verschmelzung auf die Anleger des übertragenden und des übernehmenden Sondervermögens. [2]Sie kann von der Kapitalverwaltungsgesellschaft des übertragenden Sondervermögens schriftlich verlangen, dass die Verschmelzungsinformationen für die Anleger des übertragenden Sondervermögens klarer gestaltet werden. [3]Soweit sie eine Nachbesserung der Verschmelzungsinformationen für die Anleger des übernehmenden Sondervermögens für erforderlich hält, kann sie innerhalb von 15 Arbeitstagen nach dem Erhalt des vollständigen Antrags gemäß Absatz 2 schriftlich eine Änderung verlangen.

(5) Die Bundesanstalt genehmigt die geplante Verschmelzung, wenn

1. die geplante Verschmelzung den Anforderungen der §§ 183 bis 186 entspricht,
2. bei einer grenzüberschreitenden Verschmelzung für den übernehmenden EU-OGAW der Vertrieb der Anteile sowohl gemäß § 310 im Inland als auch gemäß Artikel 93 der Richtlinie 2009/65/EG zumindest in denjenigen Mitgliedstaaten der Europäischen Union oder Vertragsstaaten des Abkommens über den Europäischen Wirtschaftsraum angezeigt wurde, in denen auch für das übertragende OGAW-Sondervermögen der Vertrieb der Anteile gemäß Artikel 93 der Richtlinie 2009/65/EG angezeigt wurde,
3. die Bundesanstalt

a) keine oder keine weitere Nachbesserung der Verschmelzungsinformationen nach Absatz 4 verlangt hat oder

b) bei einer grenzüberschreitenden Verschmelzung keinen Hinweis der zuständigen Stellen des Herkunftsmitgliedstaates des übernehmenden EU-OGAW erhalten hat, dass die Verschmelzungsinformationen nicht zufriedenstellend im Sinne des Artikels 39 Absatz 3 Unterabsatz 4 Satz 1 der Richtlinie 2009/65/EG sind, oder eine Mitteilung der zuständigen Stellen des Herkunftsmitgliedstaates im Sinne des Artikels 39 Absatz 3 Unterabsatz 4 Satz 2 der Richtlinie 2009/65/EG erhalten hat, dass die Nachbesserung der Verschmelzungsinformationen zufriedenstellend ist, und

4. bei einer Verschmelzung durch Neugründung eines EU-OGAW ein Nachweis der Genehmigung der Anlagebedingungen des neu gegründeten EU-OGAW durch die zuständige Stelle des Herkunftsstaates von der EU-OGAW-Verwaltungsgesellschaft des neu gegründeten EU-OGAW der Bundesanstalt eingereicht wurde.

(6) [1]Die Bundesanstalt teilt der Kapitalverwaltungsgesellschaft innerhalb von 20 Arbeitstagen nach Vorlage der vollständigen Angaben nach Absatz 2 mit, ob die Verschmelzung genehmigt wird. [2]Der Lauf dieser Frist ist gehemmt, solange die Bundesanstalt eine Nachbesserung der Verschmelzungsinformationen nach Absatz 4 verlangt oder ihr bei einer grenzüberschreitenden Verschmelzung eine Mitteilung der zuständigen Stellen des Herkunftsstaates des übernehmenden EU-OGAW vorliegt, dass die Verschmelzungsinformationen nicht zufriedenstellend sind. [3]Ist die Frist bei einer grenzüberschreitenden Verschmelzung gehemmt, gilt Satz 1 mit der Maßgabe, dass die Bundesanstalt der Kapitalverwaltungsgesellschaft nach 20 Arbeitstagen mitteilt, dass die Genehmigung erst erteilt werden kann, wenn sie eine Mitteilung der zuständigen Stellen des Herkunftsmitgliedstaates darüber erhalten hat, dass die Nachbesserung der Verschmelzungsinformationen zufriedenstellend ist und dass damit die Hemmung der Frist beendet ist. [4]Bei einer grenzüberschreitenden Verschmelzung unterrichtet die Bundesanstalt die zuständigen Stellen des Herkunftsstaates des übernehmenden EU-OGAW darüber, ob sie die Genehmigung erteilt hat.

(7) Bei einer Verschmelzung durch Neugründung eines Sondervermögens gilt § 163 Absatz 2 mit der Maßgabe, dass an die Stelle der Frist von vier Wochen eine Frist von 20 Arbeitstagen tritt; werden fehlende oder geänderte Angaben oder Unterlagen angefordert, beginnt der Lauf der in Absatz 6 Satz 1 genannten Frist mit dem Eingang der angeforderten Angaben oder Unterlagen erneut.

§ 183 Verschmelzung eines EU-OGAW auf ein OGAW-Sondervermögen

(1) [1]Werden der Bundesanstalt bei einer geplanten Verschmelzung eines EU-OGAW auf ein OGAW-Sondervermögen Abschriften der Angaben und Unterlagen nach Artikel 39 Absatz 2 der Richtlinie 2009/65/EG von den zuständigen Stellen des Herkunftsmitgliedstaates des übertragenden EU-OGAW übermittelt, prüft sie, ob den Anlegern angemessene Verschmelzungsinformationen zur Verfügung gestellt werden; dabei berücksichtigt sie die potenziellen Auswirkungen der geplanten Verschmelzung auf die Anleger des übernehmenden OGAW-Sondervermögens. [2]Soweit die Bundesanstalt eine Nachbesserung für erforderlich hält, kann sie innerhalb von 15 Arbeitstagen nach dem Erhalt der vollständigen Angaben und Unterlagen gemäß Artikel 39 Absatz 2 der Richtlinie 2009/65/EG von der OGAW-Kapitalverwaltungsgesellschaft des übernehmenden OGAW-Sondervermögens schriftlich eine Änderung der Verschmelzungsinformationen für die Anleger des übernehmenden OGAW-Sondervermögens verlangen.

(2) [1]Verlangt die Bundesanstalt die Nachbesserung der Verschmelzungsinformationen nach Absatz 1, setzt sie die zuständigen Stellen des Herkunftsmitgliedstaates des übertragenden EU-OGAW hierüber in Kenntnis. [2]Sobald sie von der OGAW-Kapitalver-

waltungsgesellschaft des übernehmenden OGAW-Sondervermögens eine zufriedenstellende Nachbesserung der Verschmelzungsinformationen erhalten hat, teilt sie dies den zuständigen Stellen des Herkunftsmitgliedstaates des übertragenden EU-OGAW mit, spätestens jedoch innerhalb von 20 Arbeitstagen.

§ 184 Verschmelzungsplan

[1]Die Vertretungsorgane der an der Verschmelzung beteiligten Rechtsträger haben für gemeinschaftliche Rechnung der Anleger des übertragenden Sondervermögens und der Anleger des übernehmenden Sondervermögens oder übernehmenden EU-OGAW einen gemeinsamen Verschmelzungsplan aufzustellen. [2]Soweit unterschiedliche Rechtsträger an der Verschmelzung beteiligt sind, handelt es sich dabei um einen Vertrag, auf den § 311b Absatz 2 des Bürgerlichen Gesetzbuchs keine Anwendung findet. [3]Der Verschmelzungsplan muss mindestens die folgenden Angaben enthalten:

1. die Art der Verschmelzung und die beteiligten Sondervermögen oder EU-OGAW,
2. den Hintergrund der geplanten Verschmelzung und die Beweggründe dafür,
3. die erwarteten Auswirkungen der geplanten Verschmelzung auf die Anleger des übertragenden Sondervermögens und des übernehmenden Sondervermögens oder EU-OGAW,
4. die beschlossenen Kriterien für die Bewertung der Vermögensgegenstände und Verbindlichkeiten im Zeitpunkt der Berechnung des Umtauschverhältnisses,
5. die Methode zur Berechnung des Umtauschverhältnisses,
6. den geplanten Übertragungsstichtag, zu dem die Verschmelzung wirksam wird,
7. die für die Übertragung von Vermögenswerten und den Umtausch von Anteilen geltenden Bestimmungen und
8. bei einer Verschmelzung durch Neugründung gemäß § 1 Absatz 19 Nummer 37 Buchstabe b die Anlagebedingungen oder die Satzung des neuen Sondervermögens oder EU-OGAW.

[4]Weitere Angaben sind zulässig, können aber nicht von der Bundesanstalt verlangt werden.

§ 185 Prüfung der Verschmelzung; Verordnungsermächtigung

(1) Die Verwahrstellen des übertragenden Sondervermögens und des übernehmenden Sondervermögens oder EU-OGAW haben zu überprüfen, ob die Angaben nach § 184 Satz 3 Nummer 1, 6 und 7 mit den Anforderungen dieses Gesetzes und den Anlagebedingungen des jeweiligen Sondervermögens übereinstimmen.

(2) [1]Die Verschmelzung ist entweder durch eine Verwahrstelle, durch einen Wirtschaftsprüfer oder durch den Abschlussprüfer des übertragenden Sondervermögens oder des übernehmenden Sondervermögens oder EU-OGAW zu prüfen. [2]Die Prüfung ist mit einer Erklärung darüber abzuschließen, ob bei der Verschmelzung

1. die Kriterien, die im Zeitpunkt der Berechnung des Umtauschverhältnisses für die Bewertung der Vermögensgegenstände und gegebenenfalls der Verbindlichkeiten beschlossen worden sind, beachtet wurden,
2. die Barzahlung, sofern eine Barzahlung erfolgt, je Anteil entsprechend den getroffenen Vereinbarungen berechnet wurde und
3. die Methode, die zur Berechnung des Umtauschverhältnisses beschlossen worden ist, beachtet wurde und das tatsächliche Umtauschverhältnis zu dem Zeitpunkt, auf den die Berechnung dieses Umtauschverhältnisses erfolgte, nach dieser Methode berechnet wurde.

[3]§ 318 Absatz 3 bis 8 sowie die §§ 319, 319b und 323 des Handelsgesetzbuchs gelten entsprechend.

(3) [1]Das Bundesministerium der Finanzen wird ermächtigt, im Einvernehmen mit dem Bundesministerium der Justiz und für Verbraucherschutz durch Rechtsverordnung, die nicht der Zustimmung des Bundesrates bedarf, nähere Bestimmungen über den Zeitpunkt der Prüfung, Inhalte der Prüfung sowie Umfang und Darstellungen des Prüfungsberichts zu erlassen, soweit dies zur Erfüllung der Aufgaben der Bundesanstalt erforderlich ist. [2]Das Bundesministerium der Finanzen kann die Ermächtigung durch Rechtsverordnung auf die Bundesanstalt übertragen.

§ 186 Verschmelzungsinformationen

(1) [1]Den Anlegern des übertragenden Sondervermögens und des übernehmenden Sondervermögens oder EU-OGAW sind von der Kapitalverwaltungsgesellschaft geeignete und präzise Informationen über die geplante Verschmelzung zu übermitteln, damit sie sich ein verlässliches Urteil über die Auswirkungen des Vorhabens auf ihre Anlage bilden und ihre Rechte nach § 187 ausüben können (Verschmelzungsinformationen). [2]Hierbei sind insbesondere die Vorgaben nach Artikel 3 der Richtlinie 2010/44/EU zu beachten.

(2) [1]Die Verschmelzungsinformationen sind den Anlegern des übertragenden Sondervermögens und des übernehmenden Sondervermögens oder EU-OGAW erst zu übermitteln, nachdem die Bundesanstalt oder, bei der Verschmelzung eines EU-OGAW auf ein OGAW-Sondervermögen, die zuständigen Stellen des Herkunftsstaates die geplante Verschmelzung genehmigt haben. [2]Zwischen der Übermittlung der Verschmelzungsinformationen und dem Fristablauf für einen Antrag auf Rücknahme oder gegebenenfalls Umtausch ohne weitere Kosten gemäß § 187 Absatz 1 muss ein Zeitraum von mindestens 30 Tagen liegen.

(3) [1]Die Verschmelzungsinformationen müssen die folgenden Angaben enthalten:

1. Hintergrund der geplanten Verschmelzung und die Beweggründe dafür,
2. potenzielle Auswirkungen der geplanten Verschmelzung auf die Anleger nach Maßgabe des Artikels 4 Absatz 1 und 2 der Richtlinie 2010/44/EU, insbesondere hinsichtlich wesentlicher Unterschiede in Bezug auf Anlagepolitik und -strategie, Kosten, erwartetes Ergebnis, Jahres- und Halbjahresberichte, etwaige Beeinträchtigung der Wertentwicklung und gegebenenfalls eine eindeutige Warnung an die Anleger, dass sich hinsichtlich ihrer steuerlichen Behandlung im Zuge der Verschmelzung Änderungen ergeben können,
3. spezifische Rechte der Anleger in Bezug auf die geplante Verschmelzung nach Maßgabe des Artikels 4 Absatz 3 und 4 der Richtlinie 2010/44/EU, insbesondere das Recht auf zusätzliche Informationen, auf Erhalt einer Abschrift der Erklärung des Prüfers gemäß § 185 Absatz 2 auf Anfrage, auf kostenlose Rücknahme und gegebenenfalls Umtausch der Anteile gemäß § 187 Absatz 1 sowie die Frist für die Wahrnehmung dieses Rechts,
4. maßgebliche Verfahrensaspekte und den geplanten Übertragungsstichtag, zu dem die Verschmelzung wirksam wird, nach Maßgabe des Artikels 4 Absatz 5 bis 8 der Richtlinie 2010/44/EU und
5. eine aktuelle Fassung der wesentlichen Anlegerinformationen gemäß den §§ 164 und 166 oder gemäß Artikel 78 der Richtlinie 2009/65/EG des übernehmenden Sondervermögens oder EU-OGAW nach Maßgabe des Artikels 5 der Richtlinie 2010/44/EU.

[2]Werden zu Beginn der Verschmelzungsinformationen die wesentlichen Punkte der Verschmelzung zusammengefasst, ist darin auf den jeweiligen Abschnitt im Dokument

zu verweisen, der die weiteren Informationen enthält. [3]Die Verschmelzungsinformationen sind den Anlegern auf einem dauerhaften Datenträger zu übermitteln und auf der Internetseite der Kapitalverwaltungsgesellschaft zugänglich zu machen. [4]Die Kapitalverwaltungsgesellschaft hat die Übermittlung der Verschmelzungsinformationen an die Anleger im Bundesanzeiger bekannt zu machen; dabei ist mitzuteilen, wo und auf welche Weise weitere Informationen zur Verschmelzung erlangt werden können. [5]Die Übermittlung der Verschmelzungsinformationen gilt drei Tage nach der Aufgabe zur Post oder Absendung als erfolgt. [6]Dies gilt nicht, wenn feststeht, dass der dauerhafte Datenträger den Empfänger nicht oder zu einem späteren Zeitpunkt erreicht hat.

(4) [1]Wurde die Absicht, EU-OGAW-Investmentanteile am übertragenden oder übernehmenden EU-OGAW im Geltungsbereich dieses Gesetzes zu vertreiben, gemäß § 310 angezeigt, müssen die Verschmelzungsinformationen der Bundesanstalt unverzüglich in deutscher Sprache eingereicht werden. [2]Die EU-OGAW-Verwaltungsgesellschaft oder die Kapitalverwaltungsgesellschaft, die diese Informationen zu übermitteln hat, ist für die Übersetzung verantwortlich. [3]Die Übersetzung hat den Inhalt des Originals richtig und vollständig wiederzugeben.

§ 187 Rechte der Anleger

(1) [1]Die Anleger des übertragenden Sondervermögens und des übernehmenden Sondervermögens oder EU-OGAW haben das Recht, von der Kapitalverwaltungsgesellschaft Folgendes zu verlangen:

1. die Rücknahme ihrer Anteile ohne weitere Kosten, mit Ausnahme der Kosten, die zur Deckung der Auflösungskosten einbehalten werden, oder
2. soweit möglich, den Umtausch ihrer Anteile ohne weitere Kosten in Anteile eines anderen Sondervermögens oder EU-OGAW, das mit den bisherigen Anlagegrundsätzen vereinbar ist und von derselben Kapitalverwaltungsgesellschaft oder von einem Unternehmen, das zu der Kapitalverwaltungsgesellschaft in einer Verbindung im Sinne des § 290 Absatz 1 Satz 1 des Handelsgesetzbuchs steht, verwaltet wird oder
3. im Fall der Verschmelzung von Immobilien-Sondervermögen den Umtausch ihrer Anteile ohne weitere Kosten in Anteile eines anderen Immobilien-Sondervermögens, das mit den bisherigen Anlagegrundsätzen vereinbar ist.

[2]Dieses Recht auf Rücknahme oder Umtausch besteht ab dem Zeitpunkt, in dem die Anleger sowohl des übertragenden Sondervermögens als auch des übernehmenden Sondervermögens oder EU-OGAW nach § 186 Absatz 2 über die geplante Verschmelzung unterrichtet werden; es erlischt fünf Arbeitstage vor dem Zeitpunkt der Berechnung des Umtauschverhältnisses nach § 189 Absatz 1 Nummer 3 oder Artikel 47 Absatz 1 Unterabsatz 1 der Richtlinie 2009/65/EG. [3]§ 255 Absatz 3 und 4 bleibt unberührt. [4]Rückgabeerklärungen, die ein Anleger vor der Verschmelzung bezüglich der von ihm gehaltenen Anteile abgibt, gelten nach der Verschmelzung weiter und beziehen sich dann auf Anteile des Anlegers an dem übernehmenden Investmentvermögen mit entsprechendem Wert.

(2) Unbeschadet der Bestimmungen des Absatzes 1 kann die Bundesanstalt bei Verschmelzungen abweichend von § 98 Absatz 1 die zeitweilige Aussetzung der Rücknahme der Anteile verlangen oder gestatten, wenn eine solche Aussetzung aus Gründen des Anlegerschutzes gerechtfertigt ist.

(3) Die Kapitalverwaltungsgesellschaft hat den Anlegern des übertragenden Sondervermögens und des übernehmenden Sondervermögens oder EU-OGAW sowie der Bundesanstalt auf Anfrage kostenlos eine Abschrift der Erklärung des Prüfers gemäß § 185 Absatz 2 zur Verfügung zu stellen.

§ 188 Kosten der Verschmelzung

Eine Kapitalverwaltungsgesellschaft darf jegliche Kosten, die mit der Vorbereitung und Durchführung der Verschmelzung verbunden sind, weder dem übertragenden Sondervermögen noch dem übernehmenden Sondervermögen oder EU-OGAW noch ihren Anlegern in Rechnung stellen.

§ 189 Wirksamwerden der Verschmelzung

(1) Die Verschmelzung wird mit Ablauf des Geschäftsjahres des übertragenden Sondervermögens wirksam, wenn

1. die Verschmelzung im laufenden Geschäftsjahr genehmigt worden ist,
2. soweit erforderlich, die Hauptversammlungen der beteiligten Investmentvermögen zugestimmt haben,
3. die Werte des übernehmenden und des übertragenden Sondervermögens oder EU-OGAW zum Ende des Geschäftsjahres des übertragenden Sondervermögens (Übertragungsstichtag) berechnet worden sind und
4. das Umtauschverhältnis der Anteile sowie gegebenenfalls der Barzahlung in Höhe von nicht mehr als 10 Prozent des Nettoinventarwertes dieser Anteile zum Übertragungsstichtag festgelegt worden ist.

(2) [1]Es kann ein anderer Stichtag bestimmt werden, mit dessen Ablauf die Verschmelzung wirksam werden soll. [2]Dieser Zeitpunkt darf erst nach einer gegebenenfalls erforderlichen Zustimmung der stimmberechtigten Aktionäre der übernehmenden oder übertragenden Investmentaktiengesellschaft mit veränderlichem Kapital oder des übernehmenden oder übertragenden EU-OGAW liegen. [3]Im Übrigen ist Absatz 1 mit der Maßgabe anzuwenden, dass die Werte des übernehmenden und des übertragenden Sondervermögens zu diesem Stichtag zu berechnen sind und das Umtauschverhältnis zu diesem Stichtag festzulegen ist.

(3) Die am Verschmelzungsvorgang beteiligten Kapitalverwaltungsgesellschaften und die Verwahrstellen haben die hierfür erforderlichen technischen Umbuchungen und rechtsgeschäftlichen Handlungen vorzunehmen und sich gegenseitig hierüber zu unterrichten.

(4) [1]Die Kapitalverwaltungsgesellschaft des übernehmenden Sondervermögens hat das Wirksamwerden der Verschmelzung im Bundesanzeiger und darüber hinaus in einer hinreichend verbreiteten Wirtschafts- oder Tageszeitung oder in den im Verkaufsprospekt bezeichneten elektronischen Informationsmedien bekannt zu machen. [2]Bei einer grenzüberschreitenden Verschmelzung hat sie das Wirksamwerden der Verschmelzung nach den entsprechenden Rechtsvorschriften des Herkunftsstaates des übernehmenden EU-OGAW zu veröffentlichen. [3]Die Bundesanstalt ist hierüber zu unterrichten; bei der Verschmelzung eines EU-OGAW auf ein OGAW-Sondervermögen sind auch die zuständigen Stellen im Herkunftsstaat des übertragenden EU-OGAW zu unterrichten.

(5) Eine Verschmelzung, die nach Absatz 1 oder Absatz 2 wirksam geworden ist, kann nicht mehr für nichtig erklärt werden.

§ 190 Rechtsfolgen der Verschmelzung

(1) Eine Verschmelzung durch Aufnahme hat folgende Auswirkungen:

1. alle Vermögensgegenstände und Verbindlichkeiten des übertragenden Sondervermögens gehen auf das übernehmende Sondervermögen oder den übernehmenden EU-OGAW über;
2. die Anleger des übertragenden Sondervermögens werden Anleger des übernehmenden Sondervermögens oder des übernehmenden EU-OGAW; sie haben, soweit

dies im Verschmelzungsplan vorgesehen ist, Anspruch auf eine Barzahlung in Höhe von bis zu 10 Prozent des Wertes ihrer Anteile am übertragenden Sondervermögen, wobei dies nicht gilt, soweit das übernehmende Sondervermögen oder der übernehmende EU-OGAW Anteilsinhaber des übertragenden Sondervermögens ist; Rechte Dritter an den Anteilen bestehen an den an ihre Stelle tretenden Anteilen weiter und

3. das übertragende Sondervermögen erlischt.

(2) Eine Verschmelzung durch Neugründung hat folgende Auswirkungen:

1. alle Vermögensgegenstände und Verbindlichkeiten der übertragenden Sondervermögen gehen auf das neu gegründete Sondervermögen oder den neu gegründeten EU-OGAW über;
2. die Anleger der übertragenden Sondervermögen werden Anleger des neu gegründeten Sondervermögens oder des neu gegründeten EU-OGAW; sie haben, soweit dies im Verschmelzungsplan vorgesehen ist, Anspruch auf eine Barzahlung in Höhe von bis zu 10 Prozent des Wertes ihrer Anteile an dem übertragenden Sondervermögen; Rechte Dritter an den Anteilen bestehen an den an ihre Stelle tretenden Anteilen weiter und
3. die übertragenden Sondervermögen erlöschen.

(3) Die neuen Anteile des übernehmenden oder neu gegründeten Sondervermögens gelten mit Beginn des Tages, der dem Übertragungsstichtag folgt, als bei den Anlegern des übertragenden Sondervermögens oder EU-OGAW ausgegeben.

§ 191 Verschmelzung mit Investmentaktiengesellschaften mit veränderlichem Kapital

(1) Die §§ 181 bis 190 sind entsprechend anzuwenden auf die Verschmelzung

1. eines Sondervermögens auf eine Investmentaktiengesellschaft mit veränderlichem Kapital oder auf ein Teilgesellschaftsvermögen einer Investmentaktiengesellschaft mit veränderlichem Kapital,
2. eines Teilgesellschaftsvermögens einer Investmentaktiengesellschaft mit veränderlichem Kapital auf ein anderes Teilgesellschaftsvermögen derselben Investmentaktiengesellschaft,
3. eines Teilgesellschaftsvermögens einer Investmentaktiengesellschaft mit veränderlichem Kapital auf eine andere Investmentaktiengesellschaft mit veränderlichem Kapital oder auf ein Teilgesellschaftsvermögen einer anderen Investmentaktiengesellschaft mit veränderlichem Kapital und
4. eines Teilgesellschaftsvermögens einer Investmentaktiengesellschaft mit veränderlichem Kapital auf ein Sondervermögen oder auf einen EU-OGAW.

(2) Die §§ 183 bis 190 sind entsprechend anzuwenden auf die Verschmelzung eines EU-OGAW auf eine OGAW-Investmentaktiengesellschaft oder auf ein Teilgesellschaftsvermögen einer OGAW-Investmentaktiengesellschaft.

(3) [1]Auf die Fälle der Verschmelzung einer Investmentaktiengesellschaft mit veränderlichem Kapital auf eine andere Investmentaktiengesellschaft mit veränderlichem Kapital, auf ein Teilgesellschaftsvermögen einer Investmentaktiengesellschaft mit veränderlichem Kapital, auf ein Sondervermögen oder auf einen EU-OGAW sind die Vorschriften des Umwandlungsgesetzes über die Verschmelzung anzuwenden, soweit sich aus der entsprechenden Anwendung der §§ 167, 182, 188 und 189 Absatz 2 bis 5 sowie des § 190 nichts anderes ergibt. [2]Im Übrigen gilt das auf den übertragenden EU-OGAW anwendbare nationale Recht im Einklang mit den Artikeln 40 bis 42, 45 und 46 der Richtlinie 2009/65/EG.

(4) Die Satzung einer Investmentaktiengesellschaft mit veränderlichem Kapital darf für die Zustimmung der Aktionäre zu einer Verschmelzung nicht mehr als 75 Prozent der tatsächlich abgegebenen Stimmen der bei der Hauptversammlung anwesenden oder vertretenen Aktionäre verlangen.

(5) Bei intern verwalteten Investmentaktiengesellschaften mit veränderlichem Kapital dürfen entsprechend den Vorgaben des § 188 die Kosten einer Verschmelzung nicht den Anlageaktionären zugerechnet werden.

Abschnitt 2. Investmentvermögen gemäß der OGAW-Richtlinie

§ 192 Zulässige Vermögensgegenstände

[1]Die OGAW-Kapitalverwaltungsgesellschaft darf für einen inländischen OGAW nur die in den §§ 193 bis 198 genannten Vermögensgegenstände erwerben. [2]Edelmetalle und Zertifikate über Edelmetalle dürfen von der OGAW-Kapitalverwaltungsgesellschaft für einen inländischen OGAW nicht erworben werden.

§ 193 Wertpapiere

(1) [1]Die OGAW-Kapitalverwaltungsgesellschaft darf vorbehaltlich des § 198 für Rechnung eines inländischen OGAW nur Wertpapiere erwerben,

1. die an einer Börse in einem Mitgliedstaat der Europäischen Union oder in einem anderen Vertragsstaat des Abkommens über den Europäischen Wirtschaftsraum zum Handel zugelassen oder in einem dieser Staaten an einem anderen organisierten Markt zugelassen oder in diesen einbezogen sind,
2. die ausschließlich an einer Börse außerhalb der Mitgliedstaaten der Europäischen Union oder außerhalb der anderen Vertragsstaaten des Abkommens über den Europäischen Wirtschaftsraum zum Handel zugelassen oder in einem dieser Staaten an einem anderen organisierten Markt zugelassen oder in diesen einbezogen sind, sofern die Wahl dieser Börse oder dieses organisierten Marktes von der Bundesanstalt zugelassen ist,
3. deren Zulassung an einer Börse in einem Mitgliedstaat der Europäischen Union oder in einem anderen Vertragsstaat des Abkommens über den Europäischen Wirtschaftsraum zum Handel oder deren Zulassung an einem organisierten Markt oder deren Einbeziehung in diesen Markt in einem Mitgliedstaat der Europäischen Union oder in einem anderen Vertragsstaat des Abkommens über den Europäischen Wirtschaftsraum nach den Ausgabebedingungen zu beantragen ist, sofern die Zulassung oder Einbeziehung dieser Wertpapiere innerhalb eines Jahres nach ihrer Ausgabe erfolgt,
4. deren Zulassung an einer Börse zum Handel oder deren Zulassung an einem organisierten Markt oder die Einbeziehung in diesen Markt außerhalb der Mitgliedstaaten der Europäischen Union oder außerhalb der anderen Vertragsstaaten des Abkommens über den Europäischen Wirtschaftsraum nach den Ausgabebedingungen zu beantragen ist, sofern die Wahl dieser Börse oder dieses organisierten Marktes von der Bundesanstalt zugelassen ist und die Zulassung oder Einbeziehung dieser Wertpapiere innerhalb eines Jahres nach ihrer Ausgabe erfolgt,
5. in Form von Aktien, die dem inländischen OGAW bei einer Kapitalerhöhung aus Gesellschaftsmitteln zustehen,
6. die in Ausübung von Bezugsrechten, die zum inländischen OGAW gehören, erworben werden,

7. in Form von Anteilen an geschlossenen Fonds, die die in Artikel 2 Absatz 2 Buchstabe a und b der Richtlinie 2007/16/EG der Kommission vom 19. März 2007 zur Durchführung der Richtlinie 85/611/EWG des Rates zur Koordinierung der Rechts- und Verwaltungsvorschriften betreffend bestimmte Organismen für gemeinsame Anlagen in Wertpapieren (OGAW) im Hinblick auf die Erläuterung gewisser Definitionen (ABl. L 79 vom 20.3.2007, S. 11) genannten Kriterien erfüllen,
8. in Form von Finanzinstrumenten, die die in Artikel 2 Absatz 2 Buchstabe c der Richtlinie 2007/16/EG genannten Kriterien erfüllen.

[2]Der Erwerb von Wertpapieren nach Satz 1 Nummer 1 bis 4 darf nur erfolgen, wenn zusätzlich die Voraussetzungen des Artikels 2 Absatz 1 Unterabsatz 1 Buchstabe a bis c Ziffer i, Buchstabe d Ziffer i und Buchstabe e bis g der Richtlinie 2007/16/EG erfüllt sind.

(2) Wertpapiere nach Maßgabe des Absatzes 1 sind auch Bezugsrechte, sofern sich die Wertpapiere, aus denen die Bezugsrechte herrühren, im inländischen OGAW befinden können.

§ 194 Geldmarktinstrumente

(1) Die OGAW-Kapitalverwaltungsgesellschaft darf vorbehaltlich des § 198 für Rechnung eines inländischen OGAW Instrumente, die üblicherweise auf dem Geldmarkt gehandelt werden, sowie verzinsliche Wertpapiere, die im Zeitpunkt ihres Erwerbs für den inländischen OGAW eine restliche Laufzeit von höchstens 397 Tagen haben, deren Verzinsung nach den Ausgabebedingungen während ihrer gesamten Laufzeit regelmäßig, mindestens aber einmal in 397 Tagen, marktgerecht angepasst wird oder deren Risikoprofil dem Risikoprofil solcher Wertpapiere entspricht (Geldmarktinstrumente), nur erwerben, wenn sie

1. an einer Börse in einem Mitgliedstaat der Europäischen Union oder in einem anderen Vertragsstaat des Abkommens über den Europäischen Wirtschaftsraum zum Handel zugelassen oder dort an einem anderen organisierten Markt zugelassen oder in diesen einbezogen sind,
2. ausschließlich an einer Börse außerhalb der Mitgliedstaaten der Europäischen Union oder außerhalb der anderen Vertragsstaaten des Abkommens über den Europäischen Wirtschaftsraum zum Handel zugelassen oder dort an einem anderen organisierten Markt zugelassen oder in diesen einbezogen sind, sofern die Wahl dieser Börse oder dieses organisierten Marktes von der Bundesanstalt zugelassen ist,
3. von der Europäischen Union, dem Bund, einem Sondervermögen des Bundes, einem Land, einem anderen Mitgliedstaat oder einer anderen zentralstaatlichen, regionalen oder lokalen Gebietskörperschaft oder der Zentralbank eines Mitgliedstaates der Europäischen Union, der Europäischen Zentralbank oder der Europäischen Investitionsbank, einem Drittstaat oder, sofern dieser ein Bundesstaat ist, einem Gliedstaat dieses Bundesstaates oder von einer internationalen öffentlich-rechtlichen Einrichtung, der mindestens ein Mitgliedstaat der Europäischen Union angehört, begeben oder garantiert werden,
4. von einem Unternehmen begeben werden, dessen Wertpapiere auf den unter den Nummern 1 und 2 bezeichneten Märkten gehandelt werden,
5. begeben oder garantiert werden
   a) von einem Kreditinstitut, das nach den im Recht der Europäischen Union festgelegten Kriterien einer Aufsicht unterstellt ist, oder
   b) einem Kreditinstitut, das Aufsichtsbestimmungen, die nach Auffassung der Bundesanstalt denjenigen des Rechts der Europäischen Union gleichwertig sind, unterliegt und diese einhält oder

6. von anderen Emittenten begeben werden und es sich bei dem jeweiligen Emittenten
   a) um ein Unternehmen mit einem Eigenkapital von mindestens 10 Millionen Euro handelt, das seinen Jahresabschluss nach den Vorschriften der Richtlinie 2013/34/EU des Europäischen Parlaments und des Rates vom 26. Juni 2013 über den Jahresabschluss, den konsolidierten Abschluss und damit verbundene Berichte von Unternehmen bestimmter Rechtsformen und zur Änderung der Richtlinie 2006/43/EG des Europäischen Parlaments und des Rates und zur Aufhebung der Richtlinien 78/660/EWG und 83/349/EWG des Rates (ABl. L 182 vom 29.6.2013, S. 19) erstellt und veröffentlicht,
   b) um einen Rechtsträger handelt, der innerhalb einer Unternehmensgruppe, die eine oder mehrere börsennotierte Gesellschaften umfasst, für die Finanzierung dieser Gruppe zuständig ist, oder
   c) um einen Rechtsträger handelt, der die wertpapiermäßige Unterlegung von Verbindlichkeiten durch Nutzung einer von einer Bank eingeräumten Kreditlinie finanzieren soll; für die wertpapiermäßige Unterlegung und die von einer Bank eingeräumte Kreditlinie gilt Artikel 7 der Richtlinie 2007/16/EG.

(2) [1]Geldmarktinstrumente im Sinne des Absatzes 1 dürfen nur erworben werden, wenn sie die Voraussetzungen des Artikels 4 Absatz 1 und 2 der Richtlinie 2007/16/EG erfüllen. [2]Für Geldmarktinstrumente im Sinne des Absatzes 1 Nummer 1 und 2 gilt Artikel 4 Absatz 3 der Richtlinie 2007/16/EG.

(3) [1]Geldmarktinstrumente im Sinne des Absatzes 1 Nummer 3 bis 6 dürfen nur erworben werden, wenn die Emission oder der Emittent dieser Instrumente Vorschriften über den Einlagen- und den Anlegerschutz unterliegt und zusätzlich die Kriterien des Artikels 5 Absatz 1 der Richtlinie 2007/16/EG erfüllt sind. [2]Für den Erwerb von Geldmarktinstrumenten, die nach Absatz 1 Nummer 3 von einer regionalen oder lokalen Gebietskörperschaft eines Mitgliedstaates der Europäischen Union oder von einer internationalen öffentlich-rechtlichen Einrichtung im Sinne des Absatzes 1 Nummer 3 begeben werden, aber weder von diesem Mitgliedstaat oder, wenn dieser ein Bundesstaat ist, einem Gliedstaat dieses Bundesstaates garantiert werden und für den Erwerb von Geldmarktinstrumenten nach Absatz 1 Nummer 4 und 6 gilt Artikel 5 Absatz 2 der Richtlinie 2007/16/EG; für den Erwerb aller anderen Geldmarktinstrumente nach Absatz 1 Nummer 3 außer Geldmarktinstrumenten, die von der Europäischen Zentralbank oder der Zentralbank eines Mitgliedstaates der Europäischen Union begeben oder garantiert wurden, gilt Artikel 5 Absatz 4 dieser Richtlinie. [3]Für den Erwerb von Geldmarktinstrumenten nach Absatz 1 Nummer 5 gelten Artikel 5 Absatz 3 und, wenn es sich um Geldmarktinstrumente handelt, die von einem Kreditinstitut, das Aufsichtsbestimmungen, die nach Auffassung der Bundesanstalt denjenigen des Rechts der Europäischen Union gleichwertig sind, unterliegt und diese einhält, begeben oder garantiert werden, Artikel 6 der Richtlinie 2007/16/EG.

§ 195 Bankguthaben

[1]Die OGAW-Kapitalverwaltungsgesellschaft darf für Rechnung eines inländischen OGAW nur Bankguthaben halten, die eine Laufzeit von höchstens zwölf Monaten haben. [2]Die auf Sperrkonten zu führenden Guthaben können bei einem Kreditinstitut mit Sitz in einem Mitgliedstaat der Europäischen Union oder einem anderen Vertragsstaat des Abkommens über den Europäischen Wirtschaftsraum unterhalten werden; die Guthaben können auch bei einem Kreditinstitut mit Sitz in einem Drittstaat, dessen Aufsichtsbestimmungen nach Auffassung der Bundesanstalt denjenigen des Rechts der Europäischen Union gleichwertig sind, gehalten werden.

§ 196 Investmentanteile

(1) [1]Die OGAW-Kapitalverwaltungsgesellschaft kann für Rechnung eines inländischen OGAW Anteile an OGAW erwerben. [2]Anteile an anderen inländischen Sondervermögen und Investmentaktiengesellschaften mit veränderlichem Kapital sowie Anteile an offenen EU-AIF und ausländischen offenen AIF, kann sie nur erwerben, wenn

1. diese nach Rechtsvorschriften zugelassen wurden, die sie einer wirksamen öffentlichen Aufsicht zum Schutz der Anleger unterstellen und ausreichende Gewähr für eine befriedigende Zusammenarbeit zwischen den Behörden besteht,
2. das Schutzniveau des Anlegers dem Schutzniveau eines Anlegers in einem inländischen OGAW gleichwertig ist und insbesondere die Vorschriften für die getrennte Verwahrung der Vermögensgegenstände, für die Kreditaufnahme und die Kreditgewährung sowie für Leerverkäufe von Wertpapieren und Geldmarktinstrumenten den Anforderungen der Richtlinie 85/611/EWG gleichwertig sind,
3. die Geschäftstätigkeit Gegenstand von Jahres- und Halbjahresberichten ist, die es erlauben, sich ein Urteil über das Vermögen und die Verbindlichkeiten, die Erträge und die Transaktionen im Berichtszeitraum zu bilden,
4. die Anteile dem Publikum ohne eine zahlenmäßige Begrenzung angeboten werden und die Anleger das Recht zur Rückgabe der Anteile haben.

[3]Anteile an inländischen Sondervermögen, an Investmentaktiengesellschaften mit veränderlichem Kapital, an EU-OGAW, an offenen EU-AIF und an ausländischen offenen AIF dürfen nur erworben werden, wenn nach den Anlagebedingungen oder der Satzung der Kapitalverwaltungsgesellschaft, der Investmentaktiengesellschaft mit veränderlichem Kapital, des EU-Investmentvermögens, der EU-Verwaltungsgesellschaft, des ausländischen AIF oder der ausländischen AIF-Verwaltungsgesellschaft insgesamt höchstens 10 Prozent des Wertes ihres Vermögens in Anteilen an anderen inländischen Sondervermögen, Investmentaktiengesellschaften mit veränderlichem Kapital, offenen EU-Investmentvermögen oder ausländischen offenen AIF angelegt werden dürfen.

(2) Beim Erwerb von Anteilen im Sinne des Absatzes 1, die direkt oder indirekt von derselben OGAW-Kapitalverwaltungsgesellschaft oder von einer Gesellschaft verwaltet werden, mit der die OGAW-Kapitalverwaltungsgesellschaft durch eine wesentliche unmittelbare oder mittelbare Beteiligung verbunden ist, darf die OGAW-Kapitalverwaltungsgesellschaft oder die andere Gesellschaft für den Erwerb und die Rücknahme keine Ausgabeaufschläge und Rücknahmeabschläge berechnen.

§ 197 Gesamtgrenze; Derivate; Verordnungsermächtigung

(1) [1]Der inländische OGAW darf nur in Derivate, die von Wertpapieren, Geldmarktinstrumenten, Investmentanteilen gemäß § 196, Finanzindizes im Sinne des Artikels 9 Absatz 1 der Richtlinie 2007/16/EG, Zinssätzen, Wechselkursen oder Währungen, in die der inländische OGAW nach seinen Anlagebedingungen investieren darf, abgeleitet sind, zu Investmentzwecken investieren. [2]Satz 1 gilt entsprechend für Finanzinstrumente mit derivativer Komponente im Sinne des Artikels 10 Absatz 1 der Richtlinie 2007/16/EG.

(2) Die OGAW-Verwaltungsgesellschaft muss sicherstellen, dass sich das Marktrisikopotenzial eines inländischen OGAW durch den Einsatz von Derivaten und Finanzinstrumenten mit derivativer Komponente gemäß Absatz 1 höchstens verdoppelt.

(3) [1]Das Bundesministerium der Finanzen wird ermächtigt, durch Rechtsverordnung, die nicht der Zustimmung des Bundesrates bedarf,

1. die Beschaffenheit von zulässigen Risikomesssystemen für Derivate einschließlich der Bemessungsmethode des Marktrisikopotenzials festzulegen,

2. vorzuschreiben, wie die Derivate auf die Grenzen gemäß den §§ 206 und 207 anzurechnen sind,
3. nähere Bestimmungen über Derivate zu erlassen, die nicht zum Handel an einer Börse zugelassen oder an einem anderen organisierten Markt zugelassen oder in diesen einbezogen sind,
4. Bestimmungen über die Berechnung und Begrenzung des Anrechnungsbetrages für das Kontrahentenrisiko nach § 206 Absatz 5 Satz 1 Nummer 3 festzulegen,
5. Aufzeichnungs- und Unterrichtungspflichten festzulegen,
6. weitere Voraussetzungen für den Abschluss von Geschäften, die Derivate zum Gegenstand haben, festzulegen, insbesondere für Derivate, deren Wertentwicklung zur Wertentwicklung des dazugehörigen Basiswertes entgegengesetzt verläuft.

[2]Das Bundesministerium der Finanzen kann die Ermächtigung durch Rechtsverordnung auf die Bundesanstalt übertragen.

§ 198 Sonstige Anlageinstrumente

Die OGAW-Kapitalverwaltungsgesellschaft darf nur bis zu 10 Prozent des Wertes des inländischen OGAW insgesamt anlegen in

1. Wertpapiere, die nicht zum Handel an einer Börse zugelassen oder an einem anderen organisierten Markt zugelassen oder in diesen einbezogen sind, im Übrigen jedoch die Kriterien des Artikels 2 Absatz 1 Buchstabe a bis c Ziffer ii, Buchstabe d Ziffer ii und Buchstabe e bis g der Richtlinie 2007/16/EG erfüllen,
2. Geldmarktinstrumente von Emittenten, die nicht den Anforderungen des § 194 genügen, sofern die Geldmarktinstrumente die Voraussetzungen des Artikels 4 Absatz 1 und 2 der Richtlinie 2007/16/EG erfüllen,
3. Aktien, welche die Anforderungen des § 193 Absatz 1 Nummer 3 und 4 erfüllen,
4. Forderungen aus Gelddarlehen, die nicht unter § 194 fallen, Teilbeträge eines von einem Dritten gewährten Gesamtdarlehens sind und über die ein Schuldschein ausgestellt ist (Schuldscheindarlehen), sofern diese Forderungen nach dem Erwerb für den inländischen OGAW mindestens zweimal abgetreten werden können und das Darlehen gewährt wurde
   a) dem Bund, einem Sondervermögen des Bundes, einem Land, der Europäischen Union oder einem Staat, der Mitglied der Organisation für wirtschaftliche Zusammenarbeit und Entwicklung ist,
   b) einer anderen inländischen Gebietskörperschaft oder einer Regionalregierung oder örtlichen Gebietskörperschaft eines anderen Mitgliedstaates der Europäischen Union oder eines anderen Vertragsstaates des Abkommens über den Europäischen Wirtschaftsraum, sofern die Forderung an die Regionalregierung oder an die Gebietskörperschaft gemäß Artikel 115 Absatz 2 der Verordnung (EU) Nr. 575/2013 in derselben Weise behandelt werden kann wie eine Forderung an den Zentralstaat, auf dessen Hoheitsgebiet die Regionalregierung oder die Gebietskörperschaft ansässig ist,
   c) sonstigen Körperschaften oder Anstalten des öffentlichen Rechts mit Sitz im Inland oder in einem anderen Mitgliedstaat der Europäischen Union oder einem anderen Vertragsstaat des Abkommens über den Europäischen Wirtschaftsraum,
   d) Unternehmen, die Wertpapiere ausgegeben haben, die an einem organisierten Markt im Sinne von § 2 Absatz 11 des Wertpapierhandelsgesetzes zum Handel zugelassen sind oder die an einem anderen organisierten Markt, der die wesentlichen Anforderungen an geregelte Märkte im Sinne der Richtlinie 2014/65/EU in der jeweils geltenden Fassung erfüllt, zum Handel zugelassen sind, oder

e) gegen Übernahme der Gewährleistung für die Verzinsung und Rückzahlung durch eine der in den Buchstaben a bis c bezeichneten Stellen.

§ 199 Kreditaufnahme

Die OGAW-Kapitalverwaltungsgesellschaft darf für gemeinschaftliche Rechnung der Anleger kurzfristige Kredite nur bis zur Höhe von 10 Prozent des Wertes des inländischen OGAW und nur aufnehmen, wenn die Bedingungen der Kreditaufnahme marktüblich sind und dies in den Anlagebedingungen vorgesehen ist.

§ 200 Wertpapier-Darlehen, Sicherheiten

(1) [1]Die OGAW-Kapitalverwaltungsgesellschaft darf für Rechnung des inländischen OGAW Wertpapiere an einen Dritten (Wertpapier-Darlehensnehmer) gegen ein marktgerechtes Entgelt nur mit der Maßgabe übertragen, dass der Wertpapier-Darlehensnehmer der OGAW-Kapitalverwaltungsgesellschaft für Rechnung des inländischen OGAW Wertpapiere von gleicher Art, Güte und Menge zurückzuerstatten hat (Wertpapier-Darlehen), wenn dies in den Anlagebedingungen vorgesehen ist. [2]Wertpapier-Darlehen dürfen einem Wertpapier-Darlehensnehmer nur insoweit gewährt werden, als der Kurswert der zu übertragenden Wertpapiere zusammen mit dem Kurswert der für Rechnung des inländischen OGAW dem Wertpapier-Darlehensnehmer bereits als Wertpapier-Darlehen übertragenen Wertpapiere 10 Prozent des Wertes des inländischen OGAW nicht übersteigt; Wertpapier-Darlehen an konzernangehörige Unternehmen im Sinne des § 290 des Handelsgesetzbuchs gelten als Wertpapier-Darlehen an dasselbe Unternehmen. [3]Die OGAW-Kapitalverwaltungsgesellschaft muss jederzeit zur Kündigung des Wertpapier-Darlehens berechtigt sein.

(2) [1]Die OGAW-Kapitalverwaltungsgesellschaft darf Wertpapiere nach Absatz 1 nur übertragen, wenn sie sich vor Übertragung oder Zug um Zug gegen Übertragung der Wertpapiere für Rechnung des inländischen OGAW ausreichende Sicherheiten durch Geldzahlung oder durch Verpfändung oder Abtretung von Guthaben oder durch Übereignung oder Verpfändung von Wertpapieren oder Geldmarktinstrumenten nach Maßgabe der Sätze 2 und 3 und des Absatzes 3 hat gewähren lassen. [2]Die durch Verfügungen nach Satz 1 gewährten Guthaben müssen auf Euro oder auf die Währung lauten, in der die Anteile oder Aktien des inländischen OGAW begeben wurden. [3]Die Guthaben müssen

1. auf Sperrkonten bei der Verwahrstelle oder mit ihrer Zustimmung auf Sperrkonten bei anderen Kreditinstituten mit Sitz in einem Mitgliedstaat der Europäischen Union oder eines anderen Vertragsstaates des Abkommens über den Europäischen Wirtschaftsraum oder bei einem anderen Kreditinstitut mit Sitz in einem Drittstaat nach Maßgabe des § 195 Satz 2 Halbsatz 2 unterhalten werden oder
2. in der Währung des Guthabens angelegt werden
   a) in Schuldverschreibungen, die eine hohe Qualität aufweisen und die vom Bund, von einem Land, der Europäischen Union, einem Mitgliedstaat der Europäischen Union oder seinen Gebietskörperschaften, einem anderen Vertragsstaat des Abkommens über den Europäischen Wirtschaftsraum oder einem Drittstaat ausgegeben worden sind,
   b) in Geldmarktfonds mit kurzer Laufzeitstruktur entsprechend von der Bundesanstalt auf Grundlage von § 4 Absatz 2 erlassenen Richtlinien oder
   c) im Wege eines Pensionsgeschäftes mit einem Kreditinstitut, das die jederzeitige Rückforderung des aufgelaufenen Guthabens gewährleistet.

[4]Die Erträge aus der Anlage der Sicherheiten stehen dem inländischen OGAW zu. [5]Zu verpfändende Wertpapiere müssen von einem geeigneten Kreditinstitut verwahrt wer-

den. [6]Als Sicherheit unzulässig sind Wertpapiere, die vom Wertpapier-Darlehensnehmer oder von einem zu demselben Konzern gehörenden Unternehmen ausgestellt sind.

(3) [1]Der Kurswert der als Wertpapier-Darlehen zu übertragenden Wertpapiere bildet zusammen mit den zugehörigen Erträgen den zu sichernden Wert (Sicherungswert). [2]Der Umfang der Sicherheitsleistung ist insbesondere unter Berücksichtigung der wirtschaftlichen Verhältnisse des Wertpapier-Darlehensnehmers zu bestimmen. [3]Die Sicherheitsleistung darf den Sicherungswert zuzüglich eines marktüblichen Aufschlags nicht unterschreiten. [4]Die OGAW-Kapitalverwaltungsgesellschaft hat unverzüglich die Leistung weiterer Sicherheiten zu verlangen, wenn sich auf Grund der börsentäglichen Ermittlung des Sicherungswertes und der erhaltenen Sicherheitsleistung oder einer Veränderung der wirtschaftlichen Verhältnisse des Wertpapier-Darlehensnehmers ergibt, dass die Sicherheiten nicht mehr ausreichen.

(4) Die OGAW-Kapitalverwaltungsgesellschaft hat der Bundesanstalt unverzüglich die Unterschreitung des Wertes der Sicherheitsleistung unter den Sicherungswert unter Darlegung des Sachverhalts anzuzeigen.

§ 201 Wertpapier-Darlehensvertrag

In dem Darlehensvertrag zwischen der OGAW-Kapitalverwaltungsgesellschaft und dem Wertpapier-Darlehensnehmer sind neben den auf Grund des § 200 erforderlichen Regelungen insbesondere festzulegen:

1. die Verpflichtung des Wertpapier-Darlehensnehmers, die Erträge aus den als Wertpapier-Darlehen erhaltenen Wertpapieren bei Fälligkeit an die Verwahrstelle für Rechnung des inländischen OGAW zu zahlen;
2. die Verpflichtung des Wertpapier-Darlehensnehmers, als Wertpapier-Darlehen erhaltene Aktien der OGAW-Kapitalverwaltungsgesellschaft so rechtzeitig zurückzuerstatten, dass diese die verbrieften Rechte ausüben kann; dies gilt nicht für Ansprüche auf Anteile am Gewinn; die Verpflichtung zur Rückerstattung ist entbehrlich, wenn die OGAW-Kapitalverwaltungsgesellschaft zur Ausübung der Stimmrechte aus den Aktien bevollmächtigt worden ist und die Stimmrechte ausüben kann, und
3. die Rechte der OGAW-Kapitalverwaltungsgesellschaft bei nicht rechtzeitiger Erfüllung der Verpflichtungen des Wertpapier-Darlehensnehmers.

§ 202 Organisierte Wertpapier-Darlehenssysteme

[1]Die OGAW-Kapitalverwaltungsgesellschaft kann sich eines von einer Wertpapiersammelbank oder von einem anderen Unternehmen, dessen Unternehmensgegenstand die Abwicklung von grenzüberschreitenden Effektengeschäften für andere ist und das in den Anlagebedingungen genannt ist, organisierten Systems zur Vermittlung und Abwicklung von Wertpapier-Darlehen bedienen, das von den Anforderungen nach den §§ 200 und 201 abweicht, wenn durch die Bedingungen dieses Systems die Wahrung der Interessen der Anleger gewährleistet ist. [2]Von dem jederzeitigen Kündigungsrecht nach § 200 Absatz 1 darf nicht abgewichen werden.

§ 203 Pensionsgeschäfte

[1]Die OGAW-Kapitalverwaltungsgesellschaft darf für Rechnung eines inländischen OGAW Pensionsgeschäfte im Sinne des § 340b Absatz 2 des Handelsgesetzbuchs mit Kreditinstituten oder Finanzdienstleistungsinstituten auf der Grundlage standardisierter Rahmenverträge nur abschließen, wenn dies in den Anlagebedingungen vorgesehen ist. [2]Die Pensionsgeschäfte müssen Wertpapiere zum Gegenstand haben, die nach den Anlagebedingungen für den inländischen OGAW erworben werden dürfen. [3]Die Pensionsgeschäfte dürfen höchstens eine Laufzeit von zwölf Monaten haben. [4]Die OGAW-Ka-

pitalverwaltungsgesellschaft muss jedoch jederzeit zur Kündigung des Pensionsgeschäftes berechtigt sein. [5]Die in Pension genommenen Wertpapiere sind auf die Anlagegrenzen des § 206 Absatz 1, 2 und 3 anzurechnen.

§ 204 Verweisung; Verordnungsermächtigung

(1) Für die weiteren in den §§ 192 bis 211 genannten Vermögensgegenstände gelten die §§ 200 bis 203 sinngemäß.

(2) Die in den §§ 200 und 203 genannten Geschäfte müssen die in Artikel 11 Absatz 1 der Richtlinie 2007/16/EG genannten Kriterien erfüllen.

(3) [1]Das Bundesministerium der Finanzen wird ermächtigt, durch Rechtsverordnung, die nicht der Zustimmung des Bundesrates bedarf, weitere Kriterien für die in den §§ 200 und 203 genannten Geschäfte vorzuschreiben, insbesondere Bestimmungen über die Berechnung und Begrenzung des Marktrisikopotenzials und des Kontrahentenrisikos sowie über die Beschaffenheit und die Anlage der Sicherheiten oder der Gegenstände der Pensionsgeschäfte und deren Anrechnung auf die Anlagegrenzen. [2]Das Bundesministerium der Finanzen kann die Ermächtigung durch Rechtsverordnung auf die Bundesanstalt übertragen.

§ 205 Leerverkäufe

[1]Die Kapitalverwaltungsgesellschaft darf für gemeinschaftliche Rechnung der Anleger keine Vermögensgegenstände nach Maßgabe der §§ 193, 194 und 196 verkaufen, wenn die jeweiligen Vermögensgegenstände im Zeitpunkt des Geschäftsabschlusses nicht zum inländischen OGAW gehören; § 197 bleibt unberührt. [2]Die Wirksamkeit des Rechtsgeschäfts wird durch einen Verstoß gegen Satz 1 nicht berührt.

§ 206 Emittentengrenzen

(1) Die OGAW-Kapitalverwaltungsgesellschaft darf in Wertpapiere und Geldmarktinstrumente desselben Emittenten nur bis zu 5 Prozent des Wertes des inländischen OGAW anlegen; in diesen Werten dürfen jedoch bis zu 10 Prozent des Wertes des inländischen OGAW angelegt werden, wenn dies in den Anlagebedingungen vorgesehen ist und der Gesamtwert der Wertpapiere und Geldmarktinstrumente dieser Emittenten 40 Prozent des Wertes des inländischen OGAW nicht übersteigt.

(2) Die OGAW-Kapitalverwaltungsgesellschaft darf in Schuldverschreibungen, Schuldscheindarlehen und Geldmarktinstrumente, die vom Bund, von einem Land, der Europäischen Union, einem Mitgliedstaat der Europäischen Union oder seinen Gebietskörperschaften, einem anderen Vertragsstaat des Abkommens über den Europäischen Wirtschaftsraum, einem Drittstaat oder von einer internationalen Organisation, der mindestens ein Mitgliedstaat der Europäischen Union angehört, ausgegeben oder garantiert worden sind, jeweils bis zu 35 Prozent des Wertes des inländischen OGAW nur anlegen, wenn dies in den Anlagebedingungen vorgesehen ist.

(3) [1]Die OGAW-Kapitalverwaltungsgesellschaft darf in Pfandbriefe und Kommunalschuldverschreibungen sowie Schuldverschreibungen, die von Kreditinstituten mit Sitz in einem Mitgliedstaat der Europäischen Union oder in einem anderen Vertragsstaat des Abkommens über den Europäischen Wirtschaftsraum ausgegeben worden sind, jeweils bis zu 25 Prozent des Wertes des inländischen OGAW nur anlegen, wenn

1. dies in den Anlagebedingungen vorgesehen ist,
2. die Kreditinstitute auf Grund gesetzlicher Vorschriften zum Schutz der Inhaber dieser Schuldverschreibungen einer besonderen öffentlichen Aufsicht unterliegen,
3. die mit der Ausgabe der Schuldverschreibungen aufgenommenen Mittel nach den gesetzlichen Vorschriften in Vermögenswerten angelegt werden, die

a) während der gesamten Laufzeit der Schuldverschreibungen die sich aus ihnen ergebenden Verbindlichkeiten ausreichend decken und
b) bei einem Ausfall des Emittenten vorrangig für die fällig werdenden Rückzahlungen und die Zahlung der Zinsen bestimmt sind.

[2]Legt die OGAW-Kapitalverwaltungsgesellschaft mehr als 5 Prozent des Wertes des inländischen OGAW in Schuldverschreibungen desselben Emittenten nach Satz 1 an, hat sie sicherzustellen, dass der Gesamtwert dieser Schuldverschreibungen 80 Prozent des Wertes des inländischen OGAW nicht übersteigt. [3]Die Bundesanstalt übermittelt der Europäischen Wertpapier- und Marktaufsichtsbehörde und der Europäischen Kommission ein Verzeichnis der in Satz 1 genannten Kategorien von Schuldverschreibungen und Emittenten; diesem Verzeichnis ist ein Vermerk beizufügen, in dem die Art der Deckung erläutert wird.

(4) Die OGAW-Kapitalverwaltungsgesellschaft darf nur bis zu 20 Prozent des Wertes des inländischen OGAW in Bankguthaben nach Maßgabe des § 195 bei demselben Kreditinstitut anlegen.

(5) [1]Die OGAW-Kapitalverwaltungsgesellschaft hat sicherzustellen, dass eine Kombination aus

1. Wertpapieren oder Geldmarktinstrumenten, die von ein und derselben Einrichtung begeben werden,
2. Einlagen bei dieser Einrichtung und
3. Anrechnungsbeträgen für das Kontrahentenrisiko der mit dieser Einrichtung eingegangenen Geschäfte

20 Prozent des Wertes des jeweiligen inländischen OGAW nicht übersteigt. [2]Satz 1 gilt für die in den Absätzen 2 und 3 genannten Emittenten und Garantiegeber mit der Maßgabe, dass die OGAW-Kapitalverwaltungsgesellschaft sicherzustellen hat, dass eine Kombination der in Satz 1 genannten Vermögensgegenstände und Anrechnungsbeträge 35 Prozent des Wertes des jeweiligen inländischen OGAW nicht übersteigt. [3]Die jeweiligen Einzelobergrenzen bleiben in beiden Fällen unberührt.

(6) [1]Die in den Absätzen 2 und 3 genannten Schuldverschreibungen, Schuldscheindarlehen und Geldmarktinstrumente werden bei der Anwendung der in Absatz 1 genannten Grenze von 40 Prozent nicht berücksichtigt. [2]Die in den Absätzen 1 bis 5 genannten Grenzen dürfen abweichend von der Regelung in Absatz 5 nicht kumuliert werden.

(7) Wertpapiere und Geldmarktinstrumente von Unternehmen, zwischen denen eine Verbindung im Sinne des § 290 Absatz 1 Satz 1 des Handelsgesetzbuchs besteht, gelten als Wertpapiere desselben Emittenten.

§ 207 Erwerb von Anteilen an Investmentvermögen

(1) Die OGAW-Kapitalverwaltungsgesellschaft darf in Anteile an einem einzigen Investmentvermögen nach Maßgabe des § 196 Absatz 1 nur bis zu 20 Prozent des Wertes des inländischen OGAW anlegen.

(2) Die OGAW-Kapitalverwaltungsgesellschaft darf in Anteile an Investmentvermögen nach Maßgabe des § 196 Absatz 1 Satz 2 insgesamt nur bis zu 30 Prozent des Wertes des inländischen OGAW anlegen.

§ 208 Erweiterte Anlagegrenzen

Die OGAW-Kapitalverwaltungsgesellschaft darf abweichend von § 206 Absatz 1 in Wertpapiere und Geldmarktinstrumente desselben Emittenten nach Maßgabe des § 206 Absatz 2 mehr als 35 Prozent des Wertes des inländischen OGAW anlegen, wenn

1. dies in den Anlagebedingungen des inländischen OGAW unter Angabe der betreffenden Emittenten vorgesehen ist und
2. die für Rechnung des inländischen OGAW gehaltenen Wertpapiere und Geldmarktinstrumente aus mindestens sechs verschiedenen Emissionen stammen, wobei nicht mehr als 30 Prozent des Wertes des inländischen OGAW in einer Emission gehalten werden dürfen.

§ 209 Wertpapierindex-OGAW

(1) [1]Abweichend zu der in § 206 bestimmten Grenze darf die OGAW-Kapitalverwaltungsgesellschaft bis zu 20 Prozent des Wertes des inländischen OGAW in Wertpapiere eines Emittenten anlegen, wenn nach den Anlagebedingungen die Auswahl der für den inländischen OGAW zu erwerbenden Wertpapiere darauf gerichtet ist, unter Wahrung einer angemessenen Risikomischung einen bestimmten, von der Bundesanstalt anerkannten Wertpapierindex nachzubilden (Wertpapierindex-OGAW). [2]Der Wertpapierindex ist insbesondere anzuerkennen, wenn

1. seine Zusammensetzung hinreichend diversifiziert ist,
2. er eine adäquate Bezugsgrundlage für den Markt darstellt, auf den er sich bezieht,
3. er in angemessener Weise veröffentlicht wird.

[3]Ein Wertpapierindex stellt eine adäquate Bezugsgrundlage für den Markt dar, wenn er die Anforderungen des Artikels 12 Absatz 3 der Richtlinie 2007/16/EG erfüllt. [4]Ein Wertpapierindex wird in angemessener Weise veröffentlicht, wenn die Kriterien des Artikels 12 Absatz 4 der Richtlinie 2007/16/EG erfüllt sind.

(2) [1]Die in § 206 Absatz 1 bestimmte Grenze darf für Wertpapiere eines Emittenten auf bis zu 35 Prozent des Wertes des inländischen OGAW angehoben werden, wenn die Anforderungen nach Maßgabe des Absatzes 1 erfüllt sind. [2]Eine Anlage bis zu der Grenze nach Satz 1 ist nur bei einem einzigen Emittenten zulässig.

§ 210 Emittentenbezogene Anlagegrenzen

(1) [1]Schuldverschreibungen desselben Emittenten oder Geldmarktinstrumente desselben Emittenten darf die OGAW-Kapitalverwaltungsgesellschaft für Rechnung eines inländischen OGAW nur insoweit erwerben, als der Gesamtnennbetrag jeweils 10 Prozent des Gesamtnennbetrags der in Umlauf befindlichen Schuldverschreibungen und Geldmarktinstrumente desselben Emittenten nicht übersteigt. [2]Dies gilt nicht für Wertpapiere oder Geldmarktinstrumente nach Maßgabe des § 206 Absatz 2. Die in Satz 1 bestimmte Grenze braucht beim Erwerb nicht eingehalten zu werden, wenn der Gesamtnennbetrag der in Umlauf befindlichen Schuldverschreibungen oder Geldmarktinstrumente desselben Emittenten von der OGAW-Kapitalverwaltungsgesellschaft nicht ermittelt werden kann. [3]Aktien ohne Stimmrechte desselben Emittenten dürfen für einen inländischen OGAW nur insoweit erworben werden, als ihr Anteil an dem Kapital, das auf die ausgegebenen Aktien ohne Stimmrechte desselben Emittenten entfällt, 10 Prozent nicht übersteigt.

(2) [1]Die OGAW-Kapitalverwaltungsgesellschaft darf für alle von ihr verwalteten inländischen OGAW Aktien desselben Emittenten nur insoweit erwerben, als die Stimmrechte, die der OGAW-Kapitalverwaltungsgesellschaft aus Aktien desselben Emittenten zustehen, 10 Prozent der gesamten Stimmrechte aus Aktien desselben Emittenten nicht übersteigen. [2]Hat ein anderer Mitgliedstaat der Europäischen Union oder ein anderer Vertragsstaat des Abkommens über den Europäischen Wirtschaftsraum eine niedrigere Grenze für den Erwerb von Aktien mit Stimmrechten desselben Emittenten festgelegt, so ist diese Grenze maßgebend, wenn eine OGAW-Kapitalverwaltungsgesellschaft für die

von ihr verwalteten inländischen OGAW solche Aktien eines Emittenten mit Sitz in diesem Staat erwirbt.

(3) Die OGAW-Kapitalverwaltungsgesellschaft darf für Rechnung eines inländischen OGAW nicht mehr als 25 Prozent der ausgegebenen Anteile eines anderen offenen inländischen, EU- oder ausländischen Investmentvermögens, das nach dem Grundsatz der Risikomischung in Vermögensgegenstände im Sinne der §§ 192 bis 198 angelegt ist, erwerben.

§ 211 Überschreiten von Anlagegrenzen

(1) Die in den §§ 198, 206 und 210 bestimmten Grenzen dürfen überschritten werden, wenn es sich um den Erwerb von Aktien, die dem inländischen OGAW bei einer Kapitalerhöhung aus Gesellschaftsmitteln zustehen, oder um den Erwerb von neuen Aktien in Ausübung von Bezugsrechten aus Wertpapieren handelt, die zum inländischen OGAW gehören.

(2) Werden die in den §§ 206 bis 210 bestimmten Grenzen in den Fällen des Absatzes 1 oder unbeabsichtigt von der OGAW-Kapitalverwaltungsgesellschaft überschritten, so hat die OGAW-Kapitalverwaltungsgesellschaft bei ihren Verkäufen für Rechnung des inländischen OGAW als vorrangiges Ziel anzustreben, diese Grenzen wieder einzuhalten, soweit dies den Interessen der Anleger nicht zuwiderläuft.

(3) Die in den §§ 206 bis 209 bestimmten Grenzen dürfen in den ersten sechs Monaten seit Errichtung eines inländischen OGAW sowie nach vollzogener Verschmelzung durch den übernehmenden inländischen OGAW jeweils unter Beachtung des Grundsatzes der Risikostreuung überschritten werden.

§ 212 Bewerter; Häufigkeit der Bewertung und Berechnung

Der Wert eines inländischen OGAW und der Nettoinventarwert je Anteil oder Aktie sind bei jeder Möglichkeit zur Ausgabe und Rückgabe von Anteilen oder Aktien entweder von der Verwahrstelle unter Mitwirkung der OGAW-Kapitalverwaltungsgesellschaft oder von der OGAW-Kapitalverwaltungsgesellschaft selbst zu ermitteln.

§ 213 Umwandlung von inländischen OGAW

Inländische OGAW dürfen nicht in AIF umgewandelt werden.

Abschnitt 3. Offene inländische Publikums-AIF

Unterabschnitt 1. Allgemeine Vorschriften für offene inländische Publikums-AIF

§ 214 Risikomischung, Arten

Offene Publikums-AIF müssen nach dem Grundsatz der Risikomischung angelegt sein und dürfen nur als Gemischte Investmentvermögen gemäß den §§ 218 und 219, als Sonstige Investmentvermögen gemäß den §§ 220 bis 224, als Dach-Hedgefonds gemäß den §§ 225 bis 229 oder als Immobilien-Sondervermögen gemäß den §§ 230 bis 260 aufgelegt werden.

§ 215 Begrenzung von Leverage durch die Bundesanstalt

(1) Die AIF-Kapitalverwaltungsgesellschaft hat der Bundesanstalt zu zeigen, dass die von der AIF-Kapitalverwaltungsgesellschaft angesetzte Begrenzung des Umfangs des eingesetzten Leverage angemessen ist und dass sie diese Begrenzung stets einhält.

(2) [1]Die Bundesanstalt bewertet die Risiken, die aus dem Einsatz von Leverage durch die AIF-Kapitalverwaltungsgesellschaft erwachsen könnten; sie beschränkt nach Infor-

mation der Europäischen Wertpapier- und Marktaufsichtsbehörde, des Europäischen Ausschusses für Systemrisiken und der zuständigen Stellen des Herkunftsmitgliedstaates des AIF den Umfang des Leverage, den die AIF-Kapitalverwaltungsgesellschaft einsetzen darf, wenn sie dies zur Gewährleistung der Stabilität und Integrität des Finanzsystems als nötig erachtet. [2]Alternativ ordnet die Bundesanstalt sonstige Beschränkungen in Bezug auf die Verwaltung des AIF an, sodass das Ausmaß begrenzt wird, in dem der Einsatz von Leverage zur Entstehung von Systemrisiken im Finanzsystem oder des Risikos von Marktstörungen beiträgt. [3]Die Bundesanstalt informiert die Europäische Wertpapier- und Marktaufsichtsbehörde, den Europäischen Ausschuss für Systemrisiken und die zuständigen Stellen des Herkunftsmitgliedstaates des AIF ordnungsgemäß über die diesbezüglich eingeleiteten Maßnahmen.

(3) [1]Die Information gemäß Absatz 2 erfolgt spätestens zehn Arbeitstage vor dem geplanten Wirksamwerden oder der Erneuerung der eingeleiteten Maßnahme. [2]Die Mitteilung enthält Einzelheiten der vorgeschlagenen Maßnahme, die Gründe für diesen Vorschlag und den Zeitpunkt, zu dem die Maßnahme wirksam werden soll. [3]Unter besonderen Umständen kann die Bundesanstalt verfügen, dass die vorgeschlagene Maßnahme innerhalb des in Satz 1 genannten Zeitraums wirksam wird.

(4) [1]Die Bundesanstalt berücksichtigt bei ihrer Entscheidung über Maßnahmen die Empfehlung der Europäischen Wertpapier- und Marktaufsichtsbehörde, die diese nach der Information gemäß Absatz 2 Satz 3 oder auf Grundlage der Information nach Absatz 2 Satz 1 ausspricht. [2]Sieht die Bundesanstalt eine Maßnahme vor, die dieser Empfehlung nicht entspricht, unterrichtet sie die Europäische Wertpapier- und Marktaufsichtsbehörde hiervon unter Angabe der Gründe.

(5) Für die Bedingungen, unter welchen die Maßnahmen nach Absatz 2 angewendet werden, gilt Artikel 112 der Delegierten Verordnung (EU) Nr. 231/2013 entsprechend.

§ 216 Bewerter

(1) [1]Die Bewertung der Vermögensgegenstände ist durchzuführen

1. entweder durch einen externen Bewerter, der eine natürliche oder juristische Person oder eine Personenhandelsgesellschaft ist, die unabhängig vom offenen Publikums-AIF, von der AIF-Kapitalverwaltungsgesellschaft und von anderen Personen mit engen Verbindungen zum Publikums-AIF oder zur AIF-Kapitalverwaltungsgesellschaft ist, oder
2. von der AIF-Kapitalverwaltungsgesellschaft selbst, vorausgesetzt die Bewertungsaufgabe ist von der Portfolioverwaltung und der Vergütungspolitik funktional unabhängig und die Vergütungspolitik und andere Maßnahmen stellen sicher, dass Interessenkonflikte gemindert und ein unzulässiger Einfluss auf die Mitarbeiter verhindert werden.

[2]Die für einen Publikums-AIF bestellte Verwahrstelle kann nicht als externer Bewerter dieses Publikums-AIF bestellt werden, es sei denn, es liegt eine funktionale und hierarchische Trennung der Ausführung ihrer Verwahrfunktionen von ihren Aufgaben als externer Bewerter vor und die potenziellen Interessenkonflikte werden ordnungsgemäß ermittelt, gesteuert, beobachtet und den Anlegern des Publikums-AIF gegenüber offengelegt.

(2) Wird ein externer Bewerter für die Bewertung herangezogen, so weist die AIF-Kapitalverwaltungsgesellschaft nach, dass

1. der externe Bewerter einer gesetzlich anerkannten obligatorischen berufsmäßigen Registrierung oder Rechts- und Verwaltungsvorschriften oder berufsständischen Regeln unterliegt,

2. der externe Bewerter ausreichende berufliche Garantien vorweisen kann, um die Bewertungsfunktion wirksam ausüben zu können, und
3. die Bestellung des externen Bewerters den Anforderungen des § 36 Absatz 1, 2 und 10 entspricht.

(3) Die Kriterien und der Inhalt der erforderlichen beruflichen Garantien des externen Bewerters nach Absatz 2 Nummer 2 bestimmen sich nach Artikel 73 der Delegierten Verordnung (EU) Nr. 231/2013.

(4) Ein bestellter externer Bewerter darf die Bewertungsfunktion nicht an einen Dritten delegieren.

(5) [1]Die AIF-Kapitalverwaltungsgesellschaft teilt die Bestellung eines externen Bewerters der Bundesanstalt mit. [2]Liegen die Voraussetzungen von Absatz 2 nicht vor, kann die Bundesanstalt die Bestellung eines anderen externen Bewerters verlangen.

(6) Wird die Bewertung nicht von einem externen Bewerter vorgenommen, kann die Bundesanstalt verlangen, dass die Bewertungsverfahren sowie Bewertungen der AIF-Kapitalverwaltungsgesellschaft durch den Abschlussprüfer im Rahmen der Jahresabschlussprüfung des Publikums-AIF zu überprüfen sind.

(7) [1]Die AIF-Kapitalverwaltungsgesellschaft bleibt auch dann für die ordnungsgemäße Bewertung der Vermögensgegenstände des Publikums-AIF sowie für die Berechnung und Bekanntgabe des Nettoinventarwertes verantwortlich, wenn sie einen externen Bewerter bestellt hat. [2]Ungeachtet des Satzes 1 und unabhängig von anders lautenden vertraglichen Regelungen haftet der externe Bewerter gegenüber der AIF-Kapitalverwaltungsgesellschaft für jegliche Verluste der AIF-Kapitalverwaltungsgesellschaft, die sich auf fahrlässige oder vorsätzliche Nichterfüllung der Aufgaben durch den externen Bewerter zurückführen lassen.

§ 217 Häufigkeit der Bewertung und Berechnung; Offenlegung

(1) Die Bewertung der Vermögensgegenstände und die Berechnung des Nettoinventarwertes je Anteil oder Aktie sind in einem zeitlichen Abstand durchzuführen, der den zum Investmentvermögen gehörenden Vermögensgegenständen und der Ausgabe- und Rücknahmehäufigkeit der Anteile oder Aktien angemessen ist, jedoch mindestens einmal im Jahr.

(2) Die Kriterien zur Bestimmung der Häufigkeit der Bewertung der Vermögensgegenstände und zur Berechnung des Nettoinventarwertes je Anteil oder Aktie bestimmen sich nach den Artikeln 67 bis 74 der Delegierten Verordnung (EU) Nr. 231/2013.

(3) [1]Die Offenlegung des Nettoinventarwertes je Anteil oder Aktie erfolgt gemäß § 170. [2]Die Bewertung der Vermögensgegenstände ist entsprechend den diesbezüglichen Anlagebedingungen offenzulegen; sie hat nach jeder Bewertung zu erfolgen.

Unterabschnitt 2. Gemischte Investmentvermögen

§ 218 Gemischte Investmentvermögen

[1]Gemischte Investmentvermögen sind offene inländische Publikums-AIF, die in Vermögensgegenstände nach Maßgabe des § 219 anlegen. [2]Auf die Verwaltung von Gemischten Investmentvermögen sind die Vorschriften der §§ 192 bis 211 insoweit anzuwenden, als sich aus den nachfolgenden Vorschriften nichts anderes ergibt.

§ 219 Zulässige Vermögensgegenstände, Anlagegrenzen

(1) Die AIF-Kapitalverwaltungsgesellschaft darf für Rechnung eines Gemischten Investmentvermögens nur erwerben:

1. Vermögensgegenstände nach Maßgabe der §§ 193 bis 198,
2. Anteile oder Aktien an
   a) inländischen AIF nach Maßgabe der §§ 218, 219 sowie Anteile an vergleichbaren EU- oder ausländischen AIF,
   b) inländischen AIF nach Maßgabe der §§ 220 bis 224 sowie Anteile an vergleichbaren EU- oder ausländischen AIF.

(2) [1]Anteile oder Aktien nach Absatz 1 Nummer 2 Buchstabe a dürfen nur erworben werden, soweit der Publikums-AIF seine Mittel nach den Anlagebedingungen insgesamt zu höchstens 10 Prozent des Wertes seines Vermögens in Anteile an anderen Investmentvermögen anlegen darf. [2]Anteile oder Aktien nach Absatz 1 Nummer 2 Buchstabe b dürfen nur erworben werden, soweit der Publikums-AIF seine Mittel nach den Anlagebedingungen nicht in Anteile oder Aktien an anderen Investmentvermögen anlegen darf.

(3) Absatz 2 gilt nicht für Anteile oder Aktien an anderen inländischen, EU- oder ausländischen Publikums-AIF im Sinne des § 196 oder für Anteile oder Aktien an Spezial-AIF, die nach den Anlagebedingungen ausschließlich in die folgenden Vermögensgegenstände anlegen dürfen:

1. Bankguthaben,
2. Geldmarktinstrumente,
3. Wertpapiere, die zur Sicherung der in Artikel 18.1 des Protokolls über die Satzung des Europäischen Systems der Zentralbanken und der Europäischen Zentralbank vom 7. Februar 1992 (BGBl. 1992 II S. 1299) genannten Kreditgeschäfte von der Europäischen Zentralbank oder der Deutschen Bundesbank zugelassen sind oder deren Zulassung nach den Emissionsbedingungen beantragt wird, sofern die Zulassung innerhalb eines Jahres nach ihrer Ausgabe erfolgt.

(4) Ist es der AIF-Kapitalverwaltungsgesellschaft nach den Anlagebedingungen gestattet, für Rechnung des Gemischten Investmentvermögens Anteile oder Aktien nach Absatz 1 Nummer 2 Buchstabe b zu erwerben, gelten § 225 Absatz 3 und 4 Satz 2 und 3, § 228 Absatz 1 und § 229 Absatz 2 entsprechend.

(5) [1]Die AIF-Kapitalverwaltungsgesellschaft darf in Anteile oder Aktien nach Absatz 1 Nummer 2 Buchstabe b insgesamt nur bis zu 10 Prozent des Wertes des Investmentvermögens anlegen. [2]Nach Maßgabe des § 207 Absatz 1 darf die AIF-Kapitalverwaltungsgesellschaft in Anteile oder Aktien an einem einzigen Investmentvermögen nach § 196 Absatz 1 Satz 1 und 2 insgesamt nur in Höhe von bis zu 20 Prozent des Wertes des Investmentvermögens anlegen; § 207 Absatz 2 ist nicht anzuwenden.

(6) [1]Die AIF-Kapitalverwaltungsgesellschaft kann die in § 209 bestimmten Grenzen für ein Wertpapierindex-OGAW-Investmentvermögen überschreiten, wenn nach den Anlagebedingungen die Auswahl der für das Gemischte Investmentvermögen zu erwerbenden Wertpapiere darauf gerichtet ist, unter Wahrung einer angemessenen Risikomischung einen bestimmten, allgemein und von der Bundesanstalt anerkannten Wertpapierindex nachzubilden. [2]§ 209 Absatz 1 Satz 2 gilt entsprechend.

Unterabschnitt 3. Sonstige Investmentvermögen

§ 220 Sonstige Investmentvermögen

Auf die Verwaltung von Sonstigen Investmentvermögen nach Maßgabe der §§ 220 bis 224 sind die Vorschriften der §§ 192 bis 205 insoweit anzuwenden, als sich aus den nachfolgenden Vorschriften nichts anderes ergibt.

§ 221 Zulässige Vermögensgegenstände, Anlagegrenzen, Kreditaufnahme

(1) Die AIF-Kapitalverwaltungsgesellschaft darf für ein Sonstiges Investmentvermögen nur erwerben:

1. Vermögensgegenstände nach Maßgabe der §§ 193 bis 198, wobei sie nicht den Erwerbsbeschränkungen nach § 197 Absatz 1 unterworfen ist,
2. Anteile oder Aktien an inländischen Investmentvermögen nach Maßgabe der §§ 196, 218 und 220 sowie an entsprechenden EU-Investmentvermögen oder ausländischen AIF,
3. Edelmetalle,
4. unverbriefte Darlehensforderungen.

(2) [1]Ist es der AIF-Kapitalverwaltungsgesellschaft nach den Anlagebedingungen gestattet, für Rechnung des Sonstigen Investmentvermögens Anteile oder Aktien an anderen Sonstigen Investmentvermögen sowie an entsprechenden EU-AIF oder ausländischen AIF zu erwerben, gelten § 225 Absatz 3 und 4 Satz 2 und 3, § 228 Absatz 1 und § 229 Absatz 2 entsprechend. [2]Ist es der AIF-Kapitalverwaltungsgesellschaft nach den Anlagebedingungen gestattet, für Rechnung des Sonstigen Investmentvermögens Anteile oder Aktien an inländischen Investmentvermögen nach Maßgabe des § 218 sowie an entsprechenden EU-AIF oder ausländischen AIF zu erwerben, gilt § 219 Absatz 2 und 3 entsprechend.

(3) Die AIF-Kapitalverwaltungsgesellschaft darf in Anteile oder Aktien an anderen Sonstigen Investmentvermögen sowie an entsprechenden EU-AIF oder ausländischen AIF nur bis zu 30 Prozent des Wertes des Sonstigen Investmentvermögens anlegen.

(4) Die AIF-Kapitalverwaltungsgesellschaft darf in Vermögensgegenstände im Sinne des § 198 nur bis zu 20 Prozent des Wertes des Sonstigen Investmentvermögens anlegen.

(5) [1]Die AIF-Kapitalverwaltungsgesellschaft muss sicherstellen, dass der Anteil der für Rechnung des Sonstigen Investmentvermögens gehaltenen Edelmetalle, Derivate und unverbrieften Darlehensforderungen einschließlich solcher, die als sonstige Anlageinstrumente im Sinne des § 198 erwerbbar sind, 30 Prozent des Wertes des Sonstigen Investmentvermögens nicht übersteigt. [2]Derivate im Sinne des § 197 Absatz 1 werden auf diese Grenze nicht angerechnet.

(6) Die AIF-Kapitalverwaltungsgesellschaft darf für gemeinschaftliche Rechnung der Anleger kurzfristige Kredite nur bis zur Höhe von 20 Prozent des Wertes des Sonstigen Investmentvermögens und nur aufnehmen, wenn die Bedingungen der Kreditaufnahme marktüblich sind und dies in den Anlagebedingungen vorgesehen ist.

(7) [1]Abweichend von § 200 darf die AIF-Kapitalverwaltungsgesellschaft Wertpapiere auf bestimmte Zeit übertragen. [2]Ist für die Rückerstattung eines Wertpapier-Darlehens eine Zeit bestimmt, muss die Rückerstattung spätestens 30 Tage nach der Übertragung der Wertpapiere fällig sein. [3]Der Kurswert der für eine bestimmte Zeit zu übertragenden Wertpapiere darf zusammen mit dem Kurswert der für Rechnung des Sonstigen Investmentvermögens bereits als Wertpapier-Darlehen für eine bestimmte Zeit übertragenen Wertpapiere 15 Prozent des Wertes des Sonstigen Investmentvermögens nicht übersteigen. [4]Abweichend von § 203 müssen Pensionsgeschäfte nicht jederzeit kündbar sein.

§ 222 Mikrofinanzinstitute

(1) [1]Abweichend von § 221 Absatz 5 Satz 1 darf die AIF-Kapitalverwaltungsgesellschaft bis zu 95 Prozent des Wertes des Sonstigen Investmentvermögens in unverbriefte Darlehensforderungen von regulierten Mikrofinanzinstituten und in unverbriefte Darle-

hensforderungen gegen regulierte Mikrofinanzinstitute anlegen; ein Erwerb von unverbrieften Darlehensforderungen gegen regulierte Mikrofinanzinstitute ist jedoch nur zulässig, wenn der Erwerb der Refinanzierung des Mikrofinanzinstituts dient. [2]Regulierte Mikrofinanzinstitute im Sinne des Satzes 1 sind Unternehmen,

1. die als Kredit- oder Finanzinstitut von der in ihrem Sitzstaat für die Beaufsichtigung von Kreditinstituten zuständigen Behörde zugelassen sind und nach international anerkannten Grundsätzen beaufsichtigt werden,
2. deren Haupttätigkeit die Vergabe von Gelddarlehen an Klein- und Kleinstunternehmer für deren unternehmerische Zwecke ist und
3. bei denen 60 Prozent der Darlehensvergaben an einen einzelnen Darlehensnehmer den Betrag von insgesamt 10 000 Euro nicht überschreitet.

[3]Abweichend von § 221 Absatz 5 Satz 1 darf die AIF-Kapitalverwaltungsgesellschaft auch bis zu 75 Prozent des Wertes des Sonstigen Investmentvermögens in unverbriefte Darlehensforderungen von unregulierten Mikrofinanzinstituten und in unverbriefte Darlehensforderungen gegen unregulierte Mikrofinanzinstitute anlegen, deren Geschäftstätigkeit jeweils die in Satz 2 Nummer 2 und 3 genannten Kriterien erfüllt und

1. die seit mindestens drei Jahren neben der allgemeinen fachlichen Eignung über ein ausreichendes Erfahrungswissen für die Tätigkeit im Mikrofinanzsektor verfügen,
2. die ein nachhaltiges Geschäftsmodell vorweisen können und
3. deren ordnungsgemäße Geschäftsorganisation sowie deren Risikomanagement von einem im Staat des Mikrofinanzinstituts niedergelassenen Wirtschaftsprüfer geprüft sowie von der AIF-Kapitalverwaltungsgesellschaft regelmäßig kontrolliert werden.

[4]Die AIF-Kapitalverwaltungsgesellschaft darf Vermögensgegenstände desselben Mikrofinanzinstituts jedoch nur in Höhe von bis zu 10 Prozent und von mehreren Mikrofinanzinstituten desselben Staates nur in Höhe von bis zu 15 Prozent des Wertes des Sonstigen Investmentvermögens erwerben.

(2) [1]Macht eine AIF-Kapitalverwaltungsgesellschaft von den Anlagemöglichkeiten nach Absatz 1 Gebrauch, darf sie für Rechnung des Sonstigen Investmentvermögens auch Wertpapiere erwerben, die von Mikrofinanzinstituten im Sinne des Absatzes 1 Satz 2 begeben werden, ohne dass die Erwerbsbeschränkungen nach § 193 Absatz 1 Satz 1 Nummer 2 und 4 gelten. [2]Die AIF-Kapitalverwaltungsgesellschaft darf in Wertpapiere im Sinne des Satzes 1 nur bis zu 15 Prozent des Wertes des Sonstigen Investmentvermögens anlegen.

(3) In den Fällen des Absatzes 1 müssen die Personen, die für die Anlageentscheidungen bei dem Sonstigen Investmentvermögen verantwortlich sind, neben der allgemeinen fachlichen Eignung für die Durchführung von Investmentgeschäften ausreichendes Erfahrungswissen in Bezug auf die in Absatz 1 genannten Anlagemöglichkeiten haben.

§ 223 Sonderregelungen für die Ausgabe und Rücknahme von Anteilen oder Aktien

(1) [1]Die Anlagebedingungen von Sonstigen Investmentvermögen können abweichend von § 98 Absatz 1 oder § 116 Absatz 2 Satz 1 vorsehen, dass die Rücknahme von Anteilen oder Aktien höchstens einmal halbjährlich und mindestens einmal jährlich zu einem in den Anlagebedingungen bestimmten Termin erfolgt, wenn zum Zeitpunkt der Rückgabe der Anteile oder Aktien die Summe der Werte der zurückgegebenen Anteile oder Aktien einen in den Anlagebedingungen bestimmten Betrag überschreitet. [2]In den Fällen des Satzes 1 müssen die Anlagebedingungen vorsehen, dass die Rückgabe eines Anteils oder von Aktien durch eine unwiderrufliche schriftliche Rückgabeerklärung ge-

genüber der AIF-Kapitalverwaltungsgesellschaft unter Einhaltung einer Rückgabefrist erfolgen muss, die mindestens einen Monat betragen muss und höchstens zwölf Monate betragen darf; § 227 Absatz 3 gilt entsprechend.

(2) [1]In den Fällen des § 222 Absatz 1 ist § 98 Absatz 1 oder § 116 Absatz 2 Satz 1 mit der Maßgabe anzuwenden, dass die Anlagebedingungen vorsehen müssen, dass die Rücknahme von Anteilen oder Aktien nur zu bestimmten Rücknahmeterminen erfolgt, jedoch höchstens einmal vierteljährlich und mindestens einmal jährlich. [2]Die Rückgabe von Anteilen oder Aktien ist nur zulässig durch eine unwiderrufliche Rückgabeerklärung unter Einhaltung einer Rückgabefrist, die zwischen einem Monat und 24 Monaten betragen muss; § 227 Absatz 3 gilt entsprechend.

§ 224 Angaben im Verkaufsprospekt und in den Anlagebedingungen

(1) Der Verkaufsprospekt muss bei Sonstigen Investmentvermögen zusätzlich zu den Angaben nach § 165 folgende Angaben enthalten:

1. ob und in welchem Umfang in Vermögensgegenstände im Sinne des § 198, in Edelmetalle, Derivate und unverbriefte Darlehensforderungen angelegt werden darf;
2. eine Beschreibung der wesentlichen Merkmale der für das Sonstige Investmentvermögen erwerbbaren unverbrieften Darlehensforderungen;
3. Angaben zu dem Umfang, in dem Kredite aufgenommen werden dürfen, verbunden mit einer Erläuterung der Risiken, die damit verbunden sein können;
4. im Fall des § 222 Absatz 1 und 2, ob und in welchem Umfang von den dort genannten Anlagemöglichkeiten Gebrauch gemacht wird und eine Erläuterung der damit verbundenen Risiken sowie eine Beschreibung der wesentlichen Merkmale der Mikrofinanzinstitute und nach welchen Grundsätzen sie ausgewählt werden;
5. im Fall des § 223 Absatz 1 einen ausdrücklichen, drucktechnisch hervorgehobenen Hinweis, dass der Anleger abweichend von § 98 Absatz 1 oder § 116 Absatz 2 Satz 1 von der AIF-Kapitalverwaltungsgesellschaft die Rücknahme von Anteilen oder Aktien und die Auszahlung des Anteil- oder Aktienwertes nur zu bestimmten Terminen verlangen kann, wenn zum Zeitpunkt der Rückgabe der Anteile oder Aktien die Summe der Werte der zurückgegebenen Anteile oder Aktien den in den Anlagebedingungen bestimmten Betrag überschreitet;
6. im Fall des § 223 Absatz 2 einen ausdrücklichen, drucktechnisch hervorgehobenen Hinweis, dass der Anleger abweichend von § 98 Absatz 1 oder § 116 Absatz 2 Satz 1 von der AIF-Kapitalverwaltungsgesellschaft die Rücknahme von Anteilen oder Aktien und die Auszahlung des Anteil- oder Aktienwertes nur zu bestimmten Terminen verlangen kann;
7. alle Voraussetzungen und Bedingungen für die Rücknahme und Auszahlung von Anteilen oder Aktien aus dem Sonstigen Investmentvermögen Zug um Zug gegen Rückgabe der Anteile oder Aktien.

(2) Die Anlagebedingungen eines Sonstigen Investmentvermögens müssen zusätzlich zu den Angaben nach § 162 folgende Angaben enthalten:

1. die Arten der Edelmetalle, Derivate und Darlehensforderungen, die für das Sonstige Investmentvermögen erworben werden dürfen;
2. in welchem Umfang die zulässigen Vermögensgegenstände erworben werden dürfen;
3. den Anteil des Sonstigen Investmentvermögens, der mindestens in Bankguthaben, Geldmarktinstrumenten oder anderen liquiden Mitteln gehalten werden muss;

4. alle Voraussetzungen und Bedingungen für die Rücknahme und Auszahlung von Anteilen oder Aktien aus dem Sonstigen Investmentvermögen Zug um Zug gegen Rückgabe der Anteile oder Aktien.

Unterabschnitt 4. Dach-Hedgefonds

§ 225 Dach-Hedgefonds

(1) [1]Dach-Hedgefonds sind AIF, die vorbehaltlich der Regelung in Absatz 2 in Anteile oder Aktien von Zielfonds anlegen. [2]Zielfonds sind Hedgefonds nach Maßgabe des § 283 oder EU-AIF oder ausländische AIF, deren Anlagepolitik den Anforderungen des § 283 Absatz 1 vergleichbar ist. [3]Leverage mit Ausnahme von Kreditaufnahmen nach Maßgabe des § 199 und Leerverkäufe dürfen für Dach-Hedgefonds nicht durchgeführt werden.

(2) [1]Die AIF-Kapitalverwaltungsgesellschaft darf für Rechnung eines Dach-Hedgefonds nur bis zu 49 Prozent des Wertes des Dach-Hedgefonds in

1. Bankguthaben,
2. Geldmarktinstrumente und
3. Anteile an Investmentvermögen im Sinne des § 196, die ausschließlich in Bankguthaben und Geldmarktinstrumente anlegen dürfen, sowie Anteile an entsprechenden EU-AIF oder ausländischen AIF

anlegen. [2]Nur zur Währungskurssicherung von in Fremdwährung gehaltenen Vermögensgegenständen dürfen Devisenterminkontrakte verkauft sowie Verkaufsoptionsrechte auf Devisen oder auf Devisenterminkontrakte erworben werden, die auf dieselbe Fremdwährung lauten.

(3) Die AIF-Kapitalverwaltungsgesellschaft darf für Rechnung eines Dach-Hedgefonds ausländische Zielfonds nur erwerben, wenn deren Vermögensgegenstände von einer Verwahrstelle oder einem Primebroker, der die Voraussetzungen des § 85 Absatz 4 Nummer 2 erfüllt, verwahrt werden.

(4) [1]Die AIF-Kapitalverwaltungsgesellschaft darf nicht mehr als 20 Prozent des Wertes eines Dach-Hedgefonds in einem einzelnen Zielfonds anlegen. [2]Sie darf nicht in mehr als zwei Zielfonds vom gleichen Emittenten oder Fondsmanager und nicht in Zielfonds anlegen, die ihre Mittel selbst in anderen Zielfonds anlegen. [3]Die AIF-Kapitalverwaltungsgesellschaft darf nicht in ausländische Zielfonds aus Staaten anlegen, die bei der Bekämpfung der Geldwäsche nicht im Sinne internationaler Vereinbarungen kooperieren. [4]Dach-Hedgefonds dürfen auch sämtliche ausgegebene Anteile oder Aktien eines Zielfonds erwerben.

(5) AIF-Kapitalverwaltungsgesellschaften, die Dach-Hedgefonds verwalten, müssen sicherstellen, dass ihnen sämtliche für die Anlageentscheidung notwendigen Informationen über die Zielfonds, in die sie anlegen wollen, vorliegen, mindestens jedoch

1. der letzte Jahres- und gegebenenfalls Halbjahresbericht,
2. die Anlagebedingungen und Verkaufsprospekte oder gleichwertige Dokumente,
3. Informationen zur Organisation, zum Management, zur Anlagepolitik, zum Risikomanagement und zur Verwahrstelle oder zu vergleichbaren Einrichtungen,
4. Angaben zu Anlagebeschränkungen, zur Liquidität, zum Umfang des Leverage und zur Durchführung von Leerverkäufen.

(6) [1]Die AIF-Kapitalverwaltungsgesellschaften haben die Zielfonds, in die sie anlegen, in Bezug auf die Einhaltung der Anlagestrategien und Risiken laufend zu überwachen und haben sich regelmäßig allgemein anerkannte Risikokennziffern vorlegen zu

lassen. [2]Die Methode, nach der die Risikokennziffer errechnet wird, muss der AIF-Kapitalverwaltungsgesellschaft von dem jeweiligen Zielfonds angegeben und erläutert werden. [3]Die Verwahrstelle der Zielfonds hat eine Bestätigung des Wertes des Zielfonds vorzulegen.

§ 226 Auskunftsrecht der Bundesanstalt

AIF-Kapitalverwaltungsgesellschaften, die Dach-Hedgefonds verwalten, haben der Bundesanstalt auf Anforderung alle Unterlagen und Risikokennziffern, die ihnen nach Maßgabe des § 225 Absatz 5 und 6 vorliegen, vorzulegen.

§ 227 Rücknahme

(1) Bei Dach-Hedgefonds können die Anlagebedingungen abweichend von § 98 Absatz 1 oder § 116 Absatz 2 Satz 1 vorsehen, dass die Rücknahme von Anteilen oder Aktien nur zu bestimmten Rücknahmeterminen, jedoch mindestens einmal in jedem Kalendervierteljahr, erfolgt.

(2) [1]Anteil- oder Aktienrückgaben sind bei Dach-Hedgefonds bis zu 100 Kalendertage vor dem jeweiligen Rücknahmetermin, zu dem auch der Anteil- oder Aktienwert ermittelt wird, durch eine unwiderrufliche Rückgabeerklärung gegenüber der AIF-Kapitalverwaltungsgesellschaft zu erklären. [2]Im Fall von im Inland in einem Depot verwahrten Anteilen oder Aktien hat die Erklärung durch die depotführende Stelle zu erfolgen.

(3) [1]Die Anteile oder Aktien, auf die sich die Rückgabeerklärung bezieht, sind bis zur tatsächlichen Rückgabe von der depotführenden Stelle zu sperren. [2]Bei Anteilen oder Aktien, die nicht im Inland in einem Depot verwahrt werden, wird die Rückgabeerklärung erst wirksam und beginnt die Frist erst zu laufen, wenn die Verwahrstelle die zurückzugebenden Anteile oder Aktien in ein Sperrdepot übertragen hat.

(4) Der Rücknahmepreis muss unverzüglich, spätestens aber 50 Kalendertage nach dem Rücknahmetermin gezahlt werden.

§ 228 Verkaufsprospekt

(1) Der Verkaufsprospekt muss bei Dach-Hedgefonds zusätzlich zu den Angaben nach § 165 folgende Angaben enthalten:

1. Angaben zu den Grundsätzen, nach denen die Zielfonds ausgewählt werden;
2. Angaben zu dem Umfang, in dem Anteile ausländischer nicht beaufsichtigter Zielfonds erworben werden dürfen, mit dem Hinweis, dass es sich bei diesen Zielfonds um AIF handelt, deren Anlagepolitik den Anforderungen für Hedgefonds vergleichbar ist, die aber möglicherweise keiner mit diesem Gesetz vergleichbaren staatlichen Aufsicht unterliegen;
3. Angaben zu den Anforderungen, die an die Geschäftsleitung der Zielfonds gestellt werden;
4. Angaben zu dem Umfang, in dem von den ausgewählten Zielfonds im Rahmen ihrer Anlagestrategien Kredite aufgenommen und Leerverkäufe durchgeführt werden dürfen, mit einem Hinweis zu den Risiken, die damit verbunden sein können;
5. Angaben zur Gebührenstruktur der Zielfonds mit einem Hinweis auf die Besonderheiten bei der Höhe der Gebühren sowie Angaben zu den Methoden, nach denen die Gesamtkosten berechnet werden, die der Anleger zu tragen hat;
6. Angaben zu den Einzelheiten und Bedingungen der Rücknahme und der Auszahlung von Anteilen oder Aktien, gegebenenfalls verbunden mit einem ausdrücklichen, drucktechnisch hervorgehobenen Hinweis, dass der Anleger abweichend von § 98 Absatz 1 oder § 116 Absatz 2 Satz 1 nicht mindestens zweimal im Monat von der

AIF-Kapitalverwaltungsgesellschaft die Rücknahme von Anteilen oder Aktien und die Auszahlung des auf die Anteile oder Aktien entfallenden Vermögensanteils verlangen kann.

(2) Zusätzlich muss der Verkaufsprospekt eines Dach-Hedgefonds an auffälliger Stelle drucktechnisch hervorgehoben folgenden Warnhinweis enthalten: „Der Bundesminister der Finanzen warnt: Dieser Investmentfonds investiert in Hedgefonds, die keinen gesetzlichen Leverage- oder Risikobeschränkungen unterliegen."

§ 229 Anlagebedingungen

(1) Die Anlagebedingungen von AIF-Kapitalverwaltungsgesellschaften, die Dach-Hedgefonds verwalten, müssen die Angaben nach Maßgabe des § 162 enthalten.

(2) Ergänzend zu § 162 Absatz 2 Nummer 1 ist von den AIF-Kapitalverwaltungsgesellschaften anzugeben,

1. nach welchen Grundsätzen Zielfonds, in die sie anlegen, ausgewählt werden,
2. dass es sich bei diesen Zielfonds um Hedgefonds, EU-AIF oder ausländische AIF handelt, deren Anlagepolitik jeweils Anforderungen unterliegt, die denen nach § 283 vergleichbar sind,
3. welchen Anlagestrategien diese Zielfonds folgen und in welchem Umfang sie im Rahmen ihrer Anlagestrategien zur Generierung von Leverage Kredite aufnehmen, Wertpapier-Darlehen oder Derivate einsetzen und Leerverkäufe durchführen dürfen,
4. bis zu welcher Höhe Mittel in Bankguthaben, Geldmarktinstrumenten und in Anteilen oder Aktien an inländischen AIF, EU-AIF oder ausländischen AIF nach § 225 Absatz 2 Satz 1 angelegt werden dürfen und
5. ob die Vermögensgegenstände eines Zielfonds bei einer Verwahrstelle oder einem Primebroker verwahrt werden.

(3) Ergänzend zu § 162 Absatz 2 Nummer 4 haben AIF-Kapitalverwaltungsgesellschaften, die Dach-Hedgefonds verwalten, alle Voraussetzungen und Bedingungen der Rückgabe und Auszahlung von Anteilen aus dem Dach-Hedgefonds Zug um Zug gegen Rückgabe der Anteile anzugeben.

Unterabschnitt 5. Immobilien-Sondervermögen

§ 230 Immobilien-Sondervermögen

(1) Für die Verwaltung von Immobilien-Sondervermögen gelten die Vorschriften der §§ 192 bis 211 sinngemäß, soweit sich aus den §§ 231 bis 260 nichts anderes ergibt.

(2) Das Immobilien-Sondervermögen darf nicht für eine begrenzte Dauer gebildet werden.

§ 231 Zulässige Vermögensgegenstände; Anlagegrenzen

(1) [1]Die AIF-Kapitalverwaltungsgesellschaft darf für ein Immobilien-Sondervermögen nur folgende Vermögensgegenstände erwerben:

1. Mietwohngrundstücke, Geschäftsgrundstücke und gemischt genutzte Grundstücke;
2. Grundstücke im Zustand der Bebauung, wenn
   a) die genehmigte Bauplanung die Nutzung als Mietwohngrundstücke, Geschäftsgrundstücke oder gemischt genutzte Grundstücke vorsieht,
   b) mit einem Abschluss der Bebauung in angemessener Zeit zu rechnen ist und
   c) die Aufwendungen für die Grundstücke insgesamt 20 Prozent des Wertes des Sondervermögens nicht überschreiten;

3. unbebaute Grundstücke, die für eine alsbaldige eigene Bebauung zur Nutzung als Mietwohngrundstücke, Geschäftsgrundstücke oder gemischt genutzte Grundstücke bestimmt und geeignet sind, wenn zur Zeit des Erwerbs ihr Wert zusammen mit dem Wert der unbebauten Grundstücke, die sich bereits in dem Sondervermögen befinden, 20 Prozent des Wertes des Sondervermögens nicht übersteigt;
4. Erbbaurechte unter den Voraussetzungen der Nummern 1 bis 3;
5. andere Grundstücke und andere Erbbaurechte sowie Rechte in Form des Wohnungseigentums, Teileigentums, Wohnungserbbaurechts und Teilerbbaurechts, wenn zur Zeit des Erwerbs ihr Wert zusammen mit dem Wert der Grundstücke und Rechte gleicher Art, die sich bereits in dem Sondervermögen befinden, 15 Prozent des Wertes des Sondervermögens nicht überschreitet;
6. Nießbrauchrechte an Mietwohngrundstücken, Geschäftsgrundstücken und gemischt genutzten Grundstücken, die der Erfüllung öffentlicher Aufgaben dienen, wenn zur Zeit der Bestellung die Aufwendungen für das Nießbrauchrecht zusammen mit dem Wert der Nießbrauchrechte, die sich bereits im Sondervermögen befinden, 10 Prozent des Wertes des Sondervermögens nicht übersteigen;
7. die in den §§ 234 und 253 genannten Vermögensgegenstände.

[2]Weitere Voraussetzung für den Erwerb der in den Nummern 5 und 6 genannten Vermögensgegenstände ist, dass deren Erwerb in den Anlagebedingungen vorgesehen sein muss und dass die Vermögensgegenstände einen dauernden Ertrag erwarten lassen müssen.

(2) [1]Ein in Absatz 1 Nummer 1 bis 6 genannter Vermögensgegenstand darf nur erworben werden, wenn

1. der Vermögensgegenstand zuvor bei einem Wert des
   a) Vermögensgegenstands bis zu einschließlich 50 Millionen Euro von einem externen Bewerter, der die Anforderungen nach § 216 Absatz 1 Satz 1 Nummer 1 und Satz 2, Absatz 2 bis 5 erfüllt, oder
   b) Vermögensgegenstands über 50 Millionen Euro von zwei externen, voneinander unabhängigen Bewertern, die die Anforderungen nach § 216 Absatz 1 Satz 1 Nummer 1 und Satz 2, Absatz 2 bis 5 erfüllen und die die Bewertung des Vermögensgegenstands unabhängig voneinander vornehmen,

   bewertet wurde,
2. der externe Bewerter im Sinne von Nummer 1 Buchstabe a oder die externen Bewerter im Sinne von Nummer 1 Buchstabe b Objektbesichtigungen vorgenommen haben,
3. der externe Bewerter im Sinne von Nummer 1 Buchstabe a oder die externen Bewerter im Sinne von Nummer 1 Buchstabe b nicht zugleich die regelmäßige Bewertung gemäß den §§ 249 und 251 Absatz 1 durchführt oder durchführen und
4. die aus dem Sondervermögen zu erbringende Gegenleistung den ermittelten Wert nicht oder nur unwesentlich übersteigt.

[2]§ 250 Absatz 2 gilt entsprechend. [3]Entsprechendes gilt für Vereinbarungen über die Bemessung des Erbbauzinses und über dessen etwaige spätere Änderung.

(3) Für ein Immobilien-Sondervermögen dürfen auch Gegenstände erworben werden, die zur Bewirtschaftung der Vermögensgegenstände des Immobilien-Sondervermögens erforderlich sind.

(4) Bei der Berechnung des Wertes des Sondervermögens gemäß Absatz 1 Satz 1 Nummer 2, 3, 5 und 6, § 232 Absatz 4 sowie bei der Angabe des Anteils des Sonder-

vermögens gemäß § 233 Absatz 1 Nummer 3 werden die aufgenommenen Darlehen nicht abgezogen.

(5) Im Fall des § 234 sind die von der Immobilien-Gesellschaft gehaltenen Vermögensgegenstände bei dem Immobilien-Sondervermögen bei der Anwendung der in den Absätzen 1 und 2, §§ 232 und 233 genannten Anlagebeschränkungen und der Berechnung der dort genannten Grenzen entsprechend der Beteiligungshöhe zu berücksichtigen.

§ 232 Erbbaurechtsbestellung

(1) Die AIF-Kapitalverwaltungsgesellschaft darf ein Grundstück nur unter den in den Anlagebedingungen festgelegten Bedingungen mit einem Erbbaurecht belasten.

(2) Vor der Bestellung des Erbbaurechts ist die Angemessenheit des Erbbauzinses entsprechend § 231 Absatz 2 zu bestätigen.

(3) Innerhalb von zwei Monaten nach der Bestellung des Erbbaurechts ist der Wert des Grundstücks entsprechend § 231 Absatz 2 neu festzustellen.

(4) Ein Erbbaurecht darf nicht bestellt werden, wenn der Wert des Grundstücks, an dem das Erbbaurecht bestellt werden soll, zusammen mit dem Wert der Grundstücke, an denen bereits Erbbaurechte bestellt worden sind, 10 Prozent des Wertes des Immobilien-Sondervermögens übersteigt.

(5) Die Verlängerung eines Erbbaurechts gilt als Neubestellung.

§ 233 Vermögensgegenstände in Drittstaaten; Währungsrisiko

(1) Vermögensgegenstände, die sich in Staaten befinden, die keine Vertragsstaaten des Abkommens über den Europäischen Wirtschaftsraum sind, dürfen für ein Immobilien-Sondervermögen nur dann erworben werden, wenn

1. die Anlagebedingungen dies vorsehen;
2. eine angemessene regionale Streuung der Vermögensgegenstände gewährleistet ist;
3. diese Staaten und der jeweilige Anteil des Sondervermögens, der in diesen Staaten höchstens angelegt werden darf, in den Anlagebedingungen angegeben sind;
4. in diesen Staaten die freie Übertragbarkeit der Vermögensgegenstände gewährleistet und der Kapitalverkehr nicht beschränkt ist;
5. die Wahrnehmung der Rechte und Pflichten der Verwahrstelle gewährleistet ist.

(2) Die AIF-Kapitalverwaltungsgesellschaft hat sicherzustellen, dass die für Rechnung eines Immobilien-Sondervermögens gehaltenen Vermögensgegenstände nur insoweit einem Währungsrisiko unterliegen, als der Wert der einem solchen Risiko unterliegenden Vermögensgegenstände 30 Prozent des Wertes des Sondervermögens nicht übersteigt.

§ 234 Beteiligung an Immobilien-Gesellschaften

[1]Die AIF-Kapitalverwaltungsgesellschaft darf für Rechnung des Immobilien-Sondervermögens Beteiligungen an Immobilien-Gesellschaften nur erwerben und halten, wenn

1. die Anlagebedingungen dies vorsehen,
2. die Beteiligung einen dauernden Ertrag erwarten lässt,
3. durch Vereinbarung zwischen AIF-Kapitalverwaltungsgesellschaft und Immobilien-Gesellschaft die Befugnisse der Verwahrstelle nach § 84 Absatz 1 Nummer 5 sichergestellt sind,
4. die AIF-Kapitalverwaltungsgesellschaft bei der Immobilien-Gesellschaft die Stimmen- und Kapitalmehrheit hat, die für eine Änderung der Satzung erforderlich ist,

5. durch die Rechtsform der Immobilien-Gesellschaft eine über die geleistete Einlage hinausgehende Nachschusspflicht ausgeschlossen ist und
6. die Immobilien-Gesellschaft, sofern sie an einer anderen Immobilien-Gesellschaft beteiligt ist, an dieser unmittelbar oder mittelbar mit 100 Prozent des Kapitals und der Stimmrechte beteiligt ist; eine mittelbare Beteiligung ist nur bei einer Immobilien-Gesellschaft mit Sitz im Ausland zulässig.

[2]Abweichend von Satz 1 Nummer 4 darf die AIF-Kapitalverwaltungsgesellschaft Beteiligungen an einer Immobilien-Gesellschaft auch dann erwerben und halten, wenn sie nicht die für eine Änderung der Satzung erforderliche Stimmen- und Kapitalmehrheit hat (Minderheitsbeteiligung). [3]In diesem Fall ist die Anlagegrenze nach § 237 Absatz 3 zu beachten.

§ 235 Anforderungen an die Immobilien-Gesellschaften

(1) Die AIF-Kapitalverwaltungsgesellschaft darf für Rechnung des Immobilien-Sondervermögens Beteiligungen nur an solchen Immobilien-Gesellschaften erwerben und halten,

1. deren Unternehmensgegenstand im Gesellschaftsvertrag oder in der Satzung auf Tätigkeiten beschränkt ist, die die AIF-Kapitalverwaltungsgesellschaft für das Immobilien-Sondervermögen ausüben darf, und
2. die nach dem Gesellschaftsvertrag oder der Satzung nur Vermögensgegenstände im Sinne des § 231 Absatz 1 Satz 1 Nummer 1 bis 5 und 7 sowie Absatz 3 oder Beteiligungen an anderen Immobilien-Gesellschaften erwerben dürfen, die nach den Anlagebedingungen unmittelbar für das Immobilien-Sondervermögen erworben werden dürfen.

(2) [1]Die Satzung oder der Gesellschaftsvertrag der Immobilien-Gesellschaft muss sicherstellen, dass

1. die von der Immobilien-Gesellschaft neu zu erwerbenden Vermögensgegenstände vor ihrem Erwerb entsprechend § 231 Absatz 2 bewertet werden,
2. der externe Bewerter nicht zugleich die regelmäßige Bewertung gemäß den §§ 249 und 251 Absatz 1 durchführt und
3. die Immobilien-Gesellschaft eine Immobilie oder eine Beteiligung an einer anderen Immobilien-Gesellschaft nur erwerben darf, wenn der dem Umfang der Beteiligung entsprechende Wert der Immobilie oder der Beteiligung an der anderen Immobilien-Gesellschaft 15 Prozent des Wertes des Immobilien-Sondervermögens, für dessen Rechnung eine Beteiligung an der Immobilien-Gesellschaft gehalten wird, nicht übersteigt.

[2]§ 243 Absatz 2 und § 250 Absatz 2 gelten entsprechend.

(3) Entspricht der Gesellschaftsvertrag oder die Satzung der Immobilien-Gesellschaft nicht den Vorschriften der Absätze 1 und 2, so darf die AIF-Kapitalverwaltungsgesellschaft die Beteiligung an der Immobilien-Gesellschaft nur erwerben, wenn sichergestellt ist, dass der Gesellschaftsvertrag oder die Satzung unverzüglich nach dem Erwerb der Beteiligung entsprechend geändert wird.

(4) Die Gesellschafter einer Immobilien-Gesellschaft, an der die AIF-Kapitalverwaltungsgesellschaft für Rechnung des Immobilien-Sondervermögens beteiligt ist, müssen ihre Einlagen vollständig eingezahlt haben.

§ 236 Erwerb der Beteiligung; Wertermittlung durch Abschlussprüfer

(1) Bevor die AIF-Kapitalverwaltungsgesellschaft die Beteiligung an einer Immobilien-Gesellschaft erwirbt, ist der Wert der Immobilien-Gesellschaft von einem Ab-

schlussprüfer im Sinne des § 319 Absatz 1 Satz 1 und 2 des Handelsgesetzbuchs zu ermitteln.

(2) [1]Bei der Wertermittlung ist von dem letzten mit dem Bestätigungsvermerk eines Abschlussprüfers versehenen Jahresabschluss der Immobilien-Gesellschaft auszugehen. [2]Liegt der Jahresabschluss mehr als drei Monate vor dem Bewertungsstichtag, ist von den Vermögenswerten und Verbindlichkeiten der Immobilien-Gesellschaft auszugehen, die in einer vom Abschlussprüfer geprüften aktuellen Vermögensaufstellung nachgewiesen sind.

(3) Für die Bewertung gelten die §§ 248 und 250 Absatz 1 Nummer 2 und Absatz 2 mit der Maßgabe, dass die im Jahresabschluss oder in der Vermögensaufstellung der Immobilien-Gesellschaft ausgewiesenen Immobilien mit dem Wert anzusetzen sind, der

1. zuvor bei einem Wert der Immobilie von
   a) bis zu einschließlich 50 Millionen Euro von einem externen Bewerter, der die Anforderungen nach § 216 Absatz 1 Satz 1 Nummer 1 und Satz 2, Absatz 2 bis 5 erfüllt, oder
   b) mehr als 50 Millionen Euro von zwei externen, voneinander unabhängigen Bewertern, die die Anforderungen nach § 216 Absatz 1 Satz 1 Nummer 1 und Satz 2, Absatz 2 bis 5 erfüllen und die die Bewertung der Vermögensgegenstände unabhängig voneinander vornehmen,

   festgestellt wurde und wobei
2. der Bewerter im Sinne von Nummer 1 Buchstabe a oder die Bewerter im Sinne von Nummer 1 Buchstabe b
   a) Objektbesichtigungen vorgenommen hat oder haben,
   b) nicht zugleich die regelmäßige Bewertung gemäß den §§ 249 und 251 Absatz 1 durchführt oder durchführen und
   c) nicht zugleich Abschlussprüfer ist oder sind.

§ 237 Umfang der Beteiligung; Anlagegrenzen

(1) Der Wert aller Vermögensgegenstände, die zum Vermögen der Immobilien-Gesellschaften gehören, an denen die AIF-Kapitalverwaltungsgesellschaft für Rechnung des Immobilien-Sondervermögens beteiligt ist, darf 49 Prozent des Wertes des Immobilien-Sondervermögens nicht übersteigen.

(2) Der Wert von Vermögensgegenständen, die zum Vermögen einer Immobilien-Gesellschaft gehören, an der die AIF-Kapitalverwaltungsgesellschaft für Rechnung des Immobilien-Sondervermögens zu 100 Prozent des Kapitals und der Stimmrechte beteiligt ist, wird auf die Anlagegrenze nach Absatz 1 nicht angerechnet.

(3) Unbeschadet der Anlagegrenze nach Absatz 1 darf der Wert der Vermögensgegenstände, die zum Vermögen von Immobilien-Gesellschaften gehören, an denen die AIF-Kapitalverwaltungsgesellschaft für Rechnung des Immobilien-Sondervermögens nicht mit einer Kapitalmehrheit beteiligt ist, 30 Prozent des Wertes des Immobilien-Sondervermögens nicht überschreiten.

(4) Bei der Berechnung des Wertes des Sondervermögens nach den Absätzen 1 und 3 werden die aufgenommenen Darlehen nicht abgezogen.

(5) Nicht anzurechnen auf die Anlagegrenzen der Absätze 3 und 4 ist die von einer AIF-Kapitalverwaltungsgesellschaft für Rechnung eines einzelnen Immobilien-Sondervermögens gehaltene Kapitalbeteiligung von weniger als 50 Prozent des Wertes der Immobilien-Gesellschaft, wenn die Beteiligung der AIF-Kapitalverwaltungsgesellschaft

infolge zusätzlicher Kapitalbeteiligungen die Anforderungen des § 234 Satz 1 Nummer 4 erfüllt.

(6) Beteiligungen an derselben Immobilien-Gesellschaft dürfen nicht sowohl für Rechnung eines oder mehrerer Publikums-AIF als auch für Rechnung eines oder mehrerer Spezial-AIF gehalten werden.

(7) Wenn nach Erwerb einer Minderheitsbeteiligung die Voraussetzungen für den Erwerb und das Halten der Beteiligung nicht mehr erfüllt sind, hat die AIF-Kapitalverwaltungsgesellschaft die Veräußerung der Beteiligung unter Wahrung der Interessen der Anleger anzustreben.

§ 238 Beteiligungen von Immobilien-Gesellschaften an Immobilien-Gesellschaften

Für Beteiligungen von Immobilien-Gesellschaften an anderen Immobilien-Gesellschaften gelten § 231 Absatz 5, § 235 Absatz 2 bis 4 sowie die §§ 236, 237 Absatz 1 bis 6 entsprechend.

§ 239 Verbot und Einschränkung von Erwerb und Veräußerung

(1) [1]Ein Vermögensgegenstand nach § 231 Absatz 1 oder nach § 234 darf für Rechnung eines Immobilien-Sondervermögens nicht erworben werden, wenn er bereits im Eigentum der AIF-Kapitalverwaltungsgesellschaft steht. [2]Er darf ferner für Rechnung eines Immobilien-Sondervermögens nicht von einem Mutter-, Schwester- oder Tochterunternehmen der AIF-Kapitalverwaltungsgesellschaft oder von einer anderen Gesellschaft erworben werden, an der die AIF-Kapitalverwaltungsgesellschaft eine bedeutende Beteiligung hält.

(2) Eine AIF-Kapitalverwaltungsgesellschaft darf nur mit Zustimmung der Bundesanstalt einen für Rechnung eines Immobilien-Sondervermögens gehaltenen Vermögensgegenstand nach § 231 Absatz 1 oder nach § 234

1. für eigene Rechnung erwerben,
2. an ein Unternehmen im Sinne des Absatzes 1 Satz 2 veräußern oder
3. auf einen anderen AIF übertragen, der von ihr oder einem Unternehmen im Sinne des Absatzes 1 Satz 2 verwaltet wird.

§ 240 Darlehensgewährung an Immobilien-Gesellschaften

(1) Die AIF-Kapitalverwaltungsgesellschaft darf einer Immobilien-Gesellschaft für Rechnung des Immobilien-Sondervermögens ein Darlehen nur gewähren, wenn

1. sie an der Immobilien-Gesellschaft für Rechnung des Immobilien-Sondervermögens unmittelbar oder mittelbar beteiligt ist,
2. die Darlehensbedingungen marktgerecht sind,
3. das Darlehen ausreichend besichert ist und
4. bei einer Veräußerung der Beteiligung das Darlehen innerhalb von sechs Monaten nach der Veräußerung zurückzuzahlen ist.

(2) Die AIF-Kapitalverwaltungsgesellschaft hat sicherzustellen, dass

1. die Summe der Darlehen, die einer Immobilien-Gesellschaft für Rechnung des Immobilien-Sondervermögens insgesamt gewährt werden, 50 Prozent des Wertes der von der Immobilien-Gesellschaft gehaltenen Grundstücke nicht übersteigt und
2. die Summe der Darlehen, die den Immobilien-Gesellschaften insgesamt für Rechnung des Immobilien-Sondervermögens gewährt werden, 25 Prozent des Wertes des Immobilien-Sondervermögens nicht übersteigt; bei der Berechnung der Grenze sind die aufgenommenen Darlehen nicht abzuziehen.

(3) Einer Darlehensgewährung nach den Absätzen 1 und 2 steht gleich, wenn ein Dritter im Auftrag der AIF-Kapitalverwaltungsgesellschaft der Immobilien-Gesellschaft ein Darlehen im eigenen Namen für Rechnung des Immobilien-Sondervermögens gewährt.

§ 241 Zahlungen, Überwachung durch die Verwahrstelle

[1]Die AIF-Kapitalverwaltungsgesellschaft hat mit der Immobilien-Gesellschaft zu vereinbaren, dass die der AIF-Kapitalverwaltungsgesellschaft für Rechnung des Immobilien-Sondervermögens zustehenden Zahlungen, der Liquidationserlös und sonstige der AIF-Kapitalverwaltungsgesellschaft für Rechnung des Immobilien-Sondervermögens zustehende Beträge unverzüglich auf ein Konto nach § 83 Absatz 6 Satz 2 einzuzahlen sind. [2]Satz 1 gilt entsprechend für Immobilien-Gesellschaften, die Beteiligungen an anderen Immobilien-Gesellschaften erwerben oder halten.

§ 242 Wirksamkeit eines Rechtsgeschäfts

Die Nichtbeachtung der vorstehenden Vorschriften berührt die Wirksamkeit des Rechtsgeschäfts nicht.

§ 243 Risikomischung

(1) [1]Der Wert einer Immobilie darf zur Zeit des Erwerbs 15 Prozent des Wertes des Sondervermögens nicht übersteigen. [2]Der Gesamtwert aller Immobilien, deren einzelner Wert mehr als 10 Prozent des Wertes des Sondervermögens beträgt, darf 50 Prozent des Wertes des Sondervermögens nicht überschreiten. [3]Bei der Berechnung der Werte werden aufgenommene Darlehen nicht abgezogen.

(2) Als Immobilie im Sinne des Absatzes 1 gilt auch eine aus mehreren Immobilien bestehende wirtschaftliche Einheit.

§ 244 Anlaufzeit

Die Anlagegrenzen in den §§ 231 bis 238 und 243 sowie § 253 Absatz 1 Satz 1 gelten für das Immobilien-Sondervermögen einer AIF-Kapitalverwaltungsgesellschaft erst, wenn seit dem Zeitpunkt der Bildung dieses Sondervermögens eine Frist von vier Jahren verstrichen ist.

§ 245 Treuhandverhältnis

Abweichend von § 92 Absatz 1 können Vermögensgegenstände, die zum Immobilien-Sondervermögen gehören, nur im Eigentum der AIF-Kapitalverwaltungsgesellschaft stehen.

§ 246 Verfügungsbeschränkung

(1) [1]Die AIF-Kapitalverwaltungsgesellschaft hat dafür zu sorgen, dass die Verfügungsbeschränkung nach § 84 Absatz 1 Nummer 3 in das Grundbuch eingetragen wird. [2]Ist bei ausländischen Grundstücken die Eintragung der Verfügungsbeschränkung in ein Grundbuch oder ein vergleichbares Register nicht möglich, so ist die Wirksamkeit der Verfügungsbeschränkung in anderer geeigneter Form sicherzustellen.

(2) Die AIF-Kapitalverwaltungsgesellschaft kann gegenüber dem Grundbuchamt die Bestellung der Verwahrstelle durch eine Bescheinigung der Bundesanstalt nachweisen, aus der sich ergibt, dass die Bundesanstalt die Auswahl als Verwahrstelle genehmigt hat und von ihrem Recht, der AIF-Kapitalverwaltungsgesellschaft einen Wechsel der Verwahrstelle aufzuerlegen, keinen Gebrauch gemacht hat.

§ 247 Vermögensaufstellung

(1) [1]Die AIF-Kapitalverwaltungsgesellschaft hat in der Vermögensaufstellung nach § 101 Absatz 1 Satz 3 Nummer 1 den Bestand der zum Sondervermögen gehörenden

Immobilien und sonstigen Vermögensgegenstände aufzuführen und dabei Folgendes anzugeben:

1. Größe, Art und Lage sowie Bau- und Erwerbsjahr eines Grundstücks,
2. Gebäudenutzfläche, Leerstandsquote, Nutzungsentgeltausfallquote, Fremdfinanzierungsquote,
3. Restlaufzeiten der Nutzungsverträge,
4. Verkehrswert oder im Fall des § 248 Absatz 2 Satz 1 den Kaufpreis,
5. Nebenkosten bei Anschaffung von Vermögensgegenständen im Sinne des § 231 Absatz 1 und des § 234,
6. wesentliche Ergebnisse der nach Maßgabe dieses Unterabschnitts erstellten Wertgutachten,
7. etwaige Bestands- oder Projektentwicklungsmaßnahmen und
8. sonstige wesentliche Merkmale der zum Sondervermögen gehörenden Immobilien und sonstigen Vermögensgegenstände.

[2]Die im Berichtszeitraum getätigten Käufe und Verkäufe von Immobilien und Beteiligungen an Immobilien-Gesellschaften sind in einer Anlage zur Vermögensaufstellung anzugeben.

(2) [1]Bei einer Beteiligung nach § 234 hat die AIF-Kapitalverwaltungsgesellschaft oder die Immobilien-Gesellschaft in der Vermögensaufstellung anzugeben:

1. Firma, Rechtsform und Sitz der Immobilien-Gesellschaft,
2. das Gesellschaftskapital,
3. die Höhe der Beteiligung und den Zeitpunkt ihres Erwerbs durch die AIF-Kapitalverwaltungsgesellschaft und
4. Anzahl der durch die AIF-Kapitalverwaltungsgesellschaft oder Dritte nach § 240 gewährten Darlehen sowie die jeweiligen Beträge.

[2]Als Verkehrswert der Beteiligung ist der nach § 248 Absatz 4 ermittelte Wert anzusetzen. [3]Die Angaben nach Absatz 1 für die Immobilien und sonstigen Vermögensgegenstände der Immobilien-Gesellschaft sind nachrichtlich aufzuführen und besonders zu kennzeichnen.

§ 248 Sonderregeln für die Bewertung

(1) § 168 ist mit den Maßgaben der Absätze 2 bis 4 anzuwenden.

(2) [1]Für Vermögensgegenstände im Sinne des § 231 Absatz 1 sowie des § 234 ist im Zeitpunkt des Erwerbs und danach nicht länger als zwölf Monate der Kaufpreis dieser Vermögensgegenstände anzusetzen. [2]Abweichend von Satz 1 ist der Wert erneut zu ermitteln und anzusetzen, wenn nach Auffassung der AIF-Kapitalverwaltungsgesellschaft der Ansatz des Kaufpreises auf Grund von Änderungen wesentlicher Bewertungsfaktoren nicht mehr sachgerecht ist; die AIF-Kapitalverwaltungsgesellschaft hat ihre Entscheidung und die Gründe dafür nachvollziehbar zu dokumentieren.

(3) [1]Die Anschaffungsnebenkosten eines Vermögensgegenstandes im Sinne des § 231 Absatz 1 sowie des § 234 sind gesondert anzusetzen und über die voraussichtliche Dauer seiner Zugehörigkeit zum Immobilien-Sondervermögen in gleichen Jahresbeträgen abzuschreiben, längstens jedoch über einen Zeitraum von zehn Jahren. [2]Wird ein Vermögensgegenstand veräußert, sind die Anschaffungsnebenkosten in voller Höhe abzuschreiben. [3]Die Abschreibungen sind nicht in der Ertrags- und Aufwandsrechnung zu berücksichtigen.

(4) [1]Der Wert der Beteiligung an einer Immobilien-Gesellschaft ist nach den für die Bewertung von Unternehmensbeteiligungen allgemein anerkannten Grundsätzen zu ermitteln. [2]Die im Jahresabschluss oder in der Vermögensaufstellung der Immobilien-Gesellschaft ausgewiesenen Immobilien sind dabei mit dem Wert anzusetzen, der entsprechend § 249 Absatz 1 festgestellt wurde.

§ 249 Sonderregeln für das Bewertungsverfahren

(1) § 169 ist mit der Maßgabe anzuwenden, dass die Bewertungsrichtlinien für Immobilien-Sondervermögen zusätzlich vorzusehen haben, dass

1. die Vermögensgegenstände im Sinne des § 231 Absatz 1 Satz 1 Nummer 1 bis 6 von zwei externen, voneinander unabhängigen Bewertern, die die Anforderungen nach § 216 Absatz 1 Satz 1 Nummer 1 und Satz 2, Absatz 2 bis 5 erfüllen und die die Bewertung der Vermögensgegenstände unabhängig voneinander vornehmen, bewertet werden und
2. die externen Bewerter im Sinne der Nummer 1 Objektbesichtigungen vornehmen.

(2) Die AIF-Kapitalverwaltungsgesellschaft oder die Immobilien-Gesellschaft muss die Immobilien-Gesellschaft, an der sie beteiligt ist, vertraglich verpflichten,

1. bei der AIF-Kapitalverwaltungsgesellschaft und der Verwahrstelle monatlich Vermögensaufstellungen einzureichen und
2. die Vermögensaufstellungen einmal jährlich anhand des von einem Abschlussprüfer mit einem Bestätigungsvermerk versehenen Jahresabschlusses der Immobilien-Gesellschaft prüfen zu lassen.

(3) Der auf Grund der Vermögensaufstellungen ermittelte Wert der Beteiligung an einer Immobilien-Gesellschaft ist den Bewertungen zur laufenden Preisermittlung zugrunde zu legen.

§ 250 Sonderregeln für den Bewerter

(1) § 216 ist mit der Maßgabe anzuwenden, dass

1. die Bewertung der Vermögensgegenstände im Sinne des § 231 Absatz 1 Satz 1 Nummer 1 bis 6 nur durch zwei externe Bewerter erfolgen darf,
2. der Wert der Beteiligung an einer Immobilien-Gesellschaft durch einen Abschlussprüfer im Sinne des § 319 Absatz 1 Satz 1 und 2 des Handelsgesetzbuchs zu ermitteln ist.

(2) [1]Ein externer Bewerter darf für eine AIF-Kapitalverwaltungsgesellschaft für die Bewertung von Vermögensgegenständen im Sinne des § 231 Absatz 1 Satz 1 Nummer 1 bis 6 nur für einen Zeitraum von maximal drei Jahren tätig sein. [2]Die Einnahmen des externen Bewerters aus seiner Tätigkeit für die AIF-Kapitalverwaltungsgesellschaft dürfen 30 Prozent seiner Gesamteinnahmen, bezogen auf das Geschäftsjahr des externen Bewerters, nicht überschreiten. [3]Die Bundesanstalt kann verlangen, dass ihr entsprechende Nachweise vorgelegt werden. [4]Die AIF-Kapitalverwaltungsgesellschaft darf einen externen Bewerter erst nach Ablauf von zwei Jahren seit Ende des Zeitraums nach Satz 1 erneut als externen Bewerter bestellen.

§ 251 Sonderregeln für die Häufigkeit der Bewertung

(1) [1]§ 217 ist mit der Maßgabe anzuwenden, dass der Wert der Vermögensgegenstände im Sinne des § 231 Absatz 1 und des § 234 innerhalb eines Zeitraums von drei Monaten zu ermitteln ist. [2]Sehen die Anlagebedingungen eines Immobilien-Sondervermögens gemäß § 255 Absatz 2 die Rücknahme von Anteilen seltener als alle drei Monate vor, ist der Wert der Vermögensgegenstände im Sinne des § 231 Absatz 1 und des § 234 innerhalb eines Zeitraums von drei Monaten vor jedem Rücknahmetermin zu ermitteln. [3]Ab-

weichend von Satz 1 und 2 ist der Wert stets erneut zu ermitteln und anzusetzen, wenn nach Auffassung der AIF-Kapitalverwaltungsgesellschaft der zuletzt ermittelte Wert auf Grund von Änderungen wesentlicher Bewertungsfaktoren nicht mehr sachgerecht ist; die AIF-Kapitalverwaltungsgesellschaft hat ihre Entscheidung und die Gründe dafür nachvollziehbar zu dokumentieren.

(2) Absatz 1 gilt entsprechend für die Bewertung der im Jahresabschluss oder in der Vermögensaufstellung der Immobilien-Gesellschaft ausgewiesenen Immobilien.

§ 252 Ertragsverwendung

(1) Die Anlagebedingungen müssen vorsehen, dass Erträge des Sondervermögens, die für künftige Instandsetzungen von Vermögensgegenständen des Sondervermögens erforderlich sind, nicht ausgeschüttet werden dürfen.

(2) Mindestens 50 Prozent der Erträge des Sondervermögens müssen ausgeschüttet werden, sofern sie nicht für künftige erforderliche Instandsetzungen einzubehalten sind; realisierte Gewinne aus Veräußerungsgeschäften sind keine Erträge im Sinne dieses Absatzes.

(3) Die Anlagebedingungen müssen angeben, ob und in welchem Umfang Erträge zum Ausgleich von Wertminderungen der Vermögensgegenstände des Sondervermögens und für künftige erforderliche Instandsetzungen nach Absatz 1 einbehalten werden.

§ 253 Liquiditätsvorschriften

(1) [1]Die AIF-Kapitalverwaltungsgesellschaft darf für Rechnung eines Immobilien-Sondervermögens einen Betrag, der insgesamt 49 Prozent des Wertes des Sondervermögens entspricht, nur halten in

1. Bankguthaben;
2. Geldmarktinstrumenten;
3. Investmentanteilen nach Maßgabe des § 196 oder Anteilen an Spezial-Sondervermögen nach Maßgabe des § 196 Absatz 1 Satz 2, die nach den Anlagebedingungen ausschließlich in Vermögensgegenstände nach den Nummern 1, 2 und 4 Buchstabe a anlegen dürfen; die §§ 207 und 210 Absatz 3 sind auf Spezial-Sondervermögen nicht anzuwenden;
4. Wertpapieren, die
   a) zur Sicherung der in Artikel 18.1 des Protokolls über die Satzung des Europäischen Systems der Zentralbanken und der Europäischen Zentralbank vom 7. Februar 1992 (BGBl. 1992 II S. 1299) genannten Kreditgeschäfte von der Europäischen Zentralbank oder der Deutschen Bundesbank zugelassen sind oder deren Zulassung nach den Emissionsbedingungen beantragt wird, sofern die Zulassung innerhalb eines Jahres nach ihrer Ausgabe erfolgt,
   b) entweder an einem organisierten Markt im Sinne von § 2 Absatz 11 des Wertpapierhandelsgesetzes zum Handel zugelassen sind oder die festverzinsliche Wertpapiere sind, soweit ihr Wert einen Betrag von 5 Prozent des Wertes des Sondervermögens nicht übersteigt;
5. Aktien von REIT-Aktiengesellschaften oder vergleichbare Anteile ausländischer juristischer Personen, die an einem der in § 193 Absatz 1 Satz 1 Nummer 1 und 2 bezeichneten Märkte zugelassen oder in einen dieser Märkte einbezogen sind, soweit der Wert dieser Aktien oder Anteile einen Betrag von 5 Prozent des Wertes des Sondervermögens nicht überschreitet und die in Artikel 2 Absatz 1 der Richtlinie 2007/16/EG genannten Kriterien erfüllt sind, und

6. Derivaten zu Absicherungszwecken.

[2]Die AIF-Kapitalverwaltungsgesellschaft hat sicherzustellen, dass hiervon ein nach den überprüfbaren und dokumentierten Berechnungen des Liquiditätsmanagements ausreichender Betrag, der mindestens 5 Prozent des Wertes des Sondervermögens entspricht, für die Rücknahme von Anteilen verfügbar ist.

(2) Bei der Berechnung der Anlagegrenze nach Absatz 1 Satz 1 sind folgende gebundene Mittel des Immobilien-Sondervermögens abzuziehen:

1. die Mittel, die zur Sicherstellung einer ordnungsgemäßen laufenden Bewirtschaftung benötigt werden;
2. die Mittel, die für die nächste Ausschüttung vorgesehen sind;
3. die Mittel, die erforderlich werden zur Erfüllung von Verbindlichkeiten
   a) aus rechtswirksam geschlossenen Grundstückskaufverträgen,
   b) aus Darlehensverträgen,
   c) für die bevorstehenden Anlagen in bestimmten Immobilien,
   d) für bestimmte Baumaßnahmen sowie
   e) aus Bauverträgen,

   sofern die Verbindlichkeiten in den folgenden zwei Jahren fällig werden.

(3) Die AIF-Kapitalverwaltungsgesellschaft darf für Rechnung eines Immobilien-Sondervermögens Wertpapier-Darlehen nur auf unbestimmte Zeit gewähren.

§ 254 Kreditaufnahme

(1) [1]Die AIF-Kapitalverwaltungsgesellschaft darf unbeschadet des § 199 für gemeinschaftliche Rechnung der Anleger Kredite nur bis zur Höhe von 30 Prozent des Verkehrswertes der Immobilien, die zum Sondervermögen gehören, und nur dann aufnehmen und halten, wenn

1. dies in den Anlagebedingungen vorgesehen ist,
2. die Kreditaufnahme mit einer ordnungsgemäßen Wirtschaftsführung vereinbar ist,
3. die Bedingungen der Kreditaufnahme marktüblich sind und
4. die Grenze nach § 260 Absatz 3 Nummer 3 nicht überschritten wird.

[2]Eine Kreditaufnahme zur Finanzierung der Rücknahme von Anteilen ist nur nach Maßgabe des § 199 zulässig.

(2) Entsprechend der Beteiligungshöhe sind die von der Immobilien-Gesellschaft aufgenommenen Kredite bei dem Immobilien-Sondervermögen bei der Berechnung der in Absatz 1 genannten Grenzen zu berücksichtigen.

§ 255 Sonderregeln für die Ausgabe und Rücknahme von Anteilen

(1) Die AIF-Kapitalverwaltungsgesellschaft hat die Ausgabe von Anteilen vorübergehend auszusetzen, wenn eine Verletzung der Anlagegrenzen nach den Liquiditätsvorschriften dieses Abschnitts oder der Anlagebedingungen droht.

(2) [1]In Abweichung von § 98 Absatz 1 Satz 1 können die Anlagebedingungen von Immobilien-Sondervermögen vorsehen, dass die Rücknahme von Anteilen nur zu bestimmten Rücknahmeterminen, jedoch mindestens alle zwölf Monate erfolgt. [2]Neue Anteile dürfen in den Fällen des Satzes 1 nur zu den in den Anlagebedingungen festgelegten Rücknahmeterminen ausgegeben werden.

(3) [1]Die Rückgabe von Anteilen ist erst nach Ablauf einer Mindesthaltefrist von 24 Monaten möglich. [2]Der Anleger hat nachzuweisen, dass er mindestens den in seiner Rückgabeerklärung aufgeführten Bestand an Anteilen während der gesamten 24 Monate,

die dem verlangten Rücknahmetermin unmittelbar vorausgehen, durchgehend gehalten hat. [3]Der Nachweis kann durch die depotführende Stelle in Textform als besonderer Nachweis der Anteilinhaberschaft erbracht oder auf andere in den Anlagebedingungen vorgesehene Weise geführt werden.

(4) [1]Anteilrückgaben sind unter Einhaltung einer Rückgabefrist von zwölf Monaten durch eine unwiderrufliche Rückgabeerklärung gegenüber der AIF-Kapitalverwaltungsgesellschaft zu erklären. [2]§ 227 Absatz 3 gilt entsprechend; die Anlagebedingungen können eine andere Form für den Nachweis vorsehen, dass die Rückgabe in Einklang mit Satz 1 erfolgt.

§ 256 Zusätzliche Angaben im Verkaufsprospekt und in den Anlagebedingungen

(1) Der Verkaufsprospekt muss zusätzlich zu den Angaben nach § 165 folgende Angaben enthalten:

1. einen ausdrücklichen, drucktechnisch hervorgehobenen Hinweis, dass der Anleger abweichend von § 98 Absatz 1 Satz 1 von der AIF-Kapitalverwaltungsgesellschaft die Rücknahme von Anteilen und die Auszahlung des Anteilswertes nur zu den Rücknahmeterminen verlangen kann, die in den Anlagebedingungen bestimmt sind, sowie
2. alle Voraussetzungen und Bedingungen für die Rückgabe und Auszahlung von Anteilen aus dem Sondervermögen Zug um Zug gegen Rückgabe der Anteile.

(2) Die Angaben nach Absatz 1 Nummer 2 sind in die Anlagebedingungen aufzunehmen.

§ 257 Aussetzung der Rücknahme

(1) [1]Verlangt der Anleger, dass ihm gegen Rückgabe des Anteils sein Anteil am Immobilien-Sondervermögen ausgezahlt wird, so hat die AIF-Kapitalverwaltungsgesellschaft die Rücknahme der Anteile zu verweigern und auszusetzen, wenn die Bankguthaben und der Erlös der nach § 253 Absatz 1 angelegten Mittel zur Zahlung des Rücknahmepreises und zur Sicherstellung einer ordnungsgemäßen laufenden Bewirtschaftung nicht ausreichen oder nicht sogleich zur Verfügung stehen. [2]Zur Beschaffung der für die Rücknahme der Anteile notwendigen Mittel hat die AIF-Kapitalverwaltungsgesellschaft Vermögensgegenstände des Sondervermögens zu angemessenen Bedingungen zu veräußern.

(2) [1]Reichen die liquiden Mittel gemäß § 253 Absatz 1 zwölf Monate nach der Aussetzung der Rücknahme gemäß Absatz 1 Satz 1 nicht aus, so hat die AIF-Kapitalverwaltungsgesellschaft die Rücknahme weiterhin zu verweigern und durch Veräußerung von Vermögensgegenständen des Sondervermögens weitere liquide Mittel zu beschaffen. [2]Der Veräußerungserlös kann abweichend von § 260 Absatz 1 Satz 1 den dort genannten Wert um bis zu 10 Prozent unterschreiten.

(3) [1]Reichen die liquiden Mittel gemäß § 253 Absatz 1 auch 24 Monate nach der Aussetzung der Rücknahme gemäß Absatz 1 Satz 1 nicht aus, hat die AIF-Kapitalverwaltungsgesellschaft die Rücknahme der Anteile weiterhin zu verweigern und durch Veräußerung von Vermögensgegenständen des Sondervermögens weitere liquide Mittel zu beschaffen. [2]Der Veräußerungserlös kann abweichend von § 260 Absatz 1 Satz 1 den dort genannten Wert um bis zu 20 Prozent unterschreiten. 36 Monate nach der Aussetzung der Rücknahme gemäß Absatz 1 Satz 1 kann jeder Anleger verlangen, dass ihm gegen Rückgabe des Anteils sein Anteil am Sondervermögen aus diesem ausgezahlt wird.

(4) [1]Reichen auch 36 Monate nach der Aussetzung der Rücknahme die Bankguthaben und die liquiden Mittel nicht aus, so erlischt das Recht der AIF-Kapitalverwaltungsgesellschaft, dieses Immobilien-Sondervermögen zu verwalten; dies gilt auch, wenn eine AIF-Kapitalverwaltungsgesellschaft zum dritten Mal binnen fünf Jahren die Rücknahme von Anteilen aussetzt. [2]Ein erneuter Fristlauf nach den Absätzen 1 bis 3 kommt nicht in Betracht, wenn die AIF-Kapitalverwaltungsgesellschaft die Anteilrücknahme binnen drei Monaten erneut aussetzt oder wenn sie, falls die Anlagebedingungen nicht mehr als vier Rückgabetermine im Jahr vorsehen, die Anteilrücknahme nur zu einem Rücknahmetermin wieder aufgenommen hatte, aber zum darauf folgenden Rücknahmetermin die Anteilrücknahme erneut unter Berufung auf Absatz 1 Satz 1 verweigert.

§ 258 Aussetzung nach Kündigung

(1) Außergewöhnliche Umstände im Sinne des § 98 Absatz 2 Satz 1 liegen vor, wenn die AIF-Kapitalverwaltungsgesellschaft die Kündigung der Verwaltung des Immobilien-Sondervermögens erklärt hat.

(2) Eine AIF-Kapitalverwaltungsgesellschaft, die die Verwaltung eines Immobilien-Sondervermögens gekündigt hat, ist bis zum Erlöschen des Verwaltungsrechts berechtigt und verpflichtet, in Abstimmung mit der Verwahrstelle sämtliche Vermögensgegenstände dieses Sondervermögens zu angemessen Bedingungen oder mit Einwilligung der Anleger gemäß § 259 zu veräußern.

(3) Während einer Aussetzung der Rücknahme nach § 98 Absatz 2 oder nach Absatz 1 in Verbindung mit § 98 Absatz 2 sind § 239 sowie die in § 244 genannten Anlaufbegrenzungen nicht anzuwenden, soweit die Veräußerung von Vermögensgegenständen des Sondervermögens es erfordert, dass diese Vorschriften im Interesse der Anleger nicht angewendet werden.

(4) Aus den Erlösen aus Veräußerungen nach Absatz 2 ist den Anlegern in Abstimmung mit der Verwahrstelle ungeachtet des § 252 ein halbjährlicher Abschlag auszuzahlen, soweit

1. diese Erlöse nicht zur Sicherstellung einer ordnungsgemäßen laufenden Bewirtschaftung benötigt werden und
2. nicht Gewährleistungszusagen aus den Veräußerungsgeschäften oder zu erwartende Auseinandersetzungskosten den Einbehalt im Sondervermögen verlangen.

§ 259 Beschlüsse der Anleger

(1) [1]Die Anlagebedingungen eines Immobilien-Sondervermögens haben für den Fall der Aussetzung der Rücknahme von Anteilen gemäß § 257 vorzusehen, dass die Anleger durch Mehrheitsbeschluss in die Veräußerung bestimmter Vermögensgegenstände einwilligen können, auch wenn die Veräußerung nicht zu angemessenen Bedingungen im Sinne des § 257 Absatz 1 Satz 3 erfolgt. [2]Ein Widerruf der Einwilligung kommt nicht in Betracht. [3]Die Einwilligung verpflichtet die AIF-Kapitalverwaltungsgesellschaft nicht zur Veräußerung.

(2) [1]Ein Beschluss der Anleger ist nur wirksam, wenn mindestens 30 Prozent der Stimmrechte bei der Beschlussfassung vertreten waren. [2]§ 5 Absatz 4 Satz 1 und Absatz 6 Satz 1 sowie die §§ 6 bis 20 des Schuldverschreibungsgesetzes über Beschlüsse der Gläubiger gelten für Beschlüsse der Anleger, mit denen diese eine Einwilligung erteilen oder versagen, mit der Maßgabe entsprechend, dass

1. an die Stelle der ausstehenden Schuldverschreibungen die ausgegebenen Investmentanteile treten,
2. an die Stelle des Schuldners die AIF-Kapitalverwaltungsgesellschaft tritt und
3. an die Stelle der Gläubigerversammlung die Anlegerversammlung tritt.

[3]Eine einberufene Anlegerversammlung bleibt von der Wiederaufnahme der Anteilrücknahme unberührt.

(3) Die Abstimmung soll ohne Versammlung durchgeführt werden, wenn nicht außergewöhnliche Umstände eine Versammlung zur Information der Anleger erforderlich machen.

§ 260 Veräußerung und Belastung von Vermögensgegenständen

(1) [1]Die Veräußerung von Vermögensgegenständen nach § 231 Absatz 1 und § 234, die zu einem Sondervermögen gehören, ist vorbehaltlich des § 257 nur zulässig, wenn

1. dies in den Anlagebedingungen vorgesehen ist und
2. die Gegenleistung den gemäß § 249 Absatz 1 ermittelten Wert nicht oder nicht wesentlich unterschreitet.

[2]Werden durch ein einheitliches Rechtsgeschäft zwei oder mehr der in Satz 1 genannten Vermögensgegenstände an denselben Erwerber veräußert, darf die insgesamt vereinbarte Gegenleistung die Summe der Werte, die für die veräußerten Vermögensgegenstände ermittelt wurden, um höchstens 5 Prozent unterschreiten, wenn dies den Interessen der Anleger nicht zuwiderläuft.

(2) Von der Bewertung gemäß § 249 Absatz 1 kann abgesehen werden, wenn

1. Teile des Immobilienvermögens auf behördliches Verlangen zu öffentlichen Zwecken veräußert werden,
2. Teile des Immobilienvermögens im Umlegungsverfahren getauscht oder, um ein Umlegungsverfahren abzuwenden, gegen andere Immobilien getauscht werden oder
3. zur Abrundung eigenen Grundbesitzes Immobilien hinzuerworben werden und die hierfür zu entrichtende Gegenleistung die Gegenleistung, die für eine gleich große Fläche einer eigenen Immobilie erbracht wurde, um höchstens 5 Prozent überschreitet.

(3) Die Belastung von Vermögensgegenständen nach § 231 Absatz 1, die zu einem Sondervermögen gehören, sowie die Abtretung und Belastung von Forderungen aus Rechtsverhältnissen, die sich auf Vermögensgegenstände nach § 231 Absatz 1 beziehen, sind vorbehaltlich des § 239 zulässig, wenn

1. dies in den Anlagebedingungen vorgesehen und mit einer ordnungsgemäßen Wirtschaftsführung vereinbar ist,
2. die Verwahrstelle den vorgenannten Maßnahmen zustimmt, weil sie die Bedingungen, unter denen die Maßnahmen erfolgen sollen, für marktüblich erachtet, und
3. die AIF-Kapitalverwaltungsgesellschaft sicherstellt, dass die Belastung insgesamt 30 Prozent des Verkehrswertes der im Sondervermögen befindlichen Immobilien nicht überschreitet.

(4) Verfügungen über Vermögensgegenstände, die zum Vermögen der Immobilien-Gesellschaften gehören, gelten für die Prüfung ihrer Zulässigkeit als Vermögensgegenstände im Sinne der Absätze 1 und 3.

(5) Die Wirksamkeit einer Verfügung wird durch einen Verstoß gegen die Vorschriften der Absätze 1 und 3 nicht berührt.

Abschnitt 4. Geschlossene inländische Publikums-AIF

§ 261 Zulässige Vermögensgegenstände, Anlagegrenzen

(1) Die AIF-Kapitalverwaltungsgesellschaft darf für einen geschlossenen inländischen Publikums-AIF nur investieren in

1. Sachwerte,

2. Anteile oder Aktien an ÖPP-Projektgesellschaften,
3. Anteile oder Aktien an Gesellschaften, die nach dem Gesellschaftsvertrag oder der Satzung nur Vermögensgegenstände im Sinne der Nummer 1 sowie die zur Bewirtschaftung dieser Vermögensgegenstände erforderlichen Vermögensgegenstände oder Beteiligungen an solchen Gesellschaften erwerben dürfen,
4. Beteiligungen an Unternehmen, die nicht zum Handel an einer Börse zugelassen oder in einen organisierten Markt einbezogen sind,
5. Anteile oder Aktien an geschlossenen inländischen Publikums-AIF nach Maßgabe der §§ 261 bis 272 oder an europäischen oder ausländischen geschlossenen Publikums-AIF, deren Anlagepolitik vergleichbaren Anforderungen unterliegt,
6. Anteile oder Aktien an geschlossenen inländischen Spezial-AIF nach Maßgabe der §§ 285 bis 292 in Verbindung mit den §§ 273 bis 277, der §§ 337 und 338 oder an geschlossenen EU-Spezial-AIF oder ausländischen geschlossenen Spezial-AIF, deren Anlagepolitik vergleichbaren Anforderungen unterliegt,
7. Vermögensgegenstände nach den §§ 193 bis 195;
8. Gelddarlehen nach § 285 Absatz 3 Satz 1 und 3, der mit der Maßgabe entsprechend anwendbar ist, dass abweichend von § 285 Absatz 3 Satz 1 höchstens 30 Prozent des aggregierten eingebrachten Kapitals und des noch nicht eingeforderten zugesagten Kapitals des geschlossenen Publikums-AIF für diese Darlehen verwendet werden und im Fall des § 285 Absatz 3 Satz 1 Nummer 3 die dem jeweiligen Unternehmen gewährten Darlehen nicht die Anschaffungskosten der an dem Unternehmen gehaltenen Beteiligungen überschreiten.

(2) Sachwerte im Sinne von Absatz 1 Nummer 1 sind insbesondere

1. Immobilien, einschließlich Wald, Forst und Agrarland,
2. Schiffe, Schiffsaufbauten und Schiffsbestand- und -ersatzteile,
3. Luftfahrzeuge, Luftfahrzeugbestand- und -ersatzteile,
4. Anlagen zur Erzeugung, zum Transport und zur Speicherung von Strom, Gas oder Wärme aus erneuerbaren Energien,
5. Schienenfahrzeuge, Schienenfahrzeugbestand- und -ersatzteile,
6. Fahrzeuge, die im Rahmen der Elektromobilität genutzt werden,
7. Container,
8. für Vermögensgegenstände im Sinne der Nummern 2 bis 6 genutzte Infrastruktur.

(3) Geschäfte, die Derivate zum Gegenstand haben, dürfen nur zur Absicherung von im geschlossenen inländischen Publikums-AIF gehaltenen Vermögensgegenständen gegen einen Wertverlust getätigt werden.

(4) Die AIF-Kapitalverwaltungsgesellschaft hat sicherzustellen, dass die Vermögensgegenstände eines geschlossenen inländischen Publikums-AIF nur insoweit einem Währungsrisiko unterliegen, als der Wert der einem solchen Risiko unterliegenden Vermögensgegenstände 30 Prozent des aggregierten eingebrachten Kapitals und noch nicht eingeforderten zugesagten Kapitals dieses AIF, berechnet auf der Grundlage der Beträge, die nach Abzug sämtlicher direkt oder indirekt von den Anlegern getragener Gebühren, Kosten und Aufwendungen für Anlagen zur Verfügung stehen, nicht übersteigt.

(5) [1]In einen Vermögensgegenstand im Sinne des Absatzes 1 Nummer 1 darf nur investiert werden, wenn

1. der Vermögensgegenstand zuvor bei einem Wert des

a) Vermögensgegenstandes bis zu einschließlich 50 Millionen Euro von einem externen Bewerter, der die Anforderungen nach § 216 Absatz 1 Satz 1 Nummer 1 und Satz 2, Absatz 2 bis 5 erfüllt, oder

b) Vermögensgegenstandes über 50 Millionen Euro von zwei externen, voneinander unabhängigen Bewertern, die die Anforderungen nach § 216 Absatz 1 Satz 1 Nummer 1 und Satz 2, Absatz 2 bis 5 erfüllen und die die Bewertung des Vermögensgegenstandes unabhängig voneinander vornehmen,

bewertet wurde,

2. der externe Bewerter im Sinne von Nummer 1 Buchstabe a oder die externen Bewerter im Sinne von Nummer 1 Buchstabe b nicht zugleich die jährliche Bewertung der Vermögensgegenstände gemäß § 272 durchführt oder durchführen und

3. die aus dem geschlossenen inländischen Publikums-AIF zu erbringende Gegenleistung den ermittelten Wert nicht oder nur unwesentlich übersteigt.

[2]§ 250 Absatz 2 und § 271 Absatz 2 gelten entsprechend.

(6) [1]Vor der Investition in einen Vermögensgegenstand im Sinne des Absatzes 1 Nummer 2 bis 6 ist der Wert der ÖPP-Projektgesellschaft, der Gesellschaft im Sinne des Absatzes 1 Nummer 3, des Unternehmens im Sinne des Absatzes 1 Nummer 4 oder des geschlossenen AIF im Sinne des Absatzes 1 Nummer 5 oder Nummer 6

1. durch

a) einen externen Bewerter, der die Anforderungen nach § 216 Absatz 1 Satz 1 Nummer 1 und Satz 2, Absatz 2 bis 5 erfüllt, wenn der Wert des Vermögensgegenstandes 50 Millionen Euro nicht übersteigt, oder

b) zwei externe, voneinander unabhängige Bewerter, die die Anforderungen nach § 216 Absatz 1 Satz 1 Nummer 1 und Satz 2, Absatz 2 bis 5 erfüllen und die die Bewertung des Vermögensgegenstandes unabhängig voneinander vornehmen,

zu ermitteln, wobei

2. der externe Bewerter im Sinne von Nummer 1 Buchstabe a oder die externen Bewerter im Sinne von Nummer 1 Buchstabe b nicht zugleich die jährliche Bewertung der Vermögensgegenstände gemäß § 272 durchführt oder durchführen.

[2]§ 250 Absatz 2 gilt entsprechend. [3]Bei der Bewertung ist von dem letzten mit Bestätigungsvermerk eines Abschlussprüfers versehenen Jahresabschluss der ÖPP-Projektgesellschaft, der Gesellschaft im Sinne des Absatzes 1 Nummer 3, des Unternehmens im Sinne des Absatzes 1 Nummer 4 oder des geschlossenen AIF im Sinne des Absatzes 1 Nummer 5 oder Nummer 6 oder, wenn der Jahresabschluss mehr als drei Monate vor dem Bewertungsstichtag liegt, von den Vermögenswerten und Verbindlichkeiten der ÖPP-Projektgesellschaft, der Gesellschaft im Sinne des Absatzes 1 Nummer 3, des Unternehmens im Sinne des Absatzes 1 Nummer 4 oder des geschlossenen AIF im Sinne des Absatzes 1 Nummer 5 oder Nummer 6 auszugehen, die in einer vom Abschlussprüfer geprüften aktuellen Vermögensaufstellung nachgewiesen sind.

(7) Investiert die AIF-Kapitalverwaltungsgesellschaft für einen geschlossenen inländischen Publikums-AIF in Vermögensgegenstände im Sinne von Absatz 1 Nummer 4, gelten die §§ 287 bis 292 entsprechend.

(8) Geschlossene Publikums-AIF dürfen nicht Feeder-AIF in einer Master-Feeder-Konstruktion sein.

§ 262 Risikomischung

(1) [1]Die AIF-Kapitalverwaltungsgesellschaft darf für einen geschlossenen inländischen Publikums-AIF nur nach dem Grundsatz der Risikomischung investieren. [2]Der Grundsatz der Risikomischung im Sinne des Satzes 1 gilt als erfüllt, wenn

1. entweder in mindestens drei Sachwerte im Sinne des § 261 Absatz 2 investiert wird und die Anteile jedes einzelnen Sachwertes am aggregierten eingebrachten Kapital und noch nicht eingeforderten zugesagten Kapital des AIF, berechnet auf der Grundlage der Beträge, die nach Abzug sämtlicher direkt oder indirekt von den Anlegern getragener Gebühren, Kosten und Aufwendungen für Anlagen zur Verfügung stehen, im Wesentlichen gleichmäßig verteilt sind oder
2. bei wirtschaftlicher Betrachtungsweise eine Streuung des Ausfallrisikos gewährleistet ist.

[3]Der geschlossene inländische Publikums-AIF muss spätestens 18 Monate nach Beginn des Vertriebs risikogemischt investiert sein. [4]Für den Zeitraum nach Satz 3, in dem der geschlossene Publikums-AIF noch nicht risikogemischt investiert ist, sind die Anleger in dem Verkaufsprospekt und den wesentlichen Anlegerinformationen gemäß § 268 darauf hinzuweisen.

(2) [1]Abweichend von Absatz 1 darf die AIF-Kapitalverwaltungsgesellschaft für den geschlossenen inländischen Publikums-AIF ohne Einhaltung des Grundsatzes der Risikomischung investieren, wenn

1. sie für den geschlossenen inländischen Publikums-AIF nicht in Vermögensgegenstände im Sinne des § 261 Absatz 1 Nummer 4 investiert und
2. die Anteile oder Aktien dieses AIF nur von solchen Privatanlegern erworben werden,
   a) die sich verpflichten, mindestens 20 000 Euro zu investieren, und
   b) für die die in § 1 Absatz 19 Nummer 33 Buchstabe a Doppelbuchstabe bb bis ee genannten Voraussetzungen erfüllt sind.

[2]Ein nachfolgender Erwerb der Anteile oder Aktien dieses AIF kraft Gesetzes durch einen Privatanleger, der die Anforderungen nach Satz 1 Nummer 2 nicht erfüllt, ist unbeachtlich. [3]Wenn für den geschlossenen inländischen Publikums-AIF ohne Einhaltung des Grundsatzes der Risikomischung investiert wird, müssen der Verkaufsprospekt und die wesentlichen Anlegerinformationen an hervorgehobener Stelle auf das Ausfallrisiko mangels Risikomischung hinweisen.

§ 263 Beschränkung von Leverage und Belastung

(1) [1]Für einen geschlossenen inländischen Publikums-AIF dürfen Kredite nur bis zur Höhe von 150 Prozent des aggregierten eingebrachten Kapitals und noch nicht eingeforderten zugesagten Kapitals des geschlossenen Publikums-AIF, berechnet auf der Grundlage der Beträge, die nach Abzug sämtlicher direkt oder indirekt von den Anlegern getragener Gebühren, Kosten und Aufwendungen für Anlagen zur Verfügung stehen und nur dann aufgenommen werden, wenn die Bedingungen der Kreditaufnahme marktüblich sind und dies in den Anlagebedingungen vorgesehen ist. [2]Die von Gesellschaften im Sinne des § 261 Absatz 1 Nummer 3 aufgenommenen Kredite sind bei der Berechnung der in Satz 1 genannten Grenze entsprechend der Beteiligungshöhe des geschlossenen Publikums-AIF zu berücksichtigen.

(2) Für die Informationspflicht der AIF-Kapitalverwaltungsgesellschaft im Hinblick auf das eingesetzte Leverage sowie die Befugnis der Bundesanstalt zur Beschränkung des eingesetzten Leverage einschließlich der diesbezüglichen Mitteilungspflichten der Bundesanstalt gilt § 215 entsprechend.

(3) Die Belastung von Vermögensgegenständen, die zu einem geschlossenen inländischen Publikums-AIF gehören, sowie die Abtretung und Belastung von Forderungen aus Rechtsverhältnissen, die sich auf diese Vermögensgegenstände beziehen, sind zulässig, wenn

1. dies in den Anlagebedingungen vorgesehen und mit einer ordnungsgemäßen Wirtschaftsführung vereinbar ist und
2. die Verwahrstelle den vorgenannten Maßnahmen zustimmt, weil sie die Bedingungen, unter denen die Maßnahmen erfolgen sollen, für marktüblich erachtet.

(4) Die AIF-Kapitalverwaltungsgesellschaft muss sicherstellen, dass die Belastung nach Absatz 3 insgesamt 150 Prozent des aggregierten eingebrachten Kapitals und noch nicht eingeforderten zugesagten Kapitals des geschlossenen Publikums-AIF, berechnet auf der Grundlage der Beträge, die nach Abzug sämtlicher direkt oder indirekt von den Anlegern getragener Gebühren, Kosten und Aufwendungen für Anlagen zur Verfügung stehen nicht überschreitet.

(5) [1]Die in den Absätzen 1 und 4 genannten Grenzen gelten nicht während der Dauer des erstmaligen Vertriebs eines geschlossenen inländischen Publikums-AIF, längstens jedoch für einen Zeitraum von 18 Monaten ab Beginn des Vertriebs, sofern dies in den Anlagebedingungen vorgesehen ist. [2]In dem Verkaufsprospekt und den wesentlichen Anlegerinformationen gemäß § 268 sind die Anleger auf die fehlenden Begrenzungen hinzuweisen.

§ 264 Verfügungsbeschränkung

(1) [1]Die AIF-Kapitalverwaltungsgesellschaft hat dafür zu sorgen, dass die Verfügungsbeschränkung nach § 84 Absatz 1 Nummer 3 bei Immobilien in das Grundbuch und sonstigen Vermögensgegenständen, sofern ein Register für den jeweiligen Vermögensgegenstand besteht, in das entsprechende eingetragen wird. [2]Besteht für die in § 84 Absatz 1 Nummer 3 genannten Vermögensgegenstände kein Register, in das eine Verfügungsbeschränkung eingetragen werden kann, so ist die Wirksamkeit der Verfügungsbeschränkung in anderer geeigneter Form sicherzustellen.

(2) Die Bestellung der Verwahrstelle kann gegenüber dem Grundbuchamt oder sonstigen Register, in die in § 84 Absatz 1 Nummer 3 genannte Vermögensgegenstände eingetragen werden, durch eine Bescheinigung der Bundesanstalt nachgewiesen werden, aus der sich ergibt, dass die Bundesanstalt die Auswahl der Einrichtung als Verwahrstelle genehmigt hat und von ihrem Recht nicht Gebrauch gemacht hat, der AIF-Kapitalverwaltungsgesellschaft einen Wechsel der Verwahrstelle aufzuerlegen.

§ 265 Leerverkäufe

[1]Die AIF-Kapitalverwaltungsgesellschaft darf für gemeinschaftliche Rechnung der Anleger keine Vermögensgegenstände nach Maßgabe der §§ 193 und 194 verkaufen, wenn die jeweiligen Vermögensgegenstände im Zeitpunkt des Geschäftsabschlusses nicht zum geschlossenen inländischen Publikums-AIF gehören. [2]Die Wirksamkeit des Rechtsgeschäfts wird durch einen Verstoß gegen Satz 1 nicht berührt.

§ 266 Anlagebedingungen

(1) Die Anlagebedingungen, nach denen sich

1. in Verbindung mit der Satzung der Publikumsinvestmentaktiengesellschaft mit fixem Kapital das Rechtsverhältnis dieser Investmentaktiengesellschaft zu ihren Anlegern bestimmt oder
2. in Verbindung mit dem Gesellschaftsvertrag der geschlossenen Publikumsinvestmentkommanditgesellschaft das Rechtsverhältnis dieser Investmentkommanditgesellschaft zu ihren Anlegern bestimmt,

sind vor Ausgabe der Anteile oder Aktien schriftlich festzuhalten.

(2) [1]Die Anlagebedingungen müssen neben der Bezeichnung des geschlossenen Publikums-AIF, der Angabe des Namens und des Sitzes der AIF-Kapitalverwaltungsgesellschaft sowie den in § 162 Absatz 2 Nummer 5 bis 7 und 9 bis 14 genannten Angaben mindestens folgende Angaben und Vorgaben enthalten:

1. die Angaben in § 162 Absatz 2 Nummer 4, sofern den Anlegern Rückgaberechte eingeräumt werden, und
2. die Staaten und der jeweilige Anteil des geschlossenen Publikums-AIF, der in diesen Staaten höchstens angelegt werden darf, wenn eine AIF-Kapitalverwaltungsgesellschaft für einen geschlossenen Publikums-AIF Vermögensgegenstände, die außerhalb eines Vertragsstaates des Abkommens über den Europäischen Wirtschaftsraum gelegen sind, erwirbt.

[2]§ 162 Absatz 2 Nummer 1 ist mit der Maßgabe anzuwenden, dass anstelle der Angabe, welche Vermögensgegenstände in welchem Umfang erworben werden dürfen, die AIF-Kapitalverwaltungsgesellschaft in den Anlagebedingungen festlegen muss, welche Vermögensgegenstände in welchem Umfang für den geschlossenen Publikums-AIF erworben werden.

§ 267 Genehmigung der Anlagebedingungen

(1) [1]Die Anlagebedingungen sowie Änderungen der Anlagebedingungen bedürfen der Genehmigung der Bundesanstalt. [2]Die Genehmigung kann nur von solchen AIF-Kapitalverwaltungsgesellschaften beantragt werden, die die betroffene Art von AIF verwalten dürfen.

(2) [1]Die Genehmigung ist innerhalb einer Frist von vier Wochen nach Eingang des Antrags zu erteilen, wenn die Anlagebedingungen den gesetzlichen Anforderungen entsprechen und der Antrag von einer AIF-Kapitalverwaltungsgesellschaft im Sinne von Absatz 1 Satz 2 gestellt wurde. [2]§ 163 Absatz 2 Satz 2 und 4 bis 10 gilt entsprechend.

(3) [1]Eine Änderung der Anlagebedingungen, die mit den bisherigen Anlagegrundsätzen des geschlossenen Publikums-AIF nicht vereinbar ist oder zu einer Änderung der Kosten oder der wesentlichen Anlegerrechte führt, ist nur mit Zustimmung einer qualifizierten Mehrheit von Anlegern, die mindestens zwei Drittel des Zeichnungskapitals auf sich vereinigen, möglich. [2]Handelt es sich bei dem geschlossenen Publikums-AIF um eine geschlossene Investmentkommanditgesellschaft, bei der sich die Anleger mittelbar über einen Treuhandkommanditisten an dem geschlossenen Publikums-AIF beteiligen, so darf der Treuhandkommanditist sein Stimmrecht nur nach vorheriger Weisung durch den Anleger ausüben. [3]Die Bundesanstalt kann die Änderung der Anlagebedingungen im Sinne des Satzes 1 nur unter der aufschiebenden Bedingung einer Zustimmung durch die Anleger gemäß Satz 1 genehmigen. [4]§ 163 Absatz 2 Satz 5 gilt mit der Maßgabe, dass die Genehmigung nur unter der aufschiebenden Bedingung einer Zustimmung der Anleger gemäß Satz 1 als erteilt gilt. [5]Zu diesem Zweck hat die AIF-Kapitalverwaltungsgesellschaft die betroffenen Anleger mittels eines dauerhaften Datenträgers über die geplanten und von der Bundesanstalt genehmigten Änderungen im Sinne des Satzes 1 und ihre Hintergründe zu informieren und ihnen einen Zeitraum von drei Monaten für die Entscheidungsfindung einzuräumen. [6]Hat eine qualifizierte Mehrheit der Anleger gemäß Satz 1 der geplanten Änderung zugestimmt, informiert die AIF-Kapitalverwaltungsgesellschaft die Bundesanstalt über die bevorstehende Änderung der Anlagebedingungen und den Zeitpunkt ihres Inkrafttretens. [7]Die Informationen nach Satz 6 stellt die AIF-Kapitalverwaltungsgesellschaft den Anlegern auf einem dauerhaften Datenträger zur Verfügung und veröffentlicht diese Informationen im Bundesanzeiger und, sofern die Anteile oder Aktien des betreffenden geschlossenen Publikums-AIF im Geltungsbereich

dieses Gesetzes vertrieben werden dürfen, in den im Verkaufsprospekt bezeichneten elektronischen Informationsmedien. [8]Die Änderung darf frühestens am Tag nach der Veröffentlichung im Bundesanzeiger in Kraft treten.

(4) [1]Sonstige Änderungen, die von der Bundesanstalt genehmigt wurden oder als genehmigt gelten, veröffentlicht die AIF-Kapitalverwaltungsgesellschaft im Bundesanzeiger und, sofern die Anteile oder Aktien des betreffenden geschlossenen Publikums-AIF im Geltungsbereich dieses Gesetzes vertrieben werden dürfen, in den im Verkaufsprospekt bezeichneten elektronischen Informationsmedien. [2]Die Änderungen dürfen frühestens am Tag nach der Veröffentlichung im Bundesanzeiger in Kraft treten.

(5) Für Informationen mittels eines dauerhaften Datenträgers gilt § 167 entsprechend.

§ 268[1)] Erstellung von Verkaufsprospekt und wesentlichen Anlegerinformationen

(1) [1]Die AIF-Kapitalverwaltungsgesellschaft hat für die von ihr verwalteten geschlossenen Publikums-AIF den Verkaufsprospekt und die wesentlichen Anlegerinformationen zu erstellen. [2]Sobald die AIF-Kapitalverwaltungsgesellschaft mit dem Vertrieb des geschlossenen Publikums-AIF gemäß § 316 beginnen darf, hat sie dem Publikum die aktuelle Fassung des Verkaufsprospekts und der wesentlichen Anlegerinformationen auf der Internetseite der AIF-Kapitalverwaltungsgesellschaft zugänglich zu machen. [3]Die Pflicht zur Erstellung eines Verkaufsprospekts gilt nicht für solche geschlossenen AIF-Publikumsinvestmentaktiengesellschaften, die einen Prospekt nach der Verordnung (EU) 2017/1129 des Europäischen Parlaments und des Rates vom 14. Juni 2017 über den Prospekt, der beim öffentlichen Angebot von Wertpapieren oder bei deren Zulassung zum Handel an einem geregelten Markt zu veröffentlichen ist und zur Aufhebung der Richtlinie 2003/71/EG (ABl. L 168 vom 30.6.2017, S. 12) erstellen müssen und in diesen Prospekt zusätzlich die Angaben gemäß § 269 als ergänzende Informationen aufnehmen.

(2) [1]Die wesentlichen Anlegerinformationen sowie die Angaben von wesentlicher Bedeutung im Verkaufsprospekt sind auf dem neusten Stand zu halten. [2]Bei geschlossenen Publikums-AIF mit einer einmaligen Vertriebsphase gilt dies nur für die Dauer der Vertriebsphase.

§ 269 Mindestangaben im Verkaufsprospekt

(1) Für den Verkaufsprospekt von geschlossenen Publikums-AIF gilt § 165 Absatz 1, 2 Nummer 1 bis 25 und 27 bis 40, Absatz 3 bis 5, 7 bis 9 entsprechend mit der Maßgabe, dass an die Stelle des in § 165 Absatz 2 Nummer 19 genannten Verweises auf die §§ 168 bis 170, 212, 216 und 217 der Verweis auf die §§ 271 und 272 tritt und die Regelungen, soweit sie sich auf Teilinvestmentvermögen beziehen, nicht anzuwenden sind.

(2) Zusätzlich sind folgende Informationen in den Verkaufsprospekt aufzunehmen:

1. bei geschlossenen Publikums-AIF in Form der geschlossenen Investmentkommanditgesellschaft die Angabe, wie die Anteile übertragen werden können und in welcher Weise ihre freie Handelbarkeit eingeschränkt ist;
2. gegebenenfalls in Bezug auf den Treuhandkommanditisten:
   a) Name und Anschrift, bei juristischen Personen Firma und Sitz;
   b) Aufgaben und Rechtsgrundlage der Tätigkeit;
   c) seine wesentlichen Rechte und Pflichten;

---

1) § 268 geändert durch Gesetz vom 8.7.2019 (BGBl. I S. 1002); s. dazu § 360.

d) der Gesamtbetrag der für die Wahrnehmung der Aufgaben vereinbarten Vergütung;

3. bei geschlossenen Publikums-AIF, die in Vermögensgegenstände gemäß § 261 Absatz 1 Nummer 2 investieren,
   a) eine Beschreibung der wesentlichen Merkmale von ÖPP-Projektgesellschaften;
   b) die Arten von ÖPP-Projektgesellschaften, die für den geschlossenen Publikums-AIF erworben werden dürfen, und nach welchen Grundsätzen sie ausgewählt werden;
   c) ein Hinweis, dass in Beteiligungen an ÖPP-Projektgesellschaften, die nicht zum Handel an einer Börse zugelassen oder in einen anderen organisierten Markt einbezogen sind, angelegt werden darf.

(3) [1]Sofern bereits feststeht, in welche konkreten Anlageobjekte im Sinne von § 261 Absatz 1 Nummer 1 investiert werden soll, sind folgende Angaben zu den Anlageobjekten zusätzlich in den Verkaufsprospekt mit aufzunehmen:

1. Beschreibung des Anlageobjekts;
2. nicht nur unerhebliche dingliche Belastungen des Anlageobjekts;
3. rechtliche oder tatsächliche Beschränkungen der Verwendungsmöglichkeiten des Anlageobjekts, insbesondere im Hinblick auf das Anlageziel;
4. ob behördliche Genehmigungen erforderlich sind und inwieweit diese vorliegen;
5. welche Verträge die Kapitalverwaltungsgesellschaft über die Anschaffung oder Herstellung des Anlageobjekts oder wesentlicher Teile davon geschlossen hat;
6. den Namen der Person oder Gesellschaft, die ein Bewertungsgutachten für das Anlageobjekt erstellt hat, das Datum des Bewertungsgutachtens und dessen Ergebnis;
7. die voraussichtlichen Gesamtkosten des Anlageobjekts in einer Aufgliederung, die insbesondere Anschaffungs- und Herstellungskosten sowie sonstige Kosten ausweist und die geplante Finanzierung in einer Gliederung, die Eigen- und Fremdmittel gesondert ausweist, jeweils untergliedert nach Zwischenfinanzierungs- und Endfinanzierungsmitteln; zu den Eigen- und Fremdmitteln sind die Konditionen und Fälligkeiten anzugeben und in welchem Umfang und von wem diese bereits verbindlich zugesagt sind.

[2]Steht noch nicht fest, in welche konkreten Anlageobjekte investiert werden soll, ist dies im Verkaufsprospekt anzugeben.

§ 270 Inhalt, Form und Gestaltung der wesentlichen Anlegerinformationen

(1) Für die wesentlichen Anlegerinformationen für geschlossene Publikums-AIF gilt § 166 Absatz 1 bis 3 und 5 nach Maßgabe der folgenden Vorschriften entsprechend.

(2) [1]Für geschlossene Publikums-AIF sind die Artikel 3 bis 7, 10 bis 24, 26 bis 30 und 38 der Verordnung (EU) Nr. 583/2010 hinsichtlich der näheren Inhalte, der Form und Gestaltung der wesentlichen Anlegerinformationen entsprechend mit folgenden Maßgaben anzuwenden:

1. sofern bereits feststeht, in welche konkreten Anlageobjekte im Sinne von § 261 Absatz 1 Nummer 1 investiert werden soll, ist zusätzlich zu den in Artikel 7 Absatz 1 der Verordnung (EU) Nr. 583/2010 genannten Mindestangaben eine Beschreibung dieser Anlageobjekte erforderlich. [2]Andernfalls ist die Angabe aufzunehmen, dass noch nicht feststeht, in welche konkreten Anlageobjekte investiert werden soll;
2. in den Fällen, in denen eine Beschreibung von konkreten Anlageobjekten im Sinne von Nummer 1 oder eine Darstellung von Performance-Szenarien erfolgt, ist Arti-

kel 6 der Verordnung (EU) Nr. 583/2010 mit der Maßgabe anzuwenden, dass die wesentlichen Anlegerinformationen ausgedruckt nicht länger als drei Seiten sein dürfen;

3. die in Artikel 10 Absatz 2 Buchstabe b und c der Verordnung (EU) Nr. 583/2010 genannten Kosten umfassen die mit der Anlage in den geschlossenen Publikums-AIF verbundenen Kosten und Provisionen;
4. sofern gemäß Artikel 15 Absatz 4 der Verordnung (EU) Nr. 583/2010 keine Daten über die frühere Wertentwicklung für ein vollständiges Kalenderjahr vorliegen, sind anstelle der bisherigen Wertentwicklung im Sinne von § 166 Absatz 2 Satz 1 Nummer 5 die Aussichten für die Kapitalrückzahlung und Erträge unter verschiedenen Marktbedingungen in Form einer Illustration darzustellen; die Illustration muss mindestens drei zweckmäßige Szenarien der potenziellen Wertentwicklung des geschlossenen Publikums-AIF enthalten;
5. Artikel 4 Absatz 8 und die Artikel 8 und 9 der Verordnung (EU) Nr. 583/2010 sind nicht anzuwenden; die Darstellung des Risiko- und Ertragsprofils nach § 166 Absatz 2 Satz 1 Nummer 3 hat dafür eine Bezeichnung der wesentlichen Risiken und Chancen, die mit einer Anlage verbunden sind, zu enthalten. [2]Dabei ist auf die wesentlichen Risiken, die Einfluss auf das Risikoprofil des geschlossenen Publikums-AIF haben, hinzuweisen; insbesondere sind die Risiken der Investitionen in die Vermögensgegenstände, in die der geschlossene Publikums-AIF investiert, zu bezeichnen. [3]Daneben ist ein Hinweis auf die Beschreibung der wesentlichen Risiken im Verkaufsprospekt aufzunehmen. [4]Die Darstellung muss den Anleger in die Lage versetzen, die Bedeutung und die Wirkung der verschiedenen Risikofaktoren zu verstehen. [5]Die Beschreibung ist in Textform zu erstellen und darf keine grafischen Elemente aufweisen. [6]Daneben sind folgende Angaben aufzunehmen:
   a) ein genereller Hinweis, dass mit der Investition in den geschlossenen Publikums-AIF neben den Chancen auf Wertsteigerungen auch Risiken verbunden sein können, und
   b) anstelle der Angaben nach Artikel 7 Absatz 1 Satz 2 Buchstabe b der Verordnung (EU) Nr. 583/2010 ein Hinweis auf die fehlende oder nur eingeschränkte Möglichkeit der Rückgabe von Anteilen.

[2]Soweit sich die in Satz 1 genannten Regelungen auf Teilinvestmentvermögen oder Master-Feeder-Konstruktionen beziehen, sind sie nicht anzuwenden.

(3) [1]Die Ermittlung und die Erläuterung der Risiken im Rahmen des Risiko- und Ertragsprofils nach Absatz 2 Satz 1 Nummer 5 müssen mit dem internen Verfahren zur Ermittlung, Messung und Überwachung von Risiken übereinstimmen, das die AIF-Kapitalverwaltungsgesellschaft im Sinne der Artikel 38 bis 56 der Verordnung (EU) Nr. 231/2013 angewendet hat. [2]Verwaltet eine AIF-Kapitalverwaltungsgesellschaft mehr als ein Investmentvermögen, sind die hiermit verbundenen Risiken einheitlich zu ermitteln und widerspruchsfrei zu erläutern.

(4) Sofern in den Anlagebedingungen eine zusätzliche Verwaltungsvergütung für den Erwerb, die Veräußerung oder die Verwaltung von Vermögensgegenständen nach § 261 Absatz 1 Nummer 1 vereinbart wurde, ist diese Vergütung neben der Gesamtkostenquote nach § 166 Absatz 5 gesondert als Prozentsatz des durchschnittlichen Nettoinventarwertes des geschlossenen Publikums-AIF anzugeben.

§ 271 Bewertung, Bewertungsverfahren, Bewerter

(1) [1]§ 168 ist für die Bewertung mit folgenden Maßgaben anzuwenden:

1. Als Verkehrswert der Vermögensgegenstände im Sinne des § 261 Absatz 1 Nummer 1 ist für den Zeitraum von zwölf Monaten nach dem Erwerb der Kaufpreis des

Vermögensgegenstandes anzusetzen. [2]Ist die AIF-Kapitalverwaltungsgesellschaft der Auffassung, dass der Kaufpreis auf Grund von Änderungen wesentlicher Bewertungsfaktoren nicht mehr sachgerecht ist, so ist der Verkehrswert neu zu ermitteln; die Kapitalverwaltungsgesellschaft hat ihre Entscheidungen und die sie tragenden Gründe nachvollziehbar zu dokumentieren.

2. Bei Vermögensgegenständen im Sinne des § 261 Absatz 1 Nummer 1 sind die Anschaffungsnebenkosten gesondert anzusetzen und über die voraussichtliche Dauer der Zugehörigkeit des Vermögensgegenstandes, längstens jedoch über zehn Jahre in gleichen Jahresbeträgen abzuschreiben. [2]Wird ein Vermögensgegenstand veräußert, sind die Anschaffungsnebenkosten in voller Höhe abzuschreiben. [3]In einer Anlage zur Vermögensaufstellung sind die im Berichtszeitraum getätigten Käufe und Verkäufe von Vermögensgegenständen im Sinne des § 261 Absatz 1 Nummer 1 anzugeben.

(2) § 169 ist für das Bewertungsverfahren mit der Maßgabe anzuwenden, dass die Bewertungsrichtlinien für geschlossene Publikums-AIF, die in Vermögensgegenstände im Sinne des § 261 Absatz 1 Nummer 1 investieren, zusätzlich vorzusehen haben, dass der Bewerter an einer Objektbesichtigung teilnimmt.

(3) [1]Die AIF-Kapitalverwaltungsgesellschaft muss jede Gesellschaft im Sinne des § 261 Absatz 1 Nummer 2 bis 6, an der ein geschlossener Publikums-AIF eine Beteiligung hält, vertraglich verpflichten, Vermögensaufstellungen

1. auf den Zeitpunkt der Bewertung gemäß § 272 bei der AIF-Kapitalverwaltungsgesellschaft und der Verwahrstelle einzureichen und

2. einmal jährlich anhand des von einem Abschlussprüfer mit einem Bestätigungsvermerk versehenen Jahresabschlusses der Gesellschaft prüfen zu lassen.

[2]Die Anforderung des Satzes 1 gilt auch für eine Unterbeteiligung an einer Gesellschaft im Sinne des § 261 Absatz 1 Nummer 2 bis 6. Der auf Grund der Vermögensaufstellungen ermittelte Wert der Beteiligung an einer Gesellschaft ist bei den Bewertungen zur laufenden Preisermittlung zugrunde zu legen.

(4) Für die Anforderungen an den Bewerter, die Pflichten der AIF-Kapitalverwaltungsgesellschaft bei der Bestellung eines Bewerters sowie die Rechte der Bundesanstalt im Hinblick auf den Bewerter gilt § 216 entsprechend.

§ 272 Häufigkeit der Bewertung und Berechnung; Offenlegung

(1) [1]Die Bewertung der Vermögensgegenstände und die Berechnung des Nettoinventarwertes je Anteil oder Aktie müssen mindestens einmal jährlich erfolgen. [2]Die Bewertung und Berechnung sind darüber hinaus auch dann durchzuführen, wenn das Gesellschaftsvermögen des AIF erhöht oder herabgesetzt wird.

(2) Die Kriterien zur Berechnung des Nettoinventarwertes je Anteil oder Aktie und zur Bestimmung der Häufigkeit der Berechnung bestimmen sich nach den Artikeln 67 bis 73 der Delegierten Verordnung (EU) Nr. 231/2013.

(3) [1]Die Bewertungen der Vermögensgegenstände und Berechnungen des Nettoinventarwertes je Anteil oder Aktie sind entsprechend den diesbezüglichen Anlagebedingungen gegenüber den Anlegern offenzulegen. [2]Eine Offenlegung hat nach jeder Bewertung der Vermögensgegenstände und Berechnung des Nettoinventarwertes je Anteil oder Aktie zu erfolgen.

Kapitel 3. Inländische Spezial-AIF

Abschnitt 1. Allgemeine Vorschriften für inländische Spezial-AIF

§ 273 Anlagebedingungen

[1]Die Anlagebedingungen, nach denen sich

1. das vertragliche Rechtsverhältnis einer AIF-Kapitalverwaltungsgesellschaft oder einer EU-AIF-Verwaltungsgesellschaft zu den Anlegern eines Spezialsondervermögens bestimmt oder
2. in Verbindung mit der Satzung einer Spezialinvestmentaktiengesellschaft das Rechtsverhältnis dieser Investmentaktiengesellschaft zu ihren Anlegern bestimmt oder
3. in Verbindung mit dem Gesellschaftsvertrag einer Spezialinvestmentkommanditgesellschaft das Rechtsverhältnis dieser Investmentkommanditgesellschaft zu ihren Anlegern bestimmt,

sind vor Ausgabe der Anteile oder Aktien schriftlich festzuhalten. [2]Die Anlagebedingungen von inländischen Spezial-AIF sowie die wesentlichen Änderungen der Anlagebedingungen sind der Bundesanstalt von der AIF-Kapitalverwaltungsgesellschaft vorzulegen.

§ 274 Begrenzung von Leverage

[1]Für die Informationspflicht der AIF-Kapitalverwaltungsgesellschaft im Hinblick auf das eingesetzte Leverage sowie die Befugnis der Bundesanstalt zur Beschränkung des eingesetzten Leverage einschließlich der Mitteilungspflichten der Bundesanstalt gilt § 215 entsprechend. [2]Die Bedingungen, unter welchen die Maßnahmen nach Satz 1 in Verbindung mit § 215 Absatz 2 angewendet werden, bestimmen sich nach Artikel 112 der Delegierten Verordnung (EU) Nr. 231/2013.

§ 275 Belastung

(1) Die Belastung von Vermögensgegenständen, die zu einem Spezial-AIF gehören, sowie die Abtretung und Belastung von Forderungen aus Rechtsverhältnissen, die sich auf diese Vermögensgegenstände beziehen, sind zulässig, wenn

1. dies in den Anlagebedingungen vorgesehen und mit einer ordnungsgemäßen Wirtschaftsführung vereinbar ist und
2. die Verwahrstelle den vorgenannten Maßnahmen zustimmt, weil sie die Bedingungen, unter denen die Maßnahmen erfolgen sollen, für marktüblich erachtet.

(2) Die Bundesanstalt kann die Höhe der zulässigen Belastung der Vermögensgegenstände beschränken, wenn sie dies zum Schutz der Anleger oder zur Gewährleistung der Stabilität und Integrität des Finanzsystems als nötig erachtet.

§ 276 Leerverkäufe

(1) [1]Die AIF-Kapitalverwaltungsgesellschaft darf für gemeinschaftliche Rechnung der Anleger keine Vermögensgegenstände nach Maßgabe der §§ 193, 194 und 196 verkaufen, wenn die jeweiligen Vermögensgegenstände im Zeitpunkt des Geschäftsabschlusses nicht zum Spezial-AIF gehören; § 197 bleibt unberührt. [2]Die Wirksamkeit des Rechtsgeschäfts wird durch einen Verstoß gegen Satz 1 nicht berührt.

(2) [1]Absatz 1 findet keine Anwendung auf AIF-Kapitalverwaltungsgesellschaften, die Hedgefonds verwalten. [2]Die Bundesanstalt kann Leerverkäufe im Sinne des § 283 Absatz 1 Satz 1 Nummer 2 beschränken, wenn sie dies zum Schutz der Anleger oder zur Gewährleistung der Stabilität und Integrität des Finanzsystems als nötig erachtet.

§ 277 Übertragung von Anteilen oder Aktien

Die AIF-Kapitalverwaltungsgesellschaft hat schriftlich mit den Anlegern zu vereinbaren oder auf Grund der konstituierenden Dokumente des AIF sicherzustellen, dass die Anteile oder Aktien nur an professionelle und semiprofessionelle Anleger übertragen werden dürfen.

Abschnitt 2. Vorschriften für offene inländische Spezial-AIF

Unterabschnitt 1. Allgemeine Vorschriften für offene inländische Spezial-AIF

§ 278 Bewertung, Bewertungsverfahren und Bewerter

Für die Bewertung, das Bewertungsverfahren und den Bewerter gelten die §§ 168, 169 und 216 entsprechend.

§ 279 Häufigkeit der Bewertung, Offenlegung

(1) Die Bewertung der Vermögensgegenstände und die Berechnung des Nettoinventarwertes je Anteil oder Aktie sind in einem zeitlichen Abstand durchzuführen, der den zum Spezial-AIF gehörenden Vermögensgegenständen und der Ausgabe- und Rücknahmehäufigkeit der Anteile oder Aktien angemessen ist, jedoch mindestens einmal jährlich.

(2) Die Kriterien zur Bestimmung der Häufigkeit der Bewertung des Wertes des AIF und zur Berechnung des Nettoinventarwertes je Anteil oder Aktie bestimmen sich nach den Artikeln 67 bis 74 der Delegierten Verordnung (EU) Nr. 231/2013.

(3) Die Bewertungen der Vermögensgegenstände und Berechnungen des Nettoinventarwertes je Anteil oder Aktie sind entsprechend den diesbezüglichen Anlagebedingungen gegenüber den Anlegern offenzulegen.

§ 280 Master-Feeder-Strukturen

Spezial-AIF dürfen nicht Masterfonds oder Feederfonds einer Master-Feeder-Struktur sein, wenn Publikumsinvestmentvermögen Masterfonds oder Feederfonds derselben Master-Feeder-Struktur sind.

§ 281 Verschmelzung

(1) [1]Spezialsondervermögen dürfen nicht auf Publikumssondervermögen verschmolzen werden, Publikumssondervermögen dürfen nicht auf Spezialsondervermögen verschmolzen werden. [2]Die §§ 184, 185, 189 und 190 sind auf Spezialsondervermögen mit den folgenden Maßgaben entsprechend anzuwenden:

1. die Angaben nach § 184 Absatz 1 Satz 3 Nummer 1 bis 4 im Verschmelzungsplan sind nicht erforderlich;
2. mit Zustimmung der Anleger kann eine Prüfung durch die Verwahrstellen nach § 185 Absatz 1 unterbleiben, der gesamte Verschmelzungsvorgang ist jedoch vom Abschlussprüfer zu prüfen;
3. Bekanntmachungen, Veröffentlichungen oder Unterrichtungen nach § 189 Absatz 4 sind nicht erforderlich.

[3]Eine Genehmigung der Verschmelzung von Spezialsondervermögen gemäß § 182 durch die Bundesanstalt ist nicht erforderlich, die Anleger müssen der Verschmelzung nach Vorlage des Verschmelzungsplans jedoch zustimmen.

(2) Absatz 1 ist entsprechend anzuwenden auf die Verschmelzung

1. eines Spezialsondervermögens auf eine Spezialinvestmentaktiengesellschaft mit veränderlichem Kapital, auf eine offene Investmentkommanditgesellschaft, auf ein Teilgesellschaftsvermögen einer Spezialinvestmentaktiengesellschaft mit veränderlichem Kapital oder auf ein Teilgesellschaftsvermögen einer offenen Investmentkommanditgesellschaft,
2. eines Teilgesellschaftsvermögens einer Spezialinvestmentaktiengesellschaft mit veränderlichem Kapital auf ein anderes Teilgesellschaftsvermögen derselben Investmentaktiengesellschaft sowie eines Teilgesellschaftsvermögens einer offenen Investmentkommanditgesellschaft auf ein anderes Teilgesellschaftsvermögen derselben Investmentkommanditgesellschaft,
3. eines Teilgesellschaftsvermögens einer Spezialinvestmentaktiengesellschaft mit veränderlichem Kapital oder eines Teilgesellschaftsvermögens einer offenen Investmentkommanditgesellschaft auf ein Teilgesellschaftsvermögen einer anderen Spezialinvestmentaktiengesellschaft mit veränderlichem Kapital oder einer anderen offenen Investmentkommanditgesellschaft,
4. eines Teilgesellschaftsvermögens einer Spezialinvestmentaktiengesellschaft mit veränderlichem Kapital oder eines Teilgesellschaftsvermögens einer offenen Investmentkommanditgesellschaft auf ein Spezialsondervermögen.

(3) Auf die Fälle der Verschmelzung einer Spezialinvestmentaktiengesellschaft mit veränderlichem Kapital oder einer offenen Investmentkommanditgesellschaft auf eine andere Spezialinvestmentaktiengesellschaft mit veränderlichem Kapital, auf eine andere offene Investmentkommanditgesellschaft, auf ein Teilgesellschaftsvermögen einer Spezialinvestmentaktiengesellschaft mit veränderlichem Kapital, auf ein Teilgesellschaftsvermögen einer offenen Investmentkommanditgesellschaft oder auf ein Spezialsondervermögen sind die Vorschriften des Umwandlungsgesetzes zur Verschmelzung anzuwenden, soweit sich aus der entsprechenden Anwendung des § 182 in Verbindung mit Absatz 1 Satz 3, § 189 Absatz 2, 3 und 5 und § 190 nichts anderes ergibt.

(4) *(aufgehoben)*

Unterabschnitt 2. Besondere Vorschriften für allgemeine offene inländische Spezial-AIF

§ 282 Anlageobjekte, Anlagegrenzen

(1) Die AIF-Kapitalverwaltungsgesellschaft muss die Mittel des allgemeinen offenen inländischen Spezial-AIF nach dem Grundsatz der Risikomischung zur gemeinschaftlichen Kapitalanlage anlegen.

(2) [1]Die AIF-Kapitalverwaltungsgesellschaft darf für den Spezial-AIF nur in Vermögensgegenstände investieren, deren Verkehrswert ermittelt werden kann. [2]Die Zusammensetzung der Vermögensgegenstände des Spezial-AIF muss im Einklang mit den für den Spezial-AIF geltenden Regelungen zur Rücknahme von Anteilen oder Aktien stehen. [3]§ 285 Absatz 3 ist auf die Vergabe von Gelddarlehen für Rechnung eines allgemeinen offenen inländischen Spezial-AIF entsprechend anzuwenden.

(3) Erfüllt eine AIF-Kapitalverwaltungsgesellschaft, die einen oder mehrere allgemeine offene inländische Spezial-AIF verwaltet, die in § 287 genannten Voraussetzungen, sind die §§ 287 bis 292 anzuwenden.

Unterabschnitt 3. Besondere Vorschriften für Hedgefonds

§ 283 Hedgefonds

(1) [1]Hedgefonds sind allgemeine offene inländische Spezial-AIF nach § 282, deren Anlagebedingungen zusätzlich mindestens eine der folgenden Bedingungen vorsehen:

1. den Einsatz von Leverage in beträchtlichem Umfang oder
2. den Verkauf von Vermögensgegenständen für gemeinschaftliche Rechnung der Anleger, die im Zeitpunkt des Geschäftsabschlusses nicht zum AIF gehören (Leerverkauf).

[2]Die Kriterien zur Bestimmung, wann Leverage in beträchtlichem Umfang eingesetzt wird, richten sich nach Artikel 111 der Delegierten Verordnung (EU) Nr. 231/2013.

(2) Die Anlagebedingungen von Hedgefonds müssen Angaben darüber enthalten, ob die Vermögensgegenstände bei einer Verwahrstelle oder bei einem Primebroker verwahrt werden.

(3) Für die Rücknahme von Anteilen oder Aktien gilt § 227 entsprechend mit der Maßgabe, dass abweichend von § 227 Absatz 2 Anteil- oder Aktienrückgaben bei Hedgefonds bis zu 40 Kalendertage vor dem jeweiligen Rücknahmetermin, zu dem auch der Anteil- oder Aktienpreis ermittelt wird, durch eine unwiderrufliche Rückgabeerklärung gegenüber der AIF-Kapitalverwaltungsgesellschaft zu erklären sind.

Unterabschnitt 4. Besondere Vorschriften für offene inländische Spezial-AIF mit festen Anlagebedingungen

§ 284 Anlagebedingungen, Anlagegrenzen

(1) Für offene inländische Spezial-AIF mit festen Anlagebedingungen gelten § 282 Absatz 1 sowie die §§ 192 bis 211 und 218 bis 260, soweit sich aus den Absätzen 2 bis 4 nichts anderes ergibt.

(2) Die AIF-Kapitalverwaltungsgesellschaft kann bei offenen inländischen Spezial-AIF mit festen Anlagebedingungen von den §§ 192 bis 211, 218 bis 224 und 230 bis 260 abweichen, wenn

1. die Anleger zustimmen;
2. für den entsprechenden Spezial-AIF nur die folgenden Vermögensgegenstände erworben werden:
   a) Wertpapiere,
   b) Geldmarktinstrumente,
   c) Derivate,
   d) Bankguthaben,
   e) Immobilien,
   f) Beteiligungen an Immobilien-Gesellschaften,
   g) Anteile oder Aktien an inländischen offenen Investmentvermögen sowie an entsprechenden offenen EU- oder ausländischen Investmentvermögen,
   h) Beteiligungen an ÖPP-Projektgesellschaften, wenn der Verkehrswert dieser Beteiligungen ermittelt werden kann,
   i) Edelmetalle, unverbriefte Darlehensforderungen und Unternehmensbeteiligungen, wenn der Verkehrswert dieser Beteiligungen ermittelt werden kann;
3. § 197 Absatz 2, § 276 Absatz 1, die §§ 240 und 260 Absatz 3 mit der Maßgabe, dass die Belastung nach § 260 Absatz 3 Satz 1 insgesamt 50 Prozent des Verkehrswertes

der im Sondervermögen befindlichen Immobilien nicht überschreiten darf, unberührt bleiben und

4. die Anlagegrenze nach § 221 Absatz 4 hinsichtlich der in § 198 Satz 1 Nummer 1 genannten Vermögensgegenstände, sofern es sich um Aktien handelt, unberührt bleibt.

(3) [1]Die AIF-Kapitalverwaltungsgesellschaft darf für einen offenen inländischen Spezial-AIF mit festen Anlagebedingungen in Beteiligungen an Unternehmen, die nicht zum Handel an einer Börse zugelassen oder in einen organisierten Markt einbezogen sind, nur bis zu 20 Prozent des Wertes des offenen inländischen Spezial-AIF mit festen Anlagebedingungen anlegen. [2]§ 282 Absatz 3 gilt entsprechend.

(4) [1]Die AIF-Kapitalverwaltungsgesellschaft kann für Rechnung eines offenen inländischen Spezial-AIF mit festen Anlagebedingungen kurzfristige Kredite nur bis zur Höhe von 30 Prozent des Wertes des AIF aufnehmen. [2]§ 254 bleibt unberührt; soweit Kredite zulasten der im Sondervermögen befindlichen Immobilien aufgenommen werden, ist dieser jedoch mit der Maßgabe anzuwenden, dass für gemeinschaftliche Rechnung der Anleger Kredite bis zur Höhe von 50 Prozent des Verkehrswertes der im Sondervermögen befindlichen Immobilien aufgenommen werden dürfen.

(5) § 285 Absatz 3 ist auf die Vergabe von Gelddarlehen für Rechnung eines offenen inländischen Spezial-AIF mit festen Anlagebedingungen entsprechend anzuwenden; Absatz 2 Nummer 3 in Verbindung mit § 240 bleibt unberührt.

Abschnitt 3. Vorschriften für geschlossene inländische Spezial-AIF

Unterabschnitt 1. Allgemeine Vorschriften für geschlossene inländische Spezial-AIF

§ 285 Anlageobjekte

(1) Die AIF-Kapitalverwaltungsgesellschaft darf für das Investmentvermögen nur in Vermögensgegenstände investieren, deren Verkehrswert ermittelt werden kann.

(2) Die AIF-Kapitalverwaltungsgesellschaft darf für Rechnung eines geschlossenen Spezial-AIF Gelddarlehen nur unter den folgenden Bedingungen gewähren:

1. für den geschlossenen Spezial-AIF werden Kredite nur bis zur Höhe von 30 Prozent des aggregierten eingebrachten Kapitals und noch nicht eingeforderten zugesagten Kapitals aufgenommen, berechnet auf der Grundlage der Beträge, die nach Abzug sämtlicher direkt oder indirekt von den Anlegern getragener Gebühren, Kosten und Aufwendungen für Anlagen zur Verfügung stehen;
2. das Gelddarlehen wird nicht an Verbraucher im Sinne des § 13 des Bürgerlichen Gesetzbuchs vergeben;
3. an einen Darlehensnehmer werden Gelddarlehen nur bis zur Höhe von insgesamt 20 Prozent des aggregierten eingebrachten Kapitals und noch nicht eingeforderten zugesagten Kapitals des geschlossenen Spezial-AIF vergeben, berechnet auf der Grundlage der Beträge, die nach Abzug sämtlicher direkt oder indirekt von den Anlegern getragener Gebühren, Kosten und Aufwendungen für Anlagen zur Verfügung stehen.

(3) [1]Abweichend von Absatz 2 darf die AIF-Kapitalverwaltungsgesellschaft für Rechnung eines geschlossenen Spezial-AIF Gelddarlehen an Unternehmen gewähren, an denen der geschlossene Spezial-AIF bereits beteiligt ist, wenn höchstens 50 Prozent des aggregierten eingebrachten Kapitals und noch nicht eingeforderten zugesagten Kapitals des geschlossenen Spezial-AIF für diese Darlehen verwendet werden, berechnet

auf der Grundlage der Beträge, die nach Abzug sämtlicher direkt oder indirekt von den Anlegern getragener Gebühren, Kosten und Aufwendungen für Anlagen zur Verfügung stehen, und zudem eine der folgenden Bedingungen erfüllt ist:

1. bei dem jeweiligen Unternehmen handelt es sich um ein Tochterunternehmen des geschlossenen Spezial-AIF,
2. das Darlehen muss nur aus dem frei verfügbaren Jahres- oder Liquidationsüberschuss oder aus dem die sonstigen Verbindlichkeiten des Unternehmens übersteigenden frei verfügbaren Vermögen und in einem Insolvenzverfahren über das Vermögen des Unternehmens nur nach der Befriedigung sämtlicher Unternehmensgläubiger erfüllt werden, oder
3. die dem jeweiligen Unternehmen gewährten Darlehen überschreiten nicht das Zweifache der Anschaffungskosten der an dem Unternehmen gehaltenen Beteiligungen.

[2]Erfüllt die AIF-Kapitalverwaltungsgesellschaft die Anforderungen des Absatzes 2 Nummer 1, können auch mehr als 50 Prozent des aggregierten eingebrachten Kapitals und noch nicht eingeforderten zugesagten Kapitals des geschlossenen Spezial-AIF für nach Satz 1 Nummer 2 nachrangige Darlehen verwendet werden. [3]Erfolgt die Vergabe eines Gelddarlehens nach Satz 1 an ein Tochterunternehmen, muss die AIF-Kapitalverwaltungsgesellschaft sicherstellen, dass das Tochterunternehmen seinerseits Gelddarlehen nur an Unternehmen gewährt, an denen das Tochterunternehmen bereits beteiligt ist, und eine der entsprechend anzuwendenden Bedingungen des Satzes 1 Nummer 1 bis 3 erfüllt ist.

§ 286 Bewertung, Bewertungsverfahren und Bewerter; Häufigkeit der Bewertung

(1) Für die Bewertung, das Bewertungsverfahren und den Bewerter gelten die §§ 168, 169 und 216 entsprechend.

(2) Für die Häufigkeit der Bewertung gilt § 272 entsprechend.

Unterabschnitt 2. Besondere Vorschriften für AIF, die die Kontrolle über nicht börsennotierte Unternehmen und Emittenten erlangen

§ 287 Geltungsbereich

(1) Die §§ 287 bis 292 sind anzuwenden auf AIF-Kapitalverwaltungsgesellschaften,

1. die AIF verwalten, die entweder allein oder gemeinsam auf Grund einer Vereinbarung die Erlangung von Kontrolle gemäß § 288 Absatz 1 über ein nicht börsennotiertes Unternehmen zum Ziel haben;
2. die mit einer oder mehreren AIF-Kapitalverwaltungsgesellschaften auf Grund einer Vereinbarung zusammenarbeiten, gemäß der die von diesen AIF-Kapitalverwaltungsgesellschaften verwalteten AIF die Kontrolle gemäß § 288 Absatz 1 über ein nicht börsennotiertes Unternehmen erlangen.

(2) Die §§ 287 bis 292 sind nicht anzuwenden, wenn das nicht börsennotierte Unternehmen

1. ein kleineres oder mittleres Unternehmen im Sinne von Artikel 2 Absatz 1 des Anhangs der Empfehlung 2003/361/EG der Kommission vom 6. Mai 2003 betreffend die Definition der Kleinstunternehmen sowie der kleinen und mittleren Unternehmen ist oder
2. eine Zweckgesellschaft für den Erwerb, den Besitz oder die Verwaltung von Immobilien ist.

(3) Unbeschadet der Absätze 1 und 2 ist § 289 Absatz 1 auch auf AIF-Kapitalverwaltungsgesellschaften anzuwenden, die AIF verwalten, die eine Minderheitsbeteiligung an einem nicht börsennotierten Unternehmen erlangen.

(4) [1]§ 290 Absatz 1 bis 3 und § 292 sind auch auf AIF-Kapitalverwaltungsgesellschaften anzuwenden, die solche AIF verwalten, die Kontrolle in Bezug auf einen Emittenten im Sinne von Artikel 2 Absatz 1 Buchstabe d der Richtlinie 2004/109/EG erlangen,

1. der seinen satzungsmäßigen Sitz in der Europäischen Union oder in einem anderen Vertragsstaat des Abkommens über den Europäischen Wirtschaftsraum hat und
2. dessen Wertpapiere im Sinne von Artikel 4 Absatz 1 Nummer 21 der Richtlinie 2014/65/EU zum Handel auf einem organisierten Markt im Sinne von § 2 Absatz 11 des Wertpapierhandelsgesetzes zugelassen sind.

[2]Für die Zwecke dieser Paragraphen gelten die Absätze 1 und 2 entsprechend.

(5) Die §§ 287 bis 292 gelten vorbehaltlich der Bedingungen und Beschränkungen, die in Artikel 6 der Richtlinie 2002/14/EG festgelegt sind.

§ 288 Erlangen von Kontrolle

(1) Für die Zwecke der §§ 287 bis 292 bedeutet Kontrolle im Fall nicht börsennotierter Unternehmen die Erlangung von mehr als 50 Prozent der Stimmrechte dieser Unternehmen.

(2) [1]Bei der Berechnung des Anteils an den Stimmrechten, die von den entsprechenden AIF gehalten werden, werden zusätzlich zu von dem betreffenden AIF direkt gehaltenen Stimmrechten auch die folgenden Stimmrechte berücksichtigt, wobei die Kontrolle gemäß Absatz 1 festgestellt wird:

1. von Unternehmen, die von dem AIF kontrolliert werden, und
2. von natürlichen oder juristischen Personen, die in ihrem eigenen Namen, aber im Auftrag des AIF oder eines von dem AIF kontrollierten Unternehmens handeln.

[2]Der Anteil der Stimmrechte wird ausgehend von der Gesamtzahl der mit Stimmrechten versehenen Anteile berechnet, auch wenn die Ausübung dieser Stimmrechte ausgesetzt ist.

(3) Kontrolle in Bezug auf Emittenten wird für die Zwecke der §§ 290 und 292 gemäß Artikel 5 Absatz 3 der Richtlinie 2004/25/EG des Europäischen Parlaments und des Rates vom 21. April 2004 betreffend Übernahmeangebote (ABl. L 142 vom 30.4.2004, S. 12) definiert.

§ 289 Mitteilungspflichten

(1) Die AIF-Kapitalverwaltungsgesellschaft unterrichtet die Bundesanstalt, wenn der Anteil der Stimmrechte des nicht börsennotierten Unternehmens, der von dem AIF gehalten wird, durch Erwerb, Verkauf oder Halten von Anteilen an dem nicht börsennotierten Unternehmen die Schwellenwerte von 10 Prozent, 20 Prozent, 30 Prozent, 50 Prozent und 75 Prozent erreicht, überschreitet oder unterschreitet.

(2) Erlangt ein AIF allein oder gemeinsam mit anderen AIF die Kontrolle über ein nicht börsennotiertes Unternehmen gemäß § 287 Absatz 1 in Verbindung mit § 288 Absatz 1, informiert die AIF-Kapitalverwaltungsgesellschaft die folgenden Stellen über den Kontrollerwerb:

1. das nicht börsennotierte Unternehmen,
2. die Anteilseigner, soweit deren Identität und Adresse der AIF-Kapitalverwaltungsgesellschaft
   a) vorliegen,

b) von dem nicht börsennotierten Unternehmen zur Verfügung gestellt werden können oder

c) über ein Register, zu dem die AIF-Kapitalverwaltungsgesellschaft Zugang hat oder erhalten kann, zur Verfügung gestellt werden können und

3. die Bundesanstalt.

(3) Die Mitteilung nach Absatz 2 erhält die folgenden zusätzlichen Angaben:

1. die sich hinsichtlich der Stimmrechte ergebende Situation,
2. die Bedingungen, unter denen die Kontrolle erlangt wurde, einschließlich Nennung der einzelnen beteiligten Anteilseigner, der zur Stimmabgabe in ihrem Namen ermächtigten natürlichen oder juristischen Personen und gegebenenfalls der Beteiligungskette, über die die Stimmrechte tatsächlich gehalten werden,
3. das Datum, an dem die Kontrolle erlangt wurde.

(4) [1]In seiner Mitteilung nach Absatz 2 Nummer 1 ersucht die AIF-Kapitalverwaltungsgesellschaft den Vorstand des Unternehmens, entweder die Arbeitnehmervertreter oder, falls es keine solchen Vertreter gibt, die Arbeitnehmer selbst unverzüglich von der Erlangung der Kontrolle durch den AIF und von den Informationen gemäß Absatz 3 in Kenntnis zu setzen. [2]Die AIF-Kapitalverwaltungsgesellschaft bemüht sich nach besten Kräften sicherzustellen, dass der Vorstand entweder die Arbeitnehmervertreter oder, falls es keine solchen Vertreter gibt, die Arbeitnehmer selbst ordnungsgemäß informiert.

(5) Die Mitteilungen gemäß den Absätzen 1, 2 und 3 werden so rasch wie möglich, aber nicht später als zehn Arbeitstage nach dem Tag, an dem der AIF die entsprechende Schwelle erreicht, über- oder unterschritten hat oder die Kontrolle über das nicht börsennotierte Unternehmen erlangt hat, gemacht.

§ 290 Offenlegungspflicht bei Erlangen der Kontrolle

(1) Erlangt ein AIF allein oder gemeinsam mit anderen AIF die Kontrolle über ein nicht börsennotiertes Unternehmen oder einen Emittenten gemäß § 287 Absatz 1 in Verbindung mit § 288 Absatz 1, legt die AIF-Kapitalverwaltungsgesellschaft den folgenden Stellen die in Absatz 2 genannten Informationen vor:

1. dem betreffenden Unternehmen,
2. den Anteilseignern, soweit deren Identität und Adresse der AIF-Kapitalverwaltungsgesellschaft

a) vorliegen,

b) von dem nicht börsennotierten Unternehmen zur Verfügung gestellt werden können oder

c) über ein Register, zu dem die AIF-Kapitalverwaltungsgesellschaft Zugang hat oder erhalten kann, zur Verfügung gestellt werden können und

3. die Bundesanstalt.

(2) Die AIF-Kapitalverwaltungsgesellschaft legt die folgenden Informationen vor:

1. die Identität der AIF-Kapitalverwaltungsgesellschaft, die entweder allein oder im Rahmen einer Vereinbarung mit anderen AIF-Kapitalverwaltungsgesellschaften die AIF verwalten, die die Kontrolle erlangt haben,
2. die Grundsätze zur Vermeidung und Steuerung von Interessenkonflikten, insbesondere zwischen der AIF-Kapitalverwaltungsgesellschaft, dem AIF und dem Unternehmen, einschließlich Informationen zu den besonderen Sicherheitsmaßnahmen, die getroffen wurden, um sicherzustellen, dass Vereinbarungen zwischen der AIF-Kapitalverwaltungsgesellschaft oder dem AIF und dem Unternehmen wie zwischen voneinander unabhängigen Geschäftspartnern geschlossen werden, und

3. die Grundsätze für die externe und interne Kommunikation in Bezug auf das Unternehmen, insbesondere gegenüber den Arbeitnehmern.

(3) [1]In ihrer Mitteilung nach Absatz 1 Nummer 1 ersucht die AIF-Kapitalverwaltungsgesellschaft den Vorstand des Unternehmens, entweder die Arbeitnehmervertreter oder, falls es keine solchen Vertreter gibt, die Arbeitnehmer selbst unverzüglich von den Informationen gemäß Absatz 2 in Kenntnis zu setzen. [2]Die AIF-Kapitalverwaltungsgesellschaft bemüht sich nach besten Kräften sicherzustellen, dass der Vorstand entweder die Arbeitnehmervertreter oder, falls es keine solchen Vertreter gibt, die Arbeitnehmer selbst ordnungsgemäß informiert.

(4) [1]Die AIF-Kapitalverwaltungsgesellschaft stellt sicher, dass den in Absatz 1 Nummer 1 und 2 genannten Unternehmen und Anteilseignern folgende Informationen offengelegt werden:

1. die Absichten des AIF hinsichtlich der zukünftigen Geschäftsentwicklung des nicht börsennotierten Unternehmens und
2. die voraussichtlichen Auswirkungen auf die Beschäftigung, einschließlich wesentlicher Änderungen der Arbeitsbedingungen.

[2]Ferner ersucht die AIF-Kapitalverwaltungsgesellschaft den Vorstand des nicht börsennotierten Unternehmens, die in diesem Absatz genannten Informationen entweder den Arbeitnehmervertretern oder, falls es keine solchen Vertreter gibt, den Arbeitnehmern des nicht börsennotierten Unternehmens selbst zur Verfügung zu stellen und bemüht sich nach besten Kräften, dies sicherzustellen.

(5) Sobald ein AIF die Kontrolle über ein nicht börsennotiertes Unternehmen gemäß § 287 Absatz 1 in Verbindung mit § 288 Absatz 1 erlangt, legt die AIF-Kapitalverwaltungsgesellschaft, die den betreffenden AIF verwaltet, der Bundesanstalt und den Anlegern des AIF Angaben zur Finanzierung des Erwerbs vor.

§ 291 Besondere Vorschriften hinsichtlich des Jahresabschlusses und des Lageberichts

(1) Erlangt ein AIF allein oder gemeinsam mit anderen AIF die Kontrolle über ein nicht börsennotiertes Unternehmen oder einen Emittenten gemäß § 287 Absatz 1 in Verbindung mit § 288 Absatz 1, ist die AIF-Kapitalverwaltungsgesellschaft dazu verpflichtet,

1. darum zu ersuchen und nach besten Kräften sicherzustellen, dass der Jahresabschluss und, sofern gesetzlich vorgeschrieben, der Lagebericht des nicht börsennotierten Unternehmens innerhalb der Frist, die in den einschlägigen nationalen Rechtsvorschriften für die Erstellung der genannten Unterlagen vorgesehen ist, gemäß Absatz 2 erstellt, um die Information nach Absatz 2 ergänzt und von den gesetzlichen Vertretern des Unternehmens den Arbeitnehmervertretern oder, falls es keine solchen Vertreter gibt, den Arbeitnehmern selbst zur Verfügung gestellt wird, oder
2. für jeden betreffenden AIF in den gemäß § 148 vorgesehenen Anhang zum Jahresabschluss oder den gemäß § 158 vorgesehenen Jahresbericht zusätzlich die in Absatz 2 genannten Informationen über das betreffende nicht börsennotierte Unternehmen aufzunehmen.

(2) [1]Die zusätzlichen Informationen gemäß Absatz 1 Nummer 2 müssen zumindest einen Bericht über die Lage des nicht börsennotierten Unternehmens am Ende des von dem Jahresabschluss oder Jahresbericht abgedeckten Zeitraums enthalten, in dem der Geschäftsverlauf des Unternehmens so dargestellt wird, dass ein den tatsächlichen Verhältnissen entsprechendes Bild entsteht. [2]Der Bericht soll außerdem folgende Informationen enthalten:

1. Ereignisse von besonderer Bedeutung, die nach Abschluss des Geschäftsjahres eingetreten sind,
2. die voraussichtliche Entwicklung des Unternehmens und
3. die in Artikel 22 Absatz 2 der Zweiten Richtlinie des Rates vom 13. Dezember 1976 zur Koordinierung der Schutzbestimmungen, die in den Mitgliedstaaten den Gesellschaften im Sinne des Artikels 58 Absatz 2 des Vertrages im Interesse der Gesellschafter sowie Dritter für die Gründung der Aktiengesellschaft sowie für die Erhaltung und Änderung ihres Kapitals vorgeschrieben sind, um diese Bestimmungen gleichwertig zu gestalten (77/91/EWG) (ABl. L 26 vom 31.1.1977, S. 1) bezeichneten Angaben über den Erwerb eigener Aktien.

(3) Die AIF-Kapitalverwaltungsgesellschaft hat

1. darum zu ersuchen und nach bestmöglichem Bemühen sicherzustellen, dass die gesetzlichen Vertreter des nicht börsennotierten Unternehmens die in Absatz 1 Nummer 2 genannten Informationen über das betreffende Unternehmen entweder den Arbeitnehmervertretern des betreffenden Unternehmens oder, falls es keine solchen Vertreter gibt, den Arbeitnehmern selbst innerhalb der in § 148 in Verbindung mit § 120 Absatz 1 oder in § 158 in Verbindung mit § 135 Absatz 1 genannten Frist zur Verfügung stellt, oder
2. den Anlegern des AIF die Informationen gemäß Absatz 1 Nummer 2, soweit bereits verfügbar, innerhalb der in § 148 in Verbindung mit § 120 Absatz 1 oder in § 158 in Verbindung mit § 135 Absatz 1 genannten Frist und in jedem Fall spätestens bis zu dem Stichtag, zu dem der Jahresabschluss und der Lagebericht des nicht börsennotierten Unternehmens gemäß den einschlägigen nationalen Rechtsvorschriften erstellt werden, zur Verfügung zu stellen.

§ 292 Zerschlagen von Unternehmen

(1) Erlangt ein AIF allein oder gemeinsam mit anderen AIF die Kontrolle über ein nicht börsennotiertes Unternehmen oder einen Emittenten gemäß § 288, ist die AIF-Kapitalverwaltungsgesellschaft innerhalb von 24 Monaten nach Erlangen der Kontrolle über das Unternehmen durch den AIF dazu verpflichtet,

1. Ausschüttungen, Kapitalherabsetzungen, die Rücknahme von Anteilen oder den Ankauf eigener Anteile durch das Unternehmen gemäß Absatz 2 weder zu gestatten noch zu ermöglichen, zu unterstützen oder anzuordnen,
2. sofern sie befugt ist, in den Versammlungen der Leitungsgremien des Unternehmens im Namen des AIF abzustimmen, nicht für Ausschüttungen, Kapitalherabsetzungen, die Rücknahme von Anteilen oder den Ankauf eigener Anteile durch das Unternehmen gemäß Absatz 2 zu stimmen und
3. sich in jedem Fall bestmöglich zu bemühen, Ausschüttungen, Kapitalherabsetzungen, die Rücknahme von Anteilen oder den Ankauf eigener Anteile durch das Unternehmen gemäß Absatz 2 zu verhindern.

(2) Die Pflichten gemäß Absatz 1 beziehen sich auf

1. Ausschüttungen an Anteilseigner, die vorgenommen werden, wenn das im Jahresabschluss des Unternehmens ausgewiesene Nettoaktivvermögen bei Abschluss des letzten Geschäftsjahres den Betrag des gezeichneten Kapitals zuzüglich der Rücklagen, deren Ausschüttung das Recht oder die Satzung nicht gestattet, unterschreitet oder infolge einer solchen Ausschüttung unterschreiten würde, wobei der Betrag des gezeichneten Kapitals um den Betrag des noch nicht eingeforderten Teils des gezeichneten Kapitals vermindert wird, falls Letzterer nicht auf der Aktivseite der Bilanz ausgewiesen ist;

2. Ausschüttungen an Anteilseigner, deren Betrag den Betrag des Ergebnisses des letzten abgeschlossenen Geschäftsjahres, zuzüglich des Gewinnvortrags und der Entnahmen aus hierfür verfügbaren Rücklagen, jedoch vermindert um die Verluste aus früheren Geschäftsjahren sowie um die Beträge, die nach Gesetz oder Satzung in Rücklagen eingestellt worden sind, überschreiten würde;
3. in dem Umfang, in dem der Ankauf eigener Anteile gestattet ist, Ankäufe durch das Unternehmen, einschließlich Anteilen, die bereits früher vom Unternehmen erworben und von ihm gehalten wurden, und Anteilen, die von einer Person erworben werden, die in ihrem eigenen Namen, aber im Auftrag des Unternehmens handelt, die zur Folge hätten, dass das Nettoaktivvermögen unter die in Nummer 1 genannte Schwelle gesenkt würde.

(3) Für die Zwecke des Absatzes 2 gilt Folgendes:

1. der in Absatz 2 Nummer 1 und 2 verwendete Begriff „Ausschüttungen" bezieht sich insbesondere auf die Zahlung von Dividenden und Zinsen im Zusammenhang mit Anteilen,
2. die Bestimmungen für Kapitalherabsetzungen erstrecken sich nicht auf Herabsetzungen des gezeichneten Kapitals, deren Zweck im Ausgleich von erlittenen Verlusten oder in der Aufnahme von Geldern in eine nicht ausschüttbare Rücklage besteht, unter der Voraussetzung, dass die Höhe einer solchen Rücklage nach dieser Maßnahme 10 Prozent des herabgesetzten gezeichneten Kapitals nicht überschreitet, und
3. die Einschränkung gemäß Absatz 2 Nummer 3 richtet sich nach Artikel 20 Absatz 1 Buchstabe b bis h der Richtlinie 77/91/EWG.

Kapitel 4. Vorschriften für den Vertrieb und den Erwerb von Investmentvermögen

Abschnitt 1. Vorschriften für den Vertrieb und den Erwerb von Investmentvermögen

Unterabschnitt 1. Allgemeine Vorschriften für den Vertrieb und den Erwerb von Investmentvermögen

§ 293 [1] Allgemeine Vorschriften

(1) [1]Vertrieb ist das direkte oder indirekte Anbieten oder Platzieren von Anteilen oder Aktien eines Investmentvermögens. [2]Als Vertrieb gilt nicht, wenn

1. Investmentvermögen nur namentlich benannt werden,
2. nur die Nettoinventarwerte und die an einem organisierten Markt ermittelten Kurse oder die Ausgabe- und Rücknahmepreise von Anteilen oder Aktien eines Investmentvermögens genannt oder veröffentlicht werden,
3. Verkaufsunterlagen eines Investmentvermögens mit mindestens einem Teilinvestmentvermögen, dessen Anteile oder Aktien im Geltungsbereich dieses Gesetzes an eine, mehrere oder alle Anlegergruppen im Sinne des § 1 Absatz 19 Nummer 31 bis 33 vertrieben werden dürfen, verwendet werden und diese Verkaufsunterlagen auch Informationen über weitere Teilinvestmentvermögen enthalten, die im Geltungsbereich dieses Gesetzes nicht oder nur an eine oder mehrere andere Anlegergruppen vertrieben werden dürfen, sofern in den Verkaufsunterlagen jeweils drucktechnisch herausgestellt an hervorgehobener Stelle darauf hingewiesen wird, dass die Anteile

1) § 293 geändert durch Gesetz vom 8.7.2019 (BGBl. I S. 1002); s. dazu § 360.

oder Aktien der weiteren Teilinvestmentvermögen im Geltungsbereich dieses Gesetzes nicht vertrieben werden dürfen oder, sofern sie an einzelne Anlegergruppen vertrieben werden dürfen, an welche Anlegergruppe im Sinne des § 1 Absatz 19 Nummer 31 bis 33 sie nicht vertrieben werden dürfen,

4. die Besteuerungsgrundlagen nach § 5 des Investmentsteuergesetzes genannt oder bekannt gemacht werden,
5. Angaben zu einem Investmentvermögen auf Grund gesetzlich vorgeschriebener Veröffentlichungen oder Informationen erfolgen, insbesondere wenn
   a) in einen Prospekt für Wertpapiere Mindestangaben nach der Verordnung (EU) 2017/1129 und den Vorgaben in den Kapiteln II bis IV der Delegierten Verordnung (EU) 2019/980 der Kommission vom 14. März 2019 zur Ergänzung der Verordnung (EU) 2017/1129 des Europäischen Parlaments und des Rates hinsichtlich der Aufmachung, des Inhalts, der Prüfung und der Billigung des Prospekts, der beim öffentlichen Angebot von Wertpapieren oder bei deren Zulassung zum Handel an einem geregelten Markt zu veröffentlichen ist, und zur Aufhebung der Verordnung (EG) Nr. 809/2004 der Kommission (ABl. L 166 vom 21.6.2019, S. 26) oder Zusatzangaben gemäß § 268 oder § 307 aufgenommen werden,
   b) in einen Prospekt für Vermögensanlagen Mindestangaben nach § 8g des Verkaufsprospektgesetzes oder Angaben nach § 7 des Vermögensanlagengesetzes aufgenommen werden oder
   c) bei einer fondsgebundenen Lebensversicherung Informationen nach § 7 Absatz 1 Satz 1 des Versicherungsvertragsgesetzes in Verbindung mit § 2 Absatz 1 Nummer 7 der VVG-Versicherungsvertragsgesetz-Informationspflichtenverordnung zur Verfügung gestellt werden,
6. Verwaltungsgesellschaften nur ihre gesetzlichen Veröffentlichungspflichten im Bundesanzeiger oder ausschließlich ihre regelmäßigen Informationspflichten gegenüber dem bereits in das betreffende Investmentvermögen investierten Anleger nach diesem Gesetz oder nach dem Recht des Herkunftsstaates erfüllen,
7. ein EU-Master-OGAW ausschließlich Anteile an einen oder mehrere inländische OGAW-Feederfonds ausgibt

und darüber hinaus kein Vertrieb im Sinne des Satzes 1 stattfindet. [3]Ein Vertrieb an semiprofessionelle und professionelle Anleger ist nur dann gegeben, wenn dieser auf Initiative der Verwaltungsgesellschaft oder in deren Auftrag erfolgt und sich an semiprofessionelle oder professionelle Anleger mit Wohnsitz oder Sitz im Inland oder einem anderen Mitgliedstaat der Europäischen Union oder Vertragsstaat des Abkommens über den Europäischen Wirtschaftsraum richtet. [4]Die Bundesanstalt kann Richtlinien aufstellen, nach denen sie für den Regelfall beurteilt, wann ein Vertrieb im Sinne der Sätze 1 und 3 vorliegt.

(2) Enthalten die Vorschriften dieses Kapitels Regelungen für Investmentvermögen, gelten diese entsprechend auch für Teilinvestmentvermögen, es sei denn, aus den Vorschriften dieses Kapitels geht etwas anderes hervor.

§ 294 Auf den Vertrieb und den Erwerb von OGAW anwendbare Vorschriften

(1) [1]Auf den Vertrieb und den Erwerb von Anteilen oder Aktien an inländischen OGAW oder an zum Vertrieb berechtigten EU-OGAW im Geltungsbereich dieses Gesetzes sind die Vorschriften des Unterabschnitts 2 dieses Abschnitts, soweit sie auf Anteile oder Aktien an inländischen OGAW oder EU-OGAW Anwendung finden, anzuwenden. [2]Zudem sind auf EU-OGAW die Vorschriften des Abschnitts 2 Unterab-

schnitt 1 und auf inländische OGAW die Vorschriften des Abschnitts 2 Unterabschnitt 2 anzuwenden. [3]Der Vertrieb von EU-OGAW im Inland ist nur zulässig, wenn die Voraussetzungen des § 310 gegeben sind.

(2) Die Bundesanstalt veröffentlicht auf ihrer Internetseite gemäß Artikel 30 der Richtlinie 2010/44/EU die Anforderungen, die beim Vertrieb von Anteilen oder Aktien an EU-OGAW im Geltungsbereich dieses Gesetzes zu beachten sind.

§ 295[1)] Auf den Vertrieb und den Erwerb von AIF anwendbare Vorschriften

(1) [1]Der Vertrieb von Anteilen oder Aktien an inländischen Publikums-AIF an Privatanleger, semiprofessionelle und professionelle Anleger im Geltungsbereich dieses Gesetzes ist nur zulässig, wenn die Voraussetzungen des § 316 erfüllt sind. [2]Der Vertrieb von Anteilen oder Aktien an EU-AIF und ausländischen AIF an Privatanleger im Geltungsbereich dieses Gesetzes ist nur zulässig, wenn die Voraussetzungen der §§ 317 bis 320 erfüllt sind. [3]Die Verwaltungsgesellschaften, die AIF verwalten, die die Voraussetzungen für den Vertrieb an Privatanleger nicht erfüllen, müssen wirksame Vorkehrungen treffen, die verhindern, dass Anteile oder Aktien an den AIF an Privatanleger im Geltungsbereich dieses Gesetzes vertrieben werden; dies gilt auch, wenn unabhängige Unternehmen eingeschaltet werden, die für den AIF Wertpapierdienstleistungen erbringen.

(2) [1]Der Vertrieb von Anteilen oder Aktien an inländischen Spezial-AIF, EU-AIF und ausländischen AIF an professionelle Anleger ist im Inland nur zulässig

1. bis zu dem in dem auf Grundlage des Artikels 66 Absatz 3 in Verbindung mit Artikel 67 Absatz 6 der Richtlinie 2011/61/EU erlassenen delegierten Rechtsakt der Europäischen Kommission genannten Zeitpunkt nach den Voraussetzungen des §§ 321, 323, 329, 330 oder 330a;
2. ab dem Zeitpunkt, auf den in Nummer 1 verwiesen wird, nach den Voraussetzungen der §§ 321 bis 328 oder § 330a.

[2]Abweichend von Satz 1 darf eine AIF-Verwaltungsgesellschaft, die bis zu dem in Nummer 1 genannten Zeitpunkt inländische Spezial-Feeder-AIF, EU-Feeder-AIF, EU-AIF oder ausländische AIF gemäß § 329 oder § 330 vertreiben darf, diese AIF auch nach diesem Zeitpunkt an professionelle Anleger im Inland weiterhin vertreiben. [3]Die Befugnis der Bundesanstalt, nach § 11 oder nach § 314 erforderliche Maßnahmen zu ergreifen, bleibt unberührt.

(3) [1]Der Vertrieb von Anteilen oder Aktien an inländischen Spezial-AIF, EU-AIF und ausländischen AIF an semiprofessionelle Anleger im Inland ist nur zulässig

1. bis zu dem in dem auf Grundlage des Artikels 66 Absatz 3 in Verbindung mit Artikel 67 Absatz 6 der Richtlinie 2011/61/EU erlassenen delegierten Rechtsakt der Europäischen Kommission genannten Zeitpunkt
   a) nach den für den Vertrieb an semiprofessionelle Anleger genannten Voraussetzungen des §§ 321, 323, 329, 330 oder 330a oder
   b) nach den Voraussetzungen der §§ 317 bis 320;
2. ab dem Zeitpunkt, auf den in Nummer 1 verwiesen wird,
   a) nach den für den Vertrieb an semiprofessionelle Anleger genannten Voraussetzungen der §§ 321 bis 328 oder § 330a oder
   b) nach den Voraussetzungen der §§ 317 bis 320.

---

1) § 295 geändert durch Gesetz vom 8.7.2019 (BGBl. I S. 1002); s. dazu § 360.

[2]Absatz 2 Satz 2 und 5 gilt entsprechend.

(4) Werden im Geltungsbereich dieses Gesetzes Anteile oder Aktien an inländischen Publikums-AIF, an zum Vertrieb an Privatanleger berechtigten EU-AIF oder an zum Vertrieb an Privatanleger berechtigten ausländischen AIF an Privatanleger vertrieben oder von diesen erworben, so gelten die Vorschriften des Unterabschnitts 2 dieses Abschnitts, soweit sie sich auf den Vertrieb oder den Erwerb von inländischen Publikums-AIF, EU-AIF oder ausländischen AIF beziehen.

(5) Werden im Geltungsbereich dieses Gesetzes Anteile oder Aktien an

1. inländischen AIF,
2. von einer AIF-Kapitalverwaltungsgesellschaft oder ab dem Zeitpunkt, auf den in Absatz 2 Nummer 1 verwiesen wird, von einer ausländischen AIF-Verwaltungsgesellschaft, die eine Erlaubnis nach § 58 erhalten hat, verwalteten EU-AIF,
3. zum Vertrieb an professionelle Anleger berechtigten EU-AIF, die von einer EU-AIF-Verwaltungsgesellschaft oder ab dem Zeitpunkt, auf den in Absatz 2 Nummer 1 verwiesen wird, von einer ausländischen AIF-Verwaltungsgesellschaft, deren Referenzmitgliedstaat nicht die Bundesrepublik Deutschland ist, verwaltet werden, oder
4. zum Vertrieb an professionelle Anleger berechtigten ausländischen AIF

an semiprofessionelle oder professionelle Anleger vertrieben oder durch diese erworben, gelten die Vorschriften des Unterabschnitts 3 dieses Abschnitts.

(6) [1]Beabsichtigt eine AIF-Kapitalverwaltungsgesellschaft, Anteile oder Aktien an von ihr verwalteten inländischen AIF, an EU-AIF oder, ab dem Zeitpunkt, auf den in Absatz 2 Nummer 1 verwiesen wird, an ausländischen AIF an professionelle Anleger in einem anderen Mitgliedstaat der Europäischen Union oder in einem anderen Vertragsstaat des Abkommens über den Europäischen Wirtschaftsraum zu vertreiben, gelten § 331 und ab dem Zeitpunkt, auf den in Absatz 2 Nummer 1 verwiesen wird, § 332. [2]Die AIF-Kapitalverwaltungsgesellschaft stellt den am Erwerb eines Anteils oder einer Aktie Interessierten in den anderen Mitgliedstaaten der Europäischen Union und Vertragsstaaten des Abkommens über den Europäischen Wirtschaftsraum für jeden von ihr verwalteten inländischen AIF oder EU-AIF und für jeden von ihr vertriebenen AIF vor Vertragsschluss

1. die in § 307 Absatz 1 genannten Informationen einschließlich aller wesentlichen Änderungen dieser Informationen unter Berücksichtigung von § 307 Absatz 4 in der in den Anlagebedingungen, der Satzung oder dem Gesellschaftsvertrag des AIF festgelegten Art und Weise zur Verfügung und
2. unterrichtet die am Erwerb eines Anteils oder einer Aktie Interessierten nach § 307 Absatz 2 Satz 1.

[3]Zudem informiert die AIF-Kapitalverwaltungsgesellschaft die Anleger nach § 308 Absatz 1 bis 4, auch in Verbindung mit § 300 Absatz 1 bis 3, und über Änderungen der Informationen nach § 307 Absatz 2 Satz 1.

(7) Beabsichtigt eine ausländische AIF-Verwaltungsgesellschaft ab dem Zeitpunkt, auf den in Absatz 2 Nummer 1 verwiesen wird, Anteile oder Aktien an von ihr verwalteten inländischen AIF, an EU-AIF oder an ausländischen AIF an professionelle Anleger in einem anderen Mitgliedstaat der Europäischen Union oder in einem anderen Vertragsstaat des Abkommens über den Europäischen Wirtschaftsraum zu vertreiben, gelten die §§ 333 und 334. Absatz 6 Satz 2 gilt entsprechend.

(8) [1]Die Vorschriften des Wertpapierprospektgesetzes und der Verordnung (EU) 2017/1129 bleiben unberührt. [2]An die Stelle des Verkaufsprospekts in diesem Kapitel treten die in einem Wertpapierprospekt enthaltenen Angaben nach § 269, wenn

1. der AIF gemäß § 268 Absatz 1 Satz 3 oder § 318 Absatz 3 Satz 2 auf Grund seiner Pflicht zur Erstellung eines Prospekts nach der Verordnung (EU) 2017/1129 und der Aufnahme aller gemäß § 269 erforderlichen Angaben in diesen Prospekt von der Pflicht zur Erstellung eines Verkaufsprospekts befreit ist und
2. aus den Vorschriften dieses Kapitels nichts anderes hervorgeht.

§ 296 Vereinbarungen mit Drittstaaten zur OGAW-Konformität

(1) [1]Die Bundesanstalt kann mit den zuständigen Stellen von Drittstaaten vereinbaren, dass

1. die §§ 310 und 311 auf Anteile an ausländischen AIF, die in dem Drittstaat gemäß den Anforderungen der Richtlinie 2009/65/EG aufgelegt und verwaltet werden, entsprechend anzuwenden sind, sofern diese AIF im Geltungsbereich dieses Gesetzes vertrieben werden sollen, und
2. die §§ 312 und 313 entsprechend anzuwenden sind, wenn Anteile an inländischen OGAW auf dem Hoheitsgebiet des Drittstaates vertrieben werden sollen.

[2]§ 310 gilt dabei mit der Maßgabe, dass zusätzlich zu der Bescheinigung nach § 310 Absatz 1 Satz 1 Nummer 2 auch eine Bescheinigung der zuständigen Stelle des Drittstaates zu übermitteln ist, dass der angezeigte AIF gemäß der Richtlinie 2011/61/EU verwaltet wird.

(2) Die Bundesanstalt darf die Vereinbarung nach Absatz 1 nur abschließen, wenn

1. die Anforderungen der Richtlinie 2009/65/EG in das Recht des Drittstaates entsprechend umgesetzt sind und öffentlich beaufsichtigt werden,
2. die Bundesanstalt und die zuständigen Stellen des Drittstaates eine Vereinbarung im Sinne des Artikels 42 Absatz 1 Buchstabe b in Verbindung mit Absatz 3 der Richtlinie 2011/61/EU abgeschlossen haben oder zeitgleich mit der Vereinbarung nach Absatz 1 abschließen werden,
3. der Drittstaat gemäß Artikel 42 Absatz 1 Buchstabe c der Richtlinie 2011/61/EU nicht auf der Liste der nicht kooperierenden Länder und Gebiete, die von der Arbeitsgruppe „Finanzielle Maßnahmen gegen die Geldwäsche und die Terrorismusfinanzierung" aufgestellt wurde, steht,
4. der gegenseitige Marktzugang unter vergleichbaren Voraussetzungen gewährt wird und
5. die Vereinbarung nach Absatz 1 auf solche ausländischen AIF des Drittstaates beschränkt wird, bei denen sowohl der AIF als auch der Verwalter ihren Sitz in diesem Drittstaat haben, und die gemäß der Richtlinie 2011/61/EU verwaltet werden.

(3) [1]Auf ausländische AIF, deren Anteile entsprechend Absatz 1 im Geltungsbereich dieses Gesetzes vertrieben werden, sind diejenigen Bestimmungen dieses Gesetzes entsprechend anzuwenden, die eine EU-OGAW-Verwaltungsgesellschaft zu beachten hat, wenn sie Anteile an einem EU-OGAW im Geltungsbereich dieses Gesetzes vertreibt; insbesondere sind § 35 Absatz 3 bis 5 des Wertpapierhandelsgesetzes, die §§ 297, 298 sowie 301 bis 306 und 309 entsprechend anzuwenden. [2]Darüber hinaus gilt für den Vertrieb des ausländischen AIF Artikel 42 Absatz 1 Buchstabe a in Verbindung mit den Artikeln 22, 23 und 24 der Richtlinie 2011/61/EU.

(4) [1]Die Bundesanstalt veröffentlicht die Vereinbarung nach Absatz 1 unverzüglich nach Inkrafttreten auf ihrer Internetseite. [2]Mit der Bekanntmachung sind die in Absatz 3 genannten Vorschriften anzuwenden. [3]Die Vereinbarung nach Absatz 1 verliert ihre Geltungskraft ab dem Zeitpunkt, auf den in § 295 Absatz 2 Nummer 1 verwiesen wird.

Unterabschnitt 2. Vorschriften für den Vertrieb und den Erwerb von AIF in Bezug auf Privatanleger und für den Vertrieb und den Erwerb von OGAW

§ 297 Verkaufsunterlagen und Hinweispflichten

(1) [1]Dem am Erwerb eines Anteils oder einer Aktie an einem OGAW Interessierten sind rechtzeitig vor Vertragsschluss die wesentlichen Anlegerinformationen in der geltenden Fassung kostenlos zur Verfügung zu stellen. [2]Darüber hinaus sind ihm sowie auch dem Anleger eines OGAW auf Verlangen der Verkaufsprospekt sowie der letzte veröffentlichte Jahres- und Halbjahresbericht kostenlos zur Verfügung zu stellen.

(2) [1]Der am Erwerb eines Anteils oder einer Aktie an einem AIF interessierte Privatanleger ist vor Vertragsschluss über den jüngsten Nettoinventarwert des Investmentvermögens oder den jüngsten Marktpreis der Anteile oder Aktien gemäß den §§ 168 und 271 Absatz 1 zu informieren. [2]Ihm sind rechtzeitig vor Vertragsschluss die wesentlichen Anlegerinformationen, der Verkaufsprospekt und der letzte veröffentlichte Jahres- und Halbjahresbericht in der geltenden Fassung kostenlos zur Verfügung zu stellen.

(3) Die Anlagebedingungen und gegebenenfalls die Satzung oder der Gesellschaftsvertrag und der Treuhandvertrag mit dem Treuhandkommanditisten sind dem Verkaufsprospekt von OGAW und AIF beizufügen, es sei denn, dieser enthält einen Hinweis, wo diese im Geltungsbereich dieses Gesetzes kostenlos erhalten werden können.

(4) [1]Die in den Absätzen 1, 2 Satz 2 sowie in Absatz 3 genannten Unterlagen (Verkaufsunterlagen) sind dem am Erwerb eines Anteils oder einer Aktie Interessierten und dem Anleger auf einem dauerhaften Datenträger oder einer Internetseite gemäß Artikel 38 der Verordnung (EU) Nr. 583/2010 sowie auf Verlangen jederzeit kostenlos in Papierform zur Verfügung zu stellen. [2]Der am Erwerb eines Anteils oder einer Aktie Interessierte ist darauf hinzuweisen, wo im Geltungsbereich des Gesetzes und auf welche Weise er die Verkaufsunterlagen kostenlos erhalten kann.

(5) [1]Dem am Erwerb eines Anteils oder einer Aktie an einem Feederfonds Interessierten und dem Anleger eines Feederfonds sind auch der Verkaufsprospekt sowie Jahres- und Halbjahresbericht des Masterfonds auf Verlangen kostenlos in Papierform zur Verfügung zu stellen. [2]Zusätzlich ist den Anlegern des Feederfonds und des Masterfonds die gemäß § 175 Absatz 1 oder § 317 Absatz 3 Nummer 5 abgeschlossene Master-Feeder-Vereinbarung auf Verlangen kostenlos zur Verfügung zu stellen.

(6) [1]Dem am Erwerb eines Anteils oder einer Aktie interessierten Privatanleger sind vor dem Erwerb eines Anteils oder einer Aktie an einem Dach-Hedgefonds oder von EU-AIF oder ausländischen AIF, die hinsichtlich der Anlagepolitik Anforderungen unterliegen, die denen von Dach-Hedgefonds vergleichbar sind, sämtliche Verkaufsunterlagen auszuhändigen. [2]Der Erwerb bedarf der schriftlichen Form. [3]Der am Erwerb Interessierte muss vor dem Erwerb auf die Risiken des AIF nach Maßgabe des § 228 Absatz 2 ausdrücklich hingewiesen werden. [4]Ist streitig, ob der Verkäufer die Belehrung durchgeführt hat, trifft die Beweislast den Verkäufer.

(7) [1]Soweit sie Informationspflichten gegenüber dem am Erwerb eines Anteils oder einer Aktie Interessierten betreffen, finden die Absätze 1, 2, 5 Satz 1 und Absatz 6 keine Anwendung auf den Erwerb von Anteilen oder Aktien im Rahmen einer Finanzportfolioverwaltung im Sinne des § 1 Absatz 1a Nummer 3 des Kreditwesengesetzes oder des § 20 Absatz 2 Nummer 1 oder Absatz 3 Nummer 2. [2]Werden Anteilen oder Aktien im Rahmen eines Investment-Sparplans in regelmäßigem Abstand erworben, so sind die Absätze 1, 2, 5 Satz 1 und Absatz 6, soweit sie Informationspflichten gegenüber dem am Erwerb eines Anteils oder einer Aktie Interessierten betreffen, nur auf den erstmaligen Erwerb anzuwenden.

(8) Dem Erwerber eines Anteils oder einer Aktie an einem OGAW oder AIF ist eine Durchschrift des Antrags auf Vertragsabschluss auszuhändigen oder eine Kaufabrechnung zu übersenden, die jeweils einen Hinweis auf die Höhe des Ausgabeaufschlags und des Rücknahmeabschlags und eine Belehrung über das Recht des Käufers zum Widerruf nach § 305 enthalten müssen.

(9) Auf Verlangen des am Erwerb eines Anteils oder einer Aktie Interessierten muss die Kapitalverwaltungsgesellschaft, die EU-Verwaltungsgesellschaft oder die ausländische AIF-Verwaltungsgesellschaft zusätzlich über die Anlagegrenzen des Risikomanagements des Investmentvermögens, die Risikomanagementmethoden und die jüngsten Entwicklungen bei den Risiken und Renditen der wichtigsten Kategorien von Vermögensgegenständen des Investmentvermögens informieren.

§ 298 Veröffentlichungspflichten und laufende Informationspflichten für EU-OGAW

(1) [1]Für nach § 310 zum Vertrieb angezeigte Anteile oder Aktien an EU-OGAW hat die EU-OGAW-Verwaltungsgesellschaft oder die OGAW-Kapitalverwaltungsgesellschaft folgende Unterlagen und Angaben im Geltungsbereich dieses Gesetzes in deutscher Sprache oder in einer in internationalen Finanzkreisen üblichen Sprache zu veröffentlichen:

1. den Jahresbericht für den Schluss eines jeden Geschäftsjahres,
2. den Halbjahresbericht,
3. den Verkaufsprospekt,
4. die Anlagebedingungen oder die Satzung,
5. die Ausgabe- und Rücknahmepreise der Anteile oder Aktien sowie
6. sonstige Unterlagen und Angaben, die in dem Herkunftsmitgliedstaat des EU-OGAW zu veröffentlichen sind.

[2]Die wesentlichen Anlegerinformationen gemäß Artikel 78 der Richtlinie 2009/65/EG sind ohne Änderung gegenüber der im Herkunftsmitgliedstaat verwendeten Fassung in deutscher Sprache zu veröffentlichen. [3]Die in den Sätzen 1 und 2 beschriebenen Anforderungen gelten auch für jegliche Änderungen der genannten Informationen und Unterlagen. [4]Für die Häufigkeit der Veröffentlichungen von Ausgabe- und Rücknahmepreis gelten die Vorschriften des Herkunftsmitgliedstaates des EU-OGAW entsprechend.

(2) Neben der Veröffentlichung in einem im Verkaufsprospekt zu benennenden Informationsmedium sind die Anleger entsprechend § 167 unverzüglich mittels eines dauerhaften Datenträgers zu unterrichten über

1. die Aussetzung der Rücknahme der Anteile oder Aktien eines Investmentvermögens;
2. die Kündigung der Verwaltung eines Investmentvermögens oder dessen Abwicklung;
3. Änderungen der Anlagebedingungen, die mit den bisherigen Anlagegrundsätzen nicht vereinbar sind, die wesentliche Anlegerrechte berühren oder die Vergütungen und Aufwendungserstattungen betreffen, die aus dem Investmentvermögen entnommen werden können, einschließlich der Hintergründe der Änderungen sowie der Rechte der Anleger in einer verständlichen Art und Weise; dabei ist mitzuteilen, wo und auf welche Weise weitere Informationen hierzu erlangt werden können,
4. die Verschmelzung von Investmentvermögen in Form von Verschmelzungsinformationen, die gemäß Artikel 43 der Richtlinie 2009/65/EG zu erstellen sind, und

5. die Umwandlung eines Investmentvermögens in einen Feederfonds oder die Änderung eines Masterfonds in Form von Informationen, die gemäß Artikel 64 der Richtlinie 2009/65/EG zu erstellen sind.

§ 299 Veröffentlichungspflichten und laufende Informationspflichten für EU-AIF und ausländische AIF

(1) [1]Die EU-AIF-Verwaltungsgesellschaft oder die ausländische AIF-Verwaltungsgesellschaft veröffentlicht für Anteile oder Aktien an EU-AIF oder ausländischen AIF

1. den Verkaufsprospekt und alle Änderungen desselben auf der Internetseite der AIF-Verwaltungsgesellschaft;
2. die Anlagebedingungen, die Satzung oder den Gesellschaftsvertrag und alle Änderungen derselben auf der Internetseite der AIF-Verwaltungsgesellschaft;
3. einen Jahresbericht für den Schluss eines jeden Geschäftsjahres im Bundesanzeiger spätestens sechs Monate nach Ablauf des Geschäftsjahres; der Bericht hat folgende Angaben zu enthalten:
   a) eine Vermögensaufstellung, die in einer dem § 101 Absatz 1 Satz 3 Nummer 1 und 2, ausgenommen Nummer 1 Satz 3 und und § 247 Absatz 1, vergleichbaren Weise ausgestaltet ist und die im Berichtszeitraum getätigten Käufe und Verkäufe von Vermögensgegenständen im Sinne von § 261 Absatz 1 Nummer 1 benennt;
   b) eine nach der Art der Aufwendungen und Erträge gegliederte Aufwands- und Ertragsrechnung;
   c) einen Bericht über die Tätigkeiten der AIF-Verwaltungsgesellschaft im vergangenen Geschäftsjahr einschließlich einer Übersicht über die Entwicklung des Investmentvermögens in einer § 101 Absatz 1 Satz 3 Nummer 4 Satz 3 vergleichbaren Weise; die Übersicht ist mit dem ausdrücklichen Hinweis zu verbinden, dass die vergangenheitsbezogenen Werte keine Rückschlüsse für die Zukunft gewähren;
   d) die Anzahl der am Berichtsstichtag umlaufenden Anteile oder Aktien und den Wert eines Anteils oder einer Aktie;
   e) jede wesentliche Änderung der im Verkaufsprospekt aufgeführten Informationen während des Geschäftsjahres, auf das sich der Bericht bezieht;
   f) die Gesamtsumme der im abgelaufenen Geschäftsjahr gezahlten Vergütungen, aufgegliedert nach festen und variablen von der Verwaltungsgesellschaft an ihre Mitarbeiter gezahlten Vergütungen, sowie die Zahl der Begünstigten und gegebenenfalls die vom EU-AIF oder ausländischen AIF gezahlten Carried Interest;
   g) die Gesamtsumme der gezahlten Vergütungen, aufgegliedert nach Vergütungen für Führungskräfte und Mitarbeiter der Verwaltungsgesellschaft, deren Tätigkeit sich wesentlich auf das Risikoprofil des AIF auswirkt;
   h) eine Wiedergabe des vollständigen Berichts des Rechnungsprüfers einschließlich etwaiger Vorbehalte;
   i) eine Gesamtkostenquote entsprechend § 166 Absatz 5 oder § 270 Absatz 1 in Verbindung mit § 166 Absatz 5; gegebenenfalls zusätzlich eine Kostenquote für erfolgsabhängige Verwaltungsvergütungen und zusätzliche Verwaltungsvergütungen nach § 166 Absatz 5 Satz 4 oder § 270 Absatz 4;
4. einen Halbjahresbericht für die Mitte eines jeden Geschäftsjahres, falls es sich um einen offenen AIF handelt; der Bericht ist im Bundesanzeiger spätestens zwei Monate nach dem Stichtag zu veröffentlichen und muss die Angaben nach Nummer 3 Buchstabe a und d enthalten; außerdem sind die Angaben nach Nummer 3 Buch-

stabe b und c aufzunehmen, wenn für das Halbjahr Zwischenausschüttungen erfolgt oder vorgesehen sind;

5. die Ausgabe- und Rücknahmepreise und den Nettoinventarwert je Anteil oder Aktie bei jeder Ausgabe oder Rücknahme von Anteilen oder Aktien, jedoch mindestens einmal im Jahr, in einer im Verkaufsprospekt anzugebenden hinreichend verbreiteten Wirtschafts- oder Tageszeitung mit Erscheinungsort im Geltungsbereich dieses Gesetzes oder in den im Verkaufsprospekt bezeichneten elektronischen Informationsmedien; dabei ist der für den niedrigsten Anlagebetrag berechnete Ausgabepreis zu nennen; abweichend erfolgt die Veröffentlichung bei mit OGAW nach § 192 vergleichbaren Investmentvermögen mindestens zweimal im Monat.

[2]Inhalt und Form des Jahresberichtes bestimmen sich im Übrigen nach den Artikeln 103 bis 107 der Delegierten Verordnung (EU) Nr. 231/2013. [3]Der Jahres- und Halbjahresbericht eines Feederfonds muss zudem die Anforderungen entsprechend § 173 Absatz 4 erfüllen. [4]Die Berichte nach § 299 Absatz 1 Satz 1 Nummer 3 und 4 sind dem Anleger auf Verlangen zur Verfügung zu stellen. [5]Ist der AIF nach der Richtlinie 2004/109/EG verpflichtet, Jahresfinanzberichte zu veröffentlichen, so sind dem Anleger die Angaben nach Satz 1 Nummer 3 auf Verlangen gesondert oder in Form einer Ergänzung zum Jahresfinanzbericht zur Verfügung zu stellen. [6]In letzterem Fall ist der Jahresfinanzbericht spätestens vier Monate nach Ende des Geschäftsjahres zu veröffentlichen.

(2) Ausgabe- und Rücknahmepreise der Anteile oder Aktien an ausländischen AIF und EU-AIF dürfen in Bekanntgaben nur gemeinsam genannt werden; dabei ist der für den niedrigsten Anlagebetrag berechnete Ausgabepreis zu nennen.

(3) Für geschlossene EU-AIF und geschlossene ausländische AIF, die mit inländischen geschlossenen Publikums-AIF nach den §§ 261 bis 272 vergleichbar sind und die an einem organisierten Markt im Sinne des § 2 Absatz 11 des Wertpapierhandelsgesetzes oder an einem organisierten Markt, der die wesentlichen Anforderungen an geregelte Märkte im Sinne der Richtlinie 2014/65/EG erfüllt, zugelassen sind, müssen die gemäß Absatz 1 Satz 1 Nummer 3 zu veröffentlichenden Unterlagen eine Darstellung der Entwicklung des Kurses der Anteile oder Aktien des Investmentvermögens und des Nettoinventarwertes des Investmentvermögens im Berichtszeitraum enthalten.

(4) [1]Absatz 1 Satz 1 Nummer 5 und Absatz 2 gelten nicht für geschlossene EU-AIF und geschlossene ausländische AIF, die mit inländischen geschlossenen AIF nach den §§ 261 bis 272 vergleichbar sind. [2]Für AIF im Sinne von Satz 1, die nicht zu den in Absatz 3 genannten AIF gehören, muss den Anlegern der Nettoinventarwert je Anteil oder Aktie entsprechend den Vorschriften für inländische geschlossene Publikums-AIF nach § 272 offengelegt werden. [3]Für AIF im Sinne von Absatz 3 veröffentlichen die AIF-Verwaltungsgesellschaften täglich in einer hinreichend verbreiteten Wirtschafts- oder Tageszeitung mit Erscheinungsort im Geltungsbereich dieses Gesetzes

1. den Kurs der Anteile oder Aktien des AIF, der an dem organisierten Markt im Sinne des § 2 Absatz 11 des Wertpapierhandelsgesetzes oder an einem organisierten Markt, der die wesentlichen Anforderungen an geregelte Märkte im Sinne der Richtlinie 2014/65/EG erfüllt, ermittelt wurde, und

2. den Nettoinventarwert des AIF entsprechend den Vorschriften für inländische geschlossene Publikums-AIF nach § 272.

[4]In sonstigen Veröffentlichungen und Werbeschriften über den AIF im Sinne von Satz 3 dürfen der Kurs der Anteile oder Aktien und der Nettoinventarwert des Investmentvermögens nur gemeinsam genannt werden.

(5) Die Veröffentlichungs- und Unterrichtungspflichten gemäß § 298 Absatz 2 gelten für EU-AIF-Verwaltungsgesellschaften oder ausländische AIF-Verwaltungsgesellschaften entsprechend.

§ 300 Zusätzliche Informationspflichten bei AIF

(1) Für jeden von ihr verwalteten inländischen AIF, EU-AIF oder ausländischen AIF muss die AIF-Verwaltungsgesellschaft den Anlegern im Geltungsbereich dieses Gesetzes regelmäßig Folgendes offenlegen:

1. den prozentualen Anteil der Vermögensgegenstände des AIF, die schwer zu liquidieren sind und für die deshalb besondere Regelungen gelten,
2. jegliche neue Regelungen zum Liquiditätsmanagement des AIF und
3. das aktuelle Risikoprofil des AIF und die von der AIF-Verwaltungsgesellschaft zur Steuerung dieser Risiken eingesetzten Risikomanagementsysteme.

(2) Für jeden von ihr verwalteten, Leverage einsetzenden inländischen AIF, EU-AIF oder ausländischen AIF muss die AIF-Verwaltungsgesellschaft den Anlegern im Geltungsbereich dieses Gesetzes regelmäßig Folgendes offenlegen:

1. alle Änderungen des maximalen Umfangs, in dem die AIF-Verwaltungsgesellschaft für Rechnung des AIF Leverage einsetzen kann sowie etwaige Rechte zur Wiederverwendung von Sicherheiten oder sonstige Garantien, die im Rahmen von Leverage-Geschäften gewährt wurden, und
2. die Gesamthöhe des Leverage des betreffenden AIF.

(3) Nähere Bestimmungen zu den Offenlegungspflichten gemäß den Absätzen 1 und 2 ergeben sich aus den Artikeln 108 und 109 der Delegierten Verordnung (EU) Nr. 231/2013.

(4) Die AIF-Verwaltungsgesellschaft informiert die Anleger zusätzlich unverzüglich mittels dauerhaften Datenträgers entsprechend § 167 und durch Veröffentlichung in einem weiteren im Verkaufsprospekt zu benennenden Informationsmedium über alle Änderungen, die sich in Bezug auf die Haftung der Verwahrstelle ergeben.

§ 301 Sonstige Veröffentlichungspflichten

Auf der Internetseite der Kapitalverwaltungsgesellschaft, der EU-Verwaltungsgesellschaft oder der ausländischen AIF-Verwaltungsgesellschaft ist jeweils eine geltende Fassung der wesentlichen Anlegerinformationen zu veröffentlichen.

§ 302 Werbung

(1) [1]Werbung für AIF gegenüber Privatanlegern und Werbung für OGAW muss eindeutig als solche erkennbar sein. [2]Sie muss redlich und eindeutig sein und darf nicht irreführend sein. [3]Insbesondere darf Werbung, die zum Erwerb von Anteilen oder Aktien eines inländischen Investmentvermögens, EU-Investmentvermögens oder ausländischen AIF auffordert und spezifische Informationen über diese Anteile oder Aktien enthält, keine Aussagen treffen, die im Widerspruch zu Informationen des Verkaufsprospekts und den in den §§ 166, 270, 318 Absatz 5 oder in Artikel 78 der Richtlinie 2009/65/EG genannten wesentlichen Anlegerinformationen stehen oder die Bedeutung dieser Informationen herabstufen.

(2) [1]Bei Werbung in Textform ist darauf hinzuweisen, dass ein Verkaufsprospekt existiert und dass die in den §§ 166, 270, 318 Absatz 5 oder in Artikel 78 der Richtlinie 2009/65/EG genannten wesentlichen Anlegerinformationen verfügbar sind. [2]Dabei ist anzugeben, wo und in welcher Sprache diese Informationen oder Unterlagen erhältlich sind und welche Zugangsmöglichkeiten bestehen.

(3) Werbung in Textform für den Erwerb von Anteilen oder Aktien eines inländischen Investmentvermögens, nach dessen Anlagebedingungen oder Satzung die Anlage von mehr als 35 Prozent des Wertes des Investmentvermögens in Schuldverschreibungen eines der in § 206 Absatz 2 Satz 1 genannten Aussteller zulässig ist, muss diese Aussteller benennen.

(4) [1]Werbung für den Erwerb von Anteilen oder Aktien eines Investmentvermögens, nach dessen Anlagebedingungen oder Satzung ein anerkannter Wertpapierindex nachgebildet wird oder hauptsächlich in Derivate nach Maßgabe des § 197 angelegt wird, muss auf die Anlagestrategie hinweisen. [2]Weist ein Investmentvermögen auf Grund seiner Zusammensetzung oder der für die Fondsverwaltung verwendeten Techniken eine erhöhte Volatilität auf, so muss in der Werbung darauf hingewiesen werden. [3]Die Sätze 1 und 2 gelten nicht für die Werbung für ausländische AIF oder EU-AIF.

(5) Werbung in Textform für einen Feederfonds muss einen Hinweis enthalten, dass dieser dauerhaft mindestens 85 Prozent seines Vermögens in Anteile eines Masterfonds anlegt.

(6) Werbung für Dach-Hedgefonds oder für ausländische AIF oder EU-AIF, die hinsichtlich der Anlagepolitik Anforderungen unterliegen, die denen von Dach-Hedgefonds vergleichbar sind, muss ausdrücklich auf die besonderen Risiken des Investmentvermögens nach Maßgabe des § 228 Absatz 2 hinweisen.

(7) [1]Die Bundesanstalt kann Werbung untersagen, um Missständen bei der Werbung für AIF gegenüber Privatanlegern und für OGAW zu begegnen. [2]Dies gilt insbesondere für

1. Werbung mit Angaben, die in irreführender Weise den Anschein eines besonders günstigen Angebots hervorrufen können, sowie
2. Werbung mit dem Hinweis auf die Befugnisse der Bundesanstalt nach diesem Gesetz oder auf die Befugnisse der für die Aufsicht zuständigen Stellen in anderen Mitgliedstaaten der Europäischen Union, Vertragsstaaten des Abkommens über den Europäischen Wirtschaftsraum oder Drittstaaten.

§ 303 Maßgebliche Sprachfassung

(1) [1]Sämtliche Veröffentlichungen und Werbeschriften, die sich auf Anteile oder Aktien an einem an Privatanleger vertriebenen AIF oder an einem inländischen OGAW beziehen, sind in deutscher Sprache abzufassen oder mit einer deutschen Übersetzung zu versehen. [2]Dabei ist der deutsche Wortlaut der in § 297 Absatz 1 bis 4 und 8 genannten Unterlagen und der in Satz 1 genannten Unterlagen und Veröffentlichungen maßgeblich.

(2) [1]Bei EU-OGAW ist der deutsche Wortlaut der wesentlichen Anlegerinformationen für die Prospekthaftung nach § 306 maßgeblich; für die übrigen in § 298 Absatz 1 genannten Unterlagen ist die im Geltungsbereich dieses Gesetzes veröffentlichte Sprachfassung zugrunde zu legen. [2]Erfolgt die Veröffentlichung auch in deutscher Sprache, so ist der deutsche Wortlaut maßgeblich.

(3) [1]Übersetzungen von wesentlichen Anlegerinformationen und Unterlagen gemäß § 298 Absatz 1 Satz 1 und gemäß § 299 Absatz 1 Satz 1 müssen unter der Verantwortung der ausländischen AIF-Verwaltungsgesellschaft oder der EU-Verwaltungsgesellschaft erstellt werden. [2]Sie müssen den Inhalt der ursprünglichen Informationen richtig und vollständig wiedergeben.

§ 304 Kostenvorausbelastung

Wurde die Abnahme von Anteilen oder Aktien für einen mehrjährigen Zeitraum vereinbart, so darf von jeder der für das erste Jahr vereinbarten Zahlungen höchstens ein

Drittel für die Deckung von Kosten verwendet werden, die restlichen Kosten müssen auf alle späteren Zahlungen gleichmäßig verteilt werden.

§ 305 Widerrufsrecht

(1) [1]Ist der Käufer von Anteilen oder Aktien eines offenen Investmentvermögens durch mündliche Verhandlungen außerhalb der ständigen Geschäftsräume desjenigen, der die Anteile oder Aktien verkauft oder den Verkauf vermittelt hat, dazu bestimmt worden, eine auf den Kauf gerichtete Willenserklärung abzugeben, so ist er an diese Erklärung nur gebunden, wenn er sie nicht innerhalb einer Frist von zwei Wochen bei der Verwaltungsgesellschaft oder einem Repräsentanten im Sinne des § 319 in Textform widerruft; dies gilt auch dann, wenn derjenige, der die Anteile oder Aktien verkauft oder den Verkauf vermittelt, keine ständigen Geschäftsräume hat. [2]Bei Fernabsatzgeschäften gilt § 312g Absatz 2 Nummer 8 des Bürgerlichen Gesetzbuchs entsprechend.

(2) [1]Zur Wahrung der Frist genügt die rechtzeitige Absendung der Widerrufserklärung. [2]Die Widerrufsfrist beginnt erst zu laufen, wenn dem Käufer die Durchschrift des Antrags auf Vertragsabschluss ausgehändigt oder eine Kaufabrechnung übersandt worden ist und in der Durchschrift oder der Kaufabrechnung eine Belehrung über das Widerrufsrecht enthalten ist, die den Anforderungen des Artikels 246 Absatz 3 Satz 2 und 3 des Einführungsgesetzes zum Bürgerlichen Gesetzbuche genügt. [3]Ist der Fristbeginn nach Satz 2 streitig, trifft die Beweislast den Verkäufer.

(3) Das Recht zum Widerruf besteht nicht, wenn der Verkäufer nachweist, dass

1. der Käufer kein Verbraucher im Sinne des § 13 des Bürgerlichen Gesetzbuchs ist oder
2. er den Käufer zu den Verhandlungen, die zum Verkauf der Anteile oder Aktien geführt haben, auf Grund vorhergehender Bestellung gemäß § 55 Absatz 1 der Gewerbeordnung aufgesucht hat.

(4) Ist der Widerruf erfolgt und hat der Käufer bereits Zahlungen geleistet, so ist die Kapitalverwaltungsgesellschaft, die EU-Verwaltungsgesellschaft oder die ausländische AIF-Verwaltungsgesellschaft verpflichtet, dem Käufer, gegebenenfalls Zug um Zug gegen Rückübertragung der erworbenen Anteile oder Aktien, die bezahlten Kosten und einen Betrag auszuzahlen, der dem Wert der bezahlten Anteile oder Aktien am Tag nach dem Eingang der Widerrufserklärung entspricht.

(5) Auf das Recht zum Widerruf kann nicht verzichtet werden.

(6) Die Vorschrift ist auf den Verkauf von Anteilen oder Aktien durch den Anleger entsprechend anwendbar.

(7) Das Widerrufsrecht in Bezug auf Anteile und Aktien eines geschlossenen Investmentvermögens richtet sich nach dem Bürgerlichen Gesetzbuch.

(8) [1]Anleger, die vor der Veröffentlichung eines Nachtrags zum Verkaufsprospekt eine auf den Erwerb eines Anteils oder einer Aktie eines geschlossenen Publikums-AIF gerichtete Willenserklärung abgegeben haben, können diese innerhalb einer Frist von zwei Werktagen nach Veröffentlichung des Nachtrags widerrufen, sofern noch keine Erfüllung eingetreten ist. [2]Der Widerruf muss keine Begründung enthalten und ist in Textform gegenüber der im Nachtrag als Empfänger des Widerrufs bezeichneten Verwaltungsgesellschaft oder Person zu erklären; zur Fristwahrung reicht die rechtzeitige Absendung. [3]Auf die Rechtsfolgen des Widerrufs ist § 357a des Bürgerlichen Gesetzbuchs entsprechend anzuwenden.

§ 306 Prospekthaftung und Haftung für die wesentlichen Anlegerinformationen

(1) [1]Sind in dem Verkaufsprospekt Angaben, die für die Beurteilung der Anteile oder Aktien von wesentlicher Bedeutung sind, unrichtig oder unvollständig, so kann der

Käufer von der Verwaltungsgesellschaft, von denjenigen, die neben der Verwaltungsgesellschaft für den Verkaufsprospekt die Verantwortung übernommen haben oder von denen der Erlass des Verkaufsprospekts ausgeht, und von demjenigen, der diese Anteile oder Aktien im eigenen Namen gewerbsmäßig verkauft hat, als Gesamtschuldner die Übernahme der Anteile oder Aktien gegen Erstattung des von ihm gezahlten Betrages verlangen. [2]Ist der Käufer in dem Zeitpunkt, in dem er von der Unrichtigkeit oder Unvollständigkeit des Verkaufsprospekts Kenntnis erlangt hat, nicht mehr Inhaber des Anteils oder der Aktie, so kann er die Zahlung des Betrages verlangen, um den der von ihm gezahlte Betrag den Rücknahmepreis des Anteils oder der Aktie oder andernfalls den Wert des Anteils oder der Aktie im Zeitpunkt der Veräußerung übersteigt.

(2) [1]Sind in den wesentlichen Anlegerinformationen enthaltene Angaben irreführend, unrichtig oder nicht mit den einschlägigen Stellen des Verkaufsprospekts vereinbar, so kann der Käufer von der Verwaltungsgesellschaft und von demjenigen, der diese Anteile oder Aktien im eigenen Namen gewerbsmäßig verkauft hat, als Gesamtschuldner die Übernahme der Anteile oder Aktien gegen Erstattung des von ihm gezahlten Betrages verlangen. [2]Ist der Käufer in dem Zeitpunkt, in dem er von der Fehlerhaftigkeit der wesentlichen Anlegerinformationen Kenntnis erlangt hat, nicht mehr Inhaber des Anteils oder der Aktie, so kann er die Zahlung des Betrages verlangen, um den der von ihm gezahlte Betrag den Rücknahmepreis des Anteils oder der Aktie oder andernfalls den Wert des Anteils oder der Aktie im Zeitpunkt der Veräußerung übersteigt.

(3) [1]Eine Gesellschaft, eine Person oder diejenige Stelle, welche die Anteile oder Aktien im eigenen Namen gewerbsmäßig verkauft hat, kann nicht nach Absatz 1 oder 2 in Anspruch genommen werden, wenn sie nachweist, dass sie die Unrichtigkeit oder Unvollständigkeit des Verkaufsprospekts oder die Unrichtigkeit der wesentlichen Anlegerinformationen nicht gekannt hat und die Unkenntnis nicht auf grober Fahrlässigkeit beruht. [2]Der Anspruch nach Absatz 1 oder nach Absatz 2 besteht nicht, wenn

1. der Käufer der Anteile oder Aktien die Unrichtigkeit oder Unvollständigkeit des Verkaufsprospekts oder die Unrichtigkeit der wesentlichen Anlegerinformationen beim Kauf gekannt hat oder
2. die Anteile oder Aktien nicht auf Grund des Verkaufsprospekts oder der wesentlichen Anlegerinformationen erworben wurden.

(4) [1]Zur Übernahme nach Absatz 1 oder 2 ist auch verpflichtet, wer gewerbsmäßig den Verkauf der Anteile oder Aktien vermittelt oder die Anteile oder Aktien im fremden Namen verkauft hat, wenn er die Unrichtigkeit oder Unvollständigkeit des Verkaufsprospekts oder die Unrichtigkeit der wesentlichen Anlegerinformationen gekannt hat. [2]Dies gilt nicht, wenn auch der Käufer der Anteile oder Aktien die Unrichtigkeit oder Unvollständigkeit des Verkaufsprospekts oder die Unrichtigkeit der wesentlichen Anlegerinformationen beim Kauf gekannt hat oder die Anteile oder Aktien nicht auf Grund des Verkaufsprospekts oder der wesentlichen Anlegerinformationen erworben wurden.

(5) [1]Wurde ein Verkaufsprospekt entgegen § 164 Absatz 1, § 268 Absatz 1, § 298 Absatz 1 oder § 299 Absatz 1 nicht veröffentlicht, so kann der Erwerber eines Anteils oder einer Aktie an einem Investmentvermögen von dem Anbieter die Übernahme der Anteile oder Aktien gegen Erstattung des Erwerbspreises, soweit dieser den ersten Erwerbspreis nicht überschreitet, und der mit dem Erwerb verbundenen üblichen Kosten verlangen, sofern das Erwerbsgeschäft vor Veröffentlichung eines Verkaufsprospekts und innerhalb von zwei Jahren nach dem ersten Anbieten oder Platzieren von Anteilen oder Aktien dieses Investmentvermögens im Inland abgeschlossen wurde. [2]Ist der Erwerber nicht mehr Inhaber der Anteile oder Aktien des Investmentvermögens, kann er die Zahlung des Unterschiedsbetrags zwischen dem Erwerbspreis und dem Veräußerungspreis der Anteile oder Aktien sowie der mit dem Erwerb und der Veräußerung

verbundenen üblichen Kosten verlangen. [3]Die Ansprüche dieses Absatzes bestehen nicht, sofern der Erwerber die Pflicht, einen Verkaufsprospekt zu veröffentlichen, bei dem Erwerb kannte.

(6) Eine Vereinbarung, durch die der Anspruch nach Absatz 1, 2, 4 oder 5 im Voraus ermäßigt oder erlassen wird, ist unwirksam. Weitergehende Ansprüche, die sich aus den Vorschriften des bürgerlichen Rechts auf Grund von Verträgen oder unerlaubten Handlungen ergeben können, bleiben unberührt.

Unterabschnitt 3. Vorschriften für den Vertrieb und den Erwerb von AIF in Bezug auf semiprofessionelle und professionelle Anleger

§ 307[1] Informationspflichten gegenüber semiprofessionellen und professionellen Anlegern und Haftung

(1) [1]Dem am Erwerb eines Anteils oder einer Aktie interessierten professionellen Anleger oder semiprofessionellen Anleger ist vor Vertragsschluss der letzte Jahresbericht nach den §§ 67, 101, 102, 106, 107, 120 bis 123, 135 bis 137, 148, 158 bis 161 oder Artikel 22 der Richtlinie 2011/61/EU zur Verfügung zu stellen. [2]Zusätzlich sind ihm folgende Informationen einschließlich aller wesentlichen Änderungen in der in den Anlagebedingungen, der Satzung oder des Gesellschaftsvertrages des AIF festgelegten Art und Weise zur Verfügung zu stellen:

1. eine Beschreibung der Anlagestrategie und der Ziele des AIF;
2. eine Beschreibung der Art der Vermögenswerte, in die der AIF investieren darf, und der Techniken, die er einsetzen darf, und aller damit verbundenen Risiken;
3. eine Beschreibung etwaiger Anlagebeschränkungen;
4. Angaben über den Sitz eines eventuellen Master-AIF und über den Sitz der Zielinvestmentvermögen, wenn es sich bei dem AIF um ein Dach-Investmentvermögen handelt;
5. eine Beschreibung der Umstände, unter denen der AIF Leverage einsetzen kann, Art und Quellen des zulässigen Leverage und damit verbundener Risiken, Beschreibung sonstiger Beschränkungen für den Einsatz von Leverage sowie des maximalen Umfangs des Leverage, den die AIF-Verwaltungsgesellschaft für Rechnung des AIF einsetzen darf, und der Handhabung der Wiederverwendung von Sicherheiten und Vermögenswerten;
6. eine Beschreibung der Verfahren, nach denen der AIF seine Anlagestrategie oder seine Anlagepolitik oder beides ändern kann;
7. eine Beschreibung der wichtigsten rechtlichen Auswirkungen der für die Tätigung der Anlage eingegangenen Vertragsbeziehung, einschließlich Informationen über die zuständigen Gerichte, das anwendbare Recht und darüber, ob Rechtsinstrumente vorhanden sind, die die Anerkennung und Vollstreckung von Urteilen in dem Gebiet vorsehen, in dem der AIF seinen Sitz hat;
8. Identität der AIF-Verwaltungsgesellschaft, der Verwahrstelle des AIF, des Rechnungsprüfers oder sonstiger Dienstleistungsanbieter sowie eine Erläuterung ihrer Pflichten sowie der Rechte der Anleger;
9. eine Beschreibung, in welcher Weise die AIF-Verwaltungsgesellschaft den Anforderungen des § 25 Absatz 6 oder des Artikels 9 Absatz 7 der Richtlinie 2011/61/EU gerecht wird;

---

1) § 307 Abs. 4 geändert durch Gesetz vom 8.7.2019 (BGBl. I S. 1002); s. dazu § 360.

10. eine Beschreibung sämtlicher von der AIF-Verwaltungsgesellschaft übertragener Verwaltungsfunktionen gemäß Anhang I der Richtlinie 2011/61/EU sowie sämtlicher von der Verwahrstelle übertragener Verwahrfunktionen; die Bezeichnung des Beauftragten sowie eine Beschreibung sämtlicher Interessenkonflikte, die sich aus der Aufgabenübertragung ergeben könnten;
11. eine Beschreibung des Bewertungsverfahrens des AIF und der Kalkulationsmethoden für die Bewertung von Vermögenswerten, einschließlich der Verfahren für die Bewertung schwer zu bewertender Vermögenswerte gemäß den §§ 278, 279, 286 oder gemäß Artikel 19 der Richtlinie 2011/61/EU;
12. eine Beschreibung des Liquiditätsrisikomanagements des AIF, einschließlich der Rücknahmerechte unter normalen und außergewöhnlichen Umständen, und der bestehenden Rücknahmevereinbarungen mit den Anlegern;
13. eine Beschreibung sämtlicher Entgelte, Gebühren und sonstiger Kosten unter Angabe der jeweiligen Höchstbeträge, die von den Anlegern mittel- oder unmittelbar getragen werden;
14. eine Beschreibung, in welcher Weise die AIF-Verwaltungsgesellschaft eine faire Behandlung der Anleger gewährleistet, sowie, wann immer Anleger eine Vorzugsbehandlung oder einen Anspruch darauf erhalten, eine Erläuterung
    a) dieser Behandlung,
    b) der Art der Anleger, die eine solche Behandlung erhalten sowie
    c) gegebenenfalls der rechtlichen oder wirtschaftlichen Verbindungen zwischen diesen Anlegern und dem AIF oder der AIF-Verwaltungsgesellschaft;
15. eine Beschreibung der Verfahren und Bedingungen für die Ausgabe und den Verkauf von Anteilen oder Aktien;
16. die Angabe des jüngsten Nettoinventarwerts des AIF oder des jüngsten Marktpreises der Anteile oder Aktien des AIF nach den §§ 278 und 286 Absatz 1 oder nach Artikel 19 der Richtlinie 2011/61/EU;
17. Angaben zur bisherigen Wertentwicklung des AIF, sofern verfügbar;
18. die Identität des Primebrokers, eine Beschreibung aller wesentlichen Vereinbarungen zwischen der AIF-Verwaltungsgesellschaft und ihren Primebrokern einschließlich der Darlegung, in welcher Weise diesbezügliche Interessenkonflikte beigelegt werden sowie die Bestimmung, die im Vertrag mit der Verwahrstelle über die Möglichkeit einer Übertragung oder Wiederverwendung von Vermögenswerten des AIF enthalten ist und Angaben über jede eventuell bestehende Haftungsübertragung auf den Primebroker;
19. eine Beschreibung, wann und wie die Informationen offengelegt werden, die gemäß § 308 Absatz 4 Satz 2 in Verbindung mit § 300 Absatz 1 bis 3 oder Artikel 23 Absatz 4 und 5 der Richtlinie 2011/61/EU erforderlich sind;
20. die in Artikel 14 Absatz 1 und 2 der Verordnung (EU) 2015/2365 genannten Informationen.

(2) [1]Der am Erwerb eines Anteils oder einer Aktie Interessierte ist auf eine bestehende Vereinbarung hinzuweisen, die die Verwahrstelle getroffen hat, um sich vertraglich von der Haftung gemäß § 88 Absatz 4 freizustellen. [2]§ 297 Absatz 7 sowie § 305 gelten entsprechend.

(3) § 306 Absatz 1, 3, 4 und 6 gilt entsprechend mit der Maßgabe, dass es statt „Verkaufsprospekt" „Informationen nach § 307 Absatz 1 und 2" heißen muss und dass die Haftungsregelungen in Bezug auf die wesentlichen Anlegerinformationen nicht anzuwenden sind.

(4) Ist die AIF-Verwaltungsgesellschaft durch die Verordnung (EU) 2017/1129 verpflichtet, einen Wertpapierprospekt zu veröffentlichen, so hat sie die in Absatz 1 genannten Angaben entweder gesondert oder als ergänzende Angaben im Wertpapierprospekt offenzulegen.

(5) Dem am Erwerb eines Anteils oder einer Aktie interessierten semiprofessionellen Anleger sind rechtzeitig vor Vertragsschluss entweder wesentliche Anlegerinformationen nach § 166 oder § 270 oder ein Basisinformationsblatt gemäß der Verordnung (EU) Nr. 1286/2014 zur Verfügung zu stellen.

§ 308 Sonstige Informationspflichten

(1) [1]Die EU-AIF-Verwaltungsgesellschaft und die ausländische AIF-Verwaltungsgesellschaft haben den semiprofessionellen und den professionellen Anlegern eines EU-AIF oder ausländischen AIF im Geltungsbereich dieses Gesetzes spätestens sechs Monate nach Ende eines jeden Geschäftsjahres auf Verlangen den geprüften und testierten Jahresbericht nach Artikel 22 der Richtlinie 2011/61/EU zur Verfügung zu stellen.

(2) [1]Der Jahresbericht muss folgende Angaben enthalten:

1. eine Vermögensaufstellung,
2. eine Aufwands- und Ertragsrechnung,
3. einen Bericht über die Tätigkeiten der AIF-Verwaltungsgesellschaft im vergangenen Geschäftsjahr und
4. die in § 299 Absatz 1 Satz 1 Nummer 3 Buchstabe e bis h genannten Angaben.

[2]§ 299 Absatz 1 Satz 2 gilt entsprechend.

(3) [1]Ist der AIF nach der Richtlinie 2004/109/EG verpflichtet, Jahresfinanzberichte zu veröffentlichen, so sind dem Anleger die Angaben nach Absatz 2 auf Verlangen gesondert oder in Form einer Ergänzung zum Jahresfinanzbericht zur Verfügung zu stellen. [2]In letzterem Fall ist der Jahresfinanzbericht spätestens vier Monate nach Ende des Geschäftsjahres zu veröffentlichen.

(4) [1]Die AIF-Verwaltungsgesellschaft informiert die Anleger unverzüglich über alle Änderungen, die sich in Bezug auf die Haftung der Verwahrstelle ergeben. [2]Zudem gilt § 300 Absatz 1 bis 3 entsprechend.

Abschnitt 2. Vertriebsanzeige und Vertriebsuntersagung für OGAW

Unterabschnitt 1. Anzeigeverfahren beim Vertrieb von EU-OGAW im Inland

§ 309 Pflichten beim Vertrieb von EU-OGAW im Inland

(1) [1]Die EU-OGAW-Verwaltungsgesellschaft oder die OGAW-Kapitalverwaltungsgesellschaft muss für den Vertrieb von Anteilen oder Aktien an EU-OGAW unter Einhaltung der deutschen Rechts- und Verwaltungsvorschriften sämtliche Vorkehrungen treffen, die sicherstellen, dass

1. Zahlungen an die Anteilinhaber oder Aktionäre im Geltungsbereich dieses Gesetzes geleistet werden und
2. Rückkauf und Rücknahme der Anteile oder Aktien im Geltungsbereich dieses Gesetzes erfolgen.

[2]Sie hat mindestens ein inländisches Kreditinstitut oder eine inländische Zweigniederlassung eines Kreditinstituts mit Sitz im Ausland zu benennen, über das oder die die Zahlungen für die Anleger geleitet werden und über das oder die die Rücknahme von Anteilen oder Aktien durch die EU-OGAW-Verwaltungsgesellschaft oder die OGAW-

Kapitalverwaltungsgesellschaft abgewickelt werden kann, soweit die Anteile oder Aktien an EU-OGAW als gedruckte Einzelurkunden ausgegeben werden.

(2) Die EU-OGAW-Verwaltungsgesellschaft oder die OGAW-Kapitalverwaltungsgesellschaft, die Anteile oder Aktien an EU-OGAW im Geltungsbereich dieses Gesetzes vertreibt, hat sicherzustellen, dass die Anleger im Geltungsbereich dieses Gesetzes alle Informationen und Unterlagen sowie Änderungen dieser Informationen und Unterlagen erhalten, die sie gemäß Kapitel IX der Richtlinie 2009/65/EG den Anlegern im Herkunftsmitgliedstaat des EU-OGAW liefern muss.

(3) [1]Angaben über die nach den Absätzen 1 und 2 getroffenen Vorkehrungen und Maßnahmen sind in den Verkaufsprospekt aufzunehmen, der im Geltungsbereich dieses Gesetzes verbreitet ist. [2]Bei EU-OGAW mit mindestens einem Teilinvestmentvermögen, dessen Anteile oder Aktien im Geltungsbereich dieses Gesetzes vertrieben werden dürfen, und mindestens einem weiteren Teilinvestmentvermögen, für das keine Anzeige nach § 310 erstattet wurde, ist drucktechnisch hervorgehoben an zentraler Stelle darauf hinzuweisen, dass für das weitere oder die weiteren Teilinvestmentvermögen keine Anzeige erstattet wurde und Anteile oder Aktien dieses oder dieser Teilinvestmentvermögen im Geltungsbereich dieses Gesetzes nicht vertrieben werden dürfen; dieses oder diese weiteren Teilinvestmentvermögen sind namentlich zu bezeichnen.

§ 310 Anzeige zum Vertrieb von EU-OGAW im Inland

(1) [1]Beabsichtigt eine EU-OGAW-Verwaltungsgesellschaft oder eine OGAW-Kapitalverwaltungsgesellschaft, Anteile oder Aktien im Geltungsbereich dieses Gesetzes an EU-OGAW zu vertreiben, so prüft die Bundesanstalt, ob die zuständigen Stellen des Herkunftsmitgliedstaates des EU-OGAW folgende Unterlagen an die Bundesanstalt übermittelt haben:

1. das Anzeigeschreiben gemäß Anhang I der Verordnung (EU) Nr. 584/2010,
2. die Bescheinigung gemäß Anhang II der Verordnung (EU) Nr. 584/2010 darüber, dass es sich um einen EU-OGAW handelt,
3. die Anlagebedingungen oder die Satzung des EU-OGAW, den Verkaufsprospekt sowie den letzten Jahresbericht und den anschließenden Halbjahresbericht gemäß Artikel 93 Absatz 2 Buchstabe a der Richtlinie 2009/65/EG und
4. die in Artikel 78 der Richtlinie 2009/65/EG genannten wesentlichen Anlegerinformationen.

[2]Der Vertrieb kann aufgenommen werden, wenn die EU-OGAW-Verwaltungsgesellschaft oder die OGAW-Kapitalverwaltungsgesellschaft von der zuständigen Stelle des Herkunftsmitgliedstaates des EU-OGAW über diese Übermittlung unterrichtet wurde. [3]Die näheren Inhalte, die Form und die Gestaltung des Anzeigeverfahrens bestimmen sich nach den Artikeln 1 bis 5 der Verordnung (EU) Nr. 584/2010.

(2) [1]Die in Absatz 1 Satz 1 Nummer 3 genannten Unterlagen sind entweder in deutscher Sprache oder in einer in internationalen Finanzkreisen gebräuchlichen Sprache vorzulegen. [2]Die in Absatz 1 Satz 1 Nummer 4 genannten wesentlichen Anlegerinformationen sind in deutscher Sprache vorzulegen. [3]Verantwortlich für die Übersetzungen ist die EU-OGAW-Verwaltungsgesellschaft oder die OGAW-Kapitalverwaltungsgesellschaft; der Inhalt der ursprünglichen Informationen muss richtig und vollständig wiedergeben werden. [4]Das Anzeigeschreiben gemäß Absatz 1 Satz 1 Nummer 1 und die Bescheinigung gemäß Absatz 1 Satz 1 Nummer 2 sind in einer in internationalen Finanzkreisen gebräuchlichen Sprache vorzulegen, sofern die Bundesanstalt und die zuständige Stelle des Herkunftsmitgliedstaates nicht vereinbart haben, dass diese in einer Amtssprache beider Mitgliedstaaten übermittelt werden können.

(3) Die Bundesanstalt verlangt im Rahmen des Anzeigeverfahrens keine zusätzlichen Unterlagen, Zertifikate oder Informationen, die nicht in Artikel 93 der Richtlinie 2009/65/EG vorgesehen sind.

(4) [1]Die EU-OGAW-Verwaltungsgesellschaft oder die OGAW-Kapitalverwaltungsgesellschaft hat die Bundesanstalt über Änderungen der Anlagebedingungen oder der Satzung, des Verkaufsprospekts, des Jahresberichts, des Halbjahresberichts und der wesentlichen Anlegerinformationen gemäß Artikel 78 der Richtlinie 2009/65/EG jeweils unverzüglich zu unterrichten und unverzüglich darüber zu informieren, wo diese Unterlagen in elektronischer Form verfügbar sind. [2]Die Bundesanstalt hat eine E-Mail-Adresse anzugeben, an die die Aktualisierungen und Änderungen sämtlicher in Satz 1 genannter Unterlagen übermittelt werden müssen. [3]Die EU-OGAW-Verwaltungsgesellschaft oder die OGAW-Kapitalverwaltungsgesellschaft hat bei der Übersendung die Änderungen oder Aktualisierungen zu beschreiben oder eine geänderte Fassung des jeweiligen Dokuments als Anlage in einem gebräuchlichen elektronischen Format beizufügen.

(5) Werden Informationen über die Modalitäten der Vermarktung oder vertriebene Anteil- oder Aktienklassen, die im Anzeigeschreiben gemäß Artikel 93 Absatz 1 der Richtlinie 2009/65/EG mitgeteilt wurden, geändert, so teilt die EU-OGAW-Verwaltungsgesellschaft oder die OGAW-Kapitalverwaltungsgesellschaft diese Änderung der Bundesanstalt vor Umsetzung der Änderung in Textform mit.

§ 311 Untersagung und Einstellung des Vertriebs von EU-OGAW

(1) Die Bundesanstalt ist befugt, alle erforderlichen und geeigneten Maßnahmen zum Schutz der Anleger zu ergreifen, einschließlich einer Untersagung des Vertriebs von Anteilen oder Aktien an EU-OGAW, wenn

1. die Art und Weise des Vertriebs gegen sonstige Vorschriften des deutschen Rechts verstoßen,
2. die Pflichten nach § 309 nicht oder nicht mehr erfüllt sind.

(2) Hat die Bundesanstalt hinreichende Anhaltspunkte für die Annahme, dass eine EU-OGAW-Verwaltungsgesellschaft oder OGAW-Kapitalverwaltungsgesellschaft, die Anteile oder Aktien an EU-OGAW im Geltungsbereich dieses Gesetzes vertreibt, gegen Vorschriften dieses Gesetzes verstößt und hat die Bundesanstalt keine Befugnisse nach Absatz 1, so teilt sie ihre Erkenntnisse den zuständigen Stellen des Herkunftsmitgliedstaates des EU-OGAW mit und fordert diese auf, geeignete Maßnahmen zu ergreifen.

(3) [1]Werden Verstöße gegen Vorschriften dieses Gesetzes durch die Maßnahmen der zuständigen Stellen des Herkunftsmitgliedstaates des EU-OGAW nicht beendet oder erweisen sich diese Maßnahmen als nicht geeignet oder als unzulänglich, so ist die Bundesanstalt befugt,

1. nach Unterrichtung der zuständigen Stellen des Herkunftsmitgliedstaates des EU-OGAW im Rahmen ihrer Aufsicht und Überwachung der Vorschriften des Abschnitts 1 Unterabschnitt 1 und des Abschnitts 2 Unterabschnitt 1 dieses Kapitels alle erforderlichen und geeigneten Maßnahmen zum Schutz der Anleger zu ergreifen, einschließlich einer Untersagung des weiteren Vertriebs von Anteilen oder Aktien an EU-OGAW,
2. die Europäische Wertpapier- und Marktaufsichtsbehörde nach Maßgabe des Artikels 19 der Verordnung (EU) Nr. 1095/2010 um Hilfe zu ersuchen.

[2]Maßnahmen gemäß Satz 1 Nummer 1 und 2 sind auch zu ergreifen, wenn der Herkunftsmitgliedstaat des EU-OGAW nicht innerhalb einer angemessenen Frist Maßnahmen ergreift und die EU-OGAW-Verwaltungsgesellschaft oder die OGAW-Kapitalverwaltungsgesellschaft, die Anteile oder Aktien dieses EU-OGAW im Geltungsbereich

dieses Gesetzes vertreibt, deshalb weiterhin auf eine Weise tätig ist, die den Interessen der Anleger im Geltungsbereich dieses Gesetzes eindeutig zuwiderläuft. [3]Die Europäische Kommission und die Europäische Wertpapier- und Marktaufsichtsbehörde sind unverzüglich über jede nach Satz 1 Nummer 1 ergriffene Maßnahme zu unterrichten.

(4) [1]Die Bundesanstalt teilt den zuständigen Stellen des Herkunftsmitgliedstaates des EU-OGAW die Untersagung des Vertriebs mit. [2]Sofern der Herkunftsmitgliedstaat dieses EU-OGAW ein anderer ist als der Herkunftsmitgliedstaat der verwaltenden EU-OGAW-Verwaltungsgesellschaft, teilt die Bundesanstalt die Untersagung auch den zuständigen Stellen des Herkunftsmitgliedstaates der EU-OGAW-Verwaltungsgesellschaft mit. [3]Sie macht die Untersagung im Bundesanzeiger bekannt, falls ein Vertrieb stattgefunden hat. [4]Entstehen der Bundesanstalt durch die Bekanntmachung nach Satz 2 Kosten, sind diese der Bundesanstalt von der EU-OGAW-Verwaltungsgesellschaft oder der OGAW-Kapitalverwaltungsgesellschaft zu erstatten.

(5) [1]Teilt die zuständige Stelle des Herkunftsmitgliedstaates des EU-OGAW der Bundesanstalt die Einstellung des Vertriebs von Anteilen oder Aktien an EU-OGAW mit, so hat die EU-OGAW-Verwaltungsgesellschaft oder die OGAW-Kapitalverwaltungsgesellschaft dies unverzüglich im Bundesanzeiger zu veröffentlichen und die Veröffentlichung der Bundesanstalt nachzuweisen. [2]Wenn die Veröffentlichungspflicht auch nach Fristsetzung durch die Bundesanstalt nicht erfüllt wird, kann die Bundesanstalt die Veröffentlichung auf Kosten der EU-OGAW-Verwaltungsgesellschaft oder der OGAW-Kapitalverwaltungsgesellschaft vornehmen. [3]Absatz 6 bleibt unberührt.

(6) [1]Teilt die zuständige Stelle des Herkunftsmitgliedstaates des EU-OGAW der Bundesanstalt die Einstellung des Vertriebs von einzelnen Teilinvestmentvermögen des EU-OGAW mit, so hat die EU-OGAW-Verwaltungsgesellschaft oder die OGAW-Kapitalverwaltungsgesellschaft die Bundesanstalt über geänderte Angaben und Unterlagen entsprechend § 310 Absatz 4 Satz 1 zu unterrichten. [2]Dabei ist § 293 Absatz 1 Satz 2 Nummer 3 zu berücksichtigen. [3]Die geänderten Unterlagen dürfen erst nach der Unterrichtung im Geltungsbereich dieses Gesetzes eingesetzt werden. [4]Die EU-OGAW-Verwaltungsgesellschaft oder die OGAW-Kapitalverwaltungsgesellschaft hat die Einstellung des Vertriebs unverzüglich im Bundesanzeiger zu veröffentlichen und dies der Bundesanstalt nachzuweisen. [5]Wenn die Veröffentlichungspflicht auch nach Fristsetzung nicht erfüllt wird, kann die Bundesanstalt die Veröffentlichung auf Kosten der EU-OGAW-Verwaltungsgesellschaft oder der OGAW-Kapitalverwaltungsgesellschaft vornehmen.

Unterabschnitt 2. Anzeigeverfahren für den Vertrieb von inländischen OGAW in anderen Mitgliedstaaten der Europäischen Union oder in Vertragsstaaten des Abkommens über den Europäischen Wirtschaftsraum

§ 312 Anzeigepflicht; Verordnungsermächtigung

(1) [1]Beabsichtigt eine OGAW-Kapitalverwaltungsgesellschaft oder eine EU-OGAW-Verwaltungsgesellschaft, Anteile oder Aktien an einem von ihr verwalteten inländischen OGAW in einem anderen Mitgliedstaat der Europäischen Union oder in einem anderen Vertragsstaat des Abkommens über den Europäischen Wirtschaftsraum zu vertreiben, so hat sie dies der Bundesanstalt mit einem Anzeigeschreiben gemäß Anhang I der Verordnung (EU) Nr. 584/2010 anzuzeigen. [2]Die Anzeige muss in einer in internationalen Finanzkreisen gebräuchlichen Sprache gefasst sein, wenn nicht vereinbart wurde, dass sie in einer der Amtssprachen der beiden Mitgliedstaaten gefasst wird. [3]Der Anzeige sind in jeweils geltender Fassung beizufügen:

1. die Anlagebedingungen und gegebenenfalls die Satzung, der Verkaufsprospekt sowie der letzte Jahresbericht und der anschließende Halbjahresbericht,
2. die wesentlichen Anlegerinformationen gemäß § 166.

(2) Die nach Absatz 1 Satz 2 Nummer 1 beizufügenden Unterlagen sind entweder zu übersetzen

1. in die Amtssprache des Aufnahmestaates,
2. in eine der Amtssprachen des Aufnahmestaates,
3. in eine von den zuständigen Stellen des Aufnahmestaates akzeptierte Sprache oder
4. in eine in internationalen Finanzkreisen gebräuchliche Sprache.

(3) [1]Die wesentlichen Anlegerinformationen sind in der Amtssprache oder in einer der Amtssprachen des Aufnahmestaates oder in einer von den zuständigen Stellen des Aufnahmestaates akzeptierten Sprache vorzulegen. [2]Verantwortlich für die Übersetzung ist die OGAW-Kapitalverwaltungsgesellschaft oder die EU-OGAW-Verwaltungsgesellschaft; die Übersetzung muss den Inhalt der ursprünglichen Informationen richtig und vollständig wiedergeben.

(4) [1]Die Bundesanstalt prüft, ob die gemäß Absatz 1 übermittelten Unterlagen vollständig sind. [2]Fehlende Angaben und Unterlagen fordert sie innerhalb von zehn Arbeitstagen als Ergänzungsanzeige an. [3]Die Ergänzungsanzeige ist der Bundesanstalt innerhalb von sechs Monaten nach der Erstattung der Anzeige oder der letzten Ergänzungsanzeige einzureichen; anderenfalls ist eine Übermittlung der Anzeige nach Absatz 5 ausgeschlossen. [4]Die Frist nach Satz 3 ist eine Ausschlussfrist. [5]Eine erneute Anzeige ist jederzeit möglich.

(5) [1]Spätestens zehn Arbeitstage nach Eingang der vollständigen Anzeige bei der Bundesanstalt übermittelt sie den zuständigen Stellen des Aufnahmestaates diese Anzeige sowie eine Bescheinigung gemäß Anhang II der Verordnung (EU) Nr. 584/2010 darüber, dass es sich um einen inländischen OGAW handelt. [2]Das Anzeigeschreiben und die Bescheinigung sind den zuständigen Stellen des Aufnahmestaates in einer in internationalen Finanzkreisen gebräuchlichen Sprache zu übermitteln, wenn nicht vereinbart wurde, dass sie in einer der Amtssprachen der beiden Mitgliedstaaten gefasst werden. [3]Die Bundesanstalt benachrichtigt die OGAW-Kapitalverwaltungsgesellschaft oder die EU-OGAW-Verwaltungsgesellschaft unmittelbar über die Übermittlung. [4]Die OGAW-Kapitalverwaltungsgesellschaft oder die EU-OGAW-Verwaltungsgesellschaft kann ihre Anteile oder Aktien ab dem Datum dieser Benachrichtigung im Aufnahmestaat auf den Markt bringen. [5]Die näheren Inhalte, die Form und die Gestaltung des Anzeigeverfahrens bestimmen sich nach den Artikeln 1 bis 5 der Verordnung (EU) Nr. 584/2010.

(6) Unbeschadet der Anzeige nach Absatz 1 stellt die Bundesanstalt auf Antrag der OGAW-Kapitalverwaltungsgesellschaft oder der EU-OGAW-Verwaltungsgesellschaft eine Bescheinigung gemäß Anhang II der Verordnung (EU) Nr. 584/2010 aus, dass die Vorschriften der Richtlinie 2009/65/EG erfüllt sind.

(7) Die OGAW-Kapitalverwaltungsgesellschaft oder die EU-OGAW-Verwaltungsgesellschaft hat das Anzeigeschreiben nach Absatz 1 Satz 1 und die in Absatz 1 Satz 2 genannten Unterlagen über das Melde- und Veröffentlichungssystem der Bundesanstalt zu übermitteln.

(8) [1]Das Bundesministerium der Finanzen kann durch Rechtsverordnung, die nicht der Zustimmung des Bundesrates bedarf, nähere Bestimmungen über Art, Umfang und Form der einzureichenden Unterlagen nach Absatz 6 und über die zulässigen Datenträger und Übertragungswege erlassen. [2]Das Bundesministerium der Finanzen kann die Ermächtigung durch Rechtsverordnung auf die Bundesanstalt übertragen.

§ 313 Veröffentlichungspflichten

(1) [1]Die OGAW-Kapitalverwaltungsgesellschaft oder die EU-OGAW-Verwaltungsgesellschaft hat sämtliche in § 312 Absatz 1 und 2 genannten Unterlagen sowie deren Änderungen auf ihrer Internetseite oder einer Internetseite, die sie im Anzeigeschreiben gemäß Anhang I der Verordnung (EU) Nr. 584/2010 genannt hat, zu veröffentlichen. [2]Sie hat den zuständigen Stellen des Aufnahmestaates Zugang zu dieser Internetseite zu gewähren.

(2) [1]Die OGAW-Kapitalverwaltungsgesellschaft oder die EU-OGAW-Verwaltungsgesellschaft hat die veröffentlichten Unterlagen und Übersetzungen auf dem neuesten Stand zu halten. [2]Die OGAW-Kapitalverwaltungsgesellschaft oder die EU-OGAW-Verwaltungsgesellschaft hat die zuständigen Stellen des Aufnahmestaates auf elektronischem Wege über jede Änderung an den in § 312 genannten Unterlagen sowie darüber, wo diese Unterlagen im Internet verfügbar sind, zu unterrichten. [3]Die OGAW-Kapitalverwaltungsgesellschaft oder die EU-OGAW-Verwaltungsgesellschaft hat hierbei entweder die Änderungen oder Aktualisierungen zu beschreiben oder eine geänderte Fassung des jeweiligen Dokuments als Anlage in einem gebräuchlichen elektronischen Format beizufügen.

(3) Sollten sich die im Anzeigeschreiben nach Absatz 1 Satz 1 mitgeteilten Vorkehrungen für die Vermarktung gemäß Anhang I Teil B der Verordnung (EU) Nr. 584/2010 oder für die vertriebenen Anteil- oder Aktienklassen ändern, so hat die OGAW-Kapitalverwaltungsgesellschaft oder die EU-OGAW-Verwaltungsgesellschaft dies den zuständigen Stellen des Aufnahmestaates vor Umsetzung der Änderung in Textform mitzuteilen.

Abschnitt 3. Anzeige, Einstellung und Untersagung des Vertriebs von AIF

§ 314 Untersagung des Vertriebs

(1) Soweit § 11 nicht anzuwenden ist, ist die Bundesanstalt in Bezug auf AIF befugt, alle zum Schutz der Anleger geeigneten und erforderlichen Maßnahmen zu ergreifen, einschließlich einer Untersagung des Vertriebs von Anteilen oder Aktien dieser Investmentvermögen, wenn

1. eine nach diesem Gesetz beim beabsichtigten Vertrieb von Anteilen oder Aktien an einem AIF erforderliche Anzeige nicht ordnungsgemäß erstattet oder der Vertrieb vor der entsprechenden Mitteilung der Bundesanstalt aufgenommen worden ist,
2. die nach § 295 Absatz 1 Satz 3 geforderten Vorkehrungen nicht geeignet sind, um einen Vertrieb an Privatanleger wirksam zu verhindern oder entsprechende Vorkehrungen nicht eingehalten werden,
3. eine Voraussetzung für die Zulässigkeit des Vertriebs nach diesem Gesetz nicht vorliegt oder entfallen ist oder die der Bundesanstalt gegenüber nach § 320 Absatz 1 Satz 2 Nummer 7, § 329 Absatz 2 Satz 3 Nummer 2 oder 3, § 330 Absatz 2 Satz 3 Nummer 2 oder § 330a Absatz 2 Satz 2 Nummer 2 und 3 übernommenen Pflichten trotz Mahnung nicht eingehalten werden,
4. die AIF-Verwaltungsgesellschaft, ein von ihr bestellter Repräsentant oder eine mit dem Vertrieb befasste Person erheblich gegen § 302 Absatz 1 bis 6 oder Anordnungen nach § 302 Absatz 7 verstößt und die Verstöße trotz Verwarnung durch die Bundesanstalt nicht eingestellt werden,
5. die Informations- und Veröffentlichungspflichten nach § 307 Absatz 1 oder Absatz 2 Satz 1 oder nach § 308 oder § 297 Absatz 2 bis 6, 8 oder 9, den §§ 299 bis 301, 303 Absatz 1 oder 3 oder § 318 nicht ordnungsgemäß erfüllt werden,

6. gegen sonstige Vorschriften dieses Gesetzes verstoßen wird,
7. bei einem Vertrieb eines AIF an Privatanleger ein durch rechtskräftiges Urteil oder gerichtlichen Vergleich gegenüber der AIF-Verwaltungsgesellschaft oder der Vertriebsgesellschaft festgestellter Anspruch eines Anlegers nicht erfüllt worden ist,
8. bei dem Vertrieb an Privatanleger erheblich gegen die Anlagebedingungen, die Satzung oder den Gesellschaftsvertrag verstoßen worden ist,
9. die Art und Weise des Vertriebs gegen sonstige Vorschriften des deutschen Rechts verstoßen,
10. Kosten, die der Bundesanstalt im Rahmen der Pflicht zur Bekanntmachung des gesetzlichen Vertreters nach § 319 Absatz 3 entstanden sind, trotz Mahnung nicht erstattet werden oder eine Gebühr, die für die Prüfung von nach § 320 Absatz 1 Satz 2 Nummer 7, § 329 Absatz 2 Satz 3 Nummer 2 oder § 330 Absatz 2 Satz 3 Nummer 2 vorgeschriebenen Angaben und Unterlagen zu entrichten ist, trotz Mahnung nicht gezahlt wird.

(2) Die Bundesanstalt kann bei AIF mit Teilinvestmentvermögen auch den Vertrieb von Anteilen oder Aktien an Teilinvestmentvermögen, die im Geltungsbereich dieses Gesetzes nach den §§ 316, 320, 329 oder 330 an eine, mehrere oder alle Anlegergruppen im Sinne des § 1 Absatz 19 Nummer 31 bis 33 vertrieben werden dürfen, untersagen, wenn weitere Anteile oder Aktien von Teilinvestmentvermögen desselben AIF im Geltungsbereich dieses Gesetzes an eine, mehrere oder alle Anlegergruppen im Sinne des § 1 Absatz 19 Nummer 31 bis 33 vertrieben werden, die im Geltungsbereich dieses Gesetzes entweder nicht oder nicht an diese Anlegergruppe vertrieben werden dürfen.

(3) [1]Die Bundesanstalt macht eine Vertriebsuntersagung im Bundesanzeiger bekannt, falls ein Vertrieb bereits stattgefunden hat. [2]Entstehen der Bundesanstalt durch die Bekanntmachung nach Satz 1 Kosten, sind ihr diese von der AIF-Verwaltungsgesellschaft zu erstatten.

(4) Hat die Bundesanstalt den weiteren Vertrieb eines AIF, der einer Anzeigepflicht nach den §§ 316, 320, 329 oder 330 unterliegt, nach Absatz 1 Nummer 2, 5 und 7 bis 10 oder Absatz 2 im Geltungsbereich dieses Gesetzes untersagt, darf die AIF-Verwaltungsgesellschaft die Absicht, die Anteile oder Aktien dieses AIF im Geltungsbereich dieses Gesetzes zu vertreiben, erst ein Jahr nach der Untersagung wieder anzeigen.

§ 315 Einstellung des Vertriebs von AIF

(1) [1]Stellt eine AIF-Verwaltungsgesellschaft den Vertrieb von Anteilen oder Aktien eines von ihr verwalteten und nach § 316 oder § 320 vertriebenen AIF im Geltungsbereich dieses Gesetzes gegenüber einer, mehreren oder allen Anlegergruppen im Sinne des § 1 Absatz 19 Nummer 31 bis 33 ein, so hat die AIF-Verwaltungsgesellschaft dies unverzüglich im Bundesanzeiger zu veröffentlichen und die Veröffentlichung der Bundesanstalt nachzuweisen. [2]Die Bundesanstalt kann die Veröffentlichung auf Kosten der AIF-Verwaltungsgesellschaft vornehmen, wenn die Veröffentlichungspflicht auch nach Fristsetzung durch die Bundesanstalt nicht erfüllt wird. [3]Absatz 2 bleibt unberührt.

(2) [1]Stellt eine AIF-Verwaltungsgesellschaft den Vertrieb von einzelnen Teilinvestmentvermögen eines AIF gegenüber einer, mehreren oder allen Anlegergruppen im Sinne des § 1 Absatz 19 Nummer 31 bis 33 im Geltungsbereich dieses Gesetzes ein, so hat sie § 293 Absatz 1 Satz 2 Nummer 3 bei Änderungen der im Anzeigeverfahren eingereichten Angaben und Unterlagen zu berücksichtigen. [2]Die AIF-Verwaltungsgesellschaft hat die Einstellung des Vertriebs von Anteilen oder Aktien an nach § 316 oder § 320 vertriebenen AIF unverzüglich im Bundesanzeiger zu veröffentlichen und dies der Bundesanstalt nachzuweisen. [3]Die Bundesanstalt kann die Veröffentlichung auf Kosten

der AIF-Verwaltungsgesellschaft vornehmen, wenn die Veröffentlichungspflicht auch nach Fristsetzung nicht erfüllt wird.

Unterabschnitt 1. Anzeigeverfahren für den Vertrieb von Publikums-AIF, von EU-AIF oder von ausländischen AIF an Privatanleger im Inland

§ 316 Anzeigepflicht einer AIF-Kapitalverwaltungsgesellschaft beim beabsichtigten Vertrieb von inländischen Publikums-AIF im Inland

(1) [1]Beabsichtigt eine AIF-Kapitalverwaltungsgesellschaft, Anteile oder Aktien an einem von ihr verwalteten inländischen Publikums-AIF im Geltungsbereich dieses Gesetzes zu vertreiben, so hat sie dies der Bundesanstalt anzuzeigen. [2]Das Anzeigeschreiben muss folgende Angaben und Unterlagen in jeweils geltender Fassung enthalten:

1. einen Geschäftsplan, der Angaben zu dem angezeigten Publikums-AIF enthält;
2. die Anlagebedingungen oder einen Verweis auf die zur Genehmigung eingereichten Anlagebedingungen und gegebenenfalls die Satzung oder den Gesellschaftsvertrag des angezeigten AIF;
3. die Angabe der Verwahrstelle oder einen Verweis auf die von der Bundesanstalt gemäß den §§ 87, 69 Absatz 1 genehmigte Verwahrstelle des angezeigten AIF;
4. den Verkaufsprospekt und die wesentlichen Anlegerinformationen des angezeigten AIF;
5. falls es sich bei dem angezeigten AIF um einen Feederfonds handelt, einen Verweis auf die von der Bundesanstalt genehmigten Anlagebedingungen des Masterfonds, einen Verweis auf die von der Bundesanstalt gemäß § 87 in Verbindung mit § 69 genehmigte Verwahrstelle des Masterfonds, den Verkaufsprospekt und die wesentlichen Anlegerinformationen des Masterfonds sowie die Angabe, ob der Masterfonds im Geltungsbereich dieses Gesetzes an Privatanleger vertrieben werden darf.

(2) [1]Die Bundesanstalt prüft, ob die gemäß Absatz 1 übermittelten Angaben und Unterlagen vollständig sind. [2]Fehlende Angaben und Unterlagen fordert die Bundesanstalt innerhalb einer Frist von 20 Arbeitstagen nach dem Tag, an dem sämtliche der folgenden Voraussetzungen vorliegen, als Ergänzungsanzeige an:

1. Eingang der Anzeige,
2. Genehmigung der Anlagebedingungen und
3. Genehmigung der Verwahrstelle.

[3]Mit Eingang der Ergänzungsanzeige beginnt die in Satz 2 genannte Frist erneut. [4]Die Ergänzungsanzeige ist der Bundesanstalt innerhalb von sechs Monaten nach der Erstattung der Anzeige oder der letzten Ergänzungsanzeige einzureichen; andernfalls ist eine Mitteilung nach Absatz 3 ausgeschlossen. [5]Die Frist nach Satz 4 ist eine Ausschlussfrist. [6]Eine erneute Anzeige ist jederzeit möglich.

(3) [1]Innerhalb von 20 Arbeitstagen nach Eingang der vollständigen Anzeigeunterlagen nach Absatz 1 sowie der Genehmigung der Anlagebedingungen und der Verwahrstelle teilt die Bundesanstalt der AIF-Kapitalverwaltungsgesellschaft mit, ob sie mit dem Vertrieb des im Anzeigeschreiben nach Absatz 1 genannten AIF im Geltungsbereich dieses Gesetzes beginnen kann. [2]Die Bundesanstalt kann die Aufnahme des Vertriebs innerhalb der in Satz 1 genannten Frist untersagen, wenn die AIF-Kapitalverwaltungsgesellschaft oder die Verwaltung des angezeigten AIF durch die AIF-Kapitalverwaltungsgesellschaft gegen die Vorschriften dieses Gesetzes verstößt. [3]Teilt sie der AIF-

Kapitalverwaltungsgesellschaft entsprechende Beanstandungen der eingereichten Angaben und Unterlagen innerhalb der Frist von Satz 1 mit, wird die Frist unterbrochen und beginnt die in Satz 1 genannte Frist mit der Einreichung der geänderten Angaben und Unterlagen erneut. [4]Die AIF-Kapitalverwaltungsgesellschaft kann ab dem Datum der entsprechenden Mitteilung nach Satz 1 mit dem Vertrieb des angezeigten AIF im Geltungsbereich dieses Gesetzes beginnen.

(4) [1]Bei einer Änderung der nach Absatz 1 übermittelten Angaben oder Unterlagen teilt die AIF-Kapitalverwaltungsgesellschaft der Bundesanstalt diese Änderung schriftlich mit und übermittelt der Bundesanstalt gegebenenfalls zeitgleich aktualisierte Angaben und Unterlagen. [2]Geplante Änderungen sind mindestens 20 Arbeitstage vor Durchführung der Änderung mitzuteilen, ungeplante Änderungen unverzüglich nach deren Eintreten. [3]Sollte die AIF-Kapitalverwaltungsgesellschaft oder die Verwaltung des betreffenden AIF durch die geplante Änderung gegen dieses Gesetz verstoßen, so teilt die Bundesanstalt der AIF-Kapitalverwaltungsgesellschaft unverzüglich mit, dass sie die Änderung nicht durchführen darf. [4]Wird eine geplante Änderung ungeachtet der Sätze 1 bis 3 durchgeführt oder führt eine durch einen unvorhersehbaren Umstand ausgelöste Änderung dazu, dass die AIF-Kapitalverwaltungsgesellschaft oder die Verwaltung des betreffenden AIF durch diese Änderung nunmehr gegen dieses Gesetz verstößt, so ergreift die Bundesanstalt alle gebotenen Maßnahmen gemäß § 5 einschließlich der ausdrücklichen Untersagung des Vertriebs des betreffenden AIF.

(5) Betrifft die Änderung nach Absatz 4 einen wichtigen neuen Umstand oder eine wesentliche Unrichtigkeit in Bezug auf die im Verkaufsprospekt eines geschlossenen inländischen Publikums-AIF enthaltenen Angaben, die die Beurteilung des Investmentvermögens oder der AIF-Kapitalverwaltungsgesellschaft beeinflussen könnten, so ist diese Änderung auch als Nachtrag zum Verkaufsprospekt, der den Empfänger des Widerrufs bezeichnen sowie einen Hinweis, wo der Nachtrag zur kostenlosen Ausgabe bereitgehalten wird, und an hervorgehobener Stelle auch eine Belehrung über das Widerrufsrecht enthalten muss, unverzüglich im Bundesanzeiger und in einer hinreichend verbreiteten Wirtschafts- oder Tageszeitung oder in den im Verkaufsprospekt zu bezeichneten elektronischen Informationsmedien zu veröffentlichen.

§ 317 Zulässigkeit des Vertriebs von EU-AIF oder von ausländischen AIF an Privatanleger

(1) Der Vertrieb von EU-AIF und ausländischen AIF durch eine EU-AIF-Verwaltungsgesellschaft oder eine ausländische AIF-Verwaltungsgesellschaft an Privatanleger im Geltungsbereich dieses Gesetzes ist nur zulässig, wenn

1. der AIF und seine Verwaltungsgesellschaft im Staat ihres gemeinsamen Sitzes einer wirksamen öffentlichen Aufsicht zum Schutz der Anleger unterliegen;
2. die zuständigen Aufsichtsstellen des Sitzstaates zu einer nach den Erfahrungen der Bundesanstalt befriedigenden Zusammenarbeit mit der Bundesanstalt entsprechend den §§ 9 und 10 bereit sind;
3. die AIF-Verwaltungsgesellschaft und die Verwaltung des angezeigten AIF durch sie den Anforderungen der Richtlinie 2011/61/EU entsprechen;
4. die AIF-Verwaltungsgesellschaft der Bundesanstalt ein inländisches Kreditinstitut oder eine zuverlässige, fachlich geeignete Person mit Sitz oder Wohnsitz im Geltungsbereich dieses Gesetzes als Repräsentanten benennt, die hinreichend ausgestattet ist, um die Compliance-Funktion entsprechend § 57 Absatz 3 Satz 4 wahrnehmen zu können;
5. eine Verwahrstelle die Gegenstände des AIF in einer Weise sichert, die den Vorschriften der §§ 80 bis 90 vergleichbar ist;

6. ein oder mehrere inländische Kreditinstitute oder inländische Zweigniederlassungen von Kreditinstituten mit Sitz im Ausland als Zahlstellen benannt werden, über welche von den Anlegern geleistete oder für sie bestimmte Zahlungen geleitet werden können; werden Zahlungen und Überweisungen über eine Zahlstelle geleitet, so ist sicherzustellen, dass die Beträge unverzüglich an das in § 83 Absatz 6 genannte Geldkonto oder an die Anleger weitergeleitet werden;
7. die Anlagebedingungen, die Satzung oder der Gesellschaftsvertrag
   a) bei offenen AIF die Mindestinhalte nach § 162 und gegebenenfalls
      aa) bei mit Sonstigen Investmentvermögen vergleichbaren AIF die Angaben nach § 224 Absatz 2,
      bb) bei mit Dach-Hedgefonds vergleichbaren AIF die Angaben nach § 229,
      cc) bei mit Immobilien-Sondervermögen vergleichbaren AIF die Angaben nach § 256 Absatz 2

      aufweisen,
   b) bei geschlossenen AIF die Mindestinhalte nach § 266 aufweisen,
   c) Regelungen enthalten, die bei offenen AIF die Einhaltung der Vorschriften in den §§ 192 bis 213 oder den §§ 218, 219 oder den §§ 220, 221, 222 oder § 225 oder den §§ 230 bis 246, 252 bis 254, 258 bis 260 und bei geschlossenen AIF die Einhaltung der Vorschriften in den §§ 261 bis 265 sicherstellen,
   d) vorsehen, dass die zum AIF gehörenden Vermögensgegenstände nicht verpfändet oder sonst belastet, zur Sicherung übereignet oder zur Sicherung abgetreten werden dürfen, es sei denn, es werden für den AIF Kredite unter Berücksichtigung der Anforderungen nach den §§ 199, 221 Absatz 6, nach § 254 aufgenommen, einem Dritten Optionsrechte eingeräumt oder Wertpapierpensionsgeschäfte nach § 203 oder Finanzterminkontrakte, Devisenterminkontrakte, Swaps oder ähnliche Geschäfte nach Maßgabe des § 197 abgeschlossen,
   e) bei offenen AIF mit Ausnahme von offenen Immobilien-Investmentvermögen vorsehen, dass die Anleger täglich die Auszahlung des auf den Anteil oder die Aktie entfallenden Vermögensteils verlangen können, es sei denn, sie sehen bei mit Sonstigen Investmentvermögen vergleichbaren AIF Regelungen entsprechend § 223 Absatz 1, bei mit Sonstigen Investmentvermögen mit Anlagemöglichkeiten entsprechend § 222 Absatz 1 vergleichbaren AIF Regelungen entsprechend § 223 Absatz 2 oder bei mit Dach-Hedgefonds vergleichbaren AIF Regelungen entsprechend § 227 vor,
   f) bei mit Immobilien-Sondervermögen vergleichbaren Investmentvermögen eine Regelung entsprechend den §§ 255, 257 vorsehen,
   g) bei geschlossenen AIF vorsehen, dass die Anleger zumindest am Ende der Laufzeit die Auszahlung des auf den Anteil oder die Aktie entfallenden Vermögensteils verlangen können,
   h) Regelungen enthalten, die sicherstellen, dass die Bewertung des AIF bei offenen AIF in einer den §§ 168 bis 170, 216 und 217, bei mit Immobilien-Sondervermögen vergleichbaren AIF unter Berücksichtigung der Sonderregelung in den §§ 248 bis 251 und bei geschlossenen AIF in einer den §§ 271 und 272 entsprechenden Weise erfolgt,
   i) vorsehen, dass eine Kostenvorausbelastung nach Maßgabe des § 304 eingeschränkt ist und dass im Jahresbericht und gegebenenfalls in den Halbjahresberichten die Angaben gemäß § 101 Absatz 2 Nummer 4 zu machen sind,

j) bei geschlossenen AIF zudem vorsehen, dass die Bildung von Teilinvestmentvermögen und Master-Feeder-Konstruktionen ausgeschlossen ist;

8. die in § 297 Absatz 2 bis 6, 8 und 9, in den §§ 299 bis 301, 303 Absatz 1 und 3 und in § 318 genannten Pflichten zur Unterrichtung der am Erwerb eines Anteils oder einer Aktie Interessierten oder des Anlegers ordnungsgemäß erfüllt werden.

(2) Sofern es sich bei dem angezeigten AIF um einen ausländischen AIF handelt, der von einer ausländischen AIF-Verwaltungsgesellschaft verwaltet wird, ist der Vertrieb nur zulässig, wenn zusätzlich folgende Anforderungen erfüllt sind:

1. Es bestehen geeignete Vereinbarungen über die Zusammenarbeit zwischen der Bundesanstalt und den für die Aufsicht zuständigen Stellen des Drittstaates, in dem der ausländische AIF und die ausländische AIF-Verwaltungsgesellschaft ihren Sitz haben; die Vereinbarungen müssen
   a) der Überwachung von Systemrisiken dienen,
   b) im Einklang mit den internationalen Standards und den Artikeln 113 bis 115 der Delegierten Verordnung (EU) Nr. 231/2013 stehen und
   c) einen wirksamen Informationsaustausch gewährleisten, der es der Bundesanstalt ermöglicht, ihre in § 5 festgelegten Aufgaben zu erfüllen.
2. Der Herkunftsstaat des angezeigten AIF steht nicht auf der Liste der nicht kooperativen Länder und Gebiete, die von der Arbeitsgruppe „Finanzielle Maßnahmen gegen die Geldwäsche und die Terrorismusfinanzierung" aufgestellt wurde.
3. Der Herkunftsstaat des angezeigten AIF hat mit der Bundesrepublik Deutschland eine Vereinbarung unterzeichnet, die den Normen gemäß Artikel 26 des OECD-Musterabkommens zur Vermeidung der Doppelbesteuerung von Einkommen und Vermögen vollständig entspricht und einen wirksamen Informationsaustausch in Steuerangelegenheiten, gegebenenfalls einschließlich multilateraler Abkommen über die Besteuerung, gewährleistet.

(3) Ist der angezeigte AIF ein Feeder-AIF, müssen zusätzlich zu den Anforderungen nach Absatz 1 und gegebenenfalls nach Absatz 2 in Bezug auf den Feeder-AIF zumindest folgende Anforderungen erfüllt sein:

1. der Master-AIF und dessen Verwaltungsgesellschaft müssen denselben Herkunftsstaat haben wie der Feeder-AIF und dessen Verwaltungsgesellschaft,
2. die Anlagebedingungen, die Satzung oder der Gesellschaftsvertrag des Master-AIF müssen Regelungen enthalten, die die Einhaltung der Vorschriften der §§ 220, 221 und 222 sicherstellen,
3. der Master-AIF und dessen Verwaltungsgesellschaft müssen die Voraussetzungen der §§ 317 bis 319 erfüllen und das Anzeigeverfahren gemäß § 320 erfolgreich abgeschlossen haben,
4. die Anlagebedingungen oder die Satzung des Feeder-AIF müssen eine Bezeichnung des Master-AIF enthalten, in dessen Anteile oder Aktien mindestens 85 Prozent des Wertes des Feeder-AIF angelegt werden und gewährleisten, dass die Anleger in einer Art und Weise geschützt werden, die mit den Vorschriften dieses Gesetzes in Bezug auf Master-Feeder-Konstruktionen im Bereich der Publikumsinvestmentvermögen vergleichbar ist,
5. die in § 175 vorgesehenen Vereinbarungen wurden abgeschlossen.

§ 318[1] Verkaufsprospekt und wesentliche Anlegerinformationen beim Vertrieb von EU-AIF oder von ausländischen AIF an Privatanleger

(1) [1]Der Verkaufsprospekt des EU-AIF oder des ausländischen AIF muss mit einem Datum versehen sein und alle Angaben enthalten, die zum Zeitpunkt der Antragstellung für die Beurteilung der Anteile oder Aktien des EU-AIF oder des ausländischen AIF von wesentlicher Bedeutung sind. [2]Er muss zumindest die in § 165 Absatz 2 bis 7 und 9 geforderten Angaben enthalten. [3]Der Verkaufsprospekt eines geschlossenen AIF muss keine Angaben entsprechend § 165 Absatz 3 Nummer 2 und Absatz 4 bis 7, dafür aber Angaben entsprechend § 269 Absatz 2 Nummer 2 und 3 und Absatz 3 sowie einen Hinweis enthalten, wie die Anteile oder Aktien übertragen werden können und gegebenenfalls Hinweise entsprechend § 262 Absatz 1 Satz 4, § 262 Absatz 2 Satz 3, § 263 Absatz 5 Satz 2 und gegebenenfalls einen Hinweis, in welcher Weise ihre freie Handelbarkeit eingeschränkt ist. [4]Der Verkaufsprospekt eines Feeder-AIF muss zusätzlich die Angaben nach § 173 Absatz 1 enthalten. [5]Darüber hinaus muss der Verkaufsprospekt eines EU-AIF oder ausländischen AIF insbesondere Angaben enthalten

1. über Name oder Firma, Rechtsform, Sitz und Höhe des gezeichneten und eingezahlten Kapitals (Grund- oder Stammkapital abzüglich der ausstehenden Einlagen zuzüglich der Rücklagen) des EU-AIF oder des ausländischen AIF, der AIF-Verwaltungsgesellschaft, des Unternehmens, das den Vertrieb der Anteile oder Aktien im Geltungsbereich dieses Gesetzes übernommen hat (Vertriebsgesellschaft), und der Verwahrstelle,
2. über Name oder Firma, Sitz und Anschrift des Repräsentanten und der Zahlstellen,
3. über die Voraussetzungen und Bedingungen, zu denen die Anleger die Auszahlung des auf den Anteil oder die Aktie entfallenden Vermögensteils verlangen können sowie über die für die Auszahlung zuständigen Stellen.

[6]Der Verkaufsprospekt muss ferner ausdrückliche Hinweise darauf enthalten, dass der EU-AIF oder der ausländische AIF und seine Verwaltungsgesellschaft nicht einer staatlichen Aufsicht durch die Bundesanstalt unterstehen. [7]Die Bundesanstalt kann verlangen, dass in den Verkaufsprospekt weitere Angaben aufgenommen werden, wenn sie Grund zu der Annahme hat, dass die Angaben für den Erwerber erforderlich sind.

(2) [1]Der Verkaufsprospekt von EU-AIF und ausländischen AIF, die hinsichtlich ihrer Anlagepolitik Anforderungen unterliegen, die denen von Dach-Hedgefonds nach § 225 Absatz 1 und 2 vergleichbar sind, muss darüber hinaus Angaben entsprechend den in § 228 genannten Angaben enthalten. [2]Der Verkaufsprospekt von EU-AIF oder ausländischen AIF, die hinsichtlich ihrer Anlagepolitik Anforderungen unterliegen, die denen von Sonstigen Sondervermögen nach den §§ 220, 221, 222 vergleichbar sind, muss darüber hinaus Angaben entsprechend den in § 224 Absatz 1 genannten Angaben enthalten. [3]Der Verkaufsprospekt von EU-AIF oder ausländischen AIF, die hinsichtlich ihrer Anlagepolitik Anforderungen unterliegen, die denen von Immobilien-Sondervermögen nach § 230 vergleichbar sind, muss darüber hinaus Angaben entsprechend den Angaben nach § 256 Absatz 1 enthalten.

(3) [1]Für EU-AIF-Verwaltungsgesellschaften oder ausländische AIF-Verwaltungsgesellschaften, die nach der Verordnung (EU) 2017/1129 einen Prospekt zu veröffentlichen haben, bestimmen sich die in diesen Prospekt aufzunehmenden Mindestangaben nach der Verordnung (EU) 2017/1129 und den Vorgaben in den Kapiteln II bis IV der Delegierten Verordnung (EU) 2019/980. [2]Enthält dieser Prospekt zusätzlich die in den

1) § 318 Abs. 3 geändert durch Gesetz vom 8.7.2019 (BGBl. I S. 1002); s. dazu § 360.

Absätzen 1 und 2 geforderten Angaben, muss darüber hinaus kein Verkaufsprospekt erstellt werden. [3]Die Absätze 4 und 6 gelten entsprechend.

(4) Außerdem ist dem Verkaufsprospekt als Anlage beizufügen:

1. ein Jahresbericht nach § 299 Absatz 1 Satz 1 Nummer 3, dessen Stichtag nicht länger als 16 Monate zurückliegen darf, und
2. bei offenen AIF, wenn der Stichtag des Jahresberichts länger als acht Monate zurückliegt, auch ein Halbjahresbericht nach § 299 Absatz 1 Satz 1 Nummer 4.

(5) [1]Für EU-AIF und ausländische AIF sind wesentliche Anlegerinformationen zu erstellen. [2]Für offene EU-AIF und offene ausländische AIF gilt § 166 Absatz 1 bis 5 und für geschlossene EU-AIF und geschlossene ausländische AIF gilt § 270 entsprechend. [3]Für die wesentlichen Anlegerinformationen von EU-AIF und ausländischen AIF, die Immobilien-Sondervermögen entsprechen, sind die Anforderungen nach § 166 Absatz 6 und von EU-AIF und ausländischen AIF, die Dach-Hedgefonds nach § 225 entsprechen, sind die Anforderungen nach § 166 Absatz 7 zu beachten.

(6) [1]Die wesentlichen Anlegerinformationen sowie Angaben von wesentlicher Bedeutung im Verkaufsprospekt sind auf dem neusten Stand zu halten. [2]Bei geschlossenen AIF mit einer einmaligen Vertriebsphase gilt dies nur für die Dauer der Vertriebsphase.

§ 319 Vertretung der Gesellschaft, Gerichtsstand beim Vertrieb von EU-AIF oder von ausländischen AIF an Privatanleger

(1) [1]Der Repräsentant vertritt den EU-AIF oder ausländischen AIF gerichtlich und außergerichtlich. [2]Er ist ermächtigt, für die AIF-Verwaltungsgesellschaft und die Vertriebsgesellschaft bestimmten Schriftstücke zu empfangen. [3]Diese Befugnisse können nicht beschränkt werden.

(2) [1]Für Klagen gegen einen EU-AIF oder einen ausländischen AIF, eine AIF-Verwaltungsgesellschaft oder eine Vertriebsgesellschaft, die zum Vertrieb von Anteilen oder Aktien an EU-AIF oder ausländischen AIF an Privatanleger im Geltungsbereich dieses Gesetzes Bezug haben, ist das Gericht zuständig, in dessen Bezirk der Repräsentant seinen Wohnsitz oder Sitz hat. [2]Dieser Gerichtsstand kann durch Vereinbarung nicht ausgeschlossen werden.

(3) [1]Der Name des Repräsentanten und die Beendigung seiner Stellung sind von der Bundesanstalt im Bundesanzeiger bekannt zu machen. [2]Entstehen der Bundesanstalt durch die Bekanntmachung nach Satz 1 Kosten, so sind ihr diese Kosten zu erstatten.

§ 320 Anzeigepflicht beim beabsichtigten Vertrieb von EU-AIF oder von ausländischen AIF an Privatanleger im Inland

(1) [1]Beabsichtigt eine EU-AIF-Verwaltungsgesellschaft oder eine ausländische AIF-Verwaltungsgesellschaft, Anteile oder Aktien an einem von ihr verwalteten EU-AIF oder an einem ausländischen AIF im Geltungsbereich dieses Gesetzes an Privatanleger zu vertreiben, so hat sie dies der Bundesanstalt anzuzeigen. [2]Das Anzeigeschreiben muss folgende Angaben und Unterlagen in jeweils geltender Fassung enthalten:

1. bei der Anzeige
   a) einer EU-AIF-Verwaltungsgesellschaft oder ab dem Zeitpunkt, auf den in § 295 Absatz 2 Nummer 1 verwiesen wird, einer ausländischen AIF-Verwaltungsgesellschaft eine Bescheinigung der zuständigen Stelle ihres Herkunftsmitgliedstaates oder ihres Referenzmitgliedstaates in einer in der internationalen Finanzwelt gebräuchlichen Sprache, dass die AIF-Verwaltungsgesellschaft und die Verwaltung des AIF durch diese der Richtlinie 2011/61/EU entsprechen und dass die AIF-Verwaltungsgesellschaft über eine Erlaubnis zur Verwaltung von AIF mit einer bestimmten Anlagestrategie verfügt,

   b) einer ausländischen AIF-Verwaltungsgesellschaft vor dem Zeitpunkt, auf den in § 295 Absatz 2 Nummer 1 verwiesen wird, Angaben und Unterlagen entsprechend § 22 Absatz 1 Nummer 1 bis 9 und 13;

2. alle wesentlichen Angaben zur AIF-Verwaltungsgesellschaft, zum AIF, zum Repräsentanten, zur Verwahrstelle und zur Zahlstelle sowie die Bestätigungen des Repräsentanten, der Verwahrstelle und der Zahlstelle über die Übernahme dieser Funktionen; Angaben zur Verwahrstelle sind nur insoweit erforderlich, als sie von der Bescheinigung nach Nummer 1 Buchstabe a nicht erfasst werden;
3. die Anlagebedingungen, die Satzung oder den Gesellschaftsvertrag des EU-AIF oder ausländischen AIF, seinen Geschäftsplan, der auch die wesentlichen Angaben zu seinen Organen enthält, sowie den Verkaufsprospekt und die wesentliche Anlegerinformationen und alle weiteren für den Anleger verfügbaren Informationen über den angezeigten AIF sowie wesentliche Angaben über die für den Vertrieb im Geltungsbereich dieses Gesetzes vorgesehenen Vertriebsgesellschaften;
4. den letzten Jahresbericht, der den Anforderungen des § 299 Absatz 1 Satz 1 Nummer 3 entsprechen muss, und, wenn der Stichtag des Jahresberichts länger als acht Monate zurückliegt und es sich nicht um einen geschlossenen AIF handelt, auch der anschließende Halbjahresbericht, der den Anforderungen des § 299 Absatz 1 Satz 1 Nummer 4 entsprechen muss; der Jahresbericht muss mit dem Bestätigungsvermerk eines Wirtschaftsprüfers versehen sein;
5. die festgestellte Jahresbilanz des letzten Geschäftsjahres nebst Gewinn- und Verlustrechnung (Jahresabschluss) der Verwaltungsgesellschaft, die mit dem Bestätigungsvermerk eines Wirtschaftsprüfers versehen sein muss;
6. Angaben zu den Vorkehrungen für den Vertrieb des angezeigten AIF;
7. die Erklärung der EU-AIF-Verwaltungsgesellschaft oder der ausländischen AIF-Verwaltungsgesellschaft, dass sie sich verpflichtet,
   a) der Bundesanstalt den Jahresabschluss der Verwaltungsgesellschaft und den nach § 299 Absatz 1 Satz 1 Nummer 3 zu veröffentlichenden Jahresbericht spätestens sechs Monate nach Ende jedes Geschäftsjahres sowie für offene AIF zusätzlich den nach § 299 Absatz 1 Satz 1 Nummer 4 zu veröffentlichenden Halbjahresbericht spätestens drei Monate nach Ende jedes Geschäftshalbjahres einzureichen; der Jahresabschluss und der Jahresbericht müssen mit dem Bestätigungsvermerk eines Wirtschaftsprüfers versehen sein;
   b) die Bundesanstalt über alle wesentlichen Änderungen von Umständen, die bei der Vertriebsanzeige angegeben worden sind oder die der Bescheinigung der zuständigen Stelle nach Nummer 1 Buchstabe a zugrunde liegen, gemäß Absatz 4 zu unterrichten und die Änderungsangaben nachzuweisen;
   c) der Bundesanstalt auf Verlangen über ihre Geschäftstätigkeit Auskunft zu erteilen und Unterlagen vorzulegen;
   d) auf Verlangen der Bundesanstalt den Einsatz von Leverage auf den von der Bundesanstalt geforderten Umfang zu beschränken oder einzustellen und
   e) falls es sich um eine ausländische AIF-Verwaltungsgesellschaft handelt, gegenüber der Bundesanstalt die Berichtspflichten nach § 35 zu erfüllen;
8. den Nachweis über die Zahlung der Gebühr für die Anzeige;
9. alle wesentlichen Angaben und Unterlagen, aus denen hervorgeht, dass der ausländische AIF und seine Verwaltungsgesellschaft in dem Staat, in dem sie ihren Sitz haben, einer wirksamen öffentlichen Aufsicht zum Schutz der Anleger unterliegen;

10. gegebenenfalls die nach § 175 erforderlichen Vereinbarungen für Master-Feeder-Strukturen.

[3]Fremdsprachige Unterlagen sind mit einer deutschen Übersetzung vorzulegen.

(2) § 316 Absatz 2 und 3 ist mit der Maßgabe entsprechend anzuwenden, dass es statt „AIF-Kapitalverwaltungsgesellschaft" „EU-AIF-Verwaltungsgesellschaft oder ausländische AIF-Verwaltungsgesellschaft" heißen muss und dass die in § 316 Absatz 3 Satz 1 genannte Frist bei der Anzeige

1. einer EU-AIF-Verwaltungsgesellschaft oder ab dem Zeitpunkt, auf den in § 295 Absatz 2 Nummer 1 verwiesen wird, einer ausländischen AIF-Verwaltungsgesellschaft drei Monate,
2. einer ausländischen AIF-Verwaltungsgesellschaft vor dem Zeitpunkt, auf den in § 295 Absatz 2 Nummer 1 verwiesen wird, sechs Monate

beträgt.

(3) [1]Hat die anzeigende ausländische AIF-Verwaltungsgesellschaft im Sinne von Absatz 1 Buchstabe b bereits einen AIF zum Vertrieb an Privatanleger im Geltungsbereich dieses Gesetzes nach Absatz 1 Satz 1 angezeigt, so prüft die Bundesanstalt bei der Anzeige eines weiteren AIF der gleichen Art nicht erneut das Vorliegen der Voraussetzungen nach § 317 Absatz 1 Satz 1 Nummer 1 und 3, wenn die anzeigende AIF-Verwaltungsgesellschaft im Anzeigeschreiben versichert, dass in Bezug auf die Anforderungen nach § 317 Absatz 1 Satz 1 Nummer 1 und 3 seit der letzten Anzeige keine Änderungen erfolgt sind. [2]In diesem Fall müssen die in § 22 Absatz 1 Nummer 1 bis 9 genannten Angaben nicht eingereicht werden und die in Absatz 2 Nummer 2 genannte Frist beträgt drei Monate.

(4) [1]§ 316 Absatz 4 Satz 1 bis 3 ist mit der Maßgabe entsprechend anzuwenden, dass es statt „AIF-Kapitalverwaltungsgesellschaft" „EU-AIF-Verwaltungsgesellschaft oder ausländische AIF-Verwaltungsgesellschaft" heißen muss. [2]Wird eine geplante Änderung ungeachtet von § 316 Absatz 4 Satz 1 bis 3 durchgeführt oder führt eine durch einen unvorhersehbaren Umstand ausgelöste Änderung dazu, dass die EU-AIF-Verwaltungsgesellschaft, ausländische AIF-Verwaltungsgesellschaft oder die Verwaltung des betreffenden AIF durch die EU-AIF-Verwaltungsgesellschaft oder die ausländische AIF-Verwaltungsgesellschaft gegen dieses Gesetz verstößt, so ergreift die Bundesanstalt alle gebotenen Maßnahmen einschließlich der ausdrücklichen Untersagung des Vertriebs des betreffenden AIF. [3]§ 316 Absatz 5 gilt entsprechend.

Unterabschnitt 2. Anzeigeverfahren für den Vertrieb von AIF an semiprofessionelle Anleger und professionelle Anleger im Inland

§ 321 Anzeigepflicht einer AIF-Kapitalverwaltungsgesellschaft beim beabsichtigten Vertrieb von EU-AIF oder von inländischen Spezial-AIF an semiprofessionelle und professionelle Anleger im Inland

(1) [1]Beabsichtigt eine AIF-Kapitalverwaltungsgesellschaft, Anteile oder Aktien an einem von ihr verwalteten EU-AIF oder an einem von ihr verwalteten inländischen Spezial-AIF an semiprofessionelle oder professionelle Anleger im Geltungsbereich dieses Gesetzes zu vertreiben, so hat sie dies der Bundesanstalt anzuzeigen. [2]Das Anzeigeschreiben muss folgende Angaben und Unterlagen in jeweils geltender Fassung enthalten:

1. einen Geschäftsplan, der Angaben zum angezeigten AIF sowie zu seinem Sitz enthält;

2. die Anlagebedingungen, die Satzung oder den Gesellschaftsvertrag des angezeigten AIF;
3. den Namen der Verwahrstelle des angezeigten AIF;
4. eine Beschreibung des angezeigten AIF und alle für die Anleger verfügbaren Informationen über den angezeigten AIF;
5. Angaben zum Sitz des Master-AIF und seiner Verwaltungsgesellschaft, falls es sich bei dem angezeigten AIF um einen Feeder-AIF handelt;
6. alle in § 307 Absatz 1 genannten weiteren Informationen für jeden angezeigten AIF;
7. Angaben zu den Vorkehrungen, die getroffen wurden, um zu verhindern, dass Anteile oder Aktien des angezeigten AIF an Privatanleger vertrieben werden, insbesondere wenn die AIF-Kapitalverwaltungsgesellschaft für die Erbringung von Wertpapierdienstleistungen für den angezeigten AIF auf unabhängige Unternehmen zurückgreift.

[3]Ist der EU-AIF oder der inländische Spezial-AIF, den die AIF-Kapitalverwaltungsgesellschaft an semiprofessionelle oder professionelle Anleger im Geltungsbereich dieses Gesetzes zu vertreiben beabsichtigt, ein Feeder-AIF, ist eine Anzeige nach Satz 1 nur zulässig, wenn der Master-AIF ebenfalls ein EU-AIF oder ein inländischer AIF ist, der von einer EU-AIF-Verwaltungsgesellschaft oder einer AIF-Kapitalverwaltungsgesellschaft verwaltet wird. [4]Andernfalls richtet sich das Anzeigeverfahren ab dem Zeitpunkt, auf den in § 295 Absatz 2 Nummer 1 verwiesen wird, nach § 322 und vor diesem Zeitpunkt nach § 329.

(2) [1]Die Bundesanstalt prüft, ob die gemäß Absatz 1 übermittelten Angaben und Unterlagen vollständig sind. [2]Fehlende Angaben und Unterlagen fordert sie innerhalb einer Frist von 20 Arbeitstagen als Ergänzungsanzeige an. [3]Mit Eingang der Ergänzungsanzeige beginnt die in Satz 2 genannte Frist erneut. [4]Die Ergänzungsanzeige ist der Bundesanstalt innerhalb von sechs Monaten nach der Erstattung der Anzeige oder der letzten Ergänzungsanzeige einzureichen; andernfalls ist eine Mitteilung nach Absatz 4 ausgeschlossen. [5]Die Frist nach Satz 3 ist eine Ausschlussfrist. [6]Eine erneute Anzeige ist jederzeit möglich.

(3) [1]Innerhalb von 20 Arbeitstagen nach Eingang der vollständigen Anzeigeunterlagen nach Absatz 1 teilt die Bundesanstalt der AIF-Kapitalverwaltungsgesellschaft mit, ob diese mit dem Vertrieb des im Anzeigeschreiben genannten AIF an semiprofessionelle und professionelle Anleger im Geltungsbereich dieses Gesetzes ab sofort beginnen kann. [2]Die Bundesanstalt kann innerhalb dieser Frist die Aufnahme des Vertriebs untersagen, wenn die AIF-Kapitalverwaltungsgesellschaft oder die Verwaltung des angezeigten AIF durch die AIF-Kapitalverwaltungsgesellschaft gegen die Vorschriften dieses Gesetzes oder gegen die Vorschriften der Richtlinie 2011/61/EU verstößt. [3]Teilt sie der AIF-Kapitalverwaltungsgesellschaft entsprechende Beanstandungen der eingereichten Angaben und Unterlagen innerhalb der Frist von Satz 1 mit, wird die in Satz 1 genannte Frist unterbrochen und beginnt mit der Einreichung der geänderten Angaben und Unterlagen erneut. [4]Die AIF-Kapitalverwaltungsgesellschaft kann ab dem Datum der entsprechenden Mitteilung nach Satz 1 mit dem Vertrieb des angezeigten AIF an semiprofessionelle und professionelle Anleger im Geltungsbereich dieses Gesetzes beginnen. [5]Handelt es sich um einen EU-AIF, so teilt die Bundesanstalt zudem den für den EU-AIF zuständigen Stellen mit, dass die AIF-Kapitalverwaltungsgesellschaft mit dem Vertrieb von Anteilen oder Aktien des EU-AIF an professionelle Anleger im Geltungsbereich dieses Gesetzes beginnen kann.

(4) [1]Die AIF-Kapitalverwaltungsgesellschaft teilt der Bundesanstalt wesentliche Änderungen der nach Absatz 1 oder 2 übermittelten Angaben schriftlich mit. [2]Änderungen,

die von der AIF-Kapitalverwaltungsgesellschaft geplant sind, sind mindestens einen Monat vor Durchführung der Änderung mitzuteilen. [3]Ungeplante Änderungen sind unverzüglich nach ihrem Eintreten mitzuteilen. [4]Führt die geplante Änderung dazu, dass die AIF-Kapitalverwaltungsgesellschaft oder die Verwaltung des betreffenden AIF durch die AIF-Kapitalverwaltungsgesellschaft nunmehr gegen die Vorschriften dieses Gesetzes oder gegen die Vorschriften der Richtlinie 2011/61/EU verstößt, so teilt die Bundesanstalt der AIF-Kapitalverwaltungsgesellschaft unverzüglich mit, dass sie die Änderung nicht durchführen darf. [5]Wird eine geplante Änderung ungeachtet der Sätze 1 bis 4 durchgeführt oder führt eine durch einen unvorhersehbaren Umstand ausgelöste Änderung dazu, dass die AIF-Kapitalverwaltungsgesellschaft oder die Verwaltung des betreffenden AIF durch die AIF-Kapitalverwaltungsgesellschaft nunmehr gegen die Vorschriften dieses Gesetzes oder der Richtlinie 2011/61/EU verstößt, so ergreift die Bundesanstalt alle gebotenen Maßnahmen gemäß § 5 einschließlich der ausdrücklichen Untersagung des Vertriebs des betreffenden AIF.

§ 322 Anzeigepflicht einer AIF-Kapitalverwaltungsgesellschaft beim beabsichtigten Vertrieb von ausländischen AIF oder von inländischen Spezial-Feeder-AIF oder EU-Feeder-AIF, deren jeweiliger Master-AIF kein EU-AIF oder inländischer AIF ist, der von einer EU-AIF-Verwaltungsgesellschaft oder einer AIF-Kapitalverwaltungsgesellschaft verwaltet wird, an semiprofessionelle und professionelle Anleger im Inland

(1) Der Vertrieb von Anteilen oder Aktien an ausländischen AIF und von Anteilen oder Aktien an EU-Feeder-AIF oder inländischen Spezial-Feeder-AIF, deren jeweiliger Master-AIF kein EU-AIF oder inländischer AIF ist, der von einer EU-AIF-Verwaltungsgesellschaft oder einer AIF-Kapitalverwaltungsgesellschaft verwaltet wird, an semiprofessionelle und professionelle Anleger im Geltungsbereich dieses Gesetzes durch eine AIF-Kapitalverwaltungsgesellschaft ist nur zulässig, wenn

1. geeignete Vereinbarungen über die Zusammenarbeit zwischen der Bundesanstalt und den Aufsichtsbehörden des Drittstaates bestehen, in dem der ausländische AIF seinen Sitz hat, damit unter Berücksichtigung von § 9 Absatz 8 zumindest ein effizienter Informationsaustausch gewährleistet ist, der es der Bundesanstalt ermöglicht, ihre Aufgaben gemäß der Richtlinie 2011/61/EU wahrzunehmen;
2. der Drittstaat, in dem der ausländische AIF seinen Sitz hat, nicht auf der Liste der nicht kooperativen Länder und Gebiete steht, die von der Arbeitsgruppe „Finanzielle Maßnahmen gegen die Geldwäsche und die Terrorismusfinanzierung" aufgestellt wurde;
3. der Drittstaat, in dem der ausländische AIF seinen Sitz hat, mit der Bundesrepublik Deutschland eine Vereinbarung unterzeichnet hat, die den Normen des Artikels 26 des OECD-Musterabkommens zur Vermeidung der Doppelbesteuerung von Einkommen und Vermögen vollständig entspricht und einen wirksamen Informationsaustausch in Steuerangelegenheiten, gegebenenfalls einschließlich multilateraler Abkommen über die Besteuerung, gewährleistet;
4. die AIF-Kapitalverwaltungsgesellschaft bei der Verwaltung eines ausländischen AIF abweichend von § 55 Absatz 1 Nummer 1 alle in der Richtlinie 2011/61/EU für diese AIF festgelegten Anforderungen erfüllt.

(2) [1]Beabsichtigt eine AIF-Kapitalverwaltungsgesellschaft, Anteile oder Aktien an einem von ihr verwalteten AIF im Sinne von Absatz 1 Satz 1 im Geltungsbereich dieses Gesetzes an semiprofessionelle oder professionelle Anleger zu vertreiben, so hat sie dies

der Bundesanstalt anzuzeigen. [2]Für den Inhalt des Anzeigeschreibens einschließlich der erforderlichen Dokumentation und Angaben gilt § 321 Absatz 1 Satz 2 entsprechend.

(3) § 321 Absatz 2 gilt entsprechend.

(4) [1]§ 321 Absatz 3 Satz 1 bis 4 und 6 gilt entsprechend. [2]Die Bundesanstalt teilt der Europäischen Wertpapier- und Marktaufsichtsbehörde mit, dass die AIF-Kapitalverwaltungsgesellschaft mit dem Vertrieb von Anteilen oder Aktien des angezeigten AIF im Geltungsbereich dieses Gesetzes an professionelle Anleger beginnen kann. [3]Falls es sich um einen EU-Feeder-AIF handelt, teilt die Bundesanstalt zudem den für den EU-Feeder-AIF in seinem Herkunftsmitgliedstaat zuständigen Stellen mit, dass die AIF-Kapitalverwaltungsgesellschaft mit dem Vertrieb von Anteilen oder Aktien des EU-Feeder-AIF an professionelle Anleger im Geltungsbereich dieses Gesetzes beginnen kann.

(5) [1]Die AIF-Kapitalverwaltungsgesellschaft teilt der Bundesanstalt wesentliche Änderungen der nach Absatz 2 übermittelten Angaben schriftlich mit. [2]§ 321 Absatz 4 Satz 2 bis 5 gilt entsprechend. [3]Änderungen sind zulässig, wenn sie nicht dazu führen, dass die AIF-Kapitalverwaltungsgesellschaft oder die Verwaltung des angezeigten AIF durch die AIF-Kapitalverwaltungsgesellschaft gegen die Vorschriften dieses Gesetzes oder gegen die Vorschriften der Richtlinie 2011/61/EU verstößt. [4]Bei zulässigen Änderungen unterrichtet die Bundesanstalt unverzüglich die Europäische Wertpapier- und Marktaufsichtsbehörde, soweit die Änderungen die Beendigung des Vertriebs von bestimmten AIF oder zusätzlich vertriebenen AIF betreffen.

§ 323 Anzeigepflicht einer EU-AIF-Verwaltungsgesellschaft beim beabsichtigten Vertrieb von EU-AIF oder von inländischen Spezial-AIF an semiprofessionelle und professionelle Anleger im Inland

(1) [1]Beabsichtigt eine EU-AIF-Verwaltungsgesellschaft im Geltungsbereich dieses Gesetzes, Anteile oder Aktien an EU-AIF oder an inländischen Spezial-AIF an semiprofessionelle oder professionelle Anleger zu vertreiben, so prüft die Bundesanstalt, ob die zuständige Stelle des Herkunftsmitgliedstaates der EU-AIF-Verwaltungsgesellschaft Folgendes übermittelt hat:

1. eine von ihr ausgestellte Bescheinigung über die Erlaubnis der betreffenden EU-AIF-Verwaltungsgesellschaft zur Verwaltung von AIF mit einer bestimmten Anlagestrategie sowie
2. ein Anzeigeschreiben für jeden angezeigten AIF,

jeweils in einer in der internationalen Finanzwelt gebräuchlichen Sprache. [2]Für den Inhalt des Anzeigeschreibens einschließlich der erforderlichen Dokumentation und Angaben gilt § 321 Absatz 1 Satz 2 entsprechend mit der Maßgabe, dass es statt „AIF-Kapitalverwaltungsgesellschaft" „EU-AIF-Verwaltungsgesellschaft" heißen muss, die Vorkehrungen zum Vertrieb des angezeigten AIF angegeben sein müssen und die Bundesrepublik Deutschland als Staat genannt sein muss, in dem Anteile oder Aktien des angezeigten AIF an professionelle Anleger vertrieben werden sollen.

(2) [1]Der Vertrieb kann aufgenommen werden, wenn die EU-AIF-Verwaltungsgesellschaft von der zuständigen Stelle ihres Herkunftsmitgliedstaates über die Übermittlung nach Absatz 1 unterrichtet wurde. [2]Ist der AIF im Sinne von Absatz 1 Satz 1 ein Feeder-AIF, so besteht ein Recht zum Vertrieb gemäß Satz 1 nur, wenn der Master-AIF ebenfalls ein EU-AIF oder ein inländischer AIF ist, der von einer EU-AIF-Verwaltungsgesellschaft oder einer AIF-Kapitalverwaltungsgesellschaft verwaltet wird. [3]Die Bundesanstalt prüft, ob die Vorkehrungen nach § 321 Absatz 1 Satz 2 Nummer 7 geeignet sind, um einen Vertrieb an Privatanleger wirksam zu verhindern und ob die Vorkehrungen nach § 323 Absatz 1 Satz 2 gegen dieses Gesetz verstoßen.

(3) Wird die Bundesanstalt von den zuständigen Stellen im Herkunftsmitgliedstaat der EU-AIF-Verwaltungsgesellschaft über eine Änderung der Vorkehrungen nach § 321 Absatz 1 Satz 2 Nummer 7 und § 323 Absatz 1 Satz 2 unterrichtet, prüft die Bundesanstalt, ob die Vorkehrungen nach § 321 Absatz 1 Satz 2 Nummer 7 weiterhin geeignet sind, um einen Vertrieb an Privatanleger wirksam zu verhindern und ob die Vorkehrungen nach § 323 Absatz 1 Satz 2 weiterhin nicht gegen dieses Gesetz verstoßen.

§ 324 Anzeigepflicht einer EU-AIF-Verwaltungsgesellschaft beim beabsichtigten Vertrieb von ausländischen AIF oder von inländischen Spezial-Feeder-AIF oder EU-Feeder-AIF, deren jeweiliger Master-AIF kein EU-AIF oder inländischer AIF ist, der von einer EU-AIF-Verwaltungsgesellschaft oder einer AIF-Kapitalverwaltungsgesellschaft verwaltet wird, an semiprofessionelle und professionelle Anleger im Inland

(1) [1]Ein Vertrieb von Anteilen oder Aktien an ausländischen AIF und von Anteilen oder Aktien an inländischen Spezial-Feeder-AIF oder EU-Feeder-AIF, deren jeweiliger Master-AIF kein EU-AIF oder inländischer AIF ist, der von einer EU-AIF-Verwaltungsgesellschaft oder einer AIF-Kapitalverwaltungsgesellschaft verwaltet wird, an semiprofessionelle oder professionelle Anleger im Geltungsbereich dieses Gesetzes durch eine EU-AIF-Verwaltungsgesellschaft ist nur zulässig, wenn die in § 322 Absatz 1 genannten Voraussetzungen gegeben sind. [2]Ist die Bundesanstalt nicht mit der Beurteilung der in § 322 Absatz 1 Nummer 1 und 2 genannten Voraussetzungen durch die zuständige Stelle des Herkunftsmitgliedstaates der EU-AIF-Verwaltungsgesellschaft einverstanden, kann die Bundesanstalt die Europäische Wertpapier- und Marktaufsichtsbehörde nach Maßgabe des Artikels 19 der Verordnung (EU) Nr. 1095/2010 um Hilfe ersuchen.

(2) [1]Beabsichtigt eine EU-AIF-Verwaltungsgesellschaft im Geltungsbereich dieses Gesetzes, die in Absatz 1 Satz 1 genannten AIF an semiprofessionelle oder professionelle Anleger zu vertreiben, so prüft die Bundesanstalt, ob die zuständige Stelle des Herkunftsmitgliedstaates der EU-AIF-Verwaltungsgesellschaft eine von ihr ausgestellte Bescheinigung über die Erlaubnis der betreffenden EU-AIF-Verwaltungsgesellschaft zur Verwaltung von AIF mit einer bestimmten Anlagestrategie sowie ein Anzeigeschreiben für jeden AIF in einer in der internationalen Finanzwelt gebräuchlichen Sprache übermittelt hat. [2]§ 323 Absatz 1 Satz 2 gilt entsprechend.

(3) § 323 Absatz 2 Satz 1 und 3 sowie Absatz 3 ist entsprechend anzuwenden.

§ 325 Anzeigepflicht einer ausländischen AIF-Verwaltungsgesellschaft, deren Referenzmitgliedstaat die Bundesrepublik Deutschland ist, beim beabsichtigten Vertrieb von EU-AIF oder von inländischen Spezial-AIF an semiprofessionelle und professionelle Anleger im Inland

(1) [1]Beabsichtigt eine ausländische AIF-Verwaltungsgesellschaft, deren Referenzmitgliedstaat gemäß § 56 die Bundesrepublik Deutschland ist und die von der Bundesanstalt eine Erlaubnis nach § 58 erhalten hat, Anteile oder Aktien an einem von ihr verwalteten EU-AIF oder inländischen Spezial-AIF an semiprofessionelle oder professionelle Anleger im Geltungsbereich dieses Gesetzes zu vertreiben, hat sie dies der Bundesanstalt anzuzeigen. [2]§ 321 Absatz 1 Satz 2 gilt entsprechend mit der Maßgabe, dass es statt „AIF-Kapitalverwaltungsgesellschaft" „ausländische AIF-Verwaltungsgesellschaft" heißen muss.

(2) § 321 Absatz 2 bis 4 ist mit der Maßgabe entsprechend anzuwenden, dass

1. es statt „AIF-Kapitalverwaltungsgesellschaft" „ausländische AIF-Verwaltungsgesellschaft" heißen muss,
2. im Rahmen von § 321 Absatz 3 die Bundesanstalt zusätzlich der Europäischen Wertpapier- und Marktaufsichtsbehörde mitteilt, dass die ausländische AIF-Verwaltungsgesellschaft mit dem Vertrieb von Anteilen oder Aktien des angezeigten AIF an professionelle Anleger im Inland beginnen kann, und
3. bei zulässigen Änderungen nach § 321 Absatz 4 die Bundesanstalt unverzüglich die Europäische Wertpapier- und Marktaufsichtsbehörde unterrichtet, soweit die Änderungen die Beendigung des Vertriebs von bestimmten AIF oder zusätzlich vertriebenen AIF betreffen.

§ 326 Anzeigepflicht einer ausländischen AIF-Verwaltungsgesellschaft, deren Referenzmitgliedstaat die Bundesrepublik Deutschland ist, beim beabsichtigten Vertrieb von ausländischen AIF an semiprofessionelle und professionelle Anleger im Inland

(1) Der Vertrieb von Anteilen oder Aktien an ausländischen AIF an semiprofessionelle oder professionelle Anleger im Geltungsbereich dieses Gesetzes durch eine ausländische AIF-Verwaltungsgesellschaft, deren Referenzmitgliedstaat gemäß Artikel 37 Absatz 4 der Richtlinie 2011/61/EU die Bundesrepublik Deutschland ist, ist nur zulässig, wenn die in § 322 Absatz 1 genannten Voraussetzungen gegeben sind.

(2) [1]Beabsichtigt eine ausländische AIF-Verwaltungsgesellschaft, deren Referenzmitgliedstaat gemäß § 56 die Bundesrepublik Deutschland ist und die von der Bundesanstalt eine Erlaubnis nach § 58 erhalten hat, Anteile oder Aktien an einem von ihr verwalteten ausländischen AIF im Geltungsbereich dieses Gesetzes an semiprofessionelle oder professionelle Anleger zu vertreiben, hat sie dies der Bundesanstalt anzuzeigen. [2]§ 321 Absatz 1 Satz 2 gilt entsprechend mit der Maßgabe, dass es statt „AIF-Kapitalverwaltungsgesellschaft" „ausländische AIF-Verwaltungsgesellschaft" heißen muss.

(3) § 322 Absatz 3, 4 Satz 1 und 2 und Absatz 5 gilt entsprechend mit der Maßgabe, dass es statt „AIF-Kapitalverwaltungsgesellschaft" „ausländische AIF-Verwaltungsgesellschaft" heißen muss.

§ 327 Anzeigepflicht einer ausländischen AIF-Verwaltungsgesellschaft, deren Referenzmitgliedstaat nicht die Bundesrepublik Deutschland ist, beim beabsichtigten Vertrieb von EU-AIF oder von inländischen Spezial-AIF an semiprofessionelle und professionelle Anleger im Inland

(1) [1]Beabsichtigt eine ausländische AIF-Verwaltungsgesellschaft, deren Referenzmitgliedstaat gemäß Artikel 37 Absatz 4 der Richtlinie 2011/61/EU ein anderer Mitgliedstaat der Europäischen Union oder ein anderer Vertragsstaat des Abkommens über den Europäischen Wirtschaftsraum als die Bundesrepublik Deutschland ist, im Geltungsbereich dieses Gesetzes Anteile oder Aktien an EU-AIF oder inländische Spezial-AIF an semiprofessionelle oder professionelle Anleger im Geltungsbereich dieses Gesetzes zu vertreiben, so prüft die Bundesanstalt, ob die zuständige Stelle des Referenzmitgliedstaates der ausländischen AIF-Verwaltungsgesellschaft Folgendes übermittelt hat:

1. eine von ihr ausgestellte Bescheinigung über die Erlaubnis der betreffenden ausländischen AIF-Verwaltungsgesellschaft zur Verwaltung von AIF mit einer bestimmten Anlagestrategie und
2. ein Anzeigeschreiben für jeden angezeigten AIF,

jeweils in einer in der internationalen Finanzwelt gebräuchlichen Sprache. [2]Für den Inhalt des Anzeigeschreibens einschließlich der erforderlichen Dokumentation und Angaben gilt § 321 Absatz 1 Satz 2 entsprechend mit der Maßgabe, dass es statt „AIF-Kapitalverwaltungsgesellschaft" „ausländische AIF-Verwaltungsgesellschaft" heißen muss, die Vorkehrungen zum Vertrieb des angezeigten AIF angegeben sein müssen und die Bundesrepublik Deutschland als Staat genannt sein muss, in dem Anteile oder Aktien des angezeigten AIF an professionelle Anleger vertrieben werden sollen.

(2) [1]Der Vertrieb kann aufgenommen werden, wenn die ausländische AIF-Verwaltungsgesellschaft von der zuständigen Stelle ihres Referenzmitgliedstaates über die Übermittlung nach Absatz 1 unterrichtet wurde. [2]§ 323 Absatz 2 Satz 3 und Absatz 3 ist entsprechend anzuwenden.

§ 328 Anzeigepflicht einer ausländischen AIF-Verwaltungsgesellschaft, deren Referenzmitgliedstaat nicht die Bundesrepublik Deutschland ist, beim beabsichtigten Vertrieb von ausländischen AIF an semiprofessionelle und professionelle Anleger im Inland

(1) [1]Ein Vertrieb von Anteilen oder Aktien an ausländischen AIF an semiprofessionelle oder professionelle Anleger im Geltungsbereich dieses Gesetzes durch eine ausländische AIF-Verwaltungsgesellschaft, deren Referenzmitgliedstaat gemäß Artikel 37 Absatz 4 der Richtlinie 2011/61/EU ein anderer Mitgliedstaat der Europäischen Union oder Vertragsstaat des Abkommens über den Europäischen Wirtschaftsraum ist, ist nur zulässig, wenn die in § 322 Absatz 1 genannten Voraussetzungen gegeben sind. [2]Ist die Bundesanstalt nicht mit der Beurteilung der in § 322 Absatz 1 Nummer 1 und 2 genannten Voraussetzungen durch die zuständige Stelle des Referenzmitgliedstaates der ausländischen AIF-Verwaltungsgesellschaft einverstanden, kann die Bundesanstalt die Europäische Wertpapier- und Marktaufsichtsbehörde nach Maßgabe des Artikels 19 der Verordnung (EU) Nr. 1095/2010 um Hilfe ersuchen.

(2) [1]Beabsichtigt eine ausländische AIF-Verwaltungsgesellschaft, im Geltungsbereich dieses Gesetzes Anteile oder Aktien an ausländischen AIF an semiprofessionelle oder professionelle Anleger zu vertreiben, prüft die Bundesanstalt, ob die zuständige Stelle des Referenzmitgliedstaates der ausländischen AIF-Verwaltungsgesellschaft Folgendes übermittelt hat:

1. eine von ihr ausgestellte Bescheinigung über die Erlaubnis der betreffenden ausländischen AIF-Verwaltungsgesellschaft zur Verwaltung von AIF mit einer bestimmten Anlagestrategie sowie

2. ein Anzeigeschreiben für jeden angezeigten AIF,

jeweils in einer in der internationalen Finanzwelt gebräuchlichen Sprache. [2]§ 327 Absatz 1 Satz 2 gilt entsprechend.

(3) § 327 Absatz 2 ist entsprechend anzuwenden.

§ 329 Anzeigepflicht einer EU-AIF-Verwaltungsgesellschaft oder einer AIF-Kapitalverwaltungsgesellschaft beim beabsichtigten Vertrieb von von ihr verwalteten inländischen Spezial-Feeder-AIF oder EU-Feeder-AIF, deren jeweiliger Master- AIF kein EU-AIF oder inländischer AIF ist, der von einer EU-AIF-Verwaltungsgesellschaft oder einer AIF-Kapitalverwaltungsgesellschaft verwaltet wird, oder ausländischen AIF an semiprofessionelle und professionelle Anleger im Inland

(1) [1]Der Vertrieb von Anteilen oder Aktien an von einer EU-AIF-Verwaltungsgesellschaft oder einer AIF-Kapitalverwaltungsgesellschaft verwalteten inländischen Spezial-Feeder-AIF oder EU-Feeder-AIF, deren jeweiliger Master-AIF kein EU-AIF oder inländischer AIF ist, der von einer EU-AIF-Verwaltungsgesellschaft oder einer AIF-Kapitalverwaltungsgesellschaft verwaltet wird, oder ausländischen AIF an semiprofessionelle oder professionelle Anleger im Geltungsbereich dieses Gesetzes ist zulässig, wenn

1. bei einem Vertrieb an professionelle Anleger
   a) die AIF-Kapitalverwaltungsgesellschaft und die Verwaltung des AIF durch die AIF-Kapitalverwaltungsgesellschaft die Anforderungen dieses Gesetzes mit Ausnahme der §§ 80 bis 90 und die EU-AIF-Verwaltungsgesellschaft und die Verwaltung des AIF durch diese die Anforderungen der von ihrem Herkunftsmitgliedstaat zur Umsetzung der Richtlinie 2011/61/EU erlassenen Vorschriften mit Ausnahme der in Artikel 21 der Richtlinie 2011/61/EU genannten Voraussetzungen erfüllt und
   b) die AIF-Kapitalverwaltungsgesellschaft oder die EU-AIF-Verwaltungsgesellschaft eine oder mehrere Stellen benannt hat, die sie nicht selbst ist und die die Aufgaben nach Artikel 21 Absatz 7, 8 und 9 der Richtlinie 2011/61/EU wahrnehmen, und sie diese Stelle oder Stellen der Bundesanstalt oder der in ihrem Herkunftsmitgliedstaat zuständigen Stelle angezeigt hat;
2. bei einem Vertrieb an semiprofessionelle Anleger die AIF-Kapitalverwaltungsgesellschaft oder die EU-AIF-Verwaltungsgesellschaft und die Verwaltung des AIF durch diese den Anforderungen dieses Gesetzes oder den von ihrem Herkunftsmitgliedstaat zur Umsetzung der Richtlinie 2011/61/EU erlassenen Vorschriften entsprechen;
3. bei einem Vertrieb an semiprofessionelle Anleger oder professionelle Anleger
   a) bei einem ausländischen AIF geeignete, der Überwachung der Systemrisiken dienende und im Einklang mit den internationalen Standards und den Artikeln 113 bis 115 der Delegierten Verordnung (EU) Nr. 213/2013 stehende Vereinbarungen über die Zusammenarbeit zwischen der Bundesanstalt oder den zuständigen Stellen im Herkunftsmitgliedstaat der EU-AIF-Verwaltungsgesellschaft und den zuständigen Stellen des Drittstaates, in dem der ausländische AIF seinen Sitz hat, bestehen, sodass ein effizienter Informationsaustausch gewährleistet ist, der es der Bundesanstalt oder den zuständigen Stellen im Herkunftsmitgliedstaat der EU-AIF-Verwaltungsgesellschaft ermöglicht, ihre in der Richtlinie 2011/61/EU festgelegten Aufgaben zu erfüllen;
   b) der Drittstaat, in dem der ausländische AIF seinen Sitz hat, nicht auf der Liste der nicht kooperativen Länder und Gebiete steht, die von der Arbeitsgruppe „Finanzielle Maßnahmen gegen die Geldwäsche und die Terrorismusfinanzierung" aufgestellt wurde;

c) die Vorkehrungen nach § 321 Absatz 1 Satz 2 Nummer 7 geeignet sind, einen Vertrieb an Privatanleger zu verhindern.

[2]Ist der angezeigte AIF ein Feeder-AIF, sind zusätzlich die Anforderungen des Absatzes 1 Satz 1 Nummer 1 oder 2 und 3 von dem Master-AIF und dessen Verwaltungsgesellschaft entsprechend einzuhalten.

(2) [1]Beabsichtigt eine EU-AIF-Verwaltungsgesellschaft oder eine AIF-Kapitalverwaltungsgesellschaft, Anteile oder Aktien an von ihr verwalteten AIF im Sinne von Absatz 1 Satz 1 im Geltungsbereich dieses Gesetzes an semiprofessionelle oder professionelle Anleger zu vertreiben, so hat sie dies der Bundesanstalt anzuzeigen. [2]§ 321 Absatz 1 Satz 2 gilt entsprechend. [3]Darüber hinaus sind der Anzeige folgende Angaben und Dokumente beizufügen:

1. bei der Anzeige durch eine EU-AIF-Verwaltungsgesellschaft eine Bescheinigung der zuständigen Stelle ihres Herkunftsmitgliedstaates in einer in der internationalen Finanzwelt gebräuchlichen Sprache, dass die EU-AIF-Verwaltungsgesellschaft und die Verwaltung des AIF durch diese der Richtlinie 2011/61/EU entsprechen, dass die AIF-Verwaltungsgesellschaft über eine Erlaubnis zur Verwaltung von AIF mit einer bestimmten Anlagestrategie verfügt und gegebenenfalls, dass geeignete Vereinbarungen im Sinne von Absatz 1 Satz 1 Nummer 3 Buchstabe a über die Zusammenarbeit zwischen den zuständigen Stellen im Herkunftsmitgliedstaat der EU-AIF-Verwaltungsgesellschaft und den zuständigen Stellen des Drittstaates, in dem der ausländische AIF seinen Sitz hat, bestehen; ist nur ein Vertrieb an professionelle Anleger beabsichtigt, muss sich die Bescheinigung nicht auf die gesamten in Artikel 21 der Richtlinie 2011/61/EU genannten Anforderungen erstrecken, sondern nur auf die in Artikel 21 Absatz 7, 8 und 9 genannten Voraussetzungen;
2. eine Erklärung der EU-AIF-Verwaltungsgesellschaft darüber, dass sie sich verpflichtet,
   a) der Bundesanstalt den Jahresbericht des AIF, der den Anforderungen des Artikels 22 und gegebenenfalls des Artikels 29 der Richtlinie 2011/61/EU entsprechen muss, spätestens sechs Monate nach Ende eines jeden Geschäftsjahres einzureichen; der Jahresbericht muss mit dem Bestätigungsvermerk eines Wirtschaftsprüfers versehen sein;
   b) die Bundesanstalt über alle wesentlichen Änderungen von Umständen, die bei der Vertriebsanzeige angegeben worden sind oder die der Bescheinigung der zuständigen Stelle nach Nummer 1 zugrunde liegen, zu unterrichten und die Änderungsangaben nachzuweisen;
   c) der Bundesanstalt auf Verlangen über ihre Geschäftstätigkeit Auskunft zu erteilen und Unterlagen vorzulegen;
3. eine Erklärung der AIF-Kapitalverwaltungsgesellschaft, dass sie sich entsprechend Nummer 2 Buchstabe b verpflichtet;
4. ein Nachweis über die Zahlung der Gebühr für die Anzeige.

(3) Ist der angezeigte AIF ein Feeder-AIF,

1. sind der Anzeige zusätzlich in Bezug auf den Master-AIF und seine Verwaltungsgesellschaft Angaben und Dokumente entsprechend
   a) Absatz 2 Satz 3 Nummer 1 oder, sofern es sich bei der Verwaltungsgesellschaft des Master-AIF um eine ausländische AIF-Verwaltungsgesellschaft handelt, Angaben und Dokumente entsprechend § 22 Absatz 1 Nummer 1 bis 9 und 13, und alle weiteren wesentlichen Angaben über die Verwahrstelle oder die Stellen nach Absatz 1 Satz 1 Nummer 1 Buchstabe b sowie

b) § 321 Absatz 1 Satz 2

beizufügen und

2. muss sich die Erklärung nach Absatz 2 Satz 3 Nummer 2 oder 3 auch auf den Master-AIF und seine Verwaltungsgesellschaft erstrecken.

(4) [1]Fremdsprachige Unterlagen sind in deutscher Übersetzung oder in englischer Sprache vorzulegen. [2]§ 321 Absatz 2 und 3 Satz 1 bis 4 gilt entsprechend mit der Maßgabe, dass es statt „AIF-Kapitalverwaltungsgesellschaft" „AIF-Kapitalverwaltungsgesellschaft oder EU-AIF-Verwaltungsgesellschaft" heißen muss und dass die in § 321 Absatz 3 Satz 1 genannte Frist 30 Arbeitstage und für den Fall, dass der angezeigte AIF ein Feeder-AIF ist,

1. dessen Master-AIF nicht von einer ausländischen AIF-Verwaltungsgesellschaft verwaltet wird, zwei Monate,
2. dessen Master-AIF von einer ausländischen AIF-Verwaltungsgesellschaft verwaltet wird, fünf Monate

beträgt.

§ 330 Anzeigepflicht einer ausländischen AIF-Verwaltungsgesellschaft beim beabsichtigten Vertrieb von von ihr verwalteten ausländischen AIF oder EU-AIF an semiprofessionelle und professionelle Anleger im Inland

(1) [1]Der Vertrieb von Anteilen oder Aktien an von einer ausländischen AIF-Verwaltungsgesellschaft verwalteten ausländischen AIF oder EU-AIF an professionelle oder semiprofessionelle Anleger im Geltungsbereich dieses Gesetzes ist zulässig, wenn

1. bei einem Vertrieb an professionelle Anleger
   a) die ausländische AIF-Verwaltungsgesellschaft und die Verwaltung des AIF durch die ausländische AIF-Verwaltungsgesellschaft den Anforderungen des § 35 und gegebenenfalls der §§ 287 bis 292 entsprechen,
   b) die ausländische AIF-Verwaltungsgesellschaft eine oder mehrere Stellen benannt hat, die die Aufgaben nach Artikel 21 Absatz 7 bis 9 der Richtlinie 2011/61/EU wahrnehmen, die ausländische AIF-Verwaltungsgesellschaft diese Aufgaben nicht selbst wahrnimmt und sie diese Stelle oder Stellen der Bundesanstalt angezeigt hat und
   c) die in § 307 Absatz 1 und 2 Satz 1 sowie § 308 vorgesehenen Pflichten zur Unterrichtung der am Erwerb eines Anteils oder einer Aktie Interessierten oder des Anlegers ordnungsgemäß erfüllt werden;
2. bei einem Vertrieb an semiprofessionelle Anleger die ausländische AIF-Verwaltungsgesellschaft und die Verwaltung des AIF durch diese den in diesem Gesetz umgesetzten Anforderungen der Richtlinie 2011/61/EU entsprechen;
3. bei einem Vertrieb an semiprofessionelle Anleger oder professionelle Anleger
   a) geeignete Vereinbarungen über die Zusammenarbeit zwischen der Bundesanstalt und den zuständigen Stellen des Drittstaates, in dem die ausländische AIF-Verwaltungsgesellschaft ihren Sitz hat, und gegebenenfalls den zuständigen Stellen des Drittstaates, in dem der ausländische AIF seinen Sitz hat, und den zuständigen Stellen des Herkunftsmitgliedstaates des EU-AIF bestehen; die Vereinbarungen müssen
      aa) der Überwachung der Systemrisiken dienen,
      bb) im Einklang mit den internationalen Standards und den Artikeln 113 bis 115 der Delegierten Verordnung (EU) Nr. 231/2013 stehen und

cc) einen effizienten Informationsaustausch gewährleisten, der es der Bundesanstalt ermöglicht, ihre in der Richtlinie 2011/61/EU festgelegten Aufgaben zu erfüllen;

b) weder der Drittstaat, in dem die ausländische AIF-Verwaltungsgesellschaft ihren Sitz hat, noch der Drittstaat, in dem der ausländische AIF seinen Sitz hat, auf der Liste der nicht kooperativen Länder und Gebiete steht, die von der Arbeitsgruppe „Finanzielle Maßnahmen gegen die Geldwäsche und die Terrorismusfinanzierung" aufgestellt wurde;

c) die Vorkehrungen nach § 321 Absatz 1 Satz 2 Nummer 7 geeignet sind, einen Vertrieb an Privatanleger zu verhindern.

[2]Ist der angezeigte AIF ein Feeder-AIF, sind zusätzlich die Anforderungen des Absatzes 1 Satz 1 Nummer 1 oder 2 und 3 von dem Master-AIF und dessen Verwaltungsgesellschaft entsprechend einzuhalten.

(2) [1]Beabsichtigt eine ausländische AIF-Verwaltungsgesellschaft, Anteile oder Aktien an von ihr verwalteten ausländischen AIF oder EU-AIF im Geltungsbereich dieses Gesetzes an semiprofessionelle oder professionelle Anleger zu vertreiben, so hat sie dies der Bundesanstalt anzuzeigen. [2]§ 321 Absatz 1 Satz 2 gilt entsprechend. [3]Darüber hinaus sind der Anzeige folgende Dokumente und Angaben beizufügen:

1. alle wesentlichen Angaben über
   a) die Verwaltungsgesellschaft des angezeigten AIF und ihre Organe sowie
   b) die Verwahrstelle oder die Stellen nach Absatz 1 Satz 1 Nummer 1 Buchstabe b, einschließlich der Angaben entsprechend § 22 Absatz 1 Nummer 13;
2. eine Erklärung der ausländischen AIF-Verwaltungsgesellschaft darüber, dass sie sich verpflichtet,
   a) der Bundesanstalt den Jahresbericht des AIF, der den Anforderungen des Artikels 22 und gegebenenfalls des Artikels 29 der Richtlinie 2011/61/EU entsprechen muss, spätestens sechs Monate nach Ende jedes Geschäftsjahres einzureichen; der Jahresbericht muss mit dem Bestätigungsvermerk eines Wirtschaftsprüfers versehen sein;
   b) die Bundesanstalt über alle wesentlichen Änderungen von Umständen, die bei der Vertriebsanzeige angegeben worden sind, zu unterrichten und die Änderungsangaben nachzuweisen;
   c) der Bundesanstalt auf Verlangen über ihre Geschäftstätigkeit Auskunft zu erteilen und Unterlagen vorzulegen und gegenüber der Bundesanstalt die sich aus Absatz 1 Satz 1 Nummer 1 oder 2 ergebenden Melde- und Informationspflichten zu erfüllen;
3. bei einem Vertrieb an semiprofessionelle Anleger zusätzlich die Angaben und Unterlagen entsprechend § 22 Absatz 1 Nummer 1 bis 9 in Bezug auf die ausländische AIF-Verwaltungsgesellschaft;
4. der Nachweis über die Zahlung der Gebühr für die Anzeige.

(3) Ist der angezeigte AIF ein Feeder-AIF,

1. sind der Anzeige zusätzlich in Bezug auf den Master-AIF und seine Verwaltungsgesellschaft Angaben und Dokumente
   a) entsprechend Absatz 2 Satz 3 Nummer 1 sowie entsprechend § 321 Absatz 1 Satz 2 und
   b) bei einem Vertrieb an semiprofessionelle Anleger

aa) entsprechend Absatz 2 Satz 3 Nummer 3 in Bezug auf die ausländische AIF-Verwaltungsgesellschaft, sofern der Master-AIF von einer ausländischen AIF-Verwaltungsgesellschaft verwaltet wird, oder

bb) eine Bescheinigung der zuständigen Stelle ihres Herkunftsmitgliedstaates in einer in der internationalen Finanzwelt gebräuchlichen Sprache, dass die EU-AIF-Verwaltungsgesellschaft und die Verwaltung des Master-AIF durch diese der Richtlinie 2011/61/EU entsprechen, sofern der Master-AIF von einer EU-AIF-Verwaltungsgesellschaft verwaltet wird,

beizufügen und

2. muss sich die Erklärung nach Absatz 2 Satz 3 Nummer 2 auch auf den Master-AIF und seine Verwaltungsgesellschaft erstrecken.

(4) [1]Fremdsprachige Unterlagen sind in deutscher Übersetzung oder in englischer Sprache vorzulegen. [2]§ 316 Absatz 2 und 3 gilt entsprechend mit der Maßgabe, dass es statt „AIF-Kapitalverwaltungsgesellschaft" „ausländische AIF-Verwaltungsgesellschaft" heißen muss und dass die in § 316 Absatz 3 Satz 1 genannte Frist

1. bei einem Vertrieb an professionelle Anleger
   a) für den Fall, dass der angezeigte AIF kein Feeder-AIF ist, zwei Monate,
   b) für den Fall, dass der angezeigte AIF ein Feeder-AIF ist,
      aa) dessen Master-AIF nicht von einer ausländischen AIF-Verwaltungsgesellschaft verwaltet wird, drei Monate,
      bb) dessen Master-AIF von einer ausländischen AIF-Verwaltungsgesellschaft verwaltet wird, vier Monate,
2. bei einem Vertrieb an semiprofessionelle Anleger
   a) für den Fall, dass der angezeigte AIF kein Feeder-AIF ist, vier Monate,
   b) für den Fall, dass der angezeigte AIF ein Feeder-AIF ist,
      aa) dessen Master-AIF nicht von einer ausländischen AIF-Verwaltungsgesellschaft verwaltet wird, fünf Monate,
      bb) dessen Master-AIF von einer ausländischen AIF-Verwaltungsgesellschaft verwaltet wird, acht Monate

beträgt.

(5) [1]Hat die anzeigende ausländische AIF-Verwaltungsgesellschaft bereits einen AIF zum Vertrieb an semiprofessionelle Anleger im Geltungsbereich dieses Gesetzes nach Absatz 2 Satz 1 angezeigt, so prüft die Bundesanstalt bei der Anzeige eines weiteren AIF der gleichen Art nicht erneut das Vorliegen der Voraussetzungen nach Absatz 1 Satz 1 Nummer 2 mit Ausnahme der Artikel 22 und 23 der Richtlinie 2011/61/EU, wenn die anzeigende AIF-Verwaltungsgesellschaft im Anzeigeschreiben versichert, dass in Bezug auf die gemäß Absatz 2 Satz 3 Nummer 1 und 3 gemachten Angaben seit der letzten Anzeige keine Änderungen erfolgt sind. [2]In diesem Fall sind die in Absatz 2 Satz 3 Nummer 1 und 3 genannten Angaben nicht erforderlich und die in Absatz 4 Satz 2 Nummer 2 genannten Fristen für den Vertrieb an semiprofessionelle Anleger verkürzen sich jeweils um zwei Monate.

§ 330a Anzeigepflicht von EU-AIF-Verwaltungsgesellschaften, die die Bedingungen nach Artikel 3 Absatz 2 der Richtlinie 2011/61/EU erfüllen, beim beabsichtigten Vertrieb von AIF an professionelle und semiprofessionelle Anleger im Inland

(1) Der Vertrieb von Anteilen oder Aktien an AIF, die von einer EU-AIF-Verwaltungsgesellschaft verwaltet werden, die die Bedingungen nach Artikel 3 Absatz 2 der

Richtlinie 2011/61/EU erfüllt, an semiprofessionelle oder professionelle Anleger im Geltungsbereich dieses Gesetzes ist zulässig, wenn

1. die EU-AIF-Verwaltungsgesellschaft in ihrem Herkunftsmitgliedstaat gemäß den im Herkunftsmitgliedstaat anzuwendenden Vorschriften, die Artikel 3 der Richtlinie 2011/61/EU umsetzen, registriert ist und
2. der Herkunftsmitgliedstaat der EU-AIF-Verwaltungsgesellschaft einen Vertrieb von AIF, die von einer AIF-Kapitalverwaltungsgesellschaft verwaltet werden, die die Bedingungen nach § 2 Absatz 4 erfüllt und gemäß § 44 Absatz 1 Nummer 1 registriert ist, ebenfalls gestattet und den Vertrieb dieser AIF nicht an höhere Voraussetzungen knüpft als dieses Gesetz.

(2) [1]Beabsichtigt eine EU-AIF-Verwaltungsgesellschaft, die die Bedingungen nach Artikel 3 Absatz 2 der Richtlinie 2011/61/EU erfüllt, Anteile oder Aktien an von ihr verwalteten AIF im Geltungsbereich dieses Gesetzes an semiprofessionelle oder professionelle Anleger zu vertreiben, so hat sie dies der Bundesanstalt anzuzeigen. [2]Der Anzeige sind folgende Angaben und Dokumente beizufügen:

1. eine Bescheinigung der zuständigen Stelle ihres Herkunftsmitgliedstaates in einer in der internationalen Finanzwelt gebräuchlichen Sprache, dass die EU-AIF-Verwaltungsgesellschaft in ihrem Herkunftsmitgliedstaat gemäß den im Herkunftsmitgliedstaat anzuwendenden Vorschriften, die Artikel 3 der Richtlinie 2011/61/EU umsetzen, registriert ist,
2. eine Erklärung der EU-AIF-Verwaltungsgesellschaft darüber, dass sie sich verpflichtet, die Bundesanstalt über alle wesentlichen Änderungen ihre Registrierung betreffend zu unterrichten und die Änderungsangaben nachzuweisen,
3. der Bundesanstalt auf Verlangen über ihre Geschäftstätigkeit Auskunft zu erteilen und Unterlagen vorzulegen,
4. ein Nachweis über die Zahlung der Gebühr für die Anzeige.

[3]Fremdsprachige Unterlagen sind in deutscher Übersetzung oder in englischer Sprache vorzulegen.

(3) [1]Der Vertrieb kann aufgenommen werden, wenn die Zulässigkeitsvoraussetzungen nach Absatz 1 gegeben sind und eine vollständige Anzeige nach Absatz 2 bei der Bundesanstalt eingegangen ist. [2]Auf Antrag der EU-AIF-Verwaltungsgesellschaft hat die Bundesanstalt das Vorliegen der Zulässigkeitsvoraussetzungen nach Absatz 1 und den Eingang der vollständigen Anzeige nach Absatz 2 zu bestätigen.

(4) § 295 Absatz 5 findet keine Anwendung für den Vertrieb und den Erwerb von AIF, die von einer EU-AIF-Verwaltungsgesellschaft verwaltet werden, die die Bedingungen nach Artikel 3 Absatz 2 der Richtlinie 2011/61/EU erfüllt, und die im Inland gemäß § 330a vertrieben werden dürfen.

Unterabschnitt 3. Anzeigeverfahren für den Vertrieb von AIF an professionelle Anleger in anderen Mitgliedstaaten der Europäischen Union und in anderen Vertragsstaaten des Abkommens über den Europäischen Wirtschaftsraum

§ 331 Anzeigepflicht einer AIF-Kapitalverwaltungsgesellschaft beim Vertrieb von EU-AIF oder inländischen AIF an professionelle Anleger in anderen Mitgliedstaaten der Europäischen Union oder in anderen Vertragsstaaten des Abkommens über den Europäischen Wirtschaftsraum; Verordnungsermächtigung

(1) [1]Beabsichtigt eine AIF-Kapitalverwaltungsgesellschaft, Anteile oder Aktien an einem von ihr verwalteten EU-AIF oder an einem von ihr verwalteten inländischen AIF in anderen Mitgliedstaaten der Europäischen Union oder in anderen Vertragsstaaten des Abkommens über den Europäischen Wirtschaftsraum an professionelle Anleger zu vertreiben, so hat sie dies der Bundesanstalt in einer in internationalen Finanzkreisen gebräuchlichen Sprache anzuzeigen. [2]Das Anzeigeschreiben muss die in § 321 Absatz 1 Satz 2 geforderten Angaben und Unterlagen in jeweils geltender Fassung enthalten. [3]Zusätzlich müssen in dem Schreiben Angaben zu den Vorkehrungen für den Vertrieb des angezeigten AIF gemacht und der Mitgliedstaat der Europäischen Union oder der Vertragsstaat des Abkommens über den Europäischen Wirtschaftsraum, in dem Anteile oder Aktien des angezeigten AIF an professionelle Anleger vertrieben werden sollen, angegeben werden. [4]Ist der AIF im Sinne von Satz 1 ein Feeder-AIF, so ist eine Anzeige nach Satz 1 nur zulässig, wenn der Master-AIF ebenfalls ein EU-AIF oder ein inländischer AIF ist, der von einer EU-AIF-Verwaltungsgesellschaft oder einer AIF-Kapitalverwaltungsgesellschaft verwaltet wird. [5]Ist dies nicht der Fall, so richtet sich das Anzeigeverfahren ab dem Zeitpunkt, auf den in § 295 Absatz 2 Nummer 1 verwiesen wird, nach § 332.

(2) [1]Die AIF-Kapitalverwaltungsgesellschaft hat das Anzeigeschreiben nach Absatz 1 einschließlich der erforderlichen Angaben und Unterlagen über das Melde- und Veröffentlichungssystem der Bundesanstalt zu übermitteln. [2]Das Bundesministerium der Finanzen kann durch Rechtsverordnung, die nicht der Zustimmung des Bundesrates bedarf, nähere Bestimmungen über Art, Umfang und Form der einzureichenden Unterlagen nach Satz 1 und über die zulässigen Datenträger und Übertragungswege erlassen. [3]Das Bundesministerium der Finanzen kann die Ermächtigung durch Rechtsverordnung auf die Bundesanstalt übertragen.

(3) § 321 Absatz 2 ist entsprechend anzuwenden mit der Maßgabe, dass nach Ablauf der in § 321 Absatz 2 Satz 4 genannten Frist eine Übermittlung der Anzeige nach Absatz 4 ausgeschlossen ist.

(4) [1]Liegen keine Anhaltspunkte dafür vor, dass die AIF-Kapitalverwaltungsgesellschaft oder die Verwaltung des angezeigten AIF durch die AIF-Kapitalverwaltungsgesellschaft den Vorschriften dieses Gesetzes oder der Richtlinie 2011/61/EU nicht entspricht oder künftig nicht entsprechen wird, übermittelt die Bundesanstalt spätestens 20 Arbeitstage nach dem Eingang der vollständigen Anzeigeunterlagen nach Absatz 1 die vollständigen Anzeigeunterlagen an die zuständigen Stellen der anderen Mitgliedstaaten der Europäischen Union oder der anderen Vertragsstaaten des Abkommens über den Europäischen Wirtschaftsraum, in denen der angezeigte AIF an professionelle Anleger vertrieben werden soll. [2]Die Bundesanstalt fügt eine in einer in internationalen Finanzkreisen gebräuchlichen Sprache erstellte Bescheinigung über die Erlaubnis der AIF-Kapitalverwaltungsgesellschaft zur Verwaltung von AIF mit einer bestimmten Anlage-

strategie bei. [3]Die Vorkehrungen nach § 321 Absatz 1 Satz 2 Nummer 7 und § 331 Absatz 1 Satz 3 sind von der Bundesanstalt nicht zu überprüfen.

(5) [1]Die Bundesanstalt unterrichtet die AIF-Kapitalverwaltungsgesellschaft unverzüglich über den Versand der Anzeigeunterlagen. [2]Die AIF-Kapitalverwaltungsgesellschaft kann ab dem Datum dieser Mitteilung mit dem Vertrieb des angezeigten AIF an professionelle Anleger in dem betreffenden Mitgliedstaat der Europäischen Union oder im Vertragsstaat des Abkommens über den Europäischen Wirtschaftsraum beginnen. [3]Falls es sich bei dem angezeigten AIF um einen EU-AIF handelt, für den eine andere Stelle als die Stelle des Mitgliedstaates der Europäischen Union oder des Vertragsstaates des Abkommens über den Europäischen Wirtschaftsraum, in dem der angezeigte AIF an professionelle Anleger vertrieben werden soll, zuständig ist, teilt die Bundesanstalt zudem der für den EU-AIF zuständigen Stelle mit, dass die AIF-Kapitalverwaltungsgesellschaft mit dem Vertrieb von Anteilen oder Aktien des EU-AIF an professionelle Anleger im Aufnahmestaat der AIF-Kapitalverwaltungsgesellschaft beginnen kann.

(6) [1]Können die Anzeigeunterlagen nicht nach Absatz 4 Satz 1 an die zuständigen Stellen der anderen Mitgliedstaaten der Europäischen Union oder Vertragsstaaten des Abkommens über den Europäischen Wirtschaftsraum übermittelt werden, teilt die Bundesanstalt dies der AIF-Kapitalverwaltungsgesellschaft unter Angabe der Gründe innerhalb der Frist von Absatz 4 Satz 1 mit. [2]Hierdurch wird die in Satz 1 genannte Frist unterbrochen und beginnt mit der Einreichung der geänderten Angaben und Unterlagen erneut.

(7) [1]§ 321 Absatz 4 ist entsprechend anzuwenden. [2]Bei zulässigen Änderungen unterrichtet die Bundesanstalt unverzüglich die zuständigen Stellen des Aufnahmemitgliedstaates der AIF-Kapitalverwaltungsgesellschaft über diese Änderungen. [3]Die Vorkehrungen nach § 321 Absatz 1 Satz 2 Nummer 7 und § 331 Absatz 1 Satz 3 sind von der Bundesanstalt nicht zu überprüfen.

§ 332 Anzeigepflicht einer AIF-Kapitalverwaltungsgesellschaft beim Vertrieb von ausländischen AIF oder von inländischen Feeder-AIF oder EU-Feeder-AIF, deren jeweiliger Master-AIF kein EU-AIF oder inländischer AIF ist, der von einer EU-AIF-Verwaltungsgesellschaft oder einer AIF-Kapitalverwaltungsgesellschaft verwaltet wird, an professionelle Anleger in anderen Mitgliedstaaten der Europäischen Union oder in anderen Vertragsstaaten des Abkommens über den Europäischen Wirtschaftsraum

(1) Der Vertrieb von Anteilen oder Aktien an ausländischen AIF und von Anteilen oder Aktien an inländischen Feeder-AIF oder EU-Feeder-AIF, deren jeweiliger Master-AIF kein EU-AIF oder inländischer AIF ist, der von einer EU-AIF-Verwaltungsgesellschaft oder einer AIF-Kapitalverwaltungsgesellschaft verwaltet wird, an professionelle Anleger in anderen Mitgliedstaaten der Europäischen Union oder in anderen Vertragsstaaten des Abkommens über den Europäischen Wirtschaftsraum durch eine AIF-Kapitalverwaltungsgesellschaft ist nur zulässig, wenn die in § 322 Absatz 1 genannten Voraussetzungen gegeben sind.

(2) [1]Beabsichtigt eine AIF-Kapitalverwaltungsgesellschaft, Anteile oder Aktien an einem von ihr verwalteten AIF im Sinne von Absatz 1 Satz 1 in einem anderen Mitgliedstaat der Europäischen Union oder in einem anderen Vertragsstaat des Abkommens über den Europäischen Wirtschaftsraum an professionelle Anleger zu vertreiben, so hat sie dies der Bundesanstalt in einer in internationalen Finanzkreisen gebräuchlichen Sprache anzuzeigen. [2]Das Anzeigeschreiben muss die in § 322 Absatz 2 Satz 2 geforderten Angaben und Unterlagen in jeweils geltender Fassung enthalten.

(3) § 331 Absatz 2 bis 7 ist mit der Maßgabe entsprechend anzuwenden,

1. dass die Bundesanstalt im Rahmen von § 331 Absatz 5 zusätzlich der Europäischen Wertpapier- und Marktaufsichtsbehörde mitteilt, dass die AIF-Kapitalverwaltungsgesellschaft mit dem Vertrieb von Anteilen oder Aktien des angezeigten AIF an professionelle Anleger im Aufnahmemitgliedstaat der AIF-Kapitalverwaltungsgesellschaft beginnen kann,
2. dass die Bundesanstalt bei einer zulässigen Änderung nach § 331 Absatz 7 zusätzlich unverzüglich die Europäische Wertpapier- und Marktaufsichtsbehörde zu benachrichtigen hat, soweit die Änderungen die Beendigung des Vertriebs von bestimmten AIF oder zusätzlich vertriebenen AIF betreffen.

§ 333 Anzeigepflicht einer ausländischen AIF-Verwaltungsgesellschaft, deren Referenzmitgliedstaat die Bundesrepublik Deutschland ist, beim Vertrieb von EU-AIF oder von inländischen AIF an professionelle Anleger in anderen Mitgliedstaaten der Europäischen Union oder in anderen Vertragsstaaten des Abkommens über den Europäischen Wirtschaftsraum

(1) [1]Beabsichtigt eine ausländische AIF-Verwaltungsgesellschaft, deren Referenzmitgliedstaat gemäß § 56 die Bundesrepublik Deutschland ist und die von der Bundesanstalt eine Erlaubnis nach § 58 erhalten hat, Anteile oder Aktien an einem von ihr verwalteten EU-AIF oder inländischen AIF in anderen Mitgliedstaaten der Europäischen Union oder in anderen Vertragsstaaten des Abkommens über den Europäischen Wirtschaftsraum an professionelle Anleger zu vertreiben, so hat sie dies der Bundesanstalt in einer in internationalen Finanzkreisen gebräuchlichen Sprache anzuzeigen. [2]Das Anzeigeschreiben muss die in § 331 Absatz 1 Satz 2 geforderten Angaben und Unterlagen in jeweils geltender Fassung enthalten, wobei es statt „AIF-Kapitalverwaltungsgesellschaft" „ausländische AIF-Verwaltungsgesellschaft" heißen muss.

(2) § 331 Absatz 2 bis 7 ist mit den Maßgaben entsprechend anzuwenden, dass

1. es statt „AIF-Kapitalverwaltungsgesellschaft" „ausländische AIF-Verwaltungsgesellschaft" heißen muss,
2. die Bundesanstalt im Rahmen von § 331 Absatz 5 zusätzlich der Europäischen Wertpapier- und Marktaufsichtsbehörde mitteilt, dass die ausländische AIF-Verwaltungsgesellschaft mit dem Vertrieb von Anteilen oder Aktien des angezeigten AIF an professionelle Anleger im Aufnahmemitgliedstaat der ausländischen AIF-Verwaltungsgesellschaft beginnen kann, und
3. die Bundesanstalt bei einer zulässigen Änderung nach § 331 Absatz 7 zusätzlich unverzüglich die Europäische Wertpapier- und Marktaufsichtsbehörde zu benachrichtigen hat, soweit die Änderungen die Beendigung des Vertriebs von bestimmten AIF oder zusätzlich vertriebenen AIF betreffen.

§ 334 Anzeigepflicht einer ausländischen AIF-Verwaltungsgesellschaft, deren Referenzmitgliedstaat die Bundesrepublik Deutschland ist, beim Vertrieb von ausländischen AIF an professionelle Anleger in Mitgliedstaaten der Europäischen Union oder in anderen Vertragsstaaten des Abkommens über den Europäischen Wirtschaftsraum

(1) [1]Der Vertrieb von Anteilen oder Aktien an ausländischen AIF durch eine ausländische AIF-Verwaltungsgesellschaft an professionelle Anleger in anderen Mitgliedstaaten der Europäischen Union oder in anderen Vertragsstaaten des Abkommens über

den Europäischen Wirtschaftsraum ist nur zulässig, wenn die in § 322 Absatz 1 genannten Anforderungen erfüllt sind. [2]Ist die zuständige Stelle des Aufnahmestaates der ausländischen AIF-Verwaltungsgesellschaft nicht mit der Beurteilung der in § 322 Absatz 1 Nummer 1 und 2 genannten Voraussetzungen durch die Bundesanstalt einverstanden, kann sie die Europäische Wertpapier- und Marktaufsichtsbehörde nach Maßgabe des Artikels 19 der Verordnung (EU) Nr. 1095/2010 um Hilfe ersuchen.

(2) [1]Beabsichtigt eine ausländische AIF-Verwaltungsgesellschaft, deren Referenzmitgliedstaat gemäß § 56 die Bundesrepublik Deutschland ist und die von der Bundesanstalt eine Erlaubnis nach § 58 erhalten hat, Anteile oder Aktien an einem von ihr verwalteten AIF im Sinne von Absatz 1 Satz 1 in einem anderen Mitgliedstaat der Europäischen Union oder in einem anderen Vertragsstaat des Abkommens über den Europäischen Wirtschaftsraum an professionelle Anleger zu vertreiben, so hat sie dies der Bundesanstalt in einer in internationalen Finanzkreisen gebräuchlichen Sprache anzuzeigen. [2]Das Anzeigeschreiben muss die in § 331 Absatz 2 Satz 1 geforderten Angaben und Unterlagen in jeweils geltender Fassung enthalten, wobei es statt „AIF-Kapitalverwaltungsgesellschaft" „ausländische AIF-Verwaltungsgesellschaft" heißen muss.

(3) § 331 Absatz 2 bis 5 Satz 1 und 2, Absatz 6 und 7 ist mit der Maßgabe entsprechend anzuwenden, dass

1. es statt „AIF-Kapitalverwaltungsgesellschaft" „ausländische AIF-Verwaltungsgesellschaft" heißen muss,
2. im Rahmen von § 331 Absatz 5 die Bundesanstalt zusätzlich der Europäischen Wertpapier- und Marktaufsichtsbehörde mitteilt, dass die ausländische AIF-Verwaltungsgesellschaft mit dem Vertrieb von Anteilen oder Aktien des angezeigten AIF an professionelle Anleger im Aufnahmemitgliedstaat der ausländischen AIF-Verwaltungsgesellschaft beginnen kann, und
3. die Bundesanstalt bei einer zulässigen Änderung nach § 331 Absatz 7 zusätzlich unverzüglich die Europäische Wertpapier- und Marktaufsichtsbehörde zu benachrichtigen hat, soweit die Änderungen die Beendigung des Vertriebs von bestimmten AIF oder zusätzlich vertriebenen AIF betreffen.

§ 335 Bescheinigung der Bundesanstalt

(1) Unbeschadet der Anzeigen nach den §§ 331 bis 334 stellt die Bundesanstalt auf Antrag der AIF-Kapitalverwaltungsgesellschaft eine Bescheinigung darüber aus, dass die Vorschriften der Richtlinie 2011/61/EU erfüllt sind.

(2) Die Bundesanstalt stellt auf Antrag der AIF-Kapitalverwaltungsgesellschaft, die gemäß § 44 registriert ist, eine Bescheinigung über die Registrierung aus.

Unterabschnitt 4. Verweis und Ersuchen für den Vertrieb von AIF an semiprofessionelle und professionelle Anleger

§ 336 § 336 Verweise und Ersuchen nach Artikel 19 der Verordnung (EU) Nr. 1095/2010

(1) Die näheren Bestimmungen zu den in § 322 Absatz 1 Nummer 1, § 324 Absatz 1 Satz 1, § 326 Absatz 1, § 328 Absatz 1 Satz 1, § 330 Absatz 1 Satz 1 Nummer 3, § 332 Absatz 1 Satz 1 und § 334 Absatz 1 Satz 1 genannten Vereinbarungen über die Zusammenarbeit richten sich nach den Artikeln 113 bis 115 der Delegierten Verordnung (EU) Nr. 231/2013.

(2) Lehnt eine zuständige Stelle einen Antrag auf Informationsaustausch im Sinne der §§ 324, 328, 332 und 334 zwischen den zuständigen Stellen des Herkunftsmitgliedstaates oder des Referenzmitgliedstaates und den zuständigen Stellen der Aufnahme-

mitgliedstaaten der AIF-Kapitalverwaltungsgesellschaft, der EU-AIF-Verwaltungsgesellschaft oder der ausländischen AIF-Verwaltungsgesellschaft ab, so können die Bundesanstalt und die zuständigen Stellen des Herkunftsmitgliedstaates oder des Referenzmitgliedstaates und des Aufnahmemitgliedstaates der AIF-Verwaltungsgesellschaft die Europäische Wertpapier- und Marktaufsichtsbehörde nach Maßgabe des Artikels 19 der Verordnung (EU) Nr. 1095/2010 um Hilfe ersuchen.

(3) Schließt eine für einen EU-AIF zuständige Stelle die gemäß § 330 Absatz 1 Satz 1 Nummer 3 Buchstabe a geforderte Vereinbarung über Zusammenarbeit nicht innerhalb eines angemessenen Zeitraums ab, kann die Bundesanstalt die Europäische Wertpapier- und Marktaufsichtsbehörde nach Maßgabe des Artikels 19 der Verordnung (EU) Nr. 1095/2010 um Hilfe ersuchen.

Kapitel 5. Europäische Risikokapitalfonds

§ 337 Europäische Risikokapitalfonds

(1) Für AIF-Kapitalverwaltungsgesellschaften, die die Voraussetzungen nach § 2 Absatz 6 erfüllen, gelten

1. die §§ 1, 2, 5 Absatz 1 und die §§ 6, 7, 13, 14, 44 Absatz 1 Nummer 1, 2, 5 bis 7 und Absatz 4 bis 7 entsprechend sowie
2. die Vorschriften der Verordnung (EU) Nr. 345/2013.

(2) AIF-Kapitalverwaltungsgesellschaften, die die Voraussetzungen des Artikels 2 Absatz 2 der Verordnung (EU) Nr. 345/2013 erfüllen und die Bezeichnung „EuVECA" weiter führen, haben neben den Vorschriften dieses Gesetzes die in Artikel 2 Absatz 2 Buchstabe b der Verordnung (EU) Nr. 345/2013 genannten Artikel der Verordnung (EU) Nr. 345/2013 zu erfüllen.

Kapitel 6. Europäische Fonds für soziales Unternehmertum

§ 338 Europäische Fonds für soziales Unternehmertum

(1) Für AIF-Kapitalverwaltungsgesellschaften, die die Voraussetzungen nach § 2 Absatz 7 erfüllen, gelten

1. die §§ 1, 2, 5 Absatz 1 und die §§ 6, 7, 13, 14, 44 Absatz 1 Nummer 1, 2, 5 bis 7 und Absatz 4 bis 7 entsprechend sowie
2. die Vorschriften der Verordnung (EU) Nr. 346/2013.

(2) AIF-Kapitalverwaltungsgesellschaften, die die Voraussetzungen des Artikels 2 Absatz 2 der Verordnung (EU) Nr. 346/2013 erfüllen und die Bezeichnung „EuSEF" weiter führen, haben neben den Vorschriften dieses Gesetzes die in Artikel 2 Absatz 2 Buchstabe b der Verordnung (EU) Nr. 346/2013 genannten Artikel der Verordnung (EU) Nr. 346/2013 zu erfüllen.

Kapitel 7. Europäische langfristige Investmentfonds

§ 338a Europäische langfristige Investmentfonds

Für AIF-Kapitalverwaltungsgesellschaften, die europäische langfristige Investmentfonds im Sinne der Verordnung (EU) 2015/760 verwalten, gelten hinsichtlich der Verwaltung der europäischen langfristigen Investmentfonds die Vorschriften der Verordnung (EU) 2015/760.

§ 338b Geldmarktfonds

Für OGAW und AIF, die Geldmarktfonds im Sinne der Verordnung (EU) 2017/1131 des Europäischen Parlaments und des Rates vom 14. Juni 2017 über Geldmarktfonds (ABl. L 169 vom 30.6.2017, S. 8) sind, sowie Kapitalverwaltungsgesellschaften, die Geldmarktfonds im Sinne der Verordnung (EU) 2017/1131 verwalten, gelten neben den Vorschriften der Verordnung (EU) 2017/1131 die Vorschriften dieses Gesetzes, soweit die Verordnung (EU) 2017/1131 nichts anderes vorsieht.

Kapitel 8. Straf-, Bußgeld- und Übergangsvorschriften

Abschnitt 1. Straf- und Bußgeldvorschriften

§ 339 Strafvorschriften

(1) Mit Freiheitsstrafe bis zu fünf Jahren oder mit Geldstrafe wird bestraft, wer

1. ohne Erlaubnis nach § 20 Absatz 1 Satz 1 das Geschäft einer Kapitalverwaltungsgesellschaft betreibt oder
2. ohne Registrierung nach § 44 Absatz 1 Nummer 1 das Geschäft einer dort genannten AIF-Kapitalverwaltungsgesellschaft betreibt.

(2) Mit Freiheitsstrafe bis zu drei Jahren oder mit Geldstrafe wird bestraft, wer entgegen § 43 Absatz 1 in Verbindung mit § 46b Absatz 1 Satz 1 des Kreditwesengesetzes eine Anzeige nicht, nicht richtig, nicht vollständig oder nicht rechtzeitig erstattet.

(3) [1]Handelt der Täter in den Fällen des Absatzes 1 fahrlässig, so ist die Strafe Freiheitsstrafe bis zu drei Jahren oder Geldstrafe. [2]Handelt der Täter in den Fällen des Absatzes 2 fahrlässig, so ist die Strafe Freiheitsstrafe bis zu einem Jahr oder Geldstrafe.

§ 340 Bußgeldvorschriften

(1) Ordnungswidrig handelt, wer

1. einer vollziehbaren Anordnung nach § 40 Absatz 1, § 113 Absatz 3, § 119 Absatz 5, § 128 Absatz 4, § 147 Absatz 5 oder § 153 Absatz 5 zuwiderhandelt,
2. entgegen § 20 Absatz 8 oder Absatz 9 ein Gelddarlehen gewährt oder eine in § 20 Absatz 8 genannte Verpflichtung eingeht,
3. entgegen § 112 Absatz 2 Satz 3, den §§ 199, 221 Absatz 6, § 263 Absatz 1, § 284 Absatz 4 Satz 1 einen Kredit aufnimmt,
4. einer vollziehbaren Anordnung nach § 215 Absatz 2 Satz 1 zweiter Halbsatz oder Satz 2, jeweils auch in Verbindung mit § 263 Absatz 2 oder § 274 Satz 1, zuwiderhandelt oder
5. einer vollziehbaren Anordnung nach § 276 Absatz 2 Satz 2 zuwiderhandelt.

(2) Ordnungswidrig handelt, wer vorsätzlich oder fahrlässig

1. einer vollziehbaren Anordnung nach
   a) § 5 Absatz 6 Satz 2 oder Satz 14,
   b) § 11 Absatz 4 Satz 1 oder Satz 2 oder Absatz 6,
   c) § 19 Absatz 2 Satz 2 oder Absatz 3 Satz 1, jeweils auch in Verbindung mit § 108 Absatz 3,
   d) § 41 Satz 1 oder Satz 2 oder § 42,
   e) § 311 Absatz 1 oder Absatz 3 Satz 1 Nummer 1 oder
   f) § 314 Absatz 1 oder Absatz 2

   zuwiderhandelt,

1a. einer vollziehbaren Anordnung nach § 5 Absatz 8a zuwiderhandelt,
2. entgegen § 14 Satz 1 in Verbindung mit § 44 Absatz 1 Satz 1 des Kreditwesengesetzes, auch in Verbindung mit § 44b Absatz 1 Satz 1 des Kreditwesengesetzes, eine Auskunft nicht, nicht richtig, nicht vollständig oder nicht rechtzeitig erteilt oder eine Unterlage nicht, nicht richtig, nicht vollständig oder nicht rechtzeitig vorlegt,
3. entgegen § 14 Satz 2 in Verbindung mit § 44 Absatz 1 Satz 4 oder § 44b Absatz 2 Satz 2 des Kreditwesengesetzes eine Maßnahme nicht duldet,
4. entgegen § 19 Absatz 1 Satz 1 und 2 oder Absatz 5 eine Anzeige nicht, nicht richtig, nicht vollständig oder nicht rechtzeitig erstattet,
5. entgegen § 26 Absatz 1 und 2, auch in Verbindung mit einer Rechtsverordnung nach Absatz 8, einer dort bezeichneten Verhaltensregel nicht nachkommt,
6. entgegen § 27 Absatz 1 und 2, auch in Verbindung mit einer Rechtsverordnung nach Absatz 6, eine dort bezeichnete Maßnahme zum Umgang mit Interessenkonflikten nicht trifft,
7. entgegen § 28 Absatz 1 Satz 1 und 2, auch in Verbindung mit einer Rechtsverordnung nach Absatz 4, eine dort bezeichnete Vorgabe für eine ordnungsgemäße Geschäftsorganisation nicht erfüllt,
8. entgegen § 28 Absatz 1 Satz 4, auch in Verbindung mit einer Rechtsverordnung nach Absatz 4, § 51 Absatz 8, § 54 Absatz 4 Satz 1 in Verbindung mit § 28 Absatz 1 Satz 4 oder § 66 Absatz 4 Satz 1 in Verbindung mit § 28 Absatz 1 Satz 4 jeweils in Verbindung mit § 24c Absatz 1 Satz 1 oder Satz 5 des Kreditwesengesetzes eine Datei nicht, nicht richtig oder nicht vollständig führt oder nicht gewährleistet, dass die Bundesanstalt jederzeit Daten automatisiert abrufen kann,
9. entgegen § 29 Absatz 2 Satz 1, auch in Verbindung mit einer Rechtsverordnung nach Absatz 6, eine dort bezeichnete Vorgabe für ein angemessenes Risikomanagementsystem nicht erfüllt,
10. entgegen § 34 Absatz 3, 4 oder Absatz 5 Satz 1 eine Anzeige nicht, nicht richtig, nicht vollständig oder nicht rechtzeitig erstattet,
11. entgegen § 35 Absatz 1, 2, 4, 5 oder Absatz 6, jeweils auch in Verbindung mit der Delegierten Verordnung (EU) Nr. 231/2013, oder entgegen § 35 Absatz 9 eine Information nicht, nicht richtig, nicht vollständig oder nicht rechtzeitig übermittelt,
12. entgegen § 35 Absatz 3, auch in Verbindung mit Absatz 6, oder entgegen § 35 Absatz 7 eine dort genannte Unterlage oder einen Jahresbericht nicht, nicht richtig, nicht vollständig oder nicht rechtzeitig vorlegt,
13. entgegen § 36 Absatz 1 Satz 1, Absatz 2, 3, 5, 6, 7, 8 oder Absatz 10 eine Aufgabe auf ein anderes Unternehmen auslagert oder entgegen Absatz 9 eine ausgelagerte Aufgabe nicht im Verkaufsprospekt auflistet,
14. die Erlaubnis einer Kapitalverwaltungsgesellschaft gemäß § 39 Absatz 3 Nummer 1 auf Grund falscher Erklärungen oder auf sonstige rechtswidrige Weise erwirkt hat,
15. entgegen § 44 Absatz 1 Nummer 4, auch in Verbindung mit der Delegierten Verordnung (EU) Nr. 231/2013, oder entgegen § 44 Absatz 8 eine Information nicht, nicht richtig, nicht vollständig oder nicht rechtzeitig übermittelt,
16. entgegen
    a) § 49 Absatz 1 Satz 1, auch in Verbindung mit Absatz 5 oder einer Rechtsverordnung nach Absatz 8,

b) § 49 Absatz 4 Satz 1, auch in Verbindung mit einer Rechtsverordnung nach Absatz 8, oder

c) § 49 Absatz 6 Satz 4

eine Anzeige nicht, nicht richtig, nicht vollständig, nicht in der vorgeschriebenen Weise oder nicht rechtzeitig macht,

17. entgegen § 53 Absatz 1, auch in Verbindung mit Absatz 2, eine dort genannte Angabe nicht, nicht richtig, nicht vollständig, nicht in der vorgeschriebenen Weise oder nicht rechtzeitig macht,
18. entgegen § 53 Absatz 4 Satz 2 mit der Verwaltung von EU-AIF beginnt,
19. entgegen § 53 Absatz 5 eine Anzeige nicht, nicht richtig, nicht vollständig, nicht in der vorgeschriebenen Weise oder nicht rechtzeitig erstattet,
20. entgegen § 65 Absatz 1 einen EU-AIF verwaltet,
21. entgegen § 65 Absatz 2 eine Zweigniederlassung errichtet,
22. entgegen § 65 Absatz 4 Satz 2 mit der Verwaltung von EU-AIF beginnt,
23. entgegen § 65 Absatz 5 eine Anzeige nicht, nicht richtig, nicht vollständig, nicht in der vorgeschriebenen Weise oder nicht rechtzeitig macht,
24. entgegen

a) § 67 Absatz 1 Satz 1 einen Jahresbericht,

b) § 101 Absatz 1 Satz 1, den §§ 103, 104 Absatz 1 Satz 1 oder § 105 Absatz 1 oder Absatz 2, jeweils auch in Verbindung mit einer Rechtsverordnung nach § 106 Satz 1, einen Jahresbericht, einen Halbjahresbericht, einen Zwischenbericht, einen Auflösungsbericht oder einen Abwicklungsbericht,

c) § 120 Absatz 1 Satz 2, in Verbindung mit einer Rechtsverordnung nach Absatz 8, jeweils auch in Verbindung mit § 122 Absatz 1 Satz 1 oder Absatz 2 oder § 148 Absatz 1 oder Absatz 2 Satz 1, jeweils auch in Verbindung mit § 291 Absatz 1 Nummer 2, einen Jahresabschluss, einen Lagebericht, einen Halbjahresfinanzbericht, einen Auflösungsbericht oder einen Abwicklungsbericht oder

d) § 135 Absatz 1, auch in Verbindung mit einer Rechtsverordnung nach Absatz 11 Satz 1, jeweils auch in Verbindung mit § 158, auch in Verbindung mit § 291 Absatz 1 Nummer 2, einen Jahresbericht

nicht, nicht richtig, nicht vollständig, nicht in der vorgeschriebenen Weise oder nicht rechtzeitig erstellt oder nicht, nicht richtig, nicht vollständig, nicht in der vorgeschriebenen Weise oder nicht rechtzeitig aufstellt,

25. entgegen § 70 Absatz 5 oder § 85 Absatz 3 einen dort genannten Vermögensgegenstand wiederverwendet,
26. entgegen § 71 Absatz 1 Satz 2 einen Anteil oder eine Aktie ohne volle Leistung des Ausgabepreises ausgibt oder entgegen § 83 Absatz 6 Satz 1 nicht sicherstellt, dass sämtliche Zahlungen bei der Zeichnung von Anteilen geleistet wurden,
27. entgegen § 72 Absatz 1 Nummer 1 oder Nummer 2 oder § 81 Absatz 1 Nummer 1 oder Nummer 2 einen Vermögensgegenstand nicht entsprechend den dort genannten Anforderungen verwahrt,
28. entgegen § 72 Absatz 1 Nummer 3 nicht regelmäßig eine umfassende Aufstellung sämtlicher Vermögensgegenstände des inländischen OGAW übermittelt,
29. entgegen § 74 Absatz 1 einem inländischen OGAW zustehende Geldbeträge nicht in der dort genannten Weise verbucht, entgegen § 74 Absatz 3 oder § 83 Absatz 6 Satz 2 und 3 die Gelder des inländischen Investmentvermögens auf einem Geld-

konto verbucht, die eine dort genannte Anforderung nicht erfüllt, oder einen Zahlungsstrom entgegen § 83 Absatz 6 Satz 1 nicht ordnungsgemäß überwacht,

30. entgegen § 76 Absatz 1 oder § 83 Absatz 1 eine dort genannte Anforderung nicht sicherstellt oder entgegen § 76 Absatz 2 eine Weisung nicht ausführt,

31. entgegen § 107 Absatz 1 oder Absatz 2 einen Jahresbericht, einen Halbjahresbericht, einen Auflösungsbericht oder einen Abwicklungsbericht oder entgegen § 123 Absatz 1 oder Absatz 2 einen Jahresabschluss, einen Lagebericht oder einen Halbjahresbericht nicht, nicht richtig, nicht vollständig, nicht in der vorgeschriebenen Weise oder nicht rechtzeitig bekannt macht,

32. entgegen § 107 Absatz 3, § 123 Absatz 5, auch in Verbindung mit § 148 Absatz 1, oder entgegen § 160 Absatz 4 einen dort genannten Bericht nicht, nicht richtig, nicht vollständig oder nicht rechtzeitig bei der Bundesanstalt einreicht oder nicht, nicht richtig, nicht vollständig oder nicht rechtzeitig der Bundesanstalt zur Verfügung stellt,

33. ohne eine Erlaubnis nach § 113 Absatz 1 Satz 1 das Geschäft einer extern verwalteten OGAW-Investmentaktiengesellschaft betreibt,

34. die Erlaubnis einer extern verwalteten OGAW-Investmentaktiengesellschaft gemäß § 113 Absatz 2 Satz 1 Nummer 1 auf Grund falscher Erklärungen oder auf sonstige rechtswidrige Weise erwirkt hat,

35. entgegen § 114 Satz 1, § 130 Satz 1, § 145 Satz 1 oder entgegen § 155 Satz 1 eine Anzeige nicht, nicht richtig, nicht vollständig oder nicht rechtzeitig macht,

36. entgegen § 163 Absatz 2 Satz 8, auch in Verbindung mit § 267 Absatz 2 Satz 2, die Anlagebedingungen dem Verkaufsprospekt beifügt,

37. entgegen § 163 Absatz 2 Satz 9 die Anlagebedingungen dem Publikum nicht, nicht richtig oder nicht vollständig zugänglich macht,

38. entgegen § 164 Absatz 1 Satz 1 oder entgegen den §§ 165 und 166 einen dort genannten Verkaufsprospekt oder die wesentlichen Anlegerinformationen nicht, nicht richtig oder nicht vollständig erstellt oder dem Publikum nicht, nicht richtig oder nicht vollständig zugänglich macht,

39. entgegen § 164 Absatz 1 Satz 2 einen dort genannten Verkaufsprospekt oder die wesentlichen Anlegerinformationen dem Publikum zugänglich macht,

40. entgegen § 164 Absatz 4 Satz 1 einen dort genannten Verkaufsprospekt oder die wesentlichen Anlegerinformationen oder entgegen § 164 Absatz 5 eine Änderung eines dort genannten Verkaufsprospekts oder der wesentlichen Anlegerinformationen nicht, nicht richtig, nicht vollständig oder nicht rechtzeitig bei der Bundesanstalt einreicht oder entgegen § 164 Absatz 4 Satz 2 einen dort genannten Verkaufsprospekt nicht, nicht richtig, nicht vollständig oder nicht rechtzeitig der Bundesanstalt zur Verfügung stellt,

41. entgegen § 170 Satz 2 einen Ausgabe- oder Rücknahmepreis oder den Nettoinventarwert nicht, nicht richtig oder nicht rechtzeitig veröffentlicht,

42. entgegen § 174 Absatz 1 Satz 1 weniger als 85 Prozent des Wertes des Feederfonds in Anteile eines Masterfonds anlegt,

43. entgegen § 174 Absatz 1 Satz 2 in einen Masterfonds anlegt,

44. entgegen § 178 Absatz 1 eine Abwicklung beginnt,

45. entgegen § 178 Absatz 5 Satz 1 oder § 179 Absatz 6 Satz 1 eine Mitteilung nicht, nicht richtig, nicht vollständig oder nicht rechtzeitig macht oder einen Anleger nicht, nicht richtig, nicht vollständig, nicht in der vorgesehenen Weise oder nicht rechtzeitig unterrichtet,

46. entgegen § 180 Absatz 1 Satz 1 oder Satz 2 oder Absatz 2 Satz 1 eine dort genannte Information nicht, nicht richtig, nicht vollständig, nicht in der vorgeschriebenen Weise oder nicht rechtzeitig zur Verfügung stellt,
47. entgegen § 186 Absatz 2 Satz 1, auch in Verbindung mit § 191 Absatz 1 oder Absatz 2, eine Verschmelzungsinformation übermittelt,
48. entgegen § 186 Absatz 4 Satz 1, auch in Verbindung mit § 191 Absatz 1 oder Absatz 2, eine Verschmelzungsinformation der Bundesanstalt nicht, nicht richtig, nicht vollständig, nicht in der vorgeschriebenen Weise oder nicht rechtzeitig einreicht,
49. entgegen
    a) den §§ 192, 193 Absatz 1, den §§ 194, 196 Absatz 1, § 210 Absatz 1 Satz 1 oder Satz 4, Absatz 2 oder Absatz 3, § 219 Absatz 1 oder Absatz 2, § 221 Absatz 1 oder § 225 Absatz 2 Satz 2 oder
    b) § 231 Absatz 1, § 234 Satz 1, § 239 oder § 261 Absatz 1 einen Vermögensgegenstand erwirbt oder in einen dort genannten Vermögensgegenstand investiert,
50. entgegen den §§ 195, 234 Satz 1 oder § 253 Absatz 1 Satz 1 einen dort genannten Vermögensgegenstand oder Betrag hält,
51. entgegen § 196 Absatz 2 einen Ausgabeaufschlag oder einen Rücknahmeabschlag berechnet,
52. entgegen § 197 Absatz 1, auch in Verbindung mit einer Rechtsverordnung nach Absatz 3, oder § 261 Absatz 3 in ein Derivat investiert, ein dort genanntes Geschäft tätigt oder eine dort genannte Voraussetzung oder eine dort genannte Pflicht nicht erfüllt,
53. entgegen § 197 Absatz 2, auch in Verbindung mit einer Rechtsverordnung nach Absatz 3 Satz 1 Nummer 1, nicht sicherstellt, dass sich das Marktrisikopotenzial höchstens verdoppelt,
54. entgegen den §§ 198, 206 Absatz 1 oder Absatz 2, auch in Verbindung mit den §§ 208, 206 Absatz 3 Satz 1 oder Absatz 4, den §§ 207, 209, 219 Absatz 5, § 221 Absatz 3 oder Absatz 4, § 222 Absatz 2 Satz 2 oder § 225 Absatz 2 Satz 1 oder Absatz 4 Satz 1 mehr als einen dort genannten Prozentsatz des Wertes in einen dort genannten Vermögensgegenstand anlegt,
55. entgegen § 200 Absatz 1 Satz 1 oder Absatz 2 Satz 1, auch in Verbindung mit § 204 Absatz 1 oder Absatz 2 oder einer Rechtsverordnung nach Absatz 3, ein Wertpapier überträgt,
56. entgegen § 200 Absatz 1 Satz 2 erster Halbsatz, auch in Verbindung mit § 204 Absatz 1 oder Absatz 2 oder einer Rechtsverordnung nach Absatz 3, oder § 240 Absatz 1 ein Darlehen gewährt,
57. entgegen § 200 Absatz 4, auch in Verbindung mit § 204 Absatz 1 oder Absatz 2 oder einer Rechtsverordnung nach Absatz 3, eine Anzeige nicht, nicht richtig, nicht vollständig oder nicht rechtzeitig erstattet,
58. entgegen § 203 Satz 1 auch in Verbindung mit § 204 Absatz 1 oder Absatz 2 oder einer Rechtsverordnung nach Absatz 3, ein Pensionsgeschäft abschließt,
59. entgegen
    a) § 205 Satz 1, auch in Verbindung mit § 218 Satz 2, § 220 oder § 284 Absatz 1,
    b) § 225 Absatz 1 Satz 3,
    c) § 265 Satz 1 oder

d) § 276 Absatz 1 Satz 1

einen Leerverkauf durchführt,

60. entgegen § 206 Absatz 3 Satz 2 nicht sicherstellt, dass der Gesamtwert der Schuldverschreibungen 80 Prozent des Wertes des inländischen OGAW nicht übersteigt,
61. einer Vorschrift des § 206 Absatz 5 Satz 1, auch in Verbindung mit § 206 Absatz 5 Satz 2, oder § 221 Absatz 5 Satz 1 einer dort genannten Sicherstellungspflicht zuwiderhandelt,
62. entgegen § 210 Absatz 1 Satz 1 oder Satz 4, Absatz 2 oder Absatz 3 in einen dort genannten Vermögensgegenstand unter Überschreitung einer dort genannten Anlagegrenze anlegt,
63. entgegen § 211 Absatz 2 nicht als vorrangiges Ziel die Einhaltung der Anlagegrenzen anstrebt,
64. entgegen § 222 Absatz 1 Satz 4 einen dort genannten Vermögensgegenstand erwirbt,
65. entgegen § 225 Absatz 1 Satz 3 Leverage durchführt,
66. entgegen § 225 Absatz 2 Satz 2 einen Devisenterminkontrakt verkauft,
67. entgegen § 225 Absatz 4 Satz 2 oder Satz 3, jeweils auch in Verbindung mit § 221 Absatz 2, in einen dort genannten Zielfonds anlegt,
68. entgegen § 225 Absatz 5 nicht sicherstellt, dass eine dort genannte Information vorliegt,
69. entgegen § 233 Absatz 2 oder § 261 Absatz 4 nicht sicherstellt, dass ein Vermögensgegenstand nur in dem dort genannten Umfang einem Währungsrisiko unterliegt,
70. entgegen § 239 Absatz 2 Nummer 2 einen Vermögensgegenstand veräußert,
71. entgegen § 240 Absatz 2 nicht sicherstellt, dass die Summe der Darlehen einen dort genannten Prozentsatz nicht übersteigt,
72. entgegen § 264 Absatz 1 Satz 1 nicht dafür sorgt, dass die genannte Verfügungsbeschränkung in das Grundbuch oder ein dort genanntes Register eingetragen wird,
73. entgegen § 268 Absatz 1 Satz 1 einen dort genannten Verkaufsprospekt oder die wesentlichen Anlegerinformationen nicht, nicht richtig oder nicht vollständig erstellt oder entgegen § 268 Absatz 1 Satz 2 einen dort genannten Verkaufsprospekt oder die wesentlichen Anlegerinformationen dem Publikum nicht, nicht richtig oder nicht vollständig zugänglich macht,
74. entgegen § 282 Absatz 2 Satz 1 in einen dort genannten Vermögensgegenstand investiert,
75. entgegen § 285 in einen dort genannten Vermögensgegenstand investiert,
76. entgegen § 289 Absatz 1, 2 oder Absatz 5 eine Unterrichtung, eine Information oder eine Mitteilung nicht, nicht richtig, nicht vollständig oder nicht rechtzeitig vornimmt,
77. entgegen § 290 Absatz 1 oder Absatz 5 eine dort genannte Information oder eine Angabe nicht, nicht richtig, nicht vollständig oder nicht rechtzeitig vorlegt,
78. entgegen § 297 Absatz 1, auch in Verbindung mit Absatz 5 Satz 1, eine dort genannte Unterlage nicht oder nicht in Papierform kostenlos zur Verfügung stellt,

79. entgegen § 302 Absatz 1, 2, 3, 4, 5 oder Absatz 6 bei Werbung eine dort genannte Anforderung nicht erfüllt,

79a. entgegen § 307 Absatz 5 die wesentlichen Anlegerinformationen dem semiprofessionellen Anleger nicht rechtzeitig zur Verfügung stellt, falls er kein Basisinformationsblatt gemäß der Verordnung (EU) Nr. 1286/2014 zur Verfügung stellt,

80. entgegen § 309 Absatz 2 nicht sicherstellt, dass ein Anleger eine dort genannte Information oder eine dort genannte Unterlage oder eine Änderung erhält, oder

81. entgegen § 312 Absatz 1 eine Anzeige nicht, nicht richtig, nicht vollständig oder nicht rechtzeitig macht.

(3) Ordnungswidrig handelt, wer als Person, die für eine Kapitalverwaltungsgesellschaft handelt, gegen die Verordnung (EG) Nr. 1060/2009 des Europäischen Parlaments und des Rates vom 16. September 2009 über Ratingagenturen (ABl. L 302 vom 17.11.2009, S. 1), die zuletzt durch die Verordnung (EU) Nr. 462/2013 (ABl. L 146 vom 31.5.2013, S. 1) geändert worden ist, verstößt, indem er vorsätzlich oder leichtfertig

1. entgegen Artikel 4 Absatz 1 Unterabsatz 1 ein Rating verwendet,
2. entgegen Artikel 5a Absatz 1 nicht dafür Sorge trägt, dass die Kapitalverwaltungsgesellschaft eigene Kreditrisikobewertungen vornimmt,
3. entgegen Artikel 8c Absatz 1 einen Auftrag nicht richtig erteilt oder
4. entgegen Artikel 8c Absatz 2 nicht dafür Sorge trägt, dass die beauftragten Ratingagenturen die dort genannten Voraussetzungen erfüllen.

(4) Ordnungswidrig handelt, wer gegen die Verordnung (EU) Nr. 345/2013 des Europäischen Parlaments und des Rates vom 17. April 2013 über Europäische Risikokapitalfonds (ABl. L 115 vom 25.4.2013, S. 1) verstößt, indem er vorsätzlich oder fahrlässig

1. entgegen Artikel 5 Absatz 1 Satz 1 nicht dafür sorgt, dass beim Erwerb von anderen Vermögenswerten als qualifizierten Anlagen höchstens 30 Prozent des aggregierten eingebrachten Kapitals und noch nicht eingeforderten zugesagten Kapitals des qualifizierten Risikokapitalfonds für den Erwerb solcher Vermögenswerte eingesetzt werden,
2. entgegen Artikel 5 Absatz 2 auf der Ebene des qualifizierten Risikokapitalfonds eine dort genannte Methode anwendet,
3. entgegen Artikel 5 Absatz 3 auf der Ebene des qualifizierten Risikokapitalfonds Darlehen aufnimmt, Schuldtitel begibt oder Garantien stellt,
4. entgegen Artikel 6 Absatz 1 einen dort genannten Anteil vertreibt,
5. entgegen Artikel 12 Absatz 1 Unterabsatz 1 Satz 1 in Verbindung mit Satz 2, 3 oder Satz 4 oder entgegen Absatz 1 Unterabsatz 2 Satz 2 einen Jahresbericht der Bundesanstalt nicht, nicht richtig, nicht vollständig oder nicht rechtzeitig vorlegt,
6. entgegen Artikel 13 Absatz 1 eine Unterrichtung der Anleger oder entgegen Artikel 15 eine Unterrichtung der zuständigen Behörde nicht, nicht richtig, nicht vollständig, nicht in der vorgeschriebenen Weise oder nicht rechtzeitig vornimmt, oder
7. ohne Registrierung nach Artikel 14 Absatz 1 in Verbindung mit Artikel 14 Absatz 2 die Bezeichnung „EuVECA“ verwendet.

(5) Ordnungswidrig handelt, wer gegen die Verordnung (EU) Nr. 346/2013 des Europäischen Parlaments und des Rates vom 17. April 2013 über Europäische Fonds für soziales Unternehmertum (ABl. L 115 vom 25.4.2013, S. 18) verstößt, indem er vorsätzlich oder fahrlässig

1. entgegen Artikel 5 Absatz 1 Satz 1 nicht dafür sorgt, dass beim Erwerb von anderen Vermögenswerten als qualifizierten Anlagen höchstens 30 Prozent des aggregierten

eingebrachten Kapitals und noch nicht eingeforderten zugesagten Kapitals des qualifizierten Fonds für soziales Unternehmertum für den Erwerb solcher Vermögenswerte eingesetzt werden,

2. entgegen Artikel 5 Absatz 2 auf der Ebene des qualifizierten Fonds für soziales Unternehmertum eine dort genannte Methode anwendet,
3. entgegen Artikel 5 Absatz 3 auf der Ebene des qualifizierten Fonds für soziales Unternehmertum Darlehen aufnimmt, Schuldtitel begibt oder Garantien stellt,
4. entgegen Artikel 6 Absatz 1 einen dort genannten Anteil vertreibt,
5. entgegen Artikel 13 Absatz 1 Satz 1 in Verbindung mit Satz 2, 3 oder Satz 4 oder in Verbindung mit Absatz 2 oder entgegen Absatz 1 Satz 6 in Verbindung mit Absatz 2 einen Jahresbericht der Bundesanstalt nicht, nicht richtig, nicht vollständig, nicht in der vorgeschriebenen Weise oder nicht rechtzeitig vorlegt,
6. entgegen Artikel 14 Absatz 1 eine Unterrichtung der Anleger oder entgegen Artikel 16 eine Unterrichtung der zuständigen Behörde nicht, nicht richtig, nicht vollständig, nicht in der vorgeschriebenen Weise oder nicht rechtzeitig vornimmt, oder
7. ohne Registrierung nach Artikel 15 Absatz 1 in Verbindung mit Artikel 15 Absatz 2 die Bezeichnung „EuSEF“ verwendet.

(6) Ordnungswidrig handelt, wer gegen die Verordnung (EU) 2015/760 verstößt, indem er vorsätzlich oder fahrlässig

1. entgegen Artikel 9 Absatz 1 in einen anderen Anlagevermögenswert investiert,
2. entgegen Artikel 9 Absatz 2 ein dort genanntes Geschäft tätigt,
3. entgegen Artikel 13 Absatz 1 in Verbindung mit Artikel 17 nicht mindestens 70 Prozent seines Kapitals im Sinne von Artikel 2 Nummer 7 in einen zulässigen Anlagevermögenswert investiert,
4. entgegen Artikel 13 Absatz 2 bis 6 unter Berücksichtigung von Artikel 14 gegen eine dort genannte Diversifizierungsanforderung verstößt,
5. entgegen Artikel 16 einen Barkredit aufnimmt,
6. entgegen Artikel 21 die Bundesanstalt nicht rechtzeitig unterrichtet,
7. entgegen Artikel 23 Absatz 1 bis 4, Artikel 24 Absatz 2 bis 5 und Artikel 25 Absatz 1 und 2 einen Prospekt nicht, nicht richtig, nicht vollständig oder nicht in der vorgeschriebenen Weise veröffentlicht,
8. entgegen Artikel 23 Absatz 5 einen Jahresbericht nicht richtig, nicht vollständig oder nicht in der vorgeschriebenen Weise veröffentlicht,
9. entgegen Artikel 23 Absatz 6 die dort genannten Informationen nicht, nicht richtig, nicht vollständig oder nicht in der vorgeschriebenen Weise bereitstellt,
10. entgegen Artikel 24 Absatz 1 einen Prospekt oder eine Änderung nicht, nicht richtig, nicht vollständig oder nicht rechtzeitig übermittelt,
11. entgegen den Artikeln 28 und 30 einen Anteil an einen Kleinanleger vertreibt,
12. entgegen Artikel 29 Absatz 5 einen Vermögenswert wiederverwendet,
13. ohne Zulassung gemäß den Artikeln 4 und 5 die Bezeichnung „ELTIF“ oder „europäischer langfristiger Investmentfonds“ verwendet.

(6a) Ordnungswidrig handelt, wer gegen die Verordnung (EU) Nr. 1286/2014 des Europäischen Parlaments und des Rates vom 26. November 2014 über Basisinformationsblätter für verpackte Anlageprodukte für Kleinanleger und Versicherungsanlageprodukte (PRIIP) (ABl. L 352 vom 9.12.2014, S. 1, L 358 vom 13.12.2014, S. 50) verstößt, indem er vorsätzlich oder leichtfertig

1. entgegen
   a) Artikel 5 Absatz 1,
   b) Artikel 5 Absatz 1 in Verbindung mit Artikel 6,
   c) Artikel 5 Absatz 1 in Verbindung mit Artikel 7 Absatz 2,
   d) Artikel 5 Absatz 1 in Verbindung mit Artikel 8 Absatz 1 bis 3

   ein Basisinformationsblatt nicht, nicht richtig, nicht vollständig, nicht rechtzeitig oder nicht in der vorgeschriebenen Weise abfasst oder veröffentlicht,
2. entgegen Artikel 5 Absatz 1 in Verbindung mit Artikel 7 Absatz 1 ein Basisinformationsblatt nicht in der vorgeschriebenen Weise abfasst oder übersetzt,
3. entgegen Artikel 10 Absatz 1 Satz 1 ein Basisinformationsblatt nicht oder nicht rechtzeitig überprüft,
4. entgegen Artikel 10 Absatz 1 Satz 1 ein Basisinformationsblatt nicht oder nicht vollständig überarbeitet,
5. entgegen Artikel 10 Absatz 1 Satz 2 ein Basisinformationsblatt nicht oder nicht rechtzeitig zur Verfügung stellt,
6. entgegen Artikel 9 Satz 1 in Werbematerialien Aussagen trifft, die im Widerspruch zu den Informationen des Basisinformationsblattes stehen oder dessen Bedeutung herabstufen,
7. entgegen Artikel 9 Satz 2 die erforderlichen Hinweise in Werbematerialien nicht, nicht richtig oder nicht vollständig aufnimmt,
8. entgegen Artikel 13 Absatz 1, 3 und 4 oder Artikel 14 ein Basisinformationsblatt nicht oder nicht rechtzeitig oder nicht in der vorgeschriebenen Weise zur Verfügung stellt,
9. entgegen Artikel 19 Buchstabe a und b nicht, nicht richtig oder nicht in der vorgeschriebenen Weise geeignete Verfahren und Vorkehrungen zur Einreichung und Beantwortung von Beschwerden vorsieht,
10. entgegen Artikel 19 Buchstabe c nicht, nicht richtig oder nicht in der vorgeschriebenen Weise geeignete Verfahren und Vorkehrungen vorsieht, durch die gewährleistet wird, dass Kleinanlegern wirksame Beschwerdeverfahren im Fall von grenzüberschreitenden Streitigkeiten zur Verfügung stehen.

(6b) Ordnungswidrig handelt, wer gegen die Verordnung (EU) 2017/1131 des Europäischen Parlaments und des Rates vom 14. Juni 2017 über Geldmarktfonds (ABl. L 169 vom 30.6.2017, S. 8) verstößt, indem er vorsätzlich oder fahrlässig

1. ohne Zulassung nach Artikel 6 Absatz 1 die Bezeichnung „Geldmarktfonds" verwendet,
2. entgegen Artikel 9 Absatz 1 oder 2 in einen Vermögenswert investiert oder ein dort genanntes Geschäft tätigt,
3. einer Vorschrift des Artikels 17 Absatz 1, 3, 4, 5 oder 6 Satz 1, des Artikels 18 Absatz 1, des Artikels 24 Absatz 1 oder des Artikels 25 Absatz 1 Satz 1 oder Absatz 3 über eine dort genannte Anforderung an die Zusammensetzung des Portfolios zuwiderhandelt,
4. einer Vorschrift des Artikels 19 Absatz 2 oder 4 über eine dort genannte Sicherstellungspflicht zuwiderhandelt,
5. einer Vorschrift der Artikel 21, 26 Satz 2, des Artikels 31 Absatz 4, des Artikels 32 Absatz 4, des Artikels 33 Absatz 2 Unterabsatz 3, des Artikels 34 Absatz 1, 2 Satz 2 oder des Artikels 36 Absatz 1, 2, 4 oder 5 über eine dort genannte Anforderung bezüglich der Transparenz oder Dokumentation zuwiderhandelt,

6. einer Vorschrift des Artikels 23 Absatz 1 Unterabsatz 1, Absatz 2, 3 oder 4, des Artikels 27 oder des Artikels 28 Absatz 3 oder 4 über eine dort genannte Anforderung bezüglich der Geschäftsführung oder Verwaltung zuwiderhandelt,
7. einer Vorschrift des Artikels 29 Absatz 1 bis 4 oder 5, des Artikels 30 Absatz 3 in Verbindung mit Absatz 1 oder 2, des Artikels 31 Absatz 3 in Verbindung mit Absatz 1 oder 2 oder des Artikels 32 Absatz 3 in Verbindung mit Absatz 1 oder 2 über eine dort genannte Anforderung bezüglich der Bewertung zuwiderhandelt oder
8. entgegen Artikel 35 Absatz 1 einen Geldmarktfonds extern unterstützt.

(6c) Ordnungswidrig handelt, wer vorsätzlich oder fahrlässig
1. eine Zulassung als Geldmarktfonds nach Artikel 4 Absatz 1 bis 3 der Verordnung (EU) 2017/1131 auf Grund einer nicht richtigen Erklärung oder Angabe erwirkt,
2. einen Vermögenswert eines LVNAV-Geldmarktfonds nach der Methode der fortgeführten Anschaffungskosten bewertet, wenn dieser Vermögenswert eine Restlaufzeit von mehr als 75 Tagen aufweist oder wenn der nach Artikel 29 Absatz 2, 3 und 4 der Verordnung (EU) 2017/1131 berechnete Preis dieses Vermögenswerts mehr als zehn Basispunkte von dem nach Artikel 29 Absatz 7 Unterabsatz 1 der Verordnung (EU) 2017/1131 berechneten Preis dieses Vermögenswertes abweicht, oder
3. als Geldmarktfondsverwalter ein Dokument für Vertriebszwecke verwendet, das die in Artikel 36 Absatz 3 der Verordnung (EU) 2017/1131 genannten Hinweise nicht, nicht richtig oder nicht vollständig enthält.

(6d) Ordnungswidrig handelt, wer im Anwendungsbereich dieses Gesetzes entgegen Artikel 6 Absatz 2 Satz 1 der Verordnung (EU) 2017/2402 des Europäischen Parlaments und des Rates vom 12. Dezember 2017 zur Festlegung eines allgemeinen Rahmens für Verbriefungen und zur Schaffung eines spezifischen Rahmens für einfache, transparente und standardisierte Verbriefung und zur Änderung der Richtlinien 2009/65/EG, 2009/138/EG, 2011/61/EU und der Verordnungen (EG) Nr. 1060/2009 und (EU) Nr. 648/2012 (ABl. L 347 vom 28.12.2017, S. 35) Vermögenswerte auswählt.

(6e) Ordnungswidrig handelt, wer im Anwendungsbereich dieses Gesetzes gegen die Verordnung (EU) 2017/2402 verstößt, indem er vorsätzlich oder fahrlässig
1. entgegen Artikel 6 Absatz 1 Satz 1 einen dort genannten Anteil nicht hält,
2. entgegen Artikel 7 Absatz 1 Unterabsatz 1 bis 4 oder 5 eine Information nicht, nicht richtig, nicht vollständig, nicht in der vorgeschriebenen Weise oder nicht rechtzeitig zur Verfügung stellt,
3. entgegen Artikel 9 Absatz 1 Satz 1 oder 2 ein anderes Kriterium oder Verfahren anwendet,
4. entgegen Artikel 18 Satz 1 eine dort genannte Bezeichnung verwendet oder
5. entgegen Artikel 27 Absatz 4 die Europäische Wertpapier- und Marktaufsichtsbehörde nicht, nicht richtig, nicht vollständig oder nicht rechtzeitig unterrichtet oder die Bundesanstalt nicht, nicht richtig, nicht vollständig oder nicht rechtzeitig benachrichtigt.

(6f) Ordnungswidrig handelt, wer im Anwendungsbereich dieses Gesetzes vorsätzlich oder fahrlässig
1. nicht sicherstellt, dass er über ein wirksames System nach Artikel 9 Absatz 1 Satz 3 der Verordnung (EU) 2017/2402 verfügt,
2. eine in Artikel 9 Absatz 3 der Verordnung (EU) 2017/2402 genannte Risikoposition verbrieft, ohne eine dort genannte Prüfung vorgenommen zu haben, oder

3. eine Meldung nach Artikel 27 Absatz 1 Unterabsatz 1, 2 oder 3 Satz 2 der Verordnung (EU) 2017/2402 mit irreführendem Inhalt macht.

(7) [1]Die Ordnungswidrigkeit kann wie folgt geahndet werden:

1. in den Fällen des Absatzes 1 Nummer 1, 4 und 5, des Absatzes 2 Nummer 1, 3 bis 7, 9, 10, 13, 14, 25 bis 30, 33 bis 35, 76, 77, 81, des Absatzes 6b Nummer 8, des Absatzes 6c Nummer 1 sowie der Absätze 6d bis 6f und bei einer wiederholten Vornahme einer der in Absatz 1 Nummer 2 und 3 oder in Absatz 2 Nummer 24, 31, 32, 37, 38, 40, 41, 49 bis 63, 65, 72, 73, 78, 79 und 79a aufgeführten Handlungen mit einer Geldbuße bis zu fünf Millionen Euro; gegenüber einer juristischen Person oder einer Personenvereinigung kann über diesen Betrag hinaus eine Geldbuße in Höhe bis zu 10 Prozent des jährlichen Gesamtumsatzes verhängt werden;
2. in den Fällen des Absatzes 1 Nummer 2 und 3, des Absatzes 2 Nummer 1a, 2, 8, 11, 12, 15 bis 24, 31, 32, 37, 38, 40, 41, 43 bis 46, 49 bis 62, 63 bis 67, 70 bis 73, 78 und 79a, des Absatzes 4 Nummer 3, 4 und 7, des Absatzes 5 Nummer 3, 4 und 7 des Absatzes 6 Nummer 5, 11 und 13, des Absatzes 6b Nummer 1, 5 und 7 und des Absatzes 6c Nummer 2 und 3 mit einer Geldbuße bis zu einer Million Euro; gegenüber einer juristischen Person oder einer Personenvereinigung kann über diesen Betrag hinaus eine Geldbuße in Höhe bis zu 2 Prozent des jährlichen Gesamtumsatzes verhängt werden;

2a. in den Fällen des Absatzes 6a mit einer Geldbuße bis zu siebenhunderttausend Euro; gegenüber einer juristischen Person oder einer Personenvereinigung kann über diesen Betrag hinaus eine Geldbuße bis zum höheren der Beträge von fünf Millionen Euro oder 3 Prozent des jährlichen Gesamtumsatzes verhängt werden;

3. in den übrigen Fällen der Absätze 2 bis 6 und 6b mit einer Geldbuße bis zu zweihunderttausend Euro.

[2]Über die in Satz 1 genannten Beträge hinaus kann die Ordnungswidrigkeit mit einer Geldbuße bis zur Höhe des Zweifachen des aus dem Verstoß gezogenen wirtschaftlichen Vorteils geahndet werden. [3]Der wirtschaftliche Vorteil umfasst auch vermiedene wirtschaftliche Nachteile und kann geschätzt werden.

(8) [1]Gesamtumsatz im Sinne von Absatz 7 ist

1. im Fall von Kreditinstituten, Zahlungsinstituten und Finanzdienstleistungsinstituten der sich aus dem auf das Institut anwendbaren nationalen Recht im Einklang mit Artikel 27 Nummer 1, 3, 4, 6 und 7 oder Artikel 28 Nummer B1, B2, B3, B4 und B7 der Richtlinie 86/635/EWG des Rates vom 8. Dezember 1986 über den Jahresabschluss und den konsolidierten Abschluss von Banken und anderen Finanzinstituten (ABl. L 372 vom 31.12.1986, S. 1) ergebende Gesamtbetrag, abzüglich der Umsatzsteuer und sonstigen direkt auf diese Erträge erhobenen Steuern,
2. im Fall von Versicherungsunternehmen der sich aus dem auf das Versicherungsunternehmen anwendbaren nationalen Recht im Einklang mit Artikel 63 der Richtlinie 91/674/EWG des Rates vom 19. Dezember 1991 über den Jahresabschluss und den konsolidierten Abschluss von Versicherungsunternehmen (ABl. L 374 vom 31.12.1991, S. 7) ergebende Gesamtbetrag, abzüglich der Umsatzsteuer und sonstigen direkt auf diese Erträge erhobenen Steuern,
3. im Übrigen der Betrag der Nettoumsatzerlöse nach Maßgabe des auf das Unternehmen anwendbaren nationalen Rechts im Einklang mit Artikel 2 Nummer 5 der Richtlinie 2013/34/EU.

[2]Handelt es sich bei der juristischen Person oder Personenvereinigung um ein Mutterunternehmen oder um eine Tochtergesellschaft, so ist anstelle des Gesamtumsatzes der juristischen Person oder Personenvereinigung der jeweilige Gesamtbetrag in dem Kon-

zernabschluss des Mutterunternehmens maßgeblich, der für den größten Kreis von Unternehmen aufgestellt wird. [3]Wird der Konzernabschluss für den größten Kreis von Unternehmen nicht nach den in Satz 1 genannten Vorschriften aufgestellt, ist der Gesamtumsatz nach Maßgabe der den in Satz 1 vergleichbaren Posten des Konzernabschlusses zu ermitteln. [4]Maßgeblich ist der Jahres- oder Konzernabschluss des der Behördenentscheidung unmittelbar vorausgehenden Geschäftsjahres. [5]Ist dieser nicht verfügbar, ist der Jahres- oder Konzernabschluss für das unmittelbar vorausgehende Geschäftsjahr maßgeblich. [6]Ist auch dieser nicht verfügbar, kann der Gesamtumsatz für das der Behördenentscheidung unmittelbar vorausgehende Geschäftsjahr geschätzt werden.

(9) [1]§ 17 Absatz 2 des Gesetzes über Ordnungswidrigkeiten ist nicht anzuwenden bei Verstößen gegen Gebote und Verbote im Zusammenhang mit OGAW, die in Absatz 7 Nummer 1 in Bezug genommen werden. [2]§ 30 des Gesetzes über Ordnungswidrigkeiten gilt auch für juristische Personen oder Personenvereinigungen, die über eine Zweigniederlassung oder im Wege des grenzüberschreitenden Dienstleistungsverkehrs im Inland tätig sind. [3]Die Verfolgung der Ordnungswidrigkeiten nach Absatz 1 bis 6 verjährt in drei Jahren.

(10) Verwaltungsbehörde im Sinne des § 36 Absatz 1 Nummer 1 des Gesetzes über Ordnungswidrigkeiten ist die Bundesanstalt.

§ 341 Beteiligung der Bundesanstalt und Mitteilungen in Strafsachen

(1) [1]Das Gericht, die Strafverfolgungs- oder die Strafvollstreckungsbehörde hat in Strafverfahren gegen bedeutend beteiligte Inhaber, Geschäftsleiter oder Mitglieder der Verwaltungs- oder Aufsichtsorgane von Verwaltungsgesellschaften, extern verwalteten Investmentgesellschaften oder Verwahrstellen oder deren jeweilige gesetzliche Vertreter oder persönlich haftende Gesellschafter wegen Verletzung ihrer Berufspflichten oder anderer Straftaten bei oder im Zusammenhang mit der Ausübung eines Gewerbes oder dem Betrieb einer sonstigen wirtschaftlichen Unternehmung, ferner in Strafverfahren, die Straftaten nach § 339 zum Gegenstand haben, im Fall der Erhebung der öffentlichen Klage der Bundesanstalt

1. die Anklageschrift oder eine an ihre Stelle tretende Antragsschrift,
2. den Antrag auf Erlass eines Strafbefehls und
3. die das Verfahren abschließende Entscheidung mit Begründung

zu übermitteln; ist gegen die Entscheidung ein Rechtsmittel eingelegt worden, ist die Entscheidung unter Hinweis auf das eingelegte Rechtsmittel zu übermitteln. [2]In Verfahren wegen fahrlässig begangener Straftaten werden die in den Nummern 1 und 2 bestimmten Übermittlungen nur vorgenommen, wenn aus der Sicht der übermittelnden Stelle unverzüglich Entscheidungen oder andere Maßnahmen der Bundesanstalt geboten sind.

(2) [1]In Strafverfahren, die Straftaten nach § 339 zum Gegenstand haben, hat die Staatsanwaltschaft die Bundesanstalt bereits über die Einleitung des Ermittlungsverfahrens zu unterrichten, soweit dadurch eine Gefährdung des Ermittlungszwecks nicht zu erwarten ist. [2]Erwägt die Staatsanwaltschaft, das Verfahren einzustellen, so hat sie die Bundesanstalt zu hören.

(3) [1]Werden sonst in einem Strafverfahren Tatsachen bekannt, die auf Missstände in dem Geschäftsbetrieb einer Verwaltungsgesellschaft, extern verwalteten Investmentgesellschaft oder Verwahrstelle hindeuten und ist deren Kenntnis aus der Sicht der übermittelnden Stelle für Maßnahmen der Bundesanstalt nach diesem Gesetz erforderlich, soll das Gericht, die Strafverfolgungs- oder die Strafvollstreckungsbehörde diese Tatsachen ebenfalls mitteilen, soweit nicht für die übermittelnde Stelle erkennbar ist, dass

schutzwürdige Interessen des Betroffenen überwiegen. [2]Dabei ist zu berücksichtigen, wie gesichert die zu übermittelnden Erkenntnisse sind.

(4) [1]Der Bundesanstalt ist auf Antrag Akteneinsicht zu gewähren, soweit nicht für die Akteneinsicht gewährende Stelle erkennbar ist, dass schutzwürdige Interessen des Betroffenen überwiegen. [2]Absatz 3 Satz 2 gilt entsprechend.

§ 341a Bekanntmachung von bestandskräftigen Maßnahmen und unanfechtbar gewordenen Bußgeldentscheidungen

(1) [1]Bestandskräftige Maßnahmen und unanfechtbar gewordene Bußgeldentscheidungen der Bundesanstalt nach diesem Gesetz

1. wegen Verstößen gegen Gebote und Verbote im Zusammenhang mit OGAW, die in § 340 Absatz 7 Nummer 1 in Bezug genommen werden, sowie wegen Verstößen gegen Gebote und Verbote nach den Artikeln 6, 7, 9 oder 27 Absatz 1 der Verordnung (EU) 2017/2402 muss die Bundesanstalt und
2. wegen Verstößen gegen Gebote und Verbote, die in § 340 Absatz 7 Nummer 2 oder Nummer 3 oder Absatz 3 oder im Zusammenhang mit AIF in § 340 Absatz 7 Nummer 1 in Bezug genommen werden, kann die Bundesanstalt und
3. wegen Verstößen gegen die Verordnung (EU) 2015/2365 und die Verordnung (EU) 2016/1011 im Zusammenhang mit OGAW und AIF muss die Bundesanstalt

nach Unterrichtung des Adressaten der Maßnahme oder Bußgeldentscheidung auf ihrer Internetseite bekanntmachen. [2]In der Bekanntmachung sind Art und Charakter des Verstoßes und die für den Verstoß verantwortlichen natürlichen Personen und juristischen Personen oder Personenvereinigungen zu benennen. [3]Betreffen die bestandskräftigen Maßnahmen oder unanfechtbar gewordenen Bußgeldentscheidungen nach Satz 1 Nummer 1 Verstöße gegen die Verordnung (EU) 2017/2402, so ist zusätzlich die verhängte Maßnahme oder Bußgeldentscheidung zu nennen.

(2) [1]Die Bekanntmachung nach Absatz 1 ist solange aufzuschieben, bis die Gründe für die Nichtbekanntmachung entfallen sind, wenn

1. die Bekanntmachung der Identität der juristischen Personen oder Personenvereinigung oder der personenbezogenen Daten natürlicher Personen unverhältnismäßig wäre,
2. die Bekanntmachung die Stabilität der Finanzmärkte gefährden würde oder
3. die Bekanntmachung laufende Ermittlungen gefährden würde.

[2]Anstelle einer Aufschiebung kann die Bekanntmachung auf anonymisierter Basis erfolgen, wenn hierdurch ein wirksamer Schutz der Informationen nach Satz 1 Nummer 1 gewährleistet ist. [3]Erfolgt die Bekanntmachung gemäß Satz 2 auf anonymisierter Basis und ist vorhersehbar, dass die Gründe der anonymisierten Bekanntmachung innerhalb eines überschaubaren Zeitraums wegfallen werden, so kann die Bekanntmachung der Informationen nach Satz 1 Nummer 1 entsprechend aufgeschoben werden.

(3) [1]Eine Bekanntmachung darf nicht erfolgen, wenn die Maßnahmen nach Absatz 2 nicht ausreichend sind, um eine Gefährdung der Finanzmarktstabilität auszuschließen oder die Verhältnismäßigkeit der Bekanntmachung in Ansehung des Verstoßes sicherzustellen. [2]Zudem darf eine Bekanntmachung nach Absatz 1 Satz 1 Nummer 2 nicht erfolgen, wenn sich diese nachteilig auf die Interessen der Anleger auswirken würde.

(4) [1]Die nach Absatz 1 Satz 1 Nummer 1 und Nummer 3 bekanntgemachten Maßnahmen und Bußgeldentscheidungen sollen fünf Jahre lang auf der Internetseite der Bundesanstalt veröffentlicht bleiben. [2]Die Bekanntmachung nach Absatz 1 Satz 1 Nummer 2 ist zu löschen, wenn sie nicht mehr erforderlich ist, spätestens aber nach fünf Jahren.

(5) [1]Die Bundesanstalt macht Vertriebsuntersagungen nach § 5 Absatz 6, den §§ 11, 311 oder § 314 im Bundesanzeiger bekannt, falls ein Vertrieb bereits stattgefunden hat. [2]Entstehen der Bundesanstalt durch die Bekanntmachung nach Satz 1 Kosten, sind ihr diese von der Verwaltungsgesellschaft zu erstatten.

§ 342 Beschwerdeverfahren

(1) Anleger und Kunden können jederzeit wegen behaupteter Verstöße gegen dieses Gesetz Beschwerde bei der Bundesanstalt einlegen.

(2) Beschwerden sind schriftlich, elektronisch oder zur Niederschrift bei der Bundesanstalt einzulegen und sollen den Sachverhalt sowie den Beschwerdegrund angeben.

(3) Soweit behauptete Verstöße nach Absatz 1 grenzüberschreitende Sachverhalte betreffen, arbeitet die Bundesanstalt mit den zuständigen Stellen der anderen Mitgliedstaaten der Europäischen Union oder der anderen Vertragsstaaten des Abkommens über den Europäischen Wirtschaftsraum zusammen; die §§ 8, 9 und 19 gelten entsprechend.

Abschnitt 2. Übergangsvorschriften

Unterabschnitt 1. Allgemeine Übergangsvorschriften für AIF-Verwaltungsgesellschaften

§ 343 Übergangsvorschriften für inländische und EU-AIF-Verwaltungsgesellschaften

(1) [1]AIF-Kapitalverwaltungsgesellschaften, die vor dem 22. Juli 2013 Tätigkeiten im Sinne des § 20 ausüben, haben alle erforderlichen Maßnahmen zu ergreifen, um den Rechtsvorschriften dieses Gesetzes nachzukommen. [2]Sie haben vor Ablauf des 21. Juli 2014 die Erlaubnis nach den §§ 20 und 22 oder, wenn sie die Voraussetzungen des § 2 Absatz 4, 4a oder Absatz 5 erfüllen, die Registrierung nach § 44 zu beantragen.

(2) [1]EU-AIF-Verwaltungsgesellschaften, die vor dem 22. Juli 2013 inländische Spezial-AIF im Sinne des § 54 verwalten, haben alle erforderlichen Maßnahmen zu ergreifen, um den entsprechenden Rechtsvorschriften dieses Gesetzes nachzukommen. [2]Die Angaben gemäß § 54 sind unmittelbar nach Erteilung der Erlaubnis im Herkunftsmitgliedstaat, spätestens bis zum 31. Dezember 2014 der Bundesanstalt zu übermitteln.

(3) [1]Eine AIF-Kapitalverwaltungsgesellschaft, die vor dem 22. Juli 2013 Tätigkeiten im Sinne des § 20 ausübt, darf bis zum 21. Januar 2015 bereits vor Erteilung der Erlaubnis nach den §§ 20 und 22 neue AIF nach den Vorschriften dieses Gesetzes, mit Ausnahme des Erfordernisses der Erlaubnis, verwalten und im Geltungsbereich dieses Gesetzes vertreiben, wenn sie bei Publikums-AIF zusammen mit dem Antrag auf Genehmigung der Anlagebedingungen nach § 163 oder § 267 und bei Spezial-AIF zusammen mit der Vertriebsanzeige nach § 321

1. im Zeitraum vom 22. Juli 2013 bis zum 21. Juli 2014 den Antrag auf Erlaubnis nach den §§ 20 und 22 einreicht, auf den bereits eingereichten, noch nicht beschiedenen Antrag auf Erlaubnis nach den §§ 20 und 22 verweist oder die verbindliche Erklärung gegenüber der Bundesanstalt abgibt, innerhalb der in Absatz 1 Satz 2 genannten Frist einen Antrag auf Erlaubnis nach den §§ 20 und 22 zu stellen,
2. im Zeitraum vom 22. Juli 2014 bis zum 21. Januar 2015 auf den eingereichten, noch nicht beschiedenen Antrag auf Erlaubnis nach den §§ 20 und 22 verweist.

[2]Auf die Genehmigung der Anlagebedingungen findet § 163 Absatz 2 Satz 5 keine Anwendung. [3]In dem Verkaufsprospekt und den wesentlichen Anlegerinformationen gemäß § 164 oder § 268 sind die Anleger drucktechnisch herausgestellt an hervorgehobener Stelle über die fehlende Erlaubnis der AIF-Kapitalverwaltungsgesellschaft und die

Folgen einer unterlassenen Antragstellung oder Erlaubnisversagung hinzuweisen. [4]Bei Spezial-AIF muss dieser Hinweis im Rahmen der Informationen gemäß § 307 erfolgen. [5]Als neuer AIF im Sinne von Satz 1 gilt ein AIF, der nach dem 21. Juli 2013 aufgelegt wird.

(4) Ein AIF gilt mit dem Zeitpunkt als aufgelegt im Sinne dieses Abschnitts, in dem mindestens ein Anleger durch den unbedingten und unbefristeten Abschluss des auf die Ausgabe eines Anteils oder einer Aktie gerichteten schuldrechtlichen Verpflichtungsgeschäfts einen Anteil oder eine Aktie des AIF gezeichnet hat.

(5) [1]AIF-Kapitalverwaltungsgesellschaften im Sinne des Absatzes 1, die weder die Voraussetzungen des § 2 Absatz 4, 4a oder Absatz 5 erfüllen noch binnen der in Absatz 1 Satz 2 vorgesehenen Frist einen Erlaubnisantrag stellen oder denen die Erlaubnis gemäß § 23 versagt wurde, können mit Zustimmung von Anlegern, die mehr als 50 Prozent der Anteile des AIF halten, die Abwicklung des inländischen AIF binnen drei Monaten nach Ablauf der in Absatz 1 Satz 2 genannten Frist oder nach Versagung der Erlaubnis dadurch abwenden, dass sie die Verwaltung auf eine AIF-Kapitalverwaltungsgesellschaft übertragen, die über eine Erlaubnis nach den §§ 20 und 22 verfügt und sich zur Übernahme der Verwaltung bereit erklärt. [2]Die Bundesanstalt kann im öffentlichen Interesse bestimmen, dass die Verwaltung des AIF auf eine AIF-Kapitalverwaltungsgesellschaft, die über eine Erlaubnis nach den §§ 20 und 22 verfügt und sich zur Übernahme der Verwaltung bereit erklärt, übergeht. [3]Die Verwaltung von inländischen Spezial-AIF kann auch auf EU-AIF-Verwaltungsgesellschaften übertragen werden, für welche die erforderlichen Angaben gemäß § 54 übermittelt wurden.

(6) [1]Für EU-AIF-Verwaltungsgesellschaften im Sinne des Absatzes 2, für die nicht binnen der in Absatz 2 Satz 2 vorgesehenen Frist die Angaben gemäß § 54 übermittelt wurden, gilt Absatz 5 entsprechend mit der Maßgabe, dass die Übertragung binnen drei Monaten nach Ablauf der in Absatz 2 Satz 2 genannten Frist erfolgen kann. [2]Für EU-AIF-Verwaltungsgesellschaften, die vor dem 22. Juli 2013 inländische Publikums-AIF verwalten, und für ausländische AIF-Verwaltungsgesellschaften, die vor dem 22. Juli 2013 inländische AIF verwalten, gilt Absatz 5 entsprechend mit der Maßgabe, dass die Übertragung innerhalb von 15 Monaten nach dem 21. Juli 2013 erfolgen kann.

(7) § 34 Absatz 6 ist erst ab dem 1. Januar 2017 anzuwenden.

(8) [1]Die Anlagebedingungen, die wesentlichen Anlegerinformationen und der Verkaufsprospekt für Publikums-AIF sind spätestens zum 18. März 2017 an die ab dem 18. März 2016 geltende Fassung dieses Gesetzes anzupassen. [2]§ 163 gilt mit der Maßgabe, dass die in § 163 Absatz 2 Satz 1 genannte Frist drei Monate beträgt. [3]§ 163 Absatz 3 und 4 Satz 2 bis 5 ist nicht anzuwenden.

§ 344 Übergangsvorschriften für ausländische AIF-Verwaltungsgesellschaften und für andere Vertragsstaaten des Abkommens über den Europäischen Wirtschaftsraum

(1) Die §§ 56 bis 66 sind erst ab dem Zeitpunkt anzuwenden, auf den in § 295 Absatz 2 Nummer 1 verwiesen wird.

(2) Bezieht sich dieses Gesetz auf andere Vertragsstaaten des Abkommens über den Europäischen Wirtschaftsraum oder das Abkommen über den Europäischen Wirtschaftsraum, so gilt diese Bezugnahme jeweils erst ab dem Zeitpunkt, ab dem die für die entsprechende Vorschrift dieses Gesetzes maßgeblichen Rechtsakte der Europäischen Union gemäß Artikel 7 des Abkommens über den Europäischen Wirtschaftsraum für die Vertragsparteien verbindlich sind und in dem betreffenden anderen Vertragsstaat des Abkommens über den Europäischen Wirtschaftsraum Teil des innerstaatlichen Rechts oder in innerstaatliches Recht umgesetzt sind.

(3) Unmittelbar geltende Rechtsakte der Europäischen Union gelten im Geltungsbereich dieses Gesetzes entsprechend auch für die Vertragsstaaten des Abkommens über den Europäischen Wirtschaftsraum, die keine Mitgliedstaaten der Europäischen Union sind, soweit diese Rechtsakte gemäß Artikel 7 des Abkommens über den Europäischen Wirtschaftsraum für die Vertragsparteien verbindlich sind und in dem betreffenden anderen Vertragsstaat des Abkommens über den Europäischen Wirtschaftsraum Teil des innerstaatlichen Rechts oder in innerstaatliches Recht umgesetzt sind.

§ 344a Übergangsvorschrift zum Kleinanlegerschutzgesetz

§ 45 Absatz 3 Satz 3 und § 123 Absatz 1 Satz 2 in der Fassung des Kleinanlegerschutzgesetzes vom 3. Juli 2015 (BGBl. I S. 1114) sind erstmals auf Jahres- und Konzernabschlüsse für Geschäftsjahre anzuwenden, die nach dem 31. Dezember 2014 beginnen.

Unterabschnitt 2. Besondere Übergangsvorschriften für offene AIF und für AIF-Verwaltungsgesellschaften, die offene AIF verwalten

§ 345 Übergangsvorschriften für offene AIF und AIF-Verwaltungsgesellschaften, die offene AIF verwalten, die bereits nach dem Investmentgesetz reguliert waren

(1) [1]Eine AIF-Kapitalverwaltungsgesellschaft, die bei Inkrafttreten dieses Gesetzes

1. über eine Erlaubnis als Kapitalanlagegesellschaft nach § 7 Absatz 1 des Investmentgesetzes in der bis zum 21. Juli 2013 geltenden Fassung oder als Investmentaktiengesellschaft nach § 97 Absatz 1 des Investmentgesetzes in der bis zum 21. Juli 2013 geltenden Fassung verfügt und
2. inländische offene Publikums-AIF verwaltet, die vor dem 22. Juli 2013 im Sinne des § 343 Absatz 4 aufgelegt und deren Anlagebedingungen gemäß den §§ 43, 43a des Investmentgesetzes in der bis zum 21. Juli 2013 geltenden Fassung genehmigt wurden,

hat die Anlagebedingungen und gegebenenfalls die Satzung dieser inländischen offenen Publikums-AIF an die Vorschriften dieses Gesetzes anzupassen; die geänderten Anlagebedingungen müssen spätestens am 21. Juli 2014 in Kraft treten. [2]Die für die Anpassung erforderlichen Änderungen der Anlagebedingungen müssen nur dann von der Bundesanstalt genehmigt werden, wenn es sich bei diesen Änderungen nicht um rein redaktionelle Änderungen auf Grund der Anpassungen an die Begrifflichkeiten nach diesem Gesetz handelt. [3]Andere als die zur Anpassung der Anlagebedingungen an die Vorschriften dieses Gesetzes notwendigen Änderungen dürfen in den Anlagebedingungen nicht vorgenommen werden. [4]Für die Genehmigung der Anlagebedingungen gilt nur § 163 Absatz 2 Satz 1 bis 4, 7 bis 10 und Absatz 4 Satz 1, 6 und 7 mit der Maßgabe, dass die in § 163 Absatz 2 Satz 1 genannte Frist zwei Monate ab Einreichung des Antrags auf Genehmigung der Anlagebedingungen beträgt. [5]Auf rein redaktionelle Änderungen von Anlagebedingungen im Sinne des Satzes 2 ist § 163 nicht anzuwenden, jedoch gilt für die Bekanntmachung der Änderungen und deren Inkrafttreten § 163 Absatz 4 Satz 1 und 6 erster Halbsatz entsprechend; die redaktionell angepassten Anlagebedingungen sind bei der Bundesanstalt einzureichen. [6]Der Antrag auf Genehmigung der Änderungen der Anlagebedingungen oder, falls ein solcher nach Satz 2 nicht erforderlich ist, die redaktionell angepassten Anlagebedingungen dürfen nicht nach dem Erlaubnisantrag gemäß § 22 bei der Bundesanstalt eingereicht werden. [7]Wird der Antrag auf Genehmigung der Änderungen der Anlagebedingungen oder werden, falls ein solcher nach Satz 2 nicht erforderlich ist, die redaktionell angepassten Anlagebedingungen vor dem Erlaubnisantrag gemäß § 22 eingereicht, muss die AIF-Kapitalverwaltungsgesellschaft bei der

Einreichung verbindlich gegenüber der Bundesanstalt erklären, spätestens bis zum 21. Juli 2014 einen Antrag auf Erlaubnis nach den §§ 20 und 22 zu stellen. [8]Die Bundesanstalt ist unverzüglich über den Zeitpunkt des Inkrafttretens der Änderungen der Anlagebedingungen zu informieren. [9]Bis zum Inkrafttreten der Änderungen der Anlagebedingungen der verwalteten inländischen offenen Publikums-AIF im Sinne des Satzes 1 Nummer 2, spätestens jedoch bis zum 21. Juli 2014, sind für diese AIF die für entsprechende Publikums-AIF geltenden Vorschriften des Investmentgesetzes in der bis zum 21. Juli 2013 geltenden Fassung weiter anzuwenden. [10]Die §§ 1 und 2 sowie die Vorschriften dieses Gesetzes betreffend die für Umstellung auf das neue Recht erforderlichen Anträge, Verwaltungsverfahren und Bescheide sowie die Übergangsvorschriften nach diesem Gesetz bleiben unberührt. [11]Ab Inkrafttreten der geänderten Anlagebedingungen, spätestens jedoch ab dem 22. Juli 2014, sind auf die inländischen offenen Publikums-AIF die Vorschriften dieses Gesetzes anzuwenden.

(2) [1]Bis zum Eingang des Erlaubnisantrags nach § 22 bei der Bundesanstalt, spätestens jedoch bis zum Ablauf des 21. Juli 2014, gelten für eine AIF-Kapitalverwaltungsgesellschaft im Sinne des Absatzes 1 Satz 1 die Vorschriften des Investmentgesetzes in der bis zum 21. Juli 2013 geltenden Fassung weiter. [2]Absatz 1 Satz 10 gilt entsprechend. [3]Soweit sich aus Absatz 1 Satz 9 nichts anderes ergibt, ist ab Eingang des Erlaubnisantrags nach § 22, spätestens jedoch ab dem 22. Juli 2014, dieses Gesetz vollständig auf die AIF-Kapitalverwaltungsgesellschaft im Sinne des Absatzes 1 Satz 1 anzuwenden mit der Maßgabe, dass im Hinblick auf die Verwaltung und den Vertrieb von Publikums-AIF im Sinne des Absatzes 1 Satz 1 Nummer 2 im Geltungsbereich dieses Gesetzes und so lange der Erlaubnisantrag, der bis zum 21. Juli 2014 einzureichen ist, noch nicht beschieden wurde, das Erfordernis der Erlaubnis durch den noch nicht beschiedenen vollständigen Erlaubnisantrag ersetzt wird. [4]Haben die in Absatz 1 Satz 1 genannten AIF-Kapitalverwaltungsgesellschaften bis zum Ablauf des 21. Juli 2014 keinen Antrag auf Erlaubnis gemäß § 22 gestellt, ist § 343 Absatz 5 anzuwenden.

(3) [1]Eine AIF-Kapitalverwaltungsgesellschaft, die bei Inkrafttreten dieses Gesetzes

1. über eine Erlaubnis als Kapitalanlagegesellschaft nach § 7 Absatz 1 des Investmentgesetzes in der bis zum 21. Juli 2013 geltenden Fassung oder über eine Erlaubnis als Investmentaktiengesellschaft nach § 97 Absatz 1 des Investmentgesetzes in der bis zum 21. Juli 2013 geltenden Fassung verfügt und
2. inländische offene Spezial-AIF verwaltet, die vor dem 22. Juli 2013 im Sinne des § 343 Absatz 4 aufgelegt wurden,

hat die Anlagebedingungen und gegebenenfalls die Satzung dieser inländischen offenen Spezial-AIF spätestens bis zum 21. Juli 2014 an die Vorschriften dieses Gesetzes anzupassen und zusammen mit dem Erlaubnisantrag gemäß § 22 einzureichen. [2]Absatz 1 Satz 8 und 9 und Absatz 2 gelten entsprechend.

(4) [1]Erfüllt eine AIF-Kapitalverwaltungsgesellschaft im Sinne des Absatzes 3 Satz 1 die Voraussetzungen des § 2 Absatz 4, gelten für sie und die von ihr verwalteten inländischen offenen Spezial-AIF im Sinne des Absatzes 3 Satz 1 bis zum Eingang des Antrags auf Registrierung nach § 44 bei der Bundesanstalt, spätestens jedoch bis zum 21. Juli 2014, die Vorschriften des Investmentgesetzes in der bis zum 21. Juli 2013 geltenden Fassung weiter. [2]Die Übergangsvorschriften, die Vorschriften zur Registrierung sowie die Befugnisse der Bundesanstalt nach diesem Gesetz bleiben unberührt. [3]Ab dem Eingang des Antrags auf Registrierung bei der Bundesanstalt, spätestens ab dem 22. Juli 2014, sind die für diese AIF-Kapitalverwaltungsgesellschaft geltenden Vorschriften dieses Gesetzes anzuwenden.

(5) Beantragt eine AIF-Kapitalverwaltungsgesellschaft im Sinne des Absatzes 1 Satz 1 oder des Absatzes 3 Satz 1 gemäß § 22 die Erlaubnis zur Verwaltung von AIF, muss sie

diejenigen Angaben und Unterlagen, die sie bereits bei dem Erlaubnisantrag nach § 7 Absatz 1 oder § 97 Absatz 1 des Investmentgesetzes in der bis zum 21. Juli 2013 geltenden Fassung oder im Rahmen der Umstellung ihrer Investmentvermögen auf dieses Gesetz vorgelegt hat, nicht erneut vorlegen, sofern diese Angaben und Unterlagen weiterhin aktuell sind.

(6) [1]Eine AIF-Kapitalverwaltungsgesellschaft im Sinne des Absatzes 1 Satz 1 darf von ihr verwaltete inländische offene Publikums-AIF im Sinne des Absatzes 1 Satz 1 Nummer 2 nach dem 21. Juli 2013 im Geltungsbereich dieses Gesetzes nach den Vorschriften des Investmentgesetzes in der bis zum 21. Juli 2013 geltenden Fassung weiter vertreiben. [2]Das Vertriebsrecht nach Satz 1 endet,

1. wenn die Bundesanstalt den Vertrieb untersagt hat,
2. wenn die Bundesanstalt die Erlaubnis nach § 23 versagt hat,
3. mit dem Inkrafttreten der Änderungen der Anlagebedingungen gemäß Absatz 1,
4. spätestens jedoch mit Ablauf des 21. Juli 2014.

[3]Ein Vertrieb der in Satz 1 genannten inländischen offenen Publikums-AIF nach dem 21. Juli 2014 oder, sofern die Änderungen der Anlagebedingungen nach Absatz 2 früher in Kraft treten, nach dem Inkrafttreten der Änderungen der Anlagebedingungen gemäß Absatz 2 ist nur zulässig, wenn die AIF-Kapitalverwaltungsgesellschaft bis zu dem früheren der beiden Zeitpunkte das Anzeigeverfahren nach § 316 erfolgreich durchlaufen hat. [4]§ 316 Absatz 1 bis 3 ist für das Anzeigeverfahren im Sinne des Satzes 3 mit den Maßgaben anzuwenden, dass

1. die Frist nach § 316 Absatz 3 zwei Monate beträgt,
2. die Vertriebsanzeige zusammen mit dem Erlaubnisantrag gemäß § 22 eingereicht werden muss,
3. solange der bei der Bundesanstalt eingereichte Erlaubnisantrag gemäß § 22 noch nicht beschieden ist, das Erfordernis der Erlaubnis nach § 22 durch den bei der Bundesanstalt eingereichten, aber noch nicht beschiedenen vollständigen Erlaubnisantrag ersetzt wird.

[5]Der Vertrieb nach den Vorschriften dieses Gesetzes darf erst nach der Mitteilung nach § 316 Absatz 3 und nach Inkrafttreten der Änderungen der Anlagebedingungen fortgesetzt werden. [6]In dem Zeitraum, in dem das Erfordernis der Erlaubnis nach § 22 durch den bei der Bundesanstalt eingereichten, aber noch nicht beschiedenen Erlaubnisantrag ersetzt wird, sind in dem Verkaufsprospekt und den wesentlichen Anlegerinformationen die Anleger drucktechnisch herausgestellt an hervorgehobener Stelle über die fehlende Erlaubnis der AIF-Kapitalverwaltungsgesellschaft und die Folgen einer Erlaubnisversagung hinzuweisen. [7]Das Vertriebsrecht erlischt, wenn die Erlaubnis gemäß § 23 versagt wird.

(7) Für eine AIF-Kapitalverwaltungsgesellschaft im Sinne des Absatzes 3 Satz 1 und den Vertrieb der von ihr verwalteten inländischen offenen Spezial-AIF im Sinne des Absatzes 3 Satz 1 Nummer 2 nach dem 21. Juli 2013 im Geltungsbereich dieses Gesetzes an professionelle oder semiprofessionelle Anleger gilt Absatz 6 entsprechend mit der Maßgabe, dass jeweils an die Stelle des § 316 der § 321 und an die Stelle von inländischen offenen Publikums-AIF inländische offene Spezial-AIF treten.

(8) [1]AIF-Verwaltungsgesellschaften, die bei Inkrafttreten dieses Gesetzes eine Anzeige nach § 139 Absatz 1 des Investmentgesetzes in der bis zum 21. Juli 2013 geltenden Fassung oder nach § 7 Absatz 1 des Auslandsinvestmentgesetzes in der bis zum 31. Dezember 2003 geltenden Fassung erstattet haben und zum öffentlichen Vertrieb von Anteilen oder Aktien eines von ihr verwalteten AIF berechtigt sind und diese auch nach dem 21. Juli 2014 im Geltungsbereich dieses Gesetzes zu vertreiben beabsichtigen, müssen

1. in Bezug auf
   a) EU-AIF und
   b) ausländische AIF,

   die im Geltungsbereich dieses Gesetzes an Privatanleger vertrieben werden, eine Anzeige nach § 320 an die Bundesanstalt übermitteln,
2. in Bezug auf
   a) ausländische AIF und
   b) EU-Feeder-AIF, deren Master-AIF keine EU-AIF oder inländischen AIF sind, die von einer EU-AIF-Verwaltungsgesellschaft oder einer AIF-Kapitalverwaltungsgesellschaft verwaltet werden,

   und die im Geltungsbereich dieses Gesetzes von einer AIF-Kapitalverwaltungsgesellschaft oder einer EU-AIF-Verwaltungsgesellschaft an professionelle oder semiprofessionelle Anleger vertrieben werden, eine Anzeige nach § 329 an die Bundesanstalt übermitteln,
3. in Bezug auf
   a) EU-AIF und
   b) EU-Feeder-AIF, deren Master-AIF ein EU-AIF oder inländischer AIF ist, der von einer EU-AIF-Verwaltungsgesellschaft oder einer AIF-Kapitalverwaltungsgesellschaft verwaltet wird,

   und die im Geltungsbereich dieses Gesetzes von einer EU-AIF-Verwaltungsgesellschaft an professionelle oder semiprofessionelle Anleger vertrieben werden, über die zuständigen Stellen des Herkunftsmitgliedstaates der EU-AIF-Verwaltungsgesellschaft eine Anzeige nach § 323 übermitteln,
4. in Bezug auf
   a) ausländische AIF und
   b) EU-AIF,

   die im Geltungsbereich dieses Gesetzes von einer ausländischen AIF-Verwaltungsgesellschaft an professionelle oder semiprofessionelle Anleger vertrieben werden, eine Anzeige nach § 330 an die Bundesanstalt übermitteln,
5. in Bezug auf AIF, die im Geltungsbereich dieses Gesetzes von einer EU-AIF-Verwaltungsgesellschaft, die die Bedingungen nach Artikel 3 Absatz 2 der Richtlinie 2011/61/EU erfüllt, an professionelle oder semiprofessionelle Anleger vertrieben werden, eine Anzeige nach § 330a an die Bundesanstalt übermitteln.

[2]Die AIF-Verwaltungsgesellschaft darf den AIF im Sinne von Satz 1 noch bis zum Abschluss des Anzeigeverfahrens im Geltungsbereich dieses Gesetzes nach den Vertriebsvorschriften des Investmentgesetzes in der bis zum 21. Juli 2013 geltenden Fassung vertreiben. [3]Das Vertriebsrecht nach Satz 2 endet spätestens am 21. Juli 2014. Wird kein weiterer Vertrieb des AIF im Sinne von Satz 1 beabsichtigt, gilt § 315 entsprechend. [4]Eine neue Vertriebsanzeige nach Satz 1 ist jederzeit möglich.

(9) [1]AIF-Verwaltungsgesellschaften, die in Bezug auf ihre EU-AIF oder ausländischen AIF nach dem 21. Juli 2014 Tätigkeiten ausüben oder ausüben lassen, die zwar nach dem Investmentgesetz in der bis zum 21. Juli 2013 geltenden Fassung nicht als öffentlicher Vertrieb galten, nach diesem Gesetz aber als Vertrieb anzusehen sind, haben, gegebenenfalls über die zuständigen Stellen des Herkunftsmitgliedstaates, eine Anzeige nach den §§ 320, 323, 329, 330 oder 330a zu übermitteln. [2]Absatz 8 Satz 2, 3 und 5 gilt entsprechend.

(10) [1]AIF-Kapitalverwaltungsgesellschaften, die bei Inkrafttreten dieses Gesetzes in einem anderen Mitgliedstaat der Europäischen Union oder in einem anderen Vertragsstaat des Abkommens über den Europäischen Wirtschaftsraum zum Vertrieb eines ab dem 22. Juli 2013 der Anzeigepflicht nach § 331 unterfallenden AIF an professionelle Anleger berechtigt sind, dürfen diesen nach dem 21. Juli 2014 dort nicht mehr vertreiben, es sei denn, sie haben ein neues Vertriebsrecht nach § 331 Absatz 5 Satz 2 erhalten. [2]Abweichende Fristen in dem Mitgliedstaat der Europäischen Union oder in dem anderen Vertragsstaat des Abkommens über den Europäischen Wirtschaftsraum, in dem der AIF bisher zum Vertrieb an professionelle Anleger zugelassen war, bleiben unberührt. [3]Die Fristen nach § 331 Absatz 3 und 4 beginnen zu laufen, sobald die Bundesanstalt der AIF-Kapitalverwaltungsgesellschaft eine Erlaubnis gemäß § 22 erteilt hat und die Änderungen der Anlagebedingungen in Kraft getreten sind.

(11) Für Verwahrstellen von inländischen offenen Publikums-AIF ist keine erneute Genehmigung nach § 69 Absatz 1 Satz 1, auch in Verbindung mit § 87, erforderlich, wenn deren Auswahl bereits nach § 21 Absatz 1 des Investmentgesetzes in der bis zum 21. Juli 2013 geltenden Fassung genehmigt worden ist.

(12) [1]Der Antrag einer AIF-Kapitalverwaltungsgesellschaft, der auf eine Genehmigung der Anlagebedingungen eines AIF durch die Bundesanstalt nach dem Investmentgesetz gerichtet ist und der vor dem 21. Juli 2013 bei der Bundesanstalt eingegangen ist, jedoch bis zum Ablauf des 21. Juli 2013 noch nicht genehmigt war, gilt als am 22. Juli 2013 gestellter Antrag auf Genehmigung der Anlagebedingungen nach diesem Gesetz. [2]Sofern nach diesem Gesetz erforderliche Angaben oder Dokumente fehlen, hat die Bundesanstalt diese nachzufordern.

§ 346 Besondere Übergangsvorschriften für Immobilien-Sondervermögen

(1) [1]Für Anleger, die am 21. Juli 2013 Anteile an Immobilien-Sondervermögen in einem Wertpapierdepot auf ihren Namen hinterlegt haben, gelten im Hinblick auf diese Anteile nicht die Mindesthaltefrist gemäß § 255 Absatz 3 und die Rückgabefrist für Anteilsrückgaben gemäß § 255 Absatz 4, soweit die Anteilsrückgaben 30 000 Euro pro Kalenderhalbjahr für einen Anleger nicht übersteigen. [2]Anleger können verlangen, dass die Rücknahme von Anteilen gemäß Satz 1 weiterhin entsprechend den am 21. Juli 2013 geltenden Vertragsbedingungen erfolgt.

(2) [1]Für Anleger, die nach dem 21. Juli 2013 Anteile eines Immobilien-Sondervermögens erworben haben, gilt § 255 Absatz 3 und 4 ungeachtet dessen, ob die AIF-Kapitalverwaltungsgesellschaft die Anlagebedingungen des Immobilien-Sondervermögens bereits nach § 345 an die Vorschriften dieses Gesetzes angepasst hat. [2]Der Verkaufsprospekt muss einen ausdrücklichen, drucktechnisch hervorgehobenen Hinweis darauf enthalten, dass § 255 Absatz 3 und 4 abweichend von den am 21. Juli 2013 geltenden Vertragsbedingen für Anteile, die nach dem 21. Juli 2013 erworben werden, gilt.

(3) Für Anteile gemäß Absatz 1 Satz 1 ist in den Anlagebedingungen des Immobilien-Sondervermögens festzulegen, dass die Rücknahme dieser Anteile weiterhin entsprechend der Regelung der am 21. Juli 2013 geltenden Vertragsbedingungen erfolgt.

(4) Für Anteile gemäß Absatz 1 Satz 1 müssen die Angaben im Verkaufsprospekt nach § 256 Absatz 1 Nummer 1 einen ausdrücklichen, drucktechnisch hervorgehobenen Hinweis darauf enthalten, dass der Anleger die Rücknahme dieser Anteile und die Auszahlung des Anteilswertes entsprechend der Regelung der am 21. Juli 2013 geltenden Vertragsbedingungen verlangen kann.

(5) [1]Soweit Anleger Anteile vor Änderung der Vertragsbedingungen zum Zwecke der Anpassung an das Investmentgesetz in der ab dem 8. April 2011 geltenden Fassung er-

worben haben, gilt die Frist des § 255 Absatz 3 als eingehalten. [2]Aussetzungen, nach denen die Kapitalverwaltungsgesellschaft am ersten Börsentag nach dem 1. Januar 2013 oder früher die Anteilrücknahme wieder aufnimmt, gelten für die Zwecke des § 257 Absatz 4 Satz 1 nicht als Aussetzungen. [3]Auf die am 8. April 2011 bestehenden Immobilien-Sondervermögen, bei denen am 31. Dezember 2012 die Rücknahme von Anteilen gemäß § 37 Absatz 2 oder § 81 des Investmentgesetzes in der bis zum 21. Juli 2013 geltenden Fassung ausgesetzt ist, dürfen die §§ 37, 78, 80, 80c, 80d und 81 des Investmentgesetzes in der bis zum 7. April 2011 geltenden Fassung noch bis zu dem Tag, der sechs Monate nach der Wiederaufnahme der Rücknahme der Anteile liegt, und müssen die §§ 258, 259 erst ab dem Tag, der auf den Tag sechs Monate nach der Wiederaufnahme der Anteile folgt, angewendet werden.

(6) [1]Auf die am 8. April 2011 bestehenden Immobilien-Sondervermögen dürfen die §§ 80a, 91 Absatz 3 Nummer 3 und Absatz 4 Satz 4 des Investmentgesetzes in der bis zum 7. April 2011 geltenden Fassung noch bis zum 31. Dezember 2014 weiter angewendet werden. [2]Auf die am 1. Juli 2011 bestehenden Immobilien-Sondervermögen dürfen § 82 Absatz 3 Satz 2 und § 91 Absatz 3 Nummer 3 des Investmentgesetzes in der vor dem 1. Juli 2011 geltenden Fassung noch bis zum 31. Dezember 2014 weiter angewendet werden.

(7) [1]Um die Voraussetzungen für eine Immobilienteilfreistellung gemäß § 20 Absatz 3 Satz 1 Nummer 2 des Investmentsteuergesetzes für das Immobilien-Sondervermögen zu erfüllen, dürfen Immobilien-Sondervermögen, die unter Einhaltung ihrer im Zeitpunkt der Antragstellung nach Satz 2 geltenden Anlagebedingungen mit 51 Prozent oder mehr des Wertes des Sondervermögens in ausländische Immobilien und Auslands-Immobiliengesellschaften investiert sind, ihre Anlagebedingungen mit Genehmigung der Bundesanstalt so ändern, dass sie mindestens 51 Prozent des Wertes des Sondervermögens in ausländische Immobilien und Auslands-Immobiliengesellschaften investieren müssen. [2]Anträge nach Satz 1 müssen bis zum 1. Januar 2018 bei der Bundesanstalt eingegangen sein. [3]§ 163 Absatz 3 Satz 4 und die dem § 163 Absatz 3 Satz 4 entsprechende Regelung in den Anlagebedingungen des Immobilien-Sondervermögens finden in diesem Fall keine Anwendung. [4]Die Absätze 1 bis 5 und § 255 Absatz 2 bis 4 gelten bei Änderungen der Anlagebedingungen nach Satz 1 auch für die Rückgaberechte nach § 163 Absatz 3 Satz 1 Nummer 1 und Satz 2. [5]Im Übrigen gilt § 163 mit der Maßgabe, dass Absatz 2 Satz 5 und 6 keine Anwendung findet, die in Absatz 2 Satz 1 genannte Frist drei Monate ab Eingang des Genehmigungsantrags beträgt und nicht beginnt, bevor der Bundesanstalt zusätzlich folgende Unterlagn vorliegen:

1. der letzte geprüfte Jahres- oder Halbjahresbericht, der eine Angabe zum Anteil der ausländischen Immobilien und der Auslands-Immobiliengesellschaften im Sinne von § 20 Absatz 3 Satz 2 des Investmentsteuergesetzes am Wert des Sondervermögens enthalten muss, und

2. eine schriftliche Versicherung der Geschäftsleiter, dass das Immobilien-Sondervermögen im Zeitpunkt der Antragstellung zu mindestens 51 Prozent des Wertes des Investmentvermögens in ausländische Immobilien und Auslands-Immobiliengesellschaften im Sinne von § 20 Absatz 3 Satz 2 des Investmentsteuergesetzes investiert ist, einschließlich einer dies belegenden Vermögensaufstellung.

(8) [1]Für die Genehmigung der Änderung der Anlagebedingungen, um die Voraussetzungen für eine Immobilienteilfreistellung gemäß § 20 Absatz 3 Satz 1 Nummer 1 des Investmentsteuergesetzes für das Immobilien-Sondervermögen zu erfüllen, gilt § 163 mit der Maßgabe, dass Absatz 2 Satz 5 und 6 keine Anwendung findet und die in Absatz 2 Satz 1 genannte Frist drei Monate ab Eingang des Genehmigungsantrags beträgt.

[2]Anträge nach Satz 1 müssen bis zum 1. Januar 2018 bei der Bundesanstalt eingegangen sein.

§ 347 Besondere Übergangsvorschriften für Altersvorsorge-Sondervermögen

(1) [1]Für Altersvorsorge-Sondervermögen im Sinne des § 87 des Investmentgesetzes in der bis zum 21. Juli 2013 geltenden Fassung, die vor dem 22. Juli 2013 im Sinne des § 343 Absatz 4 aufgelegt wurden, gelten nach Inkrafttreten der Änderungen der Anlagebedingungen zusätzlich zu den in § 345 Absatz 1 Satz 11 genannten Vorschriften § 87 Absatz 2 sowie die §§ 88 bis 90 und 143 Absatz 3 Nummer 6 Buchstabe b des Investmentgesetzes in der bis zum 21. Juli 2013 geltenden Fassung entsprechend. [2]Die in § 345 Absatz 1 Satz 11 genannten Vorschriften dieses Gesetzes, die sich auf Publikums-AIF beziehen, gelten jedoch nur, soweit sich aus § 87 Absatz 2 sowie den §§ 88 bis 90 und 99 Absatz 3 des Investmentgesetzes in der bis zum 21. Juli 2013 geltenden Fassung nichts anderes ergibt.

(2) Nach dem 21. Juli 2013 dürfen Altersvorsorge-Sondervermögen im Sinne des § 87 des Investmentgesetzes in der bis zum 21. Juli 2013 geltenden Fassung nicht mehr aufgelegt im Sinne des § 343 Absatz 4 werden.

§ 348 Besondere Übergangsvorschriften für Gemischte Sondervermögen und Gemischte Investmentaktiengesellschaften

[1]Gemischte Sondervermögen oder Gemischte Investmentaktiengesellschaften, die vor dem 22. Juli 2013 gemäß den §§ 83 bis 86 des Investmentgesetzes in der bis zum 21. Juli 2013 geltenden Fassung aufgelegt wurden und die zu diesem Zeitpunkt

1. Anteile an Immobilien-Sondervermögen nach den §§ 66 bis 82 des Investmentgesetzes in der bis zum 21. Juli 2013 geltenden Fassung,
2. Anteile an Sondervermögen mit zusätzlichen Risiken nach § 112 des Investmentgesetzes in der bis zum 21. Juli 2013 geltenden Fassung,
3. Aktien an Investmentaktiengesellschaften, deren Satzung eine dem § 112 des Investmentgesetzes in der bis zum 21. Juli 2013 geltenden Fassung vergleichbare Anlageform vorsieht, oder
4. Anteile oder Aktien an mit Nummer 2 oder 3 vergleichbaren EU-AIF oder ausländischen AIF

unter Einhaltung der Anlagegrenzen, der zusätzlichen Angaben im Verkaufsprospekt und in den Vertragsbedingungen gemäß § 84 Absatz 2, 3 in Verbindung mit § 113 Absatz 3 und 4 Satz 2 und 3, in Verbindung mit § 117 Absatz 1 Satz 2, in Verbindung mit § 118 Satz 2 sowie § 85 des Investmentgesetzes in der bis zum 21. Juli 2013 geltenden Fassung erworben haben, dürfen diese gehaltenen Anteile oder Aktien abweichend von § 219 auch nach dem 21. Juli 2013 weiter halten. [2]Auf die Verwaltung von Gemischten Investmentvermögen im Sinne des Satzes 1 Nummer 1 oder 4, deren Vertragsbedingungen es erlauben, die Mittel zu mehr als 50 Prozent des Wertes des Vermögens des Gemischten Investmentvermögens in Anteile an Immobilien-Sondervermögen in Form von Publikumsinvestmentvermögen sowie in Anteile an vergleichbaren EU-AIF oder ausländischen AIF anzulegen, ist § 255 Absatz 3 und 4 anzuwenden, solange die Anteile nach Satz 1 Nummer 1 oder Nummer 4 weiter gehalten werden. [3]Im Übrigen gelten für diese Gemischten Investmentvermögen im Sinne des Satzes 1 die Vorschriften dieses Gesetzes einschließlich der Übergangsvorschriften.

§ 349 Besondere Übergangsvorschriften für Sonstige Sondervermögen und Sonstige Investmentaktiengesellschaften

[1]Sonstige Sondervermögen oder Sonstige Investmentaktiengesellschaften, die vor dem 22. Juli 2013 gemäß den §§ 90g bis 90k des Investmentgesetzes in der bis zum 21. Juli 2013 geltenden Fassung aufgelegt wurden und die zu diesem Zeitpunkt

1. Anteile an Immobilien-Sondervermögen nach § 66 des Investmentgesetzes in der bis zum 21. Juli 2013 geltenden Fassung,
2. Anteile an Sondervermögen mit zusätzlichen Risiken nach § 112 des Investmentgesetzes in der bis zum 21. Juli 2013 geltenden Fassung,
3. Aktien an Investmentaktiengesellschaften, deren Satzung eine dem § 112 des Investmentgesetzes in der bis zum 21. Juli 2013 geltenden Fassung vergleichbare Anlageform vorsieht,
4. Anteile oder Aktien an mit Nummer 1, 2 oder 3 vergleichbaren EU-AIF oder ausländischen AIF oder
5. Beteiligungen an Unternehmen, sofern der Verkehrswert der Beteiligungen ermittelt werden kann,

unter Einhaltung der Anlagegrenzen, der zusätzlichen Angaben im Verkaufsprospekt und in den Vertragsbedingungen gemäß § 90h Absatz 2 in Verbindung mit § 113 Absatz 3 und 4 Satz 2 und 3, § 90h Absatz 3 und 4, § 90j Absatz 2 Nummer 1, § 117 Absatz 1 Satz 2 sowie § 118 Satz 2 des Investmentgesetzes in der bis zum 21. Juli 2013 geltenden Fassung erworben haben, dürfen diese gehaltenen Anteile, Aktien oder Beteiligungen abweichend von § 221 auch nach dem 21. Juli 2013 weiter halten. [2]Im Übrigen gelten für die Sonstigen Investmentvermögen im Sinne des Satzes 1 die Vorschriften dieses Gesetzes einschließlich der Übergangsvorschriften.

§ 350 Besondere Übergangsvorschriften für Hedgefonds und offene Spezial-AIF

(1) [1]Für eine AIF-Kapitalverwaltungsgesellschaft, die bei Inkrafttreten dieses Gesetzes

1. über eine Erlaubnis als Kapitalanlagegesellschaft nach § 7 Absatz 1 des Investmentgesetzes in der bis zum 21. Juli 2013 geltenden Fassung oder über eine Erlaubnis als Investmentaktiengesellschaft nach § 97 Absatz 1 des Investmentgesetzes in der bis zum 21. Juli 2013 geltenden Fassung verfügt und
2. Sondervermögen oder Investmentaktiengesellschaften mit zusätzlichen Risiken im Sinne des § 112 des Investmentgesetzes in der bis zum 21. Juli 2013 geltenden Fassung verwaltet, die vor dem 22. Juli 2013 aufgelegt im Sinne des § 343 Absatz 4 wurden, an Privatanleger vertrieben werden durften und deren Anlagebedingungen gemäß den §§ 43, 43a des Investmentgesetzes in der bis zum 21. Juli 2013 geltenden Fassung genehmigt wurden,

gilt § 345 Absatz 1 und 2 entsprechend mit der Maßgabe, dass in § 345 Absatz 1 Satz 11 an die Stelle des Begriffs „Publikums-AIF" der Begriff „Spezial-AIF" tritt und ein Vertrieb an Privatanleger oder ein Erwerb der Anteile oder Aktien durch Privatanleger ab dem 22. Juli 2013 nicht mehr zulässig ist, soweit sich aus Satz 2 nichts anderes ergibt. [2]Solange Anteile oder Aktien von Privatanlegern gehalten werden, gelten abweichend von § 345 Absatz 1 Satz 11 ab Inkrafttreten der Änderungen der Anlagebedingungen die §§ 112, 116 und 118 des Investmentgesetzes in der bis zum 21. Juli 2013 geltenden Fassung entsprechend, sofern sie Sondervermögen oder Investmentaktiengesellschaften mit zusätzlichen Risiken im Sinne des § 112 des Investmentgesetzes in der bis zum 21. Juli 2013 geltenden Fassung betreffen; ein Vertrieb an oder ein Erwerb durch Privatanleger ist ausgeschlossen. [3]Solange Anteile oder Aktien von Privatanlegern gehalten werden, gelten ferner die §§ 162, 163 und 297, soweit sich diese Vorschriften auf Anleger beziehen, und die §§ 300, 301, 305 und 306 im Hinblick auf diejenigen Privatanleger, die noch Anteile oder Aktien halten.

(2) Werden Anteile oder Aktien von inländischen offenen Spezial-AIF im Sinne des § 345 Absatz 3 Satz 1 Nummer 2, die von einer AIF-Kapitalverwaltungsgesellschaft im Sinne von § 345 Absatz 3 Satz 1 Nummer 1 verwaltet werden, von Privatanlegern gehalten, die diese Anteile oder Aktien vor dem 22. Juli 2013 erworben haben, so dürfen diese Privatanleger diese vor dem 22. Juli 2013 erworbenen Anteile oder Aktien auch nach dem 22. Juli 2013 weiter halten, bis sie diese Anteile oder Aktien zurückgeben, ohne dass sich die Qualifikation des Investmentvermögens als inländischer Spezial-AIF nach § 1 Absatz 6 ändert.

§ 351 Übergangsvorschriften für offene AIF und für AIF-Verwaltungsgesellschaften, die offene AIF verwalten, die nicht bereits nach dem Investmentgesetz reguliert waren

(1) [1]Eine AIF-Kapitalverwaltungsgesellschaft, die bei Inkrafttreten dieses Gesetzes

1. nicht über eine Erlaubnis als Kapitalanlagegesellschaft nach § 7 Absatz 1 des Investmentgesetzes in der bis zum 21. Juli 2013 geltenden Fassung oder eine Erlaubnis als Investmentaktiengesellschaft nach § 97 Absatz 1 des Investmentgesetzes in der bis zum 21. Juli 2013 geltenden Fassung verfügt und
2. inländische offene Publikums-AIF verwaltet, die vor dem 22. Juli 2013 aufgelegt im Sinne des § 343 Absatz 4 wurden,

hat die Anlagebedingungen, Satzungen oder Gesellschaftsverträge dieser inländischen offenen Publikums-AIF an die Vorschriften dieses Gesetzes anzupassen; die geänderten Anlagebedingungen müssen spätestens am 21. Juli 2014 in Kraft treten. [2]Für die Genehmigung der Anlagebedingungen gilt nur § 163 Absatz 2 Satz 1 bis 4, 7 bis 10 und Absatz 4. Der Antrag auf Genehmigung der Anlagebedingungen darf nicht nach dem Erlaubnisantrag gemäß § 22 bei der Bundesanstalt eingereicht werden. [3]Wird der Antrag auf Genehmigung der Änderungen der Anlagebedingungen vor dem Erlaubnisantrag gemäß § 22 eingereicht, muss die AIF-Kapitalverwaltungsgesellschaft bei der Einreichung verbindlich gegenüber der Bundesanstalt erklären, spätestens bis zum 21. Juli 2014 einen Antrag auf Erlaubnis nach den §§ 20 und 22 zu stellen. [4]Ab Inkrafttreten der Anlagebedingungen, spätestens jedoch ab dem 22. Juli 2014, finden auf diese inländischen offenen Publikums-AIF die für sie nach diesem Gesetz geltenden Vorschriften Anwendung. [5]Die §§ 1 und 2 sowie die Vorschriften dieses Gesetzes betreffend die für Umstellung auf das neue Recht erforderlichen Anträge, Verwaltungsverfahren und Bescheide sowie die Übergangsvorschriften nach diesem Gesetz bleiben bis zu dem in Satz 5 genannten Zeitpunkt unberührt.

(2) [1]Soweit sich aus Absatz 1 Satz 5 nichts anderes ergibt, ist ab Eingang des Erlaubnisantrags nach § 22 bei der Bundesanstalt dieses Gesetz vollständig auf die AIF-Kapitalverwaltungsgesellschaft mit der Maßgabe anzuwenden, dass im Hinblick auf die Verwaltung und den Vertrieb von Publikums-AIF im Sinne des Satzes 1 Nummer 2 im Geltungsbereich dieses Gesetzes und solange der Erlaubnisantrag, der bis zum 21. Juli 2014 einzureichen ist, noch nicht beschieden wurde, das Erfordernis der Erlaubnis durch den noch nicht beschiedenen vollständigen Erlaubnisantrag ersetzt wird. [2]Absatz 1 Satz 6 gilt entsprechend.

(3) [1]Eine AIF-Kapitalverwaltungsgesellschaft im Sinne des Absatzes 1 Satz 1 Nummer 1 darf von ihr verwaltete inländische offene Publikums-AIF im Sinne des Absatzes 1 Satz 1 Nummer 2 nach dem 21. Juli 2013 weiter im Geltungsbereich dieses Gesetzes

ohne die nach § 316 erforderliche Anzeige vertreiben. [2]Für das Ende des Vertriebsrechts nach Satz 1 und die Voraussetzungen für einen Vertrieb nach dem Inkrafttreten der Änderungen der Anlagebedingungen, jedenfalls spätestens nach dem 21. Juli 2014, gilt § 345 Absatz 6 Satz 2 bis 7 entsprechend.

(4) Die Absätze 1 bis 3 gelten für inländische offene Spezial-AIF entsprechend mit der Maßgabe, dass an die Stelle des Antrags auf Genehmigung der Anlagebedingungen die Anlagebedingungen, an die Stelle des Verweises auf § 316 der Verweis auf § 321 und an die Stelle von Publikums-AIF Spezial-AIF treten.

(5) [1]AIF-Verwaltungsgesellschaften, die

1. offene EU-AIF oder offene ausländische AIF verwalten, die keine ausländischen Investmentvermögen im Sinne des Investmentgesetzes in der bis zum 21. Juli 2013 geltenden Fassung sind und im Inland vor dem 22. Juli 2013 vertrieben werden durften, und
2. ab dem 22. Juli 2013 Tätigkeiten ausüben oder ausüben lassen, die nach diesem Gesetz als Vertrieb eines Investmentvermögens anzusehen sind,

übermitteln, gegebenenfalls über die zuständigen Stellen des Herkunftsmitgliedstaates, eine Anzeige nach den §§ 320, 323, 329, 330 oder 330a. [2]§ 345 Absatz 8 Satz 2, 3 und 5 gilt entsprechend mit der Maßgabe, dass an die Stelle der Wörter „nach den Vertriebsvorschriften des Investmentgesetzes in der bis zum 21. Juli 2013 geltenden Fassung" die Wörter „nach den Vertriebsvorschriften, die für diese Investmentvermögen vor dem 22. Juli 2013 anwendbar waren" treten.

§ 352 Übergangsvorschrift zu § 127 des Investmentgesetzes

[1]Auf Ansprüche nach § 127 des Investmentgesetzes in der Fassung vom 30. Juni 2011, die vor dem 1. Juli 2011 entstanden sind, ist § 127 Absatz 5 des Investmentgesetzes in der bis zum 30. Juni 2011 geltenden Fassung weiter anzuwenden. [2]Sind dem Käufer die wesentlichen Anlageinformationen oder der Verkaufsprospekt nach dem Investmentgesetz zur Verfügung gestellt worden, ist auf diese Dokumente § 127 des Investmentgesetzes in der bis zum 21. Juli 2013 geltenden Fassung weiter anzuwenden.

Unterabschnitt 3. Besondere Übergangsvorschriften für AIF-Verwaltungsgesellschaften, die geschlossene AIF verwalten, und für geschlossene AIF

§ 352a Definition von geschlossenen AIF im Sinne von § 353

Abweichend von § 1 Absatz 4 Nummer 2 und Absatz 5 sind geschlossene AIF im Sinne von § 353 auch solche AIF, die die Voraussetzungen von Artikel 1 Absatz 5 der Delegierten Verordnung (EU) Nr. 694/2014 erfüllen.

§ 353[1)] Besondere Übergangsvorschriften für AIF-Verwaltungsgesellschaften, die geschlossene AIF verwalten, und für geschlossene AIF

(1) Sofern AIF-Kapitalverwaltungsgesellschaften vor dem 22. Juli 2013 geschlossene AIF verwalten, die nach dem 21. Juli 2013 keine zusätzlichen Anlagen tätigen, können sie weiterhin solche AIF verwalten, ohne eine Erlaubnis oder Registrierung nach diesem Gesetz zu haben.

1) § 353 Abs. 8 aufgehoben durch Gesetz vom 8.7.2019 (BGBl. I S. 1002).

(2) Sofern EU-AIF-Verwaltungsgesellschaften oder ausländische AIF-Verwaltungsgesellschaften keine Erlaubnis oder Registrierung nach den zur Umsetzung der Richtlinie 2011/61/EU erlassenen Rechtsvorschriften der anderen Mitgliedstaaten der Europäischen Union oder der anderen Vertragsstaaten des Abkommens über den Europäischen Wirtschaftsraum benötigen und im Inland ausschließlich geschlossene inländische AIF verwalten, die nach dem 21. Juli 2013 keine zusätzlichen Anlagen tätigen, können sie diese weiterhin verwalten, ohne die Vorschriften dieses Gesetzes einhalten zu müssen.

(3) [1]Sofern AIF-Kapitalverwaltungsgesellschaften ausschließlich geschlossene AIF verwalten, deren Zeichnungsfrist für Anleger vor Inkrafttreten der Richtlinie 2011/61/EU ablief und die für einen Zeitraum aufgelegt wurden, der spätestens am 21. Juli 2016 abläuft, können sie weiterhin solche AIF verwalten, ohne dass sie die Vorschriften dieses Gesetzes mit Ausnahme der §§ 67, 148 oder 158 und gegebenenfalls des § 261 Absatz 7 und der §§ 287 bis 292 einhalten oder eine Erlaubnis oder Registrierung gemäß diesem Gesetz benötigen. [2]Satz 1 findet auf die Verwaltung von inländischen geschlossenen AIF, deren Zeichnungsfrist vor Inkrafttreten der Richtlinie 2011/61/EU ablief und die für einen Zeitraum aufgelegt wurden, der spätestens am 21. Juli 2016 abläuft, durch EU-AIF-Verwaltungsgesellschaften oder ausländische AIF-Verwaltungsgesellschaften entsprechend Anwendung.

(4) [1]Für AIF-Kapitalverwaltungsgesellschaften, die nicht die Voraussetzungen des § 2 Absatz 4, 4a oder Absatz 5 oder Absatz 5 Satz 1 erfüllen und die geschlossene inländische AIF verwalten, deren Zeichnungsfrist vor dem 22. Juli 2013 abgelaufen ist und die nach dem 21. Juli 2013 Anlagen tätigen, gelten ab Eingang des Erlaubnisantrags gemäß § 22 bei der Bundesanstalt für die Verwaltung dieser geschlossenen inländischen AIF nur die §§ 1 bis 43, 53 bis 67, 80 bis 90, 158 Satz 1 in Verbindung mit § 135 Absatz 7 und 8, § 158 Satz 2, § 160 Absatz 4, § 261 Absatz 1 Nummer 8 und Absatz 7, § 263 Absatz 2, die §§ 271, 272, 274, 285 Absatz 2 und 3, §§ 286 bis 292, 300, 303, 308 und 339 bis 344, 352 bis 354 entsprechend; sofern allerdings der Gesellschaftsvertrag oder eine sonstige Vereinbarung, die das Rechtsverhältnis zwischen den Anlegern und einem solchen geschlossenen inländischen AIF regelt, bereits vor dem 18. März 2016 Regelungen im rechtlich zulässigen Rahmen zur Vergabe von Gelddarlehen an Unternehmen, an denen der AIF bereits beteiligt ist, für Rechnung des AIF enthält, können auch ab dem 18. März 2016 Gelddarlehen entsprechend diesen Regelungen vergeben werden und finden die darüber hinausgehenden Beschränkungen des § 285 Absatz 3, auch in Verbindung mit § 261 Absatz 1 Nummer 8, keine Anwendung. [2]Treffen Vorschriften, die nach Satz 1 entsprechend anzuwenden sind, Regelungen für geschlossene AIF, sind geschlossene AIF nach Satz 1 auch geschlossene AIF im Sinne dieser Vorschriften. [3]Abweichend von Satz 2 sind sie jedoch nur dann geschlossene AIF im Sinne der §§ 30, 272 und 286 Absatz 2, wenn sie die Voraussetzungen von Artikel 1 Absatz 3 der Delegierten Verordnung (EU) Nr. 694/2014 erfüllen. [4]Erfüllen geschlossene AIF im Sinne von Satz 1 nicht zugleich die Voraussetzungen von Artikel 1 Absatz 3 der Delegierten Verordnung (EU) Nr. 694/2014, gilt für die Häufigkeit der Bewertung der Vermögensgegenstände und die Berechnung des Nettoinventarwertes je Anteil oder Aktie § 217 Absatz 1 und 2 entsprechend. [5]Die Sätze 1 bis 4 sind auf die Verwaltung von inländischen geschlossenen Spezial-AIF, deren Zeichnungsfrist vor dem 22. Juli 2013 abgelaufen ist und die nach dem 21. Juli 2013 Anlagen tätigen, durch EU-AIF-Verwaltungsgesellschaften entsprechend anzuwenden.

(5) [1]Für AIF-Kapitalverwaltungsgesellschaften, die die Voraussetzungen des § 2 Absatz 5 erfüllen und die geschlossene inländische AIF verwalten, deren Zeichnungsfrist vor dem 22. Juli 2013 abgelaufen ist und die nach dem 21. Juli 2013 Anlagen tätigen, sind ab Eingang des Registrierungsantrags gemäß § 44 bei der Bundesanstalt für die

Verwaltung dieser geschlossenen inländischen AIF abweichend von § 2 Absatz 5 Satz 1 nur die §§ 1 bis 17, 26 bis 28, 42, 44 bis 48, 80 bis 90, 261 Absatz 7, § 263 Absatz 2, die §§ 271, 272, 339 bis 343, 353 und 354 entsprechend anzuwenden; dabei richtet sich die Ausgestaltung der in den §§ 26 bis 28 geforderten Verhaltens- und Organisationspflichten nach dem Prinzip der Verhältnismäßigkeit, indem die Art, der Umfang und die Komplexität der Geschäfte der AIF-Kapitalverwaltungsgesellschaft und der von der AIF-Kapitalverwaltungsgesellschaft verwalteten AIF berücksichtigt werden. [2]Treffen Vorschriften, die nach Satz 1 entsprechend anzuwenden sind, Regelungen für geschlossene AIF, sind geschlossene AIF nach Satz 1 auch geschlossene AIF im Sinne dieser Vorschriften. [3]Abweichend von Satz 2 sind sie jedoch nur dann geschlossene AIF im Sinne von § 272, wenn sie die Voraussetzungen von Artikel 1 Absatz 3 der Delegierten Verordnung (EU) Nr. 694/2014 erfüllen. [4]Erfüllen geschlossene AIF im Sinne von Satz 1 nicht zugleich die Voraussetzungen von Artikel 1 Absatz 3 der Delegierten Verordnung (EU) Nr. 694/2014, gilt für die Häufigkeit der Bewertung der Vermögensgegenstände und die Berechnung des Nettoinventarwertes je Anteil oder Aktie § 217 Absatz 1 und 2 entsprechend.

(6) [1]Für AIF-Kapitalverwaltungsgesellschaften, die geschlossene inländische AIF verwalten, die vor dem 22. Juli 2013 aufgelegt wurden, deren Zeichnungsfrist nicht vor dem 22. Juli 2013 abgelaufen ist und die nach dem 21. Juli 2013 Anlagen tätigen, gilt für die Verwaltung dieser geschlossenen AIF § 351 Absatz 1 bis 4 entsprechend. [2]Für AIF-Verwaltungsgesellschaften, die geschlossene EU-AIF oder geschlossene ausländische AIF verwalten, die im Inland vor dem 22. Juli 2013 vertrieben werden durften und deren Zeichnungsfrist nicht vor dem 22. Juli 2013 abgelaufen ist, gilt § 351 Absatz 5 entsprechend. [3]Geschlossene AIF im Sinne von Satz 1 gelten auch in den übrigen Vorschriften dieses Gesetzes, die Regelungen für geschlossene AIF treffen, als geschlossene AIF. [4]Abweichend von Satz 3 sind sie jedoch nur geschlossene AIF im Sinne der §§ 30, 272 und 286 Absatz 2, wenn sie die Voraussetzungen von Artikel 1 Absatz 3 der Delegierten Verordnung (EU) Nr. 694/2014 erfüllen. [5]Erfüllen geschlossene AIF im Sinne von Satz 1 nicht zugleich die Voraussetzungen von Artikel 1 Absatz 3 der Delegierten Verordnung (EU) Nr. 694/2014, ist § 161 Absatz 1 nicht anzuwenden und gilt für die Häufigkeit der Bewertung der Vermögensgegenstände und die Berechnung des Nettoinventarwertes je Anteil oder Aktie § 217 Absatz 1 und 2 entsprechend.

(7) Soweit sich aus den Absätzen 1 bis 3 nichts anderes ergibt, ist für AIF-Kapitalverwaltungsgesellschaften, die geschlossene AIF verwalten, § 343 anzuwenden.

(8) *(aufgehoben)*

(9) [1]Inländische geschlossene AIF gelten auch in den übrigen Vorschriften dieses Gesetzes als geschlossene AIF, wenn sie

1. nicht die Voraussetzungen von Artikel 1 Absatz 3 der Delegierten Verordnung (EU) Nr. 694/2014 erfüllen und
2. zwischen dem 22. Juli 2013 und dem 19. Juli 2014 nach den Vorschriften dieses Gesetzes im Sinne von § 343 Absatz 4 aufgelegt wurden.

[2]Abweichend von Satz 1 gelten sie als offene Investmentvermögen im Sinne von § 30, anstelle der §§ 272 und 286 Absatz 2 gilt für die Häufigkeit der Bewertung der Vermögensgegenstände und die Berechnung des Nettoinventarwertes je Anteil oder Aktie § 217 Absatz 1 und 2 entsprechend und § 161 Absatz 1 ist nicht anzuwenden.

(10) [1]Die einem inländischen AIF, der

1. nicht die Voraussetzungen von Artikel 1 Absatz 3 der Delegierten Verordnung (EU) Nr. 694/2014 erfüllt und

2. die Voraussetzungen von § 1 Absatz 5 dieses Gesetzes in seiner bis zum 18. Juli 2014 geltenden Fassung erfüllt,

vor dem 19. Juli 2014 erteilte Genehmigung von Anlagebedingungen gemäß § 268 oder mitgeteilte Vertriebsfreigabe gemäß § 316 Absatz 3 oder § 321 Absatz 3 erlöschen am 19. Juli 2014, wenn der inländische AIF nicht vor dem 19. Juli 2014 im Sinne von § 343 Absatz 4 aufgelegt wurde. [2]Entsprechendes gilt für die Registrierung einer AIF-Kapitalverwaltungsgesellschaft nach § 2 Absatz 4a in Verbindung mit § 44, die beabsichtigt, einen AIF im Sinne des Satzes 1 zu verwalten. [3]Der Antrag einer AIF-Kapitalverwaltungsgesellschaft, der auf eine Genehmigung der Anlagebedingungen eines inländischen AIF im Sinne von Satz 1 durch die Bundesanstalt nach diesem Gesetz in der bis zum 18. Juli 2014 geltenden Fassung gerichtet ist und der vor dem 19. Juli 2014 bei der Bundesanstalt eingegangen ist, jedoch bis zum Ablauf des 18. Juli 2014 noch nicht genehmigt war, gilt als am 19. Juli 2014 gestellter Antrag auf Genehmigung der Anlagebedingungen nach diesem Gesetz in der ab 19. Juli 2014 geltenden Fassung. [4]Sofern erforderliche Angaben oder Dokumente fehlen, hat die Bundesanstalt diese nachzufordern.

(11) [1]Inländische AIF, die

1. die Voraussetzungen von § 1 Absatz 5 dieses Gesetzes in seiner bis zum 18. Juli 2014 geltenden Fassung erfüllen,
2. nicht die Voraussetzungen von Artikel 1 Absatz 3 und 5 der Delegierten Verordnung (EU) Nr. 694/2014 erfüllen und
3. vor dem 19. Juli 2014 im Sinne von § 343 Absatz 4 aufgelegt wurden,

gelten auch in den übrigen Vorschriften dieses Gesetzes als geschlossene AIF, wenn ihre Anlagebedingungen und gegebenenfalls die Satzung oder der Gesellschaftsvertrag der AIF an die Voraussetzungen nach Artikel 1 Absatz 5 der Delegierten Verordnung (EU) Nr. 694/2014 angepasst werden und die Anpassungen spätestens am 19. Januar 2015 in Kraft treten. [2]Abweichend von Satz 1 gelten sie als offene Investmentvermögen im Sinne von § 30, anstelle der §§ 272 und 286 Absatz 2 gilt für die Häufigkeit der Bewertung der Vermögensgegenstände und die Berechnung des Nettoinventarwertes je Anteil oder Aktie § 217 Absatz 1 und 2 entsprechend und § 161 Absatz 1 ist nicht anzuwenden. [3]Die vor dem 19. Juli 2015 erteilte Genehmigung von Anlagebedingungen nach § 268 oder mitgeteilte Vertriebsfreigabe gemäß § 316 Absatz 3 oder § 321 Absatz 3 erlöschen am 19. Januar 2015, wenn die nach Satz 1 geänderten Anlagebedingungen und gegebenenfalls die Satzung oder der Gesellschaftsvertrag der AIF nicht bis zum 19. Januar 2015 in Kraft getreten sind. [4]Entsprechendes gilt für die Registrierung einer AIF-Kapitalverwaltungsgesellschaft nach § 2 Absatz 4a in Verbindung mit § 44, die einen AIF im Sinne des Satzes 1 verwaltet. [5]Bis zum 19. Januar 2015 sind die Anleger in dem Verkaufsprospekt und den wesentlichen Anlegerinformationen drucktechnisch herausgestellt an hervorgehobener Stelle auf die notwendige Anpassung der Rückgaberechte an die Anforderungen in Artikel 1 Absatz 5 der der Delegierten Verordnung (EU) Nr. 694/2014 und die Folgen einer unterbliebenen Anpassung hinzuweisen. [6]Bei Spezial-AIF muss dieser Hinweis im Rahmen der Informationen gemäß § 307 erfolgen.

(12) Für den Vertrieb von geschlossenen EU-AIF und ausländischen geschlossenen AIF, die

1. nicht die Voraussetzungen von Artikel 1 Absatz 3 der Delegierten Verordnung (EU) Nr. 694/2014 erfüllen und
2. zwischen dem 22. Juli 2013 und dem 19. Juli 2014 eine Vertriebsberechtigung nach den Vorschriften dieses Gesetzes erhalten haben,

an Privatanleger im Inland gelten die Vorschriften für den Vertrieb von geschlossenen AIF nach diesem Gesetz.

(13) [1]Für den Vertrieb von EU-AIF und ausländischen AIF, die

1. nicht die Voraussetzungen von Artikel 1 Absatz 3 und 5 der Delegierten Verordnung (EU) Nr. 694/2014 erfüllen,
2. die Voraussetzungen von § 1 Absatz 5 dieses Gesetzes in seiner bis zum 18. Juli 2014 geltenden Fassung erfüllen und
3. zwischen dem 22. Juli 2013 und dem 19. Juli 2014 eine Vertriebsberechtigung nach den Vorschriften dieses Gesetzes erhalten haben,

an Privatanleger im Inland gelten die Vorschriften für den Vertrieb von geschlossenen AIF nach diesem Gesetz, wenn die Anlagebedingungen und gegebenenfalls die Satzung oder der Gesellschaftsvertrag der AIF an die Voraussetzungen nach Artikel 1 Absatz 5 der Delegierten Verordnung (EU) Nr. 694/2014 angepasst werden und die in Kraft getretene Anpassung der Bundesanstalt bis spätestens 19. Januar 2015 angezeigt wird; andernfalls erlischt die Vertriebsberechtigung für diese AIF am 19. Januar 2015. [2]Absatz 11 Satz 5 gilt entsprechend.

§ 353a Übergangsvorschriften zu den §§ 261, 262 und 263

[1]Auf geschlossene inländische Publikums-AIF, die vor dem 18. März 2016 aufgelegt wurden, sind § 261 Absatz 4, § 262 Absatz 1 Satz 1 Nummer 1 und § 263 Absatz 1 und 4 in der bis zum 17. März 2016 geltenden Fassung anzuwenden. [2]Dies gilt nicht, wenn ein geschlossener inländischer Publikums-AIF, der vor dem 18. März 2016 aufgelegt wurde, die Anwendung der in Satz 1 genannten Vorschriften beschließt.

§ 353b Übergangsvorschriften zu § 285 Absatz 3

[1]§ 20 Absatz 9 Satz 1 und § 285 Absatz 3, auch in Verbindung mit § 2 Absatz 4, 4a und 5, § 261 Absatz 1 Nummer 8, § 282 Absatz 2 Satz 3 und § 284 Absatz 5, in der ab dem 18. März 2016 geltenden Fassung sind nicht anzuwenden auf Gelddarlehen, die vor dem 18. März 2016 für Rechnung von inländischen AIF an Unternehmen gewährt wurden, an denen der inländische AIF bereits beteiligt war. [2]Für nach dem 18. März 2016 vergebene Gelddarlehen sind in die Berechnung der Begrenzung nach § 285 Absatz 3 Satz 1 auf höchstens 50 Prozent des aggregierten eingebrachten und noch nicht eingeforderten zugesagten Kapitals des inländischen AIF die vor dem 18. März 2016 vergebenen Darlehen einzubeziehen.

§ 354 Übergangsvorschrift zu § 342 Absatz 3

§ 342 Absatz 3 gilt für Streitigkeiten im Zusammenhang mit geschlossenen Publikums-AIF erst ab dem 22. Juli 2014.

Unterabschnitt 4. Übergangsvorschriften für OGAW- Verwaltungsgesellschaften und OGAW

§ 355 Übergangsvorschriften für OGAW-Verwaltungsgesellschaften und OGAW

(1) OGAW-Kapitalverwaltungsgesellschaften oder extern verwaltete OGAW-Investmentaktiengesellschaften, die bei Inkrafttreten dieses Gesetzes die in § 17 Absatz 1 und § 20 Absatz 2 aufgeführten Geschäfte betreiben und die eine Erlaubnis nach § 7 des Investmentgesetzes in der bis zum 21. Juli 2013 geltenden Fassung oder eine Erlaubnis als Investmentaktiengesellschaft nach § 97 Absatz 1 des Investmentgesetzes in der bis zum 21. Juli 2013 geltenden Fassung erhalten haben, bedürfen keiner erneuten Erlaubnis zum Geschäftsbetrieb; die Erlaubnis nach den §§ 20, 21 oder § 113 gilt insoweit als erteilt.

(2) [1]Die Anlagebedingungen für inländische OGAW, die vor dem 22. Juli 2013 aufgelegt im Sinne des § 343 Absatz 4 wurden, sind an die Vorschriften dieses Gesetzes anzupassen. [2]Andere als die zur Anpassung der Anlagebedingungen an die Vorschriften dieses Gesetzes notwendigen Änderungen dürfen in den Anlagebedingungen nicht vorgenommen werden. [3]Die Änderungen müssen nicht genehmigt werden, sofern diese Anlagebedingungen bereits nach § 43 Absatz 2 und § 43a des Investmentgesetzes in der bis zum 21. Juli 2013 geltenden Fassung genehmigt wurden und Anpassungen lediglich auf Grund von Anpassungen an die Begrifflichkeiten nach diesem Gesetz redaktioneller Natur sind. [4]Sofern eine Genehmigung der Anlagebedingungen nach Satz 3 nicht erforderlich ist, haben die OGAW-Kapitalverwaltungsgesellschaften und EU-OGAW-Verwaltungsgesellschaften die Anlagebedingungen redaktionell bis zum 31. Dezember 2014 an die Rechtsvorschriften dieses Gesetzes anzupassen. [5]§ 163 Absatz 1 bis 3 und 4 Satz 2 bis 5, 6 Halbsatz 2 und Satz 7 gilt für diese Änderungen nicht. [6]Müssen die Anlagebedingungen an die Anforderungen nach den §§ 200 bis 203 angepasst werden, bedürfen diese Änderungen der Genehmigung; die Anpassungen sind innerhalb von sechs Monaten ab dem 22. Juli 2013 vorzunehmen. [7]Für die Genehmigung der Anlagebedingungen gilt § 163 mit der Maßgabe, dass die in Absatz 2 Satz 1 genannte Frist drei Monate beträgt und dass Absatz 2 Satz 5, 6 und 9, Absatz 3, 4 Satz 2 bis 5 keine Anwendung finden. [8]Zudem haben die OGAW-Kapitalverwaltungsgesellschaften und EU-OGAW-Verwaltungsgesellschaften zeitgleich mit den Anlagebedingungen jeweils die wesentlichen Anlegerinformationen und den Verkaufsprospekt an die Vorschriften dieses Gesetzes anzupassen und diese Unterlagen jeweils gemeinsam unverzüglich nach erstmaliger Verwendung bei der Bundesanstalt einzureichen. [9]Bedürfen die Änderungen der Anlagebedingungen keiner Genehmigung durch die Bundesanstalt, haben die OGAW-Kapitalverwaltungsgesellschaften und die EU-OGAW-Verwaltungsgesellschaften zeitgleich die redaktionell angepassten Anlagebedingungen bei der Bundesanstalt einzureichen. [10]Bis zum Inkrafttreten der Änderungen der Anlagebedingungen der inländischen OGAW, die von einer OGAW-Verwaltungsgesellschaft im Sinne des Absatzes 1 verwaltet werden, gelten für diese inländischen OGAW die auf inländische OGAW anwendbaren Vorschriften des Investmentgesetzes in der bis zum 21. Juli 2013 geltenden Fassung weiter. [11]Ab Inkrafttreten der geänderten Anlagebedingungen finden auf diese inländischen OGAW die auf inländische OGAW nach diesem Gesetz anwendbaren Vorschriften Anwendung.

(3) Die Verwahrstelle von bereits aufgelegten inländischen OGAW bedarf keiner Genehmigung, sofern sie bereits nach § 21 Absatz 1 des Investmentgesetzes in der bis zum 21. Juli 2013 geltenden Fassung genehmigt wurde.

(4) [1]OGAW-Verwaltungsgesellschaften, die bei Inkrafttreten dieses Gesetzes über die zuständigen Stellen des Herkunftsstaates des EU-OGAW eine Anzeige nach § 132 Absatz 1 des Investmentgesetzes in der bis zum 21. Juli 2013 geltenden Fassung oder nach § 15c Absatz 1 des Auslandinvestment-Gesetzes in der bis zum 31. Dezember 2003 geltenden Fassung erstattet haben und zum öffentlichen Vertrieb berechtigt sind, müssen keine neue Anzeige nach § 310 übermitteln; ein bereits erlangtes Vertriebsrecht besteht fort. [2]OGAW-Verwaltungsgesellschaften, die in Bezug auf ihre EU-OGAW nach dem 21. Juli 2013 Tätigkeiten ausüben oder ausüben lassen, die nach dem Investmentgesetz in der bis zum 21. Juli 2013 geltenden Fassung nicht als öffentlicher Vertrieb galten, nach diesem Gesetz aber als Vertrieb anzusehen sind, übermitteln bis zum 21. Juli 2014 über die zuständigen Stellen des Herkunftsmitgliedstaates des EU-OGAW eine Anzeige nach § 310.

(5) [1]Die Anlagebedingungen, die wesentlichen Anlegerinformationen und der Verkaufsprospekt für inländische OGAW sind zum 18. März 2016 an die ab dem 18. März 2016 geltende Fassung dieses Gesetzes anzupassen. [2]Der Antrag auf Genehmigung der

geänderten Anlagebedingungen darf neben redaktionellen nur solche Änderungen der Anlagebedingungen beinhalten, die für eine Anpassung an die Anforderungen der ab dem 18. März 2016 geltenden Fassung dieses Gesetzes erforderlich sind. [3]§ 163 Absatz 3 und 4 Satz 2 bis 5 ist nicht anzuwenden.

Unterabschnitt 5. Sonstige Übergangsvorschriften

§ 356 Übergangsvorschriften zum Bilanzrichtlinie-Umsetzungsgesetz

[1]Die §§ 45 und 48 in der Fassung des Bilanzrichtlinie-Umsetzungsgesetzes vom 17. Juli 2015 (BGBl. I S. 1245) sind erstmals auf Jahresberichte und Jahresabschlüsse für Geschäftsjahre anzuwenden, die nach dem 31. Dezember 2015 beginnen. [2]Das Gleiche gilt für § 160 in der Fassung des Bilanzrichtlinie-Umsetzungsgesetzes hinsichtlich der Bezugnahme auf § 325 Absatz 1 des Handelsgesetzbuchs.

§ 357 Übergangsvorschrift zu § 100a

[1]§ 100a ist mit Wirkung vom 31. Dezember 2015 anzuwenden. [2]§ 100a ist auch in den Fällen anzuwenden, in denen der Übergang des Immobilien-Sondervermögens auf die Verwahrstelle gemäß § 39 Absatz 1 des Investmentgesetzes erfolgt, weil das Recht der AIF-Kapitalverwaltungsgesellschaft, das Immobilien-Sondervermögen zu verwalten,

1. gemäß § 38 Absatz 1 des Investmentgesetzes aufgrund der Kündigung des Verwaltungsrechts während einer Aussetzung der Rücknahme gemäß § 81 des Investmentgesetzes oder
2. gemäß § 81 Absatz 4 des Investmentgesetzes in der Fassung vom 5. April 2011

erloschen ist und das Immobilien-Sondervermögen gemäß § 39 Absatz 2 des Investmentgesetzes abgewickelt und an die Anleger verteilt wird, sofern der Übergang des Immobilien-Sondervermögens auf die Verwahrstelle erst ab dem 31. Dezember 2015 erfolgt ist.

§ 358 Übergangsvorschriften zu § 95 Absatz 1 und § 97 Absatz 1

(1) Für in Sammelverwahrung befindliche Inhaberanteilscheine und noch nicht fällige Gewinnanteilscheine kann eine Auslieferung einzelner Wertpapiere auf Grund der §§ 7 und 8 des Depotgesetzes nicht verlangt werden.

(2) [1]Inhaber von vor dem 1. Januar 2017 fällig gewordenen Gewinnanteilscheinen können die aus diesen resultierenden Zahlungsansprüche gegen Vorlage dieser Gewinnanteilscheine bei der Verwahrstelle des betreffenden Sondervermögens geltend machen. [2]Werden die Gewinnanteilscheine bei der Verwahrstelle eingelöst, darf sie den Auszahlungsbetrag nur an ein inländisches Kreditinstitut zur Weiterleitung auf ein für den Einreicher geführtes Konto leisten. [3]Sofern ein Kreditinstitut die Gewinnanteilscheine zur Einlösung annimmt, darf es den Auszahlungsbetrag nur über ein für den Einreicher bei ihm im Inland geführtes Konto leisten.

(3) [1]Inhaberanteilscheine, die sich mit Ablauf des 31. Dezember 2016 nicht in Sammelverwahrung bei einer der in § 97 Absatz 1 Satz 2 genannten Stellen befinden, werden mit Ablauf des 31. Dezember 2016 kraftlos. [2]Sind Gewinnanteilscheine auf den Inhaber ausgegeben, so erstreckt sich die Kraftlosigkeit auch auf die noch nicht fälligen Gewinnanteilscheine. [3]Die in den Inhaberanteilscheinen nach Satz 1 und den Gewinnanteilscheinen nach Satz 2 verbrieften Rechte sind zum 1. Januar 2017 stattdessen gemäß § 95 Absatz 1 zu verbriefen. [4]Die bisherigen Eigentümer der kraftlosen Anteilscheine werden ihren Anteilen entsprechend Miteigentümer an der Sammelurkunde. [5]Die Sammelurkunde ist gemäß § 97 Absatz 1 Satz 2 zu verwahren. [6]Die Miteigentumsanteile an dem Sammelbestand werden auf einem gesonderten Depot der Verwahrstelle gutgeschrieben.

(4) [1]Nur mit der Einreichung eines kraftlosen Inhaberanteilscheins bei der Verwahrstelle kann der Einreicher die Gutschrift eines entsprechenden Miteigentumsanteils an dem Sammelbestand auf ein von ihm zu benennendes und für ihn geführtes Depotkonto verlangen. [2]Die Kraftlosigkeit des Inhaberanteilscheins nach Absatz 3 steht einer Kraftloserklärung der Urkunde nach § 799 des Bürgerlichen Gesetzbuchs nicht entgegen. [3]Zahlungen darf die Verwahrstelle nur auf ein von ihr für den Einreicher geführtes Konto oder an ein anderes Kreditinstitut zur Weiterleitung auf ein für den Einreicher von diesem geführtes Konto leisten; diese Zahlungen sind von der Verwahrstelle nicht zu verzinsen.

§ 359 Übergangsvorschrift zu § 26 Absatz 7 Satz 3, § 82 Absatz 6 Satz 2 und § 85 Absatz 5 Satz 4

§ 26 Absatz 7 Satz 3, § 82 Absatz 6 Satz 2 und § 85 Absatz 5 Satz 4 in der ab dem 25. Juni 2017 geltenden Fassung sind erst ab dem 25. Dezember 2017 anzuwenden.

§ 360 Übergangsvorschrift zum Gesetz zur weiteren Ausführung der EU-Prospektverordnung und zur Änderung von Finanzmarktgesetzen

§ 268 Absatz 1 Satz 3, § 293 Absatz 1 Satz 2 Nummer 5, § 295 Absatz 8, § 307 Absatz 4 und § 318 Absatz 3 Satz 1 in der bis zum 20. Juli 2019 geltenden Fassung finden weiterhin Anwendung für den Fall eines Prospekts, der nach dem Wertpapierprospektgesetz in der bis zum 20. Juli 2019 geltenden Fassung gebilligt wurde, solange dieser Prospekt Gültigkeit hat.

10e. Verordnung über Vermögensanlagen-Verkaufsprospekte (Vermögensanlagen-Verkaufsprospektverordnung – VermVerkProspV)

Vom 16. Dezember 2004 (BGBl. I S. 3464)

zuletzt geändert durch Gesetz vom 23.6.2017 (BGBl. I S. 1693)

Eingangsformel

Auf Grund des § 8g Abs. 2 und 3 des Verkaufsprospektgesetzes, der durch Artikel 2 Nr. 1 des Gesetzes vom 28. Oktober 2004 (BGBl. I S. 2630) eingefügt worden ist, verordnet die Bundesregierung:

§ 1 Anwendungsbereich

Diese Verordnung ist auf den Verkaufsprospekt für Vermögensanlagen im Sinne des § 1 Absatz 2 des Vermögensanlagengesetzes anzuwenden.

§ 2 Allgemeine Grundsätze

(1) [1]Der Verkaufsprospekt muss über die tatsächlichen und rechtlichen Verhältnisse, die für die Beurteilung der angebotenen Vermögensanlagen notwendig sind, Auskunft geben und richtig und vollständig sein. [2]Er muss mindestens die nach dieser Verordnung vorgeschriebenen Angaben enthalten. [3]Er ist in deutscher Sprache und in einer Form abzufassen, die sein Verständnis und seine Auswertung erleichtert. [4]Die Bundesanstalt für Finanzdienstleistungsaufsicht (Bundesanstalt) kann gestatten, dass der Verkaufsprospekt von Emittenten mit Sitz im Ausland ganz oder zum Teil in einer anderen in internationalen Finanzkreisen gebräuchlichen Sprache abgefasst wird. [5]In diesem Fall ist dem Prospekt eine deutsche Zusammenfassung voranzustellen, die Teil des Prospekts ist und die wesentlichen tatsächlichen und rechtlichen Angaben zu dem Emittenten, der Vermögensanlage und dem Anlageobjekt enthält.

(2) [1]Das Deckblatt darf neben dem deutlichen Hinweis gemäß § 7 Absatz 2 Satz 1 des Vermögensanlagengesetzes keine weiteren Informationen enthalten, die diesen Hinweis abschwächen. [2]Der Verkaufsprospekt muss ein Inhaltsverzeichnis haben. [3]Ferner ist an hervorgehobener Stelle im Verkaufsprospekt ein ausdrücklicher Hinweis darauf aufzunehmen, dass bei fehlerhaftem Verkaufsprospekt Haftungsansprüche nur dann bestehen können, wenn die Vermögensanlage während der Dauer des öffentlichen Angebots, spätestens jedoch innerhalb von zwei Jahren nach dem ersten öffentlichen Angebot der Vermögensanlagen im Inland, erworben wird. [4]Die wesentlichen tatsächlichen und rechtlichen Risiken im Zusammenhang mit der Vermögensanlage sind in einem gesonderten Abschnitt darzustellen, der nur diese Angaben enthält. [5]Es ist insbesondere auf Liquiditätsrisiken, auf Risiken, die mit einem Einsatz von Fremdkapital einhergehen, sowie auf Risiken einer möglichen Fremdfinanzierung des Anteils durch den Anleger einzugehen. [6]Weiterhin ist auf das Risiko einzugehen, dass die Vertrags- oder Anlagebedingungen so geändert werden oder sich die Tätigkeit des Emittenten so verändert, dass er ein Investmentvermögen im Sinne des Kapitalanlagegesetzbuchs darstellt, sodass die Bundesanstalt Maßnahmen nach § 15 des Kapitalanlagegesetzbuchs ergreifen und insbesondere die Rückabwicklung der Geschäfte des Emittenten der Vermögensanlage anordnen kann. [7]Das den Anleger treffende maximale Risiko ist an hervorgehobener Stelle im Verkaufsprospekt in vollem Umfang zu beschreiben. [8]Nach dieser Verordnung geforderte und darüber hinausgehende in den Prospekt aufgenommene Angaben, die eine Prognose beinhalten, sind deutlich als Prognosen kenntlich zu machen.

(3) [1]Der Verkaufsprospekt soll die nach dieser Verordnung erforderlichen Mindestangaben in der Reihenfolge ihrer Nennung in der Verordnung enthalten. [2]Stimmt die Reihenfolge der Angaben in dem Prospekt nicht mit der dieser Verordnung überein, kann die Hinterlegungsstelle vor Gestattung der Veröffentlichung des Verkaufsprospekts von dem Anbieter eine Aufstellung verlangen, aus der hervorgeht, an welcher Stelle des Prospekts sich die verlangten Mindestangaben befinden.

(4) Der Verkaufsprospekt ist mit dem Datum seiner Aufstellung zu versehen und vom Anbieter zu unterzeichnen.

(5) *(weggefallen)*

§ 3 Angaben über Personen oder Gesellschaften, die für den Inhalt des Verkaufsprospekts die Verantwortung übernehmen

Der Verkaufsprospekt muss Namen, Geschäftsanschrift und Funktionen, bei juristischen Personen oder Gesellschaften die Firma und den Sitz der Personen oder Gesellschaften angeben, die für seinen Inhalt insgesamt oder für bestimmte Angaben die Verantwortung übernehmen; er muss eine Erklärung dieser Personen oder Gesellschaften enthalten, dass ihres Wissens die Angaben richtig und keine wesentlichen Umstände ausgelassen sind.

§ 4 Angaben über die Vermögensanlagen

[1]Der Verkaufsprospekt muss über die Vermögensanlagen angeben:

1. Art, Anzahl und Gesamtbetrag der angebotenen Vermögensanlagen. [2]Steht die Anzahl oder der Gesamtbetrag bei Hinterlegung des Verkaufsprospekts noch nicht fest, ist ein hervorgehobener Hinweis aufzunehmen, der eine Mindestanzahl und einen Mindestbetrag angibt;

1a. die Hauptmerkmale der Anteile der Anleger sowie abweichende Rechte der Gesellschafter des Emittenten zum Zeitpunkt der Prospektaufstellung; sofern ehemaligen Gesellschaftern Ansprüche aus ihrer Beteiligung beim Emittenten zustehen, sind diese zu beschreiben;

2. die wesentlichen Grundlagen der steuerlichen Konzeption der Vermögensanlage. [2]Übernimmt der Emittent oder eine andere Person die Zahlung von Steuern für den Anleger, ist dies anzugeben;

3. wie die Vermögensanlagen übertragen werden können und in welcher Weise ihre freie Handelbarkeit eingeschränkt ist;

4. die Zahlstellen oder andere Stellen, die bestimmungsgemäß Zahlungen an den Anleger ausführen und an denen der Verkaufsprospekt, das Vermögensanlagen-Informationsblatt, der letzte veröffentlichte Jahresabschluss und der Lagebericht zur kostenlosen Ausgabe bereitgehalten werden;

5. die Einzelheiten der Zahlung des Zeichnungs- oder Erwerbspreises, insbesondere die Kontoverbindung;

6. die Stellen, die Zeichnungen oder auf den Erwerb von Anteilen oder Beteiligungen gerichtete Willenserklärungen des Publikums entgegennehmen;

7. eine für die Zeichnung oder den Erwerb der Vermögensanlagen vorgesehene Frist und die Möglichkeiten, diese vorzeitig zu schließen oder Zeichnungen, Anteile oder Beteiligungen zu kürzen;

8. die einzelnen Teilbeträge, falls das Angebot gleichzeitig in verschiedenen Staaten mit bestimmten Teilbeträgen erfolgt. [2]Sind die Teilbeträge zum Zeitpunkt der Veröffentlichung des Prospekts noch nicht bekannt, ist anzugeben, in welchen Staaten das Angebot erfolgt;

9. den Erwerbspreis für die Vermögensanlagen oder, sofern er noch nicht bekannt ist, die Einzelheiten und den Zeitplan für seine Festsetzung;
10. an einer hervorgehobenen Stelle im Verkaufsprospekt die für den Anleger entstehenden weiteren Kosten, insbesondere solche Kosten, die mit dem Erwerb, der Verwaltung und der Veräußerung der Vermögensanlage verbunden sind;
11. an einer hervorgehobenen Stelle im Verkaufsprospekt, unter welchen Umständen der Erwerber der Vermögensanlagen verpflichtet ist, weitere Leistungen zu erbringen, insbesondere unter welchen Umständen er haftet, und dass keine Pflicht zur Zahlung von Nachschüssen besteht;
12. an einer hervorgehobenen Stelle im Verkaufsprospekt, in welcher Gesamthöhe Provisionen geleistet werden, insbesondere Vermittlungsprovisionen oder vergleichbare Vergütungen; dabei ist die Provision als absoluter Betrag anzugeben sowie als Prozentangabe in Bezug auf den Gesamtbetrag der angebotenen Vermögensanlagen;
13. an einer hervorgehobenen Stelle im Verkaufsprospekt die wesentlichen Grundlagen und Bedingungen der Verzinsung und Rückzahlung;
14. die Laufzeit sowie die Kündigungsfrist nach Maßgabe des § 5a des Vermögensanlagengesetzes und
15. die Anlegergruppe, auf die die Vermögensanlage abzielt, vor allem im Hinblick auf den Anlagehorizont des Anlegers und seine Fähigkeit, Verluste, die sich aus der Vermögensanlage ergeben können, zu tragen.

[2]Unbeschadet der Angaben zu den rechtlichen Verhältnissen sind bei Beteiligungen am Ergebnis eines Unternehmens im Sinne des § 1 Absatz 2 Nummer 1 des Vermögensanlagengesetzes der Gesellschaftsvertrag, die Satzung, der Beteiligungsvertrag oder der sonstige für das Anlageverhältnis maßgebliche Vertrag beizufügen; bei Treuhandvermögen im Sinne des § 1 Absatz 2 Nummer 2 des Vermögensanlagengesetzes ist der Treuhandvertrag als Teil des Prospekts beizufügen. [3]Ebenso ist der Vertrag über die Mittelverwendungskontrolle beizufügen.

§ 5 Angaben über den Emittenten

Der Verkaufsprospekt muss über den Emittenten angeben:

1. die Firma, den Sitz und die Geschäftsanschrift;
2. das Datum der Gründung und, wenn er für eine bestimmte Zeit gegründet ist, die Gesamtdauer seines Bestehens;
3. die für den Emittenten maßgebliche Rechtsordnung und die Rechtsform; soweit der Emittent eine Kommanditgesellschaft oder eine Kommanditgesellschaft auf Aktien ist, sind zusätzlich Angaben über die Struktur des persönlich haftenden Gesellschafters, insbesondere zur Firma, zur Haftung, zum gezeichneten Kapital, zu den Gesellschaftern sowie zu den Mitgliedern der Geschäftsführung, aufzunehmen;
4. den in der Satzung oder im Gesellschaftsvertrag bestimmten Gegenstand des Unternehmens;
5. das für den Emittenten zuständige Registergericht und die Nummer, unter der er in das Register eingetragen ist;
6. eine kurze Beschreibung des Konzerns und der Einordnung des Emittenten in ihn, falls der Emittent ein Konzernunternehmen ist.

§ 6 Angaben über das Kapital des Emittenten

[1]Der Verkaufsprospekt muss über das Kapital des Emittenten angeben:

1. die Höhe des gezeichneten Kapitals oder der Kapitalanteile und die Art der Anteile, in die das Kapital zerlegt ist; dabei sind die Höhe der ausstehenden Einlagen auf das Kapital und die Hauptmerkmale der Anteile anzugeben;
2. eine Übersicht der bisher ausgegebenen Wertpapiere oder Vermögensanlagen im Sinne des § 1 Absatz 2 des Vermögensanlagengesetzes, einschließlich des Datums ihrer ersten Kündigungsmöglichkeit oder ihrer Fälligkeit.

[2]Ist der Emittent eine Aktiengesellschaft oder Kommanditgesellschaft auf Aktien, muss der Verkaufsprospekt über das Kapital des Emittenten zusätzlich den Nennbetrag der umlaufenden Wertpapiere, die den Gläubigern ein Umtausch- oder Bezugsrecht auf Aktien einräumen, angeben. [3]Daneben muss er die Bedingungen und das Verfahren für den Umtausch oder den Bezug nennen.

§ 7 Angaben über Gründungsgesellschafter des Emittenten und über die Gesellschafter des Emittenten zum Zeitpunkt der Aufstellung des Verkaufsprospekts

(1) [1]Der Verkaufsprospekt muss über die Gründungsgesellschafter und die Gesellschafter zum Zeitpunkt der Prospektaufstellung des Emittenten angeben:

1. Namen und Geschäftsanschrift, bei juristischen Personen Firma und Sitz;
2. Art und Gesamtbetrag der von den Gründungsgesellschaftern und den Gesellschaftern zum Zeitpunkt der Prospektaufstellung insgesamt gezeichneten und der eingezahlten Einlagen;
3. Gewinnbeteiligungen, Entnahmerechte und den Jahresbetrag der sonstigen Gesamtbezüge, insbesondere der Gehälter, Gewinnbeteiligungen, Aufwandsentschädigungen, Versicherungsentgelte, Provisionen und Nebenleistungen jeder Art, die den Gründungsgesellschaftern und den Gesellschaftern zum Zeitpunkt der Prospektaufstellung insgesamt zustehen;
4. die Eintragungen, die in Bezug auf Verurteilungen wegen einer Straftat nach
   a) den §§ 263 bis 283d des Strafgesetzbuchs,
   b) § 54 des Kreditwesengesetzes,
   c) § 119 des Wertpapierhandelsgesetzes oder
   d) § 369 der Abgabenordnung

   in einem Führungszeugnis enthalten sind; das Führungszeugnis darf zum Zeitpunkt der Prospektaufstellung nicht älter als sechs Monate sein;
5. jede ausländische Verurteilung wegen einer Straftat, die mit den in Nummer 4 genannten Straftaten vergleichbar ist, unter Angabe der Art und Höhe der Strafe, wenn zum Zeitpunkt der Prospektaufstellung der Gründungsgesellschafter oder der Gesellschafter zum Zeitpunkt der Prospektaufstellung nicht Deutscher war; dies gilt jedoch nur, wenn der Zeitraum zwischen dem Eintritt der Rechtskraft der Verurteilung und der Prospektaufstellung weniger als fünf Jahre beträgt;
6. Angaben darüber, ob
   a) über das Vermögen eines Gründungsgesellschafters oder eines Gesellschafters zum Zeitpunkt der Prospektaufstellung innerhalb der letzten fünf Jahre ein Insolvenzverfahren eröffnet oder mangels Masse abgewiesen wurde sowie
   b) ein Gründungsgesellschafter oder ein Gesellschafter zum Zeitpunkt der Prospektaufstellung innerhalb der letzten fünf Jahre in der Geschäftsführung einer Gesellschaft tätig war, über deren Vermögen ein Insolvenzverfahren eröffnet oder mangels Masse abgewiesen wurde;

7. Angaben über frühere Aufhebungen einer Erlaubnis zum Betreiben von Bankgeschäften oder zur Erbringung von Finanzdienstleistungen durch die Bundesanstalt.

[2]Die Angaben nach Satz 1 in Bezug auf die Gründungsgesellschafter können entfallen, wenn der Emittent mehr als zehn Jahre vor Aufstellung des Verkaufsprospekts gegründet wurde.

(2) Der Verkaufsprospekt muss auch Angaben enthalten über den Umfang der unmittelbaren oder mittelbaren Beteiligungen der Gründungsgesellschafter und der Gesellschafter zum Zeitpunkt der Prospektaufstellung an

1. Unternehmen, die mit dem Vertrieb der emittierten Vermögensanlagen beauftragt sind;
2. Unternehmen, die dem Emittenten Fremdkapital zur Verfügung stellen;
3. Unternehmen, die im Zusammenhang mit der Anschaffung oder Herstellung des Anlageobjekts Lieferungen oder Leistungen erbringen sowie
4. Unternehmen, die mit dem Emittenten oder Anbieter nach § 271 des Handelsgesetzbuchs in einem Beteiligungsverhältnis stehen oder verbunden sind.

(3) Darüber hinaus ist anzugeben, in welcher Art und Weise die Gründungsgesellschafter und die Gesellschafter zum Zeitpunkt der Prospektaufstellung für die in Absatz 2 Nummer 1 bis 4 genannten Unternehmen tätig sind.

(4) Der Verkaufsprospekt muss auch Angaben darüber enthalten, in welcher Art und Weise die Gründungsgesellschafter und die Gesellschafter zum Zeitpunkt der Prospektaufstellung

1. mit dem Vertrieb der emittierten Vermögensanlagen beauftragt sind;
2. dem Emittenten Fremdkapital zur Verfügung stellen oder vermitteln;
3. Lieferungen oder Leistungen im Zusammenhang mit der Anschaffung oder Herstellung des Anlageobjekts erbringen.

§ 8 Angaben über die Geschäftstätigkeit des Emittenten

(1) Der Verkaufsprospekt muss über die Geschäftstätigkeit des Emittenten folgende Angaben enthalten:

1. die wichtigsten Tätigkeitsbereiche;
2. Angaben über die Abhängigkeit des Emittenten von Patenten, Lizenzen, Verträgen oder neuen Herstellungsverfahren, wenn sie von wesentlicher Bedeutung für die Geschäftstätigkeit oder Ertragslage des Emittenten sind;
3. Gerichts-, Schieds- und Verwaltungsverfahren, die einen Einfluss auf die wirtschaftliche Lage des Emittenten und die Vermögensanlage haben können;
4. Angaben über die laufenden Investitionen.

(2) Ist die Tätigkeit des Emittenten durch außergewöhnliche Ereignisse beeinflusst worden, so ist darauf hinzuweisen.

§ 9 Angaben über die Anlageziele und Anlagepolitik der Vermögensanlagen

(1) [1]Der Verkaufsprospekt muss über die Anlagestrategie und Anlagepolitik der Vermögensanlagen angeben,

1. für welche konkreten Projekte die Nettoeinnahmen aus dem Angebot genutzt werden sollen,
2. welchen Realisierungsgrad diese Projekte bereits erreicht haben,
3. ob die Nettoeinnahmen hierfür allein ausreichen und

4. für welche sonstigen Zwecke die Nettoeinnahmen genutzt werden.

[2]Weiterhin sind die Möglichkeiten einer Änderung der Anlagestrategie oder Anlagepolitik sowie die dazu notwendigen Verfahren darzustellen und der Einsatz von Derivaten und Termingeschäften zu beschreiben.

(2) Der Verkaufsprospekt muss zusätzlich über die Anlageziele und Anlagepolitik angeben:

1. eine Beschreibung des Anlageobjekts. [2]Anlageobjekt sind die Gegenstände, zu deren voller oder teilweiser Finanzierung die von den Erwerbern der Vermögensanlagen aufzubringenden Mittel bestimmt sind. [3]Bei einem Treuhandvermögen, das ganz oder teilweise aus einem Anteil besteht, der eine Beteiligung am Ergebnis eines Unternehmens gewährt, treten an die Stelle dieses Anteils die Vermögensgegenstände des Unternehmens. [4]Besteht das Anlageobjekt ganz oder teilweise aus einem Anteil oder einer Beteiligung an einer Gesellschaft oder stellt das Anlageobjekt ganz oder teilweise eine Ausleihung an oder eine Forderung gegen eine Gesellschaft dar, so gelten auch diejenigen Gegenstände als Anlageobjekt, die diese Gesellschaft erwirbt;
2. ob den nach den §§ 3, 7 oder 12 zu nennenden Personen das Eigentum am Anlageobjekt oder wesentlichen Teilen desselben zustand oder zusteht oder diesen Personen aus anderen Gründen eine dingliche Berechtigung am Anlageobjekt zusteht;
3. nicht nur unerhebliche dingliche Belastungen des Anlageobjekts;
4. rechtliche oder tatsächliche Beschränkungen der Verwendungsmöglichkeiten des Anlageobjekts, insbesondere im Hinblick auf das Anlageziel;
5. ob behördliche Genehmigungen erforderlich sind und inwieweit diese vorliegen;
6. welche Verträge der Emittent über die Anschaffung oder Herstellung des Anlageobjekts oder wesentlicher Teile davon geschlossen hat;
7. den Namen der Person oder Gesellschaft, die ein Bewertungsgutachten für das Anlageobjekt erstellt hat, das Datum des Bewertungsgutachtens und dessen Ergebnis;
8. in welchem Umfang Lieferungen und Leistungen durch Personen erbracht werden, die nach den §§ 3, 7 oder 12 zu nennen sind;
9. die voraussichtlichen Gesamtkosten des Anlageobjekts in einer Aufgliederung, die insbesondere Anschaffungs- und Herstellungskosten sowie sonstige Kosten ausweist und die geplante Finanzierung in einer Gliederung, die Eigen- und Fremdmittel, untergliedert nach Zwischenfinanzierungs- und Endfinanzierungsmitteln, gesondert ausweist. [2]Zu den Eigen- und Fremdmitteln sind die Konditionen und Fälligkeiten anzugeben und in welchem Umfang und von wem diese bereits verbindlich zugesagt sind. [3]Darüber hinaus ist die angestrebte Fremdkapitalquote anzugeben und wie sich die Hebeleffekte auswirken.

§ 10 Angaben über die Vermögens-, Finanz- und Ertragslage des Emittenten

(1) [1]Der Verkaufsprospekt muss über die Vermögens-, Finanz- und Ertragslage des Emittenten enthalten:

1. den letzten nach den §§ 24 und 25 des Vermögensanlagengesetzes aufgestellten und geprüften Jahresabschluss und Lagebericht und,
2. eine Zwischenübersicht, deren Stichtag höchstens zwei Monate vor der Aufstellung des Verkaufsprospekts liegen darf.
3. *(weggefallen)*

[2]Der Stichtag des in Satz 1 Nummer 1 genannten Abschlusses darf höchstens 18 Monate vor der Aufstellung des Verkaufsprospekts liegen.

(2) [1]Ist der Emittent nur zur Aufstellung eines Konzernabschlusses verpflichtet, so ist dieser in den Verkaufsprospekt aufzunehmen; ist er auch zur Aufstellung eines Jahresabschlusses verpflichtet, so sind beide Arten von Abschlüssen aufzunehmen. [2]Ein Konzernabschluss kann auch im Wege eines Verweises in den Verkaufsprospekt aufgenommen werden, wenn der Konzernabschluss auf Grund anderweitiger gesetzlicher Bestimmungen veröffentlicht worden ist. [3]Der Verweis muss angeben, wo der Konzernabschluss veröffentlicht ist. [4]In diesem Fall muss der bei der Bundesanstalt hinterlegte Prospekt auch ein gedrucktes Exemplar des Konzernabschlusses enthalten.

(3) Jede wesentliche Änderung der Angaben nach Absatz 1 Nr. 1 oder der Zwischenübersicht, die nach dem Stichtag eingetreten ist, muss im Verkaufsprospekt erläutert werden.

(4) Der Verkaufsprospekt muss die voraussichtliche Vermögens-, Finanz- und Ertragslage mindestens für das laufende und das folgende Geschäftsjahr darstellen.

§ 11 Angaben über die Prüfung des Jahresabschlusses des Emittenten

[1]Der Verkaufsprospekt muss den Namen, die Anschrift und die Berufsbezeichnung des Abschlussprüfers, der den Jahresabschluss des Emittenten nach Maßgabe der gesetzlichen Vorschriften geprüft hat, enthalten. [2]Ferner ist der Bestätigungsvermerk einschließlich zusätzlicher Bemerkungen aufzunehmen; wurde die Bestätigung des Jahresabschlusses eingeschränkt oder versagt, so müssen der volle Wortlaut der Einschränkungen oder der Versagung und deren Begründung wiedergegeben werden.

§ 12 Angaben über Mitglieder der Geschäftsführung oder des Vorstands, Aufsichtsgremien und Beiräte des Emittenten, den Treuhänder und sonstige Personen

(1) Der Verkaufsprospekt muss über die Mitglieder der Geschäftsführung oder des Vorstands, Aufsichtsgremien und Beiräte des Emittenten angeben:

1. den Namen und die Geschäftsanschrift der Mitglieder und ihre Funktion beim Emittenten;
2. Gewinnbeteiligungen, Entnahmerechte sowie den Jahresbetrag der sonstigen Gesamtbezüge, insbesondere der Gehälter, Aufwandsentschädigungen, Versicherungsentgelte, Provisionen und Nebenleistungen jeder Art, die den Mitgliedern insgesamt zustehen, getrennt nach Geschäftsführung oder Vorstand, Aufsichtsgremien und Beiräten;
3. die Eintragungen, die in Bezug auf Verurteilungen wegen einer Straftat nach
   a) den §§ 263 bis 283d des Strafgesetzbuchs,
   b) § 54 des Kreditwesengesetzes,
   c) § 119 des Wertpapierhandelsgesetzes oder
   d) § 369 der Abgabenordnung

   in einem Führungszeugnis enthalten sind; das Führungszeugnis darf zum Zeitpunkt der Prospektaufstellung nicht älter als sechs Monate sein;
4. jede ausländische Verurteilung wegen einer Straftat, die mit den in Nummer 3 genannten Straftaten vergleichbar ist, unter Angabe der Art und Höhe der Strafe, wenn zum Zeitpunkt der Prospektaufstellung das Mitglied der Geschäftsführung oder des Vorstands, eines Aufsichtsgremiums oder eines Beirats nicht Deutscher war; dies gilt jedoch nur, wenn der Zeitraum zwischen dem Eintritt der Rechtskraft der Verurteilung und der Prospektaufstellung weniger als fünf Jahre beträgt;
5. Angaben darüber, ob

a) über das Vermögen eines Mitglieds der Geschäftsführung oder des Vorstands, eines Aufsichtsgremiums oder eines Beirats innerhalb der letzten fünf Jahre ein Insolvenzverfahren eröffnet oder mangels Masse abgewiesen wurde sowie
b) ein Mitglied der Geschäftsführung oder des Vorstands, eines Aufsichtsgremiums oder eines Beirats innerhalb der letzten fünf Jahre in der Geschäftsführung einer Gesellschaft tätig war, über deren Vermögen ein Insolvenzverfahren eröffnet oder mangels Masse abgewiesen wurde;

6. Angaben über frühere Aufhebungen einer Erlaubnis zum Betreiben von Bankgeschäften oder zur Erbringung von Finanzdienstleistungen durch die Bundesanstalt.

(2) Der Verkaufsprospekt muss angeben, in welcher Art und Weise die Mitglieder der Geschäftsführung oder des Vorstands, der Aufsichtsgremien und der Beiräte des Emittenten auch tätig sind für

1. Unternehmen, die mit dem Vertrieb der angebotenen Vermögensanlagen betraut sind;
2. Unternehmen, die dem Emittenten Fremdkapital geben;
3. Unternehmen, die Lieferungen oder Leistungen im Zusammenhang mit der Anschaffung oder Herstellung des Anlageobjekts erbringen;
4. Unternehmen, die mit dem Emittenten oder Anbieter nach § 271 des Handelsgesetzbuchs in einem Beteiligungsverhältnis stehen oder verbunden sind.

(3) Darüber hinaus ist anzugeben, inwieweit die Mitglieder der Geschäftsführung oder des Vorstands, der Aufsichtsgremien und der Beiräte des Emittenten auch an den in Absatz 2 Nummer 1 bis 4 genannten Unternehmen in wesentlichem Umfang unmittelbar oder mittelbar beteiligt sind.

(4) Der Verkaufsprospekt muss auch Angaben darüber enthalten, in welcher Art und Weise die Mitglieder der Geschäftsführung oder des Vorstands, der Aufsichtsgremien und Beiräte des Emittenten zum Zeitpunkt der Prospektaufstellung

1. mit dem Vertrieb der emittierten Vermögensanlagen beauftragt sind;
2. dem Emittenten Fremdkapital zur Verfügung stellen oder vermitteln sowie
3. im Zusammenhang mit der Anschaffung oder Herstellung des Anlageobjekts Lieferungen oder Leistungen erbringen.

(5) Der Verkaufsprospekt muss über den Treuhänder angeben:

1. Name und Anschrift, bei juristischen Personen Firma und Sitz;
2. Aufgaben und Rechtsgrundlage der Tätigkeit;
3. seine wesentlichen Rechte und Pflichten;
4. den Gesamtbetrag der für die Wahrnehmung der Aufgaben vereinbarten Vergütung;
5. Umstände oder Beziehungen, die Interessenkonflikte begründen können.

(6) Der Verkaufsprospekt muss die Angaben nach den Absätzen 1 bis 4 auch für die Anbieter, die Prospektverantwortlichen, die Treuhänder und solche Personen enthalten, die nicht in den Kreis der nach dieser Verordnung angabepflichtigen Personen fallen, die jedoch die Herausgabe oder den Inhalt des Verkaufsprospekts oder die Abgabe oder den Inhalt des Angebots der Vermögensanlage wesentlich beeinflusst haben.

§ 13 Angaben über den jüngsten Geschäftsgang und die Geschäftsaussichten des Emittenten

Der Verkaufsprospekt muss allgemeine Ausführungen über die Geschäftsentwicklung des Emittenten nach dem Schluss des Geschäftsjahres, auf das sich der letzte offen gelegte Jahresabschluss bezieht, sowie Angaben über die Geschäftsaussichten des Emittenten mindestens für das laufende Geschäftsjahr enthalten.

§ 13a Angaben über Auswirkungen auf die Fähigkeit zur Zins- und Rückzahlung

Der Verkaufsprospekt muss an hervorgehobener Stelle eine ausführliche Darstellung der Auswirkungen der Vermögens-, Finanz- und Ertragslage sowie der Geschäftsaussichten auf die Fähigkeit des Emittenten, seinen Verpflichtungen zur Zinszahlung und Rückzahlung für die Vermögensanlage nachzukommen, enthalten.

§ 14 Gewährleistete Vermögensanlagen

Für das Angebot von Vermögensanlagen, für deren Verzinsung oder Rückzahlung eine juristische Person oder Gesellschaft die Gewährleistung übernommen hat, sind die Angaben nach den §§ 5 bis 13 auch über die Person oder Gesellschaft, welche die Gewährleistung übernommen hat, aufzunehmen.

§ 15 Verringerte Prospektanforderungen

(1) [1]Für den Fall, dass der Emittent vor weniger als 18 Monaten gegründet worden ist und noch keinen Jahresabschluss und Lagebericht nach § 24 des Vermögensanlagengesetzes erstellt hat, muss der Verkaufsprospekt abweichend von den Anforderungen nach den §§ 10, 11 und 13 folgende Angaben enthalten:

1. die Eröffnungsbilanz;
2. eine Zwischenübersicht, deren Stichtag höchstens zwei Monate vor der Aufstellung des Verkaufsprospekts liegen darf;
3. die voraussichtliche Vermögens-, Finanz- und Ertragslage mindestens für das laufende und die folgenden drei Geschäftsjahre;
4. Planzahlen des Emittenten, insbesondere zu Investitionen, Produktion, Umsatz und Ergebnis, mindestens für das laufende und die folgenden drei Geschäftsjahre.

[2]Zu den Angaben nach den Nummern 3 und 4 sind die zugrunde liegenden wesentlichen Annahmen und Wirkungszusammenhänge in geeigneter Form zu erläutern.

(2) Von der Aufnahme einzelner Angaben in den Verkaufsprospekt kann abgesehen werden, wenn

1. diese Angaben nur von geringer Bedeutung und nicht geeignet sind, die Beurteilung der Vermögens-, Finanz- und Ertragslage und der Entwicklungsaussichten des Emittenten zu beeinflussen, oder
2. die Verbreitung dieser Angaben dem Emittenten erheblichen Schaden zufügt, sofern die Nichtveröffentlichung das Publikum nicht über die für die Beurteilung der Vermögensanlagen wesentlichen Tatsachen und Umstände täuscht.

§ 15a Übergangsvorschrift zur Rechnungslegung und Prüfung des im Verkaufsprospekt enthaltenen Jahresabschlusses und Lageberichts

Für Geschäftsjahre, die vor dem 1. Januar 2014 beginnen, ist § 10 in der bis zum 31. Mai 2012 geltenden Fassung in Verbindung mit § 8h des Verkaufsprospektgesetzes in der bis zum 31. Mai 2012 geltenden Fassung anzuwenden.

§ 16 Inkrafttreten

Diese Verordnung tritt am 1. Juli 2005 in Kraft.

11. Gesetz über eine Berufsordnung der Wirtschaftsprüfer (Wirtschaftsprüferordnung)

In der Fassung der Bekanntmachung vom 5. November 1975 (BGBl. I S. 2803)

zuletzt geändert durch Gesetz vom 20.11.2019 (BGBl. I S. 1626)

Inhaltsübersicht

Erster Teil. Allgemeine Vorschriften

§ 1 Wirtschaftsprüfer und Wirtschaftsprüfungsgesellschaften

(1) [1]Wirtschaftsprüfer oder Wirtschaftsprüferinnen (Berufsangehörige) sind Personen, die als solche öffentlich bestellt sind. [2]Die Bestellung setzt den Nachweis der persönlichen und fachlichen Eignung im Zulassungs- und staatlichen Prüfungsverfahren voraus.

(2) [1]Der Wirtschaftsprüfer übt einen freien Beruf aus. [2]Seine Tätigkeit ist kein Gewerbe.

(3) [1]Wirtschaftsprüfungsgesellschaften bedürfen der Anerkennung. [2]Die Anerkennung setzt den Nachweis voraus, daß die Gesellschaft von Wirtschaftsprüfern verantwortlich geführt wird.

§ 2 Inhalt der Tätigkeit

(1) Wirtschaftsprüfer haben die berufliche Aufgabe, betriebswirtschaftliche Prüfungen, insbesondere solche von Jahresabschlüssen wirtschaftlicher Unternehmen, durchzuführen und Bestätigungsvermerke über die Vornahme und das Ergebnis solcher Prüfungen zu erteilen.

(2) Wirtschaftsprüfer sind befugt, ihre Auftraggeber in steuerlichen Angelegenheiten nach Maßgabe der bestehenden Vorschriften zu beraten und zu vertreten.

(3) Wirtschaftsprüfer sind weiter nach Maßgabe der bestehenden Vorschriften befugt

1. unter Berufung auf ihren Berufseid auf den Gebieten der wirtschaftlichen Betriebsführung als Sachverständige aufzutreten;
2. in wirtschaftlichen Angelegenheiten zu beraten und fremde Interessen zu wahren;
3. zur treuhänderischen Verwaltung.

§ 3 Berufliche Niederlassung

(1) [1]Berufsangehörige müssen unmittelbar nach der Bestellung eine berufliche Niederlassung begründen und eine solche unterhalten; wird die Niederlassung in einem Staat begründet, der nicht Mitgliedstaat der Europäischen Union oder Vertragsstaat des Abkommens über den europäischen Wirtschaftsraum (Drittstaat) oder die Schweiz ist, muss eine zustellungsfähige Anschrift im Inland unterhalten werden. [2]Berufliche Niederlassung eines Berufsangehörigen ist die Praxis, von der aus er seinen Beruf überwiegend ausübt.

(2) Bei Wirtschaftsprüfungsgesellschaften ist Sitz der Hauptniederlassung der Verwaltungssitz der Gesellschaft.

(3) Berufsangehörige und Wirtschaftsprüfungsgesellschaften dürfen Zweigniederlassungen nach den Vorschriften dieses Gesetzes begründen.

§ 4 Wirtschaftsprüferkammer

(1) [1]Zur Erfüllung der beruflichen Selbstverwaltungsaufgaben wird eine Kammer der Wirtschaftsprüfer gebildet; diese wird bei der Prüfung und der Eignungsprüfung, der Bestellung, der Anerkennung, dem Widerruf und der Registrierung, der Beaufsichtigung der kontinuierlichen Fortbildung, der Berufsaufsicht und der Qualitätskontrolle sowie bei dem Erlass von Berufsausübungsregelungen (§ 57 Abs. 3, § 57c) in mittelbarer Staatsverwaltung tätig; die Zuständigkeit der Abschlussprüferaufsichtsstelle beim Bundesamt für Wirtschaft und Ausfuhrkontrolle (Abschlussprüferaufsichtsstelle) bleibt unberührt. [2]Sie führt die Bezeichnung „Wirtschaftsprüferkammer“.

(2) [1]Die Wirtschaftsprüferkammer ist eine Körperschaft des öffentlichen Rechts. [2]Ihr Sitz bestimmt sich nach ihrer Satzung.

(3) Die Wirtschaftsprüferkammer kann Landesgeschäftsstellen errichten.

§ 4a Verfahren über eine einheitliche Stelle

Die Verwaltungsverfahren in öffentlich-rechtlichen und berufsrechtlichen Angelegenheiten, die in diesem Gesetz oder in einer auf Grund dieses Gesetzes erlassenen Rechtsverordnung geregelt werden, können über eine einheitliche Stelle nach den Vorschriften des Verwaltungsverfahrensgesetzes abgewickelt werden.

§ 4b Frist für den Erlass von Verwaltungsakten

[1]Über Anträge auf Erteilung eines Verwaltungsaktes durch die Wirtschaftsprüferkammer ist innerhalb einer Frist von drei Monaten zu entscheiden, soweit keine kürzere Frist vorgesehen ist; § 42a Absatz 2 Satz 2 bis 4 des Verwaltungsverfahrensgesetzes gilt entsprechend. [2]In den Fällen des § 16a und des § 20a beginnt die Frist erst mit der Vorlage des ärztlichen Gutachtens.

Zweiter Teil. Voraussetzungen für die Berufsausübung

Erster Abschnitt. Zulassung zur Prüfung. Delegationsermächtigung

§ 5 Prüfungsstelle, Rechtsschutz

(1) Die Wirtschaftsprüferkammer richtet zur Erfüllung der ihr nach dem Zweiten und Neunten Teil dieses Gesetzes obliegenden Aufgaben für das Zulassungs- und staatliche Prüfungsverfahren eine „Prüfungsstelle für das Wirtschaftsprüfungsexamen bei der Wirtschaftsprüferkammer" (Prüfungsstelle) ein.

(2) [1]Die Prüfungsstelle ist eine selbständige Verwaltungseinheit bei der Wirtschaftsprüferkammer. [2]Die Prüfungsstelle wird von einer Person geleitet, welche die Befähigung zum Richteramt haben muß (Leitung der Prüfungsstelle). [3]Die Prüfungsstelle ist bei der Erfüllung ihrer Aufgaben an Weisungen nicht gebunden.

(3) Die Prüfungsstelle kann bei der Durchführung ihrer Aufgaben die Landesgeschäftsstellen der Wirtschaftsprüferkammer einbeziehen.

(4) Die Prüfungsstelle unterstützt die Aufgabenkommission, die Prüfungskommission und die Widerspruchskommission.

(5) Über den Widerspruch gegen Bescheide, die im Rahmen des Zulassungs- und Prüfungsverfahrens erlassen worden sind, entscheidet die Widerspruchskommission.

§ 6 Verbindliche Auskunft

Auf Antrag erteilt die Prüfungsstelle eine verbindliche Auskunft über die Erfüllung einzelner Voraussetzungen für die Zulassung zur Prüfung, für die Befreiung von Zulassungsvoraussetzungen und für die Anrechnung von Prüfungsleistungen.

§ 7 Antrag auf Zulassung zur Prüfung

Der Antrag auf Zulassung zur Prüfung ist schriftlich oder elektronisch an die Prüfungsstelle zu richten.

§ 8 Voraussetzungen für die Zulassung (Vorbildung)

(1) Die Zulassung setzt den Nachweis einer abgeschlossenen Hochschulausbildung voraus.

(2) Auf den Nachweis einer abgeschlossenen Hochschulausbildung kann verzichtet werden, wenn die Bewerbenden

1. sich in mindestens zehnjähriger Tätigkeit als Beschäftigte bei Berufsangehörigen, einer Wirtschaftsprüfungsgesellschaft, vereidigten Buchprüfern oder vereidigten

Buchprüferinnen, einer Buchprüfungsgesellschaft, einem genossenschaftlichen Prüfungsverband oder der Prüfungsstelle eines Sparkassen- und Giroverbandes oder einer überörtlichen Prüfungseinrichtung für Körperschaften und Anstalten des öffentlichen Rechts bewährt haben;

2. mindestens fünf Jahre den Beruf als vereidigter Buchprüfer oder vereidigte Buchprüferin oder als Steuerberater oder Steuerberaterin ausgeübt haben.

(3) Wurde die Hochschulausbildung außerhalb des Geltungsbereiches dieses Gesetzes abgeschlossen, so muß das Abschlußzeugnis gleichwertig sein.

§ 8a Anerkannte Hochschulausbildungsgänge, Rechtsverordnung

(1) Hochschulausbildungsgänge,

1. die alle Wissensgebiete nach § 4 der Wirtschaftsprüferprüfungsverordnung umfassen,
2. die mit einer Hochschulprüfung oder einer staatlichen Prüfung abschließen und
3. in denen Prüfungen einzelner Wissensgebiete, für die ein Leistungsnachweis ausgestellt wird, in Inhalt, Form und Umfang einer Prüfung im Wirtschaftsprüfungsexamen entsprechen,

können auf Antrag der Hochschule von der in der Rechtsverordnung nach Absatz 3 bestimmten Stelle als zur Ausbildung von Berufsangehörigen besonders geeignet anerkannt werden.

(2) [1]Leistungsnachweise, die in Prüfungen nach Absatz 1 Nr. 3 erbracht wurden, ersetzen die entsprechenden Prüfungen im Wirtschaftsprüfungsexamen. [2]Die Leistungsnachweise sind der Prüfungsstelle vorzulegen.

(3) [1]Das Bundesministerium für Wirtschaft und Energie bestimmt durch Rechtsverordnung mit Zustimmung des Bundesrates die für die Anerkennung zuständige Stelle. [2]In der Rechtsverordnung kann es ferner

1. die Voraussetzungen der Anerkennung näher bestimmen, insbesondere das Verfahren zur Feststellung, ob Wissensgebiete des Hochschulausbildungsgangs denen nach § 4 der Wirtschaftsprüferprüfungsverordnung entsprechen,
2. Einzelheiten des Anerkennungsverfahrens, insbesondere die dem Antrag beizufügenden Unterlagen, und die Bekanntmachung der Anerkennung regeln sowie
3. die Voraussetzungen der frühzeitigen Zulassung zur Prüfung nach § 9 Abs. 6, insbesondere die dem Antrag beizufügenden Unterlagen, bestimmen.

§ 9 Voraussetzungen für die Zulassung (Prüfungstätigkeit)

(1) [1]Die Zulassung setzt eine für die Ausübung des Berufes genügende praktische Ausbildung (Tätigkeit) voraus. [2]Bewerbende mit abgeschlossener Hochschulausbildung haben eine wenigstens dreijährige Tätigkeit bei einer in § 8 Abs. 2 Nr. 1 genannten Stelle nachzuweisen. [3]Beträgt die Regelstudienzeit der Hochschulausbildung weniger als acht Semester, verlängert sich die Tätigkeit auf vier Jahre; eine darüber hinausgehende Tätigkeit wird nicht gefordert. [4]Die Tätigkeit muß nach Erwerb des ersten berufsqualifizierenden Hochschulabschlusses erbracht werden; Absatz 6 bleibt unberührt.

(2) [1]Von ihrer gesamten Tätigkeit müssen die Bewerbenden wenigstens während der Dauer zweier Jahre überwiegend an Abschlußprüfungen teilgenommen und bei der Abfassung der Prüfungsberichte mitgewirkt haben (Prüfungstätigkeit). [2]Sie sollen während dieser Zeit insbesondere an gesetzlich vorgeschriebenen Abschlußprüfungen teilgenommen und an der Abfassung der Prüfungsberichte hierüber mitgewirkt haben. [3]Die Prüfungstätigkeit muß

1. im Falle des § 8 Abs. 2 Nr. 1 nach dem fünften Jahr der Mitarbeit abgeleistet werden;

2. im Falle des § 8 Abs. 2 Nr. 2 während oder nach der beruflichen Tätigkeit als vereidigter Buchprüfer oder vereidigte Buchprüferin oder als Steuerberater oder Steuerberaterin abgeleistet werden.

[4]Das Erfordernis der Prüfungstätigkeit ist erfüllt, wenn die Bewerbenden nachweislich in fremden Unternehmen materielle Buch- und Bilanzprüfungen nach betriebswirtschaftlichen Grundsätzen durchgeführt haben. [5]Als fremd gilt ein Unternehmen, mit dem die Bewerbenden weder in einem Leitungs- noch in einem Anstellungsverhältnis stehen oder gestanden haben.

(3) Die Prüfungstätigkeit muss ausgeübt worden sein in Mitarbeit bei

1. Berufsangehörigen,
2. Wirtschaftsprüfungsgesellschaften,
3. vereidigten Buchprüfern oder vereidigten Buchprüferinnen,
4. Buchprüfungsgesellschaften,
5. genossenschaftlichen Prüfungsverbänden, in denen ein Berufsangehöriger tätig ist,
6. Prüfungsstellen von Sparkassen- und Giroverbänden, in denen ein Berufsangehöriger tätig ist,
7. überörtlichen Prüfungseinrichtungen für Körperschaften und Anstalten des öffentlichen Rechts, in denen ein Berufsangehöriger tätig ist, oder
8. in einem anderen Mitgliedstaat der Europäischen Union oder in einem anderen Vertragsstaat des Abkommens über den europäischen Wirtschaftsraum zugelassenen Abschlussprüfern oder Abschlussprüferinnen (EU- oder EWR-Abschlussprüfern) oder dort zugelassenen Prüfungsgesellschaften (EU- oder EWR-Abschlussprüfungsgesellschaften).

(4) Der Nachweis der Tätigkeit wie auch der Prüfungstätigkeit entfällt für Bewerbende, die seit mindestens fünfzehn Jahren den Beruf als Steuerberater oder Steuerberaterin oder als vereidigter Buchprüfer oder vereidigte Buchprüferin ausgeübt haben; dabei sind bis zu zehn Jahre Berufstätigkeit als Steuerbevollmächtigter oder Steuerbevollmächtigte anzurechnen.

(5) [1]Eine Revisorentätigkeit in größeren Unternehmen oder eine Tätigkeit als Steuerberater oder Steuerberaterin oder in einem Prüfungsverband nach § 26 Abs. 2 des Kreditwesengesetzes oder eine mit der Prüfungstätigkeit in Zusammenhang stehende Tätigkeit bei der Wirtschaftsprüferkammer bei der Abschlussprüferaufsichtsstelle oder bei einer Personenvereinigung nach § 43a Absatz 1 Nummer 9 kann bis zur Höchstdauer von einem Jahr auf die Tätigkeit nach Absatz 1 angerechnet werden. [2]Dasselbe gilt für prüfende Personen im öffentlichen Dienst, sofern sie nachweislich selbständig Prüfungen von größeren Betrieben durchgeführt haben. [3]Eine Tätigkeit im Ausland ist auf die Tätigkeit nach Absatz 1 anzurechnen, wenn sie bei einer Person, die in dem ausländischen Staat als sachverständiger Prüfer ermächtigt oder bestellt ist, abgeleistet wurde und wenn die Voraussetzungen für die Ermächtigung oder Bestellung den Vorschriften dieses Gesetzes im wesentlichen entsprechen.

(6) Bewerber und Bewerberinnen, die einen nach § 8a anerkannten Hochschulausbildungsgang abgeschlossen haben, können ohne Nachweis der Tätigkeit nach Absatz 1 und der Prüfungstätigkeit nach Absatz 2 bereits zu einem früheren Zeitpunkt zur Prüfung zugelassen werden.

§ 10 *(aufgehoben)*

§ 10a *(aufgehoben)*

§ 11 *(aufgehoben)*

§ 11a *(aufgehoben)*

Zweiter Abschnitt. Prüfung. Delegationsermächtigung

§ 12 Prüfungskommission und Gliederung der Prüfung

(1) Die Prüfung wird vor der Prüfungskommission abgelegt.

(2) Die Prüfung gliedert sich in eine schriftliche und eine mündliche Prüfung.

(3) An alle Bewerber sind ohne Rücksicht auf ihren beruflichen Werdegang gleiche Anforderungen zu stellen.

§ 13 Verkürzte Prüfung für Steuerberater

[1]Steuerberater und Bewerber, die die Prüfung als Steuerberater bestanden haben, können die Prüfung in verkürzter Form ablegen. [2]Bei der Prüfung in verkürzter Form entfällt die schriftliche und mündliche Prüfung im Steuerrecht.

§ 13a Verkürzte Prüfung für vereidigte Buchprüfer

(1) Vereidigte Buchprüfer und vereidigte Buchprüferinnen können die Prüfung in verkürzter Form ablegen.

(2) [1]Bei der verkürzten Prüfung entfällt die schriftliche und mündliche Prüfung in

1. Angewandter Betriebswirtschaftslehre und Volkswirtschaftslehre sowie
2. in jenen Bereichen der Gebiete Wirtschaftliches Prüfungswesen, Unternehmensbewertung und Berufsrecht sowie Wirtschaftsrecht, die bereits Gegenstand des Buchprüferexamens nach § 131a Absatz 2 dieses Gesetzes in der Fassung des Artikels 6 Nummer 16 des Bilanzrichtliniengesetzes vom 19. Dezember 1985 (BGBl. I S. 2355) waren.

[2]Für vereidigte Buchprüfer und vereidigte Buchprüferinnen, die Steuerberater oder Steuerberaterinnen sind, entfällt über Satz 1 hinaus die schriftliche und mündliche Prüfung im Steuerrecht. [3]Für vereidigte Buchprüfer und vereidigte Buchprüferinnen, die Rechtsanwälte oder Rechtsanwältinnen sind, entfällt über Satz 1 hinaus die vollständige schriftliche und mündliche Prüfung im Wirtschaftsrecht.

§ 13b Verkürzte Prüfung nach Anrechnung gleichwertiger Prüfungsleistungen, Rechtsverordnung

[1]Prüfungsleistungen, die im Rahmen einer Hochschulausbildung erbracht werden, werden angerechnet, wenn ihre Gleichwertigkeit in Inhalt, Form und Umfang mit den in § 4 der Wirtschaftsprüferprüfungsverordnung aufgeführten Anforderungen der Prüfungsgebiete Angewandte Betriebswirtschaftslehre, Volkswirtschaftslehre oder Wirtschaftsrecht im Zulassungsverfahren durch die Prüfungsstelle festgestellt wird. [2]Bei der Prüfung in verkürzter Form entfällt die schriftliche und mündliche Prüfung in dem entsprechenden Prüfungsgebiet. [3]Das Bundesministerium für Wirtschaft und Energie wird ermächtigt, durch Rechtsverordnung mit Zustimmung des Bundesrates die inhaltlichen und formalen Voraussetzungen für die Feststellung der Gleichwertigkeit und das Verfahren festzulegen.

§ 14 Einzelheiten des Prüfungsverfahrens

[1]Das Bundesministerium für Wirtschaft und Energie regelt durch Rechtsverordnung

1. die Einrichtung der Prüfungskommission, der Aufgabenkommission und der Widerspruchskommission, in denen jeweils eine Person, die eine für die Wirtschaft zuständige oder eine andere oberste Landesbehörde vertritt, den Vorsitz hat, die Zusammensetzung und die Berufung ihrer Mitglieder;
2. die Einzelheiten der Prüfungsaufgabenfindung, der Prüfung und des Prüfungsverfahrens, insbesondere die dem Antrag auf Zulassung zur Prüfung beizufügenden Unterlagen, und die Prüfungsgebiete;
3. die schriftliche und mündliche Prüfung, Rücktritt und Ausschluß von der Prüfung, Prüfungsergebnis, Ergänzungsprüfung, Wiederholung der Prüfung und die Mitteilung des Prüfungsergebnisses.

[2]Die Rechtsverordnung bedarf nicht der Zustimmung des Bundesrates.

§ 14a Zulassungsgebühr, Prüfungsgebühr

[1]Für alle Zulassungs- und Prüfungsverfahren und für erfolglose Widerspruchsverfahren sind Gebühren an die Wirtschaftsprüferkammer zu zahlen; die Wirtschaftsprüferkammer kann die Erhebung der Gebühren sowie deren Höhe und Fälligkeit bestimmen. [2]Näheres regelt die Gebührenordnung der Wirtschaftsprüferkammer (§ 61 Abs. 2).

§§ 14b und 14c *(aufgehoben)*

Dritter Abschnitt. Bestellung

§ 15 Bestellungsbehörde

[1]Nach bestandener Prüfung wird der Bewerber auf Antrag durch Aushändigung einer von der Wirtschaftsprüferkammer ausgestellten Urkunde als Wirtschaftsprüfer bestellt. [2]Zuständig ist die Wirtschaftsprüferkammer. [3]Wird der Antrag auf Bestellung als Wirtschaftsprüfer nicht innerhalb von fünf Jahren nach bestandener Prüfung gestellt, so finden auf die Bestellung die Vorschriften des § 23 Abs. 2 und 3 entsprechende Anwendung. [4]Wer gemäß § 9 Abs. 6 zugelassen wurde, hat vor der Bestellung den Nachweis der insgesamt dreijährigen Tätigkeit nach § 9 Abs. 1, einschließlich der Prüfungstätigkeit nach § 9 Abs. 2, vorzulegen.

§ 16 Versagung der Bestellung

(1) Die Bestellung ist zu versagen,

1. wenn nach der Entscheidung des Bundesverfassungsgerichts ein Grundrecht verwirkt wurde;
2. wenn infolge strafgerichtlicher Verurteilung die Fähigkeit zur Bekleidung öffentlicher Ämter nicht gegeben ist;
3. solange kein Nachweis über den Abschluss einer nach § 54 Absatz 1 notwendigen Versicherung vorliegt;
4. wenn sich der Bewerber oder die Bewerberin eines Verhaltens schuldig gemacht hat, das die Ausschließung aus dem Beruf rechtfertigen würde;
5. wenn der Bewerber oder die Bewerberin aus gesundheitlichen oder anderen Gründen nicht nur vorübergehend nicht in der Lage ist, den Beruf ordnungsgemäß auszuüben;
6. solange eine Tätigkeit ausgeübt wird, die mit dem Beruf nach § 43 Absatz 2 Satz 1, § 43a Absatz 3 Satz 1 oder § 44a Satz 1 unvereinbar und nicht nach § 43a Absatz 3 Satz 2 oder 3 oder § 44a Satz 2 genehmigungsfähig ist;
7. wenn sich der Bewerber oder die Bewerberin in nicht geordneten wirtschaftlichen Verhältnissen, insbesondere in Vermögensverfall befindet; ein Vermögensverfall

wird vermutet, wenn ein Insolvenzverfahren über das Vermögen eröffnet oder eine Eintragung in das vom Vollstreckungsgericht zu führende Verzeichnis (§ 26 Abs. 2 der Insolvenzordnung, § 882b der Zivilprozessordnung) vorliegt.

(2) Die Bestellung kann versagt werden, wenn der Bewerber sich so verhalten hat, daß die Besorgnis begründet ist, er werde den Berufspflichten als Wirtschaftsprüfer nicht genügen.

(3) Über die Versagung der Bestellung entscheidet die Wirtschaftsprüferkammer.

§ 16a Ärztliches Gutachten im Bestellungsverfahren

(1) [1]Wenn es zur Entscheidung über den Versagungsgrund des § 16 Abs. 1 Nr. 5 erforderlich ist, gibt die Wirtschaftsprüferkammer dem Bewerber oder der Bewerberin auf, innerhalb einer bestimmten angemessenen Frist ein Gutachten eines bestimmten Arztes oder einer bestimmten Ärztin über den Gesundheitszustand des Bewerbers oder der Bewerberin vorzulegen. [2]Das Gutachten muss auf einer Untersuchung und, wenn dies ein Amtsarzt oder eine Amtsärztin für notwendig hält, auch auf einer klinischen Beobachtung des Bewerbers oder der Bewerberin beruhen. [3]Die Kosten des Gutachtens hat der Bewerber oder die Bewerberin zu tragen.

(2) [1]Anordnungen nach Absatz 1 sind mit Gründen zu versehen und dem Bewerber oder der Bewerberin zuzustellen. [2]Gegen die Anordnungen kann innerhalb eines Monats nach der Zustellung ein Antrag auf gerichtliche Entscheidung gestellt werden.

(3) Kommt der Bewerber oder die Bewerberin ohne ausreichenden Grund der Anordnung der Wirtschaftsprüferkammer nicht nach, gilt der Antrag auf Bestellung als zurückgenommen.

§ 17 Berufsurkunde und Berufseid

(1) [1]Bewerber haben vor Aushändigung der Urkunde den Berufseid vor der Wirtschaftsprüferkammer oder einer von ihr im Einzelfall beauftragten Stelle zu leisten.
[2]Die Eidesformel lautet:
„Ich schwöre, daß ich die Pflichten eines Wirtschaftsprüfers verantwortungsbewußt und sorgfältig erfüllen, insbesondere Verschwiegenheit bewahren und Prüfungsberichte und Gutachten gewissenhaft und unparteiisch erstatten werde, so wahr mir Gott helfe."

(2) Der Eid kann auch ohne religiöse Beteuerung geleistet werden.

(3) Gestattet ein Gesetz den Mitgliedern einer Religionsgesellschaft an Stelle des Eides andere Beteuerungsformeln zu gebrauchen, so kann der Bewerber, der Mitglied einer solchen Religionsgesellschaft ist, diese Beteuerungsformel sprechen.

§ 18 Berufsbezeichnung

(1) [1]Wirtschaftsprüfer haben im beruflichen Verkehr die Berufsbezeichnung „Wirtschaftsprüfer" zu führen. [2]Frauen können die Berufsbezeichnung „Wirtschaftsprüferin" führen. [3]Werden Erklärungen im Rahmen von Tätigkeiten nach § 2 Abs. 1, die Berufsangehörigen gesetzlich vorbehalten sind, abgegeben, so dürfen diese Erklärungen unter Verwendung nur der Berufsbezeichnung und zusätzlich mit einem amtlich verliehenen ausländischen Prüfertitel unterzeichnet werden.

(2) [1]Akademische Grade und Titel und Zusätze, die auf eine staatlich verliehene Graduierung hinweisen, können neben der Berufsbezeichnung geführt werden. [2]Amts- und Berufsbezeichnungen sind zusätzlich gestattet, wenn sie amtlich verliehen worden sind und es sich um Bezeichnungen für eine Tätigkeit handelt, die neben der Tätigkeit des Wirtschaftsprüfers ausgeübt werden darf (§ 43a); zulässig sind auch Fachanwaltsbezeichnungen. [3]Zusätzlich gestattet sind auch in anderen Staaten zu Recht geführte Be-

rufsbezeichnungen für die Tätigkeit als gesetzlicher Abschlußprüfer oder für eine Tätigkeit, die neben der Tätigkeit als Wirtschaftsprüfer ausgeübt werden darf.

(3) [1]Mit dem Erlöschen, der Rücknahme oder dem Widerruf der Bestellung oder während einer Beurlaubung erlischt die Befugnis, die Berufsbezeichnung zu führen. [2]Die Berufsbezeichnung darf auch nicht mit einem Zusatz, der auf die frühere Berechtigung hinweist, geführt werden.

(4) [1]Die Wirtschaftsprüferkammer kann Berufsangehörigen, die wegen hohen Alters oder wegen körperlicher Leiden auf die Rechte aus der Bestellung verzichten und keine berufliche Tätigkeit mehr ausüben, auf Antrag die Erlaubnis erteilen, weiterhin die Berufsbezeichnung zu führen. [2]Die Wirtschaftsprüferkammer kann diese Erlaubnis zurücknehmen oder widerrufen, wenn nachträglich Umstände bekannt werden oder eintreten, die das Erlöschen, die Rücknahme oder den Widerruf der Bestellung nach sich ziehen würden oder zur Ablehnung der Erlaubnis hätten führen können. [3]Vor der Rücknahme oder dem Widerruf der Erlaubnis ist der oder die Betroffene zu hören.

§ 19 Erlöschen der Bestellung

(1) Die Bestellung erlischt durch

1. Tod,
2. Verzicht,
3. unanfechtbare Ausschließung aus dem Beruf.

(2) Der Verzicht ist schriftlich gegenüber der Wirtschaftsprüferkammer zu erklären.

§ 20 Rücknahme und Widerruf der Bestellung

(1) Die Bestellung ist mit Wirkung für die Zukunft zurückzunehmen, wenn nachträglich Tatsachen bekannt werden, bei deren Kenntnis die Bestellung hätte versagt werden müssen.

(2) Die Bestellung ist zu widerrufen, wenn Berufsangehörige

1. nicht eigenverantwortlich tätig sind oder eine Tätigkeit ausüben, die mit dem Beruf nach § 43 Absatz 2 Satz 1, § 43a Absatz 3 Satz 1 oder § 44a Satz 1 unvereinbar ist und nicht nach § 43a Absatz 3 Satz 2 oder 3 oder § 44a Satz 2 genehmigt ist;
2. infolge strafgerichtlicher Verurteilung die Fähigkeit zur Bekleidung öffentlicher Ämter verloren haben;
3. aus gesundheitlichen oder anderen Gründen nicht nur vorübergehend nicht in der Lage sind, den Beruf ordnungsgemäß auszuüben;
4. nicht den nach § 54 Absatz 1 notwendigen Versicherungsschutz unterhalten oder diesen innerhalb der letzten fünf Jahre wiederholt mit nennenswerter Dauer nicht aufrechterhalten haben und diese Unterlassung auch zukünftig zu befürchten ist;
5. sich in nicht geordneten wirtschaftlichen Verhältnissen, insbesondere in Vermögensverfall (§ 16 Abs. 1 Nr. 7) befinden;
6. keine berufliche Niederlassung nach § 3 Absatz 1 Satz 1 unterhalten;
7. nach der Entscheidung des Bundesverfassungsgerichts ein Grundrecht verwirkt haben.

(3) [1]Berufsangehörige, die eine unvereinbare Tätigkeit nach § 43a Absatz 3 Satz 1 oder § 44a Satz 1 ausüben, haben dies der Wirtschaftsprüferkammer unverzüglich anzuzeigen. [2]Der Wirtschaftsprüferkammer sind auf Verlangen die Unterlagen über ein Anstellungsverhältnis vorzulegen.

(4) [1]In den Fällen des Absatzes 2 Nummer 1 und 4 ist von einem Widerruf abzusehen, wenn anzunehmen ist, dass die Berufsangehörigen künftig eigenverantwortlich tätig

sein, die nach § 43 Absatz 2 Satz 1, § 43a Absatz 3 Satz 1 oder § 44a Satz 1 unvereinbare Tätigkeit dauernd aufgeben oder die vorgeschriebene Haftpflichtversicherung künftig laufend unterhalten werden. [2]Den Berufsangehörigen kann hierfür eine angemessene Frist gesetzt werden. [3]Kommen sie ihrer Verpflichtung innerhalb der gesetzten Frist nicht nach, so ist der Widerruf der Bestellung auszusprechen. [4]Von einem Widerruf in den Fällen des Absatzes 2 Nr. 5 kann abgesehen werden, wenn der Wirtschaftsprüferkammer nachgewiesen wird, dass durch die nicht geordneten wirtschaftlichen Verhältnisse die Interessen Dritter nicht gefährdet sind.

(5) *(aufgehoben)*

(6) [1]Sind Berufsangehörige wegen einer psychischen Krankheit oder einer körperlichen, geistigen oder seelischen Behinderung zur Wahrnehmung ihrer Rechte in dem Verfahren nicht in der Lage, bestellt das Betreuungsgericht auf Antrag der Wirtschaftsprüferkammer einen Betreuer als gesetzlichen Vertreter in dem Verfahren; die Vorschriften des Gesetzes über das Verfahren in Familiensachen und in den Angelegenheiten der freiwilligen Gerichtsbarkeit bei der Anordnung einer Betreuung nach §§ 1896 ff. des Bürgerlichen Gesetzbuches sind entsprechend anzuwenden. [2]Zum Betreuer soll ein Berufsangehöriger oder eine Berufsangehörige bestellt werden.

(7) [1]Entfällt die aufschiebende Wirkung einer Anfechtungsklage, sind § 116 Abs. 2 bis 4, § 117 Abs. 2 und § 121 entsprechend anzuwenden. [2]Die Anfechtungsklage gegen einen Widerruf aus den Gründen des Absatzes 2 Nr. 4 hat keine aufschiebende Wirkung.

§ 20a Ärztliches Gutachten im Widerrufsverfahren

[1]Im Verfahren wegen des Widerrufs der Bestellung nach § 20 Abs. 2 Nr. 3 ist § 16a Abs. 1 und 2 entsprechend anzuwenden. [2]Wird das Gutachten ohne zureichenden Grund nicht innerhalb der von der Wirtschaftsprüferkammer gesetzten Frist vorgelegt, wird vermutet, dass der oder die Berufsangehörige aus dem Grund des § 20 Abs. 2 Nr. 3, der durch das Gutachten geklärt werden soll, nicht nur vorübergehend unfähig ist, seinen Beruf ordnungsmäßig auszuüben.

§ 21 Zuständigkeit

Über die Rücknahme und den Widerruf der Bestellung entscheidet die Wirtschaftsprüferkammer.

§ 22 *(aufgehoben)*

§ 23 Wiederbestellung

(1) Ein ehemaliger Wirtschaftsprüfer kann wiederbestellt werden, wenn

1. die Bestellung nach § 19 Abs. 1 Nr. 2 erloschen ist;
2. im Falle des Erlöschens der Bestellung nach § 19 Abs. 1 Nr. 3 die unanfechtbare Ausschließung aus dem Beruf im Gnadenwege aufgehoben worden ist oder seit der unanfechtbaren Ausschließung mindestens acht Jahre verstrichen sind;
3. die Bestellung zurückgenommen oder widerrufen ist und die Gründe, die für die Rücknahme oder den Widerruf maßgeblich gewesen sind, nicht mehr bestehen.

(2) [1]Eine erneute Prüfung ist nicht erforderlich. [2]Die Wirtschaftsprüferkammer kann im Einzelfall anordnen, daß sich der Bewerber der Prüfung oder Teilen derselben zu unterziehen hat, wenn die pflichtgemäße Ausübung des Berufes sonst nicht gewährleistet erscheint.

(3) Die Wiederbestellung ist zu versagen, wenn die Voraussetzungen für die Wiederbestellung unter sinngemäßer Anwendung des § 16 nicht vorliegen.

§ 24 *(aufgehoben)*

Vierter Abschnitt. *(aufgehoben)*

Fünfter Abschnitt. Wirtschaftsprüfungsgesellschaften

§ 27 Rechtsform

(1) Europäische Gesellschaften, Gesellschaften nach deutschem Recht oder Gesellschaften in einer nach dem Recht eines Mitgliedstaats der Europäischen Union oder eines Vertragsstaats des Abkommens über den Europäischen Wirtschaftsraum zulässigen Rechtsform können nach Maßgabe der Vorschriften dieses Abschnitts als Wirtschaftsprüfungsgesellschaften anerkannt werden.

(2) Offene Handelsgesellschaften und Kommanditgesellschaften können als Wirtschaftsprüfungsgesellschaften anerkannt werden, wenn sie wegen ihrer Treuhandtätigkeit als Handelsgesellschaften in das Handelsregister eingetragen worden sind.

§ 28 Voraussetzungen für die Anerkennung

(1) [1]Voraussetzung für die Anerkennung ist, dass die Mehrheit der Mitglieder des Vorstandes, der Geschäftsführer und Geschäftsführerinnen, der persönlich haftenden Gesellschafter und Gesellschafterinnen, der geschäftsführenden Direktoren und Direktorinnen oder der Partner und Partnerinnen (gesetzliche Vertreter) Berufsangehörige oder EU- oder EWR-Abschlussprüfer sind. [2]Persönlich haftende Gesellschafter und Gesellschafterinnen können auch Wirtschaftsprüfungsgesellschaften oder EU- oder EWR-Abschlussprüfungsgesellschaften sein. [3]Hat die Gesellschaft nur zwei gesetzliche Vertreter, so muss einer von ihnen Berufsangehöriger oder EU- oder EWR-Abschlussprüfer sein. [4]Mindestens eine in Satz 1 bis Satz 3 genannte Person oder Gesellschaft muss ihre berufliche Niederlassung am Sitz der Gesellschaft haben.

(2) [1]Neben Berufsangehörigen, Wirtschaftsprüfungsgesellschaften, EU- oder EWR-Abschlussprüfern und EU- oder EWR-Abschlussprüfungsgesellschaften sind vereidigte Buchprüfer und Buchprüferinnen, Steuerberater und Steuerberaterinnen sowie Rechtsanwälte und Rechtsanwältinnen berechtigt, gesetzliche Vertreter von Wirtschaftsprüfungsgesellschaften zu sein. [2]Dieselbe Berechtigung kann die Wirtschaftsprüferkammer besonders befähigten Personen, die nicht in Satz 1 genannt werden und die einen mit dem Beruf des Wirtschaftsprüfers und der Wirtschaftsprüferin zu vereinbarenden Beruf ausüben, auf Antrag erteilen.

(3) [1]Die Wirtschaftsprüferkammer kann genehmigen, dass Personen, die in einem Drittstaat als sachverständige Prüfer oder Prüferinnen ermächtigt oder bestellt sind, neben Berufsangehörigen und EU- oder EWR-Abschlussprüfern gesetzliche Vertreter von Wirtschaftsprüfungsgesellschaften sein können, wenn die Voraussetzungen für ihre Ermächtigung oder Bestellung den Vorschriften dieses Gesetzes im Wesentlichen entsprechen. [2]Diejenigen sachverständigen, in einem Drittstaat ermächtigten oder bestellten Prüfer und Prüferinnen, die als persönlich haftende Gesellschafter oder Gesellschafterinnen von der Geschäftsführung ausgeschlossen sind, bleiben unberücksichtigt. [3]Die Sätze 1 und 2 gelten entsprechend für Rechtsanwälte und Rechtsanwältinnen, Patentanwälte und Patentanwältinnen sowie Steuerberater und Steuerberaterinnen anderer Staaten, wenn diese einen nach Ausbildung und Befugnissen der Bundesrechtsanwaltsordnung, der Patentanwaltsordnung oder des Steuerberatungsgesetzes entsprechenden Beruf ausüben.

(4) [1]Voraussetzung für die Anerkennung ist ferner, daß

1. Gesellschafter ausschließlich Berufsangehörige, Wirtschaftsprüfungsgesellschaften, welche die Voraussetzungen dieses Absatzes erfüllen, EU- oder EWR-Abschlussprüfer, EU- oder EWR-Abschlussprüfungsgesellschaften oder Personen nach Nummer 1a sind;

1a. Gesellschafter vereidigte Buchprüfer oder vereidigte Buchprüferinnen, Steuerberater oder Steuerberaterinnen, Steuerbevollmächtigte, Rechtsanwälte oder Rechtsanwältinnen, Personen, mit denen eine gemeinsame Berufsausübung nach § 44b Abs. 2 zulässig ist, oder Personen sind, deren Tätigkeit als Vorstandsmitglied, Geschäftsführer oder Geschäftsführerin, Partner oder Partnerin oder persönlich haftender Gesellschafter oder persönlich haftende Gesellschafterin nach Absatz 2 oder 3 genehmigt worden ist, und mindestens die Hälfte der Anzahl der in dieser Nummer genannten Personen in der Gesellschaft tätig ist;

2. die Anteile an der Wirtschaftsprüfungsgesellschaft nicht für Rechnung eines Dritten gehalten werden;

3. bei Kapitalgesellschaften die Mehrheit der Anteile Wirtschaftsprüfern oder Wirtschaftsprüfungsgesellschaften, die die Voraussetzungen dieses Absatzes erfüllen, EU- oder EWR-Abschlussprüfern oder EU- oder EWR-Abschlussprüfungsgesellschaften gehört;

3a. bei Kapitalgesellschaften, Kommanditgesellschaften und Kommanditgesellschaften auf Aktien denjenigen Personen nach Nummer 1a, die nicht in der Gesellschaft tätig sind, weniger als ein Viertel der Anteile am Nennkapital oder der im Handelsregister eingetragenen Einlagen der Kommanditisten gehören (einfache Minderheitenbeteiligung);

4. bei Kommanditgesellschaften die Mehrheit der im Handelsregister eingetragenen Einlagen der Kommanditisten von Wirtschaftsprüfern oder Wirtschaftsprüfungsgesellschaften, die die Voraussetzungen dieses Absatzes erfüllen, von EU- oder EWR-Abschlussprüfern oder EU- oder EWR-Abschlussprüfungsgesellschaften übernommen worden ist;

5. Wirtschaftsprüfern oder Wirtschaftsprüfungsgesellschaften, die die Voraussetzungen dieses Absatzes erfüllen, EU- oder EWR-Abschlussprüfern oder EU- oder EWR-Abschlussprüfungsgesellschaften zusammen die Mehrheit der Stimmrechte der Aktionäre, Kommanditaktionäre, Gesellschafter einer Gesellschaft mit beschränkter Haftung oder Kommanditisten zusteht und

6. im Gesellschaftsvertrag bestimmt ist, daß zur Ausübung von Gesellschafterrechten nur Gesellschafter bevollmächtigt werden können, die Berufsangehörige oder EU- oder EWR-Abschlussprüfer sind.

[2]Haben sich Berufsangehörige im Sinne von Satz 1 Nr. 1 zu einer Gesellschaft bürgerlichen Rechts zusammengeschlossen, deren Zweck ausschließlich das Halten von Anteilen an einer Wirtschaftsprüfungsgesellschaft ist, so werden ihnen die Anteile an der Wirtschaftsprüfungsgesellschaft im Verhältnis ihrer Beteiligung an der Gesellschaft bürgerlichen Rechts zugerechnet. [3]Stiftungen und eingetragene Vereine gelten als Berufsangehörige im Sinne von Satz 1 Nr. 1, wenn

a) sie ausschließlich der Altersversorgung von in der Wirtschaftsprüfungsgesellschaft tätigen Personen und deren Hinterbliebenen dienen oder ausschließlich die Berufsausbildung, Berufsfortbildung oder die Wissenschaft fördern und

b) die zur gesetzlichen Vertretung berufenen Organe mehrheitlich aus Wirtschaftsprüfern bestehen.

(5) [1]Bei Aktiengesellschaften und Kommanditgesellschaften auf Aktien müssen die Aktien auf Namen lauten. [2]Die Übertragung muß an die Zustimmung der Gesellschaft

gebunden sein. [3]Dasselbe gilt für die Übertragung von Geschäftsanteilen an einer Gesellschaft mit beschränkter Haftung.

(6) [1]Bei Gesellschaften mit beschränkter Haftung muß das Stammkapital mindestens fünfundzwanzigtausend Euro betragen. [2]Bei Aktiengesellschaften, Kommanditgesellschaften auf Aktien und Gesellschaften mit beschränkter Haftung muß bei Antragstellung nachgewiesen werden, daß der Wert der einzelnen Vermögensgegenstände abzüglich der Schulden mindestens dem gesetzlichen Mindestbetrag des Grund- oder Stammkapitals entspricht.

(7) Die Anerkennung muß versagt werden, solange nicht die vorläufige Deckungszusage auf den Antrag zum Abschluß einer Berufshaftpflichtversicherung vorliegt.

§ 29 Zuständigkeit und Verfahren

(1) Zuständig für die Anerkennung als Wirtschaftsprüfungsgesellschaft ist die Wirtschaftsprüferkammer.

(2) Die Wirtschaftsprüferkammer kann als Nachweis der Anerkennungsvoraussetzungen geeignete Belege, Ausfertigungen oder öffentlich beglaubigte Abschriften anfordern.

(3) Über die Anerkennung als Wirtschaftsprüfungsgesellschaft wird eine Urkunde ausgestellt.

§ 30 Änderungsanzeige

[1]Jede Änderung des Gesellschaftsvertrages oder der Satzung oder in der Person der gesetzlichen Vertreter ist der Wirtschaftsprüferkammer unverzüglich anzuzeigen. [2]Die Wirtschaftsprüferkammer kann als Nachweis der Änderung geeignete Belege, Ausfertigungen oder öffentlich beglaubigte Abschriften anfordern. [3]Wird die Änderung im Handelsregister oder Partnerschaftsregister eingetragen, ist eine öffentlich beglaubigte Abschrift der Eintragung nachzureichen.

§ 31 Bezeichnung „Wirtschaftsprüfungsgesellschaft"

[1]Die anerkannte Gesellschaft ist verpflichtet, die Bezeichnung „Wirtschaftsprüfungsgesellschaft" in die Firma oder den Namen aufzunehmen und im beruflichen Verkehr zu führen. [2]Für eine Partnerschaftsgesellschaft entfällt die Pflicht nach § 2 Abs. 1 des Partnerschaftsgesellschaftsgesetzes vom 25. Juli 1994 (BGBl. I S. 1744), zusätzlich die Berufsbezeichnungen aller in der Partnerschaft vertretenen Berufe in den Namen aufzunehmen.

§ 32 Bestätigungsvermerke

[1]Erteilen Wirtschaftsprüfungsgesellschaften gesetzlich vorgeschriebene Bestätigungsvermerke, so dürfen diese nur von Wirtschaftsprüfern unterzeichnet werden; sie dürfen auch von vereidigten Buchprüfern unterzeichnet werden, soweit diese gesetzlich befugt sind, Bestätigungsvermerke zu erteilen. [2]Gleiches gilt für sonstige Erklärungen im Rahmen von Tätigkeiten, die den Berufsangehörigen gesetzlich vorbehalten sind.

§ 33 Erlöschen der Anerkennung

(1) Die Anerkennung erlischt durch

1. Auflösung der Gesellschaft;
2. Verzicht auf die Anerkennung.

(2) [1]Der Verzicht ist schriftlich gegenüber der Wirtschaftsprüferkammer zu erklären. [2]Die Auflösung der Gesellschaft ist der Wirtschaftsprüferkammer unverzüglich anzuzeigen.

§ 34 Rücknahme und Widerruf der Anerkennung

(1) Die Anerkennung ist zurückzunehmen oder zu widerrufen, wenn

1. für die Person eines Vorstandsmitgliedes, Geschäftsführers, persönlich haftenden Gesellschafters oder Partners die Bestellung zurückgenommen oder widerrufen ist, es sei denn, daß jede Vertretungs- und Geschäftsführungsbefugnis dieser Person unverzüglich widerrufen oder entzogen ist;
2. sich nach der Anerkennung ergibt, daß sie hätte versagt werden müssen, oder wenn die Voraussetzungen für die Anerkennung der Gesellschaft, auch bezogen auf § 54 Abs. 1, nachträglich fortfallen, es sei denn, daß die Gesellschaft innerhalb einer angemessenen, von der Wirtschaftsprüferkammer zu bestimmenden Frist, die bei Fortfall der in § 28 Abs. 2 Satz 3 und Abs. 3 Satz 2 genannten Voraussetzungen höchstens zwei Jahre betragen darf, den dem Gesetz entsprechenden Zustand herbeiführt; bei Fortfall der in § 28 Abs. 4 genannten Voraussetzungen wegen eines Erbfalls muß die Frist mindestens fünf Jahre betragen;
3. ein Mitglied des Vorstandes, ein Geschäftsführer, ein persönlich haftender Gesellschafter oder ein Partner durch eine unanfechtbare Entscheidung aus dem Beruf ausgeschlossen ist oder einer der in § 28 Abs. 2 Sätze 1, 2 und Abs. 3 genannten Personen die Eignung zur Vertretung und Geschäftsführung einer Wirtschaftsprüfungsgesellschaft aberkannt ist, es sei denn, daß die Wirtschaftsprüfungsgesellschaft der Wirtschaftsprüferkammer nachweist, daß jede Vertretungs- und Geschäftsführungsbefugnis des Verurteilten unverzüglich widerrufen oder entzogen ist.

(2) Die Anerkennung ist zu widerrufen, wenn die Gesellschaft in nicht geordnete wirtschaftliche Verhältnisse, insbesondere in Vermögensverfall, geraten ist, es sei denn, daß dadurch die Interessen der Auftraggeber oder anderer Personen nicht gefährdet sind.

(3) Über die Rücknahme und den Widerruf der Anerkennung entscheidet die Wirtschaftsprüferkammer.

§ 35 *(aufgehoben)*

§ 36 *(aufgehoben)*

Sechster Abschnitt. Allgemeine Vorschriften für das Verwaltungsverfahren

§ 36a[1] Untersuchungsgrundsatz, Mitwirkungspflicht, Datenübermittlung

(1) Die Wirtschaftsprüferkammer ermittelt den Sachverhalt von Amts wegen.

(2) [1]Die am Verfahren beteiligten Bewerber, Wirtschaftsprüfer oder Gesellschaften sollen bei der Ermittlung des Sachverhalts mitwirken und, soweit es dessen bedarf, ihr Einverständnis mit der Verwendung von Beweismitteln erklären. [2]Ihr Antrag auf Gewährleistung von Rechtsvorteilen ist zurückzuweisen, wenn die für die Entscheidung zuständige Stelle infolge ihrer Verweigerung der Mitwirkung den Sachverhalt nicht hinreichen klären kann. [3]Der Bewerber, Wirtschaftsprüfer oder die Gesellschaft ist auf diese Rechtsfolge hinzuweisen.

(3) [1]Es übermitteln

1. die Wirtschaftsprüferkammer, Gerichte und Behörden Daten über natürliche und juristische Personen, die aus der Sicht der übermittelnden Stelle für die Zulassung zur

1) § 36 geändert durch Gesetz vom 20.11.2019 (BGBl. I S. 1626).

oder die Durchführung der Prüfung und Eignungsprüfung, für die Erteilung einer Ausnahmegenehmigung nach § 28 Abs. 2 oder 3 oder für die Rücknahme oder den Widerruf dieser Entscheidung erforderlich sind, an die für die Entscheidung zuständige Stelle,

2. Gerichte und Behörden Daten über natürliche und juristische Personen, die aus Sicht der übermittelnden Stelle für die Bestellung oder Wiederbestellung, die Anerkennung oder die Rücknahme oder den Widerruf dieser Entscheidung erforderlich sind oder die den Verdacht einer Berufspflichtverletzung begründen können, an die Wirtschaftsprüferkammer,

soweit hierdurch schutzwürdige Interessen des oder der Betroffenen nicht beeinträchtigt werden oder das öffentliche Interesse das Geheimhaltungsinteresse der Beteiligten überwiegt. [2]Die Übermittlung unterbleibt, wenn besondere gesetzliche Verwendungsregelungen entgegenstehen; dies gilt nicht für das Steuergeheimnis nach § 30 der Abgabenordnung, die Verschwiegenheitspflicht nach § 64, die Verschwiegenheitspflicht der Organmitglieder, Beauftragten und Angestellten der Berufskammer eines anderen freien Berufs im Geltungsbereich dieses Gesetzes und die Verschwiegenheitspflicht der in § 9 Abs. 1 des Kreditwesengesetzes und in § 21 des Wertpapierhandelsgesetzes sowie der in § 342c des Handelsgesetzbuchs benannten Personen und Stellen.

(4) Soweit natürliche oder juristische Personen Mitglieder einer Berufskammer eines anderen freien Berufs im Geltungsbereich dieses Gesetzes sind, darf die Wirtschaftsprüferkammer Daten im Sinne des Absatzes 3 und nach Maßgabe dieser Vorschrift auch an andere zuständige Stellen übermitteln, soweit ihre Kenntnis aus der Sicht der übermittelnden Stelle für die Verwirklichung der Rechtsfolge erforderlich ist.

(5) Die Wirtschaftsprüferkammer darf personenbezogene Daten ihrer Mitglieder an die Versorgungswerke der Wirtschaftsprüfer und der vereidigten Buchprüfer übermitteln, soweit sie für die Feststellung der Mitgliedschaft sowie von Art und Umfang der Beitragspflicht oder der Versorgungsleistung erforderlich sind.

Siebenter Abschnitt. Berufsregister

§ 37 Registerführende Stelle

(1) [1]Die Wirtschaftsprüferkammer führt ein Berufsregister für Wirtschaftsprüfer und Wirtschaftsprüfungsgesellschaften. [2]Alle einzutragenden Berufsangehörigen und Wirtschaftsprüfungsgesellschaften erhalten jeweils eine Registernummer. [3]Das Berufsregister wird in deutscher Sprache elektronisch geführt und ist der Öffentlichkeit mit den aktuellen Daten mit Ausnahme des Geburtstags und des Geburtsortes elektronisch zugänglich. [4]Liegt einer Eintragung eine Urkunde in einer anderen Sprache zugrunde, muss sich aus dem Berufsregister ergeben, ob es sich um eine beglaubigte Übersetzung handelt oder nicht.

(2) Die Wirtschaftsprüferkammer kann ein Mitgliederverzeichnis veröffentlichen, das weitere, über § 38 hinausgehende freiwillige Angaben der Berufsangehörigen und der Berufsgesellschaften enthalten kann.

(3) [1]Auf Verlangen des Mitglieds muss die Eintragung in das Mitgliederverzeichnis unterbleiben. [2]Das Mitglied ist von der Wirtschaftsprüferkammer auf sein Widerspruchsrecht hinzuweisen.

§ 38 Eintragung

In das Berufsregister sind einleitend die für alle Berufsangehörigen und Wirtschaftsprüfungsgesellschaften verantwortlichen Stellen für die Zulassung, die Qualitätskontrolle, die Berufsaufsicht und die öffentliche Aufsicht nach § 66a (Bezeichnungen,

Anschriften) und darauf folgend im Einzelnen neben der jeweiligen Registernummer einzutragen

1. Berufsangehörige, und zwar
   a) Name, Vorname, Geburtstag und Geburtsort,
   b) Tag der Bestellung und die Behörde, die die Bestellung vorgenommen hat,
   c) Datum der Begründung der beruflichen Niederlassung, deren Anschrift, in den Fällen des § 3 Abs. 1 Satz 1 Halbsatz 2 die inländische Zustellungsanschrift und, sofern der Berufsangehörige in ein Netzwerk eingebunden ist, Namen, Firmen und Anschriften der anderen Mitglieder des Netzwerks und der mit diesen durch gemeinsames Eigentum, gemeinsame Kontrolle oder gemeinsame Geschäftsführung verbundenen Unternehmen oder ein Hinweis darauf, wo diese Angaben öffentlich zugänglich sind
   d) Art der beruflichen Tätigkeit nach § 43a Absatz 1 unter Angabe der Praxis,
   e) Name, Vorname, Berufe oder Firma und die Anschriften der beruflichen Niederlassungen der Gesellschafter einer Personengesellschaft im Sinne des § 44b und Name oder Firma der Personengesellschaft; dies gilt entsprechend im Fall der Kundmachung einer Personengesellschaft, auch wenn die Voraussetzungen nach § 44b Absatz 1 Satz 1 und Absatz 2 nicht vorliegen,
   f) Firma, Anschrift, Internetadresse und Registernummer der Prüfungsgesellschaft, bei welcher die Berufsangehörigen angestellt oder in anderer Weise tätig sind oder der sie als Partner oder Partnerin angehören oder in ähnlicher Weise verbunden sind,
   g) *(gestrichen)*
   h) Anzeige der Tätigkeit als gesetzlicher Abschlussprüfer nach § 57a Absatz 1 Satz 2,
   i) Registrierung als Prüfer für Qualitätskontrolle nach § 57a Abs. 3,
   j) alle anderen Registrierungen bei zuständigen Stellen anderer Staaten unter Angabe des Namens der betreffenden Registerstelle sowie der Registernummer,
   k) berufsaufsichtlich festgesetzte, auch vorläufige Tätigkeits- und Berufsverbote und bei Tätigkeitsverboten das Tätigkeitsgebiet, jeweils unter Angabe des Beginns und der Dauer,
   l) die sofort vollziehbare Aufhebung der Bestellung unter Angabe des Datums,
   m) die Beurlaubung

   sowie alle Veränderungen zu den Buchstaben a, c, d, e, f, h, i, j und m unter Angabe des Datums;
2. Wirtschaftsprüfungsgesellschaften, und zwar
   a) Name, Firma und Rechtsform,
   b) Tag der Anerkennung als Wirtschaftsprüfungsgesellschaft und die Behörde, die die Anerkennung ausgesprochen hat,
   c) Anschrift der Hauptniederlassung, Kontaktmöglichkeiten einschließlich einer Kontaktperson, Internetadresse und, sofern die Wirtschaftsprüfungsgesellschaft in ein Netzwerk eingebunden ist, Namen, Firmen und Anschriften der anderen Mitglieder des Netzwerks und der mit diesen durch gemeinsames Eigentum, gemeinsame Kontrolle oder gemeinsame Geschäftsführung verbundenen Unternehmen oder ein Hinweis darauf, wo diese Angaben öffentlich zugänglich sind,
   d) Namen, Berufe und Anschriften der Gesellschafter und der Mitglieder des zur gesetzlichen Vertretung berufenen Organs einer juristischen Person und die Höhe

ihrer Anteile sowie Namen, Berufe, Geburtsdaten und Anschriften der vertretungsberechtigten und der übrigen Gesellschafter einer Personengesellschaft und die Höhe der im Handelsregister eingetragenen Einlagen der Kommanditisten,

e) Namen, Geschäftsanschriften und Registernummern der im Namen der Gesellschaft tätigen Wirtschaftsprüfer

f) Anzeige der Tätigkeit als gesetzlicher Abschlussprüfer nach § 57a Absatz 1 Satz 2,

g) Registrierung als Prüfer für Qualitätskontrolle nach § 57a Abs. 3,

h) alle anderen Registrierungen bei zuständigen Stellen anderer Staaten unter Angabe des Namens der Registerstelle sowie der Registernummer,

i) berufsaufsichtlich festgesetzte, auch vorläufige Tätigkeits- und Berufsverbote und bei Tätigkeitsverboten das Tätigkeitsgebiet, jeweils unter Angabe des Beginns und der Dauer,

j) die sofort vollziehbare Aufhebung der Anerkennung unter Angabe des Datums

sowie alle Veränderungen zu den Buchstaben a, c, d, e, f, g, h und i unter Angabe des Datums;

3. Zweigniederlassungen von Wirtschaftsprüfern und Wirtschaftsprüfungsgesellschaften, und zwar

a) Name,

b) Anschrift der Zweigniederlassung,

c) Namen und Anschriften der die Zweigniederlassung leitenden Personen

sowie alle Veränderungen zu Buchstaben a bis c unter Angabe des Datums;

4. EU- und EWR-Abschlussprüfungsgesellschaften gemäß § 131; die Nummern 2 und 3 gelten entsprechend mit der Maßgabe, dass nur EU- und EWR-Abschlussprüfer und Niederlassungen, die im Geltungsbereich dieses Gesetzes tätig werden, einzutragen sind;

5. Drittstaatsprüfer und Drittstaatsprüfungsgesellschaften gemäß § 134; die Nummern 1 bis 3 gelten entsprechend.

§ 39 Löschung

(1) Im Berufsregister sind zu löschen

1. Berufsangehörige, wenn die Bestellung als Wirtschaftsprüfer erloschen oder unanfechtbar zurückgenommen oder widerrufen ist;

2. Wirtschaftsprüfungsgesellschaften, wenn die Anerkennung als Wirtschaftsprüfungsgesellschaft erloschen oder unanfechtbar zurückgenommen oder widerrufen ist;

3. Zweigniederlassungen,

a) wenn die Zweigniederlassung aufgehoben ist oder

b) wenn die Zweigniederlassung nicht mehr von einem Berufsangehörigen verantwortlich geleitet wird und eine Ausnahmegenehmigung der Wirtschaftsprüferkammer nicht vorliegt;

4. EU- und EWR-Abschlussprüfungsgesellschaften gemäß § 131, wenn

a) die Zulassung der Prüfungsgesellschaft in dem Herkunftsmitgliedstaat erloschen ist oder unanfechtbar zurückgenommen, widerrufen oder in sonstiger Weise aufgehoben wurde oder

b) die Prüfungsgesellschaft in dem Herkunftsmitgliedstaat nicht mehr registriert ist.

(2) [1]Die Angaben nach § 38 Nummer 1 Buchstabe h und Nummer 2 Buchstabe f sind zu löschen, wenn die Kommission für Qualitätskontrolle auf die Löschung der Eintragung als gesetzlicher Abschlussprüfer entschieden hat oder wenn die eingetragenen Berufsangehörigen oder Wirtschaftsprüfungsgesellschaften auf die Durchführung gesetzlicher Abschlussprüfungen verzichtet haben. [2]Die Angaben nach § 38 Nummer 1 Buchstabe i und Nummer 2 Buchstabe g sind zu löschen, wenn die Registrierung als Prüfer für Qualitätskontrolle unanfechtbar zurückgenommen oder widerrufen worden ist. [3]Die Angaben nach § 38 Nummer 1 Buchstabe k und *[Nummer 2 Buchstabe]*[1)] i sind zu löschen, wenn die Tätigkeits- oder Berufsverbote erloschen sind.

(3) Die Berufsangehörigen haben ihre Auftraggeber während eines laufenden Mandats unverzüglich über die Löschung der Eintragung im Berufsregister nach Absatz 2 Satz 1 zu informieren.

§ 40 Verfahren

(1) Eintragungen und Löschungen werden von der Wirtschaftsprüferkammer unverzüglich von Amts wegen vorgenommen.

(2) [1]Die Mitglieder der Wirtschaftsprüferkammer sind verpflichtet, die Tatsachen, die eine Eintragung, ihre Veränderung oder eine Löschung erforderlich machen, der Wirtschaftsprüferkammer unverzüglich in einer den §§ 126, 126a des Bürgerlichen Gesetzbuchs entsprechenden Form mitzuteilen. [2]§ 62a gilt entsprechend.

(3) Auf Antrag der Berufsangehörigen oder der Wirtschaftsprüfungsgesellschaften stellt die Wirtschaftsprüferkammer einen Registerauszug über die jeweilige Eintragung nach § 38 Nummer 1 Buchstabe h oder Nummer 2 Buchstabe f zur Verfügung.

§ 40a Register für genossenschaftliche Prüfungsverbände und Prüfungsstellen der Sparkassen- und Giroverbände

(1) [1]Bei der Wirtschaftsprüferkammer werden auch die genossenschaftlichen Prüfungsverbände eingetragen, die gesetzlich vorgeschriebene Abschlussprüfungen im Sinne des § 53 Absatz 2 des Genossenschaftsgesetzes, des § 340k Abs. 2 Satz 1 des Handelsgesetzbuchs oder des Artikels 25 Abs. 1 Satz 1 des Einführungsgesetzes zum Handelsgesetzbuch durchführen, sowie die Prüfungsstellen der Sparkassen- und Giroverbände. [2]§ 37 Abs. 1 gilt entsprechend. [3]Auf Antrag des Prüfungsverbands oder der Prüfungsstelle stellt die Wirtschaftsprüferkammer einen Registerauszug über die jeweilige Eintragung zur Verfügung.

(2) In das Register sind im Einzelnen neben der jeweiligen Registernummer einzutragen:

1. Name und Rechtsform des Prüfungsverbands oder Name der Prüfungsstelle sowie Name und Rechtsform des Trägers der Prüfungsstelle;
2. Tag der Verleihung des Prüfungsrechts und die Behörde, die das Recht verliehen hat, oder gesetzliche Ermächtigung der Prüfungsstelle;
3. Anschrift des Hauptbüros sowie Kontaktmöglichkeiten einschließlich einer Kontaktperson, Internetadresse und, sofern der Prüfungsverband oder die Prüfungsstelle Mitglied in einem Netzwerk ist, Namen und Anschriften aller Mitglieder des Netzwerkes und der mit diesen durch gemeinsames Eigentum, gemeinsame Kontrolle oder gemeinsame Geschäftsführung verbundenen Unternehmen oder ein Hinweis darauf, wo diese Informationen öffentlich zugänglich sind;
4. Anschriften von weiteren Büros in Deutschland;

---

1) Anm. der Red.: Aufgrund eines offensichtlichen Redaktionsversehens des Gesetzgebers hier abweichend vom amtlichen Gesetzeswortlaut eingefügt.

5. Namen und Geschäftsadressen aller Mitglieder des Vorstands des Prüfungsverbands oder des Leiters der Prüfungsstelle;
6. Namen und Registernummern der im Namen des Prüfungsverbands oder der Prüfungsstelle tätigen Wirtschaftsprüfer;
7. alle anderen Registrierungen bei zuständigen Stellen anderer Staaten unter Angabe des Namens der Registerstelle sowie der Registernummer;
8. Name und Anschrift der zuständigen Aufsichtsbehörde.

(3) [1]Die in Absatz 1 genannten Prüfungsverbände und Prüfungsstellen sind verpflichtet, der Wirtschaftsprüferkammer die in Absatz 2 genannten Tatsachen sowie jede Änderung dieser Tatsachen mitzuteilen. [2]Die Wirtschaftsprüferkammer hat die mitgeteilten Tatsachen sowie Änderungen einzutragen.

(4) [1]Die in Absatz 1 genannten genossenschaftlichen Prüfungsverbände sind verpflichtet, der Wirtschaftsprüferkammer Mitteilung zu machen, wenn sie keine gesetzlich vorgeschriebenen Abschlussprüfungen im Sinne des § 53 Absatz 2 des Genossenschaftsgesetzes, des § 340k Abs. 2 Satz 1 des Handelsgesetzbuchs oder des Artikels 25 Abs. 1 Satz 1 des Einführungsgesetzes zum Handelsgesetzbuch mehr durchführen oder wenn ihr Prüfungsrecht unanfechtbar entzogen worden ist. [2]Die in Absatz 1 genannten Prüfungsstellen der Sparkassen- und Giroverbände sind verpflichtet der Wirtschaftsprüferkammer mitzuteilen, wenn ihr Prüfungsrecht unanfechtbar entzogen worden ist. [3]In diesen Fällen hat die Wirtschaftsprüferkammer die Eintragung zu löschen.

(5) [1]Die Eintragung eines in Absatz 1 Satz 1 genannten genossenschaftlichen Prüfungsverbands wird gelöscht, wenn

1. die Qualitätskontrolle
   a) nicht innerhalb der nach § 63e Absatz 1 des Genossenschaftsgesetzes vorgegebenen Frist durchgeführt worden ist oder
   b) unter Verstoß gegen § 63f Absatz 1 des Genossenschaftsgesetzes in Verbindung mit § 57a Absatz 3 Satz 1 und 5 der Wirtschaftsprüferordnung, gegen § 63f Absatz 2 Satz 2 des Genossenschaftsgesetzes oder gegen § 63f Absatz 3 des Genossenschaftsgesetzes in Verbindung mit § 57a Absatz 4 der Wirtschaftsprüferordnung durchgeführt worden ist,
2. wesentliche Prüfungshemmnisse festgestellt worden sind oder
3. wesentliche Mängel im Qualitätssicherungssystem festgestellt worden sind, die das Qualitätssicherungssystem als unangemessen oder unwirksam erscheinen lassen.

[2]Erkennt die Wirtschaftsprüferkammer, dass die Eintragung zu löschen ist, so ist der Vorgang vor der Entscheidung der nach § 63 des Genossenschaftsgesetzes zuständigen Aufsichtsbehörde vorzulegen.

(6) [1]Ein genossenschaftlicher Prüfungsverband, der erstmalig eine gesetzlich vorgeschriebene Abschlussprüfung durchführt, hat dies der Wirtschaftsprüferkammer spätestens zwei Wochen nach Beginn dieser Prüfung anzuzeigen. [2]Er ist mit dem Zusatz „(vorläufige Eintragung bis zur erstmaligen Durchführung der Qualitätskontrolle)“ einzutragen. [3]Der Zusatz ist nach Durchführung der Qualitätskontrolle zu löschen.

Achter Abschnitt. Verwaltungsgerichtliches Verfahren

§ 41 Unmittelbare Klage gegen Bescheide der Wirtschaftsprüferkammer

Vor Erhebung einer Klage gegen Bescheide der Wirtschaftsprüferkammer, die aufgrund von Vorschriften des Dritten und Fünften Abschnitts des Zweiten Teils und § 134a

Abs. 1 und 2 dieses Gesetzes erlassen worden sind, bedarf es keiner Nachprüfung in einem Vorverfahren.

§ 42 *(aufgehoben)*

Dritter Teil. Rechte und Pflichten der Wirtschaftsprüfer

§ 43 Allgemeine Berufspflichten

(1) [1]Berufsangehörige haben ihren Beruf unabhängig, gewissenhaft, verschwiegen und eigenverantwortlich auszuüben. [2]Sie haben sich insbesondere bei der Erstattung von Prüfungsberichten und Gutachten unparteiisch zu verhalten.

(2) [1]Berufsangehörige haben sich jeder Tätigkeit zu enthalten, die mit ihrem Beruf oder mit dem Ansehen des Berufs unvereinbar ist. [2]Sie haben sich der besonderen Berufspflichten bewusst zu sein, die ihnen aus der Befugnis erwachsen, gesetzlich vorgeschriebene Bestätigungsvermerke zu erteilen. [3]Sie haben sich auch außerhalb der Berufstätigkeit des Vertrauens und der Achtung würdig zu erweisen, die der Beruf erfordert. [4]Sie sind verpflichtet, sich fortzubilden.

(3) [1]Wer Abschlussprüfer eines Unternehmens von öffentlichem Interesse nach § 319a Absatz 1 Satz 1 des Handelsgesetzbuchs war oder wer als verantwortlicher Prüfungspartner im Sinne des § 319a Absatz 1 Satz 4 und Absatz 2 Satz 2 des Handelsgesetzbuchs bei der Abschlussprüfung eines solchen Unternehmens tätig war, darf dort innerhalb von zwei Jahren nach der Beendigung der Prüfungstätigkeit keine wichtige Führungstätigkeit ausüben und nicht Mitglied des Aufsichtsrats, des Prüfungsausschusses des Aufsichtsrats oder des Verwaltungsrats sein. [2]Satz 1 gilt mit der Maßgabe, dass die Frist ein Jahr beträgt, entsprechend für

1. Personen, die als Abschlussprüfer oder verantwortliche Prüfungspartner gesetzliche Abschlussprüfungen eines sonstigen Unternehmens durchgeführt haben,
2. Partner und Mitarbeiter des Abschlussprüfers, die zwar nicht selbst als Abschlussprüfer oder verantwortlicher Prüfungspartner tätig, aber unmittelbar am Prüfungsauftrag beteiligt waren und die als Wirtschaftsprüfer, vereidigter Buchprüfer oder EU- oder EWR-Abschlussprüfer zugelassen sind, und
3. alle anderen Berufsangehörigen, vereidigten Buchprüfer oder EU- oder EWR-Abschlussprüfer, deren Leistungen der Abschlussprüfer des Unternehmens in Anspruch nehmen oder kontrollieren kann und die unmittelbar am Prüfungsauftrag beteiligt waren.

(4) [1]Berufsangehörige haben während der gesamten Prüfung eine kritische Grundhaltung zu wahren. [2]Dazu gehört es, Angaben zu hinterfragen, auf Gegebenheiten zu achten, die auf eine falsche Darstellung hindeuten könnten, und die Prüfungsnachweise kritisch zu beurteilen.

(5) Berufsangehörige haben bei der Durchführung von Abschlussprüfungen ausreichend Zeit für den Auftrag aufzuwenden und die zur angemessenen Wahrnehmung der Aufgaben erforderlichen Mittel, insbesondere – soweit erforderlich – Personal mit den notwendigen Kenntnissen und Fähigkeiten, einzusetzen.

(6) Wirtschaftsprüfungsgesellschaften haben darüber hinaus bei Durchführung der Abschlussprüfung

1. den verantwortlichen Prüfungspartner insbesondere anhand der Kriterien der Prüfungsqualität, Unabhängigkeit und Kompetenz auszuwählen,

2. dem verantwortlichen Prüfungspartner die zur angemessenen Wahrnehmung der Aufgaben erforderlichen Mittel, insbesondere Personal mit den notwendigen Kenntnissen und Fähigkeiten, zur Verfügung zu stellen und
3. den verantwortlichen Prüfungspartner aktiv an der Durchführung der Abschlussprüfung zu beteiligen.

§ 43a Regeln der Berufsausübung

(1) Berufsangehörige üben ihren Beruf aus

1. in eigener Praxis oder in gemeinsamer Berufsausübung gemäß § 44b,
2. als Vorstandsmitglieder, Geschäftsführer, persönlich haftende oder nach dem Partnerschaftsgesellschaftsgesetz verbundene Personen von Wirtschaftsprüfungsgesellschaften,
3. als zeichnungsberechtigte Vertreter oder zeichnungsberechtigte Angestellte bei Berufsangehörigen, Wirtschaftsprüfungsgesellschaften, Personengesellschaften nach § 44b Absatz 1, EU- oder EWR-Abschlussprüfern, EU- oder EWR-Abschlussprüfungsgesellschaften, genossenschaftlichen Prüfungsverbänden, Prüfungsstellen von Sparkassen- und Giroverbänden oder überörtlichen Prüfungseinrichtungen für Körperschaften und Anstalten des öffentlichen Rechts,
4. als Vorstandsmitglieder, Geschäftsführer, persönlich haftende oder nach dem Partnerschaftsgesellschaftsgesetz verbundene Personen einer Buchprüfungsgesellschaft, einer Rechtsanwaltsgesellschaft oder einer Steuerberatungsgesellschaft,
5. als zeichnungsberechtigte Vertreter oder zeichnungsberechtigte Angestellte bei einem Angehörigen eines ausländischen Prüferberufs oder einer ausländischen Prüfungsgesellschaft oder als gesetzliche Vertreter oder Mitglieder des zur gesetzlichen Vertretung berufenen Organs einer ausländischen Prüfungsgesellschaft, wenn die Voraussetzungen für deren Berufsausübung den Vorschriften dieses Gesetzes im Wesentlichen entsprechen,
6. als gesetzliche Vertreter oder Mitglieder des zur gesetzlichen Vertretung berufenen Organs einer ausländischen Rechtsberatungsgesellschaft oder Steuerberatungsgesellschaft, wenn die Voraussetzungen für deren Berufsausübung den Vorschriften der Bundesrechtsanwaltsordnung oder des Steuerberatungsgesetzes im Wesentlichen entsprechen,
7. als Angestellte der Wirtschaftsprüferkammer,
8. als Angestellte des Bundesamts für Wirtschaft und Ausfuhrkontrolle, soweit es sich um eine Tätigkeit bei der Abschlussprüferaufsichtsstelle handelt,
9. als Angestellte einer
   a) nach § 342 Absatz 1 des Handelsgesetzbuchs vom Bundesministerium der Justiz und für Verbraucherschutz durch Vertrag anerkannten Einrichtung,
   b) nach § 342b Absatz 1 des Handelsgesetzbuchs vom Bundesministerium der Justiz und für Verbraucherschutz im Einvernehmen mit dem Bundesministerium der Finanzen durch Vertrag anerkannten Prüfstelle oder
   c) nicht gewerblich tätigen Personenvereinigung,
      aa) deren ordentliche Mitglieder Berufsangehörige, Wirtschaftsprüfungsgesellschaften, vereidigte Buchprüfer oder Buchprüfungsgesellschaften oder Personen oder Personengesellschaften sind, die die Voraussetzungen des § 44b Absatz 2 Satz 1 erfüllen,
      bb) deren ausschließlicher Zweck die Vertretung der beruflichen Belange der Wirtschaftsprüfer oder vereidigten Buchprüfer ist und

cc) in der Berufsangehörige, Wirtschaftsprüfungsgesellschaften, vereidigte Buchprüfer oder Buchprüfungsgesellschaften die Mehrheit haben,

10. als Angestellte der Bundesanstalt für Finanzdienstleistungsaufsicht, wenn es sich um eine Tätigkeit
    a) nach Abschnitt 16 des Wertpapierhandelsgesetzes oder
    b) zur Vorbereitung, Durchführung und Analyse von Prüfungen bei einem von einer Aufsichtsbehörde beaufsichtigten Unternehmen

    handelt, oder
11. als Angestellte eines Prüfungsverbands nach § 26 Absatz 2 des Gesetzes über das Kreditwesen.

(2) Vereinbar mit dem Beruf des Wirtschaftsprüfers ist
1. die Ausübung eines freien Berufs auf dem Gebiet der Technik und des Rechtswesens sowie eines Berufs, mit dem die gemeinsame Berufsausübung im Sinne des § 44b zulässig ist,
2. die Tätigkeit als Lehrer oder wissenschaftlicher Mitarbeiter an wissenschaftlichen Instituten oder Hochschulen,
3. die Tätigkeit als Geschäftsführer einer Europäischen wirtschaftlichen Interessenvereinigung, deren Mitglieder ausschließlich Personen sind, mit denen die gemeinsame Berufsausübung im Sinne des § 44b zulässig ist,
4. die Durchführung von Lehr- und Vortragsveranstaltungen zur Vorbereitung auf die Prüfungen zum Wirtschaftsprüfer, zum vereidigten Buchprüfer oder zum Steuerberater sowie zur Fortbildung der Mitglieder der Wirtschaftsprüferkammer und
5. die freie schriftstellerische, wissenschaftliche und künstlerische Tätigkeit sowie die freie Vortragstätigkeit.

(3) [1]Berufsangehörige dürfen keine der folgenden Tätigkeiten ausüben:
1. gewerbliche Tätigkeiten;
2. Tätigkeiten in einem Anstellungsverhältnis mit Ausnahme der in den Absätzen 1 und 2 genannten Fälle;
3. Tätigkeiten in einem Beamtenverhältnis oder einem nicht ehrenamtlich ausgeübten Richterverhältnis mit Ausnahme des in Absatz 2 Nummer 2 genannten Falls; § 44a bleibt unberührt.

[2]Auf Antrag kann die Wirtschaftsprüferkammer Berufsangehörigen genehmigen, eine Tätigkeit nach Satz 1 auszuüben, wenn diese einer der Tätigkeiten nach Absatz 1 oder 2 vergleichbar ist und durch die Tätigkeit das Vertrauen in die Einhaltung der Berufspflichten nicht gefährdet werden kann. [3]Auf Antrag kann die Wirtschaftsprüferkammer die Eingehung eines außerberuflichen Anstellungsverhältnisses vorübergehend genehmigen, wenn es der Übernahme einer Notgeschäftsführung oder der Sanierung einer gewerblichen Gesellschaft dient.

§ 44 Eigenverantwortliche Tätigkeit

(1) [1]Eine eigenverantwortliche Tätigkeit übt nicht aus, wer sich als zeichnungsberechtigter Vertreter oder als zeichnungsberechtigter Angestellter an Weisungen zu halten hat, die ihn verpflichten, Prüfungsberichte und Gutachten auch dann zu unterzeichnen, wenn ihr Inhalt sich mit seiner Überzeugung nicht deckt. [2]Weisungen, die solche Verpflichtungen enthalten, sind unzulässig. [3]Anteilseigner einer Wirtschaftsprüfungsgesellschaft und Mitglieder der Verwaltungs-, Leitungs- und Aufsichtsorgane dieser oder einer verbundenen Wirtschaftsprüfungsgesellschaft dürfen auf die Durch-

führung von Abschlussprüfungen nicht in einer Weise Einfluss nehmen, die die Unabhängigkeit der verantwortlichen Berufsangehörigen beeinträchtigt.

(2) Die Eigenverantwortlichkeit wird nicht schon dadurch ausgeschlossen, daß für gesetzliche Vertreter von Wirtschaftsprüfungsgesellschaften und für bei Wirtschaftsprüfern oder Wirtschaftsprüfungsgesellschaften angestellte Wirtschaftsprüfer eine Mitzeichnung durch einen anderen Wirtschaftsprüfer oder bei genossenschaftlichen Prüfungsverbänden, Prüfungsstellen von Sparkassen- und Giroverbänden oder überörtlichen Prüfungseinrichtungen für Körperschaften und Anstalten des öffentlichen Rechts durch einen zeichnungsberechtigten Vertreter des Prüfungsverbandes, der Prüfungsstelle oder der Prüfungseinrichtung vereinbart ist.

§ 44a Wirtschaftsprüfer im öffentlichrechtlichen Dienst- oder Amtsverhältnis

[1]Ist ein Wirtschaftsprüfer ein öffentlichrechtliches Dienstverhältnis als Wahlbeamter auf Zeit oder ein öffentlichrechtliches Amtsverhältnis eingegangen, so darf er seinen Beruf als Wirtschaftsprüfer nicht ausüben, es sei denn, daß er die ihm übertragene Aufgabe ehrenamtlich wahrnimmt. [2]Die Wirtschaftsprüferkammer kann dem Wirtschaftsprüfer auf seinen Antrag einen Vertreter bestellen oder ihm gestatten, seinen Beruf selbst auszuüben, wenn die Einhaltung der allgemeinen Berufspflichten dadurch nicht gefährdet wird.

§ 44b Gemeinsame Berufsausübung

(1) [1]Wirtschaftsprüfer dürfen ihren Beruf mit natürlichen und juristischen Personen sowie mit Personengesellschaften, die der Berufsaufsicht einer Berufskammer eines freien Berufes im Geltungsbereich dieses Gesetzes unterliegen und ein Zeugnisverweigerungsrecht nach § 53 Abs. 1 Satz 1 Nr. 3 der Strafprozeßordnung haben, örtlich und überörtlich in Personengesellschaften gemeinsam ausüben. [2]Mit Rechtsanwälten, die zugleich Notare sind, darf eine solche Personengesellschaft nur bezogen auf die anwaltliche Berufsausübung eingegangen werden. [3]Im übrigen richtet sich die Verbindung mit Rechtsanwälten, die zugleich Notare sind, nach den Bestimmungen und Anforderungen des notariellen Berufsrechts.

(2) [1]Eine gemeinsame Berufsausübung mit natürlichen und juristischen Personen sowie mit Personengesellschaften, die in einem ausländischen Staat als sachverständige Prüfer ermächtigt oder bestellt sind, ist zulässig, wenn die Voraussetzungen für ihre Ermächtigung oder Bestellung den Vorschriften dieses Gesetzes im wesentlichen entsprechen und sie in dem ausländischen Staat ihren Beruf gemeinsam mit Wirtschaftsprüfern ausüben dürfen. [2]Eine gemeinsame Berufsausübung ist weiter zulässig mit Rechtsanwälten, Patentanwälten und Steuerberatern anderer Staaten, wenn diese einen nach Ausbildung und Befugnissen der Bundesrechtsanwaltsordnung, der Patentanwaltsordnung oder dem Steuerberatungsgesetz entsprechenden Beruf ausüben und mit Rechtsanwälten, Patentanwälten oder Steuerberatern im Geltungsbereich dieses Gesetzes ihren Beruf gemeinsam ausüben dürfen. [3]Absatz 1 Satz 2 und 3 gilt entsprechend.

(3) [1]Die Wirtschaftsprüferkammer hat ein Einsichtsrecht in die Verträge über die gemeinsame Berufsausübung. [2]Erforderliche Auskünfte sind auf Verlangen zu erteilen.

(4) Berufsangehörige dürfen ihren Beruf in Personengesellschaft mit Personen im Sinne von Absatz 1 Satz 1, die selbst nicht als Berufsangehörige oder als vereidigte Buchprüfer oder vereidigte Buchprüferin bestellt oder als Wirtschaftsprüfungsgesellschaft oder Buchprüfungsgesellschaft anerkannt sind, nur dann gemeinsam ausüben, wenn sie der Wirtschaftsprüferkammer bei Aufnahme einer solchen Tätigkeit nachweisen, daß ihnen auch bei gesamtschuldnerischer Inanspruchnahme der nach § 54 vor-

geschriebene Versicherungsschutz für jeden Versicherungsfall uneingeschränkt zur Verfügung steht.

(5) Wirtschaftsprüfer haben die gemeinsame Berufsausübung unverzüglich zu beenden, wenn sie aufgrund des Verhaltens eines Mitglieds der Personengesellschaft ihren beruflichen Pflichten nicht mehr uneingeschränkt nachkommen können.

(6) Wird eine gemeinsame Berufsausübung im Sinne des Absatzes 1 kundgemacht, sind die Vorschriften der Absätze 4 und 5 entsprechend anzuwenden.

§ 45 Prokuristen

[1]Wirtschaftsprüfer sollen als Angestellte von Wirtschaftsprüfungsgesellschaften die Rechtsstellung von Prokuristen haben. [2]Angestellte Wirtschaftsprüfer gelten als leitende Angestellte im Sinne des § 5 Abs. 3 Betriebsverfassungsgesetz.

§ 46 Beurlaubung

(1) Wirtschaftsprüfer, die vorübergehend eine mit dem Beruf unvereinbare Tätigkeit aufnehmen oder aufgrund besonderer Umstände, insbesondere um Kinder zu erziehen oder Angehörige zu pflegen, nicht den Beruf des Wirtschaftsprüfers ausüben wollen, können auf Antrag von der Wirtschaftsprüferkammer beurlaubt werden.

(2) [1]Sie dürfen während der Zeit ihrer Beurlaubung die Tätigkeit als Wirtschaftsprüfer nicht ausüben [2]Die Gesamtzeit der Beurlaubung soll fünf aufeinanderfolgende Jahre nicht überschreiten.

§ 47 Zweigniederlassungen

[1]Zweigniederlassungen müssen jeweils von wenigstens einem Berufsangehörigen oder EU- oder EWR-Abschlussprüfer geleitet werden, der seine berufliche Niederlassung am Ort der Zweigniederlassung hat. [2]Für Zweigniederlassungen von in eigener Praxis tätigen Berufsangehörigen kann die Wirtschaftsprüferkammer Ausnahmen zulassen.

§ 48 Siegel

(1) [1]Wirtschaftsprüfer und Wirtschaftsprüfungsgesellschaften sind verpflichtet, ein Siegel zu benutzen, wenn sie Erklärungen abgeben, die den Berufsangehörigen gesetzlich vorbehalten sind. [2]Sie können ein Siegel führen, wenn sie in ihrer Berufseigenschaft Erklärungen über Prüfungsergebnisse abgeben oder Gutachten erstatten.

(2) Die Wirtschaftsprüferkammer trifft im Rahmen der Berufssatzung die näheren Bestimmungen über die Gestaltung des Siegels und die Führung des Siegels.

§ 49 Versagung der Tätigkeit

Der Wirtschaftsprüfer hat seine Tätigkeit zu versagen, wenn sie für eine pflichtwidrige Handlung in Anspruch genommen werden soll oder die Besorgnis der Befangenheit bei der Durchführung eines Auftrages besteht.

§ 50 Verschwiegenheitspflicht beschäftigter Personen

[1]Der Wirtschaftsprüfer hat die von ihm beschäftigten Personen in schriftlicher Form zur Verschwiegenheit zu verpflichten und sie dabei über die strafrechtlichen Folgen einer Pflichtverletzung zu belehren. [2]Zudem hat er bei ihnen in geeigneter Weise auf die Einhaltung der Verschwiegenheitspflicht hinzuwirken. [3]Den von dem Wirtschaftsprüfer beschäftigten Personen stehen die Personen gleich, die im Rahmen einer berufsvorbereitenden Tätigkeit oder einer sonstigen Hilfstätigkeit an seiner beruflichen Tätigkeit mitwirken. [4]Satz 1 gilt nicht für angestellte Personen, die im Hinblick auf die Verschwiegenheitspflicht den gleichen Anforderungen wie der Wirtschaftsprüfer unterliegen. [5]Hat sich ein Wirtschaftsprüfer mit anderen Personen, die im Hinblick auf die Ver-

schwiegenheitspflicht den gleichen Anforderungen unterliegen wie er, zur gemeinschaftlichen Berufsausübung zusammengeschlossen und besteht zu den beschäftigten Personen ein einheitliches Beschäftigungsverhältnis, so genügt auch der Nachweis, dass eine andere dieser Personen die Verpflichtung nach Satz 1 vorgenommen hat.

§ 50a Inanspruchnahme von Dienstleistungen

(1) [1]Der Wirtschaftsprüfer darf Dienstleistern den Zugang zu Tatsachen eröffnen, auf die sich die Verpflichtung zur Verschwiegenheit gemäß § 43 bezieht, soweit dies für die Inanspruchnahme der Dienstleistung erforderlich ist. [2]Dienstleister ist eine andere Person oder Stelle, die vom Wirtschaftsprüfer im Rahmen seiner Berufsausübung mit Dienstleistungen beauftragt wird.

(2) [1]Der Wirtschaftsprüfer ist verpflichtet, den Dienstleister sorgfältig auszuwählen. [2]Die Zusammenarbeit muss unverzüglich beendet werden, wenn die Einhaltung der dem Dienstleister gemäß Absatz 3 zu machenden Vorgaben nicht gewährleistet ist.

(3) [1]Der Vertrag mit dem Dienstleister bedarf der Textform. [2]In ihm ist

1. der Dienstleister unter Belehrung über die strafrechtlichen Folgen einer Pflichtverletzung zur Verschwiegenheit zu verpflichten,
2. der Dienstleister zu verpflichten, sich nur insoweit Kenntnis von fremden Geheimnissen zu verschaffen, als dies zur Vertragserfüllung erforderlich ist, und
3. festzulegen, ob der Dienstleister befugt ist, weitere Personen zur Erfüllung des Vertrags heranzuziehen; für diesen Fall ist dem Dienstleister aufzuerlegen, diese Personen in Textform zur Verschwiegenheit zu verpflichten.

(4) Bei der Inanspruchnahme von Dienstleistungen, die im Ausland erbracht werden, darf der Wirtschaftsprüfer dem Dienstleister den Zugang zu fremden Geheimnissen unbeschadet der übrigen Voraussetzungen dieser Vorschrift nur dann eröffnen, wenn der dort bestehende Schutz der Geheimnisse dem Schutz im Inland vergleichbar ist, es sei denn, dass der Schutz der Geheimnisse dies nicht gebietet.

(5) Bei der Inanspruchnahme von Dienstleistungen, die unmittelbar einem einzelnen Mandat dienen, darf der Wirtschaftsprüfer dem Dienstleister den Zugang zu fremden Geheimnissen nur dann eröffnen, wenn der Mandant darin eingewilligt hat.

(6) Die Absätze 2 und 3 gelten auch im Fall der Inanspruchnahme von Dienstleistungen, in die der Mandant eingewilligt hat, sofern der Mandant nicht ausdrücklich auf die Einhaltung der in den Absätzen 2 und 3 genannten Anforderungen verzichtet hat.

(7) [1]Die Absätze 1 bis 6 gelten nicht, soweit Dienstleistungen aufgrund besonderer gesetzlicher Vorschriften in Anspruch genommen werden. [2]Absatz 3 Satz 2 gilt nicht, soweit der Dienstleister hinsichtlich der zu erbringenden Dienstleistung gesetzlich zur Verschwiegenheit verpflichtet ist.

(8) Die Vorschriften zum Schutz personenbezogener Daten bleiben unberührt.

§ 51 Mitteilung der Ablehnung eines Auftrages

[1]Der Wirtschaftsprüfer, der einen Auftrag nicht annehmen will, hat die Ablehnung unverzüglich zu erklären. [2]Er hat den Schaden zu ersetzen, der aus einer schuldhaften Verzögerung dieser Erklärung entsteht.

§ 51a Pflicht zur Übernahme der Beratungshilfe

[1]Wirtschaftsprüfer und vereidigte Buchprüfer sind verpflichtet, die in dem Beratungshilfegesetz vorgesehene Beratungshilfe zu übernehmen. [2]Sie können die Beratungshilfe im Einzelfall aus wichtigem Grund ablehnen.

§ 51b Handakten

(1) Berufsangehörige müssen durch Anlegung von Handakten ein zutreffendes Bild über die von ihnen entfaltete Tätigkeit geben können.

(2) [1]Berufsangehörige haben ihre Handakten für die Dauer von zehn Jahren nach Beendigung des Auftrags aufzubewahren. [2]Diese Verpflichtung erlischt jedoch schon vor Beendigung dieses Zeitraums, wenn die Berufsangehörigen ihre Auftraggeber aufgefordert haben, die Handakten in Empfang zu nehmen, und die Auftraggeber dieser Aufforderung binnen sechs Monaten, nachdem sie sie erhalten haben, nicht nachgekommen sind.

(3) [1]Berufsangehörige können ihren Auftraggebern die Herausgabe der Handakten verweigern, bis sie wegen ihrer Vergütung und Auslagen befriedigt sind. [2]Dies gilt nicht, soweit die Vorenthaltung der Handakten oder einzelner Schriftstücke nach den Umständen unangemessen wäre.

(4) Handakten im Sinne der Absätze 2 und 3 sind nur solche Schriftstücke, die Berufsangehörige aus Anlass ihrer beruflichen Tätigkeit von ihren Auftraggebern oder für diese erhalten haben, nicht aber die Briefwechsel zwischen den Berufsangehörigen und ihren Auftraggebern, die Schriftstücke, die die Auftraggeber bereits in Urschrift oder Abschrift erhalten haben, sowie die zu internen Zwecken gefertigten Arbeitspapiere.

(5) [1]Bei gesetzlichen Abschlussprüfungen nach § 316 des Handelsgesetzbuchs ist für jede Abschlussprüfung eine Handakte nach Absatz 1 (Prüfungsakte) anzulegen, die spätestens 60 Tage nach Unterzeichnung des Bestätigungsvermerks im Sinne der §§ 322 und 322a des Handelsgesetzbuchs zu schließen ist. [2]Berufsangehörige haben in der Prüfungsakte auch zu dokumentieren,

1. ob sie die Anforderungen an ihre Unabhängigkeit im Sinne des § 319 Absatz 2 bis 5 und des § 319a des Handelsgesetzbuchs erfüllen, ob ihre Unabhängigkeit gefährdende Umstände vorliegen und welche Schutzmaßnahmen sie gegebenenfalls zur Verminderung dieser Gefahren ergriffen haben,
2. ob sie über die Zeit, das Personal und die sonstigen Mittel verfügen, die nach § 43 Absatz 5 zur angemessenen Durchführung der Abschlussprüfung erforderlich sind,
3. wenn sie den Rat externer Sachverständiger einholen, die entsprechenden Anfragen und die erhaltenen Antworten.

[3]Wirtschaftsprüfungsgesellschaften haben darüber hinaus den verantwortlichen Prüfungspartner zu benennen und zu dokumentieren, dass dieser nach dem Zweiten oder Neunten Teil zugelassen ist. [4]Die Berufsangehörigen haben alle Informationen und Unterlagen aufzubewahren, die zur Begründung des Bestätigungsvermerks im Sinne der §§ 322 und 322a des Handelsgesetzbuchs, des Prüfungsberichts im Sinne des § 321 des Handelsgesetzbuchs oder zur Kontrolle der Einhaltung von Berufspflichten von Bedeutung sind oder die schriftliche Beschwerden über die Durchführung der Abschlussprüfungen beinhalten. [5]Die Dokumentationspflichten nach den Artikeln 6 bis 8 der Verordnung (EU) Nr. 537/2014 des Europäischen Parlaments und des Rates vom 16. April 2014 über spezifische Anforderungen an die Abschlussprüfung bei Unternehmen von öffentlichem Interesse und zur Aufhebung des Beschlusses 2005/909/EG der Kommission (ABl. L 158 vom 27.5.2014, S. 77) in der jeweils geltenden Fassung und die Aufbewahrungspflicht nach Artikel 15 der Verordnung (EU) Nr. 537/2014 bleiben unberührt.

(6) [1]Berufsangehörige, die eine Konzernabschlussprüfung durchführen, haben der Wirtschaftsprüferkammer auf deren schriftliche oder elektronische Aufforderung die Unterlagen über die Arbeit von Drittstaatsprüfern und Drittstaatsprüfungsgesellschaften, die in den Konzernabschluss einbezogene Tochterunternehmen prüfen, zu übergeben,

soweit diese nicht gemäß § 134 Absatz 1 eingetragen sind und keine Vereinbarung zur Zusammenarbeit gemäß § 57 Absatz 9 Satz 5 Nummer 3 besteht. [2]Erhalten Berufsangehörige keinen Zugang zu den Unterlagen über die Arbeit von Drittstaatsprüfern und Drittstaatsprüfungsgesellschaften, so haben sie den Versuch ihrer Erlangung und die Hindernisse zu dokumentieren und der Wirtschaftsprüferkammer auf deren schriftliche oder elektronische Aufforderung die Gründe dafür mitzuteilen.

(7) [1]Die Absätze 1 bis 6 gelten entsprechend, soweit sich Berufsangehörige zum Führen von Handakten der elektronischen Datenverarbeitung bedienen. [2]In anderen Gesetzen getroffene Regelungen über die Pflichten zur Aufbewahrung von Geschäftsunterlagen bleiben unberührt.

§ 51c Auftragsdatei

Berufsangehörige müssen für gesetzlich vorgeschriebene Abschlussprüfungen nach § 316 des Handelsgesetzbuchs ein Auftragsverzeichnis führen, das für jeden ihrer Auftraggeber folgende Angaben enthält:

1. Name, Anschrift und Ort,
2. bei Wirtschaftsprüfungsgesellschaften die Namen der jeweils verantwortlichen Prüfungspartner und
3. für jedes Geschäftsjahr die für die Abschlussprüfung und für andere Leistungen in Rechnung gestellten Honorare.

§ 52 Werbung

Werbung ist zulässig, es sei denn, sie ist unlauter.

§ 53 Wechsel des Auftraggebers

Berufsangehörige dürfen keine widerstreitenden Interessen vertreten; sie dürfen insbesondere in einer Sache, in der sie oder eine Person oder eine Personengesellschaft, mit der sie ihren Beruf gemeinsam ausüben, bereits tätig waren, für andere Auftraggebende nur tätig werden, wenn die bisherigen und die neuen Auftraggebenden einverstanden sind.

§ 54 Berufshaftpflichtversicherung

(1) [1]Berufsangehörige, die ihren Beruf nach § 43a Absatz 1 Nummer 1 ausüben, und Wirtschaftsprüfungsgesellschaften sind verpflichtet, eine Berufshaftpflichtversicherung zur Deckung der sich aus ihrer Berufstätigkeit ergebenden Haftpflichtgefahren für Vermögensschäden zu unterhalten. [2]Die Berufshaftpflichtversicherung einer Partnerschaft mit beschränkter Berufshaftung nach § 8 Absatz 4 des Partnerschaftsgesellschaftsgesetzes, die nicht selbst als Wirtschaftsprüfungsgesellschaft zugelassen ist, muss die Haftpflichtgefahren für Vermögensschäden decken, die sich aus ihrer Berufstätigkeit im Sinne der §§ 2 oder 129 ergeben. [3]Die Versicherung muss sich auch auf solche Vermögensschäden erstrecken, für die ein Berufsangehöriger nach den §§ 278 oder 831 des Bürgerlichen Gesetzbuchs einzustehen hat.

(2) [1]Der Versicherungsvertrag muss vorsehen, dass Versicherungsschutz für jede einzelne während der Geltung des Versicherungsvertrages begangene Pflichtverletzung zu gewähren ist, die gesetzliche Haftpflichtansprüche privatrechtlichen Inhalts gegen den Versicherungsnehmer zur Folge haben könnte. [2]Der Versicherungsvertrag kann vorsehen, dass die Versicherungssumme den Höchstbetrag der dem Versicherer in jedem einzelnen Schadensfall obliegenden Leistung darstellt, und zwar mit der Maßgabe, dass nur eine einmalige Leistung der Versicherungssumme in Frage kommt

1. gegenüber mehreren entschädigungspflichtigen Personen, auf welche sich der Versicherungsschutz erstreckt,

2. bezüglich eines aus mehreren Pflichtverletzungen stammenden einheitlichen Schadens,
3. bezüglich sämtlicher Folgen einer Pflichtverletzung ohne Rücksicht darauf, ob Schäden in einem oder in mehreren aufeinanderfolgenden Jahren entstanden sind.

[3]Im Fall des Satzes 2 Nummer 3 gilt mehrfaches auf gleicher oder gleichartiger Fehlerquelle beruhendes Tun oder Unterlassen als einheitliche Pflichtverletzung, wenn die betreffenden Angelegenheiten miteinander in rechtlichem oder wirtschaftlichem Zusammenhang stehen. [4]In diesem Fall kann die Leistung des Versicherers auf das Fünffache der Mindestversicherungssumme nach Absatz 4 Satz 1 begrenzt werden, soweit es sich nicht um gesetzlich vorgeschriebene Pflichtprüfungen handelt.

(3) Von der Versicherung kann der Versicherungsschutz ausgeschlossen werden für

1. Ersatzansprüche wegen wissentlicher Pflichtverletzung,
2. Ersatzansprüche wegen Schäden, die durch Fehlbeträge bei der Kassenführung, durch Pflichtverletzungen beim Zahlungsakt oder durch Veruntreuung durch das Personal des Versicherungsnehmers entstehen,
3. Ersatzansprüche, die vor Gerichten in Drittstaaten geltend gemacht werden, und
4. Ersatzansprüche wegen Verletzung oder Nichtbeachtung des Rechts von Drittstaaten, soweit die Ansprüche nicht bei der das Abgabenrecht dieser Staaten betreffenden geschäftsmäßigen Hilfeleistung in Steuersachen entstehen und soweit das den Ersatzansprüchen zugrundeliegende Auftragsverhältnis zwischen Versicherungsnehmer und Auftraggeber nicht deutschem Recht unterliegt.

(4) [1]Die Mindestversicherungssumme für den einzelnen Versicherungsfall muss den in § 323 Absatz 2 Satz 1 des Handelsgesetzbuchs bezeichneten Umfang betragen. [2]Die Vereinbarung eines Selbstbehalts bis zur Höhe von einem Prozent der Mindestversicherungssumme ist zulässig. [3]Zuständige Stelle im Sinne des § 117 Absatz 2 des Versicherungsvertragsgesetzes ist die Wirtschaftsprüferkammer.

(5) Die Wirtschaftsprüferkammer erteilt Dritten zur Geltendmachung von Schadensersatzansprüchen auf Antrag Auskunft über den Namen, die Adresse und die Versicherungsnummer der Berufshaftpflichtversicherung der Berufsangehörigen, der Wirtschaftsprüfungsgesellschaften oder der Partnerschaften mit beschränkter Berufshaftung, soweit diese kein überwiegendes schutzwürdiges Interesse an der Nichterteilung der Auskunft haben.

(6) Die Wirtschaftsprüferkammer trifft im Rahmen der Berufssatzung die näheren Bestimmungen über den Versicherungsinhalt, den Versicherungsnachweis, das Anzeigeverfahren und die Überwachung der Versicherungspflicht.

§ 54a Vertragliche Begrenzung von Ersatzansprüchen

(1) Der Anspruch der Auftraggeber aus den zwischen ihnen und den Berufsangehörigen bestehenden Vertragsverhältnissen auf Ersatz eines fahrlässig verursachten Schadens kann beschränkt werden

1. durch schriftliche Vereinbarung im Einzelfall bis zur Mindesthöhe der Deckungssumme nach § 54 Absatz 4 Satz 1 oder
2. durch vorformulierte Vertragsbedingungen auf den vierfachen Betrag der Mindesthöhe der Deckungssumme nach § 54 Absatz 4 Satz 1, wenn insoweit Versicherungsschutz besteht.

(2) Die persönliche Haftung von Mitgliedern einer Personengesellschaft (§ 44b) auf Schadenersatz kann auch durch vorformulierte Vertragsbedingungen auf einzelne namentlich bezeichnete Mitglieder der Sozietät beschränkt werden, die die vertragliche Leistung erbringen sollen.

(3) Werden im Rahmen der gesetzlichen Abschlussprüfung Prüfungstätigkeiten durch Berufsangehörige auf Dritte übertragen, so bleibt die Pflichtenstellung der Berufsangehörigen gegenüber ihren Auftraggebern hiervon unberührt.

§ 55 Vergütung

(1) [1]Unbeschadet des Artikels 4 der Verordnung (EU) Nr. 537/2014 dürfen Berufsangehörige für Tätigkeiten nach § 2 Abs. 1 und 3 Nr. 1 und 3 keine Vereinbarung schließen, durch welche die Höhe der Vergütung vom Ergebnis ihrer Tätigkeit als Wirtschaftsprüfer abhängig gemacht wird. [2]Für Tätigkeiten nach § 2 Abs. 2 gilt dies, soweit § 55a nichts anderes bestimmt. [3]Die Vergütung für gesetzlich vorgeschriebene Abschlussprüfungen darf über Satz 1 hinaus nicht an weitere Bedingungen geknüpft sein und sie darf auch nicht von der Erbringung zusätzlicher Leistungen für das geprüfte Unternehmen beeinflusst oder bestimmt sein. [4]Satz 3 gilt entsprechend für die Vergütung oder Leistungsbewertung von Personen, die an der Abschlussprüfung beteiligt sind oder auf andere Weise in der Lage sind, das Ergebnis der Abschlussprüfung zu beeinflussen. [5]Besteht zwischen der erbrachten Leistung und der vereinbarten Vergütung ein erhebliches Missverhältnis, muss der Wirtschaftsprüferkammer oder der Abschlussprüferaufsichtsstelle auf Verlangen nachgewiesen werden können, dass für die Prüfung eine angemessene Zeit aufgewandt und qualifiziertes Personal eingesetzt wurde.

(2) Die Abgabe und Entgegennahme eines Teils der Vergütung oder sonstiger Vorteile für die Vermittlung von Aufträgen, gleichviel ob im Verhältnis zu Berufsangehörigen oder Dritten, ist unzulässig.

(3) [1]Die Abtretung von Vergütungsforderungen oder die Übertragung ihrer Einziehung an Berufsangehörige, an Berufsgesellschaften oder an Berufsausübungsgemeinschaften ist auch ohne Zustimmung der auftraggebenden Person zulässig; diese sind in gleicher Weise zur Verschwiegenheit verpflichtet, wie die beauftragte Person. [2]Satz 1 gilt auch bei einer Abtretung oder Übertragung an Berufsangehörige anderer freier Berufe, die einer entsprechenden gesetzlichen Verschwiegenheitspflicht unterliegen. [3]Die Abtretung von Vergütungsforderungen oder die Übertragung ihrer Einziehung an andere Personen ist entweder bei rechtskräftiger Feststellung der Vergütungsforderung oder mit Zustimmung der auftraggebenden Person zulässig.

§ 55a Erfolgshonorar für Hilfeleistung in Steuersachen

(1) [1]Vereinbarungen, durch die eine Vergütung für eine Hilfeleistung in Steuersachen oder ihre Höhe vom Ausgang der Sache oder vom Erfolg der Tätigkeit des Wirtschaftsprüfers abhängig gemacht wird oder nach denen der Wirtschaftsprüfer einen Teil der zu erzielenden Steuerermäßigung, Steuerersparnis oder Steuervergütung als Honorar erhält (Erfolgshonorar), sind unzulässig, soweit nachfolgend nichts anderes bestimmt ist. [2]Vereinbarungen, durch die der Wirtschaftsprüfer sich verpflichtet, Gerichtskosten, Verwaltungskosten oder Kosten anderer Beteiligter zu tragen, sind unzulässig.

(2) Ein Erfolgshonorar darf nur für den Einzelfall und nur dann vereinbart werden, wenn der Auftraggeber aufgrund seiner wirtschaftlichen Verhältnisse bei verständiger Betrachtung ohne die Vereinbarung eines Erfolgshonorars von der Rechtsverfolgung abgehalten würde.

(3) [1]Die Vereinbarung bedarf der Textform. [2]Sie muss als Vergütungsvereinbarung oder in vergleichbarer Weise bezeichnet werden, von anderen Vereinbarungen mit Ausnahme der Auftragserteilung deutlich abgesetzt sein und darf nicht in der Vollmacht enthalten sein. [3]Die Vereinbarung muss enthalten:

1. die erfolgsunabhängige Vergütung, zu der der Wirtschaftsprüfer bereit wäre, den Auftrag zu übernehmen, sowie
2. die Angabe, welche Vergütung bei Eintritt welcher Bedingungen verdient sein soll.

(4) [1]In der Vereinbarung sind außerdem die wesentlichen Gründe anzugeben, die für die Bemessung des Erfolgshonorars bestimmend sind. [2]Ferner ist ein Hinweis aufzunehmen, dass die Vereinbarung keinen Einfluss auf die gegebenenfalls vom Auftraggeber zu zahlenden Gerichtskosten, Verwaltungskosten und die von ihm zu erstattenden Kosten anderer Beteiligter hat.

(5) [1]Aus einer Vergütungsvereinbarung, die nicht den Anforderungen der Absätze 2 und 3 entspricht, erhält der Wirtschaftsprüfer keine höhere als eine nach den Vorschriften des bürgerlichen Rechts bemessene Vergütung. [2]Die Vorschriften des bürgerlichen Rechts über die ungerechtfertigte Bereicherung bleiben unberührt.

§ 55b Internes Qualitätssicherungssystem

(1) [1]Berufsangehörige haben für ihre Praxis Regelungen zu schaffen, die die Einhaltung ihrer Berufspflichten gewährleisten, und deren Anwendung zu überwachen und durchzusetzen (internes Qualitätssicherungssystem). [2]Das interne Qualitätssicherungssystem soll in einem angemessenen Verhältnis zum Umfang und zur Komplexität der beruflichen Tätigkeit stehen. [3]Das interne Qualitätssicherungssystem ist zu dokumentieren und den Mitarbeitern der Berufsangehörigen zur Kenntnis zu geben.

(2) [1]Bei Berufsangehörigen, die Abschlussprüfungen nach § 316 des Handelsgesetzbuchs durchführen, haben die Regelungen nach Absatz 1 angemessene Grundsätze und Verfahren zur ordnungsgemäßen Durchführung und Sicherung der Qualität der Abschlussprüfung zu umfassen. [2]Dazu gehören zumindest

1. solide Verwaltungs- und Rechnungslegungsverfahren, interne Qualitätssicherungsmechanismen, wirksame Verfahren zur Risikobewertung sowie wirksame Kontroll- und Sicherheitsvorkehrungen für Datenverarbeitungssysteme,
2. Vorkehrungen zum Einsatz angemessener und wirksamer Systeme und Verfahren sowie der zur angemessenen Wahrnehmung der Aufgaben erforderlichen Mittel und des dafür erforderlichen Personals,
3. Grundsätze und Verfahren, die die Einhaltung der Anforderungen an die Eigenverantwortlichkeit des verantwortlichen Abschlussprüfers nach § 44 Absatz 1 Satz 3 dieses Gesetzes und an die Unabhängigkeit nach den §§ 319 bis 319b des Handelsgesetzbuchs gewährleisten,
4. Grundsätze und Verfahren, die sicherstellen, dass Mitarbeiter sowie sonstige unmittelbar an den Prüfungstätigkeiten beteiligte Personen über angemessene Kenntnisse und Erfahrungen für die ihnen zugewiesenen Aufgaben verfügen sowie fortgebildet, angeleitet und kontrolliert werden,
5. die Führung von Prüfungsakten nach § 51b Absatz 5,
6. organisatorische und administrative Vorkehrungen für den Umgang mit Vorfällen, die die ordnungsmäßige Durchführung der Prüfungstätigkeiten beeinträchtigen können, und für die Dokumentation dieser Vorfälle,
7. Verfahren, die es den Mitarbeitern unter Wahrung der Vertraulichkeit ihrer Identität ermöglichen, potentielle oder tatsächliche Verstöße gegen die Verordnung (EU) Nr. 537/2014 oder gegen Berufspflichten sowie etwaige strafbare Handlungen oder Ordnungswidrigkeiten innerhalb der Praxis an geeignete Stellen zu berichten,
8. Grundsätze der Vergütung und Gewinnbeteiligung nach § 55 und
9. Grundsätze und Verfahren, die gewährleisten, dass im Fall der Auslagerung wichtiger Prüfungstätigkeiten die interne Qualitätssicherung und die Berufsaufsicht nicht beeinträchtigt werden.

(3) [1]Im Rahmen der Überwachung nach Absatz 1 Satz 1 haben Berufsangehörige, die Abschlussprüfungen nach § 316 des Handelsgesetzbuchs durchführen, das interne Qua-

litätssicherungssystem zumindest hinsichtlich der Grundsätze und Verfahren für die Abschlussprüfung, für die Fortbildung, Anleitung und Kontrolle der Mitarbeiter sowie für die Handakte einmal jährlich zu bewerten. [2]Im Fall von Mängeln des internen Qualitätssicherungssystems haben sie die zu deren Behebung erforderlichen Maßnahmen zu ergreifen. [3]Die Berufsangehörigen haben einmal jährlich in einem Bericht zu dokumentieren:

1. die Ergebnisse der Bewertung nach Satz 1,
2. Maßnahmen, die nach Satz 2 ergriffen oder vorgeschlagen wurden,
3. Verstöße gegen Berufspflichten oder gegen die Verordnung (EU) Nr. 537/2014, soweit diese nicht nur geringfügig sind, sowie
4. die aus Verstößen nach Nummer 3 erwachsenen Folgen und die zur Behebung der Verstöße ergriffenen Maßnahmen.

(4) Bei Wirtschaftsprüfungsgesellschaften, die gesetzlich vorgeschriebene Abschlussprüfungen durchführen, liegt die Verantwortung für das interne Qualitätssicherungssystem bei Berufsangehörigen, vereidigten Buchprüfern oder vereidigten Buchprüferinnen oder EU- oder EWR-Abschlussprüfern.

§ 55c Bestellung eines Praxisabwicklers

(1) [1]Ist ein Berufsangehöriger oder eine Berufsangehörige verstorben, kann die Wirtschaftsprüferkammer einen anderen Berufsangehörigen oder eine andere Berufsangehörige zum Abwickler der Praxis bestellen. [2]Ein Abwickler kann auch für die Praxis früherer Berufsangehöriger bestellt werden, deren Bestellung erloschen, zurückgenommen oder widerrufen worden ist. [3]Die Bestellung erstreckt sich nicht auf Aufträge zur Durchführung gesetzlich vorgeschriebener Abschlussprüfungen nach § 316 des Handelsgesetzbuches.

(2) [1]Der Abwickler ist in der Regel nicht länger als für die Dauer eines Jahres zu bestellen. [2]Auf Antrag des Abwicklers ist die Bestellung jeweils höchstens um ein Jahr zu verlängern, wenn er glaubhaft macht, dass schwebende Angelegenheiten noch nicht zu Ende geführt werden konnten.

(3) [1]Dem Abwickler obliegt es, die schwebenden Angelegenheiten abzuwickeln. [2]Er führt die laufenden Aufträge fort; innerhalb der ersten sechs Monate ist er auch berechtigt, neue Aufträge anzunehmen. [3]Ihm stehen die gleichen Befugnisse zu, die die ehemaligen Berufsangehörigen hatten. [4]Der Abwickler gilt für die schwebenden Angelegenheiten als von der Partei bevollmächtigt, sofern diese nicht für die Wahrnehmung ihrer Rechte in anderer Weise gesorgt hat.

(4) [1]Berufsangehörige, die zum Abwickler bestellt werden sollen, können die Abwicklung nur aus einem wichtigen Grund ablehnen. [2]Über die Zulässigkeit der Ablehnung entscheidet die Wirtschaftsprüferkammer.

(5) [1]Dem Abwickler stehen im Rahmen der eigenen Befugnisse die rechtlichen Befugnisse der Berufsangehörigen zu, deren Praxis er abwickelt. [2]Der Abwickler wird in eigener Verantwortung, jedoch im Interesse, für Rechnung und auf Kosten der abzuwickelnden Praxis tätig. [3]Die §§ 666, 667 und 670 des Bürgerlichen Gesetzbuches gelten entsprechend.

(6) [1]Der Abwickler ist berechtigt, die Praxisräume zu betreten und die zur Praxis gehörenden Gegenstände einschließlich des den ehemaligen Berufsangehörigen zur Verwahrung unterliegenden Treugutes in Besitz zu nehmen, heraus zu verlangen und hierüber zu verfügen. [2]An Weisungen der ehemaligen Berufsangehörigen oder deren Erben ist er nicht gebunden. [3]Die ehemaligen Berufsangehörigen oder deren Erben dürfen die Tätigkeit des Abwicklers nicht beeinträchtigen. [4]Die ehemaligen Berufsangehörigen

oder deren Erben haben dem Abwickler eine angemessene Vergütung zu zahlen, für die Sicherheit zu leisten ist, wenn die Umstände es erfordern. [5]Können sich die Beteiligten über die Höhe der Vergütung oder über die Sicherheit nicht einigen oder wird die geschuldete Sicherheit nicht geleistet, setzt der Vorstand der Wirtschaftsprüferkammer auf Antrag der ehemaligen Berufsangehörigen oder deren Erben oder des Abwicklers die Vergütung fest. [6]Der Abwickler ist befugt, Vorschüsse auf die vereinbarte oder festgesetzte Vergütung zu entnehmen. [7]Für die festgesetzte Vergütung haftet die Wirtschaftsprüferkammer wie ein Ausfallbürge.

(7) Der Abwickler ist berechtigt, jedoch außer im Rahmen eines Kostenfestsetzungsverfahrens nicht verpflichtet, Gebührenansprüche und Kostenforderungen der ehemaligen Berufsangehörigen im eigenen Namen geltend zu machen, im Falle verstorbener Berufsangehöriger allerdings nur für Rechnung der Erben.

(8) Die Bestellung kann widerrufen werden.

(9) Der Abwickler darf für die Dauer von zwei Jahren nach Ablauf der Bestellung nicht für Auftraggeber tätig werden, die er in seiner Eigenschaft als Abwickler betreut hat, es sei denn, es liegt eine schriftliche Einwilligung der ehemaligen Berufsangehörigen oder deren Erben vor.

§ 56 Anwendung der Vorschriften über die Rechte und Pflichten der Wirtschaftsprüfer auf Wirtschaftsprüfungsgesellschaften

(1) Die §§ 43, 43a Absatz 2 und 3, §§ 44b, 49 bis 53, 54a und 55 bis 55c gelten sinngemäß für Wirtschaftsprüfungsgesellschaften sowie für Vorstandsmitglieder, Geschäftsführer, Partner und persönlich haftende Gesellschafter einer Wirtschaftsprüfungsgesellschaft, die nicht Wirtschaftsprüfer sind.

(2) Die Mitglieder der durch Gesetz, Satzung oder Gesellschaftsvertrag vorgesehenen Aufsichtsorgane der Gesellschaften sind zur Verschwiegenheit verpflichtet.

Vierter Teil. Organisation des Berufs

§ 57[1] Aufgaben der Wirtschaftsprüferkammer

(1) Die Wirtschaftsprüferkammer erfüllt die ihr durch Gesetz zugewiesenen Aufgaben; sie hat die beruflichen Belange der Gesamtheit ihrer Mitglieder zu wahren und die Erfüllung der beruflichen Pflichten zu überwachen.

(2) Der Wirtschaftsprüferkammer obliegt insbesondere:

1. die Mitglieder in Fragen der Berufspflichten zu beraten und zu belehren;
2. auf Antrag bei Streitigkeiten unter den Mitgliedern zu vermitteln;
3. auf Antrag bei Streitigkeiten zwischen Mitgliedern und ihren Auftraggebern zu vermitteln;
4. die Erfüllung der den Mitgliedern obliegenden Pflichten zu überwachen und unbeschadet des § 66a Absatz 4 Satz 2 und Absatz 6 berufsaufsichtliche Maßnahmen zu verhängen;
5. *(aufgehoben)*
6. in allen die Gesamtheit der Mitglieder berührenden Angelegenheiten die Auffassung der Wirtschaftsprüferkammer den zuständigen Gerichten, Behörden und Organisationen gegenüber zur Geltung zu bringen;

---

1) § 57 Abs. 9 Satz 3 neu gefasst durch Gesetz vom 20.11.2019 (BGBl. I S. 1626).

7. Gutachten zu erstatten, die ein Gericht oder eine Verwaltungsbehörde oder eine an der Gesetzgebung beteiligte Körperschaft des Bundes oder Landes anfordert;
8. die durch Gesetz zugewiesenen Aufgaben im Bereich der Berufsbildung wahrzunehmen;
9. *(aufgehoben)*;
10. die berufliche Fortbildung der Mitglieder und Ausbildung des Berufsnachwuchses zu fördern;
11. die Vorschlagsliste der ehrenamtlichen Beisitzer bei den Berufsgerichten den Landesjustizverwaltungen und dem Bundesministerium der Justiz und für Verbraucherschutz einzureichen;
12. das Berufsregister zu führen;
13. Fürsorgeeinrichtungen für Wirtschaftsprüfer und vereidigte Buchprüfer sowie deren Hinterbliebene zu schaffen;
14. ein System der Qualitätskontrolle zu betreiben;
15. Wirtschaftsprüfer sowie vereidigte Buchprüfer zu bestellen, Wirtschaftsprüfungsgesellschaften sowie Buchprüfungsgesellschaften anzuerkennen und Bestellungen sowie Anerkennungen zurückzunehmen oder zu widerrufen;
16. eine selbständige Prüfungsstelle einzurichten und zu unterhalten;
17. die ihr als Bundesberufskammer gesetzlich eingeräumten Befugnisse im Rahmen der Geldwäschebekämpfung wahrzunehmen.

(3) [1]Die Wirtschaftsprüferkammer kann eine Satzung über die Rechte und Pflichten bei der Ausübung der Berufe des Wirtschaftsprüfers und des vereidigten Buchprüfers (Berufssatzung) erlassen; die Berufssatzung wird vom Beirat der Wirtschaftsprüferkammer beschlossen. [2]Die Satzung tritt drei Monate nach Übermittlung an das Bundesministerium für Wirtschaft und Energie in Kraft, soweit nicht das Bundesministerium für Wirtschaft und Energie die Satzung oder Teile derselben aufhebt. [3]Für Änderungen der Berufssatzung gelten die Sätze 1 und 2 entsprechend.

(4) Die Berufssatzung kann im Rahmen der Vorschriften dieses Gesetzes näher regeln:
1. Allgemeine Berufspflichten
   a) Unabhängigkeit, Gewissenhaftigkeit, Verschwiegenheit, Eigenverantwortlichkeit;
   b) berufswürdiges Verhalten;
   c) Wechsel des Auftraggebers und Verbot der Vertretung widerstreitender Interessen;
   d) vereinbare und unvereinbare Tätigkeiten;
   e) Inhalt, Umfang und Nachweis der Berufshaftpflichtversicherung nach § 54 Absatz 6;
   f) Vereinbarung und Abrechnung der Vergütung der beruflichen Tätigkeit und deren Beitreibung;
   g) Umgang mit fremden Vermögenswerten;
   h) Ausbildung des Berufsnachwuchses sowie der Fachgehilfen in steuer- und wirtschaftsberatenden Berufen;
   i) Siegelgestaltung (Form, Größe, Art und Beschriftung) und Siegelführung nach § 48 Abs. 2;
   j) Verbot der Mitwirkung bei unbefugter Hilfeleistung in Steuersachen;
   k) Verbot der Verwertung von Berufsgeheimnissen;

l) Art, Umfang und Nachweis der allgemeinen Fortbildungspflicht nach § 43 Abs. 2 Satz 4, wobei der Umfang der vorgeschriebenen Teilnahme an Fortbildungsveranstaltungen 20 Stunden im Jahr nicht überschreiten darf.

2. Besondere Berufspflichten bei der Durchführung von Prüfungen und der Erstattung von Gutachten
   a) Unbefangenheit, Unparteilichkeit und Versagung der Tätigkeit;
   b) Ausschluß als Prüfer oder Gutachter.
3. Besondere Berufspflichten
   a) im Zusammenhang mit der Annahme, Wahrnehmung und Beendigung eines Auftrags und bei der Nachfolge im Mandat;
   b) bei der Führung von Handakten;
   c) bei der gemeinsamen Berufsausübung;
   d) bei der Errichtung und Tätigkeit von Berufsgesellschaften;
   e) bei grenzüberschreitender Tätigkeit;
   f) gegenüber Gerichten, Behörden, der Wirtschaftsprüferkammer und anderen Mitgliedern der Wirtschaftsprüferkammer;
   g) im Zusammenhang mit der Beratungshilfe.
4. Durchführungsvorschriften zu den Kriterien zur Beschreibung der Vergütungsgrundlagen im Sinne von Artikel 13 Absatz 2 Buchstabe i der Verordnung (EU) Nr. 537/2014.
5. Besondere Berufspflichten zur Sicherung der Qualität der Berufsarbeit (§ 55b).

(5) [1]Die Wirtschaftsprüferkammer kann die in Absatz 2 Nr. 1 bis 3 bezeichneten Aufgaben einzelnen Mitgliedern des Vorstandes übertragen; weitere Aufgaben können Abteilungen im Sinne des § 59a übertragen werden. [2]Im Falle des Absatzes 2 Nr. 4 zweite Alternative entscheidet der Vorstand über den Einspruch (§ 68 Absatz 5 Satz 2).

(6) [1]Soweit nicht die Zuständigkeit der Abschlussprüferaufsichtsstelle nach § 66c Absatz 2 gegeben ist, leistet die Wirtschaftsprüferkammer einer für die Bestellung, Anerkennung, Berufsaufsicht und Qualitätskontrolle zuständigen Stelle in einem anderen Mitgliedstaat der Europäischen Union oder Vertragsstaat des Abkommens über den Europäischen Wirtschaftsraum Amtshilfe, soweit dies für die Wahrnehmung der genannten Aufgaben der zuständigen Stelle im Einzelfall erforderlich ist. [2]Ist die Erledigung einer Anfrage innerhalb einer angemessenen Frist nicht möglich, teilt die Wirtschaftsprüferkammer dies unter Angabe von Gründen mit. [3]Die Wirtschaftsprüferkammer lehnt es ab, auf eine Anfrage eigene Ermittlungen durchzuführen, wenn

1. aufgrund derselben Handlung und gegen dieselbe Person in Deutschland bereits ein berufsgerichtliches Verfahren anhängig ist oder
2. gegen die betreffende Person aufgrund derselben Handlung in Deutschland bereits ein rechtskräftiges Urteil ergangen ist.

[4]Macht die Wirtschaftsprüferkammer von ihrem Recht nach Satz 3 Gebrauch, so teilt sie dies unverzüglich der ersuchenden Stelle unter Angabe von Gründen mit und übermittelt genauere Informationen über das berufsgerichtliche Verfahren oder das rechtskräftige Urteil.

(7) [1]Die Wirtschaftsprüferkammer darf Informationen einschließlich personenbezogener Daten an die in Absatz 6 Satz 1 genannten Stellen auf Ersuchen übermitteln, soweit die Kenntnis der Informationen zur Wahrnehmung der in Absatz 6 Satz 1 genannten Aufgaben der zuständigen Stelle im Einzelfall erforderlich ist. [2]Informationen, die einer Geheimhaltungspflicht unterliegen, dürfen nur übermittelt werden, wenn zu-

sätzlich sichergestellt ist, dass sie bei diesen Stellen in gleicher Weise geheim gehalten werden. [3]Bei der Übermittlung personenbezogener Daten ist auf den Zweck hinzuweisen, für den die Daten übermittelt werden. [4]Die Übermittlung von Informationen einschließlich personenbezogener Daten unterbleibt, soweit hierdurch die öffentliche Sicherheit oder Ordnung beeinträchtigt werden könnte.

(8) [1]Soweit nicht die Zuständigkeit der Abschlussprüferaufsichtsstelle nach § 66c Absatz 5 gegeben ist, arbeitet die Wirtschaftsprüferkammer mit den für die Bestellung, Anerkennung, Berufsaufsicht und Qualitätskontrolle zuständigen Stellen anderer als der in Absatz 6 Satz 1 genannten Staaten zusammen, soweit dies für die Wahrnehmung der jeweiligen Aufgabe der zuständigen Stelle im Einzelfall erforderlich ist. [2]Absatz 6 Satz 2 bis 4 gilt entsprechend.

(9) [1]Die Wirtschaftsprüferkammer darf Informationen einschließlich personenbezogener Daten an die in Absatz 8 Satz 1 genannten Stellen auf Ersuchen übermitteln, soweit die Kenntnis der Informationen zur Wahrnehmung der in Absatz 8 Satz 1 genannten Aufgaben der zuständigen Stelle im Einzelfall erforderlich ist. [2]Informationen, die einer Geheimhaltungspflicht unterliegen, dürfen nur übermittelt werden, wenn zusätzlich sichergestellt ist, dass sie bei diesen Stellen in gleicher Weise geheim gehalten werden. [3]Die Übermittlung personenbezogener Daten muss im Einklang stehen mit

1. Kapitel V der Verordnung (EU) 2016/679 des Europäischen Parlaments und des Rates vom 27. April 2016 zum Schutz natürlicher Personen bei der Verarbeitung personenbezogener Daten, zum freien Datenverkehr und zur Aufhebung der Richtlinie 95/46/EG (Datenschutz-Grundverordnung) (ABl. L 119 vom 4.5.2016, S. 1; L 314 vom 22.11.2016, S. 72; L 127 vom 23.5.2018, S. 2) in der jeweils geltenden Fassung und
2. den sonstigen allgemeinen datenschutzrechtlichen Vorschriften.

[4]Die Übermittlung von Informationen einschließlich personenbezogener Daten unterbleibt, soweit hierdurch die öffentliche Sicherheit oder Ordnung beeinträchtigt werden könnte. [5]Legt die zuständige Stelle begründet dar, dass sie mit der Erledigung durch die Wirtschaftsprüferkammer nicht einverstanden ist, kann die Wirtschaftsprüferkammer unter den Voraussetzungen der Sätze 1 bis 4 Arbeitsunterlagen und andere Dokumente auf Anforderung der zuständigen Stelle an diese herausgeben, wenn

1. diese Arbeitsunterlagen oder Dokumente sich auf Prüfungen von Unternehmen beziehen, die Wertpapiere in diesem Drittstaat ausgegeben haben oder Teile eines Konzerns sind, der in diesem Staat einen Konzernabschluss vorlegt,
2. die zuständige Stelle die Anforderungen erfüllt, auf die in Artikel 47 Abs. 3 der Richtlinie 2006/43/EG Bezug genommen wird und die von der Kommission der Europäischen Gemeinschaften als angemessen erklärt wurden,
3. auf der Grundlage der Gegenseitigkeit eine Vereinbarung zur Zusammenarbeit zwischen der Wirtschaftsprüferkammer und der jeweiligen Stelle getroffen wurde.

§ 57a Qualitätskontrolle

(1) [1]Berufsangehörige in eigener Praxis und Wirtschaftsprüfungsgesellschaften sind verpflichtet, sich einer Qualitätskontrolle zu unterziehen, wenn sie gesetzlich vorgeschriebene Abschlussprüfungen nach § 316 des Handelsgesetzbuchs durchführen. [2]Sie sind verpflichtet, dies bei der Wirtschaftsprüferkammer spätestens zwei Wochen nach Annahme eines Prüfungsauftrages anzuzeigen. [3]Mit der Anzeige sind Art und Umfang der Tätigkeit mitzuteilen. [4]Wesentliche Änderungen von Art und Umfang der Prüfungstätigkeit sind ebenfalls mitzuteilen.

(2) [1]Die Qualitätskontrolle dient der Überwachung, ob die Regelungen zur Qualitätssicherung nach Maßgabe der gesetzlichen Vorschriften und der Berufssatzung insgesamt

und bei der Durchführung einzelner Aufträge eingehalten werden. [2]Sie erstreckt sich auf Abschlussprüfungen nach § 316 des Handelsgesetzbuchs und auf betriebswirtschaftliche Prüfungen, die von der Bundesanstalt für Finanzdienstleistungsaufsicht beauftragt werden. [3]Sie umfasst auf der Grundlage einer angemessenen Überprüfung ausgewählter Prüfungsunterlagen eine Beurteilung der Angemessenheit und Wirksamkeit des Qualitätssicherungssystems nach § 55b, insbesondere bezogen auf die Einhaltung der einschlägigen Berufsausübungsregelungen, die Unabhängigkeitsanforderungen, die Quantität und Qualität der eingesetzten Mittel und des Personals sowie die berechnete Vergütung. [4]Die Qualitätskontrolle findet auf der Grundlage einer Risikoanalyse mindestens alle sechs Jahre statt. [5]Haben zu Prüfende erstmals nach Absatz 1 Satz 2 angezeigt, gesetzlich vorgeschriebene Abschlussprüfungen nach § 316 des Handelsgesetzbuchs durchzuführen, hat die Qualitätskontrolle spätestens drei Jahre nach Beginn der ersten derartigen Prüfung stattzufinden. [6]Die Entscheidung über den Zeitpunkt der Qualitätskontrolle und die Anordnung gegenüber den zu Prüfenden trifft die Kommission für Qualitätskontrolle.

(3) [1]Die Qualitätskontrolle wird durch bei der Wirtschaftsprüferkammer registrierte Berufsangehörige in eigener Praxis oder durch Wirtschaftsprüfungsgesellschaften (Prüfer für Qualitätskontrolle) durchgeführt. [2]Berufsangehörige sind auf Antrag zu registrieren, wenn

1. sie seit mindestens drei Jahren als Wirtschaftsprüfer bestellt und dabei im Bereich der gesetzlichen Abschlussprüfung tätig sind;
2. sie eine spezielle Ausbildung in der Qualitätskontrolle absolviert haben und
3. gegen sie in den letzten fünf Jahren keine berufsaufsichtliche Maßnahme nach § 68 Absatz 1 Satz 2 Nummer 2 bis 6 wegen der Verletzung einer Berufspflicht verhängt worden ist, die ihre Eignung als Prüfer für Qualitätskontrolle ausschließt.

[3]Die Registrierung setzt für Berufsangehörige in eigener Praxis voraus, dass sie nach § 38 Nummer 1 Buchstabe h als gesetzlicher Abschlussprüfer eingetragen sind. [4]Wirtschaftsprüfungsgesellschaften sind auf Antrag zu registrieren, wenn mindestens ein gesetzlicher Vertreter oder ein Mitglied des zur gesetzlichen Vertretung berufenen Organs nach Satz 2 registriert ist, sie nach § 38 Nummer 2 Buchstabe f als gesetzliche Abschlussprüfer eingetragen sind und sie die Anforderungen nach Satz 2 Nummer 3 erfüllen. [5]Wird einer Wirtschaftsprüfungsgesellschaft der Auftrag zur Durchführung einer Qualitätskontrolle erteilt, so müssen die für die Qualitätskontrolle verantwortlichen Berufsangehörigen entweder dem Personenkreis nach Satz 4 angehören oder Gesellschafter der Wirtschaftsprüfungsgesellschaft und nach Satz 2 registriert sein. [6]Sind als Prüfer für Qualitätskontrolle registrierte Berufsangehörige, welche die Voraussetzung von Satz 3 nicht erfüllen, in eigener Praxis und in sonstiger Weise tätig, dürfen sie keine Qualitätskontrolle in eigener Praxis durchführen.

(3a) [1]Die Registrierung als Prüfer für Qualitätskontrolle ist zu widerrufen, wenn die Voraussetzungen für die Registrierung als Prüfer für Qualitätskontrolle entfallen sind. [2]Sie ist insbesondere zu widerrufen, wenn

1. die Eintragung als gesetzlicher Abschlussprüfer gemäß Absatz 6a Satz 2 gelöscht worden ist,
2. der Prüfer für Qualitätskontrolle in den letzten drei Jahren nicht mehr im Bereich der gesetzlichen Abschlussprüfungen tätig gewesen ist,
3. gegen den Prüfer für Qualitätskontrolle eine unanfechtbare berufsaufsichtliche Maßnahme nach § 68 Absatz 1 Satz 2 Nummer 2 bis 6 verhängt worden ist, die seine Eignung als Prüfer für Qualitätskontrolle ausschließt, oder

4. der Prüfer für Qualitätskontrolle in den letzten drei Jahren keine spezielle Fortbildung in der Qualitätskontrolle nachweisen kann.

[3]Die Registrierung einer als Prüfer für Qualitätskontrolle registrierten Wirtschaftsprüfungsgesellschaft ist zu widerrufen, wenn sie die Voraussetzungen nach Absatz 3 Satz 4 nicht mehr erfüllt.

(4) [1]Berufsangehörige oder Wirtschaftsprüfungsgesellschaften dürfen nicht als Prüfer für Qualitätskontrolle tätig werden, wenn kapitalmäßige, finanzielle oder persönliche Bindungen, insbesondere als Teilhaber oder Mitarbeiter, zu den zu prüfenden Berufsangehörigen oder Wirtschaftsprüfungsgesellschaften oder sonstige Umstände, welche die Besorgnis der Befangenheit begründen, bestehen oder in den letzten drei Jahren vor ihrer Beauftragung bestanden haben. [2]Ferner sind wechselseitige Qualitätskontrollen ausgeschlossen. [3]Prüfer für Qualitätskontrolle haben zu erklären, dass keine Ausschlussgründe oder sonstige Interessenkonflikte zwischen ihnen und den zu Prüfenden bestehen.

(5) [1]Prüfer für Qualitätskontrolle haben das Ergebnis der Qualitätskontrolle in einem Bericht (Qualitätskontrollbericht) zusammenzufassen. [2]Der Qualitätskontrollbericht hat zu enthalten:

1. die Nennung der Kommission für Qualitätskontrolle und der Geprüften als Empfänger oder Empfängerinnen des Berichts,
2. eine Beschreibung von Gegenstand, Art und Umfang der Prüfung, einschließlich einer Beschreibung des Qualitätssicherungssystems nach § 55b,
3. eine nach Prüfungsart gegliederte Angabe der Stundenanzahl,
4. die Zusammensetzung und Qualifikation der Prüfer für Qualitätskontrolle und
5. eine Beurteilung des Prüfungsergebnisses nach Absatz 2 Satz 3.

[3]Zum Inhalt und zur Vereinheitlichung des Aufbaus des Qualitätskontrollberichts nach § 57c Absatz 2 Nummer 6 getroffene weitere Bestimmungen sind zu beachten. [4]Sind von den Prüfern für Qualitätskontrolle keine wesentlichen Mängel im Qualitätssicherungssystem festgestellt worden, haben sie zu erklären, dass ihnen keine Sachverhalte bekannt geworden sind, die gegen die Annahme sprechen, dass das Qualitätssicherungssystem der Praxis in Einklang mit den gesetzlichen oder satzungsmäßigen Anforderungen steht und mit hinreichender Sicherheit eine ordnungsgemäße Abwicklung von Abschlussprüfungen nach § 316 des Handelsgesetzbuchs und von betriebswirtschaftlichen Prüfungen, die von der Bundesanstalt für Finanzdienstleistungsaufsicht beauftragt werden, gewährleistet. [5]Sind Mängel im Qualitätssicherungssystem oder Prüfungshemmnisse festgestellt worden, so haben die Prüfer für Qualitätskontrolle diese zu benennen, Empfehlungen zur Beseitigung der Mängel zu geben und, sofern die festgestellten Mängel wesentlich sind, ihre Erklärung nach Satz 4 einzuschränken oder zu versagen. [6]Eine Einschränkung oder Versagung ist zu begründen.

(5a) [1]Bei Berufsangehörigen, die gesetzlich vorgeschriebene Abschlussprüfungen bei Unternehmen von öffentlichem Interesse nach § 319a Absatz 1 Satz 1 des Handelsgesetzbuchs durchführen, sind im Rahmen der Qualitätskontrolle die Ergebnisse der Inspektion nach Artikel 26 der Verordnung (EU) Nr. 537/2014 zu berücksichtigen. [2]Die Qualitätskontrolle und der Qualitätskontrollbericht haben nicht die in Artikel 26 Absatz 6 der Verordnung (EU) Nr. 537/2014 genannten Bereiche zu betreffen. [3]Auf der Grundlage des aktuellen Inspektionsberichts beurteilen die Prüfer für Qualitätskontrolle ausschließlich die Wirksamkeit des Qualitätssicherungssystems bei gesetzlich vorgeschriebenen Abschlussprüfungen von Unternehmen, die nicht von öffentlichem Interesse im Sinne des § 319a Absatz 1 Satz 1 des Handelsgesetzbuchs sind, und bei betriebswirtschaftlichen Prüfungen, die von der Bundesanstalt für Finanzdienstleistungsaufsicht beauftragt werden, und benennen gegebenenfalls festgestellte Mängel in Bezug auf diese Prüfungen. 4Der Qualitätskontrollbericht ist der Kommission für Qualitätskontrolle, den Geprüften und der Abschlussprüferaufsichtsstelle zu übermitteln. 5Im Übrigen gilt Absatz 5 entsprechend.

(5b) 1Die Qualitätskontrolle muss im Hinblick auf den Umfang und die Komplexität der Tätigkeit der Geprüften geeignet und angemessen sein. 2Dies ist insbesondere bei der gesetzlichen Abschlussprüfung von mittleren und kleinen Unternehmen nach § 267 Absatz 1 und 2 des Handelsgesetzbuchs zu berücksichtigen, wobei der Art, der Anzahl der Mandate und der Größe der Praxis des Geprüften besondere Bedeutung zukommt.

(6) 1Die zu Prüfenden haben bei der Kommission für Qualitätskontrolle bis zu drei Vorschläge für mögliche Prüfer für Qualitätskontrolle einzureichen. 2Die eingereichten Vorschläge müssen jeweils um eine Unabhängigkeitsbestätigung der Prüfer für Qualitätskontrolle nach Maßgabe der Satzung für Qualitätskontrolle ergänzt sein (§ 57c Absatz 2 Nummer 7). 3Von den Vorschlägen kann die Kommission für Qualitätskontrolle unter Angabe der Gründe einzelne oder alle ablehnen; dies ist den zu Prüfenden innerhalb von vier Wochen seit Einreichung der Vorschläge mitzuteilen, ansonsten gelten die Vorschläge als anerkannt. 4Bei Ablehnung aller Vorschläge können die zu Prüfenden bis zu drei neue Vorschläge einreichen; die Sätze 2 und 3 finden Anwendung. 5Im Fall der erneuten Ablehnung aller Vorschläge hat die Kommission für Qualitätskontrolle einen zu beauftragenden Prüfer für Qualitätskontrolle zu benennen. 6Die Prüfer für Qualitätskontrolle sind von den zu Prüfenden eigenverantwortlich zu beauftragen.

(6a) 1Nach Abschluss der Prüfung leiten die Prüfer für Qualitätskontrolle eine Ausfertigung des Qualitätskontrollberichts unverzüglich und möglichst elektronisch der Wirtschaftsprüferkammer zu. 2Die Kommission für Qualitätskontrolle entscheidet auf Löschung der Eintragung nach § 38 Nummer 1 Buchstabe h oder Nummer 2 Buchstabe f, wenn

1. die Qualitätskontrolle nicht innerhalb der von der Kommission für Qualitätskontrolle vorgegebenen Frist oder unter Verstoß gegen Absatz 3 Satz 1 und 5 oder Absatz 4 durchgeführt worden ist,
2. wesentliche Prüfungshemmnisse festgestellt worden sind oder
3. wesentliche Mängel im Qualitätssicherungssystem festgestellt worden sind, die das Qualitätssicherungssystem als unangemessen oder unwirksam erscheinen lassen.

(7) 1Aufträge zur Durchführung der Qualitätskontrolle können nur aus wichtigem Grund gekündigt werden. 2Meinungsverschiedenheiten über den Inhalt des Qualitätskontrollberichts gelten nicht als wichtiger Grund. 3Prüfer für Qualitätskontrolle haben der Kommission für Qualitätskontrolle über das Ergebnis ihrer bisherigen Prüfung und den Kündigungsgrund zu berichten. 4Der Bericht ist von den zu Prüfenden im Fall einer späteren Qualitätskontrolle den nächsten Prüfern für Qualitätskontrolle vorzulegen.

(8) 1Die Wirtschaftsprüferkammer hat den Qualitätskontrollbericht sieben Jahre nach Eingang aufzubewahren und anschließend zu vernichten. 2Im Fall eines anhängigen Rechtsstreits über Maßnahmen der Kommission für Qualitätskontrolle verlängert sich die Frist bis zur Rechtskraft des Urteils.

§ 57b Verschwiegenheitspflicht und Verantwortlichkeit

(1) Der Prüfer für Qualitätskontrolle und seine Gehilfen, die Mitglieder der Kommission für Qualitätskontrolle (§ 57e) und die Bediensteten der Wirtschaftsprüferkammer sind, auch nach Beendigung ihrer Tätigkeit, verpflichtet, über die ihnen im Rahmen der Qualitätskontrolle bekannt gewordenen Angelegenheiten Verschwiegenheit zu bewahren.

(2) [1]Für die Mitglieder der Kommission für Qualitätskontrolle und die Bediensteten der Wirtschaftsprüferkammer gilt § 64 Abs. 2 entsprechend. [2]Der Genehmigung bedarf auch die Vorlegung oder Auslieferung von Schriftstücken durch die Wirtschaftsprüferkammer an Gerichte oder Behörden. [3]Die Genehmigung erteilt in den Fällen der Sätze 1 und 2 die Kommission für Qualitätskontrolle. [4]Sie kann nur erteilt werden, wenn der Beschuldigte den geprüften Wirtschaftsprüfer, die geprüfte Wirtschaftsprüfungsgesellschaft oder den Prüfer für Qualitätskontrolle von der Pflicht zur Verschwiegenheit entbunden hat.

(3) Soweit dies zur Durchführung der Qualitätskontrolle erforderlich ist, ist die Pflicht zur Verschwiegenheit nach Absatz 1, § 43 Abs. 1 Satz 1, § 64 Abs. 1 dieses Gesetzes und § 323 Abs. 1 Satz 1 des Handelsgesetzbuchs sowie die Pflicht zur Verschwiegenheit der Personen, die den Beruf gemeinsam mit dem Wirtschaftsprüfer in eigener Praxis ausüben, eingeschränkt.

(4) § 323 des Handelsgesetzbuchs gilt vorbehaltlich des Absatzes 3 entsprechend.

§ 57c Satzung für Qualitätskontrolle

(1) [1]Die Wirtschaftsprüferkammer erläßt eine Satzung für Qualitätskontrolle; die Satzung wird vom Beirat der Wirtschaftsprüferkammer beschlossen. [2]Die Satzung und deren Änderungen bedürfen zu ihrer Wirksamkeit der Genehmigung des Bundesministeriums für Wirtschaft und Energie im Einvernehmen mit dem Bundesministerium der Justiz und für Verbraucherschutz.

(2) Die Satzung für Qualitätskontrolle hat im Rahmen der Vorschriften dieses Gesetzes näher zu regeln:

1. die Voraussetzungen und das Verfahren der Registrierung der Prüfer für Qualitätskontrolle sowie des Widerrufs der Registrierung nach § 57a Absatz 3 und 3a sowie nach § 63f Abs. 2 des Gesetzes betreffend die Erwerbs- und Wirtschaftsgenossenschaften;
2. Ausschlußgründe des Prüfers für Qualitätskontrolle nach § 57a Abs. 4;
3. das Verfahren nach den §§ 57a ff. innerhalb der Wirtschaftsprüferkammer;
4. die Mitteilungspflichten nach § 57a Absatz 1 Satz 3 und 4, die Risikoanalyse nach § 57a Absatz 2 Satz 4 und die Anordnung der Qualitätskontrolle nach § 57a Absatz 2 Satz 6;
5. die Maßnahmen der Kommission für Qualitätskontrolle;
6. Umfang und Inhalt der Qualitätskontrolle nach § 57a Absatz 2 Satz 3 und des Qualitätskontrollberichts nach § 57a Absatz 5;
7. Bestimmungen zu Inhalt und Aufbau der Unabhängigkeitsbestätigung nach § 57a Abs. 6 Satz 2;
8. Umfang und Inhalt der speziellen Ausbildungsverpflichtung nach § 57a Absatz 3 Satz 2 Nummer 2, der in § 57a Absatz 3a genannten speziellen Fortbildung sowie den entsprechenden Aus- oder Fortbildungsnachweis.

§ 57d Mitwirkungspflichten

[1]Wirtschaftsprüfer in eigener Praxis, Wirtschaftsprüfungsgesellschaften sowie die Personen, die den Beruf gemeinsam mit diesen ausüben, sind verpflichtet, dem Prüfer Zutritt zu den Praxisräumen zu gewähren, Aufklärungen zu geben sowie die verlangten Nachweise vorzulegen, soweit dies für eine sorgfältige Prüfung erforderlich ist. [2]§ 62 Absatz 2 und 3 gilt entsprechend. [3]Die Mitwirkung kann nicht im Wege des Verwaltungszwangs nach § 57e Abs. 3 erzwungen werden.

§ 57e Kommission für Qualitätskontrolle

(1) [1]In der Wirtschaftsprüferkammer wird eine Kommission für Qualitätskontrolle eingerichtet. [2]Mitglieder der Kommission für Qualitätskontrolle sind Berufsangehörige und vereidigte Buchprüfer, die auf Vorschlag des Vorstands vom Beirat gewählt werden; mindestens ein Mitglied soll im genossenschaftlichen Prüfungswesen erfahren und tätig sein. [3]Sie sind unabhängig und nicht weisungsgebunden. [4]Die Kommission für Qualitätskontrolle ist innerhalb der Wirtschaftsprüferkammer zuständig für alle Angelegenheiten der Qualitätskontrolle im Sinne von § 57a, soweit nicht die Abschlussprüferaufsichtsstelle zuständig ist. [5]Ihr obliegt insbesondere:

1. Anordnungen zur Durchführung einer Qualitätskontrolle nach § 57a Absatz 2 Satz 6 zu treffen;
2. Prüfer für Qualitätskontrolle nach § 57a Abs. 3 zu registrieren;
3. Qualitätskontrollberichte entgegenzunehmen und auszuwerten;
4. die Aufsicht über die Prüfer für Qualitätskontrolle nach Absatz 7 sowie Entscheidungen über die Rücknahme oder den Widerruf der Registrierung als Prüfer für Qualitätskontrolle zu treffen;
5. über Maßnahmen nach den Absätzen 2 und 3 und die Löschung der Eintragung nach § 57a Absatz 6a Satz 2 zu entscheiden;
6. Widersprüche gegen Entscheidungen im Zusammenhang mit der Qualitätskontrolle zu bescheiden.

[6]Die Kommission für Qualitätskontrolle kann im Einvernehmen mit der Abschlussprüferaufsichtsstelle an Qualitätskontrollen teilnehmen und sich Arbeitsunterlagen des Prüfers für Qualitätskontrolle vorlegen lassen.

(2) [1]Liegen bei Berufsangehörigen in eigener Praxis oder bei Wirtschaftsprüfungsgesellschaften Mängel vor, wurden Verletzungen von Berufsrecht, die auf Mängeln des Qualitätssicherungssystems beruhen, festgestellt oder wurde die Qualitätskontrolle nicht nach Maßgabe der §§ 57a bis 57d und der Satzung für Qualitätskontrolle durchgeführt, kann die Kommission für Qualitätskontrolle Auflagen zur Beseitigung der Mängel erteilen oder eine Sonderprüfung anordnen. [2]Werden Auflagen erteilt, haben die Geprüften diese in einer von der Kommission für Qualitätskontrolle vorgegebenen Frist umzusetzen und hierüber unverzüglich einen Bericht vorzulegen. [3]Die Kommission für Qualitätskontrolle kann bestimmen, dass mit der Sonderprüfung ein anderer Prüfer für Qualitätskontrolle beauftragt wird. [4]Sind die Voraussetzungen des § 57a Absatz 6a Satz 2 gegeben, entscheidet die Kommission für Qualitätskontrolle über die Löschung der Eintragung. [5]Die Berufsangehörigen oder Wirtschaftsprüfungsgesellschaften sind vor dem Erlass der Maßnahmen nach den Sätzen 1 bis 4 anzuhören. [6]Beabsichtigt die Wirtschaftsprüferkammer, eine Eintragung nach § 57a Absatz 6a Satz 2 zu löschen, hat sie den Vorgang zuvor der Abschlussprüferaufsichtsstelle vorzulegen. [7]Für Maßnahmen nach den Sätzen 1 bis 4 gegenüber Berufsangehörigen, die gesetzlich vorgeschriebene Abschlussprüfungen bei Unternehmen von öffentlichem Interesse nach § 319a Absatz 1 Satz 1 des Handelsgesetzbuchs durchführen, bleibt die Zuständigkeit der Abschlussprüferaufsichtsstelle nach § 66a Absatz 6 unberührt.

(3) [1]Befolgen Berufsangehörige oder Wirtschaftsprüfungsgesellschaften Maßnahmen nach Absatz 2 nicht, kann die Kommission für Qualitätskontrolle ein Zwangsgeld bis zu 25.000 Euro verhängen. [2]Werden trotz wiederholter Festsetzung eines Zwangsgeldes Auflagen und sonstige Maßnahmen nach Absatz 2 nicht fristgerecht oder nicht vollständig umgesetzt, ist die Eintragung der Anzeige nach § 38 Nummer 1 Buchstabe h oder Nummer 2 Buchstabe f zu löschen.

(4) Die Kommission für Qualitätskontrolle hat den Vorstand der Wirtschaftsprüferkammer zu unterrichten, wenn ein Widerruf der Bestellung als Wirtschaftsprüfer oder der Anerkennung als Wirtschaftsprüfungsgesellschaft oder die Einleitung eines berufsaufsichtlichen Verfahrens in Betracht zu ziehen ist.

(5) [1]Die im Rahmen der Qualitätskontrolle nach § 57d oder bei Maßnahmen nach den Absätzen 2 und 3 erteilten Auskünfte und übermittelten Unterlagen und Daten dürfen auch für solche Aufsichtsverfahren verwendet werden, die sonst von der Wirtschaftsprüferkammer oder der Abschlussprüferaufsichtsstelle eingeleitet oder geführt werden. [2]Sobald die Unterlagen oder Daten nicht mehr erforderlich sind, sind sie unverzüglich zurückzugeben oder zu löschen.

(6) [1]Die Absätze 2 bis 4 gelten entsprechend, wenn sich außerhalb einer Qualitätskontrolle im Sinne des § 57a Anhaltspunkte für Mängel im Qualitätssicherungssystem von Berufsangehörigen oder Wirtschaftsprüfungsgesellschaften ergeben. [2]Die Kommission für Qualitätskontrolle ist dabei an die im Verfahren nach § 62b getroffenen Feststellungen gebunden.

(7) [1]Die Kommission für Qualitätskontrolle untersucht bei Prüfern für Qualitätskontrolle (§ 57a Absatz 3), ob diese bei den Qualitätskontrollen die gesetzlichen Anforderungen und die Berufsausübungsregelungen eingehalten haben. [2]Absatz 2 Satz 1 bis 4 und 7, Absatz 3 Satz 1 und Absatz 4 bis 5 gelten entsprechend.

§ 57f *(aufgehoben)*

§ 57g Freiwillige Qualitätskontrolle

§ 57a Absatz 2 bis 6a und die §§ 57b bis 57e gelten entsprechend für die freiwillige Durchführung einer Qualitätskontrolle bei Wirtschaftsprüfern in eigener Praxis und Wirtschaftsprüfungsgesellschaften.

§ 57h Qualitätskontrolle bei Prüfungsstellen der Sparkassen- und Giroverbände

(1) [1]§ 57a Absatz 1 Satz 1, Absatz 3 bis 5 und Absatz 5b bis 8, die §§ 57b bis 57d und § 66a Absatz 1 Satz 1, Absatz 3 Satz 1 bis 3, Absatz 5 Satz 1 und Absatz 8, § 66b und § 136 gelten entsprechend für die Qualitätskontrolle bei Prüfungsstellen der Sparkassen- und Giroverbände, soweit diese Mitglieder der Wirtschaftsprüferkammer sind und das Landesrecht hinsichtlich der Verpflichtung zur Durchführung der Qualitätskontrolle nichts anderes vorsieht. [2]Maßstab, Reichweite und Zeitpunkt der Qualitätskontrolle werden in entsprechender Anwendung von § 57a Abs. 2 durch die nach Landesrecht zuständige Aufsichtsbehörde bestimmt. [3]§ 57e Abs. 2 findet mit der Maßgabe entsprechende Anwendung, daß die Kommission für Qualitätskontrolle nicht über belastende Maßnahmen gegenüber den Prüfungsstellen entscheidet, sondern der nach Landesrecht zuständigen Aufsichtsbehörde unverzüglich die Tatsachen und Schlußfolgerungen mitteilt, die Grundlage solcher Maßnahmen sein können. [4]Erkennt die Wirtschaftsprüferkammer, dass eine Eintragung nach § 57a Absatz 6a Satz 2 zu löschen ist, so ist § 57e Absatz 2 Satz 4 mit der Maßgabe anzuwenden, dass der Vorgang der nach Landesrecht zuständigen Aufsichtsbehörde zur Entscheidung vorzulegen ist.

(2) [1]Prüfer für Qualitätskontrolle können im Falle des Absatzes 1 auch Prüfungsstellen der Sparkassen- und Giroverbände sein. [2]Eine Prüfungsstelle ist auf Antrag nach § 57a Abs. 3 zu registrieren, wenn der Leiter der Prüfungsstelle nach § 57a Abs. 3 Satz 2 registriert ist und die Prüfungsstelle die Voraussetzung nach § 57a Abs. 3 Satz 3 erfüllt. [3]Wird einer Prüfungsstelle eines Sparkassen- und Giroverbandes der Auftrag zur Durchführung einer Qualitätskontrolle erteilt, so muß die für Qualitätskontrolle nach § 57a Abs. 3 Satz 5 verantwortliche berufsangehörige Person der Leiter oder die Leiterin

der Prüfungsstelle des Sparkassen- und Giroverbandes sein und nach § 57a Abs. 3 Satz 2 registriert sein.

(3) [1]Artikel 26 der Verordnung (EU) Nr. 537/2014 findet keine Anwendung auf die Prüfungsstellen der Sparkassen- und Giroverbände, soweit Landesrecht nichts anderes vorsieht. [2]Gehört die zu prüfende Sparkasse zu den in § 319a Absatz 1 Satz 1 des Handelsgesetzbuchs genannten Unternehmen und hat sie eine Bilanzsumme von mehr als 3 Milliarden Euro, hat, soweit Landesrecht nichts anderes vorsieht, in entsprechender Anwendung des Artikels 8 der Verordnung (EU) Nr. 537/2014 eine prüfungsbegleitende Qualitätssicherung stattzufinden. [3]Die prüfungsbegleitende Qualitätssicherung darf nur von solchen fachlich und persönlich geeigneten Personen wahrgenommen werden, die an der Durchführung der Prüfung nicht beteiligt sind.

§ 58 Mitgliedschaft

(1) [1]Mitglieder der Wirtschaftsprüferkammer sind die Wirtschaftsprüfer, die nach diesem Gesetz bestellt sind, und Mitglieder des Vorstandes, nach dem Partnerschaftsgesellschaftsgesetz verbundene Personen, Geschäftsführer oder persönlich haftende Gesellschafter von Wirtschaftsprüfungsgesellschaften, die nicht Wirtschaftsprüfer sind, sowie die anerkannten Wirtschaftsprüfungsgesellschaften. [2]Für beurlaubte Wirtschaftsprüfer ruht die Mitgliedschaft während der Dauer ihrer Beurlaubung. [3]Sie bleiben der Berufsgerichtsbarkeit unterworfen.

(2) [1]Die genossenschaftlichen Prüfungsverbände, die Sparkassen- und Giroverbände für ihre Prüfungsstellen sowie die überörtlichen Prüfungseinrichtungen für öffentliche Körperschaften können die Mitgliedschaft bei der Wirtschaftsprüferkammer erwerben. [2]Die Vorschriften des § 57 Abs. 1 bis 4 sind auf diese Mitglieder nicht anzuwenden.

§ 59 Organe, Kammerversammlungen

(1) Organe der Wirtschaftsprüferkammer sind

1. der Beirat,
2. der Vorstand,
3. der Präsident,
4. die Kommission für Qualitätskontrolle.

(2) [1]Die Beiratsmitglieder werden von den Mitgliedern der Wirtschaftsprüferkammer in unmittelbarer, freier und geheimer Briefwahl gewählt. [2]Der Vorstand wird vom Beirat gewählt. [3]Werden die Vorstandsmitglieder aus der Mitte des Beirats gewählt, so scheiden sie aus dem Beirat aus; wird der Beirat durch personalisierte Verhältniswahl gewählt, rücken Mitglieder der jeweiligen Listen als Beiratsmitglieder nach. [4]Zum Mitglied des Beirates und des Vorstandes kann nur gewählt werden, wer persönlich Mitglied der Wirtschaftsprüferkammer ist. [5]Der Präsident der Wirtschaftsprüferkammer und der Vorsitzer des Beirats müssen Wirtschaftsprüfer sein.

(3) [1]Die Wahl der Beiratsmitglieder erfolgt getrennt nach Gruppen. [2]Die Gruppe der Wirtschaftsprüfer und Wirtschaftsprüfungsgesellschaften wählt entsprechend der Zahl der Mitglieder der Wirtschaftsprüferkammer, die dieser Gruppe nach dem öffentlichen Berufsregister am 1. Dezember des dem Wahltag vorangehenden Kalenderjahres angehören, eine in der Satzung bestimmte Anzahl von Beiratsmitgliedern. [3]Die Gruppe der anderen stimmberechtigten Mitglieder wählt eine Anzahl von Beiratsmitgliedern, die sich nach der Zahl der stimmberechtigten Mitglieder der Wirtschaftsprüferkammer, die dieser Gruppe an dem in Satz 2 bezeichneten Tag angehören, bemißt. [4]Mindestens eine Zahl von einem Beiratsmitglied mehr als die Hälfte der Zahl aller Beiratsmitglieder muß jedoch von der Gruppe der Wirtschaftsprüfer und Wirtschaftsprüfungsgesellschaften gewählt werden. [5]Satz 1 bis 4 finden auf die Wahl der Vorstandsmitglieder entsprechende

Anwendung; die Wahl des Präsidenten der Wirtschaftsprüferkammer erfolgt durch den gesamten Beirat.

(4) [1]Beirat und Vorstand erstatten den Mitgliedern jährlich Bericht. [2]Dazu kann die Wirtschaftsprüferkammer regionale Kammerversammlungen ausrichten. [3]Auf Verlangen des Beirats oder wenn mindestens ein Zwanzigstel der Mitglieder dies schriftlich unter Angabe des zu behandelnden Gegenstandes beantragt, richtet die Wirtschaftsprüferkammer eine Kammerversammlung aus, zu der alle Mitglieder eingeladen werden.

(5) Das Nähere regelt die Wirtschaftsprüferkammer in der Satzung und in der Wahlordnung gemäß § 60 Absatz 1.

§ 59a Abteilungen des Vorstandes und der Kommission für Qualitätskontrolle

(1) [1]Der Vorstand kann mehrere Abteilungen bilden, wenn die Satzung der Wirtschaftsprüferkammer es zuläßt. [2]Er überträgt den Abteilungen die Geschäfte, die sie selbständig führen.

(2) [1]Jede Abteilung muß aus mindestens drei Mitgliedern des Vorstandes bestehen. [2]Die Mitglieder der Abteilung wählen aus ihren Reihen einen Abteilungsvorsitzenden und einen Stellvertreter.

(3) [1]Der Vorstand setzt die Zahl der Abteilungen und ihrer Mitglieder fest, überträgt den Abteilungen die Geschäfte und bestimmt die Mitglieder der einzelnen Abteilungen. [2]Jedes Mitglied des Vorstandes kann mehreren Abteilungen angehören. [3]Die Anordnungen können im Laufe der Amtsperiode nur getroffen oder geändert werden, wenn dies wegen Überlastung des Vorstandes, der Abteilung oder infolge Wechsels oder dauernder Verhinderung einzelner Mitglieder der Abteilung erforderlich wird.

(4) Die Abteilungen besitzen innerhalb ihrer Zuständigkeit die Rechte und Pflichten des Vorstandes.

(5) Anstelle der Abteilung entscheidet der Vorstand, wenn er es für angemessen hält oder wenn die Abteilung oder ihr Vorsitzender es beantragt.

(6) [1]Die Kommission für Qualitätskontrolle kann Abteilungen bilden. [2]Die Zuständigkeiten der Abteilungen sind in der Geschäftsordnung der Kommission für Qualitätskontrolle zu regeln. [3]Absatz 1 Satz 2 und Absätze 2 bis 5 gelten entsprechend. [4]Über Widersprüche (§ 57e Absatz 1 Satz 5 Nr. 6) gegen Beschlüsse von Abteilungen entscheidet die Kommission für Qualitätskontrolle.

§ 60 Satzung, Wirtschaftsplan

(1) [1]Die Organisation und Verwaltung der Wirtschaftsprüferkammer, insbesondere die Einrichtung von Landesgeschäftsstellen, werden in der Satzung der Wirtschaftsprüferkammer geregelt, die vom Beirat der Wirtschaftsprüferkammer beschlossen wird. [2]Die Satzung, die Wahlordnung und deren Änderungen bedürfen zu ihrer Wirksamkeit der Genehmigung des Bundesministeriums für Wirtschaft und Energie.

(2) [1]Die Wirtschaftsprüferkammer legt jährlich ihren Wirtschaftsplan für das darauffolgende Kalenderjahr vor Feststellung dem Bundesministerium für Wirtschaft und Energie vor. [2]Die auf die Qualitätskontrolle und die Arbeit der Berufsaufsicht bezogenen Teile des Wirtschaftsplans bedürfen der Genehmigung des Bundesministeriums für Wirtschaft und Energie.

§ 61 Beiträge und Gebühren

(1) [1]Die Mitglieder sind verpflichtet, die Beiträge nach Maßgabe der Beitragsordnung zu leisten; die Beitragsordnung kann je nach Tätigkeitsfeld des Mitglieds verschiedene Beiträge vorsehen. [2]Der 2. Abschnitt des Verwaltungskostengesetzes in der bis zum 14.

August 2013 geltenden Fassung ist entsprechend anzuwenden. [3]Die Beitragsordnung sowie deren Änderungen bedürfen zu ihrer Wirksamkeit der Genehmigung des Bundesministeriums für Wirtschaft und Energie. [4]Die Höhe der Beiträge bestimmt der Beirat der Wirtschaftsprüferkammer. [5]Der Anspruch der Wirtschaftsprüferkammer auf Zahlung von Beiträgen unterliegt der Verjährung. [6]§ 20 des Verwaltungskostengesetzes in der bis zum 14. August 2013 geltenden Fassung ist sinngemäß anzuwenden.

(2) [1]Die Wirtschaftsprüferkammer kann für die Inanspruchnahme von besonderen Einrichtungen oder Tätigkeiten, insbesondere im Zulassungs-, Prüfungs- und Widerspruchsverfahren sowie im Qualitätskontroll- und Berufsaufsichtsverfahren, für die Bestellung und Wiederbestellung als Wirtschaftsprüfer, die Anerkennung als Wirtschaftsprüfungsgesellschaft und die Erteilung von Ausnahmegenehmigungen nach § 28 Abs. 2 und 3, Gebühren nach Maßgabe einer Gebührenordnung erheben. [2]Die Gebührenordnung und deren Änderungen bedürfen der Genehmigung des Bundesministeriums für Wirtschaft und Energie. [3]Die §§ 3 bis 7 und 9 bis 21 des Bundesgebührengesetzes sind entsprechend anzuwenden.

(3) Beiträge und Gebühren werden nach Maßgabe der Vorschriften des Verwaltungsvollstreckungsgesetzes beigetrieben.

Fünfter Teil. Berufsaufsicht

§ 61a Zuständigkeit

[1]Für die Berufsaufsicht ist unbeschadet des § 66a die Wirtschaftsprüferkammer zuständig. [2]Liegen konkrete Anhaltspunkte für einen Verstoß gegen Berufspflichten vor, ermittelt sie den Sachverhalt und entscheidet, ob berufsaufsichtliche Maßnahmen nach § 68 veranlasst sind. [3]Beabsichtigt die Wirtschaftsprüferkammer, ein nach Satz 2 eingeleitetes Verfahren einzustellen, weil eine Berufspflichtverletzung nicht feststellbar ist oder keiner Sanktion bedarf, hat sie den Vorgang zuvor der Abschlussprüferaufsichtsstelle vorzulegen. [4]Wenn Berufsangehörige, die bei der Abschlussprüferaufsichtsstelle angestellt sind, für diese tätig sind, gelten die Sätze 1 bis 3 nicht.

§ 62 Pflicht zum Erscheinen vor der Wirtschaftsprüferkammer; Auskunfts- und Vorlagepflichten; Betretens- und Einsichtsrecht

(1) [1]Persönliche Mitglieder der Wirtschaftsprüferkammer haben in Aufsichts- und Beschwerdesachen vor der Wirtschaftsprüferkammer zu erscheinen, wenn sie zur Anhörung geladen werden. [2]Sie haben dem Vorstand, einer Abteilung im Sinne des § 59a, dem Beirat oder einem Beauftragten des Vorstandes, des Beirats oder eines Ausschusses auf Verlangen Auskunft zu geben und ihre Handakten oder sonstige Unterlagen, die für das Aufsichts- und Beschwerdeverfahren von Bedeutung sein können, vorzulegen. [3]Sind die Unterlagen nach Satz 2 mit Hilfe eines Datenverarbeitungssystems elektronisch gespeichert worden, sind sie auf einem maschinell verwertbaren Datenträger zur Verfügung zu stellen. [4]Die Sätze 1 bis 3 gelten sinngemäß für sonstige Mitglieder der Wirtschaftsprüferkammer, soweit die Anhörung, das Auskunftsverlangen oder die Aufforderung zur Vorlage von Unterlagen die gesetzlich vorgeschriebene Abschlussprüfung betreffen.

(2) [1]Die Auskunft und die Vorlage von Unterlagen können verweigert werden, wenn und soweit dadurch die Pflicht zur Verschwiegenheit verletzt würde. [2]Die Auskunft kann verweigert werden, wenn und soweit sich dadurch die Gefahr ergäbe, wegen einer Straftat, einer Ordnungswidrigkeit oder einer Berufspflichtverletzung verfolgt zu werden, und sich das Mitglied hierauf beruft. [3]Auf ein Recht zur Auskunftsverweigerung ist hinzuweisen. [4]Wenn die Auskunft oder die Vorlage von Unterlagen nicht verweigert

wurde, besteht die Verpflichtung, richtige und vollständige Auskünfte zu erteilen und richtige und vollständige Unterlagen vorzulegen.

(3) [1]Die richtige und vollständige Auskunft und Vorlage von Unterlagen können nicht von denjenigen Mitgliedern der Wirtschaftsprüferkammer verweigert werden, die zur Durchführung gesetzlich vorgeschriebener Abschlussprüfungen befugt sind oder solche ohne diese Befugnis tatsächlich durchführen, wenn die Auskunft und die Vorlage von Unterlagen im Zusammenhang mit der Prüfung eines der gesetzlichen Pflicht zur Abschlussprüfung unterliegenden Unternehmens stehen. [2]Satz 1 gilt auch für Prüfer für Qualitätskontrolle für Auskünfte und die Vorlage von Unterlagen, die mit dieser Tätigkeit im Zusammenhang stehen. [3]Absatz 2 Sätze 2 und 3 gelten entsprechend.

(4) [1]Die Angestellten der Wirtschaftsprüferkammer sowie die sonstigen Personen, derer sich die Wirtschaftsprüferkammer bei der Berufsaufsicht bedient, können die Grundstücke und Geschäftsräume von Berufsangehörigen und Wirtschaftsprüfungsgesellschaften sowie von Personen, die den Beruf gemeinsam mit diesen ausüben, innerhalb der üblichen Betriebs- und Geschäftszeiten betreten und besichtigen, Einsicht in Unterlagen nehmen und hieraus Abschriften und Ablichtungen anfertigen. [2]Sind die Unterlagen mit Hilfe eines Datenverarbeitungssystems elektronisch gespeichert, haben die in Satz 1 genannten Angestellten und Personen das Recht, Einsicht in die gespeicherten Daten zu nehmen, das Datenverarbeitungssystem zur Prüfung dieser Unterlagen zu nutzen und Kopien elektronischer Daten anzufertigen. [3]Die betroffenen Berufsangehörigen und Wirtschaftsprüfungsgesellschaften sowie die Personen, die den Beruf gemeinsam mit diesen ausüben, haben diese Maßnahmen zu dulden.

(5) [1]Die bei Maßnahmen nach den Absätzen 1 bis 4 gegebenen Auskünfte und übermittelten Unterlagen und Daten dürfen auch für solche Aufsichtsverfahren verwendet werden, die sonst von der Wirtschaftsprüferkammer oder der Abschlussprüferaufsichtsstelle eingeleitet oder geführt werden. [2]Sobald die Unterlagen oder Daten nicht mehr erforderlich sind, sind sie unverzüglich zurückzugeben oder zu löschen.

§ 62a Zwangsgeld bei Verletzung von Mitwirkungspflichten

(1) [1]Um Mitglieder der Wirtschaftsprüferkammer zur Erfüllung ihrer Pflichten nach § 62 Abs. 1 bis 3 anzuhalten, kann die Wirtschaftsprüferkammer gegen sie, auch mehrfach, ein Zwangsgeld festsetzen. [2]Das einzelne Zwangsgeld darf 1.000 Euro nicht übersteigen.

(2) [1]Das Zwangsgeld muß vorher schriftlich angedroht werden. [2]Die Androhung und die Festsetzung des Zwangsgeldes sind den Betroffenen zuzustellen.

(3) [1]Gegen die Androhung und gegen die Festsetzung des Zwangsgeldes kann innerhalb eines Monats nach der Zustellung die Entscheidung des Gerichts (§ 72 Abs. 1) beantragt werden. [2]Der Antrag ist bei der Wirtschaftsprüferkammer schriftlich einzureichen. [3]Erachtet die Wirtschaftsprüferkammer den Antrag für begründet, so hat sie ihm abzuhelfen; anderenfalls hat die Wirtschaftsprüferkammer den Antrag unter Beachtung des § 66a Abs. 5 Satz 2 unverzüglich dem Gericht vorzulegen. [4]Die Vorschriften der Strafprozessordnung über die Beschwerde sind sinngemäß anzuwenden. [5]Die Gegenerklärung wird von der Wirtschaftsprüferkammer abgegeben. [6]Die Staatsanwaltschaft ist an dem Verfahren nicht beteiligt. [7]Der Beschluss des Gerichts kann nicht angefochten werden.

(4) [1]Das Zwangsgeld fließt dem Haushalt der Wirtschaftsprüferkammer zu. [2]Es wird aufgrund einer von ihr erteilten, mit der Bescheinigung der Vollstreckbarkeit versehenen beglaubigten Abschrift des Festsetzungsbescheids entsprechend § 61 Abs. 3 Satz 3 beigetrieben.

§ 62b Inspektionen

(1) [1]Berufsangehörige in eigener Praxis und Wirtschaftsprüfungsgesellschaften sind verpflichtet, sich einer Inspektion durch die Abschlussprüferaufsichtsstelle nach Artikel 26 der Verordnung (EU) Nr. 537/2014 zu unterziehen, wenn sie gesetzlich vorgeschriebene Abschlussprüfungen bei Unternehmen von öffentlichem Interesse nach § 319a Absatz 1 Satz 1 des Handelsgesetzbuchs oder Abschlussprüfungen im Sinne von § 134 Absatz 1 dieses Gesetzes durchführen. [2]Im Fall von Beanstandungen können in die Inspektionen andere gesetzlich vorgeschriebene Abschlussprüfungen einbezogen werden. [3]Wird im Zusammenhang mit einer Anfrage zur internationalen Zusammenarbeit gemäß § 66c eine Inspektion durchgeführt, können andere Prüfungen bei den in § 57 Absatz 9 Satz 5 Nummer 1 genannten Unternehmen in die Inspektion nach Satz 1 einbezogen werden.

(2) Soweit Artikel 26 der Verordnung (EU) Nr. 537/2014 nichts anderes regelt, gelten § 62 Absatz 1 bis 5 und § 62a entsprechend.

(3) [1]Erkenntnisse aus den Inspektionen werden zur Entlastung der Qualitätskontrollen nach den von der Wirtschaftsprüferkammer im Einvernehmen mit der Abschlussprüferaufsichtsstelle festgelegten Grundsätzen berücksichtigt. [2]Die Abschlussprüferaufsichtsstelle übermittelt der geprüften Praxis den Inspektionsbericht. [3]Für den Inspektionsbericht gilt unbeschadet des Artikels 26 Absatz 8 und 9 der Verordnung (EU) Nr. 537/2014 § 57a Absatz 5 entsprechend.

§ 63 *(aufgehoben)*

§ 63a *(aufgehoben)*

§ 64 Pflicht der Mitglieder des Vorstandes, des Beirates und der Ausschüsse zur Verschwiegenheit

(1) [1]Die Mitglieder des Vorstandes, des Beirates, der Abteilungen und der Ausschüsse haben – auch nach dem Ausscheiden aus dem Vorstand, dem Beirat, der Abteilung oder dem Ausschuß – über die Angelegenheiten, die ihnen bei ihrer Tätigkeit im Vorstand, im Beirat, in der Abteilung oder im Ausschuß über Mitglieder der Wirtschaftsprüferkammer, Bewerber oder andere Personen bekanntwerden, Verschwiegenheit gegen jedermann zu bewahren. [2]Das gleiche gilt für Mitglieder, die zur Mitarbeit im Vorstand, im Beirat, in den Abteilungen oder in den Ausschüssen herangezogen werden, für Mitglieder, die im Verfahren nach § 62 zur Anhörung geladen werden, im Rahmen einer Aufsichts- und Beschwerdesache sowie eines Widerrufsverfahrens um Auskunft gebeten werden oder an einer nichtöffentlichen Verhandlung nach § 99 teilgenommen haben, sowie für Angestellte und sonstige Beauftrage der Wirtschaftsprüferkammer.

(2) In gerichtlichen Verfahren und vor Behörden dürfen die in Absatz 1 bezeichneten Personen über solche Angelegenheiten, die ihnen bei ihrer Tätigkeit im Vorstand, im Beirat, in Abteilungen oder in Ausschüssen über Mitglieder der Wirtschaftsprüferkammer, Bewerber oder andere Personen bekanntgeworden sind, ohne Genehmigung nicht aussagen oder Auskunft geben.

(3) [1]Die Genehmigung erteilt der Vorstand der Wirtschaftsprüferkammer nach pflichtmäßigem Ermessen. [2]Die Genehmigung soll nur versagt werden, wenn Rücksichten auf die Stellung oder die Aufgaben der Wirtschaftsprüferkammer oder berechtigte Belange der Personen, über welche die Tatsachen bekanntgeworden sind, es unabweisbar erfordern. [3]§ 28 Abs. 2 des Gesetzes über das Bundesverfassungsgericht bleibt unberührt.

(4) [1]Zur Durchführung von Ermittlungen in Aufsichts- und Beschwerdesachen sowie in Widerrufsverfahren sind die in Absatz 1 genannten ehren- und hauptamtlich für die

Wirtschaftsprüferkammer tätigen Personen berechtigt, Nichtkammerangehörige um Auskunft zu bitten. [2]Nichtkammerangehörige sind nicht zur Auskunft verpflichtet, es sei denn, die Auskunft bezieht sich auf gesetzlich vorgeschriebene Abschlussprüfungen bei Unternehmen von öffentlichem Interesse nach § 319a Absatz 1 Satz 1 des Handelsgesetzbuchs und die Nichtkammerangehörigen fallen unter Artikel 23 Absatz 3 Unterabsatz 2 Buchstabe b bis e der Verordnung (EU) Nr. 537/2014.

(5) Wurde im Rahmen eines Vertretungsverhältnisses eine Berufspflichtverletzung begangen, dürfen die in Absatz 1 bezeichneten Personen den Vertretenen über ein gegen ein Mitglied der Wirtschaftsprüferkammer geführtes berufsaufsichtliches Verfahren unterrichten.

§ 65 Unterrichtung der Staatsanwaltschaft

(1) [1]Erhalten die Wirtschaftsprüferkammer oder die Abschlussprüferaufsichtsstelle Kenntnis von Tatsachen, die den Verdacht begründen, dass Berufsangehörige Straftaten im Zusammenhang mit der Berufsausübung begangen haben, teilen sie die Tatsachen der zuständigen Staatsanwaltschaft unverzüglich oder nach Ermittlung (§ 61a Satz 2) mit. [2]Der Mitteilung kann eine fachliche Bewertung beigefügt werden.

(2) [1]Erhält die Staatsanwaltschaft Kenntnis von Tatsachen, die den Verdacht einer schuldhaften, eine berufsaufsichtliche Maßnahme nach § 68 Absatz 1 rechtfertigenden Pflichtverletzung eines Mitglieds der Wirtschaftsprüferkammer begründen, teilt sie die Tatsachen der Abschlussprüferaufsichtsstelle mit. [2]Soweit die Mitteilung den Zuständigkeitsbereich der Wirtschaftsprüferkammer betrifft, leitet die Abschlussprüferaufsichtsstelle die Mitteilung an die Wirtschaftsprüferkammer weiter.

§ 66 Rechtsaufsicht

[1]Das Bundesministerium für Wirtschaft und Energie führt die Rechtsaufsicht über die Wirtschaftsprüferkammer einschließlich der Prüfungsstelle, soweit diese nicht nach § 66a Absatz 1 Satz 1 von der Abschlussprüferaufsichtsstelle überwacht werden. [2]Insoweit hat es darüber zu wachen, dass die Aufgaben im Rahmen der geltenden Gesetze und Satzungen erfüllt werden. [3]Es kann unter anderem den Erlass der Satzungen nach § 57 Absatz 3 und § 57c Absatz 1 oder Änderungen dieser Satzungen anordnen und, wenn die Wirtschaftsprüferkammer dieser Anordnung nicht innerhalb einer angemessenen Frist nachkommt, im Wege der Ersatzvornahme die Satzungen oder Änderungen der Satzungen anstelle der Wirtschaftsprüferkammer erlassen.

(2) [1]Das Bundesministerium für Wirtschaft und Energie führt darüber hinaus die Rechtsaufsicht über die Abschlussprüferaufsichtsstelle; Absatz 1 Satz 2 gilt entsprechend. [2]Im Übrigen bleibt die Aufsicht des Bundesministeriums für Wirtschaft und Energie über das Bundesamt für Wirtschaft und Ausfuhrkontrolle unberührt.

§ 66a Abschlussprüferaufsicht

(1) [1]Die Abschlussprüferaufsichtsstelle führt eine öffentliche fachbezogene Aufsicht über die Wirtschaftsprüferkammer, soweit diese Aufgaben nach § 4 Absatz 1 Satz 1 erfüllt, die gegenüber Berufsangehörigen und Gesellschaften wahrzunehmen sind, die zur Durchführung gesetzlich vorgeschriebener Abschlussprüfungen befugt sind oder solche ohne diese Befugnis tatsächlich durchführen; § 61a Satz 3 bleibt unberührt. [2]Die Wirtschaftsprüferkammer hat vor dem Erlass und vor Änderungen von Berufsausübungsregelungen (§ 57 Absatz 3 und § 57c) die Stellungnahme der Abschlussprüferaufsichtsstelle einzuholen und dem Bundesministerium für Wirtschaft und Energie vorzulegen.

(2) Die Abschlussprüferaufsichtsstelle ist zuständige Behörde im Sinne des Artikels 13 Absatz 1 Unterabsatz 3, der Artikel 14 und 17 Absatz 8 Unterabsatz 3 sowie des Artikels 20 Absatz 1 der Verordnung (EU) Nr. 537/2014.

(3) [1]Die Abschlussprüferaufsichtsstelle beaufsichtigt die Wirtschaftsprüferkammer, ob diese ihre in Absatz 1 Satz 1 genannten Aufgaben geeignet, angemessen und verhältnismäßig erfüllt. [2]Die Abschlussprüferaufsichtsstelle kann hierzu an Sitzungen der Wirtschaftsprüferkammer teilnehmen und hat ein Informations- und Einsichtsrecht. [3]Die Abschlussprüferaufsichtsstelle kann an Qualitätskontrollen teilnehmen. [4]Die Abschlussprüferaufsichtsstelle kann die Wirtschaftsprüferkammer beauftragen, bei Hinweisen auf Berufspflichtverletzungen und bei Anfragen im Rahmen der Zusammenarbeit nach § 66c berufsaufsichtliche Ermittlungen nach § 61a Satz 2 durchzuführen. [5]Die Abschlussprüferaufsichtsstelle kann an Ermittlungen der Wirtschaftsprüferkammer teilnehmen. [6]Zur Ausführung ihrer Aufgaben kann die Abschlussprüferaufsichtsstelle Vertreter oder Vertreterinnen der Wirtschaftsprüferkammer, Berufsangehörige und Dritte als Sachverständige fallweise zur Beratung heranziehen. [7]Soweit die Abschlussprüferaufsichtsstelle Aufträge von sachverständigen Dritten ausführen lässt, stellt sie sicher, dass bei diesen im Hinblick auf die zu Prüfenden keine Interessenkonflikte bestehen und dass die sachverständigen Dritten über eine angemessene Ausbildung sowie angemessene Kenntnisse und Erfahrungen verfügen.

(4) [1]Die Abschlussprüferaufsichtsstelle kann Entscheidungen der Wirtschaftsprüferkammer unter Angabe der Gründe zur nochmaligen Prüfung an diese zurückverweisen (Zweitprüfung). [2]Ändert die Wirtschaftsprüferkammer beanstandete Entscheidungen nicht ab, kann die Abschlussprüferaufsichtsstelle die Entscheidungen der Wirtschaftsprüferkammer aufheben und ihr Weisungen erteilen oder selbst im Wege der Ersatzvornahme Entscheidungen treffen und die erforderlichen Maßnahmen erlassen (Letztentscheidung). [3]Die Wirtschaftsprüferkammer ist verpflichtet, Vorgänge in Umsetzung der Weisungen abzuschließen. [4]Hält sie Weisungen oder Ersatzvornahmen der Abschlussprüferaufsichtsstelle für rechtswidrig, hat sie die Vorgänge dem Bundesministerium für Wirtschaft und Energie vorzulegen.

(5) [1]Die Wirtschaftsprüferkammer ist verpflichtet, auf Anforderung der Abschlussprüferaufsichtsstelle im Einzelfall oder von sich aus aufgrund genereller von der Abschlussprüferaufsichtsstelle festgelegter Kriterien über einzelne aufsichtsrelevante Vorgänge nach Sachverhaltsaufklärung zeitnah und in angemessener Form zu berichten. [2]Aufsichtsrelevant ist ein Vorgang insbesondere dann, wenn er von der Wirtschaftsprüferkammer abschließend bearbeitet wurde und eine Entscheidung mit unmittelbarer Rechtswirkung nach außen ergehen soll. [3]Ein unmittelbarer oder mittelbarer Bezug zur Durchführung einer gesetzlich vorgeschriebenen Abschlussprüfung ist nicht erforderlich.

(6) [1]Die Abschlussprüferaufsichtsstelle ermittelt bei Berufsangehörigen und Wirtschaftsprüfungsgesellschaften, die gesetzlich vorgeschriebene Abschlussprüfungen bei Unternehmen von öffentlichem Interesse nach § 319a Absatz 1 Satz 1 des Handelsgesetzbuchs durchgeführt haben,

1. ohne besonderen Anlass gemäß Artikel 26 der Verordnung (EU) Nr. 537/2014,
2. soweit sich aus den unter Nummer 1 genannten Inspektionen oder sonstigen Umständen konkrete Anhaltspunkte für Verstöße gegen Berufspflichten bei der Durchführung von gesetzlich vorgeschriebene Abschlussprüfungen bei Unternehmen von öffentlichem Interesse nach § 319a Absatz 1 Satz 1 des Handelsgesetzbuchs ergeben,
3. aufgrund von Mitteilungen der Prüfstelle nach § 342b Absatz 8 Satz 2 des Handelsgesetzbuchs, der Bundesanstalt für Finanzdienstleistungsaufsicht nach § 110 Absatz 2 Satz 1 des Wertpapierhandelsgesetzes oder einer anderen nationalen oder internationalen Stelle.

[2]Werden bei den Ermittlungen nach Satz 1 Verletzungen von Berufsrecht festgestellt, kann die Abschlussprüferaufsichtsstelle Auflagen zur Beseitigung der Mängel erteilen

oder eine Sonderprüfung anordnen; § 57e Absatz 2, 3 und 5 gilt entsprechend. [3]Die Abschlussprüferaufsichtsstelle entscheidet auch über die Verhängung von berufsaufsichtlichen Maßnahmen, Untersagungsverfügungen sowie vorläufigen Untersagungsverfügungen; die §§ 67 bis § 68a, 68b Satz 1 und 3 bis 4, die §§ 68c sowie 69a bis 71 gelten entsprechend, § 68 Absatz 7 mit der Maßgabe, dass die Geldbußen, die nicht berufsgerichtlich überprüft werden, dem Bundeshaushalt zufließen, § 68c Absatz 3 in Verbindung mit § 62a Absatz 4 Satz 1 mit der Maßgabe, dass die Ordnungsgelder dem Bundeshaushalt zufließen.

(7) [1]Soweit Artikel 23 Absatz 3 und Artikel 26 der Verordnung (EU) Nr. 537/2014 nichts anderes regeln, gelten die §§ 62 und 62a im Inspektions- und Berufsaufsichtsverfahren entsprechend, § 62a Absatz 4 mit der Maßgabe, dass die Zwangsgelder dem Bundeshaushalt zufließen. [2]Ermittlungsmaßnahmen in Bezug auf Abschlussprüfungen von Unternehmen von öffentlichem Interesse nach § 319a Absatz 1 Satz 1 des Handelsgesetzbuchs dürfen auch gegenüber den in Artikel 23 Absatz 3 Unterabsatz 2 Buchstabe b bis e der Verordnung (EU) Nr. 537/2014 Genannten ausgeübt werden. [3]Die Abschlussprüferaufsichtsstelle kann unbeschadet des Artikels 26 Absatz 5 Unterabsatz 2 der Verordnung (EU) Nr. 537/2014 bei Tätigkeiten nach diesem Gesetz Überprüfungen oder Untersuchungen durch solche Sachverständige vornehmen lassen, die in die Entscheidungsprozesse der Abschlussprüferaufsichtsstelle nicht eingebunden sind.

(8) Die Abschlussprüferaufsichtsstelle veröffentlicht jährlich ein Arbeitsprogramm und einen Tätigkeitsbericht.

§ 66b Verschwiegenheit; Schutz von Privatgeheimnissen

(1) [1]Beamte und Angestellte, die in der Abschlussprüferaufsichtsstelle tätig sind, Mitglieder des bei ihr eingerichteten Fachbeirats und sonstige von ihr Beauftragte sind zur Verschwiegenheit verpflichtet; die Artikel 31 bis 34 der Verordnung (EU) Nr. 537/2014 und § 66c Absatz 4 und 6 bleiben unberührt. [2]§ 64 gilt sinngemäß; eine erforderliche Genehmigung erteilt das Bundesministerium für Wirtschaft und Energie.

(2) Die in Absatz 1 Satz 1 genannten Personen dürfen, auch nach Beendigung ihrer Tätigkeit, ein fremdes Geheimnis, namentlich ein Geschäfts- oder Betriebsgeheimnis, das ihnen bei ihrer Tätigkeit bekannt geworden ist, nicht offenbaren und nicht verwerten.

§ 66c Zusammenarbeit mit anderen Stellen und internationale Zusammenarbeit

(1) [1]Die Abschlussprüferaufsichtsstelle kann den folgenden Stellen, soweit es zur Erfüllung der jeweiligen Aufgaben dieser Stellen erforderlich ist, vertrauliche Informationen übermitteln:

1. der Prüfstelle nach § 342b Absatz 1 des Handelsgesetzbuchs,
2. der Bundesanstalt für Finanzdienstleistungsaufsicht,
2a. dem Bundesamt für Justiz,
3. den Aufsichtsbehörden über die genossenschaftlichen Prüfungsverbände,
4. den Aufsichtsbehörden über die Prüfungsstellen der Sparkassen- und Giroverbände,
5. der Deutschen Bundesbank,
6. der Europäischen Zentralbank,
7. den Zentralbanken der Mitgliedstaaten der Europäischen Union sowie
8. dem Europäischen Ausschuss für Systemrisiken.

[2]An die in Satz 1 Nummer 1 genannte Stelle übermittelt die Abschlussprüferaufsichtsstelle Informationen nur, soweit konkrete Anhaltspunkte für einen Verstoß gegen Rechnungslegungsvorschriften vorliegen. [3]Die in Satz 1 Nummer 1 bis 5 genannten Stellen

können der Abschlussprüferaufsichtsstelle Informationen übermitteln, soweit dies zur Erfüllung der Aufgaben der Abschlussprüferaufsichtsstelle erforderlich ist.

(2) [1]Unbeschadet der Artikel 31 bis 33 der Verordnung (EU) Nr. 537/2014 hat die Abschlussprüferaufsichtsstelle in Bezug auf die in § 66a genannten Aufgaben mit den entsprechend zuständigen Stellen der Mitgliedstaaten der Europäischen Union und der Vertragsstaaten des Europäischen Wirtschaftsraums sowie den europäischen Aufsichtsbehörden zusammenzuarbeiten, soweit dies für die Wahrnehmung der jeweiligen Aufgaben der zuständigen Stellen im Einzelfall erforderlich ist. [2]In diesem Rahmen leisten die Stellen sich insbesondere Amtshilfe, tauschen Informationen aus und arbeiten bei Untersuchungen zusammen. [3]§ 57 Absatz 6 Satz 2 bis 4 gilt entsprechend.

(3) [1]Die Zusammenarbeit der zuständigen Stellen der Mitgliedstaaten findet insbesondere im Rahmen des Ausschusses der Aufsichtsstellen nach Artikel 30 der Verordnung (EU) Nr. 537/2014 statt. [2]Sie erstreckt sich auf auch auf die Bereiche der Angleichung

1. der theoretischen und praktischen Ausbildung von Wirtschaftsprüfern sowie der Prüfungsanforderungen nach dem Zweiten Teil und
2. der Anforderungen in Bezug auf die Eignungsprüfung nach dem Neunten Teil.

(4) [1]Hat die Abschlussprüferaufsichtsstelle konkrete Hinweise darauf, dass Berufsangehörige aus anderen Mitglied- oder Vertragsstaaten gegen das Recht der Europäischen Union über die Abschlussprüfungen von Jahresabschlüssen und Konzernabschlüssen verstoßen, hat sie diese der zuständigen Stelle des anderen Mitglied- oder Vertragsstaats mitzuteilen. [2]Erhält die Abschlussprüferaufsichtsstelle entsprechende Hinweise von der zuständigen Stelle eines anderen Mitglied- oder Vertragsstaats in Bezug auf deutsche Berufsangehörige, hat sie geeignete Maßnahmen zu treffen und kann der zuständigen Stelle des anderen Mitglied- oder Vertragsstaats das Ergebnis mitteilen. [3]Darüber hinaus kann die zuständige Stelle eines anderen Mitglied- oder Vertragsstaats über die Abschlussprüferaufsichtsstelle Ermittlungen verlangen, an denen Vertreter der zuständigen Stelle teilnehmen dürfen, wenn diese zur Verschwiegenheit verpflichtet sind. [4]Sind Berufsangehörige oder Wirtschaftsprüfungsgesellschaften auch in einem anderen Mitglied- oder Vertragsstaat registriert, informiert die Abschlussprüferaufsichtsstelle von Amts wegen die zuständigen Behörden des anderen Mitglied- oder Vertragsstaats über das Erlöschen, die unanfechtbare Rücknahme oder den unanfechtbaren Widerruf der Bestellung der Berufsangehörigen oder die Löschung der Wirtschaftsprüfungsgesellschaften einschließlich der Gründe hierfür. [5]§ 57 Absatz 7 Satz 2 bis 4 gilt entsprechend.

(5) [1]Unbeschadet der Artikel 36 bis 38 der Verordnung (EU) Nr. 537/2014 hat die Abschlussprüferaufsichtsstelle in Bezug auf die in § 66a Absatz 1 Satz 1 genannten Aufgaben mit den entsprechend zuständigen Stellen anderer als in Absatz 2 Satz 1 genannter Staaten zusammenzuarbeiten, soweit dies für die Wahrnehmung der jeweiligen Aufgaben der zuständigen Stellen im Einzelfall erforderlich ist oder wenn von diesen Stellen Sonderuntersuchungen oder Ermittlungen erbeten werden. [2]§ 57 Absatz 6 Satz 2 bis 4 gilt entsprechend.

(6) [1]§ 57 Absatz 9 gilt entsprechend. [2]Abweichend von § 57 Absatz 9 Satz 5 können Berufsangehörige und Prüfungsgesellschaften unter den Voraussetzungen des § 57 Absatz 9 Satz 1 bis 4 selbst Arbeitsunterlagen und andere Dokumente auf Anforderung der zuständigen Stellen an diese herausgeben, wenn sie zuvor die Abschlussprüferaufsichtsstelle über die Anfrage informiert haben und die in § 57 Absatz 9 Satz 5 genannten Bedingungen erfüllt sind.

§ 67 Ahndung einer Pflichtverletzung

(1) Gegen einen Wirtschaftsprüfer, der seine Pflichten schuldhaft verletzt, wird eine berufsaufsichtliche Maßnahme verhängt.

(2) Ein außerhalb des Berufs liegendes Verhalten eines Wirtschaftsprüfers ist eine berufsaufsichtlich zu ahndende Pflichtverletzung, wenn es nach den Umständen des Einzelfalls in besonderem Maße geeignet ist, Achtung und Vertrauen in einer für die Ausübung der Berufstätigkeit oder für das Ansehen des Berufs bedeutsamen Weise zu beeinträchtigen.

(3) Eine berufsaufsichtliche Maßnahme kann nicht verhängt werden, wenn der Wirtschaftsprüfer zur Zeit der Tat der Berufsaufsicht nicht unterstand.

§ 68 Berufsaufsichtliche Maßnahmen

(1) [1]Der Vorstand der Wirtschaftsprüferkammer kann gegen Berufsangehörige berufsaufsichtliche Maßnahmen verhängen, wenn diese mit ihrem Verhalten ihnen obliegende Pflichten verletzt haben. [2]Berufsaufsichtliche Maßnahmen sind:

1. Rüge,
2. Geldbuße bis zu 500 000 Euro,
3. Verbot, auf bestimmten Tätigkeitsgebieten für die Dauer von einem Jahr bis zu fünf Jahren tätig zu werden,
4. Verbot, bei Unternehmen von öffentlichem Interesse nach § 319a Absatz 1 Satz 1 des Handelsgesetzbuchs für die Dauer von einem Jahr bis zu drei Jahren tätig zu werden,
5. Berufsverbot von einem Jahr bis zu fünf Jahren,
6. Ausschließung aus dem Beruf und
7. Feststellung, dass der Bestätigungsvermerk nicht die Anforderungen des § 322 des Handelsgesetzbuchs und, soweit Unternehmen von öffentlichem Interesse nach § 319a Absatz 1 Satz 1 des Handelsgesetzbuchs betroffen sind, des Artikels 10 der Verordnung (EU) Nr. 537/2014 erfüllt.

(2) [1]Die berufsaufsichtlichen Maßnahmen nach Absatz 1 können nebeneinander verhängt werden. [2]Der Vorstand der Wirtschaftsprüferkammer soll in die Entscheidung über die Verhängung berufsaufsichtlicher Maßnahmen alle Pflichtverletzungen einbeziehen, die ihm im Zeitpunkt der Verhängung der Maßnahme bekannt sind.

(3) [1]Bei der Festlegung der Art und der Höhe der Maßnahme hat der Vorstand der Wirtschaftsprüferkammer alle relevanten Umstände zu berücksichtigen. [2]Dazu gehören insbesondere die Art, die Schwere und die Dauer der Pflichtverletzung, die Verantwortung der Berufsangehörigen für die Pflichtverletzung, die Höhe etwaiger durch die Pflichtverletzung erzielter Mehrerlöse oder verhinderter Verluste, das Vorliegen früherer Verstöße und die Finanzkraft der Berufsangehörigen. [3]Zugunsten der Berufsangehörigen ist zudem zu berücksichtigen, wenn sie an der Aufklärung der Pflichtverletzung mitgewirkt haben. [4]Eine Rüge für einen fahrlässig begangenen fachlichen Fehler kann in der Regel nur verhängt werden, wenn der Fehler von einigem Gewicht ist.

(4) [1]Bevor Maßnahmen verhängt werden, sind die Berufsangehörigen anzuhören. [2]Bescheide, durch die Maßnahmen verhängt werden, sind zu begründen. [3]Sie sind mit einer Rechtsbehelfsbelehrung zu versehen und den Berufsangehörigen zuzustellen.

(5) [1]Gegen einen Bescheid nach Absatz 4 können Berufsangehörige binnen eines Monats nach der Zustellung beim Vorstand der Wirtschaftsprüferkammer Einspruch erheben. [2]Über den Einspruch entscheidet der Vorstand; Absatz 4 Satz 2 und 3 ist entsprechend anzuwenden.

(6) [1]Soweit der Einspruch nach Absatz 5 gegen eine berufsaufsichtliche Maßnahme nach Absatz 1 Satz 2 Nummer 2 bis 7 erfolgreich ist, sind die Aufwendungen für einen Rechtsanwalt oder einen sonstigen Bevollmächtigten erstattungsfähig, wenn dessen Zuziehung notwendig war. [2]Die Aufwendungen sind von der Wirtschaftsprüferkammer zu tragen. [3]Die Wirtschaftsprüferkammer bestimmt auf Antrag der Berufsangehörigen, ob die Zuziehung eines Bevollmächtigten notwendig war und setzt die Höhe der zu erstattenden Auslagen fest. [4]Gegen die Entscheidung nach Satz 3 kann innerhalb eines Monats nach der Zustellung die Entscheidung des Gerichts beantragt werden. [5]§ 62a Absatz 3 gilt entsprechend.

(7) [1]Geldbußen, die nicht berufsgerichtlich überprüft werden, fließen unbeschadet des § 66a Absatz 6 Satz 3 dem Haushalt der Wirtschaftsprüferkammer zu. [2]§ 61 Absatz 3 gilt entsprechend.

§ 68a Untersagungsverfügung

[1]Wird gegen Berufsangehörige eine berufsaufsichtliche Maßnahme wegen einer Pflichtverletzung, die im Zeitpunkt der Verhängung der Maßnahme noch nicht abgeschlossen ist, verhängt, so kann die Wirtschaftsprüferkammer neben der Verhängung der Maßnahme die Aufrechterhaltung des pflichtwidrigen Verhaltens untersagen. [2]Im Fall einer im Zeitpunkt der Verhängung der Maßnahme bereits abgeschlossenen Pflichtverletzung kann die Wirtschaftsprüferkammer die künftige Vornahme einer gleichgearteten Pflichtverletzung untersagen, wenn gegen die betreffenden Berufsangehörigen wegen einer solchen Pflichtverletzung bereits zuvor eine berufsaufsichtliche Maßnahme verhängt worden war oder sie von der Wirtschaftsprüferkammer über die Pflichtwidrigkeit ihres Verhaltens belehrt worden waren.

§ 68b Vorläufige Untersagungsverfügung

[1]Wird gegen Berufsangehörige eine Untersagungsverfügung nach § 68a erlassen, so kann die Wirtschaftsprüferkammer zusammen mit dem Erlass oder bis zur Einleitung des berufsgerichtlichen Verfahrens gegen die Untersagungsverfügung eine vorläufige Untersagungsverfügung verhängen. [2]Zur Verhängung der vorläufigen Untersagungsverfügung ist eine Mehrheit von zwei Dritteln der Stimmen des Vorstands der Wirtschaftsprüferkammer erforderlich. [3]Vorläufige Untersagungsverfügungen werden mit ihrer Zustellung wirksam. [4]§ 62a Absatz 3, § 68 Absatz 4 sowie die §§ 119 und 120 Absatz 1 gelten entsprechend.

§ 68c Ordnungsgeld

(1) [1]Handeln Berufsangehörige einem Tätigkeits- oder Berufsverbot (§ 68 Absatz 1 Satz 2 Nummer 3 bis 5), einer Untersagungsverfügung (§ 68a) oder einer vorläufigen Untersagungsverfügung (§ 68b) wissentlich zuwider, so kann gegen sie wegen einer jeden Zuwiderhandlung von der Wirtschaftsprüferkammer ein Ordnungsgeld verhängt werden. [2]Das einzelne Ordnungsgeld darf den Betrag von 100 000 Euro nicht übersteigen. [3]§ 68 Absatz 4 gilt entsprechend.

(2) Im Fall der Verhängung eines Ordnungsgelds gilt § 62a Absatz 3 entsprechend.

(3) § 62a Absatz 4 gilt entsprechend.

§ 69 Bekanntmachung von Maßnahmen, Bußgeldentscheidungen und strafrechtlichen Verurteilungen

(1) [1]Die Wirtschaftsprüferkammer und die Abschlussprüferaufsichtsstelle sollen jede ihrer unanfechtbaren berufsaufsichtlichen Maßnahmen unverzüglich auf ihren Internetseiten öffentlich bekannt machen und dabei auch Informationen zu Art und Charakter des Verstoßes mitteilen. [2]Die Bekanntmachung darf keine personenbezogenen Daten enthalten.

(1a) [1]Die Abschlussprüferaufsichtsstelle soll neben der Bekanntmachung nach Absatz 1 unverzüglich auf ihrer Internetseite öffentlich bekannt machen:

1. jede rechtskräftige Bußgeldentscheidung nach § 334 Absatz 2 und 2a, § 340n Absatz 2 und 2a und § 341n Absatz 2 und 2a des Handelsgesetzbuchs, § 20 Absatz 2a bis 2c des Publizitätsgesetzes, § 405 Absatz 3b bis 3d des Aktiengesetzes, § 87 Absatz 1 bis 3 des Gesetzes betreffend die Gesellschaften mit beschränkter Haftung, § 152 Absatz 1a des Genossenschaftsgesetzes und § 332 Absatz 4a des Versicherungsaufsichtsgesetzes sowie
2. jede rechtskräftige Verurteilung wegen einer Straftat nach den §§ 333a, 340m Absatz 2 und nach § 341m Absatz 2 des Handelsgesetzbuchs, § 19a des Publizitätsgesetzes, § 404a des Aktiengesetzes, § 86 des Gesetzes betreffend die Gesellschaften mit beschränkter Haftung, § 151a des Genossenschaftsgesetzes und § 331 Absatz 2a des Versicherungsaufsichtsgesetzes.

[2]Bei der Bekanntmachung nach Satz 1 sollen auch Informationen zu Art und Charakter des Verstoßes mitgeteilt werden. [3]Absatz 1 Satz 2 gilt entsprechend.

(2) Maßnahmen, Bußgeldentscheidungen und strafrechtliche Verurteilungen werden anonymisiert bekannt gemacht, wenn im Fall einer Bekanntmachung nach Absatz 1 oder Absatz 1a die Stabilität der Finanzmärkte oder laufende strafrechtliche Ermittlungen gefährdet oder den Beteiligten ein unverhältnismäßig großer Schaden zugefügt würde.

(3) Maßnahmen, Bußgeldentscheidungen und strafrechtliche Verurteilungen sollen für fünf Jahre ab Unanfechtbarkeit oder Rechtskraft veröffentlicht bleiben.

(4) [1]Die Abschlussprüferaufsichtsstelle unterrichtet den Ausschuss der Aufsichtsstellen (Artikel 30 der Verordnung (EU) Nr. 537/2014) unverzüglich über alle berufsaufsichtlichen Maßnahmen nach § 68 Absatz 1 Satz 2 Nummer 3 bis 6. [2]Die Abschlussprüferaufsichtsstelle übermittelt dem Ausschuss der Aufsichtsstellen jährlich aggregierte Informationen über

1. alle berufsaufsichtlichen Maßnahmen,
2. alle Bußgeldentscheidungen nach § 334 Absatz 2 und 2a, § 340n Absatz 2 und 2a und § 341n Absatz 2 und 2a des Handelsgesetzbuchs, § 20 Absatz 2a bis 2c des Publizitätsgesetzes, § 405 Absatz 3b bis 3d des Aktiengesetzes, § 87 Absatz 1 bis 3 des Gesetzes betreffend die Gesellschaften mit beschränkter Haftung, § 152 Absatz 1a des Genossenschaftsgesetzes und § 332 Absatz 4a des Versicherungsaufsichtsgesetzes sowie
3. alle Verurteilungen wegen einer Straftat nach den §§ 333a, 340m Absatz 2 und nach § 341m Absatz 2 des Handelsgesetzbuchs, § 19a des Publizitätsgesetzes, § 404a des Aktiengesetzes, § 86 des Gesetzes betreffend die Gesellschaften mit beschränkter Haftung, § 151a des Genossenschaftsgesetzes und § 331 Absatz 2a des Versicherungsaufsichtsgesetzes.

(5) [1]Wird in einem Beschwerdeverfahren eine Maßnahme nach § 68 Absatz 1 verhängt und nach Absatz 1 veröffentlicht, so ist dies dem Beschwerdeführer mitzuteilen. [2]Die Mitteilung ist nicht anfechtbar.

§ 69a Anderweitige Ahndung

(1) [1]Ist durch ein Gericht oder eine Behörde eine Strafe, eine Disziplinarmaßnahme, eine anderweitige berufsgerichtliche Maßnahme oder eine Ordnungsmaßnahme verhängt worden, so ist von einer berufsaufsichtlichen Ahndung wegen desselben Verhaltens abzusehen, wenn nicht eine berufsaufsichtliche Maßnahme zusätzlich erforderlich ist, um den Berufsangehörigen oder die Berufsangehörige zur Erfüllung seiner oder ihrer Pflichten anzuhalten und das Ansehen des Berufs zu wahren. [2]Einer Maßnahme nach

§ 68 Absatz 1 Satz 2 Nummer 3 bis 6 steht eine anderweitig verhängte Strafe oder Maßnahme nicht entgegen.

(2) § 83 gilt sinngemäß.

(3) [1]Über Pflichtverletzungen von Berufsangehörigen, die zugleich der Disziplinar- oder Berufsgerichtsbarkeit eines anderen Berufs unterstehen, wird im berufsaufsichtlichen Verfahren dann nicht entschieden, wenn die Pflichtverletzung überwiegend mit der Ausübung des anderen Berufs im Zusammenhang steht. [2]Dies gilt nicht, wenn wegen der Schwere der Pflichtverletzung die Verhängung einer Maßnahme nach § 68 Absatz 1 Satz 2 Nummer 3 bis 6 in Betracht kommt.

(4) [1]Die Wirtschaftsprüferkammer und die Abschlussprüferaufsichtsstelle sowie die für die Einleitung anderer disziplinar- oder berufsgerichtlicher Verfahren zuständigen Stellen unterrichten sich gegenseitig über die Einleitung von Verfahren gegen Berufsangehörige, die zugleich der Disziplinar- oder Berufsgerichtsbarkeit eines anderen Berufs unterstehen. [2]Hat sich das Gericht einer Disziplinar- oder Berufsgerichtsbarkeit zuvor rechtskräftig für zuständig oder unzuständig erklärt, über die Pflichtverletzung eines oder einer Berufsangehörigen, der oder die zugleich der Disziplinar- oder Berufsgerichtsbarkeit eines anderen Berufs untersteht, zu entscheiden, so sind die anderen Gerichte an diese Entscheidung gebunden.

(6) Die Absätze 3 bis 4 sind auf Berufsangehörige, die in einem öffentlich-rechtlichen Dienst- oder Amtsverhältnis stehen und ihren Beruf als Wirtschaftsprüfer nicht ausüben dürfen (§ 44a), nicht anzuwenden.

§ 70 Verjährung der Verfolgung einer Pflichtverletzung

(1) [1]Die Verfolgung einer Pflichtverletzung, die nicht eine Maßnahme gemäß § 68 Absatz 1 Satz 2 Nummer 3 bis 6 rechtfertigt, verjährt in fünf Jahren. [2]§ 78 Abs. 1, § 78a Satz 1 sowie die §§ 78b und 78c Abs. 1 bis 4 des Strafgesetzbuches gelten entsprechend; der Vernehmung nach § 78c Abs. 1 Satz 1 Nr. 1 des Strafgesetzbuchs steht die erste Anhörung durch die Wirtschaftsprüferkammer (§ 68 Absatz 4 Satz 1) oder die Abschlussprüferaufsichtsstelle gleich.

(2) Ist vor Ablauf der Verjährungsfrist nach Absatz 1 Satz 1 wegen desselben Sachverhalts ein Strafverfahren eingeleitet worden, ist der Ablauf der Verjährungsfrist für die Dauer des Strafverfahrens gehemmt.

§ 71 Vorschriften für Mitglieder der Wirtschaftsprüferkammer, die nicht Wirtschaftsprüfer sind und Wirtschaftsprüfungsgesellschaften

(1) [1]Die Vorschriften des Fünften und Sechsten Teils gelten entsprechend für Vorstandsmitglieder, Geschäftsführer oder persönlich haftende Gesellschafter einer Wirtschaftsprüfungsgesellschaft, die nicht Wirtschaftsprüfer sind. [2]An die Stelle der Ausschließung aus dem Beruf tritt die Aberkennung der Eignung, eine Wirtschaftsprüfungsgesellschaft zu vertreten und ihre Geschäfte zu führen.

(2) [1]Die Vorschriften des Fünften und Sechsten Teils gelten entsprechend für Wirtschaftsprüfungsgesellschaften, wenn jemand

1. als vertretungsberechtigtes Organ der Wirtschaftsprüfungsgesellschaft oder als Mitglied eines solchen Organs,
2. als vertretungsberechtigter Gesellschafter der Wirtschaftsprüfungsgesellschaft,
3. als Generalbevollmächtigter oder in leitender Stellung als Prokurist oder Handlungsbevollmächtigter der Wirtschaftsprüfungsgesellschaft,
4. als verantwortlicher Prüfungspartner nach § 319a Absatz 1 Satz 4 des Handelsgesetzbuchs oder

5. als sonstige Person, die für die Leitung der Wirtschaftsprüfungsgesellschaft verantwortlich handelt, wozu auch die Überwachung der Geschäftsführung oder die sonstige Ausübung von Kontrollbefugnissen in leitender Stellung gehört,

Berufspflichten der Wirtschaftsprüfungsgesellschaft betreffend die Durchführung von gesetzlichen Abschlussprüfungen verletzt hat. [2]Bei der Entscheidung, ob berufsaufsichtliche Maßnahmen gegen eine Wirtschaftsprüfungsgesellschaft verhängt werden und ob diese zusätzlich zu berufsaufsichtlichen Maßnahmen gegen die die Gesellschaft vertretenden Berufsangehörigen verhängt werden, hat der Vorstand der Wirtschaftsprüferkammer alle relevanten Umstände zu berücksichtigen. [3]Dazu gehören neben dem allgemeinen Verhältnismäßigkeitsgrundsatz und den in § 68 Absatz 3 genannten Kriterien insbesondere die Gleichförmigkeit und Häufigkeit von Pflichtverletzungen innerhalb der Gesellschaft und der Schwerpunkt der Vorwerfbarkeit. [4]§ 68 Absatz 1 Satz 2 Nummer 4 und 6 finden keine Anwendung.

Sechster Teil. Berufsgerichtsbarkeit

Erster Abschnitt. Berufsgerichtliche Entscheidung

§ 71a Antrag auf berufsgerichtliche Entscheidung

Wird der Einspruch gegen eine berufsaufsichtliche Maßnahme zurückgewiesen, so können Berufsangehörige innerhalb eines Monats nach der Zustellung schriftlich die berufsgerichtliche Entscheidung beantragen.

Zweiter Abschnitt. Die Gerichte

§ 72 Kammer für Wirtschaftsprüfersachen

(1) In dem berufsgerichtlichen Verfahren entscheidet im ersten Rechtszug eine Kammer des Landgerichts (Kammer für Wirtschaftsprüfersachen), in dessen Bezirk die Wirtschaftsprüferkammer ihren Sitz hat.

(2) [1]Die Kammer für Wirtschaftsprüfersachen entscheidet außerhalb der Hauptverhandlung in der Besetzung von drei Mitgliedern mit Einschluß des Vorsitzenden. [2]In der Hauptverhandlung ist sie mit dem Vorsitzenden und zwei Berufsangehörigen als Beisitzern besetzt.

§ 73 Senat für Wirtschaftsprüfersachen beim Oberlandesgericht

(1) In dem berufsgerichtlichen Verfahren entscheidet im zweiten Rechtszug ein Senat des Oberlandesgerichts (Senat für Wirtschaftsprüfersachen beim Oberlandesgericht).

(2) [1]Der Senat für Wirtschaftsprüfersachen beim Oberlandesgericht entscheidet außerhalb der Hauptverhandlung in der Besetzung von drei Mitgliedern mit Einschluß des Vorsitzenden. [2]In der Hauptverhandlung wirken außerdem als Beisitzer zwei Berufsangehörige mit.

§ 74 Senat für Wirtschaftsprüfersachen beim Bundesgerichtshof

(1) [1]In dem berufsgerichtlichen Verfahren entscheidet im dritten Rechtszug ein Senat des Bundesgerichtshofes (Senat für Wirtschaftsprüfersachen beim Bundesgerichtshof). [2]Er gilt als Strafsenat im Sinne des § 132 des Gerichtsverfassungsgesetzes.

(2) Der Senat für Wirtschaftsprüfersachen beim Bundesgerichtshof besteht aus einem Vorsitzenden sowie zwei Mitgliedern des Bundesgerichtshofs und Berufsangehörigen als Beisitzern.

§ 75 Berufsangehörige als Beisitzer

(1) Die Beisitzer aus den Reihen der Berufsangehörigen sind ehrenamtliche Richter.

(2) [1]Die ehrenamtlichen Richter werden für die Gerichte des ersten und zweiten Rechtszuges von der Landesjustizverwaltung und für den Bundesgerichtshof von dem Bundesministerium der Justiz und für Verbraucherschutz auf die Dauer von fünf Jahren berufen. [2]Sie können nach Ablauf ihrer Amtszeit wieder berufen werden.

(3) [1]Die ehrenamtlichen Richter werden den Vorschlagslisten entnommen, die der Vorstand der Wirtschaftsprüferkammer im Einvernehmen mit der Abschlussprüferaufsichtsstelle der Landesjustizverwaltung für die Gerichte des ersten und zweiten Rechtszuges und dem Bundesministerium der Justiz und für Verbraucherschutz für den Bundesgerichtshof einreicht. [2]Die Landesjustizverwaltung und das Bundesministerium der Justiz und für Verbraucherschutz bestimmen, welche Zahl von Beisitzern für jedes Gericht erforderlich ist; sie haben vorher den Vorstand der Wirtschaftsprüferkammer zu hören. [3]Jede Vorschlagsliste soll mindestens die doppelte Zahl der zu berufenden Berufsangehörigen enthalten.

(4) Scheidet ein ehrenamtlicher Richter vorzeitig aus, so wird für den Rest seiner Amtszeit ein Nachfolger berufen.

(5) § 6 des Einführungsgesetzes zum Gerichtsverfassungsgesetz gilt entsprechend.

(6) Die Landesjustizverwaltung und das Bundesministerium der Justiz und für Verbraucherschutz können einen von ihnen berufenen ehrenamtlichen Richter auf seinen Antrag aus dem Amt entlassen, wenn er aus gesundheitlichen Gründen auf nicht absehbare Zeit gehindert ist, sein Amt ordnungsgemäß auszuüben.

(7) Das Amt eines ehrenamtlichen Richters, der zum ehrenamtlichen Richter bei einem Gericht des höheren Rechtszuges berufen wird, endet mit seiner Ernennung.

§ 76 Voraussetzungen für die Berufung zum Beisitzer und Recht zur Ablehnung

(1) [1]Zu ehrenamtlichen Richtern können nur Berufsangehörige berufen werden, die in den Vorstand der Wirtschaftsprüferkammer gewählt werden können. [2]Sie dürfen als Beisitzer nur für die Kammer für Wirtschaftsprüfersachen, den Senat für Wirtschaftsprüfersachen beim Oberlandesgericht oder den Senat für Wirtschaftsprüfersachen beim Bundesgerichtshof berufen werden.

(2) Die ehrenamtlichen Richter dürfen nicht gleichzeitig dem Vorstand oder dem Beirat der Wirtschaftsprüferkammer angehören oder bei der Wirtschaftsprüferkammer im Haupt- oder Nebenberuf tätig sein.

(3) Die Übernahme des Beisitzeramtes kann ablehnen,

1. wer das fünfundsechzigste Lebensjahr vollendet hat;
2. wer in den letzten vier Jahren Mitglied des Vorstandes der Wirtschaftsprüferkammer gewesen ist;
3. wer in gesundheitlicher Hinsicht beeinträchtigt ist.

§ 77 Enthebung vom Amt des Beisitzers

(1) Ein ehrenamtlicher Richter ist auf Antrag der Justizverwaltung, die ihn berufen hat, seines Amtes zu entheben,

1. wenn nachträglich bekannt wird, daß er nicht hätte zum Beisitzer berufen werden dürfen;
2. wenn nachträglich ein Umstand eintritt, welcher der Berufung zum Beisitzer entgegensteht;

3. wenn der oder die Berufsangehörige seine oder ihre Amtspflicht als Beisitzer grob verletzt.

(2) [1]Über den Antrag der Landesjustizverwaltung entscheidet ein Zivilsenat des Oberlandesgerichts, über den Antrag des Bundesministeriums der Justiz und für Verbraucherschutz ein Zivilsenat des Bundesgerichtshofes. [2]Bei der Entscheidung dürfen die Mitglieder der Senate für Wirtschaftsprüfersachen nicht mitwirken.

(3) [1]Vor der Entscheidung ist der ehrenamtliche Richter zu hören. [2]Die Entscheidung ist endgültig.

§ 78 Stellung der ehrenamtlichen Richter und Pflicht zur Verschwiegenheit

(1) Die ehrenamtlichen Richter haben in der Sitzung, zu der sie herangezogen werden, die Stellung eines Berufsrichters.

(2) [1]Die ehrenamtlichen Richter haben über Angelegenheiten, die ihnen bei ihrer Tätigkeit bekannt werden, Verschwiegenheit gegen jedermann zu bewahren. [2]§ 64 Abs. 2 und 3 ist entsprechend anzuwenden. [3]Die Genehmigung zur Aussage erteilt der Präsident des Gerichts.

§ 79 Reihenfolge der Teilnahme an den Sitzungen

(1) Die ehrenamtlichen Richter sind zu den einzelnen Sitzungen in der Reihenfolge einer Liste heranzuziehen, die der Vorsitzende nach Anhörung der beiden ältesten der berufenen ehrenamtlichen Richter vor Beginn des Geschäftsjahres aufstellt.

(2) Für die Entbindung eines ehrenamtlichen Richters von der Dienstleistung an bestimmten Sitzungstagen gilt § 54 des Gerichtsverfassungsgesetzes sinngemäß.

§ 80 Entschädigung der ehrenamtlichen Richter

Die ehrenamtlichen Richter erhalten eine Entschädigung nach dem Justizvergütungs- und -entschädigungsgesetz.

Dritter Abschnitt. Verfahrensvorschriften

1. Allgemeines

§ 81 Vorschriften für das Verfahren

Für das berufsgerichtliche Verfahren gelten die nachstehenden Vorschriften sowie § 62 entsprechend.

§ 82 Keine Verhaftung von Berufsangehörigen

[1]Berufsangehörige dürfen zur Durchführung des berufsgerichtlichen Verfahrens weder vorläufig festgenommen noch verhaftet oder vorgeführt werden. [2]Sie dürfen zudem nicht zur Vorbereitung eines Gutachtens über ihren psychischen Zustand in ein psychiatrisches Krankenhaus gebracht werden.

§ 82a Verteidigung

(1) Zu Verteidigern im berufsgerichtlichen Verfahren vor dem Landgericht und vor dem Oberlandesgericht können außer den in § 138 Abs. 1 der Strafprozeßordnung genannten Personen auch Berufsangehörige gewählt werden.

(2) § 140 Abs. 1 Nr. 1 bis 3, 6, 7 und 9 der Strafprozeßordnung ist auf die Verteidigung im berufsgerichtlichen Verfahren nicht anzuwenden.

§ 82b Akteneinsicht; Beteiligung der Wirtschaftsprüferkammer und der Abschlussprüferaufsichtsstelle

(1) [1]Die Wirtschaftsprüferkammer, die Abschlussprüferaufsichtsstelle und die betroffenen Berufsangehörigen sind befugt, die Akten, die dem Gericht vorliegen, einzusehen sowie amtlich verwahrte Beweisstücke zu besichtigen. [2]§ 147 Absatz 2 Satz 1, Absatz 3, 5 und 6 der Strafprozessordnung ist insoweit entsprechend anzuwenden.

(2) [1]Der Wirtschaftsprüferkammer und der Abschlussprüferaufsichtsstelle sind Ort und Zeit der Hauptverhandlung mitzuteilen; die von dort entsandten Personen erhalten auf Verlangen das Wort. [2]§ 99 Absatz 2 Satz 1 bleibt unberührt. [3]Einstellungen nach den §§ 153 bis 153b und 154 der Strafprozessordnung bedürfen zusätzlich der Zustimmung der Abschlussprüferaufsichtsstelle. [4]Entsprechendes gilt für den Fall, dass nach § 154a der Strafprozessordnung von der Verfolgung von Teilen einer Tat abgesehen werden soll. [5]Erfolgt die Einstellung oder das Absehen von der Verfolgung in der Hauptverhandlung, gelten die Sätze 3 und 4 nur, wenn ein Vertreter der Abschlussprüferaufsichtsstelle an der Hauptverhandlung teilnimmt.

§ 83 Verhältnis des berufsgerichtlichen Verfahrens zum Straf- oder Bußgeldverfahren

[1]Werden Berufsangehörige im gerichtlichen Verfahren wegen einer Straftat oder einer Ordnungswidrigkeit verurteilt oder freigesprochen, so sind für die Entscheidung im berufsgerichtlichen Verfahren die tatsächlichen Feststellungen des Urteils im Strafverfahren oder Bußgeldverfahren bindend, auf denen die Entscheidung des Gerichts beruht. [2]In dem berufsgerichtlichen Verfahren kann ein Gericht jedoch die nochmalige Prüfung solcher Feststellungen beschließen, deren Richtigkeit seine Mitglieder mit Stimmenmehrheit bezweifeln; dies ist in den Gründen der berufsgerichtlichen Entscheidung zum Ausdruck zu bringen.

§ 83a *(aufgehoben)*

§ 83b Aussetzung des berufsgerichtlichen Verfahrens

Das berufsgerichtliche Verfahren kann ausgesetzt werden, wenn

1. gegen den Berufsangehörigen oder die Berufsangehörige in einem anderen berufsaufsichtlichen Verfahren der Wirtschaftsprüferkammer oder der Abschlussprüferaufsichtsstelle wegen weiterer Berufspflichtverletzungen ermittelt wird und für den Fall, dass in dem anderen berufsaufsichtlichen Verfahren ein Antrag auf berufsgerichtliche Entscheidung gestellt wird, eine Verbindung beider Verfahren zweckmäßig wäre,
2. in einem anderen gesetzlich geregelten Verfahren ein Sachverhalt aufzuklären oder eine Rechtsfrage zu entscheiden ist, ohne deren Beurteilung eine Entscheidung im berufsgerichtlichen Verfahren nicht möglich oder nicht zweckmäßig ist oder
3. der rechtskräftige Abschluß eines anderen gesetzlich geregelten Verfahrens, in dem über einen Sachverhalt oder eine Rechtsfrage zu entscheiden ist, deren Beurteilung für die Entscheidung im berufsgerichtlichen Verfahren von Bedeutung ist, innerhalb von sechs Monaten zu erwarten ist.

§ 83c Wiederaufnahme des berufsgerichtlichen Verfahrens

[1]Die Wiederaufnahme eines rechtskräftig abgeschlossenen berufsgerichtlichen Verfahrens ist zulässig, wenn die tatsächlichen Feststellungen, auf denen die Verurteilung oder der Freispruch im berufsgerichtlichen Verfahren beruht, den Feststellungen in einem strafgerichtlichen Verfahren wegen desselben Verhaltens widersprechen. [2]Den Antrag auf Wiederaufnahme des Verfahrens können die Staatsanwaltschaft oder die be-

troffenen Berufsangehörigen binnen eines Monats nach Rechtskraft des Urteils im strafgerichtlichen Verfahren stellen.

2. Das Verfahren im ersten Rechtszug

§ 84 Mitwirkung der Staatsanwaltschaft

Die Staatsanwaltschaft bei dem Oberlandesgericht, bei dem der Senat für Wirtschaftsprüfersachen besteht, nimmt in den Verfahren vor der Kammer für Wirtschaftsprüfersachen die Aufgaben der Staatsanwaltschaft wahr.

§ 84a *(aufgehoben)*

§ 85 Einleitung des berufsgerichtlichen Verfahrens

Das berufsgerichtliche Verfahren wird dadurch eingeleitet, dass der oder die Berufsangehörige den Antrag nach § 71a schriftlich bei dem Landgericht einreicht.

§ 86 Verfahren

(1) Ist der Antrag auf berufsgerichtliche Entscheidung verspätet eingelegt oder sonst unzulässig, verwirft ihn das Landgericht ohne Hauptverhandlung durch Beschluss; gegen den Beschluss ist sofortige Beschwerde zulässig.

(2) [1]Anderenfalls beraumt das Landgericht eine Hauptverhandlung an. [2]Für diese gelten die Vorschriften der Strafprozessordnung sinngemäß, soweit dieses Gesetz nichts anderes bestimmt.

§ 87 *(aufgehoben)*

§§ 88 - 93 *(aufgehoben)*

§ 94 Verlesung der berufsaufsichtlichen Entscheidung

In der Hauptverhandlung tritt an die Stelle der Verlesung des Anklagesatzes nach § 243 Absatz 3 der Strafprozessordnung die Verlesung des Tenors der angefochtenen Entscheidung über die Verhängung der berufsaufsichtlichen Maßnahme.

§ 95 *(aufgehoben)*

§ 96 *(aufgehoben)*

§ 97 *(aufgehoben)*

§ 98 Hauptverhandlung trotz Ausbleibens der Berufsangehörigen

[1]Die Hauptverhandlung kann gegen Berufsangehörige, die nicht erschienen sind, durchgeführt werden, wenn diese ordnungsmäßig geladen wurden und in der Ladung darauf hingewiesen wurde, dass in ihrer Abwesenheit verhandelt werden kann. [2]Eine öffentliche Ladung ist nicht zulässig.

§ 99 Nichtöffentliche Hauptverhandlung

(1) [1]Die Hauptverhandlung ist nicht öffentlich. [2]Auf Antrag der Staatsanwaltschaft kann, auf Antrag der betroffenen Berufsangehörigen muß die Öffentlichkeit hergestellt werden. [3]Ferner ist die Hauptverhandlung immer dann öffentlich, wenn die vorgeworfene Pflichtverletzung im Zusammenhang mit der Durchführung einer Prüfung nach § 316 des Handelsgesetzbuches steht. [4]In den Fällen einer öffentlichen Verhandlung nach Satz 2 oder 3 sind die Vorschriften des Gerichtsverfassungsgesetzes über die Öffentlichkeit sinngemäß anzuwenden.

(2) [1]Zu nichtöffentlichen Verhandlungen ist dem Präsidenten des Oberlandesgerichts oder seinem Beauftragten, den Beamten der Staatsanwaltschaft bei dem Oberlandes-

gericht, Vertretern des Bundesministeriums für Wirtschaft und Energie, Vertretern der Abschlussprüferaufsichtsstelle, Vertretern der obersten Landesbehörde, Vertretern der Wirtschaftsprüferkammer und den Wirtschaftsprüfern der Zutritt gestattet. ²Die Kammer für Wirtschaftsprüfersachen kann nach Anhörung der Beteiligten auch andere Personen als Zuhörer zulassen.

§ 100 *(aufgehoben)*

§ 101 Beweisaufnahme durch einen ersuchten Richter

¹Die Kammer für Wirtschaftsprüfersachen kann ein Amtsgericht um die Vernehmung von Zeugen oder Sachverständigen ersuchen. ²Der Zeuge oder Sachverständige ist jedoch auf Antrag der Staatsanwaltschaft oder Berufsangehörigen in der Hauptverhandlung zu vernehmen, es sei denn, daß er voraussichtlich am Erscheinen in der Hauptverhandlung verhindert ist oder ihm das Erscheinen wegen großer Entfernung nicht zugemutet werden kann.

§ 102 Verlesen von Protokollen

(1) Die Kammer für Wirtschaftsprüfersachen beschließt nach pflichtmäßigem Ermessen, ob die Aussage eines Zeugen oder eines Sachverständigen, der bereits in dem berufsgerichtlichen oder in einem anderen gesetzlich geordneten Verfahren vernommen worden ist, zu verlesen sei.

(2) ¹Bevor der Gerichtsbeschluß ergeht, können die Staatsanwaltschaft oder die Berufsangehörigen beantragen, den Zeugen oder Sachverständigen in der Hauptverhandlung zu vernehmen. ²Einem solchen Antrag ist zu entsprechen, es sei denn, daß der Zeuge oder Sachverständige voraussichtlich am Erscheinen in der Hauptverhandlung verhindert ist oder ihm das Erscheinen wegen großer Entfernung nicht zugemutet werden kann. ³Wird dem Antrag stattgegeben, so darf das Protokoll über die frühere Vernehmung nicht verlesen werden.

(3) ¹Ist ein Zeuge oder Sachverständiger durch einen ersuchten Richter vernommen worden (§ 101), so kann der Verlesung des Protokolls nicht widersprochen werden. ²Die Staatsanwaltschaft oder die Berufsangehörigen können jedoch der Verlesung widersprechen, wenn ein Antrag gemäß § 101 Satz 2 abgelehnt worden ist und Gründe für eine Ablehnung des Antrags jetzt nicht mehr bestehen.

§ 103 Entscheidung

(1) Die mündliche Verhandlung schließt mit der auf die Beratung folgenden Verkündung des Urteils.

(2) ¹Das Gericht entscheidet in der Sache selbst über alle Berufspflichtverletzungen, die Gegenstand der angefochtenen berufsaufsichtlichen Entscheidung nach § 68 sind. ²Es entscheidet auf Zurückweisung des Antrags auf berufsgerichtliche Entscheidung oder unter Aufhebung der angefochtenen Entscheidung auf Verurteilung zu einer oder mehrerer der in § 68 Absatz 1 und § 68a genannten Maßnahmen, auf Freisprechung oder auf Einstellung des Verfahrens nach Absatz 3.

(3) Das berufsgerichtliche Verfahren ist, abgesehen von dem Fall des § 260 Absatz 3 der Strafprozessordnung, einzustellen,

1. wenn die Bestellung als Wirtschaftsprüfer oder die Anerkennung als Wirtschaftsprüfungsgesellschaft erloschen, zurückgenommen oder widerrufen ist (§§ 19, 20, 33, 34) oder
2. wenn nach § 69a Absatz 1 von einer berufsgerichtlichen Ahndung abzusehen ist.

3. Die Rechtsmittel

§ 104 Beschwerde

Für die Verhandlung und Entscheidung über Beschwerden ist der Senat für Wirtschaftsprüfersachen beim Oberlandesgericht zuständig.

§ 105 Berufung

(1) Gegen das Urteil der Kammer für Wirtschaftsprüfersachen ist die Berufung an den Senat für Wirtschaftsprüfersachen zulässig.

(2) [1]Die Berufung muß binnen einer Woche nach Verkündung des Urteils bei der Kammer für Wirtschaftsprüfersachen schriftlich eingelegt werden. [2]Ist das Urteil nicht in Anwesenheit des oder der Berufsangehörigen verkündet worden, so beginnt für diesen oder diese die Frist mit der Zustellung.

(3) Die Berufung kann nur schriftlich gerechtfertigt werden.

(4) Auf das Verfahren sind im übrigen neben den Vorschriften der Strafprozeßordnung über die Berufung die §§ 98 bis 103 dieses Gesetzes sinngemäß anzuwenden.

§ 106 Mitwirkung der Staatsanwaltschaft vor dem Senat für Wirtschaftsprüfersachen

Die Aufgaben der Staatsanwaltschaft in dem Verfahren vor dem Senat für Wirtschaftsprüfersachen werden von der Staatsanwaltschaft bei dem Oberlandesgericht wahrgenommen, bei dem der Senat besteht.

§ 107 Revision

(1) Gegen ein Urteil des Senats für Wirtschaftsprüfersachen bei dem Oberlandesgericht ist die Revision an den Bundesgerichtshof zulässig,

1. wenn das Urteil auf Ausschließung aus dem Beruf lautet;
2. wenn der Senat für Wirtschaftsprüfersachen bei dem Oberlandesgericht entgegen einem Antrag der Staatsanwaltschaft nicht auf Ausschließung erkannt hat;
3. wenn der Senat für Wirtschaftsprüfersachen beim Oberlandesgericht sie in dem Urteil zugelassen hat.

(2) Der Senat für Wirtschaftsprüfersachen beim Oberlandesgericht darf die Revision nur zulassen, wenn er über Rechtsfragen oder Fragen der Berufspflichten entschieden hat, die von grundsätzlicher Bedeutung sind.

(3) [1]Die Nichtzulassung der Revision kann selbständig durch Beschwerde innerhalb eines Monats nach Zustellung des Urteils angefochten werden. [2]Die Beschwerde ist bei dem Oberlandesgericht einzulegen. [3]In der Beschwerdeschrift muß die grundsätzliche Rechtsfrage ausdrücklich bezeichnet werden.

(4) Die Beschwerde hemmt die Rechtskraft des Urteils.

(5) [1]Wird der Beschwerde nicht abgeholfen, so entscheidet der Bundesgerichtshof durch Beschluß. [2]Der Beschluß bedarf keiner Begründung, wenn die Beschwerde einstimmig verworfen oder zurückgewiesen wird. [3]Mit Ablehnung der Beschwerde durch den Bundesgerichtshof wird das Urteil rechtskräftig. [4]Wird der Beschwerde stattgegeben, so beginnt mit Zustellung des Beschwerdebescheids die Revisionsfrist.

§ 107a Einlegung der Revision und Verfahren

(1) [1]Die Revision ist binnen einer Woche bei dem Oberlandesgericht schriftlich einzulegen. [2]Die Frist beginnt mit der Verkündung des Urteils. [3]Ist das Urteil nicht in Anwesenheit oder der Berufsangehörigen verkündet worden, so beginnt für diesen oder diese die Frist mit der Zustellung.

(2) Berufsangehörige können die Revisionsanträge und deren Begründung nur schriftlich anbringen.

(3) [1]Auf das Verfahren vor dem Bundesgerichtshof sind im übrigen neben den Vorschriften der Strafprozeßordnung über die Revision § 99 und § 103 Abs. 3 dieses Gesetzes singgemäß anzuwenden. [2]In den Fällen des § 354 Abs. 2 der Strafprozeßordnung ist an den nach § 73 zuständigen Senat für Wirtschaftsprüfersachen beim Oberlandesgericht zurückzuverweisen.

§ 108 Mitwirkung der Staatsanwaltschaft vor dem Bundesgerichtshof

Die Aufgaben der Staatsanwaltschaft in den Verfahren vor dem Bundesgerichtshof werden von dem Generalbundesanwalt wahrgenommen.

4. Die Sicherung von Beweisen

§ 109 Anordnung der Beweissicherung

(1) [1]Wird ein berufsgerichtliches Verfahren eingestellt, weil die Bestellung als Wirtschaftsprüfer erloschen oder zurückgenommen ist, so kann in der Entscheidung zugleich auf Antrag der Staatsanwaltschaft die Sicherung der Beweise angeordnet werden, wenn zu erwarten ist, daß auf Ausschließung aus dem Beruf erkannt worden wäre. [2]Die Anordnung kann nicht angefochten werden.

(2) [1]Die Beweise werden von der Kammer für Wirtschaftsprüfersachen beim Landgericht aufgenommen. [2]Die Kammer kann eines ihrer berufsrichterlichen Mitglieder mit der Beweisaufnahme beauftragen.

§ 110 Verfahren

(1) [1]Die Kammer für Wirtschaftsprüfersachen beim Landgericht hat von Amts wegen alle Beweise zu erheben, die eine Entscheidung darüber begründen können, ob das eingestellte Verfahren zur Ausschließung aus dem Beruf geführt hätte. [2]Den Umfang des Verfahrens bestimmt die Kammer für Wirtschaftsprüfersachen beim Landgericht nach pflichtmäßigem Ermessen, ohne an Anträge gebunden zu sein; ihre Verfügungen können insoweit nicht angefochten werden.

(2) Zeugen sind, soweit nicht Ausnahmen vorgeschrieben oder zugelassen sind, eidlich zu vernehmen.

(3) [1]Die Staatsanwaltschaft und der oder die frühere Berufsangehörige sind an dem Verfahren zu beteiligen. [2]Ein Anspruch auf Benachrichtigung von den Terminen, die zum Zwecke der Beweissicherung anberaumt werden, steht den früheren Berufsangehörigen nur zu, wenn sie sich im Inland aufhalten und sie ihre Anschrift dem Landgericht angezeigt haben.

5. Das vorläufige Tätigkeits- und Berufsverbot

§ 111 Voraussetzung des Verbotes

(1) Sind dringende Gründe für die Annahme vorhanden, dass gegen Berufsangehörige auf Ausschließung aus dem Beruf erkannt werden wird, so kann durch Beschluss ein vorläufiges Tätigkeits- oder Berufsverbot verhängt werden.

(2) [1]Die Wirtschaftsprüferkammer oder die Abschlussprüferaufsichtsstelle können in ihren jeweiligen Zuständigkeitsbereichen vor Einleitung des berufsgerichtlichen Verfahrens den Antrag auf Verhängung eines vorläufigen Tätigkeits- oder Berufsverbots stellen. [2]In dem Antrag sind die Pflichtverletzung, die dem oder der Berufsangehörigen zur Last gelegt wird, sowie die Beweismittel anzugeben.

(3) Für die Verhandlung und Entscheidung ist das Gericht zuständig, das im berufsgerichtlichen Verfahren gegen den Berufsangehörigen zu entscheiden hat oder vor dem das berufsgerichtliche Verfahren anhängig ist.

§ 112 Mündliche Verhandlung

(1) Der Beschluß, durch den ein vorläufiges Tätigkeits- oder Berufsverbot verhängt wird, kann nur aufgrund mündlicher Verhandlung ergehen.

(2) Auf die Besetzung des Gerichts, die Ladung und die mündliche Verhandlung sind die Vorschriften entsprechend anzuwenden, die für die Hauptverhandlung vor dem erkennenden Gericht maßgebend sind, soweit sich nicht aus den folgenden Vorschriften etwas anderes ergibt.

(3) [1]In der ersten Ladung ist die oder den Berufsangehörigen zur Last gelegte Pflichtverletzung durch Anführung der sie begründenden Tatsachen zu bezeichnen; ferner sind die Beweismittel anzugeben. [2]Dies ist jedoch nicht erforderlich, wenn den Berufsangehörigen die Anschuldigungsschrift bereits mitgeteilt worden ist.

(4) Den Umfang der Beweisaufnahme bestimmt das Gericht nach pflichtmäßigem Ermessen, ohne an Anträge der Staatsanwaltschaft oder der Berufsangehörigen gebunden zu sein.

§ 113 Abstimmung über das Verbot

Zur Verhängung des vorläufigen Tätigkeits- oder Berufsverbots ist eine Mehrheit von zwei Dritteln der Stimmen erforderlich.

§ 114 Verbot im Anschluß an die Hauptverhandlung

[1]Hat das Gericht auf Ausschließung aus dem Beruf erkannt, so kann es im unmittelbaren Anschluß an die Hauptverhandlung über die Verhängung des vorläufigen Tätigkeits- oder Berufsverbots verhandeln und entscheiden. [2]Dies gilt auch dann, wenn die Berufsangehörigen zu der Hauptverhandlung nicht erschienen sind.

§ 115 Zustellung des Beschlusses

[1]Der Beschluß ist mit Gründen zu versehen. [2]Er ist den Berufsangehörigen zuzustellen. [3]Warern die Berufsangehörigen bei der Verkündung des Beschlusses nicht anwesend, ist ihnen zusätzlich der Beschluß ohne Gründe unverzüglich nach der Verkündung zuzustellen.

§ 116 Wirkungen des Verbotes

(1) Der Beschluß wird mit der Verkündung wirksam.

(2) [1]Berufsangehörige, gegen die ein vorläufiges Tätigkeitsverbot verhängt ist, dürfen die in der Entscheidung genannten Tätigkeiten nicht ausüben. [2]Berufsangehörige, gegen die ein vorläufiges Berufsverbot verhängt ist, dürfen ihren Beruf nicht ausüben.

(3) Berufsangehörige, gegen die ein vorläufiges Tätigkeits- oder Berufsverbot verhängt ist, dürfen jedoch ihre eigenen Angelegenheiten sowie die Angelegenheiten ihrer Ehegatten, Lebenspartner und minderjährigen Kinder wahrnehmen, soweit es sich nicht um die Erteilung von Prüfungsvermerken handelt.

(4) [1]Die Wirksamkeit von Rechtshandlungen, die Berufsangehörige vornehmen, wird durch vorläufige Tätigkeits- oder Berufsverbote nicht berührt. [2]Das Gleiche gilt für Rechtshandlungen, die ihnen gegenüber vorgenommen werden.

§ 117 Zuwiderhandlungen gegen das Verbot

(1) Berufsangehörige, die gegen sie ergangene vorläufige Tätigkeits- oder Berufsverbote wissentlich zuwiderhandeln, werden aus dem Beruf ausgeschlossen, sofern nicht

wegen besonderer Umstände eine mildere berufsgerichtliche Maßnahme ausreichend erscheint.

(2) Gerichte und Behörden sollen Berufsangehörige, die entgegen eines vorläufigen Tätigkeits- oder Berufsverbots vor ihnen auftreten, zurückweisen.

§ 118 Beschwerde

(1) [1]Gegen den Beschluß, durch den das Landgericht oder das Oberlandesgericht ein vorläufiges Tätigkeits- oder Berufsverbot verhängt, ist die sofortige Beschwerde zulässig. [2]Die Beschwerde hat keine aufschiebende Wirkung.

(2) Gegen den Beschluß, durch den das Landgericht oder das Oberlandesgericht es ablehnt, ein vorläufiges Tätigkeits- oder Berufsverbot zu verhängen, steht der Staatsanwaltschaft die sofortige Beschwerde zu.

(3) [1]Über die sofortige Beschwerde entscheidet, sofern der angefochtene Beschluß von dem Landgericht erlassen ist, das Oberlandesgericht und, sofern er vor dem Oberlandesgericht ergangen ist, der Bundesgerichtshof. [2]Für das Verfahren gelten neben den Vorschriften der Strafprozeßordnung über die Beschwerde § 112 Abs. 1, 2 und 4 sowie §§ 113 und 115 dieses Gesetzes entsprechend.

§ 119 Außerkrafttreten des Verbotes

[1]Vorläufige Tätigkeits- und Berufsverbote treten außer Kraft, wenn das ihrer Verhängung zugrundeliegende berufsgerichtliche Verfahren eingestellt oder rechtskräftig abgeschlossen wird. [2]Ein vorläufiges Berufsverbot tritt über Satz 1 hinaus außer Kraft, wenn ein Urteil ergeht, in dem nicht auf eine Ausschließung aus dem Beruf oder ein Berufsverbot erkannt wird. [3]Ein vorläufiges Tätigkeitsverbot tritt über Satz 1 hinaus außer Kraft, wenn ein Urteil ergeht, in dem weder auf eine Ausschließung aus dem Beruf oder ein Berufsverbot noch ein dem vorläufigen entsprechendes Tätigkeitsverbot erkannt wird.

§ 120 Aufhebung des Verbotes

(1) Das vorläufige Tätigkeits- oder Berufsverbot wird aufgehoben, wenn sich ergibt, daß die Voraussetzungen für seine Verhängung nicht oder nicht mehr vorliegen.

(2) Über die Aufhebung entscheidet das nach § 111 Abs. 3 zuständige Gericht.

(3) [1]Auf Antrag der Berufsangehörigen, das Verbot aufzuheben, kann eine erneute mündliche Verhandlung angeordnet werden. [2]Der Antrag kann nicht gestellt werden, solange über eine sofortige Beschwerde von Berufsangehörigen nach § 118 Abs. 1 noch nicht entschieden ist. [3]Gegen den Beschluß, durch den der Antrag abgelehnt wird, ist eine Beschwerde nicht zulässig.

§ 120a Mitteilung des Verbotes

(1) Der Beschluß, durch den ein vorläufiges Tätigkeits- oder Berufsverbot verhängt wird, ist alsbald der Wirtschaftsprüferkammer in beglaubigter Abschrift mitzuteilen.

(2) Tritt das vorläufige Tätigkeits- oder Berufsverbot außer Kraft oder wird es aufgehoben, so gilt Absatz 1 entsprechend.

§ 121 Bestellung eines Vertreters

(1) [1]Für Berufsangehörige, gegen die ein vorläufiges Tätigkeits- oder Berufsverbot verhängt ist, wird im Fall des Bedürfnisses von der Wirtschaftsprüferkammer ein Vertreter bestellt. [2]Vor der Bestellung sind die vom vorläufigen Tätigkeits- oder Berufsverbot betroffenen Berufsangehörigen zu hören; sie können geeignete Vertreter vorschlagen.

(2) Die Vertreter müssen Berufsangehörige sein.

(3) [1]Berufsangehörige, denen die Vertretung übertragen wird, können sie nur aus einem wichtigen Grund ablehnen. [2]Über die Ablehnung entscheidet die Wirtschaftsprüferkammer.

(4) [1]Die Vertreter führen ihr Amt unter eigener Verantwortung, jedoch für Rechnung und auf Kosten der Vertretenen. [2]An Weisungen der Vertretenen sind sie nicht gebunden.

(5) [1]Die Vertretenen haben den Vertretern eine angemessene Vergütung zu zahlen. [2]Auf Antrag der Vertretenen oder der Vertreter setzt der Vorstand der Wirtschaftsprüferkammer die Vergütung fest. [3]Die Vertreter sind befugt, Vorschüsse auf die vereinbarte oder festgesetzte Vergütung zu entnehmen. [4]Für die festgesetzte Vergütung haftet die Wirtschaftsprüferkammer wie ein Bürge.

6. Das vorläufige Untersagungsverfahren

§ 121a Voraussetzung des Verfahrens

(1) Sind dringende Gründe für die Annahme vorhanden, daß den betroffenen Berufsangehörigen die Aufrechterhaltung oder Vornahme eines pflichtwidrigen Verhaltens untersagt werden wird, so kann gegen sie durch Beschluß eine vorläufige Untersagung ausgesprochen werden.

(2) Für das weitere Verfahren gelten § 111 Abs. 2 bis § 120a sinngemäß.

Vierter Abschnitt. Die Kosten in dem berufsgerichtlichen Verfahren. Die Vollstreckung der berufsgerichtlichen Maßnahmen und der Kosten. Die Tilgung

§ 122 Gerichtskosten

[1]In gerichtlichen Verfahren nach diesem Gesetz werden Gebühren nach dem Gebührenverzeichnis der Anlage zu diesem Gesetz erhoben. [2]Im Übrigen sind die für Kosten in Strafsachen geltenden Vorschriften des Gerichtskostengesetzes entsprechend anzuwenden.

§ 123 *(aufgehoben)*

§ 124 Kostenpflicht

(1) [1]Berufsangehörigen, die ihren Antrag auf berufsgerichtliche Entscheidung zurücknehmen, deren Antrag auf berufsgerichtliche Entscheidung zurückgewiesen wird oder die in dem berufsgerichtlichen Verfahren verurteilt werden, sind die in dem Verfahren entstandenen Kosten ganz oder teilweise aufzuerlegen. [2]Dasselbe gilt, wenn das berufsgerichtliche Verfahren wegen Erlöschens, Rücknahme oder Widerrufs der Bestellung eingestellt wird und nach dem Ergebnis des bisherigen Verfahrens die Verhängung einer berufsaufsichtlichen Maßnahme gerechtfertigt war; zu den Kosten des berufsgerichtlichen Verfahrens gehören in diesem Fall auch diejenigen, die in einem anschließenden Verfahren zum Zwecke der Beweissicherung (§§ 109 und 110) entstehen. [3]Wird das Verfahren nach § 103 Absatz 3 Nummer 2 eingestellt, kann das Gericht den Berufsangehörigen die in dem Verfahren entstandenen Kosten ganz oder teilweise auferlegen, wenn es dies für angemessen erachtet.

(2) [1]Den Berufsangehörigen, die in dem berufsgerichtlichen Verfahren ein Rechtsmittel zurückgenommen oder ohne Erfolg eingelegt haben, sind die durch dieses Verfahren entstandenen Kosten aufzuerlegen. [2]Hatte das Rechtsmittel teilweise Erfolg, so kann den Berufsangehörigen ein angemessener Teil dieser Kosten auferlegt werden.

(3) Für die Kosten, die durch einen Antrag auf Wiederaufnahme des durch ein rechtskräftiges Urteil abgeschlossenen Verfahrens verursacht worden sind, ist Absatz 2 entsprechend anzuwenden.

(4) [1]Werden Berufsangehörige unter Aufhebung der angefochtenen Entscheidung freigesprochen, so sind ihre notwendigen Auslagen der Berufsangehörigen der Staatskasse aufzuerlegen. [2]Auslagen, die weder den Berufsangehörigen noch Dritten auferlegt oder die von den Berufsangehörigen nicht eingezogen werden können, fallen der Staatskasse zur Last.

§ 124a *(aufgehoben)*

§ 125 *(aufgehoben)*

§ 126 Vollstreckung der berufsgerichtlichen Maßnahmen und der Kosten

(1) Die Ausschließung aus dem Beruf wird mit der Unanfechtbarkeit der Entscheidung über die berufsaufsichtliche Maßnahme wirksam.

(2) [1]Die Vollstreckung einer Geldbuße und eines Tätigkeitsverbots nach § 68 Absatz 1 Satz 2 Nummer 4 sowie die Beitreibung der Kosten werden nicht dadurch gehindert, dass der oder die Berufsangehörige nach rechtskräftigem Abschluss des Verfahrens aus dem Beruf ausgeschieden ist. [2]Werden zusammen mit einer Geldbuße die Kosten des Verfahrens beigetrieben, so gelten auch für die Kosten die Vorschriften über die Vollstreckung der Geldbuße.

§ 126a Tilgung

(1) [1]Eintragungen in den über Berufsangehörige geführten Akten über berufsaufsichtliche Maßnahmen nach § 68 Absatz 1 Satz 2 sind nach zehn Jahren zu tilgen. [2]Die Frist beträgt nur fünf Jahre für

1. Rügen nach § 68 Absatz 1 Satz 2 Nummer 1,
2. Geldbußen nach § 68 Absatz 1 Satz 2 Nummer 2 bis zu 10 000 Euro und
3. Feststellungen nach § 68 Absatz 1 Satz 2 Nummer 7.

[3]Die über berufsaufsichtliche Maßnahmen entstandenen Vorgänge sind bei Fristablauf aus den über Berufsangehörige geführten Akten zu entfernen und zu vernichten. [4]Nach Ablauf der Frist dürfen diese Maßnahmen bei weiteren berufsaufsichtlichen Maßnahmen nicht mehr berücksichtigt werden.

(2) [1]Die Frist beginnt mit dem Tag, an dem die berufsaufsichtliche Maßnahme unanfechtbar geworden ist. [2]Für die Entfernung und Vernichtung beginnt die Frist mit dem auf das Jahr, in dem die berufsaufsichtliche Maßnahme unanfechtbar geworden ist, folgenden Jahr.

(3) Die Frist endet nicht, solange gegen die Berufsangehörigen ein Strafverfahren, ein berufsaufsichtliches Verfahren oder ein Disziplinarverfahren schwebt, eine andere berufsaufsichtliche Maßnahme berücksichtigt werden darf oder ein auf Geldbuße lautendes Urteil noch nicht vollstreckt ist.

(4) Nach Ablauf der Frist gelten Berufsangehörige als von berufsaufsichtlichen Maßnahmen nicht betroffen.

(5) [1]Eintragungen über strafgerichtliche Verurteilungen oder über andere Entscheidungen in Verfahren wegen Straftaten, Ordnungswidrigkeiten oder der Verletzung von Berufspflichten, die nicht zu einer berufsaufsichtlichen Maßnahme geführt haben, sowie über Belehrungen der Wirtschaftsprüferkammer sind nach fünf Jahren zu tilgen. [2]Absatz 1 Satz 3 und die Absätze 2 und 3 gelten entsprechend.

Fünfter Abschnitt. Anzuwendende Vorschriften

§ 127

Für die Berufsgerichtsbarkeit sind ergänzend das Gerichtsverfassungsgesetz und die Strafprozeßordnung sinngemäß anzuwenden.

Siebenter Teil. Vereidigte Buchprüfer und Buchprüfungsgesellschaften

§ 128 Berufszugehörigkeit und Berufsbezeichnung

(1) [1]Vereidigter Buchprüfer ist, wer nach den Vorschriften dieses Gesetzes als solcher anerkannt oder bestellt ist; wird ein vereidigter Buchprüfer zum Wirtschaftsprüfer bestellt, so erlischt die Bestellung als vereidigter Buchprüfer. [2]Buchprüfungsgesellschaften sind die nach den Vorschriften dieses Gesetzes anerkannten Buchprüfungsgesellschaften; wird eine Buchprüfungsgesellschaft als Wirtschaftsprüfungsgesellschaft anerkannt, so erlischt die Anerkennung als Buchprüfungsgesellschaft.

(2) [1]Vereidigte Buchprüfer haben im beruflichen Verkehr die Berufsbezeichnung „vereidigter Buchprüfer", Buchprüfungsgesellschaften die Bezeichnung „Buchprüfungsgesellschaft" zu führen. [2]Frauen können die Berufsbezeichnung „vereidigte Buchprüferin" führen.

(3) [1]Vereidigte Buchprüfer und Buchprüfungsgesellschaften sind Mitglieder der Wirtschaftsprüferkammer. [2]Im übrigen gilt § 58 Abs. 1 entsprechend.

§ 129 Inhalt der Tätigkeit

(1) [1]Vereidigte Buchprüfer haben die berufliche Aufgabe, Prüfungen auf dem Gebiete des betrieblichen Rechnungswesens, insbesondere Buch- und Bilanzprüfungen, durchzuführen. [2]Sie können über das Ergebnis ihrer Prüfungen Prüfungsvermerke erteilen. [3]Zu den Prüfungsvermerken gehören auch Bestätigungen und Feststellungen, die vereidigte Buchprüfer aufgrund gesetzlicher Vorschriften vornehmen. [4]Zu den beruflichen Aufgaben des vereidigten Buchprüfers gehört es insbesondere, die Prüfung des Jahresabschlusses von mittelgroßen Gesellschaften mit beschränkter Haftung und Personenhandelsgesellschaften im Sinne des § 264a des Handelsgesetzbuchs (§ 267 Abs. 2 des Handelsgesetzbuchs) nach § 316 Abs. 1 Satz 1 des Handelsgesetzbuchs durchzuführen.

(2) [1]Vereidigte Buchprüfer sind befugt, ihre Auftraggeber in steuerlichen Angelegenheiten nach Maßgabe der bestehenden Vorschriften zu beraten und zu vertreten. [2]In Angelegenheiten, die das Abgabenrecht fremder Staaten betreffen, sind sie zur geschäftsmäßigen Hilfe in Steuersachen befugt; die entsprechenden Befugnisse Dritter bleiben unberührt.

(3) Vereidigte Buchprüfer sind weiter befugt:

1. unter Berufung auf ihren Berufseid auf den Gebieten des betrieblichen Rechnungswesens als Sachverständige aufzutreten;
2. in wirtschaftlichen Angelegenheiten zu beraten und fremde Interessen zu wahren;
3. zur treuhänderischen Verwaltung.

§ 130 Anwendung von Vorschriften des Gesetzes

(1) [1]Auf vereidigte Buchprüfer finden § 1 Abs. 2 und § 3 sowie die Bestimmungen des Dritten, Sechsten, Siebenten und Achten Abschnitts des Zweiten Teils und des Dritten, Fünften und Sechsten Teils entsprechende Anwendung. [2]Im berufsgerichtlichen Ver-

fahren gegen vereidigte Buchprüfer können vereidigte Buchprüfer und Wirtschaftsprüfer als Beisitzer berufen werden.

(2) [1]Auf Buchprüfungsgesellschaften finden § 1 Absatz 3, § 3, die Bestimmungen des Dritten, Fünften, Sechsten, Siebten und Achten Abschnitts des Zweiten Teils und die Bestimmungen des Dritten Teils sowie § 71 Absatz 2 entsprechende Anwendung. [2]Sobald die Zahl der gesetzlichen Vertreter (§ 28 Abs. 1), die Berufsangehörige sind, die Zahl der gesetzlichen Vertreter, die vereidigte Buchprüfer oder vereidigte Buchprüferinnen sind, übersteigt, ist der Antrag auf Anerkennung als Wirtschaftsprüfungsgesellschaft zu stellen, sofern die übrigen Anerkennungsvoraussetzungen insbesondere nach § 28 vorliegen. [3]Die Anerkennung als Buchprüfungsgesellschaft ist zurückzunehmen oder zu widerrufen, wenn bei Vorliegen der Voraussetzungen des Absatz 2 Satz 2 ein Antrag auf Anerkennung als Wirtschaftsprüfungsgesellschaft unterbleibt.

(3) [1]Die §§ 57a bis 57g gelten für die Qualitätskontrolle bei vereidigten Buchprüfern in eigener Praxis und Buchprüfungsgesellschaften entsprechend. [2]Prüfer für Qualitätskontrolle können auch vereidigte Buchprüfer oder Buchprüfungsgesellschaften sein; sie können Qualitätskontrollen nur bei vereidigten Buchprüfern und Buchprüfungsgesellschaften durchführen. [3]Für die Registrierung von vereidigten Buchprüfern oder Buchprüfungsgesellschaften gilt § 57a Abs. 3 entsprechend.

Achter Teil. EU- und EWR-Abschlussprüfungsgesellschaften

§ 131 Prüfungstätigkeit von EU- und EWR-Abschlussprüfungsgesellschaften

[1]Eine EU- oder EWR-Abschlussprüfungsgesellschaft darf unter der Berufsbezeichnung ihres Herkunftsstaats Abschlussprüfungen nach § 316 des Handelsgesetzbuchs durchführen, wenn der für die jeweilige Prüfung verantwortliche Prüfungspartner im Sinne des § 319a Absatz 1 Satz 4 und Absatz 2 Satz 2 des Handelsgesetzbuchs gemäß den Vorgaben des Zweiten Abschnitts des Zweiten Teils oder dem Neunten Teil zugelassen ist. [2]Entsprechendes gilt für sonstige Tätigkeiten nach § 2 Absatz 1 und 3 und Aufgaben, die Wirtschaftsprüfern oder Buchprüfern vorbehalten sind. [3]Die EU- oder EWR-Abschlussprüfungsgesellschaft ist verpflichtet, sich nach § 131a registrieren zu lassen; soweit Abschlussprüfungen nach § 316 des Handelsgesetzbuchs durchgeführt werden, ist sie auch verpflichtet, ihre Tätigkeit nach § 57a Absatz 1 Satz 2 anzuzeigen.

§ 131a Registrierungsverfahren

[1]EU- und EWR-Abschlussprüfungsgesellschaften, die nach § 131 tätig werden wollen, haben der Wirtschaftsprüferkammer zum Zwecke ihrer Registrierung die in § 38 Nummer 4 in Verbindung mit Nummer 2 und 3 genannten Angaben mitzuteilen sowie eine Bescheinigung der zuständigen Stelle des Herkunftsstaats über ihre dortige Zulassung und Registrierung vorzulegen. [2]Die Bescheinigung darf nicht älter als drei Monate sein. [3]Die Wirtschaftsprüferkammer erkundigt sich bei der zuständigen Stelle des Herkunftsstaats, ob die Abschlussprüfungsgesellschaft dort zugelassen und registriert ist. [4]Die Wirtschaftsprüferkammer informiert die zuständige Stelle des Herkunftsstaats über die Eintragung nach § 38 Nummer 4.

§ 131b Überwachung der EU- und EWR-Abschlussprüfungsgesellschaften

[1]Soweit nichts anderes geregelt ist, unterliegen EU- und EWR-Abschlussprüfungsgesellschaften im Hinblick auf ihre Tätigkeiten nach § 131 Satz 1 und Satz 2 den Vorschriften dieses Gesetzes, insbesondere denjenigen der Berufsaufsicht (§§ 61a bis 71) und der Berufsgerichtsbarkeit (§§ 71a bis 127). [2]Hinsichtlich der Inspektionen und der

sonstigen Qualitätssicherungsprüfungen im Sinne des Artikels 29 der Richtlinie 2006/43/EG unterliegen sie der Aufsicht des Herkunftsstaats. [3]Die Abschlussprüferaufsichtsstelle arbeitet nach § 66c mit den zuständigen Stellen der Herkunftsstaaten und gegebenenfalls anderer Aufnahmestaaten zusammen.

Neunter Teil. Eignungsprüfung als Wirtschaftsprüfer

§ 131g Zulassung zur Eignungsprüfung als Wirtschaftsprüfer

(1) Eine Person, die in einem Mitgliedstaat oder in einem anderen Vertragsstaat des Abkommens über den europäischen Wirtschaftsraum oder der Schweiz außerhalb des Geltungsbereichs dieses Gesetzes als Abschlussprüfer zugelassen ist, kann abweichend von den Vorschriften des Ersten und Zweiten Abschnitts des Zweiten Teils als Wirtschaftsprüfer bestellt werden, wenn sie eine Eignungsprüfung als Wirtschaftsprüfer abgelegt hat.

(2) [1]Über die Zulassung zur Eignungsprüfung entscheidet die Prüfungsstelle; der Antrag ist schriftlich oder elektronisch einzureichen. [2]§§ 13 bis 13 b finden entsprechende Anwendung.

§ 131h Eignungsprüfung als Wirtschaftsprüfer

(1) Bewerber und Bewerberinnen, die zugelassen worden sind, legen die Eignungsprüfung vor der Prüfungskommission ab.

(2) [1]Bei der Eignungsprüfung wird überprüft, ob der Bewerber oder die Bewerberin über angemessene Kenntnisse der für die Abschlussprüfung relevanten Rechtsvorschriften der Bundesrepublik Deutschland verfügt. [2]Die Eignungsprüfung muss dem Umstand Rechnung tragen, dass der Bewerber oder die Bewerberin in einem Mitgliedstaat der Europäischen Union oder in einem anderen Vertragsstaat des Abkommens über den Europäischen Wirtschaftsraum oder in der Schweiz über die beruflichen Voraussetzungen verfügt, die für die Zulassung zur Pflichtprüfung von Jahresabschlüssen und anderer Rechnungsunterlagen in diesem Staat erforderlich sind.

(3) [1]Die Prüfung gliedert sich in eine schriftliche und eine mündliche Prüfung. [2]Sie wird in deutscher Sprache abgelegt. [3]Prüfungsgebiete sind durch Rechtsverordnung näher zu bestimmende Bereiche des Wirtschaftlichen Prüfungswesens (rechtliche Vorschriften), des Wirtschaftsrechts, des Steuerrechts und das Berufsrecht der Wirtschaftsprüfer.

(4) *(aufgehoben)*

§ 131i Anwendung des Berufsqualifikationsfeststellungsgesetzes

Das Berufsqualifikationsfeststellungsgesetz findet mit Ausnahme des § 17 keine Anwendung.

§ 131j *(aufgehoben)*

§ 131k Bestellung

Auf die Bestellung der Personen, die die Prüfung nach § 131h bestanden haben, als Wirtschaftsprüfer findet der Dritte Abschnitt des Zweiten Teils entsprechende Anwendung.

§ 131l Rechtsverordnung

[1]Das Bundesministerium für Wirtschaft und Energie wird ermächtigt, durch Rechtsverordnung für die Prüfung nach § 131h Bestimmungen zu erlassen über die Zusammensetzung der Prüfungskommission und die Berufung ihrer Mitglieder, die Einzel-

heiten der Prüfung, der Prüfungsgebiete und des Prüfungsverfahrens, insbesondere über die in § 14 bezeichneten Angelegenheiten, den Erlaß von Prüfungsleistungen sowie die Zulassung zur Eignungsprüfung von Bewerbenden, welche die Voraussetzungen des Artikels 13 Absatz 2 der Richtlinie 2005/36/EG des Europäischen Parlaments und des Rates vom 7. September 2005 über die Anerkennung von Berufsqualifikationen (ABl. L 255 vom 30.9.2005, S. 22) in der jeweils geltenden Fassung erfüllen. [2]Die Rechtsverordnung bedarf nicht der Zustimmung des Bundesrates.

§ 131m Bescheinigungen des Herkunftsmitgliedstaats

Soweit es für die Entscheidung über die Bestellung als Wirtschaftsprüfer der Vorlage oder Anforderung von

1. Bescheinigungen oder Urkunden darüber, daß keine schwerwiegenden beruflichen Verfehlungen, Straftaten oder sonstige, die Eignung des Bewerbers für den Beruf des Wirtschaftsprüfers in Frage stellende Umstände bekannt sind,
2. Bescheinigungen oder Urkunden darüber, daß sich der Bewerber nicht im Konkurs befindet,
3. Bescheinigungen über die körperliche oder geistige Gesundheit,
4. Führungszeugnissen

des Herkunftsmitgliedstaats bedarf, genügt eine Bescheinigung oder Urkunde im Sinne des Artikels 50 Abs. 1 in Verbindung mit Anhang VII Nummer 1 Buchstabe d und e der Richtlinie 2005/36/EG.

§ 131n *(aufgehoben)*

Zehnter Teil. Straf- und Bußgeldvorschriften

§ 132 Verbot verwechslungsfähiger Berufsbezeichnungen; Siegelimitate

(1) Untersagt ist

1. das Führen der Berufsbezeichnung „Buchprüfer", „Bücherrevisor" oder „Wirtschaftstreuhänder" oder
2. das nach dem Recht eines anderen Staates berechtigte Führen der Berufsbezeichnungen „Wirtschaftsprüfer", „Wirtschaftsprüferin", „vereidigter Buchprüfer" oder „vereidigte Buchprüferin", ohne dass der andere Staat angegeben wird.

(2) Siegel dürfen nur im geschäftlichen Verkehr verwendet werden, wenn sie den Bestimmungen über die Gestaltung des Siegels nach Maßgabe der Berufssatzung nach § 48 Abs. 2 entsprechen.

(3) Ordnungswidrig handelt, wer

1. entgegen Absatz 1 Nr. 1 oder 2 eine Berufsbezeichnung führt oder
2. entgegen Absatz 2 ein Siegel verwendet.

(4) [1]Die Ordnungswidrigkeit kann mit einer Geldbuße bis zu 5.000 Euro geahndet werden.

§ 133 Schutz der Bezeichnung „Wirtschaftsprüfungsgesellschaft" und „Buchprüfungsgesellschaft"

(1) Ordnungswidrig handelt, wer die Bezeichnung „Wirtschaftsprüfungsgesellschaft" oder „Buchprüfungsgesellschaft" oder eine einer solchen zum Verwechseln ähnliche Bezeichnung für eine Gesellschaft gebraucht, obwohl diese nicht als solche anerkannt ist.

(2) [1]Die Ordnungswidrigkeit kann mit einer Geldbuße bis zu 10.000 Euro geahndet werden.

§ 133a Unbefugte Ausübung einer Führungsposition bei dem geprüften Unternehmen

(1) Ordnungswidrig handelt, wer entgegen § 43 Abs. 3 eine wichtige Führungsposition ausübt.

(2) [1]Die Ordnungswidrigkeit kann mit einer Geldbuße bis zu fünfzigtausend Euro geahndet werden.

§ 133b Unbefugte Verwertung fremder Betriebs- und Geschäftsgeheimnisse

(1) Mit Freiheitsstrafe bis zu zwei Jahren oder mit Geldstrafe wird bestraft, wer entgegen § 66b Abs. 2 ein fremdes Geheimnis verwertet.

(2) Die Tat wird nur auf Antrag verfolgt.

§ 133c Unbefugte Offenbarung fremder Betriebs- oder Geschäftsgeheimnisse

(1) Mit Freiheitsstrafe bis zu einem Jahr oder mit Geldstrafe wird bestraft, wer entgegen § 66b Abs. 2 ein fremdes Geheimnis offenbart.

(2) Handelt der Täter gegen Entgelt oder in der Absicht, sich oder einen anderen zu bereichern oder einen anderen zu schädigen, ist die Strafe Freiheitsstrafe bis zu zwei Jahren oder Geldstrafe.

(3) Die Tat wird nur auf Antrag verfolgt.

§ 133d Verwaltungsbehörde

[1]Verwaltungsbehörde im Sinne des § 36 Absatz 1 Nummer 1 des Gesetzes über Ordnungswidrigkeiten ist für Ordnungswidrigkeiten nach § 132 Absatz 3, § 133 Absatz 1 und § 133a Absatz 1 die Wirtschaftsprüferkammer. [2]Das Gleiche gilt für durch Mitglieder der Wirtschaftsprüferkammer im Sinne des § 58 Absatz 1 Satz 1 begangene Ordnungswidrigkeiten nach § 56 des Geldwäschegesetzes und nach § 6 der Dienstleistungs-Informationspflichten-Verordnung.

§ 133e Verwendung der Geldbußen

(1) Die Geldbußen fließen in den Fällen von § 132 Absatz 3, § 133 Absatz 1, § 133a Absatz 1 sowie § 56 des Geldwäschegesetzes und § 6 der Dienstleistungs-Informationspflichten-Verordnung in die Kasse der Verwaltungsbehörde, die den Bußgeldbescheid erlassen hat.

(2) [1]Die nach Absatz 1 zuständige Kasse trägt abweichend von § 105 Absatz 2 des Gesetzes über Ordnungswidrigkeiten die notwendigen Auslagen. [2]Sie ist auch ersatzpflichtig im Sinne des § 110 Absatz 4 des Gesetzes über Ordnungswidrigkeiten.

Elfter Teil. Übergangs- und Schlussvorschriften

§ 134 Anwendung von Vorschriften dieses Gesetzes auf Abschlussprüfer, Abschlussprüferinnen und Abschlussprüfungsgesellschaften aus Drittstaaten

(1) [1]Abschlussprüfer, Abschlussprüferinnen und Abschlussprüfungsgesellschaften aus Drittstaaten, bei denen keine Bestellung oder Anerkennung nach diesem Gesetz oder dem Recht eines anderen Mitgliedstaats der Europäischen Union oder eines anderen Vertragsstaats des Abkommens über den europäischen Wirtschaftsraum vorliegt (Drittstaatsprüfer und Drittstaatsprüfungsgesellschaften), sind verpflichtet, sich nach den Vorschriften des Siebten Abschnitts des Zweiten Teils eintragen zu lassen, wenn sie be-

absichtigen, den Bestätigungsvermerk für einen gesetzlich vorgeschriebenen Jahresabschluss oder Konzernabschluss einer Gesellschaft mit Sitz außerhalb der Europäischen Union und des Europäischen Wirtschaftsraums zu erteilen, deren übertragbare Wertpapiere zum Handel an einem geregelten Markt im Sinne von Artikel 4 Absatz 1 Nummer 14 der Richtlinie 2004/39/EG des europäischen Parlaments und des Rates vom 21. April 2004 über Märkte für Finanzinstrumente, zur Änderung der Richtlinien 85/611/EWG und 93/6/EWG des Rates und der Richtlinie 2000/12/EG des Europäischen Parlaments und des Rates und zur Aufhebung der Richtlinie 93/22/EWG des Rates (ABl. L 145 vom 30.4.2004, S. 1) in der jeweils geltenden Fassung in Deutschland zugelassen sind. [2]Die Pflicht, sich eintragen zu lassen, gilt nicht bei Bestätigungsvermerken für Gesellschaften, die ausschließlich zum Handel an einem geregelten Markt eines Mitgliedstaats der Europäischen Union zugelassene Schuldtitel im Sinne des Artikels 2 Absatz 1 Buchstabe b der Richtlinie 2004/109/EG des Europäischen Parlaments und des Rates vom 15. Dezember 2004 zur Harmonisierung der Transparenzanforderungen in Bezug auf Informationen über Emittenten, deren Wertpapiere zum Handel auf einem geregelten Markt zugelassen sind, und zur Änderung der Richtlinie 2001/34/EG (ABl. L 390 vom 31.12.2004, S. 38) in der jeweils geltenden Fassung begeben, wenn diese Schuldtitel

1. eine Mindeststückelung zu je 100 000 Euro oder einen am Ausgabetag entsprechenden Gegenwert einer anderen Währung aufweisen oder
2. eine Mindeststückelung zu je 50 000 Euro oder einen am Ausgabetag entsprechenden Gegenwert einer anderen Währung aufweisen und vor dem 31. Dezember 2010 begeben worden sind.

(2) [1]Drittstaatsprüfungsgesellschaften können nur eingetragen werden, wenn

1. sie die Voraussetzungen erfüllen, die denen des Fünften Abschnitts des Zweiten Teils gleichwertig sind,
2. die Person, welche die Prüfung im Namen der Drittstaatenprüfungsgesellschaft durchführt, diejenigen Voraussetzungen erfüllt, die denen des Ersten Abschnitts des Zweiten Teils gleichwertig sind,
3. die Prüfungen nach den internationalen Prüfungsstandards und den Anforderungen an die Unabhängigkeit oder nach gleichwertigen Standards und Anforderungen durchgeführt werden und
4. sie auf ihrer Website einen jährlichen Transparenzbericht veröffentlichen, der die in Artikel 13 der Verordnung (EU) Nr. 537/2014 genannten Informationen enthält, oder sie gleichwertige Bekanntmachungen erfüllen.

[2]Entsprechendes gilt für Drittstaatsprüfer, wenn die Voraussetzungen entsprechend Absatz 1 und den Nummern 2 bis 4 vorliegen.

(2a) Liegen die Voraussetzungen des Absatzes 1 und 2 vor, erteilt die Wirtschaftsprüferkammer dem eingetragenen Abschlussprüfer, der Abschlussprüferin oder der Abschlussprüfungsgesellschaft eine Eintragungsbescheinigung.

(3) [1]Die nach den Absätzen 1 und 2 eingetragenen Drittstaatsprüfer und Drittstaatsprüfungsgesellschaften unterliegen im Hinblick auf ihre Tätigkeit nach Absatz 1 den Vorschriften der Qualitätskontrolle (§§ 57a bis 57g), der Berufsaufsicht (§§ 61a bis 71) sowie der Berufsgerichtsbarkeit (§§ 71a bis 127). [2]Von der Durchführung einer Qualitätskontrolle kann abgesehen werden, wenn in einem anderen Mitgliedstaat der Europäischen Union in den vorausgegangenen drei Jahren bereits eine Qualitätskontrolle bei dem Drittstaatsprüfer oder bei der Drittstaatsprüfungsgesellschaft durchgeführt worden ist. [3]Satz 2 gilt entsprechend, wenn in einem Drittstaat in den vorangegangnen drei Jahren bereits eine Qualitätskontrolle bei der eingetragenen Person oder bei der Gesellschaft

durchgeführt worden ist, wenn die dortige Qualitätskontrolle aufgrund der Bewertung gemäß Absatz 4 als gleichwertig anerkannt wurde.

(4) [1]Von der Eintragung und deren Folgen nach Absatz 3 ist auf der Grundlage der Gegenseitigkeit abzusehen, wenn die in Absatz 1 Satz 1 genannten Personen und Gesellschaften in ihrem jeweiligen Drittstaat einer öffentlichen Aufsicht, einer Qualitätskontrolle sowie einer Berufsaufsicht unterliegen, die Anforderungen erfüllen, welche denen der in Absatz 3 genannten Vorschriften gleichwertig sind, oder wenn die Europäische Kommission dies für eine Übergangsfrist nach Artikel 46 Abs. 2 Satz 5 der Richtlinie 2006/43/EG vorsieht. [2]Die in Satz 1 genannte Gleichwertigkeit wird von der Kommission der Europäischen Gemeinschaften in Zusammenarbeit mit den Mitgliedstaaten bewertet und festgestellt. [3]Solange die Kommission der Europäischen Gemeinschaften noch keine Übergangsentscheidung nach Satz 1 oder Feststellung nach Satz 2 getroffen hat, kann das Bundesministerium für Wirtschaft und Energie die Gleichwertigkeit selbst bewerten und feststellen. [4]Es wird bei der Bewertung die Bewertungen und Feststellungen anderer Mitgliedstaaten sowie diejenigen Kriterien berücksichtigen, die die Europäische Kommission auf der Grundlage des Artikels 46 Absatz 2 Unterabsatz 2 der Richtlinie 2006/43/EG in delegierten Rechtsakten bestimmt. [5]Trifft das Bundesministerium für Wirtschaft und Energie eine solche Feststellung, macht es diese durch Veröffentlichung im Bundesanzeiger bekannt. [6]Lehnt das Bundesministerium für Wirtschaft und Energie die Gleichwertigkeit im Sinn des Satzes 1 ab, kann es den in Absatz 1 Satz 1 genannten Personen und Gesellschaften für einen angemessenen Übergangszeitraum die Fortführung ihrer Prüfungstätigkeit im Einklang mit den einschlägigen deutschen Vorschriften gestatten. [7]Die Feststellung und die Ablehnung der Gleichwertigkeit wird der Abschlussprüferaufsichtsstelle mitgeteilt, damit sie diese Entscheidung gemäß § 66c Abs. 6 berücksichtigen kann. [8]Erfolgt nach Maßgabe dieses Absatzes keine Eintragung gemäß Absatz 1, so bestätigt die Wirtschaftsprüferkammer dies dem Abschlussprüfer, der Abschlussprüferin oder der Abschlussprüfungsgesellschaft auf Antrag schriftlich oder elektronisch.

(5) Liegen die Voraussetzungen einer Eintragung im Sinne der Absätze 1 und 2 nicht mehr vor, erfolgt eine Löschung der Eintragung von Amts wegen.

§ 134a Übergangsregelung

(1) [1]Wirtschaftsprüfer und vereidigte Buchprüfer, die am 31. Dezember 1989 bestellt sind, behalten ihre Bestellung, auch wenn sie die Voraussetzungen der am 1. Januar 1990 in Kraft tretenden Vorschriften des Artikels 6 des Bilanzrichtlinien-Gesetzes vom 19. Dezember 1985 (BGBl. I S. 2355) nicht erfüllen. [2]Entsprechendes gilt für Wirtschaftsprüfungsgesellschaften und Buchprüfungsgesellschaften, die am 31. Dezember 1989 anerkannt sind. [3]Die Anerkennung einer Wirtschaftsprüfungsgesellschaft und einer Buchprüfungsgesellschaft ist jedoch zu widerrufen, wenn sie nach dem 31. Dezember 1994 die Voraussetzungen des § 28 Abs. 2 und 3 in der ab 1. Januar 1990 geltenden Fassung nicht erfüllt.

(2) [1]Wirtschaftsprüfungsgesellschaften und Buchprüfungsgesellschaften, die im Zeitpunkt des Inkrafttretens des Artikels 6 Nr. 6 Buchstabe b des Bilanzrichtlinien-Gesetzes anerkannt sind, bleiben anerkannt. [2]Die Anerkennung einer solchen Wirtschaftsprüfungsgesellschaft oder Buchprüfungsgesellschaft ist von der Wirtschaftsprüferkammer zu widerrufen, wenn nach dem 31. Dezember 1987 bei der Wirtschaftsprüfungsgesellschaft oder Buchprüfungsgesellschaft der Bestand der Gesellschafter oder das Verhältnis ihrer Beteiligungen oder Stimmrechte durch Rechtsgeschäft oder aufgrund Erbfalls verändert und dabei § 28 Abs. 4 nicht beachtet wird. [3]§ 34 Abs. 1 Nr. 2 ist entsprechend anzuwenden.

(3) *(aufgehoben)*

(4) *(aufgehoben)*

§ 135 *(aufgehoben)*

§ 136 Übergangsregelung für § 57a

(1) [1]Berufsangehörige und Wirtschaftsprüfungsgesellschaften, die über eine wirksame Teilnahmebescheinigung oder Ausnahmegenehmigung nach dem bis zum 16. Juni 2016 geltenden § 57a Abs. 1 verfügen, werden von Amts wegen als gesetzliche Abschlussprüfer nach § 38 Nummer 1 Buchstabe h oder Nummer 2 Buchstabe f in das Register eingetragen. [2]Ebenso werden genossenschaftliche Prüfungsverbände, die über eine wirksame Teilnahmebescheinigung oder Ausnahmegenehmigung nach dem bis zum 16. Juni 2016 geltenden § 57a Abs. 1 in Verbindung mit § 63g Abs. 2 Satz 1 des Genossenschaftsgesetzes verfügen, von Amts wegen nach § 40a Abs. 1 Satz 1 in das Register eingetragen. [3]Die Anzeigepflicht nach § 57a Abs. 1 Satz 2 und 3 entfällt.

(2) Berufsangehörige und Wirtschaftsprüfungsgesellschaften, die am 16. Juni 2016 über eine bis zum 31. Juli 2017 befristete Teilnahmebescheinigung oder Ausnahmegenehmigung nach dem bis zum 16. Juni 2016 geltenden § 57a Abs. 1 Satz 2 und Abs. 6 Satz 7 verfügen, haben die Qualitätskontrolle bis zum Ende dieser Frist durchzuführen und den Qualitätskontrollbericht einzureichen.

(3) Der erste Nachweis der speziellen Fortbildung nach § 57a Abs. 3a Satz 2 Nummer 4 ist spätestens bis zum 16. Juni 2019 zu führen.

§ 136a *(aufgehoben)*

§ 137 Übergangsregelung für § 57 Abs. 4 Nr. 1 Buchstabe e und i

Solange die Wirtschaftsprüferkammer die Vorschriften über das Siegel und die Vorschriften über die Berufshaftpflichtversicherung nach § 57 Abs. 4 Nr. 1 Buchstabe e und i nicht in die Berufssatzung aufgenommen hat und soweit sich aus diesem Gesetz nichts anderes ergibt, ist das am 5. September 2007 geltende Recht anzuwenden.

§ 137a *(aufgehoben)*

§ 138 Behandlung schwebender Verfahren

(1) [1]Verfahren bei der Abschlussprüferaufsichtskommission, die am 16. Juni 2016 noch nicht abgeschlossen sind, gehen auf die Abschlussprüferaufsichtsstelle über. [2]Die Vorgänge sind der Abschlussprüferaufsichtsstelle zuzuleiten.

(2) [1]Verfahren bei der Wirtschaftsprüferkammer, die am 16. Juni 2016 noch nicht abgeschlossen sind, gehen auf die Abschlussprüferaufsichtsstelle über, soweit die Zuständigkeit für diese Verfahren nach der vom 17. Juni 2016 an geltenden Fassung dieses Gesetzes nicht mehr bei der Wirtschaftsprüferkammer, sondern bei der Abschlussprüferaufsichtsstelle liegt. [2]Die Vorgänge sind der Abschlussprüferaufsichtsstelle zuzuleiten.

(3) Auf berufsgerichtliche Verfahren, die am 16. Juni 2016 noch nicht rechtskräftig abgeschlossen sind, ist dieses Gesetz in der bis zum 16. Juni 2016 geltenden Fassung anzuwenden.

§ 139 *(aufgehoben)*

§ 139a Übergangsregelung zur Behandlung schwebender Anträge und Verfahren im Rahmen des Zulassungs- und Prüfungsverfahrens nach den bis zum 31. Dezember 2003 geltenden §§ 131 bis 131d und §§ 131i und 131j

(1) [1]Anträge auf Zulassung zur Prüfung als vereidigter Buchprüfer oder vereidigte Buchprüferin nach den bis zum 31. Dezember 2003 geltenden §§ 131 bis 131d und auf Zulassung zur Eignungsprüfung nach den bis zum 31. Dezember 2003 geltenden §§ 131i und 131j, die nicht für eine Wiederholungsprüfung gestellt werden, müssen bis spätestens 31. Dezember 2004 formgerecht eingereicht werden; sie sind nach dem bis zum 31. Dezember 2003 geltenden Recht zu behandeln. [2]Die Zuständigkeiten nach § 139 bleiben hiervon unberührt; für Zulassungs- und Prüfungsverfahren, die ab 1. Januar 2004 beginnen, gelten die Zuständigkeiten nach § 5 entsprechend.

(2) Die dem Zulassungsverfahren gemäß Absatz 1 nachfolgenden Prüfungen sind nach dem bis zum 31. Dezember 2003 geltenden Recht durchzuführen.

(3) [1]Die Prüfungen müssen bis spätestens 31. Dezember 2006 abgelegt sein. [2]Dieselbe Frist gilt für die den Prüfungen nachfolgenden Rücktrittsfolge- und Wiederholungsprüfungen nach den bis zum 31. Dezember 2003 geltenden §§ 20 und 21 der Prüfungsordnung für Wirtschaftsprüfer und nach den bis zum 31. Dezember 2003 geltenden §§ 11 und 12 der Prüfungsordnung für die Eignungsprüfung nach dem Achten Teil der Wirtschaftsprüferordnung; nach Ablauf der Frist besteht kein Anspruch mehr auf deren Durchführung.

(4) [1]Hat eine Person die Prüfung als vereidigter Buchprüfer oder vereidigte Buchprüferin abgelegt, eine Bestellung aber noch nicht erhalten, so muß die Bestellung bis spätestens ein Jahr nach Prüfungsablegung beantragt werden. [2]In Härtefällen kann die Wirtschaftsprüferkammer auf Antrag Ausnahmen gewähren.

§ 139b Übergangsregelung für den bis zum 31. Dezember 2003 geltenden § 51a

(1) Die regelmäßige Verjährungsfrist nach § 195 des Bürgerlichen Gesetzbuchs findet auf die am 1. Januar 2004 bestehenden und noch nicht verjährten Ansprüche des Auftraggebers auf Schadensersatz aus dem zwischen ihm und dem Wirtschaftsprüfer bestehenden Vertragsverhältnis Anwendung.

(2) [1]Die regelmäßige Verjährungsfrist nach § 195 des Bürgerlichen Gesetzbuchs wird vom 1. Januar 2004 an berechnet. [2]Läuft jedoch die bis zu diesem Tag geltende Verjährungsfrist des § 51a früher als die regelmäßige Verjährungsfrist nach § 195 des Bürgerlichen Gesetzbuchs ab, so ist die Verjährung mit Ablauf der bis zu diesem Tag geltenden Verjährungsfrist des § 51 a vollendet.

§ 140 *(aufgehoben)*

§ 141 Inkrafttreten

(1) Dieses Gesetz tritt am ersten Kalendertage des vierten auf seine Verkündigung folgenden Kalendermonats in Kraft.

(2) Die §§ 14, 48, 54, 131 Abs. 4 treten am Tage der Verkündigung in Kraft.

Anlage
(zu § 122 Satz 1)

Gebührenverzeichnis
Gliederung

Abschnitt 1 Verfahren vor dem Landgericht
Unterabschnitt 1 Verfahren über Anträge auf berufsgerichtliche Entscheidung
Unterabschnitt 2 Verfahren über Anträge auf Entscheidung des Gerichts
Abschnitt 2 Verfahren vor dem Oberlandesgericht
Unterabschnitt 1 Berufung
Unterabschnitt 2 Beschwerde
Abschnitt 3 Verfahren vor dem Bundesgerichtshof
Unterabschnitt 1 Revision
Unterabschnitt 2 Beschwerde

Abschnitt 4 Rüge wegen Verletzung des Anspruchs auf rechtliches Gehör

Nr.	Gebührentatbestand	Gebührenbetrag oder Satz der jeweiligen Gebühr 110 bis 114

Vorbemerkung:

(1) In Verfahren über Anträge auf berufsgerichtliche Entscheidung werden, soweit nichts anderes bestimmt ist, Gebühren nur erhoben, soweit auf Zurückweisung des Antrags auf berufsgerichtliche Entscheidung oder auf Verurteilung zu einer oder mehrerer der in § 68 Abs. 1 und § 68a der Wirtschaftsprüferordnung genannten Maßnahmen entschieden wird. Die Gebühren bemessen sich nach der rechtskräftig verhängten Maßnahme, die Gegenstand der Entscheidung im Sinne des Satzes 1 ist. Maßgeblich ist die Maßnahme, für die die höchste Gebühr bestimmt ist.

(2) Im Rechtsmittelverfahren ist Absatz 1 entsprechend anzuwenden.

(3) Wird ein Antrag auf berufsgerichtliche Entscheidung, ein Antrag auf Entscheidung des Gerichts oder ein Rechtsmittel nur teilweise verworfen oder zurückgewiesen, so hat das Gericht die Gebühr zu ermäßigen, soweit es unbillig wäre, den Berufsangehörigen damit zu belasten.

(4) Im Verfahren nach Wiederaufnahme werden die gleichen Gebühren wie für das wiederaufgenommene Verfahren erhoben. Wird jedoch nach Anordnung der Wiederaufnahme des Verfahrens das frühere Urteil aufgehoben, gilt für die Gebührenerhebung jeder Rechtszug des neuen Verfahrens mit dem jeweiligen Rechtszug des früheren Verfahrens zusammen als ein Rechtszug. Gebühren werden auch für Rechtszüge erhoben, die nur im früheren Verfahren stattgefunden haben.

Abschnitt 1
Verfahren vor dem Landgericht
Unterabschnitt 1
Verfahren über Anträge auf berufsgerichtliche Entscheidung

Nr.	Gebührentatbestand	Gebührenbetrag oder Satz der jeweiligen Gebühr 110 bis 114
	Verfahren mit Urteil bei	
110	– Erteilung einer Rüge nach § 68 Abs. 1 Satz 2 Nr. 1 oder einer Feststellung nach Abs. 1 Satz 2 Nr. 7 der Wirtschaftsprüferordnung jeweils	160,00 €
111	– Verhängung einer Geldbuße nach § 68 Abs. 1 Satz 2 Nr. 2 der Wirtschaftsprüferordnung	240,00 €

Nr.	Gebührentatbestand	Gebührenbetrag oder Satz der jeweiligen Gebühr 110 bis 114
112	– Verhängung eines Tätigkeitsverbots nach § 68 Abs. 1 Satz 2 Nr. 3 oder Nr. 4 oder Berufsverbots nach § 68 Abs. 1 Satz 2 Nr. 5 der Wirtschaftsprüferordnung jeweils.	360,00 €
113	– Ausschließung aus dem Beruf nach § 68 Abs. 1 Satz 2 Nr. 6 der Wirtschaftsprüferordnung	480,00 €
114	– Erlass einer Untersagungsverfügung nach § 68a der Wirtschaftsprüferordnung	60,00 €
115	Zurückweisung des Antrags auf berufsgerichtliche Entscheidung durch Beschluss nach § 86 Abs. 1 der Wirtschaftsprüferordnung	0,5
116	Zurücknahme des Antrags auf berufsgerichtliche Entscheidung vor Beginn der Hauptverhandlung . . . . Die Gebühr bemisst sich nach der Maßnahme, die Gegenstand des Verfahrens war. Maßgeblich ist die Maßnahme, für die die höchste Gebühr bestimmt ist.	0,25
117	Zurücknahme des Antrags auf berufsgerichtliche Entscheidung nach Beginn der Hauptverhandlung . . . . . . Die Gebühr bemisst sich nach der Maßnahme, die Gegenstand des Verfahrens war. Maßgeblich ist die Maßnahme, für die die höchste Gebühr bestimmt ist.	0,5

Unterabschnitt 2
Verfahren über Anträge auf Entscheidung des Gerichts

Vorbemerkung 1.2:
(1) Die Gebühren entstehen für jedes Verfahren gesondert.
(2) Ist in den Fällen der Nummern 120 und 123 das Zwangs- oder Ordnungsgeld geringer als die Gebühr, so ermäßigt sich die Gebühr auf die Höhe des Zwangs- oder Ordnungsgeldes.

120	Verfahren über einen Antrag auf Entscheidung des Gerichts über die Androhung oder die Festsetzung eines Zwangsgeldes nach § 62a Abs. 3 Satz 1 der Wirtschaftsprüferordnung: Der Antrag wird verworfen oder zurückgewiesen	160,00 €
121	Verfahren über einen Antrag auf Entscheidung des Gerichts über eine vorläufige Untersagungsverfügung nach § 68b Satz 4 i. V. m. § 62a Abs. 3 Satz 1 der Wirtschaftsprüferordnung: Der Antrag wird verworfen oder zurückgewiesen	100,00 €
122	Verfahren über einen Antrag auf Entscheidung des Gerichts über die Verhängung eines Ordnungsgeldes nach § 68c Abs. 2 i. V. m. § 62a Abs. 3 Satz 1 der Wirtschaftsprüferordnung: Der Antrag wird verworfen oder zurückgewiesen	360,00 €

Nr.	Gebührentatbestand	Gebührenbetrag oder Satz der jeweiligen Gebühr 110 bis 114
123	Verfahren über einen Antrag auf Entscheidung des Gerichts über die Notwendigkeit der Zuziehung eines Bevollmächtigten nach § 68 Abs. 6 Satz 4 der Wirtschaftsprüferordnung: Der Antrag wird verworfen oder zurückgewiesen	100,00 €
	Abschnitt 2 ***Verfahren vor dem Oberlandesgericht*** *Unterabschnitt 1* *Berufung*	
210	Berufungsverfahren mit Urteil	1,5
211	Erledigung des Berufungsverfahrens ohne Urteil . . . . . Die Gebühr bemisst sich nach der Maßnahme, die Gegenstand des Verfahrens war. Maßgeblich ist die Maßnahme, für die die höchste Gebühr bestimmt ist. Die Gebühr entfällt bei Zurücknahme der Berufung vor Ablauf der Begründungsfrist.	0,5
	Unterabschnitt 2 *Beschwerde*	
220	Verfahren über eine Beschwerde gegen die Verwerfung eines Antrags auf berufsgerichtliche Entscheidung (§ 86 Abs. 1 der Wirtschaftsprüferordnung): Die Beschwerde wird verworfen oder zurückgewiesen	1,0
221	Verfahren über eine Beschwerde gegen den Beschluss, durch den ein vorläufiges Tätigkeits- oder Berufsverbot verhängt wurde, nach § 118 Abs. 1 der Wirtschaftsprüferordnung: Die Beschwerde wird verworfen oder zurückgewiesen	250,00 €
222	Verfahren über sonstige Beschwerden im berufsgerichtlichen Verfahren, die nicht nach anderen Vorschriften gebührenfrei sind: Die Beschwerde wird verworfen oder zurückgewiesen Von dem Berufsangehörigen wird eine Gebühr nur erhoben, wenn gegen ihn rechtskräftig eine der in § 68 Abs. 1 und § 68a der Wirtschaftsprüferordnung genannten Maßnahmen verhängt worden ist.	50,00 €
	Abschnitt 3 ***Verfahren vor dem Bundesgerichtshof*** *Unterabschnitt 1* *Revision*	
310	Revisionsverfahren mit Urteil oder mit Beschluss nach § 107a Abs. 3 Satz 1 der Wirtschaftsprüferordnung i. V. m. § 349 Abs. 2 oder Abs. 4 StPO	2,0

Nr.	Gebührentatbestand	Gebührenbetrag oder Satz der jeweiligen Gebühr 110 bis 114
311	Erledigung des Revisionsverfahrens ohne Urteil und ohne Beschluss nach § 107a Abs. 3 Satz 1 der Wirtschaftsprüferordnung i. V. m. § 349 Abs. 2 oder Abs. 4 StPO	1,0
	Die Gebühr bemisst sich nach der Maßnahme, die Gegenstand des Verfahrens war. Maßgeblich ist die Maßnahme, für die die höchste Gebühr bestimmt ist. Die Gebühr entfällt, wenn die Revision vor Ablauf der Begründungsfrist zurückgenommen wird.	
	Unterabschnitt 2 *Beschwerde*	
320	Verfahren über die Beschwerde gegen die Nichtzulassung der Revision nach § 107 Abs. 3 Satz 1 der Wirtschaftsprüferordnung: Die Beschwerde wird verworfen oder zurückgewiesen	1,0
321	Verfahren über eine Beschwerde gegen den Beschluss, durch den ein vorläufiges Tätigkeits- oder Berufsverbots verhängt wurde, nach § 118 Abs. 1 der Wirtschaftsprüferordnung: Die Beschwerde wird verworfen oder zurückgewiesen	300,00 €
322	Verfahren über sonstige Beschwerden im berufsgerichtlichen Verfahren, die nicht nach anderen Vorschriften gebührenfrei sind:	50,00 €
	Die Beschwerde wird verworfen oder zurückgewiesen dem Berufsangehörigen wird eine Gebühr nur erhoben, wenn gegen ihn rechtskräftig eine der in § 68 Abs. 1 und § 68a der Wirtschaftsprüferordnung genannten Maßnahmen verhängt worden ist.	
	Abschnitt 4 ***Rüge wegen Verletzung des Anspruchs auf rechtliches Gehör***	
400	Verfahren über die Rüge wegen Verletzung des Anspruchs auf rechtliches Gehör: Die Rüge wird in vollem Umfang verworfen oder zurückgewiesen	50,00 €
	Abschnitt 5 ***Verfahren über den Antrag auf Aufhebung eines vorläufigen Tätigkeits- oder Berufsverbots nach § 120 der Wirtschaftsprüferordnung***	
500	Verfahren über den Antrag auf Aufhebung eines vorläufigen Tätigkeits- oder Berufsverbots nach § 120 Abs. 3 Satz 1 der Wirtschaftsprüferordnung: Der Antrag wird in vollem Umfang verworfen oder zurückgewiesen.	50,00 €

11a. Prüfungsverordnung für Wirtschaftsprüfer nach §§ 14 und 131l der Wirtschaftsprüferordnung (Wirtschaftsprüferprüfungsverordnung – WiPrPrüfV)

Vom 20. Juli 2004
(BGBl. I S. 1707)

zuletzt geändert durch Gesetz vom 6.2.2019 (BGBl. I S. 78)

Inhaltsübersicht

Erster Teil

Prüfungsverfahren nach § 14 der Wirtschaftsprüferordnung

Zweiter Teil

Prüfungsverfahren nach § 131l der Wirtschaftsprüferordnung

Erster Teil Prüfungsverfahren nach § 14 der Wirtschaftsprüferordnung

§ 1[1] Antrag auf Zulassung zur Prüfung

(1) [1]Der Antrag auf Zulassung zur Prüfung ist an die „Prüfungsstelle für das Wirtschaftsprüfungsexamen bei der Wirtschaftsprüferkammer" (Prüfungsstelle) zu richten. [2]Dem Antrag auf Zulassung zur Prüfung sind beizufügen

1. ein tabellarischer Lebenslauf, der genaue Angaben über die Vorbildung und den beruflichen Werdegang enthält;
2. Zeugnisse über Hochschulprüfungen, andere einschlägige Prüfungen und die berufliche Tätigkeit, insbesondere mit Angaben über Art und Umfang der Prüfungstätigkeit, in Urschrift oder beglaubigter Abschrift; Angaben über Art und Umfang der Prüfungstätigkeit sind nicht erforderlich, wenn der Nachweis der Prüfungstätigkeit nach § 9 Abs. 4 der Wirtschaftsprüferordnung entfällt;
3. eine Erklärung darüber, ob und bei welcher Stelle bereits früher ein Antrag auf Zulassung zur Prüfung eingereicht wurde;
4. ein Nachweis der Regelstudienzeit der absolvierten Hochschulausbildung;
5. falls der Nachweis nicht nach § 9 Abs. 4 der Wirtschaftsprüferordnung entfällt, eine Bescheinigung über die Prüfungstätigkeit nach § 9 Abs. 2 der Wirtschaftsprüferordnung;
6. *(aufgehoben)*
7. *(aufgehoben)*
8. gegebenenfalls eine Erklärung darüber, ob die Prüfung in verkürzter Form (§ 6) abgelegt werden soll.

(2) [1]Die Bescheinigung gemäß Absatz 1 Satz 2 Nr. 5, aus der Art und Umfang der Prüfungstätigkeit, insbesondere die Teilnahme an Abschlussprüfungen und die Mitwirkung bei der Abfassung der Prüfungsberichte, hervorgeht, ist in Urschrift oder beglaubigter Abschrift beizufügen. [2]Die Prüfungsstelle kann die Vorlage von wenigstens zwei Prüfungsberichten verlangen. [3]Werden Prüfungsberichte verlangt, hat die zu prüfende Person zu erklären, dass sie diese selbstständig oder im Wesentlichen selbstständig

1) § 1 Abs. 3 neu gefasst, Abs. 4 angefügt durch Gesetz vom 6.2.2019 (BGBl. I S. 78).

angefertigt hat und Zustimmungserklärungen der Auftraggebenden und der Auftragnehmenden zur Vorlage der Berichte beizufügen; die zu prüfende Person kann die Kennzeichnung des geprüften Gegenstandes in den Berichten beseitigen. [4]Sind die Auftraggebenden nicht die Unternehmen, auf die sich die Prüfungsberichte beziehen, so sind außerdem deren Zustimmungserklärungen beizufügen. [5]Bei Prüfungsberichten genossenschaftlicher Prüfungsverbände sind Zustimmungserklärungen des Prüfungsverbandes und des geprüften Unternehmens beizufügen. [6]Werden Prüfungsberichte ohne Kennzeichnung des geprüften Gegenstandes vorgelegt, so genügt es, wenn die Auftragnehmenden erklären, dass ihnen gegenüber die Zustimmung der Auftraggebenden erteilt worden ist. [7]Die Bescheinigung hat die ausstellende Stelle genau zu bezeichnen; sie ist von dieser auszustellen. [8]Bescheinigungen oder eidesstattliche Versicherungen von zu prüfenden Personen, die nicht in eigener Praxis tätig sind, reichen nicht aus. [9]Gleiches gilt für den Nachweis der Tätigkeit nach § 9 Abs. 1 der Wirtschaftsprüferordnung.

(3) [1]Anträge, Nachweise, Bescheinigungen, Aufsichtsarbeiten und Prüfungsniederschriften sind von der Prüfungsstelle nach Abschluss des Prüfungsverfahrens aufzubewahren. [2]Im Fall des § 21 Absatz 4 sind Aufsichtsarbeiten hiervon ausgenommen. [3]Aufsichtsarbeiten sollen nach Ablauf von drei Jahren nach Abschluss des Prüfungsverfahrens vernichtet werden. [4]Für die übrigen Unterlagen beträgt die Aufbewahrungsfrist 70 Jahre; nach Ablauf der Frist sind alle Unterlagen zu vernichten. [5]Unterlagen können auch in elektronischer Form aufbewahrt werden.

(4) Die Erklärung nach Absatz 1 Satz 2 Nummer 8 kann auch nach der Zulassung zur Prüfung abgegeben werden, solange die Anmeldung zu einem Modul, um das die Prüfung verkürzt werden soll, nicht nach § 22 Absatz 1 Satz 1 oder Absatz 2 Satz 1 ausgeschlossen ist.

§ 2[1)] Prüfungskommission, Prüfungstermine

(1) [1]Der Prüfungskommission gehören als Mitglieder an ein Vertreter oder eine Vertreterin der für die Wirtschaft zuständigen oder einer anderen obersten Landesbehörde (oberste Landesbehörde) als vorsitzendes Mitglied, ein Hochschullehrer oder eine Hochschullehrerin der Betriebswirtschaftslehre, ein Mitglied mit der Befähigung zum Richteramt, ein Vertreter oder eine Vertreterin der Finanzverwaltung, ein Vertreter oder eine Vertreterin der Wirtschaft und zwei Wirtschaftsprüfer oder Wirtschaftsprüferinnen. [2]An der verkürzten Prüfung (§ 6), bei der die Prüfung im Steuerrecht entfällt, nimmt die die Finanzverwaltung vertretende Person, an der verkürzten Prüfung, bei der die Prüfung in Angewandter Betriebswirtschaftslehre und Volkswirtschaftslehre entfällt, nimmt der Hochschullehrer oder die Hochschullehrerin der Betriebswirtschaftslehre und an der verkürzten Prüfung, bei der die Prüfung im Wirtschaftsrecht entfällt, nimmt ein zusätzliches Mitglied mit der Befähigung zum Richteramt nicht teil; ein Mitglied der Kommission muss die Befähigung zum Richteramt haben.

(2) [1]Die an der Durchführung der mündlichen Prüfung nach § 15 mitwirkenden Mitglieder der Prüfungskommission sind ein vorsitzendes Mitglied und ein Wirtschaftsprüfer oder eine Wirtschaftsprüferin sowie zusätzlich

1. im Prüfungsgebiet Wirtschaftliches Prüfungswesen, Unternehmensbewertung und Berufsrecht ein Vertreter oder eine Vertreterin der Wirtschaft und ein weiterer Wirtschaftsprüfer oder eine weitere Wirtschaftsprüferin,
2. im Prüfungsgebiet Angewandte Betriebswirtschaftslehre, Volkswirtschaftslehre ein Hochschullehrer oder eine Hochschullehrerin der Betriebswirtschaftslehre und ein Vertreter oder eine Vertreterin der Wirtschaft,

1) § 2 geändert durch Gesetz vom 6.2.2019 (BGBl. I S. 78).

3. im Prüfungsgebiet Wirtschaftsrecht ein Mitglied mit der Befähigung zum Richteramt und
4. im Prüfungsgebiet Steuerrecht ein Vertreter oder eine Vertreterin der Finanzverwaltung.

[2]Eine prüfende Person muss die Befähigung zum Richteramt haben.

(3) [1]Die Kommission entscheidet mit Stimmenmehrheit. [2]Bei Stimmengleichheit entscheidet die Stimme der vorsitzenden Person.

(4) [1]Die Mitglieder der Prüfungskommission haben über die ihnen bei ihrer Tätigkeit bekannt gewordenen Tatsachen Verschwiegenheit zu bewahren. [2]Mitglieder, die keine Amtsträger sind, sind bei ihrer erstmaligen Berufung zur gewissenhaften Erfüllung ihrer Obliegenheiten zu verpflichten.

(5) Die Mitglieder der Prüfungskommission sind in ihrer Prüfungstätigkeit unabhängig.

(6) [1]Die Prüfungsstelle führt den Geschäftsbetrieb der Prüfungskommission, bestimmt die Themen für den Vortrag in der mündlichen Prüfung auf Vorschlag eines Mitglieds der Prüfungskommission, entscheidet, welches Mitglied der Prüfungskommission in welcher Prüfung tätig werden soll und trifft alle Entscheidungen, soweit nicht die Aufgaben-, die Prüfungs- oder die Widerspruchskommission zuständig sind. [2]Sie kann zur Bewertung der Aufsichtsarbeiten auch Mitglieder der Prüfungskommission bestimmen, die nicht an der mündlichen Prüfung teilnehmen.

(7) Die Prüfungskommission kann außerhalb der mündlichen Prüfung Entscheidungen auch im schriftlichen Verfahren treffen.

(8) Es sollen mindestens zwei bundesweite Prüfungstermine im Kalenderjahr angeboten werden.

§ 3 Berufung der Mitglieder der Prüfungskommission

(1) [1]Die Mitglieder der Prüfungskommission werden auf Vorschlag des Vorstandes der Wirtschaftsprüferkammer, welcher der Zustimmung des Bundesministeriums für Wirtschaft und Energie bedarf, vom Beirat der Wirtschaftsprüferkammer in der Regel für die Dauer von fünf Jahren berufen; die oberste Landesbehörden vertretenden Personen sind vom Beirat nach Benennung durch die obersten Landesbehörden, die untereinander abstimmen können, welche Personen welchen Landes jeweils benannt werden, zu bestellen. [2]Mitglieder der Prüfungskommission sind in ausreichender Zahl zu berufen. [3]Die Berufung kann aus wichtigem Grund zurückgenommen werden.

(2) Die die Finanzverwaltung vertretenden Personen sind dem Vorstand von den obersten Landesbehörden für Finanzen vorzuschlagen.

(3) Vorschläge für die die Wirtschaft vertretenden Personen sind dem Vorstand auf Anforderung vom Deutschen Industrie- und Handelskammertag einzureichen.

(4) [1]Der Vorstand kann verlangen, dass wiederholt Vorschläge eingereicht werden. [2]Er ist an die nach Absatz 3 eingereichten Vorschläge nicht gebunden.

§ 4 Prüfungsgebiete

(1) Prüfungsgebiete sind

1. Wirtschaftliches Prüfungswesen, Unternehmensbewertung und Berufsrecht,
2. Angewandte Betriebswirtschaftslehre, Volkswirtschaftslehre,
3. Wirtschaftsrecht und
4. Steuerrecht.

(2) Das Prüfungsgebiet Wirtschaftliches Prüfungswesen, Unternehmensbewertung und Berufsrecht umfasst:

1. Rechnungslegung
   a) Buchführung, Jahresabschluss und Lagebericht,
   b) Konzernabschluss und Konzernlagebericht, Bericht über die Beziehungen zu verbundenen Unternehmen,
   c) international anerkannte Rechnungslegungsgrundsätze,
   d) Rechnungslegung in besonderen Fällen,
   e) Jahresabschlussanalyse;
2. Prüfung
   a) Prüfung der Rechnungslegung: rechtliche Vorschriften und Prüfungsstandards, insbesondere Prüfungsgegenstand und Prüfungsauftrag, Prüfungsansatz und Prüfungsdurchführung, Bestätigungsvermerk, Prüfungsbericht und Bescheinigungen, andere Reporting-Aufträge,
   b) sonstige gesetzlich vorgeschriebene Prüfungen, insbesondere aktienrechtliche Sonderprüfungen, Prüfung von Risikofrüherkennungssystemen, Geschäftsführungsprüfungen,
   c) andere betriebswirtschaftliche Prüfungen, insbesondere Due-Diligence-Prüfungen, Kreditwürdigkeitsprüfungen, Unterschlagungsprüfungen, Wirtschaftlichkeitsprüfungen, Prüfung von Sanierungskonzepten;
3. Grundzüge und Prüfung der Informationstechnologie;
4. Bewertung von Unternehmen und Unternehmensanteilen;
5. Berufsrecht, insbesondere Organisation des Berufs, Berufsaufsicht, Berufsgrundsätze und Unabhängigkeit.

(3) Das Prüfungsgebiet Angewandte Betriebswirtschaftslehre, Volkswirtschaftslehre umfasst:

1. Angewandte Betriebswirtschaftslehre
   a) Kosten- und Leistungsrechnung,
   b) Planungs- und Kontrollinstrumente,
   c) Unternehmensführung und Unternehmensorganisation,
   d) Unternehmensfinanzierung sowie Investitionsrechnung,

   einschließlich methodischer Problemstellungen der externen Rechnungslegung, der Corporate Governance und der Unternehmensbewertung;
2. Volkswirtschaftslehre
   a) Grundzüge der Volkswirtschaftslehre und Volkswirtschaftspolitik,
   b) Grundzüge der Finanzwissenschaft;

   die Nummern 1 und 2 umfassen Grundkenntnisse anwendungsorientierter Mathematik und Statistik.

(4) Das Prüfungsgebiet Wirtschaftsrecht umfasst:

1. Grundzüge des Bürgerlichen Rechts einschließlich Grundzüge des Arbeitsrechts und Grundzüge des internationalen Privatrechts, insbesondere Recht der Schuldverhältnisse und Sachenrecht;
2. Handelsrecht, insbesondere Handelsstand und -geschäfte einschließlich internationalem Kaufrecht;

3. Gesellschaftsrecht (Personengesellschaften und Kapitalgesellschaften, Recht der verbundenen Unternehmen), Corporate Governance und Grundzüge des Kapitalmarktrechts;
4. Umwandlungsrecht;
5. Grundzüge des Insolvenzrechts;
6. Grundzüge des Europarechts.

(5) Das Prüfungsgebiet Steuerrecht umfasst:

1. Abgabenordnung und Nebengesetze, Finanzgerichtsordnung;
2. Recht der Steuerarten, insbesondere
   a) Einkommen-, Körperschaft- und Gewerbesteuer,
   b) Bewertungsgesetz, Erbschaftsteuer, Grundsteuer,
   c) Umsatzsteuer, Grunderwerbsteuer,
   d) Umwandlungssteuerrecht;
3. Grundzüge des Internationalen Steuerrechts.

§ 4a[1] *(aufgehoben)*

§ 5[2] Gliederung der Prüfung

(1) [1]Die Prüfung gliedert sich in vier Module, die jeweils ein Prüfungsgebiet nach § 4 Absatz 1 umfassen. [2]In jedem Modul ist eine Prüfung (Modulprüfung) abzulegen. [3]In einem Prüfungstermin nach § 2 Absatz 8 können eine oder mehrere Modulprüfungen abgelegt werden. [4]Jede Modulprüfung besteht aus einer schriftlichen und einer mündlichen Prüfung. [5]Jede schriftliche Modulprüfung besteht aus ein oder zwei unter Aufsicht anzufertigenden Arbeiten (Aufsichtsarbeiten).

(2) [1]Für jede Modulprüfung ist eine schriftliche oder elektronische Anmeldung bei der Prüfungsstelle erforderlich. [2]Mit dem Antrag auf Zulassung nach § 1 muss die Anmeldung zu mindestens einer Modulprüfung erklärt werden. [3]Zum Zeitpunkt der Anmeldung zu weiteren Modulprüfungen darf die Zulassung zur Prüfung nicht länger als sechs Jahre zurückliegen. [4]Ein außerhalb der Frist des Satzes 3 liegender Prüfungstermin darf nur gewählt werden, wenn es sich um den nächstmöglichen handelt.

§ 6[3] Verkürzte Prüfung

Abweichend von § 5 Absatz 1 kann die Prüfung in verkürzter Form nach den §§ 8a, 13 bis 13b der Wirtschaftsprüferordnung abgelegt werden.

§ 7[4] Schriftliche Prüfung

(1) Die Aufgaben für die Aufsichtsarbeiten sind aus der Berufsarbeit der Wirtschaftsprüfer und Wirtschaftsprüferinnen zu entnehmen.

(2) [1]Für jede Aufsichtsarbeit stehen vier bis sechs Stunden zur Verfügung. [2]Behinderten Menschen kann die Frist verlängert werden; die Verlängerung soll zwei Stunden nicht überschreiten. [3]Die Prüfungsstelle soll im Fall des Satzes 2 die Vorlage eines amtsärztlichen Zeugnisses verlangen. [4]Hilfsmittel und die Inanspruchnahme von Hilfeleistungen Dritter, die die besonderen Verhältnisse behinderter Menschen berücksichtigen, sollen von der Prüfungsstelle zugelassen werden.

---

1) § 4a aufgehoben durch Gesetz vom 6.2.2019 (BGBl. I S. 78).
2) § 5 neu gefasst durch Gesetz vom 6.2.2019 (BGBl. I S. 78).
3) § 6 geändert durch Gesetz vom 6.2.2019 (BGBl. I S. 78).
4) § 7 Abs. 2 geändert und Abs. 3 neu gefasst durch Gesetz vom 6.2.2019 (BGBl. I S. 78).

(3) [1]In den Modulprüfungen der Prüfungsgebiete nach § 4 Absatz 1 Nummer 1, 2 und 4 sind jeweils zwei, in der Modulprüfung des Prüfungsgebiets nach § 4 Absatz 1 Nummer 3 ist eine Aufsichtsarbeit anzufertigen. [2]Es ist jeweils eine Aufsichtsarbeit an einem Tag zu bearbeiten.

§ 8[1)] Aufgabenkommission

(1) [1]Für das Bestimmen der Prüfungsaufgaben in der schriftlichen Prüfung und für die Entscheidung über die zugelassenen Hilfsmittel wird bei der Prüfungsstelle eine Aufgabenkommission eingerichtet. [2]Die Kommission gibt sich bei Bedarf eine eigene Geschäftsordnung.

(2) Der Aufgabenkommission gehören als Mitglieder eine Person, die eine oberste Landesbehörde vertritt, als vorsitzendes Mitglied, die Leitung der Prüfungsstelle, eine die Wirtschaft vertretende Person, ein Mitglied mit Befähigung zum Richteramt, das auch Mitglied des wirtschaftsprüfenden Berufsstandes sein kann, zwei Hochschullehrer oder Hochschullehrerinnen für Betriebswirtschaftslehre, zwei Berufsangehörige und eine die Finanzverwaltung vertretende Person an.

(3) Die Aufgabenkommission entscheidet mit Zweidrittelmehrheit.

(4) § 2 Absätze 4 und 5 sowie § 3 gelten entsprechend, jedoch werden die Mitglieder der Aufgabenkommission in der Regel für die Dauer von drei Jahren berufen.

§ 9 Widerspruchskommission

[1]Für Entscheidungen nach § 5 Abs. 5 der Wirtschaftsprüferordnung wird bei der Prüfungsstelle eine Widerspruchskommission eingerichtet, die personell mit der Aufgabenkommission nach § 8 Abs. 2 identisch ist. [2]Die Kommission entscheidet mit Stimmenmehrheit; bei Stimmengleichheit entscheidet die Stimme des vorsitzenden Mitglieds. [3]§ 8 Abs. 4 gilt entsprechend.

§ 10 Aufsichtsarbeiten

[1]Die Aufsicht bei den Aufsichtsarbeiten führen von der Prüfungsstelle bestimmte Personen. [2]Über die Anfertigung der Aufsichtsarbeiten haben sie eine Niederschrift zu fertigen, in der die teilnehmenden Personen, der Zeitpunkt des Beginns und der Abgabe der Arbeiten, etwaige Ordnungsverstöße sowie alle sonstigen wesentlichen Vorkommnisse aufzunehmen sind.

§ 11 Prüfungsnoten

(1) [1]Für die Bewertung der einzelnen Prüfungsleistungen werden sechs Notenstufen gebildet. Es bedeuten

Note 1	sehr gut	eine hervorragende Leistung,
Note 2	gut	eine erheblich über dem Durchschnitt liegende Leistung,
Note 3	befriedigend	eine Leistung, die in jeder Hinsicht durchschnittlichen Anforderungen gerecht wird,
Note 4	ausreichend	eine Leistung, die abgesehen von einzelnen Mängeln durchschnittlichen Anforderungen entspricht,
Note 5	mangelhaft	eine an erheblichen Mängeln leidende, im Ganzen nicht mehr brauchbare Leistung,
Note 6	ungenügend	eine völlig unbrauchbare Leistung.

[2]Die Bewertung mit halben Zwischennoten ist zulässig.

1) § 8 Abs. 4 geändert durch Gesetz vom 6.2.2019 (BGBl. I S. 78).

(2) [1]Bei der Ermittlung von Gesamtnoten bedeuten

Note 1	= sehr gut
Note 1,01 bis 2,00	= gut
Note 2,01 bis 3,00	= befriedigend
Note 3,01 bis 4,00	= ausreichend
Note 4,01 bis 5,00	= mangelhaft
Note 5,01 bis 6,00	= ungenügend.

[2]Gesamtnoten errechnen sich aus der Summe der einzelnen Noten, geteilt durch deren Zahl. [3]Das Ergebnis ist auf zwei Dezimalstellen ohne Rundung zu berechnen.

§ 12 Bewertung der Aufsichtsarbeiten

(1) [1]Jede Aufsichtsarbeit ist von zwei Mitgliedern der Prüfungskommission, die nicht an der mündlichen Prüfung teilnehmen müssen, selbstständig zu bewerten. [2]Die beiden Bewertungen können gegenseitig mitgeteilt werden. Eine nicht abgegebene Arbeit ist mit der Note 6,00 zu bewerten. [3]Die bei der mündlichen Prüfung mitwirkenden Mitglieder der Prüfungskommission haben das Recht, die Arbeit einzusehen.

(2) Weichen die Bewertungen einer Arbeit voneinander ab, so gilt der Durchschnitt der Bewertungen.

§ 13[1] Ergebnis der schriftlichen Prüfung; Ausschluss von der mündlichen Prüfung

(1) Für die schriftliche Modulprüfung wird, sofern zwei Aufsichtsarbeiten anzufertigen sind, eine Gesamtnote gebildet.

(2) [1]Wer in der schriftlichen Modulprüfung nicht mindestens die Gesamtnote 5,00 oder, sofern nur eine Aufsichtsarbeit anzufertigen war, nicht mindestens die Note 5,00 erhalten hat, ist von der mündlichen Prüfung ausgeschlossen. [2]Die Modulprüfung ist nicht bestanden.

(3) *(aufgehoben)*

§ 14[2] Vorberatung der Prüfungskommission

Vor Beginn der mündlichen Prüfung findet eine Vorberatung der an der mündlichen Prüfung mitwirkenden Mitglieder der Prüfungskommission statt, zu der sämtliche Prüfungsunterlagen vorliegen.

§ 15[3] Mündliche Prüfung

(1) [1]Die mündliche Modulprüfung im Prüfungsgebiet Wirtschaftliches Prüfungswesen, Unternehmensbewertung und Berufsrecht besteht aus einem kurzen Vortrag und zwei Prüfungsabschnitten. [2]Die mündlichen Modulprüfungen in den übrigen Prüfungsgebieten bestehen aus jeweils einem Prüfungsabschnitt.

(2) [1]Die mündliche Modulprüfung im Prüfungsgebiet Wirtschaftliches Prüfungswesen, Unternehmensbewertung und Berufsrecht beginnt mit einem kurzen Vortrag der zu prüfenden Person über einen Gegenstand aus der Berufsarbeit der Wirtschaftsprüfer und Wirtschaftsprüferinnen, für den ihr eine halbe Stunde vorher drei Themen zur Wahl gestellt werden. [2]Die Dauer des Vortrags soll zehn Minuten nicht überschreiten. [3]Im

---

1) § 13 geändert durch Gesetz vom 6.2.2019 (BGBl. I S. 78).
2) § 14 geändert durch Gesetz vom 6.2.2019 (BGBl. I S. 78).
3) § 15 Abs. 1 und 2 neu gefasst und Abs. 3 geändert durch Gesetz vom 6.2.2019 (BGBl. I S. 78).

Übrigen sind in den mündlichen Modulprüfungen Fragen zu stellen, die mit der Berufsarbeit der Wirtschaftsprüfer und Wirtschaftsprüferinnen zusammenhängen.

(3) [1]Die Dauer eines Prüfungsabschnitts soll für die einzelne zu prüfende Person 15 Minuten nicht überschreiten. [2]Bei verkürzten Prüfungen nach § 8a oder § 13b der Wirtschaftsprüferordnung bleiben die hierfür geltenden Bestimmungen der Ausführungsverordnung unberührt.

(4) [1]Die mündliche Prüfung ist nicht öffentlich. [2]Die Prüfungsstelle kann mit dem Wirtschaftsprüfungsexamen befassten Personen gestatten, bei der mündlichen Prüfung zuzuhören. [3]Sie kann für technische Hilfeleistungen Beschäftigte der Wirtschaftsprüferkammer zuziehen; anstelle solcher Personen oder neben solchen Personen können auch andere Personen zugezogen werden.

(5) Zur Prüfung zugelassenen Personen sowie Personen, die mindestens vier Jahre im wirtschaftlichen Prüfungswesen tätig sind und ein berechtigtes Interesse glaubhaft machen, kann auf Antrag gestattet werden, einmal bei der mündlichen Prüfung zuzuhören.

§ 16[1] Bewertung der mündlichen Prüfung

(1) In der mündlichen Prüfung werden der kurze Vortrag und die einzelnen Prüfungsabschnitte jeweils gesondert bewertet.

(2) Die Noten werden auf Vorschlag der jeweils prüfenden Person von den an der mündlichen Prüfung mitwirkenden Mitgliedern der Prüfungskommission festgesetzt.

(3) Für die mündliche Modulprüfung im Prüfungsgebiet Wirtschaftliches Prüfungswesen, Unternehmensbewertung und Berufsrecht wird eine Gesamtnote gebildet.

§ 17[2] Modulgesamtnote

[1]Aus der Gesamtnote oder Note der schriftlichen Modulprüfung und der Gesamtnote oder Note der mündlichen Modulprüfung ist eine Modulgesamtnote zu bilden. [2]Sie wird errechnet, indem die Gesamtnote oder Note der schriftlichen Modulprüfung mit 6 und die Gesamtnote oder Note der mündlichen Modulprüfung mit 4 vervielfältigt werden und sodann die Summe durch 10 geteilt wird.

§ 18[3] Prüfungsergebnis

(1) [1]Die an der mündlichen Prüfung mitwirkenden Mitglieder der Prüfungskommission entscheiden im Anschluss an eine mündliche Modulprüfung, ob die Modulprüfung bestanden oder nicht bestanden ist. [2]Die Modulprüfung ist bestanden, wenn eine unter entsprechender Anwendung des § 17 Satz 2 mindestens mit der Note 4,00 bewertete Leistung erbracht wurde.

(2) [1]Die Entscheidung der an der mündlichen Prüfung mitwirkenden Mitglieder der Prüfungskommission ist der geprüften Person im Anschluss an die mündliche Modulprüfung bekannt zu geben. [2]Sie erhält bei bestandener Modulprüfung hierüber eine Bescheinigung.

(3) Die Prüfung ist bestanden, wenn alle nach § 5 Absatz 1 Satz 1 und 2 erforderlichen Modulprüfungen nach Absatz 1 bestanden worden sind.

(4) Die Ablegung der Prüfung berechtigt nicht zur Führung einer Bezeichnung, die auf das Bestehen der Prüfung Bezug nimmt.

---

1) § 16 geändert durch Gesetz vom 6.2.2019 (BGBl. I S. 78).
2) § 17 neu gefasst durch Gesetz vom 6.2.2019 (BGBl. I S. 78).
3) § 18 geändert durch Gesetz vom 6.2.2019 (BGBl. I S. 78).

§ 19[1] Ergänzungsprüfung

(1) [1]Hat die geprüfte Person in der Modulprüfung im Prüfungsgebiet Wirtschaftliches Prüfungswesen, Unternehmensbewertung und Berufsrecht in der zweiten Wiederholungsprüfung eine Modulgesamtnote von mindestens 4,15 erzielt und in allen weiteren Prüfungsgebieten die Modulprüfung bestanden, kann sie eine mündliche Ergänzungsprüfung auf diesem Gebiet ablegen. [2]§ 15 Absatz 1 Satz 1 gilt entsprechend. [3]Das Prüfungsergebnis in der mündlichen Ergänzungsprüfung ersetzt das Ergebnis der mündlichen Prüfung der zweiten Wiederholungsprüfung.

(2) [1]Hat die geprüfte Person in der Modulprüfung im Prüfungsgebiet Wirtschaftliches Prüfungswesen, Unternehmensbewertung und Berufsrecht in der zweiten Wiederholungsprüfung eine Modulgesamtnote von mindestens 4,30 erzielt und in allen weiteren Prüfungsgebieten die Modulprüfung bestanden, kann sie eine Ergänzungsprüfung auf diesem Gebiet ablegen. [2]Dies gilt nicht, wenn keine der Aufsichtsarbeiten im Prüfungsgebiet Wirtschaftliches Prüfungswesen, Unternehmensbewertung und Berufsrecht mindestens mit der Note 4,00 bewertet worden ist. [3]§ 7 Absatz 3 und § 15 Absatz 1 Satz 1 gelten entsprechend. [4]Das Prüfungsergebnis in der schriftlichen und mündlichen Ergänzungsprüfung ersetzt das Ergebnis der zweiten Wiederholungsprüfung.

(3) Die geprüfte Person kann sich nur innerhalb eines Jahres nach dem Tag der Mitteilung des Prüfungsergebnisses zur Ablegung der Ergänzungsprüfung melden; § 5 Absatz 2 Satz 3 und 4 gilt sinngemäß.

(4) Die geprüfte Person hat im Fall des Absatzes 1 unter Berücksichtigung der Ergänzungsprüfung oder im Fall des Absatzes 2 in der Ergänzungsprüfung eine mindestens mit der Gesamtnote 4,00 bewertete Leistung zu erbringen; andernfalls hat sie die Modulprüfung nicht bestanden.

(5) Umfasst die Prüfung nur das Prüfungsgebiet nach § 4 Absatz 2, finden die Absätze 1 und 2 keine Anwendung.

§ 20[2] Niederschrift der Prüfungskommission

(1) Über den Hergang der mündlichen Modulprüfung ist eine Niederschrift aufzunehmen, in der festgestellt werden

1. die an der Modulprüfung mitwirkenden Mitglieder der Prüfungskommission;
2. die Bewertung der schriftlichen Arbeiten und die Gesamtnote der schriftlichen Modulprüfung;
3. die Einzelergebnisse und die Gesamtnote der mündlichen Modulprüfung;
4. die Modulgesamtnote;
5. die Entscheidung der an der mündlichen Prüfung mitwirkenden Mitglieder der Prüfungskommission über das Ergebnis der Modulprüfung.

(2) Die Niederschrift ist von dem vorsitzenden Mitglied der Prüfungskommission, das an der mündlichen Prüfung mitgewirkt hat, zu unterschreiben.

§ 21[3] Rücktritt von der Prüfung

(1) [1]Tritt die zu prüfende Person von einer Modulprüfung zurück, so gilt die Modulprüfung als nicht bestanden. [2]Als Rücktritt gilt es, wenn sie an einer Aufsichtsarbeit nicht teilnimmt oder sich der mündlichen Modulprüfung oder Teilen derselben nicht unterzieht.

1) § 19 geändert durch Gesetz vom 6.2.2019 (BGBl. I S. 78).
2) § 20 geändert durch Gesetz vom 6.2.2019 (BGBl. I S. 78).
3) § 21 geändert durch Gesetz vom 6.2.2019 (BGBl. I S. 78).

(2) [1]Als Rücktritt gilt es nicht, wenn die zu prüfende Person an einer Aufsichtsarbeit nicht teilnimmt oder sich der mündlichen Modulprüfung oder Teilen derselben nicht unterzieht und hierfür ein triftiger Grund vorliegt. [2]Der Grund muss der Prüfungsstelle unverzüglich schriftlich oder elektronisch mitgeteilt und nachgewiesen werden. [3]Die Prüfungsstelle entscheidet, ob ein Grund als triftig anzusehen ist und ob der Nachweis rechtzeitig erbracht ist. [4]Bei behaupteter Krankheit soll die Vorlage eines amtsärztlichen Zeugnisses verlangt werden.

(3) Im Falle des Absatzes 2 ist die zu prüfende Person zu einem späteren Prüfungstermin zur Ablegung der noch nicht erledigten Teile der schriftlichen Modulprüfung oder der noch nicht erledigten mündlichen Prüfung erneut zu laden.

(4) Erklärt die zu prüfende Person gegenüber der Prüfungsstelle den Rücktritt von der gesamten Prüfung, so gilt die gesamte Prüfung als nicht bestanden.

§ 22 [1)] Wiederholung einer Modulprüfung und der Prüfung

(1) [1]Eine Modulprüfung kann zweimal wiederholt werden. [2]Für die Wiederholung der Modulprüfung ist eine Anmeldung bei der Prüfungsstelle erforderlich; § 5 Absatz 2 Satz 3 und 4 gilt entsprechend.

(2) [1]Die Prüfung kann einmal wiederholt werden. [2]Für die Wiederholung der Prüfung ist eine erneute Zulassung erforderlich. [3]Wird der Antrag auf erneute Zulassung gestellt, sind nur die in § 1 Absatz 1 Satz 2 Nummer 1, 3 und 8 genannten Unterlagen und Erklärungen beizufügen; dies gilt nicht für Anträge nach dem 31. Dezember 2003, wenn die Zulassung zur vorhergehenden Prüfung bereits vor dem 1. Januar 2004 erfolgt ist.

(3) Im Fall der Wiederholung der Prüfung verfallen zuvor bestandene Modulprüfungen.

§ 23 [2)] Mitteilung des Prüfungsergebnisses

Die Prüfungsstelle teilt der geprüften Person das Prüfungsergebnis mit.

§ 24 [3)] Täuschungsversuch, Ordnungsverstöße

(1) [1]Unternimmt es eine zu prüfende Person, das Ergebnis einer schriftlichen Arbeit durch Täuschung oder Benutzung nicht zugelassener Hilfsmittel zu beeinflussen, so kann die Prüfungskommission die Arbeit mit der Note 6,00 bewerten oder in schweren Fällen diese Person von der Modulprüfung oder der gesamten Prüfung ausschließen. [2]Satz 1 gilt entsprechend für die mündliche Prüfung; die Entscheidung wird von den an der mündlichen Prüfung mitwirkenden Mitgliedern der Prüfungskommission getroffen.

(2) Eine zu prüfende Person kann auch bei sonstigen erheblichen Verstößen gegen die Ordnung von der Prüfung ausgeschlossen werden.

(3) Im Falle des Ausschlusses gilt die Prüfung als nicht bestanden.

(4) [1]Wird nachträglich festgestellt, dass die Voraussetzungen des Absatzes 1 vorlagen, so kann die Prüfungskommission die ergangene Prüfungsentscheidung widerrufen und aussprechen, dass die Prüfung nicht bestanden ist. [2]Der Widerruf ist ausgeschlossen, wenn seit der Beendigung der Prüfung mehr als drei Jahre vergangen sind.

§ 24a Einsicht in Prüfungsakten

Die geprüfte Person kann nach Bekanntgabe des Ergebnisses der Prüfung die Prüfungsakten persönlich einsehen.

---

1) § 22 neu gefasst durch Gesetz vom 6.2.2019 (BGBl. I S. 78).
2) § 23 neu gefasst durch Gesetz vom 6.2.2019 (BGBl. I S. 78).
3) § 24 Abs. 1 geändert durch Gesetz vom 6.2.2019 (BGBl. I S. 78).

Zweiter Teil Prüfungsverfahren nach § 131l der Wirtschaftsprüferordnung

§ 25 Antrag auf Zulassung zur Prüfung

(1) Der Antrag auf Zulassung zur Eignungsprüfung ist an die „Prüfungsstelle für das Wirtschaftsprüfungsexamen bei der Wirtschaftsprüferkammer" (Prüfungsstelle) zu richten.

(2) Dem Antrag auf Zulassung zur Prüfung sind beizufügen:

1. ein tabellarischer Lebenslauf, der genaue Angaben über die Vorbildung und den beruflichen Werdegang enthält;
2. eine Bescheinigung der zuständigen Behörde eines Staates gemäß § 131g Absatz 1 der Wirtschaftsprüferordnung, durch die nachgewiesen wird, dass die zu prüfende Person Abschlussprüfer ist;
3. *(aufgehoben)*
4. eine Erklärung über das Wahlfach für die mündliche Prüfung;
5. eine Erklärung, ob und bei welcher Stelle im Geltungsbereich dieser Verordnung bereits früher ein Antrag auf Zulassung zur Prüfung eingereicht wurde;
6. Unterlagen, aus denen sich die Staatsangehörigkeit ergibt;
7. gegebenenfalls eine Erklärung, dass die Prüfung in verkürzter Form (§ 28 Abs. 1) abgelegt werden soll;
8. gegebenenfalls ein Antrag auf Erlass von Prüfungsleistungen nach § 28 Abs. 2 und 3.

(3) [1]Der Antrag und die beizufügenden Unterlagen sind, soweit sie von der zu prüfenden Person stammen, in deutscher Sprache einzureichen; sonstige Unterlagen sind mit einer beglaubigten Übersetzung durch einen hierzu ermächtigten Übersetzer oder durch eine hierzu ermächtigte Übersetzerin im Geltungsbereich dieser Verordnung vorzulegen, soweit sie nicht in deutscher Sprache abgefasst sind. [2]Prüfungssprache ist Deutsch. [3]§ 1 Abs. 3 gilt entsprechend.

§ 26[1)] Prüfungskommission, Prüfungstermine

(1) [1]Der Prüfungskommission gehören als Mitglieder an eine eine oberste Landesbehörde vertretende Person, eine weitere Person mit der Befähigung zum Richteramt als vorsitzendes Mitglied, eine die Finanzverwaltung vertretende Person und zwei Wirtschaftsprüfer oder Wirtschaftsprüferinnen. [2]An der verkürzten Prüfung (§ 28 Abs. 1), bei der die Prüfung im Steuerrecht entfällt, nimmt die die Finanzverwaltung vertretende Person nicht teil.

(2) § 2 Absatz 3 bis 8 und § 3 Abs. 1, 2 und 4 gelten entsprechend.

§ 27 Prüfungsgebiete

(1) In der Eignungsprüfung sind Prüfungsgebiete der schriftlichen Prüfung

1. Wirtschaftsrecht
   a) Grundzüge des Bürgerlichen Rechts einschließlich Grundzüge des Arbeitsrechts, soweit es für die praktische Berufsarbeit des Wirtschaftsprüfers von Bedeutung ist, mit Ausnahme des Familienrechts und des Erbrechts,
   b) Grundzüge des Handelsrechts, insbesondere Handelsstand und -geschäfte,

---

1) § 26 Abs. 2 geändert durch Gesetz vom 6.2.2019 (BGBl. I S. 78).

c) Gesellschaftsrecht (Personengesellschaften und Kapitalgesellschaften, Recht der verbundenen Unternehmen) und Corporate Governance,

d) Umwandlungsrecht;

2. Steuerrecht I

a) Abgabenordnung und Nebengesetze, Finanzgerichtsordnung,

b) Einkommen- und Körperschaftsteuer,

c) Bewertungsgesetz,

d) Grundzüge des Internationalen Steuerrechts,

e) Umwandlungssteuerrecht.

(2) [1]In der Eignungsprüfung sind Prüfungsgebiete der mündlichen Prüfung

1. Wirtschaftliches Prüfungswesen

a) rechtliche Vorschriften über Rechnungslegung: Buchführung, Jahresabschluss und Lagebericht,

b) rechtliche Vorschriften über die Pflichtprüfung des Jahresabschlusses und des Lageberichts von Kapitalgesellschaften und Personenhandelsgesellschaften im Sinne des § 264a des Handelsgesetzbuchs einschließlich des Konzernabschlusses und des Konzernlageberichts;

2. Berufsrecht der Wirtschaftsprüfer, insbesondere Organisation des Berufs, Berufsaufsicht, Berufsgrundsätze und Unabhängigkeit;

3. ein vom Bewerber zu bestimmendes Wahlfach; als Wahlfach können gewählt werden die Prüfungsgebiete

a) Steuerrecht II (Erbschaftsteuer, Gewerbesteuer, Grundsteuer),

b) Insolvenzrecht,

c) Grundzüge des Kapitalmarktrechts.

[2]Genügt eine Aufsichtsarbeit nicht den Anforderungen, so ist zusätzlich das Prüfungsgebiet, aus dem diese Arbeit entnommen wurde, Gegenstand der mündlichen Prüfung.

(3) Die Prüfungsgebiete nach Absatz 1 Nummer 1 Buchstabe c sowie Absatz 2 Satz 1 Nummer 1 sind nur insoweit Prüfungsgegenstand, als sie nicht durch Richtlinien des Rates angeglichen worden sind oder das Recht der Bundesrepublik Deutschland, insbesondere auf Grund von in den Richtlinien eingeräumten Wahlmöglichkeiten, Besonderheiten enthält.

§ 28 Verkürzte Prüfung; Erlass von Prüfungsleistungen

(1) Für die verkürzte Prüfung gilt § 6 entsprechend.

(2) Die Prüfungsstelle erlässt auf Antrag einzelne Prüfungsleistungen, wenn die zu prüfende Person durch ein Prüfungszeugnis nachweist, dass sie in ihrer bisherigen Ausbildung in einem Prüfungsgebiet die für die Ausübung des Berufs in der Bundesrepublik Deutschland erforderlichen Kenntnisse in diesem Prüfungsgebiet erworben hat.

(3) [1]Die Prüfungsstelle erlässt auf Antrag einzelne Prüfungsleistungen, wenn die zu prüfende Person nachweist, dass sie durch Berufserfahrung einen wesentlichen Teil der Kenntnisse erworben hat, die durch die erlassenen Prüfungsleistungen gefordert werden. [2]Zur Überprüfung der im Rahmen der bisherigen beruflichen Tätigkeit erworbenen Kenntnisse sind geeignete Nachweise vorzulegen; dazu zählen insbesondere Falllisten, die regelmäßig folgende Angaben enthalten müssen: Akten- oder Geschäftszeichen, Gegenstand, Zeitraum, Art und Umfang der Tätigkeit, Sachstand. [3]Ferner sind auf Verlangen der Prüfungsstelle anonymisierte Arbeitsproben vorzulegen.

§ 29[1] Schriftliche Prüfung

(1) [1]Die schriftliche Prüfung besteht aus zwei unter Aufsicht anzufertigenden Arbeiten (Aufsichtsarbeiten). [2]Die Aufgaben für die Aufsichtsarbeiten sind aus der Berufsarbeit der Wirtschaftsprüfer und Wirtschaftsprüferinnen zu entnehmen; die zuständigen Kommissionen sind die nach den §§ 8 und 9.

(2) [1]Für jede Aufsichtsarbeit stehen vier bis sechs Stunden zur Verfügung. [2]Behinderten Menschen kann die Frist verlängert werden; die Verlängerung soll zwei Stunden nicht überschreiten. [3]Die Prüfungsstelle soll im Fall des Satzes 2 die Vorlage eines amtsärztlichen Zeugnisses verlangen.[4]Hilfsmittel und die Inanspruchnahme von Hilfeleistungen Dritter, die die besonderen Verhältnisse behinderter Menschen berücksichtigen, sollen von der Prüfungsstelle zugelassen werden.

(3) [1]Es sind zu bearbeiten je eine Aufgabe aus dem Gebiet des Wirtschaftsrechts (§ 27 Absatz 1 Nummer 1) und des Steuerrechts I (§ 27 Absatz 1 Nummer 2), und zwar jeweils eine Aufgabe an je einem Tag. [2]Für die Aufgaben können zwei Themen zur Wahl gestellt werden. [3]§ 10 gilt entsprechend.

(4) [1]Jede Aufsichtsarbeit ist von zwei nach § 26 Abs. 2 berufenen Mitgliedern der Prüfungskommission, die nicht an der mündlichen Prüfung teilnehmen müssen, selbstständig mit „genügt den Anforderungen" oder „genügt nicht den Anforderungen" zu bewerten. [2]Die beiden Bewertungen können gegenseitig mitgeteilt werden. [3]Eine nicht abgegebene Arbeit ist mit „genügt nicht den Anforderungen" zu bewerten. [4]Die bei der mündlichen Prüfung mitwirkenden Mitglieder der Prüfungskommission haben das Recht, die Arbeit einzusehen. [5]Weichen die Bewertungen einer Arbeit voneinander ab und einigen sich die beiden die Arbeit bewertenden Personen nicht, so ist die Arbeit zusätzlich durch ein Mitglied der Prüfungskommission, das nicht an der mündlichen Prüfung teilnehmen muss und von der Prüfungsstelle bestimmt wird, zu bewerten. [6]Die Aufsichtsarbeit genügt in diesem Fall den Anforderungen, wenn mindestens zwei der die Arbeit bewertenden Personen die Arbeit so bewerten.

§ 30[2] Mündliche Prüfung

(1) [1]Die zu prüfende Person ist von der mündlichen Prüfung ausgeschlossen, wenn beide Aufsichtsarbeiten den Anforderungen nicht genügen; gleiches gilt, wenn in Fällen des § 28 eine Aufsichtsarbeit den Anforderungen nicht genügt. [2]Die Prüfung ist nicht bestanden.

(2) Vor Beginn der mündlichen Prüfung findet eine Vorberatung der Prüfungskommission statt, zu der sämtliche Prüfungsunterlagen vorliegen.

(3) In der mündlichen Prüfung sind aus den in § 27 Abs. 2 genannten Prüfungsgebieten Fragen zu stellen, die mit der Berufsarbeit der Wirtschaftsprüfer und Wirtschaftsprüferinnen zusammenhängen.

(4) [1]Die Dauer der Prüfung soll für die einzelne zu prüfende Person eine Stunde nicht überschreiten. [2]Ist ein Prüfungsgebiet nach § 27 Abs. 2 Satz 2 zusätzlich Gegenstand der mündlichen Prüfung, so soll die Dauer der zusätzlichen mündlichen Prüfung in diesem Fach eine halbe Stunde nicht überschreiten. [3]§ 15 Abs. 3 Satz 2 und Abs. 4 gilt entsprechend.

(5) Zur Prüfung zugelassenen Personen sowie Personen, die mindestens vier Jahre im wirtschaftlichen Prüfungswesen tätig sind und ein berechtigtes Interesse glaubhaft machen, kann auf Antrag gestattet werden, einmal bei der mündlichen Prüfung zuzuhören.

1) § 29 geändert durch Gesetz vom 6.2.2019 (BGBl. I S. 78).
2) § 30 Abs. 4 geändert durch Gesetz vom 6.2.2019 (BGBl. I S. 78).

(6) Die Bewertung der mündlichen Prüfungsleistungen mit „genügt den Anforderungen" oder „genügt nicht den Anforderungen" erfolgt auf Vorschlag der jeweils prüfenden Person durch die Prüfungskommission.

(7) [1]Über den Hergang der mündlichen Prüfung ist eine Niederschrift aufzunehmen, in der festgestellt werden

1. die Besetzung der Prüfungskommission;
2. die Bewertung der schriftlichen Arbeiten;
3. die Bewertung der mündlichen Prüfung;
4. die Entscheidung der Prüfungskommission über das Ergebnis der Prüfung.

[2]Die Niederschrift ist von der vorsitzenden Person der Prüfungskommission zu unterschreiben.

§ 31 1) Prüfungsergebnis

[1]Die Prüfungskommission entscheidet im Anschluss an die mündliche Prüfung auf Grund des Gesamteindrucks der in der schriftlichen und in der mündlichen Prüfung erbrachten Leistungen, ob die geprüfte Person über die nach § 131h Abs. 2 der Wirtschaftsprüferordnung erforderlichen Kenntnisse verfügt und damit die Prüfung bestanden hat. [2]§ 18 Absatz 2 und 4 gilt entsprechend.

§ 32 Rücktritt von der Prüfung

[1]Tritt die zu prüfende Person von der Prüfung zurück, so gilt die gesamte Prüfung als nicht bestanden. [2]Als Rücktritt gilt es, wenn sie an einer Aufsichtsarbeit nicht teilnimmt oder sich der mündlichen Prüfung oder Teilen derselben nicht unterzieht. [3]§ 21 Abs. 2 und 3 gilt entsprechend.

§ 33 Wiederholung der Prüfung

(1) [1]Die Prüfung kann zweimal wiederholt werden. [2]Für die Wiederholung der Prüfung ist eine erneute Zulassung erforderlich.

(2) Wird der Antrag auf erneute Zulassung gestellt, sind nur die in § 25 Absatz 2 Nummer 1, 4, 5, 7 und 8 genannten Unterlagen und Erklärungen beizufügen.

§ 34 Täuschungsversuch, Ordnungsverstöße

[1]Unternimmt es eine zu prüfende Person, das Ergebnis einer schriftlichen Arbeit durch Täuschung oder Benutzung nicht zugelassener Hilfsmittel zu beeinflussen, so kann die Prüfungskommission die Arbeit mit „genügt nicht den Anforderungen" bewerten oder in schweren Fällen den Bewerber von der Prüfung ausschließen. [2]Satz 1 gilt entsprechend für die mündliche Prüfung. [3]§ 24 Abs. 2 bis 4 gilt entsprechend.

§ 35 Einsicht in Prüfungsakten

Die geprüfte Person kann nach Bekanntgabe des Ergebnisses der Prüfung die Prüfungsakten persönlich einsehen.

Dritter Teil 2) Übergangsregelungen

§ 36 Behandlung schwebender Verfahren

(1) [1]Prüfungsverfahren nach dem Ersten Teil dieser Verordnung, die am 16. Februar 2019 nicht abgeschlossen sind, werden auf Antrag der zu prüfenden Person nach der ab

---

1) § 31 geändert durch Gesetz vom 6.2.2019 (BGBl. I S. 78).
2) Dritter Teil eingefügt durch Gesetz vom 6.2.2019 (BGBl. I S. 78).

dem 16. Februar 2019 geltenden Fassung dieser Verordnung fortgeführt; § 5 Absatz 2 Satz 2 gilt entsprechend. [2]Im Fall einer Fortführung eines nicht abgeschlossenen Prüfungsverfahrens nach der ab dem 16. Februar 2019 geltenden Fassung gelten Prüfungsgebiete, in denen in entsprechender Anwendung des § 17 Satz 2 dieser Verordnung in der bis zum 15. Februar 2019 geltenden Fassung dieser Verordnung eine mindestens mit der Note 4,00 bewertete Leistung erbracht wurde, als bestandene Modulprüfung gemäß § 18 Absatz 1 Satz 2 dieser Verordnung in der ab dem 16. Februar 2019 geltenden Fassung. [3]Wird kein Antrag nach Satz 1 gestellt, werden nicht abgeschlossene Prüfungsverfahren nach der bis zum 15. Februar 2019 geltenden Fassung dieser Verordnung fortgeführt. [4]Für Anträge auf Zulassung zur Prüfung gilt diese Verordnung in der ab dem 16. Februar 2019 geltenden Fassung, auch wenn der Antrag nach § 7 der Wirtschaftsprüferordnung vor dem 16. Februar 2019 gestellt worden ist.

(2) [1]Wurde die Prüfung nach Maßgabe dieser Verordnung in der bis zum 15. Februar 2019 geltenden Fassung einmal nicht bestanden, kann sie noch zweimal wiederholt werden. [2]Wurde die Prüfung nach Maßgabe dieser Verordnung in der bis zum 15. Februar 2019 geltenden Fassung zweimal nicht bestanden, kann sie noch einmal wiederholt werden.

§ 37 Verkürzte Prüfung nach § 13a der Wirtschaftsprüferordnung

Für die verkürzte Prüfung nach § 13a der Wirtschaftsprüferordnung gilt diese Verordnung in der bis zum 15. Februar 2019 geltenden Fassung.

11b. Verordnung über die Voraussetzungen der Anerkennung von Studiengängen nach § 8a der Wirtschaftsprüferordnung und über die Anrechnung von Prüfungsleistungen aus Studiengängen nach § 13b der Wirtschaftsprüferordnung (Wirtschaftsprüfungsexamens-Anrechnungsverordnung – WPAnrV)

Vom 27. Mai 2005 (BGBl. I S. 1520)

zuletzt geändert durch Verordnung vom 28.4.2016 (BGBl. I S. 1046)

Teil 1. Anerkennung von Studiengängen (§ 8a der Wirtschaftsprüferordnung)

§ 1 Besondere Eignung von Masterstudiengängen

[1]Leistungen aus einem Masterstudiengang im Sinn des § 19 des Hochschulrahmengesetzes werden auf das Wirtschaftsprüfungsexamen angerechnet, wenn der Masterstudiengang zur Ausbildung von Wirtschaftsprüfern und Wirtschaftsprüferinnen besonders geeignet ist. [2]Dies ist der Fall, wenn er den Anforderungen dieser Verordnung entspricht und akkreditiert ist (Anerkennung im Sinn des § 8a Abs. 1 der Wirtschaftsprüferordnung).

§ 2 Anerkennungsgrundlagen

(1) [1]Die Anerkennung eines Masterstudiengangs nach § 1 Satz 2 setzt voraus, dass mit dem Studiengang das Ziel erreicht wird, den Studierenden die Kenntnisse und Fähigkeiten zu vermitteln, die dem Berufsprofil des Wirtschaftsprüfers oder der Wirtschaftsprüferin entsprechen. [2]Künftige Berufsangehörige müssen am Ende ihrer Ausbildung insbesondere die Fähigkeit zur Durchführung betriebswirtschaftlicher Prüfungen sowie in den Tätigkeitsbereichen der Steuer- und Wirtschaftsberatung und der Rechtsdienstleistung die Kenntnisse und Fertigkeiten erworben haben, um Mandantenaufträge erledigen und interdisziplinäre Fragestellungen lösen zu können. [3]Der Masterstudiengang muss dazu folgende wesentliche Lehrinhalte umfassen:

1. das wirtschaftliche Prüfungswesen, die Unternehmensbewertung und das Berufsrecht,
2. die Angewandte Betriebswirtschaftslehre und Volkswirtschaftslehre,
3. das Wirtschaftsrecht und
4. das Steuerrecht.

(2) [1]Das Lehrangebot muss die theoretischen und praktischen Aspekte der Ausbildung des Wirtschaftsprüfers oder der Wirtschaftsprüferin in ausgewogener Form berücksichtigen, hohe Anforderungen an eine umfassende Entwicklung der erforderlichen sozialen Kompetenz stellen und die in Absatz 1 genannten Kenntnisse und Fähigkeiten mit folgenden Ausprägungen vermitteln:

1. Grundwissen: Studierende kennen die wesentlichen Definitionen und können die herrschende Meinung wiedergeben.
2. Verständnis: Studierende können das Wissen ordnen und es systematisch wiedergeben sowie Probleme erkennen.

3. Anwendung: Studierende können das erworbene Wissen anwenden und eigene Berechnungen sowie Interpretationen erstellen; sie können Einzelfälle angemessen beurteilen und die Ergebnisse auswerten.
4. Analyse: Studierende können komplexe Problemstellungen erkennen und auf Grundlage der erworbenen Erfahrung analysieren.
5. Synthese: Studierende können korrigierend in Prozesse eingreifen, neue Vorgehensweisen entwickeln und Verbesserungsvorschläge unterbreiten; dazu gehört auch die Fähigkeit, die eigene Leistung angemessen darzustellen und lösungsorientiert weiterzuentwickeln.
6. Bewertung: Studierende können Werturteile abgeben, Vergleiche heranziehen und richtige Schlussfolgerungen ziehen, sie können Prognosen erstellen und die eigenen Aussagen rechtfertigen.

[2]Diese Ausprägungen enthalten noch keine berufliche Spezialisierung, da diese erst nach der Bestellung zum Wirtschaftsprüfer oder zur Wirtschaftsprüferin durch Praxiserfahrung und Fortbildung entwickelt wird.

§ 3 Anforderungen an den Zugang zum Masterstudiengang und dessen Ausgestaltung

Die Anerkennung eines Masterstudiengangs nach § 1 Satz 2 setzt voraus, dass die Prüfungsordnung

1. den Nachweis über die Ableistung von drei Monaten Tätigkeit gemäß § 9 Abs. 1 der Wirtschaftsprüferordnung und drei Monaten Prüfungstätigkeit gemäß § 9 Abs. 2 der Wirtschaftsprüferordnung (Praxiszeit) nach Erwerb des ersten berufsqualifizierenden Abschlusses, aber vor Beginn des Masterstudiengangs vorsieht;
2. das Bestehen einer Zugangsprüfung, die wirtschaftsprüfungsrelevante Anteile berücksichtigt, vorsieht; vor Beginn des Studiums muss die Praxiszeit abgeleistet sein;
3. für den Masterstudiengang vier Theoriesemester vorsieht;
4. vorsieht, dass die Masterabschlussarbeit in dem Prüfungsgebiet „Wirtschaftliches Prüfungswesen, Unternehmensbewertung und Berufsrecht" geschrieben wird.

§ 4 Referenzrahmen

(1) Die Anforderungen an die einzelnen Studien- und Prüfungsziele des Masterstudiengangs auf Grundlage der in § 2 genannten Anerkennungsgrundlagen sowie an den Inhalt der Zugangsprüfung nach § 3 Nr. 2 ergeben sich aus einem fachspezifisch konkretisierten Referenzrahmen; die Prüfungsordnungen der Hochschulen bleiben unberührt.

(2) [1]Der Referenzrahmen wird von einem Gremium bestehend aus je einem Vertreter oder einer Vertreterin der Aufgabenkommission nach § 8 der Wirtschaftsprüferprüfungsverordnung, der Finanzverwaltung, der Wirtschaftsprüferkammer, einer oder einem Beauftragten des Bundesministeriums für Wirtschaft und Energie sowie je zwei Vertretern oder Vertreterinnen des Berufsstandes und der Hochschulen erarbeitet und beschlossen. [2]Der Akkreditierungsrat kann beratend an den Sitzungen des Gremiums teilnehmen. [3]Vor einer Anpassung des Referenzrahmens soll dem Akkreditierungsrat Gelegenheit zur Stellungnahme gegeben werden. [4]Die Wirtschaftsprüferkammer ernennt die Mitglieder des Gremiums im Einvernehmen mit dem Bundesministerium für Wirtschaft und Energie. [5]Das Gremium ist auch berechtigt, unverbindliche Lehrpläne (Curricula) zu erstellen. [6]Das Bundesministerium für Wirtschaft und Energie erklärt den Referenzrahmen gegenüber den in § 5 Abs. 2 Satz 1 genannten Vertretern und Vertreterinnen für verbindlich. [7]Der Referenzrahmen wird von der Prüfungsstelle elektronisch geführt und zugänglich gemacht.

§ 5 Akkreditierung

(1) Die Akkreditierung und Reakkreditierung des Masterstudiengangs unter Berücksichtigung der Anforderungen dieser Verordnung erfolgt auf Antrag der Hochschule durch eine vom Akkreditierungsrat akkreditierte Agentur; diese ist die für die Anerkennung zuständige Stelle im Sinn des § 8a Abs. 3 Satz 1 der Wirtschaftsprüferordnung.

(2) [1]Wenn gemäß dem Antrag der Hochschule im Akkreditierungsverfahren festgestellt werden soll, ob der Masterstudiengang zur Ausbildung von Wirtschaftsprüfern und Wirtschaftsprüferinnen besonders geeignet ist, müssen bei der Akkreditierung je ein Vertreter oder Beauftragter oder eine Vertreterin oder Beauftragte des Bundesministeriums für Wirtschaft und Energie, der Finanzverwaltung und der Wirtschaftsprüferkammer mitwirken. [2]Die Entscheidung nach Satz 1 bedarf der Zustimmung von mindestens zwei Vertretern oder Beauftragten. [3]Im Fall der Zustimmung ist eine Anrechnung von Leistungen aus dem Masterstudiengang auf das Wirtschaftsprüfungsexamen möglich und wird in die Akkreditierung folgender Zusatz aufgenommen: „Leistungen aus dem Masterstudiengang können in den Prüfungsgebieten „Angewandte Betriebswirtschaftslehre, Volkswirtschaftslehre" und „Wirtschaftsrecht" des Wirtschaftsprüfungsexamens angerechnet werden".

§ 6 Anrechnung von Leistungen aus dem Masterstudiengang auf das Wirtschaftsprüfungsexamen und Anrechnungsverfahren

(1) [1]Die Prüfungsstelle stellt auf Grundlage der Akkreditierung des Masterstudiengangs gemäß § 5 die Anrechnung von Leistungen auf das Wirtschaftsprüfungsexamen fest. [2]Sie lässt die antragstellende Person zum Wirtschaftsprüfungsexamen im Umfang des Absatzes 3 zu und lädt sie gemäß § 9 Abs. 6 Satz 2 der Wirtschaftsprüferordnung zum nächstmöglichen Prüfungstermin.

(2) [1]Dem Antrag an die Prüfungsstelle gemäß § 1 oder § 25 der Wirtschaftsprüferprüfungsverordnung ist das Zeugnis über den Masterabschluss im Original oder in beglaubigter Abschrift beizufügen. [2]Die Masterabschlussprüfung darf zum Zeitpunkt der Antragstellung auf Zulassung zum Wirtschaftsprüfungsexamen nicht länger als vier Jahre zurückliegen.

(3) [1]Die Anrechnung ersetzt die schriftlichen und mündlichen Prüfungen in den Prüfungsgebieten „Angewandte Betriebswirtschaftslehre, Volkswirtschaftslehre" und „Wirtschaftsrecht". [2]Der Kurzvortrag sowie die schriftlichen und mündlichen Prüfungen in den Prüfungsgebieten „Wirtschaftliches Prüfungswesen, Unternehmensbewertung und Berufsrecht" und „Steuerrecht" müssen vor der Prüfungskommission nach § 2 der Wirtschaftsprüferprüfungsverordnung nach Wahl der Prüfungsstelle auch in Sonderprüfungsterminen abgelegt werden. [3]Dies gilt auch für Rücktrittsfolge- und Wiederholungsprüfungen in den Prüfungsgebieten „Wirtschaftliches Prüfungswesen, Unternehmensbewertung und Berufsrecht" und „Steuerrecht". [4]In den Fällen der Sätze 2 und 3 dauert die mündliche Prüfung 60 Minuten. [5]§ 19 Abs. 5 der Wirtschaftsprüferprüfungsverordnung findet Anwendung.

(4) [1]Wenn eine Anrechnung im Einzelfall voraussichtlich nicht erfolgen kann, ist der Hochschule, die das Zeugnis über den Masterabschluss ausgestellt hat, Gelegenheit zur Stellungnahme zu geben. [2]Erfolgt danach keine Anrechnung, teilt die Prüfungsstelle dies der antragstellenden Person schriftlich oder elektronisch mit. [3]Die Ablehnung einer Anrechnung kann insbesondere gerechtfertigt sein, wenn der Masterstudiengang nach der Akkreditierung wesentlich umgestaltet wird, so dass eine besondere Eignung nach § 1 ganz oder in Teilen entfallen ist. [4]Für das Widerspruchsverfahren gilt § 5 Abs. 5 der Wirtschaftsprüferordnung entsprechend.

Teil 2. Verkürzte Prüfung nach Anrechnung gleichwertiger Prüfungsleistungen (§ 13b der Wirtschaftsprüferordnung)

§ 7 Voraussetzungen der Anrechnung

(1) [1]Leistungsnachweise für schriftliche und mündliche Prüfungen in einem oder beiden der Prüfungsgebiete „Angewandte Betriebswirtschaftslehre, Volkswirtschaftslehre" und „Wirtschaftsrecht" eines in- oder ausländischen Studiengangs, der nicht nach Teil 1 anerkannt sein muss, werden auf das Wirtschaftsprüfungsexamen angerechnet, wenn

1. die Prüfungen als gleichwertig festgestellt werden,
2. das gewählte Haupt- oder Schwerpunktfach den wesentlichen Inhalten eines oder beider Prüfungsgebiete „Angewandte Betriebswirtschaftslehre, Volkswirtschaftslehre" und „Wirtschaftsrecht" entspricht und
3. hierin Prüfungsleistungen erbracht worden sind.

[2]§ 8 Abs. 3 der Wirtschaftsprüferordnung bleibt unberührt.

(2) [1]Schriftliche und mündliche Prüfungen sind nach Absatz 1 Satz 1 Nr. 1 als gleichwertig festzustellen, wenn sie solchen des Wirtschaftsprüfungsexamens entsprechen. [2]Dies ist gegeben, wenn die Prüfungen nach

1. ihrem Inhalt gemäß den §§ 4 und 15 Abs. 1 der Wirtschaftsprüferprüfungsverordnung in Verbindung mit den Anerkennungsgrundlagen und dem Referenzrahmen nach dieser Verordnung,
2. ihrer Form gemäß den §§ 10 und 15 Abs. 2, 4 und 5 der Wirtschaftsprüferprüfungsverordnung und
3. ihrem gesamten zeitlichen Umfang gemäß § 7 Abs. 2 und § 15 Abs. 3 der Wirtschaftsprüferprüfungsverordnung

im Ergebnis gleichzusetzen sind. [3]Die Gleichwertigkeit ist anhand des Referenzrahmens nach § 4 Abs. 1 und, soweit verfügbar, darauf basierender Lehrpläne (Curricula) nach § 4 Abs. 2 Satz 2 zu beurteilen.

§ 8 Bestätigung der Gleichwertigkeit an die Hochschule

(1) [1]Die Hochschule kann vor jedem Semester oder Hochschuljahr vorab bei der Prüfungsstelle eine Bestätigung beantragen, aus der hervorgeht, dass die zur Anrechnung vorgesehenen schriftlichen und mündlichen Prüfungen dem Grundsatz nach als gleichwertig gemäß § 7 Abs. 2 gelten (Bestätigung). [2]Die Bestätigung an die Hochschule ist verbindlich; § 9 Abs. 6 bleibt unberührt.

(2) Die Bestätigung der Prüfungsstelle ist nach Maßgabe der Gebührenordnung der Wirtschaftsprüferkammer kostenpflichtig.

(3) [1]Kann eine Bestätigung nicht erteilt werden, so teilt die Prüfungsstelle dies der Hochschule schriftlich oder elektronisch mit. [2]Für das Widerspruchsverfahren gilt § 5 Abs. 5 der Wirtschaftsprüferordnung entsprechend.

§ 9 Anrechnung auf das Wirtschaftsprüfungsexamen

(1) [1]Die Prüfungsstelle stellt im Zulassungsverfahren zum Wirtschaftsprüfungsexamen die Anrechnung nach § 7 Abs. 1 und die Gleichwertigkeit nach § 7 Abs. 2 fest. [2]Die Feststellung erfolgt auf Grundlage einer Bestätigung gemäß § 8.

(2) [1]Die Leistungsnachweise sind von der antragstellenden Person im Original oder in beglaubigter Abschrift mit dem Antrag nach § 1 oder § 25 der Wirtschaftsprüferprüfungsverordnung vorzulegen. [2]Der erfolgreiche Abschluss des Studiengangs, aus dem die Leistungsnachweise stammen, darf zum Zeitpunkt der Antragstellung auf Zulassung zum Wirtschaftsprüfungsexamen nicht länger als acht Jahre zurückliegen.

(3) [1]Wird festgestellt, dass ein Leistungsnachweis angerechnet wird, entfällt die schriftliche und mündliche Prüfung in dem entsprechenden Prüfungsgebiet im Wirtschaftsprüfungsexamen; § 13 der Wirtschaftsprüferordnung bleibt unberührt. [2]Die Prüfungsstelle teilt der antragstellenden Person die für das Wirtschaftsprüfungsexamen verbleibenden Prüfungsgebiete mit.

(4) [1]Entfällt das Prüfungsgebiet „Angewandte Betriebswirtschaftslehre, Volkswirtschaftslehre“, dauert die mündliche Prüfung im Prüfungsgebiet „Wirtschaftliches Prüfungswesen, Unternehmensbewertung und Berufsrecht“ 45 Minuten. [2]Diese verlängerte mündliche Prüfung kann nach Wahl der Prüfungsstelle auch in Sonderprüfungsterminen abgelegt werden.

(5) § 19 Abs. 5 der Wirtschaftsprüferprüfungsverordnung findet Anwendung.

(6) [1]Wenn eine Anrechnung voraussichtlich nicht erfolgen kann, ist der ausstellenden Hochschule Gelegenheit zur Stellungnahme zu geben. [2]Erfolgt danach keine Anrechnung, teilt die Prüfungsstelle dies der antragstellenden Person schriftlich oder elektronisch mit. [3]Die Ablehnung einer Anrechnung kann insbesondere gerechtfertigt sein, wenn der Studiengang nach der Bestätigung wesentlich umgestaltet wurde, so dass die Gleichwertigkeit nach § 7 Abs. 2 ganz oder in Teilen entfallen ist. [4]Für das Widerspruchsverfahren gilt § 5 Abs. 5 der Wirtschaftsprüferordnung entsprechend.

Teil 3. Schlussbestimmungen

§ 10 Übergangsvorschriften

(1) Eine Anrechnung des Masterabschlusses auf das Wirtschaftsprüfungsexamen durch die Prüfungsstelle nach Teil 1 findet nur statt, wenn der Masterstudiengang nach Inkrafttreten dieser Verordnung akkreditiert wird, auch wenn dieser bereits vor Inkrafttreten dieser Verordnung eingerichtet war.

(2) Eine Anrechnung gleichwertiger Prüfungsleistungen nach Teil 2 findet nur statt, wenn die Gleichwertigkeit der Prüfungen gemäß § 7 Abs. 2 nach Inkrafttreten dieser Verordnung durch die Prüfungsstelle festgestellt wird, auch wenn der Studiengang bereits vor Inkrafttreten dieser Verordnung eingerichtet war; Prüfungsleistungen müssen, um angerechnet werden zu können, nach Inkrafttreten dieser Verordnung erbracht worden sein.

(3) § 9 ist in der bis zum 17. Juni 2009 geltenden Fassung anzuwenden auf Prüfungsleistungen, die in einem Studium erbracht worden sind, das spätestens am 17. Juni 2009 begonnen wurde.

§ 11 Inkrafttreten

Diese Verordnung tritt am Tag nach der Verkündung in Kraft.

11c. Satzung der Wirtschaftsprüferkammer über die Rechte und Pflichten bei der Ausübung der Berufe des Wirtschaftsprüfers und des vereidigten Buchprüfers

Berufssatzung für Wirtschaftsprüfer/vereidigte Buchprüfer - BS WP/vBP in der Fassung vom 21. Juni 2016 (BAnz. AT 22.07.2016 B1)

Inhaltsübersicht

Teil 3:
Besondere Berufspflichten bei der Durchführung von Prüfungen und der Erstattung von Gutachten

Teil 4:
Berufspflichten zur Qualitätssicherung bei Abschlussprüfungen nach § 316 HGB

Abschnitt 1:
Weitere Berufspflichten bei der Auftragsdurchführung

Abschnitt 2:
Berufspflichten zum Schaffen von Regelungen für ein Qualitätssicherungssystem nach § 55b Absatz 2 WPO

Teil 1: Allgemeine Berufspflichten

§ 1 Grundsatz

(1) [1]WP/vBP haben ihren Beruf unabhängig, gewissenhaft, verschwiegen und eigenverantwortlich auszuüben (§ 43 Absatz 1 Satz 1 WPO). [2]Sie haben ihre Pflichten verantwortungsbewusst und sorgfältig zu erfüllen (§ 17 Absatz 1 WPO). [3]Innerhalb und außerhalb der Berufstätigkeit haben sie sich des Vertrauens und der Achtung würdig zu erweisen, die der Beruf erfordert (§ 43 Absatz 2 Satz 3 WPO).

(2) [1]WP/vBP haben sich jeder Tätigkeit zu enthalten, die mit ihrem Beruf oder mit dem Ansehen des Berufes unvereinbar ist. [2]Sie haben sich der besonderen Berufspflichten bewusst zu sein, die ihnen aus der Befugnis erwachsen, gesetzlich vorgeschriebene Bestätigungsvermerke zu erteilen (§ 43 Absatz 2 Satz 1 und 2 WPO) und ein Siegel zu führen (§ 19).

§ 2 Unabhängigkeit

(1) [1]WP/vBP dürfen keine Bindungen eingehen, die ihre berufliche Entscheidungsfreiheit beeinträchtigen oder beeinträchtigen könnten. [2]Sie haben ihre persönliche und wirtschaftliche Unabhängigkeit gegenüber jedermann zu bewahren.

(2) Es ist insbesondere berufswidrig,

1. unbeschadet des Artikels 4 der Verordnung (EU) Nr. 537/2014 für Tätigkeiten nach § 2 Absatz 1 und 3 Nummer 1 und 3 WPO Vereinbarungen zu schließen, durch welche die Höhe der Vergütung vom Ergebnis der Tätigkeit als WP/vBP abhängig gemacht wird (§ 55 Absatz 1 Satz 1 WPO),
2. für Tätigkeiten nach § 2 Absatz 2 WPO Vereinbarungen zu schließen, durch welche die Höhe der Vergütung vom Ausgang der Sache oder vom Erfolg der Tätigkeit des WP/vBP abhängig gemacht wird oder nach denen der WP/vBP einen Teil der zu erzielenden Steuerermäßigung, Steuerersparnis oder Steuervergütung als Honorar erhält; dies gilt nicht bei Vereinbarungen im Einzelfall, wenn der Auftraggeber aufgrund seiner wirtschaftlichen Verhältnisse bei verständiger Betrachtung ohne die Vereinbarung eines Erfolgshonorars von der Rechtsverfolgung abgehalten würde (§ 55a Absatz 1 Satz 1, Absatz 2 WPO),
3. die Vergütung für gesetzlich vorgeschriebene Abschlussprüfungen über Nummer 1 hinaus an weitere Bedingungen zu knüpfen; diese darf auch nicht von der Erbringung

zusätzlicher Leistungen für das geprüfte Unternehmen beeinflusst oder bestimmt sein (§ 55 Absatz 1 Satz 3 WPO),

4. einen Teil der Vergütung oder sonstige Vorteile für die Vermittlung von Aufträgen, gleichviel ob im Verhältnis zu einem WP/vBP oder Dritten, abzugeben oder entgegenzunehmen (§ 55 Absatz 2 WPO),
5. Mandantenrisiken zu übernehmen oder
6. Versorgungszusagen von Auftraggebern anzunehmen.

§ 3 Verbot der Vertretung widerstreitender Interessen

(1) [1]WP/vBP dürfen nicht tätig werden, wenn sie einen anderen Auftraggeber in derselben Sache im widerstreitenden Interesse beraten oder vertreten bzw. beraten oder vertreten haben. [2]Das Verbot nach Satz 1 gilt auch für alle mit dem WP/vBP in derselben Sozietät oder Berufsgesellschaft oder durch ein Netzwerk verbundenen WP/vBP. [3]Satz 2 gilt nicht, wenn durch Schutzmaßnahmen sichergestellt ist, dass Interessen der Auftraggeber nicht gefährdet sind und diese nach Information über die Art des Interessenkonflikts sowie die getroffenen oder zu treffenden Schutzmaßnahmen der Beratung oder Vertretung zugestimmt haben. [4]Die Auftraggeber sind gesondert zu unterrichten und es ist deren ausdrückliche Zustimmung einzuholen, wenn Art und Bedeutung des Interessenkonflikts dies erfordern.

(2) [1]WP/vBP dürfen im Übrigen mehrere Auftraggeber in derselben Sache nur beraten oder vertreten, wenn ihnen ein gemeinsamer Auftrag erteilt ist oder alle Auftraggeber einverstanden sind. [2]Eine vermittelnde Tätigkeit im Auftrag aller Beteiligten ist zulässig.

§ 4 Gewissenhaftigkeit

(1) WP/vBP sind bei der Erfüllung ihrer Aufgaben an das Gesetz gebunden, haben sich über die für ihre Berufsausübung geltenden Bestimmungen zu unterrichten und diese und fachliche Regeln zu beachten.

(2) WP/vBP dürfen Leistungen nur anbieten und Aufträge nur übernehmen, wenn sie über die dafür erforderliche Sachkunde und die zur Bearbeitung nötige Zeit verfügen.

(3) WP/vBP haben durch eine sachgerechte Gesamtplanung aller Aufträge die Voraussetzungen dafür zu schaffen, dass die übernommenen und erwarteten Aufträge unter Beachtung der Berufsgrundsätze ordnungsgemäß durchgeführt und zeitgerecht abgeschlossen werden können.

(4) Treten nach Auftragsannahme Umstände ein, die zur Ablehnung des Auftrages hätten führen müssen, ist das Auftragsverhältnis zu beenden.

§ 5 Fachliche Fortbildung

(1) [1]WP/vBP sind verpflichtet, sich fachlich fortzubilden (§ 43 Absatz 2 Satz 4 WPO). [2]Die Fortbildung soll die Fachkenntnisse, die Fähigkeit zu ihrer Anwendung sowie das Verständnis der Berufspflichten auf einem ausreichend hohen Stand halten. [3]WP/vBP erfüllen ihre Fortbildungsverpflichtung durch Teilnahme an Fortbildungsmaßnahmen als Hörer oder als Dozent sowie durch Selbststudium.

(2) [1]Zu den Fortbildungsmaßnahmen gehören Fachveranstaltungen (Vorträge, Seminare, Diskussionsgruppen oder ähnliche Veranstaltungen). [2]Unerheblich ist, ob sie durch Dritte oder durch die Praxis selbst organisiert und ob sie der Öffentlichkeit oder nur Mitarbeitern der Praxis zugänglich sind. [3]Zu den Fortbildungsmaßnahmen gehört auch die Absolvierung von IT-gestützten Fachkursen (E-Learning, Web-based Training), wenn die Dauer der Teilnahme nachgewiesen werden kann. [4]Der Teilnahme an Fortbildungsmaßnahmen gleichgestellt sind die schriftstellerische Facharbeit, die Tätigkeit

in externen oder praxisinternen Fachgremien sowie die Tätigkeit als Dozent an Hochschulen.

(3) Zum Selbststudium gehört insbesondere das Lesen von Fachschrifttum.

(4) [1]Die Fortbildung muss sich auf die in §§ 2, 129 WPO genannten Tätigkeiten beziehen und geeignet sein, die in Absatz 1 Satz 2 genannten Kenntnisse und Fähigkeiten zu verbessern. [2]Sie soll ihren Schwerpunkt in der ausgeübten oder beabsichtigten Berufstätigkeit des WP/vBP haben. [3]Bei WP/vBP, die Abschlussprüfungen vornehmen, muss die Fortbildung in angemessenem Umfang die Prüfungstätigkeit (§§ 2 Absatz 1, 129 Absatz 1 WPO) betreffen.

(5) [1]Die Fortbildung soll einen Umfang von 40 Stunden jährlich nicht unterschreiten. [2]Hiervon müssen 20 Stunden auf die in Absatz 2 genannten Fortbildungsmaßnahmen entfallen; diese sind unter Bezeichnung von Art und Gegenstand für Nachweiszwecke zu dokumentieren. [3]Die Mindeststundenzahl nach Satz 2 kann auch durch Bildungsmaßnahmen nach § 57a Absatz 3 Satz 2 Nummer 2, Absatz 3a Satz 2 Nummer 4 WPO erbracht werden.

§ 6 Qualifikation, Information und Verpflichtung der Mitarbeiter

(1) WP/vBP haben bei der Einstellung von Mitarbeitern deren fachliche und persönliche Eignung zu prüfen.

(2) Die Mitarbeiter sind nach Maßgabe ihrer Verantwortlichkeit über die Berufspflichten sowie über das in der Praxis eingerichtete Qualitätssicherungssystem zu informieren.

(3) Sie sind vor Dienstantritt auf die Einhaltung der Vorschriften zur Verschwiegenheit, zum Datenschutz und zu den Insider-Regeln sowie der Regelung des Qualitätssicherungssystems zu verpflichten; dies ist zu dokumentieren.

§ 7 Ausbildung und Fortbildung der Mitarbeiter

(1) [1]WP/vBP haben für eine angemessene praktische und theoretische Ausbildung des Berufsnachwuchses und die Fortbildung der fachlichen Mitarbeiter zu sorgen. [2]Die Aus- und Fortbildung muss strukturiert sein und inhaltlich die Tätigkeitsbereiche des fachlichen Mitarbeiters betreffen.

(2) WP/vBP dürfen Mitarbeitern Verantwortung nur insoweit übertragen, als diese die dafür erforderliche Qualifikation besitzen.

(3) WP/vBP sollen ihre fachlichen Mitarbeiter in angemessenen Abständen beurteilen.

§ 8 Sicherung der gewissenhaften Berufsausübung

(1) [1]Zur Sicherung der gewissenhaften Berufsausübung haben WP/vBP in einem angemessenen Verhältnis zu Art, Umfang und Komplexität der beruflichen Tätigkeit der Praxis stehende Regelungen zu schaffen, zu überwachen und durchzusetzen (§ 55b Absatz 1 WPO). [2]Sie haben die Einhaltung der Berufspflichten in ihrer Praxis in angemessenen Zeitabständen zu überprüfen und Mängel abzustellen.

(2) [1]Bei Abschlussprüfungen, die nicht in den Anwendungsbereich des Vierten Teils fallen und bei denen ein § 322 HGB nachgebildeter Bestätigungsvermerk erteilt wird, sind die Regelungen des Qualitätssicherungssystems für Abschlussprüfungen nach § 316 HGB entsprechend anzuwenden (Teil 4 Abschnitt 2). [2]Die Anforderungen an das Qualitätssicherungssystem folgen aus den spezifischen Gegebenheiten der Praxis des WP/vBP und sind insbesondere von Art und Umfang sowie Komplexität der vom WP/vBP durchgeführten Abschlussprüfungen abhängig (§ 50 Absatz 1 Satz 2). [3]Soweit Bestätigungsvermerke nach ISA 700 erteilt werden, sind die hierfür relevanten Qualitätssicherungsregeln einzuhalten.

§ 9 Umgang mit fremden Vermögenswerten

(1) [1]WP/vBP haben anvertraute fremde Vermögenswerte von dem eigenen und anderen fremden Vermögen getrennt zu halten und gewissenhaft zu verwalten. [2]Über fremde Vermögenswerte sind gesonderte Rechnungsunterlagen zu führen. [3]Geld und Wertpapiere sind bei Verwaltung entweder auf den Namen des Treugebers oder auf Anderkonten anzulegen. [4]Durchlaufende fremde Gelder sind unverzüglich an den Empfangsberechtigten weiterzuleiten.

(2) [1]WP/vBP dürfen fremde Vermögenswerte, die ihnen zweckgebunden anvertraut worden sind, zur Deckung eigener Kostenforderungen (Honorare, Vorschüsse und Auslagenersatz) nur verwenden, wenn sie hierzu ausdrücklich ermächtigt worden sind. [2]Soweit Aufrechnung und Zurückbehaltung zulässig sind, bleiben diese Rechte unberührt.

§ 10 Verschwiegenheit

(1) WP/vBP dürfen Tatsachen und Umstände, die ihnen bei ihrer Berufstätigkeit anvertraut oder bekannt werden, nicht unbefugt offenbaren.

(2) [1]WP/vBP haben dafür Sorge zu tragen, dass Tatsachen und Umstände im Sinne von Absatz 1 Unbefugten nicht bekannt werden. [2]Sie haben entsprechende Vorkehrungen zu treffen.

(3) Die Pflichten nach Absatz 1 und 2 bestehen nach Beendigung eines Auftragsverhältnisses fort.

§ 11 Verbot der Verwertung von Berufsgeheimnissen

[1]Erhalten WP/vBP bei ihrer Berufsausübung Kenntnis von Tatsachen und Umständen, insbesondere geschäftlichen Entschlüssen oder Transaktionen, die ihre Auftraggeber oder Dritte betreffen, so dürfen sie diese Kenntnis weder für sich noch für Dritte unbefugt verwerten. [2]§ 10 Absatz 3 gilt entsprechend. [3]Kann für einen verständigen Dritten der Eindruck entstehen, dass eine Verwertung zu besorgen ist, dürfen die diese Besorgnis begründenden Umstände nur dann herbeigeführt oder aufrechterhalten werden, wenn die vom Verwertungsverbot geschützte Person zustimmt.

§ 12 Eigenverantwortlichkeit

(1) WP/vBP haben unabhängig von der Art der beruflichen Tätigkeit (§ 38 Nummer 1 Buchstabe d WPO) ihr Handeln in eigener Verantwortung zu bestimmen, ihr Urteil selbst zu bilden und ihre Entscheidungen selbst zu treffen.

(2) Es ist nicht erlaubt, berufliche Tätigkeiten zu übernehmen, wenn die geforderte berufliche Verantwortung nicht getragen werden kann oder nicht getragen werden soll.

§ 13 Führung von Mitarbeitern

WP/vBP müssen in der Lage sein, die Tätigkeit von Mitarbeitern derart zu überblicken und zu beurteilen, dass sie sich eine auf Kenntnissen beruhende, eigene Überzeugung bilden können.

§ 14 Berufswürdiges Verhalten

(1) WP/vBP haben sich sachlich zu äußern.

(2) WP/vBP sind verpflichtet, ihre Auftraggeber auf Gesetzesverstöße, die sie bei Wahrnehmung ihrer Aufgaben festgestellt haben, aufmerksam zu machen.

(3) [1]WP/vBP dürfen Zuwendungen von einem Auftraggeber oder von für ihn handelnden Dritten nur annehmen, wenn die Zuwendungen offensichtlich unbedeutend sind und aus Sicht eines vernünftigen und über alle relevanten Informationen verfügenden Dritten keinen Einfluss auf die Entscheidungsfindung oder das Ergebnis der Tätigkeit haben. [2]Für Zuwendungen des WP/vBP an den Auftraggeber, seine Mitarbeiter oder

Dritte im Zusammenhang mit einem Auftrag gilt Satz 1 entsprechend; für Provisionen gilt § 55a Absatz 2 WPO. [3]WP/vBP haben sicherzustellen, dass ihre Mitarbeiter diese Grundsätze ebenfalls beachten, und die Einhaltung angemessen zu überwachen.

§ 15 Kriterien zur Beschreibung der Vergütungsgrundlagen im Transparenzbericht

[1]Die in den Transparenzbericht aufzunehmenden Informationen über die Vergütungsgrundlagen der Organmitglieder und leitenden Angestellten sollen erkennen lassen, ob und wie die berufliche Tätigkeit durch finanzielle Anreize beeinflusst wird. [2]Sie müssen Angaben darüber enthalten,

- ob sich die Vergütung in feste und variable Bestandteile einschließlich erfolgsabhängiger Komponenten aufgliedert,
- welcher Anteil der Vergütung auf den variablen Teil entfällt,
- welcher Art die variable Vergütung und die Bemessungsgrundlage hierfür ist.

§ 16 Pflichten gegenüber anderen WP/vBP

(1) Bei der Übertragung einer Praxis oder Teilpraxis gegen Entgelt darf die Notlage eines Berufskollegen, seiner Erben oder Vermächtnisnehmer nicht ausgenutzt werden.

(2) WP/vBP dürfen Mitarbeiter eines anderen WP/vBP nicht abwerben oder abwerben lassen.

(3) WP/vBP dürfen weder bei Gründung einer eigenen Praxis noch bei Wechsel des Arbeitgebers Auftraggeber ihres bisherigen Arbeitgebers veranlassen, ihnen Aufträge zu übertragen.

§ 17 Mitwirkung bei der Ausbildung

WP/vBP sollen nach ihren Möglichkeiten an der Ausbildung des Berufsnachwuchses sowie an der Ausbildung zum Steuerfachangestellten mitwirken.

§ 18 Haftungsbegrenzung

Eine gesetzliche Haftungsbegrenzung darf nicht abbedungen werden.

§ 19 Siegelführung

(1) [1]WP/vBP sind verpflichtet, ein Siegel zu benutzen, wenn sie Erklärungen abgeben, die ihnen gesetzlich vorbehalten sind (§ 48 Absatz 1 Satz 1 WPO). [2]Dies gilt auch bei solchen gesetzlich vorbehaltenen Erklärungen, denen eine nicht gesetzlich vorgeschriebene Tätigkeit zugrunde liegt.

(2) WP/vBP können ein Siegel führen, wenn sie in ihrer Berufseigenschaft Erklärungen über Prüfungsergebnisse abgeben oder Gutachten erstatten, die ihnen nicht gesetzlich vorbehalten sind.

(3) WP/vBP dürfen das Siegel im Rahmen ihrer sonstigen beruflichen Betätigung nicht führen.

(4) WP/vBP dürfen keine siegelimitierenden Rundstempel verwenden.

§ 20 Gestaltung des Siegels

(1) Das Siegel des WP/vBP muss nach Form und Größe dem Muster der Anlage entsprechen.

(2) [1]Zur Verwendung sind Prägesiegel (Trockensiegel, Lacksiegel), Siegelmarken und Farbdruckstempel zugelassen. [2]Daneben kann das Siegel elektronisch oder drucktechnisch geführt werden.

(3) [1]Der äußere Kreis des Siegels eines WP/vBP enthält in Umschrift im oberen Teil Vor- und Familiennamen des WP/vBP, im unteren Teil die Angabe des Ortes der beruf-

lichen Niederlassung, der innere Kreis in waagerechter Schrift die Berufsbezeichnung „Wirtschaftsprüfer" bzw. „vereidigter Buchprüfer" und am unteren Rand das Wort „Siegel". [2]Ist der WP/vBP zur Führung eines akademischen Grades oder Titels befugt, so kann dieser dem Namen hinzugefügt werden. [3]Siegel von WP/vBP, die eine Zweigniederlassung unterhalten, können nach oder unter der Angabe des Ortes der Hauptniederlassung die Angabe des Ortes der Zweigniederlassung mit dem Zusatz „Zweigniederlassung" enthalten.

(4) [1]Der äußere Kreis des Siegels einer Wirtschaftsprüfungsgesellschaft oder Buchprüfungsgesellschaft enthält in Umschrift im oberen Teil die Firma der Wirtschaftsprüfungsgesellschaft oder Buchprüfungsgesellschaft, im unteren Teil die Angabe des Sitzes, der innere Kreis in waagerechter Schrift die Bezeichnung „Wirtschaftsprüfungsgesellschaft" oder „Buchprüfungsgesellschaft" und am unteren Rand das Wort „Siegel". [2]Siegel, die für eine Zweigniederlassung einer Wirtschaftsprüfungsgesellschaft oder Buchprüfungsgesellschaft benutzt werden, können nach oder unter der Angabe des Ortes des Sitzes der Gesellschaft die Angabe des Ortes der Zweigniederlassung mit dem Zusatz „Zweigniederlassung" enthalten. [3]Wird für die Zweigniederlassung einer Wirtschaftsprüfungsgesellschaft oder Buchprüfungsgesellschaft ein abweichender Firmenkern verwendet, enthält der äußere Kreis des Siegels der Zweigniederlassung in Umschrift im oberen Teil die Firma der Zweigniederlassung, im unteren Teil die Angabe des Ortes der Zweigniederlassung sowie danach oder darunter einen Zusatz, der die Worte „Zweigniederlassung der" sowie die Firma der Wirtschaftsprüfungsgesellschaft oder Buchprüfungsgesellschaft enthält. [4]Der innere Kreis des Siegels enthält das Wort „Siegel".

§ 21 Sozietät

(1) Bei gemeinsamer Berufsausübung in einer Sozietät müssen die Sozietätsmitglieder unter ihren Namen und Berufsbezeichnungen auftreten.

(2) Abweichend von Absatz 1 darf eine firmen- oder namensähnliche Bezeichnung für eine Sozietät verwendet werden; eine Sozietät kann nur unter einer einheitlichen Bezeichnung auftreten.

(3) [1]Alle Sozietätsmitglieder sind mit ihren Berufsbezeichnungen und bei überörtlicher Sozietät darüber hinaus mit ihren beruflichen Niederlassungen auf dem Briefbogen gesondert aufzuführen. [2]Ist dies technisch unmöglich oder unzumutbar, ist eine Bezeichnung im Sinne des Absatzes 2 unter Aufführung aller in der Sozietät vertretenen Berufsbezeichnungen zulässig. [3]In diesem Fall sind die Angaben nach Satz 1 anderweitig zugänglich zu machen.

(4) Für Praxisschilder gilt Absatz 1 und 2, bei Verwendung einer Bezeichnung im Sinne des Absatzes 2 gilt Absatz 3 Satz 2 entsprechend.

§ 22 Berufsgesellschaften

(1) [1]Die Bezeichnungen „Wirtschaftsprüfungsgesellschaft" oder „Buchprüfungsgesellschaft" sind nach der Rechtsformbezeichnung in die Firmierung oder den Namen der Berufsgesellschaft aufzunehmen. [2]Wortverbindungen mit anderen Firmierungs- oder Namensbestandteilen sind unzulässig.

(2) Die Firmierung oder der Name darf keine Hinweise auf unvereinbare Tätigkeiten enthalten.

Teil 2: Berufshaftpflichtversicherung

§ 23 Versicherungspflicht

(1) Die Berufshaftpflichtversicherung, die gemäß § 54 WPO zur Deckung der sich aus der Berufstätigkeit (§§ 2, 129 WPO) ergebenden Haftpflichtgefahren zu unterhalten ist, muss bei einem im Inland zum Geschäftsbetrieb befugten Versicherungsunternehmen zu den nach Maßgabe des Versicherungsaufsichtsgesetzes eingereichten allgemeinen Versicherungsbedingungen genommen werden.

(2) [1]Erfolgt die Bestellung zum WP auf Grund des Bestehens einer Eignungsprüfung im Sinne des § 131g Absatz 1 WPO, so sind die von den Versicherungsunternehmen eines anderen Mitgliedstaates der Europäischen Union oder eines Vertragsstaates des Abkommens über den Europäischen Wirtschaftsraum oder der Schweiz ausgestellten Bescheinigungen über eine abgeschlossene Berufshaftpflichtversicherung als gleichwertig mit den in Deutschland ausgestellten Bescheinigungen anzuerkennen, sofern sie in Bezug auf Deckungsbedingungen und -umfang den in Deutschland geltenden Rechts- und Verwaltungsvorschriften genügen. [2]Die zum Nachweis vorgelegten Unterlagen sind mit einer beglaubigten Übersetzung vorzulegen, wenn sie nicht in deutscher Sprache abgefasst sind. [3]Die Bescheinigungen dürfen bei ihrer Vorlage nicht älter als drei Monate sein.

(3) Im Falle des Absatzes 2 hat der WP, sofern die Erfüllung der Verpflichtungen des § 26 durch das Versicherungsunternehmen nicht sichergestellt ist, der Wirtschaftsprüferkammer jährlich eine Bescheinigung des Versicherers vorzulegen, aus der sich die Versicherungsbedingungen und der Deckungsumfang ergeben.

§ 24 Inhalt des Versicherungsvertrags

Der Versicherungsvertrag muss neben den in § 54 Absatz 2 Satz 1 WPO geregelten Inhalten vorsehen, dass

1. der Versicherungsschutz während der Dauer eines vorläufigen Tätigkeits- oder Berufsverbotes (§ 111 WPO) für einen Vertreter (§ 121 WPO) aufrechterhalten bleibt,
2. die Leistungen des Versicherers für das mitversicherte Auslandsrisiko im Inland in Euro zu erbringen sind.

§ 25 Nachweis des Versicherungsabschlusses vor der Bestellung

(1) [1]Bewerber, die ihre Bestellung zum WP beantragen und den Beruf selbstständig im Sinne von § 43a Absatz 1 Nummer 1 WPO ausüben wollen, müssen der Wirtschaftsprüferkammer den Abschluss einer § 54 WPO sowie der §§ 23 und 24 entsprechenden Berufshaftpflichtversicherung durch eine Bestätigung des Versicherers nachweisen oder eine entsprechende vorläufige Deckungszusage vorlegen, in der sich der Versicherer verpflichtet, den Widerruf der Deckungszusage unverzüglich der Wirtschaftsprüferkammer mitzuteilen. [2]Bei Vorlage einer vorläufigen Deckungszusage ist nach der Bestellung der Wirtschaftsprüferkammer unverzüglich der Abschluss der Berufshaftpflichtversicherung durch eine Bestätigung des Versicherers oder eine beglaubigte Abschrift des Versicherungsscheins nachzuweisen.

(2) Absatz 1 gilt sinngemäß für die Anerkennung als Berufsgesellschaft.

§ 26 Nachweisverfahren nach der Bestellung

(1) WP/vBP haben

1. den Beginn, die Beendigung oder Kündigung des Versicherungsvertrags,
2. jede Änderung des Versicherungsvertrags, die den nach § 54 WPO sowie den §§ 23 und 24 vorgeschriebenen Versicherungsschutz beeinträchtigt,

3. den Wechsel des Versicherers,
4. den Beginn und die Beendigung der Versicherungspflicht infolge einer Änderung der Form der beruflichen Tätigkeit und
5. den Widerruf einer vorläufigen Deckungszusage

der Wirtschaftsprüferkammer unverzüglich anzuzeigen.

(2) [1]WP/vBP, die ihren Beruf in Personengesellschaften mit Personen ausüben, die selbst nicht als WP/vBP bestellt sind, müssen der Wirtschaftsprüferkammer bei Aufnahme einer solchen Tätigkeit nachweisen, dass ihnen auch bei gesamtschuldnerischer Inanspruchnahme der nach § 54 WPO vorgeschriebene Versicherungsschutz für jeden Versicherungsfall uneingeschränkt zur Verfügung steht (§ 44b Absatz 4 WPO). [2]Der Nachweis nach Satz 1 ist durch eine Bestätigung der Versicherung oder durch eine beglaubigte Abschrift des Versicherungsscheins zu erbringen.

(3) Dem Versicherer ist im Versicherungsvertrag eine Absatz 1 und 2 entsprechende Verpflichtung aufzuerlegen.

§ 27 Höherversicherung

Die gemäß § 54 WPO zu unterhaltende Berufshaftpflichtversicherung soll über die Höhe der Mindestversicherung hinausgehen, wenn Art und Umfang der Haftungsrisiken des WP/vBP dies erfordern.

Teil 3: Besondere Berufspflichten bei der Durchführung von Prüfungen und der Erstattung von Gutachten

§ 28 Unparteilichkeit

(1) [1]WP/vBP haben sich insbesondere bei der Erstattung von Prüfungsberichten und Gutachten unparteiisch zu verhalten (§ 43 Absatz 1 Satz 2 WPO), d. h. keinen der Beteiligten zu benachteiligen oder zu bevorzugen. [2]Dazu ist es erforderlich, den Sachverhalt vollständig zu erfassen, unter Abwägung der wesentlichen Gesichtspunkte fachlich zu beurteilen und bei der Berichterstattung alle wesentlichen Gesichtspunkte vollständig wiederzugeben.

(2) [1]Hat der Auftrag eine Darstellung mit argumentativer Funktion zum Gegenstand, muss dies in der Bezeichnung des Auftrags und in der Darstellung des Ergebnisses deutlich zum Ausdruck kommen. [2]Der Begriff „Gutachten" darf nicht verwendet werden.

§ 29 Unbefangenheit und Besorgnis der Befangenheit

(1) WP/vBP haben ihre Tätigkeit zu versagen, wenn sie bei der Durchführung von Prüfungen oder der Erstattung von Gutachten nicht unbefangen sind oder wenn die Besorgnis der Befangenheit besteht.

(2) [1]Unbefangen ist, wer sich sein Urteil unbeeinflusst von unsachgemäßen Erwägungen bildet. [2]Die Unbefangenheit kann insbesondere durch Eigeninteressen (§ 32), Selbstprüfung (§ 33), Interessenvertretung (§ 34), persönliche Vertrautheit (§ 35) sowie Einschüchterung (§ 36) beeinträchtigt werden. [3]Das Vorliegen solcher Umstände führt nicht zu einer Beeinträchtigung der Unbefangenheit, wenn die Umstände selbst für die Urteilsbildung offensichtlich unwesentlich sind oder zusammen mit Schutzmaßnahmen (§ 30) insgesamt unbedeutend sind. [4]Umstände nach Satz 2 können sich insbesondere aus Beziehungen geschäftlicher, finanzieller oder persönlicher Art ergeben.

(3) [1]Besorgnis der Befangenheit liegt vor, wenn Umstände im Sinne von Absatz 2 Satz 2 gegeben sind, die aus Sicht eines verständigen Dritten geeignet sind, die Urteils-

bildung unsachgemäß zu beeinflussen. [2]Besorgnis der Befangenheit liegt nicht vor, sofern die Gefährdung der Unbefangenheit nach Absatz 2 Satz 3 unbedeutend ist.

(4) [1]Die Besorgnis der Befangenheit kann auch dadurch begründet werden, dass

1. Personen, mit denen der WP/vBP seinen Beruf gemeinsam ausübt,
2. Personen, mit denen der WP/vBP in einem Netzwerk verbunden ist,
3. Personen, soweit diese bei der Auftragsdurchführung beschäftigt sind,
4. Ehegatten, Lebenspartner oder Verwandte in gerader Linie des WP/vBP, sonstige Familienmitglieder, die seit mindestens einem Jahr mit dem WP/vBP in einem Haushalt leben, oder für eine dieser Personen handelnde Vertreter,
5. Unternehmen, auf die der WP/vBP maßgeblichen Einfluss hat, insbesondere juristische Personen, treuhänderisch tätige Einrichtungen oder Personengesellschaften, die direkt oder indirekt von dem WP/vBP kontrolliert werden, die zu seinen Gunsten gegründet wurden oder deren wirtschaftliche Interessen weitgehend denen des WP/vBP entsprechen, oder
6. Personen, mit denen der WP/vBP in einem Büro zusammenarbeitet, soweit Leistungen für dieselben Mandanten erbracht werden,

Sachverhalte nach Absatz 2 verwirklichen. [2]Bei Wirtschaftsprüfungsgesellschaften und Buchprüfungsgesellschaften kann die Besorgnis der Befangenheit begründet werden, wenn sie selbst, einer ihrer gesetzlichen Vertreter, ein Gesellschafter, der maßgeblichen Einfluss ausüben kann oder bei der Prüfung in verantwortlicher Position beschäftigt ist, oder andere beschäftigte Personen, die das Ergebnis der Prüfung beeinflussen können, oder Unternehmen, auf die die Wirtschaftsprüfungsgesellschaft oder Buchprüfungsgesellschaft maßgeblichen Einfluss hat, oder Personen, mit denen die Wirtschaftsprüfungsgesellschaft oder Buchprüfungsgesellschaft in einem Netzwerk verbunden ist, Sachverhalte nach Absatz 2 verwirklichen. [3]Die Zurechnung von solchen Sachverhalten in Netzwerken ist ausgeschlossen, wenn das Netzwerkmitglied auf das Ergebnis der Prüfung keinen Einfluss nehmen kann; dies gilt nicht für Fälle des Verbots der Selbstprüfung (§ 33). [4]Die Zurechnung von Sachverhalten, die zu einer übermäßigen Umsatzabhängigkeit (§ 32 Absatz 1 Nummer 3) führen, ist in den Fällen des Satzes 1 Nummer 2 bis 4 ausgeschlossen.

(5) [1]Vor Annahme eines Auftrages sowie während der gesamten Dauer der Auftragsdurchführung ist zu prüfen, ob die Unbefangenheit gefährdende Umstände vorliegen. [2]Die zur Überprüfung getroffenen Maßnahmen und dabei festgestellte kritische Sachverhalte sind in den Arbeitspapieren schriftlich zu dokumentieren. [3]Wird eine wesentliche Gefährdung der Unbefangenheit festgestellt und können Schutzmaßnahmen ergriffen werden, ist der Mandant über die Gefährdung und die ergriffenen Maßnahmen zu informieren.

(6) [1]Wird ein geprüftes Unternehmen in dem zu prüfenden Geschäftsjahr oder bis zur Erteilung des Bestätigungsvermerks oder der anderweitigen Berichterstattung über das Prüfungsergebnis von einem anderen Unternehmen erworben oder schließt es sich mit einem anderen Unternehmen zusammen oder erwirbt ein anderes Unternehmen, ermittelt und beurteilt der WP/vBP alle gegenwärtigen oder vor kurzem beendeten Beziehungen geschäftlicher, finanzieller oder persönlicher Art zu diesem Unternehmen, die unter Berücksichtigung von Schutzmaßnahmen die Unabhängigkeit des WP/vBP nach dem Wirksamwerden des Unternehmenskaufs oder des Unternehmenszusammenschlusses gefährden können. [2]Der WP/vBP leitet unverzüglich, spätestens aber bis zum Ablauf von drei Monaten, sämtliche Maßnahmen ein, die erforderlich sind, um gegenwärtige Beziehungen geschäftlicher, finanzieller oder persönlicher Art, die seine Unabhängigkeit gefährden, zu beenden und ergreift Schutzmaßnahmen, um Gefährdungen seiner Un-

abhängigkeit, die sich aus früheren oder gegenwärtigen Beziehungen dieser Art ergeben, weitestmöglich abzuschwächen.

§ 30 Schutzmaßnahmen

(1) [1]Schutzmaßnahmen sind solche Maßnahmen oder Verfahren, die geeignet sind, eine Gefährdung der Unbefangenheit der WP/vBP so weit abzuschwächen, dass aus Sicht eines verständigen Dritten die Gefährdung insgesamt als unwesentlich zu beurteilen ist. [2]Hierzu können, je nach den vorliegenden Umständen, aus denen sich die Gefährdung ergibt, insbesondere gehören:

1. Erörterungen mit Aufsichtsgremien des Auftraggebers;
2. Erörterungen mit Aufsichtsstellen außerhalb des Unternehmens;
3. Transparenzregelungen;
4. Einschaltung von Personen in den Prüfungsauftrag, die nicht schon anderweitig damit befasst sind;
5. Beratung mit Kollegen, die in Fragen der Unbefangenheit erfahren sind und
6. personelle und organisatorische Maßnahmen, durch die sichergestellt wird, dass Informationen aus der zusätzlichen Tätigkeit, die zu einer Befangenheit als Abschlussprüfer führen können, den für die Abschlussprüfung Verantwortlichen nicht zur Kenntnis gelangen (Firewalls).

(2) Bei der Dokumentation der Gefährdungen und ihrer Prüfung (§ 29 Absatz 5) sind im Einzelfall ergriffene Schutzmaßnahmen ebenfalls zu dokumentieren.

§ 31 Bedeutung absoluter Ausschlussgründe im Sinne der §§ 319 Absatz 3, 319a und 319b Absatz 1 HGB

(1) [1]WP/vBP haben, wenn sie Tatbestände im Sinne der §§ 319 Absatz 3, 319b Absatz 1 Satz 2 HGB verwirklichen, bei allen gesetzlich vorgeschriebenen Prüfungen nach § 49 Alternative 2 WPO ihre Tätigkeit zu versagen. [2]Bei nicht gesetzlich vorgeschriebenen Abschlussprüfungen, bei denen ein Bestätigungsvermerk erteilt wird, der dem gesetzlichen Bestätigungsvermerk in § 322 HGB nachgebildet wird, gilt Satz 1 sinngemäß.

(2) [1]Wenn Tatbestände im Sinne der §§ 319 Absatz 3, 319b Absatz 1 HGB verwirklicht sind, wird auch berufsrechtlich die Besorgnis der Befangenheit unwiderleglich vermutet. [2]In diesen Fällen können Schutzmaßnahmen im Sinne des § 30 nicht berücksichtigt werden.

(3) Sind Tatbestandsmerkmale des § 319 Absatz 3 HGB nicht vollständig erfüllt, kann Besorgnis der Befangenheit im Sinne des § 29 Absatz 3 nur dann bestehen, wenn zusätzliche Umstände eine nicht unbedeutende Gefährdung der Unbefangenheit begründen.

(4) Die Absätze 1 bis 3 gelten für Tatbestände des § 319a HGB für die dort erfassten Abschlussprüfungen.

(5) Die Absätze 1 bis 4 sind auf den Abschlussprüfer des Konzernabschlusses entsprechend anzuwenden.

§ 32 Eigeninteressen

(1) Eigeninteressen finanzieller Art können insbesondere vorliegen bei:

1. kapitalmäßigen oder sonstigen finanziellen Bindungen gegenüber dem zu prüfenden, dem zu begutachtenden oder dem den Auftrag erteilenden Unternehmen;
2. kapitalmäßigen oder sonstigen finanziellen Bindungen gegenüber einem Unternehmen, an dem auch das zu prüfende, das zu begutachtende oder das den Auftrag er-

teilende Unternehmen, einer seiner gesetzlichen Vertreter, ein Gesellschafter mit beherrschendem Einfluss oder ein Mitglied des Aufsichtsrats ein nicht nur unwesentliches finanzielles Interesse hat;
3. einer übermäßigen Umsatzabhängigkeit gegenüber einem derartigen Unternehmen;
4. über normalen Geschäfts- und Lieferverkehr mit Dritten hinausgehenden Leistungsbeziehungen;
5. Forderungen gegen den Mandanten oder das zu begutachtende Unternehmen aus einem Kredit- oder Bürgschaftsverhältnis;
6. Honorarforderungen, wenn sie über einen längeren Zeitraum offenstehen und einen nicht unerheblichen Betrag erreichen.

(2) Eigeninteressen sonstiger Art können insbesondere vorliegen bei:
1. Pflichtverletzungen aus vorangegangenen Prüfungen, sofern ein Verdeckungsrisiko besteht;
2. offenen Rechtsstreitigkeiten über Regress- oder Gewährleistungsfragen aus früheren Aufträgen.

§ 33 Selbstprüfung

(1) Eine Selbstprüfung liegt vor, wenn der WP/vBP einen Sachverhalt zu beurteilen hat, an dessen Entstehung er selbst unmittelbar beteiligt und diese Beteiligung nicht von nur untergeordneter Bedeutung war.

(2) Eine Selbstprüfung im Sinne von Absatz 1 ist nicht gegeben, wenn der WP/vBP zwar bereits früher mit dem Sachverhalt befasst war, dabei aber, ohne an der Entstehung im Sinne von Absatz 1 mitzuwirken, denselben Gegenstand zu prüfen oder sonst zu beurteilen hatte.

(3) [1]Die Mitwirkung an der Führung der Bücher oder an der Aufstellung des zu prüfenden Jahresabschlusses begründet unwiderleglich die Besorgnis der Befangenheit, sofern die Tätigkeit nicht von untergeordneter Bedeutung ist. [2]Dies gilt nur für die unmittelbare Mitwirkung, grundsätzlich aber nicht für Beratungs- oder sonstige Leistungen, die sich nur mittelbar auf den Abschluss auswirken. [3]Auch eine Mitwirkung im Rahmen der prüferischen Aufgaben etwa durch Vorabbeurteilung von Sachverhalten begründet im Regelfall keine Befangenheit. [4]Ob weitergehend auch Mitwirkungshandlungen von nur untergeordneter Bedeutung schädlich sind, ist nach dem allgemeinen Befangenheitstatbestand (§ 29 Absatz 3) unter Abwägung aller Umstände unter Einschluss von Schutzmaßnahmen zu beurteilen.

(4) [1]Die Mitwirkung des WP/vBP bei der Durchführung der internen Revision begründet die Besorgnis der Befangenheit, wenn der WP/vBP eine verantwortliche Position übernimmt. [2]Zulässig ist dagegen die Mitwirkung an einzelnen Bereichen oder Aufgaben sowie insbesondere die Übernahme von Prüfungstätigkeiten.

(5) [1]Besorgnis der Befangenheit besteht immer dann, wenn der WP/vBP Funktionen der Unternehmensleitung übernommen hat, und zwar unabhängig davon, ob sich diese auch auf den Bereich der Rechnungslegung erstrecken. [2]Gleiches gilt bei der Erbringung von Finanzdienstleistungen, die die Anlage von Vermögenswerten des zu prüfenden Unternehmens betreffen oder in der Übernahme oder Vermittlung von Anteilen oder sonstigen Finanzinstrumenten des zu prüfenden Unternehmens bestehen.

(6) [1]Versicherungsmathematische Leistungen und Bewertungsleistungen, die sich auf den Inhalt des zu prüfenden Jahresabschlusses nicht nur unwesentlich auswirken, können die Besorgnis der Befangenheit begründen, wenn es sich um eigenständige Leistungen handelt und die Tätigkeit nicht von untergeordneter Bedeutung ist. [2]Nicht eigenständig sind solche Leistungen, bei denen sich die Mitwirkung des WP/vBP auf tech-

nisch-mechanische Hilfeleistungen beschränkt und die wesentlichen Vorgaben für die zu treffenden Annahmen sowie für die Methodik von dem Mandanten stammen.

(7) Bei der Prüfung von Unternehmen im Sinne des § 319a HGB wird die Besorgnis der Befangenheit unwiderleglich vermutet, wenn der WP/vBP in dem zu prüfenden Geschäftsjahr oder bis zur Erteilung des Bestätigungsvermerks über die Prüfungstätigkeit hinaus bei der zu prüfenden oder für die zu prüfende Kapitalgesellschaft Bewertungsleistungen im Sinne des Artikels 5 Absatz 1 Unterabsatz 2 Buchstabe f der Verordnung (EU) Nr. 537/2014 erbracht hat, die sich einzeln oder zusammen auf den zu prüfenden Jahresabschluss unmittelbar und nicht nur unwesentlich auswirken.

(8) [1]Bei der Prüfung von Unternehmen im Sinne des § 319a HGB wird die Besorgnis der Befangenheit unwiderleglich vermutet, wenn der WP/vBP in dem Geschäftsjahr, für dessen Schluss der zu prüfende Jahresabschluss aufzustellen ist, über die Prüfungstätigkeit hinaus Steuerberatungsleistungen im Sinne des Artikels 5 Absatz 1 Unterabsatz 2 Buchstabe a Ziffer i und iv bis vii der Verordnung (EU) Nr. 537/2014 erbracht hat, die sich einzeln oder zusammen auf den zu prüfenden Jahresabschluss unmittelbar und nicht nur unwesentlich auswirken; eine nicht nur unwesentliche Auswirkung liegt insbesondere dann vor, wenn die Erbringung der Steuerberatungsleistungen in dem zu prüfenden Geschäftsjahr den für steuerliche Zwecke zu ermittelnden Gewinn im Inland erheblich gekürzt hat oder ein erheblicher Teil des Gewinns ins Ausland verlagert worden ist, ohne dass eine über die steuerliche Vorteilserlangung hinausgehende wirtschaftliche Notwendigkeit für das Unternehmen besteht. [2]Werden Leistungen im Sinne des Satzes 1 für andere als die dort genannten Unternehmen erbracht, gilt die unwiderlegliche Vermutung nicht, sondern ist im Einzelfall zu prüfen, ob insbesondere wegen hinzutretender weiterer Umstände die Besorgnis der Befangenheit (§ 29 Absatz 3, § 319 Absatz 2 HGB) besteht. [3]Rechtsdienstleistungen im Sinne des § 2 Absatz 1 RDG, die der WP/vBP für einen Prüfungsmandanten außerhalb des Anwendungsbereichs der Verordnung (EU) Nr. 537/2014 erbringt, können zur Besorgnis der Befangenheit führen, wenn sie sich unmittelbar und nicht nur unwesentlich auf die Darstellung der Vermögens-, Finanz- und Ertragslage in dem zu prüfenden Jahresabschluss auswirken. [4]Beratungsleistungen, die Hinweise auf die bestehende Rechtslage geben oder die sich auf die Beurteilung bereits verwirklichter Sachverhalte beziehen, führen nicht zu einer Gefährdung der Unbefangenheit.

§ 34 Interessenvertretung

(1) Die Unbefangenheit kann wegen Interessenvertretung gefährdet sein, wenn der WP/vBP in anderer Angelegenheit beauftragt war, Interessen für oder gegen das zu prüfende, das zu begutachtende oder das den Auftrag erteilende Unternehmen zu vertreten.

(2) Eine Interessenvertretung für ein Unternehmen liegt insbesondere vor, wenn der WP/vBP einseitig und nachhaltig für dieses Unternehmen eintritt, für das Unternehmen Werbung betreibt oder dessen Produkte vertreibt, nicht hingegen bei rechtlicher oder steuerlicher Vertretung.

(3) Eine Interessenvertretung gegen ein Unternehmen liegt insbesondere vor bei einseitiger und nachhaltiger Wahrnehmung von gegen das Unternehmen gerichteten Interessen Dritter oder von Treuhandfunktionen im Auftrag von einzelnen Gesellschaftern in einem solchen Unternehmen.

§ 35 Persönliche Vertrautheit

Persönliche Vertrautheit liegt vor, wenn ein WP/vBP enge persönliche Beziehungen zu dem zu prüfenden, zu begutachtenden oder den Auftrag erteilenden Unternehmen, den Mitgliedern der Unternehmensleitung oder Personen, die auf den Prüfungsgegenstand Einfluss haben, unterhält.

§ 36 Einschüchterung

[1]Die Unbefangenheit kann wegen Einschüchterung gefährdet sein, wenn der WP/vBP vermeintlichem oder tatsächlichem Druck einschließlich Versuchen einer unangemessenen Einflussnahme ausgesetzt ist, der geeignet ist, ihn von einer sachgerechten Urteilsbildung abzuhalten. [2]Dies ist insbesondere dann nicht der Fall, wenn durch Rechtsvorschriften wie § 318 Absatz 1 Satz 5 oder Absatz 6 Satz 2 HGB sichergestellt ist, dass eine Drucksituation im Sinne von Satz 1 nicht entstehen kann.

§ 37 Kritische Grundhaltung

[1]WP/vBP haben Prüfungen mit einer kritischen Grundhaltung zu planen und durchzuführen. [2]Glaubwürdigkeit, Angemessenheit und Verlässlichkeit der erlangten Prüfungsnachweise sind während der gesamten Prüfung kritisch zu hinterfragen. [3]WP/vBP müssen ungeachtet ihrer bisherigen Erfahrungen mit der Aufrichtigkeit und der Integrität des Managements des geprüften Unternehmens davon ausgehen, dass Umstände wie Fehler, Täuschungen, Vermögensschädigungen oder sonstige Gesetzesverstöße existieren können, aufgrund derer der Prüfungsgegenstand wesentliche falsche Aussagen enthält. [4]Die Sätze 1 bis 3 gelten entsprechend für die Erstattung von Gutachten.

§ 38 Prüfungsplanung

(1) WP/vBP haben von der Auftragsannahme an durch sachgerechte Prüfungsplanung dafür Sorge zu tragen, dass ein den tatsächlichen Verhältnissen des zu prüfenden Unternehmens angemessener und ordnungsgemäßer Prüfungsablauf in sachlicher, personeller und zeitlicher Hinsicht gewährleistet ist.

(2) WP/vBP sind verpflichtet, die Verantwortlichkeit für die Auftragsdurchführung festzulegen und zu dokumentieren.

(3) Bei der Auswahl der Mitglieder des Prüfungsteams ist darauf zu achten, dass ausreichende praktische Erfahrungen, Verständnis der fachlichen Regeln, die notwendigen Branchenkenntnisse sowie Verständnis für das Qualitätssicherungssystem der Praxis vorhanden sind.

§ 39 Auftragsabwicklung

(1) [1]WP/vBP haben für eine den Verhältnissen des zu prüfenden Unternehmens entsprechende Prüfungsdurchführung Sorge zu tragen. [2]Dabei hat der WP/vBP Art, Umfang und Dokumentation der Prüfungsdurchführung im Rahmen seiner Eigenverantwortlichkeit nach pflichtgemäßem Ermessen in Abhängigkeit von Größe, Komplexität und Risiko des Prüfungsmandats zu bestimmen.

(2) [1]WP/vBP haben ihre Mitarbeiter durch Prüfungsanweisungen mit ihren Aufgaben vertraut zu machen. [2]Die Prüfungsanweisungen sollen gewährleisten, dass die Prüfungshandlungen sachgerecht vorgenommen, in den Arbeitspapieren ausreichend und ordnungsgemäß dokumentiert werden sowie ordnungsgemäß Bericht erstattet werden kann. [3]Die Einhaltung der Prüfungsanweisungen ist zu überwachen.

(3) [1]WP/vBP sind verpflichtet, bei für das Prüfungsergebnis bedeutsamen Zweifelsfragen internen oder externen fachlichen Rat einzuholen, soweit dies bei pflichtgemäßer Beurteilung des WP/vBP nach den Umständen des Einzelfalls erforderlich ist. [2]Die Ergebnisse des Rates und die daraus gezogenen Folgerungen sind zu dokumentieren.

(4) [1]WP/vBP haben sich auf der Grundlage der Arbeitsergebnisse der an der Prüfung beteiligten Personen und ihrer eigenen bei der Prüfung erworbenen Kenntnisse eigenverantwortlich ein Urteil über die Einhaltung der gesetzlichen und fachlichen Regeln zu bilden. [2]Dies umfasst auch die Ergebnisse der auftragsbezogenen Qualitätssicherung (§ 48).

(5) [1]Übernimmt ein WP/vBP, der nicht als Abschlussprüfer bestellt ist, den Auftrag, zu der Behandlung eines konkreten Sachverhalts in der Rechnungslegung des Unternehmens ein Gutachten abzugeben, hat er vor Erstattung des Gutachtens mit dem Abschlussprüfer des Unternehmens den Hintergrund und die Rahmenbedingungen sowie die für die Beurteilung wesentlichen Einzelheiten des Sachverhalts zu erörtern. [2]Mit dem Auftraggeber ist zu vereinbaren, dass der Abschlussprüfer von seiner Verschwiegenheitspflicht entbunden wird. [3]Erteilt der Auftraggeber eine solche Entbindung nicht oder widerspricht er einer Kontaktaufnahme, so ist der Auftrag abzulehnen oder niederzulegen.

§ 40 Beschwerden und Vorwürfe

WP/vBP sind verpflichtet, Beschwerden oder Vorwürfen von Mitarbeitern, Mandanten oder Dritten nachzugehen, wenn sich aus ihnen Anhaltspunkte für Verstöße gegen gesetzliche oder fachliche Regeln ergeben.

§ 41 Kennzeichnung übernommener Angaben in Prüfungsberichten und Gutachten

WP/vBP haben in Prüfungsberichten und Gutachten erkennbar zu machen, wenn es sich um die Wiedergabe übernommener Angaben handelt.

§ 42 Pflichten bei Wechsel des Abschlussprüfers

(1) Wird ein Prüfungsauftrag bei einer gesetzlich vorgeschriebenen Abschlussprüfung durch Kündigung des Abschlussprüfers gemäß § 318 Absatz 6 HGB oder durch Widerruf gemäß § 318 Absatz 1 Satz 5 HGB beendet, so darf der vorgesehene Mandatsnachfolger den Auftrag nur annehmen, wenn er sich über den Grund der Kündigung oder des Widerrufs und das Ergebnis der bisherigen Prüfung unterrichtet hat.

(2) Eine ordnungsgemäße Unterrichtung erfordert, dass der vorgesehene Mandatsnachfolger sich die schriftliche Begründung der Kündigung (§ 318 Absatz 6 Satz 3 HGB) oder das Ersetzungsurteil (§ 318 Absatz 3 HGB), die Mitteilungen an die Wirtschaftsprüferkammer (§ 318 Absatz 8 HGB) sowie den Bericht über das Ergebnis der bisherigen Prüfung (§ 318 Absatz 6 Satz 4 HGB) vorlegen lässt.

(3) [1]Der Mandatsvorgänger ist verpflichtet, dem Mandatsnachfolger auf schriftliche Anfrage die in Absatz 2 genannten Unterlagen zu erläutern. [2]Erfolgt die Erläuterung nicht, so hat der Mandatsnachfolger das Mandat abzulehnen, es sei denn, er hat sich auf andere Art und Weise davon überzeugt, dass gegen die Annahme des Mandats keine Bedenken bestehen.

(4) [1]Im Falle eines Prüferwechsels ohne Widerruf oder Kündigung des Prüfungsauftrags aus wichtigem Grund hat sich der Mandatsnachfolger den Bericht über die vorangegangene Abschlussprüfung vorlegen zu lassen. [2]Der Mandatsvorgänger ist dem Mandatsnachfolger auf dessen schriftliche Anfrage zur Vorlage verpflichtet.

(5) Die Absätze 1 bis 4 gelten sinngemäß für alle nicht gesetzlich vorgeschriebenen Abschlussprüfungen, bei denen ein Bestätigungsvermerk erteilt werden soll, der dem gesetzlichen Bestätigungsvermerk in § 322 HGB nachgebildet ist.

§ 43 Vergütung

(1) [1]Bei der Vereinbarung und Abrechnung der Vergütung für Prüfungen und Gutachten hat der WP/vBP dafür zu sorgen, dass die Qualität der beruflichen Tätigkeit sichergestellt wird. [2]Hierzu ist im Regelfall eine angemessene Vergütung erforderlich. [3]Besteht bei gesetzlich vorgeschriebenen Abschlussprüfungen zwischen der erbrachten Leistung und der vereinbarten Vergütung ein erhebliches Missverhältnis, muss der Wirtschaftsprüferkammer auf Verlangen nachgewiesen werden können, dass für die Prüfung eine angemessene Zeit aufgewandt und qualifiziertes Personal eingesetzt wurde.

(2) Ein Pauschalhonorar darf für einen Prüfungs- oder Gutachtenauftrag grundsätzlich nur vereinbart werden, wenn festgelegt wird, dass bei Eintritt nicht vorhersehbarer Umstände im Bereich des Auftraggebers, die zu einer erheblichen Erhöhung des Aufwandes führen, das Honorar entsprechend zu erhöhen ist.

§ 44 Unterzeichnung von Prüfungsvermerken, Prüfungsberichten, Gutachten

(1) Erteilen Wirtschaftsprüfungsgesellschaften oder Buchprüfungsgesellschaften gesetzlich vorgeschriebene Bestätigungsvermerke, so müssen diese sowie die dazugehörigen Prüfungsberichte zumindest von dem für die Auftragsdurchführung Verantwortlichen (§ 38 Absatz 2) unterzeichnet werden.

(2) [1]Ist ein WP/vBP mit der Durchführung einer Prüfung beauftragt, die nicht dem WP/vBP gesetzlich vorbehalten ist, so muss der hierüber erteilte Prüfungsvermerk und der Prüfungsbericht von mindestens einem WP oder vBP unterzeichnet sein, sofern das Siegel geführt wird; dasselbe gilt, wenn eine Sozietät, an der Nicht-WP/vBP beteiligt sind, mit der Prüfung beauftragt worden ist. [2]Für Gutachten gilt Satz 1 entsprechend.

Teil 4: Berufspflichten zur Qualitätssicherung bei Abschlussprüfungen nach § 316 HGB

Abschnitt 1: Weitere Berufspflichten bei der Auftragsdurchführung

§ 45 Auftragsdatei

(1) Die Auftragsdatei nach § 51c WPO ist spätestens mit Annahme des Prüfungsvertrags anzulegen.

(2) Die Auftragsdatei kann elektronisch geführt werden.

§ 46 Auswahl und Ausstattung des verantwortlichen Prüfungspartners

(1) [1]Bei der Auswahl des verantwortlichen Prüfungspartners (§ 38 Absatz 2) ist sicherzustellen, dass dieser über die erforderliche persönliche Eignung verfügt und mit dem Qualitätssicherungssystem der Praxis vertraut ist. [2]Der verantwortliche Prüfungspartner führt den Prüfungsauftrag eigenverantwortlich durch (§ 39 Absatz 4). [3]Die Pflicht zur Konsultation (§ 39 Absatz 3) bleibt unberührt. [4]Dem Mandanten ist der verantwortliche Prüfungspartner mitzuteilen.

(2) [1]Dem verantwortlichen Prüfungspartner müssen die zur gewissenhaften Durchführung der Prüfung erforderlichen sachlichen und personellen Mittel zur Verfügung stehen. [2]Im Rahmen der Gesamtplanung (§ 4 Absatz 3) ist sicherzustellen, dass genügend Zeit für die Auftragsabwicklung zur Verfügung steht.

(3) Der verantwortliche Prüfungspartner muss eine angemessene Zeit für die Durchführung der Prüfung aufwenden.

§ 47 Personelle und zeitliche Ressourcen (§ 38 Absatz 1)

(1) [1]Durch die Personalplanung ist sicherzustellen, dass eine ausreichende Anzahl an geeigneten fachlichen Mitarbeitern sowie erforderlichenfalls Spezialisten zur Verfügung stehen. [2]Die Mitglieder des Prüfungsteams (§ 38 Absatz 3) müssen in ihrer Gesamtheit über Erfahrungen insbesondere in Bezug auf die einschlägigen rechtlichen Anforderungen und Berichterstattungspflichten bei Aufträgen ähnlicher Art und ähnlichen Umfangs, über fachliches Urteilsvermögen sowie Verständnis für die in der Praxis angewandten informationsverarbeitenden Technologien verfügen.

(2) Bei der Personalplanung ist sicherzustellen, dass genügend Zeit für die Auftragsabwicklung zur Verfügung steht.

§ 48 Maßnahmen zur auftragsbezogenen Qualitätssicherung

(1) [1]Bei Abschlussprüfungen nach § 316 HGB ist in Abhängigkeit von dem Risiko des Prüfungsmandats (Art, Branche, Komplexität) zu entscheiden, ob und welche Maßnahmen zur auftragsbezogenen Qualitätssicherung zu ergreifen sind. [2]Geeignete Maßnahmen zur auftragsbezogenen Qualitätssicherung sind die Konsultation (§ 39 Absatz 3), die Berichtskritik und die auftragsbegleitende Qualitätssicherung.

(2) [1]Gegenstand der Berichtskritik ist die Überprüfung des Prüfungsberichts vor seiner Auslieferung daraufhin, ob die für den Prüfungsbericht geltenden fachlichen Regeln eingehalten sind; dabei ist auch zu beurteilen, ob die im Prüfungsbericht dargestellten Prüfungshandlungen und Prüfungsfeststellungen schlüssig sind. [2]Die Berichtskritik soll nur von solchen fachlich und persönlich geeigneten Personen wahrgenommen werden, die an der Erstellung des Prüfungsberichts nicht selbst mitgewirkt haben und die an der Durchführung der Prüfung nicht wesentlich beteiligt waren.

(3) [1]Gegenstand der auftragsbegleitenden Qualitätssicherung ist die Beurteilung, ob Anhaltspunkte dafür vorliegen, dass die Prüfung nicht unter Beachtung der gesetzlichen und fachlichen Regeln durchgeführt wird und ob die Behandlung wesentlicher Sachverhalte angemessen ist. [2]Die auftragsbegleitende Qualitätssicherung darf nur von solchen fachlich und persönlich geeigneten Personen wahrgenommen werden, die an der Durchführung der Prüfung nicht beteiligt waren.

(4) Für die auftragsbegleitende Qualitätssicherung bei Abschlussprüfungen von Unternehmen von öffentlichem Interesse nach § 319a Absatz 1 Satz 1 HGB gilt Artikel 8 der Verordnung (EU) Nr. 537/2014.

§ 49 Nachschau

(1) [1]WP/vBP sind verpflichtet, eine Nachschau mit dem Ziel durchzuführen, die Angemessenheit und Wirksamkeit der Regelungen des Qualitätssicherungssystems zur Abwicklung von Abschlussprüfungen zu beurteilen. [2]Die Nachschau bezieht sich auf die Frage, ob die Regelungen des Qualitätssicherungssystems zur Abwicklung von Abschlussprüfungen eingehalten worden sind. [3]Die Nachschau muss in angemessenen Abständen sowie bei gegebenem Anlass stattfinden. [4]Das Qualitätssicherungssystem ist hinsichtlich der Regelungen zur Abwicklung von Abschlussprüfungen, der Fortbildung, Anleitung und Überwachung der Mitarbeiter sowie der Handakte (Prüfungsakte) jährlich zu bewerten.

(2) [1]Die Nachschau der Abwicklung einzelner Prüfungsaufträge ist ein Vergleich der Anforderungen an eine gewissenhafte Abwicklung von Abschlussprüfungen mit deren tatsächlicher Abwicklung. [2]Art und Umfang der Nachschau müssen in einem angemessenen Verhältnis zu den abgewickelten Abschlussprüfungen stehen, wobei die Ergebnisse einer Qualitätskontrolle nach den §§ 57a ff. WPO berücksichtigt werden können. [3]Dabei sind alle in der Praxis verantwortlich tätigen WP/vBP, die Abschlussprüfungen durchführen, einzubeziehen.

(3) [1]Die Ergebnisse der Bewertung und der bei Mängeln ergriffenen oder vorgeschlagenen Maßnahmen sind, im Fall von Absatz 1 Satz 4 jährlich, in einem Bericht zusammenzufassen. [2]In diesem Bericht ist, neben der Berichterstattung nach Satz 1, auch über Verstöße gegen Berufspflichten oder die Verordnung (EU) Nr. 537/2014, soweit diese nicht nur geringfügig sind, und die zur Beseitigung der Verstöße getroffenen Maßnahmen zu berichten.

(4) Die Nachschau kann durch Selbstvergewisserung durchgeführt werden, wenn in der Praxis kein fachlich und persönlich geeigneter Mitarbeiter zur Verfügung steht.

Abschnitt 2: Berufspflichten zum Schaffen von Regelungen für ein Qualitätssicherungssystem nach § 55b Absatz 2 WPO

§ 50 Allgemeines

(1) [1]Das Qualitätssicherungssystem eines WP/vBP nach § 55b Absatz 2 WPO dient der Sicherung der Qualität von Abschlussprüfungen nach § 316 HGB. [2]Die Anforderungen an das Qualitätssicherungssystem folgen aus den spezifischen Gegebenheiten der Praxis des WP/vBP und sind insbesondere von Art und Umfang sowie Komplexität der vom WP/vBP durchgeführten Abschlussprüfungen abhängig.

(2) Bei Wirtschaftsprüfungsgesellschaften, die Abschlussprüfungen durchführen, liegt die Verantwortung für das interne Qualitätssicherungssystem bei WP/vBP oder EU-/EWR-Abschlussprüfern.

§ 51 Anforderungen an das Qualitätssicherungssystem

(1) Für Abschlussprüfungen umfasst das Qualitätssicherungssystem angemessene Regelungen zumindest

1. zur Sicherstellung, dass die Berufspflichten, insbesondere die Vorschriften zur Unabhängigkeit, Unparteilichkeit und Vermeidung der Besorgnis der Befangenheit sowie der Eigenverantwortlichkeit, eingehalten werden,
2. zur Auftragsannahme und -fortführung,
3. zur vorzeitigen Beendigung von Aufträgen,
4. zur Einstellung von Mitarbeitern (§ 6 Absatz 1) sowie zur Einholung von Erklärungen und deren Dokumentation (§ 6 Absatz 3),
5. zur Aus- und Fortbildung von fachlichen Mitarbeitern (§ 7 Absatz 1),
6. zur Beurteilung von fachlichen Mitarbeitern (§ 7 Absatz 3),
7. zur Gesamtplanung aller Aufträge,
8. zur Organisation der Fachinformation,
9. zur Prüfungsplanung,
10. zur Auftragsabwicklung (einschließlich der Anleitung des Prüfungsteams, der Einholung von fachlichem Rat, der Überwachung der Auftragsabwicklung und der Beurteilung der Arbeitsergebnisse durch den zuständigen WP/vBP sowie der Kontroll- und Sicherheitsvorkehrungen für auftragsbezogene Datenverarbeitungssysteme) und zur Führung der Prüfungsakte nach § 51b Absatz 5 WPO,
11. für den Umgang mit Vorfällen, die die ordnungsgemäße Prüfungstätigkeit beeinträchtigen können, einschließlich Beschwerden und Vorwürfen sowie deren Dokumentation,
12. zur auftragsbezogenen Qualitätssicherung,
13. für die Grundsätze der Vergütung und Gewinnbeteiligung nach § 55 WPO,
14. für den Fall der Auslagerung wichtiger Prüfungstätigkeiten, die gewährleisten, dass die interne Qualitätssicherung und die Berufsaufsicht nicht beeinträchtigt werden, und
15. zur Überwachung der Wirksamkeit des Qualitätssicherungssystems nach § 55b Absatz 3 WPO durch eine Nachschau.

(2) [1]In WP/vBP-Praxen mit geringer Aufgabendelegation und einfachen organisatorischen Strukturen kann die Dokumentation des Qualitätssicherungssystems auch durch den Nachweis der Einhaltung der Berufspflichten bei der Organisation der WP/vBP-Praxis und im Rahmen der Auftragsabwicklung erfolgen. [2]In diesem Fall unterliegt die

Dokumentation der tatsächlichen Auftragsabwicklung und der Beachtung der allgemeinen Berufspflichten (Praxisorganisation) erhöhten Anforderungen. [3]Erfolgt die Dokumentation des Qualitätssicherungssystems unter Verwendung eines standardisierten Qualitätssicherungshandbuchs, ist für die Angemessenheit des Qualitätssicherungssystems zu kennzeichnen, welche Regelungen anwendbar sind.

§ 52 Regelungen zur Beachtung der Ausschlussgründe

Durch angemessene Regelungen ist zumindest sicherzustellen, dass

1. bei der Durchführung von Abschlussprüfungen die Ausschlussgründe beachtet werden,
2. auch nach Auftragsannahme entstehende oder bekannt werdende Gefährdungen der Unbefangenheit Maßnahmen ergriffen werden, die diese beseitigen oder soweit abschwächen, dass aus Sicht eines Dritten die Gefährdung insgesamt als unwesentlich zu beurteilen ist,
3. ein Auftrag abzulehnen oder zu kündigen ist, wenn Ausschlussgründe bestehen, die auch nicht durch Schutzmaßnahmen beseitigt werden können,
4. die bei der Prüfung eingesetzten Personen verpflichtet sind, mögliche Unabhängigkeitsgefährdungen dem verantwortlichen Prüfungspartner mitzuteilen,
5. regelmäßige oder anlassbezogene Befragungen der betroffenen Personen zu finanziellen, persönlichen oder kapitalmäßigen Bindungen vorzusehen sind,
6. insbesondere bei bewussten Verstößen gegen die Ausschlussgründe und die diesbezüglichen Regelungen des Qualitätssicherungssystems Maßnahmen zur Vermeidung künftiger Verstöße und gegebenenfalls interne Disziplinarmaßnahmen getroffen werden.

§ 53 Regelungen zur Annahme, Fortführung und vorzeitigen Beendigung von Aufträgen

Durch angemessene Regelungen ist zumindest sicherzustellen, dass

1. die Zuständigkeiten für die Annahme, Fortführung und vorzeitige Beendigung des Auftrags für eine Abschlussprüfung eindeutig festgelegt werden,
2. die Prüfung der Ausschlussgründe vor Annahme des Prüfungsauftrags abgeschlossen (§ 29 Absatz 5 Satz 1) und in der Prüfungsakte (§ 51b Absatz 5 WPO) dokumentiert wird,
3. eine Analyse der Integrität des zu prüfenden Unternehmens und des mit dem Auftrag verbundenen Risikos erfolgt,
4. nur Mandate angenommen oder fortgeführt werden, die in sachlicher, personeller und zeitlicher Hinsicht ordnungsgemäß abgewickelt werden können,
5. vor Annahme eines Auftrags, der zuvor von dem Abschlussprüfer nach § 318 Absatz 6 HGB gekündigt wurde, der Auftrag abgelehnt wird, wenn der Grund der Kündigung von dem Mandatsvorgänger nicht dargelegt wird oder auf andere Weise Bedenken gegen die Annahme des Mandats nicht ausgeräumt werden können,
6. bei Folgeaufträgen, in denen eine Veränderung der Mandats- und Auftragsrisiken festzustellen ist, die Auswirkungen auf die WP/vBP-Praxis geprüft werden und gegebenenfalls der Auftrag abgelehnt wird,
7. ausreichende fachliche Kenntnisse und Erfahrungen für die Abschlussprüfung gegeben sind,
8. auch während der Dauer der Abschlussprüfung zu prüfen ist, ob die Unabhängigkeit gefährdende Umstände vorliegen (§ 29 Absatz 5),

9. bei nachträglicher Hinzuziehung weiterer Personen die Prüfung von Ausschlussgründen vor Aufnahme der Tätigkeit dieser Personen abzuschließen ist,
10. die Pflichten nach dem Geldwäschegesetz erfüllt werden,
11. bei nachträglichem Bekanntwerden von Gründen, die zur Ablehnung des Auftrags geführt hätten, der Auftrag beendet wird (§ 4 Absatz 4).

§ 54 Anforderungen an die beteiligten Personen

Durch angemessene Regelungen ist zumindest sicherzustellen, dass

1. die Verantwortlichkeit für die Abschlussprüfung festgelegt und dokumentiert wird (§ 38 Absatz 2),
2. an der Abschlussprüfung beteiligte Personen für ihren Einsatzbereich über angemessene Fachkenntnisse und Erfahrungen, Verständnis der fachlichen Regeln, notwendige Branchenkenntnisse sowie Verständnis für das Qualitätssicherungssystem verfügen (§ 38 Absatz 3),
3. bei Konsultationen (§ 39 Absatz 3) die konsultierte Person nicht zum Prüfungsteam gehört.

§ 55 Gesamtplanung und Organisation der Fachinformation

(1) Durch angemessene Regelungen ist sicherzustellen, dass Abschlussprüfungen im Rahmen der Gesamtplanung der WP/vBP-Praxis ordnungsgemäß und zeitgerecht abgewickelt werden können (§ 4 Absatz 3).

(2) Die zur Abwicklung von Abschlussprüfungen erforderliche Fachinformation muss vollständig und aktuell sein.

§ 56 Prüfungsplanung

Durch angemessene Regelungen ist zumindest sicherzustellen, dass

1. von der Auftragsannahme an durch eine sachgerechte Prüfungsplanung ein den tatsächlichen Verhältnissen des zu prüfenden Unternehmens (Größe, Komplexität und Risiko des zu prüfenden Unternehmens, Schwierigkeitsgrad der Prüfung, Erfahrungen mit und Kenntnisse über das Unternehmen sowie dessen rechtliche und wirtschaftliche Verhältnisse) angemessener und ordnungsgemäßer Prüfungsablauf gewährleistet wird (§ 38 Absatz 1),
2. bei der Planung alle rechnungslegungsrelevanten Verhältnisse berücksichtigt werden,
3. bei Folgeprüfungen auf vorhandene Vorkenntnisse zurückgegriffen wird, soweit sie aktuell sind,
4. die Prüfungsplanung bei neuen Erkenntnissen im Verlauf der Prüfung gegebenenfalls anzupassen ist.

§ 57 Auftragsabwicklung

Durch angemessene Regelungen ist zumindest sicherzustellen, dass

1. dem zu prüfenden Unternehmen von einer Berufsgesellschaft der für die Abschlussprüfung verantwortliche Prüfungspartner mitgeteilt und dies dokumentiert wird,
2. das Prüfungsteam die für die Abschlussprüfung erforderlichen Informationen über
   - das zu prüfende Unternehmen (insbesondere die besonderen Auftragsrisiken und Problembereiche der Prüfung),
   - die Besonderheiten der Abschlussprüfung,
   - die Durchführung und die Berichterstattung sowie
   - die Verantwortlichkeiten im Prüfungsteam (§ 38 Absatz 2)

erhält,

3. WP/vBP ihre Mitarbeiter durch Prüfungsanweisungen mit ihren Aufgaben vertraut machen und der verantwortliche Prüfungspartner oder der von ihm beauftragte Mitarbeiter die Einhaltung der Prüfungsanweisungen angemessen überwacht (§ 39 Absatz 2),
4. bei für das Prüfungsergebnis bedeutsamen Zweifelsfragen interner oder externer Rat (Konsultation) eingeholt wird (§ 39 Absatz 3); sie sollen für diese Zwecke ausreichende Ressourcen vorsehen; Art, Umfang und Ergebnis der Konsultation und deren Umsetzung sind zu dokumentieren,
5. sich der für eine Abschlussprüfung vorrangig verantwortlich bestimmte WP/vBP in einem Umfang an der laufenden Abschlussprüfung beteiligt, dass er den Fortschritt der Arbeiten sowie die Beachtung der gesetzlichen Vorschriften und fachlichen Regeln durch die Mitarbeiter überwachen kann (§ 39 Absatz 2 Satz 3); die Regelungen sollen einen offenen Umgang mit kritischen Fragestellungen fördern,
6. sich der verantwortliche Prüfungspartner in einer abschließenden Durchsicht der Arbeitsergebnisse der an der Abschlussprüfung beteiligten Personen und seiner eigenen bei der Prüfung erworbenen Kenntnisse, einschließlich der Ergebnisse der auftragsbezogenen Qualitätssicherung, eigenverantwortlich ein Urteil bilden kann (§ 39 Absatz 4),
7. die Risiken aus dem Einsatz von Datenverarbeitungssystemen zur Auftragsabwicklung angemessen berücksichtigt werden; dabei sind zumindest die Vertraulichkeit, die Integrität und Verfügbarkeit der Datenverarbeitungssysteme und Daten sowie die Befugnisse für einen Zugriff zu regeln.

§ 58 Prüfungsakte

Durch angemessene Regelungen ist zumindest sicherzustellen, dass

1. eine Prüfungsakte anzulegen ist, die spätestens 60 Tage nach Unterzeichnung des Bestätigungsvermerks zu schließen ist (§ 51b Absatz 5 WPO),
2. in der Prüfungsakte dokumentiert werden
   a) die Einhaltung der Unabhängigkeit, das Vorliegen von die Unabhängigkeit gefährdenden Umständen und der ergriffenen Schutzmaßnahmen,
   b) die Zeit, das Personal und die sonstigen Mittel, die zur angemessenen Durchführung der Abschlussprüfung erforderlich sind, sowie
   c) die Anfragen an interne und externe Sachverständige sowie deren Antworten,
3. bei der Bestellung einer Berufsgesellschaft zum Abschlussprüfer die Benennung des verantwortlichen Prüfungspartners dokumentiert wird,
4. alle Informationen und Unterlagen,
   a) die zur Begründung des Bestätigungsvermerks nach § 322 HGB und des Prüfungsberichts nach § 321 HGB,
   b) zur Kontrolle der Einhaltung der Berufspflichten von Bedeutung sind und
   c) über schriftliche Beschwerden

   zu dokumentieren sind,
5. bei Abschlussprüfungen von Unternehmen von öffentlichem Interesse den Dokumentationspflichten nach Artikeln 6 bis 8 der Verordnung (EU) Nr. 537/2014 nachgekommen wird,
6. die Dokumentationspflichten auch gelten, wenn die Prüfungsakte elektronisch geführt wird.

§ 59 Beschwerden und Vorwürfe

Durch angemessene Regelungen ist zumindest sicherzustellen, dass

1. in Abhängigkeit von den konkreten Gegebenheiten der WP/vBP-Praxis (Art, Umfang, Komplexität und Risiko der Tätigkeit) ein Hinweisgebersystem eingerichtet wird,
2. eine geeignete Stelle zur Entgegennahme von Beschwerden oder Vorwürfen innerhalb oder außerhalb der WP/vBP-Praxis eingerichtet wird; wird eine Stelle außerhalb der WP/vBP-Praxis eingerichtet, ist Sorge dafür zu tragen, dass die Vertraulichkeit der Identität des berichtenden Mitarbeiters gewahrt bleibt,
3. Hinweise von Mitarbeitern nicht zu persönlichen Nachteilen führen dürfen,
4. bei begründeten Hinweisen erforderliche Maßnahmen, auch in Bezug auf das Qualitätssicherungssystem, ergriffen werden.

§ 60 Maßnahmen zur auftragsbezogenen Qualitätssicherung

(1) [1]Durch angemessene Regelungen ist sicherzustellen, dass bei Abschlussprüfungen nach § 316 HGB geprüft und dokumentiert wird, ob und welche Maßnahmen zur auftragsbezogenen Qualitätssicherung nach § 48 Absatz 1 ergriffen werden. [2]Hierbei ist auch sicherzustellen, dass eine Berichtskritik oder eine auftragsbegleitende Qualitätssicherung von fachlich (Fach- und Branchenkenntnisse) und persönlich (Prüfungserfahrung und Objektivität) geeigneten Personen durchgeführt werden soll, die nicht WP/vBP sein müssen. [3]Kriterien für die Eignung sind vorzusehen.

(2) [1]Durch angemessene Regelungen ist sicherzustellen, dass die auftragsbegleitende Qualitätssicherung bei Abschlussprüfungen von Unternehmen nach § 319a Absatz 1 Satz 1 HGB nach Artikel 8 der Verordnung (EU) Nr. 537/2014 durchzuführen ist. [2]Sie haben vorzusehen, dass auftragsbegleitender Qualitätssicherer ein Abschlussprüfer im Sinne von Artikel 2 Nummer 2 der Richtlinie 2006/43/EG ist.

§ 61 Grundsätze zur Vergütung und Gewinnbeteiligung

(1) [1]Durch angemessene Regelungen ist sicherzustellen, dass keine Vereinbarungen geschlossen werden, die die Höhe der Vergütung vom Ergebnis der Abschlussprüfung oder der Erbringung zusätzlicher Nichtprüfungsleistungen abhängig macht. [2]Auch dürfen die Einnahmen, die der WP/vBP aus der Erbringung von Nichtprüfungsleistungen an das geprüfte Unternehmen erzielt, kein Bestandteil der Leistungsbewertung oder der Vergütung von Personen sein, die an der Abschlussprüfung beteiligt oder in der Lage sind, das Ergebnis der Abschlussprüfung zu beeinflussen.

(2) [1]Es ist durch angemessene Regelungen auch sicherzustellen, dass ein ausreichender Anreiz geschaffen wird, die Qualität von Abschlussprüfungen sicherzustellen. [2]Dies kann dadurch erfolgen, dass die Beachtung der Regelungen des Qualitätssicherungssystems Einfluss auf die persönliche berufliche Entwicklung sowie Vergütung hat. [3]Eine Missachtung der Regelungen zur Qualitätssicherung kann auch disziplinarische Folgen haben.

§ 62 Auslagerung wichtiger Prüfungstätigkeiten

[1]Bei einer Auslagerung wichtiger Prüfungstätigkeiten dürfen die Qualitätssicherung und die Berufsaufsicht nicht beeinträchtigt werden. [2]Durch angemessene Regelungen ist zumindest sicherzustellen, dass

1. die Wichtigkeit einer ausgelagerten Prüfungstätigkeit anhand ihrer Bedeutung für den Bestätigungsvermerk beurteilt wird,
2. die Auslagerung bei der Prüfungsplanung berücksichtigt wird,
3. Art, Zeit und Umfang der ausgelagerten Prüfungstätigkeit bestimmt werden,

4. Kompetenz, Fähigkeiten und Objektivität des Dritten beurteilt werden,
5. ein Verständnis vom Fachgebiet des Dritten erlangt wird,
6. Umfang und Inhalt der Auslagerung sowie Grundsätze zur Qualitätssicherung mit dem Dritten, insbesondere zu hinreichender Information und Kommunikation, vereinbart werden,
7. die Angemessenheit der Arbeit des Dritten und die Auswirkung auf den Prüfungsbericht und den Bestätigungsvermerk beurteilt wird.

§ 63 Nachschau

Durch angemessene Regelungen ist zumindest sicherzustellen, dass

1. die Nachschau der Abwicklung von Abschlussprüfungen in angemessenen Zeitabständen erfolgt und die Zeitabstände regelmäßig überprüft und angepasst werden,
2. eine Nachschau der Abwicklung von Abschlussprüfungen auch aus gegebenem Anlass erfolgt,
3. die Nachschau nach § 49 Absatz 1 Satz 4 jährlich erfolgt,
4. die Nachschau von Abschlussprüfungen nur von fachlich und persönlich geeigneten Personen, die grundsätzlich nicht mit der Abwicklung der in die Nachschau einbezogenen Abschlussprüfungen befasst waren, durchgeführt wird,
5. eine Nachschau durch Selbstvergewisserung ermöglicht wird, wenn in der gesamten Praxis keine geeignete Person zur Verfügung steht,
6. die Stichprobe der ausgewählten Abschlussprüfungen in einem angemessenen Verhältnis zu den abgewickelten Abschlussprüfungen steht und bei der Planung auch Ergebnisse einer vorangegangenen Qualitätskontrolle nach § 57a WPO oder einer Inspektion nach § 66a Absatz 6 Nummer 1 WPO berücksichtigt werden,
7. in einem Nachschauturnus alle verantwortlich tätigen WP/vBP mit zumindest einem Prüfungsauftrag erfasst werden,
8. bei Feststellung von Mängeln des Qualitätssicherungssystems Maßnahmen zu deren Beseitigung ergriffen und der verantwortliche Prüfungspartner über die ihn betreffenden Feststellungen informiert wird und
9. die Nachschau nach § 49 Absatz 1 Satz 4 entsprechend § 49 Absatz 3 dokumentiert wird.

Teil 5: Schlussbestimmungen

§ 64 Anwendungsbereich

(1) [1]Die Berufssatzung gilt für die Mitglieder der Wirtschaftsprüferkammer nach § 58 Absatz 1 Satz 1 und § 128 Absatz 3 WPO. [2]Auf Wirtschaftsprüfungsgesellschaften und Buchprüfungsgesellschaften finden die Vorschriften insoweit Anwendung, als sich aus der Rechtsform keine Besonderheiten ergeben.

(2) [1]Soweit in der Berufssatzung die Abkürzungen WP/vBP verwendet werden, gelten die Berufspflichten für alle in Absatz 1 bezeichneten Personen. [2]Bei Berufspflichten, die nur für bestimmte Personengruppen gelten, sind diese einzeln genannt.

§ 65 Veröffentlichung

Die Berufssatzung sowie deren Änderungen sind im Bundesanzeiger zu veröffentlichen.

§ 66 Inkrafttreten, Außerkrafttreten

[1]Diese Satzung tritt drei Monate nach ihrer Übermittlung an das Bundesministerium für Wirtschaft und Energie in Kraft, soweit nicht das Bundesministerium für Wirtschaft und Energie die Satzung oder Teile derselben aufhebt (§ 57 Absatz 3 Satz 2 WPO). [2]Mit Inkrafttreten dieser Satzung tritt die Berufssatzung vom 11. Juni 1996 (BAnz. S. 7509), zuletzt geändert durch Beschluss des Beirats vom 6. Juli 2012 (BAnz AT 25.07.2012 B1), außer Kraft.

Anlage
(zu § 20)

Siegel
eines Wirtschaftsprüfers

Siegel
einer Wirtschaftsprüfungsgesellschaft

Siegel
eines vereidigten Buchprüfers

Siegel
einer Buchprüfungsgesellschaft

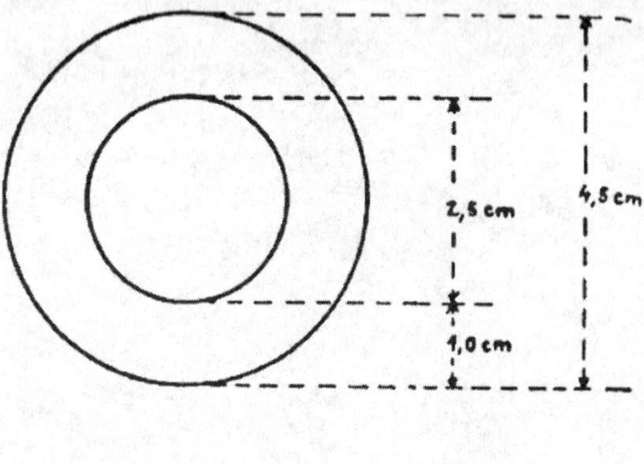

11d. Gesetz zur Einrichtung einer Abschlussprüferaufsichtsstelle beim Bundesamt für Wirtschaft und Ausfuhrkontrolle

Vom 31. März 2016 (BGBl. I S. 518)

zuletzt geändert durch Gesetz vom 20.7.2017 (BGBl. I S. 2789)

§ 1 Organisation

(1) Beim Bundesamt für Wirtschaft und Ausfuhrkontrolle wird eine Abschlussprüferaufsichtsstelle eingerichtet.

(2) [1]Die Abschlussprüferaufsichtsstelle beim Bundesamt für Wirtschaft und Ausfuhrkontrolle (Abschlussprüferaufsichtsstelle) erledigt in eigener Zuständigkeit diejenigen Aufgaben auf dem Gebiet der Abschlussprüferaufsicht, die ihr durch die Wirtschaftsprüferordnung oder andere Gesetze zugewiesen sind. [2]Dienstvorgesetzter oder Dienstvorgesetzte der in der Abschlussprüferaufsichtsstelle tätigen Beschäftigten ist der Präsident oder die Präsidentin des Bundesamts für Wirtschaft und Ausfuhrkontrolle.

(3) [1]Die Abschlussprüferaufsichtsstelle wird von Nichtberufsausübenden geleitet, die in den für Abschlussprüfungen relevanten Bereichen über entsprechende Kenntnisse verfügen. [2]Der Leiter oder die Leiterin sowie seine oder ihre beiden Stellvertreter oder Stellvertreterinnen (Leitung) werden in einem unabhängigen und transparenten Verfahren ausgewählt. [3]Satz 1 gilt entsprechend für die Personen, die Mitglieder einer Beschlusskammer sind.

(4) [1]Unbeschadet des Artikels 21 Unterabsatz 3 der Verordnung (EU) Nr. 537/2014 des Europäischen Parlaments und des Rates vom 16. April 2014 über spezifische Anforderungen an die Abschlussprüfung bei Unternehmen von öffentlichem Interesse und zur Aufhebung des Beschlusses 2005/909/EG der Kommission (ABl. L 158 vom 27.5.2014, S. 77) gelten als Nichtberufsausübende natürliche Personen, die während der letzten drei Jahre vor ihrer Beauftragung im Sinne des Absatzes 3 keine Abschlussprüfungen durchgeführt haben, keine Stimmrechte in einer Prüfungsgesellschaft gehalten haben, nicht Mitglied eines Verwaltungs-, Leitungs- oder Aufsichtsorgans einer Prüfungsgesellschaft gewesen sind, nicht bei einer Prüfungsgesellschaft angestellt gewesen sind und nicht in sonstiger Weise mit einer Prüfungsgesellschaft verbunden gewesen sind. [2]Diese Anforderungen gelten entsprechend für die Zeit der Beauftragung dieser Personen im Sinne des Absatzes 3.

(5) [1]Die Abschlussprüferaufsichtsstelle entscheidet durch Beschlusskammern. [2]Einzelheiten regelt das Bundesministerium für Wirtschaft und Energie, soweit gesetzlich nichts anderes bestimmt ist.

(6) [1]Die Beschlusskammern entscheiden in der Besetzung mit einem Vorsitzenden oder einer Vorsitzenden und vier beisitzenden Mitgliedern. [2]Den Vorsitz führt ein Mitglied der Leitung der Abschlussprüferaufsichtsstelle; die beisitzenden Mitglieder dürfen nicht der Leitung der Abschlussprüferaufsichtsstelle angehören. [3]Der oder die Vorsitzende und die beisitzenden Mitglieder müssen das Wirtschaftsprüfungsexamen abgelegt oder eine abgeschlossene wissenschaftliche Hochschulbildung erworben haben. [4]Mindestens zwei Mitglieder der Beschlusskammer müssen die Befähigung zum Richteramt haben.

(7) Die Beschlusskammern entscheiden mit einfacher Mehrheit.

§ 2 In der Abschlussprüferaufsichtsstelle tätige Arbeitnehmerinnen und Arbeitnehmer sowie Auszubildende

(1) Auf in der Abschlussprüferaufsichtsstelle tätige Arbeitnehmerinnen und Arbeitnehmer sowie Auszubildende sind die für Arbeitnehmerinnen und Arbeitnehmer sowie Auszubildende des Bundes jeweils geltenden Tarifverträge und sonstigen Bestimmungen anzuwenden.

(2) [1]In der Abschlussprüferaufsichtsstelle tätige Arbeitnehmerinnen und Arbeitnehmer können mit Zustimmung des Bundesministeriums für Wirtschaft und Energie, die der im Einvernehmen mit dem Bundesministerium der Finanzen zu erteilenden Einwilligung des Bundesministeriums des Innern bedarf, auch oberhalb der höchsten tarifvertraglichen Entgeltgruppe in einem außertariflichen Arbeitsverhältnis beschäftigt werden, soweit dies für die Durchführung der Aufgaben der Abschlussprüferaufsichtsstelle erforderlich ist. [2]Satz 1 gilt für die sonstige Gewährung von über- oder außertariflichen Leistungen entsprechend.

§ 3 Fachbeirat

(1) [1]Bei der Abschlussprüferaufsichtsstelle wird ein Fachbeirat gebildet. [2]Er berät die Abschlussprüferaufsichtsstelle bei der Erfüllung ihrer Aufgaben. [3]Er kann auch Empfehlungen zur allgemeinen Weiterentwicklung der Aufsichtspraxis einbringen.

(2) [1]Der Fachbeirat besteht aus mindestens drei und höchstens fünf Mitgliedern. [2]Die Mitglieder des Fachbeirats werden durch das Bundesministerium für Wirtschaft und Energie für die Dauer von vier Jahren bestellt. [3]Dabei wird jeweils ein Mitglied bestellt, das zuvor vom Bundesministerium der Justiz und für Verbraucherschutz und vom Bundesministerium der Finanzen benannt worden ist. [4]Eine vorzeitige Abberufung durch das Bundesministerium für Wirtschaft und Energie ist in begründeten Ausnahmefällen möglich, bei den nach Satz 2 bestellten Mitgliedern jedoch nur im Einvernehmen mit dem Bundesministerium, das sie benannt hatte.

(3) [1]Die Mitglieder sollen insbesondere über Kenntnisse in für die Abschlussprüfung relevanten Bereichen verfügen. [2]Artikel 21 Unterabsatz 3 und Artikel 26 Absatz 5 Unterabsatz 2 Satz 4 der Verordnung (EU) Nr. 537/2014 sowie § 1 Absatz 4 dieses Gesetzes gelten entsprechend.

(4) [1]Der Fachbeirat wählt aus seinem Kreis eine Vorsitzende oder einen Vorsitzenden. [2]Der Fachbeirat gibt sich eine Geschäftsordnung.

(5) [1]Die Mitglieder des Fachbeirats erhalten Ersatz ihrer Reisekosten. [2]Das Bundesreisekostengesetz findet entsprechende Anwendung.

§ 4 Gebühren; Verordnungsermächtigung

(1) Die Abschlussprüferaufsichtsstelle erhebt für individuell zurechenbare öffentliche Leistungen Gebühren und Auslagen nach Maßgabe dieses Gesetzes und der Gebührenverordnung nach Absatz 3.

(2) Die §§ 3 bis 7 und 9 bis 21 des Bundesgebührengesetzes sind entsprechend anzuwenden.

(3) [1]Das Bundesministerium für Wirtschaft und Energie wird ermächtigt, durch Rechtsverordnung ohne Zustimmung des Bundesrates die gebührenpflichtigen Tatbestände, die Höhe der Gebühren und Auslagen sowie die Stelle, die die Gebühren und Auslagen einzieht, festzulegen. [2]Die Gebühren sind regelmäßig, mindestens alle fünf Jahre, zu überprüfen und soweit erforderlich anzupassen. [3]Bei einer Anpassung gelten für eine individuell zurechenbare öffentliche Leistung, die bereits beantragt oder begonnen, aber noch nicht vollständig erbracht wurde, die bisherigen Vorschriften fort.

§ 5 Übergang der im Bereich der Aufsicht über die Prüfer von Unternehmen von öffentlichem Interesse tätigen Wirtschaftsprüfer

(1) Das Bundesamt für Wirtschaft und Ausfuhrkontrolle tritt zum 17. Juni 2016 kraft Gesetzes und nach Maßgabe der folgenden Absätze in die Rechte und Pflichten der zu diesem Zeitpunkt zwischen der Wirtschaftsprüferkammer und den übergehenden Beschäftigten bestehenden Arbeitsverhältnisse ein.

(2) Als übergehende Beschäftigte im Sinne des Absatzes 1 gelten

1. die Referenten, die am 16. Juni 2016 zur Abschlussprüferaufsichtskommission abgeordnet und zu diesem Zeitpunkt als Wirtschaftsprüfer für diese tätig waren, und
2. die Referatsleiter und Referenten, die am 16. Juni 2016 in Abstimmung zwischen der Wirtschaftsprüferkammer und der Abschlussprüferaufsichtskommission und mit Zustimmung des Bundesministeriums für Wirtschaft und Energie dem innerhalb der Abteilung Berufsaufsicht der Wirtschaftsprüferkammer gebildeten Referat „Berufsaufsicht über die Prüfer von Unternehmen von öffentlichem Interesse" zugewiesen und zu diesem Zeitpunkt als Wirtschaftsprüfer dort tätig waren.

(3) Für die übergegangenen Beschäftigten nach Absatz 2 gelten die bisherigen Arbeitsverträge fort.

(4) Ein Widerspruchsrecht der übergehenden Beschäftigten nach Absatz 2 gegen den Übergang ihrer Arbeitsverhältnisse ist ausgeschlossen.

§ 6 Übergang der weiteren im Bereich der Aufsicht über Prüfer von Unternehmen von öffentlichem Interesse tätigen Beschäftigten

(1) Das Bundesamt für Wirtschaft und Ausfuhrkontrolle tritt zum 17. Juni 2016 kraft Gesetzes und nach Maßgabe der folgenden Absätze in die Rechte und Pflichten der zu diesem Zeitpunkt zwischen der Wirtschaftsprüferkammer und den übergehenden Beschäftigten bestehenden Arbeitsverhältnisse ein.

(2) Als übergehende Beschäftigte im Sinne des Absatzes 1 gelten

1. die Referenten und Sekretariatskräfte, die am 16. Juni 2016 zur Abschlussprüferaufsichtskommission abgeordnet und zu diesem Zeitpunkt nicht als Wirtschaftsprüfer für diese tätig waren, und
2. die Referatsleiter, Referenten, Sachbearbeiter und Sekretariatskräfte, die am 16. Juni 2016 in Abstimmung zwischen der Wirtschaftsprüferkammer und der Abschlussprüferaufsichtskommission und mit Zustimmung des Bundesministeriums für Wirtschaft und Energie dem innerhalb der Abteilung Berufsaufsicht der Wirtschaftsprüferkammer gebildeten Referat „Berufsaufsicht über die Prüfer von Unternehmen von öffentlichem Interesse" zugewiesen und zu diesem Zeitpunkt nicht als Wirtschaftsprüfer dort tätig waren.

(3) Für die übergegangenen Beschäftigten nach Absatz 2 bestimmt sich ab dem 17. Juni 2016 das Arbeitsverhältnis nach § 2 Absatz 1 sowie den beim Bundesamt für Wirtschaft und Ausfuhrkontrolle geltenden Dienstvereinbarungen in der jeweils geltenden Fassung mit folgenden Maßgaben:

1. Die Überleitung der Beschäftigten erfolgt zum 17. Juni 2016 in eine Entgeltgruppe des Tarifvertrags für den öffentlichen Dienst vom 13. September 2005 in der für den Bereich des Bundes jeweils geltenden Fassung (Tarifvertrag für den öffentlichen Dienst) nach Maßgabe des § 12 des Tarifvertrags für den öffentlichen Dienst.
2. [1]Die Zuordnung zu den Stufen der Entgelttabelle des Tarifvertrags für den öffentlichen Dienst erfolgt entsprechend § 16 des Tarifvertrags für den öffentlichen Dienst. [2]Bei der Berechnung tarifrechtlich maßgebender Zeiten nach § 16 des Tarifvertrags für den öffentlichen Dienst werden die bei der Abschlussprüferaufsichtskommission

oder Wirtschaftsprüferkammer am 16. Juni 2016 erreichten Zeiten unbeschadet der übrigen Voraussetzungen so berücksichtigt, als wenn sie beim Bund zurückgelegt worden wären. [3]Bei Eingruppierung in eine der Entgeltgruppen 2 bis 8 erfolgt die Stufenzuordnung oberhalb der Stufe 3, sofern die notwendigen Zeiten im Sinne von § 16 Absatz 4 des Tarifvertrags für den öffentlichen Dienst am 16. Juni 2016 erreicht wurden. [4]Restzeiten, die nach der Zuordnung zu einer Stufe verbleiben, werden auf die Stufenlaufzeit zum Erreichen der jeweils nächsten Stufe beim Bund angerechnet.

3. Die bei der Abschlussprüferaufsichtskommission oder Wirtschaftsprüferkammer am 16. Juni 2016 erreichte Beschäftigungszeit wird als Beschäftigungszeit im Sinne des § 34 Absatz 3 Satz 1 und 2 des Tarifvertrags für den öffentlichen Dienst fortgeführt.
4. [1]Weichen die tariflichen Regelungen des Tarifvertrags für den öffentlichen Dienst zum Entgelt gegenüber den mit der Wirtschaftsprüferkammer am 16. Juni 2016 geltenden vertraglichen Vereinbarungen zu Ungunsten der übergegangenen Beschäftigten ab, kann diesen mit Zustimmung des Bundesministeriums für Wirtschaft und Energie, die der im Einvernehmen mit dem Bundesministerium der Finanzen zu erteilenden Einwilligung des Bundesministeriums des Innern bedarf, eine persönliche Zulage gewährt werden. [2]Einzelheiten der Berechnung und der grundsätzlichen Abschmelzung der Zulage werden in einer gesonderten Regelung des Bundesministeriums für Wirtschaft und Energie, die der im Einvernehmen mit dem Bundesministerium der Finanzen zu erteilenden Einwilligung des Bundesministeriums des Innern bedarf, geregelt.
5. Für übergegangene Beschäftigte, denen vor dem Übergang zum Bund eine betriebliche Altersversorgung zugesagt worden war und die nach Maßgabe des Tarifvertrags über die betriebliche Altersversorgung der Beschäftigten des öffentlichen Dienstes nicht pflichtversichert werden können, kann der Arbeitgeber die bisherige betriebliche Altersversorgung fortsetzen, soweit die Versicherungsbedingungen dies zulassen.

(4) [1]Das Bundesamt für Wirtschaft und Ausfuhrkontrolle unterrichtet die übergehenden Beschäftigten nach Absatz 2 vor dem Übergang über die rechtlichen, wirtschaftlichen und sozialen Folgen des Übergangs. [2]Die Beschäftigten können dem Übergang ihrer Arbeitsverhältnisse widersprechen. [3]Der Widerspruch kann gegenüber dem bisherigen Arbeitgeber oder dem Bundesamt für Wirtschaft und Ausfuhrkontrolle innerhalb eines Monats nach der Unterrichtung schriftlich erklärt werden.

§ 7 Auflösung der Abschlussprüferaufsichtskommission

[1]Die Abschlussprüferaufsichtskommission ist aufgelöst. [2]Die amtierenden Mitglieder der Abschlussprüferaufsichtskommission sind abberufen.

12. Steuerberatungsgesetz (StBerG)

In der Fassung der Bekanntmachung vom 4. November 1975 (BGBl. I S. 2735, BGBl. III 610-10)

zuletzt geändert durch Gesetz vom 21.12.2019 (BGBl. I S. 2875)

Inhaltsübersicht

Erster Teil
Vorschriften über die Hilfeleistung in Steuersachen

Erster Abschnitt
Ausübung der Hilfe in Steuersachen

Erster Unterabschnitt
Anwendungsbereich

Zweiter Unterabschnitt
Befugnis

Dritter Unterabschnitt
Verbot und Untersagung

Vierter Unterabschnitt
Sonstige Vorschriften

Zweiter Abschnitt
Voraussetzungen für die Berufsausübung

Erster Unterabschnitt
Persönliche Voraussetzungen

Zweiter Unterabschnitt
Bestellung

Dritter Unterabschnitt
Steuerberatungsgesellschaft

Dritter Abschnitt
Rechte und Pflichten

Erster Teil. Vorschriften über die Hilfeleistung in Steuersachen

Erster Abschnitt. Ausübung der Hilfe in Steuersachen

Erster Unterabschnitt. Anwendungsbereich

§ 1 Anwendungsbereich

(1) Dieses Gesetz ist anzuwenden auf die Hilfeleistung

1. in Angelegenheiten, die durch Bundesrecht, Recht der Europäischen Union oder der Vertragsstaaten des Abkommens über den Europäischen Wirtschaftsraum geregelte Steuern und Vergütungen betreffen, soweit diese durch Bundesfinanzbehörden oder durch Landesfinanzbehörden verwaltet werden,
2. in Angelegenheiten, die die Realsteuern oder die Grunderwerbsteuer betreffen,
3. in Angelegenheiten, die durch Landesrecht oder aufgrund einer landesrechtlichen Ermächtigung geregelte Steuern betreffen,
4. in Monopolsachen,
5. in sonstigen von Bundesfinanzbehörden oder Landesfinanzbehörden verwalteten Angelegenheiten, soweit für diese durch Bundesgesetz oder Landesgesetz der Finanzrechtsweg eröffnet ist.

(2) Die Hilfeleistung in Steuersachen umfaßt auch

1. die Hilfeleistung in Steuerstrafsachen und in Bußgeldsachen wegen einer Steuerordnungswidrigkeit,
2. die Hilfeleistung bei der Führung von Büchern und Aufzeichnungen sowie bei der Aufstellung von Abschlüssen, die für die Besteuerung von Bedeutung sind,
3. die Hilfeleistung bei der Einziehung von Steuererstattungs- oder Vergütungsansprüchen.

(3) Die Vorschriften der einzelnen Verfahrensordnungen über die Zulassung von Bevollmächtigten und Beiständen bleiben unberührt.

(4) Das Berufsqualifikationsfeststellungsgesetz findet mit Ausnahme des § 17 keine Anwendung.

Zweiter Unterabschnitt. Befugnis

§ 2 Geschäftsmäßige Hilfeleistung

[1]Die Hilfeleistung in Steuersachen darf geschäftsmäßig nur von Personen und Vereinigungen ausgeübt werden, die hierzu befugt sind. [2]Dies gilt ohne Unterschied für hauptberufliche, nebenberufliche, entgeltliche oder unentgeltliche Tätigkeit.

§ 3 Befugnis zu unbeschränkter Hilfeleistung in Steuersachen

[1]Zur geschäftsmäßigen Hilfeleistung in Steuersachen sind befugt:

1. Steuerberater, Steuerbevollmächtigte, Rechtsanwälte, niedergelassene europäische Rechtsanwälte, Wirtschaftsprüfer und vereidigte Buchprüfer,
2. Partnerschaftsgesellschaften, deren Partner ausschließlich die in Nummer 1 genannten Personen sind,
3. Steuerberatungsgesellschaften, Rechtsanwaltsgesellschaften, Wirtschaftsprüfungsgesellschaften und Buchprüfungsgesellschaften.
4. (weggefallen)

§ 3a Befugnis zu vorübergehender und gelegentlicher Hilfeleistung in Steuersachen

(1) [1]Personen, die in einem anderen Mitgliedstaat der Europäischen Union oder in einem anderen Vertragsstaat des Abkommens über den Europäischen Wirtschaftsraum oder in der Schweiz beruflich niedergelassen sind und dort befugt geschäftsmäßig Hilfe in Steuersachen nach dem Recht des Niederlassungsstaates leisten, sind zur vorübergehenden und gelegentlichen geschäftsmäßigen Hilfeleistung in Steuersachen im Anwendungsbereich dieses Gesetzes befugt. [2]Die vorübergehende und gelegentliche geschäftsmäßige Hilfeleistung in Steuersachen kann vom Staat der Niederlassung aus erfolgen. [3]Der Umfang der Befugnis zur Hilfeleistung in Steuersachen im Inland richtet sich nach dem Umfang dieser Befugnis im Niederlassungsstaat. [4]Bei ihrer Tätigkeit im Inland unterliegen sie denselben Berufsregeln wie die in § 3 genannten Personen. [5]Wenn weder der Beruf noch die Ausbildung zu diesem Beruf im Staat der Niederlassung reglementiert ist, gilt die Befugnis zur geschäftsmäßigen Hilfeleistung in Steuersachen im Inland nur, wenn die Person den Beruf in einem oder in mehreren Mitgliedstaaten oder Vertragsstaaten oder der Schweiz während der vorhergehenden zehn Jahre mindestens ein Jahr lang ausgeübt hat. [6]Ob die geschäftsmäßige Hilfeleistung in Steuersachen vorübergehend und gelegentlich erfolgt, ist insbesondere anhand ihrer Dauer, Häufigkeit, regelmäßiger Wiederkehr und Kontinuität zu beurteilen.

(2) [1]Die geschäftsmäßige Hilfeleistung in Steuersachen nach Absatz 1 ist nur zulässig, wenn die Person vor der ersten Erbringung im Inland der zuständigen Stelle schriftlich oder elektronisch Meldung erstattet. [2]Zuständige Stelle ist für Personen aus:

1. Finnland die Steuerberaterkammer Berlin,
2. Polen die Steuerberaterkammer Brandenburg,
3. Zypern die Steuerberaterkammer Bremen,
4. den Niederlanden und Bulgarien die Steuerberaterkammer Düsseldorf,
5. Schweden und Island die Steuerberaterkammer Hamburg,
6. Portugal und Spanien die Steuerberaterkammer Hessen,
7. Belgien die Steuerberaterkammer Köln,
8. Estland, Lettland, Litauen die Steuerberaterkammer Mecklenburg-Vorpommern,

9. Italien, Kroatien und Österreich die Steuerberaterkammer München,
10. dem Vereinigten Königreich die Steuerberaterkammer Niedersachsen,
11. Rumänien und Liechtenstein die Steuerberaterkammer Nordbaden,
12. Tschechien die Steuerberaterkammer Nürnberg,
13. Frankreich die Steuerberaterkammer Rheinland-Pfalz,
14. Luxemburg die Steuerberaterkammer Saarland,
15. Ungarn die Steuerberaterkammer des Freistaates Sachsen,
16. der Slowakei die Steuerberaterkammer Sachsen-Anhalt,
17. Dänemark und Norwegen die Steuerberaterkammer Schleswig-Holstein,
18. Griechenland die Steuerberaterkammer Stuttgart,
19. der Schweiz die Steuerberaterkammer Südbaden,
20. Malta und Slowenien die Steuerberaterkammer Thüringen,
21. Irland die Steuerberaterkammer Westfalen-Lippe.

[3]Die Meldung der Person muss enthalten:

1. den Familiennamen und die Vornamen, den Namen oder die Firma einschließlich der gesetzlichen Vertreter,
2. das Geburts- oder Gründungsjahr,
3. die Geschäftsanschrift einschließlich der Anschriften aller Zweigstellen,
4. die Berufsbezeichnung, unter der die Tätigkeit im Inland zu erbringen ist,
5. eine Bescheinigung darüber, dass die Person in einem Mitgliedstaat der Europäischen Union, in einem anderen Vertragsstaat des Abkommens über den Europäischen Wirtschaftsraum oder in der Schweiz rechtmäßig zur geschäftsmäßigen Hilfeleistung in Steuersachen niedergelassen ist und dass ihr die Ausübung dieser Tätigkeit zum Zeitpunkt der Vorlage der Bescheinigung nicht, auch nicht vorübergehend, untersagt ist,
6. einen Nachweis über die Berufsqualifikation,
7. einen Nachweis darüber, dass die Person den Beruf in einem oder in mehreren Mitgliedstaaten oder Vertragsstaaten oder der Schweiz während der vorhergehenden zehn Jahre mindestens ein Jahr lang ausgeübt hat, wenn weder der Beruf noch die Ausbildung zu diesem Beruf im Staat der Niederlassung reglementiert ist,
8. eine Information über Einzelheiten zur Berufshaftpflichtversicherung oder eines anderen individuellen oder kollektiven Schutzes in Bezug auf die Berufshaftpflicht.

[4]Die Meldung ist jährlich zu wiederholen, wenn die Person nach Ablauf eines Kalenderjahres erneut nach Absatz 1 geschäftsmäßig Hilfeleistung in Steuersachen im Inland erbringen will. [5]In diesem Fall sind die Bescheinigung nach Satz 3 Nr. 5 und die Information nach Satz 3 Nr. 8 erneut vorzulegen. [6]Die Meldung berechtigt die Person zur geschäftsmäßigen Hilfeleistung in Steuersachen nach Absatz 1 im gesamten Hoheitsgebiet der Bundesrepublik Deutschland.

(3) [1]Sobald die Meldung nach Absatz 2 vollständig vorliegt, veranlasst die zuständige Stelle eine vorübergehende Eintragung der Angaben nach Absatz 2 Satz 3 Nr. 1 bis 4 im Berufsregister oder ihre Verlängerung um ein Jahr. [2]Die jeweilige Eintragung erfolgt unter Angabe der zuständigen Stelle und des Datums der Eintragung. [3]Das Verfahren ist kostenfrei.

(4) Registrierte Personen nach Absatz 3 oder ihre Rechtsnachfolger müssen der zuständigen Stelle alle Änderungen der Angaben nach Absatz 2 Satz 3 Nr. 1 bis 4 unverzüglich schriftlich mitteilen.

(5) [1]Personen, die nach Absatz 1 geschäftsmäßig Hilfeleistung in Steuersachen im Inland erbringen, dürfen dabei nur unter der Berufsbezeichnung in den Amtssprachen des Niederlassungsstaates tätig werden, unter der sie ihre Dienste im Niederlassungsstaat anbieten. [2]Wer danach berechtigt ist, die Berufsbezeichnung „Steuerberater"/„ Steuerberaterin", „Steuerbevollmächtigter"/„ Steuerbevollmächtigte" oder „Steuerberatungsgesellschaft" zu führen, hat zusätzlich die Berufsorganisation, der er im Niederlassungsstaat angehört, sowie den Niederlassungsstaat anzugeben. [3]Eine Verwechslung mit den genannten Berufsbezeichnungen muss ausgeschlossen sein.

(6) [1]Die zuständige Stelle kann einer nach Absatz 1 geschäftsmäßig Hilfe in Steuersachen leistenden Person die weitere Erbringung ihrer Dienste im Inland untersagen, wenn die Person im Staat der Niederlassung nicht mehr rechtmäßig niedergelassen ist oder ihr die Ausübung der Tätigkeit dort untersagt wird, wenn sie nicht über die für die Ausübung der Berufstätigkeit im Inland erforderlichen deutschen Sprachkenntnisse verfügt oder wenn sie wiederholt eine unrichtige Berufsbezeichnung führt. [2]Die vorübergehende Eintragung im Berufsregister gemäß Absatz 3 Satz 1 wird gelöscht, wenn die Untersagungsverfügung nach Satz 1 unanfechtbar geworden ist.

(7) [1]Die zuständigen Stellen arbeiten mit den zuständigen Stellen in den anderen Mitgliedstaaten der Europäischen Union, in den anderen Vertragsstaaten des Abkommens über den Europäischen Wirtschaftsraum und in der Schweiz zusammen und übermitteln auf Anfrage:

1. Informationen über die Rechtmäßigkeit der Niederlassung und die gute Führung des Dienstleisters;
1. Informationen darüber, dass keine berufsbezogenen disziplinarischen oder strafrechtlichen Sanktionen vorliegen;
3. Informationen, die im Falle von Beschwerden eines Dienstleistungsempfängers gegen einen Dienstleister für ein ordnungsgemäßes Beschwerdeverfahren erforderlich sind.

[2]Die zuständigen Stellen können bei berechtigten Zweifeln an der Rechtmäßigkeit der Niederlassung des Dienstleisters in einem anderen Staat, an seiner guten Führung oder daran, dass keine berufsbezogenen disziplinarischen oder strafrechtlichen Sanktionen vorliegen, alle aus ihrer Sicht zur Beurteilung des Sachverhalts erforderlichen Informationen bei den zuständigen Stellen des anderen Staates anfordern. [3]§ 83 dieses Gesetzes und § 30 der Abgabenordnung stehen den Sätzen 1 und 2 nicht entgegen.

§ 3b Verzeichnis der nach § 3a zur vorübergehenden und gelegentlichen Hilfeleistung in Steuersachen befugten Personen

(1) [1]Die Bundessteuerberaterkammer führt ein elektronisches Verzeichnis aller Personen, die gemäß § 3a Absatz 3 Satz 1 als zur vorübergehenden und gelegentlichen Hilfeleistung in Steuersachen befugt vorübergehend im Berufsregister der zuständigen Steuerberaterkammer eingetragen sind. [2]Das Verzeichnis dient der Information der Behörden und Gerichte, der Rechtsuchenden sowie anderer am Rechtsverkehr Beteiligter. [3]Die Steuerberaterkammern geben die im Berufsregister gemäß § 3a Absatz 3 Satz 1 vorübergehend gespeicherten Daten im automatisierten Verfahren in das von der Bundessteuerberaterkammer geführte Verzeichnis ein. [4]Die zuständige Steuerberaterkammer trägt die datenschutzrechtliche Verantwortung für die von ihr in das Verzeichnis eingegebenen Daten, insbesondere für die Rechtmäßigkeit der Erhebung, die Vollständigkeit und die Richtigkeit der Daten. [5]Der Abruf einzelner Daten aus dem Gesamtverzeichnis steht jedem unentgeltlich zu.

(2) In das Verzeichnis sind einzutragen:

1. bei natürlichen Personen der Familienname und die Vornamen, das Geburtsjahr, die Geschäftsanschrift einschließlich der Anschriften aller Zweigstellen, die Berufsbezeichnung, unter der die Tätigkeit nach § 3a Absatz 5 im Inland zu erbringen ist, sowie der Name und die Anschrift der nach § 3a Absatz 2 Satz 2 zuständigen Steuerberaterkammer;
2. bei juristischen Personen und Personengesellschaften der Name oder die Firma, das Gründungsjahr, die Geschäftsanschrift einschließlich der Anschriften aller Zweigstellen, der Familienname und die Vornamen der gesetzlichen Vertreter, die Berufsbezeichnung, unter der die Tätigkeit nach § 3a Absatz 5 im Inland zu erbringen ist, der Name und die Anschrift der nach § 3a Absatz 2 Satz 2 zuständigen Steuerberaterkammer.

§ 3c Befugnis juristischer Personen und Vereinigungen zu vorübergehender und gelegentlicher Hilfeleistung in Steuersachen

Die §§ 3a und 3b gelten entsprechend für juristische Personen und Vereinigungen.

§ 4[1] Befugnis zu beschränkter Hilfeleistung in Steuersachen

Zur geschäftsmäßigen Hilfeleistung in Steuersachen sind ferner befugt:

1. Notare im Rahmen ihrer Befugnisse nach der Bundesnotarordnung,
2. Patentanwälte und Patentanwaltsgesellschaften im Rahmen ihrer Befugnisse nach der Patentanwaltsordnung,
3. Behörden und Körperschaften des öffentlichen Rechts sowie die überörtlichen Prüfungseinrichtungen für Körperschaften und Anstalten des öffentlichen Rechts im Rahmen ihrer Zuständigkeit,
4. Verwahrer und Verwalter fremden oder zu treuen Händen oder zu Sicherungszwecken übereigneten Vermögens, soweit sie hinsichtlich dieses Vermögens Hilfe in Steuersachen leisten,
5. Unternehmer, die ein Handelsgewerbe betreiben, soweit sie in unmittelbarem Zusammenhang mit einem Geschäft, das zu ihrem Handelsgewerbe gehört, ihren Kunden Hilfe in Steuersachen leisten,
6. Genossenschaftliche Prüfungs- und Spitzenverbände und genossenschaftliche Treuhandstellen, soweit sie im Rahmen ihres Aufgabenbereichs den Mitgliedern der Prüfungs- und Spitzenverbände Hilfe in Steuersachen leisten,
7. als Berufsvertretung oder auf ähnlicher Grundlage gebildete Vereinigungen, soweit sie im Rahmen ihres Aufgabenbereichs ihren Mitgliedern Hilfe in Steuersachen leisten; § 95 des Bundesvertriebenengesetzes bleibt unberührt,
8. als Berufsvertretung oder auf ähnlicher Grundlage gebildete Vereine von Land- und Forstwirten, zu deren satzungsmäßiger Aufgabe die Hilfeleistung für land- und forstwirtschaftliche Betriebe im Sinne des Bewertungsgesetzes gehört, soweit sie diese Hilfe durch Personen leisten, die berechtigt sind, die Bezeichnung „Landwirtschaftliche Buchstelle" zu führen, und die Hilfe nicht die Ermittlung der Einkünfte aus selbständiger Arbeit oder aus Gewerbebetrieb betrifft, es sei denn, daß es sich hierbei um Nebeneinkünfte handelt, die üblicherweise bei Landwirten vorkommen,
9. a) Speditionsunternehmen, soweit sie Hilfe in Eingangsabgabensachen oder bei der verbrauchsteuerlichen Behandlung von Waren im Warenverkehr mit anderen Mitgliedstaaten der Europäischen Union leisten,

---

1) § 4 geändert durch Gesetz vom 22.11.2019 (BGBl. I S. 1746).

b) sonstige gewerbliche Unternehmen, soweit sie im Zusammenhang mit der Zollbehandlung Hilfe in Eingangsabgabensachen leisten,

c) die in den Buchstaben a und b genannten Unternehmen, soweit sie für Unternehmer im Sinne des § 22a des Umsatzsteuergesetzes Hilfe in Steuersachen nach § 22b des Umsatzsteuergesetzes leisten und im Geltungsbereich dieses Gesetzes ansässig sind, nicht Kleinunternehmer im Sinne des § 19 des Umsatzsteuergesetzes und nicht von der Fiskalvertretung nach § 22e des Umsatzsteuergesetzes ausgeschlossen sind,

10. Arbeitgeber, soweit sie für ihre Arbeitnehmer Hilfe bei lohnsteuerlichen Sachverhalten oder bei Sachverhalten des Familienleistungsausgleichs im Sinne des Einkommensteuergesetzes leisten,

11. [1]Lohnsteuerhilfevereine, soweit sie für ihre Mitglieder Hilfe in Steuersachen leisten, wenn diese

a) Einkünfte aus nichtselbständiger Arbeit, sonstige Einkünfte aus wiederkehrenden Bezügen (§ 22 Nr. 1 des Einkommensteuergesetzes), Einkünfte aus Unterhaltsleistungen (§ 22 Nr. 1a des Einkommensteuergesetzes) oder Einkünfte aus Leistungen nach § 22 Nr. 5 des Einkommensteuergesetzes erzielen,

b) keine Einkünfte aus Land- und Forstwirtschaft, aus Gewerbebetrieb oder aus selbständiger Arbeit erzielen oder umsatzsteuerpflichtige Umsätze ausführen, es sei denn, die den Einkünften zugrunde liegenden Einnahmen sind nach § 3 Nummer 12, 26, 26a oder 26b des Einkommensteuergesetzes in voller Höhe steuerfrei, und

c) Einnahmen aus anderen Einkunftsarten haben, die insgesamt die Höhe von achtzehntausend Euro, im Falle der Zusammenveranlagung von sechsunddreißigtausend Euro, nicht übersteigen und im Veranlagungsverfahren zu erklären sind oder auf Grund eines Antrags des Steuerpflichtigen erklärt werden. [2]An die Stelle der Einnahmen tritt in Fällen des § 20 Absatz 2 des Einkommensteuergesetzes der Gewinn im Sinne des § 20 Absatz 4 des Einkommensteuergesetzes und in den Fällen des § 23 Absatz 1 des Einkommensteuergesetzes der Gewinn im Sinne des § 23 Absatz 3 Satz 1 des Einkommensteuergesetzes; Verluste bleiben unberücksichtigt.

[2]Die Befugnis erstreckt sich nur auf die Hilfeleistung bei der Einkommensteuer und ihren Zuschlagsteuern. [3]Soweit zulässig, berechtigt sie auch zur Hilfeleistung bei der Eigenheimzulage und der Investitionszulage nach den §§ 3 bis 4 des Investitionszulagengesetzes 1999, bei mit Kinderbetreuungskosten im Sinne von § 10 Absatz 1 Nummer 5 des Einkommensteuergesetzes sowie bei mit haushaltsnahen Beschäftigungsverhältnissen im Sinne des § 35a des Einkommensteuergesetzes zusammenhängenden Arbeitgeberaufgaben sowie zur Hilfe bei Sachverhalten des Familienleistungsausgleichs im Sinne des Einkommensteuergesetzes und der sonstigen Zulagen und Prämien, auf die die Vorschriften der Abgabenordnung anzuwenden sind. [4]Mitglieder, die arbeitslos geworden sind, dürfen weiterhin beraten werden

12. inländische Kapitalanlagegesellschaften sowie Personen, Gesellschaften und andere Gesamthandsgemeinschaften, soweit sie in Vertretung der Gläubiger von Kapitalerträgen Sammelanträge auf Erstattung von Kapitalertragsteuer nach § 45b des Einkommensteuergesetzes stellen,

12a. ausländische Kreditinstitute, soweit sie in Vertretung der Gläubiger von Kapitalerträgen Anträge auf Erstattung von Kapitalertragsteuer nach § 50d des Einkommensteuergesetzes stellen,

13. öffentlich bestellte versicherungsmathematische Sachverständige, soweit sie in unmittelbarem Zusammenhang mit der Berechnung von Pensionsrückstellungen, versicherungstechnischen Rückstellungen und Zuführungen zu Pensions- und Unterstützungskassen ihren Auftraggebern Hilfe in Steuersachen leisten,
14. diejenigen, die Verträge im Sinne des § 2 Abs. 1 Wohnungsbau-Prämiengesetz schließen oder vermitteln, soweit sie bei der Ausfüllung von Anträgen auf Wohnungsbauprämie Hilfe leisten.
15. stellen, die durch Landesrecht als geeignet im Sinne des § 305 Abs. 1 Nr. 1 der Insolvenzordnung anerkannt sind, im Rahmen ihres Aufgabenbereichs,
16. a) diejenigen, die Verträge im Sinne des § 1 Abs. 1 und 1a des Altersvorsorgeverträge-Zertifizierungsgesetzes schließen oder vermitteln,
    b) die in § 82 Abs. 2 Satz 1 Buchstabe a des Einkommensteuergesetzes genannten Versorgungseinrichtungen,

    soweit sie im Rahmen des Vertragsabschlusses, der Durchführung des Vertrages oder der Antragstellung nach § 89 des Einkommensteuergesetzes Hilfe leisten.

Dritter Unterabschnitt. Verbot und Untersagung

§ 5 Verbot der unbefugten Hilfeleistung in Steuersachen, Missbrauch von Berufsbezeichnungen

(1) [1]Andere als die in den §§ 3, 3a und 4 bezeichneten Personen und Vereinigungen dürfen nicht geschäftsmäßig Hilfe in Steuersachen leisten, insbesondere nicht geschäftsmäßig Rat in Steuersachen erteilen. [2]Die in § 4 bezeichneten Personen und Vereinigungen dürfen nur im Rahmen ihrer Befugnis geschäftsmäßig Hilfe in Steuersachen leisten.

(2) Werden den Finanzbehörden oder den Steuerberaterkammern Tatsachen bekannt, die den Verdacht begründen, dass eine Person oder Vereinigung entgegen Absatz 1 geschäftsmäßig Hilfe in Steuersachen leistet, so haben sie diese Tatsachen der für das Bußgeldverfahren zuständigen Stelle mitzuteilen.

(3) [1]Die Finanzbehörden oder die Steuerberaterkammern haben der für das Strafverfahren, das Bußgeldverfahren oder ein berufsaufsichtliches Verfahren zuständigen Stelle ihnen bekannte Tatsachen mitzuteilen, die den Verdacht begründen, dass

1. Personen, die geschäftsmäßig Hilfe in Steuersachen leisten, entgegen § 132a Absatz 1 Nummer 2 des Strafgesetzbuches die Berufsbezeichnungen „Steuerberater", „Steuerbevollmächtigter", „Rechtsanwalt", „Wirtschaftsprüfer" oder „vereidigter Buchprüfer" führen,
2. Vereinigungen, die geschäftsmäßig Hilfe in Steuersachen leisten, entgegen § 161 dieses Gesetzes unbefugt die Bezeichnungen „Steuerberatungsgesellschaft", „Lohnsteuerhilfeverein", „Landwirtschaftliche Buchstelle" oder unbefugt den Zusatz „und Partner", „Partnerschaft" (§ 2 Absatz 1 Satz 1 des Partnerschaftsgesellschaftsgesetzes), „mit beschränkter Berufshaftung" oder jeweilige Abkürzungen (§ 8 Absatz 4 des Partnerschaftsgesellschaftsgesetzes) oder entgegen § 133 der Wirtschaftsprüferordnung die Bezeichnungen „Wirtschaftsprüfungsgesellschaft" oder „Buchprüfungsgesellschaft" führen.

[2]§ 83 dieses Gesetzes und § 30 der Abgabenordnung stehen den Mitteilungen nicht entgegen.

§ 6 Ausnahmen vom Verbot der unbefugten Hilfeleistung in Steuersachen

Das Verbot des § 5 gilt nicht für

1. die Erstattung wissenschaftlich begründeter Gutachten,
2. die unentgeltliche Hilfeleistung in Steuersachen für Angehörige im Sinne des § 15 der Abgabenordnung,
3. die Durchführung mechanischer Arbeitsgänge bei der Führung von Büchern und Aufzeichnungen, die für die Besteuerung von Bedeutung sind; hierzu gehören nicht das Kontieren von Belegen und das Erteilen von Buchungsanweisungen,
4. das Buchen laufender Geschäftsvorfälle, die laufende Lohnabrechnung und das Fertigen der Lohnsteuer-Anmeldungen, soweit diese Tätigkeiten verantwortlich durch Personen erbracht werden, die nach Bestehen der Abschlußprüfung in einem kaufmännischen Ausbildungsberuf oder nach Erwerb einer gleichwertigen Vorbildung mindestens drei Jahre auf dem Gebiet des Buchhaltungswesens in einem Umfang von mindestens 16 Wochenstunden praktisch tätig gewesen sind.

§ 7 Untersagung der Hilfeleistung in Steuersachen

(1) Das Finanzamt kann die Hilfeleistung in Steuersachen untersagen,

1. wenn die Tätigkeit durch eine Person oder Vereinigung ausgeübt wird, die nicht unter §§ 3, 3a oder 4 fällt,
2. wenn eine Tätigkeit nach den §§ 4 und 6 oder eine Tätigkeit als Arbeitnehmer zur Umgehung des Verbots nach § 5 mißbraucht wird.

(2) [1]Die für die Finanzverwaltung zuständige oberste Landesbehörde kann den in § 4 Nr. 7 bezeichneten Vereinigungen im Einvernehmen mit den fachlich beteiligten obersten Landesbehörden die Hilfeleistung in Steuersachen ganz oder teilweise untersagen, wenn eine sachgemäße Tätigkeit nicht gewährleistet ist. [2]Dies gilt nicht, wenn eine der in § 3 Nr. 1 aufgeführten Personen die Hilfeleistung in Steuersachen leitet.

(3) [1]Örtlich zuständig ist die Finanzbehörde, in deren Bezirk die Person oder Vereinigung, deren Tätigkeit untersagt werden soll, ihre Geschäftsleitung hat, hilfsweise in deren Bezirk die Tätigkeit vorwiegend ausgeübt wird. [2]Ergibt sich die örtliche Zuständigkeit nicht aus Satz 1, ist die Finanzbehörde zuständig, in deren Bezirk der Anlass für die Amtshandlung besteht.

Vierter Unterabschnitt. Sonstige Vorschriften

§ 8 Werbung

(1) Auf eigene Dienste oder Dienste Dritter zur geschäftsmäßigen Hilfeleistung in Steuersachen darf hingewiesen werden, soweit über die Tätigkeit in Form und Inhalt sachlich unterrichtet wird.

(2) [1]Werbung, die auf die Erteilung eines Auftrags zur geschäftsmäßigen Hilfeleistung in Steuersachen im Einzelfall gerichtet ist, ist verboten. [2]Dies gilt nicht für die Durchführung der Tätigkeiten nach § 6 Nr. 3 und 4.

(3) Die in § 3 Nr. 1 bis 3 bezeichneten Personen und Gesellschaften dürfen auf ihre Befugnis zur Hilfeleistung in Steuersachen nach den für sie geltenden berufsrechtlichen Vorschriften hinweisen.

(4) [1]Die in § 6 Nr. 4 bezeichneten Personen dürfen auf ihre Befugnisse zur Hilfeleistung in Steuersachen hinweisen und sich als Buchhalter bezeichnen. [2]Personen, die den anerkannten Abschluss „Geprüfter Bilanzbuchhalter/Geprüfte Bilanzbuchhalterin“ oder „Steuerfachwirt/Steuerfachwirtin“ erworben haben, dürfen unter dieser Bezeichnung werben. [3]Die genannten Personen dürfen dabei nicht gegen das Gesetz gegen den unlauteren Wettbewerb verstoßen.

§ 9 Vergütung

Die Abgabe oder Entgegennahme eines Teils der Gebühren oder sonstiger Vorteile für die Vermittlung von Aufträgen, gleichviel ob im Verhältnis zu einem Steuerberater oder Steuerbevollmächtigten oder zu einem Dritten gleich welcher Art, ist unzulässig.

§ 9a Erfolgshonorar

(1) [1]Vereinbarungen, durch die eine Vergütung für eine Hilfeleistung in Steuersachen oder ihre Höhe vom Ausgang der Sache oder vom Erfolg der Tätigkeit abhängig gemacht wird oder nach denen der Steuerberater oder Steuerbevollmächtigte einen Teil der zu erzielenden Steuerermäßigung, Steuerersparnis oder Steuervergütung als Honorar erhält (Erfolgshonorar), sind unzulässig, soweit nachfolgend nichts anderes bestimmt ist. [2]Vereinbarungen, durch die der Steuerberater oder Steuerbevollmächtigte sich verpflichtet, Gerichtskosten, Verwaltungskosten oder Kosten anderer Beteiligter zu tragen, sind unzulässig.

(2) [1]Ein Erfolgshonorar darf nur für den Einzelfall und nur dann vereinbart werden, wenn der Auftraggeber aufgrund seiner wirtschaftlichen Verhältnisse bei verständiger Betrachtung ohne die Vereinbarung eines Erfolgshonorars von der Rechtsverfolgung abgehalten würde. [2]Dabei darf für den Fall des Misserfolgs vereinbart werden, dass keine oder eine geringere als die gesetzliche Vergütung zu zahlen ist, wenn für den Erfolgsfall ein angemessener Zuschlag auf die gesetzliche Vergütung vereinbart wird.

(3) [1]Die Vereinbarung bedarf der Textform. [2]Sie muss als Vergütungsvereinbarung oder in vergleichbarer Weise bezeichnet werden, von anderen Vereinbarungen deutlich abgesetzt sein und darf nicht in der Vollmacht enthalten sein. [3]Die Vereinbarung muss enthalten:

1. die voraussichtliche gesetzliche Vergütung und gegebenenfalls die erfolgsunabhängige vertragliche Vergütung, zu der der Steuerberater oder Steuerbevollmächtigte bereit wäre, den Auftrag zu übernehmen, sowie
2. die Angabe, welche Vergütung bei Eintritt welcher Bedingungen verdient sein soll.

(4) [1]In der Vereinbarung sind außerdem die wesentlichen Gründe anzugeben, die für die Bemessung des Erfolgshonorars bestimmend sind. [2]Ferner ist ein Hinweis aufzunehmen, dass die Vereinbarung keinen Einfluss auf die gegebenenfalls vom Auftraggeber zu zahlenden Gerichtskosten, Verwaltungskosten und die von ihm zu erstattenden Kosten anderer Beteiligter hat.

(5) [1]Aus einer Vergütungsvereinbarung, die nicht den Anforderungen der Absätze 2 und 3 entspricht, kann der Steuerberater oder Steuerbevollmächtigte keine höhere als die gesetzliche Vergütung fordern. [2]Die Vorschriften des bürgerlichen Rechts über die ungerechtfertigte Bereicherung bleiben unberührt.

§ 10 Mitteilungen über Pflichtverletzungen und andere Informationen

(1) Werden den Finanzbehörden oder den Steuerberaterkammern Tatsachen bekannt, die den Verdacht begründen, dass eine der in den §§ 3, 3a oder § 4 Nr. 1 und 2 genannten Personen eine Berufspflicht verletzt hat, so teilen sie diese Tatsachen, soweit ihre Kenntnis aus der Sicht der übermittelnden Stelle für die Verwirklichung der Rechtsfolgen erforderlich ist, der zuständigen Stelle mit; § 83 dieses Gesetzes und § 30 der Abgabenordnung stehen dem nicht entgegen.

(2) [1]Gerichte und Behörden übermitteln Informationen über natürliche und juristische Personen, die aus der Sicht der übermittelnden Stelle

1. für die Zulassung zur Prüfung, für die Befreiung von der Prüfung, für die Bestellung und Wiederbestellung, für die Rücknahme oder für den Widerruf der Bestellung als Steuerberater oder Steuerbevollmächtigter,

2. für die Anerkennung, für die Rücknahme oder für den Widerruf der Anerkennung als Steuerberatungsgesellschaft oder als Lohnsteuerhilfeverein,
3. für die Einleitung eines Rügeverfahrens oder eines berufsgerichtlichen Verfahrens zur Ahndung von Pflichtverletzungen oder
4. für die Überprüfung der Pflichten eines Beratungsstellenleiters im Sinne des § 23 Abs. 3

erforderlich sind, der für die Entscheidung zuständigen Stelle, soweit hierdurch schutzwürdige Interessen des Betroffenen nicht beeinträchtigt werden oder das öffentliche Interesse das Geheimhaltungsinteresse der Beteiligten überwiegt. [2]Die Übermittlung unterbleibt, wenn besondere gesetzliche Verwendungsregelungen entgegenstehen; § 83 dieses Gesetzes und § 30 der Abgabenordnung stehen dem nicht entgegen.

(3) Soweit natürliche oder juristische Personen über weitere Qualifikationen im Sinne von § 3 verfügen, dürfen Finanzbehörden und Steuerberaterkammern Informationen im Sinne des Absatzes 2 und nach Maßgabe dieser Vorschrift auch an andere zuständige Stellen übermitteln, soweit ihre Kenntnis aus der Sicht der übermittelnden Stelle für die Verwirklichung der Rechtsfolgen erforderlich ist.

§ 10a Mitteilung über den Ausgang eines Bußgeldverfahrens wegen unbefugter Hilfeleistung in Steuersachen

(1) [1]Liegen tatsächliche Anhaltspunkte dafür vor, das die unbefugte Hilfeleistung in Steuersachen fortgesetzt wird, sind die Finanzbehörden verpflichtet, die Steuerberaterkammer, in deren Bezirk die Person Hilfe in Steuersachen geleistet hat, über den Ausgang eines nach § 160 eingeleiteten Bußgeldverfahrens zu unterrichten und ihr die Tatsachen mitzuteilen, die für die Geltendmachung von Ansprüchen nach den Vorschriften des Gesetzes gegen den unlauteren Wettbewerb erforderlich sind. [2]§ 30 der Abgabenordnung steht dem nicht entgegen.

(2) [1]Wird die Hilfe in Steuersachen in verschiedenen Kammerbezirken geleistet, ist die Mitteilung an die Steuerberaterkammer zu richten, in deren Bezirk die Person ihre Geschäftsleitung unterhält, hilfsweise in deren Bezirk die Tätigkeit vorwiegend ausgeübt wird. [2]Ergibt sich die örtliche Zuständigkeit einer Steuerberaterkammer nicht aus Absatz 1 Satz 1 oder Absatz 2 Satz 1, ist die Steuerberaterkammer zuständig, in deren Kammerbezirk die Finanzbehörde, die das Bußgeldverfahren nach § 160 eingeleitet hat, ihren Sitz hat.

§ 10b Vorwarnmechanismus

(1) [1]Wird bei einer Person, die die Anerkennung einer Berufsqualifikation nach der Richtlinie 2005/36/EG des Europäischen Parlaments und des Rates vom 7. September 2005 über die Anerkennung von Berufsqualifikationen (ABl. L 255 vom 30.9.2005, S. 22) in der jeweils geltenden Fassung beantragt hat, gerichtlich festgestellt, dass sie dabei gefälschte Berufsqualifikationsnachweise verwendet hat, unterrichtet die zuständige Steuerberaterkammer, soweit die Unterrichtung nicht bereits durch das zuständige Gericht erfolgt ist, die zuständigen Behörden der anderen Mitgliedstaaten der Europäischen Union, der anderen Vertragsstaaten des Abkommens über den Europäischen Wirtschaftsraum oder der Schweiz über die Identität dieser Person, insbesondere über Name, Vorname, Geburtsdatum und Geburtsort, und den Umstand, dass diese Person gefälschte Berufsqualifikationsnachweise verwendet hat (Warnmitteilung). [2]Die Warnmitteilung erfolgt unverzüglich, spätestens jedoch drei Tage nach Unanfechtbarkeit der Feststellung. [3]Sie ist über das durch die Verordnung (EU) Nr. 1024/2012 des Europäischen Parlaments und des Rates vom 25. Oktober 2012 über die Verwaltungszusammenarbeit mit Hilfe des Binnenmarkt-Informationssystems und zur Aufhebung der Ent-

scheidung 2008/49/EG der Kommission (ABl. L 316 vom 14.11.2012, S. 1) eingerichtete Binnenmarkt-Informationssystem zu übermitteln.

(2) [1]Zeitgleich mit der Warnmitteilung nach Absatz 1 Satz 1 unterrichtet die zuständige Stelle, die die Warnmitteilung getätigt hat, die betroffene Person über die Warnmitteilung und ihren Inhalt schriftlich unter Beifügung einer Rechtsbehelfsbelehrung. [2]Wird ein Rechtsbehelf gegen die Warnmitteilung eingelegt, ergänzt die Stelle, die die Warnmitteilung getätigt hat, die Warnmitteilung um einen entsprechenden Hinweis.

§ 11 [1)] Verarbeitung personenbezogener Daten

(1) [1]Soweit es zur Erfüllung der Aufgaben nach diesem Gesetz erforderlich ist, dürfen personenbezogene Daten verarbeitet werden. [2]Personenbezogene Daten dürfen auch für Zwecke künftiger Verfahren nach diesem Gesetz verarbeitet werden. [3]Besondere Kategorien personenbezogener Daten gemäß Artikel 9 Absatz 1 der Verordnung (EU) 2016/679 des Europäischen Parlaments und des Rates vom 27. April 2016 zum Schutz natürlicher Personen bei der Verarbeitung personenbezogener Daten, zum freien Datenverkehr und zur Aufhebung der Richtlinie 95/46/EG (Datenschutz-Grundverordnung) (ABl. L 119 vom 4.5.2016, S. 1; L 314 vom 22.11.2016, S. 72) dürfen gemäß Artikel 9 Absatz 2 Buchstabe g der Datenschutz-Grundverordnung (EU) 2016/679 in diesem Rahmen verarbeitet werden.

(2) [1]Die Verarbeitung personenbezogener Daten durch Personen und Gesellschaften nach § 3 erfolgt unter Beachtung der für sie geltenden Berufspflichten weisungsfrei. [2]Die Personen und Gesellschaften nach § 3 sind bei Verarbeitung sämtlicher personenbezogener Daten ihrer Mandanten Verantwortliche gemäß Artikel 4 Nummer 7 der Datenschutz-Grundverordnung (EU) 2016/679. Besondere Kategorien personenbezogener Daten gemäß Artikel 9 Absatz 1 der Verordnung (EU) 2016/679 dürfen gemäß Artikel 9 Absatz 2 Buchstabe g der Datenschutz-Grundverordnung (EU) 2016/679 in diesem Rahmen verarbeitet werden.

(3) § 83 dieses Gesetzes und § 30 der Abgabenordnung stehen dem nicht entgegen.

§ 12 Hilfeleistung im Abgabenrecht fremder Staaten

[1]Personen und Vereinigungen im Sinne des § 3 Nr. 1 bis 3 sind in Angelegenheiten, die das Abgabenrecht fremder Staaten betreffen, zur geschäftsmäßigen Hilfe in Steuersachen befugt. [2]Die entsprechenden Befugnisse Dritter auf Grund anderer Rechtsvorschriften bleiben unberührt.

Zweiter Abschnitt. Lohnsteuerhilfevereine

Erster Unterabschnitt. Aufgaben

§ 13 Zweck und Tätigkeitsbereich

(1) Lohnsteuerhilfevereine sind Selbsthilfeeinrichtungen von Arbeitnehmern zur Hilfeleistung in Steuersachen im Rahmen der Befugnis nach § 4 Nr. 11 für ihre Mitglieder.

(2) Lohnsteuerhilfevereine bedürfen für ihre Tätigkeit der Anerkennung.

1) § 11 neu gefasst durch Gesetz vom 17.12.2019 (BGBl. I S. 2451).

Zweiter Unterabschnitt. Anerkennung

§ 14 Voraussetzungen für die Anerkennung, Aufnahme der Tätigkeit

(1) [1]Ein rechtsfähiger Verein kann als Lohnsteuerhilfeverein anerkannt werden, wenn nach der Satzung

1. seine Aufgabe ausschließlich die Hilfeleistung in Steuersachen im Rahmen der Befugnis nach § 4 Nr. 11 für seine Mitglieder ist;
2. der Sitz und die Geschäftsleitung des Vereins sich in demselben Bezirk der Aufsichtsbehörde befinden;
3. der Name des Vereins keinen Bestandteil mit besonderem Werbecharakter enthält;
4. eine sachgemäße Ausübung der Hilfeleistung in Steuersachen im Rahmen der Befugnis nach § 4 Nr. 11 sichergestellt ist;
5. für die Hilfeleistung in Steuersachen im Rahmen der Befugnis nach § 4 Nr. 11 neben dem Mitgliedsbeitrag kein besonderes Entgelt erhoben wird;
6. die Anwendung der Vorschriften des § 27 Absatz 1 und 3 Satz 1 sowie der §§ 32 und 33 des Bürgerlichen Gesetzbuches nicht ausgeschlossen ist;
7. Verträge des Vereins mit Mitgliedern des Vorstands oder deren Angehörigen der Zustimmung oder Genehmigung der Mitgliederversammlung bedürfen;
8. innerhalb von drei Monaten nach Bekanntgabe des wesentlichen Inhalts der Prüfungsfeststellungen an die Mitglieder (§ 22 Abs. 7 Nr. 2) eine Mitgliederversammlung stattfinden muß, in der insbesondere eine Aussprache über das Ergebnis der Geschäftsprüfung durchzuführen und über die Entlastung des Vorstands wegen seiner Geschäftsführung während des geprüften Geschäftsjahres zu befinden ist.

[2]An die Stelle der Mitgliederversammlung kann eine Vertreterversammlung treten, sofern durch sie eine ausreichende Wahrnehmung der Interessen der Mitglieder gewährleistet ist. [3]Die Vorschriften über Mitgliederversammlungen gelten für Vertreterversammlungen sinngemäß.

(2) Die Hilfeleistung in Lohnsteuersachen darf erst nach der Anerkennung als Lohnsteuerhilfeverein aufgenommen werden.

§ 15 Anerkennungsbehörde, Satzung

(1) Für die Entscheidung über den Antrag auf Anerkennung als Lohnsteuerhilfeverein ist die Aufsichtsbehörde zuständig, in deren Bezirk der Verein seinen Sitz hat.

(2) Dem Antrag auf Anerkennung als Lohnsteuerhilfeverein ist eine öffentlich beglaubigte Abschrift der Satzung beizufügen.

(3) [1]Der Lohnsteuerhilfeverein hat jede Satzungsänderung der für den Sitz des Vereins zuständigen Aufsichtsbehörde innerhalb eines Monats nach der Beschlußfassung anzuzeigen. [2]Der Änderungsanzeige ist eine öffentlich beglaubigte Abschrift der jeweiligen Urkunde beizufügen.

§ 16 Gebühren für die Anerkennung

Für die Bearbeitung des Antrags auf Anerkennung als Lohnsteuerhilfeverein hat der Verein eine Gebühr von dreihundert Euro an die Aufsichtsbehörde zu zahlen.

§ 17 Urkunde

Über die Anerkennung als Lohnsteuerhilfeverein stellt die Aufsichtsbehörde eine Urkunde aus.

§ 18 Bezeichnung „Lohnsteuerhilfeverein"

Der Verein ist verpflichtet, die Bezeichnung „Lohnsteuerhilfeverein" in den Namen des Vereins aufzunehmen.

§ 19 Erlöschen der Anerkennung

(1) Die Anerkennung erlischt durch

1. Auflösung des Vereins;
2. Verzicht auf die Anerkennung;
3. Verlust der Rechtsfähigkeit.

(2) Der Verzicht ist schriftlich gegenüber der Aufsichtsbehörde zu erklären.

§ 20 Rücknahme und Widerruf der Anerkennung

(1) Die Aufsichtsbehörde hat die Anerkennung zurückzunehmen, wenn sich nach der Anerkennung ergibt, daß sie hätte versagt werden müssen.

(2) Die Aufsichtsbehörde hat die Anerkennung zu widerrufen,

1. wenn die Voraussetzungen für die Anerkennung als Lohnsteuerhilfeverein nachträglich fortfallen, es sei denn, daß der Verein innerhalb einer angemessenen, von der Aufsichtsbehörde zu bestimmenden Frist den dem Gesetz entsprechenden Zustand herbeiführt;
2. wenn die tatsächliche Geschäftsführung des Lohnsteuerhilfevereins nicht mit den in § 14 bezeichneten Anforderungen an die Satzung übereinstimmt;
3. wenn eine sachgemäße Ausübung der Hilfeleistung in Steuersachen im Rahmen der Befugnis nach § 4 Nr. 11 oder eine ordnungsgemäße Geschäftsführung nicht gewährleistet ist; eine ordnungsgemäße Geschäftsführung liegt insbesondere nicht vor, wenn
   a) gegen Pflichten nach diesem Gesetz in nachhaltiger Weise verstoßen wurde oder
   b) der Lohnsteuerhilfeverein in Vermögensverfall geraten ist; ein Vermögensverfall wird vermutet, wenn ein Insolvenzverfahren über das Vermögen des Lohnsteuerhilfevereins eröffnet oder der Lohnsteuerhilfeverein in das vom Vollstreckungsgericht zu führende Schuldnerverzeichnis (§ 26 Abs. 2 der Insolvenzordnung; § 882b der Zivilprozessordnung) eingetragen ist.

(3) Vor der Rücknahme oder dem Widerruf ist der Lohnsteuerhilfeverein zu hören.

Dritter Unterabschnitt. Pflichten

§ 21 Aufzeichnungspflicht

(1) [1]Der Lohnsteuerhilfeverein hat sämtliche Einnahmen und Ausgaben fortlaufend und vollständig aufzuzeichnen. [2]Die Aufzeichnungen sind unverzüglich und in deutscher Sprache vorzunehmen.

(2) Für einzelne Mitglieder des Lohnsteuerhilfevereins empfangene Beträge sind vom Vereinsvermögen getrennt zu erfassen und gesondert zu verwalten.

(3) Der Lohnsteuerhilfeverein hat bei Beginn seiner Tätigkeit und am Ende eines jeden Geschäftsjahres aufgrund einer für diesen Zeitpunkt vorgenommenen Bestandsaufnahme seine Vermögenswerte und Schulden aufzuzeichnen und in einer Vermögensübersicht zusammenzustellen.

(4) [1]Die Belege und sonstigen Unterlagen sind geordnet zu sammeln und sechs Jahre aufzubewahren. [2]Die Aufzeichnungen der Einnahmen und Ausgaben und die Vermögensübersichten sind zehn Jahre aufzubewahren. [3]Im übrigen gelten für die Aufbewahrung der Belege, sonstigen Unterlagen, Aufzeichnungen und Vermögensübersichten

die Vorschriften des Handelsgesetzbuches über die Aufbewahrung von Bilanzen, Inventaren, Belegen und sonstigen Unterlagen entsprechend.

(5) Sonstige Vorschriften über Aufzeichnungs- und Buchführungspflichten bleiben unberührt.

§ 22 Geschäftsprüfung

(1) Der Lohnsteuerhilfeverein hat die Vollständigkeit und Richtigkeit der Aufzeichnungen und der Vermögensübersicht (§ 21 Abs. 1 bis 3) sowie die Übereinstimmung der tatsächlichen Geschäftsführung mit den satzungsmäßigen Aufgaben des Lohnsteuerhilfevereins jährlich innerhalb von sechs Monaten nach Beendigung des Geschäftsjahres durch einen oder mehrere Geschäftsprüfer prüfen zu lassen.

(2) Zu Geschäftsprüfern können nur bestellt werden

1. Personen und Gesellschaften, die nach § 3 zu unbeschränkter Hilfeleistung in Steuersachen befugt sind,
2. Prüfungsverbände, zu deren satzungsmäßigem Zweck die regelmäßige oder außerordentliche Prüfung der Mitglieder gehört, wenn mindestens ein gesetzlicher Vertreter des Verbandes Steuerberater, Steuerbevollmächtigter, Rechtsanwalt, niedergelassener europäischer Rechtsanwalt, Wirtschaftsprüfer oder vereidigter Buchprüfer ist.

(3) Als Geschäftsprüfer dürfen keine Personen tätig sein, bei denen die Besorgnis der Befangenheit besteht, insbesondere weil sie Vorstandsmitglied, besonderer Vertreter oder Angestellter des zu prüfenden Lohnsteuerhilfevereins sind.

(4) [1]Den Geschäftsprüfern ist Einsicht in die Bücher und Aufzeichnungen sowie den Schriftwechsel des Vereins zu gewähren und eine Untersuchung des Kassenbestandes und der Bestände an sonstigen Vermögenswerten zu gestatten. [2]Ihnen sind alle Aufklärungen und Nachweise zu geben, die für die Durchführung einer sorgfältigen Prüfung notwendig sind.

(5) [1]Die Geschäftsprüfer sind zu gewissenhafter und unparteiischer Prüfung und zur Verschwiegenheit verpflichtet. [2]Sie dürfen Geschäftsgeheimnisse, die sie bei der Wahrnehmung ihrer Obliegenheiten erfahren haben, nicht unbefugt verwerten. [3]Wer seine Obliegenheiten vorsätzlich oder grob fahrlässig verletzt, haftet dem Lohnsteuerhilfeverein für den daraus entstehenden Schaden. [4]Mehrere Personen haften als Gesamtschuldner.

(6) Die Geschäftsprüfer haben über das Ergebnis der Prüfung dem Vorstand des Lohnsteuerhilfevereins unverzüglich schriftlich zu berichten.

(7) Der Lohnsteuerhilfeverein hat

1. innerhalb eines Monats nach Erhalt des Prüfungsberichts spätestens jedoch neun Monate nach Beendigung des Geschäftsjahres eine Abschrift hiervon der zuständigen Aufsichtsbehörde zuzuleiten;
2. innerhalb von sechs Monaten nach Erhalt des Prüfungsberichts den wesentlichen Inhalt der Prüfungsfeststellungen den Mitgliedern schriftlich bekanntzugeben.

§ 23 [1)2)] Ausübung der Hilfeleistung in Steuersachen im Rahmen der Befugnis nach § 4 Nummer 11, Beratungsstellen

(1) [1]Die Hilfeleistung in Steuersachen im Rahmen der Befugnis nach § 4 Nr. 11 darf nur durch Personen ausgeübt werden, die einer Beratungsstelle angehören. [2]Für jede

1) § 23 Abs. 4 Nr. 1 neu gefasst durch Gesetz vom 22.11.2019 (BGBl. I S. 1746).
2) § 23 Überschrift geändert durch Gesetz vom 17.12.2019 (BGBl. I S. 2451).

Beratungsstelle ist ein Leiter zu bestellen. [3]Er darf gleichzeitig nur eine weitere Beratungsstelle leiten.

(2) [1]Der Lohnsteuerhilfeverein muß in dem Bezirk der Aufsichtsbehörde, in dem er seinen Sitz hat, mindestens eine Beratungsstelle unterhalten. [2]Die Unterhaltung von Beratungsstellen in Bezirken anderer Aufsichtsbehörden ist zulässig.

(3) [1]Der Lohnsteuerhilfeverein darf zum Leiter einer Beratungsstelle nur Personen bestellen, die

1. zu dem in § 3 Nr. 1 bezeichneten Personenkreis gehören oder
2. eine Abschlußprüfung in einem kaufmännischen Ausbildungsberuf bestanden haben oder eine andere gleichwertige Vorbildung besitzen und nach Abschluß der Ausbildung drei Jahre in einem Umfang von mindestens 16 Wochenstunden auf dem Gebiet der von den Bundes- oder Landesfinanzbehörden verwalteten Steuern praktisch tätig gewesen sind oder
3. mindestens drei Jahre auf den für die Beratungsbefugnis nach § 4 Nr. 11 einschlägigen Gebieten des Einkommensteuerrechts in einem Umfang von mindestens 16 Wochenstunden praktisch tätig gewesen sind; auf die mindestens dreijährige Tätigkeit können Ausbildungszeiten nicht angerechnet werden.

[2]Zum Leiter einer Beratungsstelle darf nicht bestellt werden, wer sich so verhalten hat, daß die Besorgnis begründet ist, er werde die Pflichten des Lohnsteuerhilfevereins nicht erfüllen.

(4) Der Lohnsteuerhilfeverein hat der für den Sitz der Beratungsstelle zuständigen Aufsichtsbehörde mitzuteilen

1. die Eröffnung, die Schließung sowie die Änderung der Anschrift einer Beratungsstelle;
2. die Bestellung oder Abberufung des Leiters einer Beratungsstelle;
3. die Personen, deren sich der Verein bei der Hilfeleistung in Steuersachen im Rahmen der Befugnis nach § 4 Nr. 11 bedient.

(5) Der Mitteilung über die Bestellung des Leiters einer Beratungsstelle ist ein Nachweis darüber beizufügen, daß die Voraussetzungen des Absatzes 3 Satz 1 erfüllt sind.

(6) Eine Beratungsstelle darf ihre Tätigkeit nur ausüben, wenn sie und der Beratungsstellenleiter nach Überprüfung der in Absatz 3 genannten Voraussetzungen bei der zuständigen Aufsichtsbehörde (§ 27 Abs. 2) im Verzeichnis der Lohnsteuerhilfevereine eingetragen sind.

§ 24[1)] Abwicklung der schwebenden Steuersachen im Rahmen der Befugnis nach § 4 Nummer 11

(1) Ist die Anerkennung als Lohnsteuerhilfeverein erloschen, zurückgenommen oder widerrufen worden, so kann die Aufsichtsbehörde auf Antrag erlauben, daß der Verein einen Beauftragten zur Abwicklung der schwebenden Steuersachen im Rahmen der Befugnis nach § 4 Nr. 11 bestellt.

(2) Zum Beauftragten darf nur bestellt werden, wer die in § 23 Abs. 3 bezeichneten Voraussetzungen erfüllt.

(3) Die Erlaubnis nach Absatz 1 darf längstens für die Dauer von sechs Monaten erteilt werden; sie kann jederzeit widerrufen werden.

(4) § 70 Abs. 2 und 3 gilt sinngemäß.

---

1) § 24 Überschrift geändert durch Gesetz vom 17.12.2019 (BGBl. I S. 2451).

§ 25[1)] Haftungsausschluss, Haftpflichtversicherung

(1) Bei der Hilfeleistung in Steuersachen im Rahmen der Befugnis nach § 4 Nr. 11 für die Mitglieder kann die Haftung des Vereins für das Verschulden seiner Organe und Angestellten nicht ausgeschlossen werden.

(2) [1]Die Lohnsteuerhilfevereine müssen gegen die sich aus der Hilfeleistung in Steuersachen im Rahmen der Befugnis nach § 4 Nr. 11 ergebenden Haftpflichtgefahren angemessen versichert sein. [2]Zuständige Stelle im Sinne des § 117 Abs. 2 des Versicherungsvertragsgesetzes ist die Aufsichtsbehörde.

§ 26 Allgemeine Pflichten der Lohnsteuerhilfevereine

(1) Die Hilfeleistung in Steuersachen im Rahmen der Befugnis nach § 4 Nr. 11 ist sachgemäß, gewissenhaft, verschwiegen und unter Beachtung der Regelungen zur Werbung (§ 8) auszuüben.

(2) Die Ausübung einer anderen wirtschaftlichen Tätigkeit in Verbindung mit der Hilfeleistung in Steuersachen im Rahmen der Befugnis nach § 4 Nr. 11 ist nicht zulässig.

(3) Alle Personen, deren sich der Verein bei der Hilfeleistung in Steuersachen im Rahmen der Befugnis nach § 4 Nr. 11 bedient, sind zur Einhaltung der in den Absätzen 1 und 2 bezeichneten Pflichten anzuhalten.

(4) [1]Die Handakten über die Hilfeleistung in Steuersachen im Rahmen der Befugnis nach § 4 Nr. 11 sind auf die Dauer von zehn Jahren nach Abschluß der Tätigkeit des Vereins in der Steuersache des Mitgliedes aufzubewahren. [2]§ 66 ist sinngemäß anzuwenden.

Vierter Unterabschnitt. Aufsicht

§ 27 Aufsichtsbehörde

(1) [1]Aufsichtsbehörde ist die Oberfinanzdirektion oder die durch die Landesregierung bestimmte Landesfinanzbehörde. [2]Sie führt die Aufsicht über die Lohnsteuerhilfevereine, die ihren Sitz im Bezirk der Aufsichtsbehörde haben.

(2) [1]Der Aufsicht durch die Aufsichtsbehörde unterliegen auch alle im Bezirk der Aufsichtsbehörde bestehenden Beratungsstellen. [2]Die im Wege der Aufsicht getroffenen Feststellungen sind der für den Sitz des Lohnsteuerhilfevereins zuständigen Aufsichtsbehörde mitzuteilen.

(3) Die Finanzbehörden teilen der zuständigen Aufsichtsbehörde die ihnen bekannten Tatsachen mit, die den Verdacht begründen, daß ein Lohnsteuerhilfeverein gegen Vorschriften dieses Gesetzes verstoßen hat.

§ 28 Pflicht zum Erscheinen vor der Aufsichtsbehörde, Befugnisse der Aufsichtsbehörde

(1) Die Mitglieder des Vorstandes eines Lohnsteuerhilfevereins und die Personen, deren sich der Verein bei der Hilfeleistung in Steuersachen im Rahmen der Befugnis nach § 4 Nr. 11 bedient, haben auf Verlangen vor der Aufsichtsbehörde zu erscheinen, Auskunft zu geben sowie Handakten und Geschäftsunterlagen vorzulegen.

(2) Die mit der Aufsicht betrauten Amtsträger sind berechtigt, die Geschäftsräume der Lohnsteuerhilfevereine und der in Absatz 1 bezeichneten Personen während der Geschäfts- und Arbeitszeiten zu betreten, um Prüfungen vorzunehmen oder sonst Feststellungen zu treffen, die zur Ausübung der Aufsicht für erforderlich gehalten werden.

---

1) § 25 Überschrift geändert durch Gesetz vom 17.12.2019 (BGBl. I S. 2451).

(3) Ist für eine Beratungsstelle ein Leiter nicht vorhanden oder erfüllt die zum Leiter bestellte Person nicht die in § 23 Abs. 3 bezeichneten Voraussetzungen oder ist in einer Beratungsstelle die Einhaltung der in § 26 bezeichneten Pflichten nicht gewährleistet, so kann die Aufsichtsbehörde die Schließung dieser Beratungsstelle anordnen.

§ 29 Teilnahme der Aufsichtsbehörde an Mitgliederversammlungen

(1) Von bevorstehenden Mitgliederversammlungen ist die Aufsichtsbehörde spätestens zwei Wochen vorher zu unterrichten.

(2) Die Aufsichtsbehörde ist berechtigt, zur Teilnahme an der Mitgliederversammlung Vertreter zu entsenden.

§ 30 Verzeichnis der Lohnsteuerhilfevereine

(1) Die Aufsichtsbehörden führen ein Verzeichnis über

1. die Lohnsteuerhilfevereine, die im Bezirk der Aufsichtsbehörde ihren Sitz haben;
2. die im Bezirk der Aufsichtsbehörde bestehenden Beratungsstellen.

(2) Die Einsicht in das Verzeichnis ist jedem gestattet, der ein berechtigtes Interesse darlegt.

Fünfter Unterabschnitt. Verordnungsermächtigung

§ 31[1] Durchführungsbestimmungen zu den Vorschriften über die Lohnsteuerhilfevereine

(1) Das Bundesministerium der Finanzen wird ermächtigt, durch Rechtsverordnung mit Zustimmung des Bundesrates Bestimmungen zu erlassen

1. über das Verfahren bei der Anerkennung als Lohnsteuerhilfeverein;
2. über Einrichtung und Führung des Verzeichnisses nach § 30 Abs. 1 sowie über die sich auf die Eintragung beziehenden Meldepflichten der Lohnsteuerhilfevereine;
3. über die Verfahren bei der Eröffnung, der Schließung sowie der Änderung einer Anschrift von Beratungsstellen und bei der Bestellung von Beratungsstellenleitern;
4. über die zur Bestellung eines Beratungsstellenleiters erforderlichen Erklärungen und Nachweise;
5. über den Abschluss und die Aufrechterhaltung der Haftpflichtversicherung, den Inhalt, den Umfang und die Ausschlüsse des Versicherungsvertrages sowie über die Höhe der Mindestdeckungssummen.

(2) [1]Die Landesregierungen werden ermächtigt, die den Oberfinanzdirektionen nach dem Zweiten Abschnitt des Ersten Teils zugewiesenen Aufgaben auf eine andere Landesfinanzbehörde zu übertragen. [2]Diese Aufgaben können durch Vereinbarung auch auf eine Landesfinanzbehörde eines anderen Landes übertragen werden. [3]Die Landesregierungen können die Ermächtigung durch Rechtsverordnung auf die jeweils für die Finanzverwaltung zuständige oberste Landesbehörde übertragen.

---

1) § 31 Abs. 1 durch Gesetz vom 22.11.2019 (BGBl. I S. 1746).

Zweiter Teil. Steuerberaterordnung

Erster Abschnitt. Allgemeine Vorschriften

§ 32[1)] Steuerberater, Steuerbevollmächtigte und Steuerberatungsgesellschaften

(1) Steuerberater, Steuerbevollmächtigte und Steuerberatungsgesellschaften leisten geschäftsmäßig Hilfe in Steuersachen nach den Vorschriften dieses Gesetzes.

(2) [1]Steuerberater und Steuerbevollmächtigte sind ein unabhängiges Organ der Steuerrechtspflege. [2]Sie bedürfen der Bestellung. [3]Sie üben einen freien Beruf aus. [4]Ihre Tätigkeit ist kein Gewerbe.

(3) [1]Steuerberatungsgesellschaften bedürfen der Anerkennung. [2]Die Anerkennung setzt den Nachweis voraus, daß die Gesellschaft von Steuerberatern verantwortlich geführt wird.

§ 33[2)] Inhalt der Tätigkeit

[1]Steuerberater, Steuerbevollmächtigte und Steuerberatungsgesellschaften haben die Aufgabe, im Rahmen ihres Auftrags ihre Auftraggeber in Steuersachen zu beraten, sie zu vertreten und ihnen bei der Bearbeitung ihrer Steuerangelegenheiten und bei der Erfüllung ihrer steuerlichen Pflichten Hilfe zu leisten. [2]Dazu gehören auch die Hilfeleistung in Steuerstrafsachen und in Bußgeldsachen wegen einer Steuerordnungswidrigkeit sowie die Hilfeleistung bei der Erfüllung von Buchführungspflichten, die aufgrund von Steuergesetzen bestehen, insbesondere die Aufstellung von Abschlüssen, die für die Besteuerung von Bedeutung sind, und deren steuerrechtliche Beurteilung.

§ 34 Berufliche Niederlassung, weitere Beratungsstellen

(1) [1]Steuerberater und Steuerbevollmächtigte müssen unmittelbar nach der Bestellung eine berufliche Niederlassung begründen und eine solche unterhalten. [2]Berufliche Niederlassung eines selbständigen Steuerberaters oder Steuerbevollmächtigten ist die eigene Praxis, von der aus er seinen Beruf überwiegend ausübt. [3]Als berufliche Niederlassung eines ausschließlich nach § 58 angestellten Steuerberaters oder Steuerbevollmächtigten gilt seine regelmäßige, bei mehreren Anstellungsverhältnissen seine zuerst begründete Arbeitsstätte.

(2) [1]Weitere Beratungsstellen können unterhalten werden, soweit dadurch die Erfüllung der Berufspflichten nicht beeinträchtigt wird. [2]Leiter der weiteren Beratungsstelle muss jeweils ein anderer Steuerberater oder Steuerbevollmächtigter sein, der seine berufliche Niederlassung am Ort der Beratungsstelle oder in deren Nahbereich hat. [3]Satz 2 gilt nicht, wenn die weitere Beratungsstelle in einem anderen Mitgliedstaat der Europäischen Union oder in einem anderen Vertragsstaat des Abkommens über den Europäischen Wirtschaftsraum oder in der Schweiz liegt. [4]Die für die berufliche Niederlassung zuständige Steuerberaterkammer kann auf Antrag eine Ausnahme von Satz 2 zulassen. [5]Liegt die weitere Beratungsstelle in einem anderen Kammerbezirk, ist vor der Erteilung der Ausnahmegenehmigung die für die weitere Beratungsstelle zuständige Steuerberaterkammer zu hören. [6]Eine Ausnahmegenehmigung ist nur für eine weitere Beratungsstelle des Steuerberaters oder Steuerbevollmächtigten zulässig.

---

1) § 32 Abs. 2 neu gefasst durch Gesetz vom 17.12.2019 (BGBl. I S. 2451).
2) § 33 geändert durch Gesetz vom 17.12.2019 (BGBl. I S. 2451).

Zweiter Abschnitt. Voraussetzungen für die Berufsausübung

Erster Unterabschnitt. Persönliche Voraussetzungen

§ 35 Zulassung zur Prüfung, Befreiung von der Prüfung, organisatorische Durchführung der Prüfung, Abnahme der Prüfung, Wiederholung der Prüfung und Besetzung des Prüfungsausschusses

(1) [1]Als Steuerberater darf nur bestellt werden, wer die Prüfung als Steuerberater bestanden hat oder von dieser Prüfung befreit worden ist. [2]Die Prüfung muss vor einem Prüfungsausschuss abgelegt werden, der bei der für die Finanzverwaltung zuständigen obersten Landesbehörde zu bilden ist. [3]Diesem gehören drei Beamte des höheren Dienstes oder vergleichbare Angestellte der Finanzverwaltung an, davon einer als Vorsitzender, sowie drei Steuerberater oder zwei Steuerberater und ein Vertreter der Wirtschaft.

(2) Die Teilnahme an der Prüfung bedarf der Zulassung.

(3) [1]Das Ergebnis der Prüfung wird dem Bewerber von der für die Finanzverwaltung zuständigen obersten Landesbehörde bekannt gegeben. [2]Das Bestehen der Prüfung ist von der für die Finanzverwaltung zuständigen obersten Landesbehörde, die Befreiung von der Prüfung ist von der zuständigen Steuerberaterkammer schriftlich zu bescheinigen.

(4) Die Prüfung kann zweimal wiederholt werden.

(5) [1]Die Zulassung zur Prüfung, die Befreiung von der Prüfung und die organisatorische Durchführung der Prüfung sind Aufgaben der zuständigen Steuerberaterkammer. [2]Die Abnahme der Prüfung ist Aufgabe des Prüfungsausschusses.

§ 36[1)] Voraussetzungen für die Zulassung zur Prüfung

(1) [1]Die Zulassung zur Steuerberaterprüfung setzt voraus, dass der Bewerber,

1. ein wirtschaftswissenschaftliches oder rechtswissenschaftliches Hochschulstudium oder ein anderes Hochschulstudium mit wirtschaftswissenschaftlicher Fachrichtung erfolgreich abgeschlossen hat und
2. danach praktisch tätig gewesen ist.

[2]Die praktische Tätigkeit muss über einen Zeitraum von mindestens drei Jahren ausgeübt worden sein, wenn die Regelstudienzeit des Hochschulstudiums nach Satz 1 Nr. 1 weniger als vier Jahre beträgt, sonst über einen Zeitraum von mindestens zwei Jahren. [3]Wurde in einem Hochschulstudium nach Satz 1 Nr. 1 ein erster berufsqualifizierender Abschluss und in einem, einen solchen ersten Abschluss voraussetzenden, weiteren Hochschulstudium nach Satz 1 Nr. 1 ein weiterer berufsqualifizierender Abschluss erworben, werden die Regelstudienzeiten beider Studiengänge zusammengerechnet; Zeiten der praktischen Tätigkeit werden berücksichtigt, soweit sie nach dem Erwerb des ersten berufsqualifizierenden Abschlusses liegen.

(2) Ein Bewerber ist zur Steuerberaterprüfung auch zuzulassen, wenn er

1. eine Abschlussprüfung in einem kaufmännischen Ausbildungsberuf bestanden hat oder eine andere gleichwertige Vorbildung besitzt und nach Abschluss der Ausbildung acht Jahre oder im Falle der erfolgreich abgelegten Prüfung zum geprüften Bilanzbuchhalter oder Steuerfachwirt sechs Jahre praktisch tätig gewesen ist oder
2. der Finanzverwaltung als Beamter des gehobenen Dienstes oder als vergleichbarer Angestellter angehört oder angehört hat und bei ihr mindestens sechs Jahre als

1) § 36 Abs. 2 geändert durch Gesetz vom 22.11.2019 (BGBl. I S. 1746).

Sachbearbeiter oder in mindestens gleichwertiger Stellung praktisch tätig gewesen ist.

(3) Die in den Absätzen 1 und 2 geforderte praktische Tätigkeit muss sich in einem Umfang von mindestens 16 Wochenstunden auf das Gebiet der von den Bundes- oder Landesfinanzbehörden verwalteten Steuern erstrecken.

(4) [1]Nachweise über das Vorliegen der in den Absätzen 1 bis 3 genannten Voraussetzungen sind nach Maßgabe der Bestimmungen des amtlichen Vordrucks zu erbringen, der gemäß § 158 Nr. 1 Buchstabe a eingeführt worden ist. [2]Der Bewerber hat diese Unterlagen seinem Antrag auf Zulassung zur Prüfung beizufügen.

§ 37 Steuerberaterprüfung

(1) Mit der Prüfung hat der Bewerber darzutun, daß er in der Lage ist, den Beruf eines Steuerberaters ordnungsgemäß auszuüben.

(2) [1]Die Prüfung gliedert sich in einen schriftlichen Teil aus drei Aufsichtsarbeiten und eine mündliche Prüfung. [2]Der Zeitpunkt der Durchführung des schriftlichen Teils der Prüfung, die Prüfungsaufgaben der Aufsichtsarbeiten, die Bearbeitungszeit und die zum schriftlichen Teil der Prüfung zugelassenen Hilfsmittel sollen von den für die Finanzverwaltung zuständigen obersten Finanzbehörden der Länder bundeseinheitlich bestimmt werden.

(3) [1]Prüfungsgebiete der Steuerberaterprüfung sind

1. Steuerliches Verfahrensrecht sowie Steuerstraf- und Steuerordnungswidrigkeitenrecht,
2. Steuern vom Einkommen und Ertrag,
3. Bewertungsrecht, Erbschaftsteuer und Grundsteuer,
4. Verbrauch- und Verkehrsteuern, Grundzüge des Zollrechts,
5. Handelsrecht sowie Grundzüge des Bürgerlichen Rechts, des Gesellschaftsrechts, des Insolvenzrechts und des Rechts der Europäischen Union,
6. Betriebswirtschaft und Rechnungswesen,
7. Volkswirtschaft,
8. Berufsrecht.

[2]Nicht erforderlich ist, dass sämtliche Gebiete Gegenstand der Prüfung sind.

§ 37a Prüfung in Sonderfällen

(1) [1]Wirtschaftsprüfer und vereidigte Buchprüfer sowie Bewerber, die die Prüfung als Wirtschaftsprüfer oder vereidigter Buchprüfer bestanden haben, können auf Antrag die Steuerberaterprüfung in verkürzter Form ablegen. [2]Dabei entfallen die in § 37 Abs. 3 Nr. 5 bis 7 genannten Prüfungsgebiete. [3]Die Prüfung gliedert sich in einen schriftlichen Teil aus zwei Aufsichtsarbeiten und eine mündliche Prüfung.

(2) [1]Bewerber mit einem Befähigungs- oder Ausbildungsnachweis, der in einem anderen Mitgliedstaat der Europäischen Union oder Vertragsstaat des Abkommens über den Europäischen Wirtschaftsraum oder in der Schweiz zur selbständigen Hilfe in Steuersachen berechtigt, können auf Antrag eine Eignungsprüfung im Sinne des Artikels 14 Absatz 1 in Verbindung mit Absatz 3 der Richtlinie 2005/36/EG ablegen. [2]Mit der erfolgreich abgelegten Eignungsprüfung werden dieselben Rechte erworben wie durch die erfolgreich abgelegte Steuerberaterprüfung.

(3) [1]Die Befähigungs- und Ausbildungsnachweise im Sinne von Absatz 2 müssen in einem Mitgliedstaat oder Vertragsstaat oder der Schweiz von einer nach den dortigen Rechts- und Verwaltungsvorschriften zuständigen Behörde ausgestellt worden sein. [2]Sie

müssen bescheinigen, dass der Inhaber in dem Staat, in dem er die Berufsqualifikation erworben hat, zur Hilfe in Steuersachen berechtigt ist. [3]Nachweisen nach Satz 2 gleichgestellt sind Ausbildungsnachweise, die

1. den erfolgreichen Abschluss einer in einem anderen Mitgliedstaat oder Vertragsstaat oder der Schweiz auf Voll- oder Teilzeitbasis im Rahmen formaler oder nicht formaler Ausbildungsprogramme absolvierten Ausbildung bescheinigen,
2. von dem sie ausstellenden anderen Mitgliedstaat oder Vertragsstaat oder der Schweiz als den Nachweisen nach Satz 2 gleichwertig anerkannt wurden und
3. in Bezug auf die Aufnahme oder Ausübung des Berufs des Steuerberaters dieselben Rechte verleihen oder auf die Ausübung des Berufs des Steuerberaters vorbereiten.

[4]Nachweisen nach Satz 2 gleichgestellt sind ferner solche, die Berufsqualifikationen bescheinigen, die zwar nicht den Erfordernissen der Rechts- und Verwaltungsvorschriften des Herkunftsmitgliedstaates für die Aufnahme und Ausübung des Berufs des Steuerberaters entsprechen, ihrem Inhaber jedoch nach dem Recht des Herkunftsmitgliedstaates erworbene Rechte nach den dort maßgeblichen Vorschriften verleihen. [5]Bewerber aus Staaten, in denen der Beruf des Steuerberaters nicht reglementiert ist, müssen diesen Beruf zusätzlich in den vorhergehenden zehn Jahren mindestens ein Jahr in einem Umfang von mindestens 16 Wochenstunden in einem Mitgliedstaat oder Vertragsstaat oder der Schweiz ausgeübt haben. [6]Die zuständige Behörde nach Satz 1 muss bescheinigen, dass der Inhaber auf die Ausübung des Berufs vorbereitet wurde. [7]Die Pflicht zum Nachweis der einjährigen Berufserfahrung entfällt, wenn durch den Ausbildungsnachweis ein reglementierter Ausbildungsgang bestätigt wird.

(3a) [1]Die zuständige Behörde hat dem Bewerber den Empfang der Unterlagen innerhalb eines Monats zu bestätigen und gegebenenfalls mitzuteilen, welche Unterlagen fehlen. [2]Die Eignungsprüfung ist spätestens sechs Monate nach der Entscheidung über die Zulassung zur Eignungsprüfung anzusetzen.

(4) [1]Bewerber mit den in Absatz 2 genannten Voraussetzungen sollen mit der Eignungsprüfung ihre Befähigung nachweisen, den Beruf eines Steuerberaters auch im Inland ordnungsgemäß ausüben zu können. [2]Die Eignungsprüfung umfasst die zur Berufsausübung notwendigen Kenntnisse aus den in § 37 Abs. 3 genannten Gebieten. [3]Die Eignungsprüfung gliedert sich in einen schriftlichen Teil aus höchstens zwei Aufsichtsarbeiten aus unterschiedlichen Prüfungsgebieten und eine mündliche Prüfung. [4]Die Prüfung entfällt insgesamt oder in einem der in § 37 Absatz 3 genannten Prüfungsgebiete, soweit der Bewerber nachweist, dass er im Rahmen seiner bisherigen Ausbildung, durch Fortbildung oder im Rahmen seiner bisherigen Berufstätigkeit einen wesentlichen Teil der Kenntnisse, Fähigkeiten und Kompetenzen erlangt hat, die in der Prüfung insgesamt oder in einem der in § 37 Absatz 3 genannten Prüfungsgebiete gefordert werden und die von einer zuständigen Stelle formell anerkannt wurden. [5]Der Nachweis der im Rahmen der bisherigen Ausbildung erworbenen Kenntnisse ist durch Diplome oder gleichwertige Prüfungszeugnisse einer staatlichen oder staatlich anerkannten Universität oder einer Hochschule oder einer anderen Ausbildungseinrichtung zu führen. [6]Zum Nachweis der im Rahmen der bisherigen beruflichen Tätigkeit erworbenen Kenntnisse sind Falllisten vorzulegen, die regelmäßig folgende Angaben enthalten müssen: Akten- oder Geschäftszeichen, Gegenstand, Zeitraum, Art und Umfang der Tätigkeit, Sachverstand. [7]Ferner sind auf Verlangen der für die Prüfung zuständigen Stelle anonymisierte Arbeitsproben vorzulegen. [8]Soweit die zuständige Behörde das Entfallen der Prüfung insgesamt oder das Entfallen bestimmter Prüfungsgebiete nach Satz 1 ablehnt, hat sie die Entscheidung zu begründen. [9]Hinsichtlich der nicht entfallenen Prüfung oder der nicht entfallenden Prüfungsgebiete sind die wesentlichen Unterschiede zwischen der bisherigen Ausbildung des Bewerbers und der im Inland geforderten Ausbildung sowie

die Gründe, aus denen diese Unterschiede nicht durch bereits beim Bewerber erworbene Kenntnisse, Fähigkeiten und Kompetenzen ausgeglichen werden können, mitzuteilen.

(4a) [1]Die zuständigen Behörden im Sinne von Absatz 3 arbeiten mit den zuständigen Behörden in anderen Mitgliedstaaten der Europäischen Union, in den Vertragsstaaten des Abkommens über den Europäischen Wirtschaftsraum und der Schweiz zusammen und tauschen Informationen über das Vorliegen von disziplinar- oder strafrechtlichen oder sonstigen schwerwiegenden Sachverhalten aus, wenn sie Auswirkungen auf die Berufsausübung der Betroffenen haben. [2]§ 83 dieses Gesetzes und § 30 der Abgabenordnung stehen dem nicht entgegen.

(5) Für die Prüfung in verkürzter Form und für die Eignungsprüfung gelten im Übrigen die Vorschriften für die Steuerberaterprüfung.

§ 37b Zuständigkeit für die Zulassung zur Prüfung, für die Befreiung von der Prüfung, für die organisatorische Durchführung der Prüfung, für die Abnahme der Prüfung und für die Berufung und Abberufung des Prüfungsausschusses

(1) [1]Für die Zulassung zur Prüfung, für die Befreiung von der Prüfung und für die organisatorische Durchführung der Prüfung ist die Steuerberaterkammer zuständig, in deren Bezirk der Bewerber im Zeitpunkt der Antragstellung vorwiegend beruflich tätig ist oder, sofern der Bewerber keine Tätigkeit ausübt, er seinen Wohnsitz hat. [2]Bei mehreren Wohnsitzen ist der Wohnsitz maßgebend, an dem sich der Bewerber vorwiegend aufhält.

(2) [1]Befindet sich der nach Absatz 1 maßgebliche Ort im Ausland, so ist die Steuerberaterkammer zuständig, in deren Bezirk sich der Ort der beabsichtigten beruflichen Niederlassung im Inland befindet. [2]Befindet sich der Ort der beabsichtigten beruflichen Niederlassung im Ausland, so ist die Steuerberaterkammer zuständig, bei der die Zulassung zur Prüfung beantragt wurde.

(3) [1]Zur Erfüllung der Aufgaben nach Absatz 1 kann eine Steuerberaterkammer durch Vereinbarung, die der Genehmigung der für die Finanzverwaltung zuständigen obersten Landesbehörde bedarf, mit einer anderen Steuerberaterkammer eine gemeinsame Stelle bilden. [2]Dies gilt auch über Landesgrenzen hinweg, wenn die jeweils für die Finanzverwaltung zuständigen obersten Landesbehörden dies genehmigen. [3]Die gemeinsame Stelle handelt für diejenige Steuerberaterkammer, die für den Bewerber örtlich zuständig ist. [4]Gibt es in einem Land mehrere Steuerberaterkammern, bestimmt die für die Finanzverwaltung zuständige oberste Landesbehörde nach Anhörung der Steuerberaterkammern, ob eine, mehrere gemeinsam oder jede Steuerberaterkammer für sich die Aufgaben wahrnimmt.

(4) [1]Für die Abnahme der Prüfung ist der Prüfungsausschuss bei der für die Finanzverwaltung zuständigen obersten Landesbehörde zuständig, in deren Bereich der Bewerber zur Prüfung zugelassen wurde. [2]Die Zuständigkeit kann auf einen Prüfungsausschuss bei einer anderen für die Finanzverwaltung zuständigen obersten Landesbehörde einvernehmlich übertragen werden.

(5) [1]Die Berufung und Abberufung des Vorsitzenden, der übrigen Mitglieder des Prüfungsausschusses und ihrer Stellvertreter erfolgt durch die für die Finanzverwaltung zuständige oberste Landesbehörde. [2]Es können mehrere Prüfungsausschüsse gebildet werden.

§ 38 Voraussetzungen für die Befreiung von der Prüfung

(1) Von der Steuerberaterprüfung sind zu befreien

1. Professoren, die an einer deutschen Hochschule mindestens zehn Jahre auf dem Gebiet der von den Bundes- oder Landesfinanzbehörden verwalteten Steuern als Professor gelehrt haben;
2. ehemalige Finanzrichter, die mindestens zehn Jahre auf dem Gebiet der von den Bundes- oder Landesfinanzbehörden verwalteten Steuern tätig gewesen sind;
3. ehemalige Beamte des höheren Dienstes und vergleichbare Angestellte
   a) der Finanzverwaltung, die im höheren Dienst oder als Angestellter in vergleichbaren Vergütungsgruppen mindestens zehn Jahre auf dem Gebiet der von den Bundes- oder Landesfinanzbehörden verwalteten Steuern als Sachgebietsleiter oder mindestens in gleichwertiger Stellung tätig gewesen sind,
   b) der gesetzgebenden Körperschaften, der Gerichte der Finanzgerichtsbarkeit sowie der obersten Behörden und der Rechnungsprüfungsbehörden des Bundes und der Länder, die im höheren Dienst oder als Angestellter in vergleichbaren Vergütungsgruppen mindestens zehn Jahre überwiegend auf dem Gebiet der von den Bundes- oder Landesfinanzbehörden verwalteten Steuern als Sachgebietsleiter oder mindestens in gleichwertiger Stellung tätig gewesen sind; die Angestellten der Fraktionen des Deutschen Bundestages gelten als Bedienstete der gesetzgebenden Körperschaften im Sinne dieser Vorschrift;
4. ehemalige Beamte des gehobenen Dienstes und vergleichbare Angestellte
   a) der Finanzverwaltung, die im gehobenen oder höheren Dienst oder als Angestellter in vergleichbaren Vergütungsgruppen mindestens fünfzehn Jahre auf dem Gebiet der von den Bundes- oder Landesfinanzbehörden verwalteten Steuern als Sachbearbeiter oder mindestens in gleichwertiger Stellung tätig gewesen sind,
   b) der gesetzgebenden Körperschaften, der Gerichte der Finanzgerichtsbarkeit sowie der obersten Behörden und der Rechnungsprüfungsbehörden des Bundes und der Länder, die im gehobenen oder höheren Dienst oder als Angestellter in vergleichbaren Vergütungsgruppen mindestens fünfzehn Jahre überwiegend auf dem Gebiet der von den Bundes- oder Landesfinanzbehörden verwalteten Steuern als Sachbearbeiter oder mindestens in gleichwertiger Stellung tätig gewesen sind; die Angestellten der Fraktionen des Deutschen Bundestages gelten als Bedienstete der gesetzgebenden Körperschaften im Sinne dieser Vorschrift.

(2) [1]§ 36 Abs. 3 und 4 gilt auch für die Befreiung von der Prüfung. [2]Personen, die unter Absatz 1 Nr. 2 bis 4 fallen, sowie Professoren an staatlichen verwaltungsinternen Fachhochschulen mit Ausbildungsgängen für den öffentlichen Dienst können erst nach dem Ausscheiden aus dem öffentlichen Dienst oder dem Dienstverhältnis als Angestellter einer Fraktion des Deutschen Bundestages von der Prüfung befreit werden.

§ 38a Verbindliche Auskunft

(1) Auf Antrag erteilt die zuständige Steuerberaterkammer eine verbindliche Auskunft über die Erfüllung einzelner Voraussetzungen für die Zulassung zur Prüfung oder für die Befreiung von der Prüfung.

(2) Für die örtliche Zuständigkeit gilt § 37b Abs. 1 bis 3 entsprechend.

§ 39 Gebühren für Zulassung, Prüfung, Befreiung und verbindliche Auskunft, Kostenerstattung

(1) Für die Bearbeitung des Antrags auf Zulassung zur Prüfung, auf Befreiung von der Prüfung oder auf Erteilung einer verbindlichen Auskunft über die Erfüllung einzelner Voraussetzungen für die Zulassung zur Prüfung oder über die Befreiung von der Prüfung

hat der Bewerber eine Gebühr von zweihundert Euro an die zuständige Steuerberaterkammer zu zahlen.

(2) [1]Für die Prüfung hat der Bewerber bis zu einem von der zuständigen Steuerberaterkammer zu bestimmenden Zeitpunkt eine Gebühr von eintausend Euro an die zuständige Steuerberaterkammer zu zahlen. [2]Zahlt der Bewerber die Gebühr nicht rechtzeitig, so gilt dies als Verzicht auf die Zulassung zur Prüfung. [3]Tritt der Bewerber bis zu dem von der zuständigen Steuerberaterkammer zu bestimmenden Zeitpunkt von der Prüfung zurück, so wird die Gebühr nicht erhoben. [4]Tritt der Bewerber bis zum Ende der Bearbeitungszeit für die letzte Aufsichtsarbeit zurück, so ist die Gebühr zur Hälfte zu erstatten.

(3) In einer Gebührenordnung nach § 79 Abs. 2 können der Höhe nach andere als die in den Absätzen 1 und 2 genannten Gebühren bestimmt werden.

(4) [1]Die zuständige Steuerberaterkammer hat die für die Erstellung der Prüfungsaufgaben der Aufsichtsarbeiten entstandenen Kosten der für die Finanzverwaltung zuständigen obersten Landesbehörde zu erstatten. [2]Die Vergütungen und sonstigen Aufwendungen für die Mitglieder des Prüfungsausschusses werden von der zuständigen Steuerberaterkammer unmittelbar an die Mitglieder des Prüfungsausschusses gezahlt. [3]Die für die Finanzverwaltung zuständige oberste Landesbehörde wird insoweit von ihrer Zahlungsverpflichtung gegenüber den Mitgliedern des Prüfungsausschusses befreit. [4]Für die Zahlungen nach den Sätzen 1 und 2 kann die zuständige Steuerberaterkammer keinen Ersatz von der für die Finanzverwaltung zuständigen obersten Landesbehörde verlangen.

§ 39a Rücknahme von Entscheidungen

(1) [1]Die Zulassung zur Prüfung oder die Befreiung von der Prüfung ist von der zuständigen Steuerberaterkammer, die Prüfungsentscheidung ist von der für die Finanzverwaltung zuständigen obersten Landesbehörde, vertreten durch die zuständige Steuerberaterkammer, zurückzunehmen, wenn

1. sie durch unlautere Mittel wie arglistige Täuschung, Drohung oder Bestechung erwirkt worden ist,
2. sie der Begünstigte durch Angaben erwirkt hat, die in wesentlicher Beziehung unrichtig oder unvollständig waren,
3. ihre Rechtswidrigkeit dem Begünstigten bekannt oder infolge grober Fahrlässigkeit nicht bekannt war.

[2]Erstrecken sich die Rücknahmegründe nach Satz 1 nur auf die Zulassung zur Prüfung, ist auch die Prüfungsentscheidung zurückzunehmen. [3]Nach einer Rücknahme gemäß Satz 1 oder Satz 2 gilt die Steuerberaterprüfung als nicht bestanden.

(2) [1]Die für die Finanzverwaltung zuständigen obersten Landesbehörden und die Steuerberaterkammern haben Tatsachen im Sinne des Absatzes 1 Satz 1 Nr. 1 bis 3 der zuständigen Steuerberaterkammer unverzüglich mitzuteilen. [2]§ 83 dieses Gesetzes und § 30 der Abgabenordnung stehen diesen Mitteilungen nicht entgegen. [3]Werden Tatsachen nach Absatz 1 Satz 1 Nr. 1 bis 3 während des Bestellungsverfahrens der zuständigen Steuerberaterkammer bekannt, so ruht dieses bis zum Ausgang des Verfahrens.

(3) Vor der Rücknahme ist der Betroffene zu hören.

Zweiter Unterabschnitt. Bestellung

§ 40 Bestellende Steuerberaterkammer, Bestellungsverfahren

(1) [1]Nach bestandener Prüfung oder nach der Befreiung von der Prüfung ist der Bewerber auf Antrag durch die zuständige Steuerberaterkammer als Steuerberater zu bestellen. [2]Die örtliche Zuständigkeit der bestellenden Steuerberaterkammer richtet sich nach der beabsichtigten beruflichen Niederlassung des Bewerbers. [3]Bei beabsichtigter beruflicher Niederlassung im Ausland ist für die Bestellung die Steuerberaterkammer zuständig, die den Bewerber von der Prüfung befreit hat oder die Steuerberaterkammer, in deren Kammerbezirk der Bewerber geprüft worden ist.

(2) [1]Vor der Bestellung hat die Steuerberaterkammer zu prüfen, ob der Bewerber persönlich geeignet ist. [2]Die Bestellung ist zu versagen, wenn der Bewerber

1. nicht in geordneten wirtschaftlichen Verhältnissen lebt;
2. infolge strafgerichtlicher Verurteilung die Fähigkeit zur Bekleidung öffentlicher Ämter nicht besitzt;
3. aus gesundheitlichen Gründen nicht nur vorübergehend unfähig ist, den Beruf des Steuerberaters ordnungsgemäß auszuüben;
4. sich so verhalten hat, dass die Besorgnis begründet ist, er werde den Berufspflichten als Steuerberater nicht genügen.

(3) Die Bestellung ist auch zu versagen,

1. wenn eine Entscheidung nach § 39a Abs. 1 ergangen ist;
2. solange der Bewerber eine Tätigkeit ausübt, die mit dem Beruf unvereinbar ist (§ 57 Abs. 4);
3. solange nicht die vorläufige Deckungszusage auf den Antrag zum Abschluss einer Berufshaftpflichtversicherung oder der Nachweis der Mitversicherung bei einem Arbeitgeber vorliegt.

(4) [1]Wenn es zur Entscheidung über den Versagungsgrund des Absatzes 2 Nr. 3 erforderlich ist, gibt die zuständige Steuerberaterkammer dem Bewerber schriftlich auf, innerhalb einer von ihr zu bestimmenden angemessenen Frist das Gutachten eines von ihr bestimmten Arztes über seinen Gesundheitszustand vorzulegen. [2]Das Gutachten muss auf einer Untersuchung des Bewerbers und, wenn dies ein Arzt für notwendig hält, auch auf einer klinischen Beobachtung des Bewerbers beruhen. [3]Die Kosten des Gutachtens hat der Bewerber zu tragen. [4]Kommt der Bewerber ohne zureichenden Grund der Anordnung der Steuerberaterkammer innerhalb der gesetzten Frist nicht nach, gilt der Antrag auf Bestellung als zurückgenommen.

(5) [1]Vor der Versagung der Bestellung ist der Bewerber zu hören. [2]Wird die Bestellung versagt, so ist ein schriftlicher Bescheid zu erteilen.

(6) Für die Bearbeitung des Antrags auf Bestellung hat der Bewerber eine Gebühr von fünfzig Euro an die zuständige Steuerberaterkammer zu zahlen, soweit nicht durch eine Gebührenordnung nach § 79 Abs. 2 etwas anderes bestimmt ist.

§ 41 Berufsurkunde

(1) Der Bewerber wird durch Aushändigung einer Urkunde als Steuerberater bestellt.

(2) Vor der Aushändigung der Urkunde hat der Bewerber vor der Steuerberaterkammer die Versicherung abzugeben, daß er die Pflichten eines Steuerberaters gewissenhaft erfüllen wird.

§ 42 Steuerbevollmächtigter

Steuerbevollmächtigter ist, wer nach den Vorschriften dieses Gesetzes als solcher bestellt ist. [2]Die Vorschriften für die Bestellung als Steuerberater sind bei der Bestellung als Steuerbevollmächtigter sinngemäß anzuwenden.

§ 43 Berufsbezeichnung

(1) [1]Die Berufsbezeichnung lautet „Steuerberater" oder „Steuerbevollmächtigter". [2]Frauen können die Berufsbezeichnung „Steuerberaterin" oder „Steuerbevollmächtigte" wählen. [3]Die Berufsangehörigen haben im beruflichen Verkehr die Berufsbezeichnung zu führen.

(2) [1]Die Führung weiterer Berufsbezeichnungen ist nur gestattet, wenn sie amtlich verliehen worden sind. [2]Andere Zusätze und der Hinweis auf eine ehemalige Beamteneigenschaft sind im beruflichen Verkehr unzulässig.

(3) Zusätze, die auf einen akademischen Grad oder eine staatlich verliehene Graduierung hinweisen, sind erlaubt.

(4) [1]Die Bezeichnung „Steuerberater", „Steuerbevollmächtigter" oder „Steuerberatungsgesellschaft" darf nur führen, wer nach diesem Gesetz dazu berechtigt ist. [2]Es ist unzulässig, zum Hinweis auf eine steuerberatende Tätigkeit andere Bezeichnungen zu verwenden. [3]Satz 2 findet auf Rechtsanwälte, niedergelassene europäische Rechtsanwälte und Rechtsanwaltsgesellschaften keine Anwendung.

§ 44 Bezeichnung „Landwirtschaftliche Buchstelle"

(1) [1]Steuerberatern, Steuerbevollmächtigten, Rechtsanwälten und niedergelassenen europäischen Rechtsanwälten, die eine besondere Sachkunde auf dem Gebiet der Hilfeleistung in Steuersachen für land- und forstwirtschaftliche Betriebe im Sinne des Bewertungsgesetzes nachweisen, kann auf Antrag die Berechtigung verliehen werden, als Zusatz zur Berufsbezeichnung die Bezeichnung „Landwirtschaftliche Buchstelle" zu führen. [2]Die Verleihung erfolgt durch die Steuerberaterkammer, in deren Kammerbezirk der Antragsteller seine berufliche Niederlassung hat.

(2) [1]Die besondere Sachkunde im Sinne des Absatzes 1 Satz 1 ist durch eine mündliche Prüfung vor einem Sachkunde-Ausschuss nachzuweisen, der bei der Steuerberaterkammer zu bilden ist. [2]Personen, die ihre besondere Sachkunde durch eine einschlägige Ausbildung nachweisen und mindestens drei Jahre buchführende land-und forstwirtschaftliche Betriebe steuerlich beraten haben, können auf Antrag von der mündlichen Prüfung befreit werden. [3]Über den Antrag auf Befreiung entscheidet die zuständige Steuerberaterkammer im Benehmen mit der für die Landwirtschaft zuständigen obersten Landesbehörde oder der von ihr benannten Behörde und, soweit der Antragsteller Rechtsanwalt oder niedergelassener europäischer Rechtsanwalt ist, im Benehmen mit der für die berufliche Niederlassung des Antragstellers zuständigen Rechtsanwaltskammer.

(2a) Partnerschaftsgesellschaften gemäß § 3 Nr. 2 sind befugt, die Bezeichnung „Landwirtschaftliche Buchstelle" als Zusatz zum Namen zu führen, wenn mindestens ein Partner berechtigt ist, die Bezeichnung „Landwirtschaftliche Buchstelle" als Zusatz zur Berufsbezeichnung zu führen.

(3) Steuerberatungsgesellschaften sind befugt, die Bezeichnung „Landwirtschaftliche Buchstelle" als Zusatz zur Firma oder zum Namen zu führen, wenn mindestens ein gesetzlicher Vertreter berechtigt ist, diese Bezeichnung als Zusatz zur Berufsbezeichnung zu führen.

(4) Vereine im Sinne des § 4 Nr. 8 sind befugt, als Zusatz zum Namen des Vereins die Bezeichnung „Landwirtschaftliche Buchstelle" zu führen.

(5) Körperschaften des öffentlichen Rechts (§ 4 Nr. 3) und Personenvereinigungen im Sinne des § 4 Nr. 7, die eine Buchstelle für land- und forstwirtschaftliche Betriebe unterhalten, dürfen für diese Buchstelle die Bezeichnung „Landwirtschaftliche Buchstelle" benutzen, wenn der Leiter der Buchstelle berechtigt ist, diese Bezeichnung als Zusatz zur Berufsbezeichnung zu führen.

(6) Die Befugnis zur Führung der Bezeichnung „Landwirtschaftliche Buchstelle" erlischt mit dem Erlöschen, der Rücknahme oder dem Widerruf der Bestellung als Steuerberater oder Steuerbevollmächtigter bzw. mit dem Erlöschen oder der Rücknahme der Zulassung als Rechtsanwalt oder niedergelassener europäischer Rechtsanwalt.

(7) Die Befugnis zur Führung der Bezeichnung „Landwirtschaftliche Buchstelle" ist in das Berufsregister einzutragen.

(8) Für die Bearbeitung des Antrags auf Verleihung der Bezeichnung „Landwirtschaftliche Buchstelle" ist eine Gebühr von einhundertfünfzig Euro an die zuständige Steuerberaterkammer zu zahlen, soweit nicht durch eine Gebührenordnung nach § 79 Abs. 2 etwas anderes bestimmt ist.

§ 45 Erlöschen der Bestellung

(1) [1]Die Bestellung als Steuerberater oder Steuerbevollmächtigter erlischt durch

1. Tod,
2. Verzicht gegenüber der zuständigen Steuerberaterkammer;
3. rechtskräftige Ausschließung aus dem Beruf,
4. rechtskräftige Rücknahme der Prüfungsentscheidung oder der Entscheidung über die Befreiung von der Prüfung nach § 39a Abs. 1.

[2]Der Verzicht nach Nummer 2 ist zu Protokoll oder schriftlich gegenüber der Steuerberaterkammer zu erklären, die für die berufliche Niederlassung des Steuerberaters oder Steuerbevollmächtigten örtlich zuständig ist. [3]Ein im berufsgerichtlichen Verfahren gegenüber dem Berufsgericht erklärter Verzicht gilt als gegenüber der zuständigen Steuerberaterkammer abgegeben.

(2) Die Bestellung als Steuerbevollmächtigter erlischt ferner durch die Bestellung als Steuerberater.

§ 46 Rücknahme und Widerruf der Bestellung

(1) Die Bestellung ist zurückzunehmen, wenn der Steuerberater oder Steuerbevollmächtigte die Bestellung durch arglistige Täuschung, Drohung oder Bestechung oder durch Angaben erwirkt hat, die in wesentlicher Beziehung unrichtig oder unvollständig waren.

(2) Die Bestellung ist zu widerrufen, wenn der Steuerberater oder Steuerbevollmächtigte

1. eine gewerbliche Tätigkeit oder eine Tätigkeit als Arbeitnehmer ausübt, die mit seinem Beruf nicht vereinbar ist (§ 57 Abs. 4);
2. infolge strafgerichtlicher Verurteilung die Fähigkeit zur Bekleidung öffentlicher Ämter verloren hat;
3. nicht die vorgeschriebene Haftpflichtversicherung gegen die Haftpflichtgefahren aus seiner Berufstätigkeit unterhält;
4. in Vermögensverfall geraten ist, es sei denn, daß dadurch die Interessen der Auftraggeber nicht gefährdet sind; ein Vermögensverfall wird vermutet, wenn ein Insolvenzverfahren über das Vermögen des Steuerberaters oder Steuerbevollmächtigten eröffnet oder der Steuerberater oder Steuerbevollmächtigte in das vom Vollstre-

ckungsgericht zu führende Verzeichnis (§ 26 Abs. 2 der Insolvenzordnung; § 882b der Zivilprozeßordnung) eingetragen ist;

5. seine berufliche Niederlassung in das Ausland verlegt, ohne daß ein Zustellungsbevollmächtigter mit Wohnsitz im Inland benannt worden ist. [2]Name und Anschrift sowie jede Änderung der Person oder der Anschrift des Zustellungsbevollmächtigten sind der Steuerberaterkammer unverzüglich mitzuteilen. [3]Der Steuerberater oder Steuerbevollmächtigte bleibt Mitglied der Steuerberaterkammer, der er bisher angehört hat;
6. eine berufliche Niederlassung nicht unterhält oder
7. aus gesundheitlichen Gründen nicht nur vorübergehend unfähig ist, seinen Beruf ordnungsgemäß auszuüben;

(3) [1]In Verfahren wegen des Widerrufs der Bestellung nach Absatz 2 Nr. 7 ist § 40 Abs. 4 entsprechend anzuwenden. [2]Wird das Gutachten ohne zureichenden Grund nicht innerhalb der von der zuständigen Steuerberaterkammer gesetzten Frist vorgelegt, so wird vermutet, dass der Steuerberater oder Steuerbevollmächtigte aus einem Grund des Absatzes 2 Nr. 7, der durch das Gutachten geklärt werden soll, nicht nur vorübergehend unfähig ist, seinen Beruf ordnungsgemäß auszuüben.

(4) [1]Die Bestellung als Steuerberater und als Steuerbevollmächtigter wird durch die Steuerberaterkammer zurückgenommen oder widerrufen. [2]Die örtliche Zuständigkeit richtet sich nach der beruflichen Niederlassung, in den Fällen des Absatzes 2 Nr. 6 nach der beabsichtigten beruflichen Niederlassung gemäß § 40 Abs. 1 Satz 2. [3]§ 40 Abs. 1 Satz 3 gilt entsprechend. [4]Bei beruflicher Niederlassung im Ausland richtet sich die örtliche Zuständigkeit nach der letzten beruflichen Niederlassung im Geltungsbereich dieses Gesetzes; ist eine solche nicht vorhanden, so ist die Steuerberaterkammer zuständig, in deren Bezirk der Steuerberater oder Steuerbevollmächtigte bestellt wurde. [5]Vor der Rücknahme oder dem Widerruf ist der Betroffene zu hören.

§ 47 Erlöschen der Befugnis zur Führung der Berufsbezeichnung

(1) [1]Mit dem Erlöschen, der Rücknahme oder dem Widerruf der Bestellung erlischt die Befugnis, die Berufsbezeichnung „Steuerberater" oder „Steuerbevollmächtigter" zu führen. [2]Die Bezeichnung darf auch nicht mit einem Zusatz, der auf die frühere Berechtigung hinweist, geführt werden.

(2) Die zuständige Steuerberaterkammer kann einem Steuerberater oder Steuerbevollmächtigten, der wegen hohen Alters oder wegen körperlicher Leiden auf die Rechte aus der Bestellung verzichtet, auf Antrag die Erlaubnis erteilen, sich weiterhin Steuerberater oder Steuerbevollmächtigter zu nennen.

(3) [1]Die zuständige Steuerberaterkammer kann eine Erlaubnis, die sie nach Absatz 2 Satz 1 erteilt hat, zurücknehmen oder widerrufen, wenn nachträglich Umstände bekanntwerden oder eintreten, die bei einem Steuerberater oder Steuerbevollmächtigten das Erlöschen, die Rücknahme oder den Widerruf der Bestellung nach sich ziehen würden, oder zur Ablehnung der Erlaubnis nach Absatz 2 hätten führen können. [2]Vor der Rücknahme oder dem Widerruf der Erlaubnis ist der Betroffene zu hören.

§ 48 Wiederbestellung

(1) Ehemalige Steuerberater und Steuerbevollmächtigte können wiederbestellt werden,

1. wenn die Bestellung nach § 45 Abs. 1 Nr. 2 erloschen ist; wurde auf die Bestellung nach Einleitung eines berufsgerichtlichen Verfahrens (§ 114) verzichtet, kann die Wiederbestellung nicht vor Ablauf von acht Jahren erfolgen, es sei denn, dass eine Ausschließung aus dem Beruf nicht zu erwarten war;

2. wenn im Falle des Erlöschens der Bestellung nach § 45 Abs. 1 Nr. 3 die rechtskräftige Ausschließung aus dem Beruf im Gnadenwege aufgehoben worden ist oder seit der rechtskräftigen Ausschließung mindestens acht Jahre verstrichen sind;
3. wenn die Bestellung nach § 46 widerrufen ist und die Gründe, die für den Widerruf maßgeblich gewesen sind, nicht mehr bestehen.

(2) Die Vorschriften des § 40 gelten vorbehaltlich des Absatzes 3 entsprechend für die Wiederbestellung.

(3) Für die Bearbeitung des Antrags auf Wiederbestellung hat der Bewerber eine Gebühr von einhundertfünfundzwanzig Euro an die zuständige Steuerberaterkammer zu zahlen, soweit nicht durch eine Gebührenordnung nach § 79 Abs. 2 etwas anderes bestimmt ist.

Dritter Unterabschnitt. Steuerberatungsgesellschaft

§ 49 Rechtsform der Gesellschaft, anerkennende Steuerberaterkammer, Gesellschaftsvertrag

(1) Aktiengesellschaften, Kommanditgesellschaften auf Aktien, Gesellschaften mit beschränkter Haftung, Offene Handelsgesellschaften, Kommanditgesellschaften und Partnerschaftsgesellschaften können nach Maßgabe dieses Gesetzes als Steuerberatungsgesellschaften anerkannt werden.

(2) Offene Handelsgesellschaften und Kommanditgesellschaften können als Steuerberatungsgesellschaften anerkannt werden, wenn sie wegen ihrer Treuhandtätigkeit als Handelsgesellschaften in das Handelsregister eingetragen worden sind.

(3) [1]Für die Entscheidung über den Antrag auf Anerkennung als Steuerberatungsgesellschaft ist die Steuerberaterkammer zuständig, in deren Kammerbezirk die Gesellschaft ihren Sitz hat. [2]Dem Antrag auf Anerkennung als Steuerberatungsgesellschaft ist eine Ausfertigung oder eine öffentlich beglaubigte Abschrift des Gesellschaftsvertrages oder der Satzung beizufügen.

(4) [1]Jede Änderung des Gesellschaftsvertrages oder der Satzung oder der Gesellschafter oder in der Person der Vertretungsberechtigten ist der zuständigen Steuerberaterkammer innerhalb eines Monats anzuzeigen. [2]Der Änderungsanzeige ist eine öffentlich beglaubigte Abschrift der jeweiligen Urkunde beizufügen. [3]Die Vorlage einer einfachen Abschrift der jeweiligen Urkunde reicht aus, wenn die Änderung im Handelsregister oder Partnerschaftsregister eingetragen und eine beglaubigte Abschrift oder ein amtlicher Ausdruck der Eintragung bei der Steuerberaterkammer eingereicht wird. [4]Wird die Änderung im Handelsregister oder Partnerschaftsregister eingetragen, so ist eine beglaubigte Abschrift oder ein amtlicher Ausdruck der Eintragung nachzureichen. [5]Liegt der Steuerberaterkammer bereits eine öffentlich beglaubigte Abschrift der jeweiligen Urkunde vor, reicht es aus, wenn nach Eintragung der Änderung im Handelsregister oder Partnerschaftsregister ein einfacher Ausdruck der Eintragung oder eine Kopie des Ausdrucks bei der Steuerberaterkammer eingereicht wird.

§ 50 Voraussetzungen für die Anerkennung

(1) [1]Voraussetzung für die Anerkennung ist, daß die Mitglieder des Vorstandes, die Geschäftsführer oder die persönlich haftenden Gesellschafter Steuerberater sind. [2]Mindestens ein Steuerberater, der Mitglied des Vorstandes, Geschäftsführer oder persönlich haftender Gesellschafter ist, muß seine berufliche Niederlassung am Sitz der Gesellschaft oder in dessen Nahbereich haben. [3]Persönlich haftender Gesellschafter kann auch eine Steuerberatungsgesellschaft sein, die die Voraussetzungen des § 50a erfüllt.

(2) Neben Steuerberatern können auch Rechtsanwälte, niedergelassene europäische Rechtsanwälte, Wirtschaftsprüfer, vereidigte Buchprüfer und Steuerbevollmächtigte Mitglieder des Vorstandes, Geschäftsführer oder persönlich haftende Gesellschafter von Steuerberatungsgesellschaften sein.

(3) [1]Die zuständige Steuerberaterkammer kann genehmigen, daß besonders befähigte Personen mit einer anderen Ausbildung als in einer der in § 36 genannten Fachrichtungen neben Steuerberatern Vorstandsmitglieder, Geschäftsführer oder persönlich haftende Gesellschafter von Steuerberatungsgesellschaften werden. [2]Die Genehmigung darf nur versagt werden, wenn die besondere Fachkunde fehlt oder die persönliche Zuverlässigkeit nicht vorhanden ist.

(4) Die Zahl der unter Absatz 2 und 3 fallenden Vorstandsmitglieder, Geschäftsführer und persönlich haftenden Gesellschafter darf die Zahl der Steuerberater im Vorstand, unter den Geschäftsführern oder unter den persönlich haftenden Gesellschaftern nicht übersteigen.

(5) [1]Bei Aktiengesellschaften oder Kommanditgesellschaften auf Aktien müssen die Aktien auf Namen lauten. [2]Die Übertragung muß an die Zustimmung der Gesellschaft gebunden sein. [3]Dasselbe gilt für die Übertragung von Geschäftsanteilen an einer Gesellschaft mit beschränkter Haftung.

(6) Die Anerkennung darf nicht erteilt werden, solange nicht die vorläufige Deckungszusage auf den Antrag zum Abschluß einer Berufhaftpflichtversicherung vorliegt.

§ 50a Kapitalbindung

(1) Voraussetzung für die Anerkennung ist ferner, daß

1. die Gesellschafter ausschließlich Steuerberater, Rechtsanwälte, niedergelassene europäische Rechtsanwälte, Wirtschaftsprüfer, vereidigte Buchprüfer, Steuerbevollmächtigte, in der Gesellschaft tätige Personen, deren Tätigkeit als Vorstandsmitglied, Geschäftsführer oder persönlich haftender Gesellschafter nach § 50 Abs. 3 genehmigt worden ist, oder Steuerberatungsgesellschaften, die die Voraussetzungen dieses Absatzes erfüllen, sind;
2. Anteile an der Steuerberatungsgesellschaft nicht für Rechnung eines Dritten gehalten werden;
3. bei Kapitalgesellschaften die Anteile Personen im Sinne von Nummer 1 gehören;
4. bei Kommanditgesellschaften die im Handelsregister eingetragenen Einlagen von Personen im Sinne von Nummer 1 übernommen worden sind;
5. Steuerberatern, Rechtsanwälten, niedergelassenen europäischen Rechtsanwälten, Wirtschaftsprüfern, vereidigten Buchprüfern, Steuerbevollmächtigten oder Steuerberatungsgesellschaften, die die Voraussetzungen dieses Absatzes erfüllen, zusammen die Mehrheit der Stimmrechte der Aktionäre, Kommanditaktionäre, Gesellschafter einer Gesellschaft mit beschränkter Haftung oder Kommanditisten zusteht und
6. im Gesellschaftsvertrag bestimmt ist, daß zur Ausübung von Gesellschafterrechten nur Personen bevollmächtigt werden können, die Steuerberater, Rechtsanwälte, niedergelassene europäische Rechtsanwälte, Wirtschaftsprüfer, vereidigte Buchprüfer oder Steuerbevollmächtigte sind.

(2) [1]Haben sich Personen im Sinne von Absatz 1 Nr. 1 zu einer Gesellschaft bürgerlichen Rechts zusammengeschlossen, deren Zweck ausschließlich das Halten von Anteilen an einer Steuerberatungsgesellschaft ist, so werden ihnen die Anteile an der Steuerberatungsgesellschaft im Verhältnis ihrer Beteiligung an der Gesellschaft bürgerlichen

Rechts zugerechnet. [2]Stiftungen und eingetragene Vereine gelten als Berufsangehörige im Sinne von Absatz 1 Nr. 1, wenn sie ausschließlich der Altersversorgung in der Steuerberatungsgesellschaft tätiger Personen und ihrer Hinterbliebenen dienen und die zur gesetzlichen Vertretung berufenen Organe der Regelung in § 50 Abs. 4 entsprechen.

§ 51 Gebühren für die Anerkennung

(1) Für die Bearbeitung des Antrags auf Anerkennung als Steuerberatungsgesellschaft hat die Gesellschaft eine Gebühr von fünfhundert Euro an die zuständige Steuerberaterkammer zu zahlen, soweit nicht durch eine Gebührenordnung nach § 79 Abs. 2 etwas anderes bestimmt ist.

(2) Für die Bearbeitung eines Antrags auf Ausnahmegenehmigung nach § 50 Abs. 3 hat die Gesellschaft eine Gebühr von einhundertfünfzig Euro an die zuständige Steuerberaterkammer zu zahlen, soweit nicht durch eine Gebührenordnung nach § 79 Abs. 2 etwas anderes bestimmt ist.

§ 52 Urkunde

Über die Anerkennung als Steuerberatungsgesellschaft stellt die zuständige Steuerberaterkammer eine Urkunde aus.

§ 53[1)] Bezeichnung „Steuerberatungsgesellschaft"

[1]Die Gesellschaft ist verpflichtet, die Bezeichnung „Steuerberatungsgesellschaft" in die Firma oder den Namen aufzunehmen. [2]Für eine Partnerschaftsgesellschaft entfällt die Pflicht nach § 2 Abs. 1 des Partnerschaftsgesellschaftsgesetzes zusätzlich die Berufsbezeichnungen aller in der Partnerschaft vertretenen Berufe in den Namen aufzunehmen.

§ 54 Erlöschen der Anerkennung

(1) Die Anerkennung erlischt durch

1. Auflösung der Gesellschaft,
2. Verzicht auf die Anerkennung.

(2) Der Verzicht ist schriftlich gegenüber der zuständigen Steuerberaterkammer zu erklären.

(3) Die zuständige Steuerberaterkammer kann, wenn die zur gesetzlichen Vertretung bestellten Personen keine hinreichende Gewähr zur ordnungsgemäßen Abwicklung der schwebenden Angelegenheiten nach § 33 bieten, einen oder mehrere Steuerberater oder Steuerbevollmächtigte insoweit zum Abwickler bestellen.

(4) § 70 Abs. 1 bis 4 gilt entsprechend.

§ 55 Rücknahme und Widerruf der Anerkennung

(1) Die zuständige Steuerberaterkammer hat die Anerkennung zurückzunehmen, wenn sich nach der Anerkennung ergibt, daß sie hätte versagt werden müssen.

(2) [1]Die zuständige Steuerberaterkammer hat die Anerkennung zu widerrufen, wenn

1. die Gesellschaft nicht die nach diesem Gesetz vorgeschriebene Haftpflichtversicherung unterhält oder
2. andere Voraussetzungen für die Anerkennung der Gesellschaft nachträglich fortfallen,

es sei denn, dass die Gesellschaft innerhalb einer angemessenen, von der zuständigen Steuerberaterkammer zu bestimmenden Frist den dem Gesetz entsprechenden Zustand

---

1) § 53 geändert durch Gesetz vom 17.12.2019 (BGBl. I S. 2451).

herbeiführt. [2]Die Frist beträgt bei Fortfall der in § 50a genannten Voraussetzungen wegen eines Erbfalls mindestens fünf Jahre.

(2a) Die Anerkennung ist ferner zu widerrufen, wenn die Gesellschaft in Vermögensverfall geraten ist, es sei denn, dass dadurch die Interessen der Auftraggeber nicht gefährdet sind; der Vermögensverfall wird vermutet, wenn die Gesellschaft in das vom Vollstreckungsgericht zu führende Schuldnerverzeichnis (§ 26 Abs. 2 der Insolvenzordnung, § 882b der Zivilprozessordnung) eingetragen ist.

(3) Vor der Rücknahme oder dem Widerruf ist die Steuerberatungsgesellschaft zu hören.

(4) Erfolgt die Rücknahme oder der Widerruf, weil die Gesellschaft keinen Vorstand, keinen Geschäftsführer oder keinen persönlich haftenden Gesellschafter hat, kann die Entscheidung jedem Gesellschafter bekanntgegeben werden.

(5) § 54 Abs. 3 und § 70 Abs. 1 bis 4 gelten entsprechend.

Dritter Abschnitt. Rechte und Pflichten

§ 56 Weitere berufliche Zusammenschlüsse

(1) [1]Steuerberater und Steuerbevollmächtigte dürfen sich mit anderen Steuerberatern und Steuerbevollmächtigten, Wirtschaftsprüfern, vereidigten Buchprüfern, Mitgliedern einer Rechtsanwaltskammer und der Patentanwaltskammer zur gemeinschaftlichen Berufsausübung im Rahmen der eigenen beruflichen Befugnisse verbinden. [2]Mit Rechtsanwälten, die zugleich Notare sind, darf diese Verbindung nur bezogen auf die anwaltliche Berufsausübung eingegangen werden. [3]Im Übrigen richtet sich die Verbindung mit Rechtsanwälten, die zugleich Notare sind, nach den Bestimmungen und Anforderungen des notariellen Berufsrechts.

(2) [1]Steuerberater und Steuerbevollmächtigte dürfen mit anderen Steuerberatern und Steuerbevollmächtigten, Wirtschaftsprüfern, vereidigten Buchprüfern, Mitgliedern einer Rechtsanwaltskammer und der Patentanwaltskammer, den in § 3 Nr. 2 und 3 genannten Vereinigungen, Lohnsteuerhilfevereinen, Vereinen im Sinne des § 4 Nr. 8 und Gesellschaften und Personenvereinigungen im Sinne des § 155 Abs. 1 eine Bürogemeinschaft bilden. [2]Absatz 1 Satz 2 und 3 ist sinngemäß anzuwenden.

(3) Ein Zusammenschluss im Sinne der Absätze 1 und 2 mit ausländischen Berufsangehörigen, die ihre berufliche Niederlassung im Ausland haben, ist zulässig, wenn diese im Ausland einen den in § 3 Nr. 1 genannten Berufen in der Ausbildung und den Befugnissen vergleichbaren Beruf ausüben und die Voraussetzungen für die Berufsausübung den Anforderungen dieses Gesetzes im Wesentlichen entsprechen.

(4) [1]Die Gründung von Gesellschaften nach den Absätzen 1 und 3 und Veränderungen in den Gesellschaftsverhältnissen sind nach Maßgabe der Berufsordnung der zuständigen Steuerberaterkammer anzuzeigen. [2]Auf Verlangen der Steuerberaterkammer sind erforderliche Auskünfte zu erteilen und die Verträge über die gemeinsame Berufsausübung sowie deren Änderungen vorzulegen.

(5) [1]Steuerberater und Steuerbevollmächtigte dürfen eine auf einen Einzelfall oder auf Dauer angelegte berufliche Zusammenarbeit, der nicht die Annahme gemeinschaftlicher Aufträge zugrunde liegt, mit Angehörigen freier Berufe im Sinne des § 1 Abs. 2 des Partnerschaftsgesellschaftsgesetzes sowie von diesen gebildeten Berufsausübungsgemeinschaften eingehen (Kooperation). [2]Sie sind verpflichtet sicherzustellen, dass bei der Kooperation ihre Berufspflichten eingehalten werden. [3]Ist dies nicht gewährleistet, muss die Kooperation unverzüglich beendet werden.

§ 57[1)] Allgemeine Berufspflichten

(1) Steuerberater und Steuerbevollmächtigte haben ihren Beruf unabhängig, eigenverantwortlich, gewissenhaft, verschwiegen und unter Verzicht auf berufswidrige Werbung auszuüben.

(2) [1]Steuerberater und Steuerbevollmächtigte haben sich jeder Tätigkeit zu enthalten, die mit ihrem Beruf oder mit dem Ansehen des Berufs nicht vereinbar ist. [2]Sie haben sich auch außerhalb der Berufstätigkeit des Vertrauens und der Achtung würdig zu erweisen, die ihr Beruf erfordert.

(2a) Steuerberater und Steuerbevollmächtigte sind verpflichtet, sich fortzubilden.

(3) Mit dem Beruf eines Steuerberaters oder eines Steuerbevollmächtigten sind insbesondere vereinbar

1. die Tätigkeit als Wirtschaftsprüfer, Rechtsanwalt, niedergelassener europäischer Rechtsanwalt oder vereidigter Buchprüfer;
2. eine freiberufliche Tätigkeit, die die Wahrnehmung fremder Interessen einschließlich der Beratung zum Gegenstand hat;
3. eine wirtschaftsberatende, gutachtliche oder treuhänderische Tätigkeit sowie die Erteilung von Bescheinigungen über die Beachtung steuerrechtlicher Vorschriften in Vermögensübersichten und Erfolgsrechnungen;
4. die Tätigkeit eines Lehrers oder eines wissenschaftlichen Mitarbeiters an Hochschulen und wissenschaftlichen Instituten, sofern der wissenschaftliche Mitarbeiter ihm übertragene Aufgaben in Forschung und Lehre überwiegend selbständig erfüllt; nicht vereinbar hingegen ist die Tätigkeit eines Lehrers oder eines wissenschaftlichen Mitarbeiters an staatlichen verwaltungsinternen Fachhochschulen mit Ausbildungsgängen für den öffentlichen Dienst;
5. eine freie schriftstellerische Tätigkeit sowie eine freie Vortrags- und Lehrtätigkeit;
6. die Durchführung von Lehr- und Vortragsveranstaltungen zur Vorbereitung auf die Steuerberaterprüfung sowie die Prüfung als Wirtschaftsprüfer und vereidigter Buchprüfer und zur Fortbildung der Mitglieder der Steuerberaterkammern und deren Mitarbeiter.

(4) Als Tätigkeiten, die mit dem Beruf des Steuerberaters und des Steuerbevollmächtigten nicht vereinbar sind, gelten insbesondere

1. eine gewerbliche Tätigkeit; die zuständige Steuerberaterkammer kann von diesem Verbot Ausnahmen zulassen, soweit durch die Tätigkeit eine Verletzung von Berufspflichten nicht zu erwarten ist;
2. eine Tätigkeit als Arbeitnehmer mit Ausnahme der Fälle des Absatzes 3 Nr. 4 sowie der §§ 58 und 59. Eine Tätigkeit als Angestellter der Finanzverwaltung ist stets mit dem Beruf des Steuerberaters oder Steuerbevollmächtigten unvereinbar.

§ 57a Werbung

Werbung ist nur erlaubt, soweit sie über die berufliche Tätigkeit in Form und Inhalt sachlich unterrichtet und nicht auf die Erteilung eines Auftrags im Einzelfall gerichtet ist.

§ 58 Tätigkeit als Angestellter

[1]Steuerberater und Steuerbevollmächtigte dürfen ihren Beruf als Angestellte einer Person oder Vereinigung im Sinne des § 3 Nr. 1 bis 3 ausüben. [2]Sie dürfen ferner tätig werden

1) § 57 Abs. 3 Nr. 4 neu gefasst durch Gesetz vom 17.12.2019 (BGBl. I S. 2451).

1. als Leiter oder als Angestellte von genossenschaftlichen Prüfungsverbänden, genossenschaftlichen Treuhandstellen oder überörtlichen Prüfungseinrichtungen für Körperschaften und Anstalten des öffentlichen Rechts,
2. als Leiter von Buchstellen oder von Beratungsstellen der Lohnsteuerhilfevereine,
3. als Angestellte von Buchstellen oder von Beratungsstellen der Lohnsteuerhilfevereine, wenn die Buchstelle, die jeweilige Geschäftsstelle der Buchstelle oder die Beratungsstelle von einem Steuerberater oder Steuerbevollmächtigten geleitet wird;
4. als Angestellte von Genossenschaften oder anderen Personenvereinigungen,
   a) deren Mitglieder ausschließlich Personen und Gesellschaften im Sinne des § 3 sind und
   b) deren Zweck ausschließlich der Betrieb von Einrichtungen zur Unterstützung der Mitglieder bei der Ausübung ihres Berufes ist
5. als Angestellte von Berufskammern der in § 56 Abs. 1 genannten Berufe,

5a. als Angestellte, wenn sie im Rahmen des Angestelltenverhältnisses Tätigkeiten im Sinne des § 33 wahrnehmen. Dies gilt nicht, wenn hierdurch die Pflicht zur unabhängigen und eigenverantwortlichen Berufsausübung beeinträchtigt wird. Der Steuerberater oder Steuerbevollmächtigte darf für einen Auftraggeber, dem er auf Grund eines ständigen Dienst- oder ähnlichen Beschäftigungsverhältnisses seine Arbeitszeit und -kraft zur Verfügung stellen muss, nicht in seiner Eigenschaft als Steuerberater oder Steuerbevollmächtigter tätig werden. Bei Mandatsübernahme hat der Steuerberater oder Steuerbevollmächtigte den Mandanten auf seine Angestelltentätigkeit hinzuweisen. § 57 Abs. 4 Nr. 2 Satz 2 bleibt unberührt,

6. als Angestellte von ausländischen Berufsangehörigen, die ihre berufliche Niederlassung im Ausland haben, wenn diese den in § 56 Abs. 4 genannten vergleichbar sind und die Voraussetzungen für die Berufsausübung den Anforderungen dieses Gesetzes im wesentlichen entsprechen; für Angestellte von Vereinigungen mit Sitz im Ausland gilt dies nur, soweit es sich um Vereinigungen handelt, deren Vorstandsmitglieder, Geschäftsführer, persönlich haftende Gesellschafter, Mitglieder oder sonstige Anteilseigner mehrheitlich Personen sind, die im Ausland einen den in § 3 Nr. 1 genannten Berufen in der Ausbildung und den Befugnissen vergleichbaren Beruf ausüben und bei denen die Voraussetzungen für die Berufsausübung den Anforderungen dieses Gesetzes im Wesentlichen entsprechen,
7. als Geschäftsführer oder als Angestellte einer europäischen wirtschaftlichen Interessenvereinigung, wenn alle Geschäftsführer und alle Mitglieder Angehörige europäischer steuerberatender, wirtschaftsprüfender oder rechtsberatender Berufe sind,
8. als Angestellte des Bundesamts für Wirtschaft und Ausfuhrkontrolle, soweit es sich um eine Tätigkeit bei der Abschlussprüferaufsichtsstelle handelt. § 59 steht dem nicht entgegen.

§ 59 Steuerberater oder Steuerbevollmächtigte im öffentlich-rechtlichen Dienst- oder Amtsverhältnis

[1]Ist ein Steuerberater oder Steuerbevollmächtigter ein öffentlich-rechtliches Dienstverhältnis als Wahlbeamter auf Zeit oder ein öffentlich-rechtliches Amtsverhältnis eingegangen, so darf er seinen Beruf als Steuerberater oder Steuerbevollmächtigter nicht ausüben, es sei denn, daß er die ihm übertragene Aufgabe ehrenamtlich wahrnimmt. [2]Die zuständige Steuerberaterkammer kann dem Steuerberater oder Steuerbevollmächtigten auf seinen Antrag einen Vertreter bestellen oder ihm gestatten, seinen Beruf selbst aus-

zuüben, wenn die Einhaltung der allgemeinen Berufspflichten dadurch nicht gefährdet wird.

§ 60 Eigenverantwortlichkeit

(1) Eigenverantwortliche Tätigkeit nach § 57 Abs. 1 üben nur aus

1. selbständige Steuerberater oder Steuerbevollmächtigte,
2. zeichnungsberechtigte Vertreter eines Steuerberaters, eines Steuerbevollmächtigten oder einer Steuerberatungsgesellschaft,
3. Angestellte, die nach § 58 mit dem Recht der Zeichnung Hilfe in Steuersachen leisten.

(2) Eine eigenverantwortliche Tätigkeit in den Fällen des Absatzes 1 Nr. 2 und 3 übt nicht aus, wer sich als zeichnungsberechtigter Vertreter oder als Angestellter an Weisungen zu halten hat, durch die ihm die Freiheit zu pflichtmäßigem Handeln (§ 57) genommen wird.

§ 61 Ehemalige Angehörige der Finanzverwaltung

Ehemalige Beamte und Angestellte der Finanzverwaltung dürfen während eines Zeitraumes von drei Jahren nach dem Ausscheiden aus dem öffentlichen Dienst nicht für Auftraggeber tätig werden, mit deren Steuerangelegenheiten sie innerhalb der letzten drei Jahre vor dem Ausscheiden materiell befaßt waren.

§ 62 Verschwiegenheitspflicht beschäftigter Personen

[1]Steuerberater und Steuerbevollmächtigte haben die von ihnen beschäftigten Personen in schriftlicher Form zur Verschwiegenheit zu verpflichten und sie dabei über die strafrechtlichen Folgen einer Pflichtverletzung zu belehren. [2]Zudem haben sie bei ihnen in geeigneter Weise auf die Einhaltung der Verschwiegenheitspflicht hinzuwirken. [3]Den von dem Steuerberater oder Steuerbevollmächtigten beschäftigten Personen stehen die Personen gleich, die im Rahmen einer berufsvorbereitenden Tätigkeit oder einer sonstigen Hilfstätigkeit an seiner beruflichen Tätigkeit mitwirken. [4]Satz 1 gilt nicht für angestellte Personen, die im Hinblick auf die Verschwiegenheitspflicht den gleichen Anforderungen wie der Steuerberater oder Steuerbevollmächtigte unterliegen. [5]Hat sich ein Steuerberater oder Steuerbevollmächtigter mit anderen Personen, die im Hinblick auf die Verschwiegenheitspflicht den gleichen Anforderungen unterliegen wie er, zur gemeinschaftlichen Berufsausübung zusammengeschlossen und besteht zu den beschäftigten Personen ein einheitliches Beschäftigungsverhältnis, so genügt auch der Nachweis, dass eine andere dieser Personen die Verpflichtung nach Satz 1 vorgenommen hat.

§ 62a Inanspruchnahme von Dienstleistungen

(1) [1]Steuerberater und Steuerbevollmächtigte dürfen Dienstleistern den Zugang zu Tatsachen eröffnen, auf die sich die Verpflichtung zur Verschwiegenheit gemäß § 57 Absatz 1 bezieht, soweit dies für die Inanspruchnahme der Dienstleistung erforderlich ist. [2]Dienstleister ist eine andere Person oder Stelle, die vom Steuerberater oder vom Steuerbevollmächtigten im Rahmen seiner Berufsausübung mit Dienstleistungen beauftragt wird.

(2) [1]Steuerberater und Steuerbevollmächtigte sind verpflichtet, den Dienstleister sorgfältig auszuwählen. [2]Die Zusammenarbeit muss unverzüglich beendet werden, wenn die Einhaltung der dem Dienstleister gemäß Absatz 3 zu machenden Vorgaben nicht gewährleistet ist.

(3) [1]Der Vertrag mit dem Dienstleister bedarf der Textform. [2]In ihm ist

1. der Dienstleister unter Belehrung über die strafrechtlichen Folgen einer Pflichtverletzung zur Verschwiegenheit zu verpflichten,

2. der Dienstleister zu verpflichten, sich nur insoweit Kenntnis von fremden Geheimnissen zu verschaffen, als dies zur Vertragserfüllung erforderlich ist, und
3. festzulegen, ob der Dienstleister befugt ist, weitere Personen zur Erfüllung des Vertrags heranzuziehen; für diesen Fall ist dem Dienstleister aufzuerlegen, diese Personen in Textform zur Verschwiegenheit zu verpflichten.

(4) Bei der Inanspruchnahme von Dienstleistungen, die im Ausland erbracht werden, darf der Steuerberater und der Steuerbevollmächtigte dem Dienstleister den Zugang zu fremden Geheimnissen unbeschadet der übrigen Voraussetzungen dieser Vorschrift nur dann eröffnen, wenn der dort bestehende Schutz der Geheimnisse dem Schutz im Inland vergleichbar ist, es sei denn, dass der Schutz der Geheimnisse dies nicht gebietet.

(5) Bei der Inanspruchnahme von Dienstleistungen, die unmittelbar einem einzelnen Mandat dienen, darf der Steuerberater und der Steuerbevollmächtigte dem Dienstleister den Zugang zu fremden Geheimnissen nur dann eröffnen, wenn der Mandant darin eingewilligt hat.

(6) Die Absätze 2 und 3 gelten auch im Fall der Inanspruchnahme von Dienstleistungen, in die der Mandant eingewilligt hat, sofern der Mandant nicht ausdrücklich auf die Einhaltung der in den Absätzen 2 und 3 genannten Anforderungen verzichtet hat.

(7) [1]Die Absätze 1 bis 6 gelten nicht, soweit Dienstleistungen auf Grund besonderer gesetzlicher Vorschriften in Anspruch genommen werden. [2]Absatz 3 Satz 2 gilt nicht, soweit der Dienstleister hinsichtlich der zu erbringenden Dienstleistung gesetzlich zur Verschwiegenheit verpflichtet ist.

(8) Die Vorschriften zum Schutz personenbezogener Daten bleiben unberührt.

§ 63 Mitteilung der Ablehnung eines Auftrags

[1]Steuerberater und Steuerbevollmächtigte, die in ihrem Beruf in Anspruch genommen werden und den Auftrag nicht annehmen wollen, haben die Ablehnung unverzüglich zu erklären. [2]Sie haben den Schaden zu ersetzen, der aus einer schuldhaften Verzögerung dieser Erklärung entsteht.

§ 64 Gebührenordnung

(1) [1]Steuerberater und Steuerbevollmächtigte sind an eine Gebührenordnung gebunden, die das Bundesministerium der Finanzen durch Rechtsverordnung mit Zustimmung des Bundesrates erläßt. [2]Das Bundesministerium der Finanzen hat vorher die Bundessteuerberaterkammer zu hören. [3]Die Höhe der Gebühren darf den Rahmen des Angemessenen nicht übersteigen und hat sich nach

1. Zeitaufwand,
2. Wert des Objekts und
3. Art der Aufgabe

zu richten.

(2) [1]Die Abtretung von Gebührenforderungen oder die Übertragung ihrer Einziehung an Personen und Vereinigungen im Sinne des § 3 Nr. 1 bis 3 und von diesen gebildeten Berufsausübungsgemeinschaften (§ 56) ist auch ohne Zustimmung des Mandanten zulässig. [2]Im Übrigen sind Abtretung oder Übertragung nur zulässig, wenn eine ausdrückliche, schriftliche Einwilligung des Mandanten vorliegt oder die Forderung rechtskräftig festgestellt ist. [3]Vor der Einwilligung ist der Mandant über die Informationspflicht des Steuerberaters oder Steuerbevollmächtigten gegenüber dem neuen Gläubiger oder Einziehungsermächtigten aufzuklären. [4]Der neue Gläubiger oder Einziehungsermächtigte ist in gleicher Weise zur Verschwiegenheit verpflichtet wie der beauftragte Steuerberater oder Steuerbevollmächtigte.

§ 65[1] Pflicht zur Übernahme einer Prozessvertretung

[1]Steuerberater haben im Verfahren vor den Gerichten der Finanzgerichtsbarkeit die Vertretung eines Beteiligten zu übernehmen, wenn sie diesem zur vorläufig unentgeltlichen Wahrnehmung der Rechte aufgrund des § 142 der Finanzgerichtsordnung beigeordnet sind. [2]Der Steuerberater kann beantragen, die Beiordnung aufzuheben, wenn hierfür wichtige Gründe vorliegen.

§ 65a Pflicht zur Übernahme der Beratungshilfe

[1]Steuerberater und Steuerbevollmächtigte sind verpflichtet, die in dem Beratungshilfegesetz vorgesehene Beratungshilfe zu übernehmen. [2]Sie können die Beratungshilfe im Einzelfall aus wichtigem Grund ablehnen.

§ 66[2] Handakten

(1) [1]Der Steuerberater oder Steuerbevollmächtigte muss durch das Führen von Handakten ein geordnetes und zutreffendes Bild über die Bearbeitung seiner Aufträge geben können. [2]Er hat die Handakten für die Dauer von zehn Jahren aufzubewahren. [3]Die Frist beginnt mit Ablauf des Kalenderjahres, in dem der Auftrag beendet wurde. [4]Diese Verpflichtung erlischt mit der Übergabe der Handakten an den Auftraggeber, spätestens jedoch binnen sechs Monaten, nachdem der Auftraggeber die Aufforderung des Steuerberaters oder Steuerbevollmächtigten erhalten hat, die Handakten in Empfang zu nehmen.

(2) [1]Der Steuerberater oder Steuerbevollmächtigte kann seinem Auftraggeber die Herausgabe der Handakten verweigern, bis er wegen seiner Gebühren und Auslagen befriedigt ist. [2]Dies gilt nicht, soweit die Vorenthaltung der Handakten und der einzelnen Schriftstücke nach den Umständen unangemessen ist.

(3) Handakten im Sinne dieser Vorschrift sind nur die Schriftstücke, die der Steuerberater oder Steuerbevollmächtigte aus Anlass seiner beruflichen Tätigkeit von dem Auftraggeber oder für ihn erhalten hat, nicht aber der Briefwechsel zwischen dem Steuerberater oder Steuerbevollmächtigten und seinem Auftraggeber, die Schriftstücke, die dieser bereits in Urschrift oder Abschrift erhalten hat, sowie die zu internen Zwecken gefertigten Arbeitspapiere.

(4) [1]Die Absätze 1 bis 3 gelten entsprechend, soweit sich der Steuerberater oder Steuerbevollmächtigte zum Führen von Handakten der elektronischen Datenverarbeitung bedient. [2]Die in anderen Gesetzen getroffenen Regelungen über die Pflicht zur Aufbewahrung von Geschäftsunterlagen bleiben unberührt.

§ 67 Berufshaftpflichtversicherung

(1) Selbstständige Steuerberater, Steuerbevollmächtigte und Partnerschaftsgesellschaften, auch solche mit beschränkter Berufshaftung nach § 8 Absatz 4 des Partnerschaftsgesellschaftsgesetzes, müssen gegen die aus ihrer Berufstätigkeit sich ergebenden Haftpflichtgefahren angemessen versichert sein.

(2) [1]Partnerschaftsgesellschaften mit beschränkter Berufshaftung erfüllen die Voraussetzungen nach § 8 Absatz 4 Satz 1 des Partnerschaftsgesellschaftsgesetzes, wenn sie eine Berufshaftpflichtversicherung unterhalten, deren Mindestversicherungssumme eine Million Euro beträgt. [2]Die Leistungen des Versicherers für alle innerhalb eines Versicherungsjahres verursachten Schäden können auf den Betrag der Mindestversicherungssumme, vervielfacht mit der Zahl der Partner, begrenzt werden. [3]Die Jahres-

1) § 65 Überschrift geändert durch Gesetz vom 17.12.2019 (BGBl. I S. 2451).
2) § 66 Abs. 1 geändert durch Gesetz vom 17.12.2019 (BGBl. I S. 2451).

höchstleistung für alle in einem Versicherungsjahr verursachten Schäden muss jedoch mindestens vier Millionen Euro betragen.

(3) Zuständige Stelle im Sinne des § 117 Absatz 2 des Versicherungsvertragsgesetzes ist die Steuerberaterkammer.

(4) Die Steuerberaterkammer erteilt Dritten zur Geltendmachung von Schadensersatzansprüchen auf Antrag Auskunft über den Namen, die Adresse und die Versicherungsnummer der Berufshaftpflichtversicherung des Steuerberaters, des Steuerbevollmächtigten, der Steuerberatungsgesellschaft oder der Partnerschaftsgesellschaft, soweit der Steuerberater, der Steuerbevollmächtigte, die Steuerberatungsgesellschaft oder die Partnerschaftsgesellschaft kein überwiegendes schutzwürdiges Interesse an der Nichterteilung der Auskunft hat.

§ 67a Vertragliche Begrenzung von Ersatzansprüchen

(1) [1]Der Anspruch des Auftraggebers aus dem zwischen ihm und dem Steuerberater oder Steuerbevollmächtigten bestehenden Vertragsverhältnis auf Ersatz eines fahrlässig verursachten Schadens kann beschränkt werden:

1. durch schriftliche Vereinbarung im Einzelfall bis zur Höhe der Mindestversicherungssumme;
2. durch vorformulierte Vertragsbedingungen auf den vierfachen Betrag der Mindestversicherungssumme, wenn insoweit Versicherungsschutz besteht.

[2]Für Berufsausübungsgesellschaften gilt Satz 1 entsprechend.

(2) [1]Die persönliche Haftung auf Schadensersatz kann durch vorformulierte Vertragsbedingungen beschränkt werden auf die Mitglieder einer Sozietät, die das Mandat im Rahmen ihrer eigenen beruflichen Befugnisse bearbeiten und namentlich bezeichnet sind. [2]Die Zustimmungserklärung zu einer solchen Beschränkung darf keine anderen Erklärungen enthalten und muß vom Auftraggeber unterschrieben sein.

§ 68 *(aufgehoben)*

§ 69 Bestellung eines allgemeinen Vertreters

(1) [1]Steuerberater und Steuerbevollmächtigte müssen einen allgemeinen Vertreter bestellen, wenn sie länger als einen Monat daran gehindert sind, ihren Beruf auszuüben; die Bestellung ist der zuständigen Steuerberaterkammer unverzüglich anzuzeigen. [2]Auf Antrag des Steuerberaters oder Steuerbevollmächtigten bestellt die zuständige Steuerberaterkammer den Vertreter. [3]Der Vertreter muß ein Steuerberater oder Steuerbevollmächtigter (§§ 40, 42) sein.

(2) [1]Dem Vertreter stehen im Rahmen der eigenen Befugnisse die rechtlichen Befugnisse des Steuerberaters oder Steuerbevollmächtigten zu, den er vertritt. [2]Der Vertreter wird in eigener Verantwortung, jedoch im Interesse, für Rechnung und auf Kosten des Vertretenen tätig. [3]Die §§ 666, 667 und 670 des Bürgerlichen Gesetzbuches gelten entsprechend.

(3) [1]Die zuständige Steuerberaterkammer kann den Vertreter von Amts wegen bestellen, wenn der Steuerberater oder Steuerbevollmächtigte es unterlassen hat, eine Maßnahme nach Absatz 1 Satz 1 zu treffen oder die Bestellung eines Vertreters nach Absatz 1 Satz 2 zu beantragen. [2]Der Vertreter soll jedoch erst bestellt werden, wenn der Steuerberater oder Steuerbevollmächtigte vorher aufgefordert worden ist, den Vertreter selbst zu bestellen oder einen Antrag nach Absatz 1 Satz 2 einzureichen, und die ihm hierfür gesetzte Frist fruchtlos verstrichen ist. [3]Der Steuerberater oder Steuerbevollmächtigte, der von Amts wegen als Vertreter bestellt wird, kann die Vertretung nur aus einem wichtigen Grund ablehnen. [4]Über die Zulässigkeit der Ablehnung entscheidet die zuständige Steuerberaterkammer.

(4) [1]Der von Amts wegen bestellte Vertreter ist berechtigt, die Praxisräume zu betreten und die zur Praxis gehörenden Gegenstände einschließlich des dem Steuerberater oder Steuerbevollmächtigten zur Verwahrung unterliegenden Treugutes in Besitz zu nehmen, herauszuverlangen und hierüber zu verfügen. [2]An Weisungen des Vertretenen ist er nicht gebunden. [3]Der Vertretene darf die Tätigkeit des Vertreters nicht beeinträchtigen. [4]Er hat dem von Amts wegen bestellten Vertreter eine angemessene Vergütung zu zahlen, für die Sicherheit zu leisten ist, wenn die Umstände es erfordern. [5]Können sich die Beteiligten über die Höhe der Vergütung oder über die Sicherheit nicht einigen oder wird die geschuldete Sicherheit nicht geleistet, setzt die Steuerberaterkammer auf Antrag des Vertretenen oder des Vertreters die Vergütung fest. [6]Der Vertreter ist befugt, Vorschüsse auf die vereinbarte oder festgesetzte Vergütung zu entnehmen. [7]Für die festgesetzte Vergütung haftet die Steuerberaterkammer wie ein Bürge.

(5) [1]Der Vertreter wird für einen bestimmten Zeitraum, längstens jedoch für die Dauer von zwei Jahren bestellt. [2]In den Fällen des § 59 erfolgt die Bestellung des Vertreters für die Dauer des Dienst- oder Amtsverhältnisses. [3]Die Bestellung kann jederzeit widerrufen werden.

(6) Der von Amts wegen bestellte Vertreter darf für die Dauer von zwei Jahren nach Ablauf der Bestellung nicht für Auftraggeber tätig werden, die er in seiner Eigenschaft als Vertreter für den Vertretenen betreut hat.

(7) [1]Ist ein Steuerberater oder Steuerbevollmächtigter, für den ein Vertreter bestellt ist, gestorben, so sind Rechtshandlungen, die der Vertreter vor Eintragung der Löschung des verstorbenen Berufsangehörigen in das Berufsregister vorgenommen hat, nicht deshalb unwirksam, weil der Berufsangehörige zur Zeit der Bestellung des Vertreters oder zur Zeit der Vornahme der Handlung nicht mehr gelebt hat. [2]Das Gleiche gilt für Rechtshandlungen, die vor Eintragung der Löschung des verstorbenen Berufsangehörigen in das Berufsregister dem Vertreter gegenüber noch vorgenommen worden sind.

§ 70 Bestellung eines Praxisabwicklers

(1) [1]Ist ein Steuerberater oder Steuerbevollmächtigter gestorben, kann die zuständige Steuerberaterkammer einen anderen Steuerberater oder Steuerbevollmächtigten zum Abwickler der Praxis bestellen. [2]Ein Abwickler kann auch für die Praxis eines früheren Steuerberaters oder Steuerbevollmächtigten bestellt werden, dessen Bestellung erloschen, zurückgenommen oder widerrufen worden ist.

(2) [1]Der Abwickler ist in der Regel nicht länger als für die Dauer eines Jahres zu bestellen. [2]Auf Antrag des Abwicklers ist die Bestellung jeweils höchstens um ein Jahr zu verlängern, wenn er glaubhaft macht, dass schwebende Angelegenheiten noch nicht zu Ende geführt werden konnten.

(3) [1]Dem Abwickler obliegt es, die schwebenden Angelegenheiten abzuwickeln. [2]Er führt die laufenden Aufträge fort; innerhalb der ersten sechs Monate ist er auch berechtigt, neue Aufträge anzunehmen. [3]Ihm stehen die gleichen Befugnisse zu, die der verstorbene oder frühere Steuerberater oder Steuerbevollmächtigte hatte. [4]Der Abwickler gilt für die schwebenden Angelegenheiten als von der Partei bevollmächtigt, sofern diese nicht für die Wahrnehmung ihrer Rechte in anderer Weise gesorgt hat.

(4) [1]Der Steuerberater oder Steuerbevollmächtigte, der von Amts wegen zum Abwickler bestellt worden ist, kann die Abwicklung nur aus einem wichtigen Grund ablehnen. [2]Über die Zulässigkeit der Ablehnung entscheidet die zuständige Steuerberaterkammer.

(5) § 69 Abs. 2 und 4 gilt entsprechend.

(6) Der Abwickler ist berechtigt, jedoch außer im Rahmen eines Kostenfestsetzungsverfahrens nicht verpflichtet, Gebührenansprüche und Kostenforderungen des ver-

storbenen oder früheren Steuerberaters oder Steuerbevollmächtigten im eigenen Namen geltend zu machen, im Falle des verstorbenen Steuerberaters oder Steuerbevollmächtigten allerdings nur für Rechnung der Erben.

(7) Die Bestellung kann widerrufen werden.

(8) § 69 Abs. 6 gilt entsprechend, es sei denn, es liegt eine schriftliche Einwilligung der Erben oder des früheren Steuerberaters oder Steuerbevollmächtigten vor.

§ 71 Bestellung eines Praxistreuhänders

(1) [1]Soll die Praxis eines verstorbenen Steuerberaters oder Steuerbevollmächtigten auf eine bestimmte Person übertragen werden, die im Zeitpunkt des Todes des verstorbenen Berufsangehörigen noch nicht zur Hilfeleistung in Steuersachen befugt ist, so kann auf Antrag der Erben die zuständige Steuerberaterkammer für einen Zeitraum bis zu drei Jahren einen Steuerberater oder Steuerbevollmächtigten zum Treuhänder bestellen. [2]In Ausnahmefällen kann der Zeitraum um ein weiteres Jahr verlängert werden.

(2) [1]Der Treuhänder führt sein Amt unter eigener Verantwortung jedoch für Rechnung und auf Kosten der Erben des verstorbenen Steuerberaters oder Steuerbevollmächtigten. [2]Er hat Anspruch auf eine angemessene Vergütung.

(3) Die Bestellung kann jederzeit widerrufen werden.

(4) Absatz 1 gilt entsprechend für die Praxis eines früheren Steuerberaters oder Steuerbevollmächtigten, dessen Bestellung wegen nicht nur vorübergehender Berufsunfähigkeit widerrufen ist (§ 46 Abs. 2 Nr. 7) oder der aus den in § 57 Abs. 4 genannten Gründen auf seine Bestellung verzichtet hat.

(5) § 69 Abs. 6 gilt entsprechend.

§ 72 Steuerberatungsgesellschaften

(1) Die §§ 34, 56 Abs. 2, §§ 57, 57a, 62 bis 64 und 66 bis 71 gelten sinngemäß für Steuerberatungsgesellschaften sowie für Vorstandsmitglieder, Geschäftsführer und persönlich haftende Gesellschafter einer Steuerberatungsgesellschaft, die nicht Steuerberater oder Steuerbevollmächtigte sind.

(2) Die Gesellschafter sowie die Mitglieder der durch Gesetz, Satzung oder Gesellschaftsvertrag vorgesehenen Aufsichtsorgane der Gesellschaften sind zur Verschwiegenheit verpflichtet.

Vierter Abschnitt. Organisation des Berufs

§ 73 Steuerberaterkammer

(1) [1]Die Steuerberater und Steuerbevollmächtigten, die in einem Oberfinanzbezirk oder durch die Landesregierung bestimmten Kammerbezirk ihre berufliche Niederlassung haben, bilden eine Berufskammer. [2]Diese führt die Bezeichnung „Steuerberaterkammer“.

(2) [1]Die Steuerberaterkammer hat ihren Sitz im Kammerbezirk. [2]Sie ist eine Körperschaft des öffentlichen Rechts.

(3) [1]Werden Oberfinanzdirektionen aufgelöst oder zusammengelegt, bleiben die bisher gebildeten Kammern bestehen. [2]Der vormalige Geschäftsbereich einer aufgelösten Oberfinanzdirektion gilt als Kammerbezirk fort, soweit die Landesregierung nichts anderes bestimmt.

(4) Die Tätigkeit als Mitglied eines Organs oder eines Ausschusses der Steuerberaterkammer wird ehrenamtlich ausgeübt.

§ 74 Mitgliedschaft

(1) [1]Mitglieder der Steuerberaterkammer sind außer Steuerberatern und Steuerbevollmächtigten die Steuerberatungsgesellschaften, die ihren Sitz im Kammerbezirk haben. [2]Steuerberater und Steuerbevollmächtigte, die im Geltungsbereich dieses Gesetzes keine berufliche Niederlassung begründet haben, sind Mitglieder der Steuerberaterkammer, in deren Bezirk sie bestellt worden sind. [3]§ 46 Abs. 2 Nummer 6 bleibt unberührt.

(2) Mitglieder der Steuerberaterkammer sind außerdem, soweit sie nicht Steuerberater oder Steuerbevollmächtigte sind, die Mitglieder des Vorstandes, Geschäftsführer oder persönlich haftende Gesellschafter einer Steuerberatungsgesellschaft, die ihren Sitz im Kammerbezirk hat.

§ 75 Gemeinsame Steuerberaterkammer

(1) [1]Die Steuerberaterkammern können sich durch einen übereinstimmenden Beschluß der beteiligten Kammern für den Bereich eines oder mehrerer Kammerbezirke oder mehrerer Länder zu einer gemeinsamen Steuerberaterkammer zusammenschließen. [2]Die einzelnen für den Kammerbezirk gebildeten Steuerberaterkammern werden damit aufgelöst.

(2) Ein Zusammenschluß für mehrere Länder ist nur zulässig, wenn eine Vereinbarung der beteiligten Länder vorliegt.

§ 76 [1)] Aufgaben der Steuerberaterkammer

(1) Die Steuerberaterkammer hat die Aufgabe, die beruflichen Belange der Gesamtheit der Mitglieder zu wahren und die Erfüllung der beruflichen Pflichten zu überwachen.

(2) Der Steuerberaterkammer obliegt insbesondere,

1. die Mitglieder der Kammer in Fragen der Berufspflichten (§ 57) zu beraten und zu belehren;
2. auf Antrag bei Streitigkeiten unter den Mitgliedern der Kammer zu vermitteln;
3. auf Antrag bei Streitigkeiten zwischen Mitgliedern der Kammer und ihren Auftraggebern zu vermitteln;
4. die Erfüllung der den Mitgliedern obliegenden Pflichten (§ 57) zu überwachen und das Recht der Rüge (§ 81) zu handhaben;
5. die Vorschlagslisten der ehrenamtlichen Beisitzer bei den Berufsgerichten den Landesjustizverwaltungen einzureichen (§ 99 Abs. 3);
6. Fürsorgeeinrichtungen für Steuerberater und Steuerbevollmächtigte sowie deren Hinterbliebene zu schaffen;
7. Gutachten zu erstatten, die ein Gericht, eine Landesfinanzbehörde oder eine andere Verwaltungsbehörde des Landes anfordert;
8. die durch Gesetz zugewiesenen Aufgaben im Bereich der Berufsbildung wahrzunehmen;
9. die berufsständischen Mitglieder der Prüfungsausschüsse für die steuerberatenden Berufe vorzuschlagen;
10. die Wahrnehmung der den Steuerberaterkammern zugewiesenen Aufgaben des Zweiten und Sechsten Abschnitts des Zweiten Teils dieses Gesetzes;
11. die Erfüllung der den Steuerberaterkammern nach § 80a Absatz 2 der Abgabenordnung zugewiesenen Pflichten.

---

1) § 76 Abs. 8 geändert durch Gesetz vom 12.12.2019 (BGBl. I S. 2602).

(3) [1]Die Steuerberaterkammer kann die in Absatz 2 Nr. 1 bis 3 bezeichneten Aufgaben einzelnen Mitgliedern des Vorstandes übertragen; weitere Aufgaben können Abteilungen im Sinne des § 77a übertragen werden. [2]Im Fall des Absatzes 2 Nr. 4 zweite Alternative kann der Betroffene eine Entscheidung des Vorstandes verlangen.

(4) [1]Im Einvernehmen mit der Steuerberaterkammer, die nach den Vorschriften dieses Gesetzes für die Wahrnehmung der ihr nach Absatz 2 Nr. 10 obliegenden Aufgaben örtlich zuständig ist, kann eine andere Steuerberaterkammer diese Aufgaben übernehmen. [2]Diese Vereinbarung ist in die Satzungen der beteiligten Steuerberaterkammern aufzunehmen.

(5) Die Steuerberaterkammer hat ferner die Aufgabe, das Berufsregister zu führen.

(6) Die Steuerberaterkammer ist berechtigt, die Ausbildung des Berufsnachwuchses zu fördern.

(7) [1]Die Länder können durch Gesetz den Steuerberaterkammern allein oder gemeinsam mit anderen Stellen die Aufgaben einer einheitlichen Stelle im Sinne des Verwaltungsverfahrensgesetzes übertragen. [2]Das Gesetz regelt die Aufsicht und kann vorsehen, dass die Steuerberaterkammern auch für Antragsteller tätig werden, die nicht als Steuerberater tätig werden wollen.

(8) Die Steuerberaterkammer ist im Sinne des § 36 Absatz 1 Nummer 1 des Gesetzes über Ordnungswidrigkeiten Verwaltungsbehörde für Ordnungswidrigkeiten nach § 6 der Dienstleistungs-Informationspflichten-Verordnung und nach § 56 des Geldwäschegesetzes, die durch ihre Mitglieder begangen werden.

(9) Die Geldbußen aus der Ahndung von Ordnungswidrigkeiten nach Absatz 8 fließen in die Kasse der Verwaltungsbehörde, die den Bußgeldbescheid erlassen hat.

(10) [1]Die nach Absatz 9 zuständige Kasse trägt abweichend von § 105 Absatz 2 des Gesetzes über Ordnungswidrigkeiten die notwendigen Auslagen. [2]Sie ist auch ersatzpflichtig im Sinne des § 110 Absatz 4 des Gesetzes über Ordnungswidrigkeiten.

(11) Die Steuerberaterkammer hat die Aufgabe, in den Fällen des § 160 Absatz 1 Ansprüche nach den Vorschriften des Gesetzes gegen den unlauteren Wettbewerb geltend zu machen, wenn Anhaltspunkte dafür vorliegen, dass die unbefugte Hilfeleistung in Steuersachen fortgesetzt wird.

§ 77 Vorstand

[1]Der Vorstand der Steuerberaterkammer wird von den Mitgliedern gewählt. [2]Zum Mitglied des Vorstandes kann nur gewählt werden, wer persönliches Mitglied der Kammer ist.

§ 77a Abteilungen des Vorstandes

(1) [1]Der Vorstand kann mehrere Abteilungen bilden, wenn die Satzung der Steuerberaterkammer es zuläßt. [2]Er überträgt den Abteilungen die Geschäfte, die sie selbständig führen.

(2) [1]Jede Abteilung muß aus mindestens drei Mitgliedern des Vorstandes bestehen. [2]Die Mitglieder der Abteilung wählen aus ihren Reihen einen Abteilungsvorsitzenden, einen Abteilungsschriftführer und deren Stellvertreter.

(3) [1]Der Vorstand setzt die Zahl der Abteilungen und ihrer Mitglieder fest, überträgt den Abteilungen die Geschäfte und bestimmt die Mitglieder der einzelnen Abteilungen. [2]Jedes Mitglied des Vorstandes kann mehreren Abteilungen angehören.

(4) Der Vorstand kann die Abteilungen ermächtigen, ihre Sitzung außerhalb des Sitzes der Steuerberaterkammer abzuhalten.

(5) Die Abteilungen besitzen innerhalb ihrer Zuständigkeit die Rechte und Pflichten des Vorstandes.

(6) Anstelle der Abteilung entscheidet der Vorstand, wenn er es für angemessen hält oder wenn die Abteilung oder ihr Vorsitzender es beantragt.

§ 77b [1)2)] Ehrenamtliche Tätigkeit des Vorstandes

[1]Die Mitglieder des Vorstandes üben ihre Tätigkeit unentgeltlich aus. [2]Sie können jedoch eine angemessene auch pauschalisierte Entschädigung für den mit ihrer Tätigkeit verbundenen Aufwand, auch für Zeitaufwand und Verdienstausfall, sowie eine Reisekostenvergütung erhalten. [3]Die Richtlinien für die Aufwandsentschädigung und die Reisekostenvergütung werden von der Mitgliederversammlung beschlossen.

§ 78 [3)] Satzung

[1]Jede Steuerberaterkammer gibt sich ihre Satzung selbst. [2]Die Satzung bedarf der Genehmigung der Aufsichtsbehörde. [3]Die Satzung und deren Änderungen werden von der Mitgliederversammlung beschlossen.

§ 79 [4)] Beiträge und Gebühren

(1) [1]Die Mitglieder sind verpflichtet, Beiträge nach Maßgabe einer Beitragsordnung zu leisten. [2]Die Beitragsordnung bedarf der Genehmigung durch die Aufsichtsbehörde. [3]Die Höhe der Beiträge bestimmt die Mitgliederversammlung. [3]Für die Verjährung des Anspruchs der Steuerberaterkammer auf Zahlung von Beiträgen sind die für die Gebühren geltenden Vorschriften entsprechend anzuwenden. [4]Wird die berufliche Niederlassung in den Bezirk einer anderen Steuerberaterkammer verlegt, ist für die Beitragspflicht der Zeitpunkt der Mitteilung der Verlegung der beruflichen Niederlassung an die aufnehmende Steuerberaterkammer maßgebend.

(2) [1]Die Steuerberaterkammer kann für die Inanspruchnahme von besonderen Einrichtungen oder Tätigkeiten oder für Amtshandlungen nach dem Zweiten und Sechsten Abschnitt des Zweiten Teils dieses Gesetzes Gebühren nach Maßgabe einer Gebührenordnung erheben. [2]Die Gebührenordnung bedarf der Genehmigung der Aufsichtsbehörde. [3]Die Gebühren entstehen mit Inanspruchnahme der besonderen Einrichtung oder Tätigkeit, bei Amtshandlungen, die einen Antrag voraussetzen, mit dessen Eingang bei der Steuerberaterkammer, bei anderen Amtshandlungen mit der Beendigung der Amtshandlung. [4]Der 2. Abschnitt des Verwaltungskostengesetzes in der bis zum 14. August 2013 geltenden Fassung ist entsprechend anzuwenden. [5]Im Übrigen gilt das jeweilige Verwaltungsgebührenrecht des Landes.

§ 80 Pflicht zum Erscheinen vor der Steuerberaterkammer

(1) [1]In Aufsichts- und Beschwerdesachen haben Mitglieder der Steuerberaterkammer dem Vorstand oder dem durch die Satzung bestimmten Organ der zuständigen Steuerberaterkammer oder einem Beauftragten des Vorstandes oder des Organs Auskunft zu geben sowie auf Verlangen ihre Handakten vorzulegen oder vor der zuständigen Steuerberaterkammer zu erscheinen. [2]Das gilt nicht, wenn und soweit der Steuerberater oder Steuerbevollmächtigte dadurch seine Verpflichtung zur Verschwiegenheit verletzen oder sich durch wahrheitsgemäße Beantwortung oder Vorlage seiner Handakten die Gefahr zuziehen würde, wegen einer Straftat, einer Ordnungswidrigkeit oder einer Berufspflichtverletzung verfolgt zu werden und er sich hierauf beruft. [3]Der Steuerberater oder Steuerbevollmächtigte ist auf das Recht zur Auskunftsverweigerung hinzuweisen.“

1) § 77b Satz 3 angefügt durch Gesetz vom 17.12.2019 (BGBl. I S. 2451).
2) § 77b Satz 2 neu gefasst durch Gesetz vom 21.12.2019 (BGBl. I S. 2875).
3) § 78 Satz 3 angefügt durch Gesetz vom 17.12.2019 (BGBl. I S. 2451).
4) § 79 Abs. 1 Satz 4 angefügt durch Gesetz vom 17.12.2019 (BGBl. I S. 2451).

(2) Sofern Steuerberatungsgesellschaften, die ihren Sitz im Kammerbezirk haben, nicht oder nicht mehr durch persönliche Mitglieder der Steuerberaterkammer vertreten sind, gilt Absatz 1 auch für deren gesetzliche Vertreter, die keine persönlichen Mitglieder sind.

§ 80a Zwangsgeld bei Verletzung von Mitwirkungspflichten

(1) [1]Um einen Steuerberater oder Steuerbevollmächtigten zur Erfüllung seiner Pflichten nach § 80 anzuhalten, kann die zuständige Steuerberaterkammer gegen ihn, auch mehrfach, ein Zwangsgeld festsetzen. [2]Das einzelne Zwangsgeld darf eintausend Euro nicht übersteigen.

(2) [1]Das Zwangsgeld muss vorher schriftlich angedroht werden. [2]Die Androhung und die Festsetzung des Zwangsgeldes sind dem Steuerberater oder Steuerbevollmächtigten zuzustellen.

(3) [1]Gegen die Androhung und gegen die Festsetzung des Zwangsgeldes kann innerhalb eines Monats nach der Zustellung die Entscheidung des Oberlandesgerichts beantragt werden. [2]Zuständig ist das Oberlandesgericht, in dessen Bezirk die Steuerberaterkammer ihren Sitz hat. [3]Der Antrag ist bei der zuständigen Steuerberaterkammer schriftlich einzureichen. [4]Erachtet die zuständige Steuerberaterkammer den Antrag für begründet, so hat sie ihm abzuhelfen; andernfalls ist der Antrag unverzüglich dem Oberlandesgericht vorzulegen. [5]Die Vorschriften der Strafprozessordnung über die Beschwerde sind sinngemäß anzuwenden. [6]Die Gegenerklärung (§ 308 Abs. 1 der Strafprozessordnung) wird von der zuständigen Steuerberaterkammer abgegeben. [7]Die Staatsanwaltschaft ist an dem Verfahren nicht beteiligt. [8]Der Beschluss des Oberlandesgerichts kann nicht angefochten werden.

(4) [1]Das Zwangsgeld fließt der zuständigen Steuerberaterkammer zu. [2]Es wird auf Grund einer von ihr erteilten, mit der Bescheinigung der Vollstreckbarkeit versehenen beglaubigten Abschrift des Festsetzungsbescheides nach den Vorschriften beigetrieben, die für die Vollstreckung von Urteilen in bürgerlichen Rechtsstreitigkeiten gelten.

§ 81 Rügerecht des Vorstandes

(1) [1]Der Vorstand kann das Verhalten eines Mitglieds der Steuerberaterkammer, durch das dieses ihm obliegende Pflichten verletzt hat, rügen, wenn die Schuld des Mitglieds gering ist und ein Antrag auf Einleitung eines berufsgerichtlichen Verfahrens nicht erforderlich erscheint. [2]§ 89 Abs. 2 und 3, §§ 92 und 109 Abs. 2 gelten entsprechend.

(2) [1]Der Vorstand darf eine Rüge nicht mehr erteilen, wenn das berufsgerichtliche Verfahren gegen das Mitglied der Steuerberaterkammer eingeleitet ist oder wenn seit der Pflichtverletzung mehr als drei Jahre vergangen sind. [2]Eine Rüge darf nicht erteilt werden, während das Verfahren auf den Antrag des Steuerberaters oder Steuerbevollmächtigten nach § 116 anhängig ist.

(3) Bevor die Rüge erteilt wird, ist das Mitglied zu hören.

(4) [1]Der Bescheid des Vorstandes, durch den das Verhalten des Mitglieds gerügt wird, ist zu begründen. [2]Er ist dem Mitglied zuzustellen. [3]Eine Abschrift des Bescheides ist der Staatsanwaltschaft bei dem für den Sitz der Steuerberaterkammer zuständigen Oberlandesgericht mitzuteilen, bei dem der Senat für Steuerberater- und Steuerbevollmächtigtensachen besteht (§ 96).

(5) [1]Gegen den Bescheid kann das Mitglied binnen eines Monats nach der Zustellung bei dem Vorstand Einspruch erheben. [2]Über den Einspruch entscheidet der Vorstand; Absatz 4 ist entsprechend anzuwenden.

§ 82 Antrag auf berufsgerichtliche Entscheidung

(1) [1]Wird der Einspruch gegen den Rügebescheid durch den Vorstand der Steuerberaterkammer zurückgewiesen, so kann das Mitglied der Steuerberaterkammer innerhalb eines Monats nach der Zustellung die Entscheidung des Landgerichts (Steuerberaterkammer für Steuerberater- und Steuerbevollmächtigtensachen) beantragen. [2]Zuständig ist das Landgericht, in dessen Bezirk die Steuerberaterkammer, deren Vorstand die Rüge erteilt hat, ihren Sitz hat.

(2) [1]Der Antrag ist bei dem Landgericht schriftlich einzureichen. [2]Auf das Verfahren sind die Vorschriften der Strafprozeßordnung über die Beschwerde sinngemäß anzuwenden. [3]Die Gegenerklärung (§ 308 Abs. 1 der Strafprozeßordnung) wird von dem Vorstand der Steuerberaterkammer abgegeben. [4]Die Staatsanwaltschaft ist an dem Verfahren nicht beteiligt. [5]Eine mündliche Verhandlung findet statt, wenn sie das Mitglied der Steuerberaterkammer beantragt oder das Landgericht für erforderlich hält. [6]Von Zeit und Ort der mündlichen Verhandlung sind der Vorstand der Steuerberaterkammer, das Mitglied der Steuerberaterkammer und sein Verteidiger zu benachrichtigen. [7]Art und Umfang der Beweisaufnahme bestimmt das Landgericht. [8]Es hat jedoch zur Erforschung der Wahrheit die Beweisaufnahme von Amts wegen auf alle Tatsachen und Beweismittel zu erstrecken, die für die Entscheidung von Bedeutung sind.

(3) [1]Der Rügebescheid kann nicht deshalb aufgehoben werden, weil der Vorstand der Steuerberaterkammer zu Unrecht angenommen hat, die Schuld des Mitgliedes der Steuerberaterkammer sei gering und der Antrag auf Einleitung des berufsgerichtlichen Verfahrens nicht erforderlich. [2]Treten die Voraussetzungen, unter denen nach § 92 von einer berufsgerichtlichen Ahndung abzusehen ist oder nach § 109 Abs. 2 ein berufsgerichtliches Verfahren nicht eingeleitet oder fortgesetzt werden darf, erst ein, nachdem der Vorstand die Rüge erteilt hat, so hebt das Landgericht den Rügebescheid auf. [3]Der Beschluß ist mit Gründen zu versehen. [4]Er kann nicht angefochten werden.

(4) [1]Das Landgericht, bei dem ein Antrag auf berufsgerichtliche Entscheidung eingelegt wird, teilt unverzüglich der Staatsanwaltschaft bei dem Oberlandesgericht eine Abschrift des Antrags mit. [2]Der Staatsanwaltschaft ist auch eine Abschrift des Beschlusses mitzuteilen, mit dem über den Antrag entschieden wird.

(5) [1]Leitet die Staatsanwaltschaft wegen desselben Verhaltens, das der Vorstand der Steuerberaterkammer gerügt hat, ein berufsgerichtliches Verfahren gegen das Mitglied der Steuerberaterkammer ein, bevor die Entscheidung über den Antrag auf berufsgerichtliche Entscheidung gegen den Rügebescheid ergangen ist, so wird das Verfahren über den Antrag bis zum rechtskräftigen Abschluß des berufsgerichtlichen Verfahrens ausgesetzt. [2]In den Fällen des § 91 Abs. 2 stellt das Landgericht nach Beendigung der Aussetzung fest, daß die Rüge unwirksam ist.

§ 83 Pflicht der Vorstandsmitglieder zur Verschwiegenheit

(1) [1]Die Mitglieder des Vorstandes haben – auch nach dem Ausscheiden aus dem Vorstand – über die Angelegenheiten, die ihnen bei ihrer Tätigkeit im Vorstand über Mitglieder der Steuerberaterkammer, Bewerber und andere Personen bekannt werden, Verschwiegenheit gegen jedermann zu bewahren. [2]Das gleiche gilt für Mitglieder, die zur Mitarbeit im Vorstand oder in den durch die Satzung bestimmten Organen herangezogen werden, und für Angestellte der Steuerberaterkammer.

(2) [1]In Verfahren vor Gerichten oder Behörden dürfen die in Absatz 1 bezeichneten Personen über solche Angelegenheiten, die ihnen bei ihrer Tätigkeit im Vorstand oder in den durch die Satzung bestimmten Organen über Mitglieder der Steuerberaterkammer, Bewerber und andere Personen bekanntgeworden sind, nur aussagen oder Auskunft geben, wenn eine Aussage- oder Auskunftspflicht besteht und von der Verpflichtung zur

Verschwiegenheit nach Absatz 3 entbunden worden ist. [2]Sonstige Geheimhaltungspflichten und Zeugnisverweigerungsrechte bleiben unberührt.

(3) [1]Die Genehmigung erteilt der Vorstand der Steuerberaterkammer nach pflichtmäßigem Ermessen. [2]Die Genehmigung soll nur versagt werden, wenn Rücksichten auf die Stellung oder die Aufgaben der Steuerberaterkammer oder berechtigte Belange der Personen, über welche die Tatsachen bekanntgeworden sind, es unabweisbar fordern. [3]§ 28 Abs. 2 des Gesetzes über das Bundesverfassungsgericht bleibt unberührt.

§ 84 Arbeitsgemeinschaft

(1) [1]Mehrere Steuerberaterkammern können sich zu einer nicht rechtsfähigen Arbeitsgemeinschaft zusammenschließen, wenn die Satzungen der Kammern dies vorsehen. [2]Der Arbeitsgemeinschaft können jedoch nicht Aufsichtsbefugnisse oder andere Aufgaben übertragen werden, für die gesetzlich die Zuständigkeit der einzelnen Steuerberaterkammern begründet ist.

(2) [1]Die in § 83 bezeichneten Personen verstoßen nicht gegen ihre Pflicht zur Verschwiegenheit, wenn sie der Arbeitsgemeinschaft Angelegenheiten mitteilen, die zum Aufgabengebiet der Arbeitsgemeinschaft gehören. [2]§ 83 Abs. 1 gilt sinngemäß für die Personen, die für die Arbeitsgemeinschaft tätig werden.

§ 85 Bundessteuerberaterkammer

(1) [1]Die Steuerberaterkammern bilden eine Bundeskammer. [2]Diese führt die Bezeichnung „Bundessteuerberaterkammer“.

(2) [1]Die Bundessteuerberaterkammer ist eine Körperschaft des öffentlichen Rechts. [2]Ihr Sitz bestimmt sich nach ihrer Satzung.

(3) [1]Der Vorstand der Bundessteuerberaterkammer wird von den Steuerberaterkammern gewählt. [2]Im übrigen gibt sich die Bundessteuerberaterkammer ihre Satzung selbst. [3]Die Satzung bedarf der Genehmigung der Aufsichtsbehörde.

(4) Die Vorschrift des § 83 ist sinngemäß anzuwenden.

(5) Die Tätigkeit als Mitglied eines Organs oder eines Ausschusses der Bundessteuerberaterkammer wird ehrenamtlich ausgeübt.

§ 86[1)] Aufgaben der Bundessteuerberaterkammer

(1) Die Bundessteuerberaterkammer hat die ihr durch Gesetz zugewiesenen Aufgaben zu erfüllen.

(2) Der Bundessteuerberaterkammer obliegt insbesondere,

1. in Fragen, welche die Gesamtheit der Steuerberaterkammern angehen, die Auffassung der einzelnen Kammern zu ermitteln und im Wege gemeinschaftlicher Aussprache die Auffassung der Mehrheit festzustellen;
2. die Berufsordnung als Satzung zu erlassen und zu ändern;
3. Richtlinien für die Fürsorgeeinrichtungen der Steuerberaterkammern (§ 76 Abs. 2 Nr. 6) aufzustellen;
4. in allen die Gesamtheit der Steuerberaterkammern berührenden Angelegenheiten die Auffassung der Bundessteuerberaterkammer den zuständigen Gerichten und Behörden gegenüber zur Geltung zu bringen;
5. die Gesamtheit der Steuerberaterkammern gegenüber Behörden und Organisationen zu vertreten;

1) § 86 Abs. 2 Nr. 10 angefügt durch Gesetz vom 17.12.2019 (BGBl. I S. 2451).

6. Gutachten zu erstatten, die eine an der Gesetzgebung beteiligte Behörde oder Körperschaft des Bundes oder ein Bundesgericht anfordert;
7. die berufliche Fortbildung in den steuerberatenden Berufen zu fördern; sie kann den Berufsangehörigen unverbindliche Fortbildungsempfehlungen erteilen;
8. das Verzeichnis nach § 3b zu führen;
9. das Verzeichnis nach § 86b zu führen;
10. die Einrichtung und der Betrieb einer Datenbank zur Verwaltung von Vollmachtsdaten im Sinne des § 80a der Abgabenordnung und deren Übermittlung an die Landesfinanzbehörden.

(3) [1]Die Satzung im Sinne des Absatzes 2 Nr. 2 und deren Änderung wird durch die Satzungsversammlung als Organ der Bundessteuerberaterkammer beschlossen. [2]Sie ist an das Bundesministerium der Finanzen zu übermitteln. [3]Soweit nicht das Bundesministerium der Finanzen die Satzung und deren Änderung im Ganzen oder in Teilen binnen drei Monaten nach Übermittlung aufhebt, ist sie in dem Presseorgan zu veröffentlichen, das für Verlautbarungen der Bundessteuerberaterkammer bestimmt ist. [4]Sie tritt am ersten Tag des Monats in Kraft, der auf die Veröffentlichung folgt. [5]Stellt sich nach Inkrafttreten der Satzung heraus, dass sie ganz oder in Teilen höherrangigem Recht widerspricht, kann das Bundesministerium der Finanzen die Satzung insoweit aufheben.

(4) Die Satzung kann zur Ausführung der gesetzlichen Vorschriften nähere Regelungen enthalten, insbesondere hinsichtlich

1. der unabhängigen, eigenverantwortlichen und gewissenhaften Berufsausübung;
2. der Verschwiegenheitspflicht;
3. der zulässigen und der berufswidrigen Werbung;
4. des Verbotes der Mitwirkung bei unbefugter Hilfeleistung in Steuersachen;
5. des berufsmäßigen Verhaltens gegenüber Mandanten, Kollegen, Gerichten, Behörden und Steuerberaterkammern sowie gegenüber Personen, Gesellschaften und Einrichtungen im Sinne der §§ 4 und 6;
6. der vereinbaren und nichtvereinbaren Tätigkeiten;
7. der Berufshaftpflichtversicherung sowie der Haftungsausschlüsse und Haftungsbeschränkungen;
8. der besonderen Pflichten gegenüber Auftraggebern, insbesondere in Zusammenhang mit dem Umgang mit fremden Vermögenswerten;
9. der Vereinbarung, Berechnung, Sicherung und Beitreibung von Gebühren und Auslagen;
10. der Pflichten in Prozesskostenhilfe- und Beratungshilfesachen;
11. der Voraussetzung des Führens von Bezeichnungen, die auf besondere Kenntnis bestimmter Steuerrechtsgebiete hinweisen;
12. der Gründung von beruflichen Niederlassungen und weiteren Beratungsstellen;
13. dem Verhalten bei grenzüberschreitender Tätigkeit;
14. der besonderen Pflichten bei der gemeinsamen Ausübung der Berufstätigkeit nach § 56;
15. der besonderen Pflichten bei der Errichtung, Ausgestaltung und Tätigkeit von Steuerberatungsgesellschaften;
16. der Abwicklung und der Übertragung der Praxis;
17. der Ausbildung von Steuerfachgehilfen.

§ 86a Zusammensetzung und Arbeitsweise der Satzungsversammlung

(1) [1]Der Satzungsversammlung gehören als Mitglieder an: der Präsident der Bundessteuerberaterkammer, die Präsidenten der Steuerberaterkammern sowie weitere Mitglieder (Delegierte). [2]Die Bundessteuerberaterkammer führt die Geschäfte der Satzungsversammlung.

(2) [1]Die Delegierten werden von den Mitgliedern der einzelnen Steuerberaterkammern in Kammerversammlungen unmittelbar gewählt. [2]Wählbar ist nur, wer persönliches Mitglied der Steuerberaterkammer ist. [3]Die Zahl der Delegierten bemißt sich nach der Zahl der Kammermitglieder. [4]Je angefangene eintausendfünfhundert Mitglieder der Steuerberaterkammer sind ein Delegierter und ein Stellvertreter, für die einzelne Steuerberaterkammer jedoch mindestens zwei Delegierte und Stellvertreter, zu wählen. [5]Maßgebend ist die Zahl der Kammermitglieder am 1. Januar des Jahres, in dem die Satzungsversammlung einberufen wird.

(3) Jedes Mitglied der Satzungsversammlung ist unabhängig und verfügt in der Satzungsversammlung über eine Stimme.

(4) [1]Die Satzungsversammlung wird durch den Präsidenten der Bundessteuerberaterkammer mit einer Frist von sechs Wochen schriftlich einberufen. [2]Der Präsident der Bundessteuerberaterkammer muß die Satzungsversammlung innerhalb von sechs Wochen einberufen, wenn mindestens fünf Steuerberaterkammern oder ein Viertel der Mitglieder der Satzungsversammlung es schriftlich beantragen und hierbei den Gegenstand angeben, über den in der Satzungsversammlung beschlossen werden soll.

(5) Den Vorsitz in der Satzungsversammlung führt der Präsident der Bundessteuerberaterkammer, bei seiner Verhinderung sein Vertreter im Amt, soweit die Geschäftsordnung nichts anderes vorsieht.

(6) [1]Die Satzungsversammlung ist beschlußfähig, wenn mindestens zwei Drittel ihrer Mitglieder anwesend sind. [2]Beschlüsse der Satzungsversammlung, die den Erlaß oder die Änderung der Berufsordnung betreffen, werden mit der Mehrheit aller Mitglieder der Satzungsversammlung gefaßt, sonstige Beschlüsse mit einfacher Mehrheit der anwesenden Mitglieder.

(7) Der Wortlaut der von der Satzungsversammlung gefaßten Beschlüsse ist in einer Niederschrift festzuhalten, die vom Vorsitzenden und von einem von der Satzungsversammlung zu bestimmenden Schriftführer zu unterzeichnen und bei der Geschäftsstelle der Bundessteuerberaterkammer zu verwahren ist.

(8) Die Satzungsversammlung kann weitere Einzelheiten des Verfahrens in einer Geschäftsordnung regeln.

§ 86b Steuerberaterverzeichnis

(1) [1]Die Bundessteuerberaterkammer führt ein elektronisches Gesamtverzeichnis aller Mitglieder der Steuerberaterkammern nach § 74 Absatz 1. Das Verzeichnis dient der Information der Behörden und Gerichte, der Rechtsuchenden sowie anderer am Rechtsverkehr Beteiligter. [2]Die Steuerberaterkammern geben die im Berufsregister gespeicherten Daten im automatisierten Verfahren in das von der Bundessteuerberaterkammer geführte Gesamtverzeichnis ein. [3]Die zuständige Steuerberaterkammer trägt die datenschutzrechtliche Verantwortung für die von ihr in das Gesamtverzeichnis eingegebenen Daten, insbesondere für die Rechtmäßigkeit der Erhebung, die Vollständigkeit und die Richtigkeit der Daten. [4]Der Abruf einzelner Daten aus dem Gesamtverzeichnis steht jedem unentgeltlich zu.

(2) In das Gesamtverzeichnis sind einzutragen:

1. bei Steuerberatern und Steuerbevollmächtigten der Name und die Vornamen, der Zeitpunkt der Bestellung, der Name und die Anschrift der zuständigen Steuerberaterkammer, die Anschrift der beruflichen Niederlassung, die der Steuerberaterkammer mitgeteilten Kommunikationsdaten, die Berufsbezeichnung, bestehende Berufs- und Vertretungsverbote sowie, sofern ein Vertreter bestellt ist, die Vertreterbestellung unter Angabe von Familiennamen und Vornamen des Vertreters;
2. bei Steuerberatungsgesellschaften der Name und die Rechtsform der Gesellschaft, der Zeitpunkt der Anerkennung als Steuerberatungsgesellschaft, der Name und die Anschrift der zuständigen Steuerberaterkammer, der Sitz und die Anschrift der Steuerberatungsgesellschaft, die der Steuerberaterkammer mitgeteilten Kommunikationsdaten, die Familiennamen und Vornamen der Mitglieder des zur gesetzlichen Vertretung berufenen Organs sowie der vertretungsberechtigten Gesellschafter und Partner.

§ 87 Beiträge zur Bundessteuerberaterkammer

[1]Die Bundessteuerberaterkammer erhebt von den Steuerberaterkammern Beiträge nach Maßgabe einer Beitragsordnung. [2]Die Beitragsordnung bedarf der Genehmigung durch die Aufsichtsbehörde. [3]Die Höhe der Beiträge wird von der Mitgliederversammlung festgesetzt.

§ 87a Wirtschaftsplan, Rechnungslegung

(1) Die Bundessteuerberaterkammer ist berechtigt, abweichend von den Bestimmungen der Bundeshaushaltsordnung einen Wirtschaftsplan aufzustellen, die Bücher nach den Regeln der kaufmännischen Buchführung zu führen und einen Jahresabschluss sowie einen Lagebericht nach handelsrechtlichen Grundsätzen zu erstellen.

(2) [1]Näheres regelt die Satzung der Bundessteuerberaterkammer. [2]§ 109 Abs. 2 der Bundeshaushaltsordnung ist anzuwenden.

(3) [1]Die §§ 7, 9 und 24 der Bundeshaushaltsordnung sowie die Vorschriften des Teils III der Bundeshaushaltsordnung gelten entsprechend mit Ausnahme der §§ 38 und 45 sowie der Bestimmungen, die eine Buchung nach Einnahmen und Ausgaben voraussetzen. [2]Das Bundesministerium der Finanzen wird ermächtigt, weitere Ausnahmen von der Anwendung der Vorschriften der Bundeshaushaltsordnung zuzulassen.

(4) Für das Prüfungsrecht des Bundesrechnungshofes gilt § 111 Abs. 1 der Bundeshaushaltsordnung.

§ 88 Staatsaufsicht

(1) Die für die Finanzverwaltung zuständige oberste Landesbehörde führt die Aufsicht über die Steuerberaterkammern, die den Sitz im Lande haben.

(2) Das Bundesministerium der Finanzen führt die Aufsicht über die Bundessteuerberaterkammer.

(3) [1]Die Aufsicht beschränkt sich darauf, dass Gesetz und Satzung beachtet, insbesondere die den Steuerberaterkammern übertragenen Aufgaben erfüllt werden. [2]Die Aufsichtsbehörden können die hierzu erforderlichen Anordnungen und Maßnahmen treffen.

Fünfter Abschnitt. Berufsgerichtsbarkeit

Erster Unterabschnitt. Die berufsgerichtliche Ahndung von Pflichtverletzungen

§ 89 Ahndung einer Pflichtverletzung

(1) Gegen einen Steuerberater oder Steuerbevollmächtigten, der seine Pflichten schuldhaft verletzt, wird eine berufsgerichtliche Maßnahme verhängt.

(2) Ein außerhalb des Berufs liegendes Verhalten eines Steuerberaters oder Steuerbevollmächtigten, das eine rechtswidrige Tat oder eine mit Geldbuße bedrohte Handlung darstellt, ist eine berufsgerichtlich zu ahndende Pflichtverletzung, wenn es nach den Umständen des Einzelfalls in besonderem Maße geeignet ist, Achtung und Vertrauen in einer für die Ausübung der Berufstätigkeit oder für das Ansehen des Berufs bedeutsamen Weise zu beeinträchtigen.

(3) Eine berufsgerichtliche Maßnahme kann nicht verhängt werden, wenn der Steuerberater oder Steuerbevollmächtigte zur Zeit der Tat der Berufsgerichtsbarkeit nicht unterstand.

§ 90 Berufsgerichtliche Maßnahmen

(1) Die berufsgerichtlichen Maßnahmen sind

1. Warnung,
2. Verweis,
3. Geldbuße bis zu fünfzigtausend Euro,
4. Berufsverbot für die Dauer von einem bis zu fünf Jahren,
5. Ausschließung aus dem Beruf.

(2) Die berufsgerichtlichen Maßnahmen des Verweises und der Geldbuße können nebeneinander verhängt werden.

§ 91 Rüge und berufsgerichtliche Maßnahme

(1) [1]Der Einleitung eines berufsgerichtlichen Verfahrens gegen einen Steuerberater oder Steuerbevollmächtigten steht es nicht entgegen, daß der Vorstand der Steuerberaterkammer ihm bereits wegen desselben Verhaltens eine Rüge erteilt hat (§ 81). [2]Hat das Landgericht den Rügebescheid aufgehoben (§ 82), weil es eine schuldhafte Pflichtverletzung nicht festgestellt hat, so kann ein berufsgerichtliches Verfahren wegen desselben Verhaltens nur aufgrund solcher Tatsachen oder Beweismittel eingeleitet werden, die dem Landgericht bei seiner Entscheidung nicht bekannt waren.

(2) [1]Die Rüge wird mit der Rechtskraft eines berufsgerichtlichen Urteils unwirksam, das wegen desselben Verhaltens gegen den Steuerberater oder Steuerbevollmächtigten ergeht und auf Freispruch oder eine berufsgerichtliche Maßnahme lautet. [2]Die Rüge wird auch unwirksam, wenn rechtskräftig die Eröffnung des Hauptverfahrens abgelehnt ist, weil eine schuldhafte Pflichtverletzung nicht festzustellen ist.

§ 92 Anderweitige Ahndung

[1]Ist durch ein Gericht oder eine Behörde eine Strafe, eine Disziplinarmaßnahme, eine ehrengerichtliche Maßnahme, eine anderweitige berufsgerichtliche Maßnahme oder eine Ordnungsmaßnahme verhängt worden, so ist von einer berufsgerichtlichen Ahndung wegen desselben Verhaltens abzusehen, wenn nicht eine berufsgerichtliche Maßnahme zusätzlich erforderlich ist, um den Steuerberater oder Steuerbevollmächtigten zur Erfüllung seiner Pflichten anzuhalten und das Ansehen des Berufs zu wahren. [2]Der Ausschließung steht eine anderweitig verhängte Strafe oder Maßnahme nicht entgegen.

§ 93 Verjährung der Verfolgung einer Pflichtverletzung

(1) [1]Die Verfolgung einer Pflichtverletzung, die nicht die Ausschließung aus dem Beruf rechtfertigt, verjährt in fünf Jahren. [2]§ 78 Abs. 1, § 78a Satz 1 sowie die §§ 78b und 78c Abs. 1 bis 4 des Strafgesetzbuches gelten entsprechend.

(2) Ist vor Ablauf der Verjährungsfrist nach Absatz 1 Satz 1 wegen desselben Sachverhalts ein Strafverfahren eingeleitet worden, ist der Ablauf der Verjährungsfrist für die Dauer des Strafverfahrens gehemmt.

§ 94 Vorschriften für Mitglieder der Steuerberaterkammer, die nicht Steuerberater oder Steuerbevollmächtigte sind

(1) Die Vorschriften des Fünften Abschnitts (Berufsgerichtsbarkeit) gelten entsprechend für Personen, die der Steuerberaterkammer nach § 74 Abs. 2 angehören.

(2) An die Stelle der Ausschließung aus dem Beruf tritt bei den in § 74 Abs. 2 genannten Personen die Aberkennung der Eignung, Steuerberatungsgesellschaften zu vertreten und deren Geschäfte zu führen.

(3) Soweit im berufsgerichtlichen Verfahren die Mitwirkung ehrenamtlicher Richter vorgesehen ist, entscheiden die Berufsgerichte in der gleichen Besetzung wie in Steuerberatersachen.

Zweiter Unterabschnitt. Die Gerichte

§ 95 Kammer für Steuerberater- und Steuerbevollmächtigtensachen beim Landgericht

(1) In dem berufsgerichtlichen Verfahren entscheidet im ersten Rechtszug eine Kammer des Landgerichts (Kammer für Steuerberater- und Steuerbevollmächtigtensachen), das für den Sitz der Steuerberaterkammer zuständig ist.

(2) [1]Bestehen in einem Land mehrere Steuerberaterkammern, so kann die Landesregierung durch Rechtsverordnung die Steuerberater- und Steuerbevollmächtigtensachen einem oder einigen der Landgerichte zuweisen, wenn eine solche Zusammenfassung der Rechtspflege in Steuerberater- und Steuerbevollmächtigtensachen, insbesondere der Sicherung einer einheitlichen Rechtsprechung, dienlich ist. [2]Die Vorstände der beteiligten Steuerberaterkammern sind vorher zu hören.

(3) Durch Vereinbarung der beteiligten Länder können die Aufgaben, für die nach diesem Gesetz das Landgericht eines Landes zuständig ist, einem Landgericht des anderen Landes übertragen werden.

(4) [1]Die Kammer für Steuerberater- und Steuerbevollmächtigtensachen entscheidet außerhalb der Hauptverhandlung in der Besetzung von drei Mitgliedern des Landgerichts mit Einschluß des Vorsitzenden. [2]In der Hauptverhandlung ist sie mit dem Vorsitzenden und zwei Steuerberatern oder Steuerbevollmächtigten als Beisitzern besetzt.

§ 96 Senat für Steuerberater- und Steuerbevollmächtigtensachen beim Oberlandesgericht

(1) In dem berufsgerichtlichen Verfahren entscheidet im zweiten Rechtszug ein Senat des Oberlandesgerichts (Senat für Steuerberater- und Steuerbevollmächtigtensachen beim Oberlandesgericht).

(2) [1]§ 95 Abs. 2 und 3 findet entsprechende Anwendung. [2]Die Steuerberater- und Steuerbevollmächtigtensachen können auch dem obersten Landesgericht zugewiesen oder übertragen werden.

(3) [1]Der Senat für Steuerberater- und Steuerbevollmächtigtensachen entscheidet außerhalb der Hauptverhandlung in der Besetzung von drei Mitgliedern des Oberlandesgerichts mit Einschluß des Vorsitzenden. [2]In der Hauptverhandlung wirken außerdem als Beisitzer zwei Steuerberater oder Steuerbevollmächtigte mit.

§ 97 Senat für Steuerberater- und Steuerbevollmächtigtensachen beim Bundesgerichtshof

(1) In dem berufsgerichtlichen Verfahren entscheidet im dritten Rechtszug ein Senat des Bundesgerichtshofs (Senat für Steuerberater- und Steuerbevollmächtigtensachen beim Bundesgerichtshof).

(2) Der Senat für Steuerberater- und Steuerbevollmächtigtensachen besteht aus einem Vorsitzenden sowie zwei Mitgliedern des Bundesgerichtshofs und zwei Steuerberatern oder Steuerbevollmächtigten als Beisitzern.

§ 98 *(gestrichen)*

§ 99 Steuerberater oder Steuerbevollmächtigte als Beisitzer

(1) Die Beisitzer aus den Reihen der Steuerberater oder Steuerbevollmächtigten sind ehrenamtliche Richter.

(2) [1]Die ehrenamtlichen Richter werden für die Gerichte des ersten und zweiten Rechtszugs von der Landesjustizverwaltung auf die Dauer von fünf Jahren berufen. [2]Sie können nach Ablauf ihrer Amtszeit wiederberufen werden.

(3) [1]Die ehrenamtlichen Richter werden den Vorschlagslisten entnommen, die die Vorstände der Steuerberaterkammern der Landesjustizverwaltung einreichen. [2]Die Landesjustizverwaltung bestimmt, welche Zahl von ehrenamtlichen Richtern für jedes Gericht erforderlich ist; sie hat vorher die Vorstände der Steuerberaterkammern zu hören. [3]Jede Vorschlagsliste soll mindestens die doppelte Zahl der zu berufenden Steuerberater oder Steuerbevollmächtigten enthalten.

(4) Scheidet ein ehrenamtlicher Richter vorzeitig aus, so wird für den Rest seiner Amtszeit ein Nachfolger berufen.

(5) § 6 des Einführungsgesetzes zum Gerichtsverfassungsgesetz gilt ensprechend.

(6) Die Absätze 1 bis 5 finden auf die ehrenamtlichen Richter des Senats für Steuerberater- und Steuerbevollmächtigtensachen beim Bundesgerichtshof mit der Maßgabe Anwendung, daß an Stelle der Steuerberaterkammern die Bundessteuerberaterkammer und an Stelle der Landesjustizverwaltung das Bundesministerium der Justiz und für Verbraucherschutz treten.

(7) [1]Die Landesregierungen werden ermächtigt, die Aufgaben und Befugnisse, die den Landesjustizverwaltungen nach den Absätzen 2 und 3 zustehen, durch Rechtsverordnung auf diesen nachgeordnete Behörden zu übertragen. [2]Die Landesregierungen können diese Ermächtigung durch Rechtsverordnung auf die Landesjustizverwaltungen übertragen.

§ 100 Voraussetzungen für die Berufung zum Beisitzer und Recht zur Ablehnung

(1) [1]Zum ehrenamtlichen Richter kann nur ein Steuerberater oder Steuerbevollmächtigter berufen werden, der in den Vorstand der Steuerberaterkammer gewählt werden kann (§ 77). [2]Er darf als Beisitzer nur für die Kammer für Steuerberater- und Steuerbevollmächtigtensachen beim Landgericht oder den Senat für Steuerberater- und Steuerbevollmächtigtensachen beim Oberlandesgericht oder den Senat für Steuerberater- und Steuerbevollmächtigtensachen beim Bundesgerichtshof berufen werden.

(2) Die ehrenamtlichen Richter dürfen nicht gleichzeitig dem Vorstand der Steuerberaterkammer angehören oder bei ihr im Haupt- oder Nebenberuf tätig sein.

(3) Die Übernahme des Beisitzeramtes kann ablehnen,

1. wer das 65. Lebensjahr vollendet hat;
2. wer in den letzten vier Jahren Mitglied des Vorstandes gewesen ist;
3. wer in gesundheitlicher Hinsicht beeinträchtigt ist.

§ 101 Enthebung vom Amt des Beisitzers

(1) Ein Steuerberater oder Steuerbevollmächtigter ist in den Fällen der §§ 95 und 96 auf Antrag der für die Ernennung zuständigen Behörde, im Falle des § 97 auf Antrag des Bundesministeriums der Justiz und für Verbraucherschutz seines Amtes als Beisitzer zu entheben,

1. wenn nachträglich bekannt wird, daß er nicht hätte zum Beisitzer berufen werden dürfen;
2. wenn nachträglich ein Umstand eintritt, welcher der Berufung zum Beisitzer entgegensteht;
3. wenn der Steuerberater oder Steuerbevollmächtigte seine Amtspflicht als Beisitzer grob verletzt.

(2) [1]Über den Antrag entscheidet in den Fällen der §§ 95 und 96 ein Zivilsenat des Oberlandesgerichts, im Falle des § 97 ein Zivilsenat des Bundesgerichtshofs. [2]Bei der Entscheidung dürfen die Mitglieder der Senate für Steuerberater- und Steuerbevollmächtigtensachen nicht mitwirken.

(3) Vor der Entscheidung ist der Steuerberater oder Steuerbevollmächtigte zu hören.

§ 102 Stellung der ehrenamtlichen Richter und Pflicht zur Verschwiegenheit

(1) Die Steuerberater oder Steuerbevollmächtigten haben in der Sitzung, zu der sie als ehrenamtliche Richter herangezogen werden, die Stellung eines Berufsrichters.

(2) [1]Die Steuerberater und Steuerbevollmächtigten haben über Angelegenheiten, die ihnen bei ihrer Tätigkeit als ehrenamtliche Richter bekanntwerden, Verschwiegenheit gegen jedermann zu bewahren. [2]§ 83 Abs. 2 und 3 ist entsprechend anzuwenden. [3]Die Genehmigung zur Aussage erteilt der Präsident des Gerichts.

§ 103 Reihenfolge der Teilnahme an den Sitzungen

Die ehrenamtlichen Richter sind zu den einzelnen Sitzungen in der Reihenfolge einer Liste heranzuziehen, die der Präsident des Gerichts nach Anhörung der beiden ältesten ehrenamtlichen Richter vor Beginn des Geschäftsjahres aufstellt.

§ 104 Entschädigung der ehrenamtlichen Richter

Die ehrenamtlichen Richter erhalten eine Entschädigung nach dem Justizvergütungs- und -entschädigungsgesetz.

Dritter Unterabschnitt. Verfahrensvorschriften

Erster Teilabschnitt.[1)] Allgemeines

§ 105 Vorschriften für das Verfahren

Für das berufsgerichtliche Verfahren gelten die nachstehenden Vorschriften.

1) Überschrift geändert durch Gesetz vom 17.12.2019 (BGBl. I S. 2451).

§ 106 Keine Verhaftung des Steuerberaters oder Steuerbevollmächtigten

[1]Der Steuerberater oder Steuerbevollmächtigte darf zur Durchführung des berufsgerichtlichen Verfahrens weder vorläufig festgenommen noch verhaftet oder vorgeführt werden. [2]Er kann nicht zur Vorbereitung eines Gutachtens über seinen psychischen Zustand in ein psychiatrisches Krankenhaus gebracht werden.

§ 107 Verteidigung

(1) Zu Verteidigern im berufsgerichtlichen Verfahren vor dem Landgericht und vor dem Oberlandesgericht können außer den in § 138 Abs. 1 der Strafprozeßordnung genannten Personen auch Steuerberater oder Steuerbevollmächtigte gewählt werden.

(2) § 140 Abs. 1 Nr. 1 bis 3, 6, 7 und 9 der Strafprozeßordnung ist auf die Verteidigung im berufsgerichtlichen Verfahren nicht anzuwenden.

§ 108 Akteneinsicht des Steuerberaters oder Steuerbevollmächtigten

[1]Der Vorstand der Steuerberaterkammer und der Steuerberater oder Steuerbevollmächtigte sind befugt, die Akten, die dem Gericht vorliegen oder diesem im Falle der Einreichung einer Anschuldigungsschrift vorzulegen wären, einzusehen sowie amtlich verwahrte Beweisstücke zu besichtigen. [2]§ 147 Abs. 2 Satz 1, Abs. 3, 5 und 6 der Strafprozeßordnung ist insoweit entsprechend anzuwenden.

§ 109 Verhältnis des berufsgerichtlichen Verfahrens zum Straf- oder Bußgeldverfahren

(1) [1]Ist gegen einen Steuerberater oder Steuerbevollmächtigten, der einer Verletzung seiner Pflichten beschuldigt wird, wegen desselben Verhaltens die öffentliche Klage im strafgerichtlichen Verfahren erhoben, so kann gegen ihn ein berufsgerichtliches Verfahren zwar eingeleitet, es muß aber bis zur Beendigung des strafgerichtlichen Verfahrens ausgesetzt werden. [2]Ebenso muß ein bereits eingeleitetes berufsgerichtliches Verfahren ausgesetzt werden, wenn während seines Laufes die öffentliche Klage im strafgerichtlichen Verfahren erhoben wird. [3]Das berufsgerichtliche Verfahren ist fortzusetzen, wenn die Sachaufklärung so gesichert erscheint, daß sich widersprechende Entscheidungen nicht zu erwarten sind, oder wenn im strafgerichtlichen Verfahren aus Gründen nicht verhandelt werden kann, die in der Person des Steuerberaters oder Steuerbevollmächtigten liegen.

(2) Wird der Steuerberater oder Steuerbevollmächtigte im gerichtlichen Verfahren wegen einer Straftat oder einer Ordnungswidrigkeit freigesprochen, so kann wegen der Tatsachen, die Gegenstand der gerichtlichen Entscheidung waren, ein berufsgerichtliches Verfahren nur dann eingeleitet oder fortgesetzt werden, wenn diese Tatsachen, ohne den Tatbestand einer Strafvorschrift oder einer Bußgeldvorschrift zu erfüllen, eine Verletzung der Pflichten des Steuerberaters oder Steuerbevollmächtigten enthalten.

(3) [1]Für die Entscheidung im berufsgerichtlichen Verfahren sind die tatsächlichen Feststellungen des Urteils im Strafverfahren oder Bußgeldverfahren bindend, auf denen die Entscheidung des Gerichts beruht. [2]In dem berufsgerichtlichen Verfahren kann ein Gericht jedoch die nochmalige Prüfung solcher Feststellungen beschließen, deren Richtigkeit seine Mitglieder mit Stimmenmehrheit bezweifeln; dies ist in den Gründen der berufsgerichtlichen Entscheidung zum Ausdruck zu bringen.

(4) [1]Wird ein berufsgerichtliches Verfahren nach Absatz 1 Satz 3 fortgesetzt, ist die Wiederaufnahme des rechtskräftig abgeschlossenen berufsgerichtlichen Verfahrens auch zulässig, wenn die tatsächlichen Feststellungen, auf denen die Verurteilung oder der Freispruch im berufsgerichtlichen Verfahren beruht, den Feststellungen im strafgerichtlichen Verfahren widersprechen. [2]Den Antrag auf Wiederaufnahme des Verfahrens kann

die Staatsanwaltschaft, der Steuerberater oder der Steuerbevollmächtigte binnen eines Monats nach Rechtskraft des Urteils im strafgerichtlichen Verfahren stellen.

§ 110 Verhältnis des berufsgerichtlichen Verfahrens zu den Verfahren anderer Berufsgerichtsbarkeiten

(1) Über eine Pflichtverletzung eines Steuerberaters oder Steuerbevollmächtigten, der zugleich der Disziplinar-, Ehren- oder Berufsgerichtsbarkeit eines anderen Berufs untersteht, wird im berufsgerichtlichen Verfahren nur dann entschieden, wenn die Pflichtverletzung überwiegend mit der Ausübung des Berufs als Steuerberater oder Steuerbevollmächtigter im Zusammenhang steht oder wenn wegen der Schwere der Pflichtverletzung das berufsgerichtliche Verfahren mit dem Ziel der Ausschließung aus dem Beruf eingeleitet worden ist.

(2) [1]Beabsichtigt die Staatsanwaltschaft, gegen einen solchen Steuerberater oder Steuerbevollmächtigten das berufsgerichtliche Verfahren einzuleiten, so teilt sie dies der Staatsanwaltschaft oder Behörde mit, die für die Einleitung eines Verfahrens gegen ihn als Angehörigen des anderen Berufs zuständig wäre. [2]Hat die für den anderen Beruf zuständige Staatsanwaltschaft oder Einleitungsbehörde die Absicht, gegen den Steuerberater oder Steuerbevollmächtigten ein Verfahren einzuleiten, so unterrichtet sie die Staatsanwaltschaft, die für die Einleitung des berufsgerichtlichen Verfahrens zuständig wäre (§ 113).

(3) Hat das Gericht einer Disziplinar-, Ehren- oder Berufsgerichtsbarkeit sich zuvor rechtskräftig für zuständig oder unzuständig erklärt, über die Pflichtverletzung eines Steuerberaters oder Steuerbevollmächtigten, der zugleich der Disziplinar-, Ehren- oder Berufsgerichtsbarkeit eines anderen Berufs untersteht, zu entscheiden, so sind die anderen Gerichte an diese Entscheidung gebunden.

(4) Die Absätze 1 bis 3 sind auf Steuerberater oder Steuerbevollmächtigte, die in einem öffentlich-rechtlichen Dienst- oder Amtsverhältnis stehen und ihren Beruf als Steuerberater oder Steuerbevollmächtigter nicht ausüben dürfen (§ 59), nicht anzuwenden.

§ 111 Aussetzung des berufsgerichtlichen Verfahrens

Das berufsgerichtliche Verfahren kann ausgesetzt werden, wenn in einem anderen gesetzlich geordneten Verfahren über eine Frage zu entscheiden ist, deren Beurteilung für die Entscheidung im berufsgerichtlichen Verfahren von wesentlicher Bedeutung ist.

Zweiter Teilabschnitt.[1] Das Verfahren im ersten Rechtszug

§ 112 Örtliche Zuständigkeit

[1]Die örtliche Zuständigkeit des Landgerichts bestimmt sich nach dem Sitz der Steuerberaterkammer, welcher der Steuerberater oder Steuerbevollmächtigte im Zeitpunkt der Beantragung der Einleitung des Verfahrens angehört. [2]Die Verlegung der beruflichen Niederlassung nach diesem Zeitpunkt in einen anderen Kammerbezirk führt nicht zu einem Wechsel der Zuständigkeit.

§ 113 Mitwirkung der Staatsanwaltschaft

Die Staatsanwaltschaft bei dem Oberlandesgericht, bei dem der Senat für Steuerberater- und Steuerbevollmächtigtensachen besteht, nimmt in den Verfahren vor der Kammer für Steuerberater- und Steuerbevollmächtigtensachen die Aufgaben der Staatsanwaltschaft wahr.

1) Überschrift geändert durch Gesetz vom 17.12.2019 (BGBl. I S. 2451).

§ 114 Einleitung des berufsgerichtlichen Verfahrens

Das berufsgerichtliche Verfahren wird dadurch eingeleitet, daß die Staatsanwaltschaft eine Anschuldigungsschrift bei dem Landgericht einreicht.

§ 115 Gerichtliche Entscheidung über die Einleitung des Verfahrens

(1) Gibt die Staatsanwaltschaft einem Antrag des Vorstandes der Steuerberaterkammer, gegen einen Steuerberater oder Steuerbevollmächtigten das berufsgerichtliche Verfahren einzuleiten, keine Folge oder verfügt sie die Einstellung des Verfahrens, so hat sie ihre Entschließung dem Vorstand der Steuerberaterkammer unter Angabe der Gründe mitzuteilen.

(2) [1]Der Vorstand der Steuerberaterkammer kann gegen den Bescheid der Staatsanwaltschaft binnen eines Monats nach der Bekanntmachung bei dem Oberlandesgericht die gerichtliche Entscheidung beantragen. [2]Der Antrag muß die Tatsachen, welche die Einleitung des berufsgerichtlichen Verfahrens begründen sollen, und die Beweismittel angeben.

(3) Auf das Verfahren nach Absatz 2 sind die §§ 173 bis 175 der Strafprozeßordnung entsprechend anzuwenden.

(4) § 172 der Strafprozeßordnung ist nicht anzuwenden.

§ 116 Antrag des Steuerberaters oder Steuerbevollmächtigten auf Einleitung des berufsgerichtlichen Verfahrens

(1) [1]Will sich der Steuerberater oder Steuerbevollmächtigte von dem Verdacht einer Pflichtverletzung befreien, muss er bei der Staatsanwaltschaft beantragen, das berufsgerichtliche Verfahren gegen ihn einzuleiten. [2]Wegen eines Verhaltens, das der Vorstand der Steuerberaterkammer gerügt hat (§ 81), kann der Steuerberater oder Steuerbevollmächtigte den Antrag nicht stellen.

(2) [1]Gibt die Staatsanwaltschaft dem Antrag des Steuerberaters oder Steuerbevollmächtigten keine Folge oder verfügt sie die Einstellung des Verfahrens, so hat sie ihre Entschließung dem Antragsteller unter Angabe der Gründe mitzuteilen. [2]Wird in den Gründen eine schuldhafte Pflichtverletzung festgestellt, das berufsgerichtliche Verfahren aber nicht eingeleitet, oder wird offengelassen, ob eine schuldhafte Pflichtverletzung vorliegt, kann der Steuerberater oder Steuerbevollmächtigte bei dem Oberlandesgericht die gerichtliche Entscheidung beantragen. [3]Der Antrag ist binnen eines Monats nach der Bekanntmachung der Entschließung der Staatsanwaltschaft zu stellen.

(3) [1]Auf das Verfahren vor dem Senat für Steuerberater- und Steuerbevollmächtigtensachen beim Oberlandesgericht ist § 173 Abs. 1 und 3 der Strafprozeßordnung entsprechend anzuwenden. [2]Das Oberlandesgericht entscheidet durch Beschluß, ob eine schuldhafte Pflichtverletzung des Steuerberaters oder Steuerbevollmächtigten festzustellen ist. [3]Der Beschluß ist mit Gründen zu verstehen. [4]Erachtet das Oberlandesgericht den Steuerberater oder Steuerbevollmächtigten einer berufsgerichtlich zu ahndenden Pflichtverletzung für hinreichend verdächtig, so beschließt es die Einleitung des berufsgerichtlichen Verfahrens. [5]Die Durchführung dieses Beschlusses obliegt der Staatsanwaltschaft.

(4) Erachtet das Oberlandesgericht eine schuldhafte Pflichtverletzung nicht für gegeben, so kann nur aufgrund neuer Tatsachen oder Beweismittel wegen desselben Verhaltens ein Antrag auf Einleitung des berufsgerichtlichen Verfahrens gestellt oder eine Rüge durch den Vorstand der Steuerberaterkammer erteilt werden.

§ 117 Inhalt der Anschuldigungsschrift

[1]In der Anschuldigungsschrift (§ 114 dieses Gesetzes sowie § 207 Abs. 3 der Strafprozeßordnung) ist die dem Steuerberater oder Steuerbevollmächtigten zur Last gelegte Pflichtverletzung unter Anführung der sie begründenden Tatsache zu bezeichnen (Anschuldigungssatz). [2]Ferner sind die Beweismittel anzugeben, wenn in der Hauptverhandlung Beweise erhoben werden sollen. [3]Die Anschuldigungsschrift enthält den Antrag, das Hauptverfahren vor der Kammer für Steuerberater- und Steuerbevollmächtigtensachen beim Landgericht zu eröffnen.

§ 118 Entscheidung über die Eröffnung des Hauptverfahrens

(1) In dem Beschluß, durch den das Hauptverfahren eröffnet wird, läßt die Kammer für Steuerberater- und Steuerbevollmächtigtensachen beim Landgericht die Anschuldigung zur Hauptverhandlung zu.

(2) Der Beschluß, durch den das Hauptverfahren eröffnet worden ist, kann von dem Steuerberater oder Steuerbevollmächtigten nicht angefochten werden.

(3) [1]Der Beschluß, durch den die Eröffnung des Hauptverfahrens abgelehnt wird, ist zu begründen. [2]Gegen den Beschluß steht der Staatsanwaltschaft die sofortige Beschwerde zu.

§ 119 Rechtskraftwirkung eines ablehnenden Beschlusses

Ist die Eröffnung des Hauptverfahrens durch einen nicht mehr anfechtbaren Beschluß abgelehnt, so kann der Antrag auf Einleitung des berufsgerichtlichen Verfahrens nur aufgrund neuer Tatsachen oder Beweismittel und nur innerhalb von fünf Jahren, seitdem der Beschluß rechtskräftig geworden ist, erneut gestellt werden.

§ 120 Zustellung des Eröffnungsbeschlusses

[1]Der Beschluß über die Eröffnung des Hauptverfahrens ist dem Steuerberater oder Steuerbevollmächtigten spätestens mit der Ladung zuzustellen. [2]Entsprechendes gilt in den Fällen des § 207 Abs. 3 der Strafprozeßordnung für die nachgereichte Anschuldigungsschrift.

§ 121 Hauptverhandlung trotz Ausbleibens des Steuerberaters oder Steuerbevollmächtigten

[1]Die Hauptverhandlung kann gegen einen Steuerberater oder Steuerbevollmächtigten, der nicht erschienen ist, durchgeführt werden, wenn er ordnungsmäßig geladen und in der Ladung darauf hingewiesen ist, daß in seiner Abwesenheit verhandelt werden kann. [2]Eine öffentliche Ladung ist nicht zulässig.

§ 122 Nichtöffentliche Hauptverhandlung

(1) [1]Die Hauptverhandlung ist nicht öffentlich. [2]Auf Antrag der Staatsanwaltschaft kann, auf Antrag des Steuerberaters oder Steuerbevollmächtigten muß die Öffentlichkeit hergestellt werden; in diesem Fall sind die Vorschriften des Gerichtsverfassungsgesetzes über die Öffentlichkeit sinngemäß anzuwenden.

(2) [1]Zu nichtöffentlichen Verhandlungen ist Vertretern der Landesjustizverwaltung, dem Präsidenten des Oberlandesgerichts oder seinem Beauftragten und den Beamten der Staatsanwaltschaft bei dem Oberlandesgericht der Zutritt gestattet. [2]Der Zutritt ist ferner Vertretern des Bundesministeriums der Finanzen, Vertretern der für die Finanzverwaltung zuständigen obersten Landesbehörde und Vertretern der Steuerberaterkammer gestattet. [3]Steuerberater und Steuerbevollmächtigte sind als Zuhörer zugelassen. [4]Die Kammer für Steuerberater- und Steuerbevollmächtigtensachen beim Landgericht kann nach Anhörung der Beteiligten auch andere Personen als Zuhörer zulassen.

§ 123 Beweisaufnahme durch einen ersuchten Richter

[1]Die Kammer für Steuerberater- und Steuerbevollmächtigtensachen beim Landgericht kann ein Amtsgericht um die Vernehmung von Zeugen oder Sachverständigen ersuchen. [2]Der Zeuge oder Sachverständige ist jedoch auf Antrag der Staatsanwaltschaft oder des Steuerberaters oder Steuerbevollmächtigten in der Hauptverhandlung zu vernehmen, es sei denn, daß er voraussichtlich am Erscheinen in der Hauptverhandlung verhindert ist oder ihm das Erscheinen wegen großer Entfernung nicht zugemutet werden kann.

§ 124 Verlesen von Protokollen

(1) Die Kammer für Steuerberater- und Steuerbevollmächtigtensachen beim Landgericht beschließt nach pflichtmäßigem Ermessen, ob die Aussage eines Zeugen oder eines Sachverständigen, der bereits in dem berufsgerichtlichen oder in einem anderen gesetzlich geordneten Verfahren vernommen worden ist, zu verlesen sei.

(2) [1]Bevor der Gerichtsbeschluß ergeht, kann der Staatsanwalt oder der Steuerberater oder Steuerbevollmächtigte beantragen, den Zeugen oder Sachverständigen in der Hauptverhandlung zu vernehmen. [2]Einem solchen Antrag ist zu entsprechen, es sei denn, daß der Zeuge oder Sachverständige voraussichtlich am Erscheinen in der Hauptverhandlung verhindert ist oder ihm das Erscheinen wegen großer Entfernung nicht zugemutet werden kann. [3]Wird dem Antrag stattgegeben, so darf das Protokoll über die frühere Vernehmung nicht verlesen werden.

(3) [1]Ist ein Zeuge oder Sachverständiger durch einen ersuchten Richter vernommen worden (§ 123), so kann der Verlesung des Protokolls nicht widersprochen werden. [2]Der Staatsanwalt oder der Steuerberater oder Steuerbevollmächtigte kann jedoch der Verlesung widersprechen, wenn ein Antrag gemäß § 123 Satz 2 abgelehnt worden ist und Gründe für die Ablehnung des Antrags jetzt nicht mehr bestehen.

§ 125 Entscheidung

(1) Die Hauptverhandlung schließt mit der auf die Beratung folgenden Verkündung des Urteils.

(2) Das Urteil lautet auf Freisprechung, Verurteilung oder Einstellung des Verfahrens.

(3) Das berufsgerichtliche Verfahren ist, abgesehen von dem Fall des § 260 Abs. 3 der Strafprozeßordnung, einzustellen

1. wenn die Bestellung nach § 45 Abs. 1 erloschen oder nach § 46 zurückgenommen oder widerrufen ist;
2. wenn nach § 92 von einer berufsgerichtlichen Ahndung abzusehen ist.

Dritter Teilabschnitt.[1)] Rechtsmittel

§ 126 Beschwerde

Für die Verhandlungen und Entscheidungen über Beschwerden ist der Senat für Steuerberater- und Steuerbevollmächtigtensachen beim Oberlandesgericht zuständig.

§ 127 Berufung

(1) Gegen das Urteil der Kammer für Steuerberater- und Steuerbevollmächtigtensachen beim Landgericht ist die Berufung an den Senat für Steuerberater- und Steuerbevollmächtigtensachen beim Oberlandesgericht zulässig.

(2) [1]Die Berufung muß binnen einer Woche nach Verkündung des Urteils bei der Kammer für Steuerberater- und Steuerbevollmächtigtensachen beim Landgericht

1) Überschrift geändert durch Gesetz vom 17.12.2019 (BGBl. I S. 2451).

schriftlich eingelegt werden. [2]Ist das Urteil nicht in Anwesenheit des Steuerberaters oder Steuerbevollmächtigten verkündet worden, so beginnt für diesen die Frist mit der Zustellung.

(3) Die Berufung kann nur schriftlich gerechtfertigt werden.

(4) [1]Auf das Verfahren sind im übrigen neben den Vorschriften der Strafprozeßordnung über die Berufung die §§ 121 bis 125 dieses Gesetzes sinngemäß anzuwenden. [2]Hat der Steuerberater oder Steuerbevollmächtigte die Berufung eingelegt, so ist bei seiner Abwesenheit in der Hauptverhandlung § 329 Absatz 1 Satz 1 und 4 sowie Absatz 7 der Strafprozessordnung entsprechend anzuwenden, falls der Steuerberater oder Steuerbevollmächtigte ordnungsgemäß geladen und in der Ladung ausdrücklich auf die sich aus seiner Abwesenheit ergebenden Rechtsfolge hingewiesen wurde.

§ 128 Mitwirkung der Staatsanwaltschaft im zweiten Rechtszug

Die Aufgaben der Staatsanwaltschaft im zweiten Rechtszug werden von der Staatsanwaltschaft bei dem Oberlandesgericht wahrgenommen, bei dem der Senat für Steuerberater- und Steuerbevollmächtigtensachen besteht.

§ 129 Revision

(1) Gegen das Urteil des Senats für Steuerberater- und Steuerbevollmächtigtensachen beim Oberlandesgericht ist die Revision an den Bundesgerichtshof zulässig,

1. wenn das Urteil auf Ausschließung aus dem Beruf lautet;
2. wenn der Senat für Steuerberater- und Steuerbevollmächtigtensachen beim Oberlandesgericht entgegen einem Antrag der Staatsanwaltschaft nicht auf Ausschließung erkannt hat;
3. wenn der Senat für Steuerberater- und Steuerbevollmächtigtensachen beim Oberlandesgericht sie in dem Urteil zugelassen hat.

(2) Der Senat für Steuerberater- und Steuerbevollmächtigtensachen beim Oberlandesgericht darf die Revision nur zulassen, wenn er über Rechtsfragen oder Fragen der Berufspflichten entschieden hat, die von grundsätzlicher Bedeutung sind.

(3) [1]Die Nichtzulassung der Revision kann selbständig durch Beschwerde innerhalb eines Monats nach Zustellung des Urteils angefochten werden. [2]Die Beschwerde ist bei dem Oberlandesgericht einzulegen. [3]In der Beschwerdeschrift muß die grundsätzliche Rechtsfrage ausdrücklich bezeichnet werden.

(4) Die Beschwerde hemmt die Rechtskraft des Urteils.

(5) [1]Wird der Beschwerde nicht abgeholfen, so entscheidet der Bundesgerichtshof durch Beschluß. [2]Der Beschluß bedarf keiner Begründung, wenn die Beschwerde einstimmig verworfen oder zurückgewiesen wird. [3]Mit Ablehnung der Beschwerde durch den Bundesgerichtshof wird das Urteil rechtskräftig. [4]Wird der Beschwerde stattgegeben, so beginnt mit Zustellung des Beschwerdebescheides die Revisionsfrist.

§ 130 Einlegung der Revision und Verfahren

(1) [1]Die Revision ist binnen einer Woche bei dem Oberlandesgericht schriftlich einzulegen. [2]Die Frist beginnt mit der Verkündung des Urteils. [3]Ist das Urteil nicht in Anwesenheit des Steuerberaters oder Steuerbevollmächtigten verkündet worden, so beginnt für diesen die Frist mit der Zustellung.

(2) Seitens des Steuerberaters oder Steuerbevollmächtigten können die Revisionsanträge und deren Begründung nur schriftlich angebracht werden.

(3) [1]Auf das Verfahren vor dem Bundesgerichtshof sind im übrigen neben den Vorschriften der Strafprozeßordnung über die Revision die §§ 122 und 125 Abs. 3 dieses Gesetzes sinngemäß anzuwenden. [2]In den Fällen des § 354 Abs. 2 der Strafprozeß-

ordnung kann die Sache auch an das Oberlandesgericht eines anderen Landes zurückverwiesen werden.

§ 131 Mitwirkung der Staatsanwaltschaft vor dem Bundesgerichtshof

Die Aufgaben der Staatsanwaltschaft in den Verfahren vor dem Bundesgerichtshof werden von dem Generalbundesanwalt wahrgenommen.

Vierter Teilabschnitt.[1] Die Sicherung von Beweisen

§ 132 Anordnung der Beweissicherung

(1) [1]Wird ein berufsgerichtliches Verfahren gegen den Steuerberater oder Steuerbevollmächtigten eingestellt, weil seine Bestellung erloschen, zurückgenommen oder widerrufen ist, so kann in der Entscheidung zugleich auf Antrag der Staatsanwaltschaft die Sicherung der Beweise angeordnet werden, wenn zu erwarten ist, daß auf Ausschließung aus dem Beruf erkannt worden wäre. [2]Die Anordnung kann nicht angefochten werden.

(2) [1]Die Beweise werden von der Kammer für Steuerberater- und Steuerbevollmächtigtensachen beim Landgericht aufgenommen. [2]Die Kammer für Steuerberater- und Steuerbevollmächtigtensachen kann eines ihrer berufsrichterlichen Mitglieder mit der Beweisaufnahme beauftragen.

§ 133 Verfahren

(1) [1]Die Kammer für Steuerberater- und Steuerbevollmächtigtensachen beim Landgericht hat von Amts wegen alle Beweise zu erheben, die eine Entscheidung darüber begründen können, ob das eingestellte Verfahren zur Ausschließung aus dem Beruf geführt hätte. [2]Den Umfang des Verfahrens bestimmt die Kammer für Steuerberater- und Steuerbevollmächtigtensachen nach pflichtmäßigem Ermessen, ohne an Anträge gebunden zu sein; ihre Verfügungen können insoweit nicht angefochten werden.

(2) Zeugen sind, soweit nicht Ausnahmen vorgeschrieben oder zugelassen sind, eidlich zu vernehmen.

(3) [1]Die Staatsanwaltschaft und der frühere Steuerberater oder Steuerbevollmächtigte sind an dem Verfahren zu beteiligen. [2]Ein Anspruch auf Benachrichtigung von den Terminen, die zum Zwecke der Beweissicherung anberaumt werden, steht dem früheren Steuerberater oder Steuerbevollmächtigten nur zu, wenn er sich im Inland aufhält und seine Anschrift dem Landgericht angezeigt hat.

Fünfter Teilabschnitt.[2] Das Berufs- und Vertretungsverbot

§ 134 Voraussetzung des Verbots

(1) Sind dringende Gründe für die Annahme vorhanden, daß gegen einen Steuerberater oder einen Steuerbevollmächtigten auf Ausschließung aus dem Beruf erkannt werden wird, so kann gegen ihn durch Beschluß ein Berufs- oder Vertretungsverbot verhängt werden.

(2) [1]Die Staatsanwaltschaft kann vor Einleitung des berufsgerichtlichen Verfahrens den Antrag auf Verhängung eines Berufs- oder Vertretungsverbots stellen. [2]In dem Antrag sind die Pflichtverletzung, die dem Steuerberater oder Steuerbevollmächtigten zur Last gelegt wird, sowie die Beweismittel anzugeben.

---

1) Überschrift geändert durch Gesetz vom 17.12.2019 (BGBl. I S. 2451).
2) Überschrift geändert durch Gesetz vom 17.12.2019 (BGBl. I S. 2451).

(3) Für die Verhandlung und Entscheidung ist das Gericht zuständig, das über die Eröffnung des Hauptverfahrens gegen den Steuerberater oder Steuerbevollmächtigten zu entscheiden hat oder vor dem das berufsgerichtliche Verfahren anhängig ist.

§ 135 Mündliche Verhandlung

(1) Der Beschluß, durch den ein Berufs- oder Vertretungsverbot verhängt wird, kann nur aufgrund mündlicher Verhandlung ergehen.

(2) Auf die Besetzung des Gerichts, die Ladung und die mündliche Verhandlung sind die Vorschriften entsprechend anzuwenden, die für die Hauptverhandlung vor dem erkennenden Gericht maßgebend sind, soweit sich nicht aus den folgenden Vorschriften etwas anderes ergibt.

(3) [1]In der Ladung ist die dem Steuerberater oder Steuerbevollmächtigten zur Last gelegte Pflichtverletzung durch Anführung der sie begründenden Tatsachen zu bezeichnen; ferner sind die Beweismittel anzugeben. [2]Dies ist jedoch nicht erforderlich, wenn dem Steuerberater oder Steuerbevollmächtigten die Anschuldigungsschrift bereits mitgeteilt worden ist.

(4) Den Umfang der Beweisaufnahme bestimmt das Gericht nach pflichtmäßigem Ermessen, ohne an Anträge der Staatsanwaltschaft oder des Steuerberaters oder Steuerbevollmächtigten gebunden zu sein.

§ 136 Abstimmung über das Verbot

Zur Verhängung des Berufs- oder Vertretungsverbots ist eine Mehrheit von zwei Dritteln der Stimmen erforderlich.

§ 137[1] Verbot im Anschluss an die Hauptverhandlung

[1]Hat das Gericht auf die Ausschließung aus dem Beruf erkannt, so kann es im unmittelbaren Anschluß an die Hauptverhandlung über die Verhängung des Berufs- oder Vertretungsverbots verhandeln und entscheiden. [2]Dies gilt auch dann, wenn der Steuerberater oder Steuerbevollmächtigte zu der Hauptverhandlung nicht erschienen ist.

§ 138 Zustellung des Beschlusses

Der Beschluß ist mit Gründen zu versehen. Er ist dem Steuerberater oder Steuerbevollmächtigten zuzustellen.

§ 139 Wirkungen des Verbots

(1) Der Beschluß wird mit der Verkündung wirksam.

(2) Der Steuerberater oder Steuerbevollmächtigte, gegen den ein Berufsverbot verhängt ist, darf seinen Beruf nicht ausüben.

(3) Der Steuerberater oder Steuerbevollmächtigte, gegen den ein Vertretungsverbot verhängt ist, darf nicht vor Gerichten oder Behörden in Person auftreten, Vollmachten oder Untervollmachten erteilen und mit Gerichten, Behörden, Steuerberatern oder Steuerbevollmächtigten oder anderen Vertretern in Steuersachen schriftlich verkehren.

(4) Der Steuerberater oder Steuerbevollmächtigte, gegen den ein Berufs- oder Vertretungsverbot verhängt ist, darf jedoch seine eigenen Angelegenheiten und die Angelegenheiten seiner Angehörigen im Sinne des § 15 der Abgabenordnung wahrnehmen.

(5) [1]Die Wirksamkeit von Rechtshandlungen des Steuerberaters oder Steuerbevollmächtigten wird durch das Berufs- oder Vertretungsverbot nicht berührt. [2]Das gleiche gilt für Rechtshandlungen, die ihm gegenüber vorgenommen werden.

---

1) § 137 Überschrift geändert durch Gesetz vom 17.12.2019 (BGBl. I S. 2451).

§ 140 Zuwiderhandlungen gegen das Verbot

(1) Der Steuerberater oder Steuerbevollmächtigte, der einem gegen ihn ergangenen Berufs- oder Vertretungsverbot wissentlich zuwiderhandelt, wird aus dem Beruf ausgeschlossen, sofern nicht wegen besonderer Umstände eine mildere berufsgerichtliche Maßnahme ausreichend erscheint.

(2) Gerichte oder Behörden sollen einen Steuerberater oder Steuerbevollmächtigten, der entgegen einem Berufs- oder Vertretungsverbot vor ihnen auftritt, zurückweisen.

§ 141 Beschwerde

(1) [1]Gegen den Beschluß, durch den das Landgericht oder das Oberlandesgericht ein Berufs- oder Vertretungsverbot verhängt, ist die sofortige Beschwerde zulässig. [2]Die Beschwerde hat keine aufschiebende Wirkung.

(2) Gegen den Beschluß, durch den das Landgericht oder das Oberlandesgericht es ablehnt, ein Berufs- oder Vertretungsverbot zu verhängen, steht der Staatsanwaltschaft die sofortige Beschwerde zu.

(3) [1]Über die sofortige Beschwerde entscheidet, sofern der angefochtene Beschluß von dem Landgericht erlassen ist, das Oberlandesgericht und, sofern er von dem Oberlandesgericht erlassen ist, der Bundesgerichtshof. [2]Für das Verfahren gelten neben den Vorschriften der Strafprozeßordnung über die Beschwerde § 135 Abs. 1, 2 und 4 sowie die §§ 136 und 138 dieses Gesetzes entsprechend.

§ 142 Außerkrafttreten des Verbots

Das Berufs- oder Vertretungsverbot tritt außer Kraft,

1. wenn ein nicht auf Ausschließung lautendes Urteil ergeht;
2. wenn die Eröffnung des Hauptverfahrens vor der Kammer für Steuerberater- und Steuerbevollmächtigtensachen abgelehnt wird.

§ 143 Aufhebung des Verbots

(1) Das Berufs- oder Vertretungsverbot wird aufgehoben, wenn sich ergibt, daß die Voraussetzungen für seine Verhängung nicht oder nicht mehr vorliegen.

(2) Über die Aufhebung entscheidet das nach § 134 Abs. 3 zuständige Gericht.

(3) [1]Beantragt der Steuerberater oder Steuerbevollmächtigte, das Verbot aufzuheben, so kann eine erneute mündliche Verhandlung angeordnet werden. [2]Der Antrag kann nicht gestellt werden, solange über eine sofortige Beschwerde des Beschuldigten nach § 141 Abs. 1 noch nicht entschieden ist. [3]Gegen den Beschluß, durch den der Antrag abgelehnt wird, ist eine Beschwerde nicht zulässig.

§ 144 Mitteilung des Verbots

(1) Der Beschluß, durch den ein Berufs- oder Vertretungsverbot verhängt wird, ist alsbald dem Präsidenten der zuständigen Steuerberaterkammer in beglaubigter Abschrift mitzuteilen.

(2) Tritt das Berufs- oder Vertretungsverbot außer Kraft oder wird es aufgehoben oder abgeändert, so ist Absatz 1 entsprechend anzuwenden.

§ 145 Bestellung eines Vertreters

(1) [1]Für den Steuerberater oder Steuerbevollmächtigten, gegen den ein Berufs- oder Vertretungsverbot verhängt ist, wird im Fall des Bedürfnisses von der zuständigen Steuerberaterkammer ein Vertreter bestellt. [2]Der Steuerberater oder Steuerbevollmächtigte ist vor der Bestellung zu hören; er kann einen geeigneten Vertreter vorschlagen.

(2) Der Vertreter muß Steuerberater oder Steuerbevollmächtigter sein.

(3) Ein Steuerberater oder Steuerbevollmächtigter, dem die Vertretung übertragen wird, kann sie nur aus einem wichtigen Grund ablehnen.

(4) § 69 Abs. 2 bis 4 ist entsprechend anzuwenden.

Vierter Unterabschnitt. Die Kosten in dem berufsgerichtlichen Verfahren und in dem Verfahren bei Anträgen auf berufsgerichtliche Entscheidung über die Rüge. Die Vollstreckung der berufsgerichtlichen Maßnahmen und der Kosten. Die Tilgung

§ 146

[1]Im berufsgerichtlichen Verfahren und im Verfahren über den Antrag auf Entscheidung des Landgerichts über die Rüge (§ 82 Abs. 1) werden Gebühren nach dem Gebührenverzeichnis der Anlage zu diesem Gesetz erhoben. [2]Im Übrigen sind die für Kosten in Strafsachen geltenden Vorschriften des Gerichtskostengesetzes entsprechend anzuwenden.

§ 147 Kosten bei Anträgen auf Einleitung des berufsgerichtlichen Verfahrens

(1) Einem Steuerberater oder Steuerbevollmächtigten, der einen Antrag auf gerichtliche Entscheidung über die Entschließung der Staatsanwaltschaft (§ 116 Abs. 2) zurücknimmt, sind die durch dieses Verfahren entstandenen Kosten aufzuerlegen.

(2) Wird ein Antrag des Vorstandes der Steuerberaterkammer auf gerichtliche Entscheidung in dem Fall des § 115 Abs. 2 verworfen, so sind die durch das Verfahren über den Antrag veranlaßten Kosten der Steuerberaterkammer aufzuerlegen.

§ 148 Kostenpflicht des Verurteilten

(1) [1]Dem Steuerberater oder Steuerbevollmächtigten, der in dem berufsgerichtlichen Verfahren verurteilt wird, sind zugleich die in dem Verfahren entstandenen Kosten ganz oder teilweise aufzuerlegen. [2]Dasselbe gilt, wenn das berufsgerichtliche Verfahren wegen Erlöschens, Rücknahme oder Widerruf der Bestellung eingestellt wird und nach dem Ergebnis des bisherigen Verfahrens die Verhängung einer berufsgerichtlichen Maßnahme gerechtfertigt gewesen wäre; zu den Kosten des berufsgerichtlichen Verfahrens gehören in diesem Fall auch diejenigen, die in einem anschließenden Verfahren zum Zwecke der Beweissicherung (§§ 132 und 133) entstehen.

(2) [1]Dem Steuerberater oder Steuerbevollmächtigten, der in dem berufsgerichtlichen Verfahren ein Rechtsmittel zurückgenommen oder ohne Erfolg eingelegt hat, sind zugleich die durch dieses Verfahren entstandenen Kosten aufzuerlegen. [2]Hatte das Rechtsmittel teilweise Erfolg, so kann dem Steuerberater oder Steuerbevollmächtigten ein angemessener Teil dieser Kosten auferlegt werden.

(3) Für die Kosten, die durch einen Antrag auf Wiederaufnahme des durch ein rechtskräftiges Urteil abgeschlossenen Verfahrens verursacht worden sind, ist Absatz 2 entsprechend anzuwenden.

§ 149 Kostenpflicht in dem Verfahren bei Anträgen auf berufsgerichtliche Entscheidung über die Rüge

(1) [1]Wird der Antrag auf berufsgerichtliche Entscheidung über die Rüge als unbegründet zurückgewiesen, so ist § 148 Abs. 1 Satz 1 entsprechend anzuwenden. [2]Stellt das Landgericht fest, daß die Rüge wegen der Verhängung einer berufsgerichtlichen Maßnahme unwirksam ist (§ 82 Abs. 5 Satz 2), oder hebt es den Rügebescheid gemäß § 82 Abs. 3 Satz 2 auf, so kann es dem Steuerberater oder Steuerbevollmächtigten die in dem

Verfahren entstandenen Kosten ganz oder teilweise auferlegen, wenn es dies für angemessen erachtet.

(2) Nimmt der Steuerberater oder Steuerbevollmächtigte den Antrag auf berufsgerichtliche Entscheidung zurück oder wird der Antrag als unzulässig verworfen, so gilt § 148 Abs. 2 Satz 1 entsprechend.

(3) Wird der Rügebescheid, den Fall des § 82 Abs. 3 Satz 2 ausgenommen, aufgehoben oder wird die Unwirksamkeit der Rüge wegen eines Freispruchs des Steuerberaters oder Steuerbevollmächtigten im berufsgerichtlichen Verfahren oder aus den Gründen des § 91 Abs. 2 Satz 2 festgestellt (§ 82 Abs. 5 Satz 2), so sind die notwendigen Auslagen des Steuerberaters oder Steuerbevollmächtigten der Steuerberaterkammer aufzuerlegen.

§ 150 Haftung der Steuerberaterkammer

Auslagen, die weder dem Steuerberater oder Steuerbevollmächtigten noch einem Dritten auferlegt oder von dem Steuerberater oder Steuerbevollmächtigten nicht eingezogen werden können, fallen der Steuerberaterkammer zur Last, welcher der Steuerberater oder Steuerbevollmächtigte angehört.

§ 151 Vollstreckung der berufsgerichtlichen Maßnahmen und der Kosten

(1) [1]Die Ausschließung aus dem Beruf (§ 90 Abs. 1 Nr. 4) wird mit der Rechtskraft des Urteils wirksam. [2]Der Verurteilte wird aufgrund einer beglaubigten Abschrift der Urteilsformel, die mit der Bescheinigung der Rechtskraft versehen ist, im Berufsregister der Steuerberater oder Steuerbevollmächtigten gelöscht.

(2) Warnung und Verweis (§ 90 Abs. 1 Nr. 1 und 2) gelten mit der Rechtskraft des Urteils als vollstreckt.

(3) [1]Die Vollstreckung der Geldbuße und die Beitreibung der Kosten werden nicht dadurch gehindert, daß der Steuerberater oder Steuerbevollmächtigte nach rechtskräftigem Abschluß des Verfahrens aus dem Beruf ausgeschieden ist. [2]Werden zusammen mit einer Geldbuße die Kosten beigetrieben, so gelten auch für die Kosten die Vorschriften über die Vollstreckung der Geldbuße.

§ 152 Tilgung

(1) [1]Eintragungen in den über den Steuerberater oder Steuerbevollmächtigten geführten Akten über eine Warnung sind nach fünf, über einen Verweis oder eine Geldbuße nach zehn Jahren zu tilgen, auch wenn sie nebeneinander verhängt wurden. [2]Die über diese berufsgerichtlichen Maßnahmen entstandenen Vorgänge sind aus den über den Steuerberater oder Steuerbevollmächtigten geführten Akten zu entfernen und zu vernichten. [3]Nach Ablauf der Frist dürfen diese Maßnahmen bei weiteren berufsgerichtlichen Maßnahmen nicht mehr berücksichtigt werden.

(2) Die Frist beginnt mit dem Tage, an dem die berufsgerichtliche Maßnahme unanfechtbar geworden ist.

(3) Die Frist endet nicht, solange gegen den Steuerberater oder Steuerbevollmächtigten ein Strafverfahren, ein ehrengerichtliches oder berufsgerichtliches Verfahren oder ein Disziplinarverfahren schwebt, eine andere berufsgerichtliche Maßnahme berücksichtigt werden darf oder ein auf Geldbuße lautendes Urteil noch nicht vollstreckt worden ist.

(4) Nach Ablauf der Frist gilt der Steuerberater oder Steuerbevollmächtigte als von berufsgerichtlichen Maßnahmen nicht betroffen.

(5) [1]Die Absätze 1 bis 4 gelten für Rügen des Vorstandes der Steuerberaterkammer entsprechend. [2]Die Frist beträgt fünf Jahre.

Fünfter Unterabschnitt. Für die Berufsgerichtsbarkeit anzuwendende Vorschriften

§ 153

Für die Berufsgerichtsbarkeit sind ergänzend das Gerichtsverfassungsgesetz und die Strafprozeßordnung sinngemäß anzuwenden.

Sechster Abschnitt. Übergangsvorschriften

§ 154 Bestehende Gesellschaften

(1) [1]Steuerberatungsgesellschaften, die am 16. Juni 1989 anerkannt sind, bleiben anerkannt. [2]Dies gilt auch, wenn die Gesellschaft zur Übernahme der Mandanten einer Einrichtung gemäß § 4 Nr. 3, 7 und 8 gegründet wurde oder später die Mandanten einer solchen Einrichtung übernommen hat. [3]Verändert sich nach dem 31. Dezember 1990 der Bestand der Gesellschafter oder das Verhältnis ihrer Beteiligungen oder Stimmrechte durch Rechtsgeschäft oder Erbfall und geht der Anteil oder das Stimmrecht nicht auf einen Gesellschafter über, der die Voraussetzungen des § 50a Abs. 1 Nr. 1 oder Abs. 2 Satz 2 erfüllt, so hat die zuständige Steuerberaterkammer nach § 55 Abs. 2 und 3 zu verfahren. [4]Sie kann vom Widerruf der Anerkennung absehen, wenn Anteile von einer Körperschaft des öffentlichen Rechts im Zusammenhang mit der Übertragung von Aufgaben auf eine andere Körperschaft des öffentlichen Rechts übergehen.

(2) [1]Absatz 1 Satz 3 und 4 gilt auch für unmittelbar oder mittelbar an Steuerberatungsgesellschaften beteiligte Gesellschaften, wenn sie nicht die Kapitalbindungsvorschriften des § 50a Abs. 1 Nr. 1 oder Abs. 2 Satz 2 dieses Gesetzes oder des § 28 Abs. 4 der Wirtschaftsprüferordnung erfüllen. [2]Auf Antrag kann auf Grund einer von der zuständigen Steuerberaterkammer erteilten Ausnahmegenehmigung von der Anwendung des Satzes 1 abgesehen werden, wenn

1. sich der Bestand der Gesellschafter einer beteiligten Gesellschaft und das Verhältnis ihrer Beteiligungen oder Stimmrechte dadurch ändert, dass ein Gesellschafter aus der beteiligten Gesellschaft ausscheidet und infolgedessen sein Anteil oder Stimmrecht auf einen Gesellschafter übergeht, der vor dem 19. Mai 1994 Gesellschafter der beteiligten Gesellschaft war, und die beteiligte Gesellschaft, bei der die Änderung eintritt, vor der Änderung von Berufsvertretungen desselben Berufs gebildet wurde, oder
2. sich der Bestand der Gesellschafter einer beteiligten Gesellschaft und das Verhältnis ihrer Beteiligungen oder Stimmrechte in den vorangegangenen Jahren jeweils nur geringfügig geändert hat, oder
3. sich der Bestand der Gesellschafter einer beteiligten Gesellschaft und das Verhältnis ihrer Beteiligungen oder Stimmrechte ändert und dies auf einen Strukturwandel im landwirtschaftlichen Bereich zurückzuführen ist.

§ 155 Übergangsvorschriften aus Anlass des Vierten Gesetzes zur Änderung des Steuerberatungsgesetzes

(1) [1]Gesellschaften und Personenvereinigungen, die nach § 4 Nr. 8 in der am 15. Juni 1989 geltenden Fassung zur geschäftsmäßigen Hilfeleistung in Steuersachen befugt waren, behalten diese Befugnis, soweit diese Hilfe durch gesetzliche Vertreter oder leitende Angestellte geleistet wird, die unter § 3 fallen, und die Hilfe nicht die Ermittlung der Einkünfte aus selbständiger Arbeit oder aus Gewerbebetrieb betrifft, es sei denn, dass es sich hierbei um Nebeneinkünfte handelt, die üblicherweise bei Landwirten vorkommen. [2]Die Befugnis zur geschäftsmäßigen Hilfeleistung in Steuersachen erlischt,

wenn sie nicht nach dem 16. Juni 1999 durch Personen geleistet wird, die berechtigt sind, die Bezeichnung „Landwirtschaftliche Buchstelle“ zu führen. [3]Die für die Finanzverwaltung zuständige oberste Landesbehörde kann die Frist um bis zu zwei Jahre verlängern, wenn dies nach Lage des einzelnen Falles angemessen ist.

(2) Vereinigungen im Sinne des Absatzes 1, die am 16. Juni 1989 befugt waren, die Bezeichnung „Landwirtschaftliche Buchstelle“ zu führen, dürfen diese Bezeichnung als Zusatz zum Namen der Vereinigung weiter führen, wenn mindestens ein leitender Angestellter berechtigt ist, diese Bezeichnung als Zusatz zur Berufsbezeichnung zu führen.

(3) Die in § 36 Abs. 1 Nr. 2 und Abs. 2 Nr. 1 bestimmte Reihenfolge der Vorbildungsvoraussetzungen gilt nicht für Tätigkeiten, die vor dem 16. Juni 1989 ausgeübt worden sind.

§ 156 Übergangsvorschriften aus Anlass des Sechsten Gesetzes zur Änderung des Steuerberatungsgesetzes

§ 36 Abs. 1 Nr. 2 und Abs. 3 gilt für Bewerber, die in dem in Artikel 3 des Einigungsvertrages genannten Gebiet einen Fachschulabschluss erworben und mit der Fachschulausbildung vor dem 1. Januar 1991 begonnen haben, mit der Maßgabe, dass sie nach dem Fachschulabschluss vier Jahre praktisch tätig gewesen sind.

§ 157 Übergangsvorschriften aus Anlass des Gesetzes zur Änderung von Vorschriften über die Tätigkeit der Steuerberater

(1) Prozessagenten im Sinne des § 11 in der bis zum 30. Juni 2000 geltenden Fassung sind weiterhin zur geschäftsmäßigen Hilfeleistung in Steuersachen befugt.

(2) Stundenbuchhalter im Sinne von § 12 Abs. 2 in der bis zum 30. Juni 2000 geltenden Fassung sind weiterhin zur beschränkten geschäftsmäßigen Hilfe in Steuersachen befugt.

(3) [1]Die vorläufige Bestellung von Steuerberatern und Steuerbevollmächtigten, deren Bestellung nach Maßgabe des § 40a Abs. 1 Satz 6 in der bis zum 30. Juni 2000 geltenden Fassung nicht mit Ablauf des 31. Dezember 1997 erloschen ist, gilt weiter und erlischt erst mit Eintritt der Bestandskraft der Rücknahmeentscheidung nach § 46 Abs. 1 Satz 2 in der bis zum 30. Juni 2000 geltenden Fassung. [2]Soweit in diesen Fällen auf Grund rechtskräftiger Gerichtsentscheidungen endgültige Bestellungen vorzunehmen sind, gilt § 40a Abs. 1 Satz 3 bis 5 in der bis zum 30. Juni 2000 geltenden Fassung weiter.

(4) Die Vorschriften dieses Gesetzes über die Zulassung zur Prüfung in der ab dem 1. Juli 2000 geltenden Fassung sind erstmals auf die Zulassung zur Prüfung im Jahr 2001 anzuwenden.

(5) Auf Prüfungen, die vor dem 1. November 2000 begonnen haben, sind die Vorschriften dieses Gesetzes in der bis zum 30. Juni 2000 geltenden Fassung weiter anzuwenden.

(6) Die den Steuerberaterkammern zugewiesenen Aufgaben des Ersten und Zweiten Unterabschnitts des Zweiten Abschnitts des Zweiten Teils dieses Gesetzes in der ab dem 1. Juli 2000 geltenden Fassung werden bis zum 31. Dezember 2000 von den bisher zuständigen Behörden der Finanzverwaltung wahrgenommen.

§ 157a Übergangsvorschriften anlässlich des Achten Gesetzes zur Änderung des Steuerberatungsgesetzes

(1) [1]Die Vorschriften dieses Gesetzes in der ab 12. April 2008 geltenden Fassung über die Zulassung zur Prüfung, die Befreiung von der Prüfung, die organisatorische Durchführung der Prüfung und die Abnahme der Prüfung sind erstmals für Prüfungen anzuwenden, die nach dem 31. Dezember 2008 beginnen und für Anträge auf Befreiung

von der Prüfung oder auf Erteilung einer verbindlichen Auskunft über die Erfüllung einzelner Voraussetzungen für die Zulassung zur Prüfung oder über die Befreiung von der Prüfung, die nach dem 31. Dezember 2008 gestellt werden. [2]Das gilt nicht für § 36 Abs. 1, § 37 Abs. 3, § 37a Abs. 2 bis 4a, § 38 Abs. 1 und die in § 39 Abs. 1 für die Bearbeitung eines Antrags auf Befreiung von der Prüfung oder auf Erteilung einer verbindlichen Auskunft nach § 38a bestimmte Gebührenhöhe. [3]Die in § 39 Abs. 2 bestimmte Höhe der Gebühr gilt für Prüfungen, die nach dem 31. Dezember 2007 beginnen.

(2) Auf Prüfungen, die vor dem 1. November 2007 begonnen haben, sind die Vorschriften dieses Gesetzes in der bis zum 11. April 2008 geltenden Fassung weiter anzuwenden.

(3) Unabhängig von den Absätzen 1 und 2 geht am 1. Juli 2009 in den zu diesem Zeitpunkt anhängigen Rechtsstreitigkeiten wegen der Zulassung zur Prüfung, der Befreiung von der Prüfung oder der Erteilung verbindlicher Auskünfte gemäß § 38a und Überdenkungsverfahren die Zuständigkeit von der für die Finanzverwaltung zuständigen obersten Landesbehörde auf die zuständige Steuerberaterkammer über.

(4) Unabhängig von den Absätzen 1 und 2 wird ab dem 1. Juli 2009 in den zu diesem Zeitpunkt anhängigen Rechtsstreitigkeiten wegen Prüfungsentscheidungen die für die Finanzverwaltung zuständige oberste Landesbehörde durch die zuständige Steuerberaterkammer vertreten.

§ 157b Anwendungsvorschrift

§ 154 Absatz 2 Satz 2 Nummer 2 in der Fassung des Artikels 14 des Gesetzes vom 16. Juli 2009 (BGBl. I S. 1959) ist auf alle bei Inkrafttreten dieser Vorschrift nicht bestandskräftig abgeschlossenen Verfahren anzuwenden.

§ 157c[1] Anwendungsvorschrift zu § 36 Absatz 2

§ 36 Absatz 2 in der Fassung des Artikels 5 des Gesetzes vom 22. November 2019 (BGBl. I S. 1746) ist erstmals auf Prüfungen anzuwenden, die nach dem 31. Dezember 2020 beginnen.

Siebenter Abschnitt. Verordnungsermächtigung

§ 158 Durchführungsbestimmungen zu den Vorschriften über Steuerberater, Steuerbevollmächtigte und Steuerberatungsgesellschaften

Die Bundesregierung wird ermächtigt, nach Anhören der Bundessteuerberaterkammer mit Zustimmung des Bundesrates durch Rechtsverordnung Bestimmungen zu erlassen

1. über
   a) das Verfahren bei der Zulassung zur Prüfung, der Befreiung von der Prüfung und der Erteilung verbindlicher Auskünfte, insbesondere über die Einführung von Vordrucken zur Erhebung der gemäß den §§ 36, 37a, 38 und 38a erforderlichen Angaben und Nachweise,
   b) die Durchführung der Prüfung, insbesondere die Prüfungsgebiete, die schriftliche und mündliche Prüfung, das Überdenken der Prüfungsbewertung,
   c) das Verfahren bei der Wiederholung der Prüfung,

1) § 157c eingefügt durch Gesetz vom 22.11.2019 (BGBl. I S. 1746).

d) das Verfahren der Berufung und Abberufung der Mitglieder des Prüfungsausschusses und ihrer Stellvertreter;

2. über die Bestellung;

3) über das Verfahren bei der Anerkennung als Steuerberatungsgesellschaft;

4) über die mündliche Prüfung im Sinne des § 44, insbesondere über die Prüfungsgebiete, die Befreiung von der Prüfung und das Verfahren bei der Erteilung der Bezeichnung „Landwirtschaftliche Buchstelle";

5) über Einrichtung und Führung des Berufsregisters sowie über Meldepflichten;

6) über den Abschluss und die Aufrechterhaltung der Haftpflichtversicherung, den Inhalt, den Umfang und die Ausschlüsse des Versicherungsvertrages sowie über die Mindesthöhe der Deckungssummen.

Dritter Teil. Zwangsmittel, Ordnungswidrigkeiten

Erster Abschnitt. Vollstreckung wegen Handlungen und Unterlassungen

§ 159 Zwangsmittel

Die Anwendung von Zwangsmitteln richtet sich nach der Abgabenordnung.

Zweiter Abschnitt. Ordnungswidrigkeiten

§ 160 Unbefugte Hilfeleistung in Steuersachen

(1) Ordnungswidrig handelt, wer entgegen § 5 Abs. 1 oder entgegen einer vollziehbaren Untersagung nach § 7 geschäftsmäßig Hilfe in Steuersachen leistet.

(2) Die Ordnungswidrigkeit kann mit einer Geldbuße bis zu fünftausend Euro geahndet werden.

§ 161 Schutz der Bezeichnungen „Steuerberatungsgesellschaft", „Lohnsteuerhilfeverein" und „Landwirtschaftliche Buchstelle"

(1) Ordnungswidrig handelt, wer unbefugt die Bezeichnung „Steuerberatungsgesellschaft", „Lohnsteuerhilfeverein", „Landwirtschaftliche Buchstelle" oder eine einer solchen zum Verwechseln ähnliche Bezeichnung benutzt.

(2) Die Ordnungswidrigkeit kann mit einer Geldbuße bis zu fünftausend Euro geahndet werden.

§ 162[1] Verletzung der den Lohnsteuerhilfevereinen obliegenden Pflichten

(1) Ordnungswidrig handelt, wer

1. entgegen § 14 Abs. 1 Nr. 8 eine Mitgliederversammlung oder eine Vertreterversammlung nicht durchführt,
2. entgegen § 15 Abs. 3 eine Satzungsänderung der zuständigen Aufsichtsbehörde nicht oder nicht rechtzeitig anzeigt,
3. entgegen § 22 Abs. 1 die jährliche Geschäftsprüfung nicht oder nicht rechtzeitig durchführen läßt,
4. entgegen § 22 Abs. 7 Nr. 1 die Abschrift des Berichts über die Geschäftsprüfung der zuständigen Aufsichtsbehörde nicht oder nicht rechtzeitig zuleitet,

---

1) § 162 Abs. 1 geändert durch Gesetz vom 22.11.2019 (BGBl. I S. 1746).

5. entgegen § 22 Abs. 7 Nr. 2 den Mitgliedern des Lohnsteuerhilfevereins den wesentlichen Inhalt der Prüfungsfeststellungen nicht oder nicht rechtzeitig bekanntgibt,
6. entgegen § 23 Abs. 3 Satz 1 zur Leitung einer Beratungsstelle eine Person bestellt, die nicht die dort bezeichneten Voraussetzungen erfüllt,
7. entgegen § 23 Abs. 4 der zuständigen Aufsichtsbehörde die Eröffnung, die Schließung oder die Änderung der Anschrift einer Beratungsstelle, die Bestellung oder Abberufung des Leiters einer Beratungsstelle oder die Personen, deren sich der Verein bei der Hilfeleistung in Steuersachen im Rahmen der Befugnis nach § 4 Nr. 11 bedient, nicht mitteilt oder
8. entgegen § 25 Abs. 2 Satz 1 nicht angemessen versichert ist oder
9. entgegen § 29 Abs. 1 die Aufsichtsbehörde nicht oder nicht rechtzeitig von Mitgliederversammlungen oder Vertreterversammlungen unterrichtet.

(2) Die Ordnungswidrigkeit nach Absatz 1 Nr. 1, 3 bis 6 und 8 kann mit einer Geldbuße bis fünftausend Euro, die Ordnungswidrigkeit nach Absatz 1 Nr. 2, 7 und 9 mit einer Geldbuße bis zu eintausend Euro geahndet werden.

§ 163[1] Pflichtverletzung von Personen, deren sich der Verein bei der Hilfeleistung in Steuersachen im Rahmen der Befugnis nach § 4 Nummer 11 bedient

(1) Ordnungswidrig handelt, wer entgegen § 26 Abs. 2 in Verbindung mit der Hilfeleistung in Steuersachen im Rahmen der Befugnis nach § 4 Nr. 11 eine andere wirtschaftliche Tätigkeit ausübt.

(2) Die Ordnungswidrigkeit kann mit einer Geldbuße bis zu fünfundzwanzigtausend Euro geahndet werden.

§ 164 Verfahren

¹Verwaltungsbehörde im Sinne des § 36 Abs. 1 Nr. 1 des Gesetzes über Ordnungswidrigkeiten ist das Finanzamt, § 387 Abs. 2 der Abgabenordnung ist entsprechend anzuwenden. ²Im übrigen gelten für das Bußgeldverfahren § 410 Abs. 1 Nr. 1, 2, 6 bis 11 und Abs. 2 sowie § 412 der Abgabenordnung entsprechend.

Vierter Teil.[2] Schlussvorschriften

§ 164a Verwaltungsverfahren und finanzgerichtliches Verfahren

(1) ¹Die Durchführung des Verwaltungsverfahrens in öffentlich-rechtlichen und berufsrechtlichen Angelegenheiten, die durch den Ersten Teil, den Zweiten und Sechsten Abschnitt des Zweiten Teils und den Ersten Abschnitt des Dritten Teils dieses Gesetzes geregelt werden, richtet sich nach der Abgabenordnung. ²Das Verfahren kann über eine einheitliche Stelle abgewickelt werden. ³Dafür gelten die Vorschriften des Verwaltungsverfahrensgesetzes entsprechend.

(2) ¹Die Vollziehung der Rücknahme oder des Widerrufs der Anerkennung als Lohnsteuerhilfeverein (§ 20), der Anordnung der Schließung einer Beratungsstelle (§ 28 Abs. 3), der Rücknahme oder des Widerrufs der Bestellung als Steuerberater oder Steuerbevollmächtigter (§ 46) oder der Anerkennung als Steuerberatungsgesellschaft (§ 55) ist bis zum Eintritt der Unanfechtbarkeit gehemmt; § 361 Abs. 4 Sätze 2 und 3 der Abgabenordnung und § 69 Abs. 5 Sätze 2 bis 4 der Finanzgerichtsordnung bleiben unbe-

1) § 163 Überschrift geändert durch Gesetz vom 17.12.2019 (BGBl. I S. 2451).
2) Überschrift geändert durch Gesetz vom 17.12.2019 (BGBl. I S. 2451).

rührt. [2]In den Fällen des Satzes 1 kann daneben die Ausübung der Hilfeleistung in Steuersachen mit sofortiger Wirkung untersagt werden, wenn es das öffentliche Interesse erfordert.

(3) [1]In finanzgerichtlichen Verfahren in Angelegenheiten der §§ 37, 37a und 39a wird die für die Finanzverwaltung zuständige oberste Landesbehörde durch die zuständige Steuerberaterkammer vertreten. [2]Die der für die Finanzverwaltung zuständigen obersten Landesbehörde in Verfahren nach Satz 1 auferlegten Kosten werden von der zuständigen Steuerberaterkammer unmittelbar an den Kostengläubiger gezahlt. [3]Die für die Finanzverwaltung zuständige oberste Landesbehörde wird insoweit von ihrer Zahlungsverpflichtung gegenüber dem Kostengläubiger befreit. [4]Die zuständige Steuerberaterkammer kann für eigene Aufwendungen in Verfahren nach Satz 1 und für die Zahlung nach Satz 2 keinen Ersatz von der für die Finanzverwaltung zuständigen obersten Landesbehörde verlangen.

§ 164b Gebühren

(1) Soweit dieses Gesetz für die Bearbeitung von Anträgen Gebühren vorsieht, sind diese bei der Antragstellung zu entrichten.

(2) Wird ein Antrag vor der Entscheidung zurückgenommen, ist die Gebühr zur Hälfte zu erstatten.

§ 164c Laufbahngruppenregelungen der Länder

[1]Soweit in diesem Gesetz die Bezeichnung gehobener und höherer Dienst verwendet wird, richtet sich die Zuordnung der Beamten zu einer dieser Laufbahngruppen in den Ländern, die durch landesrechtliche Regelungen die zuvor bezeichneten Laufbahngruppen zusammengefasst oder abweichend bezeichnet haben, nach den Zugangsvoraussetzungen für die Einstellung als Inspektor oder Regierungsrat. [2]Beamte, die durch eine Qualifizierungsmaßnahme die Voraussetzungen für die Verleihung des Amtes eines Oberinspektors erfüllen oder denen auf Grund einer Qualifizierungsmaßnahme ein Amt verliehen worden ist, das vor Verleihung des Amtes eines Oberinspektors durchlaufen werden muss, sind dem gehobenen Dienst, Beamte, die durch eine Qualifizierungsmaßnahme die Voraussetzungen für die Verleihung des Amtes eines Oberregierungsrates erfüllen, sind dem höheren Dienst zuzuordnen.

§ 165 Ermächtigung

Das Bundesministerium der Finanzen wird ermächtigt, den Wortlaut dieses Gesetzes und der zu diesem Gesetz erlassenen Durchführungsverordnungen in der jeweils geltenden Fassung mit neuem Datum und in neuer Paragraphenfolge bekanntzumachen und dabei Unstimmigkeiten des Wortlauts zu beseitigen.

§ 166 Fortgeltung bisheriger Vorschriften

[1]Das Versorgungswerk der Kammer der Steuerberater und Helfer in Steuersachen für das Saarland bleibt aufrechterhalten. [2]Die Regierung des Saarlandes wird ermächtigt, durch Rechtsverordnung die erforderlichen Vorschriften über die Beibehaltung des Versorgungswerkes, insbesondere in der Form einer Körperschaft des öffentlichen Rechts, über die Mitgliedschaft der Steuerberater und Steuerbevollmächtigten, über die Satzung und über die Dienstaufsicht zu erlassen.

§ 167 Freie und Hansestadt Hamburg

Der Senat der Freien und Hansestadt Hamburg wird ermächtigt, die Vorschriften dieses Gesetzes über die Zuständigkeit der Behörden dem besonderen Verwaltungsaufbau in Hamburg anzupassen.

§ 168 Inkrafttreten des Gesetzes

(1) Dieses Gesetz tritt mit Ausnahme des § 166 Abs. 2 am ersten Kalendertage des dritten Kalendermonats nach seiner Verkündung[1] in Kraft.

(2) § 166 Abs. 2 tritt am Tage nach der Verkündung des Gesetzes in Kraft.

1) Das Gesetz wurde am 23.8.1961 verkündet.

Anlage
(zu § 146 Satz 1)

Gebührenverzeichnis
Gliederung

Abschnitt 1 Verfahren vor dem Landgericht
Unterabschnitt 1 Berufsgerichtliches Verfahren erster Instanz
Unterabschnitt 2 Antrag auf gerichtliche Entscheidung über die Rüge

Abschnitt 2 Verfahren vor dem Oberlandesgericht
Unterabschnitt 1 Berufung
Unterabschnitt 2 Beschwerde

Abschnitt 3 Verfahren vor dem Bundesgerichtshof
Unterabschnitt 1 Revision
Unterabschnitt 2 Beschwerde

Abschnitt 4 Rüge wegen Verletzung des Anspruchs auf rechtliches Gehör

<table>
<tr><th>Nr.</th><th>Gebührentatbestand</th><th>Gebührenbetrag oder Satz der jeweiligen Gebühr 110 bis 112</th></tr>
<tr><td colspan="3">Vorbemerkung:
(1) Im berufsgerichtlichen Verfahren bemessen sich die Gerichtsgebühren vorbehaltlich des Absatzes 2 für alle Rechtszüge nach der rechtskräftig verhängten Maßnahme.
(2) Wird ein Rechtsmittel oder ein Antrag auf berufsgerichtliche Entscheidung nur teilweise verworfen oder zurückgewiesen, so hat das Gericht die Gebühr zu ermäßigen, soweit es unbillig wäre, den Steuerberater oder Steuerbevollmächtigten damit zu belasten.
(3) Im Verfahren nach Wiederaufnahme werden die gleichen Gebühren wie für das wiederaufgenommene Verfahren erhoben. Wird jedoch nach Anordnung der Wiederaufnahme des Verfahrens das frühere Urteil aufgehoben, gilt für die Gebührenerhebung jeder Rechtszug des neuen Verfahrens mit dem jeweiligen Rechtszug des früheren Verfahrens zusammen als ein Rechtszug. Gebühren werden auch für Rechtszüge erhoben, die nur im früheren Verfahren stattgefunden haben.</td></tr>
<tr><td colspan="3">Abschnitt 1
Verfahren vor dem Landgericht
Unterabschnitt 1
Berufsgerichtliches Verfahren erster Instanz</td></tr>
<tr><td>110</td><td>Verfahren mit Urteil bei Verhängung einer oder mehrerer der folgenden Maßnahmen:
1. einer Warnung,
2. eines Verweises,
3. einer Geldbuße
3. eines befristeten Berufsverbots. . . . .</td><td>240,00 EUR</td></tr>
<tr><td>112</td><td>Verfahren mit Urteil bei Ausschließung aus dem Beruf</td><td>480,00 EUR</td></tr>
<tr><td colspan="3">Unterabschnitt 2
Antrag auf gerichtliche Entscheidung über die Rüge</td></tr>
<tr><td>120</td><td>Verfahren über den Antrag auf gerichtliche Entscheidung über die Rüge nach § 82 Abs. 1 StBerG:
Der Antrag wird verworfen oder zurückgewiesen . . . .</td><td>160,00 EUR</td></tr>
</table>

Nr.	Gebührentatbestand	Gebührenbetrag oder Satz der jeweiligen Gebühr 110 bis 112
	Abschnitt 2 ***Verfahren vor dem Oberlandesgericht*** *Unterabschnitt 1* *Berufung*	
210	Berufungsverfahren mit Urteil	1,5
211	Erledigung des Berufungsverfahrens ohne Urteil..... Die Gebühr entfällt bei Zurücknahme der Berufung vor Ablauf der Begründungsfrist.	0,5
	Unterabschnitt 2 *Beschwerde*	
220	Verfahren über Beschwerden im berufsgerichtlichen Verfahren, die nicht nach anderen Vorschriften gebührenfrei sind: Die Beschwerde wird verworfen oder zurückgewiesen Von dem Steuerberater oder Steuerbevollmächtigten wird eine Gebühr nur erhoben, wenn gegen ihn rechtskräftig eine berufsgerichtliche Maßnahme verhängt worden ist.	50,00 EUR
	Abschnitt 3 ***Verfahren vor dem Bundesgerichtshof*** *Unterabschnitt 1* *Revision*	
310	Revisionsverfahren mit Urteil oder mit Beschluss nach § 130 Abs. 3 Satz 1 StBerG i. V. m. § 349 Abs. 2 oder Abs. 4 StPO	2,0
311	Erledigung des Revisionsverfahrens ohne Urteil und ohne Beschluss nach § 130 Abs. 3 Satz 1 StBerG i. V. m. § 349 Abs. 2 oder Abs. 4 StPO .... Die Gebühr entfällt bei Zurücknahme der Revision vor Ablauf der Begründungsfrist.	1,0
	Unterabschnitt 2 *Beschwerde*	
320	Verfahren über die Beschwerde gegen die Nichtzulassung der Revision: Die Beschwerde wird verworfen oder zurückgewiesen	1,0
321	Verfahren über sonstige Beschwerden im berufsgerichtlichen Verfahren, die nicht nach anderen Vorschriften gebührenfrei sind: Die Beschwerde wird verworfen oder zurückgewiesen Von dem Steuerberater oder Steuerbevollmächtigten wird eine Gebühr nur erhoben, wenn gegen ihn rechtskräftig eine berufsgerichtliche Maßnahme verhängt worden ist.	50,00 EUR

Nr.	Gebührentatbestand	Gebührenbetrag oder Satz der jeweiligen Gebühr 110 bis 112
	Abschnitt 4 ***Rüge wegen Verletzung des Anspruchs auf rechtliches Gehör***	
400	Verfahren über die Rüge wegen Verletzung des Anspruchs auf rechtliches Gehör: Die Rüge wird in vollem Umfang verworfen oder zurückgewiesen	50,00 EUR

13. Gesetz über Partnerschaftsgesellschaften Angehöriger Freier Berufe (Partnerschaftsgesellschaftsgesetz – PartGG)

Vom 25.7.1994
(BGBl. I S. 1744)

zuletzt geändert durch Gesetz vom 22.12.2015 (BGBl. I S. 2565)

§ 1 Voraussetzungen der Partnerschaft

(1) [1]Die Partnerschaft ist eine Gesellschaft, in der sich Angehörige Freier Berufe zur Ausübung ihrer Berufe zusammenschließen. [2]Sie übt kein Handelsgewerbe aus. [3]Angehörige einer Partnerschaft können nur natürliche Personen sein.

(2) [1]Die Freien Berufe haben im allgemeinen auf der Grundlage besonderer beruflicher Qualifikation oder schöpferischer Begabung die persönliche, eigenverantwortliche und fachlich unabhängige Erbringung von Dienstleistungen höherer Art im Interesse der Auftraggeber und der Allgemeinheit zum Inhalt. [2]Ausübung eines Freien Berufs im Sinne dieses Gesetzes ist die selbständige Berufstätigkeit der Ärzte, Zahnärzte, Tierärzte, Heilpraktiker, Krankengymnasten, Hebammen, Heilmasseure, Diplom-Psychologen, Mitglieder der Rechtsanwaltskammern, Patentanwälte, Wirtschaftsprüfer, Steuerberater, beratenden Volks- und Betriebswirte, vereidigten Buchprüfer (vereidigte Buchrevisoren), Steuerbevollmächtigten, Ingenieure, Architekten, Handelschemiker, Lotsen, hauptberuflichen Sachverständigen, Journalisten, Bildberichterstatter, Dolmetscher, Übersetzer und ähnlicher Berufe sowie der Wissenschaftler, Künstler, Schriftsteller, Lehrer und Erzieher.

(3) Die Berufsausübung in der Partnerschaft kann in Vorschriften über einzelne Berufe ausgeschlossen oder von weiteren Voraussetzungen abhängig gemacht werden.

(4) Auf die Partnerschaft finden, soweit in diesem Gesetz nichts anderes bestimmt ist, die Vorschriften des Bürgerlichen Gesetzbuches über die Gesellschaft Anwendung.

§ 2 Name der Partnerschaft

(1) [1]Der Name der Partnerschaft muß den Namen mindestens eines Partners, den Zusatz „und Partner" oder „Partnerschaft" sowie die Berufsbezeichnungen aller in der Partnerschaft vertretenen Berufe enthalten. [2]Die Beifügung von Vornamen ist nicht erforderlich. [3]Die Namen anderer Personen als der Partner dürfen nicht in den Namen der Partnerschaft aufgenommen werden.

(2) § 18 Abs. 2, §§ 21, 22 Abs. 1, §§ 23, 24, 30, 31 Abs. 2, §§ 32 und 37 des Handelsgesetzbuchs sind entsprechend anzuwenden; § 24 Abs. 2 des Handelsgesetzbuchs gilt auch bei Umwandlung einer Gesellschaft bürgerlichen Rechts in eine Partnerschaft.

§ 3 Partnerschaftsvertrag

(1) Der Partnerschaftsvertrag bedarf der Schriftform.

(2) Der Partnerschaftsvertrag muß enthalten

1. den Namen und den Sitz der Partnerschaft;
2. den Namen und den Vornamen sowie den in der Partnerschaft ausgeübten Beruf und den Wohnort jedes Partners;
3. den Gegenstand der Partnerschaft.

§ 4 Anmeldung der Partnerschaft

(1) [1]Auf die Anmeldung der Partnerschaft in das Partnerschaftsregister sind § 106 Abs. 1 und § 108 Satz 1 des Handelsgesetzbuchs entsprechend anzuwenden. [2]Die Anmeldung hat die in § 3 Abs. 2 vorgeschriebenen Angaben, das Geburtsdatum jedes Partners und die Vertretungsmacht der Partner zu enthalten. [3]Änderungen dieser Angaben sind gleichfalls zur Eintragung in das Partnerschaftsregister anzumelden.

(2) [1]In der Anmeldung ist die Zugehörigkeit jedes Partners zu dem Freien Beruf, den er in der Partnerschaft ausübt, anzugeben. [2]Das Registergericht legt bei der Eintragung die Angaben der Partner zugrunde, es sei denn, ihm ist deren Unrichtigkeit bekannt.

(3) Der Anmeldung einer Partnerschaft mit beschränkter Berufshaftung nach § 8 Absatz 4 muss eine Versicherungsbescheinigung gemäß § 113 Absatz 2 des Gesetzes über den Versicherungsvertrag beigefügt sein.

§ 5 Inhalt der Eintragung; anzuwendende Vorschriften

(1) Die Eintragung hat die in § 3 Abs. 2 genannten Angaben, das Geburtsdatum jedes Partners und die Vertretungsmacht der Partner zu enthalten.

(2) Auf das Partnerschaftsregister und die registerrechtliche Behandlung von Zweigniederlassungen sind die §§ 8, 8a, 9, 10 bis 12, 13, 13d, 13h und 14 bis 16 des Handelsgesetzbuchs über das Handelsregister entsprechend anzuwenden; eine Pflicht zur Anmeldung einer inländischen Geschäftsanschrift besteht nicht.

§ 6 Rechtsverhältnis der Partner untereinander

(1) Die Partner erbringen ihre beruflichen Leistungen unter Beachtung des für sie geltenden Berufsrechts.

(2) Einzelne Partner können im Partnerschaftsvertrag nur von der Führung der sonstigen Geschäfte ausgeschlossen werden.

(3) [1]Im übrigen richtet sich das Rechtsverhältnis der Partner untereinander nach dem Partnerschaftsvertrag. [2]Soweit der Partnerschaftsvertrag keine Bestimmungen enthält, sind die §§ 110 bis 116 Abs. 2, §§ 117 bis 119 des Handelsgesetzbuchs entsprechend anzuwenden.

§ 7 Wirksamkeit im Verhältnis zu Dritten; rechtliche Selbständigkeit; Vertretung

(1) Die Partnerschaft wird im Verhältnis zu Dritten mit ihrer Eintragung in das Partnerschaftsregister wirksam.

(2) § 124 des Handelsgesetzbuches ist entsprechend anzuwenden.

(3) Auf die Vertretung der Partnerschaft sind die Vorschriften des § 125 Abs. 1 und 2 sowie der §§ 126 und 127 des Handelsgesetzbuches entsprechend anzuwenden.

(4) [1]Die Partnerschaft kann als Prozess- oder Verfahrensbevollmächtigte beauftragt werden. [2]Sie handelt durch ihre Partner und Vertreter, in deren Person die für die Erbringung rechtsbesorgender Leistungen gesetzlich vorgeschriebenen Voraussetzungen im Einzelfalle vorliegen müssen, und ist in gleichem Umfang wie diese postulationsfähig. [3]Verteidiger im Sinne der §§ 137 ff. der Strafprozessordnung ist nur die für die Partnerschaft handelnde Person.

(5) Für die Angabe auf Geschäftsbriefen der Partnerschaft ist § 125a Absatz 1 Satz 1, Absatz 2 des Handelsgesetzbuchs mit der Maßgabe entsprechend anzuwenden, dass bei einer Partnerschaft mit beschränkter Berufshaftung auch der von dieser gewählte Namenszusatz im Sinne des § 8 Absatz 4 Satz 3 anzugeben ist.

§ 8 Haftung für Verbindlichkeiten der Partnerschaft

(1) [1]Für Verbindlichkeiten der Partnerschaft haften den Gläubigern neben dem Vermögen der Partnerschaft die Partner als Gesamtschuldner. [2]Die §§ 129 und 130 des Handelsgesetzbuchs sind entsprechend anzuwenden.

(2) Waren nur einzelne Partner mit der Bearbeitung eines Auftrags befaßt, so haften nur sie gemäß Absatz 1 für berufliche Fehler neben der Partnerschaft; ausgenommen sind Bearbeitungsbeiträge von untergeordneter Bedeutung.

(3) Durch Gesetz kann für einzelne Berufe eine Beschränkung der Haftung für Ansprüche aus Schäden wegen fehlerhafter Berufsausübung auf einen bestimmten Höchstbetrag zugelassen werden, wenn zugleich eine Pflicht zum Abschluß einer Berufshaftpflichtversicherung der Partner oder der Partnerschaft begründet wird.

(4) [1]Für Verbindlichkeiten der Partnerschaft aus Schäden wegen fehlerhafter Berufsausübung haftet den Gläubigern nur das Gesellschaftsvermögen, wenn die Partnerschaft eine zu diesem Zweck durch Gesetz vorgegebene Berufshaftpflichtversicherung unterhält. [2]Für die Berufshaftpflichtversicherung gelten § 113 Absatz 3 und die §§ 114 bis 124 des Versicherungsvertragsgesetzes entsprechend. [3]Der Name der Partnerschaft muss den Zusatz „mit beschränkter Berufshaftung" oder die Abkürzung „mbB" oder eine andere allgemein verständliche Abkürzung dieser Bezeichnung enthalten; anstelle der Namenszusätze nach § 2 Absatz 1 Satz 1 kann der Name der Partnerschaft mit beschränkter Berufshaftung den Zusatz „Part" oder „PartG" enthalten.

§ 9 Ausscheiden eines Partners; Auflösung der Partnerschaft

(1) Auf das Ausscheiden eines Partners und die Auflösung der Partnerschaft sind, soweit im folgenden nichts anderes bestimmt ist, die §§ 131 bis 144 des Handelsgesetzbuchs entsprechend anzuwenden.

(2) *(aufgehoben)*

(3) Verliert ein Partner eine erforderliche Zulassung zu dem Freien Beruf, den er in der Partnerschaft ausübt, so scheidet er mit deren Verlust aus der Partnerschaft aus.

(4) [1]Die Beteiligung an einer Partnerschaft ist nicht vererblich. [2]Der Partnerschaftsvertrag kann jedoch bestimmen, daß sie an Dritte vererblich ist, die Partner im Sinne des § 1 Abs. 1 und 2 sein können. [3]§ 139 des Handelsgesetzbuchs ist nur insoweit anzuwenden, als der Erbe der Beteiligung befugt ist, seinen Austritt aus der Partnerschaft zu erklären.

§ 10 Liquidation der Partnerschaft; Nachhaftung

(1) Für die Liquidation der Partnerschaft sind die Vorschriften über die Liquidation der offenen Handelsgesellschaft entsprechend anwendbar.

(2) Nach der Auflösung der Partnerschaft oder nach dem Ausscheiden des Partners bestimmt sich die Haftung der Partner aus Verbindlichkeiten der Partnerschaft nach den §§ 159, 160 des Handelsgesetzbuchs.

§ 11 Übergangsvorschriften

(1) [1]Den Zusatz „Partnerschaft" oder „und Partner" dürfen nur Partnerschaften nach diesem Gesetz führen. [2]Gesellschaften, die eine solche Bezeichnung bei Inkrafttreten dieses Gesetzes in ihrem Namen führen, ohne Partnerschaft im Sinne dieses Gesetzes zu sein, dürfen diese Bezeichnung noch bis zum Ablauf von zwei Jahren nach Inkrafttreten dieses Gesetzes weiterverwenden. [3]Nach Ablauf dieser Frist dürfen sie eine solche Bezeichnung nur noch weiterführen, wenn sie in ihrem Namen der Bezeichnung „Partnerschaft" oder „und Partner" einen Hinweis auf die andere Rechtsform hinzufügen.

(2) [1]Die Anmeldung und Eintragung einer dem gesetzlichen Regelfall entsprechenden Vertretungsmacht der Partner und der Abwickler muss erst erfolgen, wenn eine vom gesetzlichen Regelfall abweichende Bestimmung des Partnerschaftsvertrages über die Vertretungsmacht angemeldet und eingetragen wird oder wenn erstmals die Abwickler zur Eintragung angemeldet und eingetragen werden. [2]Das Registergericht kann die Eintragung einer dem gesetzlichen Regelfall entsprechenden Vertretungsmacht auch von Amts wegen vornehmen. [3]Die Anmeldung und Eintragung des Geburtsdatums bereits eingetragener Partner muss erst bei einer Anmeldung und Eintragung bezüglich eines der Partner erfolgen.

(3) [1]Die Landesregierungen können durch Rechtsverordnungen bestimmen, dass Anmeldungen und alle oder einzelne Dokumente bis zum 31. Dezember 2009 auch in Papierform zum Partnerschaftsregister eingereicht werden können. [2]Soweit eine Rechtsverordnung nach Satz 1 erlassen wird, gelten die Vorschriften über die Anmeldung und die Einreichung von Dokumenten zum Partnerschaftsregister in ihrer bis zum Inkrafttreten des Gesetzes über elektronische Handelsregister und Genossenschaftsregister sowie das Unternehmensregister vom 10. November 2006 (BGBl. I S. 2553) am 1. Januar 2007 geltenden Fassung. [3]Die Landesregierungen können durch Rechtsverordnung die Ermächtigung nach Satz 1 auf die Landesjustizverwaltungen übertragen.

14. Gesetz über die Mitbestimmung der Arbeitnehmer (Mitbestimmungsgesetz – MitbestG)

Vom 4. Mai 1976
(BGBl. I S. 1153, BGBl. III 801-8)

zuletzt geändert durch Gesetz vom 24.4.2015 (BGBl. I S. 642)

Erster Teil. Geltungsbereich

§ 1 Erfaßte Unternehmen

(1) In Unternehmen, die

1. in der Rechtsform einer Aktiengesellschaft, einer Kommanditgesellschaft auf Aktien, einer Gesellschaft mit beschränkter Haftung oder einer Genossenschaft betrieben werden und
2. in der Regel mehr als 2000 Arbeitnehmer beschäftigen,

haben die Arbeitnehmer ein Mitbestimmungsrecht nach Maßgabe dieses Gesetzes.

(2) Dieses Gesetz ist nicht anzuwenden auf die Mitbestimmung in Organen von Unternehmen, in denen die Arbeitnehmer nach

1. dem Gesetz über die Mitbestimmung der Arbeitnehmer in den Aufsichtsräten und Vorständen der Unternehmen des Bergbaus und der Eisen und Stahl erzeugenden Industrie vom 21. Mai 1951 (Bundesgesetzbl. I S. 347) – Montan-Mitbestimmungsgesetz –, oder
2. dem Gesetz zur Ergänzung des Gesetzes über die Mitbestimmung der Arbeitnehmer in den Aufsichtsräten und Vorständen der Unternehmen des Bergbaus und der Eisen und Stahl erzeugenden Industrie vom 7. August 1956 (Bundesgesetzbl. I S. 707) – Mitbestimmungsergänzungsgesetz –,

ein Mitbestimmungsrecht haben.

(3) Die Vertretung der Arbeitnehmer in den Aufsichtsräten von Unternehmen, in denen die Arbeitnehmer nicht nach Absatz 1 oder nach den in Absatz 2 bezeichneten Gesetzen ein Mitbestimmungsrecht haben, bestimmt sich nach den Vorschriften des Drittelbeteiligungsgesetzes (BGBl. 2004 I S. 974).

(4) [1]Dieses Gesetz ist nicht anzuwenden auf Unternehmen, die unmittelbar und überwiegend

1. politischen, koalitionspolitischen, konfessionellen, karitativen, erzieherischen, wissenschaftlichen oder künstlerischen Bestimmungen oder
2. Zwecken der Berichterstattung oder Meinungsäußerung, auf die Artikel 5 Abs. 1 Satz 2 des Grundgesetzes anzuwenden ist,

dienen. [2]Dieses Gesetz ist nicht anzuwenden auf Religionsgemeinschaften und ihre karitativen und erzieherischen Einrichtungen unbeschadet deren Rechtsform.

§ 2 Anteilseigner

Anteilseigner im Sinne dieses Gesetzes sind je nach der Rechtsform der in § 1 Abs. 1 Nr. 1 bezeichneten Unternehmen Aktionäre, Gesellschafter oder Mitglieder einer Genossenschaft.

§ 3 Arbeitnehmer und Betrieb

(1) [1]Arbeitnehmer im Sinne dieses Gesetzes sind

1. die in § 5 Abs. 1 des Betriebsverfassungsgesetzes bezeichneten Personen mit Ausnahme der in § 5 Abs. 3 des Betriebsverfassungsgesetzes bezeichneten leitenden Angestellten,
2. die in § 5 Abs. 3 des Betriebsverfassungsgesetzes bezeichneten leitenden Angestellten.

[2]Keine Arbeitnehmer im Sinne dieses Gesetzes sind die in § 5 Abs. 2 des Betriebsverfassungsgesetzes bezeichneten Personen.

(2) [1]Betriebe im Sinne dieses Gesetzes sind solche des Betriebsverfassungsgesetzes. [2]§ 4 Abs. 2 des Betriebsverfassungsgesetzes ist anzuwenden.

§ 4 Kommanditgesellschaft

(1) [1]Ist ein in § 1 Abs. 1 Nr. 1 bezeichnetes Unternehmen persönlich haftender Gesellschafter einer Kommanditgesellschaft und hat die Mehrheit der Kommanditisten dieser Kommanditgesellschaft, berechnet nach der Mehrheit der Anteile oder der Stimmen, die Mehrheit der Anteile oder der Stimmen in dem Unternehmen des persönlich haftenden Gesellschafters inne, so gelten für die Anwendung dieses Gesetzes auf den persönlich haftenden Gesellschafter die Arbeitnehmer der Kommanditgesellschaft als Arbeitnehmer des persönlich haftenden Gesellschafters, sofern nicht der persönlich haftende Gesellschafter einen eigenen Geschäftsbetrieb mit in der Regel mehr als 500 Arbeitnehmern hat. [2]Ist die Kommanditgesellschaft persönlich haftender Gesellschafter einer anderen Kommanditgesellschaft, so gelten auch deren Arbeitnehmer als Arbeitnehmer des in § 1 Abs. 1 Nr. 1 bezeichneten Unternehmens. [3]Dies gilt entsprechend, wenn sich die Verbindung von Kommanditgesellschaften in dieser Weise fortsetzt.

(2) Das Unternehmen kann von der Führung der Geschäfte der Kommanditgesellschaft nicht ausgeschlossen werden.

§ 5 Konzern

(1) [1]Ist ein in § 1 Abs. 1 Nr. 1 bezeichnetes Unternehmen herrschendes Unternehmen eines Konzerns (§ 18 Abs. 1 des Aktiengesetzes), so gelten für die Anwendung dieses Gesetzes auf das herrschende Unternehmen die Arbeitnehmer der Konzernunternehmen als Arbeitnehmer des herrschenden Unternehmens. [2]Dies gilt auch für die Arbeitnehmer eines in § 1 Abs. 1 Nr. 1 bezeichneten Unternehmens, das persönlich haftender Gesellschafter eines abhängigen Unternehmens (§ 18 Abs. 1 des Aktiengesetzes) in der Rechtsform einer Kommanditgesellschaft ist.

(2) [1]Ist eine Kommanditgesellschaft, bei der für die Anwendung dieses Gesetzes auf den persönlich haftenden Gesellschafter die Arbeitnehmer der Kommanditgesellschaft nach § 4 Abs. 1 als Arbeitnehmer des persönlich haftenden Gesellschafters gelten, herrschendes Unternehmen eines Konzerns (§ 18 Abs. 1 des Aktiengesetzes), so gelten für die Anwendung dieses Gesetzes auf den persönlich haftenden Gesellschafter der Kommanditgesellschaft die Arbeitnehmer der Konzernunternehmen als Arbeitnehmer des persönlich haftenden Gesellschafters. Absatz 1 Satz 2 sowie § 4 Abs. 2 sind entsprechend anzuwenden.

(3) Stehen in einem Konzern die Konzernunternehmen unter der einheitlichen Leitung eines anderen als eines in Absatz 1 oder 2 bezeichneten Unternehmens, beherrscht aber die Konzernleitung über ein in Absatz 1 oder 2 bezeichnetes Unternehmen oder über mehrere solcher Unternehmen andere Konzernunternehmen, so gelten die in Absatz 1 oder 2 bezeichneten und der Konzernleitung am nächsten stehenden Unternehmen, über die die Konzernleitung andere Konzernunternehmen beherrscht, für die Anwendung dieses Gesetzes als herrschende Unternehmen.

Zweiter Teil. Aufsichtsrat

Erster Abschnitt. Bildung und Zusammensetzung

§ 6 Grundsatz

(1) Bei den in § 1 Abs. 1 bezeichneten Unternehmen ist ein Aufsichtsrat zu bilden, soweit sich dies nicht schon aus anderen gesetzlichen Vorschriften ergibt.

(2) [1]Die Bildung und die Zusammensetzung des Aufsichtsrats sowie die Bestellung und die Abberufung seiner Mitglieder bestimmen sich nach den §§ 7 bis 24 dieses Gesetzes und, soweit sich dies nicht schon aus anderen gesetzlichen Vorschriften ergibt, nach § 96 Absatz 4, den §§ 97 bis 101 Abs. 1 und 3 und den §§ 102 bis 106 des Aktiengesetzes mit der Maßgabe, daß die Wählbarkeit eines Prokuristen als Aufsichtsratsmitglied der Arbeitnehmer nur ausgeschlossen ist, wenn dieser dem zur gesetzlichen Vertretung des Unternehmens befugten Organ unmittelbar unterstellt und zur Ausübung der Prokura für den gesamten Geschäftsbereich des Organs ermächtigt ist. [2]Andere gesetzliche Vorschriften und Bestimmungen der Satzung (des Gesellschaftsvertrags, des Statuts) über die Zusammensetzung des Aufsichtsrats sowie über die Bestellung und die Abberufung seiner Mitglieder bleiben unberührt, soweit Vorschriften dieses Gesetzes dem nicht entgegenstehen.

(3) [1]Auf Genossenschaften sind die §§ 100, 101 Abs. 1 und 3 und die §§ 103 und 106 des Aktiengesetzes nicht anzuwenden. [2]Auf die Aufsichtsratsmitglieder der Arbeitnehmer ist § 9 Abs. 2 des Genossenschaftsgesetzes nicht anzuwenden.

§ 7 Zusammensetzung des Aufsichtsrats

(1) [1]Der Aufsichtsrat eines Unternehmens

1. mit in der Regel nicht mehr als 10 000 Arbeitnehmern setzt sich zusammen aus je sechs Aufsichtsratsmitgliedern der Anteilseigner und der Arbeitnehmer;
2. mit in der Regel mehr als 10 000, jedoch nicht mehr als 20 000 Arbeitnehmern setzt sich zusammen aus je acht Aufsichtsratsmitgliedern der Anteilseigner und der Arbeitnehmer;
3. mit in der Regel mehr als 20 000 Arbeitnehmern setzt sich zusammen aus je zehn Aufsichtsratsmitgliedern der Anteilseigner und der Arbeitnehmer.

[2]Bei den in Satz 1 Nr. 1 bezeichneten Unternehmen kann die Satzung (der Gesellschaftsvertrag) bestimmen, daß Satz 1 Nr. 2 oder 3 anzuwenden ist. [3]Bei den in Satz 1 Nr. 2 bezeichneten Unternehmen kann die Satzung (der Gesellschaftsvertrag) bestimmen, daß Satz 1 Nr. 3 anzuwenden ist.

(2) Unter den Aufsichtsratsmitgliedern der Arbeitnehmer müssen sich befinden

1. in einem Aufsichtsrat, dem sechs Aufsichtsratsmitglieder der Arbeitnehmer angehören, vier Arbeitnehmer des Unternehmens und zwei Vertreter von Gewerkschaften;
2. in einem Aufsichtsrat, dem acht Aufsichtsratsmitglieder der Arbeitnehmer angehören, sechs Arbeitnehmer des Unternehmens und zwei Vertreter von Gewerkschaften;
3. in einem Aufsichtsrat, dem zehn Aufsichtsratsmitglieder der Arbeitnehmer angehören, sieben Arbeitnehmer des Unternehmens und drei Vertreter von Gewerkschaften.

(3) Unter den Aufsichtsratsmitgliedern der Arbeitnehmer eines in § 1 Absatz 1 genannten, börsennotierten Unternehmens müssen im Fall des § 96 Absatz 2 Satz 3 des Aktiengesetzes Frauen und Männer jeweils mit einem Anteil von mindestens 30 Prozent vertreten sein.

(4) [1]Die in Absatz 2 bezeichneten Arbeitnehmer des Unternehmens müssen das 18. Lebensjahr vollendet haben und ein Jahr dem Unternehmen angehören. [2]Auf die einjährige Unternehmensangehörigkeit werden Zeiten der Angehörigkeit zu einem anderen Unternehmen, dessen Arbeitnehmer nach diesem Gesetz an der Wahl von Aufsichtsratsmitgliedern des Unternehmens teilnehmen, angerechnet. [3]Diese Zeiten müssen unmittelbar vor dem Zeitpunkt liegen, ab dem die Arbeitnehmer zur Wahl von Aufsichtsratsmitgliedern des Unternehmens berechtigt sind. [4]Die weiteren Wählbarkeitsvoraussetzungen des § 8 Abs. 1 des Betriebsverfassungsgesetzes müssen erfüllt sein.

(5) Die in Absatz 2 bezeichneten Gewerkschaften müssen in dem Unternehmen selbst oder in einem anderen Unternehmen vertreten sein, dessen Arbeitnehmer nach diesem Gesetz an der Wahl von Aufsichtsratsmitgliedern des Unternehmens teilnehmen.

Zweiter Abschnitt. Bestellung der Aufsichtsratsmitglieder

Erster Unterabschnitt. Aufsichtsratsmitglieder der Anteilseigner

§ 8

(1) Die Aufsichtsratsmitglieder der Anteilseigner werden durch das nach Gesetz, Satzung oder Gesellschaftsvertrag zur Wahl von Mitgliedern des Aufsichtsrats befugte Organ (Wahlorgan) und, soweit gesetzliche Vorschriften dem nicht entgegenstehen, nach Maßgabe der Satzung oder des Gesellschaftsvertrags bestellt.

(2) § 101 Abs. 2 des Aktiengesetzes bleibt unberührt.

Zweiter Unterabschnitt. Aufsichtsratsmitglieder der Arbeitnehmer, Grundsatz

§ 9

(1) Die Aufsichtsratsmitglieder der Arbeitnehmer (§ 7 Abs. 2) eines Unternehmens mit in der Regel mehr als 8000 Arbeitnehmern werden durch Delegierte gewählt, sofern nicht die wahlberechtigten Arbeitnehmer die unmittelbare Wahl beschließen.

(2) Die Aufsichtsratsmitglieder der Arbeitnehmer (§ 7 Abs. 2) eines Unternehmens mit in der Regel nicht mehr als 8000 Arbeitnehmern werden in unmittelbarer Wahl gewählt, sofern nicht die wahlberechtigten Arbeitnehmer die Wahl durch Delegierte beschließen.

(3) [1]Zur Abstimmung darüber, ob die Wahl durch Delegierte oder unmittelbar erfolgen soll, bedarf es eines Antrags, der von einem Zwanzigstel der wahlberechtigten Arbeitnehmer des Unternehmens unterzeichnet sein muß. [2]Die Abstimmung ist geheim. [3]Ein Beschluß nach Absatz 1 oder 2 kann nur unter Beteiligung von mindestens der Hälfte der wahlberechtigten Arbeitnehmer und nur mit der Mehrheit der abgegebenen Stimmen gefaßt werden.

Dritter Unterabschnitt. Wahl der Aufsichtsratsmitglieder der Arbeitnehmer durch Delegierte

§ 10 Wahl der Delegierten

(1) In jedem Betrieb des Unternehmens wählen die Arbeitnehmer in geheimer Wahl und nach den Grundsätzen der Verhältniswahl Delegierte.

(2) [1]Wahlberechtigt für die Wahl von Delegierten sind die Arbeitnehmer des Unternehmens, die das 18. Lebensjahr vollendet haben. [2]§ 7 Satz 2 des Betriebsverfassungsgesetzes gilt entsprechend.

(3) Zu Delegierten wählbar sind die in Absatz 2 Satz 1 bezeichneten Arbeitnehmer, die die weiteren Wählbarkeitsvoraussetzungen des § 8 des Betriebsverfassungsgesetzes erfüllen.

(4) [1]Wird für einen Wahlgang nur ein Wahlvorschlag gemacht, so gelten die darin aufgeführten Arbeitnehmer in der angegebenen Reihenfolge als gewählt. [2]§ 11 Abs. 2 ist anzuwenden.

§ 11 Errechnung der Zahl der Delegierten

(1) [1]In jedem Betrieb entfällt auf je 90 wahlberechtigte Arbeitnehmer ein Delegierter. [2]Ergibt die Errechnung nach Satz 1 in einem Betrieb mehr als

1. 25 Delegierte, so vermindert sich die Zahl der zu wählenden Delegierten auf die Hälfte; diese Delegierten erhalten je zwei Stimmen;
2. 50 Delegierte, so vermindert sich die Zahl der zu wählenden Delegierten auf ein Drittel; diese Delegierten erhalten je drei Stimmen;
3. 75 Delegierte, so vermindert sich die Zahl der zu wählenden Delegierten auf ein Viertel; diese Delegierten erhalten je vier Stimmen;
4. 100 Delegierte, so vermindert sich die Zahl der zu wählenden Delegierten auf ein Fünftel; diese Delegierten erhalten je fünf Stimmen;
5. 125 Delegierte, so vermindert sich die Zahl der zu wählenden Delegierten auf ein Sechstel; diese Delegierten erhalten je sechs Stimmen;
6. 150 Delegierte, so vermindert sich die Zahl der zu wählenden Delegierten auf ein Siebtel; diese Delegierten erhalten je sieben Stimmen.

[3]Bei der Errechnung der Zahl der Delegierten werden Teilzahlen voll gezählt, wenn sie mindestens die Hälfte der vollen Zahl betragen.

(2) [1]Unter den Delegierten müssen in jedem Betrieb die in § 3 Abs. 1 Nr. 1 bezeichneten Arbeitnehmer und die leitenden Angestellten entsprechend ihrem zahlenmäßigen Verhältnis vertreten sein. [2]Sind in einem Betrieb mindestens neun Delegierte zu wählen, so entfällt auf die in § 3 Abs. 1 Nr. 1 bezeichneten Arbeitnehmer und die leitenden Angestellten mindestens je ein Delegierter; dies gilt nicht, soweit in dem Betrieb nicht mehr als fünf in § 3 Abs. 1 Nr. 1 bezeichnete Arbeitnehmer oder leitende Angestellte wahlberechtigt sind. [3]Soweit auf die in § 3 Abs. 1 Nr. 1 bezeichneten Arbeitnehmer und die leitenden Angestellten lediglich nach Satz 2 Delegierte entfallen, vermehrt sich die nach Absatz 1 errechnete Zahl der Delegierten des Betriebs entsprechend.

(3) [1]Soweit nach Absatz 2 auf die Arbeiter, die in § 3 Abs. 3 Nr. 1 bezeichneten Angestellten und die leitenden Angestellten eines Betriebs nicht mindestens je ein Delegierter entfällt, gelten diese für die Wahl der Delegierten als Arbeitnehmer des Betriebs der Hauptniederlassung des Unternehmens. [2]Soweit nach Absatz 2 und nach Satz 1 auf die in § 3 Abs. 1 Nr. 1 bezeichneten Arbeitnehmer und die leitenden Angestellten des Betriebs der Hauptniederlassung nicht mindestens je ein Delegierter entfällt, gelten diese für die Wahl der Delegierten als Arbeitnehmer des nach der Zahl der wahlberechtigten Arbeitnehmer größten Betriebs des Unternehmens.

(4) Entfällt auf einen Betrieb oder auf ein Unternehmen, dessen Arbeitnehmer nach diesem Gesetz an der Wahl von Aufsichtsratsmitgliedern des Unternehmens teilnehmen, kein Delegierter, so ist Absatz 3 entsprechend anzuwenden.

(5) Die Eigenschaft eines Delegierten als Delegierter der Arbeitnehmer nach § 3 Abs. 1 Nr. 1 oder § 3 Abs. 1 Nr. 2 bleibt bei einem Wechsel der Eigenschaft als Arbeitnehmer nach § 3 Abs. 1 Nr. 1 oder § 3 Abs. 1 Nr. 2 erhalten.

§ 12 Wahlvorschläge für Delegierte

(1) [1]Zur Wahl der Delegierten können die wahlberechtigten Arbeitnehmer des Betriebs Wahlvorschläge machen. [2]Jeder Wahlvorschlag muß von einem Zwanzigstel oder 50 der jeweils wahlberechtigten in § 3 Abs. 1 Nr. 1 bezeichneten Arbeitnehmer oder der leitenden Angestellten des Betriebs unterzeichnet sein.

(2) Jeder Wahlvorschlag soll mindestens doppelt so viele Bewerber enthalten, wie in dem Wahlgang Delegierte zu wählen sind.

§ 13 Amtszeit der Delegierten

(1) [1]Die Delegierten werden für eine Zeit gewählt, die der Amtszeit der von ihnen zu wählenden Aufsichtsratsmitglieder entspricht. [2]Sie nehmen die ihnen nach den Vorschriften dieses Gesetzes zustehenden Aufgaben und Befugnisse bis zur Einleitung der Neuwahl der Aufsichtsratsmitglieder der Arbeitnehmer wahr.

(2) In den Fällen des § 9 Abs. 1 endet die Amtszeit der Delegierten, wenn

1. die wahlberechtigten Arbeitnehmer nach § 9 Abs. 1 die unmittelbare Wahl beschließen;
2. das Unternehmen nicht mehr die Voraussetzungen für die Anwendung des § 9 Abs. 1 erfüllt, es sei denn, die wahlberechtigten Arbeitnehmer beschließen, daß die Amtszeit bis zu dem in Absatz 1 genannten Zeitpunkt fortdauern soll; § 9 Abs. 3 ist entsprechend anzuwenden.

(3) In den Fällen des § 9 Abs. 2 endet die Amtszeit der Delegierten, wenn die wahlberechtigten Arbeitnehmer die unmittelbare Wahl beschließen; § 9 Abs. 3 ist anzuwenden.

(4) Abweichend von Absatz 1 endet die Amtszeit der Delegierten eines Betriebs, wenn nach Eintreten aller Ersatzdelegierten des Wahlvorschlags, dem die zu ersetzenden Delegierten angehören, die Gesamtzahl der Delegierten des Betriebs unter die im Zeitpunkt ihrer Wahl vorgeschriebene Zahl der auf den Betrieb entfallenden Delegierten gesunken ist.

§ 14 Vorzeitige Beendigung der Amtszeit oder Verhinderung von Delegierten

(1) Die Amtszeit eines Delegierten endet vor dem in § 13 bezeichneten Zeitpunkt

1. durch Niederlegung des Amtes,
2. durch Beendigung der Beschäftigung des Delegierten in dem Betrieb, dessen Delegierter er ist,
3. durch Verlust der Wählbarkeit.

(2) [1]Endet die Amtszeit eines Delegierten vorzeitig oder ist er verhindert, so tritt an seine Stelle ein Ersatzdelegierter. [2]Die Ersatzdelegierten werden der Reihe nach aus den nicht gewählten Arbeitnehmern derjenigen Wahlvorschläge entnommen, denen die zu ersetzenden Delegierten angehören.

§ 15 Wahl der unternehmensangehörigen Aufsichtsratsmitglieder der Arbeitnehmer

(1) [1]Die Delegierten wählen die Aufsichtsratsmitglieder, die nach § 7 Abs. 2 Arbeitnehmer des Unternehmens sein müssen, geheim und nach den Grundsätzen der Verhältniswahl für die Zeit, die im Gesetz oder in der Satzung (im Gesellschaftsvertrag) für die durch das Wahlorgan der Anteilseigner zu wählenden Mitglieder des Aufsichtsrats bestimmt ist. [2]Dem Aufsichtsrat muss ein leitender Angestellter angehören.

(2) [1]Die Wahl erfolgt aufgrund von Wahlvorschlägen. [2]Jeder Wahlvorschlag für

1. Aufsichtsratsmitglieder der Arbeitnehmer nach § 3 Abs. 1 Nr. 1 muss von einem Fünftel oder 100 der wahlberechtigen Arbeitnehmer des Unternehmens unterzeichnet sein;
2. das Aufsichtsratsmitglied der leitenden Angestellten wird aufgrund von Abstimmungsvorschlägen durch Beschluß der wahlberechtigten leitenden Angestellten aufgestellt. [2]Jeder Abstimmungsvorschlag muß von einem Zwanzigstel oder 50 der wahlberechtigten leitenden Angestellten unterzeichnet sein. [3]Der Beschluß wird in geheimer Abstimmung gefaßt. [4]Jeder leitende Angestellte hat so viele Stimmen, wie für den Wahlvorschlag nach Absatz 3 Satz 2 Bewerber zu benennen sind. [5]In den Wahlvorschlag ist die nach Absatz 3 Satz 2 vorgeschriebene Anzahl von Bewerbern in der Reihenfolge der auf sie entfallenden Stimmenzahlen aufzunehmen.

(3) [1]Abweichend von Absatz 1 findet Mehrheitswahl statt, soweit nur ein Wahlvorschlag gemacht wird. [2]In diesem Fall muss der Wahlvorschlag doppelt so viele Bewerber enthalten, wie Aufsichtsratsmitglieder auf die Arbeitnehmer nach § 3 Abs. 1 Nr. 1 und auf die leitenden Angestellten entfallen.

§ 16 Wahl der Vertreter der Gewerkschaften in den Aufsichtsrat

(1) Die Delegierten wählen die Aufsichtsratsmitglieder, die nach § 7 Abs. 2 Vertreter von Gewerkschaften sind, in geheimer Wahl und nach den Grundsätzen der Verhältniswahl für die in § 15 Abs. 1 bestimmte Zeit.

(2) [1]Die Wahl erfolgt aufgrund von Wahlvorschlägen der Gewerkschaften, die in dem Unternehmen selbst oder in einem anderen Unternehmen vertreten sind, dessen Arbeitnehmer nach diesem Gesetz an der Wahl von Aufsichtsratsmitgliedern des Unternehmens teilnehmen. [2]Wird nur ein Wahlvorschlag gemacht, so findet abweichend von Absatz 1 Mehrheitswahl statt. [3]In diesem Falle muß der Wahlvorschlag mindestens doppelt so viele Bewerber enthalten, wie Vertreter von Gewerkschaften in den Aufsichtsrat zu wählen sind.

§ 17 Ersatzmitglieder

(1) [1]In jedem Wahlvorschlag kann zusammen mit jedem Bewerber für diesen ein Ersatzmitglied des Aufsichtsrats vorgeschlagen werden. [2]Für einen Bewerber, der Arbeitnehmer nach § 3 Abs. 1 Nr. 1 ist, kann nur ein Arbeitnehmer nach § 3 Abs. 1 Nr. 1 und für einen leitenden Angestellten nach § 3 Abs. 1 Nr. 2 nur ein leitender Angestellter als Ersatzmitglied vorgeschlagen werden. [3]Ein Bewerber kann nicht zugleich als Ersatzmitglied vorgeschlagen werden.

(2) Wird ein Bewerber als Aufsichtsratsmitglied gewählt, so ist auch das zusammen mit ihm vorgeschlagene Ersatzmitglied gewählt.

(3) Im Fall des § 96 Absatz 2 Satz 3 des Aktiengesetzes ist das Nachrücken eines Ersatzmitgliedes ausgeschlossen, wenn dadurch der Anteil von Frauen und Männern unter den Aufsichtsratsmitgliedern der Arbeitnehmer nicht mehr den Vorgaben des § 7 Absatz 3 entspricht; § 18a Absatz 2 Satz 2 gilt entsprechend.

Vierter Unterabschnitt. Unmittelbare Wahl der Aufsichtsratsmitglieder der Arbeitnehmer

§ 18

[1]Sind nach § 9 die Aufsichtsratsmitglieder der Arbeitnehmer in unmittelbarer Wahl zu wählen, so sind die Arbeitnehmer des Unternehmens, die das 18. Lebensjahr vollendet haben, wahlberechtigt. [2]§ 7 Satz 2 des Betriebsverfassungsgesetzes gilt entsprechend. [3]Für die Wahl sind die §§ 15 bis 17 mit der Maßgabe anzuwenden, daß an die Stelle der Delegierte die wahlberechtigten Arbeitnehmer des Unternehmens treten.

Fünfter Unterabschnitt. Nichterreichen des Geschlechteranteils durch die Wahl

§ 18a

(1) Ergibt im Fall des § 96 Absatz 2 Satz 3 des Aktiengesetzes die Auszählung der Stimmen und ihre Verteilung auf die Bewerber, dass die Vorgaben des § 7 Absatz 3 nicht erreicht worden sind, ist folgendes Geschlechterverhältnis für die Aufsichtsratssitze der Arbeitnehmer herzustellen:

1. in Aufsichtsräten nach § 7 Absatz 2 Nummer 1 und 2 müssen unter den Aufsichtsratsmitgliedern der Arbeitnehmer nach § 3 Absatz 1 Nummer 1 jeweils mindestens eine Frau und mindestens ein Mann und unter den Aufsichtsratsmitgliedern der Gewerkschaften jeweils eine Frau und ein Mann vertreten sein;
2. in einem Aufsichtsrat nach § 7 Absatz 2 Nummer 3 müssen unter den Aufsichtsratsmitgliedern der Arbeitnehmer nach § 3 Absatz 1 Nummer 1 mindestens zwei Frauen und mindestens zwei Männer und unter den Aufsichtsratsmitgliedern der Gewerkschaften eine Frau und ein Mann vertreten sein.

(2) [1]Um die Verteilung der Geschlechter nach Absatz 1 zu erreichen, ist die Wahl derjenigen Bewerber um einen Aufsichtsratssitz der Arbeitnehmer unwirksam, deren Geschlecht in dem jeweiligen Wahlgang nach der Verteilung der Stimmen auf die Bewerber mehrheitlich vertreten ist und die

1. bei einer Mehrheitswahl in dem jeweiligen Wahlgang nach der Reihenfolge der auf die Bewerber entfallenden Stimmenzahlen die niedrigsten Stimmenzahlen erhalten haben oder
2. bei einer Verhältniswahl in dem jeweiligen Wahlgang nach der Reihenfolge der auf die Bewerber entfallenden Höchstzahlen die niedrigsten Höchstzahlen erhalten haben.

[2]Die durch unwirksame Wahl nach Satz 1 nicht besetzten Aufsichtsratssitze werden im Wege der gerichtlichen Ersatzbestellung nach § 104 des Aktiengesetzes oder der Nachwahl besetzt.

Sechster Unterabschnitt. Weitere Vorschriften über das Wahlverfahren sowie über die Bestellung und Abberufung von Aufsichtsratsmitgliedern

§ 19 Bekanntmachung der Mitglieder des Aufsichtsrats

[1]Das zur gesetzlichen Vertretung des Unternehmens befugte Organ hat die Namen der Mitglieder und der Ersatzmitglieder des Aufsichtsrats unverzüglich nach ihrer Bestellung in den Betrieben des Unternehmens bekanntzumachen und im Bundesanzeiger zu veröffentlichen. [2]Nehmen an der Wahl der Aufsichtsratsmitglieder des Unternehmens auch die Arbeitnehmer eines anderen Unternehmens teil, so ist daneben das zur gesetzlichen Vertretung des anderen Unternehmens befugte Organ zur Bekanntmachung in seinen Betrieben verpflichtet.

§ 20 Wahlschutz und Wahlkosten

(1) [1]Niemand darf die Wahlen nach den §§ 10, 15, 16 und 18 behindern. [2]Insbesondere darf niemand in der Ausübung des aktiven und passiven Wahlrechts beschränkt werden.

(2) Niemand darf die Wahlen durch Zufügung oder Androhung von Nachteilen oder durch Gewährung oder Versprechen von Vorteilen beeinflussen.

(3) [1]Die Kosten der Wahlen trägt das Unternehmen. [2]Versäumnis von Arbeitszeit, die zur Ausübung des Wahlrechts oder der Betätigung im Wahlvorstand erforderlich ist, berechtigt den Arbeitgeber nicht zur Minderung des Arbeitsentgelts.

§ 21 Anfechtung der Wahl von Delegierten

(1) Die Wahl der Delegierten eines Betriebs kann beim Arbeitsgericht angefochten werden, wenn gegen wesentliche Vorschriften über das Wahlrecht, die Wählbarkeit oder das Wahlverfahren verstoßen worden und eine Berichtigung nicht erfolgt ist, es sei denn, daß durch den Verstoß das Wahlergebnis nicht geändert oder beeinflußt werden konnte.

(2) [1]Zur Anfechtung berechtigt sind

1. mindestens drei wahlberechtigte Arbeitnehmer des Betriebs,
2. der Betriebsrat,
3. der Sprecherausschuss,
4. das zur gesetzlichen Vertretung des Unternehmens befugte Organ.

[2]Die Anfechtung ist nur binnen einer Frist von zwei Wochen, vom Tage der Bekanntgabe des Wahlergebnisses an gerechnet, zulässig.

§ 22 Anfechtung der Wahl von Aufsichtsratsmitgliedern der Arbeitnehmer

(1) Die Wahl eines Aufsichtsratsmitglieds oder eines Ersatzmitglieds der Arbeitnehmer kann beim Arbeitsgericht angefochten werden, wenn gegen wesentliche Vorschriften über das Wahlrecht, die Wählbarkeit oder das Wahlverfahren verstoßen worden und eine Berichtigung nicht erfolgt ist, es sei denn, daß durch den Verstoß das Wahlergebnis nicht geändert oder beeinflußt werden konnte.

(2) [1]Zur Anfechtung berechtigt sind

1. mindestens drei wahlberechtigte Arbeitnehmer des Unternehmens,
2. der Gesamtbetriebsrat des Unternehmens oder, wenn in dem Unternehmen nur ein Betriebsrat besteht, der Betriebsrat sowie, wenn das Unternehmen herrschendes Unternehmen eines Konzerns ist, der Konzernbetriebsrat, soweit ein solcher besteht,
3. der Gesamt- oder Unternehmenssprecherausschuss des Unternehmens oder, wenn in dem Unternehmen nur ein Sprecherausschuss besteht, der Sprecherausschuss sowie, wenn das Unternehmen herrschendes Unternehmen eines Konzerns ist, der Konzernsprecherausschuss, soweit ein solcher besteht,
4. der Gesamtbetriebsrat eines anderen Unternehmens, dessen Arbeitnehmer nach diesem Gesetz an der Wahl der Aufsichtsratsmitglieder des Unternehmens teilnehmen, oder, wenn in dem anderen Unternehmen nur ein Betriebsrat besteht, der Betriebsrat,
5. der Gesamt- oder Unternehmenssprecherausschuss eines anderen Unternehmens, dessen Arbeitnehmer nach diesem Gesetz an der Wahl der Aufsichtsratsmitglieder des Unternehmens teilnehmen, oder, wenn in dem anderen Unternehmen nur ein Sprecherausschuss besteht, der Sprecherausschuss,
6. jede nach § 16 Abs. 2 vorschlagsberechtigte Gewerkschaft,
7. das zur gesetzlichen Vertretung des Unternehmens befugte Organ.

[2]Die Anfechtung ist nur binnen einer Frist von zwei Wochen, vom Tage der Veröffentlichung im Bundesanzeiger an gerechnet, zulässig.

§ 23 Abberufung von Aufsichtsratsmitgliedern der Arbeitnehmer

(1) [1]Ein Aufsichtsratsmitglied der Arbeitnehmer kann vor Ablauf der Amtszeit auf Antrag abberufen werden. [2]Antragsberechtigt sind für die Abberufung eines

1. Aufsichtsratsmitglieds der Arbeitnehmer nach § 3 Abs. 1 Nr. 1 drei Viertel der wahlberechtigten Arbeitnehmer nach § 3 Abs. 1 Nr. 1,

2. Aufsichtsratsmitglieds der leitenden Angestellten drei Viertel der wahlberechtigten leitenden Angestellten,
3. Aufsichtsratsmitglieds, das nach § 7 Abs. 2 Vertreter einer Gewerkschaft ist, die Gewerkschaft, die das Mitglied vorgeschlagen hat.

(2) [1]Ein durch Delegierte gewähltes Aufsichtsratsmitglied wird durch Beschluß der Delegierten abberufen. [2]Dieser Beschluss wird in geheimer Abstimmung gefasst; er bedarf einer Mehrheit von drei Vierteln der abgegebenen Stimmen.

(3) [1]Ein von den Arbeitnehmern unmittelbar gewähltes Aufsichtsratsmitglied wird durch Beschluß der wahlberechtigten Arbeitnehmer abberufen. [2]Dieser Beschluss wird in geheimer, unmittelbarer Abstimmung gefasst; er bedarf einer Mehrheit von drei Vierteln der abgegebenen Stimmen.

(4) Die Absätze 1 bis 3 sind für die Abberufung von Ersatzmitgliedern entsprechend anzuwenden.

§ 24 Verlust der Wählbarkeit und Änderung der Zuordnung unternehmensangehöriger Aufsichtsratsmitglieder

(1) Verliert ein Aufsichtsratsmitglied, das nach § 7 Abs. 2 Arbeitnehmer des Unternehmens sein muß, die Wählbarkeit, so erlischt sein Amt.

(2) Die Änderung der Zuordnung eines Aufsichtsratsmitglieds zu den in § 3 Abs. 1 Nr. 1 oder § 3 Abs. 1 Nr. 2 genannten Arbeitnehmern führt nicht zum Erlöschen seines Amtes.

Dritter Abschnitt. Innere Ordnung, Rechte und Pflichten des Aufsichtsrats

§ 25 Grundsatz

(1) [1]Die innere Ordnung, die Beschlußfassung sowie die Rechte und Pflichten des Aufsichtsrats bestimmen sich nach den §§ 27 bis 29, den §§ 31 und 32 und, soweit diese Vorschriften dem nicht entgegenstehen,

1. für Aktiengesellschaften und Kommanditgesellschaften auf Aktien nach dem Aktiengesetz,
2. für Gesellschaften mit beschränkter Haftung nach § 90 Abs. 3, 4 und 5 Satz 1 und 2, den §§ 107 bis 116, 118 Abs. 3, § 125 Abs. 3 und 4 und den §§ 170, 171 und 268 Abs. 2 des Aktiengesetzes,
3. für Genossenschaften nach dem Genossenschaftsgesetz.

[2]§ 4 Abs. 2 des Gesetzes über die Überführung der Anteilsrechte an der Volkswagenwerk Gesellschaft mit beschränkter Haftung in private Hand vom 21. Juli 1960 (Bundesgesetzbl. I S. 585), zuletzt geändert durch das Zweite Gesetz zur Änderung des Gesetzes über die Überführung der Anteilsrechte an der Volkswagenwerk Gesellschaft mit beschränkter Haftung in private Hand vom 31. Juli 1970 (Bundesgesetzbl. I S. 1149), bleibt unberührt.

(2) Andere gesetzliche Vorschriften und Bestimmungen der Satzung (des Gesellschaftsvertrags) oder der Geschäftsordnung des Aufsichtsrats über die innere Ordnung, die Beschlußfassung sowie die Rechte und Pflichten des Aufsichtsrats bleiben unberührt, soweit Absatz 1 dem nicht entgegensteht.

§ 26 Schutz von Aufsichtsratsmitgliedern vor Benachteiligung

[1]Aufsichtsratsmitglieder der Arbeitnehmer dürfen in der Ausübung ihrer Tätigkeit nicht gestört oder behindert werden. [2]Sie dürfen wegen ihrer Tätigkeit im Aufsichtsrat eines Unternehmens, dessen Arbeitnehmer sie sind oder als dessen Arbeitnehmer sie

nach § 4 oder § 5 gelten, nicht benachteiligt werden. [3]Dies gilt auch für ihre berufliche Entwicklung.

§ 27 Vorsitz im Aufsichtsrat

(1) Der Aufsichtsrat wählt mit einer Mehrheit von zwei Dritteln der Mitglieder, aus denen er insgesamt zu bestehen hat, aus seiner Mitte einen Aufsichtsratsvorsitzenden und einen Stellvertreter.

(2) [1]Wird bei der Wahl des Aufsichtsratsvorsitzenden oder seines Stellvertreters die nach Absatz 1 erforderliche Mehrheit nicht erreicht, so findet für die Wahl des Aufsichtsratsvorsitzenden und seines Stellvertreters ein zweiter Wahlgang statt. [2]In diesem Wahlgang wählen die Aufsichtsratsmitglieder der Anteilseigner den Aufsichtsratsvorsitzenden und die Aufsichtsratsmitglieder der Arbeitnehmer den Stellvertreter jeweils mit der Mehrheit der abgegebenen Stimmen.

(3) Unmittelbar nach der Wahl des Aufsichtsratsvorsitzenden und seines Stellvertreters bildet der Aufsichtsrat zur Wahrnehmung der in § 31 Abs. 3 Satz 1 bezeichneten Aufgabe einen Ausschuß, dem der Aufsichtsratsvorsitzende, sein Stellvertreter sowie je ein von den Aufsichtsratsmitgliedern der Arbeitnehmer und von den Aufsichtsratsmitgliedern der Anteilseigner mit der Mehrheit der abgegebenen Stimmen gewähltes Mitglied angehören.

§ 28 Beschlußfähigkeit

[1]Der Aufsichtsrat ist nur beschlußfähig, wenn mindestens die Hälfte der Mitglieder, aus denen er insgesamt zu bestehen hat, an der Beschlußfassung teilnimmt. [2]§ 108 Abs. 2 Satz 4 des Aktiengesetzes ist anzuwenden.

§ 29 Abstimmungen

(1) Beschlüsse des Aufsichtsrats bedürfen der Mehrheit der abgegebenen Stimmen, soweit nicht in Absatz 2 und in den §§ 27, 31 und 32 etwas anderes bestimmt ist.

(2) [1]Ergibt eine Abstimmung im Aufsichtsrat Stimmengleichheit, so hat bei einer erneuten Abstimmung über denselben Gegenstand, wenn auch sie Stimmengleichheit ergibt, der Aufsichtsratsvorsitzende zwei Stimmen. [2]§ 108 Abs. 3 des Aktiengesetzes ist auch auf die Abgabe der zweiten Stimme anzuwenden. [3]Dem Stellvertreter steht die zweite Stimme nicht zu.

Dritter Teil. Gesetzliches Vertretungsorgan

§ 30 Grundsatz

Die Zusammensetzung, die Rechte und Pflichten des zur gesetzlichen Vertretung des Unternehmens befugten Organs sowie die Bestellung seiner Mitglieder bestimmen sich nach den für die Rechtsform des Unternehmens geltenden Vorschriften, soweit sich aus den §§ 31 bis 33 nichts anderes ergibt.

§ 31 Bestellung und Widerruf

(1) [1]Die Bestellung der Mitglieder des zur gesetzlichen Vertretung des Unternehmens befugten Organs und der Widerruf der Bestellung bestimmen sich nach den §§ 84 und 85 des Aktiengesetzes, soweit sich nicht aus den Absätzen 2 bis 5 etwas anderes ergibt. [2]Dies gilt nicht für Kommanditgesellschaften auf Aktien.

(2) Der Aufsichtsrat bestellt die Mitglieder des zur gesetzlichen Vertretung des Unternehmens befugten Organs mit einer Mehrheit, die mindestens zwei Drittel der Stimmen seiner Mitglieder umfaßt.

(3) [1]Kommt eine Bestellung nach Absatz 2 nicht zustande, so hat der in § 27 Abs. 3 bezeichnete Ausschuß des Aufsichtsrats innerhalb eines Monats nach der Abstimmung, in der die in Absatz 2 vorgeschriebene Mehrheit nicht erreicht worden ist, dem Aufsichtsrat einen Vorschlag für die Bestellung zu machen; dieser Vorschlag schließt andere Vorschläge nicht aus. [2]Der Aufsichtsrat bestellt die Mitglieder des zur gesetzlichen Vertretung des Unternehmens befugten Organs mit der Mehrheit der Stimmen seiner Mitglieder.

(4) [1]Kommt eine Bestellung nach Absatz 3 nicht zustande, so hat bei einer erneuten Abstimmung der Aufsichtsratsvorsitzende zwei Stimmen; Absatz 3 Satz 2 ist anzuwenden. [2]Auf die Abgabe der zweiten Stimme ist § 108 Abs. 3 des Aktiengesetzes anzuwenden. [3]Dem Stellvertreter steht die zweite Stimme nicht zu.

(5) Die Absätze 2 bis 4 sind für den Widerruf der Bestellung eines Mitglieds des zur gesetzlichen Vertretung des Unternehmens befugten Organs entsprechend anzuwenden.

§ 32 Ausübung von Beteiligungsrechten

(1) [1]Die einem Unternehmen, in dem die Arbeitnehmer nach diesem Gesetz ein Mitbestimmungsrecht haben, aufgrund von Beteiligungen an einem anderen Unternehmen, in dem die Arbeitnehmer nach diesem Gesetz ein Mitbestimmungsrecht haben, zustehenden Rechte bei der Bestellung, dem Widerruf der Bestellung oder der Entlastung von Verwaltungsträgern sowie bei der Beschlußfassung über die Auflösung oder Umwandlung des anderen Unternehmens, den Abschluß von Unternehmensverträgen (§§ 291, 292 des Aktiengesetzes) mit dem anderen Unternehmen, über dessen Fortsetzung nach seiner Auflösung oder über die Übertragung seines Vermögens können durch das zur gesetzlichen Vertretung des Unternehmens befugte Organ nur aufgrund von Beschlüssen des Aufsichtsrats ausgeübt werden. [2]Diese Beschlüsse bedürfen nur der Mehrheit der Stimmen der Aufsichtsratsmitglieder der Anteilseigner; sie sind für das zur gesetzlichen Vertretung des Unternehmens befugte Organ verbindlich.

(2) Absatz 1 ist nicht anzuwenden, wenn die Beteiligung des Unternehmens an dem anderen Unternehmen weniger als ein Viertel beträgt.

§ 33 Arbeitsdirektor

(1) [1]Als gleichberechtigtes Mitglied des zur gesetzlichen Vertretung des Unternehmens befugten Organs wird ein Arbeitsdirektor bestellt. [2]Dies gilt nicht für Kommanditgesellschaften auf Aktien.

(2) [1]Der Arbeitsdirektor hat wie die übrigen Mitglieder des zur gesetzlichen Vertretung des Unternehmens befugten Organs seine Aufgaben im engsten Einvernehmen mit dem Gesamtorgan auszuüben. [2]Das Nähere bestimmt die Geschäftsordnung.

(3) Bei Genossenschaften ist auf den Arbeitsdirektor § 9 Abs. 2 des Genossenschaftsgesetzes nicht anzuwenden.

Vierter Teil. Seeschiffahrt

§ 34

(1) Die Gesamtheit der Schiffe eines Unternehmens gilt für die Anwendung dieses Gesetzes als ein Betrieb.

(2) [1]Schiffe im Sinne dieses Gesetzes sind Kauffahrteischiffe, die nach dem Flaggenrechtsgesetz die Bundesflagge führen. [2]Schiffe, die in der Regel binnen 48 Stunden nach dem Auslaufen an den Sitz eines Landbetriebs zurückkehren, gelten als Teil dieses Landbetriebs.

(3) Leitende Angestellte im Sinne des § 3 Abs. 1 Nr. 2 dieses Gesetzes sind in einem in Absatz 1 bezeichneten Betrieb nur die Kapitäne.

(4) Die Arbeitnehmer eines in Absatz 1 bezeichneten Betriebs nehmen an einer Abstimmung nach § 9 nicht teil und bleiben für die Errechnung der für die Antragstellung und für die Beschlußfassung erforderlichen Zahl von Arbeitnehmern außer Betracht.

(5) [1]Werden die Aufsichtsratsmitglieder der Arbeitnehmer durch Delegierte gewählt, so werden abweichend von § 10 in einem in Absatz 1 bezeichneten Betrieb keine Delegierten gewählt. [2]Abweichend von § 15 Abs. 1 nehmen die Arbeitnehmer dieses Betriebs unmittelbar an der Wahl der Aufsichtsratsmitglieder der Arbeitnehmer teil mit der Maßgabe, daß die Stimme eines dieser Arbeitnehmer als ein Neunzigstel der Stimme eines Delegierten zu zählen ist; § 11 Abs. 1 Satz 3 ist entsprechend anzuwenden.

Fünfter Teil. Übergangs- und Schlußvorschriften

§ 35 *(aufgehoben)*

§ 36 Verweisungen

(1) Soweit in anderen Vorschriften auf Vorschriften des Betriebsverfassungsgesetzes 1952 über die Vertretung der Arbeitnehmer in den Aufsichtsräten von Unternehmen verwiesen wird, gelten diese Verweisungen für die in § 1 Abs. 1 dieses Gesetzes bezeichneten Unternehmen als Verweisungen auf dieses Gesetz.

(2) Soweit in anderen Vorschriften für das Gesetz über die Mitbestimmung der Arbeitnehmer in den Aufsichtsräten und Vorständen der Unternehmen des Bergbaus und der Eisen und Stahl erzeugenden Industrie vom 21. Mai 1951 (Bundesgesetzbl. I S. 347), die Bezeichnung „Mitbestimmungsgesetz" verwendet wird, tritt an ihre Stelle die Bezeichnung „Montan-Mitbestimmungsgesetz".

§ 37 Erstmalige Anwendung des Gesetzes auf ein Unternehmen

(1) [1]Andere als die in § 97 Abs. 2 Satz 2 des Aktiengesetzes bezeichneten Bestimmungen der Satzung (des Gesellschaftsvertrags), die mit den Vorschriften dieses Gesetzes nicht vereinbar sind, treten mit dem in § 97 Abs. 2 Satz 2 des Aktiengesetzes bezeichneten Zeitpunkt oder, im Falle einer gerichtlichen Entscheidung, mit dem in § 98 Abs. 4 Satz 2 des Aktiengesetzes bezeichneten Zeitpunkt außer Kraft. [2]Eine Hauptversammlung (Gesellschafterversammlung, Generalversammlung), die bis zu diesem Zeitpunkt stattfindet, kann an Stelle der außer Kraft tretenden Satzungsbestimmungen mit einfacher Mehrheit neue Satzungsbestimmungen beschließen.

(2) Die §§ 25 bis 29, 31 bis 33 sind erstmalig anzuwenden, wenn der Aufsichtsrat nach den Vorschriften dieses Gesetzes zusammengesetzt ist.

(3) [1]Die Bestellung eines vor dem Inkrafttreten dieses Gesetzes bestellten Mitglieds des zur gesetzlichen Vertretung befugten Organs eines Unternehmens, auf das dieses Gesetz bereits bei seinem Inkrafttreten anzuwenden ist, kann, sofern die Amtszeit dieses Mitglieds nicht aus anderen Gründen früher endet, nach Ablauf von fünf Jahren seit dem Inkrafttreten dieses Gesetzes von dem nach diesem Gesetz gebildeten Aufsichtsrat jederzeit widerrufen werden. [2]Für den Widerruf bedarf es der Mehrheit der abgegebenen Stimmen der Aufsichtsratsmitglieder, aller Stimmen der Aufsichtsratsmitglieder der Anteilseigner oder aller Stimmen der Aufsichtsratsmitglieder der Arbeitnehmer. [3]Für die Ansprüche aus dem Anstellungsvertrag gelten die allgemeinen Vorschriften. [4]Bis zum Widerruf bleiben für diese Mitglieder Satzungsbestimmungen über die Amtszeit abweichend von Absatz 1 Satz 1 in Kraft. [5]Diese Vorschriften sind entsprechend an-

zuwenden, wenn dieses Gesetz auf ein Unternehmen erst nach dem Zeitpunkt des Inkrafttretens dieses Gesetzes erstmalig anzuwenden ist.

(4) Absatz 3 gilt nicht für persönlich haftende Gesellschafter einer Kommanditgesellschaft auf Aktien.

§ 38 *(aufgehoben)*

§ 39 Ermächtigung zum Erlaß von Rechtsverordnungen

Die Bundesregierung wird ermächtigt, durch Rechtsverordnung Vorschriften über das Verfahren für die Wahl und die Abberufung von Aufsichtsratsmitgliedern der Arbeitnehmer zu erlassen, insbesondere über

1. die Vorbereitung der Wahl oder Abstimmung, die Bestellung der Wahlvorstände und Abstimmungsvorstände sowie die Aufstellung der Wählerlisten,
2. die Abstimmungen darüber, ob die Wahl der Aufsichtsratsmitglieder in unmittelbarer Wahl oder durch Delegierte erfolgen soll,
3. die First für die Einsichtnahme in die Wählerlisten und die Erhebung von Einsprüchen,
4. die Errechnung der Zahl der Aufsichtsratsmitglieder der Arbeitnehmer sowie ihre Verteilung auf die in § 3 Abs. 1 Nr. 1 bezeichneten Arbeitnehmer, die leitenden Angestellten und die Gewerkschaftsvertreter sowie das Verfahren zur Berücksichtigung der Geschlechter,
5. die Errechnung der Zahl der Delegierten,
6. die Wahlvorschläge und die Frist für ihre Einreichung,
7. die Ausschreibung der Wahl oder der Abstimmung und die Fristen für die Bekanntmachung des Ausschreibens,
8. die Teilnahme von Arbeitnehmern eines in § 34 Abs. 1 bezeichneten Betriebs an Wahlen und Abstimmungen,
9. die Stimmabgabe,
10. die Feststellung des Ergebnisses der Wahl oder der Abstimmung und die Fristen für seine Bekanntmachung,
11. die Aufbewahrung der Wahlakten und der Abstimmungsakten.

§ 40 Übergangsregelung

(1) Auf Wahlen von Aufsichtsratsmitgliedern der Arbeitnehmer, die bis zum 31. Dezember 2015 abgeschlossen sind, ist das Mitbestimmungsgesetz vom 4. Mai 1976 (BGBl. I S. 1153) in der Fassung des Artikels 2 Absatz 113 des Gesetzes vom 22. Dezember 2011 (BGBl. I S. 3044) anzuwenden.

(2) Auf Wahlen von Aufsichtsratsmitgliedern der Arbeitnehmer, die bis zum 31. Dezember 2015 nicht abgeschlossen sind, ist im Fall des § 96 Absatz 2 Satz 3 des Aktiengesetzes das Mitbestimmungsgesetz in der durch Artikel 7 des Gesetzes vom 24. April 2015 (BGBl. I S. 642) geänderten Fassung anzuwenden.

(3) Eine Wahl von Aufsichtsratsmitgliedern der Arbeitnehmer gilt als abgeschlossen, wenn die Bekanntmachung der Mitglieder des Aufsichtsrates nach § 19 Satz 1 durch das zur gesetzlichen Vertretung des Unternehmens befugte Organ erfolgt ist.

§ 41 Inkrafttreten

Dieses Gesetz tritt am 1. Juli 1976 in Kraft.

14a. Betriebsverfassungsgesetz

In der Fassung der Bekanntmachung vom 25. September 2001 (BGBl. I S. 2518)

zuletzt geändert durch Gesetz vom 18.12.2018 (BGBl. I S. 2651)

Inhaltsübersicht

Erster Teil. Allgemeine Vorschriften

§ 1 Errichtung von Betriebsräten

(1) [1]In Betrieben mit in der Regel mindestens fünf ständigen wahlberechtigten Arbeitnehmern, von denen drei wählbar sind, werden Betriebsräte gewählt. [2]Dies gilt auch für gemeinsame Betriebe mehrerer Unternehmen.

(2) Ein gemeinsamer Betrieb mehrerer Unternehmen wird vermutet, wenn

1. zur Verfolgung arbeitstechnischer Zwecke die Betriebsmittel sowie die Arbeitnehmer von den Unternehmen gemeinsam eingesetzt werden oder
2. die Spaltung eines Unternehmens zur Folge hat, dass von einem Betrieb ein oder mehrere Betriebsteile einem an der Spaltung beteiligten anderen Unternehmen zugeordnet werden, ohne dass sich dabei die Organisation des betroffenen Betriebs wesentlich ändert.

§ 2 Stellung der Gewerkschaften und Vereinigungen der Arbeitgeber

(1) Arbeitgeber und Betriebsrat arbeiten unter Beachtung der geltenden Tarifverträge vertrauensvoll und im Zusammenwirken mit den im Betrieb vertretenen Gewerkschaften und Arbeitgebervereinigungen zum Wohl der Arbeitnehmer und des Betriebs zusammen.

(2) Zur Wahrnehmung der in diesem Gesetz genannten Aufgaben und Befugnisse der im Betrieb vertretenen Gewerkschaften ist deren Beauftragten nach Unterrichtung des Arbeitgebers oder seines Vertreters Zugang zum Betrieb zu gewähren, soweit dem nicht unumgängliche Notwendigkeiten des Betriebsablaufs, zwingende Sicherheitsvorschriften oder der Schutz von Betriebsgeheimnissen entgegenstehen.

(3) Die Aufgaben der Gewerkschaften und der Vereinigungen der Arbeitgeber, insbesondere die Wahrnehmung der Interessen ihrer Mitglieder, werden durch dieses Gesetz nicht berührt.

§ 3 Abweichende Regelungen

(1) Durch Tarifvertrag können bestimmt werden:

1. für Unternehmen mit mehreren Betrieben
   a) die Bildung eines unternehmenseinheitlichen Betriebsrats oder
   b) die Zusammenfassung von Betrieben,

   wenn dies die Bildung von Betriebsräten erleichtert oder einer sachgerechten Wahrnehmung der Interessen der Arbeitnehmer dient;
2. für Unternehmen und Konzerne, soweit sie nach produkt- oder projektbezogenen Geschäftsbereichen (Sparten) organisiert sind und die Leitung der Sparte auch Entscheidungen in beteiligungspflichtigen Angelegenheiten trifft, die Bildung von Betriebsräten in den Sparten (Spartenbetriebsräte), wenn dies der sachgerechten Wahrnehmung der Aufgaben des Betriebsrats dient;
3. andere Arbeitnehmervertretungsstrukturen, soweit dies insbesondere aufgrund der Betriebs-, Unternehmens- oder Konzernorganisation oder aufgrund anderer Formen der Zusammenarbeit von Unternehmen einer wirksamen und zweckmäßigen Interessenvertretung der Arbeitnehmer dient;
4. zusätzliche betriebsverfassungsrechtliche Gremien (Arbeitsgemeinschaften), die der unternehmensübergreifenden Zusammenarbeit von Arbeitnehmervertretungen dienen;
5. zusätzliche betriebsverfassungsrechtliche Vertretungen der Arbeitnehmer, die die Zusammenarbeit zwischen Betriebsrat und Arbeitnehmern erleichtern.

(2) Besteht in den Fällen des Absatzes 1 Nr. 1, 2, 4 oder 5 keine tarifliche Regelung und gilt auch kein anderer Tarifvertrag, kann die Regelung durch Betriebsvereinbarung getroffen werden.

(3) [1]Besteht im Falle des Absatzes 1 Nr. 1 Buchstabe a keine tarifliche Regelung und besteht in dem Unternehmen kein Betriebsrat, können die Arbeitnehmer mit Stimmenmehrheit die Wahl eines unternehmenseinheitlichen Betriebsrats beschließen. [2]Die Abstimmung kann von mindestens drei wahlberechtigten Arbeitnehmern des Unternehmens oder einer im Unternehmen vertretenen Gewerkschaft veranlasst werden.

(4) [1]Sofern der Tarifvertrag oder die Betriebsvereinbarung nichts anderes bestimmt, sind Regelungen nach Absatz 1 Nr. 1 bis 3 erstmals bei der nächsten regelmäßigen Betriebsratswahl anzuwenden, es sei denn, es besteht kein Betriebsrat oder es ist aus anderen Gründen eine Neuwahl des Betriebsrats erforderlich. [2]Sieht der Tarifvertrag oder die Betriebsvereinbarung einen anderen Wahlzeitpunkt vor, endet die Amtszeit bestehender Betriebsräte, die durch die Regelungen nach Absatz 1 Nr. 1 bis 3 entfallen, mit Bekanntgabe des Wahlergebnisses.

(5) [1]Die aufgrund eines Tarifvertrages oder einer Betriebsvereinbarung nach Absatz 1 Nr. 1 bis 3 gebildeten betriebsverfassungsrechtlichen Organisationseinheiten gelten als Betriebe im Sinne dieses Gesetzes. [2]Auf die in ihnen gebildeten Arbeitnehmervertretungen finden die Vorschriften über die Rechte und Pflichten des Betriebsrats und die Rechtsstellung seiner Mitglieder Anwendung.

§ 4 Betriebsteile, Kleinstbetriebe

(1) [1]Betriebsteile gelten als selbständige Betriebe, wenn sie die Voraussetzungen des § 1 Abs. 1 Satz 1 erfüllen und

1. räumlich weit vom Hauptbetrieb entfernt oder
2. durch Aufgabenbereich und Organisation eigenständig sind.

[2]Die Arbeitnehmer eines Betriebsteils, in dem kein eigener Betriebsrat besteht, können mit Stimmenmehrheit formlos beschließen, an der Wahl des Betriebsrats im Hauptbetrieb teilzunehmen; § 3 Abs. 3 Satz 2 gilt ensprechend. [3]Die Abstimmung kann auch vom Betriebsrat des Hauptbetriebs veranlasst werden. [4]Der Beschluss ist dem Betriebsrat des Hauptbetriebs spätestens zehn Wochen vor Ablauf seiner Amtszeit mitzuteilen. [5]Für den Widerruf des Beschlusses gelten die Sätze 2 bis 4 entsprechend.

(2) Betriebe, die die Voraussetzungen des § 1 Abs. 1 Satz 1 nicht erfüllen, sind dem Hauptbetrieb zuzuordnen.

§ 5 Arbeitnehmer

(1) [1]Arbeitnehmer (Arbeitnehmerinnen und Arbeitnehmer) im Sinne dieses Gesetzes sind Arbeiter und Angestellte einschließlich der zu ihrer Berufsausbildung Beschäftigten, unabhängig davon, ob sie im Betrieb, im Außendienst oder mit Telearbeit beschäftigt werden. [2]Als Arbeitnehmer gelten auch die in Heimarbeit Beschäftigten, die in der Hauptsache für den Betrieb arbeiten. [3]Als Arbeitnehmer gelten ferner Beamte (Beamtinnen und Beamte), Soldaten (Soldatinnen und Soldaten) sowie Arbeitnehmer des öffentlichen Dienstes einschließlich der zu ihrer Berufsausbildung Beschäftigten, die in Betrieben privatrechtlich organisierter Unternehmen tätig sind.

(2) Als Arbeitnehmer im Sinne dieses Gesetzes gelten nicht

1. in Betrieben einer juristischen Person die Mitglieder des Organs, das zur gesetzlichen Vertretung der juristischen Person berufen ist;
2. die Gesellschafter einer offenen Handelsgesellschaft oder die Mitglieder einer anderen Personengesamtheit, soweit sie durch Gesetz, Satzung oder Gesellschaftsvertrag

zur Vertretung der Personengesamtheit oder zur Geschäftsführung berufen sind, in deren Betrieben;

3. Personen, deren Beschäftigung nicht in erster Linie ihrem Erwerb dient, sondern vorwiegend durch Beweggründe karitativer oder religiöser Art bestimmt ist;
4. Personen, deren Beschäftigung nicht in erster Linie ihrem Erwerb dient und die vorwiegend zu ihrer Heilung, Wiedereingewöhnung, sittlichen Besserung oder Erziehung beschäftigt werden;
5. der Ehegatte, der Lebenspartner, Verwandte und Verschwägerte ersten Grades, die in häuslicher Gemeinschaft mit dem Arbeitgeber leben.

(3) [1]Dieses Gesetz findet, soweit in ihm nicht ausdrücklich etwas anderes bestimmt ist, keine Anwendung auf leitende Angestellte. [2]Leitender Angestellter ist, wer nach Arbeitsvertrag und Stellung im Unternehmen oder im Betrieb

1. zur selbständigen Einstellung und Entlassung von im Betrieb oder in der Betriebsabteilung beschäftigten Arbeitnehmern berechtigt ist oder
2. Generalvollmacht oder Prokura hat und die Prokura auch im Verhältnis zum Arbeitgeber nicht unbedeutend ist oder
3. regelmäßig sonstige Aufgaben wahrnimmt, die für den Bestand und die Entwicklung des Unternehmens oder eines Betriebs von Bedeutung sind und deren Erfüllung besondere Erfahrungen und Kenntnisse voraussetzt, wenn er dabei entweder die Entscheidungen im Wesentlichen frei von Weisungen trifft oder sie maßgeblich beeinflusst; dies kann auch bei Vorgaben insbesondere aufgrund von Rechtsvorschriften, Plänen oder Richtlinien sowie bei Zusammenarbeit mit anderen leitenden Angestellten gegeben sein.

[3]Für die in Absatz 1 Satz 3 genannten Beamten und Soldaten gelten die Sätze 1 und 2 entsprechend.

(4) Leitender Angestellter nach Absatz 3 Nr. 3 ist im Zweifel, wer

1. aus Anlass der letzten Wahl des Betriebsrats, des Sprecherausschusses oder von Aufsichtsratsmitgliedern der Arbeitnehmer oder durch rechtskräftige gerichtliche Entscheidungen den leitenden Angestellten zugeordnet worden ist oder
2. einer Leitungsebene angehört, auf der in dem Unternehmen überwiegend leitende Angestellte vertreten sind, oder
3. ein regelmäßiges Jahresarbeitsentgelt erhält, das für leitende Angestellte in dem Unternehmen üblich ist, oder,
4. falls auch bei der Anwendung der Nummer 3 noch Zweifel bleiben, ein regelmäßiges Jahresarbeitsentgelt erhält, das das Dreifache der Bezugsgröße nach § 18 des Vierten Buches Sozialgesetzbuch überschreitet.

§ 6 *(aufgehoben)*

Zweiter Teil. Betriebsrat, Betriebsversammlung, Gesamt- und Konzernbetriebsrat

Zweiter Abschnitt. Zusammensetzung und Wahl des Betriebsrats

§ 7 Wahlberechtigung

[1]Wahlberechtigt sind alle Arbeitnehmer des Betriebs, die das 18. Lebensjahr vollendet haben. [2]Werden Arbeitnehmer eines anderen Arbeitgebers zur Arbeitsleistung überlas-

sen, so sind diese wahlberechtigt, wenn sie länger als drei Monate im Betrieb eingesetzt werden.

§ 8 Wählbarkeit

(1) [1]Wählbar sind alle Wahlberechtigten, die sechs Monate dem Betrieb angehören oder als in Heimarbeit Beschäftigte in der Hauptsache für den Betrieb gearbeitet haben. [2]Auf diese sechsmonatige Betriebszugehörigkeit werden Zeiten angerechnet, in denen der Arbeitnehmer unmittelbar vorher einem anderen Betrieb desselben Unternehmens oder Konzerns (§ 18 Abs. 1 des Aktiengesetzes) angehört hat. [3]Nicht wählbar ist, wer infolge strafgerichtlicher Verurteilung die Fähigkeit, Rechte aus öffentlichen Wahlen zu erlangen, nicht besitzt.

(2) Besteht der Betrieb weniger als sechs Monate, so sind abweichend von der Vorschrift in Absatz 1 über die sechsmonatige Betriebszugehörigkeit diejenigen Arbeitnehmer wählbar, die bei der Einleitung der Betriebsratswahl im Betrieb beschäftigt sind und die übrigen Voraussetzungen für die Wählbarkeit erfüllen.

§ 9 Zahl der Betriebsratsmitglieder

[1]Der Betriebsrat besteht in Betrieben mit in der Regel

5 bis20 wahlberechtigten Arbeitnehmern aus einer Person,
21 bis50 wahlberechtigten Arbeitnehmern aus 3 Mitgliedern,
51 wahlberechtigten Arbeitnehmern

	bis	100 Arbeitnehmern aus	5 Mitgliedern,
101	bis	200 Arbeitnehmern aus	7 Mitgliedern,
201	bis	400 Arbeitnehmern aus	9 Mitgliedern,
401	bis	700 Arbeitnehmern aus	11 Mitgliedern,
701	bis	1 000 Arbeitnehmern aus	13 Mitgliedern,
1 001	bis	1 500 Arbeitnehmern aus	15 Mitgliedern,
1 501	bis	2 000 Arbeitnehmern aus	17 Mitgliedern,
2 001	bis	2 500 Arbeitnehmern aus	19 Mitgliedern,
2 501	bis	3 000 Arbeitnehmern aus	21 Mitgliedern,
3 001	bis	3 500 Arbeitnehmern aus	23 Mitgliedern,
3 501	bis	4 000 Arbeitnehmern aus	25 Mitgliedern,
4 001	bis	4 500 Arbeitnehmern aus	27 Mitgliedern,
4 501	bis	5 000 Arbeitnehmern aus	29 Mitgliedern,
5 001	bis	6 000 Arbeitnehmern aus	31 Mitgliedern,
6 001	bis	7 000 Arbeitnehmern aus	33 Mitgliedern,
7 001	bis	9 000 Arbeitnehmern aus	35 Mitgliedern.

[2]In Betrieben mit mehr als 9 000 Arbeitnehmern erhöht sich die Zahl der Mitglieder des Betriebsrats für je angefangene weitere 3 000 Arbeitnehmer um 2 Mitglieder.

§ 10 *(aufgehoben)*

§ 11 Ermäßigte Zahl der Betriebsratsmitglieder

Hat ein Betrieb nicht die ausreichende Zahl von wählbaren Arbeitnehmern, so ist die Zahl der Betriebsratsmitglieder der nächstniedrigeren Betriebsgröße zugrunde zu legen.

§ 12 *(aufgehoben)*

§ 13 Zeitpunkt der Betriebsratswahlen

(1) [1]Die regelmäßigen Betriebsratswahlen finden alle vier Jahre in der Zeit vom 1. März bis 31. Mai statt. [2]Sie sind zeitgleich mit den regelmäßigen Wahlen nach § 5 Abs. 1 des Sprecherausschussgesetzes einzuleiten.

(2) Außerhalb dieser Zeit ist der Betriebsrat zu wählen, wenn

1. mit Ablauf von 24 Monaten, vom Tage der Wahl an gerechnet, die Zahl der regelmäßig beschäftigten Arbeitnehmer um die Hälfte, mindestens aber um fünfzig, gestiegen oder gesunken ist,
2. die Gesamtzahl der Betriebsratsmitglieder nach Eintreten sämtlicher Ersatzmitglieder unter die vorgeschriebene Zahl der Betriebsratsmitglieder gesunken ist,
3. der Betriebsrat mit der Mehrheit seiner Mitglieder seinen Rücktritt beschlossen hat,
4. die Betriebsratswahl mit Erfolg angefochten worden ist,
5. der Betriebsrat durch eine gerichtliche Entscheidung aufgelöst ist oder
6. im Betrieb ein Betriebsrat nicht besteht.

(3) [1]Hat außerhalb des für die regelmäßigen Betriebsratswahlen festgelegten Zeitraums eine Betriebsratswahl stattgefunden, so ist der Betriebsrat in dem auf die Wahl folgenden nächsten Zeitraum der regelmäßigen Betriebsratswahlen neu zu wählen. [2]Hat die Amtszeit des Betriebsrats zu Beginn des für die regelmäßigen Betriebsratswahlen festgelegten Zeitraums noch nicht ein Jahr betragen, so ist der Betriebsrat in dem übernächsten Zeitraum der regelmäßigen Betriebsratswahlen neu zu wählen.

§ 14 Wahlvorschriften

(1) Der Betriebsrat wird in geheimer und unmittelbarer Wahl gewählt.

(2) [1]Die Wahl erfolgt nach den Grundsätzen der Verhältniswahl. [2]Sie erfolgt nach den Grundsätzen der Mehrheitswahl, wenn nur ein Wahlvorschlag eingereicht wird oder wenn der Betriebsrat im vereinfachten Wahlverfahren nach § 14a zu wählen ist.

(3) Zur Wahl des Betriebsrats können die wahlberechtigten Arbeitnehmer und die im Betrieb vertretenen Gewerkschaften Wahlvorschläge machen.

(4) [1]Jeder Wahlvorschlag der Arbeitnehmer muss von mindestens einem Zwanzigstel der wahlberechtigten Arbeitnehmer, mindestens jedoch von drei Wahlberechtigten unterzeichnet sein; in Betrieben mit in der Regel bis zu zwanzig wahlberechtigten Arbeitnehmern genügt die Unterzeichnung durch zwei Wahlberechtigte. [2]In jedem Fall genügt die Unterzeichnung durch fünfzig wahlberechtigte Arbeitnehmer.

(5) Jeder Wahlvorschlag einer Gewerkschaft muss von zwei Beauftragten unterzeichnet sein.

§ 14a Vereinfachtes Wahlverfahren für Kleinbetriebe

(1) [1]In Betrieben mit in der Regel fünf bis fünfzig wahlberechtigten Arbeitnehmern wird der Betriebsrat in einem zweistufigen Verfahren gewählt. [2]Auf einer ersten Wahlversammlung wird der Wahlvorstand nach § 17a Nr. 3 gewählt. [3]Auf einer zweiten Wahlversammlung wird der Betriebsrat in geheimer und unmittelbarer Wahl gewählt. [4]Diese Wahlversammlung findet eine Woche nach der Wahlversammlung zur Wahl des Wahlvorstandes statt.

(2) Wahlvorschläge können bis zum Ende der Wahlversammlung zur Wahl des Wahlvorstands nach § 17a Nr. 3 gemacht werden; für Wahlvorschläge der Arbeitnehmer gilt § 14 Abs. 4 mit der Maßgabe, dass für Wahlvorschläge, die erst auf dieser Wahlversammlung gemacht werden, keine Schriftform erforderlich ist.

(3) [1]Ist der Wahlvorstand in Betrieben mit in der Regel fünf bis fünfzig wahlberechtigten Arbeitnehmern nach § 17a Nr. 1 in Verbindung mit § 16 vom Betriebsrat, Gesamtbetriebsrat oder Konzernbetriebsrat oder nach § 17a Nr. 4 vom Arbeitsgericht bestellt, wird der Betriebsrat abweichend von Absatz 1 Satz 1 und 2 auf nur einer Wahlversammlung in geheimer und unmittelbarer Wahl gewählt. [2]Wahlvorschläge können bis

eine Woche vor der Wahlversammlung zur Wahl des Betriebsrats gemacht werden; § 14 Abs. 4 gilt unverändert.

(4) Wahlberechtigten Arbeitnehmern, die an der Wahlversammlung zur Wahl des Betriebsrats nicht teilnehmen können, ist Gelegenheit zur schriftlichen Stimmabgabe zu geben.

(5) In Betrieben mit in der Regel 51 bis 100 wahlberechtigten Arbeitnehmern können der Wahlvorstand und der Arbeitgeber die Anwendung des vereinfachten Wahlverfahrens vereinbaren.

§ 15 Zusammensetzung nach Beschäftigungsarten und Geschlechtern

(1) Der Betriebsrat soll sich möglichst aus Arbeitnehmern der einzelnen Organisationsbereiche und der verschiedenen Beschäftigungsarten der im Betrieb tätigen Arbeitnehmer zusammensetzen.

(2) Das Geschlecht, das in der Belegschaft in der Minderheit ist, muss mindestens entsprechend seinem zahlenmäßigen Verhältnis im Betriebsrat vertreten sein, wenn dieser aus mindestens drei Mitgliedern besteht.

§ 16 Bestellung des Wahlvorstands

(1) [1]Spätestens zehn Wochen vor Ablauf seiner Amtszeit bestellt der Betriebsrat einen aus drei Wahlberechtigten bestehenden Wahlvorstand und einen von ihnen als Vorsitzenden. [2]Der Betriebsrat kann die Zahl der Wahlvorstandsmitglieder erhöhen, wenn dies zur ordnungsgemäßen Durchführung der Wahl erforderlich ist. [3]Der Wahlvorstand muss in jedem Fall aus einer ungeraden Zahl von Mitgliedern bestehen. [4]Für jedes Mitglied des Wahlvorstands kann für den Fall seiner Verhinderung ein Ersatzmitglied bestellt werden. [5]In Betrieben mit weiblichen und männlichen Arbeitnehmern sollen dem Wahlvorstand Frauen und Männer angehören. [6]Jede im Betrieb vertretene Gewerkschaft kann zusätzlich einen dem Betrieb angehörenden Beauftragten als nicht stimmberechtigtes Mitglied in den Wahlvorstand entsenden, sofern ihr nicht ein stimmberechtigtes Wahlvorstandsmitglied angehört.

(2) [1]Besteht acht Wochen vor Ablauf der Amtszeit des Betriebsrats kein Wahlvorstand, so bestellt ihn das Arbeitsgericht auf Antrag von mindestens drei Wahlberechtigten oder einer im Betrieb vertretenen Gewerkschaft; Absatz 1 gilt entsprechend. [2]In dem Antrag können Vorschläge für die Zusammensetzung des Wahlvorstands gemacht werden. [3]Das Arbeitsgericht kann für Betriebe mit in der Regel mehr als zwanzig wahlberechtigten Arbeitnehmern auch Mitglieder einer im Betrieb vertretenen Gewerkschaft, die nicht Arbeitnehmer des Betriebs sind, zu Mitgliedern des Wahlvorstands bestellen, wenn dies zur ordnungsgemäßen Durchführung der Wahl erforderlich ist.

(3) [1]Besteht acht Wochen vor Ablauf der Amtszeit des Betriebsrats kein Wahlvorstand, kann auch der Gesamtbetriebsrat oder, falls ein solcher nicht besteht, der Konzernbetriebsrat den Wahlvorstand bestellen. [2]Absatz 1 gilt entsprechend.

§ 17 Bestellung des Wahlvorstands in Betrieben ohne Betriebsrat

(1) [1]Besteht in einem Betrieb, der die Voraussetzungen des § 1 Abs. 1 Satz 1 erfüllt, kein Betriebsrat, so bestellt der Gesamtbetriebsrat oder, falls ein solcher nicht besteht, der Konzernbetriebsrat einen Wahlvorstand. [2]§ 16 Abs. 1 gilt entsprechend.

(2) [1]Besteht weder ein Gesamtbetriebsrat noch ein Konzernbetriebsrat, so wird in einer Betriebsversammlung von der Mehrheit der anwesenden Arbeitnehmer ein Wahlvorstand gewählt; § 16 Abs. 1 gilt entsprechend. [2]Gleiches gilt, wenn der Gesamtbetriebsrat oder Konzernbetriebsrat die Bestellung des Wahlvorstands nach Absatz 1 unterlässt.

(3) Zu dieser Betriebsversammlung können drei wahlberechtigte Arbeitnehmer des Betriebs oder eine im Betrieb vertretene Gewerkschaft einladen und Vorschläge für die Zusammensetzung des Wahlvorstands machen.

(4) [1]Findet trotz Einladung keine Betriebsversammlung statt oder wählt die Betriebsversammlung keinen Wahlvorstand, so bestellt ihn das Arbeitsgericht auf Antrag von mindestens drei wahlberechtigten Arbeitnehmern oder einer im Betrieb vertretenen Gewerkschaft. [2]§ 16 Abs. 2 gilt entsprechend.

§ 17a Bestellung des Wahlvorstands im vereinfachten Wahlverfahren

Im Fall des § 14a finden die §§ 16 und 17 mit folgender Maßgabe Anwendung:

1. Die Frist des § 16 Abs. 1 Satz 1 wird auf vier Wochen und die des § 16 Abs. 2 Satz 1, Abs. 3 Satz 1 auf drei Wochen verkürzt.
2. § 16 Abs. 1 Satz 2 und 3 findet keine Anwendung.
3. In den Fällen des § 17 Abs. 2 wird der Wahlvorstand in einer Wahlversammlung von der Mehrheit der anwesenden Arbeitnehmer gewählt. Für die Einladung zu der Wahlversammlung gilt § 17 Abs. 3 entsprechend.
4. § 17 Abs. 4 gilt entsprechend, wenn trotz Einladung keine Wahlversammlung stattfindet oder auf der Wahlversammlung kein Wahlvorstand gewählt wird.

§ 18 Vorbereitung und Durchführung der Wahl

(1) [1]Der Wahlvorstand hat die Wahl unverzüglich einzuleiten, sie durchzuführen und das Wahlergebnis festzustellen. [2]Kommt der Wahlvorstand dieser Verpflichtung nicht nach, so ersetzt ihn das Arbeitsgericht auf Antrag des Betriebsrats von mindestens drei wahlberechtigten Arbeitnehmern oder einer im Betrieb vertretenen Gewerkschaft. [3]§ 16 Abs. 2 gilt entsprechend.

(2) Ist zweifelhaft, ob eine betriebsratsfähige Organisationseinheit vorliegt, so können der Arbeitgeber, jeder beteiligte Betriebsrat, jeder beteiligte Wahlvorstand oder eine im Betrieb vertretene Gewerkschaft vor der Wahl eine Entscheidung des Arbeitsgerichts beantragen.

(3) [1]Unverzüglich nach Abschluss der Wahl nimmt der Wahlvorstand öffentlich die Auszählung der Stimmen vor, stellt deren Ergebnis in einer Niederschrift fest und gibt es den Arbeitnehmern des Betriebs bekannt. [2]Dem Arbeitgeber und den im Betrieb vertretenen Gewerkschaften ist eine Abschrift der Wahlniederschrift zu übersenden.

§ 18a Zuordnung der leitenden Angestellten bei Wahlen

(1) [1]Sind die Wahlen nach § 13 Abs. 1 und nach § 5 Abs. 1 des Sprecherausschussgesetzes zeitgleich einzuleiten, so haben sich die Wahlvorstände unverzüglich nach Aufstellung der Wählerlisten, spätestens jedoch zwei Wochen vor Einleitung der Wahlen, gegenseitig darüber zu unterrichten, welche Angestellten sie den leitenden Angestellten zugeordnet haben; dies gilt auch, wenn die Wahlen ohne Bestehen einer gesetzlichen Verpflichtung zeitgleich eingeleitet werden. [2]Soweit zwischen den Wahlvorständen kein Einvernehmen über die Zuordnung besteht, haben sie in gemeinsamer Sitzung eine Einigung zu versuchen. [3]Soweit eine Einigung zustande kommt, sind die Angestellten entsprechend ihrer Zuordnung in die jeweilige Wählerliste einzutragen.

(2) [1]Soweit eine Einigung nicht zustande kommt, hat ein Vermittler spätestens eine Woche vor Einleitung der Wahlen erneut eine Verständigung der Wahlvorstände über die Zuordnung zu versuchen. [2]Der Arbeitgeber hat den Vermittler auf dessen Verlangen zu unterstützen, insbesondere die erforderlichen Auskünfte zu erteilen und die erforderlichen Unterlagen zur Verfügung zu stellen. [3]Bleibt der Verständigungsversuch

erfolglos, so entscheidet der Vermittler nach Beratung mit dem Arbeitgeber. [4]Absatz 1 Satz 3 gilt entsprechend.

(3) [1]Auf die Person des Vermittlers müssen sich die Wahlvorstände einigen. [2]Zum Vermittler kann nur ein Beschäftigter des Betriebs oder eines anderen Betriebs des Unternehmens oder Konzerns oder der Arbeitgeber bestellt werden. [3]Kommt eine Einigung nicht zustande, so schlagen die Wahlvorstände je eine Person als Vermittler vor; durch Los wird entschieden, wer als Vermittler tätig wird.

(4) [1]Wird mit der Wahl nach § 13 Abs. 1 oder 2 nicht zeitgleich eine Wahl nach dem Sprecherausschussgesetz eingeleitet, so hat der Wahlvorstand den Sprecherausschuss entsprechend Absatz 1 Satz 1 erster Halbsatz zu unterrichten. [2]Soweit kein Einvernehmen über die Zuordnung besteht, hat der Sprecherausschuss Mitglieder zu benennen, die anstelle des Wahlvorstands an dem Zuordnungsverfahren teilnehmen. [3]Wird mit der Wahl nach § 5 Abs. 1 oder 2 des Sprecherausschussgesetzes nicht zeitgleich eine Wahl nach diesem Gesetz eingeleitet, so gelten die Sätze 1 und 2 für den Betriebsrat entsprechend.

(5) [1]Durch die Zuordnung wird der Rechtsweg nicht ausgeschlossen. [2]Die Anfechtung der Betriebsratswahl oder der Wahl nach dem Sprecherausschussgesetz ist ausgeschlossen, soweit sie darauf gestützt wird, die Zuordnung sei fehlerhaft erfolgt. [3]Satz 2 gilt nicht, soweit die Zuordnung offensichtlich fehlerhaft ist.

§ 19 Wahlanfechtung

(1) Die Wahl kann beim Arbeitsgericht angefochten werden, wenn gegen wesentliche Vorschriften über das Wahlrecht, die Wählbarkeit oder das Wahlverfahren verstoßen worden ist und eine Berichtigung nicht erfolgt ist, es sei denn, dass durch den Verstoß das Wahlergebnis nicht geändert oder beeinflusst werden konnte.

(2) [1]Zur Anfechtung berechtigt sind mindestens drei Wahlberechtigte, eine im Betrieb vertretene Gewerkschaft oder der Arbeitgeber. [2]Die Wahlanfechtung ist nur binnen einer Frist von zwei Wochen, vom Tage der Bekanntgabe des Wahlergebnisses an gerechnet, zulässig.

§ 20 Wahlschutz und Wahlkosten

(1) [1]Niemand darf die Wahl des Betriebsrats behindern. [2]Insbesondere darf kein Arbeitnehmer in der Ausübung des aktiven und passiven Wahlrechts beschränkt werden.

(2) Niemand darf die Wahl des Betriebsrats durch Zufügung oder Androhung von Nachteilen oder durch Gewährung oder Versprechen von Vorteilen beeinflussen.

(3) [1]Die Kosten der Wahl trägt der Arbeitgeber. [2]Versäumnis von Arbeitszeit, die zur Ausübung des Wahlrechts, zur Betätigung im Wahlvorstand oder zur Tätigkeit als Vermittler (§ 18 a) erforderlich ist, berechtigt den Arbeitgeber nicht zur Minderung des Arbeitsentgelts.

Zweiter Abschnitt. Amtszeit des Betriebsrats

§ 21 Amtszeit

[1]Die regelmäßige Amtszeit des Betriebsrats beträgt vier Jahre. [2]Die Amtszeit beginnt mit der Bekanntgabe des Wahlergebnisses oder, wenn zu diesem Zeitpunkt noch ein Betriebsrat besteht, mit Ablauf von dessen Amtszeit. [3]Die Amtszeit endet spätestens am 31. Mai des Jahres, in dem nach § 13 Abs. 1 die regelmäßigen Betriebsratswahlen stattfinden. [4]In dem Fall des § 13 Abs. 3 Satz 2 endet die Amtszeit spätestens am 31. Mai des Jahres, in dem der Betriebsrat neu zu wählen ist. [5]In den Fällen des § 13 Abs. 2 Nr. 1 und

2 endet die Amtszeit mit der Bekanntgabe des Wahlergebnisses des neu gewählten Betriebsrats.

§ 21a Übergangsmandat

(1) [1]Wird ein Betrieb gespalten, so bleibt dessen Betriebsrat im Amt und führt die Geschäfte für die ihm bislang zugeordneten Betriebsteile weiter, soweit sie die Voraussetzungen des § 1 Abs. 1 Satz 1 erfüllen und nicht in einen Betrieb eingegliedert werden, in dem ein Betriebsrat besteht (Übergangsmandat). [2]Der Betriebsrat hat insbesondere unverzüglich Wahlvorstände zu bestellen. [3]Das Übergangsmandat endet, sobald in den Betriebsteilen ein neuer Betriebsrat gewählt und das Wahlergebnis bekannt gegeben ist, spätestens jedoch sechs Monate nach Wirksamwerden der Spaltung. [4]Durch Tarifvertrag oder Betriebsvereinbarung kann das Übergangsmandat um weitere sechs Monate verlängert werden.

(2) [1]Werden Betriebe oder Betriebsteile zu einem Betrieb zusammengefasst, so nimmt der Betriebsrat des nach der Zahl der wahlberechtigten Arbeitnehmer größten Betriebs oder Betriebsteils das Übergangsmandat wahr. [2]Absatz 1 gilt entsprechend.

(3) Die Absätze 1 und 2 gelten auch, wenn die Spaltung oder Zusammenlegung von Betrieben und Betriebsteilen im Zusammenhang mit einer Betriebsveräußerung oder einer Umwandlung nach dem Umwandlungsgesetz erfolgt.

§ 21b Restmandat

Geht ein Betrieb durch Stillegung, Spaltung oder Zusammenlegung unter, so bleibt dessen Betriebsrat so lange im Amt, wie dies zur Wahrnehmung der damit im Zusammenhang stehenden Mitwirkungs- und Mitbestimmungsrechte erforderlich ist.

§ 22 Weiterführung der Geschäfte des Betriebsrats

In den Fällen des § 13 Abs. 2 Nr. 1 bis 3 führt der Betriebsrat die Geschäfte weiter, bis der neue Betriebsrat gewählt und das Wahlergebnis bekanntgegeben ist.

§ 23 Verletzung gesetzlicher Pflichten

(1) [1]Mindestens ein Viertel der wahlberechtigten Arbeitnehmer, der Arbeitgeber oder eine im Betrieb vertretene Gewerkschaft können beim Arbeitsgericht den Ausschluss eines Mitglieds aus dem Betriebsrat oder die Auflösung des Betriebsrats wegen grober Verletzung seiner gesetzlichen Pflichten beantragen. [2]Der Ausschluss eines Mitglieds kann auch vom Betriebsrat beantragt werden.

(2) [1]Wird der Betriebsrat aufgelöst, so setzt das Arbeitsgericht unverzüglich einen Wahlvorstand für die Neuwahl ein. [2]§ 16 Abs. 2 gilt entsprechend.

(3) [1]Der Betriebsrat oder eine im Betrieb vertretene Gewerkschaft können bei groben Verstößen des Arbeitgebers gegen seine Verpflichtungen aus diesem Gesetz beim Arbeitsgericht beantragen, dem Arbeitgeber aufzugeben, eine Handlung zu unterlassen, die Vornahme einer Handlung zu dulden oder eine Handlung vorzunehmen. [2]Handelt der Arbeitgeber der ihm durch rechtskräftige gerichtliche Entscheidung auferlegten Verpflichtung zuwider, eine Handlung zu unterlassen oder die Vornahme einer Handlung zu dulden, so ist er auf Antrag vom Arbeitsgericht wegen einer jeden Zuwiderhandlung nach vorheriger Androhung zu einem Ordnungsgeld zu verurteilen. [3]Führt der Arbeitgeber die ihm durch eine rechtskräftige gerichtliche Entscheidung auferlegte Handlung nicht durch, so ist auf Antrag vom Arbeitsgericht zu erkennen, daß er zur Vornahme der Handlung durch Zwangsgeld anzuhalten sei. [4]Antragsberechtigt sind der Betriebsrat oder eine im Betrieb vertretene Gewerkschaft. [5]Das Höchstmaß des Ordnungsgeldes und Zwangsgeldes beträgt 10 000 Euro.

§ 24 Erlöschen der Mitgliedschaft

Die Mitgliedschaft im Betriebsrat erlischt durch

1. Ablauf der Amtszeit,
2. Niederlegung des Betriebsratsamtes,
3. Beendigung des Arbeitsverhältnisses,
4. Verlust der Wählbarkeit,
5. Ausschluss aus dem Betriebsrat oder Auflösung des Betriebsrats aufgrund einer gerichtlichen Entscheidung,
6. gerichtliche Entscheidung über die Feststellung der Nichtwählbarkeit nach Ablauf der in § 19 Abs. 2 bezeichneten Frist, es sei denn, der Mangel liegt nicht mehr vor.

§ 25 Ersatzmitglieder

(1) [1]Scheidet ein Mitglied des Betriebsrats aus, so rückt ein Ersatzmitglied nach. [2]Dies gilt entsprechend für die Stellvertretung eines zeitweilig verhinderten Mitglieds des Betriebsrats.

(2) [1]Die Ersatzmitglieder werden unter Berücksichtigung des § 15 Absatz 2 der Reihe nach aus den nichtgewählten Arbeitnehmern derjenigen Vorschlagslisten entnommen, denen die zu ersetzenden Mitglieder angehören. [2]Ist eine Vorschlagsliste erschöpft, so ist das Ersatzmitglied derjenigen Vorschlagsliste zu entnehmen, auf die nach den Grundsätzen der Verhältniswahl der nächste Sitz entfallen würde. [3]Ist das ausgeschiedene oder verhinderte Mitglied nach den Grundsätzen der Mehrheitswahl gewählt, so bestimmt sich die Reihenfolge der Ersatzmitglieder unter Berücksichtigung des § 15 Abs. 2 nach der Höhe der erreichten Stimmenzahlen.

Dritter Abschnitt. Geschäftsführung des Betriebsrats

§ 26 Vorsitzender

(1) Der Betriebsrat wählt aus seiner Mitte den Vorsitzenden und dessen Stellvertreter.

(2) [1]Der Vorsitzende des Betriebsrats oder im Fall seiner Verhinderung sein Stellvertreter vertritt den Betriebsrat im Rahmen der von ihm gefassten Beschlüsse. [2]Zur Entgegennahme von Erklärungen, die dem Betriebsrat gegenüber abzugeben sind, ist der Vorsitzende des Betriebsrats oder im Fall seiner Verhinderung sein Stellvertreter berechtigt.

§ 27 Betriebsausschuss

(1) [1]Hat ein Betriebsrat neun oder mehr Mitglieder, so bildet er einen Betriebsausschuss. [2]Der Betriebsausschuss besteht aus dem Vorsitzenden des Betriebsrats, dessen Stellvertreter und bei Betriebsräten mit

9 bis 15 Mitgliedern aus 3 weiteren Ausschussmitgliedern,
17 bis 23 Mitgliedern aus 5 weiteren Ausschussmitgliedern,
25 bis 35 Mitgliedern aus 7 weiteren Ausschussmitgliedern,
37 oder mehr Mitgliedern aus 9 weiteren Ausschussmitgliedern.

[3]Die weiteren Ausschussmitglieder werden vom Betriebsrat aus seiner Mitte in geheimer Wahl und nach den Grundsätzen der Verhältniswahl gewählt. [4]Wird nur ein Wahlvorschlag gemacht, so erfolgt die Wahl nach den Grundsätzen der Mehrheitswahl. [5]Sind die weiteren Ausschussmitglieder nach den Grundsätzen der Verhältniswahl gewählt, so erfolgt die Abberufung durch Beschluss des Betriebsrats, der in geheimer Abstimmung gefaßt wird und einer Mehrheit von drei Vierteln der Stimmen der Mitglieder des Betriebsrats bedarf.

(2) [1]Der Betriebsausschuss führt die laufenden Geschäfte des Betriebsrats. [2]Der Betriebsrat kann dem Betriebsausschuss mit der Mehrheit der Stimmen seiner Mitglieder Aufgaben zur selbständigen Erledigung übertragen; dies gilt nicht für den Abschluss von Betriebsvereinbarungen. [3]Die Übertragung bedarf der Schriftform. [4]Die Sätze 2 und 3 gelten entsprechend für den Widerruf der Übertragung von Aufgaben.

(3) Betriebsräte mit weniger als neun Mitgliedern können die laufenden Geschäfte auf den Vorsitzenden des Betriebsrats oder andere Betriebsratsmitglieder übertragen.

§ 28 Übertragung von Aufgaben auf Ausschüsse

(1) [1]Der Betriebsrat kann in Betrieben mit mehr als 100 Arbeitnehmern Ausschüsse bilden und ihnen bestimmte Aufgaben übertragen. [2]Für die Wahl und Abberufung der Ausschussmitglieder gilt § 27 Abs. 1 Satz 3 bis 5 entsprechend. [3]Ist ein Betriebsausschuss gebildet, kann der Betriebsrat den Ausschüssen Aufgaben zur selbständigen Erledigung übertragen; § 27 Abs. 2 Satz 2 bis 4 gilt entsprechend.

(2) Absatz 1 gilt entsprechend für die Übertragung von Aufgaben zur selbständigen Entscheidung auf Mitglieder des Betriebsrats in Ausschüssen, deren Mitglieder vom Betriebsrat und vom Arbeitgeber benannt werden.

§ 28a Übertragung von Aufgaben auf Arbeitsgruppen

(1) [1]In Betrieben mit mehr als 100 Arbeitnehmern kann der Betriebsrat mit der Mehrheit der Stimmen seiner Mitglieder bestimmte Aufgaben auf Arbeitsgruppen übertragen; dies erfolgt nach Maßgabe einer mit dem Arbeitgeber abzuschließenden Rahmenvereinbarung. [2]Die Aufgaben müssen im Zusammenhang mit den von der Arbeitsgruppe zu erledigenden Tätigkeiten stehen. [3]Die Übertragung bedarf der Schriftform. [4]Für den Widerruf der Übertragung gelten Satz 1 erster Halbsatz und Satz 3 entsprechend.

(2) [1]Die Arbeitsgruppe kann im Rahmen der ihr übertragenen Aufgaben mit dem Arbeitgeber Vereinbarungen schließen; eine Vereinbarung bedarf der Mehrheit der Stimmen der Gruppenmitglieder. [2]§ 77 gilt entsprechend. [3]Können sich Arbeitgeber und Arbeitsgruppe in einer Angelegenheit nicht einigen, nimmt der Betriebsrat das Beteiligungsrecht wahr.

§ 29 Einberufung der Sitzungen

(1) [1]Vor Ablauf einer Woche nach dem Wahltag hat der Wahlvorstand die Mitglieder des Betriebsrats zu der nach § 26 Abs. 1 vorgeschriebenen Wahl einzuberufen. [2]Der Vorsitzende des Wahlvorstands leitet die Sitzung, bis der Betriebsrat aus seiner Mitte einen Wahlleiter bestellt hat.

(2) [1]Die weiteren Sitzungen beruft der Vorsitzende des Betriebsrats ein. [2]Er setzt die Tagesordnung fest und leitet die Verhandlung. [3]Der Vorsitzende hat die Mitglieder des Betriebsrats zu den Sitzungen rechtzeitig unter Mitteilung der Tagesordnung zu laden. [4]Dies gilt auch für die Schwerbehindertenvertretung sowie für die Jugend- und Auszubildendenvertreter, soweit sie ein Recht auf Teilnahme an der Betriebsratssitzung haben. [5]Kann ein Mitglied des Betriebsrats oder der Jugend- und Auszubildendenvertretung an der Sitzung nicht teilnehmen, so soll es dies unter Angabe der Gründe unverzüglich dem Vorsitzenden mitteilen. [6]Der Vorsitzende hat für ein verhindertes Betriebsratsmitglied oder für einen verhinderten Jugend- und Auszubildendenvertreter das Ersatzmitglied zu laden.

(3) Der Vorsitzende hat eine Sitzung einzuberufen und den Gegenstand, dessen Beratung beantragt ist, auf die Tagesordnung zu setzen, wenn dies ein Viertel der Mitglieder des Betriebsrats oder der Arbeitgeber beantragt.

(4) [1]Der Arbeitgeber nimmt an den Sitzungen, die auf sein Verlangen anberaumt sind, und an den Sitzungen, zu denen er ausdrücklich eingeladen ist, teil. [2]Er kann einen Vertreter der Vereinigung der Arbeitgeber, der er angehört, hinzuziehen.

§ 30 Betriebsratssitzungen

[1]Die Sitzungen des Betriebsrats finden in der Regel während der Arbeitszeit statt. [2]Der Betriebsrat hat bei der Ansetzung von Betriebsratssitzungen auf die betrieblichen Notwendigkeiten Rücksicht zu nehmen. [3]Der Arbeitgeber ist vom Zeitpunkt der Sitzung vorher zu verständigen. [4]Die Sitzungen des Betriebsrats sind nicht öffentlich.

§ 31 Teilnahme der Gewerkschaften

Auf Antrag von einem Viertel der Mitglieder des Betriebsrats kann ein Beauftragter einer im Betriebsrat vertretenen Gewerkschaft an den Sitzungen beratend teilnehmen; in diesem Fall sind der Zeitpunkt der Sitzung und die Tagesordnung der Gewerkschaft rechtzeitig mitzuteilen.

§ 32 Teilnahme der Schwerbehindertenvertretung

Die Schwerbehindertenvertretung (§ 94 des Neunten Buches Sozialgesetzbuch) kann an allen Sitzungen des Betriebsrats beratend teilnehmen.

§ 33 Beschlüsse des Betriebsrats

(1) [1]Die Beschlüsse des Betriebsrats werden, soweit in diesem Gesetz nichts anderes bestimmt ist, mit der Mehrheit der Stimmen der anwesenden Mitglieder gefasst. [2]Bei Stimmengleichheit ist ein Antrag abgelehnt.

(2) Der Betriebsrat ist nur beschlussfähig, wenn mindestens die Hälfte der Betriebsratsmitglieder an der Beschlussfassung teilnimmt; Stellvertretung durch Ersatzmitglieder ist zulässig.

(3) Nimmt die Jugend- und Auszubildendenvertretung an der Beschlussfassung teil, so werden die Stimmen der Jugend- und Auszubildendenvertreter bei der Feststellung der Stimmenmehrheit mitgezählt.

§ 34 Sitzungsniederschrift

(1) [1]Über jede Verhandlung des Betriebsrats ist eine Niederschrift aufzunehmen, die mindestens den Wortlaut der Beschlüsse und die Stimmenmehrheit, mit der sie gefasst sind, enthält. [2]Die Niederschrift ist von dem Vorsitzenden und einem weiteren Mitglied zu unterzeichnen. [3]Der Niederschrift ist eine Anwesenheitsliste beizufügen, in die sich jeder Teilnehmer eigenhändig einzutragen hat.

(2) [1]Hat der Arbeitgeber oder ein Beauftragter einer Gewerkschaft an der Sitzung teilgenommen, so ist ihm der entsprechende Teil der Niederschrift abschriftlich auszuhändigen. [2]Einwendungen gegen die Niederschrift sind unverzüglich schriftlich zu erheben; sie sind der Niederschrift beizufügen.

(3) Die Mitglieder des Betriebsrats haben das Recht, die Unterlagen des Betriebsrats und seiner Ausschüsse jederzeit einzusehen.

§ 35 Aussetzung von Beschlüssen

(1) Erachtet die Mehrheit der Jugend- und Auszubildendenvertretung oder die Schwerbehindertenvertretung einen Beschluss des Betriebsrats als eine erhebliche Beeinträchtigung wichtiger Interessen der durch sie vertretenen Arbeitnehmer, so ist auf ihren Antrag der Beschluss auf die Dauer von einer Woche vom Zeitpunkt der Beschlussfassung an auszusetzen, damit in dieser Frist eine Verständigung, gegebenenfalls mit Hilfe der im Betrieb vertretenen Gewerkschaften, versucht werden kann.

(2) [1]Nach Ablauf der Frist ist über die Angelegenheit neu zu beschließen. [2]Wird der erste Beschluss bestätigt, so kann der Antrag auf Aussetzung nicht wiederholt werden; dies gilt auch, wenn der erste Beschluss nur unerheblich geändert wird.

§ 36 Geschäftsordnung

Sonstige Bestimmungen über die Geschäftsführung sollen in einer schriftlichen Geschäftsordnung getroffen werden, die der Betriebsrat mit der Mehrheit der Stimmen seiner Mitglieder beschließt.

§ 37 Ehrenamtliche Tätigkeit, Arbeitsversäumnis

(1) Die Mitglieder des Betriebsrats führen ihr Amt unentgeltlich als Ehrenamt.

(2) Mitglieder des Betriebsrats sind von ihrer beruflichen Tätigkeit ohne Minderung des Arbeitsentgelts zu befreien, wenn und soweit es nach Umfang und Art des Betriebs zur ordnungsgemäßen Durchführung ihrer Aufgaben erforderlich ist.

(3) [1]Zum Ausgleich für Betriebsratstätigkeit, die aus betriebsbedingten Gründen außerhalb der Arbeitszeit durchzuführen ist, hat das Betriebsratsmitglied Anspruch auf entsprechende Arbeitsbefreiung unter Fortzahlung des Arbeitsentgelts. [2]Betriebsbedingte Gründe liegen auch vor, wenn die Betriebsratstätigkeit wegen der unterschiedlichen Arbeitszeiten der Betriebsratsmitglieder nicht innerhalb der persönlichen Arbeitszeit erfolgen kann. [3]Die Arbeitsbefreiung ist vor Ablauf eines Monats zu gewähren; ist dies aus betriebsbedingten Gründen nicht möglich, so ist die aufgewendete Zeit wie Mehrarbeit zu vergüten.

(4) [1]Das Arbeitsentgelt von Mitgliedern des Betriebsrats darf einschließlich eines Zeitraums von einem Jahr nach Beendigung der Amtszeit nicht geringer bemessen werden als das Arbeitsentgelt vergleichbarer Arbeitnehmer mit betriebsüblicher beruflicher Entwicklung. [2]Dies gilt auch für allgemeine Zuwendungen des Arbeitgebers.

(5) Soweit nicht zwingende betriebliche Notwendigkeiten entgegenstehen, dürfen Mitglieder des Betriebsrats einschließlich eines Zeitraums von einem Jahr nach Beendigung der Amtszeit nur mit Tätigkeiten beschäftigt werden, die den Tätigkeiten der in Absatz 4 genannten Arbeitnehmer gleichwertig sind.

(6) [1]Die Absätze 2 und 3 gelten entsprechend für die Teilnahme an Schulungs- und Bildungsveranstaltungen, soweit diese Kenntnisse vermitteln, die für die Arbeit des Betriebsrats erforderlich sind. [2]Betriebsbedingte Gründe im Sinne des Absatzes 3 liegen auch vor, wenn wegen Besonderheiten der betrieblichen Arbeitszeitgestaltung die Schulung des Betriebsratsmitglieds außerhalb seiner Arbeitszeit erfolgt; in diesem Fall ist der Umfang des Ausgleichsanspruchs unter Einbeziehung der Arbeitsbefreiung nach Absatz 2 pro Schulungstag begrenzt auf die Arbeitszeit eines vollzeitbeschäftigten Arbeitnehmers. [3]Der Betriebsrat hat bei der Festlegung der zeitlichen Lage der Teilnahme an Schulungs- und Bildungsveranstaltungen die betrieblichen Notwendigkeiten zu berücksichtigen. [4]Er hat dem Arbeitgeber die Teilnahme und die zeitliche Lage der Schulungs- und Bildungsveranstaltungen rechtzeitig bekanntzugeben. [5]Hält der Arbeitgeber die betrieblichen Notwendigkeiten für nicht ausreichend berücksichtigt, so kann er die Einigungsstelle anrufen. [6]Der Spruch der Einigungsstelle ersetzt die Einigung zwischen Arbeitgeber und Betriebsrat.

(7) [1]Unbeschadet der Vorschrift des Absatzes 6 hat jedes Mitglied des Betriebsrats während seiner regelmäßigen Amtszeit Anspruch auf bezahlte Freistellung für insgesamt drei Wochen zur Teilnahme an Schulungs- und Bildungsveranstaltungen, die von der zuständigen obersten Arbeitsbehörde des Landes nach Beratung mit den Spitzenorganisationen der Gewerkschaften und der Arbeitgeberverbände als geeignet anerkannt sind. [2]Der Anspruch nach Satz 1 erhöht sich für Arbeitnehmer, die erstmals das Amt ei-

nes Betriebsratsmitglieds übernehmen und auch nicht zuvor Jugend- und Auszubildendenvertreter waren, auf vier Wochen. [3]Absatz 6 Satz 2 bis 6 findet Anwendung.

§ 38 Freistellungen

(1) [1]Von ihrer beruflichen Tätigkeit sind mindestens freizustellen in Betrieben mit in der Regel

200 bis	500 Arbeitnehmern	ein Betriebsratsmitglied,
501 bis	900 Arbeitnehmern	2 Betriebsratsmitglieder,
901 bis	1 500 Arbeitnehmern	3 Betriebsratsmitglieder,
1 501 bis	2 000 Arbeitnehmern	4 Betriebsratsmitglieder,
2 001 bis	3 000 Arbeitnehmern	5 Betriebsratsmitglieder,
3 001 bis	4 000 Arbeitnehmern	6 Betriebsratsmitglieder,
4 001 bis	5 000 Arbeitnehmern	7 Betriebsratsmitglieder,
5 001 bis	6 000 Arbeitnehmern	8 Betriebsratsmitglieder,
6 001 bis	7 000 Arbeitnehmern	9 Betriebsratsmitglieder,
7 001 bis	8 000 Arbeitnehmern	10 Betriebsratsmitglieder,
8 001 bis	9 000 Arbeitnehmern	11 Betriebsratsmitglieder,
9 001 bis	10 000 Arbeitnehmern	12 Betriebsratsmitglieder.

[2]In Betrieben mit über 10 000 Arbeitnehmern ist für je angefangene weitere 2 000 Arbeitnehmer ein weiteres Betriebsratsmitglied freizustellen. [3]Freistellungen können auch in Form von Teilfreistellungen erfolgen. [4]Diese dürfen zusammengenommen nicht den Umfang der Freistellungen nach den Sätzen 1 und 2 überschreiten. [5]Durch Tarifvertrag oder Betriebsvereinbarung können anderweitige Regelungen über die Freistellung vereinbart werden.

(2) [1]Die freizustellenden Betriebsratsmitglieder werden nach Beratung mit dem Arbeitgeber vom Betriebsrat aus seiner Mitte in geheimer Wahl und nach den Grundsätzen der Verhältniswahl gewählt. [2]Wird nur ein Wahlvorschlag gemacht, so erfolgt die Wahl nach den Grundsätzen der Mehrheitswahl; ist nur ein Betriebsratsmitglied freizustellen, so wird dieses mit einfacher Stimmenmehrheit gewählt. [3]Der Betriebsrat hat die Namen der Freizustellenden dem Arbeitgeber bekannt zu geben. [4]Hält der Arbeitgeber eine Freistellung für sachlich nicht vertretbar, so kann er innerhalb einer Frist von zwei Wochen nach der Bekanntgabe die Einigungsstelle anrufen. [5]Der Spruch der Einigungsstelle ersetzt die Einigung zwischen Arbeitgeber und Betriebsrat. [6]Bestätigt die Einigungsstelle die Bedenken des Arbeitgebers, so hat sie bei der Bestimmung eines anderen freizustellenden Betriebsratsmitglieds auch den Minderheitenschutz im Sinne des Satzes 1 zu beachten. [7]Ruft der Arbeitgeber die Einigungstelle nicht an, so gilt sein Einverständnis mit den Freistellungen nach Ablauf der zweiwöchigen Frist als erteilt. [8]Für die Abberufung gilt § 27 Abs. 1 Satz 5 entsprechend.

(3) Der Zeitraum für die Weiterzahlung des nach § 37 Abs. 4 zu bemessenden Arbeitsentgelts und für die Beschäftigung nach § 37 Abs. 5 erhöht sich für Mitglieder des Betriebsrats, die drei volle aufeinanderfolgende Amtszeiten freigestellt waren, auf zwei Jahre nach Ablauf der Amtszeit.

(4) [1]Freigestellte Betriebsratmitglieder dürfen von inner- und außerbetrieblichen Maßnahmen der Berufsbildung nicht ausgeschlossen werden. [2]Innerhalb eines Jahres nach Beendigung der Freistellung eines Betriebsratsmitglieds ist diesem im Rahmen der Möglichkeiten des Betriebs Gelegenheit zu geben, eine wegen der Freistellung unterbliebene betriebsübliche berufliche Entwicklung nachzuholen. [3]Für Mitglieder des Betriebsrats, die drei volle aufeinanderfolgende Amtszeiten freigestellt waren, erhöht sich der Zeitraum nach Satz 2 auf zwei Jahre.

§ 39 Sprechstunden

(1) [1]Der Betriebsrat kann während der Arbeitszeit Sprechstunden einrichten. [2]Zeit und Ort sind mit dem Arbeitgeber zu vereinbaren. [3]Kommt eine Einigung nicht zustande, so entscheidet die Einigungsstelle. [4]Der Spruch der Einigungsstelle ersetzt die Einigung zwischen Arbeitgeber und Betriebsrat.

(2) Führt die Jugend- und Auszubildendenvertretung keine eigenen Sprechstunden durch, so kann an den Sprechstunden des Betriebsrats ein Mitglied der Jugend- und Auszubildendenvertretung zur Beratung der in § 60 Abs. 1 genannten Arbeitnehmer teilnehmen.

(3) Versäumnis von Arbeitszeit, die zum Besuch der Sprechstunden oder durch sonstige Inanspruchnahme des Betriebsrats erforderlich ist, berechtigt den Arbeitgeber nicht zur Minderung des Arbeitsentgelts des Arbeitnehmers.

§ 40 Kosten und Sachaufwand des Betriebsrats

(1) Die durch die Tätigkeit des Betriebsrats entstehenden Kosten trägt der Arbeitgeber.

(2) Für die Sitzungen, die Sprechstunden und die laufende Geschäftsführung hat der Arbeitgeber in erforderlichem Umfang Räume, sachliche Mittel, Informations- und Kommunikationstechnik sowie Büropersonal zur Verfügung zu stellen.

§ 41 Umlageverbot

Die Erhebung und Leistung von Beiträgen der Arbeitnehmer für Zwecke des Betriebsrats ist unzulässig.

Vierter Abschnitt. Betriebsversammlung

§ 42 Zusammensetzung, Teilversammlung, Abteilungsversammlung

(1) [1]Die Betriebsversammlung besteht aus den Arbeitnehmern des Betriebs; sie wird von dem Vorsitzenden des Betriebsrats geleitet. [2]Sie ist nicht öffentlich. [3]Kann wegen der Eigenart des Betriebs eine Versammlung aller Arbeitnehmer zum gleichen Zeitpunkt nicht stattfinden, so sind Teilversammlungen durchzuführen.

(2) [1]Arbeitnehmer organisatorisch oder räumlich abgegrenzter Betriebsteile sind vom Betriebsrat zu Abteilungsversammlungen zusammenzufassen, wenn dies für die Erörterung der besonderen Belange der Arbeitnehmer erforderlich ist. [2]Die Abteilungsversammlung wird von einem Mitglied des Betriebsrats geleitet, das möglichst einem beteiligten Betriebsteil als Arbeitnehmer angehört. [3]Absatz 1 Satz 2 und 3 gilt entsprechend.

§ 43 Regelmäßige Betriebs- und Abteilungsversammlungen

(1) [1]Der Betriebsrat hat einmal in jedem Kalendervierteljahr eine Betriebsversammlung einzuberufen und in ihr einen Tätigkeitsbericht zu erstatten. [2]Liegen die Voraussetzungen des § 42 Abs. 2 Satz 1 vor, so hat der Betriebsrat in jedem Kalenderjahr zwei der in Satz 1 genannten Betriebsversammlungen als Abteilungsversammlungen durchzuführen. [3]Die Abteilungsversammlungen sollen möglichst gleichzeitig stattfinden. [4]Der Betriebsrat kann in jedem Kalenderjahr eine weitere Betriebsversammlung oder, wenn die Voraussetzungen des § 42 Abs. 2 Satz 1 vorliegen, einmal weitere Abteilungsversammlungen durchführen, wenn dies aus besonderen Gründen zweckmäßig erscheint.

(2) [1]Der Arbeitgeber ist zu den Betriebs- und Abteilungsversammlungen unter Mitteilung der Tagesordnung einzuladen. [2]Er ist berechtigt, in den Versammlungen zu sprechen. [3]Der Arbeitgeber oder sein Vertreter hat mindestens einmal in jedem Kalenderjahr

in einer Betriebsversammlung über das Personal- und Sozialwesen einschließlich des Stands der Gleichstellung von Frauen und Männern im Betrieb sowie der Integration der im Betrieb beschäftigten ausländischen Arbeitnehmer, über die wirtschaftliche Lage und Entwicklung des Betriebs sowie über den betrieblichen Umweltschutz zu berichten, soweit dadurch nicht Betriebs- oder Geschäftsgeheimnisse gefährdet werden.

(3) [1]Der Betriebsrat ist berechtigt und auf Wunsch des Arbeitgebers oder von mindestens einem Viertel der Wahlberechtigten Arbeitnehmer verpflichtet, eine Betriebsversammlung einzuberufen und den beantragten Beratungsgegenstand auf die Tagesordnung zu setzen. [2]Vom Zeitpunkt der Versammlungen, die auf Wunsch des Arbeitgebers stattfinden, ist dieser rechtzeitig zu verständigen.

(4) Auf Antrag im Betrieb vertretenen Gewerkschaft muss der Betriebsrat vor Ablauf von zwei Wochen nach Eingang des Antrags eine Betriebsversammlung nach Absatz 1 Satz 1 einberufen, wenn im vorhergegangenen Kalenderjahr keine Betriebsversammlung und keine Abteilungsversammlungen durchgeführt worden sind.

§ 44 Zeitpunkt und Verdienstausfall

(1) [1]Die in den §§ 14a, 17 und 43 Abs. 1 bezeichneten und die auf Wunsch des Arbeitgebers einberufenen Versammlungen finden während der Arbeitszeit statt, soweit nicht die Eigenart des Betriebs eine andere Regelung zwingend erfordert. [2]Die Zeit der Teilnahme an diesen Versammlungen einschließlich der zusätzlichen Wegezeiten ist den Arbeitnehmern wie Arbeitszeit zu vergüten. [3]Dies gilt auch dann, wenn die Versammlungen wegen der Eigenart des Betriebs außerhalb der Arbeitszeit stattfinden; Fahrkosten, die den Arbeitnehmern durch die Teilnahme an diesen Versammlungen entstehen, sind vom Arbeitgeber zu erstatten.

(2) [1]Sonstige Betriebs- oder Abteilungsversammlungen finden außerhalb der Arbeitszeit statt. [2]Hiervon kann im Einvernehmen mit dem Arbeitgeber abgewichen werden; im Einvernehmen mit dem Arbeitgeber während der Arbeitszeit durchgeführte Versammlungen berechtigen den Arbeitgeber nicht. das Arbeitsentgelt der Arbeitnehmer zu mindern.

§ 45 Themen der Betriebs- und Abteilungsversammlungen

[1]Die Betriebs- und Abteilungsversammlungen können Angelegenheiten einschließlich solcher tarifpolitischer, sozialpolitischer, umweltpolitischer und wirtschaftlicher Art sowie Fragen der Förderung der Gleichstellung von Frauen und Männern und der Vereinbarkeit von Familie und Erwerbstätigkeit sowie der Integration der im Betrieb beschäftigten ausländischen Arbeitnehmer behandeln, die den Betrieb oder seine Arbeitnehmer behandeln, die den Betrieb oder seine Arbeitnehmer unmittelbar betreffen; die Grundsätze des § 74 Abs. 2 finden Anwendung. [2]Die Betriebs- und Abteilungsversammlungen können dem Betriebsrat Anträge unterbreiten und zu seinen Beschlüssen Stellung nehmen.

§ 46 Beauftragte der Verbände

(1) [1]An den Betriebs- oder Abteilungsversammlungen können Beauftragte der im Betrieb vertretenen Gewerkschaften beratend teilnehmen. [2]Nimmt der Arbeitgeber an Betriebs- oder Abteilungsversammlungen teil, so kann er einen Beauftragten der Vereinigung der Arbeitgeber, der er angehört, hinzuziehen.

(2) Der Zeitpunkt und die Tagesordnung der Betriebs- oder Abteilungsversammlungen sind den im Betriebsrat vertretenen Gewerkschaften rechtzeitig schriftlich mitzuteilen.

Fünfter Abschnitt. Gesamtbetriebsrat

§ 47 Voraussetzungen der Errichtung, Mitgliederzahl, Stimmengewicht

(1) Bestehen in einem Unternehmen mehrere Betriebsräte, so ist ein Gesamtbetriebsrat zu errichten.

(2) [1]In den Gesamtbetriebsrat entsendet jeder Betriebsrat mit bis zu drei Mitgliedern eines seiner Mitglieder; jeder Betriebsrat mit mehr als drei Mitgliedern entsendet zwei seiner Mitglieder. [2]Die Geschlechter sollen angemessen berücksichtigt werden.

(3) Der Betriebsrat hat für jedes Mitglied des Gesamtbetriebsrats mindestens ein Ersatzmitglied zu bestellen und die Reihenfolge des Nachrückens festzulegen.

(4) Durch Tarifvertrag oder Betriebsvereinbarungen kann die Mitgliederzahl des Gesamtbetriebsrats abweichend von Absatz 2 Satz 1 geregelt werden.

(5) Gehören nach Absatz 2 Satz 1 dem Gesamtbetriebsrat mehr als vierzig Mitglieder an und besteht keine tarifliche Regelung nach Absatz 4, so ist zwischen Gesamtbetriebsrat und Arbeitgeber eine Betriebsvereinbarung über die Mitgliederzahl des Gesamtbetriebsrats abzuschließen, in der bestimmt wird, dass Betriebsräte mehrerer Betriebe eines Unternehmens, die regional oder durch gleichartige Interessen miteinander verbunden sind, gemeinsam Mitglieder in den Gesamtbetriebsrat entsenden.

(6) [1]Kommt im Fall des Absatzes 5 eine Einigung nicht zustande, so entscheidet eine für das Gesamtunternehmen zu bildende Einigungsstelle. [2]Der Spruch der Einigungsstelle ersetzt die Einigung zwischen Arbeitgeber und Gesamtbetriebsrat.

(7) [1]Jedes Mitglied des Gesamtbetriebsrats hat so viele Stimmen, wie in dem Betrieb, in dem es gewählt wurde, wahlberechtigte Arbeitnehmer in der Wählerliste eingetragen sind. [2]Entsendet der Betriebsrat mehrere Mitglieder, so stehen ihnen die Stimmen nach Satz 1 anteilig zu.

(8) Ist ein Mitglied des Gesamtbetriebsrats für mehrere Betriebe entsandt worden, so hat es so viele Stimmen, wie in den Betrieben, für die es entsandt ist, wahlberechtigte Arbeitnehmer in den Wählerlisten eingetragen sind; sind mehrere Mitglieder entsandt worden, gilt Absatz 7 Satz 2 entsprechend.

(9) Für Mitglieder des Gesamtbetriebsrats, die aus einem gemeinsamen Betrieb mehrerer Unternehmen entsandt worden sind, können durch Tarifvertrag oder Betriebsvereinbarung von den Absätzen 7 und 8 abweichende Regelungen getroffen werden.

§ 48 Ausschluss von Gesamtbetriebsratsmitgliedern

Mindestens ein Viertel der wahlberechtigten Arbeitnehmer des Unternehmens, der Arbeitgeber, der Gesamtbetriebsrat oder eine im Unternehmen vertretene Gewerkschaft können beim Arbeitsgericht den Ausschluss eines Mitglieds aus dem Gesamtbetriebsrat wegen grober Verletzung seiner gesetzlichen Pflichten beantragen.

§ 49 Erlöschen der Mitgliedschaft

Die Mitgliedschaft im Gesamtbetriebsrat endet mit dem Erlöschen der Mitgliedschaft im Betriebsrat, durch Amtsniederlegung, durch Ausschluss aus dem Gesamtbetriebsrat aufgrund einer gerichtlichen Entscheidung oder Abberufung durch den Betriebsrat.

§ 50 Zuständigkeit

(1) [1]Der Gesamtbetriebsrat ist zuständig für die Behandlung von Angelegenheiten, die das Gesamtunternehmen oder mehrere Betriebe betreffen und nicht durch die einzelnen Betriebsräte innerhalb ihrer Betriebe geregelt werden können. [2]Er ist den einzelnen Betriebsräten nicht übergeordnet; seine Zuständigkeit erstreckt sich insoweit auch auf Betriebe ohne Betriebsrat.

(2) [1]Der Betriebsrat kann mit der Mehrheit der Stimmen seiner Mitglieder den Gesamtbetriebsrat beauftragen, eine Angelegenheit für ihn zu behandeln. [2]Der Betriebsrat kann sich dabei die Entscheidungsbefugnis vorbehalten. [3]§ 27 Abs. 2 Satz 3 und 4 gilt entsprechend.

§ 51 Geschäftsführung

(1) [1]Für den Gesamtbetriebsrat gelten § 25 Abs. 1, die §§ 26, 27 Abs. 2 und 3, § 28 Abs. 1 Satz 1 und 3, Abs. 2, die §§ 30, 31, 34, 35, 36, 37 Abs. 1 bis 3 sowie die §§ 40 und 41 entsprechend. [2]§ 27 Abs. 1 gilt entsprechend mit der Maßgabe, dass der Gesamtbetriebsausschuss aus dem Vorsitzenden des Gesamtbetriebsrats, dessen Stellvertreter und bei Gesamtbetriebsräten mit

9 bis 16 Mitgliedern aus 3 weiteren Ausschussmitgliedern,
17 bis 24 Mitgliedern aus 5 weiteren Ausschussmitgliedern,
25 bis 36 Mitgliedern aus 7 weiteren Ausschussmitgliedern,
mehr als 36 Mitgliedern aus 9 weiteren Ausschussmitgliedern besteht.

(2) [1]Ist ein Gesamtbetriebsrat zu errichten, so hat der Betriebsrat der Hauptverwaltung des Unternehmens oder, soweit ein solcher Betriebsrat nicht besteht, der Betriebsrat des nach der Zahl der wahlberechtigten Arbeitnehmer größten Betriebs zu der Wahl des Vorsitzenden und des stellvertretenden Vorsitzenden des Gesamtbetriebsrats einzuladen. [2]Der Vorsitzende des einladenden Betriebsrats hat die Sitzung zu leiten, bis der Gesamtbetriebsrat aus seiner Mitte einen Wahlleiter bestellt hat. [3]§ 29 Abs. 2 bis 4 gilt entsprechend.

(3) [1]Die Beschlüsse des Gesamtbetriebsrats werden, soweit nichts anderes bestimmt ist, mit Mehrheit der Stimmen der anwesenden Mitglieder gefasst. [2]Bei Stimmengleichheit ist ein Antrag abgelehnt. [3]Der Gesamtbetriebsrat ist nur beschlussfähig, wenn mindestens die Hälfte seiner Mitglieder an der Beschlussfassung teilnimmt und die Teilnehmenden mindestens die Hälfte aller Stimmen vertreten; Stellvertretung durch Ersatzmitglieder ist zulässig. [4]§ 33 Abs. 3 gilt entsprechend.

(4) Auf die Beschlussfassung des Gesamtbetriebsausschusses und weiterer Ausschüsse des Gesamtbetriebsrats ist § 33 Abs. 1 und 2 anzuwenden.

(5) Die Vorschriften über die Rechte und Pflichten des Betriebsrats gelten entsprechend für den Gesamtbetriebsrat, soweit dieses Gesetz keine besonderen Vorschriften enthält.

§ 52 Teilnahme der Gesamtschwerbehindertenvertretung

Die Gesamtschwerbehindertenvertretung (§ 97 Abs. 1 des Neunten Buches Sozialgesetzbuch) kann an allen Sitzungen des Gesamtbetriebsrats beratend teilnehmen.

§ 53 Betriebsräteversammlung

(1) [1]Mindestens einmal in jedem Kalenderjahr hat der Gesamtbetriebsrat die Vorsitzenden und die stellvertretenden Vorsitzenden der Betriebsräte sowie die weiteren Mitglieder der Betriebsausschüsse zu einer Versammlung einzuberufen. [2]Zu dieser Versammlung kann der Betriebsrat abweichend von Satz 1 aus seiner Mitte andere Mitglieder entsenden, soweit dadurch die Gesamtzahl der sich für ihn nach Satz 1 ergebenden Teilnehmer nicht überschritten wird.

(2) In der Betriebsräteversammlung hat

1. der Gesamtbetriebsrat einen Tätigkeitsbericht,
2. der Unternehmer einen Bericht über das Personal- und Sozialwesen einschließlich des Stands der Gleichstellung von Frauen und Männern im Unternehmen, der Integration der im Unternehmen beschäftigten ausländischen Arbeitnehmer, über die

wirtschaftliche Lage und Entwicklung des Unternehmens sowie über Fragen des Umweltschutzes im Unternehmen, soweit dadurch nicht Betriebs- und Geschäftsgeheimnisse gefährdet werden,

zu erstatten.

(3) [1]Der Gesamtbetriebsrat kann die Betriebsräteversammlung in Form von Teilversammlungen durchführen. [2]Im Übrigen gelten § 42 Abs. 1 Satz 1 zweiter Halbsatz und Satz 2, § 43 Abs. 2 Satz 1 und 2 sowie die §§ 45 und 46 entsprechend.

Sechster Abschnitt. Konzernbetriebsrat

§ 54 Errichtung des Konzernbetriebsrats

(1) [1]Für einen Konzern (§ 18 Abs. 1 des Aktiengesetzes) kann durch Beschlüsse der einzelnen Gesamtbetriebsräte ein Konzernbetriebsrat errichtet werden. [2]Die Errichtung erfordert die Zustimmung der Gesamtbetriebsräte der Konzernunternehmen, in denen insgesamt mehr als 50 vom Hundert der Arbeitnehmer der Konzernunternehmen beschäftigt sind.

(2) Besteht in einem Konzernunternehmen nur ein Betriebsrat, so nimmt dieser die Aufgaben eines Gesamtbetriebsrats nach den Vorschriften dieses Abschnitts wahr.

§ 55 Zusammensetzung des Konzernbetriebsrats, Stimmengewicht

(1) [1]In den Konzernbetriebsrat entsendet jeder Gesamtbetriebsrat zwei seiner Mitglieder. [2]Die Geschlechter sollen angemessen berücksichtigt werden.

(2) Der Gesamtbetriebsrat hat für jedes Mitglied des Konzernbetriebsrats mindestens ein Ersatzmitglied zu bestellen und die Reihenfolge des Nachrückens festzulegen.

(3) Jedem Mitglied des Konzernbetriebsrats stehen die Stimmen der Mitglieder des entsendenden Gesamtbetriebsrats je zur Hälfte zu.

(4) [1]Durch Tarifvertrag oder Betriebsvereinbarung kann die Mitgliederzahl des Konzernbetriebsrats abweichend von Absatz 1 Satz 1 geregelt werden. [2]§ 47 Abs. 5 bis 9 gilt entsprechend.

§ 56 Ausschluss von Konzernbetriebsratsmitgliedern

Mindestens ein Viertel der wahlberechtigten Arbeitnehmer der Konzernunternehmen, der Arbeitgeber, der Konzernbetriebsrat oder eine im Konzern vertretene Gewerkschaft können beim Arbeitsgericht den Ausschluss eines Mitglieds aus dem Konzernbetriebsrat wegen grober Verletzung seiner gesetzlichen Pflichten beantragen.

§ 57 Erlöschen der Mitgliedschaft

Die Mitgliedschaft im Konzernbetriebsrat endet mit dem Erlöschen der Mitgliedschaft im Gesamtbetriebsrat, durch Amtsniederlegung, durch Ausschluss aus dem Konzernbetriebsrat aufgrund einer gerichtlichen Entscheidung oder Abberufung durch den Gesamtbetriebsrat.

§ 58 Zuständigkeit

(1) [1]Der Konzernbetriebsrat ist zuständig für die Behandlung von Angelegenheiten, die den Konzern oder mehrere Konzernunternehmen betreffen und nicht durch die einzelnen Gesamtbetriebsräte innerhalb ihrer Unternehmen geregelt werden können; seine Zuständigkeit erstreckt sich insoweit auch auf Unternehmen, die einen Gesamtbetriebsrat nicht gebildet haben, sowie auf Betriebe der Konzernunternehmen ohne Betriebsrat. [2]Er ist den einzelnen Gesamtbetriebsräten nicht übergeordnet.

(2) [1]Der Gesamtbetriebsrat kann mit der Mehrheit der Stimmen seiner Mitglieder den Konzernbetriebsrat beauftragen, eine Angelegenheit für ihn zu behandeln. [2]Der Gesamtbetriebsrat kann sich dabei die Entscheidungsbefugnis vorbehalten. [3]§ 27 Abs. 2 Satz 3 und 4 gilt entsprechend.

§ 59 Geschäftsführung

(1) Für den Konzernbetriebsrat gelten § 25 Abs. 1, die §§ 26, 27 Abs. 2 und 3, § 28 Abs. 1 Satz 1 und 3, Abs. 2, die §§ 30, 31, 34, 35, 36, 37 Abs. 1 bis 3 sowie die §§ 40, 41 und 51 Abs. 1 Satz 2 und Abs. 3 bis 5 entsprechend.

(2) [1]Ist ein Konzernbetriebsrat zu errichten, so hat der Gesamtbetriebsrat des herrschenden Unternehmens oder, soweit ein solcher Gesamtbetriebsrat nicht besteht, der Gesamtbetriebsrat des nach der Zahl der wahlberechtigten Arbeitnehmer größten Konzernunternehmens zu der Wahl des Vorsitzenden und des stellvertretenden Vorsitzenden des Konzernbetriebsrats einzuladen. [2]Der Vorsitzende des einladenden Gesamtbetriebsrats hat die Sitzung zu leiten, bis der Konzernbetriebsrat aus seiner Mitte einen Wahlleiter bestellt hat. [3]§ 29 Abs. 2 bis 4 gilt entsprechend.

§ 59a Teilnahme der Konzernschwerbehindertenvertretung

Die Konzernschwerbehindertenvertretung (§ 97 Abs. 2 des Neunten Buches Sozialgesetzbuch) kann an allen Sitzungen des Konzernbetriebsrats beratend teilnehmen.

Dritter Teil. Jugend- und Auszubildendenvertretung

Erster Abschnitt. Betriebliche Jugend- und Auszubildendenvertretung

§ 60 Errichtung und Aufgabe

(1) In Betrieben mit in der Regel mindestens fünf Arbeitnehmern, die das 18. Lebensjahr noch nicht vollendet haben (jugendliche Arbeitnehmer) oder die zu ihrer Berufsausbildung beschäftigt sind und das 25. Lebensjahr noch nicht vollendet haben, werden Jugend- und Auszubildendenvertretungen gewählt.

(2) Die Jugend- und Auszubildendenvertretung nimmt nach Maßgabe der folgenden Vorschriften die besonderen Belange der in Absatz 1 genannten Arbeitnehmer wahr.

§ 61 Wahlberechtigung und Wählbarkeit

(1) Wahlberechtigt sind alle in § 60 Abs. 1 genannten Arbeitnehmer des Betriebs.

(2) [1]Wählbar sind alle Arbeitnehmer des Betriebs, die das 25. Lebensjahr noch nicht vollendet haben; § 8 Abs. 1 Satz 3 findet Anwendung. [2]Mitglieder des Betriebsrats können nicht zu Jugend- und Auszubildendenvertretern gewählt werden.

§ 62 Zahl der Jugend- und Auszubildendenvertreter, Zusammensetzung der Jugend- und Auszubildendenvertretung

(1) Die Jugend- und Auszubildendenvertretung besteht in Betrieben mit in der Regel

5 bis	20	der in § 60 Abs. 1 genannten Arbeitnehmer aus	einer Person,
21 bis	50	der in § 60 Abs. 1 genannten Arbeitnehmer aus	3 Mitgliedern,
51 bis	150	der in § 60 Abs. 1 genannten Arbeitnehmer aus	5 Mitgliedern,
151 bis	300	der in § 60 Abs. 1 genannten Arbeitnehmer aus	7 Mitgliedern,
301 bis	500	der in § 60 Abs. 1 genannten Arbeitnehmer aus	9 Mitgliedern,
501 bis	700	der in § 60 Abs. 1 genannten Arbeitnehmer aus	11 Mitgliedern,
701 bis	1000	der in § 60 Abs. 1 genannten Arbeitnehmer aus	13 Mitgliedern,
mehr als	1000	der in § 60 Abs. 1 genannten Arbeitnehmer aus	15 Mitgliedern.

(2) Die Jugend- und Auszubildendenvertretung soll sich möglichst aus Vertretern der verschiedenen Beschäftigungsarten und Ausbildungsberufe der im Betrieb tätigen in § 60 Abs. 1 genannten Arbeitnehmer zusammensetzen.

(3) Das Geschlecht, das unter den in § 60 Abs. 1 genannten Arbeitnehmern in der Minderheit ist, muss mindestens entsprechend seinem zahlenmäßigen Verhältnis in der Jugend- und Auszubildendenvertretung vertreten sein, wenn diese aus mindestens drei Mitgliedern besteht.

§ 63 Wahlvorschriften

(1) Die Jugend- und Auszubildendenvertretung wird in geheimer und unmittelbarer Wahl gewählt.

(2) [1]Spätestens acht Wochen vor Ablauf der Amtszeit der Jugend- und Auszubildendenvertretung bestellt der Betriebsrat den Wahlvorstand und seinen Vorsitzenden. [2]Für die Wahl der Jugend- und Auszubildendenvertreter gelten § 14 Abs. 2 bis 5, § 16 Abs. 1 Satz 4 bis 6, § 18 Abs. 1 Satz 1 und Abs. 3 sowie die §§ 19 und 20 entsprechend.

(3) Bestellt der Betriebsrat den Wahlvorstand nicht oder nicht spätestens sechs Wochen vor Ablauf der Amtszeit der Jugend- und Auszubildendenvertretung oder kommt der Wahlvorstand seiner Verpflichtung nach § 18 Abs. 1 Satz 1 nicht nach, so gelten § 16 Abs. 2 Satz 1 und 2, Abs. 3 Satz 1 und § 18 Abs. 1 Satz 2 entsprechend; der Antrag beim Arbeitsgericht kann auch von jugendlichen Arbeitnehmern gestellt werden.

(4) [1]In Betrieben mit in der Regel fünf bis fünfzig der in § 60 Abs. 1 genannten Arbeitnehmer gilt auch § 14a entsprechend. [2]Die Frist zur Bestellung des Wahlvorstands wird im Falle des Absatzes 2 Satz 1 auf vier Wochen und im Falle des Absatzes 3 Satz 1 auf drei Wochen verkürzt.

(5) In Betrieben mit in der Regel 51 bis 100 der in § 60 Abs. 1 genannten Arbeitnehmer gilt § 14a Abs. 5 entsprechend.

§ 64 Zeitpunkt der Wahlen und Amtszeit

(1) [1]Die regelmäßigen Wahlen der Jugend- und Auszubildendenvertretung finden alle zwei Jahre in der Zeit vom 1. Oktober bis 30. November statt. [2]Für die Wahl der Jugend- und Auszubildendenvertretung außerhalb dieser Zeit gilt § 13 Abs. 2 Nr. 2 bis 6 und Abs. 3 entsprechend.

(2) [1]Die regelmäßige Amtszeit der Jugend- und Auszubildendenvertretung beträgt zwei Jahre. [2]Die Amtszeit beginnt mit der Bekanntgabe des Wahlergebnisses oder, wenn zu diesem Zeitpunkt noch eine Jugend- und Auszubildendenvertretung besteht, mit Ablauf von deren Amtszeit. [3]Die Amtszeit endet spätestens am 30. November des Jahres, in dem nach Absatz 1 Satz 1 die regelmäßigen Wahlen stattfinden. [4]In dem Fall des § 13 Abs. 3 Satz 2 endet die Amtszeit spätestens am 30. November des Jahres, in dem die Jugend- und Auszubildendenvertretung neu zu wählen ist. [5]In dem Fall des § 13 Abs. 2 Nr. 2 endet die Amtszeit mit der Bekanntgabe des Wahlergebnisses der neu gewählten Jugend- und Auszubildendenvertretung.

(3) Ein Mitglied der Jugend- und Auszubildendenvertretung, das im Laufe der Amtszeit das 25. Lebensjahr vollendet, bleibt bis zum Ende der Amtszeit Mitglied der Jugend- und Auszubildendenvertretung.

§ 65 Geschäftsführung

(1) Für die Jugend- und Auszubildendenvertretung gelten § 23 Abs. 1, die §§ 24, 25, 26, 28 Abs. 1 Satz 1 und 2, die §§ 30, 31, 33 Abs. 1 und 2 sowie die §§ 34, 36, 37, 40 und 41 entsprechend.

(2) [1]Die Jugend- und Auszubildendenvertretung kann nach Verständigung des Betriebsrats Sitzungen abhalten; § 29 gilt entsprechend. [2]An diesen Sitzungen kann der Betriebsratsvorsitzende oder ein beauftragtes Betriebsratsmitglied teilnehmen.

§ 66 Aussetzung von Beschlüssen des Betriebsrats

(1) Erachtet die Mehrheit der Jugend- und Auszubildendenvertreter einen Beschluss des Betriebsrats als eine erhebliche Beeinträchtigung wichtiger Interessen der in § 60 Abs. 1 genannten Arbeitnehmer, so ist auf ihren Antrag der Beschluss auf die Dauer von einer Woche auszusetzen, damit in dieser Frist eine Verständigung, gegebenenfalls mit Hilfe der im Betrieb vertretenen Gewerkschaften, versucht werden kann.

(2) Wird der erste Beschluss bestätigt, so kann der Antrag auf Aussetzung nicht wiederholt werden; dies gilt auch, wenn der erste Beschluss nur unerheblich geändert wird.

§ 67 Teilnahme an Betriebsratssitzungen

(1) [1]Die Jugend- und Auszubildendenvertretung kann zu allen Betriebsratssitzungen einen Vertreter entsenden. [2]Werden Angelegenheiten behandelt, die besonders die in § 60 Abs. 1 genannten Arbeitnehmer betreffen, so hat zu diesen Tagesordnungspunkten die gesamte Jugend- und Auszubildendenvertretung ein Teilnahmerecht.

(2) Die Jugend- und Auszubildendenvertreter haben Stimmrecht, soweit die zu fassenden Beschlüsse des Betriebsrats überwiegend die in § 60 Abs. 1 genannten Arbeitnehmer betreffen.

(3) [1]Die Jugend- und Auszubildendenvertretung kann beim Betriebsrat beantragen, Angelegenheiten, die besonders die in § 60 Abs. 1 genannten Arbeitnehmer betreffen und über die sie beraten hat, auf die nächste Tagesordnung zu setzen. [2]Der Betriebsrat soll Angelegenheiten, die besonders die in § 60 Abs. 1 genannten Arbeitnehmer betreffen, der Jugend- und Auszubildendenvertretung zur Beratung zuleiten.

§ 68 Teilnahme an gemeinsamen Besprechungen

Der Betriebsrat hat die Jugend- und Auszubildendenvertretung zu Besprechungen zwischen Arbeitgeber und Betriebsrat beizuziehen, wenn Angelegenheiten behandelt werden, die besonders die in § 60 Abs. 1 genannten Arbeitnehmer betreffen.

§ 69 Sprechstunden

[1]In Betrieben, die in der Regel mehr als fünfzig der in § 60 Abs. 1 genannten Arbeitnehmer beschäftigen, kann die Jugend- und Auszubildendenvertretung Sprechstunden während der Arbeitszeit einrichten. [2]Zeit und Ort sind durch Betriebsrat und Arbeitgeber zu vereinbaren. [3]§ 39 Abs. 1 Satz 3 und 4 und Abs. 3 gilt entsprechend. [4]An der Sprechstunden der Jugend- und Auszubildendenvertretung kann der Betriebsratsvorsitzende oder ein beauftragtes Betriebsratsmitglied beratend teilnehmen.

§ 70 Allgemeine Aufgaben

(1) [1]Die Jugend- und Auszubildendenvertretung hat folgende allgemeine Aufgaben:

1. Maßnahmen, die den in § 60 Abs. 1 genannten Arbeitnehmern dienen, insbesondere in Fragen der Berufsbildung und der Übernahme der zu ihrer Berufsausbildung Beschäftigten in ein Arbeitsverhältnis, beim Betriebsrat zu beantragen;

1a. Maßnahmen zur Durchsetzung der tatsächlichen Gleichstellung der in § 60 Abs. 1 genannten Arbeitnehmer entsprechend § 80 Abs. 1 Nr. 2a und 2b beim Betriebsrat zu beantragen;

2. darüber zu wachen, dass die zugunsten der in § 60 Abs. 1 genannten Arbeitnehmer geltenden Gesetze, Verordnungen, Unfallverhütungsvorschriften, Tarifverträge und Betriebsvereinbarungen durchgeführt werden;

3. Anregungen von in § 60 Abs. 1 genannten Arbeitnehmern, insbesondere in Fragen der Berufsbildung, entgegenzunehmen und, falls sie berechtigt erscheinen, beim Betriebsrat auf eine Erledigung hinzuwirken. [2]Die Jugend- und Auszubildendenvertretung hat die betroffenen in § 60 Abs. 1 genannten Arbeitnehmer über den Stand und das Ergebnis der Verhandlungen zu informieren;
4. die Integration ausländischer, in § 60 Abs. 1 genannter Arbeitnehmer im Betrieb zu fördern und entsprechende Maßnahmen beim Betriebsrat zu beantragen.

(2) [1]Zur Durchführung ihrer Aufgaben ist die Jugend- und Auszubildendenvertretung durch den Betriebsrat rechtzeitig und umfassend zu unterrichten. [2]Die Jugend- und Auszubildendenvertretung kann verlangen, dass ihr der Betriebsrat die zur Durchführung ihrer Aufgaben erforderlichen Unterlagen zur Verfügung stellt.

§ 71 Jugend- und Auszubildendenversammlung

[1]Die Jugend- und Auszubildendenvertretung kann vor oder nach jeder Betriebsversammlung im Einvernehmen mit dem Betriebsrat eine betriebliche Jugend- und Auszubildendenversammlung einberufen. [2]Im Einvernehmen mit Betriebsrat und Arbeitgeber kann die betriebliche Jugend- und Auszubildendenversammlung auch zu einem anderen Zeitpunkt einberufen werden. [3]§ 43 Abs. 2 Satz 1 und 2, die §§ 44 bis 46 und § 65 Abs. 2 Satz 2 gelten entsprechend.

Zweiter Abschnitt. Gesamt-Jugend- und Auszubildendenvertretung

§ 72 Voraussetzungen der Errichtung, Mitgliederzahl, Stimmengewicht

(1) Bestehen in einem Unternehmen mehrere Jugend- und Auszubildendenvertretungen, so ist eine Gesamt-Jugend- und Auszubildendenvertretung zu errichten.

(2) In die Gesamt-Jugend- und Auszubildendenvertretung entsendet jede Jugend- und Auszubildendenvertretung ein Mitglied.

(3) Die Jugend- und Auszubildendenvertretung hat für das Mitglied der Gesamt-Jugend- und Auszubildendenvertretung mindestens ein Ersatzmitglied zu bestellen und die Reihenfolge des Nachrückens festzulegen.

(4) Durch Tarifvertrag oder Betriebsvereinbarung kann die Mitgliederzahl der Gesamt-Jugend- und Auszubildendenvertretung abweichend von Absatz 2 geregelt werden.

(5) Gehören nach Absatz 2 der Gesamt-Jugend- und Auszubildendenvertretung mehr als zwanzig Mitglieder an und besteht keine tarifliche Regelung nach Absatz 4, so ist zwischen Gesamtbetriebsrat und Arbeitgeber eine Betriebsvereinbarung über die Mitgliederzahl der Gesamt-Jugend- und Auszubildendenvertretung abzuschließen, in der bestimmt wird, dass Jugend- und Auszubildendenvertretungen mehrerer Betriebe eines Unternehmens, die regional oder durch gleichartige Interessen miteinander verbunden sind, gemeinsam Mitglieder in die Gesamt-Jugend- und Auszubildendenvertretung entsenden.

(6) [1]Kommt im Fall des Absatzes 5 eine Einigung nicht zustande, so entscheidet eine für das Gesamtunternehmen zu bildende Einigungsstelle. [2]Der Spruch der Einigungsstelle ersetzt die Einigung zwischen Arbeitgeber und Gesamtbetriebsrat.

(7) [1]Jedes Mitglied der Gesamt-Jugend- und Auszubildendenvertretung hat so viele Stimmen, wie in dem Betrieb, in dem es gewählt wurde, in § 60 Abs. 1 genannte Arbeitnehmer in der Wählerliste eingetragen sind. [2]Ist ein Mitglied der Gesamt-Jugend- und Auszubildendenvertretung für mehrere Betriebe entsandt worden, so hat es so viele Stimmen, wie in den Betrieben, für die es entsandt ist, in § 60 Abs. 1 genannte Arbeitnehmer in den Wählerlisten eingetragen sind. [3]Sind mehrere Mitglieder der Jugend-

und Auszubildendenvertretung entsandt worden, so stehen diesen die Stimmen nach Satz 1 anteilig zu.

(8) Für Mitglieder der Gesamt-Jugend- und Auszubildendenvertretung, die aus einem gemeinsamen Betrieb mehrerer Unternehmen entsandt worden sind, können durch Tarifvertrag oder Betriebsvereinbarung von Absatz 7 abweichende Regelungen getroffen werden.

§ 73 Geschäftsführung und Geltung sonstiger Vorschriften

(1) [1]Die Gesamt-Jugend- und Auszubildendenvertretung kann nach Verständigung des Gesamtbetriebsrats Sitzungen abhalten. [2]An den Sitzungen der Vorsitzende des Gesamtbetriebsrats oder ein beauftragtes Mitglied des Gesamtbetriebsrats teilnehmen.

(2) Für die Gesamt-Jugend- und Auszubildendenvertretung gelten § 25 Abs. 1, die §§ 26, 28 Abs. 1 Satz 1, die §§ 30, 31, 34, 36, 37 Abs. 1 bis 3, die §§ 40, 41, 48, 49, 50, 51 Abs. 2 bis 5 sowie die §§ 66 bis 68 entsprechend.

Dritter Abschnitt. Konzern-Jugend- und Auszubildendenvertretung

§ 73a Voraussetzung der Errichtung, Mitgliederzahl, Stimmengewicht

(1) [1]Bestehen in einem Konzern (§ 18 Abs. 1 des Aktiengesetzes) mehrere Gesamt-Jugend- und Auszubildendenvertretungen, kann durch Beschlüsse der einzelnen Gesamt-Jugend- und Auszubildendenvertretungen eine Konzern-Jugend- und Auszubildendenvertretung errichtet werden. [2]Die Errichtung erfordert die Zustimmung der Gesamt-Jugend- und Auszubildendenvertretungen der Konzernunternehmen, in denen insgesamt mindestens 75 vom Hundert der in § 60 Abs. 1 genannten Arbeitnehmer beschäftigt sind. [3]Besteht in einem Konzernunternehmen nur eine Jugend- und Auszubildendenvertretung, so nimmt diese die Aufgaben einer Gesamt-Jugend- und Auszubildendenvertretung nach den Vorschriften dieses Abschnitts wahr.

(2) [1]In die Konzern-Jugend- und Auszubildendenvertretung entsendet jede Gesamt-Jugend- und Auszubildendenvertretung eines ihrer Mitglieder. [2]Sie hat für jedes Mitglied mindestens ein Ersatzmitglied zu bestellen und die Reihenfolge des Nachrückens festzulegen.

(3) Jedes Mitglied der Konzern-Jugend- und Auszubildendenvertretung hat so viele Stimmen, wie die Mitglieder der entsendenden Gesamt-Jugend- und Auszubildendenvertretung insgesamt Stimmen haben.

(4) § 72 Abs. 4 bis 8 gilt entsprechend.

§ 73b Geschäftsführung und Geltung sonstiger Vorschriften

(1) [1]Die Konzern-Jugend- und Auszubildendenvertretung kann nach Verständigung des Konzernbetriebsrats Sitzungen abhalten. [2]An den Sitzungen kann der Vorsitzende oder ein beauftragtes Mitglied des Konzernbetriebsrats teilnehmen.

(2) Für die Konzern-Jugend- und Auszubildendenvertretung gelten § 25 Abs. 1, die §§ 26, 28 Abs. 1 Satz 1, die §§ 30, 31, 34, 36, 37 Abs. 1 bis 3, die §§ 40, 41, 51 Abs. 3 bis 5, die §§ 56, 57, 58, 59 Abs. 2 und die §§ 66 bis 68 entsprechend.

Vierter Teil. Mitwirkung und Mitbestimmung der Arbeitnehmer

Erster Abschnitt. Allgemeines

§ 74 Grundsätze für die Zusammenarbeit

(1) [1]Arbeitgeber und Betriebsrat sollen mindestens einmal im Monat zu einer Besprechung zusammentreten. [2]Sie haben über strittige Fragen mit dem ernsten Willen zur Einigung zu verhandeln und Vorschläge für die Beilegung von Meinungsverschiedenheiten zu machen.

(2) [1]Maßnahmen des Arbeitskampfes zwischen Arbeitgeber und Betriebsrat sind unzulässig; Arbeitskämpfe tariffähiger Parteien werden hierdurch nicht berührt. [2]Arbeitgeber und Betriebsrat haben Betätigungen zu unterlassen, durch die der Arbeitsablauf oder der Frieden des Betriebs beeinträchtigt werden. [3]Sie haben jede parteipolitische Betätigung im Betrieb zu unterlassen; die Behandlung von Angelegenheiten tarifpolitischer, sozialpolitischer, umweltpolitischer und wirtschaftlicher Art, die den Betrieb oder seine Arbeitnehmer unmittelbar betreffen, wird hierdurch nicht berührt.

(3) Arbeitnehmer, die im Rahmen dieses Gesetzes Aufgaben übernehmen, werden hierdurch in der Betätigung für ihre Gewerkschaft auch im Betrieb nicht beschränkt.

§ 75 Grundsätze für die Behandlung der Betriebsangehörigen

(1) [1]Arbeitgeber und Betriebsrat haben darüber zu wachen, dass alle im Betrieb tätigen Personen nach den Grundsätzen von Recht und Billigkeit behandelt werden, insbesondere, dass jede Benachteiligung von Personen aus Gründen ihrer Rasse oder wegen ihrer ethnischen Herkunft, ihrer Abstammung oder sonstiger Herkunft, ihrer Nationalität, ihrer Religion oder Weltanschauung, ihrer Behinderung, ihres Alters, ihrer politischen oder gewerkschaftlichen Betätigung oder Einstellung oder wegen ihres Geschlechts oder ihrer sexuellen Identität unterbleibt.

(2) [1]Arbeitgeber und Betriebsrat haben die freie Entfaltung der Persönlichkeit der im Betrieb beschäftigten Arbeitnehmer zu schützen und zu fördern. [2]Sie haben die Selbständigkeit und Eigeninitiative der Arbeitnehmer und Arbeitsgruppen zu fördern.

§ 76 Einigungsstelle

(1) [1]Zur Beilegung von Meinungsverschiedenheiten zwischen Arbeitgeber und Betriebsrat, Gesamtbetriebsrat oder Konzernbetriebsrat ist bei Bedarf eine Einigungsstelle zu bilden. [2]Durch Betriebsvereinbarung kann eine ständige Einigungsstelle errichtet werden.

(2) [1]Die Einigungsstelle besteht aus einer gleichen Anzahl von Beisitzern, die vom Arbeitgeber und Betriebsrat bestellt werden, und einem unparteiischen Vorsitzenden, auf dessen Person sich beide Seiten einigen müssen. [2]Kommt eine Einigung über die Person des Vorsitzenden nicht zustande, so bestellt ihn das Arbeitsgericht. [3]Dieses entscheidet auch, wenn kein Einverständnis über die Zahl der Beisitzer erzielt wird.

(3) [1]Die Einigungsstelle hat unverzüglich tätig zu werden. [2]Sie fasst ihre Beschlüsse nach mündlicher Beratung mit Stimmenmehrheit. [3]Bei der Beschlussfassung hat sich der Vorsitzende zunächst der Stimme zu enthalten; kommt eine Stimmenmehrheit nicht zustande, so nimmt der Vorsitzende nach weiterer Beratung an der erneuten Beschlussfassung teil. [4]Die Beschlüsse der Einigungsstelle sind schriftlich niederzulegen, vom Vorsitzenden zu unterschreiben und Arbeitgeber und Betriebsrat zuzuleiten.

(4) Durch Betriebsvereinbarung können weitere Einzelheiten des Verfahrens vor der Einigungsstelle geregelt werden.

(5) [1]In den Fällen, in denen der Spruch der Einigungsstelle die Einigung zwischen Arbeitgeber und Betriebsrat ersetzt, wird die Einigungsstelle auf Antrag einer Seite tätig. [2]Benennt eine Seite keine Mitglieder oder bleiben die von einer Seite genannten Mitglieder trotz rechtzeitiger Einladung der Sitzung fern, so entscheiden der Vorsitzende und die erschienenen Mitglieder nach Maßgabe des Absatzes 3 allein. [3]Die Einigungsstelle faßt ihre Beschlüsse unter angemessener Berücksichtigung der Belange des Betriebs und der betroffenen Arbeitnehmer nach billigem Ermessen. [4]Die Überschreitung der Grenzen des Ermessens kann durch den Arbeitgeber oder den Betriebsrat nur binnen einer Frist von zwei Wochen, vom Tage der Zuleitung des Beschlusses an gerechnet, beim Arbeitsgericht geltend gemacht werden.

(6) [1]Im Übrigen wird die Einigungsstelle nur tätig, wenn beide Seiten es beantragen oder mit ihrem Tätigwerden einverstanden sind. [2]In diesen Fällen ersetzt ihr Spruch die Einigung zwischen Arbeitgeber und Betriebsrat nur, wenn beide Seiten sich dem Spruch im Voraus unterworfen oder ihn nachträglich angenommen haben.

(7) Soweit nach anderen Vorschriften der Rechtsweg gegeben ist, wird er durch den Spruch der Einigungsstelle nicht ausgeschlossen.

(8) Durch Tarifvertrag kann bestimmt werden, dass an die Stelle der in Absatz 1 bezeichneten Einigungsstelle eine tarifliche Schlichtungsstelle tritt.

§ 76a Kosten der Einigungsstelle

(1) Die Kosten der Einigungsstelle trägt der Arbeitgeber.

(2) [1]Die Beisitzer der Einigungsstelle, die dem Betrieb angehören, erhalten für ihre Tätigkeit keine Vergütung; § 37 Abs. 2 und 3 gilt entsprechend. [2]Ist die Einigungsstelle zur Beilegung von Meinungsverschiedenheiten zwischen Arbeitgeber und Gesamtbetriebsrat oder Konzernbetriebsrat zu bilden, so gilt Satz 1 für die einem Betrieb des Unternehmens oder eines Konzernunternehmens angehörenden Beisitzer entsprechend.

(3) [1]Der Vorsitzende und die Beisitzer der Einigungsstelle, die nicht zu den in Absatz 2 genannten Personen zählen, haben gegenüber dem Arbeitgeber Anspruch auf Vergütung ihrer Tätigkeit. [2]Die Höhe der Vergütung richtet sich nach den Grundsätzen des Absatzes 4 Satz 3 bis 5.

(4) [1]Das Bundesministerium für Wirtschaft und Technologie kann durch Rechtsverordnung die Vergütung nach Absatz 3 regeln. [2]In der Vergütungsordnung sind Höchstsätze festzusetzen. [3]Dabei sind insbesondere der erforderliche Zeitaufwand, die Schwierigkeit der Streitigkeit sowie ein Verdienstausfall zu berücksichtigen. [4]Die Vergütung der Beisitzer ist niedriger zu bemessen als die des Vorsitzenden. [5]Bei der Festsetzung der Höchstsätze ist den berechtigten Interessen der Mitglieder der Einigungsstelle und des Arbeitgebers Rechnung zu tragen.

(5) Von Absatz 3 und einer Vergütungsordnung nach Absatz 4 kann durch Tarifvertrag oder in einer Betriebsvereinbarung, wenn ein Tarifvertrag dies zulässt oder eine tarifliche Regelung nicht besteht, abgewichen werden.

§ 77 Durchführung gemeinsamer Beschlüsse, Betriebsvereinbarungen

(1) [1]Vereinbarungen zwischen Betriebsrat und Arbeitgeber, auch soweit sie auf einem Spruch der Einigungsstelle beruhen, führt der Arbeitgeber durch, es sei denn, dass im Einzelfall etwas anderes vereinbart ist. [2]Der Betriebsrat darf nicht durch einseitige Handlungen in die Leitung des Betriebs eingreifen.

(2) [1]Betriebsvereinbarungen sind von Betriebsrat und Arbeitgeber gemeinsam zu beschließen und schriftlich niederzulegen. [2]Sie sind von beiden Seiten zu unterzeichnen; dies gilt nicht, soweit Betriebsvereinbarungen auf einem Spruch der Einigungsstelle be-

ruhen. [3]Der Arbeitgeber hat die Betriebsvereinbarungen an geeigneter Stelle im Betrieb auszulegen.

(3) [1]Arbeitsentgelte und sonstige Arbeitsbedingungen, die durch Tarifvertrag geregelt sind oder üblicherweise geregelt werden, können nicht Gegenstand einer Betriebsvereinbarung sein. [2]Dies gilt nicht, wenn ein Tarifvertrag den Abschluss ergänzender Betriebsvereinbarungen ausdrücklich zulässt.

(4) [1]Betriebsvereinbarungen gelten unmittelbar und zwingend. [2]Werden Arbeitnehmern durch die Betriebsvereinbarung Rechte eingeräumt, so ist ein Verzicht auf sie nur mit Zustimmung des Betriebsrats zulässig. [3]Die Verwirkung dieser Rechte ist ausgeschlossen. [4]Ausschlussfristen für ihre Geltendmachung sind nur insoweit zulässig, als sie in einem Tarifvertrag oder einer Betriebsvereinbarung vereinbart werden; dasselbe gilt für die Abkürzung der Verjährungsfristen.

(5) Betriebsvereinbarungen können, soweit nichts anderes vereinbart ist, mit einer Frist von drei Monaten gekündigt werden.

(6) Nach Ablauf einer Betriebsvereinbarung gelten ihre Regelungen in Angelegenheiten, in denen ein Spruch der Einigungsstelle die Einigung zwischen Arbeitgeber und Betriebsrat ersetzen kann, weiter bis sie durch eine andere Abmachung ersetzt werden.

§ 78 Schutzbestimmungen

[1]Die Mitglieder des Betriebsrats, des Gesamtbetriebsrats, des Konzernbetriebsrats, der Jugend- und Auszubildendenvertretung, der Gesamt-Jugend- und Auszubildendenvertretung, der Konzern-Jugend- und Auszubildendenvertretung, des Wirtschaftsausschusses, der Bordvertretung, des Seebetriebsrats, der in § 3 Abs. 1 genannten Vertretungen der Arbeitnehmer, der Einigungsstelle, einer tariflichen Schlichtungsstelle (§ 76 Abs. 8) und einer betrieblichen Beschwerdestelle (§ 86) sowie Auskunftspersonen (§ 80 Absatz 2 Satz 4) dürfen in der Ausübung ihrer Tätigkeit nicht gestört oder behindert werden. [2]Sie dürfen wegen ihrer Tätigkeit nicht benachteiligt oder begünstigt werden; dies gilt auch für ihre berufliche Entwicklung.

§ 78a Schutz Auszubildender in besonderen Fällen

(1) Beabsichtigt der Arbeitgeber, einen Auszubildenden, der Mitglied der Jugend- und Auszubildendenvertretung, des Betriebsrats, der Bordvertretung oder des Seebetriebsrats ist, nach Beendigung des Berufsausbildungsverhältnisses nicht in ein Arbeitsverhältnis auf unbestimmte Zeit zu übernehmen, so hat er dies drei Monate vor Beendigung des Berufsausbildungsverhältnisses dem Auszubildenden schriftlich mitzuteilen.

(2) [1]Verlangt ein in Absatz 1 genannter Auszubildender innerhalb der letzten drei Monate vor Beendigung des Berufsausbildungsverhältnisses schriftlich vom Arbeitgeber die Weiterbeschäftigung, so gilt zwischen Auszubildendem und Arbeitgeber im Anschluss an das Berufsausbildungsverhältnis ein Arbeitsverhältnis auf unbestimmte Zeit als begründet. [2]Auf dieses Arbeitsverhältnis ist insbesondere § 37 Abs. 4 und 5 entsprechend anzuwenden.

(3) Die Absätze 1 und 2 gelten auch, wenn das Berufsausbildungsverhältnis vor Ablauf eines Jahres nach Beendigung der Amtszeit der Jugend- und Auszubildendenvertretung, des Betriebsrats, der Bordvertretung oder des Seebetriebsrats endet.

(4) [1]Der Arbeitgeber kann spätestens bis zum Ablauf von zwei Wochen nach Beendigung des Berufsausbildungsverhältnisses beim Arbeitsgericht beantragen.

1. festzustellen, dass ein Arbeitsverhältnis nach Absatz 2 oder 3 nicht begründet wird, oder

2. das bereits nach Absatz 2 oder 3 begründete Arbeitsverhältnis aufzulösen, wenn Tatsachen vorliegen, aufgrund derer dem Arbeitgeber unter Berücksichtigung aller Umstände die Weiterbeschäftigung nicht zugemutet werden kann. [2]In dem Verfahren vor dem Arbeitsgericht sind der Betriebsrat, die Bordvertretung, der Seebetriebsrat, bei Mitgliedern der Jugend- und Auszubildendenvertretung auch diese Beteiligte.

(5) Die Absätze 2 bis 4 finden unabhängig davon Anwendung, ob der Arbeitgeber seiner Mitteilungspflicht nach Absatz 1 nachgekommen ist.

§ 79 Geheimhaltungspflicht

(1) [1]Die Mitglieder und Ersatzmitglieder des Betriebsrats sind verpflichtet, Betriebs- oder Geschäftsgeheimnisse, die ihnen wegen ihrer Zugehörigkeit zum Betriebsrat bekannt geworden und vom Arbeitgeber ausdrücklich als geheimhaltungsbedürftig bezeichnet worden sind, nicht zu offenbaren und nicht zu verwerten. [2]Dies gilt auch nach dem Ausscheiden aus dem Betriebsrat. [3]Die Verpflichtung gilt nicht gegenüber Mitgliedern des Betriebsrats. [4]Sie gilt ferner nicht gegenüber dem Gesamtbetriebsrat, dem Konzernbetriebsrat, der Bordvertretung, dem Seebetriebsrat und den Arbeitnehmervertretern im Aufsichtsrat sowie im Verfahren vor der Einigungsstelle, der tariflichen Schlichtungsstelle (§ 76 Abs. 8) oder einer betrieblichen Beschwerdestelle (§ 86).

(2) Absatz 1 gilt sinngemäß für die Mitglieder und Ersatzmitglieder des Gesamtbetriebsrats, des Konzernbetriebsrats, der Jugend- und Auszubildendenvertretung, der Gesamt-Jugend- und Auszubildendenvertretung, der Konzern-Jugend- und Auszubildendenvertretung, des Wirtschaftsausschusses, der Bordvertretung, des Seebetriebsrats, der gemäß § 3 Abs. 1 gebildeten Vertretungen der Arbeitnehmer, der Einigungsstelle, der tariflichen Schlichtungsstelle (§ 76 Abs. 8) und einer betrieblichen Beschwerdestelle (§ 86) sowie für die Vertreter von Gewerkschaften oder von Arbeitgebervereinigungen.

§ 80 Allgemeine Aufgaben

(1) Der Betriebsrat hat folgende allgemeine Aufgaben:

1. darüber zu wachen, dass die zugunsten der Arbeitnehmer geltenden Gesetze, Verordnungen, Unfallverhütungsvorschriften, Tarifverträge und Betriebsvereinbarungen durchgeführt werden;
2. Maßnahmen, die dem Betrieb und der Belegschaft dienen, beim Arbeitgeber zu beantragen;

2a. die Durchsetzung der tatsächlichen Gleichstellung von Frauen und Männern, insbesondere bei der Einstellung, Beschäftigung, Aus-, Fort- und Weiterbildung und dem beruflichen Aufstieg, zu fördern;

2b. die Vereinbarkeit von Familie und Erwerbstätigkeit zu fördern;

3. Anregungen von Arbeitnehmern und der Jugend- und Auszubildendenvertretung entgegenzunehmen und, falls sie berechtigt erscheinen, durch Verhandlungen mit dem Arbeitgeber auf eine Erledigung hinzuwirken; er hat die betreffenden Arbeitnehmer über den Stand und das Ergebnis der Verhandlungen zu unterrichten;
4. die Eingliederung schwerbehinderter Menschen einschließlich der Förderung des Abschlusses von Inklusionsvereinbarungen nach § 166 des Neunten Buches Sozialgesetzbuch und sonstiger besonders schutzbedürftiger Personen zu fördern;
5. die Wahl einer Jugend- und Auszubildendenvertretung vorzubereiten und durchzuführen und mit dieser zur Förderung der Belange der in § 60 Abs. 1 genannten Arbeitnehmer eng zusammenzuarbeiten; er kann von der Jugend- und Auszubildendenvertretung Vorschläge und Stellungnahmen anfordern;
6. die Beschäftigung älterer Arbeitnehmer im Betrieb zu fördern;

7. die Integration ausländischer Arbeitnehmer im Betrieb und das Verständnis zwischen ihnen und den deutschen Arbeitnehmern zu fördern, sowie Maßnahmen zur Bekämpfung von Rassismus und Fremdenfeindlichkeit im Betrieb zu beantragen;
8. die Beschäftigung im Betrieb zu fördern und zu sichern;
9. Maßnahmen des Arbeitsschutzes und des betrieblichen Umweltschutzes zu fördern.

(2) [1]Zur Durchführung seiner Aufgaben nach diesem Gesetz ist der Betriebsrat rechtzeitig und umfassend vom Arbeitgeber zu unterrichten; die Unterrichtung erstreckt sich auch auf die Beschäftigung von Personen, die nicht in einem Arbeitsverhältnis zum Arbeitgeber stehen, und umfasst insbesondere den zeitlichen Umfang des Einsatzes, den Einsatzort und die Arbeitsaufgaben dieser Personen. [2]Dem Betriebsrat sind auf Verlangen jederzeit die zur Durchführung seiner Aufgaben erforderlichen Unterlagen zur Verfügung zu stellen; in diesem Rahmen ist der Betriebsausschuss oder ein nach § 28 gebildeter Ausschuss berechtigt, in die Listen über die Bruttolöhne und -gehälter Einblick zu nehmen. [3]Zu den erforderlichen Unterlagen gehören auch die Verträge, die der Beschäftigung der in Satz 1 genannten Personen zugrunde liegen. [4]Soweit es zur ordnungsgemäßen Erfüllung der Aufgaben des Betriebsrats erforderlich ist, hat der Arbeitgeber ihm sachkundige Arbeitnehmer als Auskunftspersonen zur Verfügung zu stellen; er hat hierbei die Vorschläge des Betriebsrats zu berücksichtigen, soweit betriebliche Notwendigkeiten nicht entgegenstehen.

(3) Der Betriebsrat kann bei der Durchführung seiner Aufgaben nach näherer Vereinbarung mit dem Arbeitgeber Sachverständige hinzuziehen, soweit dies zur ordnungsgemäßen Erfüllung seiner Aufgaben erforderlich ist.

(4) Für die Geheimhaltungspflicht der Auskunftspersonen und der Sachverständigen gilt § 79 entsprechend.

Zweiter Abschnitt. Mitwirkungs- und Beschwerderecht des Arbeitnehmers

§ 81 Unterrichtungs- und Erörterungspflicht des Arbeitgebers

(1) [1]Der Arbeitgeber hat den Arbeitnehmer über dessen Aufgabe und Verantwortung sowie über die Art seiner Tätigkeit und ihre Einordnung in den Arbeitsablauf des Betriebs zu unterrichten. [2]Er hat den Arbeitnehmer vor Beginn der Beschäftigung über die Unfall- und Gesundheitsgefahren, denen dieser bei der Beschäftigung ausgesetzt ist, sowie über die Maßnahmen und Einrichtungen zur Abwendung dieser Gefahren und die nach § 10 Abs. 2 des Arbeitsschutzgesetzes getroffenen Maßnahmen zu belehren.

(2) [1]Über Veränderungen in seinem Arbeitsbereich ist der Arbeitnehmer rechtzeitig zu unterrichten. [2]Absatz 1 gilt entsprechend.

(3) In Betrieben, in denen kein Betriebsrat besteht, hat der Arbeitgeber die Arbeitnehmer zu allen Maßnahmen zu hören, die Auswirkungen auf Sicherheit und Gesundheit der Arbeitnehmer haben können.

(4) [1]Der Arbeitgeber hat den Arbeitnehmer über die aufgrund einer Planung von technischen Anlagen, von Arbeitsverfahren und Arbeitsabläufen oder der Arbeitsplätze vorgesehenen Maßnahmen und ihre Auswirkungen auf seinen Arbeitsplatz, die Arbeitsumgebung sowie auf Inhalt und Art seiner Tätigkeit zu unterrichten. [2]Sobald feststeht, dass sich die Tätigkeit des Arbeitnehmers ändern wird und seine beruflichen Kenntnisse und Fähigkeiten zur Erfüllung seiner Aufgaben nicht ausreichen, hat der Arbeitgeber mit dem Arbeitnehmer zu erörtern, wie dessen berufliche Kenntnisse und Fähigkeiten im Rahmen der betrieblichen Möglichkeiten den künftigen Anforderungen angepasst wer-

den können. [3]Der Arbeitnehmer kann bei der Erörterung ein Mitglied des Betriebsrats hinzuziehen.

§ 82 Anhörungs- und Erörterungsrecht des Arbeitnehmers

(1) [1]Der Arbeitnehmer hat das Recht, in betrieblichen Angelegenheiten, die seine Person betreffen, von den nach Maßgabe des organisatorischen Aufbaus des Betriebs hierfür zuständigen Personen gehört zu werden. [2]Er ist berechtigt, zu Maßnahmen des Arbeitgebers, die ihn betreffen, Stellung zu nehmen sowie Vorschläge für die Gestaltung des Arbeitsplatzes und des Arbeitsablaufs zu machen.

(2) [1]Der Arbeitnehmer kann verlangen, dass ihm die Berechnung und Zusammensetzung seines Arbeitsentgelts erläutert und dass mit ihm die Beurteilung seiner Leistungen sowie die Möglichkeiten seiner beruflichen Entwicklung im Betrieb erörtert werden. [2]Er kann ein Mitglied des Betriebsrats hinzuziehen. [3]Das Mitglied des Betriebsrats hat über den Inhalt dieser Verhandlungen Stillschweigen zu bewahren, soweit es vom Arbeitnehmer im Einzelfall nicht von dieser Verpflichtung entbunden wird.

§ 83 Einsicht in die Personalakten

(1) [1]Der Arbeitnehmer hat das Recht, in die über ihn geführten Personalakten Einsicht zu nehmen. [2]Er kann hierzu ein Mitglied des Betriebsrats hinzuziehen. [3]Das Mitglied des Betriebsrats hat über den Inhalt der Personalakte Stillschweigen zu bewahren, soweit es vom Arbeitnehmer im Einzelfall nicht von dieser Verpflichtung entbunden wird.

(2) Erklärungen des Arbeitnehmers zum Inhalt der Personalakte sind dieser auf sein Verlangen beizufügen.

§ 84 Beschwerderecht

(1) [1]Jeder Arbeitnehmer hat das Recht, sich bei den zuständigen Stellen des Betriebs zu beschweren, wenn er sich vom Arbeitgeber oder von Arbeitnehmern des Betriebs benachteiligt oder ungerecht behandelt oder in sonstiger Weise beeinträchtigt fühlt. [2]Er kann ein Mitglied des Betriebsrats zur Unterstützung oder Vermittlung hinzuziehen.

(2) Der Arbeitgeber hat den Arbeitnehmer über die Behandlung der Beschwerde zu bescheiden und, soweit er die Beschwerde für berechtigt erachtet, ihr abzuhelfen.

(3) Wegen der Erhebung einer Beschwerde dürfen dem Arbeitnehmer keine Nachteile entstehen.

§ 85 Behandlung von Beschwerden durch den Betriebsrat

(1) Der Betriebsrat hat Beschwerden von Arbeitnehmern entgegenzunehmen und, falls er sie für berechtigt erachtet, beim Arbeitgeber auf Abhilfe hinzuwirken.

(2) [1]Bestehen zwischen Betriebsrat und Arbeitgeber Meinungsverschiedenheiten über die Berechtigung der Beschwerde, so kann der Betriebsrat die Einigungsstelle anrufen. [2]Der Spruch der Einigungsstelle ersetzt die Einigung zwischen Arbeitgeber und Betriebsrat. [3]Dies gilt nicht, soweit Gegenstand der Beschwerde ein Rechtsanspruch ist.

(3) [1]Der Arbeitgeber hat den Betriebsrat über die Behandlung der Beschwerde zu unterrichten. [2]§ 84 Abs. 2 bleibt unberührt.

§ 86 Ergänzende Vereinbarungen

[1]Durch Tarifvertrag oder Betriebsvereinbarung können die Einzelheiten des Beschwerdeverfahrens geregelt werden. [2]Hierbei kann bestimmt werden, dass in den Fällen des § 85 Abs. 2 an die Stelle der Einigungsstelle eine betriebliche Beschwerdestelle tritt.

§ 86a Vorschlagsrecht der Arbeitnehmer

[1]Jeder Arbeitnehmer hat das Recht, dem Betriebsrat Themen zur Beratung vorzuschlagen. [2]Wird ein Vorschlag von mindestens 5 vom Hundert der Arbeitnehmer des

Betriebs unterstützt, hat der Betriebsrat diesen innerhalb von zwei Monaten auf die Tagesordnung einer Betriebsratssitzung zu setzen.

Dritter Abschnitt. Soziale Angelegenheiten

§ 87 Mitbestimmungsrechte

(1) Der Betriebsrat hat, soweit eine gesetzliche oder tarifliche Regelung nicht besteht, in folgenden Angelegenheiten mitzubestimmen:

1. Fragen der Ordnung des Betriebs und des Verhaltens der Arbeitnehmer im Betrieb;
2. Beginn und Ende der täglichen Arbeitszeit einschließlich der Pausen sowie Verteilung der Arbeitszeit auf die einzelnen Wochentage;
3. vorübergehende Verkürzung oder Verlängerung der betriebsüblichen Arbeitszeit;
4. Zeit, Ort und Art der Auszahlung der Arbeitsentgelte;
5. Aufstellung allgemeiner Urlaubsgrundsätze und des Urlaubsplans sowie die Festsetzung der zeitlichen Lage des Urlaubs für einzelne Arbeitnehmer, wenn zwischen dem Arbeitgeber und den beteiligten Arbeitnehmern kein Einverständnis erzielt wird;
6. Einführung und Anwendung von technischen Einrichtungen, die dazu bestimmt sind, das Verhalten oder die Leistung der Arbeitnehmer zu überwachen;
7. Regelungen über die Verhütung von Arbeitsunfällen und Berufskrankheiten sowie über den Gesundheitsschutz im Rahmen der gesetzlichen Vorschriften oder der Unfallverhütungsvorschriften;
8. Form, Ausgestaltung und Verwaltung von Sozialeinrichtungen, deren Wirkungsbereich auf den Betrieb, das Unternehmen oder den Konzern beschränkt ist;
9. Zuweisung und Kündigung von Wohnräumen, die den Arbeitnehmern mit Rücksicht auf das Bestehen eines Arbeitsverhältnisses vermietet werden, sowie die allgemeine Festlegung der Nutzungsbedingungen;
10. Fragen der betrieblichen Lohngestaltung, insbesondere die Aufstellung von Entlohnungsgrundsätzen und die Einführung und Anwendung von neuen Entlohnungsmethoden sowie deren Änderung;
11. Festsetzung der Akkord- und Prämiensätze und vergleichbarer leistungsbezogener Entgelte, einschließlich der Geldfaktoren;
12. Grundsätze über das betriebliche Vorschlagswesen;
13. Grundsätze über die Durchführung von Gruppenarbeit; Gruppenarbeit im Sinne dieser Vorschrift liegt vor, wenn im Rahmen des betrieblichen Arbeitsablaufs eine Gruppe von Arbeitnehmern eine ihr übertragene Gesamtaufgabe im Wesentlichen eigenverantwortlich erledigt.

(2) [1]Kommt eine Einigung über eine Angelegenheit nach Absatz 1 nicht zustande, so entscheidet die Einigungsstelle. [2]Der Spruch der Einigungsstelle ersetzt die Einigung zwischen Arbeitgeber und Betriebsrat.

§ 88 Freiwillige Betriebsvereinbarungen

Durch Betriebsvereinbarung können insbesondere geregelt werden

1. zusätzliche Maßnahmen zur Verhütung von Arbeitsunfällen und Gesundheitsschädigungen;

1a. Maßnahmen des betrieblichen Umweltschutzes;

2. die Errichtung von Sozialeinrichtungen, deren Wirkungsbereich auf den Betrieb, das Unternehmen oder den Konzern beschränkt ist;
3. Maßnahmen zur Förderung der Vermögensbildung;
4. Maßnahmen zur Integration ausländischer Arbeitnehmer sowie zur Bekämpfung von Rassismus und Fremdenfeindlichkeit im Betrieb;
5. Maßnahmen zur Eingliederung schwerbehinderter Menschen.

§ 89 Arbeits- und betrieblicher Umweltschutz

(1) [1]Der Betriebsrat hat sich dafür einzusetzen, dass die Vorschriften über den Arbeitsschutz und die Unfallverhütung im Betrieb sowie über den betrieblichen Umweltschutz durchgeführt werden. [2]Er hat bei der Bekämpfung von Unfall- und Gesundheitsgefahren die für den Arbeitsschutz zuständigen Behörden, die Träger der gesetzlichen Unfallversicherung und die sonstigen in Betracht kommenden Stellen durch Anregung, Beratung und Auskunft zu unterstützen.

(2) [1]Der Arbeitgeber und die in Absatz 1 Satz 1 genannten Stellen sind verpflichtet, den Betriebsrat oder die von ihm bestimmten Mitglieder des Betriebsrats bei allen im Zusammenhang mit dem Arbeitsschutz oder der Unfallverhütung stehenden Besichtigungen und Fragen und bei Unfalluntersuchungen hinzuzuziehen. [2]Der Arbeitgeber hat den Betriebsrat auch bei allen im Zusammenhang mit dem betrieblichen Umweltschutz stehenden Besichtigungen und Fragen hinzuzuziehen und ihm unverzüglich die den Arbeitsschutz, die Unfallverhütung und den betrieblichen Umweltschutz betreffenden Auflagen und Anordnungen der zuständigen Stellen mitzuteilen.

(3) Als betrieblicher Umweltschutz im Sinne dieses Gesetzes sind alle personellen und organisatorischen Maßnahmen sowie alle die betrieblichen Bauten, Räume, technische Anlagen, Arbeitsabläufe und Arbeitsplätze betreffenden Maßnahmen zu verstehen, die dem Umweltschutz dienen.

(4) An den Besprechungen des Arbeitgebers mit den Sicherheitsbeauftragten oder dem Sicherheitsausschuss nach § 719 Abs. 3 der Reichsversicherungsordnung nehmen vom Betriebsrat beauftragte Betriebsratsmitglieder teil.

(5) Der Betriebsrat erhält vom Arbeitgeber die Niederschriften über Untersuchungen, Besichtigungen und Besprechungen, zu denen er nach den Absätzen 2 und 4 hinzuzuziehen ist.

(6) Der Arbeitgeber hat dem Betriebsrat eine Durchschrift der nach § 1552 der Reichsversicherungsordnung vom Betriebsrat zu unterschreibenden Unfallanzeige auszuhändigen.

Vierter Abschnitt. Gestaltung von Arbeitsplatz, Arbeitsablauf und Arbeitsumgebung

§ 90 Unterrichtungs- und Beratungsrechte

(1) Der Arbeitgeber hat den Betriebsrat über die Planung

1. von Neu-, Um- und Erweiterungsbauten von Fabrikations-, Verwaltungs- und sonstigen betrieblichen Räumen,
2. von technischen Anlagen,
3. von Arbeitsverfahren und Arbeitsabläufen oder
4. der Arbeitsplätze

rechtzeitig unter Vorlage der erforderlichen Unterlagen zu unterrichten.

(2) [1]Der Arbeitgeber hat mit dem Betriebsrat die vorgesehenen Maßnahmen und ihre Auswirkungen auf die Arbeitnehmer, insbesondere auf die Art ihrer Arbeit sowie die sich daraus ergebenden Anforderungen an die Arbeitnehmer so rechtzeitig zu beraten, dass Vorschläge und Bedenken des Betriebsrats bei der Planung berücksichtigt werden können. [2]Arbeitgeber und Betriebsrat sollen dabei auch die gesicherten arbeitswissenschaftlichen Erkenntnisse über die menschengerechte Gestaltung der Arbeit berücksichtigen.

§ 91 Mitbestimmungsrecht

[1]Werden die Arbeitnehmer durch Änderungen der Arbeitsplätze, des Arbeitsablaufs oder der Arbeitsumgebung, die den gesicherten arbeitswissenschaftlichen Erkenntnissen über die menschengerechte Gestaltung der Arbeit offensichtlich widersprechen, in besonderer Weise belastet, so kann der Betriebsrat angemessene Maßnahmen zur Abwendung, Milderung oder zum Ausgleich der Belastung verlangen. [2]Kommt eine Einigung nicht zustande, so entscheidet die Einigungsstelle. Der Spruch der Einigungsstelle ersetzt die Einigung zwischen Arbeitgeber und Betriebsrat.

Fünfter Abschnitt. Personelle Angelegenheiten

Erster Unterabschnitt. Allgemeine personelle Angelegenheiten

§ 92 Personalplanung

(1) [1]Der Arbeitgeber hat den Betriebsrat über die Personalplanung insbesondere über den gegenwärtigen und künftigen Personalbedarf sowie über die sich daraus ergebenden personellen Maßnahmen einschließlich der geplanten Beschäftigung von Personen, die nicht in einem Arbeitsverhältnis zum Arbeitgeber stehen, und Maßnahmen der Berufsbildung an Hand von Unterlagen rechtzeitig und umfassend zu unterrichten. [2]Er hat mit dem Betriebsrat über Art und Umfang der erforderlichen Maßnahmen und über die Vermeidung von Härten zu beraten.

(2) Der Betriebsrat kann dem Arbeitgeber Vorschläge für die Einführung einer Personalplanung und ihrer Durchführung machen.

(3) [1]Die Absätze 1 und 2 gelten entsprechend für Maßnahmen im Sinne des § 80 Abs. 1 Nr. 2a und 2b, insbesondere für die Aufstellung und Durchführung von Maßnahmen zur Förderung der Gleichstellung von Frauen und Männern. [2]Gleiches gilt für die Eingliederung schwerbehinderter Menschen nach § 80 Absatz 1 Nummer 4.

§ 92a Beschäftigungssicherung

(1) [1]Der Betriebsrat kann dem Arbeitgeber Vorschläge zur Sicherung und Förderung der Beschäftigung machen. [2]Diese können insbesondere eine flexible Gestaltung der Arbeitszeit, die Förderung von Teilzeitarbeit und Altersteilzeit, neue Formen der Arbeitsorganisation, Änderungen der Arbeitsverfahren und Arbeitsabläufe, die Qualifizierung der Arbeitnehmer, Alternativen zur Ausgliederung von Arbeit oder ihrer Vergabe an andere Unternehmen sowie zum Produktions- und Investitionsprogramm zum Gegenstand haben.

(2) [1]Der Arbeitgeber hat die Vorschläge mit dem Betriebsrat zu beraten. [2]Hält der Arbeitgeber die Vorschläge des Betriebsrats für ungeeignet, hat er dies zu begründen; in Betrieben mit mehr als 100 Arbeitnehmern erfolgt die Begründung schriftlich. [3]Zu den Beratungen kann der Arbeitgeber oder der Betriebsrat einen Vertreter der Bundesagentur für Arbeit hinzuziehen.

§ 93 Ausschreibung von Arbeitsplätzen

Der Betriebsrat kann verlangen, dass Arbeitsplätze, die besetzt werden sollen, allgemein oder für bestimmte Arten von Tätigkeiten vor ihrer Besetzung innerhalb des Betriebs ausgeschrieben werden.

§ 94 Personalfragebogen, Beurteilungsgrundsätze

(1) [1]Personalfragebogen bedürfen der Zustimmung des Betriebsrats. [2]Kommt eine Einigung über ihren Inhalt nicht zustande, so entscheidet die Einigungsstelle. [3]Der Spruch der Einigungsstelle ersetzt die Einigung zwischen Arbeitgeber und Betriebsrat.

(2) Absatz 1 gilt entsprechend für persönliche Angaben in schriftlichen Arbeitsverträgen, die allgemein für den Betrieb verwendet werden sollen, sowie für die Aufstellung allgemeiner Beurteilungsgrundsätze.

§ 95 Auswahlrichtlinien

(1) Richtlinien über die personelle Auswahl bei Einstellungen, Versetzungen, Umgruppierungen und Kündigungen bedürfen der Zustimmung des Betriebsrats. [2]Kommt eine Einigung über die Richtlinien oder ihren Inhalt nicht zustande, so entscheidet auf Antrag des Arbeitgebers die Einigungsstelle. [3]Der Spruch der Einigungsstelle ersetzt die Einigung zwischen Arbeitgeber und Betriebsrat.

(2) [1]In Betrieben mit mehr als 500 Arbeitnehmern kann der Betriebsrat die Aufstellung von Richtlinien über die bei Maßnahmen des Absatzes 1 Satz 1 zu beachtenden fachlichen und persönlichen Voraussetzungen und sozialen Gesichtspunkte verlangen. [2]Kommt eine Einigung über die Richtlinien oder ihren Inhalt nicht zustande, so entscheidet die Einigungsstelle. [3]Der Spruch der Einigungsstelle ersetzt die Einigung zwischen Arbeitgeber und Betriebsrat.

(3) [1]Versetzung im Sinne dieses Gesetzes ist die Zuweisung eines anderen Arbeitsbereichs, die voraussichtlich die Dauer von einem Monat überschreitet, oder die mit einer erheblichen Änderung der Umstände verbunden ist, unter denen die Arbeit zu leisten ist. [2]Werden Arbeitnehmer nach der Eigenart ihres Arbeitsverhältnisses üblicherweise nicht ständig an einem bestimmten Arbeitsplatz beschäftigt, so gilt die Bestimmung des jeweiligen Arbeitsplatzes nicht als Versetzung.

Zweiter Unterabschnitt. Berufsbildung

§ 96 Förderung der Berufsbildung

(1) [1]Arbeitgeber und Betriebsrat haben im Rahmen der betrieblichen Personalplanung und in Zusammenarbeit mit den für die Berufsbildung und den für die Förderung der Berufsbildung zuständigen Stellen die Berufsbildung der Arbeitnehmer zu fördern. [2]Der Arbeitgeber hat auf Verlangen des Betriebsrats den Berufsbildungsbedarf zu ermitteln und mit ihm Fragen der Berufsbildung der Arbeitnehmer des Betriebs zu beraten. [3]Hierzu kann der Betriebsrat Vorschläge machen.

(2) [1]Arbeitgeber und Betriebsrat haben darauf zu achten, dass unter Berücksichtigung der betrieblichen Notwendigkeiten den Arbeitnehmern die Teilnahme an betrieblichen oder außerbetrieblichen Maßnahmen der Berufsbildung ermöglicht wird. [2]Sie haben dabei auch die Belange älterer Arbeitnehmer, Teilzeitbeschäftigter und von Arbeitnehmern mit Familienpflichten zu berücksichtigen.

§ 97 Einrichtungen und Maßnahmen der Berufsbildung

(1) Der Arbeitgeber hat mit dem Betriebsrat über die Errichtung und Ausstattung betrieblicher Einrichtungen zur Berufsbildung, die Einführung betrieblicher Berufsbil-

dungsmaßnahmen und die Teilnahme an außerbetrieblichen Berufsbildungsmaßnahmen zu beraten.

(2) [1]Hat der Arbeitgeber Maßnahmen geplant oder durchgeführt, die dazu führen, dass sich die Tätigkeit der betroffenen Arbeitnehmer ändert und ihre beruflichen Kenntnisse und Fähigkeiten zur Erfüllung ihrer Aufgaben nicht mehr ausreichen, so hat der Betriebsrat bei der Einführung von Maßnahmen der betrieblichen Berufsbildung mitzubestimmen. [2]Kommt eine Einigung nicht zustande, so entscheidet die Einigungsstelle. [3]Der Spruch der Einigungsstelle ersetzt die Einigung zwischen Arbeitgeber und Betriebsrat.

§ 98 Durchführung betrieblicher Bildungsmaßnahmen

(1) Der Betriebsrat hat bei der Durchführung von Maßnahmen der betrieblichen Berufsbildung mitzubestimmen.

(2) Der Betriebsrat kann der Bestellung einer mit der Durchführung der betrieblichen Berufsbildung beauftragten Person widersprechen oder ihre Abberufung verlangen, wenn diese die persönliche oder fachliche, insbesondere die berufs- und arbeitspädagogische Eignung im Sinne des Berufsbildungsgesetzes nicht besitzt oder ihre Aufgaben vernachlässigt.

(3) Führt der Arbeitgeber betriebliche Maßnahmen der Berufsbildung durch oder stellt er für außerbetriebliche Maßnahmen der Berufsbildung Arbeitnehmer frei oder trägt er die durch die Teilnahme von Arbeitnehmern an solchen Maßnahmen entstehenden Kosten ganz oder teilweise, so kann der Betriebsrat Vorschläge für die Teilnahme von Arbeitnehmern oder Gruppen von Arbeitnehmern des Betriebs an diesen Maßnahmen der beruflichen Bildung machen.

(4) [1]Kommt im Fall des Absatzes 1 oder über die nach Absatz 3 vom Betriebsrat vorgeschlagenen Teilnehmer eine Einigung nicht zustande, so entscheidet die Einigungsstelle. [2]Der Spruch der Einigungsstelle ersetzt die Einigung zwischen Arbeitgeber und Betriebsrat.

(5) [1]Kommt im Fall des Absatzes 2 eine Einigung nicht zustande, so kann der Betriebsrat beim Arbeitsgericht beantragen, dem Arbeitgeber aufzugeben, die Bestellung zu unterlassen oder die Abberufung durchzuführen. [2]Führt der Arbeitgeber die Bestellung einer rechtskräftigen gerichtlichen Entscheidung zuwider durch, so ist er auf Antrag des Betriebsrats vom Amtsgericht wegen der Bestellung nach vorheriger Androhung zu einem Ordnungsgeld zu verurteilen; das Höchstmaß des Ordnungsgeldes beträgt 10 000 Euro. [3]Führt der Arbeitgeber die Abberufung einer rechtskräftigen gerichtlichen Entscheidung zuwider nicht durch, so ist auf Antrag des Betriebsrats vom Amtsgericht zu erkennen, dass der Arbeitgeber zur Abberufung durch Zwangsgeld anzuhalten sei; das Höchstmaß des Zwangsgeldes beträgt für jeden Tag der Zuwiderhandlung 250 Euro. [4]Die Vorschriften des Berufsbildungsgesetzes über die Ordnung der Berufsbildung bleiben unberührt.

(6) Die Absätze 1 bis 5 gelten entsprechend, wenn der Arbeitgeber sonstige Bildungsmaßnahmen im Betrieb durchführt.

Dritter Unterabschnitt. Personelle Einzelmaßnahmen

§ 99 Mitbestimmung bei personellen Einzelmaßnahmen

(1) [1]In Unternehmen mit in der Regel mehr als zwanzig wahlberechtigten Arbeitnehmern hat der Arbeitgeber den Betriebsrat vor jeder Einstellung, Eingruppierung, Umgruppierung und Versetzung zu unterrichten, ihm die erforderlichen Bewerbungsunterlagen vorzulegen und Auskunft über die Person der Beteiligten zu geben; er hat dem

Betriebsrat unter Vorlage der erforderlichen Unterlagen Auskunft über die Auswirkungen der geplanten Maßnahme zu geben und die Zustimmung des Betriebsrats zu der geplanten Maßnahme einzuholen. [2]Bei Einstellungen und Versetzungen hat der Arbeitgeber insbesondere den in Aussicht genommenen Arbeitsplatz und die vorgesehene Eingruppierung mitzuteilen. [3]Die Mitglieder des Betriebsrats sind verpflichtet, über die ihnen im Rahmen der personellen Maßnahmen nach den Sätzen 1 und 2 bekannt gewordenen persönlichen Verhältnisse und Angelegenheiten der Arbeitnehmer, die ihrer Bedeutung oder ihrem Inhalt nach einer vertraulichen Behandlung bedürfen, Stillschweigen zu bewahren; § 79 Abs. 1 Satz 2 bis 4 gilt entsprechend.

(2) Der Betriebsrat kann die Zustimmung verweigern, wenn

1. die personelle Maßnahme gegen ein Gesetz, eine Verordnung, eine Unfallverhütungsvorschrift oder gegen eine Bestimmung in einem Tarifvertrag oder in einer Betriebsvereinbarung oder gegen eine gerichtliche Entscheidung oder eine behördliche Anordnung verstoßen würde,
2. die personelle Maßnahme gegen eine Richtlinie nach § 95 verstoßen würde,
3. die durch Tatsachen begründete Besorgnis besteht, dass infolge der personellen Maßnahme im Betrieb beschäftigte Arbeitnehmer gekündigt werden oder sonstige Nachteile erleiden, ohne dass dies aus betrieblichen oder persönlichen Gründen gerechtfertigt ist; als Nachteil gilt bei unbefristeter Einstellung auch die Nichtberücksichtigung eines gleich geeigneten befristet Beschäftigten,
4. der betroffene Arbeitnehmer durch die personelle Maßnahme benachteiligt wird, ohne dass dies aus betrieblichen oder in der Person des Arbeitnehmers liegenden Gründen gerechtfertigt ist,
5. eine nach § 93 erforderliche Ausschreibung im Betrieb unterblieben ist oder
6. die durch Tatsachen begründete Besorgnis besteht, dass der für die personelle Maßnahme in Aussicht genommene Bewerber oder Arbeitnehmer den Betriebsfrieden durch gesetzwidriges Verhalten oder durch grobe Verletzung der in § 75 Abs. 1 enthaltenen Grundsätze, insbesondere durch rassistische oder fremdenfeindliche Betätigung, stören werde.

(3) [1]Verweigert der Betriebsrat seine Zustimmung, so hat er dies unter Angabe von Gründen innerhalb einer Woche nach Unterrichtung durch den Arbeitgeber diesem schriftlich mitzuteilen. [2]Teilt der Betriebsrat dem Arbeitgeber die Verweigerung seiner Zustimmung nicht innerhalb der Frist schriftlich mit, so gilt die Zustimmung als erteilt.

(4) Verweigert der Betriebsrat seine Zustimmung, so kann der Arbeitgeber beim Arbeitsgericht beantragen, die Zustimmung zu ersetzen.

§ 100 Vorläufige personelle Maßnahmen

(1) [1]Der Arbeitgeber kann, wenn dies aus sachlichen Gründen dringend erforderlich ist, die personelle Maßnahme im Sinne des § 99 Abs. 1 Satz 1 vorläufig durchführen, bevor der Betriebsrat sich geäußert oder wenn er die Zustimmung verweigert hat. [2]Der Arbeitgeber hat den Arbeitnehmer über die Sach- und Rechtslage aufzuklären.

(2) [1]Der Arbeitgeber hat den Betriebsrat unverzüglich von der vorläufigen personellen Maßnahme zu unterrichten. [2]Bestreitet der Betriebsrat, dass die Maßnahme aus sachlichen Gründen dringend erforderlich ist, so hat er dies dem Arbeitgeber unverzüglich mitzuteilen. [3]In diesem Fall darf der Arbeitgeber die vorläufige personelle Maßnahme nur aufrechterhalten, wenn er innerhalb von drei Tagen beim Arbeitsgericht die Ersetzung der Zustimmung des Betriebsrats und die Feststellung beantragt, dass die Maßnahme aus sachlichen Gründen dringend erforderlich war.

(3) [1]Lehnt das Gericht durch rechtskräftige Entscheidung die Ersetzung der Zustimmung des Betriebsrats ab oder stellt es rechtskräftig fest, dass offensichtlich die Maßnahme aus sachlichen Gründen nicht dringend erforderlich war, so endet die vorläufige personelle Maßnahme mit Ablauf von zwei Wochen nach Rechtskraft der Entscheidung. [2]Von diesem Zeitpunkt an darf die personelle Maßnahme nicht aufrechterhalten werden.

§ 101 Zwangsgeld

[1]Führt der Arbeitgeber eine personelle Maßnahme im Sinne des § 99 Abs. 1 Satz 1 ohne Zustimmung des Betriebsrats durch oder hält er eine vorläufige personelle Maßnahme entgegen § 100 Abs. 2 Satz 3 oder Abs. 3 aufrecht, so kann der Betriebsrat beim Arbeitsgericht beantragen, dem Arbeitgeber aufzugeben, die personelle Maßnahme aufzuheben. [2]Hebt der Arbeitgeber entgegen einer rechtskräftigen gerichtlichen Entscheidung die personelle Maßnahme nicht auf, so ist auf Antrag des Betriebsrats vom Arbeitsgericht zu erkennen, dass der Arbeitgeber zur Aufhebung der Maßnahme durch Zwangsgeld anzuhalten sei. [3]Das Höchstmaß des Zwangsgeldes beträgt für jeden Tag der Zuwiderhandlung 250 Euro.

§ 102 Mitbestimmung bei Kündigungen

(1) [1]Der Betriebsrat ist vor jeder Kündigung zu hören. [2]Der Arbeitgeber hat ihm die Gründe für die Kündigung mitzuteilen. [3]Eine ohne Anhörung des Betriebsrats ausgesprochene Kündigung ist unwirksam.

(2) [1]Hat der Betriebsrat gegen eine ordentliche Kündigung Bedenken, so hat er diese unter Angabe der Gründe dem Arbeitgeber spätestens innerhalb einer Woche schriftlich mitzuteilen. [2]Äußert er sich innerhalb dieser Frist nicht, gilt seine Zustimmung zur Kündigung als erteilt. [3]Hat der Betriebsrat gegen eine außerordentliche Kündigung Bedenken, so hat er diese unter Angabe der Gründe dem Arbeitgeber unverzüglich, spätestens jedoch innerhalb von drei Tagen, schriftlich mitzuteilen. [4]Der Betriebsrat soll, soweit dies erforderlich erscheint, vor seiner Stellungnahme den betroffenen Arbeitnehmer hören. [5]§ 99 Abs. 1 Satz 3 gilt entsprechend.

(3) Der Betriebsrat kann innerhalb der Frist des Absatzes 2 Satz 1 der ordentlichen Kündigung widersprechen, wenn

1. der Arbeitgeber bei der Auswahl des zu kündigenden Arbeitnehmers soziale Gesichtspunkte nicht oder nicht ausreichend berücksichtigt hat,
2. die Kündigung gegen eine Richtlinie nach § 95 verstößt,
3. der zu kündigende Arbeitnehmer an einem anderen Arbeitsplatz im selben Betrieb oder in einem anderen Betrieb des Unternehmens weiterbeschäftigt werden kann,
4. die Weiterbeschäftigung des Arbeitnehmers nach zumutbaren Umschulungs- oder Fortbildungsmaßnahmen möglich ist oder
5. eine Weiterbeschäftigung des Arbeitnehmers unter geänderten Vertragsbedingungen möglich ist und der Arbeitnehmer sein Einverständnis hiermit erklärt hat.

(4) Kündigt der Arbeitgeber, obwohl der Betriebsrat nach Absatz 3 der Kündigung widersprochen hat, so hat er dem Arbeitnehmer mit der Kündigung eine Abschrift der Stellungnahme des Betriebsrats zuzuleiten.

(5) [1]Hat der Betriebsrat einer ordentlichen Kündigung frist- und ordnungsgemäß widersprochen, und hat der Arbeitnehmer nach dem Kündigungsschutzgesetz Klage auf Feststellung erhoben, daß das Arbeitsverhältnis durch die Kündigung nicht aufgelöst ist, so muß der Arbeitgeber auf Verlangen des Arbeitnehmers diesen nach Ablauf der Kündigungsfrist bis zum rechtskräftigen Abschluß des Rechtsstreits bei unveränderten Arbeitsbedingungen weiterbeschäftigen. [2]Auf Antrag des Arbeitgebers kann das Gericht

ihn durch einstweilige Verfügung von der Verpflichtung zur Weiterbeschäftigung nach Satz 1 entbinden, wenn

1. die Klage des Arbeitnehmers keine hinreichende Aussicht auf Erfolg bietet oder mutwillig erscheint oder
2. die Weiterbeschäftigung des Arbeitnehmers zu einer unzumutbaren wirtschaftlichen Belastung des Arbeitgebers führen würde oder
3. der Widerspruch des Betriebsrats offensichtlich unbegründet war

(6) Arbeitgeber und Betriebsrat können vereinbaren, dass Kündigungen der Zustimmung des Betriebsrats bedürfen und dass bei Meinungsverschiedenheiten über die Berechtigung der Nichterteilung der Zustimmung die Einigungsstelle entscheidet.

(7) Die Vorschriften über die Beteiligung des Betriebsrats nach dem Kündigungsschutzgesetz bleiben unberührt.

§ 103 Außerordentliche Kündigung und Versetzung in besonderen Fällen

(1) Die außerordentliche Kündigung von Mitgliedern des Betriebsrats, der Jugend- und Auszubildendenvertretung, der Bordvertretung und des Seebetriebsrats, des Wahlvorstands sowie von Wahlbewerbern bedarf der Zustimmung des Betriebsrats.

(2) [1]Verweigert der Betriebsrat seine Zustimmung, so kann das Arbeitsgericht sie auf Antrag des Arbeitgebers ersetzen, wenn die außerordentliche Kündigung unter Berücksichtigung aller Umstände gerechtfertigt ist. [2]In dem Verfahren vor dem Arbeitsgericht ist der betroffene Arbeitnehmer Beteiligter.

(3) [1]Die Versetzung der in Absatz 1 genannten Personen, die zu einem Verlust des Amtes oder der Wählbarkeit führen würde, bedarf der Zustimmung des Betriebsrats; dies gilt nicht, wenn der betroffene Arbeitnehmer mit der Versetzung einverstanden ist. [2]Absatz 2 gilt entsprechend mit der Maßgabe, dass das Arbeitsgericht die Zustimmung zu der Versetzung ersetzen kann, wenn diese auch unter Berücksichtigung der betriebsverfassungsrechtlichen Stellung des betroffenen Arbeitnehmers aus dringenden betrieblichen Gründen notwendig ist.

§ 104 Entfernung betriebsstörender Arbeitnehmer

[1]Hat ein Arbeitnehmer durch gesetzwidriges Verhalten oder durch grobe Verletzung der in § 75 Abs. 1 enthaltenen Grundsätze, insbesondere durch rassistische oder fremdenfeindliche Betätigungen, den Betriebsfrieden wiederholt ernstlich gestört, so kann der Betriebsrat vom Arbeitgeber die Entlassung oder Versetzung verlangen. [2]Gibt das Arbeitsgericht einem Antrag des Betriebsrats statt, dem Arbeitgeber aufzugeben, die Entlassung oder Versetzung durchzuführen, und führt der Arbeitgeber die Entlassung oder Versetzung einer rechtskräftigen gerichtlichen Entscheidung zuwider nicht durch, so ist auf Antrag des Betriebsrats vom Arbeitsgericht zu erkennen, dass er zur Vornahme der Entlassung oder Versetzung durch Zwangsgeld anzuhalten sei. [3]Das Höchstmaß des Zwangsgeldes beträgt für jeden Tag der Zuwiderhandlung 250 Euro.

§ 105 Leitende Angestellte

Eine beabsichtigte Einstellung oder personelle Veränderung eines in § 5 Abs. 3 genannten leitenden Angestellten ist dem Betriebsrat rechtzeitig mitzuteilen.

Sechster Abschnitt. Wirtschaftliche Angelegenheiten

Erster Unterabschnitt. Unterrichtung in wirtschaftlichen Angelegenheiten

§ 106 Wirtschaftsausschuss

(1) [1]In allen Unternehmen mit in der Regel mehr als einhundert ständig beschäftigten Arbeitnehmern ist ein Wirtschaftsausschuss zu bilden. [2]Der Wirtschaftsausschuss hat die Aufgabe, wirtschaftliche Angelegenheiten mit dem Unternehmer zu beraten und den Betriebsrat zu unterrichten.

(2) [1]Der Unternehmer hat den Wirtschaftsausschuss rechtzeitig und umfassend über die wirtschaftlichen Angelegenheiten des Unternehmens unter Vorlage der erforderlichen Unterlagen zu unterrichten, soweit dadurch nicht die Betriebs- und Geschäftsgeheimnisse des Unternehmens gefährdet werden, sowie die sich daraus ergebenden Auswirkungen auf die Personalplanung darzustellen. [2]Zu den erforderlichen Unterlagen gehört in den Fällen des Absatzes 3 Nr. 9a insbesondere die Angabe über den potentiellen Erwerber und dessen Absichten im Hinblick auf die künftige Geschäftstätigkeit des Unternehmens sowie die sich daraus ergebenden Auswirkungen auf die Arbeitnehmer; Gleiches gilt, wenn im Vorfeld der Übernahme des Unternehmens ein Bieterverfahren durchgeführt wird.

(3) Zu den wirtschaftlichen Angelegenheiten im Sinne dieser Vorschrift gehören insbesondere

1. die wirtschaftliche und finanzielle Lage des Unternehmens;
2. die Produktions- und Absatzlage;
3. das Produktions- und Investitionsprogramm;
4. Rationalisierungsvorhaben;
5. Fabrikations- und Arbeitsmethoden, insbesondere die Einführung neuer Arbeitsmethoden;

5a. Fragen des betrieblichen Umweltschutzes;

6. die Einschränkung oder Stillegung von Betrieben oder von Betriebsteilen;
7. die Verlegung von Betrieben oder Betriebsteilen;
8. der Zusammenschluss oder die Spaltung von Unternehmen oder Betrieben;
9. die Änderung der Betriebsorganisation oder des Betriebszwecks;

9a. die Übernahme des Unternehmens, wenn hiermit der Erwerb der Kontrolle verbunden ist, sowie

10. sonstige Vorgänge und Vorhaben, welche die Interessen der Arbeitnehmer des Unternehmens wesentlich berühren können.

§ 107 Bestellung und Zusammensetzung des Wirtschaftsausschusses

(1) [1]Der Wirtschaftsausschuss besteht aus mindestens drei und höchstens sieben Mitgliedern, die dem Unternehmen angehören müssen, darunter mindestens einem Betriebsratsmitglied. [2]Zu Mitgliedern des Wirtschaftsausschusses können auch die in § 5 Abs. 3 genannten Angestellten bestimmt werden. [3]Die Mitglieder sollen zur Erfüllung ihrer Aufgaben erforderliche fachliche und persönliche Eignung besitzen.

(2) [1]Die Mitglieder des Wirtschaftsausschusses werden vom Betriebsrat für die Dauer seiner Amtszeit bestimmt. [2]Besteht ein Gesamtbetriebsrat, so bestimmt dieser die Mitglieder des Wirtschaftsausschusses; die Amtszeit der Mitglieder endet in diesem Fall in dem Zeitpunkt, in dem die Amtszeit der Mehrheit der Mitglieder des Gesamtbetriebsrats,

die an der Bestimmung mitzuwirken berechtigt waren, abgelaufen ist. [3]Die Mitglieder des Wirtschaftsausschusses können jederzeit abberufen werden; auf die Abberufung sind die Sätze 1 und 2 entsprechend anzuwenden.

(3) [1]Der Betriebsrat kann mit der Mehrheit der Stimmen seiner Mitglieder beschließen, die Aufgaben des Wirtschaftsausschusses einem Ausschuß des Betriebsrats zu übertragen. [2]Die Zahl der Mitglieder des Ausschusses darf die Zahl der Mitglieder des Betriebsausschusses nicht überschreiten. [3]Der Betriebsrat kann jedoch weitere Arbeitnehmer einschließlich der in § 5 Abs. 3 genannten leitenden Angestellten bis zur selben Zahl, wie der Ausschuss Mitglieder hat, in den Ausschuss berufen; für die Beschlussfassung gilt Satz 1. [4]Für die Verschwiegenheitspflicht der in Satz 3 bezeichneten weiteren Arbeitnehmer gilt § 79 entsprechend. [5]Für die Abänderung und den Widerruf der Beschlüsse nach den Sätzen 1 bis 3 sind die gleichen Stimmenmehrheiten erforderlich wie für die Beschlüsse nach den Sätzen 1 bis 3. [6]Ist in einem Unternehmen ein Gesamtbetriebsrat errichtet, so beschließt dieser über die anderweitige Wahrnehmung der Aufgaben des Wirtschaftsausschusses; die Sätze 1 bis 5 gelten entsprechend.

§ 108 Sitzungen

(1) Der Wirtschaftsausschuss soll monatlich einmal zusammentreten.

(2) [1]An den Sitzungen des Wirtschaftsausschusses hat der Unternehmer oder sein Vertreter teilzunehmen. [2]Er kann sachkundige Arbeitnehmer des Unternehmens einschließlich der in § 5 Abs. 3 genannten Angestellten hinzuziehen. [3]Für die Hinzuziehung und die Verschwiegenheitspflicht von Sachverständigen gilt § 80 Abs. 3 und 4 entsprechend.

(3) Die Mitglieder des Wirtschaftsausschusses sind berechtigt, in die nach § 106 Abs. 2 vorzulegenden Unterlagen Einsicht zu nehmen.

(4) Der Wirtschaftsausschuss hat über jede Sitzung dem Betriebsrat unverzüglich und vollständig zu berichten.

(5) Der Jahresabschluss ist dem Wirtschaftsausschuss unter Beteiligung des Betriebsrats zu erläutern.

(6) Hat der Betriebsrat oder der Gesamtbetriebsrat eine anderweitige Wahrnehmung der Aufgaben des Wirtschaftsausschusses beschlossen, so gelten die Absätze 1 bis 5 entsprechend.

§ 109 Beilegung von Meinungsverschiedenheiten

[1]Wird eine Auskunft über wirtschaftliche Angelegenheiten des Unternehmens im Sinne des § 106 entgegen dem Verlangen des Wirtschaftsausschusses nicht, nicht rechtzeitig oder nur ungenügend erteilt und kommt hierüber zwischen Unternehmer und Betriebsrat eine Einigung nicht zustande, so entscheidet die Einigungsstelle. [2]Der Spruch der Einigungsstelle ersetzt die Einigung zwischen Arbeitgeber und Betriebsrat. [3]Die Einigungsstelle kann, wenn dies für ihre Entscheidung erforderlich ist, Sachverständige anhören; § 80 Abs. 4 gilt entsprechend. [4]Hat der Betriebsrat oder der Gesamtbetriebsrat eine anderweitige Wahrnehmung der Aufgaben des Wirtschaftsausschusses beschlossen, so gilt Satz 1 entsprechend.

§ 109a Unternehmensübernahme

In Unternehmen, in denen kein Wirtschaftsausschuss besteht, ist im Fall des § 106 Abs. 3 Nr. 9a der Betriebsrat entsprechend § 106 Abs. 1 und 2 zu beteiligen; § 109 gilt entsprechend.

§ 110 Unterrichtung der Arbeitnehmer

(1) In Unternehmen mit in der Regel mehr als 1000 ständig beschäftigten Arbeitnehmern hat der Unternehmer mindestens einmal in jedem Kalendervierteljahr nach vorheriger Abstimmung mit dem Wirtschaftsausschuss oder den in § 107 Abs. 3 genannten Stellen und dem Betriebsrat die Arbeitnehmer schriftlich über die wirtschaftliche Lage und Entwicklung des Unternehmens zu unterrichten.

(2) [1]In Unternehmen, die die Voraussetzungen des Absatzes 1 nicht erfüllen, aber in der Regel mehr als zwanzig wahlberechtigte ständige Arbeitnehmer beschäftigen, gilt Absatz 1 mit der Maßgabe, dass die Unterrichtung der Arbeitnehmer mündlich erfolgen kann. [2]Ist in diesen Unternehmen ein Wirtschaftsausschuss nicht zu errichten, so erfolgt die Unterrichtung nach vorheriger Abstimmung mit dem Betriebsrat.

Zweiter Unterabschnitt. Betriebsänderungen

§ 111 Betriebsänderungen

[1]In Unternehmen mit in der Regel mehr als zwanzig wahlberechtigten Arbeitnehmern hat der Unternehmer den Betriebsrat über geplante Betriebsänderungen, die wesentliche Nachteile für die Belegschaft oder erhebliche Teile der Belegschaft zur Folge haben können, rechtzeitig und umfassend zu unterrichten und die geplanten Betriebsänderungen mit dem Betriebsrat zu beraten. [2]Der Betriebsrat kann in Unternehmen mit mehr als 300 Arbeitnehmern zu seiner Unterstützung einen Berater hinzuziehen; § 80 Abs. 4 gilt entsprechend; im Übrigen bleibt § 80 Abs. 3 unberührt. [3]Als Betriebsänderungen im Sinne des Satzes 1 gelten

1. Einschränkung und Stillegung des ganzen Betriebs oder von wesentlichen Betriebsteilen,
2. Verlegung des ganzen Betriebs oder von wesentlichen Betriebsteilen,
3. Zusammenschluß mit anderen Betrieben oder die Spaltung von Betrieben,
4. grundlegende Änderungen der Betriebsorganisation, des Betriebszwecks oder der Betriebsanlagen,
5. Einführung grundlegend neuer Arbeitsmethoden und Fertigungsverfahren.

§ 112 Interessenausgleich über die Betriebsänderung, Sozialplan

(1) [1]Kommt zwischen Unternehmer und Betriebsrat ein Interessenausgleich über die geplante Betriebsänderung zustande, so ist dieser schriftlich niederzulegen und vom Unternehmer und Betriebsrat zu unterschreiben. [2]Das Gleiche gilt für eine Einigung über den Ausgleich oder die Milderung der wirtschaftlichen Nachteile, die den Arbeitnehmern infolge der geplanten Betriebsänderung entstehen (Sozialplan). [3]Der Sozialplan hat die Wirkung einer Betriebsvereinbarung. [4]§ 77 Abs. 3 ist auf den Sozialplan nicht anzuwenden.

(2) [1]Kommt ein Interessenausgleich über die geplante Betriebsänderung oder eine Einigung über den Sozialplan nicht zustande, so können der Unternehmer oder der Betriebsrat den Vorstand der Bundesagentur für Arbeit um Vermittlung ersuchen, der Vorstand kann die Aufgabe auf andere Bedienstete der Bundesagentur für Arbeit übertragen. [2]Erfolgt kein Vermittlungsersuchen oder bleibt der Vermittlungsversuch ergebnislos, so können der Unternehmer oder der Betriebsrat die Einigungsstelle anrufen. [3]Auf Ersuchen des Vorsitzenden der Einigungsstelle nimmt ein Mitglied des Vorstands der Bundesagentur für Arbeit oder ein vom Vorstand der Bundesagentur für Arbeit benannter Bediensteter der Bundesagentur für Arbeit an der Verhandlung teil.

(3) [1]Unternehmer und Betriebsrat sollen der Einigungsstelle Vorschläge zur Beilegung der Meinungsverschiedenheiten über den Interessenausgleich und den Sozialplan machen. [2]Die Einigungsstelle hat eine Einigung der Parteien zu versuchen.[3] Kommt eine Einigung zustande, so ist sie schriftlich niederzulegen und von den Parteien und vom Vorsitzenden zu unterschreiben.

(4) Kommt eine Einigung über den Sozialplan nicht zustande, so entscheidet die Einigungsstelle über die Aufstellung eines Sozialplans. [2]Der Spruch der Einigungsstelle ersetzt die Einigung zwischen Arbeitgeber und Betriebsrat.

(5) [1]Die Einigungsstelle hat bei ihrer Entscheidung nach Absatz 4 sowohl die sozialen Belange der betroffenen Arbeitnehmer zu berücksichtigen als auch auf die wirtschaftliche Vertretbarkeit ihrer Entscheidung für das Unternehmen zu achten. [2]Dabei hat die Einigungsstelle sich im Rahmen billigen Ermessens insbesondere von folgenden Grundsätzen leiten zu lassen:

1. die soll beim Ausgleich oder bei der Milderung wirtschaftlicher Nachteile, insbesondere durch Einkommensminderung, Wegfall von Sonderleistungen oder Verlust von Anwartschaften auf betriebliche Altersversorgung, Umzugskosten oder erhöhte Fahrtkosten, Leistungen vorsehen, die in der Regel den Gegebenheiten des Einzelfalles Rechnung tragen.
2. die hat die Aussichten der betroffenen Arbeitnehmer auf dem Arbeitsmarkt zu berücksichtigen. Sie soll Arbeitnehmer von Leistungen ausschließen, die in einem zumutbaren Arbeitsverhältnis im selben Betrieb oder in einem anderen Betrieb des Unternehmens oder eines zum Konzern gehörenden Unternehmens weiterbeschäftigt werden können und die Weiterbeschäftigung ablehnen; die mögliche Weiterbeschäftigung an einem anderen Ort begründet für sich allein nicht die Unzumutbarkeit.

2a. die soll insbesondere die im Dritten Buch des Sozialgesetzbuches vorgesehenen Förderungsmöglichkeiten zur Vermeidung von Arbeitslosigkeit berücksichtigen.

3. die hat bei der Bemessung des Gesamtbetrages der Sozialplanleistungen darauf zu achten, dass der Fortbestand des Unternehmens oder die nach Durchführung der Betriebsänderung verbleibenden Arbeitsplätze nicht gefährdet werden.

§ 112a Erzwingbarer Sozialplan bei Personalabbau, Neugründungen

(1) [1]Besteht eine geplante Betriebsänderung im Sinne des § 111 Satz 3 Nr. 1 allein in der Entlassung von Arbeitnehmern, so findet § 112 Abs. 4 und 5 nur Anwendung, wenn

1. in Betrieben mit in der Regel weniger als 60 Arbeitnehmern 20 vom Hundert der regelmäßig beschäftigten Arbeitnehmer, aber mindestens 6 Arbeitnehmer,
2. in Betrieben mit in der Regel mindestens 60 und weniger als 250 Arbeitnehmern 20 vom Hundert der regelmäßig beschäftigten Arbeitnehmer oder mindestens 37 Arbeitnehmer,
3. in Betrieben mit in der Regel mindestens 250 und weniger als 500 Arbeitnehmern 15 vom Hundert der regelmäßig beschäftigten Arbeitnehmer oder mindestens 60 Arbeitnehmer,
4. in Betrieben mit in der Regel mindestens 500 Arbeitnehmern 10 vom Hundert der regelmäßig beschäftigten Arbeitnehmer, aber mindestens 60 Arbeitnehmer

aus betriebsbedingten Gründen entlassen werden sollen. [2]Als Entlassung gilt auch das vom Arbeitgeber aus Gründen der Betriebsänderung veranlasste Ausscheiden von Arbeitnehmern aufgrund von Aufhebungsverträgen.

(2) [1]§ 112 Abs. 4 und 5 findet keine Anwendung auf Betriebe eines Unternehmens in den ersten vier Jahren nach seiner Gründung. [2]Dies gilt nicht für Neugründungen im

Zusammenhang mit der rechtlichen Umstrukturierung von Unternehmen und Konzernen. [3]Maßgebend für den Zeitpunkt der Gründung ist die Aufnahme einer Erwerbstätigkeit, die nach § 138 der Abgabenordnung dem Finanzamt mitzuteilen ist.

§ 113 Nachteilsausgleich

(1) Weicht der Unternehmer von einem Interessenausgleich über die geplante Betriebsänderung ohne zwingenden Grund ab, so können Arbeitnehmer, die infolge dieser Abweichung entlassen werden, beim Arbeitsgericht Klage erheben mit dem Antrag, den Arbeitgeber zur Zahlung von Abfindungen zu verurteilen; § 10 des Kündigungsschutzgesetzes gilt entsprechend.

(2) Erleiden Arbeitnehmer infolge einer Abweichung nach Absatz 1 andere wirtschaftliche Nachteile, so hat der Unternehmer diese Nachteile bis zu einem Zeitraum von zwölf Monaten auszugleichen.

(3) Die Absätze 1 und 2 gelten entsprechend, wenn der Unternehmer eine geplante Betriebsänderung nach § 111 durchführt, ohne über sie einen Interessenausgleich mit dem Betriebsrat versucht zu haben, und infolge der Maßnahme Arbeitnehmer entlassen werden oder andere wirtschaftliche Nachteile erleiden.

Fünfter Teil. Besondere Vorschriften für einzelne Betriebsarten

Erster Abschnitt. Seeschifffahrt

§ 114 Grundsätze

(1) Auf Seeschifffahrtsunternehmen und ihre Betriebe ist dieses Gesetz anzuwenden, soweit sich aus den Vorschriften dieses Abschnitts nichts anderes ergibt.

(2) [1]Seeschifffahrtsunternehmen im Sinne dieses Gesetzes ist ein Unternehmen, das Handelsschifffahrt betreibt und seinen Sitz im Geltungsbereich dieses Gesetzes hat. [2]Ein Seeschifffahrtsunternehmen im Sinne dieses Abschnitts betreibt auch, wer als Korrespondenzreeder, Vertragsreeder, Ausrüster oder aufgrund eines ähnlichen Rechtsverhältnisses Schiffe zum Erwerb durch die Seeschifffahrt verwendet, wenn er Arbeitgeber des Kapitäns und der Besatzungsmitglieder ist oder überwiegend die Befugnisse des Arbeitgebers ausübt.

(3) Als Seebetrieb im Sinne dieses Gesetzes gilt die Gesamtheit der Schiffe eines Seeschifffahrtsunternehmens einschließlich der in Absatz 2 Satz 2 genannten Schiffe.

(4) [1]Schiffe im Sinne dieses Gesetzes sind Kauffahrteischiffe, die nach dem Flaggenrechtsgesetz die Bundesflagge führen. [2]Schiffe, die in der Regel binnen 24 Stunden nach dem Auslaufen an den Sitz eines Landbetriebs zurückkehren, gelten als Teil dieses Landbetriebs des Seeschifffahrtsunternehmens.

(5) Jugend- und Auszubildendenvertretungen werden nur für die Landbetriebe von Seeschifffahrtsunternehmen gebildet.

(6) [1]Besatzungsmitglieder im Sinne dieses Gesetzes sind die in einem Heuer- oder Berufsausbildungsverhältnis zu einem Seeschifffahrtsunternehmen stehenden im Seebetrieb beschäftigten Personen mit Ausnahme des Kapitäns. [2]Leitende Angestellte im Sinne des § 5 Abs. 3 dieses Gesetzes sind nur die Kapitäne.

§ 115 Bordvertretung

(1) [1]Auf Schiffen, die mit in der Regel mindestens fünf wahlberechtigten Besatzungsmitgliedern besetzt sind, von denen drei wählbar sind, wird eine Bordvertretung gewählt. [2]Auf die Bordvertretung finden, soweit sich aus diesem Gesetz oder aus anderen

gesetzlichen Vorschriften nicht etwas anderes ergibt, die Vorschriften über die Rechte und Pflichten des Betriebsrats und die Rechtsstellung seiner Mitglieder Anwendung.

(2) Die Vorschriften über die Wahl und Zusammensetzung des Betriebsrats finden mit folgender Maßgabe Anwendung:

1. Wahlberechtigt sind alle Besatzungsmitglieder des Schiffes.
2. Wählbar sind die Besatzungsmitglieder des Schiffes, die am Wahltag das 18. Lebensjahr vollendet haben und ein Jahr Besatzungsmitglied eines Schiffes waren, das nach dem Flaggenrechtsgesetz die Bundesflagge führt. § 8 Abs. 1 Satz 3 bleibt unberührt.
3. Die Bordvertretung besteht auf Schiffen mit in der Regel
5 bis 20 wahlberechtigten Besatzungsmitgliedern aus einer Person,
21 bis 75 wahlberechtigten Besatzungsmitgliedern aus drei Mitgliedern,
über 75 wahlberechtigten Besatzungsmitgliedern aus fünf Mitgliedern.
4. *(weggefallen)*
5. § 13 Abs. 1 und 3 findet keine Anwendung. Die Bordvertretung ist vor Ablauf ihrer Amtszeit unter den in § 13 Abs. 2 Nr. 2 bis 5 genannten Voraussetzungen neu zu wählen.
6. Die wahlberechtigten Besatzungsmitglieder können mit der Mehrheit aller Stimmen beschließen, die Wahl der Bordvertretung binnen 24 Stunden durchzuführen.
7. Die in § 16 Abs. 1 Satz 1 genannte Frist wird auf zwei Wochen, die in § 16 Abs. 2 Satz 1 genannte Frist wird auf eine Woche verkürzt.
8. Bestellt die im Amt befindliche Bordvertretung nicht rechtzeitig einen Wahlvorstand oder besteht keine Bordvertretung, wird der Wahlvorstand in einer Bordversammlung von der Mehrheit der anwesenden Besatzungsmitglieder gewählt; § 17 Abs. 3 gilt entsprechend. Kann aus Gründen der Aufrechterhaltung des ordnungsgemäßen Schiffsbetriebs eine Bordversammlung nicht stattfinden, so kann der Kapitän auf Antrag von drei Wahlberechtigten den Wahlvorstand bestellen. Bestellt der Kapitän den Wahlvorstand nicht, so ist der Seebetriebsrat berechtigt, den Wahlvorstand zu bestellen. Die Vorschriften über die Bestellung des Wahlvorstands durch das Arbeitsgericht bleiben unberührt.
9. Die Frist für die Wahlanfechtung beginnt für Besatzungsmitglieder an Bord, wenn das Schiff nach Bekanntgabe des Wahlergebnisses erstmalig einen Hafen im Geltungsbereich dieses Gesetzes oder einen Hafen, in dem ein Seemannsamt seinen Sitz hat, anläuft. Die Wahlanfechtung kann auch zu Protokoll des Seemannsamtes erklärt werden. Wird die Wahl zur Bordvertretung angefochten, zieht das Seemannsamt die an Bord befindlichen Wahlunterlagen ein. Die Anfechtungserklärung und die eingezogenen Wahlunterlagen sind vom Seemannsamt unverzüglich an das für die Anfechtung zuständige Arbeitsgericht weiterzuleiten.

(3) Auf die Amtszeit der Bordvertretung finden die §§ 21, 22 bis 25 mit der Maßgabe Anwendung, dass

1. die Amtszeit ein Jahr beträgt,
2. die Mitgliedschaft in der Bordvertretung auch endet, wenn das Besatzungsmitglied den Dienst an Bord beendet, es sei denn, dass es den Dienst an Bord vor Ablauf der Amtszeit nach Nummer 1 wieder antritt.

(4) [1]Für die Geschäftsführung der Bordvertretung gelten die §§ 26 bis 36, § 37 Abs. 1 bis 3 sowie die §§ 39 bis 41 entsprechend. [2]§ 40 Abs. 2 ist mit der Maßgabe anzuwenden, dass die Bordvertretung in dem für ihre Tätigkeit erforderlichen Umfang auch die für die

Verbindung des Schiffes zur Reederei eingerichteten Mittel zur beschleunigten Übermittlung von Nachrichten in Anspruch nehmen kann.

(5) [1]Die §§ 42 bis 46 über die Betriebsversammlung finden für die Versammlung der Besatzungsmitglieder eines Schiffes (Bordversammlung) entsprechende Anwendung. [2]Auf Verlangen der Bordvertretung hat der Kapitän der Bordversammlung einen Bericht über die Schiffsreise und die damit zusammenhängenden Angelegenheiten zu erstatten. [3]Er hat Fragen, die den Schiffsbetrieb, die Schiffsreise und die Schiffssicherheit betreffen, zu beantworten.

(6) Die §§ 47 bis 59 über den Gesamtbetriebsrat und den Konzernbetriebsrat finden für die Bordvertretung keine Anwendung.

(7) Die §§ 74 bis 105 über die Mitwirkung und Mitbestimmung der Arbeitnehmer finden auf die Bordvertretung mit folgender Maßgabe Anwendung:

1. Die Bordvertretung ist zuständig für die Behandlung derjenigen nach diesem Gesetz der Mitwirkung und Mitbestimmung des Betriebsrats unterliegenden Angelegenheiten, die den Bordbetrieb oder die Besatzungsmitglieder des Schiffes betreffen und deren Regelung dem Kapitän aufgrund gesetzlicher Vorschriften oder der ihm von der Reederei übertragenen Befugnisse obliegt.
2. Kommt es zwischen Kapitän und Bordvertretung in einer der Mitwirkung oder Mitbestimmung der Bordvertretung unterliegenden Angelegenheit nicht zu einer Einigung, so kann die Angelegenheit von der Bordvertretung an den Seebetriebsrat abgegeben werden. Der Seebetriebsrat hat die Bordvertretung über die weitere Behandlung der Angelegenheit zu unterrichten. Bordvertretung und Kapitän dürfen die Einigungsstelle oder das Arbeitsgericht nur anrufen, wenn ein Seebetriebsrat nicht gewählt ist.
3. Bordvertretung und Kapitän können im Rahmen ihrer Zuständigkeiten Bordvereinbarungen abschließen. Die Vorschriften über Betriebsvereinbarungen gelten für Bordvereinbarungen entsprechend. Bordvereinbarungen sind unzulässig, soweit eine Angelegenheit durch eine Betriebsvereinbarung zwischen Seebetriebsrat und Arbeitgeber geregelt ist.
4. In Angelegenheiten, die der Mitbestimmung der Bordvertretung unterliegen, kann der Kapitän, auch wenn eine Einigung mit der Bordvertretung noch nicht erzielt ist, vorläufige Regelungen treffen, wenn dies zur Aufrechterhaltung des ordnungsgemäßen Schiffsbetriebs dringend erforderlich ist. Den von der Anordnung betroffenen Besatzungsmitgliedern ist die Vorläufigkeit der Regelung bekannt zu geben. Soweit die vorläufige Regelung der endgültigen Regelung nicht entspricht, hat das Schifffahrtsunternehmen Nachteile auszugleichen, die den Besatzungsmitgliedern durch die vorläufige Regelung entstanden sind.
5. Die Bordvertretung hat das Recht auf regelmäßige und umfassende Unterrichtung über den Schiffsbetrieb. Die erforderlichen Unterlagen sind der Bordvertretung vorzulegen. Zum Schiffsbetrieb gehören insbesondere die Schiffssicherheit, die Reiserouten, die voraussichtlichen Ankunfts- und Abfahrtszeiten sowie die zu befördernde Ladung.
6. Auf Verlangen der Bordvertretung hat der Kapitän ihr Einsicht in die an Bord befindlichen Schiffstagebücher zu gewähren. In den Fällen, in denen der Kapitän eine Eintragung über Angelegenheiten macht, die der Mitwirkung oder Mitbestimmung der Bordvertretung unterliegen, kann diese eine Abschrift der Eintragung verlangen und Erklärungen zum Schiffstagebuch abgeben. In den Fällen, in denen über eine der Mitwirkung oder Mitbestimmung der Bordvertretung unterliegenden Angelegenheit eine Einigung zwischen Kapitän und Bordvertretung nicht erzielt wird, kann die

Bordvertretung dies zum Schiffstagebuch erklären und eine Abschrift dieser Eintragung verlangen.

7. Die Zuständigkeit der Bordvertretung im Rahmen des Arbeitsschutzes bezieht sich auch auf die Schiffssicherheit und die Zusammenarbeit mit den insoweit zuständigen Behörden und sonstigen in Betracht kommenden Stellen.

§ 116 Seebetriebsrat

(1) [1]In Seebetrieben werden Seebetriebsräte gewählt. [2]Auf die Seebetriebsräte finden, soweit sich aus diesem Gesetz oder aus anderen gesetzlichen Vorschriften nicht etwas anderes ergibt, die Vorschriften über die Rechte und Pflichten des Betriebsrats und die Rechtsstellung seiner Mitglieder Anwendung.

(2) Die Vorschriften für die Wahl, Zusammensetzung und Amtszeit des Betriebsrats finden mit folgender Maßgabe Anwendung:

1. Wahlberechtigt zum Seebetriebsrat sind alle zum Seeschiffahrtsunternehmen gehörenden Besatzungsmitglieder.
2. Für die Wählbarkeit zum Seebetriebsrat gilt § 8 mit der Maßgabe, dass
   a) in Seeschifffahrtsunternehmen, zu denen mehr als acht Schiffe gehören oder in denen in der Regel mehr als 250 Besatzungsmitglieder beschäftigt sind, nur nach § 115 Abs. 2 Nr. 2 wählbare Besatzungsmitglieder wählbar sind;
   b) in den Fällen, in denen die Voraussetzungen des Buchstabens a nicht vorliegen, nur Arbeitnehmer wählbar sind, die nach § 8 die Wählbarkeit im Landbetrieb des Seeschifffahrtsunternehmens besitzen, es sei denn, dass der Arbeitgeber mit der Wahl von Besatzungsmitgliedern einverstanden ist.
3. Der Seebetriebsrat besteht in Seebetrieben mit in der Regel
   5 bis 400 wahlberechtigten Besatzungsmitgliedern aus einer Person,
   401 bis 800 wahlberechtigten Besatzungsmitgliedern aus drei Mitgliedern,
   über 800 wahlberechtigten Besatzungsmitgliedern aus fünf Mitgliedern.
4. Ein Wahlvorschlag ist gültig, wenn er im Fall des § 14 Abs. 4 Satz 1 erster Halbsatz und Satz 2 mindestens von drei wahlberechtigten Besatzungsmitgliedern unterschrieben ist.
5. § 14a findet keine Anwendung.
6. Die in § 16 Abs. 1 Satz 1 genannte Frist wird auf drei Monate, die in § 16 Abs. 2 Satz 1 genannte Frist auf zwei Monate verlängert.
7. [1]Zu Mitgliedern des Wahlvorstands können auch im Landbetrieb des Seeschifffahrtsunternehmens beschäftigte Arbeitnehmer bestellt werden. [2]§ 17 Abs. 2 bis 4 findet keine Anwendung. [3]Besteht kein Seebetriebsrat, so bestellt der Gesamtbetriebsrat oder, falls ein solcher nicht besteht, der Konzernbetriebsrat den Wahlvorstand. [4]Besteht weder ein Gesamtbetriebsrat noch ein Konzernbetriebsrat, wird der Wahlvorstand gemeinsam vom Arbeitgeber und den im Seebetrieb vertretenen Gewerkschaften bestellt; Gleiches gilt, wenn der Gesamtbetriebsrat oder der Konzernbetriebsrat die Bestellung des Wahlvorstands nach Satz 3 unterlässt. [5]Einigen sich Arbeitgeber und Gewerkschaften nicht, so bestellt ihn das Arbeitsgericht auf Antrag des Arbeitgebers, einer im Seebetrieb vertretenen Gewerkschaft oder von mindestens drei wahlberechtigten Besatzungsmitgliedern. [6]§ 16 Abs. 2 Satz 2 und 3 gilt entsprechend.
8. [1]Die Frist für die Wahlanfechtung nach § 19 Abs. 2 beginnt für Besatzungsmitglieder an Bord, wenn das Schiff nach Bekanntgabe des Wahlergebnisses erstmalig einen Hafen im Geltungsbereich dieses Gesetzes oder einen Hafen, in dem ein Seemannsamt seinen Sitz hat, anläuft. [2]Nach Ablauf von drei Monaten seit Bekanntgabe des

Wahlergebnisses ist eine Wahlanfechtung unzulässig. [3]Die Wahlanfechtung kann auch zu Protokoll des Seemannsamtes erklärt werden. [4]Die Anfechtungserklärung ist vom Seemannsamt unverzüglich an das für die Anfechtung zuständige Arbeitsgericht weiterzuleiten.

9. [1]Die Mitgliedschaft im Seebetriebsrat endet, wenn der Seebetriebsrat aus Besatzungsmitgliedern besteht, auch, wenn das Mitglied des Seebetriebsrats nicht mehr Besatzungsmitglied ist. [2]Die Eigenschaft als Besatzungsmitglied wird durch die Tätigkeit im Seebetriebsrat oder durch eine Beschäftigung gemäß Absatz 3 Nr. 2 nicht berührt.

(3) Die §§ 26 bis 41 über die Geschäftsführung des Betriebsrats finden auf den Seebetriebsrat mit folgender Maßgabe Anwendung:

1. In Angelegenheiten, in denen der Seebetriebsrat nach diesem Gesetz innerhalb einer bestimmten Frist Stellung zu nehmen hat, kann er, abweichend von § 33 Abs. 2, ohne Rücksicht auf die Zahl der zur Sitzung erschienenen Mitglieder einen Beschluss fassen, wenn die Mitglieder ordnungsgemäß geladen worden sind.
2. [1]Soweit die Mitglieder des Seebetriebsrats nicht freizustellen sind, sind sie so zu beschäftigen, dass sie durch ihre Tätigkeit nicht gehindert sind, die Aufgaben des Seebetriebsrats wahrzunehmen. [2]Der Arbeitsplatz soll den Fähigkeiten und Kenntnissen des Mitglieds des Seebetriebsrats und seiner bisherigen beruflichen Stellung entsprechen. [3]Der Arbeitsplatz ist im Einvernehmen mit dem Seebetriebsrat zu bestimmen. [4]Kommt eine Einigung über die Bestimmung des Arbeitsplatzes nicht zustande, so entscheidet die Einigungsstelle. [5]Der Spruch der Einigungsstelle ersetzt die Einigung zwischen Arbeitgeber und Seebetriebsrat.
3. [1]Den Mitgliedern des Seebetriebsrats, die Besatzungsmitglieder sind, ist die Heuer auch dann fortzuzahlen, wenn sie im Landbetrieb beschäftigt werden. [2]Sachbezüge sind angemessen abzugelten. [3]Ist der neue Arbeitsplatz höherwertig, so ist das diesem Arbeitsplatz entsprechende Arbeitsentgelt zu zahlen.
4. [1]Unter Berücksichtigung der örtlichen Verhältnisse ist über die Unterkunft der in den Seebetriebsrat gewählten Besatzungsmitglieder eine Regelung zwischen dem Seebetriebsrat und dem Arbeitgeber zu treffen, wenn der Arbeitsplatz sich nicht am Wohnort befindet. [2]Kommt eine Einigung nicht zustande, so entscheidet die Einigungsstelle. [3]Der Spruch der Einigungsstelle ersetzt die Einigung zwischen Arbeitgeber und Seebetriebsrat.
5. Der Seebetriebsrat hat das Recht, jedes zum Seebetrieb gehörende Schiff zu betreten, dort im Rahmen seiner Aufgaben tätig zu werden sowie an den Sitzungen der Bordvertretung teilzunehmen. § 115 Abs. 7 Nr. 5 Satz 1 gilt entsprechend.
6. Liegt ein Schiff in einem Hafen innerhalb des Geltungsbereichs dieses Gesetzes, so kann der Seebetriebsrat nach Unterrichtung des Kapitäns Sprechstunden an Bord abhalten und Bordversammlungen der Besatzungsmitglieder durchführen.
7. [1]Läuft ein Schiff innerhalb eines Kalenderjahres keinen Hafen im Geltungsbereich dieses Gesetzes an, so gelten die Nummern 5 und 6 für europäische Häfen. [2]Die Schleusen des Nordostseekanals gelten nicht als Häfen.
8. [1]Im Einvernehmen mit dem Arbeitgeber können Sprechstunden und Bordversammlungen, abweichend von den Nummern 6 und 7, auch in anderen Liegehäfen des Schiffes durchgeführt werden, wenn ein dringendes Bedürfnis hierfür besteht. [2]Kommt eine Einigung nicht zustande, so entscheidet die Einigungsstelle. [3]Der Spruch der Einigungsstelle ersetzt die Einigung zwischen Arbeitgeber und Seebetriebsrat.

(4) Die §§ 42 bis 46 über die Betriebsversammlung finden auf den Seebetrieb keine Anwendung.

(5) Für den Seebetrieb nimmt der Seebetriebsrat die in den §§ 47 bis 59 dem Betriebsrat übertragenen Aufgaben, Befugnisse und Pflichten wahr.

(6) Die §§ 74 bis 113 über die Mitwirkung und Mitbestimmung der Arbeitnehmer finden auf den Seebetriebsrat mit folgender Maßgabe Anwendung:

1. Der Seebetriebsrat ist zuständig für die Behandlung derjenigen nach diesem Gesetz der Mitwirkung oder Mitbestimmung des Betriebsrats unterliegenden Angelegenheiten,
   a) die alle oder mehrere Schiffe des Seebetriebs oder die Besatzungsmitglieder aller oder mehrerer Schiffe des Seebetriebs betreffen,
   b) die nach § 115 Abs. 7 Nr. 2 von der Bordvertretung abgegeben worden sind oder
   c) für die nicht die Zuständigkeit der Bordvertretung nach § 115 Abs. 7 Nr. 1 gegeben ist.
2. [1]Der Seebetriebsrat ist regelmäßig und umfassend über den Schiffsbetrieb des Seeschifffahrtsunternehmens zu unterrichten. [2]Die erforderlichen Unterlagen sind ihm vorzulegen.

Zweiter Abschnitt. Luftfahrt

§ 117 Geltung für die Luftfahrt

(1) [1]Auf Landbetriebe von Luftfahrtunternehmen ist dieses Gesetz anzuwenden. [2]Auf im Flugbetrieb beschäftigte Arbeitnehmer von Luftfahrtunternehmen ist dieses Gesetz anzuwenden, wenn keine Vertretung durch Tarifvertrag nach Absatz 2 Satz 1 errichtet ist.

(2) [1]Für im Flugbetrieb beschäftigte Arbeitnehmer von Luftfahrtunternehmen kann durch Tarifvertrag eine Vertretung errichtet werden. [2]Über die Zusammenarbeit dieser Vertretung mit den nach diesem Gesetz zu errichtenden Vertretungen der Arbeitnehmer der Landbetriebe des Luftfahrtunternehmens kann der Tarifvertrag von diesem Gesetz abweichende Regelungen vorsehen. [3]Auf einen Tarifvertrag nach den Sätzen 1 und 2 ist § 4 Absatz 5 des Tarifvertragsgesetzes anzuwenden.

Dritter Abschnitt. Tendenzbetriebe und Religionsgemeinschaften

§ 118 Geltung für Tendenzbetriebe und Religionsgemeinschaften

(1) [1]Auf Unternehmen und Betriebe, die unmittelbar und überwiegend

1. politischen, koalitionspolitischen, konfessionellen, karitativen, erzieherischen, wissenschaftlichen oder künstlerischen Bestimmungen oder
2. Zwecken der Berichterstattung oder Meinungsäußerung, auf die Artikel 5 Abs. 1 Satz 2 des Grundgesetzes Anwendung findet,

dienen, finden die Vorschriften dieses Gesetzes keine Anwendung, soweit die Eigenart des Unternehmens oder des Betriebs dem entgegensteht. [2]Die §§ 106 bis 110 sind nicht, die §§ 111 bis 113 nur insoweit anzuwenden, als sie den Ausgleich oder die Milderung wirtschaftlicher Nachteile für die Arbeitnehmer infolge von Betriebsänderungen regeln.

(2) Dieses Gesetz findet keine Anwendung auf Religionsgemeinschaften und ihre karitativen und erzieherischen Einrichtungen unbeschadet deren Rechtsform.

Sechster Teil. Straf- und Bußgeldvorschriften

§ 119 Straftaten gegen Betriebsverfassungsorgane und ihre Mitglieder

(1) Mit Freiheitsstrafe bis zu einem Jahr oder mit Geldstrafe wird bestraft, wer

1. eine Wahl des Betriebsrats, der Jugend- und Auszubildendenvertretung, der Bordvertretung, des Seebetriebsrats oder der in § 3 Abs. 1 Nr. 1 bis 3 oder 5 bezeichneten Vertretungen der Arbeitnehmer behindert oder durch Zufügung oder Androhung von Nachteilen oder durch Gewährung oder Versprechen von Vorteilen beeinflusst,
2. die Tätigkeit des Betriebsrats, des Gesamtbetriebsrats, des Konzernbetriebsrats, der Jugend- und Auszubildendenvertretung, der Gesamt-Jugend- und Auszubildendenvertretung, der Konzern-Jugend- und Auszubildendenvertretung, der Bordvertretung, des Seebetriebsrats, der in § 3 Abs. 1 bezeichneten Vertretungen der Arbeitnehmer, der Einigungsstelle, der in § 76 Abs. 8 bezeichneten tariflichen Schlichtungsstelle, der in § 86 bezeichneten betrieblichen Beschwerdestelle oder des Wirtschaftsausschusses behindert oder stört oder
3. ein Mitglied oder ein Ersatzmitglied des Betriebsrats, des Gesamtbetriebsrats, des Konzernbetriebsrats, der Jugend- und Auszubildendenvertretung, der Gesamt-Jugend- und Auszubildendenvertretung, der Konzern-Jugend- und Auszubildendenvertretung, der Bordvertretung, des Seebetriebsrats, der in § 3 Abs. 1 bezeichneten Vertretungen der Arbeitnehmer, der Einigungsstelle, der in § 76 Abs. 8 bezeichneten Schlichtungsstelle, der in § 86 bezeichneten betrieblichen Beschwerdestelle oder des Wirtschaftsausschusses um seiner Tätigkeit willen oder eine Auskunftsperson nach § 80 Absatz 2 Satz 4 um ihrer Tätigkeit willen benachteiligt oder begünstigt.

(2) Die Tat wird nur auf Antrag des Betriebsrats, des Gesamtbetriebsrats, des Konzernbetriebsrats, der Bordvertretung, des Seebetriebsrats, einer der in § 3 Abs. 1 bezeichneten Vertretungen der Arbeitnehmer, des Wahlvorstands, des Unternehmers oder einer im Betrieb vertretenen Gewerkschaft verfolgt.

§ 120 Verletzung von Geheimnissen

(1) Wer unbefugt ein fremdes Betriebs- oder Geschäftsgeheimnis offenbart, das ihm in seiner Eigenschaft als

1. Mitglied oder Ersatzmitglied des Betriebsrats oder einer der in § 79 Abs. 2 bezeichneten Stellen,
2. Vertreter einer Gewerkschaft oder Arbeitgebervereinigung,
3. Sachverständiger, der vom Betriebsrat nach § 80 Abs. 3 hinzugezogen oder von der Einigungsstelle nach § 109 Satz 3 angehört worden ist,

3a. Berater, der vom Betriebsrat nach § 111 Satz 2 hinzugezogen worden ist;

3b. Auskunftsperson, die dem Betriebsrat nach § 80 Absatz 2 Satz 4 zur Verfügung gestellt worden ist, oder

4. Arbeitnehmer, der vom Betriebsrat nach § 107 Abs. 3 Satz 3 oder vom Wirtschaftsausschuss nach § 108 Abs. 2 Satz 2 hinzugezogen worden ist,

bekannt geworden und das vom Arbeitgeber ausdrücklich als geheimhaltungsbedürftig bezeichnet worden ist, wird mit Freiheitsstrafe bis zu einem Jahr oder mit Geldstrafe bestraft.

(2) Ebenso wird bestraft, wer unbefugt ein fremdes Geheimnis eines Arbeitnehmers, namentlich ein zu dessen persönlichen Lebensbereich gehörendes Geheimnis offenbart, das ihm in seiner Eigenschaft als Mitglied oder Ersatzmitglied des Betriebsrats oder einer der in § 79 Abs. 2 bezeichneten Stellen bekannt geworden ist und über das nach den Vorschriften dieses Gesetzes Stillschweigen zu bewahren ist.

(3) [1]Handelt der Täter gegen Entgelt oder in der Absicht, sich oder einen anderen zu schädigen, so ist die Strafe Freiheitsstrafe bis zu zwei Jahren oder Geldstrafe. [2]Ebenso wird bestraft, wer unbefugt ein fremdes Geheimnis, namentlich ein Betriebs- oder Geschäftsgeheimnis, zu dessen Geheimhaltung er nach den Absätzen 1 oder 2 verpflichtet ist, verwertet.

(4) Die Absätze 1 bis 3 sind auch anzuwenden, wenn der Täter das fremde Geheimnis nach dem Tode des Betroffenen unbefugt offenbart oder verwertet.

(5) [1]Die Tat wird nur auf Antrag des Verletzten verfolgt. [2]Stirbt der Verletzte, so geht das Antragsrecht nach § 77 Abs. 2 des Strafgesetzbuches auf die Angehörigen über, wenn das Geheimnis zum persönlichen Lebensbereich des Verletzten gehört; in anderen Fällen geht es auf die Erben über. [3]Offenbart der Täter das Geheimnis nach dem Tode des Betroffenen, so gilt Satz 2 sinngemäß.

§ 121 Bußgeldvorschriften

(1) Ordnungswidrig handelt, wer eine der in § 90 Abs. 1, 2 Satz 1, § 92 Abs. 1 Satz 1 auch in Verbindung mit Abs. 3, § 99 Abs. 1, § 106 Abs. 2, § 108 Abs. 5, § 110 oder § 111 bezeichneten Aufklärungs- oder Auskunftspflichten nicht, wahrheitswidrig, unvollständig oder verspätet erfüllt.

(2) Die Ordnungswidrigkeit kann mit einer Geldbuße bis zu zehntausend Euro geahndet werden.

Siebenter Teil. Änderung von Gesetzen

§ 122 (Änderung des Bürgerlichen Gesetzbuchs)

§ 123 (Änderung des Kündigungsschutzgesetzes)

§ 124 (Änderung des Arbeitsgerichtsgesetzes)

Achter Teil. Übergangs- und Schlussvorschriften

§ 125 Erstmalige Wahlen nach diesem Gesetz

(1) Die erstmaligen Betriebsratswahlen nach § 13 Abs. 1 finden im Jahre 1972 statt.

(2) [1]Die erstmaligen Wahlen der Jugend- und Auszubildendenvertretung nach § 64 Abs. 1 Satz 1 finden im Jahre 1988 statt. [2]Die Amtszeit der Jugendvertretung endet mit der Bekanntgabe des Wahlergebnisses der neu gewählten Jugend- und Auszubildendenvertretung, spätestens am 30. November 1988.

(3) Auf Wahlen des Betriebsrats, der Bordvertretung, des Seebetriebsrats und der Jugend- und Auszubildendenvertretung, die nach dem 28. Juli 2001 eingeleitet werden, finden die Erste Verordnung zur Durchführung des Betriebsverfassungsgesetzes vom 16. Januar 1972 (BGBl. I S. 49), zuletzt geändert durch die Verordnung vom 16. Januar 1995 (BGBl. I S. 43), die Zweite Verordnung zur Durchführung des Betriebsverfassungsgesetzes vom 24. Oktober 1972 (BGBl. I S. 2029), zuletzt geändert durch die Verordnung vom 28. September 1989 (BGBl. I S. 1795) und die Verordnung zur Durchführung der Betriebsratswahlen bei den Postunternehmen vom 26. Juni 1995 (BGBl. I S. 871) bis zu deren Änderung entsprechende Anwendung.

(4) Ergänzend findet für das vereinfachte Wahlverfahren nach § 14a die Erste Verordnung zur Durchführung des Betriebsverfassungsgesetzes bis zu deren Änderung mit folgenden Maßgaben entsprechende Anwendung:

1. [1]Die Frist für die Einladung zur Wahlversammlung zur Wahl des Wahlvorstands nach § 14a Abs. 1 des Gesetzes beträgt mindestens sieben Tage. [2]Die Einladung muss Ort, Tag und Zeit der Wahlversammlung sowie den Hinweis enthalten, dass bis zum Ende dieser Wahlversammlung Wahlvorschläge zur Wahl des Betriebsrats gemacht werden können (§ 14a Abs. 2 des Gesetzes).
2. § 3 findet wie folgt Anwendung:
   a) [1]Im Fall des § 14a Abs. 1 des Gesetzes erlässt der Wahlvorstand auf der Wahlversammlung das Wahlausschreiben. [2]Die Einspruchsfrist nach § 3 Abs. 2 Nr. 3 verkürzt sich auf drei Tage. [3]Die Angabe nach § 3 Abs. 2 Nr. 4 muss die Zahl der Mindestsitze des Geschlechts in der Minderheit (§ 15 Abs. 2 des Gesetzes) enthalten. [4]Die Wahlvorschläge sind abweichend von § 3 Abs. 2 Nr. 7 bis zum Abschluss der Wahlversammlung zur Wahl des Wahlvorstands bei diesem einzureichen. [5]Ergänzend zu § 3 Abs. 2 Nr. 10 gibt der Wahlvorstand den Ort, Tag und Zeit der nachträglichen Stimmabgabe an (§ 14a Abs. 4 des Gesetzes).
   b) [1]Im Fall des § 14a Abs. 3 des Gesetzes erlässt der Wahlvorstand unverzüglich das Wahlausschreiben mit den unter Buchstabe a genannten Maßgaben zu § 3 Abs. 2 Nr. 3, 4 und 10. [2]Abweichend von § 3 Abs. 2 Nr. 7 sind die Wahlvorschläge spätestens eine Woche vor der Wahlversammlung zur Wahl des Betriebsrats (§ 14a Abs. 3 Satz 2 des Gesetzes) beim Wahlvorstand einzureichen.
3. Die Einspruchsfrist des § 4 Abs. 1 verkürzt sich auf drei Tage.
4. [1]Die §§ 6 bis 8 und § 10 Abs. 2 finden entsprechende Anwendung mit der Maßgabe, dass die Wahl aufgrund von Wahlvorschlägen erfolgt. [2]Im Fall des § 14a Abs. 1 des Gesetzes sind die Wahlvorschläge bis zum Abschluss der Wahlversammlung zur Wahl des Wahlvorstands bei diesem einzureichen; im Fall des § 14a Abs. 3 des Gesetzes sind die Wahlvorschläge spätestens eine Woche vor der Wahlversammlung zur Wahl des Betriebsrats (§ 14a Abs. 3 Satz 2 des Gesetzes) beim Wahlvorstand einzureichen.
5. § 9 findet keine Anwendung.
6. Auf das Wahlverfahren finden die §§ 21 ff. entsprechende Anwendung. Auf den Stimmzetteln sind die Bewerber in alphabetischer Reihenfolge unter Angabe von Familienname, Vorname und Art der Beschäftigung im Betrieb aufzuführen.
7. § 25 Abs. 5 bis 8 findet keine Anwendung.
8. § 26 Abs. 1 findet mit der Maßgabe Anwendung, dass der Wahlberechtigte sein Verlangen auf schriftliche Stimmabgabe spätestens drei Tage vor dem Tag der Wahlversammmlung zur Wahl des Betriebsrats dem Wahlvorstand mitgeteilt haben muss.
9. § 31 findet entsprechende Anwendung mit der Maßgabe, dass die Wahl der Jugend- und Auszubildendenvertretung aufgrund von Wahlvorschlägen erfolgt.

§ 126 Ermächtigung zum Erlass von Wahlordnungen

Das Bundesministerium für Wirtschaft und Technologie wird ermächtigt, mit Zustimmung des Bundesrates Rechtsverordnungen zu erlassen zur Regelung der in den §§ 7 bis 20, 60 bis 63, 115 und 116 bezeichneten Wahlen über

1. die Vorbereitung der Wahl, insbesondere die Aufstellung der Wählerlisten und die Errechnung der Vertreterzahl;
2. die Frist für die Einsichtnahme in die Wählerlisten und die Erhebung von Einsprüchen gegen sie;
3. die Vorschlagslisten und die Frist für ihre Einreichung;

4. das Wahlausschreiben und die Fristen für seine Bekanntmachung;
5. die Stimmabgabe;
5a. die Verteilung der Sitze im Betriebsrat, in der Bordvertretung, im Seebetriebsrat sowie in der Jugend- und Auszubildendenvertretung auf die Geschlechter, auch soweit die Sitze nicht gemäß § 15 Abs. 2 und § 62 Abs. 3 besetzt werden können;
6. die Feststellung des Wahlergebnisses und die Fristen für seine Bekanntmachung;
7. die Aufbewahrung der Wahlakten.

§ 127 Verweisungen

Soweit in anderen Vorschriften auf Vorschriften verwiesen wird oder Bezeichnungen verwendet werden, die durch dieses Gesetz aufgehoben oder geändert werden, treten an ihre Stelle die entsprechenden Vorschriften oder Bezeichnungen dieses Gesetzes.

§ 128 Bestehende abweichende Tarifverträge

Die im Zeitpunkt des Inkrafttretens dieses Gesetzes nach § 20 Abs. 3 des Betriebsverfassungsgesetzes vom 11. Oktober 1952 geltenden Tarifverträge über die Errichtung einer anderen Vertretung der Arbeitnehmer für Betriebe, in denen wegen ihrer Eigenart der Errichtung von Betriebsräten besondere Schwierigkeiten entgegenstehen, werden durch dieses Gesetz nicht berührt.

§ 129 *(aufgehoben)*

§ 130 Öffentlicher Dienst

Dieses Gesetz findet keine Anwendung auf Verwaltungen und Betriebe des Bundes, der Länder, der Gemeinden und sonstiger Körperschaften, Anstalten und Stiftungen des öffentlichen Rechts.

§ 131 Berlin-Klausel

[1]Dieses Gesetz gilt nach Maßgabe des § 13 Abs. 1 des Dritten Überleitungsgesetzes auch im Land Berlin. [2]Rechtsverordnungen, die aufgrund dieses Gesetzes erlassen werden, gelten im Land Berlin nach § 14 des Dritten Überleitungsgesetzes.

§ 132 (Inkrafttreten)

14b. Gesetz über die Drittelbeteiligung der Arbeitnehmer im Aufsichtsrat (Drittelbeteiligungsgesetz – DrittelbG)

Vom 18. Mai 2004
(BGBl. I S. 974)

zuletzt geändert durch Gesetz vom 24.4.2015 (BGBl. I S. 642)

Teil 1 Geltungsbereich

§ 1 Erfasste Unternehmen

(1) Die Arbeitnehmer haben ein Mitbestimmungsrecht im Aufsichtsrat nach Maßgabe dieses Gesetzes in

1. [1]einer Aktiengesellschaft mit in der Regel mehr als 500 Arbeitnehmern. [2]Ein Mitbestimmungsrecht im Aufsichtsrat besteht auch in einer Aktiengesellschaft mit in der Regel weniger als 500 Arbeitnehmern, die vor dem 10. August 1994 eingetragen worden ist und keine Familiengesellschaft ist. [3]Als Familiengesellschaften gelten solche Aktiengesellschaften, deren Aktionär eine einzelne natürliche Person ist oder deren Aktionäre untereinander im Sinne von § 15 Abs. 1 Nr. 2 bis 8, Abs. 2 der Abgabenordnung verwandt oder verschwägert sind;
2. [1]einer Kommanditgesellschaft auf Aktien mit in der Regel mehr als 500 Arbeitnehmern. [2]Nummer 1 Satz 2 und 3 gilt entsprechend;
3. [1]einer Gesellschaft mit beschränkter Haftung mit in der Regel mehr als 500 Arbeitnehmern. [2]Die Gesellschaft hat einen Aufsichtsrat zu bilden; seine Zusammensetzung sowie seine Rechte und Pflichten bestimmen sich nach § 90 Abs. 3, 4, 5 Satz 1 und 2, nach den §§ 95 bis 114, 116, 118 Abs. 3, § 125 Abs. 3 und 4 und nach den §§ 170, 171, 268 Abs. 2 des Aktiengesetzes;
4. einem Versicherungsverein auf Gegenseitigkeit mit in der Regel mehr als 500 Arbeitnehmern, wenn dort ein Aufsichtsrat besteht;
5. [1]einer Genossenschaft mit in der Regel mehr als 500 Arbeitnehmern. [2]§ 96 Absatz 4 und die §§ 97 bis 99 des Aktiengesetzes sind entsprechend anzuwenden. [3]Die Satzung kann nur eine durch drei teilbare Zahl von Aufsichtsratsmitgliedern festsetzen. [4]Der Aufsichtsrat muss zwei Sitzungen im Kalenderhalbjahr abhalten.

(2) [1]Dieses Gesetz findet keine Anwendung auf

1. die in § 1 Abs. 1 des Mitbestimmungsgesetzes, die in § 1 des Montan-Mitbestimmungsgesetzes und die in den §§ 1 und 3 Abs. 1 des Montan-Mitbestimmungsergänzungsgesetzes bezeichneten Unternehmen;
2. Unternehmen, die unmittelbar und überwiegend
   a) politischen, koalitionspolitischen, konfessionellen, karitativen, erzieherischen, wissenschaftlichen oder künstlerischen Bestimmungen oder
   b) Zwecken der Berichterstattung oder Meinungsäußerung, auf die Artikel 5 Abs. 1 Satz 2 des Grundgesetzes anzuwenden ist,

dienen.

[2]Dieses Gesetz ist nicht anzuwenden auf Religionsgemeinschaften und ihre karitativen und erzieherischen Einrichtungen unbeschadet deren Rechtsform.

(3) Die Vorschriften des Genossenschaftsgesetzes über die Zusammensetzung des Aufsichtsrats sowie über die Wahl und die Abberufung von Aufsichtsratsmitgliedern gelten insoweit nicht, als sie den Vorschriften dieses Gesetzes widersprechen.

§ 2 Konzern

(1) An der Wahl der Aufsichtsratsmitglieder der Arbeitnehmer des herrschenden Unternehmens eines Konzerns (§ 18 Abs. 1 des Aktiengesetzes) nehmen auch die Arbeitnehmer der übrigen Konzernunternehmen teil.

(2) Soweit nach § 1 die Beteiligung der Arbeitnehmer im Aufsichtsrat eines herrschenden Unternehmens von dem Vorhandensein oder der Zahl von Arbeitnehmern abhängt, gelten die Arbeitnehmer eines Konzernunternehmens als solche des herrschenden Unternehmens, wenn zwischen den Unternehmen ein Beherrschungsvertrag besteht oder das abhängige Unternehmen in das herrschende Unternehmen eingegliedert ist.

§ 3 Arbeitnehmer, Betrieb

(1) Arbeitnehmer im Sinne dieses Gesetzes sind die in § 5 Abs. 1 des Betriebsverfassungsgesetzes bezeichneten Personen mit Ausnahme der in § 5 Abs. 3 des Betriebsverfassungsgesetzes bezeichneten leitenden Angestellten.

(2) [1]Betriebe im Sinne dieses Gesetzes sind solche des Betriebsverfassungsgesetzes. [2]§ 4 Abs. 2 des Betriebsverfassungsgesetzes ist anzuwenden.

(3) [1]Die Gesamtheit der Schiffe eines Unternehmens gilt für die Anwendung dieses Gesetzes als ein Betrieb. [2]Schiffe im Sinne dieses Gesetzes sind Kauffahrteischiffe, die nach dem Flaggenrechtsgesetz die Bundesflagge führen. [3]Schiffe, die in der Regel binnen 48 Stunden nach dem Auslaufen an den Sitz eines Landbetriebs zurückkehren, gelten als Teil dieses Landbetriebs.

Teil 2 Aufsichtsrat

§ 4 Zusammensetzung

(1) Der Aufsichtsrat eines in § 1 Abs. 1 bezeichneten Unternehmens muss zu einem Drittel aus Arbeitnehmervertretern bestehen.

(2) [1]Ist ein Aufsichtsratsmitglied der Arbeitnehmer oder sind zwei Aufsichtsratsmitglieder der Arbeitnehmer zu wählen, so müssen diese als Arbeitnehmer im Unternehmen beschäftigt sein. [2]Sind mehr als zwei Aufsichtsratsmitglieder der Arbeitnehmer zu wählen, so müssen mindestens zwei Aufsichtsratsmitglieder als Arbeitnehmer im Unternehmen beschäftigt sein.

(3) [1]Die Aufsichtsratsmitglieder der Arbeitnehmer, die Arbeitnehmer des Unternehmens sind, müssen das 18. Lebensjahr vollendet haben und ein Jahr dem Unternehmen angehören. [2]Auf die einjährige Unternehmensangehörigkeit werden Zeiten der Angehörigkeit zu einem anderen Unternehmen, dessen Arbeitnehmer nach diesem Gesetz an der Wahl von Aufsichtsratsmitgliedern des Unternehmens teilnehmen, angerechnet. [3]Diese Zeiten müssen unmittelbar vor dem Zeitpunkt liegen, ab dem die Arbeitnehmer zur Wahl von Aufsichtsratsmitgliedern des Unternehmens berechtigt sind. [4]Die weiteren Wählbarkeitsvoraussetzungen des § 8 Abs. 1 des Betriebsverfassungsgesetzes müssen erfüllt sein.

(4) Unter den Aufsichtsratsmitgliedern der Arbeitnehmer sollen Frauen und Männer entsprechend ihrem zahlenmäßigen Verhältnis im Unternehmen vertreten sein.

§ 5 Wahl der Aufsichtsratsmitglieder der Arbeitnehmer

(1) Die Aufsichtsratsmitglieder der Arbeitnehmer werden nach den Grundsätzen der Mehrheitswahl in allgemeiner, geheimer, gleicher und unmittelbarer Wahl für die Zeit gewählt, die im Gesetz oder in der Satzung für die von der Hauptversammlung zu wählenden Aufsichtsratsmitglieder bestimmt ist.

(2) [1]Wahlberechtigt sind die Arbeitnehmer des Unternehmens, die das 18. Lebensjahr vollendet haben. [2]§ 7 Satz 2 des Betriebsverfassungsgesetzes gilt entsprechend.

§ 6 Wahlvorschläge

[1]Die Wahl erfolgt auf Grund von Wahlvorschlägen der Betriebsräte und der Arbeitnehmer. [2]Die Wahlvorschläge der Arbeitnehmer müssen von mindestens einem Zehntel der Wahlberechtigten oder von mindestens 100 Wahlberechtigten unterzeichnet sein.

§ 7 Ersatzmitglieder

(1) [1]In jedem Wahlvorschlag kann zusammen mit jedem Bewerber für diesen ein Ersatzmitglied des Aufsichtsrats vorgeschlagen werden. [2]Ein Bewerber kann nicht zugleich als Ersatzmitglied vorgeschlagen werden.

(2) Wird ein Bewerber als Aufsichtsratsmitglied gewählt, so ist auch das zusammen mit ihm vorgeschlagene Ersatzmitglied gewählt.

§ 8 Bekanntmachung der Mitglieder des Aufsichtsrats

[1]Das zur gesetzlichen Vertretung des Unternehmens befugte Organ hat die Namen der Mitglieder und der Ersatzmitglieder des Aufsichtsrats unverzüglich nach ihrer Bestellung in den Betrieben des Unternehmens bekannt zu machen und im Bundesanzeiger zu veröffentlichen. [2]Nehmen an der Wahl der Aufsichtsratsmitglieder des Unternehmens auch die Arbeitnehmer eines anderen Unternehmens teil, so ist daneben das zur gesetzlichen Vertretung des anderen Unternehmens befugte Organ zur Bekanntmachung in seinen Betrieben verpflichtet.

§ 9 Schutz von Aufsichtsratsmitgliedern vor Benachteiligung

[1]Aufsichtsratsmitglieder der Arbeitnehmer dürfen in der Ausübung ihrer Tätigkeit nicht gestört oder behindert werden. [2]Sie dürfen wegen ihrer Tätigkeit im Aufsichtsrat nicht benachteiligt oder begünstigt werden. [3]Dies gilt auch für ihre berufliche Entwicklung.

§ 10 Wahlschutz und Wahlkosten

(1) [1]Niemand darf die Wahl der Aufsichtsratsmitglieder der Arbeitnehmer behindern. [2]Insbesondere darf niemand in der Ausübung des aktiven und passiven Wahlrechts beschränkt werden.

(2) Niemand darf die Wahlen durch Zufügung oder Androhung von Nachteilen oder durch Gewährung oder Versprechen von Vorteilen beeinflussen.

(3) [1]Die Kosten der Wahlen trägt das Unternehmen. [2]Versäumnis von Arbeitszeit, die zur Ausübung des Wahlrechts oder der Betätigung im Wahlvorstand erforderlich ist, berechtigt nicht zur Minderung des Arbeitsentgelts.

§ 11 Anfechtung der Wahl von Aufsichtsratsmitgliedern der Arbeitnehmer

(1) Die Wahl eines Aufsichtsratsmitglieds oder eines Ersatzmitglieds der Arbeitnehmer kann beim Arbeitsgericht angefochten werden, wenn gegen wesentliche Vorschriften über das Wahlrecht, die Wählbarkeit oder das Wahlerfahren verstoßen worden und eine Berichtigung nicht erfolgt ist, es sei denn, dass durch den Verstoß das Wahlergebnis nicht geändert oder beeinflusst werden konnte.

(2) [1]Zur Anfechtung berechtigt sind

1. mindestens drei Wahlberechtigte,
2. die Betriebsräte,
3. das zur gesetzlichen Vertretung des Unternehmens befugte Organ.

[2]Die Anfechtung ist nur binnen einer Frist von zwei Wochen, vom Tag der Veröffentlichung im Bundesanzeiger an gerechnet, zulässig.

§ 12 Abberufung von Aufsichtsratsmitgliedern der Arbeitnehmer

(1) [1]Ein Aufsichtsratsmitglied der Arbeitnehmer kann vor Ablauf der Amtszeit auf Antrag eines Betriebsrats oder von mindestens einem Fünftel der Wahlberechtigten durch Beschluss abberufen werden. [2]Der Beschluss der Wahlberechtigten wird in allgemeiner, geheimer, gleicher und unmittelbarer Abstimmung gefasst; er bedarf einer Mehrheit von drei Vierteln der abgegebenen Stimmen. [3]Auf die Beschlussfassung findet § 2 Abs. 1 Anwendung.

(2) Absatz 1 ist für die Abberufung von Ersatzmitgliedern entsprechend anzuwenden.

Teil 3 Übergangs- und Schlussvorschriften

§ 13 Ermächtigung zum Erlass von Rechtsverordnungen

Die Bundesregierung wird ermächtigt, durch Rechtsverordnung Vorschriften über das Verfahren für die Wahl und die Abberufung von Aufsichtsratsmitgliedern der Arbeitnehmer zu erlassen, insbesondere über

1. die Vorbereitung der Wahl, insbesondere die Aufstellung der Wählerlisten und die Errechnung der Zahl der Aufsichtsratsmitglieder der Arbeitnehmer;
2. die Frist für die Einsichtnahme in die Wählerlisten und die Erhebung von Einsprüchen gegen sie;
3. die Wahlvorschläge und die Frist für ihre Einreichung;
4. das Wahlausschreiben und die Frist für seine Bekanntmachung;
5. die Teilnahme von Arbeitnehmern eines in § 3 Abs. 3 bezeichneten Betriebs an der Wahl;
6. die Stimmabgabe;
7. die Feststellung des Wahlergebnisses und die Fristen für seine Bekanntmachung;
8. die Anfechtung der Wahl;
9. die Aufbewahrung der Wahlakten.

§ 14 Verweisungen

Soweit in anderen Gesetzen auf Vorschriften verwiesen wird, die durch Artikel 6 Abs. 2 des Zweiten Gesetzes zur Vereinfachung der Wahl der Arbeitnehmervertreter in den Aufsichtsrat aufgehoben werden, treten an ihre Stelle die entsprechenden Vorschriften dieses Gesetzes.

§ 15 *(aufgehoben)*

14c. Gesetz zur Förderung der Transparenz von Entgeltstrukturen (Entgelttransparenzgesetz – EntgTranspG)

Vom 30. Juni 2017
(BGBl. I S. 2152)

Inhaltsübersicht

Abschnitt 1. Allgemeine Bestimmungen

§ 1 Ziel des Gesetzes

Ziel des Gesetzes ist es, das Gebot des gleichen Entgelts für Frauen und Männer bei gleicher oder gleichwertiger Arbeit durchzusetzen.

§ 2 Anwendungsbereich

(1) Dieses Gesetz gilt für das Entgelt von Beschäftigten nach § 5 Absatz 2, die bei Arbeitgebern nach § 5 Absatz 3 beschäftigt sind, soweit durch dieses Gesetz nichts anderes bestimmt wird.

(2) [1]Das Allgemeine Gleichbehandlungsgesetz bleibt unberührt. [2]Ebenfalls unberührt bleiben sonstige Benachteiligungsverbote und Gebote der Gleichbehandlung sowie öffentlich-rechtliche Vorschriften, die dem Schutz oder der Förderung bestimmter Personengruppen dienen.

§ 3 Verbot der unmittelbaren und mittelbaren Entgeltbenachteiligung wegen des Geschlechts

(1) Bei gleicher oder gleichwertiger Arbeit ist eine unmittelbare oder mittelbare Benachteiligung wegen des Geschlechts im Hinblick auf sämtliche Entgeltbestandteile und Entgeltbedingungen verboten.

(2) [1]Eine unmittelbare Entgeltbenachteiligung liegt vor, wenn eine Beschäftigte oder ein Beschäftigter wegen des Geschlechts bei gleicher oder gleichwertiger Arbeit ein geringeres Entgelt erhält, als eine Beschäftigte oder ein Beschäftigter des jeweils anderen Geschlechts erhält, erhalten hat oder erhalten würde. [2]Eine unmittelbare Benachteiligung liegt auch im Falle eines geringeren Entgelts einer Frau wegen Schwangerschaft oder Mutterschaft vor.

(3) [1]Eine mittelbare Entgeltbenachteiligung liegt vor, wenn dem Anschein nach neutrale Vorschriften, Kriterien oder Verfahren Beschäftigte wegen des Geschlechts gegenüber Beschäftigten des jeweils anderen Geschlechts in Bezug auf das Entgelt in besonderer Weise benachteiligen können, es sei denn, die betreffenden Vorschriften, Kriterien oder Verfahren sind durch ein rechtmäßiges Ziel sachlich gerechtfertigt und die Mittel sind zur Erreichung dieses Ziels angemessen und erforderlich. [2]Insbesondere arbeitsmarkt-, leistungs- und arbeitsergebnisbezogene Kriterien können ein unterschiedliches Entgelt rechtfertigen, sofern der Grundsatz der Verhältnismäßigkeit beachtet wurde.

(4) Die §§ 5 und 8 des Allgemeinen Gleichbehandlungsgesetzes bleiben unberührt.

§ 4 Feststellung von gleicher oder gleichwertiger Arbeit, benachteiligungsfreie Entgeltsysteme

(1) Weibliche und männliche Beschäftigte üben eine gleiche Arbeit aus, wenn sie an verschiedenen Arbeitsplätzen oder nacheinander an demselben Arbeitsplatz eine identische oder gleichartige Tätigkeit ausführen.

(2) [1]Weibliche und männliche Beschäftigte üben eine gleichwertige Arbeit im Sinne dieses Gesetzes aus, wenn sie unter Zugrundelegung einer Gesamtheit von Faktoren als

in einer vergleichbaren Situation befindlich angesehen werden können. [2]Zu den zu berücksichtigenden Faktoren gehören unter anderem die Art der Arbeit, die Ausbildungsanforderungen und die Arbeitsbedingungen. [3]Es ist von den tatsächlichen, für die jeweilige Tätigkeit wesentlichen Anforderungen auszugehen, die von den ausübenden Beschäftigten und deren Leistungen unabhängig sind.

(3) Beschäftigte in unterschiedlichen Rechtsverhältnissen nach § 5 Absatz 2 können untereinander nicht als vergleichbar nach Absatz 1 oder als in einer vergleichbaren Situation nach Absatz 2 befindlich angesehen werden.

(4) [1]Verwendet der Arbeitgeber für das Entgelt, das den Beschäftigten zusteht, ein Entgeltsystem, müssen dieses Entgeltsystem als Ganzes und auch die einzelnen Entgeltbestandteile so ausgestaltet sein, dass eine Benachteiligung wegen des Geschlechts ausgeschlossen ist. [2]Dazu muss es insbesondere

1. die Art der zu verrichtenden Tätigkeit objektiv berücksichtigen,
2. auf für weibliche und männliche Beschäftigte gemeinsamen Kriterien beruhen,
3. die einzelnen Differenzierungskriterien diskriminierungsfrei gewichten sowie
4. insgesamt durchschaubar sein.

(5) [1]Für tarifvertragliche Entgeltregelungen sowie für Entgeltregelungen, die auf einer bindenden Festsetzung nach § 19 Absatz 3 des Heimarbeitsgesetzes beruhen, gilt eine Angemessenheitsvermutung. [2]Tätigkeiten, die aufgrund dieser Regelungen unterschiedlichen Entgeltgruppen zugewiesen werden, werden als nicht gleichwertig angesehen, sofern die Regelungen nicht gegen höherrangiges Recht verstoßen.

(6) Absatz 5 ist sinngemäß auch auf gesetzliche Entgeltregelungen anzuwenden.

§ 5 Allgemeine Begriffsbestimmungen

(1) Entgelt im Sinne dieses Gesetzes sind alle Grund- oder Mindestarbeitsentgelte sowie alle sonstigen Vergütungen, die unmittelbar oder mittelbar in bar oder in Sachleistungen aufgrund eines Beschäftigungsverhältnisses gewährt werden.

(2) Beschäftigte im Sinne dieses Gesetzes sind

1. Arbeitnehmerinnen und Arbeitnehmer,
2. Beamtinnen und Beamte des Bundes sowie der sonstigen der Aufsicht des Bundes unterstehenden Körperschaften, Anstalten und Stiftungen des öffentlichen Rechts,
3. Richterinnen und Richter des Bundes,
4. Soldatinnen und Soldaten,
5. die zu ihrer Berufsbildung Beschäftigten sowie
6. die in Heimarbeit Beschäftigten sowie die ihnen Gleichgestellten.

(3) [1]Arbeitgeber im Sinne dieses Gesetzes sind natürliche und juristische Personen sowie rechtsfähige Personengesellschaften, die Personen nach Absatz 2 beschäftigen, soweit durch dieses Gesetz nichts anderes bestimmt wird. [2]Für die in Heimarbeit Beschäftigten und die ihnen Gleichgestellten tritt an die Stelle des Arbeitgebers der Auftraggeber oder Zwischenmeister.

(4) [1]Tarifgebundene Arbeitgeber im Sinne dieses Gesetzes sind Arbeitgeber, die einen Entgelttarifvertrag oder Entgeltrahmentarifvertrag aufgrund von § 3 Absatz 1 des Tarifvertragsgesetzes anwenden. [2]Von Satz 1 erfasst werden auch Arbeitgeber, die einen Entgelttarifvertrag aufgrund der Tarifgeltung einer Allgemeinverbindlichkeitserklärung nach § 5 des Tarifvertragsgesetzes oder Entgeltregelungen aufgrund einer bindenden Festsetzung nach § 19 Absatz 3 des Heimarbeitsgesetzes anwenden.

(5) Tarifanwendende Arbeitgeber im Sinne dieses Gesetzes sind Arbeitgeber, die im Geltungsbereich eines Entgelttarifvertrages oder Entgeltrahmentarifvertrages die tariflichen Regelungen zum Entgelt durch schriftliche Vereinbarung zwischen Arbeitgeber und Beschäftigten verbindlich und inhaltsgleich für alle Tätigkeiten und Beschäftigten übernommen haben, für die diese tariflichen Regelungen zum Entgelt angewendet werden.

§ 6 Aufgaben von Arbeitgebern, Tarifvertragsparteien und betrieblichen Interessenvertretungen

(1) [1]Arbeitgeber, Tarifvertragsparteien und die betrieblichen Interessenvertretungen sind aufgefordert, im Rahmen ihrer Aufgaben und Handlungsmöglichkeiten an der Verwirklichung der Entgeltgleichheit zwischen Frauen und Männern mitzuwirken. [2]Die zuständigen Tarifvertragsparteien benennen Vertreterinnen und Vertreter zur Einhaltung des Entgeltgleichheitsgebots im Sinne dieses Gesetzes und zur Wahrnehmung der Aufgaben nach § 14 Absatz 3.

(2) [1]Arbeitgeber sind verpflichtet, die erforderlichen Maßnahmen zu treffen, um die Beschäftigten vor Benachteiligungen wegen des Geschlechts in Bezug auf das Entgelt zu schützen. [2]Dieser Schutz umfasst auch vorbeugende Maßnahmen.

§ 7 Entgeltgleichheitsgebot

Bei Beschäftigungsverhältnissen darf für gleiche oder für gleichwertige Arbeit nicht wegen des Geschlechts der oder des Beschäftigten ein geringeres Entgelt vereinbart oder gezahlt werden als bei einer oder einem Beschäftigten des anderen Geschlechts.

§ 8 Unwirksamkeit von Vereinbarungen

(1) Bestimmungen in Vereinbarungen, die gegen § 3 oder § 7 verstoßen, sind unwirksam.

(2) [1]Die Nutzung der in einem Auskunftsverlangen erlangten Informationen ist auf die Geltendmachung von Rechten im Sinne dieses Gesetzes beschränkt. [2]Die Veröffentlichung personenbezogener Gehaltsangaben und die Weitergabe an Dritte sind von dem Nutzungsrecht nicht umfasst.

§ 9 Maßregelungsverbot

[1]Der Arbeitgeber darf Beschäftigte nicht wegen der Inanspruchnahme von Rechten nach diesem Gesetz benachteiligen. [2]Gleiches gilt für Personen, welche die Beschäftigten hierbei unterstützen oder als Zeuginnen oder Zeugen aussagen. [3]§ 16 des Allgemeinen Gleichbehandlungsgesetzes bleibt unberührt.

Abschnitt 2. Individuelle Verfahren zur Überprüfung von Entgeltgleichheit

§ 10 Individueller Auskunftsanspruch

(1) [1]Zur Überprüfung der Einhaltung des Entgeltgleichheitsgebots im Sinne dieses Gesetzes haben Beschäftigte einen Auskunftsanspruch nach Maßgabe der §§ 11 bis 16. [2]Dazu haben die Beschäftigten in zumutbarer Weise eine gleiche oder gleichwertige Tätigkeit (Vergleichstätigkeit) zu benennen. [3]Sie können Auskunft zu dem durchschnittlichen monatlichen Bruttoentgelt nach § 5 Absatz 1 und zu bis zu zwei einzelnen Entgeltbestandteilen verlangen.

(2) [1]Das Auskunftsverlangen hat in Textform zu erfolgen. [2]Vor Ablauf von zwei Jahren nach Einreichen des letzten Auskunftsverlangens können Beschäftigte nur dann er-

neut Auskunft verlangen, wenn sie darlegen, dass sich die Voraussetzungen wesentlich verändert haben.

(3) Das Auskunftsverlangen ist mit der Antwort nach Maßgabe der §§ 11 bis 16 erfüllt.

(4) Sonstige Auskunftsansprüche bleiben von diesem Gesetz unberührt.

§ 11 Angabe zu Vergleichstätigkeit und Vergleichsentgelt

(1) Die Auskunftsverpflichtung erstreckt sich auf die Angabe zu den Kriterien und Verfahren der Entgeltfindung nach Absatz 2 und auf die Angabe zum Vergleichsentgelt nach Absatz 3.

(2) [1]Die Auskunftsverpflichtung zu den Kriterien und Verfahren der Entgeltfindung erstreckt sich auf die Information über die Festlegung des eigenen Entgelts sowie des Entgelts für die Vergleichstätigkeit. [2]Soweit die Kriterien und Verfahren der Entgeltfindung auf gesetzlichen Regelungen, auf tarifvertraglichen Entgeltregelungen oder auf einer bindenden Festsetzung nach § 19 Absatz 3 des Heimarbeitsgesetzes beruhen, sind als Antwort auf das Auskunftsverlangen die Nennung dieser Regelungen und die Angabe, wo die Regelungen einzusehen sind, ausreichend.

(3) [1]Die Auskunftsverpflichtung in Bezug auf das Vergleichsentgelt erstreckt sich auf die Angabe des Entgelts für die Vergleichstätigkeit (Vergleichsentgelt). [2]Das Vergleichsentgelt ist anzugeben als auf Vollzeitäquivalente hochgerechneter statistischer Median des durchschnittlichen monatlichen Bruttoentgelts sowie der benannten Entgeltbestandteile, jeweils bezogen auf ein Kalenderjahr, nach folgenden Vorgaben:

1. in den Fällen des § 14 sowie in den Fällen einer gesetzlichen Entgeltregelung ist das Vergleichsentgelt der Beschäftigten des jeweils anderen Geschlechts anzugeben, die in die gleiche Entgelt- oder Besoldungsgruppe eingruppiert sind wie der oder die auskunftverlangende Beschäftigte;
2. in den Fällen des § 15 ist das Vergleichsentgelt aller Beschäftigten des jeweils anderen Geschlechts anzugeben, die die erfragte Vergleichstätigkeit oder die nach § 15 Absatz 4 ermittelte Vergleichstätigkeit ausüben.

(4) Auf kollektiv-rechtliche Entgeltregelungen der Kirchen oder der öffentlich-rechtlichen Religionsgesellschaften ist Absatz 2 Satz 2 und Absatz 3 Nummer 1 entsprechend anzuwenden.

§ 12 Reichweite

(1) Der Anspruch nach § 10 besteht für Beschäftigte nach § 5 Absatz 2 in Betrieben mit in der Regel mehr als 200 Beschäftigten bei demselben Arbeitgeber.

(2) Die Auskunftspflicht nach § 10 umfasst

1. nur Entgeltregelungen, die in demselben Betrieb und bei demselben Arbeitgeber angewendet werden,
2. keine regional unterschiedlichen Entgeltregelungen bei demselben Arbeitgeber und
3. keinen Vergleich der Beschäftigtengruppen nach § 5 Absatz 2 untereinander.

(3) [1]Bei der Beantwortung eines Auskunftsverlangens ist der Schutz personenbezogener Daten der auskunftverlangenden Beschäftigten sowie der vom Auskunftsverlangen betroffenen Beschäftigten zu wahren. [2]Insbesondere ist das Vergleichsentgelt nicht anzugeben, wenn die Vergleichstätigkeit von weniger als sechs Beschäftigten des jeweils anderen Geschlechts ausgeübt wird. [3]Es ist sicherzustellen, dass nur die mit der Beantwortung betrauten Personen Kenntnis von den hierfür notwendigen Daten erlangen.

§ 13 Aufgaben und Rechte des Betriebsrates

(1) [1]Im Rahmen seiner Aufgabe nach § 80 Absatz 1 Nummer 2a des Betriebsverfassungsgesetzes fördert der Betriebsrat die Durchsetzung der Entgeltgleichheit von Frauen und Männern im Betrieb. [2]Dabei nimmt der Betriebsrat insbesondere die Aufgaben nach § 14 Absatz 1 und § 15 Absatz 2 wahr. [3]Betriebsverfassungsrechtliche, tarifrechtliche oder betrieblich geregelte Verfahren bleiben unberührt.

(2) [1]Der Betriebsausschuss nach § 27 des Betriebsverfassungsgesetzes oder ein nach § 28 Absatz 1 Satz 3 des Betriebsverfassungsgesetzes beauftragter Ausschuss hat für die Erfüllung seiner Aufgaben nach Absatz 1 das Recht, die Listen über die Bruttolöhne und -gehälter im Sinne des § 80 Absatz 2 Satz 2 des Betriebsverfassungsgesetzes einzusehen und auszuwerten. [2]Er kann mehrere Auskunftsverlangen bündeln und gemeinsam behandeln.

(3) [1]Der Arbeitgeber hat dem Betriebsausschuss Einblick in die Listen über die Bruttolöhne und -gehälter der Beschäftigten zu gewähren und diese aufzuschlüsseln. [2]Die Entgeltlisten müssen nach Geschlecht aufgeschlüsselt alle Entgeltbestandteile enthalten einschließlich übertariflicher Zulagen und solcher Zahlungen, die individuell ausgehandelt und gezahlt werden. [3]Die Entgeltlisten sind so aufzubereiten, dass der Betriebsausschuss im Rahmen seines Einblicksrechts die Auskunft ordnungsgemäß erfüllen kann.

(4) Leitende Angestellte wenden sich für ihr Auskunftsverlangen nach § 10, abweichend von den §§ 14 und 15, an den Arbeitgeber.

(5) [1]Der Arbeitgeber erklärt schriftlich oder in Textform gegenüber dem Betriebsrat für dessen Beantwortung des Auskunftsverlangens, ob eine § 5 Absatz 5 entsprechende Anwendung der tariflichen Regelungen zum Entgelt erfolgt. [2]Der Betriebsrat bestätigt gegenüber den Beschäftigten schriftlich oder in Textform die Abgabe dieser Erklärung. [3]Die Sätze 1 und 2 gelten in den Fällen des § 14 Absatz 3 Satz 3 entsprechend.

(6) Gesetzliche und sonstige kollektiv-rechtlich geregelte Beteiligungsrechte des Betriebsrates bleiben von diesem Gesetz unberührt.

§ 14 Verfahren bei tarifgebundenen und tarifanwendenden Arbeitgebern

(1) [1]Beschäftigte tarifgebundener und tarifanwendender Arbeitgeber wenden sich für ihr Auskunftsverlangen nach § 10 an den Betriebsrat. [2]Die Vorgaben bestimmen sich nach § 13. [3]Der Betriebsrat hat den Arbeitgeber über eingehende Auskunftsverlangen in anonymisierter Form umfassend zu informieren. [4]Abweichend von Satz 1 kann der Betriebsrat verlangen, dass der Arbeitgeber die Auskunftsverpflichtung übernimmt.

(2) [1]Abweichend von Absatz 1 Satz 1 kann der Arbeitgeber die Erfüllung der Auskunftsverpflichtung generell oder in bestimmten Fällen übernehmen, wenn er dies zuvor gegenüber dem Betriebsrat erläutert hat. [2]Die Übernahme kann jeweils längstens für die Dauer der Amtszeit des jeweils amtierenden Betriebsrates erfolgen. [3]Übernimmt der Arbeitgeber die Erfüllung der Auskunftsverpflichtung, hat er den Betriebsrat umfassend und rechtzeitig über eingehende Auskunftsverlangen sowie über seine Antwort zu informieren. [4]Die Beschäftigten sind jeweils darüber zu informieren, wer die Auskunft erteilt.

(3) [1]Besteht kein Betriebsrat, wenden sich die Beschäftigten an den Arbeitgeber. [2]Der Arbeitgeber informiert die Vertreterinnen und Vertreter der zuständigen Tarifvertragsparteien nach § 6 Absatz 1 Satz 2 über seine Antwort zu eingegangenen Auskunftsverlangen. [3]Der Arbeitgeber sowie die Vertreterinnen und Vertreter der zuständigen Tarifvertragsparteien können vereinbaren, dass die Vertreterinnen und Vertreter der zuständigen Tarifvertragsparteien die Beantwortung von Auskunftsverlangen übernehmen. [4]In diesem Fall informiert der Arbeitgeber diese umfassend und rechtzeitig über einge-

hende Auskunftsverlangen. [5]Die Beschäftigten sind jeweils darüber zu informieren, wer die Auskunft erteilt.

(4) [1]Soweit die Vertreterinnen und Vertreter der zuständigen Tarifvertragsparteien nach Absatz 3 Satz 3 das Auskunftsverlangen beantworten, hat der Arbeitgeber diesen auf Verlangen die zur Erfüllung ihrer Aufgaben erforderlichen Informationen bereitzustellen. [2]Diese unterliegen im Rahmen ihrer Aufgaben der Verschwiegenheitspflicht.

§ 15 Verfahren bei nicht tarifgebundenen und nicht tarifanwendenden Arbeitgebern

(1) Beschäftigte nicht tarifgebundener und nicht tarifanwendender Arbeitgeber wenden sich für ihr Auskunftsverlangen nach § 10 an den Arbeitgeber.

(2) Besteht ein Betriebsrat, gilt § 14 Absatz 1 und 2 entsprechend.

(3) [1]Der Arbeitgeber oder der Betriebsrat ist verpflichtet, die nach § 10 verlangten Auskünfte innerhalb von drei Monaten nach Zugang des Auskunftsverlangens in Textform zu erteilen. [2]Droht Fristversäumnis, hat der Arbeitgeber oder der Betriebsrat die auskunftverlangende Beschäftigte oder den auskunftverlangenden Beschäftigten darüber zu informieren und die Antwort ohne weiteres Verzögern zu erteilen.

(4) [1]Der Arbeitgeber oder der Betriebsrat gibt an, inwiefern die benannte Vergleichstätigkeit überwiegend von Beschäftigten des jeweils anderen Geschlechts ausgeübt wird. [2]Hält der Arbeitgeber oder der Betriebsrat die erfragte Vergleichstätigkeit nach den im Betrieb angewendeten Maßstäben für nicht gleich oder nicht gleichwertig, hat er dies anhand dieser Maßstäbe nachvollziehbar zu begründen. [3]Dabei sind die in § 4 genannten Kriterien zu berücksichtigen. [4]Der Arbeitgeber oder der Betriebsrat hat in diesem Fall seine Auskunft auf eine seines Erachtens nach gleiche oder gleichwertige Tätigkeit zu beziehen. [5]Soweit der Betriebsrat für die Beantwortung des Auskunftsverlangens zuständig ist, hat der Arbeitgeber dem Betriebsrat auf Verlangen die zur Erfüllung seiner Aufgaben erforderlichen Informationen bereitzustellen.

(5) [1]Unterlässt der Arbeitgeber die Erfüllung seiner Auskunftspflicht, trägt er im Streitfall die Beweislast dafür, dass kein Verstoß gegen das Entgeltgleichheitsgebot im Sinne dieses Gesetzes vorliegt. [2]Dies gilt auch, wenn der Betriebsrat aus Gründen, die der Arbeitgeber zu vertreten hat, die Auskunft nicht erteilen konnte.

§ 16 Öffentlicher Dienst

[1]Der Anspruch nach § 10 besteht auch für Beschäftigte des öffentlichen Dienstes nach § 5 Absatz 2 Nummer 1 bis 5 in Dienststellen mit in der Regel mehr als 200 Beschäftigten. [2]Die §§ 11 bis 14 sind sinngemäß anzuwenden.

Abschnitt 3. Betriebliche Verfahren zur Überprüfung und Herstellung von Entgeltgleichheit

§ 17 Betriebliche Prüfverfahren

(1) [1]Private Arbeitgeber mit in der Regel mehr als 500 Beschäftigten sind aufgefordert, mithilfe betrieblicher Prüfverfahren ihre Entgeltregelungen und die verschiedenen gezahlten Entgeltbestandteile sowie deren Anwendung regelmäßig auf die Einhaltung des Entgeltgleichheitsgebots im Sinne dieses Gesetzes zu überprüfen. [2]Nimmt in einem Konzern das herrschende Unternehmen auf die Entgeltbedingungen mindestens eines Konzernunternehmens entscheidenden Einfluss, kann das herrschende Unternehmen das betriebliche Prüfverfahren nach Satz 1 für alle Konzernunternehmen durchführen.

(2) Wird ein betriebliches Prüfverfahren durchgeführt, hat dies in eigener Verantwortung der Arbeitgeber mithilfe der Verfahren nach § 18 und unter Beteiligung der betrieblichen Interessenvertretungen zu erfolgen.

§ 18 Durchführung betrieblicher Prüfverfahren

(1) In das betriebliche Prüfverfahren sind die Tätigkeiten einzubeziehen, die demselben Entgeltsystem unterliegen, unabhängig davon, welche individualrechtlichen, tarifvertraglichen und betrieblichen Rechtsgrundlagen zusammenwirken.

(2) [1]Betriebliche Prüfverfahren haben aus Bestandsaufnahme, Analyse und Ergebnisbericht zu bestehen. [2]Der Arbeitgeber ist unter Berücksichtigung betrieblicher Mitwirkungsrechte frei in der Wahl von Analysemethoden und Arbeitsbewertungsverfahren. [3]Es sind valide statistische Methoden zu verwenden. [4]Die Daten sind nach Geschlecht aufzuschlüsseln. [5]Dabei ist der Schutz personenbezogener Daten zu wahren.

(3) [1]Bestandsaufnahme und Analyse haben die aktuellen Entgeltregelungen, Entgeltbestandteile und Arbeitsbewertungsverfahren zu erfassen und diese und deren Anwendung im Hinblick auf die Einhaltung des Entgeltgleichheitsgebots im Sinne dieses Gesetzes auszuwerten. [2]Dabei ist § 4 zu beachten. [3]§ 12 Absatz 1 und 2 ist sinngemäß anzuwenden. [4]Bei gesetzlichen, bei tarifvertraglichen Entgeltregelungen und bei Entgeltregelungen, die auf einer bindenden Festsetzung nach § 19 Absatz 3 des Heimarbeitsgesetzes beruhen, besteht keine Verpflichtung zur Überprüfung der Gleichwertigkeit von Tätigkeiten. [5]Auf kollektiv-rechtliche Entgeltregelungen der Kirchen oder der öffentlich-rechtlichen Religionsgesellschaften ist Satz 4 entsprechend anzuwenden.

(4) Die Ergebnisse von Bestandsaufnahme und Analyse werden zusammengefasst und können betriebsintern veröffentlicht werden.

§ 19 Beseitigung von Entgeltbenachteiligungen

Ergeben sich aus einem betrieblichen Prüfverfahren Benachteiligungen wegen des Geschlechts in Bezug auf das Entgelt, ergreift der Arbeitgeber die geeigneten Maßnahmen zur Beseitigung der Benachteiligung.

§ 20 Mitwirkung und Information

(1) Der Arbeitgeber hat den Betriebsrat über die Planung des betrieblichen Prüfverfahrens rechtzeitig unter Vorlage der erforderlichen Unterlagen zu unterrichten.

(2) [1]Die Beschäftigten sind über die Ergebnisse des betrieblichen Prüfverfahrens zu informieren. [2]§ 43 Absatz 2 und § 53 Absatz 2 des Betriebsverfassungsgesetzes sind zu beachten.

Abschnitt 4. Berichtspflichten für Arbeitgeber

§ 21 Bericht zur Gleichstellung und Entgeltgleichheit

(1) [1]Arbeitgeber mit in der Regel mehr als 500 Beschäftigten, die zur Erstellung eines Lageberichts nach den §§ 264 und 289 des Handelsgesetzbuches verpflichtet sind, erstellen einen Bericht zur Gleichstellung und Entgeltgleichheit, in dem sie Folgendes darstellen:

1. ihre Maßnahmen zur Förderung der Gleichstellung von Frauen und Männern und deren Wirkungen sowie
2. ihre Maßnahmen zur Herstellung von Entgeltgleichheit für Frauen und Männer.

[2]Arbeitgeber, die keine Maßnahmen im Sinne des Satzes 1 Nummer 1 oder 2 durchführen, haben dies in ihrem Bericht zu begründen.

(2) Der Bericht enthält außerdem nach Geschlecht aufgeschlüsselte Angaben
1. zu der durchschnittlichen Gesamtzahl der Beschäftigten sowie
2. zu der durchschnittlichen Zahl der Vollzeit- und Teilzeitbeschäftigten.

§ 22 Berichtszeitraum und Veröffentlichung

(1) [1]Arbeitgeber nach § 21 Absatz 1, die tarifgebunden nach § 5 Absatz 4 sind oder die tarifanwendend nach § 5 Absatz 5 sind und die gemäß § 13 Absatz 5 erklärt haben, tarifliche Regelungen zum Entgelt nach § 5 Absatz 5 anzuwenden, erstellen den Bericht alle fünf Jahre. [2]Der Berichtszeitraum umfasst die vergangenen fünf Jahre.

(2) [1]Alle anderen Arbeitgeber nach § 21 Absatz 1 erstellen den Bericht alle drei Jahre. [2]Der Berichtszeitraum umfasst die vergangenen drei Jahre.

(3) [1]Die Angaben nach § 21 Absatz 2 beziehen sich nur auf das jeweils letzte Kalenderjahr im Berichtszeitraum. [2]Ab dem zweiten Bericht sind für die genannten Angaben die Veränderungen im Vergleich zum letzten Bericht anzugeben.

(4) Der Bericht nach § 21 ist dem nächsten Lagebericht nach § 289 des Handelsgesetzbuches, der dem jeweiligen Berichtszeitraum folgt, als Anlage beizufügen und im Bundesanzeiger zu veröffentlichen.

Abschnitt 5. Evaluation, Aufgabe der Gleichstellungsbeauftragten, Übergangsbestimmungen

§ 23 Evaluation und Berichterstattung

(1) [1]Die Bundesregierung evaluiert nach Inkrafttreten dieses Gesetzes laufend die Wirksamkeit dieses Gesetzes und informiert alle vier Jahre, erstmals zwei Jahre nach Inkrafttreten, über die Ergebnisse. [2]Die Evaluation hat die Umsetzung des Gebots des gleichen Entgelts für Frauen und Männer bei gleicher oder gleichwertiger Arbeit in allen Betriebs- und Unternehmensformen und -größen darzustellen, die unter den Anwendungsbereich des Abschnittes 2 dieses Gesetzes unterfallen.

(2) Über die Entwicklung des Gebots des gleichen Entgelts für Frauen und Männer bei gleicher oder gleichwertiger Arbeit in Betrieben mit in der Regel weniger als 200 Beschäftigten berichtet die Bundesregierung alle vier Jahre, erstmals zwei Jahre nach Inkrafttreten dieses Gesetzes.

(3) Die Bundesregierung hat in die Evaluation nach Absatz 1 und in die Berichterstattung nach Absatz 2 die Stellungnahme der Sozialpartner miteinzubeziehen.

§ 24 Aufgabe der Gleichstellungsbeauftragten

Die Gleichstellungsbeauftragten in der Bundesverwaltung und in den Unternehmen und den Gerichten des Bundes sowie die Beauftragten, die in Unternehmen für die Gleichstellung von Frauen und Männern zuständig sind, haben die Aufgabe, den Vollzug dieses Gesetzes in Bezug auf die Durchsetzung des Gebots des gleichen Entgelts bei gleicher oder gleichwertiger Arbeit für Frauen und Männer zu fördern.

§ 25 Übergangsbestimmungen

(1) [1]Der Auskunftsanspruch nach § 10 kann erstmals sechs Kalendermonate nach dem 6. Juli 2017 geltend gemacht werden. [2]Soweit der Auskunftsanspruch nach Satz 1 dann innerhalb von drei Kalenderjahren erstmals geltend gemacht wird, können Beschäftigte abweichend von § 10 Absatz 2 Satz 2 erst nach Ablauf von drei Kalenderjahren erneut Auskunft verlangen. [3]Satz 2 gilt nicht, soweit die Beschäftigten darlegen, dass sich die Voraussetzungen wesentlich verändert haben.

(2) Der Bericht nach § 21 ist erstmals im Jahr 2018 zu erstellen.

(3) Abweichend von § 22 Absatz 1 Satz 2 und Absatz 2 Satz 2 umfasst der Berichtszeitraum für den ersten Bericht nur das letzte abgeschlossene Kalenderjahr, das dem Jahr 2017 vorausgeht.

15. Gesetz zur Verbesserung der betrieblichen Altersversorgung (Betriebsrentengesetz – BetrAVG)

Vom 19. Dezember 1974
(BGBl. I S. 3610)

zuletzt geändert durch Gesetz vom 19.12.2018 (BGBl. I S. 2672)

Erster Teil. Arbeitsrechtliche Vorschriften

Erster Abschnitt. Durchführung der betrieblichen Altersversorgung

§ 1 Zusage des Arbeitgebers auf betriebliche Altersversorgung

(1) [1]Werden einem Arbeitnehmer Leistungen der Alters-, Invaliditäts- oder Hinterbliebenenversorgung aus Anlass seines Arbeitsverhältnisses vom Arbeitgeber zugesagt (betriebliche Altersversorgung), gelten die Vorschriften dieses Gesetzes. [2]Die Durchführung der betrieblichen Altersversorgung kann unmittelbar über den Arbeitgeber oder über einen der in § 1b Abs. 2 bis 4 genannten Versorgungsträger erfolgen. [3]Der Arbeitgeber steht für die Erfüllung der von ihm zugesagten Leistungen auch dann ein, wenn die Durchführung nicht unmittelbar über ihn erfolgt.

(2) Betriebliche Altersversorgung liegt auch vor, wenn

1. der Arbeitgeber sich verpflichtet, bestimmte Beiträge in eine Anwartschaft auf Alters-, Invaliditäts- oder Hinterbliebenenversorgung umzuwandeln (beitragsorientierte Leistungszusage),
2. der Arbeitgeber sich verpflichtet, Beiträge zur Finanzierung von Leistungen der betrieblichen Altersversorgung an einen Pensionsfonds, eine Pensionskasse oder eine Direktversicherung zu zahlen und für Leistungen zur Altersversorgung das planmäßig zuzurechnende Versorgungskapital auf der Grundlage der gezahlten Beiträge (Beiträge und die daraus erzielten Erträge), mindestens die Summe der zugesagten Beiträge, soweit sie nicht rechnungsmäßig für einen biometrischen Risikoausgleich verbraucht wurden, hierfür zur Verfügung zu stellen (Beitragszusage mit Mindestleistung),

2a. der Arbeitgeber durch Tarifvertrag oder auf Grund eines Tarifvertrages in einer Betriebs- oder Dienstvereinbarung verpflichtet wird, Beiträge zur Finanzierung von Leistungen der betrieblichen Altersversorgung an einen Pensionsfonds, eine Pensionskasse oder eine Direktversicherung nach § 22 zu zahlen; die Pflichten des Arbeitgebers nach Absatz 1 Satz 3, § 1a Absatz 4 Satz 2, den §§ 1b bis 6 und 16 sowie die Insolvenzsicherungspflicht nach dem Vierten Abschnitt bestehen nicht (reine Beitragszusage),

3. künftige Entgeltansprüche in eine wertgleiche Anwartschaft auf Versorgungsleistungen umgewandelt werden (Entgeltumwandlung) oder
4. der Arbeitnehmer Beiträge aus seinem Arbeitsentgelt zur Finanzierung von Leistungen der betrieblichen Altersversorgung an einen Pensionsfonds, eine Pensionskasse oder eine Direktversicherung leistet und die Zusage des Arbeitgebers auch die Leistungen aus diesen Beiträgen umfasst; die Regelungen für Entgeltumwandlung sind hierbei entsprechend anzuwenden, soweit die zugesagten Leistungen aus diesen Beiträgen im Wege der Kapitaldeckung finanziert werden.

§ 1a[1)] Anspruch auf betriebliche Altersversorgung durch Entgeltumwandlung

(1) [1]Der Arbeitnehmer kann vom Arbeitgeber verlangen, dass von seinen künftigen Entgeltansprüchen bis zu 4 vom Hundert der jeweiligen Beitragsbemessungsgrenze in der allgemeinen Rentenversicherung durch Entgeltumwandlung für seine betriebliche Altersversorgung verwendet werden. [2]Die Durchführung des Anspruchs des Arbeitnehmers wird durch Vereinbarung geregelt. [3]Ist der Arbeitgeber zu einer Durchführung über einen Pensionsfonds oder eine Pensionskasse (§ 1b Abs. 3) oder über eine Versorgungseinrichtung nach § 22 bereit, ist die betriebliche Altersversorgung dort durchzuführen; andernfalls kann der Arbeitnehmer verlangen, dass der Arbeitgeber für ihn eine Direktversicherung (§ 1b Abs. 2) abschließt. [4]Soweit der Anspruch geltend gemacht wird, muss der Arbeitnehmer jährlich einen Betrag in Höhe von mindestens einem Hundertsechzigstel der Bezugsgröße nach § 18 Abs. 1 des Vierten Buches Sozialgesetzbuch für seine betriebliche Altersversorgung verwenden. [5]Soweit der Arbeitnehmer Teile seines regelmäßigen Entgelts für betriebliche Altersversorgung verwendet, kann der Arbeitgeber verlangen, dass während eines laufenden Kalenderjahres gleich bleibende monatliche Beträge verwendet werden.

(1a) Der Arbeitgeber muss 15 Prozent des umgewandelten Entgelts zusätzlich als Arbeitgeberzuschuss an den Pensionsfonds, die Pensionskasse oder die Direktversicherung weiterleiten, soweit er durch die Entgeltumwandlung Sozialversicherungsbeiträge einspart.

(2) Soweit eine durch Entgeltumwandlung finanzierte betriebliche Altersversorgung besteht, ist der Anspruch des Arbeitnehmers auf Entgeltumwandlung ausgeschlossen.

(3) Soweit der Arbeitnehmer einen Anspruch auf Entgeltumwandlung für betriebliche Altersversorgung nach Abs. 1 hat, kann er verlangen, dass die Voraussetzungen für eine Förderung nach den §§ 10a, 82 Abs. 2 des Einkommensteuergesetzes erfüllt werden, wenn die betriebliche Altersversorgung über einen Pensionsfonds, eine Pensionskasse oder eine Direktversicherung durchgeführt wird.

(4) [1]Falls der Arbeitnehmer bei fortbestehendem Arbeitsverhältnis kein Entgelt erhält, hat er das Recht, die Versicherung oder Versorgung mit eigenen Beiträgen fortzusetzen. [2]Der Arbeitgeber steht auch für die Leistungen aus diesen Beiträgen ein. [3]Die Regelungen über Entgeltumwandlung gelten entsprechend.

§ 1b Unverfallbarkeit und Durchführung der betrieblichen Altersversorgung

(1) [1]Einem Arbeitnehmer, dem Leistungen aus der betrieblichen Altersversorgung zugesagt worden sind, bleibt die Anwartschaft erhalten, wenn das Arbeitsverhältnis vor Eintritt des Versorgungsfalls, jedoch nach Vollendung des 21. Lebensjahres endet und die Versorgungszusage zu diesem Zeitpunkt mindestens drei Jahre bestanden hat (unverfallbare Anwartschaft). [2]Ein Arbeitnehmer behält seine Anwartschaft auch dann, wenn er aufgrund einer Vorruhestandsregelung ausscheidet und ohne das vorherige Ausscheiden die Wartezeit und die sonstigen Voraussetzungen für den Bezug von Leistungen der betrieblichen Altersversorgung hätte erfüllen können. [3]Eine Änderung der Versorgungszusage oder ihre Übernahme durch eine andere Person unterbricht nicht den Ablauf der Fristen nach Satz 1. [4]Der Verpflichtung aus einer Versorgungszusage stehen Versorgungsverpflichtungen gleich, die auf betrieblicher Übung oder dem Grundsatz der Gleichbehandlung beruhen. [5]Der Ablauf einer vorgesehenen Wartezeit wird durch die

1) § 1a Abs. 1a eingefügt durch Gesetz vom 17.8.2017 (BGBl. I S. 3214); s. dazu auch die Übergangsvorschrift in § 26a.

Beendigung des Arbeitsverhältnisses nach Erfüllung der Voraussetzungen der Sätze 1 und 2 nicht berührt. [6]Wechselt ein Arbeitnehmer vom Geltungsbereich dieses Gesetzes in einen anderen Mitgliedstaat der Europäischen Union, bleibt die Anwartschaft in gleichem Umfange wie für Personen erhalten, die auch nach Beendigung eines Arbeitsverhältnisses innerhalb des Geltungsbereichs dieses Gesetzes verbleiben.

(2) [1]Wird für die betriebliche Altersversorgung eine Lebensversicherung auf das Leben des Arbeitnehmers durch den Arbeitgeber abgeschlossen und sind der Arbeitnehmer oder seine Hinterbliebenen hinsichtlich der Leistungen des Versicherers ganz oder teilweise bezugsberechtigt (Direktversicherung), so ist der Arbeitgeber verpflichtet, wegen Beendigung des Arbeitsverhältnisses nach Erfüllung der in Absatz 1 Satz 1 und 2 genannten Voraussetzungen das Bezugsrecht nicht mehr zu widerrufen. [2]Eine Vereinbarung, nach der das Bezugsrecht durch die Beendigung des Arbeitsverhältnisses nach Erfüllung der in Absatz 1 Satz 1 und 2 genannten Voraussetzungen auflösend bedingt ist, ist unwirksam. [3]Hat der Arbeitgeber die Ansprüche aus dem Versicherungsvertrag abgetreten oder beliehen, so ist er verpflichtet, den Arbeitnehmer, dessen Arbeitsverhältnis nach Erfüllung der in Absatz 1 Satz 1 und 2 genannten Voraussetzungen geendet hat, bei Eintritt des Versicherungsfalles so zu stellen, als ob die Abtretung oder Beleihung nicht erfolgt wäre. [4]Als Zeitpunkt der Erteilung der Versorgungszusage im Sinne des Absatzes 1 gilt der Versicherungsbeginn, frühestens jedoch der Beginn der Betriebszugehörigkeit.

(3) [1]Wird die betriebliche Altersversorgung von einer rechtsfähigen Versorgungseinrichtung durchgeführt, die dem Arbeitnehmer oder seinen Hinterbliebenen auf ihre Leistungen einen Rechtsanspruch gewährt (Pensionskasse und Pensionsfonds), so gilt Absatz 1 entsprechend. [2]Als Zeitpunkt der Erteilung der Versorgungszusage im Sinne des Absatzes 1 gilt der Versicherungsbeginn, frühestens jedoch der Beginn der Betriebszugehörigkeit.

(4) [1]Wird die betriebliche Altersversorgung von einer rechtsfähigen Versorgungseinrichtung durchgeführt, die auf ihre Leistungen keinen Rechtsanspruch gewährt (Unterstützungskasse), so sind die nach Erfüllung der in Absatz 1 Satz 1 und 2 genannten Voraussetzungen und vor Eintritt des Versorgungsfalles aus dem Unternehmen ausgeschiedenen Arbeitnehmer und ihre Hinterbliebenen den bis zum Eintritt des Versorgungsfalles dem Unternehmen angehörenden Arbeitnehmern und deren Hinterbliebenen gleichgestellt. [2]Die Versorgungszusage gilt in dem Zeitpunkt als erteilt im Sinne des Absatzes 1, von dem an der Arbeitnehmer zum Kreis der Begünstigten der Unterstützungskasse gehört.

(5) [1]Soweit betriebliche Altersversorgung durch Entgeltumwandlung einschließlich eines möglichen Arbeitgeberzuschusses nach § 1a Absatz 1a erfolgt, behält der Arbeitnehmer seine Anwartschaft, wenn sein Arbeitsverhältnis vor Eintritt des Versorgungsfalles endet; in den Fällen der Absätze 2 und 3

1. dürfen die Überschussanteile nur zur Verbesserung der Leistung verwendet,
2. muss dem ausgeschiedenen Arbeitnehmer das Recht zur Fortsetzung der Versicherung oder Versorgung mit eigenen Beiträgen eingeräumt und
3. muss das Recht zur Verpfändung, Abtretung oder Beleihung durch den Arbeitgeber ausgeschlossen werden.

[2]Im Fall einer Direktversicherung ist dem Arbeitnehmer darüber hinaus mit Beginn der Entgeltumwandlung ein unwiderrufliches Bezugsrecht einzuräumen.

§ 2 Höhe der unverfallbaren Anwartschaft

(1) [1]Bei Eintritt des Versorgungsfalles wegen Erreichens der Altersgrenze, wegen Invalidität oder Tod haben ein vorher ausgeschiedener Arbeitnehmer, dessen Anwartschaft nach § 1b fortbesteht, und seine Hinterbliebenen einen Anspruch mindestens in Höhe des Teiles der ohne das vorherige Ausscheiden zustehenden Leistung, der dem Verhältnis der Dauer der Betriebszugehörigkeit zu der Zeit vom Beginn der Betriebszugehörigkeit bis zum Erreichen der Regelaltersgrenze in der gesetzlichen Rentenversicherung entspricht; an die Stelle des Erreichens der Regelaltersgrenze tritt ein früherer Zeitpunkt, wenn dieser in der Versorgungsregelung als feste Altersgrenze vorgesehen ist, spätestens der Zeitpunkt der Vollendung des 65. Lebensjahres, falls der Arbeitnehmer ausscheidet und gleichzeitig eine Altersrente aus der gesetzlichen Rentenversicherung für besonders langjährig Versicherte in Anspruch nimmt. [2]Der Mindestanspruch auf Leistungen wegen Invalidität oder Tod vor Erreichen der Altersgrenze ist jedoch nicht höher als der Betrag, den der Arbeitnehmer oder seine Hinterbliebenen erhalten hätten, wenn im Zeitpunkt des Ausscheidens der Versorgungsfall eingetreten wäre und die sonstigen Leistungsvoraussetzungen erfüllt gewesen wären.

(2) [1]Ist bei einer Direktversicherung der Arbeitnehmer nach Erfüllung der Voraussetzungen des § 1b Abs. 1 und 5 vor Eintritt des Versorgungsfalls ausgeschieden, so gilt Absatz 1 mit der Maßgabe, daß sich der vom Arbeitgeber zu finanzierende Teilanspruch nach Absatz 1, soweit er über die von dem Versicherer nach dem Versicherungsvertrag auf Grund der Beiträge des Arbeitgebers zu erbringende Versicherungsleistung hinausgeht, gegen den Arbeitgeber richtet. [2]An die Stelle der Ansprüche nach Satz 1 tritt auf Verlangen des Arbeitgebers die von dem Versicherer auf Grund des Versicherungsvertrags zu erbringende Versicherungsleistung, wenn

1. spätestens nach 3 Monaten seit dem Ausscheiden des Arbeitnehmers das Bezugsrecht unwiderruflich ist und eine Abtretung oder Beleihung des Rechts aus dem Versicherungsvertrag durch den Arbeitgeber und Beitragsrückstände nicht vorhanden sind,
2. vom Beginn der Versicherung, frühestens jedoch vom Beginn der Betriebszugehörigkeit an, nach dem Versicherungsvertrag die Überschußanteile nur zur Verbesserung der Versicherungsleistung zu verwenden sind und
3. der ausgeschiedene Arbeitnehmer nach dem Versicherungsvertrag das Recht zur Fortsetzung der Versicherung mit eigenen Beiträgen hat.

[3]Der Arbeitgeber kann sein Verlangen nach Satz 2 nur innerhalb von 3 Monaten seit dem Ausscheiden des Arbeitnehmers diesem und dem Versicherer mitteilen. [4]Der ausgeschiedene Arbeitnehmer darf die Ansprüche aus dem Versicherungsvertrag in Höhe des durch Beitragszahlungen des Arbeitgebers gebildeten geschäftsplanmäßigen Deckungskapitals oder, soweit die Berechnung des Deckungskapitals nicht zum Geschäftsplan gehört, des nach § 169 Abs. 3 und 4 des Versicherungsvertragsgesetzes berechneten Wertes weder abtreten noch beleihen. [5]In dieser Höhe darf der Rückkaufswert auf Grund einer Kündigung des Versicherungsvertrags nicht in Anspruch genommen werden; im Falle einer Kündigung wird die Versicherung in eine prämienfreie Versicherung umgewandelt. [6]§ 169 Abs. 1 des Versicherungsvertragsgesetzes findet insoweit keine Anwendung. [7]Eine Abfindung des Anspruchs nach § 3 ist weiterhin möglich.

(3) [1]Für Pensionskassen gilt Absatz 1 mit der Maßgabe, daß sich der vom Arbeitgeber zu finanzierende Teilanspruch nach Absatz 1, soweit er über die von der Pensionskasse nach dem aufsichtsbehördlich genehmigten Geschäftsplan oder, soweit eine aufsichtsbehördliche Genehmigung nicht vorgeschrieben ist, nach den allgemeinen Versicherungsbedingungen und den fachlichen Geschäftsunterlagen im Sinne des § 9 Absatz 2 Nummer 2 in Verbindung mit § 219 Absatz 3 Nummer 1 Buchstabe b des Versiche-

rungsaufsichtsgesetzes (Geschäftsunterlagen) auf Grund der Beiträge des Arbeitgebers zu erbringende Leistung hinausgeht, gegen den Arbeitgeber richtet. [2]An die Stelle der Ansprüche nach Satz 1 tritt auf Verlangen des Arbeitgebers die von der Pensionskasse auf Grund des Geschäftsplans oder der Geschäftsunterlagen zu erbringende Leistung, wenn nach dem aufsichtsbehördlich genehmigten Geschäftsplan oder den Geschäftsunterlagen

1. vom Beginn der Versicherung, frühestens jedoch vom Beginn der Betriebszugehörigkeit an, Überschußanteile, die auf Grund des Finanzierungsverfahrens regelmäßig entstehen, nur zur Verbesserung der Versicherungsleistung zu verwenden sind oder die Steigerung der Versorgungsanwartschaften des Arbeitnehmers der Entwicklung seines Arbeitsentgelts, soweit es unter den jeweiligen Beitragsbemessungsgrenzen der gesetzlichen Rentenversicherungen liegt, entspricht und
2. der ausgeschiedene Arbeitnehmer das Recht zur Fortsetzung der Versicherung mit eigenen Beiträgen hat.

[3]Absatz 2 Satz 3 bis 7 gilt entsprechend.

(3a) Für Pensionsfonds gilt Absatz 1 mit der Maßgabe, dass sich der vom Arbeitgeber zu finanzierende Teilanspruch, soweit er über die vom Pensionsfonds auf der Grundlage der nach dem geltenden Pensionsplan im Sinne des § 237 Absatz 1 Satz 3 des Versicherungsaufsichtsgesetzes berechnete Deckungsrückstellung hinausgeht, gegen den Arbeitgeber richtet.

(4) Eine Unterstützungskasse hat bei Eintritt des Versorgungsfalls einem vorzeitig ausgeschiedenen Arbeitnehmer, der nach § 1b Abs. 4 gleichgestellt ist, und seinen Hinterbliebenen mindestens den nach Absatz 1 berechneten Teil der Versorgung zu gewähren.

(5) Bei einer unverfallbaren Anwartschaft aus Entgeltumwandlung tritt an die Stelle der Ansprüche nach Absatz 1, 3a oder 4 die vom Zeitpunkt der Zusage auf betriebliche Altersversorgung bis zum Ausscheiden des Arbeitnehmers erreichte Anwartschaft auf Leistungen aus den bis dahin umgewandelten Entgeltbestandteilen; dies gilt entsprechend für eine unverfallbare Anwartschaft aus Beiträgen im Rahmen einer beitragsorientierten Leistungszusage.

(6) An die Stelle der Ansprüche nach den Absätzen 2, 3, 3a und 5 tritt bei einer Beitragszusage mit Mindestleistung das dem Arbeitnehmer planmäßig zuzurechnende Versorgungskapital auf der Grundlage der bis zu seinem Ausscheiden geleisteten Beiträge (Beiträge und die bis zum Eintritt des Versorgungsfalls erzielten Erträge), mindestens die Summe der bis dahin zugesagten Beiträge, soweit sie nicht rechnungsmäßig für einen biometrischen Risikoausgleich verbraucht wurden.

§ 2a Berechnung und Wahrung des Teilanspruchs

(1) Bei der Berechnung des Teilanspruchs eines mit unverfallbarer Anwartschaft ausgeschiedenen Arbeitnehmers nach § 2 sind die Versorgungsregelung und die Bemessungsgrundlagen im Zeitpunkt des Ausscheidens zugrunde zu legen; Veränderungen, die nach dem Ausscheiden eintreten, bleiben außer Betracht.

(2) [1]Abweichend von Absatz 1 darf ein ausgeschiedener Arbeitnehmer im Hinblick auf den Wert seiner unverfallbaren Anwartschaft gegenüber vergleichbaren nicht ausgeschiedenen Arbeitnehmern nicht benachteiligt werden. [2]Eine Benachteiligung gilt insbesondere als ausgeschlossen, wenn

1. die Anwartschaft
   a) als nominales Anrecht festgelegt ist,

b) eine Verzinsung enthält, die auch dem ausgeschiedenen Arbeitnehmer zugutekommt, oder

c) über einen Pensionsfonds, eine Pensionskasse oder eine Direktversicherung durchgeführt wird und die Erträge auch dem ausgeschiedenen Arbeitnehmer zugutekommen, oder

2. die Anwartschaft angepasst wird

a) um 1 Prozent jährlich,

b) wie die Anwartschaften oder die Nettolöhne vergleichbarer nicht ausgeschiedener Arbeitnehmer,

c) wie die laufenden Leistungen, die an die Versorgungsempfänger des Arbeitgebers erbracht werden, oder

d) entsprechend dem Verbraucherpreisindex für Deutschland.

(3) [1]Ist bei der Berechnung des Teilanspruchs eine Rente der gesetzlichen Rentenversicherung zu berücksichtigen, so kann bei einer unmittelbaren oder über eine Unterstützungskasse durchgeführten Versorgungszusage das bei der Berechnung von Pensionsrückstellungen allgemein zulässige Verfahren zugrunde gelegt werden, es sei denn, der ausgeschiedene Arbeitnehmer weist die bei der gesetzlichen Rentenversicherung im Zeitpunkt des Ausscheidens erreichten Entgeltpunkte nach. [2]Bei einer Versorgungszusage, die über eine Pensionskasse oder einen Pensionsfonds durchgeführt wird, sind der aufsichtsbehördlich genehmigte Geschäftsplan, der Pensionsplan oder die sonstigen Geschäftsunterlagen zugrunde zu legen.

(4) Versorgungsanwartschaften, die der Arbeitnehmer nach seinem Ausscheiden erwirbt, dürfen nicht zu einer Kürzung des Teilanspruchs führen.

§ 3 Abfindung

(1) Unverfallbare Anwartschaften im Falle der Beendigung des Arbeitsverhältnisses und laufende Leistungen dürfen nur unter den Voraussetzungen der folgenden Absätze abgefunden werden.

(2) [1]Der Arbeitgeber kann eine Anwartschaft ohne Zustimmung des Arbeitnehmers abfinden, wenn der Monatsbetrag der aus der Anwartschaft resultierenden laufenden Leistung bei Erreichen der vorgesehenen Altersgrenze 1 vom Hundert, bei Kapitalleistungen zwölf Zehntel der monatlichen Bezugsgröße nach § 18 des Vierten Buches Sozialgesetzbuch nicht übersteigen würde. [2]Dies gilt entsprechend für die Abfindung einer laufenden Leistung. [3]Die Abfindung einer Anwartschaft bedarf der Zustimmung des Arbeitnehmers, wenn dieser nach Beendigung des Arbeitsverhältnisses ein neues Arbeitsverhältnis in einem anderen Mitgliedstaat der Europäischen Union begründet und dies innerhalb von drei Monaten nach Beendigung des Arbeitsverhältnisses seinem ehemaligen Arbeitgeber mitteilt. [4]Die Abfindung ist unzulässig, wenn der Arbeitnehmer von seinem Recht auf Übertragung der Anwartschaft Gebrauch macht.

(3) Die Anwartschaft ist auf Verlangen des Arbeitnehmers abzufinden, wenn die Beiträge zur gesetzlichen Rentenversicherung erstattet worden sind.

(4) Der Teil der Anwartschaft, der während eines Insolvenzverfahrens erdient worden ist, kann ohne Zustimmung des Arbeitnehmers abgefunden werden, wenn die Betriebstätigkeit vollständig eingestellt und das Unternehmen liquidiert wird.

(5) Für die Berechnung des Abfindungsbetrages gilt § 4 Abs. 5 entsprechend.

(6) Die Abfindung ist gesondert auszuweisen und einmalig zu zahlen.

§ 4 Übertragung

(1) Unverfallbare Anwartschaften und laufende Leistungen dürfen nur unter den Voraussetzungen der folgenden Absätze übertragen werden.

(2) Nach Beendigung des Arbeitsverhältnisses kann im Einvernehmen des ehemaligen mit dem neuen Arbeitgeber sowie dem Arbeitnehmer

1. die Zusage vom neuen Arbeitgeber übernommen werden oder
2. der Wert der vom Arbeitnehmer erworbenen unverfallbaren Anwartschaft auf betriebliche Altersversorgung (Übertragungswert) auf den neuen Arbeitgeber übertragen werden, wenn dieser eine wertgleiche Zusage erteilt; für die neue Anwartschaft gelten die Regelungen über Entgeltumwandlung entsprechend.

(3) [1]Der Arbeitnehmer kann innerhalb eines Jahres nach Beendigung des Arbeitsverhältnisses von seinem ehemaligen Arbeitgeber verlangen, dass der Übertragungswert auf den neuen Arbeitgeber übertragen oder auf die Versorgungseinrichtung nach § 22 des neuen Arbeitgebers wird, wenn

1. die betriebliche Altersversorgung über einen Pensionsfonds, eine Pensionskasse oder eine Direktversicherung durchgeführt worden ist und
2. der Übertragungswert die Beitragsbemessungsgrenze in der allgemeinen Rentenversicherung nicht übersteigt.

[2]Der Anspruch richtet sich gegen den Versorgungsträger, wenn der ehemalige Arbeitgeber die versicherungsförmige Lösung nach § 2 Abs. 2 oder 3 gewählt hat oder soweit der Arbeitnehmer die Versicherung oder Versorgung mit eigenen Beiträgen fortgeführt hat. [3]Der neue Arbeitgeber ist verpflichtet, eine dem Übertragungswert wertgleiche Zusage zu erteilen und über einen Pensionsfonds, eine Pensionskasse oder eine Direktversicherung durchzuführen. [4]Für die neue Anwartschaft gelten die Regelungen über Entgeltumwandlung entsprechend. [5]Ist der neue Arbeitgeber zu einer Durchführung über eine Versorgungseinrichtung nach § 22 bereit, ist die betriebliche Altersversorgung dort durchzuführen; die Sätze 3 und 4 sind in diesem Fall nicht anzuwenden.

(4) [1]Wird die Betriebstätigkeit eingestellt und das Unternehmen liquidiert, kann eine Zusage von einer Pensionskasse oder einem Unternehmen der Lebensversicherung ohne Zustimmung des Arbeitnehmers oder Versorgungsempfängers übernommen werden, wenn sichergestellt ist, dass die Überschussanteile ab Rentenbeginn entsprechend § 16 Abs. 3 Nr. 2 verwendet werden. [2]§ 2 Abs. 2 Satz 4 bis 6 gilt entsprechend.

(5) [1]Der Übertragungswert entspricht bei einer unmittelbar über den Arbeitgeber oder über eine Unterstützungskasse durchgeführten betrieblichen Altersversorgung dem Barwert der nach § 2 bemessenen künftigen Versorgungsleistung im Zeitpunkt der Übertragung; bei der Berechnung des Barwerts sind die Rechnungsgrundlagen sowie die anerkannten Regeln der Versicherungsmathematik maßgebend. [2]Soweit die betriebliche Altersversorgung über einen Pensionsfonds, eine Pensionskasse oder eine Direktversicherung durchgeführt worden ist, entspricht der Übertragungswert dem gebildeten Kapital im Zeitpunkt der Übertragung.

(6) Mit der vollständigen Übertragung des Übertragungswerts erlischt die Zusage des ehemaligen Arbeitgebers.

§ 4a Auskunftspflichten

(1) Der Arbeitgeber oder der Versorgungsträger hat dem Arbeitnehmer auf dessen Verlangen mitzuteilen,

1. ob und wie eine Anwartschaft auf betriebliche Altersversorgung erworben wird,

2. wie hoch der Anspruch auf betriebliche Altersversorgung aus der bisher erworbenen Anwartschaft ist und bei Erreichen der in der Versorgungsregelung vorgesehenen Altersgrenze voraussichtlich sein wird,
3. wie sich eine Beendigung des Arbeitsverhältnisses auf die Anwartschaft auswirkt und
4. wie sich die Anwartschaft nach einer Beendigung des Arbeitsverhältnisses entwickeln wird.

(2) [1]Der Arbeitgeber oder der Versorgungsträger hat dem Arbeitnehmer oder dem ausgeschiedenen Arbeitnehmer auf dessen Verlangen mitzuteilen, wie hoch bei einer Übertragung der Anwartschaft nach § 4 Absatz 3 der Übertragungswert ist. [2]Der neue Arbeitgeber oder der Versorgungsträger hat dem Arbeitnehmer auf dessen Verlangen mitzuteilen, in welcher Höhe aus dem Übertragungswert ein Anspruch auf Altersversorgung bestehen würde und ob eine Invaliditäts- oder Hinterbliebenenversorgung bestehen würde.

(3) [1]Der Arbeitgeber oder der Versorgungsträger hat dem ausgeschiedenen Arbeitnehmer auf dessen Verlangen mitzuteilen, wie hoch die Anwartschaft auf betriebliche Altersversorgung ist und wie sich die Anwartschaft künftig entwickeln wird. [2]Satz 1 gilt entsprechend für Hinterbliebene im Versorgungsfall.

(4) Die Auskunft muss verständlich, in Textform und in angemessener Frist erteilt werden.

Zweiter Abschnitt. Auszehrungsverbot

§ 5 Auszehrung und Anrechnung

(1) Die bei Eintritt des Versorgungsfalls festgesetzten Leistungen der betrieblichen Altersversorgung dürfen nicht mehr dadurch gemindert oder entzogen werden, daß Beträge, um die sich andere Versorgungsbezüge nach diesem Zeitpunkt durch Anpassung an die wirtschaftliche Entwicklung erhöhen, angerechnet oder bei der Begrenzung der Gesamtversorgung auf einen Höchstbetrag berücksichtigt werden.

(2) [1]Leistungen der betrieblichen Altersversorgung dürfen durch Anrechnung oder Berücksichtigung anderer Versorgungsbezüge, soweit sie auf eigenen Beiträgen des Versorgungsempfängers beruhen, nicht gekürzt werden. [2]Dies gilt nicht für Renten aus den gesetzlichen Rentenversicherungen, soweit sie auf Pflichtbeiträgen beruhen, sowie für sonstige Versorgungsbezüge, die mindestens zur Hälfte auf Beiträgen oder Zuschüssen des Arbeitgebers beruhen.

Dritter Abschnitt. Altersgrenze

§ 6 Vorzeitige Altersleistung

[1]Einem Arbeitnehmer, der die Altersrente aus der gesetzlichen Rentenversicherung als Vollrente in Anspruch nimmt, sind auf sein Verlangen nach Erfüllung der Wartezeit und sonstiger Leistungsvoraussetzungen Leistungen der betrieblichen Altersversorgung zu gewähren. [2]Fällt die Altersrente aus der gesetzlichen Rentenversicherung wieder weg oder wird sie auf einen Teilbetrag beschränkt, so können auch die Leistungen der betrieblichen Altersversorgung eingestellt werden. [3]Der ausgeschiedene Arbeitnehmer ist verpflichtet, die Aufnahme oder Ausübung einer Beschäftigung oder Erwerbstätigkeit, die zu einem Wegfall oder zu einer Beschränkung der Altersrente aus der gesetzlichen Rentenversicherung führt, dem Arbeitgeber oder sonstigen Versorgungsträger unverzüglich anzuzeigen.

Vierter Abschnitt. Insolvenzsicherung

§ 7 Umfang des Versicherungsschutzes

(1) [1]Versorgungsempfänger, deren Ansprüche aus einer unmittelbaren Versorgungszusage des Arbeitgebers nicht erfüllt werden, weil über das Vermögen des Arbeitgebers oder über seinen Nachlaß das Insolvenzverfahren eröffnet worden ist, und ihre Hinterbliebenen haben gegen den Träger der Insolvenzsicherung einen Anspruch in Höhe der Leistung, die der Arbeitgeber aufgrund der Versorgungszusage zu erbringen hätte, wenn das Insolvenzverfahren nicht eröffnet worden wäre. [2]Satz 1 gilt entsprechend,

1. wenn Leistungen aus einer Direktversicherung aufgrund der in § 1b Abs. 2 Satz 3 genannten Tatbestände nicht gezahlt werden und der Arbeitgeber seiner Verpflichtung nach § 1b Abs. 2 Satz 3 wegen der Eröffnung des Insolvenzverfahrens nicht nachkommt,
2. wenn eine Unterstützungskasse oder ein Pensionsfonds die nach ihrer Versorgungsregelung vorgesehene Versorgung nicht erbringt, weil über das Vermögen oder den Nachlass eines Arbeitgebers, der der Unterstützungskasse oder dem Pensionsfonds Zuwendungen leistet (Trägerunternehmen), das Insolvenzverfahren eröffnet worden ist.

[3]§ 14 des Versicherungsvertragsgesetzes findet entsprechende Anwendung. [4]Der Eröffnung des Insolvenzverfahrens stehen bei der Anwendung der Sätze 1 bis 3 gleich

1. die Abweisung des Antrags auf Eröffnung des Insolvenzverfahrens mangels Masse,
2. der außergerichtliche Vergleich (Stundungs-, Quoten- oder Liquidationsvergleich) des Arbeitgebers mit seinen Gläubigern zur Abwendung eines Insolvenzverfahrens, wenn ihm der Träger der Insolvenzsicherung zustimmt,
3. die vollständige Beendigung der Betriebstätigkeit im Geltungsbereich dieses Gesetzes, wenn ein Antrag auf Eröffnung des Insolvenzverfahrens nicht gestellt worden ist und ein Insolvenzverfahren offensichtlich mangels Masse nicht in Betracht kommt.

(1a) [1]Der Anspruch gegen den Träger der Insolvenzsicherung entsteht mit dem Beginn des Kalendermonats, der auf den Eintritt des Sicherungsfalles folgt. [2]Der Anspruch endet mit Ablauf des Sterbemonats des Begünstigten, soweit in der Versorgungszusage des Arbeitgebers nicht etwas anderes bestimmt ist. [3]In den Fällen des Absatzes 1 Satz 1 und 4 Nr. 1 und 3 umfaßt der Anspruch auch rückständige Versorgungsleistungen, soweit diese bis zu zwölf Monaten vor Entstehen der Leitungspflicht des Trägers der Insolvenzsicherung entstanden sind.

(2) [1]Personen, die bei Eröffnung des Insolvenzverfahrens oder bei Eintritt der nach Absatz 1 Satz 4 gleichstehenden Voraussetzungen (Sicherungsfall) eine nach § 1b unverfallbare Versorgungsanwartschaft haben, und ihre Hinterbliebenen haben bei Eintritt des Versorgungsfalls einen Anspruch gegen den Träger der Insolvenzsicherung, wenn die Anwartschaft beruht

1. auf einer unmittelbaren Versorgungszusage des Arbeitgebers oder
2. auf einer Direktversicherung und der Arbeitnehmer hinsichtlich der Leistungen des Versicherers widerruflich bezugsberechtigt ist oder die Leistungen aufgrund der in § 1b Abs. 2 Satz 3 genannten Tatbestände nicht gezahlt werden und der Arbeitgeber seiner Verpflichtung aus § 1b Abs. 2 Satz 3 wegen der Eröffnung des Insolvenzverfahrens nicht nachkommt.

[2]Satz 1 gilt entsprechend für Personen, die zum Kreis der Begünstigten einer Unterstützungskasse oder eines Pensionsfonds gehören, wenn der Sicherungsfall bei einem Trägerunternehmen eingetreten ist. [3]Die Höhe des Anspruchs richtet sich nach der Höhe der

Leistungen nach § 2 Absatz 1 und 2 Satz 2, bei Unterstützungskassen nach dem Teil der nach der Versorgungsregelung vorgesehenen Versorgung, der dem Verhältnis der Dauer der Betriebszugehörigkeit zu der Zeit vom Beginn der Betriebszugehörigkeit bis zum Erreichen der in der Versorgungsregelung vorgesehenen festen Altersgrenze entspricht, es sei denn, § 2 Abs. 5 ist anwendbar. [4]Für die Berechnung der Höhe des Anspruchs nach Satz 3 wird die Betriebszugehörigkeit bis zum Eintritt des Sicherungsfalles berücksichtigt. [5]Bei Pensionsfonds mit Leistungszusagen gelten für die Höhe des Anspruchs die Bestimmungen für unmittelbare Versorgungszusagen entsprechend, bei Beitragszusagen mit Mindestleistung gilt für die Höhe des Anspruchs § 2 Absatz 6. [6]Bei der Berechnung der Höhe des Anspruchs sind Veränderungen der Versorgungsregelung und der Bemessungsgrundlagen, die nach dem Eintritt des Sicherungsfalles eintreten, nicht zu berücksichtigen; § 2a Absatz 2 findet keine Anwendung.

(3) [1]Ein Anspruch auf laufende Leistungen gegen den Träger der Insolvenzsicherung beträgt jedoch im Monat höchstens das Dreifache der im Zeitpunkt der ersten Fälligkeit maßgebenden monatlichen Bezugsgröße gemäß § 18 des Vierten Buches Sozialgesetzbuch. [2]Satz 1 gilt entsprechend bei einem Anspruch auf Kapitalleistungen mit der Maßgabe, daß zehn vom Hundert der Leistung als Jahresbetrag einer laufenden Leistung anzusetzen sind.

(4) [1]Ein Anspruch auf Leistungen gegen den Träger der Insolvenzsicherung vermindert sich in dem Umfang, in dem der Arbeitgeber oder sonstige Träger der Versorgung die Leistungen der betrieblichen Altersversorgung erbringt. [2]Wird im Insolvenzverfahren ein Insolvenzplan bestätigt, vermindert sich der Anspruch auf Leistungen gegen den Träger der Insolvenzsicherung insoweit, als nach dem Insolvenzplan der Arbeitgeber oder sonstige Träger der Versorgung einen Teil der Leistungen selbst zu erbringen hat. [3]Sieht der Insolvenzplan vor, daß der Arbeitgeber oder sonstige Träger der Versorgung die Leistungen der betrieblichen Altersversorgung von einem bestimmten Zeitpunkt an selbst zu erbringen hat, so entfällt der Anspruch auf Leistungen gegen den Träger der Insolvenzsicherung von diesem Zeitpunkt an. [4]Die Sätze 2 und 3 sind für den außergerichtlichen Vergleich nach Absatz 1 Satz 4 Nr. 2 entsprechend anzuwenden. [5]Im Insolvenzplan soll vorgesehen werden, daß bei einer nachhaltigen Besserung der wirtschaftlichen Lage des Arbeitgebers die vom Träger der Insolvenzsicherung zu erbringenden Leistungen ganz oder zum Teil vom Arbeitgeber oder sonstigen Träger der Versorgung wieder übernommen werden.

(5) [1]Ein Anspruch gegen den Träger der Insolvenzsicherung besteht nicht, soweit nach den Umständen des Falles die Annahme gerechtfertigt ist, daß es der alleinige oder überwiegende Zweck der Versorgungszusage oder ihre Verbesserung oder der für die Direktversicherung in § 1b Abs. 2 Satz 3 genannten Tatbestände gewesen ist, den Träger der Insolvenzsicherung in Anspruch zu nehmen. [2]Diese Annahme ist insbesondere dann gerechtfertigt, wenn bei Erteilung oder Verbesserung der Versorgungszusage wegen der wirtschaftlichen Lage des Arbeitgebers zu erwarten war, daß die Zusage nicht erfüllt werde. [3]Ein Anspruch auf Leistungen gegen den Träger der Insolvenzsicherung besteht bei Zusagen und Verbesserungen von Zusagen, die in den beiden letzten Jahren vor dem Eintritt des Sicherungsfalls erfolgt sind, nur

1. für ab dem 1. Januar 2002 gegebene Zusagen, soweit bei Entgeltumwandlung Beträge von bis zu 4 vom Hundert der Beitragsbemessungsgrenze in der allgemeinen Rentenversicherung für eine betriebliche Altersversorgung verwendet werden oder

2. für im Rahmen von Übertragungen gegebene Zusagen, soweit der Übertragungswert die Beitragsbemessungsgrenze in der allgemeinen Rentenversicherung nicht übersteigt.

(6) Ist der Sicherungsfall durch kriegerische Ereignisse, innere Unruhen, Naturkatastrophen oder Kernenergie verursacht worden, kann der Träger der Insolvenzsicherung mit Zustimmung der Bundesanstalt für Finanzdienstleistungsaufsicht die Leistungen nach billigem Ermessen abweichend von den Absätzen 1 bis 5 festsetzen.

§ 8 Übertragung der Leistungspflicht

(1) Ein Anspruch gegen den Träger der Insolvenzsicherung auf Leistungen nach § 7 besteht nicht, wenn eine Pensionskasse oder ein Unternehmen der Lebensversicherung sich dem Träger der Insolvenzsicherung gegenüber verpflichtet, diese Leistungen zu erbringen, und die nach § 7 Berechtigten ein unmittelbares Recht erwerben, die Leistungen zu fordern.

(2) [1]Der Träger der Insolvenzsicherung hat die gegen ihn gerichteten Ansprüche auf den Pensionsfonds, dessen Trägerunternehmen die Eintrittspflicht nach § 7 ausgelöst hat, im Sinne von Absatz 1 zu übertragen, wenn die Bundesanstalt für Finanzdienstleistungsaufsicht hierzu die Genehmigung erteilt. [2]Die Genehmigung kann nur erteilt werden, wenn durch Auflagen der Bundesanstalt für Finanzdienstleistungsaufsicht die dauernde Erfüllbarkeit der Leistungen aus dem Pensionsplan sichergestellt werden kann. [3]Die Genehmigung der Bundesanstalt für Finanzdienstleistungsaufsicht kann der Pensionsfonds nur innerhalb von drei Monaten nach Eintritt des Sicherungsfalles beantragen.

(3) [1]An die Stelle des Anspruchs gegen den Träger der Insolvenzsicherung nach § 7 tritt auf Verlangen des Berechtigten die Versicherungsleistung aus einer auf sein Leben abgeschlossenen Rückdeckungsversicherung, wenn die Versorgungszusage auf die Leistungen der Rückdeckungsversicherung verweist. [2]Das Wahlrecht des Berechtigten nach Satz 1 besteht nicht, sofern die Rückdeckungsversicherung in die Insolvenzmasse des Arbeitgebers fällt oder eine Übertragung des Anspruchs durch den Träger der Insolvenzsicherung nach Absatz 2 erfolgt. [3]Der Berechtigte hat das Recht, als Versicherungsnehmer in die Versicherung einzutreten und die Versicherung mit eigenen Beiträgen fortzusetzen; § 1b Absatz 5 Satz 1 Nummer 1 und § 2 Absatz 2 Satz 4 bis 6 gelten entsprechend. [4]Der Träger der Insolvenzsicherung informiert den Berechtigten über sein Wahlrecht nach Satz 1 und über die damit verbundenen Folgen für den Insolvenzschutz. [5]Das Wahlrecht erlischt sechs Monate nach Information durch den Träger der Insolvenzsicherung. [6]Der Versicherer informiert den Träger der Insolvenzsicherung unverzüglich über den Versicherungsnehmerwechsel.

§ 8a Abfindung durch den Träger der Insolvenzsicherung

[1]Der Träger der Insolvenzsicherung kann eine Anwartschaft ohne Zustimmung des Arbeitnehmers abfinden, wenn der Monatsbetrag der aus der Anwartschaft resultierenden laufenden Leistung bei Erreichen der vorgesehenen Altersgrenze 1 vom Hundert, bei Kapitalleistungen zwölf Zehntel der monatlichen Bezugsgröße nach § 18 des Vierten Buches Sozialgesetzbuch nicht übersteigen würde oder wenn dem Arbeitnehmer die Beiträge zur gesetzlichen Rentenversicherung erstattet worden sind. [2]Dies gilt entsprechend für die Abfindung einer laufenden Leistung. [3]Die Abfindung ist darüber hinaus möglich, wenn sie an ein Unternehmen der Lebensversicherung gezahlt wird, bei dem der Versorgungsberechtigte im Rahmen einer Direktversicherung versichert ist. [4]§ 2 Abs. 2 Satz 4 bis 6 und § 3 Abs. 5 gelten entsprechend.

§ 9 Mitteilungspflicht, Forderungs- und Vermögensübergang

(1) Der Träger der Insolvenzsicherung teilt dem Berechtigten die ihm nach § 7 oder § 8 zustehenden Ansprüche oder Anwartschaften schriftlich mit. Unterbleibt die Mitteilung, so ist der Anspruch oder die Anwartschaft spätestens ein Jahr nach dem Sicherungsfall bei dem Träger der Insolvenzsicherung anzumelden; erfolgt die Anmeldung später, so beginnen die Leistungen frühestens mit dem Ersten des Monats der Anmeldung, es sei

denn, daß der Berechtigte an der rechtzeitigen Anmeldung ohne sein Verschulden verhindert war.

(2) [1]Ansprüche oder Anwartschaften des Berechtigten gegen den Arbeitgeber auf Leistungen der betrieblichen Altersversorgung, die den Anspruch gegen den Träger der Insolvenzsicherung begründen, gehen im Falle eines Insolvenzverfahrens mit dessen Eröffnung, in den übrigen Sicherungsfällen dann auf den Träger der Insolvenzsicherung über, wenn dieser nach Absatz 1 Satz 1 dem Berechtigten die ihm zustehenden Ansprüche oder Anwartschaften mitteilt. [2]Der Übergang kann nicht zum Nachteil des Berechtigten geltend gemacht werden. [3]Die mit der Eröffnung des Insolvenzverfahrens übergegangenen Anwartschaften werden im Insolvenzverfahren als unbedingte Forderungen nach § 45 der Insolvenzordnung geltend gemacht.

(3) [1]Ist der Träger der Insolvenzsicherung zu Leistungen verpflichtet, die ohne den Eintritt des Sicherungsfalls eine Unterstützungskasse erbringen würde, geht deren Vermögen einschließlich der Verbindlichkeiten auf ihn über; die Haftung für die Verbindlichkeiten beschränkt sich auf das übergegangene Vermögen. [2]Wenn die übergegangenen Vermögenswerte den Barwert der Ansprüche und Anwartschaften gegen den Träger der Insolvenzsicherung übersteigen, hat dieser den übersteigenden Teil entsprechend der Satzung der Unterstützungskasse zu verwenden. [3]Bei einer Unterstützungskasse mit mehreren Trägerunternehmen hat der Träger der Insolvenzsicherung einen Anspruch gegen die Unterstützungskasse auf einen Betrag, der dem Teil des Vermögens der Kasse entspricht, der auf das Unternehmen entfällt, bei dem der Sicherungsfall eingetreten ist. [4]Die Sätze 1 bis 3 gelten nicht, wenn der Sicherungsfall auf den in § 7 Abs. 1 Satz 4 Nr. 2 genannten Gründen beruht, es sei denn, daß das Trägerunternehmen seine Betriebstätigkeit nach Eintritt des Sicherungsfall nicht fortsetzt und aufgelöst wird (Liquidationsvergleich).

(3a) Absatz 3 findet entsprechende Anwendung auf einen Pensionsfonds, wenn die Bundesanstalt für Finanzdienstleistungsaufsicht die Genehmigung für die Übertragung der Leistungspflicht durch den Träger der Insolvenzsicherung nach § 8 Absatz 2 nicht erteilt.

(4) [1]In einem Insolvenzplan, der die Fortführung des Unternehmens oder eines Betriebes vorsieht, kann für den Träger der Insolvenzsicherung eine besondere Gruppe gebildet werden. [2]Sofern im Insolvenzplan nichts anderes vorgesehen ist, kann der Träger der Insolvenzsicherung, wenn innerhalb von drei Jahren nach der Aufhebung des Insolvenzverfahrens ein Antrag auf Eröffnung eines neuen Insolvenzverfahrens über das Vermögen des Arbeitgebers gestellt wird, in diesem Verfahren als Insolvenzgläubiger Erstattung der von ihm erbrachten Leistungen verlangen.

(5) Dem Träger der Insolvenzsicherung steht gegen den Beschluß, durch den das Insolvenzverfahren eröffnet wird, die sofortige Beschwerde zu.

§ 10 Beitragspflicht und Beitragsbemessung

(1) Die Mittel für die Durchführung der Insolvenzsicherung werden auf Grund öffentlichrechtlicher Verpflichtung durch Beiträge aller Arbeitgeber aufgebracht, die Leistungen der betrieblichen Altersversorgung unmittelbar zugesagt haben oder eine betriebliche Altersversorgung über eine Unterstützungskasse, eine Direktversicherung der in § 7 Abs. 1 Satz 2 und Absatz 2 Satz 1 Nr. 2 bezeichneten Art oder einen Pensionsfonds durchführen.

(2) [1]Die Beiträge müssen den Barwert der im laufenden Kalenderjahr entstehenden Ansprüche auf Leistungen der Insolvenzsicherung decken zuzüglich eines Betrages für die aufgrund eingetretener Insolvenzen zu sichernden Anwartschaften, der sich aus dem Unterschied der Barwerte dieser Anwartschaften am Ende des Kalenderjahres und am

Ende des Vorjahres bemisst. [2]Der Rechnungszinsfuß bei der Berechnung des Barwerts der Ansprüche auf Leistungen der Insolvenzsicherung bestimmt sich nach § 235 Absatz 1 Nummer 4 des Versicherungsaufsichtsgesetzes; soweit keine Übertragung nach § 8 Abs. 1 stattfindet, ist der Rechnungszinsfuß bei der Berechnung des Barwerts der Anwartschaften um ein Drittel höher. [3]Darüber hinaus müssen die Beiträge die im gleichen Zeitraum entstehenden Verwaltungskosten und sonstigen Kosten, die mit der Gewährung der Leistungen zusammenhängen, und die Zuführung zu einem von der Bundesanstalt für Finanzdienstleistungsaufsicht festgesetzten Ausgleichsfonds decken; § 193 des Versicherungsaufsichtsgesetzes bleibt unberührt. [4]Auf die am Ende des Kalenderjahres fälligen Beiträge können Vorschüsse erhoben werden. [5]Sind die nach den Sätzen 1 bis 3 erforderlichen Beiträge höher als im vorangegangenen Kalenderjahr, so kann der Unterschiedsbeitrag auf das laufende und die folgenden vier Kalenderjahre verteilt werden. [6]In Jahren, in denen sich außergewöhnlich hohe Beiträge ergeben würden, kann zu deren Ermäßigung der Ausgleichsfonds in einem von der Bundesanstalt für Finanzdienstleistungsaufsicht zu genehmigenden Umfang herangezogen werden; außerdem können die nach den Sätzen 1 bis 3 erforderlichen Beiträge auf das laufende und die bis zu vier folgenden Kalenderjahre verteilt werden.

(3) Die nach Absatz 2 erforderlichen Beiträge werden auf die Arbeitgeber nach Maßgabe der nachfolgenden Beträge umgelegt, soweit sie sich auf die laufenden Versorgungsleistungen und die nach § 1b unverfallbaren Versorgungsanwartschaften beziehen (Beitragsbemessungsgrundlage); diese Beträge sind festzustellen auf den Schluß des Wirtschaftsjahrs des Arbeitgebers, das im abgelaufenen Kalenderjahr geendet hat:

1. Bei Arbeitgebern, die Leistungen der betrieblichen Altersversorgung unmittelbar zugesagt haben, ist Beitragsbemessungsgrundlage der Teilwert der Pensionsverpflichtung (§ 6a Abs. 3 des Einkommensteuergesetzes).

2. Bei Arbeitgebern, die eine betriebliche Altersversorgung über eine Direktversicherung mit widerruflichem Bezugsrecht durchführen, ist Beitragsbemessungsgrundlage das geschäftsplanmäßige Deckungskapital oder, soweit die Berechnung des Deckungskapitals nicht zum Geschäftsplan gehört, die Deckungsrückstellung. Für Versicherungen, bei denen der Versicherungsfall bereits eingetreten ist, und für Versicherungsanwartschaften, für die ein unwiderrufliches Bezugsrecht eingeräumt ist, ist das Deckungskapital oder die Deckungsrückstellung nur insoweit zu berücksichtigen, als die Versicherungen abgetreten oder beliehen sind.

3. Bei Arbeitgebern, die eine betriebliche Altersversorgung über eine Unterstützungskasse durchführen, ist Beitragsbemessungsgrundlage das Deckungskapital für die laufenden Leistungen (§ 4d Abs. 1 Nr. 1 Buchstabe a des Einkommensteuergesetzes) zuzüglich des Zwanzigfachen der nach § 4d Abs. 1 Nr. 1 Buchstabe b Satz 1 des Einkommensteuergesetzes errechneten jährlichen Zuwendungen für Leistungsanwärter im Sinne von § 4d Abs. 1 Nr. 1 Buchstabe b Satz 2 des Einkommensteuergesetzes.

4. Bei Arbeitgebern, soweit sie betriebliche Altersversorgung über einen Pensionsfonds durchführen, ist Beitragsbemessungsgrundlage 20 vom Hundert des entsprechend Nummer 1 ermittelten Betrages.

(4) [1]Aus den Beitragsbescheiden des Trägers der Insolvenzsicherung findet die Zwangsvollstreckung in entsprechender Anwendung der Vorschriften der Zivilprozeßordnung statt. [2]Die vollstreckbare Ausfertigung erteilt der Träger der Insolvenzsicherung.

§ 10a Säumniszuschläge, Zinsen, Verjährung

(1) Für Beiträge, die wegen Verstoßes des Arbeitgebers gegen die Meldepflicht erst nach Fälligkeit erhoben werden, kann der Träger der Insolvenzsicherung für jeden angefangenen Monat vom Zeitpunkt der Fälligkeit an einen Säumniszuschlag in Höhe von bis zu eins vom Hundert der nacherhobenen Beiträge erheben.

(2) Für festgesetzte Beiträge und Vorschüsse, die der Arbeitgeber nach Fälligkeit zahlt, erhebt der Träger der Insolvenzsicherung für jeden Monat Verzugszinsen in Höhe von 0,5 vom Hundert der rückständigen Beiträge. Angefangene Monate bleiben außer Ansatz.

(3) [1]Vom Träger der Insolvenzsicherung zu erstattende Beiträge werden vom Tage der Fälligkeit oder bei Feststellung des Erstattungsanspruchs durch gerichtliche Entscheidung vom Tage der Rechtshängigkeit an für jeden Monate mit 0,5 vom Hundert verzinst. [2]Angefangene Monate bleiben außer Ansatz.

(4) [1]Ansprüche auf Zahlung der Beiträge zur Insolvenzsicherung gemäß § 10 sowie Erstattungsansprüche nach Zahlung nicht geschuldeter Beiträge zur Insolvenzsicherung verjähren in sechs Jahren. [2]Die Verjährungsfrist beginnt mit Ablauf des Kalenderjahres, in dem die Beitragspflicht entstanden oder der Erstattungsanspruch fällig geworden ist. [3]Auf die Verjährung sind die Vorschriften des Bürgerlichen Gesetzbuchs anzuwenden.

§ 11 Melde-, Auskunfts- und Mitteilungspflichten

(1) [1]Der Arbeitgeber hat dem Träger der Insolvenzsicherung eine betriebliche Altersversorgung nach § 1b Abs. 1 bis 4 für seine Arbeitnehmer innerhalb von 3 Monaten nach Erteilung der unmittelbaren Versorgungszusage, dem Abschluß einer Direktversicherung oder der Errichtung einer Unterstützungskasse oder eines Pensionsfonds mitzuteilen. [2]Der Arbeitgeber, der sonstige Träger der Versorgung, der Insolvenzverwalter und die nach § 7 Berechtigten sind verpflichtet, dem Träger der Insolvenzsicherung alle Auskünfte zu erteilen, die zur Durchführung der Vorschriften dieses Abschnitts erforderlich sind, sowie Unterlagen vorzulegen, aus denen die erforderlichen Angaben ersichtlich sind.

(2) [1]Ein beitragspflichtiger Arbeitgeber hat dem Träger der Insolvenzsicherung spätestens bis zum 30. September eines jeden Kalenderjahrs die Höhe des nach § 10 Abs. 3 für die Bemessung des Beitrages maßgebenden Betrages bei unmittelbaren Versorgungszusagen und Pensionsfonds auf Grund eines versicherungsmathematischen Gutachtens, bei Direktversicherungen auf Grund einer Bescheinigung des Versicherers und bei Unterstützungskassen auf Grund einer nachprüfbaren Berechnung mitzuteilen. [2]Der Arbeitgeber hat die in Satz 1 bezeichneten Unterlagen mindestens 6 Jahre aufzubewahren.

(3) [1]Der Insolvenzverwalter hat dem Träger der Insolvenzsicherung die Eröffnung des Insolvenzverfahrens, Namen und Anschriften der Versorgungsempfänger und die Höhe ihrer Versorgung nach § 7 unverzüglich mitzuteilen. [2]Er hat zugleich Namen und Anschriften der Personen, die bei Eröffnung des Insolvenzverfahrens eine nach § 1 unverfallbare Versorgungsanwartschaft haben, sowie die Höhe ihrer Anwartschaft nach § 7 mitzuteilen.

(4) Der Arbeitgeber, der sonstige Träger der Versorgung und die nach § 7 Berechtigten sind verpflichtet, dem Insolvenzverwalter Auskünfte über alle Tatsachen zu erteilen, auf die sich die Mitteilungspflicht nach Absatz 3 bezieht.

(5) In den Fällen, in denen ein Insolvenzverfahren nicht eröffnet wird (§ 7 Abs. 1 Satz 4) oder nach § 207 der Insolvenzordnung eingestellt worden ist, sind die Pflichten des Insolvenzverwalters nach Absatz 3 vom Arbeitgeber oder dem sonstigen Träger der Versorgung zu erfüllen.

(6) Kammern und andere Zusammenschlüsse von Unternehmern oder anderen selbständigen Berufstätigen, die als Körperschaften des öffentlichen Rechts errichtet sind, ferner Verbände und andere Zusammenschlüsse, denen Unternehmer oder andere selbständige Berufstätige kraft Gesetzes angehören oder anzugehören haben, haben den Träger der Insolvenzsicherung bei der Ermittlung der nach § 10 beitragspflichtigen Arbeitgeber zu unterstützen.

(7) Die nach den Absätzen 1 bis 3 und 5 zu Mitteilungen und Auskünften und die nach Absatz 6 zur Unterstützung Verpflichteten haben die vom Träger der Insolvenzsicherung vorgesehenen Vordrucke zu verwenden.

(8) [1]Zur Sicherung der vollständigen Erfassung der nach § 10 beitragspflichtigen Arbeitgeber können die Finanzämter dem Träger der Insolvenzsicherung mitteilen, welche Arbeitgeber für die Beitragspflicht in Betracht kommen. [2]Die Bundesregierung wird ermächtigt, durch Rechtsverordnung mit Zustimmung des Bundesrates das Nähere zu bestimmen und Einzelheiten des Verfahrens zu regeln.

§ 12 Ordnungswidrigkeiten

(1) Ordnungswidrig handelt, wer vorsätzlich oder fahrlässig

1. entgegen § 11 Abs. 1 Satz 1, Abs. 2, Satz 1, Abs. 3 oder Abs. 5 eine Mitteilung nicht, nicht richtig, nicht vollständig oder nicht rechtzeitig vornimmt,
2. entgegen § 11 Abs. 1 Satz 2 oder Abs. 4 eine Auskunft nicht, nicht richtig, nicht vollständig oder nicht rechtzeitig erteilt oder
3. entgegen § 11 Abs. 1 Satz 2 Unterlagen nicht, nicht richtig, nicht vollständig oder nicht rechtzeitig vorlegt oder entgegen § 11 Abs. 2 Satz 2 Unterlagen nicht aufbewahrt.

(2) Die Ordnungswidrigkeit kann mit einer Geldbuße bis zu zweitausendfünfhundert Euro geahndet werden.

(3) Verwaltungsbehörde im Sinne des § 36 Abs. 1 Nr. 1 des Gesetzes über Ordnungswidrigkeiten ist die Bundesanstalt für Finanzdienstleistungsaufsicht.

§ 13 *(weggefallen)*

§ 14 Träger der Insolvenzsicherung

(1) [1]Träger der Insolvenzsicherung ist der Pensions-Sicherungs-Verein Versicherungsverein auf Gegenseitigkeit. [2]Er ist zugleich Träger der Insolvenzsicherung von Versorgungszusagen Luxemburger Unternehmen nach Maßgabe des Abkommens vom 22. September 2000 zwischen der Bundesrepublik Deutschland und dem Großherzogtum Luxemburg über Zusammenarbeit im Bereich der Insolvenzsicherung betrieblicher Altersversorgung.

(2) [1]Der Pensions-Sicherungs-Verein Versicherungsverein auf Gegenseitigkeit unterliegt der Aufsicht durch die Bundesanstalt für Finanzdienstleistungsaufsicht. [2]Soweit dieses Gesetz nichts anderes bestimmt, gelten für ihn die Vorschriften für kleine Versicherungsunternehmen nach den §§ 212 bis 216 des Versicherungsaufsichtsgesetzes und die auf Grund des § 217 des Versicherungsaufsichtsgesetzes erlassenen Rechtsverordnungen entsprechend. [3]Die folgenden Vorschriften gelten mit folgenden Maßgaben:

1. § 212 Absatz 2 Nummer 1 des Versicherungsaufsichtsgesetzes gilt mit der Maßgabe, dass § 30 des Versicherungsaufsichtsgesetzes Anwendung findet;
2. § 212 Absatz 3 Nummer 6 des Versicherungsaufsichtsgesetzes gilt ohne Maßgabe; § 212 Absatz 3 Nummer 7, 10 und 12 des Versicherungsaufsichtsgesetzes gilt mit der Maßgabe, dass die dort genannten Vorschriften auch auf die interne Revision Anwendung finden; § 212 Absatz 3 Nummer 13 des Versicherungsaufsichtsgesetzes gilt

mit der Maßgabe, dass die Bundesanstalt für Finanzdienstleistungsaufsicht bei Vorliegen der gesetzlichen Tatbestandsmerkmale die Erlaubnis zum Geschäftsbetrieb widerrufen kann;

3. [1]§ 214 Absatz 1 des Versicherungsaufsichtsgesetzes gilt mit der Maßgabe, dass grundsätzlich die Hälfte des Ausgleichsfonds den Eigenmitteln zugerechnet werden kann. [2]Auf Antrag des Pensions-Sicherungs-Vereins Versicherungsverein auf Gegenseitigkeit kann die Bundesanstalt für Finanzdienstleistungsaufsicht im Fall einer Inanspruchnahme des Ausgleichsfonds nach § 10 Absatz 2 Satz 5 festsetzen, dass der Ausgleichsfonds vorübergehend zu einem hierüber hinausgehenden Anteil den Eigenmitteln zugerechnet werden kann; § 214 Absatz 6 des Versicherungsaufsichtsgesetzes findet keine Anwendung;
4. der Umfang des Sicherungsvermögens muss mindestens der Summe aus den Bilanzwerten der in § 125 Absatz 2 des Versicherungsaufsichtsgesetzes genannten Beträge und dem nicht den Eigenmitteln zuzurechnenden Teil des Ausgleichsfonds entsprechen;
5. § 134 Absatz 3 Satz 2 des Versicherungsaufsichtsgesetzes gilt mit der Maßgabe, dass die Aufsichtsbehörde die Frist für Maßnahmen des Pensions-Sicherungs-Vereins Versicherungsverein auf Gegenseitigkeit um einen angemessenen Zeitraum verlängern kann; § 134 Absatz 6 Satz 1 des Versicherungsaufsichtsgesetzes ist entsprechend anzuwenden;
6. § 135 Absatz 2 Satz 2 des Versicherungsaufsichtsgesetzes gilt mit der Maßgabe, dass die Aufsichtsbehörde die genannte Frist um einen angemessenen Zeitraum verlängern kann.

(3) [1]Der Bundesminister für Arbeit und Sozialordnung weist durch Rechtsverordnung mit Zustimmung des Bundesrates die Stellung des Trägers der Insolvenzsicherung der Kreditanstalt für Wiederaufbau zu, bei der ein Fonds zur Insolvenzsicherung der betrieblichen Altersversorgung gebildet wird, wenn

1. bis zum 31. Dezember 1974 nicht nachgewiesen worden ist, daß der in Absatz 1 genannte Träger die Erlaubnis der Aufsichtsbehörde zum Geschäftsbetrieb erhalten hat,
2. der in Absatz 1 genannte Träger aufgelöst worden ist oder
3. die Aufsichtsbehörde den Geschäftsbetrieb des in Absatz 1 genannten Trägers untersagt oder die Erlaubnis zum Geschäftsbetrieb widerruft.

[2]In den Fällen der Nummern 2 und 3 geht das Vermögen des in Absatz 1 genannten Trägers einschließlich der Verbindlichkeiten auf die Kreditanstalt für Wiederaufbau über, die es dem Fonds zur Insolvenzsicherung der betrieblichen Altersversorgung zuweist.

(4) [1]Wird die Insolvenzsicherung von der Kreditanstalt für Wiederaufbau durchgeführt, gelten die Vorschriften dieses Abschnittes mit folgenden Abweichungen:

1. In § 7 Abs. 6 entfällt die Zustimmung der Bundesanstalt für Finanzdienstleistungsaufsicht.
2. § 10 Abs. 2 findet keine Anwendung. Die von der Kreditanstalt für Wiederaufbau zu erhebenden Beiträge müssen den Bedarf für die laufenden Leistungen der Insolvenzsicherung im laufenden Kalenderjahr und die im gleichen Zeitraum entstehenden Verwaltungskosten und sonstigen Kosten, die mit der Gewährung der Leistungen zusammenhängen, decken. Bei einer Zuweisung nach Absatz 2 Nr. 1 beträgt der Beitrag für die ersten 3 Jahre mindestens 0,1 vom Hundert der Beitragsbemessungsgrundlage gemäß § 10 Abs. 3; der nicht benötigte Teil dieses Beitragsaufkommens wird einer Betriebsmittelreserve zugeführt. Bei einer Zuweisung nach Absatz 2 Nr. 2 oder 3 wird in den ersten 3 Jahren zu dem Beitrag nach Nummer 2 Satz 2 ein Zuschlag von 0,08 vom Hundert der Beitragsbemessungsgrundlage gemäß

§ 10 Abs. 3 zur Bildung einer Betriebsmittelreserve erhoben. Auf die Beiträge können Vorschüsse erhoben werden.

3. In § 12 Abs. 3 tritt an die Stelle der Bundesanstalt für Finanzdienstleistungsaufsicht die Kreditanstalt für Wiederaufbau.

[2]Die Kreditanstalt für Wiederaufbau verwaltet den Fonds im eigenen Namen. [3]Für Verbindlichkeiten des Fonds haftet sie nur mit dem Vermögen des Fonds. Dieser haftet nicht für die sonstigen Verbindlichkeiten der Bank. [4]§ 11 Abs. 1 Satz 1 des Gesetzes über die Kreditanstalt für Wiederaufbau in der Fassung der Bekanntmachung vom 23. Juni 1969 (BGBl. I S. 573), das zuletzt durch Artikel 14 des Gesetzes vom 21. Juni 2002 (BGBl. I S. 2010) geändert worden ist, ist in der jeweils geltenden Fassung auch für den Fonds anzuwenden.

§ 15 Verschwiegenheitspflicht

[1]Personen, die bei dem Träger der Insolvenzsicherung beschäftigt oder für ihn tätig sind, dürfen fremde Geheimnisse, insbesondere Betriebs- oder Geschäftsgeheimnisse, nicht unbefugt offenbaren oder verwerten. [2]Sie sind nach dem Gesetz über die förmliche Verpflichtung nichtbeamteter Personen vom 2. März 1974 (Bundesgesetzbl. I S. 469, 547) von der Bundesanstalt für Finanzdienstleistungsaufsicht auf die gewissenhafte Erfüllung ihrer Obliegenheiten zu verpflichten.

Fünfter Abschnitt. Anpassung

§ 16 Anpassungsprüfungspflicht

(1) Der Arbeitgeber hat alle drei Jahre eine Anpassung der laufenden Leistungen der betrieblichen Altersversorgung zu prüfen und hierüber nach billigem Ermessen zu entscheiden; dabei sind insbesondere die Belange des Versorgungsempfängers und die wirtschaftliche Lage des Arbeitgebers zu berücksichtigen.

(2) Die Verpflichtung nach Absatz 1 gilt als erfüllt, wenn die Anpassung nicht geringer ist als der Anstieg

1. des Verbraucherpreisindexes für Deutschland oder
2. der Nettolöhne vergleichbarer Arbeitnehmergruppen des Unternehmens im Prüfungszeitraum.

(3) Die Verpflichtung nach Absatz 1 entfällt wenn

1. der Arbeitgeber sich verpflichtet, die laufenden Leistungen jährlich um wenigstens eins vom Hundert anzupassen,
2. die betriebliche Altersversorgung über eine Direktversicherung im Sinne des § 1b Abs. 2 oder über eine Pensionskasse im Sinne des § 1b Abs. 3 durchgeführt wird und ab Rentenbeginn sämtliche auf den Rentenbestand entfallende Überschußanteile zur Erhöhung der laufenden Leistungen verwendet werden oder
3. eine Beitragszusage mit Mindestleistung erteilt wurde; Absatz 5 findet insoweit keine Anwendung.

(4) [1]Sind laufende Leistungen nach Absatz 1 nicht oder nicht in vollem Umfang anzupassen (zu Recht unterbliebene Anpassung), ist der Arbeitgeber nicht verpflichtet, die Anpassung zu einem späteren Zeitpunkt nachzuholen. [2]Eine Anpassung gilt als zu Recht unterblieben, wenn der Arbeitgeber dem Versorgungsempfänger die wirtschaftliche Lage des Unternehmens schriftlich dargelegt, der Versorgungsempfänger nicht binnen drei Kalendermonaten nach Zugang der Mitteilung schriftlich widersprochen hat und er auf die Rechtsfolgen eines nicht fristgemäßen Widerspruchs hingewiesen wurde.

(5) Soweit betriebliche Altersversorgung durch Entgeltumwandlung finanziert wird, ist der Arbeitgeber verpflichtet, die Leistungen mindestens entsprechend Absatz 3 Nr. 1 anzupassen oder im Falle der Durchführung über eine Direktversicherung oder eine Pensionskasse sämtliche Überschussanteile entsprechend Absatz 3 Nr. 2 zu verwenden.

(6) Eine Verpflichtung zur Anpassung besteht nicht für monatliche Raten im Rahmen eines Auszahlungsplans sowie für Renten ab Vollendung des 85. Lebensjahres im Anschluss an einen Auszahlungsplan.

Sechster Abschnitt. Geltungsbereich

§ 17 Persönlicher Geltungsbereich

(1) [1]Arbeitnehmer im Sinne der §§ 1 bis 16 sind Arbeiter und Angestellte einschließlich der zu ihrer Berufsausbildung Beschäftigten; ein Berufsausbildungsverhältnis steht einem Arbeitsverhältnis gleich. [2]Die §§ 1 bis 16 gelten entsprechend für Personen, die nicht Arbeitnehmer sind, wenn ihnen Leistungen der Alters-, Invaliditäts- oder Hinterbliebenenversorgung aus Anlaß ihrer Tätigkeit für ein Unternehmen zugesagt worden sind. [3]Arbeitnehmer im Sinne von § 1a Abs. 1 sind nur Personen nach den Sätzen 1 und 2, soweit sie aufgrund der Beschäftigung oder Tätigkeit bei dem Arbeitgeber, gegen den sich der Anspruch nach § 1a richten würde, in der gesetzlichen Rentenversicherung pflichtversichert sind.

(2) Die §§ 7 bis 15 gelten nicht für den Bund, die Länder, die Gemeinden sowie die Körperschaften, Stiftungen und Anstalten des öffentlichen Rechts, bei denen das Insolvenzverfahren nicht zulässig ist, und solche juristische Personen des öffentlichen Rechts, bei denen der Bund, ein Land oder eine Gemeinde kraft Gesetzes die Zahlungsfähigkeit sichert.

(3) Gesetzliche Regelungen über Leistungen der betrieblichen Altersversorgung werden unbeschadet des § 18 durch die §§ 1 bis 16 und 26 bis 30 nicht berührt.

§ 18 Sonderregelungen für den öffentlichen Dienst

(1) Für Personen, die

1. bei der Versorgungsanstalt des Bundes und der Länder (VBL) oder einer kommunalen oder kirchlichen Zusatzversorgungseinrichtung versichert sind, oder
2. bei einer anderen Zusatzversorgungseinrichtung versichert sind, die mit einer der Zusatzversorgungseinrichtungen nach Nummer 1 ein Überleitungsabkommen abgeschlossen hat oder aufgrund satzungsrechtlicher Vorschriften von Zusatzversorgungseinrichtungen nach Nummer 1 ein solches Abkommen abschließen kann, oder
3. unter das Hamburgische Zusatzversorgungsgesetz oder unter das Bremische Ruhelohngesetz in ihren jeweiligen Fassungen fallen oder auf die diese Gesetze sonst Anwendung finden,

gelten die §§ 2, 2a Absatz 1, 3 und 4 sowie die §§ 5, 16, 27 und 28 nicht, soweit sich aus den nachfolgenden Regelungen nichts Abweichendes ergibt; § 4 gilt nicht, wenn die Anwartschaft oder die laufende Leistung ganz oder teilweise umlage- oder haushaltsfinanziert ist.

(2) Bei Eintritt des Versorgungsfalles vor dem 2. Januar 2002 erhalten die in Absatz 1 Nummer 1 und 2 bezeichneten Personen, deren Anwartschaft nach § 1b fortbesteht und deren Arbeitsverhältnis vor Eintritt des Versorgungsfalles geendet hat, von der Zusatzversorgungseinrichtung aus der Pflichtversicherung eine Zusatzrente nach folgenden Maßgaben:

1. Der monatliche Betrag der Zusatzrente beträgt für jedes Jahr der aufgrund des Arbeitsverhältnisses bestehenden Pflichtversicherung bei einer Zusatzversorgungseinrichtung 2,25 vom Hundert, höchstens jedoch 100 vom Hundert der Leistung, die bei dem höchstmöglichen Versorgungssatz zugestanden hätte (Voll- Leistung). Für die Berechnung der Voll-Leistung
   a) ist der Versicherungsfall der Regelaltersrente maßgebend,
   b) ist das Arbeitsentgelt maßgebend, das nach der Versorgungsregelung für die Leistungsbemessung maßgebend wäre, wenn im Zeitpunkt des Ausscheidens der Versicherungsfall im Sinne der Versorgungsregelung eingetreten wäre,
   c) findet § 2a Absatz 1 entsprechend Anwendung,
   d) ist im Rahmen einer Gesamtversorgung der im Falle einer Teilzeitbeschäftigung oder Beurlaubung nach der Versorgungsregelung für die gesamte Dauer des Arbeitsverhältnisses maßgebliche Beschäftigungsquotient nach der Versorgungsregelung als Beschäftigungsquotient auch für die übrige Zeit maßgebend,
   e) finden die Vorschriften der Versorgungsregelung über eine Mindestleistung keine Anwendung und
   f) ist eine anzurechnende Grundversorgung nach dem bei der Berechnung von Pensionsrückstellungen für die Berücksichtigung von Renten aus der gesetzlichen Rentenversicherung allgemein zulässigen Verfahren zu ermitteln. Hierbei ist das Arbeitsentgelt nach Buchstabe b zugrunde zu legen und – soweit während der Pflichtversicherung Teilzeitbeschäftigung bestand – diese nach Maßgabe der Versorgungsregelung zu berücksichtigen.
2. Die Zusatzrente vermindert sich um 0,3 vom Hundert für jeden vollen Kalendermonat, den der Versorgungsfall vor Vollendung des 65. Lebensjahres eintritt, höchstens jedoch um den in der Versorgungsregelung für die Voll-Leistung vorgesehenen Vomhundertsatz.
3. Übersteigt die Summe der Vomhundertsätze nach Nummer 1 aus unterschiedlichen Arbeitsverhältnissen 100, sind die einzelnen Leistungen im gleichen Verhältnis zu kürzen.
4. Die Zusatzrente muss monatlich mindestens den Betrag erreichen, der sich aufgrund des Arbeitsverhältnisses nach der Versorgungsregelung als Versicherungsrente aus den jeweils maßgeblichen Vomhundertsätzen der zusatzversorgungspflichtigen Entgelte oder der gezahlten Beiträge und Erhöhungsbeträge ergibt.
5. Die Vorschriften der Versorgungsregelung über das Erlöschen, das Ruhen und die Nichtleistung der Versorgungsrente gelten entsprechend. Soweit die Versorgungsregelung eine Mindestleistung in Ruhensfällen vorsieht, gilt dies nur, wenn die Mindestleistung der Leistung im Sinne der Nummer 4 entspricht.
6. Verstirbt die in Absatz 1 genannte Person und beginnt die Hinterbliebenenrente vor dem 2. Januar 2002, erhält eine Witwe oder ein Witwer 60 vom Hundert, eine Witwe oder ein Witwer im Sinne des § 46 Abs. 1 des Sechsten Buches Sozialgesetzbuch 42 vom Hundert, eine Halbwaise 12 vom Hundert und eine Vollwaise 20 vom Hundert der unter Berücksichtigung der in diesem Absatz genannten Maßgaben zu berechnenden Zusatzrente; die §§ 46, 48, 103 bis 105 des Sechsten Buches Sozialgesetzbuch sind entsprechend anzuwenden. Die Leistungen an mehrere Hinterbliebene dürfen den Betrag der Zusatzrente nicht übersteigen; gegebenenfalls sind die Leistungen im gleichen Verhältnis zu kürzen.
7. Versorgungsfall ist der Versicherungsfall im Sinne der Versorgungsregelung.

(2a) Bei Eintritt des Versorgungsfalles oder bei Beginn der Hinterbliebenenrente nach dem 1. Januar 2002 erhalten die in Absatz 1 Nummer 1 und 2 genannten Personen, deren Anwartschaft nach § 1b fortbesteht und deren Arbeitsverhältnis vor Eintritt des Versorgungsfalles geendet hat, von der Zusatzversorgungseinrichtung die nach der jeweils maßgebenden Versorgungsregelung vorgesehenen Leistungen.

(3) [1]Personen, auf die bis zur Beendigung ihres Arbeitsverhältnisses die Regelungen des Hamburgischen Zusatzversorgungsgesetzes oder des Bremischen Ruhelohngesetzes in ihren jeweiligen Fassungen Anwendung gefunden haben, haben Anspruch gegenüber ihrem ehemaligen Arbeitgeber auf Leistungen in sinngemäßer Anwendung des Absatzes 2 mit Ausnahme von Absatz 2 Nummer 3 und 4 sowie Nummer 5 Satz 2; bei Anwendung des Hamburgischen Zusatzversorgungsgesetzes bestimmt sich der monatliche Betrag der Zusatzrente abweichend von Absatz 2 nach der nach dem Hamburgischen Zusatzversorgungsgesetz maßgebenden Berechnungsweise. [2]An die Stelle des Stichtags 2. Januar 2002 tritt im Bereich des Hamburgischen Zusatzversorgungsgesetzes der 1. August 2003 und im Bereich des Bremischen Ruhelohngesetzes der 1. März 2007.

(4) [1]Die Leistungen nach den Absätzen 2, 2a und 3 werden in der Pflichtversicherung jährlich zum 1. Juli um 1 Prozent erhöht. [2]In der freiwilligen Versicherung bestimmt sich die Anpassung der Leistungen nach der jeweils maßgebenden Versorgungsregelung.

(5) Besteht der Eintritt des Versorgungsfalles neben dem Anspruch auf Zusatzrente nach Absatz 2 oder auf die in Absatz 3 oder Absatz 7 bezeichneten Leistungen auch Anspruch auf eine Versorgungsrente oder Versicherungsrente der in Absatz 1 Satz 1 Nr. 1 und 2 bezeichneten Zusatzversorgungseinrichtungen oder Anspruch auf entsprechende Versorgungsleistungen der Versorgungsanstalt der deutschen Kulturorchester oder der Versorgungsanstalt der deutschen Bühnen oder nach den Regelungen des Ersten Ruhegeldgesetzes, des Zweiten Ruhegeldgesetzes oder des Bremischen Ruhelohngesetzes, in deren Berechnung auch die der Zusatzrente zugrunde liegenden Zeiten berücksichtigt sind, ist nur die im Zahlbetrag höhere Rente zu leisten.

(6) Eine Anwartschaft auf Versorgungsleistungen kann bei Übertritt der anwartschaftsberechtigten Person in ein Versorgungssystem einer überstaatlichen Einrichtung in das Versorgungssystem dieser Einrichtung übertragen werden, wenn ein entsprechendes Abkommen zwischen der Zusatzversorgungseinrichtung oder der Freien und Hansestadt Hamburg oder der Freien Hansestadt Bremen und der überstaatlichen Einrichtung besteht.

(7) [1]Für Personen, die bei der Versorgungsanstalt der deutschen Kulturorchester oder der Versorgungsanstalt der deutschen Bühnen pflichtversichert sind, gelten die §§ 2 und 3, mit Ausnahme von § 3 Absatz 2 Satz 3, sowie die §§ 4, 5, 16, 27 und 28 nicht. [2]Bei Eintritt des Versorgungsfalles treten an die Stelle der Zusatzrente und der Leistungen an Hinterbliebene nach Absatz 2 und an die Stelle der Regelung in Absatz 4 die satzungsgemäß vorgesehenen Leistungen; Absatz 2 Nr. 5 findet entsprechend Anwendung. [3]Als pflichtversichert gelten auch die freiwillig Versicherten der Versorgungsanstalt der deutschen Kulturorchester und der Versorgungsanstalt der deutschen Bühnen.

(8) Gegen Entscheidungen der Zusatzversorgungseinrichtungen über Ansprüche nach diesem Gesetz ist der Rechtsweg gegeben, der für Versicherte der Einrichtung gilt.

(9) Bei Personen, die aus einem Arbeitsverhältnis ausscheiden, in dem sie nach § 5 Abs. 1 Satz 1 Nr. 2 des Sechsten Buches Sozialgesetzbuch versicherungsfrei waren, dürfen die Ansprüche nach § 2 Abs. 1 Satz 1 und 2 nicht hinter dem Rentenanspruch zurückbleiben, der sich ergeben hätte, wenn der Arbeitnehmer für die Zeit der versicherungsfreien Beschäftigung in der gesetzlichen Rentenversicherung nachversichert worden wäre; die Vergleichsberechnung ist im Versorgungsfall aufgrund einer Auskunft der Deutschen Rentenversicherung Bund vorzunehmen.

§ 18a Verjährung

[1]Der Anspruch auf Leistungen aus der betrieblichen Altersversorgung verjährt in 30 Jahren. [2]Ansprüche auf regelmäßig wiederkehrende Leistungen unterliegen der regelmäßigen Verjährungsfrist nach den Vorschriften des Bürgerlichen Gesetzbuchs.

Siebter Abschnitt. Betriebliche Altersversorgung und Tarifvertrag

Unterabschnitt 1. Tariföffnung; Optionssysteme

§ 19 Allgemeine Tariföffnungsklausel

(1) Von den §§ 1a, 2, 2a Absatz 1, 3 und 4, § 3, mit Ausnahme des § 3 Absatz 2 Satz 3, von den §§ 4, 5, 16, 18a Satz 1, §§ 27 und 28 kann in Tarifverträgen abgewichen werden.

(2) Die abweichenden Bestimmungen haben zwischen nichttarifgebundenen Arbeitgebern und Arbeitnehmern Geltung, wenn zwischen diesen die Anwendung der einschlägigen tariflichen Regelung vereinbart ist.

(3) Im Übrigen kann von den Bestimmungen dieses Gesetzes nicht zuungunsten des Arbeitnehmers abgewichen werden.

§ 20 Tarifvertrag und Entgeltumwandlung; Optionssysteme

(1) Soweit Entgeltansprüche auf einem Tarifvertrag beruhen, kann für diese eine Entgeltumwandlung nur vorgenommen werden, soweit dies durch Tarifvertrag vorgesehen oder durch Tarifvertrag zugelassen ist.

(2) [1]In einem Tarifvertrag oder auf Grund eines Tarifvertrages in einer Betriebs- oder Dienstvereinbarung kann geregelt werden, dass der Arbeitgeber für alle Arbeitnehmer oder für eine Gruppe von Arbeitnehmern des Unternehmens oder einzelner Betriebe eine automatische Entgeltumwandlung einführt, gegen die der Arbeitnehmer ein Widerspruchsrecht hat (Optionssystem). [2]Das Angebot des Arbeitgebers auf Entgeltumwandlung gilt als vom Arbeitnehmer angenommen, wenn er nicht widersprochen hat und das Angebot

1. in Textform und mindestens drei Monate vor der ersten Fälligkeit des umzuwandelnden Entgelts gemacht worden ist und
2. deutlich darauf hinweist,
   a) welcher Betrag und welcher Vergütungsbestandteil umgewandelt werden sollen und
   b) dass der Arbeitnehmer ohne Angabe von Gründen innerhalb einer Frist von mindestens einem Monat nach dem Zugang des Angebots widersprechen und die Entgeltumwandlung mit einer Frist von höchstens einem Monat beenden kann.

[3]Nichttarifgebundene Arbeitgeber können ein einschlägiges tarifvertragliches Optionssystem anwenden oder auf Grund eines einschlägigen Tarifvertrages durch Betriebs- oder Dienstvereinbarung die Einführung eines Optionssystems regeln; Satz 2 gilt entsprechend.

Unterabschnitt 2. Tarifvertrag und reine Beitragszusage

§ 21 Tarifvertragsparteien

(1) Vereinbaren die Tarifvertragsparteien eine betriebliche Altersversorgung in Form der reinen Beitragszusage, müssen sie sich an deren Durchführung und Steuerung beteiligen.

(2) [1]Die Tarifvertragsparteien sollen im Rahmen von Tarifverträgen nach Absatz 1 bereits bestehende Betriebsrentensysteme angemessen berücksichtigen. [2]Die Tarifvertragsparteien müssen insbesondere prüfen, ob auf der Grundlage einer Betriebs- oder Dienstvereinbarung oder, wenn ein Betriebs- oder Personalrat nicht besteht, durch schriftliche Vereinbarung zwischen Arbeitgeber und Arbeitnehmer, tarifvertraglich vereinbarte Beiträge für eine reine Beitragszusage für eine andere nach diesem Gesetz zulässige Zusageart verwendet werden dürfen.

(3) [1]Die Tarifvertragsparteien sollen nichttarifgebundenen Arbeitgebern und Arbeitnehmern den Zugang zur durchführenden Versorgungseinrichtung nicht verwehren. [2]Der durchführenden Versorgungseinrichtung dürfen im Hinblick auf die Aufnahme und Verwaltung von Arbeitnehmern nichttarifgebundener Arbeitgeber keine sachlich unbegründeten Vorgaben gemacht werden.

(4) Wird eine reine Beitragszusage über eine Direktversicherung durchgeführt, kann eine gemeinsame Einrichtung nach § 4 des Tarifvertragsgesetzes als Versicherungsnehmer an die Stelle des Arbeitgebers treten.

§ 22 Arbeitnehmer und Versorgungseinrichtung

(1) [1]Bei einer reinen Beitragszusage hat der Pensionsfonds, die Pensionskasse oder die Direktversicherung dem Versorgungsempfänger auf der Grundlage des planmäßig zuzurechnenden Versorgungskapitals laufende Leistungen der betrieblichen Altersversorgung zu erbringen. [2]Die Höhe der Leistungen darf nicht garantiert werden.

(2) [1]Die auf den gezahlten Beiträgen beruhende Anwartschaft auf Altersrente ist sofort unverfallbar. [2]Die Erträge der Versorgungseinrichtung müssen auch dem ausgeschiedenen Arbeitnehmer zugutekommen.

(3) Der Arbeitnehmer hat gegenüber der Versorgungseinrichtung das Recht,

1. nach Beendigung des Arbeitsverhältnisses
   a) die Versorgung mit eigenen Beiträgen fortzusetzen oder
   b) innerhalb eines Jahres das gebildete Versorgungskapital auf die neue Versorgungseinrichtung, an die Beiträge auf der Grundlage einer reinen Beitragszusage gezahlt werden, zu übertragen,
2. entsprechend § 4a Auskunft zu verlangen und
3. entsprechend § 6 vorzeitige Altersleistungen in Anspruch zu nehmen.

(4) [1]Die bei der Versorgungseinrichtung bestehende Anwartschaft ist nicht übertragbar, nicht beleihbar und nicht veräußerbar. [2]Sie darf vorbehaltlich des Satzes 3 nicht vorzeitig verwertet werden. [3]Die Versorgungseinrichtung kann Anwartschaften und laufende Leistungen bis zu der Wertgrenze in § 3 Absatz 2 Satz 1 abfinden; § 3 Absatz 2 Satz 2 gilt entsprechend.

(5) Für die Verjährung der Ansprüche gilt § 18a entsprechend.

§ 23 Zusatzbeiträge des Arbeitgebers

(1) Zur Absicherung der reinen Beitragszusage soll im Tarifvertrag ein Sicherungsbeitrag vereinbart werden.

(2) Bei einer reinen Beitragszusage ist im Fall der Entgeltumwandlung im Tarifvertrag zu regeln, dass der Arbeitgeber 15 Prozent des umgewandelten Entgelts zusätzlich als Arbeitgeberzuschuss an die Versorgungseinrichtung weiterleiten muss, soweit der Arbeitgeber durch die Entgeltumwandlung Sozialversicherungsbeiträge einspart.

§ 24 Nichttarifgebundene Arbeitgeber und Arbeitnehmer

Nichttarifgebundene Arbeitgeber und Arbeitnehmer können die Anwendung der einschlägigen tariflichen Regelung vereinbaren.

§ 25 Verordnungsermächtigung

[1]Das Bundesministerium für Arbeit und Soziales wird ermächtigt, im Einvernehmen mit dem Bundesministerium der Finanzen durch Rechtsverordnung Mindestanforderungen an die Verwendung der Beiträge nach § 1 Absatz 2 Nummer 2a festzulegen. [2]Die Ermächtigung kann im Einvernehmen mit dem Bundesministerium der Finanzen auf die Bundesanstalt für Finanzdienstleistungsaufsicht übertragen werden. [3]Rechtsverordnungen nach den Sätzen 1 und 2 bedürfen nicht der Zustimmung des Bundesrates.

Zweiter Teil. Übergangs- und Schlußvorschriften

§ 26

Die §§ 1 bis 4 und 18 gelten nicht, wenn das Arbeitsverhältnis oder Dienstverhältnis vor dem Inkrafttreten des Gesetzes beendet worden ist.

§ 26a Übergangsvorschrift zu § 1a Absatz 1a

§ 1a Absatz 1a gilt für individual- und kollektivrechtliche Entgeltumwandlungsvereinbarungen, die vor dem 1. Januar 2019 geschlossen worden sind, erst ab dem 1. Januar 2022.

§ 27

§ 2 Abs. 2 Satz 2 Nr. 2 und 3 und Abs. 3 Satz 2 Nr. 1 und 2 gelten in Fällen, in denen vor dem Inkrafttreten des Gesetzes die Direktversicherung abgeschlossen worden ist oder die Versicherung des Arbeitnehmers bei einer Pensionskasse begonnen hat, mit der Maßgabe, daß die in diesen Vorschriften genannten Voraussetzungen spätestens für die Zeit nach Ablauf eines Jahres seit dem Inkrafttreten des Gesetzes erfüllt sein müssen.

§ 28

§ 5 gilt für Fälle, in denen der Versorgungsfall vor dem Inkrafttreten des Gesetzes eingetreten ist, mit der Maßgabe, daß diese Vorschrift bei der Berechnung der nach dem Inkrafttreten des Gesetzes fällig werdenden Versorgungsleistungen anzuwenden ist.

§ 29

§ 6 gilt für die Fälle, in denen das Altersruhegeld der gesetzlichen Rentenversicherung bereits vor dem Inkrafttreten des Gesetzes in Anspruch genommen worden ist, mit der Maßgabe, daß die Leistungen der betrieblichen Altersversorgung vom Inkrafttreten des Gesetzes an zu gewähren sind.

§ 30

[1]Ein Anspruch gegen den Träger der Insolvenzsicherung nach § 7 besteht nur, wenn der Sicherungsfall nach dem Inkrafttreten der §§ 7 bis 15 eingetreten ist; er kann erstmals nach dem Ablauf von sechs Monaten nach diesem Zeitpunkt geltend gemacht werden. [2]Die Beitragspflicht des Arbeitgebers beginnt mit dem Inkrafttreten der §§ 7 bis 15.

§ 30a *(aufgehoben)*

§ 30b

§ 4 Abs. 3 gilt nur für Zusagen, die nach dem 31. Dezember 2004 erteilt wurden.

§ 30c

(1) § 16 Abs. 3 Nr. 1 gilt nur für laufende Leistungen, die auf Zusagen beruhen, die nach dem 31. Dezember 1998 erteilt werden.

(1a) § 16 Absatz 3 Nummer 2 gilt auch für Anpassungszeiträume, die vor dem 1. Januar 2016 liegen; in diesen Zeiträumen bereits erfolgte Anpassungen oder unterbliebene Anpassungen, gegen die der Versorgungsberechtigte vor dem 1. Januar 2016 Klage erhoben hat, bleiben unberührt.

(2) § 16 Abs. 4 gilt nicht für vor dem 1. Januar 1999 zu Recht unterbliebene Anpassungen.

(3) § 16 Abs. 5 gilt nur für laufende Leistungen, die auf Zusagen beruhen, die nach dem 31. Dezember 2000 erteilt werden.

(4) Für die Erfüllung der Anpassungsprüfungspflicht für Zeiträume vor dem 1. Januar 2003 gilt § 16 Abs. 2 Nr. 1 mit der Maßgabe, dass an die Stelle des Verbraucherpreisindexes für Deutschland der Preisindex für die Lebenshaltung von 4-Personen-Haushalten von Arbeitern und Angestellten mit mittlerem Einkommen tritt.

§ 30d Übergangsregelung zu § 18

(1) [1]Ist der Versorgungsfall vor dem 1. Januar 2001 eingetreten oder ist der Arbeitnehmer vor dem 1. Januar 2001 aus dem Beschäftigungsverhältnis bei einem öffentlichen Arbeitgeber ausgeschieden und der Versorgungsfall nach dem 31. Dezember 2000 und vor dem 2. Januar 2002 eingetreten, sind für die Berechnung der Voll-Leistung die Regelungen der Zusatzversorgungseinrichtungen nach § 18 Abs. 1 Satz 1 Nr. 1 und 2 oder die Gesetze im Sinne des § 18 Abs. 1 Satz 1 Nr. 3 sowie die weiteren Berechnungsfaktoren jeweils in der am 31. Dezember 2000 geltenden Fassung maßgebend; § 18 Abs. 2 Nr. 1 Buchstabe b bleibt unberührt. [2]Die Steuerklasse III/O ist zugrunde zu legen. [3]Ist der Versorgungsfall vor dem 1. Januar 2001 eingetreten, besteht der Anspruch auf Zusatzrente mindestens in der Höhe, wie er sich aus § 18 in der Fassung vom 16. Dezember 1997 (BGBl. I S. 2998) ergibt.

(2) Die Anwendung des § 18 ist in den Fällen des Absatzes 1 ausgeschlossen, soweit eine Versorgungsrente der in § 18 Abs. 1 Satz 1 Nr. 1 und 2 bezeichneten Zusatzversorgungseinrichtungen oder eine entsprechende Leistung aufgrund der Regelungen des Ersten Ruhegeldgesetzes, des Zweiten Ruhegeldgesetzes oder des Bremischen Ruhelohngesetzes bezogen wird, oder eine Versicherungsrente abgefunden wurde.

(2a) Für Personen, deren Beschäftigungsverhältnis vor dem 1. Januar 2002 vor Eintritt des Versorgungsfalls geendet hat und deren Anwartschaft nach § 1b fortbesteht, haben die in § 18 Absatz 1 Satz 1 Nummer 1 und 2 bezeichneten Zusatzversorgungseinrichtungen bei Eintritt des Versorgungsfalls nach dem 1. Januar 2002 die Anwartschaft für Zeiten bis zum 1. Januar 2002 nach § 18 Absatz 2 unter Berücksichtigung des § 18 Absatz 5 zu ermitteln.

(3) [1]Für Arbeitnehmer im Sinne des § 18 Abs. 1 Satz 1 Nr. 4, 5 und 6 in der bis zum 31. Dezember 1998 geltenden Fassung, für die bis zum 31. Dezember 1998 ein Anspruch auf Nachversicherung nach § 18 Abs. 6 entstanden ist, gilt Absatz 1 Satz 1 für die aufgrund der Nachversicherung zu ermittelnde Voll-Leistung entsprechend mit der Maßgabe, dass sich der nach § 2 zu ermittelnde Anspruch gegen den ehemaligen Arbeitgeber richtet. [2]Für den nach § 2 zu ermittelnden Anspruch gilt § 18 Abs. 2 Nr. 1 Buchstabe b entsprechend; für die übrigen Bemessungsfaktoren ist auf die Rechtslage am 31. Dezember 2000 abzustellen. [3]Leistungen der gesetzlichen Rentenversicherung, die auf einer Nachversicherung wegen Ausscheidens aus einem Dienstordnungsverhältnis beruhen, und Leistungen, die die zuständige Versorgungseinrichtung aufgrund von Nachversicherungen im Sinne des § 18 Abs. 6 in der am 31. Dezember 1998 geltenden Fas-

sung gewährt, werden auf den Anspruch nach § 2 angerechnet. [4]Hat das Arbeitsverhältnis im Sinne des § 18 Abs. 9 bereits am 31. Dezember 1998 bestanden, ist in die Vergleichsberechnung nach § 18 Abs. 9 auch die Zusatzrente nach § 18 in der bis zum 31. Dezember 1998 geltenden Fassung einzubeziehen.

§ 30e

(1) § 1 Abs. 2 Nr. 4 zweiter Halbsatz gilt für Zusagen, die nach dem 31. Dezember 2002 erteilt werden.

(2) [1]§ 1 Abs. 2 Nr. 4 zweiter Halbsatz findet auf Pensionskassen, deren Leistungen der betrieblichen Altersversorgung durch Beiträge der Arbeitnehmer und Arbeitgeber gemeinsam finanziert und die als beitragsorientierte Leistungszusage oder als Leistungszusage durchgeführt werden, mit der Maßgabe Anwendung, dass dem ausgeschiedenen Arbeitnehmer das Recht zur Fortführung mit eigenen Beiträgen nicht eingeräumt werden und eine Überschussverwendung gemäß § 1b Abs. 5 Nr. 1 nicht erfolgen muss. [2]Wird dem ausgeschiedenen Arbeitnehmer ein Recht zur Fortführung nicht eingeräumt, gilt für die Höhe der unverfallbaren Anwartschaft § 2 Absatz 5 entsprechend. [3]Für die Anpassung laufender Leistungen gelten die Regelungen nach § 16 Abs. 1 bis 4. [4]Die Regelung in Absatz 1 bleibt unberührt.

§ 30f

(1) [1]Wenn Leistungen der betrieblichen Altersversorgung vor dem 1. Januar 2001 zugesagt worden sind, ist § 1b Abs. 1 mit der Maßgabe anzuwenden, dass die Anwartschaft erhalten bleibt, wenn das Arbeitsverhältnis vor Eintritt des Versorgungsfalles, jedoch nach Vollendung des 35. Lebensjahres endet und die Versorgungszusage zu diesem Zeitpunkt

1. mindestens zehn Jahre oder
2. bei mindestens zwölfjähriger Betriebszugehörigkeit mindestens drei Jahre

bestanden hat; in diesen Fällen bleibt die Anwartschaft auch erhalten, wenn die Zusage ab dem 1. Januar 2001 fünf Jahre bestanden hat und bei Beendigung des Arbeitsverhältnisses das 30. Lebensjahr vollendet ist. [2]§ 1b Abs. 5 findet für Anwartschaften aus diesen Zusagen keine Anwendung.

(2) Wenn Leistungen der betrieblichen Altersversorgung vor dem 1. Januar 2009 und nach dem 31. Dezember 2000 zugesagt worden sind, ist § 1b Abs. 1 Satz 1 mit der Maßgabe anzuwenden, dass die Anwartschaft erhalten bleibt, wenn das Arbeitsverhältnis vor Eintritt des Versorgungsfalls, jedoch nach Vollendung des 30. Lebensjahres endet und die Versorgungszusage zu diesem Zeitpunkt fünf Jahre bestanden hat; in diesen Fällen bleibt die Anwartschaft auch erhalten, wenn die Zusage ab dem 1. Januar 2009 fünf Jahre bestanden hat und bei Beendigung des Arbeitsverhältnisses das 25. Lebensjahr vollendet ist.

(3) Wenn Leistungen der betrieblichen Altersversorgung vor dem 1. Januar 2018 und nach dem 31. Dezember 2008 zugesagt worden sind, ist § 1b Absatz 1 Satz 1 mit der Maßgabe anzuwenden, dass die Anwartschaft erhalten bleibt, wenn das Arbeitsverhältnis vor Eintritt des Versorgungsfalls, jedoch nach Vollendung des 25. Lebensjahres endet und die Versorgungszusage zu diesem Zeitpunkt fünf Jahre bestanden hat; in diesen Fällen bleibt die Anwartschaft auch erhalten, wenn die Zusage ab dem 1. Januar 2018 drei Jahre bestanden hat und bei Beendigung des Arbeitsverhältnisses das 21. Lebensjahr vollendet ist.

§ 30g

(1) [1]§ 2a Absatz 2 gilt nicht für Beschäftigungszeiten vor dem 1. Januar 2018. [2]Für Beschäftigungszeiten nach dem 31. Dezember 2017 gilt § 2a Absatz 2 nicht, wenn das Versorgungssystem vor dem 20. Mai 2014 für neue Arbeitnehmer geschlossen war.

(2) [1]§ 2 Abs. 5a gilt nur für Anwartschaften, die auf Zusagen beruhen, die nach dem 31. Dezember 2000 erteilt worden sind. [2]Im Einvernehmen zwischen Arbeitgeber und Arbeitnehmer kann § 2 Absatz 5 auch auf Anwartschaften angewendet werden, die auf Zusagen beruhen, die vor dem 1. Januar 2001 erteilt worden sind.

(3) § 3 findet keine Anwendung auf laufende Leistungen, die vor dem 1. Januar 2005 erstmals gezahlt worden sind.

§ 30h

§ 20 Absatz 1 gilt für Entgeltumwandlungen, die auf Zusagen beruhen, die nach dem 29. Juni 2001 erteilt werden.

§ 30i

(1) [1]Der Barwert der bis zum 31. Dezember 2005 aufgrund eingetretener Insolvenzen zu sichernden Anwartschaften wird einmalig auf die beitragspflichtigen Arbeitgeber entsprechend § 10 Abs. 3 umgelegt und vom Träger der Insolvenzsicherung nach Maßgabe der Beträge zum Schluss des Wirtschaftsjahres, das im Jahr 2004 geendet hat, erhoben. [2]Der Rechnungszinsfuß bei der Berechnung des Barwerts beträgt 3,67 vom Hundert.

(2) [1]Der Betrag ist in 15 gleichen Raten fällig. [2]Die erste Rate wird am 31. März 2007 fällig, die weiteren zum 31. März der folgenden Kalenderjahre. [3]Bei vorfälliger Zahlung erfolgt eine Diskontierung der einzelnen Jahresraten mit dem zum Zeitpunkt der Zahlung um ein Drittel erhöhten Rechnungszinsfuß nach der nach § 235 Nummer 4 des Versicherungsaufsichtsgesetzes erlassenen Rechtsverordnung, wobei nur volle Monate berücksichtigt werden.

(3) Der abgezinste Gesamtbetrag ist gemäß Absatz 2 am 31. März 2007 fällig, wenn die sich ergebende Jahresrate nicht höher als 50 Euro ist.

(4) Insolvenzbedingte Zahlungsausfälle von ausstehenden Raten werden im Jahr der Insolvenz in die erforderlichen jährlichen Beiträge gemäß § 10 Abs. 2 eingerechnet.

§ 30j Übergangsregelung zu § 20 Absatz 2

§ 20 Absatz 2 gilt nicht für Optionssysteme, die auf der Grundlage von Betriebs- oder Dienstvereinbarungen vor dem 1. Juni 2017 eingeführt worden sind.

§ 31

Auf Sicherungsfälle, die vor dem 1. Januar 1999 eingetreten sind, ist dieses Gesetz in der bis zu diesem Zeitpunkt geltenden Fassung anzuwenden.

§ 32

[1]Dieses Gesetz tritt vorbehaltlich des Satzes 2 am Tag nach seiner Verkündung in Kraft. [2]Die §§ 7 bis 15 treten am 1. Januar 1975 in Kraft.

Anhang. EV Auszug aus EinigVtr Anlage I Kapitel VIII Sachgebiet A Abschnitt III (BGBl. II 1990, 889, 1024) – Maßgaben für das beigetretene Gebiet (Art. 3 EinigVtr) –

Abschnitt III

Bundesrecht tritt in dem in Artikel 3 des Vertrages genannten Gebiet mit folgenden Maßgaben in Kraft:

. . .

16. Gesetz zur Verbesserung der betrieblichen Altersversorgung vom 19. Dezember 1974 (BGBl. I S. 3610), zuletzt geändert durch Artikel 33 des Gesetzes vom 18. Dezember 1986 (BGBl. I S. 2261; 1990 I S. 1337), mit folgenden Maßgaben:
    a) Dieses Gesetz tritt am 1. Januar 1992 in Kraft.
    b) §§ 1 bis 18 finden auf Zusagen über Leistungen der betrieblichen Altersversorgung Anwendung, die nach dem 31. Dezember 1991 erteilt werden; die Nachversicherung gemäß § 18 Abs. 6 von Zeiten vor dem 1. Januar 1992 ist ausgeschlossen.
    c) §§ 26 bis 30 sind nicht anzuwenden.

16. Insolvenzordnung

Vom 5. Oktober 1994 (BGBl. I S. 2866)

zuletzt geändert durch Gesetz vom 23.6.2017 (BGBl. I S. 1693)

Inhaltsübersicht

Erster Teil. Allgemeine Vorschriften

§ 1 Ziele des Insolvenzverfahrens

[1]Das Insolvenzverfahren dient dazu, die Gläubiger eines Schuldners gemeinschaftlich zu befriedigen, indem das Vermögen des Schuldners verwertet und der Erlös verteilt oder in einem Insolvenzplan eine abweichende Regelung insbesondere zum Erhalt des Unternehmens getroffen wird. [2]Dem redlichen Schuldner wird Gelegenheit gegeben, sich von seinen restlichen Verbindlichkeiten zu befreien.

§ 2 Amtsgericht als Insolvenzgericht

(1) Für das Insolvenzverfahren ist das Amtsgericht, in dessen Bezirk ein Landgericht seinen Sitz hat, als Insolvenzgericht für den Bezirk dieses Landgerichts ausschließlich zuständig.

(2) [1]Die Landesregierungen werden ermächtigt, zur sachdienlichen Förderung oder schnelleren Erledigung der Verfahren durch Rechtsverordnung andere oder zusätzliche Amtsgerichte zu Insolvenzgerichten zu bestimmen und die Bezirke der Insolvenzgerichte abweichend festzulegen. [2]Die Landesregierungen können die Ermächtigung auf die Landesjustizverwaltungen übertragen.

(3) [1]Rechtsverordnungen nach Absatz 2 sollen je Bezirk eines Oberlandesgerichts ein Insolvenzgericht bestimmen, an dem ein Gruppen-Gerichtsstand nach § 3a begründet werden kann. [2]Die Zuständigkeit des bestimmten Insolvenzgerichts kann innerhalb eines Landes auch über den Bezirk eines Oberlandesgerichts erstreckt werden.

§ 3 Örtliche Zuständigkeit

(1) [1]Örtlich zuständig ist ausschließlich das Insolvenzgericht, in dessen Bezirk der Schuldner seinen allgemeinen Gerichtsstand hat. [2]Liegt der Mittelpunkt einer selbständigen wirtschaftlichen Tätigkeit des Schuldners an einem anderen Ort, so ist ausschließlich das Insolvenzgericht zuständig, in dessen Bezirk dieser Ort liegt.

(2) Sind mehrere Gerichte zuständig, so schließt das Gericht, bei dem zuerst die Eröffnung des Insolvenzverfahrens beantragt worden ist, die übrigen aus.

§ 3a Gruppen-Gerichtsstand

(1) [1]Auf Antrag eines Schuldners, der einer Unternehmensgruppe im Sinne von § 3e angehört (gruppenangehöriger Schuldner), erklärt sich das angerufene Insolvenzgericht für die Insolvenzverfahren über die anderen gruppenangehörigen Schuldner (Gruppen-Folgeverfahren) für zuständig, wenn in Bezug auf den Schuldner ein zulässiger Eröffnungsantrag vorliegt und der Schuldner nicht offensichtlich von untergeordneter Bedeutung für die gesamte Unternehmensgruppe ist. [2]Eine untergeordnete Bedeutung ist in der Regel nicht anzunehmen, wenn im vorangegangenen abgeschlossenen Geschäftsjahr die Zahl der vom Schuldner im Jahresdurchschnitt beschäftigten Arbeitnehmer mehr als 15 Prozent der in der Unternehmensgruppe im Jahresdurchschnitt beschäftigten Arbeitnehmer ausmachte und

1. die Bilanzsumme des Schuldners mehr als 15 Prozent der zusammengefassten Bilanzsumme der Unternehmensgruppe betrug oder

2. die Umsatzerlöse des Schuldners mehr als 15 Prozent der zusammengefassten Umsatzerlöse der Unternehmensgruppe betrugen.

[3]Haben mehrere gruppenangehörige Schuldner zeitgleich einen Antrag nach Satz 1 gestellt oder ist bei mehreren Anträgen unklar, welcher Antrag zuerst gestellt worden ist, ist der Antrag des Schuldners maßgeblich, der im vergangenen abgeschlossenen Geschäftsjahr die meisten Arbeitnehmer beschäftigt hat; die anderen Anträge sind unzulässig. [4]Erfüllt keiner der gruppenangehörigen Schuldner die Voraussetzungen des Satzes 2, kann der Gruppen-Gerichtsstand jedenfalls bei dem Gericht begründet werden, das für die Eröffnung des Verfahrens für den gruppenangehörigen Schuldner zuständig ist, der im vorangegangenen abgeschlossenen Geschäftsjahr im Jahresdurchschnitt die meisten Arbeitnehmer beschäftigt hat.

(2) Bestehen Zweifel daran, dass eine Verfahrenskonzentration am angerufenen Insolvenzgericht im gemeinsamen Interesse der Gläubiger liegt, kann das Gericht den Antrag nach Absatz 1 Satz 1 ablehnen.

(3) Das Antragsrecht des Schuldners geht mit der Eröffnung des Insolvenzverfahrens auf den Insolvenzverwalter und mit der Bestellung eines vorläufigen Insolvenzverwalters, auf den die Verwaltungs- und Verfügungsbefugnis über das Vermögen des Schuldners übergeht, auf diesen über.

§ 3b Fortbestehen des Gruppen-Gerichtsstands

Ein nach § 3a begründeter Gruppen-Gerichtsstand bleibt von der Nichteröffnung, Aufhebung oder Einstellung des Insolvenzverfahrens über den antragstellenden Schuldner unberührt, solange an diesem Gerichtsstand ein Verfahren über einen anderen gruppenangehörigen Schuldner anhängig ist.

§ 3c Zuständigkeit für Gruppen-Folgeverfahren

(1) Am Gericht des Gruppen-Gerichtsstands ist für Gruppen-Folgeverfahren der Richter zuständig, der für das Verfahren zuständig ist, in dem der Gruppen-Gerichtsstand begründet wurde.

(2) Der Antrag auf Eröffnung eines Gruppen-Folgeverfahrens kann auch bei dem nach § 3 Absatz 1 zuständigen Gericht gestellt werden.

§ 3d Verweisung an den Gruppen-Gerichtsstand

(1) [1]Wird die Eröffnung eines Insolvenzverfahrens über das Vermögen eines gruppenangehörigen Schuldners bei einem anderen Insolvenzgericht als dem Gericht des Gruppen-Gerichtsstands beantragt, kann das angerufene Gericht das Verfahren an das Gericht des Gruppen-Gerichtsstands verweisen. [2]Eine Verweisung hat auf Antrag zu erfolgen, wenn der Schuldner unverzüglich nachdem er Kenntnis von dem Eröffnungsantrag eines Gläubigers erlangt hat, einen zulässigen Eröffnungsantrag bei dem Gericht des Gruppen-Gerichtsstands stellt.

(2) [1]Antragsberechtigt ist der Schuldner. [2]§ 3a Absatz 3 gilt entsprechend.

(3) Das Gericht des Gruppen-Gerichtsstands kann den vom Erstgericht bestellten vorläufigen Insolvenzverwalter entlassen, wenn dies erforderlich ist, um nach § 56b eine Person zum Insolvenzverwalter in mehreren oder allen Verfahren über die gruppenangehörigen Schuldner zu bestellen.

§ 3e Unternehmensgruppe

(1) Eine Unternehmensgruppe im Sinne dieses Gesetzes besteht aus rechtlich selbständigen Unternehmen, die den Mittelpunkt ihrer hauptsächlichen Interessen im Inland haben und die unmittelbar oder mittelbar miteinander verbunden sind durch

1. die Möglichkeit der Ausübung eines beherrschenden Einflusses oder

2. eine Zusammenfassung unter einheitlicher Leitung.

(2) Als Unternehmensgruppe im Sinne des Absatzes 1 gelten auch eine Gesellschaft und ihre persönlich haftenden Gesellschafter, wenn zu diesen weder eine natürliche Person noch eine Gesellschaft zählt, an der eine natürliche Person als persönlich haftender Gesellschafter beteiligt ist, oder sich die Verbindung von Gesellschaften in dieser Art fortsetzt.

§ 4 Anwendbarkeit der Zivilprozeßordnung

Für das Insolvenzverfahren gelten, soweit dieses Gesetz nichts anderes bestimmt, die Vorschriften der Zivilprozeßordnung entsprechend.

§ 4a Stundung der Kosten des Insolvenzverfahrens

(1) [1]Ist der Schuldner eine natürliche Person und hat er einen Antrag auf Restschuldbefreiung gestellt, so werden ihm auf Antrag die Kosten des Insolvenzverfahrens bis zur Erteilung der Restschuldbefreiung gestundet, soweit sein Vermögen voraussichtlich nicht ausreichen wird, um diese Kosten zu decken. [2]Die Stundung nach Satz 1 umfasst auch die Kosten des Verfahrens über den Schuldenbereinigungsplan und des Verfahrens zur Restschuldbefreiung. [3]Der Schuldner hat dem Antrag eine Erklärung beizufügen, ob einer der Versagungsgründe des § 290 Abs. 1 Nr. 1 und 3 ein Versagungsgrund des § 290 Absatz 1 Nummer 1 vorliegt. [4]Liegt ein solcher Grund vor, ist eine Stundung ausgeschlossen.

(2) [1]Werden dem Schuldner die Verfahrenskosten gestundet, so wird ihm auf Antrag ein zur Vertretung bereiter Rechtsanwalt seiner Wahl beigeordnet, wenn die Vertretung durch einen Rechtsanwalt trotz der dem Gericht obliegenden Fürsorge erforderlich erscheint. [2]§ 121 Abs. 3 bis 5 der Zivilprozessordnung gilt entsprechend.

(3) [1]Die Stundung bewirkt, dass

1. die Bundes- oder Landeskasse
   a) die rückständigen und die entstehenden Gerichtskosten,
   b) die auf sie übergegangenen Ansprüche des beigeordneten Rechtsanwalts nur nach den Bestimmungen, die das Gericht trifft, gegen den Schuldner geltend machen kann;
2. der beigeordnete Rechtsanwalt Ansprüche auf Vergütung gegen den Schuldner nicht geltend machen kann.

[2]Die Stundung erfolgt für jeden Verfahrensabschnitt besonders. Bis zur Entscheidung über die Stundung treten die in Satz 1 genannten Wirkungen einstweilig ein. [3]§ 4b Abs.2 gilt entsprechend.

§ 4b Rückzahlung und Anpassung der gestundeten Beträge

(1) [1]Ist der Schuldner nach Erteilung der Restschuldbefreiung nicht in der Lage, den gestundeten Betrag aus seinem Einkommen und seinem Vermögen zu zahlen, so kann das Gericht die Stundung verlängern und die zu zahlenden Monatsraten festsetzen. [2]§ 115 Absatz 1 bis 3 sowie § 120 Absatz 2 der Zivilprozessordnung gelten entsprechend.

(2) [1]Das Gericht kann die Entscheidung über die Stundung und die Monatsraten jederzeit ändern, soweit sich die für sie maßgebenden persönlichen oder wirtschaftlichen Verhältnisse wesentlich geändert haben. [2]Der Schuldner ist verpflichtet, dem Gericht eine wesentliche Änderung dieser Verhältnisse unverzüglich anzuzeigen. [3]§ 120a Absatz 1 Satz 2 und 3 der Zivilprozessordnung gilt entsprechend. [4]Eine Änderung zum Nachteil des Schuldners ist ausgeschlossen, wenn seit der Beendigung des Verfahrens vier Jahre vergangen sind.

§ 4c Aufhebung der Stundung

Das Gericht kann die Stundung aufheben, wenn

1. der Schuldner vorsätzlich oder grob fahrlässig unrichtige Angaben über Umstände gemacht hat, die für die Eröffnung des Insolvenzverfahrens oder die Stundung maßgebend sind, oder eine vom Gericht verlangte Erklärung über seine Verhältnisse nicht abgegeben hat;
2. die persönlichen oder wirtschaftlichen Voraussetzungen für die Stundung nicht vorgelegen haben; in diesem Fall ist die Aufhebung ausgeschlossen,wenn seit der Beendigung des Verfahrens vier Jahre vergangen sind;
3. der Schuldner länger als drei Monate mit der Zahlung einer Monatsrate oder mit der Zahlung eines sonstigen Betrages schuldhaft in Rückstand ist;
4. der Schuldner keine angemessene Erwerbstätigkeit ausübt und, wenn er ohne Beschäftigung ist, sich nicht um eine solche bemüht oder eine zumutbare Tätigkeit ablehnt und dadurch die Befriedigung der Insolvenzgläubiger beeinträchtigt; dies gilt nicht, wenn den Schuldner kein Verschulden trifft; § 296 Absatz 2 Satz 2 und 3 gilt entsprechend;
5. die Restschuldbefreiung versagt oder widerrufen wird.

§ 4d Rechtsmittel

(1) Gegen die Ablehnung der Stundung oder deren Aufhebung sowie gegen die Ablehnung der Beiordnung eines Rechtsanwalts steht dem Schuldner die sofortige Beschwerde zu.

(2) [1]Wird die Stundung bewilligt, so steht der Staatskasse die sofortige Beschwerde zu. [2]Diese kann nur darauf gestützt werden, dass nach den persönlichen oder wirtschaftlichen Verhältnissen des Schuldners die Stundung hätte abgelehnt werden müssen.

§ 5 Verfahrensgrundsätze

(1) [1]Das Insolvenzgericht hat von Amts wegen alle Umstände zu ermitteln, die für das Insolvenzverfahren von Bedeutung sind. [2]Es kann zu diesem Zweck insbesondere Zeugen und Sachverständige vernehmen.

(2) [1]Sind die Vermögensverhältnisse des Schuldners überschaubar und ist die Zahl der Gläubiger oder die Höhe der Verbindlichkeiten gering, wird das Verfahren schriftlich durchgeführt. [2]Das Insolvenzgericht kann anordnen, dass das Verfahren oder einzelne seiner Teile mündlich durchgeführt werden, wenn dies zur Förderung des Verfahrensablaufs angezeigt ist. [3]Es kann diese Anordnung jederzeit aufheben oder ändern. Die Anordnung, ihre Aufhebung oder Abänderung sind öffentlich bekannt zu machen.

(3) [1]Die Entscheidungen des Gerichts können ohne mündliche Verhandlung ergehen. [2]Findet eine mündliche Verhandlung statt, so ist § 227 Abs. 3 Satz 1 der Zivilprozeßordnung nicht anzuwenden.

(4) [1]Tabellen und Verzeichnisse können maschinell hergestellt und bearbeitet werden. [2]Die Landesregierungen werden ermächtigt, durch Rechtsverordnung nähere Bestimmungen über die Führung der Tabellen und Verzeichnisse, ihre elektronische Einreichung sowie die elektronische Einreichung der dazugehörigen Dokumente und deren Aufbewahrung zu treffen. [3]Dabei können sie auch Vorgaben für die Datenformate der elektronischen Einreichung machen. [4]Die Landesregierungen können die Ermächtigung auf die Landesjustizverwaltungen übertragen.

§ 6 Sofortige Beschwerde

(1) [1]Die Entscheidungen des Insolvenzgerichts unterliegen nur in den Fällen einem Rechtsmittel, in denen dieses Gesetz die sofortige Beschwerde vorsieht. [2]Die sofortige Beschwerde ist bei dem Insolvenzgericht einzulegen.

(2) Die Beschwerdefrist beginnt mit der Verkündung der Entscheidung oder, wenn diese nicht verkündet wird, mit deren Zustellung.

(3) [1]Die Entscheidung über die Beschwerde wird erst mit der Rechtskraft wirksam. [2]Das Beschwerdegericht kann jedoch die sofortige Wirksamkeit der Entscheidung anordnen.

§ 7 *(aufgehoben)*

§ 8 Zustellungen

(1) [1]Die Zustellungen erfolgen von Amts wegen, ohne dass es einer Beglaubigung des zuzustellenden Schriftstücks bedarf. [2]Sie können dadurch bewirkt werden, dass das Schriftstück unter der Anschrift des Zustellungsadressaten zur Post gegeben wird; § 184 Abs. 2 Satz 1, 2 und 4 der Zivilprozessordnung gilt entsprechend. [3]Soll die Zustellung im Inland bewirkt werden, gilt das Schriftstück drei Tage nach Aufgabe zur Post als zugestellt.

(2) [1]An Personen, deren Aufenthalt unbekannt ist, wird nicht zugestellt. [2]Haben sie einen zur Entgegennahme von Zustellungen berechtigten Vertreter, so wird dem Vertreter zugestellt.

(3) [1]Das Insolvenzgericht kann den Insolvenzverwalter beauftragen, die Zustellungen nach Absatz 1 durchzuführen. [2]Zur Durchführung der Zustellung und zur Erfassung in den Akten kann er sich Dritter, insbesondere auch eigenen Personals, bedienen. [3]Der Insolvenzverwalter hat die von ihm nach § 184 Abs. 2 Satz 4 der Zivilprozessordnung angefertigten Vermerke unverzüglich zu den Gerichtsakten zu reichen.

§ 9 Öffentliche Bekanntmachung

(1) [1]Die öffentliche Bekanntmachung erfolgt durch eine zentrale und länderübergreifende Veröffentlichung im Internet (www.insolvenzbekanntmachungen.de); diese kann auszugsweise geschehen. [2]Dabei ist der Schuldner genau zu bezeichnen, insbesondere sind seine Anschrift und sein Geschäftszweig anzugeben. [3]Die Bekanntmachung gilt als bewirkt, sobald nach dem Tag der Veröffentlichung zwei weitere Tage verstrichen sind.

(2) [1]Das Insolvenzgericht kann weitere Veröffentlichungen veranlassen, soweit dies landesrechtlich bestimmt ist. [2]Das Bundesministerium der Justiz und für Verbraucherschutz wird ermächtigt, durch Rechtsverordnung mit Zustimmung des Bundesrates die Einzelheiten der zentralen und länderübergreifenden Veröffentlichung im Internet zu regeln. [3]Dabei sind insbesondere Löschungsfristen vorzusehen sowie Vorschriften, die sicherstellen, dass die Veröffentlichungen

1. unversehrt, vollständig und aktuell bleiben,
2. jederzeit ihrem Ursprung nach zugeordnet werden können.

(3) Die öffentliche Bekanntmachung genügt zum Nachweis der Zustellung an alle Beteiligten, auch wenn dieses Gesetz neben ihr eine besondere Zustellung vorschreibt.

§ 10 Anhörung des Schuldners

(1) [1]Soweit in diesem Gesetz eine Anhörung des Schuldners vorgeschrieben ist, kann sie unterbleiben, wenn sich der Schuldner im Ausland aufhält und die Anhörung das Verfahren übermäßig verzögern würde oder wenn der Aufenthalt des Schuldners unbe-

kannt ist. [2]In diesem Fall soll ein Vertreter oder Angehöriger des Schuldners gehört werden.

(2) [1]Ist der Schuldner keine natürliche Person, so gilt Absatz 1 entsprechend für die Anhörung von Personen, die zur Vertretung des Schuldners berechtigt oder an ihm beteiligt sind. [2]Ist der Schuldner eine juristische Person und hat diese keinen organschaftlichen Vertreter (Führungslosigkeit), so können die an ihm beteiligten Personen gehört werden; Absatz 1 Satz 1 gilt entsprechend.

Zweiter Teil. Eröffnung des Insolvenzverfahrens. Erfaßtes Vermögen und Verfahrensbeteiligte

Erster Abschnitt. Eröffnungsvoraussetzungen und Eröffnungsverfahren

§ 11 Zulässigkeit des Insolvenzverfahrens

(1) [1]Ein Insolvenzverfahren kann über das Vermögen jeder natürlichen und jeder juristischen Person eröffnet werden. [2]Der nicht rechtsfähige Verein steht insoweit einer juristischen Person gleich.

(2) Ein Insolvenzverfahren kann ferner eröffnet werden:

1. über das Vermögen einer Gesellschaft ohne Rechtspersönlichkeit (offene Handelsgesellschaft, Kommanditgesellschaft, Partnerschaftsgesellschaft, Gesellschaft des Bürgerlichen Rechts, Partenreederei, Europäische wirtschaftliche Interessenvereinigung);
2. nach Maßgabe der §§ 315 bis 334 über einen Nachlaß, über das Gesamtgut einer fortgesetzten Gütergemeinschaft oder über das Gesamtgut einer Gütergemeinschaft, das von den Ehegatten oder Lebenspartnern gemeinschaftlich verwaltet wird.

(3) Nach Auflösung einer juristischen Person oder einer Gesellschaft ohne Rechtspersönlichkeit ist die Eröffnung des Insolvenzverfahrens zulässig, solange die Verteilung des Vermögens nicht vollzogen ist.

§ 12 Juristische Personen des öffentlichen Rechts

(1) Unzulässig ist das Insolvenzverfahren über das Vermögen

1. des Bundes oder eines Landes;
2. einer juristischen Person des öffentlichen Rechts, die der Aufsicht eines Landes untersteht, wenn das Landesrecht dies bestimmt.

(2) Hat ein Land nach Absatz 1 Nr. 2 das Insolvenzverfahren über das Vermögen einer juristischen Person für unzulässig erklärt, so können im Falle der Zahlungsunfähigkeit oder der Überschuldung dieser juristischen Person deren Arbeitnehmer von dem Land die Leistungen verlangen, die sie im Falle der Eröffnung eines Insolvenzverfahrens nach den Vorschriften des Dritten Buches Sozialgesetzbuch über das Insolvenzgeld von der Agentur für Arbeit und nach den Vorschriften des Gesetzes zur Verbesserung der betrieblichen Altersversorgung vom Träger der Insolvenzsicherung beanspruchen könnten.

§ 13 Eröffnungsantrag

(1) [1]Das Insolvenzverfahren wird nur auf schriftlichen Antrag eröffnet. [2]Antragsberechtigt sind die Gläubiger und der Schuldner. [3]Dem Antrag des Schuldners ist ein Verzeichnis der Gläubiger und ihrer Forderungen beizufügen. [4]Wenn der Schuldner einen Geschäftsbetrieb hat, der nicht eingestellt ist, sollen in dem Verzeichnis besonders kenntlich gemacht werden

1. die höchsten Forderungen,

2. die höchsten gesicherten Forderungen,
3. die Forderungen der Finanzverwaltung,
4. die Forderungen der Sozialversicherungsträger sowie
5. die Forderungen aus betrieblicher Altersversorgung.

[5]Der Schuldner hat in diesem Fall auch Angaben zur Bilanzsumme, zu den Umsatzerlösen und zur durchschnittlichen Zahl der Arbeitnehmer des vorangegangenen Geschäftsjahres zu machen. [6]Die Angaben nach Satz 4 sind verpflichtend, wenn

1. der Schuldner Eigenverwaltung beantragt,
2. der Schuldner die Merkmale des § 22a Absatz 1 erfüllt oder
3. die Einsetzung eines vorläufigen Gläubigerausschusses beantragt wurde.

[7]Dem Verzeichnis nach Satz 3 und den Angaben nach den Sätzen 4 und 5 ist die Erklärung beizufügen, dass die enthaltenen Angaben richtig und vollständig sind.

(2) Der Antrag kann zurückgenommen werden, bis das Insolvenzverfahren eröffnet oderder Antrag rechtskräftig abgewiesen ist.

(3) Ist der Eröffnungsantrag unzulässig, so fordert das Insolvenzgericht den Antragsteller unverzüglich auf, den Mangel zu beheben und räumt ihm hierzu eine angemessene Frist ein.

(4) [1]Das Bundesministerium der Justiz und für Verbraucherschutz wird ermächtigt, durch Rechtsverordnung mit Zustimmung des Bundesrates für die Antragstellung durch den Schuldner ein Formular einzuführen. [2]Soweit nach Satz 1 ein Formular eingeführt ist, muss der Schuldner dieses benutzen. [3]Für Verfahren, die von den Gerichten maschinell bearbeitet, und für solche, die nicht maschinell bearbeitet werden, können unterschiedliche Formulare eingeführt werden.

§ 13a Antrag zur Begründung eines Gruppen-Gerichtsstands

(1) In einem Antrag nach § 3a Absatz 1 sind anzugeben:

1. Name, Sitz, Unternehmensgegenstand sowie Bilanzsumme, Umsatzerlöse und die durchschnittliche Zahl der Arbeitnehmer des letzten Geschäftsjahres der anderen gruppenangehörigen Unternehmen, die nicht lediglich von untergeordneter Bedeutung für die Unternehmensgruppe sind; für die übrigen gruppenangehörigen Unternehmen sollen entsprechende Angaben gemacht werden,
2. aus welchen Gründen eine Verfahrenskonzentration am angerufenen Insolvenzgericht im gemeinsamen Interesse der Gläubiger liegt,
3. ob eine Fortführung oder Sanierung der Unternehmensgruppe oder eines Teils davon angestrebt wird,
4. welche gruppenangehörigen Unternehmen Institute im Sinne des § 1 Absatz 1b des Kreditwesengesetzes, Finanzholding-Gesellschaften im Sinne des § 1 Absatz 3a des Kreditwesengesetzes, Kapitalverwaltungsgesellschaften im Sinne des § 17 Absatz 1 des Kapitalanlagegesetzbuches, Zahlungsdienstleister im Sinne des § 1 Absatz 1 des Zahlungsdiensteaufsichtsgesetzes oder Versicherungsunternehmen im Sinne des § 7 Nummer 33 des Versicherungsaufsichtsgesetzes sind, und
5. die gruppenangehörigen Schuldner, über deren Vermögen die Eröffnung eines Insolvenzverfahrens beantragt oder ein Verfahren eröffnet wurde, einschließlich des zuständigen Insolvenzgerichts und des Aktenzeichens.

(2) [1]Dem Antrag nach § 3a Absatz 1 ist der letzte konsolidierte Abschluss der Unternehmensgruppe beizufügen. [2]Liegt ein solcher nicht vor, sind die letzten Jahresabschlüsse der gruppenangehörigen Unternehmen beizufügen, die nicht lediglich von un-

tergeordneter Bedeutung für die Unternehmensgruppe sind. [3]Die Jahresabschlüsse der übrigen gruppenangehörigen Unternehmen sollen beigefügt werden.

§ 14 Antrag eines Gläubigers

(1) [1]Der Antrag eines Gläubigers ist zulässig, wenn der Gläubiger ein rechtliches Interesse an der Eröffnung des Insolvenzverfahrens hat und seine Forderung und den Eröffnungsgrund glaubhaft macht. [2]Der Antrag wird nicht allein dadurch unzulässig, dass die Forderung erfüllt wird.

(2) Ist der Antrag zulässig, so hat das Insolvenzgericht den Schuldner zu hören.

(3) Wird die Forderung des Gläubigers nach Antragstellung erfüllt, so hat der Schuldner die Kosten des Verfahrens zu tragen, wenn der Antrag als unbegründet abgewiesen wird.

§ 15 Antragsrecht bei juristischen Personen und Gesellschaften ohne Rechtspersönlichkeit

(1) [1]Zum Antrag auf Eröffnung eines Insolvenzverfahrens über das Vermögen einer juristischen Person oder einer Gesellschaft ohne Rechtspersönlichkeit ist außer den Gläubigern jedes Mitglied des Vertretungsorgans, bei einer Gesellschaft ohne Rechtspersönlichkeit oder bei einer Kommanditgesellschaft auf Aktien jeder persönlich haftende Gesellschafter, sowie jeder Abwickler berechtigt. [2]Bei einer juristischen Person ist im Fall der Führungslosigkeit auch jeder Gesellschafter, bei einer Aktiengesellschaft oder einer Genossenschaft zudem auch jedes Mitglied des Aufsichtsrats zur Antragstellung berechtigt.

(2) [1]Wird der Antrag nicht von allen Mitgliedern des Vertretungsorgans, allen persönlich haftenden Gesellschaftern, allen Gesellschaftern der juristischen Person, allen Mitgliedern des Aufsichtsrats oder allen Abwicklern gestellt, so ist er zulässig, wenn der Eröffnungsgrund glaubhaft gemacht wird. [2]Zusätzlich ist bei Antragstellung durch Gesellschafter einer juristischen Person oder Mitglieder des Aufsichtsrats auch die Führungslosigkeit glaubhaft zu machen. [3]Das Insolvenzgericht hat die übrigen Mitglieder des Vertretungsorgans, persönlich haftenden Gesellschafter, Gesellschafter der juristischen Person, Mitglieder des Aufsichtsrats oder Abwickler zu hören.

(3) [1]Ist bei einer Gesellschaft ohne Rechtspersönlichkeit kein persönlich haftender Gesellschafter eine natürliche Person, so gelten die Absätze 1 und 2 entsprechend für die organschaftlichen Vertreter und die Abwickler der zur Vertretung der Gesellschaft ermächtigten Gesellschafter. [2]Entsprechendes gilt, wenn sich die Verbindung von Gesellschaften in dieser Art fortsetzt.

§ 15a Antragspflicht bei juristischen Personen und Gesellschaften ohne Rechtspersönlichkeit

(1) [1]Wird eine juristische Person zahlungsunfähig oder überschuldet, haben die Mitglieder des Vertretungsorgans oder die Abwickler ohne schuldhaftes Zögern, spätestens aber drei Wochen nach Eintritt der Zahlungsunfähigkeit oder Überschuldung, einen Eröffnungsantrag zu stellen. [2]Das Gleiche gilt für die organschaftlichen Vertreter der zur Vertretung der Gesellschaft ermächtigten Gesellschafter oder die Abwickler bei einer Gesellschaft ohne Rechtspersönlichkeit, bei der kein persönlich haftender Gesellschafter eine natürliche Person ist; dies gilt nicht, wenn zu den persönlich haftenden Gesellschaftern eine andere Gesellschaft gehört, bei der ein persönlich haftender Gesellschafter eine natürliche Person ist.

(2) Bei einer Gesellschaft im Sinne des Absatzes 1 Satz 2 gilt Absatz 1 sinngemäß, wenn die organschaftlichen Vertreter der zur Vertretung der Gesellschaft ermächtigten Gesellschafter ihrerseits Gesellschaften sind, bei denen kein persönlich haftender Ge-

sellschafter eine natürliche Person ist, oder sich die Verbindung von Gesellschaften in dieser Art fortsetzt.

(3) Im Fall der Führungslosigkeit einer Gesellschaft mit beschränkter Haftung ist auch jeder Gesellschafter, im Fall der Führungslosigkeit einer Aktiengesellschaft oder einer Genossenschaft ist auch jedes Mitglied des Aufsichtsrats zur Stellung des Antrags verpflichtet, es sei denn, diese Person hat von der Zahlungsunfähigkeit und der Überschuldung oder der Führungslosigkeit keine Kenntnis.

(4) Mit Freiheitsstrafe bis zu drei Jahren oder mit Geldstrafe wird bestraft, wer entgegen Absatz 1 Satz 1, auch in Verbindung mit Satz 2 oder Absatz 2 oder Absatz 3, einen Eröffnungsantrag

1. nicht oder nicht rechtzeitig stellt oder
2. nicht richtig stellt.

(5) Handelt der Täter in den Fällen des Absatzes 4 fahrlässig, ist die Strafe Freiheitsstrafe bis zu einem Jahr oder Geldstrafe.

(6) Im Falle des Absatzes 4 Nummer 2, auch in Verbindung mit Absatz 5, ist die Tat nur strafbar, wenn der Eröffnungsantrag rechtskräftig als unzulässig zurückgewiesen wurde.

(7) Auf Vereine und Stiftungen, für die § 42 Absatz 2 des Bürgerlichen Gesetzbuchs gilt, sind die Absätze 1 bis 6 nicht anzuwenden.

§ 16 Eröffnungsgrund

Die Eröffnung des Insolvenzverfahrens setzt voraus, daß ein Eröffnungsgrund gegeben ist.

§ 17 Zahlungsunfähigkeit

(1) Allgemeiner Eröffnungsgrund ist die Zahlungsunfähigkeit.

(2) [1]Der Schuldner ist zahlungsunfähig, wenn er nicht in der Lage ist, die fälligen Zahlungspflichten zu erfüllen. [2]Zahlungsunfähigkeit ist in der Regel anzunehmen, wenn der Schuldner seine Zahlungen eingestellt hat.

§ 18 Drohende Zahlungsunfähigkeit

(1) Beantragt der Schuldner die Eröffnung des Insolvenzverfahrens, so ist auch die drohende Zahlungsunfähigkeit Eröffnungsgrund.

(2) Der Schuldner droht zahlungsunfähig zu werden, wenn er voraussichtlich nicht in der Lage sein wird, die bestehenden Zahlungspflichten im Zeitpunkt der Fälligkeit zu erfüllen.

(3) Wird bei einer juristischen Person oder einer Gesellschaft ohne Rechtspersönlichkeit der Antrag nicht von allen Mitgliedern des Vertretungsorgans, allen persönlich haftenden Gesellschaftern oder allen Abwicklern gestellt, so ist Absatz 1 nur anzuwenden, wenn der oder die Antragsteller zur Vertretung der juristischen Person oder der Gesellschaft berechtigt sind.

§ 19 Überschuldung

(1) Bei einer juristischen Person ist auch die Überschuldung Eröffnungsgrund.

(2) [1]Überschuldung liegt vor, wenn das Vermögen des Schuldners die bestehenden Verbindlichkeiten nicht mehr deckt, es sei denn, die Fortführung des Unternehmens ist nach den Umständen überwiegend wahrscheinlich. [2]Forderungen auf Rückgewähr von Gesellschafterdarlehen oder aus Rechtshandlungen, die einem solchen Darlehen wirtschaftlich entsprechen, für die gemäß § 39 Abs. 2 zwischen Gläubiger und Schuldner der Nachrang im Insolvenzverfahren hinter den in § 39 Abs. 1 Nr. 1 bis 5 bezeichneten For-

derungen vereinbart worden ist, sind nicht bei den Verbindlichkeiten nach Satz 1 zu berücksichtigen.

(3) [1]Ist bei einer Gesellschaft ohne Rechtspersönlichkeit kein persönlich haftender Gesellschafter eine natürliche Person, so gelten die Absätze 1 und 2 entsprechend. [2]Dies gilt nicht, wenn zu den persönlich haftenden Gesellschaftern eine andere Gesellschaft gehört, bei der ein persönlich haftender Gesellschafter eine natürliche Person ist.

§ 20 Auskunfts- und Mitwirkungspflicht im Eröffnungsverfahren. Hinweis auf Restschuldbefreiung

(1) [1]Ist der Antrag zulässig, so hat der Schuldner dem Insolvenzgericht die Auskünfte zu erteilen, die zur Entscheidung über den Antrag erforderlich sind, und es auch sonst bei der Erfüllung seiner Aufgaben zu unterstützen. [2]Die §§ 97, 98, 101 Abs. 1 Satz 1, 2, Abs. 2 gelten entsprechend.

(2) Ist der Schuldner eine natürliche Person, so soll er darauf hingewiesen werden, dass er nach Maßgabe der §§ 286 bis 303a Restschuldbefreiung erlangen kann.

§ 21 Anordnung vorläufiger Maßnahmen

(1) [1]Das Insolvenzgericht hat alle Maßnahmen zu treffen, die erforderlich erscheinen, um bis zur Entscheidung über den Antrag eine den Gläubigern nachteilige Veränderung in der Vermögenslage des Schuldners zu verhüten. [2]Gegen die Anordnung der Maßnahme steht dem Schuldner die sofortige Beschwerde zu.

(2) [1]Das Gericht kann insbesondere

1. einen vorläufigen Insolvenzverwalter bestellen, für den § 8 Absatz 3 und die §§ 56 bis 56b, 58 bis 66 und 269a entsprechend gelten;

1a. einen vorläufigen Gläubigerausschuss einsetzen, für den § 67 Absatz 2 und die §§ 69 bis 73 entsprechend gelten; zu Mitgliedern des Gläubigerausschusses können auch Personen bestellt werden, die erst mit Eröffnung des Verfahrens Gläubiger werden;

2. dem Schuldner ein allgemeines Verfügungsverbot auferlegen oder anordnen, daß Verfügungen des Schuldners nur mit Zustimmung des vorläufigen Insolvenzverwalters wirksam sind;

3. Maßnahmen der Zwangsvollstreckung gegen den Schuldner untersagen oder einstweilen einstellen, soweit nicht unbewegliche Gegenstände betroffen sind;

4. eine vorläufige Postsperre anordnen, für die die §§ 99, 101 Abs. 1 Satz 1 entsprechend gelten;

5. anordnen, dass Gegenstände, die im Falle der Eröffnung des Verfahrens von § 166 erfasst würden oder deren Aussonderung verlangt werden könnte, vom Gläubiger nicht verwertet oder eingezogen werden dürfen und dass solche Gegenstände zur Fortführung des Unternehmens des Schuldners eingesetzt werden können, soweit sie hierfür von erheblicher Bedeutung sind; § 169 Satz 2 und 3 gilt entsprechend; ein durch die Nutzung eingetretener Wertverlust ist durch laufende Zahlungen an den Gläubiger auszugleichen. Die Verpflichtung zu Ausgleichszahlungen besteht nur, soweit der durch die Nutzung entstehende Wertverlust die Sicherung des absonderungsberechtigten Gläubigers beeinträchtigt. Zieht der vorläufige Insolvenzverwalter eine zur Sicherung eines Anspruchs abgetretene Forderung anstelle des Gläubigers ein, so gelten die §§ 170, 171 entsprechend.

[2]Die Anordnung von Sicherungsmaßnahmen berührt nicht die Wirksamkeit von Verfügungen über Finanzsicherheiten nach § 1 Abs. 17 des Kreditwesengesetzes und die Wirksamkeit der Verrechnung von Ansprüchen und Leistungen aus Zahlungsaufträgen, Aufträgen zwischen Zahlungsdienstleistern oder zwischengeschalteten Stellen oder Aufträgen zur Übertragung von Wertpapieren, die in Systeme nach § 1 Abs. 16 des

Kreditwesengesetzes eingebracht wurden. [3]Dies gilt auch dann, wenn ein solches Rechtsgeschäft des Schuldners am Tag der Anordnung getätigt und verrechnet oder eine Finanzsicherheit bestellt wird und der andere Teil nachweist, dass er die Anordnung weder kannte noch hätte kennen müssen; ist der andere Teil ein Systembetreiber oder Teilnehmer in dem System, bestimmt sich der Tag der Anordnung nach dem Geschäftstag im Sinne des § 1 Absatz 16b des Kreditwesengesetzes.

(3) [1]Reichen andere Maßnahmen nicht aus, so kann das Gericht den Schuldner zwangsweise vorführen und nach Anhörung in Haft nehmen lassen. [2]Ist der Schuldner keine natürliche Person, so gilt entsprechendes für seine organschaftlichen Vertreter. [3]Für die Anordnung von Haft gilt § 98 Abs. 3 entsprechend.

§ 22 Rechtsstellung des vorläufigen Insolvenzverwalters

(1) [1]Wird ein vorläufiger Insolvenzverwalter bestellt und dem Schuldner ein allgemeines Verfügungsverbot auferlegt, so geht die Verwaltungs- und Verfügungsbefugnis über das Vermögen des Schuldners auf den vorläufigen Insolvenzverwalter über. [2]In diesem Fall hat der vorläufige Insolvenzverwalter:

1. das Vermögen des Schuldners zu sichern und zu erhalten;
2. ein Unternehmen, das der Schuldner betreibt, bis zur Entscheidung über die Eröffnung des Insolvenzverfahrens fortzuführen, soweit nicht das Insolvenzgericht einer Stillegung zustimmt, um eine erhebliche Verminderung des Vermögens zu vermeiden;
3. zu prüfen, ob das Vermögen des Schuldners die Kosten des Verfahrens decken wird; das Gericht kann ihn zusätzlich beauftragen, als Sachverständiger zu prüfen, ob ein Eröffnungsgrund vorliegt und welche Aussichten für eine Fortführung des Unternehmens des Schuldners bestehen.

(2) [1]Wird ein vorläufiger Insolvenzverwalter bestellt, ohne daß dem Schuldner ein allgemeines Verfügungsverbot auferlegt wird, so bestimmt das Gericht die Pflichten des vorläufigen Insolvenzverwalters. [2]Sie dürfen nicht über die Pflichten nach Absatz 1 Satz 2 hinausgehen.

(3) [1]Der vorläufige Insolvenzverwalter ist berechtigt, die Geschäftsräume des Schuldners zu betreten und dort Nachforschungen anzustellen. [2]Der Schuldner hat dem vorläufigen Insolvenzverwalter Einsicht in seine Bücher und Geschäftspapiere zu gestatten. [3]Er hat ihm alle erforderlichen Auskünfte zu erteilen und ihn bei der Erfüllung seiner Aufgaben zu unterstützen; die §§ 97, 98, 101 Abs. 1 Satz 1, 2, Abs. 2 gelten entsprechend.

§ 22a Bestellung eines vorläufigen Gläubigerausschusses

(1) Das Insolvenzgericht hat einen vorläufigen Gläubigerausschuss nach § 21 Absatz 2 Nummer 1a einzusetzen, wenn der Schuldner im vorangegangenen Geschäftsjahr mindestens zwei der drei nachstehenden Merkmale erfüllt hat:

1. mindestens 6 000 000 Euro Bilanzsumme nach Abzug eines auf der Aktivseite ausgewiesenen Fehlbetrags im Sinne des § 268 Absatz 3 des Handelsgesetzbuchs;
2. mindestens 12 000 000 Euro Umsatzerlöse in den zwölf Monaten vor dem Abschlussstichtag;
3. im Jahresdurchschnitt mindestens fünfzig Arbeitnehmer.

(2) Das Gericht soll auf Antrag des Schuldners, des vorläufigen Insolvenzverwalters oder eines Gläubigers einen vorläufigen Gläubigerausschuss nach § 21 Absatz 2 Nummer 1a einsetzen, wenn Personen benannt werden, die als Mitglieder des vorläufigen Gläubigerausschusses in Betracht kommen und dem Antrag Einverständniserklärungen der benannten Personen beigefügt werden.

(3) Ein vorläufiger Gläubigerausschuss ist nicht einzusetzen, wenn der Geschäftsbetrieb des Schuldners eingestellt ist, die Einsetzung des vorläufigen Gläubigerausschusses im Hinblick auf die zu erwartende Insolvenzmasse unverhältnismäßig ist oder die mit der Einsetzung verbundene Verzögerung zu einer nachteiligen Veränderung der Vermögenslage des Schuldners führt.

(4) Auf Aufforderung des Gerichts hat der Schuldner oder der vorläufige Insolvenzverwalter Personen zu benennen, die als Mitglieder des vorläufigen Gläubigerausschusses in Betracht kommen.

§ 23 Bekanntmachung der Verfügungsbeschränkungen

(1) [1]Der Beschluß, durch den eine der in § 21 Abs. 2 Nr. 2 vorgesehenen Verfügungsbeschränkungen angeordnet und ein vorläufiger Insolvenzverwalter bestellt wird, ist öffentlich bekanntzumachen. [2]Er ist dem Schuldner, den Personen, die Verpflichtungen gegenüber dem Schuldner haben, und dem vorläufigen Insolvenzverwalter besonders zuzustellen. [3]Die Schuldner des Schuldners sind zugleich aufzufordern, nur noch unter Beachtung des Beschlusses zu leisten.

(2) Ist der Schuldner im Handels-, Genossenschafts-, Partnerschafts- oder Vereinsregister eingetragen, so hat die Geschäftsstelle des Insolvenzgerichts dem Registergericht eine Ausfertigung des Beschlusses zu übermitteln.

(3) Für die Eintragung der Verfügungsbeschränkung im Grundbuch, im Schiffsregister, im Schiffsbauregister und im Register über Pfandrechte an Luftfahrzeugen gelten die §§ 32, 33 entsprechend.

§ 24 Wirkungen der Verfügungsbeschränkungen

(1) Bei einem Verstoß gegen eine der in § 21 Abs. 2 Nr. 2 vorgesehenen Verfügungsbeschränkungen gelten die §§ 81, 82 entsprechend.

(2) Ist die Verfügungsbefugnis über das Vermögen des Schuldners auf einen vorläufigen Insolvenzverwalter übergegangen, so gelten für die Aufnahme anhängiger Rechtsstreitigkeiten § 85 Abs. 1 Satz 1 und § 86 entsprechend.

§ 25 Aufhebung der Sicherungsmaßnahmen

(1) Werden die Sicherungsmaßnahmen aufgehoben, so gilt für die Bekanntmachung der Aufhebung einer Verfügungsbeschränkung § 23 entsprechend.

(2) [1]Ist die Verfügungsbefugnis über das Vermögen des Schuldners auf einen vorläufigen Insolvenzverwalter übergegangen, so hat dieser vor der Aufhebung seiner Bestellung aus dem von ihm verwalteten Vermögen die entstandenen Kosten zu berichtigen und die von ihm begründeten Verbindlichkeiten zu erfüllen. [2]Gleiches gilt für die Verbindlichkeiten aus einem Dauerschuldverhältnis, soweit der vorläufige Insolvenzverwalter für das von ihm verwaltete Vermögen die Gegenleistung in Anspruch genommen hat.

§ 26 Abweisung mangels Masse

(1) [1]Das Insolvenzgericht weist den Antrag auf Eröffnung des Insolvenzverfahrens ab, wenn das Vermögen des Schuldners voraussichtlich nicht ausreichen wird, um die Kosten des Verfahrens zu decken. [2]Die Abweisung unterbleibt, wenn ein ausreichender Geldbetrag vorgeschossen wird oder die Kosten nach § 4a gestundet werden. [3]Der Beschluss ist unverzüglich öffentlich bekannt zu machen.

(2) [1]Das Gericht ordnet die Eintragung des Schuldners, bei dem der Eröffnungsantrag mangels Masse abgewiesen worden ist, in das Schuldnerverzeichnis nach § 882b der Zivilprozessordnung an und übermittelt die Anordnung unverzüglich elektronisch dem zentralen Vollstreckungsgericht nach § 882h Abs. 1 der Zivilprozessordnung. [2]§ 882c Abs. 3 der Zivilprozessordnung gilt entsprechend.

(3) [1]Wer nach Absatz 1 Satz 2 einen Vorschuß geleistet hat, kann die Erstattung des vorgeschossenen Betrages von jeder Person verlangen, die entgegen den Vorschriften des Insolvenz- oder Gesellschaftsrechts den Antrag auf Eröffnung des Insolvenzverfahrens pflichtwidrig und schuldhaft nicht gestellt hat. [2]Ist streitig, ob die Person pflichtwidrig und schuldhaft gehandelt hat, so trifft sie die Beweislast.

(4) [1]Zur Leistung eines Vorschusses nach Absatz 1 Satz 2 ist jede Person verpflichtet, die entgegen den Vorschriften des Insolvenz- oder Gesellschaftsrechts pflichtwidrig und schuldhaft keinen Antrag auf Eröffnung des Insolvenzverfahrens gestellt hat. [2]Ist streitig, ob die Person pflichtwidrig und schuldhaft gehandelt hat, so trifft sie die Beweislast. [3]Die Zahlung des Vorschusses kann der vorläufige Insolvenzverwalter sowie jede Person verlangen, die einen begründeten Vermögensanspruch gegen den Schuldner hat.

§ 26a Vergütung des vorläufigen Insolvenzverwalters

(1) Wird das Insolvenzverfahren nicht eröffnet, setzt das Insolvenzgericht die Vergütung und die zu erstattenden Auslagen des vorläufigen Insolvenzverwalters durch Beschluss fest.

(2) [1]Die Festsetzung erfolgt gegen den Schuldner, es sei denn, der Eröffnungsantrag ist unzulässig oder unbegründet und den antragstellenden Gläubiger trifft ein grobes Verschulden. [2]In diesem Fall sind die Vergütung und die zu erstattenden Auslagen des vorläufigen Insolvenzverwalters ganz oder teilweise dem Gläubiger aufzuerlegen und gegen ihn festzusetzen. [3]Ein grobes Verschulden ist insbesondere dann anzunehmen, wenn der Antrag von vornherein keine Aussicht auf Erfolg hatte und der Gläubiger dies erkennen musste. [4]Der Beschluss ist dem vorläufigen Verwalter und demjenigen, der die Kosten des vorläufigen Insolvenzverwalters zu tragen hat, zuzustellen. [5]Die Vorschriften der Zivilprozessordnung über die Zwangsvollstreckung aus Kostenfestsetzungsbeschlüssen gelten entsprechend.

(3) [1]Gegen den Beschluss steht dem vorläufigen Verwalter und demjenigen, der die Kosten des vorläufigen Insolvenzverwalters zu tragen hat, die sofortige Beschwerde zu. [2]§ 567 Absatz 2 der Zivilprozessordnung gilt entsprechend.

§ 27 Eröffnungsbeschluß

(1) [1]Wird das Insolvenzverfahren eröffnet, so ernennt das Insolvenzgericht einen Insolvenzverwalter. [2]§ 270 bleibt unberührt.

(2) Der Eröffnungsbeschluß enthält:

1. Firma oder Namen und Vornamen, Geburtsjahr *[Geburtsdatum]*, Registergericht und Registernummer, unter der der Schuldner in das Handelsregister eingetragen ist, Geschäftszweig oder Beschäftigung, gewerbliche Niederlassung oder Wohnung des Schuldners;
2. Namen und Anschrift des Insolvenzverwalters;
3. die Stunde der Eröffnung;
4. die Gründe, aus denen das Gericht von einem einstimmigen Vorschlag des vorläufigen Gläubigerausschusses zur Person des Verwalters abgewichen ist; dabei ist der Name der vorgeschlagenen Person nicht zu nennen;
5. eine abstrakte Darstellung der für personenbezogene Daten geltenden Löschungsfristen nach § 3 der Verordnung zu öffentlichen Bekanntmachungen in Insolvenzverfahren im Internet vom 12. Februar 2002 (BGBl. I S. 677), die zuletzt durch Artikel 2 des Gesetzes vom 13. April 2007 (BGBl. I S. 509) geändert worden ist.

(3) Ist die Stunde der Eröffnung nicht angegeben, so gilt als Zeitpunkt der Eröffnung die Mittagsstunde des Tages, an dem der Beschluß erlassen worden ist.

§ 28 Aufforderungen an die Gläubiger und die Schuldner

(1) [1]Im Eröffnungsbeschluß sind die Gläubiger aufzufordern, ihre Forderungen innerhalb einer bestimmten Frist unter Beachtung des § 174 beim Insolvenzverwalter anzumelden. [2]Die Frist ist auf einen Zeitraum von mindestens zwei Wochen und höchstens drei Monaten festzusetzen.

(2) [1]Im Eröffnungsbeschluß sind die Gläubiger aufzufordern, dem Verwalter unverzüglich mitzuteilen, welche Sicherungsrechte sie an beweglichen Sachen oder an Rechten des Schuldners in Anspruch nehmen. [2]Der Gegenstand, an dem das Sicherungsrecht beansprucht wird, die Art und der Entstehungsgrund des Sicherungsrechts sowie die gesicherte Forderung sind zu bezeichnen. [3]Wer die Mitteilung schuldhaft unterläßt oder verzögert, haftet für den daraus entstehenden Schaden.

(3) Im Eröffnungsbeschluß sind die Personen, die Verpflichtungen gegenüber dem Schuldner haben, aufzufordern, nicht mehr an den Schuldner zu leisten, sondern an den Verwalter.

§ 29 Terminbestimmungen

(1) Im Eröffnungsbeschluß bestimmt das Insolvenzgericht Termine für:

1. eine Gläubigerversammlung, in der auf der Grundlage eines Berichts des Insolvenzverwalters über den Fortgang des Insolvenzverfahrens beschlossen wird (Berichtstermin); der Termin soll nicht über sechs Wochen und darf nicht über drei Monate hinaus angesetzt werden;
2. eine Gläubigerversammlung, in der die angemeldeten Forderungen geprüft werden (Prüfungstermin); der Zeitraum zwischen dem Ablauf der Anmeldefrist und dem Prüfungstermin soll mindestens eine Woche und höchstens zwei Monate betragen.

(2) Die Termine können verbunden werden. [2]Das Gericht soll auf den Berichtstermin verzichten, wenn die Vermögensverhältnisse des Schuldners überschaubar sind und die Zahl der Gläubiger oder die Höhe der Verbindlichkeiten gering ist.

§ 30 Bekanntmachung des Eröffnungsbeschlusses

(1) Die Geschäftsstelle des Insolvenzgerichts hat den Eröffnungsbeschluß sofort öffentlich bekanntzumachen.

(2) Den Gläubigern und Schuldnern des Schuldners und dem Schuldner selbst ist der Beschluß besonders zuzustellen.

(3) *(aufgehoben)*

§ 31 Handels-, Genossenschafts-, Partnerschafts- und Vereinsregister

Ist der Schuldner im Handels-, Genossenschafts-, Partnerschafts- oder Vereinsregister eingetragen, so hat die Geschäftsstelle des Insolvenzgerichts dem Registergericht zu übermitteln:

1. im Falle der Eröffnung des Insolvenzverfahrens eine Ausfertigung des Eröffnungsbeschlusses;
2. im Falle der Abweisung des Eröffnungsantrags mangels Masse eine Ausfertigung des abweisenden Beschlusses, wenn der Schuldner eine juristische Person oder eine Gesellschaft ohne Rechtspersönlichkeit ist, die durch die Abweisung mangels Masse aufgelöst wird.

§ 32 Grundbuch

(1) Die Eröffnung des Insolvenzverfahrens ist in das Grundbuch einzutragen:

1. bei Grundstücken, als deren Eigentümer der Schuldner eingetragen ist;

2. bei den für den Schuldner eingetragenen Rechten an Grundstücken und an eingetragenen Rechten, wenn nach der Art des Rechts und den Umständen zu befürchten ist, daß ohne die Eintragung die Insolvenzgläubiger benachteiligt würden.

(2) [1]Soweit dem Insolvenzgericht solche Grundstücke oder Rechte bekannt sind, hat es das Grundbuchamt von Amts wegen um die Eintragung zu ersuchen. [2]Die Eintragung kann auch vom Insolvenzverwalter beim Grundbuchamt beantragt werden.

(3) [1]Werden ein Grundstück oder ein Recht, bei denen die Eröffnung des Verfahrens eingetragen worden ist, vom Verwalter freigegeben oder veräußert, so hat das Insolvenzgericht auf Antrag das Grundbuchamt um Löschung der Eintragung zu ersuchen. [2]Die Löschung kann auch vom Verwalter beim Grundbuchamt beantragt werden.

§ 33 Register für Schiffe und Luftfahrzeuge

[1]Für die Eintragung der Eröffnung des Insolvenzverfahrens in das Schiffsregister, das Schiffsbauregister und das Register für Pfandrechte an Luftfahrzeugen gilt § 32 entsprechend. [2]Dabei treten an die Stelle der Grundstücke die in diese Register eingetragenen Schiffe, Schiffsbauwerke und Luftfahrzeuge, an die Stelle des Grundbuchamts das Registergericht.

§ 34 Rechtsmittel

(1) Wird die Eröffnung des Insolvenzverfahrens abgelehnt, so steht dem Antragsteller und, wenn die Abweisung des Antrags nach § 26 erfolgt, dem Schuldner die sofortige Beschwerde zu.

(2) Wird das Insolvenzverfahren eröffnet, so steht dem Schuldner die sofortige Beschwerde zu.

(3) Sobald eine Entscheidung, die den Eröffnungsbeschluß aufhebt, Rechtskraft erlangt hat, ist die Aufhebung des Verfahrens öffentlich bekanntzumachen. § 200 Abs. 2 Satz 2 gilt entsprechend. Die Wirkungen der Rechtshandlungen, die vom Insolvenzverwalter oder ihm gegenüber vorgenommen worden sind, werden durch die Aufhebung nicht berührt.

Zweiter Abschnitt. Insolvenzmasse. Einteilung der Gläubiger

§ 35 Begriff der Insolvenzmasse

(1) Das Insolvenzverfahren erfaßt das gesamte Vermögen, das dem Schuldner zur Zeit der Eröffnung des Verfahrens gehört und das er während des Verfahrens erlangt (Insolvenzmasse).

(2) [1]Übt der Schuldner eine selbstständige Tätigkeit aus oder beabsichtigt er, demnächst eine solche Tätigkeit auszuüben, hat der Insolvenzverwalter ihm gegenüber zu erklären, ob Vermögen aus der selbstständigen Tätigkeit zur Insolvenzmasse gehört und ob Ansprüche aus dieser Tätigkeit im Insolvenzverfahren geltend gemacht werden können. [2]§ 295 Absatz 2 gilt entsprechend. [3]Auf Antrag des Gläubigerausschusses oder, wenn ein solcher nicht bestellt ist, der Gläubigerversammlung ordnet das Insolvenzgericht die Unwirksamkeit der Erklärung an.

(3) [1]Die Erklärung des Insolvenzverwalters ist dem Gericht gegenüber anzuzeigen. [2]Das Gericht hat die Erklärung und den Beschluss über ihre Unwirksamkeit öffentlich bekannt zu machen.

§ 36 Unpfändbare Gegenstände

(1) [1]Gegenstände, die nicht der Zwangsvollstreckung unterliegen, gehören nicht zur Insolvenzmasse. [2]Die §§ 850, 850a, 850c, 850e, 850f Abs. 1, §§ 850g bis 850i, 851c und 851d der Zivilprozessordnung gelten entsprechend.

(2) Zur Insolvenzmasse gehören jedoch

1. die Geschäftsbücher des Schuldners; gesetzliche Pflichten zur Aufbewahrung von Unterlagen bleiben unberührt;
2. die Sachen, die nach § 811 Abs. 1 Nr. 4 und 9 der Zivilprozeßordnung nicht der Zwangsvollstreckung unterliegen.

(3) Sachen, die zum gewöhnlichen Hausrat gehören und im Haushalt des Schuldners gebraucht werden, gehören nicht zur Insolvenzmasse, wenn ohne weiteres ersichtlich ist, daß durch ihre Verwertung nur ein Erlös erzielt werden würde, der zu dem Wert außer allem Verhältnis steht.

(4) [1]Für Entscheidungen, ob ein Gegenstand nach den in Absatz 1 Satz 2 genannten Vorschriften der Zwangsvollstreckung unterliegt, ist das Insolvenzgericht zuständig. [2]Anstelle eines Gläubigers ist der Insolvenzverwalter antragsberechtigt. [3]Für das Eröffnungsverfahren gelten die Sätze 1 und 2 entsprechend.

§ 37 Gesamtgut bei Gütergemeinschaft

(1) [1]Wird bei dem Güterstand der Gütergemeinschaft das Gesamtgut von einem Ehegatten allein verwaltet und über das Vermögen dieses Ehegatten das Insolvenzverfahren eröffnet, so gehört das Gesamtgut zur Insolvenzmasse. [2]Eine Auseinandersetzung des Gesamtguts findet nicht statt. [3]Durch das Insolvenzverfahren über das Vermögen des anderen Ehegatten wird das Gesamtgut nicht berührt.

(2) Verwalten die Ehegatten das Gesamtgut gemeinschaftlich, so wird das Gesamtgut durch das Insolvenzverfahren über das Vermögen eines Ehegatten nicht berührt.

(3) Absatz 1 ist bei der fortgesetzten Gütergemeinschaft mit der Maßgabe anzuwenden, daß an die Stelle des Ehegatten, der das Gesamtgut allein verwaltet, der überlebende Ehegatte, an die Stelle des anderen Ehegatten die Abkömmlinge treten.

(4) Die Absätze 1 bis 3 gelten für Lebenspartner entsprechend.

§ 38 Begriff der Insolvenzgläubiger

Die Insolvenzmasse dient zur Befriedigung der persönlichen Gläubiger, die einen zur Zeit der Eröffnung des Insolvenzverfahrens begründeten Vermögensanspruch gegen den Schuldner haben (Insolvenzgläubiger).

§ 39 Nachrangige Insolvenzgläubiger

(1) Im Rang nach den übrigen Forderungen der Insolvenzgläubiger werden in folgender Rangfolge, bei gleichem Rang nach dem Verhältnis ihrer Beträge, berichtigt:

1. die seit der Eröffnung des Insolvenzverfahrens laufenden Zinsen und Säumniszuschläge auf Forderungen der Insolvenzgläubiger;
2. die Kosten, die den einzelnen Insolvenzgläubigern durch ihre Teilnahme am Verfahren erwachsen;
3. Geldstrafen, Geldbußen, Ordnungsgelder und Zwangsgelder sowie solche Nebenfolgen einer Straftat oder Ordnungswidrigkeit, die zu einer Geldzahlung verpflichten;
4. Forderungen auf eine unentgeltliche Leistung des Schuldners;

5. nach Maßgabe der Absätze 4 und 5 Forderungen auf Rückgewähr eines Gesellschafterdarlehens oder Forderungen aus Rechtshandlungen, die einem solchen Darlehen wirtschaftlich entsprechen.

(2) Forderungen, für die zwischen Gläubiger und Schuldner der Nachrang im Insolvenzverfahren vereinbart worden ist, werden im Zweifel nach den in Absatz 1 bezeichneten Forderungen berichtigt.

(3) Die Zinsen der Forderungen nachrangiger Insolvenzgläubiger und die Kosten, die diesen Gläubigern durch ihre Teilnahme am Verfahren entstehen, haben den gleichen Rang wie die Forderungen dieser Gläubiger.

(4) [1]Absatz 1 Nr. 5 gilt für Gesellschaften, die weder eine natürliche Person noch eine Gesellschaft als persönlich haftenden Gesellschafter haben, bei der ein persönlich haftender Gesellschafter eine natürliche Person ist. [2]Erwirbt ein Gläubiger bei drohender oder eingetretener Zahlungsunfähigkeit der Gesellschaft oder bei Überschuldung Anteile zum Zweck ihrer Sanierung, führt dies bis zur nachhaltigen Sanierung nicht zur Anwendung von Absatz 1 Nr. 5 auf seine Forderungen aus bestehenden oder neu gewährten Darlehen oder auf Forderungen aus Rechtshandlungen, die einem solchen Darlehen wirtschaftlich entsprechen.

(5) Absatz 1 Nr. 5 gilt nicht für den nicht geschäftsführenden Gesellschafter einer Gesellschaft im Sinne des Absatzes 4 Satz 1, der mit 10 Prozent oder weniger am Haftkapital beteiligt ist.

§ 40 Unterhaltsansprüche

[1]Familienrechtliche Unterhaltsansprüche gegen den Schuldner können im Insolvenzverfahren für die Zeit nach der Eröffnung nur geltend gemacht werden, soweit der Schuldner als Erbe des Verpflichteten haftet. [2]§ 100 bleibt unberührt.

§ 41 Nicht fällige Forderungen

(1) Nicht fällige Forderungen gelten als fällig.

(2) [1]Sind sie unverzinslich, so sind sie mit dem gesetzlichen Zinssatz abzuzinsen. [2]Sie vermindern sich dadurch auf den Betrag, der bei Hinzurechnung der gesetzlichen Zinsen für die Zeit von der Eröffnung des Insolvenzverfahrens bis zur Fälligkeit dem vollen Betrag der Forderung entspricht.

§ 42 Auflösend bedingte Forderungen

Auflösend bedingte Forderungen werden, solange die Bedingung nicht eingetreten ist, im Insolvenzverfahren wie unbedingte Forderungen berücksichtigt.

§ 43 Haftung mehrerer Personen

Ein Gläubiger, dem mehrere Personen für dieselbe Leistung auf das Ganze haften, kann im Insolvenzverfahren gegen jeden Schuldner bis zu seiner vollen Befriedigung den ganzen Betrag geltend machen, den er zur Zeit der Eröffnung des Verfahrens zu fordern hatte.

§ 44 Rechte der Gesamtschuldner und Bürgen

Der Gesamtschuldner und der Bürge können die Forderung, die sie durch eine Befriedigung des Gläubigers künftig gegen den Schuldner erwerben könnten, im Insolvenzverfahren nur dann geltend machen, wenn der Gläubiger seine Forderung nicht geltend macht.

§ 44a Gesicherte Darlehen

In dem Insolvenzverfahren über das Vermögen einer Gesellschaft kann ein Gläubiger nach Maßgabe des § 39 Abs. 1 Nr. 5 für eine Forderung auf Rückgewähr eines Darlehens oder für eine gleichgestellte Forderung, für die ein Gesellschafter eine Sicherheit bestellt oder für die er sich verbürgt hat, nur anteilsmäßige Befriedigung aus der Insolvenzmasse verlangen, soweit er bei der Inanspruchnahme der Sicherheit oder des Bürgen ausgefallen ist.

§ 45 Umrechnung von Forderungen

[1]Forderungen, die nicht auf Geld gerichtet sind oder deren Geldbetrag unbestimmt ist, sind mit dem Wert geltend zu machen, der für die Zeit der Eröffnung des Insolvenzverfahrens geschätzt werden kann. [2]Forderungen, die in ausländischer Währung oder in einer Rechnungseinheit ausgedrückt sind, sind nach dem Kurswert, der zur Zeit der Verfahrenseröffnung für den Zahlungsort maßgeblich ist, in inländische Währung umzurechnen.

§ 46 Wiederkehrende Leistungen

[1]Forderungen auf wiederkehrende Leistungen, deren Betrag und Dauer bestimmt sind, sind mit dem Betrag geltend zu machen, der sich ergibt, wenn die noch ausstehenden Leistungen unter Abzug des in § 41 bezeichneten Zwischenzinses zusammengerechnet werden. [2]Ist die Dauer der Leistungen unbestimmt, so gilt § 45 Satz 1 entsprechend.

§ 47 Aussonderung

[1]Wer auf Grund eines dinglichen oder persönlichen Rechts geltend machen kann, daß ein Gegenstand nicht zur Insolvenzmasse gehört, ist kein Insolvenzgläubiger. [2]Sein Anspruch auf Aussonderung des Gegenstands bestimmt sich nach den Gesetzen, die außerhalb des Insolvenzverfahrens gelten.

§ 48 Ersatzaussonderung

[1]Ist ein Gegenstand, dessen Aussonderung hätte verlangt werden können, vor der Eröffnung des Insolvenzverfahrens vom Schuldner oder nach der Eröffnung vom Insolvenzverwalter unberechtigt veräußert worden, so kann der Aussonderungsberechtigte die Abtretung des Rechts auf die Gegenleistung verlangen, soweit diese noch aussteht. [2]Er kann die Gegenleistung aus der Insolvenzmasse verlangen, soweit sie in der Masse unterscheidbar vorhanden ist.

§ 49 Abgesonderte Befriedigung aus unbeweglichen Gegenständen

Gläubiger, denen ein Recht auf Befriedigung aus Gegenständen zusteht, die der Zwangsvollstreckung in das unbewegliche Vermögen unterliegen (unbewegliche Gegenstände), sind nach Maßgabe des Gesetzes über die Zwangsversteigerung und die Zwangsverwaltung zur abgesonderten Befriedigung berechtigt.

§ 50 Abgesonderte Befriedigung der Pfandgläubiger

(1) Gläubiger, die an einem Gegenstand der Insolvenzmasse ein rechtsgeschäftliches Pfandrecht, ein durch Pfändung erlangtes Pfandrecht oder ein gesetzliches Pfandrecht haben, sind nach Maßgabe der §§ 166 bis 173 für Hauptforderung, Zinsen und Kosten zur abgesonderten Befriedigung aus dem Pfandgegenstand berechtigt.

(2) [1]Das gesetzliche Pfandrecht des Vermieters oder Verpächters kann im Insolvenzverfahren wegen der Miete oder Pacht für eine frühere Zeit als die letzten zwölf Monate vor der Eröffnung des Verfahrens sowie wegen der Entschädigung, die infolge einer Kündigung des Insolvenzverwalters zu zahlen ist, nicht geltend gemacht werden. [2]Das Pfandrecht des Verpächters eines landwirtschaftlichen Grundstücks unterliegt wegen der Pacht nicht dieser Beschränkung.

§ 51 Sonstige Absonderungsberechtigte

Den in § 50 genannten Gläubigern stehen gleich:

1. Gläubiger, denen der Schuldner zur Sicherung eines Anspruchs eine bewegliche Sache übereignet oder ein Recht übertragen hat;
2. Gläubiger, denen ein Zurückbehaltungsrecht an einer Sache zusteht, weil sie etwas zum Nutzen der Sache verwendet haben, soweit ihre Forderung aus der Verwendung den noch vorhandenen Vorteil nicht übersteigt;
3. Gläubiger, denen nach dem Handelsgesetzbuch ein Zurückbehaltungsrecht zusteht;
4. Bund, Länder, Gemeinden und Gemeindeverbände, soweit ihnen zoll- und steuerpflichtige Sachen nach gesetzlichen Vorschriften als Sicherheit für öffentliche Abgaben dienen.

§ 52 Ausfall der Absonderungsberechtigten

[1]Gläubiger, die abgesonderte Befriedigung beanspruchen können, sind Insolvenzgläubiger, soweit ihnen der Schuldner auch persönlich haftet. [2]Sie sind zur anteilsmäßigen Befriedigung aus der Insolvenzmasse jedoch nur berechtigt, soweit sie auf eine abgesonderte Befriedigung verzichten oder bei ihr ausgefallen sind.

§ 53 Massegläubiger

Aus der Insolvenzmasse sind die Kosten des Insolvenzverfahrens und die sonstigen Masseverbindlichkeiten vorweg zu berichtigen.

§ 54 Kosten des Insolvenzverfahrens

Kosten des Insolvenzverfahrens sind:

1. die Gerichtskosten für das Insolvenzverfahren;
2. die Vergütungen und die Auslagen des vorläufigen Insolvenzverwalters, des Insolvenzverwalters und der Mitglieder des Gläubigerausschusses.

§ 55 Sonstige Masseverbindlichkeiten

(1) Masseverbindlichkeiten sind weiter die Verbindlichkeiten:

1. die durch Handlungen des Insolvenzverwalters oder in anderer Weise durch die Verwaltung, Verwertung und Verteilung der Insolvenzmasse begründet werden, ohne zu den Kosten des Insolvenzverfahrens zu gehören;
2. aus gegenseitigen Verträgen, soweit deren Erfüllung zur Insolvenzmasse verlangt wird oder für die Zeit nach der Eröffnung des Insolvenzverfahrens erfolgen muß;
3. aus einer ungerechtfertigten Bereicherung der Masse.

(2) [1]Verbindlichkeiten, die von einem vorläufigen Insolvenzverwalter begründet worden sind, auf den die Verfügungsbefugnis über das Vermögen des Schuldners übergegangen ist, gelten nach der Eröffnung des Verfahrens als Masseverbindlichkeiten. [2]Gleiches gilt für Verbindlichkeiten aus einem Dauerschuldverhältnis, soweit der vorläufige Insolvenzverwalter für das von ihm verwaltete Vermögen die Gegenleistung in Anspruch genommen hat.

(3) [1]Gehen nach Absatz 2 begründete Ansprüche auf Arbeitsentgelt nach § 169 des Dritten Buches Sozialgesetzbuch auf die Bundesagentur für Arbeit über, so kann die Bundesagentur diese nur als Insolvenzgläubiger geltend machen. [2]Satz 1 gilt entsprechend für die in § 175 Absatz 1 des Dritten Buches Sozialgesetzbuch bezeichneten Ansprüche, soweit diese gegenüber dem Schuldner bestehen bleiben.

(4) Verbindlichkeiten des Insolvenzschuldners aus dem Steuerschuldverhältnis, die von einem vorläufigen Insolvenzverwalter oder vom Schuldner mit Zustimmung eines vorläufigen Insolvenzverwalters begründet worden sind, gelten nach Eröffnung des Insolvenzverfahrens als Masseverbindlichkeit.

Dritter Abschnitt. Insolvenzverwalter. Organe der Gläubiger

§ 56 Bestellung des Insolvenzverwalters

(1) [1]Zum Insolvenzverwalter ist eine für den jeweiligen Einzelfall geeignete, insbesondere geschäftskundige und von den Gläubigern und dem Schuldner unabhängige natürliche Person zu bestellen, die aus dem Kreis aller zur Übernahme von Insolvenzverwaltungen bereiten Personen auszuwählen ist. [2]Die Bereitschaft zur Übernahme von Insolvenzverwaltungen kann auf bestimmte Verfahren beschränkt werden. [3]Die erforderliche Unabhängigkeit wird nicht schon dadurch ausgeschlossen, dass die Person

1. vom Schuldner oder von einem Gläubiger vorgeschlagen worden ist oder
2. den Schuldner vor dem Eröffnungsantrag in allgemeiner Form über den Ablauf eines Insolvenzverfahrens und dessen Folgen beraten hat.

(2) [1]Der Verwalter erhält eine Urkunde über seine Bestellung. [2]Bei Beendigung seines Amtes hat er die Urkunde dem Insolvenzgericht zurückzugeben.

§ 56a Gläubigerbeteiligung bei der Verwalterbestellung

(1) Vor der Bestellung des Verwalters ist dem vorläufigen Gläubigerausschuss Gelegenheit zu geben, sich zu den Anforderungen, die an den Verwalter zu stellen sind, und zur Person des Verwalters zu äußern, soweit dies nicht offensichtlich zu einer nachteiligen Veränderung der Vermögenslage des Schuldners führt.

(2) [1]Das Gericht darf von einem einstimmigen Vorschlag des vorläufigen Gläubigerausschusses zur Person des Verwalters nur abweichen, wenn die vorgeschlagene Person für die Übernahme des Amtes nicht geeignet ist. [2]Das Gericht hat bei der Auswahl des Verwalters die vom vorläufigen Gläubigerausschuss beschlossenen Anforderungen an die Person des Verwalters zugrunde zu legen.

(3) Hat das Gericht mit Rücksicht auf eine nachteilige Veränderung der Vermögenslage des Schuldners von einer Anhörung nach Absatz 1 abgesehen, so kann der vorläufige Gläubigerausschuss in seiner ersten Sitzung einstimmig eine andere Person als die bestellte zum Insolvenzverwalter wählen.

§ 56b Verwalterbestellung bei Schuldnern derselben Unternehmensgruppe

(1) [1]Wird über das Vermögen von gruppenangehörigen Schuldnern die Eröffnung eines Insolvenzverfahrens beantragt, so haben die angegangenen Insolvenzgerichte sich darüber abzustimmen, ob es im Interesse der Gläubiger liegt, lediglich eine Person zum Insolvenzverwalter zu bestellen. [2]Bei der Abstimmung ist insbesondere zu erörtern, ob diese Person alle Verfahren über die gruppenangehörigen Schuldner mit der gebotenen Unabhängigkeit wahrnehmen kann und ob mögliche Interessenkonflikte durch die Bestellung von Sonderinsolvenzverwaltern ausgeräumt werden können.

(2) [1]Von dem Vorschlag oder den Vorgaben eines vorläufigen Gläubigerausschusses nach § 56a kann das Gericht abweichen, wenn der für einen anderen gruppenangehörigen Schuldner bestellte vorläufige Gläubigerausschuss eine andere Person einstimmig vorschlägt, die sich für eine Tätigkeit nach Absatz 1 Satz 1 eignet. [2]Vor der Bestellung dieser Person ist der vorläufige Gläubigerausschuss anzuhören. [3]Ist zur Auflösung von Interessenkonflikten ein Sonderinsolvenzverwalter zu bestellen, findet § 56a entsprechende Anwendung.

§ 57 Wahl eines anderen Insolvenzverwalters

[1]In der ersten Gläubigerversammlung, die auf die Bestellung des Insolvenzverwalters folgt, können die Gläubiger an dessen Stelle eine andere Person wählen. [2]Die andere Person ist gewählt, wenn neben der in § 76 Abs. 2 genannten Mehrheit auch die Mehrheit

der abstimmenden Gläubiger für sie gestimmt hat. [3]Das Gericht kann die Bestellung des Gewählten nur versagen, wenn dieser für die Übernahme des Amtes nicht geeignet ist. [4]Gegen die Versagung steht jedem Insolvenzgläubiger die sofortige Beschwerde zu.

§ 58 Aufsicht des Insolvenzgerichts

(1) [1]Der Insolvenzverwalter steht unter der Aufsicht des Insolvenzgerichts. [2]Das Gericht kann jederzeit einzelne Auskünfte oder einen Bericht über den Sachstand und die Geschäftsführung von ihm verlangen.

(2) [1]Erfüllt der Verwalter seine Pflichten nicht, so kann das Gericht nach vorheriger Androhung Zwangsgeld gegen ihn festsetzen. [2]Das einzelne Zwangsgeld darf den Betrag von fünfundzwanzigtausend Euro nicht übersteigen. [3]Gegen den Beschluß steht dem Verwalter die sofortige Beschwerde zu.

(3) Absatz 2 gilt entsprechend für die Durchsetzung der Herausgabepflichten eines entlassenen Verwalters.

§ 59 Entlassung des Insolvenzverwalters

(1) [1]Das Insolvenzgericht kann den Insolvenzverwalter aus wichtigem Grund aus dem Amt entlassen. [2]Die Entlassung kann von Amts wegen oder auf Antrag des Verwalters, des Gläubigerausschusses oder der Gläubigerversammlung erfolgen. [3]Vor der Entscheidung des Gerichts ist der Verwalter zu hören.

(2) [1]Gegen die Entlassung steht dem Verwalter die sofortige Beschwerde zu. [2]Gegen die Ablehnung des Antrags steht dem Verwalter, dem Gläubigerausschuß oder, wenn die Gläubigerversammlung den Antrag gestellt hat, jedem Insolvenzgläubiger die sofortige Beschwerde zu.

§ 60 Haftung des Insolvenzverwalters

(1) [1]Der Insolvenzverwalter ist allen Beteiligten zum Schadenersatz verpflichtet, wenn er schuldhaft die Pflichten verletzt, die ihm nach diesem Gesetz obliegen. [2]Er hat für die Sorgfalt eines ordentlichen und gewissenhaften Insolvenzverwalters einzustehen.

(2) Soweit er zur Erfüllung der ihm als Verwalter obliegenden Pflichten Angestellte des Schuldners im Rahmen ihrer bisherigen Tätigkeit einsetzen muß und diese Angestellten nicht offensichtlich ungeeignet sind, hat der Verwalter ein Verschulden dieser Personen nicht gemäß § 278 des Bürgerlichen Gesetzbuchs zu vertreten, sondern ist nur für deren Überwachung und für Entscheidungen von besonderer Bedeutung verantwortlich.

§ 61 Nichterfüllung von Masseverbindlichkeiten

[1]Kann eine Masseverbindlichkeit, die durch eine Rechtshandlung des Insolvenzverwalters begründet worden ist, aus der Insolvenzmasse nicht voll erfüllt werden, so ist der Verwalter dem Massegläubiger zum Schadenersatz verpflichtet. [2]Dies gilt nicht, wenn der Verwalter bei der Begründung der Verbindlichkeit nicht erkennen konnte, daß die Masse voraussichtlich zur Erfüllung nicht ausreichen würde.

§ 62 Verjährung

[1]Die Verjährung des Anspruchs auf Ersatz des Schadens, der aus einer Pflichtverletzung des Insolvenzverwalters entstanden ist, richtet sich nach den Regelungen über die regelmäßige Verjährung nach dem Bürgerlichen Gesetzbuch. [2]Der Anspruch verjährt spätestens in drei Jahren von der Aufhebung oder der Rechtskraft der Einstellung des Insolvenzverfahrens an. [3]Für Pflichtverletzungen, die im Rahmen einer Nachtragsverteilung (§ 203) oder einer Überwachung der Planerfüllung (§ 260) begangen worden sind, gilt Satz 2 mit der Maßgabe, daß an die Stelle der Aufhebung des Insolvenz-

verfahrens der Vollzug der Nachtragsverteilung oder die Beendigung der Überwachung tritt.

§ 63 Vergütung des Insolvenzverwalters

(1) [1]Der Insolvenzverwalter hat Anspruch auf Vergütung für seine Geschäftsführung und auf Erstattung angemessener Auslagen. [2]Der Regelsatz der Vergütung wird nach dem Wert der Insolvenzmasse zur Zeit der Beendigung des Insolvenzverfahrens berechnet. [3]Dem Umfang und der Schwierigkeit der Geschäftsführung des Verwalters wird durch Abweichungen vom Regelsatz Rechnung getragen.

(2) Sind die Kosten des Verfahrens nach § 4a gestundet, steht dem Insolvenzverwalter für seine Vergütung und seine Auslagen ein Anspruch gegen die Staatskasse zu, soweit die Insolvenzmasse dafür nicht ausreicht.

(3) [1]Die Tätigkeit des vorläufigen Insolvenzverwalters wird gesondert vergütet. [2]Er erhält in der Regel 25 Prozent der Vergütung des Insolvenzverwalters bezogen auf das Vermögen, auf das sich seine Tätigkeit während des Eröffnungsverfahrens erstreckt. [3]Maßgebend für die Wertermittlung ist der Zeitpunkt der Beendigung der vorläufigen Verwaltung oder der Zeitpunkt, ab dem der Gegenstand nicht mehr der vorläufigen Verwaltung unterliegt. [4]Beträgt die Differenz des tatsächlichen Werts der Berechnungsgrundlage der Vergütung zu dem der Vergütung zugrunde gelegten Wert mehr als 20 Prozent, so kann das Gericht den Beschluss über die Vergütung des vorläufigen Insolvenzverwalters bis zur Rechtskraft der Entscheidung über die Vergütung des Insolvenzverwalters ändern.

§ 64 Festsetzung durch das Gericht

(1) Das Insolvenzgericht setzt die Vergütung und die zu erstattenden Auslagen des Insolvenzverwalters durch Beschluß fest.

(2) [1]Der Beschluß ist öffentlich bekanntzumachen und dem Verwalter, dem Schuldner und, wenn ein Gläubigerausschuß bestellt ist, den Mitgliedern des Ausschusses besonders zuzustellen. [2]Die festgesetzten Beträge sind nicht zu veröffentlichen; in der öffentlichen Bekanntmachung ist darauf hinzuweisen, daß der vollständige Beschluß in der Geschäftsstelle eingesehen werden kann.

(3) [1]Gegen den Beschluß steht dem Verwalter, dem Schuldner und jedem Insolvenzgläubiger die sofortige Beschwerde zu. [2]§ 567 Abs. 2 der Zivilprozeßordnung gilt entsprechend.

§ 65 Verordnungsermächtigung

Das Bundesministerium der Justiz und für Verbraucherschutz wird ermächtigt, die Vergütung und die Erstattung der Auslagen des vorläufigen Insolvenzverwalters und des Insolvenzverwalters sowie das hierfür maßgebliche Verfahren durch Rechtsverordnung zu regeln.

§ 66 Rechnungslegung

(1) [1]Der Insolvenzverwalter hat bei der Beendigung seines Amtes einer Gläubigerversammlung Rechnung zu legen. [2]Der Insolvenzplan kann eine abweichende Regelung treffen.

(2) [1]Vor der Gläubigerversammlung prüft das Insolvenzgericht die Schlußrechnung des Verwalters. [2]Es legt die Schlußrechnung mit den Belegen, mit einem Vermerk über die Prüfung und, wenn ein Gläubigerausschuß bestellt ist, mit dessen Bemerkungen zur Einsicht der Beteiligten aus; es kann dem Gläubigerausschuß für dessen Stellungnahmeeine Frist setzen. [3]Der Zeitraum zwischen der Auslegung der Unterlagen und dem Termin der Gläubigerversammlung soll mindestens eine Woche betragen.

(3) [1]Die Gläubigerversammlung kann dem Verwalter aufgeben, zu bestimmten Zeitpunkten während des Verfahrens Zwischenrechnung zu legen. [2]Die Absätze 1 und 2 gelten entsprechend.

§ 67 Einsetzung des Gläubigerausschusses

(1) Vor der ersten Gläubigerversammlung kann das Insolvenzgericht einen Gläubigerausschuß einsetzen.

(2) [1]Im Gläubigerausschuß sollen die absonderungsberechtigten Gläubiger, die Insolvenzgläubiger mit den höchsten Forderungen und die Kleingläubiger vertreten sein. [2]Dem Ausschuß soll ein Vertreter der Arbeitnehmer angehören.

(3) Zu Mitgliedern des Gläubigerausschusses können auch Personen bestellt werden, die keine Gläubiger sind.

§ 68 Wahl anderer Mitglieder

(1) [1]Die Gläubigerversammlung beschließt, ob ein Gläubigerausschuß eingesetzt werden soll. [2]Hat das Insolvenzgericht bereits einen Gläubigerausschuß eingesetzt, so beschließt sie, ob dieser beibehalten werden soll.

(2) Sie kann vom Insolvenzgericht bestellte Mitglieder abwählen und andere oder zusätzliche Mitglieder des Gläubigerausschusses wählen.

§ 69 Aufgaben des Gläubigerausschusses

[1]Die Mitglieder des Gläubigerausschusses haben den Insolvenzverwalter bei seiner Geschäftsführung zu unterstützen und zu überwachen. [2]Sie haben sich über den Gang der Geschäfte zu unterrichten sowie die Bücher und Geschäftspapiere einsehen und den Geldverkehr und -bestand prüfen zu lassen.

§ 70 Entlassung

[1]Das Insolvenzgericht kann ein Mitglied des Gläubigerausschusses aus wichtigem Grundaus dem Amt entlassen. [2]Die Entlassung kann von Amts wegen, auf Antrag des Mitglieds des Gläubigerausschusses oder auf Antrag der Gläubigerversammlung erfolgen. [3]Vor der Entscheidung des Gerichts ist das Mitglied des Gläubigerausschusses zu hören; gegen die Entscheidung steht ihm die sofortige Beschwerde zu.

§ 71 Haftung der Mitglieder des Gläubigerausschusses

[1]Die Mitglieder des Gläubigerausschusses sind den absonderungsberechtigten Gläubigern und den Insolvenzgläubigern zum Schadenersatz verpflichtet, wenn sie schuldhaft die Pflichten verletzen, die ihnen nach diesem Gesetz obliegen. [2]§ 62 gilt entsprechend.

§ 72 Beschlüsse des Gläubigerausschusses

Ein Beschluß des Gläubigerausschusses ist gültig, wenn die Mehrheit der Mitglieder an der Beschlußfassung teilgenommen hat und der Beschluß mit der Mehrheit der abgegebenen Stimmen gefaßt worden ist.

§ 73 Vergütung der Mitglieder des Gläubigerausschusses

(1) [1]Die Mitglieder des Gläubigerausschusses haben Anspruch auf Vergütung für ihre Tätigkeit und auf Erstattung angemessener Auslagen. [2]Dabei ist dem Zeitaufwand und dem Umfang der Tätigkeit Rechnung zu tragen.

(2) § 63 Abs. 2 sowie die §§ 64 und 65 gelten entsprechend.

§ 74 Einberufung der Gläubigerversammlung

(1) [1]Die Gläubigerversammlung wird vom Insolvenzgericht einberufen. [2]Zur Teilnahme an der Versammlung sind alle absonderungsberechtigten Gläubiger, alle Insol-

venzgläubiger, der Insolvenzverwalter, die Mitglieder des Gläubigerausschusses und der Schuldner berechtigt.

(2) [1]Die Zeit, der Ort und die Tagesordnung der Gläubigerversammlung sind öffentlich bekanntzumachen. [2]Die öffentliche Bekanntmachung kann unterbleiben, wenn in einer Gläubigerversammlung die Verhandlung vertagt wird.

§ 75 Antrag auf Einberufung

(1) Die Gläubigerversammlung ist einzuberufen, wenn dies beantragt wird:

1. vom Insolvenzverwalter;
2. vom Gläubigerausschuß;
3. von mindestens fünf absonderungsberechtigten Gläubigern oder nicht nachrangigen Insolvenzgläubigern, deren Absonderungsrechte und Forderungen nach der Schätzung des Insolvenzgerichts zusammen ein Fünftel der Summe erreichen, die sich aus dem Wert aller Absonderungsrechte und den Forderungsbeträgen aller nicht nachrangigen Insolvenzgläubiger ergibt;
4. von einem oder mehreren absonderungsberechtigten Gläubigern oder nicht nachrangigen Insolvenzgläubigern, deren Absonderungsrechte und Forderungen nach der Schätzung des Gerichts zwei Fünftel der in Nummer 3 bezeichneten Summe erreichen.

(2) Der Zeitraum zwischen dem Eingang des Antrags und dem Termin der Gläubigerversammlung soll höchstens drei Wochen betragen.

(3) Wird die Einberufung abgelehnt, so steht dem Antragsteller die sofortige Beschwerde zu.

§ 76 Beschlüsse der Gläubigerversammlung

(1) Die Gläubigerversammlung wird vom Insolvenzgericht geleitet.

(2) Ein Beschluß der Gläubigerversammlung kommt zustande, wenn die Summe der Forderungsbeträge der zustimmenden Gläubiger mehr als die Hälfte der Summe der Forderungsbeträge der abstimmenden Gläubiger beträgt; bei absonderungsberechtigten Gläubigern, denen der Schuldner nicht persönlich haftet, tritt der Wert des Absonderungsrechts an die Stelle des Forderungsbetrags.

§ 77 Feststellung des Stimmrechts

(1) [1]Ein Stimmrecht gewähren die Forderungen, die angemeldet und weder vom Insolvenzverwalter noch von einem stimmberechtigten Gläubiger bestritten worden sind. [2]Nachrangige Gläubiger sind nicht stimmberechtigt.

(2) [1]Die Gläubiger, deren Forderungen bestritten werden, sind stimmberechtigt, soweit sich in der Gläubigerversammlung der Verwalter und die erschienenen stimmberechtigten Gläubiger über das Stimmrecht geeinigt haben. [2]Kommt es nicht zu einer Einigung, so entscheidet das Insolvenzgericht. [3]Es kann seine Entscheidung auf den Antrag des Verwalters oder eines in der Gläubigerversammlung erschienenen Gläubigers ändern.

(3) Absatz 2 gilt entsprechend

1. für die Gläubiger aufschiebend bedingter Forderungen;
2. für die absonderungsberechtigten Gläubiger.

§ 78 Aufhebung eines Beschlusses der Gläubigerversammlung

(1) Widerspricht ein Beschluß der Gläubigerversammlung dem gemeinsamen Interesse der Insolvenzgläubiger, so hat das Insolvenzgericht den Beschluß aufzuheben,

wenn ein absonderungsberechtigter Gläubiger, ein nicht nachrangiger Insolvenzgläubiger oder der Insolvenzverwalter dies in der Gläubigerversammlung beantragt.

(2) [1]Die Aufhebung des Beschlusses ist öffentlich bekanntzumachen. [2]Gegen die Aufhebung steht jedem absonderungsberechtigten Gläubiger und jedem nicht nachrangigen Insolvenzgläubiger die sofortige Beschwerde zu. [3]Gegen die Ablehnung des Antrags auf Aufhebung steht dem Antragsteller die sofortige Beschwerde zu.

§ 79 Unterrichtung der Gläubigerversammlung

[1]Die Gläubigerversammlung ist berechtigt, vom Insolvenzverwalter einzelne Auskünfte und einen Bericht über den Sachstand und die Geschäftsführung zu verlangen. [2]Ist ein Gläubigerausschuß nicht bestellt, so kann die Gläubigerversammlung den Geldverkehr und -bestand des Verwalters prüfen lassen.

Dritter Teil. Wirkungen der Eröffnung des Insolvenzverfahrens

Erster Abschnitt. Allgemeine Wirkungen

§ 80 Übergang des Verwaltungs- und Verfügungsrechts

(1) Durch die Eröffnung des Insolvenzverfahrens geht das Recht des Schuldners, das zur Insolvenzmasse gehörende Vermögen zu verwalten und über es zu verfügen, auf den Insolvenzverwalter über.

(2) [1]Ein gegen den Schuldner bestehendes Veräußerungsverbot, das nur den Schutz bestimmter Personen bezweckt (§§ 135, 136 des Bürgerlichen Gesetzbuchs), hat im Verfahren keine Wirkung. [2]Die Vorschriften über die Wirkungen einer Pfändung oder einer Beschlagnahme im Wege der Zwangsvollstreckung bleiben unberührt.

§ 81 Verfügungen des Schuldners

(1) [1]Hat der Schuldner nach der Eröffnung des Insolvenzverfahrens über einen Gegenstand der Insolvenzmasse verfügt, so ist diese Verfügung unwirksam. [2]Unberührt bleiben die §§ 892, 893 des Bürgerlichen Gesetzbuchs, §§ 16, 17 des Gesetzes über Rechte an eingetragenen Schiffen und Schiffsbauwerken und §§ 16, 17 des Gesetzes über Rechte an Luftfahrzeugen. [3]Dem anderen Teil ist die Gegenleistung aus der Insolvenzmasse zurückzugewähren, soweit die Masse durch sie bereichert ist.

(2) [1]Für eine Verfügung über künftige Forderungen auf Bezüge aus einem Dienstverhältnis des Schuldners oder an deren Stelle tretende laufende Bezüge gilt Absatz 1 auch insoweit, als die Bezüge für die Zeit nach der Beendigung des Insolvenzverfahrens betroffen sind. [2]Das Recht des Schuldners zur Abtretung dieser Bezüge an einen Treuhänder mit dem Ziel der gemeinschaftlichen Befriedigung der Insolvenzgläubiger bleibt unberührt.

(3) [1]Hat der Schuldner am Tag der Eröffnung des Verfahrens verfügt, so wird vermutet, daß er nach der Eröffnung verfügt hat. [2]Eine Verfügung des Schuldners über Finanzsicherheiten im Sinne des § 1 Abs. 17 des Kreditwesengesetzes nach der Eröffnung ist, unbeschadet der §§ 129 bis 147, wirksam, wenn sie am Tag der Eröffnung erfolgt und der andere Teil nachweist, dass er die Eröffnung des Verfahrens weder kannte noch kennen musste.

§ 82 Leistungen an den Schuldner

[1]Ist nach der Eröffnung des Insolvenzverfahrens zur Erfüllung einer Verbindlichkeit anden Schuldner geleistet worden, obwohl die Verbindlichkeit zur Insolvenzmasse zu erfüllen war, so wird der Leistende befreit, wenn er zur Zeit der Leistung die Eröffnung

des Verfahrens nicht kannte. [2]Hat er vor der öffentlichen Bekanntmachung der Eröffnung geleistet, so wird vermutet, daß er die Eröffnung nicht kannte.

§ 83 Erbschaft. Fortgesetzte Gütergemeinschaft

(1) [1]Ist dem Schuldner vor der Eröffnung des Insolvenzverfahrens eine Erbschaft oder ein Vermächtnis angefallen oder geschieht dies während des Verfahrens, so steht die Annahme oder Ausschlagung nur dem Schuldner zu. [2]Gleiches gilt von der Ablehnung der fortgesetzten Gütergemeinschaft.

(2) Ist der Schuldner Vorerbe, so darf der Insolvenzverwalter über die Gegenstände der Erbschaft nicht verfügen, wenn die Verfügung im Falle des Eintritts der Nacherbfolge nach § 2115 des Bürgerlichen Gesetzbuchs dem Nacherben gegenüber unwirksam ist.

§ 84 Auseinandersetzung einer Gesellschaft oder Gemeinschaft

(1) [1]Besteht zwischen dem Schuldner und Dritten eine Gemeinschaft nach Bruchteilen, eine andere Gemeinschaft oder eine Gesellschaft ohne Rechtspersönlichkeit, so erfolgt die Teilung oder sonstige Auseinandersetzung außerhalb des Insolvenzverfahrens. [2]Aus dem dabei ermittelten Anteil des Schuldners kann für Ansprüche aus dem Rechtsverhältnis abgesonderte Befriedigung verlangt werden.

(2) [1]Eine Vereinbarung, durch die bei einer Gemeinschaft nach Bruchteilen das Recht, die Aufhebung der Gemeinschaft zu verlangen, für immer oder auf Zeit ausgeschlossen oder eine Kündigungsfrist bestimmt worden ist, hat im Verfahren keine Wirkung. [2]Gleiches gilt für eine Anordnung dieses Inhalts, die ein Erblasser für die Gemeinschaft seiner Erben getroffen hat, und für eine entsprechende Vereinbarung der Miterben.

§ 85 Aufnahme von Aktivprozessen

(1) [1]Rechtsstreitigkeiten über das zur Insolvenzmasse gehörende Vermögen, die zur Zeit der Eröffnung des Insolvenzverfahrens für den Schuldner anhängig sind, können in der Lage, in der sie sich befinden, vom Insolvenzverwalter aufgenommen werden. [2]Wird die Aufnahme verzögert, so gilt § 239 Abs. 2 bis 4 der Zivilprozeßordnung entsprechend.

(2) Lehnt der Verwalter die Aufnahme des Rechtsstreits ab, so können sowohl der Schuldner als auch der Gegner den Rechtsstreit aufnehmen.

§ 86 Aufnahme bestimmter Passivprozesse

(1) Rechtsstreitigkeiten, die zur Zeit der Eröffnung des Insolvenzverfahrens gegen den Schuldner anhängig sind, können sowohl vom Insolvenzverwalter als auch vom Gegner aufgenommen werden, wenn sie betreffen:

1. die Aussonderung eines Gegenstands aus der Insolvenzmasse,
2. die abgesonderte Befriedigung oder
3. eine Masseverbindlichkeit.

(2) Erkennt der Verwalter den Anspruch sofort an, so kann der Gegner einen Anspruch auf Erstattung der Kosten des Rechtsstreits nur als Insolvenzgläubiger geltend machen.

§ 87 Forderungen der Insolvenzgläubiger

Die Insolvenzgläubiger können ihre Forderungen nur nach den Vorschriften über das Insolvenzverfahren verfolgen.

§ 88 Vollstreckung vor Verfahrenseröffnung

(1) Hat ein Insolvenzgläubiger im letzten Monat vor dem Antrag auf Eröffnung des Insolvenzverfahrens oder nach diesem Antrag durch Zwangsvollstreckung eine Sicherung an dem zur Insolvenzmasse gehörenden Vermögen des Schuldners erlangt, so wird diese Sicherung mit der Eröffnung des Verfahrens unwirksam.

(2) Die in Absatz 1 genannte Frist beträgt drei Monate, wenn ein Verbraucherinsolvenzverfahren nach § 304 eröffnet wird.

§ 89 Vollstreckungsverbot

(1) Zwangsvollstreckungen für einzelne Insolvenzgläubiger sind während der Dauer des Insolvenzverfahrens weder in die Insolvenzmasse noch in das sonstige Vermögen des Schuldners zulässig.

(2) [1]Zwangsvollstreckungen in künftige Forderungen auf Bezüge aus einem Dienstverhältnis des Schuldners oder an deren Stelle tretende laufende Bezüge sind während der Dauer des Verfahrens auch für Gläubiger unzulässig, die keine Insolvenzgläubiger sind. [2]Dies gilt nicht für die Zwangsvollstreckung wegen eines Unterhaltsanspruchs oder einer Forderung aus einer vorsätzlichen unerlaubten Handlung in den Teil der Bezüge, der für andere Gläubiger nicht pfändbar ist.

(3) [1]Über Einwendungen, die auf Grund des Absatzes 1 oder 2 gegen die Zulässigkeit einer Zwangsvollstreckung erhoben werden, entscheidet das Insolvenzgericht. [2]Das Gericht kann vor der Entscheidung eine einstweilige Anordnung erlassen; es kann insbesondere anordnen, daß die Zwangsvollstreckung gegen oder ohne Sicherheitsleistung einstweilen einzustellen oder nur gegen Sicherheitsleistung fortzusetzen sei.

§ 90 Vollstreckungsverbot bei Masseverbindlichkeiten

(1) Zwangsvollstreckungen wegen Masseverbindlichkeiten, die nicht durch eine Rechtshandlung des Insolvenzverwalters begründet worden sind, sind für die Dauer von sechs Monaten seit der Eröffnung des Insolvenzverfahrens unzulässig.

(2) Nicht als derartige Masseverbindlichkeiten gelten die Verbindlichkeiten:

1. aus einem gegenseitigen Vertrag, dessen Erfüllung der Verwalter gewählt hat;
2. aus einem Dauerschuldverhältnis für die Zeit nach dem ersten Termin, zu dem der Verwalter kündigen konnte;
3. aus einem Dauerschuldverhältnis, soweit der Verwalter für die Insolvenzmasse die Gegenleistung in Anspruch nimmt.

§ 91 Ausschluß sonstigen Rechtserwerbs

(1) Rechte an den Gegenständen der Insolvenzmasse können nach der Eröffnung des Insolvenzverfahrens nicht wirksam erworben werden, auch wenn keine Verfügung des Schuldners und keine Zwangsvollstreckung für einen Insolvenzgläubiger zugrunde liegt.

(2) Unberührt bleiben die §§ 878, 892, 893 des Bürgerlichen Gesetzbuchs, § 3 Abs. 3, §§ 16, 17 des Gesetzes über Rechte an eingetragenen Schiffen und Schiffsbauwerken, § 5 Abs. 3, §§ 16, 17 des Gesetzes über Rechte an Luftfahrzeugen und § 20 Abs. 3 der Schiffahrtsrechtlichen Verteilungsordnung.

§ 92 Gesamtschaden

[1]Ansprüche der Insolvenzgläubiger auf Ersatz eines Schadens, den diese Gläubiger gemeinschaftlich durch eine Verminderung des zur Insolvenzmasse gehörenden Vermögens vor oder nach der Eröffnung des Insolvenzverfahrens erlitten haben (Gesamtschaden), können während der Dauer des Insolvenzverfahrens nur vom Insolvenzverwalter geltend gemacht werden. [2]Richten sich die Ansprüche gegen den Verwalter, so können sie nur von einem neu bestellten Insolvenzverwalter geltend gemacht werden.

§ 93 Persönliche Haftung der Gesellschafter

Ist das Insolvenzverfahren über das Vermögen einer Gesellschaft ohne Rechtspersönlichkeit oder einer Kommanditgesellschaft auf Aktien eröffnet, so kann die persönliche

Haftung eines Gesellschafters für die Verbindlichkeiten der Gesellschaft während der Dauer des Insolvenzverfahrens nur vom Insolvenzverwalter geltend gemacht werden.

§ 94 Erhaltung einer Aufrechnungslage

Ist ein Insolvenzgläubiger zur Zeit der Eröffnung des Insolvenzverfahrens kraft Gesetzes oder auf Grund einer Vereinbarung zur Aufrechnung berechtigt, so wird dieses Recht durch das Verfahren nicht berührt.

§ 95 Eintritt der Aufrechnungslage im Verfahren

(1) [1]Sind zur Zeit der Eröffnung des Insolvenzverfahrens die aufzurechnenden Forderungen oder eine von ihnen noch aufschiebend bedingt oder nicht fällig oder die Forderungen noch nicht auf gleichartige Leistungen gerichtet, so kann die Aufrechnung erst erfolgen, wenn ihre Voraussetzungen eingetreten sind. [2]Die §§ 41, 45 sind nicht anzuwenden. [3]Die Aufrechnung ist ausgeschlossen, wenn die Forderung, gegen die aufgerechnet werden soll, unbedingt und fällig wird, bevor die Aufrechnung erfolgen kann.

(2) [1]Die Aufrechnung wird nicht dadurch ausgeschlossen, daß die Forderungen auf unterschiedliche Währungen oder Rechnungseinheiten lauten, wenn diese Währungen oder Rechnungseinheiten am Zahlungsort der Forderung, gegen die aufgerechnet wird, freigetauscht werden können. [2]Die Umrechnung erfolgt nach dem Kurswert, der für diesen Ort zur Zeit des Zugangs der Aufrechnungserklärung maßgeblich ist.

§ 96 Unzulässigkeit der Aufrechnung

(1) Die Aufrechnung ist unzulässig,

1. wenn ein Insolvenzgläubiger erst nach der Eröffnung des Insolvenzverfahrens etwas zur Insolvenzmasse schuldig geworden ist,
2. wenn ein Insolvenzgläubiger seine Forderung erst nach der Eröffnung des Verfahrens von einem anderen Gläubiger erworben hat,
3. wenn ein Insolvenzgläubiger die Möglichkeit der Aufrechnung durch eine anfechtbare Rechtshandlung erlangt hat,
4. wenn ein Gläubiger, dessen Forderung aus dem freien Vermögen des Schuldners zu erfüllen ist, etwas zur Insolvenzmasse schuldet.

(2) Absatz 1 sowie § 95 Abs. 1 Satz 3 stehen nicht der Verfügung über Finanzsicherheiten im Sinne des § 1 Abs. 17 des Kreditwesengesetzes oder der Verrechnung von Ansprüchen und Leistungen aus Zahlungsaufträgen, Aufträgen zwischen Zahlungsdienstleistern oder zwischengeschalteten Stellen oder Aufträgen zur Übertragung von Wertpapieren entgegen, die in Systeme im Sinne des § 1 Abs. 16 des Kreditwesengesetzes eingebracht wurden, das der Ausführung solcher Verträge dient, sofern die Verrechnung spätestens am Tage der Eröffnung des Insolvenzverfahrens erfolgt; ist der andere Teil ein Systembetreiber oder Teilnehmer in dem System, bestimmt sich der Tag der Eröffnung nach dem Geschäftstag im Sinne des § 1 Absatz 16b des Kreditwesengesetzes.

§ 97 Auskunfts- und Mitwirkungspflichten des Schuldners

(1) [1]Der Schuldner ist verpflichtet, dem Insolvenzgericht, dem Insolvenzverwalter, dem Gläubigerausschuß und auf Anordnung des Gerichts der Gläubigerversammlung über alle das Verfahren betreffenden Verhältnisse Auskunft zu geben. [2]Er hat auch Tatsachen zu offenbaren, die geeignet sind, eine Verfolgung wegen einer Straftat oder einer Ordnungswidrigkeit herbeizuführen. [3]Jedoch darf eine Auskunft, die der Schuldner gemäß seiner Verpflichtung nach Satz 1 erteilt, in einem Strafverfahren oder in einem Verfahren nach dem Gesetz über Ordnungswidrigkeiten gegen den Schuldner oder einen in

§ 52 Abs. 1 der Strafprozeßordnung bezeichneten Angehörigen des Schuldners nur mit Zustimmung des Schuldners verwendet werden.

(2) Der Schuldner hat den Verwalter bei der Erfüllung von dessen Aufgaben zu unterstützen.

(3) [1]Der Schuldner ist verpflichtet, sich auf Anordnung des Gerichts jederzeit zur Verfügung zu stellen, um seine Auskunfts- und Mitwirkungspflichten zu erfüllen. [2]Er hat alle Handlungen zu unterlassen, die der Erfüllung dieser Pflichten zuwiderlaufen.

§ 98 Durchsetzung der Pflichten des Schuldners

(1) [1]Wenn es zur Herbeiführung wahrheitsgemäßer Aussagen erforderlich erscheint, ordnet das Insolvenzgericht an, daß der Schuldner zu Protokoll an Eides Statt versichert, er habe die von ihm verlangte Auskunft nach bestem Wissen und Gewissen richtig und vollständig erteilt. [2]Die §§ 478 bis 480, 483 der Zivilprozeßordnung gelten entsprechend.

(2) Das Gericht kann den Schuldner zwangsweise vorführen und nach Anhörung in Haft nehmen lassen,

1. wenn der Schuldner eine Auskunft oder die eidesstattliche Versicherung oder die Mitwirkung bei der Erfüllung der Aufgaben des Insolvenzverwalters verweigert;
2. wenn der Schuldner sich der Erfüllung seiner Auskunfts- und Mitwirkungspflichten entziehen will, insbesondere Anstalten zur Flucht trifft, oder
3. wenn dies zur Vermeidung von Handlungen des Schuldners, die der Erfüllung seiner Auskunfts- und Mitwirkungspflichten zuwiderlaufen, insbesondere zur Sicherung der Insolvenzmasse, erforderlich ist.

(3) [1]Für die Anordnung von Haft gelten die §§ 904 bis 906, 909, 910 und 913 der Zivilprozeßordnung entsprechend. [2]Der Haftbefehl ist von Amts wegen aufzuheben, sobald die Voraussetzungen für die Anordnung von Haft nicht mehr vorliegen. [3]Gegen die Anordnung der Haft und gegen die Abweisung eines Antrags auf Aufhebung des Haftbefehls wegen Wegfalls seiner Voraussetzungen findet die sofortige Beschwerde statt.

§ 99 Postsperre

(1) [1]Soweit dies erforderlich erscheint, um für die Gläubiger nachteilige Rechtshandlungen des Schuldners aufzuklären oder zu verhindern, ordnet das Insolvenzgericht auf Antrag des Insolvenzverwalters oder von Amts wegen durchbegründeten Beschluß an, dass die in dem Beschluss bezeichneten Unternehmen bestimmte oder alle Postsendungen für den Schuldner dem Verwalter zuzuleiten haben. [2]Die Anordnung ergeht nach Anhörung des Schuldners, sofern dadurch nicht wegen besonderer Umstände des Einzelfalls der Zweck der Anordnung gefährdet wird. [3]Unterbleibt die vorherige Anhörung des Schuldners, so ist dies in dem Beschluß gesondert zu begründen und die Anhörung unverzüglich nachzuholen.

(2) [1]Der Verwalter ist berechtigt, die ihm zugeleiteten Sendungen zu öffnen. [2]Sendungen, deren Inhalt nicht die Insolvenzmasse betrifft, sind dem Schuldner unverzüglich zuzuleiten. [3]Die übrigen Sendungen kann der Schuldner einsehen.

(3) [1]Gegen die Anordnung der Postsperre steht dem Schuldner die sofortige Beschwerde zu. [2]Das Gericht hat die Anordnung nach Anhörung des Verwalters aufzuheben, soweit ihre Voraussetzungen fortfallen.

§ 100 Unterhalt aus der Insolvenzmasse

(1) Die Gläubigerversammlung beschließt, ob und in welchem Umfang dem Schuldner und seiner Familie Unterhalt aus der Insolvenzmasse gewährt werden soll.

(2) [1]Bis zur Entscheidung der Gläubigerversammlung kann der Insolvenzverwalter mit Zustimmung des Gläubigerausschusses, wenn ein solcher bestellt ist, dem Schuldner

den notwendigen Unterhalt gewähren. [2]In gleicher Weise kann den minderjährigen unverheirateten Kindern des Schuldners, seinem Ehegatten, seinem früheren Ehegatten, seinem Lebenspartner, seinem früheren Lebenspartner und dem anderen Elternteil seines Kindes hinsichtlich des Anspruchs nach den §§ 1615l, 1615n des Bürgerlichen Gesetzbuchs Unterhalt gewährt werden.

§ 101 Organschaftliche Vertreter. Angestellte

(1) [1]Ist der Schuldner keine natürliche Person, so gelten die §§ 97 bis 99 entsprechend für die Mitglieder des Vertretungs- oder Aufsichtsorgans und die vertretungsberechtigten persönlich haftenden Gesellschafter des Schuldners. [2]§ 97 Abs. 1 und § 98 gelten außerdem entsprechend für Personen, die nicht früher als zwei Jahre vor dem Antrag auf Eröffnung des Insolvenzverfahrens aus einer in Satz 1 genannten Stellung ausgeschieden sind; verfügt der Schuldner über keinen Vertreter, gilt dies auch für die Personen, die an ihm beteiligt sind. [3]§ 100 gilt entsprechend für die vertretungsberechtigten persönlich haftenden Gesellschafter des Schuldners.

(2) § 97 Abs. 1 Satz 1 gilt entsprechend für Angestellte und frühere Angestellte des Schuldners, sofern diese nicht früher als zwei Jahre vor dem Eröffnungsantrag ausgeschieden sind.

(3) Kommen die in den Absätzen 1 und 2 genannten Personen ihrer Auskunfts- und Mitwirkungspflicht nicht nach, können ihnen im Fall der Abweisung des Antrags auf Eröffnung des Insolvenzverfahrens die Kosten des Verfahrens auferlegt werden.

§ 102 Einschränkung eines Grundrechts

Durch § 21 Abs. 2 Nr. 4 und die §§ 99, 101 Abs. 1 Satz 1 wird das Grundrecht des Briefgeheimnisses sowie des Post- und Fernmeldegeheimnisses (Artikel 10 Grundgesetz) eingeschränkt.

Zweiter Abschnitt. Erfüllung der Rechtsgeschäfte. Mitwirkung des Betriebsrats

§ 103 Wahlrecht des Insolvenzverwalters

(1) Ist ein gegenseitiger Vertrag zur Zeit der Eröffnung des Insolvenzverfahrens vom Schuldner und vom anderen Teil nicht oder nicht vollständig erfüllt, so kann der Insolvenzverwalter anstelle des Schuldners den Vertrag erfüllen und die Erfüllung vom anderen Teil verlangen.

(2) [1]Lehnt der Verwalter die Erfüllung ab, so kann der andere Teil eine Forderung wegen der Nichterfüllung nur als Insolvenzgläubiger geltend machen. [2]Fordert der andere Teil den Verwalter zur Ausübung seines Wahlrechts auf, so hat der Verwalter unverzüglich zu erklären, ob er die Erfüllung verlangen will. [3]Unterläßt er dies, so kann er auf der Erfüllung nicht bestehen.

§ 104 Fixgeschäfte, Finanzleistungen, vertragliches Liquidationsnetting

(1) [1]War die Lieferung von Waren, die einen Markt- oder Börsenpreis haben, genau zu einer festbestimmten Zeit oder innerhalb einer festbestimmten Frist vereinbart und tritt die Zeit oder der Ablauf der Frist erst nach Eröffnung des Insolvenzverfahrens ein, so kann nicht Erfüllung verlangt, sondern nur eine Forderung wegen Nichterfüllung geltend gemacht werden. [2]Dies gilt auch für Geschäfte über Finanzleistungen, die einen Markt- oder Börsenpreis haben und für die eine bestimmte Zeit oder eine bestimmte Frist vereinbart war, die nach der Eröffnung des Verfahrens eintritt oder abläuft. [3]Als Finanzleistungen gelten insbesondere

1. die Lieferung von Edelmetallen,

2. die Lieferung von Finanzinstrumenten oder vergleichbaren Rechten, soweit nicht der Erwerb einer Beteiligung an einem Unternehmen zur Herstellung einer dauernden Verbindung beabsichtigt ist,
3. Geldleistungen,
   a) die in ausländischer Währung oder in einer Rechnungseinheit zu erbringen sind oder
   b) deren Höhe unmittelbar oder mittelbar durch den Kurs einer ausländischen Währung oder einer Rechnungseinheit, durch den Zinssatz von Forderungen oder durch den Preis anderer Güter oder Leistungen bestimmt wird,
4. von Nummer 2 nicht ausgeschlossene Lieferungen und Geldleistungen aus derivativen Finanzinstrumenten,
5. Optionen und andere Rechte auf Lieferungen nach Satz 1 oder auf Lieferungen, Geldleistungen, Optionen und Rechte im Sinne der Nummern 1 bis 5,
6. Finanzsicherheiten im Sinne des § 1 Absatz 17 des Kreditwesengesetzes.

[4]Finanzinstrumente im Sinne von Satz 3 Nummer 2 und 4 sind die in Anhang I Abschnitt C der Richtlinie 2014/65/EU des Europäischen Parlaments und des Rates vom 15. Mai 2014 über Märkte für Finanzinstrumente sowie zur Änderung der Richtlinien 2002/92/EG und 2011/61/EU (ABl. L 173 vom 12.6.2014, S. 349; L 74 vom 18.3.2015, S. 38; L 188 vom 13.7.2016, S. 28; L 273 vom 8.10.2016, S. 35), die zuletzt durch die Richtlinie (EU) 2016/1034 (ABl. L 175 vom 30.6.2016, S. 8) geändert worden ist, genannten Instrumente.

(2) [1]Die Forderung wegen Nichterfüllung bestimmt sich nach dem Markt- oder Börsenwert des Geschäfts. [2]Als Markt- oder Börsenwert gilt

1. der Markt- oder Börsenpreis für ein Ersatzgeschäft, das unverzüglich, spätestens jedoch am fünften Werktag nach der Eröffnung des Verfahrens abgeschlossen wird, oder
2. falls kein Ersatzgeschäft nach Nummer 1 abgeschlossen wird, der Markt- oder Börsenpreis für ein Ersatzgeschäft, das am zweiten Werktag nach der Verfahrenseröffnung hätte abgeschlossen werden können.

[3]Sofern das Marktgeschehen den Abschluss eines Ersatzgeschäfts nach Satz 2 Nummer 1 oder 2 nicht zulässt, ist der Markt- und Börsenwert nach Methoden und Verfahren zu bestimmen, die Gewähr für eine angemessene Bewertung des Geschäfts bieten.

(3) [1]Werden Geschäfte nach Absatz 1 durch einen Rahmenvertrag oder das Regelwerk einer zentralen Gegenpartei im Sinne von § 1 Absatz 31 des Kreditwesengesetzes zu einem einheitlichen Vertrag zusammengefasst, der vorsieht, dass die einbezogenen Geschäfte bei Vorliegen bestimmter Gründe nur einheitlich beendet werden können, gilt die Gesamtheit der einbezogenen Geschäfte als ein Geschäft im Sinne des Absatzes 1. [2]Dies gilt auch dann, wenn zugleich andere Geschäfte einbezogen werden; für letztere gelten die allgemeinen Bestimmungen.

(4) [1]Die Vertragsparteien können abweichende Bestimmungen treffen, sofern diese mit den wesentlichen Grundgedanken der jeweiligen gesetzlichen Regelung vereinbar sind, von der abgewichen wird. [2]Sie können insbesondere vereinbaren,

1. dass die Wirkungen nach Absatz 1 auch vor der Verfahrenseröffnung eintreten, insbesondere bei Stellung des Antrags einer Vertragspartei auf Eröffnung eines Insolvenzverfahrens über das eigene Vermögen oder bei Vorliegen eines Eröffnungsgrundes (vertragliche Beendigung),
2. dass einer vertraglichen Beendigung auch solche Geschäfte nach Absatz 1 unterliegen, bei denen die Ansprüche auf die Lieferung der Ware oder die Erbringung der

Finanzleistung vor der Verfahrenseröffnung, aber nach dem für die vertragliche Beendigung vorgesehenen Zeitpunkt fällig werden,

3. dass zwecks Bestimmung des Markt- oder Börsenwerts des Geschäfts
   a) der Zeitpunkt der vertraglichen Beendigung an die Stelle der Verfahrenseröffnung tritt,
   b) die Vornahme des Ersatzgeschäfts nach Absatz 2 Satz 2 Nummer 1 bis zum Ablauf des 20. Werktags nach der vertraglichen Beendigung erfolgen kann, soweit dies für eine wertschonende Abwicklung erforderlich ist,
   c) anstelle des in Absatz 2 Satz 2 Nummer 2 genannten Zeitpunkts ein Zeitpunkt oder Zeitraum zwischen der vertraglichen Beendigung und dem Ablauf des fünften darauf folgenden Werktags maßgeblich ist.

(5) Der andere Teil kann die Forderung wegen Nichterfüllung nur als Insolvenzgläubiger geltend machen.

§ 105 Teilbare Leistungen

[1]Sind die geschuldeten Leistungen teilbar und hat der andere Teil die ihm obliegende Leistung zur Zeit der Eröffnung des Insolvenzverfahrens bereits teilweise erbracht, so ist er mit dem der Teilleistung entsprechenden Betrag seines Anspruchs auf die Gegenleistung Insolvenzgläubiger, auch wenn der Insolvenzverwalter wegen der noch ausstehenden Leistung Erfüllung verlangt. [2]Der andere Teil ist nicht berechtigt, wegen der Nichterfüllung seines Anspruchs auf die Gegenleistung die Rückgabe einer vor der Eröffnung des Verfahrens in das Vermögen des Schuldners übergegangenen Teilleistung aus der Insolvenzmasse zu verlangen.

§ 106 Vormerkung

(1) [1]Ist zur Sicherung eines Anspruchs auf Einräumung oder Aufhebung eines Rechts an einem Grundstück des Schuldners oder an einem für den Schuldner eingetragenen Recht oder zur Sicherung eines Anspruchs auf Änderung des Inhalts oder des Ranges eines solchen Rechts eine Vormerkung im Grundbuch eingetragen, so kann der Gläubiger für seinen Anspruch Befriedigung aus der Insolvenzmasse verlangen. [2]Dies gilt auch, wenn der Schuldner dem Gläubiger gegenüber weitere Verpflichtungen übernommen hat und diese nicht oder nicht vollständig erfüllt sind.

(2) Für eine Vormerkung, die im Schiffsregister, Schiffsbauregister oder Register für Pfandrechte an Luftfahrzeugen eingetragen ist, gilt Absatz 1 entsprechend.

§ 107 Eigentumsvorbehalt

(1) [1]Hat vor der Eröffnung des Insolvenzverfahrens der Schuldner eine bewegliche Sache unter Eigentumsvorbehalt verkauft und dem Käufer den Besitz an der Sache übertragen, so kann der Käufer die Erfüllung des Kaufvertrages verlangen. [2]Dies gilt auch, wenn der Schuldner dem Käufer gegenüber weitere Verpflichtungen übernommen hat und diese nicht oder nicht vollständig erfüllt sind.

(2) [1]Hat vor der Eröffnung des Insolvenzverfahrens der Schuldner eine bewegliche Sache unter Eigentumsvorbehalt gekauft und vom Verkäufer den Besitz an der Sache erlangt, so braucht der Insolvenzverwalter, den der Verkäufer zur Ausübung des Wahlrechts aufgefordert hat, die Erklärung nach § 103 Abs. 2 Satz 2 erst unverzüglich nach dem Berichtstermin abzugeben. [2]Dies gilt nicht, wenn in der Zeit bis zum Berichtstermin eine erhebliche Verminderung des Wertes der Sache zu erwarten ist und der Gläubiger den Verwalter auf diesen Umstand hingewiesen hat.

§ 108 Fortbestehen bestimmter Schuldverhältnisse

(1) [1]Miet- und Pachtverhältnisse des Schuldners über unbewegliche Gegenstände oder Räume sowie Dienstverhältnisse des Schuldners bestehen mit Wirkung für die Insolvenzmasse fort. [2]Dies gilt auch für Miet- und Pachtverhältnisse, die der Schuldner als Vermieter oder Verpächter eingegangen war und die sonstige Gegenstände betreffen, die einem Dritten, der ihre Anschaffung oder Herstellung finanziert hat, zur Sicherheit übertragen wurden.

(2) Ein vom Schuldner als Darlehensgeber eingegangenes Darlehensverhältnis besteht mit Wirkung für die Masse fort, soweit dem Darlehensnehmer der geschuldete Gegenstand zur Verfügung gestellt wurde.

(3) Ansprüche für die Zeit vor der Eröffnung des Insolvenzverfahrens kann der andere Teil nur als Insolvenzgläubiger geltend machen.

§ 109 Schuldner als Mieter oder Pächter

(1) [1]Ein Miet- oder Pachtverhältnis über einen unbeweglichen Gegenstand oder über Räume, das der Schuldner als Mieter oder Pächter eingegangen war, kann der Insolvenzverwalter ohne Rücksicht auf die vereinbarte Vertragsdauer oder einen vereinbarten Ausschluss des Rechts zur ordentlichen Kündigung kündigen; die Kündigungsfrist beträgt drei Monate zum Monatsende, wenn nicht eine kürzere Frist maßgeblich ist. [2]Ist Gegenstand des Mietverhältnisses die Wohnung des Schuldners, so tritt an die Stelle der Kündigung das Recht des Insolvenzverwalters zu erklären, dass Ansprüche, die nach Ablauf der in Satz 1 genannten Frist fällig werden, nicht im Insolvenzverfahren geltend gemacht werden können. [3]Kündigt der Verwalter nach Satz 1 oder gibt er die Erklärung nach Satz 2 ab, so kann der andere Teil wegen der vorzeitigen Beendigung des Vertragsverhältnisses oder wegen der Folgen der Erklärung als Insolvenzgläubiger Schadenersatz verlangen.

(2) [1]Waren dem Schuldner der unbewegliche Gegenstand oder die Räume zur Zeit der Eröffnung des Verfahrens noch nicht überlassen, so kann sowohl der Verwalter als auch der andere Teil vom Vertrag zurücktreten. [2]Tritt der Verwalter zurück, so kann der andere Teil wegen der vorzeitigen Beendigung des Vertragsverhältnisses als Insolvenzgläubiger Schadenersatz verlangen. [3]Jeder Teil hat dem anderen auf dessen Verlangen binnen zwei Wochen zu erklären, ob er vom Vertrag zurücktreten will; unterläßt er dies, so verliert er das Rücktrittsrecht.

§ 110 Schuldner als Vermieter oder Verpächter

(1) [1]Hatte der Schuldner als Vermieter oder Verpächter eines unbeweglichen Gegenstands oder von Räumen vor der Eröffnung des Insolvenzverfahrens über die Miet- oder Pachtforderung für die spätere Zeit verfügt, so ist diese Verfügung nur wirksam, soweit sie sich auf die Miete oder Pacht für den zur Zeit der Eröffnung des Verfahrens laufenden Kalendermonat bezieht. [2]Ist die Eröffnung nach dem fünfzehnten Tag des Monats erfolgt, so ist die Verfügung auch für den folgenden Kalendermonat wirksam.

(2) [1]Eine Verfügung im Sinne des Absatzes 1 ist insbesondere die Einziehung der Miete oder Pacht. [2]Einer rechtsgeschäftlichen Verfügung steht eine Verfügung gleich, die im Wege der Zwangsvollstreckung erfolgt.

(3) [1]Der Mieter oder der Pächter kann gegen die Miet- oder Pachtforderung für den in Absatz 1 bezeichneten Zeitraum eine Forderung aufrechnen, die ihm gegen den Schuldner zusteht. [2]Die §§ 95 und 96 Nr. 2 bis 4 bleiben unberührt.

§ 111 Veräußerung des Miet- oder Pachtobjekts

[1]Veräußert der Insolvenzverwalter einen unbeweglichen Gegenstand oder Räume, die der Schuldner vermietet oder verpachtet hatte, und tritt der Erwerber anstelle des

Schuldners in das Miet- oder Pachtverhältnis ein, so kann der Erwerber das Miet- oder Pachtverhältnis unter Einhaltung der gesetzlichen Frist kündigen. [2]Die Kündigung kann nur für den ersten Termin erfolgen, für den sie zulässig ist.

§ 112 Kündigungssperre

Ein Miet- oder Pachtverhältnis, das der Schuldner als Mieter oder Pächter eingegangen war, kann der andere Teil nach dem Antrag auf Eröffnung des Insolvenzverfahrens nicht kündigen:

1. wegen eines Verzugs mit der Entrichtung der Miete oder Pacht, der in der Zeit vor dem Eröffnungsantrag eingetreten ist;
2. wegen einer Verschlechterung der Vermögensverhältnisse des Schuldners.

§ 113 Kündigung eines Dienstverhältnisses

[1]Ein Dienstverhältnis, bei dem der Schuldner der Dienstberechtigte ist, kann vom Insolvenzverwalter und vom anderen Teil ohne Rücksicht auf eine vereinbarte Vertragsdauer oder einen vereinbarten Ausschluß des Rechts zur ordentlichen Kündigung gekündigt werden. [2]Die Kündigungsfrist beträgt drei Monate zum Monatsende, wenn nicht eine kürzere Frist maßgeblich ist. [3]Kündigt der Verwalter, so kann der andere Teil wegen der vorzeitigen Beendigung des Dienstverhältnisses als Insolvenzgläubiger Schadenersatz verlangen.

§ 114 *(aufgehoben)*

§ 115 Erlöschen von Aufträgen

(1) Ein vom Schuldner erteilter Auftrag, der sich auf das zur Insolvenzmasse gehörende Vermögen bezieht, erlischt durch die Eröffnung des Insolvenzverfahrens.

(2) [1]Der Beauftragte hat, wenn mit dem Aufschub Gefahr verbunden ist, die Besorgung des übertragenen Geschäfts fortzusetzen, bis der Insolvenzverwalter anderweitig Fürsorge treffen kann. [2]Der Auftrag gilt insoweit als fortbestehend. [3]Mit seinen Ersatzansprüchen aus dieser Fortsetzung ist der Beauftragte Massegläubiger.

(3) [1]Solange der Beauftragte die Eröffnung des Verfahrens ohne Verschulden nicht kennt, gilt der Auftrag zu seinen Gunsten als fortbestehend. [2]Mit den Ersatzansprüchen aus dieser Fortsetzung ist der Beauftragte Insolvenzgläubiger.

§ 116 Erlöschen von Geschäftsbesorgungsverträgen

[1]Hat sich jemand durch einen Dienst- oder Werkvertrag mit dem Schuldner verpflichtet, ein Geschäft für diesen zu besorgen, so gilt § 115 entsprechend. [2]Dabei gelten die Vorschriften für die Ersatzansprüche aus der Fortsetzung der Geschäftsbesorgung auch für die Vergütungsansprüche. [3]Satz 1 findet keine Anwendung auf Zahlungsaufträge sowie auf Aufträge zwischen Zahlungsdienstleistern oder zwischengeschalteten Stellen und Aufträge zur Übertragung von Wertpapieren; diese bestehen mit Wirkung für die Masse fort.

§ 117 Erlöschen von Vollmachten

(1) Eine vom Schuldner erteilte Vollmacht, die sich auf das zur Insolvenzmasse gehörende Vermögen bezieht, erlischt durch die Eröffnung des Insolvenzverfahrens.

(2) Soweit ein Auftrag oder ein Geschäftsbesorgungsvertrag nach § 115 Abs. 2 fortbesteht, gilt auch die Vollmacht als fortbestehend.

(3) Solange der Bevollmächtigte die Eröffnung des Verfahrens ohne Verschulden nicht kennt, haftet er nicht nach § 179 des Bürgerlichen Gesetzbuchs.

§ 118 Auflösung von Gesellschaften

[1]Wird eine Gesellschaft ohne Rechtspersönlichkeit oder eine Kommanditgesellschaft auf Aktien durch die Eröffnung des Insolvenzverfahrens über das Vermögen eines Gesellschafters aufgelöst, so ist der geschäftsführende Gesellschafter mit den Ansprüchen, die ihm aus der einstweiligen Fortführung eilbedürftiger Geschäfte zustehen, Massegläubiger. [2]Mit den Ansprüchen aus der Fortführung der Geschäfte während der Zeit, in der er die Eröffnung des Insolvenzverfahrens ohne sein Verschulden nicht kannte, ist er Insolvenzgläubiger; § 84 Abs. 1 bleibt unberührt.

§ 119 Unwirksamkeit abweichender Vereinbarungen

Vereinbarungen, durch die im voraus die Anwendung der §§ 103 bis 118 ausgeschlossen oder beschränkt wird, sind unwirksam.

§ 120 Kündigung von Betriebsvereinbarungen

(1) [1]Sind in Betriebsvereinbarungen Leistungen vorgesehen, welche die Insolvenzmasse belasten, so sollen Insolvenzverwalter und Betriebsrat über eine einvernehmliche Herabsetzung der Leistungen beraten. [2]Diese Betriebsvereinbarungen können auch dann mit einer Frist von drei Monaten gekündigt werden, wenn eine längere Frist vereinbart ist.

(2) Unberührt bleibt das Recht, eine Betriebsvereinbarung aus wichtigem Grund ohne Einhaltung einer Kündigungsfrist zu kündigen.

§ 121 Betriebsänderungen und Vermittlungsverfahren

Im Insolvenzverfahren über das Vermögen des Unternehmers gilt § 112 Abs. 2 Satz 1 des Betriebsverfassungsgesetzes mit der Maßgabe, daß dem Verfahren vor der Einigungsstelle nur dann ein Vermittlungsversuch vorangeht, wenn der Insolvenzverwalter und der Betriebsrat gemeinsam um eine solche Vermittlung ersuchen.

§ 122 Gerichtliche Zustimmung zur Durchführung einer Betriebsänderung

(1) [1]Ist eine Betriebsänderung geplant und kommt zwischen Insolvenzverwalter und Betriebsrat der Interessenausgleich nach § 112 des Betriebsverfassungsgesetzes nicht innerhalb von drei Wochen nach Verhandlungsbeginn oder schriftlicher Aufforderung zur Aufnahme von Verhandlungen zustande, obwohl der Verwalter den Betriebsrat rechtzeitig und umfassend unterrichtet hat, so kann der Verwalter die Zustimmung des Arbeitsgerichts dazu beantragen, daß die Betriebsänderung durchgeführt wird, ohne daß das Verfahren nach § 112 Abs. 2 des Betriebsverfassungsgesetzes vorangegangen ist. [2]§ 113 Abs. 3 des Betriebsverfassungsgesetzes ist insoweit nicht anzuwenden. [3]Unberührt bleibt das Recht des Verwalters, einen Interessenausgleich nach § 125 zustande zubringen oder einen Feststellungsantrag nach § 126 zu stellen.

(2) [1]Das Gericht erteilt die Zustimmung, wenn die wirtschaftliche Lage des Unternehmens auch unter Berücksichtigung der sozialen Belange der Arbeitnehmer erfordert, daß die Betriebsänderung ohne vorheriges Verfahren nach § 112 Abs. 2 des Betriebsverfassungsgesetzes durchgeführt wird. [2]Die Vorschriften des Arbeitsgerichtsgesetzes über das Beschlußverfahren gelten entsprechend; Beteiligte sind der Insolvenzverwalter und der Betriebsrat. [3]Der Antrag ist nach Maßgabe des § 61a Abs. 3 bis 6 des Arbeitsgerichtsgesetzes vorrangig zu erledigen.

(3) [1]Gegen den Beschluß des Gerichts findet die Beschwerde an das Landesarbeitsgericht nicht statt. [2]Die Rechtsbeschwerde an das Bundesarbeitsgericht findet statt, wenn sie in dem Beschluß des Arbeitsgerichts zugelassen wird; § 72 Abs. 2 und 3 des Arbeitsgerichtsgesetzes gilt entsprechend. [3]Die Rechtsbeschwerde ist innerhalb eines Mo-

nats nach Zustellung der in vollständiger Form abgefaßten Entscheidung des Arbeitsgerichts beim Bundesarbeitsgericht einzulegen und zu begründen.

§ 123 Umfang des Sozialplans

(1) In einem Sozialplan, der nach der Eröffnung des Insolvenzverfahrens aufgestellt wird, kann für den Ausgleich oder die Milderung der wirtschaftlichen Nachteile, die den Arbeitnehmern infolge der geplanten Betriebsänderung entstehen, ein Gesamtbetrag von bis zu zweieinhalb Monatsverdiensten (§ 10 Abs. 3 des Kündigungsschutzgesetzes) der von einer Entlassung betroffenen Arbeitnehmer vorgesehen werden.

(2) [1]Die Verbindlichkeiten aus einem solchen Sozialplan sind Masseverbindlichkeiten. [2]Jedoch darf, wenn nicht ein Insolvenzplan zustande kommt, für die Berichtigung von Sozialplanforderungen nicht mehr als ein Drittel der Masse verwendet werden, die ohne einen Sozialplan für die Verteilung an die Insolvenzgläubiger zur Verfügung stünde. [3]Übersteigt der Gesamtbetrag aller Sozialplanforderungen diese Grenze, so sind die einzelnen Forderungen anteilig zu kürzen.

(3) [1]Sooft hinreichende Barmittel in der Masse vorhanden sind, soll der Insolvenzverwalter mit Zustimmung des Insolvenzgerichts Abschlagszahlungen auf die Sozialplanforderungen leisten. [2]Eine Zwangsvollstreckung in die Masse wegen einer Sozialplanforderung ist unzulässig.

§ 124 Sozialplan vor Verfahrenseröffnung

(1) Ein Sozialplan, der vor der Eröffnung des Insolvenzverfahrens, jedoch nicht früher als drei Monate vor dem Eröffnungsantrag aufgestellt worden ist, kann sowohl vom Insolvenzverwalter als auch vom Betriebsrat widerrufen werden.

(2) Wird der Sozialplan widerrufen, so können die Arbeitnehmer, denen Forderungen aus dem Sozialplan zustanden, bei der Aufstellung eines Sozialplans im Insolvenzverfahren berücksichtigt werden.

(3) [1]Leistungen, die ein Arbeitnehmer vor der Eröffnung des Verfahrens auf seine Forderung aus dem widerrufenen Sozialplan erhalten hat, können nicht wegen des Widerrufs zurückgefordert werden. [2]Bei der Aufstellung eines neuen Sozialplans sind derartige Leistungen an einen von einer Entlassung betroffenen Arbeitnehmer bei der Berechnung des Gesamtbetrags der Sozialplanforderungen nach § 123 Abs. 1 bis zur Höhe von zweieinhalb Monatsverdiensten abzusetzen.

§ 125 Interessenausgleich und Kündigungsschutz

(1) [1]Ist eine Betriebsänderung (§ 111 des Betriebsverfassungsgesetzes) geplant und kommt zwischen Insolvenzverwalter und Betriebsrat ein Interessenausgleich zustande, in dem die Arbeitnehmer, denen gekündigt werden soll, namentlich bezeichnet sind, so ist § 1 des Kündigungsschutzgesetzes mit folgenden Maßgaben anzuwenden:

1. es wird vermutet, daß die Kündigung der Arbeitsverhältnisse der bezeichneten Arbeitnehmer durch dringende betriebliche Erfordernisse, die einer Weiterbeschäftigung in diesem Betrieb oder einer Weiterbeschäftigung zu unveränderten Arbeitsbedingungen entgegenstehen, bedingt ist;
2. die soziale Auswahl der Arbeitnehmer kann nur im Hinblick auf die Dauer der Betriebszugehörigkeit, das Lebensalter und die Unterhaltspflichten und auch insoweit nur auf grobe Fehlerhaftigkeit nachgeprüft werden; sie ist nicht als grob fehlerhaft anzusehen, wenn eine ausgewogene Personalstruktur erhalten oder geschaffen wird.

[2]Satz 1 gilt nicht, soweit sich die Sachlage nach Zustandekommen des Interessenausgleichs wesentlich geändert hat.

(2) Der Interessenausgleich nach Absatz 1 ersetzt die Stellungnahme des Betriebsrats nach § 17 Abs. 3 Satz 2 des Kündigungsschutzgesetzes.

§ 126 Beschlußverfahren zum Kündigungsschutz

(1) [1]Hat der Betrieb keinen Betriebsrat oder kommt aus anderen Gründen innerhalb von drei Wochen nach Verhandlungsbeginn oder schriftlicher Aufforderung zur Aufnahme von Verhandlungen ein Interessenausgleich nach § 125 Abs. 1 nicht zustande, obwohl der Verwalter den Betriebsrat rechtzeitig und umfassend unterrichtet hat, so kann der Insolvenzverwalter beim Arbeitsgericht beantragen festzustellen, daß die Kündigung der Arbeitsverhältnisse bestimmter, im Antrag bezeichneter Arbeitnehmer durch dringende betriebliche Erfordernisse bedingt und sozial gerechtfertigt ist. [2]Die soziale Auswahl der Arbeitnehmer kann nur im Hinblick auf die Dauer der Betriebszugehörigkeit, das Lebensalter und die Unterhaltspflichten nachgeprüft werden.

(2) [1]Die Vorschriften des Arbeitsgerichtsgesetzes über das Beschlußverfahren gelten entsprechend; Beteiligte sind der Insolvenzverwalter, der Betriebsrat und die bezeichneten Arbeitnehmer, soweit sie nicht mit der Beendigung der Arbeitsverhältnisse oder mit den geänderten Arbeitsbedingungen einverstanden sind. [2]§ 122 Abs. 2 Satz 3, Abs. 3 gilt entsprechend.

(3) [1]Für die Kosten, die den Beteiligten im Verfahren des ersten Rechtszugs entstehen, gilt § 12a Abs. 1 Satz 1 und 2 des Arbeitsgerichtsgesetzes entsprechend. [2]Im Verfahren vor dem Bundesarbeitsgericht gelten die Vorschriften der Zivilprozeßordnung über die Erstattung der Kosten des Rechtsstreits entsprechend.

§ 127 Klage des Arbeitnehmers

(1) [1]Kündigt der Insolvenzverwalter einem Arbeitnehmer, der in dem Antrag nach § 126 Abs. 1 bezeichnet ist, und erhebt der Arbeitnehmer Klage auf Feststellung, daß das Arbeitsverhältnis durch die Kündigung nicht aufgelöst oder die Änderung der Arbeitsbedingungen sozial ungerechtfertigt ist, so ist die rechtskräftige Entscheidung im Verfahren nach § 126 für die Parteien bindend. [2]Dies gilt nicht, soweit sich die Sachlage nach dem Schluß der letzten mündlichen Verhandlung wesentlich geändert hat.

(2) Hat der Arbeitnehmer schon vor der Rechtskraft der Entscheidung im Verfahren nach § 126 Klage erhoben, so ist die Verhandlung über die Klage auf Antrag des Verwalters bis zu diesem Zeitpunkt auszusetzen.

§ 128 Betriebsveräußerung

(1) [1]Die Anwendung der §§ 125 bis 127 wird nicht dadurch ausgeschlossen, daß die Betriebsänderung, die dem Interessenausgleich oder dem Feststellungsantrag zugrunde liegt, erst nach einer Betriebsveräußerung durchgeführt werden soll. [2]An dem Verfahren nach § 126 ist der Erwerber des Betriebs beteiligt.

(2) Im Falle eines Betriebsübergangs erstreckt sich die Vermutung nach § 125 Abs. 1 Satz 1 Nr. 1 oder die gerichtliche Feststellung nach § 126 Abs. 1 Satz 1 auch darauf, daß die Kündigung der Arbeitsverhältnisse nicht wegen des Betriebsübergangs erfolgt.

Dritter Abschnitt. Insolvenzanfechtung

§ 129 Grundsatz

(1) Rechtshandlungen, die vor der Eröffnung des Insolvenzverfahrens vorgenommen worden sind und die Insolvenzgläubiger benachteiligen, kann der Insolvenzverwalter nach Maßgabe der §§ 130 bis 146 anfechten.

(2) Eine Unterlassung steht einer Rechtshandlung gleich.

§ 130 Kongruente Deckung

(1) [1]Anfechtbar ist eine Rechtshandlung, die einem Insolvenzgläubiger eine Sicherung oder Befriedigung gewährt oder ermöglicht hat,

1. wenn sie in den letzten drei Monaten vor dem Antrag auf Eröffnung des Insolvenzverfahrens vorgenommen worden ist, wenn zur Zeit der Handlung der Schuldner zahlungsunfähig war und wenn der Gläubiger zu dieser Zeit die Zahlungsunfähigkeit kannte oder
2. wenn sie nach dem Eröffnungsantrag vorgenommen worden ist und wenn der Gläubiger zur Zeit der Handlung die Zahlungsunfähigkeit oder den Eröffnungsantrag kannte.

[2]Dies gilt nicht, soweit die Rechtshandlung auf einer Sicherungsvereinbarung beruht, die die Verpflichtung enthält, eine Finanzsicherheit, eine andere oder eine zusätzliche Finanzsicherheit im Sinne des § 1 Abs. 17 des Kreditwesengesetzes zubestellen, um das in der Sicherungsvereinbarung festgelegte Verhältnis zwischen dem Wert der gesicherten Verbindlichkeiten und dem Wert der geleisteten Sicherheiten wiederherzustellen (Margensicherheit).

(2) Der Kenntnis der Zahlungsunfähigkeit oder des Eröffnungsantrags steht die Kenntnis von Umständen gleich, die zwingend auf die Zahlungsunfähigkeit oder den Eröffnungsantrag schließen lassen.

(3) Gegenüber einer Person, die dem Schuldner zur Zeit der Handlung nahestand (§ 138), wird vermutet, daß sie die Zahlungsunfähigkeit oder den Eröffnungsantrag kannte.

§ 131 Inkongruente Deckung

(1) Anfechtbar ist eine Rechtshandlung, die einem Insolvenzgläubiger eine Sicherung oder Befriedigung gewährt oder ermöglicht hat, die er nicht oder nicht in der Art oder nicht zu der Zeit zu beanspruchen hatte,

1. wenn die Handlung im letzten Monat vor dem Antrag auf Eröffnung des Insolvenzverfahrens oder nach diesem Antrag vorgenommen worden ist,
2. wenn die Handlung innerhalb des zweiten oder dritten Monats vor dem Eröffnungsantrag vorgenommen worden ist und der Schuldner zur Zeit der Handlung zahlungsunfähig war oder
3. wenn die Handlung innerhalb des zweiten oder dritten Monats vor dem Eröffnungsantrag vorgenommen worden ist und dem Gläubiger zur Zeit der Handlung bekannt war, daß sie die Insolvenzgläubiger benachteiligte.

(2) [1]Für die Anwendung des Absatzes 1 Nr. 3 steht der Kenntnis der Benachteiligung der Insolvenzgläubiger die Kenntnis von Umständen gleich, die zwingend auf die Benachteiligung schließen lassen. [2]Gegenüber einer Person, die dem Schuldner zur Zeit der Handlung nahestand (§ 138), wird vermutet, daß sie die Benachteiligung der Insolvenzgläubiger kannte.

§ 132 Unmittelbar nachteilige Rechtshandlungen

(1) Anfechtbar ist ein Rechtsgeschäft des Schuldners, das die Insolvenzgläubiger unmittelbar benachteiligt,

1. wenn es in den letzten drei Monaten vor dem Antrag auf Eröffnung des Insolvenzverfahrens vorgenommen worden ist, wenn zur Zeit des Rechtsgeschäfts der Schuldner zahlungsunfähig war und wenn der andere Teilzu dieser Zeit die Zahlungsunfähigkeit kannte oder

2. wenn es nach dem Eröffnungsantrag vorgenommen worden ist und wenn der andere Teil zur Zeit des Rechtsgeschäfts die Zahlungsunfähigkeit oder den Eröffnungsantrag kannte.

(2) Einem Rechtsgeschäft, das die Insolvenzgläubiger unmittelbar benachteiligt, steht eine andere Rechtshandlung des Schuldners gleich, durch die der Schuldner ein Recht verliert oder nicht mehr geltend machen kann oder durch die ein vermögensrechtlicher Anspruch gegen ihn erhalten oder durchsetzbar wird.

(3) § 130 Abs. 2 und 3 gilt entsprechend.

§ 133 Vorsätzliche Benachteiligung

(1) [1]Anfechtbar ist eine Rechtshandlung, die der Schuldner in den letzten zehn Jahren vor dem Antrag auf Eröffnung des Insolvenzverfahrens oder nach diesem Antrag mit dem Vorsatz, seine Gläubiger zu benachteiligen, vorgenommen hat, wenn der andere Teil zur Zeit der Handlung den Vorsatz des Schuldners kannte. [2]Diese Kenntnis wird vermutet, wenn der andere Teil wußte, daß die Zahlungsunfähigkeit des Schuldners drohte und daß die Handlung die Gläubiger benachteiligte.

(2) Hat die Rechtshandlung dem anderen Teil eine Sicherung oder Befriedigung gewährt oder ermöglicht, beträgt der Zeitraum nach Absatz 1 Satz 1 vier Jahre.

(3) [1]Hat die Rechtshandlung dem anderen Teil eine Sicherung oder Befriedigung gewährt oder ermöglicht, welche dieser in der Art und zu der Zeit beanspruchen konnte, tritt an die Stelle der drohenden Zahlungsunfähigkeit des Schuldners nach Absatz 1 Satz 2 die eingetretene. [2]Hatte der andere Teil mit dem Schuldner eine Zahlungsvereinbarung getroffen oder diesem in sonstiger Weise eine Zahlungserleichterung gewährt, wird vermutet, dass er zur Zeit der Handlung die Zahlungsunfähigkeit des Schuldners nicht kannte.

(4) [1]Anfechtbar ist ein vom Schuldner mit einer nahestehenden Person (§ 138) geschlossener entgeltlicher Vertrag, durch den die Insolvenzgläubiger unmittelbar benachteiligt werden. [2]Die Anfechtung ist ausgeschlossen, wenn der Vertrag früher als zwei Jahre vor dem Eröffnungsantrag geschlossen worden ist oder wenn dem anderen Teil zur Zeit des Vertragsschlusses ein Vorsatz des Schuldners, die Gläubiger zu benachteiligen, nicht bekannt war.

§ 134 Unentgeltliche Leistung

(1) Anfechtbar ist eine unentgeltliche Leistung des Schuldners, es sei denn, sie ist früher als vier Jahre vor dem Antrag auf Eröffnung des Insolvenzverfahrens vorgenommen worden.

(2) Richtet sich die Leistung auf ein gebräuchliches Gelegenheitsgeschenk geringen Werts, so ist sie nicht anfechtbar.

§ 135 Gesellschafterdarlehen

(1) Anfechtbar ist eine Rechtshandlung, die für die Forderung eines Gesellschafters auf Rückgewähr eines Darlehens im Sinne des § 39 Abs. 1 Nr. 5 oder für eine gleichgestellte Forderung

1. Sicherung gewährt hat, wenn die Handlung in den letzten zehn Jahren vor dem Antrag auf Eröffnung des Insolvenzverfahrens oder nach diesem Antrag vorgenommen worden ist, oder
2. Befriedigung gewährt hat, wenn die Handlung im letzten Jahr vor dem Eröffnungsantrag oder nach diesem Antrag vorgenommen worden ist.

(2) Anfechtbar ist eine Rechtshandlung, mit der eine Gesellschaft einem Dritten für eine Forderung auf Rückgewähr eines Darlehens innerhalb der in Absatz 1 Nr. 2 ge-

nannten Fristen Befriedigung gewährt hat, wenn ein Gesellschafter für die Forderung eine Sicherheit bestellt hatte oder als Bürge haftete; dies gilt sinngemäß für Leistungen auf Forderungen, die einem Darlehen wirtschaftlich entsprechen.

(3) [1]Wurde dem Schuldner von einem Gesellschafter ein Gegenstand zum Gebrauch oder zur Ausübung überlassen, so kann der Aussonderungsanspruch während der Dauer des Insolvenzverfahrens, höchstens aber für eine Zeit von einem Jahr ab der Eröffnung des Insolvenzverfahrens nicht geltend gemacht werden, wenn der Gegenstand für die Fortführung des Unternehmens des Schuldners von erheblicher Bedeutung ist. [2]Für den Gebrauch oder die Ausübung des Gegenstandes gebührt dem Gesellschafter ein Ausgleich; bei der Berechnung ist der Durchschnitt der im letzten Jahr vor Verfahrenseröffnung geleisteten Vergütung in Ansatz zu bringen, bei kürzerer Dauer der Überlassung ist der Durchschnitt während dieses Zeitraums maßgebend.

(4) § 39 Abs. 4 und 5 gilt entsprechend.

§ 136 Stille Gesellschaft

(1) [1]Anfechtbar ist eine Rechtshandlung, durch die einem stillen Gesellschafter die Einlage ganz oder teilweise zurückgewährt oder sein Anteil an dem entstandenen Verlust ganz oder teilweise erlassen wird, wenn die zugrundeliegende Vereinbarung im letzten Jahr vor dem Antrag auf Eröffnung des Insolvenzverfahrens über das Vermögen des Inhabers des Handelsgeschäfts oder nach diesem Antrag getroffen worden ist. [2]Dies gilt auch dann, wenn im Zusammenhang mit der Vereinbarung die stille Gesellschaft aufgelöst worden ist.

(2) Die Anfechtung ist ausgeschlossen, wenn ein Eröffnungsgrund erst nach der Vereinbarung eingetreten ist.

§ 137 Wechsel- und Scheckzahlungen

(1) Wechselzahlungen des Schuldners können nicht auf Grund des § 130 vom Empfänger zurückgefordert werden, wenn nach Wechselrecht der Empfänger bei einer Verweigerung der Annahme der Zahlung den Wechselanspruch gegen andere Wechselverpflichtete verloren hätte.

(2) [1]Die gezahlte Wechselsumme ist jedoch vom letzten Rückgriffsverpflichteten oder, wenn dieser den Wechsel für Rechnung eines Dritten begeben hatte, von dem Dritten zuerstatten, wenn der letzte Rückgriffsverpflichtete oder der Dritte zu der Zeit, als er den Wechsel begab oder begeben ließ, die Zahlungsunfähigkeit des Schuldners oder den Eröffnungsantrag kannte. [2]§ 130 Abs. 2 und 3 gilt entsprechend.

(3) Die Absätze 1 und 2 gelten entsprechend für Scheckzahlungen des Schuldners.

§ 138 Nahestehende Personen

(1) Ist der Schuldner eine natürliche Person, so sind nahestehende Personen:

1. der Ehegatte des Schuldners, auch wenn die Ehe erst nach der Rechtshandlung geschlossen oder im letzten Jahr vor der Handlung aufgelöst worden ist;

1a. der Lebenspartner des Schuldners, auch wenn die Lebenspartnerschaft erst nach der Rechtshandlung eingegangen oder im letzten Jahr vor der Handlung aufgelöst worden ist;

2. Verwandte des Schuldners oder des in Nummer 1 bezeichneten Ehegatten oder des in Nummer 1a bezeichneten Lebenspartners in auf- und absteigender Linie und voll- und halbbürtige Geschwister des Schuldners oder des in Nummer 1 bezeichneten Ehegatten oder des in Nummer 1a bezeichneten Lebenspartners sowie die Ehegatten oder Lebenspartner dieser Personen;

3. Personen, die in häuslicher Gemeinschaft mit dem Schuldner leben oder im letzten Jahr vor der Handlung in häuslicher Gemeinschaft mit dem Schuldner gelebt haben sowie Personen, die sich auf Grund einer dienstvertraglichen Verbindung zum Schuldner über dessen wirtschaftliche Verhältnisse unterrichten können;
4. eine juristische Person oder eine Gesellschaft ohne Rechtspersönlichkeit, wenn der Schuldner oder eine der in den Nummern 1 bis 3 genannten Personen Mitglied des Vertretungs- oder Aufsichtsorgans, persönlich haftender Gesellschafter oder zu mehr als einem Viertel an deren Kapital beteiligt ist oder auf Grund einer vergleichbaren gesellschaftsrechtlichen oder dienstvertraglichen Verbindung die Möglichkeit hat, sich über die wirtschaftlichen Verhältnisse des Schuldners zu unterrichten.

(2) Ist der Schuldner eine juristische Person oder eine Gesellschaft ohne Rechtspersönlichkeit, so sind nahestehende Personen:

1. die Mitglieder des Vertretungs- oder Aufsichtsorgans und persönlich haftende Gesellschafter des Schuldners sowie Personen, die zu mehr als einem Viertel am Kapital des Schuldners beteiligt sind;
2. eine Person oder eine Gesellschaft, die auf Grund einer vergleichbaren gesellschaftsrechtlichen oder dienstvertraglichen Verbindung zum Schuldner die Möglichkeit haben, sich über dessen wirtschaftliche Verhältnisse zu unterrichten;
3. eine Person, die zu einer der in Nummer 1 oder 2 bezeichneten Personen in einer in Absatz 1 bezeichneten persönlichen Verbindung steht; dies gilt nicht, soweit die in Nummer 1 oder 2 bezeichneten Personen kraft Gesetzes in den Angelegenheiten des Schuldners zur Verschwiegenheit verpflichtet sind.

§ 139 Berechnung der Fristen vor dem Eröffnungsantrag

(1) [1]Die in den §§ 88, 130 bis 136 bestimmten Fristen beginnen mit dem Anfang des Tages, der durch seine Zahl dem Tag entspricht, an dem der Antrag auf Eröffnung des Insolvenzverfahrens beim Insolvenzgericht eingegangen ist. [2]Fehlt ein solcher Tag, so beginnt die Frist mit dem Anfang des folgenden Tages.

(2) [1]Sind mehrere Eröffnungsanträge gestellt worden, so ist der erste zulässige und begründete Antrag maßgeblich, auch wenn das Verfahren auf Grund eines späteren Antrags eröffnet worden ist. [2]Ein rechtskräftig abgewiesener Antrag wird nur berücksichtigt, wenn er mangels Masse abgewiesen worden ist.

§ 140 Zeitpunkt der Vornahme einer Rechtshandlung

(1) Eine Rechtshandlung gilt als in dem Zeitpunkt vorgenommen, in dem ihre rechtlichen Wirkungen eintreten.

(2) [1]Ist für das Wirksamwerden eines Rechtsgeschäfts eine Eintragung im Grundbuch, im Schiffsregister, im Schiffsbauregister oder im Register für Pfandrechte an Luftfahrzeugen erforderlich, so gilt das Rechtsgeschäft als vorgenommen, sobald die übrigen Voraussetzungen für das Wirksamwerden erfüllt sind, die Willenserklärung des Schuldners für ihn bindend geworden ist und der andere Teil den Antrag auf Eintragung der Rechtsänderung gestellt hat. [2]Ist der Antrag auf Eintragung einer Vormerkung zur Sicherung des Anspruchs auf die Rechtsänderung gestellt worden, so gilt Satz 1 mit der Maßgabe, daß dieser Antrag an die Stelle des Antrags auf Eintragung der Rechtsänderung tritt.

(3) Bei einer bedingten oder befristeten Rechtshandlung bleibt der Eintritt der Bedingung oder des Termins außer Betracht.

§ 141 Vollstreckbarer Titel

Die Anfechtung wird nicht dadurch ausgeschlossen, daß für die Rechtshandlung ein vollstreckbarer Schuldtitel erlangt oder daß die Handlung durch Zwangsvollstreckung erwirkt worden ist.

§ 142 Bargeschäft

(1) Eine Leistung des Schuldners, für die unmittelbar eine gleichwertige Gegenleistung in sein Vermögen gelangt, ist nur anfechtbar, wenn die Voraussetzungen des § 133 Absatz 1 bis 3 gegeben sind und der andere Teil erkannt hat, dass der Schuldner unlauter handelte.

(2) [1]Der Austausch von Leistung und Gegenleistung ist unmittelbar, wenn er nach Art der ausgetauschten Leistungen und unter Berücksichtigung der Gepflogenheiten des Geschäftsverkehrs in einem engen zeitlichen Zusammenhang erfolgt. [2]Gewährt der Schuldner seinem Arbeitnehmer Arbeitsentgelt, ist ein enger zeitlicher Zusammenhang gegeben, wenn der Zeitraum zwischen Arbeitsleistung und Gewährung des Arbeitsentgelts drei Monate nicht übersteigt. [3]Der Gewährung des Arbeitsentgelts durch den Schuldner steht die Gewährung dieses Arbeitsentgelts durch einen Dritten nach § 267 des Bürgerlichen Gesetzbuchs gleich, wenn für den Arbeitnehmer nicht erkennbar war, dass ein Dritter die Leistung bewirkt hat.

§ 143 Rechtsfolgen

(1) [1]Was durch die anfechtbare Handlung aus dem Vermögen des Schuldners veräußert,weggegeben oder aufgegeben ist, muß zur Insolvenzmasse zurückgewährt werden. [2]Die Vorschriften über die Rechtsfolgen einer ungerechtfertigten Bereicherung, bei der dem Empfänger der Mangel des rechtlichen Grundes bekannt ist, gelten entsprechend. [3]Eine Geldschuld ist nur zu verzinsen, wenn die Voraussetzungen des Schuldnerverzugs oder des § 291 des Bürgerlichen Gesetzbuchs vorliegen; ein darüber hinausgehender Anspruch auf Herausgabe von Nutzungen eines erlangten Geldbetrags ist ausgeschlossen.

(2) [1]Der Empfänger einer unentgeltlichen Leistung hat diese nur zurückzugewähren, soweit er durch sie bereichert ist. [2]Dies gilt nicht, sobald er weiß oder den Umständen nach wissen muß, daß die unentgeltliche Leistung die Gläubiger benachteiligt.

(3) [1]Im Fall der Anfechtung nach § 135 Abs. 2 hat der Gesellschafter, der die Sicherheit bestellt hatte oder als Bürge haftete, die dem Dritten gewährte Leistung zur Insolvenzmasse zu erstatten. [2]Die Verpflichtung besteht nur bis zur Höhe des Betrags, mit dem der Gesellschafter als Bürge haftete oder der dem Wert der von ihm bestellten Sicherheit im Zeitpunkt der Rückgewähr des Darlehens oder der Leistung auf die gleichgestellte Forderung entspricht. [3]Der Gesellschafter wird von der Verpflichtung frei, wenn er die Gegenstände, die dem Gläubiger als Sicherheit gedient hatten, der Insolvenzmasse zur Verfügung stellt.

§ 144 Ansprüche des Anfechtungsgegners

(1) Gewährt der Empfänger einer anfechtbaren Leistung das Erlangte zurück, so lebt seine Forderung wieder auf.

(2) [1]Eine Gegenleistung ist aus der Insolvenzmasse zu erstatten, soweit sie in dieser noch unterscheidbar vorhanden ist oder soweit die Masse um ihren Wert bereichert ist. [2]Darüber hinaus kann der Empfänger der anfechtbaren Leistung die Forderung auf Rückgewähr der Gegenleistung nur als Insolvenzgläubiger geltend machen.

§ 145 Anfechtung gegen Rechtsnachfolger

(1) Die Anfechtbarkeit kann gegen den Erben oder einen anderen Gesamtrechtsnachfolger des Anfechtungsgegners geltend gemacht werden.

(2) Gegen einen sonstigen Rechtsnachfolger kann die Anfechtbarkeit geltend gemacht werden:

1. wenn dem Rechtsnachfolger zur Zeit seines Erwerbs die Umstände bekannt waren, welche die Anfechtbarkeit des Erwerbs seines Rechtsvorgängers begründen;
2. wenn der Rechtsnachfolger zur Zeit seines Erwerbs zu den Personen gehörte, die dem Schuldner nahestehen (§ 138), es sei denn, daß ihm zu dieser Zeit die Umstände unbekannt waren, welche die Anfechtbarkeit des Erwerbs seines Rechtsvorgängers begründen;
3. wenn dem Rechtsnachfolger das Erlangte unentgeltlich zugewendet worden ist.

§ 146 Verjährung des Anfechtungsanspruchs

(1) Die Verjährung des Anfechtungsanspruchs richtet sich nach den Regelungen über die regelmäßige Verjährung nach dem Bürgerlichen Gesetzbuch.

(2) Auch wenn der Anfechtungsanspruch verjährt ist, kann der Insolvenzverwalter die Erfüllung einer Leistungspflicht verweigern, die auf einer anfechtbaren Handlung beruht.

§ 147 Rechtshandlungen nach Verfahrenseröffnung

[1]Eine Rechtshandlung, die nach der Eröffnung des Insolvenzverfahrens vorgenommen worden ist und die nach § 81 Abs. 3 Satz 2, §§ 892, 893 des Bürgerlichen Gesetzbuchs, §§ 16, 17 des Gesetzes über Rechte an eingetragenen Schiffen und Schiffsbauwerken und §§ 16, 17 des Gesetzes über Rechte an Luftfahrzeugen wirksam ist, kann nach den Vorschriften angefochten werden, die für die Anfechtung einer vor der Verfahrenseröffnung vorgenommenen Rechtshandlung gelten. [2]Satz 1 findet auf die den in § 96 Abs. 2 genannten Ansprüchen und Leistungen zugrunde liegenden Rechtshandlungen mit der Maßgabe Anwendung, dass durch die Anfechtung nicht die Verrechnung einschließlich des Saldenausgleichs rückgängig gemacht wird oder die betreffenden Zahlungsaufträge, Aufträge zwischen Zahlungsdienstleistern oder zwischengeschalteten Stellen oder Aufträge zur Übertragung von Wertpapieren unwirksam werden.

Vierter Teil. Verwaltung und Verwertung der Insolvenzmasse

Erster Abschnitt. Sicherung der Insolvenzmasse

§ 148 Übernahme der Insolvenzmasse

(1) Nach der Eröffnung des Insolvenzverfahrens hat der Insolvenzverwalter das gesamte zur Insolvenzmasse gehörende Vermögen sofort in Besitz und Verwaltung zu nehmen.

(2) [1]Der Verwalter kann auf Grund einer vollstreckbaren Ausfertigung des Eröffnungsbeschlusses die Herausgabe der Sachen, die sich im Gewahrsam des Schuldners befinden, im Wege der Zwangsvollstreckung durchsetzen. [2]§ 766 der Zivilprozeßordnung gilt mit der Maßgabe, daß an die Stelle des Vollstreckungsgerichts das Insolvenzgericht tritt.

§ 149 Wertgegenstände

(1) [1]Der Gläubigerausschuß kann bestimmen, bei welcher Stelle und zu welchen Bedingungen Geld, Wertpapiere und Kostbarkeiten hinterlegt oder angelegt werden sollen.

[2]Ist kein Gläubigerausschuß bestellt oder hat der Gläubigerausschuß noch keinen Beschluß gefaßt, so kann das Insolvenzgericht entsprechendes anordnen.

(2) Die Gläubigerversammlung kann abweichende Regelungen beschließen.

§ 150 Siegelung

[1]Der Insolvenzverwalter kann zur Sicherung der Sachen, die zur Insolvenzmasse gehören, durch den Gerichtsvollzieher oder eine andere dazu gesetzlich ermächtigte Person Siegel anbringen lassen. [2]Das Protokoll über eine Siegelung oder Entsiegelung hat der Verwalter auf der Geschäftsstelle zur Einsicht der Beteiligten niederzulegen.

§ 151 Verzeichnis der Massegegenstände

(1) [1]Der Insolvenzverwalter hat ein Verzeichnis der einzelnen Gegenstände der Insolvenzmasse aufzustellen. [2]Der Schuldner ist hinzuzuziehen, wenn dies ohne eine nachteilige Verzögerung möglich ist.

(2) [1]Bei jedem Gegenstand ist dessen Wert anzugeben. [2]Hängt der Wert davon ab, ob das Unternehmen fortgeführt oder stillgelegt wird, sind beide Werte anzugeben. [3]Besonders schwierige Bewertungen können einem Sachverständigen übertragen werden.

(3) [1]Auf Antrag des Verwalters kann das Insolvenzgericht gestatten, daß die Aufstellung des Verzeichnisses unterbleibt; der Antrag ist zu begründen. [2]Ist ein Gläubigerausschuß bestellt, so kann der Verwalter den Antrag nur mit Zustimmung des Gläubigerausschusses stellen.

§ 152 Gläubigerverzeichnis

(1) Der Insolvenzverwalter hat ein Verzeichnis aller Gläubiger des Schuldners aufzustellen, die ihm aus den Büchern und Geschäftspapieren des Schuldners, durch sonstige Angaben des Schuldners, durch die Anmeldung ihrer Forderungen oder auf andere Weise bekannt geworden sind.

(2) [1]In dem Verzeichnis sind die absonderungsberechtigten Gläubiger und die einzelnen Rangklassen der nachrangigen Insolvenzgläubiger gesondert aufzuführen. [2]Bei jedem Gläubiger sind die Anschrift sowie der Grund und der Betrag seiner Forderung anzugeben. [3]Bei den absonderungsberechtigten Gläubigern sind zusätzlich der Gegenstand, an dem das Absonderungsrecht besteht, und die Höhe des mutmaßlichen Ausfalls zu bezeichnen; § 151 Abs. 2 Satz 2 gilt entsprechend.

(3) [1]Weiter ist anzugeben, welche Möglichkeiten der Aufrechnung bestehen. [2]Die Höhe der Masseverbindlichkeiten im Falle einer zügigen Verwertung des Vermögens des Schuldners ist zu schätzen.

§ 153 Vermögensübersicht

(1) [1]Der Insolvenzverwalter hat auf den Zeitpunkt der Eröffnung des Insolvenzverfahrens eine geordnete Übersicht aufzustellen, in der die Gegenstände der Insolvenzmasse und die Verbindlichkeiten des Schuldners aufgeführt und einander gegenübergestellt werden. [2]Für die Bewertung der Gegenstände gilt § 151 Abs. 2 entsprechend, für die Gliederung der Verbindlichkeiten § 152 Abs. 2 Satz 1.

(2) [1]Nach der Aufstellung der Vermögensübersicht kann das Insolvenzgericht auf Antrag des Verwalters oder eines Gläubigers dem Schuldner aufgeben, die Vollständigkeit der Vermögensübersicht eidesstattlich zu versichern. [2]Die §§ 98, 101 Abs. 1 Satz 1, 2 gelten entsprechend.

§ 154 Niederlegung in der Geschäftsstelle

Das Verzeichnis der Massegegenstände, das Gläubigerverzeichnis und die Vermögensübersicht sind spätestens eine Woche vor dem Berichtstermin in der Geschäftsstelle zur Einsicht der Beteiligten niederzulegen.

§ 155 Handels- und steuerrechtliche Rechnungslegung

(1) [1]Handels- und steuerrechtliche Pflichten des Schuldners zur Buchführung und zur Rechnungslegung bleiben unberührt. [2]In bezug auf die Insolvenzmasse hat der Insolvenzverwalter diese Pflichten zu erfüllen.

(2) [1]Mit der Eröffnung des Insolvenzverfahrens beginnt ein neues Geschäftsjahr. [2]Jedoch wird die Zeit bis zum Berichtstermin in gesetzliche Fristen für die Aufstellung oder die Offenlegung eines Jahresabschlusses nicht eingerechnet.

(3) [1]Für die Bestellung des Abschlußprüfers im Insolvenzverfahren gilt § 318 des Handelsgesetzbuchs mit der Maßgabe, daß die Bestellung ausschließlich durch das Registergericht auf Antrag des Verwalters erfolgt. [2]Ist für das Geschäftsjahr vor der Eröffnung des Verfahrens bereits ein Abschlußprüfer bestellt, so wird die Wirksamkeit dieser Bestellung durch die Eröffnung nicht berührt.

Zweiter Abschnitt. Entscheidung über die Verwertung

§ 156 Berichtstermin

(1) [1]Im Berichtstermin hat der Insolvenzverwalter über die wirtschaftliche Lage des Schuldners und ihre Ursachen zu berichten. [2]Er hat darzulegen, ob Aussichten bestehen, das Unternehmen des Schuldners im ganzen oder in Teilen zu erhalten, welche Möglichkeiten für einen Insolvenzplan bestehen und welche Auswirkungen jeweils für die Befriedigung der Gläubiger eintreten würden.

(2) [1]Dem Schuldner, dem Gläubigerausschuß, dem Betriebsrat und dem Sprecherausschuß der leitenden Angestellten ist im Berichtstermin Gelegenheit zu geben, zu dem Bericht des Verwalters Stellung zu nehmen. [2]Ist der Schuldner Handels- oder Gewerbetreibender oder Landwirt, so kann auch der zuständigen amtlichen Berufsvertretung der Industrie, des Handels, des Handwerks oder der Landwirtschaft im Termin Gelegenheit zur Äußerung gegeben werden.

§ 157 Entscheidung über den Fortgang des Verfahrens

[1]Die Gläubigerversammlung beschließt im Berichtstermin, ob das Unternehmen des Schuldners stillgelegt oder vorläufig fortgeführt werden soll. [2]Sie kann den Verwalter beauftragen, einen Insolvenzplan auszuarbeiten, und ihm das Ziel des Plans vorgeben. [3]Sie kann ihre Entscheidungen in späteren Terminen ändern.

§ 158 Maßnahmen vor der Entscheidung

(1) Will der Insolvenzverwalter vor dem Berichtstermin das Unternehmen des Schuldners stillegen oder veräußern, so hat er die Zustimmung des Gläubigerausschusses einzuholen, wenn ein solcher bestellt ist.

(2) [1]Vor der Beschlußfassung des Gläubigerausschusses oder, wenn ein solcher nicht bestellt ist, vor der Stillegung oder Veräußerung des Unternehmens hat der Verwalter den Schuldner zu unterrichten. [2]Das Insolvenzgericht untersagt auf Antrag des Schuldners und nach Anhörung des Verwalters die Stillegung oder Veräußerung, wenn diese ohne eine erhebliche Verminderung der Insolvenzmasse bis zum Berichtstermin aufgeschoben werden kann.

§ 159 Verwertung der Insolvenzmasse

Nach dem Berichtstermin hat der Insolvenzverwalter unverzüglich das zur Insolvenzmasse gehörende Vermögen zu verwerten, soweit die Beschlüsse der Gläubigerversammlung nicht entgegenstehen.

§ 160 Besonders bedeutsame Rechtshandlungen

(1) [1]Der Insolvenzverwalter hat die Zustimmung des Gläubigerausschusses einzuholen, wenn er Rechtshandlungen vornehmen will, die für das Insolvenzverfahren von besonderer Bedeutung sind. [2]Ist ein Gläubigerausschuß nicht bestellt, so ist die Zustimmung der Gläubigerversammlung einzuholen. [3]Ist die einberufene Gläubigerversammlung beschlussunfähig, gilt die Zustimmung als erteilt; auf diese Folgen sind die Gläubiger bei der Einladung zur Gläubigerversammlung hinzuweisen.

(2) Die Zustimmung nach Absatz 1 ist insbesondere erforderlich,

1. wenn das Unternehmen oder ein Betrieb, das Warenlager im ganzen, ein unbeweglicher Gegenstand aus freier Hand, die Beteiligung des Schuldners an einem anderen Unternehmen, die der Herstellung einer dauernden Verbindung zu diesem Unternehmen dienen soll, oder das Recht auf den Bezug wiederkehrender Einkünfte veräußert werden soll;
2. wenn ein Darlehen aufgenommen werden soll, das die Insolvenzmasse erheblich belasten würde;
3. wenn ein Rechtsstreit mit erheblichem Streitwert anhängig gemacht oder aufgenommen, die Aufnahme eines solchen Rechtsstreits abgelehnt oder zur Beilegung oder zur Vermeidung eines solchen Rechtsstreits ein Vergleich oder ein Schiedsvertrag geschlossen werden soll.

§ 161 Vorläufige Untersagung der Rechtshandlung

[1]In den Fällen des § 160 hat der Insolvenzverwalter vor der Beschlußfassung des Gläubigerausschusses oder der Gläubigerversammlung den Schuldner zu unterrichten, wenn dies ohne nachteilige Verzögerung möglich ist. [2]Sofern nicht die Gläubigerversammlung ihre Zustimmung erteilt hat, kann das Insolvenzgericht auf Antrag des Schuldners oder einer in § 75 Abs. 1 Nr. 3 bezeichneten Mehrzahl von Gläubigern und nach Anhörung des Verwalters die Vornahme der Rechtshandlung vorläufig untersagen und eine Gläubigerversammlung einberufen, die über die Vornahme beschließt.

§ 162 Betriebsveräußerung an besonders Interessierte

(1) Die Veräußerung des Unternehmens oder eines Betriebs ist nur mit Zustimmung der Gläubigerversammlung zulässig, wenn der Erwerber oder eine Person, die an seinem Kapital zu mindestens einem Fünftel beteiligt ist,

1. zu den Personen gehört, die dem Schuldner nahestehen (§ 138),
2. ein absonderungsberechtigter Gläubiger oder ein nicht nachrangiger Insolvenzgläubiger ist, dessen Absonderungsrechte und Forderungen nach der Schätzung des Insolvenzgerichts zusammen ein Fünftel der Summe erreichen,die sich aus dem Wert aller Absonderungsrechte und den Forderungsbeträgen aller nicht nachrangigen Insolvenzgläubiger ergibt.

(2) Eine Person ist auch insoweit im Sinne des Absatzes 1 am Erwerber beteiligt, als ein von der Person abhängiges Unternehmen oder ein Dritter für Rechnung der Person oder des abhängigen Unternehmens am Erwerber beteiligt ist.

§ 163 Betriebsveräußerung unter Wert

(1) Auf Antrag des Schuldners oder einer in § 75 Abs. 1 Nr. 3 bezeichneten Mehrzahl von Gläubigern und nach Anhörung des Insolvenzverwalters kann das Insolvenzgericht

anordnen, daß die geplante Veräußerung des Unternehmens oder eines Betriebs nur mit Zustimmung der Gläubigerversammlung zulässig ist, wenn der Antragsteller glaubhaft macht, daß eine Veräußerung an einen anderen Erwerber für die Insolvenzmasse günstiger wäre.

(2) Sind dem Antragsteller durch den Antrag Kosten entstanden, so ist er berechtigt, die Erstattung dieser Kosten aus der Insolvenzmasse zu verlangen, sobald die Anordnung des Gerichts ergangen ist.

§ 164 Wirksamkeit der Handlung

Durch einen Verstoß gegen die §§ 160 bis 163 wird die Wirksamkeit der Handlung des Insolvenzverwalters nicht berührt.

Dritter Abschnitt. Gegenstände mit Absonderungsrechten

§ 165 Verwertung unbeweglicher Gegenstände

Der Insolvenzverwalter kann beim zuständigen Gericht die Zwangsversteigerung oder die Zwangsverwaltung eines unbeweglichen Gegenstands der Insolvenzmasse betreiben, auch wenn an dem Gegenstand ein Absonderungsrecht besteht.

§ 166 Verwertung beweglicher Gegenstände

(1) Der Insolvenzverwalter darf eine bewegliche Sache, an der ein Absonderungsrecht besteht, freihändig verwerten, wenn er die Sache in seinem Besitz hat.

(2) Der Verwalter darf eine Forderung, die der Schuldner zur Sicherung eines Anspruchs abgetreten hat, einziehen oder in anderer Weise verwerten.

(3) Die Absätze 1 und 2 finden keine Anwendung

1. auf Gegenstände, an denen eine Sicherheit zu Gunsten des Betreibers oder des Teilnehmers eines Systems nach § 1 Abs. 16 des Kreditwesengesetzes zur Sicherung seiner Ansprüche aus dem System besteht,
2. auf Gegenstände, an denen eine Sicherheit zu Gunsten der Zentralbank eines Mitgliedstaats der Europäischen Union oder Vertragsstaats des Europäischen Wirtschaftsraums oder zu Gunsten der Europäischen Zentralbank besteht, und
3. auf eine Finanzsicherheit im Sinne des § 1 Abs. 17 des Kreditwesengesetzes.

§ 167 Unterrichtung des Gläubigers

(1) [1]Ist der Insolvenzverwalter nach § 166 Abs. 1 zur Verwertung einer beweglichen Sache berechtigt, so hat er dem absonderungsberechtigten Gläubiger auf dessen Verlangen Auskunft über den Zustand der Sache zu erteilen. [2]Anstelle der Auskunft kann er dem Gläubiger gestatten, die Sache zu besichtigen.

(2) [1]Ist der Verwalter nach § 166 Abs. 2 zur Einziehung einer Forderung berechtigt, so hat er dem absonderungsberechtigten Gläubiger auf dessen Verlangen Auskunft über die Forderung zu erteilen. [2]Anstelle der Auskunft kann er dem Gläubiger gestatten, Einsicht in die Bücher und Geschäftspapiere des Schuldners zu nehmen.

§ 168 Mitteilung der Veräußerungsabsicht

(1) [1]Bevor der Insolvenzverwalter einen Gegenstand, zu dessen Verwertung er nach § 166 berechtigt ist, an einen Dritten veräußert, hat er dem absonderungsberechtigten Gläubiger mitzuteilen, auf welche Weise der Gegenstand veräußert werden soll. [2]Er hat dem Gläubiger Gelegenheit zu geben, binnen einer Woche auf eine andere, für den Gläubiger günstigere Möglichkeit der Verwertung des Gegenstands hinzuweisen.

(2) Erfolgt ein solcher Hinweis innerhalb der Wochenfrist oder rechtzeitig vor der Veräußerung, so hat der Verwalter die vom Gläubiger genannte Verwertungsmöglichkeit wahrzunehmen oder den Gläubiger so zu stellen, wie wenn er sie wahrgenommen hätte.

(3) [1]Die andere Verwertungsmöglichkeit kann auch darin bestehen, daß der Gläubiger den Gegenstand selbst übernimmt. [2]Günstiger ist eine Verwertungsmöglichkeit auch dann, wenn Kosten eingespart werden.

§ 169 Schutz des Gläubigers vor einer Verzögerung der Verwertung

[1]Solange ein Gegenstand, zu dessen Verwertung der Insolvenzverwalter nach § 166 berechtigt ist, nicht verwertet wird, sind dem Gläubiger vom Berichtstermin anlaufend die geschuldeten Zinsen aus der Insolvenzmasse zu zahlen. [2]Ist der Gläubiger schon vor der Eröffnung des Insolvenzverfahrens auf Grund einer Anordnung nach § 21 an der Verwertung des Gegenstands gehindert worden, so sind die geschuldeten Zinsen spätestens von dem Zeitpunkt an zu zahlen, der drei Monate nach dieser Anordnung liegt. [3]Die Sätze 1 und 2 gelten nicht, soweit nach der Höhe der Forderung sowie dem Wert und der sonstigen Belastung des Gegenstands nicht mit einer Befriedigung des Gläubigers aus dem Verwertungserlös zu rechnen ist.

§ 170 Verteilung des Erlöses

(1) [1]Nach der Verwertung einer beweglichen Sache oder einer Forderung durch den Insolvenzverwalter sind aus dem Verwertungserlös die Kosten der Feststellung und der Verwertung des Gegenstands vorweg für die Insolvenzmasse zu entnehmen. [2]Aus dem verbleibenden Betrag ist unverzüglich der absonderungsberechtigte Gläubiger zu befriedigen.

(2) Überläßt der Insolvenzverwalter einen Gegenstand, zu dessen Verwertung er nach § 166 berechtigt ist, dem Gläubiger zur Verwertung, so hat dieser aus dem von ihm erzielten Verwertungserlös einen Betrag in Höhe der Kosten der Feststellung sowie des Umsatzsteuerbetrages (§ 171 Abs. 2 Satz 3) vorweg an die Masse abzuführen.

§ 171 Berechnung des Kostenbeitrags

(1) [1]Die Kosten der Feststellung umfassen die Kosten der tatsächlichen Feststellung des Gegenstands und der Feststellung der Rechte an diesem. [2]Sie sind pauschal mit vier vom Hundert des Verwertungserlöses anzusetzen.

(2) [1]Als Kosten der Verwertung sind pauschal fünf vom Hundert des Verwertungserlöses anzusetzen. [2]Lagen die tatsächlich entstandenen, für die Verwertung erforderlichen Kosten erheblich niedriger oder erheblich höher, so sind diese Kosten anzusetzen. [3]Führt die Verwertung zu einer Belastung der Masse mit Umsatzsteuer, so ist der Umsatzsteuerbetrag zusätzlich zu der Pauschale nach Satz 1 oder den tatsächlich entstandenen Kosten nach Satz 2 anzusetzen.

§ 172 Sonstige Verwendung beweglicher Sachen

(1) [1]Der Insolvenzverwalter darf eine bewegliche Sache, zu deren Verwertung er berechtigt ist, für die Insolvenzmasse benutzen, wenn er den dadurch entstehenden Wertverlust von der Eröffnung des Insolvenzverfahrens an durch laufende Zahlungen an den Gläubiger ausgleicht. [2]Die Verpflichtung zu Ausgleichszahlungen besteht nur, soweit der durch die Nutzung entstehende Wertverlust die Sicherung des absonderungsberechtigten Gläubigers beeinträchtigt.

(2) [1]Der Verwalter darf eine solche Sache verbinden, vermischen und verarbeiten, soweit dadurch die Sicherung des absonderungsberechtigten Gläubigers nicht beeinträchtigt wird. [2]Setzt sich das Recht des Gläubigers an einer anderen Sache fort, so hat der Gläubiger die neue Sicherheit insoweit freizugeben, als sie den Wert der bisherigen Sicherheit übersteigt.

§ 173 Verwertung durch den Gläubiger

(1) Soweit der Insolvenzverwalter nicht zur Verwertung einer beweglichen Sache oder einer Forderung berechtigt ist, an denen ein Absonderungsrecht besteht, bleibt das Recht des Gläubigers zur Verwertung unberührt.

(2) [1]Auf Antrag des Verwalters und nach Anhörung des Gläubigers kann das Insolvenzgericht eine Frist bestimmen, innerhalb welcher der Gläubiger den Gegenstand zu verwerten hat. [2]Nach Ablauf der Frist ist der Verwalter zur Verwertung berechtigt.

Fünfter Teil. Befriedigung der Insolvenzgläubiger. Einstellung des Verfahrens

Erster Abschnitt. Feststellung der Forderungen

§ 174 Anmeldung der Forderungen

(1) [1]Die Insolvenzgläubiger haben ihre Forderungen schriftlich beim Insolvenzverwalter anzumelden. [2]Der Anmeldung sollen die Urkunden, aus denen sich die Forderung ergibt, in Abdruck beigefügt werden. [3]Zur Vertretung des Gläubigers im Verfahren nach diesem Abschnitt sind auch Personen befugt, die Inkassodienstleistungen erbringen (registrierte Personen nach § 10 Abs. 1 Satz 1 Nr. 1 des Rechtsdienstleistungsgesetzes).

(2) Bei der Anmeldung sind der Grund und der Betrag der Forderung anzugeben sowie die Tatsachen, aus denen sich nach Einschätzung des Gläubigers ergibt, dass ihr eine vorsätzlich begangene unerlaubte Handlung, eine vorsätzliche pflichtwidrige Verletzung einer gesetzlichen Unterhaltspflicht oder eine Steuerstraftat des Schuldners nach den §§ 370, 373 oder § 374 der Abgabenordnung zugrunde liegt.

(3) [1]Die Forderungen nachrangiger Gläubiger sind nur anzumelden, soweit das Insolvenzgericht besonders zur Anmeldung dieser Forderungen auffordert. [2]Bei der Anmeldung solcher Forderungen ist auf den Nachrang hinzuweisen und die dem Gläubiger zustehende Rangstelle zu bezeichnen.

(4) [1]Die Anmeldung kann durch Übermittlung eines elektronischen Dokuments erfolgen, wenn der Insolvenzverwalter der Übermittlung elektronischer Dokumente ausdrücklich zugestimmt hat. [2]In diesem Fall sollen die Urkunden, aus denen sich die Forderung ergibt, unverzüglich nachgereicht werden.

§ 175 Tabelle

(1) [1]Der Insolvenzverwalter hat jede angemeldete Forderung mit den in § 174 Abs. 2 und 3 genannten Angaben in eine Tabelle einzutragen. [2]Die Tabelle ist mit den Anmeldungen sowie den beigefügten Urkunden innerhalb des ersten Drittels des Zeitraums, der zwischen dem Ablauf der Anmeldefrist und dem Prüfungstermin liegt, in der Geschäftsstelle des Insolvenzgerichts zur Einsicht der Beteiligten niederzulegen.

(2) Hat ein Gläubiger eine Forderung aus einer vorsätzlich begangenen unerlaubten Handlung, aus einer vorsätzlich pflichtwidrig verletzten gesetzlichen Unterhaltspflicht oder aus einer Steuerstraftat nach den §§ 370, 373 oder § 374 der Abgabenordnung angemeldet, so hat das Insolvenzgericht den Schuldner auf die Rechtsfolgen des § 302 und auf die Möglichkeit des Widerspruchs hinzuweisen.

§ 176 Verlauf des Prüfungstermins

[1]Im Prüfungstermin werden die angemeldeten Forderungen ihrem Betrag und ihrem Rang nach geprüft. [2]Die Forderungen, die vom Insolvenzverwalter, vom Schuldner oder von einem Insolvenzgläubiger bestritten werden, sind einzeln zu erörtern.

§ 177 Nachträgliche Anmeldungen

(1) [1]Im Prüfungstermin sind auch die Forderungen zu prüfen, die nach dem Ablauf der Anmeldefrist angemeldet worden sind. [2]Widerspricht jedoch der Insolvenzverwalter oder ein Insolvenzgläubiger dieser Prüfung oder wird eine Forderung erst nach dem Prüfungstermin angemeldet, so hat das Insolvenzgericht auf Kosten des Säumigen entweder einen besonderen Prüfungstermin zu bestimmen oder die Prüfung im schriftlichen Verfahren anzuordnen. [3]Für nachträgliche Änderungen der Anmeldung gelten die Sätze 1 und 2 entsprechend.

(2) Hat das Gericht nachrangige Gläubiger nach § 174 Abs. 3 zur Anmeldung ihrer Forderungen aufgefordert und läuft die für diese Anmeldung gesetzte Frist später als eine Woche vor dem Prüfungstermin ab, so ist auf Kosten der Insolvenzmasse entweder ein besonderer Prüfungstermin zu bestimmen oder die Prüfung im schriftlichen Verfahren anzuordnen.

(3) [1]Der besondere Prüfungstermin ist öffentlich bekanntzumachen. [2]Zu dem Termin sind die Insolvenzgläubiger, die eine Forderung angemeldet haben, der Verwalter und der Schuldner besonders zu laden. [3]§ 74 Abs. 2 Satz 2 gilt entsprechend.

§ 178 Voraussetzungen und Wirkungen der Feststellung

(1) [1]Eine Forderung gilt als festgestellt, soweit gegen sie im Prüfungstermin oder im schriftlichen Verfahren (§ 177) ein Widerspruch weder vom Insolvenzverwalter noch von einem Insolvenzgläubiger erhoben wird oder soweit ein erhobener Widerspruch beseitigt ist. [2]Ein Widerspruch des Schuldners steht der Feststellung der Forderung nicht entgegen.

(2) [1]Das Insolvenzgericht trägt für jede angemeldete Forderung in die Tabelle ein, inwieweit die Forderung ihrem Betrag und ihrem Rang nach festgestellt ist oder wer der Feststellung widersprochen hat. [2]Auch ein Widerspruch des Schuldners isteinzutragen. [3]Auf Wechseln und sonstigen Schuldurkunden ist vom Urkundsbeamten der Geschäftsstelle die Feststellung zu vermerken.

(3) Die Eintragung in die Tabelle wirkt für die festgestellten Forderungen ihrem Betrag und ihrem Rang nach wie ein rechtskräftiges Urteil gegenüber dem Insolvenzverwalter und allen Insolvenzgläubigern.

§ 179 Streitige Forderungen

(1) Ist eine Forderung vom Insolvenzverwalter oder von einem Insolvenzgläubiger bestritten worden, so bleibt es dem Gläubiger überlassen, die Feststellung gegen den Bestreitenden zu betreiben.

(2) Liegt für eine solche Forderung ein vollstreckbarer Schuldtitel oder ein Endurteil vor, so obliegt es dem Bestreitenden, den Widerspruch zu verfolgen.

(3) [1]Das Insolvenzgericht erteilt dem Gläubiger, dessen Forderung bestritten worden ist, einen beglaubigten Auszug aus der Tabelle. [2]Im Falle des Absatzes 2 erhält auch der Bestreitende einen solchen Auszug. [3]Die Gläubiger, deren Forderungen festgestellt worden sind, werden nicht benachrichtigt; hierauf sollen die Gläubiger vor dem Prüfungstermin hingewiesen werden.

§ 180 Zuständigkeit für die Feststellung

(1) [1]Auf die Feststellung ist im ordentlichen Verfahren Klage zu erheben. [2]Für die Klage ist das Amtsgericht ausschließlich zuständig, bei dem das Insolvenzverfahren anhängig ist oder anhängig war. [3]Gehört der Streitgegenstand nicht zur Zuständigkeit der Amtsgerichte, so ist das Landgericht ausschließlich zuständig, zu dessen Bezirk das Insolvenzgericht gehört.

(2) War zur Zeit der Eröffnung des Insolvenzverfahrens ein Rechtsstreit über die Forderung anhängig, so ist die Feststellung durch Aufnahme des Rechtsstreits zu betreiben.

§ 181 Umfang der Feststellung

Die Feststellung kann nach Grund, Betrag und Rang der Forderung nur in der Weise begehrt werden, wie die Forderung in der Anmeldung oder im Prüfungstermin bezeichnet worden ist.

§ 182 Streitwert

Der Wert des Streitgegenstands einer Klage auf Feststellung einer Forderung, deren Bestand vom Insolvenzverwalter oder von einem Insolvenzgläubiger bestritten worden ist, bestimmt sich nach dem Betrag, der bei der Verteilung der Insolvenzmasse für die Forderung zu erwarten ist.

§ 183 Wirkung der Entscheidung

(1) Eine rechtskräftige Entscheidung, durch die eine Forderung festgestellt oder ein Widerspruch für begründet erklärt wird, wirkt gegenüber dem Insolvenzverwalter und allen Insolvenzgläubigern.

(2) Der obsiegenden Partei obliegt es, beim Insolvenzgericht die Berichtigung der Tabelle zu beantragen.

(3) Haben nur einzelne Gläubiger, nicht der Verwalter, den Rechtsstreit geführt, so können diese Gläubiger die Erstattung ihrer Kosten aus der Insolvenzmasse insoweit verlangen, als der Masse durch die Entscheidung ein Vorteil erwachsen ist.

§ 184 Klage gegen einen Widerspruch des Schuldners

(1) [1]Hat der Schuldner im Prüfungstermin oder im schriftlichen Verfahren (§ 177) eine Forderung bestritten, so kann der Gläubiger Klage auf Feststellung der Forderung gegen den Schuldner erheben. [2]War zur Zeit der Eröffnung des Insolvenzverfahrens ein Rechtsstreit über die Forderung anhängig, so kann der Gläubiger diesen Rechtsstreit gegen den Schuldner aufnehmen.

(2) [1]Liegt für eine solche Forderung ein vollstreckbarer Schuldtitel oder ein Endurteil vor, so obliegt es dem Schuldner binnen einer Frist von einem Monat, die mit dem Prüfungstermin oder im schriftlichen Verfahren mit dem Bestreiten der Forderung beginnt, den Widerspruch zu verfolgen. [2]Nach fruchtlosem Ablauf dieser Frist gilt ein Widerspruch als nicht erhoben. [3]Das Insolvenzgericht erteilt dem Schuldner und dem Gläubiger, dessen Forderung bestritten worden ist, einen beglaubigten Auszug aus der Tabelle und weist den Schuldner auf die Folgen einer Fristversäumung hin. [4]Der Schuldner hat dem Gericht die Verfolgung des Anspruchs nachzuweisen.

§ 185 Besondere Zuständigkeiten

[1]Ist für die Feststellung einer Forderung der Rechtsweg zum ordentlichen Gericht nicht gegeben, so ist die Feststellung bei dem zuständigen anderen Gericht zu betreiben oder von der zuständigen Verwaltungsbehörde vorzunehmen. [2]§ 180 Abs. 2 und die §§ 181, 183 und 184 gelten entsprechend. [3]Ist die Feststellung bei einem anderen Gericht zubetreiben, so gilt auch § 182 entsprechend.

§ 186 Wiedereinsetzung in den vorigen Stand

(1) [1]Hat der Schuldner den Prüfungstermin versäumt, so hat ihm das Insolvenzgericht auf Antrag die Wiedereinsetzung in den vorigen Stand zu gewähren. [2]§ 51 Abs. 2, § 85 Abs. 2, §§ 233 bis 236 der Zivilprozeßordnung gelten entsprechend.

(2) [1]Die den Antrag auf Wiedereinsetzung betreffenden Schriftsätze sind dem Gläubiger zuzustellen, dessen Forderung nachträglich bestritten werden soll. [2]Das Bestreiten

in diesen Schriftsätzen steht, wenn die Wiedereinsetzung erteilt wird, dem Bestreiten im Prüfungstermin gleich.

Zweiter Abschnitt. Verteilung

§ 187 Befriedigung der Insolvenzgläubiger

(1) Mit der Befriedigung der Insolvenzgläubiger kann erst nach dem allgemeinen Prüfungstermin begonnen werden.

(2) [1]Verteilungen an die Insolvenzgläubiger können stattfinden, so oft hinreichende Barmittel in der Insolvenzmasse vorhanden sind. [2]Nachrangige Insolvenzgläubiger sollen bei Abschlagsverteilungen nicht berücksichtigt werden.

(3) [1]Die Verteilungen werden vom Insolvenzverwalter vorgenommen. [2]Vor jeder Verteilung hat er die Zustimmung des Gläubigerausschusses einzuholen, wenn ein solcher bestellt ist.

§ 188 Verteilungsverzeichnis

[1]Vor einer Verteilung hat der Insolvenzverwalter ein Verzeichnis der Forderungen aufzustellen, die bei der Verteilung zu berücksichtigen sind. [2]Das Verzeichnis ist auf der Geschäftsstelle zur Einsicht der Beteiligten niederzulegen. [3]Der Verwalter zeigt dem Gericht die Summe der Forderungen und den für die Verteilung verfügbaren Betrag aus der Insolvenzmasse an; das Gericht hat die angezeigte Summe der Forderungen und den für die Verteilung verfügbaren Betrag öffentlich bekannt zu machen.

§ 189 Berücksichtigung bestrittener Forderungen

(1) Ein Insolvenzgläubiger, dessen Forderung nicht festgestellt ist und für dessen Forderung ein vollstreckbarer Titel oder ein Endurteil nicht vorliegt, hat spätestens innerhalb einer Ausschlußfrist von zwei Wochen nach der öffentlichen Bekanntmachung dem Insolvenzverwalter nachzuweisen, daß und für welchen Betrag die Feststellungsklage erhoben oder das Verfahren in dem früher anhängigen Rechtsstreit aufgenommen ist.

(2) Wird der Nachweis rechtzeitig geführt, so wird der auf die Forderung entfallende Anteil bei der Verteilung zurückbehalten, solange der Rechtsstreit anhängig ist.

(3) Wird der Nachweis nicht rechtzeitig geführt, so wird die Forderung bei der Verteilung nicht berücksichtigt.

§ 190 Berücksichtigung absonderungsberechtigter Gläubiger

(1) [1]Ein Gläubiger, der zur abgesonderten Befriedigung berechtigt ist, hat spätestens innerhalb der in § 189 Abs. 1 vorgesehenen Ausschlußfrist dem Insolvenzverwalter nachzuweisen, daß und für welchen Betrag er auf abgesonderte Befriedigung verzichtet hat oder bei ihr ausgefallen ist. [2]Wird der Nachweis nicht rechtzeitig geführt, so wird die Forderung bei der Verteilung nicht berücksichtigt.

(2) [1]Zur Berücksichtigung bei einer Abschlagsverteilung genügt es, wenn der Gläubiger spätestens innerhalb der Ausschlußfrist dem Verwalter nachweist, daß die Verwertung des Gegenstands betrieben wird, an dem das Absonderungsrecht besteht, und den Betrag des mutmaßlichen Ausfalls glaubhaft macht. [2]In diesem Fall wird der auf die Forderung entfallende Anteil bei der Verteilung zurückbehalten. [3]Sind die Voraussetzungen des Absatzes 1 bei der Schlußverteilung nicht erfüllt, so wird der zurückbehaltene Anteil für die Schlußverteilung frei.

(3) [1]Ist nur der Verwalter zur Verwertung des Gegenstands berechtigt, an dem das Absonderungsrecht besteht, so sind die Absätze 1 und 2 nicht anzuwenden. [2]Bei einer

Abschlagsverteilung hat der Verwalter, wenn er den Gegenstand noch nicht verwertet hat, den Ausfall des Gläubigers zu schätzen und den auf die Forderung entfallenden Anteil zurückzubehalten.

§ 191 Berücksichtigung aufschiebend bedingter Forderungen

(1) [1]Eine aufschiebend bedingte Forderung wird bei einer Abschlagsverteilung mit ihrem vollen Betrag berücksichtigt. [2]Der auf die Forderung entfallende Anteil wird bei der Verteilung zurückbehalten.

(2) [1]Bei der Schlußverteilung wird eine aufschiebend bedingte Forderung nicht berücksichtigt, wenn die Möglichkeit des Eintritts der Bedingung so fernliegt, daß die Forderung zur Zeit der Verteilung keinen Vermögenswert hat. [2]In diesem Fall wird ein gemäß Absatz 1 Satz 2 zurückbehaltener Anteil für die Schlußverteilung frei.

§ 192 Nachträgliche Berücksichtigung

Gläubiger, die bei einer Abschlagsverteilung nicht berücksichtigt worden sind und die Voraussetzungen der §§ 189, 190 nachträglich erfüllen, erhalten bei der folgenden Verteilung aus der restlichen Insolvenzmasse vorab einen Betrag, der sie mit den übrigen Gläubigern gleichstellt.

§ 193 Änderung des Verteilungsverzeichnisses

Der Insolvenzverwalter hat die Änderungen des Verzeichnisses, die auf Grund der §§ 189 bis 192 erforderlich werden, binnen drei Tagen nach Ablauf der in § 189 Abs. 1 vorgesehenen Ausschlußfrist vorzunehmen.

§ 194 Einwendungen gegen das Verteilungsverzeichnis

(1) Bei einer Abschlagsverteilung sind Einwendungen eines Gläubigers gegen das Verzeichnis bis zum Ablauf einer Woche nach dem Ende der in § 189 Abs. 1 vorgesehenen Ausschlußfrist bei dem Insolvenzgericht zu erheben.

(2) [1]Eine Entscheidung des Gerichts, durch die Einwendungen zurückgewiesen werden, ist dem Gläubiger und dem Insolvenzverwalter zuzustellen. [2]Dem Gläubiger steht gegen den Beschluß die sofortige Beschwerde zu.

(3) [1]Eine Entscheidung des Gerichts, durch die eine Berichtigung des Verzeichnisses angeordnet wird, ist dem Gläubiger und dem Verwalter zuzustellen und in der Geschäftsstelle zur Einsicht der Beteiligten niederzulegen. [2]Dem Verwalter und den Insolvenzgläubigern steht gegen den Beschluß die sofortige Beschwerde zu. [3]Die Beschwerdefrist beginnt mit dem Tag, an dem die Entscheidung niedergelegt worden ist.

§ 195 Festsetzung des Bruchteils

(1) [1]Für eine Abschlagsverteilung bestimmt der Gläubigerausschuß auf Vorschlag des Insolvenzverwalters den zu zahlenden Bruchteil. [2]Ist kein Gläubigerausschuß bestellt, so bestimmt der Verwalter den Bruchteil.

(2) Der Verwalter hat den Bruchteil den berücksichtigten Gläubigern mitzuteilen.

§ 196 Schlußverteilung

(1) Die Schlußverteilung erfolgt, sobald die Verwertung der Insolvenzmasse mit Ausnahme eines laufenden Einkommens beendet ist.

(2) Die Schlußverteilung darf nur mit Zustimmung des Insolvenzgerichts vorgenommen werden.

§ 197 Schlußtermin

(1) [1]Bei der Zustimmung zur Schlußverteilung bestimmt das Insolvenzgericht den Terminfür eine abschließende Gläubigerversammlung. [2]Dieser Termin dient

1. zur Erörterung der Schlußrechnung des Insolvenzverwalters,
2. zur Erhebung von Einwendungen gegen das Schlußverzeichnis und
3. zur Entscheidung der Gläubiger über die nicht verwertbaren Gegenstände der Insolvenzmasse.

(2) Zwischen der öffentlichen Bekanntmachung des Termins und dem Termin soll eine Frist von mindestens einem Monat und höchstens zwei Monaten liegen.

(3) Für die Entscheidung des Gerichts über Einwendungen eines Gläubigers gilt § 194 Abs. 2 und 3 entsprechend.

§ 198 Hinterlegung zurückbehaltener Beträge

Beträge, die bei der Schlußverteilung zurückzubehalten sind, hat der Insolvenzverwalter für Rechnung der Beteiligten bei einer geeigneten Stelle zu hinterlegen.

§ 199 Überschuß bei der Schlußverteilung

[1]Können bei der Schlußverteilung die Forderungen aller Insolvenzgläubiger in voller Höhe berichtigt werden, so hat der Insolvenzverwalter einen verbleibenden Überschuß dem Schuldner herauszugeben. [2]Ist der Schuldner keine natürliche Person, so hat der Verwalter jeder am Schuldner beteiligten Person den Teil des Überschusses herauszugeben, der ihr bei einer Abwicklung außerhalb des Insolvenzverfahrens zustünde.

§ 200 Aufhebung des Insolvenzverfahrens

(1) Sobald die Schlußverteilung vollzogen ist, beschließt das Insolvenzgericht die Aufhebung des Insolvenzverfahrens.

(2) [1]Der Beschluß und der Grund der Aufhebung sind öffentlich bekanntzumachen. [2]Die §§ 31 bis 33 gelten entsprechend.

§ 201 Rechte der Insolvenzgläubiger nach Verfahrensaufhebung

(1) Die Insolvenzgläubiger können nach der Aufhebung des Insolvenzverfahrens ihre restlichen Forderungen gegen den Schuldner unbeschränkt geltend machen.

(2) [1]Die Insolvenzgläubiger, deren Forderungen festgestellt und nicht vom Schuldner im Prüfungstermin bestritten worden sind, können aus der Eintragung in die Tabelle wie aus einem vollstreckbaren Urteil die Zwangsvollstreckung gegen den Schuldner betreiben. [2]Einer nicht bestrittenen Forderung steht eine Forderung gleich, bei der ein erhobener Widerspruch beseitigt ist. [3]Der Antrag auf Erteilung einer vollstreckbaren Ausfertigung aus der Tabelle kann erst nach Aufhebung des Insolvenzverfahrens gestellt werden.

(3) Die Vorschriften über die Restschuldbefreiung bleiben unberührt.

§ 202 Zuständigkeit bei der Vollstreckung

(1) Im Falle des § 201 ist das Amtsgericht, bei dem das Insolvenzverfahren anhängig ist oder anhängig war, ausschließlich zuständig für Klagen:

1. auf Erteilung der Vollstreckungsklausel;
2. durch die nach der Erteilung der Vollstreckungsklausel bestritten wird, daß die Voraussetzungen für die Erteilung eingetreten waren;
3. durch die Einwendungen geltend gemacht werden, die den Anspruch selbst betreffen.

(2) Gehört der Streitgegenstand nicht zur Zuständigkeit der Amtsgerichte, so ist das Landgericht ausschließlich zuständig, zu dessen Bezirk das Insolvenzgericht gehört.

§ 203 Anordnung der Nachtragsverteilung

(1) Auf Antrag des Insolvenzverwalters oder eines Insolvenzgläubigers oder von Amtswegen ordnet das Insolvenzgericht eine Nachtragsverteilung an, wenn nach dem Schlußtermin

1. zurückbehaltene Beträge für die Verteilung frei werden,
2. Beträge, die aus der Insolvenzmasse gezahlt sind, zurückfließen oder
3. Gegenstände der Masse ermittelt werden.

(2) Die Aufhebung des Verfahrens steht der Anordnung einer Nachtragsverteilung nicht entgegen.

(3) [1]Das Gericht kann von der Anordnung absehen und den zur Verfügung stehenden Betrag oder den ermittelten Gegenstand dem Schuldner überlassen, wenn dies mit Rücksicht auf die Geringfügigkeit des Betrags oder den geringen Wert des Gegenstands und die Kosten einer Nachtragsverteilung angemessen erscheint. [2]Es kann die Anordnung davon abhängig machen, daß ein Geldbetrag vorgeschossen wird, der die Kosten der Nachtragsverteilung deckt.

§ 204 Rechtsmittel

(1) [1]Der Beschluß, durch den der Antrag auf Nachtragsverteilung abgelehnt wird, ist dem Antragsteller zuzustellen. [2]Gegen den Beschluß steht dem Antragsteller die sofortige Beschwerde zu.

(2) [1]Der Beschluß, durch den eine Nachtragsverteilung angeordnet wird, ist dem Insolvenzverwalter, dem Schuldner und, wenn ein Gläubiger die Verteilung beantragt hatte, diesem Gläubiger zuzustellen. [2]Gegen den Beschluß steht dem Schuldner die sofortige Beschwerde zu.

§ 205 Vollzug der Nachtragsverteilung

[1]Nach der Anordnung der Nachtragsverteilung hat der Insolvenzverwalter den zur Verfügung stehenden Betrag oder den Erlös aus der Verwertung des ermittelten Gegenstands auf Grund des Schlußverzeichnisses zu verteilen. [2]Er hat dem Insolvenzgericht Rechnung zu legen.

§ 206 Ausschluß von Massegläubigern

Massegläubiger, deren Ansprüche dem Insolvenzverwalter

1. bei einer Abschlagsverteilung erst nach der Festsetzung des Bruchteils,
2. bei der Schlußverteilung erst nach der Beendigung des Schlußtermins oder
3. bei einer Nachtragsverteilung erst nach der öffentlichen Bekanntmachung

bekanntgeworden sind, können Befriedigung nur aus den Mitteln verlangen, die nach der Verteilung in der Insolvenzmasse verbleiben.

Dritter Abschnitt. Einstellung des Verfahrens

§ 207 Einstellung mangels Masse

(1) [1]Stellt sich nach der Eröffnung des Insolvenzverfahrens heraus, daß die Insolvenzmasse nicht ausreicht, um die Kosten des Verfahrens zu decken, so stellt das Insolvenzgericht das Verfahren ein. [2]Die Einstellung unterbleibt, wenn ein ausreichender Geldbetrag vorgeschossen wird oder die Kosten nach § 4a gestundet werden; § 26 Abs. 3 gilt entsprechend.

(2) Vor der Einstellung sind die Gläubigerversammlung, der Insolvenzverwalter und die Massegläubiger zu hören.

(3) [1]Soweit Barmittel in der Masse vorhanden sind, hat der Verwalter vor der Einstellung die Kosten des Verfahrens, von diesen zuerst die Auslagen, nach dem Verhältnis ihrer Beträge zu berichtigen. [2]Zur Verwertung von Massegegenständen ist er nicht mehr verpflichtet.

§ 208 Anzeige der Masseunzulänglichkeit

(1) [1]Sind die Kosten des Insolvenzverfahrens gedeckt, reicht die Insolvenzmasse jedoch nicht aus, um die fälligen sonstigen Masseverbindlichkeiten zu erfüllen, so hat der Insolvenzverwalter dem Insolvenzgericht anzuzeigen, daß Masseunzulänglichkeit vorliegt. [2]Gleiches gilt, wenn die Masse voraussichtlich nicht ausreichen wird, um die bestehenden sonstigen Masseverbindlichkeiten im Zeitpunkt der Fälligkeit zu erfüllen.

(2) [1]Das Gericht hat die Anzeige der Masseunzulänglichkeit öffentlich bekanntzumachen. [2]Den Massegläubigern ist sie besonders zuzustellen.

(3) Die Pflicht des Verwalters zur Verwaltung und zur Verwertung der Masse besteht auch nach der Anzeige der Masseunzulänglichkeit fort.

§ 209 Befriedigung der Massegläubiger

(1) Der Insolvenzverwalter hat die Masseverbindlichkeiten nach folgender Rangordnung zu berichtigen, bei gleichem Rang nach dem Verhältnis ihrer Beträge:

1. die Kosten des Insolvenzverfahrens;
2. die Masseverbindlichkeiten, die nach der Anzeige der Masseunzulänglichkeit begründet worden sind, ohne zu den Kosten des Verfahrens zu gehören;
3. die übrigen Masseverbindlichkeiten, unter diesen zuletzt der nach den §§ 100, 101 Abs. 1 Satz 3 bewilligte Unterhalt.

(2) Als Masseverbindlichkeiten im Sinne des Absatzes 1 Nr. 2 gelten auch die Verbindlichkeiten

1. aus einem gegenseitigen Vertrag, dessen Erfüllung der Verwalter gewählt hat, nachdem er die Masseunzulänglichkeit angezeigt hatte;
2. aus einem Dauerschuldverhältnis für die Zeit nach dem ersten Termin, zu dem der Verwalter nach der Anzeige der Masseunzulänglichkeit kündigen konnte;
3. aus einem Dauerschuldverhältnis, soweit der Verwalter nach der Anzeige der Masseunzulänglichkeit für die Insolvenzmasse die Gegenleistung in Anspruch genommen hat.

§ 210 Vollstreckungsverbot

Sobald der Insolvenzverwalter die Masseunzulänglichkeit angezeigt hat, ist die Vollstreckung wegen einer Masseverbindlichkeit im Sinne des § 209 Abs. 1 Nr. 3 unzulässig.

§ 210a Insolvenzplan bei Masseunzulänglichkeit

Bei Anzeige der Masseunzulänglichkeit gelten die Vorschriften über den Insolvenzplan mit der Maßgabe, dass

1. an die Stelle der nicht nachrangigen Insolvenzgläubiger die Massegläubiger mit dem Rang des § 209 Absatz 1 Nummer 3 treten und
2. für die nicht nachrangigen Insolvenzgläubiger § 246 Nummer 2 entsprechend gilt.

§ 211 Einstellung nach Anzeige der Masseunzulänglichkeit

(1) Sobald der Insolvenzverwalter die Insolvenzmasse nach Maßgabe des § 209 verteilt hat, stellt das Insolvenzgericht das Insolvenzverfahren ein.

(2) Der Verwalter hat für seine Tätigkeit nach der Anzeige der Masseunzulänglichkeit gesondert Rechnung zu legen.

(3) [1]Werden nach der Einstellung des Verfahrens Gegenstände der Insolvenzmasse ermittelt, so ordnet das Gericht auf Antrag des Verwalters oder eines Massegläubigers oder von Amts wegen eine Nachtragsverteilung an. [2]§ 203 Abs. 3 und die §§ 204 und 205 gelten entsprechend.

§ 212 Einstellung wegen Wegfalls des Eröffnungsgrunds

[1]Das Insolvenzverfahren ist auf Antrag des Schuldners einzustellen, wenn gewährleistet ist, daß nach der Einstellung beim Schuldner weder Zahlungsunfähigkeit noch drohende Zahlungsunfähigkeit noch, soweit die Überschuldung Grund für die Eröffnung des Insolvenzverfahrens ist, Überschuldung vorliegt. [2]Der Antrag ist nur zulässig, wenn das Fehlen der Eröffnungsgründe glaubhaft gemacht wird.

§ 213 Einstellung mit Zustimmung der Gläubiger

(1) [1]Das Insolvenzverfahren ist auf Antrag des Schuldners einzustellen, wenn er nach Ablauf der Anmeldefrist die Zustimmung aller Insolvenzgläubiger beibringt, die Forderungen angemeldet haben. [2]Bei Gläubigern, deren Forderungen vom Schuldner oder vom Insolvenzverwalter bestritten werden, und bei absonderungsberechtigten Gläubigern entscheidet das Insolvenzgericht nach freiem Ermessen, inwieweit es einer Zustimmung dieser Gläubiger oder einer Sicherheitsleistung gegenüber ihnen bedarf.

(2) Das Verfahren kann auf Antrag des Schuldners vor dem Ablauf der Anmeldefrist eingestellt werden, wenn außer den Gläubigern, deren Zustimmung der Schuldner beibringt, andere Gläubiger nicht bekannt sind.

§ 214 Verfahren bei der Einstellung

(1) [1]Der Antrag auf Einstellung des Insolvenzverfahrens nach § 212 oder § 213 ist öffentlich bekanntzumachen. [2]Er ist in der Geschäftsstelle zur Einsicht der Beteiligten niederzulegen; im Falle des § 213 sind die zustimmenden Erklärungen der Gläubiger beizufügen. [3]Die Insolvenzgläubiger können binnen einer Woche nach der öffentlichen Bekanntmachung schriftlich Widerspruch gegen den Antrag erheben.

(2) [1]Das Insolvenzgericht beschließt über die Einstellung nach Anhörung des Antragstellers, des Insolvenzverwalters und des Gläubigerausschusses, wenn ein solcher bestellt ist. [2]Im Falle eines Widerspruchs ist auch der widersprechende Gläubiger zu hören.

(3) Vor der Einstellung hat der Verwalter die unstreitigen Masseansprüche zu berichtigen und für die streitigen Sicherheit zu leisten.

§ 215 Bekanntmachung und Wirkungen der Einstellung

(1) [1]Der Beschluß, durch den das Insolvenzverfahren nach § 207, 211, 212 oder 213 eingestellt wird, und der Grund der Einstellung sind öffentlich bekanntzumachen. [2]Der Schuldner, der Insolvenzverwalter und die Mitglieder des Gläubigerausschusses sind vorab über den Zeitpunkt des Wirksamwerdens der Einstellung (§ 9 Abs. 1 Satz 3) zu unterrichten. [3]§ 200 Abs. 2 Satz 2 gilt entsprechend.

(2) [1]Mit der Einstellung des Insolvenzverfahrens erhält der Schuldner das Recht zurück, über die Insolvenzmasse frei zu verfügen. [2]Die §§ 201, 202 gelten entsprechend.

§ 216 Rechtsmittel

(1) Wird das Insolvenzverfahren nach § 207, 212 oder 213 eingestellt, so steht jedem Insolvenzgläubiger und, wenn die Einstellung nach § 207 erfolgt, dem Schuldner die sofortige Beschwerde zu.

(2) Wird ein Antrag nach § 212 oder § 213 abgelehnt, so steht dem Schuldner die sofortige Beschwerde zu.

Sechster Teil. Insolvenzplan

Erster Abschnitt. Aufstellung des Plans

§ 217 Grundsatz

[1]Die Befriedigung der absonderungsberechtigten Gläubiger und der Insolvenzgläubiger, die Verwertung der Insolvenzmasse und deren Verteilung an die Beteiligten sowie die Verfahrensabwicklung und die Haftung des Schuldners nach der Beendigung des Insolvenzverfahrens können in einem Insolvenzplan abweichend von den Vorschriften dieses Gesetzes geregelt werden. [2]Ist der Schuldner keine natürliche Person, so können auch die Anteils- oder Mitgliedschaftsrechte der am Schuldner beteiligten Personen in den Plan einbezogen werden.

§ 218 Vorlage des Insolvenzplans

(1) [1]Zur Vorlage eines Insolvenzplans an das Insolvenzgericht sind der Insolvenzverwalter und der Schuldner berechtigt. [2]Die Vorlage durch den Schuldner kann mit dem Antrag auf Eröffnung des Insolvenzverfahrens verbunden werden. [3]Ein Plan, der erst nach dem Schlußtermin beim Gericht eingeht, wird nicht berücksichtigt.

(2) Hat die Gläubigerversammlung den Verwalter beauftragt, einen Insolvenzplan auszuarbeiten, so hat der Verwalter den Plan binnen angemessener Frist dem Gericht vorzulegen.

(3) Bei der Aufstellung des Plans durch den Verwalter wirken der Gläubigerausschuß, wenn ein solcher bestellt ist, der Betriebsrat, der Sprecherausschuß der leitenden Angestellten und der Schuldner beratend mit.

§ 219 Gliederung des Plans

[1]Der Insolvenzplan besteht aus dem darstellenden Teil und dem gestaltenden Teil. [2]Ihm sind die in den §§ 229 und 230 genannten Anlagen beizufügen.

§ 220 Darstellender Teil

(1) Im darstellenden Teil des Insolvenzplans wird beschrieben, welche Maßnahmen nach der Eröffnung des Insolvenzverfahrens getroffen worden sind oder noch getroffen werden sollen, um die Grundlagen für die geplante Gestaltung der Rechte der Beteiligten zu schaffen.

(2) Der darstellende Teil soll alle sonstigen Angaben zu den Grundlagen und den Auswirkungen des Plans enthalten, die für die Entscheidung der Beteiligten über die Zustimmung zum Plan und für dessen gerichtliche Bestätigung erheblich sind.

§ 221 Gestaltender Teil

[1]Im gestaltenden Teil des Insolvenzplans wird festgelegt, wie die Rechtsstellung der Beteiligten durch den Plan geändert werden soll. [2]Der Insolvenzverwalter kann durch den Plan bevollmächtigt werden, die zur Umsetzung notwendigen Maßnahmen zu ergreifen und offensichtliche Fehler des Plans zu berichtigen.

§ 222 Bildung von Gruppen

(1) [1]Bei der Festlegung der Rechte der Beteiligten im Insolvenzplan sind Gruppen zu bilden, soweit Beteiligte mit unterschiedlicher Rechtsstellung betroffen sind. [2]Es ist zu unterscheiden zwischen

1. den absonderungsberechtigten Gläubigern, wenn durch den Plan in deren Rechte eingegriffen wird;
2. den nicht nachrangigen Insolvenzgläubigern;

3. den einzelnen Rangklassen der nachrangigen Insolvenzgläubiger, soweit deren Forderungen nicht nach § 225 als erlassen gelten sollen;
4. den am Schuldner beteiligten Personen, wenn deren Anteils- oder Mitgliedschaftsrechte in den Plan einbezogen werden.

(2) [1]Aus den Beteiligten mit gleicher Rechtsstellung können Gruppen gebildet werden, in denen Beteiligte mit gleichartigen wirtschaftlichen Interessen zusammengefaßt werden. [2]Die Gruppen müssen sachgerecht voneinander abgegrenzt werden. [3]Die Kriterien für die Abgrenzung sind im Plan anzugeben.

(3) [1]Die Arbeitnehmer sollen eine besondere Gruppe bilden, wenn sie als Insolvenzgläubiger mit nicht unerheblichen Forderungen beteiligt sind. [2]Für Kleingläubiger und geringfügig beteiligte Anteilsinhaber mit einer Beteiligung am Haftkapital von weniger als 1 Prozent oder weniger als 1 000 Euro können besondere Gruppen gebildet werden.

§ 223 Rechte der Absonderungsberechtigten

(1) [1]Ist im Insolvenzplan nichts anderes bestimmt, so wird das Recht der absonderungsberechtigten Gläubiger zur Befriedigung aus den Gegenständen, an denen Absonderungsrechte bestehen, vom Plan nicht berührt. [2]Eine abweichende Bestimmung ist hinsichtlich der Finanzsicherheiten im Sinne von § 1 Abs. 17 des Kreditwesengesetzes sowie der Sicherheiten ausgeschlossen, die

1. dem Betreiber oder dem Teilnehmer eines Systems nach § 1 Abs. 16 des Kreditwesengesetzes zur Sicherung seiner Ansprüche aus dem System oder
2. der Zentralbank eines Mitgliedstaats der Europäischen Union oder der Europäischen Zentralbank

gestellt wurden.

(2) Soweit im Plan eine abweichende Regelung getroffen wird, ist im gestaltenden Teil für die absonderungsberechtigten Gläubiger anzugeben, um welchen Bruchteil die Rechte gekürzt, für welchen Zeitraum sie gestundet oder welchen sonstigen Regelungen sie unterworfen werden sollen.

§ 224 Rechte der Insolvenzgläubiger

Für die nicht nachrangigen Gläubiger ist im gestaltenden Teil des Insolvenzplans anzugeben, um welchen Bruchteil die Forderungen gekürzt, für welchen Zeitraum sie gestundet, wie sie gesichert oder welchen sonstigen Regelungen sie unterworfen werden sollen.

§ 225 Rechte der nachrangigen Insolvenzgläubiger

(1) Die Forderungen nachrangiger Insolvenzgläubiger gelten, wenn im Insolvenzplan nichts anderes bestimmt ist, als erlassen.

(2) Soweit im Plan eine abweichende Regelung getroffen wird, sind im gestaltenden Teil für jede Gruppe der nachrangigen Gläubiger die in § 224 vorgeschriebenen Angaben zu machen.

(3) Die Haftung des Schuldners nach der Beendigung des Insolvenzverfahrens für Geldstrafen und die diesen in § 39 Abs. 1 Nr. 3 gleichgestellten Verbindlichkeiten kann durch einen Plan weder ausgeschlossen noch eingeschränkt werden.

§ 225a Rechte der Anteilsinhaber

(1) Die Anteils- oder Mitgliedschaftsrechte der am Schuldner beteiligten Personen bleiben vom Insolvenzplan unberührt, es sei denn, dass der Plan etwas anderes bestimmt.

(2) [1]Im gestaltenden Teil des Plans kann vorgesehen werden, dass Forderungen von Gläubigern in Anteils- oder Mitgliedschaftsrechte am Schuldner umgewandelt werden.

[2]Eine Umwandlung gegen den Willen der betroffenen Gläubiger ist ausgeschlossen. [3]Insbesondere kann der Plan eine Kapitalherabsetzung oder -erhöhung, die Leistung von Sacheinlagen, den Ausschluss von Bezugsrechten oder die Zahlung von Abfindungen an ausscheidende Anteilsinhaber vorsehen.

(3) Im Plan kann jede Regelung getroffen werden, die gesellschaftsrechtlich zulässig ist, insbesondere die Fortsetzung einer aufgelösten Gesellschaft oder die Übertragung von Anteils- oder Mitgliedschaftsrechten.

(4) [1]Maßnahmen nach Absatz 2 oder 3 berechtigen nicht zum Rücktritt oder zur Kündigung von Verträgen, an denen der Schuldner beteiligt ist. [2]Sie führen auch nicht zu einer anderweitigen Beendigung der Verträge. [3]Entgegenstehende vertragliche Vereinbarungen sind unwirksam. [4]Von den Sätzen 1 und 2 bleiben Vereinbarungen unberührt, welche an eine Pflichtverletzung des Schuldners anknüpfen, sofern sich diese nicht darin erschöpft, dass eine Maßnahme nach Absatz 2 oder 3 in Aussicht genommen oder durchgeführt wird.

(5) [1]Stellt eine Maßnahme nach Absatz 2 oder 3 für eine am Schuldner beteiligte Person einen wichtigen Grund zum Austritt aus der juristischen Person oder Gesellschaft ohne Rechtspersönlichkeit dar und wird von diesem Austrittsrecht Gebrauch gemacht, so ist für die Bestimmung der Höhe eines etwaigen Abfindungsanspruches die Vermögenslage maßgeblich, die sich bei einer Abwicklung des Schuldners eingestellt hätte. [2]Die Auszahlung des Abfindungsanspruches kann zur Vermeidung einer unangemessenen Belastung der Finanzlage des Schuldners über einen Zeitraum von bis zu drei Jahren gestundet werden. [3]Nicht ausgezahlte Abfindungsguthaben sind zu verzinsen.

§ 226 Gleichbehandlung der Beteiligten

(1) Innerhalb jeder Gruppe sind allen Beteiligten gleiche Rechte anzubieten.

(2) [1]Eine unterschiedliche Behandlung der Beteiligten einer Gruppe ist nur mit Zustimmung aller betroffenen Beteiligten zulässig. [2]In diesem Fall ist dem Insolvenzplan die zustimmende Erklärung eines jeden betroffenen Beteiligten beizufügen.

(3) Jedes Abkommen des Insolvenzverwalters, des Schuldners oder anderer Personen mit einzelnen Beteiligten, durch das diesen für ihr Verhalten bei Abstimmungen oder sonst im Zusammenhang mit dem Insolvenzverfahren ein nicht im Plan vorgesehener Vorteil gewährt wird, ist nichtig.

§ 227 Haftung des Schuldners

(1) Ist im Insolvenzplan nichts anderes bestimmt, so wird der Schuldner mit der im gestaltenden Teil vorgesehenen Befriedigung der Insolvenzgläubiger von seinen restlichen Verbindlichkeiten gegenüber diesen Gläubigern befreit.

(2) Ist der Schuldner eine Gesellschaft ohne Rechtspersönlichkeit oder eine Kommanditgesellschaft auf Aktien, so gilt Absatz 1 entsprechend für die persönliche Haftung der Gesellschafter.

§ 228 Änderung sachenrechtlicher Verhältnisse

[1]Sollen Rechte an Gegenständen begründet, geändert, übertragen oder aufgehoben werden, so können die erforderlichen Willenserklärungen der Beteiligten in den gestaltenden Teil des Insolvenzplans aufgenommen werden. [2]Sind im Grundbuch eingetragene Rechte an einem Grundstück oder an eingetragenen Rechten betroffen, so sind diese Rechte unter Beachtung des § 28 der Grundbuchordnung genau zu bezeichnen. [3]Für Rechte, die im Schiffsregister, im Schiffsbauregister oder im Register für Pfandrechte an Luftfahrzeugen eingetragen sind, gilt Satz 2 entsprechend.

§ 229 Vermögensübersicht. Ergebnis- und Finanzplan

[1]Sollen die Gläubiger aus den Erträgen des vom Schuldner oder von einem Dritten fortgeführten Unternehmens befriedigt werden, so ist dem Insolvenzplan eine Vermögensübersicht beizufügen, in der die Vermögensgegenstände und die Verbindlichkeiten, die sich bei einem Wirksamwerden des Plans gegenüberstünden, mit ihren Werten aufgeführt werden. [2]Ergänzend ist darzustellen, welche Aufwendungen und Erträge für den Zeitraum, während dessen die Gläubiger befriedigt werden sollen, zu erwarten sind und durch welche Abfolge von Einnahmen und Ausgaben die Zahlungsfähigkeit des Unternehmens während dieses Zeitraums gewährleistet werden soll. [3]Dabei sind auch die Gläubiger zu berücksichtigen, die zwar ihre Forderungen nicht angemeldet haben, jedoch bei der Ausarbeitung des Plans bekannt sind.

§ 230 Weitere Anlagen

(1) [1]Ist im Insolvenzplan vorgesehen, daß der Schuldner sein Unternehmen fortführt, und ist der Schuldner eine natürliche Person, so ist dem Plan die Erklärung des Schuldners beizufügen, daß er zur Fortführung des Unternehmens auf der Grundlage des Plans bereit ist. [2]Ist der Schuldner eine Gesellschaft ohne Rechtspersönlichkeit oder eine Kommanditgesellschaft auf Aktien, so ist dem Plan eine entsprechende Erklärung der Personen beizufügen, die nach dem Plan persönlich haftende Gesellschafter des Unternehmens sein sollen. [3]Die Erklärung des Schuldners nach Satz 1 ist nicht erforderlich, wenn dieser selbst den Plan vorlegt.

(2) Sollen Gläubiger Anteils- oder Mitgliedschaftsrechte oder Beteiligungen an einer juristischen Person, einem nicht rechtsfähigen Verein oder einer Gesellschaft ohne Rechtspersönlichkeit übernehmen, so ist dem Plan die zustimmende Erklärung eines jeden dieser Gläubiger beizufügen.

(3) Hat ein Dritter für den Fall der Bestätigung des Plans Verpflichtungen gegenüber den Gläubigern übernommen, so ist dem Plan die Erklärung des Dritten beizufügen.

§ 231 Zurückweisung des Plans

(1) [1]Das Insolvenzgericht weist den Insolvenzplan von Amts wegen zurück,

1. wenn die Vorschriften über das Recht zur Vorlage und den Inhalt des Plans, insbesondere zur Bildung von Gruppen, nicht beachtet sind und der Vorlegende den Mangel nicht beheben kann oder innerhalb einer angemessenen, vom Gericht gesetzten Frist nicht behebt,
2. wenn ein vom Schuldner vorgelegter Plan offensichtlich keine Aussicht auf Annahme durch die Beteiligten oder auf Bestätigung durch das Gericht hat oder
3. wenn die Ansprüche, die den Beteiligten nach dem gestaltenden Teil eines vom Schuldner vorgelegten Plans zustehen, offensichtlich nicht erfüllt werden können.

[2]Die Entscheidung des Gerichts soll innerhalb von zwei Wochen nach Vorlage des Plans erfolgen.

(2) Hatte der Schuldner in dem Insolvenzverfahren bereits einen Plan vorgelegt, der von den Beteiligten abgelehnt, vom Gericht nicht bestätigt oder vom Schuldner nach der öffentlichen Bekanntmachung des Erörterungstermins zurückgezogen worden ist, so hat das Gericht einen neuen Plan des Schuldners zurückzuweisen, wenn der Insolvenzverwalter mit Zustimmung des Gläubigerausschusses, wenn ein solcher bestellt ist, die Zurückweisung beantragt.

(3) Gegen den Beschluß, durch den der Plan zurückgewiesen wird, steht dem Vorlegenden die sofortige Beschwerde zu.

§ 232 Stellungnahmen zum Plan

(1) Wird der Insolvenzplan nicht zurückgewiesen, so leitet das Insolvenzgericht ihn zur Stellungnahme zu:

1. dem Gläubigerausschuß, wenn ein solcher bestellt ist, dem Betriebsrat und dem Sprecherausschuß der leitenden Angestellten;
2. dem Schuldner, wenn der Insolvenzverwalter den Plan vorgelegt hat;
3. dem Verwalter, wenn der Schuldner den Plan vorgelegt hat.

(2) Das Gericht kann auch der für den Schuldner zuständigen amtlichen Berufsvertretung der Industrie, des Handels, des Handwerks oder der Landwirtschaft oder anderen sachkundigen Stellen Gelegenheit zur Äußerung geben.

(3) [1]Das Gericht bestimmt eine Frist für die Abgabe der Stellungnahmen. [2]Die Frist soll zwei Wochen nicht überschreiten.

§ 233 Aussetzung von Verwertung und Verteilung

[1]Soweit die Durchführung eines vorgelegten Insolvenzplans durch die Fortsetzung der Verwertung und Verteilung der Insolvenzmasse gefährdet würde, ordnet das Insolvenzgericht auf Antrag des Schuldners oder des Insolvenzverwalters die Aussetzung der Verwertung und Verteilung an. [2]Das Gericht sieht von der Aussetzung ab oder hebt sie auf, soweit mit ihr die Gefahr erheblicher Nachteile für die Masse verbunden ist oder soweit der Verwalter mit Zustimmung des Gläubigerausschusses oder der Gläubigerversammlung die Fortsetzung der Verwertung und Verteilung beantragt.

§ 234 Niederlegung des Plans

Der Insolvenzplan ist mit seinen Anlagen und den eingegangenen Stellungnahmen in der Geschäftsstelle zur Einsicht der Beteiligten niederzulegen.

Zweiter Abschnitt. Annahme und Bestätigung des Plans

§ 235 Erörterungs- und Abstimmungstermin

(1) [1]Das Insolvenzgericht bestimmt einen Termin, in dem der Insolvenzplan und das Stimmrecht der Beteiligten erörtert werden und anschließend über den Plan abgestimmt wird (Erörterungs- und Abstimmungstermin). [2]Der Termin soll nicht über einen Monat hinaus angesetzt werden. [3]Er kann gleichzeitig mit der Einholung der Stellungnahmen nach § 232 anberaumt werden.

(2) [1]Der Erörterungs- und Abstimmungstermin ist öffentlich bekannt zu machen. [2]Dabei ist darauf hinzuweisen, daß der Plan und die eingegangenen Stellungnahmen in der Geschäftsstelle eingesehen werden können. [3]§ 74 Abs. 2 Satz 2 gilt entsprechend.

(3) [1]Die Insolvenzgläubiger, die Forderungen angemeldet haben, die absonderungsberechtigten Gläubiger, der Insolvenzverwalter, der Schuldner, der Betriebsrat und der Sprecherausschuß der leitenden Angestellten sind besonders zu laden. [2]Mit der Ladung ist ein Abdruck des Plans oder eine Zusammenfassung seines wesentlichen Inhalts, die der Vorlegende auf Aufforderung einzureichen hat, zu übersenden. [3]Sind die Anteils- oder Mitgliedschaftsrechte der am Schuldner beteiligten Personen in den Plan einbezogen, so sind auch diese Personen gemäß den Sätzen 1 und 2 zu laden; dies gilt nicht für Aktionäre oder Kommanditaktionäre. [4]Für börsennotierte Gesellschaften findet § 121 Absatz 4a des Aktiengesetzes entsprechende Anwendung; sie haben eine Zusammenfassung des wesentlichen Inhalts des Plans über ihre Internetseite zugänglich zu machen.

§ 236 Verbindung mit dem Prüfungstermin

[1]Der Erörterungs- und Abstimmungstermin darf nicht vor dem Prüfungstermin stattfinden. [2]Beide Termine können jedoch verbunden werden.

§ 237 Stimmrecht der Insolvenzgläubiger

(1) [1]Für das Stimmrecht der Insolvenzgläubiger bei der Abstimmung über den Insolvenzplan gilt § 77 Abs. 1 Satz 1, Abs. 2 und 3 Nr. 1 entsprechend. [2]Absonderungsberechtigte Gläubiger sind nur insoweit zur Abstimmung als Insolvenzgläubiger berechtigt, als ihnen der Schuldner auch persönlich haftet und sie auf die abgesonderte Befriedigung verzichten oder bei ihr ausfallen; solange der Ausfall nicht feststeht, sind sie mit dem mutmaßlichen Ausfall zu berücksichtigen.

(2) Gläubiger, deren Forderungen durch den Plan nicht beeinträchtigt werden, haben kein Stimmrecht.

§ 238 Stimmrecht der absonderungsberechtigten Gläubiger

(1) [1]Soweit im Insolvenzplan auch die Rechtsstellung absonderungsberechtigter Gläubiger geregelt wird, sind im Termin die Rechte dieser Gläubiger einzeln zu erörtern. [2]Ein Stimmrecht gewähren die Absonderungsrechte, die weder vom Insolvenzverwalter noch von einem absonderungsberechtigten Gläubiger noch von einem Insolvenzgläubiger bestritten werden. [3]Für das Stimmrecht bei streitigen, aufschiebend bedingten oder nicht fälligen Rechten gelten die §§ 41, 77 Abs. 2, 3 Nr. 1 entsprechend.

(2) § 237 Abs. 2 gilt entsprechend.

§ 238a Stimmrecht der Anteilsinhaber

(1) [1]Das Stimmrecht der Anteilsinhaber des Schuldners bestimmt sich allein nach deren Beteiligung am gezeichneten Kapital oder Vermögen des Schuldners. [2]Stimmrechtsbeschränkungen, Sonder- oder Mehrstimmrechte bleiben außer Betracht.

(2) § 237 Absatz 2 gilt entsprechend.

§ 239 Stimmliste

Der Urkundsbeamte der Geschäftsstelle hält in einem Verzeichnis fest, welche Stimmrechte den Beteiligten nach dem Ergebnis der Erörterung im Termin zustehen.

§ 240 Änderung des Plans

[1]Der Vorlegende ist berechtigt, einzelne Regelungen des Insolvenzplans auf Grund der Erörterung im Termin inhaltlich zu ändern. [2]Über den geänderten Plan kann noch in demselben Termin abgestimmt werden.

§ 241 Gesonderter Abstimmungstermin

(1) [1]Das Insolvenzgericht kann einen gesonderten Termin zur Abstimmung über den Insolvenzplan bestimmen. [2]In diesem Fall soll der Zeitraum zwischen dem Erörterungstermin und dem Abstimmungstermin nicht mehr als einen Monat betragen.

(2) [1]Zum Abstimmungstermin sind die stimmberechtigten Beteiligten und der Schuldner zu laden. [2]Dies gilt nicht für Aktionäre oder Kommanditaktionäre. [3]Für diese reicht es aus, den Termin öffentlich bekannt zu machen. [4]Für börsennotierte Gesellschaften findet § 121 Absatz 4a des Aktiengesetzes entsprechende Anwendung. [5]Im Fall einer Änderung des Plans ist auf die Änderung besonders hinzuweisen.

§ 242 Schriftliche Abstimmung

(1) Ist ein gesonderter Abstimmungstermin bestimmt, so kann das Stimmrecht schriftlich ausgeübt werden.

(2) [1]Das Insolvenzgericht übersendet den stimmberechtigten Beteiligten nach dem Erörterungstermin den Stimmzettel und teilt ihnen dabei ihr Stimmrecht mit. [2]Die schriftliche Stimmabgabe wird nur berücksichtigt, wenn sie dem Gericht spätestens am Tag vor dem Abstimmungstermin zugegangen ist; darauf ist bei der Übersendung des Stimmzettels hinzuweisen.

§ 243 Abstimmung in Gruppen

Jede Gruppe der stimmberechtigten Beteiligten stimmt gesondert über den Insolvenzplan ab.

§ 244 Erforderliche Mehrheiten

(1) Zur Annahme des Insolvenzplans durch die Gläubiger ist erforderlich, daß in jeder Gruppe

1. die Mehrheit der abstimmenden Gläubiger dem Plan zustimmt und
2. die Summe der Ansprüche der zustimmenden Gläubiger mehr als die Hälfte der Summe der Ansprüche der abstimmenden Gläubiger beträgt.

(2) [1]Gläubiger, denen ein Recht gemeinschaftlich zusteht oder deren Rechte bis zum Eintritt des Eröffnungsgrunds ein einheitliches Recht gebildet haben, werden bei der Abstimmung als ein Gläubiger gerechnet. [2]Entsprechendes gilt, wenn an einem Recht ein Pfandrecht oder ein Nießbrauch besteht.

(3) Für die am Schuldner beteiligten Personen gilt Absatz 1 Nummer 2 entsprechend mit der Maßgabe, dass an die Stelle der Summe der Ansprüche die Summe der Beteiligungen tritt.

§ 245 Obstruktionsverbot

(1) Auch wenn die erforderlichen Mehrheiten nicht erreicht worden sind, gilt die Zustimmung einer Abstimmungsgruppe als erteilt, wenn

1. die Angehörigen dieser Gruppe durch den Insolvenzplan voraussichtlich nicht schlechter gestellt werden, als sie ohne einen Plan stünden,
2. die Angehörigen dieser Gruppe angemessen an dem wirtschaftlichen Wert beteiligt werden, der auf der Grundlage des Plans den Beteiligten zufließen soll, und
3. die Mehrheit der abstimmenden Gruppen dem Plan mit den erforderlichen Mehrheiten zugestimmt hat.

(2) Für eine Gruppe der Gläubiger liegt eine angemessene Beteiligung im Sinne des Absatzes 1 Nummer 2 vor, wenn nach dem Plan

1. kein anderer Gläubiger wirtschaftliche Werte erhält, die den vollen Betrag seines Anspruchs übersteigen,
2. weder ein Gläubiger, der ohne einen Plan mit Nachrang gegenüber den Gläubigern der Gruppe zu befriedigen wäre, noch der Schuldner oder eine an ihm beteiligte Person einen wirtschaftlichen Wert erhält und
3. kein Gläubiger, der ohne einen Plan gleichrangig mit den Gläubigern der Gruppe zu befriedigen wäre, bessergestellt wird als diese Gläubiger.

(3) Für eine Gruppe der Anteilsinhaber liegt eine angemessene Beteiligung im Sinne des Absatzes 1 Nummer 2 vor, wenn nach dem Plan

1. kein Gläubiger wirtschaftliche Werte erhält, die den vollen Betrag seines Anspruchs übersteigen, und
2. kein Anteilsinhaber, der ohne einen Plan den Anteilsinhabern der Gruppe gleichgestellt wäre, bessergestellt wird als diese.

§ 246 Zustimmung nachrangiger Insolvenzgläubiger

Für die Annahme des Insolvenzplans durch die nachrangigen Insolvenzgläubiger gelten ergänzend folgende Bestimmungen:

1. Die Zustimmung der Gruppen mit einem Rang hinter § 39 Abs. 1 Nr. 3 gilt als erteilt, wenn kein Insolvenzgläubiger durch den Plan besser gestellt wird als die Gläubiger dieser Gruppen.
2. Beteiligt sich kein Gläubiger einer Gruppe an der Abstimmung, so gilt die Zustimmung der Gruppe als erteilt.

§ 246a Zustimmung der Anteilsinhaber

Beteiligt sich keines der Mitglieder einer Gruppe der Anteilsinhaber an der Abstimmung, so gilt die Zustimmung der Gruppe als erteilt.

§ 247 Zustimmung des Schuldners

(1) Die Zustimmung des Schuldners zum Plan gilt als erteilt, wenn der Schuldner dem Plan nicht spätestens im Abstimmungstermin schriftlich widerspricht.

(2) Ein Widerspruch ist im Rahmen des Absatzes 1 unbeachtlich, wenn

1. der Schuldner durch den Plan voraussichtlich nicht schlechter gestellt wird, als er ohne einen Plan stünde, und
2. kein Gläubiger einen wirtschaftlichen Wert erhält, der den vollen Betrags eines Anspruchs übersteigt.

§ 248 Gerichtliche Bestätigung

(1) Nach der Annahme des Insolvenzplans durch die Beteiligten (§§ 244 bis 246a) und der Zustimmung des Schuldners bedarf der Plan der Bestätigung durch das Insolvenzgericht.

(2) Das Gericht soll vor der Entscheidung über die Bestätigung den Insolvenzverwalter, den Gläubigerausschuß, wenn ein solcher bestellt ist, und den Schuldner hören.

§ 248a Gerichtliche Bestätigung einer Planberichtigung

(1) Eine Berichtigung des Insolvenzplans durch den Insolvenzverwalter nach § 221 Satz 2 bedarf der Bestätigung durch das Insolvenzgericht.

(2) Das Gericht soll vor der Entscheidung über die Bestätigung den Insolvenzverwalter, den Gläubigerausschuss, wenn ein solcher bestellt ist, die Gläubiger und die Anteilsinhaber, sofern ihre Rechte betroffen sind, sowie den Schuldner hören.

(3) Die Bestätigung ist auf Antrag zu versagen, wenn ein Beteiligter durch die mit der Berichtigung einhergehende Planänderung voraussichtlich schlechtergestellt wird, als er nach den mit dem Plan beabsichtigten Wirkungen stünde.

(4) [1]Gegen den Beschluss, durch den die Berichtigung bestätigt oder versagt wird, steht den in Absatz 2 genannten Gläubigern und Anteilsinhabern sowie dem Verwalter die sofortige Beschwerde zu. [2]§ 253 Absatz 4 gilt entsprechend.

§ 249 Bedingter Plan

[1]Ist im Insolvenzplan vorgesehen, daß vor der Bestätigung bestimmte Leistungen erbracht oder andere Maßnahmen verwirklicht werden sollen, so darf der Plan nur bestätigt werden, wenn diese Voraussetzungen erfüllt sind. [2]Die Bestätigung ist von Amts wegen zu versagen, wenn die Voraussetzungen auch nach Ablauf einer angemessenen,vom Insolvenzgericht gesetzten Frist nicht erfüllt sind.

§ 250 Verstoß gegen Verfahrensvorschriften

Die Bestätigung ist von Amts wegen zu versagen,

1. wenn die Vorschriften über den Inhalt und die verfahrensmäßige Behandlung des Insolvenzplans sowie über die Annahme durch die Beteiligten und die Zustimmung des Schuldners in einem wesentlichen Punkt nicht beachtet worden sind und der Mangel nicht behoben werden kann oder
2. wenn die Annahme des Plans unlauter, insbesondere durch Begünstigung eines Beteiligten, herbeigeführt worden ist.

§ 251 Minderheitenschutz

(1) Auf Antrag eines Gläubigers oder, wenn der Schuldner keine natürliche Person ist, einer am Schuldner beteiligten Person ist die Bestätigung des Insolvenzplans zu versagen, wenn

1. der Antragsteller dem Plan spätestens im Abstimmungstermin schriftlich oder zu Protokoll widersprochen hat und
2. der Antragsteller durch den Plan voraussichtlich schlechtergestellt wird, als er ohne einen Plan stünde.

(2) Der Antrag ist nur zulässig, wenn der Antragsteller spätestens im Abstimmungstermin glaubhaft macht, dass er durch den Plan voraussichtlich schlechtergestellt wird.

(3) [1]Der Antrag ist abzuweisen, wenn im gestaltenden Teil des Plans Mittel für den Fall bereitgestellt werden, dass ein Beteiligter eine Schlechterstellung nachweist. [2]Ob der Beteiligte einen Ausgleich aus diesen Mitteln erhält, ist außerhalb des Insolvenzverfahrens zu klären.

§ 252 Bekanntgabe der Entscheidung

(1) [1]Der Beschluß, durch den der Insolvenzplan bestätigt oder seine Bestätigung versagt wird, ist im Abstimmungstermin oder in einem alsbald zu bestimmenden besonderen Termin zu verkünden. [2]§ 74 Abs. 2 Satz 2 gilt entsprechend.

(2) [1]Wird der Plan bestätigt, so ist den Insolvenzgläubigern, die Forderungen angemeldet haben, und den absonderungsberechtigten Gläubigern unter Hinweis auf die Bestätigung ein Abdruck des Plans oder eine Zusammenfassung seines wesentlichen Inhalts zu übersenden. [2]Sind die Anteils- oder Mitgliedschaftsrechte der am Schuldner beteiligten Personen in den Plan einbezogen, so sind auch diesen die Unterlagen zu übersenden; dies gilt nicht für Aktionäre oder Kommanditaktionäre. [3]Börsennotierte Gesellschaften haben eine Zusammenfassung des wesentlichen Inhalts des Plans über ihre Internetseite zugänglich zu machen.

§ 253 Rechtsmittel

(1) Gegen den Beschluss, durch den der Insolvenzplan bestätigt oder durch den die Bestätigung versagt wird, steht den Gläubigern, dem Schuldner und, wenn dieser keine natürliche Person ist, den am Schuldner beteiligten Personen die sofortige Beschwerde zu.

(2) Die sofortige Beschwerde gegen die Bestätigung ist nur zulässig, wenn der Beschwerdeführer

1. dem Plan spätestens im Abstimmungstermin schriftlich oder zu Protokoll widersprochen hat,
2. gegen den Plan gestimmt hat und

3. glaubhaft macht, dass er durch den Plan wesentlich schlechtergestellt wird, als er ohne einen Plan stünde, und dass dieser Nachteil nicht durch eine Zahlung aus den in § 251 Absatz 3 genannten Mitteln ausgeglichen werden kann.

(3) Absatz 2 Nummer 1 und 2 gilt nur, wenn in der öffentlichen Bekanntmachung des Termins (§ 235 Absatz 2) und in den Ladungen zum Termin (§ 235 Absatz 3) auf die Notwendigkeit des Widerspruchs und der Ablehnung des Plans besonders hingewiesen wurde.

(4) [1]Auf Antrag des Insolvenzverwalters weist das Landgericht die Beschwerde unverzüglich zurück, wenn das alsbaldige Wirksamwerden des Insolvenzplans vorrangig erscheint, weil die Nachteile einer Verzögerung des Planvollzugs nach freier Überzeugung des Gerichts die Nachteile für den Beschwerdeführer überwiegen; ein Abhilfeverfahren nach § 572 Absatz 1 Satz 1 der Zivilprozessordnung findet nicht statt. [2]Dies gilt nicht, wenn ein besonders schwerer Rechtsverstoß vorliegt. [3]Weist das Gericht die Beschwerde nach Satz 1 zurück, ist dem Beschwerdeführer aus der Masse der Schaden zu ersetzen, der ihm durch den Planvollzug entsteht; die Rückgängigmachung der Wirkungen des Insolvenzplans kann nicht als Schadensersatz verlangt werden. [4]Für Klagen, mit denen Schadensersatzansprüche nach Satz 3 geltend gemacht werden, ist das Landgericht ausschließlich zuständig, das die sofortige Beschwerde zurückgewiesen hat.

Dritter Abschnitt. Wirkungen des bestätigten Plans. Überwachung der Planerfüllung

§ 254 Allgemeine Wirkungen des Plans

(1) Mit der Rechtskraft der Bestätigung des Insolvenzplans treten die im gestaltenden Teil festgelegten Wirkungen für und gegen alle Beteiligten ein.

(2) [1]Die Rechte der Insolvenzgläubiger gegen Mitschuldner und Bürgen des Schuldners sowie die Rechte dieser Gläubiger an Gegenständen, die nicht zur Insolvenzmasse gehören, oder aus einer Vormerkung, die sich auf solche Gegenstände bezieht, werden durch den Plan nicht berührt. [2]Der Schuldner wird jedoch durch den Plan gegenüber dem Mitschuldner, dem Bürgen oder anderen Rückgriffsberechtigten in gleicher Weise befreit wie gegenüber dem Gläubiger.

(3) Ist ein Gläubiger weitergehend befriedigt worden, als er nach dem Plan zu beanspruchen hat, so begründet dies keine Pflicht zur Rückgewähr des Erlangten.

(4) Werden Forderungen von Gläubigern in Anteils- oder Mitgliedschaftsrechte am Schuldner umgewandelt, kann der Schuldner nach der gerichtlichen Bestätigung keine Ansprüche wegen einer Überbewertung der Forderungen im Plan gegen die bisherigen Gläubiger geltend machen.

§ 254a Rechte an Gegenständen. Sonstige Wirkungen des Plans

(1) Wenn Rechte an Gegenständen begründet, geändert, übertragen oder aufgehoben oder Geschäftsanteile an einer Gesellschaft mit beschränkter Haftung abgetreten werden sollen, gelten die in den Insolvenzplan aufgenommenen Willenserklärungen der Beteiligten als in der vorgeschriebenen Form abgegeben.

(2) [1]Wenn die Anteils- oder Mitgliedschaftsrechte der am Schuldner beteiligten Personen in den Plan einbezogen sind (§ 225a), gelten die in den Plan aufgenommenen Beschlüsse der Anteilsinhaber oder sonstigen Willenserklärungen der Beteiligten als in der vorgeschriebenen Form abgegeben. [2]Gesellschaftsrechtlich erforderliche Ladungen, Bekanntmachungen und sonstige Maßnahmen zur Vorbereitung von Beschlüssen der Anteilsinhaber gelten als in der vorgeschriebenen Form bewirkt. [3]Der Insolvenzver-

walter ist berechtigt, die erforderlichen Anmeldungen beim jeweiligen Registergericht vorzunehmen.

(3) Entsprechendes gilt für die in den Plan aufgenommenen Verpflichtungserklärungen, die einer Maßnahme nach Absatz 1 oder 2 zugrunde liegen.

§ 254b Wirkung für alle Beteiligten

Die §§ 254 und 254a gelten auch für Insolvenzgläubiger, die ihre Forderungen nicht angemeldet haben, und für Beteiligte, die dem Insolvenzplan widersprochen haben.

§ 255 Wiederauflebensklausel

(1) [1]Sind auf Grund des gestaltenden Teils des Insolvenzplans Forderungen von Insolvenzgläubigern gestundet oder teilweise erlassen worden, so wird die Stundung oder der Erlaß für den Gläubiger hinfällig, gegenüber dem der Schuldner mit der Erfüllung des Plans erheblich in Rückstand gerät. [2]Ein erheblicher Rückstand ist erst anzunehmen, wenn der Schuldner eine fällige Verbindlichkeit nicht bezahlt hat, obwohl der Gläubiger ihn schriftlich gemahnt und ihm dabei eine mindestens zweiwöchige Nachfrist gesetzt hat.

(2) Wird vor vollständiger Erfüllung des Plans über das Vermögen des Schuldners ein neues Insolvenzverfahren eröffnet, so ist die Stundung oder der Erlaß für alle Insolvenzgläubiger hinfällig.

(3) [1]Im Plan kann etwas anderes vorgesehen werden. [2]Jedoch kann von Absatz 1 nicht zum Nachteil des Schuldners abgewichen werden.

§ 256 Streitige Forderungen. Ausfallforderungen

(1) [1]Ist eine Forderung im Prüfungstermin bestritten worden oder steht die Höhe der Ausfallforderung eines absonderungsberechtigten Gläubigers noch nicht fest, so ist ein Rückstand mit der Erfüllung des Insolvenzplans im Sinne des § 255 Abs. 1 nicht anzunehmen, wenn der Schuldner die Forderung bis zur endgültigen Feststellung ihrer Höhe in dem Ausmaß berücksichtigt, das der Entscheidung des Insolvenzgerichts über das Stimmrecht des Gläubigers bei der Abstimmung über den Plan entspricht. [2]Ist keine Entscheidung über das Stimmrecht getroffen worden, so hat das Gericht auf Antrag des Schuldners oder des Gläubigers nachträglich festzustellen, in welchem Ausmaß der Schuldner vorläufig die Forderung zu berücksichtigen hat.

(2) [1]Ergibt die endgültige Feststellung, daß der Schuldner zuwenig gezahlt hat, so hat er das Fehlende nachzuzahlen. [2]Ein erheblicher Rückstand mit der Erfüllung des Plans ist erst anzunehmen, wenn der Schuldner das Fehlende nicht nachzahlt, obwohl der Gläubiger ihn schriftlich gemahnt und ihm dabei eine mindestens zweiwöchige Nachfrist gesetzt hat.

(3) Ergibt die endgültige Feststellung, daß der Schuldner zuviel gezahlt hat, so kann er den Mehrbetrag nur insoweit zurückfordern, als dieser auch den nicht fälligen Teil der Forderung übersteigt, die dem Gläubiger nach dem Insolvenzplan zusteht.

§ 257 Vollstreckung aus dem Plan

(1) [1]Aus dem rechtskräftig bestätigten Insolvenzplan in Verbindung mit der Eintragung in die Tabelle können die Insolvenzgläubiger, deren Forderungen festgestellt und nicht vom Schuldner im Prüfungstermin bestritten worden sind, wie aus einem vollstreckbaren Urteil die Zwangsvollstreckung gegen den Schuldner betreiben. [2]Einer nicht bestrittenen Forderung steht eine Forderung gleich, bei der ein erhobener Widerspruch beseitigt ist. [3]§ 202 gilt entsprechend.

(2) Gleiches gilt für die Zwangsvollstreckung gegen einen Dritten, der durch eine dem Insolvenzgericht eingereichte schriftliche Erklärung für die Erfüllung des Plans neben

dem Schuldner ohne Vorbehalt der Einrede der Vorausklage Verpflichtungen übernommen hat.

(3) Macht ein Gläubiger die Rechte geltend, die ihm im Falle eines erheblichen Rückstands des Schuldners mit der Erfüllung des Plans zustehen, so hat er zur Erteilung der Vollstreckungsklausel für diese Rechte und zur Durchführung der Vollstreckung die Mahnung und den Ablauf der Nachfrist glaubhaft zu machen, jedoch keinen weiteren Beweis für den Rückstand des Schuldners zu führen.

§ 258 Aufhebung des Insolvenzverfahrens

(1) Sobald die Bestätigung des Insolvenzplans rechtskräftig ist und der Insolvenzplan nicht etwas anderes vorsieht, beschließt das Insolvenzgericht die Aufhebung des Insolvenzverfahrens.

(2) [1]Vor der Aufhebung hat der Verwalter die unstreitigen fälligen Masseansprüche zu berichtigen und für die streitigen oder nicht fälligen Sicherheit zu leisten. [2]Für die nicht fälligen Masseansprüche kann auch ein Finanzplan vorgelegt werden, aus dem sich ergibt, dass ihre Erfüllung gewährleistet ist.

(3) [1]Der Beschluß und der Grund der Aufhebung sind öffentlich bekanntzumachen. [2]Der Schuldner, der Insolvenzverwalter und die Mitglieder des Gläubigerausschusses sind vorab über den Zeitpunkt des Wirksamwerdens der Aufhebung (§ 9 Abs. 1 Satz 3) zu unterrichten. [3]§ 200 Abs. 2 Satz 2 gilt entsprechend.

§ 259 Wirkungen der Aufhebung

(1) [1]Mit der Aufhebung des Insolvenzverfahrens erlöschen die Ämter des Insolvenzverwalters und der Mitglieder des Gläubigerausschusses. [2]Der Schuldner erhält das Recht zurück, über die Insolvenzmasse frei zu verfügen.

(2) Die Vorschriften über die Überwachung der Planerfüllung bleiben unberührt.

(3) [1]Einen anhängigen Rechtsstreit, der die Insolvenzanfechtung zum Gegenstand hat, kann der Verwalter auch nach der Aufhebung des Verfahrens fortführen, wenn dies im gestaltenden Teil des Plans vorgesehen ist. [2]In diesem Fall wird der Rechtsstreit für Rechnung des Schuldners geführt, wenn im Plan keine abweichende Regelung getroffen wird.

§ 259a Vollstreckungsschutz

(1) [1]Gefährden nach der Aufhebung des Verfahrens Zwangsvollstreckungen einzelner Insolvenzgläubiger, die ihre Forderungen bis zum Abstimmungstermin nicht angemeldet haben, die Durchführung des Insolvenzplans, kann das Insolvenzgericht auf Antrag des Schuldners eine Maßnahme der Zwangsvollstreckung ganz oder teilweise aufheben oder längstens für drei Jahre untersagen. [2]Der Antrag ist nur zulässig, wenn der Schuldner die tatsächlichen Behauptungen, die die Gefährdung begründen, glaubhaft macht.

(2) Ist die Gefährdung glaubhaft gemacht, kann das Gericht die Zwangsvollstreckung auch einstweilen einstellen.

(3) Das Gericht hebt seinen Beschluss auf Antrag auf oder ändert ihn ab, wenn dies mit Rücksicht auf eine Änderung der Sachlage geboten ist.

§ 259b Besondere Verjährungsfrist

(1) Die Forderung eines Insolvenzgläubigers, die nicht bis zum Abstimmungstermin angemeldet worden ist, verjährt in einem Jahr.

(2) Die Verjährungsfrist beginnt, wenn die Forderung fällig und der Beschluss rechtskräftig ist, durch den der Insolvenzplan bestätigt wurde.

(3) Die Absätze 1 und 2 sind nur anzuwenden, wenn dadurch die Verjährung einer Forderung früher vollendet wird als bei Anwendung der ansonsten geltenden Verjährungsvorschriften.

(4) [1]Die Verjährung einer Forderung eines Insolvenzgläubigers ist gehemmt, solange wegen Vollstreckungsschutzes nach § 259a nicht vollstreckt werden darf. [2]Die Hemmung endet drei Monate nach Beendigung des Vollstreckungsschutzes.

§ 260 Überwachung der Planerfüllung

(1) Im gestaltenden Teil des Insolvenzplans kann vorgesehen werden, daß die Erfüllung des Plans überwacht wird.

(2) Im Falle des Absatzes 1 wird nach der Aufhebung des Insolvenzverfahrens überwacht, ob die Ansprüche erfüllt werden, die den Gläubigern nach dem gestaltenden Teil gegen den Schuldner zustehen.

(3) Wenn dies im gestaltenden Teil vorgesehen ist, erstreckt sich die Überwachung auf die Erfüllung der Ansprüche, die den Gläubigern nach dem gestaltenden Teil gegen eine juristische Person oder Gesellschaft ohne Rechtspersönlichkeit zustehen, die nach der Eröffnung des Insolvenzverfahrens gegründet worden ist, um das Unternehmen oder einen Betrieb des Schuldners zu übernehmen und weiterzuführen (Übernahmegesellschaft).

§ 261 Aufgaben und Befugnisse des Insolvenzverwalters

(1) [1]Die Überwachung ist Aufgabe des Insolvenzverwalters. [2]Die Ämter des Verwalters und der Mitglieder des Gläubigerausschusses und die Aufsicht des Insolvenzgerichts bestehen insoweit fort. [3]§ 22 Abs. 3 gilt entsprechend.

(2) [1]Während der Zeit der Überwachung hat der Verwalter dem Gläubigerausschuß, wenn ein solcher bestellt ist, und dem Gericht jährlich über den jeweiligen Stand und die weiteren Aussichten der Erfüllung des Insolvenzplans zu berichten. [2]Unberührt bleibt das Recht des Gläubigerausschusses und des Gerichts, jederzeit einzelne Auskünfte oder einen Zwischenbericht zu verlangen.

§ 262 Anzeigepflicht des Insolvenzverwalters

[1]Stellt der Insolvenzverwalter fest, daß Ansprüche, deren Erfüllung überwacht wird, nicht erfüllt werden oder nicht erfüllt werden können, so hat er dies unverzüglich dem Gläubigerausschuß und dem Insolvenzgericht anzuzeigen. [2]Ist ein Gläubigerausschuß nicht bestellt, so hat der Verwalter an dessen Stelle alle Gläubiger zu unterrichten, denen nach dem gestaltenden Teil des Insolvenzplans Ansprüche gegen den Schuldner oder die Übernahmegesellschaft zustehen.

§ 263 Zustimmungsbedürftige Geschäfte

[1]Im gestaltenden Teil des Insolvenzplans kann vorgesehen werden, daß bestimmte Rechtsgeschäfte des Schuldners oder der Übernahmegesellschaft während der Zeit der Überwachung nur wirksam sind, wenn der Insolvenzverwalter ihnen zustimmt. [2]§ 81 Abs. 1 und § 82 gelten entsprechend.

§ 264 Kreditrahmen

(1) [1]Im gestaltenden Teil des Insolvenzplans kann vorgesehen werden, daß die Insolvenzgläubiger nachrangig sind gegenüber Gläubigern mit Forderungen aus Darlehen und sonstigen Krediten, die der Schuldner oder die Übernahmegesellschaft während der Zeit der Überwachung aufnimmt oder die ein Massegläubiger in die Zeit der Überwachung hinein stehen läßt. [2]In diesem Fall ist zugleich ein Gesamtbetrag für derartige Kredite festzulegen (Kreditrahmen). [3]Dieser darf den Wert der Vermögensgegenstände

nicht übersteigen, die in der Vermögensübersicht des Plans (§ 229 Satz 1) aufgeführt sind.

(2) Der Nachrang der Insolvenzgläubiger gemäß Absatz 1 besteht nur gegenüber Gläubigern, mit denen vereinbart wird, daß und in welcher Höhe der von ihnen gewährte Kredit nach Hauptforderung, Zinsen und Kosten innerhalb des Kreditrahmens liegt, und gegenüber denen der Insolvenzverwalter diese Vereinbarung schriftlich bestätigt.

(3) § 39 Abs. 1 Nr. 5 bleibt unberührt.

§ 265 Nachrang von Neugläubigern

[1]Gegenüber den Gläubigern mit Forderungen aus Krediten, die nach Maßgabe des § 264 aufgenommen oder stehen gelassen werden, sind nachrangig auch die Gläubiger mit sonstigen vertraglichen Ansprüchen, die während der Zeit der Überwachung begründet werden. [2]Als solche Ansprüche gelten auch die Ansprüche aus einem vor der Überwachung vertraglich begründeten Dauerschuldverhältnis für die Zeit nach dem ersten Termin, zudem der Gläubiger nach Beginn der Überwachung kündigen konnte.

§ 266 Berücksichtigung des Nachrangs

(1) Der Nachrang der Insolvenzgläubiger und der in § 265 bezeichneten Gläubiger wird nur in einem Insolvenzverfahren berücksichtigt, das vor der Aufhebung der Überwachung eröffnet wird.

(2) In diesem neuen Insolvenzverfahren gehen diese Gläubiger den übrigen nachrangigen Gläubigern im Range vor.

§ 267 Bekanntmachung der Überwachung

(1) Wird die Erfüllung des Insolvenzplans überwacht, so ist dies zusammen mit dem Beschluß über die Aufhebung des Insolvenzverfahrens öffentlich bekanntzumachen.

(2) Ebenso ist bekanntzumachen:

1. im Falle des § 260 Abs. 3 die Erstreckung der Überwachung auf die Übernahmegesellschaft;
2. im Falle des § 263, welche Rechtsgeschäfte an die Zustimmung des Insolvenzverwalters gebunden werden;
3. im Falle des § 264, in welcher Höhe ein Kreditrahmen vorgesehen ist.

(3) [1]§ 31 gilt entsprechend. [2]Soweit im Falle des § 263 das Recht zur Verfügung über ein Grundstück, ein eingetragenes Schiff, Schiffsbauwerk oder Luftfahrzeug, ein Recht an einem solchen Gegenstand oder ein Recht an einem solchen Recht beschränkt wird, gelten die §§ 32 und 33 entsprechend.

§ 268 Aufhebung der Überwachung

(1) Das Insolvenzgericht beschließt die Aufhebung der Überwachung,

1. wenn die Ansprüche, deren Erfüllung überwacht wird, erfüllt sind oder die Erfüllung dieser Ansprüche gewährleistet ist oder
2. wenn seit der Aufhebung des Insolvenzverfahrens drei Jahre verstrichen sind und kein Antrag auf Eröffnung eines neuen Insolvenzverfahrens vorliegt.

(2) [1]Der Beschluß ist öffentlich bekanntzumachen. [2]§ 267 Abs. 3 gilt entsprechend.

§ 269 Kosten der Überwachung

Die Kosten der Überwachung trägt der Schuldner. Im Falle des § 260 Abs. 3 trägt die Übernahmegesellschaft die durch ihre Überwachung entstehenden Kosten.

Siebter Teil. Koordinierung der Verfahren von Schuldnern, die derselben Unternehmensgruppe angehören

Erster Abschnitt. Allgemeine Bestimmungen

§ 269a Zusammenarbeit der Insolvenzverwalter

[1]Die Insolvenzverwalter gruppenangehöriger Schuldner sind untereinander zur Unterrichtung und Zusammenarbeit verpflichtet, soweit hierdurch nicht die Interessen der Beteiligten des Verfahrens beeinträchtigt werden, für das sie bestellt sind. [2]Insbesondere haben sie auf Anforderung unverzüglich alle Informationen mitzuteilen, die für das andere Verfahren von Bedeutung sein können.

§ 269b Zusammenarbeit der Gerichte

[1]Werden die Insolvenzverfahren über das Vermögen von gruppenangehörigen Schuldnern bei verschiedenen Insolvenzgerichten geführt, sind die Gerichte zur Zusammenarbeit und insbesondere zum Austausch der Informationen verpflichtet, die für das andere Verfahren von Bedeutung sein können. [2]Dies gilt insbesondere für:

1. die Anordnung von Sicherungsmaßnahmen,
2. die Eröffnung des Verfahrens,
3. die Bestellung eines Insolvenzverwalters,
4. wesentliche verfahrensleitende Entscheidungen,
5. den Umfang der Insolvenzmasse und
6. die Vorlage von Insolvenzplänen sowie sonstige Maßnahmen zur Beendigung des Insolvenzverfahrens.

§ 269c Zusammenarbeit der Gläubigerausschüsse

(1) [1]Auf Antrag eines Gläubigerausschusses, der in einem Verfahren über das Vermögen eines gruppenangehörigen Schuldners bestellt ist, kann das Gericht des Gruppen-Gerichtsstands nach Anhörung der anderen Gläubigerausschüsse einen Gruppen-Gläubigerausschuss einsetzen. [2]Jeder Gläubigerausschuss oder vorläufige Gläubigerausschuss eines gruppenangehörigen Schuldners, der nicht von offensichtlich untergeordneter Bedeutung für die gesamte Unternehmensgruppe ist, stellt ein Mitglied des Gruppen-Gläubigerausschusses. [3]Ein weiteres Mitglied dieses Ausschusses wird aus dem Kreis der Vertreter der Arbeitnehmer bestimmt.

(2) [1]Der Gruppen-Gläubigerausschuss unterstützt die Insolvenzverwalter und die Gläubigerausschüsse in den einzelnen Verfahren, um eine abgestimmte Abwicklung dieser Verfahren zu erleichtern. [2]Die §§ 70 bis 73 gelten entsprechend. [3]Hinsichtlich der Vergütung gilt die Tätigkeit als Mitglied im Gruppen-Gläubigerausschuss als Tätigkeit in dem Gläubigerausschuss, den das Mitglied im Gruppen-Gläubigerausschuss vertritt.

(3) Dem Gläubigerausschuss steht in den Fällen der Absätze 1 und 2 ein vorläufiger Gläubigerausschuss gleich.

Zweiter Abschnitt. Koordinationsverfahren

§ 269d Koordinationsgericht

(1) Wird über die Vermögen von gruppenangehörigen Schuldnern die Eröffnung von Insolvenzverfahren beantragt oder wurden solche Verfahren eröffnet, kann das für die Eröffnung von Gruppen-Folgeverfahren zuständige Gericht (Koordinationsgericht) auf Antrag ein Koordinationsverfahren einleiten.

(2) [1]Antragsberechtigt ist jeder gruppenangehörige Schuldner. [2]§ 3a Absatz 3 findet entsprechende Anwendung. [3]Antragsberechtigt ist auch jeder Gläubigerausschuss oder vorläufige Gläubigerausschuss eines gruppenangehörigen Schuldners auf der Grundlage eines einstimmigen Beschlusses.

§ 269e Verfahrenskoordinator

(1) [1]Das Koordinationsgericht bestellt eine von den gruppenangehörigen Schuldnern und deren Gläubigern unabhängige Person zum Verfahrenskoordinator. [2]Die zu bestellende Person soll von den Insolvenzverwaltern und Sachwaltern der gruppenangehörigen Schuldner unabhängig sein. [3]Die Bestellung eines gruppenangehörigen Schuldners ist ausgeschlossen.

(2) Vor der Bestellung des Verfahrenskoordinators gibt das Koordinationsgericht einem bestellten Gruppen-Gläubigerausschuss Gelegenheit, sich zu der Person des Verfahrenskoordinators und den an ihn zu stellenden Anforderungen zu äußern.

§ 269f Aufgaben und Rechtsstellung des Verfahrenskoordinators

(1) [1]Der Verfahrenskoordinator hat für eine abgestimmte Abwicklung der Verfahren über die gruppenangehörigen Schuldner zu sorgen, soweit dies im Interesse der Gläubiger liegt. [2]Zu diesem Zweck kann er insbesondere einen Koordinationsplan vorlegen. [3]Er kann diesen in den jeweiligen Gläubigerversammlungen erläutern oder durch eine von ihm bevollmächtigte Person erläutern lassen.

(2) [1]Die Insolvenzverwalter und vorläufigen Insolvenzverwalter der gruppenangehörigen Schuldner sind zur Zusammenarbeit mit dem Verfahrenskoordinator verpflichtet. [2]Sie haben ihm auf Aufforderung insbesondere die Informationen mitzuteilen, die er für eine zweckentsprechende Ausübung seiner Tätigkeit benötigt.

(3) Soweit in diesem Teil nichts anderes bestimmt ist, gelten für die Bestellung des Verfahrenskoordinators, für die Aufsicht durch das Insolvenzgericht sowie für die Haftung und Vergütung § 27 Absatz 2 Nummer 5 und die §§ 56 bis 60, 62 bis 65 entsprechend.

§ 269g Vergütung des Verfahrenskoordinators

(1) [1]Der Verfahrenskoordinator hat Anspruch auf Vergütung für seine Tätigkeit und auf Erstattung angemessener Auslagen. [2]Der Regelsatz der Vergütung wird nach dem Wert der zusammengefassten Insolvenzmassen der in das Koordinationsverfahren einbezogenen Verfahren über gruppenangehörige Schuldner berechnet. [3]Dem Umfang und der Schwierigkeit der Koordinationsaufgabe wird durch Abweichungen vom Regelsatz Rechnung getragen. [4]Die §§ 64 und 65 gelten entsprechend.

(2) Die Vergütung des Verfahrenskoordinators ist anteilig aus den Insolvenzmassen der gruppenangehörigen Schuldner zu berichtigen, wobei im Zweifel das Verhältnis des Werts der einzelnen Massen zueinander maßgebend ist.

§ 269h Koordinationsplan

(1) [1]Zur abgestimmten Abwicklung der Insolvenzverfahren über das Vermögen von gruppenangehörigen Schuldnern können der Verfahrenskoordinator und, wenn ein solcher noch nicht bestellt ist, die Insolvenzverwalter der gruppenangehörigen Schuldner gemeinsam dem Koordinationsgericht einen Koordinationsplan zur Bestätigung vorlegen. [2]Der Koordinationsplan bedarf der Zustimmung eines bestellten Gruppen-Gläubigerausschusses. [3]Das Gericht weist den Plan von Amts wegen zurück, wenn die Vorschriften über das Recht zur Vorlage, den Inhalt des Plans oder über die verfahrensmäßige Behandlung nicht beachtet worden sind und die Vorlegenden den Mangel nicht beheben können oder innerhalb einer angemessenen vom Gericht gesetzten Frist nicht beheben.

(2) [1]In dem Koordinationsplan können alle Maßnahmen beschrieben werden, die für eine abgestimmte Abwicklung der Verfahren sachdienlich sind. [2]Insbesondere kann der Plan Vorschläge enthalten:

1. zur Wiederherstellung der wirtschaftlichen Leistungsfähigkeit der einzelnen gruppenangehörigen Schuldner und der Unternehmensgruppe,
2. zur Beilegung gruppeninterner Streitigkeiten,
3. zu vertraglichen Vereinbarungen zwischen den Insolvenzverwaltern.

(3) [1]Gegen den Beschluss, durch den die Bestätigung des Koordinationsplans versagt wird, steht jedem Vorlegenden die sofortige Beschwerde zu. [2]Die übrigen Vorlegenden sind in dem Verfahren zuzuziehen.

§ 269i Abweichungen vom Koordinationsplan

(1) [1]Der Insolvenzverwalter eines gruppenangehörigen Schuldners hat im Berichtstermin den Koordinationsplan zu erläutern, wenn dies nicht durch den Verfahrenskoordinator oder eine von diesem bevollmächtigte Person erfolgt. [2]Der Insolvenzverwalter hat im Anschluss an die Erläuterung zu begründen, von welchen im Plan beschriebenen Maßnahmen er abweichen will. [3]Liegt zum Zeitpunkt des Berichtstermins noch kein Koordinationsplan vor, so kommt der Insolvenzverwalter seinen Pflichten nach den Sätzen 1 und 2 in einer Gläubigerversammlung nach, für die das Insolvenzgericht alsbald einen Termin bestimmt.

(2) Auf Beschluss der Gläubigerversammlung ist der Koordinationsplan einem vom Insolvenzverwalter auszuarbeitenden Insolvenzplan zugrunde zu legen.

Achter Teil. Eigenverwaltung

§ 270 Voraussetzungen

(1) [1]Der Schuldner ist berechtigt, unter der Aufsicht eines Sachwalters die Insolvenzmasse zu verwalten und über sie zu verfügen, wenn das Insolvenzgericht in dem Beschluß über die Eröffnung des Insolvenzverfahrens die Eigenverwaltung anordnet. [2]Für das Verfahren gelten die allgemeinen Vorschriften, soweit in diesem Teil nichts anderes bestimmt ist. [3]Die Vorschriften dieses Teils sind auf Verbraucherinsolvenzverfahren nach § 304 nicht anzuwenden.

(2) Die Anordnung setzt voraus,

1. daß sie vom Schuldner beantragt worden ist und
2. dass keine Umstände bekannt sind, die erwarten lassen, dass die Anordnung zu Nachteilen für die Gläubiger führen wird.

(3) [1]Vor der Entscheidung über den Antrag ist dem vorläufigen Gläubigerausschuss Gelegenheit zur Äußerung zu geben, wenn dies nicht offensichtlich zu einer nachteiligen Veränderung in der Vermögenslage des Schuldners führt. [2]Wird der Antrag von einem einstimmigen Beschluss des vorläufigen Gläubigerausschusses unterstützt, so gilt die Anordnung nicht als nachteilig für die Gläubiger.

(4) Wird der Antrag abgelehnt, so ist die Ablehnung schriftlich zu begründen; § 27 Absatz 2 Nummer 4 gilt entsprechend.

§ 270a Eröffnungsverfahren

(1) [1]Ist der Antrag des Schuldners auf Eigenverwaltung nicht offensichtlich aussichtslos, so soll das Gericht im Eröffnungsverfahren davon absehen,

1. dem Schuldner ein allgemeines Verfügungsverbot aufzuerlegen oder

2. anzuordnen, dass alle Verfügungen des Schuldners nur mit Zustimmung eines vorläufigen Insolvenzverwalters wirksam sind.

[2]Anstelle des vorläufigen Insolvenzverwalters wird in diesem Fall ein vorläufiger Sachwalter bestellt, auf den die §§ 274 und 275 entsprechend anzuwenden sind.

(2) Hat der Schuldner den Eröffnungsantrag bei drohender Zahlungsunfähigkeit gestellt und die Eigenverwaltung beantragt, sieht das Gericht jedoch die Voraussetzungen der Eigenverwaltung als nicht gegeben an, so hat es seine Bedenken dem Schuldner mitzuteilen und diesem Gelegenheit zu geben, den Eröffnungsantrag vor der Entscheidung über die Eröffnung zurückzunehmen.

§ 270b Vorbereitung einer Sanierung

(1) [1]Hat der Schuldner den Eröffnungsantrag bei drohender Zahlungsunfähigkeit oder Überschuldung gestellt und die Eigenverwaltung beantragt und ist die angestrebte Sanierung nicht offensichtlich aussichtslos, so bestimmt das Insolvenzgericht auf Antrag des Schuldners eine Frist zur Vorlage eines Insolvenzplans. [2]Die Frist darf höchstens drei Monate betragen. [3]Der Schuldner hat mit dem Antrag eine mit Gründen versehene Bescheinigung eines in Insolvenzsachen erfahrenen Steuerberaters, Wirtschaftsprüfers oder Rechtsanwalts oder einer Person mit vergleichbarer Qualifikation vorzulegen, aus der sich ergibt, dass drohende Zahlungsunfähigkeit oder Überschuldung, aber keine Zahlungsunfähigkeit vorliegt und die angestrebte Sanierung nicht offensichtlich aussichtslos ist.

(2) [1]In dem Beschluss nach Absatz 1 bestellt das Gericht einen vorläufigen Sachwalter nach § 270a Absatz 1, der personenverschieden von dem Aussteller der Bescheinigung nach Absatz 1 zu sein hat. [2]Das Gericht kann von dem Vorschlag des Schuldners nur abweichen, wenn die vorgeschlagene Person offensichtlich für die Übernahme des Amtes nicht geeignet ist; dies ist vom Gericht zu begründen. [3]Das Gericht kann vorläufige Maßnahmen nach § 21 Absatz 1 und 2 Nummer 1a, 3 bis 5 anordnen; es hat Maßnahmen nach § 21 Absatz 2 Nummer 3 anzuordnen, wenn der Schuldner dies beantragt.

(3) [1]Auf Antrag des Schuldners hat das Gericht anzuordnen, dass der Schuldner Masseverbindlichkeiten begründet. [2]§ 55 Absatz 2 gilt entsprechend.

(4) [1]Das Gericht hebt die Anordnung nach Absatz 1 vor Ablauf der Frist auf, wenn

1. die angestrebte Sanierung aussichtslos geworden ist;
2. der vorläufige Gläubigerausschuss die Aufhebung beantragt oder
3. ein absonderungsberechtigter Gläubiger oder ein Insolvenzgläubiger die Aufhebung beantragt und Umstände bekannt werden, die erwarten lassen, dass die Anordnung zu Nachteilen für die Gläubiger führen wird; der Antrag ist nur zulässig, wenn kein vorläufiger Gläubigerausschuss bestellt ist und die Umstände vom Antragsteller glaubhaft gemacht werden.

[2]Der Schuldner oder der vorläufige Sachwalter haben dem Gericht den Eintritt der Zahlungsunfähigkeit unverzüglich anzuzeigen. [3]Nach Aufhebung der Anordnung oder nach Ablauf der Frist entscheidet das Gericht über die Eröffnung des Insolvenzverfahrens.

§ 270c Bestellung des Sachwalters

[1]Bei Anordnung der Eigenverwaltung wird anstelle des Insolvenzverwalters ein Sachwalter bestellt. [2]Die Forderungen der Insolvenzgläubiger sind beim Sachwalter anzumelden. [3]Die §§ 32 und 33 sind nicht anzuwenden.

§ 270d Eigenverwaltung bei gruppenangehörigen Schuldnern

[1]Wird die Eigenverwaltung oder die vorläufige Eigenverwaltung bei einem gruppenangehörigen Schuldner angeordnet, unterliegt der Schuldner den Kooperationspflichten

des § 269a. [2]Dem eigenverwaltenden Schuldner stehen nach Verfahrenseröffnung die Antragsrechte nach § 3a Absatz 1, § 3d Absatz 2 und § 269d Absatz 2 Satz 2 zu.

§ 271 Nachträgliche Anordnung

[1]Beantragt die Gläubigerversammlung mit der in § 76 Absatz 2 genannten Mehrheit und der Mehrheit der abstimmenden Gläubiger die Eigenverwaltung, so ordnet das Gericht diese an, sofern der Schuldner zustimmt. [2]Zum Sachwalter kann der bisherige Insolvenzverwalter bestellt werden.

§ 272 Aufhebung der Anordnung

(1) Das Insolvenzgericht hebt die Anordnung der Eigenverwaltung auf,

1. wenn dies von der Gläubigerversammlung mit der in § 76 Absatz 2 genannten Mehrheit und der Mehrheit der abstimmenden Gläubiger beantragt wird;
2. wenn dies von einem absonderungsberechtigten Gläubiger oder von einem Insolvenzgläubiger beantragt wird, die Voraussetzung des § 270 Absatz 2 Nummer 2 weggefallen ist und dem Antragsteller durch die Eigenverwaltung erhebliche Nachteile drohen;
3. wenn dies vom Schuldner beantragt wird.

(2) [1]Der Antrag eines Gläubigers ist nur zulässig, wenn die in Absatz 1 Nummer 2 genannten Voraussetzungen glaubhaft gemacht werden. [2]Vor der Entscheidung über den Antrag ist der Schuldner zu hören. [3]Gegen die Entscheidung steht dem Gläubiger und dem Schuldner die sofortige Beschwerde zu.

(3) Zum Insolvenzverwalter kann der bisherige Sachwalter bestellt werden.

§ 273 Öffentliche Bekanntmachung

Der Beschluß des Insolvenzgerichts, durch den nach der Eröffnung des Insolvenzverfahrens die Eigenverwaltung angeordnet oder die Anordnung aufgehoben wird, ist öffentlich bekanntzumachen.

§ 274 Rechtsstellung des Sachwalters

(1) Für die Bestellung des Sachwalters, für die Aufsicht des Insolvenzgerichts sowie für die Haftung und die Vergütung des Sachwalters gelten § 27 Absatz 2 Nummer 4, § 54 Nummer 2 und die §§ 56 bis 60, 62 bis 65 entsprechend.

(2) [1]Der Sachwalter hat die wirtschaftliche Lage des Schuldners zu prüfen und die Geschäftsführung sowie die Ausgaben für die Lebensführung zu überwachen. [2]§ 22 Abs. 3 gilt entsprechend.

(3) [1]Stellt der Sachwalter Umstände fest, die erwarten lassen, daß die Fortsetzung der Eigenverwaltung zu Nachteilen für die Gläubiger führen wird, so hat er dies unverzüglich dem Gläubigerausschuß und dem Insolvenzgericht anzuzeigen. [2]Ist ein Gläubigerausschuß nicht bestellt, so hat der Sachwalter an dessen Stelle die Insolvenzgläubiger, die Forderungen angemeldet haben, und die absonderungsberechtigten Gläubiger zu unterrichten.

§ 275 Mitwirkung des Sachwalters

(1) [1]Verbindlichkeiten, die nicht zum gewöhnlichen Geschäftsbetrieb gehören, soll der Schuldner nur mit Zustimmung des Sachwalters eingehen. [2]Auch Verbindlichkeiten, die zum gewöhnlichen Geschäftsbetrieb gehören, soll er nicht eingehen, wenn der Sachwalter widerspricht.

(2) Der Sachwalter kann vom Schuldner verlangen, daß alle eingehenden Gelder nur vom Sachwalter entgegengenommen und Zahlungen nur vom Sachwalter geleistet werden.

§ 276 Mitwirkung des Gläubigerausschusses

[1]Der Schuldner hat die Zustimmung des Gläubigerausschusses einzuholen, wenn er Rechtshandlungen vornehmen will, die für das Insolvenzverfahren von besonderer Bedeutung sind. [2]§ 160 Abs. 1 Satz 2, Abs. 2, § 161 Satz 2 und § 164 gelten entsprechend.

§ 276a Mitwirkung der Überwachungsorgane

[1]Ist der Schuldner eine juristische Person oder eine Gesellschaft ohne Rechtspersönlichkeit, so haben der Aufsichtsrat, die Gesellschafterversammlung oder entsprechende Organe keinen Einfluss auf die Geschäftsführung des Schuldners. [2]Die Abberufung und Neubestellung von Mitgliedern der Geschäftsleitung ist nur wirksam, wenn der Sachwalter zustimmt. [3]Die Zustimmung ist zu erteilen, wenn die Maßnahme nicht zu Nachteilen für die Gläubiger führt.

§ 277 Anordnung der Zustimmungsbedürftigkeit

(1) [1]Auf Antrag der Gläubigerversammlung ordnet das Insolvenzgericht an, daß bestimmte Rechtsgeschäfte des Schuldners nur wirksam sind, wenn der Sachwalter ihnen zustimmt. [2]§ 81 Abs. 1 Satz 2 und 3 und § 82 gelten entsprechend. [3]Stimmt der Sachwalter der Begründung einer Masseverbindlichkeit zu, so gilt § 61 entsprechend.

(2) [1]Die Anordnung kann auch auf den Antrag eines absonderungsberechtigten Gläubigers oder eines Insolvenzgläubigers ergehen, wenn sie unaufschiebbar erforderlich ist, um Nachteile für die Gläubiger zu vermeiden. [2]Der Antrag ist nur zulässig, wenn diese Voraussetzung der Anordnung glaubhaft gemacht wird.

(3) [1]Die Anordnung ist öffentlich bekanntzumachen. [2]§ 31 gilt entsprechend. [3]Soweit das Recht zur Verfügung über ein Grundstück, ein eingetragenes Schiff, Schiffsbauwerk oder Luftfahrzeug, ein Recht an einem solchen Gegenstand oder ein Recht an einem solchen Recht beschränkt wird, gelten die §§ 32 und 33 entsprechend.

§ 278 Mittel zur Lebensführung des Schuldners

(1) Der Schuldner ist berechtigt, für sich und die in § 100 Abs. 2 Satz 2 genannten Familienangehörigen aus der Insolvenzmasse die Mittel zu entnehmen, die unter Berücksichtigung der bisherigen Lebensverhältnisse des Schuldners eine bescheidene Lebensführung gestatten.

(2) Ist der Schuldner keine natürliche Person, so gilt Absatz 1 entsprechend für die vertretungsberechtigten persönlich haftenden Gesellschafter des Schuldners.

§ 279 Gegenseitige Verträge

[1]Die Vorschriften über die Erfüllung der Rechtsgeschäfte und die Mitwirkung des Betriebsrats (§§ 103 bis 128) gelten mit der Maßgabe, daß an die Stelle des Insolvenzverwalters der Schuldner tritt. [2]Der Schuldner soll seine Rechte nach diesen Vorschriften im Einvernehmen mit dem Sachwalter ausüben. [3]Die Rechte nach den §§ 120, 122 und 126 kann er wirksam nur mit Zustimmung des Sachwalters ausüben.

§ 280 Haftung. Insolvenzanfechtung

Nur der Sachwalter kann die Haftung nach den §§ 92 und 93 für die Insolvenzmasse geltend machen und Rechtshandlungen nach den §§ 129 bis 147 anfechten.

§ 281 Unterrichtung der Gläubiger

(1) [1]Das Verzeichnis der Massegegenstände, das Gläubigerverzeichnis und die Vermögensübersicht (§§ 151 bis 153) hat der Schuldner zu erstellen. [2]Der Sachwalter hat die Verzeichnisse und die Vermögensübersicht zu prüfen und jeweils schriftlich zu erklären, ob nach dem Ergebnis seiner Prüfung Einwendungen zu erheben sind.

(2) [1]Im Berichtstermin hat der Schuldner den Bericht zu erstatten. [2]Der Sachwalter hat zu dem Bericht Stellung zu nehmen.

(3) [1]Zur Rechnungslegung (§§ 66, 155) ist der Schuldner verpflichtet. [2]Für die Schlußrechnung des Schuldners gilt Absatz 1 Satz 2 entsprechend.

§ 282 Verwertung von Sicherungsgut

(1) [1]Das Recht des Insolvenzverwalters zur Verwertung von Gegenständen, an denen Absonderungsrechte bestehen, steht dem Schuldner zu. [2]Kosten der Feststellung der Gegenstände und der Rechte an diesen werden jedoch nicht erhoben. [3]Als Kosten der Verwertung können nur die tatsächlich entstandenen, für die Verwertung erforderlichen Kosten und der Umsatzsteuerbetrag angesetzt werden.

(2) Der Schuldner soll sein Verwertungsrecht im Einvernehmen mit dem Sachwalter ausüben.

§ 283 Befriedigung der Insolvenzgläubiger

(1) [1]Bei der Prüfung der Forderungen können außer den Insolvenzgläubigern der Schuldner und der Sachwalter angemeldete Forderungen bestreiten. [2]Eine Forderung, die ein Insolvenzgläubiger, der Schuldner oder der Sachwalter bestritten hat, gilt nicht als festgestellt.

(2) [1]Die Verteilungen werden vom Schuldner vorgenommen. [2]Der Sachwalter hat die Verteilungsverzeichnisse zu prüfen und jeweils schriftlich zu erklären, ob nach dem Ergebnis seiner Prüfung Einwendungen zu erheben sind.

§ 284 Insolvenzplan

(1) [1]Ein Auftrag der Gläubigerversammlung zur Ausarbeitung eines Insolvenzplans ist an den Sachwalter oder an den Schuldner zu richten. [2]Wird der Auftrag an den Schuldner gerichtet, so wirkt der Sachwalter beratend mit.

(2) Eine Überwachung der Planerfüllung ist Aufgabe des Sachwalters.

§ 285 Masseunzulänglichkeit

Masseunzulänglichkeit ist vom Sachwalter dem Insolvenzgericht anzuzeigen.

Neunter Teil. Restschuldbefreiung

§ 286 Grundsatz

Ist der Schuldner eine natürliche Person, so wird er nach Maßgabe der §§ 287 bis 303 von den im Insolvenzverfahren nicht erfüllten Verbindlichkeiten gegenüber den Insolvenzgläubigern befreit.

§ 287 Antrag des Schuldners

(1) [1]Die Restschuldbefreiung setzt einen Antrag des Schuldners voraus, der mit seinem Antrag auf Eröffnung des Insolvenzverfahrens verbunden werden soll. [2]Wird er nicht mit diesem verbunden, so ist er innerhalb von zwei Wochen nach dem Hinweis gemäß § 20 Abs. 2 zu stellen. [3]Der Schuldner hat dem Antrag eine Erklärung beizufügen, ob ein Fall des § 287a Absatz 2 Satz 1 Nummer 1 oder 2 vorliegt. [4]Die Richtigkeit und Vollständigkeit der Erklärung nach Satz 3 hat der Schuldner zu versichern.

(2) Dem Antrag ist die Erklärung beizufügen, daß der Schuldner seine pfändbaren Forderungen auf Bezüge aus einem Dienstverhältnis oder an deren Stelle tretende laufende Bezüge für die Zeit von sechs Jahren nach der Eröffnung des Insolvenzverfahrens (Abtretungsfrist) an einen vom Gericht zu bestimmenden Treuhänder abtritt.

(3) Vereinbarungen des Schuldners sind insoweit unwirksam, als sie die Abtretungserklärung nach Absatz 2 vereiteln oder beeinträchtigen würden.

(4) Die Insolvenzgläubiger, die Forderungen angemeldet haben, sind bis zum Schlusstermin zu dem Antrag des Schuldners zu hören.

§ 287a Entscheidung des Insolvenzgerichts

(1) [1]Ist der Antrag auf Restschuldbefreiung zulässig, so stellt das Insolvenzgericht durch Beschluss fest, dass der Schuldner Restschuldbefreiung erlangt, wenn er den Obliegenheiten nach § 295 nachkommt und die Voraussetzungen für eine Versagung nach den §§ 290, 297 bis 298 nicht vorliegen. [2]Der Beschluss ist öffentlich bekannt zu machen. [3]Gegen den Beschluss steht dem Schuldner die sofortige Beschwerde zu.

(2) [1]Der Antrag auf Restschuldbefreiung ist unzulässig, wenn

1. dem Schuldner in den letzten zehn Jahren vor dem Antrag auf Eröffnung des Insolvenzverfahrens oder nach diesem Antrag Restschuldbefreiung erteilt oder wenn ihm die Restschuldbefreiung in den letzten fünf Jahren vor dem Antrag auf Eröffnung des Insolvenzverfahrens oder nach diesem Antrag nach § 297 versagt worden ist oder
2. dem Schuldner in den letzten drei Jahren vor dem Antrag auf Eröffnung des Insolvenzverfahrens oder nach diesem Antrag Restschuldbefreiung nach § 290 Absatz 1 Nummer 5, 6 oder 7 oder nach § 296 versagt worden ist; dies gilt auch im Falle des § 297a, wenn die nachträgliche Versagung auf Gründe nach § 290 Absatz 1 Nummer 5, 6 oder 7 gestützt worden ist.

[2]In diesen Fällen hat das Gericht dem Schuldner Gelegenheit zu geben, den Eröffnungsantrag vor der Entscheidung über die Eröffnung zurückzunehmen.

§ 287b Erwerbsobliegenheit des Schuldners

Ab Beginn der Abtretungsfrist bis zur Beendigung des Insolvenzverfahrens obliegt es dem Schuldner, eine angemessene Erwerbstätigkeit auszuüben und, wenn er ohne Beschäftigung ist, sich um eine solche zu bemühen und keine zumutbare Tätigkeit abzulehnen.

§ 288 Bestimmung des Treuhänders

[1]Der Schuldner und die Gläubiger können dem Insolvenzgericht als Treuhänder eine für den jeweiligen Einzelfall geeignete natürliche Person vorschlagen. [2]Wenn noch keine Entscheidung über die Restschuldbefreiung ergangen ist, bestimmt das Gericht zusammen mit der Entscheidung, mit der es die Aufhebung oder die Einstellung des Insolvenzverfahrens wegen Masseunzulänglichkeit beschließt, den Treuhänder, auf den die pfändbaren Bezüge des Schuldners nach Maßgabe der Abtretungserklärung (§ 287 Absatz 2) übergehen.

§ 289 Einstellung des Insolvenzverfahrens

Im Fall der Einstellung des Insolvenzverfahrens kann Restschuldbefreiung nur erteilt werden, wenn nach Anzeige der Masseunzulänglichkeit die Insolvenzmasse nach § 209 verteilt worden ist und die Einstellung nach § 211 erfolgt.

§ 290 Versagung der Restschuldbefreiung

(1) Die Restschuldbefreiung ist durch Beschluss zu versagen, wenn dies von einem Insolvenzgläubiger, der seine Forderung angemeldet hat, beantragt worden ist und wenn

1. der Schuldner in den letzten fünf Jahren vor dem Antrag auf Eröffnung des Insolvenzverfahrens oder nach diesem Antrag wegen einer Straftat nach den §§ 283 bis 283c des Strafgesetzbuchs rechtskräftig zu einer Geldstrafe von mehr als 90 Tagessätzen oder einer Freiheitsstrafe von mehr als drei Monaten verurteilt worden ist,

2. der Schuldner in den letzten drei Jahren vor dem Antrag auf Eröffnung des Insolvenzverfahrens oder nach diesem Antrag vorsätzlich oder grob fahrlässig schriftlich unrichtige oder unvollständige Angaben über seine wirtschaftlichen Verhältnisse gemacht hat, um einen Kredit zu erhalten, Leistungen aus öffentlichen Mitteln zu beziehen oder Leistungen an öffentliche Kassen zu vermeiden,
3. *(aufgehoben)*
4. der Schuldner in den letzten drei Jahren vor dem Antrag auf Eröffnung des Insolvenzverfahrens oder nach diesem Antrag vorsätzlich oder grob fahrlässig die Befriedigung der Insolvenzgläubiger dadurch beeinträchtigt hat, daß er unangemessene Verbindlichkeiten begründet oder Vermögen verschwendet oder ohne Aussicht auf eine Besserung seiner wirtschaftlichen Lage die Eröffnung des Insolvenzverfahrens verzögert hat,
5. der Schuldner Auskunfts- oder Mitwirkungspflichten nach diesem Gesetz vorsätzlich oder grob fahrlässig verletzt hat,
6. der Schuldner in der nach § 287 Absatz 1 Satz 3 vorzulegenden Erklärung und in den nach § 305 Absatz 1 Nummer 3 vorzulegenden Verzeichnissen seines Vermögens und seines Einkommens, seiner Gläubiger und der gegen ihn gerichteten Forderungen vorsätzlich oder grob fahrlässig unrichtige oder unvollständige Angaben gemacht hat,
7. der Schuldner seine Erwerbsobliegenheit nach § 287b verletzt und dadurch die Befriedigung der Insolvenzgläubiger beeinträchtigt; dies gilt nicht, wenn den Schuldner kein Verschulden trifft; § 296 Absatz 2 Satz 2 und 3 gilt entsprechend.

(2) [1]Der Antrag des Gläubigers kann bis zum Schlusstermin oder bis zur Entscheidung nach § 211 Absatz 1 schriftlich gestellt werden; er ist nur zulässig, wenn ein Versagungsgrund glaubhaft gemacht wird. [2]Die Entscheidung über den Versagungsantrag erfolgt nach dem gemäß Satz 1 maßgeblichen Zeitpunkt.

(3) [1]Gegen den Beschluss steht dem Schuldner und jedem Insolvenzgläubiger, der die Versagung der Restschuldbefreiung beantragt hat, die sofortige Beschwerde zu. [2]Der Beschluss ist öffentlich bekannt zu machen.

§ 291 *(aufgehoben)*

§ 292 Rechtsstellung des Treuhänders

(1) [1]Der Treuhänder hat den zur Zahlung der Bezüge Verpflichteten über die Abtretung zu unterrichten. [2]Er hat die Beträge, die er durch die Abtretung erlangt, und sonstige Leistungen des Schuldners oder Dritter von seinem Vermögen getrennt zu halten und einmal jährlich auf Grund des Schlußverzeichnisses an die Insolvenzgläubiger zu verteilen, sofern die nach § 4a gestundeten Verfahrenskosten abzüglich der Kosten für die Beiordnung eines Rechtsanwalts berichtigt sind. [3]§ 36 Abs. 1 Satz 2, Abs. 4 gilt entsprechend. [4]Der Treuhänder kann die Verteilung längstens bis zum Ende der Abtretungsfrist aussetzen, wenn dies angesichts der Geringfügigkeit der zu verteilenden Beträge angemessen erscheint; er hat dies dem Gericht einmal jährlich unter Angabe der Höhe der erlangten Beträge mitzuteilen.

(2) [1]Die Gläubigerversammlung kann dem Treuhänder zusätzlich die Aufgabe übertragen, die Erfüllung der Obliegenheiten des Schuldners zu überwachen. [2]In diesem Fall hat der Treuhänder die Gläubiger unverzüglich zu benachrichtigen, wenn er einen Verstoß gegen diese Obliegenheiten feststellt. [3]Der Treuhänder ist nur zur Überwachung verpflichtet, soweit die ihm dafür zustehende zusätzliche Vergütung gedeckt ist oder vorgeschossen wird.

(3) [1]Der Treuhänder hat bei der Beendigung seines Amtes dem Insolvenzgericht Rechnung zu legen. [2]Die §§ 58 und 59 gelten entsprechend, § 59 jedoch mit der Maßgabe, daß die Entlassung von jedem Insolvenzgläubiger beantragt werden kann und daß die sofortige Beschwerde jedem Insolvenzgläubiger zusteht.

§ 293 Vergütung des Treuhänders

(1) [1]Der Treuhänder hat Anspruch auf Vergütung für seine Tätigkeit und auf Erstattung angemessener Auslagen. [2]Dabei ist dem Zeitaufwand des Treuhänders und dem Umfang seiner Tätigkeit Rechnung zu tragen.

(2) § 63 Abs. 2 sowie die §§ 64 und 65 gelten entsprechend.

§ 294 Gleichbehandlung der Gläubiger

(1) Zwangsvollstreckungen für einzelne Insolvenzgläubiger in das Vermögen des Schuldners sind in dem Zeitraum zwischen Beendigung des Insolvenzverfahrens und dem Ende der Abtretungsfrist nicht zulässig.

(2) Jedes Abkommen des Schuldners oder anderer Personen mit einzelnen Insolvenzgläubigern, durch das diesen ein Sondervorteil verschafft wird, ist nichtig.

(3) Eine Aufrechnung gegen die Forderung auf die Bezüge, die von der Abtretungserklärung erfasst werden, ist nicht zulässig.

§ 295 Obliegenheiten des Schuldners

(1) Dem Schuldner obliegt es, in dem Zeitraum zwischen Beendigung des Insolvenzverfahrens und dem Ende der Abtretungsfrist

1. eine angemessene Erwerbstätigkeit auszuüben und, wenn er ohne Beschäftigung ist, sich um eine solche zu bemühen und keine zumutbare Tätigkeit abzulehnen;
2. Vermögen, das er von Todes wegen oder mit Rücksicht auf ein künftiges Erbrecht erwirbt, zur Hälfte des Wertes an den Treuhänder herauszugeben;
3. jeden Wechsel des Wohnsitzes oder der Beschäftigungsstelle unverzüglich dem Insolvenzgericht und dem Treuhänder anzuzeigen, keine von der Abtretungserklärung erfaßten Bezüge und kein von Nummer 2 erfaßtes Vermögen zu verheimlichen und dem Gericht und dem Treuhänder auf Verlangen Auskunft über seine Erwerbstätigkeit oder seine Bemühungen um eine solche sowie über seine Bezüge und sein Vermögen zu erteilen;
4. Zahlungen zur Befriedigung der Insolvenzgläubiger nur an den Treuhänder zu leisten und keinem Insolvenzgläubiger einen Sondervorteil zu verschaffen.

(2) Soweit der Schuldner eine selbständige Tätigkeit ausübt, obliegt es ihm, die Insolvenzgläubiger durch Zahlungen an den Treuhänder so zu stellen, wie wenn er ein angemessenes Dienstverhältnis eingegangen wäre.

§ 296 Verstoß gegen Obliegenheiten

(1) [1]Das Insolvenzgericht versagt die Restschuldbefreiung auf Antrag eines Insolvenzgläubigers, wenn der Schuldner in dem Zeitraum zwischen Beendigung des Insolvenzverfahrens und dem Ende der Abtretungsfrist eine seiner Obliegenheiten verletzt und dadurch die Befriedigung der Insolvenzgläubiger beeinträchtigt; dies gilt nicht, wenn den Schuldner kein Verschulden trifft. [2]Der Antrag kann nur binnen eines Jahres nach dem Zeitpunkt gestellt werden, in dem die Obliegenheitsverletzung dem Gläubiger bekannt geworden ist. [3]Er ist nur zulässig, wenn die Voraussetzungen der Sätze 1 und 2 glaubhaft gemacht werden.

(2) [1]Vor der Entscheidung über den Antrag sind der Treuhänder, der Schuldner und die Insolvenzgläubiger zu hören. [2]Der Schuldner hat über die Erfüllung seiner Obliegen-

heiten Auskunft zu erteilen und, wenn es der Gläubiger beantragt, die Richtigkeit dieser Auskunft an Eides Statt zu versichern. [3]Gibt er die Auskunft oder die eidesstattliche Versicherung ohne hinreichende Entschuldigung nicht innerhalb der ihm gesetzten Frist ab oder erscheint er trotz ordnungsgemäßer Ladung ohne hinreichende Entschuldigung nicht zu einem Termin, den das Gericht für die Erteilung der Auskunft oder die eidesstattliche Versicherung anberaumt hat, so ist die Restschuldbefreiung zu versagen.

(3) [1]Gegen die Entscheidung steht dem Antragsteller und dem Schuldner die sofortige Beschwerde zu. [2]Die Versagung der Restschuldbefreiung ist öffentlich bekanntzumachen.

§ 297 Insolvenzstraftaten

(1) Das Insolvenzgericht versagt die Restschuldbefreiung auf Antrag eines Insolvenzgläubigers, wenn der Schuldner in dem Zeitraum zwischen Schlusstermin und Aufhebung des Insolvenzverfahrens oder in dem Zeitraum zwischen Beendigung des Insolvenzverfahrens und dem Ende der Abtretungsfrist wegen einer Straftat nach den §§ 283 bis 283c des Strafgesetzbuchs rechtskräftig zu einer Geldstrafe von mehr als 90 Tagessätzen oder einer Freiheitsstrafe von mehr als drei Monaten verurteilt wird.

(2) § 296 Absatz 1 Satz 2 und 3, Absatz 3 gilt entsprechend.

§ 297a Nachträglich bekannt gewordene Versagungsgründe

(1) [1]Das Insolvenzgericht versagt die Restschuldbefreiung auf Antrag eines Insolvenzgläubigers, wenn sich nach dem Schlusstermin oder im Falle des § 211 nach der Einstellung herausstellt, dass ein Versagungsgrund nach § 290 Absatz 1 vorgelegen hat. [2]Der Antrag kann nur binnen sechs Monaten nach dem Zeitpunkt gestellt werden, zu dem der Versagungsgrund dem Gläubiger bekannt geworden ist. [3]Er ist nur zulässig, wenn glaubhaft gemacht wird, dass die Voraussetzungen der Sätze 1 und 2 vorliegen und dass der Gläubiger bis zu dem gemäß Satz 1 maßgeblichen Zeitpunkt keine Kenntnis von ihnen hatte.

(2) § 296 Absatz 3 gilt entsprechend.

§ 298 Deckung der Mindestvergütung des Treuhänders

(1) [1]Das Insolvenzgericht versagt die Restschuldbefreiung auf Antrag des Treuhänders, wenn die an diesen abgeführten Beträge für das vorangegangene Jahr seiner Tätigkeit die Mindestvergütung nicht decken und der Schuldner den fehlenden Betrag nicht einzahlt, obwohl ihn der Treuhänder schriftlich zur Zahlung binnen einer Frist von mindestens zwei Wochen aufgefordert und ihn dabei auf die Möglichkeit der Versagung der Restschuldbefreiung hingewiesen hat. [2]Dies gilt nicht, wenn die Kosten des Insolvenzverfahrens nach § 4a gestundet wurden.

(2) [1]Vor der Entscheidung ist der Schuldner zu hören. [2]Die Versagung unterbleibt, wenn der Schuldner binnen zwei Wochen nach Aufforderung durch das Gericht den fehlenden Betrag einzahlt oder ihm dieser entsprechend § 4a gestundet wird.

(3) § 296 Abs. 3 gilt entsprechend.

§ 299 Vorzeitige Beendigung

Wird die Restschuldbefreiung nach den §§ 296, 297, 297a oder 298 versagt, so enden die Laufzeit der Abtretungsfrist, das Amt des Treuhänders und die Beschränkung der Rechte der Gläubiger mit der Rechtskraft der Entscheidung.

§ 300 Entscheidung über die Restschuldbefreiung

(1) [1]Das Insolvenzgericht entscheidet nach Anhörung der Insolvenzgläubiger, des Insolvenzverwalters oder Treuhänders und des Schuldners durch Beschluss über die Erteilung der Restschuldbefreiung, wenn die Abtretungsfrist ohne vorzeitige Beendigung

verstrichen ist. [2]Hat der Schuldner die Kosten des Verfahrens berichtigt, entscheidet das Gericht auf seinen Antrag, wenn

1. im Verfahren kein Insolvenzgläubiger eine Forderung angemeldet hat oder wenn die Forderungen der Insolvenzgläubiger befriedigt sind und der Schuldner die sonstigen Masseverbindlichkeiten berichtigt hat,
2. drei Jahre der Abtretungsfrist verstrichen sind und dem Insolvenzverwalter oder Treuhänder innerhalb dieses Zeitraums ein Betrag zugeflossen ist, der eine Befriedigung der Forderungen der Insolvenzgläubiger in Höhe von mindestens 35 Prozent ermöglicht, oder
3. fünf Jahre der Abtretungsfrist verstrichen sind.

[3]Satz 1 gilt entsprechend. [4]Eine Forderung wird bei der Ermittlung des Prozentsatzes nach Satz 2 Nummer 2 berücksichtigt, wenn sie in das Schlussverzeichnis aufgenommen wurde. [5]Fehlt ein Schlussverzeichnis, so wird eine Forderung berücksichtigt, die als festgestellt gilt oder deren Gläubiger entsprechend § 189 Absatz 1 Feststellungsklage erhoben oder das Verfahren in dem früher anhängigen Rechtsstreit aufgenommen hat.

(2) [1]In den Fällen von Absatz 1 Satz 2 Nummer 2 ist der Antrag nur zulässig, wenn Angaben gemacht werden über die Herkunft der Mittel, die an den Treuhänder geflossen sind und die über die Beträge hinausgehen, die von der Abtretungserklärung erfasst sind. [2]Der Schuldner hat zu erklären, dass die Angaben nach Satz 1 richtig und vollständig sind. [3]Das Vorliegen der Voraussetzungen von Absatz 1 Satz 2 Nummer 1 bis 3 ist vom Schuldner glaubhaft zu machen.

(3) Das Insolvenzgericht versagt die Restschuldbefreiung auf Antrag eines Insolvenzgläubigers, wenn die Voraussetzungen des § 290 Absatz 1, des § 296 Absatz 1 oder Absatz 2 Satz 3, des § 297 oder des § 297a vorliegen, oder auf Antrag des Treuhänders, wenn die Voraussetzungen des § 298 vorliegen.

(4) [1]Der Beschluss ist öffentlich bekannt zu machen. [2]Gegen den Beschluss steht dem Schuldner und jedem Insolvenzgläubiger, der bei der Anhörung nach Absatz 1 die Versagung der Restschuldbefreiung beantragt oder der das Nichtvorliegen der Voraussetzungen einer vorzeitigen Restschuldbefreiung nach Absatz 1 Satz 2 geltend gemacht hat, die sofortige Beschwerde zu. [3]Wird Restschuldbefreiung nach Absatz 1 Satz 2 erteilt, gelten die §§ 299 und 300a entsprechend.

§ 300a Neuerwerb im laufenden Insolvenzverfahren

(1) [1]Wird dem Schuldner Restschuldbefreiung erteilt, gehört das Vermögen, das der Schuldner nach Ende der Abtretungsfrist oder nach Eintritt der Voraussetzungen des § 300 Absatz 1 Satz 2 erwirbt, nicht mehr zur Insolvenzmasse. [2]Satz 1 gilt nicht für Vermögensbestandteile, die auf Grund einer Anfechtung des Insolvenzverwalters zur Insolvenzmasse zurückgewährt werden oder die auf Grund eines vom Insolvenzverwalter geführten Rechtsstreits oder auf Grund Verwertungshandlungen des Insolvenzverwalters zur Insolvenzmasse gehören.

(2) [1]Bis zur rechtskräftigen Erteilung der Restschuldbefreiung hat der Verwalter den Neuerwerb, der dem Schuldner zusteht, treuhänderisch zu vereinnahmen und zu verwalten. [2]Nach rechtskräftiger Erteilung der Restschuldbefreiung findet die Vorschrift des § 89 keine Anwendung. [3]Der Insolvenzverwalter hat bei Rechtskraft der Erteilung der Restschuldbefreiung dem Schuldner den Neuerwerb herauszugeben und über die Verwaltung des Neuerwerbs Rechnung zu legen.

(3) [1]Der Insolvenzverwalter hat für seine Tätigkeit nach Absatz 2, sofern Restschuldbefreiung rechtskräftig erteilt wird, gegenüber dem Schuldner Anspruch auf Vergütung und auf Erstattung angemessener Auslagen. [2]§ 293 gilt entsprechend.

§ 301 Wirkung der Restschuldbefreiung

(1) [1]Wird die Restschuldbefreiung erteilt, so wirkt sie gegen alle Insolvenzgläubiger. [2]Dies gilt auch für Gläubiger, die ihre Forderungen nicht angemeldet haben.

(2) [1]Die Rechte der Insolvenzgläubiger gegen Mitschuldner und Bürgen des Schuldners sowie die Rechte dieser Gläubiger aus einer zu ihrer Sicherung eingetragenen Vormerkung oder aus einem Recht, das im Insolvenzverfahren zur abgesonderten Befriedigung berechtigt, werden durch die Restschuldbefreiung nicht berührt. [2]Der Schuldner wird jedoch gegenüber dem Mitschuldner, dem Bürgen oder anderen Rückgriffsberechtigten in gleicher Weise befreit wie gegenüber den Insolvenzgläubigern.

(3) Wird ein Gläubiger befriedigt, obwohl er auf Grund der Restschuldbefreiung keine Befriedigung zu beanspruchen hat, so begründet dies keine Pflicht zur Rückgewähr des Erlangten.

§ 302 Ausgenommene Forderungen

Von der Erteilung der Restschuldbefreiung werden nicht berührt:

1. Verbindlichkeiten des Schuldners aus einer vorsätzlich begangenen unerlaubten Handlung, aus rückständigem gesetzlichen Unterhalt, den der Schuldner vorsätzlich pflichtwidrig nicht gewährt hat, oder aus einem Steuerschuldverhältnis, sofern der Schuldner im Zusammenhang damit wegen einer Steuerstraftat nach den §§ 370, 373 oder § 374 der Abgabenordnung rechtskräftig verurteilt worden ist; der Gläubiger hat die entsprechende Forderung unter Angabe dieses Rechtsgrundes nach § 174 Absatz 2 anzumelden;
2. Geldstrafen und die diesen in § 39 Abs. 1 Nr. 3 gleichgestellten Verbindlichkeiten des Schuldners;
3. Verbindlichkeiten aus zinslosen Darlehen, die dem Schuldner zur Begleichung der Kosten des Insolvenzverfahrens gewährt wurden.

§ 303 Widerruf der Restschuldbefreiung

(1) Auf Antrag eines Insolvenzgläubigers widerruft das Insolvenzgericht die Erteilung der Restschuldbefreiung, wenn

1. sich nachträglich herausstellt, dass der Schuldner eine seiner Obliegenheiten vorsätzlich verletzt und dadurch die Befriedigung der Insolvenzgläubiger erheblich beeinträchtigt hat,
2. sich nachträglich herausstellt, dass der Schuldner während der Abtretungsfrist nach Maßgabe von § 297 Absatz 1 verurteilt worden ist, oder wenn der Schuldner erst nach Erteilung der Restschuldbefreiung wegen einer bis zum Ende der Abtretungsfrist begangenen Straftat nach Maßgabe von § 297 Absatz 1 verurteilt wird oder
3. der Schuldner nach Erteilung der Restschuldbefreiung Auskunfts- oder Mitwirkungspflichten vorsätzlich oder grob fahrlässig verletzt hat, die ihm nach diesem Gesetz während des Insolvenzverfahrens obliegen.

(2) [1]Der Antrag des Gläubigers ist nur zulässig, wenn er innerhalb eines Jahres nach der Rechtskraft der Entscheidung über die Restschuldbefreiung gestellt wird; ein Widerruf nach Absatz 1 Nummer 3 kann bis zu sechs Monate nach rechtskräftiger Aufhebung des Insolvenzverfahrens beantragt werden. [2]Der Gläubiger hat die Voraussetzungen des Widerrufsgrundes glaubhaft zu machen. [3]In den Fällen des Absatzes 1 Nummer 1 hat der Gläubiger zudem glaubhaft zu machen, dass er bis zur Rechtskraft der Entscheidung keine Kenntnis vom Widerrufsgrund hatte.

(3) [1]Vor der Entscheidung sind der Schuldner und in den Fällen des Absatzes 1 Nummer 1 und 3 auch der Treuhänder oder Insolvenzverwalter zu hören. [2]Gegen die Ent-

scheidung steht dem Antragsteller und dem Schuldner die sofortige Beschwerde zu. [3]Die Entscheidung, durch welche die Restschuldbefreiung widerrufen wird, ist öffentlich bekanntzumachen.

§ 303a Eintragung in das Schuldnerverzeichnis

[1]Das Insolvenzgericht ordnet die Eintragung in das Schuldnerverzeichnis nach § 882b der Zivilprozessordnung an. [2]Eingetragen werden Schuldner,

1. denen die Restschuldbefreiung nach den §§ 290, 296, 297 oder 297a oder auf Antrag eines Insolvenzgläubigers nach § 300 Absatz 3 versagt worden ist,
2. deren Restschuldbefreiung widerrufen worden ist.

[3]Es übermittelt die Anordnung unverzüglich elektronisch dem zentralen Vollstreckungsgericht nach § 882h Absatz 1 der Zivilprozessordnung. [4]§ 882c Absatz 2 und 3 der Zivilprozessordnung gilt entsprechend.

Zehnter Teil. Verbraucherinsolvenzverfahren

§ 304 Grundsatz

(1) [1]Ist der Schuldner eine natürliche Person, die keine selbständige wirtschaftliche Tätigkeit ausübt oder ausgeübt hat, so gelten für das Verfahren die allgemeinen Vorschriften, soweit in diesem Teil nichts anderes bestimmt ist. [2]Hat der Schuldner eine selbständige wirtschaftliche Tätigkeit ausgeübt, so findet Satz 1 Anwendung, wenn seine Vermögensverhältnisse überschaubar sind und gegen ihn keine Forderungen aus Arbeitsverhältnissen bestehen.

(2) Überschaubar sind die Vermögensverhältnisse im Sinne von Absatz 1 Satz 2 nur, wenn der Schuldner zu dem Zeitpunkt, zu dem der Antrag auf Eröffnung des Insolvenzverfahrens gestellt wird, weniger als 20 Gläubiger hat.

§ 305 Eröffnungsantrag des Schuldners

(1) Mit dem schriftlich einzureichenden Antrag auf Eröffnung des Insolvenzverfahrens oder unverzüglich nach diesem Antrag hat der Schuldner vorzulegen:

1. eine Bescheinigung, die von einer geeigneten Person oder Stelle auf der Grundlage persönlicher Beratung und eingehender Prüfung der Einkommens- und Vermögensverhältnisse des Schuldners ausgestellt ist und aus der sich ergibt, daß eine außergerichtliche Einigung mit den Gläubigern über die Schuldenbereinigung auf der Grundlage eines Plans innerhalb der letzten sechs Monate vor dem Eröffnungsantrag erfolglos versucht worden ist; der Plan ist beizufügen und die wesentlichen Gründe für sein Scheitern sind darzulegen; die Länder können bestimmen, welche Personen oder Stellen als geeignet anzusehen sind;
2. den Antrag auf Erteilung von Restschuldbefreiung (§ 287) oder die Erklärung, daß Restschuldbefreiung nicht beantragt werden soll;
3. ein Verzeichnis des vorhandenen Vermögens und des Einkommens (Vermögensverzeichnis), eine Zusammenfassung des wesentlichen Inhalts dieses Verzeichnisses (Vermögensübersicht), ein Verzeichnis der Gläubiger und ein Verzeichnis der gegen ihn gerichteten Forderungen; den Verzeichnissen und der Vermögensübersicht ist die Erklärung beizufügen, dass die enthaltenen Angaben richtig und vollständig sind;
4. einen Schuldenbereinigungsplan; dieser kann alle Regelungen enthalten, die unter Berücksichtigung der Gläubigerinteressen sowie der Vermögens-, Einkommens- und Familienverhältnisse des Schuldners geeignet sind, zu einer angemessenen Schuldenbereinigung zu führen; in den Plan ist aufzunehmen, ob und inwieweit Bürg-

schaften, Pfandrechte und andere Sicherheiten der Gläubiger vom Plan berührt werden sollen.

(2) [1]In dem Verzeichnis der Forderungen nach Absatz 1 Nr. 3 kann auch auf beigefügte Forderungsaufstellungen der Gläubiger Bezug genommen werden. [2]Auf Aufforderung des Schuldners sind die Gläubiger verpflichtet, auf ihre Kosten dem Schuldner zur Vorbereitung des Forderungsverzeichnisses eine schriftliche Aufstellung ihrer gegen diesen gerichteten Forderungen zu erteilen; insbesondere haben sie ihm die Höhe ihrer Forderungen und deren Aufgliederung in Hauptforderung, Zinsen und Kosten anzugeben. [3]Die Aufforderung des Schuldners muß einen Hinweis auf einen bereits bei Gericht eingereichten oder in naher Zukunft beabsichtigten Antrag auf Eröffnung eines Insolvenzverfahrens enthalten.

(3) [1]Hat der Schuldner die amtlichen Formulare nach Absatz 5 nicht vollständig ausgefüllt abgegeben, fordert ihn das Insolvenzgericht auf, das Fehlende unverzüglich zu ergänzen. [2]Kommt der Schuldner dieser Aufforderung nicht binnen eines Monats nach, so gilt sein Antrag auf Eröffnung des Insolvenzverfahrens als zurückgenommen. [3]Im Falle des § 306 Abs. 3 Satz 3 beträgt die Frist drei Monate.

(4) [1]Der Schuldner kann sich vor dem Insolvenzgericht von einer geeigneten Person oder einem Angehörigen einer als geeignet anerkannten Stelle im Sinne des Absatzes 1 Nr. 1 vertreten lassen. [2]Für die Vertretung des Gläubigers gilt § 174 Abs. 1 Satz 3 entsprechend.

(5) [1]Das Bundesministerium der Justiz und für Verbraucherschutz wird ermächtigt, durch Rechtsverordnung mit Zustimmung des Bundesrates zur Vereinfachung des Verbraucherinsolvenzverfahrens für die Beteiligten Formulare für die nach Absatz 1 Nummer 1 bis 4 vorzulegenden Bescheinigungen, Anträge und Verzeichnisse einzuführen. [2]Soweit nach Satz 1 Formulare eingeführt sind, muß sich der Schuldner ihrer bedienen. [3]Für Verfahren bei Gerichten, die die Verfahren maschinell bearbeiten und für Verfahren bei Gerichten, die die Verfahren nicht maschinell bearbeiten, können unterschiedliche Formulare eingeführt werden.

§ 305a Scheitern der außergerichtlichen Schuldenbereinigung

Der Versuch, eine außergerichtliche Einigung mit den Gläubigern über die Schuldenbereinigung herbeizuführen, gilt als gescheitert, wenn ein Gläubiger die Zwangsvollstreckung betreibt, nachdem die Verhandlungen über die außergerichtliche Schuldenbereinigung aufgenommen wurden.

§ 306 Ruhen des Verfahrens

(1) [1]Das Verfahren über den Antrag auf Eröffnung des Insolvenzverfahrens ruht bis zur Entscheidung über den Schuldenbereinigungsplan. [2]Dieser Zeitraum soll drei Monate nicht überschreiten. [3]Das Gericht ordnet nach Anhörung des Schuldners die Fortsetzung des Verfahrens über den Eröffnungsantrag an, wenn nach seiner freien Überzeugung der Schuldenbereinigungsplan voraussichtlich nicht angenommen wird.

(2) [1]Absatz 1 steht der Anordnung von Sicherungsmaßnahmen nicht entgegen. [2]Ruht das Verfahren, so hat der Schuldner in der für die Zustellung erforderlichen Zahl Abschriften des Schuldenbereinigungsplans und der Vermögensübersicht innerhalb von zwei Wochen nach Aufforderung durch das Gericht nachzureichen. [3]§ 305 Abs. 3 Satz 2 gilt entsprechend.

(3) [1]Beantragt ein Gläubiger die Eröffnung des Verfahrens, so hat das Insolvenzgericht vor der Entscheidung über die Eröffnung dem Schuldner Gelegenheit zu geben, ebenfalls einen Antrag zu stellen. [2]Stellt der Schuldner einen Antrag, so gilt Absatz 1 auch für den Antrag des Gläubigers. [3]In diesem Fall hat der Schuldner zunächst eine außergerichtliche Einigung nach § 305 Abs. 1 Nr. 1 zu versuchen.

§ 307 Zustellung an die Gläubiger

(1) [1]Das Insolvenzgericht stellt den vom Schuldner genannten Gläubigern den Schuldenbereinigungsplan sowie die Vermögensübersicht zu und fordert die Gläubiger zugleich auf, binnen einer Notfrist von einem Monat zu den in § 305 Abs. 1 Nr. 3 genannten Verzeichnissen und zu dem Schuldenbereinigungsplan Stellung zu nehmen; die Gläubiger sind darauf hinzuweisen, dass die Verzeichnisse beim Insolvenzgericht zur Einsicht niedergelegt sind. [2]Zugleich ist jedem Gläubiger mit ausdrücklichem Hinweis auf die Rechtsfolgen des § 308 Abs. 3 Satz 2 Gelegenheit zu geben, binnen der Frist nach Satz 1 die Angaben über seine Forderungen in dem beim Insolvenzgericht zur Einsicht niedergelegten Forderungsverzeichnis zu überprüfen und erforderlichenfalls zu ergänzen. [3]Auf die Zustellung nach Satz 1 ist § 8 Abs. 1 Satz 2, 3, Abs. 2 und 3 nicht anzuwenden.

(2) [1]Geht binnen der Frist nach Absatz 1 Satz 1 bei Gericht die Stellungnahme eines Gläubigers nicht ein, so gilt dies als Einverständnis mit dem Schuldenbereinigungsplan. [2]Darauf ist in der Aufforderung hinzuweisen.

(3) [1]Nach Ablauf der Frist nach Absatz 1 Satz 1 ist dem Schuldner Gelegenheit zu geben, den Schuldenbereinigungsplan binnen einer vom Gericht zu bestimmenden Frist zu ändern oder zu ergänzen, wenn dies auf Grund der Stellungnahme eines Gläubigers erforderlich oder zur Förderung einer einverständlichen Schuldenbereinigung sinnvoll erscheint. [2]Die Änderungen oder Ergänzungen sind den Gläubigern zuzustellen, soweit dies erforderlich ist. [3]Absatz 1 Satz 1, 3 und Absatz 2 gelten entsprechend.

§ 308 Annahme des Schuldenbereinigungsplans

(1) [1]Hat kein Gläubiger Einwendungen gegen den Schuldenbereinigungsplan erhoben oder wird die Zustimmung nach § 309 ersetzt, so gilt der Schuldenbereinigungsplan als angenommen; das Insolvenzgericht stellt dies durch Beschluß fest. [2]Der Schuldenbereinigungsplan hat die Wirkung eines Vergleichs im Sinne des § 794 Abs. 1 Nr. 1 der Zivilprozeßordnung. [3]Den Gläubigern und dem Schuldner ist eine Ausfertigung des Schuldenbereinigungsplans und des Beschlusses nach Satz 1 zuzustellen.

(2) Die Anträge auf Eröffnung des Insolvenzverfahrens und auf Erteilung von Restschuldbefreiung gelten als zurückgenommen.

(3) [1]Soweit Forderungen in dem Verzeichnis des Schuldners nicht enthalten sind und auch nicht nachträglich bei dem Zustandekommen des Schuldenbereinigungsplans berücksichtigt worden sind, können die Gläubiger von dem Schuldner Erfüllung verlangen. [2]Dies gilt nicht, soweit ein Gläubiger die Angaben über seine Forderung indem beim Insolvenzgericht zur Einsicht niedergelegten Forderungsverzeichnis nicht innerhalb der gesetzten Frist ergänzt hat, obwohl ihm der Schuldenbereinigungsplan übersandt wurde und die Forderung vor dem Ablauf der Frist entstanden war; insoweit erlischt die Forderung.

§ 309 Ersetzung der Zustimmung

(1) [1]Hat dem Schuldenbereinigungsplan mehr als die Hälfte der benannten Gläubiger zugestimmt und beträgt die Summe der Ansprüche der zustimmenden Gläubiger mehr als die Hälfte der Summe der Ansprüche der benannten Gläubiger, so ersetzt das Insolvenzgericht auf Antrag eines Gläubigers oder des Schuldners die Einwendungen eines Gläubigers gegen den Schuldenbereinigungsplan durch eine Zustimmung. [2]Dies gilt nicht, wenn

1. der Gläubiger, der Einwendungen erhoben hat, im Verhältnis zu den übrigen Gläubigern nicht angemessen beteiligt wird oder
2. dieser Gläubiger durch den Schuldenbereinigungsplan voraussichtlich wirtschaftlich schlechter gestellt wird, als er bei Durchführung des Verfahrens über die Anträge auf

Eröffnung des Insolvenzverfahrens und Erteilung von Restschuldbefreiung stünde; hierbei ist im Zweifel zugrunde zu legen, daß die Einkommens-, Vermögens- und Familienverhältnisse des Schuldners zum Zeitpunkt des Antrags nach Satz 1 während der gesamten Dauer des Verfahrens maßgeblich bleiben.

(2) [1]Vor der Entscheidung ist der Gläubiger zu hören. [2]Die Gründe, die gemäß Absatz 1 Satz 2 einer Ersetzung seiner Einwendungen durch eine Zustimmung entgegenstehen, hat er glaubhaft zu machen. [3]Gegen den Beschluß steht dem Antragsteller und dem Gläubiger, dessen Zustimmung ersetzt wird, die sofortige Beschwerde zu. [4]§ 4a Abs. 2 gilt entsprechend.

(3) Macht ein Gläubiger Tatsachen glaubhaft, aus denen sich ernsthafte Zweifel ergeben, ob eine vom Schuldner angegebene Forderung besteht oder sich auf einen höheren oder niedrigeren Betrag richtet als angegeben, und hängt vom Ausgang des Streits ab, ob der Gläubiger im Verhältnis zu den übrigen Gläubigern angemessen beteiligt wird (Absatz 1 Satz 2 Nr. 1), so kann die Zustimmung dieses Gläubigers nicht ersetzt werden.

§ 310 Kosten

Die Gläubiger haben gegen den Schuldner keinen Anspruch auf Erstattung der Kosten,die ihnen im Zusammenhang mit dem Schuldenbereinigungsplan entstehen.

§ 311 Aufnahme des Verfahrens über den Eröffnungsantrag

Werden Einwendungen gegen den Schuldenbereinigungsplan erhoben, die nicht gemäß § 309 durch gerichtliche Zustimmung ersetzt werden, so wird das Verfahren über den Eröffnungsantrag von Amts wegen wieder aufgenommen.

§ 312 *(aufgehoben)*

§ 313 *(aufgehoben)*

§ 314 *(aufgehoben)*

Elfter Teil. Besondere Arten des Insolvenzverfahrens

Erster Abschnitt. Nachlaßinsolvenzverfahren

§ 315 Örtliche Zuständigkeit

[1]Für das Insolvenzverfahren über einen Nachlaß ist ausschließlich das Insolvenzgericht örtlich zuständig, in dessen Bezirk der Erblasser zur Zeit seines Todes seinen allgemeinen Gerichtsstand hatte. [2]Lag der Mittelpunkt einer selbständigen wirtschaftlichen Tätigkeit des Erblassers an einem anderen Ort, so ist ausschließlich das Insolvenzgericht zuständig, in dessen Bezirk dieser Ort liegt.

§ 316 Zulässigkeit der Eröffnung

(1) Die Eröffnung des Insolvenzverfahrens wird nicht dadurch ausgeschlossen, daß der Erbe die Erbschaft noch nicht angenommen hat oder daß er für die Nachlaßverbindlichkeiten unbeschränkt haftet.

(2) Sind mehrere Erben vorhanden, so ist die Eröffnung des Verfahrens auch nach der Teilung des Nachlasses zulässig.

(3) Über einen Erbteil findet ein Insolvenzverfahren nicht statt.

§ 317 Antragsberechtigte

(1) Zum Antrag auf Eröffnung des Insolvenzverfahrens über einen Nachlaß ist jeder Erbe, der Nachlaßverwalter sowie ein anderer Nachlaßpfleger, ein Testamentsvollstre-

cker, dem die Verwaltung des Nachlasses zusteht, und jeder Nachlaßgläubiger berechtigt.

(2) [1]Wird der Antrag nicht von allen Erben gestellt, so ist er zulässig, wenn der Eröffnungsgrund glaubhaft gemacht wird. [2]Das Insolvenzgericht hat die übrigen Erben zu hören.

(3) Steht die Verwaltung des Nachlasses einem Testamentsvollstrecker zu, so ist, wenn der Erbe die Eröffnung beantragt, der Testamentsvollstrecker, wenn der Testamentsvollstrecker den Antrag stellt, der Erbe zu hören.

§ 318 Antragsrecht beim Gesamtgut

(1) [1]Gehört der Nachlaß zum Gesamtgut einer Gütergemeinschaft, so kann sowohl der Ehegatte, der Erbe ist, als auch der Ehegatte, der nicht Erbe ist, aber das Gesamtgut allein oder mit seinem Ehegatten gemeinschaftlich verwaltet, die Eröffnung des Insolvenzverfahrens über den Nachlaß beantragen. [2]Die Zustimmung des anderen Ehegatten ist nicht erforderlich. [3]Die Ehegatten behalten das Antragsrecht, wenn die Gütergemeinschaft endet.

(2) [1]Wird der Antrag nicht von beiden Ehegatten gestellt, so ist er zulässig, wenn der Eröffnungsgrund glaubhaft gemacht wird. [2]Das Insolvenzgericht hat den anderen Ehegatten zu hören.

(3) Die Absätze 1 und 2 gelten für Lebenspartner entsprechend.

§ 319 Antragsfrist

Der Antrag eines Nachlaßgläubigers auf Eröffnung des Insolvenzverfahrens ist unzulässig, wenn seit der Annahme der Erbschaft zwei Jahre verstrichen sind.

§ 320 Eröffnungsgründe

[1]Gründe für die Eröffnung des Insolvenzverfahrens über einen Nachlaß sind die Zahlungsunfähigkeit und die Überschuldung. [2]Beantragt der Erbe, der Nachlaßverwalter oder ein anderer Nachlaßpfleger oder ein Testamentsvollstrecker die Eröffnung des Verfahrens, so ist auch die drohende Zahlungsunfähigkeit Eröffnungsgrund.

§ 321 Zwangsvollstreckung nach Erbfall

Maßnahmen der Zwangsvollstreckung in den Nachlaß, die nach dem Eintritt des Erbfalls erfolgt sind, gewähren kein Recht zur abgesonderten Befriedigung.

§ 322 Anfechtbare Rechtshandlungen des Erben

Hat der Erbe vor der Eröffnung des Insolvenzverfahrens aus dem Nachlaß Pflichtteilsansprüche, Vermächtnisse oder Auflagen erfüllt, so ist diese Rechtshandlung in gleicher Weise anfechtbar wie eine unentgeltliche Leistung des Erben.

§ 323 Aufwendungen des Erben

Dem Erben steht wegen der Aufwendungen, die ihm nach den §§ 1978, 1979 des Bürgerlichen Gesetzbuchs aus dem Nachlaß zu ersetzen sind, ein Zurückbehaltungsrecht nicht zu.

§ 324 Masseverbindlichkeiten

(1) Masseverbindlichkeiten sind außer den in den §§ 54, 55 bezeichneten Verbindlichkeiten:

1. die Aufwendungen, die dem Erben nach den §§ 1978, 1979 des Bürgerlichen Gesetzbuchs aus dem Nachlaß zu ersetzen sind;
2. die Kosten der Beerdigung des Erblassers;

3. die im Falle der Todeserklärung des Erblassers dem Nachlaß zur Last fallenden Kosten des Verfahrens;
4. die Kosten der Eröffnung einer Verfügung des Erblassers von Todes wegen, der gerichtlichen Sicherung des Nachlasses, einer Nachlaßpflegschaft, des Aufgebots der Nachlaßgläubiger und der Inventarerrichtung;
5. die Verbindlichkeiten aus den von einem Nachlaßpfleger oder einem Testamentsvollstrecker vorgenommenen Rechtsgeschäften;
6. die Verbindlichkeiten, die für den Erben gegenüber einem Nachlaßpfleger, einem Testamentsvollstrecker oder einem Erben, der die Erbschaft ausgeschlagen hat, aus der Geschäftsführung dieser Personen entstanden sind, soweit die Nachlaßgläubiger verpflichtet wären, wenn die bezeichneten Personen die Geschäfte für sie zu besorgen gehabt hätten.

(2) Im Falle der Masseunzulänglichkeit haben die in Absatz 1 bezeichneten Verbindlichkeiten den Rang des § 209 Abs. 1 Nr. 3.

§ 325 Nachlaßverbindlichkeiten

Im Insolvenzverfahren über einen Nachlaß können nur die Nachlaßverbindlichkeiten geltend gemacht werden.

§ 326 Ansprüche des Erben

(1) Der Erbe kann die ihm gegen den Erblasser zustehenden Ansprüche geltend machen.

(2) Hat der Erbe eine Nachlaßverbindlichkeit erfüllt, so tritt er, soweit nicht die Erfüllung nach § 1979 des Bürgerlichen Gesetzbuchs als für Rechnung des Nachlasses erfolgt gilt, an die Stelle des Gläubigers, es sei denn, daß er für die Nachlaßverbindlichkeiten unbeschränkt haftet.

(3) Haftet der Erbe einem einzelnen Gläubiger gegenüber unbeschränkt, so kann er dessen Forderung für den Fall geltend machen, daß der Gläubiger sie nicht geltend macht.

§ 327 Nachrangige Verbindlichkeiten

(1) Im Rang nach den in § 39 bezeichneten Verbindlichkeiten und in folgender Rangfolge, bei gleichem Rang nach dem Verhältnis ihrer Beträge, werden erfüllt:

1. die Verbindlichkeiten gegenüber Pflichtteilsberechtigten;
2. die Verbindlichkeiten aus den vom Erblasser angeordneten Vermächtnissen und Auflagen;
3. *(weggefallen)*

(2) [1]Ein Vermächtnis, durch welches das Recht des Bedachten auf den Pflichtteil nach § 2307 des Bürgerlichen Gesetzbuchs ausgeschlossen wird, steht, soweit es den Pflichtteil nicht übersteigt, im Rang den Pflichtteilsrechten gleich. [2]Hat der Erblasser durch Verfügung von Todes wegen angeordnet, daß ein Vermächtnis oder eine Auflage vor einem anderen Vermächtnis oder einer anderen Auflage erfüllt werden soll, so hat das Vermächtnis oder die Auflage den Vorrang.

(3) [1]Eine Verbindlichkeit, deren Gläubiger im Wege des Aufgebotsverfahrens ausgeschlossen ist oder nach § 1974 des Bürgerlichen Gesetzbuchs einem ausgeschlossenen Gläubiger gleich steht, wird erst nach den in § 39 bezeichneten Verbindlichkeiten und, soweit sie zu den in Absatz 1 bezeichneten Verbindlichkeiten gehört, erst nach den Verbindlichkeiten erfüllt, mit denen sie ohne die Beschränkung gleichen Rang hätte. [2]Im übrigen wird durch die Beschränkungen an der Rangordnung nichts geändert.

§ 328 Zurückgewährte Gegenstände

(1) Was infolge der Anfechtung einer vom Erblasser oder ihm gegenüber vorgenommenen Rechtshandlung zur Insolvenzmasse zurückgewährt wird, darf nicht zur Erfüllung der in § 327 Abs. 1 bezeichneten Verbindlichkeiten verwendet werden.

(2) Was der Erbe auf Grund der §§ 1978 bis 1980 des Bürgerlichen Gesetzbuchs zur Masse zu ersetzen hat, kann von den Gläubigern, die im Wege des Aufgebotsverfahrens ausgeschlossen sind oder nach § 1974 des Bürgerlichen Gesetzbuchs einem ausgeschlossenen Gläubiger gleichstehen, nur insoweit beansprucht werden, als der Erbe auch nach den Vorschriften über die Herausgabe einer ungerechtfertigten Bereicherung ersatzpflichtig wäre.

§ 329 Nacherbfolge

Die §§ 323, 324 Abs. 1 Nr. 1 und § 326 Abs. 2, 3 gelten für den Vorerben auch nach dem Eintritt der Nacherbfolge.

§ 330 Erbschaftskauf

(1) Hat der Erbe die Erbschaft verkauft, so tritt für das Insolvenzverfahren der Käufer an seine Stelle.

(2) [1]Der Erbe ist wegen einer Nachlaßverbindlichkeit, die im Verhältnis zwischen ihm und dem Käufer diesem zur Last fällt, wie ein Nachlaßgläubiger zum Antrag auf Eröffnung des Verfahrens berechtigt. [2]Das gleiche Recht steht ihm auch wegen einer anderen Nachlaßverbindlichkeit zu, es sei denn, daß er unbeschränkt haftet oder daß eine Nachlaßverwaltung angeordnet ist. [3]Die §§ 323, 324 Abs. 1 Nr. 1 und § 326 gelten für den Erben auch nach dem Verkauf der Erbschaft.

(3) Die Absätze 1 und 2 gelten entsprechend für den Fall, daß jemand eine durch Vertrag erworbene Erbschaft verkauft oder sich in sonstiger Weise zur Veräußerung einer ihm angefallenen oder anderweitig von ihm erworbenen Erbschaft verpflichtet hat.

§ 331 Gleichzeitige Insolvenz des Erben

(1) Im Insolvenzverfahren über das Vermögen des Erben gelten, wenn auch über den Nachlaß das Insolvenzverfahren eröffnet oder wenn eine Nachlaßverwaltung angeordnetist, die §§ 52, 190, 192, 198, 237 Abs. 1 Satz 2 entsprechend für Nachlaßgläubiger, denen gegenüber der Erbe unbeschränkt haftet.

(2) [1]Gleiches gilt, wenn ein Ehegatte der Erbe ist und der Nachlaß zum Gesamtgut gehört, das vom anderen Ehegatten allein verwaltet wird, auch im Insolvenzverfahren über das Vermögen des anderen Ehegatten und, wenn das Gesamtgut von den Ehegatten gemeinschaftlich verwaltet wird, auch im Insolvenzverfahren über das Gesamtgut und im Insolvenzverfahren über das sonstige Vermögen des Ehegatten, der nicht Erbe ist. [2]Satz 1 gilt für Lebenspartner entsprechend.

Zweiter Abschnitt. Insolvenzverfahren über das Gesamtgut einer fortgesetzten Gütergemeinschaft

§ 332 Verweisung auf das Nachlaßinsolvenzverfahren

(1) Im Falle der fortgesetzten Gütergemeinschaft gelten die §§ 315 bis 331 entsprechend für das Insolvenzverfahren über das Gesamtgut.

(2) Insolvenzgläubiger sind nur die Gläubiger, deren Forderungen schon zur Zeit des Eintritts der fortgesetzten Gütergemeinschaft als Gesamtgutsverbindlichkeiten bestanden.

(3) [1]Die anteilsberechtigten Abkömmlinge sind nicht berechtigt, die Eröffnung des Verfahrens zu beantragen. [2]Sie sind jedoch vom Insolvenzgericht zu einem Eröffnungsantrag zu hören.

Dritter Abschnitt. Insolvenzverfahren über das gemeinschaftlich verwaltete Gesamtgut einer Gütergemeinschaft

§ 333 Antragsrecht. Eröffnungsgründe

(1) Zum Antrag auf Eröffnung des Insolvenzverfahrens über das Gesamtgut einer Gütergemeinschaft, das von den Ehegatten gemeinschaftlich verwaltet wird, ist jeder Gläubiger berechtigt, der die Erfüllung einer Verbindlichkeit aus dem Gesamtgut verlangen kann.

(2) [1]Antragsberechtigt ist auch jeder Ehegatte. [2]Wird der Antrag nicht von beiden Ehegatten gestellt, so ist er zulässig, wenn die Zahlungsunfähigkeit des Gesamtguts glaubhaft gemacht wird; das Insolvenzgericht hat den anderen Ehegatten zu hören. [3]Wird der Antrag von beiden Ehegatten gestellt, so ist auch die drohende Zahlungsunfähigkeit Eröffnungsgrund.

(3) Die Absätze 1 und 2 gelten für Lebenspartner entsprechend.

§ 334 Persönliche Haftung der Ehegatten oder Lebenspartner

(1) Die persönliche Haftung der Ehegatten oder Lebenspartner für die Verbindlichkeiten, deren Erfüllung aus dem Gesamtgut verlangt werden kann, kann während der Dauer des Insolvenzverfahrens nur vom Insolvenzverwalter oder vom Sachwalter geltend gemacht werden.

(2) Im Falle eines Insolvenzplans gilt für die persönliche Haftung der Ehegatten oder Lebenspartner § 227 Abs. 1 entsprechend.

Zwölfter Teil. Internationales Insolvenzrecht

Erster Abschnitt. Allgemeine Vorschriften

§ 335 Grundsatz

Das Insolvenzverfahren und seine Wirkungen unterliegen, soweit nichts anderes bestimmt ist, dem Recht des Staats, in dem das Verfahren eröffnet worden ist.

§ 336 Vertrag über einen unbeweglichen Gegenstand

[1]Die Wirkungen des Insolvenzverfahrens auf einen Vertrag, der ein dingliches Recht an einem unbeweglichen Gegenstand oder ein Recht zur Nutzung eines unbeweglichen Gegenstandes betrifft, unterliegen dem Recht des Staats, in dem der Gegenstand belegen ist. [2]Bei einem im Schiffsregister, Schiffsbauregister oder Register für Pfandrechte an Luftfahrzeugen eingetragenen Gegenstand ist das Recht des Staats maßgebend, unter dessen Aufsicht das Register geführt wird.

§ 337 Arbeitsverhältnis

Die Wirkungen des Insolvenzverfahrens auf ein Arbeitsverhältnis unterliegen dem Recht, das nach der Verordnung (EG) Nr. 593/2008 des Europäischen Parlaments und des Rates vom 17. Juni 2008 über das auf vertragliche Schuldverhältnisse anzuwendende Recht (Rom I) (ABl. L 177 vom 4.7.2008, S. 6) für das Arbeitsverhältnis maßgebend ist.

§ 338 Aufrechnung

Das Recht eines Insolvenzgläubigers zur Aufrechnung wird von der Eröffnung des Insolvenzverfahrens nicht berührt, wenn er nach dem für die Forderung des Schuldners maßgebenden Recht zur Zeit der Eröffnung des Insolvenzverfahrens zur Aufrechnung berechtigt ist.

§ 339 Insolvenzanfechtung

Eine Rechtshandlung kann angefochten werden, wenn die Voraussetzungen der Insolvenzanfechtung nach dem Recht des Staats der Verfahrenseröffnung erfüllt sind, es sei denn, der Anfechtungsgegner weist nach, dass für die Rechtshandlung das Recht eines anderen Staats maßgebend und die Rechtshandlung nach diesem Recht in keiner Weise angreifbar ist.

§ 340 Organisierte Märkte. Pensionsgeschäfte

(1) Die Wirkungen des Insolvenzverfahrens auf die Rechte und Pflichten der Teilnehmer an einem organisierten Markt nach § 2 Absatz 11 des Wertpapierhandelsgesetzes unterliegen dem Recht des Staats, das für diesen Markt gilt.

(2) Die Wirkungen des Insolvenzverfahrens auf Pensionsgeschäfte im Sinne des § 340b des Handelsgesetzbuchs sowie auf Schuldumwandlungsverträge und Aufrechnungsvereinbarungen unterliegen dem Recht des Staats, das für diese Verträge maßgebend ist.

(3) Für die Teilnehmer an einem System im Sinne von § 1 Abs. 16 des Kreditwesengesetzes gilt Absatz 1 entsprechend.

§ 341 Ausübung von Gläubigerrechten

(1) Jeder Gläubiger kann seine Forderungen im Hauptinsolvenzverfahren und in jedem Sekundärinsolvenzverfahren anmelden.

(2) [1]Der Insolvenzverwalter ist berechtigt, eine in dem Verfahren, für das er bestellt ist, angemeldete Forderung in einem anderen Insolvenzverfahren über das Vermögen des Schuldners anzumelden. [2]Das Recht des Gläubigers, die Anmeldung abzulehnen oder zurückzunehmen, bleibt unberührt.

(3) Der Verwalter gilt als bevollmächtigt, das Stimmrecht aus einer Forderung, die in dem Verfahren, für das er bestellt ist, angemeldet worden ist, in einem anderen Insolvenzverfahren über das Vermögen des Schuldners auszuüben, sofern der Gläubiger keine anderweitige Bestimmung trifft.

§ 342 Herausgabepflicht. Anrechnung

(1) [1]Erlangt ein Insolvenzgläubiger durch Zwangsvollstreckung, durch eine Leistung des Schuldners oder in sonstiger Weise etwas auf Kosten der Insolvenzmasse aus dem Vermögen, das nicht im Staat der Verfahrenseröffnung belegen ist, so hat er das Erlangte dem Insolvenzverwalter herauszugeben. [2]Die Vorschriften über die Rechtsfolgen einer ungerechtfertigten Bereicherung gelten entsprechend.

(2) [1]Der Insolvenzgläubiger darf behalten, was er in einem Insolvenzverfahren erlangt hat, das in einem anderen Staat eröffnet worden ist. [2]Er wird jedoch bei den Verteilungen erst berücksichtigt, wenn die übrigen Gläubiger mit ihm gleichgestellt sind.

(3) Der Insolvenzgläubiger hat auf Verlangen des Insolvenzverwalters Auskunft über das Erlangte zu geben.

Zweiter Abschnitt. Ausländisches Insolvenzverfahren

§ 343 Anerkennung

(1) [1]Die Eröffnung eines ausländischen Insolvenzverfahrens wird anerkannt. [2]Dies gilt nicht,

1. wenn die Gerichte des Staats der Verfahrenseröffnung nach deutschem Recht nicht zuständig sind;
2. soweit die Anerkennung zu einem Ergebnis führt, das mit wesentlichen Grundsätzen des deutschen Rechts offensichtlich unvereinbar ist, insbesondere soweit sie mit den Grundrechten unvereinbar ist.

(2) Absatz 1 gilt entsprechend für Sicherungsmaßnahmen, die nach dem Antrag auf Eröffnung des Insolvenzverfahrens getroffen werden, sowie für Entscheidungen, die zur Durchführung oder Beendigung des anerkannten Insolvenzverfahrens ergangen sind.

§ 344 Sicherungsmaßnahmen

(1) Wurde im Ausland vor Eröffnung eines Hauptinsolvenzverfahrens ein vorläufiger Verwalter bestellt, so kann auf seinen Antrag das zuständige Insolvenzgericht die Maßnahmen nach § 21 anordnen, die zur Sicherung des von einem inländischen Sekundärinsolvenzverfahren erfassten Vermögens erforderlich erscheinen.

(2) Gegen den Beschluss steht auch dem vorläufigen Verwalter die sofortige Beschwerde zu.

§ 345 Öffentliche Bekanntmachung

(1) [1]Sind die Voraussetzungen für die Anerkennung der Verfahrenseröffnung gegeben, so hat das Insolvenzgericht auf Antrag des ausländischen Insolvenzverwalters den wesentlichen Inhalt der Entscheidung über die Verfahrenseröffnung und der Entscheidung über die Bestellung des Insolvenzverwalters im Inland bekannt zu machen. [2]§ 9 Abs. 1 und 2 und § 30 Abs. 1 gelten entsprechend. [3]Ist die Eröffnung des Insolvenzverfahrens bekannt gemacht worden, so ist die Beendigung in gleicher Weise bekannt zu machen.

(2) [1]Hat der Schuldner im Inland eine Niederlassung, so erfolgt die öffentliche Bekanntmachung von Amts wegen. [2]Der Insolvenzverwalter oder ein ständiger Vertreter nach § 13e Abs. 2 Satz 5 Nr. 3 des Handelsgesetzbuchs unterrichtet das nach § 348 Abs. 1 zuständige Insolvenzgericht.

(3) [1]Der Antrag ist nur zulässig, wenn glaubhaft gemacht wird, dass die tatsächlichen Voraussetzungen für die Anerkennung der Verfahrenseröffnung vorliegen. [2]Dem Verwalter ist eine Ausfertigung des Beschlusses, durch den die Bekanntmachung angeordnet wird, zu erteilen. [3]Gegen die Entscheidung des Insolvenzgerichts, mit der die öffentliche Bekanntmachung abgelehnt wird, steht dem ausländischen Verwalter die sofortige Beschwerde zu.

§ 346 Grundbuch

(1) Wird durch die Verfahrenseröffnung oder durch Anordnung von Sicherungsmaßnahmen nach § 343 Abs. 2 oder § 344 Abs. 1 die Verfügungsbefugnis des Schuldners eingeschränkt, so hat das Insolvenzgericht auf Antrag des ausländischen Insolvenzverwalters das Grundbuchamt zu ersuchen, die Eröffnung des Insolvenzverfahrens und die Art der Einschränkung der Verfügungsbefugnis des Schuldners in das Grundbuch einzutragen:

1. bei Grundstücken, als deren Eigentümer der Schuldner eingetragen ist;

2. bei den für den Schuldner eingetragenen Rechten an Grundstücken und an eingetragenen Rechten, wenn nach der Art des Rechts und den Umständen zu befürchten ist, dass ohne die Eintragung die Insolvenzgläubiger benachteiligt würden.

(2) [1]Der Antrag nach Absatz 1 ist nur zulässig, wenn glaubhaft gemacht wird, dass die tatsächlichen Voraussetzungen für die Anerkennung der Verfahrenseröffnung vorliegen. [2]Gegen die Entscheidung des Insolvenzgerichts steht dem ausländischen Verwalter die sofortige Beschwerde zu. [3]Für die Löschung der Eintragung gilt § 32 Abs. 3 Satz 1 entsprechend.

(3) Für die Eintragung der Verfahrenseröffnung in das Schiffsregister, das Schiffsbauregister und das Register für Pfandrechte an Luftfahrzeugen gelten die Absätze 1 und 2 entsprechend.

§ 347 Nachweis der Verwalterbestellung. Unterrichtung des Gerichts

(1) [1]Der ausländische Insolvenzverwalter weist seine Bestellung durch eine beglaubigte Abschrift der Entscheidung, durch die er bestellt worden ist, oder durch eine andere von der zuständigen Stelle ausgestellte Bescheinigung nach. [2]Das Insolvenzgericht kann eine Übersetzung verlangen, die von einer hierzu im Staat der Verfahrenseröffnung befugten Person zu beglaubigen ist.

(2) Der ausländische Insolvenzverwalter, der einen Antrag nach den §§ 344 bis 346 gestellt hat, unterrichtet das Insolvenzgericht über alle wesentlichen Änderungen in dem ausländischen Verfahren und über alle ihm bekannten weiteren ausländischen Insolvenzverfahren über das Vermögen des Schuldners.

§ 348 Zuständiges Insolvenzgericht. Zusammenarbeit der Insolvenzgerichte

(1) [1]Für die Entscheidungen nach den §§ 344 bis 346 ist ausschließlich das Insolvenzgericht zuständig, in dessen Bezirk die Niederlassung oder, wenn eine Niederlassung fehlt, Vermögen des Schuldners belegen ist. [2]§ 3 Abs. 2 gilt entsprechend.

(2) Sind die Voraussetzungen für die Anerkennung eines ausländischen Insolvenzverfahrens gegeben oder soll geklärt werden, ob die Voraussetzungen vorliegen, so kann das Insolvenzgericht mit dem ausländischen Insolvenzgericht zusammenarbeiten, insbesondere Informationen weitergeben, die für das ausländische Verfahren von Bedeutung sind.

(3) [1]Die Landesregierungen werden ermächtigt, zur sachdienlichen Förderung oder schnelleren Erledigung der Verfahren durch Rechtsverordnung die Entscheidungen nach den §§ 344 bis 346 für die Bezirke mehrerer Insolvenzgerichte einem von diesen zuzuweisen. [2]Die Landesregierungen können die Ermächtigungen auf die Landesjustizverwaltungen übertragen.

(4) [1]Die Länder können vereinbaren, dass die Entscheidungen nach den §§ 344 bis 346 für mehrere Länder den Gerichten eines Landes zugewiesen werden. [2]Geht ein Antrag nach den §§ 344 bis 346 bei einem unzuständigen Gericht ein, so leitet dieses den Antrag unverzüglich an das zuständige Gericht weiter und unterrichtet hierüber den Antragsteller.

§ 349 Verfügungen über unbewegliche Gegenstände

(1) Hat der Schuldner über einen Gegenstand der Insolvenzmasse, der im Inland im Grundbuch, Schiffsregister, Schiffsbauregister oder Register für Pfandrechte an Luftfahrzeugen eingetragen ist, oder über ein Recht an einem solchen Gegenstand verfügt, so sind die §§ 878, 892, 893 des Bürgerlichen Gesetzbuchs, § 3 Abs. 3, §§ 16, 17 des Gesetzes über Rechte an eingetragenen Schiffen und Schiffsbauwerken und § 5 Abs. 3, §§ 16, 17 des Gesetzes über Rechte an Luftfahrzeugen anzuwenden.

(2) Ist zur Sicherung eines Anspruchs im Inland eine Vormerkung im Grundbuch, Schiffsregister, Schiffsbauregister oder Register für Pfandrechte an Luftfahrzeugen eingetragen, so bleibt § 106 unberührt.

§ 350 Leistung an den Schuldner

[1]Ist im Inland zur Erfüllung einer Verbindlichkeit an den Schuldner geleistet worden, obwohl die Verbindlichkeit zur Insolvenzmasse des ausländischen Insolvenzverfahrens zu erfüllen war, so wird der Leistende befreit, wenn er zur Zeit der Leistung die Eröffnung des Verfahrens nicht kannte. [2]Hat er vor der öffentlichen Bekanntmachung nach § 345 geleistet, so wird vermutet, dass er die Eröffnung nicht kannte.

§ 351 Dingliche Rechte

(1) Das Recht eines Dritten an einem Gegenstand der Insolvenzmasse, der zur Zeit der Eröffnung des ausländischen Insolvenzverfahrens im Inland belegen war, und das nach inländischem Recht einen Anspruch auf Aussonderung oder auf abgesonderte Befriedigung gewährt, wird von der Eröffnung des ausländischen Insolvenzverfahrens nicht berührt.

(2) Die Wirkungen des ausländischen Insolvenzverfahrens auf Rechte des Schuldners an unbeweglichen Gegenständen, die im Inland belegen sind, bestimmen sich, unbeschadet des § 336 Satz 2, nach deutschem Recht.

§ 352 Unterbrechung und Aufnahme eines Rechtsstreits

(1) [1]Durch die Eröffnung des ausländischen Insolvenzverfahrens wird ein Rechtsstreit unterbrochen, der zur Zeit der Eröffnung anhängig ist und die Insolvenzmasse betrifft. [2]Die Unterbrechung dauert an, bis der Rechtsstreit von einer Person aufgenommen wird, die nach dem Recht des Staats der Verfahrenseröffnung zur Fortführung des Rechtsstreits berechtigt ist, oder bis das Insolvenzverfahren beendet ist.

(2) Absatz 1 gilt entsprechend, wenn die Verwaltungs- und Verfügungsbefugnis über das Vermögen des Schuldners durch die Anordnung von Sicherungsmaßnahmen nach § 343 Abs. 2 auf einen vorläufigen Insolvenzverwalter übergeht.

Dritter Abschnitt. Partikularverfahren über das Inlandsvermögen

§ 353 Vollstreckbarkeit ausländischer Entscheidungen

(1) [1]Aus einer Entscheidung, die in dem ausländischen Insolvenzverfahren ergeht, findet die Zwangsvollstreckung nur statt, wenn ihre Zulässigkeit durch ein Vollstreckungsurteil ausgesprochen ist. [2]§ 722 Abs. 2 und § 723 Abs. 1 der Zivilprozessordnung gelten entsprechend.

(2) Für die in § 343 Abs. 2 genannten Sicherungsmaßnahmen gilt Absatz 1 entsprechend.

§ 354 Voraussetzungen des Partikularverfahrens

(1) Ist die Zuständigkeit eines deutschen Gerichts zur Eröffnung eines Insolvenzverfahrens über das gesamte Vermögen des Schuldners nicht gegeben, hat der Schuldner jedoch im Inland eine Niederlassung oder sonstiges Vermögen, so ist auf Antrag eines Gläubigers ein besonderes Insolvenzverfahren über das inländische Vermögen des Schuldners (Partikularverfahren) zulässig.

(2) [1]Hat der Schuldner im Inland keine Niederlassung, so ist der Antrag eines Gläubigers auf Eröffnung eines Partikularverfahrens nur zulässig, wenn dieser ein besonderes Interesse an der Eröffnung des Verfahrens hat, insbesondere, wenn er in einem ausländischen Verfahren voraussichtlich erheblich schlechter stehen wird als in einem in-

ländischen Verfahren. [2]Das besondere Interesse ist vom Antragsteller glaubhaft zu machen.

(3) [1]Für das Verfahren ist ausschließlich das Insolvenzgericht zuständig, in dessen Bezirk die Niederlassung oder, wenn eine Niederlassung fehlt, Vermögen des Schuldners belegen ist. [2]§ 3 Abs. 2 gilt entsprechend.

§ 355 Restschuldbefreiung. Insolvenzplan

(1) Im Partikularverfahren sind die Vorschriften über die Restschuldbefreiung nicht anzuwenden.

(2) Ein Insolvenzplan, in dem eine Stundung, ein Erlass oder sonstige Einschränkungen der Rechte der Gläubiger vorgesehen sind, kann in diesem Verfahren nur bestätigt werden, wenn alle betroffenen Gläubiger dem Plan zugestimmt haben.

§ 356 Sekundärinsolvenzverfahren

(1) [1]Die Anerkennung eines ausländischen Hauptinsolvenzverfahrens schließt ein Sekundärinsolvenzverfahren über das inländische Vermögen nicht aus. [2]Für das Sekundärinsolvenzverfahren gelten ergänzend die §§ 357 und 358.

(2) Zum Antrag auf Eröffnung des Sekundärinsolvenzverfahrens ist auch der ausländische Insolvenzverwalter berechtigt.

(3) Das Verfahren wird eröffnet, ohne dass ein Eröffnungsgrund festgestellt werden muss.

§ 357 Zusammenarbeit der Insolvenzverwalter

(1) [1]Der Insolvenzverwalter hat dem ausländischen Verwalter unverzüglich alle Umstände mitzuteilen, die für die Durchführung des ausländischen Verfahrens Bedeutung haben können. [2]Er hat dem ausländischen Verwalter Gelegenheit zu geben, Vorschläge für die Verwertung oder sonstige Verwendung des inländischen Vermögens zu unterbreiten.

(2) Der ausländische Verwalter ist berechtigt, an den Gläubigerversammlungen teilzunehmen.

(3) [1]Ein Insolvenzplan ist dem ausländischen Verwalter zur Stellungnahme zuzuleiten. [2]Der ausländische Verwalter ist berechtigt, selbst einen Plan vorzulegen. [3]§ 218 Abs. 1 Satz 2 und 3 gilt entsprechend.

§ 358 Überschuss bei der Schlussverteilung

Können bei der Schlussverteilung im Sekundärinsolvenzverfahren alle Forderungen in voller Höhe berichtigt werden, so hat der Insolvenzverwalter einen verbleibenden Überschuss dem ausländischen Verwalter des Hauptinsolvenzverfahrens herauszugeben.

Dreizehnter Teil. Inkrafttreten

§ 359 Verweisung auf das Einführungsgesetz

Dieses Gesetz tritt an dem Tage in Kraft, der durch das Einführungsgesetz zur Insolvenzordnung bestimmt wird.

E1. Verordnung (EG) Nr. 2157/2001 des Rates vom 8. Oktober 2001 über das Statut der Europäischen Gesellschaft (SE)

(ABl. L 294 vom 10.11.2001, S. 1)

zuletzt geändert durch VO (EU) Nr. 517/2013 vom 13.5.2013 (ABl. L 158 S. 1)

DER RAT DER EUROPÄISCHEN UNION –

gestützt auf den Vertrag zur Gründung der Europäischen Gemeinschaft, insbesondere auf Artikel 308,

auf Vorschlag der Kommission[1)],

nach Stellungnahme des Europäischen Parlaments[2)],

nach Stellungnahme des Wirtschafts- und Sozialausschusses[3)],

in Erwägung nachstehender Gründe:

(1) Voraussetzung für die Verwirklichung des Binnenmarkts und für die damit angestrebte Verbesserung der wirtschaftlichen und sozialen Lage in der gesamten Gemeinschaft ist außer der Beseitigung der Handelshemmnisse eine gemeinschaftsweite Reorganisation der Produktionsfaktoren. Dazu ist es unerlässlich, dass die Unternehmen, deren Tätigkeit sich nicht auf die Befriedigung rein örtlicher Bedürfnisse beschränkt, die Neuordnung ihrer Tätigkeiten auf Gemeinschaftsebene planen und betreiben können.

(2) Eine solche Umgestaltung setzt die Möglichkeit voraus, das Wirtschaftspotential bereits bestehender Unternehmen mehrerer Mitgliedstaaten durch Konzentrations- und Fusionsmaßnahmen zusammenzufassen. Dies darf jedoch nur unter Beachtung der Wettbewerbsregeln des Vertrags geschehen.

(3) Die Verwirklichung der Umstrukturierungs- und Kooperationsmaßnahmen, an denen Unternehmen verschiedener Mitgliedstaaten beteiligt sind, stößt auf rechtliche, steuerliche und psychologische Schwierigkeiten. Einige davon konnten mit der Angleichung des Gesellschaftsrechts der Mitgliedstaaten durch aufgrund von Artikel 44 des Vertrags erlassene Richtlinien ausgeräumt werden. Dies erspart Unternehmen, die verschiedenen Rechtsordnungen unterliegen, jedoch nicht die Wahl einer Gesellschaftsform, für die ein bestimmtes nationales Recht gilt.

(4) Somit entspricht der rechtliche Rahmen, in dem sich die Unternehmen in der Gemeinschaft noch immer bewegen müssen und der hauptsächlich von innerstaatlichem Recht bestimmt wird, nicht mehr dem wirtschaftlichen Rahmen, in dem sie sich entfalten sollen, um die Erreichung der in Artikel 18 des Vertrags genannten Ziele zu ermöglichen. Dieser Zustand ist geeignet, Zusammenschlüsse zwischen Gesellschaften verschiedener Mitgliedstaaten erheblich zu behindern.

(5) Die Mitgliedstaaten sind verpflichtet, dafür zu sorgen, dass die Bestimmungen, die auf Europäische Gesellschaften aufgrund dieser Verordnung anwendbar sind, weder zu einer Diskriminierung dadurch führen, dass die Europäischen Gesellschaften ungerechtfertigterweise anders behandelt werden als die Aktiengesellschaften, noch unverhältnismäßig strenge Auflagen für die Errichtung einer Europäischen Gesellschaft oder die Verlegung ihres Sitzes mit sich bringen.

---

1) ABl. C 263 vom 16.10.1989, S. 41, und ABl. C 176 vom 8.7.1991, S. 1.
2) Stellungnahme vom 4. September 2001 (noch nicht im Amtsblatt veröffentlicht).
3) ABl. C 124 vom 21.5.1990, S. 34.

(6) Die juristische Einheitlichkeit der europäischen Unternehmen muss ihrer wirtschaftlichen weitestgehend entsprechen. Neben den bisherigen Gesellschaftsformen nationalen Rechts ist daher die Schaffung von Gesellschaften vorzusehen, deren Struktur und Funktionsweise durch eine in allen Mitgliedstaaten unmittelbar geltende gemeinschaftsrechtliche Verordnung geregelt werden.

(7) Dadurch werden sowohl die Gründung als auch die Leitung von Gesellschaften europäischen Zuschnitts ermöglicht, ohne dass die bestehenden Unterschiede zwischen den für die Handelsgesellschaften geltenden einzelstaatlichen Rechtsvorschriften und ihr räumlich begrenzter Geltungsbereich dafür ein Hindernis darstellten.

(8) Das Statut der Europäischen Aktiengesellschaft (nachfolgend „SE" genannt) zählt zu jenen Rechtsakten, die der Rat gemäß dem Weißbuch der Kommission über die Vollendung des Binnenmarkts, das der Europäische Rat von Mailand im Juni 1985 angenommen hat, vor dem Jahre 1992 erlassen musste. 1987 äußerte der Europäische Rat auf seiner Tagung in Brüssel den Wunsch, dass ein solches Statut rasch geschaffen wird.

(9) Seit der Vorlage des Kommissionsvorschlags für eine Verordnung über das Statut der Europäischen Aktiengesellschaften im Jahre 1970 und der Vorlage des 1975 geänderten Vorschlags sind bei der Angleichung des nationalen Gesellschaftsrechts beachtliche Fortschritte erzielt worden, so dass in Bereichen, in denen es für das Funktionieren der SE keiner einheitlichen Gemeinschaftsregelung bedarf, auf das Aktienrecht des Sitzmitgliedstaats verwiesen werden kann.

(10) Das wichtigste mit der Rechtsform einer SE verfolgte Ziel erfordert jedenfalls – unbeschadet wirtschaftlicher Erfordernisse, die sich in der Zukunft ergeben können –, dass eine SE gegründet werden kann, um es Gesellschaften verschiedener Mitgliedstaaten zu ermöglichen, zu fusionieren oder eine Holdinggesellschaft zu errichten, und damit Gesellschaften und andere juristische Personen aus verschiedenen Mitgliedstaaten, die eine Wirtschaftstätigkeit betreiben, gemeinsame Tochtergesellschaften gründen können.

(11) Im gleichen Sinne sollte es Aktiengesellschaften, die ihren satzungsmäßigen Sitz und ihre Hauptverwaltung in der Gemeinschaft haben, ermöglicht werden, eine SE durch Umwandlung ohne vorherige Auflösung zu gründen, wenn sie eine Tochtergesellschaft in einem anderen Mitgliedstaat als dem ihres Sitzes haben.

(12) Die für öffentlich zur Zeichnung auffordernde Aktiengesellschaften und für Wertpapiergeschäfte geltenden einzelstaatlichen Bestimmungen müssen auch dann, wenn die Gründung der SE durch eine öffentliche Aufforderung zur Zeichnung erfolgt, gelten sowie für SE, die diese Finanzierungsinstrumente in Anspruch nehmen möchten.

(13) Die SE selbst muss eine Kapitalgesellschaft in Form einer Aktiengesellschaft sein, die sowohl von der Finanzierung als auch von der Geschäftsführung her am besten den Bedürfnissen der gemeinschaftsweit tätigen Unternehmen entspricht. Um eine sinnvolle Unternehmensgröße dieser Gesellschaften zu gewährleisten, empfiehlt es sich, ein Mindestkapital festzusetzen, das die Gewähr dafür bietet, dass diese Gesellschaften über eine ausreichende Vermögensgrundlage verfügen, ohne dass dadurch kleinen und mittleren Unternehmen die Gründung von SE erschwert wird.

(14) Es ist erforderlich, der SE alle Möglichkeiten einer leistungsfähigen Geschäftsführung an die Hand zu geben und gleichzeitig deren wirksame Überwachung sicherzustellen. Dabei ist dem Umstand Rechnung zu tragen, dass in der Gemeinschaft hinsichtlich der Verwaltung der Aktiengesellschaften derzeit zwei verschiedene Systeme bestehen. Die Wahl des Systems bleibt der SE überlassen, je-

doch ist eine klare Abgrenzung der Verantwortungsbereiche jener Personen, denen die Geschäftsführung obliegt, und der Personen, die mit der Aufsicht betraut sind, wünschenswert.

(15) Die Rechte und Pflichten hinsichtlich des Schutzes von Minderheitsaktionären und von Dritten, die sich für ein Unternehmen aus der Kontrolle durch ein anderes Unternehmen, das einer anderen Rechtsordnung unterliegt, ergeben, bestimmen sich gemäß den Vorschriften und allgemeinen Grundsätzen des internationalen Privatrechts nach dem für das kontrollierte Unternehmen geltenden Recht, unbeschadet der sich für das herrschende Unternehmen aus den geltenden Rechtsvorschriften ergebenden Pflichten, beispielsweise bei der Aufstellung der konsolidierten Abschlüsse.

(16) Unbeschadet des sich möglicherweise aus einer späteren Koordinierung des Rechts der Mitgliedstaaten ergebenden Handlungsbedarfs ist eine Sonderregelung für die SE hier gegenwärtig nicht erforderlich. Es empfiehlt sich daher, sowohl für den Fall, dass die SE die Kontrolle ausübt, als auch für den Fall, dass die SE das kontrollierte Unternehmen ist, auf die allgemeinen Vorschriften und Grundsätze zurückzugreifen.

(17) Wird die SE von einem anderen Unternehmen beherrscht, so ist anzugeben, welches Recht anwendbar ist; hierzu ist auf die Rechtsvorschriften zu verweisen, die für Aktiengesellschaften gelten, die dem Recht des Sitzstaates der SE unterliegen.

(18) Es muss sichergestellt werden, dass jeder Mitgliedstaat bei Verstößen gegen Bestimmungen dieser Verordnung die für die seiner Rechtsordnung unterliegenden Aktiengesellschaften geltenden Sanktionen anwendet.

(19) Die Stellung der Arbeitnehmer in der SE wird durch die Richtlinie 2001/86/EG des Rates vom 8. Oktober 2001 zur Ergänzung des Statuts der Europäischen Gesellschaft hinsichtlich der Beteiligung der Arbeitnehmer[1)] auf der Grundlage von Artikel 308 des Vertrags geregelt. Diese Bestimmungen stellen somit eine untrennbare Ergänzung der vorliegenden Verordnung dar und müssen zum gleichen Zeitpunkt anwendbar sein.

(20) Andere Rechtsbereiche wie das Steuerrecht, das Wettbewerbsrecht, der gewerbliche Rechtsschutz und das Konkursrecht werden nicht von dieser Verordnung erfasst. Die Rechtsvorschriften der Mitgliedstaaten und das Gemeinschaftsrecht gelten in den oben genannten sowie in anderen nicht von dieser Verordnung erfassten Bereichen.

(21) Mit der Richtlinie 200f/86/EG soll ein Recht der Arbeitnehmer auf Beteiligung bei den den Geschäftsverlauf der SE betreffenden Fragen und Entscheidungen gewährleistet werden. Die übrigen arbeits- und sozialrechtlichen Fragen, insbesondere das in den Mitgliedstaaten geltende Recht auf Information und Anhörung der Arbeitnehmer, unterliegen hingegen den einzelstaatlichen Vorschriften, die unter denselben Bedingungen für die Aktiengesellschaften gelten.

(22) Das Inkrafttreten dieser Verordnung muss zeitlich aufgeschoben erfolgen, um alle Mitgliedstaaten in die Lage zu versetzen, die Richtlinie 2001/86/EG in innerstaatliches Recht umzusetzen und die für die Gründung und den Geschäftsbetrieb von SE mit Sitz in ihrem Hoheitsgebiet notwendigen Verfahren rechtzeitig einzuführen, dergestalt, dass die Verordnung und die Richtlinie gleichzeitig zur Anwendung gebracht werden können.

---

1) ABl. L 294 vom 10.11.2001, S. 22.

(23) Eine Gesellschaft, deren Hauptverwaltung sich außerhalb der Gemeinschaft befindet, kann sich an der Gründung einer SE beteiligen, sofern die betreffende Gesellschaft nach dem Recht eines Mitgliedstaats gegründet wurde, ihren Sitz in diesem Mitgliedstaat hat und in tatsächlicher und dauerhafter Verbindung mit der Wirtschaft eines Mitgliedstaats im Sinne der Grundsätze des allgemeinen Programms zur Aufhebung der Beschränkungen der Niederlassungsfreiheit von 1962 steht. Eine solche Verbindung besteht, wenn die Gesellschaft in dem Mitgliedstaat eine Niederlassung hat, von dem aus sie ihre Geschäfte betreibt.

(24) Die SE sollte ihren Sitz in einen anderen Mitgliedstaat verlegen können. Ein angemessener Schutz der Interessen der Minderheitsaktionäre, die sich gegen die Verlegung ausgesprochen haben, sowie der Interessen der Gläubiger und der sonstigen Forderungsberechtigten sollte in einem ausgewogenen Verhältnis stehen. Vor der Verlegung entstandene Ansprüche dürfen durch eine solche Verlegung nicht berührt werden.

(25) Bestimmungen, die die zuständige Gerichtsbarkeit im Falle der Sitzverlegung einer Aktiengesellschaft von einem Mitgliedstaat in einen anderen betreffen und die in das Brüsseler Übereinkommen von 1968 oder in einen Rechtsakt der Mitgliedstaaten oder des Rates zur Ersetzung dieses Übereinkommens aufgenommen werden, werden von dieser Verordnung nicht berührt.

(26) Für die Tätigkeiten von Finanzinstituten gelten Einzelrichtlinien, und das einzelstaatliche Recht zur Umsetzung dieser Richtlinien sowie ergänzende einzelstaatliche Vorschriften zur Regelung der betreffenden Tätigkeiten finden auf eine SE uneingeschränkt Anwendung.

(27) In Anbetracht des spezifischen und gemeinschaftlichen Charakters der SE lässt die in dieser Verordnung für die SE gewählte Regelung des tatsächlichen Sitzes die Rechtsvorschriften der Mitgliedstaaten unberührt und greift der Entscheidung bei anderen Gemeinschaftstexten im Bereich des Gesellschaftsrechts nicht vor.

(28) Der Vertrag enthält Befugnisse für die Annahme dieser Verordnung nur in Artikel 308.

(29) Da die Ziele der beabsichtigten Maßnahme – wie oben ausgeführt – nicht hinreichend von den Mitgliedstaaten erreicht werden können, weil es darum geht, die SE auf europäischer Ebene zu errichten, und da die Ziele daher wegen des Umfangs und der Wirkungen der Maßnahme besser auf Gemeinschaftsebene erreicht werden können, kann die Gemeinschaft im Einklang mit dem Subsidiaritätsprinzip nach Artikel 5 des Vertrags Maßnahmen ergreifen. Im Einklang mit dem Verhältnismäßigkeitsprinzip nach jenem Artikel geht diese Verordnung nicht über das für die Erreichung dieser Ziele erforderliche Maß hinaus –

HAT FOLGENDE VERORDNUNG ERLASSEN:

Titel I
Allgemeine Vorschriften

Artikel 1

(1) Handelsgesellschaften können im Gebiet der Gemeinschaft in der Form europäischer Aktiengesellschaften (Societas Europaea, nachfolgend „SE" genannt) unter den Voraussetzungen und in der Weise gegründet werden, die in dieser Verordnung vorgesehen sind.

(2) Die SE ist eine Gesellschaft, deren Kapital in Aktien zerlegt ist. Jeder Aktionär haftet nur bis zur Höhe des von ihm gezeichneten Kapitals.

(3) Die SE besitzt Rechtspersönlichkeit.

(4) Die Beteiligung der Arbeitnehmer in der SE wird durch die Richtlinie 2001/86/EG geregelt.

Artikel 2

(1) Aktiengesellschaften im Sinne des Anhangs I, die nach dem Recht eines Mitgliedstaats gegründet worden sind und ihren Sitz sowie ihre Hauptverwaltung in der Gemeinschaft haben, können eine SE durch Verschmelzung gründen, sofern mindestens zwei von ihnen dem Recht verschiedener Mitgliedstaaten unterliegen.

(2) Aktiengesellschaften und Gesellschaften mit beschränkter Haftung im Sinne des Anhangs II, die nach dem Recht eines Mitgliedstaats gegründet worden sind und ihren Sitz sowie ihre Hauptverwaltung in der Gemeinschaft haben, können die Gründung einer Holding-SE anstreben, sofern mindestens zwei von ihnen

a) dem Recht verschiedener Mitgliedstaaten unterliegen oder
b) seit mindestens zwei Jahren eine dem Recht eines anderen Mitgliedstaats unterliegende Tochtergesellschaft oder eine Zweigniederlassung in einem anderen Mitgliedstaat haben.

(3) Gesellschaften im Sinne des Artikels 48 Absatz 2 des Vertrags sowie juristische Personen des öffentlichen oder privaten Rechts, die nach dem Recht eines Mitgliedstaats gegründet worden sind und ihren Sitz sowie ihre Hauptverwaltung in der Gemeinschaft haben, können eine Tochter-SE durch Zeichnung ihrer Aktien gründen, sofern mindestens zwei von ihnen

a) dem Recht verschiedener Mitgliedstaaten unterliegen oder
b) seit mindestens zwei Jahren eine dem Recht eines anderen Mitgliedstaats unterliegende Tochtergesellschaft oder eine Zweigniederlassung in einem anderen Mitgliedstaat haben.

(4) Eine Aktiengesellschaft, die nach dem Recht eines Mitgliedstaats gegründet worden ist und ihren Sitz sowie ihre Hauptverwaltung in der Gemeinschaft hat, kann in eine SE umgewandelt werden, wenn sie seit mindestens zwei Jahren eine dem Recht eines anderen Mitgliedstaats unterliegende Tochtergesellschaft hat.

(5) Ein Mitgliedstaat kann vorsehen, dass sich eine Gesellschaft, die ihre Hauptverwaltung nicht in der Gemeinschaft hat, an der Gründung einer SE beteiligen kann, sofern sie nach dem Recht eines Mitgliedstaats gegründet wurde, ihren Sitz in diesem Mitgliedstaat hat und mit der Wirtschaft eines Mitgliedstaats in tatsächlicher und dauerhafter Verbindung steht.

Artikel 3

(1) Die SE gilt als Aktiengesellschaft, die zum Zwecke der Anwendung des Artikels 2 Absätze 1, 2 und 3 dem Recht des Sitzmitgliedstaats unterliegt.

(2) Eine SE kann selbst eine oder mehrere Tochtergesellschaften in Form einer SE gründen. Bestimmungen des Sitzmitgliedstaats der Tochter-SE, gemäß denen eine Aktiengesellschaft mehr als einen Aktionär haben muss, gelten nicht für die Tochter-SE. Die einzelstaatlichen Bestimmungen, die aufgrund der Zwölften Richtlinie 89/667/EWG des Rates vom 21. Dezember 1989 auf dem Gebiet des Gesellschaftsrechts betreffend Gesellschaften mit beschränkter Haftung mit einem einzigen Gesellschafter[1)] angenommen wurden, gelten sinngemäß für die SE.

1) ABl. L 395 vom 30.12.1989, S. 40. Zuletzt geändert durch die Beitrittsakte von 1994.

Artikel 4

(1) Das Kapital der SE lautet auf Euro.

(2) Das gezeichnete Kapital muss mindestens 120 000 EUR betragen.

(3) Die Rechtsvorschriften eines Mitgliedstaats, die ein höheres gezeichnetes Kapital für Gesellschaften vorsehen, die bestimmte Arten von Tätigkeiten ausüben, gelten auch für SE mit Sitz in dem betreffenden Mitgliedstaat.

Artikel 5

Vorbehaltlich des Artikels 4 Absätze 1 und 2 gelten für das Kapital der SE, dessen Erhaltung und dessen Änderungen sowie die Aktien, die Schuldverschreibungen und sonstige vergleichbare Wertpapiere der SE die Vorschriften, die für eine Aktiengesellschaft mit Sitz in dem Mitgliedstaat, in dem die SE eingetragen ist, gelten würden.

Artikel 6

Für die Zwecke dieser Verordnung bezeichnet der Ausdruck „Satzung der SE" zugleich die Gründungsurkunde und, falls sie Gegenstand einer getrennten Urkunde ist, die Satzung der SE im eigentlichen Sinne.

Artikel 7

Der Sitz der SE muss in der Gemeinschaft liegen, und zwar in dem Mitgliedstaat, in dem sich die Hauptverwaltung der SE befindet. Jeder Mitgliedstaat kann darüber hinaus den in seinem Hoheitsgebiet eingetragenen SE vorschreiben, dass sie ihren Sitz und ihre Hauptverwaltung am selben Ort haben müssen.

Artikel 8

(1) Der Sitz der SE kann gemäß den Absätzen 2 bis 13 in einen anderen Mitgliedstaat verlegt werden. Diese Verlegung führt weder zur Auflösung der SE noch zur Gründung einer neuen juristischen Person.

(2) Ein Verlegungsplan ist von dem Leitungs- oder dem Verwaltungsorgan zu erstellen und unbeschadet etwaiger vom Sitzmitgliedstaat vorgesehener zusätzlicher Offenlegungsformen gemäß Artikel 13 offen zu legen. Dieser Plan enthält die bisherige Firma, den bisherigen Sitz und die bisherige Registriernummer der SE sowie folgende Angaben:

a) den vorgesehenen neuen Sitz der SE,
b) die für die SE vorgesehene Satzung sowie gegebenenfalls die neue Firma,
c) die etwaigen Folgen der Verlegung für die Beteiligung der Arbeitnehmer,
d) den vorgesehenen Zeitplan für die Verlegung,
e) etwaige zum Schutz der Aktionäre und/oder Gläubiger vorgesehene Rechte.

(3) Das Leitungs- oder das Verwaltungsorgan erstellt einen Bericht, in dem die rechtlichen und wirtschaftlichen Aspekte der Verlegung erläutert und begründet und die Auswirkungen der Verlegung für die Aktionäre, die Gläubiger sowie die Arbeitnehmer im Einzelnen dargelegt werden.

(4) Die Aktionäre und die Gläubiger der SE haben vor der Hauptversammlung, die über die Verlegung befinden soll, mindestens einen Monat lang das Recht, am Sitz der SE den Verlegungsplan und den Bericht nach Absatz 3 einzusehen und die unentgeltliche Aushändigung von Abschriften dieser Unterlagen zu verlangen.

(5) Die Mitgliedstaaten können in Bezug auf die in ihrem Hoheitsgebiet eingetragenen SE Vorschriften erlassen, um einen angemessenen Schutz der Minderheitsaktionäre, die sich gegen die Verlegung ausgesprochen haben, zu gewährleisten.

(6) Der Verlegungsbeschluss kann erst zwei Monate nach der Offenlegung des Verlegungsplans gefasst werden. Er muss unter den in Artikel 59 vorgesehenen Bedingungen gefasst werden.

(7) Bevor die zuständige Behörde die Bescheinigung gemäß Absatz 8 ausstellt, hat die SE gegenüber der Behörde den Nachweis zu erbringen, dass die Interessen ihrer Gläubiger und sonstigen Forderungsberechtigten (einschließlich der öffentlich-rechtlichen Körperschaften) in Bezug auf alle vor der Offenlegung des Verlegungsplans entstandenen Verbindlichkeiten im Einklang mit den Anforderungen des Mitgliedstaats, in dem die SE vor der Verlegung ihren Sitz hat, angemessen geschützt sind.

Die einzelnen Mitgliedstaaten können die Anwendung von Unterabsatz 1 auf Verbindlichkeiten ausdehnen, die bis zum Zeitpunkt der Verlegung entstehen (oder entstehen können).

Die Anwendung der einzelstaatlichen Rechtsvorschriften über das Leisten oder Absichern von Zahlungen an öffentlichrechtliche Körperschaften auf die SE wird von den Unterabsätzen 1 und 2 nicht berührt.

(8) Im Sitzstaat der SE stellt das zuständige Gericht, der Notar oder eine andere zuständige Behörde eine Bescheinigung aus, aus der zweifelsfrei hervorgeht, dass die der Verlegung vorangehenden Rechtshandlungen und Formalitäten durchgeführt wurden.

(9) Die neue Eintragung kann erst vorgenommen werden, wenn die Bescheinigung nach Absatz 8 vorgelegt und die Erfüllung der für die Eintragung in dem neuen Sitzstaat erforderlichen Formalitäten nachgewiesen wurde.

(10) Die Sitzverlegung der SE sowie die sich daraus ergebenden Satzungsänderungen werden zu dem Zeitpunkt wirksam, zu dem die SE gemäß Artikel 12 im Register des neuen Sitzes eingetragen wird.

(11) Das Register des neuen Sitzes meldet dem Register des früheren Sitzes die neue Eintragung der SE, sobald diese vorgenommen worden ist. Die Löschung der früheren Eintragung der SE erfolgt erst nach Eingang dieser Meldung.

(12) Die neue Eintragung und die Löschung der früheren Eintragung werden gemäß Artikel 13 in den betreffenden Mitgliedstaaten offen gelegt.

(13) Mit der Offenlegung der neuen Eintragung der SE ist der neue Sitz Dritten gegenüber wirksam. Jedoch können sich Dritte, solange die Löschung der Eintragung im Register des früheren Sitzes nicht offen gelegt worden ist, weiterhin auf den alten Sitz berufen, es sei denn, die SE beweist, dass den Dritten der neue Sitz bekannt war.

(14) Die Rechtsvorschriften eines Mitgliedstaats können bestimmen, dass eine Sitzverlegung, die einen Wechsel des maßgeblichen Rechts zur Folge hätte, im Falle der in dem betreffenden Mitgliedstaat eingetragenen SE nicht wirksam wird, wenn eine zuständige Behörde dieses Staates innerhalb der in Absatz 6 genannten Frist von zwei Monaten dagegen Einspruch erhebt. Dieser Einspruch ist nur aus Gründen des öffentlichen Interesses zulässig.

Untersteht eine SE nach Maßgabe von Gemeinschaftsrichtlinien der Aufsicht einer einzelstaatlichen Finanzaufsichtsbehörde, so gilt das Recht auf Erhebung von Einspruch gegen die Sitzverlegung auch für die genannte Behörde.

Gegen den Einspruch muss ein Rechtsmittel vor einem Gericht eingelegt werden können.

(15) Eine SE kann ihren Sitz nicht verlegen, wenn gegen sie ein Verfahren wegen Auflösung, Liquidation, Zahlungsunfähigkeit oder vorläufiger Zahlungseinstellung oder ein ähnliches Verfahren eröffnet worden ist.

(16) Eine SE, die ihren Sitz in einen anderen Mitgliedstaat verlegt hat, gilt in Bezug auf alle Forderungen, die vor dem Zeitpunkt der Verlegung gemäß Absatz 10 entstanden sind, als SE mit Sitz in dem Mitgliedstaat, in dem sie vor der Verlegung eingetragen war, auch wenn sie erst nach der Verlegung verklagt wird.

Artikel 9

(1) Die SE unterliegt

a) den Bestimmungen dieser Verordnung,

b) sofern die vorliegende Verordnung dies ausdrücklich zulässt, den Bestimmungen der Satzung der SE,

c) in Bezug auf die nicht durch diese Verordnung geregelten Bereiche oder, sofern ein Bereich nur teilweise geregelt ist, in Bezug auf die nicht von dieser Verordnung erfassten Aspekte

  i) den Rechtsvorschriften, die die Mitgliedstaaten in Anwendung der speziell die SE betreffenden Gemeinschaftsmaßnahmen erlassen,

  ii) den Rechtsvorschriften der Mitgliedstaaten, die auf eine nach dem Recht des Sitzstaats der SE gegründete Aktiengesellschaft Anwendung finden würden,

  iii) den Bestimmungen ihrer Satzung unter den gleichen Voraussetzungen wie im Falle einer nach dem Recht des Sitzstaats der SE gegründeten Aktiengesellschaft.

(2) Von den Mitgliedstaaten eigens für die SE erlassene Rechtsvorschriften müssen mit den für Aktiengesellschaften im Sinne des Anhangs I maßgeblichen Richtlinien im Einklang stehen.

(3) Gelten für die von der SE ausgeübte Geschäftstätigkeit besondere Vorschriften des einzelstaatlichen Rechts, so finden diese Vorschriften auf die SE uneingeschränkt Anwendung.

Artikel 10

Vorbehaltlich der Bestimmungen dieser Verordnung wird eine SE in jedem Mitgliedstaat wie eine Aktiengesellschaft behandelt, die nach dem Recht des Sitzstaats der SE gegründet wurde.

Artikel 11

(1) Die SE muss ihrer Firma den Zusatz „SE“ voran- oder nachstellen.

(2) Nur eine SE darf ihrer Firma den Zusatz „SE“ hinzufügen.

(3) Die in einem Mitgliedstaat vor dem Zeitpunkt des Inkrafttretens dieser Verordnung eingetragenen Gesellschaften oder sonstigen juristischen Personen, deren Firma den Zusatz „SE“ enthält, brauchen ihre Namen jedoch nicht zu ändern.

Artikel 12

(1) Jede SE wird gemäß Artikel 3 der Ersten Richtlinie 68/151/EWG des Rates vom 9. März 1968 zur Koordinierung der Schutzbestimmungen, die in den Mitgliedstaaten den Gesellschaften im Sinne des Artikels 58 Absatz 2 des Vertrages im Interesse der Gesellschafter sowie Dritter vorgeschrieben sind, um diese Bestimmungen gleichwertig zu gestalten[1)], im Sitzstaat in ein nach dem Recht dieses Staates bestimmtes Register eingetragen.

1) ABl. L 65 vom 14.3.1968, S. 8. Zuletzt geändert durch die Beitrittsakte von 1994.

(2) Eine SE kann erst eingetragen werden, wenn eine Vereinbarung über die Beteiligung der Arbeitnehmer gemäß Artikel 4 der Richtlinie 2001/86/EG geschlossen worden ist, ein Beschluss nach Artikel 3 Absatz 6 der genannten Richtlinie gefasst worden ist oder die Verhandlungsfrist nach Artikel 5 der genannten Richtlinie abgelaufen ist, ohne dass eine Vereinbarung zustande gekommen ist.

(3) Voraussetzung dafür, dass eine SE in einem Mitgliedstaat, der von der in Artikel 7 Absatz 3 der Richtlinie 2001/86/EG vorgesehenen Möglichkeit Gebrauch gemacht hat, registriert werden kann, ist, dass eine Vereinbarung im Sinne von Artikel 4 der genannten Richtlinie über die Modalitäten der Beteiligung der Arbeitnehmer – einschließlich der Mitbestimmung – geschlossen wurde oder dass für keine der teilnehmenden Gesellschaften vor der Registrierung der SE Mitbestimmungsvorschriften galten.

(4) Die Satzung der SE darf zu keinem Zeitpunkt im Widerspruch zu der ausgehandelten Vereinbarung stehen. Steht eine neue gemäß der Richtlinie 2001/86/EG geschlossene Vereinbarung im Widerspruch zur geltenden Satzung, ist diese – soweit erforderlich – zu ändern.

In diesem Fall kann ein Mitgliedstaat vorsehen, dass das Leitungs- oder das Verwaltungsorgan der SE befugt ist, die Satzungsänderung ohne weiteren Beschluss der Hauptversammlung vorzunehmen.

Artikel 13

Die die SE betreffenden Urkunden und Angaben, die nach dieser Verordnung der Offenlegungspflicht unterliegen, werden gemäß der Richtlinie 68/151/EWG nach Maßgabe der Rechtsvorschriften des Sitzstaats der SE offen gelegt.

Artikel 14

(1) Die Eintragung und die Löschung der Eintragung einer SE werden mittels einer Bekanntmachung zu Informationszwecken im Amtsblatt der Europäischen Gemeinschaften veröffentlicht, nachdem die Offenlegung gemäß Artikel 13 erfolgt ist. Diese Bekanntmachung enthält die Firma der SE, Nummer, Datum und Ort der Eintragung der SE, Datum, Ort und Titel der Veröffentlichung sowie den Sitz und den Geschäftszweig der SE.

(2) Bei der Verlegung des Sitzes der SE gemäß Artikel 8 erfolgt eine Bekanntmachung mit den Angaben gemäß Absatz 1 sowie mit denjenigen im Falle einer Neueintragung.

(3) Die Angaben gemäß Absatz 1 werden dem Amt für amtliche Veröffentlichungen der Europäischen Gemeinschaften innerhalb eines Monats nach der Offenlegung gemäß Artikel 13 übermittelt.

Titel II
Gründung

Abschnitt 1
Allgemeines

Artikel 15

(1) Vorbehaltlich der Bestimmungen dieser Verordnung findet auf die Gründung einer SE das für Aktiengesellschaften geltende Recht des Staates Anwendung, in dem die SE ihren Sitz begründet.

(2) Die Eintragung einer SE wird gemäß Artikel 13 offen gelegt.

Artikel 16

(1) Die SE erwirbt die Rechtspersönlichkeit am Tag ihrer Eintragung in das in Artikel 12 genannte Register.

(2) Wurden im Namen der SE vor ihrer Eintragung gemäß Artikel 12 Rechtshandlungen vorgenommen und übernimmt die SE nach der Eintragung die sich aus diesen Rechtshandlungen ergebenden Verpflichtungen nicht, so haften die natürlichen Personen, die Gesellschaften oder anderen juristischen Personen, die diese Rechtshandlungen vorgenommen haben, vorbehaltlich anders lautender Vereinbarungen unbegrenzt und gesamtschuldnerisch.

Abschnitt 2
Gründung einer SE durch Verschmelzung

Artikel 17

(1) Eine SE kann gemäß Artikel 2 Absatz 1 durch Verschmelzung gegründet werden.

(2) Die Verschmelzung erfolgt

a) entweder nach dem Verfahren der Verschmelzung durch Aufnahme gemäß Artikel 3 Absatz 1 der Richtlinie 78/855/EWG[1)]

b) oder nach dem Verfahren der Verschmelzung durch Gründung einer neuen Gesellschaft gemäß Artikel 4 Absatz 1 der genannten Richtlinie.

Im Falle einer Verschmelzung durch Aufnahme nimmt die aufnehmende Gesellschaft bei der Verschmelzung die Form einer SE an. Im Falle einer Verschmelzung durch Gründung einer neuen Gesellschaft ist die neue Gesellschaft eine SE.

Artikel 18

In den von diesem Abschnitt nicht erfassten Bereichen sowie in den nicht erfassten Teilbereichen eines von diesem Abschnitt nur teilweise abgedeckten Bereichs sind bei der Gründung einer SE durch Verschmelzung auf jede Gründungsgesellschaft die mit der Richtlinie 78/855/EWG in Einklang stehenden, für die Verschmelzung von Aktiengesellschaften geltenden Rechtsvorschriften des Mitgliedstaats anzuwenden, dessen Recht sie unterliegt.

Artikel 19

Die Rechtsvorschriften eines Mitgliedstaates können vorsehen, dass die Beteiligung einer Gesellschaft, die dem Recht dieses Mitgliedstaates unterliegt, an der Gründung einer SE durch Verschmelzung nur möglich ist, wenn keine zuständige Behörde dieses Mitgliedstaats vor der Erteilung der Bescheinigung gemäß Artikel 25 Absatz 2 dagegen Einspruch erhebt.

Dieser Einspruch ist nur aus Gründen des öffentlichen Interesses zulässig. Gegen ihn muss ein Rechtsmittel eingelegt werden können.

Artikel 20

(1) Die Leitungs- oder die Verwaltungsorgane der sich verschmelzenden Gesellschaften stellen einen Verschmelzungsplan auf. Dieser Verschmelzungsplan enthält

---

1) Dritte Richtlinie 78/855/EWG des Rates vom 9. Oktober 1978 gemäß Artikel 54 Absatz 3 Buchstabe g des Vertrages betreffend die Verschmelzung von Aktiengesellschaften (ABl. L 295 vom 20.10.1978, S. 36). Zuletzt geändert durch die Beitrittsakte von 1994.

a) die Firma und den Sitz der sich verschmelzenden Gesellschaften sowie die für die SE vorgesehene Firma und ihren geplanten Sitz,

b) das Umtauschverhältnis der Aktien und gegebenenfalls die Höhe der Ausgleichsleistung,

c) die Einzelheiten hinsichtlich der Übertragung der Aktien der SE,

d) den Zeitpunkt, von dem an diese Aktien das Recht auf Beteiligung am Gewinn gewähren, sowie alle Besonderheiten in Bezug auf dieses Recht,

e) den Zeitpunkt, von dem an die Handlungen der sich verschmelzenden Gesellschaften unter dem Gesichtspunkt der Rechnungslegung als für Rechnung der SE vorgenommen gelten,

f) die Rechte, welche die SE den mit Sonderrechten ausgestatteten Aktionären der Gründungsgesellschaften und den Inhabern anderer Wertpapiere als Aktien gewährt, oder die für diese Personen vorgeschlagenen Maßnahmen,

g) jeder besondere Vorteil, der den Sachverständigen, die den Verschmelzungsplan prüfen, oder den Mitgliedern der Verwaltungs-, Leitungs-, Aufsichts- oder Kontrollorgane der sich verschmelzenden Gesellschaften gewährt wird,

h) die Satzung der SE,

i) Angaben zu dem Verfahren, nach dem die Vereinbarung über die Beteiligung der Arbeitnehmer gemäß der Richtlinie 2001/86/EG geschlossen wird.

(2) Die sich verschmelzenden Gesellschaften können dem Verschmelzungsplan weitere Punkte hinzufügen.

Artikel 21

Für jede der sich verschmelzenden Gesellschaften und vorbehaltlich weiterer Auflagen seitens des Mitgliedstaates, dessen Recht die betreffende Gesellschaft unterliegt, sind im Amtsblatt dieses Mitgliedstaats nachstehende Angaben bekannt zu machen:

a) Rechtsform, Firma und Sitz der sich verschmelzenden Gesellschaften,

b) das Register, bei dem die in Artikel 3 Absatz 2 der Richtlinie 68/151/EWG genannten Urkunden für jede der sich verschmelzenden Gesellschaften hinterlegt worden sind, sowie die Nummer der Eintragung in das Register,

c) einen Hinweis auf die Modalitäten für die Ausübung der Rechte der Gläubiger der betreffenden Gesellschaft gemäß Artikel 24 sowie die Anschrift, unter der erschöpfende Auskünfte über diese Modalitäten kostenlos eingeholt werden können,

d) einen Hinweis auf die Modalitäten für die Ausübung der Rechte der Minderheitsaktionäre der betreffenden Gesellschaft gemäß Artikel 24 sowie die Anschrift, unter der erschöpfende Auskünfte über diese Modalitäten kostenlos eingeholt werden können,

e) die für die SE vorgesehene Firma und ihr künftiger Sitz.

Artikel 22

Als Alternative zur Heranziehung von Sachverständigen, die für Rechnung jeder der sich verschmelzenden Gesellschaften tätig sind, können ein oder mehrere unabhängige Sachverständige im Sinne des Artikels 10 der Richtlinie 78/855/EWG, die auf gemeinsamen Antrag dieser Gesellschaften von einem Gericht oder einer Verwaltungsbehörde des Mitgliedstaats, dessen Recht eine der sich verschmelzenden Gesellschaften oder die künftige SE unterliegt, dazu bestellt wurden, den Verschmelzungsplan prüfen und einen für alle Aktionäre bestimmten einheitlichen Bericht erstellen.

Die Sachverständigen haben das Recht, von jeder der sich verschmelzenden Gesellschaften alle Auskünfte zu verlangen, die sie zur Erfüllung ihrer Aufgabe für erforderlich halten.

Artikel 23

(1) Die Hauptversammlung j eder der sich verschmelzenden Gesellschaften stimmt dem Verschmelzungsplan zu.

(2) Die Beteiligung der Arbeitnehmer in der SE wird gemäß der Richtlinie 2001/86/EG festgelegt. Die Hauptversammlung jeder der sich verschmelzenden Gesellschaften kann sich das Recht vorbehalten, die Eintragung der SE davon abhängig zu machen, dass die geschlossene Vereinbarung von ihr ausdrücklich genehmigt wird.

Artikel 24

(1) Das Recht des Mitgliedstaats, das jeweils für die sich verschmelzenden Gesellschaften gilt, findet wie bei einer Verschmelzung von Aktiengesellschaften unter Berücksichtigung des grenzüberschreitenden Charakters der Verschmelzung Anwendung zum Schutz der Interessen

a) der Gläubiger der sich verschmelzenden Gesellschaften,

b) der Anleihegläubiger der sich verschmelzenden Gesellschaften,

c) der Inhaber von mit Sonderrechten gegenüber den sich verschmelzenden Gesellschaften ausgestatteten Wertpapieren mit Ausnahme von Aktien.

(2) Jeder Mitgliedstaat kann in Bezug auf die sich verschmelzenden Gesellschaften, die seinem Recht unterliegen, Vorschriften erlassen, um einen angemessenen Schutz der Minderheitsaktionäre, die sich gegen die Verschmelzung ausgesprochen haben, zu gewährleisten.

Artikel 25

(1) Die Rechtmäßigkeit der Verschmelzung wird, was die die einzelnen sich verschmelzenden Gesellschaften betreffenden Verfahrensabschnitte anbelangt, nach den für die Verschmelzung von Aktiengesellschaften geltenden Rechtsvorschriften des Mitgliedstaats kontrolliert, dessen Recht die jeweilige verschmelzende Gesellschaft unterliegt.

(2) In jedem der betreffenden Mitgliedstaaten stellt das zuständige Gericht, der Notar oder eine andere zuständige Behörde eine Bescheinigung aus, aus der zweifelsfrei hervorgeht, dass die der Verschmelzung vorangehenden Rechtshandlungen und Formalitäten durchgeführt wurden.

(3) Ist nach dem Recht eines Mitgliedstaats, dem eine sich verschmelzende Gesellschaft unterliegt, ein Verfahren zur Kontrolle und Änderung des Umtauschverhältnisses der Aktien oder zur Abfindung von Minderheitsaktionären vorgesehen, das jedoch der Eintragung der Verschmelzung nicht entgegensteht, so findet ein solches Verfahren nur dann Anwendung, wenn die anderen sich verschmelzenden Gesellschaften in Mitgliedstaaten, in denen ein derartiges Verfahren nicht besteht, bei der Zustimmung zu dem Verschmelzungsplan gemäß Artikel 23 Absatz 1 ausdrücklich akzeptieren, dass die Aktionäre der betreffenden sich verschmelzenden Gesellschaft auf ein solches Verfahren zurückgreifen können. In diesem Fall kann das zuständige Gericht, der Notar oder eine andere zuständige Behörde die Bescheinigung gemäß Absatz 2 ausstellen, auch wenn ein derartiges Verfahren eingeleitet wurde. Die Bescheinigung muss allerdings einen Hinweis auf das anhängige Verfahren enthalten. Die Entscheidung in dem Verfahren ist für die übernehmende Gesellschaft und ihre Aktionäre bindend.

Artikel 26

(1) Die Rechtmäßigkeit der Verschmelzung wird, was den Verfahrensabschnitt der Durchführung der Verschmelzung und der Gründung der SE anbelangt, von dem/der im künftigen Sitzstaat der SE für die Kontrolle dieses Aspekts der Rechtmäßigkeit der Verschmelzung von Aktiengesellschaften zuständigen Gericht, Notar oder sonstigen Behörde kontrolliert.

(2) Hierzu legt jede der sich verschmelzenden Gesellschaften dieser zuständigen Behörde die in Artikel 25 Absatz 2 genannte Bescheinigung binnen sechs Monaten nach ihrer Ausstellung sowie eine Ausfertigung des Verschmelzungsplans, dem sie zugestimmt hat, vor.

(3) Die gemäß Absatz 1 zuständige Behörde kontrolliert insbesondere, ob die sich verschmelzenden Gesellschaften einem gleich lautenden Verschmelzungsplan zugestimmt haben und ob eine Vereinbarung über die Beteiligung der Arbeitnehmer gemäß der Richtlinie 2001/86/EG geschlossen wurde.

(4) Diese Behörde kontrolliert ferner, ob gemäß Artikel 15 die Gründung der SE den gesetzlichen Anforderungen des Sitzstaates genügt.

Artikel 27

(1) Die Verschmelzung und die gleichzeitige Gründung der SE werden mit der Eintragung der SE gemäß Artikel 12 wirksam.

(2) Die SE kann erst nach Erfüllung sämtlicher in den Artikeln 25 und 26 vorgesehener Formalitäten eingetragen werden.

Artikel 28

Für jede sich verschmelzende Gesellschaft wird die Durchführung der Verschmelzung nach den in den Rechtsvorschriften des jeweiligen Mitgliedstaats vorgesehenen Verfahren in Übereinstimmung mit Artikel 3 der Richtlinie 68/151/EWG offen gelegt.

Artikel 29

(1) Die nach Artikel 17 Absatz 2 Buchstabe a vollzogene Verschmelzung bewirkt ipso jure gleichzeitig Folgendes:

a) Das gesamte Aktiv- und Passivvermögen jeder übertragenden Gesellschaft geht auf die übernehmende Gesellschaft über;
b) die Aktionäre der übertragenden Gesellschaft werden Aktionäre der übernehmenden Gesellschaft;
c) die übertragende Gesellschaft erlischt;
d) die übernehmende Gesellschaft nimmt die Rechtsform einer SE an.

(2) Die nach Artikel 17 Absatz 2 Buchstabe b vollzogene Verschmelzung bewirkt ipso jure gleichzeitig Folgendes:

a) Das gesamte Aktiv- und Passivvermögen der sich verschmelzenden Gesellschaften geht auf die SE über;
b) die Aktionäre der sich verschmelzenden Gesellschaften werden Aktionäre der SE;
c) die sich verschmelzenden Gesellschaften erlöschen.

(3) Schreibt ein Mitgliedstaat im Falle einer Verschmelzung von Aktiengesellschaften besondere Formalitäten für die Rechtswirksamkeit der Übertragung bestimmter von den sich verschmelzenden Gesellschaften eingebrachter Vermögensgegenstände, Rechte und Verbindlichkeiten gegenüber Dritten vor, so gelten diese fort und sind entweder von den sich verschmelzenden Gesellschaften oder von der SE nach deren Eintragung zu erfüllen.

(4) Die zum Zeitpunkt der Eintragung aufgrund der einzelstaatlichen Rechtsvorschriften und Gepflogenheiten sowie aufgrund individueller Arbeitsverträge oder Arbeitsverhältnisse bestehenden Rechte und Pflichten der beteiligten Gesellschaften hinsichtlich der Beschäftigungsbedingungen gehen mit der Eintragung der SE auf diese über.

Artikel 30

Eine Verschmelzung im Sinne des Artikels 2 Absatz 1 kann nach der Eintragung der SE nicht mehr für nichtig erklärt werden.

Das Fehlen einer Kontrolle der Rechtmäßigkeit der Verschmelzung gemäß Artikel 25 und 26 kann einen Grund für die Auflösung der SE darstellen.

Artikel 31

(1) Wird eine Verschmelzung nach Artikel 17 Absatz 2 Buchstabe a durch eine Gesellschaft vollzogen, die Inhaberin sämtlicher Aktien und sonstiger Wertpapiere ist, die Stimmrechte in der Hauptversammlung einer anderen Gesellschaft gewähren, so finden Artikel 20 Absatz 1 Buchstaben b, c und d, Artikel 22 und Artikel 29 Absatz 1 Buchstabe b keine Anwendung. Die jeweiligen einzelstaatlichen Vorschriften, denen die einzelnen sich verschmelzenden Gesellschaften unterliegen und die für die Verschmelzungen von Aktiengesellschaften nach Artikel 24 der Richtlinie 78/855/EWG maßgeblich sind, sind jedoch anzuwenden.

(2) Vollzieht eine Gesellschaft, die Inhaberin von mindestens 90 %, nicht aber aller der in der Hauptversammlung einer anderen Gesellschaft Stimmrecht verleihenden Aktien und sonstigen Wertpapiere ist, eine Verschmelzung durch Aufnahme, so sind die Berichte des Leitungs- oder des Verwaltungsorgans, die Berichte eines oder mehrerer unabhängiger Sachverständiger sowie die zur Kontrolle notwendigen Unterlagen nur insoweit erforderlich, als dies entweder in den einzelstaatlichen Rechtsvorschriften, denen die übernehmende Gesellschaft unterliegt, oder in den für die übertragende Gesellschaft maßgeblichen einzelstaatlichen Rechtsvorschriften vorgesehen ist.

Die Mitgliedstaaten können jedoch vorsehen, dass dieser Absatz Anwendung auf eine Gesellschaft findet, die Inhaberin von Aktien ist, welche mindestens 90 % der Stimmrechte, nicht aber alle verleihen.

Abschnitt 3
Gründung einer Holding-SE

Artikel 32

(1) Eine SE kann gemäß Artikel 2 Absatz 2 gegründet werden.

Die die Gründung einer SE im Sinne des Artikels 2 Absatz 2 anstrebenden Gesellschaften bestehen fort.

(2) Die Leitungs- oder die Verwaltungsorgane der die Gründung anstrebenden Gesellschaften erstellen einen gleich lautenden Gründungsplan für die SE. Dieser Plan enthält einen Bericht, der die Gründung aus rechtlicher und wirtschaftlicher Sicht erläutert und begründet sowie darlegt, welche Auswirkungen der Übergang zur Rechtsform einer SE für die Aktionäre und für die Arbeitnehmer hat. Er enthält ferner die in Artikel 20 Absatz 1 Buchstaben a, b, c, f, g, h und i vorgesehenen Angaben und setzt von jeder die Gründung anstrebenden Gesellschaft den Mindestprozentsatz der Aktien oder sonstigen Anteile fest, der von den Aktionären eingebracht werden muss, damit die SE gegründet werden kann. Dieser Prozentsatz muss mehr als 50 % der durch Aktien verliehenen ständigen Stimmrechte betragen.

(3) Der Gründungsplan ist mindestens einen Monat vor der Hauptversammlung, die über die Gründung zu beschließen hat, für jede der die Gründung anstrebenden Gesell-

schaften nach den in den Rechtsvorschriften der einzelnen Mitgliedstaaten gemäß Artikel 3 der Richtlinie 68/151/EWG vorgesehenen Verfahren offen zu legen.

(4) Ein oder mehrere von den die Gründung anstrebenden Gesellschaften unabhängige Sachverständige, die von einem Gericht oder einer Verwaltungsbehörde des Mitgliedstaats, dessen Recht die einzelnen Gesellschaften gemäß den nach Maßgabe der Richtlinie 78/855/EWG erlassenen einzelstaatlichen Vorschriften unterliegen, bestellt oder zugelassen sind, prüfen den gemäß Absatz 2 erstellten Gründungsplan und erstellen einen schriftlichen Bericht für die Aktionäre der einzelnen Gesellschaften. Im Einvernehmen zwischen den die Gründung anstrebenden Gesellschaften kann durch einen oder mehrere unabhängige Sachverständige, der/die von einem Gericht oder einer Verwaltungsbehörde des Mitgliedstaats, dessen Recht eine der die Gründung anstrebenden Gesellschaften oder die künftige SE gemäß den nach Maßgabe der Richtlinie 78/855/EWG erlassenen einzelstaatlichen Rechtsvorschriften unterliegt, bestellt oder zugelassen ist/sind, ein schriftlicher Bericht für die Aktionäre aller Gesellschaften erstellt werden.

(5) Der Bericht muss auf besondere Bewertungsschwierigkeiten hinweisen und erklären, ob das Umtauschverhältnis der Aktien oder Anteile angemessen ist, sowie angeben, nach welchen Methoden es bestimmt worden ist und ob diese Methoden im vorliegenden Fall angemessen sind.

(6) Die Hauptversammlung jeder der die Gründung anstrebenden Gesellschaften stimmt dem Gründungsplan für die SE zu.

Die Beteiligung der Arbeitnehmer in der SE wird gemäß der Richtlinie 2001/86/EG festgelegt. Die Hauptversammlung jeder der die Gründung anstrebenden Gesellschaften kann sich das Recht vorbehalten, die Eintragung der SE davon abhängig zu machen, dass die geschlossene Vereinbarung von ihr ausdrücklich genehmigt wird.

(7) Dieser Artikel gilt sinngemäß auch für Gesellschaften mit beschränkter Haftung.

Artikel 33

(1) Die Gesellschafter der die Gründung anstrebenden Gesellschaften verfügen über eine Frist von drei Monaten, um diesen Gesellschaften mitzuteilen, ob sie beabsichtigen, ihre Gesellschaftsanteile bei der Gründung der SE einzubringen. Diese Frist beginnt mit dem Zeitpunkt, zu dem der Gründungsplan für die SE gemäß Artikel 32 endgültig festgelegt worden ist.

(2) Die SE ist nur dann gegründet, wenn die Gesellschafter der die Gründung anstrebenden Gesellschaften innerhalb der in Absatz 1 genannten Frist den nach dem Gründungsplan für jede Gesellschaft festgelegten Mindestprozentsatz der Gesellschaftsanteile eingebracht haben und alle übrigen Bedingungen erfüllt sind.

(3) Sind alle Bedingungen für die Gründung der SE gemäß Absatz 2 erfüllt, so hat jede der die Gründung anstrebenden Gesellschaften diese Tatsache gemäß den nach Artikel 3 der Richtlinie 68/151/EWG erlassenen Vorschriften des einzelstaatlichen Rechts, dem sie unterliegt, offen zu legen.

Die Gesellschafter der die Gründung anstrebenden Gesellschaften, die nicht innerhalb der Frist nach Absatz 1 mitgeteilt haben, ob sie die Absicht haben, ihre Gesellschaftsanteile diesen Gesellschaften im Hinblick auf die Gründung der künftigen SE zur Verfügung zu stellen, verfügen über eine weitere Frist von einem Monat, um dies zu tun.

(4) Die Gesellschafter, die ihre Wertpapiere im Hinblick auf die Gründung der SE einbringen, erhalten Aktien der SE.

(5) Die SE kann erst dann eingetragen werden, wenn die Formalitäten gemäß Artikel 32 und die in Absatz 2 genannten Voraussetzungen nachweislich erfüllt sind.

Artikel 34

Ein Mitgliedstaat kann für die eine Gründung anstrebenden Gesellschaften Vorschriften zum Schutz der die Gründung ablehnenden Minderheitsgesellschafter, der Gläubiger und der Arbeitnehmer erlassen.

Abschnitt 4
Gründung einer Tochter-SE

Artikel 35

Eine SE kann gemäß Artikel 2 Absatz 3 gegründet werden.

Artikel 36

Auf die an der Gründung beteiligten Gesellschaften oder sonstigen juristischen Personen finden die Vorschriften über deren Beteiligung an der Gründung einer Tochtergesellschaft in Form einer Aktiengesellschaft nationalen Rechts Anwendung.

Abschnitt 5
Umwandlung einer bestehenden Aktiengesellschaft in eine SE

Artikel 37

(1) Eine SE kann gemäß Artikel 2 Absatz 4 gegründet werden.

(2) Unbeschadet des Artikels 12 hat die Umwandlung einer Aktiengesellschaft in eine SE weder die Auflösung der Gesellschaft noch die Gründung einer neuen juristischen Person zur Folge.

(3) Der Sitz der Gesellschaft darf anlässlich der Umwandlung nicht gemäß Artikel 8 in einen anderen Mitgliedstaat verlegt werden.

(4) Das Leitungs- oder das Verwaltungsorgan der betreffenden Gesellschaft erstellt einen Umwandlungsplan und einen Bericht, in dem die rechtlichen und wirtschaftlichen Aspekte der Umwandlung erläutert und begründet sowie die Auswirkungen, die der Übergang zur Rechtsform einer SE für die Aktionäre und für die Arbeitnehmer hat, dargelegt werden.

(5) Der Umwandlungsplan ist mindestens einen Monat vor dem Tag der Hauptversammlung, die über die Umwandlung zu beschließen hat, nach den in den Rechtsvorschriften der einzelnen Mitgliedstaaten gemäß Artikel 3 der Richtlinie 68/151/EWG vorgesehenen Verfahren offen zu legen.

(6) Vor der Hauptversammlung nach Absatz 7 ist von einem oder mehreren unabhängigen Sachverständigen, die nach den einzelstaatlichen Durchführungsbestimmungen zu Artikel 10 der Richtlinie 78/855/EWG durch ein Gericht oder eine Verwaltungsbehörde des Mitgliedstaates, dessen Recht die sich in eine SE umwandelnde Aktiengesellschaft unterliegt, bestellt oder zugelassen sind, gemäß der Richtlinie 77/91/EWG[1)] sinngemäß zu bescheinigen, dass die Gesellschaft über Nettovermögenswerte

---

1) Zweite Richtlinie 77/91/EWG des Rates vom 13. Dezember 1976 zur Koordinierung der Schutzbestimmungen, die in den Mitgliedstaaten den Gesellschaften im Sinne des Artikels 58 Absatz 2 des Vertrages im Interesse der Gesellschafter sowie Dritter für die Gründung der Aktiengesellschaft sowie für die Erhaltung und Änderung ihres Kapitals vorgeschrieben sind, um diese Bestimmungen gleichwertig zu gestalten (ABl. L 26 vom 31.1.1977, S. 1). Zuletzt geändert durch die Beitrittsakte von 1994.

mindestens in Höhe ihres Kapitals zuzüglich der kraft Gesetzes oder Statut nicht ausschüttungsfähigen Rücklagen verfügt.

(7) Die Hauptversammlung der betreffenden Gesellschaft stimmt dem Umwandlungsplan zu und genehmigt die Satzung der SE. Die Beschlussfassung der Hauptversammlung erfolgt nach Maßgabe der einzelstaatlichen Durchführungsbestimmungen zu Artikel 7 der Richtlinie 78/855/EWG.

(8) Ein Mitgliedstaat kann die Umwandlung davon abhängig machen, dass das Organ der umzuwandelnden Gesellschaft, in dem die Mitbestimmung der Arbeitnehmer vorgesehen ist, der Umwandlung mit qualifizierter Mehrheit oder einstimmig zustimmt.

(9) Die zum Zeitpunkt der Eintragung aufgrund der einzelstaatlichen Rechtsvorschriften und Gepflogenheiten sowie aufgrund individueller Arbeitsverträge oder Arbeitsverhältnisse bestehenden Rechte und Pflichten der umzuwandelnden Gesellschaft hinsichtlich der Beschäftigungsbedingungen gehen mit der Eintragung der SE auf diese über.

Titel III
Aufbau der SE

Artikel 38

Die SE verfügt nach Maßgabe dieser Verordnung über

a) eine Hauptversammlung der Aktionäre und

b) entweder ein Aufsichtsorgan und ein Leitungsorgan (dualistisches System) oder ein Verwaltungsorgan (monistisches System), entsprechend der in der Satzung gewählten Form.

Abschnitt 1
Dualistisches System

Artikel 39

(1) Das Leitungsorgan führt die Geschäfte der SE in eigener Verantwortung. Ein Mitgliedstaat kann vorsehen, dass ein oder mehrere Geschäftsführer die laufenden Geschäfte in eigener Verantwortung unter denselben Voraussetzungen, wie sie für Aktiengesellschaften mit Sitz im Hoheitsgebiet des betreffenden Mitgliedstaates gelten, führt bzw. führen.

(2) Das Mitglied/die Mitglieder des Leitungsorgans wird/ werden vom Aufsichtsorgan bestellt und abberufen.

Die Mitgliedstaaten können jedoch vorschreiben oder vorsehen, dass in der Satzung festgelegt werden kann, dass das Mitglied/die Mitglieder des Leitungsorgans von der Hauptversammlung unter den Bedingungen, die für Aktiengesellschaften mit Sitz in ihrem Hoheitsgebiet gelten, bestellt und abberufen wird/werden.

(3) Niemand darf zugleich Mitglied des Leitungsorgans und Mitglied des Aufsichtsorgans der SE sein. Das Aufsichtsorgan kann jedoch eines seiner Mitglieder zur Wahrnehmung der Aufgaben eines Mitglieds des Leitungsorgans abstellen, wenn der betreffende Posten nicht besetzt ist. Während dieser Zeit ruht das Amt der betreffenden Person als Mitglied des Aufsichtsorgans. Die Mitgliedstaaten können eine zeitliche Begrenzung hierfür vorsehen.

(4) Die Zahl der Mitglieder des Leitungsorgans oder die Regeln für ihre Festlegung werden durch die Satzung der SE bestimmt. Die Mitgliedstaaten können jedoch eine Mindest-und/oder Höchstzahl festsetzen.

(5) Enthält das Recht eines Mitgliedstaats in Bezug auf Aktiengesellschaften mit Sitz in seinem Hoheitsgebiet keine Vorschriften über ein dualistisches System, kann dieser Mitgliedstaat entsprechende Vorschriften in Bezug auf SE erlassen.

Artikel 40

(1) Das Aufsichtsorgan überwacht die Führung der Geschäfte durch das Leitungsorgan. Es ist nicht berechtigt, die Geschäfte der SE selbst zu führen.

(2) Die Mitglieder des Aufsichtsorgans werden von der Hauptversammlung bestellt. Die Mitglieder des ersten Aufsichtsorgans können jedoch durch die Satzung bestellt werden. Artikel 47 Absatz 4 oder eine etwaige nach Maßgabe der Richtlinie 2001/86/EG geschlossene Vereinbarung über die Mitbestimmung der Arbeitnehmer bleibt hiervon unberührt.

(3) Die Zahl der Mitglieder des Aufsichtsorgans oder die Regeln für ihre Festlegung werden durch die Satzung bestimmt. Die Mitgliedstaaten können jedoch für die in ihrem Hoheitsgebiet eingetragenen SE die Zahl der Mitglieder des Aufsichtsorgans oder deren Höchst- und/oder Mindestzahl festlegen.

Artikel 41

(1) Das Leitungsorgan unterrichtet das Aufsichtsorgan mindestens alle drei Monate über den Gang der Geschäfte der SE und deren voraussichtliche Entwicklung.

(2) Neben der regelmäßigen Unterrichtung gemäß Absatz 1 teilt das Leitungsorgan dem Aufsichtsorgan rechtzeitig alle Informationen über Ereignisse mit, die sich auf die Lage der SE spürbar auswirken können.

(3) Das Aufsichtsorgan kann vom Leitungsorgan jegliche Information verlangen, die für die Ausübung der Kontrolle gemäß Artikel 40 Absatz 1 erforderlich ist. Die Mitgliedstaaten können vorsehen, dass jedes Mitglied des Aufsichtsorgans von dieser Möglichkeit Gebrauch machen kann.

(4) Das Aufsichtsorgan kann alle zur Erfüllung seiner Aufgaben erforderlichen Überprüfungen vornehmen oder vornehmen lassen.

(5) Jedes Mitglied des Aufsichtsorgans kann von allen Informationen, die diesem Organ übermittelt werden, Kenntnis nehmen.

Artikel 42

Das Aufsichtsorgan wählt aus seiner Mitte einen Vorsitzenden. Wird die Hälfte der Mitglieder des Aufsichtsorgans von den Arbeitnehmern bestellt, so darf nur ein von der Hauptversammlung der Aktionäre bestelltes Mitglied zum Vorsitzenden gewählt werden.

Abschnitt 2
Monistisches System

Artikel 43

(1) Das Verwaltungsorgan führt die Geschäfte der SE. Ein Mitgliedstaat kann vorsehen, dass ein oder mehrere Geschäftsführer die laufenden Geschäfte in eigener Verantwortung unter denselben Voraussetzungen, wie sie für Aktiengesellschaften mit Sitz im Hoheitsgebiet des betreffenden Mitgliedstaates gelten, führt bzw. führen.

(2) Die Zahl der Mitglieder des Verwaltungsorgans oder die Regeln für ihre Festlegung sind in der Satzung der SE festgelegt. Die Mitgliedstaaten können jedoch eine Mindestzahl und erforderlichenfalls eine Höchstzahl festsetzen.

Ist jedoch die Mitbestimmung der Arbeitnehmer in der SE gemäß der Richtlinie geregelt, so muss das Verwaltungsorgan aus mindestens drei Mitgliedern bestehen.

(3) Das Mitglied/die Mitglieder des Verwaltungsorgans wird/ werden von der Hauptversammlung bestellt. Die Mitglieder des ersten Verwaltungsorgans können jedoch durch die Satzung bestellt werden. Artikel 47 Absatz 4 oder eine etwaige nach Maßgabe der Richtlinie 2001/86/EG geschlossene Vereinbarung über die Mitbestimmung der Arbeitnehmer bleibt hiervon unberührt.

(4) Enthält das Recht eines Mitgliedstaats in Bezug auf Aktiengesellschaften mit Sitz in seinem Hoheitsgebiet keine Vorschriften über ein monistisches System, kann dieser Mitgliedstaat entsprechende Vorschriften in Bezug auf SE erlassen.

Artikel 44

(1) Das Verwaltungsorgan tritt in den durch die Satzung bestimmten Abständen, mindestens jedoch alle drei Monate, zusammen, um über den Gang der Geschäfte der SE und deren voraussichtliche Entwicklung zu beraten.

(2) Jedes Mitglied des Verwaltungsorgans kann von allen Informationen, die diesem Organ übermittelt werden, Kenntnis nehmen.

Artikel 45

Das Verwaltungsorgan wählt aus seiner Mitte einen Vorsitzenden. Wird die Hälfte der Mitglieder des Verwaltungsorgans von den Arbeitnehmern bestellt, so darf nur ein von der Hauptversammlung der Aktionäre bestelltes Mitglied zum Vorsitzenden gewählt werden.

Abschnitt 3
Gemeinsame Vorschriften für das monistische und das dualistische System

Artikel 46

(1) Die Mitglieder der Organe der Gesellschaft werden für einen in der Satzung festgelegten Zeitraum, der sechs Jahre nicht überschreiten darf, bestellt.

(2) Vorbehaltlich in der Satzung festgelegter Einschränkungen können die Mitglieder einmal oder mehrmals für den gemäß Absatz 1 festgelegten Zeitraum wiederbestellt werden.

Artikel 47

(1) Die Satzung der SE kann vorsehen, dass eine Gesellschaft oder eine andere juristische Person Mitglied eines Organs sein kann, sofern das für Aktiengesellschaften maßgebliche Recht des Sitzstaats der SE nichts anderes bestimmt.

Die betreffende Gesellschaft oder sonstige juristische Person hat zur Wahrnehmung ihrer Befugnisse in dem betreffenden Organ eine natürliche Person als Vertreter zu bestellen.

(2) Personen, die

a) nach dem Recht des Sitzstaats der SE dem Leitungs-, Aufsichts- oder Verwaltungsorgan einer dem Recht dieses Mitgliedstaats unterliegenden Aktiengesellschaft nicht angehören dürfen oder

b) infolge einer Gerichts- oder Verwaltungsentscheidung, die in einem Mitgliedstaat ergangen ist, dem Leitungs-, Aufsichts- oder Verwaltungsorgan einer dem Recht eines Mitgliedstaats unterliegenden Aktiengesellschaft nicht angehören dürfen,

können weder Mitglied eines Organs der SE noch Vertreter eines Mitglieds im Sinne von Absatz 1 sein.

(3) Die Satzung der SE kann für Mitglieder, die die Aktionäre vertreten, in Anlehnung an die für Aktiengesellschaften geltenden Rechtsvorschriften des Sitzstaats der SE besondere Voraussetzungen für die Mitgliedschaft festlegen.

(4) Einzelstaatliche Rechtsvorschriften, die auch einer Minderheit von Aktionären oder anderen Personen oder Stellen die Bestellung eines Teils der Organmitglieder erlauben, bleiben von dieser Verordnung unberührt.

Artikel 48

(1) In der Satzung der SE werden die Arten von Geschäften aufgeführt, für die im dualistischen System das Aufsichtsorgan dem Leitungsorgan seine Zustimmung erteilen muss und im monistischen System ein ausdrücklicher Beschluss des Verwaltungsorgans erforderlich ist.

Die Mitgliedstaaten können jedoch vorsehen, dass im dualistischen System das Aufsichtsorgan selbst bestimmte Arten von Geschäften von seiner Zustimmung abhängig machen kann.

(2) Die Mitgliedstaaten können für die in ihrem Hoheitsgebiet eingetragenen SE festlegen, welche Arten von Geschäften auf jeden Fall in die Satzung aufzunehmen sind.

Artikel 49

Die Mitglieder der Organe der SE dürfen Informationen über die SE, die im Falle ihrer Verbreitung den Interessen der Gesellschaft schaden könnten, auch nach Ausscheiden aus ihrem Amt nicht weitergeben; dies gilt nicht in Fällen, in denen eine solche Informationsweitergabe nach den Bestimmungen des für Aktiengesellschaften geltenden einzelstaatlichen Rechts vorgeschrieben oder zulässig ist oder im öffentlichen Interesse liegt.

Artikel 50

(1) Sofern in dieser Verordnung oder der Satzung nichts anderes bestimmt ist, gelten für die Beschlussfähigkeit und die Beschlussfassung der Organe der SE die folgenden internen Regeln:

a) Beschlussfähigkeit: mindestens die Hälfte der Mitglieder muss anwesend oder vertreten sein;

b) Beschlussfassung: mit der Mehrheit der anwesenden oder vertretenen Mitglieder.

(2) Sofern die Satzung keine einschlägige Bestimmung enthält, gibt die Stimme des Vorsitzenden des jeweiligen Organs bei Stimmengleichheit den Ausschlag. Eine anders lautende Satzungsbestimmung ist jedoch nicht möglich, wenn sich das Aufsichtsorgan zur Hälfte aus Arbeitnehmervertretern zusammensetzt.

(3) Ist die Mitbestimmung der Arbeitnehmer gemäß der Richtlinie 2001/86/EG vorgesehen, so kann ein Mitgliedstaat vorsehen, dass sich abweichend von den Absätzen 1 und 2 Beschlussfähigkeit und Beschlussfassung des Aufsichtsorgans nach den Vorschriften richten, die unter denselben Bedingungen für die Aktiengesellschaften gelten, die dem Recht des betreffenden Mitgliedstaats unterliegen.

Artikel 51

Die Mitglieder des Leitungs-, Aufsichts- oder Verwaltungsorgans haften gemäß den im Sitzstaat der SE für Aktiengesellschaften maßgeblichen Rechtsvorschriften für den Schaden, welcher der SE durch eine Verletzung der ihnen bei der Ausübung ihres Amtes obliegenden gesetzlichen, satzungsmäßigen oder sonstigen Pflichten entsteht.

Abschnitt 4
Hauptversammlung

Artikel 52

Die Hauptversammlung beschließt über die Angelegenheiten, für die ihr

a) durch diese Verordnung oder

b) durch in Anwendung der Richtlinie 2001/86/EG erlassene Rechtsvorschriften des Sitzstaats der SE

die alleinige Zuständigkeit übertragen wird.

Außerdem beschließt die Hauptversammlung in Angelegenheiten, für die der Hauptversammlung einer dem Recht des Sitzstaats der SE unterliegenden Aktiengesellschaft die Zuständigkeit entweder aufgrund der Rechtsvorschriften dieses Mitgliedstaats oder aufgrund der mit diesen Rechtsvorschriften in Einklang stehenden Satzung übertragen worden ist.

Artikel 53

Für die Organisation und den Ablauf der Hauptversammlung sowie für die Abstimmungsverfahren gelten unbeschadet der Bestimmungen dieses Abschnitts die im Sitzstaat der SE für Aktiengesellschaften maßgeblichen Rechtsvorschriften.

Artikel 54

(1) Die Hauptversammlung tritt mindestens einmal im Kalenderjahr binnen sechs Monaten nach Abschluss des Geschäftsjahres zusammen, sofern die im Sitzstaat der SE für Aktiengesellschaften, die dieselbe Art von Aktivitäten wie die SE betreiben, maßgeblichen Rechtsvorschriften nicht häufigere Versammlungen vorsehen. Die Mitgliedstaaten können jedoch vorsehen, dass die erste Hauptversammlung bis zu 18 Monate nach Gründung der SE abgehalten werden kann.

(2) Die Hauptversammlung kann jederzeit vom Leitungs-, Aufsichts- oder Verwaltungsorgan oder von jedem anderen Organ oder jeder zuständigen Behörde nach den für Aktiengesellschaften im Sitzstaat der SE maßgeblichen einzelstaatlichen Rechtsvorschriften einberufen werden.

Artikel 55

(1) Die Einberufung der Hauptversammlung und die Aufstellung ihrer Tagesordnung können von einem oder mehreren Aktionären beantragt werden, sofern sein/ihr Anteil am gezeichneten Kapital mindestens 10 % beträgt; die Satzung oder einzelstaatliche Rechtsvorschriften können unter denselben Voraussetzungen, wie sie für Aktiengesellschaften gelten, einen niedrigeren Prozentsatz vorsehen.

(2) Der Antrag auf Einberufung muss die Punkte für die Tagesordnung enthalten.

(3) Wird die Hauptversammlung nicht rechtzeitig bzw. nicht spätestens zwei Monate nach dem Zeitpunkt, zu dem der in Absatz 1 genannte Antrag gestellt worden ist, abgehalten, so kann das am Sitz der SE zuständige Gericht oder die am Sitz der SE zuständige Verwaltungsbehörde anordnen, dass sie innerhalb einer bestimmten Frist einzuberufen ist, oder die Aktionäre, die den Antrag gestellt haben, oder deren Vertreter dazu ermäch-

tigen. Hiervon unberührt bleiben einzelstaatliche Bestimmungen, aufgrund deren die Aktionäre gegebenenfalls die Möglichkeit haben, selbst die Hauptversammlung einzuberufen.

Artikel 56

Die Ergänzung der Tagesordnung für eine Hauptversammlung durch einen oder mehrere Punkte kann von einem oder mehreren Aktionären beantragt werden, sofern sein/ihr Anteil am gezeichneten Kapital mindestens 10 % beträgt. Die Verfahren und Fristen für diesen Antrag werden nach dem einzelstaatlichen Recht des Sitzstaats der SE oder, sofern solche Vorschriften nicht vorhanden sind, nach der Satzung der SE festgelegt. Die Satzung oder das Recht des Sitzstaats können unter denselben Voraussetzungen, wie sie für Aktiengesellschaften gelten, einen niedrigeren Prozentsatz vorsehen.

Artikel 57

Die Beschlüsse der Hauptversammlung werden mit der Mehrheit der abgegebenen gültigen Stimmen gefasst, sofern diese Verordnung oder gegebenenfalls das im Sitzstaat der SE für Aktiengesellschaften maßgebliche Recht nicht eine größere Mehrheit vorschreibt.

Artikel 58

Zu den abgegebenen Stimmen zählen nicht die Stimmen, die mit Aktien verbunden sind, deren Inhaber nicht an der Abstimmung teilgenommen oder sich der Stimme enthalten oder einen leeren oder ungültigen Stimmzettel abgegeben haben.

Artikel 59

(1) Die Änderung der Satzung bedarf eines Beschlusses der Hauptversammlung, der mit der Mehrheit von nicht weniger als zwei Dritteln der abgegebenen Stimmen gefasst worden ist, sofern die Rechtsvorschriften für Aktiengesellschaften im Sitzstaat der SE keine größere Mehrheit vorsehen oder zulassen.

(2) Jeder Mitgliedstaat kann jedoch bestimmen, dass die einfache Mehrheit der Stimmen im Sinne von Absatz 1 ausreicht, sofern mindestens die Hälfte des gezeichneten Kapitals vertreten ist.

(3) Jede Änderung der Satzung wird gemäß Artikel 13 offen gelegt.

Artikel 60

(1) Sind mehrere Gattungen von Aktien vorhanden, so erfordert jeder Beschluss der Hauptversammlung noch eine gesonderte Abstimmung durch jede Gruppe von Aktionären, deren spezifische Rechte durch den Beschluss berührt werden.

(2) Bedarf der Beschluss der Hauptversammlung der Mehrheit der Stimmen gemäß Artikel 59 Absätze 1 oder 2, so ist diese Mehrheit auch für die gesonderte Abstimmung jeder Gruppe von Aktionären erforderlich, deren spezifische Rechte durch den Beschluss berührt werden.

Titel IV
Jahresabschluss und konsolidierter Abschluss

Artikel 61

Vorbehaltlich des Artikels 62 unterliegt die SE hinsichtlich der Aufstellung ihres Jahresabschlusses und gegebenenfalls ihres konsolidierten Abschlusses einschließlich des dazugehörigen Lageberichts sowie der Prüfung und der Offenlegung dieser Abschlüsse den Vorschriften, die für dem Recht des Sitzstaates der SE unterliegende Aktiengesellschaften gelten.

Artikel 62

(1) Handelt es sich bei der SE um ein Kreditinstitut oder ein Finanzinstitut, so unterliegt sie hinsichtlich der Aufstellung ihres Jahresabschlusses und gegebenenfalls ihres konsolidierten Abschlusses einschließlich des dazugehörigen Lageberichts sowie der Prüfung und der Offenlegung dieser Abschlüsse den gemäß der Richtlinie 2000/12/EG des Europäischen Parlaments und des Rates vom 20. März 2000 über die Aufnahme und Ausübung der Tätigkeit der Kreditinstitute[1)] erlassenen einzelstaatlichen Rechtsvorschriften des Sitzstaats.

(2) Handelt es sich bei der SE um ein Versicherungsunternehmen, so unterliegt sie hinsichtlich der Aufstellung ihres Jahresabschlusses und gegebenenfalls ihres konsolidierten Abschlusses einschließlich des dazugehörigen Lageberichts sowie der Prüfung und der Offenlegung dieser Abschlüsse den gemäß der Richtlinie 91/674/EWG des Rates vom 19. Dezember 1991 über den Jahresabschluss und den konsolidierten Abschluss von Versicherungsunternehmen[2)] erlassenen einzelstaatlichen Rechtsvorschriften des Sitzstaats.

Titel V
Auflösung, Liquidation, Zahlungsunfähigkeit und Zahlungseinstellung

Artikel 63

Hinsichtlich der Auflösung, Liquidation, Zahlungsunfähigkeit, Zahlungseinstellung und ähnlicher Verfahren unterliegt die SE den Rechtsvorschriften, die für eine Aktiengesellschaft maßgeblich wären, die nach dem Recht des Sitzstaats der SE gegründet worden ist; dies gilt auch für die Vorschriften hinsichtlich der Beschlussfassung durch die Hauptversammlung.

Artikel 64

(1) Erfüllt eine SE nicht mehr die Verpflichtung nach Artikel 7, so trifft der Mitgliedstaat, in dem die SE ihren Sitz hat, geeignete Maßnahmen, um die SE zu verpflichten, innerhalb einer bestimmten Frist den vorschriftswidrigen Zustand zu beenden, indem sie

a) entweder ihre Hauptverwaltung wieder im Sitzstaat errichtet

b) oder ihren Sitz nach dem Verfahren des Artikels 8 verlegt.

(2) Der Sitzstaat trifft die erforderlichen Maßnahmen, um zu gewährleisten, dass eine SE, die den vorschriftswidrigen Zustand nicht gemäß Absatz 1 beendet, liquidiert wird.

(3) Der Sitzstaat sieht vor, dass ein Rechtsmittel gegen die Feststellung des Verstoßes gegen Artikel 7 eingelegt werden kann. Durch dieses Rechtsmittel werden die in den Absätzen 1 und 2 vorgesehenen Verfahren ausgesetzt.

(4) Wird auf Veranlassung der Behörden oder einer betroffenen Partei festgestellt, dass sich die Hauptverwaltung einer SE unter Verstoß gegen Artikel 7 im Hoheitsgebiet eines Mitgliedstaats befindet, so teilen die Behörden dieses Mitgliedstaats dies unverzüglich dem Mitgliedstaat mit, in dem die SE ihren Sitz hat.

---

1) ABl. L 126 vom 26.5.2000, S. 1.
2) ABl. L 374 vom 31.12.1991, S. 7.

Artikel 65

Die Eröffnung eines Auflösungs-, Liquidations-, Zahlungsunfähigkeits- und Zahlungseinstellungsverfahrens und sein Ab-schluss sowie die Entscheidung über die Weiterführung der Geschäftstätigkeit werden unbeschadet einzelstaatlicher Bestimmungen, die zusätzliche Anforderungen in Bezug auf die Offenlegung enthalten, gemäß Artikel 13 offen gelegt.

Artikel 66

(1) Eine SE kann in eine dem Recht ihres Sitzstaats unterliegende Aktiengesellschaft umgewandelt werden. Ein Umwandlungsbeschluss darf erst zwei Jahre nach Eintragung der SE oder nach Genehmigung der ersten beiden Jahresabschlüsse gefasst werden.

(2) Die Umwandlung einer SE in eine Aktiengesellschaft führt weder zur Auflösung der Gesellschaft noch zur Gründung einer neuen juristischen Person.

(3) Das Leitungs- oder das Verwaltungsorgan der SE erstellt einen Umwandlungsplan sowie einen Bericht, in dem die rechtlichen und wirtschaftlichen Aspekte der Umwandlung erläutert und begründet sowie die Auswirkungen, die der Übergang zur Rechtsform der Aktiengesellschaft für die Aktionäre und die Arbeitnehmer hat, dargelegt werden.

(4) Der Umwandlungsplan ist mindestens einen Monat vor dem Tag der Hauptversammlung, die über die Umwandlung zu beschließen hat, nach den in den Rechtsvorschriften der einzelnen Mitgliedstaaten gemäß Artikel 3 der Richtlinie 68/151/EWG vorgesehenen Verfahren offen zu legen.

(5) Vor der Hauptversammlung nach Absatz 6 ist von einem oder mehreren unabhängigen Sachverständigen, der/die nach den einzelstaatlichen Durchführungsbestimmungen zu Artikel 10 der Richtlinie 78/855/EWG durch ein Gericht oder eine Verwaltungsbehörde des Mitgliedstaates, dem die sich in eine Aktiengesellschaft umwandelnde SE unterliegt, bestellt oder zugelassen ist/sind, zu bescheinigen, dass die Gesellschaft über Vermögenswerte mindestens in Höhe ihres Kapitals verfügt.

(6) Die Hauptversammlung der SE stimmt dem Umwandlungsplan zu und genehmigt die Satzung der Aktiengesellschaft. Die Beschlussfassung der Hauptversammlung erfolgt nach Maßgabe der einzelstaatlichen Bestimmungen im Einklang mit Artikel 7 der Richtlinie 78/855/EWG.

Titel VI
Ergänzungs- und Überwachungsbestimmungen

Artikel 67

(1) Jeder Mitgliedstaat kann, sofern und solange für ihn die dritte Stufe der Wirtschafts- und Währungsunion (WWU) nicht gilt, auf die SE mit Sitz in seinem Hoheitsgebiet in der Frage, aufweiche Währung ihr Kapital zu lauten hat, dieselben Bestimmungen anwenden wie auf die Aktiengesellschaften, für die seine Rechtsvorschriften gelten. Die SE kann ihr Kapital auf jeden Fall auch in Euro ausdrücken. In diesem Fall wird für die Umrechnung zwischen Landeswährung und Euro der Satz zugrunde gelegt, der am letzten Tag des Monats vor der Gründung der SE galt.

(2) Sofern und solange für den Sitzstaat der SE die dritte Stufe der WWU nicht gilt, kann die SE jedoch die Jahresabschlüsse und gegebenenfalls die konsolidierten Abschlüsse in Euro erstellen und offen legen. Der Mitgliedstaat kann verlangen, dass die Jahresabschlüsse und gegebenenfalls die konsolidierten Abschlüsse nach denselben Bedingungen, wie sie für die dem Recht dieses Mitgliedstaats unterliegenden Aktienge-

sellschaften vorgesehen sind, in der Landeswährung erstellt und offen gelegt werden. Dies gilt unbeschadet der der SE zusätzlich eingeräumten Möglichkeit, ihre Jahresabschlüsse und gegebenenfalls ihre konsolidierten Abschlüsse entsprechend der Richtlinie 90/604/EWG[1] in Euro offen zu legen.

Titel VII
Schlussbestimmungen

Artikel 68

(1) Die Mitgliedstaaten treffen alle geeigneten Vorkehrungen, um das Wirksamwerden dieser Verordnung zu gewährleisten.

(2) Jeder Mitgliedstaat benennt die zuständigen Behörden im Sinne der Artikel 8, 25, 26, 54, 55 und 64. Er setzt die Kommission und die anderen Mitgliedstaaten davon in Kenntnis.

Artikel 69

Spätestens fünf Jahre nach Inkrafttreten dieser Verordnung legt die Kommission dem Rat und dem Europäischen Parlament einen Bericht über die Anwendung der Verordnung sowie gegebenenfalls Vorschläge für Änderungen vor. In dem Bericht wird insbesondere geprüft, ob es zweckmäßig ist,

a) zuzulassen, dass sich die Hauptverwaltung und der Sitz der SE in verschiedenen Mitgliedstaaten befinden,
b) den Begriff der Verschmelzung in Artikel 17 Absatz 2 auszuweiten, um auch andere als die in Artikel 3 Absatz 1 und Artikel 4 Absatz 1 der Richtlinie 78/855/EWG definierten Formen der Verschmelzung zuzulassen,
c) die Gerichtsstandsklausel des Artikels 8 Absatz 16 im Lichte von Bestimmungen, die in das Brüsseler Übereinkommen von 1968 oder in einen Rechtsakt der Mitgliedstaaten oder des Rates zur Ersetzung dieses Übereinkommens aufgenommen wurden, zu überprüfen,
d) vorzusehen, dass ein Mitgliedstaat in den Rechtsvorschriften, die er in Ausübung der durch diese Verordnung übertragenen Befugnisse oder zur Sicherstellung der tatsächlichen Anwendung dieser Verordnung auf eine SE erlässt, Bestimmungen in der Satzung der SE zulassen kann, die von diesen Rechtsvorschriften abweichen oder diese ergänzen, auch wenn derartige Bestimmungen in der Satzung einer Aktiengesellschaft mit Sitz in dem betreffenden Mitgliedstaat nicht zulässig wären.

Artikel 70

Diese Verordnung tritt am 8. Oktober 2004 in Kraft.

---

1) Richtlinie 90/604/EWG des Rates vom 8. November 1990 zur Änderung der Richtlinie 78/660/EWG über den Jahresabschluss und der Richtlinie 83/349/EWG über den konsolidierten Abschluss hinsichtlich der Ausnahme für kleine und mittlere Gesellschaften sowie der Offenlegung von Abschlüssen in Ecu (ABl. L 317 vom 16.11.1990, S. 57).

Anhang I
Aktiengesellschaften gemäß Artikel 2 Absatz 1

BELGIEN:
la société anonyme/de naamloze vennootschap

BULGARIEN:
акционерно дружество

TSCHECHISCHE REPUBLIK:
akciová společnost'

DÄNEMARK:
aktieselskaber

DEUTSCHLAND:
die Aktiengesellschaft

ESTLAND:
aktsiaselts

GRIECHENLAND:
ανώνυμη εταιρία

SPANIEN:
la sociedad anónima

FRANKREICH:
la société anonyme

KROATIEN:[1]
dioničko društvo

IRLAND:
public companies limited by shares
public companies limited by guarantee having a share capital

ITALIEN:
società per azioni

ZYPERN:
Δημόσια Εταιρεία περιορισμένης ευθύνης με μετοχές, Δημόσια Εταιρεία περιορισμένης ευθύνης με εγγύηση

LETTLAND:
akciju sabiedrība

LITAUEN:
akcinės bendrovės

LUXEMBURG:
la société anonyme

UNGARN:
részvénytársaság

1) Eingefügt durch VO (EU) Nr. 517/2013 vom 13.5.2013 (ABl. L 158 S. 1).

MALTA:
kumpaniji pubbliċi / public limited liability companies
NIEDERLANDE:
de naamloze vennootschap
ÖSTERREICH:
die Aktiengesellschaft
POLEN:
spółka akcyjna
PORTUGAL:
a sociedade anónima de responsabilidade limitada
RUMÄNIEN:
societate pe acțiuni
SLOWENIEN:
delniška družba
SLOWAKEI:
akciová spoločnos
FINNLAND:
julkinen osakeyhtiö/publikt aktiebolag
SCHWEDEN:
publikt aktiebolag
VEREINIGTES KÖNIGREICH:
public companies limited by shares
public companies limited by guarantee having a share capital

Anhang II
Aktiengesellschaften und Gesellschaften mit beschränkter Haftung gemäß Artikel 2 Absatz 2

BELGIEN:
la société anonyme/de naamloze vennootschap,
la société privée à responsabilité limitée/besloten vennootschap met beperkte aansprakelijkheid
BULGARIEN:
акционерно дружество, дружество с ограничена отговорност
TSCHECHISCHE REPUBLIK:
akciová společnost,
společnost s ručením omezeným
DÄNEMARK:
aktieselskaber,
anpartselskaber

DEUTSCHLAND:
die Aktiengesellschaft,
die Gesellschaft mit beschränkter Haftung
ESTLAND:
aktsiaselts ja osaühing
GRIECHENLAND:
ανώνυμη εταιρία
εταιρία περιορισμένης ευθύνης
SPANIEN:
la sociedad anónima,
la sociedad de responsabilidad limitada
FRANKREICH:
la société anonyme
la société à responsabilité limitée
KROATIEN:[1]
dioničko društvo,
društvo s orgraničenom odgovornošću
IRLAND:
public companies limited by shares
public companies limited by guarantee having a share capital
private companies limited by shares
private companies limited by guarantee having a share capital
ITALIEN:
società per azioni,
società a responsabilità limitata
ZYPERN:
Δημόσια εταιρεία περιορισμένης ευθύνης με μετοχές,
δημόσια Εταιρεία περιορισμένης ευθύνης με εγγύηση,
ιδιωτική εταιρεία
LETTLAND:
akciju sabiedrība,
un sabiedrība ar ierobežotu atbildību
LITAUEN:
akcinės bendrovės,
uždarosios akcinės bendrovės
LUXEMBURG:
la société anonyme,
la société à responsabilité limitée

---

1) Eingefügt durch VO (EU) Nr. 517/2013 vom 13.5.2013 (ABl. L 158 S. 1).

UNGARN:
részvénytársaság,
korlátolt felelősségű társaság
MALTA:
kumpaniji pubbliċi / public limited liability companies
kumpaniji privati/private limited liability companies
NIEDERLANDE:
de naamloze vennootschap,
de besloten vennootschap met beperkte aansprakelijkheid
ÖSTERREICH:
die Aktiengesellschaft,
die Gesellschaft mit beschränkter Haftung
POLEN:
spółka akcyjna,
spółka z ograniczoną odpowiedzialnością
PORTUGAL:
a sociedade anónima de responsabilidade limitada,
a sociedade por quotas de responsabilidade limitada
RUMÄNIEN:
societate pe acţiuni, societate cu răspundere limitată
SLOWENIEN:
delniška družba,
družba z omejeno odgovornostjo
SLOWAKEI:
akciová spoločnos',
spoločnosť s ručením obmedzeným
FINNLAND:
osakeyhtiö/aktiebolag
SCHWEDEN:
aktiebolag
VEREINIGTES KÖNIGREICH:
public companies limited by shares
public companies limited by guarantee having a share capital
private companies limited by shares
private companies limited by guarantee having a share capital

E2. Verordnung (EU) Nr. 537/2014 des Europäischen Parlaments und des Rates vom 16. April 2014 über spezifische Anforderungen an die Abschlussprüfung bei Unternehmen von öffentlichem Interesse und zur Aufhebung des Beschlusses 2005/909/EG der Kommission

(ABl. L 158 vom 27.5.2014, S. 77; berichtigt in ABl. L 170 vom 11.6.2014, S. 66)

DAS EUROPÄISCHE PARLAMENT UND DER RAT DER EUROPÄISCHEN UNION –

gestützt auf den Vertrag über die Arbeitsweise der Europäischen Union, insbesondere auf Artikel 114,

auf Vorschlag der Europäischen Kommission,

nach Zuleitung des Entwurfs des Gesetzgebungsakts an die nationalen Parlamente, nach Stellungnahme des Europäischen Wirtschafts- und Sozialausschusses [1)],

gemäß dem ordentlichen Gesetzgebungsverfahren [2)],

in Erwägung nachstehender Gründe:

(1) Abschlussprüfer und Prüfungsgesellschaften sind gesetzlich mit der Durchführung der Abschlussprüfung bei Unternehmen von öffentlichem Interesse betraut, um das Vertrauen der Öffentlichkeit in die Jahresabschlüsse und konsolidierten Abschlüsse dieser Unternehmen zu stärken. Die Funktion der Abschlussprüfung für das öffentliche Interesse erwächst aus der Tatsache, dass sich ein breiter Kreis von Personen und Einrichtungen auf die Qualität der Arbeit des Abschlussprüfers oder der Prüfungsgesellschaft verlässt. Eine gute Prüfungsqualität trägt zum ordnungsgemäßen Funktionieren der Märkte bei, indem die Integrität und Wirksamkeit der Abschlüsse erhöht wird. Abschlussprüfer erfüllen damit eine besonders wichtige gesellschaftliche Funktion.

(2) Nach Unionsrecht, nämlich Artikel 1 Absatz 1 der Richtlinie 86/635/EWG des Rates [3)], Artikel 1 Absatz 1 der Richtlinie 91/674/EWG des Rates [4)], Artikel 4 Absatz 4 der Richtlinie 2004/109/EG des Europäischen Parlaments und des Rates [5)], Artikel 15 Absatz 2 der Richtlinie 2007/64/EG des Europäischen Parlaments und des Rates [6)], Artikel 73 der Richtlinie 2009/65/EG des Europäischen Parlaments

1) ABl. C 191 vom 29.6.2012, S. 61.

2) Standpunkt des Europäischen Parlaments vom 3. April 2014 (noch nicht im Amtsblatt veröffentlicht) und Beschluss des Rates vom 14. April 2014.

3) Richtlinie 86/635/EWG des Rates vom 8. Dezember 1986 über den Jahresabschluss und den konsolidierten Abschluss von Banken und anderen Finanzinstituten (ABl. L 372 vom 31.12.1986, S. 1).

4) Richtlinie 91/674/EWG des Rates vom 19. Dezember 1991 über den Jahresabschluss und den konsolidierten Abschluss von Versicherungsunternehmen (ABl. L 374 vom 31.12.1991, S. 7).

5) Richtlinie 2004/109/EG des Europäischen Parlaments und des Rates vom 15. Dezember 2004 zur Harmonisierung der Transparenzanforderungen in Bezug auf Informationen über Emittenten, deren Wertpapiere zum Handel auf einem geregelten Markt zugelassen sind, und zur Änderung der Richtlinie 2001/34/EG (ABl. L 390 vom 31.12.2004, S. 38).

6) Richtlinie 2007/64/EG des Europäischen Parlaments und des Rates vom 13. November 2007 über Zahlungsdienste im Binnenmarkt, zur Änderung der Richtlinien 97/7/EG, 2002/65/EG, 2005/60/EG und 2006/48/EG sowie zur Aufhebung der Richtlinie 97/5/EG (ABl. L 319 vom 5.12.2007, S. 1).

und des Rates[1], Artikel 3 Absatz 1 der Richtlinie 2009/110/EG des Europäischen Parlaments und des Rates[2] und Artikel 22 Absatz 3 der Richtlinie 2011/61/EU des Europäischen Parlaments und des Rates[3] müssen die Abschlüsse, d. h. Jahresabschlüsse und konsolidierte Abschlüsse, von Kreditinstituten, Versicherungsgesellschaften, Emittenten von Wertpapieren, die zum Handel an einem geregelten Markt zugelassen sind, Zahlungsinstituten, Organismen für gemeinsame Anlagen in Wertpapieren (OGAW), E-Geld-Instituten, alternativen Investmentfonds von einer oder mehrerer nach Unionsrecht zur Durchführung solcher Prüfungen berechtigten Personen geprüft werden. Darüber hinaus verlangt Artikel 4 Absatz 1 Nummer l der Richtlinie 2004/39/EG des Europäischen Parlaments und des Rates[4] eine Prüfung der Jahresabschlüsse von Wertpapierfirmen für den Fall, dass die Richtlinie 2013/34/EU des Europäischen Parlaments und des Rates[5] nicht anwendbar ist.

(3) Die Voraussetzungen für die Zulassung der für die Abschlussprüfung zuständigen Personen sowie die Mindestanforderungen an die Durchführung dieser Prüfungen sind in der Richtlinie 2006/43/EG des Europäischen Parlaments und des Rates[6] festgelegt.

(4) Am 13. Oktober 2010 legte die Kommission das Grünbuch „Weiteres Vorgehen im Bereich der Abschlussprüfung: Lehren aus der Krise“ vor, mit dem im allgemeinen Zusammenhang mit der Finanzmarktregulierungsreform eine breite öffentliche Konsultation eingeleitet wurde, bei der es um Funktion und Umfang der Abschlussprüfung sowie um die Frage ging, wie Abschlussprüfungen gestärkt werden können, um zu erhöhter Finanzstabilität beitragen zu können. Diese Konsultation ergab, dass die Bestimmungen der Richtlinie 2006/43/EG zur gesetzlichen Prüfung der Jahresabschlüsse und konsolidierten Abschlüsse von Unternehmen von öffentlichem Interesse verbessert werden könnten. Das Europäische Parlament hat am 13. September 2011 einen Initiativbericht zu dem Grünbuch vorgelegt. Auch

1) Richtlinie 2009/65/EG des Europäischen Parlaments und des Rates vom 13. Juli 2009 zur Koordinierung der Rechts- und Verwaltungsvorschriften betreffend bestimmte Organismen für gemeinsame Anlagen in Wertpapieren (OGAW) (ABl. L 302 vom 17.11.2009, S. 32).

2) Richtlinie 2009/110/EG des Europäischen Parlaments und des Rates vom 16. September 2009 über die Aufnahme, Ausübung und Beaufsichtigung der Tätigkeit von E-Geld-Instituten, zur Änderung der Richtlinien 2005/60/EG und 2006/48/EG sowie zur Aufhebung der Richtlinie 2000/46/EG (ABl. L 267 vom 10.10.2009, S. 7).

3) Richtlinie 2011/61/EU des Europäischen Parlaments und des Rates vom 8. Juni 2011 über die Verwalter alternativer Investmentfonds und zur Änderung der Richtlinien 2003/41/EG und 2009/65/EG und der Verordnungen (EG) Nr. 1060/2009 und (EU) Nr. 1095/2010 (ABl. L 174 vom 1.7.2011, S. 1).

4) Richtlinie 2004/39/EG des Europäischen Parlaments und des Rates vom 21. April 2004 über Märkte für Finanzinstrumente, zur Änderung der Richtlinien 85/611/EWG und 93/6/EWG des Rates und der Richtlinie 2000/12/EG des Europäischen Parlaments und des Rates und zur Aufhebung der Richtlinie 93/22/EWG des Rates (ABl. L 145 vom 30.4.2004, S. 1).

5) Richtlinie 2013/34/EU des Europäischen Parlaments und des Rates vom 26. Juni 2013 über den Jahresabschluss, den konsolidierten Abschluss und damit verbundene Berichte von Unternehmen bestimmter Rechtsformen und zur Änderung der Richtlinie 2006/43/EG des Europäischen Parlaments und des Rates und zur Aufhebung der Richtlinien 78/660/EWG und 83/349/EWG des Rates (ABl. L 182 vom 29.6.2013, S. 19).

6) Richtlinie 2006/43/EG des Europäischen Parlaments und des Rates vom 17. Mai 2006 über Abschlussprüfungen von Jahresabschlüssen und konsolidierten Abschlüssen, zur Änderung der Richtlinien 78/660/EWG und 83/349/EWG des Rates und zur Aufhebung der Richtlinie 84/253/EWG des Rates (ABl. L 157 vom 9.6.2006, S. 87).

der Europäische Wirtschafts- und Sozialausschuss nahm am 16. Juni 2011 einen Bericht zu diesem Grünbuch an.

(5) Es ist wichtig, detaillierte Vorschriften festzulegen, um zu gewährleisten, dass Abschlussprüfungen bei Unternehmen von öffentlichem Interesse die erforderliche Qualität aufweisen und die mit diesen Prüfungen betrauten Abschlussprüfer und Prüfungsgesellschaften strengen Anforderungen unterliegen. Ein gemeinsamer rechtlicher Ansatz dürfte die Integrität, Unabhängigkeit, Unparteilichkeit, Verantwortung, Transparenz und Verlässlichkeit von Abschlussprüfern und Prüfungsgesellschaften, die Unternehmen von öffentlichem Interesse prüfen, stärken und so zur Qualität der Abschlussprüfung in der Europäischen Union und damit auch zu einem reibungslos funktionierenden Binnenmarkt im Sinne eines hohen Maßes an Verbraucher- und Anlegerschutz beitragen. Die Erarbeitung eines gesonderten Rechtsakts für Unternehmen von öffentlichem Interesse sollte darüber hinaus eine einheitliche Harmonisierung und einheitliche Anwendung der Vorschriften gewährleisten und damit die Funktionsweise des Binnenmarkts verbessern helfen. Diese strengen Anforderungen sollten nur insofern auf Abschlussprüfer und Prüfungsgesellschaften anwendbar sein, als sie Abschlussprüfungen bei Unternehmen von öffentlichem Interesse durchführen.

(6) Die Abschlussprüfung bei Genossenschaften und Sparkassen ist in manchen Mitgliedstaaten durch ein System gekennzeichnet, wonach diese ihren Abschlussprüfer oder ihre Prüfungsgesellschaft nicht frei wählen dürfen. Der Prüfungsverband, dem die Genossenschaft oder Sparkasse als Mitglied angehört, ist gesetzlich zur Durchführung der Abschlussprüfung verpflichtet. Diese Prüfungsverbände sind ohne Gewinnerzielungsabsicht tätig und verfolgen keine wirtschaftlichen Interessen, was sich aus ihrer Rechtsnatur ergibt. Außerdem verfolgen die Organisationseinheiten dieser Verbände kein gemeinsames wirtschaftliches Interesse in der Weise, dass ihre Unabhängigkeit beeinträchtigt sein könnte. Deshalb sollten die Mitgliedstaaten die Möglichkeit haben, Genossenschaften im Sinne des Artikels 2 Nummer 14 der Richtlinie 2006/43/EG, Sparkassen oder ähnliche Unternehmen nach Artikel 45 der Richtlinie 86/635/EWG oder ihre Tochterunternehmen oder Rechtsnachfolger aus dem Geltungsbereich dieser Verordnung auszunehmen, sofern die Grundsätze der Unabhängigkeit gemäß der Richtlinie 2006/43/EG eingehalten werden.

(7) Die Höhe der von einem geprüften Unternehmen gezahlten Prüfungshonorare und deren Zusammensetzung kann die Unabhängigkeit eines Abschlussprüfers oder einer Prüfungsgesellschaft gefährden. Aus diesem Grund ist es wichtig sicherzustellen, dass Prüfungshonorare in keiner Weise ergebnisabhängig sind und dass für den Fall, dass die von einem Mandanten einschließlich seiner Tochterunternehmen gezahlten Prüfungshonorare sehr hoch sind, ein spezielles Verfahren zur Gewährleistung der Prüfungsqualität eingerichtet wird, an dem der Prüfungsausschuss beteiligt wird. Wird ein Abschlussprüfer oder eine Prüfungsgesellschaft übermäßig abhängig von einem Mandanten, so sollte der Prüfungsausschuss anhand triftiger Gründe entscheiden, ob der Abschlussprüfer oder die Prüfungsgesellschaft die Abschlussprüfung weiterhin durchführen kann. Bei dieser Entscheidung sollte der Prüfungsausschuss unter anderem die Gefährdung der Unabhängigkeit und die Folgen seiner Entscheidung berücksichtigen.

(8) Wenn Abschlussprüfer, Prüfungsgesellschaften oder Mitglieder ihrer Netzwerke für geprüfte Unternehmen bestimmte andere Leistungen als Prüfungsleistungen (Nichtprüfungsleistungen) erbringen, kann dies ihre Unabhängigkeit beeinträchtigen. Deshalb ist es angemessen, die Erbringung bestimmter Nichtprüfungsleistungen wie etwa spezielle Steuerberatungs- und Beratungsdienstleistungen für

das geprüfte Unternehmen, dessen Muttergesellschaft und die von ihm beherrschten Unternehmen innerhalb der Union zu verbieten. Zu den Leistungen, mit denen eine Beteiligung an der Führung oder an Entscheidungen des geprüften Unternehmens verbunden ist, könnten die Verwaltung des Umlaufvermögens (Working Capital Management), die Bereitstellung von Finanzinformationen, die Optimierung von Geschäftsabläufen, die Finanzmittelverwaltung (Cash Management), die Verrechnungspreisgestaltung, die Herbeiführung von Effizienzgewinnen bei Lieferketten und Ähnliches gehören. Leistungen im Zusammenhang mit der Finanzierung, der Kapitalstruktur und -allokation sowie der Anlagestrategie des geprüften Unternehmens sollten verboten sein, mit Ausnahme der Erbringung von Leistungen wie Sorgfaltsprüfungen (Due-Diligence-Prüfungen), Erstellung von Prüfbescheinigungen (Comfort Letters) im Zusammenhang mit vom geprüften Unternehmen herausgegebenen Prospekten und sonstigen Bestätigungsleistungen.

(9) Den Mitgliedstaaten sollte es möglich sein zu beschließen, dass die Abschlussprüfer und Prüfungsgesellschaften bestimmte Steuerberatungs- und Bewertungsleistungen erbringen dürfen, wenn diese unwesentlich sind oder sie allein oder kumuliert keine direkten Auswirkungen auf die geprüften Abschlüsse haben. Wenn diese Leistungen aggressive Steuerplanung beinhalten, sollten sie nicht als unwesentlich angesehen werden. Daher sollte ein Abschlussprüfer oder eine Prüfungsgesellschaft dem geprüften Unternehmen keine derartigen Leistungen erbringen. Ein Abschlussprüfer oder eine Prüfungsgesellschaft sollte Nichtprüfungsleistungen, die nicht nach der vorliegenden Verordnung unzulässig sind, erbringen können, wenn der Prüfungsausschuss die Erbringung derartiger Leistungen zuvor genehmigt hat und der Abschlussprüfer oder die Prüfungsgesellschaft sich vergewissert hat, dass seine bzw. ihre Unabhängigkeit infolge der Erbringung derartiger Leistungen keiner Gefahr ausgesetzt wird, die sich nicht durch die Anwendung von Schutzmaßnahmen auf ein annehmbares Niveau senken ließe.

(10) Zur Vermeidung von Interessenkonflikten ist es wichtig, dass Abschlussprüfer und Prüfungsgesellschaften vor Annahme oder Fortsetzung eines Prüfungsmandats bei einem Unternehmen von öffentlichem Interesse beurteilen, ob die Anforderungen an ihre Unabhängigkeit erfüllt sind, und insbesondere überprüfen, ob sich aus der Beziehung zu diesem Unternehmen Gefahren für ihre Unabhängigkeit ergeben. Abschlussprüfer und Prüfungsgesellschaften sollten gegenüber dem Prüfungsausschuss des geprüften Unternehmens jährlich ihre Unabhängigkeit bestätigen und jede Gefährdung ihrer Unabhängigkeit wie auch die zur Verminderung dieser Gefährdung eingeleiteten Maßnahmen mit dem Prüfungsausschuss erörtern.

(11) Die Verarbeitung personenbezogener Daten, die in den Mitgliedstaaten im Zusammenhang mit dieser Verordnung erfolgt, sollte der Richtlinie 95/46/EG des Europäischen Parlaments und des Rates[1] und der Aufsicht der zuständigen Behörden der Mitgliedstaaten, insbesondere der von den Mitgliedstaaten benannten unabhängigen öffentlichen Stellen, unterliegen. Jeder Austausch und jede Weiterleitung von Informationen durch die zuständigen Behörden sollte den Bestimmungen der Richtlinie 95/46/EG zur Übermittlung personenbezogener Daten entsprechen.

(12) Eine solide auftragsbegleitende Qualitätssicherungsprüfung der im Rahmen der einzelnen Prüfungsmandate ausgeführten Arbeiten dürfte zu einer hohen Prü-

1) Richtlinie 95/46/EG des Europäischen Parlaments und des Rates vom 24. Oktober 1995 zum Schutz natürlicher Personen bei der Verarbeitung personenbezogener Daten und zum freien Datenverkehr (ABl. L 281 vom 23.11.1995, S. 31).

fungsqualität beitragen. Aus diesem Grund sollte der Abschlussprüfer oder die Prüfungsgesellschaft den Bestätigungsvermerk nicht vor Abschluss dieser auftragsbegleitenden Qualitätssicherungsprüfung erteilen.

(13) Die Ergebnisse der Abschlussprüfung bei einem Unternehmen von öffentlichem Interesse sollten den Abschlussadressaten im Bestätigungsvermerk dargelegt werden. Um deren Vertrauen in die Abschlüsse des geprüften Unternehmens zu erhöhen, ist es besonders wichtig, dass der Bestätigungsvermerk fundiert und stichhaltig begründet ist. Zusätzlich zu den nach Artikel 28 der Richtlinie 2006/43/EG erforderlichen Angaben sollte der Bestätigungsvermerk insbesondere ausreichende Informationen über die Unabhängigkeit des Abschlussprüfers oder der Prüfungsgesellschaft sowie darüber enthalten, ob die Abschlussprüfung geeignet war, Unregelmäßigkeiten einschließlich Betrug aufzudecken.

(14) Für das geprüfte Unternehmen würde die Abschlussprüfung erheblich an Wert gewinnen, wenn die Kommunikation zwischen dem Abschlussprüfer oder der Prüfungsgesellschaft auf der einen und dem Prüfungsausschuss auf der anderen Seite verstärkt würde. Neben dem regelmäßigen Dialog bei der Durchführung der Abschlussprüfung ist es wichtig, dass der Abschlussprüfer oder die Prüfungsgesellschaft dem Prüfungsausschuss einen zusätzlichen detaillierteren Bericht über die Ergebnisse der Abschlussprüfung vorlegt. Dieser zusätzliche Bericht sollte dem Prüfungsausschuss nicht später als der Bestätigungsvermerk vorgelegt werden. Der Abschlussprüfer oder die Prüfungsgesellschaft sollte auf Verlangen zentrale Fragen, die in dem zusätzlichen Bericht genannt sind, mit dem Prüfungsausschuss erörtern. Darüber hinaus sollte es möglich sein, dass dieser zusätzliche detaillierte Bericht auf Anfrage den für Abschlussprüfer und Prüfungsgesellschaften zuständigen Aufsichtsbehörden sowie Dritten – falls dies im einzelstaatlichen Recht vorgesehen ist – zur Verfügung gestellt wird.

(15) Abschlussprüfer oder Prüfungsgesellschaften liefern den für Unternehmen von öffentlichem Interesse zuständigen Aufsichtsbehörden schon heute Informationen über Sachverhalte oder Entscheidungen, die einen Verstoß gegen die für das geprüfte Unternehmen geltenden Vorschriften darstellen oder die Fortführung der Unternehmenstätigkeit beeinträchtigen könnten. Es würde jedoch die Aufsichtsaufgaben erleichtern, wenn die Aufsichtsbehörden von Kreditinstituten und Versicherungsunternehmen und ihre Abschlussprüfer und Prüfungsgesellschaften zu einem wirksamen Dialog untereinander verpflichtet wären.

(16) Mit der Verordnung (EU) Nr. 1092/2010 des Europäischen Parlaments und des Rates[1] wurde der Europäische Ausschuss für Systemrisiken (ESRB) errichtet. Die Rolle des ESRB ist es, die Entstehung von Systemrisiken in der Union zu beobachten. Da die Abschlussprüfer und Prüfungsgesellschaften von systemrelevanten Finanzinstituten Zugang zu einschlägigen Informationen haben, könnte ihre Erfahrung die Arbeit des ESRB unterstützen. Daher sollte ein jährliches Forum für den Dialog zwischen Abschlussprüfern und Prüfungsgesellschaften einerseits und dem ESRB andererseits auf sektorbezogener, anonymisierter Basis durch diese Verordnung erleichtert werden.

(17) Um das Vertrauen in Abschlussprüfer und Prüfungsgesellschaften, die Unternehmen von öffentlichem Interesse prüfen, zu erhöhen und deren Haftung zu verstärken, sollte die Transparenzberichterstattung von Abschlussprüfern und Prü-

1) Verordnung (EU) Nr. 1092/2010 des Europäischen Parlaments und des Rates vom 24. November 2010 über die Finanzaufsicht der Europäischen Union auf Makroebene und zur Errichtung eines Europäischen Ausschusses für Systemrisiken (ABl. L 331 vom 15.12.2010, S. 1).

fungsgesellschaften verstärkt werden. Abschlussprüfer und Prüfungsgesellschaften sollten deshalb dazu verpflichtet werden, Finanzinformationen, insbesondere ihren Gesamtumsatz offenzulegen, aufgeschlüsselt nach Prüfungshonoraren, die von Unternehmen von öffentlichem Interesse gezahlt wurden, Prüfungshonoraren, die sie von anderen Unternehmen erhalten haben, und Honoraren für andere Dienstleistungen. Auch für das Netzwerk, dem sie angehören, sollten sie Finanzinformationen offenlegen. Zusätzlich dazu sollten Abschlussprüfer und Prüfungsgesellschaften den zuständigen Behörden ergänzende Informationen zu den Prüfungshonoraren zur Verfügung stellen, um ihnen die Aufsichtstätigkeit zu erleichtern.

(18) Es ist wichtig, die Rolle des Prüfungsausschusses bei der Auswahl eines neuen Abschlussprüfers oder einer neuen Prüfungsgesellschaft zu stärken, damit die Aktionärshauptversammlung oder Gesellschafterversammlung des geprüften Unternehmens eine fundiertere Entscheidung treffen kann. Deshalb sollte das Verwaltungs- oder Aufsichtsorgan, wenn es der Versammlung einen Vorschlag unterbreitet, mitteilen, ob es damit der Präferenz des Prüfungsausschusses folgt, und wenn nicht, die Gründe für die Abweichung darlegen. Damit eine echte Wahlmöglichkeit besteht, sollte die Empfehlung des Prüfungsausschusses mindestens zwei Möglichkeiten für die Erteilung des Prüfungsmandats sowie eine gebührend begründete Präferenz für eine der Möglichkeiten enthalten. Für eine faire und angemessene Begründung seiner Empfehlung sollte der Prüfungsausschuss sich auf die Ergebnisse eines unter seiner Verantwortung durchgeführten und durch das geprüfte Unternehmen organisierten verpflichtenden Auswahlverfahrens stützen. Bei einem solchen Auswahlverfahren sollte das geprüfte Unternehmen Abschlussprüfer oder Prüfungsgesellschaften mit geringem Marktanteil nicht an der Abgabe von Angeboten hindern. Die Ausschreibungsunterlagen sollten transparente, diskriminierungsfreie Auswahlkriterien enthalten, die für die Bewertung der Bewerbungen heranzuziehen sind. Da ein solches Auswahlverfahren für Unternehmen mit geringer Marktkapitalisierung oder kleinere und mittlere Unternehmen von öffentlichem Interesse gemessen an ihrer Größe unverhältnismäßig hohe Kosten verursachen könnte, sollten diese Unternehmen von der Pflicht befreit werden, ein Verfahren für die Auswahl eines neuen Abschlussprüfers oder einer neuen Prüfungsgesellschaft durchzuführen.

(19) Das Recht der Aktionärshauptversammlung bzw. der Gesellschafterversammlung des geprüften Unternehmens auf Wahl des Abschlussprüfers oder der Prüfungsgesellschaft wäre wertlos, wenn das geprüfte Unternehmen mit einem Dritten einen Vertrag schlösse, der diese Auswahl einschränken würde. Aus diesem Grund sollte jede mit einem Dritten vereinbarte vertragliche Klausel nichtig sein, die das geprüfte Unternehmen im Hinblick auf die Wahl eines bestimmten Abschlussprüfers oder einer bestimmten Prüfungsgesellschaft oder die Auswahlentscheidung auf bestimmte Abschlussprüfer oder Prüfungsgesellschaften beschränkt.

(20) Würden Unternehmen von öffentlichem Interesse mehr als einen Abschlussprüfer oder mehr als eine Prüfungsgesellschaft bestellen, so würde dies die kritische Grundhaltung verstärken und zu einer Erhöhung der Prüfungsqualität beitragen. Eine solche Maßnahme kombiniert mit der Präsenz kleinerer Prüfungsgesellschaften auf dem Prüfungsmarkt würde diesen den Kapazitätsaufbau erleichtern und so dazu beitragen, dass für Unternehmen von öffentlichem Interesse eine größere Auswahl von Abschlussprüfern zur Verfügung steht. Letztere sollten deshalb durch Anreize dazu ermutigt werden, für die Durchführung der Abschlussprüfung mehr als einen Abschlussprüfer oder mehr als eine Prüfungsgesellschaft zu bestellen.

(21) Um der Gefahr der zu großen Vertrautheit des Prüfers mit dem Unternehmen entgegen zu wirken und so die Unabhängigkeit von Abschlussprüfern und Prüfungsgesellschaften zu stärken, sollte das Prüfungsmandat eines Abschlussprüfers oder einer Prüfungsgesellschaft bei einem bestimmten Unternehmen nicht über eine bestimmte Dauer hinausgehen dürfen. Außerdem sieht diese Verordnung zur Stärkung der Unabhängigkeit des Abschlussprüfers oder der Prüfungsgesellschaft, zur Verstärkung der kritischen Grundhaltung und zur Verbesserung der Prüfungsqualität folgende Alternativen für die Verlängerung der Höchstlaufzeit vor: regelmäßige und offene obligatorische Neuausschreibung der Abschlussprüfung oder die Bestellung von mehr als einem Abschlussprüfer oder mehr als einer Prüfungsgesellschaft durch Unternehmen von öffentlichem Interesse. Ferner würde die Beteiligung kleinerer Prüfungsgesellschaften daran diesen den Kapazitätsaufbau erleichtern und so dazu beitragen, dass für Unternehmen von öffentlichem Interesse eine größere Auswahl von Abschlussprüfern zur Verfügung steht. Ferner sollte für die verantwortlichen Prüfungspartner, die im Auftrag der Prüfungsgesellschaft die Abschlussprüfung durchführen, ein angemessenes graduelles Rotationssystem eingeführt werden. Auch sollte ein angemessener Zeitraum festgelegt werden, während dessen dieser Abschlussprüfer bzw. diese Prüfungsgesellschaft bei demselben Unternehmen keine Abschlussprüfung mehr durchführen darf. Zur Gewährleistung eines reibungslosen Übergangs sollte der frühere Abschlussprüfer dem neuen Abschlussprüfer eine Übergabeakte zur Verfügung stellen.

(22) Um durch Vermeidung von Interessenkonflikten ein hohes Maß an Anleger- und Verbrauchervertrauen im Binnenmarkt zu gewährleisten, sollten Abschlussprüfer und Prüfungsgesellschaften einer angemessenen behördlichen Aufsicht unterliegen, wobei die zuständigen Behörden vom Berufsstand der Prüfer unabhängig sein und über angemessene Kapazitäten, Fachkenntnisse und Ressourcen verfügen müssen. Den Mitgliedstaaten sollte es möglich sein, jede Aufgabe der zuständigen Behörden außer den Aufgaben, die im Zusammenhang mit dem Qualitätssicherungs-, dem Untersuchungs- und dem Disziplinarsystem stehen, an andere Behörden oder Stellen zu delegieren oder die zuständigen Behörden zu ermächtigen, sie zu delegieren. Die Mitgliedstaaten sollten jedoch beschließen können, Aufgaben, die im Zusammenhang mit dem Disziplinarsystem stehen, an andere Behörden und Stellen zu delegieren, sofern die Mehrheit der Personen, die an der Leitung der betreffenden Behörde oder Stelle beteiligt sind, vom Berufsstand der Prüfer unabhängig sind. Die zuständigen nationalen Behörden sollten über die zur Wahrnehmung ihrer Aufsichtsaufgaben notwendigen Befugnisse verfügen und in diesem Zusammenhang u. a. auf Daten zugreifen, Auskünfte erlangen und Inspektionen durchführen können. Sie sollten sich auf die Finanzmarktaufsicht, die Erfüllung von Finanzberichterstattungspflichten oder die Beaufsichtigung der Abschlussprüfung spezialisieren. Ob Unternehmen im öffentlichen Interesse die für sie geltenden Pflichten erfüllen, sollte jedoch auch von den für die Beaufsichtigung dieser Unternehmen zuständigen Behörden überwacht werden können. Die Finanzierung der zuständigen Behörden sollte frei von ungebührlicher Einflussnahme durch Abschlussprüfer oder Prüfungsgesellschaften sein.

(23) Bei einer wirksamen Zusammenarbeit der auf nationaler Ebene für die verschiedenen Aufgaben zuständigen Behörden sollte sich die Qualität der Aufsicht verbessern. Aus diesem Grund sollten die zuständigen Behörden, die überwachen, ob bei der Prüfung von Unternehmen von öffentlichem Interesse alle geltenden Pflichten eingehalten werden, mit den für die Aufgaben gemäß der Richtlinie 2006/43/EG zuständigen Behörden, mit den für die Beaufsichtigung von Unternehmen von öffentlichem Interesse und mit den in der Richtlinie 2005/60/EG des Eu-

ropäischen Parlaments und des Rates[1] genannten zentralen Meldestellen zusammenarbeiten.

(24) Eine externe Qualitätssicherung bei der Abschlussprüfung ist für eine hohe Prüfungsqualität von elementarer Bedeutung. Durch sie wird die Glaubwürdigkeit veröffentlichter Finanzinformationen erhöht und der Schutz von Anteilseignern, Anlegern, Gläubigern und anderen interessierten Parteien erhöht. Abschlussprüfer und Prüfungsgesellschaften sollten deshalb unter der Verantwortung der zuständigen Behörden einem Qualitätssicherungssystem unterliegen, das Objektivität und Unabhängigkeit vom Berufsstand der Prüfer gewährleistet. Qualitätssicherungsprüfungen sollten so organisiert sein, dass alle Abschlussprüfer und Prüfungsgesellschaften, die Unternehmen von öffentlichem Interesse prüfen, einer auf eine Risikoanalyse gestützten Qualitätssicherungsprüfung unterzogen werden. Falls sie Abschlussprüfungen bei anderen Unternehmen von öffentlichem Interesse als den Unternehmen im Sinne des Artikels 2 Nummern 17 und 18 der Richtlinie 2006/43/EG durchführen, sollte eine solche Qualitätssicherungsprüfung mindestens alle drei Jahre vorgenommen werden, und in anderen Fällen mindestens alle sechs Jahre. Wie diese Prüfungen durchgeführt werden sollten, ist in der Empfehlung der Kommission vom 6. Mai 2008 zur externen Qualitätssicherung bei Abschlussprüfern und Prüfungsgesellschaften, die Unternehmen von öffentlichem Interesse prüfen[2], dargelegt. Qualitätssicherungsprüfungen sollten im Hinblick auf den Umfang und die Komplexität der Geschäftstätigkeit des überprüften Abschlussprüfers oder der überprüften Prüfungsgesellschaft geeignet und angemessen sein.

(25) Der Markt für Prüfungsdienstleistungen für Unternehmen von öffentlichem Interesse entwickelt sich weiter. Die zuständigen Behörden müssen deshalb die Marktentwicklungen – insbesondere in Bezug auf die aus einer hohen Marktkonzentration resultierenden Risiken, unter anderem in spezifischen Sektoren – sowie die Tätigkeitsergebnisse der Prüfungsausschüsse verfolgen.

(26) Wenn die zuständigen Behörden ihre Arbeiten transparent gestalten, dürfte dies dazu beitragen, das Vertrauen von Anlegern und Verbrauchern in den Binnenmarkt zu stärken. Aus diesem Grund sollten die zuständigen Behörden dazu verpflichtet werden, regelmäßig über ihre Tätigkeiten Bericht zu erstatten und Informationen über die Erkenntnisse und Schlussfolgerungen aus den Inspektionen zu veröffentlichen, und zwar in aggregierter Form oder – falls dies in den Mitgliedstaaten vorgesehen ist – in individueller Form.

(27) Zusammenarbeit zwischen den zuständigen Behörden der Mitgliedstaaten kann erheblich dazu beitragen, in der Europäischen Union eine anhaltend hohe Qualität der Abschlussprüfung zu gewährleisten. Aus diesem Grund sollten die zuständigen Behörden der Mitgliedstaaten zusammenarbeiten, wenn sich dies für die Wahrnehmung ihrer Aufsichtspflichten bei Abschlussprüfungen als notwendig erweist. Sie sollten dem Herkunftslandprinzip folgen, d. h. es gelten die Rechtsvorschriften und Aufsichtsregeln des Mitgliedstaats, in dem der Abschlussprüfer oder die Prüfungsgesellschaft zugelassen ist und das geprüfte Unternehmen seinen eingetragenen Sitz hat. Die Zusammenarbeit zwischen den zuständigen Behörden sollte im Rahmen eines Ausschusses der Europäischen Aufsichtsstellen für Abschluss-

1) Richtlinie 2005/60/EG des Europäischen Parlaments und des Rates vom 26. Oktober 2005 zur Verhinderung der Nutzung des Finanzsystems zum Zwecke der Geldwäsche und der Terrorismusfinanzierung (ABl. L 309 vom 25.11.2005, S. 15).

2) ABl. L 120 vom 7.5.2008, S. 20.

prüfer (im Folgenden „Ausschuss der Aufsichtsstellen“) organisiert werden, der sich aus hochrangigen Vertretern der zuständigen Behörden zusammensetzen sollte. Zur Förderung einer einheitlichen Anwendung dieser Verordnung kann der Ausschuss der Aufsichtsstellen unverbindliche Leitlinien oder Stellungnahmen annehmen. Außerdem sollte er den Informationsaustausch erleichtern, die Kommission beraten und Beiträge zu fachlichen Bewertungen und Prüfungen leisten. Für die Durchführung der fachlichen Bewertung der öffentlichen Aufsichtssysteme von Drittländern und der internationalen Zusammenarbeit zwischen Mitgliedstaaten und Drittländern in diesem Bereich sollte der Ausschuss der Aufsichtsstellen eine Untergruppe unter dem Vorsitz des von der Europäischen Wertpapier- und Marktaufsichtsbehörde (ESMA)[1)] benannten Mitglieds einsetzen und die ESMA, die Europäische Bankenaufsichtsbehörde (EBA)[2)] oder die Europäische Aufsichtsbehörde für das Versicherungswesen und die betriebliche Altersversorgung („EIOPA“ für „European Insurance and Occupational Pensions Authority“)[3)] um Unterstützung ersuchen, insoweit dieses Ersuchen mit der internationalen Zusammenarbeit zwischen Mitgliedstaaten und Drittländern im Bereich der Abschlussprüfung von Unternehmen von öffentlichem Interesse, über die diese Europäischen Aufsichtsbehörden die Aufsicht führen, im Zusammenhang steht. Die Sekretariatsgeschäfte des Ausschusses der Aufsichtsstellen sollten von der Kommission wahrgenommen werden, und die Kommission sollte damit verbundene Ausgaben auf der Grundlage des vom Ausschuss der Aufsichtsstellen vereinbarten Arbeitsprogramms in ihre Voranschläge für das kommende Jahr einbeziehen.

(28) Umfassen sollte die Zusammenarbeit zwischen den zuständigen Behörden der Mitgliedstaaten die Zusammenarbeit bei Qualitätssicherungsprüfungen und die Unterstützung bei Untersuchungen über die Abschlussprüfung bei Unternehmen von öffentlichem Interesse – auch in Fällen, in denen die untersuchte Verhaltensweise keinen Verstoß gegen eine in dem betreffenden Mitgliedstaat geltende Rechtsvorschrift darstellt. Im Rahmen ihrer Zusammenarbeit können die zuständigen Behörden der Mitgliedstaaten Kollegien einrichten und einander Aufgaben übertragen. Bei dieser Zusammenarbeit sollte das Konzept eines Netzwerks, in dem Abschlussprüfer und Prüfungsgesellschaften tätig sind, berücksichtigt werden. Die zuständigen Behörden sollten angemessene Regeln über die Verschwiegenheit und das Berufsgeheimnis einhalten.

(29) Angesichts der Verflechtung der Kapitalmärkte ist es erforderlich, die zuständigen Behörden zu ermächtigen, bei Informationsaustausch oder Qualitätssicherungsprüfungen mit Aufsichtsbehörden und -stellen aus Drittländern zusammenzuar-

---

1) Durch die Verordnung (EU) Nr. 1095/2010 des Europäischen Parlaments und des Rates vom 24. November 2010 zur Errichtung einer Europäischen Aufsichtsbehörde (Europäische Wertpapier- und Marktaufsichtsbehörde), zur Änderung des Beschlusses Nr. 716/2009/EG und zur Aufhebung des Beschlusses 2009/77/EG der Kommission (ABl. L 331 vom 15.12.2010, S. 84) errichtete Europäische Aufsichtsbehörde.

2) Durch die Verordnung (EU) Nr. 1093/2010 des Europäischen Parlaments und des Rates vom 24. November 2010 zur Errichtung einer Europäischen Aufsichtsbehörde (Europäische Bankenaufsichtsbehörde), zur Änderung des Beschlusses Nr. 716/2009/EG und zur Aufhebung des Beschlusses 2009/78/EG der Kommission (ABl. L 331 vom 15.12.2010, S. 12) errichtete Europäische Aufsichtsbehörde.

3) Durch die Verordnung (EU) Nr. 1094/2010 des Europäischen Parlaments und des Rates vom 24. November 2010 zur Errichtung einer Europäischen Aufsichtsbehörde (Europäische Aufsichtsbehörde für das Versicherungswesen und die betriebliche Altersversorgung), zur Änderung des Beschlusses Nr. 716/2009/EG und zur Aufhebung des Beschlusses 2009/79/EG der Kommission (ABl. L 331 vom 15.12.2010, S. 48) errichtete Europäische Aufsichtsbehörde.

beiten. Betrifft die Zusammenarbeit mit Drittlandsbehörden allerdings Arbeitspapiere oder andere im Besitz von Abschlussprüfern oder Prüfungsgesellschaften befindliche Unterlagen, so sollten die Verfahren der Richtlinie 2006/43/EG gelten.

(30) Zur Gewährleistung reibungslos funktionierender Kapitalmärkte bedarf es nachhaltiger Prüfungskapazitäten und eines wettbewerbsfähigen Markts für Abschlussprüfungsleistungen mit einer ausreichenden Anzahl an Abschlussprüfern und Prüfungsgesellschaften, die zur Durchführung der Abschlussprüfung bei Unternehmen von öffentlichem Interesse in der Lage sind. Über die strukturellen Veränderungen, die diese Verordnung auf dem Prüfungsmarkt mit sich bringen wird, sollten die zuständigen Behörden und das Europäische Wettbewerbsnetz („ECN" für „European Competition Network") Bericht erstatten.

(31) Die Anpassung der Verfahren zum Erlass von delegierten Rechtsakten durch die Kommission an den Vertrag über die Arbeitsweise der Europäischen Union, insbesondere an die Artikel 290 und 291, sollte auf Einzelfallbasis erfolgen. Der Kommission sollte die Befugnis zum Erlass von Rechtsakten gemäß Artikel 290 des Vertrags über die Arbeitsweise der Europäischen Union übertragen werden, um den Entwicklungen im Prüfungswesen und im Berufsstand der Prüfer Rechnung zu tragen. Insbesondere müssen delegierte Rechtsakte für die Annahme der internationalen Prüfungsstandards in den Bereichen Durchführung von Prüfungen, Unabhängigkeit und interne Qualitätssicherungssysteme von Abschlussprüfern und Prüfungsgesellschaften erlassen werden. Die angenommenen internationalen Prüfungsstandards sollten die Anforderungen dieser Verordnung nicht ändern oder irgendeine dieser Anforderungen ergänzen; es sei denn, dies ist ausdrücklich festgelegt. Es ist von besonderer Bedeutung, dass die Kommission im Zuge ihrer Vorbereitungsarbeiten angemessene Konsultationen, auch auf der Ebene von Sachverständigen, durchführt.

Bei der Vorbereitung und Ausarbeitung delegierter Rechtsakte sollte die Kommission gewährleisten, dass die einschlägigen Dokumente dem Europäischen Parlament und dem Rat gleichzeitig, rechtzeitig und auf angemessene Weise übermittelt werden.

(32) Um Rechtssicherheit und die reibungslose Umstellung auf die durch diese Verordnung geschaffene Regelung zu gewährleisten, sollte im Hinblick auf das Inkrafttreten der Pflicht zur Rotation des Abschlussprüfers oder der Prüfungsgesellschaft und der Pflicht zur Durchführung eines Verfahrens zur Auswahl eines Abschlussprüfers oder einer Prüfungsgesellschaft ein Übergangszeitraum gelten.

(33) Bezugnahmen auf Bestimmungen der Richtlinie 2006/43/EG sollten als Bezugnahmen auf die nationalen Vorschriften zur Umsetzung dieser Bestimmungen der Richtlinie 2006/43/EG gelten. Der in dieser Verordnung und der Richtlinie 2014/56/EU des Europäischen Parlaments und des Rates[1)] festgelegte neue europäische Prüfungsregelungsrahmen tritt an die Stelle der vorhandenen in der Richtlinie 2006/43/EG festgelegten Anforderungen und sollte ohne Bezugnahme auf vorangegangene Instrumente wie etwa im früheren Rahmen angenommene Empfehlungen der Kommission ausgelegt werden.

(34) Da die Ziele dieser Verordnung, nämlich die Funktion der Abschlussprüfung bei Unternehmen von öffentlichem Interesse klarzustellen und genauer zu definieren, die Informationen, die der Abschlussprüfer oder die Prüfungsgesellschaft dem ge-

1) Richtlinie 2014/56/EU des Europäischen Parlaments und des Rates vom 16. April 2014 zur Änderung der Richtlinie 2006/43/EG über Abschlussprüfungen von Jahresabschlüssen und konsolidierten Abschlüssen (siehe Seite 196 dieses Amtsblatts).

prüften Unternehmen, den Anlegern und anderen Interessengruppen zur Verfügung stellt, zu verbessern, die Kommunikationskanäle zwischen den Prüfern von Unternehmen von öffentlichem Interesse und den für diese zuständigen Aufsichtsbehörden zu verbessern, die aus Nichtprüfungsleistungen bei Unternehmen von öffentlichem Interesse erwachsenden Interessenkonflikte zu vermeiden, das Risiko potenzieller Interessenkonflikte, die aus dem derzeitigen System, bei dem das geprüfte Unternehmen den Abschlussprüfer auswählt und bezahlt, oder aus der Vertrautheit des Prüfers mit dem Unternehmen erwachsen, zu vermindern, Unternehmen von öffentlichem Interesse die Auswahl und den Wechsel des Abschlussprüfers oder der Prüfungsgesellschaft zu erleichtern, die Auswahl der für Unternehmen von öffentlichem Interesse zur Verfügung stehenden Abschlussprüfer zu erweitern und die Wirksamkeit, Unabhängigkeit und Konsistenz der Regulierung und Beaufsichtigung von Abschlussprüfern und Prüfungsgesellschaften, die bei Unternehmen von öffentlichem Interesse die Abschlussprüfung durchführen, auch im Hinblick auf die Zusammenarbeit auf EU-Ebene zu verbessern, auf Ebene der Mitgliedstaaten nicht ausreichend verwirklicht werden können und daher wegen ihres Umfangs besser auf Unionsebene zu verwirklichen sind, kann die Union im Einklang mit dem in Artikel 5 des Vertrags über die Europäische Union niedergelegten Subsidiaritätsprinzip tätig werden. Entsprechend dem in demselben Artikel genannten Verhältnismäßigkeitsprinzip geht diese Verordnung nicht über das für die Erreichung dieser Ziele erforderliche Maß hinaus.

(35) Diese Verordnung steht im Einklang mit den Grundrechten und beachtet die Grundsätze, die insbesondere mit der Charta der Grundrechte der Europäischen Union anerkannt wurden, namentlich dem Recht auf Achtung des Privat- und Familienlebens, dem Recht auf den Schutz personenbezogener Daten und der unternehmerischen Freiheit, und ist unter Wahrung dieser Rechte und Grundsätze anzuwenden.

(36) Der Europäische Datenschutzbeauftragte wurde gemäß Artikel 28 Absatz 2 der Verordnung (EG) Nr. 45/2001 des Europäischen Parlaments und des Rates[1)] angehört und hat am 23. April 2012 eine Stellungnahme abgegeben[2)].

(37) Ein neuer rechtlicher Rahmen für Abschlussprüfungen und Jahres- und konsolidierte Abschlüsse sollte durch die vorliegende Verordnung und die Richtlinie 2014/56/EU geschaffen und der Beschluss 2005/909/EG der Kommission[3)] daher aufgehoben werden –

HABEN FOLGENDE VERORDNUNG ERLASSEN:

---

1) Verordnung (EG) Nr. 45/2001 des Europäischen Parlaments und des Rates vom 18. Dezember 2000 zum Schutz natürlicher Personen bei der Verarbeitung personenbezogener Daten durch die Organe und Einrichtungen der Gemeinschaft und zum freien Datenverkehr (ABl. L 8 vom 12.1.2001, S. 1).

2) ABl. C 336 vom 6.11.2012, S. 4.

3) Beschluss 2005/909/EG der Kommission vom 14. Dezember 2005 zur Einsetzung einer Expertengruppe, die die Kommission beraten und die Zusammenarbeit zwischen den öffentlichen Aufsichtssystemen für Abschlussprüfer und Prüfungsgesellschaften erleichtern soll (ABl. L 329 vom 16.12.2005, S. 38).

Titel I
Gegenstand, Anwendungsbereich und Begriffsbestimmungen

Artikel 1
Gegenstand

Diese Verordnung enthält Anforderungen an die Prüfung von Jahresabschlüssen und konsolidierten Abschlüssen bei Unternehmen von öffentlichem Interesse, Vorschriften für die Organisation von Abschlussprüfern und Prüfungsgesellschaften und für deren Auswahl durch Unternehmen von öffentlichem Interesse mit dem Ziel, deren Unabhängigkeit und die Vermeidung von Interessenkonflikten zu fördern, sowie Vorschriften für die Überwachung der Einhaltung dieser Anforderungen durch Abschlussprüfer und Prüfungsgesellschaften.

Artikel 2
Anwendungsbereich

(1) Diese Verordnung gilt für

a) Abschlussprüfer und Prüfungsgesellschaften, die bei Unternehmen von öffentlichem Interesse die Abschlussprüfung durchführen;

b) Unternehmen von öffentlichem Interesse.

(2) Die Richtlinie 2006/43/EG bleibt von dieser Verordnung unberührt.

(3) Wenn eine Genossenschaft im Sinne des Artikels 2 Nummer 14 der Richtlinie 2006/43/EG, eine Sparkasse oder ein ähnliches Unternehmen im Sinne von Artikel 45 der Richtlinie 86/635/EWG oder ein Tochterunternehmen oder ein Rechtsnachfolger einer Genossenschaft, einer Sparkasse oder eines ähnlichen Unternehmens im Sinne von Artikel 45 der Richtlinie 86/635/EWG nach einzelstaatlichen Regelungen Mitglied einer Prüfungsorganisation ohne Gewinnerzielungsabsicht sein muss oder sein kann, kann der Mitgliedstaat beschließen, dass die Abschlussprüfung bei solchen Unternehmen vom Geltungsbereich dieser Verordnung oder bestimmter Bestimmungen dieser Verordnung ausgenommen ist, sofern der Abschlussprüfer, der die Abschlussprüfung bei einem ihrer Mitglieder durchführt, und Personen, die möglicherweise in der Lage sind, Einfluss auf die Abschlussprüfung zu nehmen, die in der Richtlinie 2006/43/EG niedergelegten Grundsätze der Unabhängigkeit einhalten.

(4) Wenn eine Genossenschaft im Sinne des Artikels 2 Nummer 14 der Richtlinie 2006/43/EG, eine Sparkasse oder ein ähnliches Unternehmen im Sinne von Artikel 45 der Richtlinie 86/635/EWG oder ein Tochterunternehmen oder ein Rechtsnachfolger einer Genossenschaft, einer Sparkasse oder eines ähnlichen Unternehmens im Sinne von Artikel 45 der Richtlinie 86/635/EWG nach einzelstaatlichen Regelungen Mitglied einer Prüfungsorganisation ohne Gewinnerzielungsabsicht sein muss oder kann, kann ein objektiver, sachverständiger und informierter Dritter nicht zu dem Schluss gelangen, dass die Beziehung, die aufgrund der Mitgliedschaft besteht, die Unabhängigkeit des Abschlussprüfers beeinträchtigen könnte, sofern ein solches Prüfungsunternehmen bei der Durchführung der Abschlussprüfung bei einem ihrer Mitglieder die Grundsätze der Unabhängigkeit auf die Abschlussprüfer, die die Abschlussprüfung durchführen, sowie auf die Personen, die gegebenenfalls in der Lage sind, Einfluss auf die Abschlussprüfung zu nehmen, anwendet.

(5) Der Mitgliedstaat setzt die Kommission und den in Artikel 30 genannten Ausschuss der Europäischen Aufsichtsstellen für Abschlussprüfer (, im Folgenden „Ausschuss der Aufsichtsstellen“) über außergewöhnliche Fälle der Nichtanwendung dieser Verordnung oder bestimmter ihrer Bestimmungen in Kenntnis. Er übermittelt der Kommission und dem Ausschuss der Aufsichtsstellen eine Aufstellung der Bestimmungen

dieser Verordnung, die bei der Abschlussprüfung bei den in Absatz 3 des vorliegenden Artikels genannten Unternehmen nicht angewendet werden, und legt die Gründe für die Nichtanwendung dar.

Artikel 3
Begriffsbestimmungen

Für die Zwecke dieser Verordnung gelten mit Ausnahme der Begriffsbestimmung für „zuständige Stelle" gemäß Artikel 20 der vorliegenden Verordnung die Begriffsbestimmungen in Artikel 2 der Richtlinie 2006/43/EG.

Titel II
Bedingungen für die Durchführung von Abschlußprüfungen bei Unternehmen von öffentlichem Interesse

Artikel 4
Prüfungshonorare

(1) Honorare für die Durchführung von Abschlussprüfungen bei Unternehmen von öffentlichem Interesse dürfen nicht ergebnisabhängig sein.

Unbeschadet des Artikels 25 der Richtlinie 2006/43/EG ist für die Zwecke des Unterabsatzes 1 ein Honorar für ein Prüfungsmandat ergebnisabhängig, wenn es im Hinblick auf den Ausgang oder das Ergebnis einer Transaktion oder das Ergebnis der ausgeführten Arbeiten auf einer vorab festgelegten Basis berechnet wird. Honorare, die von einem Gericht oder einer zuständigen Behörde festgesetzt werden, sind nicht als ergebnisabhängig zu betrachten.

(2) Wenn ein Abschlussprüfer oder eine Prüfungsgesellschaft für einen Zeitraum von drei oder mehr aufeinanderfolgenden Geschäftsjahren für ein geprüftes Unternehmen, dessen Muttergesellschaft oder die von diesem beherrschten Unternehmen andere als die in Artikel 5 Absatz 1 dieser Verordnung genannten Nichtprüfungsleistungen erbringt, werden die Gesamthonorare für diese Leistungen auf maximal 70 % des Durchschnitts der in den letzten drei aufeinanderfolgenden Geschäftsjahren für die Abschlussprüfung(en) des geprüften Unternehmens und gegebenenfalls seines Mutterunternehmens, der von ihm beherrschten Unternehmen und der konsolidierten Abschlüsse der betreffenden Unternehmensgruppe durchschnittlich gezahlten Honorare begrenzt.

Für die Zwecke der in Unterabsatz 1 genannten Beschränkungen werden andere als die in Artikel 5 Absatz 1 genannten Nichtprüfungsleistungen, die nach Unionsrecht oder nationalem Recht erforderlich sind, ausgenommen.

Die Mitgliedstaaten können vorsehen, dass eine zuständige Behörde auf Ersuchen des Abschlussprüfers oder der Prüfungsgesellschaft ausnahmsweise gestatten darf, dass der Abschlussprüfer oder die Prüfungsgesellschaft in Bezug auf ein geprüftes Unternehmen für einen Zeitraum von höchstens zwei Geschäftsjahren von den Anforderungen nach Unterabsatz 1 ausgenommen wird.

(3) Wenn die von einem Unternehmen von öffentlichem Interesse insgesamt gezahlten Honorare in jedem der letzten drei aufeinanderfolgenden Geschäftsjahre über 15 % der von dem Abschlussprüfer oder der Prüfungsgesellschaft oder gegebenenfalls dem Konzernabschlussprüfer, der bzw. die die Abschlussprüfung in jedem dieser Geschäftsjahre durchgeführt hat, insgesamt vereinnahmten Honorare hinausgehen, setzt der betreffende Abschlussprüfer bzw. die betreffende Prüfungsgesellschaft bzw. gegebenenfalls der Konzernabschlussprüfer den Prüfungsausschuss darüber in Kenntnis und berät mit ihm

über die Gefahren für seine bzw. ihre Unabhängigkeit wie auch über die zur Verminderung dieser Gefahren eingeleiteten Schutzmaßnahmen. Der Prüfungsausschuss erwägt, ob das Prüfungsmandat vor Erteilung des Bestätigungsvermerks einer auftragsbegleitenden Qualitätssicherungsprüfung durch einen anderen Abschlussprüfer oder eine andere Prüfungsgesellschaft unterzogen werden sollte.

Wenn die von einem solchen Unternehmen von öffentlichem Interesse gezahlten Honorare weiterhin über 15 % der insgesamt von dem Abschlussprüfer oder der Prüfungsgesellschaft oder gegebenenfalls dem Konzernabschlussprüfer vereinnahmten Honorare hinausgehen, entscheidet der Prüfungsausschuss anhand objektiver Gründe darüber, ob der Abschlussprüfer, die Prüfungsgesellschaft oder der Konzernabschlussprüfer bei diesem Unternehmen oder dieser Unternehmensgruppe die Abschlussprüfung für einen weiteren Zeitraum, der in jedem Fall zwei Jahre nicht überschreiten darf, durchführen darf.

(4) Die Mitgliedstaaten können strengere Anforderungen als die in diesem Artikel vorgesehenen anwenden.

Artikel 5

Verbot der Erbringung von Nichtprüfungsleistungen

(1) Der Abschlussprüfer oder die Prüfungsgesellschaft eines Unternehmens von öffentlichem Interesse und jedes Mitglied eines Netzwerks, dem der Abschlussprüfer bzw. die Prüfungsgesellschaft angehört, darf weder direkt noch indirekt für das geprüfte Unternehmen, dessen Mutterunternehmen oder die von ihm beherrschten Unternehmen in der Union verbotene Nichtprüfungsleistungen innerhalb folgender Zeiträume erbringen:

a) innerhalb des Zeitraums zwischen dem Beginn des Prüfungszeitraums und der Abgabe des Bestätigungsvermerks und

b) innerhalb des Geschäftsjahrs, das dem in Buchstabe a genannten Zeitraum unmittelbar vorausgeht, in Bezug auf die in Unterabsatz 2 Buchstabe e genannten Leistungen.

Für die Zwecke dieses Artikels bezeichnet der Ausdruck „verbotene Nichtprüfungsleistungen“:

a) die Erbringung von Steuerberatungsleistungen im Zusammenhang mit Folgendem:
   i) Erstellung von Steuererklärungen;
   ii) Lohnsteuer;
   iii) Zöllen;
   iv) Ermittlung von staatlichen Beihilfen und steuerlichen Anreizen, es sei denn, die Unterstützung durch den Abschlussprüfer oder die Prüfungsgesellschaft bei solchen Leistungen ist gesetzlich vorgeschrieben;
   v) Unterstützung hinsichtlich Steuerprüfungen durch die Steuerbehörden, es sei denn, die Unterstützung durch den Abschlussprüfer oder die Prüfungsgesellschaft bei diesen Prüfungen ist gesetzlich vorgeschrieben;
   vi) Berechnung der direkten und indirekten Steuern sowie latenter Steuern;
   vii) Erbringung von Steuerberatungsleistungen;

b) Leistungen, mit denen eine Teilnahme an der Führung oder an Entscheidungen des geprüften Unternehmens verbunden ist;

c) Buchhaltung und Erstellung von Unterlagen der Rechnungslegung und von Abschlüssen;

d) Lohn und Gehaltsabrechnung;

e) Gestaltung und Umsetzung interner Kontroll- oder Risikomanagementverfahren, die bei der Erstellung und/oder Kontrolle von Finanzinformationen oder Finanzinformationstechnologiesystemen zum Einsatz kommen;
f) Bewertungsleistungen, einschließlich Bewertungsleistungen in Zusammenhang mit Leistungen im Bereich der Versicherungsmathematik und der Unterstützung bei Rechtsstreitigkeiten;
g) juristische Leistungen im Zusammenhang mit
   i) allgemeiner Beratung,
   ii) Verhandlungen im Namen des geprüften Unternehmens und
   iii) Vermittlungstätigkeiten in Bezug auf die Beilegung von Rechtsstreitigkeiten;
h) Leistungen im Zusammenhang mit der internen Revision des geprüften Unternehmens;
i) Leistungen im Zusammenhang mit der Finanzierung, der Kapitalstruktur und -ausstattung sowie der Anlagestrategie des geprüften Unternehmens, ausgenommen die Erbringung von Bestätigungsleistungen im Zusammenhang mit Abschlüssen, einschließlich der Ausstellung von Prüfbescheinigungen (Comfort Letters) im Zusammenhang mit vom geprüften Unternehmen herausgegebenen Prospekten;
j) Werbung für, Handel mit oder Zeichnung von Aktien des geprüften Unternehmens;
k) Personaldienstleistungen in Bezug auf
   i) Mitglieder der Unternehmensleitung, die in der Position sind, erheblichen Einfluss auf die Vorbereitung der Rechnungslegungsunterlagen oder der Abschlüsse, die Gegenstand der Abschlussprüfung sind, auszuüben, wenn zu diesen Dienstleistungen Folgendes gehört:
      – Suche nach oder Auswahl von Kandidaten für solche Positionen oder
      – Überprüfung der Referenzen von Kandidaten für diese Positionen;
   ii) Aufbau der Organisationsstruktur und
   iii) Kostenkontrolle.

(2) Die Mitgliedstaaten können andere als die in Absatz 1 aufgeführten Leistungen verbieten, wenn diese ihrer Ansicht nach eine Gefährdung der Unabhängigkeit darstellen könnten. Die Mitgliedstaaten teilen der Kommission alle Ergänzungen der Liste nach Absatz 1 mit.

(3) Abweichend von Absatz 1 Unterabsatz 2 können die Mitgliedstaaten die Erbringung der unter Buchstabe a Ziffern i und iv bis vii und Buchstabe f genannten Leistungen zulassen, sofern die folgenden Anforderungen erfüllt werden:
a) die Leistungen haben allein oder kumuliert keine direkten oder haben nur unwesentliche Auswirkungen auf die geprüften Abschlüsse;
b) die Einschätzung der Auswirkung auf die geprüften Abschlüsse ist in dem zusätzlichen Bericht an den Prüfungsausschuss gemäß Artikel 11 umfassend dokumentiert und erläutert; und
c) der Abschlussprüfer oder die Prüfungsgesellschaft erfüllt die Grundsätze der Unabhängigkeit gemäß der Richtlinie 2006/43/EG.

(4) Ein Abschlussprüfer oder eine Prüfungsgesellschaft, der bzw. die eine Abschlussprüfung bei einem Unternehmen von öffentlichem Interesse durchführt, und – sofern der Abschlussprüfer bzw. die Prüfungsgesellschaft einem Netzwerk angehört – jedes Mitglied dieses Netzwerks darf für das geprüfte Unternehmen, dessen Muttergesellschaft oder die von diesem beherrschten Unternehmen andere als die verbotenen Nichtprüfungsleistungen nach den Absätzen 1 und 2 erbringen, wenn der Prüfungsausschuss

dies nach gebührender Beurteilung der Gefährdung der Unabhängigkeit und der angewendeten Schutzmaßnahmen gemäß Artikel 22b der Richtlinie 2006/43/EG billigt. Der Prüfungsausschuss erstellt gegebenenfalls Leitlinien in Bezug auf die in Absatz 3 genannten Leistungen.

Die Mitgliedstaaten können strengere Vorschriften für die Voraussetzungen festlegen, unter denen ein Abschlussprüfer, eine Prüfungsgesellschaft oder ein Mitglied eines Netzwerks, dem der Abschlussprüfer oder die Prüfungsgesellschaft angehört, für das geprüfte Unternehmen, dessen Muttergesellschaft oder die von diesem beherrschten Unternehmen andere als die verbotenen prüfungsfremden Leistungen nach Absatz 1 erbringen darf.

(5) Wenn ein Mitglied des Netzwerks, dem der Abschlussprüfer bzw. die Prüfungsgesellschaft, der bzw. die die Abschlussprüfung bei einem Unternehmen von öffentlichem Interesse durchführt, angehört, für ein Unternehmen mit Sitz in einem Drittland, das von dem geprüften Unternehmen von öffentlichem Interesse beherrscht wird, Nichtprüfungsleistungen nach den Absätzen 1 und 2 erbringt, beurteilt der Abschlussprüfer bzw. die Prüfungsgesellschaft, ob dies seine bzw. ihre Unabhängigkeit beeinträchtigt.

Wird seine bzw. ihre Unabhängigkeit beeinträchtigt, so wendet der Abschlussprüfer bzw. die Prüfungsgesellschaft gegebenenfalls Schutzmaßnahmen zur Verminderung der durch diese Leistungserbringung in einem Drittland hervorgerufenen Gefahren an. Der Abschlussprüfer bzw. die Prüfungsgesellschaft darf die Abschlussprüfung bei dem Unternehmen von öffentlichem Interesse nur dann fortsetzen, wenn er/sie gemäß Artikel 6 der vorliegenden Verordnung und Artikel 22b der Richtlinie 2006/43/EG begründen kann, dass die Erbringung dieser Leistungen weder seine/ihre fachliche Einschätzung noch den Bestätigungsvermerk beeinträchtigt.

Für die Zwecke dieses Absatzes wird

a) eine Teilnahme an den Entscheidungsprozessen des geprüften Unternehmens und die Erbringung der in Absatz 1 Unterabsatz 2 Buchstaben b, c und e genannten Leistungen auf jeden Fall als Gefährdung der Unabhängigkeit angesehen und die nicht durch Schutzmaßnahmen vermindert werden kann,
b) bei Erbringung der in Absatz 1 Unterabsatz 2 unter den anderen Buchstaben als den Buchstaben b, c und e genannten Leistungen eine Gefährdung der Unabhängigkeit und deshalb die Notwendigkeit von Schutzmaßnahmen zur Verminderung der dadurch hervorgerufenen Gefahren angenommen.

Artikel 6
Vorbereitung auf die Abschlussprüfung und Beurteilung der Gefährdungen für die Unabhängigkeit

(1) Bevor ein Abschlussprüfer oder eine Prüfungsgesellschaft ein Mandat zur Prüfung des Abschlusses eines Unternehmens von öffentlichem Interesse annimmt oder fortsetzt, beurteilt und dokumentiert er bzw. sie zusätzlich zu den Bestimmungen des Artikels 22b der Richtlinie 2006/43/EG Folgendes:

a) ob er bzw. sie die Anforderungen der Artikel 4 und 5 dieser Verordnung erfüllt;
b) ob die in Artikel 17 der vorliegenden Verordnung festgelegten Bedingungen erfüllt sind;
c) unbeschadet der Richtlinie 2005/60/EG die Integrität der Mitglieder der Aufsichts-, Verwaltungs- und Unternehmensleitungsorgane des Unternehmens von öffentlichem Interesse.

(2) Ein Abschlussprüfer oder eine Prüfungsgesellschaft

a) erklärt gegenüber dem Prüfungsausschuss jährlich schriftlich, dass der Abschlussprüfer bzw. die Prüfungsgesellschaft, Prüfungspartner und Mitglieder der höheren Führungsebene und das Leitungspersonal, die die Abschlussprüfung durchführen, unabhängig vom geprüften Unternehmen sind,

b) erörtert mit dem Prüfungsausschuss die Gefahren für seine bzw. ihre Unabhängigkeit sowie die von ihm bzw. ihr gemäß Absatz 1 dokumentierten zur Verminderung dieser Gefahren angewendeten Schutzmaßnahmen.

Artikel 7

Unregelmäßigkeiten

Hat ein Abschlussprüfer oder eine Prüfungsgesellschaft, der bzw. die bei einem Unternehmen von öffentlichem Interesse die Abschlussprüfung durchführt, die Vermutung oder einen berechtigten Grund zu der Vermutung, dass Unregelmäßigkeiten, wie Betrug im Zusammenhang mit dem Abschluss des geprüften Unternehmens, möglicherweise eintreten oder eingetreten sind, so teilt er bzw. sie dies unbeschadet des Artikels 12 der vorliegenden Verordnung und unbeschadet der Richtlinie 2005/60/EG dem geprüften Unternehmen mit und fordert dieses auf, die Angelegenheit zu untersuchen sowie angemessene Maßnahmen zu treffen, um derartige Unregelmäßigkeiten aufzugreifen und einer Wiederholung dieser Unregelmäßigkeiten in der Zukunft vorzubeugen.

Untersucht das geprüfte Unternehmen die Angelegenheit nicht, so informiert der Abschlussprüfer oder die Prüfungsgesellschaft die von den Mitgliedstaaten benannten Behörden, die für die Untersuchung solcher Unregelmäßigkeiten verantwortlich sind.

Macht ein Abschlussprüfer oder eine Prüfungsgesellschaft diesen Behörden in gutem Glauben Mitteilung über eine Unregelmäßigkeit im Sinne des Unterabsatzes 1, so gilt dies nicht als Verletzung einer vertraglichen oder gesetzlichen Offenlegungsbeschränkung.

Artikel 8

Auftragsbegleitende Qualitätssicherungsprüfung

(1) Vor der Vorlage des in den Artikeln 10 und 11 genannten Vermerks bzw. Berichts findet eine auftragsbegleitende Qualitätssicherungsprüfung statt, anhand deren beurteilt werden soll, ob der Abschlussprüfer oder der verantwortliche Prüfungspartner nach vernünftigem Ermessen zu dem in dem Entwurf dieses Vermerks bzw. Berichts enthaltenen Prüfungsurteil und den darin enthaltenen Schlussfolgerungen gelangen konnte.

(2) Die auftragsbegleitende Qualitätssicherungsprüfung wird von einem Qualitätssicherungsprüfer vorgenommen. Dabei handelt es sich um einen Abschlussprüfer, der nicht an der Durchführung der Abschlussprüfung, auf die sich die auftragsbegleitende Qualitätssicherungsprüfung bezieht, beteiligt ist.

(3) Wird die Abschlussprüfung durch eine Prüfungsgesellschaft vorgenommen, bei der alle ihr angehörenden Abschlussprüfer an der Durchführung dieser Abschlussprüfung beteiligt waren, oder wird die Abschlussprüfung durch einen Abschlussprüfer vorgenommen, der nicht Partner oder Beschäftigter einer Prüfungsgesellschaft ist, so sorgt sie bzw. er abweichend von Absatz 2 dafür, dass ein anderer Abschlussprüfer die auftragsbegleitende Qualitätssicherungsprüfung vornimmt. Die Offenlegung von Unterlagen oder Informationen gegenüber dem unabhängigen Qualitätssicherungsprüfer für die Zwecke dieses Artikels gilt nicht als Verletzung des Berufsgeheimnisses. Die gegenüber dem betreffenden Qualitätssicherungsprüfer für die Zwecke dieses Artikels offengelegten Unterlagen oder Informationen unterliegen dem Berufsgeheimnis.

(4) Bei der Durchführung der auftragsbegleitenden Qualitätssicherungsprüfung hält der Qualitätssicherungsprüfer zumindest Folgendes fest:

a) die mündlichen und schriftlichen Informationen, die er auf sein Verlangen oder unaufgefordert vom Abschlussprüfer oder verantwortlichen Prüfungspartner zur Untermauerung der wesentlichen Beurteilungen und der wichtigsten Feststellungen der durchgeführten Prüfungshandlungen und der aus diesen Feststellungen gezogenen Schlüsse erhalten hat,
b) das Urteil des Abschlussprüfers oder verantwortlichen Prüfungspartners, wie es aus dem Entwurf der in den Artikeln 10 und 11 genannten Berichte hervorgeht.

(5) Bei der auftragsbegleitenden Qualitätssicherungsprüfung wird zumindest Folgendes beurteilt:

a) die Unabhängigkeit des Abschlussprüfers bzw. der Prüfungsgesellschaft von dem geprüften Unternehmen;
b) die bedeutsamen Risiken, die für die Abschlussprüfung relevant sind und die der Abschlussprüfer oder verantwortliche Prüfungspartner bei Durchführung der Abschlussprüfung festgestellt hat, und die Maßnahmen, die er zur angemessenen Steuerung dieser Risiken getroffen hat;
c) die Argumentation des Abschlussprüfers oder verantwortlichen Prüfungspartners, insbesondere im Hinblick auf den Grad der Wesentlichkeit und die unter Buchstabe b genannten bedeutsamen Risiken;
d) jedes Ersuchen um Beratung gegenüber externen Sachverständigen und die Nutzung dieser Beratung;
e) Art und Umfang der korrigierten und nicht korrigierten falschen Darstellungen im Abschluss, die bei Durchführung der Prüfung festgestellt wurden;
f) die mit dem Prüfungsausschuss und der Unternehmensleitung und/oder dem Aufsichtsorgan des geprüften Unternehmens erörterten Themen;
g) die mit den zuständigen Behörden und gegebenenfalls mit anderen Dritten erörterten Themen;
h) ob die vom betreffenden Qualitätssicherungsprüfer aus der Akte ausgewählten Unterlagen und Informationen das vom Abschlussprüfer oder verantwortlichen Prüfungspartner im Entwurf des in den Artikeln 10 und 11 genannten Vermerks bzw. Berichts abgegebene Urteil untermauern.

(6) Der betreffende Qualitätssicherungsprüfer erörtert die Ergebnisse der auftragsbegleitenden Qualitätssicherungsprüfung mit dem Abschlussprüfer oder dem verantwortlichen Prüfungspartner. Die Prüfungsgesellschaft legt Verfahren über die Modalitäten für die Beilegung von Unstimmigkeiten zwischen dem verantwortlichen Prüfungspartner und dem betreffenden Qualitätssicherungsprüfer fest.

(7) Der Abschlussprüfer oder die Prüfungsgesellschaft und der betreffende Qualitätssicherungsprüfer bewahren die Ergebnisse der auftragsbegleitenden Qualitätssicherungsprüfung sowie die diesen Ergebnissen zugrunde liegenden Erwägungen auf.

Artikel 9
Internationale Prüfungsstandards

Der Kommission wird die Befugnis übertragen, im Wege delegierter Rechtsakte gemäß Artikel 39 die in Artikel 26 der Richtlinie 2006/43/EG genannten internationalen Prüfungsstandards in den Bereichen Prüfungsverfahren, Unabhängigkeit und interne Qualitätssicherungssysteme von Abschlussprüfern und Prüfungsgesellschaften zum Zwecke ihrer Anwendung innerhalb der Union anzunehmen, sofern die Standards die Anforderungen von Artikel 26 Absatz 3 Buchstaben a, b und c der Richtlinie 2006/43/EG erfüllen und keine Anforderungen dieser Verordnung ändern und keine Anforderungen dieser Verordnung mit Ausnahme der in den Artikeln 7, 8 und 18 dieser Verordnung angeführten ergänzen.

Artikel 10
Bestätigungsvermerk

(1) Der oder die Abschlussprüfer bzw. die Prüfungsgesellschaft(en) legen die Ergebnisse der Abschlussprüfung des Unternehmens von öffentlichem Interesse in einem Bestätigungsvermerk dar.

(2) Der Bestätigungsvermerk wird gemäß Artikel 28 der Richtlinie 2006/43/EG erstellt und enthält darüber hinaus zumindest Folgendes:

a) die Angabe, von wem oder von welchem Organ der oder die Abschlussprüfer bzw. die Prüfungsgesellschaft(en) bestellt wurden;

b) die Angabe des Datums der Bestellung der Abschlussprüfer bzw. der Prüfungsgesellschaften und der gesamten ununterbrochenen Mandatsdauer, einschließlich bereits erfolgter Verlängerungen und erneuter Bestellungen;

c) eine Darlegung des Folgenden zur Untermauerung des Prüfungsurteils:

   i) eine Beschreibung der bedeutsamsten beurteilten Risiken wesentlicher falscher Darstellungen, einschließlich der beurteilten Risiken wesentlicher falscher Darstellungen aufgrund von Betrug,

   ii) eine Zusammenfassung der Reaktion des Prüfers auf diese Risiken und

   iii) gegebenenfalls wichtige Feststellungen, die sich in Bezug auf diese Risiken ergeben.

   Wenn es für die oben genannte im Bestätigungsvermerk enthaltene Information zu den einzelnen bedeutsamen beurteilten Risiken wesentlicher falscher Darstellungen relevant ist, ist in dem Bestätigungsvermerk deutlich auf die entsprechenden Angaben in den Abschlüssen hinzuweisen;

d) eine Darlegung darüber, in welchem Maße die Abschlussprüfung als dazu geeignet angesehen wurde, Unregelmäßigkeiten, einschließlich Betrug, aufzudecken;

e) die Bestätigung, dass das Prüfungsurteil mit dem in Artikel 11 genannten zusätzlichen Bericht an den Prüfungsausschuss im Einklang steht;

f) die Erklärung, dass keine verbotenen Nichtprüfungsleistungen nach Artikel 5 Absatz 1 erbracht wurden und der oder die Abschlussprüfer bzw. die Prüfungsgesellschaft(en) bei der Durchführung der Abschlussprüfung ihre Unabhängigkeit von dem geprüften Unternehmen gewahrt haben;

g) die Angabe der Leistungen, die vom Abschlussprüfer oder der Prüfungsgesellschaft oder für das geprüfte Unternehmen oder das bzw. die von diesem beherrschte(n) Unternehmen zusätzlich zur Abschlussprüfung erbracht wurden und die im Lagebericht oder in den Abschlüssen nicht angegeben wurden.

Die Mitgliedstaaten können zusätzliche Anforderungen hinsichtlich des Inhalts des Bestätigungsvermerks festlegen.

(3) Der Bestätigungsvermerk enthält außer dem in Absatz 2 Buchstabe e vorgeschriebenen Verweis keinerlei Querverweise auf den in Artikel 11 genannten zusätzlichen Bericht an den Prüfungsausschuss. Der Bestätigungsvermerk ist in einer klaren und eindeutigen Sprache verfasst.

(4) Der Abschlussprüfer oder die Prüfungsgesellschaft verwendet den Namen einer zuständigen Behörde nicht in einer Weise, die darauf hindeuten oder nahelegen würde, dass diese Behörde den Bestätigungsvermerk übernimmt oder billigt.

Artikel 11

Zusätzlicher Bericht an den Prüfungsausschuss

(1) Abschlussprüfer oder Prüfungsgesellschaften, die bei Unternehmen von öffentlichem Interesse eine Abschlussprüfung durchführen, legen dem Prüfungsausschuss des geprüften Unternehmens einen zusätzlichen Bericht nicht später als den in Artikel 10 genannten Bestätigungsvermerk vor. Die Mitgliedstaaten können darüber hinaus verlangen, dass dieser zusätzliche Bericht dem Verwaltungs- oder Aufsichtsorgan des geprüften Unternehmens vorgelegt wird.

Verfügt das geprüfte Unternehmen nicht über einen Prüfungsausschuss, wird der zusätzliche Bericht dem Gremium vorgelegt, das bei dem geprüften Unternehmen vergleichbare Funktionen hat. Die Mitgliedstaaten können gestatten, dass der Prüfungsausschuss diesen Bericht gemäß ihrem nationalem Recht bestimmten Dritten gegenüber offenlegt.

(2) Der zusätzliche Bericht an den Prüfungsausschuss wird in schriftlicher Form verfasst. Er enthält eine Erläuterung der Ergebnisse der durchgeführten Abschlussprüfung und ferner zumindest Folgendes:

a) die Erklärung über die Unabhängigkeit nach Artikel 6 Absatz 2 Buchstabe a;

b) die Angabe jedes an der Prüfung beteiligten verantwortlichen Prüfungspartners, falls die Abschlussprüfung von einer Prüfungsgesellschaft durchgeführt wurde;

c) gegebenenfalls der Hinweis darauf, dass der Abschlussprüfer oder die Prüfungsgesellschaft Vorkehrungen getroffen hat, dass bestimmte seiner bzw. ihrer Tätigkeiten von einem anderen Abschlussprüfer bzw. einer anderen Prüfungsgesellschaft, der bzw. die nicht demselben Netzwerk angehört, durchgeführt werden, oder dass auf die Arbeit externer Sachverständiger zurückgegriffen wird, sowie die Bestätigung, dass der Abschlussprüfer bzw. die Prüfungsgesellschaft seitens des anderen Abschlussprüfers oder der anderen Prüfungsgesellschaft und/oder des externen Sachverständigen eine Bestätigung hinsichtlich ihrer Unabhängigkeit erhalten hat;

d) eine Beschreibung der Art, der Häufigkeit und des Umfangs der Kommunikation mit dem Prüfungsausschuss oder dem Gremium, das bei dem geprüften Unternehmen vergleichbare Funktionen hat, dem Unternehmensleitungsorgan und dem Verwaltungs- oder Aufsichtsorgan des geprüften Unternehmens, einschließlich der Zeitpunkte der Zusammenkünfte mit diesen Organen;

e) eine Beschreibung des Umfangs und des Zeitplans der Prüfung;

f) die Beschreibung der Aufgabenverteilung zwischen den Abschlussprüfern und/oder den Prüfungsgesellschaften, sofern zwei oder mehr Prüfer oder Prüfungsgesellschaften bestellt wurden;

g) eine Beschreibung der verwendeten Methode, u. a. dahingehend, welche Kategorien der Bilanz direkt überprüft wurden und welche Kategorien dabei System- und Zuverlässigkeitsprüfungen unterzogen wurden, einschließlich einer Erläuterung wesentlicher Veränderungen bei der Gewichtung von System- und Zuverlässigkeitsprüfungen gegenüber dem Vorjahr, selbst wenn die Abschlussprüfung im Vorjahr von anderen Abschlussprüfern oder anderen Prüfungsgesellschaften durchgeführt wurde;

h) die Darlegung der quantitativen Wesentlichkeitsgrenze, die bei der Durchführung der Abschlussprüfung für den Abschluss als Ganzes zugrunde gelegt wurde, und gegebenenfalls der Wesentlichkeitsgrenzen für bestimmte Arten von Geschäftsvorfällen, Kontensalden oder Darlegungen zugrunde gelegt wurde, sowie Darlegung der qualitativen Faktoren, die bei der Festlegung der Wesentlichkeitsgrenze berücksichtigt wurden;

i) die Angabe und Erläuterung von Einschätzungen zu bestimmten im Laufe der Prüfung festgestellten Ereignissen oder Gegebenheiten, die erhebliche Zweifel an der Fähigkeit des Unternehmens zur Fortführung der Unternehmenstätigkeit aufwerfen können, sowie die Angabe und Erläuterung von Einschätzungen dazu, ob diese Ereignisse oder Gegebenheiten eine wesentliche Unsicherheit darstellen; ferner eine Zusammenfassung aller Garantien, Prüfbescheinigungen (Comfort Letters), Hilfszusagen der öffentlichen Hand und anderer unterstützender Maßnahmen, die bei der Beurteilung der Fähigkeit des Unternehmens zur Fortführung seiner Tätigkeit berücksichtigt wurden;

j) die Angabe bedeutsamer Mängel im internen Finanzkontrollsystem des geprüften Unternehmens oder – im Falle konsolidierter Abschlüsse – der Muttergesellschaft oder im Rechnungslegungssystem. Im zusätzlichen Bericht wird hinsichtlich jeder dieser bedeutsamen Mängel festgestellt, ob sie vom Management beseitigt wurde oder nicht;

k) die Angabe von im Laufe der Prüfung festgestellten bedeutsamen Sachverhalten im Zusammenhang mit der tatsächlichen oder vermuteten Nichteinhaltung von Rechtsvorschriften oder des Gesellschaftsvertrags bzw. der Satzung der Gesellschaft, soweit sie für die Fähigkeit des Prüfungsausschusses, seine Aufgaben wahrzunehmen, als relevant betrachtet werden;

l) die Angabe und Beurteilung der bei den verschiedenen Posten des Jahres- oder konsolidierten Abschlusses angewandten Bewertungsmethoden einschließlich etwaiger Auswirkungen von Änderungen an diesen Methoden;

m) im Fall der Prüfung eines konsolidierten Abschlusses die Erläuterung des Umfangs der Konsolidierung und der vom geprüften Unternehmen auf etwaige nicht konsolidierte Unternehmen angewandten Ausschlusskriterien sowie die Angabe, ob die angewandten Kriterien im Einklang mit den Rechnungslegungsregelungen stehen;

n) gegebenenfalls die Angabe, welche Prüfungsarbeiten von Prüfern aus einem Drittland, von Abschlussprüfern, von Prüfungsunternehmen aus einem Drittland oder von Prüfungsgesellschaft(en), bei denen es sich nicht um Mitglieder desselben Netzwerks wie das des Prüfers des konsolidierten Abschlusses handelt, im Zusammenhang mit der Abschlussprüfung eines konsolidierten Abschlusses ausgeführt wurden;

o) die Angabe, ob das geprüfte Unternehmen alle verlangten Erläuterungen und Unterlagen geliefert hat;

p) Angaben über:

   i) etwaige bedeutsame Schwierigkeiten, die während der Abschlussprüfung aufgetreten sind,

   ii) etwaige sich aus der Abschlussprüfung ergebende bedeutsame Sachverhalte, die besprochen wurden oder Gegenstand des Schriftverkehrs mit dem Management waren, und

   iii) etwaige sonstige sich aus der Abschlussprüfung ergebende Sachverhalte, die nach dem fachkundigen Urteil des Prüfers für die Aufsicht über den Rechnungslegungsprozess bedeutsam sind.

Die Mitgliedstaaten können zusätzliche Anforderungen hinsichtlich des Inhalts des zusätzlichen Berichts an den Prüfungsausschuss festlegen.

Auf Verlangen eines Abschlussprüfers, einer Prüfungsgesellschaft oder des Prüfungsausschusses beraten der oder die Abschlussprüfer bzw. die Prüfungsgesellschaft(en) mit dem Prüfungsausschuss, dem Verwaltungsorgan oder gegebenenfalls dem Aufsichtsorgan des geprüften Unternehmens über die im zusätzlichen Bericht an den

Prüfungsausschuss – insbesondere unter Unterabsatz 1 Buchstabe j – genannten wichtigsten sich aus der Abschlussprüfung ergebenden Sachverhalte.

(3) Sind mehr als ein Abschlussprüfer bzw. eine Prüfungsgesellschaft gleichzeitig beauftragt worden und herrscht zwischen ihnen Uneinigkeit über Prüfungshandlungen, Rechnungslegungsvorschriften oder andere die Durchführung der Abschlussprüfung betreffende Themen, so werden im zusätzlichen Bericht an den Prüfungsausschuss die Gründe für diese Uneinigkeit dargelegt.

(4) Der zusätzliche Bericht an den Prüfungsausschuss wird unterschrieben und datiert. Wird die Abschlussprüfung von einer Prüfungsgesellschaft durchgeführt, so wird der zusätzliche Bericht an den Prüfungsausschuss von den Abschlussprüfern, die die Abschlussprüfung im Auftrag der Prüfungsgesellschaft durchgeführt haben, unterzeichnet.

(5) Die Abschlussprüfer oder die Prüfungsgesellschaften stellen den zuständigen Behörden im Sinne des Artikels 20 Absatz 1 den zusätzlichen Bericht auf Verlangen und im Einklang mit dem nationalen Recht zur Verfügung.

Artikel 12

Bericht an die für die Beaufsichtigung von Unternehmen von öffentlichem Interesse zuständigen Behörden

(1) Unbeschadet des Artikels 55 der Richtlinie 2004/39/EG, des Artikels 63 der Richtlinie 2013/36/EU des Europäischen Parlaments und des Rates[1)], des Artikels 15 Absatz 4 der Richtlinie 2007/64/EG, des Artikels 106 der Richtlinie 2009/65/EG, des Artikels 3 Absatz 1 der Richtlinie 2009/110/EG und des Artikels 72 der Richtlinie 2009/138/EG des Europäischen Parlaments und des Rates[2)] sind Abschlussprüfer und Prüfungsgesellschaften, die bei einem Unternehmen von öffentlichem Interesse die Abschlussprüfung durchführen, dazu verpflichtet, die für die Beaufsichtigung des Unternehmens von öffentlichem Interesse zuständigen Behörden oder – soweit dies von dem betreffenden Mitgliedstaat vorgesehen ist – die für die Beaufsichtigung des Abschlussprüfers bzw. der Prüfungsgesellschaft zuständige Behörde umgehend über jede Information zu unterrichten, von der sie bei Durchführung der Abschlussprüfung Kenntnis erhalten und die eine der folgenden Konsequenzen haben kann:

a) einen wesentlichen Verstoß gegen die Rechts- oder Verwaltungsvorschriften, die – sofern relevant – die Zulassungsvoraussetzungen enthalten oder speziell die Ausübung der Tätigkeiten solcher Unternehmen von öffentlichem Interesse regeln,

b) eine wesentliche Gefährdung oder wesentliche Bedenken hinsichtlich der Fortführung der Tätigkeit des Unternehmens von öffentlichem Interesse,

c) eine Verweigerung der Abgabe eines Prüfungsurteils über die Abschlüsse oder die Abgabe eines versagenden oder eingeschränkten Prüfungsurteils.

Die Abschlussprüfer oder die Prüfungsgesellschaften sind ferner zur Meldung der in Unterabsatz 1 Buchstaben a, b oder c genannten Informationen verpflichtet, wenn sie von diesen bei Durchführung einer Abschlussprüfung bei Unternehmen Kenntnis erhalten, die zu dem Unternehmen von öffentlichem Interesse, bei dem sie ebenfalls die Abschlussprüfung durchführen, eine enge Verbindung haben. Für die Zwecke dieses Ar-

---

1) Richtlinie 2013/36/EU des Europäischen Parlaments und des Rates vom 26. Juni 2013 über den Zugang zur Tätigkeit von Kreditinstituten und die Beaufsichtigung von Kreditinstituten und Wertpapierfirmen, zur Änderung der Richtlinie 2002/87/EG und zur Aufhebung der Richtlinien 2006/48/EG und 2006/49/EG (ABl. L 176 vom 27.6.2013, S. 338).

2) Richtlinie 2009/138/EG des Europäischen Parlaments und des Rates vom 25. November 2009 betreffend die Aufnahme und Ausübung der Versicherungs- und der Rückversicherungstätigkeit (Solvabilität II) (ABl. L 335 vom 17.12.2009, S. 1).

tikels ist der Begriff „enge Verbindung“ im Sinne von Artikels 4 Absatz 1 Nummer 38 der Verordnung (EU) Nr. 575/2013 der Europäischen Parlaments und des Rates[1] zu verstehen.

Die Mitgliedstaaten können vom Abschlussprüfer oder von der Prüfungsgesellschaft zusätzliche Informationen verlangen, sofern dies für eine wirksame Finanzmarktaufsicht gemäß den einzelstaatlichen Rechtsvorschriften erforderlich ist.

(2) Zwischen den für die Beaufsichtigung von Kreditinstituten und Versicherungsunternehmen zuständigen Behörden einerseits und dem bzw. den Abschlussprüfer(n) und der bzw. den Prüfungsgesellschaft(en), der bzw. die bei diesen Instituten und Unternehmen die Abschlussprüfung durchführt bzw. durchführen, andererseits wird ein wirksamer Dialog eingerichtet. Die Verantwortung für die Einhaltung dieser Anforderung tragen beide Parteien des Dialogs.

Mindestens einmal jährlich organisieren der Europäische Ausschuss für Systemrisiken („ESRB“ für „European Systemic Risk Board“) und der Ausschuss der Aufsichtsstellen ein Treffen unter Beteiligung der Abschlussprüfer und der Prüfungsgesellschaften oder Netzwerke, die Abschlussprüfungen aller in der Union zugelassener Institute durchführen, die international als global systemrelevante Finanzinstitute anerkannt sind, um den ESRB über branchenspezifische oder bedeutsame Entwicklungen in diesen systemrelevanten Finanzinstituten zu informieren.

Um die Wahrnehmung der in Unterabsatz 1 genannten Aufgaben zu erleichtern, geben die Europäische Aufsichtsbehörde (Europäische Bankenaufsichtsbehörde – EBA) und die Europäische Aufsichtsbehörde (Europäische Aufsichtsbehörde für das Versicherungswesen und die betriebliche Altersversorgung – EIOPA) gemäß Artikel 16 der Verordnung (EU) Nr. 1093/2010 bzw. Artikel 16 der Verordnung (EU) Nr. 1094/2010 unter Berücksichtigung derzeitiger Aufsichtspraktiken Leitlinien an die für die Beaufsichtigung von Kreditinstituten und Versicherungsunternehmen zuständigen Behörden heraus.

(3) Teilen Abschlussprüfer oder Prüfungsgesellschaften oder gegebenenfalls Netzwerke den zuständigen Behörden oder dem ESRB und dem Ausschuss der Aufsichtsstellen in gutem Glauben Informationen im Sinne des Absatzes 1 oder sich im Zuge des Dialogs nach Absatz 2 ergebende Informationen mit, so stellt dies keinen Verstoß gegen eine etwaige vertragliche oder rechtliche Beschränkung der Informationsweitergabe dar.

Artikel 13
Transparenzbericht

(1) Ein Abschlussprüfer oder eine Prüfungsgesellschaft, der bzw. die bei Unternehmen von öffentlichem Interesse Abschlussprüfungen durchführt, veröffentlicht alljährlich spätestens vier Monate nach Abschluss jedes Geschäftsjahres einen Transparenzbericht. Dieser Transparenzbericht wird auf der Website des Abschlussprüfers bzw. der Prüfungsgesellschaft veröffentlicht und bleibt dort ab dem Tag der Veröffentlichung auf der Website mindestens fünf Jahre lang verfügbar. Ist der Abschlussprüfer bei einer Prüfungsgesellschaft beschäftigt, so obliegen dieser Prüfungsgesellschaft die in diesem Artikel vorgesehenen Pflichten.

Abschlussprüfer oder Prüfungsgesellschaften dürfen einen bereits veröffentlichten jährlichen Transparenzbericht aktualisieren. In einem solchen Fall weist der Abschlussprüfer bzw. die Prüfungsgesellschaft darauf hin, dass es sich um eine aktualisierte

1) Verordnung (EU) Nr. 575/2013 des Europäischen Parlaments und des Rates vom 26. Juni 2013 über Aufsichtsanforderungen an Kreditinstitute und Wertpapierfirmen und zur Änderung der Verordnung (EU) Nr. 648/2012 (ABl. L 176 vom 27.6.2013, S. 1).

Fassung des Berichts handelt, wobei auch die ursprüngliche Fassung weiterhin auf der Website verfügbar bleibt.

Abschlussprüfer und Prüfungsgesellschaften teilen den zuständigen Behörden mit, dass der Transparenzbericht auf der Website des Abschlussprüfers/der Prüfungsgesellschaft veröffentlicht wurde oder – gegebenenfalls – dass er aktualisiert wurde.

(2) Der jährliche Transparenzbericht umfasst zumindest Folgendes:

a) eine Beschreibung der Rechts- und Eigentümerstruktur der Prüfungsgesellschaft;

b) für den Fall, dass der Abschlussprüfer oder die Prüfungsgesellschaft Mitglied eines Netzwerks ist,

   i) eine Beschreibung dieses Netzwerks sowie seiner rechtlichen und organisatorischen Struktur;

   ii) den Namen jedes Abschlussprüfers, der als Prüfer in Einzelpraxis tätig ist, oder jeder Prüfungsgesellschaft, die Mitglied des Netzwerks ist;

   iii) das Land oder die Länder, in denen jeder Abschlussprüfer, der als Prüfer in Einzelpraxis tätig ist, oder jede Prüfungsgesellschaft, die Mitglied des Netzwerks ist, die Tätigkeit als Abschlussprüfer ausüben darf oder seinen bzw. ihren eingetragenen Sitz, seine bzw. ihre Hauptverwaltung oder seine bzw. ihre Hauptniederlassung hat;

   iv) den Gesamtumsatz, den die Abschlussprüfer, die als Prüfer in Einzelpraxis tätig sind, und die Prüfungsgesellschaften, die Mitglieder des Netzwerks sind, mit der Prüfung von Jahres- und konsolidierten Abschlüssen erzielt haben;

c) eine Beschreibung der Leitungsstruktur der Prüfungsgesellschaft;

d) eine Beschreibung des internen Qualitätssicherungssystems des Abschlussprüfers bzw. der Prüfungsgesellschaft und eine Erklärung des Verwaltungs- oder Leitungsorgans zu dessen Wirksamkeit;

e) das Datum der letzten Qualitätssicherungsprüfung gemäß Artikel 26;

f) eine Liste der Unternehmen von öffentlichem Interesse, bei denen der Abschlussprüfer bzw. die Prüfungsgesellschaft im vorangegangenen Geschäftsjahr Abschlussprüfungen durchgeführt hat;

g) eine Erklärung darüber, mit welchen Maßnahmen der Abschlussprüfer bzw. die Prüfungsgesellschaft seine bzw. ihre Unabhängigkeit zu wahren sucht, in der auch bestätigt wird, dass eine interne Überprüfung der Einhaltung von Unabhängigkeitsanforderungen stattgefunden hat;

h) eine Erklärung dazu, wie der Abschlussprüfer bzw. die Prüfungsgesellschaft in Bezug auf die in Artikel 13 der Richtlinie 2006/43/EG genannte kontinuierliche Fortbildung von Abschlussprüfern verfährt;

i) Angaben darüber, wonach sich bei Prüfungsgesellschaften die Vergütung der Partner bemisst;

j) eine Beschreibung der vom Abschlussprüfer bzw. von der Prüfungsgesellschaft verfolgten Grundsätze, nach denen bei der Rotation der verantwortlichen Prüfungspartner und Mitarbeiter gemäß Artikel 17 Absatz 7 verfahren wird;

k) sofern sich diese Angaben nicht in seinen bzw. ihren Abschlüssen nach Artikel 4 Absatz 2 der Richtlinie 2013/34/EU finden, Angaben zum Gesamtumsatz des Abschlussprüfers oder der Prüfungsgesellschaft, und zwar aufgeschlüsselt in

   i) Einnahmen aus der Abschlussprüfung des Jahresabschlusses und konsolidierten Abschlusses von Unternehmen von öffentlichem Interesse und von Unternehmen einer Unternehmensgruppe, deren Muttergesellschaft ein Unternehmen von öffentlichem Interesse ist;

ii) Einnahmen aus der Abschlussprüfung des Jahresabschlusses und konsolidierten Abschlusses anderer Unternehmen;

iii) Einnahmen aus zulässigen Nichtprüfungsleistungen für Unternehmen, die vom Abschlussprüfer oder von der Prüfungsgesellschaft geprüft werden;

iv) Einnahmen aus Nichtprüfungsleistungen für andere Unternehmen.

Der Abschlussprüfer oder die Prüfungsgesellschaft kann unter außergewöhnlichen Umständen beschließen, von den in Unterabsatz 1 Buchstabe f verlangten Angaben abzusehen, soweit dies zur Verringerung einer unmittelbaren und erheblichen Gefährdung der persönlichen Sicherheit einer Person erforderlich ist. Der Abschlussprüfer bzw. die Prüfungsgesellschaft muss in der Lage sein, der zuständigen Behörde gegenüber darzulegen, dass eine solche Gefährdung tatsächlich besteht.

(3) Der Transparenzbericht wird von dem Abschlussprüfer oder der Prüfungsgesellschaft unterzeichnet.

Artikel 14

Informationspflicht gegenüber den zuständigen Behörden

Abschlussprüfer und Prüfungsgesellschaften legen der für sie zuständigen Behörde jährlich eine Liste der geprüften Unternehmen von öffentlichem Interesse vor, die nach den von diesen Unternehmen bezogenen Einnahmen aufgeschlüsselt ist, die in Folgendes unterteilt ist:

a) Einnahmen aus der Abschlussprüfung;

b) Einnahmen aus anderen Nichtprüfungsleistungen als solchen nach Artikel 5 Absatz 1, die aufgrund von Unionsrecht oder nationalem Recht erforderlich sind;

c) Einnahmen aus anderen Nichtprüfungsleistungen als solchen nach Artikel 5 Absatz 1, die nicht aufgrund von Unionsrecht oder nationalem Recht erforderlich sind.

Artikel 15

Aufbewahrungspflichten

Abschlussprüfer und Prüfungsgesellschaften bewahren die in Artikel 4 Absatz 3, Artikel 6, Artikel 7, Artikel 8 Absätze 4 bis 7, Artikel 10 und 11, Artikel 12 Absätze 1 und 2, Artikel 14, Artikel 16 Absätze 2, 3 und 5 dieser Verordnung sowie die in den Artikeln 22b, 24a, 24b, 27 und 28 der Richtlinie 2006/43/EG genannten Unterlagen und Informationen nach deren Erstellung mindestens fünf Jahre lang auf.

Die Mitgliedstaaten können Abschlussprüfer und Prüfungsgesellschaften nach Maßgabe ihrer Datenschutzvorschriften und Verwaltungs- und Gerichtsverfahrensregelungen dazu verpflichten, die in Unterabsatz 1 genannten Unterlagen und Informationen für einen längeren Zeitraum aufzubewahren.

Titel III

Bestellung von Abschlussprüfern oder Prüfungsgesellschaften durch Unternehmen von öffentlichem Interesse

Artikel 16

Bestellung von Abschlussprüfern oder Prüfungsgesellschaften

(1) Für die Zwecke der Anwendung von Artikel 37 Absatz 1 der Richtlinie 2006/43/EG gelten für die Bestellung von Abschlussprüfern oder Prüfungsgesellschaften durch

Unternehmen von öffentlichem Interesse die in den Absätzen 2 bis 5 beschriebenen Bedingungen, gegebenenfalls unter Anwendung von Absatz 7.

Gilt Artikel 37 Absatz 2 der Richtlinie 2006/43/EG, so unterrichtet das Unternehmen von öffentlichem Interesse die zuständige Behörde über die Verwendung der dort genannten alternativen Systeme oder Modalitäten. In diesem Fall finden die Absätze 2 bis 5 des vorliegenden Artikels keine Anwendung.

(2) Der Prüfungsausschuss legt dem Verwaltungs- oder Aufsichtsorgan des geprüften Unternehmens eine Empfehlung für die Bestellung von Abschlussprüfern oder Prüfungsgesellschaften vor.

Abgesehen vom Fall der Erneuerung eines Prüfungsmandats gemäß Artikel 17 Absätze 1 und 2 muss die Empfehlung begründet werden und mindestens zwei Vorschläge für das Prüfungsmandat enthalten, und der Prüfungsausschuss teilt unter Angabe der Gründe seine Präferenz für einen der beiden Vorschläge mit.

Der Prüfungsausschuss erklärt in seiner Empfehlung, dass diese frei von ungebührlicher Einflussnahme durch Dritte ist und ihm keine Klausel der in Absatz 6 genannten Art auferlegt wurde.

(3) Außer im Fall der Erneuerung eines Prüfungsmandats gemäß Artikel 17 Absätze 1 und 2 wird die in Absatz 2 des vorliegenden Artikels genannte Empfehlung des Prüfungsausschusses im Anschluss an ein Auswahlverfahren erstellt, das das geprüfte Unternehmen unter Berücksichtigung folgender Kriterien durchführt:

a) Dem geprüften Unternehmen steht es frei, beliebige Abschlussprüfer oder Prüfungsgesellschaften zur Unterbreitung von Vorschlägen für die Erbringung von Abschlussprüfungsleistungen aufzufordern, sofern die Bedingungen des Artikels 17 Absatz 3 erfüllt sind und die Teilnahme von Unternehmen, die im vorausgegangenen Kalenderjahr in dem betreffenden Mitgliedstaat weniger als 15 % der von Unternehmen von öffentlichem Interesse gezahlten Gesamthonorare erhalten haben, an dem Ausschreibungsverfahren in keiner Weise ausgeschlossen wird.

b) Das geprüfte Unternehmen erstellt für den aufgeforderten Abschlussprüfer bzw. die Prüfungsgesellschaften Ausschreibungsunterlagen. Diese Ausschreibungsunterlagen müssen es ermöglichen, die Geschäftstätigkeit des geprüften Unternehmens und die Art der durchzuführenden Abschlussprüfung zu erfassen. Die Ausschreibungsunterlagen enthalten transparente, diskriminierungsfreie Auswahlkriterien für die Bewertung der Vorschläge der Abschlussprüfer oder Prüfungsgesellschaften durch das geprüfte Unternehmen.

c) Das geprüfte Unternehmen kann das Auswahlverfahren frei gestalten und im Laufe des Verfahrens direkte Verhandlungen mit interessierten Bietern führen.

d) Falls die in Artikel 20 genannten zuständigen Behörden im Einklang mit Unionsrecht oder nationalem Recht von den Abschlussprüfern und Prüfungsgesellschaften die Erfüllung bestimmter Qualitätsstandards verlangen, so sind diese Standards in die Ausschreibungsunterlagen aufzunehmen.

e) Das geprüfte Unternehmen beurteilt die Vorschläge der Abschlussprüfer oder Prüfungsgesellschaften anhand der in den Ausschreibungsunterlagen festgelegten Auswahlkriterien. Das geprüfte Unternehmen erstellt einen Bericht über die im Auswahlverfahren gezogenen Schlussfolgerungen, der vom Prüfungsausschuss validiert wird. Das geprüfte Unternehmen und der Prüfungsausschuss berücksichtigen alle Erkenntnisse oder Schlussfolgerungen der in Artikel 26 Absatz 8 genannten und von der zuständigen Behörde gemäß Artikel 28 Buchstabe d veröffentlichten Kontrollberichte über bietende Abschlussprüfer oder Prüfungsgesellschaften.

f) Das geprüfte Unternehmen muss auf Verlangen in der Lage sein, gegenüber der in Artikel 20 genannten zuständigen Behörde darzulegen, dass das Auswahlverfahren auf faire Weise durchgeführt wurde.

Für das in Unterabsatz 1 genannte Auswahlverfahren ist der Prüfungsausschuss zuständig.

Die in Artikel 20 Absatz 1 genannte zuständige Behörde veröffentlicht für die Zwecke von Unterabsatz 1 Buchstabe a eine jährlich zu aktualisierende Liste der betreffenden Abschlussprüfer und Prüfungsgesellschaften. Die zuständige Behörde nutzt bei den einschlägigen Berechnungen die gemäß Artikel 14 gemachten Angaben der Abschlussprüfer und Prüfungsgesellschaften.

(4) Unternehmen von öffentlichem Interesse, die die Kriterien nach Artikel 2 Absatz 1 Buchstaben f und t der Richtlinie 2003/71/EG[1] erfüllen, sind nicht zur Durchführung des in Absatz 3 genannten Auswahlverfahrens verpflichtet.

(5) Der an die Gesellschafterversammlung oder Aktionärshauptversammlung des geprüften Unternehmens gerichtete Vorschlag für die Bestellung von Abschlussprüfern oder Prüfungsgesellschaften enthält die Empfehlung und Präferenz gemäß Absatz 2, die der Prüfungsausschuss oder das Gremium mit vergleichbarer Funktion ausgesprochen bzw. angegeben hat.

Falls der Vorschlag von der Präferenz des Prüfungsausschusses abweicht, sind im Vorschlag die Gründe zu nennen, weshalb der Empfehlung nicht gefolgt wird. Der oder die vom Verwaltungs- oder Aufsichtsorgan empfohlenen Prüfer oder Prüfungsgesellschaften müssen jedoch an dem in Absatz 3 beschriebenen Auswahlverfahren teilgenommen haben. Dieser Unterabsatz findet keine Anwendung, wenn das Verwaltungs- oder Aufsichtsorgan die Funktionen des Prüfungsausschusses wahrnimmt.

(6) Jede Klausel in einem zwischen einem Unternehmen von öffentlichem Interesse und Dritten geschlossenen Vertrag, die die Auswahlmöglichkeiten der Gesellschafterversammlung oder Aktionärshauptversammlung des betreffenden Unternehmens gemäß Artikel 37 der Richtlinie 2006/43/EG im Hinblick auf die Auswahl eines bestimmten Abschlussprüfers oder einer bestimmten Prüfungsgesellschaft für die Durchführung der Abschlussprüfung bei diesem Unternehmen auf bestimmte Kategorien oder Listen von Abschlussprüfern oder Prüfungsgesellschaften beschränkt, ist nichtig.

Das Unternehmen von öffentlichem Interesse unterrichtet die in Artikel 20 genannten zuständigen Behörden unmittelbar und unverzüglich über jeden Versuch von Dritten, eine solche Vertragsklausel durchzusetzen oder die Entscheidung der Gesellschafterversammlung oder Aktionärshauptversammlung über die Bestellung eines Abschlussprüfers oder einer Prüfungsgesellschaft anderweitig ungebührlich zu beeinflussen.

(7) Die Mitgliedstaaten können beschließen, dass Unternehmen von öffentlichem Interesse unter bestimmten Umständen eine bestimmte Mindestanzahl von Abschlussprüfern oder Prüfungsgesellschaften bestellen, und die Modalitäten für die Beziehungen zwischen den bestellten Abschlussprüfern und Prüfungsgesellschaften festlegen.

Wenn ein Mitgliedstaat eine solche Verpflichtung festlegt, teilt er dies der Kommission und der einschlägigen Europäischen Aufsichtsbehörde mit.

(8) Hat das geprüfte Unternehmen einen Nominierungsausschuss, in dem die Gesellschafter oder Aktionäre über erheblichen Einfluss verfügen und dessen Aufgabe es ist,

---

1) Richtlinie 2003/71/EG des Europäischen Parlaments und des Rates vom 4. November 2003 betreffend den Prospekt, der beim öffentlichen Angebot von Wertpapieren oder bei deren Zulassung zum Handel zu veröffentlichen ist, und zur Änderung der Richtlinie 2001/34/EG (ABl. L 345 vom 31.12.2003, S. 64).

Empfehlungen für die Auswahl von Prüfern abzugeben, so kann ein Mitgliedstaat gestatten, dass der Nominierungsausschuss die in diesem Artikel festgelegten Funktionen des Prüfungsausschusses wahrnimmt, und ihn verpflichten, der Gesellschafterversammlung oder der Aktionärshauptversammlung die in Absatz 2 genannte Empfehlung zu unterbreiten.

Artikel 17

Laufzeit des Prüfungsmandats

(1) Unternehmen von öffentlichem Interesse bestellen einen Abschlussprüfer oder eine Prüfungsgesellschaft für ein erstes Mandat, dessen Laufzeit mindestens ein Jahr beträgt. Das Mandat kann verlängert werden.

Weder das erste Mandat eines bestimmten Abschlussprüfers oder einer bestimmten Prüfungsgesellschaft noch dieses Mandat in Kombination mit erneuerten Mandaten darf die Höchstlaufzeit von zehn Jahren überschreiten.

(2) Abweichend von Absatz 1 können die Mitgliedstaaten

a) verlangen, dass das in Absatz 1 genannte erste Mandat eine Laufzeit von mehr als einem Jahr hat,

b) eine Höchstlaufzeit von weniger als zehn Jahren für die Mandate gemäß Absatz 1 Unterabsatz 2 vorsehen.

(3) Weder der Abschlussprüfer oder die Prüfungsgesellschaft noch gegebenenfalls Mitglieder seiner bzw. ihrer Netzwerke innerhalb der Union führen nach Ablauf der Höchstlaufzeiten der Mandate gemäß Absatz 1 Unterabsatz 2 oder Absatz 2 Buchstabe b oder nach Ablauf der Höchstlaufzeiten der gemäß Absatz 4 oder Absatz 6 verlängerten Mandate innerhalb des folgenden Vierjahreszeitraums die Abschlussprüfung bei demselben Unternehmen von öffentlichem Interesse durch.

(4) Abweichend von Absatz 1 und Absatz 2 Buchstabe b können die Mitgliedstaaten vorsehen, dass die in Absatz 1 Unterabsatz 2 und in Absatz 2 Buchstabe b genannten Höchstlaufzeiten auf die folgenden Höchstlaufzeiten verlängert werden können:

a) auf 20 Jahre, wenn ein öffentliches Ausschreibungsverfahren für die Abschlussprüfung im Einklang mit Artikel 16 Absätze 2 bis 5 durchgeführt wird und nach Ablauf der in Absatz 1 Unterabsatz 2 und in Absatz 2 Buchstabe b genannten Höchstlaufzeiten wirksam wird, oder

b) auf 24 Jahre, wenn nach Ablauf der in Absatz 1 Unterabsatz 2 und in Absatz 2 Buchstabe b genannten Höchstlaufzeiten, bei dem die einschlägige Höchstlaufzeit erreicht worden ist, mehr als ein Abschlussprüfer oder eine Prüfungsgesellschaft gleichzeitig beauftragt wurden, sofern die Abschlussprüfung zur Vorlage des gemeinsamen Bestätigungsvermerks gemäß Artikel 28 der Richtlinie 2006/43/EG führt.

(5) Die jeweilige Höchstlaufzeit gemäß Absatz 1 Unterabsatz 2 und gemäß Absatz 2 Buchstabe b wird nur verlängert, wenn das Verwaltungs- oder das Aufsichtsorgan auf Empfehlung des Prüfungsausschusses der Gesellschafterversammlung oder Aktionärshauptversammlung im Einklang mit dem nationalen Recht vorschlägt, das Mandat zu verlängern, und wenn dieser Vorschlag angenommen wird.

(6) Nach Ablauf der Höchstlaufzeit gemäß Absatz 1 Unterabsatz 2 bzw. Absatz 2 Buchstabe b oder Absatz 4 kann das Unternehmen von öffentlichem Interesse in Ausnahmefällen beantragen, dass die in Artikel 20 Absatz 1 genannte zuständige Behörde eine Verlängerung dahingehend gewährt, dass der Abschlussprüfer bzw. die Prüfungsgesellschaft für ein weiteres Mandat bestellt wird, sofern die Voraussetzungen in Ab-

satz 4 Buchstabe a oder b erfüllt sind. Die Dauer dieses zusätzlichen Mandats darf zwei Jahre nicht überschreiten.

(7) Die für die Durchführung einer Abschlussprüfung verantwortlichen Prüfungspartner beenden ihre Teilnahme an der Abschlussprüfung des geprüften Unternehmens spätestens sieben Jahre nach dem Datum ihrer Bestellung. Sie können frühestens drei Jahre nach dieser Beendigung ihrer Teilnahme wieder an der Abschlussprüfung des geprüften Unternehmens mitwirken.

Abweichend davon können die Mitgliedstaaten vorschreiben, dass die für die Durchführung einer Abschlussprüfung verantwortlichen Prüfungspartner ihre Teilnahme an der Abschlussprüfung des geprüften Unternehmens früher als sieben Jahre nach dem Datum ihrer Bestellung beenden.

Der Abschlussprüfer oder die Prüfungsgesellschaft führt ein angemessenes graduelles Rotationssystem für das an der Abschlussprüfung beteiligte Führungspersonal ein, das zumindest die als Abschlussprüfer geführten Personen erfasst. Diese graduelle Rotation erfolgt gestaffelt und betrifft einzelne Personen und nicht das gesamte Prüfungsteam. Sie steht in einem angemessenen Verhältnis zu Umfang und Komplexität der Tätigkeiten des Abschlussprüfers bzw. der Prüfungsgesellschaft.

Der Abschlussprüfer bzw. die Prüfungsgesellschaft muss in der Lage sein, der zuständigen Behörde gegenüber darzulegen, dass dieses System wirksam angewandt wird und dem Umfang und der Komplexität seiner bzw. ihrer Tätigkeiten angemessen ist.

(8) Für die Zwecke dieses Artikels wird die Dauer des Prüfungsmandats vom ersten Geschäftsjahr an berechnet, das in dem Auftragsschreiben erfasst ist, in dem der Abschlussprüfer oder die Prüfungsgesellschaft erstmals für die Durchführung von aufeinanderfolgenden Abschlussprüfungen bei demselben Unternehmen von öffentlichem Interesse bestellt wurde.

Für die Zwecke dieses Artikels umfasst die Prüfungsgesellschaft andere Gesellschaften, die von ihr erworben wurden oder sich mit ihr zusammengeschlossen haben.

Wenn hinsichtlich des Zeitpunkts, von dem an der Abschlussprüfer oder die Prüfungsgesellschaft mit der Durchführung von aufeinanderfolgenden Abschlussprüfungen bei dem Unternehmen von öffentlichem Interesse begonnen hat, Ungewissheiten beispielsweise aufgrund des Zusammenschlusses oder des Erwerbs von Gesellschaften oder von Änderungen in der Eigentümerstruktur bestehen, meldet der Abschlussprüfer bzw. die Prüfungsgesellschaft diese Ungewissheiten sofort an die zuständige Behörde, die letztlich den relevanten Zeitpunkt für die Zwecke von Unterabsatz 1 bestimmen wird.

Artikel 18
Übergabeakte

Wird ein Abschlussprüfer oder eine Prüfungsgesellschaft durch einen anderen Abschlussprüfer oder eine andere Prüfungsgesellschaft ersetzt, so muss dieser Abschlussprüfer bzw. diese Prüfungsgesellschaft die Anforderungen gemäß Artikel 23 Absatz 3 der Richtlinie 2006/43/EG erfüllen.

Vorbehaltlich des Artikels 15 gewährt der frühere Abschlussprüfer oder die frühere Prüfungsgesellschaft dem neuen Abschlussprüfer oder der neuen Prüfungsgesellschaft ferner Zugang zu den in Artikel 11 genannten zusätzlichen Berichten hinsichtlich früherer Jahre sowie zu jeglichen Informationen, die den zuständigen Behörden gemäß den Artikeln 12 und 13 übermittelt werden.

Der Abschlussprüfer oder die Prüfungsgesellschaft des früheren Abschlusses muss in der Lage sein, der zuständigen Behörde gegenüber darzulegen, dass diese Informationen dem neuen Abschlussprüfer bzw. der neuen Prüfungsgesellschaft zur Verfügung gestellt wurden.

Artikel 19
Abberufung und Rücktritt von Abschlussprüfern oder Prüfungsgesellschaften

Unbeschadet des Artikels 38 Absatz 1 der Richtlinie 2006/43/EG leiten von einem Mitgliedstaat gemäß Artikel 20 Absatz 2 der vorliegenden Verordnung benannte zuständige Behörden die Informationen über die Abberufung oder den Rücktritt des Abschlussprüfers oder der Prüfungsgesellschaft während der Laufzeit des Mandats sowie eine angemessene Begründung hierfür an die in Artikel 20 Absatz 1 genannte zuständige Behörde weiter.

Titel IV
Beaufsichtigung der Tätigkeit von Abschlussprüfern und Prüfungsgesellschaften bei der Durchführung einer Abschlußprüfung bei Unternehmen von öffentlichem Interesse

Kapitel I
Zuständige Behörden

Artikel 20
Benennung der zuständigen Behörden

(1) Als zuständige Behörden, die mit der Wahrnehmung der in dieser Verordnung beschriebenen Aufgaben betraut sind und die Anwendung der Bestimmungen dieser Verordnung gewährleisten, können die folgenden Behörden benannt werden:

a) die in Artikel 24 Absatz 1 der Richtlinie 2004/109/EG genannte zuständige Behörde,

b) die in Artikel 24 Absatz 4 Buchstabe h der Richtlinie 2004/109/EG genannte zuständige Behörde,

c) die in Artikel 32 der Richtlinie 2006/43/EG genannte zuständige Stelle.

(2) Abweichend von Absatz 1 können Mitgliedstaaten beschließen, dass die Verantwortung für die Sicherstellung der Anwendung der Gesamtheit oder eines Teils der Bestimmungen von Titel III dieser Verordnung soweit sachdienlich den an folgenden Stellen genannten zuständigen Behörden übertragen wird:

a) Artikel 48 der Richtlinie 2004/39/EG;

b) Artikel 24 Absatz 1 der Richtlinie 2004/109/EG;

c) Artikel 24 Absatz 4 Buchstabe h der Richtlinie 2004/109/EG;

d) Artikel 20 der Richtlinie 2007/64/EG;

e) Artikel 30 der Richtlinie 2009/138/EG;

f) Artikel 4 Absatz 1 der Richtlinie 2013/36/EU;

oder anderen nach dem nationalen Recht benannten Behörden.

(3) Wurde gemäß den Absätzen 1 und 2 mehr als eine zuständige Behörde benannt, so werden diese Behörden so organisiert, dass eine eindeutige Zuweisung ihrer Aufgaben gegeben ist.

(4) Die Absätze 1, 2 und 3 berühren nicht das Recht eines Mitgliedstaats, für überseeische europäische Gebiete, die mit ihm besondere Beziehungen unterhalten, gesonderte Rechts- und Verwaltungsvorschriften zu erlassen.

(5) Die Mitgliedstaaten unterrichten die Kommission über die Benennung zuständiger Behörden für die Zwecke dieser Verordnung.

Die Kommission konsolidiert und veröffentlicht diese Informationen.

Artikel 21
Unabhängigkeitsanforderungen

Die zuständigen Behörden müssen von Abschlussprüfern und Prüfungsgesellschaften unabhängig sein.

Die zuständigen Behörden können Sachverständige im Sinne des Artikels 26 Absatz 1 Buchstabe c für die Zwecke der Ausführung bestimmter Aufgaben konsultieren und sich von Sachverständigen unterstützen lassen, wenn dies für die ordnungsgemäße Ausübung ihrer Aufgaben wesentlich ist. In diesen Fällen werden Sachverständige nicht in die Entscheidungsprozesse eingebunden.

Mitglied des Leitungsorgans oder verantwortlich für die Entscheidungsfindung dieser Behörden darf keine Person sein, die während ihrer Beteiligung oder im Laufe der drei vorausgegangenen Jahre

a) Abschlussprüfungen durchgeführt hat,
b) Stimmrechte an einer Prüfungsgesellschaft gehalten hat,
c) Mitglied des Verwaltungs-, Leitungs- oder Aufsichtsorgans einer Prüfungsgesellschaft war,
d) ein Partner oder Angestellter einer Prüfungsgesellschaft oder anderweitig von ihr beauftragt war.

Die Finanzierung dieser Behörden muss gesichert und frei von ungebührlicher Einflussnahme durch Abschlussprüfer oder Prüfungsgesellschaften sein.

Artikel 22
Wahrung des Berufsgeheimnisses in Bezug auf die zuständigen Behörden

Alle Personen, die bei zuständigen Behörden oder sonstigen Behörden oder Stellen, denen gemäß Artikel 24 dieser Verordnung Aufgaben übertragen wurden, angestellt sind oder waren oder von diesen unabhängig beauftragt oder an deren Leitung beteiligt sind oder waren, sind zur Wahrung des Berufsgeheimnisses verpflichtet. Informationen, die unter das Berufsgeheimnis fallen, dürfen keiner anderen Person oder Behörde offenbart werden, es sei denn, dies ist durch Verpflichtungen aufgrund dieser Verordnung oder durch Gesetze, Vorschriften oder Verwaltungsverfahren eines Mitgliedstaats geregelt.

Artikel 23
Befugnisse der zuständigen Behörden

(1) Unbeschadet des Artikels 26 nehmen weder die zuständigen Behörden noch andere Behörden eines Mitgliedstaats bei der Wahrnehmung ihrer Aufgaben gemäß dieser Verordnung Einfluss auf den Inhalt von Bestätigungsvermerken.

(2) Die Mitgliedstaaten stellen sicher, dass die zuständigen Behörden mit allen Aufsichts- und Ermittlungsbefugnissen ausgestattet sind, die sie zur Wahrnehmung ihrer Aufgaben gemäß dieser Verordnung im Einklang mit Kapitel VII der Richtlinie 2006/43/EG benötigen.

(3) Zu den in Absatz 2 genannten Befugnissen müssen mindestens die Befugnisse gehören,

a) auf Daten im Zusammenhang mit der Abschlussprüfung zuzugreifen oder andere im Besitz von Abschlussprüfern oder Prüfungsgesellschaften befindliche Unterlagen aller Art einzusehen, die für die Wahrnehmung ihrer Aufgaben relevant sind, und von diesen Kopien zu erhalten oder zu machen;
b) von jeder Person Informationen mit Bezug zu der Abschlussprüfung zu erhalten;

c) Inspektionen vor Ort bei Abschlussprüfern oder Prüfungsgesellschaften durchzuführen;

d) Angelegenheiten zur Strafverfolgung zu übermitteln;

e) Überprüfungen oder Untersuchungen durch Sachverständige vornehmen zu lassen;

f) die in Artikel 30a der Richtlinie 2006/43/EG genannten Verwaltungsmaßnahmen zu ergreifen und die dort genannten Sanktionen zu verhängen.

Die zuständigen Behörden dürfen die in Unterabsatz 1 genannten Befugnisse nur ausüben gegenüber

a) Abschlussprüfern und Prüfungsgesellschaften, die Abschlussprüfungen bei Unternehmen von öffentlichem Interesse durchführen;

b) Personen, die an der Tätigkeit von Abschlussprüfern und Prüfungsgesellschaften, die Abschlussprüfungen bei Unternehmen von öffentlichem Interesse durchführen, beteiligt sind;

c) geprüften Unternehmen von öffentlichem Interesse, ihren Tochtergesellschaften und verbundenen Dritten;

d) Dritten, an die Abschlussprüfer und Prüfungsgesellschaften, die Abschlussprüfungen bei Unternehmen von öffentlichem Interesse durchführen, bestimmte Aufgaben oder Tätigkeiten ausgelagert haben, und

e) Personen, die anderweitig in einer Beziehung oder Verbindung zu Abschlussprüfern und Prüfungsgesellschaften, die Abschlussprüfungen bei Unternehmen von öffentlichem Interesse durchführen, stehen.

(4) Die Mitgliedstaaten stellen sicher, dass die zuständigen Behörden ihre Aufsichts- und Ermittlungsbefugnisse auf einem der folgenden Wege ausüben können:

a) unmittelbar;

b) in Zusammenarbeit mit anderen Behörden;

c) durch Antrag bei den zuständigen Justizbehörden.

(5) Die Aufsichts- und Ermittlungsbefugnisse der zuständigen Behörden werden in vollständiger Übereinstimmung mit den nationalen Rechtsvorschriften, insbesondere den Grundsätzen der Achtung des Rechts auf Privatleben und der Verteidigungsrechte, ausgeübt.

(6) Bei der Verarbeitung personenbezogener Daten im Zuge der in diesem Artikel gewährten Aufsichts- und Ermittlungsbefugnisse hat in Übereinstimmung mit der Richtlinie 95/46/EG zu erfolgen.

Artikel 24

Übertragung von Aufgaben

(1) Die Mitgliedstaaten können jede der nach dieser Verordnung wahrzunehmenden Aufgaben auf andere Behörden oder Stellen, die zur Wahrnehmung dieser Aufgaben benannt oder anderweitig gesetzlich hierzu ermächtigt sind, übertragen oder die zuständigen Behörden nach Artikel 20 Absatz 1 ermächtigen, solche Aufgaben auf solche andere Behörden oder Stellen zu übertragen, jedoch mit Ausnahme der Aufgaben in Bezug auf

a) das Qualitätssicherungssystem nach Artikel 26;

b) Untersuchungen nach Artikel 23 dieser Verordnung und Artikel 32 der Richtlinie 2006/43/EG, die sich aus dem Qualitätssicherungssystem oder aus einer Verweisung durch eine andere Behörde ergeben, und

c) Sanktionen und Maßnahmen, nach Kapitel VII der Richtlinie 2006/43/EG im Zusammenhang mit Qualitätssicherungsprüfungen oder Untersuchungen von Abschlussprüfungen bei Unternehmen von öffentlichem Interesse.

(2) Jegliche Ausführung von Aufgaben durch andere Behörden oder Stellen bedarf einer ausdrücklichen Übertragung dieser Aufgaben durch die zuständige Behörde. Bei der Übertragung sind die übertragenen Aufgaben und die Bedingungen, unter denen sie auszuführen sind, anzugeben.

Überträgt die zuständige Behörde Aufgaben auf andere Behörden oder Stellen, so kann sie diese Befugnisse im Einzelfall wieder an sich ziehen.

(3) Die Behörden oder Stellen müssen so organisiert sein, dass keine Interessenkonflikte entstehen. Die Letztverantwortung für die Überwachung der Einhaltung dieser Verordnung und der aufgrund der Verordnung erlassenen Durchführungsmaßnahmen liegt bei der übertragenden zuständigen Behörde.

Die zuständige Behörde unterrichtet die Kommission und die zuständigen Behörden der Mitgliedstaaten über etwaige Vorkehrungen, die sie im Hinblick auf die Übertragung von Aufgaben getroffen hat, einschließlich der genauen Bedingungen für die Festlegung dieser Aufgabenübertragung.

(4) Abweichend von Absatz 1 können die Mitgliedstaaten beschließen, die in Absatz 1 Buchstabe c genannten Aufgaben auf andere Behörden oder Stellen, die zur Wahrnehmung dieser Aufgaben benannt oder anderweitig gesetzlich hierzu ermächtigt sind, zu übertragen, wenn die Mehrheit der an der Leitung der betreffenden Behörde oder Stelle beteiligten Personen vom Berufsstand der Prüfer unabhängig ist.

Artikel 25
Zusammenarbeit mit anderen zuständigen Behörden auf nationaler Ebene

Die gemäß Artikel 20 Absatz 1 benannte zuständige Behörde und gegebenenfalls andere Behörden, an die diese zuständige Behörde Aufgaben übertragen hat, arbeiten auf nationaler Ebene zusammen mit

a) den in Artikel 32 Absatz 4 der Richtlinie 2006/43/EG genannten zuständigen Behörden,

b) den in Artikel 20 Absatz 2 genannten Behörden, und zwar unabhängig davon, ob diese für die Zwecke dieser Verordnung als zuständige Behörden benannt wurden oder nicht,

c) den in den Artikeln 21 und 37 der Richtlinie 2005/60/EG genannten zentralen Meldestellen und zuständigen Behörden.

Für die Zwecke dieser Zusammenarbeit gelten die Verpflichtungen des Berufsgeheimnisses nach Artikel 22 dieser Verordnung.

Kapitel II
Qualitätssicherung, Marktüberwachung und Transparenz der zuständigen Behörden

Artikel 26
Qualitätssicherung

(1) Für die Zwecke dieses Artikels bezeichnet der Ausdruck

a) „Inspektionen" Qualitätssicherungsprüfungen bei Abschlussprüfern und Prüfungsgesellschaften, die von einem Inspektor geleitet werden und keine Untersuchung im Sinne des Artikels 32 Absatz 5 der Richtlinie 2006/43/EG darstellen,

b) „Inspektor“ einen Prüfer, der die Voraussetzungen von Absatz 5 Unterabsatz 1 Buchstabe a erfüllt und bei einer zuständigen Behörde angestellt oder anderweitig von ihr beauftragt ist,

c) „Sachverständiger“ eine natürliche Person, die besondere Fachkenntnisse auf den Gebieten Finanzmärkte, Rechnungslegung und Abschlussprüfung oder auf anderen für Inspektionen relevanten Gebieten besitzt, einschließlich als Abschlussprüfer tätiger Personen.

(2) Die nach Artikel 20 Absatz 1 benannten zuständigen Behörden schaffen ein wirksames Qualitätssicherungssystem für Abschlussprüfungen.

Sie unterwerfen Abschlussprüfer und Prüfungsgesellschaften, die Abschlussprüfungen bei Unternehmen von öffentlichem Interesse durchführen, Qualitätssicherungsprüfungen auf der Grundlage einer Risikoanalyse und

a) im Fall von Abschlussprüfern und Prüfungsgesellschaften, die Abschlussprüfungen bei solchen anderen Unternehmen von öffentlichem Interesse, die nicht unter Artikel 2 Nummern 17 und 18 der Richtlinie 2006/43/EG fallen, durchführen, mindestens alle drei Jahre und

b) in anderen als den unter Buchstabe a genannten Fällen mindestens alle sechs Jahre.

(3) Die zuständige Behörde trägt die Verantwortung für folgende Tätigkeiten:

a) Genehmigung und Änderung der Inspektionsmethodik, einschließlich Handbüchern für Inspektionen und Folgemaßnahmen, Berichtsverfahren und Programmen für regelmäßige Inspektionen;

b) Genehmigung und Änderung von Inspektionsberichten und Berichten über Folgemaßnahmen;

c) Genehmigung und Bestimmung der Inspektoren für jede Inspektion.

Die zuständige Behörde stellt ausreichende Ressourcen für das Qualitätssicherungssystem zur Verfügung.

(4) Die zuständige Behörde organisiert das Qualitätssicherungssystem unabhängig von den geprüften Abschlussprüfern und Prüfungsgesellschaften.

Die zuständige Behörde stellt sicher, dass in Bezug auf die Unabhängigkeit und Objektivität des Personals, einschließlich der Inspektoren, sowie die Verwaltung des Qualitätssicherungssystems angemessene Grundsätze und Verfahren geschaffen werden.

(5) Die zuständige Behörde bestellt Inspektoren gemäß folgenden Kriterien:

a) Die Inspektoren verfügen über eine angemessene fachliche Ausbildung und einschlägige Erfahrungen auf den Gebieten der Abschlussprüfung und Rechnungslegung und haben eine spezielle Ausbildung zu Qualitätssicherungsprüfungen absolviert.

b) Personen, die den Beruf des Abschlussprüfers ausüben oder bei einem Abschlussprüfer oder einer Prüfungsgesellschaft angestellt sind oder anderweitige Verbindungen mit ihnen haben, dürfen nicht als Inspektoren tätig sein.

c) Personen, die Teilhaber oder Angestellte eines Abschlussprüfers oder einer Prüfungsgesellschaft oder anderweitig mit einem Abschlussprüfer oder einer Prüfungsgesellschaft verbunden waren, dürfen frühestens drei Jahre nach Beendigung dieser Tätigkeit oder Verbindung als Inspektoren eine Inspektion dieses Abschlussprüfers bzw. dieser Prüfungsgesellschaft vornehmen.

d) Die Inspektoren erklären, dass zwischen ihnen und dem zu inspizierenden Abschlussprüfer bzw. der zu inspizierenden Prüfungsgesellschaft keine Interessenkonflikte bestehen.

Abweichend von Absatz 1 Buchstabe b kann die zuständige Behörde Sachverständige mit der Durchführung spezifischer Inspektionen beauftragen, wenn die Anzahl der Inspektoren in der Behörde nicht ausreichend ist. Die zuständige Behörde kann sich auch von Sachverständigen unterstützen lassen, wenn dies für eine ordnungsgemäße Durchführung der Inspektion erforderlich ist. In solchen Fällen halten die zuständigen Behörden und die Sachverständigen die Anforderungen dieses Absatzes ein. Die Sachverständigen dürfen nicht an der Leitung von Berufsverbänden und -einrichtungen beteiligt, bei ihnen angestellt oder anderweitig von diesen beauftragt sein, aber sie dürfen Mitglieder dieser Verbände oder Einrichtungen sein.

(6) Die Inspektionen erstrecken sich mindestens auf

a) eine Bewertung des Aufbaus des internen Qualitätssicherungssystems des Abschlussprüfers oder der Prüfungsgesellschaft,
b) eine angemessene Prüfung der Einhaltung der Qualitätssicherungsmaßnahmen in den Verfahren und eine Überprüfung der Prüfungsunterlagen von Unternehmen von öffentlichem Interesse zur Ermittlung der Wirksamkeit des internen Qualitätssicherungssystems,
c) eine unter Berücksichtigung der Ergebnisse der Inspektion gemäß den Buchstaben a und b dieses Absatzes vorgenommene Bewertung des Inhalts des aktuellsten von einem Abschlussprüfer oder einer Prüfungsgesellschaft gemäß Artikel 13 veröffentlichten jährlichen Transparenzberichts.

(7) Überprüft werden mindestens die folgenden Grundsätze und Verfahren des Abschlussprüfers/der Prüfungsgesellschaft für die interne Qualitätssicherung:

a) Einhaltung der geltenden Prüfungs- und Qualitätssicherungsstandards sowie der Berufsgrundsätze und Unabhängigkeitsanforderungen (einschließlich der in Kapitel IV der Richtlinie 2006/43/EG und den Artikeln 4 und 5 dieser Verordnung genannten Anforderungen) und der einschlägigen Rechts- und Verwaltungsvorschriften des betreffenden Mitgliedstaats durch den Abschlussprüfer oder die Prüfungsgesellschaft;
b) Quantität und Qualität der eingesetzten Ressourcen, einschließlich der Einhaltung der Anforderungen bezüglich der kontinuierlichen Fortbildung gemäß Artikel 13 der Richtlinie 2006/43/EG;
c) Einhaltung der Anforderungen gemäß Artikel 4 dieser Verordnung hinsichtlich der in Rechnung gestellten Prüfungshonorare.

Für die Zwecke der Überprüfung der Einhaltung von Anforderungen und Standards werden die Prüfungsakten anhand einer Analyse des Risikos einer unzureichenden Durchführung der Abschlussprüfung ausgewählt.

Die zuständigen Behörden überprüfen ferner regelmäßig die von den Abschlussprüfern und Prüfungsgesellschaften angewandte Methodik für die Durchführung der Abschlussprüfung.

Zusätzlich zu der Inspektion gemäß Unterabsatz 1 sind die zuständigen Behörden zur Durchführung weiterer Inspektionen befugt.

(8) Erkenntnisse und Schlussfolgerungen aus Inspektionen, auf deren Grundlage Empfehlungen ausgesprochen werden, einschließlich Erkenntnissen und Schlussfolgerungen aus Transparenzberichten, werden dem inspizierten Abschlussprüfer oder der inspizierten Prüfungsgesellschaft vor Fertigstellung des Inspektionsberichts mitgeteilt und mit diesen erörtert.

Die im Rahmen von Inspektionen ausgesprochenen Empfehlungen werden von dem inspizierten Abschlussprüfer bzw. der inspizierten Prüfungsgesellschaft innerhalb einer von der zuständigen Behörde festgelegten angemessenen Frist umgesetzt. Bei Empfehlungen zum internen Qualitätssicherungssystem des Abschlussprüfers bzw. der Prüfungsgesellschaft beträgt die Dauer dieser Frist höchstens 12 Monate.

(9) Die Inspektion ist Gegenstand eines Berichts, der die wichtigsten Schlussfolgerungen und Empfehlungen der Qualitätssicherungsprüfung enthält.

Artikel 27

Überwachung der Qualität und des Wettbewerbs auf dem Markt

(1) Die gemäß Artikel 20 Absatz 1 benannten zuständigen Behörden und gegebenenfalls das Europäische Wettbewerbsnetz (ECN) überwachen regelmäßig die Entwicklungen auf dem Markt für die Bereitstellung von Abschlussprüfungsleistungen für Unternehmen von öffentlichem Interesse und bewerten dabei insbesondere

a) die Risiken, dass es aufgrund des häufigen Auftretens von Qualitätsmängeln bei einem Abschlussprüfer oder einer Prüfungsgesellschaft – einschließlich systemischer Mängel im Rahmen eines Netzwerks von Prüfungsgesellschaften – zum Wegfall von Prüfungsgesellschaften, zu Störungen bei der Bereitstellung von Abschlussprüfungsleistungen in einem spezifischen Sektor oder sektorenübergreifend und zu einem weiteren Anwachsen der Risiken von Prüfungsmängeln und der Auswirkungen auf die Gesamtstabilität des Finanzsektors kommen kann;
b) den Grad der Marktkonzentration, auch in bestimmten Sektoren;
c) die Tätigkeitsergebnisse der Prüfungsausschüsse;
d) die Notwendigkeit von Maßnahmen zur Verminderung der in Buchstabe a genannten Risiken.

(2) Jede zuständige Behörde und das ECN erstellen bis zum 17. Juni 2016 und danach mindestens alle drei Jahre einen Bericht über Entwicklungen auf dem Markt der Abschlussprüfungsleistungen für Unternehmen von öffentlichem Interesse und unterbreiten diesen dem Ausschuss der Aufsichtsstellen, der ESMA, der EBA, der EIOPA und der Kommission.

Die Kommission erstellt nach Anhörung des Ausschusses der Aufsichtsstellen, der ESMA, der EBA und der EIOPA auf der Grundlage dieser Berichte einen gemeinsamen Bericht über diese Entwicklungen auf Unionsebene. Dieser gemeinsame Bericht wird dem Rat, der Europäischen Zentralbank und dem Europäischen Ausschuss für Systemrisiken sowie gegebenenfalls dem Europäischen Parlament vorgelegt.

Artikel 28

Transparenz der zuständigen Behörden

Die zuständigen Behörden sind transparent und veröffentlichen zumindest Folgendes:

a) jährliche Tätigkeitsberichte über ihre Aufgaben gemäß dieser Verordnung;
b) jährliche Arbeitsprogramme über ihre Aufgaben gemäß dieser Verordnung;
c) jährliche Berichte über die Gesamtergebnisse des Qualitätssicherungssystems. Diese Berichte enthalten Angaben zu erteilten Empfehlungen, zu Folgemaßnahmen aufgrund der Empfehlungen, zu ergriffenen Aufsichtsmaßnahmen und zu verhängten Sanktionen. Sie enthalten ferner quantitative Angaben und Angaben zu anderen zentralen Leistungsindikatoren zu Finanzressourcen und Personalausstattung sowie zu Effizienz und Effektivität des Qualitätssicherungssystems;
d) aggregierte Informationen über die in Artikel 26 Absatz 8 Unterabsatz 1 genannten Erkenntnisse und Schlussfolgerungen aus Inspektionen. Die Mitgliedstaaten können verlangen, dass diese Erkenntnisse und Schlussfolgerungen in Bezug auf Einzelinspektionen veröffentlicht werden.

Kapitel III
Zusammenarbeit zwischen zuständigen Behörden und Beziehungen zu den Europäischen Aufsichtsbehörden

Artikel 29
Pflicht zur Zusammenarbeit

Die zuständigen Behörden der Mitgliedstaaten arbeiten zusammen, wenn dies für die Zwecke dieser Verordnung erforderlich ist; dies gilt auch für Fälle, in denen das untersuchte Verhalten keinen Verstoß gegen geltende Rechtsvorschriften des betreffenden Mitgliedstaats darstellt.

Artikel 30
Einsetzung des Ausschusses der Aufsichtsstellen

(1) Unbeschadet der Gestaltung der nationalen Aufsicht über die Abschlussprüfung wird die Zusammenarbeit zwischen den zuständigen Behörden im Rahmen eines Ausschusses der Europäischen Aufsichtsstellen für Abschlussprüfer (Ausschuss der Aufsichtsstellen) organisiert.

(2) Der Ausschuss der Aufsichtsstellen setzt sich aus einem Mitglied je Mitgliedstaat, bei dem es sich um einen hochrangigen Vertreter der zuständigen Behörden gemäß Artikel 32 Absatz 1 der Richtlinie 2006/43/EG handelt, und aus einem von der ESMA benannten Mitglied (im Folgenden „Mitglieder“) zusammen.

(3) Die EBA und die EIOPA werden zu den Sitzungen des Ausschusses der Aufsichtsstellen als Beobachter eingeladen.

(4) Der Ausschuss der Aufsichtsstellen tritt in regelmäßigen Abständen zusammen sowie erforderlichenfalls auf Ersuchen der Kommission oder eines Mitgliedstaats.

(5) Jedes Mitglied des Ausschusses der Aufsichtsstellen hat eine Stimme, mit Ausnahme des von der ESMA benannten Mitglieds, das kein Stimmrecht erhält. Sofern nichts anderes bestimmt ist, trifft der Ausschuss der Aufsichtsstellen seine Entscheidungen mit der einfachen Mehrheit seiner Mitglieder.

(6) Der Vorsitz des Ausschusses der Aufsichtsstellen wird aus einer Liste von Bewerbern, die die zuständigen Behörden gemäß Artikel 32 Absatz 1 der Richtlinie 2006/43/EG vertreten, mit Zweidrittelmehrheit seiner Mitglieder gewählt bzw. abberufen. Der Vorsitz wird für eine Amtszeit von vier Jahren gewählt. Der Vorsitz darf in dieser Position nicht länger als eine Amtszeit tätig sein, kann aber nach einer Auszeit von vier Jahren erneut gewählt werden.

Der stellvertretende Vorsitz wird von der Kommission ernannt bzw. abberufen.

Der Vorsitz und der stellvertretende Vorsitz erhalten kein Stimmrecht.

In dem Fall, dass der Vorsitz vor dem Ende seiner Amtszeit ausscheidet oder abberufen wird, nimmt der stellvertretende Vorsitz die Amtsgeschäfte des Vorsitzes bis zur nächsten Sitzung des Ausschusses der Aufsichtsstellen wahr, der einen Vorsitz für die noch verbleibende Amtszeit wählt.

(7) Dem Ausschuss der Aufsichtsstellen obliegt Folgendes:

a) Er erleichtert den Austausch von Informationen, Fachwissen und bewährten Verfahren im Hinblick auf die Umsetzung dieser Verordnung und der Richtlinie 2006/43/EG.

b) Er erteilt der Kommission sowie den zuständigen Behörden auf deren Verlangen fachkundige Beratung zu Fragen im Zusammenhang mit der Umsetzung dieser Verordnung und der Richtlinie 2006/43/EG.

c) Er trägt zur fachlichen Beurteilung der öffentlichen Aufsichtssysteme von Drittländern sowie zur internationalen Zusammenarbeit zwischen Mitgliedstaaten und Drittländern in diesem Bereich gemäß Artikel 46 Absatz 2 und Artikel 47 Absatz 3 der Richtlinie 2006/43/EG bei.

d) Er trägt zur fachlichen Prüfung der internationalen Prüfungsstandards, einschließlich der Verfahren zu ihrer Erstellung, im Hinblick auf ihre Annahme auf Unionsebene bei.

e) Er trägt zur Verbesserung der Mechanismen der Zusammenarbeit hinsichtlich der Aufsicht über Abschlussprüfer und Prüfungsgesellschaften, die Abschlussprüfungen bei Unternehmen von öffentlichem Interesse durchführen, oder der Netzwerke, denen sie angehören, bei.

f) Er nimmt Koordinierungsaufgaben in den in dieser Verordnung oder der Richtlinie 2006/43/EG vorgesehenen Fällen wahr.

(8) Zur Wahrnehmung seiner Aufgaben nach Absatz 7 Buchstabe c ersucht der Ausschuss der Aufsichtsstellen die ESMA, die EBA oder die EIOPA um Unterstützung, insoweit sein Ersuchen mit der internationalen Zusammenarbeit zwischen Mitgliedstaaten und Drittländern im Bereich der Abschlussprüfung von Unternehmen von öffentlichem Interesse, über die diese Europäischen Aufsichtsbehörden die Aufsicht führen, im Zusammenhang steht. Wird um diese Unterstützung nachgesucht, so leisten die ESMA, die EBA oder die EIOPA dem Ausschuss der Aufsichtsstellen Unterstützung bei der betreffenden Aufgabe.

(9) Zur Wahrnehmung seiner Aufgaben kann der Ausschuss der Aufsichtsstellen unverbindliche Leitlinien oder Stellungnahmen verabschieden.

Die Kommission veröffentlicht die vom Ausschuss der Aufsichtsstellen verabschiedeten Leitlinien und Stellungnahmen.

(10) Der Ausschuss der Aufsichtsstellen nimmt, soweit relevant, alle bestehenden und laufenden Aufgaben der mit dem Beschluss 2005/909/EG der Kommission gegründeten Europäischen Gruppe aus Vertretern der Aufsichtsgremien für Abschlussprüfer („EGAOB" für „European Group of Audit Oversight Bodies") wahr.

(11) Der Ausschuss der Aufsichtsstellen kann Untergruppen auf ständiger oder Adhoc-Basis zur Prüfung bestimmter Fragen auf der Grundlage eines von ihm festgelegten Auftrags einsetzen. Die Teilnahme an den Beratungen der Untergruppen kann auf zuständige Behörden aus den Ländern des Europäischen Wirtschaftsraums (EWR) im Bereich der Aufsicht über die Abschlussprüfung oder im Einzelfall nach Einladung auf zuständige Behörden aus Nicht-EU/EWR-Ländern vorbehaltlich der Zustimmung der Mitglieder des Ausschusses der Aufsichtsstellen ausgedehnt werden. Die Teilnahme von zuständigen Behörden aus Nicht-EU/EWR-Ländern kann zeitlich begrenzt werden.

(12) Der Ausschuss der Aufsichtsstellen setzt eine Untergruppe zur Wahrnehmung der in Absatz 7 Buchstabe c genannten Aufgaben ein. In dieser Untergruppe führt das von der ESMA gemäß Absatz 2 benannte Mitglied den Vorsitz.

(13) Soweit dies als zweckmäßig und/oder notwendig erachtet wird, kann der Vorsitz des Ausschusses der Aufsichtsstellen auf Verlangen von mindestens drei Mitgliedern oder von sich aus Sachverständige, einschließlich von als Abschlussprüfer tätigen Personen, mit besonderer Fachkompetenz in einem Themenbereich der Tagesordnung dazu einladen, als Beobachter an den Beratungen des Ausschusses der Aufsichtsstellen oder seiner Untergruppen teilzunehmen. Der Ausschuss der Aufsichtsstellen kann Vertreter zuständiger Behörden aus Drittländern, die im Bereich der Aufsicht über Abschlussprüfungen zuständig sind, dazu einladen, als Beobachter an den Beratungen des Ausschusses der Aufsichtsstellen oder seiner Untergruppen teilzunehmen.

(14) Die Sekretariatsgeschäfte des Ausschusses der Aufsichtsstellen werden von der Kommission wahrgenommen. Die Ausgaben des Ausschusses der Aufsichtsstellen werden in die Voranschläge der Kommission einbezogen.

(15) Der Vorsitz stellt die vorläufige Tagesordnung für jede Sitzung des Ausschusses der Aufsichtsstellen auf, wobei er schriftliche Beiträge der Mitglieder gebührend berücksichtigt.

(16) Der Vorsitz oder – in seiner Abwesenheit – der stellvertretende Vorsitz teilen die Ansichten oder Standpunkte des Ausschusses der Aufsichtsstellen nur nach Zustimmung der Mitglieder mit.

(17) Die Beratungen des Ausschusses der Aufsichtsstellen sind nicht öffentlich.

(18) Der Ausschuss der Aufsichtsstellen gibt sich eine Geschäftsordnung.

Artikel 31

Zusammenarbeit bei Qualitätssicherungsprüfungen, Untersuchungen und Inspektionen vor Ort

(1) Die zuständigen Behörden sorgen bei Qualitätssicherungsprüfungen für eine wirksame Zusammenarbeit auf Unionsebene.

(2) Die zuständige Behörde eines Mitgliedstaats kann die Amtshilfe der zuständigen Behörde eines anderen Mitgliedstaats beantragen, wenn sie Qualitätssicherungsprüfungen bei Abschlussprüfern oder Prüfungsgesellschaften vornimmt, die einem Netzwerk angehören, das in dem ersuchten Mitgliedstaat wesentliche Tätigkeiten ausübt.

(3) Geht bei einer zuständigen Behörde ein Antrag einer zuständigen Behörde aus einem anderen Mitgliedstaat auf Mitwirkung bei der Qualitätssicherungsprüfung bei einem Abschlussprüfer oder einer Prüfungsgesellschaft ein, der bzw. die einem Netzwerk angehört, das in dem betreffenden Mitgliedstaat wesentliche Tätigkeiten ausübt, so erlaubt sie der beantragenden zuständigen Behörde die Mitwirkung bei der Qualitätssicherungsprüfung.

Die beantragende zuständige Behörde hat nicht das Recht auf Zugang zu Informationen, wenn dies nationale Sicherheitsregeln verletzen oder die Souveränität, die Sicherheit oder die öffentliche Ordnung des ersuchten Mitgliedstaats beeinträchtigen könnte.

(4) Gelangt eine zuständige Behörde zu der Überzeugung, dass im Hoheitsgebiet eines anderen Mitgliedstaats gegen die Bestimmungen dieser Verordnung verstoßen wird oder verstoßen wurde, so teilt sie dies der zuständigen Behörde des anderen Mitgliedstaats so genau wie möglich mit. Die zuständige Behörde des anderen Mitgliedstaats ergreift geeignete Maßnahmen. Sie informiert die mitteilende zuständige Behörde über das Endergebnis und soweit möglich über wesentliche Zwischenergebnisse.

(5) Die zuständige Behörde eines Mitgliedstaats kann die zuständige Behörde eines anderen Mitgliedstaats ersuchen, in dessen Hoheitsgebiet eine Untersuchung durchzuführen.

Sie kann darüber hinaus darum ersuchen, dass einige ihrer Mitarbeiter die Erlaubnis erhalten, die Mitarbeiter der zuständigen Behörde des anderen Mitgliedstaats im Laufe der Untersuchung, einschließlich bei Inspektionen vor Ort, zu begleiten.

Die Untersuchung oder Inspektion unterliegt durchgehend der Gesamtaufsicht des Mitgliedstaats, in dessen Hoheitsgebiet sie durchgeführt wird.

(6) Die ersuchte zuständige Behörde kann sich weigern, einem nach Absatz 5 Unterabsatz 1 ergangenen Ersuchen um Durchführung einer Untersuchung oder einem nach Absatz 5 Unterabsatz 2 ergangenen Ersuchen, die eigenen Mitarbeiter von Mitarbeitern der zuständigen Behörde eines anderen Mitgliedstaats begleiten zu lassen, nachzukommen, wenn

a) eine solche Untersuchung oder Inspektion vor Ort nationale Sicherheitsregeln verletzen oder die Souveränität, die Sicherheit oder die öffentliche Ordnung des ersuchten Mitgliedstaats beeinträchtigen könnte;

b) gegen dieselben Personen aufgrund derselben Handlungen in dem ersuchten Mitgliedstaat bereits ein Justizverfahren anhängig ist;

c) gegen dieselben Personen aufgrund derselben Handlungen in dem ersuchten Mitgliedstaat bereits ein endgültiges Urteil der Behörden des ersuchten Mitgliedstaats ergangen ist.

(7) Bei einer Qualitätssicherungsprüfung oder einer Untersuchung mit grenzüberschreitender Wirkung können die zuständigen Behörden der betreffenden Mitgliedstaaten an den Ausschuss der Aufsichtsstellen ein gemeinsames Ersuchen um Koordinierung der jeweiligen Prüfung oder Untersuchung richten.

Artikel 32
Kollegien zuständiger Behörden

(1) Um die Wahrnehmung der in Artikel 26 und Artikel 31 Absätze 4 bis 6 dieser Verordnung und Artikel 30 der Richtlinie 2006/43/EG genannten Aufgaben im Hinblick auf einzelne Abschlussprüfer, Prüfungsgesellschaften oder ihre Netzwerke zu vereinfachen, können mit Beteiligung der zuständigen Behörde des Herkunftsmitgliedstaats und jeder anderen zuständigen Behörde Kollegien geschaffen werden, sofern

a) der Abschlussprüfer oder die Prüfungsgesellschaft für Unternehmen von öffentlichem Interesse im Hoheitsgebiet der betreffenden Mitgliedstaaten Dienstleistungen für Abschlussprüfungen erbringt oder

b) eine Zweigniederlassung, die Teil der Prüfungsgesellschaft ist, im Hoheitsgebiet der betreffenden Mitgliedstaaten niedergelassen ist.

(2) Im Fall einzelner Abschlussprüfer oder Prüfungsgesellschaften fungiert die zuständige Behörde des Herkunftsmitgliedstaats als Moderator.

(3) Im Hinblick auf einzelne Netzwerke können zuständige Behörden der Mitgliedstaaten, in denen das Netzwerk im großen Umfang tätig ist, den Ausschuss der Aufsichtsstellen um Einsetzung eines Kollegiums mit Beteiligung der ersuchenden zuständigen Behörden ersuchen.

(4) Die Mitglieder des Kollegiums zuständiger Behörden für einzelne Netzwerke wählen innerhalb von 15 Arbeitstagen nach Einsetzung des Kollegiums einen Moderator. Wird keine Einigung erzielt, so ernennt der Ausschuss der Aufsichtsstellen aus dem Kreis der Mitglieder des Kollegiums einen Moderator.

Die Mitglieder des Kollegiums überprüfen die Auswahl des Moderators mindestens alle fünf Jahre, um sicherzustellen, dass der ausgewählte Moderator weiterhin die am besten geeignete Person für diese Aufgabe ist.

(5) Der Moderator führt den Vorsitz in den Sitzungen des Kollegiums, koordiniert dessen Arbeiten und gewährleistet einen effizienten Informationsaustausch zwischen den Mitgliedern des Kollegiums.

(6) Der Moderator erstellt innerhalb von zehn Arbeitstagen nach seiner Wahl schriftliche Koordinierungsvereinbarungen für das Kollegium im Hinblick auf folgende Angelegenheiten:

a) Informationen, die zwischen den zuständigen Behörden ausgetauscht werden können;

b) Fälle, in denen sich die zuständigen Behörden zu konsultieren haben;

c) Fälle, in denen die zuständigen Behörden Aufsichtsaufgaben gemäß Artikel 33 delegieren können.

(7) Bei Uneinigkeit über die schriftlichen Koordinierungsvereinbarungen nach Absatz 6 kann jedes Mitglied des Kollegiums den Ausschuss der Aufsichtsstellen mit der Angelegenheit befassen. Der Moderator berücksichtigt vor Festlegung des endgültigen Wortlauts der schriftlichen Koordinierungsvereinbarungen in gebührendem Maße einschlägige Empfehlungen des Ausschusses der Aufsichtsstellen. Die schriftlichen Koordinierungsvereinbarungen sind in einem Dokument zusammengefasst, das eine umfassende Begründung aller wesentlichen Abweichungen von der Empfehlung des Ausschusses der Aufsichtsstellen enthält. Der Moderator leitet die schriftlichen Koordinierungsvereinbarungen an die Mitglieder des Kollegiums und den Ausschuss der Aufsichtsstellen weiter.

Artikel 33
Übertragung von Aufgaben

Die zuständige Behörde des Herkunftsmitgliedstaats kann der zuständigen Behörde eines anderen Mitgliedstaats jede ihrer Aufgaben übertragen, sofern diese Behörde damit einverstanden ist. Die Übertragung von Aufgaben berührt nicht die Verantwortlichkeit der zuständigen Behörde, die die Aufgaben überträgt.

Artikel 34
Vertraulichkeit und Berufsgeheimnis in Bezug auf die Zusammenarbeit zwischen zuständigen Behörden

(1) Alle Personen, die bei Stellen tätig sind oder tätig waren, die in den in Artikel 30 genannten Rahmen der Zusammenarbeit zwischen zuständigen Behörden eingebunden sind, sind zur Wahrung des Berufsgeheimnisses verpflichtet. Die unter das Berufsgeheimnis fallenden Informationen werden keiner anderen Person oder Behörde bekanntgegeben, es sei denn, die Offenlegung ist für gerichtliche Ermittlungen erforderlich oder nach Unionsrecht oder nationalem Recht vorgeschrieben.

(2) Artikel 22 steht dem Austausch vertraulicher Informationen zwischen den Stellen, die in den in Artikel 30 genannten Rahmen der Zusammenarbeit zwischen zuständigen Behörden eingebunden sind, und den zuständigen Behörden nicht entgegen. So ausgetauschte Informationen werden von der Pflicht zur Wahrung des Berufsgeheimnisses erfasst, der Personen unterliegen, die von zuständigen Behörden beschäftigt sind oder waren.

(3) Alle zwischen den Stellen, die in den in Artikel 30 genannten Rahmen der Zusammenarbeit zwischen zuständigen Behörden eingebunden sind, und den zuständigen Behörden oder anderen Behörden oder Stellen ausgetauschten Informationen werden als vertraulich behandelt, außer wenn ihre Offenlegung nach Unionsrecht oder nationalem Recht vorgeschrieben ist.

Artikel 35
Schutz personenbezogener Daten

(1) Die Mitgliedstaaten wenden bei der Verarbeitung personenbezogener Daten gemäß dieser Verordnung in den Mitgliedstaaten die Bestimmungen der Richtlinie 95/46/EG an.

(2) Die Verordnung (EG) Nr. 45/2001 gilt für die Verarbeitung personenbezogener Daten im Rahmen dieser Verordnung und der Richtlinie 2006/43/EG durch den Ausschuss der Aufsichtsstellen, die ESMA, die EBA und die EIOPA.

Kapitel IV
Zusammenarbeit mit Behörden aus Drittländern und mit internationalen Organisationen und Stellen

Artikel 36
Vereinbarung über Informationsaustausch

(1) Die zuständigen Behörden können mit den zuständigen Behörden von Drittländern Kooperationsvereinbarungen, die den Austausch von Informationen vorsehen, nur insoweit treffen, als der Schutz des Berufsgeheimnisses hinsichtlich der mitgeteilten Informationen in den betreffenden Drittländern mindestens ebenso gut gewährleistet ist wie nach den Artikeln 22 und 34 gefordert. Die zuständigen Behörden unterrichten den Ausschuss der Aufsichtsstellen und die Kommission unverzüglich über diese Vereinbarungen.

Ein Informationsaustausch im Rahmen dieses Artikels findet nur statt, wenn er für die Wahrnehmung der Aufgaben der zuständigen Behörden im Rahmen dieser Verordnung erforderlich ist.

Umfasst ein solcher Informationsaustausch die Übermittlung personenbezogener Daten in ein Drittland, so wenden die Mitgliedstaaten die Richtlinie 95/46/EG und der Ausschuss der Aufsichtsstellen die Verordnung (EG) Nr. 45/2001 an.

(2) Die zuständigen Behörden arbeiten bei Qualitätssicherungsprüfungen und Untersuchungen von Abschlussprüfern und Prüfungsgesellschaften mit den zuständigen Behörden oder anderen relevanten Stellen von Drittländern zusammen. Auf Verlangen einer zuständigen Behörde trägt der Ausschuss der Aufsichtsstellen zu dieser Zusammenarbeit und zur Konvergenz der Aufsichtspraktiken mit Drittländern bei.

(3) Betreffen die Zusammenarbeit oder der Informationsaustausch Prüfungsarbeitspapiere oder andere im Besitz von bschlussprüfern oder Prüfungsgesellschaften befindliche Unterlagen, so gilt Artikel 47 der Richtlinie 2006/43/EG.

(4) Der Ausschuss der Aufsichtsstellen erstellt Leitlinien über den Inhalt der Kooperationsvereinbarungen und des Informationsaustauschs gemäß dem vorliegenden Artikel.

Artikel 37
Offenlegung von Informationen aus Drittländern

Die zuständige Behörde eines Mitgliedstaats darf die von der zuständigen Behörde eines Drittlandes erhaltenen vertraulichen Informationen, soweit dies in einer Kooperationsvereinbarung vorgesehen ist, nur mit ausdrücklicher Zustimmung der zuständigen Behörde, die die Informationen übermittelt hat, und gegebenenfalls nur für die Zwecke, für die diese zuständige Behörde ihre Zustimmung erteilt hat, oder dann bekanntgeben, wenn die Bekanntgabe nach Unionsrecht oder nationalem Recht vorgeschrieben ist.

Artikel 38
Offenlegung von Informationen gegenüber Drittländern

Die zuständige Behörde eines Mitgliedstaats verlangt, dass vertrauliche Informationen, die sie einer zuständigen Behörde eines Drittlands übermittelt hat, von dieser zuständigen Behörde nur mit ausdrücklicher vorheriger Zustimmung der zuständigen Behörde, die die Informationen übermittelt hat, im Einklang mit dem geltenden nationalen Recht und nur für die Zwecke, für die die zuständige Behörde des Mitgliedstaats ihre Zustimmung erteilt hat, oder dann bekanntgegeben werden dürfen, wenn die Bekanntgabe nach Unionsrecht oder nationalem Recht vorgeschrieben ist oder für ein gerichtliches Verfahren in dem betreffenden Drittland erforderlich ist.

Artikel 39
Ausübung der Befugnisübertragung

(1) Die Befugnis zum Erlass delegierter Rechtsakte wird der Kommission unter den in diesem Artikel festgelegten Bedingungen übertragen.

(2) Die Befugnis zum Erlass delegierter Rechtsakte gemäß Artikel 9 wird der Kommission für einen Zeitraum von fünf Jahren ab dem 16. Juni 2014 übertragen. Die Kommission erstellt spätestens neun Monate vor Ablauf des Zeitraums von fünf Jahren einen Bericht über die Befugnisübertragung. Die Befugnisübertragung verlängert sich stillschweigend um Zeiträume gleicher Länge, es sei denn, das Europäische Parlament oder der Rat widersprechen einer solchen Verlängerung spätestens drei Monate vor Ablauf des jeweiligen Zeitraums.

(3) Die Befugnisübertragung gemäß Artikel 9 kann vom Europäischen Parlament oder vom Rat jederzeit widerrufen werden. Der Beschluss über den Widerruf beendet die Übertragung der in diesem Beschluss angegebenen Befugnis. Er wird am Tag nach seiner Veröffentlichung im Amtsblatt der Europäischen Union oder zu einem im Beschluss über den Widerruf angegebenen späteren Zeitpunkt wirksam. Die Gültigkeit von delegierten Rechtsakten, die bereits in Kraft sind, wird von dem Beschluss über den Widerruf nicht berührt.

(4) Sobald die Kommission einen delegierten Rechtsakt erlässt, übermittelt sie ihn gleichzeitig dem Europäischen Parlament und dem Rat.

(5) Ein delegierter Rechtsakt, der gemäß Artikel 9 erlassen wurde, tritt nur in Kraft, wenn weder das Europäische Parlament noch der Rat innerhalb einer Frist von zwei Monaten nach Übermittlung dieses Rechtsakts an das Europäische Parlament und den Rat Einwände erhoben haben oder wenn vor Ablauf dieser Frist das Europäische Parlament und der Rat beide der Kommission mitgeteilt haben, dass sie keine Einwände erheben werden. Auf Initiative des Europäischen Parlaments oder des Rates wird diese Frist um zwei Monate verlängert.

Artikel 40
Überprüfung und Berichterstattung

(1) Die Kommission überprüft die Tätigkeit und die Wirksamkeit des Systems der Zusammenarbeit zwischen zuständigen Behörden im Rahmen des Ausschusses der Aufsichtsstellen gemäß Artikel 30, insbesondere im Hinblick auf die Wahrnehmung der Aufgaben des Ausschusses der Aufsichtsstellen gemäß Artikel 30 Absatz 7, und erstattet Bericht darüber.

(2) Bei der Überprüfung werden internationale Entwicklungen berücksichtigt, wobei insbesondere die Verstärkung der Zusammenarbeit mit den zuständigen Behörden von Drittländern und der Beitrag zur Verbesserung der Mechanismen der Zusammenarbeit hinsichtlich der Aufsicht über Abschlussprüfer und Prüfungsgesellschaften von Unternehmen von öffentlichem Interesse, die zu internationalen Prüfungsnetzwerken gehören, gebührend zu berücksichtigen sind. Die Kommission schließt ihre Überprüfung bis zum 17. Juni 2019 ab.

(3) Der Bericht wird dem Europäischen Parlament und dem Rat gegebenenfalls zusammen mit einem Gesetzgebungsvorschlag unterbreitet. Dieser Bericht beleuchtet die Fortschritte im Bereich der Zusammenarbeit zwischen zuständigen Behörden im Rahmen des Ausschusses der Aufsichtsstellen ab dem Beginn der Anwendung dieses Rahmens und schlägt weitere Maßnahmen zur Förderung der Wirksamkeit der Zusammenarbeit zwischen den zuständigen Behörden der Mitgliedstaaten vor.

(4) Die Kommission legt dem Europäischen Parlament und dem Rat bis zum 17. Juni 2028 einen Bericht über die Anwendung dieser Verordnung vor.

Artikel 41
Übergangsbestimmungen

(1) Ab dem 17. Juni 2020 erteilt oder erneuert ein Unternehmen von öffentlichem Interesse kein Prüfungsmandat mit einem bestimmten Abschlussprüfer oder einer bestimmten Prüfungsgesellschaft, wenn dieser Abschlussprüfer oder diese Prüfungsgesellschaft diesem Unternehmen von öffentlichem Interesse zum Zeitpunkt des Inkrafttretens dieser Verordnung während 20 und mehr aufeinanderfolgenden Jahren Prüfungsleistungen erbracht hat.

(2) Ab dem 17. Juni 2023 erteilt oder erneuert ein Unternehmen von öffentlichem Interesse kein Prüfungsmandat mit einem bestimmten Abschlussprüfer oder einer bestimmten Prüfungsgesellschaft, wenn dieser Abschlussprüfer oder diese Prüfungsgesellschaft diesem Unternehmen von öffentlichem Interesse zum Zeitpunkt des Inkrafttretens dieser Verordnung während elf und mehr, aber weniger als 20 aufeinanderfolgenden Jahren Prüfungsleistungen erbracht hat.

(3) Unbeschadet der Absätze 1 und 2 können die Prüfungsmandate, die vor dem 16. Juni 2014 erteilt wurden und die zum 17. Juni 2016 noch bestehen, bis zum Ablauf der in Artikel 17 Absatz 1 Unterabsatz 2 oder in Artikel 17 Absatz 2 Buchstabe b genannten Höchstlaufzeit wahrgenommen werden. Artikel 17 Absatz 4 findet Anwendung.

(4) Artikel 16 Absatz 3 gilt für Prüfungsmandate nur nach Ablauf des Zeitraums gemäß Artikel 17 Absatz 1 Unterabsatz 2.

Artikel 42
Einzelstaatliche Vorkehrungen

Die Mitgliedstaaten treffen alle geeigneten Vorkehrungen, um die wirksame Anwendung dieser Verordnung zu gewährleisten.

Artikel 43
Aufhebung des Beschlusses 2005/909/EG

Der Beschluss 2005/909EG wird aufgehoben.

Artikel 44
Inkrafttreten

Diese Verordnung tritt am zwanzigsten Tag nach ihrer Veröffentlichung im Amtsblatt der Europäischen Union in Kraft.

Sie gilt ab dem 17. Juni 2016.

Artikel 16 Absatz 6 gilt jedoch ab dem 17. Juni 2017.

E3. Verordnung (EU) Nr. 596/2014 des Europäischen Parlaments und des Rates vom 16. April 2014 über Marktmissbrauch (Marktmissbrauchsverordnung) und zur Aufhebung der Richtlinie 2003/6/EG des Europäischen Parlaments und des Rates und der Richtlinien 2003/124/EG, 2003/125/EG und 2004/72/EG der Kommission

(ABl. L 173 vom 12.6.2014, S. 1; berichtigt in Abl. L 348 vom 21.12.2016, S. 83)

zuletzt geändert durch VO (EU) Nr. 2016/1033 vom 23.6.2016 (ABl. L 175 S. 1)

DAS EUROPÄISCHE PARLAMENT UND DER RAT DER EUROPÄISCHEN UNION –

gestützt auf den Vertrag über die Arbeitsweise der Europäischen Union, insbesondere auf Artikel 114,

auf Vorschlag der Europäischen Kommission,

nach Zuleitung des Entwurfs des Gesetzgebungsakts an die nationalen Parlamente,

nach Stellungnahme der Europäischen Zentralbank[1)],

nach Stellungnahme des Europäischen Wirtschafts- und Sozialausschusses[2)],

gemäß dem ordentlichen Gesetzgebungsverfahren[3)],

in Erwägung nachstehender Gründe:

(1) Ein echter Binnenmarkt für Finanzdienstleistungen ist für das Wirtschaftswachstum und die Schaffung von Arbeitsplätzen in der Union von entscheidender Bedeutung.

(2) Ein integrierter, effizienter und transparenter Finanzmarkt setzt Marktintegrität voraus. Das reibungslose Funktionieren der Wertpapiermärkte und das Vertrauen der Öffentlichkeit in die Märkte sind Voraussetzungen für Wirtschaftswachstum und Wohlstand. Marktmissbrauch verletzt die Integrität der Finanzmärkte und untergräbt das Vertrauen der Öffentlichkeit in Wertpapiere und Derivate.

(3) Die Richtlinie 2003/6/EG des Europäischen Parlaments und des Rates[4)] hat den Rechtsrahmen der Union zum Schutz der Marktintegrität vervollständigt und aktualisiert. Angesichts der rechtlichen, kommerziellen und technologischen Entwicklungen seit dem Inkrafttreten jener Richtlinie, die zu erheblichen Änderungen in der Finanzwelt geführt haben, sollte diese Richtlinie nun ersetzt werden. Ein neues Rechtsinstrument ist auch erforderlich, um für einheitliche Regeln, die Klarheit zentraler Begriffe und ein einheitliches Regelwerk im Einklang mit den Schlussfolgerungen des Berichts vom 25. Februar 2009 der Hochrangigen Gruppe für Fragen der Finanzaufsicht in der EU unter dem Vorsitz von Jacques de Larosière (im Folgenden „De-Larosière-Gruppe") zu sorgen.

---

1) ABl. C 161 vom 7.6.2012, S. 3.
2) ABl. C 181 vom 21.6.2012, S. 64.
3) Standpunkt des Europäischen Parlaments vom 10. September 2013 (noch nicht im Amtsblatt veröffentlicht) und Beschluss des Rates vom 14. April 2014.
4) Richtlinie 2003/6/EG des Europäischen Parlaments und des Rates vom 28. Januar 2003 über Insider-Geschäfte und Marktmanipulation (Marktmissbrauch) (ABl. L 96 vom 12.4.2003, S. 16).

(4) Es muss ein einheitlicherer und stärkerer Rahmen geschaffen werden, um die Marktintegrität zu wahren, potenzieller Aufsichtsarbitrage vorzubeugen, Rechenschaftspflicht bei Manipulationsversuchen vorzusehen und den Marktteilnehmern mehr Rechtssicherheit und unkompliziertere Vorschriften zu bieten. Diese Verordnung zielt darauf ab, einen entscheidenden Beitrag zum reibungslosen Funktionieren des Binnenmarkts zu leisten und er sollte sich daher auf Artikel 114 des Vertrags über die Arbeitsweise der Europäischen Union (AEUV) gemäß der Auslegung in der ständigen Rechtsprechung des Gerichtshofs der Europäischen Union stützen.

(5) Um die noch bestehenden Handelshemmnisse und die aus den Unterschieden zwischen dem jeweiligen nationalen Recht resultierenden erheblichen Wettbewerbsverzerrungen zu beseitigen und dem Entstehen weiterer Handelshemmnisse und erheblicher Wettbewerbsverzerrungen vorzubeugen, muss eine Verordnung erlassen werden, durch die eine einheitlichere Auslegung des Regelwerks der Union zum Marktmissbrauch erreicht wird und in der in allen Mitgliedstaaten geltende Regeln klarer definiert sind. Indem den Vorschriften in Bezug auf Marktmissbrauch die Form einer Verordnung gegeben wird, ist deren unmittelbare Anwendbarkeit sichergestellt. Dadurch werden infolge der Umsetzung einer Richtlinie voneinander abweichende nationale Vorschriften verhindert, so dass einheitliche Bedingungen gewährleistet sind. Diese Verordnung wird zur Folge haben, dass in der gesamten Union alle natürlichen und juristischen Personen die gleichen Regeln zu befolgen haben. Eine Verordnung dürfte auch die rechtliche Komplexität und insbesondere für grenzüberschreitend tätige Gesellschaften die Compliance-Kosten reduzieren sowie zur Beseitigung von Wettbewerbsverzerrungen beitragen.

(6) Die Union und die Mitgliedstaaten werden in der Mitteilung der Kommission vom 25. Juni 2008 über einen „Small Business Act“ für Europa dazu aufgerufen, Regeln mit Blick auf die Verringerung des Verwaltungsaufwands, eine Anpassung der Rechtsvorschriften an die Erfordernisse der auf Märkten für kleine und mittlere Unternehmen (KMU) tätigen Emittenten und die Erleichterung des Kapitalzugangs dieser Emittenten zu gestalten. Einige Bestimmungen der Richtlinie 2003/6/EG sind für die Emittenten, insbesondere jene, deren Finanzinstrumente zum Handel an KMU-Wachstumsmärkten zugelassen sind, mit einem Verwaltungsaufwand verbunden, der reduziert werden sollte.

(7) Marktmissbrauch ist ein Oberbegriff für unrechtmäßige Handlungen an den Finanzmärkten und sollte für die Zwecke dieser Verordnung Insidergeschäfte oder die unrechtmäßige Offenlegung von Insiderinformationen und Marktmanipulation umfassen. Solche Handlungen verhindern vollständige und ordnungsgemäße Markttransparenz, die eine Voraussetzung dafür ist, dass alle Wirtschaftsakteure an integrierten Finanzmärkten teilnehmen können.

(8) Der Geltungsbereich der Richtlinie 2003/6/EG konzentrierte sich auf Finanzinstrumente, die zum Handel auf einem geregelten Markt zugelassen sind oder für die ein Antrag auf Zulassung zum Handel auf einem solchen Markt gestellt wurde. In den letzten Jahren werden Finanzinstrumente jedoch zunehmend auf multilateralen Handelssystemen gehandelt. Daneben gibt es weitere Finanzinstrumente, die ausschließlich auf anderen Arten von organisierten Handelssystemen oder nur außerbörslich gehandelt werden. Deshalb sollte der Anwendungsbereich dieser Verordnung alle auf einem geregelten Markt, einem multilateralen oder organisierten Handelssystem gehandelten Finanzinstrumente ebenso einschließen wie jede andere Handlung oder Maßnahme, unabhängig davon, ob sie auf einem Handelsplatz durchgeführt wird, die sich auf ein solches Finanzinstrument auswirken kann. Im Fall bestimmter Arten von multilateralen Handelssystemen, die – wie

geregelte Märkte – dazu dienen, Unternehmen bei der Beschaffung von Eigenkapital zu unterstützen, gilt das Verbot des Marktmissbrauchs gleichermaßen, wenn ein Antrag auf Zulassung zum Handel auf einem solchen Markt gestellt wurde. Aus diesem Grund sollte sich der Anwendungsbereich dieser Verordnung auf Finanzinstrumente erstrecken, für die ein Antrag auf Zulassung zum Handel auf einem multilateralen Handelssystem gestellt worden ist. Dies dürfte den Anlegerschutz verbessern, die Integrität der Märkte wahren und gewährleisten, dass die Manipulation der Märkte für solche Instrumente klar verboten ist.

(9) Um für Transparenz zu sorgen, sollten die Betreiber eines geregelten Marktes, eines multilateralen oder eines organisierten Handelssystems ihrer zuständigen Behörde unverzüglich ausführliche Angaben zu den Finanzinstrumenten übermitteln, die sie zum Handel zugelassen haben, für die ein Antrag auf Zulassung zum Handel gestellt wurde oder die auf ihrem Handelsplatz gehandelt wurden. Bei Erlöschen der Zulassung eines Finanzinstruments sollte eine weitere Mitteilung ergehen. Solche Verpflichtungen sollten auch für Finanzinstrumente gelten, für die ein Antrag auf Zulassung zum Handel auf ihrem Handelsplatz gestellt wurde, sowie für Finanzinstrumente, die vor Inkrafttreten dieser Verordnung zum Handel zugelassen wurden. Diese Meldungen sollten von den zuständigen Behörden der Europäischen Wertpapier- und Marktaufsichtsbehörde (ESMA) übermittelt werden, und die ESMA sollte eine Liste aller übermittelten Finanzinstrumente veröffentlichen. Diese Verordnung gilt für entsprechende Finanzinstrumente unabhängig davon, ob sie in der von der ESMA veröffentlichten Liste aufgeführt sind.

(10) Es ist möglich, dass mit bestimmten Finanzinstrumenten, die nicht auf einem Handelsplatz gehandelt werden, Marktmissbrauch betrieben wird. Dazu gehören Finanzinstrumente, deren Kurs oder Wert von Finanzinstrumenten, die auf einem Handelsplatz gehandelt werden, abhängen oder sich auf diese auswirken oder deren Handel Auswirkungen auf den Kurs oder Wert anderer Finanzinstrumente hat, die auf einem Handelsplatz gehandelt werden. Zu den Beispielen, bei denen solche Instrumente zum Marktmissbrauch verwendet werden können, gehören Informationen in Bezug auf eine Aktie oder Schuldverschreibung, mit denen ein Derivat dieser Aktie oder Schuldverschreibung gekauft werden kann, oder ein Index, dessen Wert von dieser Aktie oder Schuldverschreibung abhängt. Wenn ein Finanzinstrument als Referenzkurs genutzt wird, kann mit einem außerbörslich gehandelten Derivat von manipulierten Kursen profitiert werden oder der Kurs eines Finanzinstruments, das auf einem Handelsplatz gehandelt wird, manipuliert werden. Ein weiteres Beispiel ist die geplante Ausgabe eines neuen Pakets von Wertpapieren, die an sich nicht in den Anwendungsbereich dieser Verordnung fallen, wobei jedoch der Handel mit diesen Wertpapieren den Kurs oder Wert bestehender notierter Wertpapiere beeinflussen könnte, die in den Anwendungsbereich dieser Verordnung fallen. Diese Verordnung deckt außerdem die Situation ab, dass der Kurs oder Wert eines auf einem Handelsplatz gehandelten Instruments von einem außerbörslich gehandelten Instrument abhängt. Derselbe Grundsatz sollte für Waren-Spot-Kontrakte gelten, deren Kurs auf dem eines Derivats beruht, und für den Kauf von Waren-Spot-Kontrakten mit einem Bezug zu Finanzinstrumenten.

(11) Der Handel mit eigenen Aktien im Rahmen von Rückkaufprogrammen und Maßnahmen zur Stabilisierung des Kurses von Finanzinstrumenten, für die die Ausnahmen nach dieser Verordnung nicht gelten, sollten nicht bereits als solcher als Marktmissbrauch gewertet werden.

(12) Der Handel mit Wertpapieren oder verbundenen Instrumenten zur Kursstabilisierung von Wertpapieren oder der Handel mit eigenen Aktien im Rahmen von Rückkaufprogrammen können aus wirtschaftlichen Gründen gerechtfertigt sein

und sollten daher unter bestimmten Umständen vom Verbot des Marktmissbrauch befreit sein, sofern die Maßnahmen hinreichend transparent durchgeführt werden, das heißt, dass relevante Informationen zu der Kursstabilisierungsmaßnahme oder zu dem Rückkaufprogramm offengelegt werden.

(13) Die Mitgliedstaaten, die Mitglieder des Europäischen Systems der Zentralbanken, Ministerien und andere Einrichtungen und Zweckgesellschaften eines oder mehrerer Mitgliedstaaten und die Union und bestimmte andere öffentliche Stellen bzw. in ihrem Auftrag handelnde Personen sollten in ihrer Geld- und Wechselkurspolitik und ihrer Politik zur Staatsschuldenverwaltung nicht eingeschränkt werden, sofern sie dabei im öffentlichen Interesse und ausschließlich in Ausübung dieser Politik handeln. Ebensowenig sollten die Union, Zweckgesellschaften eines oder mehrerer Mitgliedstaaten, die Europäische Investitionsbank, die Europäische Finanzstabilisierungsfazilität, der Europäische Stabilitätsmechanismus oder von mindestens zwei Mitgliedstaaten gegründete internationale Finanzinstitute darin eingeschränkt werden, Geschäfte abzuwickeln, Aufträge zu erteilen oder Handlungen vorzunehmen, die dazu dienen, finanzielle Mittel zu mobilisieren und ihre Mitglieder finanziell zu unterstützen. Eine solche Ausnahme aus dem Geltungsbereich dieser Verordnung kann im Einklang mit dieser Verordnung auf bestimmte öffentliche Stellen, die für die Staatsschuldenverwaltung zuständig oder daran beteiligt sind, und auf die Zentralbanken von Drittstaaten ausgeweitet werden. Gleichzeitig sollten sich die Ausnahmen für die Geld- und Wechselkurspolitik und die Staatsschuldenverwaltung jedoch nicht auf Fälle erstrecken, in denen diese Stellen an Geschäften, Aufträgen oder Handlungen beteiligt sind, die nicht der Umsetzung dieser politischen Strategien dienen, oder wenn Personen, die für eine dieser Stellen tätig sind, für eigene Rechnung Geschäfte tätigen, Aufträge erteilen oder Handlungen vornehmen.

(14) Verständige Investoren stützen ihre Anlageentscheidungen auf Informationen, die ihnen vorab zur Verfügung stehen (Ex-ante-Informationen). Die Prüfung der Frage, ob ein verständiger Investor einen bestimmten Sachverhalt oder ein bestimmtes Ereignis im Rahmen seiner Investitionsentscheidung wohl berücksichtigen würde, sollte folglich anhand der Ex-ante-Informationen erfolgen. Eine solche Prüfung sollte auch die voraussichtlichen Auswirkungen der Informationen in Betracht ziehen, insbesondere unter Berücksichtigung der Gesamttätigkeit des Emittenten, der Verlässlichkeit der Informationsquelle und sonstiger Marktvariablen, die das Finanzinstrument, die damit verbundenen Waren-Spot-Kontrakte oder die auf den Emissionszertifikaten beruhenden Auktionsobjekte unter den gegebenen Umständen beeinflussen dürften.

(15) Im Nachhinein vorliegende Informationen (Ex-post-Informationen) können zur Überprüfung der Annahme verwendet werden, dass die Ex-ante-Informationen kurserheblich waren, sollten allerdings nicht dazu verwendet werden, Maßnahmen gegen Personen zu ergreifen, die vernünftige Schlussfolgerungen aus den ihnen vorliegenden Ex-ante-Informationen gezogen hat.

(16) Betreffen Insiderinformationen einen Vorgang, der aus mehreren Schritten besteht, können alle Schritte des Vorgangs wie auch der gesamte Vorgang als Insiderinformationen gelten. Ein Zwischenschritt in einem zeitlich gestreckten Vorgang kann für sich genommen mehrere Umstände oder ein Ereignis darstellen, die gegeben sind bzw. das eingetreten ist oder bezüglich deren/dessen auf der Grundlage einer Gesamtbewertung der zum relevanten Zeitpunkt vorhandenen Faktoren eine realistische Wahrscheinlichkeit besteht, dass sie/es entsteht/eintritt. Dieses Konzept sollte jedoch nicht so verstanden werden, dass demgemäß der Umfang der Auswirkungen dieser Reihe von Umständen oder des Ereignisses auf den Kurs der be-

treffenden Finanzinstrumente berücksichtigt werden muss. Ein Zwischenschritt sollte als Insiderinformation angesehen werden darstellen, wenn er für sich genommen den in dieser Verordnung festgelegten Kriterien für Insiderinformationen entspricht.

(17) Informationen in Zusammenhang mit einem Ereignis oder mehreren Umständen, das bzw. die ein Zwischenschritt in einem zeitlich gestreckten Vorgang ist, können sich beispielsweise auf den Stand von Vertragsverhandlungen, vorläufig in Vertragsverhandlungen vereinbarte Bedingungen, die Möglichkeit der Platzierung von Finanzinstrumenten, die Umstände, unter denen Finanzinstrumente vermarktet werden, vorläufige Bedingungen für die Platzierung von Finanzinstrumenten oder die Prüfung der Aufnahme eines Finanzinstruments in einen wichtigen Index oder die Streichung eines Finanzinstruments aus einem solchen Index beziehen.

(18) Die Rechtssicherheit für die Marktteilnehmer sollte durch eine genauere Bestimmung von zwei wesentlichen Merkmalen von Insiderinformationen erhöht werden, nämlich die präzise Natur dieser Informationen und die Frage, ob diese Informationen möglicherweise den Kurs der Finanzinstrumente, der damit verbundenen Waren- Spot-Kontrakte oder der auf den Emissionszertifikaten beruhenden Auktionsobjekte erheblich beeinflusst. Für Derivate, die Energiegroßhandelsprodukte sind, sollten insbesondere Informationen, die gemäß der Verordnung (EU) Nr. 1227/2011 des Europäischen Parlaments und des Rates[1)] offengelegt werden müssen, als Insiderinformationen betrachtet werden.

(19) Diese Verordnung hat nicht zum Ziel, allgemeine Diskussionen zwischen Anteilseignern und der Unternehmensführung über die Geschäfts- und Marktentwicklungen, die einen Emittenten betreffen, zu verbieten. Solche Beziehungen sind von grundlegender Bedeutung für das effiziente Funktionieren der Märkte und sollten durch diese Verordnung nicht verboten werden.

(20) Die Spotmärkte und die zugehörigen Derivatemärkte sind in hohem Maße vernetzt und global, und Marktmissbrauch kann sowohl markt- als auch grenzüberschreitend erfolgen, was zu erheblichen Systemrisiken führen kann. Dies trifft auf Insidergeschäfte ebenso wie auf Marktmanipulation zu. Insbesondere können Insiderinformationen von einem Spotmarkt einer Person nützlich sein, die an einem Finanzmarkt handelt. Die Bestimmung des Begriffs „Insiderinformationen" in Bezug auf ein Warenderivat sollte besagen, dass es sich dabei um Informationen handelt, die sowohl der allgemeinen Bestimmung des Begriffs „Insiderinformationen" in Bezug auf die Finanzmärkte entsprechen und die im Einklang mit Rechts- und Verwaltungsvorschriften der Union oder der Mitgliedstaaten, Handelsregeln, Verträgen oder Regeln auf dem betreffenden Warenderivat- oder Spotmarkt offengelegt werden müssen. Wichtige Beispiele für solche Regeln sind beispielsweise die Verordnung (EU) Nr. 1227/2011 für den Energiemarkt und die Datenbank der Gemeinsamen Initiative: Daten aus dem Mineralölsektor (Joint Organisations Database Initiative – JODI) für Erdöl. Solche Informationen können als Grundlage für Entscheidungen von Marktteilnehmern dienen, Verträge über Warenderivate oder die damit verbundenen Waren-Spot-Kontrakte abzuschließen, und stellen daher Insiderinformationen dar, die offengelegt werden müssen, wenn davon auszugehen ist, dass sie einen erheblichen Einfluss auf die Kurse solcher Derivate oder damit verbundener Waren-Spot-Kontrakte haben.

---

1) Verordnung (EU) Nr. 1227/2011 des Europäischen Parlaments und des Rates vom 25. Oktober 2011 über die Integrität und Transparenz des Energiegroßhandelsmarkts (ABl. L 326 vom 8.12.2011, S. 1).

Außerdem können sich Manipulationsstrategien auch über Spot- und Derivatemärkte hinaus erstrecken. Der Handel mit Finanzinstrumenten, darunter Warenderivate, kann zur Manipulation damit verbundener Waren- Spot-Kontrakte genutzt werden, und Waren-Spot-Kontrakte können zur Manipulation damit verbundener Finanzinstrumente genutzt werden. Das Verbot der Marktmanipulation sollte diese Wechselbeziehungen erfassen. Die Erweiterung des Anwendungsbereichs dieser Verordnung auf Handlungen, die nichts mit Finanzinstrumenten zu tun haben, beispielsweise Waren-Spot-Kontrakte, die lediglich den Spotmarkt berühren, ist jedoch nicht zweckmäßig oder praktikabel. Im speziellen Fall der Energiegroßhandelsprodukte sollten die zuständigen Behörden die Besonderheiten der Begriffsbestimmungen der Verordnung (EU) Nr. 1227/2011 berücksichtigen, wenn sie die Definitionen der Begriffe Insiderinformation, Insidergeschäfte und Marktmanipulation dieser Verordnung auf Finanzinstrumente anwenden, die sich auf Energiegroßhandelsprodukte beziehen.

(21) Gemäß der Richtlinie 2003/87/EG des Europäischen Parlaments und des Rates[1)] sind die Kommission, die Mitgliedstaaten sowie andere offiziell beauftragte Stellen für die technische Ausgabe von Emissionszertifikaten, deren freie Zuweisung an berechtigte Wirtschaftszweige und neue Marktteilnehmer und allgemeiner gefasst für den Ausbau und die Umsetzung des klimaschutzpolitischen Rahmens der Union zuständig, der der Bereitstellung von Emissionszertifikaten für die Compliance-Käufer im Emissionshandelssystem (EU-ETS) der Union zugrunde liegt. Bei der Ausübung dieser Zuständigkeiten können diese öffentlichen Gremien Zugang zu nicht öffentlichen kurserheblichen Informationen erhalten und müssen gemäß der Richtlinie 2003/87/EG gegebenenfalls bestimmte Marktoperationen in Bezug auf Emissionszertifikate durchführen. Infolge der Einstufung von Emissionszertifikaten als Finanzinstrumente im Rahmen der Überarbeitung der Richtlinie 2004/39/EG des Europäischen Parlaments und des Rates[2)] werden diese Instrumente künftig auch in den Geltungsbereich dieser Verordnung fallen.

Damit die Kommission, die Mitgliedstaaten und andere offiziell benannte Stellen auch künftig die Klimapolitik der Union ausarbeiten und durchführen können, sollte die Tätigkeit dieser öffentlichen Stellen, soweit sie im öffentlichen Interesse und ausdrücklich zur Durchsetzung dieser Politik und im Zusammenhang mit Emissionszertifikaten erfolgt, von der Anwendung dieser Verordnung ausgenommen sein. Eine solche Ausnahme sollte keine negative Auswirkung auf die allgemeine Markttransparenz haben, da diese öffentlichen Stellen gesetzlichen Verpflichtungen unterliegen, wonach sie so zu arbeiten haben, dass eine ordnungsgemäße, gerechte und nichtdiskriminierende Offenlegung und der Zugang zu allen neuen kurserheblichen Entscheidungen, Entwicklungen und Daten gewährleistet wird. Ferner bestehen im Rahmen der Richtlinie 2003/87/EG und der aufgrund dieser Richtlinie getroffenen Umsetzungsmaßnahmen Regelungen, mit denen für eine gerechte und nichtdiskriminierende Offenlegung bestimmter kurserheblicher Informationen von Behörden gesorgt wird. Allerdings sollte die Ausnahme für öffentliche Stellen, die an der Umsetzung der Klimaschutzpolitik der Union beteiligt

1) Richtlinie 2003/87/EG des Europäischen Parlaments und des Rates vom 13. Oktober 2003 über ein System für den Handel mit Treibhausgasemissionszertifikaten in der Gemeinschaft und zur Änderung der Richtlinie 96/61/EG des Rates (ABl. L 275 vom 25.10.2003, S. 32).

2) Richtlinie 2004/39/EG des Europäischen Parlaments und des Rates vom 21. April 2004 über Märkte für Finanzinstrumente, zur Änderung der Richtlinien 85/611/EWG und 93/6/EWG des Rates und der Richtlinie 2000/12/EG des Europäischen Parlaments und des Rates und zur Aufhebung der Richtlinie 93/22/EWG des Rates (ABl. L 145 vom 30.4.2004).

sind, nicht gelten, wenn diese öffentlichen Stellen an Handlungen oder Geschäften beteiligt sind, die nicht der Umsetzung der Klimaschutzpolitik der Union dienen, oder wenn Personen, die für eine dieser Stellen tätig sind, für eigene Rechnung handeln oder Geschäfte tätigen.

(22) Gemäß Artikel 43 AEUV und zur Durchführung gemäß dem AEUV geschlossener internationaler Übereinkünfte sind die Kommission, die Mitgliedstaaten und andere offiziell benannte Stellen unter anderem für die Durchführung der Gemeinsamen Agrarpolitik und der Gemeinsamen Fischereipolitik zuständig. Im Rahmen der Wahrnehmung dieser Pflichten führen die genannten öffentlichen Stellen Tätigkeiten aus und ergreifen Maßnahmen zur Verwaltung der Agrarmärkte und der Fischerei, einschließlich öffentlicher Interventionen, der Erhebung von Zusatzzöllen oder der Aussetzung von Einfuhrzöllen. Im Lichte des Anwendungsbereichs dieser Verordnung, die einige Bestimmungen enthält, die auch für Waren-Spot-Kontrakte gelten, die tatsächlich oder wahrscheinlich Auswirkungen auf Finanzinstrumente haben, sowie für Finanzinstrumente, deren Wert vom Wert von Waren-Spot-Kontrakten abhängt und die tatsächlich oder wahrscheinlich Auswirkungen auf Waren-Spot-Kontrakte haben, muss sichergestellt werden, dass die Tätigkeit der Kommission, der Mitgliedstaaten und anderer offiziell benannter Stellen zur Umsetzung der Gemeinsamen Agrarpolitik und der Gemeinsamen Fischereipolitik nicht eingeschränkt wird. Damit die Kommission, die Mitgliedstaaten und andere offiziell benannte Stellen auch künftig die Gemeinsame Agrarpolitik und die Gemeinsame Fischereipolitik der Union konzipieren und umsetzen können, sollten die im öffentlichen Interesse und ausschließlich in Ausübung dieser politischen Strategien ausgeübten Aktivitäten von der Anwendung dieser Verordnung ausgenommen werden. Eine solche Ausnahme sollte keine negative Auswirkung auf die allgemeine Markttransparenz haben, da diese öffentlichen Stellen gesetzlichen Verpflichtungen unterliegen, wonach sie so zu arbeiten haben, dass eine ordnungsgemäße, gerechte und nichtdiskriminierende Offenlegung und der Zugang zu allen neuen kurserheblichen Entscheidungen, Entwicklungen und Daten gewährleistet wird. Allerdings sollte die Ausnahme für öffentliche Stellen, die an der Umsetzung der Gemeinsamen Agrarpolitik und der Gemeinsamen Fischereipolitik der Union beteiligt sind, nicht gelten, wenn diese öffentlichen Stellen an Handlungen oder Geschäften beteiligt sind, die nicht der Umsetzung dieser gemeinsamen politischen Strategien der Union dienen, oder wenn Personen, die für eine dieser Stellen tätig sind, für eigene Rechnung handeln oder Geschäfte tätigen.

(23) Das wesentliche Merkmal von Insidergeschäften ist ein ungerechtfertigter Vorteil, der mittels Insiderinformationen zum Nachteil Dritter erzielt wird, die diese Informationen nicht kennen, und infolgedessen in der Untergrabung der Integrität der Finanzmärkte und des Vertrauens der Investoren. Folglich sollte das Verbot von Insidergeschäften gelten, wenn eine Person im Besitz von Insiderinformationen dadurch einen ungerechtfertigten Vorteil aus dem mit Hilfe dieser Informationen erzielten Nutzen zieht, dass er aufgrund dieser Informationen Markttransaktionen durchführt, indem er für eigene Rechnung oder für Rechnung Dritter, sei es unmittelbar oder mittelbar, Finanzinstrumente, auf die sich diese Informationen beziehen, erwirbt oder veräußert bzw. zu erwerben oder zu veräußern versucht oder einen Auftrag zum Kauf bzw. Verkauf storniert oder ändert bzw. zu stornieren oder zu ändern versucht. Die Nutzung von Insiderinformationen kann auch im Handel mit Emissionszertifikaten und deren Derivaten und im Bieten auf den Versteigerungen von Emissionszertifikaten oder anderen darauf beruhenden Auk-

tionsobjekten gemäß der Verordnung (EU) Nr. 1031/2010 der Kommission[1] bestehen.

(24) Wenn eine juristische oder natürliche Personen im Besitz von Insiderinformationen für eigene Rechnung oder für Rechnung Dritter, sei es unmittelbar oder mittelbar, Finanzinstrumente, auf die sich diese Informationen beziehen, erwirbt oder veräußert bzw. zu erwerben oder zu veräußern versucht, sollte unterstellt werden, dass diese Person diese Informationen genutzt hat. Diese Annahme lässt die Verteidigungsrechte unberührt. Ob eine Person gegen das Verbot von Insidergeschäften verstoßen hat oder versucht hat, Insidergeschäfte durchzuführen, sollte im Hinblick auf den Zweck dieser Verordnung untersucht werden, der darin besteht, die Integrität des Finanzmarkts zu schützen und das Vertrauen der Investoren zu stärken, das wiederum auf der Gewissheit beruht, dass die Investoren gleichbehandelt und vor der missbräuchlichen Verwendung von Insiderinformationen geschützt werden.

(25) Aufträge, die ausgelöst wurden, bevor eine Person Insiderinformationen besaß, sollten nicht als Insidergeschäfte betrachtet werden. Wenn jedoch eine Person in den Besitz von Insiderinformationen gelangt ist, sollte angenommen werden, dass alle nachfolgenden Änderungen, die im Zusammenhang mit diesen Informationen stehen, an den vor dem Erlangen des Besitzes an diesen Information ausgelösten Aufträgen, einschließlich der Stornierung oder Änderung eines Auftrags oder des Versuchs, einen Auftrag zu stornieren oder zu ändern, Insidergeschäfte sind. Diese Vermutung kann jedoch widerlegt werden, wenn die Person den Nachweis erbringt, dass sie die Insiderinformationen bei der Abwicklung des Geschäfts nicht genutzt hat.

(26) Die Nutzung von Insiderinformationen kann in dem Erwerb oder der Veräußerung eines Finanzinstruments oder eines auf Emissionszertifikaten beruhenden Auktionsobjekts oder in der Stornierung oder Änderung eines Auftrags oder dem Versuch, ein Finanzinstrument zu erwerben oder zu veräußern bzw. einen Auftrag zu stornieren oder zu ändern, bestehen, ausgeführt von einer Person, die weiß oder wissen müsste, dass die Informationen Insiderinformationen sind. Hier sollten die zuständigen Behörden von dem ausgehen, was eine normale, vernünftige Person unter den gegebenen Umständen wusste oder hätte wissen müssen.

(27) Diese Verordnung sollte entsprechend den von den Mitgliedstaaten ergriffenen Maßnahmen ausgelegt werden, die dem Schutz der Interessen der Inhaber übertragbarer Wertpapiere dienen, die Stimmrechte in einer Gesellschaft verleihen (oder solche Rechte durch Ausübung von Rechten oder Umwandlung verleihen können), wenn die Gesellschaft Gegenstand eines öffentlichen Übernahmeangebots oder eines anderen Vorschlags für einen Kontrollwechsel ist. Die Auslegung dieser Verordnung sollte im Einklang mit den Gesetzen, Rechts- und Verwaltungsvorschriften erfolgen, die in Bezug auf Übernahmeangebote, Zusammenschlüsse und andere Transaktionen erlassen wurden, die die Eigentumsverhältnisse oder die Kontrolle von Unternehmen betreffen und die durch die von den Mitgliedstaaten gemäß Artikel 4 der Richtlinie 2004/25/EG des Europäischen Parlaments und des Rates[2] benannten Aufsichtsbehörden reguliert werden.

---

1) Verordnung (EU) Nr. 1031/2010 der Kommission vom 12. November 2010 über den zeitlichen und administrativen Ablauf sowie sonstige Aspekte der Versteigerung von Treibhausgasemissionszertifikaten gemäß der Richtlinie 2003/87/EG des Europäischen Parlaments und des Rates über ein System für den Handel mit Treibhausgasemissionszertifikaten in der Gemeinschaft (ABl. L 302 vom 18.11.2010, S. 1).

2) Richtlinie 2004/25/EG des Europäischen Parlaments und des Rates vom 21. April 2004 betreffend Übernahmeangebote (ABl. L 142 vom 30.4.2004, S. 12).

(28) Analysen und Bewertungen, die aufgrund öffentlich verfügbarer Angaben erstellt wurden, sollten nicht als Insiderinformationen angesehen werden und die bloße Tatsache, dass Geschäfte auf der Grundlage von Analysen und Bewertungen getätigt werden, sollte daher nicht als Nutzung von Insiderinformationen gelten. Wird jedoch beispielsweise die Veröffentlichung oder Verbreitung der Informationen vom Markt routinemäßig erwartet und trägt diese Veröffentlichung und Verbreitung zur Preisbildung von Finanzinstrumenten bei oder enthält sie Ansichten eines anerkannten Marktkommentators oder einer Institution, die die Preise verbundener Finanzinstrumente beeinflussen können so können diese Informationen Insiderinformationen darstellen. Um festzustellen, ob sie auf der Grundlage von Insiderinformationen handeln würden, müssen die Marktteilnehmer deshalb berücksichtigen, in welchem Umfang die Informationen nichtöffentlich sind und welche Auswirkungen auf Finanzinstrumente möglich wären, wenn sie vor der Veröffentlichung oder Verbreitung handeln würden.

(29) Damit legitime Formen von Finanzaktivitäten nicht ungewollt verboten werden, insbesondere solche, in denen kein Marktmissbrauch vorliegt, ist es erforderlich, bestimmte legitime Handlungen anzuerkennen. Dazu kann beispielsweise gehören, die Rolle der Market-Maker anzuerkennen, wenn sie in ihrer legitimen Eigenschaft als Bereitsteller von Marktliquidität tätig sind.

(30) Beschränken sich Market-Maker oder Personen, die als Gegenparteien fungieren dürfen, auf die Ausübung ihrer legitimen Geschäftstätigkeit in Form des Erwerbs oder der Veräußerung von Finanzinstrumenten oder beschränken sich zur Ausführung von Aufträgen für Rechnung Dritter, die über Insiderinformationen verfügen, befugte Personen auf die pflichtgemäße Ausführung der Stornierung oder Änderung eines Auftrags, so sollte dies nicht als Nutzung von Insiderinformationen gelten. Der in dieser Verordnung vorgesehene Schutz für Market-Maker, für Stellen, die befugt sind, als Gegenpartei aufzutreten, und für Personen, die befugt sind, im Namen Dritter, die über Insiderinformationen verfügen, Aufträge auszuführen, erstreckt sich nicht auf Tätigkeiten, die gemäß dieser Verordnung eindeutig verboten sind, so unter anderem die gemeinhin als „Frontrunning" bekannte Praxis (Eigengeschäfte in Kenntnis von Kundenaufträgen). Haben juristische Personen alle geeigneten Maßnahmen ergriffen, um Marktmissbrauch zu verhindern, begehen jedoch dessen ungeachtet von ihnen beschäftigte natürliche Personen im Namen der juristischen Person Marktmissbrauch, so sollte dies nicht als ein Marktmissbrauch durch die juristische Person gelten. Ein weiteres Beispiel für eine Situation, in der nicht von der Nutzung von Insiderinformationen ausgegangen werden sollte, sind Geschäfte, die zur Erfüllung einer fällig gewordenen vorgelagerten Verpflichtung durchgeführt werden. Der Zugang zu Insiderinformationen über ein anderes Unternehmen und die Nutzung dieser Informationen bei einem öffentlichen Übernahmeangebot mit dem Ziel, die Kontrolle über dieses Unternehmen zu gewinnen oder einen Zusammenschluss mit ihm vorzuschlagen, sollten als solche nicht als Insidergeschäft gelten.

(31) Da dem Erwerb oder der Veräußerung von Finanzinstrumenten erforderlicherweise eine entsprechende Entscheidung der Person vorausgehen muss, die erwirbt bzw. veräußert, sollte die bloße Tatsache dieses Erwerbs oder dieser Veräußerung als solche nicht als Nutzung von Insiderinformationen gelten. Handlungen auf der Grundlage eigener Pläne und Handelsstrategien des Marktteilnehmers sollten nicht als Nutzung von Insiderinformationen gelten. Keine der betreffenden juristischen oder natürlichen Personen sollte aufgrund ihrer beruflichen Funktion geschützt werden, sondern nur dann, wenn sie in geeigneter und angemessener Weise handeln und sowohl die von ihnen zu erwartenden beruflichen Standards als auch die

durch diese Verordnung festgelegten Normen, insbesondere zu Marktintegrität und Anlegerschutz, einhalten. Dessen ungeachtet könnte von einer Rechtsverletzung ausgegangen werden, wenn die zuständige Behörde feststellt, dass sich hinter den betreffenden Geschäften, Handelsaufträgen oder Handlungen ein rechtswidriger Grund verbirgt, oder dass die Person Insiderinformation verwendet hat.

(32) Marktsondierungen sind Interaktionen zwischen einem Verkäufer von Finanzinstrumenten und einem oder mehreren potenziellen Anlegern, die vor der Ankündigung eines Geschäfts erfolgen, um das Interesse potenzieller Anleger an einem möglichen Geschäft, seiner preislichen Gestaltung, seinem Umfang und seiner Struktur abzuschätzen. Marktsondierungen können eine Erst- oder Zweitplatzierung relevanter Wertpapiere umfassen und unterscheiden sich vom üblichen Handel. Sie sind ein ausgesprochen wertvolles Instrument zur Beurteilung der Meinung potenzieller Anleger, zur Intensivierung des Dialogs mit den Anteilseignern, zur Sicherstellung des reibungslosen Ablaufs der Geschäfte und zur Abstimmung der Ansichten von Emittenten, vorhandenen Anteilseignern und potenziellen neuen Anlegern. Marktsondierungen können insbesondere dann nützlich sein, wenn das Vertrauen in die Märkte geschwächt ist, wenn relevante Marktreferenzwerte fehlen oder wenn die Märkte Schwankungen unterworfen sind. Die Fähigkeit, Marktsondierungen durchzuführen, ist wichtig für das ordnungsgemäße Funktionieren der Finanzmärkte, und Marktsondierungen sollten als solche nicht als Marktmissbrauch gelten.

(33) Beispiele für Marktsondierungen sind unter anderem Situationen, in denen ein Unternehmen auf der Verkäuferseite Gespräche mit einem Emittenten über ein mögliches Geschäft führt und beschließt, das Interesse potenzieller Anleger abzuschätzen, um die Bedingungen festzulegen, unter denen das Geschäft zustande kommt; wenn ein Emittent beabsichtigt, die Begebung eines Schuldtitels oder eine zusätzliche Kapitalerhöhung anzukündigen, und sich das Unternehmen auf der Verkäuferseite an wichtige Investoren wendet und ihnen die vollständigen Geschäftsbedingungen mitteilt, um eine finanzielle Zusage für die Beteiligung an dem Geschäft zu erhalten; oder wenn die Verkäuferseite anstrebt, eine große Menge von Wertpapieren im Auftrag eines Anlegers zu veräußern und das potenzielle Interesse anderer möglicher Anleger an diesen Wertpapieren abschätzen will.

(34) Die Durchführung von Marktsondierungen kann es erforderlich machen, potenziellen Anlegern gegenüber Insiderinformationen offenzulegen. Grundsätzlich ist die Möglichkeit, finanziell vom Handel auf der Grundlage von Insiderinformationen, die im Rahmen einer Marktsondierung weitergegeben wurden, zu profitieren, nur dann gegeben, wenn ein Markt für das Finanzinstrument, das Gegenstand der Marktsondierung ist, oder für ein verbundenes Finanzinstrument vorhanden ist. Aufgrund der Wahl des Zeitpunkts für solche Gespräche ist es möglich, dass dem potenziellen Anleger im Verlauf der Marktsondierung Insiderinformationen offengelegt werden, nachdem ein Finanzinstrument zum Handel auf einem geregelten Markt zugelassen oder auf einem multilateralen oder organisierten Handelssystem gehandelt wurde. Vor einer Marktsondierung sollte der offenlegende Marktteilnehmer beurteilen, ob es im Rahmen der Marktsondierung zur Offenlegung von Insiderinformationen kommen wird.

(35) Die Offenlegung von Insiderinformationen durch eine Person sollte als rechtmäßig betrachtet werden, wenn sie im Zuge der normalen Ausübung ihrer Arbeit oder ihres Berufes oder der normalen Erfüllung ihrer Aufgaben handelt. Wenn eine Marktsondierung die Offenlegung von Insiderinformationen einschließt, werden die Handlungen des offenlegenden Marktteilnehmers dann als im Zuge der normalen Ausübung seiner Arbeit, seines Berufs oder seiner Aufgaben getätigt ange-

sehen, wenn er zum Zeitpunkt der Offenlegung die Person, der gegenüber die Offenlegung erfolgt, davon informiert und ihre Zustimmung dazu einholt, dass ihr Insiderinformationen übergeben werden, dass ihr durch die Bestimmungen dieser Verordnung beim Handel und beim Handeln auf der Grundlage dieser Informationen Beschränkungen auferlegt werden, dass angemessene Schritte unternommen werden müssen, um die fortbestehende Vertraulichkeit der Informationen zu wahren, und dass sie den offenlegenden Marktteilnehmer von der Identität sämtlicher natürlichen und juristischen Personen in Kenntnis setzen muss, denen gegenüber die Informationen im Verlauf der Erarbeitung einer Antwort auf die Marktsondierung offengelegt werden. Der offenlegende Marktteilnehmer sollte außerdem die Pflichten hinsichtlich der Führung und Vorhaltung von Aufzeichnungen über offengelegte Informationen erfüllen, die in technischen Regulierungsstandards ausführlich festzulegen sind. Von Marktteilnehmern, die bei der Durchführung einer Marktsondierung diese Verordnung nicht einhalten, sollte nicht angenommen werden, dass sie Insiderinformationen unrechtmäßig offenlegt haben, sie können jedoch nicht in den Genuss der Ausnahme kommen, die denjenigen gewährt wird, die diese Bestimmungen eingehalten haben. Ob sie gegen das Verbot einer unrechtmäßigen Offenlegung von Insiderinformationen verstoßen haben, sollte unter Berücksichtigung sämtlicher einschlägigen Bestimmungen dieser Verordnung untersucht werden, und alle offenlegenden Marktteilnehmer sollten verpflichtet sein, vor der Durchführung einer Marktsondierung ihre Beurteilung schriftlich niederzulegen, ob diese Marktsondierung die Offenlegung von Insiderinformationen einschließt.

(36) Im Gegenzug sollten potenzielle Anleger, die Gegenstand einer Marktsondierung sind, prüfen, ob die ihnen gegenüber offengelegten Informationen Insiderinformationen sind, wodurch sie daran gehindert würden, auf der Grundlage dieser Informationen Geschäfte zu tätigen oder diese Informationen weiter offenzulegen. Potenzielle Anleger unterliegen weiterhin den Vorschriften über Insidergeschäfte und die unrechtmäßige Offenlegung von Insiderinformationen gemäß dieser Verordnung. Zur Unterstützung potenzieller Anleger bei ihren Erwägungen und im Hinblick auf die Schritte, die sie unternehmen sollten, um nicht gegen diese Verordnung zu verstoßen, sollte die ESMA Leitlinien herausgeben.

(37) Die Verordnung (EU) Nr. 1031/2010 sieht für die Versteigerung von Emissionszertifikaten zwei parallele Regelungen in Bezug auf Marktmissbrauch vor. Da Emissionszertifikate als Finanzinstrumente eingestuft werden, sollte diese Verordnung allerdings ein einheitliches, für den gesamten Primär- und Sekundärmarkt für Emissionszertifikate gültiges Regelwerk in Bezug auf Marktmissbrauch darstellen. Die Verordnung sollte auch für Handlungen oder Geschäfte, darunter Gebote, bezüglich der Versteigerung von Emissionszertifikaten und anderen darauf beruhenden Auktionsobjekten auf einem als Auktionsplattform zugelassenen geregelten Marktgemäß der Verordnung (EU) Nr. 1031/2010 gelten, selbst, wenn die versteigerten Produkte keine Finanzinstrumente sind.

(38) In dieser Verordnung sollten Maßnahmen in Bezug auf Marktmissbrauch vorgesehen werden, die an neue Formen des Handels oder möglicherweise missbräuchliche neue Strategien angepasst werden können. Um dem Umstand Rechnung zu tragen, dass der Handel mit Finanzinstrumenten zunehmend automatisiert ist, ist es wünschenswert, dass in der Bestimmung des Begriffs Marktmanipulation Beispiele bestimmter missbräuchlicher Strategien angeführt werden, die im Zuge aller zur Verfügung stehenden Handelsmethoden – einschließlich des algorithmischen Handels und des Hochfrequenzhandels – angewandt werden können. Die dabei angeführten Beispiele sollen weder eine erschöpfende Aufzählung sein noch

den Eindruck erwecken, dass dieselben Strategien, wenn sie mit anderen Mitteln verfolgt würden, nicht auch missbräuchlich wären.

(39) Dem Verbot des Marktmissbrauchs sollten auch die Personen unterliegen, die zusammenwirkend Marktmissbrauch begehen. Beispiele hierfür können unter anderem Makler sein, die eine Handelsstrategie entwickeln und empfehlen, die darauf ausgerichtet ist, Marktmissbrauch zu begehen; Personen, die eine Person, die über Insiderinformationen verfügt, dazu auffordern, diese Informationen unzulässig offenzulegen; oder Personen, die in Zusammenarbeit mit einem Börsenmakler Software zur Begünstigung von Marktmissbrauch entwickeln.

(40) Damit sowohl die juristische Person als auch jede natürliche Person, die an der Beschlussfassung der juristischen Person beteiligt ist, haftbar gemacht werden kann, ist es erforderlich, die unterschiedlichen nationalen rechtlichen Mechanismen in den Mitgliedstaaten anzuerkennen. Diese Mechanismen beziehen sich unmittelbar auf die Methoden der Haftbarmachung im nationalen Recht.

(41) Zur Ergänzung des Verbots der Marktmanipulation sollte diese Verordnung ein Verbot der versuchten Marktmanipulation enthalten. Da beide Aktivitäten gemäß dieser Verordnung verboten sind, sollte ein Versuch der Marktmanipulation von Handlungen unterschieden werden, bei denen davon auszugehen ist, dass sie zu Marktmanipulation führen. Ein solcher Versuch kann sich unter anderem auf Situationen erstrecken, in denen die Aktivität begonnen, aber nicht vollendet wird, beispielsweise aufgrund technischen Versagens oder eines Handelsauftrags, der nicht ausgeführt wird. Das Verbot der versuchten Marktmanipulation ist erforderlich, um die zuständigen Behörden in die Lage zu versetzen, entsprechende Versuche mit Sanktionen zu belegen.

(42) Unbeschadet des Zwecks dieser Verordnung und ihrer unmittelbar anwendbaren Bestimmungen könnte eine Person, die Geschäfte abschließt oder Kauf- bzw. Verkaufsaufträge ausführt, die so betrachtet werden können, dass sie den Tatbestand einer Marktmanipulation erfüllen, geltend machen, dass sie legitime Gründe hatte, diese Geschäfte abzuschließen oder Aufträge auszuführen, und dass diese nicht gegen die zulässige Praxis auf dem betreffenden Markt verstoßen. Eine zulässige Marktpraxis kann nur von der zuständigen Stelle festgelegt werden, die für die Beaufsichtigung des betreffenden Marktes in Bezug auf Marktmissbrauch zuständig ist. Eine Praxis, die auf einem bestimmten Markt akzeptiert ist, kann auf anderen Märkten erst als zulässig betrachtet werden, nachdem sie von den für diese anderen Märkte zuständigen Behörden offiziell zugelassen worden ist. Dessen ungeachtet könnte von einer Rechtsverletzung ausgegangen werden, wenn die zuständige Behörde feststellt, dass sich hinter den betreffenden Geschäften oder Handelsaufträgen ein rechtswidriger Grund verbirgt.

(43) Daneben sollte in dieser Verordnung klargestellt werden, dass die Marktmanipulation oder der Versuch der Marktmanipulation hinsichtlich eines Finanzinstruments auch in der Form erfolgen kann, dass damit verbundene Finanzinstrumente wie Derivate verwendet werden, die an einem anderen Handelsplatz oder außerbörslich gehandelt werden.

(44) Der Preis vieler Finanzinstrumente wird durch Bezugnahme auf Referenzwerte festgesetzt. Eine tatsächliche oder versuchte Manipulation von Referenzwerte, einschließlich der Angebotssätze im Interbankengeschäft, kann das Marktvertrauen erheblich beeinträchtigen und zu beträchtlichen Verlusten für die Anleger wie auch zu realwirtschaftlichen Verzerrungen führen. Daher sind spezielle Vorschriften für Referenzwerte erforderlich, um die Integrität der Märkte zu wahren und sicherzustellen, dass die zuständigen Behörden ein klares Verbot der Manipu-

lation von Referenzwerten durchsetzen können. Diese Vorschriften sollten für alle veröffentlichten Referenzwerte und auch für unentgeltlich oder gegen Entgelt über das Internet abrufbare Referenzwerte gelten, beispielsweise Referenzwerte für Kreditausfall-Swaps und Indizes von Indizes. Das allgemeine Verbot der Marktmanipulation sollte ergänzt werden durch ein Verbot der Manipulation des Referenzwerts selbst sowie der Übermittlung falscher oder irreführender Angaben, der Bereitstellung falscher oder irreführender Ausgangsdaten oder jeglicher sonstiger Handlungen, durch die die Berechnung eines Referenzwerts manipuliert wird, wobei die Bestimmung des Begriffs Berechnung weit gefasst ist, so dass sie sich auch auf die Entgegennahme und Bewertung sämtlicher Daten erstreckt, die in Zusammenhang mit der Berechnung des betreffenden Referenzwerts stehen und insbesondere getrimmte Daten einschließen, und auf vollständige algorithmische oder urteilsgestützte Referenzwert-Methoden oder auf Teile davon. Diese Vorschriften ergänzen die Vorschriften der Verordnung (EU) Nr. 1227/2011, die die vorsätzliche Übermittlung falscher Informationen an Unternehmen untersagt, die Preisbewertungen oder Marktberichte enthalten, mit der Folge, dass Marktteilnehmer, die aufgrund dieser Bewertungen und Berichte tätig werden, irregeführt werden.

(45) Um einheitliche Marktbedingungen für die in den Anwendungsbereich dieser Verordnung fallenden Handelsplätze und Handelssysteme zu gewährleisten, sollte jede Person, die geregelte Märkte, multilaterale und organisierte Handelssysteme betreibt, dazu verpflichtet werden, wirksame Maßnahmen, Systeme und Verfahren zur Vorbeugung gegen Marktmanipulations- und Marktmissbrauchspraktiken und zu deren Aufdeckung zu unterhalten und aufrechtzuerhalten.

(46) Manipulation oder versuchte Manipulation von Finanzinstrumenten kann auch im Erteilen von Aufträgen bestehen, die möglicherweise nicht ausgeführt werden. Ferner kann ein Finanzinstrument durch außerhalb des Handelsplatzes erfolgende Handlungen manipuliert werden. Personen, die beruflich Geschäfte vermitteln oder ausführen, sollten dazu verpflichtet sein, wirksame Maßnahmen, Systeme und Verfahren zur Aufdeckung und Meldung verdächtiger Geschäfte zu unterhalten und aufrechtzuerhalten. Sie sollten außerdem außerhalb eines Handelsplatzes erfolgende verdächtige Aufträge und verdächtige Geschäfte melden.

(47) Manipulation oder versuchte Manipulation von Finanzinstrumenten kann auch in der Verbreitung falscher oder irreführender Informationen bestehen. Die Verbreitung falscher oder irreführender Informationen kann innerhalb relativ kurzer Zeit erhebliche Auswirkungen auf die Kurse von Finanzinstrumenten haben. Sie kann im Erfinden offensichtlich falscher Informationen, aber auch in der absichtlichen Unterschlagung wesentlicher Sachverhalte sowie in der wissentlichen Angabe unrichtiger Informationen bestehen. Diese Form der Marktmanipulation schadet den Anlegern in besonderer Weise, weil sie sie dazu veranlasst, ihre Anlageentscheidungen auf unrichtige oder verzerrte Informationen zu stützen. Sie schadet auch den Emittenten, da sie das Vertrauen in die sie betreffenden Informationen untergräbt. Ein Mangel an Marktvertrauen kann wiederum die Fähigkeit eines Emittenten beeinträchtigen, zur Finanzierung seiner Operationen neue Finanzinstrumente zu begeben oder sich bei anderen Marktteilnehmern Kredite zu beschaffen. Auf dem Markt verbreiten sich Informationen sehr schnell. Deshalb kann der Schaden für Anleger und Emittenten für einen relativ langen Zeitraum anhalten, bis die Informationen sich als falsch oder irreführend erweisen und vom Emittenten oder den Urhebern ihrer Verbreitung berichtigt werden können. Deshalb muss die Verbreitung von falschen oder irreführenden Informationen sowie Gerüchten und falschen oder irreführenden Nachrichten als Verstoß gegen diese

Verordnung eingestuft werden. Es ist daher zweckmäßig, es den Akteuren der Finanzmärkte zu untersagen, Informationen, die im Widerspruch zu ihrer eigenen Meinung oder besserem Wissen stehen, deren Unrichtigkeit oder irreführender Charakter ihnen bekannt ist oder bekannt sein sollte, zum Schaden von Anlegern und Emittenten frei zu äußern.

(48) Da Websites, Blogs und soziale Medien immer stärker genutzt werden, ist es wichtig klarzustellen, dass die Verbreitung falscher oder irreführender Informationen über das Internet, einschließlich über Websites sozialer Medien oder anonyme Blogs, im Sinne dieser Verordnung als gleichwertig mit der Verbreitung über traditionellere Kommunikationskanäle betrachtet werden sollte.

(49) Die öffentliche Bekanntgabe von Insiderinformationen durch Emittenten ist von wesentlicher Bedeutung, um Insidergeschäften und der Irreführung von Anlegern vorzubeugen. Die Emittenten sollten daher verpflichtet werden, der Öffentlichkeit Insiderinformationen unverzüglich bekanntzugeben. Diese Verpflichtung kann jedoch unter besonderen Umständen den berechtigten Interessen des Emittenten abträglich sein. Unter solchen Umständen sollte eine aufgeschobene Offenlegung erlaubt sein, vorausgesetzt, eine Irreführung der Öffentlichkeit durch den Aufschub ist unwahrscheinlich und der Emittent kann die Geheimhaltung der Informationen gewährleisten. Der Emittent ist nur verpflichtet, Insiderinformationen offenzulegen, wenn er die Zulassung des Finanzinstruments zum Handel beantragt oder genehmigt hat.

(50) Für die Zwecke der Anwendung der Anforderungen betreffend der Offenlegung von Insiderinformationen und des Aufschubs dieser Offenlegung dieser Verordnung können sich die berechtigten Interessen insbesondere auf folgende nicht erschöpfende Fallbeispiele beziehen: a) laufende Verhandlungen oder damit verbundene Umstände, wenn das Ergebnis oder der normale Ablauf dieser Verhandlungen von der Veröffentlichung wahrscheinlich beeinträchtigt werden würden; insbesondere wenn die finanzielle Überlebensfähigkeit des Emittenten stark und unmittelbar gefährdet ist – auch wenn er noch nicht unter das geltende Insolvenzrecht fällt – kann die Bekanntgabe von Informationen für einen befristeten Zeitraum verzögert werden, sollte eine derartige Bekanntgabe die Interessen der vorhandenen und potenziellen Aktionäre erheblich gefährden, indem der Abschluss spezifischer Verhandlungen vereitelt werden würde, die eigentlich zur Gewährleistung einer langfristigen finanziellen Erholung des Emittenten gedacht sind; b) vom Geschäftsführungsorgan eines Emittenten getroffene Entscheidungen oder abgeschlossene Verträge, die der Zustimmung durch ein anderes Organ des Emittenten bedürfen, um wirksam zu werden, sofern die Struktur eines solchen Emittenten die Trennung zwischen diesen Organen vorsieht und eine Bekanntgabe der Informationen vor der Zustimmung zusammen mit der gleichzeitigen Ankündigung, dass die Zustimmung noch aussteht, die korrekte Bewertung der Informationen durch das Publikum gefährden würde.

(51) Daneben muss die Anforderung der Offenlegung von Insiderinformationen sich an die Teilnehmer am Markt für Emissionszertifikate richten. Um dem Markt eine nutzlose Berichterstattung zu ersparen und die Kosteneffizienz der vorgesehenen Maßnahme zu wahren, erscheint es erforderlich, die rechtlichen Auswirkungen dieser Anforderung nur auf diejenigen Betreiber im Rahmen des EU-EHS zu beschränken, von denen aufgrund ihrer Größe und Tätigkeit zu erwarten ist, dass sie den Preis von Emissionszertifikaten, darauf beruhenden Auktionsobjekten oder damit verbundenen derivativen Finanzinstrumenten und das Bieten in den Versteigerungen gemäß der Verordnung (EU) Nr. 1031/2010 erheblich beeinflussen können. Die Kommission sollte Maßnahmen in Form eines delegierten Rechtsakts

erlassen, durch die ein Mindestschwellenwert für die Anwendung dieser Ausnahme festgelegt wird. Die offenzulegende Information sollte die physischen Aktivitäten der weitergebenden Partei und nicht deren eigene Pläne oder Strategien für den Handel von Emissionszertifikaten, darauf beruhenden Auktionsobjekten oder damit verbundenen derivativen Finanzinstrumenten betreffen. Soweit die Teilnehmer am Markt für Emissionszertifikate, insbesondere gemäß der Verordnung (EU) Nr. 1227/2011, bereits gleichwertige Anforderungen zur Offenlegung von Insiderinformationen erfüllen, sollte die Pflicht zur Offenlegung von Insiderinformationen in Bezug auf Emissionszertifikate nicht dazu führen, dass mehrfach obligatorische Meldungen mit im Wesentlichen gleichem Inhalt gemacht werden müssen. Da im Fall von Teilnehmern am Markt für Emissionszertifikate mit aggregierten Emissionen oder einer thermischen Nennleistung in Höhe oder unterhalb des festgelegten Schwellenwerts die Informationen über die physischen Aktivitäten dieser Teilnehmer als nicht maßgeblich für die Offenlegung betrachtet werden, sollte von diesen Informationen auch angenommen werden, dass sie keine erheblichen Auswirkungen auf die Preise der Emissionszertifikate und der darauf beruhenden Auktionsobjekte oder auf die damit verbundenen derivativen Finanzinstrumente haben. Für solche Teilnehmer am Markt für Emissionszertifikate sollte dessen ungeachtet in Bezug auf sämtliche anderen Insiderinformationen, zu denen sie Zugang haben, das Verbot von Insidergeschäften gelten.

(52) Um das öffentliche Interesse zu schützen, die Stabilität des Finanzsystems zu wahren und um beispielsweise zu verhindern, dass sich Liquiditätskrisen von Finanzinstituten aufgrund eines plötzlichen Abzugs von Mitteln zu Solvenzkrisen entwickeln, kann es unter besonderen Umständen angemessen sein, Kreditinstituten und Finanzinstituten einen Aufschub der Offenlegung systemrelevanter Insiderinformationen zu gestatten. Dies kann insbesondere für Informationen im Zusammenhang mit zeitweiligen Liquiditätsproblemen gelten, bei denen Zentralbankkredite, einschließlich Krisen-Liquiditätshilfe seitens einer Zentralbank, erforderlich sind und die Offenlegung der Informationen systemische Auswirkungen hätte. Die Gewährung des Aufschubs sollte daran geknüpft sein, dass der Emittent das Einverständnis der betreffenden zuständigen Behörde einholt und dass das weitere öffentliche und wirtschaftliche Interesse am Aufschub der Offenlegung gegenüber dem Interesse des Marktes am Erhalt der Informationen, die Gegenstand des Aufschubs sind, überwiegt.

(53) In Bezug auf Finanzinstitute, insbesondere solche, die Zentralbankkredite einschließlich Krisen-Liquiditätshilfe erhalten, sollte von der zuständigen Behörde, gegebenenfalls nach Anhörung der nationalen Zentralbank, der nationalen makroprudenziellen Behörde oder einer anderen relevanten nationalen Behörde geprüft werden, ob die Informationen systemrelevant sind und ob ein Aufschub der Offenlegung im öffentlichen Interesse liegt.

(54) Die Nutzung und die versuchte Nutzung von Insiderinformationen für den Handel für eigene oder für fremde Rechnung sollten eindeutig verboten werden. Die Nutzung von Insiderinformationen kann auch im Handel mit Emissionszertifikaten und deren Derivaten und im Bieten auf den Versteigerungen von Emissionszertifikaten oder anderen darauf beruhenden Auktionsobjekten gemäß der Verordnung (EU) Nr. 1031/2010 durch Personen bestehen, die die wissen oder wissen müssten, dass ihre Informationen Insiderinformationen sind. Informationen über die eigenen Handelspläne und -strategien des Marktteilnehmers sollten nicht als Insiderinformationen betrachtet werden, obwohl Informationen über die Handelspläne und -strategien Dritter Insiderinformationen sein können.

(55) Die Verpflichtung zur Offenlegung von Insiderinformationen kann für kleine und mittlere Unternehmen im Sinne der Richtlinie 2014/65/EU des Europäischen Parlaments und des Rates[1], deren Finanzinstrumente zum Handel an KMU-Wachstumsmärkten zugelassen sind, aufgrund der Kosten für die Sichtung der ihnen vorliegenden Informationen und die Rechtsberatung zur Erforderlichkeit und zum Zeitpunkt einer Offenlegung eine Belastung darstellen. Dennoch ist eine unverzügliche Offenlegung von Insiderinformationen wesentlich, um das Vertrauen der Anleger in diese Emittenten zu gewährleisten. Deshalb sollte die ESMA in der Lage sein, Leitlinien herauszugeben, die es den Emittenten erleichtern, ihrer Pflicht zur Offenlegung von Insiderinformationen ohne Beeinträchtigung des Anlegerschutzes nachzukommen.

(56) Insiderlisten sind für die Regulierungsbehörden bei der Untersuchung möglichen Marktmissbrauchs ein wichtiges Instrument, aber die zwischen den Mitgliedstaaten bestehenden Unterschiede in Bezug auf die darin aufzuführenden Daten verursachen den Emittenten unnötigen Verwaltungsaufwand. Zur Senkung dieser Kosten sollten daher die für Insiderlisten erforderlichen Datenfelder einheitlich sein. Personen auf Insiderlisten sollten über diesen Umstand und die damit verbundenen Auswirkungen gemäß dieser Verordnung und der Richtlinie 2014/57/EU des Europäischen Parlaments und des Rates[2] informiert werden. Die Pflicht zum Führen und regelmäßigen Aktualisieren von Insiderlisten verursacht insbesondere den Emittenten auf KMU-Wachstumsmärkten Verwaltungsaufwand. Da die zuständigen Behörden eine wirksame Beaufsichtigung in Bezug auf Marktmissbrauch ausüben können, ohne jederzeit über diese Listen für diese Emittenten zu verfügen, sollten sie zur Verringerung der durch diese Verordnung verursachten Verwaltungskosten von dieser Verpflichtung ausgenommen werden. Die betreffenden Emittenten sollten den zuständigen Behörden jedoch auf deren Ersuchen hin eine Insiderliste zur Verfügung stellen.

(57) Emittenten von Finanzinstrumenten oder in deren Auftrag oder auf deren Rechnung handelnde Personen müssen Listen der mit einem Arbeitsvertrag oder anderweitig für sie arbeitenden Personen erstellen, die Zugang zu Insiderinformationen mit direktem oder indirektem Bezug zum Emittenten haben, da eine solche Maßnahme ein wirksames Mittel zum Schutz der Integrität des Marktes ist. Anhand solcher Verzeichnisse können Emittenten oder die genannten Personen den Fluss von Insiderinformationen überwachen, und die Listen können somit dazu beitragen, dass den Geheimhaltungspflichten Genüge getan wird. Außerdem können diese Listen auch ein nützliches Instrument für die zuständigen Behörden sein, um Personen zu identifizieren, die Zugang zu Insiderinformationen haben, und um das Datum zu ermitteln, zu dem sie diesen Zugang erhalten haben. Der Zugang zu Insiderinformationen, die sich unmittelbar oder mittelbar auf den Emittenten beziehen, seitens Personen, die in einer solchen Liste aufgeführt sind, lässt die in dieser Verordnung festgelegten Verbote unberührt.

(58) Eine größere Transparenz der Eigengeschäfte von Personen, die auf Emittentenebene Führungsaufgaben wahrnehmen, und gegebenenfalls der in enger Beziehung zu ihnen stehenden Personen stellt eine Maßnahme zur Verhütung von Markt-

---

1) Richtlinie 2014/65/EU des Europäischen Parlaments und des Rates vom 15. Mai 2014 über Märkte für Finanzinstrumente sowie zur Änderung der Richtlinien 2002/92/EU und 2011/67/EG (siehe Seite 349 dieses Amtsblatts).

2) Richtlinie 2014/57/EU des Europäischen Parlaments und des Rates vom 16. April 2014 über strafrechtliche Sanktionen bei Marktmissbrauch (Marktmissbrauchsrichtlinie) (siehe Seite 179 dieses Amtsblatts).

missbrauch und insbesondere von Insidergeschäften dar. Die Bekanntgabe dieser Geschäfte zumindest auf individueller Basis kann auch eine höchst wertvolle Informationsquelle für Anleger darstellen. Es muss klargestellt werden, dass die Pflicht zur Bekanntgabe dieser Eigengeschäfte von Führungskräften auch das Verpfänden und Verleihen von Finanzinstrumenten einschließt, da das Verpfänden von Anteilen im Fall einer plötzlichen und unvorhergesehenen Veräußerung erhebliche und potenziell destabilisierende Auswirkungen auf das Unternehmen haben kann. Ohne Offenlegung würde auf dem Markt nicht bekannt werden, dass die Wahrscheinlichkeit zum Beispiel einer wesentlichen künftigen Änderung beim Anteilsbesitz, einer Zunahme des Angebots von Anteilen auf dem Markt oder des Verlusts von Stimmrechten in dem betreffenden Unternehmen gestiegen ist. Aus diesem Grund ist eine Bekanntgabe gemäß dieser Verordnung dann vorgeschrieben, wenn die Verpfändung der Wertpapiere im Rahmen eines umfangreicheren Geschäfts erfolgt, in dessen Rahmen die Führungskraft die Wertpapiere als Sicherheit verpfändet, um von einem Dritten einen Kredit zu erhalten. Außerdem ist vollständige und ordnungsgemäße Markttransparenz eine Voraussetzung für das Vertrauen der Marktteilnehmer und insbesondere der Anteilseigner eines Unternehmens. Es ist darüber hinaus erforderlich, klarzustellen, dass die Verpflichtung zur Bekanntgabe der Geschäfte der betreffenden Führungskräfte die Bekanntgabe der Geschäfte von anderen Personen, die ein Ermessen für die Führungskraft ausüben, einschließt. Um ein angemessenes Gleichgewicht zwischen dem Grad der Transparenz und der Anzahl der Mitteilungen an die zuständigen Behörden und die Öffentlichkeit zu gewährleisten, sollten mit dieser Verordnung Schwellenwerte eingeführt werden, unterhalb welcher Geschäfte nicht mitteilungspflichtig sind.

(59) Die Meldung von Geschäften für eigene Rechnung, die von Personen, die Führungsaufgaben wahrnehmen, durchgeführt werden oder die von einer Person ausgeführt werden, die in enger Beziehung zu diesen steht, liefert nicht nur wertvolle Informationen für andere Marktteilnehmer, sondern bietet den zuständigen Behörden eine zusätzliche Möglichkeit zur Überwachung der Märkte. Die Verpflichtung zur Bekanntgabe von Geschäften lässt die in dieser Verordnung festgelegten Verbote unberührt.

(60) Die Bekanntgabe von Geschäften sollte gemäß der Bestimmungen über die Übermittlung personenbezogener Daten erfolgen, die in der Richtlinie 95/46/EG des Europäischen Parlaments und des Rates [1)] niedergelegt sind.

(61) Personen, die Führungsaufgaben wahrnehmen, sollte es nicht gestattet sein, vor der Ankündigung eines Zwischenberichts oder eines Jahresabschlussberichts, zu deren Veröffentlichung der betreffende Emittent gemäß den Vorschriften für den Handelsplatz, auf dem die Anteile des Emittenten zum Handel zugelassen sind, oder gemäß nationalen Rechtsvorschriften verpflichtet ist, Handel zu treiben, es sei denn, es bestehen besondere und eingegrenzte Umstände, die die Erteilung einer Erlaubnis zum Handel durch die Emittenten an eine Person, die Führungsaufgaben wahrnimmt, rechtfertigen würden. Eine solche Erlaubnis des Emittenten lässt jedoch die in dieser Verordnung festgelegten Verbote unberührt.

(62) Eine wirkungsvolle Aufsicht wird durch eine Reihe wirksamer Instrumente und Befugnisse sowie von Ressourcen für die zuständigen Behörden der Mitgliedstaaten sichergestellt. Diese Verordnung sieht daher insbesondere ein Mindestmaß

1) Richtlinie 95/46/EG des Europäischen Parlaments und des Rates vom 24. Oktober 1995 zum Schutz natürlicher Personen bei der Verarbeitung personenbezogener Daten und zum freien Datenverkehr (ABl. L 281 vom 23.11.1995, S. 31).

an Aufsichts- und Untersuchungsbefugnissen vor, die den zuständigen Behörden der Mitgliedstaaten gemäß nationalem Recht übertragen werden sollten. Wenn es die nationalen Rechtsvorschriften erfordern, sollten diese Befugnisse durch Antrag bei den zuständigen Justizbehörden ausgeübt werden. Die zuständigen Behörden sollten bei der Ausübung ihrer Befugnisse gemäß dieser Richtlinie objektiv und unparteiisch vorgehen und bei ihrer Beschlussfassung unabhängig bleiben.

(63) Auch die Marktteilnehmer und alle Wirtschaftsakteure sollten einen Beitrag zur Marktintegrität leisten. In dieser Hinsicht sollte die Benennung einer einzigen zuständigen Behörde für Marktmissbrauch eine Zusammenarbeit mit Marktteilnehmern oder die Delegation von Aufgaben unter der Verantwortlichkeit der zuständigen Behörde an die Marktteilnehmer zu dem Zweck, die wirksame Überwachung der Einhaltung der Bestimmungen dieser Verordnung zu gewährleisten, nicht ausschließen. Wenn Personen, die Anlageempfehlungen oder andere Informationen, durch die eine Strategie für Investitionen in ein oder mehrere Finanzinstrumente empfohlen oder vorgeschlagen wird, erstellen oder weitergeben, auch für eigene Rechnung mit solchen Instrumenten handeln, sollten die zuständigen Behörden von solchen Personen unter anderem sämtliche Informationen verlangen oder anfordern können, die erforderlich sind, um festzustellen, ob die von der betreffenden Person erstellten oder weitergegebenen Informationen im Einklang mit dieser Verordnung stehen.

(64) Zur Aufdeckung von Insidergeschäften und Marktmanipulation ist es erforderlich, dass die zuständigen Behörden die Möglichkeit haben, im Einklang mit den nationalen Rechtsvorschriften die Räumlichkeiten natürlicher und juristischer Personen zu betreten und Dokumente zu beschlagnahmen. Der Zugang zu solchen Räumen ist erforderlich, wenn der begründete Verdacht besteht, dass Dokumente und andere Daten vorhanden sind, die in Zusammenhang mit dem Gegenstand einer Untersuchung stehen und Beweismittel für Insidergeschäfte oder Marktmissbrauch sein können. Darüber hinaus ist der Zugang zu solchen Räumlichkeiten erforderlich, wenn die Person, an die ein Auskunftsersuchen gerichtet wurde, diesem nicht oder nur teilweise nachkommt oder wenn berechtigte Gründe für die Annahme bestehen, dass im Fall eines Auskunftsersuchens diesem nicht nachgekommen würde oder die Dokumente oder Informationen, die Gegenstand des Auskunftsersuchens sind, entfernt, manipuliert oder zerstört würden. Ist gemäß dem jeweiligen nationalen Recht eine vorherige Genehmigung der zuständigen Justizbehörde des betreffenden Mitgliedstaats erforderlich, sollte das Betreten von Räumlichkeiten nach Einholung dieser vorherigen Genehmigung stattfinden.

(65) Bereits vorhandene Aufzeichnungen von Telefongesprächen und Datenverkehrsaufzeichnungen von Wertpapierfirmen, Kreditinstituten und anderen Finanzinstituten, die Geschäfte ausführen und diese Ausführung dokumentieren, sowie bereits vorhandene Telefon- und Datenverkehrsaufzeichnungen von Telekommunikationsgesellschaften stellen entscheidende und manchmal die einzigen Belege für die Aufdeckung und den Nachweis des Bestehens von Insiderhandel und Marktmanipulation dar. Mit Telefon- und Datenverkehrsaufzeichnungen kann die Identität einer für die Verbreitung falscher oder irreführender Informationen verantwortlichen Person ermittelt oder festgestellt werden, dass Personen zu einer bestimmten Zeit Kontakt hatten und dass eine Beziehung zwischen zwei oder mehr Personen besteht. Die zuständigen Behörden sollten daher befugt sein, bestehende Aufzeichnungen von Telefongesprächen, elektronischer Kommunikation und Datenverkehrsaufzeichnungen anzufordern, die sich gemäß der Richtlinie 2014/65/EU im Besitz einer Wertpapierfirma, eines Kreditinstituts oder eines Finanzinstituts befinden. Der Zugang zu Telefon- und Datenverkehrsaufzeichnungen ist erforder-

lich, um Beweise und Ermittlungsansätze in Bezug auf Insidergeschäfte und Marktmanipulation und mithin zur Aufdeckung von Marktmissbrauch und zum Verhängen von Sanktionen dagegen zu erlangen. Zur Schaffung einheitlicher Bedingungen in der Union in Bezug auf den Zugang zu Telefon- und bestehenden Datenverkehrsaufzeichnungen im Besitz einer Telekommunikationsgesellschaft oder zu bestehenden Aufzeichnungen von Telefongesprächen und Datenverkehr im Besitz einer Wertpapierfirma, eines Kreditinstituts oder eines Finanzinstituts sollten die zuständigen Behörden im Einklang mit den nationalen Rechtsvorschriften befugt sein, bestehende Telefon- und Datenverkehrsaufzeichnungen, die sich, soweit die nationalen Rechtsvorschriften dies gestatten, im Besitz einer Telekommunikationsgesellschaft befinden, und bestehende Aufzeichnungen von Telefongesprächen und Datenverkehr im Besitz einer Wertpapierfirma anzufordern, wenn es sich um Fälle handelt, in denen der begründete Verdacht besteht, dass diese Aufzeichnungen mit Bezug zum Gegenstand der Überprüfung oder Untersuchung für den Nachweis von Insidergeschäften oder Marktmanipulation unter Verstoß gegen diese Verordnung relevant sein können. Der Zugang zu Telefon- und Datenverkehrsaufzeichnungen im Besitz von Telekommunikationsgesellschaften umfasst nicht den Zugang zu Inhalten von Telefongesprächen.

(66) Obgleich in dieser Verordnung ein Mindestmaß an Befugnissen festgelegt wird, die die zuständigen Behörden haben sollten müssen diese Befugnisse im Rahmen eines Gesamtsystems nationaler Rechtsvorschriften ausgeübt werden, in denen die Einhaltung der Grundrechte unter Einschluss des Rechts auf Schutz der Privatsphäre garantiert wird. Für den Zweck der Ausübung dieser Befugnisse, durch die es zu gravierenden Eingriffen in Bezug auf das Recht auf Achtung des Privat- und Familienlebens, der Wohnung sowie der Kommunikation kommen kann, sollten in den Mitgliedstaaten angemessene und wirksame Schutzvorkehrungen gegen jegliche Form des Missbrauchs bestehen, beispielsweise, falls erforderlich, das Erfordernis zur Einholung einer vorherigen Genehmigung der Justizbehörden eines betroffenen Mitgliedstaats. Die Mitgliedstaaten sollten die Möglichkeit vorsehen, dass die zuständigen Behörden derartige Eingriffsbefugnisse in dem Umfang ausüben, in dem dies für die ordnungsgemäße Untersuchung schwerwiegender Fälle erforderlich ist, sofern keine gleichwertigen Mittel zur Verfügung stehen, mit denen wirksam dasselbe Ergebnis erzielt werden kann.

(67) Da Marktmissbrauch länder- und marktübergreifend erfolgen kann, sollten, falls nicht außergewöhnliche Umstände vorliegen, die zuständigen Behörden insbesondere bei Ermittlungen zur Zusammenarbeit und zum Informationsaustausch mit anderen zuständigen Behörden und Regulierungsbehörden sowie mit der ESMA verpflichtet sein. Falls eine zuständige Behörde zu der Überzeugung gelangt, dass Marktmissbrauch in einem anderen Mitgliedstaat erfolgt oder erfolgt ist oder in einem anderen Mitgliedstaat gehandelte Finanzinstrumente berührt, so sollte sie dies der zuständigen Behörde und der ESMA mitteilen. In Fällen von Marktmissbrauch mit grenzüberschreitenden Auswirkungen sollte die ESMA auf Ersuchen einer der betroffenen zuständigen Behörden in der Lage sein, die Ermittlungen zu koordinieren.

(68) Es ist erforderlich, dass die zuständigen Behörden über die erforderlichen Instrumente für eine wirksame marktübergreifende Aufsicht über die Orderbücher verfügen. Gemäß der Richtlinie 2014/65/EU können die zuständigen Behörden, zur Unterstützung der grenzüberschreitenden Überwachung und Aufdeckung von Marktmanipulationen Daten anderer zuständiger Behörden mit Bezug zu den Orderbüchern anfordern und entgegennehmen.

(69) Zur Gewährleistung des Informationsaustausches und der Zusammenarbeit mit Drittstaaten im Hinblick auf die wirksame Durchsetzung dieser Verordnung sollten die zuständigen Behörden Kooperationsvereinbarungen mit den entsprechenden Behörden in Drittstaaten abschließen. Jegliche Übermittlung personenbezogener Daten auf der Grundlage dieser Vereinbarungen sollte im Einklang mit der Richtlinie 95/46/EG und der Verordnung (EG) Nr. 45/2001 des Europäischen Parlaments und des Rates[1)] erfolgen.

(70) Ein solider Rahmen für Aufsicht und Unternehmensführung im Finanzsektor sollte sich auf eine wirkungsvolle Aufsichts-, Untersuchungs- und Sanktionsordnung stützen können. Dazu sollten die Aufsichtsbehörden mit ausreichenden Handlungsbefugnissen ausgestattet sein und auf gleichwertige, starke und abschreckende Sanktionsregelungen für alle Finanzvergehen zurückgreifen können, und die Sanktionen sollten wirksam durchgesetzt werden. Nach Ansicht der De-Larosière-Gruppe ist jedoch gegenwärtig keine dieser Voraussetzungen in der Praxis gegeben. Im Rahmen der Mitteilung der Kommission vom 8. Dezember 2010 über die Stärkung der Sanktionsregelungen im Finanzdienstleistungssektor wurde eine Überprüfung der bestehenden Sanktionsbefugnisse und deren praktischer Anwendung zur Förderung der Konvergenz von Sanktionen über das gesamte Spektrum der Aufsichtstätigkeiten hinweg vorgenommen.

(71) Deshalb sollte eine Reihe von verwaltungsrechtlichen Sanktionen und anderen verwaltungsrechtlichen Maßnahmen vorgesehen werden, um einen gemeinsamen Ansatz in den Mitgliedstaaten sicherzustellen und ihre abschreckende Wirkung zu verstärken. Die zuständige Behörde sollte über die Möglichkeit verfügen, ein Verbot der Wahrnehmung von Führungsaufgaben innerhalb von Wertpapierfirmen zu verhängen. Bei der Verhängung von Sanktionen in besonderen Fällen sollte je nach Sachlage Faktoren wie dem Einzug etwaiger festgestellter finanzieller Vorteile, der Schwere und Dauer des Verstoßes, erschwerenden oder mildernden Umständen und der Notwendigkeit einer abschreckenden Wirkung von Geldbußen Rechnung getragen und je nach Sachlage eine Ermäßigung für Zusammenarbeit mit der zuständigen Behörde vorgesehen werden. So kann insbesondere die tatsächliche Höhe von Geldbußen, die in einem bestimmten Fall verhängt werden müssen, die in dieser Verordnung festgesetzte Obergrenze oder die für sehr schwere Verstöße durch nationale Rechtsvorschriften festgesetzte höher liegende Obergrenze erreichen, während bei geringfügigen Verstößen oder im Fall einer Verständigung Geldbußen verhängt werden können, die weit unterhalb der Obergrenze liegen. Diese Verordnung schränkt nicht die Fähigkeit der Mitgliedstaaten ein, strengere verwaltungsrechtliche Sanktionen oder andere verwaltungsrechtliche Maßnahmen festzusetzen.

(72) Obwohl es den Mitgliedstaaten vollkommen freisteht, für ein und dieselben Verstöße Vorschriften für verwaltungsrechtliche und strafrechtliche Sanktionen festzulegen, sollten die Mitgliedstaaten nicht verpflichtet sein, für die Verstöße gegen diese Verordnung, die bereits mit Wirkung vom 3. Juli 2016 Gegenstand ihres Strafrechts sind, Vorschriften für verwaltungsrechtliche Sanktionen festzulegen. In Übereinstimmung mit dem nationalen Recht sind die Mitgliedstaaten nicht verpflichtet, für ein und dasselbe Vergehen sowohl verwaltungsrechtliche als auch strafrechtliche Sanktionen zu verhängen, dies steht ihnen jedoch frei, wenn dies

---

1) Verordnung (EG) Nr. 45/2001 des Europäischen Parlaments und des Rates vom 18. Dezember 2000 zum Schutz natürlicher Personen bei der Verarbeitung personenbezogener Daten durch die Organe und Einrichtungen der Gemeinschaft und zum freien Datenverkehr (ABl. L 8 vom 12.1.2001, S. 1).

nach ihrem jeweiligen nationalen Recht zulässig ist. Die Aufrechterhaltung strafrechtlicher Sanktionen anstelle von verwaltungsrechtlichen Sanktionen für Verstöße gegen diese Verordnung oder gegen die Richtlinie 2014/57/EU sollte jedoch nicht die Möglichkeiten der zuständigen Behörden einschränken oder in anderer Weise beeinträchtigen, sich für die Zwecke dieser Verordnung rechtzeitig mit den zuständigen Behörden in anderen Mitgliedstaaten zusammenzuarbeiten und Zugang zu ihren Informationen zu erhalten und mit ihnen Informationen auszutauschen, und zwar auch dann, wenn die zuständigen Justizbehörden bereits mit der strafrechtlichen Verfolgung der betreffenden Verstöße befasst wurden.

(73) Damit die Entscheidungen der zuständigen Behörden auf die allgemeine Öffentlichkeit abschreckend wirken, sollten sie im Normalfall veröffentlicht werden. Die Bekanntmachung von Entscheidungen ist auch ein wichtiges Instrument für die zuständigen Behörden zur Unterrichtung der Marktteilnehmer darüber, welches Verhalten als Verstoß gegen diese Verordnung betrachtet wird, sowie zur Förderung eines einwandfreien Verhaltens der Marktteilnehmern. Würde eine solche Bekanntmachung den beteiligten Personen einen unverhältnismäßig großen Schaden zufügen oder die Stabilität der Finanzmärkte oder eine laufende Untersuchung gefährden, sollte die zuständige Behörde die verwaltungsrechtlichen Sanktionen und anderen verwaltungsrechtlichen Maßnahmen auf anonymer Basis in einer Weise veröffentlichen, die im Einklang mit dem nationalen Recht steht, oder aber die Bekanntmachung aufschieben. In Fällen, in denen die anonymisierte oder aufgeschobene Bekanntmachung von verwaltungsrechtlichen Sanktionen und anderen verwaltungsrechtlichen Maßnahmen als unzureichend erachtet wird, sicherzustellen, dass die Stabilität der Finanzmärkte nicht gefährdet wird, sollten sich die zuständigen Behörden dafür entscheiden können, diese verwaltungsrechtlichen Sanktionen und anderen verwaltungsrechtlichen Maßnahmen nicht zu veröffentlichen. Die zuständigen Behörden sollten ebenfalls nicht verpflichtet sein, Maßnahmen zu veröffentlichen, die als geringfügig erachtet werden und bei denen eine Veröffentlichung unverhältnismäßig wäre.

(74) Informanten können den zuständigen Behörden neue Informationen zur Kenntnis bringen, die diese bei der Aufdeckung von Insidergeschäften und Marktmanipulation und der Verhängung von Sanktionen unterstützen. Bei Furcht vor Vergeltung oder beim Fehlen von Anreizen können Hinweise von Informanten jedoch unterbleiben. Die Meldung von Verstößen gegen diese Richtlinie ist erforderlich, damit die zuständigen Behörden Marktmissbrauch aufdecken und Sanktionen verhängen können. Maßnahmen in Bezug auf Mitteilungen von Informanten sind erforderlich, um die Aufdeckung von Marktmissbrauch zu erleichtern und den Schutz und die Einhaltung der Rechte des Informanten und der Person, gegen die sich die Vorwürfe richten, sicherzustellen. Deshalb sollte diese Verordnung sicherstellen, dass angemessene Vorkehrungen bestehen, um Informanten zur Unterrichtung der zuständigen Behörden über mögliche Verstöße gegen diese Verordnung zu befähigen und sie vor Vergeltungsmaßnahmen zu schützen. Die Mitgliedstaaten sollten finanzielle Anreize für Personen schaffen können, die relevante Informationen über potenzielle Verstöße gegen diese Verordnung liefern. Diese finanziellen Anreize sollten Informanten jedoch nur zugutekommen, wenn sie neue Informationen mitteilen, zu deren Meldung sie nicht ohnehin rechtsverpflichtet sind, und wenn diese Informationen zur Verhängung von Sanktionen wegen eines Verstoßes gegen diese Verordnung führen. Daneben sollten die Mitgliedstaaten sicherstellen, dass ihre Regelungen in Bezug auf Mitteilungen Informanten Mechanismen und Verfahren umfassen, die den Personen, gegen die sich die Vorwürfe richten, angemessenen Schutz bieten, insbesondere im Hinblick auf das Recht auf

Schutz ihrer personenbezogenen Daten, das Recht auf Verteidigung und auf Anhörung vor dem Erlass sie betreffender Entscheidungen sowie gerichtliche Rechtsbehelfe gegen sie betreffende Entscheidungen.

(75) Da die Mitgliedstaaten Rechtsvorschriften zur Umsetzung der Richtlinie 2003/6/EG verabschiedet haben und da delegierte Rechtsakte, technische Regulierungsstandards und technische Durchführungsstandards in dieser Verordnung vorgesehen sind, die verabschiedet werden sollten, bevor der zur Einführung anstehende Rahmen sinnvoll angewandt werden kann, muss die Anwendung der materiellrechtlichen Bestimmungen dieser Verordnung für einen ausreichenden Zeitraum aufgeschoben werden.

(76) Um einen reibungslosen Übergang zur Anwendung dieser Verordnung zu erleichtern, kann die Marktpraxis, die vor dem Inkrafttreten dieser Verordnung bestand und von den zuständigen Behörden im Einklang mit der Verordnung (EG) Nr. 2273/2003 der Kommission[1)] für die Zwecke von Artikel 1 Absatz 2 Buchstabe a der Richtlinie 2003/6/EG anerkannt wurde, weiter angewandt werden, bis die zuständige Behörde einen Beschluss gemäß dieser Verordnung über ihre Weiterführung gefasst hat, sofern die Marktpraxis der ESMA innerhalb eines vorgeschriebenen Zeitraums notifiziert wird.

(77) Diese Verordnung steht im Einklang mit den Grundrechten und Grundsätzen, die mit der Charta der Grundrechte der Europäischen Union (im Folgenden „Charta“) anerkannt wurden. Diese Verordnung sollte daher im Einklang mit diesen Rechten und Grundsätzen ausgelegt und angewandt werden. Insbesondere, wenn sich diese Verordnung auf Vorschriften, durch die die Pressefreiheit und die freie Meinungsäußerung in anderen Medien geregelt werden, und auf die Vorschriften oder Regeln bezieht, die für den Journalistenberuf gelten, sollten diese Freiheiten so berücksichtigt werden, wie sie in der Union und in den Mitgliedstaaten garantiert sind und wie sie in Artikel 11 der Charta und in anderen einschlägigen Bestimmungen anerkannt werden.

(78) Um die Transparenz zu verbessern und besser über die Funktionsweise der Sanktionsregelungen zu informieren, sollten die zuständigen Behörden der ESMA jährlich anonymisierte und aggregierte Daten zur Verfügung stellen. Diese Daten sollten die Zahl von eröffneten Ermittlungen, die Zahl der anhängigen Fälle und die Zahl der im betreffenden Zeitraum abgeschlossenen Fälle enthalten.

(79) Die Verarbeitung personenbezogener Daten durch die ESMA im Rahmen dieser Verordnung und unter der Aufsicht der zuständigen Behörden der Mitgliedstaaten, insbesondere der von den Mitgliedstaaten benannten unabhängigen öffentlichen Stellen, unterliegt den Bestimmungen der Richtlinie 95/46/EG und der Verordnung (EG) Nr. 45/2001. Jeder Austausch und jede Übermittlung von Informationen durch die zuständigen Behörden sollte gemäß den Vorschriften für die Übermittlung personenbezogener Daten erfolgen, die in der Richtlinie 95/46/EG festgelegt sind. Jeder Austausch und jede Übermittlung von Informationen durch die ESMA sollte gemäß den Vorschriften für die Übermittlung personenbezogener Daten erfolgen, die in der Verordnung (EG) Nr. 45/2001 festgelegt sind.

(80) Diese Verordnung und die gemäß dieser Verordnung erlassenen delegierten Rechtsakte, Durchführungsrechtsakte technische Regulierungsstandards, tech-

---

1) Verordnung (EG) Nr. 2273/2003 der Kommission vom 22. Dezember 2003 zur Durchführung der Richtlinie 2003/6/EG des Europäischen Parlaments und des Rates – Ausnahmeregelungen für Rückkaufprogramme und Kursstabilisierungsmaßnahmen (ABl. L 336 vom 23.12.2003, S. 33).

nische Durchführungsstandards und Leitlinien berühren nicht die Anwendung der Wettbewerbsvorschriften der Union.

(81) Um die in dieser Verordnung enthaltenen Anforderungen genauer festzulegen, sollte der Kommission die Befugnis übertragen werden, gemäß Artikel 290 AEUV Rechtsakte hinsichtlich der Ausnahme bestimmter öffentlicher Stellen, Zentralbanken von Drittstaaten und bestimmter benannter öffentlicher Stellen von Drittstaaten, die ein Verknüpfungsabkommen mit der Union im Sinne von Artikel 25 der Richtlinie 2003/87/EG geschlossen haben, aus dem Geltungsbereich der Verordnung sowie in Bezug auf die Indikatoren für manipulatives Handeln gemäß Anhang I dieser Verordnung, die Schwellenwerte für die Feststellung des Geltens der Offenlegungspflicht für Teilnehmer am Markt für Emissionszertifikate; die Umstände, unter denen der Handel während eines geschlossenen Zeitraums gestattet ist; und die Arten bestimmter meldepflichtiger Geschäfte, die von Personen vorgenommen werden, die Führungsaufgaben wahrnehmen, oder eng mit ihnen verbundener Personen. Insbesondere muss die Kommission bei ihren Vorarbeiten angemessene Konsultationen auch auf der Ebene von Sachverständigen durchführen. Die Kommission sollte bei der Ausarbeitung delegierter Rechtsakte eine angemessene, zeitnahe und gleichzeitige Übermittlung einschlägiger Dokumente an das Europäische Parlament und den Rat gewährleisten.

(82) Um einheitliche Bedingungen für die Durchführung dieser Verordnung in Bezug auf die Verfahren für die Meldung von Verstößen gegen diese Verordnung sicherzustellen, sollten der Kommission Durchführungsbefugnisse übertragen werden, um die Verfahren festzulegen, einschließlich der Regelungen für das Ergreifen von Folgemaßnahmen zu den Meldungen, von Maßnahmen zum Schutz von Personen, die im Rahmen eines Arbeitsvertrags tätig sind, und von Maßnahmen zum Schutz personenbezogener Daten. Diese Befugnisse sollten im Einklang mit der Verordnung (EU) Nr. 182/2011 des Europäischen Parlaments und des Rates[1)] ausgeübt werden.

(83) Durch technische Standards für Finanzdienstleistungen sollten in der gesamten Union einheitliche Bedingungen in den von dieser Verordnung erfassten Bereichen gewährleistet werden. Es wäre sinnvoll und zweckmäßig, die ESMA als ein über hochgradig spezialisierte Fachkenntnis verfügendes Gremium zu beauftragen, Entwürfe technischer Regulierungsstandards und Entwürfe technischer Durchführungsstandards, die nicht mit politischen Entscheidungen verbunden sind, auszuarbeiten und der Kommission vorzulegen.

(84) Die Kommission sollte die von der ESMA in Bezug auf die Festlegung des Inhalts der Meldungen, die von den Betreibern von geregelten Märkten, multilateralen und organisierten Handelssystemen über die Finanzinstrumente, die zum Handel zugelassen sind, gehandelt werden oder für die eine Zulassung zum Handel auf ihrem Handelsplatz beantragt wurde, abzugeben sind, die Festlegung der Art und Weise und der Bedingungen der Zusammenstellung, Veröffentlichung und Pflege der Liste dieser Instrumente durch die ESMA, die Festlegung der Bedingungen, die Rückkaufprogramme und Stabilisierungsmaßnahmen erfüllen müssen, einschließlich der Handelsbedingungen, Beschränkungen der Dauer und des Volumens, Bekanntgabe- und Meldepflichten sowie Kursbedingungen, in Bezug auf Systeme

---

1) Verordnung (EU) Nr. 182/2011 des Europäischen Parlaments und des Rates vom 16. Februar 2011 zur Festlegung der allgemeinen Regeln und Grundsätze, nach denen die Mitgliedstaaten die Wahrnehmung der Durchführungsbefugnisse durch die Kommission kontrollieren (ABl. L 55 vom 28.2.2011, S. 13).

von Verfahren und Vorkehrungen für Handelsplätze zur Verhütung und Aufdeckung von Marktmissbrauch sowie Systeme und Vorlagen, die von Personen zur Aufdeckung und Meldung verdächtiger Aufträge und Geschäfte zu verwenden sind, in Bezug die Festlegung geeigneter Regelungen, Verfahren und Aufzeichnungsanforderungen für die Durchführung von Marktsondierungen und in Bezug auf die technischen Modalitäten für Personengruppen zur objektiven Darstellung von Informationen mit Empfehlungen von Anlagestrategien und zur Offenlegung bestimmter Interessen oder Interessenkonflikte mittels delegierter Rechtakte gemäß Artikel 290 AEUV und im Einklang mit den Artikeln 10 bis 14 der Verordnung (EU) Nr. 1093/2010 des Europäischen Parlaments und des Rates [1] ausgearbeiteten Entwürfe technischer Regulierungsstandards erlassen. Insbesondere muss die Kommission bei ihren Vorarbeiten angemessene Konsultationen auch auf der Ebene von Sachverständigen durchführen.

(85) Der Kommission sollte die Befugnis übertragen werden, technische Durchführungsstandards mittels Durchführungsrechtsakten gemäß Artikel 291 AEUV und nach Artikel 15 der Verordnung (EU) Nr. 1093/2010 zu erlassen. Die ESMA sollte beauftragt werden, Entwürfe technischer Durchführungsstandards für die öffentliche Bekanntgabe von Insiderinformationen, die Formate von Insiderlisten und die Formen und Verfahren der Zusammenarbeit und des Informationsaustauschs zwischen den zuständigen Behörden und mit der ESMA auszuarbeiten und der Kommission vorzulegen.

(86) Da das Ziel dieser Verordnung, nämlich die Verhütung von Marktmissbrauch in Form von Insidergeschäften, unrechtmäßiger Offenlegung von Insiderinformationen und Marktmanipulation, von den Mitgliedstaaten nicht ausreichend erreicht werden kann, sondern vielmehr wegen ihres Umfangs und ihrer Wirkung auf Unionsebene besser zu verwirklichen ist, kann die Union im Einklang mit dem in Artikel 5 des Vertrags über die Europäische Union verankerten Subsidiaritätsprinzip tätig werden. Entsprechend dem in demselben Artikel genannten Grundsatz der Verhältnismäßigkeit geht diese Verordnung nicht über das für die Verwirklichung dieses Ziels erforderliche Maß hinaus.

(87) Da die Bestimmungen der Richtlinie 2003/6/EG nicht mehr relevant oder ausreichend sind, sollte diese mit Wirkung vom 3. Juli 2016 aufgehoben werden. Die Anforderungen und Verbote dieser Verordnung sind direkt verbunden mit jenen der Richtlinie 2014/65/EU und sollten daher ab dem Datum des Inkrafttretens jener Richtlinie in Kraft treten.

(88) Zur ordnungsgemäßen Anwendung dieser Verordnung ist es erforderlich, dass die Mitgliedstaaten bis zum 3. Juli 2016 alle erforderlichen Maßnahmen ergreifen, um sicherzustellen, dass ihr nationales Recht mit den Bestimmungen dieser Verordnung betreffend die zuständigen Behörden und deren Befugnisse, die Regelungen zu verwaltungsrechtlichen Sanktionen und anderen verwaltungsrechtlichen Maßnahmen, die Meldung von Verstößen und die Veröffentlichung von Entscheidungen übereinstimmt.

(89) Der Europäische Datenschutzbeauftragte hat seine Stellungnahme am 10. Februar 2012 vorgelegt [2] –

---

1) Verordnung (EU) Nr. 1093/2010 des Europäischen Parlaments und des Rates vom 24. November 2010 zur Errichtung einer Europäischen Aufsichtsbehörde (Europäische Bankenaufsichtsbehörde), zur Änderung des Beschlusses Nr. 716/2009/EG und zur Aufhebung des Beschlusses 2009/78/EG der Kommission (ABl. L 331 vom 15.12.2010, S. 12).

2) ABl. C 177 vom 20.6.2012, S. 1.

HABEN FOLGENDE VERORDNUNG ERLASSEN:

Kapitel 1
Allgemeine Bestimmungen

Artikel 1
Gegenstand

Mit dieser Verordnung wird ein gemeinsamer Rechtsrahmen für Insidergeschäfte, die unrechtmäßige Offenlegung von Insiderinformationen und Marktmanipulation (Marktmissbrauch) sowie für Maßnahmen zur Verhinderung von Marktmissbrauch geschaffen, um die Integrität der Finanzmärkte in der Union sicherzustellen und den Anlegerschutz und das Vertrauen der Anleger in diese Märkte zu stärken.

Artikel 2
Anwendungsbereich

(1) Diese Verordnung gilt für

a) Finanzinstrumente, die zum Handel auf einem geregelten Markt zugelassen sind oder für die ein Antrag auf Zulassung zum Handel auf einem geregelten Markt gestellt wurde;

b) Finanzinstrumente, die in einem multilateralen Handelssystem gehandelt werden, zum Handel in einem multilateralen Handelssystem zugelassen sind oder für die ein Antrag auf Zulassung zum Handel in einem multilateralen Handelssystem gestellt wurde;

c) Finanzinstrumente, die in einem organisierten Handelssystem gehandelt werden;

d) Finanzinstrumente, die nicht unter die Buchstaben a, b oder c fallen, deren Kurs oder Wert jedoch von dem Kurs oder Wert eines unter diesen Buchstaben genannten Finanzinstruments abhängt oder sich darauf auswirkt; sie umfassen Kreditausfall-Swaps oder Differenzkontrakte, sind jedoch nicht darauf beschränkt.

Diese Verordnung gilt außerdem für Handlungen und Geschäfte, darunter Gebote, bezüglich Versteigerungen von Treibhausgasemissionszertifikaten und anderen darauf beruhenden Auktionsobjekten auf einer als geregelten Markt zugelassenen Versteigerungsplattform gemäß der Verordnung (EU) Nr. 1031/2010, selbst wenn die versteigerten Produkte keine Finanzinstrumente sind. Sämtliche Vorschriften und Verbote dieser Verordnung in Bezug auf Handelsaufträge gelten unbeschadet etwaiger besonderer Bestimmungen zu den im Rahmen einer Versteigerung abgegebenen Geboten für diese Gebote.

(2) Die Artikel 12 und 15 gelten auch für

a) Waren-Spot-Kontrakte, die keine Energiegroßhandelsprodukte sind, bei denen die Transaktion, der Auftrag oder die Handlung eine Auswirkung auf den Kurs oder den Wert eines Finanzinstruments gemäß Absatz 1 hat;

b) Arten von Finanzinstrumenten, darunter Derivatekontrakte und derivative Finanzinstrumente für die Übertragung von Kreditrisiken, bei denen das Geschäft, der Auftrag, das Gebot oder das Verhalten eine Auswirkung auf den Kurs oder Wert eines Waren-Spot-Kontrakts hat oder voraussichtlich haben wird, dessen Kurs oder Wert vom Kurs oder Wert dieser Finanzinstrumente abhängen, und

c) Handlungen in Bezug auf Referenzwerte

(3) Diese Verordnung gilt für alle Geschäfte, Aufträge und Handlungen, die eines der in den Absätzen 1 und 2 genannten Finanzinstrumente betreffen, unabhängig davon, ob

ein solches Geschäft, ein solcher Auftrag oder eine solche Handlung auf einem Handelsplatz getätigt wurden.

(4) Die Verbote und Anforderungen dieser Verordnung gelten für Handlungen und Unterlassungen in der Union und in Drittländern in Bezug auf die in den Absätzen 1 und 2 genannten Instrumente.

Artikel 3
Begriffsbestimmungen

(1) Für die Zwecke dieser Verordnung gelten folgende Begriffsbestimmungen:

1. „Finanzinstrument" bezeichnet ein Finanzinstrument im Sinne von Artikel 4 Absatz 1 Nummer 15 der Richtlinie 2014/65/EU;
2. „Wertpapierfirma" bezeichnet eine Wertpapierfirma im Sinne von Artikel 4 Absatz 1 Nummer 1 der Richtlinie 2014/65/EU;
3. „Kreditinstitut" bezeichnet ein Kreditinstitut oder im Sinne des Artikels 4 Absatz 1 Nummer 1 der Verordnung (EU) Nr. 575/2013 des Europäischen Parlaments und des Rates[1)];
4. „Finanzinstitut" bezeichnet ein Finanzinstitut im Sinne von Artikel 4 Absatz 1 Nummer 26 der Verordnung (EU) Nr. 575/2013;
5. „Marktteilnehmer" bezeichnet einen Marktteilnehmer im Sinne von Artikel 4 Absatz 1 Nummer 18 der Richtlinie 2014/65/EU;
6. „geregelter Markt" bezeichnet einen geregelten Markt im Sinne von Artikel 4 Absatz 1 Nummer 21 der Richtlinie 2014/65/EU;
7. „multilaterales Handelssystem" bezeichnet ein multilaterales System in der Union im Sinne von Artikel 4 Absatz 1 Nummer 22 der Richtlinie 2014/65/EU;
8. „organisiertes Handelssystem" bezeichnet ein System oder eine Fazilität in der Union im Sinne von Artikel 4 Absatz 1 Nummer 23 der Richtlinie 2014/65/EU;
9. „zulässige Marktpraxis" bezeichnet eine bestimmte Marktpraxis, die von einer zuständigen Behörde gemäß Artikel 13 anerkannt wurde;
10. „Handelsplatz" bezeichnet einen Handelsplatz im Sinne von Artikel 4 Absatz 1 Nummer 24 der Verordnung Richtlinie 2014/65/EU;
11. „KMU-Wachstumsmarkt" bezeichnet einen KMU-Wachstumsmarkt im Sinne von Artikel 4 Absatz 1 Nummer 12 der Richtlinie 2014/65/EU;
12. „zuständige Behörde" bezeichnet eine gemäß Artikel 22 benannte zuständige Behörde, sofern nicht in dieser Verordnung etwas anderes bestimmt ist;
13. „Person" bezeichnet eine natürliche oder juristische Person;
14. „Ware" bezeichnet eine Ware im Sinne von Artikel 2 Nummer 1 der Verordnung (EG) Nr. 1287/2006 der Kommission[2)];
15. „Waren-Spot-Kontrakt" bezeichnet einen Kontrakt über die Lieferung einer an einem Spotmarkt gehandelten Ware, die bei Abwicklung des Geschäfts unverzüg-

1) Verordnung (EU) Nr. 575/2013 des Europäischen Parlaments und des Rates vom 26. Juni 2013 über Aufsichtsanforderungen an Kreditinstitute und Wertpapierfirmen und zur Änderung der Verordnung (EU) Nr. 648/2012 (ABl. L 176 vom 27.6.2013, S. 1).

2) Verordnung (EG) Nr. 1287/2006 der Kommission vom 10. August 2006 zur Durchführung der Richtlinie 2004/39/EG des Europäischen Parlaments und des Rates betreffend die Aufzeichnungspflichten für Wertpapierfirmen, die Meldung von Geschäften, die Markttransparenz, die Zulassung von Finanzinstrumenten zum Handel und bestimmte Begriffe im Sinne dieser Richtlinie (ABl. L 241 vom 2.9.2006, S. 1).

lich geliefert wird, sowie einen Kontrakt über die Lieferung einer Ware, die kein Finanzinstrument ist, einschließlich physisch abzuwickelnde Terminkontrakte;

16. „Spotmarkt“ bezeichnet einen Warenmarkt, an dem Waren gegen bar verkauft und bei Abwicklung des Geschäfts unverzüglich geliefert werden, und andere Märkte, die keine Finanzmärkte sind, beispielsweise Warenterminmärkte;

17. „Rückkaufprogramm“ bezeichnet den Handel mit eigenen Aktien gemäß den Artikeln 21 bis 27 der Richtlinie 2012/30/EU des Europäischen Parlaments und des Rates[1];

18. „algorithmischer Handel“ bezeichnet den algorithmischen Handel mit im Sinne von Artikel 4 Absatz 1 Nummer 39 der Richtlinie 2014/65/EU;

19. „Emissionszertifikat“ bezeichnet ein Emissionszertifikat im Sinne von Anhang I Abschnitt C Nummer 11 der Richtlinie 2014/65/EU;

20. „Teilnehmer am Markt für Emissionszertifikate“ bezeichnet eine Person, die Geschäfte einschließlich der Erteilung von Handelsaufträgen, mit Emissionszertifikaten und anderen darauf beruhenden Auktionsobjekten oder Derivaten betreibt, und die nicht unter die Ausnahme von Artikel 17 Absatz 2 Unterabsatz 2 fällt;

21. „Emittent“ bezeichnet eine juristische Person des privaten oder öffentlichen Rechts, die Finanzinstrumente emittiert oder deren Emission vorschlägt, wobei der Emittent im Fall von Hinterlegungsscheinen, die Finanzinstrumente repräsentieren, der Emittent des repräsentierten Finanzinstruments ist;

22. „Energiegroßhandelsprodukt“ bezeichnet ein Energiegroßhandelsprodukt im Sinne von Artikel 2 Nummer 4 der Verordnung (EU) Nr. 1227/2011;

23. „nationale Regulierungsbehörde“ bezeichnet eine nationale Regulierungsbehörde im Sinne von Artikel 2 Nummer 10 der Verordnung (EU) Nr. 1227/2011;

24. „Warenderivate“ bezeichnet Warenderivate im Sinne von Artikel 2 Absatz 1 Nummer 30 der Verordnung (EU) Nr. 600/2014 des Europäischen Parlaments und des Rates[2];

25. eine „Person, die Führungsaufgaben wahrnimmt“, bezeichnet eine Person innerhalb eines Emittenten, eines Teilnehmers am Markt für Emissionszertifikate oder eines anderen in Artikel 19 Absatz 10 genannten Unternehmens,

    a) die einem Verwaltungs-, Leitungs- oder Aufsichtsorgan dieses Unternehmens angehört oder

    b) die als höhere Führungskraft zwar keinem der unter Buchstabe a genannten Organe angehört, aber regelmäßig Zugang zu Insiderinformationen mit direktem oder indirektem Bezug zu diesem Unternehmen hat und befugt ist, unternehmerische Entscheidungen über zukünftige Entwicklungen und Geschäftsperspektiven dieses Unternehmens zu treffen;

26. „eng verbundene Person“ bezeichnet

---

1) Richtlinie 2012/30/EU des Europäischen Parlaments und des Rates vom 25. Oktober 2012 zur Koordinierung der Schutzbestimmungen, die in den Mitgliedstaaten den Gesellschaften im Sinne des Artikels 54 Absatz 2 des Vertrags über die Arbeitsweise der Europäischen Union im Interesse der Gesellschafter sowie Dritter für die Gründung der Aktiengesellschaft sowie für die Erhaltung und Änderung ihres Kapitals vorgeschrieben sind, um diese Bestimmungen gleichwertig zu gestalten (ABl. L 315 vom 14.11.2012, S. 74).

2) Verordnung (EU) Nr. 600/2014 des Europäischen Parlaments und des Rates vom 15. Mai 2014 über Märkte für Finanzinstrumente und zur Änderung der Verordnung (EU) Nr. 648/2012 (siehe Seite 84 dieses Amtsblatts).

a) den Ehepartner oder einen Partner dieser Person, der nach nationalem Recht einem Ehepartner gleichgestellt ist;

b) ein unterhaltsberechtigtes Kind entsprechend dem nationalen Recht;

c) einen Verwandten, der zum Zeitpunkt der Tätigung des betreffenden Geschäfts seit mindestens einem Jahr demselben Haushalt angehört oder

d) eine juristische Person, Treuhand oder Personengesellschaft, deren Führungsaufgaben durch eine Person, die Führungsaufgaben wahrnimmt, oder eine in den Buchstaben a, b oder c genannte Person wahrgenommen werden, die direkt oder indirekt von einer solchen Person kontrolliert wird, die zugunsten einer solchen Person gegründet wurde oder deren wirtschaftliche Interessen weitgehend denen einer solchen Person entsprechen;

27. „Datenverkehrsaufzeichnungen" bezeichnet die Aufzeichnungen von Verkehrsdaten im Sinne von Artikel 2 Buchstabe b Unterabsatz 2 der Richtlinie 2002/58/EG des Europäischen Parlaments und des Rates [1];

28. „Person, die beruflich Geschäfte vermittelt oder ausführt" bezeichnet eine Person, die beruflich mit der Entgegennahme und Übermittlung von Aufträgen oder der Ausführung von Geschäften mit Finanzinstrumenten befasst ist;

29. „Referenzwert" bezeichnet einen Kurs, Index oder Wert, der der Öffentlichkeit zugänglich gemacht oder veröffentlicht wird und periodisch oder regelmäßig durch die Anwendung einer Formel auf den Wert eines oder mehrerer Basiswerte oder -preise, einschließlich geschätzter Preise, tatsächlicher oder geschätzter Zinssätze oder sonstiger Werte, oder auf Erhebungsdaten ermittelt bzw. auf der Grundlage dieser Werte bestimmt wird und auf den bei der Festsetzung des für ein Finanzinstrument zu entrichtenden Betrags oder des Wertes eines Finanzinstruments Bezug genommen wird;

30. „Market-Maker" bezeichnet einen Market-Maker im Sinne von Artikel 4 Absatz 1 Nummer 7 der Richtlinie 2014/65/EU;

31. „Beteiligungsaufbau" bezeichnet den Erwerb von Anteilen an einem Unternehmen, durch den keine rechtliche oder regulatorische Verpflichtung entsteht, in Bezug auf das Unternehmen ein öffentliches Übernahmeangebot abzugeben;

32. „offenlegender Marktteilnehmer" bezeichnet eine natürliche oder juristische Person, die zu einer der Kategorien gemäß Artikel 11 Absatz 1 Buchstaben a bis d sowie Artikel 11 Absatz 2 gehört und im Zuge einer Marktsondierung Informationen offenlegt;

33. „Hochfrequenzhandel" bezeichnet die Methode des algorithmischen Hochfrequenzhandels im Sinne des Artikels 4 Absatz 1 Nummer 40 der Richtlinie 2014/65/EU;

34. „Empfehlung oder Vorschlag einer Anlagestrategie" bezeichnet

i) eine von einem unabhängigen Analysten, einer Wertpapierfirma, einem Kreditinstitut oder einer sonstigen Person, deren Haupttätigkeit in der Erstellung von Anlageempfehlungen besteht, oder einer bei den genannten Einrichtungen im Rahmen eines Arbeitsvertrags oder anderweitig tätigen natürlichen Person er-

1) Richtlinie 2002/58/EG des Europäischen Parlaments und des Rates vom 12. Juli 2002 über die Verarbeitung personenbezogener Daten und den Schutz der Privatsphäre in der elektronischen Kommunikation (Datenschutzrichtlinie für elektronische Kommunikation) (ABl. L 201 vom 31.7.2002, S. 37).

stellte Information, die direkt oder indirekt einen bestimmten Anlagevorschlag zu einem Finanzinstrument oder einem Emittenten darstellt;

ii) eine von anderen als den in Ziffer i genannten Personen erstellte Information, die direkt eine bestimmte Anlageentscheidung zu einem Finanzinstrument vorschlägt;

35. „Anlageempfehlungen" bezeichnet Informationen mit expliziten oder impliziten Empfehlungen oder Vorschlägen zu Anlagestrategien in Bezug auf ein oder mehrere Finanzinstrumente oder Emittenten, die für Verbreitungskanäle oder die Öffentlichkeit vorgesehen sind, einschließlich einer Beurteilung des aktuellen oder künftigen Wertes oder Kurses solcher Instrumente.

(2) Für die Anwendung des Artikels 5 gelten folgende Begriffsbestimmungen

a) „Wertpapiere" bezeichnet:

i) Aktien und andere Wertpapiere, die Aktien entsprechen;

ii) Schuldverschreibungen und sonstige verbriefte Schuldtitel oder

iii) verbriefte Schuldtitel, die in Aktien oder andere Wertpapiere, die Aktien entsprechen, umgewandelt bzw. gegen diese eingetauscht werden können.

b) „verbundene Instrumente" bezeichnet die nachstehend genannten Finanzinstrumente selbst wenn sie nicht zum Handel auf einem Handelsplatz zugelassen sind, gehandelt werden oder für sie kein Antrag auf Zulassung zum Handel auf einem solchen Handelsplatz gestellt wurde:

i) Verträge über bzw. Rechte auf Zeichnung, Kauf oder Verkauf von Wertpapieren,

ii) Finanzderivate auf Wertpapiere,

iii) bei wandel- oder austauschbaren Schuldtiteln die Wertpapiere, in die diese wandel- oder austauschbaren Titel umgewandelt bzw. gegen die sie eingetauscht werden können,

iv) Instrumente, die vom Emittenten oder Garantiegeber der Wertpapiere ausgegeben werden bzw. besichert sind und deren Marktkurs den Kurs der Wertpapiere erheblich beeinflussen könnte oder umgekehrt,

v) in Fällen, in denen die Wertpapiere Aktien entsprechen, die von diesen vertretenen Aktien bzw. die von diesen vertretenen anderen Wertpapiere, die Aktien entsprechen;

c) „signifikantes Zeichnungsangebot" bezeichnet eine Erst- oder Zweitplatzierung von Wertpapieren, die sich sowohl hinsichtlich des Werts der angebotenen Wertpapiere als auch hinsichtlich der Verkaufsmethoden vom üblichen Handel unterscheidet;

d) „Kursstabilisierung" ist jeder Kauf bzw. jedes Angebot zum Kauf von Wertpapieren oder eine Transaktion mit vergleichbaren verbundenen Instrumenten, die ein Kreditinstitut oder eine Wertpapierfirma im Rahmen eines signifikanten Zeichnungsangebots für diese Wertpapiere mit dem alleinigen Ziel tätigen, den Marktkurs dieser Wertpapiere für einen im Voraus bestimmten Zeitraum zu stützen, wenn auf diese Wertpapiere Verkaufsdruck besteht.

Artikel 4

Meldungen und Liste der Finanzinstrumente

(1) Die Betreiber von geregelten Märkten sowie Wertpapierfirmen und Betreiber eines multilateralen oder organisierten Handelssystems melden der zuständigen Behörde des Handelsplatzes unverzüglich jedes Finanzinstrument, für das ein Antrag auf Zulassung zum Handel auf ihrem Handelsplatz gestellt wird, zum Handel zugelassen wird oder erstmalig gehandelt worden ist.

Sie informieren auch die zuständige Behörde des Handelsplatzes, wenn ein Finanzinstrument nicht mehr gehandelt wird oder seine Zulassung zum Handel erlischt, außer wenn das Datum, von dem an das betreffende Finanzinstrument nicht mehr gehandelt wird oder mit dem seine Zulassung zum Handel erlischt, bekannt ist und in der Meldung gemäß Unterabsatz 1 genannt wurde.

Die in diesem Absatz genannten Meldungen enthalten gegebenenfalls die Bezeichnungen und Kennung der betreffenden Finanzinstrumente sowie Datum und Uhrzeit des Antrags auf Zulassung zum Handel, Datum und Uhrzeit der Zulassung zum Handel sowie Datum und Uhrzeit des ersten Handelsabschlusses.

Die Marktbetreiber und die Wertpapierfirmen übermitteln der zuständigen Behörde des Handelsplatzes außerdem die in Unterabsatz 3 festgelegten Informationen zu den Finanzinstrumenten, für die ein Antrag auf Zulassung zum Handel auf ihrem Handelsplatz gestellt wurde bzw. die vor dem 2. Juli 2014 auf ihrem Handelsplatz zum Handel zugelassen waren und die an diesem Tag immer noch zum Handel zugelassen waren oder gehandelt haben.

(2) Die zuständigen Behörden des Handelsplatzes leiten die Meldungen, die sie gemäß Absatz 1 erhalten, unverzüglich an die ESMA weiter. Die ESMA veröffentlicht diese Meldungen sofort nach Erhalt in Form einer Liste auf ihrer Website. Die ESMA aktualisiert diese Liste unverzüglich bei Eingang einer Meldung von einer zuständigen Behörde des Handelsplatzes. Durch die Liste wird der Anwendungsbereich dieser Verordnung nicht eingeschränkt.

(3) Die Liste enthält folgende Informationen:

a) die Bezeichnungen und Kennung der Finanzinstrumente, für die die Zulassung zum Handel auf geregelten Märkten, multilateralen und organisierten Handelssystemen beantragt wurde, die dort zum Handel zugelassen wurden oder dort erstmalig gehandelt wurden;
b) Datum und Uhrzeit der Beantragung der Zulassung zum Handel, der Erteilung der Zulassung und des erstmaligen Handels;
c) ausführliche Informationen zu den Handelsplätzen, auf denen die Zulassung zum Handel für die Finanzinstrumente beantragt wurde, auf denen sie zum Handel zugelassen wurden oder auf denen sie erstmalig gehandelt wurden, und
d) Datum und Uhrzeit, zu dem/der der Handel mit dem Finanzinstrument eingestellt wird bzw. zu dem/der seine Zulassung zum Handel erlischt.

(4) Zur Sicherstellung der durchgehenden Harmonisierung dieses Artikels arbeitet die ESMA Entwürfe technischer Regulierungsstandards aus, um Folgendes festzulegen:

a) den Inhalt der Meldungen gemäß Absatz 1 und
b) die Art und Weise und die Bedingungen der Zusammenstellung, Veröffentlichung und Pflege der in Absatz 3 genannten Liste.

Die ESMA übermittelt der Kommission diese Entwürfe technischer Regulierungsstandards bis zum 3. Juli 2015.

Der Kommission wird die Befugnis übertragen, die in Unterabsatz 1 dieses Absatzes genannten technischen Regulierungsstandards nach Artikel 10 bis 14 der Verordnung (EU) Nr. 1095/2010 des Europäischen Parlaments und des Rates[1)] zu erlassen.

---

1) Verordnung (EU) Nr. 1095/2010 des Europäischen Parlaments und des Rates vom 24. November 2010 zur Errichtung einer Europäischen Aufsichtsbehörde (Europäische Wertpapier- und Marktaufsichtsbehörde), zur Änderung des Beschlusses Nr. 716/2009/EG und zur Aufhebung des Beschlusses 2009/77/EG der Kommission (ABl. L 331 vom 15.12.2010, S. 84).

(5) Zur Sicherstellung der durchgehenden Harmonisierung dieses Artikels arbeitet die ESMA Entwürfe technischer Durchführungsstandards aus, um den Zeitplan, das Format und Muster für die Übermittlung der Meldungen gemäß den Absätzen 1 und 2 festzulegen.

Die ESMA übermittelt der Kommission diese Entwürfe technischer Regulierungsstandards bis zum 3. Juli 2015.

Der Kommission wird die Befugnis übertragen, die in Unterabsatz 1 genannten technischen Durchführungsstandards nach Artikel 15 der Verordnung (EU) Nr. 1095/2010 zu erlassen.

Artikel 5

Ausnahmen für Rückkaufprogramme und Stabilisierungsmaßnahmen

(1) Die in den Artikeln 14 und 15 dieser Verordnung festgeschriebenen Verbote gelten nicht für den Handel mit eigenen Aktien im Rahmen von Rückkaufprogrammen, wenn

a) die Einzelheiten des Programms vor dem Beginn des Handels vollständig offengelegt werden,

b) Abschlüsse der zuständigen Behörde des Handelsplatzes gemäß Absatz 3 als Teil des Rückkaufprogramms gemeldet und anschließend öffentlich bekanntgegeben werden,

c) in Bezug auf Kurs und Volumen angemessene Grenzen eingehalten werden und

d) er im Einklang mit den in Absatz 2 genannten Zielen und den in dem vorliegenden Artikel festgelegten Bedingungen und den in Absatz 6 genannten technischen Regulierungsstandards durchgeführt wird.

(2) Um in den Genuss der in Absatz 1 vorgesehenen Ausnahme zu gelangen, muss ein Rückkaufprogramm als seinen einzigen Zweck haben:

a) das Kapital eines Emittenten zu reduzieren,

b) die aus einem Schuldtitel entstehenden Verpflichtungen zu erfüllen, die in Beteiligungskapital umgewandelt werden können, oder

c) die aus einem Belegschaftsaktienprogramm oder anderen Formen der Zuteilung von Aktien an Mitarbeiter oder Angehörige der Verwaltungs-, Leitungs- oder Aufsichtsorgane des Emittenten oder einem verbundenen Unternehmen entstehenden Verpflichtungen zu erfüllen.

(3) Um in den Genuss der in Absatz 1 vorgesehenen Ausnahme zu gelangen, muss der Emittent der für den Handelsplatz, auf dem seine Aktien zum Handel zugelassen wurden bzw. gehandelt werden, zuständigen Behörde des Handelsplatzes jedes mit Rückkaufprogrammen zusammenhängender Geschäft, einschließlich der in Artikel 25 Absätze 1 und 2 und Artikel 26 Absätze 1, 2 und 3 der Verordnung (EU) Nr. 600/2014 genannten Informationen, melden.

(4) Die in den Artikeln 14 und 15 dieser Verordnung festgeschriebenen Verbote gelten nicht für den Handel mit Wertpapieren oder verbundenen Instrumenten zur Stabilisierung des Kurses von Wertpapieren, wenn

a) die Dauer der Stabilisierungsmaßnahme begrenzt ist,

b) relevante Informationen zur Stabilisierung offengelegt und der zuständigen Behörde des Handelsplatzes gemäß Absatz 5 gemeldet werden,

c) in Bezug auf den Kurs angemessene Grenzen eingehalten werden und

d) ein solcher Handel den Bedingungen für die Stabilisierung gemäß den technischen Regulierungsstandards gemäß Absatz 6 entspricht.

(5) Unbeschadet des Artikels 23 Absatz 1 teilen Emittenten, Bieter oder Unternehmen, die die Stabilisierungsmaßnahme durchführen, unabhängig davon, ob sie im Namen Ersterer handeln oder nicht, der zuständigen Behörde des Handelsplatzes spätestens am Ende des siebten Handelstags nach dem Tag der Ausführung dieser Maßnahmen die Einzelheiten sämtlicher Stabilisierungsmaßnahmen mit.

(6) Zur durchgängigen Harmonisierung dieses Artikels arbeitet die ESMA Entwürfe technischer Regulierungsstandards aus, in denen die bei den Rückkaufprogrammen und Stabilisierungsmaßnahmen nach Absatz 1 und 4 einzuhaltenden Bedingungen präzisiert werden, darunter Handelsbedingungen, Beschränkungen der Dauer und des Volumens, Bekanntgabe- und Meldepflichten sowie Kursbedingungen.

Die ESMA legt der Kommission diese Entwürfe technischer Regulierungsstandards bis zum 3. Juli 2015 vor.

Der Kommission wird die Befugnis übertragen, die in Unterabsatz 1 genannten technischen Regulierungsstandards nach Artikel 10 bis 14 der Verordnung (EU) Nr. 1095/2010 zu erlassen.

Artikel 6
Ausnahme für Maßnahmen im Rahmen der Geldpolitik, der Staatsschuldenverwaltung und der Klimapolitik

(1) Diese Verordnung gilt nicht für Geschäfte, Aufträge oder Handlungen, die aus geld- oder wechselkurspolitischen Gründen oder im Rahmen der Staatsschuldenverwaltung von

a) einem Mitgliedstaat,

b) den Mitgliedern des Europäischen Systems der Zentralbanken,

c) einem Ministerium, einer anderen Einrichtung oder Zweckgesellschaft eines oder mehrerer Mitgliedstaaten oder einer in deren Auftrag handelnden Person sowie –

d) im Fall eines Mitgliedstaats mit der Form eines Bundesstaats – von einem Mitglied des Bundes getätigt werden.

(2) Diese Verordnung gilt nicht für solche Geschäfte, Aufträge oder Handlungen, die von der Kommission, einer anderen offiziell benannten Stelle oder einer anderen Person, die in deren Auftrag handelt, im Rahmen der Staatsschuldenverwaltung getätigt werden.

Diese Verordnung gilt nicht für Geschäfte, Aufträge oder Handlungen, die getätigt werden

a) von der Union,

b) einer Zweckgesellschaft eines oder mehrerer Mitgliedstaaten,

c) der Europäischen Investitionsbank,

d) der Europäischen Finanzstabilisierungsfazilität,

e) dem Europäischen Stabilitätsmechanismus,

f) einem internationalen Finanzinstitut, das zwei oder mehrere Mitgliedstaaten zu dem Zweck errichtet haben, Mittel zu mobilisieren und diejenigen seiner Mitglieder, die von schwerwiegenden Finanzierungsproblemen betroffen oder bedroht sind, finanziell zu unterstützen.

(3) Diese Verordnung gilt nicht für Tätigkeiten eines Mitgliedstaats, der Kommission oder einer anderen offiziell benannten Stelle oder einer in deren Auftrag handelnden Person, die Emissionszertifikate betreffen und im Rahmen der Klimapolitik der Union im Einklang mit der Richtlinie 2003/87/EG unternommen werden.

(4) Diese Verordnung gilt nicht für Tätigkeiten eines Mitgliedstaats, der Kommission oder einer anderen offiziell benannten Stelle oder einer in deren Auftrag handelnden Person, die zur Umsetzung der Gemeinsamen Agrarpolitik der Union oder der Gemeinsamen Fischereipolitik der Union im Einklang mit angenommenen Rechtsakten oder gemäß dem AEUV geschlossenen internationalen Übereinkünften ausgeführt werden.

(5) Der Kommission wird die Befugnis übertragen, delegierte Rechtsakte gemäß Artikel 35 zu erlassen, um die in Ausnahme nach Absatz 1 auf bestimmte öffentliche Stellen und die Zentralbanken von Drittstaaten auszuweiten.

Dazu erstellt die Kommission bis zum 3. Januar 2016 einen Bericht, in dem beurteilt wird, wie öffentliche Einrichtungen, die für die Staatsschuldenverwaltung zuständig oder daran beteiligt sind, und die Zentralbanken von Drittstaaten international behandelt werden, und legt ihn dem Europäischen Parlament und dem Rat vor.

Der Bericht enthält eine vergleichende Untersuchung der Behandlung dieser Stellen und Zentralbanken im Rechtsrahmen von Drittstaaten sowie die Risikomanagementstandards, die für die von diesen Stellen und den Zentralbanken in diesen Rechtsordnungen getätigten Geschäfte gelten. Wenn das Fazit dieses Berichts – vor allem angesichts der vergleichenden Untersuchung – lautet, dass es erforderlich ist, die Zentralbanken dieser Drittstaaten im Hinblick auf ihre währungspolitischen Verpflichtungen von den in dieser Verordnung festgelegten Verpflichtungen und Verboten auszunehmen, weitet die Kommission die Ausnahme nach Absatz 1 auch auf die Zentralbanken dieser Drittstaaten aus.

(6) Der Kommission wird auch die Befugnis übertragen, gemäß Artikel 35 delegierte Rechtsakte zu erlassen, um die Ausnahmen gemäß Absatz 3 auf bestimmte benannte öffentliche Stellen von Drittstaaten auszuweiten, die ein Abkommen mit der Union im Sinne von Artikel 25 der Richtlinie 2003/87/EG geschlossen haben.

(7) Dieser Artikel gilt nicht für Personen, die im Rahmen eines Arbeitsvertrags oder anderweitig für die in diesem Artikel genannten Unternehmen tätig sind, wenn diese Personen unmittelbar oder mittelbar, für eigene Rechnung Geschäfte, Aufträge oder Handlungen tätigen.

Kapitel 2
Insiderinformationen, Insidergeschäfte, unrechtmäßige Offenlegung von Insiderinformationen und Marktmanipulation

Artikel 7
Insiderinformationen

(1) Für die Zwecke dieser Verordnung umfasst der Begriff „Insiderinformationen“ folgende Arten von Informationen:

a) nicht öffentlich bekannte präzise Informationen, die direkt oder indirekt einen oder mehrere Emittenten oder ein oder mehrere Finanzinstrumente betreffen und die, wenn sie öffentlich bekannt würden, geeignet wären, den Kurs dieser Finanzinstrumente oder den Kurs damit verbundener derivativer Finanzinstrumente erheblich zu beeinflussen;

b) in Bezug auf Warenderivate nicht öffentlich bekannte präzise Informationen, die direkt oder indirekt ein oder mehrere Derivate dieser Art oder direkt damit verbundene Waren-Spot-Kontrakte betreffen und die, wenn sie öffentlich bekannt würden, geeignet wären, den Kurs dieser Derivate oder damit verbundener Waren-Spot-Kontrakte erheblich zu beeinflussen, und bei denen es sich um solche Informationen handelt, die nach Rechts- und Verwaltungsvorschriften der Union oder der Mit-

gliedstaaten, Handelsregeln, Verträgen, Praktiken oder Regeln auf dem betreffenden Warenderivate- oder Spotmarkt offengelegt werden müssen bzw. deren Offenlegung nach vernünftigem Ermessen erwartet werden kann;

c) in Bezug auf Emissionszertifikate oder darauf beruhende Auktionsobjekte nicht öffentlich bekannte präzise Informationen, die direkt oder indirekt ein oder mehrere Finanzinstrumente dieser Art betreffen und die, wenn sie öffentlich bekannt würden, geeignet wären, den Kurs dieser Finanzinstrumente oder damit verbundener derivativer Finanzinstrumente erheblich zu beeinflussen;

d) für Personen, die mit der Ausführung von Aufträgen in Bezug auf Finanzinstrumente beauftragt sind, bezeichnet der Begriff auch Informationen, die von einem Kunden mitgeteilt wurden und sich auf die noch nicht ausgeführten Aufträge des Kunden in Bezug auf Finanzinstrumente beziehen, die präzise sind, direkt oder indirekt einen oder mehrere Emittenten oder ein oder mehrere Finanzinstrumente betreffen und die, wenn sie öffentlich bekannt würden, geeignet wären, den Kurs dieser Finanzinstrumente, damit verbundener Waren-Spot-Kontrakte oder zugehöriger derivativer Finanzinstrumente erheblich zu beeinflussen.

(2) Für die Zwecke des Absatzes 1 sind Informationen dann als präzise anzusehen, wenn damit eine Reihe von Umständen gemeint ist, die bereits gegeben sind oder bei denen man vernünftigerweise erwarten kann, dass sie in Zukunft gegeben sein werden, oder ein Ereignis, das bereits eingetreten ist oder von den vernünftigerweise erwarten kann, dass es in Zukunft eintreten wird, und diese Informationen darüber hinaus spezifisch genug sind, um einen Schluss auf die mögliche Auswirkung dieser Reihe von Umständen oder dieses Ereignisses auf die Kurse der Finanzinstrumente oder des damit verbundenen derivativen Finanzinstruments, der damit verbundenen Waren-Spot-Kontrakte oder der auf den Emissionszertifikaten beruhenden Auktionsobjekte zuzulassen. So können im Fall eines zeitlich gestreckten Vorgangs, der einen bestimmten Umstand oder ein bestimmtes Ereignis herbeiführen soll oder hervorbringt, dieser betreffende zukünftige Umstand bzw. das betreffende zukünftige Ereignis und auch die Zwischenschritte in diesem Vorgang, die mit der Herbeiführung oder Hervorbringung dieses zukünftigen Umstandes oder Ereignisses verbunden sind, in dieser Hinsicht als präzise Information betrachtet werden.

(3) Ein Zwischenschritt in einem gestreckten Vorgang wird als eine Insiderinformation betrachtet, falls er für sich genommen die Kriterien für Insiderinformationen gemäß diesem Artikel erfüllt.

(4) Für die Zwecke des Absatzes 1 ist sind unter „Informationen, die, wenn sie öffentlich bekannt würden, geeignet wären, den Kurs von Finanzinstrumenten, derivativen Finanzinstrumenten, damit verbundenen Waren-Spot-Kontrakten oder auf Emissionszertifikaten beruhenden Auktionsobjekten spürbar zu beeinflussen“ Informationen zu verstehen, die ein verständiger Anleger wahrscheinlich als Teil der Grundlage seiner Anlageentscheidungen nutzen würde.

Im Fall von Teilnehmern am Markt für Emissionszertifikate mit aggregierten Emissionen oder einer thermischen Nennleistung in Höhe oder unterhalb des gemäß Artikel 17 Absatz 2 Unterabsatz 2 festgelegten Schwellenwerts wird von den Informationen über die physischen Aktivitäten dieser Teilnehmer angenommen, dass sie keine erheblichen Auswirkungen auf die Preise der Emissionszertifikate und der auf diesen beruhenden Auktionsobjekte oder auf damit verbundene Finanzinstrumente haben.

(5) Die ESMA gibt Leitlinien für die Erstellung einer nicht erschöpfenden indikativen Liste von Informationen gemäß Absatz 1 Buchstabe b heraus, deren Offenlegung nach vernünftigem Ermessen erwartet werden kann oder die nach Rechts- und Verwaltungsvorschriften des Unionsrechts oder des nationalen Rechts, Handelsregeln, Verträgen,

Praktiken oder Regeln auf den in Absatz 1 Buchstabe b genannten betreffenden Warenderivate- oder Spotmärkten offengelegt werden müssen. Die ESMA trägt den Besonderheiten dieser Märkte gebührend Rechnung.

Artikel 8

Insidergeschäfte

(1) Für die Zwecke dieser Verordnung liegt ein Insidergeschäft vor, wenn eine Person über Insiderinformationen verfügt und unter Nutzung derselben für eigene oder fremde Rechnung direkt oder indirekt Finanzinstrumente, auf die sich die Informationen beziehen, erwirbt oder veräußert. Die Nutzung von Insiderinformationen in Form der Stornierung oder Änderung eines Auftrags in Bezug auf ein Finanzinstrument, auf das sich die Informationen beziehen, gilt auch als Insidergeschäft, wenn der Auftrag vor Erlangen der Insiderinformationen erteilt wurde. In Bezug auf Versteigerungen von Emissionszertifikaten oder anderen darauf beruhenden Auktionsobjekten gemäß der Verordnung (EU) Nr. 1031/2010 schließt die Nutzung von Insiderinformationen auch die Übermittlung, Änderung oder Zurücknahme eines Gebots durch eine Person für eigene Rechnung oder für Rechnung eines Dritten ein.

(2) Für die Zwecke dieser Verordnung liegt eine Empfehlung zum Tätigen von Insidergeschäften oder die Anstiftung Dritter hierzu vor, wenn eine Person über Insiderinformationen verfügt und

a) auf der Grundlage dieser Informationen Dritten empfiehlt, Finanzinstrumente, auf die sich die Informationen beziehen, zu erwerben oder zu veräußern, oder sie dazu anstiftet, einen solchen Erwerb oder eine solche Veräußerung vorzunehmen, oder
b) auf der Grundlage dieser Informationen Dritten empfiehlt, einen Auftrag, der ein Finanzinstrument betrifft, auf das sich die Informationen beziehen, zu stornieren oder zu ändern, oder sie dazu anstiftet, eine solche Stornierung oder Änderung vorzunehmen.

(3) Die Nutzung von Empfehlungen oder Anstiftungen gemäß Absatz 2 erfüllt den Tatbestand des Insidergeschäfts im Sinne dieses Artikels, wenn die Person, die die Empfehlung nutzt oder der Anstiftung folgt, weiß oder wissen sollte, dass diese auf Insiderinformationen beruht.

(4) Dieser Artikel gilt für jede Person, die über Insiderinformationen verfügt, weil sie

a) dem Verwaltungs-, Leitungs- oder Aufsichtsorgan des Emittenten oder des Teilnehmers am Markt für Emissionszertifikate angehört;
b) am Kapital des Emittenten oder des Teilnehmers am Markt für Emissionszertifikate beteiligt ist;
c) aufgrund der Ausübung einer Arbeit oder eines Berufs oder der Erfüllung von Aufgaben Zugang zu den betreffenden Informationen hat oder
d) an kriminellen Handlungen beteiligt ist.

Dieser Artikel gilt auch für jede Person, die Insiderinformationen unter anderen Umständen als nach Unterabsatz 1 besitzt und weiß oder wissen müsste, dass es sich dabei um Insiderinformationen handelt.

(5) Handelt es sich bei der in diesem Artikel genannten Person um eine juristische Person, so gilt dieser Artikel nach Maßgabe des nationalen Rechts auch für die natürlichen Personen, die an dem Beschluss, den Erwerb, die Veräußerung, die Stornierung oder Änderung eines Auftrags für Rechnung der betreffenden juristischen Person zu tätigen, beteiligt sind oder diesen beeinflussen.

Artikel 9

Legitime Handlungen

(1) Für die Zwecke der Artikel 8 und 14 wird aufgrund der bloßen Tatsache, dass eine juristische Person im Besitz von Insiderinformationen ist oder war, nicht angenommen, dass sie diese Informationen genutzt und daher auf der Grundlage eines Erwerbs oder einer Veräußerung Insidergeschäfte getätigt hat, wenn diese juristische Person

a) zuvor angemessene und wirksame interne Regelungen und Verfahren eingeführt, umgesetzt und aufrechterhalten hat, durch die wirksam sichergestellt wird, dass weder die natürliche Person, die in ihrem Auftrag den Beschluss gefasst hat, Finanzinstrumente zu erwerben oder zu veräußern, auf die sich die Informationen beziehen, noch irgendeine andere natürliche Person, die diesen Beschluss in irgendeiner Weise beeinflusst haben könnte, im Besitz der Insiderinformationen gewesen ist, und

b) die natürliche Person, die im Auftrag der juristischen Person Finanzinstrumente, auf die sich die Informationen beziehen, erworben oder veräußert hat, nicht auffordert, ihr keine Empfehlungen gegeben, sie nicht angestiftet oder anderweitig beeinflusst hat.

(2) Für die Zwecke der Artikel 8 und 14 wird aufgrund der bloßen Tatsache, dass eine Person im Besitz von Insiderinformationen ist, nicht angenommen, dass sie diese Informationen genutzt und daher auf der Grundlage eines Erwerbs oder einer Veräußerung Insidergeschäfte getätigt hat, wenn diese Person

a) ein Market-Maker für die Finanzinstrumente ist, auf die sich diese Informationen beziehen, oder eine Person, die als Gegenpartei für die Finanzinstrumente zugelassen ist, auf die sich diese Informationen beziehen, und wenn der Erwerb oder die Veräußerung von Finanzinstrumenten, auf die sich diese Informationen beziehen, rechtmäßig im Zuge der normalen Ausübung ihrer Funktion als Market-Maker oder Gegenpartei für das betreffende Finanzinstrument erfolgt, oder

b) wenn diese Person zur Ausführung von Aufträgen für Dritte zugelassen ist und der Erwerb oder die Veräußerung von Finanzinstrumenten, auf die sich der Auftrag bezieht, dazu dient, einen solchen Auftrag rechtmäßig im Zuge der normalen Ausübung der Beschäftigung des Berufs oder der Aufgaben dieser Person auszuführen.

(3) Für die Zwecke der Artikel 8 und 14 wird aufgrund der bloßen Tatsache, dass eine Person im Besitz von Insiderinformationen ist, nicht angenommen, dass sie diese Informationen genutzt und daher auf der Grundlage eines Erwerbs oder einer Veräußerung Insidergeschäfte getätigt hat, wenn diese Person ein Geschäft zum Erwerb oder zur Veräußerung von Finanzinstrumenten tätigt, das, in gutem Glauben und nicht zur Umgehung des Verbots von Insidergeschäften, durchgeführt wird, um einer fällig gewordenen Verpflichtung nachzukommen, und wenn

a) die betreffende Verpflichtung auf der Erteilung eines Auftrags oder dem Abschluss einer Vereinbarung aus der Zeit vor dem Erhalt der Insiderinformationen beruht oder

b) das Geschäft der Erfüllung einer rechtlichen Verpflichtung oder Regulierungsauflage dient, die vor dem Erhalt der Insiderinformationen entstanden ist.

(4) Für die Zwecke des Artikels 8 und 14 wird aufgrund der bloßen Tatsache, dass eine Person Insiderinformationen besitzt, nicht angenommen, dass sie diese Informationen genutzt und daher Insidergeschäfte getätigt hat, wenn sie diese Insiderinformation im Zuge der Übernahme eines Unternehmens oder eines Unternehmenszusammenschlusses auf der Grundlage eines öffentlichen Angebots erworben hat und diese Insiderinformationen ausschließlich nutzt, um den Unternehmenszusammenschluss oder die Übernahme auf der Grundlage eines öffentlichen Angebots weiterzuführen, unter der Voraussetzung, dass zum Zeitpunkt der Genehmigung des Unternehmenszusammen-

schlusses oder der Annahme des Angebotes durch die Anteilseigner des betreffenden Unternehmens sämtliche Insiderinformationen öffentlich gemacht worden sind oder auf andere Weise ihren Charakter als Insiderinformationen verloren haben.

Dieser Absatz gilt nicht für den Beteiligungsaufbau.

(5) Für die Zwecke der Artikel 8 und 14 stellt die bloße Tatsache, dass eine Person ihr Wissen darüber, dass sie beschlossen hat, Finanzinstrumente zu erwerben oder zu veräußern, beim Erwerb oder der Veräußerung dieser Finanzinstrumente nutzt, an sich noch keine Nutzung von Insiderinformationen dar.

(6) Unbeschadet der Absätze 1 bis 5 des vorliegenden Artikels kann es als Verstoß gegen das Verbot von Insidergeschäften gemäß Artikel 14 betrachtet werden, wenn die zuständige Behörde feststellt, dass sich hinter den betreffenden Handelsaufträgen, Geschäften oder Handlungen ein rechtswidriger Grund verbirgt.

Artikel 10
Unrechtmäßige Offenlegung von Insiderinformationen

(1) Für die Zwecke dieser Verordnung liegt eine unrechtmäßige Offenlegung von Insiderinformationen vor, wenn eine Person, die über Insiderinformationen verfügt und diese Informationen gegenüber einer anderen Person offenlegt, es sei denn, die Offenlegung geschieht im Zuge der normalen Ausübung einer Beschäftigung oder eines Berufs oder der normalen Erfüllung von Aufgaben.

Dieser Absatz gilt für alle natürlichen oder juristischen Personen in den Situationen oder unter den Umständen gemäß Artikel 8 Absatz 4.

(2) Für die Zwecke dieser Verordnung gilt die Weitergabe von Empfehlungen oder das Anstiften anderer, nachdem man selbst angestiftet wurde, gemäß Artikel 8 Absatz 2 als unrechtmäßige Offenlegung von Insiderinformationen gemäß diesem Artikel, wenn die Person, die die Empfehlung weitergibt oder andere anstiftet, nachdem sie selbst angestiftet wurde, weiß oder wissen sollte, dass die Empfehlung bzw. Anstiftung auf Insiderinformationen beruht.

Artikel 11
Marktsondierungen

(1) Eine Marktsondierung besteht in der Übermittlung von Informationen vor der Ankündigung eines Geschäfts an einen oder mehrere potenzielle Anleger, um das Interesse von potenziellen Anlegern an einem möglichen Geschäft und dessen Bedingungen wie seinem Umfang und seiner preislichen Gestaltung abzuschätzen durch

a) den Emittenten;
b) einen Zweitanbieter eines Finanzinstruments, der das betreffende Finanzinstrument in einer Menge oder mit einem Wert anbietet, aufgrund derer bzw. dessen sich das Geschäft vom üblichen Handel unterscheidet, wobei es außerdem auf einer Verkaufsmethode beruht, die auf der Vorabbewertung des potenziellen Interesses möglicher Anleger beruht;
c) einen Teilnehmer am Markt für Emissionszertifikate oder
d) einen Dritten, der im Auftrag oder für Rechnung einer der unter Buchstabe a, b oder c genannten Personen agiert.

(2) Unbeschadet des Artikels 23 Absatz 3 stellt auch die Offenlegung von Insiderinformationen durch eine Person, die beabsichtigt, ein Übernahmeangebot für die Anteile eines Unternehmens oder für einen Unternehmenszusammenschluss an Dritte zu richten, die Anspruch auf die Anteile des Unternehmens haben, einem Marktsondierung dar, wenn

a) die Informationen erforderlich sind, um den Dritten, die Anspruch auf die Unternehmensanteile haben, zu ermöglichen, sich über ihre Bereitschaft, ihre Unternehmensanteile anzubieten, eine Meinung zu bilden, und

b) die Bereitschaft der Dritten, die Anspruch auf die Unternehmensanteile haben, ihre Unternehmensanteile anzubieten, nach vernünftigem Ermessen für den Beschluss, das Angebot für die Übernahme oder den Unternehmenszusammenschluss abzugeben, erforderlich ist.

(3) Ein offenlegender Marktteilnehmer berücksichtigt vor der Durchführung einer Marktsondierung insbesondere, ob die Marktsondierung die Offenlegung von Insiderinformationen umfasst. Der offenlegende Marktteilnehmer führt schriftliche Aufzeichnungen über seine Schlussfolgerung und über ihre Gründe. Er legt diese schriftlichen Aufzeichnungen der zuständigen Behörde auf deren Ersuchen hin vor. Dieser Verpflichtung gilt für jede Offenlegung von Informationen im Verlauf der Marktsondierung. Der offenlegende Marktteilnehmer aktualisiert die schriftlichen Aufzeichnungen gemäß diesem Absatz entsprechend.

(4) Für die Zwecke des Artikels 10 Absatz 1 wird eine Offenlegung von Insiderinformationen, die im Verlauf einer Marktsondierung vorgenommen wurde, so betrachtet, dass sie im Zuge der normalen Ausübung der Beschäftigung oder des Berufs oder der normalen Erfüllung der Aufgaben einer Person vorgenommen wurde, wenn der offenlegende Marktteilnehmer die Verpflichtungen gemäß den Absätzen 3 und 5 dieses Artikels erfüllt.

(5) Für die Zwecke des Absatzes 4 muss der offenlegende Marktteilnehmer vor der Offenlegung:

a) die Zustimmung der Person einholen, die die Marktsondierung erhält, dass sie Insiderinformationen erhält;

b) die Person, die die Marktsondierung erhält, davon in Kenntnis setzen, dass ihr die Nutzung und der Versuch der Nutzung dieser Informationen in Form des Erwerbs oder der Veräußerung von Finanzinstrumenten, auf die sich diese Informationen beziehen, ob direkt oder indirekt, für eigene Rechnung oder für die Rechnung Dritter, untersagt sind;

c) die Person, die die Marktsondierung erhält, davon in Kenntnis setzen, dass ihr die Nutzung und der Versuch der Nutzung in Form der Stornierung oder Änderung eines bereits erteilten Auftrags in Bezug auf ein Finanzinstrument, auf das sich diese Informationen beziehen, untersagt sind, und

d) die Person, die die Marktsondierung erhält, davon in Kenntnis setzten, dass sie sich mit der Zustimmung, die Informationen zu erhalten, auch verpflichtet ist, die Vertraulichkeit der Informationen zu wahren.

Der offenlegende Marktteilnehmer muss Aufzeichnungen über sämtliche Informationen erstellen und führen, die der Person, die die Marktsondierung erhält, übermittelt wurden, einschließlich der Informationen, die gemäß Unterabsatz 1 Buchstabe a bis d übermittelt wurden, sowie über die Identität der potenziellen Anleger, gegenüber denen die Informationen offengelegt wurden, einschließlich unter anderem der juristischen und natürlichen Personen, die im Auftrag des potenziellen Anleger handeln, und des Datums und der Uhrzeit einer jeden Offenlegung. Der offenlegende Marktteilnehmer muss der zuständigen Behörde diese Aufzeichnungen auf deren Ersuchen zur Verfügung stellen.

(6) Wenn im Zuge einer Marktsondierung Informationen offengelegt wurden und nach Einschätzung des offenlegenden Marktteilnehmers ihre Eigenschaft als Insiderinformationen verlieren, setzt dieser den Empfänger unverzüglich davon in Kenntnis.

Der offenlegende Marktteilnehmer führt Aufzeichnungen über die Informationen, die er im Einklang mit diesem Absatz übermittelt hat, und stellt diese Aufzeichnungen der zuständigen Behörde auf deren Ersuchen zur Verfügung.

(7) Unbeschadet der Bestimmungen dieses Artikels nimmt die Person, die die Marktsondierung erhält, selbst die Einschätzung vor, ob sie im Besitz von Insiderinformationen ist und wenn sie nicht mehr im Besitz von Insiderinformationen ist.

(8) Die Aufzeichnungen gemäß diesem Artikel werden von dem offenlegenden Marktteilnehmer mindestens fünf Jahre lang aufbewahrt.

(9) Um die durchgehende Harmonisierung dieses Artikels sicherzustellen, arbeitet die ESMA Entwürfe technischer Regulierungsstandards aus, um angemessene Regelungen, Verfahren und Aufzeichnungsanforderungen festzulegen, mittels derer Personen die Anforderungen der Absätze 4, 5, 6 und 8 einhalten können.

Die ESMA legt der Kommission diese Entwürfe technischer Regulierungsstandards bis zum 3. Juli 2015 vor.

Der Kommission wird die Befugnis übertragen, die in Unterabsatz 1 genannten technischen Regulierungsstandards nach Artikel 10 bis 14 der Verordnung (EU) Nr. 1095/2010 zu erlassen.

(10) Um die durchgehende Harmonisierung dieses Artikels sicherzustellen, arbeitet die ESMA Entwürfe technischer Durchführungsstandards aus, in denen festgelegt wird, welche Systeme und Mitteilungsmuster zur Einhaltung der Vorschriften der Absätze 4, 5, 6 und 8 zu nutzen sind, insbesondere das genaue Format der Aufzeichnungen nach den Absätzen 4 bis 8 und die technischen Mittel für eine angemessene Übermittlung der Informationen gemäß Absatz 6 an die Person, die die Marktsondierung erhält.

Die ESMA legt der Kommission diese Entwürfe technischer Durchführungsstandards bis zum 3. Juli 2015 vor.

Der Kommission wird die Befugnis übertragen, die in Unterabsatz 1 genannten technischen Durchführungsstandards nach Artikel 15 der Verordnung (EU) Nr. 1095/2010 zu erlassen.

(11) Die ESMA gibt für die Personen, die die Marktsondierung erhalten, gemäß Artikel 16 der Verordnung (EU) Nr. 1095/2010 Leitlinien zu Folgendem heraus:

a) den Faktoren, die diese Personen berücksichtigen müssen, wenn ihnen gegenüber als Bestandteil der Marktsondierung Informationen offengelegt werden, damit sie beurteilen können, ob diese Informationen Insiderinformationen sind;

b) den Schritten, die diese Personen unternehmen müssen, wenn ihnen gegenüber Insiderinformationen offengelegt wurden, um die Artikel 8 und 10 dieser Verordnung einzuhalten, und

c) den Aufzeichnungen, die diese Personen führen sollten, um nachzuweisen, dass sie die Artikel 8 und 10 dieser Verordnung eingehalten haben.

Artikel 12
Marktmanipulation

(1) Für die Zwecke dieser Verordnung umfasst der Begriff „Marktmanipulation" folgende Handlungen:

a) Abschluss eines Geschäfts, Erteilung eines Handelsauftrags sowie jede andere Handlung, die

i) falsche oder irreführende Signale hinsichtlich des Angebots, der Nachfrage oder des Preises eines Finanzinstruments, eines damit verbundenen Waren-Spot-

Kontrakts oder eines auf Emissionszertifikaten beruhenden Auktionsobjekts gibt oder bei der dies wahrscheinlich ist, oder

ii) ein anormales oder künstliches Kursniveau eines oder mehrerer Finanzinstrumente, eines damit verbundenen Waren-Spot-Kontrakts oder eines auf Emissionszertifikaten beruhenden Auktionsobjekts sichert oder bei der dies wahrscheinlich ist;

es sei denn, die Person, die ein Geschäft abschließt, einen Handelsauftrag erteilt oder eine andere Handlung vornimmt, nach, dass das Geschäft, der Auftrag oder die Handlung legitime Gründe hat und im Einklang mit der zulässigen Marktpraxis gemäß Artikel 13 steht.

b) Abschluss eines Geschäfts, Erteilung eines Handelsauftrags und jegliche sonstige Tätigkeit oder Handlung, die unter Vorspiegelung falscher Tatsachen oder unter Verwendung sonstiger Kunstgriffe oder Formen der Täuschung den Kurs eines oder mehrerer Finanzinstrumente, eines damit verbundenen Waren-Spot-Kontrakts oder eines auf Emissionszertifikaten beruhenden Auktionsobjekts beeinflusst oder hierzu geeignet ist;

c) Verbreitung von Informationen über die Medien einschließlich des Internets oder auf anderem Wege, die falsche oder irreführende Signale hinsichtlich des Angebots oder des Kurses eines Finanzinstruments, eines damit verbundenen Waren-Spot-Kontrakts oder eines auf Emissionszertifikaten beruhenden Auktionsobjekts oder der Nachfrage danach geben oder bei denen dies wahrscheinlich ist oder ein anormales oder künstliches Kursniveau eines oder mehrerer Finanzinstrumente, eines damit verbundenen Waren-Spot-Kontrakts oder eines auf Emissionszertifikaten beruhenden Auktionsobjekts herbeiführen oder bei denen dies wahrscheinlich ist, einschließlich der Verbreitung von Gerüchten, wenn die Person, die diese Informationen verbreitet hat, wusste oder hätte wissen müssen, dass sie falsch oder irreführend waren;

d) Übermittlung falscher oder irreführender Angaben oder Bereitstellung falscher oder irreführender Ausgangsdaten bezüglich eines Referenzwerts, wenn die Person, die die Informationen übermittelt oder die Ausgangsdaten bereitgestellt hat, wusste oder hätte wissen müssen, dass sie falsch oder irreführend waren, oder sonstige Handlungen, durch die die Berechnung eines Referenzwerts manipuliert wird.

(2) Als Marktmanipulation gelten unter anderem die folgenden Handlungen:

a) Sicherung einer marktbeherrschenden Stellung in Bezug auf das Angebot eines Finanzinstruments. damit verbundener Waren-Spot-Kontrakte oder eines auf Emissionszertifikaten beruhenden Auktionsobjekts oder die Nachfrage danach durch eine Person oder mehrere in Absprache handelnde Personen mit der tatsächlichen oder wahrscheinlichen Folge einer unmittelbaren oder mittelbaren Festsetzung des Kaufs- oder Verkaufspreises oder anderen unlauteren Handelsbedingungen führt oder hierzu geeignet ist;

b) Kauf oder Verkauf von Finanzinstrumenten bei Handelsbeginn oder bei Handelsschluss an einem Handelsplatz mit der tatsächlichen oder wahrscheinlichen Folge, dass Anleger, die aufgrund der angezeigten Kurse, einschließlich der Eröffnungs- und Schlusskurse, tätig werden, irregeführt werden;

c) die Erteilung von Kauf- oder Verkaufsaufträgen an einen Handelsplatz, einschließlich deren Stornierung oder Änderung, mittels aller zur Verfügung stehenden Handelsmethoden, auch in elektronischer Form, beispielsweise durch algorithmische und Hochfrequenzhandelsstrategien, die eine der in Absatz 1 Buchstabe a oder b genannten Auswirkungen hat, indem sie

i) das Funktionieren des Handelssystems des Handelsplatzes tatsächlich oder wahrscheinlich stört oder verzögert,

ii) Dritten die Ermittlung echter Kauf- oder Verkaufsaufträge im Handelssystem des Handelsplatzes tatsächlich oder wahrscheinlich erschwert, auch durch das Einstellen von Kauf- oder Verkaufsaufträgen, die zur Überfrachtung oder Beeinträchtigung des Orderbuchs führen, oder

iii) tatsächlich oder wahrscheinlich ein falsches oder irreführendes Signal hinsichtlich des Angebots eines Finanzinstruments oder der Nachfrage danach oder seines Preises setzt, insbesondere durch das Einstellen von Kauf- oder Verkaufsaufträgen zur Auslösung oder Verstärkung eines Trends;

d) Ausnutzung eines gelegentlichen oder regelmäßigen Zugangs zu den traditionellen oder elektronischen Medien durch Abgabe einer Stellungnahme zu einem Finanzinstrument, einem damit verbundenen Waren-Spot-Kontrakt oder einem auf Emissionszertifikaten beruhenden Auktionsobjekt (oder indirekt zu dessen Emittenten), wobei zuvor Positionen bei diesem Finanzinstrument, einem damit verbundenen Waren-Spot-Kontrakt oder einem auf Emissionszertifikaten beruhenden Auktionsobjekt eingegangen wurden und anschließend Nutzen aus den Auswirkungen der Stellungnahme auf den Kurs dieses Finanzinstruments, eines damit verbundenen Waren-Spot-Kontrakts oder eines auf Emissionszertifikaten beruhenden Auktionsobjekts gezogen wird, ohne dass der Öffentlichkeit gleichzeitig dieser Interessenkonflikt ordnungsgemäß und wirksam mitgeteilt wird;

e) Kauf oder Verkauf von Emissionszertifikaten oder deren Derivaten auf dem Sekundärmarkt vor der Versteigerung gemäß der Verordnung (EU) Nr. 1031/2010 mit der Folge, dass der Auktionsclearingpreis für die Auktionsobjekte auf anormaler oder künstlicher Höhe festgesetzt wird oder dass Bieter, die auf den Versteigerungen bieten, irregeführt werden.

(3) Für die Anwendung von Absatz 1 Buchstaben a und b und unbeschadet der in Absatz 2 aufgeführten Formen von Handlungen enthält Anhang I eine nicht erschöpfende Aufzählung von Indikatoren in Bezug auf die Vorspiegelung falscher Tatsachen oder sonstige Kunstgriffe oder Formen der Täuschung und eine nicht erschöpfende Aufzählung von Indikatoren in Bezug auf falsche oder irreführende Signale und die Sicherung des Herbeiführung bestimmter Kurse.

(4) Handelt es sich bei der in diesem Artikel genannten Person um eine juristische Person, so gilt dieser Artikel nach Maßgabe des nationalen Rechts auch für die natürlichen Personen, die an dem Beschluss, Tätigkeiten für Rechnung der betreffenden juristischen Person auszuführen, beteiligt sind.

(5) Der Kommission wird die Befugnis übertragen, gemäß Artikel 35 zur Präzisierung der in Anhang I festgelegten Indikatoren delegierte Rechtsakte zu erlassen, um deren Elemente zu klären und den technischen Entwicklungen auf den Finanzmärkten Rechnung zu tragen.

Artikel 13
Zulässige Marktpraxis

(1) Das Verbot gemäß Artikel 15 gilt nicht für die in Artikel 12 Absatz 1 Buchstabe a genannten Handlungen, wenn die Person, die ein Geschäft abschließt, einen Handelsauftrag erteilt oder eine andere Handlung vornimmt, nachweist, dass das Geschäft, der Auftrag oder die Handlung legitime Gründe hat und im Einklang mit der zulässigen Marktpraxis gemäß diesem Artikel steht.

(2) Eine zuständige Behörden kann eine zulässige Marktpraxis festlegen, wobei folgende Kriterien berücksichtigt werden:

a) ob die Marktpraxis einen erheblichen Grad an Markttransparenz gewährt;
b) ob durch die Marktpraxis das Funktionieren der Marktkräfte und das richtige Zusammenspiel von Angebot und Nachfrage in hohem Grade gewährleistet werden;
c) ob die Marktpraxis sich positiv auf Marktliquidität und -effizienz auswirkt;
d) ob die Marktpraxis dem Handelsmechanismus des betreffenden Marktes Rechnung trägt und es den Marktteilnehmern erlaubt, angemessen und rechtzeitig auf die durch die Marktpraxis entstehende neue Marktsituation zu reagieren;
e) ob die Marktpraxis keine Risiken für die Integrität direkt oder indirekt verbundener, geregelter oder nicht geregelter Märkte für das betreffende Finanzinstrument innerhalb der Union schafft;
f) das Ergebnis der Ermittlungen der zuständigen Behörden bzw. anderer Behörden zu der entsprechenden Marktpraxis, insbesondere ob eine Verletzung der Marktmissbrauchsbestimmungen oder der geltenden Verhaltensregeln festgestellt wurde, unabhängig davon, ob auf dem betreffenden Markt oder auf anderen direkt oder indirekt verbundenen Märkten in der Union, und
g) die Strukturmerkmale des betreffenden Marktes, u. a., ob es sich um einen geregelten Markt handelt, welche Finanzinstrumente gehandelt werden, welche Marktteilnehmer vertreten sind und welcher Anteil am Handel auf dem betreffenden Markt auf Privatanleger entfällt.

Eine Marktpraxis, die von einer zuständigen Behörde auf einem bestimmten Markt als zulässige Marktpraxis festgelegt wurde, wird nicht als zulässig auf anderen Märkten betrachtet, wenn sie nicht von den für diese anderen Märkte zuständigen Behörden gemäß diesem Artikel anerkannt worden ist.

(3) Vor der Festlegung einer zulässigen Markpraxis gemäß Absatz 2 informiert die zuständige Behörden die ESMA und die anderen zuständigen Behörden über ihre Absicht, eine zulässige Marktpraxis festzulegen, und legt Einzelheiten der Bewertung vor, die im Einklang mit den Kriterien in Absatz 2 vorgenommen wurde. Diese Information erfolgt mindestens drei Monate vor der beabsichtigten Einführung der zulässigen Marktpraxis.

(4) Innerhalb von zwei Monaten nach Erhalt der Information gibt die ESMA gegenüber der mitteilenden zuständigen Behörde eine Stellungnahme ab, in der sie bewertet, ob die zulässige Marktpraxis mit Absatz 2 und den gemäß Absatz 7 angenommenen technischen Regulierungsstandards vereinbar ist. Die ESMA prüft ebenfalls, ob das Vertrauen in den Finanzmarkt der Union durch die Festlegung der zulässigen Marktpraxis gefährdet würde. Die Stellungnahme wird auf der Website der ESMA veröffentlicht.

(5) Legt eine zuständige Behörde eine Marktpraxis fest, die einer gemäß Absatz 4 durch die ESMA abgegebenen Stellungnahme zuwiderläuft, veröffentlicht sie auf ihrer Website innerhalb von 24 Stunden nach der Festlegung der zulässigen Marktpraxis eine Bekanntmachung, in der sie die Gründe für ihr Vorgehen vollständig darlegt und auch darauf eingeht, warum die zulässige Marktpraxis keine Gefahr für das Vertrauen in den Markt darstellt.

(6) Ist eine zuständige Behörde der Ansicht, dass eine andere zuständige Behörde eine zulässige Marktpraxis festgelegt hat, die die in Absatz 2 verankerten Kriterien nicht erfüllt, unterstützt die ESMA die betreffenden Behörden im Einklang mit ihren Befugnissen gemäß Artikel 19 der Verordnung (EU) Nr. 1095/2010 dabei, zu einer Einigung zu gelangen.

Erzielen die betreffenden zuständigen Behörden keine Einigung, so kann die ESMA gemäß Artikel 19 Absatz 3 der Verordnung (EU) Nr. 1095/2010 einen Beschluss fassen.

(7) Um eine durchgängige Harmonisierung dieses Artikels sicherzustellen, arbeitet die ESMA Entwürfe technischer Regulierungsstandards aus, in denen die Kriterien, das Verfahren und die Anforderungen für die Festlegung einer zulässigen Marktpraxis gemäß den Absätzen 2, 3 und 4 sowie die Anforderungen an ihre Beibehaltung, Beendigung oder Änderung der Bedingungen für ihre Zulässigkeit festgelegt werden.

Die ESMA legt der Kommission bis zum 3. Juli 2015 diese Entwürfe technischer Regulierungsstandards vor.

Der Kommission wird die Befugnis übertragen, die in Unterabsatz 1 genannten technischen Regulierungsstandards nach Artikel 10 bis 14 der Verordnung (EU) Nr. 1095/2010 zu erlassen.

(8) Die zuständigen Behörden überprüfen regelmäßig und mindestens alle zwei Jahre die von ihnen festgelegte zulässige Marktpraxis und berücksichtigen dabei insbesondere wesentliche Änderungen im Umfeld des betreffenden Marktes, d. h. beispielsweise geänderte Handelsregeln oder Änderungen an den Infrastrukturen des Marktes, um zu entscheiden, ob diese Praxis beibehalten wird, beendet wird oder ob die Bedingungen für ihre Zulässigkeit geändert werden soll.

(9) Die ESMA veröffentlicht auf ihrer Website eine Liste der zulässigen Marktpraktiken und gibt an, in welchen Mitgliedstaaten sie anwendbar sind.

(10) Die ESMA überwacht die Anwendung der zulässigen Marktpraxis und legt der Kommission jährlich einen Bericht über deren Anwendung auf den betreffenden Märkten vor.

(11) Die zuständigen Behörden übermitteln der ESMA die zulässigen Marktpraktiken, die sie vor dem 2. Juli 2014 festgelegt hat, innerhalb von drei Monaten nach dem Inkrafttreten der in Absatz 7 genannten technischen Regulierungsstandards.

Die in Unterabsatz 1 dieses Absatzes genannte zulässige Marktpraxis gilt in dem betreffenden Mitgliedstaat weiter, bis die zuständige Behörde auf der Grundlage der Stellungnahme der ESMA gemäß Absatz 4 einen Beschluss hinsichtlich ihrer Weiterführung gefasst hat.

Artikel 14

Verbot von Insidergeschäften und unrechtmäßiger Offenlegung von Insiderinformationen

Folgende Handlungen sind verboten:

a) das Tätigen von Insidergeschäften und der Versuch hierzu,

b) Dritten zu empfehlen, Insidergeschäfte zu tätigen, oder Dritte anzustiften, Insidergeschäfte zu tätigen, oder

c) die unrechtmäßige Offenlegung von Insiderinformationen.

Artikel 15

Verbot der Marktmanipulation

Marktmanipulation und der Versuch hierzu sind verboten.

Artikel 16

Vorbeugung und Aufdeckung von Marktmissbrauch

(1) Betreiber von Märkten und Wertpapierfirmen, die einen Handelsplatz betreiben, haben gemäß Artikel 31 und 54 der Richtlinie 2014/65/EU wirksame Regelungen, Systeme und Verfahren zur Vorbeugung und Aufdeckung von Insidergeschäften, Marktmissbrauch versuchten Insidergeschäften und versuchtem Marktmissbrauch zu schaffen und aufrechtzuerhalten.

Eine in Unterabsatz 1 genannte Personen meldet Aufträge und Geschäfte, einschließlich deren Stornierung oder Änderung, die Insidergeschäfte, Marktmanipulationen oder versuchte Insidergeschäfte oder versuchte Marktmanipulationen sein könnten, unverzüglich der zuständigen Behörde des Handelsplatzes.

(2) Wer beruflich Geschäfte vermittelt oder ausführt, muss wirksame Regelungen, Systeme und Verfahren zur Aufdeckung und Meldung von verdächtigen Aufträgen und Geschäften schaffen und aufrechterhalten. Wann immer die betreffende Person den begründeten Verdacht hat, dass ein Auftrag oder ein Geschäft in Bezug auf ein Finanzinstrument – wobei es unerheblich ist, ob dieser bzw. dieses auf einem Handelsplatz oder anderweitig erteilt oder ausgeführt wurde – Insiderhandel oder Marktmanipulation oder den Versuch hierzu darstellt, so unterrichtet sie unverzüglich die zuständige Behörde nach Absatz 3.

(3) Unbeschadet des Artikels 22 gelten für die Meldungen von Personen, die beruflich Geschäfte vermitteln oder ausführen, die Vorschriften des Mitgliedstaats, in dem sie registriert sind oder in dem sie ihre Hauptniederlassung haben oder, bei Zweigniederlassungen, die Vorschriften des Mitgliedstaats ihrer Zweigniederlassung. Die Meldung erfolgt bei der zuständigen Behörde dieses Mitgliedstaats.

(4) Die zuständigen Behörden nach Absatz 3, denen verdächtige Aufträge und Geschäfte gemeldet werden, teilen dies unverzüglich den für die betreffenden Handelsplätze zuständigen Behörden mit.

(5) Um eine durchgehende Harmonisierung dieses Artikels zu gewährleisten, arbeitet die ESMA Entwürfe technischer Regulierungsstandards aus, um Folgendes festzulegen:

a) angemessene Regelungen, Systeme und Verfahren für die Einhaltung der Vorschriften in den Absätzen 1 und 2 durch Personen und

b) die von Personen zur Einhaltung der Vorschriften in den Absätzen 1 und 2 zu nutzenden Mitteilungsmuster.

Die ESMA legt der Kommission diese Entwürfe technischer Regulierungsstandards bis zum 3. Juli 2016 vor.

Der Kommission wird die Befugnis übertragen, die in Unterabsatz 1 genannten technischen Regulierungsstandards nach Artikel 10 bis 14 der Verordnung (EU) Nr. 1095/2010 zu erlassen.

Kapitel 3
Offenlegungsvorschriften

Artikel 17
Veröffentlichung von Insiderinformationen

(1) Ein Emittent gibt der Öffentlichkeit Insiderinformationen, die unmittelbar diesen Emittenten betreffen, unverzüglich bekannt.

Der Emittent stellt sicher, dass die Insiderinformationen in einer Art und Weise veröffentlicht werden, die der Öffentlichkeit einen schnellen Zugang und eine vollständige, korrekte und rechtzeitige Bewertung ermöglicht, und dass sie gegebenenfalls in dem amtlich bestellten System gemäß Artikel 21 der Richtlinie 2004/109/EG des Europäischen Parlaments und des Rates[1] veröffentlicht werden. Der Emittent darf die Veröffentlichung von Insiderinformationen nicht mit der Vermarktung seiner Tätigkeiten verbinden. Der Emittent veröffentlicht alle Insiderinformationen, die er der Öffentlichkeit mitteilen muss, auf seiner Website und zeigt sie dort während eines Zeitraums von mindestens fünf Jahren an.

Dieser Artikel gilt für Emittenten, die für ihre Finanzinstrumente eine Zulassung zum Handel an einem geregelten Markt in einem Mitgliedstaat beantragt oder erhalten haben, bzw. im Falle von Instrumenten, die nur auf einem multilateralen oder organisierten Handelssystem gehandelt werden, für Emittenten, die für ihre Finanzinstrumente eine Zulassung zum Handel auf einem multilateralen oder organisierten Handelssystem in einem Mitgliedstaat erhalten haben oder die für ihre Finanzinstrumente eine Zulassung zum Handel auf einem multilateralen Handelssystem in einem Mitgliedstaat beantragt haben.

(2) Jeder Teilnehmer am Markt für Emissionszertifikate gibt Insiderinformationen in Bezug auf ihm gehörende Emissionszertifikate für seine Geschäftstätigkeit, darunter Luftverkehr gemäß Anhang I der Richtlinie 2003/87/EG und Anlagen im Sinne von Artikel 3 Buchstabe e jener Richtlinie, die der betreffende Marktteilnehmer, dessen Mutterunternehmen oder ein verbundenes Unternehmen besitzt oder kontrolliert und für dessen betriebliche Angelegenheiten der Marktteilnehmer, dessen Mutterunternehmen oder ein verbundenes Unternehmen vollständig oder teilweise verantwortlich ist, öffentlich, wirksam und rechtzeitig bekannt. In Bezug auf Anlagen umfasst diese Offenlegung die für deren Kapazität und Nutzung erheblichen Informationen, darunter die geplante oder ungeplante Nichtverfügbarkeit dieser Anlagen.

Unterabsatz 1 gilt nicht für Teilnehmer am Markt für Emissionszertifikate, wenn die Emissionen der Anlagen oder Luftverkehrstätigkeiten in ihrem Besitz, unter ihrer Kontrolle oder ihrer Verantwortlichkeit im Vorjahr eine bestimmte Kohlendioxidäquivalent-Mindestschwelle nicht überschritten haben und, sofern dort eine Verbrennung erfolgt, deren thermische Nennleistung eine bestimmte Mindestschwelle nicht überschreitet.

Der Kommission wird die Befugnis übertragen, gemäß Artikel 35 zur Anwendung der im Unterabsatz 2 dieses Absatzes vorgesehenen Ausnahme delegierte Rechtsakte zur Festlegung einer Kohlendioxidäquivalent-Mindestschwelle und einer Mindestschwelle für die thermische Nennleistung zu erlassen.

(3) Der Kommission wird die Befugnis übertragen, delegierte Rechtsakte gemäß Artikel 35 zur Festlegung der zuständigen Behörde für die Mitteilungen gemäß den Absätzen 4 und 5 des vorliegenden Artikels zu erlassen.

(4) Ein Emittent oder ein Teilnehmer am Markt für Emissionszertifikate, kann auf eigene Verantwortung die Offenlegung von Insiderinformationen für die Öffentlichkeit aufschieben, sofern sämtliche nachfolgenden Bedingungen erfüllt sind:

a) die unverzügliche Offenlegung wäre geeignet die berechtigten Interessen des Emittenten oder Teilnehmers am Markt für Emissionszertifikate zu beeinträchtigen,

b) die Aufschiebung der Offenlegung wäre nicht geeignet, die Öffentlichkeit irrezuführen,

c) der Emittent oder Teilnehmer am Markt für Emissionszertifikate kann die Geheimhaltung dieser Informationen sicherstellen.

---

1) Richtlinie 2004/109/EG des Europäischen Parlaments und des Rates vom 15. Dezember 2004 zur Harmonisierung der Transparenzanforderungen in Bezug auf Informationen über Emittenten, deren Wertpapiere zum Handel auf einem geregelten Markt zugelassen sind, und zur Änderung der Richtlinie 2001/34/EG (ABl. L 390 vom 31.12.2004, S. 38).

Im Falle eines zeitlich gestreckten Vorgangs, der aus mehreren Schritten besteht und einen bestimmten Umstand oder ein bestimmtes Ereignis herbeiführen soll oder hervorbringt, kann ein Emittent oder Teilnehmer am Markt für Emissionszertifikate auf eigene Verantwortung die Offenlegung von Insiderinformationen zu diesem Vorgang vorbehaltlich des Unterabsatzes 1 Buchstaben a, b und c aufschieben.

Hat ein Emittent oder ein Teilnehmer am Markt für Emissionszertifikate die Offenlegung von Insiderinformationen nach diesem Absatz aufgeschoben, so informiert er die gemäß Absatz 3 festgelegte zuständige Behörde unmittelbar nach der Offenlegung der Informationen über den Aufschub der Offenlegung und erläutert schriftlich, inwieweit die in diesem Absatz festgelegten Bedingungen erfüllt waren. Alternativ können Mitgliedstaaten festlegen, dass die Aufzeichnung einer solchen Erläuterung nur auf Ersuchen der gemäß Absatz 3 festgelegten zuständigen Behörde übermittelt werden muss.

(5) Zur Wahrung der Stabilität des Finanzsystems kann ein Emittent, bei dem es sich um ein Kreditinstitut oder ein Finanzinstitut handelt, auf eigene Verantwortung die Offenlegung von Insiderinformationen, einschließlich Informationen im Zusammenhang mit einem zeitweiligen Liquiditätsproblem und insbesondere in Bezug auf den Bedarf an zeitweiliger Liquiditätshilfe seitens einer Zentralbank oder eines letztinstanzlichen Kreditgebers, aufschieben, sofern sämtliche nachfolgenden Bedingungen erfüllt sind:

a) die Offenlegung der Insiderinformationen birgt das Risiko, dass die finanzielle Stabilität des Emittenten und des Finanzsystems untergraben wird;
b) der Aufschub der Veröffentlichung liegt im öffentlichen Interesse;
c) die Geheimhaltung der betreffenden Informationen kann gewährleistet werden, und
d) die gemäß Absatz 3 festgelegte zuständige Behörde hat dem Aufschub auf der Grundlage zugestimmt, dass die Bedingungen gemäß Buchstaben a, b, und c erfüllt sind.

(6) Für die Zwecke des Absatzes 5 Buchstaben a bis d setzt der Emittent die gemäß Absatz 3 festgelegte zuständige Behörde von seiner Absicht in Kenntnis, die Offenlegung der Insiderinformationen aufzuschieben, und legt Nachweise vor, dass die Voraussetzungen gemäß Absatz 5 Buchstaben a, b, und c vorliegen. Die gemäß Absatz 3 festgelegte zuständige Behörde hört gegebenenfalls die nationale Zentralbank oder, falls eingerichtet, die makroprudenzielle Behörde oder andernfalls die folgenden Stellen an:

a) falls es sich bei dem Emittenten um ein Kreditinstitut oder eine Wertpapierfirma handelt, die gemäß Artikel 133 Absatz 1 der Richtlinie 2013/36/EU des Europäischen Parlaments und des Rates[1)] benannte Behörde;
b) in anderen als den in Buchstabe a genannten Fällen jede andere für die Aufsicht über den Emittenten zuständige nationale Behörde.

Die gemäß Absatz 3 festgelegte zuständige Behörde stellt sicher, dass der Aufschub für die Offenlegung von Insiderinformationen nur für den im öffentlichen Interesse erforderlichen Zeitraum gewährt wird. Die gemäß Absatz 3 festgelegte zuständige Behörde bewertet mindestens wöchentlich, ob die Voraussetzungen gemäß Absatz 5 Buchstaben a, b und c noch vorliegen.

Wenn die gemäß Absatz 3 festgelegte zuständige Behörde dem Aufschub der Veröffentlichung von Insiderinformationen nicht zustimmt, muss der Emittent die Insiderinformationen unverzüglich offenlegen.

---

1) Richtlinie 2013/36/EU des Europäischen Parlaments und des Rates vom 26. Juni 2013 über den Zugang zur Tätigkeit von Kreditinstituten und die Beaufsichtigung von Kreditinstituten und Wertpapierfirmen, zur Änderung der Richtlinie 2002/87/EG und zur Aufhebung der Richtlinien 2006/48/EG und 2006/49/EG (ABl. L 176 vom 27.6.2013, S. 338).

Dieser Absatz gilt für Fälle, in denen der Emittent nicht beschließt, die Offenlegung von Insiderinformationen gemäß Absatz 4 aufzuschieben.

Verweise in diesem Absatz auf die gemäß Absatz 3 festgelegte zuständige Behörde in diesem Absatz lassen die Befugnis der zuständigen Behörde, ihre Aufgaben gemäß Artikel 23 Absatz 1 wahrzunehmen, unberührt.

(7) Wenn die Offenlegung von Insiderinformationen gemäß Absatz 4 oder 5 aufgeschoben wurde und die Vertraulichkeit der dieser Insiderinformationen nicht mehr gewährleistet ist, muss der Emittent die Öffentlichkeit so schnell wie möglich über diese Informationen informieren.

Dieser Absatz schließt Sachverhalte ein, bei denen ein Gerücht auf eine Insiderinformation Bezug nimmt, die gemäß Absatz 4 oder 5 nicht offengelegt wurden, wenn dieses Gerücht ausreichend präzise ist, dass zu vermuten ist, dass die Vertraulichkeit dieser Information nicht mehr gewährleistet ist.

(8) Legt ein Emittent oder ein Teilnehmer am Markt für Emissionszertifikate oder eine in ihrem Auftrag oder für ihre Rechnung handelnde Person im Zuge der normalen Ausübung ihrer Arbeit oder ihres Berufs oder der normalen Erfüllung ihrer Aufgaben gemäß Artikel 10 Absatz 1 Insiderinformationen gegenüber einem Dritten offen, so veröffentlicht er diese Informationen vollständig und wirksam, und zwar zeitgleich bei absichtlicher Offenlegung und unverzüglich im Fall einer nicht absichtlichen Offenlegung. Dieser Absatz gilt nicht, wenn die die Informationen erhaltende Person zur Verschwiegenheit verpflichtet ist, unabhängig davon, ob sich diese Verpflichtung aus Rechts- oder Verwaltungsvorschriften, einer Satzung oder einem Vertrag ergibt.

(9) Insiderinformationen in Bezug auf Emittenten, deren Finanzinstrumente zum Handel an einem KMU-Wachstumsmarkt zugelassen sind, können auf der Website des Handelsplatzes anstatt der Website des Emittenten angezeigt werden, falls der Handelsplatz sich für die Bereitstellung dieser Möglichkeit für Emittenten auf jenem Markt entscheidet.

(10) Um einheitliche Bedingungen für die Anwendung dieses Artikels sicherzustellen, arbeitet die ESMA Entwürfe technischer Durchführungsstandards zur Festlegung

a) der technischen Mittel für die angemessene Bekanntgabe von Insiderinformationen gemäß den Absätzen 1, 2, 8 und 9 und

b) der technischen Mittel für den Aufschub der Bekanntgabe von Insiderinformationen gemäß den Absätzen 4 und 5 aus.

Die ESMA legt der Kommission diese Entwürfe technischer Durchführungsstandards bis zum 3. Juli 2016. vor.

Der Kommission wird die Befugnis übertragen, die in Unterabsatz 1 genannten technischen Durchführungsstandards nach Artikel 15 der Verordnung (EU) Nr. 1095/2010 zu erlassen.

(11) Die ESMA gibt Leitlinien für die Erstellung einer nicht abschließenden indikativen Liste der in Absatz 4 Buchstabe a genannten berechtigten Interessen des Emittenten und von Fällen heraus, in denen die Aufschiebung der Offenlegung von Insiderinformationen gemäß Absatz 4 Buchstabe b geeignet ist, die Öffentlichkeit irrezuführen.

Artikel 18

Insiderlisten

(1) Emittenten oder alle in ihrem Auftrag oder für ihre Rechnung handelnden Personen sind verpflichtet,

a) eine Liste aller Personen aufzustellen, die Zugang zu Insiderinformationen haben, wenn diese Personen für sie auf Grundlage eines Arbeitsvertrags oder anderweitig

Aufgaben wahrnehmen, durch die diese Zugang zu Insiderinformationen haben, wie Berater, Buchhalter oder Ratingagenturen (im Folgenden „Insiderliste"),

b) die Insiderliste im Einklang mit Absatz 4 rasch zu aktualisieren sowie

c) der zuständigen Behörde die Insiderliste auf deren Ersuchen unverzüglich zur Verfügung zu stellen.

(2) Emittenten oder alle in ihrem Auftrag oder für ihre Rechnung handelnden Personen treffen alle erforderlichen Vorkehrungen, um dafür zu sorgen, dass alle auf der Insiderliste erfassten Personen die aus den Rechts- und Verwaltungsvorschriften erwachsenden Pflichten schriftlich anerkennen und sich der Sanktionen bewusst sind, die bei Insidergeschäften, unrechtmäßiger Offenlegung von Insiderinformationen Anwendung finden.

Übernimmt eine andere Person im Auftrag oder für die Rechnung des Emittenten die Erstellung und Aktualisierung der Insiderliste, so ist der Emittent auch weiterhin voll verantwortlich dafür, dass die Verpflichtungen dieses Artikels eingehalten werden. Der Emittent behält das Recht, die Insiderliste einzusehen.

(3) Die Insiderliste umfasst mindestens

a) die Identität aller Personen, die Zugang zu Insiderinformationen haben,

b) den Grund der Aufnahme in die Insiderliste,

c) das Datum, an dem diese Person Zugang zu Insiderinformationen erlangt hat sowie die entsprechende Uhrzeit und d) das Datum der Erstellung der Insiderliste.

(4) Emittenten oder jede in ihrem Namen bzw. für ihre Rechnung handelnde Person aktualisiert die Insiderliste unter Nennung des Datums der Aktualisierung unverzüglich, wenn

a) sich der Grund für die Erfassung bereits erfasster Personen auf der Insiderliste ändert,

b) eine neue Person Zugang zu Insiderinformationen erlangt hat und daher in die Insiderliste aufgenommen werden muss und

c) eine Person keinen Zugang zu Insiderinformationen mehr hat.

Bei jeder Aktualisierung sind Datum und Uhrzeit der Änderung anzugeben, durch die die Aktualisierung erforderlich wurde.

(5) Emittenten oder jede in ihrem Namen bzw. für ihre Rechnung handelnde Person bewahrt die Insiderliste für einen Zeitraum von mindestens fünf Jahren nach der Erstellung oder Aktualisierung auf.

(6) Emittenten, deren Finanzinstrumente zum Handel an KMU-Wachstumsmärkten zugelassen sind, sind von der Pflicht zur Erstellung einer Insiderliste befreit, wenn die folgenden Bedingungen erfüllt sind:

a) Der Emittent ergreift alle erforderlichen Vorkehrungen, damit alle Personen, die Zugang zu Insiderinformationen haben, die aus den Rechts- und Verwaltungsvorschriften erwachsenden Pflichten anerkennen und sich der Sanktionen bewusst sind, die bei Insidergeschäften und unrechtmäßiger Offenlegung von Insiderinformationen und Marktmanipulation zur Anwendung kommen, und

b) der Emittent ist in der Lage, der zuständigen Behörde auf Anfrage die in diesem Artikel genannte Insiderliste bereitzustellen.

(7) Dieser Artikel gilt für Emittenten, die für ihre Finanzinstrumente eine Zulassung zum Handel an einem geregelten Markt in einem Mitgliedstaat beantragt oder erhalten haben, bzw. im Falle eines Instruments, das nur auf einem multilateralen oder organisierten Handelssystem gehandelt wird, eine Zulassung zum Handel auf einem multilateralen oder organisierten Handelssystem in einem Mitgliedstaat erhalten haben oder

für ihre Finanzinstrumente eine Zulassung zum Handel auf einem multilateralen Handelssystem in einem Mitgliedstaat beantragt haben.

(8) Die Absätze 1 bis 5 gelten auch für

a) Teilnehmer am Markt für Emissionszertifikate, betreffend Insiderinformationen in Bezug auf Emissionszertifikate im Rahmen von physischen Aktivitäten dieses Teilnehmers am Markt für Emissionszertifikate;
b) alle Versteigerungsplattformen, Versteigerer und die Auktionsaufsicht bezüglich Versteigerungen von Emissionszertifikaten und anderen darauf beruhenden Auktionsobjekten, die gemäß der Verordnung (EU) Nr. 1031/2010 abgehalten werden.

(9) Um einheitliche Bedingungen für die Anwendung dieses Artikels sicherzustellen, arbeitet die ESMA Entwürfe technischer Durchführungsstandards zur Festlegung des genauen Formats der Insiderlisten und des Formats für deren Aktualisierungen gemäß diesem Artikel aus.

Die ESMA legt der Kommission diese Entwürfe technischer Durchführungsstandards bis zum 3. Juli 2016. vor.

Der Kommission wird die Befugnis übertragen, die in Unterabsatz 1 genannten technischen Durchführungsstandards nach Artikel 15 der Verordnung (EU) Nr. 1095/2010 zu erlassen.

Artikel 19
Eigengeschäfte von Führungskräften

(1) Personen, die Führungsaufgaben wahrnehmen, sowie in enger Beziehung zu ihnen stehende Personen melden dem Emittenten oder dem Teilnehmer am Markt für Emissionszertifikate und der in Absatz 2 Unterabsatz 2 genannten zuständigen Behörde

a) in Bezug auf Emittenten jedes Eigengeschäft mit Anteilen oder Schuldtiteln dieses Emittenten oder damit verbundenen Derivaten oder anderen damit verbundenen Finanzinstrumenten;
b) in Bezug auf Teilnehmer am Markt für Emissionszertifikate jedes Eigengeschäft mit Emissionszertifikaten, darauf beruhenden Auktionsobjekten oder deren damit verbundenen Derivaten.

Diese Meldungen sind unverzüglich und spätestens drei Geschäftstage nach dem Datum des Geschäft vorzunehmen.

Unterabsatz 1 gilt ab dem Zeitpunkt, an dem der sich aus den Geschäften ergebende Gesamtbetrag den in Absatz 8 beziehungsweise 9 genannten Schwellenwert innerhalb eines Kalenderjahrs erreicht hat.

(2) Zum Zweck von Absatz 1 und unbeschadet des Rechts der Mitgliedstaaten, über die in diesem Artikel genannten hinausgehende Meldepflichten festzulegen, müssen alle Eigengeschäfte von in Absatz 1 genannten Personen zuständigen Behörden von diesen Personen gemeldet werden.

Für diese Meldungen gelten für die in Absatz 1 genannten Personen die Vorschriften des Mitgliedstaats, in dem der Emittent oder Teilnehmer am Markt für Emissionszertifikate registriert ist. Die Meldungen sind innerhalb von drei Arbeitstagen nach dem Datum des Geschäfts bei der zuständigen Behörde dieses Mitgliedstaats vorzunehmen. Ist der Emittent nicht in einem Mitgliedstaat registriert, erfolgt diese Meldung bei der zuständigen Behörde des Herkunftsmitgliedstaats im Einklang mit Artikel 2 Absatz 1 Buchstabe i der Richtlinie 2004/109/EG, oder, wenn eine solche Behörde nicht besteht, der zuständigen Behörde des Handelsplatzes.

(3) Der Emittent oder Teilnehmer am Markt für Emissionszertifikate stellt sicher, dass die Informationen, die im Einklang mit Absatz 1 gemeldet werden, unverzüglich und

spätestens drei Geschäftstage nach dem Geschäft so veröffentlicht werden, dass diese Informationen schnell und nichtdiskriminierend im Einklang mit den in Artikel 17 Absatz 10 Buchstabe a genannten Standards zugänglich sind.

Der Emittent oder Teilnehmer am Markt für Emissionszertifikate greift auf Medien zurück, bei denen vernünftigerweise davon ausgegangen werden kann, dass sie die Informationen tatsächlich an die Öffentlichkeit in der gesamten Union weiterleiten, und gegebenenfalls ist das in Artikel 21 der Richtlinie 2004/109/EG amtlich bestellte System zu nutzen.

Das nationale Recht kann abweichend davon auch bestimmen, dass eine zuständige Behörde die Informationen selbst veröffentlichen kann.

(4) Dieser Artikel gilt für Emittenten die

a) für ihre Finanzinstrumente eine Zulassung zum Handel an einem geregelten Markt beantragt oder erhalten haben, bzw.

b) im Falle von Instrumenten, die nur auf einem multilateralen oder organisierten Handelssystem gehandelt werden, für Emittenten, die eine Zulassung zum Handel auf einem multilateralen oder organisierten Handelssystem erhalten haben oder die für ihre Finanzinstrumente eine Zulassung zum Handel auf einem multilateralen Handelssystem beantragt haben.

(5) Die Emittenten und Teilnehmer am Markt für Emissionszertifikate setzen die Personen, die Führungsaufgaben wahrnehmen, von ihren Verpflichtungen im Rahmen dieses Artikels schriftlich in Kenntnis. Die Emittenten und Teilnehmer am Markt für Emissionszertifikate erstellen eine Liste der Personen, die Führungsaufgaben wahrnehmen, sowie der Personen, die zu diesen in enger Beziehung stehen. Personen, die Führungsaufgaben wahrnehmen, setzen die zu ihnen in enger Beziehung stehenden Personen schriftlich von deren Verpflichtungen im Rahmen dieses Artikels in Kenntnis und bewahren eine Kopie dieses Dokuments auf.

(6) Die Meldung von Geschäften nach Absatz 1 muss folgende Angaben enthalten:

a) Name der Person;

b) Grund der Meldung;

c) Bezeichnung des betreffenden Emittenten oder Teilnehmers am Markt für Emissionszertifikate;

d) Beschreibung und Kennung des Finanzinstruments;

e) Art des Geschäfts bzw. der Geschäfte (d. h. Erwerb oder Veräußerung), einschließlich der Angabe, ob ein Zusammenhang mit der Teilnahme an Belegschaftsaktienprogrammen oder mit den konkreten Beispielen gemäß Absatz 7 besteht;

f) Datum und Ort des Geschäfts bzw. der Geschäfte und

g) Kurs und Volumen des Geschäfts bzw. der Geschäfte. Bei einer Verpfändung, deren Konditionen eine Wertänderung bedingen, sollten dieser Umstand und der Wert zum Zeitpunkt der Verpfändung offengelegt werden.

(7) Zu den für die Zwecke von Absatz 1 zu meldenden Geschäften gehören auch:

a) das Verpfänden oder Verleihen von Finanzinstrumenten durch oder im Auftrag einer der in Absatz 1 genannten Person, die Führungsaufgaben wahrnimmt, oder einer mit dieser enge verbundenen Person;

b) von Personen, die beruflich Geschäfte vermitteln oder ausführen, oder einer anderen Person im Auftrag einer der in Absatz 1 genannten Personen, die Führungsaufgaben wahrnehmen oder mit zu solchen Personen enger verbunden ist, unternommene Geschäfte, auch wenn dabei ein Ermessen ausgeübt wird;

c) Geschäfte im Sinne der Richtlinie 2009/138/EG des Europäischen Parlaments und des Rates[1)], die im Rahmen einer Lebensversicherung getätigt werden, wenn
   i) der Versicherungsnehmer eine in Absatz 1 genannte Person ist, die Führungsaufgaben wahrnimmt, oder eine Person, die mit einer solchen Person eng verbunden ist,
   ii) der Versicherungsnehmer das Investitionsrisiko trägt und
   iii) der Versicherungsnehmer über die Befugnis oder das Ermessen verfügt, Investitionsentscheidungen in Bezug auf spezifische Instrumente im Rahmen dieser Lebensversicherung zu treffen oder Geschäfte in Bezug auf spezifische Instrumente für diese Lebensversicherung auszuführen.

Für die Zwecke von Buchstabe a muss eine Verpfändung von Wertpapieren oder eine ähnliche Sicherung von Finanzinstrumenten im Zusammenhang mit der Hinterlegung der Finanzinstrumente in ein Depotkonto nicht gemeldet werden, sofern und solange eine derartige Verpfändung oder andere Sicherung dazu dient, eine spezifische Kreditfazilität zu sichern.

Sofern der Versicherungsnehmer eines Versicherungsvertrags gemäß diesem Absatz verpflichtet ist, Geschäfte zu melden, obliegt dem Versicherungsunternehmen keine Verpflichtung, eine Meldung vorzunehmen.

(8) Absatz 1 gilt für Geschäfte, die getätigt werden, nachdem innerhalb eines Kalenderjahrs ein Gesamtvolumen von 5 000 EUR erreicht worden ist. Der Schwellenwert von 5 000 EUR errechnet sich aus der Addition aller in Absatz 1 genannten Geschäfte ohne Netting.

(9) Eine zuständige Behörde kann beschließen, den in Absatz 8 genannten Schwellenwert auf 20 000 EUR anzuheben, und sie setzt die ESMA von ihrer Entscheidung, einen höheren Schwellenwert anzunehmen, und der Begründung für ihre Entscheidung unter besonderer Bezugnahme auf die Marktbedingungen in Kenntnis, bevor sie diesen Schwellenwert anwendet. Die ESMA veröffentlicht auf ihrer Website die Liste der Schwellenwerte, die gemäß diesem Artikel anwendbar sind, sowie die von den zuständigen Behörden vorgelegten Begründungen für diese Schwellenwerte.

(10) Dieser Artikel gilt auch für Geschäfte von Personen, die, die bei Versteigerungsplattformen, Versteigerern und der Auktionsaufsicht, die an Auktionen gemäß der Verordnung (EU) Nr. 1031/2010 beteiligt sind, Führungsaufgaben wahrnehmen, sowie für Personen, die zu solchen Personen in enger Beziehung stehen, soweit ihre Geschäfte Emissionszertifikate, deren Derivative und darauf beruhende Auktionsprodukte umfassen. Diese Personen teilen ihre Geschäfte je nach Einschlägigkeit den Versteigerungsplattformen, den Versteigerern und der Auktionsaufsicht mit, sowie der zuständigen Behörde, bei welcher die Versteigerungsplattform, der Versteigerer und die Auktionsaufsicht gegebenenfalls registriert sind. Die entsprechend übermittelte Information wird von der Versteigerungsplattform, den Versteigerern, der Auktionsaufsicht oder der zuständigen Behörde gemäß Absatz 3 veröffentlicht.

(11) Unbeschadet der Artikel 14 und 15 darf eine Person, die bei einem Emittenten Führungsaufgaben wahrnimmt, weder direkt noch indirekt Eigengeschäfte oder Geschäfte für Dritte im Zusammenhang mit den Anteilen oder Schuldtiteln des Emittenten oder mit Derivaten oder anderen mit diesen in Zusammenhang stehenden Finanzinstrumenten während eines geschlossenen Zeitraums von 30 Kalendertagen vor Ankündi-

---

1) Richtlinie 2009/138/EG des Europäischen Parlaments und des Rates vom 25. November 2009 betreffend die Aufnahme und Ausübung der Versicherungs- und der Rückversicherungstätigkeit (Solvabilität II) (ABl. L 335 vom 17.12.2009, S. 1).

gung eines Zwischenberichts oder eines Jahresabschlussberichts tätigen, zu deren Veröffentlichung der Emittent verpflichtet ist:

a) gemäß den Vorschriften des Handelsplatzes, auf dem die Anteile des Emittenten zum Handel zugelassen sind, oder

b) gemäß nationalem Recht.

(12) Unbeschadet der Artikel 14 und 15 darf ein Emittent einer Person, die Führungsaufgaben bei ihr wahrnimmt, erlauben Eigengeschäfte oder Geschäfte für Dritte während eines geschlossenen Zeitraums gemäß Absatz 11 vorzunehmen, vorausgesetzt, dass diese Geschäfte entweder

a) im Einzelfall aufgrund außergewöhnlicher Umstände, wie beispielsweise schwerwiegende finanzielle Schwierigkeiten, die den unverzüglichen Verkauf von Anteilen erforderlich machen, oder

b) durch die Merkmale des betreffenden Geschäfts für Handel bedingt sind, die im Rahmen von Belegschaftsaktien oder einem Arbeitnehmersparplan, von Pflichtaktien oder von Bezugsberechtigungen auf Aktien oder Geschäfte getätigt werden, wenn sich die nutzbringende Beteiligung an dem einschlägigen Wertpapier nicht ändert.

(13) Die Kommission wird ermächtigt, delegierte Rechtsakte nach Artikel 35 zu erlassen, in denen festgelegt wird, unter welchen Umständen der Handel während eines geschlossenen Zeitraums durch den Emittenten gemäß Absatz 12 erlaubt werden kann, einschließlich der Umstände, die als außergewöhnlich zu betrachten wären, und der Arten von Geschäften, die eine Erlaubnis zum Handel rechtfertigen würden.

(14) Der Kommission wird die Befugnis übertragen, gemäß Artikel 35 in Bezug auf die Festlegung der Arten von Geschäften, welche die in Absatz 1 genannte Anforderung auslösen, delegierte Rechtsakte zu erlassen.

(15) Damit Absatz 1 einheitlich angewendet wird, arbeitet die ESMA Entwürfe technischer Durchführungsstandards in Bezug auf das Format und ein Muster aus, in dem die in Absatz 1 genannten Informationen gemeldet und veröffentlicht werden müssen.

Die ESMA legt der Kommission bis zum 3. Juli 2015 diese Entwürfe technischer Durchführungsstandards vor.

Der Kommission wird die Befugnis übertragen, die in Unterabsatz 1 genannten technischen Durchführungsstandards nach Artikel 15 der Verordnung (EU) Nr. 1095/2010 zu erlassen.

Artikel 20
Anlageempfehlungen und Statistik

(1) Personen, die Anlageempfehlungen oder andere Informationen, durch die eine Anlagestrategie empfohlen oder vorgeschlagen wird, erstellen oder verbreiten, tragen in angemessener Weise dafür Sorge, dass die Informationen objektiv dargestellt und ihre Interessen oder Interessenkonflikte hinsichtlich der Finanzinstrumente, auf die diese Informationen sich beziehen, offengelegt werden.

(2) Öffentliche Stellen, die Statistiken oder Prognosen verbreiten, welche die Finanzmärkte erheblich beeinflussen könnten, haben dies auf objektive und transparente Weise zu tun.

(3) Um eine durchgehende Harmonisierung dieses Artikels sicherzustellen, arbeitet die ESMA Entwürfe technischer Durchführungsstandards aus, um die technischen Modalitäten für die in Absatz 1 genannten Personengruppen, für die objektive Darstellung von Anlageempfehlungen oder anderen Informationen mit Empfehlungen oder Vor-

schlägen zu Anlagestrategien sowie für die Offenlegung bestimmter Interessen oder Anzeichen für Interessenkonflikte festzulegen.

Die ESMA legt der Kommission bis zum 3. Juli 2015 diese Entwürfe technischer Regulierungsstandards vor.

Der Kommission wird die Befugnis übertragen, die in Unterabsatz 1 genannten technischen Regulierungsstandards nach Artikel 10 bis 14 der Verordnung (EU) Nr. 1095/2010 zu erlassen.

Die in den in Absatz 3 genannten technischen Regulierungsstandards niedergelegten technischen Modalitäten finden keine Anwendung auf Journalisten, die einer gleichwertigen angemessenen Regelung – einschließlich einer gleichwertigen angemessenen Selbstregulierung – in den Mitgliedstaaten unterliegen, sofern mit einer solchen Regelung eine ähnliche Wirkung erzielt wird wie mit den technischen Modalitäten. Die Mitgliedstaaten teilen den Wortlaut dieser gleichwertigen angemessenen Regelung der Kommission mit.

Artikel 21
Weitergabe oder Verbreitung von Informationen in den Medien

Werden für journalistische Zwecke oder andere Ausdrucksformen in den Medien Informationen offengelegt oder verbreitet oder Empfehlungen gegeben oder verbreitet, sind bei der Beurteilung dieser Offenlegung und Verbreitung von Informationen für den Zweck von Artikel 10, Artikel 12 Absatz 1 Buchstabe c und Artikel 20 die Regeln der Pressefreiheit und der Freiheit der Meinungsäußerung in anderen Medien sowie der journalistischen Berufs- und Standesregeln zu berücksichtigen, es sei denn,

a) den betreffenden Personen oder mit diesen Personen in enger Beziehung stehenden Personen erwächst unmittelbar oder mittelbar ein Vorteil oder Gewinn aus der Offenlegung oder Verbreitung der betreffenden Information, oder

b) die Weitergabe oder Verbreitung erfolgt in der Absicht, den Markt in Bezug auf das Angebot von Finanzinstrumenten, die Nachfrage danach oder ihren Kurs irrezuführen.

Kapitel 4
ESMA und zuständige Behörden

Artikel 22
Zuständige Behörden

Unbeschadet der Zuständigkeiten der Justizbehörden benennen die Mitgliedstaaten eine einzige Behörde, die für die Zwecke dieser Verordnung zuständig ist. Die Mitgliedstaaten setzen die Kommission, die ESMA und die anderen zuständigen Behörden der anderen Mitgliedstaaten entsprechend in Kenntnis. Die zuständige Behörde gewährleistet die Anwendung der Bestimmungen dieser Verordnung in ihrem Hoheitsgebiet, auf alle in ihrem Hoheitsgebiet ausgeführten Handlungen und auf im Ausland ausgeführte Handlungen in Bezug auf Instrumente, die zum Handel an einem geregelten Markt zugelassen sind, für die eine Zulassung zum Handel auf einem solchen Markt beantragt wurde, die auf einer Versteigerungsplattform versteigert wurden oder die auf einem in ihrem Hoheitsgebiet betriebenen multilateralen oder organisierten Handelssystem gehandelt werden oder für die eine Zulassung zum Handel auf einem multilateralen Handelssystem in ihrem Hoheitsgebiet beantragt wurde.

Artikel 23
Befugnisse der zuständigen Behörden

(1) Die zuständigen Behörde nehmen ihre Aufgaben und Befugnisse wahlweise folgendermaßen wahr:

a) unmittelbar,

b) in Zusammenarbeit mit anderen Behörden oder den Marktteilnehmern,

c) indem sie als verantwortliche Behörde Aufgaben auf andere Behörden oder Marktteilnehmer übertragen,

d) durch Antrag bei den zuständigen Justizbehörden.

(2) Zur Wahrnehmung ihrer Aufgaben gemäß dieser Verordnung müssen die zuständigen Behörden nach nationalem Recht zumindest über die folgenden Aufsichts- und Ermittlungsbefugnisse verfügen:

a) Zugang zu jedweden Unterlagen und Daten in jeder Form zu haben und Kopien von ihnen zu erhalten oder anzufertigen;

b) von jeder Person, auch von solchen, die nacheinander an der Übermittlung von Aufträgen oder an der Ausführung der betreffenden Tätigkeiten beteiligt sind, sowie von deren Auftraggebern Auskünfte zu verlangen oder zu fordern und erforderlichenfalls zum Erhalt von Informationen eine Person vorzuladen und zu befragen;

c) in Bezug auf Warenderivate Informationen in genormten Formaten von Teilnehmern der entsprechenden Spotmärkte anzufordern, Meldungen über Geschäfte zu erhalten und direkt auf die Systeme der Händler zuzugreifen;

d) an anderen Orten als den privaten Wohnräumen natürlicher Personen Prüfungen und Ermittlungen vor Ort durchzuführen;

e) vorbehaltlich des Unterabsatzes 2 die Räumlichkeiten natürlicher und juristischer Personen zu betreten und Dokumente um Daten in jeder Form zu beschlagnahmen, wenn der begründete Verdacht besteht, dass Dokumente oder Daten, die sich auf den Gegenstand der Überprüfung oder Ermittlung beziehen, für den Nachweis von Insidergeschäften oder Marktmanipulation unter Verstoß gegen diese Verordnung relevant sein können;

f) eine Sache zwecks strafrechtlicher Verfolgung weiterzuverweisen;

g) bestehende Aufzeichnungen von Telefongesprächen oder elektronischen Mitteilungen oder Datenverkehrsaufzeichnungen im Besitz von Wertpapierfirmen, Kreditinstituten oder Finanzinstituten anzufordern;

h) bestehende Datenverkehrsaufzeichnungen im Besitz einer Telekommunikationsgesellschaft anzufordern, wenn der begründete Verdacht eines Verstoßes besteht und wenn diese Aufzeichnungen für die Untersuchung eines Verstoßes gegen Artikel 14 Buchstaben a oder b oder Artikel 15 relevant sein können, soweit dies nach nationalem Recht zulässig ist;

i) das Einfrieren oder die Beschlagnahme von Vermögenswerten oder beides zu beantragen;

j) den Handel mit den betreffenden Finanzinstrumenten auszusetzen;

k) die vorübergehende Einstellung von Handlungen zu verlangen, die gemäß der Auffassung der zuständigen Behörde gegen dieser Verordnung verstoßen;

l) ein vorübergehendes Verbot der Ausübung der Berufstätigkeit zu verhängen und

m) alle erforderlichen Maßnahmen zu ergreifen, damit die Öffentlichkeit ordnungsgemäß informiert wird, unter anderem durch die Richtigstellung falscher oder irreführender offengelegter Informationen, einschließlich der Verpflichtung von Emittenten oder anderen Personen, die falsche oder irreführende Informationen verbreitet haben, eine Berichtigung zu veröffentlichen.

Falls gemäß dem nationalen Recht eine vorherige Genehmigung der zuständigen Justizbehörde des betreffenden Mitgliedstaats erforderlich ist, um Räumlichkeiten von den in Unterabsatz 1 Buchstabe e genannten natürlichen oder juristischen Personen zu betreten, wird von der in Unterabsatz 1 Buchstabe e genannten Befugnis erst nach Einholung dieser vorherigen Genehmigung Gebrauch gemacht.

(3) Die Mitgliedstaaten stellen durch geeignete Maßnahmen sicher, dass die zuständigen Behörden alle zur Wahrnehmung ihrer Aufgaben erforderlichen Aufsichts- und Ermittlungsbefugnisse haben.

Diese Verordnung lässt Gesetze sowie Rechts- und Verwaltungsvorschriften, die in Bezug auf Übernahmeangebote, Zusammenschlüsse und andere Transaktionen erlassen werden, die die Eigentumsverhältnisse oder die Kontrolle von Unternehmen betreffen und die durch die von den Mitgliedstaaten gemäß Artikel 4 der Richtlinie 2004/25/EG des Europäischen Parlaments und des Rates benannten Aufsichtsbehörden reguliert werden und zusätzlich zu den Anforderungen dieser Verordnung weitere Anforderungen auferlegen, unberührt.

(4) Wenn eine Person der zuständigen Behörde im Einklang mit dieser Verordnung Informationen meldet, gilt das nicht als Verstoß gegen eine etwaige vertraglich oder durch Rechts- oder Verwaltungsvorschriften geregelte Einschränkung der Offenlegung von Informationen und hat keine diesbezügliche Haftung der Person, die die Meldung erstattet hat, zur Folge.

Artikel 24
Zusammenarbeit mit der ESMA

(1) Die zuständigen Behörden arbeiten gemäß der Verordnung (EU) Nr. 1095/2010 für die Zwecke dieser Verordnung mit der ESMA zusammen.

(2) Die zuständigen Behörden stellen der ESMA gemäß Artikel 35 der Verordnung (EU) Nr. 1095/2010 unverzüglich alle für die Erfüllung ihrer Aufgaben erforderlichen Informationen zur Verfügung.

(3) Um einheitliche Bedingungen für die Anwendung dieses Artikels sicherzustellen, arbeitet die ESMA Entwürfe technischer Durchführungsstandards zur Festlegung der Verfahren und Formen des Informationsaustauschs gemäß Absatz 2 aus.

Die ESMA legt der Kommission bis zum 3. Juli 2016. diese Entwürfe technischer Durchführungsstandards vor.

Der Kommission wird die Befugnis übertragen, die in Unterabsatz 1 genannten technischen Durchführungsstandards nach Artikel 15 der Verordnung (EU) Nr. 1095/2010 zu erlassen.

Artikel 25
Verpflichtung zur Zusammenarbeit

(1) Die zuständigen Behörden arbeiten in dem für die Zwecke dieser Verordnung erforderlichen Umfang untereinander und mit der ESMA zusammen, sofern nicht eine der in Absatz 2 genannten Ausnahmen anwendbar ist. Die zuständigen Behörden leisten den zuständigen Behörden anderer Mitgliedstaaten und der ESMA Amtshilfe. Insbesondere tauschen sie unverzüglich Informationen aus und kooperieren bei Ermittlungen sowie Überwachungs- und Durchsetzungsmaßnahmen.

Die Pflicht zur Zusammenarbeit und Amtshilfe nach Maßgabe von Unterabsatz 1 gilt auch gegenüber der Kommission im Hinblick auf den Austausch von Informationen über Waren, bei denen es sich um landwirtschaftliche Produkte nach Anhang I AEUV handelt.

Die zuständigen Behörden und die ESMA arbeiten im Einklang mit der Verordnung (EU) Nr. 1095/2010 und insbesondere deren Artikel 35 zusammen.

Haben die Mitgliedstaaten beschlossen, im Einklang mit Artikel 30 Absatz 1 Unterabsatz 2 strafrechtliche Sanktionen für die dort genannten Verstöße gegen die Bestimmungen dieser Verordnung niederzulegen, so sorgen sie dafür, dass angemessene Vorkehrungen bestehen, damit die zuständigen Behörden über die erforderlichen Befugnisse verfügen, um mit den zuständigen Justizbehörden ihres Zuständigkeitsbereichs Kontakt aufnehmen zu können, um bestimmte Informationen in Bezug auf strafrechtliche Ermittlungen oder Verfahren zu erhalten, die aufgrund möglicher Verstöße gegen diese Verordnung eingeleitet wurden, und stellen anderen zuständigen Behörden und der ESMA dasselbe bereit, um ihrer Verpflichtung nachzukommen, für die Zwecke dieser Verordnung miteinander sowie mit der ESMA zu kooperieren.

(2) Eine zuständige Behörde kann es nur unter den folgenden außergewöhnlichen Umständen ablehnen, der Anforderung von Informationen oder der Anfrage in Bezug auf die Zusammenarbeit bei einer Ermittlung zu entsprechen,

a) wenn die Weitergabe der relevanten Informationen die Sicherheit des ersuchten Mitgliedstaats beeinträchtigen könnte, insbesondere die Bekämpfung von Terrorismus und anderen schwerwiegenden Straftaten;

b) wenn ein Stattgeben dazu geeignet wäre, ihre eigene Untersuchung, ihre eigenen Durchsetzungsmaßnahmen oder gegebenenfalls eine strafrechtliche Ermittlung zu beeinträchtigen;

c) wenn aufgrund derselben Tat und gegen dieselben Personen bereits ein Verfahren vor einem Gericht des ersuchten Mitgliedstaats anhängig ist oder

d) wenn gegen diese Personen aufgrund derselben Tat bereits ein rechtskräftiges Urteil in dem ersuchten Mitgliedstaat ergangen ist.

(3) Die zuständigen Behörden und die ESMA arbeiten mit der durch die Verordnung (EG) Nr. 713/2009 des Europäischen Parlaments und des Rates[1)] gegründeten Agentur für die Zusammenarbeit der Energieregulierungsbehörden (ACER) und den nationalen Regulierungsbehörden der Mitgliedstaaten zusammen, damit der Durchsetzung der einschlägigen Vorschriften ein koordiniertes Konzept zugrunde liegt, soweit Geschäfte, Handelsaufträge oder andere Maßnahmen oder Handlungen sich auf ein oder mehrere unter diese Verordnung fallende Finanzinstrumente sowie auf ein oder mehrere unter Artikel 3, 4 und 5 der Verordnung (EU) Nr. 1227/2011 fallende Energiegroßhandelsprodukte beziehen. Die zuständigen Behörden berücksichtigen die Besonderheiten der Begriffsbestimmungen in Artikel 2 der Verordnung (EU) Nr. 1227/2011 und die Bestimmungen der Artikel 3, 4 und 5 der Verordnung (EU) Nr. 1227/2011, wenn sie Artikel 7, 8 und 12 dieser Verordnung auf Finanzinstrumente anwenden, die sich auf Energiegroßhandelsprodukte beziehen.

(4) Die zuständigen Behörden übermitteln auf Ersuchen unverzüglich alle Informationen, die zu dem in Absatz 1 genannten Zweck erforderlich sind.

(5) Ist eine zuständige Behörde überzeugt, dass im Hoheitsgebiet eines anderen Mitgliedstaats gegen diese Verordnung verstoßende Handlungen erfolgen oder erfolgt sind oder dass Finanzinstrumente, die auf einem Handelsplatz in einem anderen Mitgliedstaat gehandelt werden, von derartigen Handlungen betroffen sind, so teilt sie dies der zuständigen Behörde des anderen Mitgliedstaats und der ESMA bzw. im Falle von Ener-

---

1) Verordnung (EG) Nr. 713/2009 des Europäischen Parlaments und des Rates vom 13. Juli 2009 zur Gründung einer Agentur für die Zusammenarbeit der Energieregulierungsbehörden (ABl. L 211 vom 14.8.2009, S. 1).

giegroßhandelsprodukten der ACER so konkret wie möglich mit. Die zuständigen Behörden der verschiedenen beteiligten Mitgliedstaaten hören einander und die ESMA bzw. im Falle von Energiegroßhandelsprodukten die ACER in Bezug auf angemessene zu treffende Maßnahmen an und unterrichten einander über wesentliche zwischenzeitlich eingetretene Entwicklungen. Sie koordinieren ihre Maßnahmen, um etwaige Doppelarbeit und Überschneidungen bei der Anwendung von verwaltungsrechtlichen Sanktionen und anderen verwaltungsrechtlichen Maßnahmen auf grenzüberschreitende Fälle gemäß Artikel 30 und 31 zu vermeiden und leisten einander bei der Durchsetzung ihrer Entscheidungen Amtshilfe.

(6) Die zuständige Behörde eines Mitgliedstaats kann im Hinblick auf Prüfungen oder Ermittlungen vor Ort die Amtshilfe der zuständigen Behörde eines anderen Mitgliedstaats beantragen.

Eine beantragende zuständige Behörde kann die ESMA von jedem Antrag nach Unterabsatz 1 in Kenntnis setzen. Im Falle grenzüberschreitender Ermittlungen oder Überprüfungen koordiniert die ESMA auf Ersuchen einer der zuständigen Behörden die Ermittlung oder Überprüfung.

Erhält eine zuständige Behörde einen Antrag einer zuständigen Behörde eines anderen Mitgliedstaats auf Durchführung von Überprüfungen vor Ort oder Ermittlungen, hat sie folgende Möglichkeiten:

a) Sie führt die Überprüfung oder Ermittlung vor Ort selbst durch;
b) sie gestattet der antragstellenden zuständigen Behörde, sich an der Überprüfung oder Ermittlung vor Ort zu beteiligen;
c) sie gestattet der antragstellenden zuständigen Behörde, die Überprüfung oder Ermittlung vor Ort selbst durchzuführen;
d) sie beauftragt Rechnungsprüfer oder Sachverständige mit der Durchführung der Überprüfung oder Ermittlung vor Ort;
e) sie teilt sich bestimmte mit der Wahrnehmung der Aufsichtstätigkeiten zusammenhängende Aufgaben mit den anderen zuständigen Behörden.

Die zuständigen Behörden können auch mit den zuständigen Behörden anderer Mitgliedstaaten bei der Einziehung von finanziellen Sanktionen zusammenarbeiten.

(7) Unbeschadet des Artikels 258 AEUV kann eine zuständige Behörde, deren Informations- oder Amtshilfeersuchen gemäß Absatz 1, 3, 4 und 5 nicht innerhalb einer angemessenen Frist Folge geleistet wird oder deren Informations- oder Amtshilfeersuchen abgelehnt wurde, die ESMA mit dieser Ablehnung oder Nichtfolgeleistung innerhalb einer angemessenen Frist befassen.

In diesen Fällen kann die ESMA – unbeschadet der Möglichkeit ihres Tätigwerdens gemäß Artikel 17 der Verordnung (EU) Nr. 1095/2010 – gemäß Artikel 19 der Verordnung (EU) Nr. 1095/2010 tätig werden.

(8) Die zuständigen Behörden arbeiten bei dem begründeten Verdacht, dass Handlungen, die unter Verstoß gegen diese Verordnung Insidergeschäfte, unrechtmäßige Offenlegung von Informationen oder Marktmanipulation darstellen, erfolgen oder erfolgt sind, mit den für die entsprechenden Spotmärkte jeweils zuständigen Regulierungsbehörden ihres Landes und von Drittstaaten zusammen und tauschen Informationen mit diesen aus. Diese Zusammenarbeit muss einen konsolidierten Überblick über die Finanz- und Spotmärkte sowie die Aufdeckung marktübergreifenden und grenzüberschreitenden Marktmissbrauchs und die Verhängung entsprechender Sanktionen gewährleisten.

In Bezug auf Emissionszertifikate sind die Zusammenarbeit und der Informationsaustausch gemäß Unterabsatz 1 auch mit folgenden Stellen zu gewährleisten:

a) der Auktionsaufsicht in Bezug auf Versteigerungen von Treibhausgasemissionszertifikaten und anderen darauf beruhenden Auktionsobjekten gemäß der Verordnung (EU) Nr. 1031/2010 und

b) zuständigen Behörden, Registerführern, einschließlich des Zentralverwalters, und anderen mit der Überwachung der Einhaltung gemäß der Richtlinie 2003/87/EG beauftragten öffentlichen Stellen.

Die ESMA unterstützt und koordiniert die Zusammenarbeit und den Informationsaustausch zwischen den zuständigen Behörden und den zuständigen Behörden und Regulierungsbehörden in anderen Mitgliedstaaten und Drittländern. Die zuständigen Behörden treffen nach Möglichkeit gemäß Artikel 26 Kooperationsvereinbarungen mit den für die betreffenden Spotmärkte zuständigen Regulierungsbehörden von Drittländern.

(9) Um einheitliche Bedingungen für die Anwendung dieses Artikels sicherzustellen, arbeitet die ESMA Entwürfe technischer Durchführungsstandards zur Festlegung der Verfahren und Formen des Informationsaustauschs und der Amtshilfe gemäß diesem Artikel aus.

Die ESMA legt der Kommission bis zum 3. Juli 2016 diese Entwürfe technischer Durchführungsstandards vor.

Der Kommission wird die Befugnis übertragen, die in Unterabsatz 1 genannten technischen Durchführungsstandards nach Artikel 15 der Verordnung (EU) Nr. 1095/2010 zu erlassen.

Artikel 26

Zusammenarbeit mit Drittstaaten

(1) Die zuständigen Behörden der Mitgliedstaaten treffen erforderlichenfalls mit den Aufsichtsbehörden von Drittstaaten Kooperationsvereinbarungen über den Informationsaustausch mit Aufsichtsbehörden in Drittländern und die Durchsetzung von Verpflichtungen, die sich aus dieser Verordnung in Drittstaaten ergeben. Diese Kooperationsvereinbarungen stellen zumindest einen wirksamen Informationsaustausch sicher, der den zuständigen Behörden die Wahrnehmung ihrer Aufgaben im Rahmen dieser Verordnung ermöglicht.

Schlägt eine zuständige Behörde den Abschluss einer derartigen Vereinbarung vor, setzt sie die ESMA und die anderen zuständigen Behörden in Kenntnis.

(2) Die ESMA unterstützt und koordiniert nach Möglichkeit die Ausarbeitung von Kooperationsvereinbarungen zwischen den zuständigen Behörden und den jeweils zuständigen Aufsichtsbehörden von Drittstaaten.

Um einheitliche Bedingungen für die Anwendung dieses Artikels sicherzustellen, arbeitet die ESMA Entwürfe technischer Regulierungsstandards mit einem Muster für Kooperationsvereinbarungen aus, das die zuständigen Behörden der Mitgliedstaaten nach Möglichkeit verwenden.

Die ESMA legt der Kommission bis zum 3. Juli 2015. diese Entwürfe technischer Regulierungsstandards vor.

Der Kommission wird die Befugnis übertragen, die in Unterabsatz 2 genannten technischen Regulierungsstandards nach Artikel 10 bis 14 der Verordnung (EU) Nr. 1095/2010 zu erlassen.

Die ESMA erleichtert und koordiniert nach Möglichkeit auch den Informationsaustausch zwischen den zuständigen Behörden bei Informationen von Aufsichtsbehörden aus Drittländern, die für das Ergreifen von Maßnahmen nach Artikel 30 und 31 von Belang sein können.

(3) Die zuständigen Behörden treffen Kooperationsvereinbarungen über den Informationsaustausch mit den Aufsichtsbehörden von Drittländern nur, wenn die Garantien zum Schutz des Berufsgeheimnisses in Bezug auf die offengelegten Informationen jenen nach Artikel 27 mindestens gleichwertig sind. Ein derartiger Informationsaustausch muss der Wahrnehmung der Aufgaben dieser zuständigen Behörden dienen.

Artikel 27
Berufsgeheimnis

(1) Vertrauliche Informationen, die gemäß dieser Verordnung empfangen, ausgetauscht oder übermittelt werden, unterliegen den Vorschriften der Absätze 2 und 3 zum Berufsgeheimnis.

(2) Alle im Rahmen dieser Verordnung zwischen zuständigen Behörden ausgetauschten Informationen, die Geschäfts- oder Betriebsbedingungen und andere wirtschaftliche oder persönliche Angelegenheiten betreffen, gelten als vertraulich und unterliegen den Anforderungen des Berufsgeheimnisses, es sein denn, ihre Weitergabe wird von den zuständigen Behörden zum Zeitpunkt der Übermittlung für zulässig erklärt oder ist für Gerichtsverfahren erforderlich.

(3) Alle Personen, die eine Tätigkeit bei der zuständigen Behörde oder bei einer Behörde oder einem Marktteilnehmer, an die bzw. den die zuständige Behörde ihre Befugnisse delegiert hat, ausüben oder ausgeübt haben, einschließlich der unter Anweisung der zuständigen Behörde tätigen Prüfer und Sachverständigen, sind zur Wahrung des Berufsgeheimnisses verpflichtet. Die unter das Berufsgeheimnis fallenden Informationen dürfen keiner anderen Person oder Behörde bekannt gegeben werden, es sei denn, dies geschieht aufgrund einer Rechtsvorschrift der Union oder eines Mitgliedstaats.

Artikel 28
Datenschutz

In Bezug auf die Verarbeitung personenbezogener Daten im Rahmen dieser Verordnung führen die zuständigen Behörden ihre Aufgaben im Sinne dieser Verordnung im Einklang mit den nationalen Rechts- und Verwaltungsvorschriften zur Umsetzung der Richtlinie 95/46/EG aus. In Bezug auf die Verarbeitung personenbezogener Daten durch die ESMA im Rahmen dieser Verordnung beachtet die ESMA die Bestimmungen der Verordnung (EG) Nr. 45/2001.

Personenbezogene Daten werden nicht länger als fünf Jahre gespeichert.

Artikel 29
Übermittlung personenbezogener Daten in Drittstaaten

(1) Die zuständige Behörde eines Mitgliedstaats darf personenbezogene Daten nur im Einzelfall in Drittstaaten übermitteln, wobei die Anforderungen der Richtlinie 95/46/EG erfüllt sein müssen. Die zuständige Behörde muss sicherstellen, dass die Übermittlung für die Zwecke dieser Verordnung erforderlich ist und der Drittstaat die Daten nicht in einen weiteren Drittstaat übermittelt, außer wenn dies ausdrücklich schriftlich genehmigt wurde und die von der zuständigen Behörde des Mitgliedstaats festgelegten Bedingungen erfüllt sind.

(2) Die zuständige Behörde eines Mitgliedstaats legt die von einer zuständigen Aufsichtsbehörde eines anderen Mitgliedstaats übermittelten personenbezogenen Daten nur dann einer zuständigen Behörde eines Drittstaats offen, wenn sie die ausdrückliche Zustimmung der zuständigen Behörde erhalten hat, von der die Daten stammen, und die Daten gegebenenfalls nur zu den Zwecken offengelegt werden, für die die zuständige Behörde ihre Zustimmung erteilt hat.

(3) Sieht eine Kooperationsvereinbarung den Austausch personenbezogener Daten vor, so sind die nationalen Rechts- und Verwaltungsvorschriften zur Umsetzung der Richtlinie 95/46/EG einzuhalten.

Kapitel 5
Verwaltungsrechtliche Maßnahmen und Sanktionen

Artikel 30

Verwaltungsrechtliche Sanktionen und andere verwaltungsrechtliche Maßnahmen

(1) Unbeschadet strafrechtlicher Sanktionen und unbeschadet der Aufsichtsbefugnisse der zuständigen Behörden nach Artikel 23 übertragen die Mitgliedstaaten im Einklang mit nationalem Recht den zuständigen Behörden die Befugnis, angemessene verwaltungsrechtliche Sanktionen und andere verwaltungsrechtliche Maßnahmen in Bezug auf mindestens die folgenden Verstöße zu ergreifen:

a) Verstöße gegen Artikel 14 und 15, Artikel 16 Absätze 1 und 2, Artikel 17 Absätze 1, 2, 4, 5 und 8, Artikel 18 Absätze 1 bis 6, Artikel 19 Absätze 1, 2, 3, 5, 6, 7 und 11 und Artikel 20 Absatz 1 und

b) Verweigerung der Zusammenarbeit mit einer Ermittlung oder einer Prüfung oder einer in Artikel 23 Absatz 2 genannten Anfrage.

Die Mitgliedstaaten können beschließen, keine Regelungen für die in Unterabsatz 1 genannten verwaltungsrechtlichen Sanktionen festzulegen, sofern die in Unterabsatz 1 Buchstaben a oder b genannten Verstöße bis zum 3. Juli 2016. gemäß dem nationalen Recht bereits strafrechtlichen Sanktionen unterliegen. Beschließen sie dies, so melden die Mitgliedstaaten der Kommission und der ESMA die entsprechenden Bestimmungen ihres Strafrechts in ihren Einzelheiten.

Die Mitgliedstaaten unterrichten die Kommission und die ESMA detailliert über die in den Unterabsätzen 1 und 2 genannten Vorschriften bis zum 3. Juli 2016. Sie melden der Kommission und der ESMA unverzüglich spätere Änderungen dieser Vorschriften.

(2) Die Mitgliedstaaten stellen sicher, dass die zuständigen Behörden im Einklang mit dem nationalen Recht über die Befugnis verfügen, im Falle von Verstößen gemäß Absatz 1 Unterabsatz 1 Buchstabe a mindestens die folgenden verwaltungsrechtliche Sanktionen zu verhängen und die folgenden verwaltungsrechtlichen Maßnahmen zu ergreifen:

a) eine Anordnung, wonach die für den Verstoß verantwortliche Person die Verhaltensweise einzustellen und von einer Wiederholung abzusehen hat;

b) den Einzug der infolge des Verstoßes erzielten Gewinne oder der vermiedenen Verluste, sofern diese sich beziffern lassen;

c) eine öffentliche Warnung betreffend die für den Verstoß verantwortliche Person und die Art des Verstoßes;

d) den Entzug oder die Aussetzung der Zulassung einer Wertpapierfirma;

e) ein vorübergehendes Verbot für Personen, die in einer Wertpapierfirma Führungsaufgaben wahrnehmen, oder für jedwede andere für den Verstoß verantwortliche natürliche Person, in Wertpapierfirmen Führungsaufgaben wahrzunehmen;

f) bei wiederholten Verstößen gegen Artikel 14 oder 15 ein dauerhaftes Verbot für Personen, die in einer Wertpapierfirma Führungsaufgaben wahrnehmen, oder eine andere verantwortliche natürliche Person, in Wertpapierfirmen Führungsaufgaben wahrzunehmen;

g) ein vorübergehendes Verbot für Personen, die in einer Wertpapierfirma Führungsaufgaben wahrnehmen, oder eine andere verantwortliche natürliche Person, Eigengeschäfte zu tätigen;

h) maximale verwaltungsrechtliche finanzielle Sanktionen, die mindestens bis zur dreifachen Höhe der durch die Verstöße erzielten Gewinne oder vermiedenen Verluste gehen können, sofern diese sich beziffern lassen;

i) im Falle einer natürlichen Person maximale verwaltungsrechtliche finanzielle Sanktionen von mindestens
   i) bei Verstößen gegen Artikel 14 und 15 5 000 000 EUR bzw. in den Mitgliedstaaten, deren Währung nicht der Euro nicht ist, Sanktionen in entsprechender Höhe in der Landeswährung am 2. Juli 2014;
   ii) bei Verstößen gegen Artikel 16 und 17 1 000 000 EUR bzw. in den Mitgliedstaaten, deren Währung nicht der Euro ist, Sanktionen in entsprechender Höhe in der Landeswährung am 2. Juli 2014 und
   iii) bei Verstößen gegen Artikel 18, 19 und 20 500 000 EUR bzw. in den Mitgliedstaaten, deren Währung nicht der Euro ist, Sanktionen in entsprechender Höhe in der Landeswährung am 2. Juli 2014 und

j) im Falle einer juristischen Person maximale verwaltungsrechtliche finanzielle Sanktionen von mindestens
   i) bei Verstößen gegen Artikel 14 und 15 15 000 000 EUR oder 15 % des jährlichen Gesamtumsatzes der juristischen Person entsprechend dem letzten verfügbaren durch das Leitungsorgan genehmigten Abschluss bzw. in den Mitgliedstaaten, deren Währung nicht der Euro ist, in entsprechender Höhe in der Landeswährung am 2. Juli 2014;
   ii) bei Verstößen gegen die Artikel 16 und 17 2 500 000 EUR oder 2 % des jährlichen Gesamtumsatzes des Unternehmens entsprechend dem letzten verfügbaren durch das Leitungsorgan genehmigten Abschluss bzw. in den Mitgliedstaaten, deren Währung nicht der Euro ist, in entsprechender Höhe in der Landeswährung am 2. Juli 2014 und
   iii) bei Verstößen gegen Artikel 18, 19 und 20 1 000 000 EUR bzw. in den Mitgliedstaaten, deren Währung nicht der Euro ist, in entsprechender Höhe in der Landeswährung am 2. Juli 2014.

Verweise auf die zuständige Behörde in diesem Absatz lassen die Befugnis der zuständigen Behörde, ihre Aufgaben gemäß Artikel 23 Absatz 1 wahrzunehmen, unberührt.

Falls es sich bei der juristischen Person um eine Muttergesellschaft oder eine Tochtergesellschaft handelt, die einen konsolidierten Abschluss gemäß der Richtlinie 2013/34/EU des Europäischen Parlaments und des Rates[1)] aufzustellen hat, bezeichnet „jährlicher Gesamtumsatz" für die Zwecke des Unterabsatz 1 Buchstabe j Ziffern i und ii den jährlichen Gesamtumsatz oder die entsprechende Einkunftsart gemäß den einschlägigen Rechnungslegungsrichtlinien – Richtlinie 86/635/EWG des Rates[2)] in Bezug auf Ban-

---

1) Richtlinie 2013/34/EU des Europäischen Parlaments und des Rates vom 26. Juni 2013 über den Jahresabschluss, den konsolidierten Abschluss und damit verbundene Berichte von Unternehmen bestimmter Rechtsformen und zur Änderung der Richtlinie 2006/43/EG des Europäischen Parlaments und des Rates und zur Aufhebung der Richtlinien 78/660/EWG und 83/349/EWG des Rates (ABl. L 182 vom 29.6.2013, S. 19).

2) Richtlinie 86/635/EWG des Rates vom 8. Dezember 1986 über den Jahresabschluss und den konsolidierten Abschluss von Banken und anderen Finanzinstituten (ABl. L 372 vom 31.12.1986, S. 1).

ken, Richtlinie 91/674/EWG des Rates[1]) in Bezug auf Versicherungsunternehmen –, der bzw. die im letzten verfügbaren durch das Leitungsorgan genehmigten konsolidierten Abschluss der Muttergesellschaft an der Spitze ausgewiesen ist.

(3) Die Mitgliedstaaten können den zuständigen Behörden neben den in Absatz 2 aufgeführten Befugnissen weitere Befugnisse übertragen und höhere Sanktionen als die in jenem Absatz genannten verhängen.

Artikel 31

Wahrnehmung der Aufsichtsbefugnisse und Verhängung von Sanktionen

(1) Die Mitgliedstaaten stellen sicher, dass die zuständigen Behörden bei der Bestimmung der Art und der Höhe der verwaltungsrechtlichen Sanktionen alle relevanten Umstände berücksichtigen, darunter gegebenenfalls

a) die Schwere und Dauer des Verstoßes;

b) der Grad an Verantwortung der für den Verstoß verantwortlichen Person;

c) die Finanzkraft der für den Verstoß verantwortlichen Person, wie sie sich zum Beispiel aus dem Gesamtumsatz einer juristischen Person oder den Jahreseinkünften einer natürlichen Person ablesen lässt;

d) die Höhe der von der für den Verstoß verantwortlichen Person erzielten Gewinne oder vermiedenen Verluste, sofern diese sich beziffern lassen;

e) das Ausmaß der Zusammenarbeit der für den Verstoß verantwortlichen Person mit der zuständigen Behörde, unbeschadet des Erfordernisses, die erzielten Gewinne oder vermiedenen Verluste dieser Person einzuziehen;

f) frühere Verstöße der für den Verstoß verantwortlichen Person und

g) die Maßnahmen, die von der für den Verstoß verantwortlichen Person ergriffen wurden, um zu verhindern, dass sich der Verstoß wiederholt.

(2) Bei der Ausübung ihrer Befugnisse zur Verhängung von verwaltungsrechtlichen Sanktionen oder anderen verwaltungsrechtlichen Maßnahmen nach Artikel 30 arbeiten die zuständigen Behörden eng zusammen, um sicherzustellen, dass die Ausführung ihrer Aufsichts- und Ermittlungsbefugnisse sowie die verwaltungsrechtlichen Sanktionen, die sie verhängen und die anderen verwaltungsrechtlichen Maßnahmen, die sie treffen, wirksam und angemessen im Rahmen dieser Verordnung sind. Sie koordinieren ihre Maßnahmen im Einklang mit Artikel 25, um etwaige Doppelarbeit und Überschneidungen bei der Ausübung ihrer Aufsichts- und Ermittlungsbefugnissen sowie bei der Verhängung von verwaltungsrechtlichen Sanktionen auf grenzüberschreitende Fälle zu vermeiden.

Artikel 32

Meldung von Verstößen

(1) Die Mitgliedstaaten sorgen dafür, dass die zuständigen Behörden wirksame Mechanismen schaffen, um die Meldung tatsächlicher oder möglicher Verstöße gegen diese Verordnung zu ermöglichen.

(2) Die in Absatz 1 genannten Mechanismen umfassen mindestens Folgendes:

a) spezielle Verfahren für die Entgegennahme der Meldungen über Verstöße und deren Nachverfolgung, einschließlich der Einrichtung sicherer Kommunikationskanäle für derartige Meldungen;

---

1) Richtlinie 91/674/EWG des Rates vom 19. Dezember 1991 über den Jahresabschluss und den konsolidierten Abschluss von Versicherungsunternehmen (ABl. L 374 vom 31.12.1991, S. 7).

b) einen angemessenen Schutz von Personen, die im Rahmen ihrer Erwerbstätigkeit auf der Grundlage eines Arbeitsvertrags beschäftigt sind, die Verstöße melden oder denen Verstöße zur Last gelegt werden, vor Vergeltungsmaßnahmen, Diskriminierung oder anderen Arten ungerechter Behandlung und

c) den Schutz personenbezogener Daten sowohl der Person, die den Verstoß meldet, als auch der natürlichen Person, die den Verstoß mutmaßlich begangen hat, einschließlich Schutz in Bezug auf die Wahrung der Vertraulichkeit ihrer Identität während aller Phasen des Verfahrens, und zwar unbeschadet der Tatsache, ob die Offenlegung von Informationen nach dem nationalen Recht im Rahmen der Ermittlungen oder des darauf folgenden Gerichtsverfahrens erforderlich sind.

(3) Die Mitgliedstaaten verpflichten Arbeitgeber, die in Bereichen tätig sind, die durch Finanzdienstleistungsregulierung geregelt werden, angemessene interne Verfahren einzurichten, über die ihre Mitarbeiter Verstöße gegen diese Verordnung melden können.

(4) Im Einklang mit nationalem Recht können die Mitgliedstaaten finanzielle Anreize für Personen, die relevante Informationen über mögliche Verstöße gegen diese Verordnung bereitstellen, unter der Voraussetzung gewähren, dass diese Personen nicht bereits zuvor anderen gesetzlichen oder vertraglichen Verpflichtungen zur Meldung solcher Informationen unterliegen, sowie unter der Voraussetzung, dass die Informationen neu sind und dass sie zur Verhängung einer verwaltungsrechtlichen oder einer strafrechtlichen Sanktion oder einer anderen verwaltungsrechtlichen Maßnahme für einen Verstoß gegen diese Verordnung führen.

(5) Die Kommission erlässt Durchführungsrechtsakte zur Festlegung der in Absatz 1 genannten Verfahren, einschließlich zur Meldung und Nachverfolgung von Meldungen und der Maßnahmen zum Schutz von Personen, die auf der Grundlage eines Arbeitsvertrags tätig sind, sowie Maßnahmen zum Schutz personenbezogener Daten. Diese Durchführungsrechtsakte werden gemäß dem in Artikel 36 Absatz 2 genannten Prüfverfahren erlassen.

Artikel 33
Informationsaustausch mit der ESMA

(1) Die zuständigen Behörden stellen der ESMA jährlich aggregierte Informationen zu allen gemäß den Artikeln 30, 31 und 32 von den zuständigen Behörden verhängten verwaltungsrechtlichen Sanktionen, und anderen verwaltungsrechtlichen Maßnahmen bereit. Die ESMA veröffentlicht diese Informationen in einem Jahresbericht. Die zuständigen Behörden stellen der ESMA jährlich darüber hinaus anonymisierte, aggregierte Daten über alle Verwaltungsermittlungen, die im Rahmen jener Artikel erfolgen, bereit.

(2) Haben die Mitgliedstaaten beschlossen, im Einklang mit Artikel 30 Absatz 1 Unterabsatz 2 strafrechtliche Sanktionen für die dort genannten Verstöße festzulegen, so stellen ihre zuständigen Behörden jährlich der ESMA anonymisierte, aggregierte Daten zu allen von den Justizbehörden geführten strafrechtlichen Ermittlungen und gemäß den Artikeln 30, 31 und 32 verhängten strafrechtlichen Sanktionen bereit. Die ESMA veröffentlicht die Daten zu den verhängten strafrechtlichen Sanktionen in einem Jahresbericht.

(3) Hat die zuständige Behörde verwaltungsrechtliche Sanktionen, strafrechtliche Sanktionen oder andere verwaltungsrechtliche Maßnahmen öffentlich bekanntgegeben, meldet sie diese zugleich der ESMA.

(4) Wenn eine veröffentlichte verwaltungsrechtliche Sanktion, strafrechtliche Sanktion oder andere verwaltungsrechtliche Maßnahme eine Wertpapierfirma betrifft, die gemäß der Richtlinie 2014/65/EU zugelassen ist, vermerkt die ESMA die veröffentlichte

Sanktion oder Maßnahme im Register der Wertpapierfirmen, das gemäß Artikel 5 Absatz 3 der genannten Richtlinie erstellt worden ist.

(5) Um einheitliche Bedingungen für die Anwendung dieses Artikels sicherzustellen, arbeitet die ESMA Entwürfe technischer Durchführungsstandards zur Festlegung der Verfahren und Formen des Informationsaustauschs gemäß diesem Artikel aus

Die ESMA legt diese Entwürfe technischer Durchführungsstandards der Kommission bis zum 3. Juli 2016 vor.

Der Kommission wird die Befugnis übertragen, die in Unterabsatz 1 genannten technischen Durchführungsstandards nach Artikel 15 der Verordnung (EU) Nr. 1095/2010 zu erlassen.

Artikel 34
Veröffentlichung von Entscheidungen

(1) Vorbehaltlich des Unterabsatzes 3 veröffentlichen die zuständigen Behörden jede Entscheidung über die Verhängung einer verwaltungsrechtlichen Sanktion oder verwaltungsrechtlichen Maßnahme in Bezug auf einen Verstoß gegen diese Verordnung auf ihrer offiziellen Website unverzüglich nachdem die von der Entscheidung betroffene Person darüber informiert wurde. Dabei werden mindestens Art und Charakter des Verstoßes und die Identität der verantwortlichen Personen bekanntgemacht.

Unterabsatz 1 gilt nicht für Entscheidungen, mit denen Maßnahmen mit Ermittlungscharakter verhängt werden.

Ist jedoch eine zuständige Behörde der Ansicht, dass die Bekanntmachung der Identität einer von der Entscheidung betroffenen juristischen Personen oder der personenbezogenen Daten einer natürlichen Personen einer einzelfallbezogenen Bewertung der Verhältnismäßigkeit dieser Daten zufolge unverhältnismäßig wäre, oder würde die Bekanntmachung laufende Ermittlungen oder die Stabilität der Finanzmärkte gefährden, so handeln die zuständigen Behörden wie folgt:

a) Sie schieben die Veröffentlichung der Entscheidung auf, bis die Gründe für das Aufschieben weggefallen sind;
b) sie veröffentlichen die Entscheidung im Einklang mit dem nationalen Recht in anonymer Fassung, wenn diese anonyme Fassung einen wirksamen Schutz der betreffenden personenbezogenen Daten gewährleistet;
c) sie machen die Entscheidung nicht bekannt, wenn die zuständige Behörde der Auffassung ist, dass eine Veröffentlichung gemäß den Buchstaben a und b nicht ausreichend ist, um sicherzustellen, dass
   i) die Stabilität der Finanzmärkte nicht gefährdet würde, oder
   ii) die Verhältnismäßigkeit der Bekanntmachung derartiger Entscheidungen in Bezug auf unerhebliche Maßnahmen gewahrt bliebe.

Trifft eine zuständige Behörde die Entscheidung, die Entscheidung in anonymer Fassung gemäß Unterabsatz 3 Buchstabe b zu veröffentlichen, so kann sie die Veröffentlichung der einschlägigen Daten um einen angemessenen Zeitraum aufschieben, wenn vorhersehbar ist, dass die Gründe für die anonyme Veröffentlichung innerhalb dieses Zeitraums entfallen werden.

(2) Werden gegen die Entscheidung bei den nationalen Justiz-, Verwaltungs- oder sonstigen Behörden Rechtsbehelfe eingelegt, so machen die zuständigen Behörden auch diesen Sachverhalt und alle weiteren Informationen über das Ergebnis des Rechtsbehelfsverfahrens unverzüglich auf ihrer Website bekannt. Ferner wird jede Entscheidung, mit der eine mit Rechtsbehelfen angegriffene Entscheidung aufgehoben wird, ebenfalls bekanntgemacht.

(3) Die zuständigen Behörden stellen sicher, dass jede veröffentlichte Entscheidung im Einklang mit diesem Artikel vom Zeitpunkt ihrer Veröffentlichung an während eines Zeitraums von mindestens fünf Jahren auf ihrer Website zugänglich bleibt. Enthält die Bekanntmachung personenbezogene Daten, so bleiben diese so lange auf der Website der zuständigen Behörde einsehbar, wie dies nach den geltenden Datenschutzbestimmungen erforderlich ist.

Kapitel 6
Delegierte Rechtsakte und Durchführungsrechtsakte

Artikel 35
Ausübung der Befugnisübertragung

(1) Die Befugnis zum Erlass delegierter Rechtsakte wird der Kommission unter den Bedingungen dieses Artikels übertragen.

(2) Die Befugnis zum Erlass delegierter Rechtsakte gemäß Artikel 6 Absätze 5 und 6, Artikel 12 Absatz 5, Artikel 17 Absatz 2 Unterabsatz 3, Artikel 17 Absatz 3 und Artikel 19 Absätze 13 und 14 wird der Kommission auf unbestimmte Zeit ab dem 2. Juli 2014 übertragen.

(3) Die Befugnisübertragung gemäß Artikel 6 Absätze 5 und 6, Artikel 12 Absatz 5, Artikel 17 Absatz 2 Unterabsatz 3, Artikel 17 Absatz 3 und Artikel 19 Absätze 13 und 14 kann vom Europäischen Parlament oder vom Rat jederzeit widerrufen werden. Der Beschluss über den Widerruf beendet die Übertragung der darin genannten Befugnisse. Er wird am Tag nach seiner Veröffentlichung im Amtsblatt der Europäischen Union oder zu einem in dem Beschluss angegebenen späteren Zeitpunkt wirksam. Die Gültigkeit von delegierten Rechtsakten, die bereits in Kraft sind, wird davon nicht berührt.

(4) Sobald die Kommission einen delegierten Rechtsakt erlässt, übermittelt sie diesen gleichzeitig dem Europäischen Parlament und dem Rat.

(5) Ein delegierter Rechtsakt, der gemäß Artikel 6 Absätze 5 und 6, Artikel 12 Absatz 5, Artikel 17 Absatz 2 Unterabsatz 3, Artikel 17 Absatz 3 oder Artikel 19 Absätze 13 oder 14 erlassen wurde, tritt nur in Kraft, wenn das Europäische Parlament und der Rat binnen drei Monaten nach seiner Übermittlung keine Einwände gegen ihn erheben oder wenn sowohl das Europäische Parlament als auch der Rat der Kommission vor Ablauf dieser Frist mitgeteilt haben, dass sie keine Einwände erheben werden. Dieser Zeitraum wird auf Initiative des Europäischen Parlaments oder des Rates um drei Monate verlängert.

Artikel 36
Ausschussverfahren

(1) Die Kommission wird von dem gemäß dem Beschluss 2001/528/EG der Kommission[1)] eingesetzten Europäischen Wertpapierausschuss unterstützt. Dieser Ausschuss ist ein Ausschuss im Sinne der Verordnung (EU) Nr. 182/2011.

(2) Wird auf diesen Absatz Bezug genommen, so gilt Artikel 5 der Verordnung (EU) Nr. 182/2011.

---

1) Beschluss 2001/528/EG der Kommission vom 6. Juni 2001 zur Einsetzung des Europäischen Wertpapierausschusses (ABl. L 191 vom 13.7.2001, S. 45).

Kapitel 7
Schlussbestimmungen

Artikel 37
Aufhebung der Richtlinie 2003/6/EG und ihrer Durchführungsmaßnahmen

Die Richtlinie 2003/6/EG und die Richtlinien 2004/72/EG[1], 2003/125/EG[2] und 2003/124/EG[3] der Kommission sowie die Verordnung (EG) Nr. 2273/2003[4] der Kommission werden mit Wirkung vom 3. Juli 2016 aufgehoben. Bezugnahmen auf die Richtlinie 2003/6/EG gelten als Bezugnahmen auf diese Verordnung und sind nach Maßgabe der Entsprechungstabelle in Anhang II dieser Verordnung zu lesen.

Artikel 38
Bericht

Die Kommission erstattet dem Europäischen Parlament und dem Rat bis zum 3. Juli 2019 Bericht über die Anwendung dieser Verordnung und gegebenenfalls über die Erforderlichkeit einer Überarbeitung, einschließlich in Bezug

a) auf die Angemessenheit, gemeinsame Bestimmungen darüber einzuführen, dass alle Mitgliedstaaten verwaltungsrechtliche Sanktionen für Insidergeschäfte und Marktmanipulation festlegen müssen,

b) darauf, ob die Bestimmung des Begriffs Insiderinformationen dahingehend ausreichend ist, dass sie alle Informationen abdeckt, die für die zuständigen Behörden relevant sind, um wirksam gegen Marktmissbrauch vorzugehen,

c) auf die Angemessenheit der Bedingungen, unter denen das Handelsverbot gemäß Artikel 19 Absatz 11 verhängt wird, hinsichtlich der Frage, ob das Verbot auch auf andere Umstände anwendbar sein sollte,

d) auf die Bewertung der Möglichkeit der Schaffung eines EU-Rahmens für die marktübergreifende Aufsicht über die Orderbücher in Bezug auf Marktmissbrauch, einschließlich Empfehlungen für einen solchen Rahmen, und

e) auf den Umfangs der Anwendung der Referenzwert-Bestimmungen.

Im Hinblick auf Buchstabe a führt die ESMA eine Bestandsaufnahme der Anwendung verwaltungsrechtlicher Sanktionen durch sowie bei Mitgliedstaaten, die beschlossen haben, im Einklang mit Artikel 30 Absatz 1 strafrechtliche Sanktionen für in diesem

---

1) Richtlinie 2004/72/EG der Kommission vom 29. April 2004 zur Durchführung der Richtlinie 2003/6/EG des Europäischen Parlaments und des Rates – Zulässige Marktpraktiken, Definition von Insider-Informationen in Bezug auf Warenderivate, Erstellung von Insider-Verzeichnissen, Meldung von Eigengeschäften und Meldung verdächtiger Transaktionen (ABl. L 162 vom 30.4.2004, S. 70).

2) Richtlinie 2003/125/EG der Kommission vom 22. Dezember 2003 zur Durchführung der Richtlinie 2003/6/EG des Europäischen Parlaments und des Rates in Bezug auf die sachgerechte Darbietung von Anlageempfehlungen und die Offenlegung von Interessenkonflikten (ABl. L 339 vom 24.12.2003, S. 73).

3) Richtlinie 2003/124/EG der Kommission vom 22. Dezember 2003 zur Durchführung der Richtlinie 2003/6/EG des Europäischen Parlaments und des Rates betreffend die Begriffsbestimmung und die Veröffentlichung von Insider-Informationen und die Begriffsbestimmung der Marktmanipulation (ABl. L 339 vom 24.12.2003, S. 70).

4) Verordnung (EG) Nr. 2273/2003 der Kommission vom 22. Dezember 2003 zur Durchführung der Richtlinie 2003/6/EG des Europäischen Parlaments und des Rates – Ausnahmeregelungen für Rückkaufprogramme und Kursstabilisierungsmaßnahmen (ABl. L 336 vom 23.12.2003, S. 33).

Artikel niedergelegte Verstöße gegen diese Verordnung festzulegen, eine Bestandsaufnahme der Anwendung dieser strafrechtlichen Sanktionen in den Mitgliedstaaten. Diese Bestandsaufnahme umfasst auch Daten, die gemäß Artikel 33 Absätze 1 und 2 bereitgestellt werden.

Artikel 39[1)]
Inkrafttreten und Geltung

(1) Diese Verordnung tritt am zwanzigsten Tag nach ihrer Veröffentlichung im Amtsblatt der Europäischen Union in Kraft.

(2) Sie gilt ab dem 3. Juli 2016 mit Ausnahme von

a) Artikel 4 Absätze 2 und 3, der ab dem 3. Januar 2018 gilt, und

b) Artikel 4 Absätze 4 und 5, Artikel 5 Absatz 6, Artikel 6 Absätze 5 und 6, Artikel 7 Absatz 5, Artikel 11 Absätze 9, 10 und 11, Artikel 12 Absatz 5, Artikel 13 Absätze 7 und 11, Artikel 16 Absatz 5, Artikel 17 Absatz 2 Unterabsatz 3, Artikel 17 Absätze 3, 10 und 11, Artikel 18 Absatz 9, Artikel 19 Absätze 13, 14 und 15, Artikel 20 Absatz 3, Artikel 24 Absatz 3, Artikel 25 Absatz 9, Artikel 26 Absatz 2 Unterabsätze 2, 3 und 4, Artikel 32 Absatz 5 und Artikel 33 Absatz 5, die ab dem 2. Juli 2014 gelten.

(3) Die Mitgliedstaaten setzen Artikel 22, Artikel 23 und Artikel 30, Artikel 31 Absatz 1, Artikel 32 und Artikel 34 bis zum 3. Juli 2016 in nationales Recht um.

(4) Verweisungen in dieser Verordnung auf die Richtlinie 2014/65/EU und die Verordnung (EU) Nr. 600/2014 gelten vor dem 3. Januar 2018 als Verweisungen auf die Richtlinie 2004/39/EG und sind nach Maßgabe der Entsprechungstabelle in Anhang IV der Richtlinie 2014/65/EU zu lesen, sofern diese Entsprechungstabelle Vorschriften enthält, die auf die Richtlinie 2004/39/EG verweisen.

Sofern in den Vorschriften dieser Verordnung organisierte Handelssysteme, KMU-Wachstumsmärkte, Emissionszertifikate oder darauf beruhende Auktionsprodukte genannt werden, gelten diese Vorschriften bis zum 3. Januar 2018 nicht für organisierte Handelssysteme, KMU-Wachstumsmärkte, Emissionszertifikate oder darauf beruhende Auktionsprodukte.

---

1) Artikel 39 geändert durch EU-VO vom 23.6.2016 (ABl. L 175 S. 1).

Anhang I

A. Indikatoren für manipulatives Handeln durch Aussenden falscher oder irreführender Signale und durch Herbeiführen bestimmter Kurse

Für die Zwecke der Anwendung von Artikel 12 Absatz 1 Buchstabe a dieser Verordnung und unbeschadet der Handlungen, die in Absatz 2 des genannten Artikels aufgeführt sind, werden die nachfolgend in nicht erschöpfender Aufzählung genannten Indikatoren, die für sich genommen nicht unbedingt als Marktmanipulation anzusehen sind, berücksichtigt, wenn Marktteilnehmer oder die zuständigen Behörden Geschäfte oder Handelsaufträge prüfen:

a) der Umfang, in dem erteilte Handelsaufträge oder abgewickelte Geschäfte einen bedeutenden Teil des Tagesvolumens der Transaktionen mit dem entsprechenden Finanzinstrument, einem damit verbundenen Waren-Spot-Kontrakt oder einem auf Emissionszertifikaten beruhenden Auktionsobjekt ausmachen, vor allem dann, wenn diese Tätigkeiten zu einer erheblichen Veränderung des Kurses führen;

b) der Umfang, in dem erteilte Handelsaufträge oder abgewickelte Geschäfte von Personen die bedeutende Kauf- oder Verkaufspositionen in Bezug auf ein Finanzinstrument, einen damit verbundenen Waren-Spot-Kontrakt oder ein auf Emissionszertifikaten beruhendes Auktionsobjekt innehaben, zu wesentlichen Änderungen des Kurses dieses Finanzinstruments, damit verbundenen Waren-Spot-Kontrakts oder auf Emissionszertifikaten beruhenden Auktionsobjekts führen;

c) der Umstand, ob getätigte Geschäfte nicht zu einer Änderung des wirtschaftlichen Eigentums eines Finanzinstruments, eines damit verbundenen Waren-Spot-Kontrakts oder eines auf Emissionszertifikaten beruhenden Auktionsobjekts führen;

d) der Umfang, in dem erteilte Handelsaufträge oder abgewickelte Geschäfte oder stornierte Aufträge Umkehrungen von Positionen innerhalb eines kurzen Zeitraums beinhalten und einen beträchtlichen Teil des Tagesvolumens der Transaktionen mit dem entsprechenden Finanzinstrument, einem damit verbundenen Waren-Spot-Kontrakt oder einem auf Emissionszertifikaten beruhenden Auktionsobjekt ausmachen und mit einer erheblichen Veränderung des Kurses eines Finanzinstruments, eines damit verbundenen Waren-Spot-Kontrakts oder eines auf Emissionszertifikaten beruhenden Auktionsobjekts in Verbindung stehen könnten;

e) der Umfang, in dem erteilte Handelsaufträge oder abgewickelte Geschäfte durch ihre Häufung innerhalb eines kurzen Abschnitts des Handelstages eine Kursveränderung bewirken, auf die einen gegenläufige Preisänderung folgt;

f) der Umfang, in dem erteilte Handelsaufträge die Darstellung der besten Geld- oder Briefkurse eines Finanzinstruments, eines damit verbundenen Waren-Spot-Kontrakts oder eines auf Emissionszertifikaten beruhenden Auktionsobjekts verändern oder allgemeiner die den Marktteilnehmern verfügbare Darstellung des Orderbuchs verändern und vor ihrer eigentlichen Abwicklung annulliert werden, und

g) der Umfang, in dem Geschäfte genau oder ungefähr zu einem Zeitpunkt in Auftrag gegeben oder abgewickelt werden, zu dem die Referenzkurse, die Abrechnungskurse und die Bewertungen berechnet werden, und dies zu Kursveränderungen führt, die sich auf diese Kurse und Bewertungen auswirken.

B. Indikatoren für manipulatives Handeln durch Vorspiegelung falscher Tatsachen sowie durch sonstige Kunstgriffe oder Formen der Täuschung

Für die Zwecke der Anwendung von Artikel 12 Absatz 1 Buchstabe b dieser Verordnung und unbeschadet der Handlungen, die in Absatz 2 des genannten Artikels aufgeführt sind, werden die nachfolgend in nicht erschöpfender Aufzählung genannten Indikatoren, die für sich genommen nicht unbedingt als Marktmanipulation anzusehen sind, berücksichtigt, wenn Marktteilnehmer oder die zuständigen Behörden Geschäfte oder Handelsaufträge prüfen:

a) ob von bestimmten Personen erteilte Handelsaufträge oder ausgeführte Geschäfte vorab oder im Nachhinein von der Verbreitung falscher oder irreführender Informationen durch dieselben oder in enger Beziehung zu ihnen stehenden Personen begleitet wurden und

b) ob Geschäfte von Personen in Auftrag gegeben bzw. ausgeführt werden, bevor oder nachdem diese Personen oder in enger Beziehung zu ihnen stehende Personen unrichtige oder verzerrte oder nachweislich von materiellen Interessen beeinflusste Anlageempfehlungen erstellt oder weitergegeben haben.

Anhang II

Entsprechungstabelle

Vorliegende Verordnung	Richtlinie 2003/6/EG
Artikel 1	
Artikel 2	
Artikel 2 Absatz 1 Buchstabe a	Artikel 9 Absatz 1
Artikel 2 Absatz 1 Buchstabe b	
Artikel 2 Absatz 1 Buchstabe c	
Artikel 2 Absatz 1 Buchstabe d	Artikel 9 Absatz 2
Artikel 2 Absatz 3	Artikel 9 Absatz 1
Artikel 2 Absatz 4	Artikel 10 Buchstabe a
Artikel 3 Absatz 1 Nummer 1	Artikel 1 Nummer 3
Artikel 3 Absatz 1 Nummer 2	
Artikel 3 Absatz 1 Nummer 3	
Artikel 3 Absatz 1 Nummer 4	
Artikel 3 Absatz 1 Nummer 5	
Artikel 3 Absatz 1 Nummer 6	Artikel 1 Nummer 4
Artikel 3 Absatz 1 Nummer 7	
Artikel 3 Absatz 1 Nummer 8	
Artikel 3 Absatz 1 Nummer 9	Artikel 1 Nummer 5
Artikel 3 Absatz 1 Nummer 10	
Artikel 3 Absatz 1 Nummer 11	
Artikel 3 Absatz 1 Nummer 12	Artikel 1 Nummer 7
Artikel 3 Absatz 1 Nummer 13	Artikel 1 Nummer 6
Artikel 3 Absatz 1 Nummern 14 bis 35	
Artikel 4	
Artikel 5	*Artikel 8*
Artikel 6 Absatz 1	*Artikel 7*
Artikel 6 Absatz 2	
Artikel 6 Absatz 3	
Artikel 6 Absatz 4	
Artikel 6 Absatz 5	
Artikel 6 Absatz 6	
Artikel 6 Absatz 7	
Artikel 7 Absatz 1 Buchstabe a	Artikel 1 Nummer 1 Absatz 1
Artikel 7 Absatz 1 Buchstabe b	Artikel 1 Nummer 1 Absatz 2

Vorliegende Verordnung	Richtlinie 2003/6/EG
Artikel 7 Absatz 1 Buchstabe c	
Artikel 7 Absatz 1 Buchstabe d	Artikel 1 Nummer 1 Absatz 3
Artikel 7 Absatz 2	
Artikel 7 Absatz 3	
Artikel 7 Absatz 4	
Artikel 7 Absatz 5	
Artikel 8 Absatz 1	Artikel 2 Absatz 1 Unterabsatz 1
Artikel 8 Absatz 2	
Artikel 8 Absatz 2 Buchstabe a	Artikel 3 Buchstabe b
Artikel 8 Absatz 2 Buchstabe b	
Artikel 8 Absatz 3	
Artikel 8 Absatz 4 Buchstabe a	Artikel 2 Absatz 1 Buchstabe a
Artikel 8 Absatz 4 Buchstabe b	Artikel 2 Absatz 1 Buchstabe b
Artikel 8 Absatz 4 Buchstabe c	Artikel 2 Absatz 1 Buchstabe c
Artikel 8 Absatz 4 Buchstabe d	Artikel 2 Absatz 1 Buchstabe d
Artikel 8 Absatz 4 Unterabsatz 2	*Artikel 4*
Artikel 8 Absatz 5	Artikel 2 Absatz 2
Artikel 9 Absatz 1	
Artikel 9 Absatz 2	
Artikel 9 Absatz 3 Buchstabe a	Artikel 2 Absatz 3
Artikel 9 Absatz 3 Buchstabe b	Artikel 2 Absatz 3
Artikel 9 Absatz 4	
Artikel 9 Absatz 5	
Artikel 9 Absatz 6	
Artikel 10 Absatz 1	Artikel 3 Buchstabe a
Artikel 10 Absatz 2	
Artikel 11	
Artikel 12 Absatz 1	
Artikel 12 Absatz 1 Buchstabe a	Artikel 1 Nummer 2 Buchstabe a
Artikel 12 Absatz 1 Buchstabe b	Artikel 1 Nummer 2 Buchstabe b
Artikel 12 Absatz 1 Buchstabe c	Artikel 1 Nummer 2 Buchstabe c
Artikel 12 Absatz 1 Buchstabe d	
Artikel 12 Absatz 2 Buchstabe a	Artikel 1 Nummer 2 Absatz 2 Gedankenstrich 1

Vorliegende Verordnung	Richtlinie 2003/6/EG
Artikel 12 Absatz 2 Buchstabe b	Artikel 1 Nummer 2 Absatz 2 Gedankenstrich 2
Artikel 12 Absatz 2 Buchstabe c	
Artikel 12 Absatz 2 Buchstabe d	Artikel 1 Nummer 2 Absatz 2 Gedankenstrich 3
Artikel 12 Absatz 2 Buchstabe e	
Artikel 12 Absatz 3	
Artikel 12 Absatz 4	
Artikel 12 Absatz 5	Artikel 1 Nummer 2 Absatz 3
Artikel 13 Absatz 1	Artikel 1 Nummer 2 Buchstabe a Absatz 2
Artikel 13 Absatz 1	
Artikel 13 Absatz 2	
Artikel 13 Absatz 3	
Artikel 13 Absatz 4	
Artikel 13 Absatz 5	
Artikel 13 Absatz 6	
Artikel 13 Absatz 7	
Artikel 13 Absatz 8	
Artikel 13 Absatz 9	
Artikel 13 Absatz 10	
Artikel 13 Absatz 11	
Artikel 14 Buchstabe a	Artikel 2 Absatz 1 Unterabsatz 1
Artikel 14 Buchstabe b	Artikel 3 Buchstabe b
Artikel 14 Absatz c	Artikel 3 Buchstabe a
Artikel 15	*Artikel 5*
Artikel 16 Absatz 1	Artikel 6 Absatz 6
Artikel 16 Absatz 2	Artikel 6 Absatz 9
Artikel 16 Absatz 3	
Artikel 16 Absatz 4	
Artikel 16 Absatz 5	Artikel 6 Absatz 10 Gedankenstrich 7
Artikel 17 Absatz 1	Artikel 6 Absatz 1
Artikel 17 Absatz 1 Unterabsatz 3	Artikel 9 Absatz 3
Artikel 17 Absatz 2	
Artikel 17 Absatz 3	
Artikel 17 Absatz 4	Artikel 6 Absatz 2

Vorliegende Verordnung	Richtlinie 2003/6/EG
Artikel 17 Absatz 5	
Artikel 17 Absatz 6	
Artikel 17 Absatz 7	
Artikel 17 Absatz 8	Artikel 6 Absatz 3 Unterabsätze 1 und 2
Artikel 17 Absatz 9	
Artikel 17 Absatz 10	Artikel 6 Absatz 10 Spiegelstriche 1 und 2
Artikel 17 Absatz 11	
Artikel 18 Absatz 1	Artikel 6 Absatz 3 Unterabsatz 3
Artikel 18 Absatz 2	
Artikel 18 Absatz 3	
Artikel 18 Absatz 4	
Artikel 18 Absatz 5	
Artikel 18 Absatz 6	
Artikel 18 Absatz 7	Artikel 9 Absatz 3
Artikel 18 Absatz 8	
Artikel 18 Absatz 9	Artikel 6 Absatz 10 Gedankenstrich 4
Artikel 19 Absatz 1	Artikel 6 Absatz 4
Artikel 19 Absatz 1 Buchstabe a	Artikel 6 Absatz 4
Artikel 19 Absatz 1 Buchstabe b	
Artikel 19 Absatz 2	
Artikel 19 Absatz 3	
Artikel 19 Absatz 4 Buchstabe a	
Artikel 19 Absatz 4 Buchstabe b	
Artikel 19 Absätze 5 bis 13	
Artikel 19 Absatz 14	Artikel 6 Absatz 10 Gedankenstrich 5
Artikel 19 Absatz 15	Artikel 6 Absatz 10 Gedankenstrich 5
Artikel 20 Absatz 1	Artikel 6 Absatz 5
Artikel 20 Absatz 2	Artikel 6 Absatz 8
Artikel 20 Absatz 3	Artikel 6 Absatz 10 Gedankenstrich 6 und Artikel 6 Absatz 11
Artikel 21	Artikel 1 Nummer 2 Buchstabe c Satz 2
Artikel 22	Artikel 11 Absatz 1 und Artikel 10
Artikel 23 Absatz 1	Artikel 12 Absatz 1
Artikel 23 Absatz 1 Buchstabe a	Artikel 12 Absatz 1 Buchstabe a
Artikel 23 Absatz 1 Buchstabe b	Artikel 12 Absatz 1 Buchstabe b

Vorliegende Verordnung	Richtlinie 2003/6/EG
Artikel 23 Absatz 1 Buchstabe c	Artikel 12 Absatz 1 Buchstabe c
Artikel 23 Absatz 1 Buchstabe d	Artikel 12 Absatz 1 Buchstabe d
Artikel 23 Absatz 2 Buchstabe a	Artikel 12 Absatz 2 Buchstabe a
Artikel 23 Absatz 2 Buchstabe b	Artikel 12 Absatz 2 Buchstabe b
Artikel 23 Absatz 2 Buchstabe c	
Artikel 23 Absatz 2 Buchstabe d	Artikel 12 Absatz 2 Buchstabe c
Artikel 23 Absatz 2 Buchstabe e	
Artikel 23 Absatz 2 Buchstabe f	
Artikel 23 Absatz 2 Buchstabe g	Artikel 12 Absatz 2 Buchstabe d
Artikel 23 Absatz 2 Buchstabe h	Artikel 12 Absatz 2 Buchstabe d
Artikel 23 Absatz 2 Buchstabe i	Artikel 12 Absatz 2 Buchstabe g
Artikel 23 Absatz 2 Buchstabe j	Artikel 12 Absatz 2 Buchstabe f
Artikel 23 Absatz 2 Buchstabe k	Artikel 12 Absatz 2 Buchstabe e
Artikel 23 Absatz 2 Buchstabe l	Artikel 12 Absatz 2 Buchstabe h
Artikel 23 Absatz 2 Buchstabe m	Artikel 6 Absatz 7
Artikel 23 Absatz 3	
Artikel 23 Absatz 4	
Artikel 24 Absatz 1	Artikel 15a Absatz 1
Artikel 24 Absatz 2	Artikel 15a Absatz 2
Artikel 24 Absatz 3	
Artikel 25 Absatz 1 Unterabsatz 1	Artikel 16 Absatz 1
Artikel 25 Absatz 2	Artikel 16 Absatz 2 und Artikel 16 Absatz 4 Unterabsatz 4
Artikel 25 Absatz 2 Buchstabe a	Artikel 16 Absatz 2 Unterabsatz 2 Gedankenstrich 1 und Artikel 16 Absatz 4 Unterabsatz 4
Artikel 25 Absatz 2 Buchstabe b	
Artikel 25 Absatz 2 Buchstabe c	Artikel 16 Absatz 2 Unterabsatz 2 Gedankenstrich 2 und Artikel 16 Absatz 4 Unterabsatz 4
Artikel 25 Absatz 2 Buchstabe d	Artikel 16 Absatz 2 Unterabsatz 2 Gedankenstrich 3 und Artikel 16 Absatz 4 Unterabsatz 4
Artikel 25 Absatz 3	
Artikel 25 Absatz 4	Artikel 16 Absatz 2 Satz 1
Artikel 25 Absatz 5	Artikel 16 Absatz 3
Artikel 25 Absatz 6	Artikel 16 Absatz 4

Vorliegende Verordnung	Richtlinie 2003/6/EG
Artikel 25 Absatz 7	Artikel 16 Absatz 2 Unterabsatz 4 und Artikel 16 Absatz 4 Unterabsatz 4
Artikel 25 Absatz 8	
Artikel 25 Absatz 9	Artikel 16 Absatz 5
Artikel 26	
Artikel 27 Absatz 1	
Artikel 27 Absatz 2	
Artikel 27 Absatz 3	*Artikel 13*
Artikel 28	
Artikel 29	
Artikel 30 Absatz 1 Unterabsatz 1	Artikel 14 Absatz 1
Artikel 30 Absatz 1 Buchstabe a	
Artikel 30 Absatz 1 Buchstabe b	Artikel 14 Absatz 3
Artikel 30 Absatz 2	
Artikel 30 Absatz 3	
Artikel 31	
Artikel 32	
Artikel 33 Absatz 1	Artikel 14 Absatz 5 Unterabsatz 1
Artikel 33 Absatz 2	
Artikel 33 Absatz 3	Artikel 14 Absatz 5 Unterabsatz 2
Artikel 33 Absatz 4	Artikel 14 Absatz 5 Unterabsatz 3
Artikel 33 Absatz 5	
Artikel 34 Absatz 1	Artikel 14 Absatz 4
Artikel 34 Absatz 2	
Artikel 34 Absatz 3	
Artikel 35	
Artikel 36 Absatz 1	Artikel 17 Absatz 1
Artikel 36 Absatz 2	
Artikel 37	*Artikel 20*
Artikel 38	
Artikel 39	*Artikel 21*
Anhang	

A1. Börsengesetz (BörsG)

In der Fassung der Bekanntmachung vom 21. Dezember 2007 (BGBl. I S. 1351)

(Auszug)

zuletzt geändert durch Gesetz vom 20.11.2019 (BGBl. I S. 1626)

Abschnitt 4 Zulassung von Wertpapieren zum Börsenhandel

§ 32[1] Zulassungspflicht

(1) Wertpapiere, die im regulierten Markt an einer Börse gehandelt werden sollen, bedürfen der Zulassung oder der Einbeziehung durch die Geschäftsführung, soweit nicht in § 37 oder in anderen Gesetzen etwas anderes bestimmt ist.

(2) [1]Die Zulassung ist vom Emittenten der Wertpapiere zusammen mit einem Kreditinstitut, Finanzdienstleistungsinstitut oder einem nach § 53 Abs. 1 Satz 1 oder § 53b Abs. 1 Satz 1 des Kreditwesengesetzes tätigen Unternehmen zu beantragen. [2]Das Institut oder Unternehmen muss an einer inländischen Wertpapierbörse mit dem Recht zur Teilnahme am Handel zugelassen sein und ein haftendes Eigenkapital im Gegenwert von mindestens 730 000 Euro nachweisen. [3]Ein Emittent, der ein Institut oder Unternehmen im Sinne des Satzes 1 ist und die Voraussetzungen des Satzes 2 erfüllt, kann den Antrag allein stellen. [4]Die Geschäftsführung kann vom Emittenten die Übermittlung von Referenzdaten in Bezug auf die zuzulassenden Wertpapiere verlangen, soweit dies zur Erfüllung der Anforderungen aus Artikel 4 der Verordnung (EU) Nr. 596/2014 erforderlich ist.

(3) Wertpapiere sind zuzulassen, wenn

1. der Emittent und die Wertpapiere den Anforderungen nach Artikel 35 der Verordnung (EG) Nr. 1287/ 2006 sowie den Bestimmungen entsprechen, die zum Schutz des Publikums und für einen ordnungsgemäßen Börsenhandel nach § 34 erlassen worden sind, und
2. ein nach der Verordnung (EU) 2017/1129 des Europäischen Parlaments und des Rates vom 14. Juni 2017 über den Prospekt, der beim öffentlichen Angebot von Wertpapieren oder bei deren Zulassung zum Handel an einem geregelten Markt zu veröffentlichen ist und zur Aufhebung der Richtlinie 2003/71/EG (ABl. L 168 vom 30.6.2017, S. 12) gebilligter oder bescheinigter Prospekt oder ein Verkaufsprospekt im Sinne des § 42 des Investmentgesetzes in der bis zum 21. Juli 2013 geltenden Fassung veröffentlicht worden ist, der für den in § 345 Absatz 6 Satz 1 des Kapitalanlagegesetzbuchs vorgesehenen Zeitraum noch verwendet werden darf, oder ein Verkaufsprospekt im Sinne des § 165 des Kapitalanlagegesetzbuchs oder ein Prospekt im Sinne des § 318 Absatz 3 des Kapitalanlagegesetzbuchs veröffentlicht worden ist, soweit nicht nach Artikel 1 Absatz 2 oder Absatz 5 der Verordnung (EU) 2017/1129 von der Veröffentlichung eines Prospekts abgesehen werden kann.

(4) Der Antrag auf Zulassung der Wertpapiere kann trotz Erfüllung der Voraussetzungen des Absatzes 3 abgelehnt werden, wenn der Emittent seine Pflichten aus der Zulassung zum regulierten Markt an einem anderen organisierten Markt nicht erfüllt.

(5) [1]Die Geschäftsführung bestimmt mindestens drei inländische Zeitungen mit überregionaler Verbreitung zu Bekanntmachungsblättern für die vorgeschriebenen Ver-

1) § 32 Abs. 3 geändert durch Gesetz vom 8.7.2019 (BGBl. I S. 1002).

öffentlichungen (überregionale Börsenpflichtblätter). [2]Die Bestimmung kann zeitlich begrenzt werden; sie ist durch Börsenbekanntmachung zu veröffentlichen.

§ 43 Verpflichtung des Insolvenzverwalters

(1) Wird über das Vermögen eines nach diesem Gesetz zu einer Handlung Verpflichteten ein Insolvenzverfahren eröffnet, hat der Insolvenzverwalter den Schuldner bei der Erfüllung der Pflichten nach diesem Gesetz zu unterstützen, insbesondere indem er aus der Insolvenzmasse die hierfür erforderlichen Mittel bereitstellt.

(2) Wird vor Eröffnung des Insolvenzverfahrens ein vorläufiger Insolvenzverwalter bestellt, hat dieser den Schuldner bei der Erfüllung seiner Pflichten zu unterstützen, insbesondere indem er der Verwendung der Mittel durch den Verpflichteten zustimmt oder, wenn dem Verpflichteten ein allgemeines Verfügungsverbot auferlegt wurde, indem er die Mittel aus dem von ihm verwalteten Vermögen zur Verfügung stellt.

Abschnitt 5 Freiverkehr

§ 48 Freiverkehr

(1) [1]Für Wertpapiere, die weder zum Handel im regulierten Markt zugelassen noch zum Handel in den regulierten Markt einbezogen sind, kann die Börse den Betrieb eines Freiverkehrs durch den Börsenträger zulassen, wenn durch eine Handelsordnung sowie durch Geschäftsbedingungen des Börsenträgers, die von der Geschäftsführung gebilligt wurden, eine ordnungsmäßige Durchführung des Handels und der Geschäftsabwicklung gewährleistet erscheint. [2]Die Handelsordnung regelt den Ablauf des Handels. [3]Die Geschäftsbedingungen regeln die Teilnahme am Handel und die Einbeziehung von Wertpapieren zum Handel. [4]Emittenten, deren Wertpapiere ohne ihre Zustimmung in den Freiverkehr einbezogen worden sind, können durch die Geschäftsbedingungen nicht dazu verpflichtet werden, Informationen in Bezug auf diese Wertpapiere zu veröffentlichen.

(2) Die Börsenaufsichtsbehörde kann den Handel im Freiverkehr untersagen, wenn ein ordnungsgemäßer Handel für die Wertpapiere nicht mehr gewährleistet erscheint.

(3) [1]Der Betrieb eines Freiverkehrs bedarf der schriftlichen Erlaubnis der Börsenaufsichtsbehörde. [2]Der Freiverkehr gilt als multilaterales Handelssystem. [3]Der Börsenträger legt der Börsenaufsichtsbehörde eine ausführliche Beschreibung der Funktionsweise des Handelssystems, einschließlich etwaiger Verbindungen zu einem anderen multilateralen oder organisierten Handelssystem oder einem systematischen Internalisierer in seinem Eigentum, sowie eine Liste der Handelsteilnehmer vor. [4]Die Börsenaufsichtsbehörde stellt diese Informationen der Bundesanstalt und auf deren Verlangen der Europäischen Wertpapier- und Marktaufsichtsbehörde zur Verfügung und teilt diesen jede Erteilung einer Erlaubnis eines Freiverkehrs mit. [5]Auf den Betrieb des Freiverkehrs sind unbeschadet der Absätze 4 und 5 die Vorschriften dieses Gesetzes mit Ausnahme der §§ 27 bis 43 entsprechend anzuwenden.

(4) Der Börsenträger hat sicherzustellen, dass der Freiverkehr über mindestens drei aktive Handelsteilnehmer verfügt, denen es jeweils möglich ist, mit allen übrigen Handelsteilnehmern zum Zwecke der Preisbildung zu interagieren.

(5) Der Börsenträger kann von einem Emittenten die Übermittlung von Referenzdaten in Bezug auf dessen Finanzinstrumente verlangen, soweit dies zur Erfüllung der Anforderungen aus Artikel 4 der Verordnung (EU) Nr. 596/2014 erforderlich ist.

§ 48a[1)] KMU-Wachstumsmarkt

(1) [1]Der Börsenträger kann einen Freiverkehr bei der Börsenaufsichtsbehörde als Wachstumsmarkt für kleine und mittlere Unternehmen (KMU-Wachstumsmarkt) registrieren lassen, sofern folgende Anforderungen erfüllt sind:

1. bei mindestens 50 Prozent der Emittenten, deren Finanzinstrumente zum Handel in den Freiverkehr einbezogen sind, handelt es sich um kleine und mittlere Unternehmen;
2. der Börsenträger hat geeignete Kriterien für die Einbeziehung der Finanzinstrumente zum Handel in den Freiverkehr festgelegt;
3. der Börsenträger macht die Einbeziehung von Finanzinstrumenten zum Handel in den Freiverkehr davon abhängig, dass bei der Zulassung ausreichende Informationen veröffentlicht werden, um dem Publikum eine zutreffende Beurteilung des Emittenten und der Finanzinstrumente zu ermöglichen; bei diesen Informationen handelt es sich entweder um ein Einbeziehungsdokument oder einen Prospekt, falls auf Basis der Verordnung (EU) 2017/1129 festgelegte Anforderungen im Hinblick auf ein öffentliches Angebot im Zusammenhang mit der ursprünglichen Einbeziehung des Finanzinstruments zum Handel in den Freiverkehr Anwendung finden;
4. der Börsenträger stellt sicher, dass eine geeignete regelmäßige Finanzberichterstattung durch den Emittenten am Markt stattfindet, dessen Finanzinstrumente zum Handel in den Freiverkehr einbezogen sind, insbesondere durch geprüfte Jahresberichte;
5. die in Artikel 3 Absatz 1 Nummer 21 der Verordnung (EU) Nr. 596/2014 definierten Emittenten und die in Artikel 3 Absatz 1 Nummer 25 der Verordnung (EU) Nr. 596/2014 definierten Personen, die bei einem Emittenten Führungsaufgaben wahrnehmen, sowie die in Artikel 3 Absatz 1 Nummer 26 der Verordnung (EU) Nr. 596/2014 definierten Personen, die in enger Beziehung zu diesen stehen, erfüllen die jeweiligen Anforderungen, die für sie gemäß der Verordnung (EU) Nr. 596/2014 gelten;
6. der Börsenträger erfasst Informationen, die von einem Emittenten auf Grund einer rechtlichen Verpflichtung veröffentlicht wurden, und stellt diese öffentlich zur Verfügung und
7. der Börsenträger richtet wirksame Systeme und Kontrollen ein, die geeignet sind, einen Marktmissbrauch an dem betreffenden Markt gemäß der Verordnung (EU) Nr. 596/2014 zu erkennen und zu verhindern.

[2]Die Möglichkeit des Börsenträgers, zusätzliche Anforderungen festzulegen, bleibt unberührt.

(2) [1]Die Börsenaufsichtsbehörde hebt die Registrierung eines KMU-Wachstumsmarktes auf, wenn der Börsenträger dies beantragt oder wenn die Voraussetzungen für eine Registrierung nach Absatz 1 nicht mehr vorliegen. [2]Die Börsenaufsichtsbehörde unterrichtet die Bundesanstalt und die Europäische Wertpapier- und Marktaufsichtsbehörde unverzüglich über die Registrierung eines KMU-Wachstumsmarktes und über deren Aufhebung.

(3) [1]Ein Finanzinstrument, das zum Handel in den Freiverkehr einbezogen ist, kann nur dann in einem anderen KMU-Wachstumsmarkt gehandelt werden, wenn der Emittent des Finanzinstruments hierüber unterrichtet wurde und dem nicht widersprochen hat. [2]In einem solchen Fall entstehen dem Emittenten im Hinblick auf diesen anderen

1) § 48a Abs. 1 geändert durch Gesetz vom 8.7.2019 (BGBl. I S. 1002).

KMU-Wachstumsmarkt keine Verpflichtungen in Bezug auf die Unternehmensführung und -kontrolle oder erstmalige, laufende oder punktuelle Veröffentlichungspflichten.

§ 48b Organisiertes Handelssystem an einer Börse

(1) [1]Der Betrieb eines organisierten Handelssystems an einer Börse bedarf der schriftlichen Erlaubnis der Börsenaufsichtsbehörde. [2]Der Börsenträger legt der Börsenaufsichtsbehörde eine ausführliche Beschreibung der Funktionsweise des organisierten Handelssystems vor, einschließlich etwaiger Verbindungen zu einem anderen organisierten oder multilateralen Handelssystem oder einem systematischen Internalisierer in seinem Eigentum, sowie eine Liste der Handelsteilnehmer. [3]Die Börsenaufsichtsbehörde stellt diese Informationen der Bundesanstalt und auf deren Verlangen der Europäischen Wertpapier- und Marktaufsichtsbehörde zur Verfügung und teilt diesen jede Zulassung eines organisierten Handelssystems mit. [4]Soweit die Absätze 2 bis 9 keine abweichende Regelung treffen, sind die für den Freiverkehr geltenden Vorschriften dieses Gesetzes entsprechend anzuwenden.

(2) Der Börsenträger als Betreiber eines organisierten Handelssystems hat geeignete Vorkehrungen zu treffen, durch die die Ausführung von Kundenaufträgen in dem organisierten Handelssystem unter Einsatz des eigenen Kapitals des Betreibers oder eines Mitglieds derselben Unternehmensgruppe verhindert wird.

(3) [1]Der Börsenträger als Betreiber eines organisierten Handelssystems darf auf die Zusammenführung sich deckender Kundenaufträge im Sinne von § 2 Absatz 29 des Wertpapierhandelsgesetzes für Schuldverschreibungen, strukturierte Finanzprodukte, Emissionszertifikate und bestimmte Derivate zurückgreifen, wenn der Kunde dem zugestimmt hat. [2]Er darf auf die Zusammenführung sich deckender Kundenaufträge über Derivate nicht zurückgreifen, wenn diese der Verpflichtung zum Clearing nach Artikel 4 der Verordnung (EU) Nr. 648/2012 unterliegen.

(4) Der Handel für eigene Rechnung ist dem Börsenträger als Betreiber eines organisierten Handelssystems nur gestattet, soweit es sich nicht um die Zusammenführung sich deckender Kundenaufträge im Sinne von § 2 Absatz 29 des Wertpapierhandelsgesetzes handelt und nur in Bezug auf öffentliche Schuldtitel, für die kein liquider Markt besteht.

(5) [1]Der Börsenträger darf ein organisiertes Handelssystem nicht innerhalb derselben rechtlichen Einheit mit einer systematischen Internalisierung betreiben. [2]Ein organisiertes Handelssystem darf keine Verbindung zu einem systematischen Internalisierer oder einem anderen organisierten Handelssystem in einer Weise herstellen, die eine Interaktion von Aufträgen in dem organisierten Handelssystem mit den Aufträgen oder Angeboten des systematischen Internalisierers oder in dem organisierten Handelssystem ermöglicht.

(6) [1]Der Börsenträger als Betreiber eines organisierten Handelssystems kann ein anderes Wertpapierdienstleistungsunternehmen beauftragen, unabhängig an diesem organisierten Handelssystem Market-Making zu betreiben. [2]Ein unabhängiges Betreiben liegt nur dann vor, wenn keine enge Verbindung des Wertpapierdienstleistungsunternehmens zu dem Börsenträger besteht.

(7) [1]Der Börsenträger als Betreiber des organisierten Handelssystems hat die Entscheidung über die Ausführung eines Auftrags in dem organisierten Handelssystem nach Ermessen zu treffen, wenn er darüber entscheidet,

1. einen Auftrag über das von ihm betriebene organisierte Handelssystem zu platzieren oder zurückzunehmen oder
2. einen bestimmten Kundenauftrag nicht mit anderen zu einem bestimmten Zeitpunkt im System vorhandenen Aufträgen zusammenzuführen.

[2]Im Falle des Satzes 1 Nummer 2 darf eine Zusammenführung nur dann unterbleiben, wenn dies mit etwaigen Anweisungen des Kunden sowie der Verpflichtung zur bestmöglichen Ausführung von Kundenaufträgen im Sinne von § 82 des Wertpapierhandelsgesetzes vereinbar ist. Bei einem System, bei dem gegenläufige Kundenaufträge eingehen, kann der Betreiber entscheiden, ob, wann und in welchem Umfang er zwei oder mehr Aufträge innerhalb des Systems zusammenführt. [3]Im Einklang mit den Absätzen 2, 3, 5 und 6 und unbeschadet des Absatzes 4 kann der Betreiber bei einem System, über das Geschäfte mit Nichteigenkapitalinstrumenten in die Wege geleitet werden, die Verhandlungen zwischen den Kunden erleichtern, um so zwei oder mehr möglicherweise kompatible Handelsinteressen in einem Geschäft zusammenzuführen.

(8) [1]Die Börsenaufsichtsbehörde kann von dem Börsenträger als Betreiber eines organisierten Handelssystems jederzeit, insbesondere bei Antrag auf Zulassung des Betriebs, eine ausführliche Erklärung darüber verlangen, warum das organisierte Handelssystem keinem regulierten Markt, multilateralen Handelssystem oder systematischen Internalisierer entspricht und nicht in dieser Form betrieben werden kann. [2]Die Erklärung hat eine ausführliche Beschreibung zu enthalten, wie der Ermessensspielraum genutzt wird, insbesondere wann ein Auftrag im organisierten Handelssystem zurückgezogen werden kann und wann und wie zwei oder mehr sich deckende Kundenaufträge innerhalb des organisierten Handelssystems zusammengeführt werden. [3]Außerdem hat der Börsenträger als Betreiber eines organisierten Handelssystems der Börsenaufsichtsbehörde Informationen zur Verfügung zu stellen, mit denen der Rückgriff auf die Zusammenführung sich deckender Kundenaufträge erklärt wird. [4]Die Börsenaufsichtsbehörde hat diese Informationen der Bundesanstalt und auf deren Verlangen der Europäischen Wertpapier- und Marktaufsichtsbehörde zur Verfügung zu stellen.

(9) Die Börsenaufsichtsbehörde überwacht den Handel durch Zusammenführung sich deckender Aufträge durch den Börsenträger als Betreiber des organisierten Handelssystems, damit sichergestellt ist, dass dieser die hierfür geltenden Anforderungen einhält und dass der von ihm betriebene Handel durch Zusammenführung sich deckender Aufträge nicht zu Interessenkonflikten zwischen dem Betreiber und seinen Kunden führt.

(10) § 63 Absatz 1, 3 bis 7 und 9, § 64 Absatz 1 sowie die §§ 69, 70 und 82 des Wertpapierhandelsgesetzes gelten entsprechend für Geschäfte, die über ein organisiertes Handelssystem an einer Börse abgeschlossen wurden.

Abschnitt 6 Straf- und Bußgeldvorschriften; Schlussvorschriften

§ 49 Strafvorschriften

Mit Freiheitsstrafe bis zu drei Jahren oder mit Geldstrafe wird bestraft, wer entgegen § 26 Abs. 1 andere zu Börsenspekulationsgeschäften oder zu einer Beteiligung an einem solchen Geschäft verleitet.

§ 50 Bußgeldvorschriften

(1) Ordnungswidrig handelt, wer vorsätzlich oder leichtfertig entgegen

1. § 3 Absatz 11 eine Person über eine Maßnahme oder ein eingeleitetes Ermittlungsverfahren in Kenntnis setzt oder
2. § 41 Absatz 1 der Geschäftsführung der Börse eine dort benannte Auskunft nicht, nicht richtig oder nicht vollständig erteilt.

(2) Ordnungswidrig handelt, wer vorsätzlich oder fahrlässig

1. einer vollziehbaren Anordnung nach

a) § 3 Absatz 4 Satz 1 oder Satz 3, jeweils auch in Verbindung mit § 7 Absatz 3, oder § 3 Absatz 5 Satz 2 oder

b) § 6 Absatz 2 Satz 1 oder Absatz 4 Satz 1 zuwiderhandelt,

2. entgegen § 3 Absatz 4 Satz 5 oder 6, jeweils auch in Verbindung mit Satz 8, ein Betreten nicht gestattet oder nicht duldet,
3. als Börsenträger einer vollziehbaren Anordnung nach § 3 Absatz 4a Satz 1 zuwiderhandelt,
4. bei der Antragstellung nach § 4 Absatz 2 Satz 1 unrichtige Angaben zu den in § 4 Absatz 2 Satz 2 oder 3 genannten Tatsachen macht,
5. entgegen § 4 Absatz 7 Satz 1 einen Wechsel bei einer dort genannten Person der Geschäftsleitung nicht, nicht richtig, nicht vollständig oder nicht rechtzeitig anzeigt,
6. als Geschäftsleiter eines Börsenträgers von erheblicher Bedeutung die nach § 4a Absatz 2 Satz 2 in Verbindung mit den Sätzen 3 und 4 und einer etwaigen Genehmigung nach Satz 5 zulässige Anzahl von Mandaten durch Annahme eines weiteren Mandats überschreitet,
7. als Mitglied des Verwaltungs- oder Aufsichtsorgans eines Börsenträgers von erheblicher Bedeutung die nach § 4b Absatz 4 Satz 2 in Verbindung mit den Sätzen 3 und 4 und einer etwaigen Genehmigung nach Satz 5 zulässige Anzahl von Mandaten durch Annahme eines weiteren Mandats überschreitet,
8. entgegen § 4a Absatz 1 der Wahrnehmung der Aufgaben als Geschäftsleiter nicht die erforderliche Zeit widmet,
9. als Mitglied des Verwaltungs- oder Aufsichtsorgans eines Börsenträgers bei Vorliegen der Voraussetzungen des § 4b Absatz 5 Satz 1 nicht auf die Einsetzung eines Nominierungsausschusses hinwirkt,
10. entgegen § 5 Absatz 4 Nummer 1 keine oder keine hinreichenden Vorkehrungen trifft, um dort genannte Konflikte zu erkennen und zu verhindern,
11. entgegen § 5 Absatz 4 Nummer 2 keine angemessenen Vorkehrungen und Systeme schafft,
12. entgegen § 5 Absatz 4 Nummer 3 nicht die technische Funktionsfähigkeit der betreffenden Systeme sicherstellt oder keine technischen Vorkehrungen für den reibungslosen und zeitnahen Abschluss der betreffenden Geschäfte schafft,
13. als Börsenträger eine Börse betreibt, ohne über die in § 5 Absatz 4a genannten Systeme und Verfahren zu verfügen,
14. als Börsenträger eine Börse betreibt, ohne über ausreichende finanzielle Mittel im Sinne des § 5 Absatz 5 zu verfügen,
15. als Börsenträger entgegen § 5 Absatz 7 an einer von ihm betriebenen Börse Kundenaufträge unter Einsatz seines eigenen Kapitals ausführt oder auf die Zusammenführung sich deckender Kundenaufträge zurückgreift,
16. entgegen

a) § 6 Absatz 1 Satz 1, 5 oder 6 oder

b) § 6 Absatz 5 Satz 1 oder 4 oder Absatz 6 Satz 1,

jeweils auch in Verbindung mit einer Rechtsverordnung nach § 6 Absatz 7, eine Anzeige nicht, nicht richtig, nicht vollständig oder nicht rechtzeitig erstattet,

17. einer vollziehbaren Anordnung der Börsenaufsichtsbehörde nach § 6 Absatz 1 Satz 7 zuwiderhandelt,

18. entgegen § 6 Absatz 6 Satz 2 eine Veröffentlichung nicht oder nicht rechtzeitig vornimmt,
19. entgegen § 26c Absatz 2 Satz 1 kein Market-Making-System einrichtet,
20. als Handelsteilnehmer bei der Teilnahme am Börsenhandel einen Algorithmus im Sinne von § 26d Absatz 2 einsetzt, ohne diesen zuvor auf etwaige marktstörende Auswirkungen getestet zu haben,
21. als Börsenträger entgegen § 26e Satz 1 die dort genannte Veröffentlichung nicht mindestens einmal jährlich vornimmt,
22. als Börsenträger entgegen § 26f Absatz 1 keine Positionsmanagementkontrollen einrichtet oder
23. als Handelsteilnehmer entgegen § 26g die von der Geschäftsführung verlangten Daten nicht übermittelt.

(3) Ordnungswidrig handelt, wer gegen die Verordnung (EU) Nr. 648/2012 des Europäischen Parlaments und des Rates vom 4. Juli 2012 über OTC-Derivate, zentrale Gegenparteien und Transaktionsregister (ABl. L 201 vom 27.7.2012, S. 1; L 321 vom 30.11.2013, S. 6) verstößt, indem er vorsätzlich oder fahrlässig als Betreiber eines Freiverkehrs im Sinne des § 48 entgegen Artikel 8 Absatz 1 in Verbindung mit Absatz 4 Unterabsatz 1 Handelsdaten nicht, nicht richtig, nicht vollständig, nicht in der vorgeschriebenen Weise oder nicht rechtzeitig zur Verfügung stellt.

(4) Ordnungswidrig handelt, wer als Börsenträger gegen die Verordnung (EU) 2015/2365 des Europäischen Parlaments und des Rates vom 25. November 2015 über die Transparenz von Wertpapierfinanzierungsgeschäften und der Weiterverwendung sowie zur Änderung der Verordnung (EU) Nr. 648/2012 (ABl. L 337 vom 23.12.2015, S. 1) verstößt, indem er vorsätzlich oder leichtfertig

1. entgegen Artikel 4 Absatz 1 eine Meldung nicht, nicht richtig, nicht vollständig, nicht in der vorgeschriebenen Weise oder nicht rechtzeitig vornimmt,
2. entgegen Artikel 4 Absatz 4 Aufzeichnungen nicht, nicht vollständig oder nicht mindestens für die vorgeschriebene Dauer aufbewahrt,
3. entgegen Artikel 15 Absatz 1 Finanzinstrumente weiterverwendet, ohne dass die dort genannten Voraussetzungen erfüllt sind oder
4. entgegen Artikel 15 Absatz 2 ein Recht auf Weiterverwendung ausübt, ohne dass die dort genannten Voraussetzungen erfüllt sind.

(5) Ordnungswidrig handelt, wer gegen die Verordnung (EU) Nr. 600/2014 des Europäischen Parlaments und des Rates vom 15. Mai 2014 über Märkte für Finanzinstrumente und zur Änderung der Verordnung (EU) Nr. 648/2012 (ABl. L 173 vom 12.6.2014, S. 84; L 6 vom 10.1.2015, S. 6; L 270 vom 15.10.2015, S. 4), die durch die Verordnung (EU) 2016/1033 (ABl. L 175 vom 30.6.2016, S. 1) geändert worden ist, verstößt, indem er vorsätzlich oder leichtfertig als Marktbetreiber im Sinne des Artikels 4 Absatz 1 Nummer 18 der Richtlinie 2014/65/EU oder als Börsenträger, der ein multilaterales Handelssystem im Sinne des Artikels 4 Absatz 1 Nummer 22 der Richtlinie 2014/65/EU oder ein organisiertes Handelssystem im Sinne des Artikels 4 Absatz 1 Nummer 23 der Richtlinie 2014/65/EU betreibt,

1. entgegen
   a) Artikel 3 Absatz 1,
   b) Artikel 6 Absatz 1,
   c) Artikel 8 Absatz 1,
   d) Artikel 8 Absatz 4,

e) Artikel 10 Absatz 1,

f) Artikel 11 Absatz 3 Unterabsatz 3 in Verbindung mit Artikel 10 Absatz 1 oder

g) Artikel 31 Absatz 2

eine Veröffentlichung nicht, nicht richtig, nicht vollständig, nicht in der vorgeschriebenen Weise oder nicht rechtzeitig vornimmt,

2. beim Betrieb eines Handelsplatzes ein dort genanntes System betreibt, das nicht oder nicht vollständig den in Artikel 4 Absatz 3 Unterabsatz 1 beschriebenen Anforderungen entspricht,

3. entgegen

a) Artikel 3 Absatz 3 oder Artikel 6 Absatz 2 nicht in der dort beschriebenen Weise Zugang zu den betreffenden Systemen gewährt,

b) Artikel 7 Absatz 1 Unterabsatz 3 Satz 1 oder Artikel 11 Absatz 1 Unterabsatz 3 Satz 1 eine Genehmigung nicht oder nicht rechtzeitig einholt oder auf geplante Regelungen nicht, nicht richtig, nicht vollständig, nicht in der vorgeschriebenen Weise oder nicht rechtzeitig hinweist,

c) Artikel 8 Absatz 3 oder Artikel 10 Absatz 2 nicht in der dort beschriebenen Weise Zugang zu den betreffenden Regelungen gewährt,

d) Artikel 12 Absatz 1 eine Information nicht, nicht richtig, nicht vollständig, nicht in der vorgeschriebenen Weise oder nicht rechtzeitig offenlegt,

e) Artikel 13 Absatz 1 eine Angabe oder Information nicht, nicht richtig, nicht in der vorgeschriebenen Weise oder nicht rechtzeitig offenlegt oder bereitstellt oder keinen diskriminierungsfreien Zugang zu den Informationen sicherstellt,

f) Artikel 22 Absatz 2 erforderliche Daten nicht für einen ausreichend langen Zeitraum speichert,

g) Artikel 25 Absatz 2 die einschlägigen Daten eines Auftrags nicht für mindestens fünf Jahre zur Verfügung hält,

h) Artikel 29 Absatz 1 nicht sicherstellt, dass Geschäfte von einer zentralen Gegenpartei gecleart werden,

i) Artikel 29 Absatz 2 Unterabsatz 1 nicht über die dort bezeichneten Systeme, Verfahren und Vorkehrungen verfügt,

j) Artikel 31 Absatz 3 Satz 1 eine Aufzeichnung nicht, nicht richtig, nicht vollständig oder nicht in der vorgeschriebenen Weise führt,

k) Artikel 31 Absatz 3 Satz 2 eine Aufzeichnung nicht, nicht vollständig oder nicht rechtzeitig zur Verfügung stellt,

l) Artikel 35 Absatz 2 einen Antrag nicht, nicht vollständig oder nicht in der vorgeschriebenen Weise an eine zuständige Behörde übermittelt,

m) Artikel 36 Absatz 1 Handelsdaten nicht auf diskriminierungsfreier und transparenter Basis bereitstellt,

n) Artikel 36 Absatz 3 Satz 1 nicht, nicht in der vorgeschriebenen Weise oder nicht rechtzeitig antwortet,

o) Artikel 36 Absatz 3 Satz 2 einen Zugang verweigert,

p) Artikel 36 Absatz 3 Satz 3, auch in Verbindung mit Satz 4, eine Untersagung nicht ausführlich begründet oder eine Unterrichtung oder Mitteilung nicht oder nicht in der vorgeschriebenen Weise vornimmt oder

q) Artikel 36 Absatz 3 Satz 5 einen Zugang nicht oder nicht rechtzeitig ermöglicht.

(6) Ordnungswidrig handelt, wer gegen die Verordnung (EU) Nr. 600/2014 verstößt, indem er vorsätzlich oder fahrlässig

1. als Marktbetreiber im Sinne des Artikels 4 Absatz 1 Nummer 18 der Richtlinie 2014/65/EU,
2. als Börsenträger, der ein multilaterales Handelssystem im Sinne des Artikels 4 Absatz 1 Nummer 22 der Richtlinie 2014/65/EU oder ein organisiertes Handelssystem im Sinne des Artikels 4 Absatz 1 Nummer 23 der Richtlinie 2014/65/EU betreibt oder
3. als ein mit einem Marktbetreiber nach Nummer 1 oder mit einem Börsenträger nach Nummer 2 verbundenes Unternehmen

entgegen Artikel 37 Absatz 3 mit dem Erbringer eines Referenzwerts eine Vereinbarung trifft, die eine andere zentrale Gegenpartei oder einen anderen Handelsplatz am Zugang zu den in Artikel 37 Absatz 1 genannten Informationen, Rechten oder Lizenzen hindern würde.

(7) Ordnungswidrig handelt, wer gegen die Verordnung (EU) Nr. 909/2014 des Europäischen Parlaments und des Rates vom 23. Juli 2014 zur Verbesserung der Wertpapierlieferungen und -abrechnungen in der Europäischen Union und über Zentralverwahrer sowie zur Änderung der Richtlinien 98/26/EG und 2014/65/EU und der Verordnung (EU) Nr. 236/2012 (ABl. L 257 vom 28.8.2014, S. 1; L 349 vom 21.12.2016, S. 5), die durch die Verordnung (EU) 2016/1033 (ABl. L 175 vom 30.6.2016, S. 1) geändert worden ist, verstößt, indem er vorsätzlich oder fahrlässig als Börsenträger oder als Betreiber eines Freiverkehrs im Sinne des § 48 einem Zentralverwahrer entgegen Artikel 53 Absatz 1 Unterabsatz 1 Transaktionsdaten nicht, nicht richtig, nicht vollständig, nicht in der vorgeschriebenen Weise oder nicht rechtzeitig zur Verfügung stellt.

(8) Die Ordnungswidrigkeit kann in den Fällen des Absatzes 1 Nummer 2 und des Absatzes 3 mit einer Geldbuße bis hunderttausend Euro, in den übrigen Fällen mit einer Geldbuße bis fünfzigtausend Euro geahndet werden.

(9) [1]Die Ordnungswidrigkeit kann in den Fällen der Absätze 2 und 5 bis 7 mit einer Geldbuße von bis zu fünf Millionen Euro geahndet werden. [2]Gegenüber einer juristischen Person oder Personenvereinigung kann über Satz 1 hinaus eine höhere Geldbuße in Höhe von bis zu 10 Prozent des Gesamtumsatzes, den die juristische Person oder Personenvereinigung im der Behördenentscheidung vorangegangenen Geschäftsjahr erzielt hat, verhängt werden. [3]Über die in den Sätzen 1 und 2 genannten Beträge hinaus kann die Ordnungswidrigkeit mit einer Geldbuße bis zum Zweifachen des aus dem Verstoß gezogenen wirtschaftlichen Vorteils geahndet werden. [4]Der wirtschaftliche Vorteil umfasst erzielte Gewinne und vermiedene Verluste und kann geschätzt werden.

(10) [1]Die Ordnungswidrigkeit kann in den Fällen des Absatzes 4 mit einer Geldbuße bis zu fünf Millionen Euro geahndet werden. [2]Gegenüber einer juristischen Person oder Personenvereinigung kann über Satz 1 hinaus eine höhere Geldbuße verhängt werden; diese darf

1. in den Fällen des Absatzes 4 Satz 1 Nummer 1 und 2 den höheren der Beträge von fünf Millionen Euro und 10 Prozent des Gesamtumsatzes, den die juristische Person oder Personenvereinigung im der Behördenentscheidung vorangegangenen Geschäftsjahr erzielt hat,
2. in den Fällen des Absatzes 4 Satz 1 Nummer 3 und 4 den höheren der Beträge von fünfzehn Millionen Euro und 10 Prozent des Gesamtumsatzes, den die juristische Person oder Personenvereinigung im der Behördenentscheidung vorangegangenen Geschäftsjahr erzielt hat,

nicht überschreiten. [3]Über die in den Sätzen 1 und 2 genannten Beträge hinaus kann die Ordnungswidrigkeit mit einer Geldbuße bis zum Dreifachen des aus dem Verstoß gezogenen wirtschaftlichen Vorteils geahndet werden. [4]Der wirtschaftliche Vorteil umfasst erzielte Gewinne und vermiedene Verluste und kann geschätzt werden.

(11) [1]Gesamtumsatz im Sinne des Absatzes 9 Satz 2 und des Absatzes 10 Satz 2 ist

1. im Falle des Börsenträgers der Betrag der Nettoumsätze nach Maßgabe des auf den Börsenträger anwendbaren nationalen Rechts im Einklang mit Artikel 2 Nummer 5 der Richtlinie 2013/34/EU des Europäischen Parlaments und des Rates vom 26. Juni 2013 über den Jahresabschluss, den konsolidierten Abschluss und damit verbundene Berichte von Unternehmen bestimmter Rechtsformen und zur Änderung der Richtlinie 2006/43/EG des Europäischen Parlaments und des Rates und zur Aufhebung der Richtlinien 78/660/EWG und 83/349/EWG des Rates (ABl. L 182 vom 29.6.2013, S. 19; L 369 vom 24.12.2014, S. 79), die zuletzt durch die Richtlinie 2014/102/EU (ABl. L 334 vom 21.11.2014, S. 86) geändert worden ist,
2. im Falle von Kreditinstituten, Zahlungsinstituten und Finanzdienstleistungsinstituten der Gesamtbetrag, der sich aus dem auf das Institut anwendbaren nationalen Recht im Einklang mit Artikel 27 Nummer 1, 3, 4, 6 und 7 oder Artikel 28 Nummer B1, B2, B3, B4 und B7 der Richtlinie 86/635/EWG des Rates vom 8. Dezember 1986 über den Jahresabschluss und den konsolidierten Abschluss von Banken und anderen Finanzinstituten (ABl. L 372 vom 31.12.1986, S. 1; L 316 vom 23.11.1988, S. 51), die zuletzt durch die Richtlinie 2006/46/EG (ABl. L 224 vom 16.8.2006, S. 1) geändert worden ist, ergibt, abzüglich der Umsatzsteuer und sonstiger direkt auf diese Erträge erhobener Steuern,
3. im Falle von Versicherungsunternehmen der Gesamtbetrag, der sich aus dem auf das Versicherungsunternehmen anwendbaren nationalen Recht im Einklang mit Artikel 63 der Richtlinie 91/674/EWG des Rates vom 19. Dezember 1991 über den Jahresabschluss und den konsolidierten Abschluss von Versicherungsunternehmen (ABl. L 374 vom 31.12.1991, S. 7), die zuletzt durch die Richtlinie 2006/46/EG (ABl. L 224 vom 16.8.2006, S. 1) geändert worden ist, ergibt, abzüglich der Umsatzsteuer und sonstiger direkt auf diese Erträge erhobener Steuern,
4. im Übrigen der Betrag der Nettoumsätze nach Maßgabe des auf das Unternehmen anwendbaren nationalen Rechts im Einklang mit Artikel 2 Nummer 5 der Richtlinie 2013/34/EU.

[2]Handelt es sich bei den in Satz 1 genannten Personen um juristische Personen oder Personenvereinigungen, die zugleich Mutterunternehmen oder Tochtergesellschaften sind, so ist anstelle des Gesamtumsatzes der juristischen Person oder Personenvereinigung der jeweilige Gesamtbetrag in dem Konzernabschluss des Mutterunternehmens maßgeblich, der für den größten Kreis von Unternehmen aufgestellt wird. [3]Wird der Konzernabschluss für den größten Kreis von Unternehmen nicht nach den in Satz 1 genannten Vorschriften aufgestellt, ist der Gesamtumsatz nach Maßgabe der dem in Satz 1 vergleichbaren Posten des Konzernabschlusses zu ermitteln. [4]Ist ein Jahresabschluss oder Konzernabschluss für das maßgebliche Geschäftsjahr nicht verfügbar, ist der Jahres- oder Konzernabschluss für das unmittelbar vorangehende Geschäftsjahr maßgeblich; ist auch dieser nicht verfügbar, kann der Gesamtumsatz geschätzt werden.

(12) [1]§ 17 Absatz 2 des Gesetzes über Ordnungswidrigkeiten ist nicht anzuwenden bei Verstößen gegen Gebote und Verbote, die in den Absätzen 9 und 10 in Bezug genommen werden. [2]§ 30 des Gesetzes über Ordnungswidrigkeiten gilt auch für juristische Personen oder Personenvereinigungen, die über eine Zweigniederlassung oder im Wege des grenzüberschreitenden Dienstleistungsverkehrs im Inland tätig sind. [3]Die Verfolgung der Ordnungswidrigkeiten nach den Absätzen 9 und 10 verjährt in drei Jahren..

§ 50a Bekanntmachung von Maßnahmen

(1) [1]Die Börsenaufsichtsbehörde hat jede unanfechtbar gewordene Bußgeldentscheidung nach § 50 Absatz 3 unverzüglich auf ihrer Internetseite öffentlich bekannt zu machen, es sei denn, diese Veröffentlichung würde die Finanzmärkte erheblich gefährden oder zu einem unverhältnismäßigen Schaden bei den Beteiligten führen. [2]Die Bekanntmachung darf keine personenbezogenen Daten enthalten.

(2) [1]Die Börsenaufsichtsbehörde macht Entscheidungen über Maßnahmen und Sanktionen, die von ihr wegen Verstößen gegen Verbote oder Gebote der §§ 4, 4a, 4b, 5, 6, 26c, 26d, 26e, 26f und 26g oder gegen die Verbote oder Gebote der Artikel 3, 4, 6, 7, 8, 10, 11, 12, 13, 22, 25, 29, 31, 35, 36 und 37 der Verordnung (EU) Nr. 600/2014 oder von Artikel 4 oder 15 der Verordnung (EU) 2015/2365 sowie gegen die zur Durchführung dieser Vorschriften erlassenen Rechtsverordnungen oder sonstigen Rechtsakte oder gegen eine im Zusammenhang mit einer Untersuchung betreffend die Pflichten nach diesen Vorschriften ergangene vollziehbare Anordnung der Börsenaufsichtsbehörde nach § 3 oder § 6 erlassen wurden, auf ihrer Internetseite unverzüglich nach Unterrichtung der natürlichen oder juristischen Person, gegen die die Maßnahme oder Sanktion verhängt wurde, bekannt. [2]Dies gilt nicht für Entscheidungen, mit denen Maßnahmen mit Ermittlungscharakter verhängt werden. [3]In der Bekanntmachung benennt die Börsenaufsichtsbehörde die Vorschrift, gegen die verstoßen wurde, und die für den Verstoß verantwortliche natürliche oder juristische Person oder Personenvereinigung. [4]Ist die Bekanntmachung der Identität der juristischen Person oder der personenbezogenen Daten der natürlichen Person unverhältnismäßig oder gefährdet die Bekanntmachung laufende Ermittlungen oder die Stabilität der Finanzmärkte, so kann die Börsenaufsichtsbehörde

1. die Entscheidung, mit der die Sanktion oder Maßnahme verhängt wird, erst dann bekanntmachen, wenn die Gründe für den Verzicht auf ihre Bekanntmachung nicht mehr bestehen, oder
2. die Entscheidung, mit der die Sanktion oder Maßnahme verhängt wird, ohne Nennung personenbezogener Daten bekanntmachen, wenn diese anonymisierte Bekanntmachung einen wirksamen Schutz der betreffenden personenbezogenen Daten gewährleistet, oder
3. gänzlich von der Bekanntmachung der Entscheidung, mit der die Sanktion oder Maßnahme verhängt wird, absehen, wenn die unter den Nummern 1 und 2 genannten Möglichkeiten nicht ausreichen, um zu gewährleisten, dass
   a) die Stabilität der Finanzmärkte nicht gefährdet wird oder
   b) die Verhältnismäßigkeit der Bekanntmachung gewahrt bleibt.

[5]Entscheidet sich die Börsenaufsichtsbehörde für eine Bekanntmachung in anonymisierter Form, kann die Bekanntmachung um einen angemessenen Zeitraum aufgeschoben werden, wenn vorhersehbar ist, dass die Gründe für die anonymisierte Bekanntmachung innerhalb dieses Zeitraums wegfallen werden. [6]Wird gegen die Bußgeldentscheidung ein Rechtsbehelf eingelegt, so macht die Börsenaufsichtsbehörde auch diesen Sachverhalt und das Ergebnis des Rechtsbehelfsverfahrens umgehend auf ihrer Internetseite bekannt. [7]Ferner wird jede Entscheidung, mit der eine frühere Bußgeldentscheidung aufgehoben oder geändert wird, ebenfalls bekannt gemacht. [8]Eine Bekanntmachung nach Satz 1 ist nach fünf Jahren zu löschen. [9]Abweichend davon sind personenbezogene Daten zu löschen, sobald ihre Bekanntmachung nicht mehr erforderlich ist. [10]Die Börsenaufsichtsbehörde unterrichtet die Bundesanstalt und die Europäische Wertpapier- und Marktaufsichtsbehörde über alle Bußgeldentscheidungen, die im Einklang mit Satz 4 Nummer 3 nicht bekannt gemacht wurden, sowie über alle Rechtsbehelfe in Verbindung mit diesen Bußgeldentscheidungen und die Ergebnisse der Rechtsbehelfsverfahren. [11]Über die Bekanntmachung einer Bußgeldentscheidung un-

terrichtet die Börsenaufsichtsbehörde die Bundesanstalt und die Europäische Wertpapier- und Marktaufsichtsbehörde gleichzeitig.

§ 51 Geltung für Wechsel und ausländische Zahlungsmittel

(1) Die §§ 24 und 27 bis 29 gelten auch für den Börsenhandel mit Wechseln und ausländischen Zahlungsmitteln.

(2) Als Zahlungsmittel im Sinne des Absatzes 1 gelten auch Auszahlungen, Anweisungen und Schecks.

§ 52[1)] Übergangsregelungen

(1) Sind Prospekte, auf Grund derer Wertpapiere zum Börsenhandel mit amtlicher Notierung zugelassen worden sind, oder Unternehmensberichte vor dem 1. April 1998 veröffentlicht worden, so sind auf diese Prospekte und Unternehmensberichte die Vorschriften der §§ 45 bis 49 und 77 des Börsengesetzes in der Fassung der Bekanntmachung vom 17. Juli 1996 (BGBl. I S. 1030) weiterhin anzuwenden.

(2) Sind Prospekte, auf Grund derer Wertpapiere zum Börsenhandel im amtlichen Markt zugelassen worden sind, oder Unternehmensberichte vor dem 1. Juli 2002 veröffentlicht worden, so ist auf diese Prospekte und Unternehmensberichte die Vorschrift des § 47 des Börsengesetzes in der Fassung der Bekanntmachung vom 9. September 1998 (BGBl. I S. 2682), das zuletzt durch Artikel 35 des Gesetzes vom 27. April 2002 (BGBl. I S. 1467) geändert worden ist, weiterhin anzuwenden.

(3) [1]Sind Prospekte, auf Grund derer Wertpapiere zum Handel im amtlichen Markt zugelassen worden sind, vor dem 1. Juli 2005 veröffentlicht worden, so ist auf diese Prospekte die Vorschrift des § 45 dieses Gesetzes in der vor dem 1. Juli 2005 geltenden Fassung weiterhin anzuwenden. [2]Auf Unternehmensberichte, die vor dem 1. Juli 2005 veröffentlicht worden sind, finden die §§ 44 bis 47 und 55 des Börsengesetzes in der vor dem 1. Juli 2005 geltenden Fassung weiterhin Anwendung.

(4) [1]Für Wertpapiere, deren Laufzeit nicht bestimmt ist und die am 1. Juli 2002 weniger als zehn Jahre an einer inländischen Börse eingeführt sind, gilt § 5 Abs. 1 Satz 1 des Börsengesetzes in der Fassung der Bekanntmachung vom 9. September 1998 (BGBl. I S. 2682), das zuletzt durch Artikel 35 des Gesetzes vom 27. April 2002 (BGBl. I S. 1467) geändert worden ist. [2]Auf die in Satz 1 genannten Wertpapiere ist § 17 Abs. 1 Nr. 5 erst mit Ablauf von zehn Jahren seit der Einführung anzuwenden.

(5) [1]Börsenträger, denen vor dem 1. November 2007 eine Genehmigung nach § 1 Abs. 1 des Börsengesetzes in der bis zum 31. Oktober 2007 geltenden Fassung erteilt worden ist, bedürfen insoweit keiner Erlaubnis nach § 4. [2]Sie müssen jedoch der Börsenaufsichtsbehörde bis zum 30. April 2009 die nach § 4 Abs. 2 Satz 2 erforderlichen Unterlagen einreichen. [3]Die Befugnisse der Börsenaufsichtsbehörde nach § 4 gelten in Ansehung der vor dem 1. November 2007 erteilten Genehmigungen entsprechend.

(6) Börsenträger, die den Betrieb eines Freiverkehrs bereits vor dem 1. November 2007 begonnen haben, sind verpflichtet, den Antrag auf Erteilung der Erlaubnis nach § 48 Abs. 3 Satz 1 bis zum 30. April 2009 nachzureichen.

(7) Wertpapiere, die vor dem 1. November 2007 zum amtlichen Markt oder zum geregelten Markt zugelassen waren, gelten ab dem 1. November 2007 als zum regulierten Markt zugelassen.

(8) Für Ansprüche wegen fehlerhafter Prospekte, die Grundlage für die Zulassung von Wertpapieren zum Handel an einer inländischen Börse sind und die vor dem 1. Juni 2012

1) § 52 Abs. 10 und 11 angefügt durch Gesetz vom 8.7.2019 (BGBl. I S. 1002).

im Inland veröffentlicht worden sind, sind die §§ 44 bis 47 in der bis zum 31. Mai 2012 geltenden Fassung weiterhin anzuwenden.

(9) Auf Anträge auf Widerruf der Zulassung von Wertpapieren im Sinne des § 2 Absatz 2 des Wertpapiererwerbs- und Übernahmegesetzes zum Handel im regulierten Markt, die nach dem 7. September 2015 und vor dem 26. November 2015 gestellt worden sind und über die am 26. November 2015 noch nicht bestands- oder rechtskräftig entschieden worden ist, ist § 39 Absatz 2 bis 6 in der ab dem 26. November 2015 geltenden Fassung mit der Maßgabe anzuwenden, dass abweichend von § 39 Absatz 2 Satz 3 Nummer 1 in der ab dem 26. November 2015 geltenden Fassung ein Erwerbsangebot auch nach Antragstellung veröffentlicht werden kann.

(10) § 32 Absatz 3 Nummer 2 in der bis zum 20. Juli 2019 geltenden Fassung findet weiterhin Anwendung für den Fall eines Prospekts, der nach dem Wertpapierprospektgesetz in der bis zum 20. Juli 2019 geltenden Fassung gebilligt wurde, solange dieser Prospekt Gültigkeit hat, und für den Fall, dass die Zulassung vor dem 21. Juli 2019 beantragt wurde und zu diesem Zeitpunkt von der Veröffentlichung eines Prospekts nach § 1 Absatz 2 oder § 4 Absatz 2 des Wertpapierprospektgesetzes in der bis zum 20. Juli 2019 geltenden Fassung abgesehen werden durfte.

(11) § 48a Absatz 1 Satz 1 Nummer 3 in der bis zum 20. Juli 2019 geltenden Fassung findet weiterhin Anwendung für den Fall eines Prospekts, der nach dem Wertpapierprospektgesetz in der bis zum 20. Juli 2019 geltenden Fassung gebilligt wurde, solange dieser Prospekt Gültigkeit hat.

A2. Rechtsdienstleistungsgesetz (RDG)

Vom 12. Dezember 2007
(BGBl. I S. 2840)
(Auszug)

zuletzt geändert durch Gesetz vom 20.11.2019 (BGBl. I S. 1724)

Teil 1 Allgemeine Vorschriften

§ 1 Anwendungsbereich

(1) [1]Dieses Gesetz regelt die Befugnis in der Bundesrepublik Deutschland, außergerichtliche Rechtsdienstleistungen zu erbringen. [2]Es dient dazu, die Rechtsuchenden, den Rechtsverkehr und die Rechtsordnung vor unqualifizierten Rechtsdienstleistungen zu schützen.

(2) Wird eine Rechtsdienstleistung ausschließlich aus einem anderen Staat heraus erbracht, gilt dieses Gesetz nur, wenn ihr Gegenstand deutsches Recht ist.

(3) Regelungen in anderen Gesetzen über die Befugnis, Rechtsdienstleistungen zu erbringen, bleiben unberührt.

§ 2 Begriff der Rechtsdienstleistung

(1) Rechtsdienstleistung ist jede Tätigkeit in konkreten fremden Angelegenheiten, sobald sie eine rechtliche Prüfung des Einzelfalls erfordert.

(2) [1]Rechtsdienstleistung ist, unabhängig vom Vorliegen der Voraussetzungen des Absatzes 1, die Einziehung fremder oder zum Zweck der Einziehung auf fremde Rechnung abgetretener Forderungen, wenn die Forderungseinziehung als eigenständiges Geschäft betrieben wird (Inkassodienstleistung). [2]Abgetretene Forderungen gelten für den bisherigen Gläubiger nicht als fremd.

(3) Rechtsdienstleistung ist nicht:

1. die Erstattung wissenschaftlicher Gutachten,
2. die Tätigkeit von Einigungs- und Schlichtungsstellen, Schiedsrichterinnen und Schiedsrichtern,
3. die Erörterung der die Beschäftigten berührenden Rechtsfragen mit ihren gewählten Interessenvertretungen, soweit ein Zusammenhang zu den Aufgaben dieser Vertretungen besteht,
4. die Mediation und jede vergleichbare Form der alternativen Streitbeilegung, sofern die Tätigkeit nicht durch rechtliche Regelungsvorschläge in die Gespräche der Beteiligten eingreift,
5. die an die Allgemeinheit gerichtete Darstellung und Erörterung von Rechtsfragen und Rechtsfällen in den Medien,
6. die Erledigung von Rechtsangelegenheiten innerhalb verbundener Unternehmen (§ 15 des Aktiengesetzes).

§ 3 Befugnis zur Erbringung außergerichtlicher Rechtsdienstleistungen

Die selbständige Erbringung außergerichtlicher Rechtsdienstleistungen ist nur in dem Umfang zulässig, in dem sie durch dieses Gesetz oder durch oder aufgrund anderer Gesetze erlaubt wird.

§ 4 Unvereinbarkeit mit einer anderen Leistungspflicht

Rechtsdienstleistungen, die unmittelbaren Einfluss auf die Erfüllung einer anderen Leistungspflicht haben können, dürfen nicht erbracht werden, wenn hierdurch die ordnungsgemäße Erbringung der Rechtsdienstleistung gefährdet wird.

§ 5 Rechtsdienstleistungen im Zusammenhang mit einer anderen Tätigkeit

(1) [1]Erlaubt sind Rechtsdienstleistungen im Zusammenhang mit einer anderen Tätigkeit, wenn sie als Nebenleistung zum Berufs- oder Tätigkeitsbild gehören. [2]Ob eine Nebenleistung vorliegt, ist nach ihrem Inhalt, Umfang und sachlichen Zusammenhang mit der Haupttätigkeit unter Berücksichtigung der Rechtskenntnisse zu beurteilen, die für die Haupttätigkeit erforderlich sind.

(2) Als erlaubte Nebenleistungen gelten Rechtsdienstleistungen, die im Zusammenhang mit einer der folgenden Tätigkeiten erbracht werden:

1. Testamentsvollstreckung,
2. Haus- und Wohnungsverwaltung,
3. Fördermittelberatung.

Teil 2 Rechtsdienstleistungen durch nicht registrierte Personen

§ 6 Unentgeltliche Rechtsdienstleistungen

(1) Erlaubt sind Rechtsdienstleistungen, die nicht im Zusammenhang mit einer entgeltlichen Tätigkeit stehen (unentgeltliche Rechtsdienstleistungen).

(2) [1]Wer unentgeltliche Rechtsdienstleistungen außerhalb familiärer, nachbarschaftlicher oder ähnlich enger persönlicher Beziehungen erbringt, muss sicherstellen, dass die Rechtsdienstleistung durch eine Person, der die entgeltliche Erbringung dieser Rechtsdienstleistung erlaubt ist, durch eine Person mit Befähigung zum Richteramt oder unter Anleitung einer solchen Person erfolgt. [2]Anleitung erfordert eine an Umfang und Inhalt der zu erbringenden Rechtsdienstleistungen ausgerichtete Einweisung und Fortbildung sowie eine Mitwirkung bei der Erbringung der Rechtsdienstleistung, soweit dies im Einzelfall erforderlich ist.

§ 7 Berufs- und Interessenvereinigungen, Genossenschaften

(1) [1]Erlaubt sind Rechtsdienstleistungen, die

1. berufliche oder andere zur Wahrung gemeinschaftlicher Interessen gegründete Vereinigungen und deren Zusammenschlüsse,
2. Genossenschaften, genossenschaftliche Prüfungsverbände und deren Spitzenverbände sowie genossenschaftliche Treuhandstellen und ähnliche genossenschaftliche Einrichtungen

im Rahmen ihres satzungsmäßigen Aufgabenbereichs für ihre Mitglieder oder für die Mitglieder der ihnen angehörenden Vereinigungen oder Einrichtungen erbringen, soweit sie gegenüber der Erfüllung ihrer übrigen satzungsmäßigen Aufgaben nicht von übergeordneter Bedeutung sind. [2]Die Rechtsdienstleistungen können durch eine im alleinigen wirtschaftlichen Eigentum der in Satz 1 genannten Vereinigungen oder Zusammenschlüsse stehende juristische Person erbracht werden.

(2) [1]Wer Rechtsdienstleistungen nach Absatz 1 erbringt, muss über die zur sachgerechten Erbringung dieser Rechtsdienstleistungen erforderliche personelle, sachliche und finanzielle Ausstattung verfügen und sicherstellen, dass die Rechtsdienstleistung durch eine Person, der die entgeltliche Erbringung dieser Rechtsdienstleistung erlaubt ist, durch eine Person mit Befähigung zum Richteramt oder unter Anleitung einer solchen Person erfolgt. [2]§ 6 Abs. 2 Satz 2 gilt entsprechend.

A3. Gesetz über Bausparkassen

In der Fassung der Bekanntmachung vom 15.2.1991 (BGBl. I S. 454)

zuletzt geändert durch Gesetz vom 25.3.2019 (BGBl. I S. 357)

(Auszug)

§ 13 Besondere Pflichten des Prüfers

(1) [1]Bei der Prüfung des Jahresabschlusses einer Bausparkasse hat der Prüfer auch festzustellen, ob

1. die Bausparsummen den Allgemeinen Bedingungen für Bausparverträge entsprechend zugeteilt worden sind,
2. die Bausparkasse die in § 5 Abs. 2 Nr. 2 bezeichnete Bestimmung der Allgemeinen Geschäftsgrundsätze und die in § 5 Abs. 3 Nr. 5 bezeichnete Bestimmung der Allgemeinen Bedingungen für Bausparverträge eingehalten hat und
3. die Vorschriften einer nach § 10 erlassenen Rechtsverordnung beachtet worden sind.

[2]Das Ergebnis ist in den Prüfungsbericht aufzunehmen.

A4. Gesetz über Unternehmensbeteiligungsgesellschaften (UBGG)

In der Fassung der Bekanntmachung vom 9.9.1998 (BGBl. I S. 2765)

zuletzt geändert durch Gesetz vom 23.6.2017 (BGBl. I S. 1693)

(Auszug)

§ 8 Jahresabschluß, Lagebericht und Abschlußprüfung

(1) Auf inländische Unternehmensbeteiligungsgesellschaften, auf die §§ 148 und 158 des Kapitalanlagegesetzbuchs nicht anzuwenden sind, die kleine Kapitalgesellschaften im Sinne des § 267 Abs. 1 des Handelsgesetzbuchs sind und die nicht die Voraussetzungen des § 267 Abs. 3 Satz 2 des Handelsgesetzbuchs erfüllen, sind die für mittelgroße Kapitalgesellschaften (§ 267 Abs. 2 des Handelsgesetzbuchs) geltenden Vorschriften des Zweiten Abschnitts des Dritten Buches des Handelsgesetzbuchs anzuwenden.

(2) [1]Inländische Unternehmensbeteiligungsgesellschaften auf die § 158 des Kapitalanlagegesetzbuchs nicht anzuwenden ist und die Kommanditgesellschaften sind, haben einen Jahresabschluß und einen Lagebericht entsprechend den für mittelgroße Kapitalgesellschaften (§ 267 Abs. 2 des Handelsgesetzbuchs) geltenden Vorschriften des Zweiten Abschnitt des Dritten Buches des Handelsgesetzbuchs mit Ausnahme der die Offenlegung betreffenden Vorschriften der §§ 325 bis 329 aufzustellen. [2]Als Feststellung des Jahresabschlusses ist die Billigung des Jahresabschlusses durch den oder die vertretungsberechtigten Gesellschafter anzusehen. [3]Soweit eine inländische Unternehmensbeteiligungsgesellschaft, auf die § 158 des Kapitalanlagegesetzbuchs nicht anzuwenden ist und die Kommanditgesellschaft ist, zur Rechnungslegung nach den Bestimmungen des Gesetzes über die Rechnungslegung von bestimmten Unternehmen und Konzernen vom 15. August 1969 (BGBl. I S. 1189, 1970 I S. 1113), zuletzt geändert durch Artikel 9 des Gesetzes vom 28. Oktober 1994 (BGBl. I S. 3210) verpflichtet ist, verbleibt es bei dieser Verpflichtung mit der Maßgabe, daß sie einen Lagebericht aufzustellen hat.

(3) [1]Die Prüfung des Jahresabschlusses und des Lageberichts durch den Abschlußprüfer hat sich auch auf die Einhaltung der Vorschriften dieses Gesetzes zu erstrecken. [2]Das Ergebnis dieser Prüfung hat der Abschlußprüfer in den Bestätigungsvermerk zum Jahresabschluß aufzunehmen.

A5. Gesetz über die Grundsätze des Haushaltsrechts des Bundes und der Länder (Haushaltsgrundsätzegesetz – HGrG)

Vom 19. August 1969
(BGBl. I S. 1273)

zuletzt geändert durch Gesetz vom 14.8.2017 (BGBl. I S. 3122)

(Auszug)

§ 48 Grundsatz

(1) Auf Sondervermögen des Bundes oder des Landes und bundes- oder landesunmittelbare juristische Personen des öffentlichen Rechts ist dieses Gesetz entsprechend anzuwenden, soweit durch Gesetz oder aufgrund eines Gesetzes nichts anderes bestimmt ist.

(2) [1]Auf Unternehmen in der Rechtsform einer juristischen Person des öffentlichen Rechts sind unabhängig von der Höhe der Beteiligung des Bundes oder des Landes die §§ 42 bis 46 entsprechend anzuwenden. [2]Durch Gesetz kann zugelassen werden, daß die entsprechende Anwendung der §§ 42 bis 46 entfällt. [3]Die nach bisherigem Recht zugelassenen Ausnahmen bleiben unberührt.

(3) Für Unternehmen in der Rechtsform einer juristischen Person des privaten Rechts, an denen die in Absatz 2 Satz 1 genannten Unternehmen unmittelbar oder mittelbar mit Mehrheit beteiligt sind, gelten die §§ 53 und 54 entsprechend.

§ 53 Rechte gegenüber privatrechtlichen Unternehmen

(1) Gehört einer Gebietskörperschaft die Mehrheit der Anteile eines Unternehmens in einer Rechtsform des privaten Rechts oder gehört ihr mindestens der vierte Teil der Anteile und steht ihr zusammen mit anderen Gebietskörperschaften die Mehrheit der Anteile zu, so kann sie verlangen, daß das Unternehmen

1. im Rahmen der Abschlußprüfung auch die Ordnungsmäßigkeit der Geschäftsführung prüfen läßt;
2. die Abschlußprüfer beauftragt, in ihrem Bericht auch darzustellen
   a) die Entwicklung der Vermögens- und Ertragslage sowie die Liquidität und Rentabilität der Gesellschaft,
   b) verlustbringende Geschäfte und die Ursachen der Verluste, wenn diese Geschäfte und die Ursachen für die Vermögens- und Ertragslage von Bedeutung waren,
   c) die Ursachen eines in der Gewinn- und Verlustrechnung ausgewiesenen Jahresfehlbetrages;
3. ihr den Prüfungsbericht der Abschlußprüfer und, wenn das Unternehmen einen Konzernabschluß aufzustellen hat, auch den Prüfungsbericht der Konzernabschlußprüfer unverzüglich nach Eingang übersendet.

(2) [1]Für die Anwendung des Absatzes 1 rechnen als Anteile der Gebietskörperschaft auch Anteile, die einem Sondervermögen der Gebietskörperschaft gehören. [2]Als Anteile der Gebietskörperschaft gelten ferner Anteile, die Unternehmen gehören, bei denen die Rechte aus Absatz 1 der Gebietskörperschaft zustehen.

§ 55 Prüfung von juristischen Personen des öffentlichen Rechts

(1) [1]Erhält eine juristische Person des öffentlichen Rechts, die nicht Gebietskörperschaft, Gemeindeverband, Zusammenschluß von Gebietskörperschaften oder Gemein-

deverbänden oder Religionsgesellschaft des öffentlichen Rechts nach Artikel 137 Abs. 5 der Deutschen Verfassung vom 11. August 1919 ist, vom Bund oder einem Land Zuschüsse, die dem Grund oder der Höhe nach gesetzlich begründet sind, oder ist eine Garantieverpflichtung des Bundes oder eines Landes gesetzlich begründet, so prüft der Rechnungshof des Bundes oder des Landes die Haushalts- und Wirtschaftsführung der juristischen Person. [2]Entsprechendes gilt, wenn die Prüfung mit Zustimmung eines Rechnungshofes in der Satzung vorgesehen ist. [3]Andere Prüfungsrechte, die nach § 48 begründet werden, bleiben unberührt.

(2) Auf Unternehmen in der Rechtsform einer juristischen Person des öffentlichen Rechts ist unabhängig von der Höhe der Beteiligung des Bundes oder des Landes § 53 entsprechend anzuwenden, soweit die Unternehmen nicht von der Rechnungsprüfung freigestellt sind (§ 48 Abs. 2 Satz 2 und 3).

A6. Bundeshaushaltsordnung (BHO)

Vom 19. August 1969
(BGBl. I S. 1284)

zuletzt geändert durch Gesetz vom 9.12.2019 (BGBl. I S. 2053)

(Auszug)

§ 65 Beteiligung an privatrechtlichen Unternehmen

(1) Der Bund soll sich, außer in den Fällen des Absatzes 5, an der Gründung eines Unternehmens in einer Rechtsform des privaten Rechts oder an einem bestehenden Unternehmen in einer solchen Rechtsform nur beteiligen, wenn

1. ein wichtiges Interesse des Bundes vorliegt und sich der vom Bund angestrebte Zweck nicht besser und wirtschaftlicher auf andere Weise erreichen läßt,
2. die Einzahlungsverpflichtung des Bundes auf einen bestimmten Betrag begrenzt ist,
3. der Bund einen angemessenen Einfluß, insbesondere im Aufsichtsrat oder in einem entsprechenden Überwachungsorgan erhält,
4. gewährleistet ist, daß der Jahresabschluß und der Lagebericht, soweit nicht weitergehende gesetzliche Vorschriften gelten oder andere gesetzliche Vorschriften entgegenstehen, in entsprechender Anwendung der Vorschriften des Dritten Buchs des Handelsgesetzbuchs für große Kapitalgesellschaften aufgestellt und geprüft werden.

(2) [1]Das zuständige Bundesministerium hat die Einwilligung des Bundesministeriums der Finanzen einzuholen und das für das Bundesvermögen zuständige Bundesministerium zu beteiligen, bevor der Bund Anteile an einem Unternehmen erwirbt, seine Beteiligung erhöht oder sie ganz oder zum Teil veräußert. [2]Entsprechendes gilt bei einer Änderung des Nennkapitals oder des Gegenstandes des Unternehmens oder bei einer Änderung des Einflusses des Bundes. [3]Das Bundesministerium der Finanzen ist an den Verhandlungen zu beteiligen.

(3) [1]Das zuständige Bundesministerium soll darauf hinwirken, daß ein Unternehmen, an dem der Bund unmittelbar oder mittelbar mit Mehrheit beteiligt ist, nur mit seiner Zustimmung eine Beteiligung von mehr als dem vierten Teil der Anteile eines anderen Unternehmens erwirbt, eine solche Beteiligung erhöht oder sie ganz oder zum Teil veräußert. [2]Es hat vor Erteilung seiner Zustimmung die Einwilligung des Bundesministeriums der Finanzen einzuholen und das für das Bundesvermögen zuständige Bundesministerium zu beteiligen. [3]Die Grundsätze des Absatzes 1 Nr. 3 und 4 sowie des Absatzes 2 Satz 2 gelten entsprechend.

(4) Das Bundesministerium der Finanzen und das für das Bundesvermögen zuständige Bundesministerium können auf die Ausübung der Befugnisse nach den Absätzen 2 und 3 verzichten.

(5) [1]An einer Genossenschaft soll sich der Bund nur beteiligen, wenn die Haftpflicht der Mitglieder für die Verbindlichkeiten der Genossenschaft dieser gegenüber im voraus auf eine bestimmte Summe beschränkt ist. [2]Die Beteiligung des Bundes an einer Genossenschaft bedarf der Einwilligung des Bundesministeriums der Finanzen.

(6) Das zuständige Bundesministerium soll darauf hinwirken, daß die auf Veranlassung des Bundes gewählten oder entsandten Mitglieder der Aufsichtsorgane der Unternehmen bei ihrer Tätigkeit auch die besonderen Interessen des Bundes berücksichtigen.

(7) [1]Haben Anteile an Unternehmen besondere Bedeutung und ist deren Veräußerung im Haushaltsplan nicht vorgesehen, so dürfen sie nur mit Einwilligung des Bundestages

und des Bundesrates veräußert werden, soweit nicht aus zwingenden Gründen eine Ausnahme geboten ist. [2]Ist die Zustimmung nicht eingeholt worden, so sind der Bundestag und der Bundesrat alsbald von der Veräußerung zu unterrichten.

§ 67 Prüfungsrecht durch Vereinbarung

[1]Besteht keine Mehrheitsbeteiligung im Sinne des § 53 des Haushaltsgrundsätzegesetzes, so soll das zuständige Bundesministerium, soweit das Interesse des Bundes dies erfordert, bei Unternehmen, die nicht Aktiengesellschaften, Kommanditgesellschaften auf Aktien oder Genossenschaften sind, darauf hinwirken, daß dem Bund in der Satzung oder im Gesellschaftsvertrag die Befugnisse nach den §§ 53 und 54 des Haushaltsgrundsätzegesetzes eingeräumt werden. [2]Bei mittelbaren Beteiligungen gilt dies nur, wenn die Beteiligung den vierten Teil der Anteile übersteigt und einem Unternehmen zusteht, an dem der Bund allein oder zusammen mit anderen Gebietskörperschaften mit Mehrheit im Sinne des § 53 des Haushaltsgrundsätzegesetzes beteiligt ist.

§ 68 Zuständigkeitsregelungen

(1) [1]Die Rechte nach § 53 Abs. 1 des Haushaltsgrundsätzegesetzes übt das für die Beteiligung zuständige Bundesministerium aus. [2]Bei der Wahl oder Bestellung der Prüfer nach § 53 Abs. 1 Nr. 1 des Haushaltsgrundsätzegesetzes übt das zuständige Bundesministerium die Rechte des Bundes im Einvernehmen mit dem Bundesrechnungshof aus.

(2) Einen Verzicht auf die Ausübung der Rechte des § 53 Abs. 1 des Haushaltsgrundsätzegesetzes erklärt das zuständige Bundesministerium im Einvernehmen mit dem Bundesministerium der Finanzen, dem für das Bundesvermögen zuständigen Bundesministerium und dem Präsidenten des Bundesrechnungshofes.

§ 112 [1)] Sonderregelungen

(1) [1]Auf die bundesunmittelbaren Träger der gesetzlichen Krankenversicherung, der sozialen Pflegeversicherung, der gesetzlichen Unfallversicherung und der gesetzlichen Rentenversicherung einschließlich der Alterssicherung der Landwirte sind nur die §§ 17a und 111 anzuwenden, und zwar nur dann, wenn sie aufgrund eines Bundesgesetzes vom Bund Zuschüsse erhalten oder eine Garantieverpflichtung des Bundes gesetzlich begründet ist. [2]Auf die Verbände der in Satz 1 genannten Sozialversicherungsträger ist unabhängig von ihrer Rechtsform § 111 anzuwenden, wenn Mitglieder dieser Verbände der Prüfung durch den Bundesrechnungshof unterliegen. [3]Auf sonstige Vereinigungen auf dem Gebiet der Sozialversicherung finden die Vorschriften dieses Gesetzes keine Anwendung.

(2) [1]Auf Unternehmen in der Rechtsform einer bundesunmittelbaren juristischen Person des öffentlichen Rechts sind unabhängig von der Höhe der Beteiligung des Bundes § 65 Abs. 1 Nr. 3 und 4 Abs. 2, 3 und 4, § 68 Abs. 1 und § 69 entsprechend, § 111 unmittelbar anzuwenden. [2]Für Unternehmen in der Rechtsform einer juristischen Person des privaten Rechts, an denen die in Satz 1 genannten Unternehmen unmittelbar oder mittelbar mit Mehrheit beteiligt sind, gelten die §§ 53 und 54 des Haushaltsgrundsätzegesetzes und die §§ 65 und 69 entsprechend.

1) § 112 geändert durch Gesetz vom 9.12.2019 (BGBl. I S. 2053).

A7. Gewerbeordnung

In der Fassung der Bekanntmachung vom 22.2.1999 (BGBl. I S. 202)

zuletzt geändert durch Gesetz vom 22.11.2019 (BGBl. I S. 1746)

(Auszug)

§ 34c[1)2)] Immobilienmakler, Darlehensvermittler, Bauträger, Baubetreuer, Wohnimmobilienverwalter, Verordnungsermächtigung

(1) [1]Wer gewerbsmäßig

1. den Abschluss von Verträgen über Grundstücke, grundstücksgleiche Rechte, gewerbliche Räume, Wohnräume oder Darlehen vermitteln oder die Gelegenheit zum Abschluss solcher Verträge nachweisen,
2. den Abschluss von Darlehensverträgen vermitteln oder die Gelegenheit zum Abschluss solcher Verträge nachweisen,
3. Bauvorhaben
   a) als Bauherr im eigenen Namen für eigene oder fremde Rechnung vorbereiten oder durchführen und dazu Vermögenswerte von Erwerbern, Mietern, Pächtern oder sonstigen Nutzungsberechtigten oder von Bewerbern um Erwerbs- oder Nutzungsrechte verwenden,
   b) als Baubetreuer im fremden Namen für fremde Rechnung wirtschaftlich vorbereiten oder durchführen,
4. das gemeinschaftliche Eigentum von Wohnungseigentümern im Sinne des § 1 Absatz 2, 3, 5 und 6 des Wohnungseigentumsgesetzes oder für Dritte Mietverhältnisse über Wohnräume im Sinne des § 549 des Bürgerlichen Gesetzbuchs verwalten (Wohnimmobilienverwalter)

will, bedarf der Erlaubnis der zuständigen Behörde.

[2]Die Erlaubnis kann inhaltlich beschränkt und mit Auflagen verbunden werden, soweit dies zum Schutze der Allgemeinheit oder der Auftraggeber erforderlich ist; unter denselben Voraussetzungen ist auch die nachträgliche Aufnahme, Änderung und Ergänzung von Auflagen zulässig.

(2) Die Erlaubnis ist zu versagen, wenn

1. Tatsachen die Annahme rechtfertigen, daß der Antragsteller oder eine der mit der Leitung des Betriebes oder einer Zweigniederlassung beauftragten Personen die für den Gewerbebetrieb erforderliche Zuverlässigkeit nicht besitzt; die erforderliche Zuverlässigkeit besitzt in der Regel nicht, wer in den letzten fünf Jahren vor Stellung des Antrages wegen eines Verbrechens oder wegen Diebstahls, Unterschlagung, Erpressung, Betruges, Untreue, Urkundenfälschung, Hehlerei, Wuchers oder einer Insolvenzstraftat rechtskräftig verurteilt worden ist,
2. der Antragsteller in ungeordneten Vermögensverhältnissen lebt; dies ist in der Regel der Fall, wenn über das Vermögen des Antragstellers das Insolvenzverfahren eröffnet worden oder er in das vom Vollstreckungsgericht zu führende Verzeichnis (§ 26 Abs. 2 Insolvenzordnung, § 882b Zivilprozeßordnung) eingetragen ist,

1) Zur Anwendung von § 34c Abs. 1 Satz 1 Nr. 4 siehe auch die Übergangsregelung in § 161.
2) § 34c Abs. 5 Nr. 1a eingefügt durch Gesetz vom 22.11.2019 (BGBl. I S. 1746).

3. der Antragsteller, der ein Gewerbe nach Absatz 1 Satz 1 Nummer 4 betreiben will, den Nachweis einer Berufshaftpflichtversicherung nicht erbringen kann.

(2a) [1]Gewerbetreibende nach Absatz 1 Satz 1 Nummer 1 und 4 sind verpflichtet, sich in einem Umfang von 20 Stunden innerhalb eines Zeitraums von drei Kalenderjahren weiterzubilden; das Gleiche gilt entsprechend für unmittelbar bei der erlaubnispflichtigen Tätigkeit mitwirkende beschäftigte Personen. [2]Der erste Weiterbildungszeitraum beginnt am 1. Januar des Kalenderjahres, in dem

1. eine Erlaubnis nach Absatz 1 Satz 1 Nummer 1 oder 4 erteilt wurde oder
2. eine weiterbildungspflichtige Tätigkeit durch eine unmittelbar bei dem Gewerbetreibenden beschäftigte Person aufgenommen wurde.

[3]Für den Gewerbetreibenden ist es ausreichend, wenn der Weiterbildungsnachweis durch eine im Hinblick auf eine ordnungsgemäße Wahrnehmung der erlaubnispflichtigen Tätigkeit angemessene Zahl von beim Gewerbetreibenden beschäftigten natürlichen Personen erbracht wird, denen die Aufsicht über die direkt bei der Vermittlung nach Absatz 1 Satz 1 Nummer 1 oder der Verwaltung nach Absatz 1 Satz 1 Nummer 4 mitwirkenden Personen übertragen ist und die den Gewerbetreibenden vertreten dürfen.

(3) [1]Das Bundesministerium für Wirtschaft und Energie kann durch Rechtsverordnung mit Zustimmung des Bundesrates, soweit zum Schutz der Allgemeinheit und der Auftraggeber erforderlich, Vorschriften erlassen

1. über den Umfang der Verpflichtungen des Gewerbetreibenden bei der Ausübung des Gewerbes, insbesondere die Pflicht,
   a) ausreichende Sicherheiten zu leisten oder eine zu diesem Zweck geeignete Versicherung abzuschließen, sofern der Gewerbetreibende Vermögenswerte des Auftraggebers erhält oder verwendet,
   b) die erhaltenen Vermögenswerte des Auftraggebers getrennt zu verwalten,
   c) nach der Ausführung des Auftrages dem Auftraggeber Rechnung zu legen,
   d) der zuständigen Behörde Anzeige beim Wechsel der mit der Leitung des Betriebes oder einer Zweigniederlassung beauftragten Personen zu erstatten und hierbei bestimmte Angaben zu machen,
   e) dem Auftraggeber die für die Beurteilung des Auftrages und des zu vermittelnden oder nachzuweisenden Vertrages jeweils notwendigen Informationen schriftlich oder mündlich zu geben,
   f) Bücher zu führen einschließlich der Aufzeichnung von Daten über einzelne Geschäftsvorgänge sowie über die Auftraggeber;
2. zum Umfang an die nach Absatz 2 Nummer 3 erforderliche Haftpflichtversicherung und zu ihren inhaltlichen Anforderungen, insbesondere über die Höhe der Mindestversicherungssummen, die Bestimmung der zuständigen Behörde im Sinne des § 117 Absatz 2 des Versicherungsvertragsgesetzes, über den Nachweis über das Bestehen der Haftpflichtversicherung und Anzeigepflichten des Versicherungsunternehmens gegenüber den Behörden;
3. über die Verpflichtung des Gewerbetreibenden und der beschäftigten Personen nach Absatz 2a zu einer regelmäßigen Weiterbildung, einschließlich
   a) der Befreiung von der Weiterbildungsverpflichtung,
   b) der gegenüber der zuständigen Behörde zu erbringenden Nachweise und
   c) der Informationspflichten gegenüber dem Auftraggeber über die berufliche Qualifikation und absolvierten Weiterbildungsmaßnahmen des Gewerbetrei-

benden und der unmittelbar bei der erlaubnispflichtigen Tätigkeit mitwirkenden beschäftigten Personen.

[2]In der Rechtsverordnung nach Satz 1 kann ferner die Befugnis des Gewerbetreibenden zur Entgegennahme und zur Verwendung von Vermögenswerten des Auftraggebers beschränkt werden, soweit dies zum Schutze des Auftraggebers erforderlich ist. [3]Außerdem kann in der Rechtsverordnung der Gewerbetreibende verpflichtet werden, die Einhaltung der nach Satz 1 Nummer 1 und 3 und Satz 2 erlassenen Vorschriften auf seine Kosten regelmäßig sowie aus besonderem Anlaß prüfen zu lassen und den Prüfungsbericht der zuständigen Behörde vorzulegen, soweit es zur wirksamen Überwachung erforderlich ist; hierbei können die Einzelheiten der Prüfung, insbesondere deren Anlaß, Zeitpunkt und Häufigkeit, die Auswahl, Bestellung und Abberufung der Prüfer, deren Rechte, Pflichten und Verantwortlichkeit, der Inhalt des Prüfungsberichts, die Verpflichtungen des Gewerbetreibenden gegenüber dem Prüfer sowie das Verfahren bei Meinungsverschiedenheiten zwischen Prüfer und dem Gewerbetreibenden, geregelt werden.

(4) *(weggefallen)*

(5) Die Absätze 1 bis 3 gelten nicht für

1. Kreditinstitute, für die eine Erlaubnis nach § 32 Abs. 1 des Kreditwesengesetzes erteilt wurde und für Zweigstellen von Unternehmen im Sinne des § 53b Abs. 1 Satz 1 des Gesetzes über das Kreditwesen,

1a. Kapitalverwaltungsgesellschaften, für die eine Erlaubnis nach § 20 Absatz 1 des Kapitalanlagegesetzbuchs erteilt wurde,

2. Gewerbetreibende, die lediglich zur Finanzierung der von ihnen abgeschlossenen Warenverkäufe oder zu erbringenden Dienstleistungen den Abschluß von Verträgen über Darlehen vermitteln oder die Gelegenheit zum Abschluß solcher Verträge nachweisen,

3. Zweigstellen von Unternehmen mit Sitz in einem anderen Mitgliedstaat der Europäischen Union, die nach § 53b Abs. 7 des Kreditwesengesetzes Darlehen zwischen Kreditinstituten vermitteln dürfen, soweit sich ihre Tätigkeit nach Absatz 1 auf die Vermittlung von Darlehen zwischen Kreditinstituten beschränkt.

4. Verträge, soweit Teilzeitnutzung von Wohngebäuden im Sinne des § 481 des Bürgerlichen Gesetzbuches gemäß Absatz 1 Satz 1 Nr. 1 nachgewiesen oder vermittelt wird.

§ 34f Finanzanlagenvermittler

(1) [1]Wer im Umfang der Bereichsausnahme des § 2 Absatz 6 Satz 1 Nummer 8 des Kreditwesengesetzes gewerbsmäßig zu

1. Anteilen oder Aktien an inländischen offenen Investmentvermögen, offenen EU-Investmentvermögen oder ausländischen offenen Investmentvermögen, die nach dem Kapitalanlagegesetzbuch vertrieben werden dürfen,

2. Anteilen oder Aktien an inländischen geschlossenen Investmentvermögen, geschlossenen EU-Investmentvermögen oder ausländischen geschlossenen Investmentvermögen, die nach dem Kapitalanlagegesetzbuch vertrieben werden dürfen,

3. Vermögensanlagen im Sinne des § 1 Absatz 2 des Vermögensanlagengesetzes

Anlagevermittlung im Sinne des § 1 Absatz 1a Nummer 1 des Kreditwesengesetzes oder Anlageberatung im Sinne des § 1 Absatz 1a Nummer 1a des Kreditwesengesetzes erbringen will (Finanzanlagenvermittler), bedarf der Erlaubnis der zuständigen Behörde.

(2) Die Erlaubnis ist zu versagen, wenn

1. Tatsachen die Annahme rechtfertigen, dass der Antragsteller oder eine der mit der Leitung des Betriebs oder einer Zweigniederlassung beauftragten Personen die für den Gewerbebetrieb erforderliche Zuverlässigkeit nicht besitzt; die erforderliche Zuverlässigkeit besitzt in der Regel nicht, wer in den letzten fünf Jahren vor Stellung des Antrags wegen eines Verbrechens oder wegen Diebstahls, Unterschlagung, Erpressung, Betrugs, Untreue, Geldwäsche, Urkundenfälschung, Hehlerei, Wuchers oder einer Insolvenzstraftat rechtskräftig verurteilt worden ist,
2. der Antragsteller in ungeordneten Vermögensverhältnissen lebt; dies ist in der Regel der Fall, wenn über das Vermögen des Antragstellers das Insolvenzverfahren eröffnet worden oder er in das vom Insolvenzgericht oder vom Vollstreckungsgericht zu führende Verzeichnis (§ 26 Absatz 2 der Insolvenzordnung, § 882b der Zivilprozessordnung) eingetragen ist,
3. der Antragsteller den Nachweis einer Berufshaftpflichtversicherung nicht erbringen kann oder
4. der Antragsteller nicht durch eine vor der Industrie- und Handelskammer erfolgreich abgelegte Prüfung nachweist, dass er die für die Vermittlung von und Beratung über Finanzanlagen im Sinne des Absatzes 1 Satz 1 notwendige Sachkunde über die fachlichen und rechtlichen Grundlagen sowie über die Kundenberatung besitzt; die Sachkunde ist dabei im Umfang der beantragten Erlaubnis nachzuweisen.

(3) Keiner Erlaubnis nach Absatz 1 bedürfen

1. Kreditinstitute, für die eine Erlaubnis nach § 32 Absatz 1 des Kreditwesengesetzes erteilt wurde, und Zweigstellen von Unternehmen im Sinne des § 53b Absatz 1 Satz 1 des Kreditwesengesetzes,
2. Kapitalverwaltungsgesellschaften, für die eine Erlaubnis nach § 7 Absatz 1 des Investmentgesetzes in der bis zum 21. Juli 2013 geltenden Fassung erteilt wurde, die für den in § 345 Absatz 2 Satz 1, Absatz 3 Satz 2 in Verbindung mit Absatz 2 Satz 1, oder Absatz 4 Satz 1 des Kapitalanlagegesetzbuchs vorgesehenen Zeitraum noch fortbesteht oder Kapitalverwaltungsgesellschaften, für die eine Erlaubnis nach den §§ 20, 21 oder §§ 20, 22 des Kapitalanlagegesetzbuchs erteilt wurde, ausländische AIF-Verwaltungsgesellschaften, für die eine Erlaubnis nach § 58 des Kapitalanlagegesetzbuchs erteilt wurde und Zweigniederlassungen von Unternehmen im Sinne von § 51 Absatz 1 Satz 1, § 54 Absatz 1 oder § 66 Absatz 1 des Kapitalanlagegesetzbuchs,
3. Finanzdienstleistungsinstitute in Bezug auf Vermittlungstätigkeiten oder Anlageberatung, für die ihnen eine Erlaubnis nach § 32 Absatz 1 des Kreditwesengesetzes erteilt wurde oder für die eine Erlaubnis nach § 64e Absatz 2, § 64i Absatz 1 oder § 64n des Kreditwesengesetzes als erteilt gilt,
4. Gewerbetreibende in Bezug auf Vermittlungsund Beratungstätigkeiten nach Maßgabe des § 2 Absatz 10 Satz 1 des Kreditwesengesetzes.

(4) [1]Gewerbetreibende nach Absatz 1 dürfen direkt bei der Beratung und Vermittlung mitwirkende Personen nur beschäftigen, wenn sie sicherstellen, dass diese Personen über einen Sachkundenachweis nach Absatz 2 Nummer 4 verfügen und geprüft haben, ob sie zuverlässig sind. [2]Die Beschäftigung einer direkt bei der Beratung und Vermittlung mitwirkenden Person kann dem Gewerbetreibenden untersagt werden, wenn Tatsachen die Annahme rechtfertigen, dass die Person die für ihre Tätigkeit erforderliche Sachkunde oder Zuverlässigkeit nicht besitzt.

(5) Gewerbetreibende nach Absatz 1 sind verpflichtet, sich unverzüglich nach Aufnahme ihrer Tätigkeit über die für die Erlaubniserteilung zuständige Behörde entsprechend dem Umfang der Erlaubnis in das Register nach § 11a Absatz 1 eintragen zu las-

sen; ebenso sind Änderungen der im Register gespeicherten Angaben der Registerbehörde unverzüglich mitzuteilen.

(6) [1]Gewerbetreibende nach Absatz 1 haben die unmittelbar bei der Beratung und Vermittlung mitwirkenden Personen im Sinne des Absatzes 4 unverzüglich nach Aufnahme ihrer Tätigkeit bei der Registerbehörde zu melden und eintragen zu lassen. [2]Änderungen der im Register gespeicherten Angaben sind der Registerbehörde unverzüglich mitzuteilen.

§ 34h Honorar-Finanzanlagenberater

(1) [1]Wer im Umfang der Bereichsausnahme des § 2 Absatz 6 Satz 1 Nummer 8 des Kreditwesengesetzes gewerbsmäßig zu Finanzanlagen im Sinne des § 34f Absatz 1 Nummer 1, 2 oder 3 Anlageberatung im Sinne des § 1 Absatz 1a Nummer 1a des Kreditwesengesetzes erbringen will, ohne von einem Produktgeber eine Zuwendung zu erhalten oder von ihm in anderer Weise abhängig zu sein (Honorar-Finanzanlagenberater), bedarf der Erlaubnis der zuständigen Behörde. [2]Die Erlaubnis kann inhaltlich beschränkt oder mit Auflagen verbunden werden, soweit dies zum Schutz der Allgemeinheit oder der Anleger erforderlich ist; unter denselben Voraussetzungen sind auch die nachträgliche Aufnahme, Änderung und Ergänzung von Auflagen zulässig. [3]Die Erlaubnis kann auf die Beratung zu einzelnen Kategorien von Finanzanlagen nach § 34f Absatz 1 Nummer 1, 2 oder 3 beschränkt werden. [4]§ 34f Absatz 2 bis 6 ist entsprechend anzuwenden. [5]Wird die Erlaubnis unter Vorlage der Erlaubnisurkunde nach § 34f Absatz 1 Satz 1 beantragt, so erfolgt keine Prüfung der Zuverlässigkeit, der Vermögensverhältnisse und der Sachkunde. [6]Die Erlaubnis nach § 34f Absatz 1 Satz 1 erlischt mit der Erteilung der Erlaubnis nach Satz 1.

(2) [1]Gewerbetreibende nach Absatz 1 dürfen kein Gewerbe nach § 34f Absatz 1 ausüben. [2]Sie müssen ihrer Empfehlung eine hinreichende Anzahl von auf dem Markt angebotenen Finanzanlagen zu Grunde legen, die von ihrer Erlaubnis umfasst sind und die nach Art und Anbieter oder Emittenten hinreichend gestreut und nicht beschränkt sind auf Anbieter oder Emittenten, die in einer engen Verbindung zu ihnen stehen oder zu denen in sonstiger Weise wirtschaftliche Verflechtungen bestehen.

(3) [1]Gewerbetreibende nach Absatz 1 dürfen sich die Erbringung der Beratung nur durch den Anleger vergüten lassen. [2]Sie dürfen Zuwendungen eines Dritten, der nicht Anleger ist oder von dem Anleger zur Beratung beauftragt worden ist, im Zusammenhang mit der Beratung, insbesondere auf Grund einer Vermittlung als Folge der Beratung, nicht annehmen, es sei denn, die empfohlene Finanzanlage oder eine in gleicher Weise geeignete Finanzanlage ist ohne Zuwendung nicht erhältlich. [3]Zuwendungen sind in diesem Fall unverzüglich nach Erhalt und ungemindert an den Kunden auszukehren. [4]Vorschriften über die Entrichtung von Steuern und Abgaben bleiben davon unberührt.

§ 34i Immobiliardarlehensvermittler

(1) [1]Wer gewerbsmäßig den Abschluss von Immobiliar-Verbraucherdarlehensverträgen im Sinne des § 491 Absatz 3 des Bürgerlichen Gesetzbuchs oder entsprechende entgeltliche Finanzierungshilfen im Sinne des § 506 des Bürgerlichen Gesetzbuchs vermitteln will oder Dritte zu solchen Verträgen beraten will (Immobiliardarlehensvermittler), bedarf der Erlaubnis der zuständigen Behörde. [2]Die Erlaubnis kann inhaltlich beschränkt und mit Nebenbestimmungen verbunden werden, soweit dies zum Schutz der Allgemeinheit oder der Darlehensnehmer erforderlich ist; unter derselben Voraussetzung ist auch die nachträgliche Aufnahme, Änderung und Ergänzung von Nebenbestimmungen zulässig.

(2) Die Erlaubnis ist zu versagen, wenn

1. Tatsachen die Annahme rechtfertigen, dass der Antragsteller oder eine der Personen, die mit der Leitung des Betriebes oder einer Zweigniederlassung beauftragt sind, die für den Gewerbebetrieb erforderliche Zuverlässigkeit nicht besitzt; die erforderliche Zuverlässigkeit besitzt in der Regel nicht, wer in den letzten fünf Jahren vor Antragstellung wegen eines Verbrechens oder wegen Diebstahls, Unterschlagung, Erpressung, Betruges, Untreue, Geldwäsche, Urkundenfälschung, Hehlerei, Wuchers oder einer Insolvenzstraftat rechtskräftig verurteilt worden ist,
2. der Antragsteller in ungeordneten Vermögensverhältnissen lebt; dies ist in der Regel der Fall, wenn über das Vermögen des Antragstellers das Insolvenzverfahren eröffnet worden oder er in das Schuldnerverzeichnis nach § 882b der Zivilprozessordnung eingetragen ist,
3. der Antragsteller den Nachweis einer Berufshaftpflichtversicherung oder gleichwertigen Garantie nicht erbringen kann,
4. der Antragsteller nicht durch eine vor der Industrie- und Handelskammer erfolgreich abgelegte Prüfung nachweist, dass er die Sachkunde über die fachlichen und rechtlichen Grundlagen sowie über die Kundenberatung besitzt, die für die Vermittlung von und Beratung zu Immobiliar-Verbraucherdarlehensverträgen oder entsprechenden entgeltlichen Finanzierungshilfen notwendig ist, oder
5. der Antragsteller seine Hauptniederlassung oder seinen Hauptsitz nicht im Inland hat oder seine Tätigkeit als Immobiliardarlehensvermittler nicht im Inland ausübt.

(3) Keiner Erlaubnis nach Absatz 1 Satz 1 bedürfen Kreditinstitute, für die eine Erlaubnis nach § 32 Absatz 1 des Kreditwesengesetzes erteilt wurde, und Zweigstellen von Unternehmen im Sinne des § 53b Absatz 1 Satz 1 des Kreditwesengesetzes.

(4) [1]Keiner Erlaubnis nach Absatz 1 Satz 1 bedarf ein Immobiliardarlehensvermittler, der den Abschluss von Immobiliar-Verbraucherdarlehensverträgen oder entsprechenden entgeltlichen Finanzierungshilfen vermitteln oder Dritte zu solchen Verträgen beraten will und dabei im Umfang seiner Erlaubnis handelt, die nach Artikel 29 der Richtlinie 2014/17/EU des Europäischen Parlaments und des Rates vom 4. Februar 2014 über Wohnimmobilienkreditverträge für Verbraucher und zur Änderung der Richtlinien 2008/48/EG und 2013/36/EU und der Verordnung (EU) Nr. 1093/2010 (ABl. L 60 vom 28.2.2014, S. 34) durch einen anderen Mitgliedstaat der Europäischen Union oder einen anderen Vertragsstaat des Abkommens über den Europäischen Wirtschaftsraum erteilt worden ist. [2]Vor Aufnahme der Tätigkeit im Geltungsbereich dieses Gesetzes muss ein Verfahren nach Artikel 32 Absatz 3 der Richtlinie 2014/17/EU stattgefunden haben.

(5) Gewerbetreibende nach den Absätzen 1 und 4, die eine unabhängige Beratung anbieten oder als unabhängiger Berater auftreten (Honorar-Immobiliardarlehensberater),
1. müssen für ihre Empfehlung für oder gegen einen Immobiliar-Verbraucherdarlehensvertrag oder eine entsprechende entgeltliche Finanzierungshilfe eine hinreichende Anzahl von entsprechenden auf dem Markt angebotenen Verträgen heranziehen und
2. dürfen vom Darlehensgeber keine Zuwendungen annehmen und von ihm in keiner Weise abhängig sein.

(6) [1]Gewerbetreibende nach Absatz 1 dürfen Personen, die bei der Vermittlung oder Beratung mitwirken oder in leitender Position für diese Tätigkeit verantwortlich sind, nur beschäftigen, wenn sie sicherstellen, dass diese Personen über einen Sachkundenachweis nach Absatz 2 Nummer 4 verfügen und wenn sie überprüft haben, dass diese Personen zuverlässig sind. [2]Die Beschäftigung einer bei der Vermittlung oder Beratung mitwirkenden Person kann dem Gewerbetreibenden untersagt werden, wenn Tatsachen die Annahme rechtfertigen, dass die Person die für ihre Tätigkeit erforderliche Sachkunde

oder Zuverlässigkeit nicht besitzt. [3]Die Sätze 1 und 2 sind auf Gewerbetreibende nach Absatz 4, die ihre Tätigkeit im Inland über eine Zweigniederlassung ausüben, entsprechend anzuwenden.

(7) Bei Gewerbetreibenden nach Absatz 1 darf die Struktur der Vergütung der in dem Gewerbebetrieb beschäftigten Personen deren Fähigkeit nicht beeinträchtigen, im besten Interesse des Darlehensnehmers zu handeln; insbesondere darf die Vergütungsstruktur nicht an Absatzziele gekoppelt sein.

(8) Gewerbetreibende nach Absatz 1 sind verpflichtet,

1. sich unverzüglich nach Aufnahme ihrer Tätigkeit in das Register nach § 11a Absatz 1 eintragen zu lassen,
2. die unmittelbar bei der Vermittlung oder Beratung mitwirkenden oder die in leitender Position für diese Tätigkeit verantwortlichen Personen unverzüglich nach Aufnahme ihrer Tätigkeit in das Register nach § 11a Absatz 1 eintragen zu lassen und
3. Änderungen gegenüber den im Register gespeicherten Daten der Registerbehörde unverzüglich mitzuteilen.

(9) [1]Die zuständige Behörde kann jede in das Gewerbezentralregister nach § 149 Absatz 2 einzutragende, nicht mehr anfechtbare Entscheidung wegen Verstoßes gegen Bestimmungen dieses Gesetzes oder einer Rechtsverordnung nach § 34j öffentlich bekannt machen, sofern eine solche Bekanntgabe die Stabilität der Finanzmärkte nicht ernstlich gefährdet und den Beteiligten keinen unverhältnismäßig hohen Schaden zufügt. [2]Die Bekanntmachung erfolgt durch Eintragung in das Register nach § 11a Absatz 1.

§ 34j Verordnungsermächtigung

(1) Das Bundesministerium für Wirtschaft und Energie kann durch Rechtsverordnung mit Zustimmung des Bundesrates zur Umsetzung der Richtlinie 2014/17/EU, zur Umsetzung der Richtlinie 2005/36/EG des Europäischen Parlaments und des Rates vom 7. September 2005 über die Anerkennung von Berufsqualifikationen (ABl. L 255 vom 30.9.2005, S. 22), die zuletzt durch die Richtlinie 2013/55/EU (ABl. L 354 vom 28.12.2013, S. 132) geändert worden ist, oder zum Schutz der Allgemeinheit und der Darlehensnehmer Vorschriften erlassen über

1. den Umfang der Verpflichtungen des Immobiliardarlehensvermittlers bei der Ausübung des Gewerbes, insbesondere über
   a) die Pflicht, die erhaltenen Vermögenswerte des Darlehensnehmers getrennt zu verwalten,
   b) die Pflicht, nach der Ausführung des Auftrags dem Darlehensnehmer Rechnung zu legen,
   c) die Pflicht, der zuständigen Behörde Anzeige beim Wechsel der mit der Leitung des Betriebes oder einer Zweigniederlassung beauftragten Personen zu erstatten und hierbei bestimmte Angaben zu machen,
   d) die Verhaltens- und Informationspflichten gegenüber dem Darlehensnehmer, einschließlich der Pflicht, Provisionen und andere Zuwendungen offenzulegen,
   e) die Pflicht, Bücher zu führen und die notwendigen Daten über einzelne Geschäftsvorgänge sowie über die Darlehensnehmer aufzuzeichnen,
2. die Inhalte und das Verfahren für eine Sachkundeprüfung nach § 34i Absatz 2 Nummer 4, über die Ausnahmen von der Erforderlichkeit der Sachkundeprüfung, über die Gleichstellung anderer Berufsqualifikationen mit dem Nachweis der Sachkunde, über die örtliche Zuständigkeit der Industrie- und Handelskammern sowie über die Berufung eines Aufgabenauswahlausschusses,

3. den Umfang und die inhaltlichen Anforderungen an die nach § 34i Absatz 2 Nummer 3 erforderliche Haftpflichtversicherung und die gleichwertige Garantie, insbesondere über die Höhe der Mindestversicherungssumme, die nach dem in Artikel 29 Absatz 2 Buchstabe a der Richtlinie 2014/17/EU vorgesehenen Verfahren festgelegt wird; über die Bestimmung der zuständigen Stelle nach § 117 Absatz 2 des Versicherungsvertragsgesetzes; über den Nachweis des Bestehens einer Haftpflichtversicherung und einer gleichwertigen Garantie sowie über die Anzeigepflichten des Versicherungsunternehmens gegenüber den Behörden und den Versicherungsnehmern,
4. die Anforderungen und Verfahren, die zur Durchführung der Richtlinie 2005/36/EG Anwendung finden sollen auf Inhaber von Berufsqualifikationen, die in einem anderen Mitgliedstaat der Europäischen Union oder in einem Vertragsstaat des Abkommens über den Europäischen Wirtschaftsraum erworben worden sind und deren Inhaber im Inland vorübergehend oder dauerhaft als Immobiliardarlehensvermittler tätig werden wollen und nicht die Voraussetzungen des § 34i Absatz 4 erfüllen,
5. die Anforderungen und Verfahren für die grenzüberschreitende Verwaltungszusammenarbeit mit den zuständigen Behörden eines anderen Mitgliedstaates der Europäischen Union, mit den zuständigen Behörden eines Vertragsstaates des Abkommens über den Europäischen Wirtschaftsraum sowie der Europäischen Bankenaufsichtsbehörde im Sinne von Artikel 32 Absatz 3, Artikel 34 Absatz 2 bis 5, Artikel 36 und 37 der Richtlinie 2014/17/EU, insbesondere über
   a) Einzelheiten des in § 11a Absatz 4 festgelegten Verfahrens,
   b) Einzelheiten der Zusammenarbeit und des Informationsaustauschs mit den zuständigen Behörden eines anderen Mitgliedstaates der Europäischen Union, mit den zuständigen Behörden eines Vertragsstaates des Abkommens über den Europäischen Wirtschaftsraum sowie mit der Europäischen Bankenaufsichtsbehörde, einschließlich Einzelheiten der Befugnis der zuständigen Behörden des Herkunftsmitgliedstaates eines Gewerbetreibenden nach § 34i Absatz 4, in den Geschäftsräumen der Zweigniederlassung in Begleitung der für die Ausführung dieses Gesetzes zuständigen Behörden Prüfungen des Betriebs vorzunehmen, soweit es zum Zwecke der Überwachung erforderlich ist.

(2) [1]Gewerbetreibende nach § 34i Absatz 1 und 4 können in der Verordnung verpflichtet werden, die Einhaltung der nach Absatz 1 Nummer 1 erlassenen Vorschriften auf eigene Kosten aus besonderem Anlass prüfen zu lassen und den Prüfungsbericht der zuständigen Behörde vorzulegen, soweit dies zur wirksamen Überwachung erforderlich ist. [2]Hierbei können die Einzelheiten der Prüfung, insbesondere deren Anlass, Zeitpunkt und Häufigkeit, die Auswahl, Bestellung und Abberufung der Prüfer, deren Rechte, Pflichten und Verantwortlichkeit, der Inhalt des Prüfungsberichts, die Verpflichtungen der Gewerbetreibenden gegenüber dem Prüfer sowie das Verfahren bei Meinungsverschiedenheiten zwischen dem Prüfer und dem Gewerbetreibenden geregelt werden.

§ 161 Übergangsregelung zu § 34c Absatz 1 Satz 1 Nummer 4

Gewerbetreibende, die vor dem 1. August 2018 Wohnimmobilien verwaltet haben und diese Tätigkeit nach dem 1. August 2018 weiterhin ausüben wollen, sind verpflichtet, bis zum 1. März 2019 eine Erlaubnis nach § 34c Absatz 1 Satz 1 Nummer 4 zu beantragen.

A8. Verordnung über die Pflichten der Immobilienmakler, Darlehensvermittler, Bauträger, Baubetreuer und Wohnimmobilienverwalter (Makler- und Bauträgerverordnung – MaBV)

In der Fassung der Bekanntmachung vom 7. November 1990 (BGBl. I S. 2479)

zuletzt geändert durch Gesetz vom 9.5.2018 (BGBl. I S. 550)

§ 1 Anwendungsbereich

(1) Diese Verordnung gilt für Gewerbetreibende, die Tätigkeiten nach § 34c Absatz 1 der Gewerbeordnung ausüben, unabhängig vom Bestehen einer Erlaubnispflicht.

(2) [1]Diese Verordnung gilt nicht, soweit § 34c Absatz 5 der Gewerbeordnung anzuwenden ist. [2]Sie gilt zudem nicht für Gewerbetreibende, die

1. als Versicherungs- oder Bausparkassenvertreter im Rahmen ihrer Tätigkeit für ein der Aufsicht der Bundesanstalt für Finanzdienstleistungsaufsicht unterliegendes Versicherungs- oder Bausparunternehmen den Abschluss von Verträgen über Darlehen vermitteln oder die Gelegenheit zum Abschluss solcher Verträge nachweisen oder

2. als Wohnimmobilienverwalter nach § 34c Absatz 1 Satz 1 Nummer 4 der Gewerbeordnung tätig sind, mit Ausnahme der §§ 9, 11, 15 bis 15b, 18 Absatz 1 Nummer 6, 8, 11, 11a, Absatz 2 und 3 und § 19.

§ 2 Sicherheitsleistung, Versicherung

(1) [1]Bevor der Gewerbetreibende zur Ausführung des Auftrages Vermögenswerte des Auftraggebers erhält oder zu deren Verwendung ermächtigt wird, hat er dem Auftraggeber in Höhe dieser Vermögenswerte Sicherheit zu leisten oder eine zu diesem Zweck geeignete Versicherung abzuschließen; dies gilt nicht in den Fällen des § 34c Absatz 1 Satz 1 Nummer 3 Buchstabe a der Gewerbeordnung, sofern dem Auftraggeber Eigentum an einem Grundstück übertragen oder ein Erbbaurecht bestellt oder übertragen werden soll. [2]Zu sichern sind Schadensersatzansprüche des Auftraggebers wegen etwaiger von dem Gewerbetreibenden und den Personen, die er zur Verwendung der Vermögenswerte ermächtigt hat, vorsätzlich begangener unerlaubter Handlungen, die sich gegen die in Satz 1 bezeichneten Vermögenswerte richten.

(2) [1]Die Sicherheit kann nur durch die Stellung eines Bürgen geleistet werden. [2]Als Bürge können nur Körperschaften des öffentlichen Rechts mit Sitz im Geltungsbereich dieser Verordnung, Kreditinstitute, die im Inland zum Geschäftsbetrieb befugt sind, sowie Versicherungsunternehmen bestellt werden, die zum Betrieb der Bürgschaftsversicherung im Inland befugt sind.

[3]Die Bürgschaftserklärung muß den Verzicht auf die Einrede der Vorausklage enthalten. [4]Die Bürgschaft darf nicht vor dem Zeitpunkt ablaufen, der sich aus Absatz 5 ergibt.

(3) Versicherungen sind nur dann im Sinne des Absatzes 1 geeignet, wenn

1. das Versicherungsunternehmen zum Betrieb der Vertrauensschadensversicherung im Inland befugt ist und

2. die allgemeinen Versicherungsbedingungen dem Zweck dieser Verordnung gerecht werden, insbesondere den Auftraggeber aus dem Versicherungsvertrag auch in den Fällen des Insolvenzverfahrens des Gewerbetreibenden unmittelbar berechtigen.

(4) [1]Sicherheiten und Versicherungen können nebeneinander geleistet und abgeschlossen werden. [2]Sie können für jeden einzelnen Auftrag oder für mehrere gemeinsam geleistet oder abgeschlossen werden. [3]Der Gewerbetreibende hat dem Auftraggeber die zur unmittelbaren Inanspruchnahme von Sicherheiten und Versicherungen erforderlichen Urkunden auszuhändigen, bevor er Vermögenswerte des Auftraggebers erhält oder zu deren Verwendung ermächtigt wird.

(5) [1]Die Sicherheiten und Versicherungen sind aufrechtzuerhalten

1. in den Fällen des § 34c Absatz 1 Satz 1 Nummer 1 und 2 der Gewerbeordnung, bis der Gewerbetreibende die Vermögenswerte an den in dem Auftrag bestimmten Empfänger übermittelt hat,
2. in den Fällen des § 34c Absatz 1 Satz 1 Nummer 3 Buchstabe a der Gewerbeordnung, sofern ein Nutzungsverhältnis begründet werden soll, bis zur Einräumung des Besitzes und Begründung des Nutzungsverhältnisses,
3. in den Fällen des § 34c Absatz 1 Satz 1 Nummer 3 Buchstabe b der Gewerbeordnung bis zur Rechnungslegung; sofern die Rechnungslegungspflicht gemäß § 8 Abs. 2 entfällt, endet die Sicherungspflicht mit der vollständigen Fertigstellung des Bauvorhabens.

[2]Erhält der Gewerbetreibende Vermögenswerte des Auftraggebers in Teilbeträgen, oder wird er ermächtigt, hierüber in Teilbeträgen zu verfügen, endet die Verpflichtung aus Absatz 1, Satz 1, erster Halbsatz, in bezug auf die Teilbeträge, sobald er dem Auftraggeber die ordnungsgemäße Verwendung dieser Vermögenswerte nachgewiesen hat; die Sicherheiten und Versicherungen für den letzten Teilbetrag sind bis zu dem in Satz 1 bestimmten Zeitpunkt aufrechtzuerhalten.

(6) [1]Soweit nach den Absätzen 2 und 3 eine Bürgschaft oder Versicherung verlangt wird, ist von Gewerbetreibenden aus einem anderen Mitgliedstaat der Europäischen Union oder einem anderen Vertragsstaat des Abkommens über den Europäischen Wirtschaftsraum als Nachweis eine Bescheinigung über den Abschluss einer Bürgschaft oder Versicherung als hinreichend anzuerkennen, die von einem Kreditinstitut oder einem Versicherungsunternehmen in einem anderen Mitgliedstaat oder Vertragsstaat ausgestellt wurde, sofern die in diesem Staat abgeschlossene Versicherung im Wesentlichen vergleichbar ist zu der, die von in Deutschland niedergelassenen Gewerbetreibenden verlangt wird, und zwar hinsichtlich der Zweckbestimmung, der vorgesehenen Deckung bezüglich des versicherten Risikos, der Versicherungssumme und möglicher Ausnahmen von der Deckung. [2]Bei nur teilweiser Gleichwertigkeit kann eine zusätzliche Sicherheit verlangt werden, die die nicht gedeckten Risiken absichert.

§ 3 Besondere Sicherungspflichten für Bauträger

(1) [1]Der Gewerbetreibende darf in den Fällen des § 34c Absatz 1 Satz 1 Nummer 3 Buchstabe a der Gewerbeordnung, sofern dem Auftraggeber Eigentum an einem Grundstück übertragen oder ein Erbbaurecht bestellt oder übertragen werden soll, Vermögenswerte des Auftraggebers zur Ausführung des Auftrages erst entgegennehmen oder sich zu deren Verwendung ermächtigen lassen, wenn

1. der Vertrag zwischen dem Gewerbetreibenden und dem Auftraggeber rechtswirksam ist und die für seinen Vollzug erforderlichen Genehmigungen vorliegen, diese Voraussetzungen durch eine schriftliche Mitteilung des Notars bestätigt und dem Gewerbetreibenden keine vertraglichen Rücktrittsrechte eingeräumt sind,
2. zur Sicherung des Anspruchs des Auftraggebers auf Eigentumsübertragung oder Bestellung oder Übertragung eines Erbbaurechts an dem Vertragsobjekt eine Vormerkung an der vereinbarten Rangstelle im Grundbuch eingetragen ist; bezieht sich der Anspruch auf Wohnungs- oder Teileigentum oder ein Wohnungs- oder Tei-

lerbbaurecht, so muß außerdem die Begründung dieses Rechts im Grundbuch vollzogen sein,

3. die Freistellung des Vertragsobjekts von allen Grundpfandrechten, die der Vormerkung im Range vorgehen oder gleichstehen und nicht übernommen werden sollen, gesichert ist, und zwar auch für den Fall, daß das Bauvorhaben nicht vollendet wird,
4. die Baugenehmigung erteilt worden ist oder, wenn eine Baugenehmigung nicht oder nicht zwingend vorgesehen ist,
   a) von der zuständigen Behörde bestätigt worden ist, daß
      aa) die Baugenehmigung als erteilt gilt oder
      bb) nach den baurechtlichen Vorschriften mit dem Vorhaben begonnen werden darf, oder,
   b) wenn eine derartige Bestätigung nicht vorgesehen ist, von dem Gewerbetreibenden bestätigt worden ist, daß
      aa) die Baugenehmigung als erteilt gilt oder
      bb) nach den baurechtlichen Vorschriften mit dem Bauvorhaben begonnen werden darf,

   und nach Eingang dieser Bestätigung beim Auftraggeber mindestens ein Monat vergangen ist.

[2]Die Freistellung nach Satz 1 Nr. 3 ist gesichert, wenn gewährleistet ist, daß die nicht zu übernehmenden Grundpfandrechte im Grundbuch gelöscht werden, und zwar, wenn das Bauvorhaben vollendet wird, unverzüglich nach Zahlung der geschuldeten Vertragssumme, andernfalls unverzüglich nach Zahlung des dem erreichten Bautenstand entsprechenden Teils der geschuldeten Vertragssumme durch den Auftraggeber. [3]Für den Fall, daß das Bauvorhaben nicht vollendet wird, kann sich der Kreditgeber vorbehalten, an Stelle der Freistellung alle vom Auftraggeber vertragsgemäß im Rahmen des Absatzes 2 bereits geleisteten Zahlungen bis zum anteiligen Wert des Vertragsobjekts zurückzuzahlen. [4]Die zur Sicherung der Freistellung erforderlichen Erklärungen einschließlich etwaiger Erklärungen nach Satz 3 müssen dem Auftraggeber ausgehändigt worden sein. [5]Liegen sie bei Abschluß des notariellen Vertrages bereits vor, muß auf sie in dem Vertrag Bezug genommen sein; andernfalls muß der Vertrag einen ausdrücklichen Hinweis auf die Verpflichtung des Gewerbetreibenden zur Aushändigung der Erklärungen und deren notwendigen Inhalt enthalten.

(2) [1]Der Gewerbetreibende darf in den Fällen des Absatzes 1 die Vermögenswerte ferner in bis zu sieben Teilbeträgen entsprechend dem Bauablauf entgegennehmen oder sich zu deren Verwendung ermächtigen lassen. [2]Die Teilbeträge können aus den nachfolgenden Vomhundertsätzen zusammengesetzt werden:

1. 30 vom Hundert der Vertragssumme in den Fällen, in denen Eigentum an einem Grundstück übertragen werden soll, oder 20 vom Hundert der Vertragssumme in den Fällen, in denen ein Erbbaurecht bestellt oder übertragen werden soll, nach Beginn der Erdarbeiten,
2. von der restlichen Vertragssumme
   – 40 vom Hundert nach Rohbaufertigstellung, einschließlich Zimmererarbeiten,
   – 8 vom Hundert für die Herstellung der Dachflächen und Dachrinnen,
   – 3 vom Hundert für die Rohinstallation der Heizungsanlagen,
   – 3 vom Hundert für die Rohinstallation der Sanitäranlagen,
   – 3 vom Hundert für die Rohinstallation der Elektroanlagen,

– 10 vom Hundert für den Fenstereinbau, einschließlich der Verglasung,
– 6 vom Hundert für den Innenputz, ausgenommen Beiputzarbeiten,
– 3 vom Hundert für den Estrich,
– 4 vom Hundert für die Fliesenarbeiten im Sanitärbereich,
– 12 vom Hundert nach Bezugsfertigkeit und Zug um Zug gegen Besitzübergabe,
– 3 vom Hundert für die Fassadenarbeiten,
– 5 vom Hundert nach vollständiger Fertigstellung.

[3]Sofern einzelne der in Satz 2 Nr. 2 genannten Leistungen nicht anfallen, wird der jeweilige Vomhundertsatz anteilig auf die übrigen Raten verteilt. [4]Betrifft das Bauvorhaben einen Altbau, so gelten die Sätze 1 und 2 mit der Maßgabe entsprechend, daß der hiernach zu errechnende Teilbetrag für schon erbrachte Leistungen mit Vorliegen der Voraussetzungen des Absatzes 1 entgegengenommen werden kann.

(3) Der Gewerbetreibende darf in den Fällen des § 34c Absatz 1 Satz 1 Nummer 3 Buchstabe a der Gewerbeordnung, sofern ein Nutzungsverhältnis begründet werden soll, Vermögenswerte des Auftraggebers zur Ausführung des Auftrages in Höhe von 20 vom Hundert der Vertragssumme nach Vertragsabschluß entgegennehmen oder sich zu deren Verwendung ermächtigen lassen; im übrigen gelten Absatz 1 Satz 1 Nr. 1 und 4 und Absatz 2 entsprechend.

§ 4 Verwendung von Vermögenswerten des Auftraggebers

(1) Der Gewerbetreibende darf Vermögenswerte des Auftraggebers, die er erhalten hat oder zu deren Verwendung er ermächtigt worden ist, nur verwenden

1. in den Fällen des § 34c Absatz 1 Satz 1 Nummer 1 und 2 der Gewerbeordnung zur Erfüllung des Vertrages, der durch die Vermittlung oder die Nachweistätigkeit des Gewerbetreibenden zustande gekommen ist,
2. in den Fällen des § 34c Absatz 1 Satz 1 Nummer 3 der Gewerbeordnung zur Vorbereitung und Durchführung des Bauvorhabens, auf das sich der Auftrag bezieht; als Bauvorhaben gilt das einzelne Gebäude, bei Einfamilienreihenhäusern die einzelne Reihe.

(2) Der Gewerbetreibende darf in den Fällen des § 34c Absatz 1 Satz 1 Nummer 3 Buchstabe b der Gewerbeordnung, in denen er das Bauvorhaben für mehrere Auftraggeber vorbereitet und durchführt, die Vermögenswerte der Auftraggeber nur im Verhältnis der Kosten der einzelnen Einheiten zu den Gesamtkosten des Bauvorhabens verwenden.

§ 5 Hilfspersonal

Ermächtigt der Gewerbetreibende andere Personen, Vermögenswerte des Auftraggebers zur Ausführung des Auftrages entgegenzunehmen oder zu verwenden, so hat er sicherzustellen, daß dies nur nach Maßgabe der §§ 3 und 4 geschieht.

§ 6 Getrennte Vermögensverwaltung

(1) [1]Erhält der Gewerbetreibende zur Ausführung des Auftrages Vermögenswerte des Auftraggebers, so hat er sie von seinem Vermögen und dem seiner sonstigen Auftraggeber getrennt zu verwalten. [2]Dies gilt nicht für vertragsgemäß im Rahmen des § 3 Abs. 2 oder 3 geleistete Zahlungen.

(2) [1]Der Gewerbetreibende hat Gelder, die er vom Auftraggeber erhält, unverzüglich für Rechnung des Auftraggebers auf ein Sonderkonto bei einem Kreditinstitut im Sinne des § 2 Abs. 2 Satz 2 einzuzahlen und auf diesem Konto bis zur Verwendung im Sinne des § 4 zu belassen. [2]Er hat dem Kreditinstitut offenzulegen, daß die Gelder für fremde

Rechnung eingelegt werden und hierbei den Namen, Vornamen und die Anschrift des Auftraggebers anzugeben. [3]Er hat das Kreditinstitut zu verpflichten, den Auftraggeber unverzüglich zu benachrichtigen, wenn die Einlage von dritter Seite gepfändet oder das Insolvenzverfahren über das Vermögen des Gewerbetreibenden eröffnet wird, und dem Auftraggeber jederzeit Auskunft über den Stand des Kontos zu erteilen. [4]Er hat das Kreditinstitut ferner zu verpflichten, bei diesem Konto weder das Recht der Aufrechnung noch ein Pfand- oder Zurückbehaltungsrecht geltend zu machen, es sei denn wegen Forderungen, die in bezug auf das Konto selbst entstanden sind.

(3) [1]Wertpapiere im Sinne des § 1 Abs. 1 des Gesetzes über die Verwahrung und Anschaffung von Wertpapieren, die der Gewerbetreibende vom Auftraggeber erhält, hat er unverzüglich für Rechnung des Auftraggebers einem Kreditinstitut im Sinne des § 2 Abs. 2 Satz 2 zur Verwahrung anzuvertrauen. [2]Absatz 2 Satz 2 bis 4 ist anzuwenden.

§ 7 Ausnahmevorschrift

(1) [1]Gewerbetreibende im Sinne des § 34c Absatz 1 Satz 1 Nummer 3 Buchstabe a der Gewerbeordnung, die dem Auftraggeber Eigentum an einem Grundstück zu übertragen oder ein Erbbaurecht zu bestellen oder zu übertragen haben, sind von den Verpflichtungen des § 3 Abs. 1 und 2, des § 4 Abs. 1 und der §§ 5 und 6, die übrigen Gewerbetreibenden im Sinne des § 34c Abs. 1 der Gewerbeordnung sind von den Verpflichtungen des § 2, des § 3 Abs. 3 und der §§ 4 bis 6 freigestellt, sofern sie Sicherheit für alle etwaigen Ansprüche des Auftraggebers auf Rückgewähr oder Auszahlung seiner Vermögenswerte im Sinne des § 2 Abs. 1 Satz 1 geleistet haben. [2]§ 2 Abs. 2, Abs. 4 Satz 2 und 3 und Abs. 5 Satz 1 gilt entsprechend. [3]In den Fällen des § 34c Absatz 1 Satz 1 Nummer 3 Buchstabe a der Gewerbeordnung, in denen dem Auftraggeber Eigentum an einem Grundstück übertragen oder ein Erbbaurecht bestellt oder übertragen werden soll, ist die Sicherheit aufrechtzuerhalten, bis die Voraussetzungen des § 3 Abs. 1 erfüllt sind und das Vertragsobjekt vollständig fertiggestellt ist. [4]Ein Austausch der Sicherungen der §§ 2 bis 6 und derjenigen des § 7 ist zulässig.

(2) [1]Der Gewerbetreibende ist von den in Absatz 1 Satz 1 erwähnten Verpflichtungen auch dann freigestellt, wenn es sich bei dem Auftraggeber um

1. eine juristische Person des öffentlichen Rechts oder ein öffentlich-rechtliches Sondervermögen oder
2. einen in das Handelsregister oder das Genossenschaftsregister eingetragenen Kaufmann

handelt und der Auftraggeber in gesonderter Urkunde auf die Anwendung dieser Bestimmungen verzichtet. [2]Im Falle des Satzes 1 Nr. 2 hat sich der Gewerbetreibende vom Auftraggeber dessen Eigenschaft als Kaufmann durch einen Auszug aus dem Handelsregister oder dem Genossenschaftsregister nachweisen zu lassen.

§ 8 Rechnungslegung

(1) [1]Hat der Gewerbetreibende zur Ausführung des Auftrages Vermögenswerte des Auftraggebers erhalten oder verwendet, so hat er dem Auftraggeber nach Beendigung des Auftrages über die Verwendung dieser Vermögenswerte Rechnung zu legen. [2]§ 259 des Bürgerlichen Gesetzbuchs ist anzuwenden.

(2) [1]Die Verpflichtung, Rechnung zu legen, entfällt, soweit der Auftraggeber nach Beendigung des Auftrages dem Gewerbetreibenden gegenüber schriftlich darauf verzichtet oder der Gewerbetreibende mit den Vermögenswerten des Auftraggebers eine Leistung zu einem Festpreis zu erbringen hat.

§ 9 Anzeigepflicht

[1]Der Gewerbetreibende hat der zuständigen Behörde die jeweils mit der Leitung des Betriebes oder einer Zweigniederlassung beauftragten Personen unverzüglich anzuzeigen. [2]Dies gilt bei juristischen Personen auch für die nach Gesetz, Satzung oder Gesellschaftsvertrag jeweils zur Vertretung berufenen Personen. In der Anzeige sind Name, Geburtsname, sofern er vom Namen abweicht, Vornamen, Staatsangehörigkeit, Geburtstag, Geburtsort und Anschrift der betreffenden Personen anzugeben.

§ 10 Buchführungspflicht

(1) [1]Der Gewerbetreibende hat von der Annahme des Auftrages an nach Maßgabe der folgenden Vorschriften Aufzeichnungen zu machen sowie Unterlagen und Belege übersichtlich zu sammeln. [2]Die Aufzeichnungen sind unverzüglich und in deutscher Sprache vorzunehmen.

(2) Aus den Aufzeichnungen und Unterlagen sämtlicher Gewerbetreibender müssen ersichtlich sein

1. der Name und Vorname oder die Firma sowie die Anschrift des Auftraggebers,
2. folgende Angaben, soweit sie im Einzelfall in Betracht kommen,
   a) das für die Vermittler- oder Nachweistätigkeit oder für die Tätigkeit als Baubetreuer vom Auftraggeber zu entrichtende Entgelt; Wohnungsvermittler haben das Entgelt in einem Bruchteil oder Vielfachen der Monatsmiete anzugeben;
   b) ob der Gewerbetreibende zur Entgegennahme von Zahlungen oder sonstigen Leistungen ermächtigt ist;
   c) Art und Höhe der Vermögenswerte des Auftraggebers, die der Gewerbetreibende zur Ausführung des Auftrages erhalten oder zu deren Verwendung er ermächtigt werden soll;
   d) daß der Gewerbetreibende den Auftraggeber davon unterrichtet hat, daß er von ihm nur im Rahmen des § 3 Vermögenswerte entgegennehmen oder sich zu deren Verwendung ermächtigen lassen und diese Vermögenswerte nur im Rahmen des § 4 verwenden darf, es sei denn, daß nach § 7 verfahren wird;
   e) Art, Höhe und Umfang der vom Gewerbetreibenden für die Vermögenswerte zu leistenden Sicherheit und abzuschließenden Versicherung, Name oder Firma und Anschrift des Bürgen und der Versicherung;
   f) Vertragsdauer.

(3) Aus den Aufzeichnungen und Unterlagen von Gewerbetreibenden im Sinne des § 34c Absatz 1 Satz 1 Nummer 1 der Gewerbeordnung müssen ferner folgende Angaben ersichtlich sein, soweit sie im Einzelfall in Betracht kommen,

1. bei der Vermittlung oder dem Nachweis der Gelegenheit zum Abschluß von Verträgen über den Erwerb von Grundstücken oder grundstücksgleichen Rechten: Lage, Größe und Nutzungsmöglichkeit des Grundstücks, Art, Alter und Zustand des Gebäudes, Ausstattung, Wohn- und Nutzfläche, Zahl der Zimmer, Höhe der Kaufpreisforderung einschließlich zu übernehmender Belastungen, Name, Vorname und Anschrift des Veräußerers;
2. bei der Vermittlung oder dem Nachweis der Gelegenheit zum Abschluß von Verträgen über die Nutzung von Grundstücken oder grundstücksgleichen Rechten: Lage, Größe und Nutzungsmöglichkeit des Grundstücks, Art, Alter und Zustand des Gebäudes, Ausstattung, Wohn- und Nutzfläche, Zahl der Zimmer, Höhe der Mietforderung sowie gegebenenfalls Höhe eines Baukostenzuschusses, einer Kaution, einer Mietvorauszahlung, eines Mieterdarlehens oder einer Abstandssumme, Name, Vorname und Anschrift des Vermieters;

3. bei der Vermittlung oder dem Nachweis der Gelegenheit zum Abschluß von Verträgen über die Nutzung von gewerblichen Räumen oder Wohnräumen: Lage des Grundstücks und der Räume, Ausstattung, Nutz- und Wohnfläche, Zahl der Räume, Höhe der Mietforderung sowie gegebenenfalls Höhe eines Baukostenzuschusses, einer Kaution, einer Mietvorauszahlung, eines Mieterdarlehens oder einer Abstandssumme, Name, Vorname und Anschrift des Vermieters.

(4) Aus den Aufzeichnungen und Unterlagen von Gewerbetreibenden im Sinne des § 34c Absatz 1 Satz 1 Nummer 3 der Gewerbeordnung müssen zusätzlich zu den Angaben nach Absatz 2 folgende Angaben ersichtlich sein, soweit sie im Einzelfall in Betracht kommen,

1. bei Bauvorhaben, die ganz oder teilweise zur Veräußerung bestimmt sind: Lage und Größe des Baugrundstücks, das Bauvorhaben mit den von der Bauaufsicht genehmigten Plänen nebst Baubeschreibung, sofern das Bauvorhaben nicht genehmigungspflichtig ist, neben den vorerwähnten Plänen und der Baubeschreibung die Bestätigung der Behörde oder des Gewerbetreibenden gemäß § 3 Abs. 1 Satz 1 Nr. 4 Buchstabe a oder b, der Zeitpunkt der Fertigstellung, die Kaufsache, die Kaufpreisforderung, die Belastungen, die Finanzierung, soweit sie nicht vom Erwerber erbracht werden soll;
2. bei Bauvorhaben, die ganz oder teilweise vermietet, verpachtet oder in anderer Weise zur Nutzung überlassen werden sollen: Lage und Größe des Baugrundstücks, das Bauvorhaben mit den von der Bauaufsicht genehmigten Plänen nebst Baubeschreibung, sofern das Bauvorhaben nicht genehmigungspflichtig ist, neben den vorerwähnten Plänen und der Baubeschreibung die Bestätigung der Behörde oder des Gewerbetreibenden gemäß § 3 Abs. 1 Satz 1 Nr. 4 Buchstabe a oder b, der Zeitpunkt der Fertigstellung, der Vertragsgegenstand, die Miet-, Pacht- oder sonstige Forderung, die darüber hinaus zu erbringenden laufenden Leistungen und die etwaigen einmaligen Leistungen, die nicht zur Vorbereitung oder Durchführung des Bauvorhabens verwendet werden sollen;
3. bei Bauvorhaben, die der Gewerbetreibende als Baubetreuer wirtschaftlich vorbereiten oder durchführen soll: Lage und Größe des Baugrundstücks, das Bauvorhaben mit Plänen und Baubeschreibung, der Zeitpunkt der Fertigstellung, die veranschlagten Kosten, die Kostenobergrenze, und die von dem Gewerbetreibenden bei Dritten zu beschaffende Finanzierung.

(5) Aus den Aufzeichnungen, Unterlagen und Belegen sämtlicher Gewerbetreibender müssen ferner ersichtlich sein, soweit dies im Einzelfall in Betracht kommt,

1. Art und Höhe der Vermögenswerte des Auftraggebers, die der Gewerbetreibende zur Ausführung des Auftrages erhalten hat oder zu deren Verwendung er ermächtigt wurde,
2. das für die Vermittler- oder Nachweistätigkeit oder für die Tätigkeit als Baubetreuer vom Auftraggeber entrichtete Entgelt,
3. eine Bestätigung des Auftraggebers über die Aushändigung der in § 2 Abs. 4 Satz 3 bezeichneten Unterlagen,
4. Kopie der Bürgschaftsurkunde und des Versicherungsscheins,
5. Verwendungen von Vermögenswerten des Auftraggebers durch den Gewerbetreibenden nach Tag und Höhe, in den Fällen des § 2 Abs. 5 Satz 2 auch eine Bestätigung des Auftraggebers darüber, daß ihm die ordnungsgemäße Verwendung der Teilbeträge nachgewiesen worden ist,
6. Tag und Grund der Auftragsbeendigung,
7. Tag der Beendigung des Bürgschaftsvertrages und der Versicherung,

8. die in § 7 Abs. 2 erwähnten Unterlagen,
9. Nachweis, daß dem Auftraggeber die in § 11 bezeichneten Angaben rechtzeitig und vollständig mitgeteilt worden sind.

(6) Sonstige Vorschriften über Aufzeichnungs- und Buchführungspflichten des Gewerbetreibenden bleiben unberührt.

§ 11 Informationspflicht und Werbung

[1]Der Gewerbetreibende hat dem Auftraggeber in Textform und in deutscher Sprache folgende Angaben mitzuteilen, soweit sie im Einzelfall in Betracht kommen:

1. in den Fällen des § 34c Absatz 1 Satz 1 Nummer 1 der Gewerbeordnung
   a) unmittelbar nach der Annahme des Auftrags die in § 10 Absatz 2 Nummer 2 Buchstabe a und f genannten Angaben und
   b) spätestens bei Aufnahme der Vertragsverhandlungen über den vermittelten oder nachgewiesenen Vertragsgegenstand die in § 10 Absatz 2 Nummer 2 Buchstabe b bis e und Absatz 3 Nummer 1 bis 3 genannten Angaben,
2. in den Fällen des § 34c Absatz 1 Satz 1 Nummer 3 der Gewerbeordnung spätestens bis zur Annahme des Auftrags die in § 10 Absatz 2 Nummer 2 und Absatz 4 genannten Angaben; vor diesem Zeitpunkt hat der Gewerbetreibende dem Auftraggeber die Angaben zu machen, die zur Beurteilung des Auftrags nach dem jeweiligen Verhandlungsstand erforderlich sind; im Fall des § 10 Absatz 4 Nummer 3 entfällt die Verpflichtung, soweit die Angaben vom Auftraggeber stammen,
3. in den Fällen des § 34c Absatz 1 Satz 1 Nummer 4 der Gewerbeordnung auf Anfrage des Auftraggebers unverzüglich Angaben über die berufsspezifischen Qualifikationen und die in den letzten drei Kalenderjahren absolvierten Weiterbildungsmaßnahmen des Gewerbetreibenden und der unmittelbar bei der erlaubnispflichtigen Tätigkeit mitwirkenden Beschäftigten.

[2]Die Angaben nach Satz 1 Nummer 3 können durch Verweis auf die Internetseite des Gewerbetreibenden erfolgen. [3]Ist der Auftraggeber eine natürliche Person, kann er die Übermittlung der Angaben in der Amtssprache eines Mitgliedstaates der Europäischen Union oder eines Vertragsstaates des Abkommens über den Europäischen Wirtschaftsraum verlangen, wenn er in diesem Mitgliedstaat oder Vertragsstaat seinen Wohnsitz hat.

§ 12 Unzulässigkeit abweichender Vereinbarungen

Der Gewerbetreibende darf seine Verpflichtungen nach den §§ 2 bis 8 sowie die nach § 2 Abs. 1 zu sichernden Schadensersatzansprüche des Auftraggebers durch vertragliche Vereinbarung weder ausschließen noch beschränken.

§ 13 *(aufgehoben)*

§ 14 Aufbewahrung

(1) [1]Die in § 10 bezeichneten Geschäftsunterlagen sind 5 Jahre in den Geschäftsräumen aufzubewahren. [2]Die Aufbewahrungsfrist beginnt mit dem Schluss des Kalenderjahres, in dem der letzte aufzeichnungspflichtige Vorgang für den jeweiligen Auftrag angefallen ist. [3]Vorschriften, die eine längere Frist bestimmen, bleiben unberührt.

(2) [1]Die nach Absatz 1 aufzubewahrenden Unterlagen können auch in Form einer verkleinerten Wiedergabe aufbewahrt werden, wenn gesichert ist, daß die Wiedergabe mit der Urschrift übereinstimmt. [2]Der Gewerbetreibende hat auf Verlangen der zuständigen Behörde auf seine Kosten die erforderliche Anzahl ohne Hilfsmittel lesbarer Reproduktionen vorzulegen; bei Ermittlungen oder Prüfungen in den Geschäftsräumen sind für verkleinerte Wiedergaben die erforderlichen Lesegeräte bereitzuhalten.

§ 15 Umfang der Versicherung

(1) Die nach § 34c Absatz 2 Nummer 3 der Gewerbeordnung für einen Wohnimmobilienverwalter vorgesehene Versicherung muss bei einem im Inland zum Geschäftsbetrieb zugelassenen Versicherungsunternehmen abgeschlossen werden.

(2) Die Mindestversicherungssumme beträgt 500 000 Euro für jeden Versicherungsfall und 1 000 000 Euro für alle Versicherungsfälle eines Jahres.

(3) [1]Der Versicherungsvertrag muss Deckung für die sich aus der gewerblichen Tätigkeit als Wohnimmobilienverwalter ergebenden Haftpflichtgefahren für Vermögensschäden gewähren. [2]Der Versicherungsvertrag muss sich auch auf solche Vermögensschäden erstrecken, für die der Versicherungspflichtige nach § 278 oder § 831 des Bürgerlichen Gesetzbuchs einzustehen hat, soweit die Erfüllungsgehilfen oder Verrichtungsgehilfen nicht selbst zum Abschluss einer solchen Berufshaftpflichtversicherung verpflichtet sind. [3]Ist der Gewerbetreibende in einer oder mehreren Personenhandelsgesellschaften als geschäftsführender Gesellschafter tätig, so muss für die jeweilige Personenhandelsgesellschaft jeweils ein Versicherungsvertrag abgeschlossen werden; der Versicherungsvertrag kann auch die Tätigkeit des Gewerbetreibenden nach Satz 1 abdecken.

(4) [1]Der Versicherungsvertrag hat Versicherungsschutz für jede einzelne Pflichtverletzung zu gewähren, die gesetzliche Haftpflichtansprüche privatrechtlichen Inhalts gegen den Versicherungspflichtigen zur Folge haben könnte. [2]Dabei kann vereinbart werden, dass sämtliche Pflichtverletzungen bei Erledigung einer einheitlichen Verwaltung von Wohnimmobilien als ein Versicherungsfall gelten, sofern die betreffenden Angelegenheiten in einem rechtlichen oder wirtschaftlichen Zusammenhang stehen.

(5) [1]Von der Versicherung kann die Haftung für Ersatzansprüche wegen wissentlicher Pflichtverletzung ausgeschlossen werden. [2]Weitere Ausschlüsse sind nur insoweit zulässig, als sie marktüblich sind und dem Zweck der Berufshaftpflichtversicherung nicht zuwiderlaufen.

§ 15a Versicherungsbestätigung; Anzeigepflicht des Versicherungsunternehmens

(1) Die vom Versicherungsunternehmen erteilte Versicherungsbestätigung nach § 113 Absatz 2 des Versicherungsvertragsgesetzes darf zum Zeitpunkt der Antragstellung bei der für die Erlaubniserteilung zuständigen Behörde nicht älter als drei Monate sein.

(2) [1]Das Versicherungsunternehmen ist verpflichtet, der für die Erlaubniserteilung zuständigen Behörde unverzüglich Folgendes anzuzeigen:

1. die Beendigung des Versicherungsvertrags, insbesondere infolge einer wirksamen Kündigung,
2. das Ausscheiden eines Versicherungsnehmers aus einem Gruppenversicherungsvertrag sowie
3. jede Änderung des Versicherungsvertrags, die den vorgeschriebenen Versicherungsschutz im Verhältnis zu Dritten beeinträchtigen kann.

[2]Die für die Erlaubniserteilung zuständige Behörde hat dem Versicherungsunternehmen das Datum des Eingangs der Anzeige mitzuteilen.

(3) Die zuständige Stelle im Sinne des § 117 Absatz 2 des Versicherungsvertragsgesetzes ist die für die Erlaubniserteilung nach § 34c Absatz 1 Satz 1 Nummer 4 der Gewerbeordnung zuständige Behörde.

§ 15b Weiterbildung

(1) [1]Wer nach § 34c Absatz 2a der Gewerbeordnung zur Weiterbildung verpflichtet ist, muss sich fachlich entsprechend seiner ausgeübten Tätigkeit weiterbilden. [2]Die inhaltlichen Anforderungen an die Weiterbildung sind an den Vorgaben der Anlage 1[1)] auszurichten. [3]Die Weiterbildung kann in Präsenzform, in einem begleiteten Selbststudium, durch betriebsinterne Maßnahmen des Gewerbetreibenden oder in einer anderen geeigneten Form erfolgen. [4]Bei Weiterbildungsmaßnahmen in einem begleiteten Selbststudium ist eine nachweisbare Lernerfolgskontrolle durch den Anbieter der Weiterbildung erforderlich. [5]Der Anbieter der Weiterbildung muss sicherstellen, dass die in Anlage 2[2)] aufgeführten Anforderungen an die Qualität der Weiterbildungsmaßnahme eingehalten werden. [6]Der Erwerb eines Ausbildungsabschlusses als Immobilienkaufmann oder Immobilienkauffrau oder eines Weiterbildungsabschlusses als Geprüfter Immobilienfachwirt oder Geprüfte Immobilienfachwirtin gilt als Weiterbildung.

(2) [1]Die zur Weiterbildung verpflichteten Gewerbetreibenden sind verpflichtet, nach Maßgabe des Satzes 2 Nachweise und Unterlagen zu sammeln über Weiterbildungsmaßnahmen, an denen sie und ihre zur Weiterbildung verpflichteten Beschäftigten teilgenommen haben. [2]Aus den Nachweisen und Unterlagen müssen mindestens ersichtlich sein:

1. Name und Vorname des Gewerbetreibenden oder der Beschäftigten,
2. Datum, Umfang, Inhalt und Bezeichnung der Weiterbildungsmaßnahme sowie
3. Name und Vorname oder Firma sowie Adresse und Kontaktdaten des in Anspruch genommenen Weiterbildungsanbieters.

[3]Die in Satz 1 genannten Nachweise und Unterlagen sind fünf Jahre auf einem dauerhaften Datenträger vorzuhalten und in den Geschäftsräumen aufzubewahren. [4]Die Aufbewahrungsfrist beginnt mit dem Ende des Kalenderjahres, in dem die Weiterbildungsmaßnahme durchgeführt wurde.

(3) [1]Die für die Erlaubniserteilung zuständige Behörde kann anordnen, dass der Gewerbetreibende ihr gegenüber eine unentgeltliche Erklärung mit dem Inhalt nach dem Muster der Anlage 3[3)] über die Erfüllung der Weiterbildungspflicht in den vorangegangenen drei Kalenderjahren durch ihn und seine zur Weiterbildung verpflichteten Beschäftigten abgibt. [2]Die Erklärung kann elektronisch erfolgen.

(4) Für zur Weiterbildung verpflichtete Gewerbetreibende und ihre zur Weiterbildung verpflichteten Beschäftigten, die im Besitz eines Ausbildungsabschlusses als Immobilienkaufmann oder Immobilienkauffrau oder eines Weiterbildungsabschlusses als Geprüfter Immobilienfachwirt oder Geprüfte Immobilienfachwirtin sind, beginnt die Pflicht zur Weiterbildung drei Jahre nach Erwerb des Ausbildungs- oder Weiterbildungsabschlusses.

§ 16 Prüfungen

(1) [1]Gewerbetreibende im Sinne des § 34c Absatz 1 Satz 1 Nummer 3 der Gewerbeordnung haben auf ihre Kosten die Einhaltung der sich aus den §§ 2 bis 14 ergebenden Verpflichtungen für jedes Kalenderjahr durch einen geeigneten Prüfer prüfen zu lassen und der zuständigen Behörde den Prüfungsbericht bis spätestens zum 31. Dezember des darauffolgenden Jahres zu übermitteln. [2]Sofern der Gewerbetreibende im Berichtszeitraum keine nach § 34c Abs. 1 Satz 1 der Gewerbeordnung erlaubnispflichtige Tätigkeit ausgeübt hat, hat er spätestens bis zu dem in Satz 1 genannten Termin anstelle des

1) Die Anlage ist in dieser Textsammlung nicht abgedruckt.
2) Die Anlage ist in dieser Textsammlung nicht abgedruckt.
3) Die Anlage ist in dieser Textsammlung nicht abgedruckt.

Prüfungsberichts eine entsprechende Erklärung zu übermitteln. [3]Der Prüfungsbericht muß einen Vermerk darüber enthalten, ob Verstöße des Gewerbetreibenden festgestellt worden sind. [4]Verstöße sind in dem Vermerk aufzuzeigen. [5]Der Prüfer hat den Vermerk mit Angabe von Ort und Datum zu unterzeichnen, wobei die elektronische Namenswiedergabe genügt.

(2) [1]Die zuständige Behörde ist befugt, Gewerbetreibende im Sinne des § 34c Abs. 1 der Gewerbeordnung auf deren Kosten aus besonderem Anlaß im Rahmen einer außerordentlichen Prüfung durch einen geeigneten Prüfer überprüfen zu lassen. [2]Der Prüfer wird von der zuständigen Behörde bestimmt. [3]Absatz 1 Satz 3 bis 5 gilt entsprechend.

(3) [1]Geeignete Prüfer sind

1. Wirtschaftsprüfer, vereidigte Buchprüfer, Wirtschaftsprüfungs- und Buchprüfungsgesellschaften,
2. Prüfungsverbände, zu deren gesetzlichen oder satzungsmäßigen Zweck die regelmäßige und außerordentliche Prüfung ihrer Mitglieder gehört, sofern
   a) von ihren gesetzlichen Vertretern mindesten einer Wirtschaftsprüfer ist,
   b) sie die Voraussetzungen des § 63b Abs. 5 des Gesetzes betreffend die Erwerbs- und Wirtschaftsgenossenschaften erfüllen oder
   c) sie sich für ihre Prüfungstätigkeit selbständiger Wirtschaftsprüfer oder vereidigter Buchprüfer oder einer Wirtschaftsprüfungs- oder Buchprüfungsgesellschaft bedienen.

[2]Bei Gewerbetreibenden im Sinne des § 34c Absatz 1 Satz 1 Nummer 1 und 2 der Gewerbeordnung können mit der Prüfung nach Absatz 2 auch andere Personen, die öffentlich bestellt oder zugelassen worden sind und die aufgrund ihrer Vorbildung und Erfahrung in der Lage sind, eine ordnungsgemäße Prüfung in dem jeweiligen Gewerbebetrieb durchzuführen, sowie deren Zusammenschlüsse betraut werden. [3]§ 13a Absatz 1 und 2 Satz 1 und 2, Absatz 5 bis 7 der Gewerbeordnung gilt für die in Satz 2 genannten Personen, die mit der Prüfung betraut werden können, entsprechend. [4]Ungeeignet für eine Prüfung sind Personen, bei denen die Besorgnis der Befangenheit besteht.

§ 17 Rechte und Pflichten der an der Prüfung Beteiligten

(1) [1]Der Gewerbetreibende hat dem Prüfer die Einsicht in die Bücher, Aufzeichnungen und Unterlagen zu gestatten. [2]Er hat ihm alle Aufklärungen und Nachweise zu geben, die der Prüfer für eine sorgfältige Prüfung benötigt.

(2) [1]Der Prüfer ist zur gewissenhaften und unparteiischen Prüfung und zur Verschwiegenheit verpflichtet. [2]Er darf nicht unbefugt Geschäfts- und Betriebsgeheimnisse verwerten, die er bei seiner Tätigkeit erfahren hat. [3]Ein Prüfer, der vorsätzlich oder fahrlässig seine Pflichten verletzt, ist dem Gewerbetreibenden zum Ersatz des daraus entstehenden Schadens verpflichtet. [4]Mehrere Personen haften als Gesamtschuldner.

§ 18 Ordnungswidrigkeiten

(1) Ordnungswidrig im Sinne des § 144 Abs. 2 Nr. 6 der Gewerbeordnung handelt, wer

1. Vermögenswerte des Auftraggebers annimmt oder sich zu deren Verwendung ermächtigen läßt, bevor er
   a) nach § 2 Abs. 1 Sicherheit geleistet oder eine Versicherung abgeschlossen oder
   b) die in § 2 Abs. 4 Satz 3 bezeichneten Urkunden ausgehändigt hat,
2. entgegen § 2 Abs. 5, auch in Verbindung mit § 7 Abs. 1 Satz 2, oder § 7 Abs. 1 Satz 3 die Sicherheit oder Versicherung nicht aufrechterhält,
3. einer Vorschrift des § 3 über die Entgegennahme oder die Ermächtigung zur Verwendung von Vermögenswerten des Auftraggebers zuwiderhandelt,

4. einer Vorschrift des § 4 über die Verwendung von Vermögenswerten des Auftraggebers zuwiderhandelt,
5. einer Vorschrift des § 6 Abs. 1, Abs. 2 Satz 1 oder 2, Abs. 3 Satz 1 oder Abs. 3 Satz 2 in Verbindung mit Abs. 2 Satz 2 über die getrennte Vermögensverwaltung zuwiderhandelt,
6. entgegen § 9 die Anzeige nicht, nicht richtig, nicht vollständig oder nicht rechtzeitig erstattet,
7. entgegen § 10 Abs. 1 bis 5 erforderliche Aufzeichnungen nicht, nicht richtig, nicht vollständig, nicht ordnungsgemäß oder nicht rechtzeitig macht oder Unterlagen oder Belege nicht oder nicht übersichtlich sammelt,
8. entgegen § 11 Satz 1 Nummer 1, 2 oder 3 dem Auftraggeber die dort bezeichneten Angaben nicht, nicht richtig, nicht vollständig oder nicht rechtzeitig mitteilt,
9. *(aufgehoben)*
10. entgegen § 14 Abs. 1 Satz 1 Geschäftsunterlagen nicht während der vorgeschriebenen Frist aufbewahrt,
11. entgegen § 15b Absatz 2 Satz 3 einen Nachweis oder eine Unterlage nicht oder nicht mindestens fünf Jahre aufbewahrt,

11a. einer vollziehbaren Anordnung nach § 15b Absatz 3 Satz 1 zuwiderhandelt,

12. entgegen § 16 Abs. 1 Satz 1 oder 2 einen Prüfungsbericht nicht, nicht richtig, nicht vollständig oder nicht rechtzeitig oder eine dort genannte Erklärung nicht, nicht richtig oder nicht rechtzeitig vorlegt oder
13. den Duldungs- oder Mitwirkungspflichten des § 17 Abs. 1 nicht, nicht ausreichend oder nicht rechtzeitig nachkommt.

(2) Ordnungswidrig im Sinne des § 145 Abs. 2 Nr. 9 der Gewerbeordnung handelt, wer vorsätzlich oder fahrlässig eine in Absatz 1 bezeichnete Handlung in Ausübung eines Reisegewerbes begeht.

(3) Ordnungswidrig im Sinne des § 146 Abs. 2 Nr. 11a der Gewerbeordnung handelt, wer vorsätzlich oder fahrlässig eine in Absatz 1 bezeichnete Handlung in Ausübung eines Messe-, Ausstellungs- oder Marktgewerbes begeht.

§ 19 Anwendung bei grenzüberschreitender Dienstleistungserbringung

(1) [1]Üben Gewerbetreibende von einer Niederlassung in einem anderen Mitgliedstaat der Europäischen Union oder einem anderen Vertragsstaat des Abkommens über den Europäischen Wirtschaftsraum aus im Geltungsbereich der Gewerbeordnung vorübergehend selbständig eine Tätigkeit

1. nach § 34c Absatz 1 Satz 1 Nummer 1 oder Nummer 3 der Gewerbeordnung aus, sind die §§ 8 bis 11, 14 bis 17, 18 Absatz 1 Nummer 6 bis 13, jeweils auch in Verbindung mit § 18 Absatz 2 und 3,
2. nach § 34c Absatz 1 Satz 1 Nummer 4 der Gewerbeordnung aus, sind die §§ 9, 11, 15 bis 15b, 18 Absatz 1 Nummer 6, 8, 11, 11a, jeweils auch in Verbindung mit § 18 Absatz 2 und 3

insoweit nicht anwendbar. [2]§ 4 Absatz 2 der Gewerbeordnung gilt entsprechend.

(2) In den Fällen

1. des § 34c Absatz 1 Satz 1 Nummer 1 oder Nummer 3 der Gewerbeordnung sind die §§ 2, 4 bis 8, 10 bis 18 Absatz 1 Nummer 1, 2, 4, 5 und 7 bis 13, jeweils auch in Verbindung mit § 18 Absatz 2 und 3,

2. des § 34c Absatz 1 Satz 1 Nummer 4 der Gewerbeordnung sind die §§ 9, 11, 15 bis 15b, 18 Absatz 1 Nummer 6, 8, 11, 11a, jeweils auch in Verbindung mit § 18 Absatz 2 und 3

auch anzuwenden, wenn der im Inland niedergelassene Gewerbetreibende die Dienstleistungsfreiheit in einem anderen Mitgliedstaat der Europäischen Union oder einem anderen Vertragsstaat des Abkommens über den Europäischen Wirtschaftsraum in Anspruch nimmt und dort vorübergehend selbständig tätig wird.

§ 20 Übergangsvorschriften

Gewerbetreibende, die Vermögenswerte des Auftraggebers nach den §§ 3 oder 7 Abs. 1 in der bis zum 28. Februar 1991 geltenden Fassung abzusichern haben, können die Verträge weiterhin nach diesen Vorschriften abwickeln.

§ 21 Berlin-Klausel

(gegenstandslos)

§ 22

(Inkrafttreten)

A9. Verordnung über die Finanzanlagenvermittlung (Finanzanlagenvermittlungsverordnung – FinVermV)

Vom 2. Mai 2012
(BGBl. I S. 1006)

zuletzt geändert durch Verordnung vom 9.10.2019 (BGBl. I S. 1434)[1)]

(Auszug)

Inhaltsübersicht

---

1) Anm. der Redaktion: Die Änderungen durch die Zweite Verordnung zur Änderung der Finanzanlagenvermittlungsverordnung treten am 1.8.2020 in Kraft, sie sind in dieser Textausgabe bereits konsolidiert. Die Vorschriften in der bis dahin geltenden Fassung finden Sie in der Vorauflage.

Abschnitt 1. Sachkundenachweis

§ 1[1)] Sachkundeprüfung

(1) Gegenstand der Sachkundeprüfung nach § 34f Absatz 2 Nummer 4 auch in Verbindung mit § 34h Absatz 1 Satz 4 der Gewerbeordnung sind die erforderlichen Kenntnisse und Fähigkeiten auf folgenden Gebieten und deren praktische Anwendung:

1. fachliche Grundlagen:
   a) rechtliche Grundlagen für die Finanzanlagenvermittlung und Finanzanlagenberatung,
   b) steuerliche Behandlung der Finanzanlagen,
   c) offene Investmentvermögen im Sinne des § 1 Absatz 4 des Kapitalanlagegesetzbuchs und die Möglichkeiten der staatlichen Förderung,
   d) geschlossene Investmentvermögen im Sinne des § 1 Absatz 5 des Kapitalanlagegesetzbuchs,
   e) Vermögensanlagen im Sinne des § 1 Absatz 2 des Vermögensanlagengesetzes;
2. Kundenberatung:
   a) Erstellung von Kundenprofilen und Bedarfsermittlung,
   b) Lösungsmöglichkeiten,
   c) Produktdarstellung und Information.

1) § 1 neu gefasst durch Verordnung vom 9.10.2019 (BGBl. I S. 1434); die Neufassung tritt am 1.8.2020 in Kraft.

(2) Die Einzelheiten der inhaltlichen Anforderungen an die Sachkundeprüfung bestimmen sich nach der Anlage 1.[1)]

§ 2[2)] Zuständige Stelle und Prüfungsausschuss

(1) Die Sachkundeprüfung kann bei jeder Industrie- und Handelskammer abgelegt werden, die diese anbietet.

(2) [1]Für die Abnahme der Prüfung errichten die Industrie- und Handelskammern Prüfungsausschüsse. [2]Sie berufen die Mitglieder dieser Ausschüsse. [3]Die Mitglieder müssen auf den Prüfungsgebieten sachkundig, mit der aktuellen Praxis der Finanzanlagenvermittlung und -beratung durch eigene Erfahrung vertraut und für die Mitwirkung im Prüfungswesen geeignet sein.

(3) Mehrere Industrie- und Handelskammern können im Rahmen des § 10 des Gesetzes zur vorläufigen Regelung des Rechts der Industrie- und Handelskammern Vereinbarungen zur gemeinsamen Durchführung der Sachkundeprüfung, insbesondere über einen gemeinsamen Prüfungsausschuss, schließen.

§ 3[3)] Verfahren

(1) [1]Die Sachkundeprüfung besteht aus einem schriftlichen und einem praktischen Teil. [2]Die Teilnahme am praktischen Teil der Prüfung setzt das Bestehen des schriftlichen Teils voraus.

(2) [1]Der schriftliche Teil der Prüfung umfasst die in § 1 Absatz 1 Nummer 1 aufgeführten Sachgebiete. [2]Sie sind anhand praxisbezogener Aufgaben und in einem ausgewogenen Verhältnis zueinander zu prüfen. [3]Der schriftliche Teil der Prüfung kann mit Hilfe unterschiedlicher Medien durchgeführt werden. [4]Folgende Bereiche sind schriftlich zu prüfen:

1. Kenntnisse über offene Investmentvermögen im Sinne des § 1 Absatz 4 des Kapitalanlagegesetzbuchs,
2. Kenntnisse über geschlossene Investmentvermögen im Sinne des § 1 Absatz 5 des Kapitalanlagegesetzbuchs sowie
3. Kenntnisse über Vermögensanlagen im Sinne des § 1 Absatz 2 des Vermögensanlagengesetzes.

[5]Der schriftliche Teil der Prüfung kann auf Antrag des Prüflings auf die einzelnen Kategorien von Finanzanlagen nach Satz 4 Nummer 1, 2 oder Nummer 3 beschränkt werden. [6]In diesem Fall muss der schriftliche Teil der Prüfung diejenigen in Satz 4 Nummer 1, 2 oder Nummer 3 genannten Bereiche umfassen, für die eine Erlaubnis nach § 34f Absatz 1 Satz 1 Nummer 1, 2 oder Nummer 3 in Verbindung mit Satz 3 oder § 34h Absatz 1 Satz 1 in Verbindung mit Satz 3 der Gewerbeordnung beantragt wird. [7]Für eine Erlaubnis nach § 34f Absatz 1 Satz 1 Nummer 3 in Verbindung mit Satz 3 oder § 34h Absatz 1 Satz 1 in Verbindung mit Satz 3 und § 34f Absatz 1 Satz 1 Nummer 3 der Gewerbeordnung muss der schriftliche Teil der Prüfung zusätzlich die in Satz 4 Nummer 2 genannten Bereiche umfassen. [8]Der Prüfling soll anhand von praxisbezogenen Aufgaben nachweisen, dass er die grundlegenden fachlichen und rechtlichen Kenntnisse erworben hat und diese praktisch anwenden kann.

---

1) Hier nicht abgedruckt.
2) § 2 geändert durch Verordnung vom 9.10.2019 (BGBl. I S. 1434); die Änderung tritt am 1.8.2020 in Kraft.
3) § 3 geändert durch Verordnung vom 9.10.2019 (BGBl. I S. 1434); die Änderung tritt am 1.8.2020 in Kraft.

(3) [1]Die Auswahl der Prüfungsaufgaben für den schriftlichen Teil der Prüfung trifft ein nach Maßgabe des § 32 Absatz 2 der Gewerbeordnung eingerichteter bundesweit einheitlich tätiger Aufgabenauswahlausschuss. [2]Der Aufgabenauswahlausschuss ist mit sieben Mitgliedern und sieben stellvertretenden Mitgliedern zu besetzen. [3]Die Berufung der Mitglieder und der Stellvertreter erfolgt nach Anhörung von Vertretern der Finanzanlagenvermittler, der Anbieter von Investmentvermögen und Vermögensanlagen und der Verbraucherschutzorganisationen. [4]Es werden berufen:

1. drei Mitglieder und drei Stellvertreter aus den Reihen der Finanzanlagenvermittler oder der Vertreter ihrer Interessen,
2. zwei Mitglieder und zwei Stellvertreter aus den Reihen der Anbieter von Investmentvermögen im Sinne des § 1 Absatz 1 des Kapitalanlagegesetzbuchs und Vermögensanlagen oder der Vertreter ihrer Interessen,
3. ein Mitglied und ein Stellvertreter aus den Reihen der Industrie- und Handelskammern oder der Vertreter ihrer Interessen sowie
4. ein Mitglied und ein Stellvertreter aus den Reihen der Verbraucherschutzorganisationen oder der Vertreter ihrer Interessen.

[5]Die Mitglieder des Ausschusses sowie ihre Stellvertreter müssen in der Lage sein, sachverständige Entscheidungen zur Aufgabenauswahl zu treffen. [6]Die Prüfungsaufgaben werden nach der Prüfung nicht veröffentlicht; sie stehen den Prüflingen nur während der Prüfungen zur Verfügung.

(4) [1]Im praktischen Teil der Prüfung wird jeweils ein Prüfling geprüft. [2]Dieser Prüfungsteil umfasst die Kundenberatung nach § 1 Absatz 1 Nummer 2 und wird als Simulation eines Kundenberatungsgesprächs durchgeführt. [3]Der Prüfling hat nachzuweisen, dass er über die Fähigkeiten verfügt, kundengerechte Lösungen zu entwickeln und anzubieten.

(5) Der praktische Teil der Prüfung entfällt, wenn der Prüfling

1. eine auf die in Absatz 2 Satz 4 Nummer 1 genannte Kategorie von Finanzanlagen beschränkte Sachkundeprüfung ablegt und
   a) eine Erlaubnis nach § 34d Absatz 1 oder 2 der Gewerbeordnung hat oder
   b) einen Sachkundenachweis im Sinne des § 34d Absatz 5 Satz 1 Nummer 4 der Gewerbeordnung oder einen diesem nach § 27 der Versicherungsvermittlungsverordnung gleichgestellten Abschluss besitzt oder
2. eine Folgeprüfung zur Erweiterung einer nach § 34f Absatz 1 Satz 3 oder § 34h Absatz 1 Satz 3 der Gewerbeordnung auf einzelne Kategorien von Finanzanlagen beschränkten Erlaubnis ablegt.

(6) [1]Die Prüfung ist nicht öffentlich. [2]Es können jedoch folgende Personen anwesend sein:

1. Vertreter der Bundesanstalt für Finanzdienstleistungsaufsicht,
2. Mitglieder eines anderen Prüfungsausschusses,
3. Vertreter der Industrie- und Handelskammern,
4. Personen, die beauftragt sind, die Qualität der Prüfungen zu kontrollieren, oder
5. Personen, die dafür vorgesehen sind, in einen Prüfungsausschuss berufen zu werden.

[3]Diese Personen dürfen nicht in die laufende Prüfung eingreifen oder in die Beratung über das Prüfungsergebnis einbezogen werden.

(7) [1]Die Leistung des Prüflings ist vom Prüfungsausschuss mit „bestanden“ oder „nicht bestanden“ zu bewerten. [2]Die Prüfung ist bestanden, wenn sowohl der schriftliche als auch der praktische Teil der Prüfung mit „bestanden“ bewertet worden ist. [3]Der

schriftliche Teil der Prüfung ist bestanden, wenn der Prüfling in den in Absatz 2 Satz 4 Nummer 1 bis 3 genannten und geprüften Bereichen jeweils mindestens 50 Prozent der erreichbaren Punkte erzielt. [4]Der praktische Teil der Prüfung ist bestanden, wenn der Prüfling mindestens 50 Prozent der erreichbaren Punkte erzielt.

(8) [1]Die Industrie- und Handelskammer stellt unverzüglich eine Bescheinigung nach Anlage 2[1)] aus, wenn der Prüfling die Prüfung erfolgreich abgelegt hat. [2]In der Bescheinigung ist anzugeben, welche Bereiche nach Absatz 2 Satz 4 Nummer 1 bis 3 der schriftliche Teil der Prüfung umfasst hat. [3]Wurde die Prüfung nicht erfolgreich abgelegt, erhält der Prüfling darüber einen Bescheid, in dem auf die Möglichkeit der Wiederholungsprüfung hinzuweisen ist.

(9) Die Einzelheiten des Prüfungsverfahrens regelt die Industrie- und Handelskammer nach Maßgabe des § 32 Absatz 1 Satz 2 der Gewerbeordnung durch Satzung.

§ 4[2)] Gleichstellung anderer Berufsqualifikationen

(1) Folgende Berufsqualifikationen und deren Vorläufer sind der Sachkundeprüfung gleichgestellt:

1. eine mit Erfolg abgelegte Abschlussprüfung
   a) als Geprüfter Bankfachwirt oder als Geprüfte Bankfachwirtin,
   b) als Geprüfter Fachwirt für Versicherungen und Finanzen oder als Geprüfte Fachwirtin für Versicherungen und Finanzen,
   c) als Geprüfter Investment-Fachwirt oder als Geprüfte Investment-Fachwirtin,
   d) als Geprüfter Fachwirt für Finanzberatung oder als Geprüfte Fachwirtin für Finanzberatung,
   e) als Bank- oder Sparkassenkaufmann oder als Bank- oder Sparkassenkauffrau,
   f) als Kaufmann für Versicherungen und Finanzen „Fachrichtung Finanzberatung" oder als Kauffrau für Versicherungen und Finanzen „Fachrichtung Finanzberatung" oder
   g) als Investmentfondskaufmann oder als Investmentfondskauffrau;
2. ein Abschlusszeugnis
   a) eines betriebswirtschaftlichen Studiengangs der Fachrichtung Bank, Versicherungen oder Finanzdienstleistung mit einem Hochschulabschluss oder einem gleichwertigen Abschluss,
   b) als Geprüfter Fachberater für Finanzdienstleistungen oder Geprüfte Fachberaterin für Finanzdienstleistungen mit einer abgeschlossenen allgemeinen kaufmännischen Ausbildung oder
   c) als Geprüfter Finanzfachwirt oder Geprüfte Finanzfachwirtin mit einem abgeschlossenen weiterbildenden Zertifikatsstudium an einer Hochschule,

   wenn zusätzlich eine mindestens einjährige Berufserfahrung im Bereich der Anlageberatung oder Anlagevermittlung nachgewiesen wird;
3. ein Abschlusszeugnis als Geprüfter Fachberater für Finanzdienstleistungen oder Geprüfte Fachberaterin für Finanzdienstleistungen, wenn zusätzlich eine mindestens zweijährige Berufserfahrung im Bereich der Anlageberatung oder Anlagevermittlung nachgewiesen wird.

1) Hier nicht abgedruckt.
2) § 4 neu gefasst durch Verordnung vom 9.10.2019 (BGBl. I S. 1434); die Neufassung tritt am 1.8.2020 in Kraft.

(2) Der erfolgreiche Abschluss eines mathematischen, wirtschaftswissenschaftlichen oder rechtswissenschaftlichen Studiums an einer Hochschule oder Akademie, die einen Abschluss verleiht, der einem Hochschulabschluss gleichgestellt ist, wird als Sachkundenachweis anerkannt, wenn in der Regel zusätzlich eine mindestens dreijährige Berufserfahrung im Bereich der Anlageberatung oder Anlagevermittlung nachgewiesen wird.

§ 5 Anerkennung von ausländischen Berufsbefähigungsnachweisen im Rahmen der Niederlassungsfreiheit

Unterscheiden sich die nach § 13c der Gewerbeordnung vorgelegten Nachweise hinsichtlich der zugrunde liegenden Sachgebiete wesentlich von den Anforderungen der §§ 1 und 3 und gleichen die von der den Antrag stellenden Person im Rahmen ihrer Berufspraxis oder durch sonstige einschlägige nachgewiesene Qualifikationen erworbenen Kenntnisse, Fähigkeiten und Kompetenzen diesen wesentlichen Unterschied nicht aus, so ist die Erlaubnis zur Aufnahme der angestrebten Tätigkeit von der erfolgreichen Teilnahme an einer ergänzenden, diese Sachgebiete umfassenden Sachkundeprüfung (spezifische Sachkundeprüfung) abhängig.

Abschnitt 2. Vermittlerregister

§ 6[1)] Angaben zur Speicherung im Vermittlerregister

[1]Im Register nach § 11a der Gewerbeordnung werden folgende Angaben zu den Eintragungspflichtigen gespeichert:

1. der Name und der Vorname sowie die Firma der Personenhandelsgesellschaften, in denen der Eintragungspflichtige als geschäftsführender Gesellschafter tätig ist,
2. das Geburtsdatum,
3. die Angabe, dass der Eintragungspflichtige eine Erlaubnis als Finanzanlagenvermittler nach § 34f Absatz 1 Satz 1 der Gewerbeordnung oder als Honorar-Finanzanlagenberater nach § 34h Absatz 1 Satz 1 der Gewerbeordnung besitzt,
4. der Umfang der Erlaubnis nach § 34f Absatz 1 Satz 1 Nummer 1 bis 3 oder nach § 34h Absatz 1 Satz 1 in Verbindung mit Satz 3 der Gewerbeordnung,
5. die Bezeichnung und die Anschrift der zuständigen Erlaubnisbehörde und der zuständigen Registerbehörde,
6. die betriebliche Anschrift,
7. die Registrierungsnummer nach § 7 Absatz 3 Satz 1,
8. der Name und der Vorname der vom Eintragungspflichtigen beschäftigten Personen, die unmittelbar bei der Beratung und Vermittlung mitwirken sowie
9. das Geburtsdatum der nach Nummer 8 eingetragenen Personen.

[2]Ist der Eintragungspflichtige eine juristische Person, so werden auch der Name und der Vorname der natürlichen Personen gespeichert, die innerhalb des für die Geschäftsführung verantwortlichen Organs für die Vermittlertätigkeiten zuständig sind.

§ 7 Eintragung

(1) [1]Der Eintragungspflichtige hat der zuständigen Erlaubnisbehörde unverzüglich nach Aufnahme seiner Tätigkeit die Angaben nach § 6 Satz 1 Nummer 1 bis 7 und Satz 3

1) § 6 geändert durch Verordnung vom 9.10.2019 (BGBl. I S. 1434); die Änderung tritt am 1.8.2020 in Kraft.

mitzuteilen. [2]Ebenso hat er Änderungen der Angaben nach § 6 unverzüglich mitzuteilen. [3]Die zuständige Erlaubnisbehörde leitet die Angaben nach den Sätzen 1 und 2 unverzüglich an die Registerbehörde weiter.

(2) Der Eintragungspflichtige hat die Angaben nach § 6 Satz 1 Nummer 8 und 9 sowie Änderungen dieser Angaben unverzüglich der Registerbehörde mitzuteilen.

(3) [1]Die Registerbehörde erteilt dem Eintragungspflichtigen eine Eintragungsbestätigung mit der Registrierungsnummer, unter der der Eintragungspflichtige im Register geführt wird. [2]Die Registerbehörde teilt der zuständigen Erlaubnisbehörde die Registrierungsnummer mit.

(4) Die Registerbehörde unterrichtet den Eintragungspflichtigen und die zuständige Erlaubnisbehörde unverzüglich über eine Datenlöschung nach § 11a Absatz 3a Satz 2 der Gewerbeordnung.

§ 8[1)] Zugang

[1]Die Angaben nach § 6 Satz 1 Nummer 2 und 9 dürfen nicht automatisiert abgerufen werden. [2]Die Registerbehörde darf zu diesen Angaben nur den in § 11a Absatz 7 der Gewerbeordnung genannten Behörden Auskunft geben.

Abschnitt 3. Anforderungen an die Berufshaftpflichtversicherung

§ 9[2)] Umfang der Versicherung

(1) Die Versicherung gemäß § 34f Absatz 2 Nummer 3, auch in Verbindung mit § 34h Absatz 1 Satz 4, der Gewerbeordnung muss bei einem im Inland zum Geschäftsbetrieb zugelassenen Versicherungsunternehmen genommen werden.

(2) Die Mindestversicherungssumme beträgt 1 276 000 Euro für jeden Versicherungsfall und 1 919 000 Euro für alle Versicherungsfälle eines Jahres, unabhängig vom Umfang der Erlaubnis nach § 34f Absatz 1 Satz 1 oder nach § 34h Absatz 1 Satz 1 der Gewerbeordnung.

(3) [1]Der Versicherungsvertrag muss Deckung für die sich aus der gewerblichen Tätigkeit im Anwendungsbereich dieser Verordnung ergebenden Haftpflichtgefahren für Vermögensschäden gewähren. [2]Der Versicherungsvertrag muss sich auch auf solche Vermögensschäden erstrecken, für die der Versicherungspflichtige nach § 278 oder § 831 des Bürgerlichen Gesetzbuchs einzustehen hat, soweit die Erfüllungs- oder Verrichtungsgehilfen nicht selbst zum Abschluss einer solchen Berufshaftpflichtversicherung verpflichtet sind. [3]Ist der Gewerbetreibende in einer oder mehreren Personenhandelsgesellschaften als geschäftsführender Gesellschafter tätig, muss für die jeweilige Personenhandelsgesellschaft jeweils ein Versicherungsvertrag abgeschlossen werden; der Versicherungsvertrag kann auch die Tätigkeiten des Gewerbetreibenden nach Satz 1 abdecken.

(4) Der Versicherungsvertrag hat Versicherungsschutz für jede einzelne Pflichtverletzung zu gewähren, die gesetzliche Haftpflichtansprüche privatrechtlichen Inhalts gegen den Versicherungspflichtigen zur Folge haben könnte; dabei kann vereinbart werden, dass sämtliche Pflichtverletzungen bei Erledigung eines einheitlichen Geschäfts als ein Versicherungsfall gelten.

1) § 8 neu gefasst durch Verordnung vom 9.10.2019 (BGBl. I S. 1434); die Neufassung tritt am 1.8.2020 in Kraft.

2) § 9 geändert durch Verordnung vom 9.10.2019 (BGBl. I S. 1434); die Änderung tritt am 1.8.2020 in Kraft.

(5) [1]Von der Versicherung kann die Haftung für Ersatzansprüche wegen wissentlicher Pflichtverletzung ausgeschlossen werden. [2]Weitere Ausschlüsse sind nur insoweit zulässig, als sie marktüblich sind und dem Zweck der Berufshaftpflichtversicherung nicht zuwiderlaufen.

§ 10 [1)] Anzeigepflicht des Versicherungsunternehmens

(1) Die vom Versicherungsunternehmen nach § 113 Absatz 2 des Versicherungsvertragsgesetzes erteilte Versicherungsbestätigung darf zum Zeitpunkt der Antragstellung bei der für die Erlaubniserteilung zuständigen Behörde nicht älter als drei Monate sein.

(2) [1]Das Versicherungsunternehmen ist verpflichtet, der für die Erlaubniserteilung nach § 34f Absatz 1 oder nach § 34h Absatz 1 der Gewerbeordnung zuständigen Behörde unverzüglich Folgendes mitzuteilen:

1. die Beendigung des Versicherungsvertrags, insbesondere infolge einer wirksamen Kündigung
2. das Ausscheiden eines Versicherungsnehmers aus einem Gruppenversicherungsvertrag sowie
3. jede Änderung des Versicherungsvertrags, die den vorgeschriebenen Versicherungsschutz im Verhältnis zu Dritten beeinträchtigen kann.

[2]Die zuständige Behörde hat dem Versicherungsunternehmen das Datum des Eingangs der Anzeige nach Satz 1 mitzuteilen.

(3) Zuständige Stelle im Sinne des § 117 Absatz 2 des Versicherungsvertragsgesetzes ist die für die Erlaubniserteilung nach § 34f Absatz 1 oder nach § 34h Absatz 1 der Gewerbeordnung zuständige Behörde.

Abschnitt 4. Informations-, Beratungs- und Dokumentationspflichten

§ 11 [2)] Allgemeine Verhaltenspflicht

Der Gewerbetreibende ist verpflichtet, seine Tätigkeit mit der erforderlichen Sachkenntnis, Sorgfalt und Gewissenhaftigkeit im bestmöglichen Interesse des Anlegers auszuüben.

§ 11a [3)] Vermeidung, Regelung und Offenlegung von Interessenkonflikten, Vergütung

(1) [1]Der Gewerbetreibende muss angemessene Maßnahmen treffen, um Interessenkonflikte zu erkennen und zu vermeiden, die zwischen ihm und den bei der Vermittlung und Beratung mitwirkenden Beschäftigten einerseits und den Anlegern andererseits sowie zwischen den Anlegern auftreten können. [2]Sofern ein Interessenkonflikt nicht vermieden werden kann, hat der Gewerbetreibende diesen durch angemessene Maßnahmen so zu regeln, dass das Risiko der Beeinträchtigung von Anlegerinteressen vermieden wird.

---

1) § 10 geändert durch Verordnung vom 9.10.2019 (BGBl. I S. 1434); die Änderung tritt am 1.8.2020 in Kraft.

2) § 11 geändert durch Verordnung vom 9.10.2019 (BGBl. I S. 1434); die Änderung tritt am 1.8.2020 in Kraft.

3) § 11a eingefügt durch Verordnung vom 9.10.2019 (BGBl. I S. 1434); die Änderung tritt am 1.8.2020 in Kraft.

(2) [1]Reichen die Maßnahmen nach Absatz 1 nicht aus, um nach vernünftigem Ermessen zu gewährleisten, dass keine Beeinträchtigung der Interessen des Anlegers riskiert wird, legt der Gewerbetreibende dem Anleger die allgemeine Art oder die Quellen von Interessenkonflikten rechtzeitig vor Abschluss eines Geschäfts eindeutig offen. [2]Die Mitteilung hat mittels eines dauerhaften Datenträgers zu erfolgen und muss so ausführlich sein, dass der Anleger seine Entscheidung über die Anlageberatung oder Anlagevermittlung, in deren Zusammenhang der Interessenkonflikt auftritt, in voller Kenntnis der Sachlage treffen kann.

(3) [1]Der Gewerbetreibende darf seine Beschäftigten nicht in einer Weise vergüten oder bewerten, die mit ihrer Pflicht, im bestmöglichen Interesse des Anlegers zu handeln, unvereinbar ist. [2]Der Gewerbetreibende darf keine Vorkehrungen durch die Vergütung, Verkaufsziele oder in anderer Weise treffen, durch die Anreize für ihn selbst oder seine Beschäftigten geschaffen werden könnten, einem Anleger eine bestimmte Finanzanlage zu empfehlen, obwohl er eine andere, den Bedürfnissen des Anlegers besser entsprechende Finanzanlage anbieten kann. [3]Hinsichtlich der Vergütung und Bewertung der Beschäftigten nach Satz 1 gilt Artikel 27 Absatz 1, 2, 3 Satz 2 und Absatz 4 der Delegierten Verordnung (EU) 2017/565 der Kommission vom 25. April 2016 zur Ergänzung der Richtlinie 2014/65/EU des Europäischen Parlaments und des Rates in Bezug auf die organisatorischen Anforderungen an Wertpapierfirmen und die Bedingungen für die Ausübung ihrer Tätigkeit sowie in Bezug auf die Definition bestimmter Begriffe für die Zwecke der genannten Richtlinie (ABl. L 87 vom 31.3.2017, S. 1), die durch die Delegierte Verordnung (EU) 2017/2294 vom 28. August 2017 (ABl. L 329 vom 28.8.2017, S. 4) geändert worden ist, entsprechend.

§ 12 [1)] Statusbezogene Informationspflichten

(1) Der Gewerbetreibende hat dem Anleger vor der ersten Anlageberatung oder -vermittlung folgende Angaben klar und verständlich in Textform mitzuteilen:

1. seinen Namen und seinen Vornamen sowie die Firma der Personenhandelsgesellschaften, in denen der Eintragungspflichtige als geschäftsführender Gesellschafter tätig ist,
2. seine betriebliche Anschrift sowie weitere Angaben, die es dem Anleger ermöglichen, schnell und unmittelbar mit ihm in Kontakt zu treten; insbesondere eine Telefonnummer und eine E-Mail-Adresse oder Faxnummer,
3. ob er in das Register nach § 34f Absatz 5 in Verbindung mit § 11a Absatz 1 der Gewerbeordnung eingetragen ist
   a) als Finanzanlagenvermittler mit einer Erlaubnis nach § 34f Absatz 1 Satz 1 Nummer 1, 2 oder Nummer 3 der Gewerbeordnung oder
   b) als Honorar-Finanzanlagenberater mit einer Erlaubnis nach § 34h Absatz 1 Satz 1 in Verbindung mit Satz 3 und § 34f Absatz 1 Satz 1 Nummer 1, 2 oder Nummer 3 der Gewerbeordnung,

3a. wie sich die Eintragung nach Nummer 3 überprüfen lässt,

4. die Emittenten und Anbieter, zu deren Finanzanlagen er Vermittlungs- oder Beratungsleistungen anbietet, sowie
5. die Anschrift der für die Erlaubniserteilung nach § 34f Absatz 1 oder § 34h Absatz 1 der Gewerbeordnung zuständigen Behörde sowie die Registrierungsnummer, unter der er im Register eingetragen ist.

---

1) § 12 geändert durch Verordnung vom 9.10.2019 (BGBl. I S. 1434); die Änderung tritt am 1.8.2020 in Kraft.

(2) Besitzt der Gewerbetreibende auch eine Erlaubnis nach § 34d Absatz 1 oder 2 der Gewerbeordnung, so werden die Informationspflichten nach Absatz 1 durch die Informationspflichten nach § 15 der Versicherungsvermittlungsverordnung erfüllt, sofern die nach Absatz 1 erforderlichen Angaben enthalten sind.

(3) [1]Die Angaben nach Absatz 1 dürfen mündlich mitgeteilt werden, wenn der Anleger dies wünscht. [2]In diesem Fall sind dem Anleger die Angaben unverzüglich nach Vertragsschluss in Textform zur Verfügung zu stellen.

(4) Sonstige Vorschriften über Informationspflichten des Gewerbetreibenden bleiben unberührt.

§ 12a Information des Anlegers über Vergütungen und Zuwendungen

Der Gewerbetreibende ist verpflichtet, den Anleger vor Beginn der Anlageberatung oder -vermittlung und vor Abschluss des Beratungsvertrages in Textform rechtzeitig und in verständlicher Form darüber zu informieren,

1. ob er vom Anleger eine Vergütung verlangt und in welcher Art und Weise diese berechnet wird oder
2. ob im Zusammenhang mit der Anlageberatung oder -vermittlung Zuwendungen von Dritten angenommen oder behalten werden dürfen.

§ 13 [1)] Information des Anlegers über Risiken, Kosten und Nebenkosten

(1) Der Gewerbetreibende ist verpflichtet, dem Anleger rechtzeitig vor Abschluss eines Geschäfts und in verständlicher Form angemessene Informationen über die Finanzanlagen und die damit verbundenen Risiken, die vorgeschlagenen Anlagestrategien und alle Kosten und Nebenkosten zur Verfügung zu stellen, die erforderlich sind, damit der Anleger nach vernünftigem Ermessen die Art und die Risiken der ihm angebotenen oder von ihm nachgefragten Finanzanlagen verstehen und auf dieser Grundlage seine Anlageentscheidung treffen kann.

(2) Die Informationen nach Absatz 1 können auch in standardisierter Form zur Verfügung gestellt werden und müssen folgende Angaben enthalten:

1. hinsichtlich der Finanzanlagen und der vorgeschlagenen Anlagestrategie unter Berücksichtigung der jeweiligen Kundengattung, für die die Finanzanlage bestimmt ist (Zielmarkt) im Sinne des § 80 Absatz 9 des Wertpapierhandelsgesetzes:
   a) geeignete Leitlinien zur Anlage in solche Arten von Finanzanlagen oder zu den einzelnen Anlagestrategien,
   b) geeignete Warnhinweise zu den Risiken, die mit dieser Art von Finanzanlagen oder zu den einzelnen Anlagestrategien verbunden sind, und
   c) ob die Art der Finanzanlage für Privatkunden oder für professionelle Kunden bestimmt ist;
2. hinsichtlich der Risiken:
   a) die mit dieser Art von Finanzanlagen einhergehenden Risiken, einschließlich einer Erläuterung der Hebelwirkung und ihrer Effekte sowie des Risikos des Verlustes der gesamten Finanzanlage,
   b) das Ausmaß der Schwankungen der Preise (Volatilität) dieser Art von Finanzanlagen und etwaige Beschränkungen des für solche Finanzanlagen verfügbaren Marktes,

1) § 13 neu gefasst durch Verordnung vom 9.10.2019 (BGBl. I S. 1434); die Neufassung tritt am 1.8.2020 in Kraft.

c) den Umstand, dass jeder Anleger aufgrund von Geschäften mit dieser Art von Finanzanlagen möglicherweise finanzielle und sonstige Verpflichtungen einschließlich Eventualverbindlichkeiten übernehmen muss, die zu den Kosten für den Erwerb der Finanzanlage hinzukommen, und

d) Einschusspflichten oder ähnliche Verpflichtungen;

3. hinsichtlich aller Kosten und Nebenkosten:

a) Informationen in Bezug auf Kosten und Nebenkosten der Anlagevermittlung oder Anlageberatung,

b) Kosten der Finanzanlagen, die dem Anleger vermittelt oder empfohlen werden, sowie

c) Zahlungsmöglichkeiten des Anlegers einschließlich etwaiger Zahlungen durch Dritte.

(3) [1]Hinsichtlich Art, Inhalt, Gestaltung und Zeitpunkt der Informationen nach den Absätzen 1 und 2 sind die Artikel 46, 47 Absatz 1, 48 und 50 bis 53 der Delegierten Verordnung (EU) 2017/565 der Kommission entsprechend anzuwenden. [2]Der Gewerbetreibende kann zur Erfüllung der Informationspflichten nach den Absätzen 1 und 2 die Informationen, die ihm das die Finanzanlage konzipierende Wertpapierdienstleistungsunternehmen, der Emittent oder das depotverwaltende Institut zur Verfügung stellt, verwenden. [3]Soweit das die Finanzanlage konzipierende Wertpapierdienstleistungsunternehmen, der Emittent oder das depotverwaltende Institut dem Anleger die Informationen nach den Absätzen 1 und 2 zur Verfügung stellt, gilt die Informationspflicht als erfüllt; dies gilt nicht für die Informationen über die Kosten und Nebenkosten der Anlagevermittlung oder Anlageberatung durch den Gewerbetreibenden, die von diesem zur Verfügung gestellt werden müssen.

(4) [1]Die Informationen zu Kosten und Nebenkosten nach Absatz 2 Satz 1 Nummer 3, die nicht durch ein zugrunde liegendes Marktrisiko verursacht werden, muss der Gewerbetreibende in zusammengefasster Weise darstellen, damit der Anleger sowohl die Gesamtkosten als auch die kumulative Wirkung der Kosten auf die Rendite der Anlage verstehen kann. [2]Auf Verlangen des Anlegers muss der Gewerbetreibende eine Aufstellung, die nach den einzelnen Posten aufgegliedert ist, zur Verfügung stellen.

(5) [1]Informationen nach Absatz 2 Satz 1 Nummer 3 sollen dem Anleger darüber hinaus regelmäßig, mindestens jedoch jährlich während der Laufzeit der Anlage zur Verfügung gestellt werden, sofern die Voraussetzungen des Artikels 50 Absatz 9 der Delegierten Verordnung (EU) 2017/565 der Kommission vorliegen. [2]Sofern der Anleger die regelmäßigen Informationen von dem die Finanzanlage konzipierenden Wertpapierdienstleistungsunternehmen, dem Emittenten oder dem depotführenden Institut erhält, gilt die Informationspflicht nach Satz 1 als erfüllt; dies gilt nicht für die Informationen über die Kosten und Nebenkosten der Anlagevermittlung oder Anlageberatung durch den Gewerbetreibenden, die von diesem zur Verfügung gestellt werden müssen.

(6) Beim Vertrieb von Anteilen oder Aktien an Investmentvermögen im Sinne des § 1 Absatz 1 des Kapitalanlagegesetzbuchs gelten die §§ 293 bis 297 und 303 bis 307 des Kapitalanlagegesetzbuchs entsprechend.

(7) [1]Bei zertifizierten Altersvorsorge- und Basisrentenverträgen im Sinne des Altersvorsorgeverträge-Zertifizierungsgesetzes gilt die Informationspflicht nach den Absätzen 1 und 2 durch Bereitstellung des individuellen Produktinformationsblattes nach § 7 des Altersvorsorgeverträge-Zertifizierungsgesetzes als erfüllt. [2]Dem Anleger sind auf Nachfrage die nach den Absätzen 1 und 2 erforderlichen Informationen über Kosten und Nebenkosten zur Verfügung zu stellen. [3]Der Anleger ist bei Bereitstellung des individuellen Produktinformationsblattes nach § 7 des Altersvorsorgeverträge-Zertifizierungs-

gesetzes ausdrücklich auf dieses Recht hinzuweisen. [4]Die Pflicht zur regelmäßigen Information nach Absatz 5 gilt durch die Bereitstellung der Informationen nach § 7a des Altersvorsorgeverträge-Zertifizierungsgesetzes als erfüllt. [5]Dem Anleger sind auf Nachfrage die nach Absatz 5 erforderlichen Informationen über Kosten und Nebenkosten zur Verfügung zu stellen. [6]Der Anleger ist bei Bereitstellung der jährlichen Informationen nach § 7a des Altersvorsorgeverträge-Zertifizierungsgesetzes ausdrücklich auf dieses Recht hinzuweisen.

§ 14 [1)] Redliche, eindeutige und nicht irreführende Informationen und Werbung

(1) [1]Alle Informationen einschließlich Werbemitteilungen, die der Gewerbetreibende dem Anleger zugänglich macht, müssen redlich, eindeutig und nicht irreführend sein. [2]Wichtige Aussagen oder Warnungen dürfen nicht verschleiert oder abgeschwächt dargestellt werden. [3]Werbemitteilungen müssen eindeutig als solche erkennbar sein.

(2) Unbeschadet des Absatzes 1 gilt für die vom Gewerbetreibenden verwendete oder veranlasste Werbung in Textform für den Erwerb von Anteilen oder Aktien an Investmentvermögen im Sinne des § 1 Absatz 1 des Kapitalanlagegesetzbuchs § 302 Absatz 1 bis 6 des Kapitalanlagegesetzbuchs entsprechend.

(3) Enthält eine Werbemitteilung eine Willenserklärung, die unmittelbar auf die Herbeiführung eines Vertragsschlusses über eine Finanzanlage gerichtet ist, oder eine Aufforderung an den Anleger, ein solches Angebot abzugeben und ist die Art und Weise der Antwort oder ein Antwortformular vorgegeben, so sind bereits in der Werbemitteilung die Informationen nach § 13 Absatz 2 anzugeben, soweit diese für den Vertragsschluss relevant sind.

(4) Der Gewerbetreibende darf den Namen der Bundesanstalt für Finanzdienstleistungsaufsicht nicht in einer Weise nennen, die so verstanden werden kann, dass Finanzanlagen im Sinne des § 34f Absatz 1 Satz 1 Nummer 2 und 3 der Gewerbeordnung von der Bundesanstalt gebilligt oder genehmigt werden oder worden sind.

(5) Hinsichtlich der Anforderungen an Werbemitteilungen und an faire, klare und nicht irreführende Informationen des Anlegers sind die Artikel 36 und 44 der Delegierten Verordnung (EU) 2017/565 der Kommission entsprechend anzuwenden.

§ 15 Bereitstellung des Informationsblatts

Im Fall einer Anlageberatung über Vermögensanlagen im Sinne des § 1 Absatz 2 des Vermögensanlagengesetzes hat der Gewerbetreibende dem Anleger rechtzeitig vor dem Abschluss eines Geschäfts über jede Vermögensanlage, auf die sich eine Kaufempfehlung bezieht, das Vermögensanlagen-Informationsblatt, wenn ein solches nach § 13 des Vermögensanlagengesetzes zu erstellen ist, zur Verfügung zu stellen.

§ 16 [2)] Einholung von Informationen über den Anleger; Pflicht zur Empfehlung geeigneter Finanzanlagen

(1) [1]Der Gewerbetreibende hat im Rahmen der Anlageberatung vom Anleger alle Informationen

1. über Kenntnisse und Erfahrungen des Anlegers in Bezug auf bestimmte Arten von Finanzanlagen,

---

1) § 14 geändert durch Verordnung vom 9.10.2019 (BGBl. I S. 1434); die Änderung tritt am 1.8.2020 in Kraft.

2) § 16 geändert durch Verordnung vom 9.10.2019 (BGBl. I S. 1434); die Änderung tritt am 1.8.2020 in Kraft.

2. über die finanziellen Verhältnisse des Anlegers, einschließlich seiner Fähigkeit, Verluste zu tragen, und

3. über seine Anlageziele, einschließlich seiner Risikotoleranz,

einzuholen, die erforderlich sind, um dem Anleger eine Finanzanlage empfehlen zu können, die für ihn geeignet ist und insbesondere seiner Risikotoleranz und seiner Fähigkeit Verluste zu tragen, entspricht. [2]Der Gewerbetreibende darf dem Anleger nur Finanzanlagen empfehlen, die nach den eingeholten Informationen für diesen geeignet sind (Geeignetheitsprüfung). [3]Hinsichtlich der Anforderungen an die Geeignetheit und den im Zusammenhang mit der Geeignetheit geltenden Pflichten sind die Artikel 54 und 55 der Delegierten Verordnung (EU) 2017/565 der Kommission entsprechend anzuwenden. [4]Sofern der Gewerbetreibende die erforderlichen Informationen nicht erlangt, darf er dem Anleger im Rahmen der Anlageberatung keine Finanzanlage empfehlen.

(2) [1]Vor einer Anlagevermittlung hat der Gewerbetreibende vom Anleger Informationen über seine Kenntnisse und Erfahrungen in Bezug auf Geschäfte mit bestimmten Arten von Finanzanlagen einzuholen, soweit diese Informationen erforderlich sind, um die Angemessenheit der Finanzanlage für den Anleger beurteilen zu können. [2]Die Angemessenheit beurteilt sich danach, ob der Anleger über die erforderlichen Kenntnisse und Erfahrungen verfügt, um die Risiken im Zusammenhang mit der Art der Finanzanlage angemessen beurteilen zu können. [3]Gelangt der Gewerbetreibende aufgrund der nach Satz 1 erhaltenen Information zu der Auffassung, dass die vom Anleger gewünschte Finanzanlage für den Anleger nicht angemessen ist, hat er den Anleger vor einer Anlagevermittlung darauf hinzuweisen. [4]Erlangt der Gewerbetreibende nicht die erforderlichen Informationen, hat er den Anleger vor einer Anlagevermittlung darüber zu informieren, dass eine Beurteilung der Angemessenheit im Sinne des Satzes 1 nicht möglich ist. [5]Der Hinweis nach Satz 3 und die Informationen nach Satz 4 können in standardisierter Form erfolgen.

(3) [1]Zu den einzuholenden Informationen nach Absatz 1 Satz 1 gehören, soweit erforderlich, hinsichtlich

1. der finanziellen Verhältnisse des Anlegers Angaben über
   a) Grundlage und Höhe regelmäßiger Einkommen und regelmäßiger finanzieller Verpflichtungen sowie
   b) vorhandene Vermögenswerte, insbesondere Barvermögen, Kapitalanlagen und Immobilienvermögen, und
2. der mit den Geschäften verfolgten Ziele Angaben über die Anlagedauer, die Risikobereitschaft des Anlegers und den Zweck der Anlage.

[2]Zu den einzuholenden Informationen nach Absatz 1 Satz 1 und Absatz 2 Satz 1 gehören, soweit erforderlich, hinsichtlich der Kenntnisse und Erfahrungen des Anlegers Angaben über

1. die Arten von Finanzanlagen, mit denen der Anleger vertraut ist,
2. Art, Umfang, Häufigkeit und Zeitraum zurückliegender Geschäfte des Anlegers mit Finanzanlagen,
3. Ausbildung sowie gegenwärtige und relevante frühere berufliche Tätigkeiten des Anlegers.

(3a) [1]Der Gewerbetreibende hat vor der Vermittlung des Vertragsschlusses über eine Vermögensanlage im Sinne des § 2a des Vermögensanlagengesetzes vom Anleger insoweit eine Selbstauskunft über dessen Vermögen oder dessen Einkommen einzuholen, wie dies erforderlich ist, um prüfen zu können, ob der Gesamtbetrag der Vermögensanlagen desselben Emittenten, die vom Anleger erworben werden, folgende Beträge nicht übersteigt:

1. 10 000 Euro, sofern der jeweilige Anleger nach seiner Selbstauskunft über ein frei verfügbares Vermögen in Form von Bankguthaben und Finanzinstrumenten von mindestens 100 000 Euro verfügt, oder
2. den zweifachen Betrag des durchschnittlichen monatlichen Nettoeinkommens des jeweiligen Anlegers, höchstens jedoch 10 000 Euro.

[2]Satz 1 ist nicht anzuwenden, wenn der Gesamtbetrag der Vermögensanlagen desselben Emittenten, die vom Anleger erworben werden, der keine Kapitalgesellschaft ist, 1 000 Euro nicht überschreitet. [3]Der Gewerbetreibende darf den Vertragsabschluss über eine Vermögensanlage im Sinne des § 2a des Vermögensanlagengesetzes nur vermitteln, wenn er geprüft hat, dass der Gesamtbetrag der Vermögensanlagen desselben Emittenten, die vom Anleger erworben werden, der keine Kapitalgesellschaft ist, 1 000 Euro oder die in Satz 1 Nummer 1 und 2 genannten Beträge nicht übersteigt.

(3b) [1]Der Gewerbetreibende hat den nach § 80 Absatz 9 des Wertpapierhandelsgesetzes bestimmten Zielmarkt zu berücksichtigen und mit dem jeweiligen Anleger abzugleichen. [2]Dazu hat er alle zumutbaren Schritte zu unternehmen, um sich die erforderlichen Informationen einschließlich der Bestimmung des Zielmarktes von dem die Finanzanlage konzipierenden Wertpapierdienstleistungsunternehmen oder dem Emittenten zu beschaffen und die Merkmale sowie den Zielmarkt der Finanzanlage zu verstehen. [3]Er hat die Vereinbarkeit der Finanzanlage mit den Bedürfnissen des Anlegers unter Berücksichtigung des Zielmarktes zu beurteilen und sicherzustellen, dass er Finanzanlagen nur empfiehlt, wenn dies im Interesse des Anlegers ist.

(4) [1]Soweit die in den Absätzen 1 bis 3a genannten Informationen auf Angaben des Anlegers beruhen, hat der Gewerbetreibende die Fehlerhaftigkeit oder Unvollständigkeit der Angaben nicht zu vertreten, es sei denn, die Unrichtigkeit oder Unvollständigkeit der Angaben des Anlegers ist ihm bekannt oder infolge grober Fahrlässigkeit unbekannt. [2]Gewerbetreibende dürfen Anleger nicht dazu verleiten, Angaben nach den Absätzen 1 bis 3a zurückzuhalten.

(5) [1]Die Pflichten nach Absatz 2 gelten nicht, soweit der Gewerbetreibende

1. auf Veranlassung des Kunden Anlagevermittlung in Bezug auf Anteile oder Aktien an Investmentvermögen erbringt, die den Anforderungen der Richtlinie 2009/65/EG des Europäischen Parlaments und des Rates vom 13. Juli 2009 zur Koordinierung der Rechts- und Verwaltungsvorschriften betreffend bestimmte Organismen für gemeinsame Anlagen in Wertpapieren (OGAW) (ABl. L 302 vom 17.11.2009, S. 32, L 269 vom 13.10.2010, S. 27), die zuletzt durch die Richtlinie 2010/78/EU (ABl. L 331 vom 15.12.2010, S. 120) geändert worden ist, entsprechen und
2. den Kunden darüber informiert, dass keine Angemessenheitsprüfung im Sinne des Absatzes 2 vorgenommen wird. [2]Die Information kann in standardisierter Form erfolgen.

§ 17[1)] Offenlegung von Zuwendungen durch Gewerbetreibende nach § 34f der Gewerbeordnung

(1) [1]Der Gewerbetreibende nach § 34f der Gewerbeordnung darf im Zusammenhang mit der Vermittlung von und Beratung über Finanzanlagen nach § 34f Absatz 1 Satz 1 der

1) § 17 geändert durch Verordnung vom 9.10.2019 (BGBl. I S. 1434); die Änderung tritt am 1.8.2020 in Kraft.

Gewerbeordnung keine Zuwendungen von Dritten annehmen oder an Dritte gewähren, die nicht Kunden dieser Dienstleistung sind, es sei denn,

1. er hat Existenz, Art und Umfang der Zuwendung oder, soweit sich der Umfang noch nicht bestimmen lässt, die Art und Weise seiner Berechnung dem Anleger vor Abschluss des Vertrags in umfassender, zutreffender und verständlicher Weise offengelegt und
2. die Zuwendung steht der ordnungsgemäßen Vermittlung und Beratung im Interesse des Anlegers nicht entgegen und wirkt sich nicht nachteilig auf die Qualität der Vermittlung und Beratung aus.

[2]Die Zuwendung darf nicht die Verpflichtung des Gewerbetreibenden beeinträchtigen, im bestmöglichen Interesse des Anlegers ehrlich, redlich und professionell zu handeln.

(2) Zuwendungen im Sinne des Absatzes 1 sind Provisionen, Gebühren oder sonstige Geldleistungen sowie alle geldwerten Vorteile, die der Gewerbetreibende vom Emittenten, Anbieter einer Finanzanlage oder von einem sonstigen Dritten für deren Vermittlung oder Beratung erhält oder an Dritte gewährt.

(3) Gebühren und Entgelte, die die Vermittlung von und die Beratung über Finanzanlagen nach § 34f Absatz 1 Satz 1 der Gewerbeordnung erst ermöglichen oder dafür notwendig sind und die ihrer Art nach nicht geeignet sind, die Erfüllung der Pflicht nach § 11 zu gefährden, sind vom Verbot nach Absatz 1 ausgenommen.

§ 17a Offenlegung und Auskehr von Zuwendungen durch Gewerbetreibende nach § 34h der Gewerbeordnung

(1) [1]Der Gewerbetreibende nach § 34h der Gewerbeordnung hat im Fall des § 34h Absatz 3 Satz 2 und 3 der Gewerbeordnung Existenz, Art und Umfang einer Zuwendung, die er im Zusammenhang mit der Beratung über Finanzanlagen von Dritten annimmt oder an Dritte gewährt, vor Abschluss des Geschäfts in umfassender, zutreffender und verständlicher Weise dem Anleger offenzulegen. [2]Soweit sich der Umfang noch nicht bestimmen lässt, sind die Art und Weise seiner Berechnung offenzulegen. [3]Im Rahmen der Offenlegung hat der Gewerbetreibende darauf hinzuweisen, dass Existenz, Art und Umfang einer Zuwendung keinen Aufschluss über die Eignung der Finanzanlage für den Anleger geben.

(2) Zuwendungen, die der Gewerbetreibende auf der Grundlage einer nach § 34h der Gewerbeordnung durchgeführten Anlageberatung erhält, sind unverzüglich und ungemindert an den Kunden auszukehren.

(3) § 17 Absatz 2 ist entsprechend anzuwenden.

§ 18[1] Anfertigung einer Geeignetheitserklärung

(1) [1]Der Gewerbetreibende muss dem Anleger, der Privatkunde im Sinne des § 67 Absatz 3 des Wertpapierhandelsgesetzes ist, auf einem dauerhaften Datenträger vor Vertragsschluss eine Erklärung über die Geeignetheit der im Rahmen der Anlageberatung gegebenen Empfehlung (Geeignetheitserklärung) zur Verfügung stellen. [2]Die Geeignetheitserklärung muss die erbrachte Anlageberatung nennen und erläutern, wie sie auf die Präferenzen, Anlageziele und die sonstigen Merkmale des Anlegers abgestimmt wurde. [3]Artikel 54 Absatz 12 der Delegierten Verordnung (EU) 2017/565 der Kommission ist entsprechend anzuwenden.

(2) Wird für die Anlageberatung ein Fernkommunikationsmittel gewählt, das die Übermittlung der Geeignetheitserklärung vor Vertragsschluss nicht erlaubt, darf der Ge-

1) § 18 neu gefasst durch Verordnung vom 9.10.2019 (BGBl. I S. 1434); die Neufassung tritt am 1.8.2020 in Kraft.

werbetreibende die Geeignetheitserklärung ausnahmsweise unverzüglich nach dem Vertragsschluss zur Verfügung stellen, wenn der Anleger dem zugestimmt hat und der Gewerbetreibende dem Anleger angeboten hat, die Weiterleitung des Auftrags an die depotführende Bank, das Wertpapierdienstleistungsunternehmen oder den Emittenten zu verschieben, damit der Anleger die Möglichkeit hat, die Geeignetheitserklärung zuvor zu erhalten.

(3) Sofern der Gewerbetreibende dem Anleger anbietet, dass er die Geeignetheit der empfohlenen Finanzanlagen regelmäßig beurteilt, ist er verpflichtet, dem Anleger regelmäßige Berichte über die Geeignetheit der Anlage zur Verfügung zu stellen, die insbesondere eine Erklärung darüber enthalten, wie die Anlage den Präferenzen, den Anlagezielen und den sonstigen Merkmalen des Anlegers entspricht.

§ 18a [1] Aufzeichnung telefonischer Vermittlungs- und Beratungsgespräche und sonstiger elektronischer Kommunikation

(1) [1]Der Gewerbetreibende ist verpflichtet, zum Zwecke der Beweissicherung die Inhalte von Telefongesprächen und sonstiger elektronischer Kommunikation aufzuzeichnen, sobald sie sich auf die Vermittlung von oder die Beratung zu Finanzanlagen im Sinne des § 34f Absatz 1 Satz 1 der Gewerbeordnung beziehen. [2]Die Aufzeichnung hat insbesondere diejenigen Teile der Telefongespräche und der sonstigen elektronischen Kommunikation zu umfassen, in welchen die angebotene Dienstleistung der Anlageberatung oder der Anlagevermittlung und die Risiken, die Ertragschancen oder die Ausgestaltung von bestimmten Finanzanlagen oder Gattungen von Finanzanlagen erörtert werden. [3]Hierzu darf der Gewerbetreibende die personenbezogenen Daten verarbeiten, die der Anleger im Rahmen des Telefongesprächs oder sonstiger elektronischer Kommunikation mit Bezug auf die Dienstleistung der Anlageberatung oder Anlagevermittlung offenlegt, soweit sie im Zusammenhang mit der Dienstleistung der Anlageberatung oder der Anlagevermittlung stehen. [4]Satz 1 gilt auch, wenn das Telefongespräch oder die sonstige elektronische Kommunikation nicht zum Abschluss eines Vertrages führt.

(2) [1]Der Gewerbetreibende hat sicherzustellen, dass alle angemessenen technischen und organisatorischen Maßnahmen ergriffen werden, um Telefongespräche und sonstige elektronische Kommunikation im Sinne des Absatzes 1 aufzuzeichnen. [2]Dies gilt auch für Geräte, die der Gewerbetreibende seinen Beschäftigten zur Verfügung stellt. [3]Nach Absatz 1 aufzeichnungspflichtige Telefongespräche und sonstige elektronische Kommunikation dürfen über private Geräte oder sonstige private elektronische Kommunikationsmittel der Beschäftigten nur geführt werden, wenn der Gewerbetreibende deren Benutzung gestattet hat und er die Aufzeichnungen mit Zustimmung der Beschäftigten anfertigen oder nach Abschluss des Gesprächs auf einen eigenen Datenspeicher kopieren kann.

(3) [1]Der Gewerbetreibende hat den Anleger sowie seine Beschäftigten vorab in geeigneter Weise über die Aufzeichnung von Telefongesprächen und sonstiger elektronischer Kommunikation nach Absatz 1 zu informieren, wobei eine einmalige Information vor der erstmaligen Durchführung von Telefongesprächen oder sonstiger elektronischer Kommunikation ausreichend ist. [2]Hat der Gewerbetreibende den Anleger nicht vorab über die Aufzeichnung informiert oder hat der Anleger der Aufzeichnung widersprochen, darf der Gewerbetreibende keine telefonische oder mittels sonstiger elektronischer Kommunikation veranlasste Anlagevermittlung oder Anlageberatung erbringen.

1) § 18a eingefügt durch Verordnung vom 9.10.2019 (BGBl. I S. 1434); die Änderung tritt am 1.8.2020 in Kraft.

(4) [1]Sofern der Anleger seinen Auftrag im Rahmen eines persönlichen Gesprächs erteilt, hat der Gewerbetreibende dies mittels eines dauerhaften Datenträgers zu dokumentieren. [2]Zu diesem Zweck dürfen auch Protokolle und Vermerke in Textform über den Inhalt des persönlichen Gesprächs angefertigt werden.

(5) [1]Die Aufzeichnungen sind gegen nachträgliche Verfälschung und unbefugte Verwendung zu sichern und dürfen nicht für andere Zwecke als den in Absatz 1 Satz 1 genannten Zweck genutzt werden, insbesondere nicht zur Überwachung der Beschäftigten durch den Gewerbetreibenden. [2]Eine Auswertung der Aufzeichnungen darf darüber hinaus nur erfolgen

1. zur Erfüllung eines Auftrages des Anlegers durch einen oder mehrere vom Gewerbetreibenden zu benennende Beschäftigte,
2. zum Zweck der Überwachung des Gewerbetreibenden durch die zuständige Stelle oder deren Beauftragte,
3. durch einen Prüfer nach § 24 Absatz 1 Satz 1 im Rahmen seiner Zuständigkeit oder
4. durch eine Strafverfolgungsbehörde.

(6) [1]Der Anleger kann von dem Gewerbetreibenden bis zum Ablauf der Aufbewahrungsfrist nach § 23 jederzeit verlangen, dass ihm eine Kopie der Aufzeichnungen nach den Absätzen 1 und 4 zur Verfügung gestellt wird. [2]Die Aufzeichnungen sind nach Ablauf der Aufbewahrungsfrist nach § 23 zu löschen oder zu vernichten. [3]Die Löschung oder Vernichtung ist zu dokumentieren.

(7) Hinsichtlich der Anforderungen an die Aufzeichnungspflicht ist Artikel 76 Absatz 1, 3 bis 11 der Delegierten Verordnung (EU) 2017/565 der Kommission entsprechend anzuwenden.

§ 19[1)] Beschäftigte

[1]Der Gewerbetreibende hat sicherzustellen, dass auch seine Beschäftigten die Pflichten nach den §§ 11 bis 18a erfüllen. [2]Führt ein Beschäftigter des Gewerbetreibenden die Beratung durch, so hat der Beschäftigte die Geeignetheitserklärung nach § 18 Absatz 1 dem Anleger zur Verfügung zu stellen.

Abschnitt 5. Sonstige Pflichten

§ 20 Unzulässigkeit der Annahme von Geldern und Anteilen von Anlegern

Der Gewerbetreibende ist nicht befugt, sich im Zusammenhang mit der Finanzanlagenberatung oder -vermittlung nach § 34f Absatz 1 Satz 1 der Gewerbeordnung oder der Honorar-Finanzanlagenberatung nach § 34h Absatz 1 Satz 1 der Gewerbeordnung Eigentum oder Besitz an Geldern oder Anteilen von Anlegern zu verschaffen.

§ 21 Anzeigepflicht

[1]Der Gewerbetreibende hat der für die Erlaubniserteilung nach § 34f Absatz 1 oder § 34h Absatz 1 der Gewerbeordnung zuständigen Behörde unverzüglich nach Satz 3 anzuzeigen, welche Personen jeweils mit der Leitung des Betriebs oder einer Zweigniederlassung beauftragt sind. [2]Dies gilt bei juristischen Personen auch für die nach Gesetz, Satzung oder Gesellschaftsvertrag jeweils zur Vertretung berufenen Personen. [3]In der Anzeige ist für jede Person Folgendes anzugeben:

---

1) § 19 geändert durch Verordnung vom 9.10.2019 (BGBl. I S. 1434); die Änderung tritt am 1.8.2020 in Kraft.

1. der Name, der Geburtsname, sofern dieser vom Namen abweicht, sowie der Vorname,
2. die Staatsangehörigkeit oder Staatsangehörigkeiten,
3. der Geburtstag und -ort sowie
4. die Anschrift.

§ 22 [1)] Aufzeichnungspflicht

(1) [1]Der Gewerbetreibende hat von der Annahme des Auftrags an nach Maßgabe der Absätze 2 und 3 Aufzeichnungen zu machen sowie Unterlagen und Belege übersichtlich zu sammeln. [2]Die Aufzeichnungen sind unverzüglich und in deutscher Sprache vorzunehmen.

(2) [1]Aus den Aufzeichnungen und Unterlagen müssen ersichtlich sein

1. der Name und Vorname oder die Firma sowie die Anschrift des Anlegers,

1a. sofern der Gewerbetreibende regelmäßige Eignungsbeurteilungen vornimmt, die Vereinbarungen mit dem Anleger, die die Rechte und Pflichten der Vertragsparteien sowie die sonstigen Bedingungen festlegen, zu denen der Gewerbetreibende Anlagevermittlung oder Anlageberatung für den Anleger erbringt. [2]Hinsichtlich der Anforderungen an die Aufzeichnungspflicht ist Artikel 58 der Delegierten Verordnung (EU) 2017/565 der Kommission entsprechend anzuwenden,

1b. der Nachweis, dass die in § 11a Absatz 1 genannten Maßnahmen zur Erkennung und Vermeidung von Interessenkonflikten getroffen wurden,

1c. der Nachweis, dass die in § 11a Absatz 2 genannte Mitteilung über Interessenkonflikte rechtzeitig und vollständig erfolgt ist,

1d. der Nachweis, dass durch die Vergütung oder Bewertung keine Anreize im Sinne des § 11a Absatz 3 geschaffen wurden,

2. der Nachweis, dass die in den §§ 12 oder 12a und den §§ 13, 15 und 17 oder § 17a Satz 1 genannten Angaben rechtzeitig und vollständig mitgeteilt wurden,
3. der Nachweis, dass die in § 16 Absatz 1 genannten Informationen rechtzeitig und vollständig eingeholt wurden und über geeignete Finanzanlagen beraten wurde,
4. der Nachweis, dass die in § 16 Absatz 2 Satz 1 genannten Informationen rechtzeitig und vollständig eingeholt und die in Satz 3 und 4 genannten Informationen rechtzeitig und vollständig mitgeteilt wurden,

4a. der Nachweis, dass die in § 16 Absatz 3a genannten Informationen rechtzeitig und vollständig eingeholt wurden,

5. der Nachweis über die Auskehr von Zuwendungen nach § 17a Absatz 2,
6. der Nachweis über die Geeignetheitserklärung nach § 18 und ihre Aushändigung an den Anleger sowie
7. die Gesamtzahl der in einem Kalenderjahr durchgeführten Anlageberatungen und die Anzahl der Anlageberatungen, in deren Zusammenhang der Gewerbetreibende nach § 34h Absatz 3 Satz 2 und 3 der Gewerbeordnung Zuwendungen von Dritten angenommen oder an Dritte gewährt hat.

(3) Sonstige Vorschriften über Aufzeichnungs- und Buchführungspflichten des Gewerbetreibenden bleiben unberührt.

---

1) § 22 geändert durch Verordnung vom 9.10.2019 (BGBl. I S. 1434); die Änderung tritt am 1.8.2020 in Kraft.

§ 23[1] Aufbewahrung

[1]Die Aufzeichnungen nach § 18a Absatz 1 Satz 1 und Absatz 4 sowie die in § 22 genannten Unterlagen sind zehn Jahre auf einem dauerhaften Datenträger vorzuhalten und so aufzubewahren, dass sie von den Geschäftsräumen aus jederzeit zugänglich sind. [2]Die Aufbewahrungsfrist beginnt mit dem Ende des Kalenderjahres, in dem der letzte aufzeichnungspflichtige Vorgang für den jeweiligen Auftrag angefallen ist.

§ 24[2] Prüfungspflicht

(1) [1]Der Gewerbetreibende hat

1. auf seine Kosten die Einhaltung der sich aus den §§ 12 bis 23 ergebenden Verpflichtungen für jedes Kalenderjahr durch einen geeigneten Prüfer prüfen zu lassen und
2. der für die Erlaubniserteilung zuständigen Behörde den Prüfungsbericht bis spätestens zum 31. Dezember des darauffolgenden Jahres zu übermitteln.

[2]Der Prüfungsbericht hat einen Vermerk darüber zu enthalten, ob und gegebenenfalls welche Verstöße des Gewerbetreibenden festgestellt worden sind. [3]Der Prüfer hat den Vermerk mit Angabe von Ort und Datum zu unterzeichnen, wobei die elektronische Namenswiedergabe genügt. [4]Sofern der Gewerbetreibende ausschließlich für eine Vertriebsgesellschaft tätig ist, ist er berechtigt, an Stelle des Prüfungsberichts nach Satz 1 einen Prüfungsbericht eines Prüfers nach Absatz 3 vorzulegen, der die Angemessenheit und Wirksamkeit des internen Kontrollsystems der Vertriebsgesellschaft zur Einhaltung der sich aus den §§ 12 bis 23 ergebenden Verpflichtungen durch die angeschlossenen Gewerbetreibenden für den Prüfungszeitraum bestätigt; spätestens nach vier Jahren hat der Gewerbetreibende einen Prüfungsbericht nach Satz 1 vorzulegen. [5]Sofern der Gewerbetreibende im Berichtszeitraum keine nach § 34f Absatz 1 oder § 34h Absatz 1 Satz 1 der Gewerbeordnung erlaubnispflichtige Tätigkeit ausgeübt hat, hat er spätestens bis zu dem in Satz 1 genannten Termin anstelle des Prüfungsberichts unaufgefordert und schriftlich eine entsprechende Erklärung zu übermitteln.

(2) [1]Die für die Erlaubniserteilung nach § 34f Absatz 1 oder § 34h Absatz 1 der Gewerbeordnung zuständige Behörde kann aus besonderem Anlass anordnen, dass Gewerbetreibende sich auf ihre Kosten im Rahmen einer außerordentlichen Prüfung durch einen geeigneten Prüfer auf die Einhaltung der sich aus den §§ 12 bis 23 ergebenden Pflichten überprüfen lassen und der Behörde den Prüfungsbericht übermitteln. [2]Der Prüfer wird von der nach Satz 1 zuständigen Behörde bestimmt. [3]Absatz 1 Satz 3 und 5 gilt entsprechend.

(3) Geeignete Prüfer sind

1. Wirtschaftsprüfer, vereidigte Buchprüfer, Wirtschaftsprüfungs- und Buchprüfungsgesellschaften,
2. Prüfungsverbände, zu deren gesetzlichem oder satzungsmäßigem Zweck die regelmäßige und außerordentliche Prüfung ihrer Mitglieder gehört, sofern
   a) von ihren gesetzlichen Vertretern mindestens einer Wirtschaftsprüfer ist,
   b) sie die Voraussetzungen des § 63b Absatz 5 des Genossenschaftsgesetzes erfüllen oder

---

1) § 23 neu gefasst durch Verordnung vom 9.10.2019 (BGBl. I S. 1434); die Neufassung tritt am 1.8.2020 in Kraft.

2) § 24 geändert durch Verordnung vom 9.10.2019 (BGBl. I S. 1434); die Änderung tritt am 1.8.2020 in Kraft.

c) sie sich für ihre Prüfungstätigkeit selbstständiger Wirtschaftsprüfer oder vereidigter Buchprüfer oder einer Wirtschaftsprüfungs- oder Buchprüfungsgesellschaft bedienen.

(4) Geeignete Prüfer sind auch andere Personen, die

1. aufgrund ihrer Vorbildung und Erfahrung in der Lage sind, eine ordnungsgemäße Prüfung im jeweiligen Gewerbebetrieb durchzuführen und
2. die öffentlich bestellt oder zugelassen worden sind

sowie Zusammenschlüsse dieser Personen.

(5) Ungeeignet für eine Prüfung sind Personen, bei denen die Besorgnis der Befangenheit besteht.

§ 25 Rechte und Pflichten der an der Prüfung Beteiligten

(1) [1]Der Gewerbetreibende hat dem Prüfer jederzeit Einsicht in die Bücher, Aufzeichnungen und Unterlagen zu gestatten. [2]Er hat ihm alle Aufklärungen und Nachweise auf Verlangen zu geben, die der Prüfer für eine sorgfältige Prüfung benötigt.

(2) [1]Der Prüfer ist zur gewissenhaften und unparteiischen Prüfung und zur Verschwiegenheit verpflichtet. [2]Er darf nicht unbefugt Geschäfts- und Betriebsgeheimnisse verwerten, die er bei seiner Tätigkeit erfahren hat. [3]Ein Prüfer, der vorsätzlich oder fahrlässig seine Pflichten verletzt, ist dem Gewerbetreibenden zum Ersatz des daraus entstehenden Schadens verpflichtet. [4]Mehrere Personen haften als Gesamtschuldner.

Abschnitt 6. Ordnungswidrigkeiten

§ 26[1] Ordnungswidrigkeiten

(1) Ordnungswidrig im Sinne des § 144 Absatz 2 Nummer 6 der Gewerbeordnung handelt, wer vorsätzlich oder fahrlässig

1. entgegen § 7 Absatz 1 Satz 2 oder Absatz 2 oder § 12 Absatz 1 eine Mitteilung nicht, nicht richtig, nicht vollständig oder nicht rechtzeitig macht,
2. entgegen § 12a oder § 13 Absatz 1 Satz 1 eine Information nicht, nicht richtig, nicht vollständig, nicht in der vorgeschriebenen Weise oder nicht rechtzeitig zur Verfügung stellt,
3. entgegen § 15 ein Informationsblatt nicht, nicht richtig, nicht vollständig oder nicht rechtzeitig zur Verfügung stellt,
4. entgegen § 16 Absatz 1 Satz 1, Absatz 2 Satz 1 oder Absatz 3a eine Information nicht, nicht richtig, nicht vollständig oder nicht rechtzeitig einholt,
5. entgegen § 16 Absatz 1 Satz 2 oder Satz 4 eine Finanzanlage empfiehlt,
6. entgegen § 16 Absatz 2 Satz 3 einen Hinweis nicht, nicht richtig, nicht vollständig oder nicht rechtzeitig erteilt,
7. entgegen § 16 Absatz 2 Satz 4 eine Information nicht, nicht richtig, nicht vollständig oder nicht rechtzeitig zur Verfügung stellt,
8. entgegen § 17 Absatz 1 Satz 1 eine Zuwendung annimmt oder gewährt,
9. entgegen § 18 Absatz 1 Satz 1, auch in Verbindung mit § 19 Satz 2, eine Geeignetheitserklärung nicht, nicht richtig, nicht vollständig oder nicht rechtzeitig zur Verfügung stellt,

1) § 26 geändert durch Verordnung vom 9.10.2019 (BGBl. I S. 1434); die Änderung tritt am 1.8.2020 in Kraft.

10. entgegen § 18a Absatz 3 Satz 1 einen Anleger nicht oder nicht rechtzeitig informiert,
11. entgegen § 20 sich Eigentum oder Besitz an Geldern oder Anteilen eines Anlegers verschafft,
12. entgegen § 21 Satz 1, auch in Verbindung mit Satz 2, eine Anzeige nicht, nicht richtig, nicht vollständig oder nicht rechtzeitig erstattet,
13. entgegen § 22 Absatz 1 Satz 1 eine Aufzeichnung nicht, nicht richtig, nicht vollständig, nicht in der vorgeschriebenen Weise oder nicht rechtzeitig macht, entgegen § 23 Satz 1 eine Unterlage nicht, nicht in der vorgeschriebenen Weise oder nicht mindestens fünf Jahre aufbewahrt,
14. entgegen § 24 Absatz 1 Satz 1 oder Satz 5 einen Prüfungsbericht oder eine Erklärung nicht, nicht richtig, nicht vollständig oder nicht rechtzeitig übermittelt,
15. einer vollziehbaren Anordnung nach § 24 Absatz 2 Satz 1 zuwiderhandelt,
16. entgegen § 25 Absatz 1 Satz 1 einem Prüfer eine Einsicht nicht gestattet oder
17. entgegen § 25 Absatz 1 Satz 2 einem Prüfer eine Aufklärung oder einen Nachweis nicht, nicht richtig, nicht vollständig oder nicht rechtzeitig gibt.

(2) Ordnungswidrig im Sinne des § 145 Absatz 2 Nummer 9 der Gewerbeordnung handelt, wer vorsätzlich oder fahrlässig eine in Absatz 1 bezeichnete Handlung in Ausübung eines Reisegewerbes begeht.

A10. Gesetz über die Sicherung der Bauforderungen (Bauforderungssicherungsgesetz – BauFordSiG)

Vom 1. Juni 1909 (RGBl. S. 449)
(BGBl. III 213-2)

zuletzt geändert durch Gesetz vom 29.7.2009 (BGBl. I S. 2436)

(Auszug)

§ 1 [Rechte und Pflichten des Empfängers von Baugeld]

(1) [1]Der Empfänger von Baugeld ist verpflichtet, das Baugeld zur Befriedigung solcher Personen, die an der Herstellung oder dem Umbau des Baues aufgrund eines Werk-, Dienst- oder Kaufvertrags beteiligt sind, zu verwenden. [2]Eine anderweitige Verwendung des Baugeldes ist bis zu dem Betrag statthaft, in welchem der Empfänger aus anderen Mitteln Gläubiger der bezeichneten Art bereits befriedigt hat. [3]Die Verpflichtung nach Satz 1 hat auch zu erfüllen, wer als Baubetreuer bei der Betreuung des Bauvorhabens zur Verfügung über die Finanzierungsmittel des Bestellers ermächtigt ist.

(2) Ist der Empfänger selbst an der Herstellung oder dem Umbau beteiligt, so darf er das Baugeld in Höhe des angemessenen Wertes der von ihm erbrachten Leistungen für sich behalten.

(3) [1]Baugeld sind Geldbeträge,

1. die zum Zweck der Bestreitung der Kosten eines Baues oder Umbaues in der Weise gewährt werden, dass zur Sicherung der Ansprüche des Geldgebers eine Hypothek oder Grundschuld an dem zu bebauenden Grundstück dient oder die Übertragung eines Eigentums an dem Grundstück erst nach gänzlicher oder teilweiser Herstellung des Baues oder Umbaues erfolgen soll, oder
2. die der Empfänger von einem Dritten für eine im Zusammenhang mit der Herstellung des Baues oder Umbaues stehende Leistung, die der Empfänger dem Dritten versprochen hat, erhalten hat, wenn an dieser Leistung andere Unternehmer (§ 14 des Bürgerlichen Gesetzbuchs) auf Grund eines Werk-, Dienst- oder Kaufvertrags beteiligt waren.

[2]Beträge, die zum Zweck der Bestreitung der Kosten eines Baues oder Umbaues gewährt werden, sind insbesondere Abschlagszahlungen und solche, deren Auszahlung ohne nähere Bestimmung des Zweckes der Verwendung nach Maßgabe des Fortschrittes des Baues oder Umbaues erfolgen soll.

(4) Ist die Baugeldeigenschaft oder die Verwendung des Baugeldes streitig, so trifft die Beweislast den Empfänger.

Anhang 2

Deutscher Corporate Governance Kodex

in der am 16. Dezember 2019 von der Regierungskommission beschlossenen Fassung [1)]

Inhaltsübersicht

---

1) Diese Fassung wurde am 23.01.2020 beim Bundesministerium der Justiz und für Verbraucherschutz zur Prüfung eingereicht. Der Kodex 2020 tritt mit der Veröffentlichung durch das Ministerium im elektronischen Bundesanzeiger in Kraft; bis dahin bildet der Kodex in der Fassung vom 07.02.2017 die Grundlage für die Entsprechenserklärung. Den Unternehmen steht es frei, einzelne neue Empfehlungen und Anregungen bereits vorzeitig anzuwenden.

Präambel

Unter Corporate Governance wird der rechtliche und faktische Ordnungsrahmen für die Leitung und Überwachung eines Unternehmens verstanden. Der Deutsche Corporate Governance Kodex (der „Kodex“) enthält Grundsätze, Empfehlungen und Anregungen für den Vorstand und den Aufsichtsrat, die dazu beitragen sollen, dass die Gesellschaft im Unternehmensinteresse geführt wird. Der Kodex verdeutlicht die Verpflichtung von Vorstand und Aufsichtsrat, im Einklang mit den Prinzipien der sozialen Marktwirtschaft unter Berücksichtigung der Belange der Aktionäre, der Belegschaft und der sonstigen mit dem Unternehmen verbundenen Gruppen (Stakeholder) für den Bestand des Unternehmens und seine nachhaltige Wertschöpfung zu sorgen (Unternehmensinteresse). Diese Prinzipien verlangen nicht nur Legalität, sondern auch ethisch fundiertes, eigenverantwortliches Verhalten (Leitbild des Ehrbaren Kaufmanns).

Die Gesellschaft und ihre Organe haben sich in ihrem Handeln der Rolle des Unternehmens in der Gesellschaft und ihrer gesellschaftlichen Verantwortung bewusst zu sein. Sozial- und Umweltfaktoren beeinflussen den Unternehmenserfolg. Im Interesse des Unternehmens stellen Vorstand und Aufsichtsrat sicher, dass die potenziellen Auswirkungen dieser Faktoren auf die Unternehmensstrategie und operative Entscheidungen erkannt und adressiert werden.

Der **Kodex** hat zum Ziel, das duale deutsche Corporate Governance System transparent und nachvollziehbar zu machen. Der Kodex enthält Grundsätze, Empfehlungen und Anregungen zur Leitung und Überwachung deutscher börsennotierter Gesellschaften, die national und international als Standards guter und verantwortungsvoller Unternehmensführung anerkannt sind. Er will das Vertrauen der Anleger, der Kunden, der Belegschaft und der Öffentlichkeit in die Leitung und Überwachung deutscher börsennotierter Gesellschaften fördern.

Die **Grundsätze** geben wesentliche rechtliche Vorgaben verantwortungsvoller Unternehmensführung wieder und dienen hier der Information der Anleger und weiterer Stakeholder. **Empfehlungen** des Kodex sind im Text durch die Verwendung des Wortes **„soll“** gekennzeichnet. Die Gesellschaften können hiervon abweichen, sind dann aber verpflichtet, dies jährlich offenzulegen und die Abweichungen zu begründen („comply or explain“). Dies ermöglicht den Gesellschaften, branchen- oder unternehmensspezifische Besonderheiten zu berücksichtigen. Eine gut begründete Abweichung von einer Kodexempfehlung kann im Interesse einer guten Unternehmensführung liegen. Schließlich enthält der Kodex **Anregungen**, von denen ohne Offenlegung abgewichen werden kann; hierfür verwendet der Kodex den Begriff **„sollte“**.

In Regelungen des Kodex, die nicht nur die Gesellschaft selbst, sondern auch ihre Konzernunternehmen betreffen, wird der Begriff „Unternehmen“ statt „Gesellschaft“ verwendet.

Die Aktionäre üben ihre Mitgliedschaftsrechte regelmäßig vor oder während der Hauptversammlung aus. **Institutionelle Anleger** sind für die Unternehmen von besonderer Bedeutung. Von ihnen wird erwartet, dass sie ihre Eigentumsrechte aktiv und verantwortungsvoll auf der Grundlage von transparenten und die Nachhaltigkeit berücksichtigenden Grundsätzen ausüben.

Der Kodex richtet sich an börsennotierte Gesellschaften und Gesellschaften mit Kapitalmarktzugang im Sinne des § 161 Absatz 1 Satz 2 des Aktiengesetzes. **Nicht ka-**

pitalmarktorientierten Gesellschaften mögen die Empfehlungen und Anregungen des Kodex zur Orientierung dienen.

Für die Corporate Governance börsennotierter **Kreditinstitute und Versicherungsunternehmen** ergeben sich aus dem jeweiligen Aufsichtsrecht Besonderheiten, die im Kodex nicht berücksichtigt sind. Empfehlungen des Kodex gelten nur insoweit, als keine gesetzlichen Bestimmungen entgegenstehen.

A. Leitung und Überwachung

I. Geschäftsführungsaufgaben des Vorstands

Grundsatz 1 **Der Vorstand leitet das Unternehmen in eigener Verantwortung im Unternehmensinteresse. Die Mitglieder des Vorstands tragen gemeinsam die Verantwortung für die Unternehmensleitung. Der Vorstandsvorsitzende bzw. Sprecher des Vorstands koordiniert die Arbeit der Vorstandsmitglieder.**

Grundsatz 2 **Der Vorstand entwickelt die strategische Ausrichtung des Unternehmens, stimmt sie mit dem Aufsichtsrat ab und sorgt für ihre Umsetzung.**

Grundsatz 3 **Der Vorstand legt für den Frauenanteil in den beiden Führungsebenen unterhalb des Vorstands Zielgrößen fest.**

Empfehlung:

A.1 Der Vorstand soll bei der Besetzung von Führungsfunktionen im Unternehmen auf Diversität achten.

Grundsatz 4 **Für einen verantwortungsvollen Umgang mit den Risiken der Geschäftstätigkeit bedarf es eines geeigneten und wirksamen internen Kontroll- und Risikomanagementsystems.**

Grundsatz 5 **Der Vorstand hat für die Einhaltung der gesetzlichen Bestimmungen und der internen Richtlinien zu sorgen und wirkt auf deren Beachtung im Unternehmen hin (Compliance).**

Empfehlungen und Anregung:

A.2 Der Vorstand soll für ein an der Risikolage des Unternehmens ausgerichtetes Compliance Management System sorgen und dessen Grundzüge offenlegen. Beschäftigten soll auf geeignete Weise die Möglichkeit eingeräumt werden, geschützt Hinweise auf Rechtsverstöße im Unternehmen zu geben; auch Dritten sollte diese Möglichkeit eingeräumt werden.

II. Überwachungsaufgaben des Aufsichtsrats

Grundsatz 6 **Der Aufsichtsrat bestellt und entlässt die Mitglieder des Vorstands, überwacht und berät den Vorstand bei der Leitung des Unternehmens und ist in Entscheidungen von grundlegender Bedeutung für das Unternehmen einzubinden.**

Für Geschäfte von grundlegender Bedeutung legen die Satzung und/oder der Aufsichtsrat Zustimmungsvorbehalte fest.

	Geschäfte mit nahestehenden Personen[1] bedürfen darüber hinaus unter Umständen von Gesetzes wegen der vorherigen Zustimmung des Aufsichtsrats.
Grundsatz 7	**Der Aufsichtsratsvorsitzende wird vom Aufsichtsrat aus seiner Mitte gewählt. Er koordiniert die Arbeit im Aufsichtsrat und nimmt die Belange des Aufsichtsrats nach außen wahr.**

Anregung:

A.3 Der Aufsichtsratsvorsitzende sollte in angemessenem Rahmen bereit sein, mit Investoren über aufsichtsratsspezifische Themen Gespräche zu führen.

III. Funktion der Hauptversammlung

Grundsatz 8 **Die Aktionäre üben ihre Mitgliedschaftsrechte regelmäßig in der Hauptversammlung aus. Die Hauptversammlung entscheidet insbesondere über die Gewinnverwendung sowie die Entlastung von Vorstand und Aufsichtsrat und wählt die Anteilseignervertreter in den Aufsichtsrat sowie den Abschlussprüfer. Daneben entscheidet die Hauptversammlungüber rechtliche Grundlagen der Gesellschaft, wie insbesondere Änderungen der Satzung, Kapitalmaßnahmen, Unternehmensverträge und Umwandlungen. Die Hauptversammlung beschließt grundsätzlich mit beratendem Charakter über die Billigung des vom Aufsichtsrat vorgelegten Vergütungssystems für die Vorstandsmitglieder, über die konkrete Vergütung des Aufsichtsrats und mit empfehlenden Charakter über die Billigung des Vergütungsberichts für das vorausgegangene Geschäftsjahr.**

Anregungen:

A.4 Der Hauptversammlungsleiter sollte sich davon leiten lassen, dass eine ordentliche Hauptversammlung spätestens nach vier bis sechs Stunden beendet ist.

A.5 Der Vorstand sollte im Falle eines Übernahmeangebots eine außerordentliche Hauptversammlung einberufen, in der die Aktionäre über das Übernahmeangebot beraten und gegebenenfalls über gesellschaftsrechtliche Maßnahmen beschließen.

B. Besetzung des Vorstands

Grundsatz 9 **Der Aufsichtsrat entscheidet im Rahmen gesetzlicher und satzungsmäßiger Vorgaben über die Anzahl der Vorstandsmitglieder, die erforderlichen Qualifikationen sowie über die Besetzung der einzelnen Positionen durch geeignete Persönlichkeiten. Der Aufsichtsrat legt für den Anteil von Frauen im Vorstand Zielgrößen fest.**

---

1) Nahestehende Personen im Sinne von § 111a Abs. 1 Satz 2 AktG.

Empfehlungen:

B.1 Bei der Zusammensetzung des Vorstands soll der Aufsichtsrat auf die Diversität achten.

B.2 Der Aufsichtsrat soll gemeinsam mit dem Vorstand für eine langfristige Nachfolgeplanung sorgen; die Vorgehensweise soll in der Erklärung zur Unternehmensführung beschrieben werden.

B.3 Die Erstbestellung von Vorstandsmitgliedern soll für längstens drei Jahre erfolgen.

B.4 Eine Wiederbestellung vor Ablauf eines Jahres vor dem Ende der Bestelldauer bei gleichzeitiger Aufhebung der laufenden Bestellung soll nur bei Vorliegen besonderer Umstände erfolgen.

B.5 Für Vorstandsmitglieder soll eine Altersgrenze festgelegt und in der Erklärung zur Unternehmensführung angegeben werden.

C. Zusammensetzung des Aufsichtsrats

I. Allgemeine Anforderungen

Grundsatz 10 **Der Aufsichtsrat setzt sich aus Vertretern der Aktionäre und gegebenenfalls Vertretern der Arbeitnehmer zusammen. Die Vertreter der Aktionäre werden in der Regel von der Hauptversammlung gewählt. Die Mitbestimmungsgesetze legen abhängig von der Zahl der Arbeitnehmer und der Branche fest, ob und gegebenenfalls wie viele Mitglieder des Aufsichtsrats von den Arbeitnehmern zu wählen sind. Die Anteilseignervertreter und die Arbeitnehmervertreter sind gleichermaßen dem Unternehmensinteresse verpflichtet.**

Grundsatz 11 **Der Aufsichtsrat ist so zusammenzusetzen, dass seine Mitglieder insgesamt über die zur ordnungsgemäßen Wahrnehmung der Aufgaben erforderlichen Kenntnisse, Fähigkeiten und fachlichen Erfahrungen verfügen und die gesetzliche Geschlechterquote eingehalten wird.**

Empfehlungen:

C.1 Der Aufsichtsrat soll für seine Zusammensetzung konkrete Ziele benennen und ein Kompetenzprofil für das Gesamtgremium erarbeiten. Dabei soll der Aufsichtsrat auf Diversität achten. Vorschläge des Aufsichtsrats an die Hauptversammlung sollen diese Ziele berücksichtigen und gleichzeitig die Ausfüllung des Kompetenzprofils für das Gesamtgremium anstreben. Der Stand der Umsetzung soll in der Erklärung zur Unternehmensführung veröffentlicht werden. Diese soll auch über die nach Einschätzung der Anteilseignervertreter im Aufsichtsrat angemessene Anzahl unabhängiger Anteilseignervertreter und die Namen dieser Mitglieder informieren.

C.2 Für Aufsichtsratsmitglieder soll eine Altersgrenze festgelegt und in der Erklärung zur Unternehmensführung angegeben werden.

C.3 Die Dauer der Zugehörigkeit zum Aufsichtsrat soll offengelegt werden.

Grundsatz 12 **Jedes Aufsichtsratsmitglied achtet darauf, dass ihm für die Wahrnehmung seiner Aufgaben genügend Zeit zur Verfügung steht.**

Empfehlungen:

C.4 Ein Aufsichtsratsmitglied, das keinem Vorstand einer börsennotierten Gesellschaft angehört, soll insgesamt nicht mehr als fünf Aufsichtsratsmandate bei konzernexternen börsennotierten Gesellschaften oder vergleichbare Funktionen wahrnehmen, wobei ein Aufsichtsratsvorsitz doppelt zählt.

C.5 Wer dem Vorstand einer börsennotierten Gesellschaft angehört, soll insgesamt nicht mehr als zwei Aufsichtsratsmandate in konzernexternen börsennotierten Gesellschaften oder vergleichbare Funktionen und keinen Aufsichtsratsvorsitz in einer konzernexternen börsennotierten Gesellschaft wahrnehmen.

II. Unabhängigkeit der Aufsichtsratsmitglieder

Empfehlungen:

C.6 Dem Aufsichtsrat soll auf Anteilseignerseite eine nach deren Einschätzung angemessene Anzahl unabhängiger Mitglieder angehören; dabei soll die Eigentümerstruktur berücksichtigt werden.

Ein Aufsichtsratsmitglied ist im Sinne dieser Empfehlung als unabhängig anzusehen, wenn es unabhängig von der Gesellschaft und deren Vorstand und unabhängig von einem kontrollierenden Aktionär ist.

C.7 Mehr als die Hälfte der Anteilseignervertreter soll unabhängig von der Gesellschaft und vom Vorstand sein. Ein Aufsichtsratsmitglied ist unabhängig von der Gesellschaft und deren Vorstand, wenn es in keiner persönlichen oder geschäftlichen Beziehung zu der Gesellschaft oder deren Vorstand steht, die einen wesentlichen und nicht nur vorübergehenden Interessenkonflikt begründen kann.

Die Anteilseignerseite soll, wenn sie die Unabhängigkeit ihrer Mitglieder von der Gesellschaft und vom Vorstand einschätzt, insbesondere berücksichtigen, ob das Aufsichtsratsmitglied selbst oder ein naher Familienangehöriger des Aufsichtsratsmitglieds

- in den zwei Jahren vor der Ernennung Mitglied des Vorstands der Gesellschaft war,
- aktuell oder in dem Jahr bis zu seiner Ernennung direkt oder als Gesellschafter oder in verantwortlicher Funktion eines konzernfremden Unternehmens eine wesentliche geschäftliche Beziehung mit der Gesellschaft oder einem von dieser abhängigen Unternehmen unterhält oder unterhalten hat (z.B. als Kunde, Lieferant, Kreditgeber oder Berater),
- ein naher Familienangehöriger eines Vorstandsmitglieds ist oder
- dem Aufsichtsrat seit mehr als 12 Jahren angehört.

C.8 Sofern ein oder mehrere der in Empfehlung C.7 genannten Indikatoren erfüllt sind und das betreffende Aufsichtsratsmitglied dennoch als unabhängig angesehen wird, soll dies in der Erklärung zur Unternehmensführung begründet werden.

C.9 Sofern die Gesellschaft einen kontrollierenden Aktionär hat, sollen im Falle eines Aufsichtsrats mit mehr als sechs Mitgliedern mindestens zwei Anteilseignervertreter unabhängig vom kontrollierenden Aktionär sein. Im Falle eines Aufsichtsrats mit sechs oder weniger Mitgliedern soll mindestens ein Anteilseignervertreter unabhängig vom kontrollierenden Aktionär sein.

Ein Aufsichtsratsmitglied ist unabhängig vom kontrollierenden Aktionär, wenn es selbst oder ein naher Familienangehöriger weder kontrollierender Aktionär ist noch dem geschäftsführenden Organ des kontrollierenden Aktionärs angehört oder in einer persönlichen oder geschäftlichen Beziehung zum kontrollierenden Aktionär steht, die einen wesentlichen und nicht nur vorübergehenden Interessenkonflikt begründen kann.

C.10 Der Aufsichtsratsvorsitzende, der Vorsitzende des Prüfungsausschusses sowie der Vorsitzende des mit der Vorstandsvergütung befassten Ausschusses sollen unabhängig von der Gesellschaft und vom Vorstand sein. Der Vorsitzende des Prüfungsausschusses soll zudem auch unabhängig vom kontrollierenden Aktionär sein.

C.11 Dem Aufsichtsrat sollen nicht mehr als zwei ehemalige Mitglieder des Vorstands angehören.

C.12 Aufsichtsratsmitglieder sollen keine Organfunktion oder Beratungsaufgaben bei wesentlichen Wettbewerbern des Unternehmens ausüben und nicht in einer persönlichen Beziehung zu einem wesentlichen Wettbewerber stehen.

III. Wahlen zum Aufsichtsrat

Empfehlungen:

C.13 Der Aufsichtsrat soll bei seinen Wahlvorschlägen an die Hauptversammlung die persönlichen und die geschäftlichen Beziehungen eines jeden Kandidaten zum Unternehmen, den Organen der Gesellschaft und einem wesentlich an der Gesellschaft beteiligten Aktionär offenlegen. Die Empfehlung zur Offenlegung beschränkt sich auf solche Umstände, die nach der Einschätzung des Aufsichtsrats ein objektiv urteilender Aktionär für seine Wahlentscheidung als maßgebend ansehen würde. Wesentlich beteiligt im Sinn dieser Empfehlung sind Aktionäre, die direkt oder indirekt mehr als 10 % der stimmberechtigten Aktien der Gesellschaft halten.

C.14 Dem Kandidatenvorschlag soll ein Lebenslauf beigefügt werden, der über relevante Kenntnisse, Fähigkeiten und fachliche Erfahrungen Auskunft gibt; dieser soll durch eine Übersicht über die wesentlichen Tätigkeiten neben dem Aufsichtsratsmandat ergänzt und für alle Aufsichtsratsmitglieder jährlich aktualisiert auf der Internetseite des Unternehmens veröffentlicht werden.

C.15 Die Wahl der Anteilseignervertreter im Aufsichtsrat soll als Einzelwahl durchgeführt werden. Ein Antrag auf gerichtliche Bestellung eines Aufsichtsratsmitglieds der Anteilseignerseite soll bis zur nächsten Hauptversammlung befristet sein.

D. Arbeitsweise des Aufsichtsrats

I. Geschäftsordnung

Empfehlung:

D.1 Der Aufsichtsrat soll sich eine Geschäftsordnung geben und diese auf der Internetseite der Gesellschaft zugänglich machen.

II. Zusammenarbeit im Aufsichtsrat und mit dem Vorstand

1. Allgemeine Anforderungen

Grundsatz 13 **Vorstand und Aufsichtsrat arbeiten zum Wohle des Unternehmens vertrauensvoll zusammen. Gute Unternehmensführung setzt eine offene Diskussion zwischen Vorstand und Aufsichtsrat sowie in Vorstand und Aufsichtsrat voraus. Die umfassende Wahrung der Vertraulichkeit ist dafür von entscheidender Bedeutung.**

2. Ausschüsse des Aufsichtsrats

Grundsatz 14 **Die Bildung von Ausschüssen fördert bei größeren Gesellschaften regelmäßig die Wirksamkeit der Arbeit des Aufsichtsrats.**

Empfehlungen:

D.2 Der Aufsichtsrat soll abhängig von den spezifischen Gegebenheiten des Unternehmens und der Anzahl seiner Mitglieder fachlich qualifizierte Ausschüsse bilden. Die jeweiligen Ausschussmitglieder und der Ausschussvorsitzende sollen namentlich in der Erklärung zur Unternehmensführung genannt werden.

D.3 Der Aufsichtsrat soll einen Prüfungsausschuss einrichten, der sich – soweit kein anderer Ausschuss oder das Plenum damit betraut ist – insbesondere mit der Prüfung der Rechnungslegung, der Überwachung des Rechnungslegungsprozesses, der Wirksamkeit des internen Kontrollsystems, des Risikomanagementsystems und des internen Revisionssystems sowie der Abschlussprüfung und der Compliance befasst. Die Rechnungslegung umfasst insbesondere den Konzernabschluss und den Konzernlagebericht (einschließlich CSR-Berichterstattung), unterjährige Finanzinformationen und den Einzelabschluss nach HGB.

D.4 Der Vorsitzende des Prüfungsausschusses soll über besondere Kenntnisse und Erfahrungen in der Anwendung von Rechnungslegungsgrundsätzen und internen Kontrollverfahren verfügen sowie mit der Abschlussprüfung vertraut und unabhängig sein. Der Aufsichtsratsvorsitzende soll nicht den Vorsitz im Prüfungsausschuss innehaben.

D.5 Der Aufsichtsrat soll einen Nominierungsausschuss bilden, der ausschließlich mit Vertretern der Anteilseigner besetzt ist und dem Aufsichtsrat geeignete Kandidaten für dessen Vorschläge an die Hauptversammlung zur Wahl von Aufsichtsratsmitgliedern benennt.

3. Informationsversorgung

Grundsatz 15 **Die Information des Aufsichtsrats ist Aufgabe des Vorstands. Der Aufsichtsrat hat jedoch seinerseits sicherzustellen, dass er angemessen informiert wird. Der Vorstand informiert den Aufsichts-**

rat regelmäßig, zeitnah und umfassend über alle für das Unternehmen relevanten Fragen insbesondere der Strategie, der Planung, der Geschäftsentwicklung, der Risikolage, des Risikomanagements und der Compliance. Er geht auf Abweichungen des Geschäftsverlaufs von den aufgestellten Plänen und vereinbarten Zielen unter Angabe von Gründen ein. Der Aufsichtsrat kann jederzeit zusätzliche Informationen vom Vorstand verlangen.

Grundsatz 16 **Der Aufsichtsratsvorsitzende wird über wichtige Ereignisse, die für die Beurteilung der Lage und Entwicklung sowie für die Leitung des Unternehmens von wesentlicher Bedeutung sind, unverzüglich durch den Vorsitzenden bzw. Sprecher des Vorstands informiert. Der Aufsichtsratsvorsitzende hat sodann den Aufsichtsrat zu unterrichten und, falls erforderlich, eine außerordentliche Aufsichtsratssitzung einzuberufen.**

Empfehlung:

D.6 Der Aufsichtsratsvorsitzende soll zwischen den Sitzungen mit dem Vorstand, insbesondere mit dem Vorsitzenden bzw. Sprecher des Vorstands, regelmäßig Kontakt halten und mit ihm Fragen der Strategie, der Geschäftsentwicklung, der Risikolage, des Risikomanagements und der Compliance des Unternehmens beraten.

4. Sitzungen und Beschlussfassung

Empfehlungen und Anregung:

D.7 Der Aufsichtsrat soll regelmäßig auch ohne den Vorstand tagen.

D.8 Im Bericht des Aufsichtsrats soll angegeben werden, an wie vielen Sitzungen des Aufsichtsrats und der Ausschüsse die einzelnen Mitglieder jeweils teilgenommen haben. Als Teilnahme gilt auch eine solche über Telefon- oder Videokonferenzen; diese sollte aber nicht die Regel sein.

III. Zusammenarbeit mit dem Abschlussprüfer

Grundsatz 17 **Der Abschlussprüfer unterstützt den Aufsichtsrat bzw. den Prüfungsausschuss bei der Überwachung der Geschäftsführung, insbesondere bei der Prüfung der Rechnungslegung und der Überwachung der rechnungslegungsbezogenen Kontroll- und Risikomanagementsysteme. Der Bestätigungsvermerk des Abschlussprüfers informiert den Kapitalmarkt über die Ordnungsmäßigkeit der Rechnungslegung.**

Empfehlungen:

D.9 Der Aufsichtsrat oder der Prüfungsausschuss soll mit dem Abschlussprüfer vereinbaren, dass dieser ihn unverzüglich über alle für seine Aufgaben wesentlichen Feststellungen und Vorkommnisse unterrichtet, die bei der Durchführung der Abschlussprüfung zu seiner Kenntnis gelangen.

D.10 Der Aufsichtsrat oder der Prüfungsausschuss soll mit dem Abschlussprüfer vereinbaren, dass dieser ihn informiert und im Prüfungsbericht vermerkt, wenn er bei Durchführung der Abschlussprüfung Tatsachen feststellt, die eine Unrichtigkeit der von Vorstand und Aufsichtsrat abgegebenen Erklärung zum Kodex ergeben.

D.11 Der Prüfungsausschuss soll regelmäßig eine Beurteilung der Qualität derAbschlussprüfung vornehmen.

IV. Aus- und Fortbildung

Grundsatz 18 **Die Mitglieder des Aufsichtsrats nehmen die für ihre Aufgaben erforderlichen Aus- und Fortbildungsmaßnahmen eigenverantwortlich wahr.**

Empfehlung:

D.12 Die Gesellschaft soll die Mitglieder des Aufsichtsrats bei ihrer Amtseinführung sowie den Aus- und Fortbildungsmaßnahmen angemessen unterstützen und über durchgeführte Maßnahmen im Bericht des Aufsichtsrats berichten.

V. Selbstbeurteilung

Empfehlung:

D.13 Der Aufsichtsrat soll regelmäßig beurteilen, wie wirksam der Aufsichtsrat insgesamt und seine Ausschüsse ihre Aufgaben erfüllen. In der Erklärung zur Unternehmensführung soll der Aufsichtsrat berichten, ob und wie eine Selbstbeurteilung durchgeführt wurde.

E. Interessenkonflikte

Grundsatz 19 **Die Mitglieder von Vorstand und Aufsichtsrat sind dem Unternehmensinteresse verpflichtet. Sie dürfen bei ihren Entscheidungen weder persönliche Interessen verfolgen noch Geschäftschancen für sich nutzen, die dem Unternehmen zustehen. Vorstandsmitglieder unterliegen während ihrer Tätigkeit einem umfassenden Wettbewerbsverbot.**

Empfehlungen:

E.1 Jedes Aufsichtsratsmitglied soll Interessenkonflikte unverzüglich dem Vorsitzenden des Aufsichtsrats offenlegen. Der Aufsichtsrat soll in seinem Bericht an die Hauptversammlung über aufgetretene Interessenkonflikte und deren Behandlung informieren. Wesentliche und nicht nur vorübergehende Interessenkonflikte in der Person eines Aufsichtsratsmitglieds sollen zur Beendigung des Mandats führen.

E.2 Jedes Vorstandsmitglied soll Interessenkonflikte unverzüglich dem Vorsitzenden des Aufsichtsrats und dem Vorsitzenden bzw. Sprecher des Vorstands offenlegen und die anderen Vorstandsmitglieder hierüber informieren.

E.3 Vorstandsmitglieder sollen Nebentätigkeiten, insbesondere konzernfremde Aufsichtsratsmandate, nur mit Zustimmung des Aufsichtsrats übernehmen.

F. Transparenz und externe Berichterstattung

Grundsatz 20 **Die Gesellschaft behandelt die Aktionäre bei Informationen unter gleichen Voraussetzungen gleich.**

Grundsatz 21 **Anteilseigner und Dritte werden insbesondere durch den Konzernabschluss und den Konzernlagebericht (einschließlich CSR-Berichterstattung) sowie durch unterjährige Finanzinformationen unterrichtet.**

Empfehlungen:

F.1 Die Gesellschaft soll den Aktionären unverzüglich sämtliche wesentlichen neuen Tatsachen, die Finanzanalysten und vergleichbaren Adressaten mitgeteilt worden sind, zur Verfügung stellen.

F.2 Der Konzernabschluss und der Konzernlagebericht sollen binnen 90 Tagen nach Geschäftsjahresende, die verpflichtenden unterjährigen Finanzinformationen sollen binnen 45 Tagen nach Ende des Berichtszeitraums öffentlich zugänglich sein.

F.3 Ist die Gesellschaft nicht zu Quartalsmitteilungen verpflichtet, soll sie unterjährig neben dem Halbjahresfinanzbericht in geeigneter Form über die Geschäftsentwicklung, insbesondere über wesentliche Veränderungen der Geschäftsaussichten sowie der Risikosituation, informieren.

Grundsatz 22 **Aufsichtsrat und Vorstand berichten jährlich in der Erklärung zur Unternehmensführung über die Corporate Governance der Gesellschaft.**

Empfehlungen:

F.4 Aufsichtsrat und Vorstand von börsennotierten, spezialgesetzlich regulierten Gesellschaften sollen in der Erklärung zur Unternehmensführung angeben, welche Empfehlungen des Kodex auf Grund vorrangiger gesetzlicher Bestimmungen nicht anwendbar waren.

F.5 Die Gesellschaft soll nicht mehr aktuelle Erklärungen zur Unternehmensführung und Entsprechenserklärungen zu den Empfehlungen des Kodex mindestens fünf Jahre lang auf ihrer Internetseite zugänglich halten.

G. Vergütung von Vorstand und Aufsichtsrat

I. Vergütung des Vorstands

Grundsatz 23 **Der Aufsichtsrat beschließt ein klares und verständliches System zur Vergütung der Vorstandsmitglieder und bestimmt auf dessen Basis die konkrete Vergütung der einzelnen Vorstandsmitglieder.**

Die Hauptversammlung beschließt grundsätzlich mit beratendem Charakter über die Billigung des vom Aufsichtsrat vorgelegten Vergütungssystems sowie mit empfehlendem Charakter über die Billigung des Vergütungsberichts für das vorausgegangene Geschäftsjahr.

Die Vergütungsstruktur ist bei börsennotierten Gesellschaften auf eine nachhaltige und langfristige Entwicklung der Gesellschaft auszurichten. Die Vergütung der Vorstandsmitglieder hat zur Förderung der Geschäftsstrategie und zur langfristigen Entwicklung der Gesellschaft beizutragen.

1. Festlegung des Vergütungssystems

Empfehlung:

G.1 Im Vergütungssystem soll insbesondere festgelegt werden,

- wie für die einzelnen Vorstandsmitglieder die Ziel-Gesamtvergütung bestimmt wird und welche Höhe die Gesamtvergütung nicht übersteigen darf (Maximalvergütung),
- welchen relativen Anteil die Festvergütung einerseits sowie kurzfristig variable und langfristig variable Vergütungsbestandteile andererseits an der Ziel-Gesamtvergütung haben,
- welche finanziellen und nichtfinanziellen Leistungskriterien für die Gewährung variabler Vergütungsbestandteile maßgeblich sind,
- welcher Zusammenhang zwischen der Erreichung der vorher vereinbarten Leistungskriterien und der variablen Vergütung besteht,
- in welcher Form und wann das Vorstandsmitglied über die gewährten variablen Vergütungsbeträge verfügen kann.

2. Festlegung der konkreten Gesamtvergütung

Empfehlungen:

G.2 Auf Basis des Vergütungssystems soll der Aufsichtsrat für jedes Vorstandsmitglied zunächst dessen konkrete Ziel-Gesamtvergütung festlegen, die in einem angemessenen Verhältnis zu den Aufgaben und Leistungen des Vorstandsmitglieds sowie zur Lage des Unternehmens stehen und die übliche Vergütung nicht ohne besondere Gründe übersteigen.

G.3 Zur Beurteilung der Üblichkeit der konkreten Gesamtvergütung der Vorstandsmitglieder im Vergleich zu anderen Unternehmen soll der Aufsichtsrat eine geeignete Vergleichsgruppe anderer Unternehmen heranziehen, deren Zusammensetzung er offenlegt. Der Peer Group-Vergleich ist mit Bedacht zu nutzen, damit es nicht zu einer automatischen Aufwärtsentwicklung kommt.

G.4 Zur Beurteilung der Üblichkeit innerhalb des Unternehmens soll der Aufsichtsrat das Verhältnis der Vorstandsvergütung zur Vergütung des oberen Führungskreises und der Belegschaft insgesamt und dieses auch in der zeitlichen Entwicklung berücksichtigen.

G.5 Zieht der Aufsichtsrat zur Entwicklung des Vergütungssystems und zur Beurteilung der Angemessenheit der Vergütung einen externen Vergütungsexperten hinzu, soll er auf dessen Unabhängigkeit vom Vorstand und vom Unternehmen achten.

3. Festsetzung der Höhe der variablen Vergütungsbestandteile

Empfehlungen:

G.6 Die variable Vergütung, die sich aus dem Erreichen langfristig orientierter Ziele ergibt, soll den Anteil aus kurzfristig orientierten Zielen übersteigen.

G.7 Der Aufsichtsrat soll für das bevorstehende Geschäftsjahr für jedes Vorstandsmitglied für alle variablen Vergütungsbestandteile die Leistungskriterien festlegen, die sich – neben operativen – vor allem an strategischen Zielsetzungen orientieren sollen. Der Aufsichtsrat soll festlegen, in welchem Umfang individuelle Ziele der einzelnen Vorstandsmitglieder oder Ziele für alle Vorstandsmitglieder zusammen maßgebend sind.

G.8 Eine nachträgliche Änderung der Zielwerte oder der Vergleichsparameter soll ausgeschlossen sein.

G.9 Nach Ablauf des Geschäftsjahres soll der Aufsichtsrat in Abhängigkeit von der Zielerreichung die Höhe der individuell für dieses Jahr zu gewährenden Vergütungsbestandteile festlegen. Die Zielerreichung soll dem Grunde und der Höhe nach nachvollziehbar sein.

G.10 Die dem Vorstandsmitglied gewährten variablen Vergütungsbeträge sollen von ihm unter Berücksichtigung der jeweiligen Steuerbelastung überwiegend in Aktien der Gesellschaft angelegt oder entsprechend aktienbasiert gewährt werden. Über die langfristig variablen Gewährungsbeträge soll das Vorstandsmitglied erst nach vier Jahren verfügen können.

G.11 Der Aufsichtsrat soll die Möglichkeit haben, außergewöhnlichen Entwicklungen in angemessenem Rahmen Rechnung zu tragen. In begründeten Fällen soll eine variable Vergütung einbehalten oder zurückgefordert werden können.

4. Leistungen bei Vertragsbeendigung

Empfehlungen und Anregungen:

G.12 Im Falle der Beendigung eines Vorstandsvertrags soll die Auszahlung noch offener variabler Vergütungsbestandteile, die auf die Zeit bis zur Vertragsbeendigung entfallen, nach den ursprünglich vereinbarten Zielen und Vergleichsparametern und nach den im Vertrag festgelegten Fälligkeitszeitpunkten oder Haltedauern erfolgen.

G.13 Zahlungen an ein Vorstandsmitglied bei vorzeitiger Beendigung der Vorstandstätigkeit sollen den Wert von zwei Jahresvergütungen nicht überschreiten (Abfindungs-Cap) und nicht mehr als die Restlaufzeit des Anstellungsvertrags vergüten. Im Falle eines nachvertraglichen Wettbewerbsverbots soll die Abfindungszahlung auf die Karenzentschädigung angerechnet werden.

G.14 Zusagen für Leistungen aus Anlass der vorzeitigen Beendigung des Anstellungsvertrags durch das Vorstandsmitglied infolge eines Kontrollwechsels (Change of Control) sollten nicht vereinbart werden.

5. Sonstige Regelungen

Empfehlungen:

G.15 Sofern Vorstandsmitglieder konzerninterne Aufsichtsratsmandate wahrnehmen, soll die Vergütung angerechnet werden.

G.16 Bei der Übernahme konzernfremder Aufsichtsratsmandate soll der Aufsichtsrat entscheiden, ob und inwieweit die Vergütung anzurechnen ist.

II. Vergütung des Aufsichtsrats

Grundsatz 24 Die Mitglieder des Aufsichtsrats erhalten eine Vergütung, die in einem angemessenen Verhältnis zu ihren Aufgaben und der Lage der Gesellschaft steht. Sie wird durch Beschluss der Hauptversammlung, gegebenenfalls in der Satzung festgesetzt.

Empfehlungen und Anregungen:

G.17 Bei der Vergütung der Aufsichtsratsmitglieder soll der höhere zeitliche Aufwand des Vorsitzenden und des stellvertretenden Vorsitzenden des Aufsichtsrats sowie des Vorsitzenden und der Mitglieder von Ausschüssen angemessen berücksichtigt werden.

G.18 Die Vergütung des Aufsichtsrats sollte in einer Festvergütung bestehen. Wird den Aufsichtsratsmitgliedern dennoch eine erfolgsorientierte Vergütung zugesagt, soll sie auf eine langfristige Entwicklung der Gesellschaft ausgerichtet sein.

III. Berichterstattung

Grundsatz 25 Vorstand und Aufsichtsrat erstellen jährlich nach den gesetzlichen Bestimmungen einen Vergütungsbericht.

Stichwortverzeichnis[1)]

1) Fett gesetzte Zahlen bezeichnen die Gesetze (siehe Inhaltsverzeichnis S. 7 f. und Kopfzeilen), magere deren Paragraphen oder Artikel.

C

F

L

P

Z